Dictionnaire d'HISTOIRE DE FRANCE

Perrin

Dictionnaire d'HISTOIRE DE FRANCE Perrin

Editions Perrin

www.editions-perrin.fr

ISBN 2-262-01321-7

DIRECTION ÉDITORIALE

Anthony Rowley

CONSEILLER POUR L'ÉDITION

Laurent Theis

AUTEURS

Frédéric Besset,
ancien élève de l'ENS,
professeur à la Maison d'Éducation de la Légion d'honneur

Didier Méhu,
docteur en histoire, professeur à l'université Laval de Québec

Denise Péricard-Méa,
docteur en histoire

Anthony Rowley,
agrégé et docteur en histoire,
professeur à l'Institut d'Études politiques de Paris

Catherine Salles,
agrégée et docteur en histoire,
maître de conférences à l'université Paris X-Nanterre

Pierre Vallaud,
historien et éditeur

Emmanuel de Waresquiel,
ancien élève de l'ENS et docteur en histoire,
ingénieur de recherches à l'École pratique des Hautes Études

RESPONSABLE ÉDITORIAL
Jean d'Hendecourt

ICONOGRAPHIE
Jérôme da Cunha
assisté de Guillaume Maujean,
Marguerite de Marcillac

INDEX THÉMATIQUE
Coralie Andrau-Fournier,
Luc Bellier,
Marguerite de Marcillac

a

ABBAS Ferhat (Taher, 1899 – Alger, 1985)

Homme politique algérien.

Étudiant en pharmacie, il préside de 1927 à 1931 l'Association des étudiants musulmans d'Afrique du Nord. Établi à Sétif, il adhère au mouvement Jeune Algérie et crée en 1938 l'Union populaire algérienne, qui milite en faveur de l'accession des musulmans à la citoyenneté française. Dépité par le peu d'écho de cette revendication, il abandonne l'assimilation pour l'indépendance. En 1945, il fonde l'Union démocratique du manifeste algérien (UDMA) qui souhaite l'établissement d'une République algérienne autonome fédérée avec la France. Emprisonné après les émeutes de Sétif (mai 1945), puis amnistié, il est élu en 1946 à la seconde Assemblée constituante, puis à l'Assemblée algérienne en 1948. En 1955, il décide de rallier le Front de libération nationale (FLN), dont il devient l'une des principales figures. De 1958 à 1961, il préside le gouvernement provisoire de la République algérienne et devient au moment de l'indépendance président de l'Assemblée constituante (septembre 1962). Exclu en 1963 du FLN qui le juge trop modéré, le président de la République Ben Bella le fait mettre en résidence surveillée. À la chute de ce dernier (1965), il reste à l'écart de la vie politique et se consacre à l'écriture de ses Mémoires, *Autopsie d'une guerre* (1980).

ABBAYE

Monastère d'hommes ou de femmes dirigé par un abbé ou une abbesse.

Une abbaye est peuplée de moines ou de chanoines réguliers. Elle est généralement indépendante mais plusieurs abbayes peuvent se grouper par affinités d'observance et former ainsi un ordre. Certains ordres monastiques regroupent des abbayes et des prieurés, monastères dirigés par un prieur et dépendant d'une abbaye, ou, par souci d'humilité, des établissements que l'on qualifie de maisons.

ABBAYE (prison de l')

Construite à Paris de 1631 à 1635, elle occupe, à droite de l'ancienne rue de Buci et au commencement de l'actuelle rue Gozlin, le fond d'une place appelée le Petit Marché.

Elle succède alors à la prison seigneuriale des abbés de Saint-Germain. Devenue maison d'arrêt militaire, les gardes-françaises qui ont refusé de tirer sur les émeutiers y sont incarcérés le 23 juin 1789. Peu de temps après, la Révolution retient derrière ses murs des royalistes, ou des gens supposés l'être. Tous ces prisonniers, détenus dans le réfectoire et dans l'une des chapelles de l'Abbaye, sont massacrés, du 2 au 5 septembre, au cœur même du cloître, sous les arbres du jardin et devant le bâtiment des Hôtes. Un tribunal improvisé, que préside parfois Stanislas Maillard – il sévit également au couvent des Carmes –, envoie à la mort 327 personnes et en élargit 43, dont le général Virot de Sombreuil, sa fille Marie et l'écrivain Cazotte. Mme Roland, Charlotte Corday, les Girondins Clavière et Brissot sont emprisonnés à l'Abbaye. Il en est de même des généraux Aulliard et Decaen, en 1815, lorsque celle-ci redevient maison d'arrêt militaire. En 1857, le percement du boulevard Saint-Germain condamne la prison à disparaître sous la pioche. Mehée de Latouche et Jourgniac de Saint-Méard ont laissé des relations précises sur les massacres de Septembre à l'Abbaye.

ABBEVILLE

Abbatis Villa. *Ville et ancien port sur la Somme, important siège de sous-préfecture dans le département du même nom.*

Fondée, semble-t-il, à l'époque romaine pour défendre l'estuaire de la Somme, Abbeville dépend, dès le IXe siècle, des moines de Saint-Riquier. Devenue la capitale du Ponthieu, elle obtient ses lettres de commune en 1184, avant de passer dans les possessions des Plantagenêts. S'étant soumise à Charles V, elle se fait confirmer sa charte en 1369. Sous Charles VI, elle subit encore la domination anglaise. En 1435, Charles VII la cède à Philippe le Bon sous condition de rachat. Elle reviendra définitivement à la France en 1477 après la mort de Charles le Téméraire. Jusqu'à la révocation de l'édit de Nantes en 1685 et avant l'ensablement de la Somme, Abbeville est un grand centre industriel et commercial, célèbre pour ses draps : en dernier lieu, Colbert lui redonne une vive impulsion en patronnant l'activité du célèbre drapier hollandais Van Robais.

Elle souffre peu de la guerre de 1914-1918. Le 25 mars 1918, les chefs alliés s'y réunissent pour préparer la conférence de Doullens qui devait aboutir le lendemain à la désignation du général Foch comme chef suprême des forces alliées pour la France et la Belgique, commandement unique étendu le 2 mai suivant, toujours à Abbeville, à tout le front occidental. La Seconde Guerre mondiale frappe durement la cité. Si l'activité économique s'y rétablit peu à peu, les vieux quartiers sont détruits, et le principal monument, la collégiale flamboyante Saint-Vulfran des XVe et XVIe siècles, très endommagé.

ABBON, saint (Orléanais, 945 – La Réole, 1004)

Abbé.

Écolâtre à l'abbaye de Fleury, il accomplit en Angleterre une mission au cours de laquelle il participe à la révision des statuts du monachisme introduit en Occident par Athanase vers le milieu du IVe siècle. L'influence d'Abbon, élu abbé de Fleury en 988, auréole l'abbaye d'un prestige moral et intellectuel exceptionnel. Brillant politique, il conseille Hugues Capet et Robert le Pieux ; brillant théologien, il collabore à la réforme clunisienne, combat la simonie et défend, envers et contre tous, l'indépendance des monastères. Abbon meurt, frappé d'un coup de lance, alors qu'il tentait de s'interposer dans une rixe où s'affrontaient Français et Gascons. On lui doit un *Abrégé des vies des 91 papes*.

ABD EL-KADER ou ABD AL-QADIR AL-DĪN (près de Mascara, Algérie, 1808 – Damas, Syrie, 1883)

Émir arabe.

Il descend d'une ancienne et illustre famille chérifienne de la confrérie des Qādiriyya. Son père, Mahi ed-Din, marabout vénéré, pour lutter contre l'anarchie qui submerge l'Algérie après la destruction par les Français de la régence d'Alger, cherche à regrouper les musulmans en proclamant, en 1832, le *djihad* – la guerre sainte – contre l'étranger, l'infidèle, le successeur des Turcs, les Français. Il fait reconnaître son fils, Abd el-Kader, réputé pour sa piété et sa bravoure, comme sultan des Arabes par quelques tribus de la région de Mascara. Ce dernier sait s'imposer aux yeux des Français en chef des autochtones, et les indécisions de la politique coloniale française en Algérie lui permettent de signer, en 1834, en dépit de son échec devant Oran l'année précédente, un accord avec le général Desmichels qui, dans sa hâte de traiter avec le représentant d'un pouvoir effectif, crée lui-même une bonne partie de ce pouvoir : il reconnaît la souveraineté de l'émir des Croyants, qui, grâce en partie à son aide, peut asseoir sa domination sur l'ouest du pays.

Son influence et son ambition grandissantes ayant entraîné la reprise des hostilités, Abd el-Kader bat par surprise le général Trézel, à La Macta, en 1835. Le maréchal Clauzel est chargé de venger l'honneur français bafoué. Ses expéditions punitives aboutissent à l'occupation de Mascara, capitale d'Abd el-Kader, et de Tlemcen ; mais, à la suite de revers, le maréchal Clauzel est remplacé par le général Bugeaud, qui bat Abd el-Kader à La Sikkak en 1836. Le principe d'une occupation restreinte ayant été défini par le gouvernement français en 1835, Bugeaud est chargé de négocier avec l'émir. C'est le traité de la Tafna en 1837 qui reconnaît Abd el-Kader comme le souverain des deux tiers de l'Algérie et entend restaurer une coexistence pacifique entre un immense État arabe et les deux petits secteurs d'Alger et d'Oran que la France se réserve. Abd el-Kader en profite pour agrandir et organiser son État.

L'extension de la domination française dans le Constantinois rend fatale la reprise de la guerre, d'autant plus que la prolongation de la trêve fait perdre à Abd el-Kader son prestige religieux. En octobre 1839, le passage par le maréchal Valée des *Bibân* – Portes de fer qui, joignant Constantine à Alger, sont devenues indispensables pour la France, alors qu'elles avaient été reconnues à Abd el-Kader par le traité de la Tafna – est le *casus belli* retenu par l'émir qui rouvre la guerre sainte et vient ravager la Mitidja, massacrant les colons européens. Thiers, devenu président du Conseil, charge Bugeaud de rétablir la situation.

La prise de la *smala* d'Abd el-Kader en 1843
Huile sur toile de J.H.L. Bellange, 1847, Chantilly, musée Condé. © *Lauros-Giraudon*

Celui-ci, converti à la conquête absolue, demeure sept ans gouverneur général de l'Algérie (février 1841-septembre 1847). S'appuyant sur des points d'occupation fixes, il applique un système de colonnes expéditionnaires, chargées de ratisser les régions insoumises. Les capitales de l'émir, Taqdîmi et Mascara, sont détruites et, après trois ans de lutte et la prise de sa *smala* (ensemble des équipages de la maison d'un chef arabe) par le duc d'Aumale en 1843, Abd el-Kader, à bout de ressources, doit se réfugier au Maroc. Il trouve un allié dans le sultan du Maroc, mais ce dernier, vaincu par Bugeaud à la bataille de l'Isly en 1844, signe le traité de Tanger qui met Abd el-Kader hors la loi.

La lutte reprend un peu partout en 1845. Abd el-Kader reparaît en Oranie, et la grande insurrection des Hautes-Plaines et de l'Atlas saharien, à la fin de 1845, semble remettre tout en question. Mais les colonnes expéditionnaires soumettent le pays, cependant que ses unités légères se lancent à la poursuite de l'insaisissable émir. Après un dernier succès remporté à Sidi-Brahim, c'est l'échec du soulèvement en juillet 1846. Il oblige Abd el-Kader à repasser au Maroc. Traqué, combattu par les troupes marocaines, il se rend le 23 décembre 1847 au général Lamoricière. Puis il s'incline devant le duc d'Aumale en lui offrant le dernier cheval, une jument blanche, qu'il avait monté. Après avoir été interné à Amboise jusqu'en 1852, Abd el-Kader, libéré par le président Louis Napoléon, futur Napoléon III, se retire à Brousse, en Turquie, en 1853, puis à Damas en 1855. Il se montre alors d'une rare loyauté envers la France, notamment lors des massacres de 1860, où il sauve la vie de très nombreux chrétiens français, ainsi que pendant la guerre de 1870.

ABD EL-KRIM (Ajdir, 1882 – Le Caire, 1963)

Homme politique marocain.

Né au Maroc espagnol, fils de cadi, il est lui-même cadi à Melilla. En 1914, il entre en relation avec l'Allemagne et fournit des armes aux tribus rebelles du Rif. À la demande de Lyautey, les autorités espagnoles le mettent en prison l'année suivante. Libéré au bout de onze mois, il rejoint son père qui organise la résistance contre les Espagnols et, à la mort de celui-ci, en 1920, le remplace. Regroupant sous son autorité plusieurs tribus, il mène la guerre sainte contre les Espagnols et les Français, afin de délivrer le sultan prisonnier des chrétiens. Il s'attaque d'abord aux garnisons espagnoles de la région de Melilla, leur inflige une sanglante défaite à Anoual, le 21 juillet 1921. Son autorité s'étend peu à peu sur tout le Rif. Les Espagnols doivent se replier sur la côte en 1924, et il réussit à prendre position en bordure du Rif français. L'offensive contre les garnisons françaises est déclenchée le 11 avril 1925, la guerre du Rif commence.

En août 1925, le maréchal Pétain est envoyé au Maroc avec 100 000 hommes, tandis qu'en France certains partis, comme le parti communiste, soutiennent les Rifains. Abd el-Krim présente des propositions de paix jugées inacceptables, et Pétain reçoit le commandement en chef des troupes. Une offensive coordonnée avec les troupes espagnoles conduit Abd el-Krim à se rendre le 27 mai 1926. Déporté à la Réunion la même année, reconduit en France en 1947, il réussit à s'échapper du bateau qui le ramenait et se réfugie au Caire, où il continue la lutte pour l'indépendance. Abd el-Krim fait partie du Comité de libération du Maghreb, fondé en décembre 1947.

ABÉLARD Pierre (Le Pallet, près de Nantes, 1079 – couvent de Saint-Marcel, près de Chalon-sur-Saône, 1142)

Théologien et philosophe scolastique.

Sa vie nous est connue par son autobiographie, *Historia calamitatum mearum (Histoire de mes malheurs).* Fils d'un petit noble breton, il renonce par goût de l'étude à la carrière des armes et à son héritage. Il vient à Paris, éclipse bientôt son maître en philosophie Guillaume de Champeaux et tient école à Corbeil, puis à Melun, enfin sur la montagne Sainte-Geneviève. Ses leçons lui valent une immense célébrité, alors qu'il n'a pas encore 25 ans. Désireux de s'initier également à la théologie, il va l'étudier auprès d'Anselme de Laon, doyen du chapitre de cette ville. De retour à Paris, il retrouve ses succès de dialecticien. Il s'installe bientôt chez le chanoine Fulbert et devient l'amant de sa nièce, Héloïse, âgée de 17 ans, qu'il enlève et épouse secrètement en Bretagne ; elle lui donne un fils. Mais, à l'instigation de l'oncle de la jeune femme, des hommes de main s'introduisent une nuit chez Abélard et le mutilent en lui ôtant, selon sa propre expression, « les parties de son corps par lesquelles il avait péché ». Il se retire alors à l'abbaye de Saint-Denis, tandis qu'Héloïse prend le voile au monastère d'Argenteuil. Entre eux s'engage une correspondance qui a été conservée.

Abélard s'entend mal avec les moines de Saint-Denis. À ceux-ci il entend prouver la fausseté de leurs traditions et de leurs reliques. Il reprend son enseignement, compose un traité de logique pour débutants, *Logica ingredientibus*, et un *Traité sur l'Unité et la Trinité divines (Theologia Summi boni)* qui, pour avoir exprimé des opinions hétérodoxes sur la Sainte-Trinité, est condamné par le concile de Soissons, en 1121. Se réfugiant, avec ses disciples, près de Troyes, il fonde au Paraclet un oratoire dont Héloïse devient abbesse ; puis, après un épisode tragi-comique dans un couvent breton où les moines, à qui il reproche leur sauvagerie, tentent de l'empoisonner, il revient à Paris enseigner et écrit notamment, entre 1132 et 1140, le *Sic et Non*, recueil d'« autorités » (extrait des œuvres des Pères, décisions conciliaires) classées méthodiquement selon les questions auxquelles elles fournissent des réponses. Cet ouvrage contribue fortement à diffuser dans les écoles épiscopales, puis à l'Université, la dispute scolastique, méthode pédagogique fondée sur le commentaire d'une « autorité » proposé par le maître et sa contradiction, par l'élève, au moyen d'autres « autorités ». Parmi les autres ouvrages d'Abélard rédigés entre 1125 et 1140, il faut citer notamment le *Dialogue entre un juif et un chrétien*, la *Dialectica*, la *Theologia christiana* et la *Theologia Scolarium* (ou *Introductio ad theologiam*). Ce dernier est dénoncé par saint Bernard qui obtient contre lui une nouvelle condamnation lors du concile de Sens (1140). Abélard en appelle vainement au pape et trouve refuge à Cluny, auprès de Pierre le Vénérable, qui réussira à le faire rentrer en grâce auprès du Saint-Siège.

Abélard était un logicien qui, sans remettre la foi en question, pensait que la dialectique et la raison étaient indispensables à l'étude de la théologie. Cette attitude, qui ne pouvait qu'effrayer les esprits traditionnels, lui valut des persécutions constantes. Son enseignement et ses ouvrages ont néanmoins constitué une étape décisive dans la théologie médiévale en proposant une appréhension de la Révélation par une argumentation logique, sans négliger, au besoin, le recours aux œuvres des philosophes antiques (Aristote notamment). Cet enseignement s'épanouira au XIIIe siècle à l'université de Paris grâce aux grands théologiens dominicains tels qu'Albert le Grand ou Thomas d'Aquin.

Pierre Abélard
Miniature du *Roman de la Rose* (vers 1236) de Guillaume de Lorris, Manuscrit, Chantilly, musée Condé.
© *Sélection Images*

ABETZ Otto (Schwetzingen, Allemagne, 1903 – Langenfeld, Allemagne, 1958)

Homme politique allemand.

Professeur de dessin badois diplômé de l'École des beaux-arts, il est séduit par l'idée d'un rapprochement franco-allemand et par la création d'une fédération européenne évoquée par Aristide Briand. Il fréquente ainsi les milieux pacifistes allemands et rencontre le journaliste radicalisant Jean Luchaire dont il épouse la secrétaire. Il adhère en 1931 au parti nazi et, après la prise du pouvoir par Hitler, il est chargé par le bureau Ribbentrop d'assumer la propagande nazie dans les milieux intellectuels et artistiques français. Il finance ainsi divers journaux et préside en 1935 le comité France-Allemagne. Pour ces raisons, Abetz est expulsé en juin 1939 par le gouvernement Daladier. L'armistice signé, il revient à Paris comme représentant du ministre allemand des Affaires étrangères. Avec Pierre Laval, il devient l'un des artisans de la politique de collaboration, ce qui lui vaut le poste d'ambassadeur du Reich à Paris dès l'automne 1940. Prônant l'idée d'une réconciliation franco-allemande dans une Europe dominée par le Reich, il finance les groupes collaborationnistes de Paris et s'oppose à la politique de représailles des otages qui sévit dès juin 1941 – sans grand succès. De même signe-t-il en mai 1941 les « Protocoles de Paris » par lesquels les aérodromes syriens, les chemins de fer tunisiens et la base de Dakar sont mis à la disposition de l'Allemagne, en échange de la libération de prisonniers. En 1942, il impose le retour de Laval au pouvoir. Arrêté par les Alliés en 1945, il est condamné en 1949 à vingt ans de travaux forcés par le Tribunal militaire de Paris. Libéré en 1954, il regagne l'Allemagne.

ABOUKIR (batailles d')

Village égyptien situé sur la côte méditerranéenne, non loin de la rade du même nom au nord-est d'Alexandrie.

Trois batailles s'y sont déroulées pendant la campagne de Bonaparte en Égypte. La première, le 1er août 1798, est une bataille navale : l'escadre de Nelson surprend toute la flotte française de l'amiral Brueys. La victoire anglaise est acquise le lendemain, les navires français sont détruits, dispersés ou capturés, comme le vaisseau amiral *L'Orient*, au bord duquel Brueys a été tué. C'est un désastre, Bonaparte étant coupé de l'Europe et prisonnier de sa conquête. Il prend sa revanche le 25 juillet 1799 en rejetant à la mer une armée turque débarquée par la flotte anglaise. Enfin, le 8 mars 1801, troisième bataille d'Aboukir : les troupes du général anglais Abercromby enlèvent la place défendue par les hommes du général Friant.

ABRANTÈS duc d' : voir JUNOT

ABRIAL Jean Charles (Réalmont, Tarn, 1879 – Dourgne, Tarn, 1962)

Amiral.

Ancien élève de l'École navale, c'est à bord du cuirassé *Jean-Bart* et de la canonnière *Ardent* qu'il participe, en tant que lieutenant de vaisseau, à la Première Guerre mondiale. Contre-amiral commandant la 1re division légère, de 1932 à 1934, et vice-amiral commandant l'escadre de la Méditerranée, de 1936 à 1939, Jean Charles Abrial, lors des hostilités de 1939-1940, assume les responsabilités de chef des forces navales du Nord. À ce dernier titre, il défend le port de Dunkerque et évacue les troupes qui s'y trouvent encerclées. Prisonnier le 19 juin, il ne tarde pas à recouvrer sa liberté, et le maréchal Pétain le nomme gouverneur de l'Algérie le 18 juillet. Jean Charles Abrial occupe ce poste jusqu'au mois de juillet 1941. Les armées alliées débarquées en Afrique du Nord, l'amiral, secrétaire d'État à la marine dans le gouvernement de Pierre Laval, le 18 novembre 1942, commande la marine vichyste. La Haute Cour de justice, devant laquelle il comparaît le 16 août 1946, le condamne à dix ans de travaux forcés et à l'indignité nationale, mais sa libération intervient dès 1947.

ABSOLUTISME

*Terme forgé en 1796 pour caractériser la monarchie française telle qu'elle apparaît du gouvernement de Richelieu au règne de Louis XVI, avec un apogée sous Louis XIV : le pouvoir du roi est délié (*absolutus*), c'est-à-dire sans partage, mais non pas sans limites, celles des lois fondamentales du royaume. En ce sens l'absolutisme n'est en rien une tyrannie ou un despotisme.*

Jusqu'au XVe siècle, le pouvoir royal est double : simple suzeraineté sur les vassaux du roi, il ne devient souveraineté absolue qu'à l'intérieur des limites sans cesse agrandies du domaine royal. Sous Philippe III, l'évêque de Mende définit le roi comme *princeps in regno suo* ; les juristes de Philippe le Bel, dans un ouvrage anonyme publié en 1302, *Quaestio in utramque partem*, sont plus ambitieux encore avec la formule de roi « empereur en son royaume ». C'est Charles V qui, aidé par ses légistes (Nicolas Oresmes, Philippe de Mézières…), met en place les premiers outils institutionnels et pratiques d'un pouvoir royal souverain : fiscalité permanente et armée royale.

Au XVIe siècle, tandis que certains souverains, comme François Ier et Henri IV, renforcent le pouvoir royal, les jurisconsultes, comme Étienne Pasquier, s'attellent à la théorie de la « monarchie royale ». Jean Bodin, dans les six livres de *La République* (1576), la définit comme « gouvernement pur et non pas mixte, souveraineté absolue, perpétuelle et indivisible ». Parallèlement, alors que flambent les guerres de Religion, des calvinistes (François Hotman) mais aussi des catholiques (Jean Boucher), adversaires de la monarchie absolue, en appellent au peuple pour renverser un « tyran » qui manquerait à ses devoirs. Certains puisent leur argumentaire dans le *Vindiciae contra tyrannos*, parfois attribué au protestant Duplessis-Mornay, ou dans le *Contr'un* ou *Discours de la servitude volontaire* d'Étienne de La Boétie, publié en 1574. Ces thèses inspirent les milieux de la Ligue qui arment le bras d'un Jacques Clément ou d'un François Ravaillac, les régicides de Henri III (1589) et de Henri IV (1610).

C'est Richelieu qui est le véritable constructeur de l'absolutisme monarchique. Réprimant les révoltes nobiliaires et triplant le poids de la fiscalité, le cardinal-ministre délivre le roi des caprices des Grands et de la dépendance financière. Il exalte une forme de gouvernement qui « imite plus celui de Dieu qu'aucun autre » (Testament politique 1635-1640) ou commande un *De la souveraineté royale* (1639) à un juriste ami, Cardin le Bret, qui définit celle-ci comme « non plus divisible que le point en géométrie. » Richelieu contrarie les prérogatives des parlements, au nom desquels proteste un Omer Talon, partisan d'une monarchie non pas absolue mais tempérée. Mazarin, qui lui succède, brave la Fronde qui est moins une contestation du pouvoir absolu que le refus de le voir déléguer à un principal ministre, d'extraction humble et étrangère de surcroît. La leçon est retenue par Louis XIV qui, après la disparition de son mentor en mars 1661, retire la régence à sa mère, Anne d'Autriche, et, par un « coup de majesté », se saisit personnellement du pouvoir.

Louis XIV décrit, notamment dans les *Réflexions sur le métier de roi* (1679), sa conception du pouvoir. Mais sa pratique est encore plus éclairante : domestication de la noblesse satellisée à Versailles ou surveillée par les intendants en province, mise au pas des parlements contraints d'enregistrer les édits par lits de justice, déploiement d'un programme artistique (classicisme), recherche de la « gloire » à l'extérieur. Pour être un « roi de guerre », Louis XIV s'appuie sur une « monarchie de finances » : la monarchie n'est absolue que parce que de judiciaire elle devient administrative. Les 44 000 « officiers de justice, de police et de finances » que compte la France en 1685 incarnent le visage quotidien du roi aux yeux des Français. C'est contre cette modernisation que s'élève Fénelon dans une lettre anonyme adressée à Louis XIV en 1695 ; dans ses *Tables de Chaulnes* (1711), le précepteur du duc de Bourgogne plaide pour une monarchie traditionnelle réhabilitant la noblesse de sang. D'où l'essai, vite avorté, de gouvernement des conseils (polysynodie) sous le Régent.

Mais au-delà d'un maillage bureaucratique relativement lâche, l'absolutisme s'adosse à un principe idéologique, celui de l'origine divine du pouvoir royal. Bossuet consolide l'un par l'autre dans *La Politique tirée des propres paroles de l'Écriture sainte* (ouvrage commencé en 1678, publié en 1709). Si la monarchie est de droit divin

– et ne repose pas sur un contrat selon l'idée qui inspire la monarchie constitutionnelle anglaise à partir de 1688 –, c'est qu'« il n'est point d'autorité qui ne vienne de Dieu », selon la maxime de saint Paul dans l'épître aux Romains.

C'est le droit divin, davantage que l'absolutisme même, qui suscite la critique du XVIIIe siècle où éclosent les despotismes éclairés. Voltaire se montre partisan d'un « roi absolu », par nature plus efficace. Finalement, ce sont les milieux parlementaires bridés par Louis XIV qui plaident pour une limitation à l'anglaise des droits régaliens. Sous la plume du marquis d'Argenson, par exemple, « pouvoir absolu » revêt le sens péjoratif et quasi contemporain d'arbitraire. Louis XV tente de freiner cette contestation en réformant les parlements auxquels il rappelle en 1770 que le roi dit et est la loi parce qu'il ne tient son pouvoir que de Dieu. Quand Louis XVI revient sur cette réforme essentielle, son pouvoir a cessé d'être absolu avant même qu'il ne le perde…

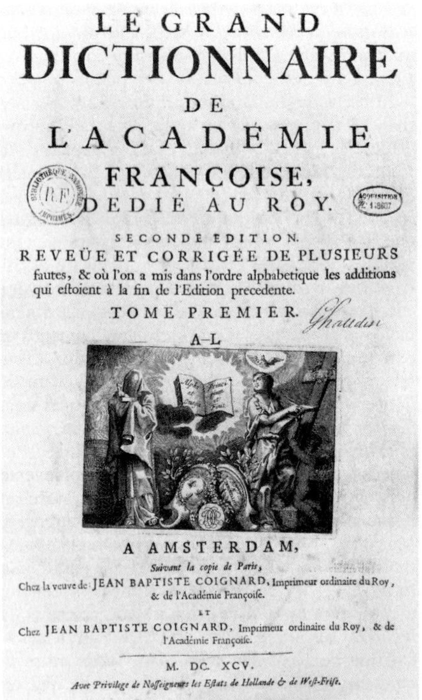
LE GRAND
DICTIONNAIRE
DE
L'ACADÉMIE
FRANÇOISE,
DEDIÉ AU ROY.
SECONDE EDITION.
REVEÜE ET CORRIGÉE DE PLUSIEURS
fautes, & où l'on a mis dans l'ordre alphabetique les additions qui estoient à la fin de l'Edition precedente.
TOME PREMIER.
A–L
A AMSTERDAM,
Suivant la copie de Paris,
Chez la veuve de: JEAN BAPTISTE COIGNARD, Imprimeur ordinaire du Roy, & de l'Académie Françoise.
ET
Chez JEAN BAPTISTE COIGNARD, Imprimeur ordinaire du Roy, & de l'Académie Françoise.
M. DC. XCV.
Avec Privilege de Nosseigneurs les Estats de Hollande & de West-Frise.

Dictionnaire de l'Académie française
Page de titre du tome premier de l'édition 1695. Paris, Bibliothèque nationale de France. © *Sélection Images*

ACADÉMIE FRANÇAISE

La plus ancienne des sociétés littéraires ou savantes reconnues officiellement par l'État, une des cinq académies composant l'Institut de France.

L'idée de constituer une compagnie de beaux esprits pour traiter de questions relatives à la langue et à la poésie revient à Baïf, sous le règne de Charles IX (lettres patentes de 1570). Mais, à la mort de son créateur en 1589, cette première ébauche d'Académie française, qui compte Ronsard parmi ses membres, se disperse, et il faut attendre 1629 pour qu'à l'initiative de Valentin Conrart une réunion analogue se reforme. Cinq ans plus tard, par l'entremise de Boisrobert, Richelieu propose à ce cénacle assez réduit (12 membres, dont Boisrobert, Gombauld, Chapelain, Malleville) sa protection officielle. Son intention est de surveiller, du point de vue de la pureté, et pour ainsi dire de codifier dans leur évolution les usages de la langue française. Là comme ailleurs, le cardinal fait œuvre centralisatrice ; il se donne un moyen de contrôler un certain nombre d'activités littéraires, sans pour autant imposer à la pensée française une tyrannie tatillonne qui risquerait d'en étouffer le génie. La création de l'Académie ne marquera pas plus la fin de la littérature personnelle que l'apparition des *règles* ne condamnera le théâtre original.

C'est en 1635 que Louis XIII signe les lettres patentes ; celles-ci ne sont enregistrées qu'en 1637, après une âpre résistance du parlement de Paris auquel la nouvelle institution fait concurrence, et qui s'estime habilité à trancher sur tout, y compris les questions de langage. Le nombre des académiciens est fixé à 40, parmi lesquels seront choisis chaque année un directeur et un chancelier (et, lorsque l'occasion s'en présentera, un secrétaire perpétuel, en principe nommé à vie).

Principale tâche de la nouvelle Académie : rédaction et publication d'un *Dictionnaire* (huit éditions de 1694 à 1932, la neuvième est en cours) ainsi que d'une *Grammaire* (qui ne verra le jour qu'en 1933). Le dictionnaire n'est à proprement parler ni encyclopédique ni même étymologique. Réaliste ou se voulant tel, il recueille ou tente de recueillir les *usages* les plus courants, non les citations des auteurs ; il recense les évolutions : introduction de nouveautés, transformations morphologiques ou sémantiques, disparitions. Mais il ne donne pas sa caution aux corruptions que l'usure du temps ne saurait justifier : la société n'a-t-elle pas pour mission de « nettoyer la langue des ordures qu'elle a contractées, ou dans la bouche du peuple ou dans la foule du palais et dans les impuretés de la chicane, ou par les mauvais usages des courtisans ignorants, ou par l'abus de ceux qui la corrompent en l'écrivant, et de ceux qui disent bien dans les chaires ce qu'il faut dire, mais autrement qu'il ne faut » ?

D'abord strictement littéraire, le milieu de recrutement des académiciens s'ouvre dès la seconde moitié du XVIIe siècle, et surtout au XVIIIe siècle, aux diplomates, hommes d'État et de guerre, juristes, administrateurs éminents, « hommes de science », gens du monde bien nés ou bien en cour. Au XIXe siècle, le journalisme obtient droit de cité ; la critique littéraire connaît des hauts et des bas : un instant éclipsée par la science et le droit sous l'influence de Bonaparte, elle revient en force sous la monarchie orléaniste ; mais le fait le plus frappant, le plus caractéristique de la période, est, provenant du sein même des « littéraires », l'invasion massive des romanciers et des auteurs dramatiques. Cette dernière tendance sera renversée au XXe siècle au profit des historiens, critiques, essayistes.

Il serait néanmoins excessif de parler de triomphe de tel ou tel groupe sur un autre, à quelque époque que ce soit. Par définition, par constitution en quelque sorte, l'académie française doit réunir des représentants de tous les genres littéraires importants ; par évolution et par tradition, elle s'efforce en outre d'accueillir des personnalités qui se sont distinguées dans les disciplines ou professions juridiques, diplomatiques, administratives, scientifiques et artistiques. Dans leur cas l'esprit de l'Académie exigerait que la référence à l'expression littéraire ne soit pas perdue. Nul doute que des qualités littéraires personnelles n'aient aidé à l'introduction du « septième art » à l'Académie, en 1960, en la personne de René Clair.

Le fonctionnement de l'Académie française obéit à des règles originales (en comparaison des autres sociétés de l'Institut), souvent empiriques, généralement précises. Lorsqu'un fauteuil est vacant, les académiciens doivent procéder dans un délai raisonnable à l'élection de leur futur pair. Les candidats ne sont pas obligés de faire acte écrit de candidature : un membre de l'Académie peut proposer un nom de son choix à ses collègues et le faire mettre aux voix. L'admission ne devient définitive que si elle a recueilli l'agrément du protecteur de l'Académie (Richelieu, Séguier, puis le souverain et enfin le chef de l'État). Cette possibilité de veto fut rarement utilisée. Louis XV procéda à trois annulations en 1743, 1753, 1772. Depuis, on ne peut guère citer que l'opposition du président de Gaulle à la première candidature de Paul Morand en 1959. Presque aussi rares furent les « exclusions » ou « destitutions ». L'Ancien Régime n'en connut que trois (Granier en 1636, Furetière en 1685, l'abbé de Saint-Pierre en 1718). À lui seul, le gouvernement provisoire issu de la Libération en prononça quatre, visant Charles Maurras, le maréchal Pétain, Abel Hermant et Abel Bonnard, en raison de leur condamnation à l'indignité nationale. Dans la foulée et sur le conseil du général de Gaulle au secrétaire perpétuel, Georges Duhamel, quatorze élections furent organisées dans la seule année 1946 afin d'admettre plusieurs écrivains résistants.

On ne démissionne pas de l'Académie : lorsqu'un académicien prétend quitter la société, on dit qu'il cesse d'assister aux séances ; le fauteuil délaissé reste vide jusqu'à la mort du titulaire. Le cas de « démission » ne s'est présenté que trois fois en un peu plus de trois siècles (Mgr Dupanloup en 1871 à l'occasion de l'élection de Littré ; Pierre Benoit en 1959 en protestation contre l'opposition gouvernementale à la candidature de Paul Morand ; Pierre Emmanuel en 1975 après l'élection de Félicien Marceau). Depuis l'admission de Patru en 1640, la tradition veut que le récipiendaire remercie la compagnie par un discours, et qu'à ce discours en réponde un autre, prononcé par celui qui était directeur de l'Académie lors du décès du prédécesseur.

Les séances de la société se sont tenues dans deux principales résidences : le Louvre, du règne de Louis XIV à la Révolution et le collège des Quatre-Nations, de 1805 à nos jours. Pendant ces deux longues périodes, les statuts académiques ont été caractérisés par une remarquable stabilité ; leur intervalle amena au contraire de profonds bouleversements : dispersion de la société en 1793, confiscation de ses biens en 1794, remplacement très imparfait par deux sections dites de « grammaire » et de « poésie » lors de la création d'un Institut national en 1795, enfin rétablissement de fait, sous la dénomination de Classe de littérature et de langue françaises, lorsque l'Institut de France se substitua à l'Institut national en 1803. Restait à rendre officiellement à l'Académie son nom. Ce fut l'œuvre de Louis XVIII.

En 1980, l'académie admet pour la première fois une femme, la romancière et essayiste Marguerite Yourcenar, suivie en 1988 par l'helléniste Jacqueline de Romilly, en 1990, par l'historienne Hélène Carrère d'Encausse, en 2001 par la romancière Florence Delay.

ACADÉMIES

Sociétés littéraires, artistiques ou scientifiques. On distingue les académies anciennes, les académies du XVIIe siècle intégrées par la suite à l'Institut de France, les académies fondées en même temps que l'Institut ou postérieurement, les académies provinciales.

Académies anciennes. Placée sous la protection de Charlemagne, l'académie palatine a un rôle à la fois littéraire, scientifique et politique. Elle réunit de grands esprits de la renaissance carolingienne comme Alcuin, Paulin d'Aquilée, Eginhard.

L'Académie du palais remplace, sous Henri III, en 1574, l'académie fondée par Baïf sous Charles IX. Ses principaux membres sont Guy du Faur de Pibrac, Desportes.

L'Académie royale de peinture et sculpture, fondée en 1648, obtient ses lettres patentes en 1655. Lebrun est parmi les fondateurs. La réception à cette académie constitue désormais l'examen de passage de quiconque veut peindre ou sculpter pour Leurs Majestés.

L'Académie royale de danse, née en 1661 sous la protection de Louis XIV, très attaché à cet art, s'éteint en 1780.

L'Académie royale de musique, créée en 1669, encourage l'opéra français, tout au moins en français, notamment les œuvres de Lully et de Rameau. Elle existe toujours sous le nom d'Académie nationale de musique, sise au théâtre de l'Opéra de Paris.

L'Académie royale d'architecture, fondée en 1671, est l'œuvre de Colbert. Elle obtient ses lettres patentes en 1717, est dissoute en 1793.

Académies du XVIIe siècle intégrées par la suite à l'Institut de France. Académie française ;

Académie des inscriptions et belles-lettres ; Académie des sciences.

Académies fondées en même temps que l'Institut ou postérieurement. Académie des sciences morales et politiques ; Académie des beaux-arts. Après la création de l'Institut de France, un grand nombre de sociétés sont constituées, dont on peut citer pour mémoire : en 1820, l'Académie nationale de médecine ; en 1915, l'Académie d'agriculture, reprise de la Société royale d'agriculture fondée en 1761 ; en 1952, l'Académie d'architecture, reprise de la Société centrale des architectes créée en 1865.

Académies provinciales. Elles se développent au XVIIIe siècle, en lien avec le mouvement encyclopédiste et la révolution scientifique, de multiples sociétés savantes, sociétés agronomiques et cercles érudits affiliées à l'Académie des sciences. Ainsi, à Bordeaux, en 1712, est fondée une Académie des sciences, belles-lettres et arts ; l'Académie des jeux floraux, de Toulouse ; l'Académie florimontane créée à Annecy sous l'impulsion d'Antoine Favre, père de Vaugelas, et de François de Sales.

ACADIE

Ancienne colonie française du Canada oriental.

Dès le début du XVIIe siècle, les Français l'occupent et y fondent Port-Royal en 1604-1605. Si la France néglige l'Acadie, laquelle ne compte, vers 1650, qu'un demi-millier de colons, pour la plupart paysans, l'Angleterre, en revanche, s'intéresse beaucoup à son avenir qu'elle joindrait volontiers à celui des territoires du Canada britannique. Et, sous le prétexte que John Cabot l'a découverte jadis, le gouvernement de Londres en exige la cession. Trois fois, dans la seconde moitié du XVIIe siècle, l'Acadie passe des lys aux léopards. Enfin, le traité d'Utrecht, en 1713, la livre officiellement aux Anglais qui l'ont conquise en 1710. Ceux-ci ne s'établissent d'abord qu'à Port-Royal, rebaptisé Annapolis-Royal, et les colons français, 2 000 environ, restent en Acadie, dénommée par les sujets de Sa Très Gracieuse Majesté Nouvelle-Écosse et Nouveau-Brunswick. La France ne renonce définitivement à sa colonie perdue qu'en 1763, lors de la signature du traité de Paris qui met fin à la guerre de Sept Ans. En 1755, George II exige des Français, au nombre de 16 000 à présent, la prestation d'un serment de fidélité les contraignant au service armé : dans le cas d'un conflit avec Louis XV, ils devraient verser le sang de leurs compatriotes. La majorité repousse l'allégeance, et c'est le « Grand Dérangement ». Nombre d'insoumis, déportés dans les 13 colonies anglaises de l'Amérique du Nord ou ayant regagné la France, se regroupent en Louisiane. Ils y forment la communauté, toujours subsistante dans les Bayous et à la Nouvelle-Orléans, des Cajuns. Les Français partis, le destin de la Nouvelle-Écosse et du Nouveau-Brunswick se confond avec celui du Canada anglais.

ACARIE Barbe Jeanne AVRILLOT dame, en religion sœur Marie de l'incarnation (Paris, 1565 – Pontoise, 1618)

Religieuse.

Fille d'un maître des requêtes au Conseil du roi, elle se marie, le 24 avril 1584, avec Pierre Acarie, conseiller maître de la Chambre des comptes, sur le désir de son père et malgré un goût prononcé pour la religion, goût acquis chez les clarisses qui l'ont éduquée – à 22 ans elle a reçu l'illumination mystique. Les soucis occasionnés par l'éducation de 6 enfants n'éloignent ni du cœur, ni de l'âme de madame Acarie ses préoccupations religieuses. De nouvelles extases, dont elle entretient François de Sales, la visitent. Une lecture de la vie de Thérèse d'Avila déterminera son action militante : aider au triomphe des principes de la Contre-Réforme, établis par le concile de Trente en 1563-1564. Les décisions conciliaires, affirmation de l'unité de l'Église, définition des dogmes, renforcement de la discipline ecclésiastique, ont suscité un regain d'intérêt pour les sciences sacrées et provoqué la fondation ou la modification de nombreux ordres monastiques.

Contre-réformiste enthousiaste, jugeant son pays devenu terre de mission, madame Acarie, soutenue moralement par le cardinal de Bérulle, financièrement par le garde des Sceaux Michel de Marillac, s'inspire alors de l'exemple de Thérèse d'Avila et introduit dans le royaume, à Notre-Dame-des-Champs puis à Pontoise, Paris, Tours et Rouen, la congrégation des Carmélites déchaussées. Dix ans après que Clément VIII eut accordé la bulle d'institution en date du 3 novembre 1603, madame Acarie, alors veuve, prend le voile, non pas dans l'une des maisons florissantes grâce à ses efforts, mais, modestement, au carmel d'Amiens dont sa fille est sous-prieure. Léon XIII la béatifiera le 16 avril 1891.

ACTE ADDITIONNEL AUX CONSTITUTIONS DE L'EMPIRE

Additif aux Constitutions rédigé par Benjamin Constant sous la dictée de Napoléon lors des Cent-Jours.

Promulgué solennellement au Champ-de-Mai, le 1er juin 1815, l'Acte additionnel affirme la continuité de l'Empire. Il se présente comme une suite d'articles s'ajoutant aux Constitutions impériales, instituant un parlement composé de deux chambres, imitant en cela la charte octroyée par Louis XVIII lors de la Première Restauration. Mais l'établissement de la pairie héréditaire à la seconde chambre, ou Chambre des pairs, déçoit le peuple, tandis que la suppression du cens et le suffrage universel pour l'élection de la Chambre des représentants inquiète les notables. Destiné surtout à rassurer les libéraux, l'Acte n'est en fait qu'un compromis qui ne donne satisfaction à personne.

ACTES CONSTITUTIONNELS

Série de décrets relatifs à l'organisation des pouvoirs publics pris par le maréchal Pétain entre le 11 juillet 1940 et 1942.

Les actes constitutionnels découlent du sabordage de la République par ses représentants les 9 et 10 juillet 1940. Le 9, députés et sénateurs votent le principe de « la révision des lois constitutionnelles » ; le 10, ils « donnent tous pouvoirs » au maréchal Pétain pour promulguer une « nouvelle Constitution de l'État français ». Par 569 voix contre 80 et 20 abstentions, le régime change de nom et devient l'« État français ». Tant que la Constitution reste en cours d'élaboration, le gouvernement du maréchal Pétain dispose des « pleins pouvoirs exécutif et législatif ». Malgré neuf moutures successives, la dernière en janvier 1944, la Constitution ne verra jamais le jour, ce qui laisse le champ libre à la dictature du Maréchal.

Le 11 juillet, les quatre premiers actes constitutionnels proclament Pétain chef de l'État français (le président de la République, Albert Lebrun, étant prié de démissionner), lui donnant des pouvoirs de nomination, de négociation et de sanction illimités. En outre, l'instauration du delphinat souligne l'aspect antidémocratique du nouveau régime. Les actes ultérieurs renforceront le caractère autoritaire de Vichy, notamment celui qui oblige les fonctionnaires à prêter personnellement serment au Maréchal. Avec le retour de Laval aux affaires en avril 1942, les actes constitutionnels 11 et 12 achèvent la concentration des pouvoirs entre le chef de l'État français et le chef du gouvernement – expression créée pour l'occasion –, lequel détient quatre portefeuilles, peut signer des lois ou des décrets, donc servir de proconsul au Maréchal.

ACTION CATHOLIQUE

Selon la doctrine catholique, tout chrétien a le devoir de faire connaître et de propager le message évangélique.

C'est vers 1930 que la participation des laïques à l'apostolat hiérarchique, défini par Pie XI, reçoit le nom d'Action catholique. En 1957, Pie XII précise qu'elle comprend l'ensemble des mouvements apostoliques laïques, reconnus comme tels par les évêques sur le plan national, et par le Saint-Siège sur le plan international. Dès 1886, l'Association catholique de la jeunesse chrétienne regroupe surtout des jeunes bourgeois qui tentent de mettre en pratique les théories du catholicisme social. Mais le premier mouvement laïque, constitué selon les vœux de Pie XI et ceux de Léon XIII exprimés en 1891 dans l'encyclique *Rerum novarum*, est la Jeunesse ouvrière chrétienne, JOC, créée en Belgique en 1925. L'année suivante, l'abbé Guérin implante la JOC en France. En 1927, elle adhère à l'Association catholique de la jeunesse chrétienne. Après la JOC, sont créées successivement la Jeunesse agricole chrétienne (JAC) et la Jeunesse étudiante chrétienne (JEC) en 1929 ; la Jeunesse maritime chrétienne (JMC) et la Jeunesse indépendante chrétienne (JIC), d'inspiration bourgeoise, en 1930.

Dès leur création, ces groupements ont le soutien du pape Pie XI qui institue, en 1931, un Comité central de l'Action catholique chargé de contrôler et de coordonner les diverses formes d'apostolat, d'organiser l'élection des dirigeants et de nommer des aumôniers. D'autres associations suivent ; en 1935 sont fondés la Ligue ouvrière chrétienne, l'Action catholique ouvrière, puis le Mouvement familial rural. L'Action catholique des mouvements indépendants regroupait les adultes, toujours selon leur appartenance à une catégorie sociale, particulièrement dans les centres urbains. C'est en 1954 que, sur mandat d'évêque, est instituée l'Action catholique générale des hommes (ACGH). Mais tandis que les mouvements plus anciens s'adressent à des couches socio-professionnelles définies, l'ACGH reçoit en partage la « mission de rendre les paroisses plus fraternelles et plus missionnaires ».

Au lendemain de la Seconde Guerre mondiale, apparaissent au sein de l'Action catholique des problèmes inhérents aux difficultés de concilier évangélisation et action temporelle, beaucoup de chrétiens, notamment au sein de la JOC, estimant que pour propager le message évangélique, il est nécessaire de modifier et même de bouleverser certaines structures de la société qui empêchent précisément de vivre l'Évangile. Et se pose la question : l'action des jeunes catholiques doit-elle se borner à la religion ou s'étendre au social et au politique ?

Les années 1956-1957 voient une crise naître au sein de l'Action catholique, alors que les mouvements de jeunes prennent plus d'importance. C'est en 1954 que la Jeunesse agricole chrétienne (JAC) se transforme en Mouvement rural de la jeunesse chrétienne (MRJC) de plus large audience. L'action sociale et politique prend de plus en plus d'ampleur au cours des années, soulevant parfois l'opposition de la hiérarchie et aboutissant à des crises internes profondes. Un texte épiscopal adopté à Lourdes sur l'Action catholique reconnaît aux divers mouvements le droit à l'engagement politique « sous leur propre responsabilité », ce qui conduit la Jeunesse indépendante chrétienne féminine (JICF) à considérer que cette réserve trahit une démission de la part de l'épiscopat et que cette position de l'Action catholique « paraît relever de la crainte et du calcul ».

Cependant l'Action catholique conserve sa vocation apostolique et comprend actuellement, outre l'Action catholique générale, d'une part, un Conseil central de l'apostolat des laïques, présidé par un évêque et, d'autre part, des groupements spécialisés dont l'action porte sur l'ensemble du cadre de la vie chrétienne.

ACTION FRANÇAISE

Comité nationaliste d'action politique fondé en avril 1898 par Henri Vaugeois et Maurice Pujo. Revue bimensuelle publiée à partir de juillet 1899 et remplacée en mars 1908 par un quotidien, L'Action française. *Ligue fondée en 1905.*

Composée à l'origine de républicains antidreyfusards, l'école d'Action française s'oppose à la décadence nationale qui, selon eux, menace la France depuis la décision de révision du procès Dreyfus en 1898. Sa doctrine, essentiellement influencée par Charles Maurras, qui rejoint Vaugeois et Pujo en janvier 1899, est une synthèse du vieux monarchisme corporatiste et du nouvel esprit nationaliste qui souffle en France depuis la crise boulangiste. Affirmant la primauté de l'unité du corps social, Maurras se fait le champion d'un « nationalisme intégral », qui le conduit d'une part à vilipender les « quatre états confédérés », les juifs, les francs-maçons, les protestants et les métèques, d'autre part à exalter l'Église catholique, à ses yeux garante par excellence du lien social.

La pensée de l'Action française exerce une influence considérable sur la jeunesse de l'époque, notamment parce qu'elle est défendue par des esprits brillants, comme Jacques Bainville, Georges Bernanos, Léon Daudet ou encore Jacques Maritain, Paul Bourget et Henri Massis. La création d'un institut en 1906 et d'un service d'ordre en 1908, dont les membres sont appelés les Camelots du roi, le passage de la revue du rythme bimensuel à celui de quotidien la même année constituent un tournant décisif dans l'histoire du mouvement qui, en 1914, appelle de toutes ses forces à l'Union sacrée. Pendant la guerre, le journal se fait fort de critiquer, avec le ton véhément et antisémite qui le caractérise, les pacifistes Caillaux ou Malvy, accusés de trahir la nation.

La condamnation du journal et de ses thèses en 1926 par le pape Pie XI porte néanmoins un coup sévère au prestige moral du journal. L'Action française subit alors une double hémorragie : la délaissent d'un côté des intellectuels catholiques comme Maritain, qui suivent les recommandations papales, de l'autre des jeunes adhérents, comme Robert Brasillach ou Lucien Rebatet, qui méprisent les synthèses maurrassiennes pour vouer un culte au fascisme. À cet égard, la journée du 6 février 1934, à laquelle l'Action française participe, n'est guère qu'un sursaut dans le déclin du mouvement qui marque les années 1930, malgré la suppression des sanctions à son encontre décrétées par le Vatican le 10 juillet 1939.

La célèbre formule de Maurras qualifiant de « divine surprise » l'arrivée au pouvoir du maréchal Pétain après la défaite de 1940 montre l'évolution des thèses de l'Action française, nées dans le nationalisme ardent de la fin du XIXe siècle pour mourir dans le pacifisme intégral des années 1930. Au demeurant, l'influence maurrassienne est assez peu perceptible dans le régime de Vichy, pourtant porté aux nues par le journal jusqu'à la fin de la guerre. Si l'Action française est interdite à la Libération et Maurras condamné à la prison à perpétuité, ses idées en revanche renaissent dès l'instauration de la IVe République, dans des revues comme *Aspects de la France*, *La Nation française* puis, plus récemment, *La Nouvelle Action française*, née en 1971, et *Réaction*, née en 1991.

L'équipe de l'Action française

Charles Maurras et Léon Daudet, entourés de leurs collaborateurs : de g. à dr., G. Calzant, ?, L. Daudet, Ch. Maurras, H. Pujo, H. Massis, G. Gaudy. © *Harlingue - Viollet*

ADALARD ou ADÉLARD, saint (près d'Audenarde, vers 753 – Corbie, 826)

Abbé.

Abbé de Corbie, parent des Carolingiens, peut-être petit-fils de Charles Martel, il est d'abord chargé de missions importantes par Charlemagne et Louis le Pieux. Il se brouille avec ce dernier après le partage de l'Empire entre les fils de Louis, en 817, et les troubles qui s'ensuivent. Cinq ans plus tard, il est rappelé d'exil par Louis dont il devient le conseiller efficace et fidèlement écouté. Il est l'auteur de plusieurs écrits, connus uniquement par fragments (statuts de l'abbaye Saint-Pierre de Corbie) ou par des copies postérieures (des prières, un traité sur l'organisation administrative du Palais impérial, *De ordine Palatii*, utilisé par l'archevêque de Reims Hincmar à la fin du IXe siècle dans son ouvrage homonyme).

ADALBÉRON de LAON (? – Laon, 1030)

Évêque.

Neveu de l'évêque Adalbéron de Reims, il devient chancelier du roi carolingien Lothaire III en 974, puis évêque de Laon en 977. Dans le conflit qui oppose Hugues Capet au dernier des Carolingiens, Charles, duc de Basse-Lorraine, Adalbéron joue un rôle décisif. D'abord fidèle à Hugues (987), il prête serment au Carolingien en 991 pour le trahir peu de temps après en le livrant aux partisans du Capétien. Cet épisode lui vaut une réputation de traître dans certaines chroniques postérieures. Adalbéron est l'auteur de plusieurs écrits historiques et satiriques dont le célèbre *Poème au roi Robert* (Robert II le Pieux), rédigé vers 1027, dans lequel il critique violemment le monachisme clunisien dirigé par le « roi Odilon », et formule l'idée d'une société tripartite divisée en trois ordres (« les uns prient, les autres combattent, les autres travaillent ») et dirigée par le roi.

ADALBÉRON de REIMS (v. 920-930 – Reims, 989)

Archevêque.

Originaire de Lorraine, il est chanoine de Metz, avant de devenir, en 969, archevêque de Reims. Animé du désir de réformer le clergé et d'arracher l'Église à l'étreinte séculière, il se consacre d'abord à son diocèse et place Gerbert d'Aurillac à la tête des grandes écoles de Reims.

Mais son ambition l'amène bientôt à jouer un rôle politique important. Convaincu que l'ordre ne peut renaître dans le monde occidental que sous l'autorité de l'empereur allemand, et estimant le jeune empereur Otton III menacé par le roi carolingien Lothaire, il forme le projet de substituer Hugues Capet à la dynastie carolingienne. Le complot échoue une première fois en 985. Mais, en 987, quand le seul Carolingien survivant est Charles, duc de Basse-Lorraine, très impopulaire, Adalbéron emporte l'adhésion de l'assemblée réunie à Senlis pour élire le roi. Il fait valoir que le trône ne s'acquiert pas par droit héréditaire, mais que l'on ne doit mettre à la tête du royaume que celui qui s'est distingué par ses qualités. L'assemblée proclame roi Hugues Capet et, le 3 juillet 987, Adalbéron sacre à Noyon le prince auquel son intervention avait assuré la couronne.

ADÉLAÏDE de FRANCE (Versailles, 1732 – Trieste, 1800)

Princesse.

Bien que quatrième fille de Louis XV, on l'appelle Madame Troisième. À l'abbaye de Fontevrault où elle est élevée – elle y apprendra l'anglais et l'italien –, sa force de caractère et son goût de l'autorité s'esquissent déjà. Pieuse, celle que le Bien-Aimé surnomme tendrement « Madame Torchon » surveille de fort près l'éducation du futur Louis XVI et juge sans indulgence les mœurs assez libres de son père. Madame Troisième mène une politique personnelle. Elle contribue à la disgrâce du duc de Choiseul et à la faveur du comte de Maurepas. Antiautrichienne, la princesse Adélaïde tente cependant de gouverner la jeune dauphine Marie-Antoinette. Elle doit y renoncer et, dès lors, condamne impitoyablement la frivolité de la nouvelle reine. Son attitude abrupte masque, cependant, une âme bonne et artiste. Elle veille Louis XV jusqu'à son ultime soupir et protège Mozart. Retirée au château de Bellevue, à Meudon, elle assiste sereinement au début de la Révolution. Elle n'émigre, accompagnée de sa sœur, Madame Victoire, que lorsqu'elle ne peut plus recevoir la communion des mains d'un prêtre non-jureur. Au sacrilège elle préfère l'exil qui la mènera de Meudon à Rome, de Rome à Naples, enfin de Naples à Trieste.

ADÉLAÏDE de MAURIENNE ou de SAVOIE (? – Montmartre, 1154)

Reine de France (1114-1137).

Fille d'Humbert II de Maurienne, elle épouse Louis VI le Gros en 1114, lui donne de nombreux enfants, dont le futur Louis VII. Veuve en 1137, elle se remarie avec le connétable Mathieu de Montmorency. Elle meurt à l'abbaye de Montmartre dont elle était la fondatrice.

ADÉLAÏDE d'ORLÉANS Eugénie Louise, dite MADAME ADÉLAÏDE (Paris, 1777 – Paris, 1847)

Princesse.

Fille de Louis Philippe Joseph d'Orléans, dit « Philippe Égalité », et d'Adélaïde de Bourbon-Penthièvre, elle possède le don de la politique. Sœur cadette du futur Louis-Philippe Ier, elle ambitionne déjà, émigrée avec sa gouvernante sous le nom de Mlle Stuart, le trône pour son frère et prévoit la brièveté de l'Empire. Réunie au duc d'Orléans à Palerme en 1809, Madame Adelaïde ne le quittera plus. Lors de la révolution de 1830, elle l'encourage à accepter la couronne et demeure sa conseillère écoutée. Les légitimistes surnommeront Madame Adélaïde « Athalie d'Orléans ».

ADÈLE de CHAMPAGNE (? – Paris, 1206)

Reine de France (1160-1206).

Adèle, ou Alix, est fille de Thibaud IV de Champagne. Elle épouse Louis VII en 1160. Veuve en 1180, elle essaie, en vain, d'exercer sa tutelle sur son fils Philippe Auguste. Néanmoins elle gouvernera le royaume pendant la croisade du roi de 1190 à 1191.

ADÉLIE (terre)

Partie française du continent antarctique.

Elle est découverte en 1840 par le grand navigateur Dumont d'Urville qui lui donne le prénom de sa femme. Elle est restée longtemps d'un accès difficile. Les expéditions de Paul-Émile Victor, de 1950 à 1952, ont contribué à faire connaître l'intérieur d'un pays couvert de glace dont l'épaisseur atteint environ 3 000 mètres près du pôle. Des bases ont été établies en terre Adélie sur le continent même (à Port-Martin) ou dans l'archipel de Pointe-Géologie (base Dumont-d'Urville).

ADER Clément (Muret, 1842 – Toulouse, 1925)

Inventeur.

Il construit l'*Éole*, sorte de chauve-souris de 14 mètres d'envergure, mue par un moteur à vapeur. Le 19 octobre 1890, dans le parc du château d'Armainvilliers, l'*Éole* s'enlèvera pour un bond d'une cinquantaine de mètres à quelques centimètres au-dessus de la pelouse. Prophétisant alors la vocation militaire des machines volantes, Ader intéresse le gouvernement à ses travaux et reçoit une subvention de 300 000 francs. Par une convention qu'il passe avec l'armée, l'inventeur s'engage à construire un appareil capable de voler à plusieurs centaines de mètres de hauteur à la vitesse de 50 km/h, en emportant un homme et 75 kg de bombes. Ainsi réalise-t-il l'*Avion III*, autre machine en forme de chauve-souris, animée cette fois par deux moteurs. Le 12 novembre 1897, au camp de Satory, Ader fait un premier essai de roulage, remettant au surlendemain son secret dessein de s'envoler de la piste circulaire qu'il a fait aménager pour aller se poser au polygone de Vincennes. Mais le 14, l'*Avion III*, ne décollera pas ; la piste circulaire est une erreur ; surprise par une rafale de vent qui la prendra de côté, la machine sera renversée et gravement endommagée.

Cet échec est fatal pour l'inventeur, qui se voit abandonné des pouvoirs publics et des militaires déçus. Et la question reste posée : Ader a-t-il véritablement volé ? Peut-on appeler *vol* le bond de l'*Éole* ? Quant à l'*Avion III* dont la trace des roues sur la piste s'efface sur une courte distance, a-t-il aussi volé ? Aujourd'hui la controverse paraît dérisoire, mais placée en son temps, celui d'un nationalisme exacerbé, celui de l'esprit de la revanche sur un ennemi vainqueur hier, elle s'éclaire et, peut-être, se justifie.

ADHÉMAR ou ADÉMARD de MONTEIL (? – Antioche, 1098)

Évêque.

Évêque du Puy, il prêche avec fougue la croisade au concile de Clermont en 1095. Urbain II le nomme légat de cette première croisade, le chargeant de la coordination entre les chefs militaires. Il participe à la conquête d'Antioche et meurt de la peste, peu après la prise de la ville.

ADMINISTRATION ROYALE

Cette notion est recouverte sous l'Ancien Régime par les termes de police, de justice et de finance. La monarchie absolue est d'abord administrative.

Jusqu'au XIIIe siècle, l'appareil administratif est très réduit et largement délégué à l'ordre seigneurial. Les conseillers du souverain, regroupés en une curie royale, traitent des affaires du domaine royal. À partir du règne de Saint Louis, ils se spécialisent en corps distincts : Conseil du roi et Cour des comptes d'une part, parlement de Paris d'autre part. Sous les Bourbons, le Conseil se scinde en 4 sections : le conseil d'en haut, le conseil des dépêches (1630), chargé de l'administration intérieure, le conseil des finances (1661) et le conseil privé ou des parties, chargé de questions juridictionnelles.

L'administration diffère entre pays d'états, jouissant d'une certaine autonomie, et pays d'élection, issus au XIVe siècle du domaine royal. Dans ceux-ci, les élus – nommés par le roi dès 1360 – collectent les impôts. Ils sont inspectés par des officiers, les élus généraux, qui prennent en 1586 le nom de trésoriers de France. Au XVe siècle, le pouvoir monarchique recourt aux missions ponctuelles de membres du Conseil royal pourvus d'une commission du roi leur donnant autorité pour contrôler, en une « chevauchée », toute l'administration – élus et baillis notamment – d'un secteur géographique donné. En 1600, ces inspecteurs prennent le nom d'intendants mais restent très concurrencés par les gouverneurs et lieutenants « pour le roi », qui sont de grands féodaux.

C'est sous le règne de Louis XIV que l'administration va se « royaliser » pleinement.

Tandis que le gouvernement du royaume mobilise le Conseil du roi, l'éventuel principal ministre, les secrétariats du roi et divers services techniques (surintendances des Postes, des Bâtiments, département des Fortifications...), l'administration est assurée par un triple système : les officiers propriétaires de leur charge et donc inamovibles – un véritable quatrième état... –, les commissaires nommés par le roi et enfin les fermiers des impôts qui avancent au roi le produit de la fiscalité indirecte avant de la collecter pour leur propre compte.

Officiers (au nombre de 44 000 sous Louis XIV) et commissaires recrutent et rémunèrent eux-mêmes le personnel subalterne. Beaucoup plus riche, la Ferme générale, créée en 1680 par Colbert, emploie davantage de commis encore. Dans les pays d'états, l'administration relève de la province, de même qu'existe dans les villes « privilégiées » du royaume une administration communale chargée par exemple de l'ordre public par l'intermédiaire de milices bourgeoises. En deçà des échelons supérieurs, l'auto-administration est la règle.

La justice est rendue par les prévôtés, bailliages ou sénéchaussées ; en appel, ou pour les affaires les plus importantes, par les parlements, qui assurent aussi l'enregistrement des édits royaux. L'équivalent actuel des tribunaux administratifs est constitué des cours des aides (contentieux des impôts), cours des monnaies et chambres des comptes qui contrôlent la comptabilité publique ou enregistrent les lettres de noblesse.

Louis XIV étend le contrôle monarchique aux employés subalternes, tandis que le personnel des grands offices et secrétariats d'État s'étoffe de nombreux « commis », véritable hauts fonctionnaires avant la lettre, « tiercelets de ministre » selon Saint-Simon. Des rouages relativement mineurs du commerce ou des manufactures sont transformés en offices dont la vente remplit les caisses de l'État à la fin du XVIIe siècle. Ainsi s'opère la mutation d'une monarchie judiciaire, où le pouvoir royal est borné par de grandes charges – connétable, surintendant des finances et autres grands offices... –, à une monarchie administrative où la multiplication des petits offices marque au contraire l'extension du contrôle de l'État.

Pour le gouvernement des provinces, Colbert privilégie les commissions d'intendant de police, justice et finances. Œil du roi dans leur circonscription – la généralité –, les intendants marginalisent les gouverneurs et lieutenants généraux qui représentaient traditionnellement l'autorité royale ; ils se font assister de subdélégués qui résident dans les principales villes de la province. L'intendance d'Alsace emploie une douzaine de personnes en 1661, près de 70 en 1710 ! Ces administrateurs du roi, aux statuts et niveaux de fortune très variés, se surveillent mutuellement pour le plus grand bénéfice du pouvoir monarchique, tout en développant un esprit de corps commun qui marquera durablement les diverses administrations souvent au-delà de l'apparente rupture révolutionnaire, comme le remarquera Tocqueville.

ADOUBEMENT

Cérémonie marquant, au Moyen Âge, l'entrée en chevalerie.

L'Église baptise, en quelque sorte, le métier des armes vers les IXe et Xe siècles. Après avoir reçu le coup de poing ou de paume, la colée – symbole resté obscur – que lui assène fortement à la base du cou l'officiant, le récipiendaire ne ceint son épée qu'après qu'elle a été exposée sur l'autel du Tout-Puissant et bénie par un homme de Dieu. Avec le temps, la religiosité de l'adoubement s'accentue. Entre le XIe et le XIIe siècle, période de l'épanouissement de la chevalerie, l'impétrant communie avant la cérémonie. À dater du XIIIe siècle, sa confession s'assortit d'un bain lustral, il revêt une aube blanche. Le soufflet chrétien

Clément Ader
L'Éole (1890) et son inventeur. © *Roger-Viollet*

se substitue à la colée, empreinte de brutalité païenne. L'officiant étant souvent un clerc à cette époque, l'adoubement devient une sorte d'ordination. Il ne dégénérera qu'au XIVe siècle, début de la décadence chevaleresque, en un formalisme somptueux assez éloigné des rites le régentant au XIIe siècle. Le futur chevalier, confessé, accomplit sa veillée d'armes : toute la nuit précédant la cérémonie, il prie en un lieu cultuel. Ayant communié, il se présente devant l'officiant – son père, un membre de sa famille ou un haut seigneur, parfois son suzerain – qui lui boucle à la taille le ceinturon auquel pend une épée, recommandée par un prêtre à la protection divine, et le chausse d'éperons d'or s'il est fortuné, dorés s'il ne l'est pas. Pendant qu'il récite ses patenôtres et jure d'observer les lois de la chevalerie des aides, ou des seconds parrains, l'officiant l'habille du haubert, le coiffe du heaume, et remet entre ses mains le bouclier. Aussitôt la colée administrée, le damoiseau est chevalier, et les réjouissances profanes commencent. Encouragement et récompense, l'adoubement est souvent accordé avant ou à l'issue d'une bataille. Le plus célèbre demeure celui de François Ier par le chevalier Bayard.

Cérémonie d'adoubement
Le nouveau chevalier se laisse boucler à la taille son nouvel armement. Miniature d'un recueil de poésies françaises (1280-1290), Paris, bibliothèque de l'Arsenal. © *Giraudon*

ADRETS François de BEAUMONT, baron des (La Frette, 1513 – La Frette, 1587)

Chef de guerre.

À peine adolescent, il combat en Italie sous les ordres du maréchal de Lautrec. Colonel des légionnaires du Dauphiné en 1555, injurié par les Guise, chef du parti catholique, il se convertit au protestantisme en 1562. Le prince de Condé, chef des huguenots, trouve en lui un lieutenant dévoué et impitoyable. Le baron ravage le Languedoc, le Forez, le Beaujolais, s'empare de Valence, d'Orange, de Lyon, de Grenoble, terrorise, neuf mois durant, les campagnes dauphinoise et lyonnaise. Incendies, viols, tortures, massacres marquent le passage de ses bandes. À Montbrison, le 16 juillet 1562, il masse des soldats, leur pique dressée, au pied d'une tour, et oblige les prisonniers catholiques à sauter du haut de l'ouvrage. Une telle sauvagerie finit par lasser même les plus farouches calvinistes. Au mois de février 1563, ses propres lieutenants se saisissent de lui à Romans. Ils le livrent à la justice des états de Languedoc, mais la paix d'Amboise, en mars 1563, qui met fin à la première guerre de Religion, le libère. Après la reprise des troubles, le baron des Adrets, revenu à l'Église romaine, se retourne contre ses anciens compagnons d'armes, ce qui le rend suspect aux deux camps. Une nouvelle fois arrêté, il est sauvé par la paix de Saint-Germain le 15 août 1570. En 1572, il participe à la guerre du marquisat de Saluces, les Français essayant d'interdire au duc de Savoie la conquête de ce fief mouvant du Dauphiné. Il se retire ensuite dans son château de La Frette, qu'il quitte en 1585 pour se joindre à l'expédition que commande l'amiral Bernard de La Valette contre François de Bonne de Lesdiguières, début de la huitième et dernière guerre de Religion.

ADUATUQUES ou ATUATUQUES

Aduatuci. *Peuple d'origine germanique établi en Belgique, entre Namur et Maastricht, sur la rive gauche de la Meuse, vers 109 av. J.-C.*

Les Aduatuques semblent avoir eu deux capitales successives. La première, que l'on croît être Namur, ou tout au moins un lieu proche de Namur (plutôt que Beaumont, Anvers ou Douai comme on l'a proposé jadis), est peut-être la place que le *De bello gallico* désigne sous l'expression *Aduatucorum oppidum*. La seconde est sans doute l'antique *Aduatuca* (plutôt que Limbourg). Aduatuca était une ancienne capitale des Éburons. César, qui la désigne comme *castellum Aduatucum*, la situe au centre du territoire des Éburons. Mais son nom seul semble bien indiquer qu'à l'arrivée du proconsul la cité était déjà depuis assez longtemps passée sous le contrôle des Aduatuques. Cette hypothèse est confirmée par deux autres passages du *De bello gallico* : l'un qualifie les Éburons de faible et obscure nation ; l'autre rapporte qu'ils payaient tribut aux Aduatuques.

Lors de la conquête des Gaules, les Aduatuques, luttant contre César, sont les alliés des Nerviens et des Éburons. Ils ne paraissent pas avoir souffert autant que ces derniers de la répression menée par le proconsul. L'Empire les agrège à la vaste cité gallo-romaine des Tongres.

A-ÉF : voir AFRIQUE-ÉQUATORIALE FRANÇAISE

AÉTIUS (Durostorum, Mésie inférieure, Silésie, fin du IVe siècle – Rome, 454)

Général romain.

Aétius, qui, durant sa jeunesse, a été donné comme otage à Alaric, roi des Wisigoths puis à Rugila, oncle d'Attila, est romain d'origine, mais l'est peu par l'éducation. Maître de la milice, il est chargé par l'impératrice Galla Placidia de défendre la Gaule à partir de 425. Il met à profit sa connaissance des Barbares et pratique à leur égard une politique de balance qui se révèle fructueuse, faisant de lui l'unique soutien de l'Empire pendant un quart de siècle. Il s'appuie d'abord sur les Huns pour lutter contre les Burgondes, qu'il installe entre Genève et Grenoble ; contre les Francs qu'il repousse en Belgique, après les avoir battus à Helesme entre Tournai et Cambrai, en 443 ; contre les Wisigoths d'Aquitaine, qu'il réussit à mater. En revanche, il facilite l'établissement des Huns en Pannonie, entre les Carpates et les Alpes orientales. Grâce aux Alains, il peut mettre fin à la révolte des Bagaudes. Enfin, lorsqu'en 451 Attila pénètre en Gaule, Aétius sait unir contre cet ennemi redoutable les Barbares fédérés établis en Gaule. Avec l'aide notamment des Wisigoths et des Alains, il bat les Huns devant Orléans et au *Campus Mauriacus*, bataille dite des « champs Catalauniques », en 451. Mais, l'année suivante, il ne peut arrêter une seconde invasion hunnique, en Italie cette fois. Alléguant cet échec, Valentinien III décide de se débarrasser d'un homme dont l'influence est devenue redoutable. Attiré au palais impérial à Rome, Aétius est assassiné de la main même de l'empereur.

AFARS ET ISSAS (territoire français des)

Ancien territoire français d'outre-mer situé en Afrique orientale.

Vaste de 23 000 km², bordé par le golfe d'Aden, borné par l'Éthiopie et la République de Somalie – qui porta jusqu'en 1967 le nom de Côte française des Somalis –, ce territoire comptait environ 210 000 habitants en 1974 et avait Djibouti pour capitale. Deux ethnies principales et rivales le peuplaient, les Afars ou Danakils et les Issas d'origine somalie.

En 1862, Napoléon achète la ville d'Obock à des chefs afars. La France – les Issas la boudent – s'y installe réellement en 1884 avec Léonce Lagarde, et sa protection s'étend aux sultanats de Tadjoura et de Gobad. En 1896, la colonie devient la Côte française des Somalis. Restée fidèle à Vichy, elle subit le blocus anglais jusqu'à ce qu'elle se rallie, en décembre 1942, à la France libre. La loi-cadre de 1956 institue une Assemblée territoriale en Côte française des Somalis, devenue territoire d'outre-mer en 1946. L'Assemblée se réunit en 1957. Le gouvernement français nomme alors un chef de territoire qui le représente et préside le Conseil du gouvernement élu par l'Assemblée. Pour défendre ses intérêts, le territoire mandate, à Paris, un député et un sénateur. Malgré l'opposition du vice-président au Conseil du gouvernement, le Somali Mahmoud Harbi, le rapprochement des Afars et des Somalis modérés permet au « oui » de l'emporter lors du référendum de 1958. Dès 1960, à la suite de l'indépendance de la Somalie britannique voisine, certains hommes politiques réclament une évolution semblable pour le territoire français – la conférence afro-asiatique de 1964 au Caire les appuie. Des progressistes fondent le Parti du mouvement populaire (PMP), les rivalités ethniques s'enflamment. Cependant, grâce à l'adhésion à une charte d'union de 80 notables afars et issas, les élections de 1963 se déroulent paisiblement. Pour la première fois, les Afars obtiennent la majorité à l'Assemblée. Après une nouvelle période de troubles, le référendum de juin 1967 maintient le territoire, avec ses statuts réformés, au sein de la République. Le PMP dissous, l'Afar Ali Aref gouverne, soutenu par les Issas modérés. À partir de 1967, le Conseil des ministres désigne un haut-commissaire au Territoire des Afars et des Issas, qui promulgue décrets, lois, dirige les services publics, mais laisse aux autorités locales toutes autres responsabilités de gestion. Sous la pression des partis d'opposition puis de la population – après un référendum organisé le 8 mai 1977 –, l'indépendance est proclamée. Le 27 juin 1977, la République de Djibouti est née.

AFFRE Denis Auguste (Saint-Rome-de-Tarn, 1793 – Paris, 1848)

Archevêque.

Après avoir assumé diverses responsabilités ecclésiastiques, dont celle de coadjuteur de l'évêque de Strasbourg, cet ancien professeur de théologie est nommé archevêque de Paris, le 6 août 1840. Généreux mais timide, bon mais pusillanime, Mgr Affre se signale surtout par la fondation de pieux établissements – l'école des Carmes, les Conférences ecclésiastiques – et la rédaction d'un *Traité de l'administration temporelle des paroisses*, ainsi que d'essais réfutant les thèses de Lamennais et de Victor Cousin. Mgr Affre écrit, dans son mandement de prise de possession de l'archevêché : « *Pacificius ad immolandum Domino veni* » (Dans la paix, je suis venu sacrifier au Seigneur). La prédiction se réalise le 25 juin 1848, jour de la Fête-Dieu, dernière journée des émeutes de Juin, devant la barricade bouclant l'entrée du faubourg Saint-Antoine. À quatre heures du soir, accompagné de deux représentants du peuple, de ses deux grands vicaires, de son domestique, l'archevêque se dresse, le crucifix à la main, entre les insurgés et les troupes du général Cavaignac. Les coups de feu s'interrompent. Mgr Affre exhorte à l'amour et à la paix les frères ennemis. Soudain, un roulement de tambour inattendu réveille les fureurs. La fusillade crépite de nouveau : l'archevêque s'écroule, frappé aux reins d'une balle tirée par un combattant anonyme. Mgr Affre, agonisant, murmure : « Le bon pasteur donne sa vie pour ses brebis. »

Afrique occidentale française (A-OF)
Affiche pour l'office du tourisme, 1920-1940, dessinée par Paul Colin (1892-1985).
© *Giraudon*

Afrique équatoriale française (A-ÉF)

Gouvernement général (ou fédération) constitué, de 1910 à 1958, par les trois colonies françaises du Gabon, du Moyen-Congo et de l'Oubangui-Chari, et par le territoire militaire du Tchad, devenu colonie en 1920.

Auparavant, le traité de novembre 1911 avec l'Allemagne avait fait perdre 270 000 km² au Congo français, et coupé en trois tronçons un territoire jusqu'alors d'un seul tenant.

L'organisation du gouvernement général est la même que celle de l'A-OF. L'ancien gouverneur du Moyen-Congo, installé à Brazzaville, devient gouverneur général de l'A-ÉF et détient l'autorité suprême. Un Conseil de gouvernement de dix membres siège à ses côtés, mais ne joue qu'un rôle consultatif. Les colonies sont divisées en circonscriptions, puis en subdivisions, dirigées, suivant leur degré de pacification, par des administrateurs civils ou des officiers. Leurs ressources proviennent des douanes et d'un impôt de capitation en nature payé par les populations soumises. En 1934, le gouverneur général Renard tente de modifier l'organisation de l'A-ÉF, qui ne constitue plus qu'une seule colonie avec un seul budget ; cette organisation, rendue impraticable par l'étendue du territoire et la difficulté des communications, est rapidement abandonnée.

Le gouvernement français, ne voulant pas accorder de crédits pour la mise en valeur de ces colonies, crée dès la fin du XIXe siècle des compagnies concessionnaires, afin d'attirer les capitaux privés. Elles possèdent tous les droits d'exploitation mais doivent en échange payer une redevance à la colonie, créer des transports fluviaux, assurer l'entretien des milices et des postes de douane. Elles seront plus tard chargées de la perception des impôts en nature. Cette toute-puissance entraîne de nombreux abus, notamment des réquisitions de main-d'œuvre. En 1910, une enquête aboutit à la diminution du nombre des sociétés concessionnaires ; toutes disparaîtront, en échange de terres, avant la fin de leur contrat trentenaire, en 1929. L'A-ÉF est, dans les années 1920-1930, une région pauvre, peu peuplée, ne possédant ni crédits ni débouchés. Son économie démarre lentement à la veille de la guerre.

Après l'armistice de 1940, Félix Éboué, gouverneur du Tchad, se rallie au général de Gaulle, et ses collègues l'imitent, plus ou moins volontairement. De Gaulle visite l'A-ÉF au mois d'août et nomme Éboué gouverneur général en novembre. L'A-ÉF est alors le point de départ des opérations en Libye italienne. Les troupes, recrutées principalement en Oubangui-Chari et au Tchad, combattent à Koufra, au Fezzan, à Bir-Hakeim. L'armée Leclerc attaque à partir du Tchad en décembre 1942. La conférence de Brazzaville, au début de 1944, esquisse une nouvelle politique coloniale fondée sur le principe d'association, sans que les déséquilibres démocratiques soient réglés. Des députés de l'A-ÉF, Blancs et Noirs, siègent aux Assemblées constituantes de 1945-1946. Quand la Constitution de 1946 crée l'Union française, les colonies deviennent des territoires d'outre-mer et tous les habitants des citoyens français. Chaque territoire possède une assemblée territoriale, aux pouvoirs budgétaires et administratifs. Les assemblées désignent un Grand Conseil de l'A-ÉF. La structure administrative reste inchangée. Enfin, l'A-ÉF reçoit 6 sièges à l'Assemblée nationale, 8 au Conseil de la République, 7 à l'Assemblée de l'Union française.

La loi-cadre de 1956 institue le suffrage universel, supprime le double collège créé en 1946, augmente les pouvoirs des assemblées territoriales. Chacune élit un Conseil de gouvernement. Les gouverneurs n'en sont que les présidents. Il n'y a pas d'exécutif fédéral.

Dans son discours de Brazzaville, le 28 août 1958, le général de Gaulle promet l'indépendance dans la Communauté à ceux qui le souhaitent. Le référendum sur la Constitution, le 28 septembre, recueille de 90 à 99 % de « oui ». À la fin du mois de novembre, les quatre territoires deviennent républiques : Tchad, Congo, Gabon et république Centrafricaine (ancien Oubangui-Chari). Elles sont associées à la Communauté, et l'A-ÉF disparaît.

Afrique occidentale française (A-OF)

Gouvernement général formé, de 1895 à 1958, par les huit colonies françaises du Sénégal, de la Guinée, de la Côte-d'Ivoire, du Soudan, du Dahomey en 1899, de la Haute-Volta en 1918, de la Mauritanie et du Niger en 1920. Le Togo, dont la partie orientale est placée sous mandat français par le traité de Versailles de 1919, est tantôt réuni à l'A-OF, tantôt autonome. La Haute-Volta, dont le territoire, en 1932, est réparti entre ses voisins, n'est établie qu'en 1947.

Le gouvernement général, mis en place en 1895, est celui du Sénégal. Il réside à Saint-Louis, mais ses attributions sont trop étendues. La fédération doit être modifiée en 1902-1904 : à partir de cette date, le gouverneur général ne s'occupe plus particulièrement du Sénégal, mais réside cependant à Dakar qui devient ainsi la capitale de l'A-OF. Il dépend directement du ministère des Colonies et a sous ses ordres des lieutenants-gouverneurs, plus tard gouverneurs, placés à la tête de chaque colonie. On légifère par décret ministériel ou arrêté des gouverneurs, et les Conseils de gouvernement, composés de hauts fonctionnaires et de membres nommés, n'ont qu'un rôle consultatif.

Chaque colonie est divisée en circonscriptions, celles-ci en subdivisions ; toutes sont dirigées par des administrateurs des colonies, qui sont d'abord d'anciens officiers, puis des élèves de l'École coloniale. Les chefs indigènes sont placés sous leur autorité et, comme en A-ÉF, les institutions traditionnelles sont respectées. Seules les « quatre communes », Saint-Louis, Gorée, puis Dakar et Rufisque, sont assimilées à des communes de la métropole. Elles élisent un député, des conseils municipaux et un conseil général. Ailleurs, les indigènes sont sujets français, mais n'ont pas de droits politiques. Les Français, qui n'en ont guère plus, ne sont pas représentés au Parlement. Les autochtones sont assujettis au Code de l'indigénat, à la justice indigène présidée par l'administrateur, aux prestations et parfois aux réquisitions de main-d'œuvre. Le gouvernement français, qui s'intéresse davantage à l'A-OF qu'à l'A-ÉF, développe néanmoins l'assistance médicale, l'enseignement et l'agriculture.

Après l'armistice de 1940, le gouverneur général Boisson se déclare fidèle au maréchal Pétain et, du 23 au 25 septembre 1940, repousse un débarquement des Forces françaises libres, soutenues par une escadre anglaise. Tout en combattant le gaullisme, il s'efforce pourtant de repousser la collaboration. À la suite du débarquement allié à Alger, en novembre 1942, il rallie l'A-OF au gouvernement d'Alger, mais est remplacé lors de l'arrivée au pouvoir des gaullistes l'année suivante.

Avec la Constitution de 1946, les colonies deviennent des territoires d'outre-mer, dont les habitants sont citoyens français, tout en conservant leur statut civil personnel. À un suffrage encore restreint, comme en A-ÉF, ils élisent des parlementaires, africains ou non (16 députés, 20 membres du Conseil de la République, 27 conseillers de l'Union française), des conseils généraux, et plus tard des assemblées territoriales siégeant aux côtés du gouverneur et qui votent, entre autres, le budget et les impôts. Les délégués des assemblées de chaque territoire constituent le Grand Conseil qui assiste le gouverneur général. Plus qu'en A-ÉF, les parlementaires africains s'intéressent à la vie politique. Des partis sont constitués, dont les leaders s'appellent Lamine Gueye et Léopold Senghor (Sénégal), Houphouët-Boigny (Côte-d'Ivoire), Apithy (Dahomey) ou Sékou Touré (Guinée).

La loi-cadre de 1956 institue le fédéralisme : chaque territoire a un Conseil de gouvernement, dont les ministres sont élus par l'Assemblée territoriale, elle-même élue au suffrage universel. Ces conseils sont présidés par les gouverneurs français, dont l'autorité décline. Lors du référendum du 28 septembre 1958, seule la Guinée refuse de faire partie de la Communauté, les autres territoires deviennent des républiques au sein de cette Communauté. Leur indépendance complète est acquise en 1960.

AGADIR (affaire d')

Épreuve de force entre la France et l'Allemagne, liée aux efforts d'expansion territoriale des grandes nations européennes dans les premières années du XXe siècle. Elle faillit déclencher la guerre dès 1911.

Les origines de la crise remontent au mois de mars 1905, lorsque l'empereur Guillaume II, en visite à Tanger, se pose en protecteur de l'indépendance du Maroc et marque par là sa volonté de s'opposer à toute tentative française de domination sur l'ensemble du Maghreb. L'Allemagne, venue trop tard au partage du monde, se refuse à voir le sort d'un pays neuf, encore indépendant, se régler en dehors d'elle, et la pression de sa diplomatie oblige la France à accepter le principe d'une conférence internationale. Cette conférence se réunit à Algésiras de janvier à avril 1906, mais ne donne pas les résultats espérés par l'Allemagne. L'Acte d'Algésiras, tout en proclamant l'indépendance de l'empire chérifien, laisse à la France, soutenue par la Grande-Bretagne, la Russie, l'Italie et même les États-Unis, les moyens d'exercer auprès du sultan une action prépondérante.

La querelle rebondit au cours de l'été 1911 à la suite des troubles qui amènent les troupes françaises à occuper Fez, c'est-à-dire à dépasser les limites que l'Acte d'Algésiras a fixées à leur action. L'Allemagne a pourtant accepté, en février 1909, de reconnaître à la France toute liberté d'action pour le maintien de l'ordre, mais à condition de partager les bénéfices de l'exploitation économique du pays. Or, cette collaboration ne s'est pas établie.

Pour obliger la France à lui accorder une compensation, le gouvernement allemand envoie devant Agadir, dans le Sud du Maroc, le 1er juillet 1911, un navire de guerre, la canonnière *Panther*. Cette initiative ouvre une crise qui dure quatre mois. Agitant la menace de guerre, l'Allemagne cherche à obtenir de la France la totalité du Congo qui, ajouté au Cameroun qu'elle possède déjà, et éventuellement au Congo belge auquel pourrait renoncer le roi Léopold, contribuerait à former un grand espace colonial allemand en Afrique centrale. Même si l'hypothèse d'une guerre se renforce, dans la mesure où l'Angleterre menace d'intervenir face à l'ampleur des exigences allemandes, le gouvernement français redoute l'idée d'un conflit au vu de la désorganisation et de la faiblesse de l'armée. Les négociations alors entreprises laissent à la France son hégémonie sur le Maroc en échange de l'abandon de la partie intérieure du Congo français, entre le Cameroun et le Congo belge, le « bec de canard », et une bande de territoire au sud de la Guinée qui offre un accès à la mer. Même si la cession par l'Allemagne à la France d'un petit territoire au bord du Tchad donne à ce marché l'apparence d'un arrangement, le gouvernement Caillaux passe pour avoir trop cédé aux exigences allemandes et tombe fin 1911. Caillaux est remplacé par Poincaré qui met en œuvre une politique de fermeté vis-à-vis de l'Allemagne. Cristallisation des antagonismes à la veille de la Première Guerre mondiale, la crise d'Agadir contribue à resserrer les liens entre la France et l'Angleterre et, par contre-coup, à accélérer la politique d'armement de Guillaume II.

AGDE

Agathé Tuché *(Bonne Fortune). Ville de l'Hérault. Cité antique, sur la rive gauche de l'Hérault, à 5 km de la mer Méditerranée, fondée par les Massaliotes au pied de la montagne volcanique de Saint-Loup.*

L'activité maritime d'Agde dans l'Antiquité était mal connue jusqu'aux fouilles archéologiques sous-marines effectuées en 1964, qui ont livré de nombreuses amphores et plus de 1 700 objets en cuivre et en bronze datant d'une période allant du VIe siècle av. J.-C. au IVe siècle ap. J.-C. La découverte la plus prestigieuse est celle de l'« éphèbe d'Agde », un jeune homme en bronze, haut de 1,33 m et d'une beauté remarquable, qui pourrait dater du IVe siècle avant notre ère.

Agde est successivement romaine, jusqu'à son saccage par les Vandales en 408, wisigothique (c'est alors que s'y tient un célèbre concile, en 506), puis sarrasine, en 719, avant d'être reprise par Charles Martel vers 735. Dès le début du Ve siècle, elle est devenue évêché. Elle est intégrée à la Septimanie par Pépin le Bref. Puis les comtes de Toulouse sont suzerains de la vicomté d'Agde échue en 1187 à l'évêque de la ville. L'hérésie cathare s'y développe à la fin du XIIe siècle, avant d'être sévèrement réprimée lors de la croisade albigeoise. Au XVIe siècle, la ville est un des foyers du protestantisme languedocien entre 1562 et 1577. L'évêché, suffragant de Narbonne, est supprimé en 1790. L'ancienne cathédrale fortifiée, Saint-Étienne, subsiste encore.

AGEN

Aginnum. *Chef-lieu du Lot-et-Garonne. Capitale de l'Agenais et évêché.*

Située sur les bords de la Garonne, Agen, principal *oppidum* des Nitiobriges, est, à l'époque romaine, un centre de communications important : les chemins berrichons, bordelais et narbonnais s'y rencontrent. La ville, comté au Moyen Âge, relève successivement de la suzeraineté des maisons de Poitiers, de Toulouse, de celle du seigneur-évêque, enfin du roi d'Angleterre à qui le traité de Paris, dit d'Abbeville, signé en 1259 par Louis IX, et le traité de Brétigny signé en 1360 par Jean II, la cèdent. Avant d'être, sous le règne de Charles VII, définitivement réunie à la couronne, la ville, libérée des Anglais, supporte le pillage des troupes de Jean II d'Armagnac en 1418. Les guerres de Religion ne l'épargnent pas davantage.

Patrie de deux martyrs, sainte Foy et saint Caprais, Agen s'est convertie au christianisme grâce à la prédication du second à qui elle a dédié sa cathédrale.

AGENAIS ou AGENOIS

De pagus Agennensis, *ancien pays.*

Région de l'Aquitaine Seconde romaine, l'Agenais est diocèse depuis une centaine d'années lorsque les Wisigoths l'envahissent au Ve siècle. Possession de Clovis en 507, héritage de Gontran, roi de Bourgogne et d'Orléans, l'Agenais, en 632, compte parmi les domaines de Dagobert Ier destinés à Charibert. Au IXe siècle il est comté héréditaire, à la fin du XIe il relève des comtes de Toulouse ; enfin, patrimoine des ducs aquitains, le mariage de la princesse Aliénor avec Henri Plantagenêt le rend à la discrétion des rois d'Angleterre. Louis IX, signant le traité de Paris, dit d'Abbeville, en 1259, semble abandonner pour partie l'Agenais à Henri III Plantagenêt. Cependant, la couronne le ressaisit en 1322 et c'est le traité de Brétigny, en 1360, qui le cède, entièrement cette fois, aux Anglais. Redevenu français en 1444, l'Agenais est offert en apanage, par Louis XI, à son frère Charles, duc de Guyenne, puis par Charles IX à sa sœur, Marguerite de Valois. L'Agenais historique recouvre, approximativement, les trois quarts du département du Lot-et-Garonne.

AGNADEL (bataille d')

Victoire française remportée sur les Vénitiens.

Le 14 mai 1509, répondant à l'appel de Jules II, Louis XII, qui vient de réorganiser son armée, est parti pour combattre Venise, accompagné du cardinal d'Amboise. De part et d'autre de l'Adda, près du village d'Agnadel (Lombardie), les deux armées s'affrontent. La cavalerie vénitienne charge, mais Bayard contre-attaque en franchissant les fossés. Les Vénitiens sont sous les ordres de deux généraux : Alviano, aux prises avec les Français, et Pitigliano, assez éloigné, qui refuse de secourir son collègue et parent. Alviano perd plusieurs milliers d'hommes, son artillerie et sa liberté. Les Français peuvent alors s'emparer de Brescia, Bergame, Crémone et Peschiera.

AGNÈS de FRANCE (?, 1171 – ?, 1220)

Princesse capétienne.

Fille de Louis VII et d'Adèle de Champagne, elle est mariée en 1180 à l'empereur d'Orient Alexis II Comnène. Après l'assassinat de ce dernier en 1183, elle est contrainte d'épouser l'instigateur du meurtre, Andronic Comnène. La révolution de 1185, qui donne le pouvoir à Isaac l'Ange, lui ôte toute influence politique. En 1204, Agnès de France épouse Théodore Branas, noble byzantin.

AGNÈS de MÉRAN ou de MÉRANIE (Tyrol, v. 1175 – Poissy, 1201)

Reine de France (1196-1201).

Princesse italienne, fille de Berthold IV, duc de Méranie. Pour épouser Philippe II Auguste en 1196, elle n'hésite pas à braver le pape Célestin II qui venait de casser le jugement annulant le précédent mariage du roi de France avec Ingeburge de Danemark. Elle donne au roi un fils, Philippe, et une fille, Marie, tous deux légitimés par le pape. Célestin II mort, son successeur Innocent III frappe le royaume d'interdit, la pire malédiction du Moyen Âge, peine collective condamnant les sujets du prince à vivre et à mourir privés des secours de la religion. Philippe Auguste contre-attaque en confisquant les biens des évêques fidèles au pape, avant d'éloigner Agnès – elle se retire au château de Poissy – et de promettre de se soumettre à la décision d'un concile. Celui de Soissons réintègre Ingeburge en ses droits. Agnès de Méranie mourra de chagrin, accouchant d'un fils, Tristan, qui ne lui survivra que quelques heures.

AGUESSEAU Henri François d' (Limoges, 1668 – Paris, 1751)

Magistrat, chancelier de France.

Né dans une famille de magistrats réputés, fils d'un intendant du Languedoc, il est formé à l'étude du droit, de la littérature et de la philosophie. Avocat du roi au Châtelet en 1690, avocat général au parlement de Paris la même année, il devient procureur général en 1700. Le procureur général était notamment chargé de la surveillance des officiers inférieurs de justice, de celle des établissements de charité et des intérêts du domaine. D'Aguesseau se fait rapidement une grande réputation, tant par ses réformes que par son éloquence, dictant de nombreux règlements, intervenant avec vigueur au moment de la famine de 1709.

Janséniste et gallican, il s'oppose à Louis XIV lors de la publication de la bulle *Unigenitus* et conduit l'opposition parlementaire à cette publication. Il l'impose par la suite, en 1720, estimant que les droits de l'Église gallicane sont préservés. Chancelier en 1717, il combat le système de Law et est exilé à Fresnes en 1718. Rappelé en 1720,

Henri d'Aguesseau
Au début de son mandat de chancelier, le 2 février 1717.
Huile sur toile, château de Versailles.
© *Lauros-Giraudon*

il se trouve de nouveau exilé en 1722 pour son opposition à Dubois. Rentré en grâce en 1727, il se consacre dès lors à la législation et non plus à la politique, travaillant à l'unification de la jurisprudence concernant le droit écrit. Trois grandes ordonnances sont ainsi publiées, sur les donations en 1731, les testaments en 1735 et les substitutions en 1747. Magistrat intègre, orateur réputé, surnommé l'« Aigle du Parlement » par Saint-Simon, écrivain et philosophe lui-même, il signe, en 1746, le privilège de l'*Encyclopédie*, et abandonne ses fonctions en 1750.

AIDE, AIDES

Contribution essentielle du droit féodal, l'aide participe, avec le conseil, de l'ensemble des services que le vassal doit à son seigneur.

Assez imprécis à l'origine, ces services comportent bientôt deux aspects : l'aide militaire et l'aide financière, relevant à partir du XIe siècle de règles de plus en plus formelles. On distingue dans l'aide militaire, limitée à quarante jours, l'ost et la *chevauchée*. En France s'y ajoutent les services de cour et d'administration. Proportionnelle à l'importance, l'aide financière ou *aide des quatre cas* est due en des circonstances définies : départ du suzerain pour la croisade, sa prise à rançon par l'ennemi, l'accès de son fils aîné à la chevalerie, le mariage de sa fille aînée.

Avec le déclin de la société féodale, les aides perdent de leur caractère traditionnel. Philippe Auguste est le premier roi de France à en prescrire de nouvelles, destinées à faire face à la commune nécessité, aux frais extraordinaires de guerre, à la défense du royaume. Elles sont permanentes à partir du XIVe siècle, prenant la forme d'un impôt non plus octroyé, mais levé sur des contribuables, que les états provinciaux entendent alors répartir et contrôler dans son utilisation. Les aides sont souvent perçues par les seigneurs en lieu et place du fisc, le roi pour se les attacher leur cédant une partie de l'impôt levé sur les *taillables*.

Au cours de l'Ancien Régime, les aides prennent la forme d'un impôt sur les produits de consommation, sel, huiles, papier, la marque des fers, de l'or et de l'argent des cartes à jouer, et frappent plus particulièrement la production principale d'une région. Très impopulaire, cet impôt provoque de fréquents conflits que tranche la Cour des aides. Les droits d'aides seront abolis par la Révolution.

AIGUES-MORTES

Ville du Gard, au sud de Nîmes. Son origine remonte à Saint Louis, qui recherchait une base de départ pour la croisade.

Construite en 1241 sur le plan quadrillé des bastides, la ville est reliée à la mer par un chenal. Les fortifications et le donjon, aujourd'hui intacts, sont achevés sous le règne de Philippe III le Hardi. Louis IX s'y embarque pour l'Égypte en 1248 et pour Tunis en 1270. La ville connaît une grande activité, amoindrie par l'ensablement du chenal, vers le milieu du XIVe siècle, et ruinée par la fondation de Cette (Sète) au XVIIe siècle. Aigues-Mortes est aujourd'hui à 5 km de la mer.

AIGUILLON Armand de VIGNEROT du PLESSIS de RICHELIEU, duc d' (Paris, 1761 – Hambourg, 1800)

Homme politique.

Fils d'Emmanuel Armand. Député de la noblesse aux États généraux, il fait partie du groupe des nobles libéraux. En tant que l'un des plus grands propriétaires du royaume, son intervention entraîne l'adhésion de la noblesse au principe de l'abolition des privilèges, consacré par la nuit du 4 Août 1789 au cours de laquelle il appuie avec chaleur le vicomte de Noailles. En 1792, il combat contre les Autrichiens comme maréchal de camp à l'armée du Rhin mais, décrété d'accusation après le 10 Août pour avoir désapprouvé certaines mesures de l'Assemblée législative, il émigre. Le Consulat le raye de la liste des proscrits. Il meurt à Hambourg avant d'avoir pu regagner la France.

AIGUILLON Emmanuel Armand de VIGNEROT du PLESSIS de RICHELIEU, duc d' (?, 1720 – Paris, 1788)

Homme politique.

Arrière-petit-neveu du cardinal de Richelieu par son arrière-grand-mère (comme le maréchal de Richelieu, son cousin), il est maréchal de camp à 28 ans, puis lieutenant général ; il est nommé en 1753 commandant en chef de la Bretagne qu'il s'applique à moderniser, en plein accord avec l'intendant Le Bret. Quand les Anglais, au début de la guerre de Sept Ans, veulent débarquer sur les côtes bretonnes, il les rejette à la mer à Saint-Cast en 1758, avec l'aide des miliciens bretons. Mais il se heurte, dans sa volonté de rénovation, au procureur général du parlement de Rennes, Caradeuc de La Chalotais, esprit éclairé, intrigant, célèbre par ses réquisitoires contre les jésuites, qui se fait le défenseur des privilèges locaux. Ce dernier entraîne toute la noblesse bretonne contre le despotisme du commandant, accusé de ruiner le peuple en embellissements de villes et ouvertures de routes, et se dresse en 1763 contre la levée de nouvelles taxes fiscales nécessitées par la guerre de Sept Ans. À son appel, le parlement de Rennes joint ses protestations contre les édits fiscaux à celles des états de Bretagne. Une lutte ouverte s'engage alors entre La Chalotais et d'Aiguillon, protégé de la reine et du Dauphin, qui passe pour dévot et ami des jésuites, ayant fait preuve d'une neutralité bienveillante à leur égard lors du procès qui leur a été intenté en 1762. Cette lutte n'est qu'un des épisodes principaux de la guerre que mènent, dans tout le royaume, les parlements contre le pouvoir royal de 1758 à 1779. Le roi se décide à réagir contre ces excès, mande la cour de Rennes à Versailles et l'admoneste. Elle démissionne alors en 1765. D'Aiguillon s'emploie, non sans mal, à trouver des juges pour former une cour intérimaire qui sera surnommée bailliage d'Aiguillon.

La crise s'aggrave lorsque La Chalotais et son fils, impliqués dans une obscure histoire de lettres anonymes adressées au roi, sont internés par lettres de cachet à Saint-Malo. Ils prennent figure de martyrs de la Bretagne et de la liberté, victimes de la tyrannie du duc, pourtant étranger à ces arrestations. Bientôt, le parlement de Paris se déclare solidaire de celui de Bretagne, et Louis XV, pour mater une révolte qui s'étend, tient un lit de justice le 3 mars 1766, au cours duquel il fustige sévèrement les magistrats. Cette séance, dite de la « flagellation », est un acte d'autorité sans lendemain : La Chalotais est simplement exilé à Saintes. D'Aiguillon démissionne en 1768 et, l'année suivante, le roi, poussé par Choiseul, cède et rétablit le parlement de Rennes qui réclame le retour de La Chalotais et exige le procès du duc d'Aiguillon accusé d'avoir suborné des témoins contre les parlementaires de Bretagne. Le parlement, réuni à Versailles en Cour des pairs, le prive de sa pairie, faisant par la même occasion le procès de l'administration royale.

Cependant, les nouveaux ministres, Maupeou et Terray, attisent le ressentiment du roi. Le 27 juin 1770, à la veille de la disgrâce de Choiseul, Louis XV casse l'affaire, innocente d'Aiguillon par lettres patentes et interdit aux princes du sang de se joindre au parlement qui est à la veille de sa chute. Après le départ de Choiseul, et malgré son impopularité, le duc d'Aiguillon, sur intervention des dévots et des amis de Mme du Barry, reçoit le ministère des Affaires étrangères qu'il cumule avec celui de la Guerre en 1774. Avec Maupeou, chancelier, et Terray, contrôleur des Finances, il forme un triumvirat antiparlementaire, antichoiseuliste, antiautrichien, et soutient Maupeou dans son œuvre de modernisation du système judiciaire. Son action comme ministre des Affaires étrangères sera critiquée : voulant maintenir la paix, il refuse toute intervention de la France en faveur d'une Pologne indépendante et on lui reprochera de n'avoir pas empêché le partage de ce pays en 1772. L'avènement de Louis XVI amène sa disgrâce, comme celle de Terray et de Maupeou dont toutes les réformes seront annulées. Il ne jouera plus de rôle politique de premier plan.

AILLY Pierre d' (Compiègne, 1350 – Avignon, v. 1420)

Cardinal et diplomate.

Grand maître du collège de Navarre, chancelier de l'université de Paris en 1389, évêque du Puy en 1395, de Cambrai en 1397, il est cardinal en 1411. Avec deux autres représentants de l'université de Paris, il s'attache à mettre fin au Grand Schisme en 1394, puis joue un rôle important au concile de Constance du 30 mars au 6 avril 1415 qui proclame la supériorité des conciles sur le pape. Martin V couronne sa carrière en le nommant légat d'Avignon. Il laisse de nombreux écrits théologiques et scientifiques.

AÎNESSE (droit d')

Principe donnant au fils aîné la part prépondérante de l'héritage familial.

Il apparaît vers 1030 dans les familles de seigneurs châtelains, au moment où celles-ci se dotent d'un surnom (le *cognomen*) qui deviendra le nom de famille. Le lien entre les deux évolutions est évident. Au cours du XIe siècle, une frange notable de l'aristocratie laïque accède au pouvoir par la dévolution de prérogatives régaliennes. Pour consolider leurs nouveaux acquis, ces familles se constituent en lignages, se dotent d'un nom et de structures propres, tendant à éviter les dilapidations du patrimoine entre les descendants. Le fils aîné est privilégié. Il obtient une part prépondérante de l'héritage paternel et maternel. Les cadets et les filles se partagent le reste à parts égales.

Au cours des XIIe et XIIIe siècles, ce principe inconnu des droits romain et barbare est codifié dans de nombreuses coutumes. Il devient un principe de droit coutumier et l'on peut dès lors parler de droit d'aînesse. Dans le même temps, il tend à s'élargir aux classes plus modestes que l'aristocratie châtelaine, pour s'étendre notamment dans la bourgeoisie. Les testaments de la fin du Moyen Âge l'attestent. Maintenu jusqu'à la fin de l'Ancien Régime, le droit d'aînesse est supprimé par l'Assemblée constituante. Les lois de mars 1790 et d'avril 1791 fondent les pratiques nouvelles en matière de succession que le code civil entérine en 1804.

AIRE ou AIRE-SUR-LA-LYS

Ville du Pas-de-Calais. Aire, place forte du comté de Flandre, est, dès le VIIe siècle, édifiée sous les murailles d'un château.

Paradoxalement, cette cité belliqueuse reçoit, en 1188, une charte au plaisant titre de loi de l'Amitié. La commune se nomme Amitié, ses citoyens les Amis, et son maire se flatte de porter, bien sûr, le titre de chef de l'Amitié. Occupée plusieurs fois, Aire, libérée des Espagnols, devient définitivement française par le traité de Nimègue, en 1678. Les bombardements qu'elle a subis en 1944 lors de la dernière guerre mondiale l'ont particulièrement éprouvée.

AISNE (batailles de l')

La vallée de l'Aisne a été, au cours des deux guerres mondiales, l'enjeu de luttes acharnées.

Les principaux combats sont livrés dans les régions de Soissons, Berry-au-Bac, Tracy-le-Val, notamment lors de la grande offensive Nivelle d'avril 1917 sur le chemin des Dames. En mai 1918, l'attaque allemande sur Château-Thierry parvient de nouveau jusqu'aux bords de la rivière, mais la contre-offensive de Mangin repousse l'ennemi. C'est enfin de l'Aisne que partent les attaques victorieuses de l'été 1918.

Lorsque la campagne de France s'engage, le 5 juin 1940, les troupes allemandes, qui se sont engouffrées dans la trouée de Sedan, se heurtent dans leur progression à un nouveau front français sur l'Aisne, tenu d'Attigny à Soissons par la VIe armée (Touchon) et la IVe armée (Requin). Mais la violente offensive que lance von Rundstedt le 9 juin, après s'être assuré une tête de pont à Soissons dès le 6, lui permet d'atteindre le jour même la Marne à Château-Thierry. Quelques jours après, le 13, Guderian, qui mène l'action principale à partir de Neufchâtel et Rethel – avec pour objectifs Langres et Belfort afin d'encercler les armées françaises de l'Est –, réussit à gagner Châlons-sur-Marne et Vitry-le-François, en dépit de la résistance de de Lattre à Rethel et des contre-attaques du groupement blindé Buisson.

AIX-EN-PROVENCE

Aquae Sextiae *(Eaux de Sextius, par référence aux sources proches). Ville des Bouches-du-Rhône.*

Fondée en 123 av. J.-C. par le consul Caius Sextius Calvinus, c'est, sous l'occupation romaine, un poste militaire important et une station thermale réputée. La ville décline sous le choc des invasions barbares, du VIe au Xe siècle, mais se redresse ensuite : elle devient, en 1189, la capitale et le lieu de résidence des comtes de Provence. Siège d'un archevêché des le VIe siècle, Aix est dotée d'une université en 1409. Après la réunion de la Provence à la France en 1486, elle devient le siège d'un parlement et des états provinciaux. La ville a conservé jusqu'à nos jours sa réputation de centre intellectuel et artistique, avec, parmi beaucoup d'autres constructions des XVIIe et XVIIIe siècles, l'église Saint-Jean-de-Malte, la cathédrale Saint-Sauveur et l'église de la Madeleine.

AIX-LA-CHAPELLE

Ville allemande, dans la province de Rhénanie-Westphalie.

Fondée, selon la tradition, vers 124 par Granus, sous le règne d'Hadrien, située à proximité de sources ferrugineuses et sulfureuses, elle prend le nom d'*Aquae Grani.* Pépin le Bref y possède un palais, mais elle doit son développement à Charlemagne qui y fait construire une chapelle, puis un palais à l'intérieur duquel s'élève une véritable ville. Aix-la-Chapelle devient, après son couronnement, sa résidence favorite et la capitale de son empire. Elle abrite encore son tombeau. Aix reste capitale de l'Empire sous Louis le Pieux, Lothaire Ier et Lothaire II. Ravagée par les Normands en 881, elle retrouve, par la suite, son éclat, mais non son rang de capitale. Les souverains allemands y sont couronnés jusqu'au XVIe siècle, et Aix reste ville libre et impériale jusqu'en 1792, date à laquelle elle est prise par Dumouriez. Perdue par les troupes françaises, puis de nouveau occupée, elle demeure aux mains des Français de 1794 à 1814, devenant sous l'Empire chef-lieu du département de la Roer. Elle est attribuée à la Prusse en 1815.

Deux traités célèbres ont été signés à Aix-la-Chapelle : celui de mai 1668, entre l'Espagne et Louis XIV, qui met fin à la guerre de Dévolution ; celui d'octobre 1748, signé par les Pays-Bas, l'Autriche, l'Angleterre, l'Espagne et la France, qui met fin à la guerre de Succession d'Autriche. Au congrès d'Aix-la-Chapelle, en octobre 1818, les membres de la Sainte-Alliance acceptent d'évacuer la France avant la fin du mois de novembre, deux ans avant la date prévue.

AJACCIO

Ville de Corse. Évêché dès le Ve siècle, Ajaccio devient à la fin du Moyen Âge une des principales places fortes des Génois en Corse.

Si la construction de la citadelle sur son emplacement actuel remonte à l'année 1492, l'établissement du plan hexagonal, actuellement conservé, est contemporain de la reconstruction de 1562. Le développement économique et démographique d'Ajaccio est un phénomène relativement récent. Longtemps Bastia ne connaît aucune concurrence. Puis, vers la fin du XVIe siècle, Ajaccio s'enrichit grâce à son port qui, vers 1625, prend la tête de tous les ports corses pour le trafic. Une nouvelle cathédrale, plus vaste, et un hospice y sont construits. Mais l'arrière-pays, livré au banditisme et mal défendu, demeure pauvre. Ajaccio reste donc, pour ainsi dire, une île dans une île.

Française une première fois, de 1553 à 1559, Ajaccio est rendue à Gênes par le traité du Cateau-Cambrésis. Après la cession de la Corse à la France en 1768, elle devient une des 11 juridictions de la généralité de Corse. Sous la Révolution, elle est d'abord la capitale de tout le département, puis celle du département du Liamone lors du partage administratif de l'île. En 1810, elle redevient le chef-lieu de la Corse réunifiée. Cet état de choses a duré jusqu'en 1975, où de nouveau l'île a été divisée en deux départements avec les mêmes chefs-lieux qu'à la fin du XVIIIe siècle, Ajaccio et Bastia.

ALAINS

Peuple barbare, d'origine iranienne, établi dans les Sarmates.

Chassés de leurs territoires par les Huns, les Alains, ainsi que les Suèves et les Vandales, pénètrent dans l'Empire au début du Ve siècle et passent le Rhin en 406. Certains traversent la Gaule jusqu'aux Pyrénées, qu'ils franchissent en 409 à la suite des Suèves et des Vandales, et s'établissent en Lusitanie où ils seront presque entièrement exterminés par les Wisigoths en 417. Les survivants passeront en Afrique avec les Vandales. Un autre groupe, installé par Aétius dans la région d'Orléans, combat les Huns sous ses ordres, aux champs Catalauniques. Les Alains disparaissent de l'histoire à la fin du Ve siècle, leur souvenir ne subsistant que par le prénom d'Alain.

ALAMANS

Groupement de tribus germaniques de l'Allemagne centrale, dont le nom apparaît pour la première fois au début du IIIe siècle.

La formation du peuple alaman reste très obscure. On peut les situer à l'origine entre le haut Danube et le Rhin moyen. Dès 213 ils tentent de franchir le *limes* romain. Leur poussée s'exerce alors vers l'Italie du Nord qu'ils atteignent à plusieurs reprises. Pendant tout le IVe siècle, ils cherchent en vain à conquérir la rive gauche du Rhin. Mais, en 406, ils réussissent à s'installer en Alsace et dans le Palatinat. Le Ve siècle est marqué par leurs raids qui, menés grâce à une cavalerie très puissante, sont plus des entreprises de pillage que des tentatives de conquête. Si les Francs Ripuaires réussissent à les contenir au Nord (bataille de Tolbiac), les Alamans envahissent la Haute-Italie, la Franche-Comté et occupent la Suisse à la fin du Ve siècle.

Une certaine unité politique s'était établie au cours des siècles chez les Alamans. Elle disparaît au début du VIe siècle. En 506, Clovis Ier les attaque et les bat. La plupart d'entre eux se réfugient en Rhétie. À partir de 536, l'Alamannie passe sous le contrôle des rois mérovingiens, le duc des Alamans étant alors nommé par le roi d'Austrasie, mais elle manque totalement de structures politiques. Vaincus par Charles Martel au début du VIIIe siècle, les Alamans s'intègrent peu à peu au peuple allemand, et le traité de Verdun de 843 les rattache définitivement à la Germanie.

ALARIC II

Huitième roi des Wisigoths en 484.

Sa domination s'étend sur l'Espagne et l'Aquitaine jusqu'à la Loire, mais il ne possède pas les qualités d'homme politique et de soldat de son père Euric. Arien convaincu comme lui, il s'aliène l'Église par une politique religieuse intransigeante, et ne peut retrouver l'appui de la population gallo-romaine et hispano-romaine de son royaume, en dépit de la promulgation d'un code juridique, le *Bréviaire d'Alaric*, qu'il fait rédiger en 506, pour lui donner satisfaction. Il cherche à s'allier le jeune roi des Francs, Clovis Ier, mais ne réussit pas à freiner son ambition. Clovis, sous prétexte d'une sorte de croisade contre les Ariens, l'attaque en 507 et le bat à la bataille de Vouillé. Alaric est tué au cours du combat, de la main de Clovis, dit-on. Après lui, l'empire wisigoth sera réduit à la péninsule Ibérique et à la Septimanie ou côte du Languedoc.

ALBA

Alba Augusta Helviorum. *Commune de l'Ardèche. Capitale des Helviens à l'époque gallo-romaine.*

Placée dans un site montagneux sur la rive droite du Rhône, la cité joue un rôle important dans la vie administrative et économique de la Gaule pendant les premiers siècles de notre ère, car elle se trouve à un carrefour de routes menant de la vallée du Rhône à l'intérieur du Massif central. De plus, l'existence des mines d'argent voisines peut expliquer aussi l'importance prise par *Alba Augusta*. Elle est, pendant l'Empire, une ville florissante pourvue de nombreux monuments. D'après la légende, un certain Chrocus aurait causé la perte d'Alba en l'incendiant au IIIe siècle, mais ce sont probablement les Vandales ou les Goths qui détruisent la ville au IVe siècle et provoquent l'émigration de ses habitants vers Viviers, qui devient dès lors la capitale et l'évêché des Helviens.

Recouvertes par la végétation, les ruines d'*Alba Augusta* avaient disparu et ce n'est qu'au début du XXe siècle que l'on commence à dégager des vestiges antiques sur le site. Depuis 1964, les fouilles ont repris de façon systématique et mettent au jour chaque année de nouveaux témoignages sur la vie de cette cité. Des traces de rues pavées et de canalisations, des fragments de statues et de bas-reliefs, des tessons de poterie, des panneaux de mosaïques, des outils, des bijoux et des pièces de monnaie permettent peu à peu de reconstituer les activités des habitants de la ville. Plusieurs villas luxueuses, construites autour de vastes cours rectangulaires et comportant des pièces ornées de mosaïques, ont été dégagées. L'architecture officielle est représentée par trois ensembles monumentaux : le Forum entouré d'un portique et bordé par plusieurs boutiques de commerçants, des vestiges de thermes et un théâtre de plus de 70 mètres de diamètre.

ALBI

Alba Augusta, Albiga. *Chef-lieu du Tarn.*

Oppidum gaulois, chef-lieu des *Ruteni provinciales* et de la Cité des *Albienses* ou *Albigenses*, siège épiscopal suffragant de Bourges dès la fin du IVe siècle, la ville, prise en 730 par les Sarrasins, en 765 par Pépin le Bref, devient comté en 781. Elle est agrégée au comté de Toulouse au Xe siècle et n'a bientôt plus que des vicomtes qui partagent, non sans frictions, l'autorité avec les évêques, lesquels font de leur palais une véritable forteresse.

En 1176, se tient à Albi un concile condamnant les hérétiques dits « albigeois ». Une croisade sera organisée contre eux. En 1209 la cité est occupée par Simon de Montfort, à la demande de l'évêque, coseigneur avec le vicomte Raymond-Roger Trencavel. Perdue par Amaury, fils de Simon, elle est cédée par celui-ci à Louis VIII, sinon en possession, du moins en droit. Raymond II Trencavel confirme cette cession à Louis IX en 1247. La vicomté est définitivement réunie à la couronne en 1284. Albi est érigée en archevêché en 1678. Elle redevient évêché en 1790, est réunie au diocèse de Montpellier en 1802, et retrouve en 1822 sa qualité de métropole.

ALBIGEOIS

Nom générique donné au début du XIIIe siècle aux hérétiques du Midi de la France, également appelés cathares.

Le terme apparaît pour la première fois vers 1180 et se diffuse surtout à partir de l'année 1209, début de la croisade ou guerre contre les albigeois. Le moine cistercien Pierre des Vaux-de-Cernay, historiographe de la croisade, à laquelle il a participé, popularise l'expression dans son *Histoire des albigeois* (v. 1215). Le terme « albigeois » est utilisé presque exclusivement par des hommes étrangers à la région de prédilection de l'hérésie, en particulier par des hommes du nord de la France. Sous leur plume, « albigeois » sert à désigner l'ensemble des hommes d'un pays en révolte, pour des raisons politiques et religieuses, que la papauté et le roi de France s'efforcent de combattre. En revanche, dans le Languedoc et le Sud-Ouest, de nombreux termes sont utilisés pour désigner les hérétiques, parmi lesquels « bons-hommes », « ariens », « patarins », « publicains », « tisserands », « bougres ».

ALBIGEOIS (pays)

Albigensium civitas, pagus Albigensis. *Pays du Haut-Languedoc, correspondant à peu près à l'actuel département du Tarn.*

À l'époque romaine, il fait partie de l'Aquitaine Première. Il comprend six places fortes, dont Gaillac et Castres. Dominé par les Wisigoths au Ve siècle, par les Francs au VIe siècle, il fait partie, jusqu'en 765, du royaume, puis du duché d'Aquitaine. Sous Pépin le Bref, il devient comté. En 843, l'Albigeois est donné à Charles le Chauve et, en 887, réuni au comté de Toulouse.

ALBIGEOIS (croisade ou guerre contre les)

Les préliminaires. Au début du XIIe siècle, l'hérésie albigeoise se développe sur les terres du comte de Toulouse et de ses vassaux. Tous les efforts de Rome pour restaurer l'orthodoxie sont vains. Ni le concile de Toulouse en 1119, ni ceux de Reims en 1148 et 1157, ni celui de Tours en 1163, ni la conférence de Lombers en 1165, ni l'appel de Raymond V en 1177, suivi par le troisième concile de Latran en 1179, ni la prédication de saint Bernard, ni même enfin celle de saint Dominique ne peuvent rien empêcher. Inquiet pour l'unité de l'Occident chrétien, Innocent III envoie en Languedoc un légat, Pierre de Castelnau, avec mission d'obtenir de Raymond VI, comte de Toulouse, la répression franche et effective de l'hérésie.

Le Languedoc au ban de la chrétienté. Cette dernière démarche pacifique est aussi vaine que les efforts qui l'ont précédée. Raymond VI promet mais se garde bien d'agir. Rappelé à l'ordre, il tergiverse longtemps. Enfin, mis au pied du mur, il se révolte et refuse tout net d'accéder aux demandes du légat. Celui-ci réagit brutalement. Le comte est déclaré anathème, ses vassaux sont déliés de tous serments et obligations à son égard ; ses domaines sont frappés d'interdit et « exposés en proie ». Ces mesures ne peuvent être datées avec certitude. Elles se situent vraisemblablement vers la fin d'avril 1207. Le pape les confirme peu après en déclarant Raymond ennemi public (29 mai 1207) et en lançant un véritable appel à la croisade contre lui et contre ses sujets (17 novembre 1207). Pour qu'une expédition militaire soit menée de l'extérieur contre le Languedoc, il faut que Philippe Auguste s'y prête et que l'excommunication soit définitive. Or la sentence peut être levée par une pénitence appropriée du coupable ; entre le représentant d'Innocent III et lui les négociations ne sont pas interrompues. Quant au roi de France, il oppose une fin de non-recevoir polie mais ferme au pape.

Le déclenchement. En 1208, alors qu'il s'apprête à franchir le Rhône pour regagner la Provence, Pierre de Castelnau est assassiné par un familier de Raymond VI. Le pape est persuadé, au moins sur le moment, que le meurtre est « commandé ». Aussitôt il accuse et tout à la fois condamne le comte de Toulouse, dont l'anathème est confirmé avec véhémence. La croisade n'est donc plus seulement envisagée, elle est décidée et placée sous l'autorité de l'abbé de Cîteaux, Arnaud-Amaury.

Toutefois, les hostilités ne commencent pas immédiatement. Le commandement des opérations militaires appartient de droit au roi de France, suzerain du comte excommunié. Depuis longtemps, Innocent III engage Philippe Auguste à exercer son droit qui est aussi un devoir. Mais Philippe Auguste se dérobe. Il craint que la dépossession de Raymond VI n'introduise de dangereux bouleversements politiques dans les fiefs méridionaux du royaume. D'ailleurs la décision du pape a été prise sans son avis, alors que Raymond VI tient sa terre du roi, et du roi seul. Dans ces conditions, prendre la tête de la croisade équivaut à s'inféoder au Saint-Siège. En outre, et surtout, il est trop occupé au nord. Peut-on l'accuser de mentir lorsqu'il répond au pape « qu'il a deux grands lions sur le flanc : Otton, soi-disant empereur, et Jean, roi d'Angleterre qui, de part et d'autre, s'efforcent de troubler le royaume de France » ?

Philippe peut non seulement refuser de participer à la croisade, mais encore empêcher le départ de vassaux utiles à la défense du domaine. Et de fait, son opposition est longtemps totale ; puis, cédant aux instances du pape, il se contente de se dégager personnellement ; le duc de Bourgogne, le comte de Nevers et le comte de Saint-Pol peuvent lever des forces assez importantes en Bourgogne, Nivernais et Lyonnais. Regroupé dans la vallée du Rhône, l'ost des croisés se dirige vers le Midi à la suite de son chef suprême et unique, Arnaud-Amaury, abbé de Cîteaux.

La conquête des vicomtés. Tandis que ce dernier marche sur le marquisat de Provence et le Languedoc, Innocent III envoie ses nouveaux légats Milon et Thédise auprès de Raymond VI. Celui-ci peut encore échapper au danger qui le menace en faisant pénitence. Pour ce, il doit réparer les torts causés à l'Église, s'engager à lui obéir

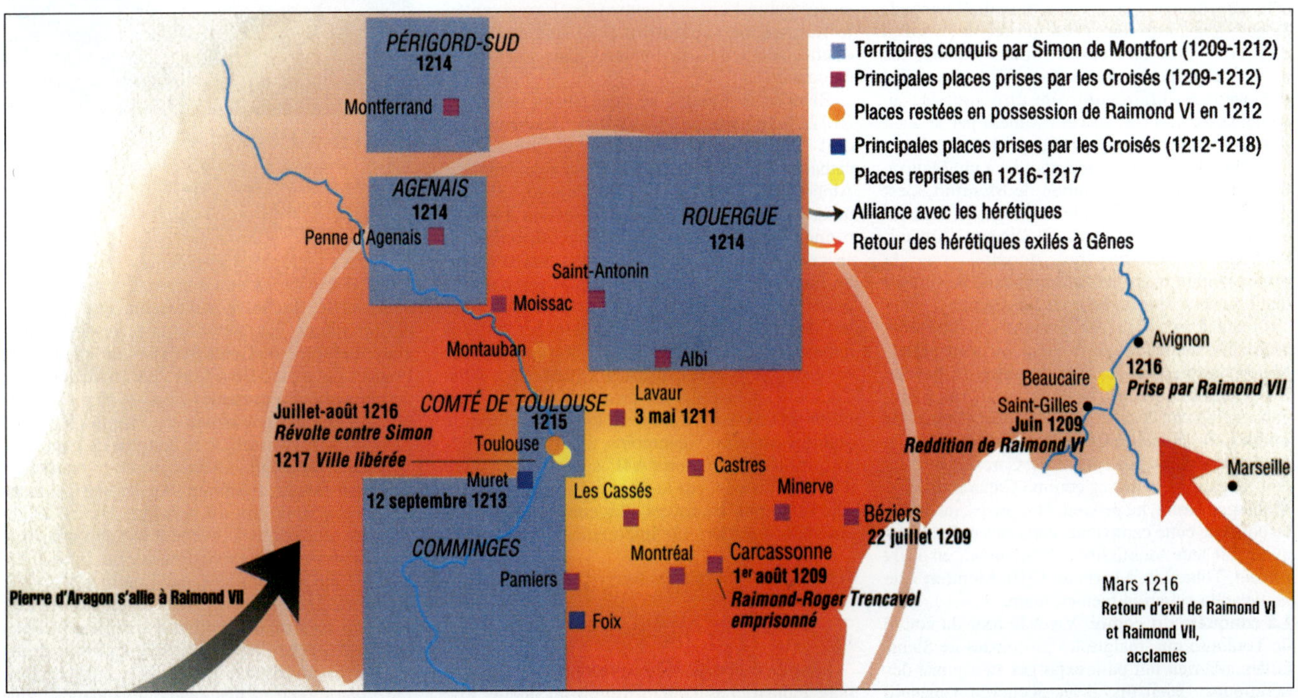

Les croisades contre les Albigeois

Croisade contre les Albigeois
L'expulsion des Albigeois de Carcassonne en 1209. Manuscrit du XVe siècle, British Library Londres.
© *Bridgeman-Giraudon*

comme un fils, se joindre enfin à l'armée qui vient combattre l'hérésie et ses complices. Raymond IV accepte toutes ces exigences (humiliation de Saint-Gilles, 18 juin 1209). Les foudres des croisés sont ainsi détournées de Toulouse. Elles vont frapper les territoires d'un protecteur avéré des hérétiques, le principal vassal de Raymond VI, le vicomte Raymond-Roger Trencavel. Ces territoires sont les « quatre vicomtés », autrement dit les pays de Béziers, de Carcassonne, d'Albi et du Razès.

Béziers, dont les habitants (du moins les occupants, ceux qui n'ont pas quitté la ville) sont massacrés, et Carcassonne, où réside le vicomte, sont prises avec une rapidité surprenante. Indépendante politiquement des Trencavel, mais suspecte d'hérésie, Narbonne doit ouvrir ses portes. La croisade commence par de brillants succès militaires. Mais les vicomtés Trencavel ne sont pas intégralement conquises et les parties conquises sont sans maître. Les anciens fiefs de Raymond-Roger formant un tout, celui qui reçoit les villes conquises doit être capable de conquérir les autres ; la propriété des terres et la direction des opérations militaires doivent être confiées au même homme. Priés successivement par le légat d'accepter le cadeau et la charge, les plus hauts seigneurs de l'armée se récusent un à un. Mais un baron d'Île-de-France, Simon de Montfort, s'est distingué par son courage au siège de Carcassonne ; l'offre lui est faite. Il accepte. Arnaud-Amaury lui attribue les vicomtés avec la responsabilité militaire de la croisade, ne gardant que l'autorité spirituelle pour lui-même.

Grâce à la valeur de Simon, les dernières vicomtés Trencavel se rendent ou sont prises. Mais à mesure que leurs quarantaines s'achèvent, les croisés retournent chez eux avec leurs indulgences, laissant leur ancien chef fort démuni de troupes. De nombreuses places d'accès difficile, notamment dans le Razès et le Carcassès, résistent longtemps, d'autres comme Cabaret, dans la Montagne Noire, ne peuvent être prises, du moins au cours de cette campagne, certaines enfin, après avoir fait leur soumission, se révoltent, en 1209 surtout. Toutefois, à la fin de 1210, Montfort a de nouveau la situation bien en main.

La conquête du comté. Vient le tour du comté de Toulouse qui, malgré les promesses de Saint-Gilles, n'a rien fait pour expurger sa capitale des hérétiques : bien pis, il les accueille à mesure qu'ils fuient les domaines conquis par la croisade ! Ce qui lui vaut une nouvelle sentence d'excommunication. Ainsi Montfort s'estime autorisé à poursuivre l'hérésie jusqu'à Toulouse, qu'il assiège, en vain, en 1210. Devant Simon, Agenais et Comminges tombent en 1211-1212. Raymond VI, qui ne possède plus que Toulouse et Montauban, en est réduit à solliciter le secours de Pierre II d'Aragon. Le vainqueur des Maures, champion de l'orthodoxie, obtient du pape l'arrêt de la croisade. Mais au concile de Lavaur en 1213, la tendance Montfort l'emporte, confirmée peu après par un revirement du pape, et la guerre reprend. La même année, à la bataille de Muret, Pierre II est tué, et l'Aragon n'est plus en mesure de jouer un rôle au nord des Pyrénées. En 1214, le cardinal Robert de Courçon reconnaît à Montfort la possession de l'Albigeois, de l'Agenais, du Quercy et du Rouergue. Après le passage du prince Louis en Languedoc, d'avril à octobre 1215, et les décisions du concile de Latran, Philippe Auguste investit Simon du duché de Narbonne, du comté de Toulouse, des vicomtés de Béziers et Carcassonne en 1216.

Le retour des Raymond, la mort de Simon et l'échec de la croisade. Moins hérétique que le Languedoc, le marquisat de Provence ne s'en agite pas moins pour aider ses seigneurs, Raymond VI et le « jeune comte », son fils appelé lui aussi Raymond, à reconquérir leurs fiefs occidentaux. Beaucaire rejette l'autorité de Montfort qui est incapable de reprendre la ville. Cet échec amène de nombreuses défections, le retour des Raymond en Languedoc, la préparation de la revanche avec l'aide des comtes de Foix et de Comminges ainsi qu'avec l'appui des hérétiques. Toulouse, revenue à ses anciens maîtres, subit un second siège qui s'achève avec la mort de Simon de Montfort (25 juin 1218), à qui son fils Amaury succède. Raymond VI récupère alors en peu de temps presque toutes ses anciennes possessions. Après avoir bénéficié du trop bref secours du prince Louis en 1219, Amaury est contraint d'abandonner le Languedoc. Carcassonne, Béziers et le Razès se livrent à Raymond Trencavel. Le Languedoc se retrouve dans la situation politique de 1218.

La croisade royale et la fin des albigeois. Dès son arrivée à Paris en 1224, Amaury cède ses droits à Louis VII, devenu roi de France. Celui-ci ayant recueilli la bénédiction d'Honorius III, d'abord hostile à ce projet, le légat Romain de Saint-Ange excommunie Raymond VII, qui a succédé à son père en 1222, et le roi part en croisade en janvier 1226. Seule Avignon oppose une vive résistance. Elle doit pourtant capituler devant Louis VIII, qui meurt peu de temps après, en décembre 1226, à Montpensier. Les vicomtés, le Languedoc septentrional et le Languedoc oriental sont réunis au domaine, mais non le cœur du comté.

Blanche de Castille ne veut pas en rester là : en 1229, au traité de Meaux-Paris, Raymond VII doit s'engager à poursuivre les hérétiques cathares et vaudois et à marier sa fille Jeanne à Alphonse, frère du jeune roi Louis IX. Si cette union reste stérile, le comté doit revenir à la couronne. Désirant empêcher l'exécution de la seconde clause, Raymond VII croit bon, d'abord, de ménager les hérétiques, ses alliés naturels contre le pouvoir royal. Puis, comprenant le danger de cette attitude, il préfère rechercher des alliances à l'extérieur et il aide l'Inquisition dans ses États. Il y a des troubles à Narbonne, Albi, Toulouse et, malgré les promesses de son seigneur, le comté de Foix reste longtemps un asile pour les cathares. Néanmoins, à la fin de l'administration de Raymond VII, après le massacre d'Avignonet puni par le siège et la prise de Montségur en 1244, les foyers albigeois, là où ils subsistent, ont perdu toute importance.

ALBRECHT Bertie ou Berty (Marseille, 1893 – Fresnes, 1943)

Résistante.

Issue de la bourgeoisie protestante, mariée à un riche industriel hollandais installé à Londres, elle décide de vivre à Paris en 1932. Ses convictions – le féminisme, la justice sociale, sa revue *Le Problème sexuel* – en font un compagnon de route du parti communiste. Rompant avec la vie facile, cette mère de famille devient surintendante d'usine en 1938. Quand éclate la guerre, elle travaille chez Fulmen à Clichy et est repliée comme tout le personnel à Vierzon en 1940. Elle aide les prisonniers de guerre à franchir la ligne de démarcation, organise des filières d'évasion, puis fonde avec Henri Frenay le réseau Combat (juin 1941). Torturée, emprisonnée à Fresnes, elle succombe aux mauvais traitements ou se suicide pour éviter de parler, le 31 mai 1943. Elle est l'une des rares femmes Compagnon de la Libération.

ALBRET

Leporetum. *Seigneurie gasconne, entre le Bazadais et la Chalosse.*

Connue depuis Amanieu au XIe siècle, la famille d'Albret ne possède qu'une assez petite terre, lorsqu'au XIIe siècle elle entre en possession de Bazas et de Tartas. Au XIVe siècle, Amanieu VIII contracte un brillant mariage avec la sœur de la reine, Marguerite de Bourbon. Les sires d'Albret ne cessent alors d'accroître leurs territoires : comtés de Dreux et de Gaure, captalats de Buch, de Mont-de-Marsan ; comtés de Périgord, de Castres et de Limousin par alliance avec une Penthièvre en 1470 ; puis en 1478, comté d'Étampes et en 1479 comté de Pardiac, confisqué par Louis XI, sur un Armagnac, le duc de Nemours ; enfin, en 1484, domaines de Catherine, reine de Navarre, comtesse de Foix et Bigorre, vicomtesse de Béarn.

Henri Ier d'Albret
Roi de Navarre et grand-père du futur Henri IV. Huile sur toile, XVIe siècle, Chantilly, musée Condé.
© *Lauros-Giraudon*

Au XVIe siècle, l'expansion se poursuit : Henri Ier d'Albret s'unit à la sœur de François Ier, Marguerite, duchesse d'Alençon, qui lui lègue définitivement les biens de la maison d'Armagnac. Le règne d'Albret n'a alors qu'un rival en France, celui des Bourbons. En 1548, les deux derniers grands ensembles féodaux n'en font plus qu'un, grâce au mariage de Jeanne III, fille d'Henri II de Navarre, avec Antoine de Bourbon-Vendôme. Peu après, Albret est érigé en duché-pairie en faveur d'Antoine. Le dernier seigneur d'Albret est le fils de celui-ci, Henri III de Navarre, qui réunit le duché à la couronne lorsqu'il devient Henri IV de France. En 1651, l'Albret est un temps aliéné par Louis XIV qui le donne au duc de Bouillon en échange de Sedan.

Parmi les sires d'Albret les plus connus, citons Charles Ier, connétable de France en 1402, destitué par les Bourguignons en 1411, réintégré en 1413 par les orléanistes, qui commandait à Azincourt où il périt en 1415.

ALCHIMIE

L'alchimie (du latin alchimia *dérivant lui-même de l'arabe* al kimiya, *la recherche secrète, la magie, la pierre philosophale) est l'art de transmuer les éléments naturels minéraux et végétaux.*

L'alchimie se développe en France à partir du XIIe siècle dans les écoles cathédrales puis les universités. Elle est l'héritière directe de l'alchimie arabe des VIIe-Xe siècles, transmise par l'Espagne et la Sicile, elle-même héritière de l'alchimie antique égyptienne et grecque. Dès les années 1140, des clercs traduisent en latin des traités alchimiques arabes comme ceux attribuées à Jabir ibn Hayyan dit Geber *(Livre des Septante, Livre de la miséricorde)*, Razi *(Livre des secrets)* ou Morienus *(De la composition de l'alchimie)*. Cet intérêt nouveau pour les techniques de transmutation des éléments naturels s'inscrit dans le mouvement naissant d'appréhension de la Création divine par le raisonnement humain et l'utilisation, à cet effet, des philosophies non chrétiennes (Averroès, Avicenne, Platon, Aristote). L'alchimie devient ainsi une branche nouvelle de la philosophie, indissociable de la théologie et étroitement liée à l'astrologie et la médecine qui prennent leur essor simultanément. La théorie aristotélicienne d'une matière constituée des quatre éléments (terre, air, eau, feu) combinés de manière différente dans chaque minerai ou végétal, est accueillie au XIIIe siècle et donne naissance à des expériences originales. Les plus grands maîtres s'y intéressent et rédigent des traités alchimiques (Albert le Grand, Vincent de Beauvais, Roger Bacon, Arnaud de Villeneuve), même si les corpus mis sous leur nom rassemblent beaucoup d'apocryphes.

La transmutation des métaux se porte essentiellement vers la possibilité de fabriquer de l'or à partir d'autres métaux. Plusieurs théories s'opposent : celle du soufre-mercure, notamment soutenue par Vincent de Beauvais, selon laquelle tous les métaux dérivent d'une combinaison de soufre et de mercure (appelé vif-argent) ; celle des quatre éléments, cherchant à isoler les composantes de chaque métal afin de les combiner de manière différente ; celle des combinaisons multiples par alliage de métaux variés (plomb, cuivre, fer, étain) formant un amalgame noir (l'œuvre au noir) que les alchimistes s'efforcent ensuite d'éclaircir par adjonction de sels, d'argent et d'or. Les échecs de ces tentatives donnent naissance à un mythe qui caractérise l'alchimie jusqu'au XVIIe siècle : la recherche de la pierre philosophale (pierre de la connaissance, de la sagesse) qui, par simple adjonction à un métal vil, permettrait d'obtenir de l'or.

L'autre domaine de recherche des alchimistes médiévaux est la fabrication de la panacée, ou élixir, c'est-à-dire une nouvelle essence, la cinquième (la quinte essence) destinée, sinon à assurer l'immortalité, du moins à protéger le corps contre la corruption (une « eau-de-vie »). La distillation des plantes est le moyen utilisé pour l'obtenir. On doit à ces travaux des progrès notables dans la connaissance de l'alcool et la fabrication de remèdes (le *Livre de la quinte essence* du franciscain Jean de Roquetaillade, v. 1351).

Bien qu'étudiée à l'Université, l'alchimie suscite une attitude ambivalente de l'Église médiévale, le fond du problème étant la possibilité pour l'homme de transformer la nature, création divine. Plusieurs condamnations de l'alchimie sont prononcées à la fin du XIIIe et au début du XIVe siècle de la part du pape (Décrétale de Jean XXII en 1317) ou des instances gouvernementales des ordres religieux qui interdisent à leurs membres de la pratiquer (1273, 1287, 1313, 1327 pour les Dominicains et Franciscains, 1317 pour les Cisterciens). Ces interdictions ont une portée très limitée. L'alchimie ne cesse au contraire de se développer aux XIVe et XVe siècles, devenant une pratique courante des médecins soucieux de trouver ainsi de nouveaux remèdes (Thomas de Pisan, médecin de Charles V). Les traités et corpus alchimiques se multiplient. Anonymes pour la plupart, ils sont attribués aux grands maîtres des siècles précédents qui ne les ont assurément pas rédigés (Thomas d'Aquin, Raymond Lulle). Ces fausses attributions manifestent une volonté de secret, de plus en plus cultivée par les alchimistes. Par la transmutation qu'elle opère, l'alchimie relève en effet du divin et ne peut être pratiquée que par des initiés, comme la transformation de l'hostie consacrée en corps du Christ. Les symboles et signes cabalistiques qui jalonnent les traités alchimiques visent à sauvegarder les secrets de la science à ces seuls initiés. Mais ces secrets constituent également un voile qui ajoute au mystère de l'alchimie et tend à la transformer en une quête tout autant mystique que scientifique.

Les échecs répétés de fabrication de l'or ne font qu'accroître le mythe de la pierre philosophale. C'est à ce titre que l'alchimie quitte progressivement les bancs de l'Université pour intéresser les princes et la bourgeoisie et contaminer l'imaginaire de toute la société du XVe au XVIIe siècle. Les grands bourgeois qui font fortune passent pour avoir réussi la transmutation. Certains se construisent ainsi une réputation d'alchimistes en grande partie usurpée (Nicolas Flamel). Au XVIe siècle, la plupart des rois européens engloutissent des sommes considérables pour payer un alchimiste chargé de produire de l'or. Cet engouement ne diminue qu'avec la critique rationaliste des XVIIe et XVIIIe siècles. L'*Encyclopédie* de Diderot et d'Alembert (article « Chymie », 1753) présente une critique acerbe de l'alchimie, la reléguant au rang des superstitions médiévales. Les travaux de Lavoisier sur le mécanisme d'oxydation des métaux au contact de l'air signent son arrêt de mort scientifique en imposant le principe de la chimie moderne : « Rien ne se perd, rien ne se crée, tout se transforme » (*Traité élémentaire de chimie*, 1789). Chimie et alchimie sont désormais résolument séparées, la première accédant au rang de science rationnelle, la seconde s'enfonçant dans une voie de plus en plus ésotérique.

Alchimie
L'alchimiste, entouré de ses instruments. Huile sur toile de David Teniers le Jeune, Bayonne, musée Bonnart. © *Giraudon*

ALCUIN (York, v. 730 – Tours, 804)

Savant anglo-saxon.

Moine d'origine anglo-saxonne, il est un des promoteurs de la renaissance carolingienne. Charlemagne, qui l'avait rencontré en Italie, l'appelle auprès de lui en 782. Il devient son principal conseiller et lui inspire l'importante réforme intellectuelle et scolaire symbolisée par l'école d'Aix-la-Chapelle qu'il dirige et l'Académie palatine dont il est membre.

Il a le grand mérite d'avoir préservé et transmis à la postérité une partie de l'héritage de l'Antiquité et d'avoir défini le programme des sept arts libéraux. Dans son *Scriptorium de Tours* sont recopiés avec soin, en minuscule caroline, les textes des auteurs païens et chrétiens de l'Antiquité. Mais son influence s'exerce dans bien d'autres domaines : il participe activement à la lutte contre les hérésies, intervient pour que l'évangélisation des pays danubiens se fasse suivant des méthodes véritablement chrétiennes, améliore les relations entre Charlemagne et le pape Léon III et enfin favorise l'accession du premier au titre impérial en 800.

D'Alembert
Pastel de Maurice Quentin de La Tour, Saint-Quentin, musée Antoine-Lécuyer. © *Giraudon*

ALEMBERT Jean LE ROND, dit d' (Paris, 1717 – Paris, 1783)

Mathématicien et philosophe.

Enfant naturel de Mme de Tencin, femme célèbre par son esprit et sa beauté, et de Destouches, commissaire provincial d'artillerie, il est déposé à sa naissance sur les marches de l'église Saint-Jean-le-Rond (d'où son nom), église alors située près de Notre-Dame mais détruite depuis. Le commissaire de police qui le recueille le confie à la femme d'un pauvre vitrier que d'Alembert ne cessa jamais de considérer comme sa véritable mère, bien que Mme de Tencin l'eût volontiers reconnu pour son fils lorsqu'il devint célèbre.

Dès ses premières années d'études, d'Alembert se révèle particulièrement brillant. Il conçoit vite un goût très vif pour les mathématiques et son génie précoce dans cette discipline lui vaut d'être élu à 23 ans à l'Académie des sciences. C'est deux ans plus tard, en 1743, qu'il publie son fameux *Traité de dynamique*. Celui-ci est suivi d'un *Traité des fluides*, de *Recherches sur la précession des équinoxes*, en 1749, et de nombreux mémoires insérés, pour la plupart, dans ses 8 volumes d'*Opuscules*. Ses différents ouvrages mathématiques n'ont occupé qu'une quinzaine d'années de sa vie mais ils le consacrent comme l'un des plus grands mathématiciens du XVIIIe siècle.

Son don pour les mathématiques n'a jamais complètement éclipsé celui qu'il a parallèlement toujours montré pour les belles-lettres et la philosophie, et c'est en définitive surtout à ces dernières qu'il doit son influence et sa réputation. Fondateur avec Diderot de l'*Encyclopédie*, il en compose le *Discours préliminaire*, en 1751, dans lequel il présente une classification des sciences selon leur origine historique et les perspectives de leur avenir. Reçu à l'Académie française en 1754, il continue d'allier culture des lettres et mathématiques. On lui doit un certain nombre d'articles de l'*Encyclopédie*, dont beaucoup sont remarquables. Mais celui qu'il consacre à Genève lui attire les vives critiques de Jean-Jacques Rousseau (*Lettre à d'Alembert sur les spectacles*). Cet incident, joint aux difficultés que connaît la publication de l'ouvrage, le décide à cesser sa collaboration et à laisser Diderot diriger seul l'entreprise. Mais il continue à user de toute son influence pour défendre ses amis du mouvement philosophique, notamment en s'employant à les faire élire à l'Académie lorsqu'il en est lui-même secrétaire perpétuel en 1772. Il entreprend à ce poste d'écrire les éloges des académiciens morts entre 1700 et 1770. Bien que profondément atteint par la persécution suscitée contre l'*Encyclopédie* par le gouvernement royal, il refuse la présidence de l'Académie des sciences de Berlin, que lui offre Frédéric II. Il n'accepte pas davantage d'être précepteur de la fille de Catherine II de Russie. Il est très attaché à Julie de Lespinasse et devient le principal animateur de son salon lorsqu'elle rompt avec Mme du Deffand. Il meurt de la pierre à l'âge de 66 ans. Il était membre de toutes les sociétés savantes d'Europe. Son *Éloge*, prononcé par Condorcet pour l'Académie des sciences, est un des meilleurs de cet écrivain. D'Alembert avait entretenu une correspondance assidue avec Voltaire et Frédéric II. Ses opuscules philosophiques ont été réunis sous le titre de *Mélanges de philosophie, d'histoire, et de littérature*. Il y soutient des conceptions idéalistes, croyant en un Dieu créateur du monde, à l'existence séparée de l'âme et de la matière, et affirmant l'impossibilité de connaître la vérité absolue. Mais il se laisse influencer par le matérialisme lorsqu'il critique l'innéisme de Descartes, croit à l'évolution et affirme sa foi dans le progrès scientifique. Ces contradictions ont été dénoncées par Diderot dans *Le Rêve de d'Alembert*.

ALENÇON

Chef-lieu de l'Orne. Alençon est née, dans l'Antiquité, de l'union d'un gué et d'une route qui joignait l'Espagne au pays de Galles, par Tours et Le Mans.

La ville ne prend quelque importance qu'au VIIIe siècle avant J.-C. Les seigneurs de Bellême, de la maison de Creil, qui possédaient le comté du Perche et la seigneurie de Mortagne, en font à la fin du Xe siècle le siège d'une seigneurie. En 1082, elle passe aux Montgomery et devient la capitale d'un comté que se disputent bientôt les ducs de Normandie et les Plantagenêts. Ele d'Alençon, vicomtesse de Châtellerault, héritière des Montgomery, vend en 1220 ses possessions à Philippe Auguste. Mais Louis IX détache le comté de la couronne pour son cinquième fils, Pierre, mort en 1284 sans postérité. Charles Ier, son neveu, hérite en 1293 des biens de la maison Alençon-Bellême et les transmet en 1325 à son second fils, Charles II, tige d'une nouvelle maison d'Alençon. Seul subsiste le donjon, intégré au second château commencé par Jean Ier, pour qui le comté fut érigé en duché en 1415.

La guerre de Cent Ans l'affecte gravement. La seigneurie d'Alençon est occupée par les Anglais de 1417 à 1444, date à laquelle le duc d'Alençon Jean II, qui avait combattu aux côtés de Jeanne d'Arc, reprend la ville sans difficulté. En 1509, l'héritier du duché, Charles IV, fait un prestigieux mariage en épousant Marguerite d'Angoulême, sœur de François Ier, qui, après son veuvage en 1525, reste fidèle à Alençon où elle séjourne à plusieurs reprises. Grâce à elle, la ville, à l'apogée de sa renommée, connaît une brillante activité intellectuelle. Le protestantisme s'y implante dès 1520. Quand François Ier de Valois, quatrième fils d'Henri II, reçoit le duché, il ne sait pas lui apporter la paix. Le duché change de mains à plusieurs reprises pendant les guerres de Religion. Le duc de Mayenne s'en étant emparé, Alençon est assiégée, en 1589, par Henri IV dont le règne ouvre une ère de tranquillité pour la ville, mais voit aussi l'amorce de sa décadence.

En 1665, Colbert y crée une manufacture dentellière qui est à l'origine du renom de la cité dans l'art délicat de l'aiguille. Le monopole n'est pas renouvelé, mais Alençon continue à exporter sa dentelle dans toute l'Europe jusqu'au XIXe siècle. En 1667, Louis XIV donne le duché à Élisabeth d'Orléans, fille de Gaston, mariée à Louis de Lorraine, duc de Guise. Veuve, elle vient habiter à Alençon la magnifique construction de Charles de La Besnadière, l'actuelle préfecture de l'Orne. Très pieuse, elle multiplie les tracasseries envers les protestants. En 1696, le duché revient à la couronne et les deux derniers personnages célèbres à porter le titre sont le comte de Provence, futur Louis XVIII, et le fils du duc de Nemours, dont la femme périra en 1897 dans l'incendie du Bazar de la charité à Paris.

La décadence de la ville s'accentue au XVIIIe siècle. La Révolution y est accueillie avec passion. Alençon a une nouvelle municipalité dès le 17 juillet 1789, mais la Constitution civile du clergé divise profondément la ville. Alençon n'en est pas moins un poste avancé de la Révolution en pays chouan. Elle est la patrie du conventionnel Valazé qui, compromis avec la Gironde, se poignarde en pleine audience du Tribunal révolutionnaire, et d'Hébert, chef des Enragés à la Convention. Elle retrouve le calme avec l'Empire. Au XIXe siècle, l'effacement d'Alençon, à l'écart des grandes lignes de chemin de fer, se révèle inéluctable, en dépit du développement, vers 1850, de l'industrie textile. Si elle n'est atteinte en 1870 que par les ultimes combats, elle souffre beaucoup plus de la guerre de 1940, subissant de violents bombardements. Elle est la première ville française à être libérée par une unité française, la 2e DB du général Leclerc, qui, se ruant par la percée d'Avranches, contourne par le sud les armées allemandes et remonte sur Alençon le 12 août 1944.

ALENÇON Hercule François, duc d', puis d'Anjou (Saint-Germain-en-Laye, 1554 – Château-Thierry, 1584)

Prince.

Le quatrième fils survivant d'Henri II et de Catherine de Médicis est désavantagé par un physique malingre et disgracieux. Cela explique sans doute qu'il s'efforce de compenser ce handicap par une ambition démesurée. Il complote, se montre favorable aux protestants, laisse exécuter son favori La Mole en 1574 et s'allie à Henri Ier de Condé l'année suivante. La « paix de Monsieur » lui assure la possession de l'Anjou. Mais il veut plus, visant le comté de Flandre et briguant un moment la main d'Élisabeth d'Angleterre. La tuberculose le terrassera à l'âge de 30 ans.

ALÉRIA

La ville d'Aléria (Haute-Corse), qui se dresse sur un plateau de la côte orientale de la Corse, a été fondée par les Phocéens vers 565 av. J.-C. et sert de plaque tournante entre les différents pays de la Méditerranée occidentale.

Au début du IIIe siècle av. J.-C., les Carthaginois prennent la ville, mais doivent la céder aux Romains en 259 av. J.-C., après la première guerre punique. Transformée en base militaire et commerciale, Aléria devient, dès le début de notre ère, la capitale de la province Corse et connaît une grande prospérité jusqu'à la fin de l'Empire romain. C'est en 1955 que, sous la direction de Jérôme Carcopino, commencent les fouilles qui permettent de retrouver en partie l'ancienne ville. Seul actuellement le centre de l'antique Aléria est dégagé. De part et d'autre d'un long forum trapézoïdal dallé de schiste vert et bordé sur deux côtés par des colonnades, se font face un temple et le prétoire, résidence du gouverneur romain. Près du temple, se situe une grande demeure, appelée « la maison au dolium » à cause de la grande jarre *(dolium)* trouvée dans la cour. Des thermes, alimentés par l'eau du Tavignano tout proche, comportent plusieurs salles pour les baigneurs, et derrière eux se trouvent des bâtiments contenant des bassins probablement utilisés pour la salaison des poissons. Le Musée archéologique rassemble de nombreux objets, vases, bronzes et céramiques de différentes origines (en particulier étrusques et attiques) témoignant de l'importance dans l'Antiquité des relations commerciales existant entre Aléria, l'Italie et la Grèce.

ALÈS (ville et paix d')

Ville du Gard.

Important foyer du protestantisme dès le XVIe siècle, Alès (autrefois Alais) est assiégée et prise en 1629 par Louis XIII. Celui-ci y signe la paix d'Alais, acte d'abolition et de grâce, mais conçu en forme de traité qui enlève aux huguenots leurs places fortes, leurs assemblées, leurs privilèges politiques, tout en leur laissant le libre exercice de leur culte. Ce sera la fin des guerres de Religion proprement dites. Alès reste farouchement calviniste, notamment après la révocation de l'édit de Nantes et pendant la révolte des camisards. Sous ses murs, en 1702, Jean Cavalier bat un corps de la noblesse du pays et un détachement de l'armée royale.

ALÉSIA

Oppidum *gaulois (aujourd'hui Alise-Sainte-Reine, Auxois).*

Ancienne capitale des Mandubiens, clients des Éduens, c'était l'une des principales places de la Gaule à l'époque celtique et à l'époque romaine. En 52 av. J.-C., repoussées à Gergovie, les légions de César se retirent vers la province, quand Vercingétorix succombe à la tentation de leur porter le coup de grâce avec sa cavalerie renforcée. Après avoir livré bataille non loin de Dijon, semble-t-il (César est imprécis sur ce point), il est à son tour repoussé et contraint de se réfugier dans la place la plus proche et apparemment la mieux aménagée, Alésia. Établie sur le mont Auxois, Alésia a tout pour résister à un

Le siège d'Alésia
Vu par un artiste du XVIe siècle. Huile sur toile de Melchior Feselen, Munich, Alte Pinakothek.
© *Lauros-Giraudon*

assaut : espace, hauteur, munitions ; et même à un siège assez long : sources, puits, provisions. Mais elle est entourée de collines au moins aussi escarpées que le mont Auxois. En tenant ces collines, en les longeant et reliant par des lignes fortifiées, l'assiégeant peut, avec des forces relativement peu nombreuses, imposer un très long blocus à l'assiégé. En même temps, il peut éventuellement se défendre contre une armée de secours en doublant ses retranchements dans les positions les plus exposées.

C'est ce que comprend aussitôt César, qui réalise son plan avec une patience acharnée. Les légions enferment la place dans des fossés renforcés par des talus, palissades, trous à loups, *stimuli* (aiguillons), le tout disposé en circonvallation et contrevallation. Cela exige du temps, mais durant cette période Alésia est réduite à la famine. Une armée de secours est rassemblée dans toute la Gaule. Après plus d'un mois d'attente, placée sous la conduite de l'Arverne Vercassivellaunos, elle force les défenses romaines dans leur point faible, au pied du mont Rhéa, et met à mal les troupes de Labienus. Mais César riposte. Après un combat meurtrier, l'armée de secours est obligée d'abandonner Alésia et Vercingétorix. Celui-ci, pour sauver ses compatriotes, se livre à César.

Alésia fut l'événement qui « asservit » la Gaule, en raison surtout de la personnalité hors pair de son défenseur, mais elle n'est pas la dernière résistance gauloise. La ville survécut au désastre de 52 : Alésia gallo-romaine, identifiée à Alise, est un des sites archéologiques les plus riches de France.

Cette richesse, des fouilles commencées par Napoléon III, reprises en 1905 et depuis poursuivies méthodiquement, l'ont mise en valeur. Elle est le meilleur argument des partisans d'Alise-Sainte-Reine (Côte-d'Or) contre ceux d'Alaise (Doubs), sa seule rivale sérieuse – pour ne pas insister sur Novalaise, et ne pas citer les autres sites éventuels plausibles. Elle consiste en fonds de cabanes d'époque gauloise et, pour l'époque gallo-romaine, en rues, forum, théâtre, basilique, œuvres d'art ou d'industrie, inscriptions. Tout, dans ces découvertes, indique qu'à l'époque gauloise et sous la paix romaine, Alésia fut un grand centre religieux et la préfiguration du lieu de pèlerinage qu'elle devait être au Moyen Âge sous l'invocation de sainte Reine.

ALEXANDRIE

Ville et port d'Égypte, au nord-ouest du Caire.

La ville est fondée en 331 av. J.-C. par Alexandre le Grand, qui souhaite y installer un entrepôt pour faciliter le commerce entre l'Orient et l'Occident.

Lors de la campagne d'Égypte, la flotte française et les troupes de Bonaparte se présentent devant Alexandrie le 1er juillet 1798. La ville capitule le lendemain, et Bonaparte poursuit la campagne dans l'intérieur du pays, laissant à Alexandrie Kléber et 3 000 hommes. Puis la ville est occupée par les Anglais, de l'automne 1801 à 1803.

Pendant la Seconde Guerre mondiale, à partir d'avril 1940, Alexandrie abrite l'escadre française en Méditerranée orientale, ou Force X. Bloquée dans le port par l'armistice, surveillée par la flotte anglaise, la Force X se rallie au général Giraud en 1943.

ALGER

L'actuelle capitale de l'Algérie s'est développée à partir de la rade, qui a sans doute été créée par les Phéniciens.

À l'origine, la cité s'appelle *Ikosim*, nom punique qui rappelle les vingt *(eikosi)* compagnons d'Hercule qui la fondèrent. Cette modeste colonie romaine sous Auguste en 25, passe sous la tutelle du roi de Maurétanie Juba, résidant à Cherchell. Elle est occupée par les Vandales au VIe siècle et détruite lors d'une succession d'invasions. Permettant à une flottille de trouver refuge contre les vents du nord-est, les îlots ont déterminé la création de la ville basse romaine, également protégée des vents d'ouest par le massif de Bouzarée. Conscient de ce site exceptionnel, Buluggüïn, prince de la dynastie ziride, fonde vers 950, sur les restes de l'*Ikosium* romaine, une nouvelle ville arabe qui reçoit le nom d'*Al Djazaïr*, c'est-à-dire les îles.

Au Moyen Âge, Alger n'est qu'un port de modeste importance, le trafic commercial du Maghreb passant à l'époque par les routes caravanières de l'intérieur. Les Almoravides y édifient pourtant une belle mosquée au XIIe siècle. Sa réputation de repaire de pirates s'affirme dès le XIIIe siècle et s'accentue lorsque, de 1300 à 1375, puis vers 1492 (chute de Grenade), elle absorbe les Morisques chassés d'Espagne par la *Reconquista*. Elle devient bientôt la terreur de toute l'Europe occidentale, notamment des Espagnols. Ces derniers ayant songé à s'en emparer, les Algériens préfèrent négocier et cèdent aux Espagnols les îlots de Stoma où est édifiée la forteresse du Penon. Mais en 1529 le corsaire Kheir el-Din, dit Barberousse, qui a déjà occupé la ville en 1516, réussit à détruire le Penon. Les frères Barberousse s'étant placés sous la protection de Constantinople, Alger devient la capitale d'un État algérien vassal lointain de l'Empire ottoman. Sous leur habile commandement s'organise véritablement le brigandage maritime, et Alger est le principal bastion de la piraterie en Méditerranée occidentale. Pendant trois siècles, elle n'a pas d'autre industrie ni d'autre commerce que la « course » pour la prise des navires et des captifs chrétiens. Les expéditions espagnoles du XVIe siècle pour la détruire se soldent par des échecs. En 1541, Charles Quint voit sa flotte brisée devant le port. Le régime de ce qu'on a appelé la Régence d'Alger connaît son apogée au XVIIe siècle, au profit d'une oligarchie de corsaires, les *raïs*, presque tous des renégats européens, et de janissaires. La ville, construite en forme de triangle, s'appuie sur la falaise rocheuse, couronnée par une citadelle au sommet de l'actuelle Casbah. Cette dernière, couvrant les pentes de l'Acropole, est remarquablement disposée en gradins et forme jusqu'au port un véritable escalier de terrasses ouvertes au soleil levant, tandis que le riche quartier des affaires, semé de palais et de mosquées, s'étend en bordure de mer. La ville haute, avec la citadelle, est entièrement reconstruite après le terrible tremblement de terre de 1716.

Le 14 juin 1830, les troupes du général de Bourmont débarquent sur la plage de Sidi-Ferruch et, le 5 juillet, le dey Hussein capitule après la prise par l'Empereur du fort qui protège Alger. L'occupation française se traduit d'abord par l'expulsion des Turcs, d'ailleurs très minoritaires, et la destruction de monuments anciens qui font place à des constructions administratives et militaires. Ne sont épargnées que la belle mosquée hanafite de la Pêcherie qui date du XVIIe siècle et la Grande Mosquée malakite des XIe-XIVe siècles. Mais ce n'est qu'au début du XXe siècle qu'Alger cesse d'être une préfecture à forte garnison, un gros bourg rural, pour devenir une grande place de commerce. La culture de la vigne est déterminante pour transformer les conditions économiques et amorcer d'autres productions. Après 1870, sa population s'accroît d'un important contingent d'Alsaciens. Siège du gouvernement général de l'Algérie, Alger connaît un développement constant qui se traduit, à partir du début du XXe siècle, par son extension hors de l'enceinte construite en 1845, dans toutes les directions, mais surtout vers le sud où se déplace peu à peu le centre des affaires.

Pendant la Seconde Guerre mondiale, Alger est l'un des points choisis pour la première grande opération offensive alliée, le débarquement américain du 8 novembre 1942, qui ne se heurte qu'à une résistance symbolique des troupes françaises, en dépit des ordres de Vichy. L'amiral Darlan, alors présent à Alger, conclut un armistice le 10 novembre et prend la direction du gouvernement en Afrique du Nord, avec le consentement des Américains. Après son assassinat, le 24 décembre 1942, le général Giraud le remplace comme commandant en chef civil et militaire en Afrique du Nord. Le 30 mai 1943, le général de Gaulle arrive à Alger où est constitué, le 23 juin, le Comité français de libération nationale (CFLN). Les généraux de Gaulle et Giraud en assurent la présidence, jusqu'au jour où le conflit qui les oppose se termine par l'élection, en octobre, du général de Gaulle comme seul président du Conseil. Alger devient alors la capitale provisoire de la France libre jusqu'en août 1944.

Alger est l'un des principaux foyers de l'insurrection algérienne d'octobre 1954. Mais les opérations de contrôle dirigées par le général Massu, de janvier à septembre 1957 (ce que l'on a appelé la bataille d'Alger), et l'arrestation de Yacef Saadi entraînent le retour au calme et obligent les chefs nationalistes du Comité de coordination et d'exécution (CCE) à quitter Alger, qui devient alors le terrain privilégié des manifestations des Européens d'Algérie. Celle du 13 mai 1958 a des répercussions considérables. Le Gouvernement général occupé, un comité est constitué et pris en charge par l'armée qui réclame la formation, à Paris, d'un gouvernement de salut

Alger
Place du gouvernement. Huile sur toile d'Adrien Dauzats, 1849, Chantilly, musée Condé. © *Lauros-Giraudon*

public avec, à sa tête, le général de Gaulle. Celui-ci proclame d'abord sa volonté de maintenir l'Algérie française, en y associant à droits égaux les musulmans, avant de proposer, en septembre 1959, l'autodétermination aux Algériens. Cette volte-face conduit à nouveau les Européens d'Alger dans la rue. La capitale joue un rôle de premier plan en devenant le théâtre de combats sanglants (semaine des Barricades, janvier 1960). Le référendum du 8 janvier 1961, qui laisse au général de Gaulle les mains libres pour ramener la paix, et la conférence de presse du 11 avril, qui le montre prêt à accepter l'indépendance de l'Algérie, provoquent le putsch du 21 avril 1961. L'armée n'ayant pas suivi les généraux, la tentative avorte. La signature des accords d'Évian, prélude à l'indépendance, est suivie, à Alger, d'une dernière flambée du terrorisme européen qui aboutit aux violents combats de Bab-el-Oued, au cours desquels l'armée française est contrainte, le 26 mars, de tirer sur les manifestants de la rue d'Isly.

Le putsch d'Alger
Les généraux rebelles quittent la délégation générale d'Alger après la fin de l'insurrection (28 avril 1961).
De g. à d. : Zeller, Jouhaud, Salan, Challe. © *Keystone*

ALGER (putsch d')

Tentative de renversement de l'ordre républicain par une partie de l'armée de métier servant en Algérie, le 21 avril 1961.

La première intervention de l'armée dans la politique depuis le coup d'État du 18 Brumaire s'ordonne autour de deux acteurs aussi neufs que déterminants : la télévision et la radio. C'est en effet à la suite de la conférence de presse du général de Gaulle du 11 avril 1961 que les généraux Challe et Zeller décident de tenter un putsch. De Gaulle a clairement indiqué les trois raisons qui motivent son choix de désengager la France de l'Algérie : une continuité historique décolonisatrice qu'il fait remonter à la conférence de Brazzaville de 1944, en oubliant soigneusement de mentionner l'Indochine ; le coût prohibitif de la guerre qui entrave la modernisation de la métropole ; le refus de se laisser dicter ses choix par la « communauté » française d'Algérie, présentée pour la première fois comme un obstacle sur le chemin de l'indépendance et d'un règlement du problème algérien, et qu'il s'agira simplement de protéger.

Le glas des espérances d'intégration ainsi sonné en public précipite l'intervention des militaires : Challe, commandant en chef en Algérie durant l'année 1960, Jouhaud, général d'aviation originaire d'Oran, tous deux rejoints par Zeller et Salan, l'homme clé de mai 1958, considéré comme un sauveur politique par les Européens d'Algérie. La conspiration prend le gouvernement Debré au dépourvu et, grâce à de mystérieux messages lancés sur les ondes depuis Alger, les conjurés laissent croire à une invasion imminente de la métropole. L'intoxication radiophonique est si efficace que les préfets font appel à des volontaires et que l'on dispose des chars, à Paris, devant les lieux du pouvoir. Le 22 avril, la mairie d'Alger annonce le ralliement de toutes les unités combattantes, pure manœuvre de propagande car l'Orannais et le Constantinois résistent ou se déclarent hostiles au putsch.

Par le relais de la radio, en Algérie – grâce aux transistors à piles des appelés du contingent qui échappent à la censure des ondes décidée par les putschistes –, et au moyen d'une mise en scène théâtrale à la télévision, en métropole, de Gaulle va reprendre la main. Le 23 avril à 20 heures, il apparaît en uniforme pour affirmer sa double légitimité : politique, tirée de son élection à la présidence de la République, symbolique, en écartant toute comparaison avec les généraux expédiés d'office « à la retraite », et en donnant l'ordre à deux reprises d'arrêter ces derniers, « par tous les moyens ». Le soutien, unanime en métropole et massif en Algérie, obtenu dès le lendemain, montre la force du message autant que l'efficacité de ses supports. Le 25 avril, légionnaires et parachutistes regagnent leur cantonnement ; le 26, Challe et Zeller se rendent, tandis que Salan et Jouhaud entrent dans la clandestinité avant d'être arrêtés un an plus tard, condamnés à la prison à perpétuité et libérés en 1967 et 1968.

ALGÉRIE

État d'Afrique du Nord situé en bordure de la Méditerranée, entre le Maroc à l'ouest et la Tunisie à l'est.

Conquise par la France à partir de 1830, elle reste colonie française jusqu'en 1962, avant d'acquérir son indépendance. Le nom d'Algérie ne date que de la conquête française. Mais la Régence d'Alger, sous domination turque, existe depuis la première moitié du XVIe siècle, et le Maghreb central et oriental a déjà une histoire plus que millénaire.

Avant 1830. Elle voit son littoral nord-est soumis à Carthage au VIIIe siècle avant J.-C., tandis que l'intérieur du pays est occupé par des royaumes numides.

Le conflit entre Rome et Carthage amène Rome à intervenir en Afrique. Malgré sa victoire définitive sur Carthage (détruite en 146 av. J.-C. à l'issue de la troisième guerre punique), puis sur le roi numide Jugurtha en 104 av. J.-C., elle se contente longtemps d'une occupation limitée au littoral de l'actuelle Algérie. La province romaine de Numidie n'est créée par César qu'en 46 av. J.-C., tandis que l'annexion de la partie occidentale et la création de la Mauritanie césarienne ne sont réalisées qu'en 42. Sous l'Empire romain, l'Algérie connaît une grande prospérité. Elle est christianisée au IVe siècle, mais est atteinte par le schisme donatiste (de Donat, évêque de Carthage).

Les invasions ne l'épargnent pas. Le pays est dévasté en 429 par les Vandales de Genséric, qui créent un État bientôt détruit par la reconquête byzantine de Justinien en 533. Un premier raid arabe l'atteint en 682. Les Berbères, soutenus par Byzance, réussissent à le repousser. La Kahina, femme au courage légendaire, est devenue le symbole de ce mouvement de résistance. Ce n'est qu'un répit. Au début du VIIIe siècle, tout le Maghreb est occupé par les Arabes et se convertit à la religion musulmane. L'installation de ceux-ci ne se fait pas sans difficulté (révoltes des Kabyles ; schismes religieux ; luttes pour le pouvoir). Au milieu de cette période agitée, se détachent les dynasties des Ommeyades et des Fatimides. L'arabisation n'est pas encore profonde. Il faudra attendre l'invasion hilalienne du XIe siècle pour que la structure des pays maghrébins soit bouleversée : en amenant dans une Berbérie faiblement peuplée des masses nomades arabes, elle accentue l'arabisation et développe le nomadisme aux dépens de l'agriculture. Sous la puissante dynastie des Almoravides de 1056 à 1157 et surtout des Almohades de 1147 à 1226, l'Algérie connaît bientôt une civilisation raffinée. Mais avec la désintégration de l'Empire almohade (1269), la suprématie islamique en Méditerranée occidentale fait place à celle des rois chrétiens.

La dislocation politique du Maghreb s'accentue au cours des siècles suivants. Elle devient irrémédiable et entraîne, à partir du XVIe siècle, la domination des Turcs. Des corsaires turcs, les Barberousse, s'emparent d'Alger, et Kheir el-Din fonde la Régence d'Alger en 1518. Toute l'Algérie est progressivement conquise. Le pacha d'Alger – qui sera remplacé par le dey au début du XVIIIe siècle – devient, sous la suzeraineté du sultan de Constantinople, un grand seigneur qu'enrichissent butins et esclaves. Il ne songe guère à mettre sa marque sur le pays, mais les Barbaresques sillonnent la Méditerranée et menacent souvent les côtes françaises. Alger devient le principal repaire des pirates. Le futur saint Vincent de Paul, Cervantès, bien d'autres encore, pris en mer par les pirates, sont conduits en esclavage et soumis à rançon. Vainement, Charles Quint en 1541, puis Louis XIV en 1679-1683, tentent de mettre un terme à ces pirateries.

La conquête. Les motifs de querelle entre la France et le dey d'Alger ne manquent pas. Ce dernier a accordé à la France, depuis le XVe siècle, le long des côtes d'Algérie, des concessions qui lui permettent de commercer librement à travers la Méditerranée, moyennant une redevance annuelle dont le taux n'a cessé d'augmenter. Même dans ces concessions, le dey prétend visiter les navires des nations européennes qui n'ont pas d'accord avec lui. Enfin, une affaire embrouillée de créance, contractée en 1789 et qui n'avait jamais été réglée, est à l'origine des trois coups d'éventail donnés par le dey Hussein au consul de France, insulte qui provoque une rupture diplomatique en avril 1827, bientôt suivie du blocus maritime d'Alger par la marine française. Les incidents qui s'ensuivent (destructions par le dey des comptoirs français de Bône et de La Calle ; canonnade d'un vaisseau parlementaire français en août 1829) aboutissent à la conquête de l'Algérie par la France.

L'expédition d'Algérie, improvisée, devient alors pour le gouvernement de Charles X un acte de politique intérieure, un acte de prestige. Le 5 juillet 1830, l'escadre commandée par l'amiral Duperré et l'armée du général de Bourmont s'emparent d'Alger. Le régime turc disparaît. Suit une période d'incertitude (la France se contentera longtemps de l'occupation des principales villes côtières) et de désordre qui favorise la montée d'Abd el-Kader. Il se révèle vite un adversaire redoutable avec lequel les Français, incertains et divisés sur la politique à suivre en Algérie, choisissent de traiter. Le compromis de 1837 reconnaît l'autorité d'Abd el-Kader sur l'intérieur du pays. Mais l'extension progressive de la domination française, symbolisée par la prise de Constantine, le 13 octobre 1837, rend inévitable la reprise de la guerre. Du côté français, elle est menée par le général Bugeaud qui l'emporte finalement. Un des épisodes les plus marquants de cette guerre difficile est la prise de la *smala* d'Abd el-Kader par le duc d'Aumale en 1843. Abd el-Kader se rend au général Lamoricière le 23 décembre 1847. L'occupation de l'intérieur du pays ne sera achevée qu'en 1854 (Touggourt) et même 1891 (El Goléa).

La période coloniale. Après une première expérience d'assimilation sous la IIe République, l'Algérie est soumise de 1852 à 1858 à un régime militaire. La création en 1858 d'un ministère de l'Algérie et des Colonies qui gouverne de Paris s'accompagne d'une nouvelle politique d'assimilation qui doit s'étendre aux musulmans, mais bouleverse la population indigène, l'inquiète et ouvrira l'ère des insurrections. Napoléon III s'en rend compte et supprime le ministère. Il s'affirme respectueux des droits des Arabes et voudrait constituer un grand royaume arabe. Sous son règne, le développement de la colonisation est freiné.

Les désastres de la guerre de 1870 et la chute de l'Empire sont suivis de révoltes (insurrections de 1871) qui ont également pour origine le retour à un régime civil. En réaction contre la politique impériale, la IIIe République pratique une politique de colonisation avec l'arrivée en nombre d'Européens (Alsaciens et Lorrains) et le transfert à leur profit de propriétés et de terres. La politique d'assimilation triomphe dans tous les domaines de 1870 à 1898 et provoque souvent la disparition des cadres de la société musulmane. Mais colons et musulmans ont un régime politique différent : loi française pour les Européens, régime de l'indigénat pour les musulmans. La prospérité de l'Algérie ne cesse de grandir jusqu'à la Première Guerre mondiale et se poursuit après celle-ci. Alger devient le deuxième port français. Des colons espagnols et italiens affluent.

Le loyalisme dont font preuve les Algériens pendant la Grande Guerre, leur importante contribution à la bataille (25 000 soldats d'Algérie ont été tués) décident Clemenceau à accorder aux musulmans des compensations politiques, notamment une participation avec les Français aux élections législatives et sénatoriales. Devant l'hostilité des colons, le gouvernement se contente d'établir l'égalité fiscale et une représentation dans toutes les assemblées d'Algérie pour un plus grand nombre de musulmans. Ces réformes déçoivent les premiers mouvements nationalistes qui se développent au début du XXe siècle. Trois tendances apparaissent : l'Étoile nord-africaine, fondée à Paris en 1924 par Messali Hadj, préconise l'indépendance de l'Algérie ; l'association des Ulémas en 1930 pousse à un retour aux valeurs traditionnelles de l'Islam ; les Jeunes Algériens, avec Ferhat Abbas, réclament la citoyenneté française pour les musulmans, la transformation de la colonie en province.

La défaite de 1940 nuit au prestige de la France, mais n'amène aucune réaction immédiate. L'Algérie reste fidèle au gouvernement de Vichy. Mais, le 8 novembre 1942, a lieu le débarquement anglo-américain. Aux sollicitations d'un effort militaire, les musulmans répondent par le *Manifeste du peuple algérien* (Ferhat Abbas) dont les principes seront rejetés par le général Catroux, gouverneur nommé par le Comité français de libération nationale. Le 12 décembre 1943, dans son discours de Constantine, le général de Gaulle annonce des réformes avec l'application du projet Blum-Viollette, élaboré en 1936 mais demeuré lettre morte en raison de la forte opposition des Français d'Algérie. Ce projet, qui tendait à donner le droit de vote à 22 000 Algériens, se heurte à la violente réaction des 200 000 électeurs européens. La lutte d'influence entre réformateurs français et nationalistes algériens est ouverte. Les positions se durcissent. Le 1er mai 1945 ont lieu en Algérie des manifestations politiques qui se transforment en émeutes armées le 8 mai dans le Constantinois : à Sétif et Guelma, des colons sont attaqués, on compte 103 morts et plus d'une centaine de blessés. La répression (plusieurs milliers de morts, plus de 4 500 arrestations) provoque un « ressentiment profond et indigné » chez les Français d'Algérie, un « sentiment de crainte et d'hostilité » au sein des masses arabes (Albert Camus). En 1946, Messali Hadj crée le Mouvement pour le triomphe des libertés démocratiques (MTLD) qui envoie 5 députés à l'Assemblée nationale. Cette dernière élabore un nouveau statut de l'Algérie, mais il apporte peu de nouveautés, est jugé très insuffisant par les députés musulmans même modérés, et il n'est pas appliqué. Tout espoir de réformes semble disparaître. Les nationalistes en profitent pour accroître leur audience.

La guerre d'Algérie. Elle est déclenchée le 1er novembre 1954 par quelques attentats simultanés, alors que, du Caire, les dirigeants du mouvement proclament la fondation d'un Front de libération nationale (FLN). Seuls n'en font pas partie les messalistes irréconciliables qui créent un nouveau parti, le Mouvement national algérien (MNA). Le gouvernement français, alors dirigé par Pierre Mendès France, épaulé par le ministre de l'Intérieur François Mitterrand, accroît les effectifs de l'armée, alors que le nouveau gouverneur, Jacques Soustelle, tente de reprendre le dialogue avec les nationalistes modérés. Mais la rébellion armée continue de s'étendre en Kabylie et dans le Nord-Constantinois.

En métropole, où l'Assemblée nationale a été dissoute, la victoire électorale du Front républicain (Guy Mollet, Mendès France) annonce le rejet de la politique d'intégration et la reconnaissance de la personnalité algérienne. Mais le gouvernement, conduit à partir de janvier 1956 par Guy Mollet, recule devant les réactions violentes des Français d'Algérie et obtient de l'Assemblée nationale (communistes compris) l'octroi de pouvoirs spéciaux pour rétablir l'ordre en Algérie et y instaurer une politique démocratique le 12 mars 1956. Le ministre résidant Lacoste dispose de pouvoirs dictatoriaux. L'effort militaire est considérablement accru et l'armée devient bientôt la principale force politique du pays. Désormais résolu à emporter un succès militaire décisif, le gouvernement s'engage dans une lutte à outrance rendue possible grâce au rappel des réservistes et au maintien de plusieurs classes sous les drapeaux. Ainsi les troupes engagées passent de 200 000 à 400 000 hommes.

Pendant l'année 1956, l'insurrection intensifie son activité militaire et politique. Les opérations de guérilla s'étendent à l'Oranie et aux villes. Le FLN prend l'initiative de réunir, le 20 août 1956, un important congrès clandestin, dit de la « Soummam ». Belkacem Krim est désigné pour diriger la lutte armée, tandis que la direction politique du FLN est confiée au Conseil national de la révolution algérienne (CNRA) et à un Comité de coordination et d'exécution (CCE). Le but de la lutte est défini : une République algérienne, unitaire, sociale et démocratique. Le 22 octobre, la capture par l'armée française d'un avion où ont pris place Ben Bella, Boudiaf, Aït Ahmed et Khider aggrave les tensions à un moment où les extrémistes européens trouvent une plus forte audience chez ceux qui ne comprennent pas la révolte des musulmans. Des deux côtés, on recourt bientôt au terrorisme urbain. Le gouverneur Lacoste confie alors aux unités de parachutistes du général Massu le soin de détruire les commandos terroristes. La bataille d'Alger, de janvier à septembre 1957, est gagnée mais ne résout pas les problèmes. Pas plus que la loi-cadre, promulguée par le gouvernement français le 13 septembre 1957, promettant le respect de la personnalité algérienne tout en maintenant l'Algérie comme partie intégrante de la France.

L'année 1958 s'ouvre sur l'affaire du bombardement par l'aviation française du village tunisien de Sakhiet Sidi Youssef, en représailles des raids de l'Armée de libération nationale (ALN). Devant la menace d'internationalisation du problème algérien qui s'ensuit, se succèdent les manifestations d'Européens. Celle du 13 mai se termine par l'occupation du Gouvernement général et la formation d'un comité de salut public, bientôt pris en charge par l'armée. Il réclame

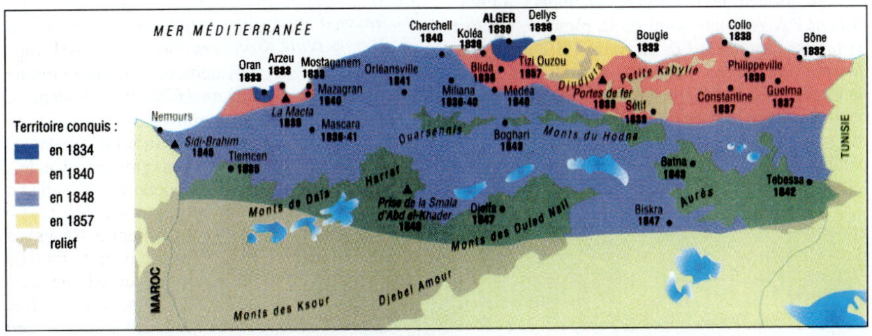

Extension de la conquête française en Algérie

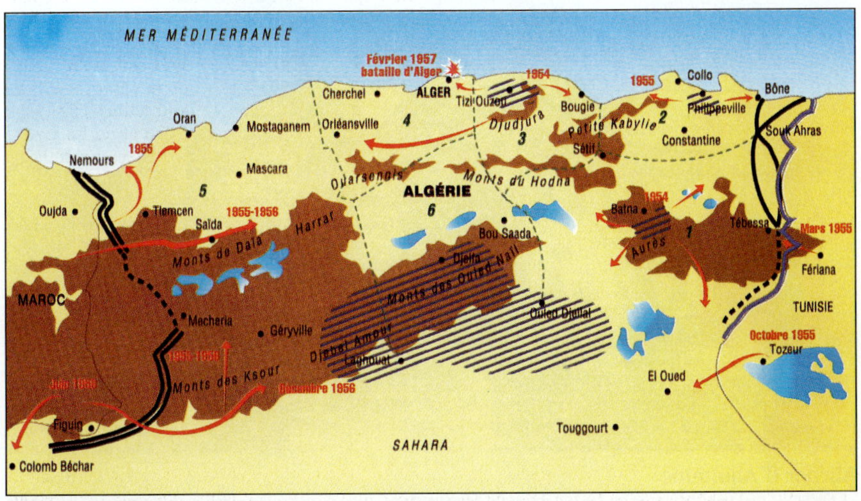

La guerre d'Algérie

Algérie
Charles de Gaulle le 5 juin 1958, au balcon du Gouvernement général à Alger. À droite : Jacques Soustelle. © *Lipnitzki - Viollet*

l'arrivée au pouvoir du général de Gaulle. En réponse à la formation d'un gouvernement provisoire de la République algérienne (GPRA), le nouveau chef du gouvernement inaugure une série de réformes politiques et économiques annoncées dans le discours de Constantine du 3 octobre 1958, pendant que le général Challe, qui met en place une stratégie antiguérilla plus adaptée, gagne du terrain face aux hommes du FLN.

Une nouvelle politique gouvernementale s'élabore peu à peu. De Gaulle, désirant convaincre le monde de la volonté française de changement, annonce, le 16 septembre 1959, le droit, pour les Algériens, à l'autodétermination, après le retour à la paix. Ce n'est pas la politique qu'attendaient les Français d'Algérie. Nombre d'entre eux s'estiment trahis et répondent par un nouveau coup de force, la semaine des Barricades d'Alger. C'est un échec car l'armée ne suit pas. Une autre étape est franchie lorsque le général de Gaulle affirme sa conviction que les Algériens se prononceront pour une Algérie algérienne liée à la France. Mais les pourparlers de Melun, du 25 au 29 juin 1960, qui s'ouvrent à la suite de cette déclaration, tournent court.

Les Français, consultés par référendum le 8 janvier 1961, laissent de Gaulle libre de mener en Algérie la politique qu'il entend. Sa conférence de presse du 11 avril montre qu'il envisage la sécession de l'Algérie et le regroupement des Français. S'ajoutant à des rumeurs d'ouverture de nouvelles négociations, elle provoque le putsch du 21 avril. Une junte militaire, composée des généraux Salan, Challe, Zeller et Jouhaud, s'empare du pouvoir au terme du putsch d'Alger du 22 au 25 avril. Mais le succès n'est pas au bout de la rébellion, une bonne partie de l'armée n'ayant pas suivi.

De difficiles pourparlers s'ouvrent alors entre la France et le FLN le 18 mai. Ils butent sur la question de la trêve, le statut des Européens et surtout le Sahara. Au cours de ces négociations, Ferhat Abbas est évincé au profit de Ben Khedda, jugé plus révolutionnaire. Les actes de terrorisme de l'Organisation armée secrète (OAS), créée après l'échec du putsch, ne peuvent empêcher la signature des accords d'Évian le 18 mars 1962. Ils reconnaissent la souveraineté de l'État algérien sur l'Algérie et le Sahara, mais une coopération étroite avec la France est prévue. Les accords sont massivement approuvés en France et en Algérie, après une dernière flambée de terrorisme due à l'OAS. Déjà, les Français d'Algérie ont commencé à fuir le pays, au total un million dont 651 000 dès 1962, contraints d'abandonner la plus grande partie de leurs biens, dont l'estimation varie entre 25 et 50 milliards de francs. Si la création d'un ministère des Rapatriés fournit une aide substantielle à l'adaptation professionnelle et sociale des Français d'Algérie, le problème de leur indemnisation n'est pas réglé, ce qui crée un ressentiment certain chez ces derniers, déracinés et spoliés de leurs biens.

Libéré par les Français après les accords d'Évian, Ahmed Ben Bella est élu président de la République algérienne démocratique et populaire en septembre 1962. Mais, le 19 juin 1965, il est destitué par le Conseil de la révolution que préside le colonel Houari Boumédiène, chef de l'Armée de libération nationale. Le Conseil lui reproche ses méthodes de gouvernement exclusives. Il est emprisonné puis exilé en France et en Suisse. Boumédiène tente de développer l'économie algérienne selon les méthodes de l'Union soviétique en privilégiant l'industrie lourde et l'exploitation des hydrocarbures. La France garde sur ce plan des liens privilégiés avec son ancienne colonie en tant qu'acheteur de pétrole et de gaz sahariens. Cependant, dès les années 1970, des dysfonctionnements apparaissent. En 1988, après la mort de Boumédiène et son remplacement par Chadli, des émeutes populaires sont réprimées par la police ; en 1989, le pays s'ouvre au multipartisme. C'est le Front islamique du salut (FIS), parti à idéologie confessionnelle, qui remporte les élections municipales l'année suivante. Les militaires refusent l'échec du FLN et renversent le président Ali Kafi : le général Liamine Zéroual prend sa place en janvier 1994. De l'autre côté de la mer, la France, où vit une importante communauté d'Algériens émigrés dans les années 1960 et 1970, garde un œil sur les événements qui perturbent l'Algérie au point de la plonger, à partir de la dissolution du FIS en mars 1992, dans une guerre civile larvée, puis dans un sanglant conflit national. Plus de 600 personnes sont assassinées en 1992, dont le président Mohammed Boudiaf, dirigeant historique du FLN, à la tête du Haut comité d'État depuis les élections de décembre 1991. Islamistes réduits à la clandestinité comme soldats gouvernementaux se livrent à des exactions dont la population civile est la première victime. Les médias sont sévèrement surveillés par le pouvoir et de nombreux journalistes algériens trouvent refuge en France. En 1995, des actes terroristes liés au FIS sont perpétrés sur le territoire français, dont le sanglant attentat du RER à la station Saint-Michel à Paris qui fait 7 morts et plusieurs dizaines de blessés. En 1996, on dénombrait un total d'environ 80 000 victimes de ce conflit. Malgré la forte participation aux élections présidentielles de novembre 1995, témoignant d'une volonté largement partagée par la population algérienne de mettre fin à la violence, et la constitution en janvier 1996, par le Premier ministre Ahmed Ouyahia, d'un gouvernement comprenant des membres de l'opposition modérée (Mouvement de la société islamique, MSI-Hamas et Parti du renouveau algérien), les attentats et les massacres de populations se poursuivent avec une rare violence, en particulier dans le nord du pays.

ALGÉSIRAS (conférence d')

Conférence internationale destinée à régler les problèmes du Maroc.

Elle réunit, du 16 janvier au 7 avril 1906, les principales puissances, y compris les États-Unis, à la suite du « coup de Tanger ». Le 25 mars 1905, Guillaume II y était entré de force pour prononcer, quelques jours plus tard, un discours demandant l'internationalisation du Maroc. Lors de cette conférence, les puissances confirment l'indépendance du Maroc et son internationalisation économique. Isolée, l'Allemagne ne peut empêcher que la position privilégiée de la France soit reconnue, de même que, à un degré moindre, celle de l'Espagne, toutes deux étant chargées de la police des ports. La France reçoit, en outre, la surveillance des confins algéro-marocains et l'encadrement de la police chérifienne. Enfin, un Français doit présider la banque d'État du Maroc.

ALIÉNOR ou ÉLÉONORE d'AQUITAINE ou de GUYENNE (?, v. 1122 – Fontevrault, 1204)

Duchesse d'Aquitaine, reine de France (1137-1152) puis reine d'Angleterre (1154-1189).

Pour obéir aux volontés de son père le duc Guillaume d'Aquitaine, mort lors d'un pèlerinage à Saint-Jacques-de-Compostelle, la princesse épouse en 1137 Louis, héritier du trône de France, et lui apporte pour dot sa magnifique hoirie : l'Aquitaine. Élevée en Languedoc, terre artiste,

Aliénor d'Aquitaine
La duchesse part pour la chasse au faucon. Fresque découverte en 1964 dans la chapelle Sainte-Radegonde à Chinon, datée de la fin XIIe – début XIIIe siècle.© *Sélection Images*

Aliénor est tout à l'opposé de son mari, qui coiffera la couronne un mois après leur mariage sous le nom de Louis VII. Elle est sensuelle, lui bigot, grave. Il est gauche, elle gracieuse, cultivée. C'est à Antioche, au cours de la deuxième croisade où elle l'a accompagné, de 1147 à 1149, qu'Aliénor annonce au roi sa décision de divorcer. Louis refuse de l'abandonner, et avec elle l'Aquitaine. Il doit pourtant se résoudre à cette douloureuse séparation. Saisissant le prétexte du lien de consanguinité au sixième degré existant entre Louis VII et Aliénor d'Aquitaine, le concile de Beaugency, le dimanche des Rameaux 1152, annule leur mariage. Libre, la duchesse épouse deux mois plus tard Henri Plantagenêt comte d'Anjou et duc de Normandie. Souverains d'Angleterre en 1154, Henri II et Aliénor règnent sur un domaine s'étendant de l'Écosse aux Pyrénées. À la vérité, Aliénor administre seule son duché, Henri, qui bataille sans cesse, des marches septentrionales de son royaume à la Normandie, ne pouvant guère gérer les possessions de sa femme. À cette époque, la duchesse-reine tient une cour brillante. Prompte aux jeux de l'esprit, elle protège poètes, lettrés et philosophes, institue les « cours d'amour ». Souveraine préoccupée de la chose publique, elle juge, légifère – elle rédige, pense-t-on, un code maritime, le Code d'Oléron – et encourage les mouvements communaux. En 1173, elle appuie la révolte de ses fils – elle a 5 fils et 3 filles – Henri, Richard et Geoffroy contre leur père. Henri II se venge en l'emprisonnant, d'abord derrière les murailles d'un monastère, ensuite derrière celles du château de Salisbury. Elle ne recouvre la liberté qu'à la mort du roi, en 1189.

En 1192, Richard Ier Cœur de Lion, le nouveau roi d'Angleterre, fils de Henri II, est prisonnier de Henri V, et Aliénor convoie elle-même en Allemagne la rançon de 100 000 livres exigée par l'empereur. Ensuite, elle soutient les droits, contestables, au trône de Jean sans Terre, contre ceux, incontestables, du fils de Geoffroy, Arthur de Bretagne. En 1202, elle traverse les Pyrénées et négocie les fiançailles de Blanche, sa petite-fille, fille du roi de Castille, avec le futur Louis VIII. Le projet d'alliance achève le conflit opposant depuis cinq ans l'Angleterre à la France et assure, si Jean sans Terre meurt sans descendance, la domination des Plantagenêts sur l'Anjou, la Normandie et l'Aquitaine. Aliénor, inhumée dans l'abbaye de Fontevrault, repose entre Henri II et Richard Ier.

ALLEMANE Jean (Sauveterre, Haute-Garonne, 1843 – Herblay, Val-d'Oise, 1935)

Homme politique.

Ouvrier typographe socialiste, il prend part à la Commune, et est condamné en 1871 aux travaux forcés à perpétuité. Amnistié en 1880, il devient le chef d'un des groupes socialistes qui font alors leur apparition. Contre les collectivistes de Jules Guesde, il adhère d'abord au mouvement possibiliste de Paul Brousse qui met l'accent sur les revendications immédiates et possibles. Député de Paris, il se sépare de Brousse en 1890 pour fonder le Parti socialiste ouvrier révolutionnaire (PSOR), dit allemaniste, qui se distingue des broussistes par l'importance attachée à la conquête du monde syndical et par l'affirmation de la primauté de la lutte économique sur l'action politique. Profondément ouvriériste, méfiant à l'égard des politiciens de la IIIe République, il retient la notion de grève générale et associe à sa cause un certain nombre d'intellectuels, comme l'Alsacien Lucien Herr, qui collaborent à son journal, *Le Parti ouvrier.*

ALLEU

En langage féodal, propriété libre exempte de tout droit ou redevance, par opposition aux fiefs et aux franchises qui impliquent dépendance et services envers un seigneur dominant.

Les légistes distinguent l'alleu noble et l'alleu roturier. L'alleutier noble reçoit éventuellement des hommages, mais en aucun cas l'alleutier, même roturier, n'en rend. Les pays allodiaux correspondent, en principe, aux pays de droit écrit, c'est-à-dire au midi de la France. Mais, si les alleux se maintiennent jusqu'à la fin de l'Ancien Régime dans le Bordelais, en Languedoc, dans le Dauphiné, en Nivernais, ils ne constituent qu'une exception. Sur la quasi-totalité des terres du royaume règne le système féodal. Enfin, là où il avait encore résisté à l'emprise seigneuriale, l'alleu recule à partir du XVIIe siècle devant l'offensive des officiers royaux qui, en vertu du principe de la directe universelle, entendent placer sous la dépendance du roi toutes les terres qui ne relèvent pas d'un seigneur direct. Le terme de franc-alleu, qui a la même signification, insiste sur le caractère d'indépendance de la terre alleutaire.

ALLIANCE (Sainte-)

Pacte conclu à Paris le 26 septembre 1815 par le tsar Alexandre Ier, l'empereur d'Autriche François Ier et le roi de Prusse Frédéric-Guillaume.

Ce pacte mystique, conclu « au nom de la Très Sainte et Indivisible Trinité », doit, dans l'esprit de son instigateur le tsar Alexandre, marquer l'union symbolique des trois religions, orthodoxe, catholique et protestante autour d'un idéal chrétien commun. Les trois souverains, selon l'article 1er du pacte, décident de demeurer « unis par les liens d'une fraternité véritable » et, par l'article 2, « de se rendre réciproquement service, de se témoigner par une bienveillance inaltérable l'affection mutuelle dont ils doivent être animés ». Sans prendre au sérieux ce pacte que Metternich qualifiait de « vide sonore », la plupart des souverains européens, sauf le régent d'Angleterre, y adhèrent, la France étant invitée à y entrer secrètement en 1818.

En fait, la base solide de l'union européenne est la quadruple alliance mise au point par Metternich, et signée le 20 novembre 1815 par la Russie, l'Autriche, la Prusse et l'Angleterre. Le traité est à l'origine de la politique des congrès tenus dans les années suivantes, qui visent à maintenir aussi bien l'ordre social que l'union des souverains. Après des interventions communes contre les mouvements révolutionnaires de Naples, du Piémont et d'Espagne, des divergences apparaissent entre les souverains au début des années 1820, car l'Angleterre entend restreindre à l'Europe l'action de la Sainte-Alliance, et favorise, en 1823, les mouvements d'indépendance des colonies espagnoles d'Amérique. La révolte de la Grèce contre les Turcs, en 1828, soutenue par la France et l'Angleterre contre l'avis de Metternich, les mouvements belges en 1830 ouvrent de nouvelles brèches dans la Sainte-Alliance que la France quitte après la révolution de 1830. Les révolutions de 1848 mettent fin à la Sainte-Alliance qui, si elle n'a pu éliminer les mouvements libéraux dans tous les pays signataires, a réussi à empêcher les conflits entre les puissances européennes.

ALLIANCE (Triple-)

Nom donné à l'alliance conclue le 23 janvier 1668, à La Haye, au cours de la guerre de Dévolution, entre les Provinces-Unies et l'Angleterre, puis la Suède.

Les signataires veulent arrêter les conquêtes de Louis XIV dans les Pays-Bas espagnols. Le roi répond en reprenant les armes et en s'emparant, peu après, de toute la Franche-Comté. Les vœux de la Triple-Alliance sont cependant exaucés au traité d'Aix-la-Chapelle, en mai 1668.

ALLIANCE (Triple-) ou ALLIANCE de LA HAYE

Traité conclu à La Haye, en janvier 1717, par le Régent Philippe d'Orléans, les Provinces-Unies et l'Angleterre.

Les signataires désirent s'opposer aux projets du ministre espagnol Alberoni, qui tente d'effacer les conséquences territoriales du traité d'Utrecht. L'adhésion de l'Autriche transforme la Triple-Alliance en Quadruple-alliance.

ALLIANCE (Triple-) ou TRIPLICE

Alliance défensive conclue le 20 mai 1882 entre l'Autriche-Hongrie, l'Allemagne et l'Italie.

Cette alliance, souhaitée et mise au point par Bismarck, est dirigée contre la France qui se trouve ainsi isolée. À la Triplice, la France oppose la politique de la Triple-Entente (France, Angleterre, Russie). L'opposition entre les intérêts de l'Italie et ceux de l'Autriche contribue à affaiblir la Triplice, définitivement ruinée par l'entrée en guerre de l'Italie aux côtés des Alliés en 1915.

ALLIER (figurines de l')

On désigne sous ce nom des statuettes en argile blanche fabriquées en grande quantité dans des ateliers gallo-romains, dont les premiers ont été découverts dans la région de Moulins (à Toulon-sur-Allier, Vichy, Saint-Pourçain-sur-Besbre, etc.).

En fait d'autres centres de production ont existé en Bourgogne, en Auvergne, en Bretagne et en Normandie. Cette production en série de divinités, de petits personnages ou d'animaux hauts d'une dizaine de centimètres, florissante au IIe siècle de notre ère, est destinée à un public populaire. Des colporteurs les vendent à prix modique dans toute la Gaule, soit pour être placées sur les autels domestiques ou dans les tombes, soit pour être offertes lors d'une fête familiale, soit pour servir de jouets. Les sculpteurs gaulois s'inspirent de modèles grecs ou romains pour concevoir leurs moules à deux valves leur permettant de réaliser leurs figurines de kaolin. Leur imagination débordante leur permet d'inventer aussi une variété étonnante de sujets. On a retrouvé de nombreuses représentations de divinités gréco-romaines (Vénus en particulier) ou gauloises, de personnages de toute nature (enfants, couples enlacés, bustes féminins, gladiateurs) et d'animaux familiers (chiens, coqs, lapins) ou exotiques (lions, singes). Ces modestes figurines, rappelant les santons provençaux, fournissent de précieux témoignages sur les goûts des classes populaires gauloises. Souvent méprisées comme des pacotilles sans valeur artistique, elles témoignent cependant d'une fantaisie indigène divertissante ou émouvante.

ALLOBROGES

Peuple celte établi en Gaule entre le Rhône et l'Isère ; ses villes principales sont Vienne, Grenoble et Genève.

D'un esprit très indépendant, les Allobroges tentent, en 218 av. J.-C., d'empêcher les Carthaginois de franchir les Alpes. Ils combattent ensuite les Romains, avant d'être battus par Quintus Fabius Maximus, dit Allobrogicus, et soumis en 121. En 63, leurs ambassadeurs à Rome dénoncent la conjuration de Catilina. Leur territoire fait d'abord partie de la Narbonnaise puis de la Viennoise, avant de recevoir, en 360 apr. J.-C., le nom de *Sapaudia*, d'où est venu Savoie.

Pendant la Révolution, après la conquête de la Savoie par la France, ses habitants reprennent leur nom, constituant la légion des Allobroges, et le territoire est découpé en départements allobroges.

ALMA (bataille de l')

Victoire anglo-française de la guerre de Crimée.

L'armée franco-anglaise commandée par le maréchal de Saint-Arnaud et lord Raglan bat, le 20 septembre 1854, sur la rive nord du fleuve, l'armée russe commandée par Menchikov. Acquise surtout grâce à l'héroïsme des zouaves de Bosquet, qui attaquent la gauche ennemie, la victoire de l'Alma ouvre aux alliés la route de Sébastopol. 18 000 Russes trouvent la mort sur le champ de bataille, tandis que les Français ne comptent que 300 tués et les Anglais 500.

Les statues qui flanquaient le pont de l'Alma à Paris, inauguré en 1856, symbolisaient la vaillance des troupes françaises. Sur le nouvel ouvrage, terminé en 1974, seule la statue du zouave – elle pèse 8 tonnes et mesure 5,60 mètres – a été maintenue sur une pile de l'amont.

ALPHONSE de FRANCE ou de POITIERS (?, 1220 – Savone, Italie, 1271)

Prince.

Il est le huitième enfant de Louis VIII le Lion et de Blanche de Castille. Le roi le fait comte de Poitiers en 1225, mais ce sera son frère, Louis IX, qui le mettra en possession de cet apanage en 1241. Aux termes du traité de Meaux ou de Paris en 1229, traité préludant à la fin de la guerre contre les Albigeois, Alphonse de France doit épouser Jeanne, unique héritière du comte Raymond VII de Toulouse, et, à la mort de son beau-père, régner avec sa femme sur les domaines de celui-ci. Le mariage princier est béni en 1237. Lorsque Raymond VII meurt, le 27 septembre 1249, Alphonse et Jeanne viennent de quitter le Midi pour rejoindre, en Égypte, Louis IX, promoteur de la septième croisade.

Pendant la deuxième bataille de Mansourah en 1250, nombre de chrétiens restent aux mains des infidèles. De ces prisonniers, le roi de France et le comte Alphonse sont les plus illustres. Après une captivité de quelques mois, Alphonse de Poitiers retrouve la France. Sa femme et lui séjournent assez longuement dans leurs seigneuries rhodaniennes avant d'entrer solennellement dans leur capitale, Toulouse, le 23 mai 1251. Dès lors, Alphonse de France se consacre à l'administration de ses fiefs. Homme d'État, organisateur-né, il sait préparer ses comtés à leur rattachement à la couronne. À l'Auvergne il octroie plusieurs franchises, dont la plus fameuse, signée à Riom en 1270, l'« Alphonsine », évoque son nom. Au Midi, et singulièrement à Toulouse, ville attachée à ses libertés, il reconnaît le droit d'assembler un parlement. Le comte et la comtesse de Poitiers et de Toulouse, partis tous deux courir la chance d'une nouvelle croisade, mourront, lui trois jours avant elle, le même mois d'août, sans postérité. Comme le prévoyait le traité de Meaux-Paris, ils laissent leurs domaines à leur neveu Philippe III le Hardi. L'annexion à la France des vieux comtés ne suscite aucune opposition notable.

ALPHONSE Ier JOURDAIN (près de Tripoli d'Asie, 1103 – Césarée, Palestine, 1148)

Comte de Rouergue et de Toulouse.

Fils de Raymond IV de Toulouse, dit de Saint-Gilles, qui mourra en assiégeant Tripoli, il est baptisé dans le Jourdain, ce qui lui vaut son surnom. Il hérite du comté de Rouergue en 1105. Son frère aîné, Bertrand, ayant décidé d'attacher son sort et sa vie au comté de Tripoli, celui de Toulouse ainsi que le duché de Narbonne lui reviennent en 1122. Alphonse Ier doit alors résister aux ambitions conjointes du duc d'Aquitaine et du comte de Barcelone. Guillaume IX, qui a déjà pris Toulouse laissée sans maître une première fois en 1098, s'en saisit de nouveau en 1114. Alphonse doit rechercher l'alliance de son oncle l'« empereur » d'Espagne Alphonse de Léon-Castille, à qui il rend hommage, mais celui-ci, alors en lutte contre les Maures de Saragosse, ne lui fournit aucune aide. Il peut cependant recouvrer sa capitale en 1120, grâce au soulèvement de ses sujets fidèles, et rentrer en possession de tout son comté. Il cède ou confirme en cession le comté de Rodez, en Rouergue. Il parvient à rentrer en possession du marquisat de Provence. Celui-ci est constitué d'une partie septentrionale de la Provence, et comprend notamment le Comtat, le Tricastin, le Diois, le Valentinois, ainsi qu'un assez vaste domaine sur la rive droite du Rhône, en Vivarais. Après avoir été deux fois excommunié pour ses querelles avec le clergé, il s'embarque, en 1147, pour la Palestine où il meurt.

ALSACE

La plaine d'Alsace appartient à la partie occidentale du fossé rhénan.

Étroitement enserrée entre le Rhin et les Vosges, elle a une spécificité très marquée et a, de ce fait, gardé son originalité. Cependant, elle communique facilement au sud avec la Bourgogne et la Suisse, au nord avec les pays rhénans et le Bassin parisien par la large dépression du col de Saverne.

L'Alsace ancienne et médiévale. Déjà peuplée à l'âge de la pierre polie, la région appartient au domaine des Celtes à partir du VIIIe siècle av. J.-C. et à celui des Gaulois à partir du IIIe siècle av. J.-C. Sa première grande cité, *Brocomagus* (Brumath), est fondée par le peuple gaulois des Médiomatriques. Près de l'actuel Wittelsheim, César écrase en 58 av. J.-C. les envahisseurs suèves et germains d'Arioviste, victoire qui intègre l'Alsace pour cinq siècles au monde romain. La civilisation gallo-romaine s'y développe et la ville de Strasbourg, *Castellum*, créée sur l'emplacement d'une localité gauloise, *Argentorate*, devient une plaque tournante du commerce impérial, grâce à la route ouverte en 74 par Vespasien entre la Germanie et la Rhénanie. Les Vandales et les Alains l'envahissent tour à tour, mais ce sont les Alamans qui, repoussés une première fois par Julien aux portes de Strasbourg en 357, occupent toute la plaine un siècle plus tard. Au début du VIe siècle, ils doivent céder aux Francs la partie septentrionale de l'Alsace. Vers 640 seulement apparaît le terme d'« Alsace » dont on ne sait s'il est d'origine germanique ou celtique. Il désigne un duché qui correspond sensiblement à la province actuelle et constitue une partie du royaume d'Austrasie. C'est également à cette époque que se développent des abbayes destinées à un brillant avenir : Wissembourg, Munster, Hohenburg.

Le règne de Charlemagne est pour l'Alsace une période heureuse, marquée par un effort d'organisation politique et religieuse qui imprègne profondément la région. Deux comtés, deux évêchés sont créés de part et d'autre d'un Landgraben. Cette dualité se retrouve plus tard dans la distinction entre Basse-Alsace et Haute-Alsace et dans la division de la région en deux départements, le Bas-Rhin et le Haut-Rhin. Mais la dislocation de l'Empire carolingien comporte des conséquences dramatiques. Le traité de Verdun attribue en 843 l'Alsace à l'empereur Lothaire Ier. Lorsque Lothaire II meurt sans enfants, en 869, un conflit éclate entre la France et la Germanie pour la possession des pays rhénans, donc de l'Alsace, conflit qui se double de luttes internes entre les dynasties locales et se termine un siècle plus tard par l'entrée de l'Alsace dans le monde germanique.

L'Alsace, intégrée au duché de Souabe, connaît aux XIIe et XIIIe siècles, sous les Hohenstaufen, une prospérité exceptionnelle. Mais, à partir du XIIIe siècle, le morcellement politique et territorial s'accentue au profit de quelques familles seigneuriales qui jettent les bases de leur fortune : les comtes de Habsbourg, les seigneurs de Rappolstein, etc. Plus de 500 châteaux forts s'édifient, dont celui des Hohenstaufen à Haguenau, tandis que l'archevêque de Strasbourg acquiert de vastes territoires entre Saverne et la Haute-Alsace, et que 20 monastères deviennent propriétaires de domaines qui, parfois, débordent le cadre alsacien. En outre, 30 abbayes étrangères possèdent des terres en Alsace. Des villes de marchands et d'artisans se développent. Les voies naturelles y favorisent le commerce international, mais l'Alsace se limite longtemps à des échanges avec la Suisse et les villes rhénanes. La route de l'Italie à la Flandre n'emprunte la plaine rhénane par Strasbourg et la Sarre qu'à titre exceptionnel, afin d'éviter de traverser la France au moment des troubles de la guerre de Cent Ans. À la faveur de l'effacement progressif du pouvoir impérial et des rivalités seigneuriales, les villes d'Alsace s'émancipent peu à peu de toute tutelle. Les 10 plus importantes, Mulhouse, Colmar, Munster, Turckheim, Kaysersberg, Sélestat, Obernai, Rosheim, Haguenau, Wissembourg, fondent une ligue, la Décapole, qui se met sous la protection de l'empereur de 1353 à 1354. Avec elle, quatre autres puissances se partagent le pays au XVe siècle : la famille des Habsbourg, l'évêque de Strasbourg, la ville de Strasbourg et le comte palatin du Rhin. La famille de Habsbourg tient le landgraviat de Haute-Alsace et tire son prestige du titre impérial. L'évêque de Strasbourg est landgrave de Basse-Alsace. La ville de Strasbourg échappe définitivement à la tutelle de son évêque en 1439, et constitue une république indépendante jouissant de privilèges exceptionnels, tel le droit de frapper des pièces d'or et la représentation

Entrée du roi dans Strasbourg en 1681
Gravure anonyme, XVIIe siècle, Paris, Bibliothèque nationale de France. © *Giraudon*

aux diètes d'Empire ; elle est en outre la seule cité dotée d'une véritable Constitution, mise au point lors des troubles urbains des XIVe et XVe siècles. Le comte palatin du Rhin, qui revendique le titre de grand bailli d'Alsace, prétend établir son influence à Haguenau ; il symbolise la pénétration étrangère, si caractéristique de l'Alsace à cette époque. Elle est présente partout : tandis que de nombreuses villes sont alliées à des villes du Brisgau, de la Suisse, de la vallée rhénane, l'évêque de Bâle est suzerain des comtes de Perrette et des seigneurs de Rappolstein. Les comtes de Wurtemberg et les ducs de Lorraine ont aussi des domaines en Alsace.

Les XVIe et XVIIe siècles. L'agitation sociale des XIVe et XVe siècles, l'enseignement humaniste qui y prend une ampleur particulière et le développement des ateliers d'imprimerie de Strasbourg, où Gutenberg s'est installé en 1434, contribuent au développement de la Réforme qui trouve en Alsace un de ses foyers d'élection. Strasbourg, qui connaît son apogée vers le milieu du XVIe siècle, exerce une profonde influence sur la pensée protestante en Europe occidentale. Dès 1519, les œuvres de Luther y sont imprimées et de nombreuses communautés protestantes se créent sur la route de Strasbourg à Paris, grâce à la publication de petites plaquettes de propagande faciles à trans-

L'Alsace vue par Hansi
Des Allemands dans une auberge alsacienne. Dessin de Jean-Jacques Waltz, dit Hansi, XIXe siècle.

porter et à cacher. Martin Bucer y prêche la Réforme et rédige, en son nom et en celui de trois autres villes d'Allemagne du Sud, la Constitution tétrapolitaine de 1530. Libéralement, elle accueille luthériens, zwingliens, érasmiens et le jeune Calvin, nommé pasteur de l'Église française en 1538. Elle joue un rôle essentiel dans la formation de la ligue de Smalkalde en 1531 et devient un centre diplomatique, le point de contact entre les smalkaldiens et la France. Celle-ci perçoit peu à peu l'intérêt de la position stratégique de l'Alsace : le Rhin renforce la frontière française face à l'Allemagne et rompt le circuit militaire unissant l'Espagne aux Flandres.

Le protestantisme ne conquiert pourtant pas toute la province. Le catholicisme tient bon dans les campagnes. En 1547, année qui pèse lourdement sur l'évolution du pays, la ligue de Smalkalde s'effondre, et bientôt l'offensive de la Contre-Réforme porte ses fruits. Strasbourg sort affaiblie de l'épreuve, face à un pouvoir impérial renforcé. En même temps s'amorce le déclin commercial de la région, au même rythme que celui de l'artère rhénane.

La guerre de Trente Ans rouvre en Alsace l'ère des troubles et devient décisive pour son avenir. Sur le parcours des armées, elle est saignée à blanc, sa population sans doute réduite de moitié. Au terme du conflit, l'Alsace passe définitivement sous l'influence française. La politique française d'équilibre exigeait, en effet, une intervention généralisée en Alsace, dans le dessein d'empêcher la naissance d'un empire suédo-germanique, de protéger le catholicisme et de garder la Lorraine. En 1634, l'administrateur de l'évêché de Strasbourg appelle des garnisons royales à Saverne et Haguenau. Colmar se place sous la protection française. La reprise de Fribourg par les Impériaux détermine un alignement systématique des Français sur le Rhin qui devient une frontière. En 1648 enfin, au traité de Westphalie, l'empereur transfère au roi de France les droits des Habsbourg en Alsace : les pouvoirs de landgrave et le bailliage de Haguenau, c'est-à-dire la protection de la Décapole qui, cependant, reste sous l'influence de l'Empire. La ville de Strasbourg n'est pas comprise dans la cession. À travers ces textes peu cohérents, le statut juridique de l'Alsace reste incertain. Elle n'en tombe pas moins dans l'orbite française. En 1674, Strasbourg aide encore les Impériaux à franchir le Rhin, mais en 1675 ceux-ci sont vaincus à Turckheim par Turenne, qui assure à la France la possession définitive de l'Alsace, confirmée par le traité de Nimègue en 1678. Les villes de la Décapole prêtent serment de fidélité au roi de France en 1679. La cour souveraine de Brisach proclame la souveraineté des Bourbons sur les territoires alsaciens des princes étrangers dits possessionnés, et, en 1681, Strasbourg reconnaît le roi de France pour son *souverain seigneur et protecteur*.

L'Alsace française. Dès lors l'Alsace constitue un ensemble administratif régi par l'intendant installé à Strasbourg dès 1681 et, à partir de 1698, par le Conseil souverain établi à Colmar. Si, de 1686 à 1713, les péripéties des coalitions mettent en danger la nouvelle position rhénane de la France, par la suite, pendant soixante-dix ans, la paix française est à peine interrompue par l'irruption des Pandours au temps de la guerre de Succession d'Autriche, de 1743 à 1744. Dépourvue de tout patriotisme germanique, avide de tranquillité, l'Alsace tire de son nouveau statut des bénéfices considérables. Sensible à la civilisation française, elle garde une orientation d'esprit plutôt cosmopolite et une originalité très marquée dont la monarchie absolutiste s'accommode : le démontrent la charte des Ordonnances d'Alsace ; la situation officielle du protestantisme (la révocation de l'édit de Nantes n'y est pas appliquée) ; la prédominance exclusive du dialecte germanique dans les villages et le bilinguisme dans les villes. Dans ce milieu économique privilégié, et en dehors des lignes de douane, plus d'une industrie prospère.

Si l'abolition des droits seigneuriaux, le 4 août 1789, entraîne un conflit avec les princes possessionnés et devient l'une des causes des guerres révolutionnaires, les Alsaciens eux-mêmes montrent, dans l'ensemble, un enthousiasme décroissant pour la Révolution. L'attachement au royalisme reste très fort. La campagne jacobine se déchaîne néanmoins à Strasbourg, lorsque la coalition austro-prussienne se dévoile. C'est dans le salon du maire Dietrich, dans un climat d'inquiétude et d'exaltation, que le capitaine Rouget de l'Isle joue pour la première fois le *Chant de guerre de l'armée du Rhin*, appelé par la suite *La Marseillaise*. À la fin de l'année 1793, Wissembourg et Haguenau tombent. L'émotion est à son comble avec l'appel à la défection du général autrichien Wurmser, d'une famille noble d'Alsace. Conscients du danger, Saint-Just et Le Bas, alors en mission à Strasbourg, y déploient une activité fébrile.

La Révolution n'est donc pas un facteur décisif d'union à la France, mais elle arrache l'Alsace à son particularisme, provoquant des courants analogues à ceux que connaît la France achevant son unité administrative et politique dans le cadre des départements. L'Alsace échappe progressivement aux rapports séculaires avec les princes d'outre-Rhin. L'exemple symbolique de cette incorporation est, en 1798, la réunion volontaire à la France de la République calviniste de Mulhouse. Le sujet était à l'ordre du jour depuis 1790.

L'Empire entraîne une adhésion quasi générale dans cette région frontière, assoiffée d'ordre et de sécurité. La tradition militaire de l'Alsace s'affirme par la réussite exceptionnelle de certains de ses enfants : Kléber, Lefebvre, Kellermann, etc. Le Blocus continental lui offre les possibilités d'un grand négoce, tandis que l'industrie textile et métallurgique se développe. Bientôt la bourgeoisie d'affaires remplace dans son rôle dirigeant l'ancienne caste intellectuelle. Cette restauration économique sert d'assise à l'adhésion morale. Mais si l'Alsace fait désormais preuve d'un patriotisme sans faille, elle n'en reste pas moins une province originale, très liée au cadre rhénan. La Restauration y rencontre une forte opposition, nuancée d'un sentiment bonapartiste que les années ne peuvent effacer. C'est à Strasbourg qu'en 1836 le prince Louis Napoléon tente de restaurer l'Empire en soulevant la garnison. Plus tard, son règne est bien accueilli. Il est pour l'Alsace une ère d'essor industriel qui vient garantir l'équilibre économique menacé par la surpopulation agricole.

L'Alsace terre d'Empire. Le désastre de la guerre de 1870 entraîne pour la France la perte de l'Alsace. Par le traité de Francfort le 10 mai 1871, les deux départements alsaciens du Bas-Rhin et du Haut-Rhin, exception faite du territoire de Belfort, et, de tout le nord-est de la Lorraine, sont annexés par l'Empire allemand, en dépit de la protestation solennelle de leurs députés à Bordeaux le 17 février 1871 et devant l'Assemblée nationale le 1er mars 1871. Les Alsaciens-Lorrains ont toutefois le droit d'opter individuellement pour la nationalité française à condition de quitter le pays avant le 1er octobre 1872. Ce que font 158 000 d'entre eux qui gagnent la France ou l'Algérie.

Deux lois très dures donnent, dès 1871, aux régions annexées un statut dont les éléments principaux subsistent pendant toute la domination allemande. Elles constituent un *Reichsland* et sont directement rattachées à Berlin dont dépend le Président supérieur de Strasbourg, qui reçoit des droits dictatoriaux. Dans un premier temps, les Allemands tentent d'assimiler les Alsaciens-Lorrains : interdiction du français dans les écoles et la vie publique, conscription obligatoire, révocation de représentants municipaux. La nouvelle université de Strasbourg devient l'outil privilégié de la germanisation. Mais lorsque les Alsaciens-Lorrains exercent pour la première fois leur droit d'élection au Reichstag en 1874, ils ne choisissent que des protestataires. Toutefois certains d'entre eux, avec l'évêque de Strasbourg, Raess, acceptent de participer aux débats. La réplique est la brutale mise au point de Bismarck dans son discours de novembre 1874 : l'Alsace et la Lorraine doivent servir de glacis militaire au IIe Reich.

Mais une évolution s'amorce. Face au parti de la protestation, dit parti alsacien, se constitue en Basse-Alsace un nouveau parti autonomiste. Il obtient, en 1879, une sorte de Constitution pour le Reichsland. Un Statthalter représenterait l'empereur à Strasbourg et serait assisté d'un ministère. Deux Conseils renouvelés tous les trois ans représenteraient les habitants : la délégation qui, élue, serait la première instance législative, et le Conseil d'État dont les membres seraient choisis par l'empereur. Mais le Statthalter garde ses pouvoirs. Les membres des Conseils doivent prêter serment et siéger sans publicité. L'empereur peut porter devant le Reichstag aussi bien que devant la délégation les projets de loi intéressant le Reichsland.

En dépit de la personnalité du premier Statthalter, Manteuffel, en poste de 1879 à 1885, conciliant, sympathique et de culture française, les Alsaciens, en 1881, n'élisent encore que des protestataires. À Manteuffel succède, le prince de Hohenlohe (1885-1894), altesse froide et distante, qui suscite un concert de voix hostiles. En représailles, Bismarck, en 1888, rend le passeport obligatoire pour tout Français entrant en Alsace. Toutefois la situation évolue insensiblement dans les dix dernières années du XIXe siècle. Les Alsaciens se sont habitués à leur condition et beaucoup de ceux qui n'ont pas connu la présence française arrivent à l'âge adulte. Enfin, si le système de gouvernement de l'Alsace est universellement critiqué, les bienfaits d'une bonne administration se font sentir et une nouvelle prospérité naît. Dans ce contexte, l'autonomie est enfin prise en considération par le Reichstag qui vote, en 1911, une Constitution d'Alsace-Lorraine. Mais elle ne répond pas aux aspirations des Alsaciens. Lors du vote définitif, 4 seulement des 15 députés du Reichsland votent pour la loi promulguée le 31 mai. Si elle est considérée comme un État fédéral, l'Alsace reste un Reichsland. Une diète de deux chambres est élue : la première avec 23 notables de droit ou désignés par certains corps constitués, 18 membres choisis par l'empereur et une forte représentation allemande, 17 sur 41, doit servir de contrepoids à la seconde, le Landtag de 70 membres élus au suffrage universel. Les électeurs doivent avoir leur domicile en Alsace depuis assez longtemps. Le Statthalter peut légiférer par ordonnances et suspendre les sessions de la Diète. Tous les députés sont dans l'obligation de prêter serment, et il n'est pas question d'une responsabilité des ministres ou du Statthalter devant la Diète. Enfin, si le Reichsland reçoit le droit d'envoyer deux représentants au Bundesrat de l'Empire allemand, ces derniers sont nommés par le Statthalter.

L'initiative allemande ne donne pas les résultats escomptés. Un nombre important d'Alsaciens, parmi lesquels Bücher, l'abbé Wetterlé, Preiss, Hansi et Zislin, reprennent la propagande française et les incidents se multiplient, tandis que le problème alsacien tend à devenir d'actualité sur le plan international. Des mesures maladroites comme le principe de l'incorporation des jeunes Alsaciens hors d'Alsace et les poursuites contre Hansi, portées jusque devant la haute cour de Leipzig, témoignent de la méfiance des Allemands et augmentent encore le mécontentement.

La rentrée dans l'unité française. Le XXe siècle. Une partie du Sundgau est occupée par les troupes françaises dès les premiers combats de la Première Guerre mondiale, mais est évacuée après les défaites lorraines, exception faite de Thann qui devient le symbole de la terre d'Alsace. Le front d'Alsace est désormais un secteur réputé calme. Les Français font leur entrée dans Mulhouse le 17 novembre 1918, dans Colmar le 18, dans Strasbourg le 22, au milieu d'un enthousiasme délirant. Le traité de Versailles en date du 28 juin 1919 consacre la réintégration de l'Alsace et de la Lorraine dans la souveraineté française.

Elle ne se fait pas sans difficulté. Si l'Alsace est départementalisée, des organismes administratifs et législatifs spéciaux maintiennent, à titre temporaire, l'unité régionale : un commissariat général assisté d'un Conseil consultatif, le premier réunissant les pouvoirs ministériels ; le second chargé d'aider à l'introduction progressive des lois de la République. Le programme Herriot de 1924, qui voulait effacer les différences de législation entre les départements recouvrés et l'ensemble du territoire, et la suppression du commissariat, en 1925, mécontentent beaucoup d'Alsaciens très attachés à leur liberté scolaire et religieuse (maintien du concordat). Un mouvement de revendications régionales préconise une large décentralisation. Les difficultés économiques et linguistiques, les crises du régime parlementaire favorisent le développement de l'idée autonomiste. Elle subit un certain recul à partir de 1929, mais la situation politique demeure confuse : l'hostilité au Front populaire et l'antisémitisme avivé par l'afflux des Juifs dans les villes, surtout depuis 1933, maintiennent vivaces les tendances hostiles à l'union inconditionnelle avec la France. Néanmoins l'évolution intellectuelle et morale, les transformations économiques renforcent progressivement la solidarité nationale.

Dans les années qui précèdent la Seconde Guerre mondiale, Hitler affirme que l'Allemagne a renoncé à l'Alsace-Lorraine, et, dans l'armistice du 22 juin 1940, aucune allusion spéciale n'est faite aux départements alsaciens. Mais il avait confié le 20 juin au gauleiter de Bade, Robert Wagner, la mission de germaniser le pays en dix ans, si bien que l'Allemagne incorpore progressivement l'Alsace au Reich. À partir d'août 1942 notamment, les jeunes Alsaciens-Lorrains sont mobilisés dans l'armée allemande. L'Alsace paye très cher sa libération. Les bombardements aériens y sont meurtriers, notamment à Strasbourg et à Mulhouse. Il faudra enfin quatre mois de combats ininterrompus pour reprendre l'Alsace, dans un effort dont les troupes françaises assument la plus grande part. La libération de Mulhouse, le 19 novembre 1944 par le général Béthouart, et de Strasbourg, le 23 novembre par le général Leclerc, est compromise au début de janvier 1945 par une contre-offensive allemande. Mais le général de Gaulle s'oppose à l'évacuation provisoire de l'Alsace, et la poussée allemande peut être enrayée. L'initiative est reprise par les troupes franco-américaines qui délivrent enfin Colmar, le 2 février 1945.

Après la transition du commissariat d'Émile Bollaert de 1945 à 1946, les départements du Rhin reprennent place au sein de la IVe République, fournissant au MRP sa seconde grande base électorale.

ALYSCAMPS ou ALISCAMPS

Elysaei campi – *littéralement Champs-Élysées. Lieu-dit proche d'Arles.*

Aboutissement de la voie aurélienne, l'allée des Alyscamps est bordée, à l'époque gallo-romaine, de riches sépultures dont certaines subsistent. Les Alyscamps ne perdent pas leur vocation funèbre avec la fin du paganisme. Cimetière chrétien au IVe siècle – saint Trophime, évêque d'Arles, y aurait été inhumé dès le IIIe siècle –, sa terre recouvre, affirme une légende, les corps des preux tombés à Roncevaux ainsi que ceux des 12 pairs de Charlemagne. Dans la chanson *Aliscans* qui remonte au XIIe siècle, c'est aux environs de la nécropole que le grand empereur d'Occident livre une bataille mythique à l'armée sarrasine.

AMADE Albert d' (Toulouse, 1856 – Fronsac, 1941)

Général.

En 1908, il remplace le général Drude à la tête du corps expéditionnaire de Casablanca et entreprend avec succès la pacification de la Chaouïa, région fertile et peuplée. Au début de la Première Guerre mondiale, il reçoit le commandement des troupes d'observation stationnées le long de la frontière italienne et les conduit dans la région d'Arras au mois d'août, les engageant ensuite dans la course à la mer. Placé au début de 1915 à la tête des troupes françaises de l'expédition des Dardanelles, expédition dirigée par les Anglais, il s'efforce d'en limiter l'échec, avant d'être remplacé par le général Gouraud.

AMALARIC (? – 531)

Roi des Wisigoths d'Espagne et de Septimanie.

Fils et successeur d'Alaric II. C'est à la puissante protection de son grand-père paternel et tuteur, l'Ostrogoth Théodoric, maître de l'Italie, qu'il doit, après le désastre de Vouillé en 507, de conserver l'Espagne et la Septimanie, région située entre les Pyrénées et les Vosges. À la mort de Théodoric, Amalaric tente de juguler le péril franc, de nouveau réapparu, en s'unissant à Clotilde, la fille de Clovis, princesse baptisée comme sa mère. Sa religion le perdra. En effet, Amalaric, arien, tente d'imposer à sa femme, chrétienne orthodoxe, les croyances d'Arius. Childebert, l'un des frères de Clotilde, sous le prétexte de soustraire celle-ci à sa contrainte, envahit la Septimanie. L'armée wisigothe vaincue près de Narbonne, Amalaric est assassiné à Barcelone, ville où il a trouvé refuge après la défaite.

AMALRIC : voir ARNAUD-AMAURY

AMBARRES

Ambarri. *Peuple gaulois établi entre Saône et Rhône (Bresse et Dombes) avant l'arrivée des Romains.*

Ils étaient clients des Éduens. À la fin du IVe siècle, leur territoire fait partie de la cité de Lyon. Il n'est pas sûr qu'ils aient jamais formé une cité gallo-romaine particulière auparavant.

AMBIENS

Peuple de la Gaule Belgique établi dans le bassin de la basse Somme, en aval de Péronne.

Il a pour capitale Amiens (*Samarobriva*, puis *Ambiani*).

AMBIORIX

Roi des Éburons.

À l'annonce de la révolte des Carnutes, il se soulève contre César en 54 av. J.-C. Il réussit à attirer dans un piège deux de ses légats, Sabinus et Cotta, et les écrase non loin d'*Adualuca*. À la suite de ce succès, une coalition s'ébauche en Gaule et en Belgique contre la domination romaine. César réussit à maîtriser la situation et vainc les Éburons, en novembre 54, sur lesquels il exerce une impitoyable répression. Mais il ne peut réussir à s'emparer d'Ambiorix qui reste insaisissable. Ce soulèvement avorté est le prélude de l'insurrection générale de la Gaule en 52 av. J.-C.

AMBOISE

Ville d'Indre-et-Loire, édifiée au confluent de la Loire et de la Masse.

Les origines de son château remontent au VIIIe siècle. Charles VIII, qui a ordonné la reconstruction de la bâtisse, s'y tue accidentellement en

Alyscamps
L'une des sépultures encore visible au bord de l'allée, près d'Arles. © *Sélection Images*

1498. En mars 1560, les réformés projettent l'enlèvement du jeune François II, afin de le soustraire à l'influence des Guise, chefs des catholiques. Le souverain résidant provisoirement à Amboise, la conjuration sera dite d'Amboise. Elle est officiellement menée par un gentilhomme périgourdin, Godefroi de Barri, seigneur de La Renaudie. En fait, le prince Louis Ier de Condé l'inspire. Le premier mourra les armes à la main lorsque, trahis par l'avocat Pierre des Avenelles, les huguenots, en mouvement sur Amboise, se heurteront aux troupes loyalistes ; le second échappera à la justice en désavouant ses partisans, et signera, avec la reine mère Catherine de Médicis, la paix ou le traité d'Amboise en mars 1563. L'édit de pacification du 12 mars 1563 autorise la pratique du culte protestant aux seigneurs hauts justiciers. Les autres réformés peuvent, dans une ville par bailliage ou sénéchaussée, fréquenter le temple, à la condition que celui-ci soit situé hors des murs. L'édit ne satisfait aucun des partis et son application est de courte durée.

AMBOISE Georges d' (Chaumont-sur-Loire, 1460 – Lyon, 1510)

Cardinal.

Évêque de Montauban dès l'âge de 14 ans, puis confesseur de Louis XI, il s'attache à Louis d'Orléans après la mort du roi. Il entre avec lui dans le complot qui, en 1486-1487, vise à évincer les Beaujeu, est arrêté, relégué à Montauban et libéré en même temps que Louis en 1491. La protection de ce dernier lui vaut d'être nommé archevêque de Narbonne puis de Rouen en 1493, et lieutenant général en Normandie, où il applique des réformes étendues plus tard au royaume.

Après que Louis XII a succédé à Charles VIII en 1498, Georges d'Amboise devient son principal conseiller : le roi lui est en grande partie redevable de sa réputation de sage administrateur. Économe comme le roi, aimant le peuple comme lui, Georges d'Amboise est aussi un administrateur habile. Il s'intéresse particulièrement aux finances, à l'ordre et à la justice, réussit à ne pas augmenter les impôts. Il tente de restreindre la vénalité des offices, fait créer deux nouveaux parlements, à Rouen et à Aix, et inspire la Grande Ordonnance de Blois qui, en 1499, prévoit la rédaction de toutes les coutumes de France. À l'extérieur, il pousse le roi à l'aventure italienne et contribue à la conquête du duché de Milan. Ayant reçu le chapeau de cardinal en 1498, il tente ensuite de se faire élire pape en remplacement d'Alexandre VI, mais se trouve dupé par le cardinal Della Rovere, élu à sa place sous le nom de Jules II. Le nouveau pape le nomme bientôt légat à vie en France, en Bretagne et dans le Comtat Venaissin.

AMÉDÉE VI de SAVOIE (Chambéry, 1334 – San Stefano, Italie, 1383)

Comte de Savoie.

On l'appelait le Comte vert, en raison de la couleur de son armure, qu'il arborait lors des tournois qu'il avait remis à l'honneur dans son comté. À la suite de l'acquisition du Dauphiné par la France, il s'empresse de négocier un accord avec la cour de France, renonçant à ses enclaves dauphinoises en échange de la reconnaissance de plein droit du Faucigny et du pays de Gex. Au nord, il affermit ses possessions sur le pourtour du lac Léman. Homme de guerre autant que diplomate, Amédée VI pourchasse les routiers et n'hésite pas, encouragé par le pape, à affronter les Turcs et les Bulgares autour de Constantinople. Par la suite, il seconde Louis d'Anjou dans ses entreprises napolitaines en échange de l'abandon des droits de son allié sur le Piémont. Mais la peste a raison de l'énorme vitalité de ce monarque alors qu'il guerroie dans les Pouilles.

AMÉDÉE VII de SAVOIE (Chambéry, 1360 – Ripaille, 1391)

Comte de Savoie.

On l'appelait le Comte rouge, en raison de son armure, couverte de sang à la suite de furieuses mêlées au combat. Ce prince belliqueux est, en effet, des plus entreprenants. Il soutient le roi de France en Flandre et se montre un digne successeur de son père, obligeant le marquis de Saluces à reconnaître sa suzeraineté au-delà des Alpes piémontaises. Puis il profite des embarras de la maison d'Anjou, à la suite de la mort de Louis Ier, pour se faire attribuer le titre de protecteur du comte de Nice, avantage qu'il transforme, en 1391, en prise de possession. Ainsi, des bords du Léman aux rives de la Méditerranée, la bannière de Savoie flotte sur un ensemble cohérent d'un seul tenant, préfiguration du royaume sarde du XVIIIe siècle. En effet, s'ajoutent les terres de Puget-Théniers, de Lantosque et de Barcelonnette au comté de Nice proprement dit. Mais une malencontreuse chute de cheval, lors d'une chasse au sanglier, écourte le règne d'Amédée VII.

AMÉDÉE VIII de SAVOIE (Chambéry, 1383 – Ripaille, 1451)

Comte puis duc de Savoie, antipape sous le nom de Félix V.

Après la régence de sa mère, Bonne de Berry, il poursuit la tradition de ses deux prédécesseurs, cherchant à consolider ses positions du Rhône, du Léman et du Piémont, dont il acquiert la pleine souveraineté, succès qui s'ajoute à l'acquisition totale du Genevois, à l'exception de la ville de Genève. Souverain d'un vaste État qui se permet d'envoyer des contingents de mercenaires à Chypre et en Orient, Amédée VIII, érige son domaine en duché en 1416. En 1430, il dote ses états de « statuts » qui représentent la première législation savoyarde officielle.

Mais, au faîte de la gloire, il fait assez brusquement retraite au château de Ripaille, sur les bords du Léman. Usure du pouvoir ? Chagrin ressenti à la suite de la mort de son épouse, Marie de Bourgogne ? Ou bien secret espoir de coiffer la tiare pontificale à la suite des divisions du Saint-Siège ? Toujours est-il qu'en 1439, le concile de Bâle désigne Amédée VIII comme souverain pontife, lequel prend le nom de Félix V, situation qui l'oppose au pape de Rome, Nicolas V. Dernier antipape de l'histoire, Félix V quitte sa charge en 1449 après avoir renoncé à son duché en 1439. Par la suite, Nicolas V le nommera cardinal et légat de Savoie.

AMI DU PEUPLE (L')

Un des journaux patriotes les plus célèbres de la Révolution.

Il est lancé par Marat le 12 septembre 1789 sous le titre : *Le Publiciste parisien, journal patriotique, libre et impartial, par une société de patriotes, et rédigé par M. Marat, auteur de l'« Offrande à la Patrie »*. Quatre jours plus tard, le 16, reprenant un qualificatif que Marat aimait s'attribuer, le journal devient *L'Ami du peuple ou Le Publiciste parisien*. Particulièrement violent, il s'emploie à démasquer et à dénoncer ceux qu'il appelle les traîtres, les conspirateurs, les accapareurs, et se fait le défenseur des classes populaires, allant jusqu'à prêcher la désobéissance aux lois. Poursuivi et interrompu, il reparaît en septembre 1792 sous le titre : *Journal de la République française*, avant de prendre, en mars 1793, celui de *Publiciste de la République française*. Son dernier numéro est distribué le 14 juillet 1793, au lendemain de l'assassinat de Marat. Mais, le 16 juillet, Jacques Roux lui donne une suite avec *Le Publiciste de la République française par l'ombre de Marat, l'ami du peuple*, tandis que le 20 paraît à son tour *L'Ami du peuple* de Leclerc.

AMIENS

Samarobriva (Pont sur la Somme). *Chef-lieu de la Somme.*

La capitale de la Picardie doit sa fondation à l'établissement d'un pont sur la Somme, qui lui a donné son nom d'origine. *Oppidum* des Ambiens, la ville est déjà importante à l'époque gallo-romaine comme en témoignent d'importants vestiges. Pendant la guerre des Gaules en 54 av. J.-C., César y tient une assemblée. Sous l'Empire, elle est le siège d'une garnison militaire. Amiens devient au Moyen Âge une importante ville drapière. Contre son seigneur, le comte de Flandre, elle obtient l'appui du roi de France, avant d'être réunie au domaine royal par Philippe Auguste qui lui octroie une charte communale en 1185. La ville connaît alors une prospérité exceptionnelle, liée notamment au commerce de la laine et à la teinturerie (guède ou pastel de Picardie), et soutenue par la stabilité politique. Cette richesse permet, à partir de 1220, la reconstruction de l'ancienne cathédrale détruite par un incendie. La cathédrale Notre-Dame, la plus vaste de France, sera achevée pour l'essentiel en 1269, sous la direction de Robert de Luzarches. Construite très rapidement, elle est d'une grande homogénéité. C'est l'un des plus beaux monuments de l'art gothique du XIIIe siècle, contemporain des cathédrales de Chartres et de Reims. Son originalité réside dans la hauteur de sa voûte, la dimension particulièrement grande des fenêtres et le développement considérable des nefs latérales. Le monde des formes sculptées y est très riche.

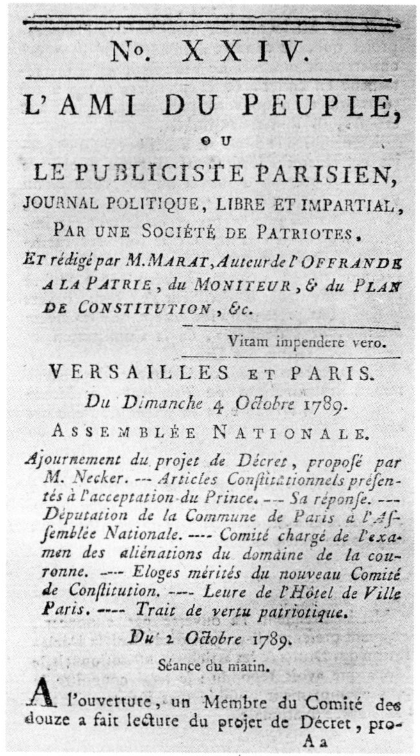
No. XXIV.

L'AMI DU PEUPLE,

OU

LE PUBLICISTE PARISIEN,

JOURNAL POLITIQUE, LIBRE ET IMPARTIAL,

PAR UNE SOCIÉTÉ DE PATRIOTES,

ET rédigé par M. MARAT, Auteur de l'OFFRANDE A LA PATRIE, du MONITEUR, & du PLAN DE CONSTITUTION, &c.

Vitam impendere vero.

VERSAILLES ET PARIS.

Du Dimanche 4 Octobre 1789.

ASSEMBLÉE NATIONALE.

Ajournement du projet de Décret, proposé par M. Necker. --- Articles Constitutionnels présentés à l'acceptation du Prince. --- Sa réponse. --- Députation de la Commune de Paris à l'Assemblée Nationale. ---- Comité chargé de l'examen des aliénations du domaine de la couronne. ---- Eloges mérités du nouveau Comité de Constitution. ---- Leure de l'Hôtel de Ville Paris. ---- Trait de vertu patriotique.

Du 2 Octobre 1789.

Séance du matin.

A l'ouverture, un Membre du Comité des douze a fait lecture du projet de Décret, pro-

A a

L'Ami du Peuple
Numéro 24, daté du 4 octobre 1789, rédigé par Jean-Paul Marat (1743-1793), conservé à la Bibliothèque nationale de France. © *Collection Viollet*

En 1264, Saint Louis rend à Amiens une très importante sentence d'arbitrage entre le roi d'Angleterre, Henri III, et ses barons révoltés. Par la Mise d'Amiens, il prend en effet position en faveur d'Henri III et, en tant que suzerain, casse les Provisions d'Oxford que les barons voulaient lui imposer. Amiens est, au XVe siècle, un des enjeux de la rivalité entre la maison de France et la maison de Bourgogne. En 1435, lors du traité d'Arras, les villes de la Somme, dont Amiens, sont cédées par Charles VII au duc de Bourgogne Philippe le Bon. Louis XI, faisant jouer une clause qui stipulait qu'elles pouvaient être rachetées pour 400 000 écus, les récupère en 1463. Elles tombent de nouveau, en 1465, aux mains des Bourguignons : les traités de Conflans et de Saint-Maur-des-Fossés, à l'issue de la ligue du Bien public, les rendent à Charles le Téméraire. Mais Louis XI réussit, en 1471, à enlever définitivement la ville aux Bourguignons. Un siècle plus tard, en mars 1597, les Espagnols s'en emparent. Six mois après, Henri IV reprend la cité qui sera puissamment fortifiée (sa citadelle construite par Jean Ezard en 1598 existe encore) et jouera désormais le rôle de verrou de sûreté sur la route de Paris.

Au cours des siècles, l'industrie textile n'a cessé de se développer, et Amiens a vu apparaître et se consolider une oligarchie de marchands qui, disposant seuls de l'organisation commerciale capable d'acquérir la matière première et d'atteindre les marchés lointains, contrôlent toute son activité économique. Comme à Lyon, Beauvais ou Rouen, ils préfigurent, à partir du XVIe siècle, le capitalisme commercial. Ils seront peu à peu mis sous tutelle par le dirigisme mercantiliste des XVIIe et XVIIIe siècles.

Objectif de l'offensive de Ludendorff, en mars 1918, notamment parce qu'elle est le siège du quartier général britannique, la ville est un moment menacée et subit de violents bombardements jusqu'au mois d'août 1918. Mais les Allemands ne peuvent s'en emparer. Pendant la Seconde Guerre mondiale, elle est occupée le 20 mai 1940 par la Wehrmacht et sera libérée le 1er septembre 1944 par les Anglais, après avoir subi un dur bombardement en mai 1944.

AMIENS (paix d')

Signée entre la France et l'Angleterre le 25 mars 1802, la paix d'Amiens, qui met fin à la deuxième coalition, a un grand retentissement mais, contrairement aux espoirs qu'elle a suscités, elle est éphémère.

Après les Autrichiens, que les victoires de Marengo et Hohenlinden contraignent à négocier (paix de Lunéville du 9 février 1801), l'Angleterre, où Pitt a cédé le pouvoir à Addington, accepte à son tour de traiter avec le Premier Consul. Les préliminaires de Londres, signés le 1er octobre 1801, prévoient l'évacuation de l'Égypte par les deux adversaires et sa restitution à la Turquie. L'Angleterre rendrait à la France et à ses alliés l'Espagne et la Hollande, les colonies qu'elle a occupées au cours des hostilités, sauf la Trinité espagnole et Ceylan, et aux chevaliers de Saint-Jean, l'île de Malte. En échange de quoi les Français évacueraient les ports napolitains de Tarente, Otrante et Brindisi. Le traité, signé par lord Cornwallis et Joseph Bonaparte, est accueilli avec enthousiasme et marque l'apogée du Consulat. La popularité qu'il vaut à Bonaparte lui permet de faire évoluer le régime vers l'Empire.

Mais, en dehors de l'exécution hypothétique des clauses du traité, la paix d'Amiens laisse de graves problèmes en suspens. Les deux partenaires, soucieux de conclure, n'ont pas abordé les sujets sur lesquels se polarise leur rivalité : il n'était question ni du statut de l'Europe, que la France aurait souhaité voir reconnaître, ni des relations commerciales, essentielles aux yeux des Anglais. Cette paix ne dure qu'un an. Les clauses du traité sont mal appliquées et l'expédition Leclerc du 16 mai 1803, aux Antilles, sert de prétexte à la rupture. En réalité, l'ambition de Bonaparte, sa politique d'expansion en Europe et, dans le domaine colonial, le désir de l'Angleterre de conserver une primauté absolue sur mer, ainsi que la concurrence industrielle et commerciale entre les deux pays, ont rendu cette rupture inévitable.

AMIRAL DE FRANCE

Dignité suprême dans la Marine nationale.

Aujourd'hui sans titulaire, le titre d'amiral de France n'est pas un grade auquel est attaché un commandement. Il en est de même pour le titre de maréchal de France, dignité suprême dans les armées de terre. Jadis, l'amiral de France avait pour tâche d'administrer la marine royale et pouvait, mais ce n'était pas l'essentiel de ses attributions, commander en personne une flotte de bataille ou une expédition. Mais peu à peu l'amirauté perdra de son aspect administratif pour ne conserver que son côté militaire, qui lui-même s'effacera, selon les titulaires, pour n'être plus qu'une charge honorifique. Sans rapport avec la marine, ce titre est parfois attribué en même temps que le gouvernement d'une province ; souvent il rehausse le prestige d'un chargé de mission diplomatique ; mais, nantis de cette dignité, Bonnivet et Joyeuse ne se distinguent pas autrement des chefs de guerre du XVIe siècle, pas plus que Coligny, bien qu'il ait organisé en 1560, une expédition en Floride. À dire vrai, le titre d'amiral de France a déjà perdu beaucoup de son lustre lorsque, sur décision de Louis XIII, il disparaît en 1627 et que Richelieu se nomme lui-même grand maître et surintendant de la navigation et du commerce. C'est Colbert qui, en 1669, ressuscitera l'amirauté, mais sans pour autant lui rendre ni son prestige d'antan ni son rôle ancien dans l'administration de la marine ou la conduite des armées du roi. Après le XVIIe siècle, l'amiralat connaîtra encore bien des vicissitudes. Le dernier titulaire en sera du moins un authentique marin, François Darlan, créé amiral de la Flotte en 1939.

Amour courtois

L'Amant à la porte de la demeure Plaisir d'Amour. Illustration de la seconde partie du *Roman de la rose* écrite par Jean de Meung, XIIIe siècle, Londres, British Library. © *Bridgeman-Giraudon*

AMIS DE LA CONSTITUTION (société des) : voir JACOBINS

AMIS DES NOIRS (société des)

Fondée à Paris par Brissot en 1788, elle prend exemple sur une société analogue créée à Londres à la même époque. S'inspirant des principes généreux mis à l'honneur par les philosophes, elle se donne pour but l'affranchissement des Noirs avec, comme première étape, l'abolition de la traite. Elle intervient également en faveur de l'établissement d'une monarchie constitutionnelle. Ses membres les plus célèbres sont Mirabeau, Sieyès, l'abbé Grégoire et La Fayette.

AMOUR COURTOIS

Thème littéraire apparu d'abord dans la poésie lyrique occitane des troubadours, à la fin du XIe siècle, et diffusé au siècle suivant par l'intermédiaire des récits en langues vernaculaires, comme ceux de Chrétien de Troyes et autres romans bretons.

L'expression « amour courtois », exceptionnelle dans les œuvres médiévales, ne s'impose qu'au XIXe siècle sous la plume des critiques littéraires. Les auteurs du XIIe siècle le qualifie de *fin'amor*, c'est-à-dire amour pur et vrai. Il est un des aspects de la courtoisie, ensemble des vertus et qualités formant l'éthique de la vie de cour du XIIe siècle, tant du point de vue moral que social.

L'amour courtois ne se joue pas entre deux époux mais entre deux amants. La dame, mariée, est de rang supérieur à son soupirant, célibataire. Elle est généralement l'épouse de son seigneur. Par ses vertus, ses prouesses, son contrôle de soi, et en se mettant tout entier au service de la dame, le jeune amant tente de gagner ses faveurs. Entre eux, la sexualité n'est pas impossible mais elle est dangereuse. Le *fin'amor* culmine dans le désir de l'être aimé. L'acte sexuel accompli, celui-ci risque de s'affadir. De plus, si la relation est démasquée, le jeune homme risque de tout perdre et au premier chef la protection de son seigneur. L'amour courtois se présente comme l'idéal social de la chevalerie. Les vilains en sont par définition exclus et, comme la chasse, le tournoi ou le jeu d'échecs, il participe à la définition du groupe chevaleresque en lui donnant une éthique. Celle-ci est profondément marquée par les valeurs chrétiennes mais, en dissociant l'amour du mariage, les chantres de l'amour courtois se montrent aussi subversifs. Le mariage, dans la société médiévale, est une affaire de familles et non d'individus, fondée sur la reproduction et non sur l'amour. Il ne repose généralement pas sur le libre choix des époux ; le *fin'amor* ne peut donc s'y déployer. En plaçant l'amour courtois dans l'adultère, les poètes résolvent cette contradiction mais ils sapent également l'un des fondements de l'Église, le mariage chrétien, au moment où celui-ci devient un sacrement. Aussi, loin d'être strictement littéraire, le thème de l'amour courtois a-t-il fortement contribué à structurer l'aristocratie laïque dans un mouvement de concurrence avec les hommes d'Église.

La littérature courtoise s'épanouit au XIIIe siècle dans la première version du *Roman de la Rose* de Guillaume de Lorris. Elle s'effrite ensuite très vite mais son imagerie et son langage continuent d'imprégner tous les genres littéraires jusqu'à la fin du Moyen Âge, inspirant fortement les poètes comme Guillaume de Machaut et Christine de Pisan. Porté par le romantisme, le thème connaît un renouveau fulgurant au XIXe siècle.

AMOUROUX Charles (Chalabre, Aude, 1843 – Paris, 1885)

Homme politique.

Ses convictions démocratiques, qu'échauffe une belle fougue méridionale, font de Charles Amouroux un ennemi déterminé du Second Empire. À Nantes, en 1863, ouvrier chapelier, il organise une société d'ouvrières chapelières. À Paris, pendant les dernières années du règne de Napoléon III, il participe activement à toutes les manifestations républicaines. Tracasseries policières, amendes, emprisonnements sont le prix dont il paie la virulence de ses discours. Réfugié à Bruxelles, il revient à Paris au lendemain du 4 septembre 1870. Après un court séjour, il repart pour la capitale belge et ne retrouve Paris, en mars 1871, que lorsque l'autorité communale s'y est établie. Après avoir milité en faveur de la Commune en province, notamment à Lyon, Charles Amouroux, élu du IVe arrondissement parisien à l'Hôtel de Ville, assure le secrétariat de la Commune. Les fédérés vaincus, il est arrêté le 21 mai et condamné à la déportation à vie en juin 1872. Sa peine commuée en dix ans de bannissement en 1879, il bénéficie de l'amnistie du 10 juillet 1880. Amouroux, journaliste au *Mot d'ordre*, puis au *Radical*, est conseiller municipal de Paris en 1881 et en 1884, député de la Loire en 1885.

ANAGNI (attentat d')

Coup de force de Philippe IV contre le pape Boniface VIII.

Philippe IV, en profond désaccord avec le pape Boniface VIII, ordonne au chancelier Guillaume de Nogaret de se saisir du souverain pontife qui séjourne à Anagni, sa ville natale, dans le Latium. On voit alors Nogaret et quelques partisans, dont Sciarra Colonna, ennemi intime du pape, envahir les appartements pontificaux le 7 septembre 1303. Le chancelier invective le pape mais empêche Colonna de le frapper. Boniface VIII mourra – de fureur peut-être – à Rome, un mois et quatre jours après l'« attentat d'Anagni ».

ANARCHISME

Mouvement politique qui refuse la notion d'autorité et prône l'abolition de l'État comme de la société et de la famille, au profit d'une libre association des individus en communes fédérées. Il concurrence le socialisme et influence le syndicalisme à partir des années 1880.

Les sources de l'anarchisme sont internationales : le socialiste utopique Joseph Proudhon dénonce l'idée même de gouvernement : « Être gouverné, c'est être noté, enregistré, recensé, tarifé, timbré, toisé, coté, cotisé, patenté, licencié, autorisé, apostillé, admonesté… », écrit-il en 1851. Les anarchistes identifient trois ennemis : l'État, le capital, la religion. L'aspiration autogestionnaire de la Commune de Paris témoigne de la vigueur du courant français. L'amnistie des communards prononcée en 1879 et 1880 favorise l'implantation en France des idées anarchistes. Après le premier congrès anarchiste du 22 mai 1881, elles sont relayées par Sébastien Faure, Jean Grave, Émile Pouget – directeur du journal *Le Père Peinard* – ou le grand géographe et ancien communard Élysée Reclus. Elles ont une audience dans le monde artisanal parisien (faubourg Saint-Antoine notamment), et parmi les ouvriers les plus éduqués comme les typographes, mais aussi dans les milieux littéraires et artistiques. Partisans de la désertion de masse et de la grève générale, les anarchistes exercent une influence certaine sur le syndicalisme révolutionnaire, dit anarcho-syndicalisme, issu du mouvement des Bourses du travail de Fernand Pelloutier. Beaucoup de militants choisissent la voie syndicale, écœurés par la sanglante dérive de l'action directe.

La vague de la « propagande par le fait » se forme après les incidents de Fourmies du 1er mai 1891, lorsque la troupe tire sur des ouvriers grévistes. Ravachol, Auguste Vaillant, Émile Henry multiplient les attentats. Une bombe explose au milieu du Palais-Bourbon, une autre au café Terminus de la gare Saint-Lazare. L'État réagit avec vigueur : les poseurs de bombes sont condamnés à mort, notamment Ravachol en 1892 et Vaillant en 1894. Le président Sadi Carnot, qui avait refusé de gracier le premier, est assassiné à Lyon, le 24 juin 1894, par Caserio. En 1893-1894, les « lois scélérates », comme les dénonce l'opposition socialiste, renforcent les moyens de la police et le contrôle de la presse d'extrême gauche. On ne peut isoler ces faits d'un contexte international où se multiplient les assassinats commis par des militants anarchistes. En sont victimes l'impératrice Élisabeth d'Autriche (« Sissi ») en 1898, le roi Humbert II d'Italie en 1900 ou le président des États-Unis William McKinley en 1901. Mais l'audience croissante des partis socialistes, qui s'unissent en 1905 (SFIO), désamorce l'anarchisme. Celui-ci reparaît en 1912-1913 où il sert d'alibi politique au banditisme de la « bande à Bonnot ».

La guerre lamine un mouvement anarchiste qui avait péniblement réussi son unité en 1913. De plus, l'émergence du communisme, adversaire des anarchistes, exerce une concurrence sur leurs troupes. Les mouvements se scindent à nouveau : l'anarcho-syndicalisme se montre incapable de concurrencer la CGT, les communistes libertaires se tournent vers l'action politique et les anarchistes individualistes se lancent dans des opérations ponctuelles. Seules quelques grandes causes, l'affaire Sacco et Vanzetti en 1927, la crise du 6 février 1934 et la guerre d'Espagne, les rassemblent. Mais en 1939, ils ne sont guère plus de 3 000. À nouveau la guerre prend au dépourvu ces pacifistes qui se cantonnent dans l'attentisme, à l'exception de quelques maquisards. La création de la Fédération anarchiste en 1944 est un feu de paille et n'empêche pas la fuite des maigres troupes vers le Parti communiste. Les candidatures aux législatives de 1956 passent inaperçues et, après une nouvelle scission, c'est à la faveur du mouvement du 22 mars et de mai 1968 que les thèmes libertaires – contestation des autorités, autogestion – connaissent un regain, les idées étant exploitées par d'autres. Reste aujourd'hui un noyau culturel – Radio Libertaire – et quelques figures emblématiques – les chanteurs Georges Brassens, Léo Ferré, Renaud –, sans impact idéologique sur la société.

ANCIENS (Conseil des)

Institué par la Constitution de l'an III le 22 août 1795, il forme avec le Conseil des Cinq-Cents le corps législatif du Directoire qui succède à la Convention, le 26 octobre 1795.

Le corps législatif est élu au scrutin secret et au suffrage universel, tempéré par un système censitaire à deux degrés. Parmi ses 750 membres, 250 sont choisis par voie de tirage au sort pour constituer le Conseil des Anciens, sous réserve qu'ils soient âgés d'au moins 40 ans, mariés ou veufs. Il n'en est, en réalité, désigné que 243. Le Conseil des Anciens remplit le rôle de Chambre haute. Il n'a pas l'initiative des lois, mais examine les projets ou « résolutions » élaborés par le Conseil des Cinq-Cents, et peut les transformer en lois. Lui revient, en outre, la prérogative de choisir, sur une liste décuple présentée par les Cinq-Cents, le Directoire de cinq membres, renouvelable par cinquième chaque année, à qui est confié le pouvoir exécutif.

Les conventionnels, conscients de leur impopularité et craignant à la fois les anciens Montagnards et l'opposition monarchiste constitutionnelle, votent, avant de se séparer, le décret des deux tiers qui leur permet de se perpétuer. Ils décident que les assemblées électorales devront choisir les deux tiers des nouveaux députés (500 sur 750) parmi les conventionnels en exercice et que, si cette proportion n'est pas atteinte, les réélus se compléteront par cooptation. Le Conseil des Anciens est donc, comme le Conseil des Cinq-Cents, peuplé de thermidoriens, mais au prix d'une mesure qui vicie, dès le départ, le régime libéral qu'ils voulaient instaurer.

ANCIENS COMBATTANTS

La Première Guerre mondiale fait 1,1 million d'invalides, d'amputés, de « gueules cassées », de gazés… La majorité des Français en activité sont, dans l'entre-deux-guerres, des anciens combattants. Cette représentativité explique le succès du Bloc national aux premières élections d'après-guerre (novembre 1919 – mai 1924). L'esprit « ancien combattant » (« solidaires comme au front ») permet de rassembler au sein de la Chambre, dite « bleu horizon » en souvenir de la couleur des uniformes, des hommes de tous les partis. Très organisés, les anciens combattants créent des associations axées à l'origine sur des critères médicaux (Union des aveugles de guerre) et des problèmes concrets (versement des pensions des invalides). Puis le mouvement se politise. L'Union fédérale, dirigée par des hommes du centre-gauche, s'oppose à l'UNC (Union nationale des combattants), qui recrute à droite. L'ARAC (Association républicaine des anciens combattants) est proche de la SFIO, puis des communistes. La Fédération nationale des combattants républicains réunit francs-maçons et radicaux. Au total, près de 3 millions de personnes, soit la moitié des soldats ayant survécu au conflit, appartiennent à l'un de ces mouvements.

Les anciens combattants entretiennent la mémoire (commémoration du 11 Novembre, monuments aux morts) et interviennent dans le débat politique au nom de l'épreuve qu'ils ont subie. Or, dans les faits, cette intervention s'exprime le plus souvent dans le sens de l'antiparlementarisme et du renforcement du pouvoir exécutif préconisé par la droite. Une ligue, comme celle des Croix-de-Feu, est à l'origine une simple association d'anciens combattants recrutant d'abord parmi les seuls décorés de la guerre, d'où son nom, puis parmi les briscards, ceux qui ont passé au moins six mois au front.

Le 6 février 1934, l'ARAC et l'UNC défilent à côté des ligues (recrutant elles-mêmes beaucoup d'anciens combattants). Loin de constituer une menace fasciste, le mouvement combattant est l'obstacle même au développement d'un fascisme français. Il aspire, en effet, à un régime d'ordre moral et d'unanimité nationale, à la réforme de l'État, ce qui est bien autre chose que le fascisme. Dès août 1940, Pétain tente d'user de son prestige de « vainqueur de Verdun » pour tenter de faire des anciens combattants les apologistes de la Révolution nationale en les intégrant dans la Légion des combattants.

Après 1945, la France a consacré un poste de secrétaire d'État à ses anciens combattants, mais le nombre de représentants est sans commune mesure avec celui de la Première Guerre mondiale. Comptant environ quatre millions de personnes dans les années 1980, le mouvement a encore rassemblé les anciens d'Indochine, puis d'Algérie, reconnues comme guerres en 1989 et 1997.

ANCRE maréchal d' : voir CONCINI Concino, maréchal d'Ancre

ANDELOT (traité d')

Traité passé entre l'Austrasie et la Bourgogne en 587.

C'est à Andelot, près de Langres, qu'est signé en 587 un traité entre Gontran, roi de Bourgogne, et son neveu Childebert II, roi d'Austrasie, représenté par la reine Brunehaut. Les deux rois se jurent amitié. Si l'un d'eux mourait sans fils, l'autre hériterait. Il est procédé à des échanges de territoires et de droits. Gontran est reconnu tuteur des enfants de Childebert, au cas où le neveu mourrait avant l'oncle. Les leudes (sujets) infidèles seront poursuivis par les deux rois, les leudes fidèles confirmés dans leurs droits. Les rois ne s'enlèveront pas leurs leudes l'un à l'autre, et chacun oubliera les torts reçus par le fait des sujets de l'autre.

ANDELOT François d' : voir COLIGNY François de

ANDELYS (Les) : voir CHÂTEAU-GAILLARD

ANDES ou ANDÉCAVES

Peuple de la Gaule celtique établi dans l'Anjou (exception faite des Mauges).

Leur principal *oppidum* est Angers (*Juliomagus* puis *Andecavi*).

ANDORRE

Coprincipauté pyrénéenne. Dite aussi Val d'Andorre, elle comprend les deux vallées du Valira del Norte et du Valira del Oriente qui se réunissent entre les Escaldes et Andorre-la-Vieille pour constituer le Gran Valira.

Elle est située sur la pente méridionale des Pyrénées centrales, entre le pays de Foix et le pays espagnol d'Urgel. Sa première Constitution daterait de Louis le Pieux qui transmit certains de ses droits à l'évêque d'Urgel. De l'époque carolingienne au XIIe siècle, l'Andorre est disputée entre l'évêque d'Urgel, le comte d'Urgel et le vicomte de Castelbon à qui succède le comte de Foix. En 1278, le Val reçoit une sorte de Constitution, les paréages, qui établit et réglemente la double seigneurie de l'évêque d'Urgel et du comte de Foix. Dernier héritier de cette maison, Henri IV donne ses droits à la couronne de France en 1607. Depuis, le chef de l'État français est coprince d'Andorre avec l'évêque d'Urgel.

En 1806, Napoléon Ier s'attache à restaurer la souveraineté française que la Révolution a fait abandonner. Il institue un délégué permanent du gouvernement, qui est le préfet de l'Ariège avant d'être celui des Pyrénées-Orientales. Le pays a conservé des institutions féodales. Il est gouverné par un syndic assisté d'un conseil. Celui-ci se compose de conseillers et de consuls élus dans les six paroisses du Val. Les relations entre syndic et seigneur sont assurées par deux viguiers, dont chacun est nommé par l'un des deux princes. Ces deux viguiers partagent en outre les fonctions judiciaires avec des bailes, également au nombre de deux et désignés par les coprinces.

ANDRÉ Antoine, baron d' : voir DANDRÉ ou d'ANDRÉ Antoine, baron d'

ANDRÉ Louis Joseph (Nuits-Saint-Georges, 1838 – Dijon, 1913)

Général et homme politique.

Ministre de la Guerre dans le gouvernement Waldeck-Rousseau le 29 mai 1900, en remplacement du liquidateur de la Commune, le général de Gallifet, il conserve son portefeuille dans le gouvernement Combes. « Je veux rapprocher le corps des officiers de la nation française », dit-il. Afin de réaliser ce projet, le général André, polytechnicien, note le nom des officiers « réactionnaires » et catholiques. Ainsi « fichés », les infortunés, dénoncés par la maçonnerie, se voient interdire tout espoir d'avancement. L'épuration républicaine sévira jusqu'au 28 octobre 1904 où, à la Chambre, un parlementaire nationaliste, Guyot de Villeneuve, produit des dossiers qu'on lui a communiqués. L'affaire des Fiches éclate. Le scandale est immense. Le 4 novembre suivant, toujours au Palais-Bourbon, un autre député de droite, Gabriel Syveton, se lève de son banc et soufflette le général André. Le 15, celui-ci démissionne. Sur le plan militaire, on lui doit d'avoir rénové l'artillerie française en la dotant du canon de 105.

ANET

Château situé au nord de la forêt de Dreux dans l'Eure-et-Loir, à proximité de l'Eure.

Reconstruit et développé à partir de 1548 sur les plans de Philibert Delorme, il reste associé au souvenir de Diane de Poitiers, dont le symbole, le cerf, figure toujours en bonne place sur le portail d'entrée. Par Louise de Brézé, fille de Diane, le domaine d'Anet passe par alliance aux Vendôme ; entré en la possession de la duchesse du Maine en 1732, il connaît le même sort que Sceaux jusqu'à la Révolution. Les premières années du XIXe siècle entament la ruine du château. De l'œuvre la plus personnelle, la plus délicate, la plus novatrice de Philibert Delorme, il ne reste plus, à part quelques fragments épars, que la très singulière chapelle, le bâtiment d'entrée et l'aile gauche de la cour d'honneur, modernisée dès le XVIIe siècle.

ANFA : voir CASABLANCA

ANGERS

Chef-lieu du Maine-et-Loire.

Située sur la Maine, au carrefour des routes de Paris, du Poitou, de la Normandie et de la Touraine, Angers, à l'obscure origine, est tour à tour gauloise, romaine – elle s'appelle *Juliomagus*, la ville de César –, franque en 486, et normande jusqu'au traité de Saint-Clair-sur-Epte en 911. Elle s'épanouit sous le règne des comtes héréditaires d'Anjou, en particulier Henri II Plantagenêt, roi d'Angleterre qui, outre l'Anjou, possède le Maine et la Normandie et tient, du chef de sa femme Aliénor, l'Aquitaine. Henri II établit la cour comtale derrière ses remparts. La ville, disputée aux Plantagenêts par les Capétiens, est rattachée à la couronne de France en 1230. Elle ne cesse de prospérer jusqu'à la guerre de Cent Ans. Ses foires sont célèbres et les sept tours du château érigé sur l'ordre de Saint Louis, la surplombant, témoignent de son importance stratégique aux marches bretonnes. D'abord apanage de Charles, frère de Louis IX, elle relève ensuite de différents princes, mais reste française de 1337 à 1453, grâce à Yolande d'Aragon, belle-mère de Charles VII. L'éclat d'Angers, terni lors du long conflit franco-anglais, brille de nouveau lorsque René d'Anjou, roi d'Aragon et de Sicile, coiffe la couronne angevine. À la mort du Bon roi, en 1480, Angers, avec sa province, rejoint définitivement le domaine royal. Elle devient alors le lieu d'élection d'artistes et de lettrés, tels le musicien Clément Janequin, le graveur René Boyvin, le jurisconsulte Jean Bodin.

De Charles IX à Louis XIV, qui emprisonne en sa forteresse le surintendant Fouquet, le malheur va détruire la joie de vivre d'Angers. La ville est déchirée par les guerres de Religion, car elle est un foyer actif de protestantisme. De plus, elle est endeuillée par les troubles qui se déchaînent pendant la minorité de Louis XIII et pendant la Fronde. On peut dire qu'Angers ne recouvre le calme qu'à dater de 1653. Elle s'embellit et s'enrichit. Des manufactures de toiles et d'ardoises y naissent et prospèrent. Sous la Révolution, elle accueille assez favorablement les idées girondines et fédéralistes. Le 4 septembre 1790, l'insurrection des *perrayeurs*, ouvriers des ardoisières, éclate en son sein. Le 17 juin 1793, la grande Armée catholique et royale la prend d'assaut et, sur la place du Ralliement, après l'échec du soulèvement vendéen, la guillotine fonctionne presque en permanence, du mois d'octobre 1793 au mois de juillet 1794 (9 Thermidor). Si les urbanistes de Louis-Philippe et de Napoléon III prolongent les faubourgs et rasent les remparts d'Angers, les aviateurs alliés de la Seconde Guerre mondiale bouleversent autrement son aspect. Déclarée ville ouverte en mai 1940, la Wehrmacht l'occupe et, de mai à juillet 1944, les bombardements anglo-saxons qui la pilonnent multiplient les ruines. Les troupes du général Patton y pénètrent le 10 août 1944.

ANGO Jean (Dieppe, 1480 – Dieppe, 1551)

Armateur.

Il est un des premiers à réclamer la liberté des mers, à vouloir combattre le monopole des Espagnols et des Portugais. Il prépare avec soin ses expéditions, s'entoure de savants et de marins. Excellent commerçant, associé aux plus riches marchands de Rouen et de Dieppe pour organiser des expéditions lointaines, il s'intéresse particulièrement aux Indes orientales, aux îles aux épices, et aussi au Nouveau Monde.

Protégé de François Ier qui le nomme vicomte (juge de police) puis capitaine de Dieppe, il reçoit le roi chez lui, en 1533, et avec son appui officiel organise des expéditions lointaines. Il participe de 1544 à 1545 à la préparation du débarquement en Angleterre projeté par François Ier. Lorsque le roi du Portugal, Jean III, confisque, en 1530, un de ses navires en temps de paix, Ango organise une expédition punitive contre les navires portugais, jusqu'à ce qu'il obtienne réparation. Loin de le punir, François Ier lui offre une indemnité. Après avoir accumulé une énorme fortune, fait construire deux des plus belles demeures de la Renaissance (son hôtel de Dieppe et son manoir de Varengeville), Ango meurt presque ruiné.

ANGOULÊME (duché d')

À peu près équivalent à l'Angoumois, il fut possédé par deux maisons différentes.

Autour de l'ancienne cité d'Angoulême, constituée à la fin du IVe siècle pour des raisons militaires, occupée par les Wisigoths au début du VIe siècle puis conquise par Clovis après 507, est créé sous les Mérovingiens le *pagus Engolismensium*, administré par un comte. Louis le Pieux réussit à le maintenir sous son autorité, mais, au cours des règnes qui suivent, sa possession est très disputée jusqu'au jour où un parent de Charles le Chauve, sans doute sous la pression de la menace normande, regroupe l'Angoumois, le Périgord et l'Agenais, peut-être aussi le Poitou et la Saintonge. Premier comte d'Angoulême et du Périgord, il est à l'origine de la première maison d'Angoulême. Sous son plus illustre représentant, Guillaume III Taillefer (988-1028), le comté d'Angoulême devient fief du duc d'Aquitaine et arrière-fief de la couronne.

À la fin du XIIe siècle, il est menacé par les Plantagenêts qui procèdent à quelques annexions à ses dépens. Jean sans Terre croit même pouvoir s'en emparer, lorsqu'en 1200 il enlève et épouse la fille d'Aimar III, Isabelle, quelques instants avant la célébration de son mariage avec Hugues de Lusignan. Cité devant la Cour des pairs par Philippe Auguste en 1202 sur la requête des Lusignan, et refusant de s'y rendre, Jean sans Terre voit proclamer la commise de ses fiefs français qu'il perd effectivement, excepté l'Aquitaine, au cours de la guerre qui suit. Peu après sa mort, Isabelle épouse en 1217 celui qui lui était primitivement destiné, Hugues X sire de Lusignan et comte de la Marche. Leur fils, Hugues XI, héritera des deux comtés de la Marche et d'Angoulême.

Mais le comté d'Angoulême, enserré dans les domaines capétiens et angevins, se trouve bientôt démembré et réuni à la couronne par Philippe le Bel en mai-juin 1308. Donné à Philippe d'Évreux en 1328, confisqué à Charles le Mauvais en 1351, et donné en même temps au connétable Charles d'Espagne, il est cédé à l'Angleterre par le traité de Brétigny en 1360. Repris par Charles V en 1373, il devient bientôt l'apanage de Louis duc d'Orléans, fils de Charles V et frère de Charles VI, et passe au fils puîné de ce prince, Jean d'Orléans (1399-1467), qui est à l'origine de la seconde maison d'Angoulême et de la tige des Valois-Angoulême, branche cadette des Valois-Orléans.

De Marguerite de Rohan, Jean a 3 enfants dont Charles Ier (1460-1496), époux de Louise de Savoie et père de Marguerite d'Angoulême et de François Ier qui, avant de devenir roi, porte le titre de comte d'Angoulême. Le comté est réuni définitivement à la couronne à l'avènement de François Ier qui l'érige en duché au profit de sa mère en 1515. Lorsque cette dernière meurt, le troisième fils de François Ier, Charles de France, porte le titre de duc d'Angoulême, mais l'abandonne en 1536 pour celui de duc d'Orléans. Diane et Charles de Valois le reçoivent successivement. À Charles de Valois (1573-1650) succède son second fils, Louis Emmanuel, dont la fille Marie Françoise épouse en 1649 Louis de Lorraine, duc de Joyeuse. Leurs fils et petit-fils héritent du duché, mais ils meurent prématurément en 1671 et 1675, et la maison s'éteint avec Marie Françoise en 1691. Le duché revient alors à Louis XIV.

ANGOULÊME Charles de VALOIS, duc d' : voir VALOIS Charles de

ANGOULÊME Louis Antoine de BOURBON, duc d' (Versailles, 1775 – Görz [auj. Gorizia], Italie, 1844)

Dernier Dauphin de France.

Fils du comte d'Artois et de Marie-Thérèse de Savoie, il émigre avec eux le 17 juillet 1789. À Mitau, en 1799, il épouse sa cousine Marie-Thérèse, fille de Louis XVI. Il quitte l'Angleterre en avril 1814 pour combattre en Espagne dans l'armée de Wellington et entre, le 12 mars, dans Bordeaux au nom de Louis XVIII. Il y reçoit un accueil triomphal, mais est moins heureux lorsque, pendant les Cent-Jours, il essaie de

Louis Antoine de Bourbon, duc d'Angoulême
© Sélection Images

soulever le Midi de la France contre Napoléon. Il est chargé, en 1823, de mener l'expédition d'Espagne qui met fin à un début de révolution et rétablit Ferdinand VII sur le trône. En 1824, à l'avènement de son père, Charles X, il devient Dauphin. De caractère faible et peu entreprenant, il n'ose jamais s'opposer à la politique de son père. Après la révolution de juillet 1830 et l'abdication de Charles X, lui-même renonce au trône, le 2 août, en faveur de son neveu le duc de Bordeaux devenu Henri V et futur comte de Chambord. Il reprend le chemin de l'exil et passe les dernières années de sa vie en Angleterre puis en Autriche.

ANGOULÊME Marie-Thérèse Charlotte, duchesse d' (Versailles, 1778 – Frohsdorf, Autriche, 1851)

Princesse.

Aînée des enfants de Louis XVI et de Marie-Antoinette, elle reçoit le nom de Madame Royale, pour la différencier de Madame, femme du futur Louis XVIII, de Mesdames-tantes, filles de Louis XV et de Mesdames Élisabeth et Clotilde, sœurs de Louis XVI. Petite-fille d'empereur, fille, sœur, épouse, nièce et belle-fille de rois, elle a une destinée particulièrement dramatique. Internée au Temple avec ses parents le 13 août 1792, elle devient l'« orpheline du Temple » après les exécutions de Louis XVI le 21 janvier 1793 et de Marie-Antoinette le 15 octobre de la même année. La Révolution fait également disparaître son frère, Louis XVII, et elle est seule à survivre à la tourmente. Après trois ans et demi de prison, elle est échangée en décembre 1795 contre les conventionnels que Dumouriez avait livrés aux Autrichiens, et trouve refuge à la cour de Vienne. En 1799, elle épouse à Mitau son cousin germain, Louis Antoine de Bourbon, duc d'Angoulême, fils du comte d'Artois. D'un aspect un peu rude, très pieuse et austère, elle n'est pas populaire, mais exerce une grande influence sur son mari et sur son oncle Louis XVIII, lorsque ce dernier devient roi. Ses tendances autoritaires ne l'empêchent pas de désapprouver les ordonnances dont la promulgation provoque la révolution de juillet 1830. Reine quelques minutes le 2 août, elle doit reprendre le chemin de l'exil pendant la monarchie de Juillet et se consacre alors à l'éducation et à la formation de son neveu, le comte de Chambord.

ANJOU

Région située le long de la Loire entre la Bretagne à l'ouest, le Maine au nord, la Touraine à l'est et le Poitou au sud.

Les origines. Si les trouvailles paléolithiques ont été peu nombreuses en Anjou, d'importants vestiges de la civilisation néolithique nous sont parvenus. Les Andes ou Andecaves ou Andigaves occupaient le pays avant l'arrivée de César, en 57 av. J.-C. Pacifié sans difficulté, l'Anjou sert de point de départ à la conquête des tribus gauloises de l'Ouest. Lors du soulèvement général de la Gaule en 52 av. J.-C., les Andes, commandés par Dumnac, se joignent à l'armée chargée de délivrer Alésia, mais ils sont écrasés par les Romains. La capitale des Andes, Angers, prend alors le nom du vainqueur : *Juliomagus*, et l'Anjou entre ainsi dans la Gaule celtique.

L'Anjou n'est pas immédiatement soumis par les conquérants germains. Si les Wisigoths se saisissent des Mauges et d'une grande partie du Saumurois, le reste du pays est compris dans l'enclave gallo-romaine constituée par le royaume de Syagrius. Mais la poussée franque est décisive après la victoire de Clovis sur les Wisigoths à Vouillé en 507. Le christianisme y a fait son apparition au IVe siècle. Pénétrant d'abord dans les villes, notamment à Angers, il ne touche les campagnes que plus tard. De nombreuses vies de saints, tels saint Aubin, saint Florent, saint Maurille, attestent de l'intensité de la vie religieuse, mais la vie monastique ne commence qu'aux environs du VIe siècle.

Les Carolingiens s'intéressent aussi beaucoup à l'Anjou. Ils ont des domaines à Doué-la-Fontaine et sur les bords de la Loire, sans doute pour des raisons politiques, l'Anjou leur permettant de surveiller l'Aquitaine peu sûre et la Bretagne indépendante. Dans la longue période d'anarchie qui suit la dislocation de leur empire, l'Anjou devient la proie des Bretons et des Normands qui conjuguent d'abord leurs efforts. Mais, en 863, Charles le Chauve accorde en bénéfice au duc breton Salomon, moyennant qu'il s'avoue vassal du royaume franc, une portion du comté d'Anjou et l'abbaye de Saint-Aubin. Il obtient ensuite son concours contre les Normands dont les raids dévastateurs ont atteint l'Anjou à partir de 853. Enfin, Charles le Chauve trouve un autre allié efficace contre les Normands en la personne du comte d'Angers, Robert le Fort, arrière-grand-père de Hugues Capet.

Les dynasties angevines. Dans cette seconde moitié du IXe siècle apparaît la puissante famille seigneuriale qui réussit à installer un État fortement charpenté. Ses origines sont obscures, mais on sait qu'elles se rattachent, par les femmes, à une importante famille carolingienne alliée à la famille royale. Le premier comte d'Anjou est Foulques le Roux, en 919, et le plus célèbre de ses successeurs, le fameux Foulques Nerra, conquérant brutal et énergique, qui règne sur la région pendant plus d'un demi-siècle, de 987 à 1040. Il crée véritablement la puissance angevine, laissant à sa mort un territoire agrandi, hérissé de forteresses. Son fils, Geoffroi Martel, de 1040 à 1060, étend encore le comté qui comprend la Touraine et le Maine. Mais l'appareil guerrier qu'ils ont mis sur pied a pour conséquence l'essor de nouvelles familles seigneuriales qui, profitant de la faiblesse de leurs descendants, notamment de Foulques le Réchin ou le Grincheux, acquièrent pratiquement leur indépendance. Le redressement vient avec Foulques V le Jeune et Geoffroi le Bel, qui sont de loyaux vassaux du roi de France mais imposent à nouveau l'autorité comtale. Geoffroi le Bel, dit Plantagenêt à cause de la branche de genêt fleuri qu'il a l'habitude de porter à son casque, fait plus. Avec lui s'ouvre une nouvelle période de l'histoire féodale de l'Anjou. Période particulièrement brillante, puisque sous son successeur Henri II Plantagenêt, l'autorité de la maison angevine s'étend sur un véritable empire comprenant, outre l'Anjou, l'Angleterre, la Normandie et la Bretagne, le Maine et l'Aquitaine. Cette extension se fait autant par une habile politique matrimoniale que par la conquête. Déjà héritier de l'Anjou et du Maine, Geoffroy le Bel épouse, en 1129, Mathilde, veuve de l'empereur Henri V et héritière de l'Angleterre et de la Normandie par son père Henri Ier Beauclerc. Leur fils Henri II Plantagenêt épouse en 1152 Aliénor d'Aquitaine, dont le mariage avec Louis VII a été annulé. Ses possessions s'étendent jusqu'aux Pyrénées, et il se trouve au faîte de sa puissance lorsqu'il ceint, en 1154, la couronne d'Angleterre. Enfin le mariage de son troisième fils Geoffroy lui ouvre les portes de la Bretagne. Henri II gouverne d'abord directement l'Anjou, mais, après 1175, en remet l'administration au sénéchal qui préside déjà la cour centrale d'Angers en l'absence du roi. Pendant presque tout son règne, cette fonction est confiée à Étienne de Marsay, un noble du pays, que Richard Cœur de Lion révoque et jette en prison pour mettre à sa place un de ses fidèles, l'Anglais Robert de Turneham.

L'Empire angevin constitue une grave menace pour les Capétiens et, au terme de la lutte acharnée qui s'engage entre les successeurs d'Henri II, Richard Cœur de Lion, Jean sans Terre, Henri III et les rois de France Louis VII, Philippe Auguste, Louis VIII et Saint Louis, le domaine Plantagenêt est démantelé. À son avènement, Philippe Auguste fait entrer le conflit dans une phase décisive et, en 1205, occupe la province. Le sénéchal Guillaume des Roches, avec qui il passe un véritable traité, est maintenu en place. Jean sans Terre vaincu à La Roche-aux-Moines, près d'Angers, en 1214, le comté entre officiellement dans le domaine royal (traité de Paris, 1259).

Églises et monastères sortent ruinés de la période des invasions normandes. Mais les XIe et XIIe siècles sont marqués, en Anjou, par un essor monastique remarquable. L'abbaye de Fontevrault et celle de Saint-Aubin témoignent de cette ferveur religieuse, tandis que Geoffroi de Vendôme et Ulger, le premier comme abbé, le second comme évêque, en restent le symbole. Cet essor de la foi intervient dans une période de développement sans précédent qui, commencée à la fin du Xe siècle, va se poursuivre sans interruption jusqu'aux approches de la guerre de Cent Ans. Elle se traduit, en Anjou comme ailleurs, par de nombreux défrichements, la création de nouveaux bourgs et villes, le développement du commerce et des foires, grâce notamment aux possibilités de circulation offertes par la Loire et ses affluents. Les activités rurales, essentielles dans cette région, s'épanouissent, et la vente du vin aux Normands et aux Bretons constitue désormais une des principales richesses des habitants. La vie intellectuelle et artistique connaît elle aussi un rayonnement nouveau.

Le comté d'Anjou ne reste pas longtemps dans le domaine royal. Il est donné par Saint Louis, avec le Maine, en apanage à son frère Charles, en 1246, et reste pratiquement sans interruption, jusqu'à la fin du XVe siècle, la possession de familles princières qui ont peu de liens avec le pays. Charles d'Anjou se laisse aller à ses ambitions. Devenu comte de Provence par son mariage, puis appelé par le pape au trône de Naples et de Sicile, il se lance dans une suite d'aventures à l'étranger. Son fils Charles II abandonne même l'Anjou et le Maine en dot à sa fille Marguerite qui les transmet à son mari, Charles de Valois. De nouveau réuni à la couronne de France par l'accession au trône de Philippe VI de Valois, l'Anjou en est une fois encore séparé, en 1360, par Jean le Bon au profit de son fils cadet, Louis Ier d'Anjou, puis érigé en duché-pairie par Charles V.

Cette nouvelle dynastie des Valois-Anjou donne un éclat particulier à son domaine angevin. Louis Ier, frère de Charles V, est un prince fastueux qui fait exécuter à Paris, par Nicolas Bataille, la fameuse série des tapisseries de l'Apocalypse d'Angers, achevées en 1376. Mais lui et ses successeurs Louis II, Louis III et son frère René, le bon roi René, s'épuisent à leur tour en vaines luttes pour conquérir les royaumes italiens. Si les populations restent peu sensibles à

Anjou
Plaque de cuivre émaillé provenant du tombeau de Geoffroi V d'Anjou, dit le Bel (1111-1151). Le Mans, musée Tessé. © *G. Dagli-Orti*
Les sceaux de Charles Ier d'Anjou (1227-1285) et de sa femme Béatrice, fille du comte de Provence.
© *Lauros-Giraudon*

ces péripéties, elles sont, en revanche, particulièrement touchées par les conséquences du grand conflit qui oppose l'Angleterre à la France. Après le désastre de Poitiers, en 1356, les Anglais songent à s'emparer du Maine et de l'Anjou. Mais leur première offensive est refoulée jusqu'à la Loire. La chevauchée du duc de Clarence, en 1412, est une nouvelle source de dévastations et de ruines. En 1420, les Anglais croient pouvoir profiter de l'absence du duc Louis III pour s'emparer des deux provinces. Elles sont sauvées, grâce à l'énergie de Yolande d'Aragon, veuve de Louis II, par la victoire de Vieil-Baugé en 1421. De 1422 à 1428, les Anglais réussissent à occuper le Maine où ils maintiennent leur domination pendant un quart de siècle. C'est seulement en 1448 que les places fortes du Maine sont remises aux Français, et que le second fils de Yolande, le roi René, retrouve la totalité de son apanage. Duc d'Anjou et comte de Provence, il partage sa vie entre ses deux provinces et s'efforce de rétablir la prospérité de l'Anjou où il laisse un souvenir de popularité et de simplicité. À sa mort, en 1480, le duché passe sous l'autorité directe de Louis XI qui supprime l'apanage et ne laisse subsister qu'un gouverneur.

Avec la paix, les arts connaissent un nouvel essor dans la seconde moitié du XVe siècle, favorisé notamment par le roi René, mécène érudit, musicien, poète, ami de Charles d'Orléans. Le temps de la Renaissance proprement dite est surtout illustré par le poète Joachim du Bellay (1524 – 1560) et le juriste et philosophe Jean Bodin (1530 – 1596), tandis que l'architecture connaît un développement prodigieux, lié à la prospérité matérielle de la province.

L'Anjou, province française. La Réforme touche presque exclusivement les villes. Les premiers affrontements surviennent en 1560, année de la conjuration d'Amboise et de l'avènement d'un enfant de 9 ans, Charles IX. La guerre civile suit, et à nouveau l'Anjou est marqué pendant de longues années par une succession de violences et de trêves. En 1562, les protestants organisent un coup de main sur les grandes villes, Tours, Le Mans, Angers. Les massacres de la Saint-Barthélemy, le 24 août 1572, ont leurs prolongements sanglants à Angers et Saumur. La Ligue, commandée par le duc de Guise, trouve un large écho dans les campagnes, tandis que les villes se montrent plutôt favorables aux partisans d'Henri III et aux protestants. La ville de Saumur, l'un des bastions du protestantisme, a pour gouverneur, en 1589, le plus fidèle et le plus illustre compagnon d'Henri IV, Duplessis-Mornay, chef du parti réformé. La pacification générale s'accomplit neuf ans plus tard en 1598. Henri IV reçoit à Angers la reddition du chef de la Ligue en Bretagne, le duc de Mercœur, et y prépare l'édit de Nantes.

Le règne d'Henri IV est réparateur. Mais des troubles politiques et militaires agitent à nouveau l'Anjou pendant les minorités de Louis XIII et de Louis XIV. Marie de Médicis, dressée contre son fils, vient en 1619 se réfugier en Anjou dont elle avait obtenu le gouvernement. Il faut que l'armée du roi se saisisse des Ponts-de-Cé en 1620 pour mettre un terme à la révolte. La Fronde, qui dure en France de 1648 à 1653, désole longtemps encore la province. Après ce qui peut paraître comme le dernier sursaut du particularisme provincial, l'Anjou ne connaît plus, jusqu'en 1789, les déchirements qui ont marqué son histoire jusque-là. Seule la révocation de l'édit de Nantes et les persécutions religieuses qui suivent provoquent de nouveaux incidents dans cette province où le protestantisme est resté vivant (la grande assemblée générale de toutes les Églises réformées de France s'était tenue à Saumur en 1611). Mais grâce à la paix, la prospérité de la province s'affirme, en dépit d'une série de calamités naturelles – des inondations catastrophiques, notamment celle de 1651 dans la vallée de la Loire, des épidémies et des famines, celles de 1661 et 1709. L'industrie textile se développe un peu partout, à Cholet, Angers, Château-Gontier. Le commerce le plus important reste pourtant celui des vins et des eaux-de-vie très appréciés par les pays du Nord (Angleterre et Pays-Bas).

La Révolution et la période contemporaine. L'Anjou accueille favorablement la Révolution. Mais le nouveau département du Maine-et-Loire, qui regroupe les terres angevines, sauf quelques régions rattachées à la Mayenne, à la Sarthe et à l'Indre-et-Loire, refuse la Constitution civile du clergé. Les campagnes restent fidèles à leurs anciens prêtres. L'exécution de Louis XVI émeut encore l'opinion et la levée de 300 000 hommes, décidée par la Convention, entraîne les campagnes angevines dans la guerre vendéenne. Le soulèvement éclate le 12 mars 1793, à Saint-Florent-le-Vieil, se propage très vite dans les Mauges et les départements limitrophes. Au début de mai, tout le pays de bocage situé au sud de la Loire est aux mains de l'Armée catholique et royale. L'Anjou lui donne certains de ses chefs, Cathelineau, Stofflet, Bonchamp, d'Elbée. L'offensive vendéenne se poursuit en juin, après la prise de Saumur et d'Angers. Mais elle échoue devant Nantes et les revers commencent. Les Vendéens subissent deux sanglantes défaites à Châtillon-sur-Sèvre et Cholet. Ils passent la Loire, mais sont repoussés devant Granville et, après un autre échec devant Angers, sont à nouveau écrasés au Mans par Marceau, avant d'être définitivement vaincus à Savenay le 23 décembre 1793. Mais le calme ne revient pas immédiatement. La résistance se poursuit sous la forme d'une incessante guérilla, en dépit des colonnes infernales du général Turreau que la Convention jette sur le pays, et du caractère particulièrement dur qu'y prend la Terreur. Il faut attendre le Concordat et des aménagements à la conscription pour voir la fin de la guerre civile. Les Angevins acceptent l'Empire puis le retour des Bourbons ; quelques-uns seulement esquissent pendant les Cent-Jours un soulèvement qui a peu d'écho populaire.

L'Anjou retrouve un rôle important pendant la guerre de 1870 où, à proximité de la délégation de Tours, il est un des points d'appui de la défense du territoire. En juin 1940, les ultimes combats, symbolisés par l'héroïque résistance des élèves de l'École de cavalerie de Saumur, se livrent sur la Loire. Cruellement éprouvé par les bombardements aériens des Alliés, de mai à juillet 1944, l'Anjou est libéré en août par l'armée Patton.

Annam

Région centrale du Vietnam, située entre le Tonkin et la Cochinchine (Nam-bo)*, formée de plaines rizicoles, bordée à l'ouest par la cordillère annamitique et à l'est par la mer de Chine.*

L'Annam a d'abord désigné un royaume indépendant mais cependant vassal de l'Empire chinois, groupant les provinces du sud de la Chine, le Tonkin et la province d'Annam, que la dynastie des Lê (1428-1793) étendra jusqu'à la Cochinchine. Dès le début du XIXe siècle, le nom de Vietnam commence à supplanter celui d'Annam ; il s'imposera définitivement après qu'en 1945 l'empereur Bao-Daï aura dénoncé le protectorat de la France.

La présence française en Annam remonte à 1787, lorsque Pigneau de Behaine, vicaire apostolique en Cochinchine, signe un traité d'alliance avec le prince Nguyen Anh. Avec l'appui des Français, ce prince s'empare de Huê en 1801 et se fait proclamer empereur d'Annam sous le nom de Gia Long. De 1802 à 1819, il organise un empire centralisé, et sa dynastie durera jusqu'à l'abdication de Bao-Daï en 1955. Sous le règne de Gia Long, le christianisme se propage ; il n'en sera pas de même sous ses successeurs. Les chrétiens sont persécutés, surtout sous Tu Duc (1848-1883). Sollicité par les autorités religieuses, Napoléon III décide d'intervenir diplomatiquement d'abord, militairement ensuite. La France organise une première expédition et, en 1858, les troupes françaises s'emparent de Tourane et de Saigon. À la suite d'une deuxième expédition et en dépit de la résistance de Tu Duc, les trois provinces de Bienhoa, Gia-long et Ding-tuan sont placées sous domination française par le traité de Huê en 1853. Des Annamites rebelles réfugiés en Cochinchine poursuivent la lutte, ce qui entraîne la France à conquérir la Cochinchine. Cependant, la présence française est loin d'être assurée, et ce n'est qu'en 1883, après le bombardement de Huê, que l'empereur Tu Duc signe un traité de protectorat avec la France. En mai 1884, au traité de Tien-tsin, la Chine abandonne sa suzeraineté sur l'Annam et, l'année suivante, admet l'hégémonie française.

Placés sous l'autorité d'un gouverneur général en 1887, le Cambodge, le Tonkin et l'Annam constituent l'Union indochinoise. L'empereur n'a plus qu'un rôle nominal et l'histoire de l'Annam devient celle de l'Indochine puis du Vietnam. Bao-Daï, dernier empereur, abdique en 1955, après que les accords de Genève ont consacré la partition du Vietnam en 1954.

Anne d'Autriche (Valladolid, 1601 – Paris, 1666)

Reine de France (1605-1666).

Fille de Philippe III d'Espagne et de Marguerite d'Autriche, elle a reçu, à la mode habsbourgeoise, plus d'éducation que d'instruction lorsqu'elle est mariée, âgée de 14 ans, à Louis XIII, son cadet de cinq jours. Justifiée par les besoins de la politique de rapprochement franco-espagnol de Marie de Médicis, cette union ne produit pas d'abord tous les fruits attendus. Si les hostilités ne reprennent officiellement qu'en 1635, le roi montre peu d'empressement auprès d'une personne qui passe néanmoins pour bien faite, et à ce dédain apparent, ou tout au moins à ce manque d'attention, Anne répond en manifestant des sentiments espagnols de plus en plus ardents à mesure que la menace de guerre se précise.

Tout son comportement attise la défiance d'un époux naturellement soupçonneux. C'est d'abord l'affaire Buckingham, en 1625 – le début d'une intrigue amoureuse dont elle comprend le danger à temps, aidée par son sens de l'honneur espagnol. C'est ensuite le complot de Chalais, en 1626, auquel elle est mêlée comme à toutes les intrigues maladroites où Mme de Chevreuse parvient à l'engager ; elle se fait ainsi un ennemi vigilant de Richelieu, qui l'espionne avec régularité et qui semble l'avoir longtemps desservie dans l'esprit du roi. Au point de vue psychologique et moral, la détérioration des rapports conjugaux atteint son comble avec la découverte, en 1637, de la correspondance secrète qu'elle entretient avec le roi d'Espagne Philippe IV et le cardinal-infant. Bien que l'on admette généralement qu'elle est alors à deux doigts de sa perte, il n'est pas sûr qu'elle ait livré ainsi à ses frères des renseignements de première importance. Quoi qu'il en soit, la disgrâce est très brève. En 1638 naît le Dauphin, futur Louis XIV, tellement attendu de tous les Français (excepté Gaston d'Orléans). Il n'est plus possible de répudier la mère du futur roi. La reine est devenue indispensable, non seulement à Louis XIII mais encore à la politique de son ministre. Elle aurait acquis en 1642 les bonnes grâces de Richelieu en lui dévoilant les secrets du complot de Cinq-Mars. La reine y a-t-elle bien trempé ? Rien ne permet de l'affirmer. La mort de Louis XIII, en 1643, est une autre grande date dans la vie d'Anne d'Autriche. La régence à peine ouverte, la reine fait casser le testament de son époux. Elle a désormais tous les pouvoirs, en particulier celui de confier les affaires du royaume à qui lui plaît. Elle a le bon goût de confirmer Mazarin chef de son Conseil. Ceux qui comptaient sur la régence pour renverser l'ordre voulu par Richelieu et conquérir les bonnes places doivent déchanter. Aussitôt après, elle frappe un grand coup en renvoyant en prison le plus fou des Importants, Beaufort, qui n'est pas encore le héros de la populace. Il n'en faut pas plus pour réduire au silence, pendant quelques années, les velléités d'opposition. Il est difficile d'évaluer indépendamment l'action politique de la reine et celle de son ministre pendant la période de la Fronde, de 1648 à 1653, et plus généralement pendant les dix-huit années qui séparent le règne de Louis XIII et le règne personnel de Louis XIV, de 1661 à 1715. Dès le début de la régence, la Cour, frappée par l'unité d'inspiration qui préside aux destinées du royaume, avait conclu que la veuve de Louis XIII avait trouvé dans le cardinal un amant qui la consolait de ses déboires passés. Sans qu'il soit possible de nier l'inclination d'Anne pour son favori, et l'influence de ce sentiment sur la politique française, il ne faudrait pas raisonner en auteur de mazarinades et faire de la reine un jouet entre les mains d'un intrigant italien. Les actes autoritaires de la régence ont été décidés en commun par elle et Mazarin. Lorsque les circonstances obligeaient à les révoquer (cas typique de l'arrestation de Broussel), la reine a toujours fait plus de résistance que son ministre. Inversement, les actes conciliants ont été presque tous engagés ou inspirés par Mazarin. L'association d'une Espagnole et d'un Italien a permis la conclusion définitive des traités de Westphalie en 1648, l'abaissement des grands qui s'étaient cru à tort revenus au bon temps de la régence de Marie de Médicis, l'anéantissement des prétentions politiques du parlement de Paris, la négociation et la conclusion du traité des Pyrénées en 1659 (avec le mariage de Louis XIV et de Marie-Thérèse, qui était depuis longtemps le grand dessein personnel de la reine). Ce n'est pas tout ce que Louis XIV doit à sa mère. Il semble que celle-ci lui ait légué une grande partie de sa dignité et de sa majesté naturelle. Par sa volonté, le roi reçoit une instruction assez peu étendue peut-être, mais solide et pratique, faite de principes simples, débarrassés des préjugés à la mode.

Après la mort de Mazarin en 1661, Louis XIV décide d'exercer personnellement le pouvoir, et Anne d'Autriche n'a plus aucune part au gouvernement du royaume. Elle n'en continue pas moins à bénéficier de la déférence et de l'affection de son fils. Elle a donné à Louis XIII deux fils qui sont les ancêtres de tous les Bourbons ayant régné en Europe après le XVIIe siècle. Son mariage secret avec Mazarin n'a jamais été prouvé.

ANNE de BRETAGNE (Nantes, 1477 – Blois, 1514)

Duchesse de Bretagne, reine de France (1491-1514).

Aînée des filles de François II, duc de Bretagne, et de Marguerite de Foix, elle succède à son père en 1488, à l'âge de 11 ans, faute de représentant mâle dans la lignée des Montfort. Elle est intelligente et sait défendre avec ténacité l'indépendance de son duché, lors de la défaite des troupes bretonnes devant l'armée royale de La Trémoille à Saint-Aubin-du-Cormier en 1488, et du traité du Verger qu'a signé François II avant de mourir. Les candidats pour l'épouser ne manquent pas, notamment Alain d'Albret, à qui elle préfère l'archiduc Maximilien d'Autriche, élu roi des Romains et par conséquent désigné pour l'Empire. Le mariage est célébré par procuration en décembre 1490. C'était oublier qu'une des clauses du traité du Verger stipulait que les filles de François II ne pourraient se marier sans l'assentiment du roi de France. En dépit de renforts anglais et castillans venus soutenir les troupes ducales, le printemps 1491 voit de nouveaux succès de La Trémoille, et, se posant en prétendant, Charles VIII vient mettre le siège devant Rennes où Anne s'est réfugiée. Le 15 novembre, elle renonce à une lutte devenue impossible et, sa première union annulée, épouse le roi de France au château de Langeais, le 6 décembre 1491. L'un et l'autre des époux avaient des droits sur le duché. Ils s'en font mutuel abandon. De plus, il est convenu que, si Charles mourait sans héritier, Anne épouserait son successeur. Ce mariage est assez bien accueilli en Bretagne, mais Charles VIII meurt prématurément en 1498, sans héritier, leurs 4 enfants étant morts très jeunes.

Son successeur le duc d'Orléans, Louis XII, est déjà marié. Anne regagne la Bretagne, cumulant avec ses droits personnels ceux que Charles VIII tenait de Louis XI. Mais Louis XII obtient l'annulation de son union avec Jeanne de France, contractée par contrainte, et peut épouser Anne le 8 janvier 1499 à Nantes. Les conditions du mariage seront cette fois moins avantageuses pour la royauté. Anne de Bretagne reste duchesse en devenant reine, et Louis XII s'engage à ne pas toucher à ses libertés, institutions et coutumes.

Ils ont 2 filles. La cadette, Renée de France, devait épouser Hercule d'Este, duc de Ferrare. Louis XII a d'abord promis l'héritière du duché, Claude, au petit-fils de Maximilien, l'archiduc Charles, futur Charles Quint, lors du traité de Blois, en 1504. Comprenant les risques d'une telle union, il se ravise et exige que sa fille se fiance à l'héritier du trône, François d'Angoulême, futur François Ier. Anne de Bretagne, très mortifiée, se retire en Bretagne où elle reçoit un chaleureux accueil. Mais elle meurt le 9 janvier 1514. Louis XII ne lui survit qu'un an.

ANNE de FRANCE (Genape, Brabant, 1460 – Chantelle, Allier, 1522)

Princesse capétienne et régente de France.

Fille de Louis XI et de Charlotte de Savoie, elle est mariée en 1474 à Pierre de Beaujeu, de vingt ans son aîné, et homme de confiance du roi. Sur son lit de mort, en août 1483, ce dernier confie le gouvernement de son fils Charles VIII, âgé de 13 ans, à son gendre et à sa fille. Anne de Beaujeu, qui ne détient pourtant aucun pouvoir de régence défini, maintient les nobles qui tentent de relever la tête, réunit les états généraux en 1484 et, avec l'aide de son mari, gouverne la France avec fermeté. Elle vient à bout de la Guerre folle dirigée par Louis d'Orléans qui voudrait soustraire le jeune roi à son autorité. Elle tente de faire reconnaître ce dernier comme héritier de la Bretagne à la place d'Anne de Bretagne, et voit se dresser contre elle une coalition où entrent notamment des seigneurs bretons et les prétendants d'Anne de Bretagne. « Madame la Grande », ainsi la surnomme-t-on, intrigue pour desserrer les liens des coalisés, et l'armée royale remporte sur eux la victoire de Saint-Aubin-du-Cormier le 27 juillet 1488. Elle prépare ensuite le mariage de son frère Charles VIII et d'Anne de Bretagne, ainsi que l'annexion du duché à la France. Charles VII trouve son autorité pesante et tente

Anne d'Autriche
La Terre, par Claude Dervet, peint en 1641-1642 pour le château de Richelieu : la reine Anne d'Autriche, tenant Philippe de France dans ses bras, est assise sur un char traîné par des lions que conduit le Dauphin. Tableau conservé au musée d'Orléans. © *Sélection Images*

d'y mettre un terme. Il fait libérer Louis d'Orléans, prisonnier depuis Saint-Aubin-du-Cormier, et accorde la paix à François II. Anne essaie en vain de conserver le pouvoir, mais l'abandonne en 1491. Elle retrouve la régence en juillet 1494, lors de l'expédition de Charles VII en Italie. Après l'avènement de son frère, Anne de Beaujeu, duchesse de Bourbon depuis 1488, s'occupe de défendre ses propres intérêts et ceux du mari de sa fille Suzanne, le connétable de Bourbon, auquel elle lègue tous ses biens.

ANNE de KIEV ou de RUSSIE (?, 1024 – ?, apr. 1075)

Reine de France (1051-1060).

Fille du grand prince de Russie Iaroslav Ier, elle épouse, en 1051, Henri Ier de France, veuf depuis sept ans. En choisissant une princesse aussi lointaine, le roi était assuré que la papauté ne l'accuserait pas d'épouser une de ses parentes. Anne lui donne 4 enfants, dont le futur Philippe Ier. Veuve en 1060, réputée pour sa grande beauté, elle est enlevée par le comte de Crépy, Raoul de Péronne, qui l'épouse. Comme il est déjà marié, les nouveaux époux sont excommuniés. Anne, finalement répudiée, retourne en Russie.

ANNECY

Chef-lieu de la Haute-Savoie, sur le lac d'Annecy, à l'entrée d'une des quatre grandes cluses préalpines.

La présence de l'homme y remonte à des temps très anciens, puisqu'on y a retrouvé les traces d'une station lacustre détruite au début de l'âge du bronze. Vers le VIe siècle avant J.-C., des envahisseurs allobroges s'installent sur les pentes du Semnoz. Au Ier siècle de notre ère, la cité gallo-romaine de *Boutae* s'établit au carrefour de trois voies importantes, dans la plaine des Fins, et devient un grand centre de commerce. Pillée par les Alamans au IIIe siècle, la ville, que ne protégeait aucune fortification, est en ruine au Ve siècle, et ses habitants s'installent sur le coteau d'Annecy-le-Vieux, mieux protégé. La ville se nomme *Anesciacum*, du nom d'un grand propriétaire, Anicius. Au Moyen Âge, ses habitants se transportent sur les pentes du Semnoz, plus faciles à défendre.

Les comtes du Genevois, chassés de leur capitale, font construire un château à Annecy au XIIe siècle, et la ville devient leur résidence. Le commerce se ranime, la cité s'étend jusqu'aux rives du Thiou, des fortifications la séparent d'Annecy-le-Vieux. À la fin du XIIe siècle, Annecy-le-Neuf est entourée de remparts percés de trois portes, et une nouvelle enceinte est construite au XIVe siècle. Le quartier Notre-Dame se développe grâce aux pèlerinages à Notre-Dame de Liesse. Amédée IV, comte de Genève, accorde des franchises à la ville en 1367, la population augmente rapidement. Amédée VIII de Savoie achète le Genevois en 1401, peu après la mort des derniers comtes Robert et Humbert II. La maison de Savoie-Nemours s'installe alors à Annecy et en fait sa capitale.

Après l'installation de la Réforme à Genève, Annecy devient le siège de son évêché de 1535 à 1801, et connaît sa période la plus brillante sous l'épiscopat de saint François de Sales (1602-1622), fondateur de la Visitation en 1610 et d'autres monastères et établissements d'enseignement. Avec la Savoie et Nice, Annecy devient française en 1792, et perd de l'importance au profit de Genève, promue chef-lieu du département du Mont-Blanc. Attribuée au royaume de Sardaigne en 1815, elle retrouve son ancien éclat et opte pour l'industrialisation au début du XIXe siècle. Rattachée à la France en 1860, elle continue à développer son industrie. Elle est aussi de nos jours un centre touristique important. De nombreux monuments : château, cathédrale, évêché, basilique de la Visitation, témoignent de la richesse de son passé.

ANSELME, saint (Aoste, Italie, 1033 – Cantorbéry, Angleterre, 1109)

Archevêque et théologien.

Formé par les moines d'Aoste, Anselme rejoint en 1060 son compatriote Lanfranc à l'abbaye normande de Sainte-Marie-du-Bec où il revêt la bure. Écolâtre d'abord, puis successeur de Lanfranc comme abbé du Bec, en 1078, enfin comme archevêque de Cantorbéry en 1093. Ses études théologiques (*Le Monologion ou La Rationalité de la foi* en 1076, *Le Proslogion ou La Foi en quête de l'intelligence* en 1077-1078), sa controverse avec Roscelin et Gaunilon et son refus de soumettre les élections épiscopales à l'influence du roi d'Angleterre le rendent célèbre dans toute la chrétienté. Néanmoins ses auditoires ne saisissent pas toujours précisément la pensée qu'il exprime. Par ailleurs, l'intransigeance qu'il manifeste à défendre les droits de l'Église contre les exigences du pouvoir lui attire la colère de Guillaume II le Roux et d'Henri Ier. Contraint de s'exiler, il ne revient à Cantorbéry qu'après de difficiles négociations. Saint Anselme est l'un des fondateurs de la scolastique.

ANTARCTIQUE

Continent compris presque entièrement à l'intérieur du cercle polaire austral.

Son existence était soupçonnée depuis l'Antiquité – on pensait au Moyen Âge qu'il existait une *Terra Australis* –, mais les explorateurs ne se risquèrent dans cette région du monde qu'au XVIIIe siècle. En 1738, Jean-Baptiste Bouvet est envoyé vers ces terres inconnues par la Compagnie des Indes, avec mission d'y établir des comptoirs. Il ne découvre qu'une petite île qui porte aujourd'hui son nom. En 1771-1772, Yves de Kerguelen de Trémarec, investi d'une mission officielle, découvre les îles auxquelles il a donné son nom et qui servirent de base à de nombreuses expéditions au XIXe siècle.

L'Anglais Cook, lors de son second voyage (1773-1775), est le premier à explorer l'Antarctique. Au XIXe siècle, une nouvelle expédition scientifique est confiée à Dumont d'Urville, qui découvre la terre Adélie. D'autres, américaines et anglaises, suivent. Une coopération scientifique entre les divers pays intéressés s'établit au début du XXe siècle. La France s'y joint avec les expéditions de Charcot, sur *Le Français* de 1903 à 1905, sur le *Pourquoi pas ?* en 1908-1909 et 1909-1910. Les Anglais, les Allemands, les Suédois, les Norvégiens et les Américains disputent la course au pôle, remportée par le Norvégien Amundsen en 1911.

Entre les deux guerres, persuadés de l'importance stratégique de l'Antarctique, et aussi de la présence de minerais dans son sol, de nombreux pays font connaître leurs revendications territoriales. Un premier partage est ratifié par une conférence internationale en 1934, la France recevant la terre Adélie (les États-Unis et l'Union soviétique ne ratifient pas le traité). En 1959, enfin, douze nations signent le traité de Washington qui proclame la démilitarisation du continent et la nécessité d'une coopération scientifique internationale. Les revendications territoriales ne cessent pas pour autant. Par la suite, de nouvelles expéditions françaises sont organisées avec les Expéditions polaires de Paul-Émile Victor. Plusieurs bases sont établies, à Port-Martin, sur l'île Dumont-d'Urville, et à la station Charcot, située à 320 kilomètres de la côte, permettant de poursuivre la découverte scientifique du continent à laquelle ont contribué aussi les expéditions Cousteau.

ANTICLÉRICALISME

Refus de toute espèce de subordination à l'autorité religieuse.

Dès le Moyen Âge, de nombreuses critiques s'élèvent contre les richesses abusives d'une partie du clergé et son amoralité, ce qui suscite notamment l'émergence de mouvements comme celui des albigeois. Mais c'est dans la fin du règne de Louis XV que prend sa source l'anticléricalisme moderne, à la faveur de la philosophie des Lumières, du développement de la franc-maçonnerie et d'une longue tradition gallicane d'indépendance du temporel à l'égard du spirituel. Dès 1789, la Révolution confisque les biens de l'Église et publie la Constitution civile du clergé, condamnée par le pape et refusée par une majorité d'ecclésiastiques français. Sous la Restauration, les milieux étudiants diffusent l'anticléricalisme tandis que la bourgeoisie libérale voit dans l'Église une puissance réactionnaire qui s'oppose aux conquêtes de la Révolution. Les Trois Glorieuses prennent un caractère très anticlérical, dont la manifestation la plus spectaculaire est la dévastation de l'église Saint-Germain-l'Auxerrois. Mais la présence intellectuelle du christianisme est ensuite affirmée par les conférences de

Pêche à la baleine dans l'Antarctique
Huile sur toile, XIXe siècle. Paris, musée de la Marine. © *Sélection Images*

Anticléricalisme
La chasse des corbeaux. Gravure anticléricale datant de la Révolution de 1789, Paris, Musée de la Ville de Paris, Musée Carnavalet. © *Collection Viollet*

Lacordaire à Notre-Dame, tandis qu'Ozanam fait glisser la charité chrétienne vers un catholicisme social. Le clergé et une partie du peuple fraternisent en 1848, avant que les chrétiens n'obtiennent la liberté de l'enseignement en 1850. Sous le Second Empire, la mentalité « laïque » se fait jour avec Auguste Comte, Ernest Renan ou Edgar Quinet, et une « foi laïque » dresse le culte de la raison et de la science contre l'Église. La victoire républicaine de 1877 ouvre une période d'anticléricalisme légal : décrets contre les congrégations non autorisées (1880), laïcité de l'enseignement primaire (1882), laïcisation du personnel enseignant des écoles primaires (1886), loi sur les associations (1901), interdiction d'enseigner faite aux congrégationnistes (1904) et surtout loi de Séparation de l'Église et de l'État (1905). Le but de l'État est désormais, non de soumettre l'Église, mais de l'exclure de la sphère publique en lui retirant la formation de l'enfance. Progressivement dépolitisé, le clergé doit se replier sur ses fonctions exclusivement spirituelles. Malgré la sympathie de certains prélats pour le régime de Vichy, de nombreux chrétiens s'engagent dans la Résistance, ce qui contribue à enlever à la Libération tout caractère anticlérical.

ANTILLES

Archipel de l'Amérique.

Les Antilles, ou Indes occidentales, découvertes par Christophe Colomb en quatre voyages de 1492 à 1504, étaient possessions espagnoles, lorsque Pierre Belain de Nambuc, ou d'Esnambuc, s'établit à Saint-Christophe en 1625 dans les petites Antilles, avec une colonie française peu nombreuse. Louis XIII donne un privilège aux nouveaux arrivants qui fondent une Compagnie française des Isles d'Amérique en 1626, mais qui seront chassés de Saint-Christophe quatre ans plus tard. Peu après, toutefois, les Français reprennent Saint-Christophe et ajoutent l'île de la Tortue à leur domaine. En 1631, d'Esnambuc s'établit à la Martinique ; en 1635, les Dieppois L'Olive et Duplessis font de même en Guadeloupe. Ils doivent se défendre contre les Caraïbes jusqu'en 1640. En 1646, les Français s'installent à Saint-Barthélemy ; en 1648, à Marie-Galante et aux Saintes ; en 1650, à Sainte-Lucie, à Grenade et dans les Grenadines. En 1658, ils expulsent les Caraïbes de la Martinique. Le traité des Pyrénées leur confirme la possession de la Tortue, d'où ils peuvent s'étendre sur la côte nord-ouest de Saint-Domingue. La paix de Breda donne Saint-Christophe aux Anglais en 1667. Toutes les colonies de la Compagnie passent sous l'autorité directe de la couronne en 1674.

Ces colonies se consacrent à la fabrication du sucre et à l'exploitation du cacao. À la fin du XVIIe siècle, Martinique et Guadeloupe sont déjà peuplées d'habitants de toutes races. En 1697, le traité de Ryswick reconnaît à la France l'ouest de Saint-Domingue, aujourd'hui Haïti. En 1713, celui d'Utrecht, en ramenant la paix dans les Antilles, permet un essor économique accéléré. Pendant la guerre de Sept Ans, les Anglais s'emparent de presque toutes les îles françaises. Par la paix de Paris, en 1763, ils restituent à la France Saint-Domingue, Sainte-Lucie, la Guadeloupe avec ses annexes, la Désirade, Marie-Galante, etc. Pendant la guerre de l'Indépendance américaine, Français et Anglais se ravissent mutuellement des îles. La paix de Versailles, qui donne Tobago à la France en 1783, semble annoncer une nouvelle ère de prospérité, quand la Révolution éclate. Saint-Domingue est le théâtre de troubles, de révoltes, les villes sont ruinées. En 1795, L'Espagne cède à la France ce qu'elle avait conservé à Saint-Domingue, mais en 1798 les Blancs sont chassés de l'île. L'expédition Leclerc en 1803 tourne au désastre. Sous l'Empire les Anglais occupent la majeure partie de ces îles. Sous la Restauration, la France récupère ou conserve la Désirade, la Guadeloupe, Marie-Galante, les Saintes, Saint-Barthélemy, la Martinique et la partie française de Saint-Martin.

ANTIOCHE

Aujourd'hui Antikya, ville de la Turquie d'Asie sur l'Oronte.

Évangélisée dès le Ier siècle, ville marchande florissante, métropole religieuse, elle est ensuite disputée entre les Byzantins et les Turcs. Ceux-ci s'en emparent en 1084. Lors de la première croisade, les Latins occupent Antioche après un siège de près d'un an, en 1098, et Bohémond, fils de Robert Guiscard, fonde peu après la principauté d'Antioche, indépendante de Jérusalem comme de Byzance. Sa dynastie s'y maintient malgré de nombreuses difficultés internes, jusqu'à la fin du XIIIe siècle. Pratiquement anéantie par la victoire de Saladin, à Hattin en 1187, la principauté se redresse lors de la troisième croisade, mais disparaît définitivement avec l'entrée des Mamelouks à Antioche en 1268.

Occupée par les troupes françaises, en 1920, et placée sous mandat français, la ville sera rendue à la Turquie en 1939.

Antiphonaire
Ce manuscrit de 1257 est destiné à la consécration de l'église abbatiale de Vauclair, Saint-Grégoire. Laon, Bibliothèque municipale. © *Lauros-Giraudon*

ANTIPHONAIRE

Livre liturgique manuscrit dans lequel sont consignés les chants de l'office des heures. Le mot vient du latin antiphona *(se répondre) d'où dérive le mot français* antienne.

Les plus anciens antiphonaires qui nous sont parvenus datent du Xe siècle. Dans un antiphonaire se trouve des chants monodiques tels que antiennes, psaumes, répons, hymnes et oraisons. L'unification de ces chants s'est appuyée sur l'autorité de Grégoire le Grand (VIe siècle) à qui ses hagiographes attribuent la composition du répertoire dit grégorien. Au IXe siècle, lors de la réforme lancée par Louis le Pieux, Benoît d'Aniane introduisit ce répertoire dans l'Empire, grâce aux chantres venus de Rome. Par la suite, plusieurs réformes musicales, dont celles des Cisterciens au XIIe siècle, et des Dominicains au XIIIe, modifièrent légèrement le répertoire liturgique, trop ornementé aux yeux de ces réformateurs épris de pureté et de simplicité. Certains antiphonaires sont richement enluminés. Parmi les plus anciens figure l'antiphonaire de Compiègne.

ANTISÉMITISME

Terme forgé en 1879 par l'Allemand Wilhelm Marr pour désigner une idéologie prônant la détestation des Juifs.

De 1791, date à laquelle les Juifs français ont reçu l'égalité des droits, jusqu'au début de la IIIe République, l'antisémitisme est resté faible. Il concerne des Français hostiles à une communauté, dite étrangère, ou au capitalisme tout puissant, symbolisé par les Rothschild. Dès la défaite de 1870, nombre de Juifs qui portent un nom à consonance germanique sont mal vus. Mais la grande poussée antisémite date surtout des années 1880, marquées par un régime républicain instable et une grave crise économique. Des financiers juifs sont rendus responsables du krach de l'Union Générale (1882) ; en 1886, le succès du livre d'Édouard Drumont, *La France juive*, tend à accréditer l'idée d'un antisémitisme multiforme où se distingueraient l'ouvrier (« victime du grand capital juif »), le catholique humilié par les lois laïques (« d'inspiration judéo-chrétienne »), le royaliste (qui voit dans le « juif un suppôt de la République »), et le nationaliste. L'affaire Dreyfus (1894-1906) constitue le sommet de cette première vague antisémite. L'Affaire range pêle-mêle dans le camp antidreyfusard Barrès (qui définit le Juif par sa « race »), Maurras, le journal *La Croix*, soit une large partie des droites, rejointes par bon nombre de socialistes. La deuxième poussée antisémite date des années 1930. Elle a plusieurs facteurs : l'afflux de Juifs réfugiés d'Allemagne et jugés indésirables, le choc entraîné par la crise mondiale avec la poussée du chômage, les scandales politico-financiers (affaire Stavisky en 1933), la nomination de Léon Blum comme président du Conseil. La presse – *L'Action française, Candide, Gringoire, Je suis Partout* – l'entretient, les écrivains aussi : Céline (auteur de *Bagatelles pour un massacre* en 1937), Drieu la Rochelle, Brasillach, Marcel Jouhandeau (1937, *Le Péril juif*). L'avènement du gouvernement de Vichy en 1940 marque le triomphe de l'antisémitisme. Deux statuts successifs (octobre 1940, juin 1941) recensent, fichent et excluent les Juifs. Leurs biens spoliés sont distribués à des « aryens » et, à partir de l'été 1942, le gouvernement de l'État français participe à la « solution finale » en déportant quelque 76 000 Juifs.

Après la guerre, la découverte de l'extermination des Juifs par les nazis entraîne une disparition presque complète de l'antisémitisme. L'antisionisme, qui se développe à partir de la guerre des Six Jours en 1967 (les Juifs, « ce peuple d'élite, sûr de lui et dominateur », de Gaulle) provoque des bouffées d'antisémitisme, en particulier au moment de la guerre du Liban (1983). C'est surtout à l'extrême droite qu'il prospère dans les années 1980 et 1990, tant dans les milieux intellectuels minoritaires visant à nier l'existence des chambres à gaz (Robert Faurisson) que dans le parti du Front national (le « détail » de la mort de six millions de Juifs, Jean-Marie Le Pen) qui prospère sur le refus de l'autre, de l'étranger, parmi lesquels les Juifs figurent en bonne place. Aujourd'hui, l'antisémitisme semble beaucoup moins prégnant qu'il a pu l'être, mais il est parfois réactivité à la faveur de crises internationales, comme, en Palestine, l'Intifada qui commence en 2000.

ANTRAIGUES Emmanuel Henri Louis Alexandre de LAUNAY, comte d' (Villeneuve-de-Berg, 1750 – Barnes-Terrace, près de Londres, 1812)

Capitaine au régiment de Piémont-Cavalerie, député de la sénéchaussée de Villeneuve-de-Berg aux États généraux, il se montre d'abord un ardent partisan de la Révolution, et publie des pamphlets en faveur de la liberté politique. Mais il émigre en 1790, et devient alors un agent secret très actif de l'émigration, véritable aventurier politique à la solde tour à tour de l'Espagne et de la Russie. Arrêté à Venise en 1797 sur l'ordre de Bonaparte, il réussit à s'évader et se met de nouveau au service des puissances coalisées contre la France, notamment la Russie et l'Angleterre. Il n'hésitera d'ailleurs pas à trahir ces deux pays. Il est finalement assassiné. On a de lui une *Lettre du comte d'Antraigues à M. de L. C. sur l'état de la France*. Il y dénonce l'influence néfaste des livres qui ont corrompu les cœurs et les esprits et précipité la Révolution.

ANVERS

Antwerpen. *Ville de Belgique.*

Lorsqu'elle est occupée en novembre 1792 par les troupes françaises du général La Bourdonnaye, Anvers se remet difficilement des coups sévères portés, depuis le XVIIe siècle, à sa richesse exceptionnelle due à la situation privilégiée qui est la sienne au fond de l'estuaire de l'Escaut. Reprise par les Autrichiens le 1er avril 1793, à la suite de la défaite de Dumouriez à Neerwinden, elle se trouve de nouveau investie par les Français le 27 juillet 1794, après la victoire de Fleurus. Elle devient le chef-lieu du département des Deux-Nèthes, et l'occupation française lui permet de retrouver en partie sa prospérité. Alors que le traité de Munster, en 1648, a ruiné son port en décidant la fermeture de l'Escaut, le décret de la Convention du 8 décembre 1795, qui proclame la liberté de l'Escaut, se traduit pour elle par un nouveau développement. Napoléon comprend le parti qu'il peut tirer de cette ville qui lui apparaît comme un « pistolet braqué au cœur de l'Angleterre ». Il pense en faire une base pour envahir les îles britanniques, fait creuser un bassin qui porte encore son nom et crée un arsenal de marine. Mais Anvers souffre des effets économiques négatifs du Blocus continental. Les Anglais tentent en vain de la reprendre à Bernadotte en 1809. En 1814, Lazare Carnot est chargé de sa défense. Il la remet aux alliés le 1er mai 1814, et, au congrès de Vienne, elle est incorporée au royaume des Pays-Bas. La France de Louis-Philippe intervient encore une fois directement à Anvers, lors des troubles qui marquent la constitution de l'État belge. Le général hollandais, qui occupait la citadelle en 1832, en est délogé par l'armée française du maréchal Gérard après un siège mémorable en décembre 1832.

A-OF : voir AFRIQUE-OCCIDENTALE FRANÇAISE

La nuit du 4 Août 1789
Par Isidore Stanislas Helman (1743-1809), conservé à la Bibliothèque nationale.
© *Lauros-Giraudon*

AOÛT 1789 (nuit du 4)

Séance de l'Assemblée constituante au cours de laquelle ont été abolis toutes les distinctions, les privilèges et les particularismes attachés à l'Ancien Régime.

Elle est la conséquence directe de l'insurrection des campagnes qui a suivi la prise de la Bastille, et à laquelle la Grande Peur de la fin du mois de juillet 1789 a donné un élan irrésistible. Devant les dangers d'une politique de répression, l'Assemblée préfère alors donner satisfaction aux paysans révoltés, désireux avant tout de se délivrer du poids de la féodalité. Le duc d'Aiguillon, noble libéral et un des plus grands propriétaires du royaume, se fait l'avocat de la suppression des droits seigneuriaux qui subsistaient encore. Son intervention, déconcertant les partisans des privilèges et piquant d'émulation la noblesse libérale, est décisive.

La séance, commencée le 4 août à six heures du soir, s'ouvre par l'intervention du vicomte de Noailles, cadet sans fortune, qui, appuyé avec chaleur par le duc d'Aiguillon, propose l'abolition de tous les privilèges fiscaux, la suppression des corvées, mainmortes et autres servitudes personnelles, et le rachat des droits réels. Ces premières propositions sont votées avec enthousiasme et bientôt, au milieu d'une grande émotion, tous les privilèges des ordres, des provinces, des villes sont à leur tour sacrifiés sur l'autel de la patrie. Droit de chasse, garennes, colombiers, justices seigneuriales, vénalité des offices sont abolis ainsi que la dîme. Au terme de cette abjuration solennelle, vers deux heures du matin, Louis XVI est proclamé le restaurateur de la liberté française.

Les décrets définitifs qui, du 5 au 11 août, sanctionnent ces décisions, leur apportent quelques restrictions. Si l'Assemblée déclare abolir entièrement le régime féodal, seuls les droits qui pèsent sur les personnes sont effectivement supprimés ; ceux qui grèvent les terres sont déclarés rachetables et, dans bien des cas, à la grande désillusion des paysans, les modalités imposées pour le rachat rendent celui-ci impossible. Il faut attendre les votes de l'Assemblée législative et de la Convention (décret du 27 juillet 1793) pour voir les conséquences de la nuit du 4 Août. Les résultats n'en sont pas moins extrêmement importants dans l'immédiat. Désormais, tous les Français possèdent les mêmes droits et les mêmes devoirs, peuvent accéder à tous les emplois, et l'égalité devant l'impôt est proclamée. De plus, l'unité administrative et politique de la France est établie.

AOÛT 1792 (journées des 9 et 10)

Journées d'insurrection du peuple parisien, appuyé par des fédérés de province, qui provoquent la chute de la royauté.

La guerre d'avril 1792 et les premiers revers militaires donnent un nouvel élan au mouvement révolutionnaire. Celui-ci se cristallise contre la monarchie, accusée de connivence avec l'ennemi pour faire triompher la contre-révolution. L'insurrection se prépare après l'échec, le 20 juin, de la tentative de pression pacifique sur le roi pour

Les journées d'août 1792
La Prise des Tuileries, le 10 août 1792. Huile sur toile de Jacques Bertaux (XIXe siècle), château de Versailles.
© *Roger-Viollet*

L'Aquitaine

Cette carte de la fin du XVIe siècle regroupe « le Bordelais, le pays du Médoc et la prévôté de Barn ». Paris, Bibliothèque nationale de France. © *Sélection Images*

l'obliger à retirer son droit de veto à deux décrets votés par l'Assemblée, dont l'un concernait les prêtres réfractaires. Les Girondins, qui par crainte d'être débordés par les masses révolutionnaires, tentaient de négocier avec Louis XVI, ne peuvent l'empêcher. Des pétitions de plus en plus menaçantes se succèdent, et bientôt les sections parisiennes (47 sur 48) réclament la déchéance du roi. Robespierre prend la direction du mouvement, dénonçant le 29 juillet le « jeu concerté entre la Cour et les intrigants de la Législative », réclamant la dissolution immédiate de l'Assemblée et son remplacement par une Convention qui réformera la Constitution. L'arrivée, le 25 juillet, des fédérés bretons, puis le 30 des Marseillais qui défilent dans le faubourg Saint-Antoine en chantant le chant de guerre de l'armée du Rhin écrit par Rouget de Lisle, cet hymne qui prend leur nom, contribue à échauffer les esprits. Le manifeste de Brunswick, connu à Paris le 1er août et qui menace la capitale d'une vengeance exemplaire s'il est fait le moindre outrage à la famille royale, achève d'enflammer les patriotes. Le roi, prévenu de la possibilité d'une attaque contre les Tuileries, tente d'assurer la défense du château. Il dispose d'un millier de gentilshommes accourus aux Tuileries, médiocrement armés, d'environ 600 suisses, qui n'ont qu'une vingtaine de cartouches par tête, enfin de 900 gendarmes et de 2 000 gardes nationaux dont un grand nombre pactisent déjà avec les révolutionnaires.

L'insurrection est ajournée jusqu'à ce que la pétition des sections parisiennes demandant la déchéance du roi soit présentée à l'Assemblée législative. La section des Quinze-Vingts, quartier du faubourg Saint-Antoine, lui donne jusqu'au 9 août à minuit, dernier délai. La Législative s'étant séparée ce jour-là sans s'être prononcée, le tocsin des Cordeliers sonne à minuit et d'autres lui répondent. Une commune insurrectionnelle, composée de commissaires délégués par les sections à l'appel du faubourg Saint-Antoine, s'installe à l'Hôtel de Ville et se substitue à la municipalité légale. Le chef des troupes royalistes, Mandat, convoqué par la Commune, est décrété d'arrestation et assassiné au cours de son transfert à la prison de l'Abbaye. À l'aube du 10 août, les premières colonnes des faubourgs et des fédérés commencent à converger vers les Tuileries où la garde nationale fait défection. Sur l'instance de Roederer, procureur général syndic du département, acquis aux Girondins, le roi, la reine, leurs enfants et Madame Élisabeth vont se mettre sous la protection de l'Assemblée qui siégeait à côté, dans la salle du Manège, non loin du château, au croisement actuel de la rue de Rivoli et de la rue de Castiglione. On installe la famille royale dans la petite loge où se tient le secrétaire du *Logographe*, journal qui publie les comptes rendus de l'Assemblée.

À 8 heures, les Marseillais arrivent devant le château. Les suisses et la poignée de gentilshommes fidèles au roi, après les avoir laissés pénétrer dans les cours, ouvrent le feu et les refoulent. Mais, lorsque les faubourgs viennent leur prêter main-forte, les fédérés reprennent l'offensive et donnent l'assaut. De l'Assemblée, on entend la fusillade, et Louis XVI, apprenant que le château va être forcé, signe vers 10 heures un billet ordonnant aux suisses de cesser le feu. Ils obéissent, tentent de se former en colonnes pour se replier, mais sont aussitôt assaillis et, pour la plupart, massacrés. Quand l'insurrection est victorieuse, l'Assemblée prononce la suspension du roi, vote la convocation d'une Convention élue au suffrage universel, comme l'avait demandé Robespierre, et, sur l'injonction de la Commune, décide le transfert de la famille royale au Luxembourg puis au Temple. La royauté est officiellement abolie par la Convention le 21 septembre 1792. Cette journée du 10 Août n'a pas pour seule conséquence la chute de la royauté et l'avènement de la république. Elle entraîne l'instauration du suffrage universel et, par conséquent, marque l'avènement de la démocratie politique.

Apanage

Du latin ad panem *: « pour assurer la subsistance ». Usage féodal.*

À l'origine, l'apanage est la compensation, foncière ou financière, attribuée aux cadets des familles seigneuriales lorsqu'ils ont renoncé, en faveur de leur aîné, à la pratique coutumière du partage d'hoirie. L'apanage royal, le plus connu et le plus pratiqué, n'est pas antérieur à l'avènement des Capétiens. Et il est héréditaire, ce qui tend à ramener à la longue, dans le royaume, les lamentables effets du démembrement carolingien. Aussi, à partir du XIVe siècle, la concession d'apanage royal est-elle toujours assortie d'une clause qui prévoit le retour de celui-ci à la couronne en cas d'extinction de la postérité mâle du bénéficiaire. Cette modalité permet au souverain de reprendre le contrôle direct de nombreux fiefs sans, toutefois, empêcher la constitution, à l'intérieur du royaume, d'États indépendants de fait, que leurs princes agrandissent par de subtils jeux d'alliances matrimoniales. Durant les XIVe et XVe siècles, certains de ces États possèdent une superficie comparable à celle des territoires soumis à l'autorité directe du roi, avec une puissance parfois supérieure. Tel est le cas, sous Charles VI, de la Bourgogne dont le duc, Jean sans Peur, impose sa loi à Paris. Charles V, lucide déjà sur les dangers de l'apanage – il ne peut, pourtant, ressaisir les dotations paternelles –, prétend lui substituer une rente foncière, mais il faut attendre Michel de L'Hospital et l'ordonnance de Moulins de 1566 pour que cette réforme soit appliquée, à une époque, d'ailleurs, où l'apanage ne présente plus guère de dangers politiques. Chronologiquement, les apanages royaux importants sont : le premier apanage de Bourgogne, qu'Henri Ier constitue en faveur de son frère Robert, ceux que concède Louis IX à ses cadets (Artois, Poitiers, Anjou), ceux qu'accorde Jean II le Bon à ses fils (Bourgogne, Anjou, Berry) et enfin celui, fort composite, de Louis d'Orléans, puîné de Charles VI. De tous, bien que chacun représente un danger virtuel menaçant l'unité et l'indépendance du royaume, le plus pernicieux pour la France est le second apanage de Bourgogne créé par Jean II le Bon pour Philippe le Hardi son fils préféré. Jean sans Peur lui rattache l'héritage maternel : la Flandre, l'Artois, Rethel, Nevers ; Philippe le Bon, qui s'enorgueillit du titre de grand-duc d'Occident, le Hainaut, la Hollande, le Brabant, le Luxembourg, Namur. Charles le Téméraire rêvera de le transformer en un empire, libre de tout vasselage. Le dernier apanage sera celui de la famille d'Orléans. Louis-Philippe, à qui il appartient, le réunira à la couronne en 1832.

Aquitaine

Province du sud-ouest de la Gaule et de la France. Du latin aquitania, *pays des eaux.*

L'Antiquité. À l'arrivée de César, les *Aquitani* forment à côté des Celtes et des Belges l'un des trois principaux groupes ethniques de la Gaule indépendante. Ils sont constitués d'une quarantaine de peuples, dont les plus connus sont les Ausques, les Tarbelles, les Élusates, les Vasates, les Convènes, les Bigerrions et les Consorannes. Certains de ces peuples ont une origine ibérique ; d'autres sont des mélanges de Celtes et d'Ibères (Celtibères) ; tous occupent la rive gauche de la Garonne, excepté les Consorannes et une partie des Convènes et des Vasates.

En 51 av. J.-C., sa conquête achevée, César incorpore le pays aquitain à la province des Gaules. Il faut attendre le principat d'Auguste pour que l'individualité des Aquitains soit reconnue officiellement par l'administration romaine. En 28 av. J.-C., l'Aquitanique ou Aquitaine devient une des trois grandes circonscriptions de la Gaule chevelue, une des « Trois Gaules ». Sa superficie est quadruplée aux dépens de la Celtique. Outre les peuples proprement aquitains, elle rassemble maintenant les Bituriges Vivisques et Cubes, les Nitiobriges, les Cadurques, les Rutènes propres, les Gabales, les Vellaves, les Arvernes, les Lémovices, les Pétrocores, les Pictons et les Santones. La métropole est établie à *Avaricum* (Bourges). L'Aquitaine romaine est donc infiniment plus vaste que l'Aquitaine celtibérique et notablement plus étendue que l'Aquitaine française, même à son apogée.

Cet état de choses ne dure pas. Au cours du IIIe siècle, les peuples celtibères sont détachés de la grande Aquitaine pour former la Province des neuf peuples ou Novempopulanie, qui n'est d'abord qu'une circonscription financière. À la fin du IVe siècle, peut-être dès le règne de Valentinien Ier (364-375), l'Aquitaine septentrionale, dite gauloise, est divisée en deux parties. Aquitaine Première (capitale Bourges) et Aquitaine Seconde (capitale Bordeaux) ; l'ensemble aquitain est incorporé au diocèse de Vienne ou des sept provinces. La Novempopulanie, dite parfois Aquitaine Troisième, correspond presque exactement à l'Aquitaine contemporaine de l'arrivée de César.

Les invasions et le haut Moyen Âge. Au début du Ve siècle, les trois Aquitaines sont envahies par les Wisigoths, qui s'y maintiennent jusqu'à leur défaite contre Clovis à Vouillé en 507. Elles passent alors sous la domination des Francs qui en chassent complètement l'arianisme sans pour autant faire disparaître les empreintes persistantes de la civilisation gallo-romaine. N'est-il pas significatif que l'Aquitaine ait été la seule province gauloise qui conserva son nom antique ?

Lors des grands partages entre princes mérovingiens, chaque fils reçoit dans son lot un morceau de l'Aquitaine. À la fin du VIe siècle, les Vascons franchissent les Pyrénées et envahissent la Novempopulanie : c'est l'acte de naissance de la Vasconie ou Gascogne. Malgré tous les bouleversements qui accompagnent la décadence mérovingienne, l'Aquitaine « gauloise » garde encore une apparence d'unité. Elle continue à être administrée par des comtes gallo-romains ; en 630, Charibert, frère de Dagobert, en fait son domaine avec, semble-t-il, le titre de roi de Toulouse. Les successeurs de Charibert sont des ducs nationaux qui se rendent héréditaires et ont nom Boggis, Eudes d'Aquitaine, Hunaud et Waifre. Sous leur gouvernement, l'Aquitaine retrouve une partie de sa prospérité et tend à s'émanciper de la tutelle franque. Toutefois l'horizon s'assombrit à plusieurs reprises. Pour réduire Eudes à l'obéissance, Charles Martel dévaste son duché, que les Sarrasins envahissent peu après (Eudes est alors obligé d'implorer le secours de son ancien ennemi). En 768, à l'issue d'un conflit de plus de huit ans, Waifre est vaincu et tué par Pépin le Bref, qui a pris ombrage du relèvement aquitain.

À la mort de Pépin le Bref, la partie occidentale de l'Aquitaine échoit immédiatement à Charlemagne qui doit attendre la mort de Carloman en 771 pour y adjoindre la partie orientale dite austrasienne. En 778 est créé par les soins de Charlemagne un royaume d'Aquitaine, comprenant cette fois la marche d'Espagne. Ce royaume, qui durera environ un siècle, est donné à Louis le Pieux qui deviendra empereur en 814 ; après lui, il appartiendra successivement à Pépin Ier, à Pépin II et aux fils de Charles le Chauve, Charles l'Enfant et Louis le Bègue.

L'Aquitaine féodale jusqu'à la fin de la dynastie poitevine. Après l'accession de Louis le Bègue au trône de France, l'Aquitaine perd son titre de royaume et rentre dans le *regnum Francorum.* À vrai dire, depuis le second partage de Worms qui prétendait déshériter Pépin II, elle a déjà été revendiquée deux fois par Charles le Chauve, qui a pu s'en emparer définitivement en 856 après y avoir nommé un duc, Raynulf ou Rannoux Ier, comte de Poitiers. C'est ce Rannoux Ier qui fonde l'Aquitaine féodale ; c'est également lui qui représente la tige de la maison de Poitou-Aquitaine, dont la descendance mâle s'arrêtera avec Guillaume X, mort en 1137.

L'année 1036 voit la réunion de la Gascogne à l'Aquitaine à la suite du mariage de la fille du duc Sanche-Guillaume avec le duc Eudes de Poitou-Aquitaine. Presque tous les successeurs d'Eudes sont des guerriers remarquables et des administrateurs « éclairés ». Toutefois l'étendue de leurs fiefs et la place éminente qu'ils occupent dans l'histoire littéraire et artistique ne doivent pas faire oublier que l'Aquitaine est devenue une mosaïque féodale. Dès la fin du XIIe siècle, sous Guillaume IX, le suzerain n'exerce plus qu'une autorité honorifique sur ses vassaux. L'Auvergne n'obéit qu'à ses propres comtes. Par ailleurs, le duc d'Aquitaine est cerné par de dangereux voisins : le comte de Toulouse qui a annexé le Rouergue et la Gothie, le comte d'Anjou qui est devenu duc de Normandie, enfin le roi de France qui intervient chaque jour davantage dans les affaires de ses vassaux. Lorsque Louis VII épouse Aliénor d'Aquitaine, les fiefs de celle-ci semblent devoir être réunis à la couronne. Mais l'annulation du mariage remet tout en cause, et Aliénor se remarie avec le comte d'Anjou, Henri Plantagenêt, qui hérite peu après de l'Angleterre. À la mort d'Henri, l'« empire angevin » passe à Richard Cœur de Lion à qui succédera Jean sans Terre. Mais sous leur règne, surtout celui de Jean sans Terre, il s'émiette devant les attaques de Philippe Auguste qui prétend donner le duché d'Aquitaine à Aymar de Thouars en 1202. À la mort de Philippe Auguste, en 1223, l'Aquitaine des Plantagenêts est réduite au duché de Guyenne.

ARAGO Dominique François (Estagel, Pyrénées-Orientales, 1786 – Paris, 1853)

Physicien, astronome et homme politique.

Secrétaire au Bureau des longitudes, et protégé de Monge, il participe à l'achèvement du calcul de l'arc du méridien terrestre en 1806-1807. Il est élu membre de l'Académie des sciences en 1809, à son retour des îles Baléares où s'est déroulée l'opération géodésique. Il professe ensuite à l'École polytechnique, dirige l'Observatoire de Paris en 1830. Représentant à la Chambre du département des Pyrénées-Orientales de 1830 à 1848, il siège à l'extrême gauche. Membre du gouvernement provisoire de février 1848, il paraphe le 27 avril le décret d'abolition de l'esclavage. Sa popularité a incité le gouvernement provisoire à lui confier le ministère de la Guerre et celui de la Marine. L'Assemblée constituante nomme ce démocrate convaincu à la commission exécutive. François Arago n'abandonne la politique qu'après le 2 décembre 1851, refusant le serment au gouvernement né du coup d'État.

ARAGO Emmanuel (Paris, 1812 – Paris, 1896)

Homme politique.

Aussi ardent républicain que son père, François Arago, et ses oncles, il démissionne du poste de ministre plénipotentiaire à Berlin lorsque Louis Napoléon est élu à la présidence de la République. Député de Paris en 1869, Emmanuel Arago assume, dans le gouvernement de la Défense nationale, les responsabilités de ministre de la Justice, puis celles de ministre de l'Intérieur. Membre de l'Assemblée législative de 1871 à 1876, sénateur, il termine sa carrière comme ambassadeur à Berne de 1880 à 1884.

ARAGON Louis (Paris, 1897 – Paris, 1982)

Poète et écrivain.

Enfant illégitime élevé très modestement par sa grand-mère, étudiant en médecine, il est mobilisé en 1917 et envoyé sur le front comme médecin auxiliaire des armées. La même année, il se lie avec André Breton et est introduit dans le mouvement Dada. Il publie ses premiers écrits, devenant vite l'une des figures de proue du surréalisme. En 1927, il adhère au parti communiste. Il quitte le mouvement surréaliste en 1932 et commence avec Elsa Triolet, rencontrée en 1928, une vie de poète engagé. De nombreux voyages le conduisent à Moscou. En 1933, il entre à *L'Humanité*. Sa littérature se veut alors « prolétarienne » et antifasciste. En 1934, il publie ses premiers grands succès, *Les Beaux Quartiers* (prix Renaudot 1936). Directeur du quotidien communiste *Ce soir*, il y défend le pacte germano-soviétique du 23 août 1939. De la guerre, qui voit sa poésie éclater et son engagement approfondi par la Résistance, Aragon sort grandi. Il est le « poète national ». Il occupe des fonctions lui permettant d'assurer l'hégémonie communiste sur des organisations issues de la Résistance : l'UNI (Union nationale des intellectuels) et le CNE (Comité national des écrivains). Il est aussi l'auteur des *Communistes*, et est nommé en 1954 au comité central. S'il accompagne le mouvement de déstalinisation inauguré par Khrouchtchev, il ne critique pas l'intervention soviétique à Budapest en 1956. En revanche, il condamne l'entrée des troupes du pacte de Varsovie à Prague le 21 août 1968. Ayant accepté la médaille de la révolution d'Octobre pour ses 75 ans, il restera néanmoins solidaire du parti communiste jusqu'à sa mort.

François Arago
Huile sur toile de Arie Scheffer. Château de Versailles. © *Giraudon*

ARAIRE

Instrument de labour sans avant-train, constitué d'un axe longitudinal (timon) auquel est fixé un soc de bois, parfois recouvert de fer et parfois précédé d'un coutre, sorte de couteau vertical destiné à couper les racines.

Le timon est prolongé par un manche de bois (mancheron) tenu par le laboureur. Léger et maniable, l'araire ne nécessite pas une traction importante. Un ou deux animaux (bœufs, chevaux), voire un homme, suffisent. Le soc, symétrique et sans versoir, ne permet pas de retourner la terre mais simplement de tracer un sillon. Il s'agit donc d'un instrument rudimentaire et peu coûteux, caractéristique des agricultures peu développées. Apparu en Occident à l'âge du bronze, il est utilisé pendant toute l'Antiquité et le haut Moyen Âge. À partir du XIe siècle, il est lentement remplacé par la charrue, mais on l'utilise encore jusqu'au XIXe siècle dans les régions aux sols maigres et les terrains accidentés ou pentus.

L'Araire
« Semailles et moissons », illustration pour le mois d'octobre du *Livre d'heure* (1535-1545) de Simon Bening. Londres, Victoria and Albert Museum. © *Giraudon*

Arc

Arme

L'arc est connu en Europe dès la préhistoire et continue d'être utilisé par les Gaulois. Il est attesté au haut Moyen Âge et tend à devenir l'arme principale des fantassins dans le nord de l'Europe, en particulier dans les royaumes anglo-normands et scandinaves. En France, l'arc est cependant peu à peu délaissé au profit de l'arbalète qui apparaît au XIe siècle et s'impose définitivement au XIVe par la puissance et la précision de son tir. Elle permet en effet de tirer des traits ou carreaux capables de transpercer un bouclier ou une armure bien au-delà des 100 ou 150 mètres atteints par les flèches d'un arc. De plus, l'arc n'est pas considéré en France comme une arme noble et les chevaliers ont tendance à le négliger. Il est laissé au maniement des bourgeois, encouragés, par l'ordonnance de Charles V, en 1369, à s'exercer au tir à l'arc pour défendre leur ville en cas d'attaque. Cette particularité vaut à l'armée française plusieurs défaites pendant la guerre de Cent Ans. Les compagnies d'archers anglais qui utilisent un arc plus long et plus puissant que les Français (le *long bow*), sont les principaux artisans des victoires de l'Écluse (1340), Crécy (1346) et Azincourt (1415). Tirant la leçon de ces échecs, Charles VII inclut des archers dans ses compagnies d'ordonnance (1439) et crée les francs-archers en 1448. Il s'agit d'une milice bourgeoise soldée par le roi, exemptée d'impôts directs (d'où son nom de francs archers) en échange d'une disponibilité totale. Cependant, l'exemption fiscale attire les plus riches et non les plus compétents. Après plusieurs réformes, les francs-archers sont supprimés par Louis XI en 1480 et, s'ils sont rétablis par Charles VIII, ils ne tiennent qu'un rôle subalterne dans l'armée royale jusqu'à la fin du XVIe siècle.

Arc de triomphe de l'Étoile

Monument édifié sur les ordres de Napoléon Ier au centre de la place circulaire aménagée par l'ingénieur Perronet à la fin du XVIIIe siècle au sommet de la butte de l'Étoile.

La première pierre de l'édifice, dont la construction a été confiée à Raymond et Chalgrin et qui doit commémorer les victoires de la Grande Armée, est posée le 15 août 1806. Trois ans plus tard, Chalgrin fait approuver un nouveau projet qui sera poursuivi après sa mort par Goust, Huyot et Blouet, jusqu'à la date d'achèvement du monument, en 1833, et malgré une longue interruption des travaux sous la Restauration. Haut de 50 mètres et large de 45, il est alors constitué de quatre piles délimitant des arches – deux grandes et deux petites – et soutenant un entablement, un attique et un acrotère. L'ensemble évoque l'Arc de Janus à Rome. Les hauts-reliefs des piliers, sculptés par Rude, Cortot et Étex, rendent hommage aux armées révolutionnaires et impériales. Le Soldat inconnu repose sous la grande arche, face aux Champs-Élysées, depuis 1920.

Archinard Louis (Le Havre, 1850 – Villiers-le-Bel, 1932)

Général.

Il participe à la mission Borgnis-Desbordes, au Soudan, de 1880 à 1884. Commandant du Haut-Sénégal et du Niger de 1888 à 1893, poste où il succède à Gallieni, il bat en 1891 le fameux Samory Touré et mène, en 1893, une campagne victorieuse contre le sultan Ahmadou, maître du Segou. Après s'être emparé de sa capitale Segou-Sikoro, il place le pays sous protectorat, ouvrant à la France la route de Tombouctou.

Arcole (bataille d')

Bataille remportée par Bonaparte, en Italie, sur les troupes autrichiennes, le 17 novembre 1796.

Le 15 novembre 1796, les troupes françaises se trouvent à Ronco, face à Arcole, un bourg situé sur un affluent de l'Adige, qu'occupent les Autrichiens du général Wurmser. Reliant les deux localités, un pont – le pont d'Arcole – enjambe l'Alpone. Les « habits blancs » le tiennent ferme, contraignant, sous la mitraille, les Français à marquer le pas dans les marais. C'est alors que Bonaparte saisit un drapeau et le plante sur l'ouvrage. Le geste subjugue les grenadiers qui s'élancent, enlèvent à moitié la position. Mais un feu de flanc les contraint à la retraite, pressant parmi eux leur général qui tombe, accidentellement, dans un cloaque. Vite dégagé, Bonaparte ressaisit ses soldats, les rassemble et, à la charge, emporte le pont, avec le bourg. La victoire d'Arcole n'est acquise que le 17 novembre en plaine. Elle coûte aux Autrichiens – ils se sont battus pourtant à deux contre un – 40 000 hommes.

Ardenne

Massif montagneux qui s'étend sur la partie orientale de la Belgique et au nord du grand-duché de Luxembourg, s'avance en France jusqu'aux environs d'Hirson et protège la haute vallée de l'Oise qui a toujours été le couloir choisi par les envahisseurs de la France au cours des siècles.

Longtemps considéré comme une cause d'insécurité pour les riches régions voisines de Champagne et de Lorraine, il devient au contraire une barrière de protection lorsque, à partir du XVe siècle, est construite une série de places fortes sur son pourtour : Longwy qui défend la Woëvre ; Sedan, Charleville, Givet, Dinant qui se dressent sur la Meuse ; Maubeuge et Rocroi aux débouchés de la trouée de Chimay et du sillon de la Sambre ; enfin les avant-postes de Mariembourg et de Philippeville que la France perdit en 1815 au second traité de Paris. Peu propice aux opérations des armées modernes en raison de la densité de sa forêt, difficile à pénétrer, l'Ardenne est néanmoins le théâtre d'importants combats en 1914. Elle sert de route d'invasion aux armées allemandes en 1940 et voit encore de violents affrontements en 1944. Une offensive est déclenchée le 20 août 1914 par les IIIe et IVe armées françaises (Ruffey et de Langle de Cary) pour s'opposer à l'avance des IIIe (von Hausen), IVe (prince héritier de Wurtemberg) et Ve (Kronprinz) armées allemandes sur Givet, Neufchâteau et Longwy. Au terme de durs combats qui se poursuivent pendant quatre jours dans l'Ardenne belge, notamment à Neufchâteau, Ethe et Virton, les troupes françaises battent en retraite. À la suite de cet échec, le département des Ardennes est totalement occupé par les Allemands et ne sera libéré qu'au début du mois de novembre 1918.

En mai 1940, c'est dans le secteur de Sedan, à la charnière entre les armées Corap et Huntziger, qu'est lancée une foudroyante offensive allemande dirigée par le maréchal von Kleist. La région est peu fortifiée et tenue par des troupes de réservistes, car le commandement français estime improbable une attaque à travers l'Ardenne. La manœuvre allemande réussit pleinement. Le 13 mai, une brèche est ouverte entre les deux armées françaises, et trois divisions de *Panzer* s'y engouffrent. Tandis que l'armée Corap reflue en désordre, le 14 mai le front est définitivement percé à Sedan et de Monthermé à Dinant. La route de l'ouest est ouverte aux blindés allemands des généraux Hoth, Reinhard et Guderian. En décembre 1944 enfin, von Rundstedt tente une violente contre-offensive stratégique à travers l'Ardenne belge, en direction de la Meuse. Il ne peut l'atteindre (combats de Bastogne et de Libramont) et subit de lourdes pertes qui lui interdisent par la suite toute action d'envergure.

Ardents (bal des)

Bal organisée à la cour du roi Charles VI, à l'occasion du remariage d'une dame d'honneur d'Isabeau de Bavière, au mois de janvier 1393.

Charles VI et cinq de ses compagnons se présentent devant la Cour déguisés en sauvages, recouverts d'étoupe et de poix. Le duc d'Orléans ayant approché une torche pour tenter de les reconnaître, le feu ravage les costumes. Les cinq compagnons du roi meurent brûlés vifs, et ce dernier ne doit son salut qu'à la duchesse de Berry, qui l'enveloppe dans les plis de sa robe. Ce drame contribua à aggraver la folie du roi.

Ardents (mal des)

Maladie également dénommée peste de feu, feu sacré ou feu Saint-Antoine, le mal des ardents (du latin ardere, *brûler) est provoqué par la consommation de céréales, surtout de seigle, parasitées par un champignon, l'ergot de seigle. Provoquant syncopes et hallucinations, crampes et fourmillements, une sensation de brûlure intérieure (d'où le nom de « feu »), elle atteint les membres qui se gangrènent et entraîne souvent la mort.*

L'origine alimentaire de la maladie n'est identifiée qu'au XVIIe siècle. Jusqu'alors on lui attribuait des causes surnaturelles, d'où le déve-

Le bal des Ardents
Illustration des *Chroniques* de Jean Froissart, XIVe siècle. Londres, British Library. © *Bridgeman-Giraudon*

loppement de cultes propitiatoires et de fraternités religieuses chargées de soigner les malades. La principale est celle des Antonins ou ordre hospitalier de saint Antoine. En 1095, la guérison miraculeuse d'un enfant atteint du mal des ardents à Saint-Didier-de-la-Motthe, en Dauphiné, (aujourd'hui Saint-Antoine-en-Viennois), est attribuée à l'intercession de saint Antoine dont les reliques viennent d'être apportées dans le prieuré bénédictin voisin de la Motte-aux-Bois. Une nouvelle fraternité religieuse est implantée là pour soigner les malades du feu sacré. Les commanderies d'Antonins se multiplient dans toute l'Europe aux XIIe et XIIIe siècles et forment un ordre de chanoines réguliers officiellement reconnu comme tel en 1218.

ARÉCOMIQUES : voir VOLQUES ARÉCOMIQUES

ARÉGONDE (VIe siècle)

Épouse du roi des Francs Clotaire Ier.

Elle serait restée oubliée si, en 1959, on n'avait découvert dans la crypte de la basilique Saint-Denis un sarcophage qui contient la dépouille de la souveraine portant de somptueux bijoux et un costume en parfait état de conservation. Une large ceinture de cuir, incrustée de plaques d'argent décorées de filigranes d'or et de grenats, maintient la robe de soie violette. La reine porte sur cette robe un manteau de soie cramoisie aux larges manches ornées de galon d'or, et un voile de satin couvre sa chevelure. Ses boucles d'oreilles, les fibules circulaires et les épingles à tête d'or attachant les pièces du vêtement témoignent de la virtuosité des orfèvres mérovingiens dans les techniques du damasquinage, du filigrane et des décors, cloisonnés sertis de grenats et de pâtes de verre colorées.

ARGENSON : voir VOYER d'ARGENSON René Louis, marquis d'

ARGENTIER ou GRAND ARGENTIER DE FRANCE

Office de l'Hôtel du roi institué au XIVe siècle pour veiller à l'habillement du roi et de ses gens, à l'ameublement des résidences royales et à la garde des joyaux de la couronne.

L'office est attribué pour la première fois en 1317. L'argentier prête alors serment devant la Chambre des comptes, et présente ensuite ses comptes aux officiers de cette chambre, comptes ordinaires et comptes extraordinaires, pour les dépenses faites à l'occasion de fêtes ou de réjouissances particulières. L'argenterie de la reine est séparée de celle du roi en 1393. En 1533, François Ier retire à l'argentier le linge et le mobilier et charge la Chambre aux deniers de leur surveillance. L'office a eu un titulaire jusqu'à la Révolution, l'argentier devenant au XVIIIe siècle le trésorier général de l'argenterie. Deux officiers se partagent la charge au XVIIIe siècle. Parmi les argentiers les plus célèbres figurent Jacques Cœur, Guillaume de Varye et Pierre Briçonnet.

ARGONNE

Massif forestier situé dans le Bassin parisien entre la vallée supérieure de l'Aisne, à l'ouest et la vallée de l'Aire, à l'est.

Bien que la hauteur de ses collines ne dépasse pas 300 mètres, ses défilés abrupts constituent une barrière naturelle difficilement franchissable. C'est à leur gauche que le général Dumouriez achève sa campagne de 1792, au pied du moulin de Valmy, près de Sainte-Ménehould. Pendant la guerre de 1914-1918, l'Argonne est le théâtre de six grands affrontements. En septembre 1914, une attaque allemande y échoue, mais les soldats du Kaiser occupent les voies de communications, et le front se stabilisera, encore que les Français parviendront à déloger l'ennemi du mont des Éparges en avril 1915. En mai-juin, bousculant les troupes du général Sarrail, les Allemands se rapprochent de Verdun. Sarrail contre-attaque sans succès, au mois de juillet, et subit de très lourdes pertes. Il sera relevé de son commandement peu après. Cependant, les vainqueurs ne profitent pas de leur avantage. En septembre de la même année, le général Joffre lance une offensive à la fois sur le front argonnais et sur ceux de Champagne et d'Artois, mais les mauvaises conditions atmosphériques brisent l'élan français. Le 26 septembre 1918, une poussée américaine entraîne la prise de Montfaucon. Au-delà, elle n'a pas plus de succès, le ravitaillement étant bloqué à l'arrière des lignes. Enfin, l'action conjointe de la IIe armée des États-Unis du général Ligget et de l'armée du général Gouraud libère l'Argonne, au cours des mois d'octobre et de novembre 1918.

L'Argonne
Troupes en marche sur les collines de l'Argonne en 1916. Photographie de Moreau (?).
© *D.R. / Archives Larousse - Giraudon*

ARGOUT Antoine, comte d' (Vessylieu, Dauphiné, 1782 – Paris, 1858)

Financier et administrateur.

Il commence sa carrière sous l'Empire, comme administrateur des droits réunis, receveur principal à Anvers en 1806, auditeur au Conseil d'État en 1810 et directeur général de la navigation sur le Rhin en 1812. Son ralliement à la Restauration lui vaut un avancement rapide. Nommé maître des requêtes, il administre ensuite les Basses-Pyrénées, puis le Gard, et siège à la Chambre des pairs à partir de 1819. En juillet 1830, il obtient de Charles X le retrait des ordonnances, mais trop tard pour empêcher le mouvement révolutionnaire de se développer. Antoine d'Argout occupe de nombreux postes officiels : il est successivement ministre de la Marine en 1830, du Commerce, des Travaux publics et des Beaux-Arts en 1831, de l'Intérieur et des Cultes en 1833, et enfin des Finances en 1836. Gouverneur de la Banque de France en 1834, il conserve ce poste après 1848, puis est nommé sénateur en 1852.

ARIOVISTE (Ier siècle av. J.-C.)

Roi des Suèves.

Ambitieux, habile meneur d'hommes, il entraîne les Suèves, aux environs de 75 av. J.-C., de la vallée de l'Elbe à celle du Main. Vers 70, le peuple gaulois des Séquanes, allié aux Arvernes, fait appel à lui dans sa lutte contre les Éduens. Arioviste franchit le Rhin et les vainc. Mais, rêvant de se mettre à la tête d'un empire gallo-germanique, il émet de telles prétentions territoriales que les Gaulois s'unissent pour le chasser. Il les bat à Magetobriga, vers 61, et se conduit en maître tyrannique, se faisant livrer des otages, réclamant des tributs. En 59, il fait reconnaître par le Sénat son titre de roi et d'ami du peuple romain. Mais César comprend la portée de ses ambitions et le danger qu'il représente. En 58, l'Assemblée des Gaules demande à Rome d'intervenir. César attaque Arioviste dans la plaine d'Alsace et le bat, le contraignant à repasser le Rhin.

ARLES

Arelate. *Ville des Bouches-du-Rhône.*

Située dans une région déjà fortement imprégnée de l'influence phocéenne depuis la fondation de Marseille, Arles doit son essor à Marius qui, après sa victoire sur les Teutons, la relie à la mer par un canal (les fosses mariennes). En s'y installant, les vétérans de César en font la ville la plus importante de la province. Elle devient rapidement la « Rome des Gaules », une des cités du monde les mieux pourvues en monuments de toutes sortes. Après avoir été un temps, sous Dioclétien et ses successeurs, supplantée par Vienne, elle reprend son rôle en Gaule lors des premières invasions à la fin du IVe siècle. Aux derniers temps romains, elle est non seulement chef-lieu d'une cité, mais aussi métropole de la Viennoise Seconde, siège du préfet du prétoire des Gaules et résidence impériale ; dans ses murs, aux premiers siècles du christianisme officiel, se réunissent maints conciles. Elle subit les invasions des Wisigoths, des Francs, des Burgondes, des Ostrogoths. Elle jouit, sous Charlemagne, d'une réelle prospérité. Le traité de Verdun en 843 l'enlève au royaume de France. Elle devient alors la capitale des royaumes d'Arles, c'est-à-dire du royaume de Provence en 855 et du royaume de Bourgogne à partir du Xe siècle. Passée dans l'orbite germanique au début du XIe siècle, elle garde jusqu'au XIVe siècle un vrai rôle politique et surtout son importance religieuse, notamment comme séjour conciliaire. Parmi les très nombreuses richesses d'Arles, on peut citer l'amphithéâtre, modèle de conservation, l'aqueduc de Barbegal, les thermes, les cryptoportiques, la *Vénus d'Arles*, maints sarcophages paléochrétiens venant des Alyscamps, l'ancienne cathédrale Saint-Trophime et son cloître.

ARMAGNAC

Armeniacum. *Pays et famille de Gascogne.*

Formé d'une partie de l'antique Aquitaine et de l'ancienne Gascogne, le comté d'Armagnac – Auch en sera la capitale et Lectoure la principale place forte – se constitue vers 960. Entre cette époque et le milieu du XIe siècle, le Fezensac s'en distingue. Au milieu du XIVe siècle, au nord de la Garonne, en Guyenne occidentale et orientale, en Agenais, Quercy, Rouergue, jusqu'en Auvergne, en Carladès et Caldaguès, la maison d'Armagnac substitue son autorité à celle de la maison de Toulouse. Il lui a suffi, pour y parvenir, de soutenir, de 1209 à 1249, lors de la croisade albigeoise, tantôt Simon de Montfort contre Raymond VI de Toulouse, tantôt Raymond VII contre le roi et, fortifiée par l'affaiblissement des Raymond, d'acquérir, par le jeu du double vasselage, anglais pour la Guyenne, français pour le Toulousain, une autonomie de fait. Si les comtes d'Armagnac – parfois gouverneurs du Languedoc et de la Guyenne, époux de princesses du sang des Bourbons, voire du sang des Valois – s'efforcent le siècle suivant d'influer, de leur hôtel parisien, sur le cours de la politique nationale, ils n'en demeurent pas moins d'irréductibles féodaux. Et, tandis qu'ils transforment la Gascogne, exposée aux convoitises des rois d'Angleterre et des comtes de Foix, en camp retranché, ils essayent, à partir de leur comté de Rodez, de reconstituer celui de Rouergue.

En maintenant ferme, au XVe siècle, le flambeau de l'indépendance française pendant l'orage anglo-bourguignon, le connétable Bernard VII d'Armagnac porte à l'apogée le lustre de sa famille. Il appartiendra à Louis XI de châtier la turbulence des Armagnacs : durant la bataille de Lectoure qu'il livre à l'armée royale, en 1473, Jean V trouve la mort. Charles VIII restitue officiellement au frère de Jean V, Charles Ier, les domaines confisqués par son père, mais le dernier grand empire aquitain ne recouvrera jamais sa puissance passée. Le successeur de Charles Ier, son petit-neveu Charles, duc d'Alençon, transmet la prestigieuse hoirie à sa femme, Marguerite de Valois qui, veuve, s'unit à Henri II d'Albret, descendant du connétable et prétendant à l'héritage armagnac. Les droits confondus des époux reviennent à leur enfant unique Jeanne, et le fils de cette dernière, Henri IV, réunit, en 1607, les possessions des Albret-Armagnac au domaine royal.

ARMAGNAC Georges d' (?, 1500 – Avignon, 1585)

Cardinal et diplomate.

Fils de Pierre, baron de Caussade, lui-même fils naturel de Charles Ier d'Armagnac. Il est évêque de Rodez, ambassadeur de France à Venise et à Rome, cardinal, archevêque de Toulouse. Célèbre mécène, il est aussi un diplomate habile et influent. Il joue un rôle modérateur pendant les guerres de Religion – bien que son ami Monluc lui attribue de l'impatience avant les exécutions de Villefranche-de-Rouergue, en 1562.

ARMAGNACS ET BOURGUIGNONS (querelle des)

La querelle dite des Armagnacs et des Bourguignons naît sous Charles VI de l'inimitié des maisons d'Orléans et de Bourgogne.

Elle prend un tour aigu après l'assassinat de Louis d'Orléans, frère de Charles VI, en 1407 : contre l'auteur du crime, Jean sans Peur, duc de Bourgogne, s'allient alors Charles, tout jeune fils du défunt duc d'Orléans, et Bernard VII, comte d'Armagnac, homme de guerre énergique et déjà le principal seigneur du Midi. Cette alliance est sanctionnée par le mariage, en 1410, de Charles avec Bonne d'Armagnac, fille du comte. Dès cette époque, les partisans d'Orléans, puisant le principal de leurs forces dans l'appui militaire de Bernard VII, peuvent être qualifiés d'Armagnacs. Cette appellation est justifiée lorsque Charles d'Orléans est fait prisonnier à Azincourt en 1415 : la direction du parti appartient alors au seul Bernard VII, successeur de Charles d'Albret à la connétablie de France. En 1418, les Armagnacs, qui s'étaient rendus maîtres de Paris cinq ans plus tôt et y imposaient leur volonté, sont massacrés par les Bourguignons qui jouissent de nombreuses complicités dans la place. Le connétable lui-même y périt. En même temps, la reine Isabeau, définitivement brouillée avec le parti d'Orléans, inspire à Charles VI une politique bourguignonne. Les Armagnacs ont apparemment perdu la partie. En 1419, le meurtre de Jean sans Peur, à Montereau, jette officiellement les Bourguignons dans l'alliance anglaise. Les Armagnacs subissent encore une diminution de leur puissance, mais non de leur crédit car leur cause est devenue celle du Dauphin, futur Charles VII. Le traité d'Arras en 1435, suivi de la libération, en 1441, de Charles d'Orléans qui, veuf de Bonne d'Armagnac, épouse une nièce de Philippe le Bon, duc de Bourgogne, termine les guerres entre Armagnacs et Bourguignons.

ARMÉE ROYALE

Forces militaires terrestres du souverain distinguées de la marine royale et qui, devenues permanentes et professionnelles sous Louis XIV, s'émancipent des levées féodales des grands, transformés par l'absolutisme en simples officiers généraux du « roi de guerre ».

L'armée féodale – l'ost – fonctionne comme une mobilisation en cascade de bans et d'arrière-bans réunissant les vassaux des vassaux derrière la bannière du suzerain. D'où des difficultés de commandement qui jouent un rôle dans le désastre d'Azincourt et une très courte disponibilité (40 jours) dans l'année. En 1445, Charles VII crée un embryon d'armée royale avec les compagnies dites d'ordonnance : un capitaine muni d'une commission s'engage à recruter et à entretenir un nombre d'hommes fixé par contrat. Ces « entrepreneurs » de guerre fournissent en fait une armée de mercenaires souvent issus de leurs domaines ou seigneuries. Sont mercenaires aussi les étrangers qui servent la France, tels les Suisses engagés par François Ier. Les soldats, levés par des sergents recruteurs parfois peu scrupuleux, sont peu ou ne sont pas payés, doivent s'équiper eux-mêmes et sont clairement invités, en l'absence de tout service d'intendance, à vivre sur le pays, ami ou ennemi. On châtie ainsi une province rebelle ou les protestants récalcitrants par l'obligation de loger des gens de guerre, alors la lie de la société. S'ensuivent pillages, viols, épidémies. Les dévastations de la soldatesque deviennent parfois une tactique en soi : ainsi, en 1688, Louvois ordonne-t-il le « gast » – le sac – du Palatinat. La valeur militaire de la troupe comme du commandement est très variable. Certains capitaines gonflent artificiellement les effectifs de leur compagnie lors des revues en engageant des figurants baptisés « passe-volants » pour augmenter leur dotation financière. Des officiers peuvent être eux-mêmes des combattants d'opérette, tels ces colonels à la bavette à qui naissance et richesse permettent d'acheter un régiment à seize ans.

C'est au XVIIe siècle que l'armée du roi devient proprement royale, c'est-à-dire administrée par les bureaux du roi et soumise – y compris les officiers supérieurs – aux ordres du souverain. Michel Le Tellier et son fils le marquis de Louvois, secrétaires d'État à la Guerre, sont les artisans de cette mutation. Après la suppression de la charge de connétable en 1527, le haut commandement se compose des maréchaux de camp, lieutenants-généraux et maréchaux de France : sous Louis XIV, ils ne reçoivent plus d'ordre que du roi et du secrétaire d'État, au grand dam de nobles ombrageux qui, à l'instar du Grand Condé, se considèrent comme propriétaires de leurs unités. Dès 1674, le ban et l'arrière-ban ne sont plus réunis. Louvois établit en 1675 le tableau d'avancement qui recense les officiers par ordre d'ancienneté, laquelle détermine désormais l'avancement ou la préséance. Les futurs officiers doivent se former dans des compagnies de cadets. Ils sont soumis au contrôle administratif des commissaires de guerre qui vérifient notamment les effectifs. Pour promouvoir la valeur, sont créés, à côté des offices vénaux de capitaine ou de colonel, des grades gratuits de major, lieutenant-colonel et, entre colonel et maréchal de camp, de brigadier : un roturier comme Catinat peut devenir maréchal. Vers 1750, un tiers des officiers – surtout subalternes, il est vrai – sont roturiers ; la réaction nobiliaire (édit de Ségur) abaisse cette proportion à 10 % en 1789.

Mais le plus grand changement concerne la troupe, régulièrement soldée dès 1670 par les commissaires des guerres, nourrie par les intendants d'armée, habillée d'uniformes différents selon les unités, soignée dans quelques – rares – hôpitaux militaires ou aux Invalides (1674) pour les mutilés. En contrepartie, la désertion comme le pillage sont souvent punis de la bastonnade, des galères ou de la mort. Le système de l'encasernement cependant ne se généralise qu'au XVIIIe siècle. Ce renforcement de la discipline est d'autant plus nécessaire que les effectifs s'envolent : 40 000 hommes en 1659, 72 000 en 1667, 120 000 en 1672, 200 000 en 1680, chiffre qui se maintient durant tout le XVIIIe siècle mais qui peut encore doubler durant les conflits : l'état des finances autorise cet appareil guerrier – le premier d'Europe à la fin du XVIIe siècle –, instrument et manifestation de l'absolutisme.

L'armée comprend les 15 000 hommes d'élite des régiments de la Maison du roi (tels les mousquetaires), la cavalerie dotée du sabre ou de la carabine, renforcée par les dragons, infanterie montée combattant le plus souvent à pied. L'infanterie proprement dite représente les deux tiers des effectifs : elle est dotée de la pique au XVIe siècle, puis de l'arquebuse, du mousquet, du fusil à pierre (1670), enfin munie d'une baïonnette à partir de 1687. S'y ajoutent les corps techniques : l'artillerie, dont la bataille de Rocroi (1643) a montré toute l'importance et qui devient la meilleure d'Europe au XVIIIe siècle grâce à Jean-Baptiste Gribeauval ; le génie, regroupant en 1671 les ingénieurs du roi dirigés par Vauban, commissaire général des fortifications, responsable de 50 sièges victorieux et de la construction de 300 places fortes (de Briançon à Neuf-Brisach ou Belle-Île-en-Mer…), où il systématise les fortifications rasantes, semi-enterrées – inventées par l'Italien Pacciotto (1567) et surtout par le chevalier de Villée (1628) – avec glacis, fossé et bastion.

Professionnalisée, bureaucratisée, l'armée du XVIIIe siècle n'est plus la turbulente cavalerie féodale de la guerre de Cent Ans, ni la cohorte de reîtres des guerres civiles. Le duc de Choiseul, secrétaire d'État à la Guerre, et le maréchal de Ségur, qui crée un corps d'état-major, lui donnent une grande modernité administrative. Des stratèges tel le comte de Guibert (*Défense du système de guerre moderne*, 1779) défendent les conceptions novatrices de l'endivisionnement, de l'ordre mince et de la mobilité offensive dont Napoléon s'inspirera.

Malgré le mythe de la guerre en dentelles, les combats sont sans doute plus meurtriers pour les soldats : le vicomte de Turenne ou le maréchal de Saxe prônent une guerre éclair en vue de l'écrasement de l'adversaire ; la vitesse de feu augmente avec l'adoption du *drill* à la prussienne – cet entraînement rigoureux d'une troupe à produire un feu roulant, par un découpage quasi tayloriste des positions de chargement de l'arme. De nouvelles conceptions tactiques imposent l'ordre mince mis en œuvre par exemple à Fontenoy. Par ailleurs, l'intégration du militaire dans la société civile progresse : les officiers fournissent 10 à 20 % du recrutement des académies ou de la franc-maçonnerie. L'armée intervient aux côtés des populations lors de l'épidémie de peste en Provence, de 1720 à 1723, ou pour creuser des canaux. Le casernement des troupes, l'uniforme, la médecine et la chirurgie militaires contribuent à familiariser l'homme du XVIIIe siècle avec la rationalité technicienne. L'apparition avec la Révolution et l'Empire d'un soldat conscrit engagé dans un conflit idéologique, combattant parfois des partisans (chouannerie, révolte de Saint-Domingue, guérilla espagnole…), marque un « réensauvagement » de la guerre conçue alors comme totale, au grand effroi du reste de l'Europe.

ARMÉE SECRÈTE

Organisation militaire de la Résistance, née en novembre 1942.

Elle est constituée à partir des groupes armés de Combat, Libération et Franc-Tireur. Son unité d'action est la sizaine (6 hommes) auquel se superpose la trentaine (5 sizaines). Instrument de la lutte armée, elle est chargée d'organiser le « choc ». Le commandement en chef en est confié au général Delestraint (dit « Vidal ») en août 1942, ce qui provoque la réticence d'Henri Frenay, commissaire aux Affaires militaires au sein du gouvernement de la Résistance. En février-mars 1943, Jean Moulin et le général Delestraint se rendent à Londres pour éclaircir la question. De Gaulle tranche : le général Delestraint devient le chef de l'Armée secrète pour les deux zones et dépend de de Gaulle et du Comité national français. Secondé par Morin, de Combat, et Aubrac, de Libération, Delestraint organise l'Armée secrète, estimée à 80 000 hommes en 1943. Mais il est arrêté le 9 juin 1943. Le 21 juin suivant, à Caluire, Jean Moulin et l'état-major de l'Armée secrète sont capturés en même temps. Décapitée, l'Armée secrète se reconstitue peu à peu et est l'une des composantes majeures des Forces Françaises de l'Intérieur créées le 1er juin 1944.

ARMISTICE DE 1940

Armistice signé à Rethondes, le 22 juin 1940, entre la France et l'Allemagne.

Au début du mois de juin 1940, tout le monde s'accorde à penser que la campagne de France est une défaite, mais certains sont persuadés que la guerre n'est pas pour autant perdue. L'éventualité d'un armistice déclenche donc une querelle politique. Dans le camp de Paul Reynaud, président du Conseil et de Charles de Gaulle, sous-secrétaire d'État à la Défense nationale, l'armistice est impossible car il viole l'accord franco-britannique, qui interdit toute paix séparée (28 mars 1940). On penche pour la capitulation militaire et la poursuite des combats à partir de l'Afrique du Nord.

Dans celui de Pétain, vice-président du Conseil depuis le 18 mai 1940, et de Weygand, généralissime, la capitulation est tenue pour un acte déshonorant. Soucieuse surtout de sauver son honneur, l'armée invoque aussi des motivations humanitaires : l'armistice sauve des vies, des territoires et des richesses. Certaines considérations idéologiques (l'anticommunisme notamment) entrent également en jeu. Le 15 juin 1940, les deux camps s'affrontent ouvertement au Conseil des ministres. Le 17 juin, Pétain, tout nouveau président du Conseil, et son gouvernement, installés à Bordeaux, demandent l'armistice. Revanche symbolique sur 1918, le 22 juin, l'armistice est signé à Rethondes par les généraux Huntziger et Keitel. Ses clauses sont rudes : le pays est divisé en deux zones (France occupée à l'Ouest et au Nord), perte de l'Alsace-Lorraine, Nord et Pas-de-Calais associés à la Belgique occupée et Ostland des confins lorrains-champenois. Peu de prisonniers sont libérés. La flotte de guerre doit être désarmée et neutralisée. Le gouvernement de la zone libre garde une armée de 100 000 hommes (« l'armée d'armistice ») et paie une lourde indemnité (400 millions de francs par jour). L'annonce de l'armistice provoque un soulagement dans la grande majorité du pays. L'abolition de la République, la « Révolution nationale » et la politique de collaboration en découlent.

ARMOIRE DE FER

Placard secret pratiqué par Louis XVI dans le mur d'un passage du château des Tuileries.

Découvert grâce au serrurier Gamain qui avait aidé le roi à le fabriquer, il est ouvert sous les ordres du ministre Roland, le 20 novembre 1792. Les papiers qu'il contient attestent les tractations secrètes et contre-révolutionnaires du roi avec les cours étrangères. La découverte de ces pièces rend impossible l'ajournement du procès de Louis XVI et constitue entre les mains de ses accusateurs une charge accablante. D'autres documents ayant révélé les compromissions de Mirabeau, son corps est retiré du Panthéon.

ARMOISES Claude des (XVe siècle)

Mystificatrice, originaire de la région de Metz, qui tente de se faire passer pour Jeanne d'Arc ayant échappé au bûcher.

Apparue en 1436, elle réussit à convaincre quelques bourgeois de Metz, qui lui fournissent de quoi s'équiper, et part pour la cour de Luxembourg, où l'on ne sait trop comment l'accueillir. Elle y rencontre un gentilhomme, Robert des Armoises, l'épouse bientôt et tente à plusieurs reprises de se faire reconnaître comme Jeanne d'Arc par les habitants d'Orléans, qui finissent par lui verser de l'argent pour s'en débarrasser. Après avoir commis de nombreuses escroqueries, elle est finalement arrêtée et jugée à Saumur en 1457, et condamnée au bannissement perpétuel. Graciée par le roi René, à la condition qu'elle renonce à ses habits masculins et ne fasse plus parler d'elle, elle disparaît.

ARMORIQUE

Ce nom, qui apparaît à l'époque celtique, est souvent donné à la Bretagne avec laquelle on l'identifie habituellement.

En réalité, sont armoricaines – terme qui signifie « qui est devant la mer » – toutes les régions de l'ouest de la Gaule, comprises entre la Gironde et la basse Seine. Le terme d'Armorique garde cette signification jusqu'à l'époque franque. Celui de *Britannia*, Bretagne, s'y substitue pour désigner la péninsule armoricaine proprement dite lorsque, du Ve au VIIe siècle après J.-C. viennent se juxtaposer à la population celte des Bretons chassés de Grande-Bretagne par l'invasion des Angles et des Saxons.

ARNAUD-AMAURY ou AMALRIC (? – ?, 1225)

Archevêque et homme et de guerre.

Abbé de Cîteaux, il est en tant que légat du pape le premier chef de la croisade albigeoise. Il accomplit sa tâche avec zèle et énergie. Des mots cruels lui sont attribués. Ainsi au siège de Béziers : « Tuez-les tous, Dieu reconnaîtra les siens », allégation tardive du moine Césaire de Heisterbach. Plus vraisemblable est la réponse que, selon Pierre des Vaux de Cernay, il aurait faite à ceux qui lui reprochaient, au siège de Minerve, de promettre la vie sauve aux parfaits qui abjureraient : « Ne craignez rien, je crois que bien peu se convertiront. » En 1212, Arnaud-Amaury est placé sur le siège archiépiscopal de Narbonne. Il ne cesse alors de se quereller avec Simon de Montfort, qui se proclame duc de Narbonne et entend, en vertu de ce titre, faire respecter son autorité dans la puissante métropole.

ARNAUD de CERVOLE ou de CERVOLLE (? – ?, 1366)

Homme de guerre.

Capitaine d'origine périgourdine, surnommé l'« Archiprêtre » car il percevait les revenus de l'archiprêtré de Velines. Avec Du Guesclin, il tente de chasser de France les grandes compagnies. Au service de Charles V, il commande un contingent de l'armée royale envoyée pour combattre les routiers en Bourgogne, mais il est écrasé par ces derniers, près de Lyon, en 1362. Après avoir participé à la bataille de Cocherel en 1364, il prend, en 1365, le commandement des grandes compagnies qu'Urbain V et Charles V ont décidé, pour s'en débarrasser, d'envoyer combattre les Turcs en Hongrie. C'est un échec car ils ne peuvent traverser l'Allemagne. Cervole est tué l'année suivante dans une querelle avec un homme d'armes, alors qu'il tentait une nouvelle fois de rassembler les bandes de routiers dispersées en Languedoc.

ARNAULD

Cette famille de robins, originaire d'Auvergne, protestante au XVIe siècle, puis convertie au catholicisme, est étroitement liée à la querelle janséniste du XVIIe siècle et à l'histoire de l'abbaye de Port-Royal.

Comme beaucoup de membres de la bourgeoisie d'office française, les Arnauld sont séduis par l'aspect rigoriste du jansénisme qui exige beaucoup de l'homme et flatte son orgueil en l'humiliant. Ils se font les champions du gallicanisme et d'un augustinisme volontiers politique et moralisateur, qui les engage dans une âpre lutte contre les Jésuites. Leur influence est telle au XVIIe siècle qu'on a pu dire que l'augustinisme, en France, a surtout été un arnaldisme.

ARNAULD Angélique (?, 1624 – Port-Royal, 1684)

Religieuse.

Fille de Robert Arnauld d'Andilly, dite mère Angélique de Saint-Jean. Janséniste convaincue et énergique, d'abord prieure à Port-Royal de Paris puis à Port-Royal des Champs, elle est abbesse de cette dernière abbaye de 1678 à 1684. Les tracasseries, la captivité de 1664 à 1665 n'ont jamais entamé son courage. Montherlant a fait d'elle l'héroïne de son *Port-Royal*.

ARNAULD Antoine (Paris, 1560 – Paris, 1619)

Magistrat.

Avocat au parlement de Paris, avocat général sous Catherine de Médicis, conseiller d'État sous Henri IV, il se révèle comme un adversaire des Jésuites en 1594, en se prononçant contre eux dans un plaidoyer en faveur de l'université de Paris. Il a 20 enfants, dont 6 filles qui toutes prennent le voile à Port-Royal, l'abbaye cistercienne féminine favorite de la robe parisienne.

ARNAULD Antoine, dit LE GRAND ARNAULD (Paris, 1612 – Bruxelles, 1694)

Théologien.

Fils du précédent, il est le chef incontesté des jansénistes. Docteur en Sorbonne en 1641, il subit l'influence de Saint-Cyran et adopte les règles les plus austères du jansénisme. En 1643 il publie un livre, *De la fréquente communion*, qui attaque violemment les Jésuites et soutient, en les vulgarisant, les doctrines de l'*Augustinus* de Jansénius. L'ouvrage, censuré, n'est pas condamné, mais Arnauld est exclu de la faculté de théologie en 1656. Il se retire alors à Port-Royal où, avec les « messieurs » de Port-Royal des Champs dont Racine est l'élève, il écrit plusieurs ouvrages, notamment contre les calvinistes. La paix de l'Église lui permet de quitter son refuge, et il est même reçu par le roi. Mais il reprend sa polémique contre les Jésuites en 1677 et, lorsque les choses se gâtent de nouveau, s'installe à Bruxelles où il continue de lutter pour ses idées jusqu'à sa mort en 1694. Les dernières années de sa vie sont marquées par la vive querelle qui l'oppose à Malebranche, dont il conteste la doctrine sur la grâce et sur la vision en Dieu.

ARNAULD Catherine Agnès, en religion mère Agnès de Saint-Paul (Paris, 1593 – Paris, 1671)

Religieuse.

Sœur du précédent. Elle est abbesse de Saint-Cyr en 1599, avant de se rendre à Port-Royal des Champs, en 1608, sur l'invitation de sa sœur Angélique qui voit en elle son successeur et lui fait donner un brevet de coadjuteur en 1619. Après avoir dirigé l'abbaye de Tard de 1629 à 1635, elle est effectivement abbesse de Port-Royal de 1636 à 1642, et Saint-Cyran, à qui elle n'est pas favorable, réussit à la gagner à sa cause. De 1642 à 1658, elle est prieure à l'abbaye de Port-Royal de Paris, puis abbesse à partir de 1658 et refuse, en 1661, de signer le Formulaire. 75 de ses religieuses sont alors expulsées. Elle-même est enfermée, en 1663, à la Visitation, rue Saint-Jacques, où elle accepte le Formulaire, mais se rétracte aussitôt libérée en 1665. La paix de l'Église, en 1669, met fin aux persécutions dont elle est l'objet.

ARNAULD d'ANDILLY Robert Paris, 1589 – Port-Royal, 1674)

Janséniste.

Fils aîné d'Antoine Arnauld, intendant général de la maison de Monsieur, il se retire à Port-Royal en 1664. Il y écrit des *Mémoires* et un certain nombre d'œuvres religieuses.

ARNAULD de SAINTE-MADELEINE Jacqueline Marie Angélique (Paris, 1591 – Paris, 1661)

Religieuse.

Fille d'Antoine Arnauld, c'est la célèbre mère Angélique. Abbesse de Port-Royal des Champs à 11 ans, sa vocation religieuse se révèle exceptionnelle. En 1609, à 18 ans, elle réforme son couvent à partir de la fameuse « journée du Guichet », au cours de laquelle elle n'accepte de parler à son père qu'à travers un guichet. Elle impose alors dans son couvent, puis dans ceux de Maubuisson et Poissy, une règle si austère que 25 de ses religieuses meurent entre 1656 et 1659. Surtout, elle introduit les idées jansénistes à Port-Royal, premier et principal rempart de l'augustinisme. Saint-Cyran devient le directeur de sa maison, et elle groupe autour d'elle l'élite des Petites Écoles avec le meilleur de la haute bourgeoisie d'office parisienne, Antoine Lemaistre, Lancelot, Nicole, Wallon de Beaupuis, Antoine Arnauld lui-même. Elle joue un rôle essentiel dans la lutte contre la condamnation de l'*Augustinus* par Innocent X, en 1653, et contre le Formulaire, brevet d'orthodoxie dont la signature est imposée à tous les bénéficiers à partir de 1658. C'est à Port-Royal des Champs que Pascal cherche refuge après la publication des premières *Provinciales*. Mère Angélique meurt à Paris où elle venait apporter son aide morale à sa sœur Agnès, abbesse du couvent de Port-Royal de Paris.

ARNOUL

Comtes de Flandre.

Le premier est Arnoul Ier (918-964). Il lutte contre les Normands ; c'est lui qui tue Guillaume Ier Longue-Épée. Vient ensuite Arnoul II le Jeune (964-988), qui conquiert sur le roi de France Arras, Douai et Thérouanne. Enfin, Arnoul III combat Robert le Frison et meurt à Cassel en 1071.

ARNOUL d'ORLÉANS (? – 1003)

Évêque.

Évêque d'Orléans en 972, il compte parmi les prélats fidèles au parti capétien dans le conflit qui oppose Hugues Capet au dernier carolingien, Charles, duc de Basse-Lorraine, entre 987 et 991. Au concile de Saint-Basle en 991, il est de ceux qui votent la déposition de l'archevêque de Reims, Arnould, partisan des Carolingiens. Un peu plus tard, un violent conflit l'oppose à Abbon de Fleury, dont l'abbaye se trouve dans son diocèse.

ARNOUL de REIMS (? – ?, 1021)

Archevêque.

Fils naturel du roi Lothaire III, il est archevêque de Reims de 989 à 991 puis de 998 à 1021. Bien qu'il doive son archevêché à Hugues Capet, Arnoul se détourne de lui et livre Reims à l'autre candidat à la royauté, Charles, duc de Basse-Lorraine, dernier descendant des Carolingiens. Fait prisonnier par surprise, il est jugé au concile de Saint-Basle en 991 et sommé de se démettre de sa charge. La mort d'Hugues Capet lui permet de retrouver le siège d'archevêque de Reims en 998, date à laquelle Gerbert d'Aurillac, qui lui avait succédé à l'archiépiscopat, est déplacé à Ravenne.

ARON Raymond (Paris, 1905 – Paris, 1983)

Philosophe et sociologue.

Né à Paris dans une famille venue de Lorraine, il entre en 1924 à l'École normale supérieure, où il est condisciple de Jean-Paul Sartre et de Paul Nizan. Reçu premier à l'agrégation de philosophie en 1928, il est nommé deux ans plus tard assistant à l'université de Cologne. Durant ce séjour décisif, il découvre la sociologie de Max Weber, entame une réflexion sur le rôle et la connaissance de l'histoire et assiste à la fin de la république de Weimar et à la montée du national-socialisme. De retour à Paris en 1934, il soutient sa thèse quatre ans plus tard, sous le double titre *La Philosophie critique de l'histoire* et *L'Introduction à la philosophie de l'histoire*. Déjà « spectateur engagé », selon l'expression dont il usera plus tard pour se définir, il constate la faiblesse des démocraties face au totalitarisme grandissant et comprend que la guerre est inévitable. Hostile aux accords de Munich, il passe en Grande-Bretagne peu après sa démobilisation, en 1940. Directeur de la revue *La France libre*, organe du mouvement du même nom, il rédige une chronique mensuelle sous le nom d'Avord, dans laquelle il prend parfois ses distances avec certains aspects du gaullisme.

Après la guerre, Aron se tourne vers le journalisme, devenant éditorialiste au *Figaro* en 1947. Il a alors rompu avec Sartre à propos de l'Union soviétique. Membre du Rassemblement du peuple français (RPF) de 1948 à 1952, il est élu professeur de sociologie à la Sorbonne en 1955. La même année, il publie *L'Opium des intellectuels*, dénonçant la pensée totalitaire, ce qui l'éloigne de la gauche intellectuelle. Il apparaît dès lors comme la figure de proue d'un libéralisme rénové. En 1958, dans *L'Algérie et la République*, il expose l'impossibilité d'une Algérie française et prend donc position contre la guerre. En 1967, la guerre des Six Jours et la menace qui pèse sur Israël le conduisent à s'exprimer sur son identité juive. Élu au Collège de France en 1971, il quitte *Le Figaro* pour *L'Express* en 1977. L'année précédente, il a publié l'un de ses maîtres-livres, *Penser la guerre, Clausewitz*. En 1983, juste avant sa mort soudaine, paraissent ses *Mémoires*, qui relatent l'aventure intellectuelle d'un esprit libre, dont l'œuvre s'inscrit dans la filiation de Tocqueville. Pendant plusieurs décennies, en France et à l'étranger, les analyses et prises de position de Raymond Aron ont pesé d'un grand poids dans le milieu politique et une partie importante de l'opinion publique.

Raymond Aron
Photographié dans son bureau en janvier 1947. © *Roger-Viollet*

ARPAJON Louis, vicomte puis duc d', marquis de Sévérac (Sévérac, 1590 – Séverac, 1679)

Homme de guerre et diplomate.

Rejeton d'une race très ancienne et puissante en Rouergue et Gévaudan, il s'illustre d'abord par les armes. Maréchal de camp en 1622 ou 1626, commandant en Picardie et gouverneur de Nancy en 1638, lieutenant général des armées en 1641, il sauve le Montferrat et le Piémont, contribue aux victoires de Lorraine et de Franche-Comté, rétablit la paix en Guyenne soulevée en 1642. Il organise à ses dépens une expédition qui fait lever le siège de Malte par les Turcs en 1645. Trois ans après, il est nommé ambassadeur extraordinaire en Pologne, où son intervention est déterminante dans l'élection de Casimir, frère du roi précédent et ami de la France. Son rôle est au moins aussi important dans la Fronde des princes, lors de la révolte de Bordeaux. Pour maintenir la Guyenne dans l'obéissance au roi, il se fait promettre par Mazarin duché-pairie, bâton de maréchal et lieutenance générale de Guyenne. Bordeaux isolée ne peut résister au roi, mais Louis d'Arpajon doit se contenter d'être duc et pair ainsi que lieutenant en Bas-Languedoc. Son petit-fils Louis II, qualifié vicomte d'Arpajon, est aussi un brillant soldat. Par sa femme, il devient seigneur de Châtres (Île-de-France) dont il obtient en 1720 l'institution en marquisat sous le nom d'Arpajon.

ARQUES-LA-BATAILLE

Petite ville de Seine-Maritime, située au sud-est de Dieppe.

Elle tire son nom de combats qui, en 1589, opposent les troupes d'Henri IV à celles du duc de Mayenne, lieutenant général des ligueurs. Après la mort d'Henri III, Henri IV regagne la Normandie et remet en état la forteresse d'Arques, construite en 1123 par Henri Ier Beauclerc, roi d'Angleterre. Mayenne tente vainement de l'en déloger. La bataille la plus acharnée a lieu le 21 septembre et tourne à l'avantage de Henri IV. Au début d'octobre, le duc évacue la Normandie.

ARRAS

Chef-lieu du département du Pas-de-Calais, situé sur la Scarpe.

À l'époque de la conquête romaine, Arras, qui est alors capitale des Atrébates et s'appelle *Nemetocenna*, se trouve englobée dans la Gaule Belgique et prend le nom de ses habitants, devenant *Atrebatum*. La *pax romana* assure la prospérité de la cité, lui permet d'intensifier la fabrication de ses étoffes. La ville supporte tour à tour le pillage des Vandales au Ve siècle, des Francs, des Huns en 451 et, vers 500, dit la légende, la férocité d'un ours monstrueux que dompte l'envoyé de Clovis, saint Vaast, l'évangélisateur de la Gaule nordique. Ce premier évêque artésien sera le fondateur éponyme de l'abbaye autour de laquelle, hors l'enceinte romaine, s'étendra l'Arras médiévale. Neustrienne sous les Mérovingiens et les Carolingiens, l'ancienne *Nemetocenna* est administrée par des comtes, ambitieux de s'y installer héréditairement. Après les invasions normandes, deux fois destructrices d'Arras en 880 et en 883, les comtes de Flandre imposent l'autorité flamande et apportent la paix. Paix que trouble Hugues Capet : il rase totalement la cité en 987 lorsque Baudoin III de Flandre refuse de le saluer du titre de roi. Du Xe au XIIe siècle, grâce à l'industrie drapière, au voisinage des opu-

La grand-place d'Arras
Les façades et la tour de l'église Saint-Jean-Baptiste.
© *Jean-Pierre Porcher - Explorer*

lentes villes du nord et à sa position sur la route menant de l'Angleterre à l'Italie, Arras ne cesse de s'enrichir. Elle s'agrandit, aussi, se peuple, cultive son goût, son esprit, prête à ses comtes, au roi de France. Et c'est un grand centre artistique et commercial qu'à la mort de Philippe d'Alsace, comte de Flandre, le traité d'Arras en 1191 cède à Philippe II Auguste. Celui-ci accorde à Arras en 1194 une charte qui consacre les privilèges de l'échevinage – premier des échevinages flamands, il a été créé en 1111. Modèle des chartes futures octroyées aux cités septentrionales, elle garantit l'indépendance citadine. Le frère de Louis IX, Robert, apanagiste de l'Artois, en signera, toutefois, une nouvelle en 1269. Un siècle plus tard, la province quitte la couronne à la suite du mariage de Philippe le Hardi, duc de Bourgogne, avec l'héritière de Flandre, Marguerite. Arras ne redevient française qu'en 1477, passé les troubles dus aux mouvements communaux et à la guerre entre Armagnacs et Bourguignons (traité de paix de 1435). Louis XI, pour la châtier d'avoir soutenu Charles le Téméraire, démantèle ses murs, expulse ses habitants et la rebaptise… Franchise ! Les malheurs de l'époque n'ont cependant pas empêché la naissance à Arras, où le commerce drapier s'est affaibli, d'une industrie d'art bientôt réputée à travers tout l'Occident : la tapisserie. À la suite de la rupture des fiançailles du Dauphin Charles avec Marguerite d'Autriche, le père de cette princesse, le duc Maximillien, s'empare d'Arras qui lui ouvre d'ailleurs volontiers ses portes. L'accession au trône de Madrid, en 1516, du petit-fils de Maximilien Charles Ier, empereur germanique sous le nom de Charles Quint en 1519, la laissera espagnole jusqu'au traité des Pyrénées, en 1659. De nouveau française, son industrie décadente mais son commerce vinicole et céréalier florissant, la ville adopte l'aspect bourgeois qu'elle n'abandonnera plus. Acquise aux idées nouvelles, Arras donne deux députés à l'assemblée des États généraux en 1789, Maximilien de Robespierre, Charles de Lameth et, à la Convention, un représentant en mission, Joseph Le Bon. Ce dernier l'ensanglantera impitoyablement pendant la Terreur. Épargnée par la guerre en 1870, la vieille métropole marchande souffre intensément de celle de 1914. Lors de la dernière guerre mondiale, en 1939, elle est le siège du commandement anglais avant d'être occupée par la Wehrmacht le 24 mai 1940. La IIe armée britannique libère Arras le 1er septembre 1944.

ARROMANCHES (port d')

Le 6 juin 1944, la 50e brigade d'infanterie et la 8e brigade blindée britanniques débarquent sur les plages voisines d'Arromanches.

Le plan Overlord, en prévoyant le débarquement sur les côtes septentrionales du Cotentin, ne pouvait mettre, dès le début, à la disposition de l'armée alliée un port important, pourtant indispensable pour assurer l'arrivée des renforts et des approvisionnements. La prise de Cherbourg est en effet incertaine et, si elle s'effectue assez rapidement, son port se révèle à peu près inutilisable en raison des nombreuses destructions qu'il a subies. Pour pallier cette faiblesse, il est décidé de créer de toutes pièces, dès le débarquement, deux ports, l'un à Arromanches, secteur anglais, l'autre à Saint-Laurent, secteur américain. Une tempête rend celui de Saint-Laurent inutilisable, et seul celui d'Arromanches, protégé par une rangée de récifs, peut être mis en service. Au bout d'un mois, il permet le débarquement de 9 000 tonnes de matériel par jour. Il comprend un brise-lames flottant, formé de cylindres de caoutchouc de 70 mètres de long ; des jetées réalisées avec des navires sacrifiés ou des cubes de béton coulés sur place ; des quais d'accostage, constitués par des caissons métalliques ancrés sur le fond, mais suivant le mouvement de la marée ; enfin des routes flottantes qui relient les quais au rivage.

ARTAGNAN Charles de BATZ de CASTELMORE, comte d' (Castelmore, v. 1613 – Maastricht, 1673)

Mousquetaire.

Il porte le nom, Artagnan, d'une seigneurie sise près de Vic-en-Bigorre (Gascogne), qui appartient à sa famille maternelle. Entré vers 1640 aux gardes (compagnie des Essarts), le chevalier d'Artagnan – il sera comte à la mort de son frère aîné – participe à la campagne du Roussillon. Vers 1644, il revêt l'uniforme des mousquetaires. C'est sous la casaque de ce corps d'élite qu'il remplit quelques missions sur l'ordre du cardinal de Mazarin et qu'il combat en Flandre, avec le vicomte de Turenne. Successivement capitaine des gardes en 1656, sous-lieutenant des mousquetaires en 1658 – il escorte Louis XIV lorsque celui-ci part pour Saint-Jean-de-Luz accueillir Marie-Thérèse d'Autriche en 1660 –, il arrête le surintendant Nicolas Foucquet en 1661 et l'amène à la forteresse de Pignerol en 1664, comme il y conduira le duc de Lauzun en 1671. Capitaine-lieutenant de la première compagnie des mousquetaires et brigadier de cavalerie en 1667, d'Artagnan conduit brillamment sa carrière, que couronnent ses nominations au grade de maréchal de camp et à la charge de gouverneur de la place de Lille en 1672. C'est devant Maastricht, investie par les Français, qu'il meurt d'une balle dans la gorge comme un héros de roman. Ce qu'il deviendra d'ailleurs, lorsque, après avoir lu ses *Mémoires* apocryphes rédigés par Gatien Courtils de Sandras, alias Pierre Marteau, Alexandre Dumas entreprendra d'écrire le roman bien connu, *Les Trois Mousquetaires*.

ARTAGNAN Joseph de MONTESQUIOU d' (?, 1651 – Paris, 1728)

Mousquetaire.

Cousin germain du précédent. Joseph de Montesquiou est mousquetaire en 1668. Il enseigne aux gardes en 1673, prend part, comme son parent, au siège de Maastricht, est fait capitaine en 1682, cornette des mousquetaires en 1685, sous-lieutenant en 1694, maréchal de camp en 1696, lieutenant général et enfin capitaine de la première compagnie des mousquetaires en 1716.

ARTAGNAN Pierre de MONTESQUIOU, comte d' (Château-d'Armagnac, 1645 – Le Plessis-Picquet, 1725)

Maréchal de France.

Sa vie présente plusieurs analogies avec celle de ses cousins germains, Charles de Batz et Joseph de Montesquiou. Mousquetaire en 1664, enseigne aux gardes en 1668, lieutenant en 1670, présent à Maastricht comme les précédents, capitaine des gardes en 1678, brigadier en 1688, lieutenant général en 1697, il reçoit en 1709 le bâton de maréchal de France qu'Alexandre Dumas décerne si généreusement à « son » d'Artagnan et vainc, avec le duc de Villars, le prince Eugène à Denain en 1712.

ARTHUR Ier de BRETAGNE (Nantes, 1187 – Rouen, 1203)

Duc de Bretagne.

Fils posthume de Geoffroy II (quatrième fils d'Henri II Plantagenêt et d'Aliénor d'Aquitaine), et de Constance, héritière des ducs de Bretagne, il porte les espoirs des Bretons lorsque disparaît, en 1189, son grand-père Henri II sous le règne duquel la Bretagne a perdu toute indépendance. Sa mère peut gouverner tant que son beau-frère Richard Cœur de Lion, successeur d'Henri II,

Arromanches
Troupes débarquant en juin 1944 dans le port artificiel sur un pont préfabriqué en Angleterre. © *Boyer - Viollet*

reste en Orient. Mais, à son retour, le pays est envahi et saccagé. Constance, prisonnière, confie la garde de son fils à Philippe Auguste en 1197. Lorsque Jean sans Terre succède à Richard Cœur de Lion, il entre bientôt en conflit avec Philippe Auguste. Sommé de comparaître devant la cour de son suzerain et s'y refusant, le duc de Normandie, roi d'Angleterre, voit prononcer la commise de ses fiefs français en avril 1202. Philippe Auguste investit alors Arthur de la Bretagne à titre de vassal immédiat, ajoutant aux possessions de son protégé l'Aquitaine, l'Anjou et le Maine, à charge de les conquérir, puis il engage les hostilités pour obtenir l'exécution de son arrêt. Mais, au cours d'une escarmouche, le jeune prince Arthur tombe aux mains de son oncle Jean sans Terre qui le fait assassiner, s'il ne l'assassine pas lui-même.

ARTHUR II de BRETAGNE (?, 1262 – château de l'Isle, près de la Roche-Bernard, 1312)

Duc de Bretagne.

Fils aîné de Jean II, premier duc et pair de Bretagne, et de Béatrice d'Angleterre. Sous son bref règne, de 1305 à 1312, la Bretagne, où s'accentue l'influence du roi de France, vit en paix. Par sa première femme Marie, il hérite de la vicomté de Limoges et, grâce à son second mariage avec Yolande de Dreux, veuve d'Alexandre III, roi d'Écosse, acquiert également le comté de Montfort-l'Amaury. Mais ce double mariage, par les problèmes de succession qu'il pose, a des suites très funestes pour la Bretagne.

ARTHUR III de BRETAGNE (?, 1393 – ?, 1458)

Duc de Bretagne et connétable de France.

Communément appelé comte de Richemont, ce deuxième fils de Jean IV le Vaillant, duc de Bretagne, est retrouvé vivant, au soir d'Azincourt en 1415, sous un monceau de cadavres. Il partage un temps la captivité de Charles, duc d'Orléans, à Londres, puis il est nommé connétable de France en 1424, combat glorieusement les Anglais qu'il chasse d'une partie de la Guyenne et de la Normandie. Français dévoué, ses interventions contribuent beaucoup à la réconciliation de la France et de la Bourgogne, consacrée par le traité d'Arras en 1435. Il n'en demeure pas moins un loyal Breton. Devenu duc de Bretagne à la mort de son neveu Pierre II en 1457, il mène une politique personnelle et ne prête à Charles VII que l'hommage simple. C'est son petit-neveu, François II de Bretagne, qui lui succède après sa mort.

ARTOIS

Ancien pays de la tribu gauloise des Atrébates, l'Artois, qui a pour limite méridionale la Picardie et s'étend au nord sur la plaine flamande, n'a pas d'unité géographique, et son histoire s'est longtemps confondue avec celle de la Flandre.

Jusqu'au XIIe siècle, cette riche région agricole est la possession de la maison comtale de Flandre issue de Baudoin Ier, gendre de Charles le Chauve. Grâce à la paix relative dont elle jouit alors, elle connaît un développement exceptionnel lié à celui de la Flandre, avec l'essor de son industrie drapière et l'apparition du commerce. En 1180, le comte de Flandre, Philippe d'Alsace, donne l'Artois en dot à sa nièce Isabelle de Hainaut lors de son mariage avec Philippe Auguste. Mais le gendre et le beau-père se querellent. Une guerre s'ensuit qui ne prend fin qu'avec le traité d'Arras, en 1191, et soumet l'Artois à la couronne. Par ce même traité, il est donné en apanage au futur Louis VIII. À son avènement, en 1223, Louis VIII l'incorpore au domaine royal, ainsi que le Boulonnais et le Ternois, c'est-à-dire approximativement l'actuel département du Pas-de-Calais. En 1237, il en est de nouveau séparé par Saint Louis qui, pour obéir aux volontés de son père, le donne à son frère puîné Robert et l'érige en comté. Mahaut d'Artois, qui succède à Robert II, doit faire face à une révolte nobiliaire fomentée par son neveu Robert. La coutume en Artois excluant toute représentation, même en ligne directe, ce dernier ne pouvait admettre de ne pas hériter du comté. Mais Mahaut a pour elle les bourgeois des villes et reçoit, à deux reprises, en 1309 et en 1318, confirmation de ses droits par la Cour des pairs.

Par héritage, le comté revient, en 1347, à Philippe de Rouvres qui le transmet à sa grand-tante Marguerite (1310-1382). Elle le laisse à son tour à Louis de Male, qui est déjà comte de Flandre depuis 1346. Une nouvelle phase commune de l'histoire des deux provinces commence alors. Philippe le Hardi, duc de Bourgogne, ayant épousé en 1369 la fille de Louis de Male, Marguerite de Flandre, hérite en 1384 de son beau-père, et l'Artois passe, comme la Flandre, dans la maison de Bourgogne.

Peu touché au début de la guerre de Cent Ans, l'Artois reçoit le premier choc lorsque les hostilités reprennent en 1404. Un premier traité d'Arras en 1415 suspend momentanément les combats, et la captivité de Jeanne d'Arc en 1430 est le seul grand événement de la lutte franco-anglaise dont Arras est le théâtre. Mais c'est encore à Arras qu'est signé, en 1435, le traité mettant fin à la lutte entre les Armagnacs et les Bourguignons. La paix ne dure pas longtemps. Devenu un des enjeux des âpres luttes que se livrent Louis XI et Charles le Téméraire, l'Artois est occupé par les Français dès la mort du Téméraire en 1477, en dépit des droits de l'héritière, Marie de Bourgogne, défendus par son mari Maximilien d'Autriche. Le traité d'Arras de 1482, donnant l'Artois en dot à la fille de Maximilien, Marguerite d'Autriche, fiancée au Dauphin, le futur Charles VIII, régularise une situation de fait. Mais lorsque le projet de mariage est rompu, la possession de l'Artois fait de nouveau l'objet de luttes. Rendu par Charles VIII à la maison d'Autriche en 1493, mais relevant encore du royaume de France, il en est totalement séparé en 1529 par la paix de Cambrai.

Philippe le Beau, marié à Jeanne la Folle d'Espagne, en prend possession en 1498 et, avec l'avènement de leur fils Charles Quint, empereur d'Allemagne, roi d'Espagne et des Pays-Bas, l'Artois passe, pour plus d'un siècle, sous la domination des Habsbourg d'Espagne. S'il est peu touché par le protestantisme, du fait de sa position de zone frontière, il est ravagé par les innombrables opérations guerrières de la fin du XVIe siècle. Cette période de troubles est en revanche suivie, au début du XVIIe siècle, d'un âge d'or sous le règne des archiducs qui ne font guère sentir aux habitants le poids de la domination espagnole. Conquis en 1640 à la suite de l'intervention française dans la guerre de Trente Ans, l'Artois est reconnu possession française par le traité des Pyrénées du 7 novembre 1659, exception faite d'un large territoire autour d'Aire et de Saint-Omer qui n'est rattaché au royaume qu'au traité de Nimègue en 1678. Le titre de comte d'Artois est porté par le petit-fils de Louis XV, Charles Philippe, futur Charles X, en 1757.

L'Artois est sorti à demi ruiné des luttes du XVIIe siècle. Les campagnes sont dévastées et l'industrie partout en décadence. Seul le commerce reste assez florissant grâce au blé et au vin. La guerre de Succession d'Espagne, au début du XVIIIe siècle, inflige de nouvelles épreuves à la province. En 1793-1794, sous la pression de la menace extérieure, la Terreur sévit particulièrement à Arras avec Le Bon, représentant en mission, qui y perpètre de véritables massacres. Le régime des gouvernements napoléoniens est assez bien accueilli, et seule la conscription fait murmurer à la fin de l'Empire. C'est de cette époque que date le nouvel essor de la région. Les régimes successifs aident à son développement. L'Artois connaît son apogée sous le Second Empire, alors que l'agriculture et le commerce retrouvent une pleine prospérité, tandis que le bassin minier du Pas-de-Calais commence à être exploité.

L'Artois est immédiatement et durablement au cœur des combats de la Première Guerre mondiale et n'est entièrement délivré que le 16 octobre 1918, après avoir terriblement souffert. La reconstruction est rapide, mais l'essor est brisé, et les difficultés que rencontre son industrie s'aggravent avec les répercussions de la crise économique. Occupée par les troupes allemandes dans la dernière semaine du mois de mai 1940, la région est libérée dans les premiers jours de septembre 1944, au terme de violents combats.

ARTOIS Charles comte d' : voir CHARLES X

ARTOIS (batailles de l')

L'Artois, notamment dans la région d'Arras et de Lens, est, pendant la Première Guerre mondiale, l'enjeu de combats meurtriers.

Après la bataille de la Marne, les armées allemandes et alliées cherchent à se déborder mutuellement sur leur aile ouest. Au cours de cette manœuvre qui les fait remonter vers le nord et reçoit le nom, impropre, de « course à la mer », l'est d'Arras et les collines d'Artois sont touchés par les combats. La ville est sauvée le 5 octobre et les Alliés réussissent à stabiliser le front, mais l'Artois est coupé en deux. Sa partie orientale, avec Lens, et le bassin houiller dans sa presque totalité restent occupés par les Allemands. Des trois grandes offensives qui marquent l'année 1915, deux ont pour théâtre l'Artois, la première du 9 mai au 18 juin, la seconde du 25 septembre au 11 octobre. Effectuées en liaison avec les Anglais, elles ne donnent que de très médiocres résultats, mais les épisodes sanglants de Notre-Dame-de-Lorette, Looz, Souchez et Ablain Saint-Nazaire les ont rendus tristement célèbres. Une dernière bataille de l'Artois commence dans la région de Lorette le 19 avril 1917. Tentative de diversion destinée à fixer le front allemand pendant la grande offensive de Nivelle au chemin des Dames, elle est menée par les troupes britanniques d'Allenby et de Horne de part et d'autre d'Arras, mais se solde par un échec. Le corps canadien s'y illustre en s'emparant de la crête de Vimy. L'Artois n'est entièrement libéré qu'au cours des derniers combats de l'automne 1918.

ARTS LIBÉRAUX

Dans l'Antiquité, disciplines préparatoires à l'étude de la philosophie devant conduire les hommes libres à la sagesse suprême.

Les arts libéraux s'opposent aux « arts mécaniques » relevant de la matière et du travail manuel exécuté par les esclaves. À partir du Ve siècle, on les divise en deux catégories : les arts de la parole, ou *trivium* (grammaire, rhétorique, logique ou dialectique) et les arts des nombres ou *quadrivium* (arithmétique, musique, géométrie, astronomie). Saint Augustin adopte ces divisions en les expurgeant de leurs éléments imprégnés de philosophie païenne et en les adaptant à l'Écriture Sainte. Au XIIe siècle se multiplient les écoles où ces disciplines sont enseignées. Après 1200, ces écoles sont regroupées dans le cadre des universités et appelées « facultés des arts ». Mais peu à peu est privilégié l'enseignement des « trois philosophies » : dialectique ou rationnelle, naturelle et morale aux dépens du *quadrivium*. Néanmoins, à la fin du Moyen Âge, avec l'essor de l'humanisme et l'intérêt porté de nouveau à la grammaire et à la théorique d'une part, aux sciences mathématiques de l'autre, le vieux schéma des arts libéraux retrouve une certaine actualité.

La grammaire est d'abord conçue comme l'enseignement du latin mais, à partir des XIe-XIIe siècles, elle devient plus théorique. On recherche les causes de l'invention des parties du discours ou la forme que doivent prendre les définitions grammaticales. On introduit la notion de sujet, d'apposition ou d'antécédent. Au XIIIe siècle apparaissent des traités de syntaxe, en particulier deux grammaires présentant les règles et les paradigmes (ensemble des formes fléchies d'un mot pris comme modèle). Dans les universités se pratiquent des commentaires et des discussions argumentées prenant comme point de départ un exemple difficile. On réfléchit également sur le statut de la grammaire comme science, sur la nature de ses méthodes ou sur ses principes.

La rhétorique est la science formelle du discours, base de toute relation politique, son enseignement étant fondé sur l'étude de Cicéron et de Quintilien. Au XVe siècle, la rhétorique inclut l'art poétique et l'étude des règles qui président à l'élaboration de la poésie. La dialectique est à l'origine la science de la discussion, définie par saint Augustin comme la « science des sciences qui enseigne à enseigner, enseigne à apprendre, qui fait les gens qui savent ». Elle est l'instrument indispensable aux disciplines supérieures (médecine, droit, philosophie). Les divers traités de la dialectique trouvent place dans la structure de la logique aristotélicienne. Abélard répartit le contenu de la dialectique en cinq traités : les prédicables ou universaux, les propositions et syllogismes catégoriques, l'argumentation topique, les propositions et syllogismes hypothétiques, les divisions et les définitions. Mais sa méthode rencontre une vive résistance de la part de l'Église, qui y discerne des éléments d'hérésie.

Le *quadrivium*, sciences des mathématiques, se répartit en arithmétique, géométrie, musique spéculative ou science des nombres appliquée aux sons (différente de la musique pratique), impliquant l'étude des traités de Boèce et de saint Augustin, et enfin en astronomie. Cette dernière discipline concerne l'étude de la cosmologie qui recherche l'origine, la structure et l'évolution de l'Univers. Sa vocation est d'expliquer telle ou telle conséquence du mouvement quotidien et d'en fournir une évaluation chiffrée. L'observation astronomique demeure néanmoins une activité marginale au Moyen Âge.

Assemblée au Désert
Un rassemblement clandestin de protestants. © *Tallandier*

Les sept arts libéraux
Évocation de Giovanni dal Ponte, début du XVe siècle. Huile sur toile, Madrid, musée du Prado. © *Giraudon*

Arvernes

Arverni. *Peuple celtique du centre de la Gaule.*

Les Arvernes, établis en Auvergne et dans la moitié sud du Bourbonnais, passaient pour être riches et industrieux. Ils étaient entourés par les Bituriges, les Lémovices, les Cadurques, les Rutènes, les Gabales, les Vellaves, les Ségusiaves et les Éduens. Au sein d'un vaste territoire, leur lieu d'élection est la longue vallée de l'Allier et ils ne pénètrent pas profondément en Haute-Auvergne. Ils font des incursions en Europe centrale et en Italie septentrionale dès le VIe siècle av. J.-C. En Gaule, ils ont l'hégémonie dès le IIIe siècle et réalisent presque l'unité politique du pays au siècle suivant grâce à la force de leurs armes et à la puissance de leur confédération qui, outre leurs clients gabales et vellaves, réunit les Lémovices, les Volques, les Cadurques, les Rutènes, les Helviens et même les Allobroges. Leurs rois, dont le plus célèbre est le fastueux Bituit, combattent longtemps les Romains avec succès. Puis la royauté est remplacée par une république aristocratique, la confédération s'effrite et les Éduens disputent l'hégémonie aux Arvernes. La tentative de restauration de la royauté avec Celtilius échoue.

Une seconde tentative paraît devoir réussir sous son fils Vercingétorix qui, avec ses alliés séquanes et l'appui d'Arioviste, commence par battre la ligne éduenne, puis parvient à grouper presque tous les peuples gaulois sous son commandement, après l'intervention de César en Gaule en 59 av. J.-C. Mais Vercingétorix ayant été défait à Alésia, les Arvernes doivent se soumettre à César, donner des otages et renoncer dès 51 à mener un jeu politique indépendant.

Ascalon

Ascaloniae *(les échalottes). Cité cananéenne aujourd'hui située dans l'État d'Israël* (Ashquelon).

Ancienne cité royale des Philistins, elle devient à la fin du XIe siècle l'une des plus importantes baronnies du royaume franc de Jérusalem, avec Tyr et Jaffa notamment. Saladin la prend et la détruit à la fin du XIIe siècle.

Assemblée au Désert

Prédication protestante clandestine localisée dans les Grands Causses, région au sud du Massif central.

Elle naît à la suite de l'abolition de l'édit de tolérance de Nantes et à l'interdiction de fait du protestantisme dans le royaume de France. Extensivement, l'expression désigne toute la période de clandestinité des Églises protestantes de France, de 1685 à 1787. L'édit de Fontainebleau qui révoque l'édit de Nantes en 1685 vise à déraciner la religion prétendue réformée dans le royaume. Il provoque un exode massif de 250 000 personnes qui gagnent le Refuge en Allemagne, aux Provinces-Unies ou en Angleterre… Cette population – environ 1 % des Français de l'époque – représente une élite de commerçants, d'artisans et même d'hommes de guerre comme le comte de Schomberg. Beaucoup parmi ceux qui choisissent de rester, et donc de se convertir officiellement – tels les banquiers Crozat ou Legendre –, pratiquent secrètement leur culte. Dès 1689 s'éveille, sous une forme pacifique, un prophétisme protestant dans les Cévennes, à Pourchères-en-Vivarais.

Même si Louis XIV, en 1698, prohibe l'usage de la contrainte envers ceux que les catholiques n'appellent plus désormais que les Nouveaux Convertis, certains ecclésiastiques prétendent faire communier par la force les huguenots récalcitrants. En Languedoc, l'intendant Lamoignon de Basville traque les protestants avec férocité. C'est ainsi que commence en juillet 1702 la révolte des Cévennes où se manifestent un messianisme et un prophétisme populaires d'une vigueur peu commune, alors que les pasteurs sont morts ou en fuite. La révolte des camisards échoue en 1705, tandis qu'une violence larvée subsiste entre Mende et Alès jusqu'en 1710. Ainsi, en mars 1715, Louis XIV croit pouvoir affirmer la catholicité de tous les protestants restés dans le royaume, au moyen d'une ordonnance. Cinq mois plus tard, le pasteur Antoine Court rassemble dans une carrière à Ménoblet, aux portes de Nîmes, les principaux pasteurs du Midi et une foule de fidèles pour un synode clandestin : l'Église protestante renaît. Dès 1685, un culte officieux s'est maintenu grâce à des prédicateurs improvisés. Il s'amplifie désormais avec des réunions nocturnes sur les Grands Causses, au « Désert ». Le protestantisme français est replanté sur le modèle de l'Église des Catacombes. Mais en cette période de transition où le vieux roi se meurt, les intendants, dans l'attente du nouveau pouvoir, sont enclins à fermer les yeux – c'est le cas notamment en Poitou – afin d'éviter de rallumer des troubles.

Le Régent réaffirme l'interdiction des assemblées protestantes. Autant que l'hérésie religieuse, le pouvoir redoute la subversion politique dont le risque est amplifié par les liens avec l'étranger : les ambassades des nations protestantes deviennent de hauts lieux de célébration du culte, les pasteurs affluent de la république de Genève. Mais si l'épiscopat réclame, jusqu'en 1770, l'application intransigeante de la législation répressive, l'administration royale se montre de plus en plus conciliante. En 1762, l'année de l'affaire Calas, Jean Viala est le dernier protestant à être condamné aux galères. Le traité de Paris, en 1763, aboutit à un adoucissement général en échange d'un traitement similaire pour les catholiques canadiens, l'année même où Voltaire publie son *Traité sur la tolérance*. Mais ce n'est qu'en 1775 que les derniers galériens pour la foi sont libérés. En 1777, Necker devient le premier protestant contrôleur général des Finances. Le nouvel édit de tolérance de 1787, obtenu par l'entremise de La Fayette, restitue au demi-million de protestants leurs droits civils mais ne leur accorde ni la liberté de culte ni, en théorie, l'accès aux charges. Ils devront attendre la Déclaration des droits de l'homme et du citoyen du 16 août 1789 pour retrouver la plénitude de leurs droits.

ASSEMBLÉE DU CLERGÉ

Réunion des représentants des bénéficiers du royaume de France.

Avant 1586, date à partir de laquelle elles se tiennent officiellement, tous les dix ans, les assemblées sont, le plus souvent, régionales. Le roi leur réclame un don gratuit égal à la décime que le concordat de 1516 lui a permis de prélever sur le clergé. À l'Assemblée de Poissy, en 1561, celui-ci s'engage à verser annuellement à l'État, durant six années, 1 600 000 livres, à régler les arrérages des rentes constituées sur l'hôtel de ville de Paris et à racheter ces rentes dans un délai de deux ans. Le clergé désirait sans doute remercier ainsi Charles IX de l'avoir défendu contre la noblesse et le tiers qui voulaient tous deux qu'il payât, seul, les dettes du royaume, le tiers suggérant même d'aliéner une partie ou l'ensemble de ses possessions. Récompense de sa bonne volonté, l'Assemblée reçoit la permission de se réunir à l'expiration du contrat, pour voter le don suivant. Les règles qui régiront l'Assemblée jusqu'à la Révolution sont établies en 1625. N'y est pas soumis le clergé des « pays étrangers » – celui des provinces annexées à la couronne après 1586 sauf le clergé du Béarn et de la Navarre, qui traite directement avec le souverain. La principale raison d'être de cette délibération ecclésiale est financière, mais il en existe également une spirituelle, une politique et une administrative. Contre l'acceptation de certaines demandes, l'Assemblée vote une participation aux charges du royaume. Elle naît de deux consultations. Les bénéficiers régionaux rédigent un cahier de doléances et désignent leurs représentants – deux du premier ordre et deux du deuxième, à compter de 1619 – à l'Assemblée provinciale, laquelle élit les députés de l'Assemblée générale. Le monarque accueille celle-ci, enregistre ses souhaits, émet les siens. Les commissaires royaux poursuivent la discussion. S'il y a désaccord entre le roi et la députation, le souverain ordonne à son Conseil d'établir un contrat les liant l'un à l'autre. L'Assemblée vote la contribution, généralement fixe, qui rembourse les arrérages des emprunts d'État, et le don gratuit, d'un montant plus élevé. Elle perçoit à sa guise les sommes nécessaires, selon une organisation interne chargée de la répartition des subventions, de la levée des impôts, du contentieux. Les bénéficiers acquittent, pour la contribution, une annuité régulière ; pour le don gratuit, l'Assemblée recourt à l'emprunt. L'Église préserve ainsi l'autonomie de sa trésorerie. Outre l'Assemblée décennale, des assemblées réduites opèrent, tous les cinq ans, la vérification et la mise à jour des comptes. Le roi s'adressant à elles afin d'obtenir des contributions ordinaires, ces réunions ne cesseront de prendre de l'importance. Conçues à l'origine comme strictement financières, les Assemblées du clergé débordent de ce rôle initial pour élargir leur compétence à tous les problèmes de l'Église de France : lutte contre les réformes, Contre-Réforme. Elles ne se confondent cependant pas avec des conciles. Encadrées par l'absolutisme – qui désigne le président et dépêche ses commissaires –, les Assemblées du clergé semblent au pape comme l'incarnation même du gallicanisme de l'Église de France.

ASSEMBLÉES LÉGISLATIVES

Si, depuis 1789, plusieurs assemblées politiques françaises ont joui du pouvoir de légiférer, deux seulement ont été qualifiées de législatives : celle de 1791-1792 et celle de 1849-1851.

Assemblée législative de 1791-1792. Succédant à l'Assemblée constituante le 1er octobre 1791, elle se sépare le 20 septembre 1792. La Convention nationale la remplacera. « Jamais il y eut d'assemblée plus jeune », écrit d'elle Jules Michelet. Les constituants ayant voté le 16 mars 1791, sur la proposition de Robespierre, leur inéligibilité à la nouvelle assemblée, des hommes neufs apparaissent sur la scène de la Révolution. « Il nous restait une sottise à commettre, nous l'avons commise », observe amèrement le constituant Malouet. 745 députés, dont 400 avocats, siègent désormais à l'Assemblée législative. Ils ont été élus, aux mois d'août et de septembre 1791, selon un mode électoral censitaire et se répartissent en trois groupes. Le premier est composé de 264 monarchistes constitutionnels, appelés aussi Feuillants, inscrits, pour la plupart, au club de ce nom – les royalistes orthodoxes les baptisent Monarchiens. La Fayette et Barnave, le général Mathieu Dumas, Jaucourt, Girardin, sont à leur tête. Le deuxième, de 345 Indépendants, majorité modérée qui suit Bigot de Préameneu, Lacépède, Pastoret, et que ses adversaires affubleront bientôt du sobriquet de Marais, parce qu'ils siègent au centre, sur le sol même de la vaste pièce, alors que les deux autres partis prennent place sur les gradins placés à gauche et à droite. Enfin, le troisième réunit 136 Jacobins à tendance républicaine. On les surnomme Brissotins, rappel du patronyme de leur chef Brissot, ou Girondins (nombreux, en effet, étaient natifs de la Gironde, tels Vergniaud, Guadet, Gensonné). La frange extrême de ce parti rassemble les futurs Montagnards autour de Couthon, de Chabot et de Basire. Ces formations recevront des consignes de personnalités n'appartenant pas à l'Assemblée : les constitutionnels obéiront aux mots d'ordre de La Fayette et de Barnave, les Montagnards aux mots d'ordre de Robespierre.

Le 1er octobre 1791, l'Assemblée législative s'établit au Manège, bâtiment édifié pour Louis XV enfant, face au numéro 230 de l'actuelle rue de Rivoli. « C'est, constate un témoin oculaire, une salle de collège où des centaines d'écoliers se querellent et sont, à chaque instant, sur le point de se prendre aux cheveux. » Dans le rectangle de « cette salle de collège », Feuillants et Brissotins s'observent de front, les premiers assis à la droite du président – les députés élisent celui-ci parmi eux –, les seconds à sa gauche. Les représentants proposent et votent les lois. Le roi, pouvoir exécutif, peut repousser leur décision en usant de son droit de veto. Toutefois, le veto n'est que suspensif. Au bout de quatre ans (deux législatures), si la loi refusée par le monarque est maintenue par l'Assemblée, elle doit s'appliquer. Comme les députés ont rarement un ordre du jour à examiner et qu'ils ne sont, d'ailleurs, pas astreints à le suivre, les débats se déroulent souvent au milieu d'une confusion tumultueuse. Les discours abondent de références à l'histoire de la République romaine. Les orateurs ne parviennent pas toujours à couvrir de leur voix le tapage qui agite perpétuellement la salle, et seuls les plus talentueux, tels Condorcet, Vergniaud, etc., peuvent espérer l'interrompre un instant.

Les Feuillants dominent d'abord l'Assemblée. Les divergences de vues entre La Fayette et Barnave les condamneront vite à perdre leur influence. La Fayette est hostile à une déclaration de guerre à l'Autriche. Barnave la souhaite, ainsi que Louis XVI et les Brissotins, le roi poursuivant sa politique du pire, les Girondins leur politique de radicalisation révolutionnaire. Le 23 mars 1792, un ministère brissotin remplace le ministère feuillant. Clavière est aux Finances, Roland à l'Intérieur, Dumouriez aux Affaires étrangères. La paix agonise : le 20 avril, l'Assemblée vote à l'unanimité moins une voix la déclaration de guerre à François II, roi de Bohême et de Hongrie, c'est-à-dire à l'Autriche, non à l'Empire allemand.

Trois décrets de l'Assemblée législative vont entraîner la chute du gouvernement. Celui du 27 mai 1792, qui déporte les prêtres réfractaires ; celui du 29 juin – les séances sont permanentes depuis la veille –, qui licencie les 6 000 hommes de la garde constitutionnelle ; celui du 8 juin, qui ordonne la création, au Champ-de-Mars, d'un camp de 20 000 fédérés venus de tous les cantons de France. Le roi n'accepte que la dispersion de la garde. Les deux autres mesures se heurtent à son veto et, le 13 juin, un ministère feuillant succède au ministère brissotin. Alors les Girondins organisent la journée du 20 juin. Les sans-culottes – en ce temps nommés les piques –, après avoir défilé des heures dans la salle de l'Assemblée, envahissent le château des Tuileries. Louis XVI coiffe le bonnet rouge que lui tend un émeutier, boit un verre de vin à la santé de la Nation, mais refuse de retirer son veto. « La force ne fera rien

Assemblées législatives
La séance du 10 août 1792 à laquelle le roi assiste dans la loge du logographe (actuel secrétaire des débats). Plume et lavis bistre, rehaussé de gouache blanche par François Gérard, Paris, musée du Louvre. © *Collection Viollet*

sur moi, déclare-t-il, je suis au-dessus de la terreur. »

L'Assemblée, aiguillonnée par ses éléments ultra-révolutionnaires que soutient le peuple des faubourgs, décrète, le 11 juillet, la patrie en danger et une levée de 50 000 hommes. L'agitation redouble lorsque arrivent à Paris, le 30 juillet, les fédérés, dont les fameux Marseillais. Appuyés par les sections parisiennes, ils exigent la déchéance du roi et la réunion d'une convention chargée de rédiger une nouvelle Constitution. Le 1er août, la capitale prend connaissance du manifeste de Brunswick qui soulève sa colère. Harcelée, l'Assemblée ne peut interdire la naissance d'une commune insurrectionnelle. Celle-ci, de l'Hôtel de Ville où elle s'est installée, lance, le 10 août 1792, la masse des piques et des fédérés que surexcitent la chaleur torride et le glas du tocsin, à l'assaut du château des Tuileries. Les gardes nationaux fraternisent avec la foule affolée de colère. 800 à 900 suisses, 200 à 300 royalistes tiennent tête, quelques heures, à l'orage. Submergés, les défenseurs de la monarchie sont massacrés, tandis que le roi et sa famille, qu'escortent 6 ministres, 4 familiers, 2 officiers municipaux et le procureur-syndic Roederer, se réfugient à l'Assemblée législative, désertée des deux tiers de ses membres. De la loge du logographe, notre actuel secrétaire des débats, Louis XVI assiste au défilé des vainqueurs qui brandissent des bannières sur lesquelles on peut lire : « Plus de roi, haine aux tyrans », et qui déposent des pétitions exigeant la « déchéance de Louis Capet de la couronne et son procès ». À sept heures du soir, Vergniaud obtient de l'Assemblée, terrifiée, deux décrets. L'un suspendant provisoirement le pouvoir exécutif de ses fonctions et l'autre prévoyant, dans le prochain mois, l'élection d'une Convention nationale. « Ce que vous faites là, monsieur, n'est pas constitutionnel, remarque le souverain. – C'est vrai, répond le député, mais je vous sauve la vie. »

Le lendemain, l'Assemblée crée un Conseil exécutif provisoire chargé de suppléer le roi. Il se compose de Brissotins – Roland, Servan, Clavière – et de Montagnards. L'autorité émane désormais de ce conseil, de la Commune et de l'Assemblée. De fait, la Commune impose sa volonté. Sous sa pression, l'Assemblée, toujours réduite des deux tiers, va voter une série de décrets. Le 16 août, elle ne légalise le rachat des droits seigneuriaux que si les propriétaires produisent des actes de propriété originaux. Le 17 août, elle institue le Tribunal criminel. Le 26 août, elle décide la saisie des biens d'émigrés et contraint les prêtres, s'ils veulent échapper à la déportation, à prêter serment à la liberté et à l'égalité. Puis elle laïcise l'état civil, réquisitionne et taxe les grains, désigne des commissaires pour représenter le pouvoir exécutif en province.

Du 2 août au 5 septembre, l'Assemblée législative, discréditée, débordée, laisse s'accomplir les massacres dans les prisons. Le 20 septembre, elle se dissout.

Assemblée législative de 1849-1851. Le 13 mai 1849, le suffrage universel désigne, comme l'exige la Constitution du 4 novembre 1848, les députés qui siégeront pendant une période de trois ans à l'Assemblée législative. 60 % du corps électoral a mandaté 713 représentants du peuple. La Constitution en prévoit 750, mais le principe des élections multiples n'a pas permis d'atteindre ce nombre. « La majorité est entre les mains des ennemis de la République », remarque Alexis de Tocqueville lorsqu'il prend connaissance du nom des nouveaux législateurs.

Le parti de l'Ordre, à l'intérieur duquel se côtoient légitimistes, orléanistes, catholiques, compte 450 députés. Berryer et La Rochejaquelein conduisent les premiers, Thiers et Molé les deuxièmes, Falloux et Montalembert les troisièmes. Les républicains, eux, ne sont que 223, dont 180 démocrates, appelés aussi Montagnards, menés par Pyat et Ledru-Rollin. La majorité – elle a porté à la présidence de l'Assemblée l'orléaniste Dupin – et la minorité se combattent l'une et l'autre. L'une et l'autre combattent toutefois Louis Napoléon Bonaparte, élevé à la présidence de la République par le choix du suffrage universel le 10 décembre 1848. Le parti de l'Ordre, sans perdre l'espoir de renverser le régime et de lui substituer une monarchie, réserve, toutefois, ses plus rudes coups aux républicains.

Le neveu de l'Empereur joue adroitement sa partie. Le but qu'il poursuit est simple : affaiblir les oppositions, et laisser l'Assemblée se discréditer auprès de la nation afin de parvenir à la liquider, fort de la quasi-unanimité des Français. L'Assemblée dissoute, la route vers le trône impérial est ouverte. Au début de la législature, le parti de l'Ordre soutient le prince-président. Les républicains reprochent violemment à ce dernier d'avoir lancé un corps expéditionnaire – le général Oudinot le commande – en campagne contre la jeune république romaine qui a chassé, le 25 novembre 1848, le pape Pie IX de la Ville éternelle. Ledru-Rollin demande à l'Assemblée de décréter d'accusation Louis Napoléon. Le 12 juin, l'Assemblée repousse la proposition du Montagnard, et approuve l'initiative présidentielle. Les républicains, le 13 juin, manifestent leur colère dans la rue. Le gouvernement, qu'applaudit la majorité, frappe durement. 34 députés sont suspendus – ils seront, finalement, privés de leur mandat en février 1850 –, les réunions publiques interdites, la parution des journaux interrompue. Les démocrates obtiendront cependant 21 sièges lors des élections complémentaires du 28 avril 1850. Habilement, Louis Napoléon, amorphe d'apparence, observe le parti de l'Ordre légaliser d'impopulaires textes conservateurs, juguler le « danger rouge ». Demain, lui, il s'affirmera le champion de la République.

Le 15 mars, l'Assemblée vote la loi Falloux – le monopole de l'Université est aboli, la liberté de l'enseignement établie. Le 31 mai, elle entérine la loi qu'a préparée la commission dite des Burgraves, qui limite l'exercice du suffrage universel. Maintenant, le citoyen doit occuper le même logement depuis un minimum de trois ans pour jouir de son droit d'électeur. Une masse de trois millions de Français – Thiers la qualifie de « vile multitude » –, surtout des ouvriers, se trouve dépossédée de l'arme démocratique par excellence : la consultation populaire. Les condamnés, politiques comme pénaux, sont également exclus de celle-ci. Le 16 juillet, enfin, l'Assemblée restaure le timbre et le cautionnement, supprimant de fait la liberté de la presse. À Hortense Cornu, sa confidente s'indignant qu'il paraisse soutenir le suffrage restreint, le prince-président rétorque : « Vous n'y connaissez rien, je perds l'Assemblée. » Cette phrase explique toute la stratégie de Louis Napoléon.

L'Assemblée ne dissimule d'ailleurs pas l'antipathie qu'elle éprouve à l'égard du prince-président. Au mois d'avril 1851, elle refuse d'accéder à son désir de la voir réviser l'article de la Constitution qui interdit au président de la République de se représenter à la magistrature suprême, le mandat de quatre ans expiré. Et elle ne cesse de lui reprocher de sortir de son rôle de chef du gouvernement représentatif alors qu'elle travaille à l'en priver définitivement. Le Palais-Bourbon et le palais de l'Élysée sont proches de l'empoignade. Changarnier, député orléaniste, menace de faire enfermer à Vincennes le prince-président – ce « perroquet malade » qui a eu la finesse de réclamer l'abrogation de la loi du 31 mai 1850 et le retour au suffrage universel. Morny dit à Louis Napoléon : « Je me mets à votre disposition. »

Le 11 novembre 1851, l'« Assemblée déclare ouvertement son hostilité au gouvernement », écrit Horace de Vieil-Castel. Les questeurs proposent que le président de l'Assemblée puisse réquisitionner la force armée. Démarche inutile. Les républicains, redoutant moins Louis Napoléon que les monarchistes, la rejettent. Le prince-président, que secondent Morny, Persigny, Maupas, Saint-Arnaud, abat ses cartes le 2 décembre 1851. Des affiches, collées au cours de la nuit sur les murs parisiens, annoncent à la population : « Au nom du peuple français. Le président de la République décrète. Article premier : l'Assemblée nationale est dissoute. Article deuxième : le suffrage universel est rétabli. La loi du 31 mai est abrogée. » 40 commissaires et 800 agents mettent en état d'arrestation 18 députés et une soixantaine de personnalités connues pour leurs sentiments antibonapartistes. Expulsés par les gendarmes du Palais-Bourbon, 220 députés, sous la présidence de Benoît d'Azy et de Vitet, se réunissent à la mairie du Xe arrondissement. Berryer demande la déchéance de Louis Napoléon de la présidence de la République. « Très vive et unanime adhésion », note le compte rendu de la séance. Ce ne sera là, néanmoins, qu'une condamnation symbolique. Les troupes du général Magnan interviennent, et les 220 députés, appréhendés, sont transférés à Vincennes et au mont Valérien.

L'affaire s'échauffe le 3 décembre. Un comité de résistance se constitue au Café du Peuple, à Paris. Les rues de la capitale se hérissent de barricades. Sur l'une d'entre elles, faubourg Saint-Antoine, le député Baudin meurt, abattu de la balle qu'un soldat tire en riposte à la fusillade des émeutiers. « Vous allez voir comment on meurt pour 25 francs ! », indemnité journalière des représentants, s'était-il écrié quelques minutes plus tôt. Le jeudi 4 décembre, une foule assez bien vêtue, ce qui donnera à la journée le nom de journée des Paletots, déambule le long des boulevards Bonne-Nouvelle et des Italiens. Les lignards manœuvrent. Soudain, un cri s'élève : « Vive la République ! » et la détonation d'un fusil claque. Aussitôt, les soldats ouvrent un feu de salve. Il dure dix minutes et abat près de 90 personnes. Morny, le 6 décembre, télégraphiera à Mme de Flahaut : « Le plus grand calme. Émeute vaincue et terrifiée. » Malgré la loi martiale proclamée dans 32 départements, 26 000 incarcérations et 5 exécutions, un plébiscite approuvera massivement la dissolution de l'Assemblée législative par 7 439 216 de « oui », contre 646 737 « non ». L'ambassadeur d'Autriche prophétise : « L'empire se fera. »

ASSEMBLÉE NATIONALE

Nom donné à plusieurs reprises, depuis la fin de l'Ancien Régime, à l'Assemblée des députés élus par les Français, selon des modalités différentes.

Assemblée nationale de 1789-1791. Pendant la Révolution, les délégués de la noblesse, du tiers état et du clergé décident, le 9 juillet 1789, de prendre le nom d'Assemblée nationale constituante. L'Assemblée, qui siège à Versailles, puis dans la salle du Manège des Tuileries, se sépare le 30 septembre 1791, pour faire place à l'Assemblée législative. Les députés – ils sont alors près de 1 200 – se répartissent à l'origine selon trois tendances : à droite, les aristocrates, c'est-à-dire les monarchistes intransigeants, groupés autour des abbés Maury et Montesquiou, de Cazalès, qui souhaitent le retour à l'Ancien Régime ; au centre, les monarchiens, dont la plupart rejoindront par la suite les aristocrates ; à gauche, les patriotes constitutionnels comprenant la quasi-totalité du tiers, quelques membres de la noblesse libérale et du bas clergé. Eux-mêmes se répartissent selon trois tendances : le centre constitutionnel, favorable à une monarchie constitutionnelle, avec La Fayette, Tronchet et l'abbé Sieyès ; le triumvirat, avec Lameth, Duport et Barnave ; une tendance d'extrême gauche représentée, notamment, par Robespierre. Ces députés, qui se dénomment eux-mêmes patriotes, représentent la majorité de l'Assemblée, et inspirent la plupart des institutions nouvelles. Sous leur impulsion, de nombreuses réformes sont votées : la mise à la disposition de la nation des biens du clergé, devenus biens nationaux, et la création des assignats ; la Constitution civile du clergé ; l'abolition des privilèges ; la Déclaration des droits de l'homme et du citoyen ; la Constitution de septembre 1791, etc.

Assemblée nationale de 1871-1875. Au terme de la guerre franco-prussienne de 1870-1871 est élue l'Assemblée nationale de février 1871, qui siège jusqu'au 31 décembre 1875. Réunie à Bordeaux, puis à Versailles, elle se compose d'une majorité de monarchistes, 400 environ, de légitimistes et orléanistes en nombre à peu près égal, de 200 républicains et 30 bonapartistes. Les députés, élus eux-mêmes au suffrage universel, élisent un président, Jules Grévy, et un chef du pouvoir exécutif, Thiers. Ils ratifient en outre les préliminaires du traité de Francfort et luttent contre la Commune. Au mois de juillet 1871, des élections partielles, destinées à compléter l'Assemblée, lui ajoutent 100 députés républicains et 12 royalistes.

Mais la majorité de l'Assemblée reste royaliste, quoique divisée entre orléanistes et légitimistes, et, après avoir annoncé son ralliement à une république conservatrice, Thiers doit se démettre en mai 1873 ; il est remplacé par le maréchal de Mac Mahon. Le 18 novembre 1873, la durée du mandat présidentiel est portée à 7 ans – par la majorité royaliste, durée calculée de telle sorte qu'elle corresponde approximativement au délai nécessaire à la restauration monarchique. L'Assemblée, divisée en de nombreuses tendances, rejette plusieurs projets de Constitution avant de voter, le 30 janvier 1875, par 353 voix contre 352, l'amendement Wallon qui donne au chef de l'État le titre de président de la République. Elle adopte ensuite les lois constitutionnelles des 24 et 25 février et du 16 juillet 1875. L'Assemblée vote enfin sa dissolution. Le fonctionnement de la IIIe République, jusqu'en 1940, repose sur les lois de 1875, amendées en 1879 et 1884.

Assemblée nationale de 1946-1951. D'après la Constitution du 27 octobre 1946, le Parlement français se compose de deux assemblées aux pouvoirs inégaux, l'Assemblée nationale et le Conseil de la République. L'Assemblée nationale est élue pour cinq ans au suffrage universel direct selon des modalités plusieurs fois modifiées par la suite. Le président du bureau de l'Assemblée est le deuxième personnage de la République, il préside le Parlement réuni en congrès pour l'élection du président de la République. En cas de dissolution de l'Assemblée, à la suite d'une motion de censure, il devient président du Conseil et ministre de l'Intérieur. Les pouvoirs de l'Assemblée, bien supérieurs à ceux du Conseil de la République, sont d'ordre législatif, constituant et financier. Jusqu'à la réforme de 1954, un projet de loi adopté en seconde lecture à la majorité absolue par l'Assemblée devient définitif même si le Conseil de la République l'a rejeté. La navette, instituée en 1954, renforce les pouvoirs du Conseil mais l'Assemblée garde le dernier mot.

Le président du Conseil, choisi par le président de la République, reçoit l'investiture de l'Assemblée après lui avoir présenté son programme, mais avant de constituer son ministère. Cette procédure est supprimée en 1954 : le président du Conseil doit faire accepter par l'Assemblée son programme et ses principaux ministres. La Constitution de 1946 donne aussi au président du Conseil le pouvoir de dissoudre l'Assemblée, dans certaines conditions. La première Assemblée nationale, élue en novembre 1946, compte environ 160 communistes, autant d'élus du Mouvement républicain populaire (MRP), une centaine de socialistes, les autres partis ayant une représentation beaucoup plus faible. La règle est donc le tripartisme. La création du Rassemblement du peuple français (RPF) par le général de Gaulle, et l'exclusion des ministres communistes du gouvernement par Paul Ramadier provoquent un glissement de la majorité vers le centre, avec les radicaux d'Henri Queuille.

Assemblée nationale de 1951-1955. La deuxième Assemblée, élue le 17 juin 1951, voit le recul des communistes et du MRP au profit des radicaux, des socialistes, des républicains indépendants et paysans et l'apparition d'un nouveau groupe, celui du RPF gaulliste. Les partis du centre gouvernent contre une double opposition, celle des communistes et du RPF et sans la SFIO. L'Assemblée est dissoute le 1er décembre 1955, avant la fin de son mandat, après avoir refusé, pour la seconde fois, sa confiance au gouvernement.

Assemblée nationale de 1956-1958. Les élections de janvier 1956 voient le succès des poujadistes, le recul des radicaux, des gaullistes, le succès des communistes. À la suite de l'aggravation des événements d'Algérie et du rappel du général de Gaulle, à qui sont délégués les pouvoirs législatifs et constitutionnels, l'Assemblée est mise en congé en juin 1958.

Assemblée nationale de 1958-1962. La Constitution du 4 octobre 1958 institue un Parlement composé de l'Assemblée nationale et du Sénat. L'Assemblée est élue au suffrage universel direct pour cinq ans. Le président de l'Assemblée, élu pour la durée de la législature, n'est plus que le quatrième personnage de l'État. Les pouvoirs de l'Assemblée sont réduits par rapport à ceux accordés par la Constitution de 1946 : elle partage le pouvoir législatif avec le Sénat, en cas de désaccord, son avis ne l'emporte qu'après un arbitrage du gouvernement. Après sa nomination, le Premier ministre engage devant l'Assemblée sa responsabilité sur son programme. Il peut le faire à nouveau sur une déclaration de politique générale ou le vote d'un texte. L'Assemblée peut voter une motion de censure contre le gouvernement, si la motion est signée par un dixième de ses membres, au moins. Le président de la République peut la dissoudre à tout moment.

La première Assemblée nationale de la Ve République, élue le 30 novembre 1958, voit la naissance d'un nouveau parti, l'Union nationale pour la République (UNR), se réclamant du général de Gaulle et qui obtient plus de la moitié des sièges, soit 206. Les républicains indépendants ou apparentés sont assez nombreux – 118 –, les communistes n'ont que 10 élus, les non-inscrits 40, le MRP 56 et la SFIO 44 ; ces deux derniers conservent une certaine représentation.

Assemblée nationale de 1962-1967. Aux élections de novembre 1962, après une dissolution, les partis soutenant de Gaulle emportent la majorité par 274 sièges, mais l'accord entre gauche et extrême gauche permet l'élection de 67 socialistes et 41 communistes. Le MRP et le Centre national des indépendants, plus à droite, reculent lentement.

Assemblée nationale de 1967-1968. À la suite de l'élection présidentielle de 1965, le paysage politique s'est décanté : deux ensembles puissants – gaullistes et giscardiens d'une part, Fédération de la gauche démocratique et sociale (FGDS) et communistes de l'autre – rivalisent, tandis que le Centre démocrate est à la fois dans l'opposition au Général et hostile à l'idéologie de gauche. En l'occurrence, le mode de scrutin provoque une surprise avec le report efficace des voix de gauche au second tour et le choix d'un vote sanction par une bonne part des centristes. Ainsi, tout en progressant jusqu'à un seuil exceptionnel de 38 % des voix, l'UNR n'a pas la majorité des voix en métropole, avec 231 députés sur 470. L'appoint est fourni par les députés d'outre-mer, ce qui ne manquera pas de soulever un doute sur la victoire gaulliste finale, avec 247 élus contre 116 à la FGDS, 73 au PC et 27 au Centre démocrate. Les élections de 1967 ont failli constituer le premier exemple de « cohabitation » entre les deux légitimités issues du suffrage universel.

Assemblée nationale de 1968-1973. Alors que la poussière soulevée par les événements de mai 1968 obscurcit l'avenir du régime, le général de Gaulle décide, sur le conseil insistant de Georges Pompidou, de dissoudre l'Assemblée. Le discours radiodiffusé du 29 mai 1968 constitue la première étape d'une « opération de la dernière chance ». Relayé par une manifestation parisienne sur les Champs-Élysées et par un coup de balai dans l'équipe gouvernementale, il donne aux gaullistes un élan inattendu. De surcroît, le recours aux urnes marque un progrès dans la civilisation des conflits franco-français, en même temps qu'il condamne la stratégie gauchiste.

Les élections de juin 1968 confirment ce retournement. Avec 293 élus sur 487, l'UDR (nouvelle appellation de l'UNR où la « Défense » du régime remplace de manière éloquente la « Nouveauté ») est le premier parti de l'histoire de France à remporter la majorité absolue depuis l'invention du suffrage universel. Au total, la droite compte 355 sièges ; la FGDS 57 ; les centristes 33 et les communistes 34. Le vote de 1968 s'apparente à celui de 1871 par le réflexe de peur sociale qui a saisi les électeurs et par une hostilité marquée de la province à l'égard de Paris.

Assemblée nationale de 1973-1978. Les élections de 1973 poussent à son terme la logique de la bipolarisation. La gauche fait bloc autour du Programme commun, propose de changer une équipe gouvernementale usée par quinze ans d'exercice du pouvoir et rêve à un bouleversement de l'économie. La droite mobilise ceux qu'effraient un nouveau traumatisme social et ceux qui craignent l'archaïsme supposé d'une gauche obnubilée par 1936 ou le Grand Soir.

Cette dramatisation est efficace. Au second tour, 85 % des circonscriptions voient un face-à-face droite-gauche. L'écart potentiel est si ténu que les centristes sont l'objet des sollicitudes de la droite, regroupée sous le sigle URP. Prenant appui sur l'anticommunisme de leur leader Jean Lecanuet, Georges Pompidou les convainc de se rallier à la majorité, à l'exception des radicaux de Jean-Jacques Servan-Schreiber. Précaution utile car, au final, l'avance électorale de la droite ne représente qu'un maigre pourcentage. L'UDR a perdu la majorité absolue, et la droite pèse 275 sièges, contre 176 à la gauche, dont 102 pour les socialistes, qui passent devant les communistes.

Assemblée nationale de 1978-1981. Jamais élections législatives sous la Ve République n'ont été autant dominées par la confusion. À la bipolarisation droite-gauche s'ajoute une primaire à droite entre le RPR et les autres formations regroupées sous la bannière UDF (Union pour la démocratie française), tandis qu'à gauche une triplette oppose communistes-socialistes/radicaux-gauchistes. Avec les candidats marginaux (deux partis d'extrême droite se présentent) ou excentriques (Michel Jobert et ses démocrates « ailleurs »), on compte 4 000 candidats.

Pourtant, loin de provoquer un effet de saturation, l'offre politique déclenche une envolée de la participation, comparable à celle de 1945. Première surprise au soir du premier tour : la gauche est victorieuse en voix (49,8 %) mais reste minoritaire, et encore à condition de ramasser les bulletins de familles irréconciliables. Deuxième surprise, le vote du 19 mars donne la victoire à la majorité avec 0,5 % d'avance en voix mais 90 sièges d'écart (153 sièges pour l'UDR, 137 pour l'UDF, 114 pour le PS et les radicaux, 86 pour le PC). La France de 1978 s'est partagée entre quatre blocs homogènes d'importance comparable (20 à 25 % des voix) : RPR, UDF, PS, PC. Les autres formations sont exclues de la représentation, alors qu'elles pèsent souvent les 3 à 5 % indispensables au succès d'un camp. Une troi-

Assemblée nationale
Le 17 septembre 1981, lors du discours de Robert Badinter sur l'abolition de la peine de mort. © *Keystone*

sième division prend naissance entre le « club » des élus et les exclus de la Chambre, source d'un retour de flamme de l'antiparlementarisme.

Assemblée nationale de 1981-1986. Tirant les leçons de la pratique gaullienne (valider la légitimité du président nouvellement élu) et des difficultés de son prédécesseur, tiraillé entre son parti et la concurrence critique du RPR, François Mitterrand dissout la Chambre de 1978. Les élections de juin 1981 sont le calque inversé de celles de 1978 : une gauche majoritaire qui agite le spectre de la crise de régime ; une droite dont l'union cache mal les rancœurs et les rivalités, en même temps que l'absence de programme. De fait, les électeurs de droite se désintéressent du scrutin et l'abstention enregistre une poussée de 15 %. Victorieuse en partie par défaut, la gauche atteint un record historique avec 56 % des voix, tandis que le PS égale le succès de l'UDR de 1968. Avec 285 députés, il est la seconde formation à disposer de la majorité absolue, ce qui facilite l'alternance politique. Le PC dispose de 44 députés et la droite de 152.

Assemblée nationale de 1986-1988. Deux questions dominent les débats : quel sera l'effet du scrutin de liste proportionnel après une génération de pratique majoritaire ? Que se passera-t-il en cas de victoire de la droite, donc d'une « cohabitation » de deux légitimités ? Les résultats déjouent les pronostics : aux extrêmes, le PC passe sous la barre des 10 % et se trouve rejoint par le Front national ; la résistance du PS – avec un tiers des voix – en fait le premier parti de France, mais il est battu par la coalition RPR/UDF qui, avec 44,5 % des voix, obtient une victoire étriquée, comparable à celle de 1967 (277 sièges contre 216 au PS et 35 au PC comme au FN). La nouvelle majorité ne peut tabler sur ce succès pour contraindre le président à partir et rééditer le coup de 1877. En adoptant la même analyse hypothétique – l'électorat refuse la crise politique et institutionnelle en pariant sur l'entente forcée au sommet –, les acteurs politiques valident la cohabitation. Paradoxalement, le mode de scrutin a favorisé la bipolarisation, au prix d'une perte de pouvoir du législatif devant l'élection-reine, la présidentielle.

Assemblée nationale de 1988-1993. Avec 54 % des voix au second tour de la présidentielle de mai 1988, soit un gain de deux points au terme d'un septennat, François Mitterrand tente de rééditer l'opération de 1981. Argument supplémentaire, la nomination de Michel Rocard à Matignon, le 9 mai, peut permettre des ralliements, voire des alliances avec les centristes. L'efficacité de cette stratégie reposait sur le rétablissement de la proportionnelle ; or, on imaginait mal Michel Rocard prendre cette initiative, lui qui, en 1985, avait démissionné du gouvernement pour protester contre son retour. Cette contradiction irrésolue affaiblit l'effet mobilisateur de la nomination de Michel Rocard, longtemps présenté comme le symbole d'une gauche « moderne ». À droite, la confusion règne entre ceux qui dénoncent la dissolution dans l'espoir de reconquérir un leadership (Valéry Giscard d'Estaing), ceux qui acceptent le combat frontal droite-gauche pour faire place à une nouvelle génération (François Léotard) et les hommes du RPR, muets dans la défaite, hantés par la concurrence de l'extrême droite et la perspective de triangulaires dévastatrices.

Les résultats des 5 et 12 juin n'éclaircissent pas la situation. La droite est majoritaire en voix (50,4 %), mais son capital s'est effrité de quatre points en deux ans, et surtout le Front national compte pour presque 10 % des voix. À gauche, le PS réédite sa performance de 1981 avec 37,5 % des voix, tandis que le reste de la gauche stagne. La carte électorale ressemble à celle de la France radicale d'avant-guerre : les notables sont au pouvoir. Le curseur idéologique est seulement reparti vers le centre (avec 130 élus, l'UDF dépasse pour la première fois le RPR qui n'en a que 128, les socialistes-radicaux comptent 276 députés, le PC 27, le FN 1).

Assemblée nationale de 1993-1997. Les élections se déroulent dans un climat de rejet politique et moral de la gauche. À la différence de 1986, celle-ci apparaît engluée dans un immobilisme inefficace économiquement, agitant des projets de réforme promis aux oubliettes et gangrenée par des affaires financières qui donnent aux électeurs l'impression que la loyauté partisane suffit à excuser la malhonnêteté. De plus, le PS est en panne de leader. Le Premier ministre Pierre Bérégovoy est compromis dans une affaire de prêt personnel ; le premier secrétaire du parti Laurent Fabius est mis en cause dans l'affaire du sang contaminé ; Michel Rocard invente un « big bang » aux contours trop cosmiques pour séduire les électeurs.

La droite reste au balcon, laissant la gauche perdre les élections et se gardant d'afficher un programme qui étalerait ses divisions, depuis la campagne de Maastricht. Elle met en avant Édouard Balladur qui prend soin de préciser qu'il accepte le principe de la cohabitation et qu'il sauvegardera les « acquis sociaux », au contenu mystérieux pour tout le monde. L'obstacle présidentiel surmonté, la droite s'installe largement au pouvoir, à proportion de l'exaspération suscitée par la majorité sortante. Celle-ci se poursuit par une poussée de l'abstention avec un record de 31 % des voix, puis par un effondrement de la gauche de gouvernement qui tombe sous la barre des 20 %, son plus bas niveau sous la Ve République. Mais la droite en profite peu : elle atteint 45 % des voix, collée à son score des années 1980, et bénéficiant à plein du scrutin majoritaire qui lui donne 485 sièges (242 RPR, 207 UDF, 36 divers) sur 577, soit un résultat qui appelle une réflexion à la Waldeck-Rousseau après la victoire du Bloc des gauches en 1902 : « Ils sont trop. » Quant à l'opposition socialiste, elle perd la moitié de ses ténors et tombe à 67 députés (24 pour le PC), résultat plus enviable que celui des écologistes et du Front national, sans députés avec, respectivement, 7,5 % et 12,5 % des voix.

Assemblée nationale de 1997. Les élections des 25 mai et 1er juin découlent d'une situation inédite : la dissolution de la Chambre par le président de la République Jacques Chirac, le 21 avril 1997, sans motif de crise. Cet épisode aboutit à un résultat inattendu, le retour de la gauche au pouvoir. On l'expliquera par la multiplicité des candidatures (6 243), ce qui rappelle le contexte confus de 1978. À cela s'ajoute l'absence de programme de la majorité sortante, ce qui conduit nombre d'électeurs de droite à refuser de donner un blanc-seing au Premier ministre en poste, Alain Juppé. En face, la gauche n'a guère de mal à promouvoir une « autre façon » de gouverner aux contours flous, plus séduisant en tout cas que le « moins d'État, moins d'impôts » de la majorité sortante. Sur les marges, le Front national capitalise le vote repoussoir des déçus de la République et de la société : avec 15 % des voix, il peut imposer 76 triangulaires à la droite et se maintenir dans 133 circonscriptions.

Au final, la poussée frontiste (500 000 voix de plus qu'en 1993) et le reflux majoritaire modéré (46 % des voix, mais seulement 132 RPR, 108 UDF et 14 divers) expliquent davantage le changement de majorité que l'avancée de la gauche. Le PS rétablit ses positions, mais sa performance (241 députés) est inférieure à celles de 1981 et de 1988 ; le PC retrouve 38 députés avec moins de 10 % des suffrages exprimés, mais ceux-ci pèsent lourd puisqu'ils fournissent l'appoint à la majorité. Enfin les écologistes, avec 7 députés, réussissent à entrer au Parlement dans les fourgons des socialistes. Cependant, le fait le plus notable à long terme restera sans doute la fin de la génération gaullo-mitterrandienne (286 députés sont nouveaux) et la féminisation de l'Assemblée : les femmes franchissent la barre des 10 %, contre 1,5 % vingt-cinq ans plus tôt.

Assemblée nationale de 2002. Les élections des 9 et 16 juin étaient présentées comme une pierre de touche prévisible de la Ve République, compte tenu notamment de l'inversion du calendrier électoral, du vote de la loi sur la parité et du retournement de l'opinion quant au bien-fondé de la cohabitation, observable depuis mars 2002. En fait, les résultats présentent, en un assemblage inédit et baroque, plusieurs caractéristiques des scrutins antérieurs.

Le record d'abstention (39,7 %) s'inscrit dans une courbe de pente constante depuis 1973 (multiplication par 2) et conforme à celle des démocraties d'Europe occidentale. A côté d'un volume presque constant d'électeurs s'abstenant par rejet du personnel politique, par exclusion socioculturelle, s'ajoutent désormais des abstentionnistes actifs qui ont voulu sanctionner la gauche plurielle ou la cohabitation. On ne peut donc ici associer abstention élevée et crise de régime. Quant à la représentation féminine, avec 250 candidates qualifiées pour le second tour et 68 élues (dont 36 UMP, 23 PS), pour une féminisation atteignant 11,8 %, elle ne progresse pas en 5 ans.

Comme en 1958 et en 1981, les élections valident la légitimité du président nouvellement élu : pour la troisième fois sous la Ve République (après l'UNR en 1958, l'UDR en 1968 et le PS en 1981) un parti détient la majorité absolue avec 309 sièges, obtenus par un tiers des voix, ce qui rappelle l'effet de levier propre aux élections de 1967. Comme en 1968, le vote de la province est différent de celui de la capitale et de sa proche banlieue, avec des effets d'éviction de la gauche plus marqués à la périphérie hexagonale et au sud d'une ligne Vannes-Lyon. Enfin, les partis se réclamant du communisme subissent une hémorragie en voix (7,61 %) mais le PCF garde 21 députés, tandis que le Front national-MNR avec 3 millions de voix au premier tour n'obtient aucun député, la mise à l'écart des « exclus » rappelant le résultat de 1978.

Assemblées de notables

Sous l'Ancien Régime, les assemblées de notables, comme les états généraux, représentent la nation auprès du pouvoir royal.

Elles sont convoquées et congédiées par le roi, et leur fonction est uniquement consultative. Elles se différencient des états généraux par l'absence d'élection (leurs membres sont nommément désignés par le roi), leurs effectifs plus réduits, la présidence attribuée à un prince de sang. Le monarque les convoque en des moments difficiles : en 1527, lorsque François Ier veut faire approuver sa décision de ne pas appliquer le traité de Madrid ; en 1560, à Fontainebleau, pour examiner le statut des protestants. D'autres réunions, au cours desquelles elles ont à suggérer ou à approuver une remise en ordre du royaume, se tiennent à Rouen en 1596 et 1617, puis à Paris en 1627. Pendant un siècle, l'Assemblée de notables n'est plus convoquée, mais garde, comme les états généraux, un tel prestige que Louis XVI et ses ministres ont à nouveau recours à elle dans les circonstances très graves qui précèdent la Révolution, en février 1787. Devant l'hostilité du parlement envers son plan général de réformes, le contrôleur général des Finances Calonne a, en effet, pensé tourner la difficulté en faisant appel à 144 notables qu'il choisit lui-même. Il ne peut obtenir d'eux l'abolition des privilèges fiscaux à travers son projet de subvention territoriale imposée à tous, et doit démissionner en avril. Son successeur Loménie de Brienne finit par les congédier le 25 mai. Necker les réunit à nouveau en novembre 1788 : ils se prononcent pour la réunion des états généraux.

Assignat

Billet émis sous la Révolution, de 1789 à 1796, et dont la valeur est assignée, d'où son nom, sur les biens nationaux. Non convertible en espèces à l'origine, il est cependant transformé en papier-monnaie en 1790.

Le premier souci de l'Assemblée constituante, à la fin de 1789, est d'éviter la banqueroute : les impôts ne rentrent pas, la monnaie ne circule plus. L'Assemblée décide donc, le 2 novembre, sur proposition de Mirabeau, de mettre les biens du clergé « à la disposition de la nation », qui s'engage en échange à assurer les frais du culte et

Assignats de 1790 et 1791
Musée de la ville de Paris, musée Canavalet, Paris. © *Bonara-Giraudon*

l'entretien des prêtres. Après des débats qui durent plus d'un mois, l'Assemblée approuve finalement la proposition de Bailly et décide que les biens nationaux seront vendus aux communes, chargées de les revendre aux particuliers. Pour acheter ces biens nationaux, les municipalités prennent des engagements à temps envers l'État, lequel paie ses créanciers avec des billets, ou assignats. Les assignats, gagés donc sur les biens nationaux, ne doivent servir qu'à l'acquisition de ces biens, et être brûlés au fur et à mesure qu'ils rentrent dans les caisses de l'État, ce qu'on se garde bien de faire. Les 19 et 20 décembre 1789, l'Assemblée vote la création d'une Caisse de l'extraordinaire, chargée de recevoir les contributions patriotiques, et de vendre pour 400 millions de biens nationaux. En même temps, elle ordonne l'émission de 400 millions d'assignats de 1 000 livres, portant intérêt à 5 %.

Cette émission lui permet de faire face à ses créanciers, mais les difficultés se poursuivent en 1790 : les impôts ne rentrent toujours pas et les acheteurs de biens nationaux sont rares. Aussi le taux de l'intérêt est-il réduit à 3 % au mois d'avril. Mesure insuffisante : le 27 août, l'Assemblée décrète que les 400 millions d'assignats auront cours de monnaie dans tout le royaume. L'intérêt est supprimé, le cours forcé décrété. Les difficultés financières continuant, 800 nouveaux millions sont émis. Il est interdit de refuser l'assignat comme moyen de paiement. Malgré les promesses de l'Assemblée au moment de cette seconde émission, les frais de la guerre, à partir du printemps 1792, servent de prétexte à l'émission de nouveaux assignats, la planche à billets fonctionne à nouveau. Quand la Convention se réunit, 2 milliards d'assignats sont en circulation, ils ont perdu deux cinquièmes de leur valeur, et ne cessent de baisser. Cette perte de valeur passe à 50 % en février 1793, à 70 % en avril. À cette date, il est interdit de vendre du numéraire, de refuser les assignats – dans lesquels les citoyens n'ont jamais eu confiance – ou de les négocier. Au mois de septembre, les coupables encourent la peine de mort ; au mois d'octobre il est interdit de détenir des espèces. Et la planche à billets continue à fonctionner, l'inflation provoquant une hausse constante du coût de la vie. La loi du maximum, l'emprunt forcé d'un milliard sur les riches, en septembre 1793, ainsi que les victoires permettent une légère remontée de l'assignat qui atteint 50 % de sa valeur nominale à la fin de l'année. Mais l'inflation reprend, avec l'augmentation de la circulation du papier-monnaie : 5,5 milliards dans l'été 1794, 11 pendant l'hiver. La chute de Robespierre est suivie de celle de l'assignat : en octobre 1795, le total des émissions atteint 20 milliards, soit le double de la valeur attribuée aux biens nationaux. L'assignat est tombé au cent cinquantième de sa valeur et le coût de la vie a plus que doublé. La parité fictive entre le numéraire et le papier est abolie depuis le début de l'année. L'emprunt forcé sur les riches, qui rapporte 10 milliards en décembre 1795, n'arrête pas la chute de l'assignat. Le 23 décembre, une loi décide que le matériel d'impression sera détruit après l'émission de 40 milliards : il y en a plus de 45 milliards en circulation, quand le matériel est solennellement détruit place Vendôme, le 19 février. Mais le Directoire a encore émis 20 milliards au mois de février, qui ne produisent que 100 millions en numéraire. Les biens nationaux se déprécient, leur vente fait perdre de l'argent à l'État. Elle est suspendue. Un nouvel emprunt forcé ne donne que de faibles résultats.

Le 18 mars 1796, une loi supprime les assignats et les remplace par les mandats territoriaux portant hypothèque sur les biens nationaux. Ils peuvent être échangés contre ces biens ou contre des assignats, au trentième de la valeur de ces derniers, soit 30 assignats pour un mandat. Les mandats ont aussi cours de monnaie, 2 400 millions en sont émis. Malgré le cours forcé, les mandats ont perdu 45 % de leur valeur à la fin du mois de mars, la dépréciation atteint 65 %, puis 90 %, les possesseurs de mandats peuvent donc acheter des biens nationaux à bas prix. Le cours forcé des mandats est aboli le 17 juillet 1796, et ils sont finalement démonétisés le 4 février suivant. Ils sont remplacés, à raison d'1 % pour le paiement des biens nationaux, par des billets qui n'ont pas valeur de monnaie. Les 45 milliards d'assignats de mars 1796, transformés en 2 400 millions de mandats, ne représentent plus que 240 000 francs en monnaie métallique. Le Directoire doit ensuite vivre d'expédients ou emprunter de l'argent à des taux usuraires.

ASSISTANCE PUBLIQUE

Action consistant à secourir les pauvres et les indigents.

La prise de conscience de la nécessité d'assurer publiquement la subsistance des individus indigents se fait jour avec la Révolution, qui tient l'Ancien Régime pour responsable d'avoir « maintenu et propagé la pauvreté » (Comité de mendicité de la Constituante, 1790). Ce qui avait, jusqu'alors, été l'apanage de l'Église devient une affaire d'État. Il ne s'agit plus de faire la charité, mais bien de donner les moyens aux plus pauvres de jouir de leur droit à la bienfaisance publique. Dans l'esprit des révolutionnaires, il s'agit là d'une obligation de l'État, inscrite dans la Constitution de 1793 : « La société doit la subsistance aux citoyens malheureux, soit en leur procurant du travail, soit en assurant les moyens d'exister à ceux qui sont hors d'état de travailler. » Pour autant, les circonstances historiques d'alors ne permettront pas de voir appliquer les lois organisant, par exemple, la création dans chaque commune d'un Bureau de bienfaisance. La première moitié du XIXe siècle laisse à l'initiative privée et aux hôpitaux les seules formes d'assistance, loin des projets de la Convention. Sous la IIe République, avec le développement de la classe ouvrière souvent misérable, se pose à nouveau avec force la question de la nécessité de l'assistance publique. Mais les libéraux, et à leur tête Thiers, font échec à la mise en place d'une assistance publique et à la reconnaissances d'obligations légales de l'État.

Le retour de la République marque celui de l'assistance publique. En 1889, le Congrès international pose les principes fondamentaux de l'assistance. Il s'agit alors d'une obligation légale incombant aux collectivités locales les plus proches des personnes concernées. L'assistance n'est un droit acquis qu'aux personnes démunies et ne pouvant pas compter sur d'autres formes d'aides, notamment familiales (le code civil pose, en effet, des obligations alimentaires entre descendants et ascendants directs). L'État demeure le moteur de la mise en place de l'assistance publique, relayée par les collectivités. Ainsi, sont adoptées à la même époque un certain nombre de lois d'assistance, telles la loi sur les enfants maltraités et moralement abandonnés de 1889, la loi sur l'assistance médicale gratuite de 1893 ou la loi de 1905 sur les vieillards, les infirmes et les incurables sans ressources. Cependant, les années 1930 voient se profiler la mise en place d'un système d'assurance sociale obligatoire sur le modèle allemand (modèle bismarckien). Avec la loi du 1er juillet 1930 (assurance sociale obligatoire pour les salariés de l'industrie et du commerce) et surtout l'ordonnance du 4 octobre 1945 créant la Sécurité sociale, la logique d'assurance (cotisations salariales obligatoires) est définitivement préférée à la logique d'assistance. Pour autant, l'assistance publique se maintient aujourd'hui sous la forme d'aides sociales accordées à toute personne remplissant les conditions légales d'attributions. Le Préambule de la Constitution de 1946 rappelle, en effet, que « tout être humain qui, en raison de son âge, de son état physique ou mental, de la situation économique, se trouve dans l'incapacité de travailler a le droit d'obtenir de la collectivité des moyens convenables d'existence ». L'aide sociale est fondée sur la solidarité nationale et est financée, non par des cotisations, mais exclusivement par l'impôt. En la matière, le département est normalement compétent, en vertu du principe de proximité. On relève aujourd'hui cinq formes d'aide sociale : l'aide sociale à l'enfance, l'aide sociale aux handicapés ou aux personnes âgées, l'aide à l'hébergement et l'aide médicale.

ASSOCIATIONS (loi sur les)

Loi du 1er juillet 1901 organisant le droit d'association.

Cette loi, votée sur proposition du gouvernement Waldeck-Rousseau, s'inscrit dans les suites politiques de l'affaire Dreyfus. Il s'agit de contrôler (art. 13) la formation des congrégations religieuses, d'en exclure celles qui ont été interdites d'enseignement (assomptionnistes, oratoriens) et de contrôler, via les préfectures, la richesse – notamment immobilière – des congrégations. En leur coupant les vivres, Waldeck-Rousseau veut affaiblir la presse religieuse hostile à la république, et diminuer le rôle formateur des collèges pour les cadres de l'armée et de l'administration. En pratique, cette loi profite aux partis politiques qui peuvent se contenter d'une seule déclaration pour ouvrir des bureaux et recruter des adhérents au grand jour. Les élections de 1902 ayant envoyé une Chambre qui refuse la plupart des autorisations aux congrégations, on entre alors dans la logique de la séparation de l'Église et de l'État.

ASSOLEMENT

Au Moyen Âge, répartition du terroir en soles (ou zones) homogènes, soumise à la pratique communautaire de la rotation des cultures.

À l'origine, cet assolement se pratiquait en faisant alterner sur deux ans (assolement biennal) céréales et jachère. Puis, au XIIIe siècle, dans les régions plus riches d'Île-de-France, de Normandie et de Picardie s'est pratiqué l'assolement triennal, céréales d'hiver, céréales de printemps puis jachère. Ce mode de culture était rendu indispensable pour la surveillance des troupeaux paissant sur ces jachères. Cette structure traverse les siècles, à peine modifiée au XVIIIe siècle par le remplacement de la jachère par la culture des prairies artificielles (trèfle, luzerne) et l'introduction des plantes sarclées qui poussent à subdiviser les soles en demi-soles. L'assolement quadriennal ne fut jamais tenté que de façon sporadique, faisant alterner betteraves ou pommes de terre, céréales de printemps, prairie temporaire et enfin blé d'hiver.

ASTROLOGIE

L'astrologie a profondément marqué le système de connaissance du monde des civilisations antiques, en particulier grecque et latine, avant de connaître un essor considérable dans la civilisation arabo-musulmane du haut Moyen Âge. Riche de ce triple héritage, elle est introduite à partir du XIIe siècle parmi les sciences étudiées en Occident. Une astrologie chrétienne originale se développe alors.

En effet, dès lors que l'astrologie se propose de mesurer le déterminisme du mouvement des astres sur les événements terrestres et les activités humaines, se pose le problème de l'articulation entre cette action et le système chrétien d'appréhension du monde. Que devient le rôle moteur de Dieu et le libre arbitre de l'homme face au déterminisme astral ? D'Abélard à Nicole Oresme, en passant par Albert le Grand et Thomas d'Aquin, la plupart des théologiens médiévaux s'en préoccupent. L'idée d'un microcosme humain reproduisant le macrocosme astral, repris de l'astrologie grecque, s'impose rapidement. Les tympans des églises romanes puis gothiques l'illustrent en associant les représentations symboliques des mois aux signes du zodiaque, l'ensemble entourant des théophanies (Autun, Vézelay, Chartres). En revanche, le problème fondamental de l'action des astres sur la Création et la volonté humaine suscite de violentes polémiques. Les propositions les plus contradictoires à la doctrine chrétienne comme la théorie du recommencement périodique du monde, soutenue dans le livre XII des *Métaphysiques* d'Aristote, sont régulièrement condamnées par les autorités ecclésiastiques (en 1270, 1277, 1348 ou 1368, par exemple). Cependant, les pratiques astrologiques continuent de se développer.

Au XIVe siècle, l'astrologie judiciaire, qui recherche la clef des comportements aberrants dans la mauvaise conjoncture des astres, connaît un vif essor. Les astrologues passent pour pouvoir interpréter les dérèglements de toute nature qui ne sont pas le fait de la volonté humaine. Aussi se font-ils météorologues et médecins. Les prédictions annuelles font leur apparition au XIVe siècle, et dans le même temps les princes prennent l'habitude de faire rédiger des « nativités », sortes d'horoscopes commandés lors du couronnement des rois ou la naissance de leur fils aîné. Si l'empereur Frédéric II est sans doute le premier souverain à s'entourer d'un astrologue officiel en la personne de Michel Scot, vers 1250, les rois de France font de même un siècle plus tard. Charles V requiert les conseils de Thomas de Pisan (père de Christine de Pisan) et de Pèlerin de Prusse. Charles VII fonde un collège d'astrologie à l'Université et y institue deux boursiers. Louis XI s'entoure de ses astrologues à toutes les occasions. Au XVIe siècle, la situation se généralise. À la Cour, Catherine de Médicis et Charles IX accueillent Michel de Nostredame (Nostradamus).

À partir du XVIIIe siècle, l'astrologie se détache de plus en plus nettement de l'astronomie qui se veut rationnelle et déliée des préoccupations théologiques. Elle n'en perd pas pour autant son audience, à travers notamment la littérature de colportage puis, au XXe siècle, avec la diffusion populaire des horoscopes dans les médias écrits et audiovisuels. Si les astrologues n'occupent plus de place officielle auprès des dirigeants, ils demeurent fort sollicités par les chefs d'État.

ATAULF ou ATAULPHE (? – Barcelone, 415)

Roi des Wisigoths.

Ce chef barbare, épris de culture latine, beau-frère et successeur, en 410, d'Alaric Ier le conquérant de Rome, envahit le sud de la Gaule et y défait les césars contestés, Jovin et Sébastien. Après ses victoires, Ataulf s'empare de Valence, de Narbonne, de Toulouse, puis prend pour femme Galla Placidia, sœur de l'empereur Honorius. Culbuté en Narbonnaise par le patrice Constance, il se retire jusqu'à Barcelone, ville ou l'un de ses officiers l'assassinera. Wallia vengera sa mort et s'assiéra sur le trône des Wisigoths.

ATELIERS NATIONAUX

Organisation instituée par le décret du 27 février 1848, destinée à donner du travail aux chômeurs parisiens.

Le gouvernement provisoire mis en place après la révolution de février 1848 a proclamé le droit au travail. L'activité économique n'ayant pas repris dans la capitale, les chômeurs y sont nombreux et agités. Pour leur fournir du travail, et aussi pour combattre l'influence de la commission du Luxembourg présidée par Louis Blanc, le gouvernement provisoire décide la création d'ateliers nationaux : les chômeurs parisiens de toute profession peuvent s'y inscrire, ils seront occupés à des travaux de terrassement, de construction des gares, de nettoyage des rues, et toucheront 2 francs par jour, plus 1,50 franc donné par la mairie à tout chômeur reconnu. Marie, ministre des Travaux publics, est chargé d'organiser les ateliers.

L'inscription dans les ateliers est mal organisée. Beaucoup plus nombreux que prévu – on en attendait 15 000 –, les chômeurs viennent même de province, et le gouvernement ne sait comment les occuper. Sur la proposition de l'ingénieur Émile Thomas, un bureau central est installé le 6 mars. Les ouvriers sont embrigadés quasi militairement, répartis en escouades et en brigades. Émile Thomas a de grands projets, mais toujours pas de travail à offrir. Les ateliers ne sont qu'une caricature des ateliers sociaux prônés par Louis Blanc. Et les inscrits sont de plus en plus nombreux, peut-être 115 000 en mai. L'agitation se répand dans leurs rangs, ils s'occupent de politique à défaut de travail manuel, tiennent un club. Devant le coût énorme de l'opération – 150 000 francs par jour –, le gouvernement nomme une commission d'étude, puis décide, le 24 mai, d'incorporer les chômeurs célibataires de 18 à 25 ans dans l'armée, de renvoyer les provinciaux chez eux, de payer les inscrits à la tâche et non à la journée. Devant les réactions violentes des ouvriers, cette décision n'est pas appliquée immédiatement, mais rendue officielle, et applicable, seulement le 22 juin, d'où les journées de Juin. Peu après, Cavaignac, chargé de la répression de l'émeute puis du pouvoir exécutif, supprime les ateliers.

ATHIS-MONS ou ATHIS-SUR-ORGE (traité d')

Traité de paix signé le 23 juin 1305 entre Philippe IV le Bel et le comte Robert III de Flandre.

Le second s'engage à verser au premier une lourde indemnité, à subvenir à l'entretien de ses hommes d'armes et à raser les murs de Gand, Bruges, Ypres, Douai et Lille. Les deux dernières cités sont placées sous la garde du roi en garantie de l'exécution des clauses acceptées. Le « Transport de Flandre », en 1312, cède Douai, Lille et Orchies à la France, mais Charles V les restitue à la Flandre, lors du mariage de son frère Philippe le Hardi avec Marguerite, l'héritière du comté.

ATLANTIQUE (front de l')

Nom donné, lors de la libération de la France, en 1944, aux positions tenues par les Forces françaises de l'intérieur qui, sous le commandement du général de Larminat, on été détachées sur l'Atlantique pour bloquer les ports qui n'étaient pas immédiatement tombés aux mains des Alliés, Lorient, Saint-Nazaire, La Rochelle et Royan-Pointe-de-Grave.

Constitué de troupes peu nombreuses, mal armées, ce détachement de l'Atlantique doit se borner à former un cordon d'investissement autour de Lorient, Saint-Nazaire et La Rochelle qui resteront occupés par les Allemands jusqu'à l'armistice de 1945. En revanche, le barrage allemand de Royan, qui interdit aux Alliés l'utilisation du port de Bordeaux, est attaqué le 15 avril 1945 avec l'aide de la marine, de l'aviation, de la 2e division blindée française et des zouaves. Ses derniers ouvrages se rendent le 20 avril. L'île d'Oléron est à son tour délivrée le 1er mai. Dans le Nord, la poche de Dunkerque, bloquée par un corps spécial mais rendue inaccessible par un large système d'inondations, devait elle aussi tenir jusqu'à l'armistice.

ATLANTIQUE (mur de l')

L'ensemble des positions fortifiées qui reçoit le nom de mur de l'Atlantique est construit par les Allemands sur les côtes de la mer du Nord, de la Manche et de l'Atlantique, de 1941 à 1944. Il constitue la pièce maîtresse du système défensif allemand à l'ouest.

Le plan initial prévoyait 15 000 ouvrages principaux bétonnés, de 600 à 800 m^2, appuyés par des défenses secondaires littorales et sous-marines, des réseaux serrés de mines et de puissantes batteries côtières. Pour réaliser cet énorme projet, la main-d'œuvre (175 000 ouvriers) est essentiellement fournie par les réquisitions de l'organisation Todt. En dépit d'un travail intensif,

3 700 ouvrages seulement sont terminés en avril 1943 et le mur de l'Atlantique ne peut résister à l'assaut allié en juin 1944.

ATLANTIQUE NORD (organisation du traité de l')

Alliance signée le 4 avril 1949 à Washington par douze pays en vue de sauvegarder la paix et la sécurité et de développer la stabilité et le bien-être dans la région de l'Atlantique Nord. L'OTAN est communément appelé « pacte Atlantique ».

Aux pays signataires (Belgique, Canada, Danemark, États-Unis, France, Grande-Bretagne, Islande, Italie, Luxembourg, Pays-Bas, Norvège et Portugal) s'adjoignent la Grèce et la Turquie en 1952, puis l'Allemagne fédérale en 1955, après la ratification des accords de Paris. Consécutive à la rupture de fait entre l'URSS et les États-Unis, cette alliance est un réflexe de défense des Occidentaux qui, devant la politique soviétique en Europe, cherchent à mettre sur pied un nouveau système d'alliance. Le pacte de Bruxelles, signé le 17 mars 1948 entre la Grande-Bretagne, la France et les trois pays du Benelux, en est la première étape. Dès sa conclusion, l'idée de constituer un système de défense entre ses signataires et les États-Unis se fait jour, pour résister à une éventuelle pression soviétique qui se manifeste bientôt avec le début du blocus de Berlin. Le 11 juin 1948, le Sénat américain vote la résolution Vandenberg autorisant le président à conclure, en temps de paix, des alliances en dehors du continent américain, ce qui constitue une véritable révolution dans la politique étrangère des États-Unis. L'été 1948, on commence à parler d'un éventuel pacte Atlantique, mais les négociations ne s'ouvrent qu'après la réélection de Truman.

La guerre de Corée, en mettant en lumière le vide militaire de l'Europe occidentale, accélère la mise sur pied de l'Organisation du traité de l'Atlantique Nord, avec ses commandements unifiés sur chaque théâtre d'opérations éventuel et la nomination du général Eisenhower comme commandant en chef allié en Europe en décembre 1950. Le siège du Conseil de l'Atlantique Nord, organe exécutif suprême de l'alliance, est fixé à Paris en 1952, tandis que le SHAPE, commandement supérieur des forces alliées en Europe, s'installe, en 1951, à Rocquencourt (Yvelines). Les difficultés qui apparaissent assez rapidement entre ses membres tiennent aux origines essentiellement défensives du traité et à la disproportion des forces entre les États-Unis et leurs alliés européens. Elles se cristallisent, à partir de 1956-1957, autour du problème nucléaire, le développement de l'armement nucléaire soviétique ayant fait perdre aux États-Unis leur monopole de fait dans ce domaine au moment où les possibilités de destruction augmentaient dans des proportions considérables. La valeur effective de la protection des États-Unis et leur engagement éventuel en Europe sont notamment mis en cause par la France. En 1958, le général de Gaulle propose à Londres et à Washington la constitution d'un triumvirat qui sera chargé de la stratégie nucléaire. Sans succès. La France décide alors d'assurer elle-même sa sécurité et son armement nucléaire, tandis qu'elle interdit le dépôt d'engins atomiques américains sur son sol. La doctrine dite de la riposte graduée, avancée par McNamara, confirme que les États-Unis veulent rester seuls juges dans l'évaluation de la menace ennemie, et la France retire des commandements navals intégrés de l'OTAN ses forces de Méditerranée en 1962, puis de l'Atlantique en 1963. Elle décide enfin, le 7 mars 1966, de dénoncer son adhésion à l'organisation militaire atlantique, tout en demeurant membre du traité, ce qui entraîne le départ des formations militaires françaises du SHAPE et des représentants de la France des comités des chefs d'état-major de l'OTAN, tandis que les organismes alliés sont transférés hors des frontières françaises. Les 14 autres membres du traité refusent d'admettre la thèse française, mais l'état de fait n'est suivi d'aucune rupture. La France demeure représentée auprès du SHAPE et souscrit au principe d'une coopération de ses forces stationnées en Allemagne avec les autres unités alliées. Le 6 mai 1996, un accord de sécurité est signé entre l'OTAN et l'UEO (Union de l'Europe occidentale), première étape d'une défense transatlantique commune.

Organisation du traité de l'Atlantique Nord
Le drapeau spécial du quartier général atlantique choisi par le général Eisenhower en 1951. © *Keystone*

En mars 1999, trois anciens pays communistes d'Europe centrale adhèrent à l'Organisation : la Pologne, la République tchèque, la Hongrie. Un mois plus tard, l'OTAN est pour la première fois de son histoire engagée dans une intervention militaire offensive, au Kosovo. Cette action est destinée à mettre fin à l'épuration ethnique orchestrée par le pouvoir serbe de Yougoslavie à l'encontre de la majorité albanaise de la province.

ATRÉBATES

Peuple qui occupe, approximativement, en Gaule Belgique, le territoire de l'Artois moderne et dont une branche, pendant le Ier siècle av. J.-C., émigre en Grande-Bretagne où elle peuple le futur comté de Wilts.

Sa capitale est *Nemetocenna* (Arras). Unis dans la résistance contre César aux Morins, aux Ménapiens et aux Nerviens, les Atrébates et leurs alliés sont vaincus par les Romains en 57 av. J.-C., sur la Sabis, fleuve qui n'est probablement pas la Sambre mais la Selle.

ATTILA (?, v. 395 – ?, 453)

Roi des Huns (433-453).

Sous son règne, les Huns, établis en Pannonie – l'actuelle Hongrie –, achèvent de soumettre, entre la Caspienne et le Rhin, les Ostrogoths, les Gépides et les Alains. Puis Attila envahit l'Empire d'Orient en 441 et songe à attaquer Constantinople quand l'empereur d'Orient le détourne à prix d'or vers l'Occident. Attila envahit la Gaule en 451. Les détails de l'invasion sont mal connus. Il pille Metz, épargne Paris, ce qui est considéré comme un miracle attribué à l'intervention de sainte Geneviève, mais se heurte au général romain Aétius qui a levé une armée composée principalement des Wisigoths du roi Théodoric. Aétius libère Orléans et livre combat à *Campus Mauriacus*, Moirey, au sud de Troyes. C'est la victoire dite des champs Catalauniques qui oblige Attila à abandonner la Gaule. Il se jette alors sur l'Italie du Nord, mais se décide à repasser les Alpes en échange des cadeaux du pape Léon Ier et meurt soudainement le lendemain de l'une de ses noces, en 453. L'empire inorganisé sur lequel il a régné se défait après lui. Les Huns d'Attila sont un peuple de cavaliers des steppes, et pas seulement les barbares sauvages et cruels si souvent dépeints. Quant à la cour d'Attila, ouverte aux philosophes, elle est incontestablement brillante et devient le point d'attraction de tous ceux que mécontentait, décevait ou révoltait l'Empire romain décadent.

AUBIGNÉ Agrippa d' (Saint-Maury, 1552 – Genève, 1630)

Écrivain et homme de guerre.

Sainte-Beuve le qualifie de « Juvénal du XVIe siècle ». Son père, l'un des membres de la conjuration d'Amboise, lui inculque, avec une solide et brillante instruction humaniste, de farouches convictions huguenotes. Pour les défendre, d'Aubigné, adolescent, sert sous le prince de Condé, chef du parti réformé. Un duel, qui l'éloigne de Paris quelques jours avant la Saint-Barthélemy, le sauve du massacre. Ce jeune homme batailleur, calviniste passionné qu'une respectueuse affection attache à Henri de Bourbon, roi de Navarre (futur Henri IV), sait néanmoins séduire Charles IX par ses dons littéraires. Et il profite de l'engouement qu'il suscite à la Cour pour, croit-on, organiser la fuite d'Henri de Bourbon, retenu de force auprès du roi de France. L'évasion réussie, d'Aubigné intrigue à Nérac et guerroie à travers le royaume. En 1585, pris par les catholiques, condamné à mort, il est sauvé par François de Saint-Luc, gouverneur de la Saintonge, qui sera un des premiers à reconnaître Henri de Navarre comme roi de France. Lui-même, à cet avènement, renonce aux armes et retourne dans ses terres. Il n'abandonne pas pour autant toute activité polémique : qu'elle soit littéraire et théologique, lors de la promulgation de l'édit de Nantes, ou plus spécifiquement politique, lorsqu'il conspire contre Luynes en 1620. Dans son exil genevois, le « Bouc du désert » – c'est ainsi qu'il se surnomme – se remarie et assiste au recul et à l'effondrement du protestantisme en France. Ses dernières années en sont assombries. La conversion au catholicisme de son fils Constant, qui sera le père de la marquise de Maintenon, ne sera pas pour le consoler.

On doit à la plume d'Agrippa d'Aubigné la satire versifiée des *Tragiques*, des ouvrages poétiques, polémiques, anecdotiques *(Les Aventures du baron de Foeneste)* et historiques, telle cette œuvre vouée à la flamme du bûcher par le parlement de Paris, l'*Histoire universelle depuis 1550 jusqu'en 1560*. Mémorialiste, annaliste, pamphlétaire mais surtout poète, d'Aubigné incarne l'encyclopédisme de la Renaissance. Sa poésie n'a rien à voir avec les vers apprêtés de la Pléiade : elle est toute violence et jaillissement, sans souci de composition, charriant des joyaux mais aussi toute une rhétorique héritée de la scolastique. Ses hyperboles et son inventivité verbale font songer à Rabelais, mais il s'en faut de beaucoup que *Les Tragiques*, poèmes de combat, prônent la même tolérance souriante et humaniste que *Gargantua* ou *Pantagruel*.

Aubusson

Ville de la Marche, sur la Creuse.

Aubusson prend de l'importance avec l'installation de l'industrie tapissière dans le courant du XVIe siècle. Si Richelieu ordonne de raser son redoutable château, élevé au XIe siècle par les vicomtes d'Aubusson, Henri IV, avant lui, et surtout Colbert lui accordent des privilèges. La manufacture royale connaît une ère brillante jusqu'à la révocation de l'édit de Nantes en 1685 : fief protestant, Aubusson doit attendre le milieu du XVIIIe siècle pour se relever. On y reproduit alors des cartons d'Oudry, de Boucher, sous la direction de peintres comme Dumont et de tapissiers issus des Gobelins. Après le XVIIIe siècle, elle sombre dans la décadence sinon économique, du moins artistique jusqu'à la venue des modernes Lurçat et Picart Le Doux.

Aubusson Pierre d' (Monteil, près d'Aubusson, 1423 – Rhodes, 1503)

Cardinal.

Successeur de Jean-Baptiste des Ursins, il soutient dans Rhodes, contre les Turcs de Méhémet Ali II, un siège célèbre entre tous qui dure 89 jours, du 23 mai au 19 août 1480. L'ennemi est obligé de se retirer, les pertes sont énormes des deux côtés. Pierre d'Aubusson reçoit le prince Zizim (ou Djem), frère de Bayazid II (Bajazet II) et l'envoie au pape Innocent VIII en 1482. Il est alors nommé cardinal-diacre et légat du Saint-Siège en Asie.

Auch

Elimberris Ausci, Auscia. *Ville du Gers.*

Chef-lieu de l'une des douze cités de Novempopulanie, celle des Ausques, d'origine ibérique, soumis par Crassus au cours de la conquête des Gaules. Prospère sous l'Empire, il subit les invasions des Wisigoths, des Francs, des Sarrasins qui le dévastent. Il prend cependant l'avantage sur Éauze, ancienne capitale de la province, vers la fin du VIIIe siècle ou au début du IXe. D'évêché qu'il était depuis le VIe siècle, il devient métropole au milieu du IXe. Plusieurs conciles s'y tiennent du XIe au XIVe siècle. Ultérieurement, l'archevêque, qui est également comte de la ville, ne craint point de se faire appeler primat d'Aquitaine, malgré l'opposition de Bourges. Devenue capitale de l'Armagnac lors de la formation de ce pays, Auch est constituée en chef-lieu de généralité en 1716. En 1790, la Constituante en fait le chef-lieu du département et lui ôte son rang de métropole. Le concordat de 1801 ne lui laisse même pas son évêché. Elle retrouve toute son importance de cité ecclésiastique en 1822, avec la restauration de son titre archiépiscopal : l'évêché de Bayonne, rattaché depuis 1802 à Toulouse, est rendu à la province d'Auch qui récupère également les évêchés d'Aire et de Tarbes, supprimés le premier en 1790, le second en 1801.

Audiffret-Pasquier Edme, Armand Gaston, duc d' (Paris, 1823 – Paris, 1905)

Homme politique.

L'une des têtes du parti orléaniste sous le Second Empire et la IIIe République, ce neveu du duc Pasquier est, après ses échecs de 1866 et de 1869, élu député du département de l'Orne à l'Assemblée nationale en 1871. Orateur de talent, adversaire de la politique que poursuit Thiers, il contribue à la chute du président le 24 mai 1873. Conseiller du comte de Paris, il joue un rôle important dans les conversations qui préparent le ralliement des princes d'Orléans au comte de Chambord. Tout espoir de restauration monarchique disparu, il coopère à l'établissement de la loi du septennat, votée le 18 novembre 1873 et, chef du centre droit comme son beau-frère, Casimir-Perier, est le chef du centre gauche. Il s'efforce de rapprocher les deux grandes formations. Président de l'Assemblée nationale en 1875, sénateur inamovible et président du Sénat de 1876 à 1879, Audiffret-Pasquier, reçu à l'Académie française, succède sous la Coupole à Mgr Dupanloup.

Auerstaedt (bataille d')

Victoire remportée par la France sur la Prusse.

Le 14 octobre 1806, le maréchal Davout, avec un corps d'armée de 26 000 hommes, rencontre à Auerstaedt, ville au nord-est de Weimar, la moitié de l'armée prussienne commandée par le duc de Brunswick et la met en déroute. Brunswick est tué, 115 canons sont pris. Le même jour, Napoléon, à environ 20 km au sud, défait à Iéna l'armée de Hohenlohe. Deux victoires fulgurantes au terme desquelles l'armée prussienne cesse d'exister. Davout est fait duc d'Auerstaedt. Les conséquences d'une telle campagne ne se font pas attendre. Réduite à sa partie orientale, la Prusse est soumise à de très dures conditions d'armistice. Les États du centre de l'Allemagne entrent dans la Confédération du Rhin et, par le décret de Berlin, Napoléon met en place, contre l'Angleterre, sa politique du Blocus continental.

Augereau Pierre François Charles, duc de Castiglione (Paris, 1757 – La Houssaye, 1816)

Maréchal et pair de France.

Fils de maçon engagé à 17 ans dans l'armée française, qu'il déserte pour servir dans celle du roi de Prusse, puis dans celle du roi de Sicile, Augereau, en 1787, est maître d'escrime à Naples. Partisan enthousiaste de la Révolution, il s'enrôle sous les drapeaux de la République. Plus que son talent militaire, le courage qu'il déploie contre les Vendéens et les Espagnols lui vaut le grade de général de division en 1795. Pendant la campagne d'Italie, vainqueur à Millesimo le 14 avril 1796, il se bat magnifiquement à Castiglione, à Lodi, à Arcole. Augereau est désigné par Bonaparte pour regagner Paris et y soutenir le Directoire que menacent les contre-révolutionnaires. « Je viens tuer les royalistes ! », déclare-t-il, franchement, au directeur Rewbell. Ce qu'il fait lors du 18 fructidor an V (4 septembre 1797). Le décret du 29 floréal an XII (19 mai 1804) crée maréchal d'Empire le général Augereau, ancien membre, rallié au Consulat, du Conseil des Cinq-Cents. Duc de Castiglione en 1806, il se bat à Iéna, à Eylau, en Espagne, à Leipzig. Seule ombre à sa gloire : ses pillages. Les « fourgons d'Augereau » sont célèbres dans toute l'armée : ils transportent le butin du maréchal. Bien qu'ayant reconnu Louis XVIII – il a capitulé devant les alliés à Lyon en 1814 –, le duc, pendant les Cent-Jours, s'offre à l'Empereur qui le refuse. Nommé pair de France à la Seconde Restauration, Augereau décline la proposition de siéger au procès du maréchal Ney.

Augsbourg (ligue d')

Évêché de Bavière. Augsbourg tient un rôle considérable dans l'histoire de l'Allemagne.

En 1686, une ligue secrète y est constituée contre la France. Elle comprend l'empereur Léopold Ier, Charles II d'Espagne, Charles XI de Suède, Guillaume d'Orange, stathouder de Hollande, bientôt roi d'Angleterre, l'Électeur palatin, l'Électeur de Saxe, les cercles de Bavière, Franconie, Haut-Rhin. L'année suivante s'y ajoutent Charles-Emmanuel II de Savoie, l'Électeur de Bavière et même, semble-t-il, Innocent XI, plus quelques princes italiens. Cette ligue n'est pas seulement un essai de maintien du *statu quo* dans une Europe que Louis XIV domine de plus en plus ; c'est, à cause surtout de l'accession de Guillaume d'Orange au trône d'Angleterre, un traité offensif. La guerre éclate en 1688. La fortune sourit d'abord aux armées françaises commandées par Luxembourg (Steinkerque, Neerwinden) et Catinat (Staffarde, La Marsaille). Mais en 1693, la demi-défaite navale de La Hougue a un retentissement moral désastreux, insuffisamment compensé par le succès du cap Saint-Vincent l'année suivante. La guerre se termine en 1697 par le traité de Ryswick.

Le duc de Castiglione
Pierre François Charles Augereau, adjudant major, légion germanique, en 1792. Huile sur toile de Charles Thévenin, château de Versailles. © *Giraudon*

Augustinisme

Doctrine théologique et philosophique inspirée des œuvres de saint Augustin (Numidie, 354 – Hippone, 430), l'un des plus grands Pères de l'Église.

L'œuvre abondante d'Augustin a constitué une source de réflexion fondamentale pour l'Église médiévale, notamment *La Cité de Dieu*, dans laquelle il élabore le projet d'une société idéale structurée par l'Église ; ses lettres et traités polémiques destinés à combattre les hérésies de son temps (notamment le traité *De la Trinité*) ; ses *Confessions*, où il mène une méditation autobiographique qui l'invite à réfléchir sur la nature du péché et de la Grâce. Sur le plan théologique, la doctrine augustinienne s'impose dès le haut Moyen Âge. Elle est largement soutenue par les clercs carolingiens (Alcuin, Raban Maur) puis connaît un nouveau souffle à partir du XIIe siècle lorsque Pierre Lombard, maître en théologie à l'école cathédrale de Paris, compose son *Livre des sentences* (v. 1155-1158). Il s'agit d'un recueil de citations scripturaires et de sentences des Pères parmi lesquels Augustin occupe la première place. Jusqu'au XVIe siècle, ce livre est lu et médité par tous les étudiants en théologie. La doctrine augustinienne est pourtant controversée dès le XIIIe siècle par l'enseignement d'Albert le Grand puis surtout de Thomas d'Aquin à l'université de Paris. À la doctrine unitaire d'Augustin qui refuse de séparer la foi de la connaissance comme procédant toutes deux de Dieu, le jeune courant thomiste propose une appréhension raisonnée de la Révélation.

Le second point essentiel de l'augustinisme est la théorie sur la Grâce et la Rédemption. Augustin affirme que, depuis le péché originel, le salut est impossible sans le secours de la grâce divine, rendue accessible par l'intermédiaire de l'Église et des sacrements. Cette théorie suscite dès le XIIe siècle des résistances au sein des écoles cathédrales et de l'Université qui défendent de plus en plus la valeur des œuvres humaines pour accéder au salut (Pierre Abélard). La doctrine augustinienne sur la Grâce connaît des résurgences importantes aux XVIe et XVIIe siècles mais sous des formes détournées. Luther d'abord, quelques sectes protestantes puis les jansénistes ensuite soutiennent la théorie de la prédestination en s'appuyant sur elle.

C'est enfin dans le domaine politique que les œuvres d'Augustin ont été le plus utilisées (*La Cité de Dieu*). La papauté grégorienne puis théocratique des XIIe-XIVe siècles se fonde sur une supériorité absolue de l'Église pour conduire la société, imposant ses règles et sa justice au monde et aux pouvoirs laïcs. La politique d'un Grégoire VII, d'un Innocent IV ou d'un Boniface VIII et leurs conflits souvent violents avec les rois, s'appuient sur cette conception d'une cité humaine reproduisant la cité idéale de Dieu. Abandonnée dans la pratique dès le XVe siècle, cet « augustinisme politique » marque néanmoins la doctrine de l'Église jusqu'à la fin du XIXe siècle lorsque le pape Léon XIII l'abandonne officiellement, imposant au contraire l'enseignement des œuvres de Thomas d'Aquin dans tous les séminaires.

AUGUSTINS

Religieux mendiants suivant la règle de saint Augustin.

En fait, saint Augustin ne donna point de règle : il serait plus exact de dire « religieux suivant les préceptes spirituels et la doctrine de saint Augustin ». Parmi les augustins, on distingue l'ordre de saint Augustin (ermites de saint Augustin, récollets, augustins déchaussés dits petits pères en France à partir de 1609) et les congrégations s'inspirant de la règle de saint Augustin (ordres très variés : des rédemptoristes, des chanoines réguliers, même des ordres militaires).

Les augustines existent dans les deux branches, notamment comme ermites, déchaussées, récollettes dans la première et comme hospitalières et missionnaires dans la seconde. Les augustins ont eu à Toulouse un célèbre couvent, aujourd'hui musée. À Paris, le couvent des Petits-Augustins, fondé en 1608, fut l'asile du célèbre musée des Monuments français où Lenoir sauva quantité de sculptures menacées par les destructions de la Révolution ; cet emplacement est aujourd'hui occupé par l'École des beaux-arts.

Le duc d'Aumale
Portrait d'Henri d'Orléans alors général de division (1880). Huile sur toile de Léon Bonnat, Chantilly, musée Condé. © *Giraudon*

AUGUSTINUS

Ouvrage posthume de l'évêque d'Ypres, Jansénius, paru à Louvain en 1640.

Écrit pour réfuter la doctrine défendue en 1588 par le jésuite espagnol Molina dans *La Concordia*, l'*Augustinus* ne fait guère preuve d'originalité et reprend, comme l'indique son titre, la doctrine de saint Augustin sur la grâce et la prédestination. Ce christianisme sévère, qui affirme le caractère radicalement mauvais de la nature humaine, la grâce n'étant accordée qu'à quelques-uns, a un succès considérable, notamment en France, car il correspond profondément à l'esprit du siècle, et Jansénius est, avec Saint-Cyran et Antoine Arnauld, à l'origine de ce qui est appelé le jansénisme. Mais l'*Augustinus* a aussitôt des adversaires. Parce qu'il cherche à se constituer en dépassement dialectique de la Réforme calvinienne, Jansénius, qui comprend ce qu'elle a sur certains points d'irrésistible, est accusé de reprendre certaines théories de Calvin et il est dénoncé au pape, Urbain VIII, qui condamne son ouvrage en 1643. Nicolas Cornet, un ami de la Compagnie de Jésus, entreprend d'en extraire cinq propositions dont il obtient la condamnation en 1653. À ceux qui affirment que ces cinq propositions ne représentent pas la pensée de Jansénius, le pape Alexandre VII donne un démenti formel dans une bulle du 16 octobre 1656.

AULERQUES

Aulerci. *Nom générique de plusieurs peuplades celtiques qui, à l'arrivée de César, habitent des contrées différentes, mais prétendent avoir une commune origine.*

Les Aulerques Cénomans occupent la plus grande partie du Maine, dont le reste est dévolu aux Aulerques Diablintes. Les Aulerques Éburovices ou Éburoviques sont installés dans l'Évrecin. Très éloignés des autres branches, les Aulerques Brannovices ou Brannoviques sont établis entre Loire et Saône dans une région difficile à situer avec exactitude, soit en Mâconnais, soit en Brionnais, soit plus vraisemblablement en Nivernais septentrional. Clients des Éduens lors de la conquête romaine, ils sont annexés à la cité éduenne avant le Bas-Empire. Les Aulerques du nord-ouest se soumettent à Crassus en 57 av. J.-C. Ils se révoltent deux fois par la suite : en 56, lors du soulèvement général des Armoricains (Sabinus les bat peu après) ; en 52 et 51, avec l'alliance des Bellovaques (ils déposent les armes en même temps qu'eux). Auguste incorpore l'ensemble des Aulerques à la Lyonnaise en 28 av. J.-C.

AUMALE (duché d')

Primitivement Albemarle. *Chef-lieu de canton de la Seine-Maritime (arrondissement de Dieppe). Érigé en comté vers 1070, par Guillaume le Conquérant, en faveur d'Eudes de Champagne.*

En 1194, Philippe Auguste s'en empare et le donne à Simon de Dammartin. La fille de ce dernier, Jeanne, le porte dans la maison de Castille qui le conserve jusqu'en 1342. Il passe, par mariage, dans celle d'Harcourt d'où il est transmis, en 1471, à René II de Lorraine, par son mariage avec Jeanne d'Harcourt. Érigé en duché-pairie en 1547, il passe en 1618 dans la maison de Savoie, à la suite du mariage d'Anne de Lorraine avec Henri de Savoie, duc de Nemours. Enfin il est acheté en 1675 par Louis XIV et donné à Louis-Auguste de Bourbon, duc du Maine, prince légitimé. Par le mariage d'une petite-fille de ce prince avec le duc d'Orléans en 1769, il devient possession de la famille d'Orléans et Louis-Philippe le donne à son quatrième fils, Henri.

AUMALE Henri Eugène Philippe d'ORLÉANS, duc d' (Paris, 1822 – Zucco, Sicile, 1897)

Prince.

Quatrième fils de Louis-Philippe et de Marie-Amélie, il embrasse la carrière militaire à l'âge de 17 ans. Il participe brillamment aux campagnes d'Algérie, s'empare de la *smala* d'Abd el-Kader en mai 1843, fait d'armes spectaculaire qui reste lié à son nom. Lieutenant général puis gouverneur des possessions françaises d'Afrique en 1847, il se retire en Angleterre après la révolution de février 1848. En 1871, il est élu à l'Assemblée nationale et reprend l'année suivante du service actif comme général de division. À ce titre, il préside à Versailles le conseil de guerre qui condamne Bazaine en novembre 1873. Amateur d'art, il s'attache à restaurer son château de Chantilly où il réunit de remarquables collections de dessins et de peintures qui constituent aujourd'hui le célèbre musée Condé. Contraint de quitter à nouveau la France en 1886 à la suite de la loi interdisant la résidence sur le territoire français des membres des familles ayant régné sur la France, il regagne son pays en 1889, après avoir fait connaître sa volonté de léguer Chantilly à l'Institut de France. Prince de grande allure, collectionneur éclairé, il est aussi l'auteur de diverses études politiques et militaires, notamment d'une *Histoire des princes de Condé* qui est saisie en cours d'impression, en 1862, et ne paraît qu'à partir de 1869. Il est élu à l'Académie française en 1871, à l'Académie des beaux-arts en 1880, à l'Académie des sciences morales et politiques en 1889. De son mariage en 1844 avec Caroline de Salerne, le duc d'Aumale a 2 enfants, le prince de Condé et le duc de Guise, morts sans postérité.

AUMÔNE

À l'origine, l'aumône est un geste de piété envers l'Église, qui se caractérise par des donations aux clercs et aux moines réputés pauperes Christi, *« pauvres du Christ ».*

L'Église exerce ensuite une fonction redistributrice au bénéfice des nécessiteux, tandis que les religieux des ordres mendiants fondés au XIIIe siècle, franciscains et dominicains, vivent pauvres parmi les pauvres. À la fin du Moyen Âge, alors que les ordres mendiants connaissent un enrichissement progressif par le biais des fondations pieuses, aumône et charité proprement dite se dissocient avec l'intervention croissante des autorités municipales et royales qui encadrent la mendicité. L'aumônier est l'ecclésiastique chargé de desservir la chapelle d'un grand ou d'un prélat. Au Moyen Âge, l'aumône est liée à l'idéalisation franciscaine du pauvre, figure terrestre du Christ. Mais le développement de la puissance étatique impose une autre lecture : les gens sans feux sont aussi gens « sans aveux », des agitateurs potentiels. Les guerres de Religion y ajoutent la crainte de l'hérésie dont le pauvre serait un suppôt naturel, par intérêt ou faiblesse d'esprit. Au XVIIe siècle, Contre-Réforme, mercantilisme et absolutisme façonnent une éthique combinant rechristianisation, valorisation du travail et ordre social : l'aumône n'est plus « gratuite », elle doit être la contrepartie d'un travail ou, à tout le moins, d'un consentement à la discipline collective. D'où le glissement de sens, où aumône désigne aussi l'hôpital, chargé d'accueillir mais aussi de contenir la pauvreté. Cette évolution idéologique confère à l'aumône une double dimension répressive et laïque. Les hôpitaux passent sous administration municipale, des aumônes générales ou bureaux des pauvres sont créées dès le règne de

François Ier. Au XVIIe siècle, l'ordonnance de 1662 impose dans chaque ville un hôpital général recueillant tous les indésirables – indigents, orphelins, invalides, « filles perdues »... – pour les mettre au travail. C'est le « grand renfermement » des pauvres (Michel Foucault), séparés du reste de la société car dangereux et mis au travail car l'oisiveté est scandaleuse. Parallèlement, la Contre-Réforme n'a pas abdiqué de son ambition caritative : saint Vincent de Paul réhabilite la figure du pauvre et, dans son sillage, les confréries charitables ou la célèbre Compagnie du Saint-Sacrement, ajoutent au devoir évangélique de secours un souci de prosélytisme.

Le siècle des Lumières nourrit deux conceptions a priori contraires : la notion de bienfaisance publique, peu à peu identifiée à une des obligations de l'État ; la diabolisation des errants et des mendiants que les physiocrates traitent en parasites : le paupérisme est un obstacle à l'idéal de civilisation et un fléau économique. Si la philanthropie et l'éducation populaire se développent, elles bénéficient surtout aux pauvres domiciliés. Les vagabonds, eux, sont internés dans des dépôts centraux de mendicité que l'État généralise à partir de 1764. L'époque moderne traite le pauvre de façon ambiguë en le retirant du giron de l'Église au moment où la pauvreté est soumise à une double rationalisation économique et policière.

AUNIS

Pagus Alienensis. *Ancienne province située entre le Poitou et la Saintonge.*

L'Aunis est conquise par les Wisigoths au Ve siècle. En 507, le vainqueur de la bataille de Vouillé, Clovis Ier, la rattache à son royaume franc. Plus tard, au Xe siècle, séparée de la Saintonge, elle sera réunie au Poitou. Importante position stratégique, l'Aunis, dont les seigneurs appartiennent à la maison de Châtelaillon, puis à celle de Mauléon en 1144, relève alors des Plantagenêts. Louis VIII le Lion l'enlève à Henri III d'Angleterre et la donne aux Lusignan. Les Capétiens l'ont toujours opiniâtrement disputée à la descendance de Guillaume, duc de Normandie. C'est ensuite Alphonse de Poitiers, frère de Saint Louis, qui la possède, et ce n'est qu'à la mort de ce prince, en 1271, que l'Aunis entre dans le domaine royal. Le traité de Brétigny, en 1360, la restitue au roi anglais. Elle est, à cette époque, une sénéchaussée distincte de la Saintonge. Reprise par le connétable Du Guesclin à Édouard III en 1371, l'Aunis, de nouveau intégrée à la France en 1373, accède au rang de province, son gouvernement étant La Rochelle. Dès le règne de François Ier, la presque totalité de l'Aunis embrasse la Réforme, conversion qui lui apportera deuils et misères : les guerres de Religion y seront particulièrement sanglantes. Jusqu'à ce que La Rochelle, place forte accordée par l'édit de Nantes à la minorité protestante, cesse sa rébellion et ouvre ses portes à l'armée de Louis XIII, à l'issue d'un siège d'un an (1627-1628). Jointe à la Saintonge, l'Aunis constitue ensuite une généralité. Pendant la Fronde, en 1651, cette fois avec les provinces qui l'entourent, l'Aunis se soulèvera encore contre l'autorité royale.

AURELLE de PALADINES Louis-Jean-Baptiste d' (Le Malzieu, 1804 – Versailles, 1877)

Général.

Issu d'une vieille famille gévaudane, il sert en Algérie de 1841 à 1848 et se distingue lors de la campagne de Crimée en 1855. En 1870, il est mis à la tête de la 1re armée de la Loire et, le 9 novembre, près de Coulmiers, remporte sur von der Thann une victoire qui permet de dégager Orléans et qui est un des rares succès français de cette guerre. Il n'en est pas moins obligé de céder, le mois suivant, devant la supériorité écrasante de l'ennemi, renforcé par les troupes qui ont investi Metz et que la capitulation de Bazaine vient de libérer.

AURÈS

Massif montagneux situé au sud-est de l'Algérie.

L'Aurès est, au cours des siècles, un refuge pour ceux qui refusent de se plier au joug de l'envahisseur. Ralliées à Abd el-Kader, les tribus nomades de l'Aurès sont pacifiées à partir de 1845. La région est cependant loin d'être soumise et se révolte de nouveau en 1850, 1859 et 1916. Le soulèvement des populations de l'Aurès, le 1er novembre 1954, marque le début de la guerre d Algérie.

AURIGNAC

La découverte en 1860 dans cette localité proche de Saint-Gaudens, en Haute-Garonne, d'une grotte préhistorique, a inspiré l'appellation « Aurignacien » donnée à une culture du paléolithique supérieur, apparue dans le sud-ouest de la France vers 30000 av. J.-C.

Le musée d'Aurignac présente les vestiges découverts dans la grotte et caractéristiques de cette période de la préhistoire, comme les grattoirs dits « carénés », façonnés en enlevant sur le morceau de pierre des lamelles très minces, des sagaies et des pendeloques en os. On peut voir aussi les premières tentatives artistiques humaines, des traits maladroits gravant sur les murs de la grotte des ébauches de formes animales et des symboles peut-être sexuels.

AURIOL Vincent (Revel, Haute-Garonne, 1884 – Paris, 1965)

Homme politique, président de la République.

Fils de boulanger, Vincent Auriol milite très tôt dans les rangs du Parti socialiste et fonde à Muret *Le Midi socialiste.* Docteur en droit, avocat, élu député pour la première fois en 1914, il sera constamment réélu. Resté fidèle à la SFIO lors de la scission de Tours en 1920, il devient l'expert financier du Parti socialiste, et Léon Blum en fait son ministre des Finances dans son premier gouvernement de Front populaire de mai 1936 à juin 1937. C'est alors qu'il fait adopter, le 1er octobre 1936, la loi monétaire instituant le franc flottant, dit « franc-Auriol ». Pendant la pause des réformes, après le départ de Léon Blum, on le voit ministre de la Justice des deux gouvernements successifs de Camille Chautemps, de juin 1937 à mars 1938, puis ministre d'État dans le second

Vincent Auriol
Lors d'une soirée à l'Opéra Comique. © *Roger-Viollet*

cabinet Blum rappelé au pouvoir de mars à avril 1938. Au lendemain de l'armistice, Auriol fait partie des 80 parlementaires qui refusent, le 10 juillet 1940, les pleins pouvoirs au maréchal Pétain, ce qui lui vaut d'être arrêté, interné et enfin mis en résidence surveillée dans sa propriété proche de Muret. Après s'être embarqué clandestinement pour Londres, et de là pour Alger, il revient en France à la Libération et, chef du groupe socialiste à l'Assemblée consultative, participe à l'élaboration de la nouvelle Constitution. Ministre d'État dans le gouvernement de Gaulle, de septembre 1945 à janvier 1946, Auriol préside les deux Assemblées constituantes d'octobre 1945 à mai 1946 et de juin à novembre 1946. Le 16 janvier 1947, il est élu, au premier tour, président de la République.

Il devient vite populaire auprès des Français qui apprécient sa bonhomie souriante, la simplicité de ses manières et sa probité, et l'appellent familièrement *Vincentauriol.* Malgré le peu de pouvoir que lui accorde la Constitution, il tente de favoriser l'installation d'une « troisième force » entre communistes et gaullistes puis soutient la majorité modérée de droite autour d'Antoine Pinay, en 1952. Le 15 janvier 1954, arrivé au terme de son septennat, il se retire de la vie politique et, après avoir soutenu de Gaulle en 1958, il refuse, à partir de juillet 1960, de siéger au Conseil constitutionnel, voulant ainsi protester contre ce qu'il estimait être l'évolution de la République vers un régime de pouvoir personnel.

AURORE (L')

Quotidien fondé en 1897 par Ernest Vaughall, précédemment rédacteur à L'Intransigeant.

Le journal ne suit pas de ligne politique homogène : on y trouve d'anciens rédacteurs de *La Justice* et de *L'Intransigeant*, l'antimilitariste Gohier et surtout Georges Clemenceau, rédacteur politique jusqu'en décembre 1899. Les débuts sont difficiles, mais l'article d'Émile Zola en faveur du capitaine Dreyfus, le 13 janvier 1898, titré « J'accuse », fait passer son tirage à plus de 150 000 exemplaires. Le gérant de *L'Aurore* est condamné à quatre mois de prison et Zola à un an. Mais le tirage ne tarde pas à baisser : les dreyfusards sont rebutés par l'antimilitarisme de Gohier et, malgré une rédaction de qualité, la société est liquidée en 1903 et mise en faillite l'année suivante. Le journal est sauvé par Victor Simond, et Clemenceau participe de nouveau à sa rédaction à partir de décembre 1903, l'influençant profondément. Il la quitte en mars 1906, pour fonder *L'Homme libre*, et le tirage du journal baisse encore. Ranc dirige *L'Aurore*, orienté à gauche, de 1906 à 1908 et, en 1912, sous la direction de Gohier, il ne tire plus qu'à 7 000 exemplaires. Un quotidien d'informations générales, dirigé par Robert Lazurick et Paul Bastid, reprend le titre en septembre 1944. Engagé dans la Résistance, le premier avait, de 1942 à 1944, publié un journal clandestin appelé *L'Aurore.* De 100 000 exemplaires en 1946, le tirage passe à 300 000 en 1948. La société absorbe *Résistance* et *Paris-Matin*, devenus *Ce matin*, en décembre 1946, *La France Libre* en 1948, puis le quotidien *Ce matin-Le Pays* en 1953. Concurrencé par *France-Soir* et par *Le Figaro*, *L'Aurore* trouve un nouveau souffle avec la défense de l'Algérie française mais, dès 1965, les ventes chutent et le journal devient, en 1971, une copie populiste du *Figaro* qui l'a racheté.

AUSONE Decimus Magnus Ausonius, dit (Bordeaux, 309/310 – Bordeaux, 394/395)

Préfet, consul, poète.

Fils d'un médecin réputé de la région bordelaise, il fait des études de rhétorique à Toulouse où son oncle est professeur. Il commence sa carrière en enseignant la rhétorique et la grammaire à Bordeaux avant d'être appelé à la cour de l'empereur Valentinien Ier pour devenir le professeur de son fils, Gratien. À l'avènement de ce dernier en 375, Ausone occupe de hautes fonctions dans l'administration impériale, successivement ques-

LE DERNIER TÉMOIN

Souvenirs inédits sur les grands événements du demi-siècle par ceux qui les ont vécus

L'AURORE

France libre

(5 h. du matin) — 9, rue Louis-le-Grand - PARIS — Samedi 20 et dimanche 21 janvier 1951 — 10 FRANCS

LES TABLES A DESSINER UNIC — La plus importante production française — 108, BOUL. RICHARD-LENOIR PARIS-XIe - ROQ. 68-47

Les ETATS-UNIS ajournent le dépôt de leur résolution demandant à l'O.N.U. LA CONDAMNATION DE PEKIN

ON N'ABANDONNE quand même pas à Lake Success tout espoir d'une MEDIATION en Corée

UNE PERQUISITION A SANNOIS A RÉVÉLÉ HIER QUE LE FORMULAIRE des poisons était le livre de chevet du Dr DUFLOS...

...et le chapitre "arsenic" était marqué d'un signet blanc

Scandale dans un AÉRIUM pour enfants près d'Annecy

Après la mort d'une de ses petites pensionnaires, la directrice des Buissonnets est écrouée sous l'inculpation de « sévices et violences »

GRENOBLE, 19 janvier

La Une de *L'Aurore*
Le 20 janvier 1951. © *Collection Viollet*

teur du palais, préfet d'Italie, d'Afrique et des Gaules, et enfin consul en 379. À la mort de Gratien en 383, il se retire dans son domaine situé près de Bordeaux. Ses activités officielles ne l'empêchent pas de composer une abondante œuvre poétique, épigrammes, idylles, pièces de circonstance, où se manifestent son adresse de versificateur et sa sensibilité épicurienne. Son poème le plus connu, *La Moselle*, évoque avec fraîcheur et pittoresque le fleuve arrosant la ville de Trèves où il a séjourné quelques années. Bien que chrétien, Ausone reste un païen par sa culture et ses valeurs, et il a considéré comme un échec de n'avoir pu décourager un de ses élèves favoris, le futur Paulin de Nole, de se consacrer à l'ascétisme.

AUSQUES

Auscii, Ausci. *Peuple de la Gaule aquitaine établi dans la région d'Auch.*

La cité gallo-romaine des Ausques *(civitas Ausciorum)* ou cité d'Auch (*Elimberris, Augusta Ausciorum* puis *Ausci*) est à l'origine des trois *pagi* gallo-francs de l'Armagnac, du Fezensac et de l'Astarac. Strabon considérait les Ausques comme les plus illustres des Aquitains.

AUSTERLITZ (bataille d')

Livrée à une centaine de kilomètres au nord-est de Vienne le 2 décembre 1805, cette bataille, dite des Trois Empereurs, oppose les troupes françaises aux Austro-Russes.

Si la victoire française d'Austerlitz demeure l'aboutissement militaire de la troisième coalition, elle est aussi l'illustration même de la stratégie napoléonienne dans ce qu'elle a de plus élaboré, permettant à l'Empereur de battre des troupes supérieures en nombre et en armements. Durant l'été 1805, alors que Napoléon, depuis le camp de Boulogne, prépare à la tête d'une armée de plus de 150 000 hommes un débarquement sur le sol britannique, la troisième coalition achève de se nouer. Comprenant qu'il risque de se trouver pris à revers, l'Empereur décide d'effectuer une rapide volte-face vers l'est.

La marche sur Vienne. Ayant fait précipitamment quitter Boulogne à son armée dès le début du mois de septembre, Napoléon se trouve, à la mi-octobre, sur le Danube, remporte sur les troupes autrichiennes du général Mack la décisive victoire d'Ulm le 20 du même mois, et s'ouvre par là même la route de Vienne où il entre en triomphateur le 13 novembre. Malgré ces succès, tout ne va pas pour le mieux au regard des intérêts français. La flotte vient d'être battue par les Anglais à Trafalgar ; la Grande Armée ne compte plus que sur environ 80 000 soldats à opposer aux 100 000 Austro-Russes ; la Prusse est tentée de grossir les rangs des coalisés et l'hiver morave commence à s'abattre sur des troupes françaises épuisées par une campagne durant laquelle plus de 1 200 kilomètres ont été parcourus en moins de trois mois.

Le piège tendu. Si la bataille d'Austerlitz se livre de façon décisive le 2 décembre, elle commence stratégiquement plusieurs jours auparavant, lorsque Napoléon, se penchant sur la carte de Moravie, ordonne au maréchal Soult de se rendre à Austerlitz. Le piège que va tendre Napoléon durant la dizaine de jours qui le sépare de « sa » victoire revêt deux aspects. Le premier est tactique, le second, psychologique. Le premier consiste, en fonction de l'infériorité numérique des Français et de la localisation des troupes austro-russes groupées au nord d'Austerlitz, à choisir un champ de bataille favorable aux armées françaises et à l'imposer aux coalisés. Le terrain, ce sera celui du plateau de Pratzen que, très vite, Napoléon connaît dans ses moindres détails. Quant à l'incitation, elle consistera, pour l'Empereur, à faire reculer lentement son aile droite afin d'attirer sur lui la gauche russe. Tandis que le centre ennemi se dégarnira, il deviendra plus vulnérable et pourra être scindé facilement lors d'un assaut de flanc sur le Pratzen. Ce plan est d'autant plus efficace qu'il décide non seulement du mouvement des troupes françaises, mais dicte ni plus ni moins à l'adversaire sa conduite durant la bataille, sans qu'il en ait le moindre doute. En effet, et là apparaît l'aspect psychologique du stratagème, Napoléon laisse croire à l'envoyé du tsar, le prince Dolgorouki, qu'il redoute une défaite française dans le cas d'un affrontement. Dès lors, les coalisés vont interpréter le recul de la droite française comme un repli dicté par la peur et n'envisageront même pas l'éventualité d'un subterfuge. Au contraire, les souverains austro-russes entament des négociations à des conditions tellement draconiennes (abandon par la France de l'Italie, de la rive gauche du Rhin et de la Belgique) que toute tentative de paix honorable échoue immédiatement.

La bataille. Le 2 décembre, lorsque le jour commence à poindre sur la grande plaine gelée de Moravie, une épaisse brume enveloppe le champ de bataille. Il fait froid ; il n'y a pas un bruit et les troupes françaises, noyées dans le brouillard, res-

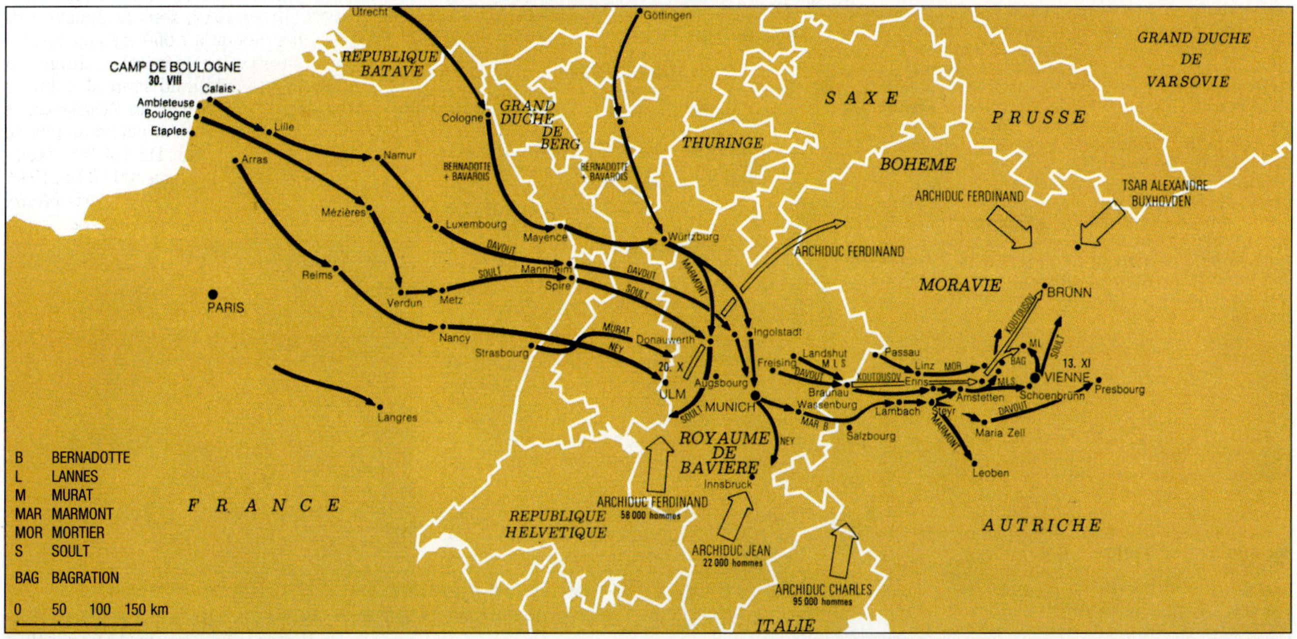

La marche sur Vienne
Progression de la Grande Armée depuis le camp de Boulogne jusqu'à Vienne (28 août – 13 novembre 1805).

tent invisibles aux yeux de l'ennemi. Il est 7 h 30. Napoléon appelle au tertre de Zuran ses chefs de corps d'armée afin de leur donner les dernières instructions. Davout reçoit l'ordre de contenir tant bien que mal la pression ennemie ; de fait, quelques instants plus tard et malgré une résistance opiniâtre, les Austro-Russes s'emparent de Telnitz, franchissent la Goldbach puis occupent Sokolnitz avant d'être arrêtés dans leur progression, au terme de combats acharnés. Pendant ce temps, à la gauche du champ de bataille, un duel se prépare entre la cavalerie de Murat, appuyée par l'infanterie de Lannes, et les régiments du prince Bagration. Il fait encore nuit et déjà la bataille fait rage. Soult, demeuré aux côtés de Napoléon, commence à s'impatienter ; il veut s'élancer à l'assaut du plateau de Pratzen. Il est 8 heures. Le « soleil d'Austerlitz » commence à se lever, faisant scintiller les 16 000 baïonnettes du corps de Koutouzov, massées en arc de cercle autour du centre français. Napoléon continue d'observer l'armée des coalisés qui s'avance sur ses deux ailes, tout en dégarnissant petit à petit son centre sur le plateau de Pratzen. Finalement, il donne l'ordre à Soult de gravir le Pratzen. Après plusieurs attaques longues et meurtrières, la situation tourne à l'avantage de l'armée française. Surpris par cet assaut, les Russes ont effectué un rapide quart de tour vers l'arrière. Vainement. Il est 11 h 30, et les soldats de Napoléon sont maîtres du Pratzen.

La bataille d'Austerlitz le 2 décembre 1805
Partie centrale du tableau de François Gérard peint en 1810 et conservé au château de Versailles. © *Giraudon*

Pendant ce temps, au sud du front, Davout continue à résister, à un contre trois, à Buxhovden, tandis que Lannes et Murat sont parvenus à couper la droite russe du reste de l'armée. Durant quelques minutes, le tableau demeure confus. En effet, le tsar vient de faire donner sa garde pour tenter de reprendre le plateau. Les chevaliers-gardes s'enfoncent dans le centre français ; mais, immédiatement informé par le général Rapp de cette offensive, Napoléon fait à son tour entrer sa garde dans la mêlée. La garde russe bat peu à peu en retraite. L'armée ennemie se trouve scindée en plusieurs points. La victoire est désormais acquise. Il ne reste plus qu'à la rendre totale.

Tandis qu'au nord du front l'armée russe est prise entre deux feux, au sud du Pratzen les Français s'apprêtent à donner le coup de grâce à l'ennemi. Ils dévalent les pentes du plateau en direction de Satschan, contraignant les Russes à se précipiter vers les étangs gelés, situés non loin de ce village. Napoléon donne alors l'ordre à son artillerie de tirer sur la glace. La panique est complète. Dès cet instant, la débâcle est générale dans ce qui reste des rangs de l'armée austro-russe. Il est 16 heures. La bataille d'Austerlitz est terminée. C'est une victoire complète pour la France.

Après avoir duré près de neuf heures, et s'être étendue sur un front de quinze kilomètres, cette bataille a vu une armée française de moins de 80 000 hommes valides et de 139 canons en état de fonctionner n'avoir que 8 000 morts et blessés, tandis que les Austro-Russes, forts d'environ 100 000 hommes et 278 canons, laissaient eux, le double de tués et de blessés sur le champ de bataille, abandonnant aux Français 20 000 prisonniers, 185 canons et une quarantaine de drapeaux. « La bataille d'Austerlitz est la plus belle de toutes celles que j'ai données », dira quelque temps plus tard l'Empereur.

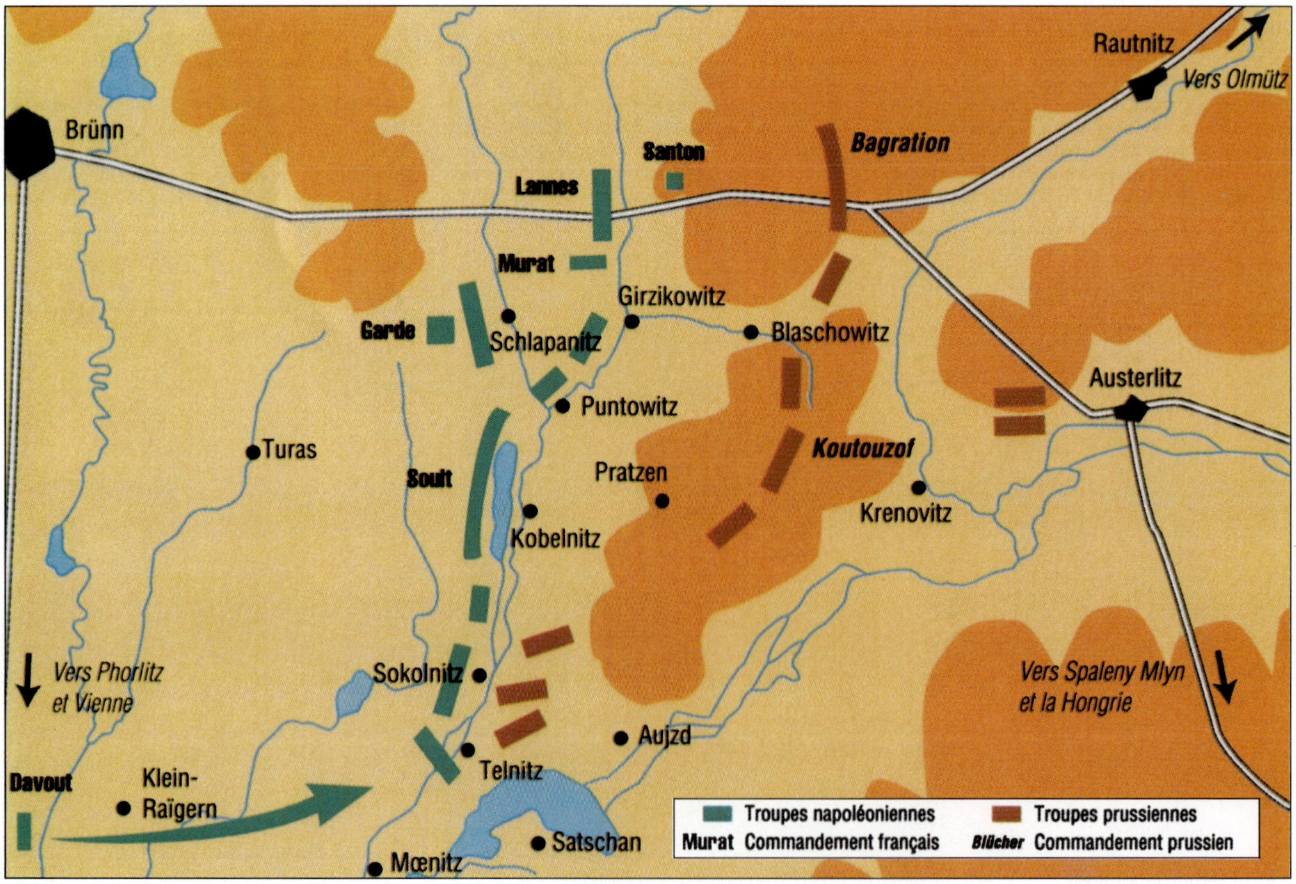

AUSTRASIE

En allemand Ostreich. *Royaume mérovingien. Royaume de l'Est, par opposition à la Neustrie, royaume de l'Ouest.*

La préfiguration de l'Austrasie est le royaume de Metz, attribué à Thierry Ier après la mort de son père Clovis en 511. Il constitue la partie orientale du royaume franc au nord de la Burgondie et de l'Alamannie et comprend les régions du Rhin, de la Moselle et de la Meuse avec Mayence, Trèves, Metz, Reims. Après Thierry Ier, il passe à son fils Théodebert Ier, puis à son petit-fils Thibaud. Enfin il rentre dans le grand royaume franc reconstitué au profit de Clotaire Ier, lorsque celui-ci a hérité de son petit-neveu Thibaud et de ses frères Clodomir et Childebert.

Clotaire Ier a 4 fils, dont Sigebert Ier. Le royaume d'Austrasie proprement dit est la part de Sigebert dans l'héritage paternel. Avec la même capitale et les mêmes villes principales que le royaume de Metz, il est un peu plus étendu au nord-est du côté de la Thuringe, et au nord-ouest en direction de l'Escaut que toutefois il n'atteint pas. De tous les royaumes mérovingiens, c'est celui qui a le moins changé.

Sous les successeurs de Sigebert – Childebert II, Théodebert II, Thierry II –, l'histoire de l'Austrasie est une interminable lutte contre la Neustrie. Celle-ci parvient à l'annexer sous Clotaire II, seul roi de 613 à 629. En 623, Clotaire II laisse l'Austrasie à son fils Dagobert qui devient lui-même roi de toute la monarchie franque en 630. Après lui, elle redevient un royaume à part, sauf sous Thierry III. Lorsque la décomposition mérovingienne a atteint son dernier degré, elle devient duché et passe, en une trentaine d'années, sous la domination exclusive des Pépinides. À Pépin d'Héristal, qui avait conquis la Neustrie en 687, succède le duc Charles Martel dont le deuxième fils, Pépin le Bref, se fait proclamer roi de tous les Francs. Dans le nouveau royaume franc, l'élément austrasien l'emporte sur l'élément neustrien, mais, désormais, on ne parle pas plus de l'Austrasie que de la Neustrie, sauf pour désigner de façon vague et peu officielle les pays situés à l'est du Rhin.

AUTICHAMP Charles de BEAUMONT, comte d' (Angers, 1770 – Rochefaton, 1859)

Militaire.

Officier, garde constitutionnel de Louis XVI, le comte d'Autichamp, issu d'une vieille famille dauphinoise, combat la République dans l'armée vendéenne. À Saint-Florent-le-Vieil, le 18 octobre 1793, il se joint à son cousin et beau-frère, le marquis de Bonchamp, pour conjurer les soldats vendéens d'épargner la vie de 5 000 prisonniers républicains. L'armée royaliste d'Anjou se trouvant privée de chef à la mort du général Stofflet, fusillé le 25 janvier 1796, d'Autichamp en assume le commandement. Il lève de 6 000 à 8 000 Angevins et, sans succès, livre aux Aubrais l'une des dernières batailles de la Vendée contre-révolutionnaire. La monarchie restaurée, d'Autichamp est fait lieutenant général et pair de France.

AUTUN

Augustodunum. *Ville de Saône-et-Loire, sur l'Arroux.*

Autun est construite sur l'ordre d'Auguste à partir de 15 av. J.-C. La ville, qui s'élève au carrefour de deux grandes voies romaines, est destinée à remplacer Bibracte comme capitale des Éduens. Résidence du préfet des Gaules, Autun est au Ier siècle une ville importante qui possède le théâtre le plus vaste de Gaule, un amphithéâtre et une enceinte de remparts longue de 6 km, percée de quatre portes monumentales dont deux subsistent de nos jours. Ses écoles, très réputées, reçoivent des centaines d'étudiants. La ville devient le siège d'un évêché au IIIe siècle. Un groupe épiscopal, constitué d'un baptistère, de la cathédrale Saint-Nazaire et d'une église paroissiale dédiée à la Vierge s'établit dans la ville haute, sans doute dès le Ve siècle. L'époque mérovingienne voit la fondation de plusieurs monastères (Saint-Symphorien, Saint-Martin, Saint-Andoche), grâce au concours actif de la reine Brunehaut et de l'évêque Syagrius. Saccagée à plusieurs reprises au VIIIe siècle (Sarrasins en 731, Aquitains vers 760), Autun connaît un souffle nouveau dès la fin du IXe siècle avec la création du duché de Bourgogne dont elle est l'une des villes principales (avec Chalon et Auxerre). Un comté dépendant du duc de Bourgogne est établi à Autun.

L'obtention des reliques de saint Lazare par l'évêque d'Autun au début du XIIe siècle fait de la cité épiscopale un lieu de pèlerinage. Pour abriter les reliques du lépreux ressuscité par le Christ, l'évêque d'Autun fait construire une nouvelle église à côté de la cathédrale, desservie par ses chanoines. La collégiale Saint-Lazare devient rapidement le siège de l'évêché sans que la vieille cathédrale Saint-Nazaire soit détruite. Ainsi Autun jouit du privilège d'avoir deux cathédrales. L'église Saint-Lazare est dédicacée par le pape Innocent II en 1130 lors de son voyage en France. C'est de cette période que l'on date la majeure partie de l'architecture et de la sculpture de l'église. Les chapiteaux de la nef, l'Ève du portail nord et le tympan du Jugement dernier (le premier des Jugements derniers sculptés sur le tympan d'un portail), comptent parmi les chefs-d'œuvre de la sculpture romane. L'église à trois nefs est une déclinaison des techniques mises en œuvre à Cluny quelques années auparavant, savamment mêlées aux traditions antiques propres à Rome.

Tout au long du Moyen Âge, Autun est le cadre de plusieurs conciles provinciaux ou nationaux (660, 1065, 1077, 1094). Le dernier, présidé par le légat pontifical Hugues de Dié, est resté célèbre pour avoir prononcé l'excommunication de Philippe Ier à cause de la répudiation de sa femme Berthe.

Métropole ecclésiastique de premier plan, dont l'évêché est fort convoité jusqu'à nos jours (Talleyrand l'a occupé de 1789 à 1791), Autun reste cependant une ville mineure de la Bourgogne, concurrencée dès le XIIIe siècle par Chalon et Dijon. La guerre de Cent Ans cause des dommages importants à la ville, incendiée par les Anglais en 1369.

AUVERGNE

Arvernia, *province du Massif central.*

L'Auvergne antique. Peuplée dès le paléolithique, l'Auvergne est envahie lors des grandes migrations celtiques par les Arvernes qui lui transmettent leur nom. Ceux-ci établissent le centre de leur pouvoir et de leur activité économique dans la vallée de l'Allier, où ils construisent un grand nombre d'*oppidums* sur les hauteurs avant de se fixer dans la plaine un ou deux siècles avant notre ère.

Les premiers de tous les Gaulois, ils frappent leurs monnaies sur le mode hellénistique. Mieux que tous les Gaulois, ils exploitent, avec un rare talent, les ressources naturelles de leur pays qui ne sont pas négligeables à l'époque : or, argent, fer (métal longtemps précieux), eau (le thermalisme est fort ancien en Gaule) et jusqu'à la terre de la Limagne, dont les ateliers de poterie, regroupés à Lezoux, connaîtront sous la *pax romana* un essor considérable. Ils ne tardent pas à transformer leur prépondérance économique en hégémonie politique qui connaît deux points culminants : le IIe siècle avant J.-C. jusqu'à la défaite de Bituit devant les Romains et, au siècle suivant, le principat de Vercingétorix jusqu'au désastre d'Alésia.

Moins remarquable que l'Auvergne celtique, l'Auvergne gallo-romaine ne perd rien de son activité. Prenant la relève de centres moyens comme Aulnat, Lezoux inonde la Gaule et l'Occident romain de sa céramique. Le blé pousse autour de l'Allier, les vins locaux sont appréciés, les villas se développent autour de Clermont et d'Issoire. Les sanctuaires jouissent d'une réputation incontestable, les écoles sont déjà très fréquentées. C'est au Ve siècle que l'Auvergne retrouve un rôle unique. Clermont, l'ancienne *Augustonemetum*, désormais appelée *Arverni* ou *Arvernum*, est la citadelle de Rome et du Christ dans l'Occident livré aux Barbares. Alors que tout le reste de l'*Aquitania* est soumis aux caprices des Wisigoths, la *civitas Arvernorum* conserve son autonomie. C'est l'époque de l'empereur des Romains Avitus, de son fils Ecdicius, de son gendre le poète Sidoine Apollinaire.

La période sombre. Sidoine, après avoir été patrice et préfet de Rome, est désigné pour l'épiscopat d'Auvergne en 471. Il est le chef à la fois religieux et civil du pays qu'il parvient à maintenir dans l'orthodoxie entre les ariens Burgondes et Wisigoths. Sous son autorité, *Arvernum* repousse a plusieurs reprises les assauts des seconds ; toutefois, il ne lui est pas possible d'empêcher l'empereur Julius Népos de livrer la province à Euric, leur prince, en 475. Contre toute attente, Euric ménage les Auvergnats auxquels il

Auvergne
Le château d'Alleuze (Cantal) bâti au XIIIe siècle par les connétables d'Auvergne. © *Explorer - Gondonneix*

donne un comte choisi dans l'aristocratie locale, Victorius. Après Vouillé, les Francs suivent l'exemple d'Euric. Mais à partir de la génération de Thierry, fils de Clovis, le pays est mis à feu et à sang. Époque sinistre connue par Grégoire de Tours, né de père auvergnat et élevé chez le frère de celui-ci, l'évêque des Arvernes, saint Gal.

Il est établi que, dès cette époque, l'Auvergne a des comtes, mais que, hors l'évêque, nul n'y dispose d'une autorité véritable. Il est généralement admis que les Barbares pillèrent tout, mais qu'ils ne s'installèrent jamais durablement au sein d'une population qui leur était profondément hostile. Cette situation favorisa sans doute la mainmise des ducs d'Aquitaine sur le pays. Toutefois, l'Aquitaine connaît trop de vicissitudes aux temps carolingiens pour que cette mainmise puisse se transformer en annexion durable. Arrachée à Waifre par Pépin le Bref en 761, l'Auvergne n'est rendue à l'Aquitaine que lorsque celle-ci est abandonnée à Louis le Pieux avec le titre de royaume, lors du partage de 778. Louis mort, une longue période de troubles suit. Pépin II et Charles le Chauve se disputent le pays qui devient un comté distinct. Ce comté passe par des familles très diverses jusqu'à la mort des neveux de Guillaume le Pieux, comte d'Auvergne né en 886, mort en 918, que le roi Eudes a investi du duché d'Aquitaine.

L'autonomie. Au Xe siècle, l'Auvergne n'est plus disputée qu'entre deux maisons qui tiennent alternativement le comté (Ebles de Poitiers en 928, Raymond-Pons de Toulouse en 931, Guillaume Tête d'Étoupe de Poitiers en 952, Guillaume Taillefer de Toulouse en 963). Vers le milieu du siècle, les comtes de Poitiers confient l'administration directe de l'Auvergne à des vicomtes. Le dernier d'entre eux, Gui Ier, se qualifie comte d'Auvergne en 979. Sa lignée fait prospérer le comté jusqu'à la fin du XIIe siècle. À partir de là, deux conflits familiaux aboutissent à l'émiettement politique de l'Auvergne. Le premier, conséquence de la dépossession de la branche aînée par la branche puînée, est résolu en 1169 au prix de la division du pays en deux comtés dont l'un, de beaucoup le plus vaste, est reconnu à la branche usurpatrice, celle de Guillaume VIII le Vieux, alors que l'autre, constitué par une enclave au cœur de l'auvergne, est conféré à titre de dédommagement aux aînés, descendants de Guillaume VII le Jeune. On ne tardera pas à distinguer les deux comtés en nommant le plus grand « comté » et le plus petit « dauphiné ».

Le deuxième conflit, qui oppose violemment deux frères, le comte d'Auvergne et l'évêque de Clermont, s'achève par la création d'une seigneurie ecclésiastique indépendante, le comté de Clermont d'Auvergne, et la confiscation de presque tout le comté d'Auvergne après la conquête de Philippe Auguste en 1212-1230. Cette dernière mesure est à l'origine de la « Terre d'Auvergne », partie du comté rattachée à la couronne. L'intervention royale procédait d'une intention claire : démembrer l'empire des Plantagenêts pour s'emparer progressivement de leurs domaines.

Les Auvergnes à partir du XIIIe siècle. À partir de 1230 il ne faut pas distinguer moins de quatre Auvergnes. Amputé successivement du dauphiné d'Auvergne, du comté de Clermont et de la Terre d'Auvergne, le *comté d'Auvergne* n'est plus au XIIIe siècle qu'une seigneurie minuscule dont les principaux centres sont Vic-le-Comte et Usson. Il reprend de l'importance par la suite, sans jamais redevenir un des grands fiefs du royaume. Après Guillaume le Vieux, il se transmet de façon assez irrégulière tantôt en ligne féminine, tantôt en ligne masculine, en remontant aux oncles selon l'usage salique. En 1422, il échoit à Marie d'Auvergne, qui a épousé un La Tour, dont elle a un fils. Les La Tour seront comtes d'Auvergne jusqu'à Jean III, dont la petite-fille sera Catherine de Médicis. Celle-ci épouse Henri II, roi de France, mais au lieu d'apporter son bien a la couronne, elle le lègue au bâtard de Charles IX, Charles de Valois, futur duc d'Angoulême. Celui-ci, nommé gouverneur de Haute et Basse-Auvergne, tente d'abuser de sa position pour soulever le pays lorsqu'il participe au complot de 1606 dont sa demi-sœur, la marquise de Verneuil, est l'âme. Outre sa charge, il y perd son fief, attribué par le Parlement à Marguerite de Valois. Celle-ci le donne à Louis, Dauphin de France, le futur Louis XIII. En 1651, après une longue résistance et bien des discussions, Mazarin se résigne à le livrer au duc de Bouillon qui le réclame avec insistance, en principe comme compensation pour la confiscation de Sedan, en fait pour prix de son ralliement pendant la Fronde. Il faut attendre la Révolution pour que s'achève la seconde dynastie des La Tour, comtes d'Auvergne.

Le *dauphiné d'Auvergne* doit son nom au fils de Guillaume le Jeune ou le Dépossédé, Robert Dauphin, qui avait dans son ascendance des comtes de Viennois. Sa superficie et sa position géographique varient sensiblement au cours des premiers siècles de son existence. Entre la fin du XIIe siècle et la fin du XIIIe siècle, il a été considérablement réduit : alors qu'il a à l'origine sa capitale à Montferrand, il se trouve repoussé au sud-est d'Issoire. Vodable, son nouveau chef-lieu, marque à peu près sa limite septentrionale. Le dauphiné sort de son isolement lorsque le dernier dauphin de la première race marie sa fille à un Bourbon, comte de Montpensier ; il devient un des éléments du grand empire bourbonnais lorsque Charles, comte de Montpensier et dauphin d'Auvergne, le connétable, succède à Pierre de Bourbon-Beaujeu comme duc de Bourbon et d'Auvergne ; après la trahison du connétable et la confiscation de ses biens, il fait partie, avec le comté de Montpensier, des fiefs récupérés par Louis de Bourbon-Vendôme, prince de La Roche. La dernière dauphine d'Auvergne est la Grande Mademoiselle, dame de Montpensier par sa mère.

À la fin du XIIIe siècle, le *comté épiscopal de Clermont d'Auvergne* est un peu plus vaste que le dauphiné. Il comprend Clermont, Lezoux et Billom. Catherine de Médicis le réunira à son comté d'Auvergne en 1557.

La *Terre d'Auvergne* (capitale Riom) comprend la Haute-Auvergne entière et plus de la moitié de la Basse-Auvergne, ce qui lui donne un net avantage territorial et économique sur toutes les autres parties de l'Auvergne réunies. Le comté de Montpensier, la châtellenie de Thiers, la baronnie de Mercœur relèvent d'elle. Attribuée en apanage par Louis VIII à son fils Alphonse de Poitiers qui la fait admirablement fructifier, elle revient au domaine en 1271. En 1360, elle prendra le nom de duché d'Auvergne par la volonté de Jean le Bon qui la reconstitue en apanage pour son fils Jean de Berry. À sa mort, elle passe à sa fille aînée, Marie, qui la transmet en vertu d'une dérogation spéciale à son mari Jean Ier duc de Bourbon. Dorénavant et jusqu'à la déchéance du connétable, duché d'Auvergne et duché de Bourbon sont liés.

Les conséquences de la désagrégation politique. En fait, avant de réintégrer à jamais le domaine royal, le duché d'Auvergne connaît une longue période d'anarchie. Pendant la guerre de Cent Ans, ni le roi, ni le duc, ni les vassaux du duc n'ont été capables de défendre les habitants contre les Anglais et leurs sujets de Guyenne ; là comme ailleurs Bourguignons et Armagnacs se sont entr'égorgés et un peu partout, mais surtout dans l'inaccessible Haute-Auvergne, les routiers se sont taillé des seigneuries.

Le haut pays est convoité depuis longtemps par deux grandes dynasties qui ne sont point d'origine auvergnate : au nord les Bourbons, successeurs du dauphin et des très puissants Mercœur ; au sud les Armagnacs, comtes de Rodez, qui annexent progressivement les seigneuries auvergnates limitrophes du Rouergue. La rivalité des deux maisons apparaît au grand jour après la mort de Jean de Berry, dont les filles et héritières ont épousé, l'une, Marie, le duc de Bourbon, l'autre, Bonne, le comte d'Armagnac. Pendant que le duc de Bourbon prend possession du duché d'Auvergne, le comte d'Armagnac arrondit ses domaines avec les vicomtés de Carlat et de Murat ; il compte bien soustraire encore au duché la région des Montagnes.

La guerre des Armagnaguais et des Bourbonnais dure de 1461 à 1470, avec des accalmies. La déchéance et la mort de Jean V d'Armagnac permet à Louis XI de mettre un terme provisoire aux souffrances des populations ; le duc de Bourbon est débarrassé de son rival, mais le grand bénéficiaire est en fin de compte le roi, qui parvient à faire respecter son autorité dans le bailliage des Montagnes. Partagée entre d'assez petits seigneurs, la Haute-Auvergne ne devait plus représenter de danger que pour elle-même. Elle n'est plus unie que par son évêché, établi en 1317 à Saint-Flour par démembrement de l'ancien évêché de Clermont. Une importante partie de la Basse-Auvergne, toute la frange nord, est peu à peu annexée par le Bourbonnais. Ancienne possession des comtes d'Auvergne, la Combraille est alors partagée entre les La Tour, puissants en Limousin, et les Bourbons.

De la Renaissance à la Révolution. Le XVIe siècle n'est pas une période de repos. Issoire est gagnée par le protestantisme en 1540, et toute la Limagne devient rapidement un foyer d'hérétiques très actifs qui font des adeptes jusqu'à Aurillac. La réaction catholique est très vive. Les lieutenants du baron des Adrets, puis ceux du capitaine Merle, se distinguent en pillant les bourgs, en massacrant les prêtres et en détruisant les églises. L'édit de Beaulieu range Issoire parmi les places de sûreté concédées aux huguenots. Plus tard, la Ligue prend possession de Riom, ancienne capitale du duché et vieille rivale de Clermont, qui s'est ralliée au roi. La Basse-Auvergne est le champ d'affrontement des trois partis, religionnaire, royaliste et ligueur ; la Haute-Auvergne ne connaît que les deux dernières tendances, ce qui ne l'empêche pas de souffrir de la guerre civile plus longtemps qu'ailleurs. C'est que ni Louis XI ni Henri IV n'ont pu toucher aux nids d'aigles des moyens et petits féodaux. L'Auvergne connaît plusieurs Grands Jours, dont les plus spectaculaires sont les derniers, ceux de 1665, qui, contrairement à l'opinion commune, contribuent moins que l'action personnelle des intendants à la pacification définitive de la province.

L'Auvergne est partagée inégalement entre le droit coutumier au nord et le droit écrit au sud. Les coutumes sont codifiées et unifiées au début du XVIe siècle sous le chancelier issoirien Duprat. C'est encore au XVIe siècle que les 7 élections (Riom, Clermont, Issoire, Brioude, Saint-Flour, Aurillac, Mauriac) sont créées. Le premier intendant se fixe en 1616 à Clermont. Ses successeurs les plus illustres sont, de 1663 à 1669, Fortia ; de 1730 à 1734, Trudaine ; et de 1768 à 1773, Montyon. La Révolution sépare la province en 3 départements : Puy-de-Dôme (majeure partie de la Basse-Auvergne), Cantal (Haute-Auvergne) et Haute-Loire, qui réunit le sud-est de l'Auvergne (Brivadois) au Velay. La Terreur fera assez peu de victimes en Auvergne.

AUXERRE

Autussiodurum. *Chef-lieu du département de l'Yonne, sur l'Yonne.*

Pour les Romains, la ville – d'abord centre de communications, ensuite, et très tôt, important lieu culturel –, est une des métropoles du peuple sénonais. Les Barbares la convoitent. Au Ve siècle, l'évêque Germain la défend contre eux. Les Huns ravagent la ville, et Clovis la conquiert en 486. À l'époque carolingienne, ses comtes s'en proclament seigneurs héréditaires (Xe siècle). En 1036, elle passe au pouvoir de Renaud, comte de Nevers. À sa mort, Robert, duc de Bourgogne, s'empare des deux comtés mais Gui, fils de Renaud, les lui reprend. La maison de Nevers éteinte en 1181, Pierre de Courtenay, empereur de Constantinople, devient maître d'Auxerre en 1184 et accorde à ses habitants, en 1186, une charte de franchise. Après avoir appartenu à différentes familles, le comté est cédé à Charles V qui le réunit à la couronne. En 1412, les grands du royaume s'y rencontrent. De leur assemblée naîtra une brève réconciliation entre Armagnacs et Bourguignons (la paix d'Auxerre). Vingt-trois ans plus tard, le traité d'Arras, en 1435, donne Auxerre à Philippe le Bon, duc de Bourgogne, et ce sera Louis XI qui, à la mort de Charles le Téméraire, fils de Philippe, la rattachera définitivement au domaine royal.

Avenir (L')

Journal publié à Paris, d'octobre 1830 à novembre 1831, sous la direction de Lamennais, assisté pour la rédaction par Montalembert, Lacordaire et Gerbet.

Les tendances de *L'Avenir* sont ultramontaines en matière religieuse et libérales en matière politique. Indissociables des opinions de Lamennais, elles sont âprement critiquées, en particulier par le clergé, dès les premiers mois de la parution du journal. Cette critique amène une suspension rapide de la publication avant le départ de Lamennais pour Rome. Les doctrines qui y sont exposées sont condamnées en 1832 par Grégoire XVI. Toute la rédaction se soumettra, excepté Lamennais.

Avignon

Avenio. *Ville du Vaucluse. Située sur le Rhône, archevêché, ancien chef-lieu du comtat d'Avignon.*

Fondée peut-être dès le VIe siècle par des Phocéens de Marseille, Avignon est une des principales villes des Cavares. Les Romains commencent à s'y établir au IIe siècle av. J.-C. À la fin de l'Empire, elle est chef-lieu d'une cité qui compte parmi les treize que comprend la Viennoise. Elle a un évêque suffragant de Vienne. Au Ve siècle, toutes les vagues barbares l'envahissent successivement. L'évêché relève d'Arles. En 500, Clovis en fait le siège, sans succès. Elle réussit à garder une certaine autonomie jusqu'au VIIIe siècle, époque où les Sarrasins s'en emparent deux fois.

Après le traité de Verdun (843), elle appartient au royaume de Lothaire. Au XIe siècle, elle devient la résidence des marquis de Provence, comtes d'Avignon. Rapidement, elle passe dans les maisons des comtes de Barcelone, puis des comtes de Toulouse. Au XIIIe siècle, elle a un podestat. La guerre des Albigeois lui fait perdre son autonomie : elle est une des rares villes qui ferment leurs portes à Louis VIII, lequel, en 1226, après trois mois de siège, la prend et en fait abattre les remparts. Trois ans plus tard, au traité de Meaux-Paris, Raymond VII de Toulouse la donne au pape qui la confie en garde au roi de France, Louis IX. Mais en quelques années, Avignon s'émancipe de la tutelle française à l'instigation de Frédéric II et de Raymond VII. Vers 1250, elle est indivise entre les deux frères Alphonse de Poitiers, époux de la marquise de Provence, et Charles d'Anjou, mari de la comtesse de Provence. En 1274, Philippe III, héritier d'Alphonse, cède le Comtat, sans Avignon, à Grégoire X. Sa part d'Avignon passe à Philippe le Bel qui la cède à son tour à Charles d'Anjou, désormais seul propriétaire. Fuyant les troubles romains, les papes s'y installent alors : le premier est Clément V, en 1305.

Avignon
Le château des papes sur lequel flottent les fanions pontificaux. Enluminure d'un manuscrit du XVe siècle, Paris, Bibliothèque nationale de France. © *Tallandier*

En 1348, pressée par des besoins d'argent, Jeanne, reine de Sicile, vend la cité à Clément VI. Avignon connaît alors une prospérité extraordinaire. Elle devient une ville d'affaires. Son université comprend quatre facultés. Après le départ des papes – et des antipapes –, elle est gouvernée par des légats ou des vice-légats. D'évêché, elle devient archevêché en 1475. Le statut politique du Comtat, qui dure jusqu'en 1790, est très particulier : c'est la dernière province située à l'intérieur du royaume à être indépendante de l'autorité royale. Cela n'empêche pas qu'à chaque conflit avec le pape, en 1663, 1688 et 1768, le roi la confisque. La réunion à la France est votée en 1790. Elle ne se fait pas sans troubles. Le concordat de 1801 rend à Avignon l'évêché dont la Révolution l'a privée, mais non son archevêché qui ne sera rétabli qu'en 1822.

Papes d'Avignon. Clément V, élu pape à Pérouse en 1305, se fixe en Avignon en 1309, meurt à Roquemaure en 1314. Jean XXII, évêque d'Avignon, est élu pape à Lyon en 1316. Comme son prédécesseur, il réside en Avignon jusqu'à sa mort (1334). Benoît XII, élu pape en 1334, réconcilie la papauté avec les Romains. Il est le constructeur du premier palais des Papes ; mort en Avignon en 1342. Clément VI, élu en 1342, acquiert le comtat d'Avignon en 1348. Il fait décorer et agrandir le palais de Benoît XII. Protecteur des artistes et d'écrivains tels que Pétrarque, il meurt en 1352. Innocent VI règne de 1352 à 1362. Urbain V, élu pape en 1362, tente de ramener la curie à Rome, qu'il espère pacifier en 1367. Devant la persistance des troubles, il doit renoncer à son dessein. Il revient mourir en Avignon en 1370. Grégoire XI est élu pape en 1370. Grâce à Catherine de Sienne, il ramène Florence dans l'obédience pontificale. En 1377, sur les instances de la sainte, il fait son entrée à Rome. Il y meurt l'année suivante. C'est le dernier pape français.

Antipapes d'Avignon. Clément VII, de 1378 à 1394, est reconnu en France, en Espagne, en Écosse, en Sicile et à Chypre pendant qu'Urbain VI « règne » sur l'Italie, l'Autriche, la Hongrie, la Bohême et l'Angleterre. Benoît XIII, de 1394 à 1423, est élu quand Boniface IX règne à Rome. Abandonné par la France en 1398, il est dans l'obligation de quitter Avignon en 1403. Déposé une première fois en 1409 après l'élection de Pierre Phylargis (Alexandre V) à Pise, une seconde fois en 1415, lors du concile de Constance décidant, outre la déposition de Benoît, celle du nouveau pape de Pise, Balthasar Cossa (Jean XXIII) et l'abdication de Grégoire XII pape de Rome. Ayant toujours refusé de se soumettre, il est le dernier antipape du Grand Schisme.

Avit ou Avitus, saint (Auvergne, v. 450 – Vienne, Dauphiné, v. 518)

Évêque.

Il succède à son père comme évêque de Vienne vers 490, et joue un rôle important dans le royaume burgonde. Combattant l'arianisme, il obtient notamment la conversion du roi Sigismond. Dans une lettre restée célèbre, il félicite Clovis de sa conversion. On lui doit aussi des épîtres et des poèmes d'inspiration religieuse.

Avitus (? – v. 456)

Noble arverne, couronné empereur romain par les Wisigoths en 455, avec mission de combattre les Vandales.

Byzance ne veut pas reconnaître Avitus, qui est écrasé par le patrice Ricimer près de Plaisance en 456. Déposé et nommé évêque de Plaisance, il s'enfuit bientôt pour regagner son pays, mais il meurt en chemin.

Avortement
Maître Halimi accompagne Mme Chevalier, la mère de la jeune femme, qui vient d'être condamnée à 500 F d'amende avec sursis (Bobigny, 22 novembre 1972). © *Keystone*

Avortement

Fait d'interrompre une conception.

L'Église considère le fœtus humain comme une personne humaine. Apologistes, papes et dignitaires de l'Église se sont donc prononcés tour à tour contre l'avortement. Du Moyen Âge jusqu'à la fin du XVe siècle, ceux qui le pratiquent sont apparentés à des sorciers. Pays catholique, la France condamne également cette pratique. Mais comme la restriction des naissances y est décelable dès 1770, et que les moyens de contraception sont alors très limités, le recours fréquent et dissimulé en est évident. Il déclenche une vive controverse, issue de l'humanisme des Lumières. L'avortement n'en reste pas moins sévèrement condamné. Au XXe siècle, la loi de 1920 réprime « la provocation à l'avortement », le pays est saigné par les pertes de la Première Guerre mondiale. Avec le régime de Vichy, l'interdit franchit un nouveau seuil. La loi du 14 septembre 1941 classe l'avortement parmi les « infractions de nature à nuire à l'Unité nationale, à l'État et au peuple français ». La loi du 15 février 1942 assimile l'avortement à un crime contre la sûreté de l'État, passible de la peine de mort. En 1943, une autre loi vient modifier l'article 317 du code pénal qui punit l'avortement. Cet article s'étant révélé peu efficace (les parquets classaient la majorité des affaires et les jurys d'assises faisaient preuve d'indulgence), l'avortement est défini comme délit : le législateur attend des tribunaux correctionnels composés de magistrats une plus grande sévérité. Marie-Louise Giraud, « faiseuse d'anges », condamnée à la peine capitale, est l'une des dernières femmes guillotinées en France (30 juillet 1943). Pour l'occasion, le maréchal Pétain rompt avec la coutume de la IIIe République qui permettait aux femmes d'échapper à la peine capitale.

Au lendemain de la Seconde Guerre mondiale, l'avortement reste clandestin : dans les années 1950, on estime à 20 000 le nombre de décès par an à la suite d'avortements artisanaux. Dans les années 1970, le contexte de libéralisation des mœurs favorise un assouplissement de la législation concernant l'avortement. À l'occasion du procès de Bobigny (1972), où Gisèle Halimi assure la défense d'une jeune femme convaincue d'avortement, 343 femmes reconnaissent y avoir eu recours et signent une pétition demandant sa légalisation. Le grand bouleversement a lieu en 1974, année où le gouvernement fait voter, grâce aux voix de la gauche, la loi Veil, promulguée en 1975 et confirmée en 1979. Rebaptisé interruption volontaire de grossesse (IVG), l'avortement devient autorisé jusqu'à la dixième semaine de la gestation (ou plus en cas de motifs thérapeutiques) et est remboursé par la Sécurité sociale en 1982. Par ailleurs, l'arrêté du 28 décembre 1988 fixe les règles d'utilisation du contragestif RU 486. Cette évolution s'est opérée sans l'Église : de Vatican II à Jean-Paul II, la condamnation de l'avortement a été réitérée chaque fois sans appel.

Avranches

Ingena. *Ville de la Manche. Ancien* castellum *romain, Avranches fait partie du duché de Normandie.*

Elle devient un centre intellectuel où Lanfranc de Pavie enseigne le droit, avant d'être archevêque de Cantorbéry en 1070. En 1172, devant le porche de sa cathédrale aujourd'hui disparue, Henri II Plantagenêt, roi d'Angleterre et duc de Normandie, fait amende honorable pour le meurtre de Thomas Becket et subit en expiation, le dos nu, la flagellation. La ville est très éprouvée pendant la guerre de Cent Ans. Devenue française en 1404, elle est investie par les Anglais en 1418, avant d'être reconquise par le connétable de Richemont en 1438. Les calvinistes la dévastent en 1562. Elle refuse de reconnaître Henri IV en 1589 et ne fait sa soumission qu'en 1591, au terme d'une résistance acharnée. La révolte des va-nu-pieds, paysans soulevés contre la gabelle, y prend corps en 1639.

C'est enfin dans la région d'Avranches qu'a lieu, en juillet 1944, une offensive alliée décisive pour la suite de la guerre. Portant le nom de code Cobra, elle est connue dans l'histoire sous celui de trouée d'Avranches. Sept semaines après le Débarquement, pour sortir de l'impasse dans laquelle se trouvent les armées alliées, est lancée une tentative de percée qui doit faire tomber d'un seul coup la défense du Cotentin, ouvrir la route de la Loire et permettre le grand mouvement tournant qui constitue l'idée stratégique du plan Overlord. Selon les prévisions, la Ire armée américaine réussit à enfoncer, près d'Avranches, le front allemand au milieu d'un enfer de feu, et à y faire une brèche de quelques kilomètres. En dépit de la contre-offensive allemande, partie de Falaise, la trouée ne peut être colmatée, et le général Eisenhower lance la IIIe armée Patton qui exploite ce succès en direction de l'Anjou, du Maine et du Bassin parisien.

Avril 1834 (journées d')

Journées d'insurrection organisées par le parti républicain, et plus particulièrement par la Société des Droits de l'homme, contre la monarchie de Juillet.

Consécutif au vote d'un projet de loi du 25 mars qui réglemente strictement le droit d'association, et à l'ouverture d'un procès contre des mutuellistes lyonnais poursuivis pour délit de coalition, le soulèvement débute à Lyon le 9 avril, et n'est maîtrisé que le 13. Des troubles éclatent également dans d'autres villes de province (Saint-Étienne, Grenoble, Marseille, Perpignan, Poitiers, etc.), tandis que Paris s'insurge à son tour le 13. Sans succès. Dès le 14, les insurgés ont perdu toutes leurs positions. L'armée exerce de dures représailles, dont l'épisode le plus dramatique est le massacre de la rue Transnonain. Tandis que sont décidées de nouvelles mesures d'exception, de nombreuses condamnations sont prononcées de mars 1835 à janvier 1836 par la Chambre des pairs érigée en haute cour, lors de ce qui fut appelé le procès des accusés d'avril.

Ce jour-là, les clubs socialistes parisiens, entraînés par le Club de la révolution et la Société républicaine, manifestent dans les rues de la capitale afin de contraindre le gouvernement provisoire de la République à mener une politique plus radicale que celle qu'il conduit depuis le 24 février, date de sa constitution. Le pouvoir hésite à user de la force mais, constatant que les départements sont hostiles à cette agitation, il décide d'opter pour la fermeté. Ledru-Rollin, ministre de l'Intérieur, ordonne de battre le rappel des gardes nationaux et des jeunes volontaires de la garde mobile. Les manifestants se disperseront sans avoir obtenu satisfaction. De ce jour, le Parti de la révolution sociale perdra de son influence sur le gouvernement provisoire.

Azay-le-Rideau

Ville d'Indre-et-Loire, sur l'Indre.

Azay-le-Rideau possède un château du plus pur style Renaissance. Ridel, ou Rideau, seigneur d'Azay, élève au XIIe siècle une première construction sur l'Indre. La forteresse est prise et brûlée en 1419 par Charles, Dauphin de France, qui, passant devant la ville, a été insulté par la garnison bourguignonne. Azay-le-Rideau devient ainsi Azay-le-Brûlé. Le château est relevé à partir de 1518 par le trésorier Gilles Berthelot, qui entreprend la construction actuelle. Les travaux sont achevés vers 1527 mais le financier, tombé en disgrâce et menacé du gibet, doit s'enfuir. François Ier confisque le château et y séjournera à plusieurs reprises. L'édifice a été acquis par l'État en 1905.

Azincourt
La bataille d'Azincourt, illustration d'un manuscrit du XVe siècle. © *Sélection Images*

Azincourt (bataille d')

Célèbre bataille de la guerre de Cent Ans, perdue en Artois par les Français devant les Anglais, le 25 octobre 1415.

Henri V d'Angleterre, qui vient de prendre Harfleur, mais fuit vers Calais devant la menace de forces françaises supérieures en nombre, a passé la nuit à Maisoncelle-en-Artois. L'armée française cherche à lui couper la retraite en se postant près d'Azincourt, entre deux bois touchant l'un à Azincourt, l'autre à Tramecourt. La terre est grasse et imprégnée de pluie, la place est étroite pour une armée qu'on évalue à une quarantaine de milliers d'hommes, dont beaucoup sont à cheval. Car l'élite de la chevalerie française est là, avec les plus grands feudataires du royaume et plusieurs princes du sang. Le commandement est assumé par le connétable d'Albret, assisté de Boucicaut et d'Antoine, duc de Brabant. Dès le départ, les Français ne songent qu'à agir à leur guise ou à suivre leurs seigneurs particuliers. Tous se bousculent pour occuper le premier rang. Lorsque les Anglais les attaquent avec leurs archers, ils sont incapables de se servir de leurs bras. En outre ils s'enlisent dans la boue avec leurs armements trop lourds. Les derniers rangs ne sont pas à même de venir en aide aux premiers. Ayant déchargé leurs arcs, les Anglais se servent de leurs épées et de leurs haches. Une charge de cavalerie achève le travail. Dépourvue de commandement, l'arrière-garde française, après avoir fait mine de résister, s'enfuit. Les Anglais renoncent à poursuivre les fuyards. Parmi les morts, 6 000 ou 7 000 environ du côté français, on trouve le connétable, le duc d'Alençon, le duc de Brabant, le duc de Bar, le comte de Nevers ; parmi les captifs, le duc de Bourbon et surtout Charles, duc d'Orléans, premier prince du sang. Les conséquences d'Azincourt sont considérables : invasion d'une France déjà affaiblie par la querelle des Armagnacs et des Bourguignons ; disparition d'une grande partie de sa noblesse et de beaucoup de ses soldats, fin de l'utilisation excessive et maladroite des armements lourds par une certaine chevalerie présomptueuse et indisciplinée.

b

BABEUF François Noël, dit GRACCHUS (Saint-Quentin, 1760 – Vendôme, 1797)

Théoricien révolutionnaire.

D'origine picarde, il est d'abord commis d'arpentage puis commissaire à terrier dans sa province. Venu à Paris en 1787, il commence à se faire connaître en proposant au gouvernement un plan de réforme fiscale, précisé au début de la Révolution dans le *Cadastre perpétuel*. Administrateur du district de Montdidier en 1792, Babeuf y commet quelques imprudences, est condamné pour faux, par contumace, mais l'arrêt est cassé. Il obtient ensuite, par protection, un modeste emploi aux Subsistances. En octobre 1794, il fonde un journal, *Le Tribun du peuple*, qui cesse de paraître en août 1796 lorsqu'il fait connaître ses théories communistes, fondées sur la nécessité de la réforme agraire : l'égalité ne peut exister tant que subsistent les classes et la propriété individuelle. Cette dernière étant supprimée, tout le monde devra travailler, porter le fruit de son travail au magasin commun et toucher un salaire égal. Très violents, les articles de Babeuf lui valent plusieurs condamnations mais aussi des adeptes, anciens robespierristes comme Darthé, Montagnards ou mécontents divers comme le conspirateur Buonarroti. Des associations secrètes de babouvistes se créent dans plusieurs villes, conspirent contre le Directoire, tentent de s'infiltrer dans l'armée. Les théories de Babeuf et de ses amis sont précisées dans le *Manifeste des Égaux*, rédigé par le poète Sylvain Maréchal.

Au début de 1796, Babeuf et ses amis Darthé et Buonarroti organisent la conspiration des Égaux, visant à renverser le Directoire et à mettre en application la Constitution de 1793. Mais la police et le gouvernement sont au courant des agissements de cette société, soi-disant secrète, dont les membres ont multiplié les imprudences : dénoncés, Babeuf et ses amis sont arrêtés le 8 mai 1796 et jugés par une haute cour de justice siégeant à Vendôme. Grâce à un subterfuge, la police, au début de 1797, se débarrasse des derniers conjurés, en leur faisant croire que la troupe du camp de Grenelle est prête à fraterniser avec eux : une trentaine sont pris. Le 26 mai 1797, au terme d'un long procès, Darthé et Babeuf sont condamnés à mort, sept autres conjurés à la déportation, les autres acquittés. Parmi les déportés, on compte Buonarroti qui contribuera à faire connaître le babouvisme aux théoriciens du XIXe siècle.

BAGAUDES

Bandes de paysans gaulois qui, du IIe au Ve siècle, se révoltent à plusieurs reprises contre la domination romaine.

Apparus sous le règne de Commode, vers 180, ils se soulèvent de nouveau vers 270, prennent et saccagent Autun. À l'avènement de Dioclétien, vers 285, ils se donnent un « empereur » et contrôlent une partie de la Gaule. Vaincus par Maximilien et refoulés dans les montagnes et les forêts, ils réapparaissent au Ve siècle et sont écrasés par Aétius, de 435 à 437.

BAILE, BAYLE ou BEYLE

Du latin bajulus, *messager puis représentant administrateur.*

Apparus au Xe ou au XIe siècle selon les régions, les bailes sont des officiers seigneuriaux ou royaux, comme les prévôts et les viguiers. Les bailes royaux tendent à perdre de leur autorité vers la fin du XIIe siècle, époque a laquelle les baillis et les sénéchaux nouvellement créés se préparent à les dominer puis à les remplacer totalement. Les bailes seigneuriaux subsistent longtemps dans le Midi. Le nom et la fonction se sont conservés en Andorre, où la justice est toujours confiée à deux bailes et à deux viguiers.

BAILEN (capitulation de)

Acte par lequel le général Dupont rend les armes aux Espagnols, en Andalousie.

Le général Dupont, chargé par Napoléon de conquérir l'Andalousie, avait été contraint de battre en retraite vers le nord pour regagner la Castille. Traqué dans les défilés de la Sierra Morena par 30 000 soldats de l'armée de Castaños, cerné, il doit signer, le 22 juillet 1808, la capitulation de ses 9 000 hommes épuisés et retardés dans leur marche par un énorme butin pillé dans les églises. La convention prévoyait le rapatriement des troupes françaises par mer. Elle ne sera pas appliquée ; internés dans l'île de Cabrera, la plupart des soldats du général Dupont mourront de faim. À la suite de ce désastre, le roi Joseph, frère de l'Empereur, quitte Madrid et se retire derrière l'Èbre jusqu'à l'intervention personnelle de Napoléon en novembre 1808. La capitulation de Bailen, démontrant que l'armée française n'était pas invincible, eut un grand retentissement en Europe. Elle marque effectivement un tournant important de la guerre d'Espagne, et, par là, des destinées du Premier Empire.

BAILLI

C'est dans la seconde moitié du XIIe siècle que les sénéchaux apparaissent, plus particulièrement au sud de la France ; les baillis, eux, au nord.

D'abord agents royaux sans attribution, les baillis contrôlent bientôt, remplacent même, les prévôts dont la charge est tombée en désuétude. Philippe Auguste imagine les baillis d'après une institution anglo-normande des Plantagenêts. Le monarque les nomme « en son Conseil », les choisit parmi les chevaliers de l'Hôtel et peut les révoquer. Leur mission se compare à la mission des *missi dominici* des règnes carolingiens. Commissaires extraordinaires et temporaires, ils supervisent, dans une région assez étendue, les officiers royaux. À compter de 1230, le bailli se voit assigner une circonscription personnelle et restreinte : le bailliage. Toutefois, il demeure un fonctionnaire détaché de l'administration centrale. Ce n'est que vers 1260, quand s'affirme la souveraineté royale, qu'il se sédentarise et dépend de l'administration locale. Seuls les grands fiefs et les domaines apanagés échappent à sa juridiction.

Jean Sylvain Bailly
Portrait du maire de Paris en 1789. Huile sur toile de Jean Laurent Mosnier, musée de la Ville de Paris, musée Carnavalet. © *Giraudon*

Le terme de bailli s'applique également aux représentants des justices seigneuriales, parfois personnages plus importants que les baillis royaux. Ces derniers, néanmoins, détenteurs d'une parcelle du pouvoir suprême, seront les artisans de l'unité française. Petit noble ou bourgeois, le bailli est « gagé » par le roi, au nom de qui il agit. Sa compétence s'étend à toutes les administrations, sanitaire, financière, militaire, religieuse et judiciaire. L'autorité royale s'affirmant en France, surtout à travers la justice, les fonctions de juge du bailli restent ses fonctions principales. Afin de réprimer de possibles excès de pouvoir, Louis IX crée, en 1247, une commission dont la tâche consiste à surveiller, voire à punir, les baillis – ainsi que tous les officiers royaux – abusifs. Cette commission se compose de deux enquêteurs sous Philippe IV le Bel, d'un clerc et d'un laïque.

Aux alentours de 1350, la féodalité amorce sa métamorphose. Si les « gages » du bailli diminuent, son importance sociale s'accroît. Il s'entoure de nombreux auxiliaires qui formeront une administration complexe. Cette administration finira par amenuiser ses prérogatives. En marge du bailliage naissent en effet d'autres autorités publiques, militaires et financières. Des commis spécialisés jouissent d'une autonomie sans cesse grandissante. À la fin du XVe siècle, des lieutenants civils et des lieutenants criminels assument généralement les responsabilités judiciaires du bailli. Ils tranchent les différends privés ou jugent les délits pénaux. Le bailli ne joue, alors, qu'un rôle honorifique, tel celui de rassembleur du ban et de l'arrière-ban. Il sortira de l'obscurité en 1789. La convocation aux États généraux se fera par bailliages et sénéchaussées. Baillis et sénéchaux présideront l'Assemblée de la noblesse et l'Assemblée des trois ordres.

BAILLY Jean Sylvain (Paris, 1736 – Paris, 1793)

Homme politique et astronome.

Membre de l'Académie des sciences en 1763, et de l'Académie française en 1783, il est élu par Paris député du tiers état, qu'il préside le 3 juin 1789, aux États généraux. Homme modéré, il jouit d'une immense popularité. Président de l'Assemblée nationale, le 17 juin 1789, il l'est également lors de la fameuse séance que tient le tiers, le 20 juin, dans la salle du Jeu de paume de Versailles. À l'Assemblée constituante, il siège au centre. Le 16 juillet 1789, Bailly est élu maire de Paris et, le lendemain, il accueille Louis XVI à l'Hôtel de Ville et lui tend une cocarde tricolore, en prononçant ces mots : « Sire, Henri IV avait reconquis son peuple, aujourd'hui le peuple a reconquis son roi. » La famille royale revenue de Varennes, Bailly s'effraie des progrès de la Révolution. Approuvé par La Fayette et par le comte de Lameth, il fait proclamer la loi martiale. Et l'applique : le 17 juillet 1791, il ordonne à un détachement de la garde nationale – La Fayette le commande avec lui – d'ouvrir le feu sur la foule, massée au Champ-de-Mars. Cette foule, composée en majorité de Cordeliers, réclamait l'organisation d'un nouveau pouvoir exécutif.

Bailly, devenu suspect aux révolutionnaires, résigne ses fonctions de maire quatre mois après la fusillade du Champ-de-Mars et quitte Paris. C'est à Melun, en septembre 1793, qu'on l'arrête. Au procès de Marie-Antoinette, il dépose en sa faveur, ce qui achève de le perdre. Traduit devant le Tribunal révolutionnaire, il est condamné à la peine de mort. Son exécution n'a pas lieu sur la place de la Révolution, mais au Champ-de-Mars, en souvenir de la fusillade du 17 juillet. Entre autres ouvrages scientifiques, Bailly a laissé une importante *Histoire de l'astronomie*.

BAINVILLE Jacques (Vincennes, 1879 – Paris, 1936)

Historien et journaliste.

Avant d'adhérer, parmi les premiers, à l'Action française convertie au royalisme par Charles Maurras, Jacques Bainville, fils de républicain, reçoit au collège l'enseignement conformiste de l'histoire événementielle qui est celui des jeunes Français contemporains des débuts de la IIIe République. Il n'en sera point comblé : l'histoire « lui inspirait de l'ennui », dit-il dans la préface de son *Histoire de France*. Toutefois le dégoût est bref, car son premier livre, un essai intitulé *Louis II de Bavière*, paraît en 1900. C'est un coup de maître. L'auteur n'a que vingt ans. Désormais sa vie est vouée à l'histoire : histoire du passé dans des ouvrages généraux tels que l'*Histoire de France* (1924) ; *Napoléon* (1931), *La Troisième République* (1935) ; histoire du passé et du présent dans *Histoire de deux peuples* (1915-1933), *Histoire de trois générations* (1918) *Les Conséquences politiques de la paix* (1920), *Les Dictateurs* (1935) ainsi que dans les très nombreux articles qu'il donne à l'*Action française*, à la *Revue universelle* (qu'il a fondée en 1920) et à d'autres publications moins spécifiquement royalistes. Servi par un style brillant et sobre à la fois, Bainville a exercé une influence notable sur la jeunesse des années d'entre-deux-guerres. Il a été reçu à l'Académie française en 1935.

BAIOCASSES

Peuple gaulois.

Peuple armoricain de la Gaule celtique fixé dans le Bessin et qui forme à l'époque gallo-romaine la *civitas Baiocassum* ou cité de Bayeux (*Augustodurum* puis *Baiocasses*) à laquelle est rattachée vers la fin du Haut-Empire celle des Viducasses *(civitas Viducassium)*.

BALAFRÉ (le) : voir GUISE

BALBI Anne de CAUMONT LA FORCE, comtesse de (La Force, 1758 – Paris, 1842)

Favorite du comte de Provence.

Elle épouse un noble génois, le comte de Balbi, qu'elle fait rapidement enfermer comme fou, lorsqu'elle conquiert Monsieur, frère de Louis XVI. Émigrée à Coblence en même temps que lui, elle passe ensuite en Hollande où ses aventures galantes défrayent la chronique, puis elle séjourne en Angleterre. Elle retourne à Paris après les Cent-Jours, mais, sous le règne de Louis XVIII, nul ne fait plus attention à elle.

BÂLE (traités de)

Traités signés en 1795 entre la France et la Prusse d'une part, la France et l'Espagne d'autre part, et qui mettent fin à la première coalition.

Le prince von Hardenberg pour la Prusse et le marquis de Barthélemy pour la France signent le premier traité de Bâle, le 5 avril 1795 : la Prusse quitte la coalition et reconnaît la République française. Par des clauses secrètes, elle abandonne à la France ses possessions de la rive gauche du Rhin, contre la promesse d'une indemnisation ultérieure au profit des princes allemands dépossédés. Le second traité de Bâle, entre la France et l'Espagne, est signé le 22 juillet. L'Espagne recouvre sa frontière antérieure le long des Pyrénées et abandonne à la France Santo Domingo, partie espagnole de Saint-Domingue. Par une clause secrète, la France s'engage à remettre à l'Espagne Madame Royale, fille de Louis XVI, si l'Autriche refuse de l'échanger contre ses prisonniers.

BALLADUR Édouard (Izmir, Turquie, 1929 –)

Homme politique, Premier ministre.

Énarque, passé au Conseil d'État, il entre en 1963 au cabinet du Premier ministre Georges Pompidou et le suit à l'Élysée comme secrétaire général. À la mort du président (1974), il rejoint le secteur privé, dirigeant plusieurs sociétés, et à

Édouard Balladur
Il est alors Premier ministre, photographié en 1993 dans les jardins de Matignon. © *Gamma - J.M. Turpin*

partir de 1980 conseille Jacques Chirac, maire de Paris et président du RPR. En 1986, il obtient son premier mandat : député RPR de Paris, il devient ministre d'État chargé de l'Économie, des Finances et des Privatisations (20 mars 1986-10 mai 1988). Après la victoire des socialistes aux législatives de 1988, réélu député de Paris, il revient dans l'opposition. Échaudé par la première cohabitation (1986-1988), Jacques Chirac lui laisse en 1993 la place de Premier ministre de François Mitterrand (1993-1995) et se réserve pour l'élection présidentielle de 1995. Édouard Balladur tente de mettre en œuvre nombre de réformes, mais le contexte de forte récession ne s'y prête guère : crise du système monétaire européen, accords commerciaux du GATT, plus de trois millions de chômeurs. Il doit en outre affronter des problèmes internationaux en Algérie, en Bosnie, au Rwanda. En 1995, « l'ami de trente ans » rompt l'alliance tacite qui le liait à Jacques Chirac et se présente à la présidentielle de 1995, où il incarne une droite plus libérale que gaulliste. Arrivé en troisième position (18,54 % des suffrages), il se désiste en faveur de Jacques Chirac.

BALUE Jean (Angles-sur-l'Anglin, Berry, 1420 – Ancône, 1491)

Cardinal et conseiller, appelé à tort Jean de La Balue.

Attaché à Jean Juvénal des Ursins, archevêque de Reims, il est présenté à Louis XI qui le nomme son aumônier, secrétaire d'État, premier du Grand Conseil du roi en 1464, évêque d'Évreux. Il rend d'éminents services au roi contre la ligue du Bien public et pour l'abolition (provisoire) de la Pragmatique Sanction. Il en est récompensé par l'évêché d'Angers et le chapeau de cardinal en 1467. Il intrigue alors avec le duc de Bourgogne ; le complot est découvert lorsque sa correspondance est interceptée en 1469. Il est arrêté à Cloyes-sur-le-Loir, et les documents qui sont saisis sur lui révèlent sa duplicité. On l'enferme d'abord à Montbazon, puis au château d'Onzain, enfin peut-être à Loches, plus sûrement à Plessis-lez-Tours et à la Bastille. Rien n'indique que dans ces prisons il ait été placé dans une cage de fer. Après onze ans de captivité, il est libéré sur l'intervention du pape Sixte IV et se retire à Rome. De là, en 1484, le pape l'envoie en France comme légat. Mais Balue doit rentrer précipitamment en Italie après la mort du pape, son protecteur. Innocent VIII le fera évêque d'Albano.

BALZAC d'ENTRAGUE : voir ENTRAGUES

BAN

Pouvoir général de commandement d'origine et de caractère régalien. Par analogie, proclamation, publication.

Dans le monde franc, le droit de ban était le droit de commandement du roi, qui s'exerçait notamment dans le domaine administratif et dans le domaine militaire (*hériban*). L'émiettement progressif de l'autorité publique le fait passer à la fin du Xe siècle au niveau de la seigneurie qui assoit sa puissance grâce à lui et reçoit de ce fait le nom de seigneurie banale. De ce droit de ban, le seigneur tire des pouvoirs d'ordre militaire, fiscal, judiciaire, économique qui s'exercent sur les « hommes de la poesté », c'est-à-dire les hommes qui sont en sa puissance. Par conséquent, sont exclus de l'emprise banale tous ceux qui sont d'un niveau social supérieur au sien ou ceux qui lui sont attachés par un lien féodal de vassalité. Le service militaire, autrefois dû directement et exclusivement au roi, l'est désormais au seigneur qui proclame le ban pour son usage personnel et, par le jeu des hiérarchies féodales, en dernier ressort éventuellement au profit du roi. D'où l'expression, utilisée à partir de 1302 : « lever le ban et l'arrière-ban », le ban s'appliquant aux vassaux immédiats et l'arrière-ban aux arrière-vassaux. Le recours par le roi au ban et à l'arrière-ban tombe en désuétude à partir du XVe siècle. Il disparaît pratiquement sous Charles VII qui, avec l'argent obtenu pour le rachat du service, constitue une armée soldée. Louis XIV essaie en vain d'en faire renaître le principe.

Les pouvoirs banaux d'ordre fiscal se traduisent par des corvées et des redevances comme la taille. Dans l'ordre judiciaire, les bans de mariage et tous les crimes et délits relèvent de la compétence du seigneur haut justicier. Le ban désigne également la sentence qui exclut le coupable d'une juridiction ou du royaume. Le mot est resté dans les expressions « mettre au ban » (c'est-à-dire bannir) et « rupture de ban ».

Les droits banaux sont, enfin, d'ordre économique. Ils touchent à la circulation des marchandises par l'institution de péages et de taxes sur les foires et les marchés, mais aussi les moyens de production par le jeu des banalités. S'y ajoutent un certain nombre de droits de réglementation agricole (redevances versées pour pouvoir utiliser les moulins, fours, pressoirs appartenant au seigneur, pour pouvoir pêcher dans ses étangs ou rivières). Le seigneur fixe par ban le moment à partir duquel peuvent commencer les travaux saisonniers, fauchaison, moisson et vendange, et ses ordonnances contrôlent tous les aspects de la vie agricole, y compris l'entretien des chemins et des ponts. Le ban comprend aussi des attributions de police. Il désigne les règlements proclamés à son de cloche, en ville, ou de trompe à la campagne et, par extension, le territoire sur lequel un seigneur peut faire proclamer son ban. Toute contravention à une proclamation seigneuriale est passible d'une amende qui reçoit elle aussi le nom de ban. Les seigneuries laïques et ecclésiastiques ne sont pas seules à posséder le pouvoir banal. Il peut être détenu par des seigneuries collectives : les villes, par exemple, exerçaient leur juridiction une lieue autour de la cité, soit dans leur « banlieue », d'où l'origine de ce mot.

BANQUE (haute)

Avant 1850, la haute banque est constituée par une douzaine de maisons dont la plupart ont survécu aujourd'hui.

Elle est alors la seule à représenter à la fois l'importance des capitaux, la fermeté des structures et une doctrine bien assise. Elle travaille avec ses propres fonds et les dépôts d'une clientèle restreinte et est donc hors d'atteinte pour les petites entreprises. Elle est réservée à une certaine élite. Il est impensable pour une petite affaire provinciale d'accéder aux sphères confidentielles qu'incarnent Mallet, Hottinguer, Baring, Rothschild ou les autres maisons de ce « club » très fermé. À l'inverse, il n'est pas du ressort de la haute banque d'assister financièrement la petite entreprise. Son rôle consiste plutôt à réaliser les opérations fructueuses d'émissions d'emprunts pour le compte des gouvernements. Néanmoins, elle participe activement à la révolution industrielle et mutiplie les investissements dans les chemins de fer. Sous le Second Empire, la haute banque perd sa situation de monopole avec la naissance des banques d'affaires. La première est le Crédit mobilier des frères Pereire, fondé en 1852. Sa vocation est de s'adonner à la collecte de l'épargne en vue du développement de l'industrie. En réalité, la différence entre banque d'affaires et haute banque réside moins dans l'activité déployée que dans l'origine des ressources engagées dans le financement des activités industrielles.

BANQUE DE FRANCE

Fondée le 13 février 1800 par Napoléon Ier, établissement privé soumis à la tutelle de l'État, elle est la seule banque habilitée à émettre la monnaie à Paris (avril 1803), puis en France (1848).

Dès le premier Empire, elle fait de la capitale la première place financière de l'Europe continentale. Multipliant ses succursales sous le Second Empire, elle apporte une aide décisive aux compagnies ferroviaires. Symbole des grands intérêts, sa direction est assurée par des régents élus par les 200 plus gros actionnaires. Sa puissance discrète éclate à l'occasion de la Première Guerre mondiale. La Banque ayant consenti à l'État des avances qu'il ne peut rembourser, elle se trouve en mesure de faire pression sur le gouvernement. Édouard Herriot, président du Conseil, doit démissionner en avril 1925 sous peine de voir révéler que le « plafond des avances » a été crevé. Le « mur de l'argent », par lequel le capitalisme fait échec à la volonté nationale, révèle brutalement à l'opinion publique le pouvoir des « 200 familles ». Aussi, en juillet 1936, Léon Blum remplace-t-il le système des 15 régents par 20 conseillers nommés par l'État, tandis que le gouverneur reçoit tout contrôle sur ses opérations. Réformée en 1936, nationalisée en 1945, dénationalisée (loi du 4 août 1993), banque des banques (prêteur en dernier ressort), banque du Trésor public, jusqu'au 31 décembre 1998, la Banque de France a eu toute autorité sur la politique monétaire. Officiellement chargée de défendre la parité du franc, elle fixait seule le niveau des taux d'intérêt, influençant directement la croissance et l'emploi. Elle détenait toujours le monopole de la fabrication et de la distribution des billets, gérait les réserves d'or et les devises

Réception des pièces de 5 francs à la Banque de France
Illustration du *Pèlerin* en 1900. © *Explorer - Fodil*

du pays, organisait la compensation en liquidités entre les différentes banques. Le 1er janvier 1999, l'euro, unité monétaire européenne, a remplacé le franc, qui reste néanmoins en cours jusqu'en 2002. Depuis, c'est la BCE (Banque centrale européenne) qui traite la plupart de ces opérations à Francfort.

BANQUE NATIONALE DE PARIS (BNP)

Organisme bancaire.

Au commencement étaient les comptoirs… Le 7 mars 1848 naît le Comptoir national d'escompte de Mulhouse, l'ancêtre de la Banque nationale pour le commerce et l'industrie (BNCI). Le lendemain, 8 mars, est créé celui de Paris. Il allait vivre 118 ans, jusqu'au 1er juillet 1966, date de la naissance de la BNP. Le 4 mai, en effet, Michel Debré, ministre de l'Économie et des Finances du général de Gaulle, annonce la fusion de la BNCI et du Comptoir national d'escompte de Paris en un établissement nommé Banque nationale de Paris, « car peu de villes au monde détiennent un tel capital de prestige ». La nouvelle entité rassemble les troisième et quatrième banques françaises. De 1966 à 1976, la BNP double pratiquement ses points de vente ; dès 1968 le nouvel établissement confirme sa première place en France et son septième rang mondial. « Renationalisée » (rachat par l'État des 22 % du capital entre des mains privées) le 11 février 1982, cette banque, très ouverte sur l'étranger, a été privatisée en 1993 sous l'égide de Michel Pébereau.

BANQUETS (campagne des)

Au début de juillet 1847, les chefs de l'opposition, de toutes tendances, décident d'organiser des banquets, dits réformistes, qui tiennent lieu de réunions publiques.

Le premier banquet se déroule à Paris le 9 juillet 1847, et réunit plus de 1 200 personnes, dont 85 députés et des orateurs de toutes opinions. 70 banquets environ sont ainsi organisés jusqu'au mois de février 1848, rassemblant 17 000 personnes. Au cours des mois et des banquets, les modérés comme Odilon Barrot du centre gauche, ou Duvergier de Hauranne de la gauche dynastique, disparaissent au profit d'éléments plus extrémistes comme Ledru-Rollin, l'avocat de la gauche républicaine ou Louis Blanc, le « communisant ». Le peuple, cependant, est assez peu touché par la campagne. Cette dernière doit s'achever à Paris, au mois de février 1848, par le banquet du 12e arrondissement et un défilé, qui sont interdits par le président du Conseil Guizot. Cette interdiction, « étincelle libératrice », les discussions qui suivent entre les chefs de l'opposition et le gouvernement, les atermoiements des uns et des autres entraînent les incidents du mardi 22 février : le rassemblement ayant été décommandé trop tard par ses organisateurs, les manifestants commencent à se rassembler et à se faire menaçants. La révolution de 1848 est déclenchée.

BAO-DAI ou BAO-DAÏ (Huê, 1913 – Paris, 1997)

Empereur d'Annam.

Empereur d'Annam de 1925 à 1945, il est considéré par ses compatriotes comme l'homme des Français car ses réformes sont jugées trop timides. Le 11 mars 1945, sous la pression de l'occupant japonais, il dénonce pourtant les traités de protectorat avec la France. Le 25 août suivant, Hô Chi Minh proclame la république du Vietnam et Bao Daï abdique le 2 septembre. Il ne réussit pas à organiser un front anti-Vietminh et se retire à Hong Kong en 1946. Le 24 avril 1949, à la demande de la France, il prend à Saigon ses fonctions de « chef de l'État associé du Vietnam », puis se retire en France, continuant théoriquement d'exercer ses fonctions. Peu connu et peu apprécié dans son pays, il nomme encore en 1954 Ngô Dinh Diem chef du gouvernement. En septembre 1955, un référendum ayant aboli la monarchie, Bao Daï s'exile en France où il meurt.

BAPAUME

Ville du Pas-de-Calais.

Le général Faidherbe, commandant l'armée du Nord, y vainc, les 2 et 3 janvier 1871, le général prussien Goeben. Bapaume souffrira tout particulièrement de la Première Guerre mondiale. Les armées du Kaiser l'occupent à partir de septembre 1914, l'incendient avant de l'évacuer en 1917, la reprennent au général anglais Gough le 2 mars 1918. Le 30 août 1918, définitivement libérée de la présence allemande, Bapaume n'est plus que ruines.

BAR (comté, puis duché de)

Ancienne province française, située sur les deux rives de la Meuse entre, au nord, la Lorraine et Verdun et, au sud, la Champagne. On la nomme aussi Barrois.

Territoire de la future ville de Bar, le *pagus Barrensis* apparaît dès le Ve siècle. Austrasien sous les Mérovingiens, il est attribué, par le traité de Verdun en 843, à l'empereur d'Occident, Lothaire Ier. Il sera lotharingien en 855. Durant près d'un siècle, la Germanie le revendique. Enfin, Louis IV d'Outremer le cède, en 936, à Henri Ier l'Oiseleur, roi de Germanie. Lorsque la Lotharingie se distingue en Haute et Basse-Lorraine (965), le comte héréditaire du *pagus Barrensis*, Frédéric Ier, de la maison d'Ardennes, devient maître de la première région. Celle-ci se scinde au XIe siècle : Sophie, fille de Frédéric II de Lorraine, épouse en 1033 Louis de Mousson et fonde la dynastie comtale de Bar. Durant le XIIe siècle, le Barrois profite du morcellement de la Lorraine. Il s'étend, aux dépens des domaines de l'évêque de Metz et de ceux de l'évêque de Verdun. Sa puissance se maintient jusqu'au milieu du XIIIe siècle, sous le règne de Thibaud II.

En 1302, le comté de Bar perd son indépendance de fait. Le comte Henri II, allié au roi d'Angleterre et prisonnier de Philippe IV le Bel, n'obtient sa libération qu'en acceptant de prêter hommage au roi de France pour les terres qu'il possède sur la rive gauche de la Meuse en vertu du traité de Bruges. Ainsi est constitué le Barrois *mouvant* ou *royal*, par opposition au Barrois *non mouvant* ou *comtal*. Le Barrois mouvant relèvera, plus tard, du parlement de Paris, le Barrois non mouvant du parlement de Nancy.

Quand Robert, comte de Bar, s'unit à la fille de Jean II le Bon, le Barrois est érigé en duché. Le dernier enfant vivant du couple ducal, le cardinal de Bar, le lègue en 1419 à René d'Anjou qui, après son mariage avec l'héritière de Charles, duc de Lorraine, réunit Bar et Lorraine, en 1431. Son petit-fils, René II, confirme sa décision en 1480. À compter de cette date, le duché de Bar se confond avec le duché de Lorraine. François III transmet ses droits sur l'un et sur l'autre à Stanislas Leszczyński, et le Barrois est rattaché à la France en 1766.

BARAGUAY d'HILLIERS Achille, comte (Paris, 1795 – Amélie-les-Bains, 1878)

Maréchal de France.

Fils de Louis Baraguay d'Hilliers, il participe à la campagne de Russie en 1812 et est blessé lors la campagne d'Allemagne de 1813. Rallié à la Restauration, il prend part à l'expédition d'Espagne de 1823 puis à celle d'Alger. Cette dernière lui vaut ses épaulettes de colonel. Louis-Philippe, qu'il accepte pour troisième maître, le nomme, en 1832, commandant en second de l'École de Saint-Cyr – il y matera des mouvements républicains – et commandant de l'École polytechnique de 1836 à 1840. Maréchal de camp en 1836, lieutenant général en 1843, Baraguay d'Hilliers gouverne Constantine, et reçoit des Arabes le surnom de « Père le Bras ». La République de 1848 lui confie le commandement militaire de Besançon, ce qui conduit les électeurs du Doubs à le choisir comme député pour les représenter à l'Assemblée constituante et à l'Assemblée législative. Il siège à droite. Remplaçant le général Changarnier à la tête de l'armée de Paris, en 1851, il appuie le coup d'État du 2 Décembre. Lors de la guerre de Crimée, il s'empare de la forteresse de Bomarsund, ce qui lui vaut le bâton de maréchal en 1856, agrémenté d'un fauteuil de sénateur. Lors de la campagne d'Italie en 1859, il contribuera, d'une manière décisive, à la victoire de Solferino.

BARAGUAY d'HILLIERS Louis (Paris, 1764 – Berlin, 1812)

Général.

Lieutenant au régiment d'Alsace, il brise son épée afin de ne pas servir la monarchie constitutionnelle. Ce général royaliste intransigeant modifiera vite sa position politique en reprenant du service et en combattant en qualité d'aide de camp sous les ordres des généraux de Crillon et de La Bourdonnaye. Il organise la légion des Alpes, et le général de Custine le fait chef de son état-major. Custine décrété d'accusation après la prise de Condé-sur-l'Escaut, Baraguay d'Hilliers le défend devant le Tribunal révolutionnaire, ce qui le conduit, lui aussi, à répondre de ses actes. S'il évite la guillotine, il n'échappe ni à la destitution ni à l'emprisonnement. Il est libéré au moment du 9 Thermidor. Chef d'état-major de l'armée de l'Intérieur puis de l'armée des Côtes de Cherbourg, il accompagne ensuite Bonaparte en Italie. Nommé général de division au mois de mars 1797, il s'empare de Bergame puis de Venise dont il devient gouverneur.

Pendant la campagne d'Égypte, il reçoit, récompense de sa bravoure, la mission d'apporter au Directoire les drapeaux ennemis conquis à l'île de Malte. Les Anglais le capturent en mer et le gardent prisonnier plusieurs mois. De retour à Paris, après une courte disgrâce, il se couvre de gloire en Allemagne, en Autriche, en Italie – il gouverne le Frioul – et en Espagne. En 1812, commandant une division de l'armée de Russie, Baraguay d'Hilliers, encerclé non loin de Smolensk, submergé par le flot des cosaques, est contraint de capituler. L'Empereur, mécontent, le convoque aux Tuileries, mais le général, éprouvé moralement et physiquement, ne dépasse pas Berlin.

Baraguay d'Hilliers
Portrait du « Père le bras », maréchal de France. Gravure de Lambert d'après H. Rousseau (1863).
© Collection Viollet

BARANGÉ (loi)

Adoptée par l'Assemblée nationale le 10 septembre 1951, cette loi est connue, à l'origine, sous le nom de proposition des 3 B.

Les leaders des trois grandes formations à électorat catholique ont soutenu son vote : Barangé pour le Mouvement républicain populaire (MRP), Barrachin pour le Rassemblement du peuple français (RPF) et Baudry d'Asson pour le parti des Indépendants. Elle ressuscite, en dépit de sa modération, la querelle scolaire qui, pendant la IIIe République, avait dressé les uns contre les autres confessionnels et laïques. Elle passionne les débats parlementaires, cristallise l'opposition socialiste et communiste et interdit toute alliance entre le MRP et les socialistes. La loi Barangé est adoptée par l'Assemblée nationale, par 313 voix contre 255. Elle prévoit d'accorder une subvention à toutes les familles ayant des enfants dans l'enseignement primaire, que cet enseignement soit reçu à l'école publique ou à l'école privée. Cette loi sera actualisée par Michel Debré en 1959.

BARBAROUX Charles Jean Marie (Marseille, 1767 – Bordeaux, 1794)

Homme politique.

Avocat à Marseille, embrassant avec feu les idées révolutionnaires, il est envoyé à Paris en 1791 comme mandataire particulier de la ville de Marseille. Devenu l'âme des Marseillais, il prend une part active avec eux lors de la journée du 10 août 1792. Élu député des Bouches-du-Rhône à la Convention, il se fait remarquer par son éloquence. On le voit fréquenter le salon de Mme Roland pour qui il professe un amour tout platonique. Lors du procès de Louis XVI, il vote la mort, mais après avoir réclamé l'appel au peuple. Il entre dans le parti des Girondins, préconise des mesures d'apaisement et se prononce ouvertement contre Robespierre et Marat. Proscrit comme ennemi de la République à la suite des journées insurrectionnelles des 31 mai et 2 juin 1793, il parvient à s'enfuir à Caen où il tente d'organiser la résistance à la dictature montagnarde, puis à Quimper et enfin près de Saint-Émilion en Gironde. Traqué, reconnu, il veut se suicider mais ne réussit qu'à se blesser. On le guillotine à Bordeaux le 25 juin 1794.

Armand Barbès dans sa prison
Dessin de Charles-Joseph Travies. Musée de la Ville de Paris, musée Carnavalet. © *Lauros-Giraudon*

BARBAZAN Arnaud Guilhem, sire de (?, v. 1360 – Bulgnéville, 1431)

Homme de guerre.

Capitaine de fortune, il se distingue par sa vaillance pendant la seconde partie de la guerre de Cent Ans. Son courage autant que sa loyauté le font surnommer, avant Bayard, « le Chevalier sans reproche ». Attaché ensuite au service de René d'Anjou, il ne peut l'empêcher de combattre à Bulgnéville. Mortellement blessé au cours de la bataille, il est inhumé à Saint-Denis sur l'ordre de Charles VII.

BARBEGAL

Dans les Alpilles, à 7 kilomètres d'Arles, au lieu-dit Barbegal, se trouvent les ruines d'une importante meunerie hydraulique, construite à la fin de l'Empire romain.

Un aqueduc amène l'eau jusqu'à un bassin-réservoir situé sur le sommet d'une éminence. L'eau retombe ensuite sur le flanc sud de la colline en huit chutes actionnant seize roues à godets qui transmettent le mouvement à des meules de broyage du grain. On a calculé que cette monumentale installation, appliquant pour la première fois la force hydraulique de façon industrielle, pouvait produire par jour environ trois tonnes de farine destinée à la ville d'Arles et à l'exportation. Tout autour de l'« usine » proprement dite, on voit les restes des entrepôts, des bureaux et des habitations des ouvriers. Une inscription attribue la conception de cette meneurie à un habitant d'Arles, Candidus Benignus, appartenant au collège des charpentiers de la cité. Ce genre d'édifice est fort rare dans le monde romain et seul Ausone signale l'existence de moulins à eau sur les bords de la Moselle.

BARBÉ-MARBOIS François, marquis de (Metz, 1745 – Paris, 1837)

Homme politique. Improprement appelé Barbé de Marbois.

Il est, sous la monarchie, consul de France aux États-Unis, intendant général de Saint-Dominique de 1785 à 1789, et représentant de Louis XVI auprès de la diète de l'Empire, qui se tient à Vienne et à Ratisbonne. Barbé-Marbois, modéré, se retire de la vie publique durant la Convention. Il y réapparaît, maire de Metz, en 1795. Membre du Conseil des Anciens pendant le Directoire, il siège parmi les monarchistes à la seconde Assemblée qu'a créée la Constitution de l'an III. Le coup d'État du 18 fructidor an V le déporte en Guyane. De retour en France en 1800, Barbé-Marbois est nommé par Bonaparte ministre du Trésor, poste dans lequel il ne brille pas. Sous l'Empire, il est premier président de la Cour des comptes. Lors de la Restauration, Louis XVIII l'appelle au ministère de la Justice, dans le cabinet du duc de Richelieu. Peu zélé, Barbé-Marbois ne conserve pas son portefeuille et reprend la présidence de la Cour des comptes jusqu'en 1834. Cette charge lui laisse assez de temps pour qu'il puisse rédiger une *Histoire de la Louisiane*.

BARBÈS Armand (Pointe-à-Pitre, Guadeloupe, 1809 – La Haye, Pays-Bas, 1870)

Homme politique.

Proudhon le surnomme « le Bayard de la démocratie ». Installé à Paris en 1830, où il étudie le droit, et affilié à des sociétés républicaines, Barbès participe à l'insurrection d'avril 1834. Arrêté puis libéré au bout de six mois, il organise l'évasion de ses anciens codétenus. La sincérité de ses opinions, la fortune dont il jouit le placent rapidement parmi les représentants notables de l'opposition démocrate. Il conspire, au côté d'Auguste Blanqui et de Martin Bernard, ce qui lui vaut plusieurs incarcérations. Le 12 mai 1839, Barbès, principal organisateur avec Blanqui de la dernière émeute fomentée contre Louis-Philippe, tente d'enlever, avec des gens de son parti, le poste de la Conciergerie. Il échoue, et un officier, le lieutenant Drouineau, meurt, frappé d'une balle. Blessé à la tête, appréhendé, Barbès est condamné à la peine de mort. Celle-ci sera commuée en détention perpétuelle. La révolution de Février 1848 lui rend la liberté. Il préside le Club de la révolution, rival de la Société républicaine d'Auguste Blanqui. Gouverneur du palais du Luxembourg, colonel de la 12e division de la garde nationale, député de l'Aude à l'Assemblée nationale où il siège à l'extrême gauche, Barbès, devenu l'un des grands chefs républicains de l'époque, tente de constituer le 15 mai 1848 un gouvernement révolutionnaire à l'Hôtel de Ville de Paris. Nouvel échec, nouvelle condamnation à la détention perpétuelle en 1849. Interné d'abord à Doullens, ensuite à Belle-Île-en-Mer, il sera gracié en 1854 par Napoléon III, bien qu'il ne l'ait pas sollicité. Il s'exilera alors, volontairement, à La Haye.

BARBETS

Surnom donné aux vaudois du Dauphiné et du Piémont au XVIe siècle.

Cette appellation est ensuite décernée aux calvinistes cévenols vers la fin du XVIIe et au début du XVIIIe siècle : leurs pasteurs auraient été dénommés « barbes » parce qu'ils portaient la barbe longue.

BARCELONE (traité de)

Traité signé le 14 janvier 1495 entre Charles VIII et Ferdinand V d'Espagne.

Aux termes de ce traité, le roi de France renonce à ses prétentions sur le comté de Barcelone et abandonne le Roussillon et la Cerdagne. Charles VIII, qui prépare l'invasion de l'Italie, cherche ainsi à s'assurer la neutralité de l'Empire et de l'Espagne.

BARDO (traité du)

Signé le 12 mai 1881 par le bey de Tunis et la France, il établit le protectorat de cette dernière sur la Tunisie.

Au XIXe siècle, la régence de Tunis suscite particulièrement l'intérêt de deux grandes puissances européennes : la France et l'Italie. L'Italie, parce que 50 000 de ses ressortissants y vivent. La France, parce que les frontières algériennes jouxtent les frontières tunisiennes, et que le bey doit au gouvernement de la République 350 millions de francs. L'asile qu'offre la Tunisie à des pillards khroumirs, après qu'ils eurent tué en Algérie plusieurs militaires français, est le *casus belli* dont s'empare Jules Ferry, président du Conseil, pour obtenir les crédits nécessaires à monter une expédition contre le bey. Celle-ci, forte des 30 000 soldats du général Forgemol, envahit la Tunisie. Brève campagne. Le drapeau tricolore flottant sur Bizerte, le bey Mohammed el-Sadok se résigne à parapher, dans son palais de Qasz Sa'aïd, commune du Bardo proche de Tunis, le traité que lui impose la France. Il accepte qu'un ministre-résident, représentant la France en Tunisie, réorganise ses finances et protège ses sujets vivant à l'étranger, que dix-neuf administrateurs civils français surveillent son administration, enfin que l'armée française occupe certaines zones du territoire tunisien. Le traité du Bardo – la convention de La Marsa le confirmera en 1883 –, s'il place la Tunisie sous le protectorat de la France, respecte néanmoins ses institutions. L'opposition reproche à Jules Ferry d'avoir, par son initiative, mécontenté l'Italie, alliée de la France.

BARÈRE de VIEUZAC Bertrand (Tarbes, 1755 – Tarbes, 1841)

Homme politique.

Avocat à Toulouse puis conseiller à la sénéchaussée de Bigorre, il en est élu député du tiers aux États généraux. Il fonde à Paris un journal de tendance modérée, *Le Point du jour*. Député des Hautes-Pyrénées à la Convention (1792), membre du Comité de Constitution, il évolue de la modération à l'extrémisme et rejoint les Montagnards. En tant que président de la Convention, à partir du 1er décembre 1792, il dirige le procès de Louis XVI et vote la mort sans appel ni sursis. Membre du Comité de salut public en juillet 1793, Barère présente de nombreux rapports sur l'administration, la politique, les armées, demande notamment la destruction des tombeaux des rois, l'expulsion des Jésuites, le jugement de la reine, la mise en accusation du général Custine et surtout fait décréter que la « Terreur est à l'ordre du jour ». L'éloquence dont il pare les motions terroristes le fait surnommer « l'Anacréon de la guillotine ». Accusé, malgré son ardeur, de « feuillantisme » au Club des jacobins, il devient encore plus virulent, dénonce à plusieurs reprises la conspiration d'Hébert. Ayant abandonné Robespierre le 9 Thermidor, il contribue à sa perte, ce qui ne l'empêche pas d'être arrêté lors de la réaction thermidorienne. Le dévouement de son secrétaire lui évite la guillotine, et l'ancien membre du Comité de salut public est condamné à la déportation en mars 1795. Il remerciera quelque temps plus tard son fidèle employé en le dénonçant et en le laissant exécuter. Peu après son arrivée en prison, il s'évade, parvient à se faire élire au Corps législatif, mais sa nomination est annulée en 1795 et il doit s'enfuir pour éviter de nouveau d'être incarcéré. Malgré ses efforts, il ne jouera aucun rôle important par la suite.

BAR-LE-DUC

Chef-lieu du département de la Meuse, situé sur la rivière de l'Ornain, autrefois capitale du duché de Bar.

Au Ier siècle, les habitants d'une bourgade qui s'élève sur la rive droite de l'Ornain se réfugient, pour fuir les Barbares, sur la rive gauche. Ils y édifient un fort, embryon de la future Bar-le-Duc. Avec le *pagus Barrensis*, le Barrois, la ville née autour de l'ouvrage est d'abord austrasienne. Elle relève ensuite de l'empereur d'Occident Lothaire Ier, puis de Lothaire II, roi de Lotharingie. Attribuée à la Germanie au Xe siècle, après que sa possession eut été un motif de querelle entre ce pays et la France, elle devient riche métropole. Frédéric Ier, comte du Barrois, y ordonnera la construction d'un château qui sera restauré pendant les XIIe et XIVe siècles.

Bar, dont le nom apparaît au XIVe siècle, reçoit une charte au XVIIe. Un marché s'établit derrière ses murailles. Cité ducale à partir de 1354 – les ducs de Bar résident, toutefois, de préférence en d'autres cités –, Bar-le-Duc s'agrandit d'un nouveau quartier : la Neuve Ville. Sous le règne d'Antoine le Bon, duc de Lorraine, et plus tard sous celui du munificent Charles III, Bar-le-Duc connaît deux périodes brillantes. Le duc Antoine y entretient une cour somptueuse où lettrés et artistes comparent leurs talents. Ligier Richier, à cette époque, sculpte le célèbre squelette, le *Transi*, destiné à orner le tombeau de René de Chalon, érigé dans la cathédrale Saint-Étienne. Les guerres de Religion endeuillent la capitale du Barrois. Son enceinte est fortifiée. À diverses reprises, les armées françaises occupent Bar-le-Duc. Louis XIII s'en empare en 1632. Le duc François III cède en 1736 ses droits sur elle et sur la Lorraine à Stanislas Leszczyński. En 1766, les deux provinces sont réunies au royaume de France.

Traité du Bardo
Le consul de France présente le général Bréart au bey de Tunis lors de l'entrevue du 12 mai 1881. Dessin de H. Meyer.

BARNAVE Antoine (Grenoble, 1761 – Paris, 1793)

Homme politique.

Avocat au parlement de Grenoble, membre des états du Dauphiné qui se réunissent à Vizille en juillet 1788, député du tiers état du Dauphiné aux États généraux, il est, en 1789 et 1790, l'un des dirigeants du parti patriote à l'Assemblée constituante où il s'impose par son talent oratoire, comparable à celui de Mirabeau. Il y siège à gauche et, avec Duport et Alexandre de Lameth, eux aussi de tendances libérales, forme ce qu'on a appelé le triumvirat qui, dans les débats sur la Constitution, préconise la limitation des pouvoirs du roi, s'opposant notamment aux conceptions que défendait Mirabeau. Mais, alarmés par l'agitation populaire, ses amis et lui se rapprochent de la Cour dès la fin de l'année 1790. Après la fuite du roi – Barnave s'était porté à la rencontre de la famille royale prisonnière –, il devient dès la fin du mois de juin 1791 un des conseillers de Louis XVI et de la reine, et entend désormais arrêter le progrès de la Révolution. Il se retire de la vie politique quand l'Assemblée constituante se sépare, mais est arrêté sous la Terreur pour sa correspondance avec Marie-Antoinette. Traduit devant le Tribunal révolutionnaire et condamné à mort, Barnave est exécuté le 28 novembre 1793. Il a laissé une remarquable *Introduction à la Révolution française*, publiée seulement en 1843 par son compatriote Béranger de la Drôme, dans laquelle il a notamment perçu, avant Marx, la correspondance entre mouvement politique et mouvement économique.

BAROCHE Pierre Jules (Paris, 1802 – île de Jersey, 1870)

Homme politique.

Avocat, puis bâtonnier, il défend les conspirateurs républicains devant les tribunaux de Louis-Philippe. Élu député en 1847 par les électeurs de Rochefort après plusieurs échecs, il siège à la gauche de la Chambre. Il se montre adversaire résolu du ministère de François Guizot et, ancien organisateur des banquets réformistes, il signe, le 22 février 1848, avec d'autres représentants, la mise en accusation de ce dernier. Sous la IIe République, il se rallie à la majorité conservatrice. Ministre de l'Intérieur en 1850, il soutient la loi du 31 mai qui restreint le suffrage universel, réclame de sévères condamnations pour Auguste Blanqui, Armand Barbès, Louis Blanc et François Raspail.

En janvier 1851, l'attachement qu'il porte au prince-président lui attire un vote de défiance de l'Assemblée législative. Il perd son maroquin, mais il en retrouve un autre, celui de ministre des Affaires étrangères. Il démissionne de ce poste au mois d'octobre car il lui faudrait appuyer la proposition de retrait de la loi du 31 mai. Partisan du coup d'État du 2 décembre 1851, Baroche va toujours demeurer fidèle à Louis Napoléon Bonaparte. Président du Conseil d'État de 1852 à 1863, il a rang de ministre. Puis, ministre sans portefeuille chargé des Cultes et de la Justice de 1863 à 1869, il interdit la publication intégrale du *Syllabus* en 1864 et, en 1868, poursuit les journaux qui ouvrent une souscription afin d'élever un monument à la mémoire du député Jean-Baptiste Victor Baudin, tué sur une barricade lors des violentes échauffourées du 3 décembre 1851. À la chute du Second Empire, Baroche s'exile à l'île de Jersey.

BARON

Ce terme s'applique à l'origine en France à tous les grands du royaume.

Il prend un sens plus restreint, semble-t-il, à partir du XIIe siècle, désignant alors tout seigneur qui tient ses fiefs directement du roi. Le cartulaire de Philippe Auguste contient une liste de 59 personnages qualifiés de barons. Tous relèvent directement du roi, mais les uns tiennent leurs fiefs du roi en tant que roi, tandis que d'autres les tiennent du roi en tant que duc ou comte de provinces annexées au domaine royal. À la fin du XIIIe siècle, on ne qualifie plus de barons que les feudataires qui relèvent directement du roi en tant que roi. Ceux-ci jouissent, d'après une ordonnance royale de 1275, des mêmes privilèges que les pairs du royaume. Les trois barons reconnus par cette ordonnance sont les sires de Narbonne, de Beaujeu et de Coucy. Un acte de la même époque ajoute le sire de Sully et celui de Craon. Le *Grand Coutumier de France* (XIVe siècle) cite « quatre baronnies notables et principales du royaume, lesquelles sont Coucy, Craon, Sully et Beaujeu… » Un peu plus loin le même texte remplace Craon par Bourbon. L'auteur du *Grand Coutumier* remarque encore que, d'après l'opinion de certains juristes, « tout homme qui a haulte justice et ressort se peut nommer baron ». Ainsi, les seigneurs de Montmorency étaient qualifiés « premiers barons de France ». Il ressort de ces textes que le mot baron était appliqué à tout seigneur dont la principale seigneurie relevait immédiatement de la couronne. Mais ces grands feudataires, que l'on désigne alors sous le nom de « hauts barons », ont bientôt à leur tour sous leur allégeance des « barons ordinaires ». Enfin, lorsque les baronnies sont érigées en duchés, le titre de baron est peu à peu réservé à de petits nobles et accordé, à partir de Louis XIV, par simples lettres royales. Dans les deux derniers siècles de la monarchie, il vient après le vicomte dans la hiérarchie nobiliaire.

Supprimé par la Révolution en même temps que les autres titres nobiliaires (décret du 23 juin 1790), le titre de baron est rétabli par Napoléon en 1808 et donné à certains comtes de l'Ancien Régime qui, « rétrogradés », durent s'incliner. Le 29 février 1848 un décret du gouvernement provisoire les abolit de nouveau mais ils sont rétablis sous le Second Empire.

BAROQUE

Le terme dérivé du portugais barocco *– perle irrégulière – est utilisé depuis 1860 pour désigner un courant artistique qui, né en Italie à la fin du XVIe siècle (Le Tasse, Le Caravage, Monteverdi...) et au début du XVIIe (baldaquin de Saint-Pierre de Rome par Le Bernin en 1624), se répand dans l'ensemble de l'Europe jusque vers 1750.*

Le baroque revêt une importance majeure en Europe centrale et orientale mais ne concerne la France qu'entre 1600 et 1660 où le classicisme l'emporte. C'est une esthétique du mouvant, de l'antithèse, de l'hyperbole qui s'attache surtout à la plastique (décor, architecture) mais qualifie aussi, en un sens philosophique, une certaine sensibilité lyrique, à la fois festive et mystique en un siècle de précarité et de contraste.

Conception hédoniste qui mobilise les ressources du luxe – dorure, parures, précieuses raretés... – et exalte les plaisirs de l'instant, le baroque juxtapose volontiers, de manière provocatrice, l'ascèse ou de macabres évocations. Loin d'être superficiel, il renvoie l'homme aux contradictions de la chair et de l'esprit, de la nécessité et de la contingence, du permanent et du devenir. L'humanisme, en relativisant les certitudes, a autorisé cette esthétique du paradoxe. Cette « mise en déséquilibre » convient bien à la veine poétique qu'explorent Agrippa d'Aubigné ou, dans un registre différent, les poètes tels Maurice Scève (1501-1560), Jean de Sponde (1557-1596), ou le libertin Théophile de Viau (1590-1626). Mais les auteurs de romans comme Honoré d'Urfé (1567-1625) ou Paul Scarron empruntent aussi la voie baroque avec des visions allégoriques ou burlesques qui traduisent aussi bien l'héroïsation de l'homme que sa dérision. Ainsi le raffinement coexiste avec la rusticité d'une noblesse encore batailleuse et souvent inculte, avant que ne s'impose le modèle classique de l'honnête homme, l'extrême richesse avec le dénuement, la cruauté avec la charité. Plus concrètement, le baroque est d'abord un art urbanistique qui restructure l'espace en favorisant la circulation physique ou la variation des angles de vue par des dégagements : l'espace cependant n'est pas la perspective majestueuse, « royale » et parfois hiératique du classicisme, mais la placette romaine désaxée, l'alcôve ou... le trompe-l'œil : un espace intime, cloisonné, à arcanes. L'intérieur des demeures aristocratiques, des palais ou des églises bénéficie de cette conception.

L'espace baroque par excellence est la scène théâtrale, avec ses décors et sa machinerie qui créent l'illusion, où des passions extrêmes rendent les héros pathétiques, mais qui donne à voir aussi bien le pittoresque de la comédie humaine. En 1636, Pierre Corneille pose dans *L'Illusion comique* la problématique même du baroque : la confusion de l'illusion et de la vie. Le baroque est au sens large un art du spectacle : le ballet, la danse, les masques, les jets d'eau animent les fêtes des privilégiés comme les somptueux Plaisirs de l'Île enchantée dont le jeune Louis XIV se divertit en août 1661. Parce que, à l'image de la vie, ils sont trompeurs, changeants et éphémères. L'opéra s'affirme avec Jean-Baptiste Lully (1632-1687) et ses continuateurs – Jean-Philippe Rameau (1683-1764) au XVIIIe siècle – comme la meilleure métaphore du baroque, joignant à la musique et à la danse la pompe, le décor et les machines. Symétriquement, l'esthétique spectaculaire contamine le pouvoir : la Cour, régie par l'étiquette espagnole, devient un jeu de miroirs, les entrées royales dans les « bonnes villes » sous des arcs de triomphe érigés pour l'occasion, les *Te Deum* après les victoires participent à cette scénarisation de l'existence.

Mais la dimension spectaculaire n'est pas que profane ou politique ; l'Église l'investit pour la faire servir à une pédagogie de la Contre-Réforme. Le baroque, par essence, a une dimension profondément religieuse et connaît sa prime floraison dans l'ornementation des églises. La chapelle du Val-de-France en est en France le témoignage le plus frappant, au même titre que l'étonnante église de L'Isle-sur-la-Sorgue dans le Midi. De luxuriants décors exaltent les vérités tridentines à travers retables, jubés, statuaire. La liturgie s'épanouit en une véritable dramaturgie de l'eucharistie. Les processions promènent dans les rues les luxueuses châsses des saints locaux. La prédication utilise toute une rhétorique de l'effroi et de la séduction. En Bretagne, les missions d'un Grignion de Montfort (1673-1716), qui rechristianise certaines paroisses, font jouer des représentations des Mystères et ordonnent des séances de pénitence collectives où l'assistance passe des pleurs de repentir à l'extase mystique.

Hors du champ religieux où le baroque entre en résonance avec la spiritualité aiguë du temps, le baroque donne peu de fruits durables en France. Vaux-le-Vicomte ou le Luxembourg en sont les legs architecturaux les plus importants. Dès 1665-1667, la rupture essentielle se produit quand, au projet baroque et italianisant du Bernin (1598-1660) pour l'extension du Louvre, est préférée la colonnade plus majestueuse mais aussi plus fonctionnelle de Claude Perrault (1613-1688). Seule s'inscrit à contre-courant la sculpture d'un Pierre Puget aux sensuelles volutes. La mutation vers le classicisme avait été préparée sur les plans littéraires et conceptuels par Malherbe (1555-1628), qui définit les règles de la poésie classique, ou par Descartes qui valorise la raison dans le *Discours de la méthode* en 1637.

Deux raisons, l'une politique et l'autre sociale semblent avoir limité la pénétration du baroque en France. D'une part, Henri IV et surtout Richelieu ont pesé contre un courant artistique et littéraire que favorisaient au contraire leurs adversaires du parti dévot et proespagnol. Mais, de manière plus essentielle, les sociétés qui ont accordé une préférence marquée à l'architecture et à la sensibilité baroques sont celles où dominent l'élément aristocratique et rural. À l'inverse, la France, comme les pays de l'Europe du Nord-Ouest, est déjà largement urbaine, commerçante et bourgeoise au XVIIe siècle : Malherbe ou Descartes sont des gens de robe issus de province. Les Le Nain ou Poussin viennent d'une bourgeoisie plus modeste encore ; ils travaillent pour des officiers ou des financiers plutôt que pour des grands seigneurs. Il serait cependant artificiel d'opposer un âge baroque à un court siècle classique confondu avec le règne de Louis XIV : ces tendances se recoupent et se superposent, constituant la trame idéologique de l'époque moderne ; en témoigne la préciosité, d'extraction intimement baroque mais qui œuvre dans un sens tout classique en épurant la langue et les mœurs. Sous Louis XV, le baroque resurgit avec le style rocaille qui n'évite pas un certain maniérisme et abandonne les intentions spirituelles (Nattier, Boucher...).

Baroque
Le château de Vaux-le-Vicomte est une des rares manifestations durables du baroque en France. © *Sélection Images*

BARRAS Paul, vicomte de (Fox-Amphoux, Provence, 1755 – Chaillot, 1829)

Homme politique.

D'une famille d'ancienne noblesse, il se destine à la carrière militaire. Officier au régiment du Languedoc, il fait ensuite la campagne des Indes au régiment de Pondichéry puis participe à une expédition en Afrique du Sud, sous les ordres du comte de Bussy. De retour à Paris, en 1783, il participe aux plaisirs d'une société assez louche, devient célèbre pour ses bonnes fortunes, rencontre Cagliostro, Mme de La Motte, l'héroïne de l'affaire du Collier, mais évite de se compromettre. Il s'enthousiasme comme ses amis Chamfort et Mirabeau pour la Révolution et se lance dans la vie politique après la prise de la Bastille.

Administrateur du département du Var, il accompagne l'armée du général Anselme qui s'empare de Nice, est nommé député suppléant puis titulaire du Var à la Convention, où il vote la mort de Louis XVI. Envoyé comme représentant en mission à l'armée d'Italie, il organise l'administration du département des Alpes-Maritimes et assiste au siège de Toulon où il remarque Bonaparte. Avec Fréron, il exerce sur la ville de terribles représailles que condamne Robespierre. Rappelé à Paris, soupçonné de s'être enrichi des biens de ses victimes, sentant sa vie menacée, il met sur pied avec Tallien et Fouché le complot contre Robespierre. En s'emparant de l'Hôtel de Ville par surprise, à la tête de gardes nationaux, et en s'assurant de Robespierre et des siens, il joue un rôle décisif dans le succès du 9 Thermidor. Dès lors, et jusqu'au 18 Brumaire, son influence est prépondérante ; il est en fait le maître de la France. Chargé en tant que commandant en chef de l'armée de l'Intérieur d'organiser la résistance à l'insurrection royaliste du 13 vendémiaire an IV, il s'adjoint, pour mener la répression, un certain nombre de généraux dont

Bonaparte. Choisi comme membre du Directoire à l'entrée en vigueur de la Constitution de l'an III, Barras en devient le chef virtuel et, seul de ses collègues, demeure en fonctions sans interruption jusqu'au 18 Brumaire. Vivant dans le luxe, il est alors l'image la plus criante de la corruption et du désordre des mœurs qui caractérise le Directoire. Il est l'ami de Mme Tallien, et c'est également chez lui que Bonaparte rencontre Joséphine de Beauharnais : il le pousse à épouser cette dernière et favorise sa carrière en lui faisant confier le commandement de l'armée d'Italie puis celui de l'armée d'Égypte. Il décide le coup d'État du 18 Fructidor (4 septembre 1797) contre les Conseils dominés par les royalistes. Espérant en recueillir les fruits, il est consentant à celui du 18 Brumaire mais doit démissionner. Désormais tenu à l'écart par Bonaparte, il se retire dans sa terre de Grosbois, puis à Bruxelles lorsque l'Empereur la lui confisque au profit de Berthier. Exilé à Rome en 1810, Barras est ensuite interné à Montpellier. Il revient à Paris sous la Restauration et s'installe somptueusement à Chaillot où il mène un train de vie princier jusqu'à sa mort. Il a laissé des *Mémoires*, rédigés par son secrétaire Roussolin de Saint-Albin.

Raymond Barre
Premier ministre. © *James Andanson - Sygma*

BARRE Raymond (Saint-Denis-de-La Réunion, 1924 –)

Homme politique, Premier ministre.

Ce professeur agrégé d'économie, notamment à l'Institut d'études politiques, se fait d'abord connaître par un manuel d'économie politique qui vulgarise les idées de Keynes et de Schumpeter, mâtinées de catholicisme social, et connaît neuf rééditions en quarante-cinq ans. Après un passage (1958-1962) au cabinet du ministre de l'Industrie Jean-Marcel Jeanneney, il devient un expert de la coopération et de la politique financière, ce qui le conduit, en 1967, à la Commission de la CEE. En 1969, son rapport fonde les bases de la future Union économique et monétaire. Ce rapport est ignoré en France, mais vaut à son auteur l'entrée dans le cercle des experts mondiaux de Davos (1969), puis de la Trilatérale (1973).

Cette stature incite le président Giscard d'Estaing à lui offrir le ministère du Commerce extérieur (janvier 1976), puis le poste de Premier ministre (23 août 1976), alors que le pays affronte la crise pétrolière. Délaissant les arbitrages politiques, ce qui lui vaudra une fronde constante du RPR, principal parti de la majorité, l'obligeant à légiférer via l'article 49-3 et le vote bloqué, il lance en septembre 1976 un plan de lutte contre l'inflation et le déficit budgétaire, notamment par le blocage des prix et des salaires élevés combiné à un tour de vis fiscal. À la surprise générale, cette politique d'austérité lui permet de gagner les élections législatives de 1978. Le répit est de courte durée : le second choc pétrolier de 1979 porte l'inflation à 13 % l'an et le nombre des chômeurs au-delà de 1,5 million. Un nouveau plan d'austérité et l'échec du système monétaire européen contribuent à la défaite de la droite à l'élection présidentielle de 1981. Pourtant, Raymond Barre, élu député UDF de Lyon en 1978, s'impose comme la personnalité la plus populaire de l'opposition à partir de 1982. Il en profite pour théoriser son hostilité à la cohabitation et soutenir les initiatives européennes de Jacques Delors, ce qui trouble les électeurs de droite.

En 1987 encore, il apparaît comme le favori de la campagne présidentielle avec 25 % d'intentions de vote. Une campagne médiocre, le maigre relais de l'UDF, l'activisme de son concurrent Jacques Chirac et l'habileté du président Mitterrand qui l'ignore au profit d'un adversaire supposé être à sa mesure (Chirac) entraînent un échec patent : avec 16,5 % des voix au premier tour, Barre a trois points de retard sur Chirac et deux seulement d'avance sur Jean-Marie Le Pen, leader de l'extrême droite. Cette défaite le conduit à se recentrer sur Lyon, dont il devient député-maire en 1996. Il ne se représente pas aux municipales de 2000.

BARRÈRE Camille (La Charité-sur-Loire, 1851 – Paris, 1940)

Diplomate.

Il occupe différents postes en Égypte, Suède, Allemagne et Suisse avant d'être nommé à Rome où il est ambassadeur pendant vingt-huit ans, de 1897 à 1924. Il contribue à faire échec à la Triple Alliance, à la politique de Crispi et aux efforts diplomatiques de von Bülow. C'est en partie grâce à lui qu'en 1915 l'Italie entre en guerre dans le camp des Alliés.

BARRÈS Maurice (Charmes, 1862 – Neuilly-sur-Seine, 1923)

Écrivain et homme politique.

Celui que l'on considère généralement comme le père du nationalisme français moderne est né dans les Vosges et aimait à se vanter de son « sang lorrain ». Arrivé à Paris à l'âge de 20 ans pour y achever ses études de droit, il fréquente assidûment les cercles littéraires de cette fin de siècle et écrit ses premières œuvres, *Sous l'œil des barbares* (1888) et *Un homme libre* (1889). À 27 ans, il est élu député boulangiste à Nancy : l'engouement de Barrès pour le général Boulanger est assez typique d'une génération qui, marquée par l'enseignement de Bergson, se méfie de l'intelligence pour lui préférer l'intuition, critique le rôle accordé à l'intellect pour vouer un culte au corps et à l'action. Ces thèmes sont au centre des grands romans de Barrès, aussi bien dans la trilogie *Le Culte du moi* (1888-1891) que dans les trois tomes de son *Roman de l'énergie nationale* (*Les Déracinés*, *L'Appel au soldat*, *Leurs figures*, 1897-1902).

Le temps des engagements autour du procès Dreyfus marque un tournant dans la vie de Barrès qui n'est alors plus seulement le chantre de la « terre et des morts », mais celui du conservatisme social : il est ainsi président de la Ligue de la patrie française, qui regroupe les intellectuels antidreyfusards, puis entre significativement en 1906 à l'Académie française, connue pour son antidreyfusisme. Il devient enfin président de la Ligue des patriotes, à la mort de Déroulède en 1914. Dans le journal *La Concorde*, qu'il a fondé en 1894, il ne cesse de véhiculer des idées nationalistes, voire antisémites, et d'appeler à la guerre. Rien d'étonnant donc si celui que *Le Canard enchaîné* surnomma le grand chef de la « tribu des bourreurs de crâne » s'illustre pendant la Première Guerre mondiale. Journaliste au chauvinisme simpliste dans *L'Écho de Paris*, il ne connaît d'autre mot d'ordre que celui de l'Union sacrée, qui lui inspire son livre, *Les Diverses Familles spirituelles de France*. Maître à penser de sa génération, Barrès reste une figure symbolique du renouveau nationaliste du début du siècle.

Maurice Barrès
Portrait de Barrès à 28 ans. Musée de la Ville de Paris, musée Carnavalet. © *Lauros-Giraudon*

BARRICADES (journées des)

Nom donné en particulier à deux insurrections parisiennes, mais des barricades ont été élevées à Paris en bien d'autres occasions. Le mot « barricade » vient de « barrique », car les premiers obstacles qui barrèrent les rues étaient souvent faits de tonneaux.

Le premier soulèvement se déroule pendant les guerres de Religion, le 12 mai 1588. Appelé par les Seize, qui jugent Henri III trop faible envers les calvinistes, le duc de Guise est entré dans Paris malgré l'interdiction du roi. Henri III ordonne alors aux gardes suisses cantonnés dans le faubourg Saint-Jacques d'occuper la capitale. À l'appel des Seize, et avec l'aide des officiers du duc, la population parisienne barre les rues avec des chaînes, des tonneaux et des barriques, et jette des projectiles sur les soldats du roi. Henri III doit s'enfuir le 14 mai, abandonnant la capitale à Henri de Guise qui s'y installe en maître, plaçant des ligueurs à tous les postes importants. Réfugié à Chartres puis à Rouen, le roi doit accepter en juillet l'édit d'union, promettant de bannir toutes les hérésies et accordant l'amnistie aux émeutiers des journées des 12 et 13 mai.

La seconde journée dite aussi des Barricades a lieu le 26 août 1648, pendant la Fronde. Anne d'Autriche et Mazarin ont décidé de faire arrêter les principaux opposants au sein du parlement de Paris, les conseillers Broussel, Charton et Blancmesnil. La population élève aussitôt des barricades dans les rues de Paris pour obtenir la libération de Broussel. Malgré la reine mère qui veut résister, celui-ci est libéré le 28 août.

D'autres barricades sont élevées à Paris pendant les révolutions de 1830 et 1848, pendant la Commune, lors de la libération de Paris en août 1944, et en mai 1968.

Citons enfin la semaine des Barricades organisée par les chefs activistes, à Alger, du 24 janvier au 1er février 1960, pour protester contre la politique d'autodétermination définie par le général de Gaulle en septembre 1959. Isolés, les émeutiers doivent se rendre le 1er février ; plusieurs, comme Lagaillarde, Susini et Sérigny, sont arrêtés, d'autres passent dans la clandestinité.

Barricades
À l'appel de Henri de Guise, les Parisiens barrent les rues le 12 mai 1588. Gravure d'après Bellangé, Musée de la Ville de Paris, musée Carnavalet. © *G. Dagli Orti*

BARROT Camille Hyacinte Odilon (Villefort, 1791 – Bougival, 1873)

Homme politique, président du Conseil.

Fils d'un conventionnel, il commence sa carrière politique sous la Restauration en présidant la société démocrate « Aide-toi, le Ciel t'aidera ». Pendant la monarchie de Juillet, il est le chef de la gauche dynastique, favorable à des réformes mais attachée au régime. Il est nommé préfet de la Seine après avoir escorté Charles X jusqu'à Cherbourg. Un désaccord profond l'opposant à François Guizot, Odilon Barrot démissionne de son poste au bout de six mois. Député, champion de la bourgeoisie avancée, ce monarchiste constitutionnel contribue, malgré lui, par ses critiques constantes du gouvernement, à l'éclatement de la révolution de Février 1848. Ainsi, en 1847, organise-t-il à travers la France la campagne des banquets réformistes où, principal orateur, il enflamme les passions sans imaginer qu'elles incendieront, dans un an, le trône de Louis-Philippe. À la tête du cabinet pendant la révolution, il s'essaie vainement, dépassé par des événements qu'il n'a pas su prévoir, à plaider à la Chambre pour la régence de la duchesse d'Orléans. Un temps rallié à Louis Napoléon Bonaparte qui, élu président de la IIe République, en fait un président du Conseil, Odilon Barrot abandonne rapidement le nouveau maître et rejoint l'opposition orléaniste. Membre de l'Institut en 1855, il deviendra, au lendemain du 4 Septembre 1870, président du Conseil d'État. Il a laissé d'intéressants *Mémoires*.

BARRY Jeanne BÉCU, comtesse du (Vaucouleurs, 1743 – Paris, 1793)

Favorite royale.

Fille d'une couturière et d'un religieux de Picpus, elle reçoit une bonne éducation chez les dames de Sainte-Aure. Après avoir été lectrice d'une dame âgée, elle est vendeuse chez une marchande de mode et vit surtout de galanterie. En 1768, à 25 ans, elle est présentée à Lebel, valet de chambre et pourvoyeur de Louis XV par un aventurier déclassé, le comte Jean du Barry, dont elle a été la maîtresse et qui, pour lui donner un nom afin qu'elle puisse être présentée à la Cour, lui trouve un mari complaisant en la personne de son frère, Guillaume du Barry. Le vieux roi, frappé par sa beauté, conçoit pour elle une vive passion. Il l'installe au « château » dans les petits appartements du second étage de l'aile de la chapelle qui seront décorés pour elle. Il lui donne Louveciennes, domaine de la couronne, à deux pas de Marly, où elle fait construire un pavillon sur les plans de l'architecte Ledoux. La nouvelle idole, jeune, fraîche, loin d'être dénuée d'esprit, voit tomber à ses pieds courtisans, artistes, philosophes. Menant grand train, elle redonne de l'éclat aux fêtes de la Cour que les deuils successifs avaient attristée. Elle ne souhaite pas, contrairement à Mme de Pompadour, jouer un rôle politique, mais est amenée à intervenir dans les affaires de l'État. Hostile à Choiseul, puisqu'il s'est déclaré son ennemi, elle est l'amie des adversaires du duc, Maupeou, Terray, le duc d'Aiguillon, et contribue à l'exil des parlements en 1771. Traitée en reine, elle est, en revanche, en butte à l'hostilité des filles de Louis XV, Mesdames, et de la jeune dauphine Marie-Antoinette ; elle est aussi maltraitée dans d'innombrables pamphlets.

À la mort du roi, en 1774, elle trouve refuge à Rueil chez le duc d'Aiguillon mais, devenue prisonnière d'État, elle est contrainte de se retirer à l'abbaye de Pont-aux-Dames. Elle en sort au bout d'un an, séjourne à Saint-Vrain puis est autorisée à revenir à Louveciennes où elle s'installe avec son amant le duc de Cossé-Brissac. Pendant la Révolution, elle est mise sur la liste des émigrés pour s'être rendue à plusieurs reprises en Angleterre. Revenue précipitamment en 1793 lorsqu'elle apprend que sa propriété a été mise sous scellés, elle est arrêtée, internée à Sainte-Pélagie, condamnée à mort par le Tribunal révolutionnaire et exécutée le 8 décembre 1793.

BART Jean (Dunkerque, 1650 – Dunkerque, 1702)

Corsaire.

Il s'engage, au cours des années 1666 et 1667, sur les vaisseaux battant pavillon hollandais de l'amiral de Ruyter. Le 7 avril 1672, il les quitte et rallie la France. Corsaire français, dorénavant, Jean Bart se bat contre les Anglais et les Hollandais. La paix de Nimègue, en 1678, interrompt un temps ses exploits au nord de l'Europe. Lieutenant de vaisseau depuis le 8 janvier 1678, il les poursuit en Méditerranée : il croise contre les pirates barbaresques de Salé et en ramène captif le fils du gouverneur de cette ville. Capitaine de frégate en 1686, « l'Ours » – ainsi ses compagnons surnomment-ils le Dunkerquois à cause de sa rusticité d'allure – invente une tactique de guerre maritime, dont les flottes anglo-hollandaises éprouvent vite la redoutable efficacité.

Fait prisonnier par les Anglais en 1689, il s'évade avec le chevalier de Forbin, détenu avec lui à Plymouth. Capitaine de vaisseau, grade que lui a valu l'audace de son évasion, il disperse, en juillet 1692, à la tête de six frégates et d'un brulôt, 40 navires qui tiennent Dunkerque sous leur blocus. Il manque capturer Guillaume d'Orange, roi d'Angleterre, dévaste la côte de Grande-Bretagne, escorte le prince de Conti, élu roi de Pologne, jusqu'à Dantzig, reprend aux Flamands, qui viennent de les arraisonner, 100 bateaux chargés de blé. En octobre 1694, Louis XIV l'anoblit et le décore de la croix de Saint-Louis, avant de le nommer chef d'escadre trois ans plus tard.

BARTHÉLEMY François, marquis de (Aubagne, 1747 – Paris, 1830)

Homme politique et diplomate.

Entré dans la carrière diplomatique sous le ministère Choiseul, il est ensuite ambassadeur de la République en Suisse (1792-1797). À ce titre, il négocie en 1795 les traités de Bâle avec la Prusse et l'Espagne. Nommé membre du Directoire, en mai 1797, en remplacement de Letourneur, il en est exclu par le coup d'État du 18 Fructidor (4 septembre 1797), et déporté en Guyane. Il s'en évade et rentre en France après le 18 Brumaire. Sénateur et comte d'Empire, il se rallie à Louis XVIII en 1814 et contribue à la rédaction de la Charte. Ministre d'État sous la Restauration (1815-1819), il est élevé à la pairie et fait marquis par Louis XVIII.

BARTHOLOMÉ (frères) : voir JACQUES CŒUR

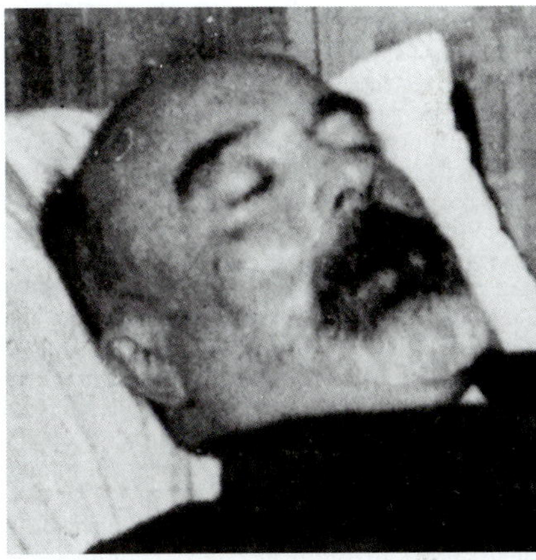

Louis Barthou
Victime de l'attentat commis le 9 octobre 1934 contre le roi Alexandre Ier de Yougoslavie qu'il était venu accueillir à Marseille en tant que ministre des Affaires étrangères. © *Viollet-Rol-Jammaron, D.R.*

BARTHOU Louis (Oloron-Sainte-Marie, 1862 – Marseille, 1934)

Homme politique, président du Conseil.

Secrétaire de la Conférence des avocats, il représente le département des Basses-Pyrénées à l'Assemblée nationale en 1889 où il siège au centre droit. Son éloquence et sa culture, autant que la déconsidération dont les scandales de la fin du siècle ont frappé les vieux politiciens, le consacrent chef de file des républicains modérés. À la Chambre, il intervient pour qu'on éclaircisse l'affaire de Panama. Neuf fois ministre de 1894 à 1914, il forme un cabinet le 22 mars 1913, dans lequel il se réserve le portefeuille de l'Instruction publique et des Beaux-Arts. Il reste président du Conseil jusqu'au 2 décembre et fait voter, le 7 août 1913, malgré l'opposition de la gauche, la loi qui fixe à trois ans la durée du service militaire. Autoritaire et courageux, en dépit de son allure effacée, Barthou tient ferme contre la grève des postes, en 1909, et se bat en duel avec Jean Jaurès.

Quelques semaines ministre d'État, il est successivement ministre des Affaires étrangères en 1917, ministre de la Guerre en 1921, garde des Sceaux dans les deuxième, quatrième et cinquième cabinets Poincaré et dans le deuxième cabinet Briand. Président de la Commission des réparations en 1922, Barthou repousse les revendications de l'Allemagne. Après avoir été de nouveau ministre de la Justice, de 1926 à 1929, et ministre de la Guerre en 1930, il est rappelé, le lendemain du 6 février 1934, au ministère des Affaires étrangères par le président du Conseil Gaston Doumergue. Il consacre alors ses efforts à établir contre le IIIe Reich une alliance de revers réunissant la Tchécoslovaquie, la Yougoslavie et la Roumanie (la Petite-Entente). Il ouvre des négociations avec l'URSS afin de compléter la prise en tenaille de l'Allemagne. En accueillant à Marseille le roi Alexandre de Yougoslavie, il est victime de l'attentat préparé contre celui-ci par des nationalistes croates. Barthou avait été élu à l'Académie française en 1919.

BASIN Thomas (Caudebec-en-Caux, 1412 – Utrecht, 1491)

Archevêque, conseiller royal, chroniqueur.

Il est gradué des universités de Paris et de Louvain, peut-être de Bologne et de Pavie, lorsque le pape Eugène IV le charge de missions en différents pays d'Europe, notamment en Hongrie et au concile de Florence. De retour en Normandie, il accepte la chaire de droit canon dans l'université que les Anglais viennent de créer à Caen. Après quoi il devient chanoine de Bayeux puis, en 1447, évêque-comte de Lisieux, siège que Pierre Cauchon a occupé peu avant lui. Lors de la conquête de la Normandie par Charles VII, il offre de son plein gré et en accord avec les habitants la ville épiscopale au roi. Il est parmi les évêques qui mènent l'enquête préparatoire à la révision du procès de Jeanne d'Arc : sa consultation est déterminante dans la sentence de réhabilitation. Le mémoire rédigé à cet effet en 1453 est resté célèbre. Peu après, il déplaît au Dauphin Louis qui n'aime pas les serviteurs de son père et qui supporte mal son attachement apparent pour son frère le prince Charles : après l'avènement de Louis XI et l'échec de la ligue du Bien public, force lui est de s'exiler. Nommé archevêque de Césarée, il erre longtemps avant de se fixer à Utrecht où il meurt, laissant une œuvre historique assez importante : l'*Histoire de Charles VII*, suivie de deux ouvrages peu indulgents pour le nouveau roi, l'*Histoire de Louis XI* et l'*Apologie*.

BASOCHE

Surnom désignant au XIVe siècle la communauté des clercs du parlement de Paris.

Ils sont organisés en confréries turbulentes dont l'un des buts est de mettre en scène des pièces de théâtre, surtout des farces. À l'origine, le mot désignait la cour de justice où étaient jugés les différends entre les clercs. Il vient de « basilique », lieu où se tenaient les tribunaux.

BASQUE (Pays)

Le Pays basque, entendu comme communauté linguistique et ethnique, s'étend sur le versant espagnol comme sur le versant français des Pyrénées occidentales.

Des sept provinces qui le composent, quatre appartiennent à l'Espagne tandis que les trois autres – Labourd, Basse-Navarre et Soule – ont été intégrées à la France. Avant la conquête romaine, le Pays basque est habité par des Ligures mêlés d'Ibères qui sont sans doute soumis par Crassus, lieutenant de César, en 58 av. J.-C. Aux IVe et Ve siècles ap. J.-C., époque à laquelle il faisait partie de la province de Novempopulanie, ses habitants se convertissent au christianisme.

Pendant la période des invasions barbares, dont nous savons peu de chose, se dessine un mouvement important des Vascons, autrefois fixés dans la vallée de l'Èbre. Progressivement refoulés, entre le Ve et le Xe siècle, de l'est à l'ouest par les Wisigoths et du sud au nord par les Maures, ils se réfugient dans les montagnes pyrénéennes et occupent le territoire basque par étapes successives. Si certains d'entre eux s'établissent vraisemblablement jusque dans la plaine aquitaine où ils fusionnent avec les habitants, la plupart d'entre eux, ceux qu'on devait appeler les Basques, s'installent dans les montagnes où ils gardent leur langue et leurs traditions. Ils entament, tantôt avec les Aquitains, tantôt pour leur propre compte, une lutte opiniâtre contre les dynasties mérovingienne et carolingienne. C'est ainsi que l'arrière-garde de l'armée de Charlemagne, commandée par son neveu Roland, est détruite en 778 par les Basques, épisode qui inspire *La Chanson de Roland*. Farouches guerriers, les Basques ont alors très mauvaise réputation.

À partir de la seconde moitié du IXe siècle, les provinces basques se rallient à une vague autorité, celle des ducs de Gascogne. C'est à cette époque qu'elles se constituent véritablement. La Soule est la première érigée en vicomté. Elle a pour premier vicomte Aznar Azinarius, quatrième fils de Vandregisille, comte de la marche de Gascogne sous Louis le Débonnaire. Au début du XIe siècle, le duc de Gascogne Sanche-Guillaume engage au roi de Navarre Sanche le Grand les terres constituant le Labourd, l'Arberoue, le pays de Cize, la vallée d'Ossès et celle de Baïgorry pour l'indemniser des frais de son intervention dans un démêlé qu'il avait eu avec le comte de Toulouse. Sanche le Grand érige en fiefs héréditaires les terres qui lui sont ainsi engagées et crée, vers 1023, la vicomté de Baïgorry et celle de Labourd qu'il donne à un de ses cousins, Loup Sanche. Quelques années plus tard, Eudes, comte de Poitiers, duc de Gascogne et successeur de Sanche Guillaume, rachète la vicomté de Labourd qui revient ainsi dans les domaines du duc d'Aquitaine, et garde, par la suite, son autonomie. Quant à la Basse-Navarre, constituée au début par les terres que Sanche le Grand a réunies à la Navarre, elle ne reçoit sa configuration définitive qu'au XIIe siècle quand ces terres, annexées quelque temps à la Gascogne, ont fait retour à la Navarre et que les pays de Mixe et d'Ostabaret sont aussi cédés à ce royaume.

Lorsqu'en 1152 Henri II Plantagenêt, second mari d'Aliénor d'Aquitaine, devient roi d'Angleterre, les provinces basques qui dépendent de la Guyenne et de la Gascogne (Labourd, Soule et une partie de la Basse-Navarre) passent sous la domination anglaise. Les Anglais se rendent vite populaires en accordant de larges franchises aux communautés basques.

La Basse-Navarre ne reste pas longtemps anglaise. Elle est sans doute restituée à la couronne de Navarre en 1191, lors du mariage de Richard Cœur de Lion avec Bérengère, fille du roi de ce pays. En revanche, les Anglais demeurent maîtres du Labourd et de la Soule pendant près de trois siècles, jusqu'à la guerre entreprise par Jeanne d'Arc et poursuivie par Charles VII. La Basse-Navarre échappe plus longtemps à l'obédience française. Au XIIIe siècle, le mariage de Philippe IV le Bel avec Jeanne de Champagne, héritière de la Navarre, donne à la France ce royaume, auquel elle est incorporée (d'où le titre de « rois de France et de Navarre » que prennent alors les Capétiens). Mais en 1328 il échoit à la maison d'Évreux, et Jean II d'Aragon, tirant prétexte de son mariage avec Blanche d'Évreux en 1419, l'annexe. Sa fille Éléonore, mariée en 1434 à Gaston IV, comte de Foix, en hérite. Mais leurs successeurs ne peuvent éviter le démembrement. En 1512, Ferdinand le Catholique prend à Jean d'Albret la Haute-Navarre ainsi que Saint-Jean-Pied-de-Port. Désormais seule à dépendre de la maison de Béarn, la Basse-Navarre subit le sort de cette faible vicomté puis est rattachée en 1620 à la France par un édit de Louis XIII. Cette perte d'indépendance de leur royaume laisse au cœur des Navarrais un souvenir douloureux et amer qui cependant ne les empêche pas d'être de loyaux sujets du roi de France, à l'exemple de leurs voisins du Labourd et de la Soule. Les uns et les autres gardent d'ailleurs un certain nombre de leurs privilèges qui pâtissent des progrès de la centralisation mais permettent malgré tout un jeu assez large d'autonomie administrative. Toutefois, ils doivent attendre la seconde moitié du XVIIe siècle pour connaître la paix. Jusqu'au traité des Pyrénées qui, signé en 1659 dans l'île des Faisans, consacre le retour de Saint-Jean-Pied-de-Port à la France et est suivi du mariage de Louis XIV avec l'infante Marie-Thérèse, célébré à Saint-Jean-de-Luz, le Pays basque est le théâtre des luttes entre les rois de France et d'Espagne et en souffre beaucoup.

Choqués dans leurs tendances traditionalistes et conservatrices, les Basques français montrent peu d'enthousiasme pour la Révolution et acceptent difficilement de sacrifier leurs immunités provinciales au profit du droit commun français. Mais ils donnent la plus belle preuve de leur loyalisme pendant les guerres révolutionnaires. En 1793, Moncey, qui dispose de peu de troupes, ne peut empêcher les Espagnols d'entrer en Basse-Navarre. L'année suivante, les Français prennent l'initiative, s'emparent d'Irun et de Fontarabie le 1er août, puis de Saint-Sébastien le 4, et s'avancent jusqu'en Biscaye. Au printemps suivant, les troupes espagnoles sont en grande difficulté, et la paix de Bâle est signée le 22 juillet 1795.

Le Pays basque reste en dehors des opérations militaires du Consulat et de l'Empire jusqu'en 1813, date à laquelle la défaite de Jourdan à Vitoria ouvre l'accès aux troupes espagnoles et anglo-portugaises. Le maréchal Soult, après avoir tenté en vain de dégager Pampelune, où est assiégé le général Cassin, et Saint-Sébastien, où les Anglo-Portugais de Wellington bloquent le général Rey, est définitivement battu à Monguerre, aux environs de Bayonne, le 12 décembre. Les Basques préfèrent l'occupation anglaise à l'autoritarisme napoléonien. Wellington est même accueilli en libérateur à Saint-Jean-de-Luz.

Le séparatisme existe des deux côtés de la frontière depuis le XVIIIe siècle. Il s'oppose aux monarchies française et madrilène, puis à la République française. Pendant la guerre civile espagnole, les Basques se rallient aux Républicains, si bien qu'en 1939 le chef du mouvement, Aguirre, s'enfuit en France où il forme un gouvernement en exil qui devait se perpétuer jusqu'en 1979. Mais, dès 1959, de jeunes militants rompent avec ce gouvernement en exil et forment l'*Euzkadi Ta Askatasuna*, « Le Pays basque et sa liberté ! », mouvement laïc et socialisant qui comporte deux branches à partir de 1966. L'une est politique et tente d'être majoritaire aux Cortes, l'autre, militaire, revendique l'autonomie par le terrorisme. C'est en 1973 que des nationalistes basques s'agrègent au mouvement du côté français sous le nom de ETA-*Iparretarak* (ceux du Nord), revendiquant l'indépendance des sept provinces basques, françaises et espagnoles. En 1989, certains mouvements séparatistes affiliés obtiennent 10 % des voix aux élections municipales. Il n'empêche que, du côté français, les revendications indépendantistes restent minoritaires.

BASSOMPIERRE

Ancienne maison de Lorraine, relevant du Saint Empire.

Le chef de cette maison serait un cadet de la famille de Clèves. Les Bassompierre sont attachés aux ducs de Bourgogne et à ceux de Lorraine jusqu'à Christophe II (1547-1596), qui sert Charles IX et Henri III avant de revenir à la cause lorraine en embrassant le parti de la Ligue. Il est blessé à Ivry où il combat contre Henri IV. Jusqu'à sa mort, il reste le plus actif agent du duc de Lorraine.

BASSOMPIERRE François de (Haroué, 1579 – Provins, 1646)

Maréchal de France et diplomate.

Fils de Christophe II. Fastueux, élégant, galant, il brille à la Cour d'Henri IV et sait rester fidèle à la monarchie sous la régence de Marie de Médicis. En 1614, il est nommé colonel général des Suisses et Grisons. Dans les années suivantes, on le retrouve grand maître de l'artillerie, maréchal de camp, enfin maréchal de France en 1622 après qu'il eut livré de nombreux combats et mené à bien d'importantes négociations avec l'Espagne (traité sur la Valteline). Il est envoyé en Suisse, puis en Angleterre, toujours en qualité d'ambassadeur extraordinaire de 1625 à 1626. On le voit au siège de La Rochelle, au pas de Suse, au siège de Montauban. Comme il aime assez l'intrigue et encore plus la princesse de Conti, Richelieu, qui le suspecte d'avoir trempé dans le complot qui précède la journée des Dupes (10 novembre 1630), le fait enfermer à la Bastille où il restera de 1631 à 1643. Libéré après la mort du cardinal, il retrouve sa charge de colonel général des Suisses et ambitionne de devenir gouverneur du jeune roi, mais la mort ne lui laisse pas le temps de tirer parti de son retour en grâce. Il a laissé des *Mémoires*.

BASTIA

Ville de Corse. Chef-lieu et port situé à l'extrême sud-est du cap Corse.

Bastia s'élève à l'abri d'une citadelle construite au XVIe siècle par la république de Gênes. La ville est capitale de l'île jusqu'à ce que les Français s'en emparent, en 1553. Le traité du Cateau-Cambrésis la restitue aux Génois en 1559. Bastia sera définitivement rattachée à la France, avec la Corse tout entière, en 1768, et le gouvernement de l'île y siégera. Pascal Paoli ne parvient à prendre Bastia, le 20 juillet 1794, qu'au terme d'un long siège. La garnison anglaise, qui occupe alors la ville, ne se rembarquera, forcée et contrainte, qu'en 1796. Promue chef-lieu du département du Golo, Bastia devient en 1797 chef-lieu d'arrondissement du département corse unifié, conservant toutefois sa cour d'appel. Les anciennes divisions de l'île une fois reconstituées, Bastia retrouve en 1975 sa qualité administrative de chef-lieu de département.

Modèle de la Bastille
Quatre hommes le portaient ainsi lors des cérémonies civiques qui suivirent 1789. Dessin des frères Lesueur, fin XVIIIe siècle, musée de la Ville de Paris, musée Carnavalet. © *Lauros-Giraudon*

BASTIAT Frédéric (Bayonne 1801 – Rome, 1850)

Théoricien de la pensée libérale.

En 1844, à la suite d'un article retentissant dans le *Journal des économistes* en faveur du libre-échange, il s'installe à Paris. En 1848, il est élu représentant des Landes à l'Assemblée constituante, puis législative. Économiste libéral, il proclame que seule la libre concurrence permet le progrès, que l'individualisme est bon pour tous, le protectionnisme néfaste. Une controverse l'oppose à Proudhon à propos de l'intérêt du capital ; contrairement à ce dernier qui veut sa suppression, il y voit le juste « prix du temps ». Député des Landes en 1848, il meurt avant d'avoir terminé *Les Harmonies économiques*.

BASTIÉ Maryse (Limoges, 1898 – Lyon, 1952)

Aviatrice.

Elle est une des premières femmes à prendre part, vers les années 1930, à des raids aériens et elle cumule dix records internationaux de distance et de durée. Parmi ses performances, on peut citer un vol de 37 h 55 seule à bord – le plus long vol mécanique dans de telles conditions – et une traversée de l'Atlantique Sud le 30 décembre 1936, également seule à bord. En 1944, elle s'engage, avec le grade de lieutenant, dans les formations auxiliaires féminines de l'armée de l'Air.

BASTIEN-THIRY Jean (Lunéville, 1927 – Suresnes, 1963)

Officier.

Ancien élève de l'École polytechnique et de Sup-Aéro, ce spécialiste des engins balistiques, promu lieutenant à 35 ans, est un partisan résolu de l'Algérie française. Le 22 août 1962, il organise l'attentat manqué du Petit-Clamart contre le général de Gaulle. Cet épisode décide ce dernier à annoncer la transformation du mode de scrutin pour l'élection présidentielle et le passage au suffrage universel. Bastien-Thiry est arrêté le 17 septembre 1962, condamné à mort le 4 mars 1963 par une Cour militaire de justice déclarée illégale par le Conseil d'État, et fusillé le 11 mars.

BASTILLE (la)

Le 22 avril 1370, Hugues Aubriot, prévôt de Paris, pose la première pierre d'un chastel destiné à renforcer l'enceinte est de la capitale, à défendre la porte Saint-Antoine et protéger l'hôtel Saint-Pol, séjour préféré du roi Charles V.

Achevée douze ans plus tard, cette bastille se présente tel un imposant château fort rectangulaire d'environ 60 mètres sur 30, haut de 24 mètres, comportant 8 fortes tours, les courtines formant terrasse, tandis qu'à l'est un bastion triangulaire s'avance vers le faubourg, comme un éperon. Un fossé large de 25 mètres et profond de 8 entoure l'ensemble. Avec le temps, des bâtisses s'édifient le long des contrescarpes ouest et sud où s'ouvre la porte d'accès, si bien qu'au XVIIIe siècle il faut, pour entrer dans la forteresse, pénétrer d'abord dans une vaste avant-cour bordée de boutiques et de casernements, dite cour du passage, franchir la porte de l'avancée de style monumental, pourvue d'un fossé et de deux ponts-levis pour piétons et voitures, puis passer dans la cour du gouvernement sur laquelle donnent à droite le logement du gouverneur, à gauche un petit pont qui s'appuie sur la contrescarpe, protégé lui aussi par deux ponts-levis ouvrant sur l'entrée proprement dite. Sous Louis XV, l'immense cour intérieure sera divisée en deux parties inégales, la cour du puits et la grande cour, par une construction destinée à recevoir les logements des officiers, une salle de conseil et une bibliothèque. Témoin de l'histoire, la Bastille Saint-Antoine connaît les vicissitudes des guerres, des révoltes et des émeutes. En dépit de ses murailles, les Cabochiens, les Armagnacs et les Bourguignons, les ligueurs s'en emparent puis la perdent. La Fronde des princes même y joue un intermède, lorsque la Grande Mademoiselle fait tirer le canon de la forteresse sur les soldats de Turenne en passe d'écraser ceux de Condé. La vocation militaire de la Bastille demeure jusqu'au XVIe siècle et ne s'achève que sous le règne d'Henri IV, après que Sully y a abrité le trésor royal.

Au XVIIe siècle, Richelieu en fait une prison d'État. Dès lors courtisans en disgrâce, fils de familles dévoyés, trublions, libellistes contestataires, conspirateurs malheureux, criminels malchanceux, des fous même, tâteront de la Bastille après qu'une lettre de cachet les y aura invités. De ses pensionnaires, le plus romanesque est le Masque de fer, le plus illustre Voltaire, le plus insolite le marquis de Sade, le plus fameux Latude, qui s'en évadera à l'aide d'une échelle de corde. À la veille du 14 juillet 1789 qui voit le peuple parisien s'emparer de la Bastille, marquant ainsi le début de la Révolution, on n'y compte plus que neuf prisonniers. Le lendemain, Paris décide la démolition de ce que Mirabeau appelle alors un « édifice antique, vermoulu et pourri ». Palloy, entrepreneur de maçonnerie, engage 800 ouvriers à qui il faudra trois ans pour mettre bas l'édifice. Dans 83 grosses pierres des murailles, Palloy fait tailler autant de maquettes, répliques de la prison, qui seront expédiées dans les 83 départements nouvellement créés, « afin d'y perpétuer l'horreur de l'absolutisme des rois ». En 1790, une partie des pierres sert à l'achèvement du pont de la Concorde. En 1880, la IIIe République décrète que le 14 juillet, anniversaire de la prise de la Bastille, sera le jour de la fête nationale.

BASVILLE Nicolas de LAMOIGNON de (Paris, 1648 – Paris, 1724)

Administrateur.

Il appartient à une illustre lignée de robins. Son père, Guillaume de Lamoignon, avait été adversaire de Mazarin avant de se rallier à la Cour et d'être nommé premier président du parlement de Paris. Lui-même gravit les échelons parlementaires avec facilité. Il devient ainsi avocat en 1666, conseiller en 1670, maître des requêtes trois ans plus tard. Puis il fait une brillante carrière d'intendant, d'abord en Poitou, puis en Languedoc. C'est là qu'il se rend célèbre entre 1685 et 1718, par les rigueurs qu'il exerce contre les calvinistes après la révocation de l'édit de Nantes. La répression systématique qu'il mène finira par provoquer en 1702 la révolte des camisards qu'il ne sera pas capable d'apaiser.

BÂTARD

Enfant naturel, notamment d'un noble et spécialement du roi de France, lorsqu'une de ses favorites conçoit.

Un bâtard royal légitimé a quasiment rang de prince et appartient aux grands ; ceux des princes naissent gentilshommes ; ceux des gentilshommes sont considérés comme nobles jusqu'en mars 1600, date à laquelle une ordonnance de Henri IV les prive de ce privilège. Toutefois, dans de nombreuses provinces la coutume l'emporte. Parmi les bâtards royaux reconnus et légitimés, deux lignées se distinguent : les Vendôme, issus de Henri IV, et les Longueville, qui descendent de Charles V. Les ducs de Longueville, de la lignée de Dunois – le bâtard d'Orléans, compagnon de Jeanne d'Arc et oncle de Louis XII –, se sont vu octroyer un rang intermédiaire entre les princes de sang et les ducs et pairs. Inaugurée par les Valois, la promotion des légitimés s'officialise sous les Bourbons. Henri IV en use ainsi avec César de Vendôme, et Louis XIV, en 1694, place le duc du Maine et le comte de Toulouse – bisaïeul de Louis-Philippe – directement après les Condé et les Conti dans l'ordre des préséances. Le roi, après la mort du Grand Dauphin en 1711, prévoit même que les légitimés puissent lui succéder, mais cette disposition, contraire aux lois fondamentales du royaume, est cassée en septembre 1715 avec le testament du roi par le parlement de Paris.

Louis XV, tout aussi prolifique – il a au moins 8 enfants adultérins –, n'en reconnaît aucun. Aux prises dans son enfance avec les légitimés de son arrière-grand-père, il ne veut donner à ses propres œuvres clandestines aucune position officielle. S'agissant des enfants de ses favorites attitrées, en général mariées, il les fait endosser par leurs époux complaisants ou aveugles : c'est le cas pour le marquis de Luc – surnommé demi-Louis… –, fils de Mme de Vintimille. Quant aux « petites maîtresses », sans fortune ni appuis, on les marie au plus vite tandis que les bâtards se voient discrètement argentés et favorisés par des hommes de confiance du souverain. Il semble que le XVIIIe siècle, où la morale janséniste influence noblesse de robe et bourgeoisie, ait été sur ces questions beaucoup plus puritain que le XVIIe : la vie privée du souverain ne se confond plus tout à fait avec son rôle public.

BATAVE (République)

Nom que reçoivent les Provinces-Unies après leur conquête par les armées républicaines françaises (été et automne 1794).

Proclamée en janvier 1795, la République batave procure d'importants avantages à la République française avec laquelle elle signe en mai 1795 le traité de La Haye. Par ce traité qui la reconnaît comme puissance libre et indépendante, sous condition d'une alliance offensive et défensive jusqu'à la fin de la guerre, elle cède à la France la Flandre hollandaise, Maastricht et Venloo. La République batave s'engage encore à payer au vainqueur 100 millions de florins d'indemnités pour les frais de guerre et, dans les articles secrets, à entretenir l'armée d'occupation. Napoléon érige la république en royaume en 1806, au profit de son frère Louis.

BATHILDE, sainte (? – Chelles, 680)

Épouse de Clovis II, roi de Neustrie et de Bourgogne.

Née en Angleterre, elle est enlevée par des pirates et vendue comme esclave à Erchinoald, maire du palais de Neustrie. Clovis II l'épouse vers 640, et à sa mort, en 657, lui laisse trois fils : Clotaire III, Childéric II et Thierry III. Clotaire III, l'aîné, n'a que 5 ans, et Bathilde assume le pouvoir avec Ebroïn, maire du palais de Neustrie. Elle favorise la vie monastique, fonde l'abbaye de Corbie vers 657, dote beaucoup d'autres monastères avant de se retirer à l'abbaye de Chelles en 664. Elle acquiert une réputation de sainteté, et l'Église la canonisera.

BATZ Jean, baron de (Goutz, Gers, 1754 – Chadieu, Puy-de-Dôme, 1822)

Aventurier.

Fils d'un lieutenant criminel de la sénéchaussée de Tartas, sans fortune et sans appui, il vient vers 1780 à Paris où il s'enrichit grâce à des spéculations heureuses. Représentant de la noblesse d'Albret aux États généraux, c'est un homme de droite par goût et tempérament, mais qui sait se créer des amitiés parmi les révolutionnaires. Doué d'un étonnant courage, très entreprenant, il conspire pour le rétablissement du trône après le 10 Août, tente d'enlever Louis XVI pendant le trajet du Temple à l'échafaud, puis de délivrer la reine et le Dauphin. Il est encore mêlé à plusieurs complots contre la Convention. Il disparaît de la scène politique après la tentative infructueuse de restauration du 13 vendémiaire an IV. Il devient maréchal de camp en 1815.

BAUDIN Jean-Baptiste Alphonse Victor (Nantua, 1811 – Paris, 1851)

Homme politique.

Député à l'Assemblée législative de 1849, il siège parmi les représentants de la Montagne, puis fait partie du comité de résistance organisé par les représentants républicains pour tenter de soulever les ouvriers du faubourg Saint-Antoine contre le coup d'État de Louis Napoléon Bonaparte. Mais il est tué sur une barricade le 3 décembre 1851 au matin. Quelques instants avant sa mort, un ouvrier lui aurait déclaré : « Croyez-vous que nous allons nous faire tuer pour vous conserver vos 25 francs par jour ? » À quoi il aurait répondu : « Restez encore un moment, et vous verrez comment on meurt pour 25 francs par jour. »

Baudin à la barricade du faubourg Saint-Antoine
Épisode du coup d'État du 2 décembre 1851 vu par Ernest Louis Pichio. Musée de la Ville de Paris, musée Carnavalet. © *Giraudon*

BAUDIN Pierre, dit des ARDENNES (Sedan, 1748 – Paris, 1799)

Homme politique.

Représentant des Ardennes à l'Assemblée législative et à la Convention, il est un des rédacteurs de la Constitution de l'an III. Au procès de Louis XVI, il vote l'indulgence. Ensuite, il participe au coup d'État du 18 Fructidor. Il fait partie du Conseil des Anciens. Craignant une restauration royaliste, il espère que Bonaparte sauvera la République en prenant le pouvoir. Il meurt, dit-on, terrassé par la joie en apprenant le retour d'Égypte de son héros.

BAUDOUIN II PORPHYROGÉNÈTE (?, 1217 – ?, 1273)

Empereur latin de Constantinople (1240-1261).

Fils puîné de Pierre II de Courtenay et de Yolande de Flandre-Hainaut, impératrice de Constantinople. Robert Ier, son frère aîné, étant mort sans enfants, le trône lui revient, mais Jean de Brienne, ancien roi de Jérusalem, gouverne pendant sa minorité comme empereur associé jusqu'à sa mort en 1237. Baudouin est alors en France où il réclame des secours pour son empire dont la situation est désespérée. Il ne peut se faire couronner qu'après son retour. Il doit encore réclamer des renforts en Italie (1244), et il est obligé de vendre les plus beaux joyaux de l'empire. En 1261, Michel VIII Paléologue reprend Byzance aux Latins. Baudouin doit fuir à Négrepont, puis en Italie où il meurt. En 1267, il avait cédé à Charles d'Anjou ses droits sur l'Achaïe. Son fils Philippe, empereur titulaire après lui, ne lui survivra qu'un an.

BAUDOUIN V de FLANDRE (?, 1035 – ?, 1067)

Comte de Flandre.

Fils de Baudouin IV, il se bat durement contre l'empereur Henri III et conclut avec lui une paix avantageuse. À la mort d'Henri Ier de France, il devient tuteur de Philippe Ier et régent de France. Il épouse Adèle ou Adelaïde, fille de Robert le Pieux. Sa fille Mathilde épousera Guillaume le Bâtard, qu'il aidera dans son expédition contre les Anglo-Saxons.

BAUDOUIN IX de FLANDRE (?, 1171 – ?)

Comte de Flandre.

Fils de Baudouin VIII, il se ligue avec l'Angleterre contre la France, prend Aire et Saint-Omer, échoue devant Arras. En 1199, il se croise et se fait élire empereur après la prise de Constantinople (1204). L'année suivante, il est défait et pris à Andrinople par Jean Kalojan ou Joannice, roi des Bulgares. Il serait mort dans sa prison.

BAUTZEN (bataille de)

Victoire remportée par Napoléon Ier sur les Russes et les Prussiens.

Au début de la campagne d'Allemagne, les 20 et 21 mai 1813, l'armée impériale bat à Bautzen, près de Dresde, dans le royaume de Saxe, les armées russes et prussiennes, fortes de 100 000 hommes. Cette victoire n'est pas décisive car l'Empereur, ayant laissé sa cavalerie en Espagne, ne peut profiter de son avantage.

BAUX (Les)

Village provençal (aujourd'hui dans les Bouches-du-Rhône) qui donna son nom à une célèbre et très puissante famille.

Celle-ci prétendait descendre de Balthazar, le roi mage, et portait une comète dans ses armes. En fait, le premier représentant connu et attesté de cette famille est un certain Liudolf, seigneur des Baux, mort vers 900. Au Xe siècle, un de ses descendants, Raymond Ier, devient par mariage comte de Gévaudan. Il entre en lutte contre Raymond Bérenger, comte de Provence, à qui il dispute la possession de ce pays, vainement d'ailleurs. Son fils Bertrand Ier, baron des Baux et comte de Gévaudan, de 1172 à 1181, est l'époux de Tiberge d'Orange, qui lui apporte le comté de ce nom. Bertrand Ier et Tiberge ont trois fils, dont chacun forme une branche : la branche aînée dite des Baux, la branche de Berre et la branche cadette, dite de Gévaudan-Orange. En 1632, Louis XIII donne la seigneurie des Baux, érigée en marquisat, à un Grimaldi, prince de Monaco.

BAUX Guillaume des (?, 1181 – Avignon, 1218)

Roi d'Arles.

Il est à l'origine de la branche cadette des Baux, dite de Gévaudan-Orange. L'empereur Frédéric II lui confère en 1214 le titre honorifique de roi d'Arles. Ennemi des albigeois, il est écorché vif et coupé en morceaux par les Avignonnais lorsque se déclenche la grande révolte du Midi. Ses descendants se font appeler princes d'Orange (cette maison est absorbée par celle de Bourgogne-Chalon en 1393).

BAYARD Pierre TERRAIL, seigneur de (Château de Bayard, près de Grenoble, v. 1476 – Romagnano Sesia, Italie, 1524)

Homme de guerre.

Il est de son vivant un personnage déjà légendaire et reste le plus populaire des héros dauphinois. À treize ans, il devient page du duc

Charles Ier de Savoie, qui le donne ensuite au roi de France Charles VIII. Sa carrière militaire proprement dite commence en 1494 par la campagne de Naples. Dès l'année suivante, il se distingue à la bataille de Fornoue en réussissant à enlever à lui seul le guidon d'une compagnie de 50 hommes d'armes. Il contribue aux succès de Louis XII en Italie en entrant dans Milan en 1499. Fait prisonnier, il obtient sa libération du duc Ludovic le More. Lors de la conquête du royaume de Naples de 1502 à 1504, il combat contre Gonzalve de Cordoue au siège de Canossa en 1502. L'année suivante, sa défense héroïque du pont de Garigliano, seul contre 200 Espagnols, pour assurer la retraite française, lui vaut une renommée universelle. Nommé écuyer du roi, il prend part en 1507 à la soumission de Gênes qui s'est ralliée à Maximilien. Son nom reste également attaché à la victoire d'Agnadel en 1509. Après avoir décidé de la prise de Bologne, il assiège, avec Gaston de Foix, Brescia dont les Vénitiens se sont emparés par surprise en 1512, mais il est grièvement blessé d'un coup de pique au cours de l'assaut. La même année a lieu la sanglante victoire de Ravenne où Gaston de Foix est tué. Peu de temps après, au cours de l'évacuation de Pavie par les troupes françaises épuisées et menacées par les forces supérieures des Vénitiens et des Suisses, il réussit encore à arrêter l'armée ennemie avec 36 hommes pendant deux heures et reçoit une grave blessure à l'épaule. En 1513, il est en Artois envahi par les Anglais et il est fait prisonnier à Guinegatte. Libéré peu après, il est nommé par François Ier lieutenant général du Dauphiné. Il fait de nouveau la guerre en Italie avec le nouveau souverain et se distingue si brillamment à Marignan en 1515 que le roi veut être armé chevalier de ses mains après la bataille. En 1521, il assure la défense de Mézières contre Charles Quint. En 1522, malgré des prodiges de valeur, il ne peut empêcher en Lombardie la défaite de La Bicoque. Enfin, il prend part, sous le commandement de l'amiral de Bonnivet, à l'expédition d'Italie de 1523-1524 pour reconquérir le Milanais. C'est sa dernière campagne. Ayant reçu mission, conjointement avec le comte de Saint-Pol, d'assurer la retraite de l'armée française après la défaite de Romagnano, il réussit à lui faire passer la Sesia mais il est mortellement blessé d'un coup d'arquebuse, le 30 avril 1524. Ses nombreuses victoires et son dévouement sans faille à la cause du roi de France lui ont valu le surnom de « bon chevalier sans peur et sans reproche ».

Tapisserie de Bayeux
Un épisode de la conquête de l'Angleterre par les Normands au XIe siècle. © *Sélection Images*

Bayeux

Ville du Calvados.

Bayeux, qui possède une des plus belles cathédrales gothiques de Normandie, a une longue histoire puisque les druides y avaient déjà une école célèbre, au mont Phaunus. La ville gallo-romaine devient évêché au IVe siècle. Elle est ravagée à plusieurs reprises lors des invasions normandes. Les ducs de Normandie y résident quelquefois, mais lui préfèrent la ville de Caen. La guerre de Cent Ans, notamment en 1356, puis les guerres de Religion la meurtrissent profondément. Par chance, elle ne souffre pas des combats qui marquent le débarquement des Alliés en juin 1944. Première ville française libérée de l'occupation allemande (le 8 juin 1944 par les troupes britanniques) elle accueille le général de Gaulle le 14 juin.

Le musée de Bayeux renferme la célèbre tapisserie dite de la reine Mathilde, une bande de toile longue de 70 mètres et haute de 50 centimètres, brodée à l'aiguille de laines multicolores. Sa confection est attribuée à la reine Mathilde, femme de Guillaume le Conquérant, mais on peut penser qu'elle a été réalisée vers 1066-1077 à la demande de l'évêque de Bayeux, Odon, pour sa nouvelle cathédrale. Elle lui servait de décoration les jours de fête. Ce sont peut-être des artisans anglais qui l'ont réalisée sur des cartons dessinés par un religieux de l'abbaye de Cantorbéry. La tapisserie représente, en 58 scènes, la conquête de l'Angleterre par les Normands, notamment la bataille d'Hastings. Les sujets se succèdent tout au long de la toile, sans interruption, expliqués par des légendes en latin. Ils sont encadrés en haut et en bas par des décorations végétales ou animales, inspirées du fantastique et des fabliaux. L'abondance des personnages et des objets représentés, navires, armes, cavaliers, paysans, en fait un document précieux pour connaître la civilisation du XIe siècle.

Bayonne

Ville des Pyrénées-Atlantiques.

Ancienne forteresse romaine, Bayonne ne passe sous la domination française qu'en 1451. Du 14 juin au 2 juillet 1565, Catherine de Médicis et le principal conseiller de Philippe II d'Espagne, le duc d'Albe, s'y rencontrent pour mettre sur pied une alliance éventuelle des gouvernements de France et d'Espagne contre leurs sujets hérétiques. Mais l'entente équivoque des deux cours est sans lendemain. En 1808, Bayonne est le théâtre d'une rencontre lourde de conséquences, que l'on a appelée « le guet-apens de Bayonne ». À la suite de la révolte d'Aranjuez qui a contraint Charles IV à céder la couronne à son fils Ferdinand VII, Napoléon convoque la famille royale espagnole et le Premier ministre Godoy à Bayonne. Au terme de leur entrevue (20 avril-10 mai), les deux rois acceptent d'abdiquer entre les mains de l'Empereur, qui offre la couronne à son frère Joseph, don José.

Bazaine Achille (Versailles, 1811 – Madrid, 1888)

Maréchal de France.

Engagé volontaire en 1831, il combat dans la Légion en Algérie, en Espagne, et de nouveau en Algérie, où il est nommé colonel en 1850. Il épouse une Algérienne en 1852. Il se distingue ensuite en Crimée où il est fait général de division. Envoyé au Mexique en 1862, il participe à la prise de Puebla (1863), remplace le général Forey comme commandant en chef, est fait maréchal en 1864. Après le suicide de sa femme, il épouse une très jeune Mexicaine qui, dit-on, le pousse à intriguer contre Maximilien pour tenter de le remplacer. Ses manœuvres et ses longues rêveries près de sa femme lui aliènent une partie de l'armée. À son retour en France, en 1867, il connaît une demi-disgrâce, mais sa grande popularité lui permet d'être nommé commandant de la garde impériale en 1869, de l'armée du Rhin en 1870 et général en chef de l'armée le 12 août de la même année. D'une nature inquiète, indécise, peu préparé à diriger de grands effectifs, il ne sait pas profiter des premiers combats d'août 1870 et se replie sous Metz où il se laisse enfermer, le 18 août, avec 180 000 hommes. Il ne tente pas de rejoindre l'armée de Châlons et, après la reddition de Napoléon III à Sedan (4 septembre) tente de négocier avec Bismarck et avec l'impératrice qui refuse les conditions prussiennes. Bazaine finit par se rendre le 27 octobre, livrant son armée intacte et 1 500 canons. Il refuse ensuite de rejoindre le gouvernement de la Défense nationale, pour continuer à négocier secrètement. Arrêté le 14 mai 1872, il est jugé par un conseil de guerre présidé par le duc d'Aumale du 6 octobre au 11 décembre 1873. Après deux mois de délibérations, il est condamné à la dégradation militaire et à mort. Mac Mahon le gracie et le dispense de la dégradation. Sa peine est ramenée à 20 ans de détention. Enfermé au fort de l'île Sainte-Marguerite, en face de Cannes, il s'en évade le 9 août 1874 – à moins qu'on ne lui ait ouvert plus simplement la porte du fort – et se réfugie en Espagne où il termine ses jours.

Le maréchal Bazaine au Mexique
Portrait par Jean-Adolphe Beaucé qui suivit l'armée en campagne, château de Versailles. © *Lauros-Giraudon*

Bazard Armand (Paris, 1791 – Courtry, 1832)

Homme politique.

Républicain, employé subalterne à la préfecture de la Seine, il adhère à la loge maçonnique des Amis de la Vérité et collabore à plusieurs journaux libéraux. En 1822, il fonde la Charbonnerie française avec Buchez et Flottard. La même année, la justice l'implique dans la conspiration de Belfort que les carbonari ont montée et le condamnera par contumace à la peine capitale. Converti au saint-simonisme après la mort de Saint-Simon, Bazard écrit dans les deux organes successifs de cette école politico-sociale, *Le Producteur* et *L'Organisateur*. Rapidement devenu une tête du mouvement, il rédige le second volume de *La Doctrine de Saint-Simon*. Rationaliste comme l'était le comte philosophe, Bazard finit par s'opposer à l'autre chef du socialisme naissant, Prosper Enfantin, partisan, lui, d'un système théocratique. Il s'éloignera du saint-simonisme alors que le père Enfantin et ses disciples voudront transformer celui-ci en une nouvelle religion. On doit à Bazard une traduction de *La Défense de l'usure*, de Jeremy Bentham.

BAZEILLES (bataille de)

Le 1er septembre 1870, au cours de la grande bataille de Sedan, les Français opposent dans ce village des Ardennes une résistance acharnée aux troupes bavaroises.

Aménagée en musée, la Maison des dernières cartouches commémore la conduite héroïque du général de Vassoigne et de sa division d'infanterie de marine.

BCRAM : voir BUREAU CENTRAL DE RENSEIGNEMENT ET D'ACTION MILITAIRES

BÉARN

Pagus Beneharnensis, *pays, vicomté puis province.*

Au sens strict et à l'origine, le Béarn est une partie de la vallée dont les villes principales sont Lescar et Pau. Au sens large et comme vicomté, il s'étend de la Chalosse aux Pyrénées, du comté de Bigorre à la vallée de Soule. Le nom de Béarn provient de l'appellation latine *Beneharnum* de la première capitale, Lescar. Comprenant au Bas-Empire deux cités de la Novempopulanie, le territoire aquitain correspondant au Béarn actuel est ravagé par les Vandales et les Suèves au Ve siècle. Les Wisigoths l'occupent vers 460 jusqu'à la défaite de Vouillé qui les oblige à se retirer de l'autre côté des Pyrénées en 507.

Le Béarn n'a pas d'existence propre jusqu'aux IXe et Xe siècles, époque où la capitale est transférée à Morlaas et où naît une vicomté béarnaise relevant des ducs de Gascogne. Cette vicomté se fortifie et s'étend peu à peu jusqu'au règne de Gaston VII qui ne parvient pas à annexer la Bigorre et meurt sans enfant mâle en 1290. Elle est jointe au comté de Foix par le gendre de Gaston VII, Gaston Ier de Foix. Cet accroissement de puissance réveille la guerre avec des princes qui depuis longtemps cherchent eux aussi à dominer la Gascogne : les comtes d'Armagnac. En 1398, Béarn et Foix échoient ensemble aux Grailly. Au XVe siècle, la capitale, qui depuis Gaston VII était Orthez, est déplacée à Pau. Un peu plus tard, en 1483, la mort sans enfants de François Phébus, comte de Foix-Béarn et roi de Navarre, amène un nouveau changement de dynastie : les états réunis à Pau désignent pour seigneur Jean d'Albret comte de Penthièvre et Périgord, qu'ils marient à la sœur et héritière de François Phébus, Catherine. À Jean d'Albret succède Henri Ier d'Albret (Henri II de Navarre), dont la fille Jeanne épouse Antoine de Bourbon. Leur fils est Henri III de Navarre. Par ce dernier, le Béarn est réuni à la couronne en 1607. Par son fils Louis XIII, le catholicisme y est définitivement restauré dans son ancienne puissance, et le Conseil souverain du pays est remplacé par un parlement établi à Pau en 1620. Louis XIV détache le Béarn du gouvernement de Guyenne et Gascogne. En 1783, Pau et Bayonne sont pourvues d'intendants. Les deux évêchés, Lescar et Oloron, ne survivent pas à la Révolution.

Le Béarn avait eu deux particularités institutionnelles notables : d'une part ses états, dits *cour de Béarn*, qui se sont maintenus jusqu'à la Révolution et ont eu un véritable rôle de gouvernement ; d'autre part ses coutumes ou chartes, appelées *fors*, qui donnaient aux sujets une grande liberté vis-à-vis de leur prince.

BEAUBOURG (centre)

Musée d'art moderne parisien.

Dès 1962, Georges Pompidou, Premier ministre du général de Gaulle, souhaite « doter la capitale d'un ensemble architectural urbain qui marque notre époque ». En décembre 1969, président de la République, il lance le concours visant à sélectionner les futurs architectes du centre. Un architecte génois, Renzo Piano et un Anglais, Richard Rogers, l'emportent devant 681 candidats. Ils définissent leur projet comme « quelque chose entre un Times Square de l'information computorisée et le British Museum ». De fait leur architecture relève résolument de l'esthétique industrielle. Très controversé à la mort de Pompidou, le 2 avril 1974, le projet manque s'interrompre, mais le centre est finalement inauguré le 31 janvier 1977. Il abrite un département des arts plastiques comprenant un musée national d'Art moderne et le Centre national d'art contemporain ; un Centre de création industrielle destiné à l'étude de l'environnement de la société industrielle contemporaine ; un Institut de recherche et de coordination acoustique-musique (IRCAM), enfin une Bibliothèque publique d'information d'accès libre. La rénovation du bâtiment, plus rapide que prévue, s'explique par son impressionnant succès. À la place des 7 000 visiteurs attendus, 25 000 personnes par jour fréquentent le Centre.

BEAUCAIRE

Ville du Gard, sur la rive droite du Rhône face à Tarascon.

Puissante forteresse, Beaucaire relève au Moyen Âge du comté de Toulouse, avant de devenir le siège d'une sénéchaussée lors du rattachement du Languedoc à la France en 1271. Sa situation sur le Rhône lui permet de jouer un rôle économique important, et les célèbres foires de Beaucaire, qui se tiennent de 1216 jusqu'au XIXe siècle, attirent des marchands de toute l'Europe. Très fréquentées au Moyen Âge, elles commencent à décliner à partir du XVIe siècle.

BEAUFORT François de BOURBON, duc de (Paris, 1616 – Candie, Grèce, 1669)

Amiral de France.

Fils de César, duc de Vendôme – enfant légitimé d'Henri IV et de Gabrielle d'Estrées –, François de Bourbon, âgé de quatorze ans, participe à la guerre de Savoie. Pendant une dizaine d'années il est partout où la France combat : à Corbie, Hesdin, Arras. Il complote ensuite avec le marquis de Cinq-Mars. La conspiration découverte, il doit se réfugier en Angleterre où il restera jusqu'à la mort de Richelieu. Revenu à la cour de France, homme à la mode, le duc de Beaufort anime la cabale des Importants, ignorant qu'il est le jouet des duchesses de Montbazon et de Chevreuse. « Puisqu'on ne peut le renverser, supprimons-le », dira-t-il du cardinal de Mazarin. La phrase malheureuse lui vaut de demeurer emprisonné dans la tour de Vincennes de 1644 à 1649. Il ne recouvre la liberté qu'en s'évadant. Le Parlement le lave de tout soupçon de tentative d'assassinat.

Lors de la Fronde des princes, le duc de Beaufort, que les Parisiens surnomment le « roi des Halles », appuie de son prestige le coadjuteur de Paris, Paul de Gondi, futur cardinal de Retz. Il mène l'attaque contre les troupes de son cousin Louis XIV à Bléneau et au faubourg Saint-Antoine. Les troubles passés, il doit s'exiler, le roi l'ayant écarté nommément de l'amnistie. Rentré en grâce en 1658, Beaufort reçoit la charge d'amiral que son père avait eue avant lui. Il conduit plusieurs expéditions en Méditerranée et meurt devant Candie en tentant de dégager la ville que les Turcs assiègent. Certains historiens romanesques ont prêté au Masque de fer l'identité du duc de Beaufort.

BEAUGENCY

Bourg du Loiret situé à une trentaine de kilomètres d'Orléans, sur la Loire.

De cette importante place forte il reste quelques beaux édifices, notamment un imposant donjon. Deux conciles s'y tiennent : le premier, en 1104, relève Philippe Ier de l'excommunication qui l'a frappé pour adultère ; le second, en 1157, annule pour consanguinité et défaut de dispense l'union de Louis VII et d'Aliénor d'Aquitaine. En 1429, la ville est enlevée par Jeanne d'Arc aux Anglais.

BEAUHARNAIS Alexandre de (Port-Royal de la Martinique, 1760 – Paris, 1794)

Général.

Sous les ordres de Rochambeau, il combat les Anglais pendant la guerre d'Indépendance américaine. Revenu en France, il est élu député aux États généraux par la noblesse du bailliage de Blois et soutient les idées nouvelles. Dans la nuit du 4 Août, il applaudit à l'abolition des privilèges. Président de l'Assemblée constituante lorsque est découvert le départ de la famille royale pour Montmédy, le 21 juin 1791 – voyage qui s'achèvera à Varennes –, il déclare calmement aux représentants : « Messieurs, le roi est parti. Passons à l'ordre du jour. » Général en chef de l'armée du Rhin en 1793, après avoir servi à l'armée du Nord comme adjudant-général et commandé le camp de Soissons, il refuse le portefeuille de la Guerre le 13 juin 1793 et démissionne en août quand paraît le décret de la Convention excluant les nobles de tout poste militaire. Suspect d'avoir favorisé la reddition de Mayence – ses troupes sont restées quinze jours l'arme au pied à quelques lieues de la ville qu'assiégeaient les Prussiens –, il est arrêté dans sa propriété de la Ferté-Imbault, où il s'était retiré. Incarcéré à la prison des Carmes, puis condamné à mort par le Tribunal révolutionnaire, il est guillotiné cinq jours avant le 9 Thermidor. En 1779, il avait épousé Rose Tascher de La Pagerie, future Joséphine, qui lui avait donné deux enfants, Hortense et Eugène de Beauharnais.

BEAUHARNAIS Charles de (Orléans, v. 1670 – Paris, 1759)

Officier et administrateur.

En 1726, il est nommé gouverneur de la Nouvelle-France dont son frère Louis a été intendant de 1702 à 1704. Il crée la compagnie des Sioux, organise une expédition contre la tribu des Renards qui sévit entre le Mississippi et le lac Michigan, encourage enfin les explorations vers l'Ouest. Sous son autorité, qui se prolonge durant plus de vingt ans, la Nouvelle-France connaît la paix. Rappelé en métropole en 1747, il reçoit l'année suivante la lieutenance générale de la marine militaire du roi.

BEAUHARNAIS Eugène de, duc de Leuchtenherg, prince d'Eichstadt (Paris, 1781 – Munich, 1824)

Vice-roi d'Italie.

Il est le fils d'Alexandre de Beauharnais et de Joséphine Tascher de La Pagerie, future impératrice. Le mariage de sa mère avec Bonaparte l'amène à jouer un rôle important. Il accompagne son beau-père en qualité d'aide de camp pendant les campagnes d'Italie et d'Égypte. Il se distingue à Marengo, se révèle excellent officier et devient en peu de temps colonel, puis général de brigade en 1804. Lors de l'établissement de l'Empire la même année, il est élevé à la dignité de prince, nommé archichancelier d'État et enfin vice-roi d'Italie en 1805. Pendant dix ans, il est le soutien le plus fidèle de l'Empereur, dont il est vraiment le fils adoptif. Prenant très à cœur son rôle de

Eugène de Beauharnais
Portrait du prince d'Eichstadt par Andrea Appiani, 1810. Huile sur toile, musée national du château de Rueil-Malmaison. © *Giraudon*

vice-roi, il s'efforce de développer l'expansion économique de l'Italie, y introduit les codes napoléoniens, multiplie les grands travaux publics. Il lève en même temps, pour Napoléon, une armée de 80 000 hommes qui prend part aux campagnes d'Autriche, d'Espagne et de Russie. Donnant en 1809 la preuve de ses qualités de stratège, il opère sa jonction avec l'armée impériale aux environs de Vienne, gagne la bataille de Raab et contribue à la victoire de Wagram. Il commande un des corps de l'armée de Russie, se signale aux combats d'Ostewno, de Mohilow à la Moskova, à Viazma, à Krasnoï et, lors de la retraite, ramène les débris de la Grande Armée à Magdebourg après le départ de Napoléon. Il tente de défendre son royaume contre l'invasion, mais ses sujets l'abandonnent.

En 1806, il avait épousé la princesse Augusta, fille du roi de Bavière Maximilien Ier. Après l'abdication de l'Empereur, cette alliance lui permet de trouver refuge auprès de son beau-père sans être inquiété. Il se consacre désormais à l'éducation de ses enfants Auguste Charles, duc de Leuchtenberg, premier époux de Marie II, reine de Portugal ; Maximilien Joseph, époux d'Olga, fille de l'empereur Nicolas Ier de Russie ; Joséphine, mariée au roi Oscar Ier de Suède ; Eugénie Hortense, mariée au prince Frédéric Guillaume de Hohenzollern ; Amélie Augusta, seconde femme de Pierre Ier, empereur du Brésil.

BEAUHARNAIS : voir HORTENSE de BEAUHARNAIS et JOSÉPHINE de BEAUHARNAIS

BEAUJEU Anne de : voir ANNE de FRANCE

BEAUJEU Pierre II de BOURBON, seigneur de (?, 1438 – Moulins, 1503)

Prince capétien. Baron du Beaujolais, puis comte de Clermont et duc de Bourbon.

Louis XI lui confie à plusieurs reprises le commandement de ses armées. Lorsque Jean d'Armagnac trouve la mort à Lectoure, il reçoit une partie de ses fiefs confisqués par le roi. En 1475, il épouse Anne de France, fille de Louis XI ; le roi l'apanage du comté de Clermont et de la baronnie du Beaujolais, dont Beaujeu est la capitale. Homme de confiance de son beau-père, le seigneur de Beaujeu préside le Conseil royal. De 1483 à 1491, il seconde sa femme Anne de France, régente du royaume pendant la minorité de Charles VIII. Le 1er avril 1488, Jean II de Bourbon meurt. Son cadet, Pierre II de Bourbon, seigneur de Beaujeu, hérite de tous ses biens, droits et privilèges. Duc de Bourbonnais et d'Auvergne, comte du Forez et de l'Isle-Adam, gouverneur du Languedoc et de la Guyenne, c'est le plus puissant prince de France. Et quand Charles VIII part pour l'Italie – le souverain revendique le royaume de Naples –, il retrouve la lieutenance générale du royaume. Suzanne, la fille d'Anne et de Pierre de Beaujeu, se mariera avec Charles de Montpensier, le futur connétable de Bourbon.

BEAUJOLAIS

Région située entre le Lyonnais et le Forez au sud, le Mâconnais et le Charolais au nord, correspondant à une partie des départements de la Loire et du Rhône.

Sous les Carolingiens, le Beaujolais fait partie des possessions du comte de Forez et du Lyonnais. À la mort de Guillaume Ier vers 900, la baronnie passe à son fils Bérard, premier à porter le titre de sire de Beaujeu. Le huitième sire, Humbert IV, fonde à la fin du XIIe siècle la ville de Villefranche et en fait sa capitale. Il épouse l'héritière de la seigneurie de Montpensier, réunissant sous son nom, puis sous celui de son fils, les deux seigneuries qui seront par la suite séparées. La première maison de Beaujeu s'éteint en 1265. Isabeau, héritière du Beaujolais, le transmet par mariage à Renaud, comte du Forez, tige de la seconde maison. Parmi ses successeurs figure Édouard Ier, maréchal de France sous Philippe VI et vainqueur des Anglais à Ardes.

Vers 1398, Édouard II, après avoir enlevé une jeune fille et jeté par la fenêtre l'huissier chargé de lui en faire reproche, est conduit à Paris pour y être jugé. Il risque la peine capitale. Pour obtenir l'aide de son oncle Louis II de Bourbon, il lui cède, en 1400, le Beaujolais et la Dombes. Il meurt sans héritier, et le Beaujolais passe à la maison de Bourbon.

Confisqué au connétable de Bourbon en 1523, donné à Louise de Savoie, mère de François Ier, le Beaujolais est réuni à la couronne en 1531. François II le rend, en 1560, à Louis de Bourbon, duc de Montpensier. Le petit-fils de ce dernier, Henri, le transmet à sa mort, en 1608, à sa fille Marie de Montpensier qui l'apporte en dot à Gaston d'Orléans en 1626. La fille de ce dernier, la célèbre Grande Mademoiselle, le lègue à Philippe d'Orléans, frère de Louis XIV, en 1693. Érigé en comté, le Beaujolais reste dans la maison d'Orléans et son dernier titulaire est Charles, le plus jeune des frères de Louis-Philippe, mort à Malte en 1808.

BEAULIEU (paix de) : voir MONSIEUR

BEAUMANOIR Philippe de RÉMI, sire de (?, v. 1250 – Pont-Sainte-Maxence, 1296)

Administrateur, jurisconsulte et écrivain.

Bailli de Clermont-en-Beauvaisis, sénéchal de Poitou, bailli de Vermandois, puis de Senlis, il écrit des chansons et deux romans en vers. Il est surtout connu comme légiste et rédige vers 1283 les très célèbres *Coutumes de Beauvaisis*, commandées par Robert, comte de Clermont, qui n'est autre que le dernier fils de Saint Louis et le fondateur de la tige dite des Bourbons.

Anne et Pierre de Beaujeu
Volets gauche et droit du triptyque du Maître de Moulins, le *Couronnement de la Vierge*, exécuté pour le duc de Bourbon, fin XVe siècle, cathédrale de Moulins. © *Sélection Images*

BEAUMARCHAIS Pierre Augustin CARON de (Paris, 1732 – Paris, 1799)

Dramaturge.

Fils d'un horloger, il devient lui-même, à vingt ans, le premier horloger de France en faisant une découverte capitale, la montre à échappement, qui assure une exactitude inconnue jusque-là. Bientôt contrôleur de bouche du roi, il devient familier de Louis XV et donne des leçons de harpe à ses filles. En 1761, il achète, grâce à l'appui du roi, une charge de lieutenant général des chasses aux bailliage et capitainerie de la Varenne du Louvre, qui l'anoblit officiellement. Sous la conduite et les conseils du financier Pâris-Duverney, qui s'est lié d'amitié avec lui et dont il devient l'associé, il s'initie aux affaires de finances, de banque, de commerce. En 1764, il fait un voyage en Espagne sous le noble prétexte de venger l'honneur de sa sœur, bafoué par un séducteur, Clavijo, mais en profite pour mener de front commerce et politique. À son retour, il écrit ses deux premières comédies, *Eugénie* (1767) et *Les Deux Amis* ou *Le Négociant de Lyon* (1770). Au milieu du tourbillon d'affaires et de procès qui le feront souvent traiter d'aventurier, les plus célèbres de ses démêlés sont ceux qu'il a avec l'héritier de Pâris-Duverney, le comte de La Blache, qui l'accuse de faux lors de la liquidation de la succession. Beaumarchais est condamné en 1773, mais il fait appel à l'opinion publique dans quatre *Mémoires à consulter*, où il accuse le conseiller Goëzman, juge rapporteur de son affaire, de vénalité. Il est blâmé et ses *Mémoires* condamnés au feu (1773-1774), mais ces textes étonnants le rendent célèbre du jour au lendemain dans l'Europe entière et le font acclamer. La pertinence de son argumentation, la drôlerie et l'alacrité de son style mettent les rieurs de son côté, dans un pays foncièrement hostile aux nouveaux juges du parlement Maupeou, les premiers visés par sa plume. De plus, en plaidant contre Goëzman, c'est à l'oppression, à l'injustice, à la tyrannie sous toutes ses formes que Beaumarchais s'attaque, et personne ne s'y trompe. La Blache sera finalement débouté par le parlement d'Aix en 1778, mais Beaumarchais lui-même aura perdu dans ce procès une bonne partie de sa fortune.

Le conflit qui l'oppose aux juges ne l'empêche pas d'être chargé par le roi, dès 1774, de plusieurs missions à l'étranger. À Londres, Amsterdam, Nuremberg, il poursuit notamment des libellistes qui, raillant Mme du Barry puis Marie-Antoinette, s'attaquent à la royauté française. Soupçonné d'être lui même l'auteur d'un pamphlet, il sera arrêté quelques jours à Schönbrunn, sur l'ordre de Marie-Thérèse d'Autriche, la mère de Marie-Antoinette. Entre 1776 et 1780, mille affaires l'occupent, mais son action en faveur des insurgés d'Amérique est sans doute la plus belle aventure de sa vie. Il prend l'initiative historique, grâce à l'influence qu'il a à la Cour, d'engager la France dans le conflit qui oppose l'Angleterre à la naissante Amérique. Il arme une flotte pour ravitailler les insurgés en armes et munitions (1776) et joue un rôle déterminant jusqu'à la signature du traité de Versailles. Il trouve encore le temps de créer la Société des auteurs dramatiques, de monter la Compagnie des eaux, de publier, à Kehl, une édition complète des œuvres de Voltaire à laquelle il sacrifie une fortune, de participer dès 1783 aux premières expériences d'aéronautique et de s'intéresser à la musique sur laquelle il a des idées révolutionnaires pour l'époque. Il écrit enfin *Le Barbier de Séville* et *Le Mariage de Figaro*. La genèse du *Barbier de Séville* est complexe : d'une parade littéraire écrite pour le théâtre de foire, Beaumarchais tire un opéra-comique, refusé par les Italiens, puis une comédie de théâtre dont on connaît trois états. Le premier est interdit ; le second joué une seule fois, le 23 février 1775 et sifflé ; le troisième, considérablement remanié, sifflé lui aussi le premier jour, a un « succès extravagant » à sa seconde représentation. On appelle désormais Beaumarchais « Figaro » et jamais, sans doute, un personnage de théâtre n'a été comme lui le double de son auteur. Mais l'œuvre majeure de Beaumarchais est *Le Mariage de Figaro*, réussite littéraire exceptionnelle qui est aussi un acte politique. Partisan de réformes, insatisfait de sa condition restée inférieure malgré sa carrière, il n'est pas seul à le dire ou l'écrire. Il est le premier à prétendre mettre ses idées politiques sur la scène et à y dénoncer le parasitisme aristocratique. Lue aux comédiens en 1781, l'œuvre n'obtient du roi l'autorisation d'être jouée que le 27 avril 1784. Avec grand succès. Les nobles eux-mêmes applaudissent cette vive satire qui contribuera à saper l'autorité monarchique et l'ordre établi.

Le crédit de Beaumarchais, assez solide au début de la Révolution, s'affaiblit lorsque pendant l'été de 1792, il est accusé de trafic d'armes. Il est même arrêté le 23 août, mais relâché huit jours plus tard et échappe aux massacres de Septembre. Il joue désormais un rôle difficile à déterminer, et certains l'accuseront d'avoir été un agent double, à la fois du Comité de salut public et de l'émigration. Déclaré émigré en février 1794, il passe deux ans d'exil à Hambourg et regagne Paris le 5 juillet 1796, où il meurt trois ans plus tard.

Caron de Beaumarchais
Portrait de l'auteur par P.C. Soyer d'après Jean-Baptiste Greuze, château de Versailles (© *Lauros-Giraudon*) et personnages principaux du *Mariage de Figaro*, gravure colorée de 1784, Paris, Bibliothèque de l'Arsenal. (© *Lauros-Giraudon*).

BEAUMONT Christophe de (Château de La Roque, près de Sarlat, 1703 – Paris, 1781)

Archevêque.

Évêque de Bayonne en 1741, il devient archevêque de Vienne en 1745 puis, l'année suivante, sur l'ordre de Louis XV, archevêque de Paris. Dès 1751, Mgr de Beaumont, champion de la bulle *Unigenitus*, s'oppose au jansénisme : devant le Parlement, il soutient les curés parisiens qui refusent d'administrer l'extrême onction aux disciples de Jansénius s'ils ne présentent pas un billet de confession. Par représailles, le premier corps de justice du royaume ordonnera la saisie de ses biens en 1752. Mgr de Beaumont prononce également l'anathème contre les doctrines des philosophes. On le verra condamner les écrits de l'abbé de Prades, ami des encyclopédistes, en 1752. Le roi, après avoir approuvé son attitude, finit par l'exiler, en décembre 1754, à Conflans où il possède une propriété. Disgracié, il n'en continue pas moins à combattre jansénistes et philosophes. Il attaquera tout particulièrement Jean-Jacques Rousseau, qui lui répondra, en 1762, dans sa fameuse *Lettre à monsieur de Beaumont*.

BEAUNE

Ville de Côte-d'Or.

Chef-lieu d'un *pagus* au Bas-Empire, *Belna* est capitale d'un comté au IXe siècle. Au XIIIe c'est, après Autun, la première ville du duché de Bourgogne. Eudes III lui donne une charte communale en 1203. L'ordre hospitalier du Saint-Esprit y a un établissement peu après. Le chancelier de Bourgogne, Nicolas Rolin, fait construire l'Hôtel-Dieu dont la majeure partie subsiste aujourd'hui. Aux XVe et XVIe siècles la bourgeoisie de Beaune est extrêmement riche et s'adonne à toutes sortes de commerces. À la fin des guerres de Religion la ville est, pour une dizaine d'années, aux mains des ligueurs. En 1602, Henri IV en fait abattre les remparts. Outre l'Hôtel-Dieu et tout ce qu'il contient, la ville actuelle conserve deux églises romanes, l'hôtel des ducs de Bourgogne et des habitations des XVe et XVIIIe siècles.

BEAUVAIS

Chef-lieu de l'Oise.

Ancienne capitale des Bellovaques, Beauvais se rend sans coup férir à César, en 57 av. J.-C. La cité, qui prend le nom de *Cæsaromagus*, fait ensuite partie de la Belgique Seconde. Elle est ravagée par les Normands en 850, reçoit des franchises communales dès la fin du XIe siècle. Assiégée en vain par les Anglais en 1443, puis en 1472 par Charles le Téméraire, elle est sauvée la première fois par Jean Lignière, et la seconde par Jeanne Hachette, du 27 juin au 22 juillet. Presque totalement détruite par un incendie en 1810, Beauvais est de nouveau meurtrie par les violents bombardements qu'elle subit pendant la Première Guerre mondiale, puis en juin 1940.

De la cathédrale carolingienne, Notre-Dame-de-la-Basse-œuvre, ne subsiste que la nef sur les flancs de l'actuelle cathédrale Saint-Pierre. Commencés au milieu du Xe siècle, les travaux sont interrompus par un incendie. Le chœur est achevé vers 1270. De toutes les églises gothiques, Saint-Pierre de Beauvais a les voûtes les plus hautes (48 mètres), les plus larges (16 mètres), et la plus grande surface vitrée. Mais l'écartement des piles (8 mètres) cause, en 1284, la chute des voûtes et la rupture des contreforts. La cathédrale est restée inachevée. Elle possède une horloge à carillons du XIVe siècle, la plus ancienne de France.

Beauvais est également célèbre pour sa manufacture royale de tapisserie qui y est fondée, à l'instigation de Colbert, par un édit royal du 5 août 1664. Contrairement à celle des Gobelins, elle ne produit que des tapisseries. Son régime, plus souple, permet, à côté des commandes de la couronne, la réalisation de travaux destinés à des particuliers. Elle a de brillants directeurs tels que Behagle de 1684 à 1711, puis Jean-Baptiste Oudry. Ses tentures sont tissées d'après les cartons des plus grands peintres de l'époque, Berain, Oudry, Natoire, Leprince, Boucher, Casanova, Huet. Elle connaît un certain déclin quand éclate la Révolution. Devenue établissement national en 1794, sous la direction de Huet, elle se limite à la tapisserie de sièges tissés à basses lisses, sur les métiers à bascule de Vaucanson, alors que les Gobelins ont désormais le monopole de la tenture murale, exécutée à hautes lisses. Elle connaît au XIXe siècle la lente décadence des arts décoratifs. Au XXe siècle, des directeurs comme Jean Ajalbert, de 1916 à 1936, puis Guillaume Janneau, de 1936 à 1945, entreprennent de la relever. Depuis 1936 elle est placée sous la même direction que celle des Gobelins.

BEAUVILLIER ou BEAUVILLIERS Paul, duc de (Saint-Aignan, 1648 – Vaucresson, 1714)

Ministre

Président du Conseil des finances en 1685, premier gentilhomme de la chambre, il est nommé par Louis XIV gouverneur du duc de Bourgogne en 1689, et remplit ensuite la même fonction auprès des ducs d'Anjou (1690) et de Berry (1693). Membre du Conseil d'en haut, il joue un certain rôle dans la politique intérieure et extérieure du royaume, notamment au moment de la succession d'Espagne. Il est nommé ministre d'État en 1691. Ami de Saint-Simon et de Fénelon, il souhaite voir le duc de Bourgogne monter sur le trône, et la mort de ce dernier, en 1712, l'affecte profondément. Il avait épousé une des filles de Colbert.

BEC-HELLOUIN

Commune de l'Eure, non loin de Bernay.

Une abbaye bénédictine y est fondée dans la première moitié du XIe siècle par le bienheureux Hellouin, ou Herluin. Son école, créée par Lanfranc et dirigée ensuite par Anselme de Cantorbéry, est au Moyen Âge un des centres intellectuels les plus réputés d'Europe. L'abbaye, après avoir beaucoup souffert des guerres de Religion, est relevée par la suite et entre, en 1626, dans la congrégation de Saint-Maur. L'abbaye du Bec-Hellouin a été supprimée en 1790 mais des bénédictins s'y sont de nouveau installés en 1948.

BEDEAU Marie Alphonse (Vertou, 1804 – Nantes, 1863)

Général.

La campagne d'Algérie, où il est envoyé en 1836, décide de sa carrière militaire qu'il termine avec le grade de général. Comme divisionnaire, il dirige en 1847 une expédition contre les Kabyles de Bougie et il est nommé gouverneur général de l'Algérie. Il vient de rentrer en France lorsque éclate la révolution de février 1848. Il montre si peu d'empressement à réprimer l'insurrection que le gouvernement provisoire le choisit comme ministre de la Guerre puis comme commandant militaire de Paris. Vice-président de la Constituante, il est exilé après le coup d'État du 2 décembre 1851. Il revient en France à la faveur de l'amnistie de 1859, mais ne joue plus de rôle de premier plan.

Le duc de Bedford
Agenouillé devant Saint Georges, patron de l'Angleterre. Miniature des *Bedford's Hours © Sélection Images*

BEDFORD, Jean de LANCASTRE, duc de (?, 1389 – Rouen, 1435)

Prince anglais de la maison d'Anjou-Plantagenêt.

Jean de Lancastre, troisième fils de Henri IV d'Angleterre, est fait duc en 1415 par son frère aîné Henri V. Il guerroie en France au cours des années 1416 et 1420. Le 7 juillet 1422, Henri V le désigne comme régent du royaume de France en représentation du futur Henri VI, fils du souverain, qui n'a que quelques mois. Le duc de Bedford, époux d'Anne de Bourgogne, sœur du duc Philippe le Bon, gouverne une France occupée aux trois quarts par les Anglais et les Bourguignons. S'il confie les charges militaires importantes à ses compatriotes, deux Anglais seulement s'asseyent au Conseil formé pour assister le régent. Brillant soldat autant que sage administrateur, il défait à diverses reprises les troupes du Dauphin, le futur Charles VII. Il abandonne officiellement la régence lorsque Henri VI s'installe à Paris, en 1430. De fait, il continue à gouverner jusqu'à sa mort, mais la politique de conciliation qu'il poursuit n'aboutit pas. L'hostilité des Français, l'apparition de Jeanne d'Arc, en 1429 – il achète la prisonnière 16 000 saluts d'or à Jean de Luxembourg –, enfin le ralliement du duc de Bourgogne au roi Charles VII ruinent ses espoirs. Le duc de Lancastre meurt un mois avant la signature du traité d'Arras qui scelle la paix entre Armagnacs et Bourguignons et sonne le glas de la domination anglaise sur la France. Un mausolée a été érigé à sa mémoire dans la cathédrale de Rouen.

BEHAINE Pierre Joseph PIGNEAU de (Origny-en-Thiérache, 1741 – Saigon, 1799)

Missionnaire.

Évêque *in partibus* en 1774, entré en Cochinchine la même année, il est adopté comme conseiller intime et en quelque sorte comme Premier ministre par un prince de ce pays, Nguyen Anh, qui, après avoir été prétendant au trône, devient roi en Basse-Cochinchine en 1779. Quelques années plus tard, l'autorité de Nguyen Anh se heurte à la résistance de certaines régions de la Cochinchine et se trouve ébranlée par des

Le siège de Beauvais
Charles le Téméraire assiège la ville en 1472, épisode de la fin de la Guerre de Cent Ans. Miniature de l'école de Rouen, XVIe siècle, Nantes, musée Daubrée. © *Giraudon*

revers en 1783. Pigneau de Behaine décide alors de se rendre en France afin de proposer à Louis XVI un traité d'alliance avec le souverain asiatique, traité conclu en 1787. Behaine revient avec quelques troupes qui n'ont pas trop de difficulté à soumettre l'ensemble de la Cochinchine. Ainsi est fondé le premier protectorat français en Cochinchine, lointaine origine de l'Indochine française. Par la suite, grâce aux conseils et à l'administration efficace de Behaine, Nguyen Anh s'installe sur le trône impérial d'Annam sous le nom de Gia Long, Behaine étant mort entre-temps.

BELAIN d'ESNAMBUC : voir ESNAMBUC

BELFORT

Place forte, aujourd'hui chef-lieu d'un territoire de type départemental.

L'origine de Belfort semble être un château construit par des seigneurs de Bar. Au XIIIe siècle, ce château appartient successivement aux maisons de Ferrette et de Montbéliard, qui sont en fait issues d'une même souche : Thierry Ier, comte de Ferrette et de Montbéliard. Le comté de Belfort passe par la suite dans les possessions des Habsbourg qui l'inféodent aux comtes de la Suze. La fortune de la guerre de Trente Ans, sanctionnée par les traités de Westphalie, le fait tomber dans l'orbite de la France. Avec le comté de Ferrette et les seigneuries voisines de Delle, Thann, Altkirch et Isenheim, Belfort est donné à Mazarin en récompense de ses services. À sa mort, le cardinal le transmet à sa nièce Hortense Mancini, qui épouse Charles de La Porte, duc de La Meilleraye, puis duc de Mazarin par son mariage. À la fin du XVIIIe siècle, leur lointain héritier est un Grimaldi, prince de Monaco et duc de Valentinois. Les Grimaldi sont les derniers suzerains de Belfort. La Révolution les dépossède de leurs droits sur les anciennes terres d'Empire.

Au XVIIe siècle, Vauban avait doté Belfort de fortifications remarquables, inaugurant à cette occasion le système des « tours bastionnées ». Mais c'est au XIXe siècle que la ville s'illustre le plus dans l'histoire nationale. Histoire intérieure avec la conspiration carbonariste fomentée contre le gouvernement de Louis XVIII par des officiers de la garnison, demi-soldes pour la plupart ; histoire militaire et histoire des frontières avec les trois sièges soutenus héroïquement en 1814 et 1815 par Lecourbe contre l'archiduc Ferdinand et, surtout, en 1870-1871 par Denfert-Rochereau contre les Prussiens.

Conspiration de Belfort. Après s'être assurés de Belfort, les conjurés doivent surprendre Colmar et installer en Alsace un gouvernement provisoire dont les chefs seraient La Fayette, d'Argenson et Kœchlin. Le mouvement est prévu pour le 30 décembre 1821. Un contretemps le fait échouer. Certains conjurés sont arrêtés, tandis que les instigateurs parviennent à s'enfuir. Averti avant d'arriver à Belfort, La Fayette rebrousse chemin en détruisant des documents compromettants. Il brûle même l'uniforme qu'il comptait revêtir !

Siège de 1870-1871. Il dure trois mois et demi. Investie le 3 novembre 1870, la place ne se rend que le 18 février 1871. Encore faut-il un ordre exprès du gouvernement provisoire. C'est grâce à l'opiniâtreté de ses défenseurs, et aussi grâce à l'intransigeance de Thiers, que Belfort, avec la moitié de son ancien arrondissement, peut rester français après la conclusion de la paix, mais il faudra en échange accepter l'entrée des troupes prussiennes au cœur de Paris.

BELGIQUE

État de l'Europe occidentale borné par la mer du Nord, les Pays-Bas, l'Allemagne, le Luxembourg et la France.

À deux reprises au cours de l'histoire, des territoires portant le nom de Belgique ont partagé l'histoire de la Gaule, puis celle de la France. Au moment de la conquête romaine, la région que César attribue aux Belges est beaucoup plus étendue que l'État belge actuel : ses populations, une quinzaine de peuples d'origine celtique ou germanique (Rèmes, Suessions, Bellovaques, Ambiens, Nerviens, Atrébates, Éburons, etc.) occupent un territoire dessiné par la Seine, la Marne, le Rhin et la mer. Ils se coalisent contre César en 57 av. J.-C., mais sont vaincus la même année près de Cambrai. César soumet les divers peuples les uns après les autres en plusieurs campagnes, et non sans difficulté, de 57 à 51 av. J.-C. Il a notamment à combattre les Éburons menés par Ambiorix en 54. César rattache la Belgique à la Celtique et à l'Aquitaine, l'ensemble formant la Gaule chevelue. Cette province étant trop étendue, Auguste la divise en trois, créant la province de Belgique, qui a pour capitale Reims (*Durocortorum*).

Après la défaite de Varus en 9 apr. J.-C., une large bande située le long du Rhin, sur la Meuse inférieure et la Sambre, est détachée de la Belgique et forme les deux Germanies. La province impériale de Belgique comprend alors 13 cités : Arras, Beauvais, Amiens, Thérouanne, Tongres, Bavay, Champlieu, Saint-Quentin, Soissons, Reims, Metz, Toul et Trèves. Dioclétien la divise en deux, à côté des deux Germanies : la Belgique Première, région de la Moselle (métropole Trèves, cités principales Metz, Toul et Verdun) ; la Belgique Seconde, Flandre et Champagne (métropole Reims), avec 9 cités. Malgré des résistances locales et des révoltes épisodiques, les Romains développent la région, construisent des routes, font progresser l'agriculture et la vie urbaine. L'évangélisation est entreprise au IVe siècle, les cités principales sont à ce moment Tongres en Germanie Seconde et Tournai. Vers la fin du IVe siècle, les Francs dits Saliens s'installent en Belgique Seconde, puis en Belgique Première après la bataille de Tolbiac. Ils essaiment dans toute la Gaule vers 500, et sont remplacés par les Francs Ripuaires. Le mot même de Belgique disparaît avec l'empire d'Occident, et ne réapparaît qu'au XVIe siècle. Sous les Mérovingiens, la Belgique Seconde forme une grande partie du royaume de Neustrie, la Belgique Première étant le noyau de l'Austrasie.

Pendant la Révolution française, la domination autrichienne sur la Belgique actuelle (qui comprenait alors une douzaine de provinces autonomes sous la couronne autrichienne, sans parler de l'évêché de Liège) est un instant compromise par la révolution brabançonne, en 1789, mais rétablie dès l'année suivante. La France, entrée en guerre contre l'Autriche en 1792, envahit la Belgique, l'occupe après la victoire de Jemmapes, la perd après la défaite de Neerwinden, l'occupe à nouveau après Fleurus, et l'annexe en 1795. Cette annexion est reconnue aux traités de Campoformio et de Lunéville. Les Pays-Bas et la principauté de Liège deviennent les 9 départements réunis et sont assimilés à la France au point de vue administratif et législatif, notamment en ce qui concerne la conscription et la vente des biens nationaux. Accueillis en libérateurs, les Français se livrent à des pillages qui tournent contre eux une partie de la population. Napoléon entreprend ensuite de développer le commerce, en améliorant les voies de communications et l'industrie textile et métallurgique. Mis à part le textile, l'industrie belge profite finalement du Blocus, le port d'Anvers notamment. Mais certaines mesures, comme la conscription, dressent les Belges contre l'Empire, et la chute de Napoléon est bien accueillie. La Belgique est alors confiée à un gouverneur autrichien avant d'être réunie à la Hollande au congrès de Vienne.

Les alliés, revenant à une idée déjà ancienne, celle d'une barrière contre les ambitions françaises, créent ainsi à Vienne le royaume des Pays-Bas, confié au prince d'Orange. Le 16 mars 1815, ce dernier devient le roi Guillaume Ier. Mais trop de problèmes, au premier rang desquels la question religieuse, opposent les Belges aux Néerlandais. En 1830, la révolution parisienne de Juillet donne le signal du soulèvement de la Belgique. Bruxelles s'insurge le 25 août. Le 4 octobre, un gouvernement provisoire proclame l'indépendance de la Belgique, achève ensuite la libération du territoire et prépare une Constitution. Les grandes puissances européennes, réunies au mois de novembre à la conférence de Londres, reconnaissent le 20 décembre la séparation de la Belgique et de la Hollande et proclament, le 20 janvier 1831, la neutralité du nouvel État belge. Le 3 février, le Congrès national propose la couronne au duc de Nemours, fils de Louis-Philippe, qui, redoutant les réactions anglaises, la refuse. Elle sera offerte le 4 juin à Léopold de Saxe-Cobourg Gotha, roi de Belgique sous le nom de Léopold Ier. La Hollande refuse cependant de reconnaître l'existence du royaume belge, reprend les armes, et il faudra l'intervention de l'Angleterre et de la France pour que tombe enfin aux mains des Belges la citadelle d'Anvers, en décembre 1832. Le traité définitif entre la Hollande et la Belgique ne sera signé, à Londres, que le 19 avril 1839, et l'existence du royaume belge indépendant ainsi reconnue.

BELLAY Guillaume du, seigneur de Langey (Glatigny, 1491 – Saint-Symphorien, 1543)

Homme de guerre et diplomate.

Il est fait prisonnier par les Impériaux lors de la bataille de Pavie en février 1525. Ayant recouvré la liberté moyennant une forte rançon, il va visiter François Ier prisonnier de Charles Quint à Madrid. Il accomplit ensuite plusieurs missions diplomatiques : en Angleterre en 1529 et en 1534, et de 1532 à 1536, dans les cours italiennes et allemandes où il recherche l'alliance des princes contre Charles Quint. Il achève sa carrière comme vice-roi du Piémont en 1537 et gouverneur de Turin. Rabelais l'assistera, en cette ville, comme médecin, à partir de 1540. Il a rédigé avec son frère cadet Jean d'intéressants *Mémoires* sur le règne de François Ier.

BELLAY Jean du (?, 1492 – Rome, 1560)

Archevêque.

Humaniste et lettré, frère cadet du précédent, il participe à la fondation du Collège royal, futur Collège de France, construit le château de Saint-Maur, protège Rabelais qui le suivra à Rome en tant que médecin en 1534 et qu'il fera nommer chanoine en 1536. Ayant choisi l'état ecclésiastique, il devient évêque de Bayonne en 1526, de Paris en 1532, de Limoges en 1541, du Mans en 1546. Il reçoit la pourpre en mai 1535 et l'archevêché de Bordeaux en 1544. En 1527, le roi l'envoie en Angleterre, avec le duc de Montmorency, tenter de résoudre le problème posé à la chrétienté par le divorce d'Henri VIII. Ses avis sont écoutés du pape Clément VII et de François Ier, réunis à Marseille en 1533. Malgré ses dons de diplomate, il ne parvient pas à obtenir du pape l'annulation du mariage, ni à éviter l'excommunication d'Henri VIII, ni enfin le schisme de la Grande-Bretagne.

Du Bellay abandonne les ambassades lors de la guerre de 1536, menée contre Charles Quint. Lieutenant général pour la Picardie et la Champagne, il parvient à ravitailler la capitale. La paix conclue (1538), il accueille le roi de France et l'empereur en son château de Saint-Maur en 1540. Par la suite, il ne cesse d'œuvrer en faveur de la paix, accomplissant plusieurs missions de conciliation en Angleterre et en Allemagne. Il écrit, avec l'aide de son frère, un projet, qui n'aboutira pas, de rapprochement entre catholiques et protestants. La mort de François Ier provoque sa disgrâce : après avoir présidé les obsèques, il se retire à Rome, dans le palais qu'il s'est fait élever au milieu des thermes de Dioclétien, et où il invite souvent son neveu Joachim. En 1555, il est candidat malheureux au trône pontifical.

BELLEFONDS Bernardin GIGAULT, marquis de (?, 1630 – Vincennes, 1694)

Maréchal de France et diplomate.

Il commence sa carrière militaire en Catalogne en 1655, reçoit l'année suivante le gouvernement de la place de Castillon puis, en 1658, participe à la campagne de Flandre. Au mois de septembre

1663, avec le titre de lieutenant général, il commande en Italie un corps de troupes chargé de défendre les intérêts des ducs de Parme et de Modène contre ceux du pape. Ambassadeur à Madrid en 1665, puis à Londres en 1670 et 1673, le marquis de Bellefonds, nommé maréchal de France en 1668, reprend du service en 1673 à la tête de l'armée de Hollande. Après avoir dirigé l'armée du Roussillon en 1684, il reçoit en 1692 le commandement du corps expéditionnaire réuni à La Hougue. Ses troupes doivent débarquer à Londres afin d'aider Jacques II à reconquérir son trône contre Guillaume III. Il meurt deux ans plus tard au château de Vincennes.

BELLEGARDE Roger de SAINT-LARY de (? – ?, 1579)

Maréchal de France.

Destiné à l'état ecclésiastique, il préfère la carrière des armes, combat en Piémont sous les ordres du maréchal de Termes, son oncle, à Calais, Gravelines, Rouen, Malte et La Rochelle. Catherine de Médicis le prend sous sa protection, et Bellegarde est alors surnommé le « Torrent de faveurs ». Colonel sous Charles IX, il accompagne en 1573 le duc d'Anjou en Pologne, et devient un de ses favoris. Une fois roi, Henri III le nomme maréchal de France, avant même son retour à Paris en septembre 1574. Il a gagné en Piémont la protection du duc de Savoie et des Vénitiens, et peut offrir leur alliance à Henri III. Les faveurs que lui prodigue ce dernier lui valent à la Cour de nombreux ennemis, entre autres Louis de Gonzague duc de Nevers, René de Birague, le garde des Sceaux, et la reine mère, Catherine de Médicis. Envoyé combattre les huguenots en Dauphiné, il ne parvient pas à s'imposer. Le temps de la faveur est passé et, en avril 1575, le roi le nomme ambassadeur en Pologne. Il ne rejoint pas son poste, s'arrête en Piémont et, avec l'aide du duc de Savoie, chasse Birague de la place de Saluces, prend la ville, s'en proclame gouverneur et lieutenant général du roi au-delà des monts en 1578. Henri III tente en vain de le déloger par la négociation et par la force. Catherine de Médicis essaie de dresser contre lui le duc de Savoie, quand il meurt d'une mort suspecte.

BELLE-ISLE Charles Louis Auguste FOUQUET, comte puis duc de (Villefranche-de-Rouergue, 1684 – Versailles, 1761)

Maréchal de France et diplomate.

Petit-fils du surintendant Fouquet, il participe à la guerre de Succession d'Espagne qu'il termine comme mestre de camp général. Il a la confiance du cardinal de Fleury et, en 1741, il est nommé maréchal de France et envoyé comme ambassadeur à la diète de Francfort qui doit désigner un nouvel empereur. Foncièrement hostile à la maison d'Autriche, il soutient la cause de Charles VII de Bavière. Il incite à la coalition et à la guerre contre Marie-Thérèse. Malheureux en Bohême où il parvient néanmoins à tirer son armée d'une situation périlleuse en 1742, Belle-Isle arrête cinq ans plus tard la tentative d'invasion des Austro-Sardes en Provence. Duc et pair en 1748, il reçoit la charge de secrétaire d'État à la Guerre quand Choiseul remplace le cardinal de Bernis aux Affaires étrangères en 1758. Pendant trois ans, il entreprend d'importantes réformes : ordre et régularité dans l'administration militaire, réglementation des brigades et divisions. Cet effort sera poursuivi par Choiseul.

BELLÊME

Ville de l'Orne, située au sud de Mortagne-au-Perche.

La ville, construite sur les pentes d'une colline, appartient au Xe siècle à la maison de Creil, avec à sa tête Yves de Creil, premier seigneur de Bellême, qui construit un château en contrebas de la colline. Un second château est édifié au sommet par son successeur, Guillaume. En 1140, la forteresse est prise par Henri Ier d'Angleterre, qui donne la ville à son gendre Rotrou. À partir de cette date, l'histoire de Bellême est liée à celle du Perche. À la mort du dernier comte du Perche en 1226, Louis VIII prend possession du comté et en donne la garde à Pierre Mauclerc, duc de Bretagne. Après sa révolte contre Blanche de Castille, ce dernier reçoit la ville et d'autres avantages territoriaux, au traité de Vendôme de mars 1227, en échange de son hommage au jeune roi Louis IX. Il continue à conspirer, fortifie la ville malgré les clauses du traité, mais Blanche vient assiéger Bellême et s'en empare avec l'aide des troupes de Thibaud de Champagne en janvier 1229. Bellême passe en diverses mains pendant la guerre de Cent Ans, puis elle est reprise une dernière fois aux Anglais par l'armée de Charles VII en 1449. Elle subit un nouveau siège pendant les guerres de Religion, est prise et pillée par les protestants en juillet 1562. Avec le Perche, elle est réunie à la couronne en 1584.

BELLE POULE

Frégate française qui, au début de la guerre d'Indépendance américaine en 1778, combat vaillamment contre deux vaisseaux anglais et parvient à démâter le principal d'entre eux.

Cette victoire navale, la première sur les Anglais depuis la guerre de Sept Ans, a un grand retentissement, et on lance à la Cour la coiffure dite « à la Belle-Poule », haut édifice très compliqué, en forme de frégate. C'est sur un navire spécial appelé également la *Belle Poule*, en souvenir de la précédente frégate, que le cercueil de Napoléon Ier sera rapporté en France. Cette opération, placée sous le commandement du prince de Joinville, commence à Sainte-Hélène le 16 octobre 1840 pour s'achever à Paris, aux Invalides, le 15 décembre suivant.

BELLIÈVRE Pomponne de (Lyon, 1529 – Paris, 1607)

Magistrat et diplomate.

Ancien étudiant en droit de Toulouse et de Padoue, il siège, avant 1559, en qualité de conseiller au sénat de Chambéry, ville qu'occupe la France à cette époque. Il est ensuite par deux fois, en 1564 et en 1572, ambassadeur de Charles IX dans les cantons helvétiques. Surintendant des Finances en 1575, président au parlement de Paris en 1576, il se montre intègre et dévoué, ce qui le désigne pour mener les négociations qu'engagent Henri III avec son frère Monsieur, en 1583, et la reine mère Catherine de Médicis avec le roi de Navarre en 1580, 1583 et 1584. En 1586, Pomponne de Bellièvre est ambassadeur auprès d'Élisabeth Ire d'Angleterre, Henri III l'ayant chargé d'intercéder en faveur de Marie Stuart, prisonnière au château de Fotheringay. Il n'obtiendra aucun résultat. Exilé par Henri III au mois de septembre 1588 – le roi lui reproche son manque de fermeté vis-à-vis du duc de Guise lors de la journée des Barricades – Pomponne de Bellièvre retrouve Paris et Henri IV alors couronné roi. Il établit avec Nicolas de Sillery le traité de Vervins, en 1598, et devient chancelier de France.

BELLOVAQUES

En latin Bellovaci. *Peuple gaulois.*

Membres de l'une des nations gauloises. Ils vivent dans l'ancien département de l'Oise. Leur réputation est celle de redoutables guerriers. Soumis à Rome en 57 av. J.-C., les Bellovaques se soulèvent bientôt contre elle (51 av. J.-C). Battus avec leurs alliés, ils s'intégreront docilement à la province impériale de Belgique. Les Romains baptisent d'abord la capitale des Bellovaques *Caesaromagus*, puis *Bellovacam* ou *Bellovaci*, qui deviendra Beauvais.

BELSUNCE de CASTELMORON Henri François Xavier de (La Force, Périgord, 1670 – Marseille, 1755)

Jésuite, vicaire général d'Agen, puis évêque de Marseille en 1709.

De caractère entier, ce jésuite se heurte au parlement d'Aix-en-Provence, aux oratoriens, aux jansénistes et, de façon générale, à tout ceux qui s'opposent à son ordre. Évêque de Marseille en 1709, il se rend célèbre par son dévouement illimité lors de la terrible peste de 1720-1721.

BENEDETTI Vincent, comte (Bastia, 1817 – Paris, 1900)

Diplomate.

Après avoir conduit les négociations avec l'Italie pour la cession de Nice et de la Savoie, il est nommé ambassadeur en Italie (1861-1862), puis à Berlin en novembre 1864. Là, en juillet 1866, Napoléon III le charge de proposer un armistice au roi de Prusse, vainqueur des Autrichiens à Sadowa. Au mois d'août, suivant la « politique des pourboires » de l'empereur, il présente à Bismarck un projet d'alliance offensive et défensive entre la Prusse et la France, qui permettrait à cette dernière d'annexer le Luxembourg et la Belgique. Bismarck ne donne pas de réponse définitive, mais aurait conservé un exemplaire du projet. Publié dans le *Times* en 1870, il lui permettra de brouiller l'Angleterre et la France et d'éviter ainsi

La *Belle Poule*
Embarquement sur la frégate du cercueil de Napoléon Ier en rade de Jamestown au large de l'île de Saint-Hélène, le 15 octobre 1840. Huile sur toile d'Eugène Isabey, 1842, château de Versailles. © *RMN - Gérard Blot*

leur alliance contre la Prusse. En 1870, lors de la candidature Hohenzollern au trône d'Espagne, Benedetti, sur l'ordre du gouvernement français et de son ministre Gramont, et malgré le retrait de la candidature, demande au roi de Prusse Guillaume Ier des garanties établissant « l'engagement que la candidature ne serait à l'avenir ni renouvelée ni autorisée ». Mécontent de l'insistance de l'ambassadeur, Guillaume Ier rend compte de leur entretien à son ministre Bismarck par un télégramme qui, résumé – quelque peu transformé même – par le chancelier, donne naissance à la fameuse dépêche d'Ems et à la déclaration de la guerre. Benedetti, qui demanda sa mise à la retraite en 1871, publia par la suite deux ouvrages pour justifier son attitude.

Bénédictins
Saint Benoît donne sa règle à ses moines. Miniature du Calendrier obituaire en latin, XIIIe siècle, provenant de l'abbaye Notre-Dame-des-Prés, Valenciennes, Bibliothèque municipale. © *G. Dagli Orti*

BÉNÉDICTINS

Religieux de l'ordre de saint Benoît.

Fondateur de l'abbaye du mont Cassin, saint Benoît de Nursie (v. 480-v. 547), est le véritable créateur du monachisme occidental grâce à la règle qu'il écrit probablement, qu'il inspire presque sûrement et qui, dès le VIIe siècle, est mise sous son nom. Éloignée du monachisme oriental ou irlandais, elle est un modèle d'équilibre entre l'austérité et la modération, l'autorité abbatiale et le respect des moines, les pratiques pieuses et l'activité économique (travail manuel) et intellectuelle (copie et lecture des manuscrits). Elle connaît un immense succès en Occident, du VIe au XIe siècle, et les monastères deviennent des foyers de rayonnement religieux au sein desquels se développe la théologie occidentale, des lieux de sauvegarde de la culture antique, enfin des centres de production appelés à une influence politique considérable. En Gaule, où une vingtaine de règles se partagent le monachisme, la règle de saint Benoît est fondue, entre 630 et 670, avec les coutumes de saint Colomban. La translation des reliques de saint Benoît dans le monastère qui devient Saint-Benoît-sur-Loire, vers 670 également, sert sa cause, et cette règle est officiellement reconnue comme unique règle monastique sous l'influence de saint Benoît d'Aniane, au concile d'Aix-la-Chapelle en 816.

Les idées de saint Benoît d'Aniane, conservées avec fidélité dans les monastères qu'il a fondés, sont reprises par le grand mouvement de rénovation spirituelle qui suit les invasions normandes. Rendu nécessaire par un certain nombre d'abus nés de la puissance même des abbayes, il sauve le monachisme bénédictin. Cluny notamment prend, à partir du XIe siècle, un ascendant extraordinaire, devenant le centre d'un ordre international que ses abbés centralisent pour mieux le libérer de l'emprise des puissances séculières. L'office divin, célébré avec une magnificence inégalée dans de splendides églises, y prend des développements considérables, tandis que l'activité littéraire et artistique y est toujours plus intense.

Des excès du monachisme clunisien naît, à la fin du XIe siècle, la réforme cistercienne qui revient à une observance plus littérale de la règle. Adoptant la forme de vie commune intégrale, elle choisit une liturgie dépouillée et redonne une place importante au travail des champs. Son rayonnement est bientôt tel que Cîteaux puis Clairvaux supplantent Cluny. Les abus du système du bénéfice et de la commende et les troubles nés des schismes imposent à la fin du XIVe siècle un nouvel effort de régénération. Mais la guerre de Cent Ans et, plus tard, les troubles des guerres de Religion réduisent le monachisme français à un état pitoyable, tant au temporel qu'au spirituel.

Au XVIe siècle, les décisions réformatrices du concile de Trente qui, faute de pouvoir supprimer la commende, préconisent la fédération des abbayes en congrégations, ne sont appliquées que lentement dans la congrégation de Saint-Vannes, organisée par dom Didier de la Cour, en 1604, et dans celle de Saint-Maur, en 1618, établie au monastère de Saint-Germain-des-Prés à Paris. Les mauristes, avec dom Tarisse premier général, ramènent la régularité, l'austérité, la sainteté de vie dans la plupart des monastères du royaume et, parce qu'ils voient dans les études la meilleure sauvegarde de l'esprit de prière, de solitude et de contemplation, font grandement progresser la connaissance de l'antiquité chrétienne et de l'histoire médiévale. On leur doit notamment les remarquables éditions des Pères de l'Église parues au XVIIe siècle.

La Révolution fait disparaître en France l'ordre de saint Benoît. Mais il se reconstitue à Solesmes en 1833 grâce à dom Guéranger qui revient aux principes essentiels de la règle et marque fortement l'orientation contemplative de sa congrégation. L'ordre est entièrement réorganisé par Léon XIII en 1893. Désormais présidé par un abbé-primat résidant à Rome dans l'abbaye de Saint-Anselme, il est divisé en congrégations, chaque abbaye gardant toutefois une certaine autonomie.

BÉNÉFICE

Initialement, dans la société féodale, le bénéfice désigne la partie matérielle de l'engagement vassalique.

Jusqu'alors engagement d'honneur aux stipulations réciproques très floues, le lien vassalique se renforce au XIe siècle et devient proprement féodal car il est concrétisé par la remise d'un fief que le suzerain confie au vassal. Ce fief est le plus souvent un bien foncier – une terre source de revenus. Mais il peut s'agir aussi d'un péage à prélever, de l'avouerie d'une abbaye, voire d'une fonction rémunératrice, telle la dignité comtale qui assure à son bénéficiaire la perception des droits de justice. Certains fiefs dits de bourse sont même payés directement en numéraire, donnant ainsi au mot « bénéfice » un sens très contemporain.

L'effacement de l'ordre féodal réserve dès la fin du Moyen Âge l'emploi du mot « bénéfice » à la sphère ecclésiale. Le bénéfice est un revenu afférent à une fonction ecclésiastique et assis sur des seigneuries, des dîmes, des rentes relevant de l'Église. Évêchés et abbayes – les abbés réguliers ont rang d'évêque – sont des bénéfices majeurs ; certains diocèses offrent des revenus énormes : 300 000 livres annuelles à Toulouse, 600 000 à Sens au XVIIe siècle. Cures, prébendes de chanoines (conseillers épiscopaux), prieurés (direction de certains couvents) et chapellenies (chapelles privées) sont des bénéfices mineurs. Depuis le concordat de 1516, le roi nomme à tous les bénéfices majeurs, ce qui lui permet de récompenser la noblesse. Des laïcs peuvent bénéficier de la commende d'une abbaye, c'est-à-dire de son revenu mais sans aucun pouvoir spirituel ; les clercs qui enseignent à l'Université sont également rémunérés sous formes de bénéfices ecclésiastiques.

La collation des bénéfices mineurs relève en principe des évêques et des abbés, mais aussi de laïcs, de communautés qui, en tant que fondateurs de prieurés, de chapelles, etc., ont droit de patronage pour la désignation de leur bénéficiaire. Mais le pouvoir royal ou les universités, voire le parlement de Paris s'immiscent aussi dans ces nominations, via des dérogations pontificales au régime commun appelées « indults ». La Contre-Réforme s'efforce de limiter le trafic (simonie) et le cumul (clercs non résidents) des bénéfices : les titulaires de certaines cures y dépêchent des remplaçants rémunérés à la portion congrue, tandis qu'ils reçoivent l'essentiel du bénéfice et perçoivent la dîme en qualité de décimateurs. En 1789, les cahiers de doléance du bas-clergé réclament la fin de cette pratique.

Le 2 novembre 1789, sur proposition de Talleyrand, évêque d'Autun, et malgré la vigoureuse opposition de l'abbé Maury, les biens du clergé sont nationalisés. Les clercs, dont la constitution civile (du 12 juillet 1790) fait des fonctionnaires, perçoivent un traitement. L'État reprend les fonctions caritatives, éducatives et sanitaires traditionnellement assurées par l'Église : les universités ferment, les collèges sont désorganisés et les hôpitaux voient leurs ressources se tarir. Par le concordat de 1801, l'Église renonce à revendiquer les biens aliénés.

BÉNÉVENT, prince de : voir TALLEYRAND

BENOÎT d'ANIANE, saint (?, v. 750 – près d'Aix-la-Chapelle, 821)

Réformateur bénédictin.

Fils d'Aigulfe, comte de Maguelonne, il est élevé à la cour de Pépin et de Charlemagne. Il se retire à Saint-Seine puis à Aniane en Languedoc où il fonde un monastère en 780. De là, il répand la discipline bénédictine réformée dans tout l'empire de Louis le Pieux. Son œuvre majeure est la *Concordia Regularum*, synthèse de toutes les règles monastiques du temps carolingien.

BENOIT-JOSEPH Labre, saint (Amettes-en-Artois, 1748 – Rome, 1783)

Patron des inadaptés et des réfugiés.

Aîné de quatorze ou quinze enfants, élevé par un oncle prêtre, il se sent attiré tout jeune par l'idéal monastique. Mais, pour une raison inconnue, il ne trouve sa voie ni chez les Cisterciens, ni chez les Chartreux. Sa vocation lui est révélée le jour où il accomplit son premier pèlerinage : être un pèlerin permanent. Il visite Compostelle et les principaux sanctuaires d'Europe centrale. La France de Louis XV, rationaliste et mondaine, lui est peu hospitalière. Seule l'Italie garde assez de foi et de charité pour apprécier à sa juste valeur cet être sale et pouilleux. Pendant ses dernières années, Lorette et Rome sont les pèlerinages préférés du « saint français ». Il a été béatifié en 1860 et canonisé en 1881.

BENOÎT XII, Jacques FOURNIER (Saverdun, pays de Foix, v. 1285 – Avignon, 1342)

Pape d'Avignon.

Avant de devenir le troisième pape d'Avignon (1334), Jacques Fournier a une longue carrière ecclésiastique. Moine cistercien à Boulbonne puis à Fontfroide, il étudie la théologie au collège Saint-Bernard de Paris et obtient le grade de maître. De retour à l'abbaye de Fontfroide, il en devient l'abbé en 1311. Nommé évêque de Pamiers en 1317, il mène une politique inquisitoriale active, traquant particulièrement ceux qu'il considère comme les descendants directs des cathares du XIIIe siècle. Transféré au siège épiscopal de Mirepoix (1326), il devient cardinal du titre de Saint-Prisque (1327), puis pape sous le nom de Benoît XII, à la mort de Jean XXII, son oncle (1334). Il parvient à réconcilier la papauté avec les Romains sans pour autant revenir à Rome, tente d'apaiser les conflits franco-anglais, s'efforce de ramener les Grecs à l'obédience romaine, lutte contre la simonie et le népotisme, réforme les ordres religieux et la curie pour l'installation de laquelle il entreprend la construction du palais des Papes.

BENOÎT XIII, Pedro MARTINEZ de LUNA (Illueca, v. 1324 – Peñiscola, 1423)

Antipape d'Avignon.

Aragonais aux mœurs irréprochables, il est élu pape en 1394 par un conclave de tradition avignonnaise. En donnant un successeur à Clément VII, et donc un nouveau rival au Romain Boniface IX, cet acte prolonge le schisme d'Occident (ou Grand Schisme), d'autant plus que, malgré les instances de Charles VI, partisan de l'abdication des deux papes, « Pierre de Lune », qui est convaincu de sa légitimité, refuse obstinément de se démettre. « Il n'y a que l'éclipse de cette lune fatale qui puisse donner la paix à l'Église », dit Gerson. Mais la résolution de Benoît XIII ne peut être entamée ni par la soustraction d'obédience en 1398, ni par le siège des Doms mené contre lui par Boucicaut la même année, ni même par la déposition de 1409 à Pise, réitérée en 1417 à Constance. Benoît XIII s'échappe d'Avignon en 1403 tout en continuant à se proclamer l'héritier de saint Pierre.

Pierre Bérégovoy
La Une de *Libération*, le 3 mai 1993. © *Libération*

BÉRANGER Pierre Jean de (Paris, 1780 – Paris, 1857)

Poète et chansonnier.

À 14 ans, il est apprenti typographe, à 15 apprenti agioteur aux côtés de son père, banquier royaliste. Celui-ci ruiné, il accomplit, grâce à la protection de Lucien Bonaparte, diverses tâches subalternes puis, en 1815, le poète Arnault l'introduit comme expéditionnaire dans les bureaux de l'Université. Béranger a toujours composé chansons et pièces en vers. Ses œuvres, d'abord légères voire grivoises – il est admis au *Caveau moderne* en 1813 – relèvent rapidement de la satire politique. Les opinions qu'il défend sont celles de la tante républicaine qui l'a élevé. Sa plume attaque sans ménagement la Restauration et, plus tard, la monarchie de Juillet. Bien qu'il professe des idées libérales, Béranger glorifie l'Empereur et contribue ainsi à bâtir la légende populaire de Napoléon Ier, ce qui ne l'empêche pas de s'attaquer à Napoléon III. En 1823, à la suite de la publication de son recueil antiroyaliste *Chansons*, il est condamné à trois mois d'emprisonnement et renvoyé de l'administration. Ses *Chansons inédites*, en 1828, lui valent neuf mois de prison et une amende de 10 000 francs. Après la révolution de 1830, Béranger repousse toute faveur. On le craint, on le respecte, cela suffit, pense-t-il. Jusqu'à sa mort, il ne vivra que de ses couplets, dont les plus fameux restent *Lisette*, *Le Roi d'Yvetot*, *Le Sacre de Charles le Simple*, *Le Vieux Drapeau*. Il a laissé des mémoires, *Ma biographie*, parus en 1858.

BÉRARD Léon (Sauveterre-de-Béarn, 1876 – Paris, 1960)

Homme politique.

Avocat, secrétaire de Raymond Poincaré, député, sénateur. Sous-secrétaire d'État aux Beaux-Arts en 1912, il est ministre de l'Instruction publique en 1919 et de 1921 à 1924. Très cultivé, il tente de restaurer les humanités classiques dans l'enseignement secondaire. Si l'obligation du latin, qu'il rétablit, ne survit pas à son ministère, il n'en est pas de même des concours généraux des lycéens restaurés par lui. En outre, il met fin pour quelque temps à la domination de la philosophie allemande dans l'enseignement supérieur français. Il est garde des Sceaux dans les cabinets Laval, de 1931 à 1932 et de 1935 à 1936, avant de représenter la France au Vatican de 1940 à 1944. Il est élu à l'Académie française en 1934.

BÉRÉGOVOY Pierre (Déville-lès-Rouen, 1925 – Nevers, 1993)

Homme politique, Premier ministre.

Fils d'immigrés ukrainiens, muni d'un CAP, il entre à 16 ans à la SNCF et participe à la « Bataille du rail ». Embauché au Gaz de France, il grimpe dans la hiérarchie. Militant à la SFIO et à FO, il fonde avec Pierre Mendès France le Parti socialiste autonome (PSA en 1958, puis PSU en 1960), adhère ensuite au Parti socialiste (1971), est secrétaire général de l'Élysée (1981), maire de Nevers (1983), député de la Nièvre (1986). Ministre, notamment à l'Économie et aux Finances (1984-1986 et 1988-1992), le « Pinay de la gauche » incarne la politique du franc fort. Premier ministre (avril 1992), il est impuissant à enrayer la croissance du chômage. Après la déroute des socialistes aux législatives de mars 1993, il doit céder la place à Édouard Balladur. Touché par cet échec et les « affaires », il se suicide le 1er mai 1993.

BÉRENGER de TOURS (Tours, v. 1000 – Tours, 1088)

Théologien.

Élève de Fulbert aux célèbres écoles de Chartres, il est ensuite écolâtre à Saint-Martin de Tours, et enfin, en 1040, archidiacre à Angers. C'est là qu'il développe sa théorie sur l'eucharistie qui lui vaut, par la suite, des condamnations successives. Bérenger défend une conception symbolique de l'eucharistie, et non pas réaliste : le corps et le sang du Christ ne sont pas présents réellement dans les espèces consacrées, mais symboliquement. La théorie de Bérenger est condamnée par l'abbé du Bec-Hellouin, Lanfranc, aux conciles de Rome en 1050, de Paris en 1051 et de Tours en 1054. Le théologien, qui doit se rétracter officiellement lors d'un autre concile à Rome, en 1059, continue cependant à professer ses doctrines. Il n'obtempère que sous la menace du bûcher, lors du concile de Rome dirigé par Grégoire VII en 1079. C'est à cette occasion que le dogme de la transsubstantiation est formulé pour la première fois, dogme selon lequel la consécration transforme les saintes Espèces qui deviennent, réellement, le corps et le sang du Christ. La querelle suscitée par Bérenger a été déterminante dans la formulation de ce dogme qui constitue un aspect essentiel des transformations de l'Église romaine dans la seconde moitié du XIe siècle.

BEREZINA (passage de la)

Le franchissement par l'armée napoléonienne de cet affluent du Dniepr, en Biélorussie, a lieu entre le 23 et le 29 novembre 1811.

Après le départ de Napoléon de Smolensk le 11 novembre, les restes de son armée se trouvent subitement cernés par les trois corps d'armée de Koutouzov, Tchichagoff et Wittgenstein. Tchichagoff est repoussé mais il brûle le pont de Borissov. Éblé et ses pontonniers construisent en amont deux ponts de bois sur la Berezina qui charrie de gros glaçons. La manœuvre a été préparée dans le plus grand secret et exécutée en un lieu que l'ennemi a cessé de surveiller. Croyant à une ruse, les Russes se sont repliés en face de Borissov. Par un froid de moins 20 degrés, la plus grande partie des soldats français passe, de même que l'artillerie. Mais les hommes d'Éblé ont presque tous péri, et le maréchal Victor, après avoir héroïquement réussi à contenir l'armée de Wittgenstein, doit sacrifier 12 000 traînards qui refusent de quitter leurs feux : 30 000 combattants et presque autant de soldats ayant perdu leur unité ont réussi à traverser. C'est après le passage qu'on pourra mesurer toute l'étendue de la catastrophe.

BERG (duché de)

Ancien État allemand, sur la rive droite du Rhin, dont la capitale était Düsseldorf.

Napoléon Ier se le fait céder par la maison de Neubourg en 1806, y ajoute le duché de Clèves,

La Berezina
Les deux ponts de bois traversés en novembre 1811 par plus de 60 000 hommes, dans des conditions dramatiques. Coll. musée de l'Armée. © *Sélection Images*

la principauté de Münster et quelques possessions de la maison de Nassau. L'ensemble, qui atteint 17 000 km² et 900 000 habitants, est érigé en grand-duché et donné à Murat dès 1806. Après le départ de ce dernier pour Naples, en 1808, le grand-duché est donné à Napoléon Louis, fils du roi de Hollande Louis. En fait, divisé en quatre départements (Rhin, Sieg, Roer et Ems), il est alors administré par le comte Beugnot. Les traités de 1815 l'attribuent à la Prusse.

BERGERAC (traité de)

Paix signée le 17 septembre 1577 par les représentants d'Henri III et les princes protestants, en relation avec l'édit de pacification de Poitiers.

Les religionnaires se trouvent moins favorisés que dans le régime de la paix de Monsieur. Néanmoins le roi leur reconnaît la liberté de conscience, l'accès aux charges publiques, des places de sûreté et des chambres mi-parties dans le Midi. Par ses stipulations, cette œuvre personnelle d'Henri III ressemble fort au futur édit de Nantes.

BERLIN (conférence de)

Conférence internationale qui se réunit à Berlin, du 15 novembre 1884 au 26 février 1885, pour tenter de résoudre, par l'institution d'un droit public africain, les conflits survenus entre les grandes puissances au sujet du partage de l'Afrique.

Le litige essentiel porte sur le bassin du Congo. La France, déjà installée sur ses rives, est en différend avec l'Association internationale africaine, patronnée par le roi des Belges, Léopold II. Le Portugal, secrètement soutenu par les Anglais, revendique une partie du bassin du Congo et son embouchure. Bismarck, qui n'a aucune ambition territoriale dans la région contestée mais désire maintenir partout pour le commerce allemand le régime de la « porte ouverte », profite de l'occasion pour s'entendre avec la Belgique et la France. À la demande de cette dernière, il accepte de présider, à Berlin, une conférence internationale à laquelle participent l'Angleterre et le Portugal. L'acte final de la conférence garantit la liberté de navigation sur le Niger et de commerce dans le « bassin conventionnel du Congo ». Des accords particuliers reconnaissent la possession des régions congolaises à l'Association internationale africaine, permettant par là la naissance de l'État libre du Congo dont la création amène indirectement celle de deux grandes colonies européennes, le Congo français et l'Afrique orientale allemande. Il fixe également les règles du nouvel impérialisme colonial, en développant la théorie des zones d'influence : toute puissance installée sur la côte peut revendiquer l'intérieur à condition de l'occuper effectivement et d'en donner avis aux autres puissances signataires de l'acte.

BERNADETTE Soubirous, sainte (Lourdes, 1844 – Nevers, 1879)

Religieuse.

Fille d'un meunier, elle a en 1858, à 14 ans, dans une grotte qui borde le Gave de Pau à proximité de Lourdes, 18 visions miraculeuses de la Vierge qui se présente à elle comme l'Immaculée Conception. Le pèlerinage de Lourdes naît à la suite de ces apparitions. Huit ans plus tard, en 1866, Bernadette prend le voile au couvent des sœurs de la charité de Nevers. Béatifiée en 1925, Bernadette Soubirous a été canonisée en 1933.

BERNADOTTE Jean-Baptiste, prince de Pontecorvo (Pau, 1763 – Stockholm, 1844)

Maréchal de France, roi de Suède et de Norvège.

D'origine bourgeoise, il s'engage à 17 ans comme simple soldat et sert comme sergent dans le régiment de Royal-Marine lorsque la Révolution éclate. Colonel en 1792, il est fait général de division sur le champ de bataille par Kléber et contribue à la victoire de Fleurus en 1794. Lieutenant de Jourdan en Allemagne, en 1796, il est ensuite chargé de conduire une armée de 20 000 hommes auprès de Bonaparte, en Italie, en 1797. Il seconde celui-ci comme lieutenant, mais il n'y a guère d'affinités entre les deux hommes. Ambassadeur à Vienne en 1798, il est mal considéré par la Cour du fait de ses opinions républicaines, et doit quitter son poste après avoir provoqué une émeute en déployant un drapeau tricolore. La même année, il épouse Désirée Clary, ex-fiancée du général Bonaparte, et commande ensuite l'armée du Rhin (1798-1799) avant d'être nommé ministre de la Guerre, pour peu de temps (juin-septembre 1799), car les Directeurs le trouvent trop extrémiste. Il refuse ensuite de prendre part au coup d'État du 18 Brumaire.

Commandant en chef de l'armée de l'Ouest en 1800, il empêche le débarquement anglais à Quiberon. Maréchal d'Empire en mai 1804, il commande l'un des sept corps d'armées qui franchissent le Rhin le 1er octobre 1805, se distingue à Austerlitz, est fait prince de Pontecorvo en mars 1806. La même année, il bat les Prussiens à Halle et à Lübeck mais ne se montre guère actif à Iéna. Passé en Pologne en 1807, il bat les Russes à Morhungen et à Spanden où il est blessé. Gouverneur des villes hanséatiques, il est chargé de mener les opérations contre la Suède et les interrompt dès qu'une révolution renverse Gustave IV (1808). Ses relations avec Napoléon deviennent de plus en plus mauvaises, et l'Empereur finit par lui retirer, en 1809, le commandement du 9e corps d'armée. Indigné, il accepte le titre de prince héritier que lui propose Charles XIII de Suède, dont l'héritier vient de mourir. Napoléon laisse faire, pensant que les États de Suède ne ratifieront pas cette décision, ce qu'ils feront cependant le 21 août 1810. Prince héritier de Suède, adopté par Charles XIII, Bernadotte part aussitôt pour son nouveau pays, refusant de jurer qu'il ne combattrait jamais la France. Il se comporte dès lors comme un Suédois. Il rompt avec Napoléon lorsque les conséquences du Blocus continental deviennent désastreuses pour la Suède, et signe un traité d'alliance avec le tsar (avril 1812) quand son ancien compagnon d'armes envahit la Poméranie suédoise. Il entre dans la coalition, est nommé généralissime des armées du Nord après avoir promis 30 000 hommes aux alliés. Débarqué en 1813 à Stralsund, il remporte deux victoires sur Oudinot et sur Ney, avant de jouer un rôle décisif à la bataille de Leipzig (octobre 1813). Il impose ensuite la paix de Kiel au Danemark (janvier 1814), unissant ainsi la Norvège à la Suède. Il ne participe pas à la coalition de 1815, se consacrant désormais à l'administration de ses États. Sous le nom de Charles XIV ou Charles-Jean, il devient roi de Suède et de Norvège à la mort de Charles XIII (1818) et fonde la dynastie qui règne actuellement sur la Suède.

Sainte Bernadette

Elle entra à 22 ans au couvent des sœurs de la charité de Nevers. © *Boyer - Viollet*

BERNANOS Georges (Paris, 1888 – Neuilly-sur-Seine, 1948)

Écrivain.

Élève des Jésuites, il est très tôt influencé par Édouard Drumont et son antisémitisme. En 1908, il s'engage parmi les Camelots du roi. Royaliste, militant et journaliste de l'*Action française*, il est proche de Charles Maurras. En 1914, il est engagé volontaire. Marié en 1917, père de six enfants, Bernanos publie son premier roman, *Sous le soleil de Satan*, en 1926. Avec *L'Imposture* (1927), *La Joie* (1928) et *Journal d'un curé de campagne* (1936), il s'impose comme un grand écrivain. Il explore la question du mal, du péché et de l'enfer. En 1932, il rompt avec l'Action Française condamnée par le pape depuis 1926 et collabore au *Figaro*. Bernanos, qui s'est

Georges Bernanos

Les acteurs des *Dialogues des Carmélites*, dernière œuvre de l'auteur (1949), entourent ici Jacques Hébertot lors de la représentation en mai 1952. © *Collection Viollet*

installé en 1934 à Palma de Majorque, assiste, d'abord enthousiaste puis critique, à la guerre d'Espagne. Il crie son opposition aux insurgés franquistes et au général Franco dans *Les Grands Cimetières sous la lune* (1937). De la même manière, il dénoncera la politique mussolinienne, puis exposera ses positions antimunichoises dans *Nous autres Français* et *Les Enfants humiliés*. C'est du Brésil où il vit à partir de 1938, gérant une exploitation agricole, puis une simple ferme, qu'il apprend la capitulation de la France en 1940. Hostile au régime de Pétain et à la Révolution nationale, il témoigne de son soutien à la France libre dans *Le Chemin de la Croix-des-Âmes* (1943-1945). Rentré en France en 1945 à la demande du général de Gaulle, Bernanos, attristé par la France d'après-guerre, part pour la Tunisie. *Dialogues des carmélites* est sa dernière méditation sur l'angoisse et la mort.

BERNARD de CLAIRVAUX, saint (Château de Fontaine-lès-Dijon, 1090 – Clairvaux, 1153)

Fondateur et premier abbé de Clairvaux, réformateur de l'ordre de Cîteaux, docteur de l'Église.

D'une famille noble, il est le fils de Tecelin, seigneur de Fontaine, et d'Alette de Montbard. En 1112, il entre à Cîteaux, amenant avec lui 30 autres jeunes nobles et, à la demande de l'abbé Étienne Harding, fonde en 1115 l'une des quatre « filles » de Cîteaux, le monastère de Clairvaux, en Champagne (les trois autres étant Morimont, La Ferté et Pontigny), qui symbolisera le nouveau monachisme face aux conceptions défendues à Cluny par Pierre le Vénérable. Après des débuts difficiles, le monastère de Clairvaux connaît, comme Cîteaux, un succès prodigieux. Il comptera jusqu'à 700 moines et s'agrégera à 160 monastères. La vie ascétique de Bernard de Clairvaux et son rayonnement spirituel lui confèrent une autorité sans égale dans la chrétienté. En même temps qu'une œuvre littéraire considérable (traités de théologie, poésies, lettres et sermons) où il se montre un des plus grands mystiques chrétiens, professant la nécessité d'une humilité totale du corps et de l'esprit pour parvenir, par degrés, à Dieu, il se mêle à toutes les affaires importantes du siècle. Grâce à lui, l'influence exercée jusque-là par les moines de Cluny passe à ceux de Cîteaux. Évêques, rois et papes le choisissent pour arbitre de leurs différends.

En 1128, il prend parti pour l'évêque de Paris et l'archevêque de Sens contre Louis VI le Gros. Favorable aux ordres militaires, il appuie énergiquement Hugues de Payns, créateur de l'ordre du Temple, venu recruter en Occident. Au concile de Troyes en 1128, il est chargé de rédiger les statuts de l'ordre qui est officiellement reconnu grâce à lui. Lorsque, à la mort d'Honorius II, deux papes, Innocent II et Anaclet, se disputent la tiare, son action en faveur du premier est décisive. À partir de cette date, son influence grandit encore auprès du Saint-Siège, notamment sous le pontificat d'Eugène III à qui il peut écrire : « On dit que je suis plus pape que vous. » En 1140, il obtient l'appui de la cour pontificale dans la lutte qu'il entreprend contre Abélard, condamné pour certaines de ses propositions portant atteinte à l'unité de la foi. Acharné contre ceux qu'il considère comme les ennemis de l'Église, il poursuit avec une égale hostilité Arnaud de Brescia, les étudiants des écoles urbaines, les hérétiques des bords du Rhin. Bernard de Clairvaux a la douleur de voir se répandre l'hérésie cathare et, en 1147, parcourt le midi de la France avec un légat du pape pour prêcher la vraie foi. Mais il dénonce également les abus qui, à ses yeux, mettent l'Église en péril et, attaquant tout ce qui lui paraît relever de l'orgueil humain, entretient une polémique avec les clunisiens dont il critique la richesse et l'art trop peu austère. Parce qu'il espère transformer la guerre endémique en Occident en une juste lutte contre les Infidèles, il prêche la deuxième croisade à Vézelay, en 1146. Le succès est tel que le roi Louis VII et l'empereur Conrad III prennent eux-mêmes la croix. Mais l'insuccès de l'expédition lui sera reproché.

Bernard de Clairvaux a profondément marqué son temps. Il a été canonisé en 1173 par Alexandre III. L'acte de canonisation porte qu'il a été le « dernier docteur de l'Église ».

BERNARD Samuel, comte de Coubert (Sancerre, 1651 – Paris, 1739)

Financier.

Fils d'un peintre et graveur qui fut élève de Simon Vouet et l'un des fondateurs de l'Académie de peinture, son ascension a beaucoup frappé les contemporains, à juste titre, à une époque où les manieurs d'argent protestants de Paris avaient été durement touchés par la révocation de l'édit de Nantes. Il se convertit, il est vrai, au catholicisme, en 1685, alors qu'il est un petit marchand commissionnaire. Conversion de façade qui ne trompe personne. En 1695, au terme de la guerre de la ligue d'Augsbourg, il est « le plus grand banquier d'Europe » d'après Dangeau, « le plus riche de l'Europe qui fait le plus gros et le plus assuré commerce de l'argent » d'après Saint-Simon. Samuel Bernard a su être l'agent par lequel Louis XIV, fermant les yeux sur ses origines protestantes, a pu mobiliser les capitaux de toute l'Europe au service de la machine de guerre française : en 1697, il lui fournit 11 millions, en 1708, il lui en prête 19. Louis XIV l'estime assez pour lui faire les honneurs de Marly, au cours d'une visite restée célèbre, et pour l'anoblir en 1708. Ses enfants s'allient avec des La Messelière Saint-Chamans et Boulainvilliers. En secondes noces, à 69 ans, il épouse une fille du marquis de Méry. Un peu plus tard, des Bernard feront souche avec la noblesse de robe parisienne. S'il est quelque peu inquiété par la création en 1716, sous la pression de l'opinion, d'une Chambre de justice, l'intervention personnelle du Régent lui permet, moyennant le paiement d'une forte somme d'argent, de se tirer d'un mauvais pas.

BERNIER Étienne (Daon, 1762 – Paris, 1806)

Évêque et chef vendéen.

Docteur en théologie, professeur à l'université d'Angers, il est curé de Saint-Laud d'Angers au début de la Révolution, et refuse en 1790 de prêter serment à la Constitution civile du clergé. Il participe ensuite au soulèvement de la Vendée, entraînant les hommes par ses prêches, conseillant les chefs, et fait partie du Conseil supérieur créé par les Blancs en mai 1793. Après les exécutions de Stofflet (février 1796) et de Charette (mars 1796), il devient l'agent général de Louis XVIII en France. Comprenant que tout espoir de vaincre les armées républicaines est perdu, il négocie la pacification avec Hoche. Il se rallie ensuite à Bonaparte, qui l'utilise pour la négociation du Concordat en 1801 et le récompense l'année suivante en le nommant évêque d'Orléans.

BERNIS François Joachim de PIERRE de (Saint-Marcel-d'Ardèche, 1715 – Rome, 1794)

Cardinal, homme politique et diplomate.

Né d'une noble famille vivaraise, il se rend à Paris à l'âge de 14 ans et poursuit ses études au collège Louis-le-Grand. Faute de fortune personnelle, ne pouvant, comme il le souhaitait, entrer dans la carrière des armes, il choisit les ordres : il entre à 16 ans au séminaire de Saint-Sulpice. Ses talents de causeur, de poète et de conteur le font rapidement connaître et rechercher dans les salons. Cette faveur vaut à « Babet la Bouquetière », comme on le surnomme, d'être élu à l'Académie française en 1744. Il est notamment reçu au château d'Étioles par la future Mme de Pompadour, qui devient sa protectrice. Devenue la maîtresse du roi, celle-ci lui fait attribuer le poste d'ambassadeur à Venise de 1752 à 1755, puis à Madrid. Bernis ne rejoint pas la capitale espagnole, mais participe aux négociations qui aboutissent au renversement des alliances et à la signature d'un traité avec l'Autriche, face à l'entente anglo-prussienne (traité de Versailles, 1er mai 1756). Il entre au Conseil en avril 1757, comme ministre d'État, avant d'être, en juin, nommé ministre des Affaires étrangères qu'il dirigeait, en fait, depuis 1755. Après la défaite de Rossbach, le 15 novembre 1757, il se montre favorable à la paix, affirmant que la situation est désespérée. Mme de Pompadour lui retire sa protection et il démissionne avant d'être renvoyé par le roi (octobre 1758). Il reçoit le lendemain même le chapeau de cardinal, perd bientôt sa place au Conseil et se retire dans son abbaye de Vic-sur-Seine. Archevêque d'Albi en 1764, il est ensuite nommé ambassadeur à Rome, de 1768 à 1791, et contribue à la suppression de l'ordre des Jésuites. Adversaire de la Révolution et de la Constitution civile du clergé, il est révoqué en 1791 et demeure à Rome jusqu'à sa mort.

BERNON (Bourgogne, v. 850 – Cluny, 927)

Moine réformateur, premier abbé de Cluny.

Il est chargé par Guillaume le Pieux, comte d'Auvergne et duc d'Aquitaine, de fonder un monastère et, parmi toutes les terres qui lui sont proposées, choisit celle de Cluny, dans le comté de Mâcon (910). Il établit là la règle de saint Benoît selon les aménagements apportés au début du IXe siècle par Benoît d'Aniane. Il réforme cinq monastères pendant la durée de son abbatiat en leur apportant les usages de Cluny. À la fin de l'année 926, il laisse la direction de l'abbaye à l'un de ses compagnons, le moine Odon, qui lui succède officiellement à sa mort, le 13 janvier 927.

BERRY

Pays et province du centre de la France.

Le Berry médiéval et moderne occupe à peu de chose près l'emplacement de la cité gallo-romaine des Bituriges Cubes et du pays gallo-franc correspondant, le *pagus Bituricus*. Les Bituriges ont laissé leur nom à Bourges, le *pagus Bituricus* a donné le sien au Berry. Pendant toute l'époque romaine, le Berry a maintenu son appartenance à l'Aquitaine. De la plus haute époque connue à nos jours la capitale est restée *Avaricum*, Bourges.

Tourments du Berry : du IVe au XIe siècle. La bataille de Bourg-Déols, en 469, livre le Berry aux Wisigoths. Celle de Vouillé, en 507, le leur fait perdre au profit de Clovis. Au temps des grands partages mérovingiens, le pays appartient successivement au royaume d'Orléans sous Clodomir et au royaume d'Orléans-Bourgogne sous Gontran. Il souffre alors des guerres qu'il doit soutenir contre les coalitions des cités voisines

Le cardinal de Bernis
Portrait anonyme du XVIIIe siècle représentant le prélat décoré de l'ordre du Saint-Esprit. Coll. particulière. © *Sélection Images*

d'Aquitaine et de Neustrie. Au VIIe siècle, il réintègre l'Aquitaine devenue duché. À partir de Waifre et de Pépin, il est pourvu de comtés particuliers dont le ressort, sous Charlemagne au moins, comprend toute l'ancienne cité des Bituriges Cubes. Ces comtés sont placés dans l'obéissance directe du roi et tendent à devenir héréditaires lorsque, vers 925, Raoul de Bourgogne démembre le Berry. La vicomté de Bourges échoit à la maison d'Aquitaine, le Sancerrois et Vierzon passent dans la maison de Blois, l'ouest du Berry est annexé par la maison d'Anjou. La frange du sud-est est adjointe aux possessions des Bourbons aux XIe et XIIe siècles.

Le Berry entre et reste dans le domaine royal : 1100-1360. Vers 1100, Philippe Ier acquiert d'Eudes Harpin, époux de Mahaut de Sully, la vicomté de Bourges. C'est déjà une part importante du Berry, la presque totalité du reste sera agrégée peu à peu au domaine sous les successeurs de Philippe. Parmi ceux-ci, les plus actifs en Berry et aux environs du Berry, procédant par acquisitions ou confiscations, sont Louis VI le Gros et Philippe Auguste. Ce dernier, s'appuyant sur ses propriétés berrichonnes et les armes de son allié le sire de Bourbon, fait sentir la puissance capétienne jusqu'en Auvergne, lors de l'expédition de 1212-1213.

Les apanages de Berry aux XIVe et XVe siècles. Après le traité de Brétigny qui livre le Poitou aux Anglais, en 1360, Jean II le Bon veut offrir un dédommagement à l'ancien détenteur de cet apanage. Ce détenteur est son troisième fils, Jean, et le dédommagement est le Berry, érigé en duché à cette occasion comme la terre d'Auvergne également donnée à Jean. En 1434, après la mort de la fille du duc Jean, le Berry revient au domaine, mais pas pour longtemps : il est reconstitué en apanage pour deux fils de Charles VI : successivement Jean, duc de Touraine, puis Charles, comte de Ponthieu. Jean étant mort avant son père en 1417, Charles, son dernier frère survivant, est à la fois duc de Berry, duc de Touraine et Dauphin de France (futur Charles VII). Ainsi s'annonce un nouveau retour du Berry à la couronne, si toutefois le Dauphin peut faire valoir ses droits sur celle-ci. En tout cas, pendant les premières années du règne du « roi de Bourges », avant la reconquête de Jeanne d'Arc, ni le Berry ni la Touraine ne manquent à leur seigneur. Ce sont également, avec l'Orléanais, les plus septentrionales des provinces restées fidèles à leur roi.

Fin des apanages de Berry. Ultérieurement, le duché est encore trois fois constitué en apanage territorial : par Louis XI au bénéfice de son frère Charles ; par Henri III pour son frère François d'Alençon à la suite de la paix de Monsieur ; par Louis XII pour Jeanne de France, son épouse répudiée. Beaucoup plus tard, le titre de duc de Berry est attribué, mais de façon honorifique, à trois autres personnages de sang royal qui seront les derniers à le porter : Charles, fils du Grand Dauphin ; Louis-Auguste, petit-fils de Louis XV (et futur Louis XVI), Charles Ferdinand, fils de Charles X.

Le Berry moderne. Le Berry est formé du Haut-Berry, capitale Bourges, et du Bas-Berry, capitale Châteauroux. Au XVIe siècle il est adjoint au gouvernement de l'Orléanais. Sous Louis XIV, il acquiert un gouvernement distinct mais perd ses états. L'histoire politique du Berry, considérée par rapport à celle des provinces voisines, est difficile à caractériser. L'unité berrichonne existe, mais elle n'a jamais été très forte ni très durable, sauf sans doute au temps des Bituriges. Lorsque, par bonheur, le pays a trouvé, au Moyen Âge, une sorte d'unité politique sous un prince unique, ce prince n'a jamais été un autochtone et sa dynastie n'a jamais eu le temps de s'enraciner. La seule autorité berrichonne durable fut, du Xe au XIIIe siècle, l'archevêque de Bourges qui a eu une grande importance politique. En fait, l'âme du pays est dans sa vieille métropole ainsi que dans ses villes et bourgs de moindre illustration où survécurent longtemps, parfois jusqu'au XVIIe siècle, des institutions héritées de l'époque romaine et des usages inspirés par les fameuses coutumes de Lorris.

BERRY Charles, duc de : voir CHARLES de FRANCE

BERRY Charles, duc de (?, 1686 – Marly, 1714)

Troisième fils du Grand Dauphin.

Il épouse en 1710 l'aînée des filles de Philippe d'Orléans, Élisabeth. En 1714, il est le dernier descendant mâle légitime de Louis XIV avec le petit Dauphin Louis, futur Louis XV, et les Bourbons d'Espagne, officiellement écartés de la succession au trône de France. Il meurt, semble-t-il, non d'un empoisonnement, comme le bruit en court, mais de ne s'être point soigné après une chute de cheval.

Jean, duc de Berry
Grand mécène, il commanda plusieurs ouvrages illustrés, dont les célèbres *Très Riches Heures du duc de Berry* (début XVe siècle). Miniature de la fin du XVe siècle. © *Sélection Images*

Charles Ferdinand, duc de Berry
Portrait exécuté par François Gérard, peintre officiel de l'entourage de Louis XVIII, château de Versailles. © *Lauros-Giraudon*

BERRY Charles Ferdinand de BOURBON, duc de (Versailles, 1778 – Paris, 1820)

Second fils du comte d'Artois, futur Charles X, et de Marie-Thérèse de Savoie.

Il émigre avec ses parents au début de la Révolution, sert dans l'armée de Condé en 1792, avant de s'établir en Angleterre. Là, on dit qu'il a épousé morganatiquement Amy Brown, dont il aurait deux filles qui seront titrées comtesse d'Issoudun et comtesse de Vierzon. Mais la preuve manque. Rentré en France en 1814, il s'enfuit à Gand avec Louis XVIII, son oncle, et revient à Paris en juillet 1815. Son oncle et son père considèrent comme nulle son éventuelle « chaîne anglaise » et l'obligent à épouser Marie-Caroline de Bourbon-Sicile, le 17 juin 1816. Sous la Restauration, il se situe parmi les ultra-royalistes et, de ce fait, est haï des libéraux. Le 13 février 1820, devant l'Opéra, il est assassiné d'un coup de poignard par Louvel, un déséquilibré, qui a voulu, en le frappant, éteindre la lignée des Bourbons. Son fils posthume, Henri, sera duc de Bordeaux puis Henri V et enfin comte de Chambord. L'assassinat du duc de Berry entraîne la démission du ministre Decazes, détesté des ultras, et la fin du régime libéral.

BERRY Jean, duc de (Vincennes, 1340 – Paris, 1416)

Troisième fils du roi Jean II le Bon.

Remarquable mécène, grand bâtisseur, administrateur médiocre, il est comte de Poitiers de 1356 à 1360, puis duc de Berry et d'Auvergne. En 1359, il épouse Jeanne d'Armagnac. En 1360, année de Brétigny, il est envoyé en otage outre-Manche en exécution du traité. En 1367, il est libéré et peut, à la faveur de la reprise des hostilités, déloger les Anglais, notamment de Limoges et de Poitiers. Il se livre ensuite dans son gouvernement de Languedoc et dans ses apanages aux pires exactions. Les Marmousets lui enlèvent le Languedoc, mais il le récupère grâce à la folie du roi, folie qui instaure la tyrannie des princes (1392). Après quoi, lors de la grande querelle entre les princes, on le voit pencher du côté de son frère Philippe duc de Bourgogne, d'abord, puis du côté de son neveu Louis, duc d'Orléans. Il proteste contre le meurtre de Louis par Jean sans Peur, mais ne prend aucune mesure qui puisse contrarier l'assassin car il prétend se poser en médiateur. Il passe néanmoins dans le camp d'Orléans et cherche secrètement à y attirer les Anglais, ce qui lui vaut, le complot découvert, d'être assiégé dans Bourges en 1412 par les troupes royales. Après qu'il eut capitulé, et que Jean sans Peur et lui-même eurent promis de ne jamais plus appeler les Anglais, il abandonne la grande politique pour se consacrer entièrement à ses gouvernements et à l'embellissement de ses châteaux. Il est célèbre pour avoir fait composer l'un des plus beaux manuscrits de l'époque, *Les Très Riches Heures du duc de Berry*.

BERRY Marie-Caroline de BOURBON-SICILE, duchesse de (Caserte, 1798 – Brünnsee, Autriche, 1870)

Épouse du duc de Berry.

Fille aînée de François, duc de Calabre devenu par la suite roi des Deux-Siciles, elle épouse le 17 juin 1816 le duc de Berry, second fils du comte d'Artois (futur Charles X). Par son intelligence et sa finesse, elle réussit à égayer la cour, quelque peu morne, de la Restauration. Son mari est assassiné le 13 février 1820, mais elle donne le jour, quelques mois plus tard, à un fils, le duc de Bordeaux, futur comte de Chambord. Exilée en 1830, elle cherche bientôt à assurer la couronne à son fils, l'héritier reconnu des légitimistes, et, par son courage et son audace, mérite le surnom d'« Amazone ». Rêvant d'un retour de l'île d'Elbe royaliste, elle débarque clandestinement en France en avril 1832, mais échoue piteusement à Marseille. Elle décide alors de gagner la Vendée et traverse le Midi. L'appel aux armes qu'elle lance du château de Plassac, le 24 mai, a peu d'écho, et ses partisans sont vite écrasés. Elle se réfugie à Nantes, vit cachée dans une soupente, mais est trahie. Arrêtée, elle est internée à la citadelle de Blaye jusqu'au jour où le gouvernement l'estime déshonorée (et désormais politiquement inoffensive) par la naissance d'une fille (mai 1833) dont on ignore le père. On trouve un mari complaisant en la personne du comte Lucchesi-Palli, chambellan du roi des Deux-Siciles. Rayée de la maison de France, elle ne peut même pas s'occuper de l'éducation de ses enfants, Chambord et Mademoiselle Louise, duchesse de Parme.

Marie-Caroline, duchesse de Berry
Portrait anonyme de l'épouse du duc de Berry, d'après Sir Thomas Lawrence, peintre ordinaire du roi d'Angleterre. Le-Puy-en-Velay, musée Crozatier. © *Giraudon*

BERRY Marie Françoise Élisabeth d'ORLÉANS, duchesse de (Saint-Cloud, 1695 – Meudon, 1719)

Fille aînée de Philippe d'Orléans, régent de France.

Pleine de grâce et d'esprit dans son adolescence, elle capte toute l'affection et l'admiration de son père. Elle épouse Charles, le troisième fils du Grand Dauphin. Mais son physique se gâte vite ainsi que ses mœurs. Elle a une liaison scandaleuse avec un certain Riom qu'elle aurait épousé secrètement. Ses orgies ne se comptent plus lorsqu'elle meurt à vingt-quatre ans à la suite de relevailles trop rapides. Elle n'a pas d'oraison funèbre, hors celle que la malveillance publique adresse au Régent et qui s'achève ainsi : « La pleures-tu comme mari, comme ta fille ou ta maîtresse ? »

BERRY-AU-BAC

Village situé entre Laon et Reims au bord de l'Aisne.

Berry-au-Bac a été le théâtre de nombreuses batailles depuis la victoire de César face aux Gaulois de Belgique en 56 av. J.-C. En face du village et de l'autre côté de l'Aisne s'élève, à 93 mètres d'altitude, la cote 108 qui fut truffée de mines en 1917. C'est aussi à proximité de Berry-au-Bac plus exactement à la Ferme du choléra, que les chars français ont fait leur première apparition dans la guerre, le 16 avril 1917.

BERRYER Pierre Antoine (Paris, 1790 – Angerville, Loiret, 1868)

Avocat et homme politique.

Fils de l'avocat Pierre Nicolas Berryer, il défend en 1815 la cause du maréchal Ney avec son père et, à côté de causes civiles ou criminelles, plaide ensuite plusieurs affaires politiques : procès de Lamennais en 1826, de Chateaubriand en 1832, du prince Louis Napoléon en 1840, de Montalembert en 1858. Sa voix puissante, son allure, ses talents d'orateur lui valent une grande réputation. Partisan de la royauté, mais acquis aux idées libérales, il défend la liberté de la presse aux procès de Lamennais et Chateaubriand, le droit d'association des ouvriers en 1844-1845, et les congrégations religieuses en 1845. Porte-parole de l'opposition légitimiste à la Chambre à partir de 1830, il tente de persuader la duchesse de Berry de renoncer à l'aventure vendéenne, est néanmoins jugé comme complice et acquitté en 1832. Resté fidèle à la cause légitimiste après la révolution de 1848, il s'oppose au coup d'État du 2 décembre 1851, et il est du nombre des députés de l'Assemblée législative qui proclament la déchéance du prince-président.

BERT Paul (Auxerre, 1833 – Hanoi, 1886)

Physiologiste et homme politique.

Docteur en médecine, docteur ès sciences naturelles, titulaire à la Sorbonne de la chaire de physiologie, en remplacement de Claude Bernard, il aborde la politique après la chute de l'Empire. Il est quelque temps secrétaire de la préfecture de l'Yonne, puis Gambetta le nomme préfet du Nord en janvier 1871. Il ne reste que peu de temps à ce poste, se présente sans succès aux élections de février 1871, à Auxerre. Il lui faudra attendre l'année suivante pour devenir député de l'Yonne. À l'Assemblée, où il vote avec les républicains radicaux, il se fait le champion de l'enseignement primaire gratuit, obligatoire et laïque. Président de la Commission de l'enseignement public à l'Assemblée, il présente, en 1879, un rapport qui servira de base à la législation future. Il préconise notamment la création d'une école normale d'instituteurs et d'institutrices par département. Ministre de l'Instruction publique dans le cabinet Gambetta de novembre 1881 à janvier 1882, il est nommé, en 1886, résident général en Annam et au Tonkin. Il rejoint son poste et commence à entreprendre des réformes administratives, quand il est atteint de dysenterie au mois d'octobre et meurt le mois suivant.

BERTHA

De Bertha Krupp, fille de l'industriel allemand d'Essen.

Surnom donné, pendant la Première Guerre mondiale, aux canons lourds allemands à longue portée qui, en 1918, tirent sur Paris, d'une distance de 120 km. Ces batteries sont installées à Crépy-en-Laonnais, puis à Beaumont-en-Beine (Aisne). Mis en service le 23 mars, ces canons font, jusqu'au 9 août 1918, 256 tués et 620 blessés. Leurs obus atteignent notamment l'église Saint-Gervais le vendredi saint et y tuent 91 personnes.

BERTHE de BOURGOGNE (?, v. 965 – ?, v. 1025)

Reine de France (996-999).

Fille de Conrad le Pacifique et de Mathilde de France, petite-fille de Louis IV d'Outremer et de Gerberge de Saxe, elle épouse d'abord Eudes Ier de Blois-Chartres, qui meurt en 996, puis, l'année même de son veuvage, Robert II le Pieux. Mais l'Église refuse de reconnaître la validité d'un mariage qui prétend unir des parents à un degré prohibé ; en outre, Robert est parrain d'un des enfants de Berthe ; une sentence d'excommunication est prononcée. Le roi résiste, puis, comme Berthe ne lui donne pas d'héritier, il se sépare d'elle en 999 pour épouser Constance de Provence.

BERTHELOT Henri Mathias (Feurs, Loire, 1861 – Paris, 1931)

Général.

Aide-major au début de la Première Guerre mondiale, il prend une part active à la préparation des premières grandes opérations. En août 1916, quand la Roumanie, longtemps hésitante, se décide à entrer dans le camp des Alliés, Joffre donne à Berthelot le commandement d'une mission chargée d'organiser et de conseiller l'armée roumaine. À son retour en France, devenu général, Berthelot commande en Champagne la Ve armée qui ne pourra empêcher les Allemands de franchir la Marne, les 15 et 16 juillet 1918. Il participe à la grande offensive d'octobre, à Reims notamment.

BERTHELOT Marcellin (Paris, 1827 – Paris, 1907)

Chimiste.

Maître de la chimie organique, il réalise la synthèse artificielle des composés organiques fondamentaux (1860) et fonde la mécanique chimique sur la thermochimie. Professeur dès 1859, il obtient la création d'une chaire de chimie organique au Collège de France en 1865. Inspecteur général de l'enseignement supérieur en 1876, on lui doit la création des maîtrises de conférence. Sénateur et deux fois ministre (de l'Instruction publique dans le ministère René Goblet, de 1886 à 1887 ; des Affaires étrangères dans le cabinet

Léon Bourgeois en 1895-1896), il entre en 1873 à l'Académie des sciences et en 1901 à l'Académie française. Il exerça en France un véritable magistère en dépit de l'opposition de certaines sommités, dont Pasteur. Son apologie de la science positive le fit s'opposer à l'introduction de la théorie atomique dans l'enseignement, ce qui était pour le moins une erreur. Il est enterré au Panthéon.

BERTHELOT Philippe (Sèvres, 1866 – Paris, 1934)

Diplomate.

Fils du précédent, il est chargé d'une mission d'étude en Extrême-Orient de 1902 à 1904 avant de devenir, en 1907, sous-directeur des Affaires d'Asie. Directeur des Affaires politiques pendant la Première Guerre mondiale, il est un des principaux collaborateurs d'Aristide Briand. Il conserve ses fonctions sous le ministère Clemenceau de novembre 1917 à janvier 1920 et, à la fin de septembre 1920, au moment où Alexandre Millerand devient président de la République, remplace Maurice Paléologue au secrétariat général du Quai d'Orsay. Il exerce à ce poste une influence exceptionnelle grâce à ses dons intellectuels, sa ténacité, sa connaissance des hommes et des dossiers. Son rôle dans l'élaboration des traités de paix et dans les négociations internationales autour du problème des réparations est très important. Mais il doit partager avec Clemenceau les critiques que suscite le traité de Versailles. Pour satisfaire l'opinion, il pousse Briand à « faire payer l'Allemagne », du moins partiellement, et à consolider la position internationale de la France par des traités de garantie avec les Alliés. Puis il préconise comme lui une politique de conciliation et de collaboration avec l'Allemagne pour la faire renoncer à une guerre de revanche. Mais il doit démissionner devant l'hostilité du bloc national, d'autant plus qu'il est personnellement compromis dans la faillite de la Banque industrielle de Chine dont son frère André est un des dirigeants. Il retrouve son poste après la victoire du Cartel des gauches en 1924 et le conserve jusqu'en 1932.

BERTHIER Louis Alexandre, prince de Neuchâtel, duc de Valengin, prince de Wagram (Versailles, 1753 – Bamberg, 1815)

Maréchal de France.

Il fait ses premières armes en Amérique où il gagne le grade de colonel en 1778. En tant que major général de la garde nationale de Versailles, il assure en 1789 la protection de la famille royale. Après avoir servi dans les principaux corps d'armée de la République, il devient général de division en 1796 puis est envoyé en Italie. Dès lors il reste attaché à Bonaparte avec qui il se lie d'une étroite amitié. Chargé lui-même du commandement de l'armée à la fin de 1797, il s'empare de Rome, le 10 février 1798, renverse le gouvernement du pape et fait proclamer la république. Bonaparte, qu'il a accompagné en Égypte, fait de lui son ministre de la Guerre de 1800 à 1807. Remarquable chef d'état-major pendant les batailles de Marengo et d'Austerlitz, il est nommé major général de la Grande Armée en 1805 et conserve ce rôle essentiel de collaborateur immédiat de l'Empereur jusqu'en 1814. Napoléon le comble d'honneurs : il le nomme maréchal en 1804, lui donne la principauté de Neuchâtel en 1806, le crée vice-connétable en 1807. Il reçoit enfin le titre de prince de Wagram pour avoir contribué au succès de cette bataille. Berthier se rallie très vite à Louis XVIII qui le nomme pair de France. Lors des Cent-Jours, il se réfugie auprès de son beau-père, le duc de Birkenfeld, à Bamberg, en Bavière. Il y meurt peu après son arrivée en tombant d'une des fenêtres du palais pour une raison inconnue. Accès de folie ou suicide dû au remords d'avoir abandonné l'Empereur ?

BERTIER de SAUVIGNY Louis (Paris, 1737 – Paris, 1789)

Intendant.

Maître des requêtes, il est adjoint en 1768 à l'intendance de la généralité de Paris et siège en 1774 au Conseil des dépêches. Nommé intendant en 1776, il se montre très actif à ce poste et introduit de nombreuses réformes, notamment financières. Mais il se rend impopulaire par les mesures qu'il doit prendre en 1789 pour assurer l'approvisionnement de Paris à un moment où la disette sévit. Accusé d'accaparer les grains pour accabler le tiers, il est assassiné devant l'Hôtel de Ville le 22 juillet 1789, peu après son beau-père Foullon, en dépit de l'intervention de La Fayette et de Bailly.

BERTHOLLET Claude-Louis (Talloires, 1748 – Arcueil, 1822)

Chimiste.

Passionné par les découvertes de Lavoisier, il participe avec lui à la publication de la *Méthode de nomenclature chimique* (1787), qui pose les fondements de la chimie moderne. Après avoir occupé une série de fonctions allant de celle de directeur à la manufacture des Gobelins à celle de professeur à l'École polytechnique, il se retrouve « commissaire », chargé de rapporter les objets de science et d'art que Bonaparte a pris l'habitude de prélever en pays conquis. De retour de l'expédition d'Égypte en 1801, il installe son laboratoire à Arcueil. Physiciens et chimistes s'y rassemblent. Sénateur à partir de 1799, puis comte d'Empire ruiné à la chute de Napoléon Ier, il devient pair sous Louis XVIII.

BERTIN Henri Léonard (Périgueux, 1720 – Aix-la-Chapelle, 1792)

Contrôleur général des finances.

Successivement avocat à Bordeaux (1741), conseiller et président au Grand Conseil (1741), intendant du Roussillon (1749), puis de Lyon (1754), lieutenant général de police de Paris (1757), cet adepte du despotisme éclairé est contrôleur général des Finances de 1759 à 1763 dans le Conseil formé autour de Choiseul. Assez ignorant en finances, il use d'abord de palliatifs. Mais lorsqu'il doit faire face à une situation catastrophique consécutive à la guerre de Sept Ans, il met sur pied des réformes qui, par la constitution d'un cadastre, tendent à une plus juste assiette de l'impôt. Ses projets se heurtent à l'opposition des parlements : celui de Paris enregistre l'édit, mais en spécifiant que le cadastre devra respecter l'immunité fiscale des biens nobles. Louis XV retire alors le contrôle général à Bertin, le confiant à Laverdy, mais crée à son profit un nouveau secrétariat d'État qui couvre les manufactures royales, les mines, les haras et le bureau d'agriculture. À ce titre, Bertin contribue à la rénovation de l'agriculture dans la seconde moitié du XVIIIe siècle. On lui doit également le développement de la manufacture de Sèvres, l'établissement de la première école vétérinaire à Lyon et la création du Cabinet des chartes, recueil de copies des pièces importantes se trouvant dans les chartriers privés. Il émigre en 1791. Il était membre de l'Académie des sciences (1763) et de l'Académie des inscriptions (1772).

BERTIN Louis François, dit BERTIN L'AÎNÉ (Paris, 1766 – Paris, 1841)

Homme politique et journaliste.

Il collabore à *L'Éclair* avant d'acheter le *Journal des débats* peu après le coup d'État du 18 Brumaire. Impliqué dans une conspiration royaliste, il doit s'exiler de 1801 à 1804. À son retour, le gouvernement impérial impose une autre direction officielle à la publication qui doit prendre le nom de *Journal de l'Empire* et qui est totalement confisquée en 1811. Bertin peut reprendre son journal avec son appellation d'origine en 1814. Il soutient fidèlement la politique de Louis XVIII, notamment contre les ultras. Dès le début de son gouvernement, Louis-Philippe trouve en lui un inlassable défenseur. Son portrait par Ingres est célèbre.

BERTON Jean-Baptiste BRETON, dit (Francheval, 1769 – Poitiers, 1822)

Général.

Ancien élève de l'école militaire de Brienne, il sert à la légion des Ardennes en 1792. C'est à cette époque qu'il modifie son patronyme. Vaillant soldat des armées de la République et de l'Empire, il combat en Belgique, en Prusse, en Espagne. Il est à Austerlitz, à Iéna, à Friedland. Après la prise de Burgos, Napoléon le nomme adjudant général et le fait baron en novembre 1808. Général de brigade en 1813, il est mis en demi-solde à la chute de l'Empire. Durant les Cent-Jours, il reprend du service aux côtés de l'Empereur. Avec le maréchal Exelmans, il poursuit Louis XVIII sur la route de Gand et participe à la bataille de Ligny, le 16 juin. Arrêté en décembre 1815, il est acquitté en juin 1816 et reprend aussitôt la lutte contre la monarchie. Il fonde avec des frères d'armes, nostalgiques comme lui de l'Empire, une société secrète : les Compagnons de la Liberté, et multiplie les libelles contre la royauté, ce qui lui vaut une autre arrestation. Relaxé une nouvelle fois en juin 1820, il est mis à la retraite à la fin de l'année.

Il rejoint ensuite les rangs de la Charbonnerie, association qu'il connaît déjà, et qui, en 1822, le charge de déclencher une insurrection libérale à Saumur. Le 24 février, une première tentative de soulèvement échoue : Berton n'a pu se résoudre à ordonner l'assaut de la ville. Réfugié à Saintes, puis à La Rochelle, où il rencontre les quatre fameux sergents, il prépare une seconde action pour le 24 juin. Elle n'aura jamais lieu. Un agent de la sûreté, introduit parmi les conjurés, dénonce l'affaire : Berton est appréhendé le 17 juin 1822. La cour d'assises de la Vienne le condamne, ainsi que cinq de ses complices, à la peine capitale. Il meurt guillotiné.

Bertin l'Aîné
Portrait de Bertin. Huile sur toile d'Ingres, 1832, Paris, musée du Louvre.
© *Giraudon*

BERTRADE de MONTFORT, comtesse d'Anjou (?, v. 1070 – Fontevrault, v. 1117)

Reine de France.

Fille de Simon Ier, comte de Montfort, et épouse de Foulques IV le Réchin, comte d'Anjou, elle séduit par sa beauté le roi de France Philippe Ier, las de sa femme, Berthe de Frise. En 1092, Philippe Ier enlève Bertrade et l'épouse, répudiant ainsi de sa seule autorité la reine légitime, malgré les sages avis d'Yves, évêque de Chartres. Rome n'accepte pas cette union adultérine, et les amants sont excommuniés en 1094. Ils ne retourneront dans le giron de l'Église qu'en 1104. Bertrade donne deux enfants à Philippe Ier, Philippe et Florus. Elle use de divers moyens afin d'évincer Louis, le futur Louis VI le Gros, fils de Berthe, de l'héritage paternel et de le transmettre ainsi à son propre fils Philippe. Après la mort du roi, Bertrade arme un parti contre le nouveau souverain pour soutenir les prétentions de Philippe. Ses fidèles sont vaincus, et elle est contrainte de se retirer au monastère de Fontevrault en 1108.

BERTRAN de BORN, vicomte de Hautefort (?, v. 1140 – abbaye cistercienne de Dalon, v. 1215)

Troubadour.

Il évince deux fois par les armes son frère Constantin pour posséder seul le vaste domaine laissé par son père. Il encourage les princes anglais à se révolter contre leur père Henri II et reste un des fidèles de Richard Cœur de Lion. Poète de la guerre, évocateur réaliste de la vie fastueuse des cours du Midi, il a laissé un témoignage de qualité exceptionnelle sur cette période au cours de laquelle s'allient culture et violence. Ce petit seigneur du Périgord, dont la vie politique et guerrière prend fin avec la mort de Richard Cœur de Lion, sait échapper aux thèmes conventionnels de l'amour courtois dans ses *sirventès*, chants guerriers et politiques où s'expriment avec passion et vigueur l'âme féodale et sa haine d'Occitan pour les hommes du Nord.

BERTRAND, saint (L'Isle-Jourdain, v. 1050 – Comminges, 1123)

Évêque.

Parent, selon la tradition, des comtes de Toulouse, il est chanoine et archidiacre de cette ville avant d'être élevé à l'épiscopat de Comminges en 1073. Il fait reconstruire la cité qui avait été entièrement détruite par les Francs de Gontran en 585. En même temps, il fait édifier ou réédifier la cathédrale qui, depuis le sac de Comminges, avait peut-être été transférée à Valcabrère, dans la plaine. Son activité ne se borne pas à des reconstructions. Il agit dans son diocèse en grégorien réformateur, établissant la vie communautaire dans son chapitre, surveillant son clergé de près et protégeant la population contre les Sarrasins. Dès sa mort, il est vénéré comme un saint par ses administrés. Ses reliques font beaucoup pour la prospérité de Comminges qui, dès le début du XIIIe siècle, en témoignage de reconnaissance, prend le nom de Saint-Bertrand.

BERTRAND Henri Gratien, comte (Châteauroux, 1773 – Châteauroux, 1844)

Général.

Capitaine du génie, il accompagne Bonaparte en Égypte, où il est nommé colonel puis général de brigade. Il participe à toutes les grandes victoires impériales, Austerlitz, Friedland, Wagram. Aide de camp de l'Empereur en 1804, général de division en 1807, comte d'Empire, il est nommé en 1813 grand maréchal du palais, en remplacement de Duroc. Après la chute de Napoléon, il l'accompagne à l'île d'Elbe, puis à Sainte-Hélène où l'Empereur lui dicte les *Campagnes d'Égypte et de Syrie*. Avec sa femme, il reste dans l'île jusqu'en 1821. Devant son dévouement, Louis XVIII casse l'arrêt de 1816 qui l'a condamné à mort par contumace et le réintègre dans son grade. Député de l'Indre après la révolution de 1830, de 1831 à 1834, il défend à la Chambre les idées libérales. En 1840, il se rend à Sainte-Hélène avec le prince de Joinville, pour le transfert à Paris des cendres de l'Empereur. Son fils Henri (1811-1878), général lui aussi, fut aide de camp de Louis Napoléon.

BÉRULLE Pierre de (château de Sérigny, près de Tonnerre, 1575 – Paris, 1629)

Cardinal.

Né dans une famille de parlementaires, il fréquente dès sa jeunesse les Jésuites, les Capucins et l'élite religieuse de son temps. Prêtre en 1599, il est fait cardinal en 1627 et marque profondément son époque. Il donne sa première formulation dogmatique à la Réforme catholique d'expression française, élaborant dans les *Discours de l'état et des grandeurs de Jésus* la doctrine théocentrique dite de l'École française dont il reste la grande figure. Il soutient Mme Acarie au milieu de ses difficultés pour installer les premiers carmels en France et intervient dans la réforme des Feuillants, des Dominicains, des Bénédictins de Marmoutier et de Saint-Maur, des Prémontrés et des Grands Augustins. Il est enfin l'introducteur et l'adaptateur en France de l'association de prière de prêtres séculiers qui prend le nom d'Oratoire en 1601, initiative qui a une portée considérable. L'Oratoire compte 50 maisons en 1626 et porte des fruits remarquables : tout ce qui a quelque poids dans l'ordre de la pensée, dans la France du XVIIe siècle, tient à l'Oratoire. Ce grand réformateur de l'Église, qui aide plus que quiconque le clergé séculier à retrouver sa dignité, joue un rôle politique non moins important. Il négocie la réconciliation de Marie de Médicis avec Louis XIII et le mariage d'Henriette de France avec Charles Ier d'Angleterre. Il favorise l'ascension de Richelieu mais entre bientôt en conflit avec son ancien protégé. Lié au parti catholique dirigé par Michel de Marillac, partisan de l'alliance espagnole car il estime dangereux tout accord avec les princes protestants, Bérulle finit par rompre avec Richelieu en 1627 et meurt disgracié.

Le cardinal de Bérulle
Portrait par Philippe de Champaigne. Huile sur toile, Paris, collection du séminaire Saint-Sulpice.
© *Giraudon*

BERWICK Jacques STUART FITZJAMES, duc DE (Moulins, 1670 – Philippsburg, 1734)

Maréchal de France.

Fils naturel du duc d'York, futur Jacques II, et d'Arabella Churchill, il est élevé en France. Il combat d'abord en Hongrie, en 1686, puis prend part aux tentatives destinées à replacer son père sur le trône anglais. Il passe ensuite au service de Louis XIV, sert sous Luxembourg et Villeroi et, avec le grade de lieutenant général, commande les troupes françaises envoyées en Espagne, en 1704, contre les Anglais. Après avoir combattu les camisards du Languedoc, en 1705, il est fait maréchal de France en 1706. De nouveau envoyé en Espagne, il remporte sur les Anglais la victoire d'Almanza, en 1707, qui permet à Philippe V de monter sur le trône. Il prend Barcelone en 1714 puis mène une nouvelle campagne dans la péninsule Ibérique en 1719, cette fois contre Philippe V à qui il prend Saint-Sébastien. Enfin, en 1733, Berwick reçoit le commandement de l'armée du Rhin ; il est tué l'année suivante au siège de Philippsburg.

BESANÇON

Vesontio. *Chef-lieu du Doubs. Au pied d'un éperon rocheux, enfermée dans la Boucle, le célèbre méandre du Doubs décrit par César, Besançon est placée dans un site défensif naturel.*

Besançon, une des plus anciennes cités gauloises, joue dès ses origines un rôle de place forte qu'elle conserve au long de son histoire. *Oppidum* des Séquanes, elle est occupée par César en 58 av. J.-C., et devient, sous Dioclétien, métropole de la Séquanaise et siège épiscopal. Plusieurs vestiges de la civilisation gallo-romaine subsistent, notamment l'arc de triomphe élevé sous Marc Aurèle et appelé, depuis le Xe siècle, la Porte Noire. Des invasions semblent l'avoir ravagée au IIe siècle : la cité se replie alors sur elle-même, à l'abri d'un rempart. Anéantie sous le feu et le fer des Alamans, ravagée par les Burgondes en 456, elle peut renaître de ses cendres aux époques mérovingienne et carolingienne, sous la protection de ses archevêques qui voient leurs privilèges peu à peu usurpés par une dynastie de comtes de Bourgogne. Les Hongrois la dévastent de nouveau en 937. Mais, au XIe siècle, l'archevêque Hugues Ier réussit à reprendre possession de ses droits et se voit investi de la seigneurie de Besançon sous la seule suzeraineté de l'Empire. Surnommé le second fondateur de Besançon, il redonne à la ville l'extension qu'elle avait eue à l'époque romaine et, grâce à lui, Besançon devient une des cités les plus en vue de la chrétienté et de l'Empire.

La toute-puissance temporelle de ses archevêques, devenus princes d'Empire au XIe siècle, est plus tard battue en brèche par les franchises communales, mais la ville continue à tirer bénéfice de leur prestige. Besançon voit rapidement affluer les marchands. Le commerce de l'argent s'y développe à partir du XIIIe siècle, tandis que la vigne connaît son premier essor. Au XVIe siècle, Besançon, ville impériale, bénéficie de l'appui constant de son suzerain, Charles Quint. Il s'ensuit encore un essor remarquable pour la cité. Le palais Granvelle, construit de 1534 à 1540 pour Nicolas de Granvelle, conseiller d'État et garde des Sceaux de Charles Quint, est, de nos jours, le témoin de l'âge d'or bisontin. À partir de 1575, Besançon vit en état d'alerte, craignant les coups de main des protestants ou, après son rattachement à l'Espagne, la venue des troupes d'Henri IV. Lorsque Richelieu, à son tour, ouvre les hostilités contre l'Espagne en 1635, il a un bon prétexte pour intervenir à Besançon, qui a imprudemment accueilli Gaston, duc d'Orléans, et Charles IV de Lorraine dont le duché a été envahi par les Français dès 1633. La campagne est ravagée, mais Besançon résiste pendant cette période de troubles qui se prolonge jusqu'au traité des Pyrénées.

La guerre ayant repris entre la France et l'Espagne, la cité capitule devant Condé venu l'assiéger en 1668, mais elle est restituée à l'Espagne six mois plus tard. En 1674, elle est de nouveau assiégée et se rend le 23 mai après une résistance héroïque. Désormais Besançon fait partie du royaume de France. Louis XIV supprime ses libertés, mais la choisit comme capitale de la Franche-Comté, siège du parlement en 1676 et de l'université en 1691, tandis que Vauban, par un système savant de fortifications, en fait une des meilleures places fortes d'Europe. En 1790, un groupe d'horlogers, tout acquis aux idées révolutionnaires, trouvent refuge à Besançon après avoir été expulsés de La Chaux-de-Fonds et du Locle (Suisse). Leur apport est décisif pour le développement de l'industrie horlogère locale qui est la plus importante de France.

BESENVAL Pierre Victor, baron de (Soleure, 1722 – Paris, 1791)

Général.

Servant dans la garde suisse, il participe à toutes les grandes opérations militaires de son temps. Maréchal de camp en 1757, lieutenant général en 1763, il commande le principal des troupes réunies autour de Paris lors du déclenchement de la Révolution. Le 13 juillet 1789, ses trois régiments suisses et ses 800 cavaliers attendent au Champ-de-Mars pour ne pas indisposer la population. Lui-même ne prend aucune mesure pour défendre les Invalides et la Bastille, menacés par les émeutiers qui réclament des armes. C'est peut-être ce qui lui permet d'être relaxé après les poursuites que le pouvoir révolutionnaire intentera contre lui en 1790.

BESSIÈRES Jean-Baptiste, duc d'Istrie (Prayssac, Lot, 1768 – Rippach, Allemagne, 1813)

Maréchal de France.

Simple soldat dans la garde constitutionnelle de Louis XVI en 1792, il participe, sous le Directoire, à la campagne d'Italie. Il se distingue à Rovereto et Rivoli où Bonaparte le remarque et lui donne le commandement de ses guides. Bessières prend part ensuite à la campagne d'Égypte, au cours de laquelle il est nommé général de brigade, puis à la seconde campagne d'Italie où il joue un rôle décisif dans la victoire de Marengo. De retour à Paris, il contribue au succès du 18 Brumaire. Nommé maréchal dès l'établissement de l'Empire en 1804, il est de toutes les grandes victoires de Napoléon à la tête de la cavalerie de la garde impériale. Il remporte plusieurs victoires importantes pendant la campagne d'Espagne (Burgos, Somosierra), et est fait duc d'Istrie en 1809. Commandant, en 1813, de l'ensemble de la cavalerie de l'armée impériale en Saxe, il est tué par un boulet lors d'une reconnaissance, le 1er mai, veille de la bataille de Lützen.

BESTIAIRES

Traités à la fois scientifiques et édifiants, fondés sur l'observation du monde animal voulu par Dieu. Par analogie, ensemble de l'iconographie animalière, particulièrement abondante dans la sculpture et dans les manuscrits.

Le premier bestiaire connu, le *Physiologus*, date du Ve siècle de notre ère. Faussement attribué à saint Ambroise, il semble plutôt dû à des auteurs byzantins reprenant eux-mêmes une tradition antique. Il résume les connaissances en histoire naturelle les plus utiles à l'instruction religieuse. Y sont énumérés les caractères des différents animaux réels ou imaginaires auxquels on ajoute une interprétation allégorique. Certains, comme le lion, la licorne, la panthère sont emblèmes du Christ ; des oiseaux comme la houppe ou l'ibis symbolisent l'homme, alors que la perdrix représente le diable. Les ouvrages des siècles postérieurs ne font que reprendre ces thèmes. Un seul fait exception : le *Bréviaire d'Amour* de Richard de Fournival, vers 1250, au temps de l'amour courtois, est un agréable badinage où l'auteur cherche dans les qualités des animaux des comparaisons et des arguments propres à vaincre l'insensibilité de sa dame. Au XVe siècle, des moralistes composent des *Bestiaires moralisés*, puis le genre disparaît. Il est curieusement redécouvert par Jules Renard dans ses *Histoires naturelles* (1896) et par Guillaume Apollinaire dans son *Bestiaire* (1919).

BÉTHENCOURT Jean de (Grainville-en-Caux, v. 1360 – ?, 1425)

Explorateur.

Petit noble ruiné du comté d'Eu, il quitte sa Normandie natale pour La Rochelle vers 1401. Là, il s'adjoint un chevalier poitevin, Gadifer de La Salle, et avec une flotille débarque aux îles Canaries dont il se fait reconnaître la possession par Henri III de Castille, en 1402-1403. En 1404-1405, dernières années de son administration, il peut soumettre les îles de Palme et de Fer, mais non la Grande Canarie. Il persuade le pape de créer un évêché aux Canaries et se retire dans ses terres. C'était le premier établissement de ce genre aux Canaries. Son neveu Maciot de Béthencourt poursuivra son œuvre de colonisation et de christianisation.

BÉTHOUART Marie Antoine Émile (Dole, 1889 – Paris, 1982)

Général.

Saint-Cyrien de la promotion de Charles de Gaulle, combattant des deux guerres, il organise le débarquement de Narvik en mai 1940. La victoire qu'il remporte fait affirmer à Paul Reynaud : « la route du fer est coupée ». À partir du 26 janvier 1942, il prépare le débarquement d'Afrique du Nord, partant pour les États-Unis afin de négocier les envois de matériels. Chef d'état-major de la Défense nationale à Alger (avril 1944), il participe au débarquement de Provence. Commandant en chef français (1945), puis haut-commissaire de la République française (1946) et général d'armée (1947), il est encore sénateur MRP, puis centriste avec les démocrates de progrès et membre de délégations parlementaires auprès de l'OTAN en 1965 et 1968.

BÉTHUNE : voir SULLY

BETTIGNIES Louise de (Près de Saint-Amand-les-Eaux, 1880 – Cologne, 1918)

Résistante.

Sous le nom d'Alice Dubois, elle met sur pied et dirige un réseau de renseignement au service

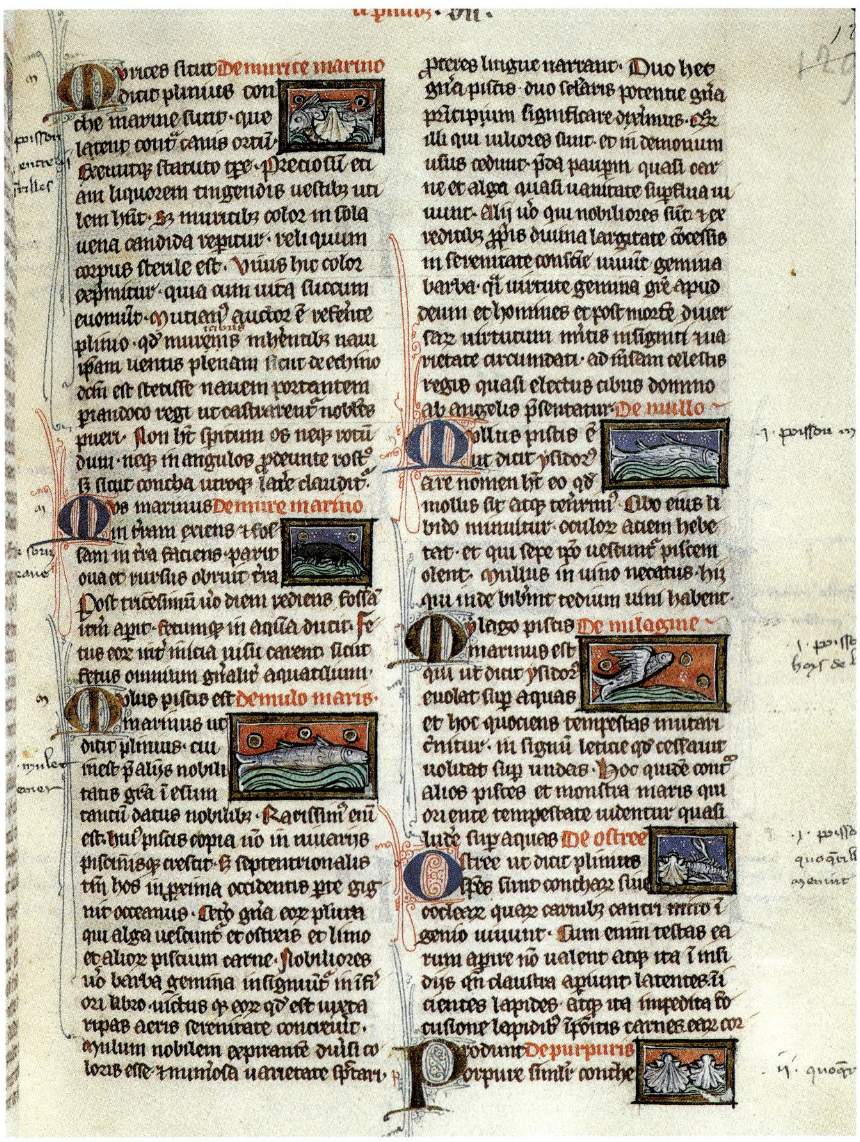

Bestiaires
Le *De natura rerum* d'Albert le Grand est un manuscrit du XIIIe siècle provenant de l'abbaye de Saint-Amand-de-Boixe (Charente). © *G. Dagli Orti*

Louise de Bettignies
Héroïne de la Première Guerre mondiale.
© Harlingue - Viollet

de l'armée anglaise, dans le nord de la France. Arrêtée près de Tournai en 1915, elle est condamnée à mort en mars 1916. Sa peine est commuée en détention perpétuelle, mais elle meurt en captivité des suites d'une pneumonie mal soignée.

BEUGNOT Jacques, comte (Bar-sur-Aube, 1761 – Bagneux, 1835)

Homme politique.

Député à l'Assemblée législative, il se montre favorable à la monarchie constitutionnelle. Il se signale notamment en faisant rendre le décret d'accusation contre Marat. Il ne siège plus à l'Assemblée après le 10 Août, est néanmoins emprisonné à la Force sous la Terreur, mais libéré au 9 Thermidor. Après le 18 Brumaire, il devient conseiller intime de Lucien Bonaparte, ministre de l'Intérieur, et contribue à l'organisation des départements avant d'être nommé préfet de Rouen en février 1800. Ministre des Finances du royaume de Westphalie en 1807, administrateur du grand-duché de Berg en 1808, comte d'Empire et officier de la Légion d'honneur, préfet du Nord en 1813, il se rallie aux Bourbons à la chute de l'Empire. Ministre de l'Intérieur dans le gouvernement provisoire, de mai à décembre 1814, il contribue à la rédaction de la Charte. Il rejoint Louis XVIII à Gand pendant les Cent-Jours, puis est nommé ministre de la Marine dans le gouvernement constitué par le roi. Directeur des Postes lors de la seconde Restauration, il est bientôt, sous la pression des ultras, privé de tout emploi effectif, ne portant plus que le titre de ministre d'État. Député de la Haute-Marne, puis de la Seine-Inférieure, il se rapproche de la gauche et se montre favorable à la liberté de la presse. Il démissionne de son poste de député en 1824, est nommé pair de France en 1830, et devient en même temps directeur général des manufactures et du commerce.

BEURNONVILLE Pierre RIEL, marquis de (Champignolle, 1752 – Paris, 1821)

Maréchal de France.

Militaire de carrière avant la Révolution, il adopte les idéaux de celle-ci. En 1792, devenu général, il commande l'armée de défense des Flandres. Il participe à la journée de Valmy et à la bataille de Jemmapes puis est nommé ministre de la Guerre. La Convention le désigne pour aller notifier au général Dumouriez, alors sous les murs de Condé, le décret de comparution qu'elle vient de rendre contre lui. Dumouriez ordonne l'arrestation de Beurnonville et des quatre commissaires qui l'accompagnent. Tous les cinq seront remis aux Autrichiens le 1er avril 1793. Ils seront échangés par le Directoire, le 19 décembre 1795, contre Madame Royale, fille de Louis XVI et survivante des prisonniers du Temple. Beurnonville commande ensuite l'armée du Nord de 1795 à 1798, est nommé ambassadeur à Berlin en 1800, puis à Madrid en 1802. Rallié aux Bourbons, bien que sénateur et comte d'Empire, il sera membre du gouvernement provisoire que constitue et préside Talleyrand. Louis XVIII le fera pair de France en 1814, maréchal de France en 1816 et marquis en 1817.

BÈZE Théodore de (Vézelay, 1519 – Genève, 1605)

Théologien et écrivain protestant.

Issu d'une austère famille noble, il suit à Bourges et à Orléans les cours de Melchior Wolmar, philosophe allemand favorable aux thèses de la Réforme. À Paris, Théodore de Bèze, qui jouit de plusieurs bénéfices ecclésiastiques, vit une existence libre, dissipée. Aimé des femmes, apprécié des hommes, il versifie des sujets licencieux, *Poemata Juvenilia*. Ce n'est qu'à l'issue d'une longue maladie, en 1548, que, renonçant à ses profits, il abjure le catholicisme, embrasse la foi réformiste et épouse sa maîtresse, Claude Denosse. Il devient alors celui que Pierre Bayle juge « un des piliers de l'Église réformée ». Il enseigne le grec à Lausanne, puis la théologie à Genève, ville qui lui décerne la citoyenneté, et coiffe, en 1558, le bonnet de pasteur. En France, son ardent prosélytisme convertit à la Réforme de nombreux catholiques – le roi de Navarre est le plus célèbre – et sa finesse l'amène à remplir plusieurs missions diplomatiques. En 1560, au colloque de Poissy, il polémique brillamment, sur la présence réelle, contre le cardinal de Tournon, le cardinal de Lorraine, le général des Jésuites Jacques Lainez. Dédaignant un temps la chaire pour l'épée, il est avec l'amiral de Coligny à la bataille de Dreux, en 1562.

Calvin mort, le rôle de chef du protestantisme français revient, en 1564, à Théodore de Bèze. Recteur de l'académie de Genève, modérateur de la Compagnie des pasteurs, président du synode de La Rochelle auquel participent toutes les Églises réformées du royaume, il ne cesse de travailler à la propagation de ses croyances et de poursuivre les Jésuites de sa verve railleuse. Lors de la peste de Genève, le dévouement dont il fait preuve sert d'exemple à tous. Veuf en 1588, il se remarie avec Catherine del Plano. Certains lui reprocheront sa luxure, son hypocrite tolérance – sa plume a justifié le supplice de Michel Servet – et son fanatisme. Il aurait excité à la guerre civile et aurait été l'instigateur de l'assassinat de François, duc de Guise. On doit à Théodore de Bèze de nombreux ouvrages. Son œuvre, rédigée en latin ou en français, est considérée comme un des fondements de la religion réformée. Il a aussi écrit une tragédie biblique, *Abraham sacrifiant* et une *Vie de Calvin*. L'*Histoire ecclésiastique des Églises réformées de France* lui est généralement attribuée.

Théodore de Bèze
Portrait du pasteur protestant, 1597. Paris, Bibliothèque du protestantisme.
© Giraudon

BÉZIERS

Baeterrae. *Ville de l'Hérault.*

Ancienne cité gauloise des Volques devenue colonie romaine, Béziers est ravagée par les Wisigoths au Ve siècle. Prise par Charles Martel qui l'enlève aux Arabes d'Espagne, elle est la propriété conjointe de ses évêques et des comtes de Carcassonne avant de passer aux mains des Trencavel qui en héritent avec le titre vicomtal. Elle embrasse l'hérésie albigeoise et Simon de Montfort vient l'assiéger avec ses croisés en 1209. Il s'en empare au bout de quelques jours et massacre presque tous ses habitants, même ceux qui s'étaient réfugiés dans les églises. Si la répression est sanglante et laisse un souvenir d'horreur, il semble toutefois douteux que le légat du pape, Arnaud de Cîteaux, ait dit : « Tuez les tous, Dieu reconnaîtra les siens. » Rattachée à la couronne, Béziers devient une sénéchaussée royale après le traité de Meaux en 1229. Elle souffre profondément des guerres de Religion, et Richelieu donne l'ordre de démanteler ses murailles après la révolte d'Henri de Montmorency. Son évêché est supprimé en 1802, en vertu du Concordat. Une dizaine de conciles s'y sont tenus.

BIARRITZ

Ville des Pyrénées-Atlantiques.

Petit village de pêcheurs au début du XIXe siècle, la ville doit son développement à l'impératrice Eugénie et à Napoléon III, grâce auxquels elle devient dans la seconde moitié du siècle une station balnéaire importante. L'empereur et l'impératrice y séjournent souvent à la fin de l'été.

Au début du mois d'octobre 1865 se tiennent, à la Villa Eugénie, des entrevues secrètes entre Napoléon III et le chancelier Bismarck. Celui-ci veut obtenir l'assurance de l'appui, ou au moins de la neutralité de la France dans la guerre qu'il prépare contre l'Autriche, afin de réaliser l'unité allemande sous l'hégémonie de la Prusse. Napoléon III ne promet rien officiellement, mais donne son accord verbal.

BIBLIOTHÈQUE NATIONALE DE FRANCE

La bibliothèque du roi, devenue nationale en 1792, trouve ses origines dans la Librairie constituée par Charles V et installée au Louvre, dont un premier inventaire, en 1393, recense 917 titres.

François Ier, en créant pour Guillaume Budé la charge de maître de la Librairie et en décidant par une ordonnance de 1537 qu'un exemplaire de chaque livre imprimé dans le royaume doit être déposé à la Librairie – ce qui deviendra le dépôt légal –, donne le coup d'envoi d'une politique systématique d'acquisition, par le don, l'achat, la confiscation ou la guerre, et de conservation des imprimés. Colbert, qui confie la garde de la Bibliothèque du roi à son frère Nicolas, l'installe dans des locaux rue Vivienne, à Paris. Le premier catalogue, en 1697, dénombre environ 55 000 volumes. Au début du XVIIIe siècle, la Bibliothèque est organisée en cinq départements : imprimés, manuscrits, généalogies, estampes et médailles. La Révolution et l'Empire accroissent les collections en quantité prodigieuse, par le transfert d'archives et de bibliothèques ecclésiastiques et nobiliaires, ainsi que par les prises de guerre. La Bibliothèque, désormais nationale, est définitivement dotée sous la monarchie de Juillet d'un administrateur général assisté d'un collège de conservateurs, et dépend du ministère de l'Instruction publique. La consultation commence d'être largement ouverte au public. L'ancien site, devenu trop exigu, fait l'objet d'agrandissements successifs, couronnés par les travaux d'Henri Labrouste, auteur de la fameuse salle de travail des Imprimés, inaugurée en 1868. De grands administrateurs comme Léopold Delisle, de 1874 à 1905, et Julien Cain, de 1930 à 1964, s'attachent à développer et à moderniser l'immense organisme, qui s'ouvre aux supports audiovisuels.

En 1981, année où est achevé le catalogue des auteurs commencé en 1897, la tutelle de la Bibliothèque nationale passe du ministère de l'Éducation nationale à celui de la Culture. L'informatisation fait son apparition. Mais le développement des nouvelles technologies, la demande grandissante, surtout l'accroissement prodigieux des collections dans les locaux désormais saturés du 1er arrondissement de Paris, conduisent à envisager une solution radicale. Le 14 juillet 1988, le président de la République François Mitterrand annonce la réalisation d'une bibliothèque « d'un type entièrement nouveau ». L'opération de la Très Grande Bibliothèque est lancée, non sans improvisation et contestation. Le transfert de la totalité des imprimés de la rue Richelieu, soit 13 millions de volumes environ, sur le nouveau site de Tolbiac, dans le 13e arrondissement, est finalement décidé. Le 30 mars 1995 sont inaugurés les locaux encore vides dus à l'architecte Dominique Perrault, et la bibliothèque, qui porte désormais le nom de Bibliothèque nationale de France, entièrement informatisée, commence à fonctionner réellement en 1997.

BIBRACTE

Centre principal des Éduens en Gaule celtique, Bibracte était une place forte pratiquement imprenable, établie sur un véritable observatoire naturel, le mont Beuvray (900 mètres), entre la Saône et la Loire.

Elle joue un rôle important au moment de la conquête romaine. C'est là que se réunit en 58 av. J.-C. l'Assemblée des Gaules pour demander à César d'intervenir contre Arioviste. Lorsque les Éduens se rallient à Vercingétorix en 52 av. J.-C., c'est encore là que se tient l'assemblée qui confirme le commandement suprême du chef arverne dans la révolte contre la domination romaine. César s'y installe après la reddition d'Alésia. La cité, protégée par les fortifications de l'*oppidum*, se compose alors de cabanes en bois recouvertes de chaume et de plusieurs maisons construites en pierre à la romaine. Elle est caractéristique de la civilisation de La Tène III (de 100 av. J.-C. à l'élaboration de la civilisation gallo-romaine). Elle a été explorée par Bulliot, et on y a découvert de vastes ateliers fortifiés où l'on travaillait l'émail. Sur l'ordre des Romains, Bibracte est abandonnée en 5 av. J.-C. pour une nouvelle ville, *Augustodunum* (Autun), bâtie à 20 kilomètres de là, dans la plaine.

BICOQUE (bataille de La)

Bataille entre les troupes impériales et françaises en avril 1522.

Commandés par Prospeo Colonna, les Impériaux battent à La Bicoque, non loin de Milan, les troupes françaises de Lautrec que les mercenaires suisses ont poussées à attaquer. Cette défaite coûte la vie à 2 500 hommes et fait perdre à la France le duché de Milan, les villes de Lodi et de Crémone.

BIDASSOA

Fleuve qui sert de frontière à la France et à l'Espagne sur les dix derniers kilomètres de son cours.

Il forme un large estuaire à l'ouest d'Hendaye et contourne près de Béhobie l'île des Faisans ou de la Conférence. C'est là qu'eurent lieu bien des rencontres franco-espagnoles, notamment pour la signature du traité des Pyrénées en 1659.

BIDAULT Georges (Moulins, 1899 – Cambo-les-Bains, 1983)

Homme politique, président du Conseil.

Agrégé d'histoire, il milite à l'Association catholique de la jeunesse française puis au Parti démocrate populaire. De 1934 à 1939, il figure parmi les éditorialistes de *L'Aube*. Après l'armistice, on le trouve à Lyon, en 1941, parmi les fondateurs du mouvement de résistance Combat, puis au Conseil national de la Résistance (CNR) où il succède à Jean Moulin. En 1944, Georges Bidault est nommé ministre des Affaires étrangères, poste qu'il occupera à plusieurs reprises. Fondateur en 1944 du Mouvement républicain populaire (MRP), élu député de la Loire, il est nommé en juin 1946 président du gouvernement provisoire et est président du Conseil d'octobre 1949 à juin 1950. À ces différents postes, deux certitudes motivent l'action de Bidault : ses convictions européennes d'une part et son attachement inflexible au maintien de l'intégrité nationale d'autre part. Dès 1947 en effet, il se montre un Européen enthousiaste, encourageant la réalisation de l'union douanière et celle de l'intégration économique. Mais il ne participe pas à l'aventure de la CECA et soutient mollement la CED, en raison de son tropisme nationaliste. Aussi se révèle-t-il un opposant farouche à toute politique de décolonisation. Dès 1946, il montre sa détermination en Indochine, et les pressions américaines ne parviennent pas à lui arracher la moindre concession avant Diên Biên Phu. Dans la même logique, il fait partie des trois députés MRP à voter contre la politique marocaine d'Edgar Faure.

Lors de la guerre d'Algérie, Bidault radicalise sa position et milite pour l'Algérie française : cet engagement lui aliène son propre parti, le MRP, favorable à la décolonisation, ce qui le pousse à créer la Démocratie chrétienne. S'il fut l'un des premiers partisans de De Gaulle lors des événements de mai 1958, très vite cependant il se méfie du Général et rompt définitivement avec lui dès septembre 1959, lorsque ce dernier envisage l'« autodétermination » algérienne. Dès lors, Bidault s'oppose par tous les moyens à la politique gaullienne. Créant en 1959 le Rassemblement pour l'Algérie française, il soutient les élus algériens lors de la semaine des Barricades en 1961 ; l'année suivante, bien qu'étranger à l'attentat du Petit-Clamart, il le justifie et participe aux actions de l'OAS, allant jusqu'à succéder à Salan à la tête de l'organisation après l'arrestation de celui-ci en avril 1962. Il avait pris soin de quitter la France dès mars 1962, et la levée de son immunité parlementaire le 5 juillet suivant devait le conduire à rester en exil jusqu'en juin 1968, date à laquelle il rentre en France amnistié par de Gaulle. Il tente un retour dans la vie politique en fondant le Mouvement pour la justice et la liberté, puis en participant en 1972 à la naissance du Front national. Après un échec électoral dans le 5e arrondissement de Paris, il se retire de la vie politique.

BIEN PUBLIC (ligue du)

Ligue constituée en 1465 contre Louis XI par les grands du royaume.

La politique menée par Louis XI au début de son règne, en réaction contre celle de son père Charles VII, a suscité de nombreux mécontentements, ceux du peuple et des bourgeois contre l'augmentation des impôts, de l'Église soumise à la fiscalité, ou des nobles atteints dans leurs privilèges. Ce sont les grands seigneurs qui prennent l'initiative de la révolte, au nom du bien public. Dans un manifeste contre le gouvernement et les conseillers du roi, ils réclament la convocation des états généraux, un allègement des impôts, la suppression des aides. Le chef de la conjuration est le duc de Berry, frère du roi, que les rebelles pensent substituer à Louis XI, espérant qu'il les laissera gouverner le royaume à leur guise. Les principaux coalisés sont Dunois, Chabannes, les ducs d'Alençon, de Bourbon, de Lorraine et de Bretagne, le comte de Saint-Pol et surtout le comte de Charolais, fils du duc de Bourgogne Philippe le Bon et futur Charles le Téméraire, qui se joint à eux au mois d'avril 1465.

Les rebelles espèrent que l'argent et les soldats bourguignons leur permettront de l'emporter. Mais contrairement à leur attente, ils ne parviennent pas à entraîner tout le pays derrière eux. Le peuple et la bourgeoisie se méfient de leurs promesses et redoutent la guerre civile ; la petite et moyenne noblesse reste dans l'ensemble fidèle au roi, comme le bas et moyen clergé qui ne se sent pas concerné par les exigences de ses dignitaires. Les conjurés doivent chercher des appuis à l'extérieur, auprès des princes allemands notamment, tandis que Louis XI s'allie au duc de Milan, qui lui envoie 4 000 hommes, et aux Liégeois.

Au début de mars 1465, le duc de Berry quitte la Cour et se réfugie auprès de François II de Bretagne, se révoltant ainsi ouvertement contre le roi. Louis XI s'adresse alors au peuple, montrant que son frère est le jouet des rebelles, que de cette rébellion ne sortiront que désordre et destruction, et lance aux conjurés un dernier appel qui n'est pas entendu. À la mi-mars, sans consulter les autres chefs de la ligue, Jean de Bourbon ouvre les hostilités. À la tête d'une armée bien organisée, Louis XI vient facilement à bout de ses troupes dans le Berry et le Bourbonnais et le contraint à demander une trêve au mois d'avril. Le roi remonte ensuite vers Paris, car il a appris que le comte de Charolais dirige ses troupes vers la capitale, et il veut l'empêcher de rejoindre celles de François II. Arrivé devant Paris, Charolais s'en voit refuser l'entrée par les Parisiens. Le 13 juillet, il se dirige vers Étampes où il pense retrouver François II et le duc de Berry. C'est entre cette ville et Longjumeau, le 16 juillet, à Montlhéry, que les troupes royales rencontrent celles de Charolais. La bataille est indécise et chacun des partis s'attribue la victoire. Les conjurés se réunissent enfin près d'Étampes, le 20 juillet, et leurs chefs décident de marcher sur Paris. Le roi, qui s'est assuré la fidélité de la capitale par quelques mesures libérales, notamment en diminuant les impôts et en faisant entrer bourgeois et magistrats dans son Conseil, va chercher des troupes fraîches en Normandie, au début du mois d'août.

À partir du 13 août, les conjurés entrent en pourparlers avec les représentants de la capitale, mais ne parviennent pas à se faire ouvrir les portes. Après une guerre d'escarmouches, qui se poursuit autour de Paris jusqu'à la fin septembre, Louis XI décide d'en finir en accordant aux conjurés ce qu'ils réclament, avec l'arrière-pensée de tout reprendre dès qu'ils seront dispersés.

La ligue du Bien public
En 1465, le comte de Charolais et son armée assiègent en vain Paris. Miniature des *Mémoires de Philippe de Commines*, manuscrit de la fin du XVe siècle, Nantes, musée Dobrée. © *Giraudon*

Aux traités de Conflans et de Saint-Maur, en octobre 1465, il offre la Normandie à son frère, en échange du Berry, rend à François II ses droits de régale sur les évêchés bretons, tandis que le comte de Charolais récupère les villes de la Somme, pour la Bourgogne, sans avoir à restituer les 400 000 écus payés par Louis XI pour leur achat. Le comte de Saint-Pol est nommé grand connétable, Dunois et Charolais recouvrent leurs domaines, le duc de Bourbon reçoit la lieutenance générale en Bourbonnais, Auvergne et Marche. Les autres conjurés n'ont rien. La ligue du Bien public est dissoute, personne ne songe plus au bien public. Deux mois plus tard, profitant d'une querelle entre François II et son frère, Louis XI reprend la Normandie et châtie les Normands qui ont appuyé Charles de Berry. Ce dernier reçoit en échange le gouvernement du Roussillon. En même temps, les émissaires du roi poussent les villes de la Somme à se soulever contre le duc de Bourgogne.

Biens nationaux

Ensemble des biens d'origines diverses que l'État s'est approprié, en plusieurs étapes, et qu'il a mis en vente ou distribué sous la Révolution.

Les premiers sont des biens du clergé, mis à la disposition de la nation, sur une proposition de Mirabeau, le 2 novembre 1789. L'Assemblée constituante souhaite ainsi alimenter les caisses de l'État, vides faute de rentrées d'impôts, et les députés décident que 400 millions de biens du clergé seront immédiatement aliénés, pour permettre la création des assignats. Les biens seront vendus aux enchères, par adjudication publique. Mais la vente se révèle difficile et profite davantage aux bourgeois et aux gros paysans qu'aux petits. De nouveaux biens et de nouveaux assignats sont mis en circulation après la fuite du roi, puis sous la Convention, mais, l'assignat se dépréciant, et l'argent devenant de plus en plus rare, les ventes se ralentissent. Le Directoire tente de réagir contre ces pratiques qui aboutissent en fait à faire perdre de l'argent à l'État, et suspend même les ventes le 30 brumaire an IV. La mise en circulation des biens nationaux reprend ensuite, notamment celle des forêts jusque-là épargnées, puis des biens d'Église en Belgique et en Rhénanie. L'État finit par percevoir un droit de 2 % sur les ventes. Sous le Consulat, Bonaparte tient à rassurer les acquéreurs de biens nationaux en garantissant l'inviolabilité des ventes effectuées dans des conditions légales. En même temps, le gouvernement prend des mesures qui tendent à suspendre les ventes. Par le Concordat, l'Église renonce ensuite à revendiquer les biens aliénés. Les églises, presbytères et jardins qui n'ont pas encore été vendus doivent lui être restitués, les fabriques recouvrant aussi leurs biens invendus et leurs rentes non transférées. Sous la Restauration, la Charte confirme l'aliénation des biens nationaux.

Après les biens du clergé, la Révolution aliène ceux des émigrés, puis ceux des condamnés à mort. La Législative prend un premier décret en février 1792 : en raison de l'attitude des émigrés et des dépenses occasionnées pour les combattre, leurs biens sont mis à la disposition de la nation. Confiscation et vente sont décrétées au mois de juillet. Le séquestre des biens des émigrés est rigoureusement respecté jusqu'à l'an VIII. Le sénatus consulte du 6 floréal an X, qui amnistie les émigrés décidés à rentrer en France, leur interdit d'attaquer les ventes régulièrement effectuées, mais les biens invendus leur seront rendus, sauf les forêts et quelques exceptions. La Première Restauration décide que les biens mis sous séquestre ou confisqués, et qui font partie du domaine, seront rendus. Si la vente des biens nationaux ne permet pas à la Révolution d'éviter la banqueroute partielle, elle lui permet de vivre, et elle aboutit à un gigantesque transfert des propriétés ; d'autre part, en achetant des biens d'origine révolutionnaire, la bourgeoisie s'attache à la Révolution, puis à l'Empire. La Charte, puis l'indemnisation des émigrés (qu'on appellera le « milliard » des émigrés) règlent définitivement le problème, consolidant les ventes légalement effectuées, et indemnisant en 1825 ceux qui ont été spoliés.

L'Assemblée s'est tournée ensuite vers les biens communaux. Le 10 juin 1793, à l'instigation des Montagnards vainqueurs, elle décide que les biens communaux pourront être répartis gratuitement entre les habitants de la commune, si le tiers d'entre eux le réclament. Par cette répartition, qui n'est qu'inégalement effectuée, les Montagnards visent à se concilier les petits paysans. Enfin, les décrets des 26 février et 3 mars 1794 décident la distribution gratuite aux indigents des biens confisqués aux suspects l'année précédente, distribution qui, comme la précédente, sera partiellement réalisée.

Bigerrions

Bigerriones, Bigerri. *Peuple aquitain établi dans la Bigorre.*

Selon César, ils sont battus par Crassus lors de son expédition en Aquitaine, en 56 av. J.-C. Leur capitale, *Bigorra*, occupait le site actuel de Saint-Lézer, près de Vic-en-Bigorre. *Turba* (Tarbes) la remplaça vers le IVe ou Ve siècle.

Bigorre

Pagus Bigorensis. *Le comté de Bigorre, capitale Tarbes, est borné par les Pyrénées, le Nébouzan, les Quatre Vallées, l'Astarac, l'Armagnac et le Béarn.*

Au temps de César il est occupé par les Bigerrions. Au Bas-Empire il est compris dans la Novempopulanie. Les invasions y établissent successivement les Wisigoths, les Francs, les Gascons. C'est Louis le Pieux qui aurait créé le premier comte de Bigorre au début du IXe siècle. L'histoire de ce fief, déjà un des plus grands de la Gascogne, est très mal connue jusqu'à Raymond, contemporain des tout derniers Carolingiens. Après lui, la filiation est à peu près sûre, mais le comté se transmet souvent en ligne féminine. Les alliances avec les maisons de Béarn et de Foix sont fréquentes. À la fin du XIIIe siècle, le pays, que convoitent de trop nombreuses familles, sombre dans l'anarchie. Maîtres de la Guyenne, les Anglais s'y intéressent dès cette époque. Philippe le Bel croit éloigner le danger en achetant les droits que l'Église prétend avoir sur la terre, droits qu'il ajoute à ceux qu'il possédait déjà : ainsi est assurée, en 1307, la réunion théorique à la France d'un comté dont le titulaire est le troisième fils du roi Charles le Bel. Mais pendant tout le XIVe siècle, l'histoire dynastique bigourdane sera tellement complexe que toutes les grandes familles de Gascogne y seront impliquées. Après Jean II de Grailly, allié et créature d'Édouard III, le comté passe à Jean Ier d'Armagnac puis en droit à Gaston Phébus, comte de Foix (1389), qui n'en

Enterrement du clergé
Caricature parue après la vente des biens nationaux. Musée de la Ville de Paris, musée Carnavalet. © *Lauros-Giraudon*

aura même pas la jouissance. En 1425 enfin, Jean de Grailly-Foix se le fait remettre par le parlement de Paris. Jusqu'à son retour au domaine (1607 ou 1620), la Bigorre suit le sort du Béarn. Comme lui, elle conservera ses états jusqu'à la Révolution. Comme lui, elle saura défendre ses fors (coutumes) qui remontaient au XIe siècle.

BIGOT de PRÉAMENEU Félix, comte (Rennes, 1747 – Paris, 1825)

Juriste et homme politique.

Avocat au parlement de Rennes puis à celui de Paris, il est élu à l'Assemblée législative en 1791. Il s'y distingue par sa modération, ce qui lui vaut d'être suspecté sous la Terreur. Libéré après le 9 Thermidor et nommé conseiller d'État sous le Consulat il prend une part importante à la rédaction du code civil. Il succède ensuite à Portalis comme ministre des Cultes de 1808 à 1814.

BILLAUD-VARENNE Jean Nicolas (La Rochelle, 1756 – Port-au-Prince, Haïti, 1819)

Homme politique.

Avocat au parlement de Paris à partir de 1785, il publie divers pamphlets anonymes contre le clergé en 1789, contre les ministres l'année suivante, et accueille la Révolution avec enthousiasme. Secrétaire de Danton, membre de la Société des amis de la Révolution, il propose, en juillet 1791, de remplacer la monarchie par la république, et doit se cacher après avoir produit une brochure républicaine. Il devient bientôt un des orateurs les plus véhéments du club des Jacobins. Membre de la Commune après le 10 Août, il remplace Danton comme substitut du procureur syndic. Il suscite les massacres de Septembre, par la violence de ses discours, se rend ensuite à Châlons pour y surveiller les généraux suspects. Député de Paris à la Convention, il fait décréter que les actes publics seront datés de l'an I de la République à partir du 22 septembre 1792, vote la mort du roi et de la reine, la mise en accusation de Custine et celle de Lanjuinais. Danton dira alors de lui : « Billaud a un poignard sur la langue. » Il entre au Comité de salut public en septembre 1793, organise la Terreur et le gouvernement révolutionnaire, soutient Robespierre contre les dantonistes et les hébertistes avant de se retourner contre lui et de contribuer à sa perte. Cette attitude ne l'empêche pas d'être dénoncé lors de la réaction thermidorienne, et, malgré sa démission du Comité de salut public, d'être décrété d'accusation avec Collot d'Herbois, Barère et Vadier et condamné à la déportation le 1er avril 1795. Déporté, avec Collot d'Herbois, à l'île d'Oléron puis à Cayenne où il se porte acquéreur d'une jeune noire – lui qui avait décrété l'abolition de l'esclavage –, il refusera la grâce offerte par Bonaparte en 1803, et s'enfuira à Port-au-Prince lorsqu'il apprendra le retour des Bourbons.

BILLOTTE Gaston Henri Gustave (Sommerval, 1875 – Ypres, 1940)

Général.

Sorti de Saint-Cyr dans l'infanterie de marine en 1895, il sert au Tonkin qu'il quitte entre 1901 et 1902 pour participer à la campagne de Chine. Après avoir été admis à l'École de guerre en 1907, il est affecté à l'état-major des troupes d'Indochine. Il commande un bataillon sénégalais au Maroc lorsqu'il doit rejoindre le Grand Quartier général (1915). Durant les hostilités, il est à la tête d'une infanterie divisionnaire combattant dans la zone opérationnelle. La paix signée, Billotte fait partie de la mission française en Pologne, pays où il reçoit sa nomination de général. C'est avec ce grade qu'il remplira brillamment des fonctions civiles et militaires au Levant. De 1930 à 1932, les forces d'Indochine sont placées sous son autorité. La dernière année, il siège au Conseil de la guerre et, en 1937, devient gouverneur de la place de Paris. Au début de la Seconde Guerre mondiale, il assure le commandement du 1er groupe d'armées dans le nord de la France. Il lui fera franchir la frontière belge le 10 mai 1940, mais dans la région de Sedan, le front ayant cédé à la poussée allemande, il est contraint à la retraite. À Ypres, le 21 mai 1940, il convient, avec le général Weygand, de la stratégie à adopter : attaque, vers le sud, des Français et des Britanniques ; attaque couverte par le repli, vers l'ouest, des Belges. Le soir même, il est victime d'un accident d'automobile et meurt le surlendemain.

BINGER Louis Gustave (Strasbourg, 1856 – L'Isle-Adam, 1936)

Officier, explorateur et administrateur.

Alsacien passé en France en 1873, Binger s'engage à 18 ans dans les chasseurs à pied, pour entrer ensuite dans l'infanterie de marine. Il mène diverses expéditions au Sénégal dès 1882, puis une mission topographique dans le Haut-Sénégal en 1884. À son retour à Paris, il devient officier d'ordonnance de Faidherbe qui l'incite à explorer la boucle du Niger et l'aide à préparer l'expédition. La mission se déroule de février 1887 à mai 1889. Binger explore 30 000 km de terres inconnues, du Niger au golfe de Guinée, et dresse une carte des régions parcourues. En 1892, il est chargé d'une mission de délimitation en Côte-d'Ivoire, et étudie le tracé de la frontière entre ce pays et la Côte-de-l'Or anglaise. Il est ensuite le premier gouverneur de la colonie de Côte-d'Ivoire, créée en mars 1893 pour regrouper les comptoirs du golfe de Guinée. Il occupe ce poste jusqu'en 1895, étend l'influence française vers l'intérieur du pays. Directeur des Affaires d'Afrique au ministère des Colonies de 1896 à 1906, il soutient l'effort des colonisateurs et élabore diverses conventions, signées en 1898, 1899, 1904, 1906, avec l'Angleterre, pour le tracé des frontières en Afrique. En son honneur est fondée, sur une lagune, à l'est d'Abidjan, Bingerville qui, en 1900, remplace Grand-Bassam comme chef-lieu de la Côte-d'Ivoire avant d'être supplantée par Abidjan.

BIR HAKEIM (bataille de)

Point d'eau du désert libyen, à 60 km au sud-ouest de Tobrouk, rendu célèbre par la résistance acharnée qu'y opposa la 1re brigade des Forces françaises libres aux forces de l'Axe, du 27 mai au 11 juin 1942.

Simple carrefour de caravanes, Bir Hakeim est transformé par ses défenseurs, commandés par le général Koenig, en un point d'appui solide de 17 km de périmètre, à l'extrême sud du dispositif britannique. Lorsque Rommel attaque le 27 mai, il dirige son effort sur Bir Hakeim dont il escompte la chute au bout de quelques heures. La garnison, composée de deux bataillons de la Légion du bataillon du Pacifique et d'un bataillon de fusiliers marins, repousse l'assaut d'une division blindée italienne, détruit 40 chars et réussit à rétablir ses communications avec l'arrière. Mais l'avance des Germano-Italiens, plus au nord, rend la situation de plus en plus difficile. Encerclés, soumis à de violents bombardements aériens, manquant d'eau, accablés par la chaleur, les hommes du général Koenig ne se replient pourtant que sur ordre dans la nuit du 10 au 11 juin, forcent le blocus et, avec leur matériel, 250 blessés et des prisonniers italiens, réussissent à rejoindre les Britanniques envoyés à leur rencontre, à 15 km au nord-est. Faisant suite à la campagne d'Éthiopie et aux raids du général Leclerc dans le Fezzan, Bir Hakeim est devenu le symbole du renouveau de la présence française aux côtés des Alliés dans les combats de la Seconde Guerre mondiale.

BIRAGUE René de (Milan, v. 1507 – Paris, 1583)

Cardinal et chancelier de France.

D'une grande famille milanaise, il semble s'établir en France assez jeune. Il est conseiller au parlement de Paris, surintendant de la Justice, président du sénat de Turin, avant de recevoir la garde des Sceaux de France en 1570. On le tient pour un des principaux organisateurs de la Saint-Barthélemy : ce rôle lui aurait valu d'être nommé chancelier à la mort de Michel de L'Hospital en 1573. Veuf, il se fait prêtre et parvient au cardinalat en 1578, année où les Sceaux lui sont repris.

BIRON Armand Louis de GONTAUT, duc de Lauzun, puis duc de (Paris, 1747 – Paris, 1793)

Général.

À la suite de son *Mémoire sur l'état de défense de l'Angleterre et de toutes ses possessions dans les quatre parties du monde*, il est chargé, en 1779, d'une expédition contre les comptoirs anglais d'Afrique occidentale. L'année suivante, il prend part à la guerre d'Indépendance américaine. Député de la noblesse du Quercy aux États généraux, il entre dans le parti du duc d'Orléans. Bientôt rallié à la Révolution, par ressentiment contre la Cour plus que par conviction, il est nommé commandant en chef de l'armée du Rhin en juillet 1792, puis en septembre, de l'armée chargée d'observer les Autrichiens. Commandant en chef de l'armée des Côtes de La Rochelle, envoyée contre les Vendéens en mai 1793, il présente sa démission, que le Comité de salut public refuse. Il prend alors Saumur, bat les Vendéens à Parthenay et annonce à nouveau son intention de démissionner. Son insistance lui vaut d'être accusé d'incivisme et de modération par Carrier. Destitué le 11 juillet et enfermé à l'Abbaye, traduit devant le Tribunal révolutionnaire le 31 décembre, il est condamné pour avoir conspiré contre la République, et guillotiné le même jour.

BIRON Charles de GONTAUT, duc de (?, 1562 – Paris, 1602)

Maréchal de France.

Il appartient à une noble famille du Périgord, dont le berceau est le château de Biron. Son père, Armand de Gontaut, baron de Biron, maréchal de France, s'était rallié à Henri IV après l'assassinat d'Henri III. Aux côtés d'Henri IV, Biron, que les problèmes de religion n'intéressent pas, prend part aux batailles d'Arques et d'Ivry, aux sièges de Rouen et de Paris, et combat ensuite en Bourgogne, en Flandre et en Artois. Le roi, qui l'a nommé amiral de France en 1592, le fait maréchal de France en 1595, gouverneur de Bourgogne, maréchal général de ses camps et armées en 1597, duc et pair l'année suivante. Biron, qui juge ses services mal récompensés, entre en 1599 en relation avec le duc de Savoie et le roi d'Espagne. Pardonné une première fois, il continue à comploter, notamment avec le comte d'Auvergne. Des troubles éclatent dans ses domaines du Sud-Ouest, et Henri IV doit se résoudre à le faire arrêter en juin 1602. Biron refuse de passer aux aveux qui pourraient le sauver et, jugé et condamné à mort par le Parlement, il est décapité dans la cour de la Bastille.

BITURIGES

Peuple gaulois. D'après Tite-Live ils dominaient la Celtique aux VIIe et VIIIe siècles av. J.-C.

Leur roi Ambigat envoie Bellovèse et Sigovèse, ses neveux, à la conquête de l'Italie et du Danube. À l'époque de César ils comprennent deux rameaux : les Bituriges Cubes (*Cubi*), capitale *Avaricum* (Bourges) et les Bituriges Vivisques (*Vivisci*), capitale *Burdigala* (Bordeaux). Les Cubes habitent entre Loire, Vienne et Sauldre. À l'arrivée de César, ils sont sous l'influence des Éduens. Ils hésitent longtemps à combattre l'envahisseur. Lorsqu'ils s'y décident, César leur prend *Noviodunum*. Ils appliquent alors la tactique de la terre brûlée mais supplient Vercingétorix d'épargner *Avaricum*, qu'ils défendent héroïquement contre les Romains, mais dont ils ne peuvent empêcher la perte. Ils ne se soumettent pas immédiatement après la chute d'Alésia. Au IVe siècle, leur territoire est incorporé dans l'Aquitaine Première dont il constitue une des huit cités, la *civitas Biturigum*. Les Vivisques sont un vestige de l'ancienne domination des Bituriges en Gaule. Ils occupent les rives de la Garonne et de la Gironde, surtout la rive gauche. Au IVe siècle, ils forment la majeure partie de la *civitas Burdigalensium* ; leur chef-lieu *Burdigala* est la métropole de l'Aquitaine Seconde.

BIZERTE

Port tunisien situé face au détroit de Sicile, à la limite des deux bassins de la Méditerranée.

Élevée à l'emplacement de l'ancienne cité punique et romaine d'*Hippo Diarrythus*, Bizerte est, au Moyen Âge, un repaire de pirates. Les derniers Morisques, que Philippe III d'Espagne chasse de son royaume en 1609, s'y fixent ; ils transformeront la cité en un actif port de pêche. Bizerte trouve sa vocation de base navale lorsque le protectorat français aménage le goulet qui relie son lac intérieur à la Méditerranée. Plate-forme d'où partent les expéditions coloniales, l'importance de la ville s'accroît pendant la Première Guerre mondiale : les restes de l'armée serbe s'y replient en 1916. Lieu d'asile prédestiné, Bizerte accueille indistinctement la marine antibolcheviste de l'amiral Wrangel, en 1921, et la flotte espagnole républicaine, le 27 février 1939. Le 10 novembre 1942, le commandant de la base, l'amiral Derrien, se conformant à l'ordre de l'État de Vichy, ne s'oppose pas à l'occupation de Bizerte par la Wehrmacht. Le 8 décembre, à la suite d'un ultimatum, les 3 torpilleurs et les 9 sous-marins qui mouillent dans la rade sont livrés intacts aux forces allemandes. Les renforts de l'Axe débarqueront, dorénavant, à Bizerte et, de ce fait, le port subira de meurtriers bombardements anglo-américains. Ils cesseront le 7 mai 1943, jour où le 2e corps d'armée américain, un détachement de goumiers marocains et le corps franc d'Afrique obligeront les soldats du Reich à évacuer la ville. Après la reconnaissance par la France de l'indépendance de la Tunisie en 1956, la définition du statut de Bizerte provoque de sérieux différends entre Paris et Tunis. Les troupes françaises réoccupent Bizerte de 1961 à 1963.

BLACAS d'AULPS Pierre, comte, puis duc de (Vérignon, Provence, 1771 – Prague, 1839)

Homme politique.

Il est parmi les premiers émigrés de 1789 et succède, en 1803, à Avaray dans la faveur de Louis XVIII en exil dont il est un des principaux conseillers jusqu'à la chute de l'Empire en 1814. Sous la première Restauration, il dirige la maison du roi : il acquiert en peu de temps une telle impopularité qu'aussitôt après les Cent-Jours l'entourage royal, rejetant sur lui toute la responsabilité des fautes de 1814, parvient à convaincre Louis XVIII de l'éloigner de Paris. Il est envoyé comme ambassadeur à Naples puis à Rome. En 1817, il quitte momentanément son poste romain pour rendre compte au roi de ses négociations avec Pie VII et Consalvi en vue de remplacer le concordat de 1801 par un traité nouveau, et le roi ne l'engage pas à s'attarder à Paris. Lorsqu'en 1821 Monsieur (futur Charles X) suggère son rappel au ministère, Villèle et Corbière s'y opposent : son nom est trop marqué. C'est pourtant une âme d'un dévouement à toute épreuve, un caractère pondéré, une intelligence assez solide malgré une certaine maladresse. Il suit Charles X dans sa retraite et meurt en exil auprès du duc d'Angoulême.

BLANC Louis (Madrid, 1811 – Cannes, 1882)

Historien, théoricien socialiste et homme politique.

Fils d'un fonctionnaire du roi Joseph Bonaparte, il connaît une enfance difficile à la suite de la chute de l'Empire. Installé à Paris, Louis Blanc devient journaliste et fonde, en 1839, son propre journal, *La Revue du progrès*. Il apparaît bientôt comme l'un des théoriciens du mouvement socialiste, subit l'influence de Saint-Simon et de Fourier, mais propose des solutions qui, selon lui, doivent permettre la transformation pacifique de la société. Contre la concurrence, il prône l'association, la création d'ateliers sociaux, de coopératives ouvrières de production qui, peu à peu, entraîneraient la disparition des entreprises privées. Ses théories sont exposées en 1839 dans une brochure, *L'Organisation du travail*. Il reprend ses idées en 1848 dans *Le Droit au travail*. Excellent historien, Louis Blanc publie de nombreux pamphlets contre le régime de la monarchie de Juillet, et principalement une remarquable *Histoire de dix ans*, en 1841. Il écrit également, de 1847 à 1862, une *Histoire de la Révolution française*.

De juillet à décembre 1847, il prend part à la campagne des banquets et, après la chute de la monarchie, soutenu par le journal socialiste *La Réforme* et par les ouvriers, fait partie du gouvernement provisoire de la République. Là, il se fait le porte-parole des ouvriers et réclame la création d'un ministère du Progrès et du Travail. Le 25 février, il rédige la plus grande partie du décret fameux qui garantit aux ouvriers le droit au travail. Le 28, il obtient de ses collègues la création d'une commission du travail, dite Commission du Luxembourg. Mais, ne parvenant pas à lui faire jouer un rôle actif, il doit se contenter d'arbitrages et de conseils. La création des Ateliers nationaux, qui ne correspondent pas à l'idée qu'il s'en fait, a lieu contre son gré. Élu député de Paris le 28 avril 1848, Blanc ne fait pas partie de la commission exécutive élue le 5 mai par l'Assemblée et ne prend ensuite aucune part aux journées de Juin. Il est néanmoins obligé de s'enfuir en Angleterre, où il séjourne jusqu'en 1870. À son retour, il est élu à l'Assemblée nationale (8 février 1871), désapprouve la Commune et continue de siéger à l'Assemblée sous la IIIe République, sans plus exercer d'influence.

BLANCHE de BOURGOGNE (?, v. 1296 – Maubuisson, 1326)

Princesse.

Fille d'Otton IV, comte de Bourgogne, et de Mahaut, comtesse d'Artois, elle épouse en 1307 Charles, comte de la Marche, troisième et dernier fils de Philippe le Bel. En 1314, elle est accusée, ainsi que sa belle-sœur Marguerite de Bourgogne, d'adultère avec un des frères d'Aulnay, et Philippe le Bel la fait enfermer dans la forteresse de Château-Gaillard. Lorsque son mari devient roi sous le nom de Charles IV le Bel, il obtient l'annulation de son mariage sous prétexte de consanguinité (1322) mais la libère. Elle se retire à l'abbaye de Maubuisson où elle prend le voile. L'histoire des princesses coupables à donné naissance à la légende de la tour de Nesle.

BLANCHE de CASTILLE (Palencia, Castille, v. 1188 – Maubuisson, 1252)

Reine de France (1223-1252).

Fille d'Alphonse VIII, roi de Castille, et d'Aliénor d'Angleterre, elle est, par sa mère, petite-fille d'Henri II Plantagenêt et d'Aliénor d'Aquitaine. Son mariage avec le fils aîné de Philippe Auguste, le futur Louis VIII le Lion, est décidé à la suite du traité signé au Goulet, non loin de Vernon, en 1200, entre le roi de France et Jean sans Terre. Il est célébré le 23 mai de cette même année en face du Goulet, à Port-Mort, à la lisière du royaume capétien et de la Normandie. Blanche est sacrée et couronnée à Reims le 6 août 1223. Trois ans plus tard, elle est veuve alors que l'héritier du trône, le quatrième de ses onze enfants, le futur Saint Louis, n'a que 12 ans. Louis VIII, sur son lit de mort, a mis le royaume sous le « bail » (ou la garde) de sa femme qui s'est montrée une épouse fidèle et active. Pendant près de dix ans, la reine exerce les fonctions de régente sans en porter le titre, inconnu à cette époque.

Blanche se heurte à l'hostilité des grands seigneurs qui se soulèvent contre cette femme étrangère. Mais elle est énergique, mate une première révolte en 1227 (traités de Vendôme) et une seconde coalition en 1228-1229. Avec l'aide du légat du pape en France, Romain Frangipani, elle réussit à éteindre la guerre albigeoise qui traîne en Languedoc. Le conflit prend officiellement fin avec le traité de Meaux-Paris en avril 1229, très favorable à là royauté. Elle vient également à bout de la révolte des étudiants de l'université de Paris et lutte victorieusement contre les tentatives du roi d'Angleterre Henri III pour récupérer ses terres continentales. Son plus farouche ennemi est Pierre Mauclerc, mais elle a un allié dévoué en la personne de Thibaud comte de Champagne. En 1234, elle fait épouser à son fils Marguerite de Provence pour étendre l'influence de la dynastie dans la vallée du Rhône. Elle lui laisse alors un royaume pacifié où l'autorité royale est étendue. Jusqu'à sa mort, elle continue à jouer un rôle politique important. Après le départ de Saint Louis pour la 7e croisade de 1249, Blanche reprend fermement les rênes du pouvoir et met notamment fin à la révolte des Pastoureaux. Elle est enterrée à l'abbaye de Maubuisson qu'elle avait fondée.

Sceau de Blanche de Castille
Épouse de Louis VIII et reine de France, elle est la mère de Saint Louis. © *Lauros-Giraudon*

BLANCS (les)

Nom donné aux insurgés vendéens pendant la Révolution, par allusion à leur drapeau blanc.

Le terme a survécu et désigne sous la IIe République les royalistes partisans de la légitimité.

BLANDINE, sainte (? – Lyon, 177)

Jeune esclave vivant à Lyon dans la seconde moitié du IIe siècle, martyrisée lors de la grande persécution de 177, pour avoir refusé d'abandonner la foi chrétienne.

Après avoir subi de multiples tortures, elle est livrée aux bêtes sauvages, exposée sur un gril, puis, enveloppée d'un filet, elle est dépecée par un taureau.

BLANQUI Louis Auguste (Puget-Théniers, Alpes-Martimes, 1805 – Paris, 1881)

Théoricien révolutionnaire et homme politique.

Né dans une famille bonapartiste qui connaît des difficultés au moment de la Restauration, il déteste les Bourbons. Dès 1824, il s'affilie à la Charbonnerie. Journaliste et répétiteur, il entreprend, en 1826, des études de droit et de médecine. Déjà attiré par les idées révolutionnaires, il se joint aux manifestations d'étudiants de 1827 au cours desquelles il est blessé à plusieurs reprises. Il entreprend en 1828 un voyage en France et en Espagne et est emprisonné une première fois à Nice. À son retour à Paris, Blanqui collabore au

Globe, et prend part à la révolution de 1830. Il adhère à la Société des amis du peuple, association révolutionnaire dirigée par Godefroy Cavaignac, et s'associe à tous les complots et émeutes de 1831. Arrêté avec Raspail, il passe devant les assises en janvier 1832, est accusé de complot contre la sûreté de l'État. À la suite de ce procès dit « des Quinze », il est condamné à un an de prison. Il reprend ses menées de propagande et d'agitation à sa sortie de prison, tandis que Buonarroti lui fait connaître les idées de Babeuf. Blanqui ne croit pas à la possibilité de transformer pacifiquement la société. Selon lui, il faut faire la révolution, le coup de force, pour créer un État populaire tout-puissant, chargé de répartir les biens, de réglementer la production, d'organiser l'association des travailleurs. Bien qu'il veuille améliorer le sort des ouvriers, il connaît mal leurs véritables problèmes, et on trouvera assez peu d'ouvriers à ses côtés.

Après un nouveau procès en avril 1835, il rejoint la Société des familles, association secrète créée par Barbès, est arrêté avec ce dernier en mars 1836, lors de l'affaire des Poudres, et condamné à deux ans de prison. En 1837, alors qu'il est en résidence surveillée à Pontoise, il fonde avec Barbès et Martin Bernard une autre société secrète, dite « des Saisons ». Il dirige le coup de main du 12 mai 1839 contre l'Hôtel de Ville, s'enfuit après son échec, est arrêté au mois d'octobre, alors qu'il se disposait à partir pour la Suisse. Il est alors condamné à mort, mais sa peine est commuée et il est enfermé au Mont-Saint-Michel, puis à Tours. Il bénéficie en 1844 d'une remise de peine mais, refusant cette grâce, reste à l'hospice de la prison. Il reçoit des ouvriers et des étudiants, et continue à conspirer. Il est de nouveau emprisonné en 1846 pour avoir encouragé la fondation d'une société secrète. Libéré peu avant la révolution de 1848, il fonde à Paris un club qui devient la Société républicaine centrale où l'on trouve des intellectuels et peu d'ouvriers, mais qui exerce une grande influence, tout en menaçant le gouvernement provisoire d'un coup de main. Pour perdre Blanqui, le gouvernement produit alors ce que l'on a appelé le *document Taschereau*, l'accusant d'avoir livré ses amis à la police, document dont Blanqui niera toujours l'authenticité.

Blanqui participe à l'émeute du 15 mai, dont le but est d'instaurer un gouvernement révolutionnaire à l'Hôtel de Ville de Paris, est arrêté et enfermé à Vincennes. Jugé en mars 1849 par la haute cour de Bourges avec Barbès et Raspail, entre autres, il est condamné à dix ans de détention et purge sa peine à Doullens, à Belle-Île, puis en Corse, avant d'être déporté à Mascara. Il rentre à Paris, se rend à Londres, prépare un journal, est de nouveau arrêté pour avoir organisé une société secrète, et condamné à quatre ans de prison en 1861. Enfermé à Sainte-Pélagie, admis à l'hôpital Necker, il s'en évade en août 1865 et se réfugie à Bruxelles. De retour à Paris et toujours dans l'intention de déclencher la révolution, il crée une armée secrète d'environ 2 500 hommes, véritable organisation de combat. Il monte le 14 août 1870 une insurrection qui échoue. Après le 4 Septembre, il fonde un journal, *La Patrie en danger*, où il conseille le gouvernement et les généraux sur la conduite à tenir.

Le 31 octobre, il est du coup de main au cours duquel les gardes nationaux prennent l'Hôtel de Ville et font prisonnier le gouvernement. Il est arrêté à Cahors, est en prison lorsqu'on l'élit membre de la Commune, en mars 1871. Après la Semaine sanglante, il est incarcéré au fort du Taureau. À Versailles, il est condamné à la déportation et à la dégradation civique ; la première peine est commuée en emprisonnement et il est enfermé à Clairvaux. Encore emprisonné, il est élu député de Bordeaux en mars 1879 ; son élection est invalidée. Libéré le 10 juin et amnistié, il se rend à Bordeaux pour y faire campagne, mais est battu. Pendant les derniers mois de sa vie, il organise des réunions dans toute la France et fonde un journal révolutionnaire, *Ni Dieu ni maître*.

BLAYE

Ville située sur la rive droite de la Gironde.

Capitale du pays blayois, elle fut, pour les pèlerins, une étape importante sur la route de Saint-Jacques-de-Compostelle. Du début du XIVe siècle au milieu du XVe, Français et Anglais se disputent la possession de la redoutable citadelle de Blaye que les huguenots mettront à sac en 1568. Les ligueurs, eux, s'y retranchent et résistent à l'armée du maréchal de Matignon, qui s'efforce de les réduire en 1593. Vauban restaurera les fortifications de l'ouvrage en 1652. Faite prisonnière à Nantes après le soulèvement de la Vendée, la duchesse de Berry est internée, du 17 novembre 1832 au 8 juin 1833, à la citadelle de Blaye, par le gouvernement de Louis-Philippe.

BLÉNEAU (bataille de)

Ville de l'Yonne, sur le Loing.

L'armée de la Fronde, commandée par Condé, y bat le 6 avril 1652 un corps d'armée placé sous le commandement d'Hocquincourt. Dès le lendemain, Turenne rétablit la situation de l'armée royale en battant Condé au même endroit, et les frondeurs n'ont plus qu'à se replier sur Châtillon.

BLÉRIOT Louis (Cambrai, 1872 – Paris, 1936)

Aviateur et industriel.

Il fait fortune en créant en 1897, à Paris, une usine de phares d'automobile. Cette aisance financière lui permet de construire des monoplans à partir de 1902. En 1909, il devient mondialement célèbre en étant le premier à traverser la Manche en avion en trente-sept minutes. Pendant la guerre, il construit le Spaad, utilisé sur le front par tous les aviateurs français. Jusqu'en 1918, son entreprise est la plus importante d'Europe.

BLÉS

À l'époque moderne, la coutume distingue les « mars » ou « petits bleds » (avoine, orge...), destinés essentiellement à l'alimentation des chevaux, des « gros grains », correspondant au froment – céréale de luxe –, à l'épautre, au seigle, au méteil (froment et seigle), au blé d'Inde (maïs), au sarrasin...

Les blés sont consommés en bouillies de céréales, en galettes ou en pains cuits au four banal du seigneur. Au début du XVIIIe siècle, un journalier dépense la moitié de ses ressources en céréales ; il est vrai que la viande est rare et la poule au pot de Henri IV un mythe : même à la fin du siècle, un tisserand rouennais consomme plus d'1 kg de pain par jour. Tout au long du XVIIIe siècle, le pain fournit la moitié des calories des Parisiens, la viande, le poisson et les œufs environ 15 %.

La production varie tellement d'une année sur l'autre que les prévisions sont mal aisées et la spéculation fréquente, déclenchant des révoltes sporadiques contre les « accapareurs » et accréditant le mythe du pacte de Famine. Les mercuriales – ces tables qui relèvent les cours du blé sur les différents marchés et donnent le rythme des « chertés » – sont des sources précieuses pour les historiens : le prix du sétier de blé (156 litres) passe aux Halles de Paris de 15 livres en 1659-1660 à 25,38 livres en 1660-1661 et à 33,9 livres en 1661-1662, année de disette et même de famine, notamment dans le pays de Blois. Irréguliers, les blés circulent mal : le transport est lent, et renchéri par les douanes interprovinciales – les traites – aussi bien que par les barrières de péage. Pour fluidifier l'approvisionnement, les municipalités créent des greniers publics et contrôlent la collecte des céréales, l'État intervenant pour contraindre les provinces productrices à vendre leurs grains. Lors des disettes, on importe de l'étranger – du Levant ou de Pologne.

Au XVIIe siècle, le mercantilisme est partisan du contrôle du commerce avec un double objectif : nourrir les villes, fût-ce aux dépens des campagnes, et interdire les exportations. La libéralisation du commerce du blé commence en 1760 avec les réformes des contrôleurs généraux des Finances Bertin et Laverdy : les blés circulent avant qu'une série de crises à partir de 1764 ne fassent flamber les prix. En 1774, Terray renonce à la liberté de commerce ; Turgot, en septembre de la même année, la rétablit, mais de mauvaises récoltes font monter les cours, déclenchent en 1775 une série d'émeutes connues sous le nom de « guerre des Farines » et discréditent au yeux du peuple le principe de la libre concurrence. Turgot assouplit alors le système en supprimant les péages et les octrois. Ses successeurs reviennent en partie sur la libre circulation – Necker y est ainsi très hostile –, qui est débattue à la veille de la Révolution – Brienne accorde la libre exportation en 1787 –, au moment où des hausses de prix précipitent la colère populaire (émeute du 5 octobre 1789).

La question de la libre circulation des blés est, autant qu'un enjeu économique, un débat politique voire philosophique : de multiples traités y sont consacrés (Galiani, *Dialogue sur le commerce des bleds*, 1770 ; Necker, *Sur la législation du commerce des grains, 1775*) ; les libéraux, comme Véron de Forbonnais, y rejoignent les physiocrates, comme Du Pont de Nemours, dont ils se séparent sur d'autres thèmes. Tout le parti philosophique (articles « Grains » et « Fermiers » de l'*Encyclopédie* rédigés par Quesnay, article « Agriculture » par Diderot) milite pour la libre circulation de Turgot, symbole de volontarisme réformiste. Apparaît en filigrane une « laïcisation de l'économique » (Daniel Roche) à mesure que les notions de lois économiques et de bien public

Blés
Distribution du pain du roi au Louvre lors de la famine de 1709. Gravure populaire du XVIIIe siècle, Paris, Bibliothèque nationale de France.
© *Sélection Images*

Bloc des gauches
Composition satirique de 1906 au moment des élections législatives : les partis de gauche. © *Collection Viollet*

garanti par un État-arbitre se substituent à la tradition et à la référence à l'autorité divine. Ainsi dans l'article « Blé » des *Questions sur l'Encyclopédie*, bientôt intégrées au *Dictionnaire philosophique* portatif, Voltaire résume-t-il toutes ses attaques contre la superstition.

BLEUS (les)

Nom donné aux soldats républicains, en raison de la couleur de leur uniforme, par les paysans révoltés de l'Anjou, du Maine, de la Bretagne et du Poitou pendant la Révolution, lors des guerres de Vendée.

Le terme a survécu aux événements qui l'ont créé et désigne, sous la IIe République, les républicains modérés, par opposition aux Rouges, républicains socialistes et aux Blancs, royalistes légitimistes.

BLOC DES GAUCHES, ou BLOC RÉPUBLICAIN, ou BLOC DE DÉFENSE RÉPUBLICAINE

Nom donné à une coalition dreyfusarde de parlementaires de gauche soutenant le gouvernement de Défense républicaine de Waldeck-Rousseau depuis 1889, qui naît dans le contexte des élections législatives d'avril-mai 1902.

Le Bloc des gauches, après une large victoire due à une discipline républicaine sans faille, rassemble à la Chambre des modérés, issus de l'Alliance républicaine démocratique, des radicaux, des radicaux-socialistes et des socialistes. Mais ce sont essentiellement les radicaux qui, avec 219 élus sur le total des 370 sièges obtenus par la gauche, forment le noyau dur du Bloc, tandis que les modérés recueillent 99 sièges et les socialistes 48. C'est pourquoi Waldeck-Rousseau cède la place au radical Émile Combes pour former un gouvernement où on retrouve des radicaux comme Camille Pelletan et des modérés comme Maurice Rouvier et Théophile Delcassé, les socialistes ayant refusé toute participation ministérielle. La navette entre la Chambre et le gouvernement est constituée par la Délégation des gauches, inspirée par Jaurès. Le Bloc des gauches axe sa politique dans deux directions principales, à savoir l'anticléricalisme et la républicanisation des grands corps de l'État. Contrôles des associations, dissolution des congrégations non autorisées et suppression de leur droit d'enseignement, rupture des relations avec le Vatican : les lois de 1901 et de 1904 aboutissant à celle de la Séparation des Églises et de l'État votée en 1905 par le gouvernement Rouvier. Les inventaires des biens de l'Église et l'expulsion des congrégations déclenchent de multiples campagnes de protestation, y compris au sein de la majorité, contre un anticléricalisme dénoncé comme primaire, qui plus est servant à masquer les véritables problèmes de la France. La politique sociale du Bloc des gauches est en effet insignifiante et provoque des grèves conduites par la CGT à partir de 1902, ainsi que la restructuration du Parti socialiste. La création de la SFIO en avril 1905 met ainsi fin au Bloc des gauches, par le refus affirmé des socialistes de cautionner tout gouvernement bourgeois.

BLOC NATIONAL

Nom donné à la formation issue de l'Union sacrée, créée en 1919.

L'expression revêt en fait trois acceptions différentes. Le Bloc national désigne au sens strict une proposition faite par Alexandre Millerand en vue des élections de 1919 : constituer une coalition regroupant les différentes formations qui ont soutenu l'Union sacrée pendant la Première Guerre mondiale, à l'exception du Parti socialiste SFIO, plombé par la menace bolchevique. À la suite du refus des radicaux de participer à cette coalition résolument antisocialiste, le Bloc national rassemble essentiellement la droite et le centre, réunissant des monarchistes, des nationalistes et des catholiques : il remporte aux élections les deux tiers des voix et constitue ainsi la « Chambre bleu horizon ». Dans un sens plus large, la notion de Bloc national renvoie à la majorité de cette Chambre de 1919 à 1924, qui comprend les radicaux jusqu'en 1923. Enfin le Bloc national désigne les ministres qui se sont succédés de 1919 à 1924, sous la direction d'Alexandre Millerand en 1920, de Georges Leygue de 1920 à 1921, d'Aristide Briand de 1921 à 1922, de Raymond Poincaré de 1922 à 1924. À l'intérieur, ces ministres se caractérisent par une politique cléricale qui va du rétablissement de l'ambassade du Vatican au maintien du régime concordataire de l'Alsace-Lorraine, par une politique d'orthodoxie financière marquée sous Poincaré par un redressement des impôts de 20 %, par une rigoureuse restriction des dépenses de l'État, enfin par une répression des mouvements sociaux. À l'extérieur, les gouvernements du Bloc national entendent que le traité de Versailles soit appliqué à la lettre, notamment en ce qui concerne le paiement des réparations. C'est à cette fin que le gouvernement Poincaré décide d'occuper la Ruhr en 1923. La politique financière du Bloc national, qualifiée de « Verdun financier de 1924 », et l'intransigeance envers l'Allemagne, qui fait craindre une nouvelle guerre, rendent impopulaire le Bloc national qui cède la place au Cartel des gauches lors des élections de 1924.

BLOCUS CONTINENTAL

Décrété à Berlin le 21 novembre 1806 par Napoléon Ier, le Blocus continental est un ensemble de mesures destinées à interdire l'accès des ports européens au commerce anglais.

Réponse au blocus maritime institué par le gouvernement de Londres, et qui tendait à la saisie des marchandises françaises ou destinées à la France, il consiste dans un premier temps en la confiscation des marchandises anglaises et l'interdiction à tout navire ayant relâché dans un port britannique d'entrer dans un port français ou allié. À son tour, Londres ordonne la prise des navires qui n'auraient pas acquitté de droits de douane dans un port britannique. Napoléon réplique, par le décret de Milan du 17 décembre 1807, déclarant de bonne prise tout navire qui aurait payé lesdits droits. Les conséquences du Blocus sont immédiates. L'Angleterre voit ses exportations s'effondrer, son industrie péricliter, mais elle recherchera des compensations dans des débouchés nouveaux vers l'Europe du Nord, l'Orient et l'Amérique latine ; la contrebande aidant, son économie y retrouve son compte. En France, les produits exotiques manquent, les denrées renchérissent, et si l'industrie se trouve favorisée, les ports maritimes adonnés au commerce sont ruinés. De conjoncturel, le Blocus continental devient alors politique. Il ne s'agit plus seulement de répondre aux Anglais, mais d'abattre l'Angleterre en dirigeant contre elle l'Empire entier.

Le défaut du système est que l'Europe ne peut se passer du commerce anglais, et qu'elle ne consent pas à vivre en économie de guerre, même sous le diktat de Napoléon. Aussi, pour la soumettre à sa volonté, celui-ci doit-il d'abord la conquérir : transformer les royaumes donnés aux Bonaparte en départements français, annexer les États pontificaux, intervenir au Portugal et en Espagne, enfin, quand les ports russes se rouvrent aux navires anglais, se lancer dans la folle campagne de Russie. Cet enchaînement de contraintes et d'invasions, dont il ne semble alors pas possible de voir la fin, aura pour effet d'apprendre, pour longtemps, la haine de la France aux peuples qui lui étaient le moins hostiles et de provoquer à terme la chute de l'Empire.

BLOIS

Ancienne capitale du Blaisois, sur la Loire.

La ville et le comté. La ville est citée pour la première fois par Grégoire de Tours sous l'appellation de *castrum Blesense*. Ravagée à plusieurs reprises par les Normands, elle appartient au IXe siècle à Robert le Fort mais ne se transmet pas aux Capétiens. Le premier comte de Blois est Thibaud le Vieux ou le Tricheur, également comte de Chartres (mort en 977), seigneur de fort mauvaise réputation ; le second est son fils Eudes (mort en 996). Ainsi, dès le Xe siècle, la maison de Blois règne non seulement sur le Blaisois et le Chartrain mais encore sur le Dunois, la Touraine, le Sancerrois. Elle représente un danger pour l'Orléanais capétien ; mais ce n'est qu'un début, car Eudes II hérite en 1019 du comté de Troyes qui, joint à celui de Meaux, constitue le comté dit de Champagne : l'ensemble du domaine royal est alors pratiquement encerclé. En réaction contre la menace, les rois Hugues, Robert, Philippe Ier et Louis VI ne ménagent pas leurs efforts diplomatiques et militaires. Sous Philippe Auguste, les comtes de Blois-Champagne ont beaucoup perdu de leur puissance. Ce sont les progrès fulgurants des Angevins qui retiennent maintenant en priorité l'attention royale. En 1241, le comté de Blois entre par mariage dans la maison de Châtillon. Il n'en sort qu'en 1391 par l'achat de Louis d'Orléans. À la mort de celui-ci, il passe à son fils Charles, père de Louis XII, qui le réunit à la couronne à son avènement. Pendant presque tout le XVIe siècle, Blois est la résidence préférée des rois Valois-Orléans qui en sont seigneurs autant comme souverains de France que comme princes

apanagés du comté : ainsi Louis XII, ainsi Henri II dont Louis XII est l'aïeul maternel. C'est à Blois que la France est gouvernée, à Blois que sont signés maints traités d'alliance ou de paix, là qu'ont lieu les états généraux de 1576 et de 1588. Ce sont précisément ces derniers qui amènent Henri III à se défaire à Blois de son dangereux rival, Henri de Guise (23 déc. 1588).
Le château. L'état du château sous les Châtillon est assez mal connu. Des XIIIe et XIVe siècles subsistent seulement les trois tours de flanquement du front nord-ouest, intégrées dans la façade de François Ier, la tour cylindrique de l'angle sud, enfin, dans l'angle nord, la grande salle dite des États pour avoir abrité les états généraux sous Henri III. Vers 1440, l'aspect du château évolue brusquement. Au retour de sa captivité, Charles d'Orléans installe sa cour à Blois et entreprend d'importants travaux. Sous Louis XII, nouvelles constructions : la chapelle Saint-Calais et la façade orientale dite aile Louis-XII, ornée de la statue équestre du roi et offrant une heureuse combinaison de la brique et de la pierre. C'est là que mourut Anne de Bretagne. Enfin des jardins magnifiques s'étendent bien au-delà de l'enceinte actuelle du château. Au début de son règne, François Ier s'intéresse à Blois, que sa femme Claude de France, fille de Louis XII, affectionne. Il fait élever la somptueuse et italianisante façade des Loges, ainsi que le fameux escalier extérieur de la cour (1515-1524), aujourd'hui décentré. En 1637, Gaston d'Orléans, en faveur de qui a été reconstitué l'apanage de Blois, fait commencer la reconstruction complète des bâtiments sur des dessins de Mansart : la modernisation s'arrête après l'édification de l'aile qui porte aujourd'hui son nom.

Château de Blois
Le monumental escalier à cage octogonale de l'aile François-Ier, influence de la Renaissance Italienne. © *Explorer - P. Wysocki*

BLOIS Charles de : voir CHÂTILLON-BLOIS

BLUM Léon (Paris, 1872 – Jouy-en-Josas, 1950)

Homme politique, président du Conseil.

Admis à l'École normale supérieure en 1890, il s'y lie d'amitié avec Lucien Herr qui le mettra en rapport avec Jaurès. La fréquentation de celui-ci et son engagement dreyfusard, qui lui a fait expérimenter à ses dépens l'antisémitisme, sont pour beaucoup dans son adhésion au socialisme. En 1891 commence sa collaboration à la *Revue blanche*. Il s'y fait vite connaître par ses articles de critique littéraire et théâtrale, qui paraissent également dans d'autres journaux comme *Gil Blas*, les *Cahiers de la Conque*, *Comœdia*. En 1902, il s'inscrit au Parti socialiste français de Jaurès, ce qui l'amène à écrire dans *L'Humanité*. Mais de 1905 à 1914, il se consacre essentiellement à son métier de conseiller d'État et à la littérature ; il publie en 1907 son étude sur *Le Mariage* où il soutient la thèse de l'instinct polygamique naturel puis, en 1914, *Stendhal et le beylisme*. Chef de cabinet de Marcel Sembat en août 1914 et favorable à l'Union sacrée, il apparaît sur le devant de la scène politique lorsqu'il est élu député de Paris en 1919.

Après la scission née du congrès de Tours en décembre 1920, il est un des dirigeants de la minorité qui reste fidèle à la IIe Internationale et, dès ce moment, bien qu'il n'occupe pas d'autres fonctions que celle de secrétaire du groupe parlementaire socialiste, il prend la direction du parti, dont il demeurera jusqu'à sa mort le chef incontesté. Il préside à la reconstruction du groupe socialiste qui apparaît réalisée lors des élections de 1924, et pour lesquelles il a préconisé des listes d'entente avec les radicaux (Cartel des gauches). Il est lui-même élu député de Narbonne en 1929 et le restera sans interruption jusqu'en 1940. En 1933, il doit faire face à la scission des néosocialistes. Confronté également au problème de la participation au pouvoir, il établit alors une distinction entre l'exercice du pouvoir, qui ne peut être envisagé par les socialistes que dans le cadre du régime capitaliste et dans le respect des institutions, et la conquête du pouvoir par la voie révolutionnaire. Du 4 juin 1936 au 21 juin 1937, il préside le premier ministère du Front populaire qui s'appuie à la Chambre sur la coalition des trois grands partis politiques de gauche victorieux aux élections législatives de 1936. Il arbitre la négociation qui aboutit le 7 juin 1936 à la signature, entre le patronat et la CGT, des « accords Matignon », et fait voter par le Parlement une série de lois sur les conventions collectives, les congés payés et la réduction du travail hebdomadaire à 40 heures. Mais les graves dissensions provoquées au sein de la gauche française par sa politique de non-intervention en Espagne, l'hostilité irréductible de la droite, la détérioration du climat politique – qui se traduit par la bagarre sanglante de Clichy en mars 1937 entre d'anciens Croix-de-Feu et des contre-manifestants socialistes et communistes –, l'échec de la politique économique du Front populaire et les difficultés financières énormes dues à la fuite des capitaux et à la moins-value des rentrées fiscales se conjuguent pour provoquer la chute de son gouvernement. Il est renversé par le Sénat en juin 1937. Rappelé au pouvoir le 13 mars 1938, il doit démissionner de nouveau dès le 8 avril, après le rejet par le Sénat des pleins pouvoirs financiers demandés par son gouvernement. La constitution du cabinet Daladier, qui consacre la rupture définitive du Front populaire, le rejette, à la veille de la guerre, hors des responsabilités gouvernementales. Cet antimunichois républicain fait partie des 80 qui refusent de voter les pleins pouvoirs du maréchal Pétain, en juillet 1940.

Accusé par le gouvernement de Vichy d'avoir contribué à l'impréparation militaire de la France, Blum est arrêté en septembre 1940. Interné à Bourrassol puis au Portalet, il inspire de sa prison les socialistes résistants et entretient une correspondance intéressante avec le général de Gaulle. Il est traduit devant la cour suprême de justice de Riom le 19 février 1942, mais le procès, qui prend une tournure fâcheuse pour le gouvernement de Vichy, est ajourné *sine die* le 11 avril 1942. L'année suivante, en mars 1943, les autorités de Vichy le livrent aux Allemands qui le déportent en Allemagne. Il est enfin libéré par les troupes alliées en mai 1945. Il reste à l'écart des premières assemblées parlementaires de la IVe République, se contentant de la direction politique du *Populaire* et d'une sorte de tutelle morale exercée sur la SFIO. Léon Blum accepte toutefois de présider, du 12 décembre 1946 au 16 janvier 1947, un gouvernement socia-

Léon Blum
Au cœur de son discours au Vel d'Hiv en 1936, lors d'un meeting du Front populaire. © *Lapi - Viollet*

Séance de la Convention le 1er prairial an III
Boissy d'Anglas, président de la séance, salue la tête du député Féraud. Huile sur toile de Jean Alphonse Rœhn, Tarbes, musée Massey. © *Lauros-Giraudon*

liste homogène de transition qui assure, après la séparation de la seconde Assemblée constituante, la mise en place définitive des organismes constitutionnels de la IVe République et tente de faire appliquer une baisse autoritaire des prix de 5 %. Pressenti pour constituer un nouveau ministère en novembre 1947, il ne peut obtenir la majorité constitutionnelle. Sa pensée politique est résumée dans un livre qu'il a publié en 1945 : *À l'échelle humaine*. L'ouvrage se veut une réponse au discours de Bayeux du général de Gaulle et affirme la primauté parlementaire.

BNP : voir BANQUE NATIONALE DE PARIS

BODIN Jean (Angers, 1530 – Laon, 1596)

Homme de loi.

Avocat au parlement de Paris, il devient, en 1571, secrétaire des commandements du duc d'Anjou, François, frère cadet d'Henri III, et maître des requêtes en son hôtel. De 1584 à 1588, il est lieutenant général au bailliage de Laon, puis procureur général dans la même ville qu'il engage dans le parti de la Ligue en 1589, bien qu'ayant été lui-même protestant dans sa jeunesse. Auteur de nombreux ouvrages, Jean Bodin a été un esprit remarquable par la variété de ses préoccupations intellectuelles et la profondeur de ses analyses. Il insiste, dans son *Methodus ad facilem historiarum cognitionem* (1566), sur la nécessité d'une bonne formation historique pour le juriste et estime que l'histoire est la meilleure introduction à la politique. Économiste, il tente, dans sa célèbre *Réponse aux paradoxes de M. de Malestroit*, de démonter le mécanisme de ce que l'on a appelé depuis l'inflation et établit une théorie séduisante mettant en relation l'afflux des métaux précieux d'Amérique et la montée des prix au XVIe siècle. Écrivain politique, il étudie les systèmes de gouvernement dans les six livres de sa *République*, la plus importante de ses œuvres. Il s'y montre partisan d'une monarchie absolue mais tempérée par des états généraux et un sénat inamovible ; théorie qu'il défend avec vigueur lorsqu'il est député du tiers état pour le bailliage de Vermandois aux états généraux de 1576. Il met l'accent sur l'importance de la famille et sur le rôle joué dans l'histoire par le sol et le climat, annonçant ainsi Montesquieu qui l'admirera. Cet historien du droit, brillant économiste, est pourtant un homme complexe. Très crédule à certains égards, comme le prouve sa déconcertante *Démonomanie des sorciers* (1580) dans laquelle il justifie les procès de sorcellerie, mais par ailleurs libre penseur et défenseur de la tolérance religieuse dans le *Théâtre de la nature* et l'*Heptaloméron* ou *Colloque de sept savants*.

BOICHUT Edmond (Mélissey, 1864 – Mélissey, 1941)

Général.

Sorti artilleur de l'École polytechnique, il commande en 1913 le 61e régiment d'artillerie et, pendant la Première Guerre mondiale, l'artillerie de la 42e division. Il s'illustre lors des batailles de la Marne, de Verdun (1916), de la Somme (1918), et dans les combats du canal des Ardennes à la Meuse. Repoussant cinq divisions allemandes, il sauve Amiens de l'invasion. Gouverneur de Verdun après la fin des hostilités, il assume, en 1925, le commandement en chef des troupes d'Algérie, puis, en 1926, celui des troupes du Maroc. Il termine la guerre du Rif à l'issue d'une campagne de trois semaines, ne déplorant que fort peu de pertes en vies humaines. Entre les deux guerres mondiales, Boichut est une des rares personnalités militaires à prévoir l'importance de l'utilisation conjuguée des chars et de l'aviation d'assaut. Grand croix de la Légion d'honneur, il sera maintenu en activité sans limite d'âge.

BOÏENS ou BOÏATES

Nom porté par deux peuples gaulois, dont la tradition prétend découvrir la commune origine chez les habitants de la Bohême.

L'un de ces peuples s'installe, autour du bassin d'Arcachon, dans le pays de Buch. L'autre suit la migration des Helvètes. Jules César le fixe en Celtique, sur le territoire des Éduens, près de la frontière de la nation des Bituriges. Le principal *oppidum* des Boïens de Celtique s'appelle *Gorgobina*. Son emplacement, qui se situe un peu au sud du confluent de la Loire et de l'Allier, est aujourd'hui identifié avec celui de la ville de Saint-Parize. La place forte, qu'assiège Vercingétorix, est dégagée par Jules César.

BOIGNE Louise OSMOND, comtesse de (Versailles, 1781 – Paris, 1866)

Femme de lettres.

Aristocrate émigrée à Londres, elle regagne Paris à la veille de l'Empire. Quittant définitivement son époux au bout de six ans de mariage, elle tient salon au faubourg Saint-Germain. Intime de Juliette Récamier, elle en brosse un portrait resté célèbre dans ses *Mémoires*, témoignage édifiant de l'époque. Liée à Mme de Staël, elle séjourne plusieurs fois à Coppet. Hostile à Napoléon Ier, elle applaudit à la Restauration et côtoie Louis-Philippe et Guizot. Elle voyage à Turin, puis à Londres (1814-1818), où son père est ambassadeur. Elle a été la maîtresse d'Étienne Pasquier, président de la Chambre des pairs sous Charles X.

BOILEAU Étienne (? – v. 1270)

Prévôt de Paris.

Lorsque Saint Louis décide, en 1261, de transformer l'organisation de la prévôté de la capitale, dont la charge est jusque-là affermée, Boileau est le premier garde royal de la prévôté nommé par le roi. Il met sur pied une excellente police et améliore la perception de l'impôt dans la capitale. Il est surtout connu pour avoir codifié les règlements des corporations de métiers, dans un recueil rédigé sous le nom de *Livre des métiers*.

BOISGELIN de CUCÉ Raymond de (Rennes, 1732 – Angervilliers, 1804)

Archevêque.

Avec Brienne, Champion de Cicé, Dulau et Dillon, archevêques comme lui, il est de la cabale qui dirige les manœuvres d'obstruction qui aboutiront au départ de Calonne. Boisgelin peut ainsi passer pour libéral et acquis aux idées nouvelles. Député par son clergé aux États généraux, il vote la suppression des privilèges des deux premiers ordres, mais, à la Constituante, s'oppose fermement à la Constitution civile du clergé lorsque ses efforts pour l'amender et la rendre supportable à l'Église se révèlent vains. Chassé de son siège d'Aix-en-Provence en 1790, Boisgelin se réfugie en Angleterre. Après le Concordat, il est nommé archevêque de Tours en 1802, puis cardinal en 1803.

BOISSON Pierre (Saint-Launeuch, Bretagne, 1894 – Saint-Launeuch, 1948)

Administrateur et homme politique.

Jeune instituteur engagé volontaire dans l'infanterie en 1914, il est gravement blessé à Verdun (il est amputé d'une jambe). Après la guerre, il entre à l'École coloniale, devient inspecteur des colonies et, en 1933, à 39 ans, est nommé gouverneur des Colonies. Secrétaire général de l'Afrique-Occidentale française (A-OF), gouverneur du Cameroun en 1936, il devient pendant la guerre gouverneur général de l'Afrique-Équatoriale française (A-ÉF) et, en juin 1940, haut-commissaire de l'Afrique française, résidant à Dakar. En septembre 1940, il s'oppose à la tentative de débarquement des Forces françaises libres et des Anglais à Dakar et se montre fidèle au maréchal Pétain jusqu'au débarquement des Alliés en novembre 1942. Grâce à lui, l'A-OF se rallie alors aux Alliés sans combat. Après l'arrivée du général Giraud, il fait partie du Conseil de l'empire, mais, à la suite de la « réconciliation » entre Giraud et de Gaulle en mai 1943, et de l'installation de ce dernier à Alger, il doit donner sa démission le 28 juin. Il est poursuivi pour son attitude lors de la tentative de Dakar mais sa mort interrompt l'action judiciaire entreprise contre lui.

BOISSY d'ANGLAS François, comte de (Saint-Jean-Chambres, Vivarais, 1756 – Paris, 1826)

Homme politique.

Issu d'une famille huguenote, il est avocat au parlement de Paris avant d'être élu aux États généraux par la sénéchaussée d'Annonay. Député de l'Ardèche à la Convention, il siège au sein du Marais et, lors du procès de Louis XVI, vote pour la détention transformable en bannissement. Il essaie de se faire pardonner cette prise de position dangereuse après le triomphe du parti de la mort : « J'avais tort sans doute, puisque la majorité de la Convention a pensé autrement. » Puis il s'efface complètement et ne revient à la vie publique qu'après la réaction thermidorienne. En 1794, il est élu secrétaire de l'Assemblée et membre du Comité de salut public. En 1795, il fait approuver le libre exercice des cultes sans signe extérieur et il est élu président de la Convention. C'est dans l'exercice de cette fonction qu'il aurait montré courage et sang-froid, lors de l'émeute du 1er prairial (2 mai 1795), en saluant la tête de Féraud qui lui est présentée au bout d'une pique (sujet d'un tableau fameux de Delacroix), mais ce n'est peut-être qu'une légende. Il est, avec Daunou et La Révellière-Lépeaux, le principal auteur de la Constitution de l'an III. Il fait partie des Cinq-Cents et, lors du coup d'État du 18 Fructidor, est condamné à la déportation. Mais il parvient à gagner l'Angleterre, d'où il revient après le 18 Brumaire. Entré au Tribunat en 1801, il est nommé sénateur en 1805, puis comte d'Empire. En 1814, il se prononce pour la déchéance de Napoléon et obtient de Louis XVIII la pairie. Rallié encore au vainqueur pendant les Cent-Jours, il est exclu de la Chambre des pairs au retour du roi et réintégré trois semaines plus tard.

BONALD Louis, vicomte de (château de Monna, près de Millau, 1754 – château de Monna, 1840)

Écrivain et homme politique.

Né dans une famille de noblesse de robe, il prend en charge la mairie de Millau en 1785, jusqu'à son élection à l'assemblée départementale de l'Aveyron en 1790. Nommé ensuite à la présidence du département, il refuse de concourir à l'exécution des lois sur la Constitution civile du clergé et démissionne. Menacé pour ses opinions, en 1791, il se décide à émigrer en Allemagne et en Suisse où il séjourne six ans. C'est pendant cette période que paraît son premier ouvrage de philosophie politique, *Théorie du pouvoir politique et religieux*, édité sous l'anonymat à Lausanne et envoyé à Paris, où, en 1796, le Directoire fait détruire presque tout le tirage. Trois ans après son retour clandestin, en 1800, Bonald publie un autre grand traité, *Essai sur les lois naturelles de l'ordre social*, suivi en 1802 par la *Législation primitive* qui le révèle définitivement comme un des maîtres de la pensée contre-révolutionnaire. En 1808, il refuse la proposition de Louis Bonaparte, roi de Hollande, qui désire lui confier l'éducation de ses enfants. Napoléon, à son tour, cherche à se l'attacher et le nomme conseiller titulaire de l'Université en septembre 1809, fonction que Bonald n'accepte qu'en avril 1810, sur les instances réitérées de Théodore Fontanes ; mais il sait garder ses distances vis-à-vis du régime. En 1815, la Restauration lui permet de devenir député de l'Aveyron. Il le reste jusqu'à sa nomination à la pairie en 1823. En 1830, toujours fidèle à ses convictions, il renonce à cette dignité et se retire de la vie publique.

BONAPARTE Charles Marie (Ajaccio, 1746 – Montpellier, 1785)

Avocat.

Il naît dans une famille italienne ayant quitté la Ligurie au début du XVIe siècle pour s'établir en Corse, alors possession génoise. Après des études de droit, il s'installe à Ajaccio comme avocat. C'est là qu'il épouse en 1764 une jeune fille de 14 ans, Letizia Ramolino. Elle lui donne 13 enfants (8 survivront) dont le futur Napoléon Ier. Après l'achat de la Corse par la France le 15 mai 1768, Charles Bonaparte se range aux côtés de Paoli en 1771 contre la présence française, puis se rallie au gouvernement français qui reconnaît ses titres de noblesse.

BONAPARTE Élisa, princesse de Lucques et de Piombino (Ajaccio, 1777 – près de Trieste, Italie, 1820)

Grande-duchesse de Toscane.

Aînée des sœurs de Napoléon Ier, elle est la plus proche de son frère par le caractère, mais ne s'entend guère avec lui. Une bourse lui permet d'accomplir son éducation à l'école de Saint-Cyr (1784-1792). Sous la protection de Napoléon, elle rejoint ensuite sa famille à Marseille où elle épouse en 1797, malgré l'avis de ce dernier, le capitaine Félix Bacciochi. De cette union, qui ne sera pas heureuse puisque les époux se sépareront en 1805, naîtront 5 enfants. Avec son mari, elle reçoit la même année les principautés de Piombino et de Lucques, et les administre seule, avec efficacité et fermeté. Quatre ans plus tard, Napoléon lui confie l'administration des départements toscans avec le titre de grande-duchesse de Toscane. Lors de la chute de l'Empire, elle essaie en vain de conserver le gouvernement de ses états, mais est arrêtée et déchue par les Autrichiens. Elle se retire à Bologne, est ensuite internée à Brünn (aujourd'hui Brno) puis autorisée par Metternich à s'installer près de Trieste. Elle y meurt en 1820 des suites d'une mauvaise fièvre contractée en surveillant les fouilles de l'ancienne Apulée. Sa fille Napoléone épousa le comte Camerata.

BONAPARTE Eugène Louis Napoléon (Paris, 1856 – Zoulouland, 1879)

Prince impérial.

Fils de Napoléon III et de l'impératrice Eugénie, il accompagne son père aux armées en 1870, assiste aux combats de Sarrebruck (août), est conduit en Belgique après Sedan, puis rejoint sa mère en Angleterre. Là, il reçoit une formation militaire à l'école de Woolwich, de 1872 à 1875. Attaché, sur sa demande, et malgré sa mère, à l'état-major britannique au Zoulouland, en 1878, il est surpris par l'ennemi l'année suivante, le 31 mai 1879, au cours d'une reconnaissance, et meurt avec un grand courage. La mort du prince impérial entraîne l'affaiblissement du parti bonapartiste : certains de ses membres reportent leurs espoirs sur le prince Napoléon, dit « Plonplon », d'autres sur le fils de ce dernier, le prince Victor.

Le Prince impérial
Buste de Carpeaux faisant partie de la collection du prince Napoléon. © *Sélection Images*

BONAPARTE Jérôme (Ajaccio, 1784 – château de Villegenis, Seine-et-Marne, 1860)

Roi de Westphalie, maréchal de France.

Il est le dernier frère de Napoléon Ier. Après des études au collège de Juilly puis à l'institution Savouré de la rue Lhomond à Paris, il entre en 1800 dans la marine et fait plusieurs campagnes, notamment celle de Saint-Domingue. En 1803, il quitte le commandement qu'il exerçait aux Antilles pour se retirer aux États-Unis, où il épouse la fille d'un riche négociant de Baltimore, Elisabeth Patterson, qu'il doit abandonner, en 1805, sur l'ordre de l'Empereur. Il est alors réintégré dans la marine et promu contre-amiral. En 1807, il devient roi de Westphalie et épouse Catherine de Wurtemberg. Léger et libertin, il se montre incapable de gouverner son royaume, à la grande irritation de Napoléon. Il se retire à Trieste en 1815, mais revient en France aux Cent-Jours et se distingue pendant la campagne de Belgique : blessé à Waterloo, il est un des derniers à abandonner le champ de bataille. Après avoir séjourné en Italie, successivement à Trieste, à Rome et à Florence sous le nom de prince de Montfort, il retourne à Paris en 1848 où son neveu, le futur Napoléon III, le nomme gouverneur des Invalides (1848), maréchal de France (1850) puis président du Sénat (1852). De son premier mariage avec Elisabeth Patterson, il a un fils, Jérôme Bonaparte (1805-1870). Du second, avec Catherine de Wurtemberg, il a trois enfants, le prince Jérôme (1814-1847), la princesse Mathilde (1820-1904) et le prince Napoléon Joseph, dit « Plonplon » (1822-1891).

BONAPARTE Joseph (Corte, 1768 – Florence, 1844)

Roi de Naples, puis d'Espagne.

Frère aîné de Napoléon Ier, il fait ses études au collège d'Autun, avant de s'installer comme avocat à Ajaccio, en 1788. Lorsque Paoli soulève la Corse contre la France, il quitte l'île et s'établit à Marseille où il épouse, en 1794, Julie Clary (1777-1845), fille d'un riche négociant. Grâce à son frère, il est nommé successivement chargé de mission en Corse (1796) puis ambassadeur à Parme (1797) et à Rome, où il manque être tué au cours d'une émeute (décembre 1797). Député aux Cinq-Cents, il démissionne bientôt et, en tant que ministre plénipotentiaire, négocie et signe les traités de Lunéville (1801), d'Amiens (1802) ainsi que le Concordat (1801). Après la proclamation de l'Empire, il est tour à tour grand électeur de Saxe (18 mai 1804), roi de Naples (1806-1808) et d'Espagne (1808-1813), où il ne réussit à s'imposer ni militairement ni politiquement. Il rentre en France au moment de l'invasion, reçoit le titre de lieutenant général de l'Empire et devient commandant de la garde nationale et des forces stationnées à Paris. Avec Marie-Louise, il quitte la capitale pour Blois, le 30 mars 1814, et se retire en Suisse, à Prangins, après la première abdication de Napoléon. Il revient en France lors des Cent-Jours et préside le Conseil des ministres en l'absence de l'Empereur. Prenant le nom de comte de Survilliers (bourg de la banlieue parisienne où il possédait un château), il vit aux États-Unis de 1815 à 1832, puis en Angleterre de 1832 à 1841. Ensuite, il se retire à Florence où il meurt en 1844. Une de ses filles, Zénaïde (1801-1854), épouse en 1822 Charles fils de Lucien, et la seconde, Charlotte (1802-1839), Napoléon Louis, fils de Louis.

BONAPARTE Louis (Ajaccio, 1778 – Livourne, 1846)

Roi de Hollande.

Troisième frère de Napoléon Ier, il est le préféré de celui-ci, qui en fait son aide de camp en Italie puis en Égypte. Nommé colonel de dragons en 1800, général de brigade en 1803, il reçoit en 1804 le titre de connétable, rétabli pour lui. En 1802, il épouse, contre son gré, Hortense de Beauharnais, fille de Joséphine. Leur union n'est pas heureuse. Maladivement jaloux, il ne cesse de soupçonner sa femme d'infidélité, mais la délaisse en même temps. Placé sur le trône de Hollande en 1806, il ne tarde pas à entrer en conflit avec Napoléon, prenant davantage à cœur les intérêts de ses sujets que ceux de son frère, refusant notamment de fournir à l'Empereur les contingents qu'il réclame pour la Grande Armée et d'appliquer le Blocus continental. Devant l'impossibilité de jouer son rôle de souverain tel qu'il l'entend, il finit par abdiquer (juillet 1810), après avoir été contraint d'abandonner à l'Empire le Brabant hollandais et la Zélande (février 1810). Il se retire en Autriche et revient à Paris en 1814 pour peu de temps. Il se fixe définitivement en Italie, à Rome puis à Florence, sous le nom de comte de Saint-Leu, et consacre la fin de sa vie à des travaux d'histoire. Il vivait séparé de la reine Hortense qui lui avait donné 3 enfants : Napoléon Charles (1802-1807), Napoléon Louis (1804-1831), au profit duquel il abdique en 1810 (mais Napoléon n'en tient pas compte et transforme les États de son frère en un département français) – qui meurt en combattant en Romagne pour l'indépendance de l'Italie – ; le troisième fils, Charles Louis Napoléon, deviendra l'empereur Napoléon III.

BONAPARTE Louis Napoléon : voir NAPOLÉON III

BONAPARTE Lucien, prince de Canino (Ajaccio, 1775 – Viterbe, 1840)

Homme politique.

Deuxième frère de Napoléon Ier. Collégien à Autun, à Brienne et à Aix, il retourne dans son île natale lorsque commence la Révolution, à laquelle il est rapidement acquis. Suivant un sort commun à sa famille, il se réfugie à Marseille lorsque Paoli se rend maître de la Corse en 1793. Il épouse Christine Boyer en 1795. Député du département corse du Liamone au Conseil des Cinq-Cents, il acquiert une influence croissante dans le parti antidirectorial ; président de cette assemblée le 23 octobre 1799, soit quelques jours après que son frère fut revenu d'Égypte, il est un des grands instigateurs du 18 Brumaire, et c'est son sang-froid qui sauve le coup d'État (et peut-être par la même occasion la vie de son frère). Après avoir été ministre de l'Intérieur pendant un peu plus de dix mois, il encourt la disgrâce du Premier consul qui l'envoie en novembre 1800 comme ambassadeur en Espagne. Là, il signe le traité de Badajoz qui consacre, un an plus tard, un effort de rapprochement franco-espagnol. Au début de 1802, il revient à Paris où il rétablit de bonnes relations avec Napoléon, lequel l'introduit au Tribunat. Mais son second mariage avec Alexandrine Jouberthon, née de Bleschamp, met fin à la réconciliation. Retiré à Rome, il rejette constamment les offres d'accommodement de son frère. Le pape fait de lui un prince de Canino. Cherchant à gagner les États-Unis, il est fait prisonnier par les Anglais en 1810. Il ne peut rentrer à Rome qu'en 1814. Pendant les Cent-Jours, il vit en parfaite entente avec Napoléon, qu'il est allé retrouver et soutenir à Paris. En 1815, il retourne à sa retraite italienne qu'il ne quittera plus désormais. De son premier mariage il avait eu 2 filles, du second il eut 9 enfants, dont Charles Lucien et Pierre Napoléon.

Caroline Bonaparte
La reine de Naples entourée de ses quatre enfants. Huile sur toile du baron Gérard, 1810. © *Sélection Images*

BONAPARTE Maria Letizia, née RAMOLINO (Ajaccio, 1750 – Rome, 1836)

Mère de Napoléon Ier.

D'une vieille famille corse, elle épouse en 1764 Charles Bonaparte. Elle en a 13 enfants, mais 5 d'entre eux meurent en bas âge. À la mort de son mari, elle a 35 ans et doit élever seule, non sans difficulté, sa nombreuse famille. En 1793, elle s'installe à Marseille puis, trois ans plus tard, à Paris. La réussite de son fils Napoléon ne la surprend pas, mais elle regrette que ce ne soit pas l'aîné qui ait la faveur du destin. Sous l'Empire, elle reçoit le titre de Madame Mère (1805) et occupe avec sa petite cour l'hôtel de Brienne, rue Saint-Dominique, que lui a offert l'Empereur. Elle n'en continue pas moins à vivre avec simplicité. Les discordes de sa famille l'affectent profondément, et peut-être plus encore l'attitude de l'Empereur à l'égard du pape Pie VII. Après 1815, elle s'établit à Rome, près de son demi-frère (fils d'un second mariage de sa mère), le cardinal Fesch, et tente d'intervenir pour adoucir les conditions de détention de son fils. La lettre dans laquelle elle demande aux souverains alliés, en 1818, de traiter dignement l'Empereur est restée célèbre. Fesch en est sans doute l'auteur.

BONAPARTE Marie-Annonciade, dite CAROLINE (Ajaccio, 1782 – Florence, 1839)

Grande-duchesse de Berg et de Clèves, puis reine de Naples.

La plus jeune des sœurs de Napoléon épouse en 1800 le général Murat, fait grand-duc de Berg et de Clèves en 1806 puis roi de Naples en 1808. Là, elle fait preuve de grandes qualités d'administratrice et encourage les arts, notamment les fouilles de Pompéi. Dévorée d'ambition, elle pousse Murat à s'allier aux Autrichiens dès 1813, puis tente en vain de conserver son trône. Après la mort tragique de son mari, elle prend le titre de comtesse de Lipona (anagramme de Napoli), et se retire au château de Baimburg, près de Vienne, se consacrant à l'éducation de ses 4 enfants. Elle revient en Italie après 1830.

BONAPARTE Mathilde (Trieste, 1820 – Paris, 1904)

Fille de Jérôme Bonaparte.

Elle est demandée en mariage par Louis Napoléon, mais ses fiançailles sont rompues à la suite de la conspiration de Strasbourg, fomentée par le futur empereur et désapprouvée par l'ex-roi Jérôme. En 1841, Mathilde épouse Anatole Demidov de San Donato, qui la traite avec brutalité, l'obligeant à une séparation de fait au bout de quatre ans de pénible cohabitation. Elle s'installe alors à Paris où elle tient en quelque sorte la maison de son cousin, devenu le prince-président et pas encore marié à Eugénie de Montijo. Jusqu'à sa mort, elle se consacre à son salon, très brillant, que fréquentent maintes personnalités des arts et des lettres (Taine, Renan, Anatole France, etc.), sans interdit politique d'aucune sorte.

BONAPARTE Napoléon : voir NAPOLÉON Ier

BONAPARTE Napoléon, dit le prince JÉRÔME, surnommé PLONPLON (Trieste, 1822 – Rome, 1891)

Homme politique.

Dernier fils de Jérôme Bonaparte et de Catherine de Wurtemberg, il est, très jeune, l'ami de Louis Napoléon et pourtant, lorsqu'il est élu dans les assemblées de la IIe République, il siège à l'extrême gauche et s'oppose à son cousin. Néanmoins, une fois l'empire proclamé, il accepte d'être sénateur et se voit gratifié à la première occasion d'un commandement en Crimée qu'il quitte pour revenir en France. De même, il se fait

LES BONAPARTE

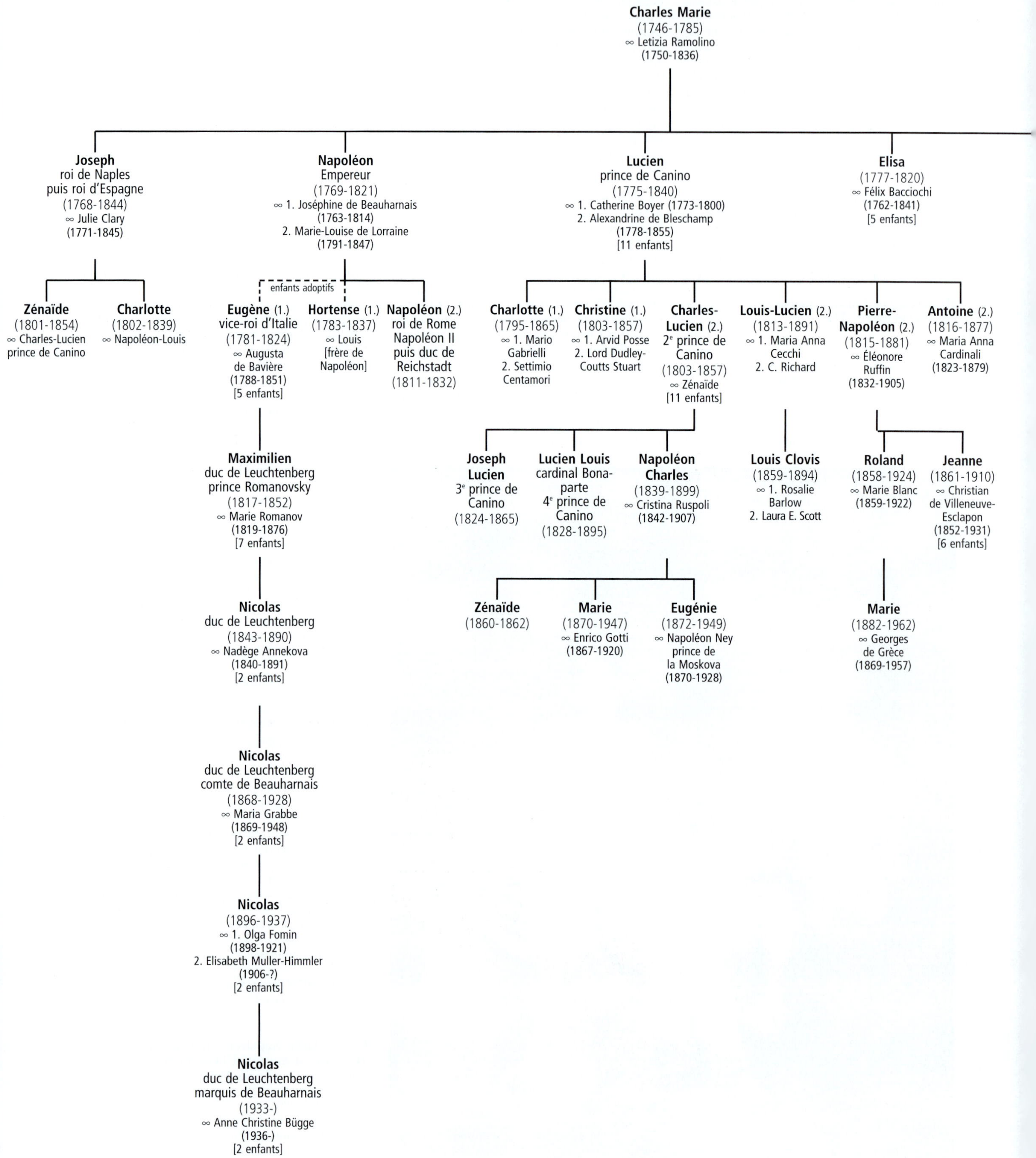

- **Louis** roi de Hollande (1778-1846) ∞ Hortense de Beauharnais (1783-1837)
  - **Napoléon-Charles** (1802-1807)
  - **Napoléon-Louis** (1804-1831) ∞ Charlotte (1802-1839)
  - **Louis-Napoléon** Napoléon III (1808-1873) ∞ Eugénie Montijo (1826-1920)
    - **Eugène Louis Napoléon** prince impérial (1856-1879)
- **Pauline** princesse de Guastalla (1780-1825) ∞ 1. Charles Leclerc (1772-1802) 2. Camille Borghèse (1775-1832)
- **Caroline** (1782-1839) ∞ Joachim Murat roi de Naples (1767-1815)
- **Jérôme** roi de Westphalie (1784-1860) ∞ 1. Elisabeth Patterson (1785-1879) 2. Catherine de Wurtemberg (1783-1835)
  - **Jérôme Napoléon** (1.) (1805-1870) ∞ Susan Williams (1812-1881)
    - Branche américaine des BONAPARTE-PATTERSON
  - **Jérôme** (2.) prince de Montfort (1814-1847)
  - **Mathilde** (2.) (1820-1904) ∞ Anatole Demidoff (1813-1870)
  - **Napoléon-Joseph** (2.) prince Napoléon (1822-1891) ∞ Clotilde de Savoie (1843-1911)
    - **Victor** prince Napoléon (1862-1926) ∞ Clémentine de Belgique (1872-1955)
      - **Marie-Clotilde** (1912-1996) ∞ Serge de Witt (1891-1990)
      - **Louis Napoléon** comte de Montfort (1914-1997) ∞ Alix de Foresta (1926-)
        - **Charles** (1950-) ∞ 1. Béatrice de Bourbon-Sicile (1950-) 2. Jeanne Françoise Valliccionni
          - **Caroline** (1.) (1980-)
          - **Jean-Christophe** (1.) prince Napoléon (1986-)
          - **Sophie** (2.) (1992-)
        - **Catherine** (1950-) ∞ 1. Nicolas de San Germano (1948-) 2. Jean Dualé (1936-)
          - **Charlotte** (2.) (1982-)
          - **Marion** (2.) (1985-)
        - **Laure** (1952-) ∞ Jean-Claude Lecomte (1948-)
          - **Clément** (1995-)
        - **Jérôme** (1957-)
    - **Louis** (1864-1932)
    - **Laetitia** (1866-1926) ∞ Amédée de Savoie duc d'Aoste (1845-1890)
      - **Humbert** comte de Salemi (1889-1918)

Plonplon
Caricature du dernier fils du roi de Westphalie.
© *Sélection Images*

conférer le ministère de l'Algérie et des Colonies, pour lequel il ne montre guère de dispositions. Après avoir épousé, en 1859, une princesse de Savoie, Clotilde, il pousse sans difficulté Napoléon III à aider le père de cette dernière, Victor-Emmanuel II, dans ses premiers desseins de conquête en Italie ; puis, lorsque l'empereur veut empêcher l'unification totale de la péninsule, il soutient et impose ouvertement des vues contraires à celles du gouvernement. La rupture est manifeste en 1860. À vrai dire, elle ne se limitait pas à des questions de politique extérieure. Depuis longtemps l'anticléricalisme foncier du prince Jérôme, loin de se borner à rechercher la perte de l'État pontifical, s'exerçait contre l'évolution conservatrice à l'intérieur de l'empire. Cet anticléricalisme virulent n'aura pas seulement pour effet de le brouiller avec l'empereur : à la mort du prince impérial, les bonapartistes en quête de chef lui préfèrent en majorité son fils, le prince Victor (Napoléon Victor, 1862-1926, marié à la princesse Clémentine de Belgique).

BONAPARTE Marie-Paulette, dite PAULINE, princesse Borghèse (Ajaccio, 1780 – Florence, 1825)

Duchesse de Guastalla.

Deuxième sœur de Napoléon dont elle était la préférée, elle est demandée en mariage par Junot puis par Fréron. Bonaparte refuse ces unions et la marie en juin 1797 à l'adjudant général Leclerc. Malgré ses protestations, elle accompagne son mari à Saint-Domingue, où il meurt de la fièvre jaune en 1802. Rentrée en France, Pauline épouse l'année suivante le prince Borghèse, possesseur d'une immense fortune, et s'en sépare bientôt, menant une vie fort libre. Duchesse de Guastalla en 1806, elle continue à résider à Paris ou à Rome, et à faire scandale par sa conduite. En 1814, elle se rend à l'île d'Elbe auprès de Napoléon et lui offre ses diamants. Elle se rapproche ensuite du prince Borghèse, réside avec lui à Florence. Fidèle à son frère jusqu'à sa mort, elle demande à le suivre à Sainte-Hélène puis, au moment où la santé de l'Empereur devient chancelante, tente en vain de le faire transporter sous un autre climat.

BONAPARTE Pierre Napoléon (Rome, 1815 – Versailles, 1881)

Homme politique.

Quatrième fils de Lucien Bonaparte et de sa seconde épouse Alexandrine de Bleschamp. Libéral ardent, il combat en Romagne en 1831, en Colombie, puis en Égypte aux côtés de Méhémet Ali. Membre de la Constituante en 1848, il siège à l'extrême gauche, à la Montagne, condamne ensuite le coup d'État du 2 Décembre. En janvier 1870, à la suite d'un violent article contre la famille impériale paru dans *La Lanterne de Rochefort*, un duel est convenu entre Grousset, auteur de l'article, et Pierre Bonaparte. Le 10 janvier, lors de la mise au point de la rencontre, et à la suite de circonstances obscures, le neveu de l'Empereur tue d'un coup de pistolet un des témoins de Grousset, le journaliste Victor Noir qui, selon Pierre, l'avait menacé. L'affaire a un retentissement considérable. Jugé en mars par une haute cour siégeant à Tours, il est acquitté et gagne l'Angleterre, ne revenant en France que pour y mourir.

BONAPARTISME

Courant politique né avec Napoléon Ier, prônant le retour au pouvoir de la famille Bonaparte après 1815.

C'est dès le Consulat que sont jetées les bases du bonapartisme : il vise à opérer une synthèse entre les acquis de la Révolution (en particulier l'égalité civile) et la nécessité de l'ordre, de l'autorité et de la centralisation, aux dépens de la liberté politique. Dictateur de fait, le Premier consul fonde sa légitimité sur le consentement populaire, alors que le peuple ne dispose plus réellement de la souveraineté. Par ailleurs, il entend opérer une fusion nationale qui passe à la fois par la promotion des talents et par la disparition des partis, impliquant le refus de toute opposition politique. Sous les Cent-Jours, le bonapartisme prend un aspect plus libéral. Sous la Restauration, les bonapartistes les plus compromis doivent partir en exil et les vieux grognards et autres héros des guerres napoléoniennes se contentent d'une action clandestine. La publication du *Mémorial de Sainte-Hélène* par Las Cases (1823) contribue toutefois à une large diffusion des grands principes bonapartistes. Mais c'est surtout Louis Napoléon Bonaparte qui contribue à les ressusciter, soutenant des clubs et publiant des écrits dans lesquels il témoigne de ses préoccupations sociales – ainsi dans son ouvrage consacré à l'*Extinction du paupérisme*, publié en 1844. Il met en avant la nécessité de consulter le peuple par plébiscite lors de chaque succession impériale. Élu président de la République avec le soutien d'un très large éventail politique (à l'exception des légitimistes et des révolutionnaires extrêmes), le prince-président développe un parti bonapartiste qui traverse le Second Empire. Après la chute du régime impérial, le bonapartisme connaît quelques belles années mais finit par s'essouffler dans les années 1880. En 1893, le parti bonapartiste ne compte plus que 13 députés. Il s'assimile de plus en plus à la droite nationaliste. En 1940, le prince Louis dissout définitivement le parti pour éviter toute dérive d'extrême droite.

BONARD Louis-Adolphe (Cherbourg, 1805 – Amiens 1867)

Amiral.

Il est nommé en 1861 commandant en chef des forces françaises en Cochinchine. Après une glorieuse et brève campagne, au cours de laquelle Bien Hoa et les îles de Poulo Condor tombent, il signe en 1862, avec l'empereur d'Annam, le traité de Saigon qui cède à la France trois provinces de la Cochinchine. Il est le premier gouverneur français de ce pays.

BONCHAMP Charles, marquis de (Juvardeil, 1760 – Saint-Florent-le-Vieil, 1793)

Chef militaire royaliste.

Lorsque les paysans angevins révoltés contre la Convention viennent trouver cet officier de l'armée royale pour le supplier de se mettre à leur tête, il accepte, par devoir, et remporte avec eux de nombreuses victoires jusqu'au jour où il est mortellement blessé au cours de la bataille de Cholet, le 17 octobre 1793. Avant de mourir, il obtient que ses soldats épargnent les prisonniers républicains enfermés dans l'église de Saint-Florent-le-Vieil. Parmi ces prisonniers se trouve le père de David d'Angers qui, par reconnaissance, élèvera à Bonchamp, dans l'église en question, un monument funéraire.

Pauline Bonaparte
Sculpture d'Antonio Canova, Rome, Villa Borghèse. © *Sélection Images*

BONIFACE VIII, Benedetto CAETANI (Anagni, v. 1235 – Rome, 1303)

Pape.

Son célèbre conflit avec Philippe le Bel commence en 1294, lorsque le roi décide que les clercs doivent contribuer aux dépenses du royaume. Boniface VIII publie alors la bulle *Clericis laicos* qui défend les immunités du clergé en termes vigoureux, et à laquelle le roi fait répondre par la lettre *Antequam essent clerici*. Une accalmie suit, durant laquelle Louis IX est canonisé (1297). Puis, en 1301, la querelle reprend à l'occasion du procès de Saisset. Le pape réaffirme les droits de l'Église (bulle *Ausculta fili*). Philippe le Bel réplique en falsifiant des documents pontificaux, en dressant l'opinion publique contre le Saint-Siège et en répandant sur la personne du pape des bruits infamants. En 1303, Boniface VIII proclame l'excommunication du roi. Celui-ci en appelle au concile et décide de se saisir du pape. C'est alors qu'a lieu l'attentat d'Anagni : le pape est brutalisé par Sciarra Colonna qui accompagne le conseiller du roi, Guillaume de Nogaret ; le 11 octobre 1303, à peine rentré à Rome, il meurt.

BONNET Georges (Bassilac, Dordogne, 1889 – Bassilac, 1973)

Homme politique.

Après des études de droit, il entre au Conseil d'État en 1913. À l'issue de la Première Guerre mondiale qu'il termine comme lieutenant, il est délégué à la conférence de paix puis devient avocat à la cour d'appel de Paris. Élu député radical-socialiste de Périgueux en 1924, il conserve son siège jusqu'à la Seconde Guerre mondiale. Il apparaît alors comme l'un des ténors du parti radical. À partir de 1925, il commence à participer à différents gouvernements, notamment comme ministre du Commerce et de l'Industrie. En 1936, Bonnet est un adversaire déclaré du Front populaire, à tel point que Léon Blum l'écarte de la Chambre et l'envoie comme ambassadeur à Washington. À cet égard, sa participation au gouvernement Chautemps de juin 1937 comme ministre de l'Économie et des Finances sonne le glas du Front populaire.

Ministre des Affaires étrangères dans le gouvernement Daladier formé le 11 avril 1938, Bonnet, profondément pacifiste, met en œuvre une politique de conciliation avec les forces de l'Axe, qui débouche sur la conférence de Munich de septembre 1938 et sur la déclaration franco-allemande de bon voisinage, signée à Paris par Ribbentrop le 6 décembre suivant. L'étalage de ses convictions pacifistes, même après la déclaration de guerre, conduisent Daladier à lui retirer les Affaires étrangères pour lui confier la Justice. Après avoir voté les pleins pouvoirs au maréchal Pétain, Bonnet appartient à l'administration de Vichy comme membre du Conseil national à partir de 1941. Il fuit la France en 1943 et entreprend la rédaction d'ouvrages destinés à justifier sa politique étrangère des années 1938-1939. Poursuivi à la Libération, il est contraint de se retirer pour un temps de la vie politique et quitte la France momentanément. Mais, en 1955, il prend la tête d'un groupe de radicaux dissidents. Député de la Dordogne de 1956 à 1968, il devient, en 1966, président d'honneur du parti radical-socialiste.

BONNET ROUGE (affaire du)

Affaire de trahison et scandale politique qui doit son nom à un journal fondé à la veille de la Première Guerre mondiale par l'ancien anarchiste espagnol Vigo, dit Almereyda.

Sous couleur de pacifisme, cette publication d'abord hebdomadaire puis quotidienne, à laquelle collaborent des sénateurs, des députés, des membres du gouvernement, s'emploie à inciter les combattants français à la désobéissance et à la mutinerie. Almereyda est aidé dans sa besogne par deux sources de revenus : la première, utilisant le truchement de la Suisse, est la finance allemande (un chèque est saisi le 15 mai 1917), la seconde est représentée par les subventions du ministre de l'Intérieur Malvy. D'abord tenus secrets, ces faits sont dénoncés à Léon Daudet qui en avertit les responsables de la défense nationale et s'allie à Clemenceau pour obtenir la chute du gouvernement. Interpellé à la Chambre, Malvy ne peut nier ses relations avec Almereyda ; après le suicide de celui-ci dans sa cellule, le 14 août 1917, il doit démissionner le 31 août. L'affaire permet à Clemenceau de prendre le pouvoir le 17 novembre. Sans preuve décisive, Caillaux est accusé de complicité et arrêté en janvier 1918. Les collaborateurs d'Almereyda finissent au poteau de Vincennes. Par la suite, la Haute Cour conclut à la forfaiture pour Malvy, retient l'aide involontaire à puissance ennemie pour Caillaux, et les deux hommes sont condamnés à des peines de prison ou de bannissement.

BONNIVET Guillaume GOUFFIER, seigneur de (?, v. 1488 – Pavie, 1525)

Amiral de France.

Élevé avec François d'Angoulême, il est son grand favori, comblé d'honneurs et de bienfaits de toutes sortes lorsque celui-ci devient le roi François Ier. Nommé très jeune amiral de France, il remplit avec des succès divers de nombreuses missions diplomatiques et militaires. Ainsi son ambassade en Angleterre réussit, mais non son intervention à la diète de Francfort pour l'élection de François Ier contre Charles Quint, en 1519. Sa campagne de Navarre se solde par un échec en 1521 et son commandement en Italie de 1523 à 1524 est catastrophique. Il meurt à Pavie, bataille désastreuse qu'il a engagée et où le roi est fait prisonnier.

BONNOT (la bande à)

Jules Joseph Bonnot (Pont-de-Roide, Doubs, 1876 – Choisy-le-Roi, 1912) donne son nom à un groupe d'anarchistes, « la bande à Bonnot », qui sévit à Paris mais aussi à Lyon, Nancy, dans le nord, le sud de la France et même en Belgique. Ses méfaits mobilisent l'opinion et la presse en 1911 et 1912.

D'origines diverses, le plus souvent modestes, les membres de la bande à Bonnot ont un point commun : la haine de la société et de ses lois. Continuant la lignée de Ravachol, de Vaillant, de Liabeuf et des nihilistes russes, ils dirigent, les uns par des écrits ou des discours, les autres par la violence, leurs provocations contre l'armée, la police, la magistrature. Ils inventent une technique d'attaque rapide à main armée, à l'aide d'automobiles volées, qui rend possibles d'audacieuses agressions contre des banques. Jules Bonnot, mécanicien de profession, sert de chauffeur. Ces vols se trouvent légitimés à leurs yeux par la théorie de la « reprise individuelle » développée, quelques années plus tôt, par Georges Darien, romancier de l'anarchie, et déjà mise en pratique par Marius Jacob. Commencée le 21 décembre 1911 avec l'attaque de la rue Ordener contre un encaisseur de banque, l'affaire atteint son point culminant le 24 avril 1912 avec l'assassinat du sous-chef de la Sûreté, suivi de la mort de quatre membres ou complices, les armes à la main (Bonnot et Dubois à Choisy-le-Roi puis Garnier et Valet), au terme de sièges spectaculaires ayant exigé un grand déploiement de forces de police. Elle a son épilogue aux assises de la Seine, où comparaissent les vingt-deux survivants. Quatre d'entre eux sont condamnés à mort, trois exécutés le 21 avril 1913 (Raymond la Science, Soudy et Monier dit Simentof), tandis qu'un quatrième, Eugène Dieudonné, finit par obtenir sa grâce. Les autres purgeront des peines de prison et de travaux forcés.

La bande à Bonnot
Vingt des nombreux anarchistes qui entourèrent Jules Bonnot (en haut, à gauche). © *Sélection Images*

BORDEAUX

À travers les vicissitudes d'une longue histoire, Bordeaux a joué le rôle constant de capitale du Sud-Ouest, lié à sa vocation maritime.

Elle est fondée par une tribu celtique, au IIIe siècle avant J.-C. La ville acquiert le monopole du commerce de l'étain venant de Cornouaille, mais le tarissement du minerai breton entraîne, au Ier siècle ap. J.-C., l'exploitation d'une nouvelle source de richesse, le vin. Bordeaux (*Burdigala*), cité des Bituriges Vivisques, s'intègre facilement dans l'Empire romain et devient une des cités les plus romanisées d'Occident. Succédant à Saintes, elle est la capitale de la province d'Aquitaine vers 80. Elle reste très fidèle à Rome, et il faudra les lourdes menaces des invasions germaniques pour qu'elle adhère à l'« empire des Gaulois », à la fin du IIIe siècle. Elle devient capitale de l'Aquitaine Seconde à la fin du IVe siècle.

Pendant tout le Moyen Âge, entre l'invasion des Vandales et des Wisigoths, au début du Ve siècle, et son attachement définitif à la couronne de France, au XVe siècle, Bordeaux connaît des accroissements nouveaux, accompagnés ou provoqués par des renaissances successives de l'économie. L'union du duché d'Aquitaine à la couronne d'Angleterre, à la suite du mariage d'Aliénor avec Henri Plantagenêt, ouvre notamment à la ville une ère de prospérité liée au commerce du vin. Lorsque, dans la rivalité qui oppose le roi de France à son vassal aquitain, l'Aunis et La Rochelle tombent aux mains de Louis VIII, en 1224, l'Angleterre est privée de son approvisionnement en vin du Poitou, ce qui fait la fortune de Bordeaux et de la Gascogne. Bordeaux devient une véritable métropole, gouvernée par l'héritier du trône d'Angleterre au temps du Prince Noir. L'embellissement de la ville pendant toute cette période, notamment la réédification de la cathédrale, favorisée par l'archevêque Bertrand de Got, futur Clément V, et la construction d'enceintes successives témoignent de sa prospérité.

Après avoir été pendant trois siècles l'enjeu des rivalités franco-anglaises, Bordeaux retourne à la couronne de France en 1453. Cela ne se fait pas sans heurts. Réoccupée une première fois par Dunois, le 12 juin 1451, la ville se soulève contre la brutalité des troupes françaises et accueille les Anglais de Talbot avant d'être réunie définitivement à la France. De sévères restrictions sont apportées à son autonomie commerciale, et l'exportation de ses vins subit une chute brutale, alors que la construction des châteaux forts du Hâ et de Château-Trompette symbolisent la domination royale. Mais les rois de France favorisent bientôt un renouveau prompt à s'affirmer. Bordeaux redevient un des plus grands ports d'Occident, et la création d'un parlement, en 1462, lui donne une institution dont les membres tiendront une place de premier plan, et grâce à laquelle la ville étendra son influence sur une grande partie du Sud-Ouest.

Le XVIe siècle voit la création du collège de Guyenne (1533) et le triomphe de l'humanisme avec Montaigne, dont les *Essais* sont publiés en 1580-1582. Bordeaux connaît, en août 1548, une grave sédition motivée par les exigences fiscales, en l'espèce la gabelle. Brutalement réprimée, elle entraîne de nouvelles restrictions à l'autonomie municipale. La propagande luthérienne n'atteint que partiellement Bordeaux qui est, comme Paris, un bastion de la résistance catholique au milieu de provinces en grande partie favorables à la Réforme. Mais la ville n'accepte pas la Ligue et se rallie à Henri IV. La paix revenue, elle devient un des centres de la renaissance catholique.

Cependant, l'emprise de la monarchie absolue et centralisatrice s'étend. Avec elle s'appesantissent les exigences financières liées à la guerre contre l'Espagne. Une nouvelle taxe sur le vin provoque, en 1635, une sédition aussi grave que celle de 1548. Elle annonce la Fronde, dont Bordeaux est, avec Paris, le principal foyer. La guerre civile ravage le pays d'août 1648 à juillet 1653 avec une tentative mal élucidée de gouvernement populaire, l'Ormée. Le rétablissement de l'ordre accentue la mise au pas de la cité indocile. Les intendants deviennent les agents de la centralisation, et dans leurs préoccupations le commerce de Bordeaux, que Colbert estime indispensable à la prospérité du royaume, tient une place essentielle. Dans la seconde moitié du XVIIIe siècle apparaît une nouvelle source de profit, le trafic avec les Isles. Mais les efforts de Colbert pour intéresser la cité à la construction navale et à la création de compagnies demeurent peu fructueux.

Le XVIIIe siècle est décisif. Il assure à Bordeaux richesses et beauté. La métropole du Sud-Ouest est le premier port, à la veille de la Révolution, ayant des activités diversifiées : commerce avec l'Europe du Nord, les Amériques, les Isles, importation et vente des denrées coloniales, traite des Noirs, exportation des vins, fabriques d'armement, de verrerie, de faïence et de porcelaine, extension de la viticulture (Médoc). Cette prospérité économique s'accompagne d'un essor intellectuel. En 1712 est fondée l'Académie des sciences, belles lettres et arts. La ville, autour de Montesquieu, participe au siècle des Lumières. Des idées de liberté, la foi dans le progrès animent une nouvelle génération qui sera celle des Girondins. En même temps, la ville, qui était encore une cité moyenâgeuse, enserrée dans son enceinte du XIVe siècle, se transforme. D'abord par la volonté du gouverneur de Guyenne, le maréchal de Richelieu, et des intendants Tourny et Dupré de Saint-Maur, qui font de Bordeaux une « ville de majesté ». C'est notamment la place Royale, exécutée par Jacques Gabriel, architecte du roi. Après 1770, la ville connaît de nouveaux embellissements, plus spontanés : l'archevêché, les riches hôtels de marchands et de parlementaires dans l'îlot Louis et surtout le Grand-Théâtre de Victor Louis, le plus grand de l'époque.

Bordeaux accueille la Révolution avec calme, mais l'usage des assignats inquiète bientôt le négoce. En avril 1790 est créée la Société des amis de la Constitution, berceau des Girondins. Ces derniers triomphent aux élections de 1791 et s'opposent vainement, au printemps de 1793, à la conquête du pouvoir par les Montagnards. Dès lors la ville entre en dissidence. Tallien, secondé par Ysabeau, est chargé d'y rétablir l'ordre républicain. Il le fait avec une extrême rigueur jusqu'au jour où il s'éprend d'une de ses prisonnières, Thérèse Cabarrus, divorcée du marquis de Fontenay. La future Mme Tallien exerce sur lui une influence modératrice. Le 9 Thermidor met définitivement fin à la Terreur et aux contributions forcées qui l'accompagnaient. Bonaparte, l'homme de la paix et de l'ordre, est accepté. Mais la guerre et le Blocus, surtout à partir de 1810, ruinent les affaires, et la chute de l'Empire est accueillie avec enthousiasme.

Sous la monarchie censitaire, Bordeaux affiche un libéralisme prudent. Sa préoccupation principale est d'ordre économique, la perte de Saint-Domingue, la concurrence du sucre de betterave, l'abolition de la traite ont sapé les bases de sa prospérité. Le vignoble a perdu ses marchés. La ville réagit en cherchant des horizons nouveaux pour la navigation au long cours (le Sénégal sous la monarchie de Juillet), mais, croyant à un remède miracle, le libre-échange, refuse l'industrialisation et sombre peu à peu dans un engourdissement économique. L'économie, la société, le tissu urbain se cristallisent. Bordeaux ne subit plus que des transformations sourdes, une évolution lente et raisonnable. Il en est ainsi de son ralliement au Second Empire, nécessaire car garant d'une sécurité indispensable, en dépit d'un glissement sensible vers des tendances républicaines. Le port perd de son importance. La vie de la cité repose sur la viticulture et le commerce colonial. À la veille de la Première Guerre mondiale, Bordeaux connaît de nouveau un certain éveil avec l'introduction d'industries chimiques et surtout un véritable rayonnement intellectuel qui se poursuit dans les premières décennies du XXe siècle. Il est symbolisé par la personnalité de François Mauriac et l'activité de sociétés de peintres qui imposent, peu à peu, un style libéré des contraintes académiques, découvrant la lumière des impressionnistes, l'espace cubiste, les couleurs des fauves, les sujets expressionnistes.

Sa position excentrée fait par trois fois de Bordeaux la capitale provisoire de la France envahie : Gambetta s'y rend le 9 décembre 1870 et l'Assemblée nationale y siège du 12 février au 11 mars 1871 ; en septembre 1914, à la veille de la bataille de la Marne ; enfin du 5 au 30 juin 1940, au moment de la défaite française : Paul Reynaud y démissionne le 16 juin et il est remplacé à la tête du gouvernement par le maréchal Pétain. C'est de Bordeaux que le général de Gaulle s'envole pour Londres, le 17 juin, afin de continuer la lutte contre l'Allemagne.

BORDEAUX, duc de : voir CHAMBORD

BORGNIS-DESBORDES Gustave (Paris, 1839 – Saigon, 1900)

Général.

Après des études à l'École polytechnique, il entre dans l'artillerie de marine où il fera toute sa carrière. Il séjourne en Cochinchine de 1868 à 1871, avant d'être, en 1880, chargé de relier le Sénégal au Niger par une voie ferrée. Il accomplit sa mission en trois campagnes, de 1881 à 1883, explore le Haut-Sénégal et le Haut-Niger, lutte contre Samory puis contre son frère, construit les forts de Kita et de Bamako. En 1884, nommé colonel et officier de la Légion d'honneur, il reçoit le commandement de l'artillerie du corps expéditionnaire au Tonkin. En 1886, général de brigade, il est chargé d'inspecter les établissements militaires de la Réunion et de la Nouvelle-Calédonie, avant de recevoir un nouveau commandement au Tonkin. Général de division en 1890, il est nommé inspecteur général permanent de l'artillerie de marine, et anime les expéditions coloniales. Commandant en chef des troupes d'Indochine en 1898, chargé d'établir un plan de défense des colonies, il meurt deux ans plus tard à Saigon.

BORODINO : voir MOSCOVA (bataille de la)

BOSON (? – ?, 887)

Roi de Bourgogne-Provence (879-887).

Comte d'Autun, il est beau-frère de Charles le Chauve qui le fait duc de Lombardie en 875. Il épouse, en Italie, la fille de l'empereur Louis II, Ermengarde. En 876, dépouillé de la Lombardie par le duc Carloman de Bavière, il reçoit de Charles le Chauve le gouvernement de la Provence en dédommagement. Poussé par sa femme, il se fait proclamer roi de Bourgogne et de Provence par l'assemblée de Mantaille en 879. Le royaume, aux limites indécises, recouvre à peu près l'ensemble des bassins du Rhône et de la Saône. Il passe les dernières années de sa vie à combattre les fils de Louis le Bègue, Carloman et Louis, qui tentent de lui reprendre le royaume, s'emparent de Mâcon et, après un siège de deux ans, de Vienne, défendue par Ermengarde. Boson finit par reprendre la ville et une grande partie de ses territoires.

BOSQUET Pierre Joseph Martin (Mont-de-Marsan, 1810 – Mont-de-Marsan, 1861)

Maréchal de France.

Il sert de 1834 à 1850 en Algérie. Artisan de la conquête de ce pays – le grade de général de brigade récompense ses mérites le 18 août 1848 –, il est chargé du commandement de Mostaganem. Bien que blessé en mai 1851 au cours de la campagne de Grande Kabylie, il ne regagne la France que le 29 octobre 1853. Général de division depuis le 10 août, Bosquet, à la tête de la 2e division de l'armée d'Orient, décide, lors de la guerre de Crimée, de la victoire de l'Alma le 20 septembre 1854. Chef du corps dit d'observation, il protège efficacement les troupes franco-anglaises qui assiègent Sébastopol et, à la bataille d'Inkerman, le 5 novembre 1854, son intervention sauve du désastre l'artillerie écossaise. Blessé le 8 septembre en dirigeant le second assaut contre la tour de Malakoff, il se rembarque pour la France où il sera nommé sénateur en février 1856, et accédera, en mars, à la dignité de maréchal.

BOSSUET Jacques Bénigne (Dijon, 1627 – Paris, 1704)

Évêque et prédicateur.

Fils d'un avocat au parlement de Dijon, il est formé par les jésuites de sa ville natale avant de

Jacques Bénigne Bossuet
Portrait du célèbre orateur par Hyacinthe Rigaud. Huile sur toile, Paris, musée du Louvre. © *Lauros-Giraudon*

suivre les cours du collège de Navarre à Paris. Là, il étudie la théologie et soutient brillamment sa première thèse, le 25 septembre 1648 – en présence du prince de Condé, le protecteur de sa famille –, ce qui lui vaudra le titre de docteur en Sorbonne. Ordonné prêtre, il part, archidiacre, pour Metz. Il commence alors des prédications passionnées au cours desquelles il mène d'ardentes polémiques contre les protestants et les juifs, nombreux dans la région. De retour à Paris en 1659, Bossuet prêche le carême aux minimes de la place Royale, et sa réputation d'orateur sacré s'affirme. Elle ne va cesser de s'accroître. Son verbe louange, en de prestigieuses oraisons funèbres, la mémoire de la reine mère Anne d'Autriche (1667), de la reine d'Angleterre Henriette-Marie de France (1669), de Madame, Henriette d'Angleterre (1670), son chef-d'œuvre d'éloquence. Après qu'il a été nommé à l'évêché de Condom en 1669, Louis XIV le désigne comme précepteur de son fils, le Dauphin Louis. De 1672 – date de sa démission de l'évêché de Condom – jusqu'en 1680, Bossuet se consacre à sa tâche d'éducateur. L'année 1681, il reçoit l'évêché de Meaux. Il ne le quittera que pour la tombe, et y trouvera son surnom d'« Aigle de Meaux ».

Prélat parmi les plus écoutés du royaume, il joue un rôle primordial dans l'affaire de la régale. C'est lui qui inspire la Déclaration des Quatre Articles, établissant, face aux prétentions du Saint-Siège, les droits de l'Église de France. Chef officieux de cette dernière, il n'en demeure pas moins farouchement attaché à l'orthodoxie des dogmes religieux traditionnels, bien que la correspondance qu'il entretient avec Leibniz, de 1690 à 1693, puisse laisser penser à une possible réconciliation entre catholiques théocentriques et protestants d'Église. Contre le danger rationaliste naissant, il travaille à une nouvelle apologétique et lutte opiniâtrement, de 1694 à 1700, contre le quiétisme, défendu par son disciple et ami Fénelon, évêque de Cambrai (surnommé le « Cygne de Cambrai », 1651-1715). Cette querelle qui l'oppose à un être cher affectera douloureusement les dernières années de sa vie.

Prédicateur inégalé, Bossuet a également prononcé, parmi d'autres célèbres oraisons funèbres, l'éloge *post mortem* de la reine Marie-Thérèse d'Autriche (1685), du marquis de Louvois (1686) et du prince de Condé. On lui doit une œuvre abondante, dont le *Traité de la connaissance de Dieu et de soi-même*, la *Politique tirée de l'Écriture sainte*, le *Discours sur l'histoire universelle* et l'*Histoire des variations des Églises protestantes*. Bossuet y déroule notamment une admirable culture théologique et élabore une véritable philosophie de l'histoire. Il est, par sa *Politique...*, l'un des grands théoriciens de l'absolutisme monarchique. Le siècle des Saints connaît d'autres grands prédicateurs comme Fléchier (1632-1710), Mascaron (1634-1703), Massillon (1663-1742) et surtout Bourdaloue (1632-1704). Mais par ses qualités de rigueur démonstrative aussi bien que par le lyrisme mystique qui perce dans ses sermons, Bossuet est une des plus belles plumes du classicisme.

Boucherie

Nom donné à la corporation parisienne des métiers liés directement ou indirectement à la commercialisation de la viande : abattage des bêtes, découpage et vente de la viande (bouchers, tripiers), dépeçage (écorcheurs) et traitement des peaux (tanneurs), couteliers. La corporation est instituée en 1182 par Philippe Auguste qui lui octroie ses statuts et ses privilèges.

Elle constitue une caste fermée – pour être maître, il faut en principe être fils de maître –, peu nombreuse et riche. La viande est encore un luxe, et seules les grandes villes recourent, pour s'en procurer, à des intermédiaires. À Paris, principale ville de boucherie avec Limoges, les bouchers sont établis dans le quartier des Halles autour de l'église Saint-Jacques-de-la-Boucherie. Ils tentent à plusieurs reprises de profiter des conjonctures défavorables à l'autorité royale pour influencer ou conduire les affaires du royaume. On les voit pencher du côté navarrais pendant la captivité de Jean le Bon. Mais leur rôle politique est surtout important sous le règne de Charles VI, alors que le duc de Bourgogne Jean sans Peur domine Paris. À la tête des petits marchands et des gens de métier, excédés des désordres et des rivalités entre les princes, ils soulèvent la population parisienne de 1410 à 1413, deviennent les maîtres de la capitale et obtiennent la promulgation d'une grande ordonnance qualifiée plus tard d'« ordonnance cabochienne », du nom de leur chef le boucher Caboche. Mais leur révolte échoue. La bourgeoisie parisienne, qui a été le plus solide soutien de Jean sans Peur, s'inquiète des troubles dont le caractère social est de plus en plus marqué, et le duc de Bourgogne, se sentant désormais isolé, abandonne la partie. C'est alors le retour des Armagnacs qui s'empressent d'abolir l'ordonnance et suppriment, en 1416, les privilèges de la boucherie. Ceux-ci sont rétablis dès 1418, et la boucherie reprend progressivement sa place. Mais elle ne retrouvera pas son importance politique, sauf peut-être, de façon éphémère, lors des troubles de la Ligue. Elle cesse d'exister en tant que corporation avec la Révolution.

Boucicaut Jean Ier Le Meingre, dit (? – Dijon 1367)

Maréchal de France.

Il sert Jean le Bon et Charles le Sage. Il est parmi les négociateurs de Brétigny en 1360. À ce titre, il doit livrer la Guyenne à Jean Chandos, commissaire du roi d'Angleterre,

Boucicaut Jean II Le Meingre, dit (?, v. 1364 – Angleterre, 1421)

Maréchal de France.

Dès l'âge de 12 ans, il suit Du Guesclin et le duc de Bourbon en Normandie, où l'on combat les Anglais. En 1382, il se distingue à Roosebeke. Ensuite, il combat les Lituaniens avec les chevaliers teutoniques. À son retour, il guerroie en Picardie et en Guyenne. Il contient les Anglais à Saint-Ingelbert dans le Boulonnais. En 1391, il est fait maréchal de France. Il accompagne le jeune duc de Nevers (Jean sans Peur) dans l'expédition que Sigismond de Hongrie doit mener contre Bajazet et qui se termine par le désastre de Nicopolis en 1396. Fait prisonnier, il est libéré contre une rançon. En 1399, il se met à la tête de la flotte française envoyée au secours de Constantinople, bloquée par les Turcs. Il parvient même à réconcilier Manuel II avec son neveu Jean VII, puis à emmener l'empereur en Europe pour tenter d'intéresser l'Occident au sort de l'empire d'Orient. En 1400, il est chargé par le roi de faire appliquer la soustraction d'obédience et assiège l'antipape d'Avignon Benoît XIII, qui s'est retranché dans son château des Doms. De 1401 à 1409, il gouverne la république de Gênes qui s'est donnée à la France. Sa dernière bataille est Azincourt. Fait prisonnier, il meurt six ans après sans avoir revu sa patrie.

Bouet-Willaumez Louis Édouard, comte (Brest, 1808 – Maisons-Laffitte, 1871)

Amiral.

Il sert tout d'abord en Méditerranée et dans la mer des Indes, puis participe à l'expédition de Morée, à la prise d'Alger, et au blocus d'Anvers en décembre 1832. Passionné par la marine à vapeur naissante, il reçoit, en 1837, le commandement de *L'Africaine*, avec pour mission de remonter le Sénégal et d'établir des relations commerciales avec les régions visitées. Atteint par les fièvres après avoir remonté le fleuve jusqu'à Médine, il rentre en France. Il reçoit bientôt le commandement de *La Malouine*, explore les côtes de Guinée, puis le Maroc. Gouverneur provisoire du Sénégal de 1842 à 1844, il fonde les comptoirs d'Assinie, de Grand-Bassam, du Gabon. Il participe ensuite à la guerre de Crimée comme chef d'état-major de l'amiral Hamelin. Vice-amiral en 1860, préfet maritime de Cherbourg puis de Toulon, sénateur en 1865, il est, en 1870, nommé commandant de l'escadre envoyée dans la Baltique.

Boufflers Stanislas Jean, chevalier, puis marquis de (Lunéville, 1738 – Paris, 1815)

Militaire.

Fils de la spirituelle marquise de Boufflers, dite la Dame de Volupté, maîtresse du roi Stanislas Leszczyński, duc de Lorraine, il établit un compromis entre la carrière ecclésiastique à laquelle on le destine et la carrière des armes qui le séduit. Il devient chevalier de Malte et, au cours de la guerre de Hanovre, en 1757, capitaine de hussards. Colonel de hussards en 1772, brigadier d'infanterie en 1780, maréchal de camp en 1784, le chevalier de Boufflers – c'est le titre qu'il portera le plus couramment –, s'il manie bien l'épée, manie aussi bien la plume et l'esprit. Un séjour au pays de Vaud lui inspire une relation versifiée, *Voyage en Suisse*. Ses pointes amusent Versailles, Paris et les femmes, qu'il pratique avec assiduité. Le goût des déplacements, de l'amour, du jeu, de la bonne chère et une prodigalité insouciante l'ayant aux trois quarts ruiné, il accepte le gouvernement du Sénégal et de l'île de Gorée que lui offre, en 1785, le marquis de Castries, ministre de la Marine. Il se montrera un administrateur avisé, dont l'humanité sera regrettée par les Africains après son retour en France, en 1788. De nouveau Parisien et coqueluche des salons, Boufflers collabore à diverses publications littéraires, entre autres au célèbre *Almanach des muses*, et entre à l'Académie française. Député de la noblesse aux États généraux, il est attiré par les idées nouvelles, mais, après la journée du 10 Août, il part pour la Prusse. L'Académie de Berlin l'accueille flatteusement en son sein et le roi Frédéric-Guillaume lui octroie un domaine polonais. Revenu en France en 1800, Boufflers renonce à la politique et consacre désormais son temps à sa femme, Mme de Sabran, qu'il a épousée en 1797, et à son œuvre littéraire.

BOUFFLERS Louis François, chevalier, marquis, puis duc de (Cagny, aujourd'hui Crillon, 1644 – Fontainebleau, 1711)

Maréchal de France.

Issu d'une ancienne famille noble du Ponthieu dont l'origine remonte au XIIe siècle, il entre, comme cadet, au régiment des gardes en 1662. Puis il sert sous les plus illustres généraux de son temps, en Flandre en 1667, en Lorraine en 1670 et en Hollande en 1672. Lieutenant général en 1681, il participe à la guerre de la ligue d'Augsbourg de 1688 à 1697. Il y décide de la victoire de Fleurus en 1690, et reçoit une blessure à Mons. Louis XIV, au lendemain de la prise de Furnes, en 1693, lui accorde le bâton de maréchal et le nomme duc en 1695. Retranché dans Namur, il soutient quatre assauts de Guillaume III d'Angleterre, en 1694. Pendant la guerre de Succession d'Espagne, de 1701 à 1713, il ne rend Lille au prince Eugène de Savoie qu'après trois mois de siège, en 1708, et sur l'ordre impératif de Louis XIV. Celui-ci l'élèvera à la pairie et le fera gouverneur avec survivance de la ville qu'il a défendue. Enfin lors du désastre de Malplaquet, en 1709, il opère si habilement la retraite que l'armée française conserve son artillerie, ses drapeaux et les trente autres qu'elle a enlevés à l'ennemi.

BOUFFONS (querelle des)

Polémique artistique éclatant au milieu du XVIIIe siècle entre partisans de la musique italienne et tenants du lyrisme français.

Le « coin du roi » – réuni sous la loge du roi à l'opéra – rassemble derrière Mme de Pompadour les adeptes de la musique de Jean-Baptiste Lully (1632-1687) et surtout du contemporain Jean-Philippe Rameau (1683-1764). Le « coin de la reine » défend au contraire la veine de l'opéra bouffe introduit par des troupes italiennes venues donner des *intermezzi* à Paris. Des compositeurs comme La Pergolèse (1710-1736) illustrent ce dernier courant qui a la faveur de Jean-Jacques Rousseau (*Lettre sur la musique française*) et Melchior de Grimm. Le bouffe leur apparaît plus naturel, moins sophistiqué que la richesse harmonique de Rameau (*Les Indes Galantes*). Rousseau illustre le genre avec son *Devin de Village* en 1753. Il se fait le champion de la nature contre les pièces à machine, solennelles et surchargées de mythologie de beaucoup d'auteurs français. L'influence de l'opéra bouffe est considérable, aboutissant en particulier à la réduction du rôle de l'orchestre. Le compositeur allemand Christoph Gluck (1714-1787), dans la seconde partie du siècle, synthétise les deux tendances à travers des œuvres puissantes comme *Armide* (1777) ou *Iphigénie en Tauride* (1779).

BOUGAINVILLE Louis Antoine de (Paris, 1729 – Paris, 1811)

Navigateur.

Fils d'un notaire parisien, il étudie le droit, s'adonne aux lettres et écrit à 23 ans un *Traité de calcul intégral*, avant de se tourner vers l'armée. De 1754 à 1756, il est secrétaire d'ambassade à Londres. Puis il s'embarque pour le Canada afin de défendre le Québec avec Montcalm et gagne ses galons de colonel. Après la paix de 1763, il se fait marin et fonde une colonie aux Malouines. Trois ans plus tard, le 2 juin 1767, il reçut, dit-il, « l'ordre d'aller remettre [l'] établissement aux Espagnols et de [se] rendre ensuite aux Indes orientales, en traversant la mer du Sud entre les Tropiques ». Sur la frégate *La Boudeuse*, accompagnée de la flûte *L'Étoile*, il passe par la Nouvelle-Cythère qu'il croit découvrir (ainsi nomme-t-il Tahiti, découverte auparavant par le capitaine Wallis), la Nouvelle-Guinée, les Grandes Cyclades (Nouvelles-Hébrides), la Nouvelle-Bretagne, les Moluques, l'île de France et le Cap. De ce périple, il publie une relation brillante, le *Voyage autour du monde*, qui connaît un vif succès. Il s'illustre ensuite dans la guerre d'Indépendance américaine, est emprisonné sous la Terreur, libéré après Thermidor. Lorsqu'il meurt, à 82 ans, sénateur et comte d'Empire, il n'a pu réaliser son projet d'expédition au pôle. Le terme « bougainvillée », désignant la fleur bien connue, a été forgé à partir de son nom.

BOUILLÉ François Claude Amour, marquis de (Cluzel-Saint-Eble, 1739 – Londres, 1800)

Général.

Il entre dans l'armée à 14 ans, est colonel à 22 ans, gouverneur de la Guadeloupe à 29 ans. Gouverneur général des îles du Vent en 1777, il réussit à reprendre, de 1778 à 1782, les îles dont les Anglais s'étaient emparés. Lieutenant général en 1782, il reçoit, en 1789, le commandement militaire des Trois-Évêchés puis ceux de l'Alsace, de la Franche-Comté et de la Lorraine. En 1790, il est général en chef de l'armée de Meuse, Sarre et Moselle et réprime la révolte de la garnison de Nancy en août 1790, faisant exécuter une vingtaine de meneurs et envoyer aux galères une quarantaine de Suisses du régiment de Châteauvieux. Sa dureté portera atteinte au prestige de son cousin, La Fayette, qui lui avait apporté son soutien. En 1791, il participe avec ferveur à la préparation de la fuite du roi qui devait rejoindre son armée à Montmédy. L'échec du plan à Varennes, le 21 juin, le contraint à passer la frontière avec plusieurs officiers du Royal-Allemand. Mais il refuse de servir dans l'armée des princes ou des souverains étrangers et se retire en Angleterre après deux voyages aux Antilles en 1796 et 1797.

BOUILLON Frédéric Maurice de LA TOUR D'AUVERGNE, duc de (Sedan, 1605 – Pontoise, 1652)

Prince de Sedan.

Fils d'Henri Ier de La Tour, vicomte de Turenne, frère aîné du grand maréchal de Turenne. Bouillon fait ses premières armes aux Pays-Bas sous les princes d'Orange, ses oncles. En 1634 il épouse une catholique, Éléonore de Berg, et, l'année suivante, passe au service de la France. Puis il se convertit au catholicisme en 1636. En 1641, il se joint au comte de Soissons révolté contre Richelieu et, avec l'appui espagnol, bat l'armée royale à La Marfée (près de Sedan). Abandonné peu de temps après par ses alliés, il se retire à Sedan et doit faire sa soumission. En 1642, Bouillon commande l'armée française en Italie comme lieutenant général, mais après la découverte du complot de Cinq-Mars dans lequel il est impliqué, il est arrêté. Turenne plaide l'indulgence auprès de Louis XIII qui le gracie, mais la principauté de Sedan lui est confisquée. En 1644, il se bat en Italie à la tête des troupes d'Urbain VIII. Revenu en France en 1647, il se mêle à la Fronde avec son frère. Son jeu est extrêmement subtil dans les premières intrigues de cette révolution. Raccommodé avec la Cour et Mazarin à la fin de 1650, il obtient l'année suivante d'échanger ses droits sur Sedan contre la possession du duché d'Albret et des comtés d'Auvergne et d'Évreux.

Son fils Godefroi Maurice (1641-1721), grand chambellan de France, est l'époux de Marie-Anne Mancini, nièce de Mazarin. Son crédit à la Cour lui permet de récupérer la terre de Bouillon sur l'évêché de Liège.

BOUILLON Godefroi de : voir GODEFROI de BOULOGNE, dit de BOUILLON

BOUILLON Henri, dit LE MARÉCHAL de : voir TURENNE Henri Ier de LA TOUR D'AUVERGNE, vicomte de

BOUILLON Robert III de LA MARCK, duc impérial de (Sedan, v. 1490 – Longjumeau, 1537)

Maréchal de France.

Seigneur de Fleuranges et de Sedan, il combat dans les rangs français en Italie, notamment en 1515 à Marignan où il commande l'avant-garde. Il soutient en 1519 la candidature de François Ier à l'empire. Fait prisonnier à Pavie en 1525, il est nommé maréchal pendant sa captivité.

BOUILLON Robert IV de LA MARCK, duc de (?, v. 1520 – mort en 1556)

Maréchal de France.

Seigneur de Sedan, fils du précédent. Il aide à la prise de Metz par les Français en 1552 ; la même année il reprend le duché de Bouillon à l'évêque de Liège. Il est fait prisonnier par les Espagnols à Hesdin en 1553, et libéré après la trêve de Vaucelles en 1556. Son fils Henri Robert, seigneur de Sedan de 1556 à 1574, est obligé par le traité du Cateau-Cambrésis de céder Bouillon à l'évêque de Liège. Le fils d'Henri Robert, Guillaume Robert, prince de Sedan et duc de Bouillon (1563-1588), meurt célibataire. Ses biens passent à sa sœur qui les lègue en 1594 à son mari Henri Ier de La Tour d'Auvergne, vicomte de Turenne, maréchal de France, calviniste et ami d'Henri IV, souvent désigné sous le nom de maréchal de Bouillon.

BOUISSON Fernand Émile Honoré (Constantine, Algérie, 1874 – Antibes, 1959)

Homme politique, président du Conseil.

Député socialiste, il a la responsabilité des Transports dans le gouvernement de guerre de Clemenceau. Président de la Chambre, il est pressenti par le président de la République Albert Lebrun pour tenter de rétablir l'ordre à la suite du ministère Doumergue constitué au lendemain des émeutes du 6 février 1934. Après avoir refusé dans un premier temps, il accepte, mais son ministère, renversé le jour même de son investiture, sera l'un des plus brefs de la IIIe République (1er juin-6 juin 1935).

BOULANGER Georges (Rennes, 1837 – Ixelles, Belgique, 1891)

Général et homme politique.

Sorti de Saint-Cyr en 1856, il participe à la campagne de Grande-Kabylie, à la guerre d'Italie, à l'expédition de Cochinchine et à la guerre franco-prussienne. Général en 1880, directeur de l'infanterie en 1882, il reçoit en février 1884 le commandement des troupes d'occupation en Tunisie. Nanti de brillants états de service, animé d'une grande ambition, il n'hésite pas à solliciter les hommes en place pour obtenir de l'avancement. Ses opinions républicaines sont connues et, grâce à Clemenceau, il entre en janvier 1886 dans le ministère Freycinet comme ministre de la Guerre. Clemenceau et ses amis souhaitent un ministre républicain, qui remplacerait l'armée de métier par une armée de conscription, où le service serait obligatoire pour tous. Ils veulent aussi que le ministre impose la République à l'armée.

Grâce à ses origines modestes, à ses états de service, à sa prestance, Boulanger acquiert rapidement une grande popularité, qu'accroîtront certaines de ses décisions. Ainsi, à la suite de la loi du 23 juin 1886 sur l'expulsion des chefs de famille ayant régné sur la France et de leurs héritiers directs, il fait rayer des cadres les ducs d'Aumale, d'Alençon, de Chartres et de Nemours, ainsi que le prince Murat. Le premier, son ancien supérieur, l'avait pourtant aidé dans son avancement. La lettre de sollicitation de Boulanger, publiée plus tard dans la presse, produira un assez fâcheux effet. Lorsque l'armée est envoyée à Decazeville, au moment de la grève des mineurs, Boulanger ordonne d'éviter tout heurt et de ne pas utiliser la force contre les grévistes. Il acquiert ainsi une grande popularité auprès des ouvriers. Il veut organiser une armée de soldats citoyens, améliore leur vie quotidienne, autorise les recrues à porter la barbe, prend toutes sortes de mesures qui renforcent sa popularité auprès des hommes de troupe. En même temps, il adopte le nouveau fusil Lebel. Il ne dédaigne pas la publicité per-

scrutin uninominal d'arrondissement et interdit les candidatures multiples. Le ministre de l'Intérieur, Jean Constans, dissout la ligue des Patriotes, fait courir le bruit que l'arrestation de Boulanger est imminente, tandis que l'état-major boulangiste est convoqué devant le Sénat réuni en haute cour. Le général, qui commet l'erreur de s'enfuir en Belgique avec sa maîtresse, semblant ainsi justifier les accusations portées contre lui, est condamné le 14 août 1889 à la détention perpétuelle. Il erre de Londres à Jersey, puis à Bruxelles. Les élections législatives de septembre et octobre 1889 marquent le recul du boulangisme. Les élections municipales à Paris, en avril de l'année suivante, sont un désastre. On dénonce les tractations de Boulanger avec les chefs monarchistes. Désemparé, accablé par la mort de sa maîtresse, Boulanger se suicide sur la tombe même de Marguerite de Bonnemain, à Ixelles, le 30 septembre 1891.

Première crise majeure de la jeune République, le boulangisme est vaincu à la veille de l'Exposition universelle qui célèbre le centenaire de la Révolution. Mais les conséquences politiques de son échec sont considérables. Les radicaux vont entamer le recentrage qui les conduit au pouvoir une décennie plus tard ; les monarchistes, qui ont soutenu le mouvement en vain, empruntent le chemin pragmatique du ralliement ; l'électorat populaire et certaines figures du parti boulangiste se tournent vers les formations socialistes. En outre, les idées de révision et de réforme de l'État portées par le programme boulangiste sont durablement déconsidérées. Pendant et après la Première Guerre mondiale, Clemenceau, Millerand et Tardieu les reprennent à leur compte mais échouent à leur donner forme. Enfin, le boulangisme cristallise la mutation du nationalisme que l'affaire Dreyfus porte à son terme. Le patriotisme républicain, volontiers universaliste, laisse place à un nationalisme d'exclusion autoritaire, antiparlementaire et volontiers antisémite.

Le général Boulanger
Caricature du général en campagne électorale, parue dans *Le Grelot* du 26 août 1888. Paris, Bibliothèque nationale de France. © *Sélection Images*

sonnelle, à l'occasion, par exemple, de la revue qu'il organise le 14 juillet 1886 à Longchamp. Des brochures biographiques, des chansons, des images d'Épinal commencent à circuler. Après la chute de Freycinet en décembre 1886, Boulanger conserve son portefeuille dans le ministère Goblet. L'idée de la revanche contre l'Allemagne grandit au début de 1887. Boulanger devient le « général La Revanche », surtout après l'incident Schnæbelé en avril. Il regroupe autour de lui les mécontents : radicaux dissidents comme Rochefort, revanchards comme Déroulède et sa ligue des Patriotes, bonapartistes qui espèrent un coup d'État, royalistes qui, avec la duchesse d'Uzès, seront bientôt ses principaux soutiens financiers ; la masse populaire enfin, touchée par la crise économique.

Le gouvernement s'inquiète de cette popularité et, après la chute du ministère Goblet, le 18 mai 1887, Boulanger n'est pas appelé à faire partie du cabinet Rouvier, mais nommé commandant du 13e corps d'armée à Clermont-Ferrand. Une foule immense l'accompagne à la gare le 8 juillet. Le scandale des décorations, à l'automne, contribue encore à affaiblir le régime, renforçant au contraire le boulangisme. En mars 1888, le gouvernement commet l'erreur de mettre Boulanger à la retraite d'office. Sanctionné de 30 jours d'arrêt, il était néanmoins venu en voyage à Paris. Boulanger, qui est à présent éligible, se lance dans la politique, soutenu par l'organe boulangiste, *La Cocarde*, et par la ligue d'Action républicaine. Son vaste et vague programme est ainsi résumé : dissolution, révision, constituante. Soutenu par l'argent royaliste et combattu à présent par Clemenceau et ses amis, il est élu une première fois dans le Nord. Il décide alors de se présenter à chaque élection partielle, est élu dans la Dordogne, la Somme, à nouveau dans le Nord en août 1888, enfin à Paris, le 27 janvier 1889, après avoir fait appel aux milieux populaires et aux ouvriers. La foule crie : « À l'Élysée ! » Mais le « brav' général » n'ose pas tenter un coup de force, et préfère rejoindre sa maîtresse, Marguerite de Bonnemain. Le gouvernement en profite pour se ressaisir, rétablit le

BOULAY de LA MEURTHE Antoine Joseph Claude, comte (Chaumousey, Vosges, 1761 – Paris, 1840)

Homme politique, juriste.

Avocat à Paris en 1789, il se rallie à la Révolution, s'engage en 1792 et participe à la bataille de Valmy au cours de laquelle il est blessé. Il devient alors juge au tribunal civil de Nancy, puis, destitué comme modéré, s'engage de nouveau, avec le grade de capitaine. Menacé d'arrestation sous la Terreur, il se réfugie dans les Vosges, revient à Nancy après le 9 Thermidor, est nommé président du tribunal civil et accusateur public du département. Député de la Meurthe au Conseil des Cinq-Cents, il s'oppose à la toute-puissance des Directeurs et devient un des chefs des modérés. Il favorise ensuite le coup d'État du 18 Brumaire et s'attache au service de Bonaparte. Président de la section de législation au Conseil d'État, il contribue à la rédaction du code civil. Comte d'Empire en 1808, membre du Conseil privé en 1810, puis du Conseil de régence, il reste fidèle à Napoléon pendant les Cent-Jours, rédige en partie l'Acte additionnel avant de tenter de faire proclamer empereur Napoléon II. Destitué et proscrit par l'ordonnance du 24 juillet 1815, arrêté, il parvient à se réfugier à Nancy ; de nouveau arrêté, il quitte la France qu'il ne regagnera qu'en 1819.

BOULOGNE (affaire de)

Seconde tentative infructueuse du prince Louis Napoléon pour renverser Louis-Philippe et s'emparer du pouvoir.

Le complot est préparé par l'action des cercles bonapartistes, à la faveur du remous causé dans l'opinion française par le retour en France des cendres de Napoléon. Ils croyaient obtenir des concours assez importants, notamment au sein de l'armée sur laquelle Louis Napoléon portait ses espoirs, mais ceux-ci leur feront défaut. Le prince Louis Napoléon, qui s'est embarqué avec 54 complices, des uniformes de lignards et un aigle vivant sur un bateau loué à Londres, l'*Edinburgh-Castle*, débarque dans la nuit du 5 au 6 août 1840, à Wimereux à proximité de Boulogne-sur-Mer, et gagne la ville où les conjurés se sont assuré quelques complicités. Mais il ne peut soulever la garnison en sa faveur, en dépit de l'aide du lieutenant Aladenize du 42e de ligne. L'attitude résolue du capitaine Col-Puygelier oblige les conjurés à s'enfuir vers la colonne de la Grande Armée. Ils en sont chassés avant d'être arrêtés par les hommes du colonel Sansot, alors qu'ils essayaient de rejoindre l'*Edinburgh-Castle*. Traduits devant la Chambre des pairs le 2 octobre, malgré la brillante plaidoirie de Berryer, le prince Louis Napoléon est condamné à l'emprisonnement perpétuel au fort de Ham.

BOULOGNE-SUR-MER

Ville du Pas-de-Calais.

Le peuple gaulois des Morins y occupe une bourgade (*Gesoriacum*), à l'emplacement de l'actuelle ville basse. À leur arrivée, les Romains construisent une forteresse sur les hauteurs dominant la rive nord de l'estuaire de la Liane et donnent à la ville son nom italien de *Bolonia*. Elle est, sous l'Empire romain, une base navale très importante et le port d'embarquement ordinaire pour la Bretagne. Il faut peut-être y situer le *Portus Itus* d'où César s'embarque en 55 et 54 av. J.-C. C'est en tout cas bien de Boulogne que partent les empereurs Claude et Hadrien. Mais, lorsque Constance Chlore fait combler son port militaire, la cité est pour longtemps réduite à la ville haute. Occupée par les Francs, fortifiée par Charlemagne, prise par les Normands en 882, elle devient le chef-lieu du comté de Boulogne ou Boulonnais, avec lequel elle confond en grande partie son histoire.

Au Moyen Âge, Boulogne est un des lieux les plus célèbres de la chrétienté avec son pèlerinage à Notre-Dame, dont l'image miraculeuse est vénérée dès le VIIe siècle. Elle est prise par Henri VIII d'Angleterre en 1544 mais rendue à la France dès 1550. Louis XI, qui l'avait rattachée à la couronne en 1477, lui confirmera ses privilèges et immunités en contrepartie des lourdes charges que représente la défense des frontières. Pour être privilégiée, elle ne compte pas néanmoins parmi les pays d'état ; mais elle ne figure pas davantage au nombre des pays d'élection. Elle a ses états, mais ils se réunissent assez rarement et à intervalles irréguliers, siègent surtout dans les périodes de crise et tiennent de courtes sessions pour des objets bien définis. La ville est également le siège d'un évêché de 1553 à 1790. Son port sert de point de concentration aux armées destinées à envahir l'Angleterre pendant la guerre de Succession d'Autriche et surtout sous le Consulat, en 1803. Boulogne, dont la ville haute est toujours entourée de ses vieux remparts, a beaucoup souffert des bombardements de la Seconde Guerre mondiale.

BOULONNAIS

Intégré dans la Belgique Seconde à l'époque romaine puis au royaume franc de Neustrie, le Boulonnais est détaché du pays des Morins pour former le pagus Boloniensis *carolingien.*

Devenu comté, il appartient à une branche de la maison de Flandre puis à de nombreuses familles seigneuriales, dont les plus importantes sont, en 1125, celle de Blois-Champagne et, en 1267, celle d'Auvergne. Le duc de Bourgogne Philippe le Bon s'en empare en 1422 et le garde par le traité d'Arras de 1435. Mais il revient à la maison d'Auvergne dont hérite celle de La Tour. Il rentre dans le domaine royal en 1478 par accord entre Louis XI et Bertrand de La Tour d'Auvergne qui reçoit le Lauraguais en échange.

BOURBAKI Charles Denis SAUTER (Pau, 1816 – Cambo, 1897)

Général d'origine grecque.

Après avoir participé aux campagnes d'Algérie et de Crimée, où il s'est rendu célèbre par sa bravoure, il occupe le poste de commandant de la garde impériale au début de la guerre franco-prussienne. Enfermé dans Metz sous les ordres de Bazaine, il est chargé par ce dernier de se rendre en Angleterre pour connaître les intentions de l'impératrice Eugénie, mais la mission n'a aucune conséquence. Au début du mois de janvier 1871, le gouvernement de la Défense nationale lui confie le commandement de l'armée de l'Est, forte de 120 000 hommes. Bourbaki doit diriger ses troupes vers l'est, afin de débloquer Belfort et de couper l'armée d'invasion de l'Allemagne. Après la victoire de Villersexel les 9 et 10 janvier, l'armée de l'Est, battue à Héricourt, sur la Lisaine, du 15 au 17 janvier, doit se replier sur Besançon puis Pontarlier, à la frontière suisse. Malgré la menace prussienne, le général refuse d'appeler Garibaldi et ses troupes à l'aide. Freycinet le révoque le 26 janvier, il doit être remplacé par Clinchant. Devant cet échec, il tente de se suicider. Après la guerre, il est nommé gouverneur militaire de Lyon.

BOURBON-L'ARCHAMBAULT (château et cité de)

Burbo Erchembaldi. *Capitale et résidence principale des sires puis ducs de Bourbon jusqu'au milieu du* XIV*e siècle.*

Située maintenant dans l'Allier, Bourbon-l'Archambault avait déjà au VIIIe siècle un château, que Pépin le Bref prit et brûla en 761. L'appellation de Bourbon, appliquée à une cité dans laquelle jaillissent plusieurs sources réputées depuis l'Antiquité, doit être mise en rapport avec le nom du dieu gaulois des sources, Borvo. Le surnom d'Archambault provient du deuxième seigneur connu du lieu, Archambault ou Archambaud Ier (Xe siècle), ou de l'un de ses nombreux successeurs homonymes. Outre une église dont le portail et le chevet romans du XIIe siècle ont été préservés, la ville actuelle garde les ruines encore imposantes d'un château, dont la construction remonte pour l'essentiel aux XIV-XVe siècles et qui a beaucoup souffert du vandalisme, notamment à la Révolution. L'enceinte comprenait au moins quinze tours. Une chapelle avait été édifiée par Louis Ier vers 1330 pour abriter une Sainte Épine et un morceau de la Vraie Croix. Elle sera reconstruite à la fin du XVe siècle. Il n'en reste rien. Du château proprement dit subsistent, au nord, trois belles et hautes tours rondes reliées par une courtine ; au sud, la puissante tour cylindrique dite Quiquengrogne, qui date de 1317.

BOURBON (maisons de)

Famille d'extraction féodale et royale comportant plusieurs maisons.

Les anciens Bourbons. Leur filiation. L'ancêtre de la première maison de Bourbon est un certain Adhémar ou Aymar, seigneur de Souvigny et familier du duc d'Aquitaine, Guillaume le Pieux. Il vivait à la fin du VIIIe siècle et au début du IXe siècle. Son fils Aimon est le premier seigneur attesté de Bourbon. Il ne mourut pas avant 953. À partir du fils d'Aimon Ier, autrement dit aux environs de l'an Mil, presque tous les anciens sires de Bourbon, ainsi que tous les fils aînés des chefs de la famille se prénomment Archambaud. Seule exception, Aimon II dit Vaire Vache (1097-1120), lequel est un cadet usurpateur. Loin de disparaître avec la première maison de Bourbon à la fin du XIIe siècle, cette tradition se transmet aux Dampierre, sires de Bourbon pour un peu moins d'un siècle après le mariage, en 1196, du Champenois Gui de Dampierre avec Mahaut ou Mathilde Ire, héritière de Bourbon, petite-fille d'Archambaud VII. À la fin du XIIIe siècle, les Dampierre-Bourbon, illustrés notamment par Archambaud VIII (1216-1242) et Archambaud IX (1242-1249) s'éteignent. Trois dames de Bourbon vont se succéder : Mathilde II, Agnès et Béatrice. Mathilde II est la fille aînée d'Archambaud IX. Elle a épousé Eudes de Bourgogne, fils du duc Hugues IV. Elle a trois filles, entre lesquelles elle partage les comtés de Nevers, d'Auxerre et de Tonnerre, mais non le Bourbonnais : à la mort de Mathilde, c'est sa sœur cadette Agnès qui recueille cette terre. La nouvelle dame de Bourbon a elle aussi épousé un fils du duc de Bourgogne, Jean de Charolais. Mais la lignée bourguignonne a décidément du mal à s'implanter en Bourbonnais. Elle s'éteint à son tour après avoir formé ce que d'aucuns appellent, par euphémisme, la troisième maison de Bourbon. La postérité de Jean et d'Agnès est représentée par la seule Béatrice qui, en 1276, épouse Robert de France comte de Clermont, sixième fils de Saint Louis, tige de la maison capétienne de Bourbon qui se perpétue jusqu'à nos jours.

Les Bourbons capétiens jusqu'à Henri IV. Leur politique. Le fils aîné de Robert et de Béatrice, fondateur de la nouvelle maison, se nomme Louis comme son aïeul paternel. Louis Ier succède à sa mère comme sire de Bourbon en 1310, à son père comme comte de Clermont sept ans plus tard. Surnommé le Grand, il est le premier titulaire du duché de Bourbon créé en sa faveur (lettres du 27 décembre 1327) par Charles IV à qui il a rendu de signalés services. Il devient également comte de la Marche la même année. Ses ambitions territoriales préfigurent celles des grands ducs du XVe siècle. Dans le centre de la France, elles visent d'abord le Forez et le Beaujolais. Louis le Grand meurt en 1342. C'est à la génération suivante que se forment les deux grandes branches des Bourbons capétiens : celle des « ducs de Bourbon » et celle des la Marche-Vendôme. La première a pour chef Pierre Ier, duc de Bourbon et comte de Clermont ; la seconde est fondée par Jacques Ier, comte de la Marche.

Toutes deux feront des alliances brillantes, souvent royales (Valois, Castille, Navarre, Naples) et la plupart du temps fructueuses. Ainsi le mariage du duc Jean Ier, petit-fils de Pierre Ier, avec Marie de Berry apporte à la branche aînée presque toute l'Auvergne ; celui de Pierre de Beaujeu avec Anne de France, par la puissance politique qu'il donne à ce Bourbon, permet à la même branche aînée d'annexer la Marche, distraite auparavant par la branche puînée. De même, la branche puînée hérite du comté de Vendôme grâce au mariage de Jean Ier de la Marche avec Catherine de Vendôme. Enfin, beaucoup plus tard, Antoine de Bourbon-Vendôme épouse la plus riche héritière de France et bien sûr de Navarre : Jeanne duchesse d'Albret, reine de Navarre, comtesse de Foix, de Bigorre, d'Armagnac, de Périgord, vicomtesse de Béarn et de Limoges, dame de nombreux autres lieux.

La stratégie familiale des Bourbons leur permet d'éviter les effets néfastes de la coutume féodale du partage qui veut que chaque fils ait son lot du patrimoine. Premier point : favorisée par la fortune, cette famille, du moins dans la branche aînée, la plus riche, n'a que peu de survivants mâles à chaque génération. Après la mort de Jean II le Bon (1427-1488), qui n'a donné naissance, après trois noces légitimes, qu'à 5 enfants bâtards, Pierre de Beaujeu, son frère, lui succède comme duc de Bourbon (après le règne bien court de Charles II, cardinal-archevêque de Lyon, son aîné immédiat, qui meurt la même année), et réunit ainsi tous les biens du premier rameau des Bourbons. Deuxième point : lorsque l'héritier d'un Bourbon sera une fille, on se hâtera de lui trouver un mari Bourbon, autant que possible le plus proche. C'est ce qui se produit (après la mise hors course par Louis XI du dernier frère de Jean II et de Pierre II, Louis, l'ancêtre des Bourbon-Busset) lorsque Suzanne, fille de Pierre de Beaujeu et représentante du premier rameau de la branche aînée, épouse son cousin issu de germains Charles, comte de Montpensier, le connétable, représentant du second rameau de la branche aînée : la loi qui prévoyait le retour du duché à la couronne en l'absence d'héritier mâle est abrogée par Louis XII sur les instances d'Anne de Beaujeu, et Charles est habilité à

Maison de Bourbon
L'une des figures emblématiques des Bourbons, Henri IV, caracolant devant Paris. © *Lauros-Giraudon*

recueillir toute la succession du premier rameau. On observe un phénomène non identique mais analogue après la trahison du connétable et la confiscation de ses biens : la sœur du connétable, Louise, parvient à recouvrer le dauphiné d'Auvergne et le comté de Montpensier, qu'elle apporte à son mari, un lointain parent, le prince de La Roche, cadet de la branche cadette – laquelle est seule maintenant à perpétuer la dynastie de Robert de Clermont.

Lorsque les principes de la succession féodale leur permettent d'étendre leurs domaines, les Bourbons agissent comme les meilleurs feudataires du royaume. Lorsque les mêmes principes risquent de jouer au détriment de leur maison, ils se montrent plus que des seigneurs particuliers, ils resserrent leurs liens en rassemblant leurs diverses branches. Il existe chez eux un sens étatique de la famille. Comme leurs cousins royaux, ils savent que la grandeur durable d'une dynastie dépend de la solidité des héritages masculins. Au point que c'est la loi salique qui inspire Charles de Vendôme lorsqu'il obtient, non certes de récupérer les biens ducaux, mais au moins de relever le nom de Bourbon ainsi que le titre ducal. Il est vrai que la loi salique ne s'applique avec rigueur que pour la sauvegarde du royaume et qu'elle ne saurait protéger une dynastie féodale contre une possible intégration de ses biens particuliers dans le domaine royal (sauf dérogations d'ailleurs). Mais elle est bien présente dans l'esprit des Bourbons. En fait, l'application, très suivie au cours de leur histoire, d'une politique matrimoniale avisée tend à donner et donne souvent les mêmes résultats que la loi salique chez les Capétiens directs et les Valois. Moyens différents, mêmes buts. Lorsqu'ils accéderont au trône de France, les Bourbons n'auront pas besoin de s'initier au droit constitutionnel pour continuer la politique séculaire des Capétiens.

Les Bourbons à l'avènement d'Henri IV. Leurs possessions. Quels sont les représentants de la maison de Bourbon lorsqu'en 1589 le chef de celle-ci succède en droit à Henri III ? La branche aînée s'est éteinte en deux temps : en 1503 avec la mort de Pierre II pour le premier rameau ; en 1527 avec la mort du connétable pour le dernier rameau, issu de Louis Ier le Bon, comte de Montpensier. Il ne reste donc plus que la branche cadette, qui descend de Jean Ier, comte de la Marche. Elle est représentée par quatre rameaux : le premier est issu d'Antoine, roi de Navarre, duc de Bourbon et de Vendôme ; il comprend Henri IV et sa sœur Catherine. Réduit à une génération et à un seul titulaire, le deuxième est celui du cardinal-archevêque de Rouen, frère puîné d'Antoine, que la Ligue entend imposer comme roi sous le nom de Charles X à la place de l'hérétique Henri ; il s'éteindra dès 1590. Le troisième rameau est celui du prince de Condé, fils de Louis Ier, lequel était le frère cadet d'Antoine et de Charles. Le tout dernier rameau enfin est depuis longtemps détaché des autres. Il est représenté par Henri, duc de Montpensier et prince des Dombes.

Aucun des puînés Bourbons n'est aussi puissant que le roi de Navarre. Certes, l'un d'eux règne encore sur un État féodal : c'est le prince des Dombes. Mais que représente ce petit pays auprès des biens réunis des Vendôme et des Albret ? De toute façon, la maison de Montpensier est dépourvue de postérité masculine. Quant à la maison de Condé, s'il est vrai qu'elle a une assez longue carrière devant elle, elle n'est pas très richement dotée. La puissance politique des Bourbons est concentrée dans les mains de l'aîné. Henri III de Navarre est d'ailleurs le dernier grand féodal français. Il règne sur le comté de Soissons, les duchés d'Alençon, de Beaumont et de Vendôme, la vicomté de Limoges, le comté de Périgord, le comté de Rodez, le duché d'Albret, les vicomtés de Béarn, Lomagne, Marsan, Gabardan, Tursan, Fezensaguet et des Quatre Vallées, les comtés de Gaure, d'Armagnac, de Foix, de Bigorre, enfin le royaume de Navarre depuis longtemps réduit au versant septentrional des Pyrénées. En montant sur le trône de ses lointains ancêtres, Henri IV ne fait pas immédiatement don de ses domaines à la couronne. À cette époque, la réunion automatique est de règle dans ces circonstances. Mais le premier roi Bourbon y fait exception et exprime sa volonté par deux actes successifs : le 13 avril 1590, par lettres patentes, puis les 18 avril et 28 mai 1591, par lettres de justice délimitant nettement domaine privé et domaine royal. Prévoit-il de se replier sur ses fiefs au cas où il ne pourrait assurer son autorité dans le royaume ? Veut-il réserver les droits de sa sœur Catherine mariée au duc de Bar ? Les deux explications sont plausibles. Une fois la paix civile restaurée et Catherine morte sans enfants, cette situation anormale cesse. Sur les supplications du parlement de Paris, Henri IV proclamera la réunion par l'édit de juillet 1607.

Les Bourbons sur le trône de France. Leur succession, leurs droits. Pendant plus de deux siècles, les Bourbons règnent sur la France : de 1590 à 1792 sans accident dynastique véritable, de 1814 à 1848 avec une éclipse de cent jours et une entorse finale de dix-huit ans au profit d'une branche cadette, celle des Orléans. En droit, la royauté des Bourbons dure beaucoup plus de deux siècles. Elle commence en 1589 (mort d'Henri III) et se poursuit de nos jours, puisque la lignée est bien vivante ; elle n'est pas interrompue par la Révolution en 1792. C'est ainsi qu'à Louis XVI succède son fils Louis XVII et que le comte de Provence devient Louis XVIII dès la mort de son neveu. Les Cent-Jours ne comptent pas plus que l'Empire ; la révolution de 1830 et la monarchie de Juillet n'empêchent pas Charles X d'être roi jusqu'à sa mort en 1836. Le duc d'Angoulême lui succède. Quand il meurt en 1844, « Henri V », duc de Bordeaux, le remplace. Il est roi pendant les dernières années de la « régence » de Louis-Philippe, pendant la IIe République et le Second Empire, ainsi que pendant les premières années de la IIIe République. Tous les monarchistes, depuis la fusion de 1873, reconnaissent au petit-fils de Charles X le titre royal. Mais à sa mort, si le prétendant est nécessairement un Bourbon, il n'y a plus unanimité quant à la façon de se rattacher à l'ancienne branche royale. Faut-il partir de Philippe d'Orléans, fils de Louis XIII, ou de Philippe d'Anjou, autrement dit Philippe V d'Espagne, fils du Grand Dauphin ? Les orléanistes invoquent l'incompatibilité des couronnes d'Espagne et de France reconnue par Philippe V au Buen Retiro le 7 novembre 1712 (acte révoqué d'ailleurs, par son signataire, au début de la Régence). Les tenants des Bourbons d'Espagne soutiennent que toute renonciation personnelle est nulle en droit monarchique.

Quels que soient les droits des Bourbons modernes ou actuels, il reste que sept princes de leur maison ont effectivement régné en France : Henri IV, Louis XIII, Louis XIV, Louis XV, Louis XVI, Louis XVIII, Charles X. Les trois premiers sont originellement fils aînés, séparés de leur prédécesseur par un seul degré ; Louis XV est originellement puîné et sa parenté avec Louis XIV n'est qu'au troisième degré ; les trois derniers, Louis XVI, Louis XVIII et Charles X sont frères. Ils sont petit-fils de Louis XV et ont vu le jour après deux aînés, qui moururent jeunes. À ces sept princes s'ajoutent en fait Louis-Philippe d'Orléans, « roi des Français » de 1830 à 1848, et dont la branche aînée n'a jamais reconnu la royauté. Les Orléans eux-mêmes se sont ralliés à la thèse de la régence ou de la lieutenance générale de Louis-Philippe, en s'inclinant devant Henri V, comte de Chambord.

Précisions sur les Bourbons collatéraux du XVIIe au XIXe siècle. Au début du XVIIe siècle, il subsiste deux branches collatérales légitimes des Bourbons : les Bourbon-Montpensier et les Bourbon-Condé. Les premiers sont représentés par Henri (1573-1608), dernier titulaire mâle du duché de Montpensier, qui à sa mort passe avec les Dombes à Marie, sa fille (1605-1627), laquelle épouse Gaston d'Orléans, frère de Louis XIII. La dernière duchesse de Montpensier est leur fille Anne-Marie, dite la Grande Mademoiselle (1627-1693) qui, après bien des difficultés, peut épouser Lauzun à un âge avancé (en 1681). Elle n'a pas de postérité. Les Bourbon-Condé, issus de Louis Ier de Condé, dernier frère d'Antoine de Bourbon, comprennent trois branches représentées par le prince de Condé Henri II (1588-1646), fils posthume d'Henri Ier (1552-1588), par le

Maison de BOURBON

- **Robert** comte de Clermont (1256-1317) ∞ Béatrice dame de Bourbon (1258-1310) [6 enfants]
  - **Louis Ier le Boîteux** sire de Bourbon (1270-1342) ∞ Marie de Hainaut (?-1354) [9 enfants]
    - **Pierre Ier** (1311-1356) ∞ Isabelle, fille de Philippe VI (1313-1383) [9 enfants]
      - **Branche aînée des ducs de BOURBON** éteinte en 1527 avec Charles III
    - …
      - **Antoine** duc de Bourbon et de Vendôme (1518-1562) ∞ Jeanne III d'Albret, reine de Navarre (1528-1572) [7 enfants]
        - **Henri** (1551-1553)
        - **HENRI IV** roi de France (1553-1610) ∞ 1. Marguerite de Valois (1553-1615) 2. Marie de Médicis (1573-1642) [17 enfants]
          - **LOUIS XIII** (2.) roi de France (1601-1643) ∞ Anne d'Autriche (1601-1666)
            - **LOUIS XIV** roi de France (1638-1715) ∞ 1. Marie-Thérèse d'Autriche (1638-1683) [6 enfants] 2. Françoise d'Aubigné (1635-1719)
              - **Louis** (1.) le Grand dauphin (1661-1711) ∞ Marie de Bavière (1660-1690) [6 enfants]
                - **Louis** duc de Bourgogne (1682-1712) ∞ Marie Adélaïde de Savoie (1685-1712) [3 enfants]
                  - **Louis** duc de Bretagne (1707-1712)
                  - **LOUIS XV** roi de France (1710-1774) ∞ Marie Leszczynska (1703-1768) [10 enfants]
                    - **Elisabeth** (1727-1759) ∞ Philippe duc de Parme (?-1765)
                    - **Henriette** (1727-1752)
                    - **Marie Louise** (1728-1733)
                    - **Louis** dauphin (1729-1765) ∞ 1. Marie Thérèse d'Espagne (1726-1746) 2. Marie Josèphe de Saxe (1731-1767) [11 enfants]
                      - **Louis Joseph** duc de Bourgogne (1751-1761)
                      - **LOUIS XVI** roi de France (1754-1793) ∞ Marie Antoinette d'Autriche (1755-1793)
                        - **Marie Thérèse** (1778-1851) ∞ Louis duc d'Angoulême (1755-1793)
                        - **Louis Joseph** dauphin (1781-1789)
                        - **Louis XVII** (1785-1795)
                        - **Marie Sophie** (1786-1787)
                      - **LOUIS XVIII** roi de France (1755-1824) ∞ Marie Louise de Savoie (1753-1810)
                      - **CHARLES X** roi de France (1757-1836) ∞ Marie Thérèse de Savoie (1756-1805) [4 enfants]
                        - **Louis** duc d'Angoulême (1775-1844) ∞ Marie Thérèse de France
                        - **Sophie** (1776-1783)
                        - **Charles Ferdinand** duc de Berry (1778-1820) ∞ Marie Caroline de Bourbon-Siciles (1798-1870)
                          - **Louise** (1819-1864) ∞ Charles III duc de Parme (1823-1854)
                          - **Henri** (1820-1883) ∞ Marie Thérèse d'Autriche-Este (1817-1886)
                      - **Clothilde** (1759-1802)
                      - **Elisabeth** (1764-1794)
                    - **Philippe** duc d'Anjou (1730-1733)
                    - **Marie Adélaïde** (1732-1780)
                    - **Victoire** (1733-1799)
                    - **Sophie** (1734-1782)
                    - **Thérèse** (1736-1744)
                    - **Louise** carmélite (1737-1787)
                - **Philippe** duc d'Anjou puis roi d'Espagne (1683-1746) ∞ 1. Louise de Savoie (1688-1714) 2. Elisabeth Farnèse (1692-1766)
                - **Charles** duc de Berry (1686-1714) ∞ Louise d'Orléans (1695-1719)
            - **Philippe** duc d'Orléans (1640-1701) ∞ 1. Henriette d'Angleterre (1644-1670) 2. Charlotte Elisabeth de Bavière (1652-1722)
              - **Maison de BOURBON-ORLÉANS**
          - **Elisabeth** (2.) (1602-1644) ∞ Philippe IV roi d'Espagne (1605-1665)
          - **Christine** (2.) (1606-1663) ∞ Victor Amédée Ier de Savoie (1587-1637)
          - **Nicolas** (2.) duc d'Orléans (1607-1611)
          - **Gaston** (2.) duc d'Orléans (1608-1660) ∞ 1. Marie de Bourbon-Montpensier (1605-1627) 2. Marguerite de Lorraine (1615-1672) [8 enfants]
          - **Henriette** (2.) (1609-1669) ∞ Charles Ier roi d'Angleterre et d'Ecosse (1600-1649)
        - **Louis** comte de Marle (1555-1557)
        - **Catherine** (1559-1604) ∞ Henri II de Lorraine (1563-1624)
      - **François** comte d'Enghien (1519-1546)
      - **Madeleine** abbesse à Sainte-Croix, Poitiers (1521-?)

- **Jacques Ier**, comte de la Marche (1315-1361) ∞ Jeanne de Châtillon (1320-1371) [4 enfants]
  - 5 générations de BOURBON-VENDÔME
    - **Charles**, cardinal (1523-1590)
    - **Catherine**, abbesse à Soissons (1525-1694)
    - **Rénée**, abbesse à Chelles (1527-1583)
    - **Jean**, comte de Soissons et d'Enghien (1528-1557) ∞ Marie de Bourbon-Saint-Pol (1539-1601)
    - **Louis Ier**, prince de Condé (1535-1569) ∞ Françoise de Longueville (1549-1601) [12 enfants]
      - **Henri Ier**, prince de Condé (1552-1588) ∞ Charlotte de la Trémoille (1568-1629) [4 enfants]
        - **Henri II**, prince de Condé (1588-1646) ∞ Charlotte de Montmorency (1594-1650) [6 enfants]
          - **Anne-Geneviève** (1619-1679) ∞ Henri duc de Longueville
          - **Louis II**, le Grand Condé (1621-1686) ∞ Claire de Maillé (1628-1694) [4 enfants]
            - **Henri Jules**, prince de Condé (1643-1709) ∞ Anne de Bavière (1648-1723) [11 enfants]
              - **Marie-Thérèse** (1666-1732) ∞ François Louis Ier de Bourbon-Condé
              - **Louis III**, prince de Condé (1668-1710) ∞ Louise Françoise de Bourbon (1673-1743) [10 enfants]
                - **Louis IV**, prince de Condé (1692-1740) ∞ 1. Marie Anne de Bourbon-Conti (1689-1720) 2. Karoline de Hesse-Rheinfels-Rotenburg (1714-1741) [2 enfants]
                  - **Louis V**, prince de Condé (1736-1818) ∞ Louise-Henriette de Bourbon-Conti
                    - **Louis VI**, prince de Condé (1756-1830) ∞ Bathilde d'Orléans (1750-1822) [3 enfants]
                      - **Louis**, duc d'Enghien (1772-1804)
                    - **Louise-Adélaïde**, abbesse de Remiremont (1758-1824)
                - **Louise Elisabeth** (1693-1775) ∞ Louis Armand II de Bourbon-Conti (1695-1727)
                - **Marie Anne** (1697-1741) ∞ Louis de Melun duc de Joyeuse
                - **Charles**, comte de Charolais (1700-1760)
                - **Louis**, comte de Clermont (1709-1771)
              - **Anne** (1676-1756) ∞ Louis duc du Maine (1670-1736)
          - **Armand**, prince de Conti (1629-1666) ∞ Anne-Marie Martinozzi (1637-1672) [3 enfants]
            - **Louis-Armand Ier**, prince de Conti (1661-1685) ∞ Anne (Mlle de Blois) (1666-1739)
            - **François-Louis Ier**, prince de Conti (1664-1709) ∞ Marie-Thérèse de Bourbon-Condé [7 enfants]
              - **Marie Anne** (1689-1720) ∞ Louis de Bourbon-Condé (1692-1740)
              - **Louis-Armand II**, prince de Conti (1695-1727) ∞ Louise-Elisabeth de Bourbon-Condé [5 enfants]
                - **Louis-François Ier**, prince de Conti (1717-1776) ∞ Louise d'Orléans (1716-1736) [4 enfants]
                  - **Louis-François II**, prince de Conti (1734-1814) ∞ Fortuna d'Este-Modène (1734-1803)
                - **Louise-Henriette** (1726-1759) ∞ Louis-Philippe Ier duc d'Orléans
      - **François**, prince de Conti (1558-1614) ∞ Louise de Guise (?-1631) [2 enfants]
      - **Charles**, comte de Soissons (1566-1612) ∞ Anne de Montafié (1577-1644) [7 enfants]
        - **Louis**, comte de Clermont, comte de Soissons (1604-1641)
        - **Marie** (1606-1692) ∞ Thomas de Savoie-Carignan

Antoine de Bourbon
Portrait du roi de Navarre, père d'Henri IV, XVIe siècle, château de Pau. © *RMN - R.G. Ojeda*

prince de Conti François (1558-1641), frère du même Henri Ier de Condé, enfin par le comte de Soissons Charles (1566-1612), frère de François de Conti et d'Henri Ier de Condé.

Au milieu du XVIIe siècle, soit à la génération de Louis II dit le Grand Condé (1621-1686), la branche de Soissons a disparu. Quant à la branche de Conti, elle est représentée par le frère de Louis II, Armand (1629-1666), qui a relevé le titre de son grand-oncle François mort sans postérité. Cette branche de Conti se poursuit jusqu'à Louis François Joseph (1734-1814). Les princes de Condé s'éteignent en 1830 avec Louis Henri Joseph, duc de Bourbon, père du duc d'Enghien fusillé dans les fossés de Vincennes en 1804.

Aux branches collatérales formées avant l'accession d'Henri IV au trône s'ajoutent celles qui sont issues de ce roi à partir du XVIIe siècle, à savoir la première maison de Bourbon-Orléans qui ne comprend que Gaston d'Orléans, frère de Louis XIII. Sa fille Anne-Marie hérite du duché de Montpensier et des Dombes mais non du duché d'Orléans qui est un apanage. Vient ensuite la seconde maison de Bourbon-Orléans, issue de Philippe, frère de Louis XIV, duc d'Anjou, puis d'Orléans à la mort de Gaston en 1660. Enfin, la maison de Bourbon-Anjou-Espagne descend de Philippe, duc d'Anjou, frère du duc de Bourgogne, et devenu le roi d'Espagne Philippe V. Elle est constituée par les Bourbons d'Espagne proprement dits, les Bourbons de Naples et les Bourbons de Parme.

BOURBON Antoine de, duc de Vendôme (?, 1518 – Saint-Jean-d'Angély, 1562)

Prince capétien et roi de Navarre.

Catherine de Médicis le jugeait « trop facile, insolent et voluptueux ». Chef de la maison de Bourbon à 19 ans, il épouse, dix ans plus tard, Jeanne, fille d'Henri Ier d'Albret, roi de Navarre sous le nom d'Henri II, et de Marguerite d'Angoulême. Cette princesse lui apporte le Béarn en dot. À la mort du roi de Navarre, le 29 mai 1555, le couple hérite de la couronne de Navarre. Au vrai, tous les deux ne régneront que sur la Basse-Navarre. En 1559, Antoine de Bourbon, ulcéré qu'Henri II n'ait pas réservé une clause, dans le traité du Cateau-Cambrésis, à ses prétentions sur la Navarre espagnole, embrasse la foi réformée. Et lors de la conspiration d'Amboise, qui coûte la liberté à son frère Louis de Condé, il manque d'être tué. Revenu à la religion romaine, il se fait confier, à la mort de François II, la lieutenance générale du royaume. Toutefois, devant l'hostilité que lui manifeste Catherine de Médicis, il n'ose exercer la régence. Il meurt des suites d'une blessure mal soignée qu'il avait reçue en menant l'armée royale à l'assaut de Rouen. Antoine de Bourbon est le père de Henri IV.

BOURBON Charles Ier, duc de (?, 1401 – Moulins, 1456)

Cinquième duc de Bourbon.

Fils de Jean Ier de Bourbon, il est fait prisonnier par Jean sans Peur en 1418, et se libère en promettant d'épouser Agnès de Bourgogne. Mais il la renvoie l'année suivante après le meurtre du duc de Bourgogne. Il gouverne les biens ducaux laissés sans maître par suite de la captivité de son père. En 1425, il se décide à épouser Agnès. Avec Regnault de Chartres, il est le grand négociateur de la paix d'Arras qui termine la querelle des Armagnacs et des Bourguignons en 1435. Cinq ans plus tard, il entre dans la Praguerie, mais est battu et doit traiter avec le roi en 1443.

BOURBON Charles, duc de (?, 1490 – Rome, 1527)

Connétable de France.

Huitième duc de Bourbon. Successeur de son père Gilbert comme comte dauphin d'Auvergne, comte de Montpensier, de Clermont, de Mercœur et de Forez, il épouse en 1505 sa cousine Suzanne, enfant unique de Pierre II de Bourbon, dit Pierre de Beaujeu, mort en 1503. Il devient alors, par la volonté royale, duc de Bourbon et d'Auvergne, bien que ces fiefs assimilés à des apanages doivent en principe faire retour à la couronne. Il se révèle bon soldat aux côtés de Bayard lors de la révolte de Gênes en 1507. Il brille à Agnadel en 1509. Lieutenant général en Languedoc en 1512, il est fait connétable en 1514 et gouverneur de Bourgogne en 1515, année où il se distingue encore à Marignan. Il passe pour fort courageux mais arrogant et « mal endurant ». Sa puissance toujours croissante inquiète. Lorsque sa femme meurt sans postérité en 1521, l'héritage escompté lui est contesté devant le Parlement par Louise de Savoie, qui réclame une partie des fiefs féminins de Bourbon dont elle se déclare la plus proche héritière par sa mère Marguerite, fille de Charles Ier de Bourbon. Or Marguerite était morte depuis bien longtemps déjà et elle avait clairement renoncé à ses droits en faveur de ses frères sans que nul eût jugé bon de discuter sa décision. Voyant dans l'intervention tardive de la mère du souverain une querelle injuste cherchée par François Ier lui-même, le connétable en conçoit un mécontentement très vif, accru, semble-t-il, par quelques blessures d'amour-propre que le roi lui aurait infligées dans l'exercice de ses prérogatives militaires. Charles bénéficie du soutien de la duchesse douairière de Bourbon, Anne de France, qui, dès 1521, rédige en faveur de son gendre une donation qui sera confirmée à trois reprises.

Selon certains, c'est à l'instigation même de cette princesse que s'établissent les premiers contacts secrets du duc de Bourbon avec Charles Quint la même année. Les négociations sont très avancées et probablement déjà éventées lorsque François Ier décide de sa propre autorité que Creil, Gien, Bourbon-Lancy, la Marche et le Carladès seront remis à sa mère. Après une brève réconciliation des parties au début de 1523, le Parlement met les biens en litige sous séquestre. En juillet, l'alliance des deux Charles est conclue à Montbrison : l'empereur se portera sur la Franche-Comté pendant que le duc fomentera des séditions dans diverses provinces de France. Deux mois après, Henri VIII d'Angleterre entre à son tour dans la combinaison : il compte envahir la Normandie.

François Ier, dont les soupçons ne sont pas nouveaux, réagit rapidement. La Palice marche sur Chantelle où le connétable a cru trouver un refuge. Il ne réussit pas à se saisir de lui : Charles s'échappe la nuit et gagne Besançon, puis l'Italie, où il est nommé lieutenant général par l'empereur. Il chasse les Français de ce pays, envahit la Provence où il assiège en vain Marseille en 1524, contribue à la grande victoire impériale de Pavie en 1525. Mais, déçu par Charles Quint, il devient condottiere et cherche à se tailler une principauté dans le Milanais avec l'aide de ses mercenaires tudesques. Il parvient jusqu'à Rome dont il mène le siège mais, blessé à mort lors de l'assaut, il ne peut la prendre lui-même. Ses lansquenets et ses reîtres mettent la ville à sac pendant deux mois. Après sa mort, tous ses biens sont confisqués. Beaujolais et Forez sont donnés au duc d'Angoulême, Bourbonnais et Auvergne attribués en viager à Louise de Savoie. En 1531, les possessions ducales sont définitivement rattachées à la couronne.

BOURBON Charles de (La Ferté-sous-Jouarre, 1523 – Fontenay-le-Comte, 1590)

Cardinal.

Frère d'Antoine de Bourbon-Vendôme, il est cardinal en 1548, archevêque de Rouen en 1550, légat du pape, pair du royaume et membre du Conseil royal. Ligueur convaincu, le cardinal de Bourbon est emprisonné à Fontenay-le-Comte par Henri III, après que ce souverain eut fait exécuter le duc et le cardinal de Guise. Le dernier Valois assassiné, la Ligue, afin d'opposer à Henri IV un prince dynaste, le proclame roi sous le nom de Charles X. Plusieurs parlements, dont celui de Paris, le 3 mars 1590, reconnaîtront la légitimité de « l'Éminentissime monarque ». Des monnaies seront même frappées à son effigie.

BOURBON Charles de (Gandelu-en-Brie, 1562 – Paris, 1594)

Cardinal.

Petit-neveu du précédent, quatrième fils de Louis Ier de Bourbon-Condé, il est cardinal, à titre laïque en 1583, archevêque de Rouen en succession de son grand-oncle en 1590, abbé de Saint-Germain-des-Prés. Après la mort de l'usurpateur Charles X, il dispute le trône de France à son cousin Henri IV. La conversion de celui-ci au catholicisme ruine ses maigres chances de régner, et il meurt, oublié de tous, en l'abbaye de Saint-Germain-des-Prés.

BOURBON Jean Ier, duc de (?, 1380 – Londres, 1434)

Quatrième duc de Bourbon.

Comme son père Louis II, mais avec plus de vigueur, il se déclare pour les Armagnacs dont il devient rapidement un des meilleurs chefs. Pris à la bataille d'Azincourt, il est déporté en Angleterre où il meurt dix-neuf ans plus tard. Il avait épousé la principale héritière du très riche duc de Berry, Marie, qui lui avait apporté le duché d'Auvergne et le comté de Montpensier.

BOURBON Jean II, duc de (Moulins, 1427 – Moulins, 1488)

Connétable de France.

Sixième duc de Bourbon. Fils aîné de Charles Ier. Il commande l'armée qui bat les Anglais à Formigny en 1450, avant de recevoir le gouvernement de la Guyenne. En 1461, il entre dans la ligue du Bien public dont il est le véritable chef. Après la paix de Conflans en 1465, il se fait donner les gouvernements du Berry, de l'Orléanais, du Périgord, du Limousin et du Languedoc. Créé connétable et lieutenant général du royaume pendant la minorité de Charles VIII, il réclame la régence et s'allie au duc d'Orléans, futur Louis XII, révolté en 1484. Enfin il se réconcilie avec Anne de Beaujeu en 1486.

BOURBON Louis Ier, duc de : voir BOURBON (maison de)

BOURBON Louis II, dit LE BON, duc de (?, 1337 – Montluçon, 1410)

Troisième duc de Bourbon.

Fils et successeur de Pierre Ier. Après le traité de Brétigny, il est un des otages envoyés en Angleterre comme caution de la rançon du roi Jean II en 1360. Revenu de captivité huit ans plus tard, il consacre toutes ses forces à chasser les Anglais hors du Poitou et de la Guyenne, de 1368 à 1370, puis de l'Auvergne, en 1374. Cet ancien compagnon de Du Guesclin est un des quatre princes chargés de la tutelle de Charles VI. Il prend parti contre Jean sans Peur lorsque se déclenche la querelle entre la maison d'Orléans et celle de Bourgogne. Par son mariage avec Anne d'Auvergne vers 1370, il ajoute à ses possessions le comté de Clermont d'Auvergne, celui de Forez et la baronnie de Mercœur. Indépendamment, il acquiert la Combraille, le Beaujolais et Château-Chinon.

BOURBON Pierre Ier, duc de (?, 1311 – Poitiers, 1356)

Deuxième duc de Bourbon.

Sans réaliser aucun agrandissement spectaculaire, il consolide les possessions de sa maison et connaît la faveur royale. Il lutte avec persévérance contre les Anglais, notamment en Guyenne et à Calais ; il est le négociateur de Jean le Bon dans plusieurs traités conclus avec eux. Il est tué à Poitiers. Il avait épousé Isabelle de France en 1336.

BOURBON Pierre II, duc de : voir BEAUJEU Pierre de BOURBON, seigneur de

Louis II de Bourbon
Compagnon de Du Guesclin et régent de France à la mort de Charles V. Miniature de l'*Armoriel de Guy Revel*, Paris, Bibliothèque nationale de France.
© *Sélection Images*

BOURBON (palais)

Monument parisien. Ses bâtiments, élevés à diverses époques, diffèrent de style les uns des autres. Leur entrée principale s'ouvre au 126, rue de l'Université.

En 1722, Françoise Louise de Bourbon, duchesse d'Orléans, fille légitimée de Louis XIV et femme du Régent, décide de la construction d'un hôtel sur le terrain longé au nord par l'actuel quai d'Orsay, à l'est par la rue de Bourgogne et au sud par la rue de l'Université. Les travaux sont confiés à l'architecte Ghiardini qui, les plans à peine achevés, meurt. Les architectes Lassurance, Aubert et Gabriel, qui avaient eux aussi commencé les travaux, le termineront en 1728. La duchesse meurt au palais Bourbon, aussi appelé hôtel de Bourbon, en 1743. Ses filles héritent de sa superbe demeure et la vendent à Louis XV en 1756, désireux de l'utiliser dans la décoration de la place qui porte son nom. En 1764, le prince de Condé l'achète au roi. Le prince l'aménage magnifiquement : les jardins descendent jusqu'au bord de la Seine. La Révolution confisque le palais Bourbon en 1790. Lorsque le Conseil des Cinq-Cents s'installe dans la partie centrale en 1795, les architectes Gisors et Lecomte transforment les vastes salons de réception en un bel hémicycle que l'on agrémentera d'une colonnade ionique. La façade du palais Bourbon, érigée devant le débouché du pont de la Concorde, est commencée en 1806 et achevée en 1807. Elle doit équilibrer la perspective avec le futur temple à la gloire que l'Empereur souhaite élever en l'honneur de son armée sur le chantier de l'église de la Madeleine inachevée. Les douze colonnes corinthiennes du palais Bourbon et leur attique sont dus à Payot, et c'est Corot qui sculpte le lourd fronton, en 1841. Durant la Restauration, le prince de Condé loue sa propriété à l'État qui la lui a restituée. Et, entre 1828 et 1832, Joly modifie la salle des séances où, à partir de 1851, le corps législatif siégera régulièrement, sauf de 1870 à 1879. Le duc d'Aumale, héritier du dernier Condé, lègue à sa mort le Petit-Bourbon, l'hôtel de Lassay qui voisine le palais Bourbon, à la République. C'est, de nos jours, la résidence du président de l'Assemblée nationale. Seules la cour d'honneur et une partie des façades rappellent aujourd'hui, à quelques détails près, l'aspect qu'eut, jadis, l'hôtel de Bourbon.

Palais Bourbon
Vue du côté de l'entrée, gravure de Jean-François Janinet, XIXe siècle, d'après un dessin de 1783, château de Versailles. © *RMN - Gérard Blot*

BOURBON (île) : voir RÉUNION (la)

BOURBONNAIS

Pays et province du centre de la France, le Bourbonnais ne correspond à aucune unité historique antérieure.

Son caractère est un composé des caractères propres aux territoires qui l'entourent et au détriment desquels il s'est créé puis développé : Berry, Auvergne, Nivernais, Autunois. Comme unité historique, il doit l'existence aux sires de Bourbon, qui ont commencé à le former au Xe siècle. Mais la constitution définitive d'un pays bourbonnais possédant les dimensions d'une province ne date que du XIIIe siècle. Plus tard, les ducs de Bourbon ont continué à étendre leurs possessions, non les limites du Bourbonnais proprement dit. Lors de l'effondrement de la puissance ducale en 1527, le « Grand Bourbonnais », l'État des ducs de Bourbon, a disparu, mais le pays bourbonnais, appelé « duché de Bourbonnais » au XVIe siècle, a survécu comme province du royaume.

Formation du pays et de l'État bourbonnais. La formation de la sirerie de Bourbon jusqu'aux premiers Archambaud, c'est-à-dire sous Aimon Ier, est fort mal connue. Il est néanmoins établi que le premier sire attesté de Bourbon avait déjà un pied à l'est de l'Allier, à Bessay. Mais ce n'est qu'avec Archambaud II, son petit-fils, que la sirerie prend des contours assez nets. Au détriment du comte de Nevers, Archambaud II étend son pouvoir sur une grande partie du pays entre Allier et Loire. En même temps apparaît pour la première fois une mention de Moulins. La future capitale est encore une petite localité. Il n'y a d'ailleurs pas trace d'acte signé à Moulins par un sire de Bourbon avant 1214. Le fils d'Archambaud II, Archambaud III, se rend maître de La Chapelaude, de Murat et de Montcenoux. Archambaud IV rencontre des résistances, notamment de la part du clergé de Souvigny. Mais, sous Aimon II, la seigneurie de Bourbon s'étend jusqu'aux limites de la Combraille à l'ouest. Elle possède des enclaves dans la périphérie du pays bourbonnais. Importantes en Nivernais et en Autunois, moindres en Berry et en Auvergne, ces enclaves annoncent les prochains progrès des Dampierre et les futures annexions des comtes de Clermont en Beauvaisis. Malgré leurs visées sur Saint-Pourçain, porte septentrionale de l'Auvergne que le roi défend, les derniers Archambaud sont de bons alliés. Contre l'Aquitaine passée au pouvoir de la dynastie angevine, le Bourbonnais est devenu indispensable à la politique capétienne. Archambaud VII et son successeur Gui de Dampierre savent exploiter cette situation. En échange de son aide contre les Anglais, Gui obtient de Philippe Auguste la seigneurie de Montluçon, longtemps convoitée et qui jusque-là était restée dans la mouvance aquitaine. Ce n'est qu'un début : lorsqu'en 1198 le roi a décidé la conquête de l'Auvergne, Gui se fait confier la direction des opérations. L'œuvre achevée, il reçoit la garde de la province. Il transmet cette garde à son fils. Ainsi l'influence des sires de Bourbon devient sensible en Auvergne, surtout en Auvergne orientale où Archambaud VIII et Archambaud IX, mettant à profit leurs pouvoirs, multiplient les enclaves bourbonnaises. Mise à part la question des enclaves, les limites du Bourbonnais sont alors pratiquement tracées. Elles sont, à peu de chose près, celles du département actuel de l'Allier.

Nouvelle étape dans l'accroissement de la puissance bourbonnaise avec l'intronisation d'un Capétien comme sire de Bourbon, Louis Ier : créateur du duché de Bourbon en 1327, pair de France en 1328, comte de Clermont à la mort de son père, il est grand chambrier de France. Loin de se limiter au Bourbonnais et au comté de Clermont, son activité s'exerce dans l'ensemble du royaume. À la mort de Louis X et de Jean Ier, il appuie la candidature de Philippe V au trône. Son crédit en est favorisé ; le Bourbonnais est devenu le centre d'une grande puissance féodale.

Avec Louis II, petit-fils de Louis Ier et époux d'Anne, « dauphine » d'Auvergne, la nouvelle maison recueille le Forez, contigu au Bourbonnais, ainsi que deux importantes enclaves en Auvergne : le Dauphiné et la châtellenie de Thiers. En 1400, s'y ajoute le Beaujolais. Louis II fait sentir sa domination de la Combraille aux Dombes et du Berry au Velay. La même année, il unit son fils à Marie de Berry, fille du duc Jean. Il est prévu qu'à la mort de ce dernier, l'apanage d'Auvergne ira à Marie et à son époux ou à leurs enfants, à condition toutefois que le duché de Bourbon et le comté de Clermont (en Beauvaisis) soient également assimilés à des apanages, ce qui promet un retour de ces fiefs à la couronne en cas de défaut d'héritier mâle. L'année suivante Jean Ier de Bourbon et Marie de Berry ont un fils : Charles Ier, comte de Clermont. L'État bourbonnais est formé.

Vie du pays bourbonnais au Moyen Âge. Il n'y a pas d'institutions remarquables en Bourbonnais avant le XIIIe siècle, où les ducs confient la justice et l'administration à un sénéchal, à un « maréchal de Bourbonnais » puis à un bailli. Les villes sont peu importantes, à coup sûr moins nombreuses que les bourgs fortifiés. Du Xe au XVe siècle, les peuples des campagnes ne se distinguent pas des Berrichons, des Auvergnats ou des Nivernais dont ils sont issus. Ils souffrent pourtant moins que les Auvergnats lors de la guerre de Cent Ans. Moins aussi que leurs propres seigneurs que la ruine guette. Plus intéressants, sans être toujours d'une grande originalité sont les établissements religieux : Chantelle, Saint-Léger d'Ébreuil, Audes, Neuffontaines, Aubeterre, Montcenoux, Hérisson, et bien sûr Saint-Menoux, Saint-Pourçain (s'il n'est pas auvergnat) et Souvigny, le Saint-Denis des Bourbons. La richesse territoriale des monastères est incontestable. L'art roman de leurs abbatiales est digne d'intérêt mais il subsiste peu de monuments antérieurs au XIIe siècle. Les inspirations berrichonne et auvergnate sont sensibles. Elles varient selon les lieux. L'influence bourguignonne est visible aussi. Elle est parfois postérieure à ses concurrentes, ainsi à Souvigny.

C'est à partir des ducs Louis Ier et Pierre Ier que le pays reçoit une unité institutionnelle et artistique. La cour ducale, transférée à Moulins au milieu du XIVe siècle, tente de centraliser à la fois le duché et les seigneuries annexes. Elle dispose des organes suivants : Grand Conseil dominant les conseils exécutifs du Bourbonnais, du Forez et du Beaujolais ; Chambre des comptes créée en 1374 et ayant le pas sur les chambres de Villefranche, de Montbrison et de Riom ; Grands Jours du Bourbonnais (à partir de 1370). Ces institutions ducales n'ont qu'une existence éphémère. Plus significatives sont les créations artistiques du XVe siècle, contemporaines des derniers ducs : reconstruction gothique de Souvigny, vierges de Moulins et de Souvigny, tombeau de Charles Ier et d'Agnès de Bourgogne, triptyque de Moulins. Ces œuvres se distinguent assez nettement de ce qui se fait dans la Bourgogne voisine. Elles font regretter qu'il ne reste que très peu de monuments anciens à Moulins, et qu'il ne subsiste notamment du palais ducal qu'une tour.

La province bourbonnaise. Le département de l'Allier. Le rattachement du Bourbonnais à la couronne se fait le plus facilement du monde. Les habitants n'ont pas pour coutume de résister au roi. En 1440 déjà, Charles Ier, qui s'était compromis dans la Praguerie, n'avait trouvé chez ses sujets aucun soutien sérieux contre Charles VII ; dans des circonstances analogues, Jean III, son successeur, doit aussi se soumettre au roi. Il en est de même dans l'affaire du connétable Charles de Bourbon. Aux Capétiens de Bourbon les Bourbonnais préféraient les Capétiens de Valois. La richesse des derniers ducs n'est qu'apparente. Depuis longtemps, les ressources du pays sont faibles et les finances ducales en désordre. La cour de Moulins disparaît lors de la fuite du connétable. Ensuite le Conseil, la chancellerie et les Grands Jours se dispersent. Si les états sont en principe conservés, ils cessent de se réunir dans le courant du XVIe siècle. Le sénéchal et les châtelains deviennent officiers royaux. En 1532, Jean Stuart, duc d'Albany, est nommé gouverneur du Bourbonnais.

La province subit les guerres de Religion sans que le protestantisme puisse s'y implanter véritablement et sans que les pillages y soient aussi nombreux et cruels qu'en Auvergne. Montrond, qui appartient à Condé, est un nid de frondeurs au XVIIe siècle. Ces frondeurs font de nombreuses incursions dans les environs. Leurs exactions ne cessent qu'en 1651. Depuis 1587, le Bourbonnais fait partie de la généralité de Moulins, qui comprend les élections de Moulins, de Gannat et de Montluçon. L'enclave de Montaigu en Combraille dépend de la généralité de Riom.

En 1789, d'après Arthur Young, le Bourbonnais est une province arriérée. Assez opportunistes, les habitants de l'Allier ne souffrent pas de la Révolution plus que la moyenne des Français. Ils accueillent tantôt avec empressement, tantôt avec résignation le Consulat, l'Empire et la Restauration. En 1817, Louis XVIII décide de faire de Moulins un diocèse distinct. Le siège n'est pourvu qu'en 1823. Sous la monarchie de Juillet, la tendance légitimiste se manifeste. Elle se prolonge jusqu'aux années 1870-1876. L'électorat vire nettement à gauche à partir de 1885 environ. Il est devenu « rouge » à la veille de la Première Guerre mondiale. Au cours de l'entre-deux-guerres, les socialistes l'emportent en 1924 puis s'imposent complètement en 1936. En 1939, Montluçon-ouest a son député communiste. La domination des partis de gauche se poursuit de 1945 jusqu'à ces dernières années.

BOURDEILLES (château et famille de)

Situé en Périgord, aujourd'hui dans le département de la Dordogne, dans la vallée de la Dronne, le château, ou plutôt les châteaux de Bourdeilles dominent le bourg du même nom.

Le vieux château remonte à l'époque où Bourdeilles était une des quatre baronnies du Périgord. La partie la plus ancienne (milieu du XIIIe siècle ?) est un corps de bâtiment rectangulaire aujourd'hui en ruine. C'est à partir de la seconde moitié du XIIIe siècle que sont élevés la vaste enceinte crénelée et le magnifique donjon polygonal qu'on peut encore admirer dans un assez bel état de conservation. Cette campagne de construction est commencée par Géraud de Maumont, frère et successeur de Bernard de Maumont abbé de Brantôme, partisan des Capétiens qui était parvenu à évincer son vassal Bernard de Bourdeilles, favorable aux Anglais.

Le château neuf est une belle demeure de la Renaissance. Il se présente comme un logis rectangulaire, sobre, avec de grandes croisées et un toit plat. L'intérieur est aménagé avec luxe. À l'époque de sa construction (seconde moitié du XVIe siècle), la famille de Bourdeilles est rentrée en possession de son fief, racheté en 1481 par François de Bourdeilles à Alain d'Albret, comte de Périgord. Elle est restée illustre grâce à deux personnalités qui comptent dans l'histoire littéraire et artistique du XVIe siècle français : Pierre de Bourdeilles, abbé de Brantôme, l'écrivain, et sa belle-sœur Jacquette de Montbron, dame de Bourdeilles, à qui on doit le château neuf.

BOURDON François, dit BOURDON de L'OISE (Rouy-le-Petit, 1758 – Sinnamary, 1798)

Homme politique.

Procureur au parlement de Paris, il prend part à la journée du 10 Août. Profitant du fait que son homonyme Bourdon, élu à la fois dans le Loiret et dans l'Oise, a choisi de représenter le premier de ces départements à la Convention, il se fait reconnaître député de l'Oise. Il vote la mort du roi sans appel ni sursis, accuse Brissot et ses amis d'intelligences avec la Cour, puis défend la Terreur. Envoyé en mission en Vendée, il y condamne les excès commis et à son retour à Paris se brouille avec les terroristes ; il est exclu du club des Jacobins. Il s'oppose à Robespierre les 8 et 9 Thermidor et, de plus en plus, protège les nobles et les prêtres, attaque les sociétés populaires. Au Conseil des Cinq-Cents, il fait rapporter la loi qui bannit les nobles de Paris. Il spécule sur les assignats et les biens nationaux, devient antirépublicain. Déporté en Guyane sur l'ordre du Directoire, il y meurt peu après son arrivée.

BOURDON Léonard (Alençon, 1754 – Breslau, 1807)

Homme politique.

Avocat au Conseil du roi, il dirige à Paris une maison d'éducation en 1789. Il accueille la Révolution avec enthousiasme, contribue activement à la journée du 10 Août, avant d'être élu à la Convention par le Loiret. Il vote la mort du roi sans appel ni sursis et fonde, en 1793, l'École des élèves de la patrie. Secrétaire de la Convention au mois d'août, puis président des Jacobins, il soutient bientôt les thèses les plus hébertistes, s'oppose à Robespierre comme aux Girondins. Avec Barras, commandant de la garde nationale, il s'empare de Robespierre et de ses amis à l'Hôtel de Ville, le 9 Thermidor. Il fait ensuite retirer le corps de Marat du Panthéon. Arrêté et enfermé quelque temps au fort de Ham en 1795, il est bientôt amnistié. Il siège ensuite au Conseil des Cinq-Cents, est envoyé en mission à Hambourg par le Directoire, avant d'être nommé administrateur militaire de l'hôpital de Toulon par Bonaparte. Directeur général des hôpitaux militaires sous l'Empire, il suit la Grande Armée en Prusse, y tombe malade et meurt à Breslau.

BOURGEOIS Léon (Paris, 1851 – Château d'Oger, Marne, 1925)

Homme politique, président du Conseil.

Préfet de police en 1887, élu député de la Marne en 1888, sénateur de ce même département en 1905, Léon Bourgeois est neuf fois ministre et, de novembre 1895 à avril 1896, président du Conseil. Ses trois projets de réforme – création d'un impôt sur le revenu, instauration de retraites pour les ouvriers et séparation de l'Église et de l'État – se heurtent à l'hostilité du Sénat. Après son départ du gouvernement, il s'impose comme le théoricien social du parti radical et propose le solidarisme, troisième voix entre collectivisme et individualisme. Délégué aux conférences de la paix de La Haye en 1899 et 1901, il prône l'arbitrage fondé sur un droit des relations internationales pour régler les conflits entre « nations civilisées ». En 1919, Léon Bourgeois dirige les travaux de la Société des Nations dont il veut faire reposer l'action sur le principe de la solidarité, mais n'est pas écouté quand il réclame que soient mis à la disposition de cette instance internationale les forces armées et les moyens de police nécessaires à l'application de ses décisions. Président du Sénat de 1920 à 1923, il reçoit le prix Nobel de la paix en 1920.

Léon Bourgeois
À Senlis en 1917, le sénateur de la Marne commémore la première bataille de la Marne en 1914.
© *Collection Viollet*

Bourgeois de Paris (Journal d'un)

Récit des années 1405-1449, vécues par l'auteur dans un Paris déchiré entre Armagnacs et Bourguignons, aux prises avec la folie du roi Charles VI.

Cette œuvre journalistique ne doit son nom de « journal » qu'à ses éditeurs, auxquels elle est redevable également d'une fausse identification de l'auteur qui n'est pas un « bourgeois » mais un membre du chapitre cathédral de Notre-Dame de Paris. S'il reste trois manuscrits du XVe siècle, l'original a disparu et les copies sont toutes volontairement incomplètes, amputées par grattage ou coupures des passages où l'auteur affiche par trop ostensiblement ses sympathies bourguignonnes et anglaises, puis son hostilité à Charles VII. Plusieurs éditions partielles ou intégrales en ont été faites depuis le XVIe siècle, la dernière datant de 1989 (éd. Colette Beaune, « Livre de poche, Lettres gothiques »). Infatigable badaud, toujours dans la rue, le « bourgeois » rapporte les rumeurs, assiste aux processions interminables, raconte les dangers représentés par les juifs ou les loups, interprète les signes de fin du monde tout en manifestant une grande compassion à l'égard des pauvres de l'un et l'autre camp.

Bourgeoisie

Mot attesté dès 1007 sous la forme du latin burgensis, *« habitant du bourg ». D'abord topographique, la notion de bourgeoisie est juridique puis sociologique.*

Classe sociale urbaine composée de propriétaires de biens meubles et immeubles, recrutés parmi les professions libérales, l'élite des artisans et commerçants, la bourgeoisie émerge au XIIIe siècle ; elle prend une place éminente dans l'administration publique au XVIIe siècle grâce à la vénalité des offices et impose ses valeurs au XIXe siècle à travers l'expansion capitaliste et la démocratisation de la société. Le bourgeois, au Moyen Âge, est souvent un marchand ou un artisan prospère, notamment dans les villes drapantes de Flandres ou de Champagne (Lille, Reims…). Son aisance et son influence sur le monde des métiers lui permettent d'obtenir du seigneur laïc ou ecclésiastique dont relève la ville des chartes de franchise urbaine : au XIIIe siècle, naissent les premières communes où les bourgeois – échevins ou consuls – tiennent les rênes. En 1332, Strasbourg s'affranchit ainsi du seigneur local. Les citoyens qui reçoivent droit de bourgeoisie sont consignés dans le livre de bourgeoisie après avoir prêté serment. Égaux entre eux, ils élisent des magistrats.

Confrontés aux contentieux commerciaux, ces bourgeois participent à la redécouverte du droit romain et se révèlent comme de précieux auxiliaires pour la monarchie : les légistes de Philippe IV le Bel (1268-1314), tels Guillaume de Nogaret, Pierre Flotte ou Enguerrand de Marigny, aident le roi à faire prévaloir l'idée de monarchie universelle contre le pape ou les féodaux. Ces juristes avisés constituent le noyau du parlement de Paris. Inversement, durant la guerre de Cent Ans, une révolution parisienne porte au pouvoir, entre 1356 et 1358, le prévôt des marchands, Étienne Marcel, qui envisage une monarchie constitutionnelle contrôlée par un pouvoir parlementaire. L'évolution vers l'absolutisme l'emporte toutefois : Louis XI obtient de la bourgeoisie des appuis financiers, tandis que le parlement de Paris est organisé en 1454. En même temps prennent fin les autonomies urbaines : le roi protège les métiers et jurandes en leur accordant des monopoles, mais les municipalités cessent de pouvoir lever une fiscalité.

L'époque moderne apparaît déjà bourgeoise. Saint-Simon le pressent qui stigmatise le règne de Louis XIV comme un « règne de vile marchandise ». Confinant l'aristocratie dans un rôle militaire ou de représentation, le monarque s'appuie sur la bourgeoisie. Celle-ci exerce au sein de l'administration royale des charges cessibles soit par legs, après paiement d'une taxe – la paulette –, soit par contrat de vente (vénalité) : ces offices qui anoblissent leur détenteur permettent à l'élite de la bourgeoisie de se glisser parmi le second ordre via la robe, celle des conseillers d'État, des magistrats des parlements, des lieutenants de bailliage, etc. Louis XIV choisit ses principaux ministres dans des dynasties bourgeoises, celles des Colbert ou des Le Tellier ; les grands noms – de la haute magistrature (Molé, Séguier, Pomponne…), de la pensée (Arnault, Pascal, Perrault…) ou des lettres (Boileau, La Bruyère, Racine…) – qui illustrent le règne sont d'extraction bourgeoise. Le modèle humaniste de l'honnête homme façonné par les collèges se substitue au modèle héroïque du gentilhomme. Mais la bourgeoisie représente d'abord un pouvoir financier dont dépend l'État jusqu'à en prendre ombrage : Nicolas Fouquet, surintendant général des Finances arrêté en 1661, partage au-delà des siècles la disgrâce d'un Semblançay ou, avant lui, d'un Jacques Cœur. Sous Colbert, puis à nouveau sous la Régence, des chambres de justice sévissent.

Au XVIIIe siècle, cependant, l'influence des commissionnaires, traitants et autres banquiers de la monarchie ne cesse de s'étendre. Joseph Pâris-Duverney qui, prêtant déjà à Louis XIV, finit par peser autant qu'un ministre sous Louis XV, en est la plus frappante illustration. En 1726, la Ferme générale est réorganisée : 40 fermiers, parmi lesquels Samuel Bernard ou Antoine Croza, fournissent une somme forfaitaire à l'État en échange de la collecte des impôts du royaume. Ces financiers, dont beaucoup refusent de s'associer à la spéculation de Law, rendent de réels services à un État perpétuellement en déficit et ne peuvent, malgré leur indéniable enrichissement, être considérés comme de simples prévaricateurs. Bourgeoisie d'office et « marchandise » continuent leur progression en convertissant leur fortune dans la terre, laquelle, de mode de vie, devient placement. Ils se montrent, sur le modèle anglais, plus soucieux de rentabilité que les nobles, éliminent les biens communaux et réactivent d'anciens droits tombés en déshérence. Mais, parallèlement, la réaction seigneuriale marque un reflux de la présence bourgeoise parmi les cadres du clergé, de l'armée ou de l'État. La bourgeoisie soutient les idées libérales tant dans le domaine économique que politique, où elle se fait l'alliée des philosophes dont beaucoup sont issus de ses rangs, tel François Marie Arouet dit Voltaire.

La Révolution française va permettre à la bourgeoisie d'exercer directement le pouvoir politique : 98 % des 600 députés du Tiers aux États généraux en sont issus. Le suffrage censitaire remplace la société d'ordres par une citoyenneté à deux classes où le droit de vote est l'apanage d'une minorité de propriétaires, notamment fonciers. En 1791, la loi Le Chapelier supprime les compagnonnages, 73 ans avant que les syndicats ne soient autorisés (1864). Le code civil de 1804 consacre les aspirations bourgeoises : muet sur le droit du travail, il exalte le propriétaire et le père de famille, maintenant la femme dans un statut d'éternelle mineure. De manière emblématique, c'est un banquier, Charles Laffitte, qui devient le premier président du Conseil sous Louis-Philippe – le « roi bourgeois » – en 1830. Le Second Empire puis la IIIe République voient la bourgeoisie industrielle – des patrons comme Henri Schneider ou Armand Peugeot, des ingénieurs-managers aussi comme Henri Fayol – relayer le monde de la pure finance, celle des banques d'affaires dans la tradition des Rothschild ou des nouvelles banques de dépôt qu'illustrent en 1852 le Crédit Lyonnais des frères Pereire. Tous partagent des valeurs fédératrices.

Un bourgeois, c'est, au XIXe siècle, quelqu'un qui se consacre librement à des activités nobles : l'administration de biens, les affaires, l'érudition ou la politique. Un Adolphe Thiers résume ce profil. Même s'il vit de la rente, le bourgeois est rarement oisif : l'austérité, le sens de l'effort, le goût de l'épargne sont des vertus éminemment bourgeoises. « Enrichissez-vous par le travail », lance Guizot aux Français sous la monarchie de Juillet. Mais s'il confie un patrimoine aux générations qui le suivent, le bourgeois entend aussi leur transmettre des valeurs morales et intellectuelles. Les unes passent par l'éducation religieuse, un certain puritanisme, les autres par l'enseignement secondaire et supérieur. Le baccalauréat est le véritable passeport intellectuel de la bourgeoisie. Il mène aux grandes écoles, à l'École libre des sciences politiques, à l'Université.

Ces valeurs bourgeoises se diffusent dans la société, soit par effet d'imitation chez les classes moyennes autour des années 1885-1900, soit par alliance matrimoniale avec les milieux aristocratiques. La Première Guerre mondiale porte à la bourgeoisie traditionnelle un double coup : par la naissance de l'inflation qui ruine les rentiers (dévaluation de 80 % du franc germinal en 1928), par l'instauration de l'impôt sur le revenu qui l'a précédée en 1914. La crise économique des années 1930 précipite ce mouvement, au détriment des bourgeoisies d'affaires, de robe et intellectuelle, tandis que l'élite administrative passe au premier plan. La Seconde Guerre mondiale accentue les reclassements économiques au profit des enrichis du marché noir, décapite une large part de la bourgeoisie juive dont les biens sont confisqués et les membres déportés, et invalide les principes du XIXe siècle. Les bourgeois doivent retrouver une place dans une société où les ordres intermédiaires ont été balayés.

Les Trente Glorieuses (1945-1975), dont le contrat keynésien associe salariat généralisé, croissance économique et protection sociale, diluent la notion de bourgeoisie dans l'égalisation relative des conditions de vie et la diffusion de modes, de comportements largement transversaux aux différentes classes sociales. La bourgeoisie se brouille à ses marges inférieures avec l'apparition de la figure du cadre à la condition ambiguë. À la différence de 1936 vécue sous le signe de la peur des « partageux », les événements de mai 1968 et la décennie suivante concrétisent la suprématie d'un standard de vie calqué sur un modèle bourgeois caricaturé : vacances, niveau de vie, signes apparents de culture et d'éducation.

Aujourd'hui, si la bourgeoisie conserve certaines de ses assises traditionnelles dans les milieux du patronat (P-DG, cadres de direction), du pouvoir (hauts fonctionnaires des grands corps de l'État…) et du savoir (professeurs d'Université et des grandes écoles), elle définit moins que jamais une catégorie idéologiquement homogène, comme en témoigne la dispersion des suffrages des couches supérieures entre les partis de droite et de gauche. Par ailleurs, la crise économique, les mutations de la troisième révolution industrielle ont créé des inégalités dynamiques – les statuts ne sont plus stables – et intra-catégorielles : certains médecins aux revenus médiocres n'ont rien de bourgeois, certains journalistes de l'audiovisuel sont plus influents que bien des grands patrons…

Bourges

Avaricum. *Chef-lieu du Cher.*

Capitale des Bituriges Cubes, Bourges soutint contre César, en 52 av. J.-C., un siège resté fameux. Devenue métropole de l'Aquitaine sous Auguste, elle est prise et brûlée par Chilpéric Ier en 583. Elle passe alors sous l'autorité tant spirituelle que temporelle de ses archevêques primats de l'Aquitaine qui sont progressivement supplantés par les vicomtes de Bourges, les comtes puis les ducs de Berry. Elle est réunie au domaine royal dès 1101 puis agrandie sous Philippe Auguste. Des états généraux s'y tiennent en 1316 et 1317, puis en 1422, au moment où le Dauphin Charles, obligé de fuir Paris, en a fait la capitale provisoire du royaume et le centre de la résistance aux Anglais. D'où le surnom de « roi de Bourges » dont ses ennemis le qualifient avec ironie. Il s'y marie en 1422 avec Marie d'Anjou et y promulgue en 1438 la pragmatique sanction. Louis XI, qui y naît en 1423, y crée une université où Alciat et Cujas enseignent et où Calvin étudie. En 1485, la paix entre la France et François II duc de Bretagne est signée à Bourges. La ville est devenue l'une des plus importantes du royaume. Très prospère grâce à ses industries du textile et du cuir, elle est encore enrichie par les remarquables activités commerciales et financières de Jacques Cœur et s'embellit de beaux hôtels, dont celui du fameux argentier du roi. Après le Moyen Âge, Bourges continue à jouer son rôle de capitale du Berry.

Sa cathédrale, réalisée pour l'essentiel entre 1200 et 1270, est la reconstruction gothique d'un édifice roman dont subsistent seules deux portes latérales. Conçue sur le modèle des cathédrales d'Île-de-France, elle apporte toutefois une innovation remarquable avec ses cinq nefs qui, à l'intérieur comme à l'extérieur, s'étagent en une harmonie parfaite. Les cinq portails de sa façade occidentale forment notamment un des ensembles les plus remarquables de l'art gothique français.

Bourgès-Maunoury Maurice (Luisant, Eure-et-Loir, 1914 – Paris, 1993)

Homme politique, président du Conseil.

Polytechnicien et membre du Parti radical, il entre dans la Résistance au début de la Seconde Guerre mondiale. Préfet à la Libération, il entame une carrière politique longue et variée sous la IVe République. Il est 15 fois ministre dans 13 cabinets différents ; il est également député de Haute-Garonne sous l'étiquette radicale de 1946 à 1958. Favorable à la Communauté européenne de défense (CED), il démissionne du cabinet Mendès France en septembre 1954 pour entrer à nouveau dans le gouvernement de ce dernier quatre mois plus tard en tant que ministre des Forces armées. Titulaire du même portefeuille dans le cabinet Mollet, il est le principal responsable de l'expédition de Suez (juillet 1956), persuadé que Nasser représente un danger pour la pacification du Maghreb. Le 13 juin 1957, il est investi comme président du Conseil par 240 voix contre 194 et hérite de l'aggravation des tensions en Algérie. Opposant à l'indépendance, Bourgès-Maunoury poursuit la politique de fermeté qu'il a engagée depuis 1955, ce qui a pour effet d'aggraver encore le conflit : il est renversé dès le 6 novembre, après le rejet de sa loi-cadre qui, selon de Gaulle, vient dix ans trop tard. Ministre de l'Intérieur en novembre 1957, cet anti-gaulliste s'oppose au retour du général en mai 1958 et quitte la scène politique après la victoire de ce dernier. Il rejoint alors le privé, notamment en tant qu'administrateur de *La Dépêche du Midi*.

Bourgogne

La Bourgogne a une histoire brillante dont l'apogée se situe aux XIVe et XVe siècles.

Construction politique avant tout, la Bourgogne, dans ce qui forme le cœur de la province, a pourtant une originalité, celle d'être un col sédimentaire entre deux massifs anciens, le Morvan et ses annexes méridionales du Charolais et du Mâconnais d'une part, les Vosges d'autre part, s'inclinant d'un côté vers le Bassin parisien, de l'autre sur le fossé d'effondrement des plaines de la Saône. Ce seuil géographique est devenu, au cours de l'histoire, un seuil humain où se sont superposées presque exactement les frontières des dialectes français et franco-provençaux, des pays de droit écrit et de droit coutumier, c'est-à-dire les limites de deux civilisations foncièrement différentes, celle de l'Europe méridionale et celle de l'Europe septentrionale. Elle a su assimiler ces différentes influences, pendant longtemps pour son propre compte. Plus tard, elles lui ont permis d'être l'élément de liaison grâce auquel l'unité française s'est réalisée.

Les origines. Apparue tôt dans la Préhistoire, car les plateaux bourguignons accueillent aisément les courants humains venus de l'est de l'Europe, la Bourgogne connaît une première révolution agricole avec la vague déferlante des hommes du néolithique qui lui apportent l'expérience du grand travail des champs. Mais ce sont les âges du bronze et du fer qui se révèlent déterminants pour son évolution. Le bronze suscite sa vocation commerciale, en créant les routes du cuivre et de l'étain, entre l'Armorique, l'Ardenne et la Saône, le Jura, les Alpes et peut-être l'Italie. L'âge du fer lui donne la puissance industrielle. De vastes tumulus en témoignent. L'un d'eux contenait le fameux cratère de Vix. La fin de ce premier empire industriel bourguignon est suivie du renouveau, à l'époque de La Tène, de l'agriculture et du commerce. Les habitants de la Bourgogne nous sont désormais connus : ce sont les Éduens, les Lingons, les Mandubiens. Les Éduens sont les plus puissants, et leur *oppidum*, Bibracte, devient une capitale de la Celtique. Au milieu du IIe siècle, la Bourgogne gauloise voit monter vers elle les convoitises de ses voisins, les Arvernes et les Séquanes, tandis que les Romains s'installent dans la Gaule cisalpine, des Pyrénées au Léman, vers 125 av. J.-C. Le danger germanique apparaît lui aussi. La Bourgogne subit la redoutable invasion des Cimbres et des Teutons. Plus tard, au Ier siècle av. J.-C., surgissent à ses frontières les bandes du Suève Arioviste, appelé à l'aide par les Arvernes et les Séquanes. Les prétentions du roi des Suèves sont telles que les Gaulois s'unissent pour le chasser. Mais ils subissent la terrible défaite de Magetobriga vers 61. Trois ans plus tard, en 58, l'Assemblée des Gaules réunie à Bibracte demande à César d'intervenir.

La victoire de Haute-Alsace, « à cinq mille pas du Rhin », rejette les Suèves au-delà du fleuve. Dans la Celtique de l'est, docile à l'autorité romaine, règne désormais la « paix des Éduens ». Pourtant la cité des Éduens donne son premier chef, Dumnorix, à la révolte de 52 av. J.-C. et se rallie à Vercingétorix, proclamé chef suprême de la rébellion à Bibracte. C'est enfin en Bourgogne qu'a lieu le dernier acte de la guerre des Gaules, avec le siège d'Alésia. César, qui sait que l'amitié des Éduens et des Lingons est précieuse s'il veut pénétrer sans combat jusqu'au cœur de la Gaule, fait peu sentir le poids de sa domination. Grâce à la paix romaine, qui n'est troublée que par la révolte de Sacrovir, en 21 apr. J.-C., la prospérité revient en Bourgogne, d'abord comprise dans la Lyonnaise, puis répartie sous Dioclétien entre la Lyonnaise Première et la Belgique Seconde. Les anciennes métropoles gardent leur prééminence. Seule Bibracte est remplacée dans la vallée par Autun (*Augustodunum*) qui devient un des principaux centres intellectuels de l'empire. L'évangélisation, commencée dès le IIe siècle, est totalement assurée au milieu du IVe siècle. La mission de saint Martin en reste le symbole.

La Bourgogne est atteinte très tôt par les incursions des Germains. Autun est saccagée par Tétricus en 269. Un siècle plus tard, les Alamans, qui ont déjà ravagé le pays en 276, sont au pied de ses remparts. Le pays voit l'autorité romaine disparaître progressivement, tandis que les villes se recroquevillent dans leur enceinte. C'est dans un paysage de forteresse qu'arrivent les Burgondes vers 475-480, arrière-garde de la grande invasion de 406. Ils donneront leur nom à la Bourgogne.

La constitution du duché. Les Burgondes, installés par Aétius dans la Sapaudia, autour de Genève, en 443, élargissent progressivement leur domination qui, à la fin du Ve siècle, s'étend de la Champagne méridionale à la Durance et aux Alpes maritimes. L'histoire du royaume burgonde est dominée par la figure du roi Gondebaud. Vainqueur des Alamans, il sait aussi être législateur en consacrant dans le droit la dualité de fait entre Romains et Germains : il promulgue pour les premiers une *Lex Romana Burgundionum* et pour les seconds une *Lex Burgundionum* (loi « Gombette »). Mais il est en butte à la jalousie de son frère Godesigel et, de religion arienne, s'attire l'hostilité de l'épiscopat. Enfin la situation exceptionnelle de ses territoires, qui le rendent maître des routes du Sud-Est, attire les convoitises de Clovis qui le bat à la bataille de l'Ouche (500), près de Dijon. S'il perd l'Auxerrois et le sud de la Champagne, son habile diplomatie lui permet de se relever. Mais son fils Sigismond, malgré sa conversion au catholicisme (il sera même vénéré comme saint), ne peut sauver la Burgondie de la ruine. En 534, Théodebert Ier, petit-fils de Clovis, ainsi que ses oncles Clotaire Ier et Childebert Ier soumettent le royaume entier.

La Burgondie est, comme la Neustrie et l'Austrasie, un des ensembles qui forment l'essentiel du royaume franc et qui ont une certaine unité. Cependant, ses souverains ne sont plus bourguignons, leurs ambitions dépassant les limites du pays. Si le « bon roi Gontrand » aime vivre à Chalon, son royaume s'étend jusqu'à Orléans et Bourges ; plus tard, après le traité d'Andelot, il a la moitié de la Neustrie et les deux tiers de la Gaule. Dagobert, maître de toute la Gaule, vient en Bourgogne où il apparaît en justicier. Avec les « rois fainéants » paraît le désordre, que les grands entretiennent par leurs querelles perpétuelles. Au VIIe siècle, ils ont raison de saint Léger, évêque d'Autun, et d'Ebroïn, maire du palais de Neustrie, rivaux mais tous deux dévoués à l'autorité et à l'ordre. Les Sarrasins font bientôt peser de lourdes menaces. Ils atteignent Dijon et Autun. La victoire de Poitiers écarte le danger et impose l'autorité de Charles Martel qui divise le *regnum* de Gondebaud en quatre régions liées au royaume franc.

En 771, après la mort de son frère Carloman, Charlemagne réunit la Bourgogne à ses autres possessions. Mais l'initiative de Charles Martel est reprise à la suite des troubles consécutifs à la mort de Louis le Pieux. Au traité de Verdun, en 843, la Bourgogne franque (qui deviendra la Bourgogne proprement dite, avec pour frontière orientale la vallée de la Saône) est séparée de la Bourgogne germanique. La vieille idée de la Burgondie n'est pourtant pas morte. On la voit reparaître dans les prétentions de Louis le Germanique et surtout dans la tentative du comte Boson, beau-frère de Charles le Chauve, qui se fait élire roi d'une Bourgogne étendue d'Autun à Gap et de Besançon à Uzès en 879. Efforts infructueux. Le propre frère de Boson, Richard le Justicier, reste fidèle à la petite Bourgogne franque, élargie seulement vers Sens et Troyes. Désormais, jusqu'au XIVe siècle, les autres terres bourguignonnes suivent un destin qui leur est propre.

Rodolphe, fils du comte d'Auxerre Conrad, est élu en 888 roi d'un nouveau « royaume de Bourgogne » qui contrôle les pays transjurassiens, tandis que Louis, fils de Boson, est, en 890, à la tête de ce qui devient le « royaume de Provence ». En 934-935, Rodolphe acquiert ce dernier et constitue le grand royaume de « Bourgogne-Provence »

Première maison de BOURGOGNE

- **ROBERT Iᵉʳ le Vieux**, duc de Bourgogne (1011-1076) ∞ 1. Henriette de Semur, 2. Blanche d'Anjou
  - **Hugues** (1.) (v.1034-1059)
  - **HENRI** (1.) (v.1035-v.1070) ∞ comtesse de Barcelone
    - **Hugues Iᵉʳ**, duc de Bourgogne (1057-1093) ∞ Yolande de Nevers (1058-1078)
    - **EUDES Iᵉʳ Borel**, duc de Bourgogne (v.1058-1103) ∞ Sibylle de Bourgogne (1065-ap.1103)
      - **Héliette** (1080-1142) ∞ Bertrand, comte de Toulouse et Tripoli
      - **Florine** (1083-1097) ∞ Svend, prince de Danemark
      - **HUGUES II le Pacifique**, duc de Bourgogne (1084-1143) ∞ Mathilde de Mayenne [12 enfants]
        - **Aigoline** (1116-1163) ∞ Hugues de Vaudémont
        - **Clémence** (1117-?) ∞ Henri III de Donzy
        - **EUDES II**, duc de Bourgogne (1118-1162) ∞ Marie de Champagne (1128-1190) [4 enfants]
          - **Alix** (1146-1192) ∞ 1. Archambaud VII, seigneur de Bourbon, 2. Eudes de Déols, seigneur de Châteauroux
          - **HUGUES III**, duc de Bourgogne (1148-1192) ∞ 1. Alix de Lorrainne, 2. Béatrice d'Albon et de Grenoble
            - **EUDES III** (1.), duc de Bourgogne (1166-1218) ∞ 1. Thérèse (1157-1218), 2. Alix de Vergy (1182-1252)
              - **Jeanne** (2.) (1200-v.1222) ∞ Raoul III de Lusignan, comte d'Eu
              - **Alix** (2.) (1204-1266) ∞ Robert Iᵉʳ, comte de Clermont
              - **HUGUES IV**, duc de Bourgogne (1213-1272) ∞ 1. Yolande de Dreux (1212-1248), 2. Béatrice de Champagne (1242-1295) [10 enfants]
                - **Eudes** (1.), comte d'Auxerre et de Tonnerre (1230-1266) ∞ Mathilde II, comtesse de Nevers (1234-1262) [4 enfants]
                  - **Yolande**, comtesse de Nevers (1248-1280) ∞ 1. Jean Tristan, comte de Valois, 2. Robert III, comte de Flandre
                  - **Marguerite**, comtesse de Tonnerre (1250-1308) ∞ Charles Iᵉʳ d'Anjou
                  - **Alix**, comtesse d'Auxerre (1251-1290) ∞ Jean II de Chalon
                - **Jean** (1.), seigneur de Bourbon (1231-1268) ∞ Agnès de Bourbon (1237-1288)
                  - **Béatrice**, dame de Bourbon (1258-1317) ∞ Robert, comte de Clermont — **Maison de BOURBON**
                - **ROBERT II** (1.), duc de Bourgogne (1248-1306) ∞ Agnès de France (1260-1327) [9 enfants]
                  - **Jeanne la Boîteuse** (1293-1348) ∞ Philippe VI de Valois, roi de France — **Maison de VALOIS**
                  - **HUGUES V**, duc de Bourgogne (1294-1315)
                  - **EUDES IV**, duc de Bourgogne (1295-1350) ∞ Jeanne de France (1308-1347) [6 enfants]
                    - **PHILIPPE**, comte d'Auvergne et de Boulogne (1323-1346) ∞ Jeanne (1326-1360) [3 enfants]
                      - **Jeanne** (1344-1360)
                      - **PHILIPPE Iᵉʳ de Rouvres**, duc de Bourgogne (1346-1361) ∞ Marguerite de Flandre (1350-1405) [2 enfants]
                    - **Jean** (1325-v.1328)
                  - **Louis**, prince d'Achaïe (1297-1316) ∞ Mathilde (1293-1331)
                  - **Robert**, comte de Tonnerre (1302-1334) ∞ Jeanne (1300-1333)
                - **Hugues** (2.), seigneur de Montréal (1260-1288) ∞ Marguerite de Chalon [2 enfants]
              - **Béatrice** (1216-?) ∞ Humbert III de Thoire
            - **Alexandre Iᵉʳ** (1.), seigneur de Montagu (1170-1205) — **Maison de BOURGOGNE-MONTAGU**
            - **Marie-Ducissa** (1.) (1175-ap.1219) ∞ Simon Iᵉʳ, seigneur de Semur
            - **Alix** (1.) (1177-?) ∞ Bertrand de Mercoeur
            - **Guigues VI** (1.) (1184-1237) — **Maison de VIENNOIS**
            - **Mathilde** (2.) (1190-1242) ∞ Jean Iᵉʳ de Palatinat Bourgogne
            - **Marguerite** (2.) (1192-1243) ∞ Amédée IV, comte de Savoie
          - **Mathilde**, dame de Limais (?-1202) ∞ Robert IV, comte d'Auvergne
        - **Hugues le Roux**, seigneur de Chalon (1121-1171) ∞ Isabelle de Thiern
          - **Guillaume**, seigneur de Châlon (1150-ap.1206)
          - **Sibyle**, dame de Châlon (1152-1201) ∞ Ansêric IV de Montréal
        - **Raymond**, comte de Grignon, seigneur de Montpensier (1125-1156) ∞ Agnès de Thiern
          - **Hugues** (1147-v.1156)
          - **Mathilde**, dame de Montpensier (1150-1192) ∞ 1. Eudes III d'Issoudun, 2. Guy Iᵉʳ, comte de nevers et de Tonnerre, 3. Pierre de Flandre, comte de Nevers, 4. Robert II, comte de Dreux
        - **Sibylle** (112-1150) ∞ Roger II de Hauteville
        - **Mathilde** (1130-?) ∞ Guillaume VII de Montpellier
      - **Henri** (1087-1131)
    - **Robert**, évêque de Langres (1059-1111)
    - **Renaud**, abbé de Saint-Pierre de Flavigny (1065-1092)
    - **Henri**, comte de Portugal (1066-1112) — **Maison de PORTUGAL**
  - **Robert** (1.) (1040-1113) ∞ comtesse de Sicile
  - **Simon** (1.) (v.1045-1087)
  - **Constance** (1.) (1046-1092) ∞ 1. Hugues Iᵉʳ, comte de Châlon, 2. Alphonse VI, roi de Castille
  - **Hildegarde** (2.) (v.1050-1104) ∞ Guillaume VI, duc d'Aquitaine

ou « royaume d'Arles ». Autonome jusqu'en 1032, il revient alors aux souverains germaniques qui se le transmettent jusqu'en 1378. Leur autorité sur les territoires qui le composent est toute nominale et, lorsque l'empereur Charles IV en attribue le vicariat général au Dauphin Charles, fils du roi Charles V, il est déjà morcelé en grands fiefs ayant chacun leur propre histoire : dauphiné du Viennois, comté et marquisat de Provence, Comtat Venaissin, comté de Savoie, comté palatin de Bourgogne et la future Franche-Comté, unie au duché de Bourgogne au siècle des grands-ducs, aux mains des Habsbourg après la chute du Téméraire et réunie définitivement à la France en 1678 par la paix de Nimègue.

À la faveur de la lutte qu'il mène contre les invasions scandinaves, Richard le Justicier gagne le titre de duc et celui de duché pour la Bourgogne. Simple bénéfice révocable et fief dépendant du roi, il est pourtant reconnu comme une individualité de plus en plus précise où se succèdent les descendants de Richard, en ligne directe ou par alliance. Mais en 1002, Henri le Vénérable étant mort sans enfants, le duché est disputé entre son neveu, le roi de France Robert le Pieux, et son gendre Otte-Guillaume, comte de Mâcon et de la Bourgogne d'outre-Saône. Question grave qui pose celle de la suzeraineté française ou germanique. Elle est tranchée après 14 années de guerre : Robert le Pieux est vainqueur et, par sa venue à Dijon, fait de ce vieux *castrum* la capitale du duché. À sa mort en 1031, son fils, Henri Ier, cède la Bourgogne en pleine propriété à son frère Robert. Le duché devient un fief héréditaire. La lignée issue de Robert Ier de Bourgogne ne s'éteindra qu'en 1361. Parmi les branches cadettes de cette maison figureront celle des dauphins du Viennois, issue du duc Hugues III, celle de Portugal, issue d'Henri, comte de Lusitanie, frère des ducs Hugues Ier et Eudes Ier, et celle de Castille qui descend de Raymond, petit-fils du duc Robert Ier et époux de la reine Urraque.

Sous Robert Ier et ses successeurs, l'autorité royale n'est guère que nominale, mais les ducs se heurtent de leur côté à une féodalité puissante. Les comtes de Chalon et de Mâcon ainsi que toute la nuée des petits féodaux empiètent sur les droits du duc. De plus, cette région joue dès le IXe siècle un rôle essentiel dans l'histoire de l'Église, servant de refuge aux reliques et à leurs gardiens devant l'invasion scandinave (celles de saint Martin de Tours trouvent asile à Chablis, celles de saint Philibert de Noirmoutier à Tournus) avant d'être un foyer privilégié du mouvement bénédictin autour de Vézelay en 867 et surtout de la grande abbaye de Cluny fondée en 910. Les évêques, tels ceux de Langres et d'Auxerre, sont devenus de véritables féodaux, tandis que les puissantes abbayes gardent jalousement leurs privilèges, leurs immunités et leurs biens fonciers acquis au Xe siècle.

Mais des temps nouveaux s'annoncent vers le milieu du XIIe siècle. La puissance des ducs va s'affirmant, suivant en cela l'évolution de la monarchie et de la société. Les bourgeoisies urbaines, enrichies, obtiennent les unes après les autres des chartes de franchises, tandis que la noblesse féodale est décimée par les croisades et les guerres et que l'Église elle-même perd de sa force. Le pouvoir de l'épiscopat se désagrège lentement. Cluny, alliée de la théocratie pontificale, s'attire les mêmes reproches qu'elle. En réaction contre ses abus, la réforme cistercienne prend naissance en Bourgogne. En 1098, Robert de Molesme installe dans la forêt de Cîteaux l'humble abbaye qui aura des filiales en Bourgogne et dans le monde chrétien. Elle doit son rayonnement exceptionnel à saint Bernard qui prêche la deuxième croisade à Vézelay en 1146. Un demi-siècle après sa mort se développent les nouveaux ordres des Mendiants, des Templiers et des Hospitaliers de Beaune, des Chartreux de Dijon. Cette instabilité et ces faiblesses servent les ducs. Le règne de Hugues III (1162-1192) est à cet égard significatif. Il veut être seigneur et, pour défaut d'hommage, part en guerre contre son vassal, le sire de Vergy, que soutient Philippe Auguste. Hugues III est vaincu, mais avec honneur, et une alliance est scellée. Désormais les ducs de Bourgogne seront les fidèles soutiens des rois de France. Ils pourront se consacrer à assurer leur domination sur l'ensemble du duché et à accroître leur domaine, mais, en même temps, l'influence royale se fera sentir de plus en plus fortement. Au début du XIVe siècle, sous Eudes IV (1315-1349), avant-dernier duc capétien, la Bourgogne a pris corps. Le clergé, la noblesse et la bourgeoisie gardent une fière indépendance qui arrache la « Charte aux Bourguignons » aux prétentions d'intervention de Philippe le Bel ; le duc de Bourgogne est devenu un suzerain respecté. À sa mort, le duché tombe aux mains de Jean le Bon qui assure la tutelle, pendant son enfance, du jeune héritier Philippe de Rouvres dont il a épousé la mère. Il laisse sa marque dans le duché, crée ce qui deviendra une Chambre des comptes, y tient des Grands Jours et surtout réunit les premiers états de Bourgogne. Mais le jeune duc meurt sans postérité en 1361.

L'État bourguignon aux XIVe et XVe siècles. Les Valois, écartant Charles le Mauvais, héritier plus direct puisque neveu d'Eudes IV par sa mère, profitent de la crise de succession pour s'emparer du duché. Jean le Bon accourt en Bourgogne et prononce l'union du duché au royaume (novembre 1361). Les enclaves royales lui sont intégrées et il reçoit un gouverneur. Les forces d'autonomie vont pourtant triompher. Dès 1363, le gouverneur est Philippe II le Hardi, quatrième fils de Jean le Bon, qui lui promet l'apanage. La promesse est confirmée le 2 juin 1364 par Charles V qui établit ainsi la dynastie des Valois de Bourgogne. En 1369, Philippe le Hardi épouse la fille de Louis de Male, Marguerite de Flandre, veuve de Philippe de Rouvres et héritière des comtés de Flandre, Bourgogne, Artois et Nevers. Tous ces territoires lui reviennent en 1384 à la mort de Louis de Male, avec les seigneuries de Salins, Malines et Anvers. Dès lors l'État bourguignon, qui dépasse le cadre de la Bourgogne proprement dite, est constitué. Le défendre et le consolider devient l'objectif de son long règne de quarante ans. Il y déploie un immense effort de guerre et de diplomatie qui épuise ses finances. Mais lorsqu'il meurt en 1404, Bourgogne et Flandre sont en paix.

La folie de Charles VI et le désordre du gouvernement royal amènent son fils Jean sans Peur (1404-1419) à intervenir dans les complications d'une politique plus française que bourguignonne. À la mort de son rival le duc d'Orléans (1407), il devient le chef de la faction des Bourguignons dans la lutte contre les Armagnacs. La cruauté dont font preuve ses troupes le discrédite alors que, dans le duché même, des ordonnances de réformation, parfois mal étudiées, jettent le trouble. Lui-même est assassiné sur le pont de Montereau par un homme du Dauphin Charles (futur Charles VII) en 1419. Philippe III le Bon lui succède à 23 ans. Le nouveau duc mène une politique qui dépasse l'histoire du duché proprement dit. Alors que ses prédécesseurs se conduisaient en grands feudataires soucieux de maintenir les liens entre le duché et le royaume, désireux d'accroître leur influence sur les rois Valois, Philippe le Bon rompt dès son avènement avec le Dauphin en négociant le traité de Troyes qui promet la couronne de Charles VI au roi d'Angleterre Henri V. Les Bourguignons, sous son règne, combattent ouvertement les Français et livrent Jeanne d'Arc aux Anglais. La réconciliation se fera en 1435 avec le traité d'Arras. Mais Philippe le Bon y aura gagné le Mâconnais, l'Auxerrois, le pays de Bar et aura obtenu dispense de faire hommage au roi, concession viagère, il est vrai, mais significative. Lorsque la guerre de Cent Ans s'achève, ses vastes possessions s'étendent de la Picardie au Zuiderzee et de la Loire au Jura suisse, avec l'acquisition par achats, mariages ou héritages, des comtés de Namur (1421), de Hainaut, de Hollande, de Frise et de Zélande (1428), et des duchés de Brabant, de Limbourg (1430) et de Luxembourg (1431). Philippe le Bon est devenu le « grand duc d'Occident », « duc par la grâce de Dieu ». Sa cour est luxueuse et raffinée. L'ordre de la Toison d'Or, qu'il a créé en 1429, est envié, et les grands personnages de la chrétienté se disputent l'honneur de participer à ses brillants « chapitres ». La paix répare les ruines des campagnes, les villages de la Côte d'Or (ligne de hauteurs de Bourgogne, dominant à l'ouest la plaine de la Saône et couvertes de vignobles réputés) renaissent à l'appel de la Flandre qui achète les vins. Les villes s'animent. Dijon, où se développe le monde des métiers, du commerce et de la banque, double sa population. La Bourgogne retrouve son privilège de passage entre le foyer lyonnais et la Champagne, étape vers la Flandre. Le commerce des draps prend une importance considérable à Chalon, dont les foires s'ouvrent au commerce international. La draperie se développe sur place à Châtillon, Dijon, Beaune.

L'administration s'est structurée. L'ensemble des territoires est divisé en bailliages (5 dans le duché, 3 dans le comté). Comme dans toute seigneurie, le duc veille à sa justice, moyen de conquête pacifique. Elle est répartie entre les « jours généraux » de Beaune et de Dijon, le parlement de Dole, le conseil de Flandre de Gand, la cour de Brabant et la cour de Hollande. Des états se réunissent en Bourgogne ducale, en Comté et en Flandre. Le duc, pour gouverner, se déplace de Dijon à Bruges, Gand, Hesdin ou Lille. Son Grand Conseil est actif. Les 5 grands officiers du duché sont le maréchal de Bourgogne, l'amiral de Flandre, le chambellan, le grand écuyer et le chancelier maître de la justice et de la politique générale, haute dignité qui fait pendant quarante ans la puissance de Nicolas Rolin (fondateur de l'hôtel-Dieu de Beaune). Savamment hiérarchisée et spécialisée, l'administration financière reçoit un soin justifié par les énormes dépenses de la Cour : un réseau de « receveurs » dépend du « receveur de toutes les finances » ; un « trésorier-gouverneur » surveille la comptabilité. Mais les revenus procurés par les domaines et les impôts ne suffisent jamais et sont complétés par des emprunts contractés auprès de « banquiers » italiens, tels Dino Rapondi et Thomas Portinari. La Chambre des comptes de Dijon (pour les deux Bourgognes), à la fois organe de contrôle fiscal et de gestion du domaine, devient sous Philippe III le Bon une institution modèle. Deux autres Chambres des comptes existent, l'une à Bruxelles

Bourgogne
Tombeau de Philippe II le Hardi (1342-1404) et de sa femme, Marguerite de Flandre, érigé par le sculpteur Claus Suter, son protégé. Palais des ducs de Dijon, salle des gardes.
© *Explorer - A. Autenzio*

Philippe le Bon
Présentation du manuscrit de Girart de Roussillon au duc de Bourgogne. Bibliothèque de Vienne. © *Sélection Images*

pour le Brabant et les Pays-Bas, l'autre à Lille pour la Flandre. Enfin, l'État bourguignon dispose, à l'imitation du roi de France, d'une armée régulière de 32 compagnies d'ordonnance, complétée par les contingents féodaux et les levées de mercenaires. Cet effort d'organisation se double d'un effort d'unification entre ces divers États, réunis par les hasards de l'histoire, travail inlassable entrepris par Philippe le Hardi. Si les diverses traditions sont respectées, le droit travaille à l'unité des pays bourguignons et à la puissance ducale. De plus en plus s'affirme la « coutume du duché de Bourgogne » qui essaie d'unifier les vieux « usaiges ».

Le fils de Philippe le Bon, Charles le Téméraire, se donne pour tâche l'unification de ses territoires, divisés en deux blocs : au sud, les vieilles terres, le pilier de la puissance ducale, le duché et le comté de Bourgogne, avec Dijon, la clef des routes, et Champmol, le sanctuaire où sont inhumés Philippe le Hardi et Jean sans Peur ; au nord, les plus riches territoires de l'Europe du xve siècle, la Flandre, la Hollande, l'Artois, le Hainaut, le Brabant, le Luxembourg, avec leurs paysans, leurs pêcheurs, leurs drapiers, leurs marchands. Entre les deux, la Champagne et la Lorraine, qu'il s'efforce de conquérir avec ses soldats et ses florins, la monnaie forte et saine qui est à la mesure de la prospérité de ses États. Il se heurte à l'opiniâtreté de Louis XI, et tout gain définitif et sûr fuit devant lui. Il croit enfin tenir la Lorraine en 1475 mais, avec une confiance aveugle, vient briser son armée dans les durs revers de Grandson et Morat (été 1476). Quelques mois plus tard, le désastre de Nancy achève la ruine de son projet et marque la fin de l'État bourguignon. Lui-même est tué dans la bataille.

La Bourgogne, province française. Louis XI convoitait l'État bourguignon mais ne recueille que le duché et la Picardie. Avant sa mort, il obtient pourtant l'avantageux traité d'Arras (1482) qui lui laisse l'espoir de réunir à la Bourgogne ducale les terres d'outre-Saône : le Dauphin Charles (futur Charles VIII) épouserait Marguerite, fille de Marie de Bourgogne, avec pour dot la Franche-Comté et l'Artois. Mais l'échec final du mariage laisse fixée à la Saône la frontière de la France (1493), et le reste de l'héritage revient à Maximilien de Habsbourg, époux de Marie de Bourgogne.

L'acquisition du duché n'en est pas moins un beau résultat pour la monarchie française. Succès si enviable que les contestations entre la France et les Habsbourg à propos de son annexion ne prendront fin qu'avec le traité du Cateau-Cambrésis en 1559. Son ralliement se fait sans heurts. Il est définitif. Le titre de duc de Bourgogne ne sera plus porté, et d'une façon purement honorifique, que par Louis, petit-fils de Louis XIV, fils du Grand Dauphin mort en 1712, et par l'aîné des petits-fils de Louis XV. Le désir d'une unité bourguignonne s'est finalement estompé. De plus, le danger de l'Est, en rendant à la Bourgogne son rôle de marche, lui fait sentir le besoin d'être protégée par le poids de la force royale. Enfin les transformations économiques qui s'annoncent, les expéditions d'Italie qui rappellent à la Bourgogne ses attaches méditerranéennes, tournent les esprits vers les réalités plutôt que vers des idéaux qui paraissent périmés. L'habileté des rois achève l'œuvre d'union. La province garde sa Chambre des comptes, son parlement, transféré à Dijon en 1480, ses états, ses bailliages. La principale institution nouvelle est la création de la généralité de Bourgogne avec un bureau des finances. Au palais ducal devenu logis du roi, le gouverneur ou son lieutenant général rappellent sans danger l'autorité de l'ancien prince. L'assimilation se fait si facilement que les Bourguignons dénoncent eux-mêmes le traité de Madrid (1526) qui les remet à Charles Quint. Cette clause ne sera d'ailleurs jamais appliquée et sera annulée, dès 1529, par le traité de Cambrai. La province est progressivement unifiée et étendue : annexion en 1561 d'anciennes enclaves royales dans le duché, les trois élections ; annexion en 1639 du comté d'Auxonne ; en 1671 de l'élection d'Auxerre, en 1721 de l'élection de Bar-sur-Seine ; en 1751 du comté du Charolais (récupéré sur les Habsbourg en 1648). Seul le Mâconnais conservera ses institutions propres jusqu'à la Révolution. Une innovation importante provoquée par l'indiscipline du gouverneur Biron est la création, en 1621, de « commissaires départis », adjoints temporairement aux gouverneurs, timides devanciers des intendants.

Pour de multiples raisons, la Réforme atteint très tôt la Bourgogne. Les abus de l'Église sont vivement ressentis dans une région caractérisée par le nombre et la renommée de ses établissements religieux. Des excès de l'avidité pour les biens temporels se dégage le mysticisme d'une foi plus pure qui prend corps chez les artisans, particulièrement atteints par la hausse des prix (le coutelier Jean Soillot sera le premier chef des réformés de Dijon). Enfin l'imprimerie naissante facilite la propagande des idées nouvelles dans l'éternel carrefour que sont les terres bourguignonnes. La répression dirigée par le parlement, de 1530 à 1560, ne réussit pas à briser le protestantisme encore inorganisé. La lutte se fait plus âpre à partir de 1562, à peine ralentie par l'édit d'Amboise, en 1563, enregistré de force au parlement en présence du roi, et par l'édit de Longjumeau en 1568. En 1574, le frère cadet d'Henri de Guise, Mayenne, devenu gouverneur, jette plus avant encore la province dans les troubles de la Ligue. Mais le revirement est rapide. L'abjuration d'Henri IV, la tiède popularité de Mayenne, son appel à Philippe II d'Espagne précipitent le triomphe du nouveau roi. Le 4 juin 1595, Henri IV fait son entrée à Dijon et la victoire de Fontaine-Française sur les Espagnols est suivie du traité de Vervins.

Henri IV s'emploie à relever les ruines, à pacifier les esprits, et par un coup de maître obtient au sud-est la paix des frontières : il enlève à Emmanuel de Savoie la Bresse, le Bugey, le Valromey et le pays de Gex. Les nouvelles acquisitions seront du ressort du parlement de Dijon qui, en revanche, ne contrôlera jamais Auxerre, Bar ni Mâcon. La province est désormais docile mais son loyalisme ne va pas jusqu'à l'abdication de ses intérêts et de ses privilèges. Lorsqu'un édit royal particulièrement maladroit supprime les états et établit les aides en Bourgogne (1629), l'hostilité des Bourguignons tourne à la révolte ouverte (émeute des Lantarelus). En définitive, les états subsistent (1631). L'ordre semble revenir et la Bourgogne participe à la renaissance religieuse : les Jésuites, d'innombrables couvents réformés ou nouveaux témoignent d'une agissante Contre-Réforme. C'est le temps de François de Sales, qui prêche à Dijon ; de Jeanne de Chantal, fondatrice de l'ordre de la Visitation.

Mais une nouvelle et terrible crise s'ouvre avec la guerre de Trente Ans (1635). Elle prend le caractère d'une lutte farouche entre les deux Bourgognes, duché contre comté, lutte qui apporte la dévastation. La Fronde vient aggraver les ruines. Elle trouve un terrain de choix en Bourgogne dont les Condé sont gouverneurs depuis 1631. Le conflit éclate en 1650 avec l'arrestation de Condé et la nomination de César de Vendôme pour le remplacer. Si, en définitive, la solidarité avec les parlementaires de Paris s'efface assez vite devant le besoin d'ordre et de paix, la soumission au pouvoir royal ne supprime pas le sentiment des « libertés provinciales ». En 1658, Louis XIV doit tenir un lit de justice à Dijon.

La Bourgogne songe désormais à panser ses blessures. Elle est restée profondément paysanne, mais la communauté rurale sort affaiblie de cette série d'épreuves au profit d'une seigneurie qui, de plus en plus, tombe entre les mains de la bourgeoisie. Évolutions que combattent en vain l'intendant Bouchu et, indirectement, le pouvoir royal, conscient que les communautés rurales sont les meilleurs agents de son autorité. La paix de Nimègue, en 1678, est un grand événement pour la Bourgogne : l'annexion de la Franche-Comté la délivre de son rôle de province frontière. La révocation de l'édit de Nantes ouvre une nouvelle période difficile. S'il est enregistré au parlement sans difficulté, plus de la moitié des protestants de la généralité émigrent en Suisse, en Hollande, au Brandebourg. Et la guerre persistante ramène les fléaux : la milice, le logement des soldats, l'impôt de la capitation et du dixième.

Une terrible famine pendant l'hiver de 1709 met le comble au malheur des campagnes.

Le règne de Louis XV apporte d'abord la secousse du système de Law, mais bientôt, avec le long ministère de Fleury, une paix réparatrice dont les effets se font sentir pendant tout le siècle. La Bourgogne offre alors l'image presque parfaite de la vie provinciale. La généralité de Dijon est vaste et solide. Malgré les empiètements de Paris, elle tient encore en partie les bastions d'Auxerre et de Bar-sur-Seine, elle touche au Rhône par ses pays adjacents et a fenêtre sur la Loire. Dijon n'a cessé de grandir et de s'affirmer. La place Royale, le palais des États, les élégants hôtels particuliers, l'université (créée en 1722), l'évêché (1731), l'Académie (1740) lui donnent une physionomie de capitale vouée aux affaires, aux lettres, aux arts. Là résident les quatre pouvoirs qui donnent à la Bourgogne son armature : le gouverneur, toujours choisi dans la famille des Condé, mais dont le pouvoir est devenu nul, le commandant en chef et les lieutenants généraux qui eux aussi ont abdiqué toute autorité, enfin l'intendance de plus en plus envahissante. Elle doit pourtant compter avec les arrêts du parlement et l'autorité des états qui prétendent défendre les libertés traditionnelles de la Bourgogne. Ces états sont néanmoins plus près de l'intendant que des parlementaires, ils sont avec lui les animateurs de l'essor économique, dirigeant notamment la création d'un réseau de voies de communications. La vie économique se transforme elle aussi. L'herbe chasse le blé en Charolais et pénètre en Auxois, la vigne couvre la Côte d'Or, mais se disperse à travers toute la province. Les vieilles manufactures de laine et de lin s'animent, le Mâconnais et Dijon travaillent le coton. La découverte de la fonte au coke donne à l'industrie du fer une vigueur nouvelle. Le Creusot commence sa fortune. Un commerce actif passe par les ports de la Saône. Cependant, la Bourgogne n'échappe pas à l'archaïsme social, politique et économique qui caractérise la fin de l'Ancien Régime. Elle participe au mouvement général de révolte parlementaire, en 1760 contre le troisième vingtième, en 1771 contre Maupeou, en 1788 contre Lamoignon.

La Révolution détruit la force et la vie particulière de la Bourgogne. La législation de l'impôt devenue uniforme, les états disparaissent officiellement le 10 juillet 1790. Le parlement est supprimé le 16 août suivant. La nouvelle division en départements (la Côte-d'Or, l'Yonne, la Saône-et-Loire et l'Ain) remanie les limites de la province en rattachant à Auxerre tout le sud de la Champagne, tandis qu'en sens inverse Bar-sur-Seine redevient Champenois. La Constitution civile du clergé bouleverse les diocèses et les grandes abbayes disparaissent. La Bourgogne envoie à la Convention une majorité de Montagnards dont beaucoup se feront un nom : Prieur de la Côte-d'Or, chargé au Comité de salut public des fabrications de guerre ; Lepelletier de Saint-Fargeau, assassiné la veille de l'exécution de Louis XVI, Guyton-Morveau qui mettra sa science au service des armées ; Lazare Carnot qui « organisera » la victoire. La contre-révolution est très peu active dans l'ancienne Bourgogne qui fait preuve, selon Fouché, d'un « patriotisme énergique ». Mais Bonaparte, qui apporte l'ordre et la sécurité, se rallie l'opinion, lasse de la crise financière, du désordre, des troubles religieux. Avec lui disparaît définitivement l'idée de la province qu'il évite de régénérer et qui végétera au XIXe siècle dans le cadre départemental.

BOURGUIGNONS

Le terme « Bourguignons » a fait son apparition au début du XVe siècle, pendant la guerre de Cent Ans, pour désigner les partisans et les soldats des ducs de Bourgogne dans la lutte qui les oppose à une faction adverse celle des Armagnacs.

Dans un royaume déjà caractérisé par l'affaiblissement de la monarchie, au profit des grands princes apanagés qui prétendent se poser en tuteurs des souverains, l'aliénation mentale de Charles VI, qui l'écarte en fait du pouvoir, donne libre cours à une lutte d'influence qui se cristallise autour de deux rivaux, le duc de Bourgogne Philippe II le Hardi, oncle du roi, et son cousin Louis d'Orléans, frère de Charles VI. Ce qui n'était à l'origine qu'une querelle devient une lutte ouverte lorsque Jean sans Peur succède à son père Philippe le Hardi, tandis que l'assassinat de Louis d'Orléans, à l'instigation du duc de Bourgogne, en 1407, rend impossible toute tentative de conciliation. Deux camps se forment alors en France : les Bourguignons et les Armagnacs. Ces derniers tiennent leur nom du connétable Bernard d'Armagnac dont la fille a épousé Charles, fils de Louis d'Orléans, et qui, à la tête de redoutables bandes gasconnes, se fait le champion de la vengeance. Le royaume est déchiré par une âpre guerre civile au cours de laquelle Jean sans Peur se campe en champion de la bourgeoisie parisienne, s'allie aux cabochiens et se trouve maître de Paris (1413). Les luttes intestines pour le pouvoir se doublent d'une guerre étrangère, lorsque Henri V d'Angleterre trouve dans les Bourguignons des alliés contre le Dauphin (futur Charles VII). Après avoir battu la noblesse française à Azincourt, en 1415, Henri V envahit la Normandie (1417).

L'avance des troupes anglaises, le danger qu'elles représentent, notamment pour Paris, amènent les Bourguignons et ce qui reste du parti armagnac à se rapprocher. Mais au cours de l'entrevue qu'il a à Montereau avec le Dauphin Charles, Jean sans Peur périt assassiné par un fidèle de ce dernier (1419). Ce meurtre relance la guerre civile. Il achève de déconsidérer les Armagnacs dans le nord de la France, et Paris se jette dans le camp des Bourguignons. Les Anglo-Bourguignons paraissent triompher, et bientôt le traité de Troyes (1420) écarte le Dauphin de la couronne, au profit d'Henri V à qui Charles VI donne sa fille Catherine. L'épopée de Jeanne d'Arc (1429-1430) met fin à ces succès. Charles VII, roi depuis 1422, et le nouveau duc de Bourgogne Philippe III le Bon recherchent alors les termes d'une réconciliation. C'est le traité d'Arras (1435) qui, moyennant le désaveu par Charles VII du meurtre de Montereau et une clause spéciale dispensant le duc de Bourgogne, de son vivant et du vivant du roi, de l'hommage dû au roi de France pour ses fiefs français, marque la fin de la lutte entre le roi et le plus puissant des princes français et par là entre Armagnacs et Bourguignons.

Le mot « Bourguignons » allait prendre un autre sens dans la seconde moitié du XVe siècle. Alors que jusque-là les ducs de Bourgogne se sentaient français et attachaient un rôle primordial à leur position dans le royaume, le cri « Vive Bourgogne » en vient peu à peu à s'opposer au mot « Français ». Philippe le Bon est à l'origine de cette évolution en étant amené, par les hasards dynastiques favorables du début de son règne, à concevoir progressivement l'édification d'un État d'un seul tenant du Pas-de-Calais jusqu'à la Bourgogne. Charles le Téméraire poursuit délibérément cette politique, et ce qui était une opposition entre deux partis à l'intérieur d'un royaume devient une opposition entre deux consciences d'appartenance opposée.

BOURMONT Louis, comte de GHAISNES de (Château de Bourmont, 1773 – Château de Bourmont, 1846)

Maréchal de France.

Officier aux gardes-françaises en 1789, il émigre la même année avec son père, aide de camp du prince de Condé, revient en 1795 et se joint aux Vendéens. À la tête des chouans, il prend Le Mans en 1799, mais doit capituler l'année suivante. Compromis dans l'affaire de l'enlèvement du sénateur Clément de Ris, il est arrêté sur l'ordre de Fouché et emprisonné à Besançon. Il s'évade en 1804 et se réfugie au Portugal. Là, en 1808, il offre ses services au général Junot et combat dans les rangs de l'armée impériale. À son retour en France, la même année, il est arrêté, libéré grâce à Junot et nommé adjudant-commandant à l'armée d'Italie. Il combat à Naples, en Russie, en Allemagne, est blessé à Lützen et, pendant la campagne de France, se distingue par son héroïque défense de Nogent-sur-Seine. Nommé général de division, Bourmont rejoint l'Empereur au moment des Cent-Jours, mais l'abandonne trois jours avant Waterloo, le 15 juin, et rejoint Louis XVIII à Gand après s'être rendu aux avant-postes prussiens et avoir annoncé la prochaine attaque française. En 1823, il commande un des corps d'armée envoyés en Espagne, est fait pair de France à son retour. Ministre de la Guerre dans le gouvernement Polignac (8 août 1829), il contribue à son impopularité. En 1830, il reçoit le commandement en chef de l'expédition d'Alger, prend la ville, est nommé maréchal de France le 22 juillet. La révolution de 1830 l'oblige à quitter son poste, où il est remplacé par Clauzel.

Comme il refuse de prêter serment à Louis-Philippe, il est déclaré démissionnaire. Il participe, avec la duchesse de Berry, à la tentative de soulèvement de la Vendée (1832) et s'enfuit de nouveau. Condamné à mort par contumace, il se réfugie encore une fois au Portugal, se met au service de dom Miguel, part ensuite pour Rome. Rentré en France à la suite de l'amnistie de 1840, il abandonne la politique.

BOURNAZEL Henri de LESPINASSE de (Limoges, 1898 – Maroc, 1933)

Militaire.

Engagé volontaire pendant la Première Guerre mondiale en 1916, il part, la paix signée, pour le Maroc. Officier de spahis, il combat les bandes rebelles d'Abd el-Krim. Son courage et son invincibilité le rendent légendaire. Les musulmans prêtent au burnous d'uniforme qu'il revêt lorsqu'il monte à l'assaut un pouvoir magique de sauvegarde, la *baraka*, et le surnomment le « Diable rouge ». Gouverneur du Tafilalet en 1932, Bournazel mène, l'année suivante, une opération pacificatrice dans le Sagho et est tué au cours de l'engagement.

BOURRIENNE Louis FAUVELET de (Sens, 1769 – Caen, 1834)

Diplomate.

Condisciple de Bonaparte à l'école militaire de Brienne, appelé par lui en Italie, il est un des rédacteurs du traité de Campoformio (1797). Il suit son ami en Égypte et, lorsque celui-ci est consul, devient son secrétaire intime avec le titre de conseiller d'État. En disgrâce – il avait agi avec peu de scrupules –, Bourrienne est envoyé comme ministre à Hambourg, où il reste de 1804 à 1814. Il se rallie à Louis XVIII qui le fait préfet de police, puis ministre d'État après l'exil de Gand qu'ils passent ensemble. La révolution de 1830 a un très fâcheux effet sur sa fortune et son équilibre mental. Il a laissé des *Mémoires* intéressants mais sujets à caution.

BOURSES DU TRAVAIL

Déjà esquissée sous la Révolution française, l'idée de Bourse du travail, organisme où seraient concentrées les offres et les demandes de main-d'œuvre, ne prend vraiment forme que le 3 février 1887, avec l'ouverture d'une première Bourse à l'initiative du conseil municipal de Paris.

Son directeur, Fernand Pelloutier, est un apôtre de l'éducation et de l'unité ouvrière. Les Bourses du travail organisent le placement, les secours aux chômeurs, l'enseignement par les « Universités du peuple ». Elles rassemblent les ouvriers non d'après la profession, mais d'après le lieu du travail. En 1891, les 39 Bourses du travail, « service de mutualité, d'enseignement, de propagande », regroupent 375 000 ouvriers. En 1892, 11 Bourses se fédèrent au sein de la Fédération des Bourses du travail au congrès de Saint-Étienne. La Fédération est de tendance anarchiste, non guesdiste (à la différence de la Fédération des syndicats). En 1895, la Fédération des Bourses fusionne avec les

Fédérations d'industrie et de métiers et certains syndicats non fédérés. La CGT (Confédération générale du travail) est née. En 1902, elle regroupe 56 Bourses, 29 Fédérations et 373 syndicats. Le rôle des Bourses ne cesse alors de diminuer au profit de celui des syndicats.

BOUSSAC Jean de BROSSE, dit le maréchal de (?, v. 1375 – ?, 1433)

Maréchal de France.

Chambellan de Charles VII et maréchal de France en 1427, il commande cette même année, sur l'ordre du connétable de Richemont, l'assassinat de Le Camus de Beaulieu, qui a succédé dans la faveur royale au sire de Giac. Seigneur à la rudesse expéditive, c'est un brave soldat et un loyal sujet. En 1429, il combat Anglais et Bourguignons à Orléans, à Patay et à Lagny. Il assiste, à Reims, au sacre de Charles VII, le 17 juillet 1429. Le 24 mai 1430, il se trouve à Compiègne lorsque le Bâtard de Vendôme, l'un des lieutenants de Jean de Luxembourg, capture Jeanne d'Arc.

BOUTEVILLE : voir MONTMORENCY-BOUTEVILLE François, comte de

BOUTHILLIER Claude (Paris, 1581 – Pont-sur-Saône, 1652)

Surintendant des Finances.

Conseiller au parlement de Paris en 1613, conseiller d'État en 1619, secrétaire d'État aux Affaires étrangères en 1628, il signe, en 1630, un traité d'amitié avec Bernard de Saxe-Weimar. Protégé du cardinal de Richelieu, il poursuit sa brillante carrière jusqu'à la mort de Louis XIII. Il est surintendant des Finances de 1632 à 1643, d'abord aux côtés de Claude de Bullion, puis seul. Après la mort du roi, il tombe en disgrâce et quitte le gouvernement.

BOUTHILLIER Léon, comte de Chavigny et de Buzançais (Paris, 1608 – Paris, 1652)

Diplomate.

Fils du précédent, il est, comme lui, conseiller d'État (1627), puis secrétaire d'État aux Affaires étrangères en 1632. Chancelier du duc d'Orléans en 1635, il mène à bien, cette année-là, les négociations avec les Provinces-Unies et la Suède. Ambassadeur extraordinaire à Turin en 1639, Léon Bouthillier est appelé à siéger, suivant les clauses du testament de Louis XIII, au Conseil de régence de Louis XIV. Cependant, il a cessé de plaire et doit partager la disgrâce de son père. Emprisonné au donjon de Vincennes en 1648, il est libéré deux ans plus tard et la Cour lui confie de nouvelles responsabilités ministérielles, qu'il résigne presque immédiatement.

BOUVINES (bataille de)

Cette commune du département du Nord est située à 12 km au sud-est de Lille et à 3 km de Cysoing. C'est entre ces deux localités que se rencontrent, le 2 juillet 1214, les forces du roi de France Philippe Auguste et l'armée coalisée des Anglais, Germains et Flamands.

Dépité par les succès de Philippe Auguste en Normandie, Jean sans Terre cherche des alliances en Flandre et en Germanie. La haine du roi de France pousse Ferrand, comte de Flandre, à répondre favorablement à l'invite, tout comme Renaud, comte de Boulogne, Henri, duc de Brabant et Otton IV, empereur de Germanie. Ceux-ci réunissent environ 40 000 combattants et s'avancent par trois colonnes sur le plateau que borde à l'ouest le cours modeste de la Marcq, petit affluent de la Deule. Anglais et Brabançons forment l'aile droite ; les Germains occupent le centre et les Flamands complètent le dispositif d'attaque sur la gauche. En face, Philippe Auguste réunit 25 000 hommes en rameutant autour de ses chevaliers et de leurs soldats tout ce que les communes fidèles peuvent fournir comme milices. Pour la première fois dans l'histoire des Capétiens, la fleur de lys sert d'emblème à la fois aux nobles et aux forces populaires sur un champ de bataille. Une haine commune de l'envahisseur affermit leur volonté. Philippe Auguste occupe le centre de la ligne de combat, appuyé, à gauche, par les comtes de Dreux et de Ponthieu et, à droite, par le duc de Bourgogne.

Dès le début des combats, Otton voit son cheval tué sous lui. L'empereur manque même d'être capturé par Guillaume des Barres qui, quelque temps plus tard, sauve le roi de France en chargeant l'infanterie germanique. Durant plusieurs heures l'affrontement n'est qu'une succession de coups de boutoirs au cours desquels les Anglo-Brabançons finissent par céder sur la gauche, entraînant dans leur repli les troupes d'Otton, très éprouvées elles aussi. Renaud de Boulogne, le comte Salisbury et surtout Ferrand de Flandre figurent parmi les prisonniers que Philippe Auguste fait enchaîner et transporter en chariot vers Paris.

La victoire de Bouvines est un événement retentissant. La nouvelle s'en répand rapidement dans le royaume puis entre très vite dans les *Grandes Chroniques de France* rédigées par les

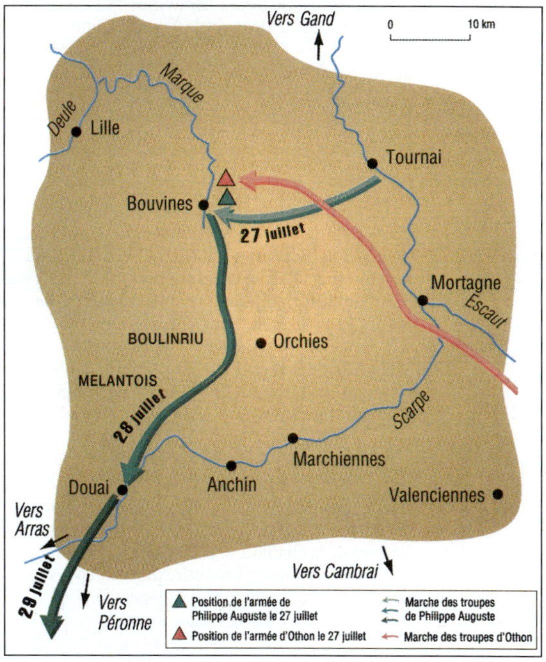

La bataille de Bouvines

Bouvines

La bataille du 27 juillet 1214, victoire de Philippe Auguste sur les troupes de Jean sans Terre et ses alliés, vue par Horace Vernet au XIXe siècle. Huile sur toile, château de Versailles. © *Giraudon*

moines de Saint-Denis. Bouvines fait désormais partie de la geste des rois de France. Cette victoire contribue très fortement à affirmer la légitimité du roi capétien.

BRAILLE Louis (Coupvray, 1809 – Paris, 1852)

Inventeur.

Devenu aveugle à l'âge de 3 ans, il entre en 1819 à l'Institution des aveugles où il est nommé professeur adjoint en 1828. C'est alors qu'il invente son système d'écriture pour les aveugles, basé sur le principe des points saillants, qui le rendra célèbre dans le monde entier.

BRANTÔME Pierre de BOURDEILLES, seigneur de (Bourdeilles, Périgord, v. 1540 – Bourdeilles, 1614)

Homme de guerre et homme de lettres.

Il passe la majeure partie de sa vie en batailles (Italie, Afrique contre les Turcs, première et troisième guerre de Religion) ou à la Cour (gentilhomme de la chambre sous Charles IX et Henri III). Tombé en disgrâce, il se retire dans son pays natal où il écrit ou achève d'écrire une œuvre abondante, dont les titres les plus connus sont les *Vies des hommes illustres et grands capitaines français*, les *Vies des grands capitaines étrangers*, les *Vies des dames galantes* et le *Discours sur les duels*.

BRASSEMPOUY

Site paléolithique proche d'Hagetmau, dans les Landes.

C'est là qu'a été découverte une petite tête de femme en ivoire qui constitue la plus ancienne représentation connue d'un visage humain (v. 20000 av. J.-C.), actuellement conservée au musée des Antiquités nationales de Saint-Germain-en-Laye. Haute de 3,50 centimètres, la « Vénus de Brassempouy » présente un visage d'une grande finesse aux longs yeux en amande, entouré d'une élégante coiffure en résille à damiers. Sur le site, des morceaux d'autres statuettes féminines en ivoire et en os ont été trouvés, mais ils sont trop fragmentaires pour pouvoir reconstituer des figures complètes.

La Dame de Brassempouy
Sculpture en ivoire de mammouth, appelée aussi « la dame à la capuche » et datée du paléolithique supérieur (Gravettien). Musée des Antiquités nationales, Saint-Germain-en-Laye. © *RMN - J.G. Berizzi*

BRAZZA Pierre SAVORGNAN de (Castel Gandolfo, Italie, 1852 – Dakar, Sénégal, 1905)

Explorateur.

Issu d'une vieille famille vénitienne du Frioul, il rêve très jeune d'être marin et, en 1867, est admis à titre d'élève étranger à l'École navale de Brest. Naturalisé français en 1874, il obtient de prendre la tête d'une mission de découverte en Afrique. De 1875 à 1877, accompagné du médecin Noël Ballay, du naturaliste Marche et du quartier-maître Hamon, il remonte le cours de l'Ogooué en partant des côtes du Gabon et découvre les rivières Alima et Licona sans comprendre de quel fleuve elles dépendent. Son sens humain et ses méthodes généreuses lui rallient immédiatement les Africains. Au cours d'une seconde expédition, il atteint le Congo dont le roi, Makoko, accepte, de 1879 à 1882 de se mettre sous la protection française. Ce succès lui vaut une immense popularité. Nommé commissaire général de la République dans l'Ouest africain, bientôt appelé Congo français, il poursuit ses explorations au cours de voyages ultérieurs, ouvrant la route de la mer au Congo par l'Ogooué et l'Alima en 1883-1885, gagnant la Sangha et ses affluents. Il entreprend surtout une œuvre d'administration remarquable, dominée par le souci de protéger les Africains. Parce qu'il refuse de les voir livrés à la merci des concessionnaires, il est relevé de ses fonctions en 1897. Mais les scandales de ce mode d'exploitation sont vite tellement criants qu'il est chargé d'une mission d'enquête. Ce sera son dernier voyage au Congo. Il meurt à Dakar sur le chemin du retour.

Savorgnan de Brazza
Portrait en costume de brousse de l'explorateur en 1886 par Henry Thaddeus. Paris, musée des Arts africains et océaniens. © *Lauros-Giraudon*

BRAZZAVILLE

Du nom de Savorgnan de Brazza. Actuellement capitale de la république du Congo.

L'ancienne capitale de l'Afrique-Équatoriale française est l'une des premières et des rares à choisir la France libre en 1940. À la suite du soulèvement préparé par le médecin général Sicé, la ville se rallie le 29 août 1940 au général de Gaulle qui s'y fait représenter par le général de Larminat. De Gaulle séjourne à Brazzaville à diverses reprises, notamment en octobre et novembre 1940. Il confie l'Afrique-Équatoriale française au gouverneur général Éboué. Dès décembre 1940, Radio-Brazzaville permet à la France libre de se faire entendre aussi bien en France et aux États-Unis que dans toute l'Afrique, au Proche-Orient et en Indochine, tandis que le terrain militaire de Brazzaville sert de plaque tournante pour les transports britanniques vers l'Afrique orientale et le Proche-Orient.

BRAZZAVILLE (conférence de)

En janvier 1944, sur l'initiative du Comité français de libération nationale, les principaux administrateurs coloniaux français et des représentants de l'Assemblée consultative d'Alger se réunissent à Brazzaville en une vaste conférence pour définir une nouvelle politique coloniale française.

Elle est présidée par René Pleven, et le général de Gaulle vient en proclamer les conclusions dans un important discours. Elle met au point un vaste plan de réformes sociales et économiques pour assurer une promotion progressive des Africains grâce notamment au développement de l'enseignement et de l'hygiène, à la suppression du travail forcé et à l'industrialisation. Ce plan, qui est à l'origine de la création de l'Union française, prévoit en même temps l'africanisation de l'administration et l'octroi à terme d'une autonomie aux territoires dotés d'assemblées qui en assureront peu à peu la gestion. Mais il n'est nullement envisagé d'accorder l'indépendance à aucun des territoires dépendant de la France.

BREDA (traité de)

Conclu le 31 juillet 1667 entre la France, les Provinces-Unies, l'Angleterre et le Danemark.

Ce traité, signé dans le Brabant, prévoit, en ce qui concerne la France, le recouvrement de l'Acadie prise par les Anglais en 1654, ainsi que de toutes les îles et de tous les forts occupés en Amérique avant 1665. En revanche, l'Angleterre se fait reconnaître la pleine possession de Saint-Christophe, jusqu'alors condominium de la France et de l'Angleterre.

BREGUET Louis (Paris, 1880 – Saint-Germain-en-Laye, 1955)

Aviateur et industriel.

En 1908, il est l'un des premiers à comprendre l'impact de l'écoulement de l'air sur les pales de l'hélice. Son avion, le Breguet XIV, construit à 8 500 exemplaires, s'illustre pendant la Première Guerre mondiale, puis dans la conquête des lignes aériennes. Constructeur aéronautique vivement opposé aux nationalisations (1936), Breguet continua néanmoins à vendre des engins à l'État grâce à sa supériorité technique. Ses dernières créations – le Breguet Deux-Ponts, fameux avion de transport, le Vautour, l'Atlantic… – furent des appareils renommés.

BRENNUS

Mot qui paraît désigner chez les Gaulois les chefs militaires.

Les Romains donnent ce nom au chef d'une bande de Celtes Sénons qui envahissent l'Étrurie vers 390-383 av. J.-C., se rendent maîtres de Rome et livrent la ville au pillage et aux flammes. N'ayant pu s'emparer du Capitole, Brennus aurait, selon la légende romaine, consenti à quitter la ville moyennant une forte somme d'or. Les Romains contestant la valeur des poids dont il se servait pour peser l'or, Brennus aurait jeté son épée dans la balance où se trouvaient les poids en s'écriant : *Vae victis !* (« Malheur aux vaincus ! »). Camille, survenu fort à propos, lui aurait alors livré bataille et l'aurait contraint à s'enfuir. Brennus désigne également le chef d'une horde gauloise de 20 000 hommes qui, en 279 av. J.-C., pénètre en Macédoine par la vallée du Danube, saccage la Thessalie et la Grèce et atteint Delphes, malgré la défense héroïque des Étoliens. Mais, lorsqu'il s'avance vers le temple de Delphes pour en enlever les trésors, ses soldats, saisis d'une terreur panique, prennent la fuite, dit-on, et s'entretuent. Désespéré de ce désastre, il se donne la mort vers l'an 278 av. J.-C.

Bresse

Ancienne province française située entre la Saône et le Jura.

Cette région a été longtemps divisée en Bresse de Chalon, relevant de la France, et Bresse bressane ou de Bourg, relevant de l'empire germanique, héritier du royaume de Bourgogne. Le comté féodal de Bresse, que forment la Bresse bressane et le Revermont, a pour capitale Bâgé-le-Châtel, puis Bourg à compter du XVe siècle. Il devient possession savoyarde lorsque Sybille, la fille de son seigneur Guy de Baugé ou de Bâgé, épouse Amédée V de Savoie, en 1272. Aux termes du traité de Lyon, en 1601, Henri IV l'acquiert de Charles-Emmanuel de Savoie, avec le Bugey et le pays de Gex, en échange du marquisat de Saluces. La Bresse, ainsi unifiée, est rattachée au gouvernement de Bourgogne et dépend de la généralité de Dijon, mais elle conserve ses états.

Brest

Gesocribate. *Ville du Finistère. Sa rade, une des plus sûres d'Europe, offre l'avantage d'être le point le plus avancé de la presqu'île bretonne sur l'Atlantique.*

Pour ces raisons, Brest est déjà un port à l'époque gallo-romaine. Appartenant au comté de Léon, il est doté d'un fort dès le IXe siècle. Devenu, en 1239, possession du duché de Bretagne, il est occupé par les Anglais en 1342, pendant la guerre de Succession de Bretagne. Vainement assiégé par Du Guesclin, il est vendu à l'Angleterre en 1378 mais revient à la Bretagne en 1397, grâce à la réconciliation momentanée de la France et de l'Angleterre. Les Espagnols, alliés de Mercœur, s'y installent et y construisent une puissante forteresse, le fort des Espagnols. Ils en sont chassés en 1594 par le maréchal d'Aumont, lieutenant d'Henri IV. L'importance de Brest ne devient décisive qu'en 1631 lorsque Richelieu fait creuser son port et entreprend de créer un arsenal. Colbert et Vauban achèvent les travaux et font de Brest un grand port de guerre où sont armées aux XVIIe et XVIIIe siècles la plupart des flottes qui se mesurent avec les Anglais. La ville, elle aussi en plein essor, est munie, à partir de 1681, d'une solide enceinte de murailles. Sa puissance est à son apogée sous Louis XVI avec la guerre d'Indépendance américaine, mais elle décline sous l'Empire au profit de Toulon. Siège de l'École navale depuis 1830, Brest est, de 1865 à 1873, l'escale des transatlantiques de la ligne de New York et reprend son expansion sans arrêt jusqu'en 1913 en tant que ville de la marine militaire. Pendant la Première Guerre mondiale, la plupart des convois américains jettent l'ancre dans son port. Le 18 juin 1940, la flotte française évacue Brest. La ville est aux mains des Allemands le lendemain. Devenue une de leurs plus importantes bases sous-marines, Brest est une des principales cibles des bombardements alliés qui la détruisent presque totalement. Elle est libérée le 19 septembre 1944 par le 8e corps d'armée de Middleton, après un siège de plus d'un mois. La base navale et la ville ont été reconstruites après 1945.

Bretagne

Péninsule, à l'extrémité occidentale de la France, comprenant les départements du Finistère, des Côtes-d'Armor, d'Ille-et-Vilaine, du Morbihan et de la Loire-Atlantique. Elle appartient dans sa presque totalité au Massif armoricain.

Les origines. La Bretagne est peu peuplée jusqu'au néolithique, époque à laquelle il faut sans doute rattacher la plupart des menhirs, des enceintes de pierres et des alignements, encore nombreux aujourd'hui, dont les plus célèbres sont ceux de Carnac. À l'âge de bronze, son industrie métallurgique connaît une importance considérable, grâce à l'extraction de l'étain. La civilisation du fer y est, en revanche, assez tardive et moins brillante. C'est à cette époque vraisemblablement que s'installent, dans ce qui devait être longtemps appelé l'Armorique, des populations celtes. Des 5 nations celtes, Namnètes, Redones, Coriosolites, Osismiens et Vénètes, qui l'occupent lors de l'arrivée des Romains, les Vénètes sont la plus puissante. Leur forte marine leur assure une véritable maîtrise des côtes. Soumis par Crassus, ils se révoltent, mais leur flotte est détruite en 58 av. J.-C. par Brutus dans le golfe du Morbihan, sous les yeux de César qui exerce une dure répression. Sous l'empire, les peuples de l'Armorique survivent à titre de « cités », mais ne jouent qu'un rôle secondaire dans l'histoire de la Gaule romaine. Ils appartiennent à la Celtique et sont compris, au IVe siècle, dans la province de la Lyonnaise. Le christianisme pénètre lentement, mais il est probable qu'il y avait déjà des évêques dès le IVe siècle.

Naissance de la Bretagne. L'Armorique est peu touchée par les invasions germaniques. Elle reçoit du Ve au VIIIe siècle de forts contingents de Bretons d'outre-Manche, peut-être chassés de leur île par la pression des Angles et des Saxons. Ils lui donnent son nouveau nom, *Britannia*, par lequel elle sera désormais désignée. Leur influence s'exerce, semble-t-il, essentiellement par l'intermédiaire de chefs spirituels comme en témoignent les innombrables vies de saints bretons. Leur souvenir demeure dans la toponymie soit dans les *lan* où ils vécurent en ermites soit dans les *plou* (paroisses), soit dans les *tré* (sections de paroisses). Ils marquèrent l'organisation ecclésiastique, qui eut longtemps pour base les monastères dont les abbés exerçaient les fonctions d'évêques. La soumission des Bretons, obtenue par Clovis avant 500, n'est plus que nominale sous ses successeurs. Charlemagne organise une marche de Bretagne dont Roland, le héros de la légende épique, aurait eu le commandement, mais les Carolingiens ne parviennent pas à contrôler véritablement le pays où les révoltes se succèdent. La plus violente est celle de 818. L'empereur Louis le Pieux juge alors préférable de s'appuyer sur un chef local à la forte personnalité, Nominoé, qui reçoit la dignité de duc pour la Bretagne tout entière. Nominoé se comporte avec loyauté envers Louis le Pieux, mais, lorsqu'il a affaire à ses fils dressés les uns contre les autres, il estime le moment favorable pour s'assurer une indépendance de fait et bat en 845, à Ballon, Charles le Chauve qui voulait le tenir sous son obéissance. Il entreprend de réorganiser l'Église de son duché, la soustrait à l'obédience de l'archevêque de Tours, l'épure et mène à son terme la constitution des évêchés bretons. Ses successeurs, son fils Érispoé et son neveu Salomon, se conduisent eux aussi en rois, bien que ce dernier consente à prêter hommage à Charles le Chauve en 863. Un certain recul de la langue celtique se produit sans doute à cette époque, au profit de la langue romane qui s'impose d'abord dans les villes. Le Mont-Saint-Michel au nord, Saint-Nazaire au sud marquent, au Xe siècle, la limite entre les deux langues, avec un saillant vers l'est, entre Rennes et Nantes, qui restent en pays roman. Les descendants d'Érispoé et de Salomon se disputent le pouvoir, mais doivent se réconcilier pour faire face à la menace normande. Alain, comte de Broweroch, réussit à écraser les Normands près de Questembert en 890. Éclatant succès qui lui vaut le surnom de « Grand » et le pouvoir incontesté dans toute la Bretagne. Sa mort, en 907, marque le retour de la confusion et des calamités. L'invasion normande devient générale en 919.

Les dynasties ducales. Le petit-fils d'Alain le Grand, Alain Barbetorte, tente en vain de reconstituer l'unité accomplie par son grand-père. Mais à sa mort commence une longue rivalité entre les maisons de Rennes et de Nantes. Conan le Tort l'emporte en 990. Son fils maintient la prépondérance de la maison de Rennes et se fait reconnaître comme duc. Mais la Bretagne n'est pas assez forte pour éviter le contrôle de ses voisins, les ducs d'Anjou et de Normandie. Une nouvelle dynastie, celle de Cornouaille, issue d'un bâtard d'Alain Ier, reçoit la succession d'Alain III, juste au moment où Guillaume, duc de Normandie, vient de conquérir l'Angleterre. En 1113, à Gisors, après une longue guerre indécise, Louis le Gros doit céder la Bretagne à ce dernier. Le duché, que la chancellerie française avait toujours qualifié de comté, devient un arrière-fief de la couronne de France. Enfin, quand Henri II Plantagenêt reçoit la couronne d'Angleterre en 1154, la Bretagne perd ce qu'elle conservait encore d'indépendance.

Ce roi ne cherche pourtant pas à faire de la Bretagne une terre anglaise et contribue à y asseoir l'autorité ducale. Il organise l'administration locale, créant, selon toute apparence, 8 bailliages gouvernés chacun par un sénéchal, qui seront les cadres de cette administration pendant trois siècles. Son quatrième fils, Geoffroy, à qui il a fait épouser l'héritière du duché, suit la même politique, promulgue notamment l'« Assise au comte Geoffroy » qui, rompant avec le principe du partage en usage jusque-là, introduit en Bretagne le droit d'aînesse et l'indivisibilité des fiefs. Contre son père, il soutient les barons bretons révoltés, avant de mourir en 1186 au cours d'un tournoi. Trois ans plus tard, quand disparaît Henri II, la succession revient à un fils posthume de Geoffroy, Arthur. L'intervention de Philippe Auguste, qui fait d'Arthur son vassal immédiat, évite la mainmise totale de l'Angleterre sur le duché. Après l'assassinat du jeune duc à l'instigation de Jean sans Terre, le roi de France, véritable maître du pays, installe en Bretagne un prince français, arrière-petit-fils de Louis VI le Gros, Pierre de Dreux, qui épouse l'héritière du duché en 1212. Pierre de Dreux, surnommé « Mauclerc » un siècle plus tard, gouverne la Bretagne avec fermeté, non sans heurts avec les barons et les clercs. Il est d'une loyauté parfaite envers Philippe Auguste et Louis VIII, mais se rebelle contre la régente Blanche de Castille. Il doit finalement se soumettre, en 1234, et renouveler son hommage au roi de France. C'est lui qui, portant un quartier d'hermine dans ses armoiries, introduit en Bretagne ce motif héraldique.

Avec le règne de son fils Jean le Roux s'ouvre une période de plus d'un siècle durant laquelle la Bretagne vit en paix. Quatre ducs se succèdent de père en fils sans la moindre difficulté : Jean Ier (1237-1286), dont le règne est le plus long de l'histoire bretonne, Jean II (1286-1305) qui obtient, en 1297, l'érection de la Bretagne en duché-pairie, Arthur II (1305-1312) et Jean III (1312-1341). À la faveur de la stabilité, de la parenté unissant la maison de Dreux aux rois de France, du rayonnement de Saint Louis et de l'habileté de Philippe le Bel, l'influence française pénètre de plus en plus profondément dans le duché.

Si, pendant le Moyen Âge, la Bretagne, longtemps troublée par les invasions et les luttes internes, n'a pas connu d'activités économiques, culturelles et artistiques particulièrement remarquables, elle n'en a pas moins tenu une place honorable dans la vie intellectuelle de l'époque. Pour ne citer que quelques exemples, Étienne de Fougères, évêque de Rennes, auteur en français du *Livre des manières*, Robert d'Arbrissel, fondateur de Fontevrault, sont de Haute-Bretagne. Abélard lui-même a peut-être des origines bas-bretonnes. Surtout, par ses légendes et son tour de sensibilité, la Bretagne a exercé sur la littérature européenne une profonde influence.

La guerre de Succession de Bretagne. Le problème de la succession de Jean III, mort sans enfants légitimes et sans s'être prononcé sur ce point de droit, suscite une guerre qui dure quarante ans, la guerre de Succession de Bretagne. Deux prétendants s'affrontent, la nièce et le frère cadet de Jean III : Jeanne de Penthièvre, mariée à Charles de Blois, invoque le droit de représentation et le principe de la succession féminine, tandis que Jean de Montfort soutient que, la Bretagne étant fief et seigneurie du royaume, la succession doit y être réglée par les mêmes lois que celles adoptées pour la couronne de France. Le parti de Montfort trouve son principal appui dans la petite noblesse, en particulier en Basse-Bretagne. Celui de Blois tient sa force des plus grands barons et des prélats. Les deux rivaux cherchent des appuis extérieurs. La cour du roi de France s'étant prononcée pour Jeanne, la femme de Jean de Montfort, Jeanne de Flandre, reconnaît l'Anglais Édouard III comme roi de France. À partir de ce moment, la lutte pour la succession de Bretagne n'est plus qu'un épisode, certes important, du vaste conflit qui vient de s'engager entre les deux royaumes. Guerre de sièges et de coups de main, ce conflit n'entre dans une phase décisive qu'en 1363. Les succès remportés par Bertrand Du Guesclin en Basse-Bretagne, en 1363, se révèlent sans lendemain. Le 29 septembre 1364, Charles de Blois essuie une écrasante défaite à Auray, malgré l'aide de Du Guesclin. Il est tué dans la mêlée. Au traité signé à Guérande, le 12 avril 1365, il est convenu que le fils de Jean de Montfort, Jean IV, et sa postérité auront la couronne ducale, que Jeanne de Penthièvre conservera le comté de Penthièvre et la vicomté de Limoges, et que l'existence d'héritier mâle de la lignée de Bretagne exclura dorénavant de la succession toute prétendante féminine.

La stipulation du traité de Brétigny (1360) selon laquelle l'hommage breton demeurait toujours dû au roi de France n'avait pas été modifiée. Néanmoins, Jean IV, que ses intérêts et son éducation portaient du côté anglais, signe un traité d'alliance avec Édouard III. Les Bretons, avant tout hostiles aux Anglais, sollicitent alors l'intervention du roi de France, Charles V, qui envoie une armée commandée par Du Guesclin, devenu connétable de France. Une campagne victorieuse commence, qui peut faire croire à Charles V que le moment est venu de prononcer contre Jean IV la commise de son fief (1378). C'est oublier que toute action royale trop entreprenante suscite la renaissance immédiate du particularisme breton. Les Bretons rappellent Jean IV, qui est reçu triomphalement. Cuisant échec pour le roi. Un accommodement est trouvé à sa mort : au second traité de Guérande (1381), Jean IV promet de solliciter de Charles VI son pardon et de lui prêter main-forte contre les ennemis du royaume. La paix n'est pas encore définitive. Jean IV entre en conflit avec le nouveau connétable Olivier de Clisson. C'est au cours de l'expédition qu'il menait en Bretagne pour le venger que Charles VI perd subitement la raison. La Bretagne ne connaît le calme qu'à partir de 1395, et Jean IV peut terminer son règne en grand seigneur, faisant notamment construire à Vannes le somptueux château, aujourd'hui disparu, de l'Hermine. Ses succès, face à Charles V, lui ont valu le surnom de « Conquéreur ».

Les derniers ducs. Avec le règne de Jean V (1399-1442), s'ouvre l'époque la plus remarquable de l'histoire de la Bretagne. Alors qu'elle avait profondément souffert de la première période de la guerre de Cent Ans, elle est à peine touchée par la seconde et parvient à son plus haut degré de puissance. Elle est le deuxième grand fief après la Bourgogne. Jean V, lorsqu'il prête hommage à Charles VI, en 1404, déclare le faire « en la forme et manière » de ses prédécesseurs, sauf « les libertés, prérogatives et dignités du duché de Bretagne ». Ses successeurs, François Ier (1442-1450), Pierre II (1450-1457), Arthur III (1457-1458), poursuivent cette politique. François II (1458-1488) cherche à assurer son indépendance par des alliances avec les Anglais et Charles le Téméraire puis, après la mort de ce dernier, avec l'archiduc Maximilien, promis à l'empire, et les coalisés de la Guerre folle. Mais il se heurte à la ténacité de Louis XI et à la fermeté de sa fille Anne de Beaujeu. Ses troupes ayant été battues par l'armée royale à Saint-Aubin-du-Cormier en 1488, il doit promettre, par les traités du Verger, que ses filles ne se marieront pas sans le consentement du roi de France.

Jean de Montfort (1293-1345)
Le duc de Bretagne et sa femme, Jeanne de Flandre, recevant l'hommage des habitants de Nantes. Gravure, Paris, Bibliothèque nationale de France. © *Lauros-Giraudon*

Arthur III de Bretagne (1393-1458)
Le roi Charles VII entre le futur Louis XI (à sa droite) et le futur duc Arthur III (à sa gauche) sur l'*Arbre des Batailles*. Manuscrit de Honoré Bonnet, XVe siècle, Paris, Bibliothèque de l'Arsenal. © *Giraudon*

L'héritière du duché, sa fille Anne, épouse pourtant par procuration Maximilien d'Autriche (1490). Mais les succès du roi de France, qui prétend ouvertement à sa main, la contraignent à rompre son mariage et, le 6 décembre 1491, elle devient la femme de Charles VIII. Lorsque meurt celui-ci, son successeur, Louis XII, fait annuler son propre mariage pour épouser, à son tour, la duchesse Anne en 1498. Leur fille, Claude de France, hérite de la Bretagne à la mort de sa mère, en 1514. Elle épouse François d'Angoulême qui devient François Ier et, en 1524, le duché est légué au Dauphin François. La Bretagne était jusque-là rattachée à la France par un lien personnel, mais, en 1532, les états de Bretagne siégeant à Vannes prononcent l'union réelle et perpétuelle – sous certaines conditions – de leur pays au royaume (4 août 1532). Le Dauphin François en reste notamment duc et propriétaire. À sa mort, son frère Henri reçoit encore, avec le titre de Dauphin, celui de duc de Bretagne qui disparaît lorsque, en 1547, il monte sur le trône de France, sous le nom de Henri II.

À cette date, la Bretagne est méconnaissable. D'un pays ruiné, un siècle de paix a fait un fief prospère qui ne cesse de s'enrichir. Si l'agriculture demeure stagnante, l'élevage s'est développé. Les marins bretons se sont imposés dans le transit des vins de Bordeaux et des sels de Brouage et de Bourgneuf vers l'Angleterre et la Hollande. Saint-Malo arme déjà pour la grande pêche, Morlaix et Nantes pour le trafic et éventuellement pour la bataille et la course. Un peu plus tard, au début du XVIe siècle, l'activité maritime devient l'un des éléments fondamentaux de la vie de la Bretagne, tandis qu'apparaissent les premiers grands navigateurs, comme Jacques Cartier qui reconnaît le Saint-Laurent en 1534.

Sous Jean V, les grands traits de l'administration ducale se sont fixés, très voisins de ceux de l'administration royale, mais avec quelques particularités. Parmi les grands officiers, le chancelier, qui a la haute main sur les affaires intérieures, tient la première place. Il est le chef du Conseil, sans l'avis duquel aucune décision grave n'est prise. Les ressources publiques constituées, outre les produits du domaine, par diverses taxes indirectes de perception affermée et par les fouages portant uniquement sur les feux roturiers, sont gérées par le trésorier général. Véritable ministre des Finances, il est néanmoins sous le contrôle d'une Chambre des comptes. Le président de Bretagne ou juge universel de Bretagne, office apparu en 1382, préside les sessions judiciaires de ce que l'on appelle le parlement général, c'est-à-dire de l'ancienne *Curia ducis* qui, avec l'admission de députés de quelques villes, en vient à composer les « états », terme devenu d'usage courant en Bretagne en 1408. Le parlement général vote les impositions directes, collabore à la préparation des ordonnances, mais aussi – ce qui est propre à la Bretagne – exerce des fonctions judiciaires. Ces dernières sont confiées, à partir de 1425, à une chambre spéciale, le Parlement des interlocuteurs, mais il faut attendre 1485 pour que fonctionne un organisme vraiment à part, retenant pour lui seul le nom de parlement. Il n'obtient une réelle autonomie qu'en 1554 avec la création par la royauté française d'un nouveau parlement, véritablement souverain.

En 1460, le pape accorde à François II la création d'une université à Nantes, qui devient à tous égards une capitale. Des imprimeries s'installent très tôt, dès 1474 à Bréhant-Loudéac et, vers 1485, à Rennes et Tréguier. Si, dans la littérature et les sciences, la richesse est moindre, l'art est en plein essor, caractérisé par un style flamboyant très particulier. De puissantes forteresses s'élèvent à Vitré, Fougères, Saint-Malo, Dinan, Tonquédec, Brest, Hennebont, Vannes, Elven, Guérande. Elles prennent souvent, par la suite, l'aspect de manoirs. Il en est ainsi à Nantes où le château est transformé par François II et Anne de Bretagne, et à Josselin qui devient l'un des joyaux de l'architecture bretonne. L'art religieux est plus riche encore. Cathédrales, basiliques, chapelles, cloîtres, vitraux, statues se multiplient.

La Bretagne province française. François Ier avait promis le maintien des états et de leurs privilèges. La monarchie française respecte effectivement le particularisme breton. Les états se réunissent au début de l'automne, chaque année, le plus souvent à Vannes ou à Rennes, et tiennent parfois une session extraordinaire de printemps. En 1554 est obtenue la création d'un véritable parlement souverain qui siège d'abord partie à Nantes, partie à Rennes, avant de s'installer définitivement à Rennes en 1561, tandis que Nantes conserve la Chambre des comptes. Dès 1491, la Bretagne a un gouverneur, personnage puissant pendant tout le XVIe siècle. Son rôle s'amoindrit au XVIIIe siècle, avec l'arrivée d'intendants, à demeure à partir de 1689. Il n'en garde pas moins, jusqu'à la Révolution, une certaine autorité.

Le protestantisme touche très peu la Bretagne. Il ne s'insinue vraiment que dans les rangs de la noblesse, par l'intermédiaire de quelques puissantes familles. Aussi les Bretons ne sont-ils pas mêlés aux guerres civiles avant 1589. C'est alors que le duc de Mercœur, avec derrière lui la plus grande partie de la Bretagne, inquiète de l'accession d'un protestant au trône, entre en lutte ouverte contre le roi. Les insurgés reçoivent l'appui de Philippe II d'Espagne. Mais, en 1598, au terme d'une guerre dure, souvent confuse, le duc de Mercœur est définitivement vaincu et fait sa soumission à Henri IV dont la conversion a calmé bien des esprits. Quelques jours plus tard, Henri IV signe à Nantes, qui avait été violemment ligueuse, l'édit qui instaure pour la première fois en Europe la liberté de conscience.

Rêvant de redonner à la France l'empire de la mer, Richelieu s'intéresse naturellement de très près à la Bretagne qui, selon sa propre expression « contient les plus beaux ports qui soient dans l'océan ». Il en devient le gouverneur en 1631, et la traite avec une modération inhabituelle. L'arsenal de Brest est fondé sous son impulsion, et les chantiers navals de La Roche-Bernard peuvent se vanter d'avoir mis à l'eau le vaisseau *La Couronne*, le plus formidable navire de guerre qu'on eût jamais vu. Si la Bretagne est peu perméable à la Fronde, elle connaît, en 1675, une violente révolte, celle du Papier timbré, du nom d'un nouvel impôt indirect, établi par l'administration royale et considéré comme abusif. De violents troubles éclatent mais ils sont durement réprimés par le gouverneur le duc de Chaulnes.

Sous les règnes de Louis XV et Louis XVI, le rôle des états et du parlement de Bretagne va croissant, contrairement à ce que l'on peut observer ailleurs en France ; ils deviennent les porte-parole des révoltes provoquées essentiellement par l'augmentation des charges fiscales. Un premier conflit les oppose, en 1717, au maréchal de Montesquiou, commandant en chef, à propos du vote du don gratuit. Conflit qui débouche sur une véritable conspiration menée par le marquis de Pontcallec, en liaison avec l'Espagne qui veut entrer en guerre avec la France. La répression impitoyable qui suit (1720) n'étouffe pas chez les Bretons la volonté de défendre leurs droits, et les années pacifiques du ministère du cardinal Fleury (1726-1743) leur permettent d'obtenir de sérieux avantages, grâce notamment à la commission intérimaire dont les états obtiennent la création, en 1733, pour les représenter pendant les intercessions. Mais le symbole de l'opposition parlementaire reste le conflit qui oppose le procureur du parlement de Rennes, La Chalotais, au duc d'Aiguillon, à la suite de nouvelles levées d'impôts consécutives à la guerre de Sept Ans. Elle se termine par la victoire du parlement de Rennes, pour lequel les autres parlements de France avaient pris fait et cause. Le duc d'Aiguillon se retire en 1768 et le parlement de Rennes, qui avait démissionné en 1765 pour protester contre les mesures de répression prises par le pouvoir royal, est rappelé en 1769. L'accession au pouvoir, en 1771, du triumvirat Maupeou, d'Aiguillon et Terray et la réforme complète de l'organisation judiciaire qu'il entreprend sont sans lendemain. À l'avènement de Louis XVI, en 1774, les parlements sont reconstitués dans leurs prérogatives, ce qui fait immédiatement renaître l'opposition des états aux impôts.

L'agonie de l'Ancien Régime est particulièrement sensible dans cette province impulsive, si difficile à gouverner. L'autorité du pouvoir central, théoriquement absolue, en fait débonnaire, s'effrite un peu plus chaque jour. L'agitation persiste en dépit de la nomination, par Calonne, de Bertrand de Molleville à l'intendance et de la reconstitution, au profit de Petiet, de la subdélégation générale. La réforme Lamoignon de 1788, qui vise à retirer aux parlements une bonne partie de leurs pouvoirs, provoque de tumultueuses protestations qui contraignent l'intendant à s'enfuir. Le prestige du gouvernement, qui s'est résigné à abandonner les édits, ne sort pas grandi de cette affaire.

Les campagnes, encore assez arriérées, ont peu profité du développement de la province mais sont au XVIe siècle le théâtre d'un esprit de rénovation spirituelle. De nouveaux couvents se peuplent, alors que de nombreux mystiques, parmi lesquels les plus étonnants sont Le Nobletz et Julien Maunoir, entreprennent une œuvre d'apostolat dont témoignent aujourd'hui les calvaires, les ossuaires, les enclos paroissiaux, les multiples pèlerinages. Surtout, la vocation maritime de la Bretagne s'affirme pleinement. Ses ports prennent une importance considérable. Brest, qui appartient sans partage à la marine royale, est devenue une grande ville munie d'une solide enceinte de remparts. Nantes, qui a étendu son trafic aux Antilles et à la Guinée, est désormais la métropole du commerce triangulaire, ses navires transportant des Noirs d'Afrique aux Antilles d'où ils rapportent du sucre, du rhum, du tabac. Le chantier naval, établi par la compagnie des Indes orientales en 1666, a donné naissance, en 1719, au port de Lorient. Alors que Morlaix est tombé en décadence, la seconde moitié du règne de Louis XIV marque l'apogée de Saint-Malo, illustré à la fois par les exploits de Duguay-

François II de Bretagne (1435-1488)
Tombeau du duc de Bretagne et son épouse, Marguerite de Foix, réalisé par Michel Colombe, en la cathédrale de Nantes. © *Sélection Images*

Trouin et l'intrépidité de ses marins qui se lancent dans le Pacifique, abordent au Pérou, fréquentent les ports de la Chine et de l'Indochine. C'est un Malouin aussi, Mahé de La Bourdonnais, qui organise la colonisation française aux îles de France et Bourbon à partir de 1733, tandis que de nombreux Bretons s'illustrent à la tête de la marine française : Guichen, Du Chaffault, Du Couëdic, La Motte-Picquet. Tradition maritime qui se prolonge sous la Révolution et l'Empire avec Surcouf.

L'essor des ports s'accompagne de celui des villes administratives. Vannes, Nantes et surtout Rennes se transforment et se couvrent de monuments de style Renaissance ou classique. Mais cette expansion subit un certain ralentissement au XVIIIe siècle, attesté par une diminution globale de la population alors qu'elle augmente dans le reste du royaume. La Bretagne, momentanément affaiblie, passe par une crise qui fait d'elle un terrain de choix pour la diffusion des idées nouvelles.

La Révolution et la période contemporaine. Les Bretons accueillent la Révolution avec enthousiasme et, au cours de son déroulement, ce sont les députés bretons aux États généraux qui ont les premiers l'idée de se grouper en club. Abandonnant vite son caractère provincial, celui-ci se transforme en Société de la Révolution et est à l'origine du club des Jacobins. Mais la Constitution civile du clergé apporte un grand trouble dans cette province profondément catholique. De plus, les tendances particularistes des Bretons ne peuvent s'accommoder de la forte centralisation pratiquée par les Montagnards. Enfin, la controverse autour du domaine congéable mobilise l'opinion publique. Ces sujets de mécontentement sont à l'origine de la chouannerie, insurrection qui naît dès 1793, mais se limite vite au pays gallo et à certains cantons bretonnants et très bocagers du Morbihan et des Côtes-du-Nord (actuelles Côtes-d'Armor). Ses chefs les plus marquants sont Boishardy et Gris-Duval dans les Côtes-du-Nord, Boisguy aux environs de Fougères, Guillemot et Georges Cadoudal dans le Morbihan.

Pourtant toutes les tentatives contre-révolutionnaires échouent. Si les chouans n'ont aucun lien, aucun plan convenu avec les Vendéens, c'est cependant sur le sol breton que l'armée vendéenne est écrasée à Savenay, le 23 décembre 1793. Plus tard, en juin 1795, les chouans apportent leur soutien à l'armée d'émigrés qui, débarquée sur la plage de Carnac, se laisse enfermer par Hoche dans la presqu'île de Quiberon et sera finalement décimée. Près de 800 émigrés, les « martyrs d'Auray », sont passés par les armes. Les tentatives fédéralistes (1793-1794) sont réprimées avec dureté, et la Terreur prend un caractère particulièrement atroce à Nantes où Carrier exerce sa dictature jusqu'en février 1794 et se rend tristement célèbre par les noyades auxquelles il procède.

La recrudescence de la persécution après le 18 Fructidor (4 septembre 1797) réveille la chouannerie ; l'avènement de Bonaparte n'arrête pas les entreprises subversives, menées notamment par Cadoudal. La province se rallie cependant dans son ensemble à l'Empire et accueille avec soulagement le Concordat (la Petite Église, composée d'irréductibles à la réconciliation comptera très peu d'adhérents). Mais l'aggravation des charges de la conscription, la gêne économique résultant du Blocus dans une région maritime et les relations difficiles de Napoléon avec le Saint-Siège compromettent la popularité de l'Empereur. La chouannerie a un nouveau sursaut en 1815, et il faut engager des troupes contre elle au moment où le sort de la France se joue à Waterloo. Elle aura une nouvelle flambée en 1831-1832.

La politique économique du second Empire lui concilie l'opinion paysanne, essentielle dans une province très peu industrialisée. Sous la IIIe république, les préoccupations religieuses gardent une valeur déterminante. Les monarchistes, champions de l'Église, restent forts dans les zones de grande propriété, alors que leur crédit diminue dans la plus grande partie de la Basse-Bretagne. La pêche constitue désormais l'activité principale de la population côtière. Les grands ports continuent à se développer. Le port de Saint-Nazaire est agrandi entre 1850 et 1860 pour compléter celui de Nantes, mais ce dernier retrouve une importante activité commerciale à partir de 1892. L'élevage des bovins et des chevaux prend une importance de premier ordre. Enfin, la fécondité de la Bretagne dans le domaine intellectuel est grande au XIXe siècle et au début du XXe siècle avec Chateaubriand, Renan, Laënnec, Lamennais, Jules Verne, Aristide Briand, pour ne citer que les plus grands noms. Mais le chiffre de la population, en forte augmentation jusque-là, diminue après la Première Guerre mondiale, en raison d'une émigration importante qui traduit un profond malaise.

La Bretagne avait vu tomber sur les champs de bataille 150 000 de ses habitants au cours de la Première Guerre mondiale, notamment pendant la bataille de l'Yser dont les marins de l'amiral Ronarc'h avaient porté un moment tout le poids à Dixmude et Steenstraat. Elle est de nouveau mêlée étroitement aux événements nationaux lors de la Seconde Guerre mondiale. En juin 1940, le gouvernement envisage d'organiser un réduit breton où se concentrerait ce qui reste des forces militaires françaises. Projet abandonné avant d'avoir pu être réalisé, en raison de l'avance foudroyante des troupes allemandes. La Bretagne est particulièrement sensible à l'appel de la Résistance, exception faite de quelques groupes dont le patriotisme régional prévaut sur le sentiment national. Elle est le théâtre du coup de main de Saint-Nazaire, du parachutage des Bataillons du ciel de juin 1944 et doit supporter, notamment à Saint-Nazaire, Nantes et Brest, de très rudes bombardements alliés. Dès les premiers jours d'août 1944, l'armée américaine du général Patton et les FFI libèrent presque toutes les villes. Mais les Allemands résistent dans les ports, surtout à Lorient et à Saint-Nazaire où ils tiennent jusqu'à la capitulation générale du 8 mai 1945.

BRETEUIL Louis Auguste LE TONNELIER, baron de (Azay-le-Ferron, 1730 – Paris, 1807)

Ministre et diplomate.

Louis XV, qui a discerné sa finesse, le nomme ministre plénipotentiaire auprès de l'électeur de Cologne en 1758, et de l'impératrice Catherine II de Russie en 1760. Successivement ambassadeur de France aux Pays-Bas, en Sicile, en Autriche, et conseiller d'État, Breteuil représente Louis XVI, en 1779, au congrès de Teschen. Il sera bientôt secrétaire de la maison du roi, et le souverain le chargera du département de Paris. Sa philanthropie et son goût artistique s'épanouissent alors. Il soulage le sort des prisonniers d'État, réglemente l'usage des lettres de cachet, protège les sociétés philosophiques et littéraires. C'est lui qui conserve les bas-reliefs, dus à Jean Goujon, de la fontaine des Innocents. Pendant le procès du Collier de la reine, le baron de Breteuil accable le cardinal de Rohan. Opposé à la convocation des États généraux, il quitte le ministère en 1787. Il reprend son portefeuille le 12 juillet 1789, mais la prise de la Bastille l'incite à émigrer. À l'étranger, Breteuil occupe le poste officieux de porte-parole de Louis XVI. Il ne retrouvera la France qu'en 1802. Napoléon, devenu empereur, lui accordera une pension.

BRÉTIGNY (traité de)

Traité signé le 8 mai 1360 dans un village de Beauce.

Jean II le Bon, prisonnier en Angleterre depuis la bataille de Poitiers (1356), a signé à Londres, en avril 1359, un traité aboutissant au partage de la France. Ces préliminaires de Londres sont tellement inacceptables que les états généraux réunis à Paris par le Dauphin Charles (futur Charles V) rompent toutes négociations avec les Anglais. La guerre reprend. On traite enfin à Brétigny, où la paix est signée le 8 mai 1360, à des conditions beaucoup moins dures que celles qui avaient été extorquées au roi. Le sacrifice reste toutefois douloureux : en échange de sa renonciation au trône de France, Édouard III d'Angleterre reçoit Calais, Guines, le Ponthieu, la Saintonge, l'Aunis, le Poitou, l'Agenais, le Périgord, le Quercy, le Rouergue, le comté de Bigorre et le comté de Gaure. Les seigneurs des régions citées doivent transférer leur hommage du roi de France au roi d'Angleterre. La rançon du roi Jean est évaluée à trois millions d'écus d'or garantis par otages.

BRÉZÉ Pierre de (? v. 1410 – Montlhéry, 1465)

Homme de guerre et homme politique.

Il participe au complot qui éloigne Georges de la Trémoille de Charles VII. À son tour favori du roi, et protégé d'Agnès Sorel, il devient grand sénéchal d'Anjou, du Poitou et, enfin, de Normandie. Entré au Conseil en 1437, il dirige, de fait, le gouvernement de 1443 à 1450, établit l'usage de l'armée permanente et réforme la justice et les finances. Il combat les Anglais – il entre dans Rouen le 25 octobre 1449 – mais, diplomate adroit, il sait aussi négocier lorsque la nécessité l'exige. Bien qu'il continue à s'occuper de la politique extérieure du royaume, sa faveur décline à la mort d'Agnès Sorel et disparaît à l'avènement de Louis XI. Le nouveau souverain se souvient du rude adversaire qu'a été pour lui Pierre de Brézé durant la Praguerie et le fait saisir en Normandie où il s'est réfugié. Emprisonné à Loches, Brézé est privé de ses biens, de ses titres et de ses charges. Relâché, il recouvre la fortune avec les honneurs et, en 1463, commande les troupes envoyées comme renfort à Marguerite d'Anjou, femme d'Henri VI d'Angleterre, quand celle-ci tente, les armes à la main, de reprendre le trône des Lancastre usurpé par les York. Il meurt en 1465, au cours de la bataille de Montlhéry, pendant la guerre contre la ligue du Bien public.

BRIAND Aristide (Nantes, 1862 – Paris, 1932)

Homme politique, président du Conseil.

Fils d'aubergistes, il s'installe à Saint-Nazaire comme avocat après avoir fait ses études de droit à Paris. Attiré par la politique, il se fait connaître par les articles violents et anticléricaux qu'il écrit dans *La Démocratie de l'Ouest*, puis dans *L'Ouest républicain* dont il devient directeur politique. S'étant fait « syndicaliste », il préconise alors la grève générale comme seul moyen de conduire le parti ouvrier au triomphe de ses revendications. Démissionnaire du barreau de Saint-Nazaire en 1893 à la suite d'un scandale, il se fixe à Paris, entre à *La Lanterne* dont il finit par devenir secrétaire général, et milite activement au sein des congrès ouvriers. S'étant lié avec Viviani, Jaurès et Fournière, il fonde avec eux le Parti socialiste français qui s'opposera aux thèses doctrinaires de Jules Guesde et de Paul Lafargue. Il avait déjà échoué aux élections législatives de 1889 et 1893. Battu une nouvelle fois en 1898, il perd sa situation à *La Lanterne* mais prend de plus en plus une place de premier plan dans les congrès socialistes où son éloquence fait grande impression, et au barreau où il plaide surtout des affaires ayant une portée politique. Il est enfin élu député de la Loire en 1902 et son mandat est renouvelé à chaque consultation par les Stéphanois jusqu'en 1919, puis à Saint-Nazaire.

Dès son arrivée à la Chambre, il y prend une des premières places. Il fait ses débuts avec un succès retentissant dans une interpellation à propos de la mort d'un gréviste au cours d'une manifestation. Rapporteur de la loi de Séparation de l'Église et de l'État en 1905, il en assure le vote et, comme ministre de l'Instruction publique et des Cultes dans le ministère Sarrien (14 mars 1906) puis dans le cabinet Clemenceau (15 octobre 1906), est chargé de son application. Il entame une carrière exceptionnelle : 10 fois président du Conseil, 22 fois ministre dont 15 aux

Aristide Briand
Homme politique, président du Conseil. © *Copyright*

Affaires étrangères. Ayant refusé de s'incliner devant les décisions du congrès socialiste international d'Amsterdam en 1904, qui avait imposé l'unification des partis socialistes de chaque pays, il reste en dehors du nouveau Parti socialiste unifié (Section française de l'Internationale ouvrière) qui se constitue en avril 1905. Il se classe désormais parmi les socialistes indépendants.

Président du Conseil pour la première fois le 24 juillet 1909 avec les portefeuilles de l'Intérieur et des Cultes, il fait voter des lois sociales pour améliorer le sort des ouvriers mais s'attire l'animosité de Jaurès à la suite des émeutes sanglantes et des grèves des inscrits maritimes et des agents du chemin de fer dont il prononce la réquisition en octobre 1910. Approuvé par la Chambre mais désavoué par certains de ses collègues, il se retire le 27 février 1911. Dans le cabinet d'union nationale de Viviani du 26 août 1914, puis dans celui que lui-même constitue du 29 octobre 1915 au 12 décembre 1916, il est un des artisans de l'expédition de Salonique et de la création d'un nouveau front des Balkans. Ses conceptions d'une coordination plus étroite des efforts des Alliés l'emportent également (conférence de Paris en mars 1916) et sont à l'origine de la réorganisation du commandement en chef lorsque Joffre, promu maréchal, est remplacé par Nivelle à la fin de 1916. La démission de Lyautey, ministre de la Guerre, en mars 1917, provoque la chute de son second cabinet (12 décembre 1916 – 18 mars 1917) et Briand est, pendant quatre ans, en dehors du gouvernement. Il ne revient aux affaires que la guerre terminée, le 16 janvier 1921, soutenu par une majorité de droite (Bloc national). Il préside aux règlements internationaux consécutifs à la guerre (conférences de Paris, janvier 1921, et de Londres, mars 1921). Voyant que les traités ont mêlé des solutions de force qui, dans leurs termes mêmes, ne sont que temporaires, à l'abri juridique d'un pacte et d'une Société des Nations qui doivent être permanents, il s'attache à ce pacte et à cette SDN pour bâtir l'avenir, et donne vie à l'« esprit de Genève ». Devant la mauvaise volonté allemande, et pour satisfaire l'opinion, il avait prononcé un discours resté fameux, dans lequel il déclarait qu'il fallait « mettre la main au collet de l'Allemagne » et l'obliger à payer les réparations. Mais sa préoccupation dominante, l'organisation de la sécurité internationale, l'amène à essayer d'établir une paix durable avec l'Allemagne. Dans des discours retentissants, il proclame sa volonté de « mettre la guerre hors la loi » et se fait l'apôtre du désarmement général. Le pacte de Locarno du 16 octobre 1925 est la manifestation de cet esprit de conciliation qui caractérise pendant plusieurs années les relations franco-allemandes. En septembre 1926 c'est, sur son initiative, l'entrevue de Thoiry avec Stresemann, pour examiner les différends entre les deux pays. C'est également l'entrée de l'Allemagne à la SDN, la renonciation de la France à l'occupation de la Rhénanie, 5 ans avant le terme fixé, et un nouveau règlement des réparations, marqué par de nombreuses concessions françaises. Parallèlement, par le pacte Briand-Kellogg d'août 1928, l'Amérique donne sa caution morale au maintien de la paix, mais sans précisions d'ordre militaire. Enfin, un acte général d'arbitrage est signé et approuvé par l'assemblée générale de la SDN. Briand, l'année suivante, en septembre 1929, lance l'idée des « États-Unis d'Europe » et de l'organisation d'un régime d'« union fédérale européenne » qui lui vaut une grande popularité en France et à l'étranger. Il est pourtant battu par Paul Doumer, lors de l'élection à la présidence de la République, le 13 mai 1931. Le 8 janvier 1932, malade, il quitte le Quai d'Orsay où il est resté sept années consécutives. Son départ coïncide avec la décadence de la SDN et l'échec, déjà visible, de la politique de conciliation avec l'Allemagne. Il meurt le 7 mars 1932.

BRIÇONNET Guillaume (Tours, 1445 – Narbonne, 1514)

Cardinal

Introduit auprès de Louis XI à qui il prête de l'argent, il devient « secrétaire signant en Finances », puis général des Finances du Languedoc en 1483. Le roi le recommande à son fils, et il conserve ses charges sous le règne de Charles VIII. Veuf, Briçonnet entre dans les ordres en 1493 et reçoit l'évêché de Saint-Malo. Le nouveau prélat, espérant coiffer le chapeau de cardinal, encourage le roi à revendiquer les droits de la maison d'Anjou sur le royaume de Naples. Il accompagne Charles VIII en Italie, le réconcilie avec le pape Alexandre VI et obtient en 1495 la pourpre qu'il convoite. On le surnommera le « Cardinal de Saint-Malo ». Archevêque de Reims en 1497, il se retire à Rome après le décès de Charles VIII, en 1498. En 1507, il est nommé archevêque de Narbonne. Lorsque l'entente entre la papauté et le roi de France se défait, c'est lui que Louis XII charge de convoquer un concile œcuménique contre Jules II. L'assemblée se réunit d'abord à Pise, le 1er septembre 1511, ensuite à Lyon. Briçonnet est alors excommunié et privé de sa dignité cardinalice en 1511. Léon X l'absout en 1514.

BRIÇONNET Guillaume (Paris, v. 1470 – Paris, 1534)

Évêque.

Fils du précédent. Évêque de Lodève et abbé de Saint-Germain-des-Prés, il soutient la politique de son père. Ambassadeur de François Ier à Rome, en 1516, il désavoue, au nom du souverain, le « conciliabule » de Pise. À son retour d'Italie, il reçoit l'évêché de Meaux. En 1518, il entreprend de réformer son diocèse, où les prêtres font montre d'indiscipline : il divise le territoire épiscopal en 32 sections, chacune d'elles accueillant un prédicateur. Le théologien Lefèvre d'Étaples accepte d'instruire les porteurs de bonnes paroles. Suivi de ses disciples, parmi lesquels on distingue Guillaume Farel, le futur ami de Jean Calvin, il se fixe à Meaux. Ainsi naît, en 1520, le « cénacle de Meaux » que protégera Marguerite d'Angoulême. Cet aréopage va attirer des désagréments à Briçonnet. Nombre de compagnons de Lefèvre d'Étaples paraissant séduits par la doctrine luthérienne – la Sorbonne a condamné celle-ci en 1521 –, l'évêque de Meaux est soupçonné d'hérésie. Il se défend vivement, et se sépare de Guillaume Farel. Le « cénacle de Meaux », attaqué par le Parlement et la Sorbonne, privé du soutien de Marguerite d'Angoulême, se disperse en 1525.

BRIDOUX Eugène (Doulon, Loire-Atlantique, 1888 – Madrid, 1955)

Général et homme politique.

Commandant une division, en 1939, il est fait prisonnier en 1940, mais Fernand de Brinon obtient sa libération l'année suivante. Nommé secrétaire d'État à la Guerre dans le gouvernement Laval en avril 1942, il se montre partisan convaincu de la collaboration avec l'Allemagne.

Membre du pseudo-gouvernement de Sigmaringen en 1944, il est arrêté par les Américains et interné au Val-de-Grâce. Il s'enfuit en 1947 et se réfugie en Espagne. Le 16 décembre 1948, la Haute Cour de justice le condamne à mort par contumace. Il meurt en exil.

BRIENNE (bataille de)

Victoire remportée par Napoléon sur les Prussiens, le 29 janvier 1814.

Ce jour-là, Napoléon Ier vainc le général Blücher à Brienne-le-Château (Aube), interdisant ainsi à l'armée prusso-russe, qui suit la vallée de la Marne, de rejoindre l'armée austro-russe du général-prince de Schwarzenberg, laquelle longe la vallée de la Seine.

BRIENNE (école de)

Académie militaire.

Le comte de Saint-Germain, lors de la suppression de l'École militaire de Paris, fonde, en 1776, dans le couvent des minimes de la ville de Brienne-le-Château, une nouvelle académie destinée à recevoir des boursiers de famille noble et pauvre. Napoléon Bonaparte est un de ces « élèves du roi », de 1779 à 1784. L'établissement ferme ses portes en 1790.

BRIENNE Gauthier VI, comte de Brienne et duc d'Athènes (?, 1312 – Poitiers, 1356)

Connétable de France.

Chassé de son duché par les Catalans, il est élevé à la cour du roi Robert de Naples. La commune de Florence l'élit seigneur de la métropole toscane, mais le parti populaire le renverse. Réfugié en France, où Jean II le Bon le nomme connétable, il périt au cours de la funeste journée de Poitiers.

Brienne-le-Château
L'assaut des Prussiens contre la ville, le 29 janvier 1814, fut repoussé par Napoléon. Huile sur toile de Robert Alexander Hillingford, Londres, Christies. © *Bridgeman-Giraudon*

Fernand de Brinon
Aux côtés de Schleier, en août 1941, saluant le drapeau de la Légion des volontaires français (LVF) à son siège, la caserne Borguis-Desbordes à Versailles.
© *Lapi - Viollet*

BRIGUE (La)

Localité des Alpes-Maritimes.

Elle fut rattachée à la France en 1947, à la suite d'un référendum. Bien que de langue et de traditions françaises, La Brigue était jusqu'alors italienne.

BRINON Fernand de (Libourne, 1885 – fort de Montrouge, 1947)

Journaliste et homme politique.

Traumatisé par les ravages de la Première Guerre mondiale, il se fait l'apôtre du rapprochement franco-allemand dans le *Journal des débats* dont il est le rédacteur en chef de 1920 à 1932. Son antibolchevisme et les responsabilités qu'il attribue au parlementarisme dans la crise des années trente l'incitent à accueillir favorablement l'arrivée de Hitler au pouvoir et le changement de régime qui s'ensuit. Il est le premier journaliste français à interviewer le chancelier et l'un des cofondateurs, en 1935, du comité France-Allemagne. Dès juillet 1940, il est l'interlocuteur de Laval auprès d'Abetz, puis le délégué général du gouvernement en zone occupée, donc intermédiaire obligé entre Vichy et les Allemands. Adversaire de l'entourage de Pétain, qu'il qualifié de « patriotard-attentiste », il se fait le promoteur de la collaboration et devient secrétaire d'État dans le gouvernement Laval, après l'invasion de la zone dite libre (novembre 1942). En août 1944, après que Pétain a cessé d'exercer ses fonctions, Brinon fait des offres de service à Ribbentrop. Il est chargé, en septembre, de diriger une délégation gouvernementale installée à Sigmaringen, qui gère le sort des travailleurs du STO, des prisonniers, et qui mobilise les combattants de la division Charlemagne contre les Soviétiques. Il est arrêté après la capitulation allemande et trouvé en possession notamment de 5 millions de francs en liquide, ce qui ajoute la corruption comme chef d'accusation. Condamné à mort par la Haute Cour de justice le 6 mars 1947, il est un des 3 condamnés à être exécuté le 15 avril.

BRINVILLIERS Marie Madeleine d'AUBRAY, marquise de (Paris, 1630 – Paris, 1676)

Empoisonneuse.

Fille de Dreux d'Aubray, lieutenant civil au Grand Châtelet, elle épouse en 1651 le marquis de Brinvilliers, maître de camp. Vers 1659, elle devient la maîtresse d'un officier de cavalerie, Godin de Sainte-Croix que son père, M. d'Aubray, fait enfermer à la Bastille en 1663. Au cours de son incarcération, qui ne dure que quelques mois, Sainte-Croix s'est initié, auprès de l'Italien Exili, aux secrets des poisons. Il les dévoile à sa maîtresse qui, par vengeance, en 1666, empoisonne son père avant de se débarrasser de ses deux frères en 1669 et 1670 pour hériter d'eux. Ces crimes sont découverts à la mort de Sainte-Croix chez qui sont trouvées des pièces accusatrices. La marquise de Brinvilliers prend aussitôt la fuite, se réfugiant à Londres puis à Liège où on finit par la retrouver, le 25 mars 1676, dans un couvent. Les troupes de Louis XIV occupant encore Liège, elle est ramenée à Paris et jugée, torturée et condamnée à avoir la tête tranchée le 17 juillet. Son corps est brûlé et ses cendres jetées au vent. Elle aurait fourni à la maîtresse du roi, Mme de Montespan, des poisons appelés « poudres de succession ». Louis XIV, qui préfère éviter le scandale public se contente de répudier cette dernière.

BRIOUDE

De Brivas *qui signifie « pont » en celtique. Ville d'Auvergne, située sur l'Allier.*

Jadis capitale du Brivadois, région aujourd'hui comprise dans le département de la Haute-Loire. Le soldat Julien meurt à Brioude en 304. Dès le Ve siècle, le sanctuaire érigé à la mémoire du saint ne suffit plus à accueillir les foules de pèlerins venues du centre de la Gaule. Louis le Pieux, en 825, reconnaît officiellement le chapitre de Brioude qu'a fondé, au début du siècle, Béranger, comte de Brivadois et, sans doute, également comte de Toulouse. À cette occasion, peut-être, les chanoines reçoivent la seigneurie de la ville, avec le titre, qu'ils porteront jusqu'à la Révolution, de « chanoines-comtes ». Le chapitre comptera des membres illustres, tel Guillaume le Pieux, comte de Poitiers et d'Auvergne, qui restera à sa tête de 893 à 917. Nul n'est admis au chapitre de Brioude s'il ne prouve 4 générations de noblesse tant en ligne paternelle qu'en ligne maternelle. Les chanoines sont 80 à l'entour de l'an Mil. Ce nombre, à compter du XVe siècle, ne cessera de diminuer pour atteindre celui de 20 pendant le règne de Louis XV. Le roi est, virtuellement, le premier d'entre eux : Charles VI, de passage à Brioude, siégera au chapitre en qualité de premier chanoine.

BRISSAC

Seigneurie d'Anjou.

Après avoir appartenu au XIIIe siècle à la maison de Chemillé, elle échoit, en 1492, à la famille de Cossé dont plusieurs membres sont connus sous le nom de Brissac. Le château, situé dans le département actuel du Maine-et-Loire, non loin d'Angers, existe toujours, fortement remanié à des époques diverses, notamment au début du XVIIe siècle. Deux tours du XVe siècle ont défié le temps.

BRISSAC Charles de COSSÉ, premier comte de (?, 1505 – ?, 1563)

Maréchal de France.

Il combat les Espagnols en Flandre, en Picardie et au Piémont. Henri II le nomme, successivement, gouverneur de ces deux derniers pays. Grand-maître de l'artillerie, et maréchal de France en 1550, le comte de Brissac reprendra Le Havre aux Anglais en 1563.

BRISSAC Charles de COSSÉ, comte de, puis duc de (?, 1550 – Saint-Jean d'Angély, 1621)

Maréchal de France.

Fils du précédent. Rallié à la Ligue qui le fait maréchal, il gouverne, sous l'autorité du duc de Mayenne, d'abord le Poitou, puis Paris (janvier 1594). Il négocie avec Henri IV la reddition de la capitale où le souverain rentre le 22 mars 1594. Les ultimes fidèles des Guise l'accusent d'avoir trahi, mais le roi le confirmera en sa dignité de maréchal de France et Louis XIII érigera le comté de Brissac en duché-pairie en 1612.

BRISSON Henri (Bourges, 1835 – Paris, 1912)

Homme politique, président du Conseil.

Avocat franc-maçon et journaliste républicain, Brisson, alors député à l'Assemblée nationale, demande l'amnistie pour les communards. Il devient ensuite l'un des représentants de la politique opportuniste et accède plusieurs fois à la présidence de la Chambre (1881, 1894, 1904, 1906-1912) grâce à ses talents d'orateur. En avril 1885, il accepte la présidence du Conseil que lui offre le président Grévy au lendemain de la démission de Jules Ferry, qui a échoué sur la question indochinoise. Il conserve pour lui la Justice et constitue un gouvernement d'union républicaine. Cependant ses hésitations sur l'Indochine – il refuse le retrait de la France sans pourtant rétablir le protectorat – lui attirent la critique des radicaux, jusqu'à perdre le soutien du Parlement. Il doit démissionner en janvier 1886. Réélu en 1894, il redevient président du Conseil en 1898 et subit de plein fouet l'affaire Dreyfus, dont la révision du procès a finalement été décidée. Son cabinet, secoué par les démissions successives des ministres de la Guerre qui s'opposent à la révision, tombe quatre mois après sa formation sur la crise de Fachoda (octobre). Considéré comme l'un des leaders de l'anticléricalisme sous la IIIe République, Brisson fut l'artisan de la transformation de l'église Sainte-Geneviève en Panthéon. Il fut par ailleurs l'un des fondateurs du Parti radical et radical socialiste en 1901.

BRISSON Barnabé (Fontenay-le-Comte, v. 1530 – Paris, 1591)

Magistrat, jurisconsulte et écrivain.

D'abord avocat du roi au parlement de Paris puis, tour à tour, président à mortier, conseiller d'État et ambassadeur en Angleterre, il rédige le *Code d'Henri III*. Après la journée des Barricades (12 mai 1588), le roi ayant transféré le parlement à Tours, Brisson reste dans la capitale. Il remplace Achille de Harlay – qui, fidèle au roi, est emprisonné – comme premier président du parlement ligueur, tout en déclarant secrètement par écrit n'agir que sous la contrainte. Cependant, les excès grisards indignent et effrayent le magistrat humaniste. Il s'élève contre la démagogie tyrannique des Seize et prend langue avec les Politiques. Ce retournement lui sera fatal. Arrêté avec les conseillers Larcher et Tardif, Brisson est conduit au Palais. Après un simulacre de jugement, les trois hommes sont pendus à la poutre de la chambre du Conseil. Ses œuvres furent publiées sous le titre générique d'*Opera Varia*.

BRISSOT Jacques Pierre, dit BRISSOT de WARVILLE (Chartres, 1754 – Paris, 1793)

Publiciste et homme politique.

Fils d'un traiteur, il travaille tout d'abord chez un procureur, puis devient journaliste, s'intéresse aux lettres et aux sciences, fréquente Fourcroy, Voltaire, d'Alembert. Il travaille ensuite dans les bureaux du duc d'Orléans. En 1784, dénoncé comme l'auteur d'un pamphlet contre Marie-Antoinette, il passe quatre mois à la Bastille, est libéré grâce à Mme de Genlis et au duc d'Orléans. À sa sortie de prison, il part pour l'Angleterre, entre en relation avec la Société de l'abolition de la traite des Noirs. À son retour en France en février 1788, il fonde la Société des amis des Noirs, avec Clavière, Mirabeau, La Fayette, entre autres. Il entreprend ensuite un voyage en Amérique pour étudier les modalités de l'émancipation des Noirs. Il rentre en France en 1789, fonde *Le Patriote français* et fait partie de la première Commune. Orateur habile, député de Paris à l'Assemblée législative, il exerce rapidement une grande influence, en particulier sur la politique extérieure. Dès lors, il siège à la gauche de l'Assemblée. Élu député de l'Eure-et-Loir à la Convention, il condamne les massacres de Septembre, pousse à la guerre contre l'Autriche et vote la mort du roi à condition que la sentence soit ratifiée par le peuple. Cette décision contribue à exaspérer les Montagnards, auxquels Brissot ne cesse de reprocher leurs excès. Il apparaît comme un des chefs des Girondins, que l'on appelle parfois Brissotins. Il soutient La Fayette, puis Dumouriez, fait déclarer la guerre à l'Angleterre et aux Provinces-Unies le 1er février 1793. Il s'oppose violemment à Robespierre qui l'accuse de royalisme, puis de fédéralisme. Décrété d'accusation et proscrit avec les Girondins le 2 juin, il s'enfuit, est arrêté à Moulins quelques mois plus tard, ramené à Paris et guillotiné le 31 octobre.

BROGLIE

Famille d'origine piémontaise, établie en France depuis François Marie Ier, dont les lettres de naturalisation datent de 1650.

Depuis le milieu du XVIIIe siècle, les Broglie sont ducs ou princes. Le duché n'est conféré qu'au chef de famille. Le titre de prince, que portent les autres membres, est impérial et germanique.

BROGLIE Albert, duc de (Paris, 1821 – Paris, 1901)

Homme politique, président du Conseil.

Diplomate de carrière et historien, élu à l'Académie française à 41 ans, il entre en politique après la défaite de 1870. Député orléaniste de l'Eure, il provoque la chute de Thiers le 24 mai 1873. Il est président du Conseil de 1873 à 1874 et en 1877. Avec Mac Mahon, il institue la politique de l'« ordre moral » qui doit maintenir une république conservatrice en attendant la restauration de la monarchie. Cette politique ayant été sanctionnée par le vote de la Constitution de 1875, Broglie revient après la crise du 16 mai 1877 pour faire passer le coup de force politique tenté par Mac Mahon après la dissolution de la Chambre. Les élections du 14 octobre ayant ramené une majorité parlementaire hostile à l'exécutif, il doit se démettre.

BROGLIE François Marie II, comte puis duc de (Paris, 1671 – Broglie, 1745)

Maréchal de France.

Maréchal de camp en 1704, maréchal de France en 1734, il commande l'armée française avec Coigny lors de la bataille de Parme qui voit la défaite des Autrichiens. En 1742, il obtient l'érection de la baronnie de Ferrières en duché, sous le nom de Broglie.

Pierre Brossolette
À Londres, devant une croix de Lorraine, probablement en 1942. © *Keystone*

BROGLIE Louis, prince de, puis duc de (Dieppe, 1892 – Paris, 1987)

Physicien.

Frère de Maurice de Broglie, lui-même physicien, ses travaux fondent la mécanique ondulatoire et sont à l'origine de la mécanique quantique. Il reçoit le prix Nobel de physique en 1929, occupe la chaire de physique théorique de l'Institut Henri-Poincaré, est membre de l'Académie des sciences en 1933, puis de l'Académie française en 1944.

BROGLIE Victor François, duc et prince de (?, 1718 – Munster, 1804)

Maréchal de France.

Il brille pendant la guerre de Sept Ans en Italie, en Bohême et en Allemagne. Il bat les Prussiens à Sondershausen en 1758 et à Bergen en 1759, ce qui lui vaut le titre de prince de l'Empire, le commandement en chef de l'armée d'Allemagne et le bâton de maréchal de France. Après avoir été quelques jours ministre de la Guerre de Louis XVI (1789), il émigre. Il commande les troupes de l'émigration avant de passer au service de l'Angleterre.

BROSSOLETTE Pierre (Paris, 1903 – Paris, 1944)

Résistant.

Issu d'une famille d'universitaires, reçu premier à l'École normale supérieure, agrégé d'histoire, il est membre du parti socialiste SFIO et rédacteur de politique étrangère au journal du Parti socialiste *Le Populaire*. Entré l'un des premiers dans la Résistance grâce au réseau du musée de l'Homme, il prend part à la rédaction du journal *Résistance* puis contribue à fonder des mouvements comme Libération Nord et L'Organisation civile et militaire. Après sa rencontre avec le colonel Rémy, Brossolette part pour Londres en avril 1942 afin de représenter les mouvements de zone nord. Travaillant alors comme adjoint du colonel Passy, il revient en France pour unifier ces mouvements. Cet ancien militant socialiste est néanmoins devenu fort méfiant vis-à-vis des partis et est hostile à la création d'un Comité national de la résistance englobant les partis comme le souhaite Jean Moulin. Ainsi favorise-t-il la création d'un Comité central des mouvements excluant les partis politiques. Il finit pourtant par se soumettre à de Gaulle, donc à Jean Moulin. Arrêté en février 1944 puis torturé dans un immeuble occupé par la Gestapo avenue Foch, il se jette par la fenêtre du cinquième étage.

BROU

Commune du département de l'Ain et faubourg de Bourg-en-Bresse.

Sa célèbre église est construite, de 1506 à 1532, sur l'ordre de Marguerite d'Autriche, fille de l'empereur germanique Maximilien Ier et de Marie de Bourgogne, héritière de Charles le Téméraire. L'initiative de la princesse exauce un vœu de sa belle-mère, Marguerite de Bourbon, et commémore le souvenir de son mari, Philibert le Beau, duc de Savoie, mort en 1504. Le Flamand Louis van Boghem dresse les plans de l'église de Brou après que l'artiste français Jean Perréal – ou Jean de Paris –, primitivement choisi, a été disgracié. Il réalise l'un des derniers chefs-d'œuvre gothiques. Sans clocher, ni flèche, ni arc-boutant, l'église de Brou apparaît comme un édifice assez trapu. Cette robustesse s'allège de larges ouvertures – la technique de l'ogive est alors à son apogée –, s'affine et s'enrichit de nombreux sujets ornementaux. L'église conserve les tombeaux de Philibert le Beau, de Marguerite de Bourbon et de Marguerite d'Autriche, monuments funéraires sculptés par Conrad Meyt, d'après les modèles dus à Jean de Roome, dit de Bruxelles.

BROUAGE

Bourg de Charente-Maritime.

Brouage doit son importance passée à l'exploitation des marais salants qui l'avoisinent. C'est l'ancienne capitale occidentale du sel. Du XIVe au XVIIe siècle, son port connaîtra un trafic salin florissant. Jacques de Pons, seigneur de Mirembeau, fortifie la cité. De Charles IX à Henri IV, l'enceinte sera souvent et considérablement modifiée. Pendant les guerres de Religion, catholiques et huguenots se disputeront âprement la ville où naît, en 1567, Samuel Champlain. Le cardinal de Richelieu, lors du siège de La Rochelle (1628), établit le principal arsenal de l'armée royale à Brouage. Il restaurera les fortifications de la place, d'après un plan carré dessiné par Pierre d'Argencourt. Ce sont ces fortifications – leur pourtour excède un kilomètre et demi – qui subsistent presque intactes de nos jours. Malgré le désir du ministre de Louis XIII, Brouage, devenue la citadelle la plus importante de la côte atlantique, ne remplace pas longtemps La Rochelle. Dès la fin du XVIIe siècle, celle-ci retrouve sa puissance, Rochefort sort de terre et Brouage, dont le havre s'envase tandis que ses marais se gâtent, se dépeuple chaque année davantage.

BROUSSE Paul (Montpellier, 1844 – Paris, 1912)

Homme politique et médecin.

Étudiant à la faculté de médecine de Montpellier, il se lie d'amitié avec Jules Guesde. Il participe à la Commune de Paris et devient un membre actif de la Ire Internationale en 1872. Réfugié à Barcelone après l'échec de l'insurrection, il collabore à la rédaction d'un journal anarchiste diffusé en France. Parti pour la Suisse en 1873, il rencontre Bakounine à Berne où, sur son impulsion, s'organise une section de l'Association internationale des travailleurs (AIT). Brousse, expulsé de la Confédération helvétique, séjourne en Belgique et en Angleterre de 1879 à 1880. L'ancien communard, qui ne croit plus à la transformation violente de la société, se sépare de Jules Guesde lors du congrès ouvrier de Saint-Étienne en 1882. Souhaitant l'union de tous les courants socialistes, il fonde, avec Jules Joffrin, le Parti ouvrier socialiste révolutionnaire (POSR). Désormais broussistes et possibilistes s'opposent aux guesdistes. Président du conseil municipal de Paris en 1905, Paul Brousse est élu député l'année suivante.

BROUSSEL ou de BROUSSEL Pierre (?, v. 1575 – Paris, 1654)

Magistrat.

Ancien ligueur rallié à Henri IV, conseiller au parlement de Paris depuis 1637, il se rend très populaire par la modestie de son existence et ses attaques contre le luxe. Au début de 1648, il apparaît comme un des principaux meneurs de l'opposition parlementaire au gouvernement d'Anne d'Autriche et de Mazarin. Son arrestation, ordonnée le 26 août par la reine, en même temps que celle des autres meneurs, entraîne un soulèvement de la population parisienne, dit journée des Barricades. Poussée par Mazarin, la reine finit par céder, et Broussel et ses compagnons sont libérés deux jours plus tard. De plus en plus populaire, Broussel est nommé par le parlement gouverneur de la Bastille, avant d'être élu prévôt des marchands par les frondeurs en juillet 1652. Il n'est pas compris parmi les frondeurs amnistiés par Louis XIV lors du lit de justice du 22 octobre 1652, et est exilé avec d'autres magistrats.

BRUAT Armand Joseph (Colmar, 1796 – en mer, 1855)

Amiral.

Officier de marine, il sert dans la mer Baltique, dans les mers du Levant, le long des côtes du Brésil et combat à la bataille de Navarin en 1827. Alors qu'il commande le brick le *Silène*, un naufrage le jette sur une plage algérienne. Prisonnier des Arabes, il transmet à l'amiral Duperré des renseignements qui se révéleront précieux pendant la campagne de 1830. Libéré par la conquête d'Alger, Bruat est nommé capitaine de frégate en 1831, capitaine de vaisseau en 1838, gouverneur des îles Marquises, puis des îles de la Société en 1843. Commissaire du roi auprès de la reine Pomaré, il déjoue les intrigues anglaises et réussit à placer Tahiti sous protectorat français. Rappelé de son poste en 1847, Bruat, d'abord préfet maritime de Toulon en 1848, accède au grade de contre-amiral. Gouverneur des Antilles en 1849, il est placé à la tête de l'escadre de l'Océan en 1852 et, successeur de l'amiral Hamelin, il commande en chef la flotte française de la mer Noire au cours de la guerre de Crimée en 1854. Cette escadre participe à l'expédition de la mer d'Azov et à la prise de Kinburn le 15 octobre 1854. Promu amiral, Bruat meurt d'une attaque de choléra à bord du *Montebello*, qui le ramenait en France.

BRUEYS François Paul (Uzès, 1753 – Aboukir, 1798)

Vice-amiral.

Entré dans la marine à 13 ans, il fait la campagne d'Amérique et devient lieutenant de vaisseau. Destitué en 1793, réintégré en 1795, il est mis à la tête de l'escadre de l'Adriatique avec le titre de vice-amiral deux ans plus tard. En 1798, il commande la flotte qui transporte en Égypte l'armée de Bonaparte. Un mois après le débarquement des troupes, attaqué par Nelson à Aboukir, il meurt dans la bataille, et ses bâtiments sont entièrement détruits.

BRUGÈRE Henri Joseph (Uzerche, 1841 – Le Lautaret, 1918)

Général.

Ancien élève de l'École polytechnique, il participe pendant la guerre de 1870 aux combats qui se déroulent sous la ville de Metz et sert ensuite, jusqu'à l'armistice, dans les armées du gouvernement de la Défense nationale. Soldat de l'époque coloniale, Brugère se distingue lors des expéditions de Tunisie en 1881 et du Tonkin en 1884. Après avoir été attaché à la maison militaire du président de la République Sadi Carnot en 1887, puis gouverneur de la place de Paris en 1899, il accède, en 1904, au rang de généralissime. En 1914, Brugère, malgré son âge – il a 73 ans –, commande un groupe de divisions territoriales et s'efforce d'enrayer l'avance allemande sur Béthune et sur Amiens. Au lendemain de la défaite de 1870, il avait écrit une étude, *Tactique de l'artillerie au cours de la guerre de 1866*, où il prévoyait l'importance des canons durant les futurs conflits.

BRUIX Eustache (Saint-Domingue, 1759 – Paris, 1805)

Amiral.

Il se distingue pendant la campagne d'Amérique puis est nommé lieutenant de vaisseau en 1789. Exclu du service en 1793, il est rappelé dès 1795 et fait partie, en 1796, de l'expédition d'Irlande. Contre-amiral, ministre de la Marine en 1798, il réussit, en 1799, à sortir de Brest bloqué par les Anglais et à gagner la Méditerranée pour tenter de porter secours à l'armée d'Égypte après la défaite d'Aboukir. Il meurt alors que Napoléon, avec qui il avait pourtant des rapports parfois difficiles, venait de le charger de l'organisation et du commandement du camp de Boulogne.

BRUMAIRE AN VIII (coup d'État des 18 et 19)

Coup d'État dirigé contre le Directoire les 9 et 10 novembre 1799, tombé en discrédit après quatre années de crises politiques et financières, et de difficultés militaires. Il instaure le régime du Consulat et donne le pouvoir à Bonaparte.

Devant les entreprises toujours renouvelées des royalistes et des Jacobins, se forme au printemps 1799 un groupe révisionniste préconisant le renforcement du pouvoir exécutif aux dépens des Conseils. L'inspirateur de ce mouvement est le directeur Sieyès, qui trouve de nombreux appuis au sein de la bourgeoisie et des milieux financiers. La révision de la Constitution de l'an III, prévue selon une procédure extrêmement compliquée, se révélant dans la pratique impossible, les conjurés ont recours à un coup d'État. Après avoir amené les Conseils à contraindre trois de ses collègues sur quatre à démissionner (18 juin 1799), et avoir fait élire à leur place Roger Ducos, son obligé, et deux personnages effacés, Gohier et Moulin, tandis que le cinquième directeur, Barras, est d'accord avec lui, Sieyès se met à la recherche d'un général pour diriger l'opération. Joubert, pressenti, est tué à Novi en août 1799. Moreau hésitant, Sieyès se tourne vers Bonaparte qui vient de débarquer d'Égypte. Auréolé d'un grand prestige militaire, ce dernier, par son rôle en vendémiaire et fructidor, donne des garanties républicaines. Les préparatifs du coup d'État sont rapidement menés. Talleyrand s'entremet entre Bonaparte et Sieyès. Le ministre de la Justice Cambacérès et le président des Anciens, Lemercier, sont gagnés, tandis que Lucien Bonaparte est porté à la présidence des Cinq-Cents.

Le 18 brumaire, le Conseil des Anciens, sous le prétexte d'un nouveau complot jacobin, vote, sur l'invitation de son président, le transfert des Conseils à Saint-Cloud et la nomination de Bonaparte comme commandant en chef des troupes de Paris. Désormais privé de tout pouvoir, le Directoire s'incline. Barras démissionne tandis que Moulin et Gohier sont gardés à vue au Luxembourg par Moreau jusqu'à leur démission. Mais le 19 brumaire, à Saint-Cloud, l'affaire est plus difficile. Devant la méfiance des Conseils, Bonaparte, qui a concentré 4 000 ou 5 000 hommes de troupe, prononce une harangue dans laquelle il promet d'abdiquer les pouvoirs extraordinaires qu'il réclame dès que tout danger sera écarté.

Le 18 Brumaire an VIII
Venu parler devant le Conseil des Cinq-Cents, Bonaparte est fortement bousculé par ses auditeurs.
© *Lauros-Giraudon*

Pénétrant ensuite dans la salle des Cinq-Cents entouré de grenadiers et d'officiers généraux, il y est accueilli par les cris de : « À bas le dictateur ! Hors la loi ! » Assailli et bousculé, il est entraîné dehors par ses grenadiers. La discussion continuant dans la confusion, son frère Lucien, président de l'Assemblée, réussit à retarder le vote de la mise hors la loi – c'est-à-dire la condamnation à mort sans jugement. Enlevé finalement par un peloton du service d'ordre, Lucien monte à cheval et harangue les troupes qui hésitent, notamment la garde des Conseils. Dénonçant une minorité de « représentants du poignard » qui ont tenté d'assassiner leur général et qui terrorisent la majorité, il finit par les convaincre. Conduits par Murat et Leclerc, les soldats pénètrent dans l'Orangerie et dispersent les représentants. Le Directoire est renversé.

Le coup d'État a réussi mais il n'a pu se fonder sur un respect apparent de la loi, contrairement aux espoirs de Sieyès et de Bonaparte qui escomptaient une démission volontaire des Conseils. Les conjurés ont été contraints d'abandonner le terrain de la légalité. Un Consulat provisoire est organisé le soir même par la majorité des Anciens et la minorité des Cinq-Cents. Trois « consuls provisoires » (Sieyès, Roger Ducos et Bonaparte) sont désignés tandis qu'aux Conseils sont substitués deux commissions chargées avec eux de préparer une nouvelle Constitution.

BRUNE Guillaume Marie Anne (Brive-la-Gaillarde, 1763 – Avignon, 1815)

Maréchal de France.

Ce fougueux révolutionnaire, ancien typographe devenu journaliste, participe avec son ami Danton à la fondation du club des Cordeliers. Peu de temps après, il part pour la Belgique comme commissaire en mission. Sa carrière militaire débute en 1793. Il combat les Vendéens et bat le 13 juillet, à Pacy-sur-Eure, les fédéralistes du comte de Puisaye. Au mois d'août, sa promotion au grade de général de brigade récompense son courage, qu'il continue de déployer durant la première campagne d'Italie, particulièrement à Arcole le 17 novembre 1796 et à Rivoli le 17 janvier 1797. Après le traité de Campoformio, signé le 18 octobre 1797 entre le gouvernement du Directoire et François II d'Autriche, Brune s'empare, à Berne, du trésor de la Confédération helvétique ; l'or suisse finance l'expédition d'Égypte. Il commande ensuite les troupes d'occupation en République cisalpine puis, en 1799, à la tête de l'armée de Hollande, écrase les Anglo-Russes à Bergen et leur impose la capitulation d'Alkmaar. Bien que le sachant hostile à la proclamation de l'Empire, Napoléon le comprend dans la promotion de maréchaux du 19 mai 1804. Le nouveau dignitaire enlève Stralsund et l'île de Rügen, conquiert la Poméranie suédoise… et tombe en disgrâce quelques semaines plus tard en raison de concussions multiples.

Rallié à la première Restauration – Louis XVIII le décore de l'ordre de Saint-Louis –, Brune rejoint Napoléon pendant les Cent-Jours. L'Empereur lui donne le commandement du Var, région dans laquelle il prend de sévères mesures contre les partisans des Bourbons, et où il se heurte aux forces du duc d'Angoulême. Après Waterloo, Brune, qui s'achemine sous un déguisement vers Paris, est reconnu à Avignon par des émeutiers royalistes, les Verdets, qui l'abattent de deux coups de pistolet et jettent son corps dans le Rhône.

BRUNEHAUT (Espagne, v. 534 – Renève, près de Dijon, 613)

Reine d'Austrasie.

Fille du roi des Wisigoths Athanagild, elle abjure l'arianisme, religion dans laquelle elle a été élevée, avant de s'unir, à Metz, en 566, au petit-fils de Clovis, Sigebert II, roi d'Austrasie. Le frère de celui-ci, Chilpéric, roi de Neustrie, ne tarde pas à épouser la sœur de Brunehaut, Galswinthe. Mariage à l'issue tragique : Frédégonde, la concubine de Chilpéric, étrangle sa rivale et la remplace sur le trône. Aussitôt, Sigebert II entreprend de venger la malheureuse. Il accepte de Chilpéric, en réparation, le douaire de l'assassinée – Limoges, Bordeaux, Cahors, Béarn, Bigorre – mais la querelle familiale, qu'envenime ment Brunehaut et Frédégonde, se transformera malgré tout en une guerre impitoyable (573). Durant quarante ans, Francs de l'Ouest et Francs de l'Est ne cessent de se combattre. La victoire souriait à Sigebert lorsqu'il meurt, en 575. La situation se retourne et Brunehaut, tombée au pouvoir de son beau-frère, est emprisonnée à Rouen. Là, Mérovée, fils de Chilpéric et de Galswinthe, s'éprend de sa tante. Il l'enlève, l'épouse, mais son père le fait exécuter avant de renvoyer Brunehaut en Austrasie. Elle y gouverne au nom de Childebert II, son enfant et celui de Sigebert. L'alliance qu'elle noue avec « le Bon roi » de Bourgogne, Gontran, oncle de Childebert, incite à la prudence Frédégonde et son fils, Clotaire II. Le traité d'Andelot (587) lie le roi d'Austrasie au roi de Bourgogne. Chacun des souverains lègue à celui qui survivra l'ensemble de ses États. À la mort de Gontran, sa couronne passe à Childebert.

Celui-ci disparu prématurément en 595, Brunehaut exerce la régence pour ses petit-fils, Théodebert II, héritier de l'Austrasie, Thierry II, héritier de la Bourgogne, et reprend la lutte contre Clotaire II. Théodebert et Thierry, que le roi de Neustrie défait à Laffaux en 596, ne doivent de conserver la vie sauve qu'au décès de Frédégonde (597), lequel n'apporte pas la paix à Brunehaut. Les nobles austrasiens lui tiennent rancune de sa volonté d'ordre. Ils veulent gouverner Théodebert et contraignent la reine à quitter le royaume. Réfugiée en Bourgogne auprès de Thierry, Brunehaut détient, de fait, le pouvoir. Elle l'utilise afin de défier une nouvelle fois Clotaire II, providentiellement et paradoxalement secouru par Théodebert. En 612, lorsque Thierry écrase près de Toul les troupes de son frère, elle ordonne, pense-t-on, d'assassiner Théodebert. En 613, La disparition inattendue de Thierry, souverain dont l'ambition fut de tenter la reconstitution du royaume de Clovis, condamne Brunehaut. Refusant sa troisième régence, l'aristocratie austrasienne s'allie à Clotaire II, et la livre au fils de Frédégonde. La légende veut qu'elle ait été suppliciée trois jours, promenée à dos de chameau à travers les rangs de l'armée puis, enfin, attachée par les cheveux, un bras et une jambe à la queue d'un cheval.

Les routes encore appelées chaussées de Brunehaut n'évoquent pas le nom de la reine d'Austrasie, mais celui de Brunehilde, déesse à qui les Germains attribuaient le percement de ces anciennes voies romaines.

Le supplice de Brunehaut
Miniature d'un manuscrit attribué au Maître du Champion des Dames, vers 1460. Carpentras, bibliothèque Inguimbertine. © *Giraudon*

BRUNO, saint (Cologne, v. 1035 – San Stefano in Bosco ou La Torre, Italie, 1101)

Fondateur de l'ordre des Chartreux.

Probablement membre de la noble famille des Hartenfaust, il commence ses études à Cologne, les poursuit à Reims et les achève en cette dernière ville ou, peut-être, à Tours. Écolâtre à Reims en 1056 ou 1057, Bruno, éminent théologien et brillant grammairien, attire autour de lui de nombreux élèves séduits par ses dons intellectuels. Parmi eux, Eudes de Châtillon, le futur pape Urbain II. Devenu archidiacre, il combat Manassès de Gournay qui vient d'accéder à l'archiépiscopat rémois par simonie. Sa nomination à la chancellerie, en 1075, ne modifiant pas cette attitude, l'archevêque ordonne la saisie de ses biens et le chasse de la cité.

En exil, Bruno reçoit la révélation de l'idéal contemplatif. Aussi, quand Manassès est déposé en 1080, refuse-t-il sa succession. Accompagné de deux amis, l'ancien écolâtre se retire à Sèche-Fontaine, près de Molesme. Ne trouvant pas cette retraite bourguignonne encore assez éloignée du monde, Bruno part pour le Dauphiné avec six compagnons. À Grenoble, il rencontre l'évêque de la ville, Hugues, qui, naguère, a suivi ses cours, et c'est dans le diocèse de ce dernier qu'il va édifier le monastère de la Chartreuse, dont les moines porteront le nom de chartreux. En 1090, le pape Urbain II l'appelle à Rome. Quatre ans plus tard, Bruno obtient de se retirer, à la condition de demeurer en Italie. Il se fixe non loin de Serra San Bruno, à La Torre. S'inspirant de la Grande Chartreuse, il y élève un second monastère. C'est dans ce couvent, ou dans celui de San Stefano in Bosco, filiale de son ordre, qu'il s'éteint.

BRUNSWICK Charles Guillaume Ferdinand, duc de (Wolfenbüttel, 1735 – Ottensen, 1806)

Général prussien.

Au service de la Prusse, il se distingue notamment pendant la guerre de Sept Ans, acquiert une réputation de grand chef militaire, et reçoit en 1792 le commandement des armées coalisées contre la France. À la demande des amis de Marie-Antoinette réfugiés à Bruxelles et en Rhénanie – tels Fersen et Mercy d'Argenteau –, il fait publier le 25 juillet 1792 à Coblence un manifeste rédigé par un émigré, le marquis de Limon. Le texte, dit « manifeste de Brunswick », menace de livrer Paris « à une exécution militaire s'il est fait la moindre violence, le moindre outrage à LL. MM. le roi et la reine ». Connu à Paris le 1er août, ce texte, très mal accueilli par l'Assemblée et les Parisiens, met le feu aux poudres et ne fait qu'accélérer la chute de la royauté (10 août). Brunswick entre ensuite en France à la tête des armées prussiennes et autrichiennes, prend Longwy et Verdun au mois d'août mais est vaincu par Dumouriez à Valmy le 20 septembre, et traite avec son vainqueur. Battu par Hoche au Geisberg le 26 décembre 1793, ne s'entendant pas avec le général autrichien Würmser, il demande en 1794 à être relevé de ses fonctions. Il reprend du service contre Napoléon en 1806. Il est blessé aux yeux à Auerstaedt et meurt peu après.

BRUXELLES (traité de)

Traité d'alliance défensive cinquantenaire conclu à Bruxelles, le 17 mars 1948, entre la France, la Grande-Bretagne, la Belgique, les Pays-Bas et le Luxembourg.

Le comité qu'institue le traité de Bruxelles rassemble les ministres de la Défense des nations membres, une réunion militaire siégeant à Londres et un état-major des armées de l'Europe occidentale. Ce dernier groupe, qui réside à Fontainebleau en 1948, est dirigé par le général Jean de Lattre de Tassigny et par le maréchal Bernard Law, vicomte Montgomery d'Alamein. Les dispositions du traité de Bruxelles préfigurent celles qu'établira, en 1949, l'Organisation du traité de l'Atlantique Nord.

BUCH (Captal de) : voir GRAILLY Jean de

BUCHEZ Philippe (Matagne-la-Petite, Ardennes belges, 1796 – Rodez, 1865)

Philosophe et homme politique.

Étudiant, il anime des sociétés secrètes : la Société diablement philosophique (1815), la Charbonnerie (1821). Saint-simonien déclaré, il s'éloigne peu à peu du mouvement et préfère s'investir dans la Société des amis du peuple. En 1840, il fonde *L'Atelier* et lance l'idée de coopératives ouvrières de production rassemblant les travailleurs d'un même métier. Adjoint au maire de Paris en février 1848, élu à la Constituante, il en est le premier président (5 mai-6 juin). Adversaire de Louis Napoléon Bonaparte, il échoue aux législatives de mai 1849, ce qui clôt sa carrière politique.

BUCKINGHAM George VILLIERS, duc de (Brooksby, 1592 – Portsmouth, 1628)

Homme politique anglais.

Il gagne la faveur de Jacques Ier d'Angleterre, puis celle de son fils, Charles Ier. Cette amitié, paternelle chez l'un, fraternelle chez l'autre, le place à la tête des affaires du royaume de Grande-Bretagne. Opposé aux puritains, favorable aux catholiques, il s'emploie à renforcer les prérogatives royales et à restreindre la puissance du Parlement que, durant son ministère, Charles Ier dissout par deux fois. À peine créé duc de Buckingham, George Villiers recherche l'alliance française. Dans le cadre de cette politique, il conclut, après de difficiles négociations, le mariage du nouveau roi d'Angleterre, Charles Ier, avec la princesse Henriette, sœur de Louis XIII. Les épousailles célébrées par procuration le 11 mai 1625, Buckingham vient chercher, le 24 mai, à Paris, la jeune mariée.

La blondeur du duc, la joliesse de ses traits et le raffinement de ses toilettes – les malles qui l'accompagnent ne renferment pas moins de 27 parures – émeuvent toutes les dames de France. Même la première d'entre elles, la reine Anne d'Autriche, n'échappe pas au charme redoutable du favori de Charles Ier. Elle lui marque un intérêt un peu trop vif, dont il s'infatue publiquement. Et, à l'instigation de sa confidente, la duchesse de Chevreuse, la reine le reçoit secrètement à diverses reprises (cette intrigue inspirera à Alexandre Dumas la trame des célèbres *Trois Mousquetaires*.). Irrité par le comportement du duc, Louis XIII lui interdit de réapparaître en France. Furieux, Buckingham dénonce l'entente française et, satisfaisant ainsi ses irréductibles ennemis les puritains, décide de l'envoi de secours à La Rochelle. Il se venge également de l'hostilité de Louis XIII en joignant ses persécutions à celles dont ses compatriotes ne cessent de poursuivre la reine Henriette. La veille d'embarquer pour le continent, Buckingham est poignardé par un officier puritain fanatique, John Felton. On trouvera sur son cadavre une miniature reproduisant les traits d'Anne d'Autriche.

Le duc de Buckingham
Portrait anonyme du premier duc de Buckingham. Londres, National Portrait Gallery. © *Sélection Images*

BUDÉ Guillaume (Paris, 1467 – Paris, 1540)

Humaniste.

Il est un des plus grands humanistes de la Renaissance – un érudit qui donne sa mesure dans le *De asse*, ouvrage très savant sur les monnaies romaines –, et surtout le meilleur helléniste de sa génération. Après avoir fait des études de droit à Orléans et suivi, en 1494, les leçons d'un maître grec, Heronyme de Sparte, et de Jean Lascaris, il est nommé maître des requêtes en 1522 et dirige la Bibliothèque royale de Fontainebleau d'où est issue la Bibliothèque nationale. C'est lui qui pousse François Ier à créer le Collège des lecteurs royaux, qui deviendra plus tard le Collège de France (1529). S'il est ouvert aux idées nouvelles, il ne va pas comme son fils jusqu'à adopter la Réforme. Son humanisme conciliait la sagesse grecque et la révélation chrétienne, la seconde complétant à ses yeux la première.

BUEIL Jean V de (?, 1405 – ?, v. 1478)

Chef de guerre.

Surnommé « le fléau des Anglais », il mène contre eux plusieurs campagnes et contribue, avec Jeanne d'Arc, à la libération d'Orléans en 1429. Il est de ceux qui accompagnent Charles VII à Reims afin de le faire sacrer. Après avoir aussi libéré une partie du Maine, il prend part aux combats pour la reconquête de la Normandie. Fait grand-amiral par le roi, il participe, trois ans plus tard, à la bataille de Castillon. Tombé en disgrâce après la mort de Charles VII, il entre dans la ligue du Bien public, mais se soumet en 1469.

BUFFET Louis (Mirecourt, 1818 – Paris, 1898)

Homme politique.

Élu député des Vosges en 1848, il siège parmi les partisans de l'ordre, est plusieurs fois ministre pendant la IIe République (1848-1851). Après le coup d'État du 2 décembre 1851, il abandonne la vie politique pour un temps. Élu à nouveau député en 1864, Buffet siège avec l'opposition puis devient ministre des Finances, en 1870, dans le gouvernement Émile Ollivier. Président de l'Assemblée nationale de 1873 à 1875, il s'oppose aux républicains, mais aurait laissé passer l'amendement Wallon qui conduit à l'adoption des lois constitutionnelles de la République. Président du Conseil de 1875 à 1876, il mène une politique conservatrice, puis démissionne après avoir été battu aux élections de 1876 dans les quatre circonscriptions où il se présentait. Sénateur inamovible, il soutient le gouvernement du 16 mai 1877 et vote la dissolution de la Chambre.

BUFFON Georges Louis LECLERC, comte de (Montbard, 1707 – Paris, 1788)

Naturaliste et écrivain.

Il naît dans une famille de robe qui l'envoie au collège de Jésuites de Dijon. Licencié en droit, il fait le voyage d'Angleterre où il découvre une culture scientifique florissante. Après des études de botanique et de mécanique à Angers, il est nommé membre adjoint de l'Académie des sciences en 1734 ; ses traductions de l'Anglais Hales ainsi que des mémoires publiés en collaboration avec Duhamel du Montceau lui valent en 1739 la charge d'intendant du Jardin du Roi, l'actuel Jardin des plantes. Buffon en développe les collections et fonde des cycles de cours qui attirent de nombreux curieux. Parallèlement, il commence la rédaction d'une *Histoire naturelle* en 36 volumes qui paraissent de 1749 à 1789. Il s'entoure d'une équipe de collaborateurs où se distingue le médecin Louis Daubenton (1716-1800), créateur de l'anatomie comparée, qui rédige la section réservée aux quadrupèdes. Des marins ou des missionnaires font parvenir des milliers d'observations.

Doté d'une formation mathématique, adepte de l'expérimentation, Buffon refuse l'idée d'une perfection finaliste de la nature comme celle de l'animal-machine formulée par Descartes. Hostile à la taxinomie de Linné, il observe au contraire l'étroite parenté des espèces. D'où son évolution du fixisme au transformisme : il aboutit ainsi au concept d'espèces disparues qui fonde la paléontologie. Il paraît avoir pressenti l'évolutionnisme que professe son disciple Lamarck (1744-1829), sinon peut-être la sélection naturelle de Darwin qui lui rendra hommage. Mais il refuse de pousser ses intuitions à leur terme et surtout de les étendre à l'espèce humaine. Buffon est aussi un véritable écrivain, nourri de l'écriture des classiques. Reçu par l'Académie française dès 1753, il prononce un célèbre *Discours sur le style*. Flaubert reconnaît comme un maître celui que d'Alembert appelait le « grand phrasier ». L'*Histoire naturelle* rencontre un extraordinaire succès de librairie, dépassant celui de *La Nouvelle Héloïse* ou de l'*Encyclopédie*. Lacépède (1756-1825) continue, après la disparition de Buffon, cette encyclopédie du monde vivant. Créé comte par Louis XV, qui le protège contre les attaques de la Sorbonne, Buffon refuse de frayer avec les philosophes. Ceux-ci le considèrent donc avec méfiance. Pourtant, au-delà de l'engouement pour les sciences naturelles qui remplacent au XVIIIe siècle l'astronomie dans la faveur du public, il est certainement l'un d'entre eux.

BUGEAUD Thomas Robert, marquis de la Piconnerie, duc d'Isly (Limoges, 1784 – Paris, 1849)

Maréchal de France.

Il s'engage en 1804 dans les vélites des grenadiers de la garde impériale. Il se distingue en Espagne aux sièges de Saragosse et de Pampelune, ce qui lui vaut le grade de colonel. Tacticien inventif, il constitue autour des bivouacs, afin de lutter contre les guérilleros, de petits postes légers qui porteront son nom. Rallié à la monarchie en 1814, Bugeaud rejoint néanmoins l'Empereur lorsque ce dernier débarque de l'île d'Elbe. Pendant les Cent-Jours, en Savoie, à la tête de 1 750 soldats, il défait 10 000 Autrichiens. Sous la seconde Restauration qui l'ignore, il vit retiré en Périgord où il gère prudemment sa propriété d'Exideuil. Louis-Philippe le rappelle à la vie publique. Nommé maréchal de camp la même année de son élection comme député par le département de la Dordogne (1831), Bugeaud va fidèlement servir et siéger à la Chambre jusqu'en février 1848. Deux missions vont le rendre vite impopulaire. En 1832, il assume la garde de la duchesse de Berry, emprisonnée à la citadelle de Blaye. Traité de geôlier deux ans plus tard, par le député Dulong, Bugeaud, lors d'un duel, tue son adversaire au pistolet. En 1834, il réprime sévèrement l'insurrection d'Avril, au cours de laquelle se déroule le massacre de la rue Transnonain.

Envoyé en Algérie en 1836 pour négocier avec Abd el-Kader, il reconnaît à l'émir la souveraineté des deux tiers du pays. Le traité de La Tafna, en 1837, confirmera l'accord des chefs chrétien et musulman. Puis son opinion sur la question algérienne se modifie. Devenu partisan de la conquête « absolue », Bugeaud mène celle-ci aussi brillamment que rudement. Gouverneur général de l'Algérie en 1841, père de l'armée d'Afrique qu'il dote des redoutables « colonnes expéditionnaires », il reçoit le bâton de maréchal en 1843 et, récompense de la victoire d'Isly, le titre de duc en 1844. En conflit avec la Chambre au sujet de l'organisation de la colonisation – il la souhaite militaire et collectiviste, et sa devise est *Ense et aratro* (« par l'épée et la charrue ») –, il démissionne du gouvernement général. Le 24 février 1848, le pouvoir lui demande de juguler l'émeute, mais, passé quelques heures, le nouveau ministère Thiers le relève du commandement de l'armée de Paris. Député de la Charente-Inférieure à l'Assemblée législative, il est nommé commandant en chef de l'armée des Alpes, le 20 décembre 1848, par la volonté du prince Louis Napoléon. Il meurt du choléra à Paris, le 10 juin 1849.

Le maréchal Bugeaud
Accompagné ici du colonel Yusuf en Algérie. Huile sur toile d'Horace Vernet, château de Versailles.

BUGEY

Petit pays qui fit partie du gouvernement général de Bourgogne.

Entouré par le Dauphiné, la Savoie, la Bresse et la Comté, il a Belley pour capitale. Après avoir été compris dans le royaume de Bourgogne, il appartient aux comtes de Savoie. En 1601, le traité de Lyon le donne à la France avec la Bresse en échange du marquisat de Saluces.

BUISSON Ferdinand (Paris, 1841 – Thieuloy-Saint-Antoine, Oise 1932)

Homme politique.

Cet agrégé de philosophie issu d'une famille protestante refuse de prêter serment à Napoléon III et s'exile en Suisse. Il critique le caractère confessionnel de l'enseignement français. Grâce à Jules Ferry, il est nommé directeur de l'enseignement primaire en 1879. Il collabore avec lui, à la rédaction du statut de l'école laïque, publique et obligatoire, et obtient en 1896 la création d'une chaire de pédagogie en Sorbonne, chaire dont il sera le premier titulaire. Dreyfusard convaincu, il compte parmi les fondateurs de la Ligue des droits de l'homme, association qu'il présidera après la mort de Francis Dehaut de Pressensé. Député radical-socialiste de la Seine (1902-1914, 1919-1924), il soutient le cabinet anticlérical d'Émile Combes et combat obstinément pour l'enseignement professionnel obligatoire, la représentation proportionnelle et le droit de suffrage féminin. Il reçoit le prix Nobel de la paix en 1927 pour son action en faveur des minorités persécutées au sein de la SDN.

BULGNÉVILLE (bataille de)

Le 2 juillet 1431, René d'Anjou y affronte Antoine de Vaudémont, son compétiteur pour l'héritage de Charles de Lorraine.

Antoine de Vaudémont, soutenu par les troupes de Philippe de Bourgogne, s'est retranché près de Bulgnéville, dans le duché de Bar. Malgré les conseils de Barbazan, René d'Anjou engage inconsidérément la bataille et est battu. Barbazan trouve la mort, tandis que René est pris et livré aux Bourguignons qui le garderont captif six ans.

BULLION Claude de (?, v. 1580 – Paris, 1640)

Surintendant des Finances.

D'origine mâconnaise, il devient maître des requêtes sous Henri IV et entre au Conseil sous Louis XIII en 1624. On le charge de la surintendance des Finances de 1632 à 1640. Homme de confiance de Richelieu, il le seconde efficacement et le soutient à maintes reprises dans les situations difficiles. C'est en grande partie grâce à lui que la France peut faire face aux très lourdes charges financières de la guerre de Trente Ans.

BUREAU

Famille champenoise qui produisit deux maîtres de l'artillerie au service de Charles VII et de Louis XI : Jean, sieur de Montglat, mort en 1463 et Gaspard, sieur de Villemomble, mort vers 1470.

Sous leur maîtrise, les bouches à feu deviennent beaucoup plus précises et plus mobiles, ce qui contribue à la reconquête du royaume sur les Anglais par Charles VII, notamment dans la campagne de Guyenne, lors de la victoire de Castillon, en 1453.

Bureau central de renseignement et d'action militaires (BCRAM)

Service de renseignement pendant la Seconde Guerre mondiale.

Créé en octobre 1941 par de Gaulle, ce service, appelé d'abord 2e bureau, devient en janvier 1942 le Bureau central d'action et de renseignement militaire (BCRAM) et est confié au capitaine Dewavrin, dit « Passy ». Organisation autonome de la France libre, le BCRAM collecte ses renseignements sur la France par l'intermédiaire de l'Intelligence service. Il est réparti en 8 sections : commandement, renseignements, action militaire, contre-espionnage, questions techniques, évasions, études et coordination, documentation et diffusion. Il envoie des agents en France, crée et équipe des réseaux de renseignements, expédie du matériel de propagande, procure à la Résistance des moyens d'action. Réorganisé de juillet à septembre 1942, le BCRAM perd le M de son sigle, et s'adjoint une section non militaire chargée des transmissions vers la Résistance intérieure. Sous l'influence de Pierre Brossolette, adjoint de Passy, il devient l'artisan de l'unité de la Résistance. Courant 1943, grâce à l'action de Jean Moulin et du BCRA, la Résistance est unifiée sous la direction du général de Gaulle. Puis le BCRA se fond dans les services secrets du CFLN (Comité français de libération nationale). Décisive, l'action du BCRA a pourtant été controversée. À la différence des services spéciaux de l'armée, il travailla souvent avec des volontaires inexpérimentés, mais bien placés pour agir. Cette inexpérience coûta parfois cher, les erreurs furent nombreuses et les pertes élevées.

Burgondes

Peuple germanique originaire des régions baltiques.

Au Ier siècle de notre ère, ils occupent la vallée de la moyenne Vistule. Au cours du IIIe siècle, les Burgondes tentent, avec les Alamans, de forcer le *limes* des champs Décumates pour s'installer en territoire romain. Ayant échoué, ils s'établissent entre le Rhône et la Souabe centrale. En 406, la poussée barbare les amène à franchir le Rhin. En 413, après des combats qui ne leur sont pas favorables, Constance leur concède par traité la partie septentrionale du duché de Mayence où ils constituent un premier royaume en tant qu'alliés des Romains. Ils se convertissent alors à l'arianisme. Une tentative d'expansion en Belgique inquiète Aétius, qui lance contre eux les Huns. Vaincus, ils émigrent vers le sud, et Aétius, qui désirait les utiliser contre les Alamans, les transfère dans une région située entre l'actuelle Suisse romande et le sud du Jura français, avec Genève pour capitale. Ils se montrent désormais loyaux envers Rome et ses empereurs, luttant à leur service contre les Huns en 451 et les Suèves en Espagne en 456. Leur royaume s'agrandit progressivement. À la fin du Ve siècle, il s'étend de la Champagne méridionale à la Durance et aux Alpes maritimes. Son organisation avait l'originalité d'être dualiste, de concéder aux Romains et aux Germains des statuts égaux, mais distincts, si bien que l'armée était conçue en fonction du pillage et de la razzia, alors que l'administration se modelait sur l'exemple romain. Au début du VIe siècle, des dissensions naissent entre la famille royale et ses anciens alliés les Wisigoths. Les Francs en profitent pour s'emparer de la Burgondie que convoitait déjà Clovis. Les Burgondes, battus à Autun en 532, voient leur royaume se fondre dans le royaume franc en 534. Le maintien de leur nationalité et de leurs institutions ainsi que leur conversion au catholicisme bien avant 433 facilitent leur assimilation. La loi burgonde est une des dernières à s'effacer devant le droit franc. Les Burgondes ont donné leur nom à la Bourgogne.

Buridan Jean (Béthune, v. 1300 – ?, apr. 1358)

Philosophe.

Recteur de l'université de Paris en 1327, dialecticien, logicien, naturaliste, il rédige notamment une *Somme de logique*, un recueil de *Sophismes*, divers commentaires d'Aristote et définit les critères d'un discours scientifique portant sur les choses de la nature non subordonnées à la métaphysique. Son agilité d'esprit donna naissance à de nombreuses anecdotes et lui attribua plusieurs histoires qu'il n'a, à l'évidence, pas rédigées (*L'Âne de Buridan*). De même, ses prétendues amours avec la reine de Navarre, bru de Philippe le Bel, rapportées notamment par Villon dans la *Ballade des dames du temps jadis*, est légendaire.

Bussy d'Amboise Louis de Clermont d'Amboise, seigneur de Bussy, dit (Mognéville, v. 1549 – Brain-sur-Alonnes, Anjou, 1579)

Favori de Henri III.

D'abord mignon du duc d'Anjou, futur Henri III, il suit son maître quand celui-ci, élu roi de Pologne, part pour Cracovie. Ne parvenant pas à s'acclimater, il rentre rapidement en France, ce que Henri III ne lui pardonnera jamais. Devenu favori de François, anciennement duc d'Alençon et devenu Monsieur, duc d'Anjou, depuis l'avènement de son frère Henri III, il a pour maîtresse Marguerite de Valois, la sœur de ces deux princes. En 1576, pour l'éloigner de la Cour qu'il trouble par ses désordres, le duc d'Anjou, avec l'accord du roi, le nomme gouverneur de l'Anjou. À Angers, il se conduit comme en pays conquis. Ses soldats pillent, tuent, violent. En 1578, il accompagne le duc d'Anjou qui espère se tailler un royaume entre l'Artois et l'estuaire de l'Escaut, mais son ambition n'est qu'« un feu de paille aussitôt évaporé ». Le duc l'accuse injustement de cet échec et le disgracie. Devenu l'amant de la femme de René de Chambres, comte de Montsoreau, il est assassiné par les hommes de main de ce de dernier. Bussy d'Amboise est le héros de *La Dame de Monsoreau*, d'Alexandre Dumas.

Bussy-Castelnau Charles Joseph Patissier, marquis de (Bucy, 1718 – Pondichéry, 1785)

Lieutenant général.

Arrivé aux Indes en 1741, il sert dans les troupes de la Compagnie des Indes orientales où il seconde Dupleix. Les deux hommes mènent, vis-à-vis des princes locaux, une politique d'amitié protectrice ; Bussy-Castelnau place sous l'autorité de Louis XV la province de Carnute. Face à l'Angleterre, il a une politique défensive souvent couronnée de succès. Ainsi l'armée de George II doit lever le siège de Pondichéry en octobre 1748. Dupleix rappelé à Paris en 1754, Bussy-Castelnau se brouille avec le nouveau gouverneur des Établissements français aux Indes, le baron de Lally-Tollendal. En 1758-1759, il est battu par les Anglais non loin de Madras puis fait prisonnier l'année suivante et transféré en Angleterre. De retour aux Indes comme commandant des forces de terre et de mer au-delà du cap de Bonne-Espérance, il combat la Grande-Bretagne avec le bailli de Suffren. Le traité de Versailles, en 1783, met fin aux hostilités. Bussy-Castelnau obtient la restitution à la France des comptoirs de l'Inde que celle-ci a conservés après la dissolution de la Compagnie des Indes orientales en 1770, mais dont les Britanniques s'étaient emparés.

Bussy-Leclerc Jean (? – Bruxelles, v. 1635)

Gouverneur de la Bastille.

Il est, pendant la Ligue, un des chefs de la faction des Seize en même temps que gouverneur de la Bastille pour le compte de la maison de Lorraine. Il trempe dans l'assassinat de plusieurs personnalités modérées telles que Brisson, Larcher, Tardif et Duru. En 1591, il est révoqué de son gouvernement de la Bastille par Mayenne et obligé de s'exiler à Bruxelles où il meurt dans la misère.

Roger de Rabutin
Portrait du comte par Le Febvre, conservé dans la salle des devises du château à Bussy-le-Grand, Côte-d'Or.
© *Lauros-Giraudon*

Bussy-Rabutin Roger de Rabutin, comte de Bussy, dit (Épiry, Nivernais, 1618 – Autun, 1693)

Militaire, homme de cour et écrivain.

Cousin de Mme de Sévigné, il choisit tout jeune la carrière militaire, est colonel à 18 ans, bientôt lieutenant général. Courageux, déjà renommé pour son esprit et sa causticité, mais vantard et intrigant, il doit quitter l'armée en 1652, notamment pour s'être proclamé l'égal de Turenne. Il prend part à la Fronde, change de camp, est pardonné, se rend à la cour de Louis XIV. Il est bientôt en disgrâce pour avoir chansonné les amours du roi et de Louise de La Vallière, et surtout à cause de son *Histoire amoureuse des Gaules*, connue dès 1660 et publiée en 1665. L'ouvrage, qui imite la satire de Pétrone, dépeint la vie à la Cour pendant la jeunesse de Louis XIV. Bussy passe alors un an à la Bastille, est exilé en Bourgogne pendant seize ans, et il est si mal accueilli par le roi lorsqu'il se présente devant lui qu'il retourne en Bourgogne. Les dernières années de sa vie sont assombries par un procès qu'il mène en vain pour tenter de faire annuler le mariage secret de sa fille. Dans son exil, il a composé des *Mémoires*, des *Lettres*, et un panégyrique du roi, l'*Histoire abrégée de Louis le Grand*.

Buzot François (Évreux, 1760 – Gironde, 1794)

Homme politique.

Avocat à Évreux, député aux États généraux, il est ensuite président du tribunal criminel d'Évreux, puis membre de la Convention. Grand admirateur de l'Antiquité grecque et romaine, il veut une république pure et vertueuse. À la Convention, il combat les aristocrates, qui menacent la République, et les auteurs des massacres de Septembre. Il rejoint les Girondins et Manon Roland, qu'il aime d'un amour partagé. Il vote la mort du roi avec sursis, après avoir en vain réclamé l'appel au peuple, et se voit traité de royaliste. À la tribune, il attaque Danton, Marat, les Jacobins, puis les Montagnards, et s'oppose à Robespierre. Décrété d'arrestation avec les autres Girondins le 2 juin 1793, il tente en vain de regrouper proscrits et mécontents en Normandie, puis en Bretagne, et suit ses collègues dans le Bordelais. Ses amis se font prendre un à un et, se croyant menacé, il se suicide en même temps que Pétion.

C

CABANIER Georges (Grenade, Haute-Garonne, 1906 – Paris, 1976)

Amiral.

Diplômé de l'École navale en 1925, il est affecté aux sous-marins en 1932. Il commande, au début de la guerre, le sous-marin *Rubis*, et passe avec lui à la France libre en 1940. Capitaine de corvette en 1941, il prend part aux campagnes de Norvège, de la mer du Nord, des côtes allemandes et de l'Atlantique. Commandant de la défense du Pacifique (1942-1943), il commande ensuite un croiseur auxiliaire incorporé à la 6e flotte américaine dans le Pacifique. Après la guerre, il dirige l'École navale (1945-1947), puis commande le croiseur-école *Jeanne d'Arc*, avant d'être nommé attaché naval à Washington (1949). Contre-amiral en 1951, secrétaire général adjoint de la Défense nationale (1953), commandant de la marine en Indochine (1954), il devient chef d'état-major de la Défense nationale dans le cabinet de Gaulle (1er juin 1958). Amiral en 1960, il termine sa carrière comme chef d'état-major de la Marine (1960-1968), avant d'occuper les fonctions de grand chancelier de la Légion d'honneur (1969-1975).

CABET Étienne (Dijon, 1788 – Saint-Louis, États-Unis, 1856)

Socialiste utopique.

Professeur, puis avocat affilié à la Charbonnerie, il milite à la fin du règne de Charles X dans l'opposition d'extrême gauche, avant de participer à la révolution de 1830. Rallié un moment à la monarchie de Juillet et nommé procureur général en Corse, il est élu député de la Côte-d'Or en 1831 et soutient dès lors, dans *Le Populaire* notamment (1833-1834), des idées à la fois républicaines et communistes. Condamné à la prison pour ses articles, Cabet se réfugie en Angleterre de 1834 à 1839, et publie à son retour, en 1840, une brochure intitulée *Comment je suis devenu communiste*, et surtout, en 1842, le *Voyage en Icarie*. Dans ce roman, plus optimiste que révolutionnaire, il décrit une société communiste idéale et imaginaire qui repose, une fois la société actuelle transformée pacifiquement, sur la collectivisation des moyens de production. Cabet réunit autour de lui quelques disciples, lance des souscriptions, et organise en 1848 le départ des « Icariens » pour les États-Unis où ils devront vivre selon ses théories. Il rejoint ses disciples l'année suivante et organise deux communautés, au Texas puis dans l'Illinois, près de Saint-Louis. Les deux tentatives échouent et Cabet meurt quelques années plus tard, désespéré.

CABOCHIENS

Surnom désignant les membres du mouvement insurrectionnel conduit à Paris en 1412 et 1413 sous la direction du boucher Simon (ou Simonnet) Caboche. Par extension, le terme désigne l'ensemble du parti bourguignon dans son entreprise réformatrice de 1413.

La révolte cabochienne, partie d'un mécontentement général contre les abus de l'administration royale et ses dépenses outrancières, prend une forme violente au printemps 1412 sous l'impulsion de Caboche et des bouchers de la Grande boucherie Saint-Jacques, eux-mêmes particulièrement mal intégrés à la bourgeoisie parisienne. Après avoir éliminé toute velléité de résistance du parti armagnac et réduit au silence la bourgeoisie modérée (1412), ils s'en prennent directement à l'autorité royale avec la bénédiction de l'Université. Ils attaquent la Bastille où s'est retranché le prévôt Pierre des Essarts, dont ils finiront par obtenir « l'exécution » après une parodie de jugement. Mais, révoltés par les journées sanglantes des 28 avril et 22 mai 1413, les Parisiens se réveillent et se regroupent. La réaction prend forme en juillet. L'Université elle-même oublie momentanément son affection pour le duc de Bourgogne, Jean sans Peur, chef du parti bourguignon. Elle traite les cabochiens de « filz de perdition », de « gens de très bas état et de plus bas sens », ayant conduit le royaume à « très grande et dure servitude ». Dans les premiers jours du mois d'août, les bourgeois s'arment. Loin de résister, les cabochiens se terrent ou s'enfuient. Jean sans Peur est bientôt contraint de plier bagages. Paris se livre aux Armagnacs. Le 18 septembre, la bande de Caboche est déclarée coupable de lèse-majesté et bannie du royaume. Lorsque les Bourguignons se retrouveront maîtres de Paris en 1418, le bourreau Capeluche reprendra la besogne de Caboche, nanti maintenant de fonctions officielles auprès de Jean sans Peur.

On qualifie communément de « cabochienne » une ordonnance prise en 1413 par le pouvoir bourguignon. Reconnaissant, en particulier, un accroissement des privilèges bourgeois, elle prétendait réformer entièrement la Constitution de la France. En même temps, elle devait empêcher les progrès de l'anarchie : dans cette mesure, elle était en fait anti-cabochienne, tout en restant bourguignonne pour l'essentiel. Ce fut dans l'immédiat un demi-échec, et plus tard, après la chute des Bourguignons, un échec total.

CACHET (lettres de) : voir LETTRES DE CACHET

CACHIN Marcel (Paimpol, 1869 – Paris, 1958)

Journaliste et homme politique.

Sensible au prestige que vaut à Jules Guesde son rôle dans la IIe Internationale, ainsi que son action dans l'organisation de la première manifestation du 1er mai (1890), Marcel Cachin adhère en 1891 au Parti ouvrier français. Après avoir assisté comme délégué au Congrès socialiste international d'Amsterdam en août 1904, cet enseignant de philosophie participe au Congrès d'unification socialiste de Paris qui, en application des directives données précisément à Amsterdam, crée un parti socialiste unique, la SFIO (Section française de l'Internationale ouvrière). Conseiller municipal depuis 1912, puis député de Paris en 1914, Cachin se rallie avec la majeure partie des socialistes à la politique d'Union sacrée et, en avril 1917, la commission des Affaires extérieures de la Chambre le charge d'aller à Pétrograd pour tenter de maintenir la Russie révolutionnaire en guerre aux côtés des Alliés. Après la guerre, il fait partie de ceux qui, avec Frossard, mènent la campagne en faveur de l'adhésion de la SFIO à la IIIe Internationale communiste. Sa thèse triomphe au congrès de Tours (décembre 1920), mais au prix d'une scission irrémédiable entre socialistes et communistes. Sous sa direction, *L'Humanité*, qui lui avait été confiée en 1918, devient alors l'organe central du parti communiste. Il présidera à sa destinée pendant 40 ans. Premier sénateur communiste en 1935, il refuse de désavouer le pacte germano-soviétique et dénonce la participation de la France à une « guerre impérialiste ». Il rejoint *L'Humanité clandestine* en avril 1942. Il signe l'appel à l'insurrection de Paris en août 1944 et redevient l'un de ses députés en 1946. Il meurt juste après avoir reçu l'ordre de Lénine.

Marcel Cachin
Marcel Cachin (à g.) en compagnie de Paul Vaillant-Couturier à un congrès, vers 1925. © *Roger-Viollet*

CADIX

Ville et port d'Espagne, en Andalousie, sur l'Atlantique.

C'est de Cadix, en 1805, que partit la flotte franco-espagnole, commandée par Villeneuve, qui allait être détruite à Trafalgar. Ville principale de l'Espagne encore libre au moment de l'occupation napoléonienne, Cadix est assiégée en vain par les troupes françaises, de 1810 à 1812. Point de départ de la révolution libérale menée en 1820 contre Ferdinand VII par le colonel Riego et les Cortes, la ville en est aussi l'ultime point de résistance. Les Cortes s'y retirent, entraînant avec elles Ferdinand VII, lors de l'intervention française de 1823. La ville, assiégée par les troupes françaises commandées par le duc d'Angoulême, doit finalement se rendre au mois de septembre, après la prise du fort de Trocadero. Les Français occupent la ville et libèrent le roi, le mouvement libéral est écrasé.

Georges Cadoudal
L'exécution de Cadoudal. Aquarelle d'Armand de Polignac. © *Sélection Images*

CADOUDAL Georges (Château de Kerléano, 1771 – Paris, 1804)

Chef chouan.

Il s'engage en 1793 dans l'Armée catholique et royale de Stofflet et commande bientôt les Chouans de Bretagne. Réfugié dans le domaine de sa famille après le désastre de Savenay, il tente d'organiser la Chouannerie dans le Morbihan, où il est arrêté en juin 1794. Il reprend la lutte après s'être évadé, participe à la tentative de débarquement des émigrés à Quiberon et dirige les coups de main des Chouans. Le comte d'Artois le nomme généralissime des troupes de l'Ouest en juillet 1799. Il demande la paix en février 1800, la négocie avec Brune, se rend ensuite à Paris où il rencontre le Premier Consul, refuse ses propositions et passe en Angleterre. Le roi le décore de l'ordre de Saint-Louis et le nomme lieutenant général. Débarqué en Bretagne au début de juin 1800, Cadoudal entreprend de réorganiser la Chouannerie et envoie à Paris les hommes qui préparent contre Bonaparte l'attentat de la rue Saint-Nicaise. Réfugié à Jersey, puis près de Londres, il quitte la capitale anglaise au mois d'août 1803 pour revenir à Paris où, avec Pichegru et Moreau, il organise un nouveau complot contre Bonaparte. Arrêté le 9 mars 1804, il est condamné à mort le 10 juin et exécuté le 25, après avoir refusé de demander sa grâce.

CADOUIN (le saint suaire de)

L'un des nombreux linceuls qui passent pour avoir enveloppé le corps du Christ après la descente de Croix.

Celui de l'abbaye de Cadouin (Dordogne, arrondissement de Bergerac, commune de Le Buisson-de-Cadouin) fut apporté d'Antioche par un prêtre périgourdin en 1117, un an après la fondation de l'établissement. Il se présente comme un drap de lin orné de bandes brodées. Cette précieuse relique attira immédiatement des foules de pèlerins qui apportèrent la richesse dans la région. Parmi les pèlerins célèbres figurent Richard Cœur de Lion, Saint Louis, Charles V, Anne de Bretagne. Menacé par les Anglais lors de la guerre de Cent Ans, le suaire fut confié à Toulouse puis à l'abbaye d'Aubazine en Corrèze. Les moines de Cadouin n'ont récupéré leur bien qu'après un long procès suivi d'une intervention du pape et de Louis XI. Ils en ont tiré profit et gloire jusqu'en 1934, date à laquelle fut effectuée une expertise qui révéla que les inscriptions brodées sur les bandes étaient de l'arabe du XIe siècle. Le suaire devint alors un simple objet de musée. Le Périgord lui doit l'un des plus beaux monuments de la région.

CADURQUES, CADURCES ou CADOURQUES

De Cadurci, *peuple gaulois.*

Avant l'arrivée de César, les Cadurques faisaient partie de la Celtique. Débordant nettement au sud l'actuel département du Lot, leur territoire s'étendait entre Dordogne et Tarn, à l'ouest des Rutènes indépendants et à l'est des Pétrocores et des Nitiobriges. Leur capitale était *Divona,* ou *Devona,* qui devait prendre le nom de *Cadurci* à la fin de l'époque romaine. C'est aujourd'hui Cahors. Sans lien de clientèle, le peuple des Cadurques est souvent l'allié de celui des Arvernes. Il s'oppose vigoureusement à César sous la conduite de Lucterius. La principale place forte des Cadurques, *Uxellodunum*, ne capitule qu'un an après Alésia, en 51 av. J.-C. Définitivement soumis à partir de cette date, le pays cadurcien est incorporé à la nouvelle Aquitaine sous Auguste. Au IVe siècle, les Cadurques forment une des huit cités de la Première Aquitaine, la *civitas Cadurcorum,* origine du *pagus Cadurcensis* ou *pagus Caturcinus* (Quercy), qui passe vers 475 sous la domination des Wisigoths.

CAEN

Ville du Calvados.

Les origines de Caen sont obscures. Elle a peut-être été fondée par les Saxons à l'époque de leurs fréquentes incursions sur les côtes normandes, aux IIIe et IVe siècles, mais ne se serait développée qu'au XIe siècle lorsque Guillaume le Conquérant en fait son séjour de prédilection. En 1063-1064, se conformant aux prescriptions du pape Alexandre II, Guillaume et Mathilde de Flandre, sa femme, pour réparer la faute qu'ils ont commise en se mariant malgré leur parenté, jettent les fondements, l'un de l'abbaye Saint-Étienne (abbaye aux Hommes) et l'autre de l'abbaye Sainte-Trinité (abbaye aux Dames) où ils se feront inhumer. Guillaume met à la tête de son abbaye le prieur de l'abbaye du Bec, Lanfranc, plus tard archevêque de Cantorbéry. Il construit également un magnifique château. Son fils Robert Courteheuse ne peut défendre Caen contre les ambitions de son frère le roi Henri Ier d'Angleterre. La ville passe sous la domination anglaise. En 1203, Jean sans Terre lui octroie la liberté communale, mais lorsque Philippe Auguste proclame, l'année suivante, la confiscation des domaines que le roi d'Angleterre possède en France et entre en Normandie à la tête d'une armée, Caen ouvre ses portes au roi de France (1204). Elle devient dès lors une ville française. Philippe Auguste confirme ses franchises.

En dépit d'une résistance héroïque, Caen est prise et pillée par les Anglais en 1346, dès le début de la guerre de Cent Ans. Les Anglais l'occupent de nouveau en 1417 et la gardent jusqu'en 1450, année où elle est définitivement libérée par le connétable de Richemont (futur Arthur III de Bretagne). Charles VII en fait le siège d'une université et elle jouit des bienfaits de la paix jusqu'aux troubles nés du protestantisme, exception faite du conflit qui oppose Louis XI à son frère Charles, doté de l'apanage de Normandie, sous la pression de la ligue des seigneurs. Sous le règne d'Henri III, Caen, contrairement à Rouen, reste fidèle au roi. De ce fait, le parlement de Normandie, la Cour des aides et la Chambre des comptes y seront transférés de 1589 à 1594. Pendant les premières années du règne de Louis XIII, Caen refuse également de suivre le duc de Longueville, gouverneur de Normandie, dans sa révolte contre l'autorité royale. Mais, en 1639, la création d'impôts nouveaux qui suit l'intervention de la France dans la guerre de Trente Ans provoque l'insurrection dite des Va-Nu-Pieds qui est sévèrement réprimée.

Devenue plus prudente, Caen s'abstient de se mêler aux luttes de la Fronde, malgré les sollicitations du duc de Longueville. Elle retrouve sa prospérité matérielle au XVIe siècle, et ses armateurs envoient des navires sur les côtes de Guinée et en Amérique. Mais elle tombe en décadence dès le XVIIe siècle : le port s'ensable et l'Orne devient impraticable. Enfin, la révocation de l'édit de Nantes, en 1685, est suivie d'une émigration massive qui aura d'importantes répercussions économiques. La Révolution y est bien accueillie mais Caen, qui a pris parti depuis longtemps pour la Gironde, donne le signal de l'insurrection contre Paris et la Convention et devient le point de ralliement des « fédéralistes ». C'est de Caen que part Charlotte Corday pour assassiner Marat. En 1811, Napoléon Ier décide la construction d'un canal, qui est entreprise et menée à bien sous la monarchie de Juillet. Cette voie d'eau relancera le commerce maritime de la ville.

CAEN (bataille de)

Victoire des Alliés sur les Allemands (7-20 juillet 1944).

Au lendemain du débarquement du 6 juin 1944, les Allemands concentrent leurs efforts sur le secteur anglo-canadien de Caen. Rommel décide d'attaquer la ville (8 juin). Grâce au décodeur « Ultra », les Alliés décryptent les ordres allemands et retardent la marche des unités blindées par des raids aériens. La tempête (19-22 juin) aggrave les conditions de combat. L'attaque de Caen débute au soir du 7 juillet : 450 bombardiers lâchent 2 500 tonnes de bombes sur le nord de la ville. À partir du 9 juillet, les Alliés investissent les lieux au prix d'âpres combats de rue. Pour fixer les forces allemandes repliées à l'est de la ville et tenir jusqu'à l'intervention des Américains prévue dix jours plus tard (opération Cobra), Montgomery, qui dirige les forces terrestres alliées, lance des attaques dans la vallée de l'Odon (10-18 juillet), puis une offensive, l'opération Goodwood (18-21 juillet). À l'aube du 18 juillet, 4 500 avions pilonnent la campagne caennaise pendant trois heures. L'artillerie navale et terrestre lâche de son côté 250 000 bombes. Puis Goodwood tourne à la plus grande bataille de chars de l'invasion. Les combats entre Tigre et Panther (chars allemands) contre Sherman et Cromwell (chars anglais) se révèlent sans merci. Le front allemand recule et un orage torrentiel interrompt l'opération. Le 20 juillet, cette bataille se solde par quelque 6 000 victimes et la destruction de 400 chars pour une progression sur le terrain de 11 km. Caen est en ruine (60 % de maisons détruites), mais le haut commandement allemand a assisté à l'anéantissement de son système de défense et les Américains ont le champ libre.

CAFÉS

Type de débit de boisson apparu d'abord à Marseille, puis à Paris à la fin du XVIIe siècle et qui, à la différence des cabarets et limonadiers, sert aux consommateurs les produits encore exotiques que sont, outre le café, le thé et le chocolat.

Ces substances étaient initialement distribuées par les apothicaires. L'institution des cafés est imitée de Venise et de Londres. La mode du café-boisson est lancée par l'ambassadeur ottoman Soliman Aga en 1662. Le mot « café » apparaît en 1693 dans le dictionnaire de Richelet sous la double acception du produit et du lieu. À Paris, dès 1672, la café Pascal apparaît avec la raison sociale de « maison de café ». Le plus célèbre est cependant le Procope, établissement fondé en 1689 par le Palermitain Francesco Procopio, rue des Fossés-Saint-Germain, face à la Comédie-Française. Il éclipse le café Laurent rue Dauphine. Des maisons concurrentes se montent le long des allées du Luxembourg ou dans le jardin du Palais-Royal – propriété privée du duc d'Orléans –, comme le célèbre café de la Régence fréquenté par Voltaire, Diderot, d'Alembert…

Le café est le lieu d'une nouvelle sociabilité intimement liée au monde des spectacles – le Procope est en face de la Comédie-Française – et au mouvement encyclopédiste. À la différence des salons, lieux privés, des académies, lieux savants, ou des clubs comme celui de l'Entresol – et des loges maçonniques, le café est ouvert à tous. Boisson et cénacle, le café est censé stimuler l'esprit. S'y développent des relations très libres, moins marquées par l'éthique aristocratique que les propos des salons : la liberté de parole va jusqu'à la trivialité. On y critique le gouvernement et les mœurs, quitte à user d'un vocabulaire codé pour déjouer les espions et les mouches : Monsieur de l'Être est ainsi le nom familièrement donné à Dieu…

Le café est aussi le symbole d'un esprit de jouissance et de divertissement qu'incarnent le luxe (miroirs, marbre, tentures…), le jeu (échecs, dames, cartes, dés…), la consommation de tabac et une clientèle parfois interlope – « refuge des fripons et des fainéants », écrit Jean-Jacques Rousseau, « havre de désœuvrés », juge Louis-Sébastien Mercier – où se mêlent monde et demi-monde. Mais l'élitisme relatif des cafés disparaît au XIXe siècle quand les « bistrots » se mettent à distribuer tous les types de consommation. Les cafés même modestes restent cependant les scènes où se façonne l'opinion publique, à travers la lecture des journaux et les réunions clandestines des républicains dans les arrière-salles. Les cafés-concerts – comme l'Alcazar, rue du Faubourg-Poisonnière –, où se produisent sous le Second Empire et au début de la IIIe République chanteurs d'opérettes et humoristes, attirent les couches moyennes et certains milieux populaires qui accèdent ainsi au monde du spectacle.

À partir du dernier tiers du XIXe siècle, certains cafés parisiens – à côté, il est vrai, des cabarets et lupanars – deviennent les quartiers généraux des avant-gardes artistiques : ainsi à Montmartre, la Nouvelle-Athènes ou le café Guerbois, avenue de Clichy, accueillent-ils les impressionnistes comme Degas, Renoir, Cézanne ou Manet. Au début du XXe siècle, Montparnasse remplace Montmartre : écrivains et poètes tels Blaise Cendrars, Apollinaire ou Max Jacob se retrouvent à la Closerie des Lilas, peintres et sculpteurs – Modigliani, Picasso ou Van Dongen – à la Rotonde ou au Dôme. Dans les années 1920, la colonie américaine de Montparnasse – de Henry Miller à Cole Porter en passant par le peintre Gerald Murphy ou l'écrivain Scott Fitzgerald – retrouve Paul Morand, André Breton ou Cocteau et autres « Montparnos » à la Coupole. Pourtant, Montparnasse est, dès les années 1930, concurrencé par Saint-Germain-des-Près, davantage lié aux lettres et à la politique qu'aux Beaux-Arts : Jacques Copeau et Louis Jouvet, Picasso, Gaston Gallimard et Saint-Exupéry fréquentent les nombreux comptoirs du boulevard Saint-Germain, en particulier ceux du café de Flore et des Deux Magots où dès 1933 un prix littéraire est créé. Ces deux établissements, à quelques mètres l'un de l'autre, connaissent leur heure de gloire à la Libération : André Breton, Jacques Prévert, Boris Vian, etc., en même temps que le couple mythique formé par Simone de Beauvoir et Jean-Paul Sartre, font du Flore et surtout des deux Magots un concentré de l'effervescence de l'immédiat après-guerre. Cet apogée est déjà un épilogue : d'autres établissements que les cafés comme les brasseries, les clubs de jazz ou les boîtes de nuit accueillent la vie des sens plus que celle de l'esprit ; par ailleurs, la banalisation du café-boisson lui-même autant que la captation de la parole publique par les médias ôtent aux « maisons de café » tout leur lustre. Les plus prestigieux cafés n'accueillent plus aujourd'hui que les touristes.

CAGLIOSTRO Joseph BALSAMO, dit ALEXANDRE, comte de (Palerme, 1743 – château de Saint-Léon, près d'Urbino, 1795)

Aventurier italien.

D'humble naissance, Joseph Balsamo, après une enfance très agitée, est placé chez l'apothicaire d'un couvent où il apprend les rudiments de la chimie et de la magie. Chassé pour mauvaise conduite, il devient proxénète et se livre à diverses escroqueries. Sous de multiples identités, il parcourt plusieurs pays du Proche-Orient, acquérant quelques connaissances médicales et une grande réputation de guérisseur auprès des souverains locaux. À son retour en Europe, vers 1773, Balsamo, qui se fait appeler comte Cagliostro, épouse une jeune Italienne, Lorenza Feliciani, dite Seraphina. Ambitieuse et exaltée, elle l'encourage dans sa vie aventureuse. Le couple parcourt l'Europe, et Cagliostro est accueilli avec succès dans les cours européennes avides de mystères : il vend des élixirs et des pilules, entre en contact avec les morts, présente des tours de magie, tout en continuant ses escroqueries.

De passage à Strasbourg en 1780, le fils du dernier roi de Trébizonde, un des nombreux titres dont il se pare, émerveille le cardinal de Rohan par ses talents. Le cardinal l'introduit bientôt à la Cour. Installé dans le Marais en 1785, il perfectionne ses pratiques et fonde la Loge de la maçonnerie égyptienne. Investi du titre de Grand Cophte, Cagliostro met au point, entre autres, un élixir assurant l'immortalité aux affiliés. Il assure posséder le secret de la fabrication de l'or. Très à

Cagliostro
Joseph Balsamo, dit le comte de Cagliostro. Huile sur toile de Le Gay, 1778, château de Versailles. © *Giraudon*

la mode dans la haute société, il mène une vie fastueuse, jusqu'à l'affaire du Collier, escroquerie dans laquelle Marie-Antoinette est compromise : accusé de complicité, il est exilé en 1786. Continuant ses voyages et ses soi-disant exploits, le couple finit par se faire prendre à Rome, en 1789. Accusé de franc-maçonnerie, trahi par son épouse qui le dénonce lors de son procès, Cagliostro est condamné à mort en 1791, et finalement gracié. Il est enfermé jusqu'à sa mort au château de Saint-Léon, dans le duché d'Urbino.

CAGOULE (la)

Nom populaire donné au Comité secret d'action révolutionnaire (CSAR).

Groupe d'extrême droite terroriste et clandestin fondé en 1935 par le polytecnicien Eugène Deloncle et qui se donne pour but de lutter par tous les moyens contre le communisme. Ses membres viennent dans l'ensemble de l'Action française et sont soutenus aussi bien par des grands groupes industriels français que par l'Italie fasciste de Mussolini. À la demande de ce dernier, la Cagoule assassine ainsi en 1935 les frères Rosselli, deux célèbres socialistes antifascistes italiens réfugiés en France. Mais c'est essentiellement après la victoire du Front populaire en 1936 que la Cagoule multiplie les attentats, afin d'en faire retomber la responsabilité sur les communistes et de créer un climat de guerre civile propre à un putsch militaire. Dans ce but, la Cagoule met le feu en 1937 au siège de la Confédération générale du patronat et à celui du Groupe des industries métallurgiques et mécaniques : le complot est néanmoins dénoncé en novembre 1937 par le ministre de l'Intérieur Marx Dormoy, qui procède à de nombreuses arrestations et emprisonnements. En 1941, ce dernier est assassiné par les cagoulards qui, dans leur grande majorité, choisissent de collaborer avec l'occupant, notamment à la suite de Deloncle qui fonde le Mouvement social révolutionnaire et participe à la création de la Légion française contre le bolchévisme. On a souvent grossi et le nombre des adhérents à la Cagoule et son influence politique réelle. En fait, la Cagoule n'est restée qu'un groupuscule de 2 000 à 10 000 hommes, unis seulement par leur fièvre anticommuniste, faute d'avoir pu obtenir de l'armée les soutiens escomptés.

La Cagoule
Première journée du procès de 64 cagoulards à Paris. © *Keystone / L'Illustration*

CAHIERS DE DOLÉANCES

Sous l'Ancien Régime, notamment à partir de la seconde moitié du XVe siècle, les cahiers de doléances rassemblent, comme leur nom l'indique, les doléances que les assemblées convoquées pour l'élection des députés aux états généraux désirent faire valoir par les soins de leurs représentants auprès du roi.

Se rattachant à la notion de conseil, ils introduisent dans les rapports entre le roi et ses sujets un lien qui rappelle ce qu'il y avait d'humain dans les rapports entre le seigneur et ses vassaux. Chaque ordre (noblesse, clergé, tiers état) établit ses cahiers séparément. Au chef-lieu de chaque bailliage, circonscription choisie pour les élections aux états généraux, sont rédigés les cahiers de bailliage qui, pour le tiers, fondent l'ensemble des cahiers de paroisses et de villes (eux-mêmes sont la somme des cahiers de corporations et de quartiers). Puis, lorsque les états généraux se réunissent, chaque ordre réduit ses cahiers de bailliage à douze, un par grand gouvernement, et, établissant enfin une synthèse globale, forme un cahier unique que le roi reçoit solennellement en assemblée générale. Les cahiers de doléances constituent donc à chaque consultation un vaste tableau de la France. À cet égard, ceux qui seront rédigés lors de la convocation des États généraux de 1789 offrent un intérêt particulier car ils sont le reflet des aspirations des Français à la veille de la Révolution. Il subsiste 60 000 documents, mais ils sont loin d'être tous originaux, bien des rédacteurs ayant subi l'influence des brochures répandues dans la région, comme celle de l'abbé Sieyès. Des modèles ont circulé à travers les circonscriptions ; c'est ainsi que se traduit, dans les cahiers des pays de la Loire, l'influence des *Instructions* rédigées par Choderlos de Laclos à la demande du duc d'Orléans, un des chefs du parti patriote. Enfin, si les cahiers issus directement du peuple, paysans et artisans sont les plus spontanés, les cahiers de bailliage ou de sénéchaussée (il en subsiste 523 sur les 615 qui furent rédigés) sont très instructifs. L'unanimité des trois ordres se fait contre l'absolutisme. Mais, si tous réclament la limitation des pouvoirs du roi et la garantie des libertés individuelles, seuls les cahiers du tiers, qui représentent essentiellement la bourgeoisie, revendiquent l'égalité civile intégrale, l'abolition de la dîme, la suppression des droits seigneuriaux, dont beaucoup se contentent d'ailleurs de demander le rachat.

CAHORS

Ville du Lot. Ancienne capitale des Cadurques sous les noms de Divona *puis* Cadurci*, Cahors est enserrée dans une boucle du Lot que dominent les escarpements des causses du Quercy.*

Cœur d'un pays qui passe encore pour riche, point de rencontre d'une voie navigable et de la route reliant Bordeaux à Lyon, *Divona* connaît une belle prospérité pendant la période gallo-romaine. Elle est dotée de tout ce que possèdent les grandes villes de l'Empire : forum, théâtre, temples et thermes. Désignée sous le nom de *Cadurci* ou *Cadurcum* au IIIe siècle, la ville reçoit un évêché au début du IVe siècle. Au Ve siècle, l'invasion des Wisigoths brise son essor. Les Francs la prennent et la saccagent à plusieurs reprises. Les temps carolingiens n'y restaurent pas la paix. Les Cadurciens souffrent des incursions que les Normands poussent jusqu'au Massif central en remontant les rivières du bassin aquitain. Il faut attendre le XIe siècle pour que l'antique cité retrouve son éclat, sous l'autorité juxtaposée des comtes de Toulouse, suzerains du Quercy, et des propres comtes de Cahors, qui ne sont autres que les évêques. On dit souvent que l'histoire de Cahors se confond avec celle du Quercy. Il n'en est rien. Dès le XIIe siècle, les comtes de Toulouse en déclin perdent peu à peu leur pouvoir sur le Cahorsin au sens étroit, cela au profit des évêques. En 1211, Philippe Auguste reçoit hommage direct pour le comté de Cahors. Le traité de Meaux-Paris, en 1229, laisse le Quercy à Raymond VII en réservant Cahors à l'évêque.

Même après la réunion du comté de Toulouse à la couronne, Cahors conservera son individualité. Comme beaucoup de fiefs ecclésiastiques au Moyen Âge, elle attire les banquiers : au XIIIe siècle, elle est déjà devenue une des premières places financières d'Europe. L'origine des fameux « cahorsins » est discutée : sont-ils des Lombards installés à Cahors, ou des Cadurciens initiés à la banque par les Lombards ? Sans doute un peu l'un et l'autre. Et il s'y ajoute quelques Juifs, comme dans les États français du pape. Quelle qu'en soit l'origine, la finance cadurcienne domine aussi bien les comptoirs champenois que les foires de Beaucaire, et prête autant aux rois qu'aux papes. La richesse des habitants profite à la cité, qui s'orne de beaux monuments civils et religieux. L'élection d'un enfant du pays au pontificat est une autre chance : Jacques Duèse, devenu Jean XXII, entreprend dans sa patrie la construction d'un palais et surtout y fonde une université qui durera jusqu'en 1751.

La guerre de Cent Ans est pour Cahors une époque sombre mais non sans grandeur. Dès le début des hostilités, les Anglais s'emparent de toutes les places du Quercy. Seule Cahors résiste. Lorsque le traité de Brétigny la livre aux Anglais, en 1360, elle refuse d'ouvrir ses portes (la construction du célèbre pont Valentré a été achevée cinq ans auparavant). Il faut un ordre du roi pour qu'elle cède. Mais, en 1369, elle se soulève et, assiégée quelque temps après par les Anglais, elle repousse toutes leurs tentatives au prix de lourds sacrifices. En 1450, quand les Anglais quittent définitivement le Quercy, Cahors est « moult dépeuplée et diminuée de gens ». Elle ne recouvrera jamais sa prospérité d'antan. Elle aura à subir un pillage d'Henri de Navarre (futur Henri IV) en 1580.

CAILLAUX Joseph Marie Auguste (Le Mans, 1863 – Mamers, 1944)

Homme politique, président du Conseil.

Inspecteur des Finances en 1888, député de la Sarthe en 1898, il est ministre des Finances dans les cabinets Waldeck-Rousseau en 1899, Clemenceau d'octobre 1906 à juillet 1909 et Monis de mars à juin 1911. Partisan de l'équilibre budgétaire, ce républicain de droite passe à gauche, chez les radicaux, pour défendre en février 1907 un projet d'impôt progressif sur le revenu qui est à la base des réformes des contributions directes de 1914 et 1917. Homme brillant, autoritaire, parfois emporté, il s'impose par sa connaissance des problèmes financiers. Président du Conseil et ministre de l'Intérieur en juin 1911, il parvient à régler pacifiquement le différend avec l'Allemagne après le coup d'Agadir, négociant secrètement avec les dirigeants allemands, à l'insu et contre l'avis du ministre des Affaires étrangères, Selves. Il est violemment attaqué à la Chambre, par Painlevé et Clemenceau notamment, à la suite de la convention franco-allemande de novembre 1911.

Chef du parti radical qu'il tente de rénover, il préside le congrès de Pau en octobre 1913. De nouveau ministre des Finances en décembre 1913 dans le cabinet Doumergue, il poursuit sa politique fiscale mais doit démissionner en mars 1914 à la suite de l'assassinat de Gaston Calmette par son épouse. Calmette, directeur du *Figaro*, menait dans son journal, à l'instigation de Poincaré et de Barthou, une violente campagne contre le ministre des Finances. Caillaux apparaît dès le début de la guerre partisan d'une paix rapide avec l'Allemagne, rencontrant des agents pacifistes allemands lors de ses missions en Italie (1914) ou en Argentine (1917) ; fondant en 1917 un journal pacifiste, *Le Pays* ; entretenant des relations avec un homme assez suspect, Bolo dit Bolo Pacha. Arrêté en décembre 1917 sur l'ordre de Clemenceau, et accusé d'intelligences avec l'ennemi, il comparaît, en février 1920, devant le Sénat érigé en Haute Cour. Deux mois plus tard, la cour n'ayant retenu contre lui que le fait d'avoir correspondu avec l'ennemi, il est condamné à trois ans de prison et libéré. Amnistié, réélu député de la Sarthe, il est encore ministre des Finances dans le cabinet Painlevé, d'avril à octobre 1925. Il accomplit pendant son ministère un voyage à Washington pour tenter de régler le problème des dettes françaises, échoue dans sa mission et abandonne le pouvoir. Sénateur en octobre 1922, il préside la commission des Finances du Sénat de 1932 à 1940 et contribue, à ce titre, à la chute du ministère Blum en juin 1937.

CAILLIÉ René (Mauzé, 1799 – La Baderre, 1838)

Explorateur.

La lecture de *Robinson Crusoé* est à l'origine de la vocation d'explorateur de ce jeune Poitevin qui n'hésite pas à quitter le domicile paternel à l'âge de 16 ans pour visiter les Antilles et le Sénégal. Après un retour en France pour soigner une affection tropicale, Caillié séjourne chez les Maures pour apprendre l'arabe et se familiariser avec les coutumes de l'Islam. Il souhaite traverser le Mali actuel jusqu'à Tombouctou où, à l'époque, nul Européen ne peut pénétrer. Se faisant passer pour un ancien esclave égyptien, il réussit à se mêler à une caravane de marchands indigènes et arrive en 1828 à Tombouctou où seuls auparavant sont parvenus l'Anglais Laing et le marin français Imbert, tous deux assassinés. Plus heureux, Caillié remonte à travers le Sahara et le Maroc jusqu'à Tanger. Il a raconté son périple dans le *Voyage à Tombouctou et à Djenné dans l'Afrique centrale* (1830). Terrassé par une maladie contractée lors de son expédition, René Caillié succombera à une aggravation du mal une fois revenu en métropole.

CAIRE (Le)

Capitale de l'Égypte, sur la rive droite du Nil.

Elle devient le centre de l'administration française en Égypte lorsque Bonaparte y fait son entrée le 22 juillet 1798, quelques jours après la victoire des Pyramides. Malgré deux révoltes extrêmement brutales (octobre 1798, mars-avril 1800), les troupes françaises parviennent à en garder le contrôle jusqu'au 28 juillet 1801. Ce jour-là, le général Belliard, qui dispose d'une trop faible garnison, est contraint de capituler devant une importante armée anglo-turque qui l'assiégeait depuis plus d'un mois.

CALAIS

Kaleis. *Port du Pas-de-Calais.*

À l'origine petit village de pêcheurs, Calais est érigé en commune au XIIe siècle par le comte de Flandre Gérard de Gueldre, et doit ensuite son développement à la proximité de l'Angleterre. Au XIIIe siècle, sous la domination des comtes d'Artois, la ville devient le principal point de passage entre la France et l'Angleterre, attirant les marchands lors de ses deux foires annuelles. Agrandie et fortifiée par Philippe de France, comte de Boulogne (1224), Calais est prise par les Anglais au cours de la guerre de Cent Ans, après un siège fameux d'un an (1347). La ville est alors sauvée de la destruction par le dévouement d'Eustache de Saint-Pierre et de cinq autres bourgeois qui se livrent à Édouard III. L'intervention de la reine Philippa leur vaut la vie sauve, mais les habitants de la région sont expulsés et remplacés par des Anglais. C'est le célèbre épisode des bourgeois de Calais. Fortifiée, Calais reste aux mains des Anglais pendant deux siècles et devient un centre commercial important, notamment pour le transit des laines entre l'Angleterre et la Flandre. François de Guise la reprend pour la France en 1558. Sous le règne d'Henri IV, en 1596, les Espagnols s'emparent de Calais et l'occupent jusqu'au traité de Vervins en 1598. De nouveaux travaux de fortification sont alors entrepris, mais la ville décline sous le règne de Louis XIV au profit de Dunkerque. Centre actif de contrebande pendant le Blocus continental, Calais connaît un nouvel et rapide essor au XIXe siècle, grâce à l'implantation de l'industrie de la dentelle et aux chemins de fer.

En 1914, Calais est un des buts de la « course à la mer » des Allemands, mais ils ne peuvent l'atteindre. Importante base britannique, elle est ensuite souvent bombardée. Pendant la Seconde Guerre mondiale, une grande partie du nord de la ville, la partie la plus ancienne, est incendiée (mai 1940), et Calais subit ensuite de nombreux bombardements effectués depuis les côtes anglaises. Base de V1 de juin à septembre 1944, la ville est libérée par les Canadiens au mois de septembre.

CALAS Jean (La Cabarède, 1698 – Toulouse, 1762)

Négociant calviniste célèbre par l'affaire dont il est victime et qui porte son nom.

Le 13 octobre 1761, le fils aîné de Jean Calas, Marc-Antoine, jeune homme de caractère mélancolique, converti au catholicisme contre le gré de son père, est trouvé pendu dans le magasin familial à Toulouse. Le désir d'assurer au corps un ensevelissement décent engage les parents Calas à faire disparaître toutes traces permettant de constater la pendaison et par là, le suicide. Conduite forcément imprudente, qui oblige les enquêteurs à envisager comme la plus probable l'hypothèse du crime, et qui sera fatale à Jean Calas. La rumeur publique rapporte les désaccords, et même les violentes oppositions entre le père resté fervent huguenot et le fils converti.

Calais
Édouard IV d'Angleterre débarquant à Calais. *Mémoires de Philippe de Commines*. Manuscrit, école de Rouen, début XVIe siècle, Nantes, musée Dobrée. © *Giraudon*

Inculpé d'assassinat, Jean Calas est incarcéré avec toute sa famille, soupçonnée de complicité. Sous la pression de la population catholique déchaînée, le parlement de Toulouse conclut à la culpabilité de Calas qu'il condamne, par huit voix contre cinq, à subir la question ordinaire et extraordinaire, à être rompu vif et jeté dans un bûcher (9 mars 1762). Après le supplice, les autres membres de la famille sortent de prison (trois enfants sont transférés dans des couvents, les autres sont remis en liberté). Émigrée en Suisse, la veuve Calas réussit à intéresser Voltaire à sa cause. Après avoir recueilli la veuve et deux de ses filles, Voltaire fait tant, par sa plume et par ses relations, que le Conseil du roi casse l'arrêt de Toulouse. Calas est réhabilité ; ses biens sont restitués à la famille (9 mars 1765). Louis XV y ajoute un don personnel de trente mille livres. Écrit à l'occasion de cette affaire par Voltaire, le *Traité sur la tolérance* est publié en 1763.

CALENDRIERS

L'histoire de France a connu trois grands calendriers : julien, grégorien et républicain.

Le calendrier julien est conçu en 46 avant notre ère (année 708 *ab Urbe condita*) par Jules César, sur les conseils de l'astronome Sosigène. Les années bissextiles sont déjà prévues (une tous les quatre ans sans exception). La journée doublée est le 24 février. Le début de l'année est ramené du 1er mars au 1er janvier. La réforme julienne est mise en application le 1er janvier 45 avant J.-C. Elle amène une grande simplification du calendrier romain.

Le calendrier grégorien, qui demeure en vigueur de nos jours, est le résultat d'une réforme du calendrier julien ordonnée en 1582 par le pape Grégoire XIII. Pour serrer de plus près la durée exacte de l'année tropique, évaluée à 365,242 jours, il est décidé de nuancer l'utilisation des années bissextiles. Le jour supplémentaire est fixé au 29 février. L'année séculaire ne pourra plus coïncider avec une année bissextile (sauf pour les millésimes multiples de 400 : 1600, 2000, 2400…) Les saisons ont pris du retard par rapport au cycle solaire. Il semble alors plus sage de revenir aux conditions du concile de Nicée (325) qui avait établi les règles du comput ecclésiastique. Le pape décide que le jeudi 4 octobre 1582 sera immédiatement suivi du vendredi 15 octobre. Le calendrier grégorien sera rapidement adopté en France, et le 20 décembre 1582 succédera au 9 décembre.

Le calendrier républicain est institué par la Convention nationale le 24 octobre 1792. L'ère des Français date de la fondation de la République, c'est-à-dire du 22 septembre 1792, elle est divisée en 12 mois égaux de 30 jours (plus 5 jours qualifiés de complémentaires et qui devront servir à la célébration des fêtes patriotiques, d'où leur nom de sans-culottides, plus un sixième jour en année bissextile, la franciade). Grâce à Fabre d'Églantine, ces mois reçoivent des noms poétiques : vendémiaire (du 22/24 septembre au 21/23 octobre), brumaire (du 22/24 octobre au 20/22 novembre), frimaire (du 21/23 novembre au 20/22 décembre), nivôse (du 21/23 décembre au 19/21 janvier), pluviôse (du 20/22 janvier au 18/20 février), ventôse (du 19/21 février au 20/21 mars), germinal (du 21/22 mars au 19/20 avril), floréal (du 20/21 avril au 19/20 mai), prairial (du 20/21 mai au 18/19 juin), messidor (du 19/20 juin au 18/19 juillet), thermidor (du 19/20 juillet au 17/18 août), fructidor (du 18/19 août 21/23 septembre). Le mois est divisé en trois décades. Les noms de jours sont prosaïquement tirés de la numération : primidi, duodi, tridi, quartidi, quintidi, sextidi, septidi, octidi, nonidi, decadi. Le decadi est consacré au repos. Ce calendrier durera un peu plus de treize ans. Un sénatus-consulte du 21 fructidor an XIII ordonnera le rétablissement du calendrier grégorien à partir du 1er janvier 1806.

CALÈTES

Peuple de la Gaule Belgique fixé dans le pays de Caux.

La cité gallo-romaine des Calètes, *Juliobona* (Lillebonne), est ensuite unie à celle des Véliocasses pour former la cité de Rouen (*civitas Rotomagensium*).

CALIXTE II, Gui de Bourgogne (Quingey, Doubs, v. 1060 – ?, 1124)

Pape.

Fils du comte Guillaume Tête Hardie. En 1088, la métropole de Vienne lui est confiée. En février 1119, il est élu pape à Cluny où son prédécesseur, le pape Gélase II, fuyant les troubles de Rome, était venu mourir. Non sans mal, Calixte parvient à chasser l'antipape Bourdin d'Italie. S'inspirant d'Yves de Chartres, il règle, au moins provisoirement, la querelle des Investitures : après de longues négociations, le concordat de Worms (23 septembre 1122), signé avec l'empereur Henri V, assainit les rapports du sacerdoce et de l'Empire. Les chrétiens d'Orient sont vigoureusement secourus. Les nobles qui pillent les biens d'église sont poursuivis et châtiés. Les monuments de Rome sont restaurés ou reconstruits. La dernière œuvre du pape est le célèbre concile de Latran (Ier Latran IXe œcuménique), réuni en 1123.

CALLIÈRES François de (Thorigny, 1645 – Paris, 1717)

Diplomate.

Il est envoyé en Pologne en 1672 pour soutenir la candidature de Longueville, puis en Hollande, en 1697, comme ministre plénipotentiaire pour la paix de Ryswick qu'il a secrètement préparée. À son retour, en 1698, il est nommé secrétaire du Cabinet du roi. Son honnêteté est vantée par Saint-Simon. Membre de l'Académie française en 1689, il publie divers ouvrages, dont le manuel intitulé *De la manière de négocier avec les souverains* (1716) et le traité *De la science du monde* (1717).

CALLIÈRES Louis Hector de (Thorigny, 1646 – Québec, 1703)

Officier et administrateur.

Frère du précédent, il est nommé gouverneur de Montréal en 1684. Il combat avec Frontenac contre les Iroquois, puis négocie avec ce peuple une réconciliation scellée par un traité en 1701, deux ans après sa nomination comme gouverneur de la Nouvelle-France.

CALMETTE Gaston (Montpellier, 1858 – Paris, 1914)

Journaliste.

Il entre jeune au *Figaro*, où il se fait confier la rédaction d'articles de grand reportage politique, ce qui lui donne en son temps une certaine noto-

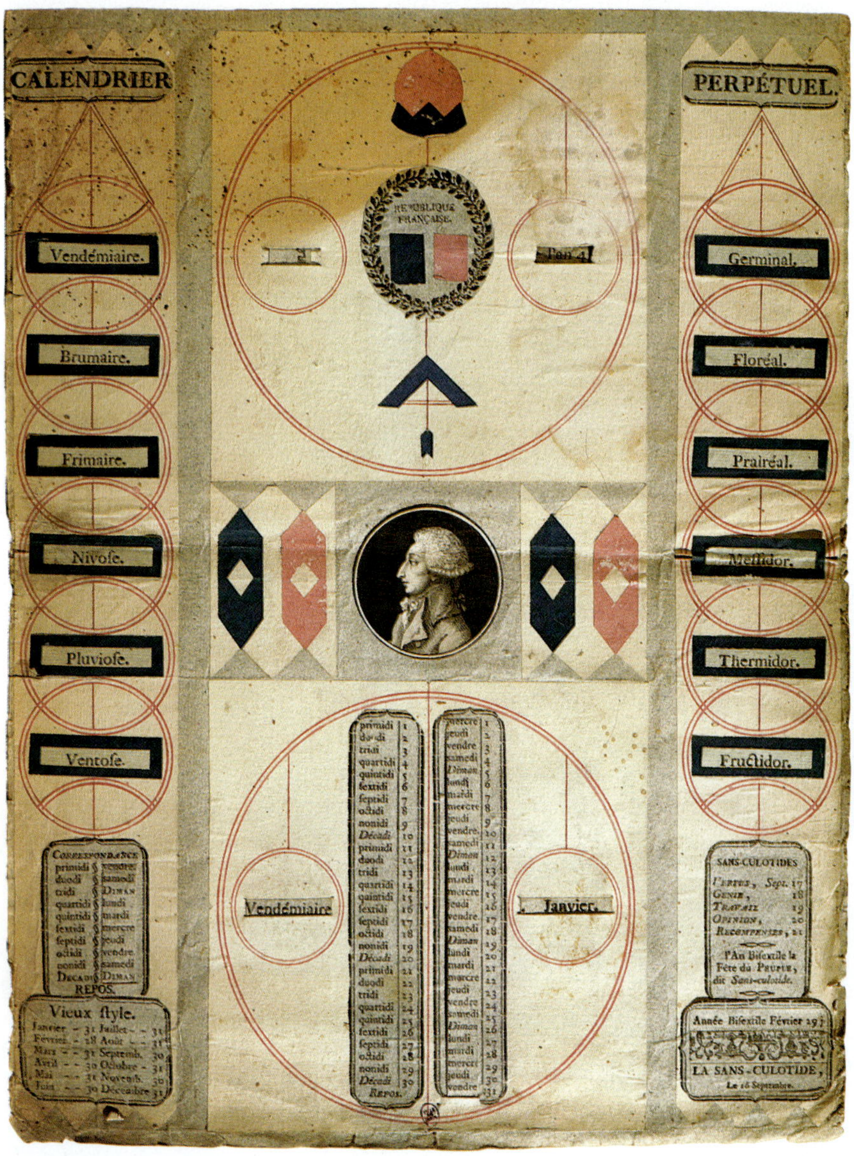

Calendrier républicain
Calendrier perpétuel indiquant les correspondances des ans et des mois. Musée de la ville de Paris, musée Carnavalet.
© G. Dagli Orti

riété, notamment lorsque le scandale de Panamá fait tomber le cabinet Loubet en 1892. Mais c'est à un autre scandale qu'il doit d'être passé à la postérité. Le 2 décembre 1913, le ministère Barthou doit se démettre, aussitôt remplacé par un cabinet Doumergue. Cette prise de pouvoir des radicaux est l'œuvre de Caillaux qui peut, une semaine plus tard, se joindre au nouveau gouvernement avec le portefeuille des Finances. Aussitôt, un certain nombre de personnalités opposées aux radicaux, principalement Briand et Barthou, décident de mener contre l'auteur de l'impôt sur le revenu une violente campagne exploitant les contradictions de la vie publique et de la vie privée d'un homme que Briand qualifie de « ploutocrate démagogue ». Caillaux est attaqué à la tribune et par la presse, Calmette, devenu directeur du *Figaro* en 1902, étant associé à cette entreprise. *Le Figaro* publie des preuves « accablantes » pour Caillaux, mais « peu à peu, et en commençant par le fretin », comme dit Léon Daudet. Le soir du 16 mars 1914, pour venger son mari et arrêter la publication de lettres compromettantes, Mme Caillaux abat Calmette d'un coup de révolver dans son bureau. Caillaux démissionne le 17 mars. Le meurtre de Calmette ne pèse pas lourd dans les élections de mai 1914 qui sont un triomphe pour le radicalisme « avancé ». Mise en jugement, Mme Caillaux est acquittée le 31 juillet.

Le Petit Journal
ADMINISTRATION
61, RUE LAFAYETTE, 61
Les manuscrits ne sont pas rendus
On s'abonne sans frais dans tous les bureaux de poste
5 CENT. SUPPLÉMENT ILLUSTRÉ 5 CENT.
25me Année — Numéro 1.219
DIMANCHE 29 MARS 1914
ABONNEMENTS

	SIX MOIS	UN AN
SEINE et SEINE-ET-OISE	2 fr.	3 fr. 50
DÉPARTEMENTS	2 fr.	4 fr. »
ÉTRANGER	2 50	5 fr. »

Tragique épilogue d'une querelle politique
Mme CAILLAUX, FEMME DU MINISTRE DES FINANCES, TUE A COUPS DE REVOLVER M. GASTON CALMETTE DIRECTEUR DU « FIGARO »

Gaston Calmette
Calmette assassiné par Mme Caillaux. *Le Petit Journal*, supplément illustré, 20 mars 1914. © *Sélection Images*

CALONNE Charles Alexandre de (Douai, 1734 – Paris, 1802)

Contrôleur général des Finances.

Ancien élève des Jésuites, il embrasse la carrière du barreau. Avocat général au Conseil supérieur de l'Artois, puis procureur général au parlement de Douai, dont son père avait été premier président, il acquiert une certaine notoriété en instruisant le procès des parlementaires de Rennes, en révolte contre l'autorité royale. Ce serait lui, ont prétendu ses ennemis, qui aurait accablé La Chalotais, accusé d'avoir envoyé des lettres injurieuses à Louis XV, en s'écriant : « Voici l'écriture de M. de La Chalotais. » Il n'en fallait pas davantage pour lui faire une réputation d'intrigant aux yeux des adversaires de l'absolutisme. Devenu très tôt maître des requêtes, ce qui lui donne entrée au Conseil, il est ensuite nommé intendant à Metz, en 1766, puis, sur la demande de Turgot, à Lille, en 1778, où il se fait remarquer par ses qualités d'administrateur. Il apporte tout son soin à l'entretien des routes et des canaux, favorise le commerce flamand, encourage l'essor du port de Dunkerque, fournissant par là des débouchés à l'industrie textile régionale qu'il s'efforce de développer. Il se voit désormais entouré de la réputation d'homme de valeur et, appuyé par le comte d'Artois, Marie-Antoinette et Vergennes, est appelé en novembre 1783 au contrôle général des Finances. Il sait s'y entourer d'excellents collaborateurs, comme l'économiste Dupont de Nemours, l'abbé Talleyrand-Périgord et le banquier Clavière.

Le déficit financier, mal chronique de la monarchie, atteint alors des proportions catastrophiques. Devant l'impossibilité de le combler par l'augmentation des impôts, Calonne reprend la politique que Necker avait inaugurée au moment de la guerre d'Amérique. Homme habile, il réussit à rétablir la confiance dans l'État en reprenant le paiement des rentes, en abaissant le taux d'escompte à 4,5 % et en décidant de grands travaux (construction de routes, du canal de Bourgogne, du port militaire de Cherbourg, etc.). Cette politique fait croire pendant quelques années à l'absence de difficultés sérieuses de trésorerie et rend possible les nombreux emprunts auxquels il a recours. Mais les problèmes, qui sont restés les mêmes, resurgissent bientôt. En dépit de l'appui qu'il reçoit des banquiers parisiens et genevois, la ressource de l'emprunt finit par se tarir. Calonne est ouvertement accusé d'avoir dilapidé l'argent de l'État pour plaire à la Cour. Acculé à la banqueroute, il tente alors de résoudre la crise en présentant un plan général de réformes (1786). Son projet principal est hardi, car il tend à établir l'égalité de tous devant l'impôt, en remplaçant le vingtième des biens fonciers par un impôt unique, la « subvention territoriale », qui serait proportionnel au revenu et s'appliquerait à tous sans distinction. Un autre aspect du plan de Calonne vise à associer les sujets du roi à l'administration du royaume en créant une hiérarchie d'assemblées qui reposeraient sur un système d'élections censitaires avec, comme base, la propriété foncière, et non sur une constitution par ordres : « assemblées municipales » élues par les propriétaires ayant 600 livres de revenus, « assemblées de districts » formées des délégués des précédentes, enfin « assemblées provinciales ». Mais il ne leur serait accordé qu'un rôle consultatif. Son plan prévoit enfin l'établissement de la liberté du commerce des grains par l'abolition des douanes intérieures et le remplacement de la corvée royale par une taxe.

Ce programme, qui répond dans une certaine mesure aux aspirations du tiers état et notamment de la bourgeoisie, porte de rudes coups à l'aristocratie, même s'il n'entend pas supprimer la hiérarchie sociale traditionnelle et les privilèges honorifiques. Ne pouvant compter sur le Parlement pour l'enregistrer, Calonne convoque l'Assemblée des notables pour le lui faire approuver. Ayant choisi ses membres lui-même, il compte sur leur docilité. Mais les notables, qui font partie des privilégiés, défendent leurs droits et refusent de s'incliner. Louis XVI finit par abandonner son ministre qui est renvoyé le 8 avril 1787. Pour échapper au procès que le Parlement veut lui intenter, Calonne gagne l'Angleterre peu de temps après. Il y contracte en 1788 un second mariage qui lui assure une grande fortune, et engage de là avec Necker et avec ses ennemis une polémique dans laquelle il met beaucoup d'esprit et de talent. En novembre 1789, il rejoint à Turin le comte d'Artois (futur Charles X) et devient ministre des Finances de l'émigration qu'il sert avec zèle et pour laquelle il sacrifie sa fortune. Il retourne, en 1792, à Londres où il compose quelques ouvrages politiques. Abandonné par les émigrés dont il s'attire l'hostilité en publiant en novembre 1795 son *Tableau de l'Europe*, il sollicite en 1802 l'autorisation de rentrer en France. Il y meurt un mois après son retour.

CALUIRE (réunion de)

Réunion rassemblant le 21 juin 1943, les principaux chefs de la Résistance et au cours de laquelle Jean Moulin est arrêté.

L'arrestation du chef de l'armée secrète, le général Delestraint, le 9 juin 1943, conduit Jean Moulin, qui préside le Conseil national de la Résistance (CNR), à réunir les principaux dirigeants de l'Armée secrète. Le lieu de rendez-vous est Caluire, près de Lyon, « capitale de la Résistance ». Mais la réunion tourne court : la Gestapo, sous les ordres de Klaus Barbie, entoure la maison et arrête tous les participants. Le débat sur l'identité du délateur a déclenché plusieurs polémiques. Même Raymond Aubrac, célèbre résistant seul parmi les arrêtés de Caluire à n'avoir pas été transféré à Paris, a été suspecté. En fait, il semble que la responsabilité de cette arrestation revienne à René Hardy, l'un des participants. Arrêté le 7 juin, puis relâché le 10, il n'a pas été assez vigilant et a probablement été suivi. À l'issue du coup de filet allemand, Schwartzfeld, de *France d'abord,* et Larat, du service des opérations aériennes, meurent en déportation ; Lassagne, de *Libération,* en revient brisé. Affreusement torturé par la Gestapo de Lyon, Jean Moulin succombe quinze jours plus tard sans avoir parlé.

CALVAIRE (Filles du)

Congrégation de religieuses fondée à Poitiers par Antoinette d'Orléans, veuve de Charles de Gondi, en 1617.

La règle, très stricte, est celle des Bénédictines réformées. Le père Joseph, directeur d'Antoinette, l'aide dans cette fondation. Catherine de Médicis installe les Filles du Calvaire à Paris en 1621, au Luxembourg d'abord, puis dans un couvent du Marais dont le père Joseph est le directeur. La congrégation est approuvée par Rome en 1622. Les Filles du Calvaire sont caractéristiques du grand mouvement de fondation et de réforme d'ordres religieux qui inaugure le siècle des saints.

CALVIN Jean (Noyon, 1509 – Genève, 1564)

Réformateur.

« Le second patriarche de la Réforme », selon l'expression de Bossuet, est petit-fils d'un artisan tonnelier. Mais son père ne suit pas la tradition familiale et exerce dans sa ville natale de Noyon les fonctions à la fois de notaire apostolique, de procureur fiscal du comté, de promoteur du chapitre et de secrétaire de l'évêque de la cité, Charles de Hangest. Grâce à l'appui du prélat et encouragé par sa mère, Jeanne Lefranc, le collège des Capettes qui l'accueille partage ensuite l'éducation des enfants du seigneur de Mommor. Toujours grâce à ces hautes protections, il vient à Paris en 1523, entre au collège de la Marche où tous les enseignants sont des humanistes, puis, trois ans plus tard, au collège de Montaigu, où l'on demeure fidèle à la scolastique traditionnelle. Son père lui fait obtenir, dès 1521, le bénéfice de la chapelle de la Gésine en la cathédrale de Noyon et, en 1527, celui de la cure de Marteville.

De 1528 à 1533, Calvin fréquente les universités d'Orléans et de Bourges, fiefs d'humanistes où des relations sont nouées avec l'helléniste allemand Melchior Wolmar et avec son cousin, Robert Olivier, acquis aux idées nouvelles, celles de la Réforme. C'est cependant un jeune homme encore respectueux des traditions qui regagne Paris en 1533, gradué en lettres et en droit, destiné à la fonction ecclésiastique, assuré de revenus appréciables donc promis à un avenir sûr. Il vient de publier sous le nom de *Calvinus* un premier ouvrage en latin, un commentaire sur le *De clementia* de Sénèque. On parle pour lui du vicariat de l'évêché d'Orléans. Et pourtant, cet homme d'études, au visage émacié et à la santé apparemment fragile, va changer brusquement, comme si ce retour dans un Paris bouillonnant d'idées nouvelles représentait pour lui la révélation. En fait, il s'agit d'un lent mûrissement qui est l'aboutissement d'années de méditation. La preuve en est apportée lors du sermon d'ouverture des facultés, prononcé le 1er novembre 1533 par le recteur Nicolas Cop, mais rédigé par Calvin. Ce texte, jugé hérétique, fait scandale et pousse son auteur à un périple en Saintonge puis dans le Sud-Ouest, jusqu'en Béarn. Peu après, l'affaire des Placards, ces affiches faisant l'apologie de la Réforme imprimées à Bâle, introduites clandestinement en France en 1534 et placardées jusque sur la porte des appartements de François Ier à Amboise, provoque le début de la répression du protestantisme et la fuite de Calvin qui se réfugie à Bâle.

Jean Calvin
Huile sur toile, XVIIe siècle, Paris, Bibliothèque de l'histoire du protestantisme. © *Lauros-Giraudon*

Là, il publie en latin *L'Institution de la religion chrétienne* (1536) qu'il traduit en français en 1541. Dès lors, éditions latines et traductions françaises se succéderont, sans cesse aménagées et enrichies de textes nouveaux. Mais les premiers textes définissent clairement la pensée de l'auteur, pour qui l'Évangile est la seule source de vérité et de croyance. Il rejette délibérément tout ce qui ne repose pas sur l'Écriture et n'attache aucune valeur à la tradition, concevant les sacrements comme de simples symboles à l'exclusion de deux, le baptême et la communion. En ce sens, il est en désaccord avec Érasme, dont les critiques tendent à une évolution du dogme, et rejoint les autres grands réformateurs. Mais sa marque propre est celle de la méthode, de la rigueur, du refus de compromis, de la moindre aliénation des textes de l'Écriture, autant d'options définitives qui révèlent le caractère décidé, inflexible d'un homme qui a tout quitté – sa patrie, son passé – pour forger un monde nouveau.

Cet esprit de Calvin se compose en fait de deux éléments en apparence contradictoires. Il partage les vues pessimistes de Luther sur l'homme et proclame que seul le sacrifice du Christ est sauveur. Mais, cette irrémédiable souillure terrestre étant admise, Calvin se différencie du réformateur allemand sur la question du salut. À la notion purement théologique luthérienne, il préfère une notion morale, sociale, du service de Dieu qui doit mener à l'action. L'homme doit rendre au Tout-Puissant un hommage permanent en disciplinant sa vie, ses pensées. Pour lui, la religion doit tout régler de l'existence sur terre. Cette volonté de codifier les règles de vie est le trait dominant de la pensée de Calvin, et il est symbolique que, sitôt arrivé à Bâle, il se soit mis à l'ouvrage de son *Institution chrétienne.* Il est vrai que l'on retrouve là l'ancien étudiant en droit d'Orléans, imprégné à jamais des fondements du droit romain qui est celui des textes rédigés avec précision. Luther, au contraire, individualiste et mystique, « romantique » avant l'heure, force de la nature, ne conçoit pas, sur le moment, cette nécessité de codification et laisse l'homme être, pour ainsi dire, « son propre pasteur ». La doctrine de Calvin implique avant tout une notion de « service ». Elle prône la prise de position nette et tranchée devant les problèmes de ce monde. Et c'est pourquoi elle se fortifiera et se précisera encore à la faveur d'une nouvelle expérience, celle de son application à la ville où le réformateur passera la fin de sa vie : Genève.

Après un premier séjour décevant, en 1538, puis une installation à Strasbourg, Calvin revient sur les bords du Léman en 1541. Il va trouver cette fois une atmosphère favorable au développement de sa doctrine, car la cité devient une solide place réformée. Non que les habitants y soient plus épris de foi qu'ailleurs, mais seulement parce que la Réforme permet ici d'échapper à la tutelle pesante des ducs de Savoie, demeurés fidèles à Rome. C'est un atout appréciable. Rien cependant ne serait pleinement acquis sans les qualités d'organisateur du réformateur, qui montre alors sa valeur d'homme d'action. Il révèle une énergie hors du commun, une autorité, un esprit de décision et une clairvoyance qui sont celles des grands meneurs d'hommes et des grands révolutionnaires au sens moderne du terme. Le 20 novembre 1541, les magistrats genevois adoptent les ordonnances ecclésiastiques élaborées par le réformateur. Elles jettent les bases de l'organisation d'une Église officielle, cette « Église visible » au rythme de laquelle doit vivre la cité. Son service sera assuré par un véritable clergé sans caractère sacerdotal, mais dominateur des âmes et des consciences. Le Grand Conseil en surveillera les membres, tous élus, mais agréés seulement après avoir fait preuve de leur foi et de leur compétence. Le service de l'Église est également celui de la cité.

Ainsi cette cité genevoise devient-elle peu à peu un vaste temple, point de départ d'une doctrine qui tend à proposer, au nom de la parole divine, des règles de vie bien définies, que ce soit au sein de la famille, dans l'existence matérielle ou spirituelle. Que cette doctrine s'épanouisse dans une cité de banquiers, de magistrats, d'administrateurs, de négociants n'est pas un inconvénient, au contraire, puisque la doctrine se trouve alors confrontée aux réalités des impératifs matériels. C'est d'ailleurs sans doute ce qui confère au calvinisme sa marque propre, qui n'aurait sans doute pas été la même dans l'hypothèse d'une implantation en région à prédominance rurale par exemple. Cependant, cette implantation ne s'effectue pas sans oppositions. De 1542 à 1546, le Grand Conseil de Genève, à la requête du Consistoire, prononce 76 sentences d'expulsion. Le 28 octobre 1553, Michel Servet, médecin d'origine espagnole venu du Dauphiné, est supplicié, ce que Calvin justifie aussitôt en proclamant le droit pour toute société chrétienne « de punir les hérétiques ». Le 16 mai 1555, les opposants font une ultime tentative sous l'impulsion d'Ami Perrin, ancien capitaine général de la ville. L'échec qui s'ensuit entraîne de nouvelles sentences capitales ou de bannissement qui démantèlent ce qui reste d'opposition.

Cette fois, Genève mérite le surnom de « Rome du protestantisme ». L'afflux de réfugiés français fuyant la répression des autorités royales renforce sans cesse la position de Calvin, qui ne devient cependant citoyen genevois qu'en 1559. Le collège de Genève devient « académie » et dispense désormais un enseignement destiné à faire rayonner en Europe la « théocratie » calviniste. Le dynamisme de ses membres, leurs préoccupations littéraires, scientifiques autant que religieuses contribuent à conférer à Genève un prestige sans précédent, tant dans le monde réformé que dans le monde orthodoxe.

CAMBACÉRÈS Jean-Jacques Régis de, duc de Parme (Montpellier, 1753 – Paris, 1824)

Juriste et homme d'État.

D'une famille de robe, il est destiné à la carrière de la magistrature et devient avocat au barreau de sa ville natale. En 1771, il succède à son père dans la charge de conseiller à la Cour des comptes de Montpellier mais n'entre en fonctions qu'en 1774, après le rétablissement des anciens parlements. La Révolution trouve en lui un adepte fervent. Rédacteur des cahiers de la noblesse de

Montpellier, président du tribunal criminel de l'Hérault, il est élu à la Convention en septembre 1792 et fait partie pendant deux ans du comité de législation. Lors du procès de Louis XVI, Cambacérès répond par l'affirmative à la question de la culpabilité mais vote pour le sursis à l'exécution. Il dénonce la défection de Dumouriez dans un rapport présenté à la Convention le 26 mars 1793, demande l'arrestation des Girondins mais, se consacrant surtout à l'élaboration d'un nouveau droit, évite de se compromettre pendant la Terreur et refuse même de s'associer à Tallien et Barras pour abattre Robespierre. On lui doit un rapport réservant les droits successoraux des enfants naturels (2 novembre 1793), un premier projet de code civil (août 1793) qui posait notamment le problème de la libre disposition de la personne humaine et de ses biens (dès le 9 septembre 1794).

Cambacérès
Huile sur toile de Fr.-H. Schopin, Paris, Cour des comptes. © *Giraudon*

Sous le Directoire, Cambacérès reçoit la présidence du Conseil des Cinq-Cents, après avoir déjà assuré en 1794 celle de la Convention, mais, suspecté de royalisme, il est écarté de toute fonction politique au bout de quelques mois de législature. Le virage à gauche du Directoire lors du 30 prairial an VII marque sa rentrée dans la vie publique. Il devient ministre de la Justice, poste qu'il conserve après le 18 Brumaire, et inspire une telle confiance à Bonaparte que ce dernier le fait choisir par Sieyès comme deuxième consul (1799). Bien qu'on lui ait reproché d'avoir incarné en un certain sens les préjugés aristocratiques de la caste parlementaire, Cambacérès n'en représente pas moins la tradition révolutionnaire face à Lebrun, homme de l'Ancien Régime. Il a une part importante dans la rédaction du code civil, choisit avec soin les nouveaux juges et s'emploie à défendre l'indépendance de la magistrature et du barreau. Lors de l'établissement de l'Empire, il devient archichancelier, avec la présidence perpétuelle du Sénat, est fait prince d'Empire et duc de Parme. Il est un des principaux conseillers de Napoléon, s'efforce d'empêcher l'exécution du duc d'Enghien (1804), de modérer sa passion pour les guerres, et de le détourner de la campagne de Russie. En 1814, Marie-Louise l'appelle à présider le Conseil de régence. Cambacérès se rallie aux Bourbons mais reprend malgré lui ses fonctions pendant les Cent-Jours, avec le portefeuille de la Justice. Proscrit en 1815 comme régicide, il est radié en même temps de l'Académie française où il avait été élu en 1803. Après trois ans d'exil en Belgique, il est réintégré en 1818 dans tous ses droits civils et politiques. Cambacérès, qui a amassé une énorme fortune, meurt en 1824 dans son somptueux hôtel de la rue de l'Université, à Paris.

Cambodge

État de l'Asie du Sud-Est, en bordure du golfe du Siam, limité par la Thaïlande, le Laos et le Vietnam.

Après avoir fait partie du royaume de Fou-Nan, du Ier au VIe siècle, le Cambodge devient le centre du puissant Empire khmer, autour de sa capitale Angkor. Les conflits avec les pays voisins, le Siam surtout, se multiplient à partir du XIVe siècle, les Siamois s'emparant d'Angkor en 1431. La lutte se poursuit pendant plusieurs siècles, au cours desquels le pays connaît quelques grands règnes, mais aussi des guerres civiles et des interventions du Siam et de la Cochinchine. Des Hollandais et des Portugais tentent en vain de s'y installer au XVIe siècle. Le roi du Cambodge, Ang Duong, finit par faire appel à la France en 1854. Une première mission échoue, mais de nouvelles négociations, habilement menées par le capitaine de vaisseau Doudart de Lagrée, aboutissent sous le règne de Norodom, fils d'Ang Duong, au traité de protectorat signé à Oudong par l'amiral de La Grandière en juillet 1863. Les Français installent au Cambodge un résident – qui a la haute main sur l'administration – et s'assurent la liberté du commerce et de la circulation dans tout le pays.

En 1867, le Siam reconnaît le protectorat français sur le Cambodge, en échange de la cession des provinces de Battambang, Siem Reap et Sisophon. Norodom Ier entreprend la modernisation de son pays : une série d'ordonnances, en 1877, annonce la réforme de l'administration provinciale, du système fiscal, la suppression de l'esclavage. Ces bouleversements provoquent de nombreuses difficultés internes, les tenants du traditionalisme s'insurgeant contre les décisions royales. Charles Thompson, gouverneur de la Cochinchine, est bientôt chargé par Paris de mettre en place de nouvelles institutions. Inquiet, Norodom Ier croit que la France veut supprimer la royauté et créer au Cambodge une colonie. Une partie de son peuple le suit et, de 1884 à 1887, un mouvement insurrectionnel se répand dans tout le pays. Reconnaissant son erreur, le gouvernement français décide, en 1887, d'appliquer une nouvelle politique, respectant les institutions khmers et la royauté. La même année, le Cambodge entre dans l'Union indochinoise, créée à l'instigation d'Eugène Étienne, regroupant les protectorats d'Annam et du Tonkin, et la colonie de Cochinchine.

Auguste Pavie parvient ensuite à éliminer les Siamois du Nord du pays, le long du Mékong, tandis que sous le gouvernement Paul Doumer (1897-1902) les pouvoirs du roi sont encore réduits. En 1907, un traité franco-siamois rend au Cambodge les provinces perdues en 1867. La plus grande partie de ces provinces est de nouveau perdue à la suite de la guerre qui oppose la France à la Thaïlande soutenue par le Japon, et s'achève en 1941 après les accords de Tokyo. Le Cambodge sert de base aux Japonais, notamment pour leurs attaques contre les colonies britanniques, et ne récupère les provinces perdues qu'en 1946-1947, lorsqu'une révolte des dissidents khmers permet aux troupes françaises d'y pénétrer. État associé en 1949, le Cambodge est déclaré indépendant en 1953, et il rompt avec l'Union française en 1955. Monarchie constitutionnelle depuis 1947, le pays a pour roi Norodom Sihanouk.

Cambon Joseph (Montpellier, 1754 – près de Bruxelles, 1820)

Homme politique.

Négociant dans sa ville natale quand éclate la Révolution, il y fonde, en janvier 1790, la Société des amis de la liberté, liée aux Jacobins. Plutôt favorable à la royauté à ce moment, il change d'opinion après la fuite à Varennes et réclame l'instauration de la république. Député de l'Hérault à l'Assemblée législative, Cambon se spécialise dans les questions financières, fait adopter le décret qui met les biens des émigrés à la disposition de la nation, le 9 février 1792. Il désapprouve ensuite les massacres de Septembre et, député de l'Hérault à la Convention, s'oppose aux excès de la Commune de Paris et de Marat, tout en se montrant l'adversaire de Dumouriez. Toujours spécialiste des finances, il est à l'origine du décret du 15 décembre 1792 qui, organisant l'exploitation des pays annexés, fait de la guerre de libération une guerre de conquête.

Cambon condamne ensuite la création du Tribunal révolutionnaire, craignant qu'il ne tombe entre les mains d'intrigants (mars 1793), mais appuie celle du Comité de salut public dont il est élu membre le 6 avril. Il n'est pas réélu au mois de juillet. Président du Comité des finances, il mène véritablement les finances de la France jusqu'en avril 1795, tente d'organiser les fournitures aux armées, de lutter contre les exactions diverses. Par le grand livre de la Dette publique, créé le 24 août 1793, il espère assainir les finances. Adversaire de la proscription des Girondins, malgré ses tendances montagnardes, il se dresse contre Robespierre le 8 thermidor an II et contribue à sa chute le lendemain. Brouillé ensuite avec Tallien et décrété d'arrestation le 16 germinal, il s'enfuit de Paris, se cache jusqu'à l'amnistie de l'an IV et s'établit à Montpellier. Envoyé à la Chambre des représentants par l'Hérault pendant les Cent-Jours, poursuivi comme régicide par la Seconde Restauration, il achève sa vie en exil, près de Bruxelles.

Cambon Jules (Paris, 1845 – Vevey, Suisse, 1935)

Administrateur et diplomate.

Avocat en 1866, il est attaché à la direction générale des Affaires civiles de l'Algérie, en 1874, avant d'être nommé préfet de Constantine (1878). Préfet du Nord (1882), puis du Rhône (1887), gouverneur général de l'Algérie (1891-1897), il est nommé ambassadeur à Washington en 1897. Chargé par l'Espagne de négocier les préliminaires de paix avec les États-Unis, il obtient un grand succès diplomatique (1898). Ambassadeur à Madrid de 1902 à 1907, il est alors nommé à Berlin, et occupe ce poste jusqu'à la guerre, menant les délicates tractations entre la France et l'Allemagne au moment de l'affaire du Maroc. Il achève sa carrière comme secrétaire général des Affaires étrangères (1915-1920).

Cambon Paul (Paris, 1843 – Paris, 1924)

Administrateur et diplomate.

Frère du précédent, il est chef de cabinet de Jules Ferry à la préfecture de la Seine en 1870, puis préfet de l'Aube (1872), du Doubs (1876) et du Nord (1877), et entre dans la diplomatie en 1882. Résident à Tunis, il élabore les bases du protectorat français. Ambassadeur à Madrid (1886) puis à Constantinople (1890), il est ensuite nommé à Londres (1898-1920). Il travaille alors, après Fachoda, au rapprochement entre la France et l'Angleterre qui aboutit à l'Entente cordiale, puis au rapprochement entre la Russie et l'Angleterre, préparant la conclusion de la Triple Entente (1907). Enfin, en juillet 1914, il contribue à l'entrée de l'Angleterre dans la guerre.

Cambrai

Camaracum. *Ville du Nord, sur l'Escaut. Capitale du Cambraisis ou Cambrésis.*

Importante ville de la Gaule Belgique, avec le rang de chef-lieu de cité au Bas-Empire (*civitas Camaracensium*), Cambrai tombe dès 445 sous la domination des Francs. À partir de cette date et hormis un bref retour des Gallo-Romains sous Aétius en 447, Cambrai est la capitale d'un royaume franc jusqu'à 509. Le plus connu de ses rois est Ragnacaire (v. 480), allié de Clovis avant d'être sa victime. Cambrai et le Cambraisis connaissent de longues vicissitudes sous les descendants de Louis le Pieux. Donnée à Charles le Chauve lors du partage de Worms (839), la ville est attribuée à Lothaire après le traité de Verdun (843). Elle suit alors la plupart du temps le sort de la Lorraine. Annexée par Charles le Chauve en 870 en vertu du traité de Meerssen, elle est en 879-880 presque simultanément saccagée par les Normands et cédée à Louis le Jeune, roi de Saxe. De nouveau française sous Charles le Simple, elle tombe sous la domination de l'empereur Henri II en 925. En 986, s'étant emparé de Verdun, Lothaire se prépare à marcher sur Cambrai lorsque la mort l'arrête. En 987, son fils Louis V doit abandonner ses prétentions sur Cambrai. Peu après, Hugues Capet fait de même.

Comprise dans le comté de Hainaut, la cité s'organise en commune dès 1076. Après l'acquisition par Philippe VI des châtellenies de Crèvecœur et d'Arleux-en-Cambraisis (v. 1337), Édouard III, allié de l'empereur Louis IV, s'oppose à l'extension de l'influence française en Hainaut et en Flandre. À cet effet, il tente de mettre la main sur Cambrai. Mais il est repoussé par les Cambrésiens (1339), et le Cambraisis n'échappe entièrement à la France qu'après l'avènement de Jean II le Bon. Il passe ensuite dans les biens de la maison de Bourgogne. Louis XI s'empare de Cambrai en 1477 et la perd deux ans plus tard. En 1510, Maximilien d'Autriche l'érige en duché et principauté d'empire en faveur de Jacques de Croy, évêque de la ville. Charles Quint en fait une de ses principales places fortes. Prise par François duc d'Anjou en 1581, elle revient aux Espagnols en 1595. Louis XIV s'en rend maître en 1677. Depuis lors, elle est restée à la France. Elle est occupée par les Allemands d'août 1914 à octobre 1918.

Évêché dès le Ve siècle et suffragant de Reims, Cambrai est promue archevêché en 1559 avec Arras, Saint-Omer, Tournai et Namur pour suffragants. Elle perd son titre de métropole au Concordat et ne le recouvre qu'en 1841.

Plusieurs traités ont été signés à Cambrai, les plus importants en 1508 et 1529. Celui de 1508, désigné sous le nom de ligue de Cambrai, organise contre Venise une coalition comprenant Louis XII, Maximilien d'Autriche, le pape Jules II et Ferdinand d'Aragon. La guerre qui s'ensuit commence par la victoire française d'Agnadel (1509). Mais, dès 1510, Venise parvient à désagréger cette fragile alliance de puissances rivales. Le traité de 1529, appelé paix des Dames, est conclu entre Louise de Savoie, pour son fils François Ier, et Marguerite d'Autriche, représentant son neveu Charles Quint. D'après ce traité, corrigeant celui de Madrid, François Ier épouse Éléonore, veuve d'Emmanuel Ier, roi de Portugal, et sœur de l'empereur. Il renonce à l'Italie (abandonnant notamment ses alliés italiens) et à sa suzeraineté sur l'Artois et la Flandre. Il doit payer deux millions d'écus d'or pour la rançon de ses fils laissés en otage en 1526. En revanche, l'empereur lui reconnaît la possession du duché de Bourgogne, des comtés d'Auxerre et de Mâcon, de la vicomté d'Auxonne et de la principauté d'Orange.

Cambrai
Prise de la citadelle de Cambrai le 18 avril 1677. Huile sur toile (détail) de A. F. Van der Meulen, château de Versailles. © *G. Dagli Orti*

CAMBRONNE Pierre Jacques Étienne, vicomte (Nantes, 1770 – Nantes, 1842)

Général.

Volontaire de 1792, il fait partie de la légion nantaise envoyée contre les armées vendéennes et combat sous les ordres de Hoche. En 1799, il est envoyé en Suisse, à l'armée de Masséna, et se distingue à la bataille de Zurich. Colonel à Iéna et major commandant du 3e régiment des voltigeurs de la Garde, puis général, il s'illustre pendant les campagnes de 1812-1813 et surtout lors de la retraite qui suit la bataille de Leipzig. Ayant obtenu de suivre Napoléon à l'île d'Elbe, il reçoit le commandement militaire de l'île. En récompense de son dévouement et de la hardiesse qu'il a montrée lors du retour de mars 1815, Napoléon le nomme, en arrivant à Paris, grand-croix de la Légion d'honneur et lieutenant général, puis membre de la Chambre des pairs. À Waterloo, il combat à la tête du « dernier carré » de la Vieille Garde et on lui attribue, en réponse aux sommations de reddition qui lui étaient adressées, la réplique restée célèbre : « La Garde meurt, et ne se rend pas ! ». S'il en a nié la paternité, qui reviendrait peut-être à un major de la Garde, sa réponse, plus brève et non moins énergique, l'a immortalisé. Quoi qu'il en soit, il a refusé de déposer les armes. Laissé pour mort sur le champ de bataille, il est transporté à Bruxelles et de là en Angleterre. Apprenant que son nom figure sur une liste de proscription et qu'on l'accuse d'avoir attaqué la France et le gouvernement royal à main armée, il débarque à Calais le 25 septembre 1815. Arrêté et écroué immédiatement à l'Abbaye, il parvient à passer, sur sa demande, six mois plus tard, devant un conseil de guerre. Berryer assure sa défense et il est acquitté. Nommé en 1820 commandant de la place de Lille, il est admis à la retraite en 1822 et se retire dans une commune des environs de Nantes. La révolution de 1830 le réintègre une dernière fois dans les rangs de l'armée. Il avait épousé une Anglaise après la bataille de Waterloo.

CAMELOTS DU ROI : voir ACTION FRANÇAISE

CAMEROUN

État de l'Afrique équatoriale, au fond du golfe de Guinée, capitale Yaoundé. Limité par le Nigeria à l'ouest, la Guinée équatoriale, le Gabon et le Congo au sud, la république Centrafricaine et le Tchad à l'est, il s'étend en profondeur jusqu'au lac Tchad.

Découvert dès le XVIe siècle, le Cameroun, qui faisait avec les pays occidentaux le commerce des esclaves et de l'ivoire, est exploré et conquis par les Allemands à la fin du XIXe siècle et au début du XXe. Commencée à la suite d'un traité de quasi-protectorat en 1884, l'occupation est pratiquement achevée en 1911. Cette même année, grâce aux accords signés entre la France et l'Allemagne au sujet du Maroc, le territoire du Cameroun est agrandi aux dépens du Congo français. Pendant la Première Guerre mondiale, attaqués par les Anglais et les Français partis du Nigeria, du Congo et du Tchad, les Allemands doivent abandonner le terrain en 1916. Français et Anglais se partagent l'ancienne colonie allemande, partage reconnu au traité de Versailles en juin 1919 : la France reçoit, en mandat de la Société des nations, la plus grande partie du Cameroun, la partie occidentale allant à l'Angleterre, et recouvre les territoires cédés en 1911. Le Cameroun français est alors assujetti au même régime que l'Afrique-Équatoriale française, à laquelle toutefois il n'est pas rattaché.

Pendant la Seconde Guerre mondiale, Leclerc débarque à Douala, premier port camerounais, le

26 août 1940, et le Cameroun se rallie au général de Gaulle, ses troupes prenant part aux combats de Koufra et du Fezzan, aux campagnes de Tripolitaine, de France et d'Allemagne. La France et l'Angleterre reçoivent des Nations unies, au lendemain de la guerre, la tutelle du Cameroun. Les premières revendications nationalistes et autonomistes apparaissent peu après, et le Cameroun devient, en 1956, un État au sein de l'Union française. L'autonomie interne lui est accordée en 1959, et l'indépendance le 1er janvier 1960, le Premier ministre Ahmadou Ahidjo devenant président de la République. En 1961, le Cameroun est une république fédérale, et s'accroît de la partie méridionale des territoires placés sous tutelle britannique, le Nord seul étant rattaché au Nigeria. En 1972, une nouvelle Constitution, approuvée par référendum, a instauré un régime présidentiel, et créé la République unie du Cameroun, avec un gouvernement et une seule assemblée au lieu de trois.

CAMISARDS

Nom donné aux calvinistes révoltés des contrées cévenoles à la fin du règne de Louis XIV.

La forme *camisard* est vraisemblablement issue de *camisia*, vocable bas-latin désignant la chemise, soit directement par sa traduction languedocienne *camiso*, soit indirectement par le provençal *camisada*, terme que le français reprend au XVIe siècle pour en faire « camisade ». Dans le premier cas, le camisard serait l'homme qui se met en bras de chemise pour être à l'aise quand il se bat (explication d'Abraham Mazelu). Dans le second, le camisard ayant l'habitude d'attaquer la nuit, il pourrait avoir enfilé à cet effet une chemise blanche comme signe distinctif à l'intention des siens (ce qui est le principe de la camisade). La révolte des camisards a pour origine la révocation de l'édit de Nantes (1685) et l'application excessivement brutale de cette mesure par l'intendant du Languedoc Basville. Elle commence avec l'assassinat de l'abbé du Chayla, archiprêtre des Cévennes au Pont-de-Montvert (24 juin 1702), et s'étend dans les jours qui suivent à tout le haut pays, avant d'envahir progressivement l'Uzège et la Vaunage.

Dès le déclenchement, cette insurrection est peu appréciée par la noblesse, qui ne croit pas qu'elle puisse réussir, et même de la bourgeoisie, qui veut bien lui accorder son aide, mais en secret et, en quelque sorte, passivement. À vrai dire, la lutte armée est surtout le fait de paysans, de montagnards exaltés fanatiques – c'est à la fois l'expression même des contemporains et le sens étymologique du mot –, fervents lecteurs de la Bible, portés à prophétiser ou à entendre prophétiser dans le Désert. Obéissant à cinq ou six chefs dont les plus remarquables sont Pierre Laporte, dit Rolland, « général des enfants de Dieu », et Jean Cavalier, les camisards font longtemps échec aux troupes royales commandées par Broglie puis par Montrevel. Ils comptent sur l'appui des Anglais qui leur promettent sans cesse des secours, qui seront surtout financiers. En lutte contre les Français dans la guerre de Succession d'Espagne, les Anglais ont besoin d'une diversion. Ils ne tarderont pas à l'obtenir, mais ce sera en définitive aux dépens des camisards. Longtemps, ceux-ci se battent seuls ; puis leur résistance s'effondre lorsque Villars arrive avec 10 000 hommes. Traqué, à bout de ressources, ne disposant plus que d'une poignée de fidèles, Cavalier se laisse convaincre (d'autres disent duper, voire acheter) par les propositions de paix du maréchal (1704) et se retire à l'étranger. Ses lieutenants et généralement ses proches l'imitent alors que, rejetant cet accommodement, Rolland reprend les hostilités (1705). Mais il est tué peu de temps après. Dans les années qui suivent, les autres chefs subissent le même sort (Ravanel, Maurel dit Catinat), sont envoyés aux galères, ou encore emprisonnés (comme Abraham Mazel, qui parvient néanmoins à s'évader rapidement et à reprendre de l'activité en Vivarais avant d'être tué). Les Cévennes ne connaîtront vraiment la paix qu'en 1710 ; le 25 juillet, les Anglais débarquent à Sète ; l'opération, qui avait lieu de toute façon trop tard, tourne court.

Peu de guerres intérieures ont été aussi cruelles que celle-là. Aux pertes humaines, plus nombreuses chez les huguenots que chez les catholiques, s'ajoutent les villages détruits en proportion à peu près égale par les deux partis. À la persécution systématique de Basville, aux dragonnades de Broglie et de Montrevel, répondent les embuscades des protestants, qui se terminent souvent en assassinats de catholiques innocents (au point que les grands chefs religionnaires doivent parfois désavouer leurs hommes, voire les châtier comme Cavalier).

CAMP DU DRAP D'OR (entrevue du)

Nom sous lequel est restée célèbre l'entrevue qu'ont François Ier et Henri VIII d'Angleterre du 7 au 24 juin 1520 entre Guines et Ardres.

Le camp anglais, situé près de Guines, rivalise de somptuosité avec celui de François Ier qui, près d'Ardres, a notamment fait dresser une tente de drap d'or doublé de velours bleu. En s'entourant de cet éclat, le roi de France espère impressionner son interlocuteur et l'entraîner à ses côtés dans sa lutte contre Charles Quint. Il heurte au contraire l'amour-propre du roi anglais. En dépit de nombreuses démonstrations publiques d'amitié, François Ier ne peut obtenir le concours d'Henri VIII, qui rencontre Charles Quint quelques jours plus tard à Gravelines. Au terme de cet entretien moins brillant mais plus cordial, Henri VIII, par le traité secret de Calais (14 juillet 1520), accorde implicitement son soutien à Charles Quint, les deux souverains se promettant de se revoir et de s'entretenir de leurs intérêts.

CAMPAN Henriette GENEST, dame (Paris, 1752 – Mantes, 1822)

Éducatrice.

Encore très jeune, elle est la lectrice des filles de Louis XV, Mesdames, qui la marient au fils du secrétaire du cabinet de la reine, M. Campan. Placée ensuite comme première femme de chambre aux côtés de Marie-Antoinette, très dévouée, elle reste à son service au début de la Révolution et tente, en vain, de la suivre au Temple. Elle parvient à échapper à la guillotine pendant la Terreur puis, ruinée, ouvre à Saint-Germain-en-Laye un pensionnat de jeunes filles bientôt renommé. Hortense de Beauharnais, notamment, compte parmi ses élèves. Mme Campan est alors remarquée par Bonaparte qui, devenu empereur, lui confie, en 1805, la direction de la maison impériale d'Écouen, où sont élevées les filles des officiers de la Légion d'honneur. Cette charge lui ayant été reprise à la Restauration, elle se retire à Mantes. On doit à Mme Campan divers ouvrages littéraires parmi lesquels ses intéressants *Mémoires sur Marie-Antoinette,* publiés en 1822.

CAMPOFORMIO (traité de)

Traité conclu le 18 octobre 1797 entre Bonaparte et le gouvernement autrichien, représenté par Cobenzl, au terme de la campagne fulgurante du premier en Italie.

Daté de Campoformio, petit bourg de Vénétie, mais signé en réalité à Passariano, où réside Bonaparte, il est précédé par l'armistice et les préliminaires de paix de Leoben (18 avril 1797). François II d'Autriche renonce au profit de la France à la possession des Pays-Bas autrichiens. Comme souverain du Saint Empire, il consent, par des articles secrets, à l'annexion par la France de

Le Camp du Drap d'or
Entrevue du camp du drap d'or, 7 juin 1520. Huile sur toile de F. Bouterwek, château de Versailles. © *Lauros-Giraudon*

la rive gauche du Rhin jusqu'au confluent de la Nette, c'est-à-dire à l'exception de la région de Cologne, et s'engage, lors du congrès prévu à Rastatt entre la France et l'Empire, « à employer ses bons offices pour que la République française obtienne cette même frontière ». En Italie, il abandonne la Lombardie à la France et reconnaît comme « puissance indépendante » la République cisalpine constituée par Bonaparte avec la Lombardie, le duché de Modène, la Romagne et les légations enlevées au pape, les territoires de Mantoue, Crémone, Brescia et Bergame, enlevés à la république de Venise qui est rayée de la carte. Parmi ses anciens territoires, la France s'adjuge les îles Ioniennes (Corfou, Zante, Céphalonie), mais la majeure partie d'entre eux (Istrie, Dalmatie et les bouches de Cattaro, Venise et la terre ferme jusqu'à l'Adige) sont donnés à l'Autriche, qui obtient ainsi un accès à l'Adriatique, en compensation de la cession de la Lombardie. Au terme du traité, la paix continentale est établie et seule l'Angleterre reste en guerre contre la France.

Le traité de Campoformio ne tient aucun compte du droit des peuples à disposer d'eux-mêmes, proclamé par la Révolution, et marque, de ce fait, un retour aux pratiques diplomatiques de l'Ancien Régime. Dans ses négociations, Bonaparte n'a pas tenu compte des instructions du Directoire qui comportaient la cession de la rive gauche du Rhin et le rétablissement de la république de Venise. Néanmoins, le gouvernement s'incline devant l'immense popularité que valent à Bonaparte, dans un pays las de la guerre, ses succès et la conclusion de la paix. Le Directoire n'en ratifie pas moins le traité qui couronnait la campagne d'Italie et reconnaissait à la France ses « frontières naturelles ».

Albert Camus
Camus, au cours d'une répétition de son adaptation des *Possédés* de Dostoïevski en 1959. © *Keystone*

CAMUS Albert (Mondovi, Algérie, 1913 – Villeblevin, 1960)

Écrivain.

Camus, inscrit désormais au Panthéon de la notoriété intellectuelle et littéraire du XXe siècle, est d'une certaine manière un triple « étranger » : orphelin de père, il doit son accès aux études universitaires au système boursier de la méritocratie républicaine ; intellectuellement, son maître, Jean Grenier, le familiarise avec la pensée grecque et la philosophie existentielle à une époque où le positivisme de la Sorbonne règne ; politiquement, il s'engage de 1934 à 1937 au sein du parti communiste, dénonce la guerre d'Espagne et le colonialisme français en Guyane. Entré en résistance, Camus participe à la rédaction clandestine du journal *Combat* et en est le rédacteur en chef lorsqu'en août 1944 le journal est publié au grand jour. Dans le même temps, en 1942, il a publié *L'Étranger* et *Le Mythe de Sisyphe*, succès éditoriaux et brevets d'entrée dans l'univers de la République des lettres. Cette double position d'influence lui confère une autorité inattendue et consolidée en trois ans : il polémique avec François Mauriac sur l'épuration, critique le bombardement nucléaire d'Hiroshima et, dans *La Peste*, dénonce le totalitarisme, brun ou rouge. Il renouvelle son attaque contre le stalinisme et le marxisme dans *L'Homme révolté* (1951), au motif que ces régimes suppriment les libertés sans établir la justice. La guerre d'Algérie constitue pour lui un « malheur personnel » en même temps qu'il mobilise ses forces, à *L'Express* et derrière Pierre Mendès France, pour obtenir à la fois une trêve et une intégration de la population arabe dans le maintien du cadre républicain puisqu'il ne saurait admettre d'être « étranger » sur sa terre natale. Ses ambitions apparaissent utopiques aux principaux camps engagés dans la guerre et, par amalgame, l'ensemble de ses positions, tant politiques – il est le premier à parler des deux gauches non communistes –, qu'internationales – il milite pour l'unification européenne, à la fois économique et politique. Son prix Nobel, reçu en 1957, l'impose en vigie du monde libre, mais il meurt accidentellement trois ans plus tard.

CAMUS Armand Gaston (Paris, 1740 – Paris, 1804)

Juriste et homme politique.

Janséniste convaincu, il acquiert une connaissance parfaite du droit canonique, ce qui lui vaut la place d'avocat du clergé au parlement de Paris. Député de Paris aux États généraux, il joue un rôle important pendant la journée du Jeu de paume et devient archiviste de l'Assemblée constituante. Il se spécialise dans les problèmes financiers, obtient notamment que soit communiqué à l'Assemblée le Livre rouge qui contient l'état des dépenses royales et des pensions secrètes du gouvernement, et le fait imprimer. Lors de la discussion sur les dettes du comte d'Artois (futur Charles X), il est très applaudi lorsqu'il demande à l'Assemblée « pourquoi l'on voudrait faire payer à la France les dettes d'un particulier ». La Constitution civile du clergé est presque exclusivement son œuvre, et c'est lui qui propose d'imposer le serment civique à tous les ministres du culte. Après la fuite du roi à Varennes, il est un des premiers à dénoncer Montmorin, La Fayette, Bailly et Louis XVI lui-même, les qualifiant de conspirateurs et de traîtres.

Député de la Haute-Loire à la Convention, il est envoyé en Belgique en qualité de commissaire de la Convention pour enquêter sur les opérations militaires et, bien qu'absent de Paris pendant le procès de Louis XVI, fait connaître, dans une lettre du 23 janvier 1793 son vote pour la mort sans appel et sans sursis. À son retour, il est nommé membre du Comité de salut public. Il est enfin un des quatre commissaires qui, avec le ministre de la Guerre Beurnonville, sont chargés de signifier à Dumouriez sa destitution. Arrêté ainsi que ses collègues par le général rebelle, il est livré aux Autrichiens le 3 avril 1793 et, après trente mois de détention, est échangé contre la fille de Louis XVI, Madame Royale. De retour en France, il siège comme membre de droit au Conseil des Cinq-Cents, dont il obtient la présidence, présente un projet d'amnistie qui sera adopté peu après et reprend ses travaux littéraires. On lui doit notamment la traduction du *Manuel* d'Épictète, écrite pendant sa captivité. En 1802, il s'oppose au Consulat à vie mais n'en conserve pas moins jusqu'à sa mort la place qu'il avait occupée sans interruption aux Archives nationales, dont il avait peu à peu constitué le dépôt.

CAMUS Jean-Pierre (Paris, 1582 – Paris, 1652)

Évêque et théologien.

Issu d'une célèbre famille d'Auxonne désignée indifféremment sous les noms de Camus ou de Le Camus, il est nommé évêque de Belley en 1608. Vingt ans après, il se démet de son évêché pour se retirer aux Incurables et se consacrer aux pauvres avec les titres d'abbé d'Aunay et, peu avant sa mort et de façon purement nominale, d'évêque d'Arras. Brouillé avec les Cisterciens, il s'entend difficilement avec les religieux en général, sauf avec les Jésuites. Saint François de Sales est à la fois son maître et son ami. Il a laissé près de deux cents ouvrages, des romans édifiants (*Palombe, Spiridion*), des traités et essais divers (*L'Esprit de saint François de Sales,* 1641).

CANADA : voir NOUVELLE-FRANCE

CANCLAUX Jean-Baptiste, comte de (Paris, 1740 – Paris, 1817)

Général.

Il prend part à la guerre de Sept Ans pendant le règne de Louis XV puis, sous la Révolution, est nommé lieutenant général (1792). Placé à la tête de l'armée de l'Ouest envoyée contre l'Armée catholique et royale, il parvient à faire lever à cette dernière le siège de Nantes en juillet 1793. Les défaites de l'armée républicaine à la fin de l'été 1793 (Torfou, 19 septembre) entraînent son rappel à Paris, et il est privé de son commandement. Un an plus tard (décembre 1794), de nouveau nommé commandant de l'armée de l'Ouest en remplacement de Turreau, il négocie la paix de La Jaunaye avec Charette (février 1795). Ambassadeur à Naples puis à Madrid sous le Directoire, sénateur et comte d'Empire, il est élevé à la pairie par Louis XVIII.

CANDALE : voir FOIX

CANROBERT François Certain (Saint-Céré, 1809 – Paris, 1895)

Maréchal de France.

À peine sorti de Saint-Cyr, il prend une part brillante à la campagne d'Algérie (1830). Nommé général et aide de camp du prince Louis Napoléon en 1850, il participe au coup d'État de celui-ci l'année suivante. Lors de la guerre de Crimée en 1854, il est appelé à la succession de Saint-Arnaud comme généralissime des forces françaises. Mais il ne parvient pas à s'entendre avec lord Raglan, ce qui provoque sa démission et son remplacement par Pélissier en 1855. Ses états de service sont néanmoins récompensés dès son retour en France par le bâton de maréchal. Placé à la tête du 6e corps en 1870, il se bat fort honorablement à Saint-Privat-la-Montagne mais, à cause de la défaillance de Bazaine, est contraint de se replier sur Metz, où il est pris. Après la guerre, il représente son département natal, le Lot, comme sénateur.

CANUTS (révolte des)

Insurrection des ouvriers tisserands lyonnais, en 1831.

Au lendemain de la révolution de Juillet, l'industrie de la soie est demeurée prospère. Grâce à la nouvelle politique de Louis-Philippe, qui suscite d'abondantes commandes américaines, on assiste même à un regain d'activité, la production s'élevant à 80 millions de francs. Cependant, la concurrence étrangère, suisse et allemande, a conduit les maîtres fabricants, soucieux de maintenir leurs bénéfices, à procéder à une baisse continue des salaires, dont le niveau moyen se trouve être la moitié de ce qu'il était sous l'Empire. Gagnant à peine 30 sous par jour pour 18 heures de travail, ne pouvant se nourrir que de pain et de soupe maigre, écarté de la vie politique par le suffrage censitaire, l'ouvrier lyonnais, artisan du nouveau régime dans sa ville, a le sentiment cuisant d'être trahi.

Dans les premiers jours d'octobre, venus de tous les quartiers de la ville et des faubourgs, 6 000 canuts, sur les 30 000 que comptent les fabriques, se réunissent place de la Croix-Rousse, décident d'en appeler au préfet du département afin d'obtenir une augmentation des tarifs du travail à la tâche et élisent des délégués. Assisté des autorités civiles et du conseil des prud'hommes, le préfet Bouvier-Dumolard réunit alors les représentants des patrons et des ouvriers qui, après de difficiles négociations, et au terme d'une imposante manifestation populaire, parviennent à un accord fixant un tarif minimal. Le lendemain, Bouvier-Dumolard faisait apposer une affiche sur les murs de la ville, où l'on pouvait lire : « Si par exception quelques ouvriers honnêtes ont encore des griefs à faire redresser, les voies légitimes leur sont ouvertes, et ils sont assurés d'y trouver une bienveillante justice. »

Si nombre de maîtres fabricants s'accommodent du nouveau tarif et l'appliquent, une minorité d'autres refuse de se rallier à l'accord conclu, déniant au préfet le droit d'intervenir dans leurs affaires, et surtout de pencher du côté des prolétaires, ce qui à leurs yeux était contraire à la loi et à l'esprit même du régime. Le 10 novembre, dans un manifeste qui proclame « que les ouvriers demandent des tarifs exagérés parce qu'ils se sont créé des besoins factices », ils en appellent à leur tour au ministre de l'Intérieur et se concertent pour un lock-out avant la lettre, refusant de donner du travail aux canuts qui n'accepteraient pas leurs prix. La colère des ouvriers se rallume, des manifestations éclatent. *L'Écho de la fabrique*, organe du peuple, appelle à la lutte ; *Le Précurseur*, feuille bourgeoise, à la fermeté. Enfin, désavoué par Paris qui lui reproche d'avoir enfreint la loi interdisant l'action concertée des ouvriers en recevant leurs pétitions, le préfet vient de faire arrêter deux « meneurs ». Le 19, les canuts se rassemblent à nouveau à la Croix-Rousse, la garde nationale s'organise en piquets composés principalement de maîtres fabricants, tente de haranguer les mécontents ; le ton monte et soudain des coups de feu partent du côté de la garde ; des ouvriers tombent. Le 21, surgit le drapeau noir. Armés de barres de fer, de couteaux, de fusils peut-être, les canuts des faubourgs descendent vers la ville, repoussent la garde nationale qui n'oppose qu'une faible résistance, la dispersent, restent maîtres de la rue. Le 23, des insurgés s'emparent de l'hôtel de ville et forment un gouvernement municipal provisoire. « Point de pillage ! », tel est le mot d'ordre chez les canuts. Et comme toujours lors des grands mouvements ouvriers, les insurgés de la veille deviennent les gardiens de ce qu'on appellera plus tard l'outil de travail, veillant sur les métiers à tisser, sur les coffres-forts des maîtres fabricants, nommant des syndics. Le 26, à Paris, la Chambre des députés se réunit et proclame, après la Chambre des pairs, l'inviolabilité de la propriété, la liberté des transactions et du commerce, l'obéissance aux lois et à l'autorité, et invite le gouvernement à rétablir l'ordre à Lyon. Le 5 décembre, le duc d'Orléans, fils du roi, et le maréchal Soult entrent dans la ville à la tête d'une armée imposante. La garde nationale est licenciée, le préfet destitué, le tarif minimal abrogé, des dizaines de canuts arrêtés. Cependant, dans un souci d'apaisement, les dix ouvriers traduits devant le tribunal de Riom en juin 1832 sont acquittés, mais Lyon se voit imposer une garnison de 20 000 hommes.

À Paris, seuls quelques journalistes ont perçu la portée réelle de cette insurrection de la misère et le problème qu'elle pose. « La société périra par ses prolétaires », écrira Saint-Marc de Girardin dans les *Le Journal des débats*. Mais le président du Conseil, Casimir Perier, déclarera de son côté : « Il faut que les ouvriers sachent bien qu'il n'y a de remède pour eux que la patience et la résignation. »

CAO BANG (bataille de)

Première grande bataille de la guerre d'Indochine, elle a lieu au mois d'octobre 1950.

Cao Bang, situé à une trentaine de kilomètres de la frontière chinoise, fait partie de la ligne de postes couvrant la frontière entre la Chine et le Tonkin, et elle est menacée par le Viêt-minh dès le début de la guerre. Suivant le rapport du général Revers, le commandement français décide, en 1950, l'évacuation du poste. Les troupes françaises se retirent le 4 octobre mais, attaquées par les colonnes ennemies sur la route nationale 4, elles sont encerclées et anéanties, malgré l'envoi d'une colonne de secours, le 8 octobre. Ce désastre, qui a de grandes répercussions sur l'opinion publique française, entraîne la nomination du général de Lattre de Tassigny comme commandant supérieur des troupes françaises d'Indochine.

CAPET

On ne connaît pas avec certitude la raison pour laquelle le roi Hugues Ier de France, fils de Hugues le Grand, a été surnommé Capet.

L'explication la plus vraisemblable est la suivante : comme abbé laïque de Saint-Martin-de-Tours, Hugues Ier portait parfois une cape (ou chape). D'où le sens de Capet : pourvu d'une cape (on trouve l'expression latine *Hugo Capatus* au Xe siècle), plutôt que petite cape, diminutif de cape, ou encore petite tête, diminutif de *caput*. Le surnom de Capet ne s'est transmis tel quel à aucun des Capétiens ; il n'est donc jamais devenu un nom de famille et c'est à tort que les révolutionnaires affectèrent de n'appeler Louis XVI que Louis Capet, pendant son procès, ou Monsieur Capet l'Aîné, comme disait Camille Desmoulins.

CAPÉTIENS

Troisième dynastie royale de France.

Robertiens et Capétiens. Dans une acception étendue, on appelle Capétiens tous les descendants de Robert le Fort, marquis de Neustrie, comte de Paris, d'Anjou et de Blois, mort en 866. En tête de cette lignée figurent les fils de Robert le Fort : Eudes, marquis de Neustrie, comte de Paris, roi des Francs de 888 à 898 et son cadet Robert Ier qui lui succède dans le marquisat de Neustrie, puis dans la royauté de 922 à 923. À ces deux rois s'ajoute le « duc des Francs » Hugues le Grand, mort en 956, fils de Robert Ier, un puissant seigneur qui sera une sorte de roi mais ne voudra jamais ceindre la couronne. À proprement parler, tous ces personnages sont des Robertiens. Au sens strict, le nom de Capétien est réservé à la partie de la famille robertienne issue du fils aîné d'Hugues le Grand, Hugues Capet. En effet, les premiers Robertiens ne constituent pas une véritable dynastie. En compétition pendant un siècle avec les derniers Carolingiens, ils n'ont donné à la France que des rois intermittents. Pour sa presque totalité, le Xe siècle fait encore partie de l'ère carolingienne. Il faut attendre Hugues Capet pour que la famille robertienne présente une ligne continue de rois.

Les Capétiens directs. La succession royale et l'unité française. Pendant 330 ans, 13 princes se succèdent sans défaillance, de père en fils, sur le trône. Instruits sans doute par l'expérience carolingienne, les Capétiens accordent une attention particulière aux problèmes de la succession royale. L'émiettement du royaume dont ils prennent la charge les oblige longtemps à consacrer presque tous leurs soins à la remise en ordre de leur domaine propre. Ce n'est qu'après cinq ou six générations qu'ils pourront intervenir efficacement et régulièrement dans la politique européenne. Les bases des premières règles successorales de la dynastie sont jetées dès la première année du règne de Hugues Capet. Car l'année 987 n'est pas seulement marquée par l'élection de ce dernier. Elle voit aussi deux événements d'importance capitale : le sacre de Noyon, qui fait du premier Capétien non point le détenteur provisoire du pouvoir des Carolingiens, mais leur successeur de droit divin, aussi longtemps qu'il vivra ; l'association au trône, par élection et couronnement (25 décembre) de son fils Robert II. Cette dernière décision, obtenue sous le prétexte d'une dangereuse expédition du roi contre les Sarrasins, prolonge d'un règne la durée de la nouvelle monarchie et annule en fait toute possibilité de choix à la mort d'Hugues. L'anticipation rétablit le principe héréditaire. Pendant deux siècles, les Capétiens vont maintenir cette fiction profitable. Le premier, Philippe Auguste se sentira assez fort pour l'abandonner.

Apparemment, Hugues Capet a fait siennes les coutumes de ses prédécesseurs. L'élection n'a jamais cessé de régir les avènements des dynastes francs, de Clovis à Louis V, longtemps de façon théorique puis, à partir de Louis le Bègue (877), de façon effective. L'association appartient aussi aux usages des Carolingiens. Mais elle est généralement assortie de partages : partage de responsabilités et partage de terres. Là, Hugues Capet rompt manifestement, peut-être délibérément, avec la tradition des grands Carolingiens : Robert ne reçoit aucune attribution personnelle, ni aucun royaume démembré de la France dans l'attente d'une succession complète. Pour désigner Hugues et Robert, on dit « les rois », mais il n'y a qu'un royaume ; ce royaume doit passer intégralement et d'un seul coup du père au fils. Autre subtilité : ce dernier, étant élu, se présente non seulement comme héritier, mais comme successeur.

Successeur ou héritier, quelle différence ? Apparemment aucune dans la tradition carolingienne et dans le cas présent de Robert, fils légitime unique. Mais Robert a lui-même trois fils et un problème de partage se pose de son vivant comme au temps de Louis le Pieux. Robert a commencé par s'associer en 1017 son fils aîné Hugues. Celui-ci meurt en 1026. Son frère puîné est Henri (futur Henri Ier), son frère cadet Robert (futur Robert le Vieux). Lequel des deux doit-on associer à son père ? Le privilège de l'aînesse est connu sans avoir encore force de loi. Constance d'Arles, la seconde femme du roi Robert, a une préférence pour le cadet. Le roi impose l'aîné, qui lui est associé en 1027. De longues luttes s'ensuivent, elles ne seront terminées qu'en 1032,

Capétiens
Excommunication par le pape Urbain II de Philippe Ier et de Bertrade de Montfort en 1094. *Le Miroir historial*, Vincent de Beauvais, miniature, XVe siècle, Chantilly, musée Condé. © *Giraudon*

LES CAPÉTIENS

HUGUES CAPET
roi de France
(941-996)
∞ Adélaïde d'Aquitaine (945-1006) [5 enfants]

Edwige
(v. 969-ap.1013)
∞ 1. Rainier IV de Hainaut
2. Hugues III de Dagsbourg

Gisèle
(v. 970-v.1020)
∞ Hugues de Montreuil

Adélaïde
comtesse d'Auxerre
(1003-ap.1013)
∞ Renaud Ier
comte de Nevers

Hugues III
roi de France
(1007-1026)

HENRI Ier
roi de France
(v.1008-1060)
∞ 1. Mathilde de Frise (?-1044)
2. Anne de Kiev (1036-ap.1075)
[4 enfants]

PHILIPPE Ier
roi de France
(v.1053-1108)
∞1. Berthe de Hollande (v.1055-1094)
2. Bertrade de Montfort (1070-1117)
[9 enfants]

Robert
(1055-1060)

Hugues Ier le Grand
comte de Vermandois
(1057-1102)
∞ Adèlaïde de Vermandois
Maison de VERMANDOIS

Constance (1.)
(1078-10??)
∞ 1. Hugues Ier, comte de Champagne
2. Bohémond Ier de Sicile, prince d'Antioche

LOUIS VI le Gros (1.)
roi de France
(v.1081-1137)
∞ 1. Lucienne de Rochefort (v.1088-?)
2. Adélaïde de Savoie (1092-1154)

Fleury (2.)
(?-ap.1128)
∞ Alice de Nangis

Isabelle (1.)
(v.1105-ap.1175)
∞ Guillaume de Vermandois,
seigneur de Chaumont

Philippe (2.)
(1116-1131)

LOUIS VII le Jeune (2.)
roi de France
(v.1120-1180)
∞ 1. Aliénor d'Aquitaine (1122-1204)
2. Constance de Castille (1140-1160)
3. Adèle de Champagne 1140-1206) [7 enfants]

Henri (2.)
archevêque de Reims
(1121-1175)

Marie (1.)
(1145-1198)
∞ Henri Ier de Blois
comte de Champagne

Alix (1.)
(1151-ap.1195)
∞ Thibaut V, comte de Blois

Marguerite (2.)
comtesse de Vexin
(1158-1197)
∞ 1. Henri d'Angleterre,
duc de Normandie
2. Bella III, roi de Hongrie

PHILIPPE II Auguste (3.)
roi de France
(1165-1223)
∞ 1. Isabelle de Hainaut (1170-1200)
2. Ingeburge de Danemark (1175-1226)
3. Agnès de Méranie (?-1201) [5 enfants]

LOUIS VIII le Lion (1.)
roi de France
(1187-1226)
∞ Blanche de Castille (1188-1252)
[10 enfants]

Marie (2.)
(1198-1224)
∞ 1. Philippe Ier, marquis de Namur
2. Henri Ier, duc de Brabant

Philippe (2.)
dit Tristan Hurepel
(1200-1234)
∞ Mathilde, comtesse de
Dammartin et de Boulogne
[2 enfants]

Philippe
(1209-1218)

LOUIS IX dit Saint-Louis
roi de France
(1214-1270)
∞ Marguerite de Provence
(1221-1295)

Robert Ier
comte d'Artois
(1216-1249)
∞ Mathilde de Brabant (1224-1288)
Maison d'ARTOIS

Jean
comte d'Anjou et du Maine
(1219-1232)

Blanche
(1240-1243)

Isabelle
(1242-1271)
∞ Thibaut II,
roi de Navarre

Louis
(1243-1260)

PHILIPPE III le Hardi
roi de France
(1245-1285)
∞ 1. Isabelle d'Aragon (1247-1271)
2. Marie de Brabant (1256-1321)
[7 enfants]

Jean
(1247-1248)

Jean Tristan de Damiette
comte de Nevers
(1250-1270)
∞ Yolande de Bourgogne,
comtesse de Nevers
(1247-1280)

Louis (1.)
(1265-1276)

PHILIPPE IV le Bel (1.)
roi de France
(1268-1314)
∞ Jeanne Ire, reine de Navarre
(1272-1305)
[7 enfants]

Charles Ier (1.)
comte de Valois
(1270-1325)
Maison de VALOIS

Marguerite (2.)
(1275-1318)
∞ Edouard Ier, roi d'Angleterre

LOUIS X le Hutin
roi de Navarre et roi de France
(1289-1316)
∞ 1. Marguerite de Bourgogne (1290-1315)
2. Clémence de Hongrie (1293-1328)

Isabelle
(1292-1357)
∞ Edouard II,
roi d'Angleterre

PHILIPPE V le Long
roi de France
(1294-1322)
∞ Jeanne de Bourgogne (1294-1329)
[5 enfants]

Jeanne II (1.)
reine de Navarre
(1312-1349)
∞ Philippe III, comte d'Evreux
(1301-1343)

Jean Ier le Posthume (2.)
roi de France et de Navarre
(1316-1316)

Jeanne
comtesse de Bourgogne
et d'Artois
(1308-1347)
∞ Eudes IV, duc de Bourgogne

Marguerite
comtesse d'Artois
(1310-1382)
∞ Louis II,
comte de Flandre

Isabelle
(1312-1348)
∞ 1. Guigues VIII
de la Tour du Pin
2. Jean de Faucogney

Blanche
religieuse
à Longchamp
(1314-1358)

ROBERT II le Pieux
roi de France (972-1031)
∞ 1. Suzanne de Flandre (v.950-1003)
2. Berthe de Bourgogne (v.964-1017)
3. Constance d'Arles (v.986-1032) [7 enfants]

Adélaïde
(v.973-?)

Robert Ier le Vieux
duc de Bourgogne
(1011-1076)
∞ 1. Héliette de Semur
2. Ermengarde d'Anjou (1018-1076)
Maison de BOURGOGNE

Eudes
(v.1013-ap.1056)

Alice
(?-1079)
∞ 1. Richard III, duc de Normandie
2. Baudouin V, comte de Flandre

Philippe (2.)
comte de Mantes
(1093-ap.1123)

Eustachie (2.)
∞ Jean d'Etampes

Cécile (2.)
(1097-ap.1145)
∞ 1. Tancrède de Sicile, prince d'Antioche
2. Pons de Toulouse, comte de Tripoli

Robert Ier le Grand (2.)
comte de Dreux
(1123-1188)
∞ 1. Agnès de Garlande (1122-1143)
2. Havise d'Evreux (1118-1152)
3. Agnès de Baudémont

Constance (2.)
(1124-1176)
∞ 1. Eustache de Blois, comte de Boulogne
2. Raymond V, comte de Touolouse

Philippe (2.)
archevêque de Paris
(1125-1161)

Pierre (2.)
seigneur de Courtenay
(1126-1179)
∞ Elisabeth de Courtenay

Alix (3.)
(1170-ap.1200)
∞ Guillaume II,
comte de Ponthieu

Agnès (3.)
(1171-1240)
∞ 1. Alexis II Commène, empereur de Constantinople
2. Andronic Ier Commène, empereur de Constantinople
3. Thédore Branas

Alphonse III
comte de Poitou
(1220-1271)
∞ Jeanne de Toulouse

Philippe dit Dagobert
(1222-1232)

Isabelle
abbesse de Longchamp
(1224-1269)

Charles
comte d'Anjou et du Maine
(1226-1285)
∞ 1. Béatrice de Provence (1234-1267)
2. Marguerite de Bourgogne,
comtesse de Tonnerre (1250-1308)
1re maison d'ANJOU

Pierre Ier
comte d'Alençon
(1251-1284)
∞ Jeanne
de Châtillon
(1258-1292)

Blanche
(1253-1320)
∞ Ferdinand de Cerda,
infant de Castille
(1244-1275)

Marguerite
(1255-1271)
∞ Jean Ier,
duc de Brabant
et de Limbourg

Robert
comte de Clermont
(1256-1318)
∞ Béatrice de Bourgogne,
dame de Bourbon
(1257-1310)
Maison de BOURBON

Agnès
(1260-1327)
∞ Robert II,
duc de Bourgogne

Louis Ier
comte d'Evreux
(1276-1319)
∞ Marguerite d'Artois (1285-1311)
Maison d'EVREUX

Blanche
comtesse d'Alsace
(1278-1306)
∞ Rodolphe III d'Autriche,
roi de Bohême

CHARLES IV le Bel
roi de France
(1295-1328)
∞ 1. Blanche de Bourgogne (1296-1326)
2. Marie de Luxembourg (1304-1324)
3. Jeanne d'Evreux (1310-1371)

Robert
(1297-1308)

Philippe (1.)
de la Marche
(1313-av.1321)

Jeanne (1.)
de la Marche
(1315-1321)

Louis (2.)
(1324-1324)

Jeanne (3.)
(1326-1327)

Marie (3.)
(1327-1341)

Blanche (3.)
comtesse de Beaumont
(1328-1392)
∞ Philippe, duc d'Orléans
(1336-1375)

après l'avènement d'Henri, par la cession du duché de Bourgogne à Robert le Vieux ; celui-ci ne sera pas dispensé de prêter le serment de vassalité au roi, son frère. Ainsi, dès le second règne capétien, la distinction entre héritage et succession est faite, et par la même occasion le principe du droit d'aînesse, ou de *primogéniture*, est posé. Les tourments des successions contestées épargnent les sept ou huit générations suivantes. Moyennant des concessions territoriales que l'on appellera apanages (et qui ne seront accordées qu'avec condition d'hommage au roi), les souverains ne sont pas dangereusement inquiétés par les branches collatérales (au contraire, celles-ci sont souvent utilisées pour acclimater les fiefs excentriques à l'autorité royale). Parfois le désir d'un ou de plusieurs héritiers mâles oblige – ou semble obliger – à des répudiations coûteuses (Aliénor d'Aquitaine, première femme de Louis VII) ou non reconnues (Ingeburge de Danemark, seconde épouse de Philippe Auguste). La transmission est toujours assurée, même quand elle ne tient qu'à un fil (Louis VI, Philippe Auguste, Louis VIII).

À la mort de Louis X le Hutin, ce fil risque de se rompre. Le roi ne laisse qu'une fille Jeanne, issue d'un premier mariage. Clémence de Hongrie, sa seconde femme, est enceinte de Jean le Posthume qui ne vivra même pas une semaine. Se pose la question de savoir qui doit lui succéder : Jeanne, sa demi-sœur, ou Philippe le Long, son oncle ? Le problème est résolu, mais non sans oppositions, en faveur du second, qui s'est fait confier la régence durant l'attente de Jean le Posthume. Philippe V, que l'on classe parmi les Capétiens directs bien qu'il faille remonter une génération, fait décider par une assemblée de prélats et de barons que « femme ne succède pas en France ». Quand il meurt sans laisser d'héritier mâle, Charles IV le Bel, son frère cadet, qui avait d'abord discuté violemment sa décision, lui succède. À son tour Charles IV meurt sans laisser de fils et la situation de 1316 se représente ainsi : sa troisième femme, Jeanne d'Évreux, est enceinte. En attendant la naissance, la régence est donnée à Philippe de Valois, petit-fils de Philippe III le Hardi. La reine accouche d'une fille. Le règne des Valois peut commencer.

L'unité du royaume se fait lentement, progressivement. Patients et réalistes, les anciens Capétiens profitent des occasions plus qu'ils ne les créent. Sans être les minuscules seigneurs que l'on a dit, les trois premiers rois capétiens ne disposent certainement pas des abondantes réserves territoriales de leurs ancêtres Robert le Fort et Hugues le Grand. (Les partages familiaux et les concessions accordées aux féodaux lors de l'élection de 987 expliquent cet appauvrissement.) Ils ont pleine conscience de leur faiblesse et se mettent en devoir d'affermir leur domaine avant de l'étendre. En 987, ce domaine comprend l'Orléanais (formant bloc avec l'Étampois), les seigneuries de Poissy, Senlis, Attigny et Montreuil plus quelques abbayes (Saint-Riquier, Corbie), et des vestiges provenant des dernières propriétés carolingiennes (Compiègne, Verberie, Béthisy). Le chef-lieu de la plus grosse seigneurie, Orléans, sert de résidence principale aux rois, autrement dit joue le rôle de capitale politique du royaume.

C'est à Philippe Ier qu'il revient de commencer à ouvrir des voies de communication entre ce qui n'est encore qu'îlots épars. L'acquisition du Gâtinais en 1069 permet de relier les comtés de Sens et de Melun au groupe orléanais ; sept ans plus tard, la cession, par le comte Simon de Valois, du Vexin français, comprenant Pontoise et Mantes, a pour effet de couvrir à l'ouest, en direction de la Normandie, les deux principales possessions septentrionales de la dynastie, Senlis et Poissy. En 1100, toujours sous le même roi, une importante annexion est réalisée au sud, grâce à l'achat de la vicomté de Bourges à son seigneur Eudes Harpin.

Plus encore que son père, Louis VI mesure l'intérêt stratégique des voies de terre et d'eau. Son expédition contre Montlhéry, restée célèbre, le prouve. À défaut d'acquisitions importantes, Louis VI établit la continuité et l'homogénéité du domaine ; il intervient dans les affaires de Flandre ; enfin, c'est sous son règne qu'a lieu, en 1124, un grand sursaut national contre l'empereur germanique qui prétend punir le roi de France de sa bonne entente avec le pape. Sous Louis VII et surtout sous son fils Philippe II Auguste, l'horizon s'élargit. Le premier sait à l'occasion faire respecter sa suzeraineté loin du centre de son pouvoir, notamment à Toulouse et en Bourgogne. Le premier des Carolingiens, il a participé, sans grand succès d'ailleurs, à la croisade. On lui doit le commencement de la grande série des ordonnances royales et l'adoption définitive des fleurs de lys comme emblème de sa maison. Philippe Auguste triomphe à Bouvines de la première grande coalition nouée contre la France. C'est avec lui que commence l'intégration des grands fiefs au domaine (confiscation de la Normandie à Henri II Plantagenêt, acquisition d'importants territoires dans le Nord). Mais il ne peut s'occuper des affaires méridionales et il faut attendre son fils, et surtout la régence de la veuve de celui-ci, Blanche de Castille, pour que le Languedoc soit attiré dans le royaume.

Saint Louis a maintenu fermement ses terres dans l'obéissance mais il ne semble pas avoir songé à les accroître. N'a-t-il pas abandonné ses droits sur la Catalogne (traité de Corbeil en 1258) et rendu la Guyenne à Henri III d'Angleterre (traité de Paris en 1259), qu'il venait de battre à Saintes ? En agissant de la sorte vis-à-vis du roi d'Angleterre, Saint Louis prouvait que, profitant des règles féodales, il admettait qu'elles jouassent aussi contre lui ; il s'assurait en même temps l'hommage de son plus dangereux rival. Ce qui frappe dans la grande suite royale qui va de Louis VI à Philippe III le Hardi, c'est la cohérence de l'effort. En somme, la famille capétienne déploie une rare virtuosité dans l'emploi des moyens. Si, par moments, les forces d'unification ne semblent pas l'emporter sur les forces centrifuges, le XIIIe siècle capétien n'en apparaît pas moins comme une époque d'équilibre, dont le symbole reste Saint Louis. L'ancêtre commun de tous les rois à venir n'est pas seulement celui qui empêche les injustices, il est par excellence celui qui rend la justice et l'observe. Elle est à la fois un moyen de son pouvoir et une limite à celui-ci. À la fin du siècle, cet équilibre tend à disparaître. La féodalité est encore loin de sa fin, et pourtant, par le travail des légistes, l'État naît. Philippe le Bel légifère, ou plutôt ses conseillers et ses juristes se mettent à forger des principes à partir du droit romain. Lorsque Saint Louis déclare : « Il ne doit y avoir qu'un roi en France », son propos s'adresse à ses vassaux : vassaux de France et roi d'Angleterre. Les légistes de Philippe le Bel vont plus loin ; en proclamant que le roi est *empereur en son royaume*, ils visent à la fois l'empereur germanique et le pape. L'inconduite des brus de Philippe le Bel provoque un scandale qui fait douter de la solidité de la famille royale. C'est la

Capétiens
Naissance du futur Louis VIII, en 1187, miniature, fin XVe siècle. *Histoire des nobles princes de Hainault* de Jacques de Guise, Boulogne-sur-Mer, Bibliothèque municipale. © *Lauros-Giraudon*

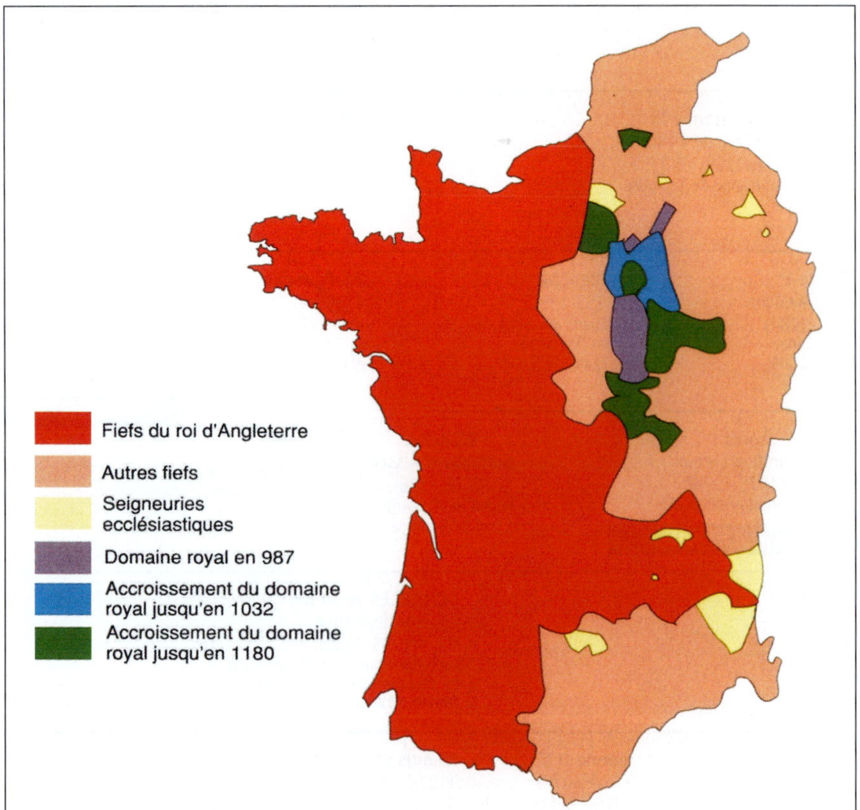

Le royaume capétien

première fois qu'un événement de ce genre et de cette importance se produit. Le chef de la maison de France prend des mesures sévères, tranche dans le vif. Il ne faut surtout pas qu'on puisse suspecter la légitimité de ses petits-enfants. Son mariage fait entrer dans sa maison, après sa mort, le comté de Champagne et le royaume de Navarre, que ses trois fils recueilleront tour à tour. En montant sur le trône, la branche valoisienne devra renoncer à ce magnifique héritage.

Les Valois sur le trône. 260 ans, 13 rois : une filiation interrompue deux fois, lorsqu'aux Valois aînés succède un Valois-Orléans, puis au Valois-Orléans la suite des Valois-Angoulême. L'avènement des Valois est facile. Lorsque la reine Jeanne accouche d'une fille, Philippe de Valois a déjà été placé au pouvoir, avec le titre de régent, par une assemblée de pairs et de barons. Certes, le roi d'Angleterre a immédiatement revendiqué la succession de Charles IV, car il est son neveu alors que Philippe de Valois n'est que son cousin ; son argument est qu'une femme peut, sans régner elle-même puisque « femme ne succède pas en France », transmettre à son fils le droit de régner. Mais il lui a été répondu qu'il est « impossible de transmettre des droits que l'on ne possède pas soi-même ». Le roi d'Angleterre semble d'abord s'accommoder de son éviction et prête hommage à Philippe VI. Mais il ne tarde pas à reprendre la guerre. Elle durera cent ans et dominera l'histoire des cinq premiers rois Valois.

À la mort de Charles VII, la France est totalement délivrée des Anglais (sauf Calais). Le règne de Louis XI est presque entièrement consacré à la lutte contre les grands féodaux, notamment contre le plus puissant d'entre eux qui visait la constitution d'un État indépendant, le dernier duc de Bourgogne. L'époque de Charles VIII est marquée par la Guerre folle, réaction féodale rapidement matée, et par la première et fulgurante campagne d'Italie. Le passage de la couronne à un Valois collatéral, Louis XII, se fait sans difficulté ; le nouveau roi « ne venge pas les injures du duc d'Orléans », titre qu'il portait avant son accession au trône. Sous son gouvernement, la France connaît une remarquable prospérité et emploie son ardeur guerrière dans la querelle d'Italie sans cesse renouvelée. La politique du premier roi Valois-Angoulême, François Ier, ne diffère pas sensiblement, au début, de celle de son prédécesseur. Mais le mariage d'un Habsbourg avec l'héritière de Castille et d'Aragon, en donnant Charles Quint, oblige les Français à lutter pour la survie de leur pays. Henri II parvient à refouler une invasion espagnole qui atteint Saint-Quentin. Ses fils François II, Charles IX et Henri III doivent assister, souvent impuissants, à une grave crise intérieure : crise d'origine religieuse, mais qui aura des implications sociales nationales et même internationales. À la mort du dernier Valois, l'unité des Français semble détruite. Il revient au premier des Bourbons, Henri IV, de la refaire.

Les Bourbons. 217 ans de règne dont 200 sans interruption, 7 rois ayant effectivement régné (225 ans et 8 rois si l'on comprend la monarchie de Juillet). Trois générations dont les représentants n'ont pas vécu assez vieux pour monter sur le trône. Trois longues régences. Des princes mieux connus que ceux qui les ont précédés, et, pour cette raison, à la fois plus discutés et mieux défendus. Et toujours trois frères qui se succèdent à la fin du règne effectif de leur branche. Le problème posé par l'extinction des Valois n'est pas dynastique à proprement parler. Quelque éloignée qu'elle soit des précédents rois, la lignée des Bourbons, issue de Saint Louis, n'en possède pas moins des droits incontestés. Ce qui paraît inadmissible chez Henri de Bourbon – tout au moins pour la Ligue, qui prétend exercer la régence –, c'est sa religion « prétendue réformée ». Aussi, en 1590, le parlement de Paris, tout à la dévotion de la Ligue, proclame-t-il comme roi, sous le nom de Charles X, le cardinal de Bourbon, dernier frère survivant d'Antoine de Bourbon. Il faudra attendre la mort du « roi de la Ligue », emprisonné, pour qu'on songe à abandonner la loi salique. En 1593, les états de la Ligue donnent la couronne à l'infante Claire, fille d'Élisabeth de France et de Philippe II. C'était aller trop loin, et rayer d'un seul coup tous les rois Valois de l'histoire de France. On revient à la situation de 1328. Cette violation manifeste d'une loi fondamentale du royaume au profit de l'étranger donne au roi de Navarre les partisans catholiques qui lui manquent. Grâce à eux, le royaume est peu à peu conquis de haute lutte. Paris se rend en apprenant que le prétendant abjurera le protestantisme. Le principe ancien de masculinité est sauf. Le principe nouveau de la catholicité, posé par une population en majorité catholique, est satisfait. Les droits des Bourbons ne seront plus discutés.

Henri IV et Louis XIII peuvent alors reprendre la tâche d'unification intérieure entreprise par les Capétiens directs et compromise sous les derniers Valois. La fermeté de leur gouvernement, confié à des ministres aussi remarquables que Sully et Richelieu, permet de reprendre la lutte contre la maison d'Autriche. Des troubles qui se produisent pendant les régences de Marie de Médicis et d'Anne d'Autriche, la monarchie sort affermie et « absolue », c'est-à-dire indépendante. Le très long règne de Louis XIV apparaît comme le triomphe de cet absolutisme qui donne à la France l'hégémonie européenne. Mais la mort du roi, qui ne laisse qu'un arrière-petit-fils pour lui succéder, ouvre une régence pendant laquelle les parlements, surtout celui de Paris, prétendent contrôler l'action gouvernementale. Le XVIIIe siècle voit l'affrontement d'une royauté solide moralement, mais non financièrement, et d'une nouvelle féodalité issue de ces parlements sans cesse hérissés de remontrances à caractère politique. La victoire définitive de la monarchie semble acquise sous Louis XV lors de la réforme Maupeou. Mais Louis XVI remet tout en cause par ses hésitations. La monarchie devra se tempérer sous les courts règnes restaurateurs de Louis XVIII et de Charles X, et renoncer à sa souveraineté sous le gouvernement de Louis-Philippe Ier, roi des Français par la grâce de la Chambre.

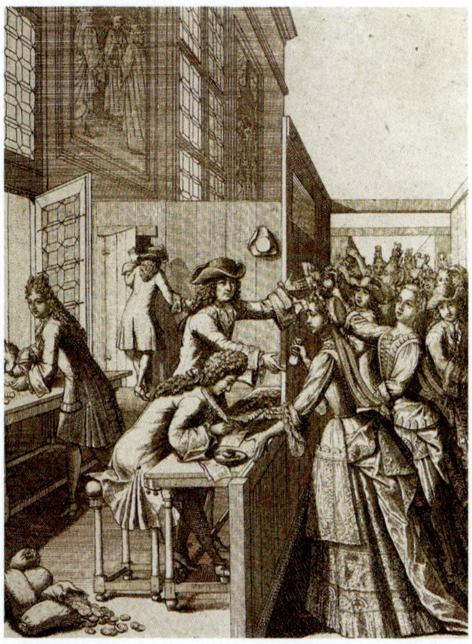

Capitation
La Taxe par teste
« D'une taxe légère la douceur on impose
A un peuple tout prest d'en accepter la loy
Heureux sy lon pourroit pour si modique chose
Achepter une Paix aux vœux de notre Roy. »
Gravure, 1709, Paris, Bibliothèque nationale de France.
© *Lauros-Giraudon*

Capitation

Impôt par tête qui fait partie à l'époque féodale des redevances dues aux seigneurs, la capitation devient sous Louis XIV, avec la taille et le vingtième, un des trois grands impôts directs de l'Ancien Régime.

Instituée en 1695, lors des difficultés financières suscitées par la guerre de la ligue d'Augsbourg et à l'issue de la terrible crise économique de 1693-1694, mais supprimée en 1698 après le traité de Ryswick, elle est définitivement établie en 1701 et, dès lors, maintenue comme imposition extraordinaire. Elle doit à l'origine peser sur tous les Français. Les contribuables sont répartis en 22 classes payant chacune une certaine somme. Dans la première classe, le Dauphin est taxé à 2 000 livres ; dans la dernière, soldats et journaliers ne paient qu'une livre. Mais le clergé se rachètera et les nobles ne seront taxés qu'avec une extrême modération. La capitation finira par peser essentiellement sur les roturiers et deviendra pratiquement, comme le vingtième, un simple supplément de la taille.

Capitoul

Nom porté, du Moyen Âge à la Révolution, par les principaux magistrats de la ville de Toulouse.

Ils font partie du *capitulum*, Conseil civil des comtes de Toulouse dont ils tirent leur nom, et siègent au Capitole. Leur nombre varie de 12, et même 24, à 4 suivant les époques. Les capitouls apparaissent dans les textes en 1175, qui administrent la ville et rendent la justice civile et criminelle. Leur nombre est porté à 24 en 1184 ; ils sont ensuite supprimés par Simon de Montfort (1215), puis rétablis au retour des comtes : Raymond VII décide de les faire élire par les habitants de la ville, 2 capitouls par quartier, 24 en tout. Leurs prérogatives sont considérables, ils s'occupent de l'administration des finances et de celle de la justice. Alphonse de Poitiers, gendre de Raymond VII, réduit leur nombre à 12 et décide de les nommer lui-même, mais son successeur Philippe III confirme en 1273 les coutumes et privilèges de la ville. Les 12 capitouls sont nommés par le viguier sur une liste de 24 candidats présentée par les capitouls sortants. Philippe IV leur confie la justice criminelle en 1304. À la fin du siècle, leur nombre est réduit à 4 par Charles VI sous prétexte de rébellion (1384), puis porté à 8 (1389), et de nouveau à 12 (1400). Le Dauphin Charles les exempte d'impôts : c'est l'origine de la noblesse conférée par leur charge. Charles VII porte leur nombre à 8 en 1438, et ce chiffre ne change plus jusqu'à la Révolution. Dès cette période, les pouvoirs des capitouls sont réduits par le parlement de Toulouse et les officiers royaux. Les conflits entre capitouls et parlement sont nombreux sous le règne d'Henri IV, notamment quand les premiers veulent faire payer la taille aux membres du second, et sous le règne de Louis XIII. Nommés par lettre de cachet à partir de 1645, les capitouls délaissent les affaires municipales, s'intéressent davantage à la noblesse conférée par leur charge.

Capitulaires

*Actes normatifs émanant des souverains mérovingiens, puis carolingiens, ainsi appelés parce qu'ils étaient divisés en chapitres (*capitularia*).*

Les capitulaires qui nous sont parvenus, des copies pour la plupart, vont de Pépin le Bref à Charles le Simple. On distingue plusieurs sortes de capitulaires : les capitulaires *prolege tenenda*, approuvés par le Conseil ; les capitulaires *legibus addenda* qui, élaborés de la même manière, complètent les institutions en place ; les capitulaires *perse scribenda*, qui émanent du roi ou de l'empereur seul, règlent des problèmes annexes et ne sont valables que pour la durée du règne ; les capitulaires *missorum* qui contiennent la correspondance administrative échangée par les empereurs et leurs agents. Ils ont force de loi quand ils ont été lus par tout le royaume.

Capitulations

De l'italien capitolazione, *convention. Accords qui règlent les droits et garanties des sujets chrétiens dans les pays d'Orient.*

Les premières capitulations sont signées en 1536 entre François Ier et Soliman II. Confirmation en est faite en 1569 sous Charles IX et

Sélim II. Elles ne sont abrogées qu'en septembre 1914, juste avant l'entrée en guerre de la Turquie. Le traité de Sèvres les reconduit mais de façon éphémère : elles disparaissent totalement en 1923, en vertu du traité de Lausanne. D'autres capitulations avaient été concédées aux Français en Orient, notamment en Perse, au Siam, en Chine et au Japon.

CAPRARA Giovanni Battista, comte Montecuccolli (Bologne, 1733 – Paris, 1810)

Archevêque italien.

Vice-légat à Ravenne, puis nonce à Cologne, Lucerne et Vienne, il devient cardinal en 1792. Nonce à Paris en 1801, le prélat signe le 18 juillet le Concordat établi entre la France et la papauté, et proteste vainement contre les Articles organiques ajoutés au texte original par Bonaparte. Archevêque de Milan en 1802, Mgr Caprara contribue à l'élaboration du catéchisme impérial, puis couronne Napoléon roi d'Italie en 1805. Il achève sa carrière, et sa vie, comme légat à Paris.

Capucins
Le Père Hubert, capucin. Aquarelle de Carmontelle, Chantilly, musée Condé. © *Giraudon*

CAPUCINS (ordre des)

Les Capucins ont été fondés par Matteo de Bascio, frère mineur observantin qui cherchait à revenir aux sources du franciscanisme.

Vie érémitique et pauvreté absolue sont les deux exigences principales de sa réforme, qui reçoit l'agrément de Clément VII dès 1526, mais n'aboutit à la constitution d'un ordre indépendant des Observantins qu'en 1619, sous le pape Paul V. Les Capucins ne seront qualifiés de plein droit « franciscains » que beaucoup plus tard, par décision de saint Pie X. C'est en 1573 que les Capucins font leur apparition en France. Ils ne tardent pas à s'y développer considérablement, au point qu'il y a environ 600 établissements de Capucins en métropole à la veille de la Révolution. Leur recrutement est facilité par la popularité dont ils jouissent. Cette popularité elle-même s'explique non tant par leur esprit de pauvreté – trait commun à d'autres ordres moins répandus – que par leur attachement pour les humbles. D'ailleurs, ce sont eux qui, à Paris du moins, assurent la lutte contre les incendies, pendant le XVIIe et le XVIIIe siècle, jusqu'à la Révolution. Ces qualités les désignent pour les missions, comme le comprendra bien le père Joseph, un des plus illustres capucins français, qui accentuera la tendance missionnaire de l'ordre. À la différence des autres franciscains, les capucins ne mentionnent pas leur patronyme à la suite de leur nom de religion. Mais les tenues ne diffèrent guère. Si le capuce est plus long chez les Capucins, le rôle de la ceinture est aussi tenu par une corde – ne les appelle-t-on pas Cordeliers, du moins jusqu'à la Révolution ? Et les pieds sont chaussés de sandales. Les Capucins comptent aujourd'hui environ 800 religieux. L'ordre des Capucines a été fondé en 1538 à Naples. Il suit la règle de sainte Claire, qu'il prétend restaurer. La duchesse de Mercœur l'établit à Paris au début du XVIIe siècle. Le couvent des Filles de la Passion était installé dans le faubourg Saint-Honoré.

CARBONARI : voir CHARBONNERIE

CARBUCCIA Horace de (Paris, 1891 – Paris, 1975)

Journaliste, écrivain et éditeur.

Ce fils du bâtonnier Pierre de Carbuccia adapte à la scène française des comédies de Somerset Maugham, ce qui ne l'empêche pas de mener une carrière politique (il est député de Corse entre 1932 et 1936). À la même époque, il fonde la *Revue de France* (1921-1939), les *Éditions de France* (1923-1944) – qui publient notamment des œuvres de Francis Carco, Paul Morand, François Mauriac – et l'hebdomadaire *Gringoire* (1928-1944), qui devient rapidement un des principaux journaux de l'opposition nationaliste. Après la défaite de 1940, il installe son journal en zone sud et, par la plume notamment d'Henri Béraud, *Gringoire* affiche son soutien au maréchal Pétain et à ses idées collaborationnistes. Toutefois, après l'occupation de la zone sud par les Allemands, Carbuccia adopte une ligne collaborationniste utilitaire, avant de saborder son journal à l'approche du Débarquement, désormais persuadé de la défaite du Reich.

CARCASSONNE

Carcasso. *Ville de l'Aude. Chef-lieu du Carcassès ou Carcassonnais, sur l'Aude, aux confins du Midi méditerranéen et du Midi aquitain.*

Dès la plus haute Antiquité, Carcassonne est une des principales villes des Tectosages. Devenue colonie latine au Ier siècle de notre ère, elle dépend de la cité de Narbonne au IVe siècle. Elle tombe ensuite au pouvoir des Wisigoths (Ve siècle), échappe à Clovis en 508, puis à Gontran en 586 pour passer, en 724, sous la domination des Sarrasins qui n'en sont chassés que par Charles Martel en 759. Louis le Pieux réunit le Carcassès au comté de Toulouse. Carcassonne n'en est pas moins, dès le IXe siècle, le siège d'un comté à peu près autonome, qui devient vicomté sous les Trencavel (1082-1209) et qui, au XIIe siècle, acquiert encore un peu plus d'indépendance lorsque ses seigneurs transfèrent leur hommage du proche comté de Toulouse au lointain roi d'Aragon. L'avant-dernier vicomte autochtone, Raymond-Roger Trencavel, se réfugie à Carcassonne quand Béziers est prise par les croisés au début de la guerre des albigeois. Assiégé, Trencavel doit rendre la place et se livrer en otage le 15 août 1209. C'est au cours de ce siège que Simon de Montfort sera jugé digne d'assumer le commandement militaire de la croisade. Désormais, Carcassonne est le centre de la puissance de Montfort, substitué à Trencavel comme vicomte de Carcassonne et de Béziers. En 1247, la vicomté, qui avait été reprise à la faveur du grand soulèvement méridional par Raymond II Trencavel, fils de Raymond-Roger, est cédée à Saint Louis. Elle entre dans le domaine royal pour ne plus en sortir. L'évêché de Carcassonne date du milieu du VIe siècle. Il est suffragant de Narbonne jusqu'à la Révolution. Le Concordat le rattache à la métropole de Toulouse. Grâce à Mérimée et à Viollet-le-Duc, plus heureux ici qu'ailleurs, la très belle cité médiévale de Carcassonne subsiste. La ville comprend une double enceinte fortifiée (XIIe-XIIIe siècle, un kilomètre et demi de périmètre extérieur), un château (XIIe siècle) faisant partie du rempart mais capable de résister seul aux assauts, et une très belle église, l'ancienne cathédrale Saint-Nazaire, œuvre romane agrandie au XIVe siècle avec un chœur gothique d'inspiration septentrionale.

CARIBERT Ier (? – ?, 567)

Roi franc (561-567).

Fils aîné de Clotaire Ier et d'Ingonde, il reçoit Paris et tout l'ouest de la Gaule jusqu'aux Pyrénées lors du partage du *Regnum Francorum* qui suit la mort de son père, en 561. Il meurt prématurément en 567, ne laissant que des filles. Sa succession est répartie entre ses trois frères Gontran, Sigebert et Chilpéric, ce qui mettra la Gaule à feu et à sang pendant des années. Fortunat loue sa connaissance des lettres latines et sa douceur mais il ne faut peut-être pas prendre au pied de la lettre ses éloges, car Grégoire de Tours dénonce son irrévérence envers les clercs et ses mœurs dépravées.

CARILLON (fort)

Fort construit en 1756 au sud du lac Champlain par les Français de Nouvelle-France.

Le 8 juillet 1758, Montcalm, qui ne dispose que de 4 000 hommes, y bat brillamment une armée anglaise forte de 16 000 soldats. De nouveaux combats s'y déroulent en 1775 lorsque les Insurgents de la guerre d'Indépendance américaine tentent d'envahir le Canada. Fort Carillon est aujourd'hui intégré à l'État de New York sous le nom de Ticonderoga.

CARLOMAN (?, 715 – Vienne, 754)

Maire du palais.

Fils aîné de Charles Martel, il devient maire du palais, avec son frère cadet Pépin le Bref, à la mort de son père, en 741, et reçoit l'Austrasie, l'Alamannie et la Thuringe. L'accession au pouvoir des deux frères est marquée par une révolte générale dans toutes les parties excentriques de leurs États. Mais ils sortent victorieux de leurs campagnes contre les Saxons, les Alamans, le duc de Bavière Odilon et le duc d'Aquitaine Hunaud. Comprenant l'importance du soutien que peut leur apporter l'Église, ils font appel à saint Boniface pour poursuivre l'évangélisation de la Germanie et réformer l'organisation et les mœurs du clergé franc. Après six années de gouvernement conjoint, Carloman renonce au pouvoir en faveur de son frère (747), fait construire une abbaye sur le mont Socrate et s'y retire. En 750, le désir d'une retraite plus profonde le décide à entrer comme moine au mont Cassin. En 754, il tente d'empêcher l'expédition italienne de Pépin, mais est arrêté et enfermé dans un monastère de Vienne. Ses fils sont contraints de devenir moines et, à sa mort, Pépin le Bref, roi depuis 751, demeure seul chef des Francs.

CARLOMAN (?, 751 – Chaumouzy, 771)

Roi des Francs (768-771).

Devenu roi des Francs, conjointement avec son frère Charlemagne, à la mort de son père Pépin le Bref en 768, il possède les régions orientales du domaine franc (Provence, Septimanie, Bourgogne, Alsace, Alamannie) et la moitié de l'Aquitaine. Les rapports entre les deux frères deviennent très tendus dès l'année suivante lorsque Carloman refuse à Charlemagne de le soutenir dans la répression d'une révolte en Aquitaine. À sa mort, sa veuve Gerberge, fille du roi des Lombards Didier, se réfugie avec ses deux fils auprès de son père. Charlemagne les prend à Vérone pendant sa campagne victorieuse contre Didier et les fait enfermer dans un couvent.

Carloman
Tombeau de Carloman, roi des Francs (IXe siècle). Saint-Denis, basilique. © *Lauros-Giraudon*

CARLOMAN (IXe siècle)

Quatrième fils de Charles le Chauve.

Il se révolte contre son père qui le fait enfermer dans une abbaye. Il s'en échappe en 870 et se met à la tête d'une bande de pillards ; il est toutefois repris et a les yeux crevés en 875. Il se réfugie auprès de son oncle Louis le Germanique qui lui donne l'abbaye d'Echternach, aujourd'hui au Luxembourg.

CARLOMAN (?, 866 – près des Andelys, 884)

Roi des Francs (879-884).

Fils de Louis II le Bègue et d'Ansgarde, il règne sur le royaume franc, avec son frère Louis III, à la mort de son père en 879. Lorsque les deux frères procèdent au partage de leurs territoires, Carloman reçoit la Bourgogne et l'Aquitaine. Ils unissent leurs forces pour lutter contre les Normands et contre Boson qui s'est fait élire roi de Provence et de Bourgogne par les grands ecclésiastiques et laïques. Le danger est conjuré lorsque Louis III disparaît prématurément en 882. Carloman est alors reconnu comme seul roi mais meurt peu de temps après, à la suite d'une chute de cheval, dans la forêt de Béza, près des Andelys.

CARMAUX (affaire de)

Fait-divers politique et social de la IIIe République.

En 1892, cette petite commune minière du Tarn élit une municipalité socialiste composée d'ouvriers. Le maire est un mineur. Le marquis de Solages, patron des houillères, refuse au maire-ouvrier le droit de s'absenter pour exercer son mandat. Par solidarité, les mineurs se mettent en grève. Leur geste a un retentissement national. La lutte des mineurs de Carmaux prend valeur de symbole. Elle illustre à la fois la lutte des classes, puisqu'elle défend un ouvrier brimé par son patron et la lutte pour la République, puisqu'elle défend le droit du suffrage universel à s'exercer librement dans la démocratie locale. Elle provoque la loi du 27 décembre 1892, qui introduit une procédure facultative d'arbitrage dans les conflits du travail. Solages, vaincu, abandonne son siège de député à Jaurès (1893).

Carmes
Massacre des prêtres aux Carmes, le 2 septembre 1792. Gravure, Paris, Bibliothèque nationale de France. © *Sélection Images*

CARMÉLITES

L'ordre féminin des Carmélites, fondé en 1451 par Jean Soreth, est, en Espagne au XVIe siècle, puis en France au XVIIe siècle, un des symboles de la réforme monastique catholique.

Le Carmel espagnol, rénové dans un sens mystique et ascétique par sainte Thérèse d'Avila, dont la réforme est approuvée par le pape Pie IV en 1562, est introduit en France en 1604, avec l'appui du cardinal de Bérulle, par Mme Acarie qui prend elle-même le voile sous le nom de Marie de l'Incarnation. Le succès du nouvel ordre, lié au développement du monachisme féminin, est considérable : huit monastères en 1610, quarante en 1630. De 1604 à 1635 ou 1640, toute la haute société française prend le chemin du Carmel. Louise de La Vallière, une des favorites de Louis XIV, devait se retirer chez les carmélites du faubourg Saint-Jacques, et Louise de France, huitième fille de Louis XV, dans une autre maison de cet ordre, sise à Saint-Denis. Les carmélites de Compiègne sont les victimes d'un des épisodes les plus dramatiques de la Révolution : le 17 juillet 1794, elles sont toutes guillotinées comme fanatiques. Chaque religieuse vient s'incliner, avant de monter à l'échafaud, devant la mère supérieure qui sera exécutée la dernière, lui demandant humblement la permission de mourir. Au XIXe siècle, sainte Thérèse de Lisieux donne à l'ordre un prestige accru. Il compte actuellement 2 400 religieuses, réparties dans 120 carmels qui continuent à observer la stricte discipline de la règle du silence et de la pauvreté.

CARMES (ordre des)

Ordre mendiant originaire de Syrie et introduit à Paris par Saint Louis.

Vers 1150, un croisé calabrais nommé Berthold se retire sur le mont Carmel, alors habité par des anachorètes suivant la règle de saint Basile. L'exemple de Berthold est imité par d'autres ermites. Ainsi, peu à peu, se constitue un monastère dont la première règle reçoit l'approbation pontificale en 1224, et dont la règle définitive est fixée vingt ans plus tard, sous le généralat de saint Simon Stock. L'ordre fait de nombreux adeptes, non seulement chez les croisés restant en Terre sainte, mais chez ceux qui rentrent en Occident. C'est par Saint Louis qu'il est introduit à Paris en 1254 ; aux six carmes ramenés d'Orient par ses soins ne tardent pas à s'ajouter en nombre des Français de métropole dont l'idéal n'est pas satisfait par les conditions de vie des autres religieux. Depuis leur création, les Carmes pratiquent le lever nocturne, l'abstinence perpétuelle, le silence, la pauvreté. À leur arrivée en France, ils portent un manteau rayé brun et blanc sur une robe sombre. Cette particularité vestimentaire rapportée d'Orient leur vaut des invectives et des injures nombreuses de la part du peuple et des autorités ecclésiastiques, les rayures étant alors considérées comme un signe d'infamie. Sommés à plusieurs reprises de changer de vêtements (notamment lors du deuxième concile de Lyon en 1274), les Carmes adoptent finalement en 1287 le manteau blanc sur robe brune qu'ils conservent aujourd'hui.

En 1431, le pape Eugène IV décide que la règle doit être assouplie. D'où la scission entre les observantins et les mitigés ou conventuels. En 1564, cependant, la reprise en main d'une partie des Carmes est réussie par saint Jean de la Croix, à l'instigation et sous l'inspiration de sainte Thérèse. La nouvelle observance est reconnue par Clément VIII, qui la rend indépendante du reste de l'ordre en 1593. Marchant pieds nus – mais tout de même dans des sandales –, les carmes réformés reçoivent le nom de « déchaux » ou « déchaussés ». Le crédit dont ils bénéficient rapidement amène les conventuels à retrouver l'austérité de la règle originelle.

Paris possédait trois couvents de Carmes. Le premier occupait le site actuel de la place Maubert. Il était né en 1309, du transfert au pied de la montagne Sainte-Geneviève de l'ancienne fondation de Saint Louis, sise primitivement au port Saint-Paul. Les Carmes en sont chassés à la Révolution. L'église est détruite en 1811. Le deuxième couvent, celui des Billettes (qui étaient des mitigés), se trouvait rue des Archives. Depuis 1611, les déchaux avaient leur établissement rue de Vaugirard. Malgré ses remaniements, l'église actuellement conservée est de peu postérieure à cette date. Le couvent est resté célèbre pour avoir été l'un des théâtres des massacres de Septembre. La crypte de la chapelle garde les ossements de plus de 100 prêtres assassinés sur les lieux. C'est à Mgr Affre que l'on doit l'installation dans les anciens bâtiments conventuels d'une école d'enseignement supérieur religieux qui sera l'ancêtre de l'Institut catholique (1845).

CARNAC

Commune du Morbihan, au nord de la baie de Quiberon.

Près de l'agglomération se trouve le plus célèbre ensemble de monuments mégalithiques de France : dolmens, menhirs et tumulus. Le tumulus Saint-Michel est le plus important ; c'est un énorme amoncellement de pierres et de terre de 15 mètres de long sur 50 de large et 12 de haut. Fouillé depuis 1862, il recouvre des chambres funéraires. Certains objets enfermés dans ces chambres – bois, charbon –, passés au test du carbone 14, ont pu être datés de 5 000 à 5 500 ans. Le tumulus lui-même semble dater d'environ 2 000 ans. Du haut de ce tumulus, on découvre les célèbres alignements de Carnac. Les trois principaux groupes du Menec, de Kermario et de Kerlescan comptent plus de 2 500 menhirs et s'étendent sur 4 kilomètres. On pense aujourd'hui que ces monuments correspondent à un culte solaire : les alignements de Kermario sont orientés vers le lever du soleil au solstice d'été, ceux de Kerlescan jalonnent la ligne des équinoxes. Mais l'extraction, le transport et l'érection de ces énormes blocs de pierre restent une énigme qui n'est pas encore complètement éclaircie.

CARNAVAL

Fête cyclique à date variable liée au calendrier lunaire, le carnaval est une période qui s'étend de l'Épiphanie au début du carême, avec une apogée finale le mardi gras.

Venu du fond des âges, il est l'héritier des fêtes païennes qui saluaient par le rire et la danse la réapparition progressive du soleil. En effet, l'Église chrétienne, après avoir essayé vainement d'en écarter ses fidèles, fut pratiquement contrainte de l'intégrer dans son calendrier. Il s'est épanoui au Moyen Âge, devenant un phénomène essentiellement urbain qui, pour être spontané, n'en était pas moins extrêmement codifié, tant par l'Église que par les édiles (à la fois parties prenantes et gardiens d'un certain ordre). Carnaval marque une rupture profonde dans le quotidien qui se manifeste par l'inversion de l'ordre social. Il glorifie les plus faibles, porteurs de la sagesse du monde : les animaux, les enfants ou les fous, et chacun se déguise pour vivre ce temps dans la peau de l'une ou l'autre de ces catégories. Les hommes se travestissent en femmes et, à l'église, les enfants de chœur parodient l'évêque. Avant l'apparition du masque en carton peint, au XIXe siècle, on s'enduisait de suie, de cirage ou de mélanges faits de lie-de-vin, paille, boue ou farine, avec des barbes d'étoupe, crins de cheval ou brins de laine. Et chacun dansait et chantait dans la rue en faisant mille facéties au son de musiques infernales. Carnaval est aussi un temps de réflexion mystique pendant lequel on peut communiquer avec les âmes des morts, voire avec l'âme du monde. Le dernier jour, un roi Carnaval, chargé de toutes les fautes et responsable de toutes les angoisses sociales, est persécuté, jugé et tué au milieu de la liesse générale, servant d'exutoire aux problèmes de la communauté. Il est arrivé que ces problèmes soient tellement aigus que Carnaval devint prétexte à une révolte populaire, comme à Romans en 1580 où les participants passèrent de l'affrontement symbolique à l'affrontement réel, ou à Bordeaux en 1650 où l'effigie de Carnaval était à l'image de Mazarin. En effet, depuis le concile de Trente, centre-moteur de la Contre-Réforme qui orchestra une observation plus rigoureuse du dogme et des pratiques religieuses en Europe, l'Église et l'État conjuguent leurs efforts pour faire disparaître Carnaval, ce dernier devenant alors une occasion de résistance. À partir du XVIIe siècle, rois et évêques multiplient les interdictions (des feux de joie des Brandons, des mascarades des Cendres, des funérailles du bonhomme Carnaval...). En compensation, le peuple est convié à assister aux carnavals de cour savamment orchestrés. La Révolution française porte un coup presque fatal à Carnaval, craignant l'anonymat garanti par les masques. Et pourtant il survit et, à Paris, ouvre la voie à la révolution de 1848. Carnaval est encore bien vivant dans de nombreuses villes de France, porteur des mêmes idées adaptées au monde moderne, bien encadré par les municipalités et par les entreprises commerciales qui le subventionnent. Parmi les carnavals d'hiver, les plus célèbres sont ceux du Nord, mais ceux du Sud (Nice, Aude, Pyrénées-Orientales) sont également très courus. On célèbre également des carnavals de printemps aux alentours de Pâques (Nantes...) ainsi que des carnavals d'été (Douai...).

Carnaval
Carnaval dans les rues de Paris. Huile sur toile de E. Jeaurat, musée de la ville de Paris, musée Carnavalet.
© Sélection Images

CARNOT Hippolyte (Saint-Ouen, 1801 – Paris, 1888)

Avocat et homme politique.

Second fils de Lazare Carnot, il le suit en exil à Magdebourg et rentre en France après sa mort, en 1823. Adepte du saint-simonisme, il signe divers articles dans les organes de ce mouvement et rédige, en 1830, l'*Exposition de la doctrine*, inspirée d'Armand Bazard. Durant les trois journées de juillet 1830, Carnot combat parmi les révolutionnaires, puis défend les insurgés d'avril 1834 lors de leur procès. Député de Paris (1839, 1842, 1846), il siège à l'extrême gauche. Ministre de l'Instruction publique pendant quelques mois sous la IIe République, il souhaite développer l'enseignement, tant populaire qu'agricole. Sa proposition d'instituer l'enseignement gratuit et obligatoire l'entraîne à démissionner. De nouveau député de Paris en 1850, il quitte la capitale après le coup d'État du 2 décembre 1851. Réélu en 1857, il ne peut siéger car il refuse de prêter serment à l'empereur. Il reviendra sur cette décision (1863) et, membre de la gauche, il appartiendra à l'Assemblée jusqu'en 1869. Carnot achève sa carrière comme maire du VIIIe arrondissement de Paris, député de Seine-et-Oise (1871) et sénateur inamovible (1875).

CARNOT Lazare Nicolas (Nolay, 1753 – Magdebourg, Allemagne, 1823)

Militaire et homme politique.

Père du précédent. Fils d'un notaire bourguignon, il achève ses études à l'école du génie de Mézières et publie, avant la Révolution, divers travaux concernant l'algèbre, la géométrie et les sciences mécaniques. Capitaine du génie en 1789, c'est un partisan enthousiaste des idées nouvelles. Député du Pas-de-Calais à l'Assemblée législative, membre du Comité militaire, il est à l'origine des décrets concernant l'armement de la garde nationale et le licenciement du roi. Il siège ensuite à la Convention dans les rangs de la Montagne. Nommé membre du Comité de salut public, le 14 août 1793, et chargé de l'administration de la guerre, il obtient le décret de la levée en masse le 16 août. Avec Robert Lindet et Prieur de la Marne, il va former les armées nouvelles. Elles seront quatorze, composées de jeunes gens. Hommes mariés, femmes, vieillards et enfants contribueront à les fortifier, les uns en fabriquant les armes, les autres en soignant les blessés, en confectionnant habits tentes, charpies. Ces efforts sauvent la République et valent à Carnot le surnom d'« Organisateur de la victoire » : après dix-sept mois de combats, les troupes de la Convention ont remporté vingt-sept victoires, tué 80 000 ennemis, fait 91 000 prisonniers. Ses tâches militaires ne l'empêcheront pas de participer à la fondation de l'École polytechnique en 1794. Envoyé en mission auprès de l'armée du Nord pendant l'automne 1793, Carnot destitue le général Gratien, coupable d'avoir reculé devant les Autrichiens. Il le remplace lui-même et, avec le général Jourdan, remporte la victoire de Wattignies (16 octobre 1793) contre les soldats de l'empereur François II. Austère, moralisateur, républicain sincère, il a voté la

Lazare Carnot
Carnot à la bataille de Wattignies (1793). Huile sur toile de Raymond Desvarreux. © *Sélection Images*

mort du roi en en appelant à la justice. Se situant au Comité de salut public en dehors des querelles de personnes, Carnot s'oppose aux ingérences de Robespierre et de ses amis dans les affaires militaires. Plus tard, sortant de la neutralité, il appuiera le coup d'État du 9 Thermidor. Accusé d'avoir signé des arrêts terroristes, il parviendra à prouver son innocence. En novembre 1795, Carnot devient un des cinq directeurs de la République. De nouveau responsable militaire, il désigne le général Bonaparte comme commandant en chef de l'armée d'Italie. Le coup d'État du 18 Fructidor le contraint à partir pour la Suisse, puis pour l'Allemagne. Il rentre en France à la faveur du 18 Brumaire et est ministre de la Guerre jusqu'en 1801. Membre du Tribunat, ce démocrate intransigeant se montre l'adversaire acharné du Consulat et de l'Empire. Napoléon couronné, il se tient à l'écart de la politique, se consacre aux mathématiques et à l'art militaire, tout en conservant sa charge de tribun. Au lendemain de la bataille de Leipzig, il rallie l'Empereur. Général de division, il défend Anvers et ne rend la place que le 5 mai 1814, presque un mois après l'abdication de Napoléon. Il interdit la destruction des quartiers de la ville que le précédent gouverneur avait voulu démolir. Ministre de l'Intérieur pendant les Cent-Jours, nommé comte d'Empire, il accomplit un travail considérable. Il est exilé lors de la Seconde Restauration comme régicide. Il se rend ensuite à Varsovie, où le tsar Alexandre Ier lui décerne le grade de lieutenant général honoraire, mais il se fixe finalement à Magdebourg. Ses cendres, rendues à la France en 1889, reposent au Panthéon.

CARNOT Marie François Sadi (Limoges, 1837 – Lyon, 1894)

Homme politique, président de la République.

Fils d'Hippolyte Carnot. Élève à l'École polytechnique, il entre ensuite dans l'administration des Ponts et Chaussées. Le 13 janvier 1871, Léon Gambetta le nomme préfet de la Seine-Inférieure (actuellement Seine-Maritime) et commissaire extraordinaire de la République en Normandie. Sadi Carnot, élu à l'Assemblée nationale député de la Côte-d'Or le 8 février 1871, siège avec la gauche républicaine, et vote contre la paix. À partir de 1876, il représentera régulièrement l'arrondissement de Beaune à la Chambre. Il est tour à tour sous-secrétaire d'État au ministère des Travaux publics (août 1878), ministre des Travaux publics dans le cabinet Ferry (septembre 1880 – novembre 1881), puis ministre des Finances dans les cabinets Brisson (avril 1875) et Freycinet (janvier 1886). Le 3 décembre 1887, il succède à Jules Grévy comme président de la République. Malgré les crises graves que traverse le régime – affaire de Panamá, opposition boulangiste, attentats anarchistes –, il sait rendre son prestige à la magistrature suprême de la France. De même les opinions modérées qu'il professe en matière de politique religieuse inciteront une certaine partie de la bourgeoisie catholique à se rallier à la République. En politique étrangère, il facilite le rapprochement franco-russe. Il meurt au cours d'un voyage à Lyon, assassiné par l'anarchiste italien Caserio. Son corps sera transféré au Panthéon.

CAROLINGIENS

Deuxième dynastie royale des Francs (jusqu'à la fin du XIXe siècle, on disait à tort Carlovingiens).

Pépinides et Carolingiens. Pépinides (ou Pipinides) et Carolingiens descendent en ligne masculine de saint Arnoul, qui devint évêque de Metz au début du VIIe siècle, et en ligne féminine de Pépin de Landen, maire du palais d'Austrasie à la même époque. On ne sait pas très bien à qui attribuer la transformation des Pépinides en Carolingiens. À Charles Martel, qui fonda la puissance de sa famille et fut le véritable chef des Francs mais n'eut jamais que le titre de maire du palais – maire unique, il est vrai – ? À son fils Pépin le Bref qui, le premier de sa famille, porta le titre de roi, mais dont le nom était peu fait pour imposer à la postérité l'expression de Carolingiens à la place de celle de Pépinides ? Ou, comme le veut l'usage le mieux établi, du moins d'un point de vue étymologique, à Charlemagne qui réunissait enfin les deux conditions formelles nécessaires : la royauté – plus tard augmentée du titre impérial – et le nom de Charles, qu'il transmit à son deuxième fils et à quatre rois de son sang, dont trois régnèrent sur la France et un sur la Provence ?

Il semble que, malgré les grandes victoires de Charles Martel, malgré la tradition étymologique, le véritable changement s'effectue sous Pépin le Bref. La civilisation mérovingienne se prolonge encore sous le maire du palais Charles Martel, à qui le pape Grégoire III n'a pu trouver que le titre de *subregulus* (roitelet). Avec Pépin, le *subregulus* devient *rex*, un roi non seulement légal mais sacré ; les Francs commencent à subir l'influence de Rome et à recevoir un apport latin important. Charlemagne est un roi plus prestigieux que son père, régnant sur un royaume des Francs considérablement accru. Mais il ne songe pas à abolir les coutumes du partage successoral, si bien que les derniers rois carolingiens sont obligés d'abandonner le titre impérial, depuis longtemps vidé de sa véritable signification, à une famille étrangère au peuple des Francs.

Grandeur et déclin des Carolingiens. Si Clovis avait pu établir fermement sa dynastie en Gaule, c'est qu'il avait réussi à concilier à son profit les deux seules forces vives des temps : le droit de conquête et l'appui de l'Église. Lorsque Pépin se fait élire roi des Francs en 751, la situation est comparable et différente. Le pouvoir change officiellement de mains comme après la victoire de Clovis, mais cette fois l'assimilation des Gallo-Romains et des Francs est faite, si bien que le droit de conquête ne peut plus s'appliquer. D'ailleurs les Pépinides sont déjà installés dans la monarchie mérovingienne, dont ils sont en principe les premiers serviteurs. En outre, les rois mérovingiens continuent à bénéficier d'un sentiment de légitimité, et le dernier d'entre eux, Childéric III, vient d'être restauré par Pépin le Bref et Carloman eux-mêmes. Pour que Pépin puisse briguer le trône avec quelque chance de succès et de durée, il faut que la seule force qui reste utilisable, l'Église, lui offre une aide particulièrement énergique. Or l'Église – tout au moins localement – n'a point eu à se féliciter du gouvernement de Charles Martel, spoliateur des biens du clergé. Le trait de génie de Pépin est de faire appel non aux évêques de la Francie, mais au pape en personne, et de solliciter auprès de lui une véritable autorisation de se faire élire par les grands. Dès lors, son ascension est rapide. En 747, Carloman, frère légitime de Pépin, s'étant retiré au mont Cassin, il devient seul maire du palais. En 751, il se décide à déposer Childéric III et à se faire élire à sa place. Auparavant, il a obtenu l'assentiment du pape Zacharie, si bien qu'il est proclamé roi des Francs avec la bénédiction pontificale. L'année suivante a lieu le sacre de Pépin, dont l'idée, puisée dans la Bible, est déjà appliquée chez les Wisigoths et les Anglo-Saxons. Pépin reçoit l'onction sainte à Soissons, des mains de saint Boniface, apôtre de la Germanie. En 754, le successeur de Zacharie, Étienne II, vient en Francie demander l'aide de Pépin contre le roi lombard Aistolf qui menace Rome. Le roi des Francs accède à sa requête ; après une campagne heureuse en Italie, il donne au pape les terres conquises. Celles-ci forment le noyau de l'État pontifical. Pépin a profité de l'occasion pour se faire sacrer une seconde fois roi, en même temps que « patrice des Romains », avec ses deux fils Carloman et Charles. De 754 à 768, Pépin consolide son pouvoir et son royaume. Fidèle à l'étroite alliance qu'il a conclue avec le pape, il tient à plusieurs reprises en respect les Lombards, sans cependant conquérir leur territoire. Cette tâche sera menée à bien par Charlemagne. Avant de mourir, Pépin a divisé son royaume selon une diagonale nord-est/sud-ouest entre ses fils Carloman et Charles. Sa mort, en 768, aurait pu marquer le commencement de la désagrégation de son royaume. Il n'en est rien, grâce à la personnalité ambitieuse de Charles, qui s'empare en peu de temps de presque tout le lot de son frère, lequel meurt subitement quatre ans après son avènement.

Roi incontesté de tous les Francs, Charlemagne ne se contente pas de fortifier les frontières, il « dilate la chrétienté », comme dit Alcuin. Rompant avec la tradition de paix qui s'était établie, malgré de sérieux accrocs, avec les Lombards, il conquiert leur royaume dont il ceint la couronne de fer (774). Après les campagnes d'Aquitaine, de Vasconie, d'Espagne, de Saxe et de Bavière, la domination des Francs s'étend de l'Èbre à l'Elbe, de l'Armorique à l'Italie. Il ne reste plus qu'à ressusciter l'Empire romain d'Occident. C'est chose accomplie, du moins nominalement, en l'an 800. Sans renoncer au titre de « roi des Francs et des Lombards par la miséricorde de Dieu », Charlemagne est couronné « Empereur et Auguste » par le pape Léon III. Lorsqu'il mourra un peu plus de treize ans après, il aura régné seul pendant quarante-trois ans sur le peuple des Francs.

En rendant vie à l'État romain, Charlemagne n'en avait pas adopté l'esprit. Comme son père Pépin, comme son grand-père Charles Martel, comme les Mérovingiens, il était resté fidèle à la conception patrimoniale du pouvoir. De son vivant, il avait divisé l'ensemble de ses possessions entre ses trois fils, Charles (qui reçut la France moyenne et la majeure partie de la Germanie en 806), Pépin (roi d'Italie et possesseur de la Germanie méridionale depuis 781) et Louis (roi d'Aquitaine à la même date de 781). Charles était associé à son père comme empereur. Ces dispositions semblaient annoncer une rapide dislocation de l'empire après la mort de son titulaire. Il n'en est rien, du moins dans l'immédiat. Charles et Pépin disparaissent avant leur père.

À la mort de celui-ci, en 814, Louis le Pieux hérite de l'empire et récupère les parts de ses aînés, moins l'Italie passée à Bernard, fils de Pépin. Les débuts du nouveau règne sont heureux. Jamais l'empire n'a paru plus fort. En matière successorale, la grande assemblée des Francs, convoquée à Aix en 817, proclame les dispositions suivantes : quand l'empereur disparaîtra, ses trois fils, contrairement à la coutume, ne se partageront pas également la succession ; l'aîné, Lothaire, recevra l'empire et la quasi-totalité des terres ; les puînés se contenteront, l'un, Pépin, de l'Aquitaine et de la marche d'Espagne, l'autre, Louis, de la Bavière et de ses prolongements orientaux. Tous deux seront rois, mais subordonnés à Lothaire, à qui ils verseront tribut et rendront compte de leurs actes. À leur mort, chaque royaume passera intégralement au fils aîné du défunt. Si un roi meurt sans laisser d'héritier mâle, sa part retournera à l'empereur.

LES CAROLINGIENS

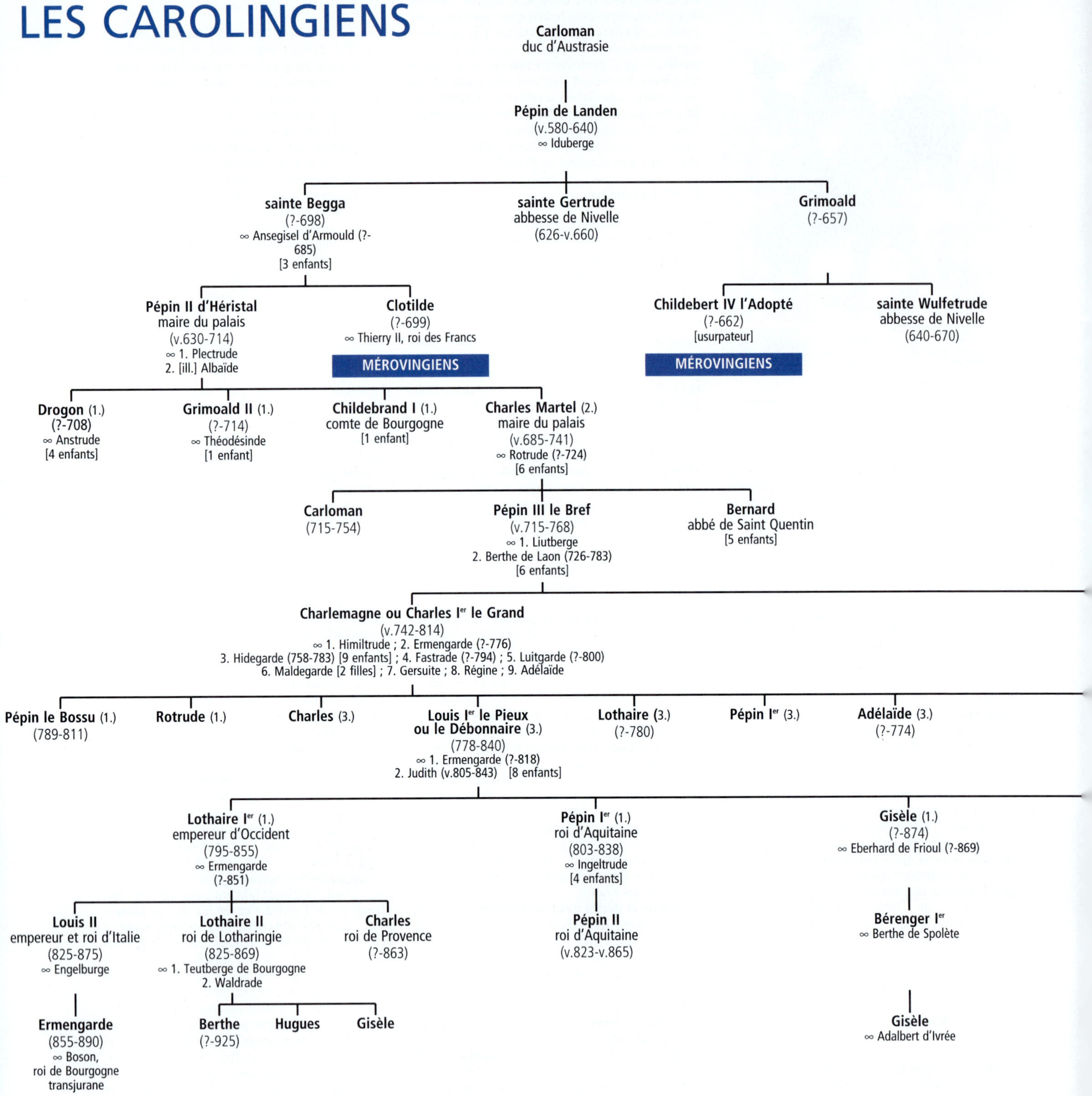

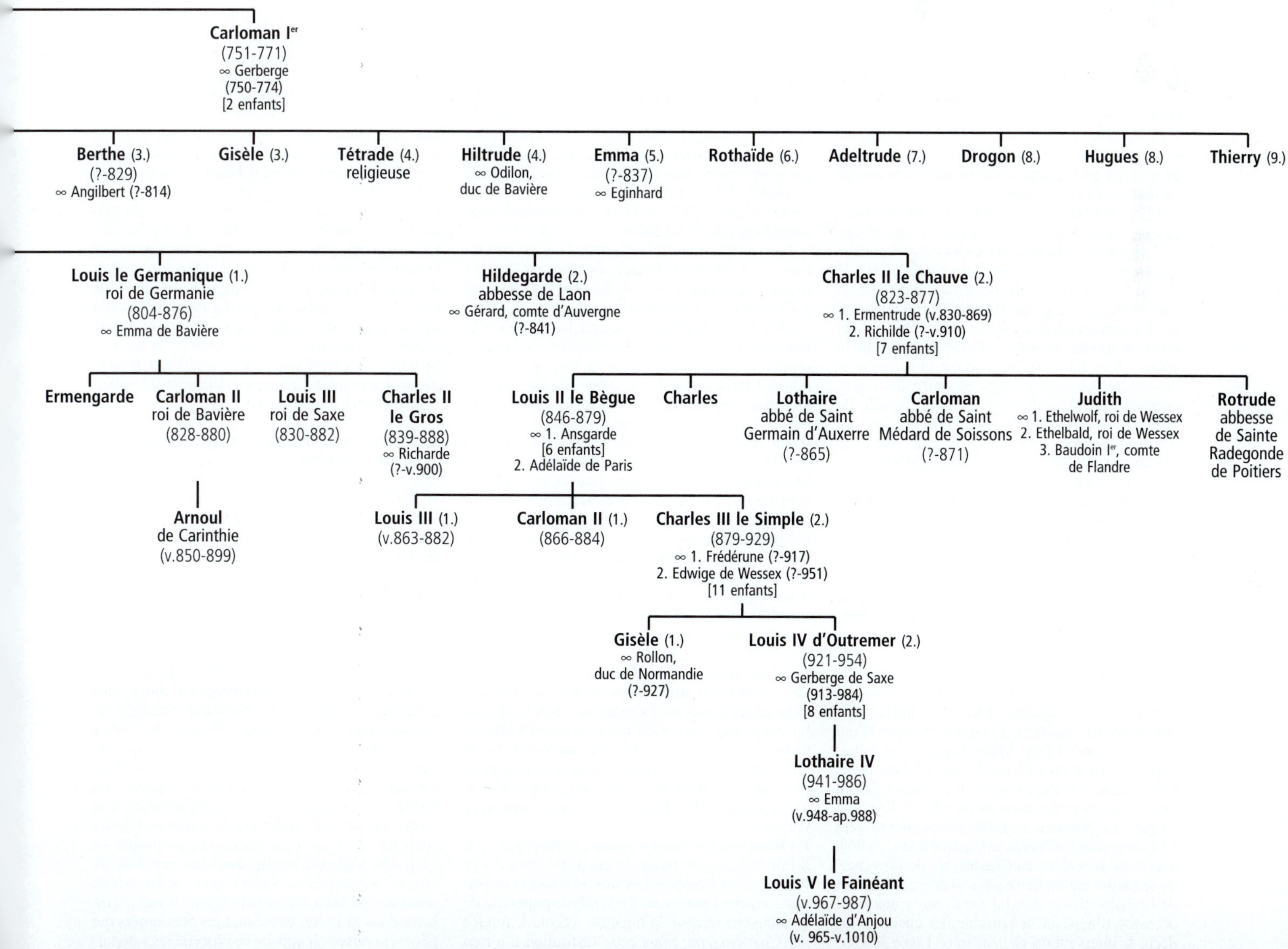

Carloman Ier
(751-771)
∞ Gerberge
(750-774)
[2 enfants]
Berthe (3.)
(?-829)
∞ Angilbert (?-814)
Gisèle (3.)
Tétrade (4.)
religieuse
Hiltrude (4.)
∞ Odilon,
duc de Bavière
Emma (5.)
(?-837)
∞ Eginhard
Rothaïde (6.)
Adeltrude (7.)
Drogon (8.)
Hugues (8.)
Thierry (9.)
Louis le Germanique (1.)
roi de Germanie
(804-876)
∞ Emma de Bavière
Hildegarde (2.)
abbesse de Laon
∞ Gérard, comte d'Auvergne
(?-841)
Charles II le Chauve (2.)
(823-877)
∞ 1. Ermentrude (v.830-869)
2. Richilde (?-v.910)
[7 enfants]
Ermengarde
Carloman II
roi de Bavière
(828-880)
Louis III
roi de Saxe
(830-882)
Charles II
le Gros
(839-888)
∞ Richarde
(?-v.900)
Louis II le Bègue
(846-879)
∞ 1. Ansgarde
[6 enfants]
2. Adélaïde de Paris
Charles
Lothaire
abbé de Saint
Germain d'Auxerre
(?-865)
Carloman
abbé de Saint
Médard de Soissons
(?-871)
Judith
∞ 1. Ethelwolf, roi de Wessex
2. Ethelbald, roi de Wessex
3. Baudoin Ier, comte
de Flandre
Rotrude
abbesse
de Sainte
Radegonde
de Poitiers
Arnoul
de Carinthie
(v.850-899)
Louis III (1.)
(v.863-882)
Carloman II (1.)
(866-884)
Charles III le Simple (2.)
(879-929)
∞ 1. Frédérune (?-917)
2. Edwige de Wessex (?-951)
[11 enfants]
Gisèle (1.)
∞ Rollon,
duc de Normandie
(?-927)
Louis IV d'Outremer (2.)
(921-954)
∞ Gerberge de Saxe
(913-984)
[8 enfants]
Lothaire IV
(941-986)
∞ Emma
(v.948-ap.988)
Louis V le Fainéant
(v.967-987)
∞ Adélaïde d'Anjou
(v. 965-v.1010)

L'acte de 817 aurait peut-être assuré la survie de l'empire sous une forme fédérale, s'il n'avait pas été remis en cause avant de pouvoir s'appliquer. La première contestation vient de Bernard d'Italie qui se révolte, mais est vaincu, pris et aveuglé (il meurt presque aussitôt des suites de sa blessure et l'Italie va grossir le lot impérial). Une autre difficulté est soulevée par l'impératrice Judith, seconde épouse de Louis le Pieux et mère, depuis 823, d'un fils prénommé Charles. Elle réussit à convaincre son mari qu'il serait juste de constituer un lot au dernier enfant né de ses œuvres. Lothaire lui-même en convient et promet de protéger son demi-frère. En 829 a lieu ce qu'il est convenu d'appeler le premier partage de Worms : Louis le Pieux donne à Charles le titre de duc avec l'Alamannie, la Rhétie et une partie de la Bourgogne. Mais en même temps Lothaire est renvoyé en Italie et dépouillé de ses prérogatives.

Alors éclate la guerre civile. Lothaire se trouve immédiatement un parti, auquel se joint Pépin (830). Louis le Pieux doit exiler la coterie de Judith et associer de nouveau son fils aîné au pouvoir. La paix ne revient pas pour autant. Jaloux de Lothaire, Pépin et Louis (futur Germanique) l'abandonnent. Louis le Pieux procède à un nouveau partage entre les trois puînés (second partage d'Aix, en 831).

L'empire s'enfonce dans l'anarchie. Lothaire ayant rallié à sa cause le pape Grégoire IV, le vieil empereur est contraint à la confession publique de ses « crimes » et à l'abandon des insignes impériaux. Mais cette humiliation lui rend des partisans, ce qui lui permet de reprendre ses insignes à Saint-Denis. Il partage encore à plusieurs reprises son empire, avantageant chaque fois un peu plus le fils de Judith. Le partage de 837 réduit Lothaire à l'Italie, Charles y gagne les pays entre Meuse et Seine ainsi que la Bourgogne septentrionale, alors fort étendue. Pépin mort (838), l'empereur se rapproche de Lothaire dont il pense faire le protecteur de Charles. Une nouvelle distribution des terres est organisée à Worms en 839. Louis le Germanique est frustré de tout ce qu'il possédait.

L'Empire franc est divisé entre Lothaire (Allemagne, Italie, Francie de l'Est) et Charles (Francie moyenne et Francie de l'Ouest). Ce partage n'est agréé ni par Louis le Germanique ni par le fils de Pépin Ier, Pépin II, également dépouillé de son héritage et que les Aquitains proclameront roi. Ce partage n'est d'ailleurs exécutable qu'à la mort de Louis le Pieux. Celle-ci survient le 20 juin 840. La situation n'en est ni éclaircie ni obscurcie. La guerre reprend entre les frères ennemis. C'est seulement après la bataille de Fontenoy-en-Puisaye, en 841, que le traité de Verdun (843) amène une paix provisoire en consacrant, en fait, définitivement le démembrement de l'Empire carolingien.

Le traité de Verdun est souvent considéré comme l'acte de naissance de la France. Les limites du royaume de Charles le Chauve n'étaient cependant pas celles auxquelles nous sommes habitués. Cambrai, Verdun, Besançon, Lyon, tout le cours du Rhône faisaient partie de l'« empire » sur lequel régnait Lothaire. La Bretagne n'était pas soumise. En revanche, les marches de Navarre et d'Espagne restaient, pour le moment du moins, dans l'obédience de Charles. Diverses modifications sont par la suite apportées à ces limites. En 845, Charles doit abandonner l'Aquitaine à son neveu Pépin II qui la garde jusqu'en 848. Après de nouvelles luttes, Pépin est livré en 852 par le duc de Gascogne. L'Aquitaine est alors donnée à Charles l'Enfant puis, à la mort de celui-ci en 867, à Louis le Bègue. La Navarre se rend indépendante vers 853. Au sud-est, Charles le Chauve tente, en 863, à la mort de son neveu Charles, roi de Provence, de se rendre maître de ce pays. Il échoue. La mort de Lothaire II, en 869, lui paraît aussi une belle occasion d'annexer la Lorraine. Là encore il est déçu. L'intervention de son frère Louis le Germanique l'oblige à traiter à Meerssen en 870. Le royaume de France s'accroît de la Frise, du Luxembourg d'une partie de la Lorraine, de Besançon, du Lyonnais, du Viennois, du Vivarais et de l'Uzège. Quand l'empereur Louis II passe de vie à trépas en 875, Charles lui succède comme empereur et ajoute à ses possessions la Bourgogne transjurane, la Provence et l'Italie. Il devient ainsi le souverain des deux tiers de l'ancien empire.

Toutes ces acquisitions sont sans lendemain : la mort de Charles le Chauve incite à revenir au traité de Verdun, qui désormais résiste à toutes les tentatives de violation jusqu'à la fin des temps carolingiens. Les invasions normandes rendent l'insécurité permamente. Trop vaste pour ces temps difficiles, l'empire n'est plus qu'une vue de l'esprit. Malgré toutes ses qualités, Charles le Chauve ne peut suffire à la besogne écrasante de défendre à la fois la France et l'Italie contre les dangers du dedans et du dehors. Il succombe « dans la tristesse », laissant un fils de pauvre figure, Louis le Bègue. Au moins celui-ci comprend-il l'inutilité du fardeau impérial, qu'il laisse à la branche germanique. Mais, même au prix de cette renonciation, il a peine à résister aux ambitions des comtes du royaume. Louis le Bègue ne règne que deux ans. Louis III et Carloman, les fils qu'il a eus d'Ansgarde, lui succèdent conjointement. Ils meurent à peu de temps d'intervalle l'un de l'autre, le premier en 882, le second en 884. Normalement, Charles le Simple, leur demi-frère légitime, aurait dû leur succéder immédiatement. Mais il est très jeune ; au mépris des règles les plus élémentaires de la succession, les grands du royaume appellent au trône un cousin de Louis le Bègue, l'empereur Charles le Gros, dernier fils survivant de Louis le Germanique et lui-même roi de Germanie depuis deux ans.

L'avènement de Charles le Gros marque un retour à l'idéal de l'unité impériale. Cependant, son incapacité éclate aux yeux de tous lors du grand siège de Paris par les Normands (885-886). Le comte Eudes, fils de Robert le Fort, défend la ville avec courage, l'empereur germanique, arrivé très tard à quelques pas des remparts, préfère payer la retraite des envahisseurs plutôt que de combattre. Les Allemands, indignés, le déposent en 887 et les grands de France lui donnent pour successeur Eudes lui-même.

Les rois Charles III le Simple, Louis IV d'Outremer et Lothaire de France sont épargnés par les rivalités familiales, mais ils doivent se soumettre à l'élection et alterner avec une autre dynastie – celle des Robertiens –, ce qui les mettra à la merci des comtes. Après une interruption qui ressemble à un intérim, Charles le Simple, majeur, reprend possession du royaume de son père. Il s'empare momentanément de la Lorraine et résout le problème posé par les Normands en les fixant sur la Seine (traité de Saint-Clair-sur-Epte en 911). C'est sans doute parce qu'il conquiert trop d'autorité sur son peuple que les grands dressent contre lui la famille robertienne. Tantôt vainqueur, tantôt battu, il meurt en 929, très vraisemblablement en prison, après avoir perdu son trône au profit de Robert Ier. Son fils Louis d'Outremer consacre son règne à lutter contre les féodaux. Après sa mort, Lothaire lui succède sans intérim grâce à la complaisance d'Hugues le Grand. Aidé du fils du duc des Francs, Hugues Capet, le Carolingien repousse l'invasion d'Otton II qui menace Paris. Contre l'empereur, mais aussi contre son propre protecteur, il défend avec vigueur ses dernières prérogatives. Son fils Louis lui est associé dès 979, aussi, lorsque Lothaire meurt – encore jeune (986) –, lui succède-t-il sans difficulté. Mais c'est pour mourir quelques mois plus tard victime d'une chute de cheval (987). Il ne laisse pas d'enfants. Son successeur sera Hugues Capet.

La Renaissance carolingienne. Cette expression a fait fortune, au point qu'on n'ose plus écrire l'histoire des Carolingiens sans évoquer le renouveau attaché à leur nom. Le symbole populaire de ce mouvement reste la fameuse « école », fondée par Charlemagne. Mais cette institution n'a rien de « scolaire », dans la mesure où elle ne s'adresse pas aux enfants. Il s'agit, en effet, de l'Académie palatine, si toutefois l'on doit appeler académie le groupe de lettrés que Charlemagne aimait à réunir en son palais, et dont la plus brillante figure fut incontestablement le clerc anglo-saxon Alcuin. La véritable mission des personnages qui gravitaient autour de l'empereur était de former un clergé instruit, apte à lire, à commenter et à copier les Écritures, les ouvrages des Pères de l'Église et un certain nombre d'œuvres de l'Antiquité païenne. À cette occasion naquit la lettre minuscule dite caroline, qui permettait de retrouver la lisibilité des manuscrits et inscriptions antiques dont la cursive mérovingienne avait fait perdre la recette. Telles furent les principales manifestations de la Renaissance littéraire. Louis le Pieux s'entoure de gens cultivés, et, après lui, son dernier fils reprend brillamment à son compte la mission de protecteur des lettres qui est devenue celle de tous les grands souverains issus de Pépin le Bref : Charles le Chauve est qualifié tantôt de « prince le plus cultivé de son temps », tantôt de « roi philosophe » tantôt encore de « très curieux de savoir » (Loup de Ferrières). La Renaissance des lettres s'accompagne d'une Renaissance des arts. Les édifices conservés de l'époque, rares en France (Germigny, Auxerre), montrent que les artistes, malgré l'abandon de l'architecture monumentale, malgré une certaine gaucherie, ont su maintenir quelques traditions romaines et s'inspirer des techniques décoratives de Byzance, qui était restée le reflet de l'ancienne Rome.

CARREL Armand (Rouen, 1800 – Saint Mandé, 1836)

Journaliste.

Tout d'abord militaire, il démissionne lors de l'expédition d'Espagne en 1823, combat même parmi les insurgés. Son attitude lui vaut d'être condamné à mort par un conseil de guerre, puis acquitté. Il se joint alors aux libéraux. En janvier 1830, avec Thiers et Mignet, il fonde *Le National*, préconisant une monarchie de type anglais, et favorable au duc d'Orléans. Le journal est bientôt condamné par les tribunaux. Carrel rompt alors avec Thiers et Mignet, et fait du *National* une feuille d'opposition républicaine. Emprisonné à Sainte-Pélagie, il reprend le combat dès sa sortie de prison, toujours d'une manière franche et courtoise. En juillet 1836, un violent incident l'oppose à un autre journaliste, Émile de Girardin, qui vient de fonder *La Presse*. Girardin ayant menacé de révéler que Carrel vit avec une femme mariée qu'il ne peut épouser, le divorce ayant été supprimé sous la Restauration, Carrel le provoque en duel. Grièvement blessé le 22 juillet, il meurt deux jours plus tard.

CARRIER Jean-Baptiste (Yolet, Cantal, 1756 – Paris, 1794)

Homme politique.

Originaire d'Auvergne, destiné d'abord à la carrière ecclésiastique, il est procureur à Aurillac au début de la Révolution. Il accueille le mouvement avec enthousiasme, s'engage dans la garde nationale, est un orateur remarqué de la Société les jeunes amis de la Constitution (1793). Il vote sans hésiter la mort du roi, demande l'arrestation du duc d'Orléans et contribue à la création du Tribunal révolutionnaire. En 1793, la Convention l'envoie en mission en Normandie d'abord, puis à Rennes où il épargne les bourgeois protégés par le maire Leperdit, et surtout à Nantes où il arrive au mois d'octobre. Son objectif, et il obéit en cela aux ordres de la Convention et du Comité révolutionnaire, est la destruction de la Vendée. Des milliers de Vendéens seront ainsi envoyés à la mort, surtout après la défaite de Savenay. Carrier suspend alors les procédures ; la guillotine ne suffisant plus, on fusille dans les carrières de Gigant, aux portes de Nantes, puis Carrier met au point des bateaux submersibles qui, la nuit, sombrent dans la Loire, entraînant les prisonniers qui périssent noyés : il appelle ce procédé les « déportations verticales », et la Loire devient la « bai-

Jean-Baptiste Carrier
Les Noyades de Nantes. Gravure, musée Dobrée, Nantes. © *G. Dagli Orti*

gnoire nationale ». Dénoncé par Jullien, fils d'un député de la Drôme, Carrier est rappelé par Robespierre, laissant derrière lui des milliers de cadavres et une épidémie de typhus. Sauvé un instant par le 9 Thermidor, il est finalement traduit devant le Tribunal révolutionnaire, condamné à mort et exécuté le 16 décembre 1794.

CARTEL DES GAUCHES

Coalition qui, lors des élections législatives du 11 mai 1924, rassemble la gauche radicale, le groupe radical et radical-socialiste, les républicains socialistes et les socialistes (SFIO) contre la majorité sortante conservatrice du Bloc national.

Le « cartel d'une minute » formé par les socialistes et par les radicaux à l'occasion des élections législatives de 1924 s'explique davantage par le souci d'unir les différentes familles de gauche que par la volonté de réaliser un programme d'action commun. Si, une fois la victoire acquise, socialistes et radicaux s'entendent pour exiger la démission du président de la République Alexandre Millerand, qui s'était posé comme le chef de file du Bloc national, les dissensions entre les différentes familles du Cartel, notamment en matière de politique économique, rendent de plus en plus difficile la gestion de celui-ci. Dans bien des domaines, le gouvernement Herriot prend pourtant de nombreuses mesures destinées à satisfaire sa majorité. Sa politique sociale, symboliquement placée sous l'ombre tutélaire des cendres de Jaurès, transférées au Panthéon en 1925, est marquée par une vague d'extension des amnisties, par la réintégration des cheminots révoqués en 1920 et par la reconnaissance du droit syndical. Elle se caractérise surtout par un anticléricalisme virulent, qui dresse une bonne partie de l'opinion contre le Cartel. Les divers projets du gouvernement, visant l'un à supprimer l'ambassade française au Vatican, un autre à abolir le statut concordataire de l'Alsace-Lorraine, restent lettres mortes face à la mobilisation des catholiques français, emmenés notamment par le général de Castelnau et sa Fédération nationale catholique. Mais c'est essentiellement en matière de politique étrangère que le Cartel fait preuve d'ouverture et de nouveauté, refusant l'héritage du Bloc national qui, sous la houlette de Poincaré, laisse une France empêtrée dans l'affaire de la Ruhr et délaissée par ses alliés, l'Angleterre et les États-Unis. Le mot d'ordre qui domine désormais la politique du Cartel est celui d'apaisement et d'ouverture. Ouverture à l'Est, comme le prouve la reconnaissance de l'URSS en octobre 1924, ouverture à l'Allemagne, comme l'atteste l'acceptation du plan Dawes en août 1924, qui échelonne les dettes allemandes jusqu'en 1929 et demande en contrepartie l'évacuation de la Ruhr par les Français. Enfin, Herriot propose à la SDN le « Protocole de Genève », régi sur le principe « Arbitrage-Sécurité-Désarmement », qui rendrait obligatoire l'arbitrage de la SDN en cas de conflit. Le projet échoue mais en dit long sur la ligne conciliatrice qui prévaut en France, illustrée par les débuts de l'ère Briand-Streseman en 1925.

Cartel des gauches
Affiche électorale pendant la campagne législative de 1936, de Jac Alain. Paris, Bibliothèque nationale de France. © *Bonora-Giraudon*

La majorité du Cartel tombe en réalité faute d'avoir résolu un dilemme fondamental : si les socialistes aspirent à une politique économique rigoureusement contrôlée avec impôt sur le capital, les radicaux, eux, sont libéraux. Cette alliance boiteuse entre deux partis aux opinions si divergentes rend méfiants les milieux d'affaires, qui demandent des comptes à Herriot. Celui-ci est contraint de révéler que le plafond d'avances de la Banque de France a été dépassé, ce qui l'oblige à démissionner le 10 avril 1925. Dès lors, le Cartel est indécis et divisé sur la solution à donner à la crise financière, et les ministères se succèdent. Painlevé, d'avril à novembre 1925, puis Briand, de novembre 1925 à juillet 1926, se montrent incapables de résoudre la crise. La formation du deuxième cabinet Herriot, le 19 juillet, sonne le glas du Cartel par la panique financière qu'il soulève, et permet un retour aux gouvernements d'Union nationale, sous l'égide de Poincaré. L'expérience du Cartel des gauches est souvent représentée comme un exemple de la toute-puissance du « Mur d'argent », capable de mettre en échec la volonté du suffrage universel, mythe commode pour dissimuler le laxisme d'une politique budgétaire dépensière et d'une ambition monétaire au-dessus des moyens d'un pays saigné par la Grande Guerre.

CARTES (jeux de)

Jeux pratiqués avec des petits cartons fins portant sur une de leurs faces des figures en couleur.

Les jeux de cartes apparaissent en Occident à la fin du XIVe siècle. La fabrication est assurée par les papetiers et la décoration par les peintres qui colorient ou enluminent. Les images et leur nombre sont alors très variables selon les pays. Les différents jeux que permettent les cartes remportent un vif succès dans toutes les couches de la société, malgré les inquiétudes de l'Église qui multiplie en vain les interdictions, tant ces jeux éloignent du travail et de la prière. Pourtant, le roi Charles VI est le premier à jouer aux cartes. Henri IV y perd des fortunes colossales. Sous Louis XIV se propage à la Cour une véritable frénésie, encouragée cette fois par le roi parce qu'elle détourne les nobles des préoccupations politiques. On joue alors au *baccara*, au *trente et quarante*, au *brelan*, au *whist*. Le roi préfère le *reversi*, qui compte 48 cartes, dont les « 10 » étaient enlevés. Il s'agit de réaliser le moins de levées possibles ou, au contraire, toutes les levées. Seules les figures comptent, avec des valeurs allant de 4 points pour l'as à un point pour le valet. Louis XIV y perdait couramment cent mille écus en un mois. La Révolution vit apparaître l'épidémie du *biribi*, qui se jouait sur les bornes des rues et dans les 4 000 maisons de jeux parisiennes. Les cartes génèrent des gains que l'État s'efforce toujours de contrôler en taxant les fabricants. Dès 1583, une loi imposant les maîtres-cartiers déclare clairement que le royaume entend tirer « quelques commodités » d'un jeu par ailleurs aussi détestable ! Cette imposition sur les jeux de cartes ne fut abolie qu'en 1946.

CARTIER Jacques (Saint-Malo, 1491 – Saint-Malo, 1557)

Navigateur.

Très jeune, il prend la mer comme mousse puis comme maître pilote. Ses premiers voyages le mènent sans doute à Terre-Neuve, au Brésil et au Portugal. Animé du désir de marcher sur les traces de Vasco de Gama, Fernand Cortez, Magellan, il obtient de François Ier d'aller explorer les terres de l'Amérique septentrionale, désignées alors sous le nom de « Terres Neuves ». Il espère trouver par le nord-ouest une route de la Chine. Le 20 avril 1534, il quitte Saint-Malo avec deux bâtiments. Favorisé par le vent, il atteint le 10 mai la côte orientale de Terre-Neuve. Un mois plus tard, il franchit le détroit de Belle-Isle, s'engage dans la baie de Gaspé où, le 24 juillet, en signe de prise de possession des vastes contrées qu'il a explorées, il plante une croix de bois surmontée de cette inscription : « Vive le roi de France ! » Il s'aventure ensuite jusqu'à l'embouchure du Saint-Laurent mais la mauvaise saison lui fait rebrousser chemin et, le 5 septembre, il est de retour à Saint-Malo.

Sur son récit, et dans l'espoir de découvrir des mines d'or, François Ier lui confère le commandement d'une deuxième expédition de trois navires, avec le titre de « pilote du roi ». Parti de Saint-Malo le 19 mai 1535, Cartier s'engage le 1er septembre suivant sur le Saint-Laurent qu'il remonte jusqu'au village d'Hochelaga, auquel il donne le nom de Mont-Royal (la future Montréal). Les rapides interdisant aux barques de remonter à l'intérieur, il retourne hiverner à Sainte-Croix (près de l'actuelle Québec). Après la débâcle, sur le chemin du retour, il trouve le passage au sud de Terre-Neuve, ce qui complète la découverte du fleuve Saint-Laurent. Il est de retour à Saint-Malo le 16 juillet 1536.

Ses rapports décident François Ier à fonder un établissement dans les pays qu'il vient de découvrir et auxquels il a donné ou du moins étendu le nom de Nouvelle-France. Mais la reprise de la guerre entre François Ier et Charles Quint retarde ce troisième et dernier voyage. Le roi nomme enfin François de Roberval vice-roi et lieutenant général en Canada, tandis que Cartier est chargé, avec le titre de capitaine général et maître pilote des vaisseaux du roi, du commandement des cinq navires destinés à l'expédition. Il met la voile, le premier, le 23 mai 1541. Après avoir longuement attendu Roberval au Canada, il décide de rentrer en France à la fin du mois de mai 1542. Il croise Roberval à Terre-Neuve mais refuse de repartir avec lui et rentre à Saint-Malo, chargé de ce qu'il croit être une précieuse cargaison d'or et de diamants. Ce sont en réalité des pierres sans valeur. Ce fut sans doute son dernier voyage, contrairement à ce qu'affirment certains historiens qui font mention d'une quatrième expédition montée pour rapatrier Roberval (1543). Jacques Cartier n'avait pu réaliser certains de ses rêves : trouver une nouvelle route de la Chine, découvrir de fabuleuses richesses, réussir dans l'entreprise bien prématurée qu'était la colonisation des rives du Saint-Laurent. Mais ces échecs ne doivent pas faire oublier qu'il démontra l'insularité de Terre-Neuve et fut le « découvreur du Canada ».

Jacques Cartier
Jacques Cartier découvre et remonte le fleuve Saint-Laurent au Canada en 1535. Huile sur toile de Théodore Gudin, 1847, château de Versailles et de Trianon. © *RMN*

CARTULAIRE

Manuscrit renfermant la transcription d'actes authentiques, chartes ou privilèges, concernant des villes, des établissements ou même des individus.

Le but de la transcription n'est pas de sauvegarder les documents originaux, bien souvent détruits après la composition du cartulaire, mais de rassembler, en un seul volume, l'ensemble des titres attestant des droits, des possessions et des privilèges du commanditaire en les présentant de manière démonstrative. Dans les quelques cas où la comparaison est possible entre les actes originaux et leurs copies dans un cartulaire, on constate de fréquentes interpolations dans le but manifeste de reculer l'antériorité d'un droit acquis ou d'en modifier favorablement les termes. La plupart des cartulaires qui nous ont été transmis concernent des établissements ecclésiastiques. Leur existence est fort ancienne, mais ceux qui nous sont parvenus ne remontent pas au-delà du Xe siècle, et ils ne deviennent abondants qu'au XIIIe. À partir de ce moment, tous les établissements ecclésiastiques, des évêchés aux simples chapelles et aux hôpitaux, font recopier les actes concernant leurs privilèges et leurs titres de propriété. Les textes recopiés ne sont pas classés par ordre chronologique, mais selon un certain ordre méthodique. De nombreux cartulaires s'ouvrent sur un long préambule indiquant les motivations de sa composition. Des pièces narratives sont parfois insérées parmi les chartes quand elles ne sont pas elles-mêmes disposées dans une trame narrative qui donne au cartulaire l'aspect d'une chronique (on parle alors de cartulaire-chronique). Les cartulaires se présentent la plupart du temps comme des registres, les plus anciens toutefois sous forme de rouleaux de parchemin puis à partir du XVe siècle, de papier. L'authenticité de la copie est parfois garantie par des commissaires, assistés d'un notaire qui délivre un certificat d'authenticité. Mis à part ces cartulaires « authentiques » et assez rares, aucune garantie n'est offerte de l'authenticité de la transcription. Les cartulaires ont néanmoins permis de conserver et d'examiner des textes dont les originaux sont perdus, et sont fort précieux pour l'historien.

Conférence de Casablanca
Rencontre du général de Gaulle et du général Giraud, haut commissaire de l'Afrique française, à la conférence de Casablanca. Assis au fond, le président Roosevelt. © *Keystone*

CASABLANCA (bataille de)

Nom donné au combat que livrent, du 8 au 10 novembre 1942, les forces terrestres et navales françaises du Maroc, commandées par le général Noguès, pour s'opposer au débarquement des unités américaines en Afrique du Nord.

Au cours des hostilités, la force navale française qui se trouvait à Casablanca est détruite. L'ordre de cesser le feu est donné d'Alger le 10 novembre par l'amiral Darlan, décision qui annonce le ralliement de l'armée française d'Afrique aux forces alliées dans la lutte contre les forces de l'Axe.

CASABLANCA (conférence de)

Conférence qui réunit, du 14 au 24 janvier 1943, dans le quartier résidentiel d'Anfa – dominant Casablanca au sud-ouest –, le président des États-Unis, Franklin D. Roosevelt et le Premier ministre de Grande-Bretagne, Winston Churchill, assistés du conseil des chefs d'état-major alliés.

Staline avait été convié à cette conférence, dont la réunion était primitivement envisagée à Khartoum, mais avait décliné l'invitation, en raison de l'offensive générale en cours sur le front de l'Est. Le généralissime russe fut néanmoins tenu au courant de toutes les décisions prises au cours de cette rencontre qui coïncida avec le véritable tournant de la guerre. Sur tous les théâtres d'opérations, l'avance des puissances de l'Axe et du Japon était désormais bloquée, une armée allemande était enfermée sans espoir dans Stalingrad tandis que le débarquement des Alliés en Afrique du Nord et les échecs qu'ils commençaient à infliger à l'Allemagne dans la lutte sous-marine et aérienne leur permettaient de prendre à leur tour l'offensive.

Au terme de la conférence, il est décidé : 1° d'ajourner à l'année 1944 l'invasion de l'Europe occidentale, en raison de la double nécessité de renforcer les moyens terrestres et aériens des Alliés et d'éliminer la gêne qu'apporte au trafic allié en Méditerranée la possession par l'ennemi de la côte sud de l'Europe, entre l'Espagne et la Turquie ; 2° une fois la victoire obtenue en Afrique du Nord, d'envahir la Sicile qui servirait de tremplin pour l'attaque ultérieure de l'Italie, attaque susceptible de détacher cette puissance de la coalition adverse ; 3° d'accélérer le rassemblement des forces américaines en Grande-Bretagne ; 4° de procéder dans le moindre délai à des bombardements stratégiques continus, de jour et de nuit, sur l'Allemagne ; 5° d'intensifier le concours apporté aux alliés (Russie et Chine). En outre, le 24 janvier, dans une conférence de presse, le président Roosevelt annonce la volonté des Alliés de contraindre l'Allemagne, l'Italie et le Japon à une capitulation sans conditions. C'est enfin au cours de cette conférence que sont pris, sous la double égide de Roosevelt et de Churchill, les premiers contacts entre le général de Gaulle et le général Giraud. Mais les résultats de cette première entrevue sont très médiocres.

CASAL

En italien Casale Monferrato, *ancienne capitale du Montferrat, aujourd'hui intégrée à la province d'Alexandrie.*

D'origine antique, Casal fut de tous temps une des places fortes les plus disputées de l'Italie septentrionale à cause de sa position stratégique sur le Pô, entre le Milanais et le Piémont. Brissac s'en empare par surprise en 1555. Mais c'est pendant la première moitié du XVIIe siècle qu'elle retient le plus constamment l'attention des responsables de la politique française, en devenant avec la Valteline l'enjeu des rivalités internationales les plus âpres. Convoitée par le duc de Savoie, possesseur du Piémont, puis par le roi d'Espagne, maître du Milanais, elle appartenait aux Gonzague, ducs de Mantoue et marquis de Montferrat, protégés du roi de France. Celui-ci doit intervenir trois fois pour la défendre. La première fois, en 1613, il n'est pas nécessaire d'en venir aux mains : le gouverneur de Milan ayant avisé Charles-Emmanuel de Savoie qu'il le laisserait soutenir seul le poids des armes de la France, celui-ci renonce à son projet.

Il en ira tout autrement en 1629-1630 : le duc de Savoie et le roi d'Espagne sont alors alliés pour le partage du Montferrat, dont ils contestent la propriété à Charles de Gonzague-Clèves, duc de Nevers et de Rethel, né sujet français, qui en 1617 a succédé à Vincent II de Gonzague-Mantoue dans l'ensemble de ses possessions comme son plus proche parent. Assiégée par l'armée de Gonzalve de Cordoue, Casal est défendue par une garnison presque entièrement composée de Français placés sous les ordres de Beuvron. Celui-ci a réussi à prolonger sa résistance assez longtemps pour qu'en mars 1629 des vivres et des munitions lui parviennent, en même temps qu'un renfort de 5 000 hommes. Les Espagnols lèvent le siège et Charles-Emmanuel, qui a été défait au pas de Suse, est obligé de présenter ses excuses à Louis XIII. Le 23 mai 1630, Casal, où commande Toiras, est de nouveau investie par une armée espagnole, forte de 18 000 fantassins et de 6 000 cavaliers, que conduit Spinola. Toiras ne dispose que de 3 000 hommes. Il lutte longtemps, sans grand espoir d'ailleurs. Finalement, la paix est décidée grâce aux talents de négociateur de Jules Mazarin, futur cardinal. Les Espagnols acceptent de remettre la ville à un commissaire de l'empereur.

Le 8 avril 1640, le marquis de Leganez tombe par surprise sur Casal, qui n'est défendue que par 1 200 hommes de troupe sous les ordres de La Tour. Celui-ci parvient à alerter le comte d'Harcourt, général des forces françaises en Piémont, et, malgré le manque de munitions et de vivres, à tenir jusqu'au 29, jour où le secours arrive. Malgré leur nette infériorité numérique, les Français l'emportent sur les Espagnols.

CASERIO Santo Jeronimo (Lombardie, 1873 – Lyon, 1894)

Anarchiste italien.

Le 24 juin 1894, il assassine d'un coup de poignard le président de la République Sadi Carnot, lors de l'inauguration de l'exposition de Lyon. Il disait vouloir venger Auguste Vaillant, un autre anarchiste exécuté le 5 février précédent pour avoir jeté une bombe à la Chambre des députés. Condamné à mort le 3 août, Caserio est exécuté le 8.

CASIMIR-PERIER Auguste Victor Laurent PERIER, dit (Paris, 1811 – Paris, 1876)

Homme politique.

Fils de Casimir Perier, le célèbre ministre de Louis-Philippe, il embrasse dès l'âge de 20 ans la carrière diplomatique, qu'il n'abandonnera que pour siéger à la Chambre des députés comme représentant du Ier arrondissement de Paris (1846). Il quitte momentanément la vie publique lors de la révolution de 1848. Un an après, les électeurs du département de l'Aube l'envoient à l'Assemblée législative. Bien qu'apparemment assez favorable au prince-président, il s'élève contre le coup d'État du 2 décembre 1851, ce qui lui coûte quelques jours d'emprisonnement. Libéré, il se consacre à l'agriculture. En 1861, la politique le séduit de nouveau. Membre du Conseil général de l'Aube, il est battu aux élections de 1863 et de 1869. L'ancien diplomate, incarcéré par les Prussiens à Troyes, puis à Reims pendant la guerre de 1870-1871, se porte candidat à l'Assemblée nationale. Le 8 février 1871, les départements de l'Isère, des Bouches-du-Rhône et de l'Aube lui apportent leurs suffrages. Il optera pour le dernier. Membre du centre droit, il soutient Adolphe Thiers. Le 11 octobre 1871, il reçoit le portefeuille de l'Intérieur et le conservera jusqu'au 2 février 1872, date à laquelle il démissionne pour protester contre le refus de la Chambre de fixer à Paris la résidence des pouvoirs publics. En 1873, il obtient le droit d'ajouter Casimir à son patronyme. Passé au centre gauche, il fonde le groupe de la République libérale (1873), redevient ministre de l'Intérieur durant l'éphémère cabinet Dufaure de mai 1873 et contribue à la chute de Broglie le 16 mai 1874. Sénateur inamovible en décembre 1875, il refusera de former un ministère sous la présidence de Mac Mahon.

CASIMIR-PERIER Jean (Paris, 1847 – Paris, 1907)

Homme politique, président du Conseil, président de la République.

Fils du précédent. Il est introduit dans la vie politique en octobre 1871, comme chef du cabinet de son père au ministère de l'Intérieur. Quatre ans et demi plus tard, les suffrages de l'Aube l'envoient à la Chambre, où il siège avec la gauche républicaine. De décembre 1877 à janvier 1879, le cinquième cabinet Dufaure lui réserve la place de sous-secrétaire d'État à l'Instruction publique. C'est en 1883 qu'il honore son nom orléaniste tout en commençant à se faire un prénom. Par une mesure législative, les princes de la maison d'Orléans viennent d'être privés de leurs grades dans l'armée. En signe de protestation, Casimir-Perier démissionne. Il est aussitôt réélu par le département de l'Aube qu'il représentera sans interruption jusqu'en 1894. Jules Ferry lui confie le sous-secrétariat d'État à la Guerre, qu'il gardera jusqu'en 1885. Son sérieux et sa compétence le font apprécier à la Chambre, où il préside la commission des Finances ; plus tard, c'est de la Chambre même qu'il deviendra vice-président, puis président de janvier à décembre 1893.

Le 3 décembre 1893, il forme un ministère où il prend les Affaires étrangères. C'est la grande époque de la terreur noire. Il combat de toutes ses forces les menées anarchistes, réprime avec vigueur les attentats qui se multiplient à un rythme inquiétant (exécution d'Auguste Vaillant). Cette attitude lui aliène les socialistes, tandis que les radicaux le traitent de « droitiste ». Son cabinet ayant été mis en minorité à propos de l'application aux cheminots de la loi syndicale de 1884, et sur un ordre du jour présenté par un monarchiste, Casimir-Perier démissionne « avec un empressement que tout le monde remarque » (23 mai 1894). Il n'en est pas moins réélu président de la Chambre le 2 juin suivant.

Le 24 juin, le président de la République Sadi Carnot est assassiné par l'anarchiste Caserio. Pour lui succéder, les deux Chambres se mettent d'accord sur le nom de Casimir-Perier, qui est élu le 27 juin. D'emblée, le nouveau président affirme sa volonté d'user pleinement de ses prérogatives. La gauche s'en émeut, même dans ses éléments modérés, ce qui est nouveau. Il est violemment attaqué par les chefs socialistes, qui dénoncent en lui non seulement le réactionnaire qui approuve les lois « scélérates » que le président du Conseil Charles-Dupuy a fait voter pour réprimer les menées anarchistes, relatives aux libertés individuelles et aux délits de presse, mais aussi le grand capitaliste, le premier actionnaire des mines d'Anzin. Cette campagne réussit au-delà de toute espérance : le 16 janvier 1895, soit deux jours après la chute du cabinet Charles-Dupuy, Casimir-Perier se démet et abandonne définitivement la vie publique. Il déclarera plus tard que le président de la République française n'est et ne peut être qu'un maître des cérémonies.

CASSAGNAC : voir GRANIER de CASSAGNAC

CASSARD Jacques (Nantes, 1679 – Ham, 1740)

Marin.

Fils d'armateur, il commence à servir très jeune sur des navires malouins armés pour la course. S'étant distingué au cours de l'expédition de Pointis contre Carthagène d'Amérique, il reçoit le commandement d'un bâtiment nantais dès 1697. Entré dans la marine royale en 1709, il reste corsaire, aussi bien comme armateur pour son propre compte que comme chef d'escadre pour celui de la France. Ses exploits ne se comptent pas. En 1712 il reçoit l'ordre d'aller attaquer les établissements portugais. Il ravage le cap Vert, lève une contribution de 800 000 florins sur la Guyane hollandaise, réussit deux coups de main sur Saint-Eustache et Curaçao ; grièvement blessé, il se rétablit à la Martinique. Revenu en France, il apprend qu'il a été nommé capitaine de vaisseau et chevalier de Saint-Louis. La paix l'ayant condamné à l'inactivité, sa situation financière devient catastrophique. Il croit se tirer d'affaire en poursuivant avec véhémence des négociants de Marseille, ses débiteurs, devant le parlement d'Aix. N'ayant pas obtenu satisfaction, il s'en plaint auprès du cardinal Fleury qui le fait jeter en prison où il mourra.

CASSEL

Ville du Nord, en Flandre, établie sur le mont Cassel.

Après avoir été capitale des Ménapiens, elle devient un *castellum* romain (d'où son nom), que les Germains, au IVe siècle, puis les Normands, au Xe siècle, mettent à sac. Restaurée par le comte Arnoul Ier de Flandre, la place joue un rôle important dans l'histoire militaire du nord de la France. Robert le Frison y bat le roi Philippe Ier en 1071. Philippe de Valois y écrase les milices flamandes révoltées contre leur comte en 1328. En 1677 enfin, le prince d'Orange qui se porte au secours de Saint-Omer bloqué par les Français, y est attaqué par Monsieur, duc d'Orléans, frère de Louis XIV, ayant à ses côtés le duc de Luxembourg et le maréchal d'Humières. La victoire des Français est complète.

CASSIN René (Bayonne, 1887 – Paris, 1976)

Juriste.

Il est professeur aux facultés de droit d'Aix (1920) et de Paris (1929-1960). Il rejoint le général de Gaulle à Londres dès la signature de l'armistice, est d'abord secrétaire permanent du Conseil de la défense de l'Empire (1940-1941), puis commissaire national à la justice et à l'éducation dans le gouvernement de Londres (1941-1943), puis, à Alger, membre de l'Assemblée consultative (1944). De 1943 à 1945, René Cassin fait partie de la commission interalliée sur les crimes de guerre. Il joue aussi, avant et après la Seconde Guerre mondiale, un rôle important dans les grandes assemblées internationales, représentant la France à la Société des nations (1924-1938), puis aux Nations unies (1946-1968) où il préside la commission des Droits de l'homme. Rapporteur de la Déclaration universelle des droits de l'homme (1947-1948), il est enfin juge (depuis 1950) puis président de la Cour européenne des droits de l'homme. Fondateur français de l'UNESCO, il siège dans cette assemblée de 1945 à 1952. Vice-président (1944-1960) puis président honoraire du Conseil d'État, il a siégé au Conseil constitutionnel de 1960 à 1971.

CASSINI (les)

Dynastie d'astronomes et géographes aux XVIIe et XVIIIe siècles.

Jean-Dominique Cassini (1625-1712), savoyard d'origine, est appelé en France par Colbert qui le nomme en 1672 directeur de l'Observatoire nouvellement créé. Jacques Cassini (1677-1756), fils du précédent, est membre de l'Académie des sciences (1699) mais aussi de la Royal Society. Il mesure la longueur du méridien terrestre entre Dunkerque et Collioure. S'intéressant à la représentation de la surface de la Terre, il fonde la topographie. César-François Cassini de Thury, dit Cassini III (1714-1784), placé à la tête d'une vingtaine d'ingénieurs chargés de la triangulation géodésique du territoire, publie en 1744 une première carte du royaume au 1/886 000. Soutenu par le Contrôle général, il fonde une société par actions pour mener à bien l'édition de 182 cartes locales au 1/86 400 (rectangles de 50×80 km), qu'il prévoit de tirer à 2 500 exemplaires. Mais les ventes languissent, notamment parce que les provinces, comme le Languedoc, animent des projets concurrents, et l'entreprise reste inachevée à la Révolution. Jean-Dominique, comte de Cassini (1748-1845), dit Cassini IV, succède à son père à la direction de l'Observatoire et à l'Académie (1770), et poursuit sa grande œuvre cartographique. La carte de Cassini, contrôlée politiquement par l'État et scientifiquement par l'Académie des sciences, renvoie à une France déjà moderne, unifiée et centralisée. En septembre 1793, la Convention confisque la carte de Cassini et « nationalise » l'équipe des graveurs chargée de la terminer : l'armée obtient le monopole et le secret de l'information topographique qu'il n'est plus question de commercialiser. La carte dite de Cassini, si elle est géométriquement très au point, laisse à désirer pour le relief ou le réseau routier. Napoléon, pour ses campagnes, fait couvrir toute l'Europe en 420 feuilles. À partir de 1824, la « Cassini » est progressivement remplacée par la carte dite d'État-major au 1/80 000.

CASTELFIDARDO (bataille de)

Bataille remportée le 18 septembre 1860 par l'armée piémontaise sur l'armée pontificale, commandée par le général de Lamoricière.

Le 18 septembre 1860, l'armée piémontaise de Cialdini, qui marche sur Naples afin de neutraliser l'action de Garibaldi, rencontre à Castelfidardo l'armée pontificale de Lamoricière, la met en déroute grâce à sa supériorité numérique et la contraint à capituler. À la suite de ce succès, elle occupe Ancône, le 29 septembre. Napoléon III adresse à Turin une protestation officielle mais ne fait rien pour empêcher l'occupation des États pontificaux.

CASTELLANE

Illustre famille provençale qui tient son nom d'une petite ville située sur le Verdon, dans l'actuel département des Alpes de Haute-Provence.

Le premier membre connu est Pons Arbaud qui, peu avant l'an mil, entre en possession de la seigneurie de Castellane par mariage avec Ermengarde, petite-fille du comte de Glandevès. Beaucoup de ses descendants porteront le prénom de Boniface.

CASTELLANE Boniface de (Paris, 1788 – Paris, 1862)

Maréchal de France.

Il fait la campagne de Russie, se rallie à Louis XVIII, combat dans l'expédition d'Espagne et réprime les troubles de Lyon (1831) et de Perpignan (1846). Il a la faveur de Louis Napoléon, qui le nomme maréchal de France en 1852.

CASTELNAU Édouard de CURIÈRES, vicomte de (Saint-Affrique, 1851 – Lasserre, près de Montastruc, 1944)

Général.

Issu d'une très vieille famille originaire du Haut-Rouergue, il entre à l'École spéciale militaire en 1869. Nommé sous-lieutenant au 31e régiment d'infanterie le 14 août 1870, il ne peut cependant rallier à temps son corps par suite de la désorganisation des services, et rejoint alors l'armée du général d'Aurelle de Paladines. Combattant à Tursey, Sainte-Maxime, Chambord et au Mans, il gagne les épaulettes de lieutenant (2 octobre) et de capitaine (27 octobre). La guerre finie, la commission de révision des grades lui rend sa lieutenance. Ce « capucin botté », comme l'appelait Clemenceau, fait alors figure de l'officier clérical typique, hostile à la République. Castelnau ne redeviendra capitaine qu'en 1876 ; pour le moment il prépare l'École de guerre où il est admis en 1878. En 1893, il est affecté au premier bureau de l'État-Major général. Promu lieutenant-colonel en 1896, il devient chef du premier bureau. En 1900, avec le grade de colonel, il reçoit le commandement du 37e régiment d'infanterie stationné à Nancy. Ses responsabilités s'accroissent à la veille de la guerre : général de brigade en 1906, de division en 1909, premier sous-chef d'état-major général en 1911. Entré en 1913 au Conseil supérieur de la guerre, il est chargé d'étudier les plans des hostilités dans l'éventualité d'un conflit avec l'Allemagne et l'Autriche.

Castelnau
Le général de Castelnau, commandant le groupe d'armées du Centre en octobre 1915. © *L'Illustration/Sygma*

En août 1914, placé à la tête de la IIe armée en Lorraine, il contient l'attaque allemande de Morhange. Le mois suivant, sa victoire au Grand-Couronné sauve Nancy de l'encerclement commencé par le prince Robert de Bavière. Déplacé en Picardie au début de la course à la mer, il parvient à stabiliser le front contre l'aile gauche allemande. À Roye, puis en avant d'Arras, il arrête l'ennemi au prix de durs combats. En septembre 1915, Castelnau conduit les opérations de Champagne avec le groupe d'armées du Centre. Adjoint de Joffre qui vient d'être nommé général en chef, il est expédié en mission à Salonique à la fin de l'année. Il en revient au début de l'année suivante pour consolider les positions de Verdun. En 1917, après une nouvelle mission qui l'envoie en Russie, il prend le commandement du groupe d'armées de l'Est. En 1918, il s'attache à la mise au point de la grande offensive que Foch prépare en Lorraine. Placée sous le commandement de Castelnau, cette offensive devait écraser définitivement les résistances ennemies ; elle ne peut avoir lieu, la demande allemande d'armistice ayant été acceptée en novembre. Désigné par ses états de service pour le maréchalat, Castelnau ne sera jamais admis à cette dignité, la gauche ayant exigé comme préalable la délivrance du bâton à Sarrail. Néanmoins son maintien en activité sans limite d'âge est décidé, comme il est naturel pour un officier ayant commandé en chef devant l'ennemi.

Après la Première Guerre mondiale, Castelnau s'engage de plain-pied sur la scène politique. Lors des élections de 1919, il est député de l'Aveyron sur une liste du Bloc national, ce qui l'amène à prendre part en 1923 à la réorganisation militaire comme président de la Commission de l'Armée. Mais il ne se contente pas d'évoluer dans les hautes sphères du pouvoir et souhaite également mobiliser les masses : la même année il succède à Barrès à la tête de la ligue des Patriotes, fondée par Déroulède. Ce catholique militaire conservateur est ulcéré par la politique anticléricale du Cartel des gauches, élu en 1924, qui s'en prend aux congrégations, veut étendre les lois laïques et priver l'Alsace-Lorraine de son statut concordataire. Aussi Castelnau fonde-t-il dès février 1925 la Fédération nationale catholique (FNC), mouvement de masse qui enregistre rapidement des centaines de milliers d'adhérents et entend s'opposer à la politique anticléricale du gouvernement. Cette même FNC devient en 1929 une filiale de l'Action catholique française (ACF), au moment où le pape Pie XI en personne désigne comme « guide » des laïcs le général de Castelnau. Jouissant d'un indéniable prestige moral, il parachève son image de réactionnaire en vilipendant à l'envi, dans le très conservateur *Écho de Paris*, la politique de réconciliation franco-allemande menée par Briand.

Les années trente marquent néanmoins le déclin de l'influence de Castelnau. Mouvements et idéologies renouvellent le paysage politique de la droite catholique, attirée vers des horizons aussi divers que la démocratie chrétienne, le personnalisme d'Emmanuel Mounier, ou le fascisme. La pensée conservatrice de Castelnau ne résiste pas à ce bouleversement des valeurs de la droite traditionnelle, et le général finit par se retirer dans sa propriété de l'Hérault, d'où il condamne en privé l'armistice de 1940. Pendant toute la guerre, il reste distant à l'égard du régime de Vichy, mourant à quelques semaines du Débarquement.

CASTELNAU Jacques, marquis de, seigneur de Mauvissière (?, 1620 – Calais, 1658)

Maréchal de France.

Colonel à 16 ans, il sert dans les guerres de Flandre, ce qui lui vaut d'être créé maréchal de camp à 25 ans, gouverneur de Brest et de La Bassée à 26 et 27 ans puis lieutenant général en 1650.

Son expérience lui permet d'assumer dans la bataille des Dunes (4 juin 1658) le commandement de l'aile gauche sous l'autorité de Turenne, et d'y briller au point que ce dernier entendra partager avec lui les lauriers de la victoire. Récompensé par le bâton de maréchal le 20 juin, il sera blessé mortellement le mois suivant devant Dunkerque.

CASTELNAU Michel de, seigneur de Mauvissière et de Concressaut, baron de Joinville (Mauvissière, près de Tours, v. 1520 – Joinville, 1592)

Diplomate et homme de guerre.

Après avoir visité Milan, Naples et Malte, il fait ses débuts militaires en Piémont comme chevau-léger et accède en peu de temps au grade de capitaine. Ses relations étendues, sa mémoire peu commune et ses facilités oratoires le désignent ensuite pour de nombreuses missions diplomatiques qu'il remplit avec distinction et qui lui font connaître toutes les capitales de l'Europe. Il remporte ses plus grands succès à la cour d'Écosse, auprès de la régente Marie de Lorraine, et à celle de Londres, auprès de la reine Élisabeth Ire. Chargé d'accompagner Marie Stuart lorsqu'elle regagne son royaume après son veuvage (1560), il demeure un an comme ambassadeur auprès d'elle. Revenu en France, il milite quelque temps dans les rangs catholiques, déjouant l'entreprise de Monceaux (septembre 1567) et combattant brillamment à Jarnac et à Moncontour. Puis il est renvoyé en Angleterre, pour dix ans cette fois (1575-1585), afin de calmer le ressentiment d'Élisabeth Ire consécutif à la Saint-Barthélemy. C'est alors qu'il a à mener le jeu diplomatique le plus délicat, que malheureusement ses *Mémoires* n'évoquent pas : pendant deux ans (1583-1585), il correspond avec Marie Stuart, sans pouvoir toutefois la voir, et tente de l'arracher aux griffes de son « hôtesse » la reine d'Angleterre. De retour en France, il reprend les armes contre les protestants, sans haine excessive et sans adhérer à la Ligue. Après la mort d'Henri III, il s'attachera au roi de Navarre (futur Henri IV). Ses *Mémoires*, qui couvrent les années 1559-1570, sont parmi les plus instructifs du temps.

CASTELNAU Pierre de (? – ?, 1208)

Prêtre et moine cistercien.

Après avoir été archidiacre de Maguelonne, il devient moine de l'abbaye de Fontfroide. En 1203, Innocent III l'arrache à la contemplation pour lui confier la prédication contre les cathares dans le comté de Toulouse, et d'une manière générale la poursuite des hérésies albigeoises (cathare et vaudoise) en Languedoc et en Provence. Durci par l'échec de ses premières tentatives, contraint d'en venir aux menaces, il se fera beaucoup d'ennemis au cours de sa légation. N'ayant trouvé aucune aide auprès du comte de Toulouse Raymond VI, il l'excommunie. Peu après, il est assassiné sur les bords du Rhône, ce qui déclenche la croisade contre les albigeois en 1208.

CASTIGLIONE (bataille de)

Bataille remportée par Bonaparte sur les Autrichiens, le 5 août 1796.

Les Autrichiens commandés par Wurmser tentaient de dégager une de leurs armées bloquée dans Mantoue (Lombardie) quand ils sont arrêtés à Castiglione par les troupes françaises commandées par Bonaparte, le 5 août 1796. C'est en souvenir de cette bataille qu'Augereau, qui avait enfoncé le centre ennemi, recevra sous l'Empire le titre de duc de Castiglione.

CASTIGLIONE Virginia OLDOINI, comtesse Verasis di (Florence, 1837 – Paris, 1899)

Maîtresse de Napoléon III.

D'une très ancienne et noble famille génoise, elle épouse en 1855 un écuyer du roi de Sardaigne Victor-Emmanuel II. Sa beauté, son charme et son esprit font bientôt d'elle la reine de Turin, la « divina comtessa ». Cavour et Victor-Emmanuel songent à l'utiliser à des fins diplomatiques et l'envoient auprès de Napoléon III avec mission de le séduire : devenue sans difficulté sa maîtresse (1856), elle n'est certes pas étrangère à la décision prise par l'empereur de s'allier aux Piémontais. Brouillée avec Napoléon III dès 1858, elle quitte la France pour n'y revenir qu'en 1862. Elle sert d'intermédiaire entre Thiers et Bismarck en 1870. Elle tente de jouer un rôle sous la IIIe République en soutenant la cause orléaniste (1873), puis abandonne toute vie publique.

Comtesse de Castiglione
Huile sur toile de Jacques-Émile Blanche, musée de la ville de Paris, musée Carnavalet. © *Lauros-Giraudon*

CASTILLON-LA-BATAILLE

Ville de Gironde. Anciennement Castillonet-Capitourlan.

À proximité de Libourne, Castillon est, le 17 juillet 1453, le théâtre de la dernière bataille de la guerre de Cent Ans. La Guyenne, occupée par les troupes du roi de France en 1451 grâce à la brillante campagne de Dunois, en était l'enjeu. Pour enrayer sa reconquête par les troupes anglaises de Talbot, entreprise dès l'année suivante avec l'appui des Bordelais, Charles VII y envoie son armée. Talbot risque la bataille devant Castillon assiégée par un corps français, mais est repoussé et battu. Il est tué au cours du combat. Il avait 83 ans. 4 000 Anglais restent avec lui sur le champ de bataille. À la suite de cette victoire, les Français réoccupent la Guyenne. La guerre de Cent Ans s'achevait par la réunion définitive à la France de la province qui en avait été l'enjeu à l'origine.

CASTRIES Charles Eugène Gabriel de LA CROIX, marquis de (Paris, 1727 – Wolfenbüttel, 1800)

Maréchal de France.

Fils d'un maréchal de camp, entré dans le métier des armes à 16 ans, il est nommé lieutenant-colonel d'un régiment dès 1744, puis brigadier, commissaire général de la cavalerie et maréchal de camp en 1748. Lieutenant général en 1759, il vainc le duc de Brunswick l'année suivante à Clostercamp. Après la paix, il reçoit successivement les gouvernements de Flandre et de Hainaut, le ministère de la Marine (1780) et le bâton de maréchal de France (1783). Les sept années de son passage à la Marine sont marquées par une réorganisation profonde de la flotte de guerre. La Révolution le contraint à émigrer. C'est son ancien adversaire de Clostercamp, devenu son ami, Brunswick, qui le recueille. Avant de mourir en exil à Wolfenbüttel, Castries fut membre du Conseil de régence et chef de cabinet du comte de Provence (futur Louis XVIII).

Son fils Armand Charles Augustin, né en 1756, mort à Paris en 1842, après avoir participé à la guerre d'Amérique, représente son ordre aux États généraux puis émigre. À cette occasion, il commande un corps d'émigrés au Portugal. Il rentre en France avec Louis XVIII qui le fait pair et lieutenant général.

CATALAUNIQUES (bataille des champs)

Nom donné à la bataille que livre, en 451, le général romain Aétius au roi des Huns Attila, qui, accompagné de peuples germaniques (Gépides et Ostrogoths), vient d'envahir la Gaule.

Contre ce danger redoutable, Aétius a su unir autour de lui les Barbares fédérés établis en Gaule, notamment les puissants Wisigoths du roi Théodoric et les Alains. Les Huns sont écrasés par son armée romano-barbare au lieudit *Campus Mauriacus*, sans doute à Moirey, à une vingtaine de kilomètres de Troyes. La victoire d'Aétius contraint Attila à abandonner définitivement la Gaule.

CATALOGNE

Pays qui s'étend sur les Pyrénées orientales, le bassin de l'Ebre et la côte nord-est de la péninsule Ibérique.

Historiquement, la Catalogne n'existe pas avant que les conquêtes de Charlemagne au-delà des Pyrénées en aient fait une partie du royaume franc, avec Barcelone pour capitale. Confiée à la fin du IXe siècle au comte d'Urgel et de Barcelone, elle ne devient autonome qu'au XIe siècle, et indépendante qu'au XIIIe siècle. Après s'être donnée à Louis XIII (1640) et être revenue à Philippe IV (1652), elle est partagée par le traité des Pyrénées entre l'Espagne, qui conserve presque tout le pays, et la France, qui se fait reconnaître la propriété du Roussillon et d'une partie de la Cerdagne (1659).

CATEAU-CAMBRÉSIS (Le)

Ville du Nord qui doit son nom à un château élevé à la fin du Xe siècle par un évêque de Cambrai.

Deux traités y sont signés en 1559, entre la France et l'Angleterre d'abord (12 mars-2 avril), puis entre la France et l'Espagne (3 avril). Par le premier, la France conserve Calais contre le versement de 500 000 écus dans un délai de huit ans. Le second stipule que la France devra abandonner toute prétention en Italie. Elle pourra néanmoins conserver quelques citadelles à titre de garantie (Pignerol, Asti, Turin). Les places de la Somme lui seront rendues ; Gênes se fera reconnaître l'occupation de la Corse, tandis qu'Emmanuel-Philibert de Savoie recouvrera ses États et épousera Marguerite, sœur d'Henri II. La fille du roi de France, Élisabeth, sera donnée en mariage à Philippe II d'Espagne, avec le comté de Charolais pour dot. Parce qu'il abandonne l'Italie à l'influence des Habsbourg, le traité du Cateau-Cambrésis est ressenti en France comme une profonde humiliation. Les deux principaux négociateurs, Montmorency et Saint-André, seront accusés d'avoir sacrifié l'honneur français à leur intérêt personnel : cette paix leur rendait la liberté qu'ils avaient perdue à Saint-Quentin. En réalité, le traité du Cateau-Cambrésis ne fut pas une catastrophe totale. L'Empire a été absent des négociations, ce qui laisse à Henri II la possession des Trois-Évêchés (Metz, Toul et Verdun).

CATHARES

On appelle communément cathares (du grec catharos, *pur) les hérétiques du Languedoc et de l'Albigeois, actifs au XIIe siècle et pendant la première moitié du XIIIe siècle.*

Cette expression ne va pas sans poser de nombreux problèmes, puisque le terme « cathares » n'est presque jamais utilisé au Moyen Âge pour désigner les hérétiques méridionaux. Les légats cisterciens, les inquisiteurs et les croisés qui les ont combattus les désignaient de noms fort divers, dont le plus fréquent était « albigeois », mais également « patarins », « ariens », « bons hommes », « tisserands », « bougres », « Bogomiles », « manichéens » ou « publicains ». Le mot cathare, s'il existe au XIIe siècle, est utilisé pour désigner des hérétiques vivant en Rhénanie vers 1160. Ce n'est qu'au milieu du XIXe siècle, et avec une ampleur considérable au XXe siècle, que les historiens, allemands tout d'abord, ont imposé le terme « cathares » pour désigner l'ensemble des hérétiques des XIe, XIIe et XIIIe siècles d'Europe occidentale, et notamment ceux du Languedoc, auxquels ils trouvaient des liens de parenté. Aujourd'hui, on parle sans vergogne de secte, d'hérésie ou de religion cathare, d'Église cathare, de châteaux cathares en pensant aux dissidents languedociens, mais l'utilisation de ces termes nécessite les plus grandes précautions.

D'une part, on connaît l'hérésie languedocienne avant tout par des textes produits par ses contradicteurs, légats cisterciens et inquisiteurs dominicains au premier chef. Les rares sources produites par les hérétiques eux-mêmes ne sont pas antérieures à la deuxième moitié du XIIIe siècle, soit la fin de la croisade contre les albigeois qui les a décimés. D'autre part, les pratiques et croyances que l'on attribue généralement aux cathares sur la base de ces sources ne révèlent rien de très original mais plutôt l'ensemble des croyances reléguées par l'Église médiévale dans le champ de l'hétérodoxie parce qu'elles remettent en cause les fondements mêmes de l'Église en tant qu'institution et puissance normalisatrice : dualisme (croyance en deux dieux, l'un du Bien, l'autre du Mal), croyance en la réincarnation et en la prédestination, refus de l'intercession des prêtres, refus des sacrements et plus généralement du serment, fondateur de la société féodale. Dès lors, il est très difficile de déterminer ce qui, dans ce discours, relève de la pratique réelle ou de l'amalgame fait par l'Église et l'Inquisition pour construire une doctrine cathare hérétique, contre-modèle de celui proposé par l'orthodoxie. S'il reste de nombreuses interrogations sur la question des croyances proprement dites, en particulier sur le dualisme, il est maintenant certain que la prétendue Église cathare, organisée avec ses propres évêques et diocèses, est une pure vue de l'esprit construite par les inquisiteurs. De même, les châteaux cathares, objets de tant de fantasmes depuis quelques décennies, ne sont ni plus ni moins que des forteresses féodales construites pour la plupart bien avant que l'hérésie ne se développe en Languedoc. La région est l'objet d'enjeux seigneuriaux très complexes. Le comte de Toulouse, le vicomte d'Albi, le roi d'Aragon se partagent les terres, les hommes et les droits de la région. Le morcellement seigneurial est très poussé. S'ajoutent à cela les enjeux essentiels pour la domination du bassin toulousain par le roi de France et le roi d'Angleterre, enjeux exacerbés à partir de 1152 lorsque l'Aquitaine entre sous la domination des Plantagenêts par le mariage d'Aliénor d'Aquitaine avec Henri II. Les châteaux se sont multipliés comme autant d'enjeux des pouvoirs. La dissidence religieuse que l'Église constate dans la région est absolument indissociable des luttes politiques et économiques qui la ravagent. À une période où l'Église modèle toutes les formes de vie sociale, la contestation passe nécessairement par des voies religieuses.

L'hérésie albigeoise est la première à avoir suscité une répression aussi organisée et puissante de la part de l'Église institutionnelle, relayée par les autorités séculières qui trouvaient dans la lutte contre les rebelles un moyen d'affirmer un pouvoir nouveau sur des hommes et des terres qui leur échappaient. La croisade contre les albigeois, d'abord lancée par le pape et menée par les Cisterciens puis par les troupes du roi de France, en est la marque.

CATHÉDRALE

Église-mère d'un diocèse, réservée à l'évêque et dans laquelle se trouve son siège, la cathédrale.

À partir de la christianisation et tout au long du Moyen Âge, elle fut, dans la ville, l'élément essentiel du groupe cathédral qui comprenait en outre deux ou trois autres églises pour le clergé et pour les fidèles, ainsi qu'un baptistère, le palais de l'évêque et les habitations des chanoines du chapitre cathédral. Ces derniers avaient pour mission d'assister l'évêque dans ses diverses tâches temporelles ou spirituelles. Ils étaient ainsi maîtres d'œuvre de la construction de la cathédrale en même temps que collecteurs de fonds et organisateurs des grandes cérémonies liturgiques. Les conflits n'étaient d'ailleurs pas rares avec l'évêque en raison de divergences d'intérêts assez fréquentes, l'évêque souhaitant par exemple augmenter le nombre des chanoines sans augmenter le revenu global, et le chapitre s'y opposant fermement. Très souvent la cathédrale était assidûment fréquentée par de nombreux pèlerins venus y vénérer des reliques. Le souci de ne pas gêner les offices poussa les architectes à inventer le déambulatoire. Au fil des siècles, certaines églises se sont vu attribuer le titre de cathédrale alors qu'elles avaient été conçues pour être des églises abbatiales (Périgueux au XVIIe siècle, Saint-Denis au XXe siècle…) ou des églises conventuelles (Chambéry au XVIIIe siècle, ancien couvent de Franciscains). Des cathédrales en revanche ont perdu leur statut pour être ravalées au rang d'églises paroissiales à la suite de diverses modifications : mauvais choix du lieu (Maguelonne disparaît dès 1536 au profit de Montpellier, Thérouanne au profit de Boulogne-sur-Mer en 1566, Elne au profit de Perpignan en 1602…) ou concentrations après la Révolution, certains départements se retrouvant avec deux cathédrales (dans l'Yonne Auxerre a laissé la place à Sens, en Gironde Bazas à Bordeaux, en Pyrénées-Atlantiques Lescar à Pau, dans l'Aude Narbonne à Carcassonne…), voire trois cathédrales (dans les Alpes de Haute-Provence, Senez et Riez ont ainsi disparu au profit de Digne).

Catherine de Médicis
Catherine de Médicis dans son oratoire. Émail de Limoges, XVIe siècle, Paris, musée de Cluny.
© *Sélection Images*

CATHELINEAU Jacques (Le Pin-en-Mauges, 1759 – Saint-Florent-le-Vieil, 1793)

Chef royaliste.

Au moment où éclate la révolte de Vendée, il est colporteur au Pin, mais il fait aussi fonction de sacristain de la paroisse ; l'extrême piété avec laquelle il remplit cet office lui vaudra le surnom de « Saint de l'Anjou ». Dès qu'il apprend que Saint-Florent s'est soulevé contre la Convention (12 mars 1793), il réunit tous les hommes valides de son village et court sus aux républicains. Il s'empare d'abord de Jallais et de Chemillé. Puis, avec l'aide de Stofflet, il prend Cholet, capitale du Bocage, Vihiers, Chalonnes, et participe à la prise de Thouars. Battu à Fontenay, il prend sa revanche en occupant Montreuil-Bellay et Saumur. Le 12 juin 1793, l'assemblée des chefs vendéens le proclame généralissime de l'Armée catholique et royale. C'est en dirigeant l'attaque de Nantes que, le 29 du même mois, il est tué par un coup de mitraille, ce qui provoque la fuite de ses troupes.

CATHELINIÈRE Louis RIPAULT de La : voir LA CATHELINIÈRE

CATHERINE LABOURÉ, sainte (Fain-les-Moutiers, 1806 – Paris, 1876)

Religieuse.

D'une famille de cultivateurs, elle suit sa sœur aînée chez les Filles de la Charité, malgré l'hostilité de son père (1830). Pendant son temps de noviciat à Paris, rue du Bac, elle raconte, à son seul confesseur, avoir été visitée par la Vierge, celle-ci lui ayant demandé de faire frapper une médaille, connue depuis sous le nom de « médaille miraculeuse ». Dans l'ambiance de catholicisme social et de romantisme propre à l'époque (novembre 1830), l'épisode devient le symbole des vocations anonymes alors que la déchristianisation de masse débute. Canonisée en 1947, à une autre époque de déchristianisation, sainte Catherine Labouré reçoit l'attention du pape Jean-Paul II à la fin du millénaire, toujours pour les mêmes raisons.

CATHERINE de FRANCE (Paris, 1401 – Abbaye de Bermondsey, 1437)

Reine d'Angleterre.

Fille du roi de France Charles VI et d'Isabeau de Bavière, on la marie à Henri V d'Angleterre en vertu d'une clause du traité de Troyes (1420). Leur fils Henri VI est proclamé roi d'Angleterre en 1422 avant d'être sacré roi de France en 1431. Veuve en 1422, elle épouse secrètement, vers 1428, un gentilhomme gallois, Owen Tudor, que le duc de Gloucester fera tuer quelques années plus tard. Un de leurs petits-fils, Henri de Richmond, sera plus tard roi d'Angleterre sous le nom d'Henri VII.

CATHERINE de MÉDICIS (Florence, 1519 – Blois, 1589)

Reine de France.

Fille de Laurent de Médicis et de Madeleine de La Tour d'Auvergne, orpheline dès sa naissance, elle est élevée tantôt à Florence, tantôt au Vatican, auprès du pape Clément VII dont elle est la « nièce », en réalité la cousine. Grâce à ce dernier, Catherine fait un très beau mariage : en décembre 1533, à 14 ans, elle épouse à Marseille le second fils de François Ier, Henri, duc d'Orléans. Elle apporte en dot l'appui du pape qui a tenu à venir célébrer lui-même la cérémonie. Mais les espoirs que François Ier met dans cette alliance, destinée à contrebalancer l'influence de Charles Quint à Rome, sont réduits à néant dès l'année suivante par la mort de Clément VII. La cour de France accueille avec hostilité la jeune Italienne, dont la famille est considérée comme peu digne de la maison royale française. Elle y tient un rôle effacé mais réussit à gagner l'affection de François Ier. Même après l'accession au trône de son mari Henri II, qui fait d'elle la reine de France, elle continue à afficher une humilité parfaitement consciente qui fera sa force. Elle supporte pratiquement sans plaintes la longue faveur de Diane de Poitiers mais, bien que stérile pendant dix ans, sait ne pas se faire répudier. Son goût pour la magie date de cette époque. Une fois Dauphine, puis reine, sa stérilité devient affaire d'État et, après avoir vainement consulté tous les médecins, elle a recours aux pratiques les plus superstitieuses pour forcer le destin. Ses vœux sont enfin réalisés en 1543, avec la naissance de son premier enfant, le futur François II. Puis les maternités se succéderont : elle donnera dix enfants à Henri II.

Impressionnée par les prédictions de ses astrologues, Catherine de Médicis tente d'éviter le fatal tournoi qui coûte la vie à Henri II (1559), et cette dramatique disparition renforce sa croyance dans les sciences occultes. Après la mort du roi, elle ne porte plus que du noir et la simplicité de ses toilettes contrastera toujours avec le luxe chatoyant qu'affichent les dames de la Cour. Mais elle donne libre cours à son goût pour le pouvoir. Elle ne garde nul désir de revanche des humiliations qu'elle a subies en arrivant en France et s'acharne au contraire, pendant trente ans, dans un pays déchiré, en proie aux luttes intestines les plus dramatiques, à affermir l'autorité royale, à « sauver la couronne des factions et assurer à ses enfants un avenir royal ». Elle met au service de ce dessein des qualités politiques incontestables, une grande habileté et une rare finesse, mais aussi toute sa duplicité et une absence totale de scrupules quant au choix des moyens, n'hésitant pas à se servir de ses filles d'honneur pour séduire et espionner ni, dit-on, à utiliser le poison pour se débarrasser de ses ennemis. Ses efforts ne seront pourtant pas toujours heureux. Ses perpétuels retournements, loin d'éteindre la guerre civile, la feront au contraire renaître.

Catherine de Médicis ne saura jamais prononcer correctement le français et restera toujours très italienne. Elle aime à s'entourer de fous et de naines et assouvit sa passion démesurée pour l'astrologie avec son sorcier favori Cosme Ruggiera. Mais elle apporte aussi d'Italie le goût des arts, notamment de l'architecture. Elle poursuit les transformations du Louvre et surveille le travail du Primatice à Fontainebleau. Elle fait agrandir Chenonceaux. Sur le pont jeté sur le Cher par Philibert Delorme, elle fait élever un double étage de galeries pour y donner des fêtes et des bals qui éblouiront Brantôme. On lui doit la construction du palais des Tuileries et, à la fin de sa vie, elle fera édifier l'hôtel de Soissons. Sous le court règne de François II, Catherine de Médicis apprend son métier de reine et tente déjà un difficile arbitrage entre catholiques et protestants. Elle se rapproche d'abord de François de Guise et du cardinal de Lorraine, qui sont tout-puissants, mais lorsqu'elle croit, après la tentative d'Amboise, le parti protestant près d'être écrasé, elle songe à le relever. La mort de François II en 1560 vient seconder sa politique et fait passer le pouvoir entre ses mains.

Le nouveau roi, Charles IX, a à peine 10 ans. Sa mère ne reçoit pas le titre de régente mais c'est désormais elle qui gouverne la France. Catherine veut se servir des luttes entre factions pour les dominer et se poser en arbitre. De ce difficile équilibre qu'elle tentera de faire régner, n'émergera que la haine aussi bien des catholiques que des protestants à son égard. Épouvantée par les excès des ultra-catholiques, elle pratique d'abord une politique libérale de tolérance et de conciliation envers les protestants, avec le soutien du chancelier Michel de L'Hospital, chef de ce qu'on appelle le parti des Politiques. La révolte des protestants qui suit le massacre de Wassy en 1562 la rejette du côté des catholiques mais, dès l'année suivante, elle promulgue l'édit de tolérance d'Amboise. Ce sera également elle qui poussera Charles IX à accorder pratiquement la liberté de conscience aux protestants (paix de Saint-Germain, 1570). Mais bientôt la puissance grandissante du parti huguenot, qui lui semble servir de ralliement aux rancunes d'une noblesse turbulente, et la faveur dont jouit auprès du jeune roi l'amiral de Coligny l'inquiètent. D'autant plus que ce vieux chef de la Réforme préconise une politique d'hégémonie européenne et de conquêtes extérieures qu'elle juge dangereuse. Alors que l'union de sa fille Marguerite avec le roi de Navarre (futur Henri IV) semble un nouveau gage de réconciliation entre les deux partis, elle renoue secrètement avec le roi d'Espagne que menacent, dans les Pays-Bas, les plans de Coligny, et se rapproche avec précaution des Guises, héritiers de l'ambition et de la popularité de leur père. Enfin, pour se débarrasser de Coligny, elle n'hésite pas à décider la mort de tous les chefs protestants qui sont à Paris. Mesure qui pèsera éternellement sur sa mémoire, mais qu'elle croit seule capable de limiter la force huguenote. Au cours d'une entrevue dramatique, elle réussit à arracher à Charles IX l'ordre fatal. Ce sera le massacre de la Saint-Barthélemy (nuit du 24 août 1572), dont elle se glorifiera auprès des cours catholiques mais dont elle travaillera à se disculper auprès des autres. Deux ans plus tard, Charles IX meurt de tuberculose.

Catholicisme social
Une réunion des cercles catholiques d'ouvriers vers 1920-1925. © *Harlingue-Viollet*

Lui succède le fils préféré de Catherine, le duc d'Anjou, sous le nom d'Henri III. Elle a réussi l'année précédente, grâce à ses habiles manœuvres diplomatiques, à le faire élire roi de Pologne, et exerce encore le pouvoir pendant quelques mois en attendant son retour. Mais, sous ce nouveau règne, son influence décline : ce sera le plus aimé de ses fils qui lui laissera le moins d'autorité et gouvernera sans elle, le plus souvent. Quelques jours après l'assassinat du duc de Guise (23 décembre 1588), qu'il a décidé sans l'en avertir, Catherine meurt au château de Blois, amère après avoir ainsi commenté l'initiative d'Henri III : « Bien taillé, mon fils, il faut recoudre. » Elle est tellement détestée qu'on n'ose pas faire transporter son corps à Saint-Denis. Elle n'y sera inhumée que vingt-deux ans plus tard.

CATHOLICISME LIBÉRAL

Mouvement de pensée initiée par Montalembert et Lamennais dans le deuxième tiers du XIXe siècle.

Après la révolution de 1830, le libéralisme, idéologie dominante du XIXe siècle, gagne l'Église sous l'influence de l'abbé de Lamennais. Deux termes quelque peu contradictoires se trouvent ainsi réunis : on voit mal comment des libéraux s'accomoderont de l'autorité souveraine du pape, surtout lorsque celui-ci condamne l'usage des libertés. Son chef de file, le comte de Montalembert, s'est déjà engagé aux côtés de Lamennais et de Lacordaire dans le combat du journal *L'Avenir* pour la liberté de conscience et la séparation de l'Église et de l'État. Critiqué par le pape Grégoire XVI, mal vu des évêques, le nouveau courant n'est guère encouragé. Lorsque Montalembert veut ouvrir une école libre à Paris rue Saint-André-des-Arts et s'ériger ainsi contre le monopole universitaire de l'État, il encourt les poursuites du gouvernement. Malmené, le mouvement survit néanmoins. Inscrit dans une certaine tradition intellectuelle aux antipodes de la « foi du charbonnier », il affirme les droits de la raison et répugne à l'autoritarisme au sein de l'Église. Longtemps, encycliques et *Syllabus* (catalogue des errements contemporains), et notamment le *Syllabus des erreurs modernes* publié en 1864, condamnent le catholicisme libéral. Puis, peu à peu, l'Église s'ouvre à l'idée de liberté. La reconnaissance officielle du catholicisme libéral se produit au cours du concile Vatican II (1965). L'Église renonce pour elle-même à un régime de privilèges ; elle s'accommode du droit commun et ne demande que la liberté de s'administrer elle-même et de prêcher l'Évangile. Ce volte-face résulte de deux évolutions. D'une part, le libéralisme s'est éloigné de ses sources anticléricales : il a admis la liberté religieuse au même titre que les autres libertés. D'autre part, il a tiré des leçons des expériences catholiques libérales américaines ou belges. Enfin et surtout, la réflexion théologique a évolué. Elle proclame dorénavant que la foi est inséparable de la liberté de conscience. Le catholicisme libéral a donc finalement réussi à s'imposer dans la seconde moitié du XXe siècle.

CATHOLICISME SOCIAL

L'expression « catholicisme social » date d'un article de Lamennais (« Le Drapeau blanc », 1822), mais la réalité de ce courant de pensée n'est tangible que dans la deuxième moitié du XIXe siècle.

Après la révolution industrielle et la Commune, certains s'affirment « sociaux parce que catholiques ». Proche du catholicisme libéral, le catholicisme social s'en distingue sur un point essentiel : il réprouve le libéralisme parce qu'il le tient pour responsable de la misère ouvrière à travers la révolution industrielle, qu'il veut justement combattre. Le premier catholicisme social est non seulement antilibéral, mais aussi contre-révolutionnaire, corporatif et paternaliste. C'est celui des enquêtes sociologiques et de l'école dite de La Réforme sociale menée par Frédéric Le Play dans les années 1860. Il est centré autour de la famille, dont le déclin démographique et les vicissitudes sont attribués au code civil. Après la défaite contre la Prusse, deux courants se distinguent : Albert de Mun, l'un des fondateurs des Cercles catholiques d'ouvriers (1871) et de la revue *L'Association catholique*, compte rassembler patrons et ouvriers ; René de La Tour du Pin, ami et camarade de captivité du précédent, cherche à adapter le catholicisme social allemand puis autrichien, au motif – comme beaucoup d'« intellectuels » après 1870 – que les causes de la défaite française sont aussi culturelles.

Le second catholicisme social accepte l'héritage de la Révolution tout en rêvant d'un ordre nouveau, c'est celui des Semaines sociales. Il s'impose à partir du pontificat de Léon XIII (1878-1903). *Rerum novarum* (15 mai 1891) est la première encyclique inspirée du catholicisme social. Marc Sangnier fonde le Sillon en 1894 : partant des idées du catholicisme social, il engage la charité chrétienne vers l'action professionnelle, sociale et politique. Il devient ainsi le « père de la démocratie chrétienne ». Pour autant, la hiérarchie catholique montre plus que des réticences à emprunter ces chemins et, dans son encyclique de 1907, *Pascendi*, Pie X condamne cette forme de « modernisme ».

CATINAT Nicolas (Paris, 1637 – Saint-Gratien, 1712)

Maréchal de France.

Onzième enfant de Pierre Catinat de Vaugelay, président du parlement de Paris, destiné par son père au barreau, il plaide quelque temps mais se lasse vite. Il entre dans l'armée avec le grade de lieutenant de cavalerie. Son ascension est fulgurante : major général de l'infanterie en 1676, brigadier en 1677, maréchal de camp en 1680, lieutenant général en 1688. De 1690 à 1693, comme général en chef de l'armée française sur le front des Alpes, il vole de victoire en victoire : prise de Cavour le 7 août 1690, déroute complète de Victor-Amédée de Savoie à Staffarde le 18 août, prise de Villefranche, de Montalban, de Nice, de Veillane, de Carmagnole et de Montmélian l'année suivante, victoire décisive de La Marsaille en 1693. Ces succès sont récompensés par le bâton de maréchal en 1693. Le duc de Savoie ayant été contraint à la paix (1696), Catinat est envoyé en Flandre où il s'empare d'Ath (1697), malgré les efforts conjugués de l'Électeur de Bavière et de Guillaume d'Orange. Peu après éclate la guerre de Succession d'Espagne. Victor-Amédée trahit. Catinat se fait battre à Carpi. C'est la disgrâce (1702), suivie de la retraite finale à Saint-Gratien, fief du maréchal. Peu d'hommes de guerre furent aussi méticuleux et prudents que cet ancien robin à qui ses soldats avaient donné le surnom de « Père la Pensée ». La première édition de ses *Mémoires et correspondances* a été publiée en 1819.

Pierre Cauchon
Cauchon jugeant Jeanne d'Arc. © *Sélection Images*

CATROUX Georges (Limoges, 1877 – Paris, 1969)

Général.

Il sort de Saint-Cyr en 1898 et sert dans la Légion étrangère en Indochine et en Algérie. Blessé devant Arras, il est fait prisonnier en 1915. Après l'armistice de 1918, il remplit, à Damas, les fonctions de délégué politique du haut-commissaire. Puis il est attaché militaire en Turquie en 1923, séjourne en 1925 au Maroc où il participe aux opérations de pacification, dirige le service du renseignement au Levant en 1926. En 1928, Catroux commande le 6ᵉ régiment de tirailleurs algériens, puis le territoire d'Aïn-Sefra en 1929. Général de brigade au Maroc en 1931, de division en 1934, il reçoit en 1936 le commandement du 19ᵉ corps d'armée à Alger. Passé dans le cadre de réserve en janvier 1939, il est rappelé au moment de la mobilisation et désigné en août comme gouverneur général de l'Indochine.

Le gouvernement de Vichy, jugeant son attitude trop peu ferme face aux prétentions japonaises, le relève de ses fonctions le 26 juillet 1940. Mais, au lieu de regagner la France, comme il en a reçu l'ordre, il rejoint à Londres le général de Gaulle. Ce dernier l'envoie en septembre 1940 en mission au Caire, puis en Palestine, pour provoquer le ralliement des États du Levant sous mandat français et préparer l'action qu'il devait y mener avec les Anglais en juin 1941. En tant que haut-commissaire au Levant, il procède, après l'armistice de Saint-Jean d'Acre, à la réorganisation politique et militaire de ces États. Après le débarquement des Alliés en Afrique du Nord (novembre 1942), il assure la liaison entre de Gaulle et Giraud. En juin 1943, Catroux remplace Peyrouton comme gouverneur général de l'Algérie, est nommé en juillet de la même année commissaire d'État au Comité de libération nationale et enfin, en 1944, ministre chargé de l'Afrique du Nord. L'année suivante, il devient ambassadeur de France en URSS (1945-1948). En 1949, il occupe un siège de conseiller national du RPF mais démissionne de ce mouvement en 1952. Lors des troubles de l'été 1955 au Maroc, il est chargé par le gouvernement de mener à Madagascar les négociations pour le retour à Rabat du sultan Mohammed V. Enfin, parce qu'il passe pour être partisan d'une solution de conciliation, Catroux se voit confier en janvier 1956, dans le ministère Guy Mollet, le nouveau poste de ministre résident, chargé de l'Algérie. Mais il offre immédiatement sa démission à la suite des violentes manifestations qui accueillent Guy Mollet à Alger le 6 février suivant.

CATURIGES

Peuple gaulois établi dans la haute vallée de la Durance.

Les principales villes des Caturiges étaient *Caturigomagos* (Chorges) et *Ebrodunum* (Embrun). À la fin de l'Empire, l'association des Caturiges avec les Quariates et les Édénates produisit la cité-métropole gallo-romaine d'Embrun (*civitas Ebrodunensium*), origine du pays gallo-franc d'Embrun (*pagus Ebrodunensis*).

CAUCHON Pierre (?, v. 1371 – Rouen, 1442)

Évêque.

Recteur de l'université de Paris, il choisit le parti des Bourguignons, au concile de Constance, et justifie le meurtre du duc d'Orléans par Jean sans Peur, duc de Bourgogne. Évêque de Beauvais en 1420, il est chassé de son siège par les habitants de la ville en 1429 à l'entrée des troupes de Charles VII. Dans l'espoir d'obtenir des Anglais l'archevêché de Rouen, il réclame le droit de juger Jeanne d'Arc, prise dans son diocèse. Il est resté célèbre pour l'opiniâtreté avec laquelle il a conduit le procès et obtenu la condamnation à mort de Jeanne. Il ne reçoit pourtant pas la récompense escomptée et doit se contenter de l'évêché de Lisieux en 1432. Pierre Cauchon siège ensuite au concile de Bâle en 1435.

CAULAINCOURT Armand de, duc de Vicence (Caulaincourt, 1772 – Paris, 1827)

Général et diplomate.

Capitaine au début de la Révolution, puis destitué comme noble, il retrouve son grade en 1795 grâce à Hoche. Il sert ensuite sous ses ordres, puis sous ceux de Bonaparte, auquel il s'attache. Grand écuyer à l'avènement de l'Empereur, général de division en 1805, Caulaincourt reçoit le titre de duc de Vicence en 1808. Il avait séjourné quelque temps en Russie à l'avènement d'Alexandre Iᵉʳ et gagné l'estime de ce dernier, aussi l'Empereur le nomme-t-il ambassadeur en Russie en 1807. Prenant très à cœur ses nouvelles fonctions, Caulaincourt tente en vain d'éviter la rupture entre les deux pays, regagne finalement la France en 1811 et participe à la campagne de Russie. Après l'incendie de Moscou, et la retraite, l'ancien ambassadeur accompagne l'Empereur jusqu'à Paris. Nommé ministre des Relations extérieures en novembre 1813, le duc de Vicence représente l'Empereur au stérile congrès de Châtillon en février 1814 au cours duquel les alliés exigent que la France revienne à ses frontières d'avant 1792. Le 4 avril, lors de la réunion des maréchaux autour de l'Empereur, à Fontainebleau, Caulaincourt se prononce en faveur de l'abdication au profit de Napoléon II. Le lendemain, avec Ney et Macdonald, il rencontre le tsar Alexandre et tente de le persuader d'accepter la régence de Marie-Louise. Mais la « trahison » de Marmont qui a déposé les armes, connue au cours de l'entretien, ruine ses espoirs, et ceux de l'Empereur. Il retrouve le portefeuille des Affaires étrangères pendant les Cent-Jours et évite ensuite l'exil grâce à Alexandre Iᵉʳ. En effet, accusé sous la Restauration, comme déjà sous l'Empire, d'avoir organisé l'enlèvement du duc d'Enghien en 1804, il se défend et parvient à prouver que cette opération avait été dirigée par Ordener sur l'ordre de Napoléon. De 1837 à 1840 ont été publiés sous le titre *Souvenirs du duc de Vicence*, en trois volumes, de forts intéressants mémoires sur l'Empire.

CAUSSIDIÈRE Marc (?, v. 1807 – Paris, 1861)

Homme politique.

Il travaille à Saint-Étienne au début de la monarchie de Juillet, participe aux complots républicains de cette période et à l'insurrection lyonnaise de février 1834. Enfermé peu après au Mont-Saint-Michel, il collabore ensuite à *La Réforme*. Il combat sur les barricades en février 1848, se nomme lui-même préfet de police et organise une troupe spéciale de police, les « montagnards », avec laquelle il prétend « faire de l'ordre dans du désordre ». Député à la Constituante, il est accusé, après le 15 mai, d'avoir pactisé avec les émeutiers qui ont pris d'assaut l'Assemblée nationale et l'Hôtel de Ville, avant d'en être chassés par la garde nationale et, après les journées de Juin, s'enfuit en Angleterre, puis aux États-Unis. Amnistié en 1859, il revient en France, mais meurt peu de temps après.

CAVAIGNAC Godefroy (Paris, 1801 – Paris, 1845)

Publiciste et homme politique.

Fils aîné de Jean-Baptiste Cavaignac. Il prend part à la révolution de juillet 1830. Républicain avancé, il est un des plus dangereux adversaires de Louis-Philippe et ne cesse de conspirer contre son gouvernement. Déjà compromis dans de nombreux procès, il est de nouveau emprisonné à la suite des troubles d'avril 1834, mais réussit à s'évader de Sainte-Pélagie le 13 juillet

1835 et se réfugie en Angleterre. En 1841, la loi d'amnistie lui permet de rentrer en France où, reprenant son combat, il collabore à *La Réforme* et devient en 1843 président de la Société des droits de l'homme dont il avait été un des fondateurs.

CAVAIGNAC Jean-Baptiste, baron de Lalande (Gourdon, 1763 – Bruxelles, 1829)

Homme politique.

Père du précédent. Avocat au parlement de Toulouse, élu député à la Convention, il est envoyé en mission à l'armée des côtes de Brest, puis à celle des Pyrénées, aux premiers succès de laquelle il contribue. Après le 9 Thermidor, qu'il a approuvé, une autre mission l'envoie près de l'armée du Rhin. Lorsque éclate à Paris le mouvement insurrectionnel du 1er prairial an III, il reçoit le commandement de la force armée mais ne peut empêcher les émeutiers d'envahir la Convention et manque d'être assassiné. Adjoint à Barras au 13 vendémiaire an IV, il contribue au triomphe de l'Assemblée. Il est nommé membre du Conseil des Cinq-Cents lors de la réélection des deux tiers, mais est démis de ses fonctions peu après par décision du sort. Sous le Consulat et l'Empire, il occupe diverses fonctions administratives. La Seconde Restauration le bannit comme régicide et il se retire à Bruxelles. Son frère Jacques (1773-1855), vicomte de Baragne, pair de France, servit dans les armées républicaines et napoléoniennes.

CAVAIGNAC Louis Eugène (Paris, 1802 – Ourne, 1857)

Général et homme politique.

Frère de Godefroy Cavaignac. Admis à l'École polytechnique en 1820, officier du génie, il est mis quelque temps en disponibilité après la révolution de 1830 pour avoir laissé connaître ses opinions républicaines et ses activités carbonaristes. Il est rappelé en service en 1832 mais on l'éloigne en l'envoyant en Algérie. Il se fait remarquer à différentes reprises au cours des opérations de conquête. Nommé maréchal de camp en 1844, il commande la subdivision de Tlemcen, puis la province d'Oran. Quand éclate la révolution de février 1848, il est porté par le gouvernement provisoire au poste de gouverneur général de l'Algérie, en raison de ses services et du souvenir laissé par son frère Godefroy. Mais, élu député par la Seine et le Lot lors des élections d'avril, il demande à rentrer à Paris pour y exercer son mandat. Il y arrive le 17 mai, alors que la tension entre les républicains modérés et les « rouges » est à son paroxysme, et se décide à accepter le ministère de la Guerre qu'il avait refusé quelques mois plus tôt. Investi de véritables pouvoirs dictatoriaux le lendemain du soulèvement des ouvriers parisiens, le 24 juin, il dirige la répression avec énergie et brutalité. Le 28, il dépose ses pouvoirs entre les mains de l'Assemblée constituante, mais cette dernière, après avoir déclaré à l'unanimité qu'il a bien mérité de la patrie, lui confie de nouveau le pouvoir exécutif. Candidat aux élections du 10 décembre pour la présidence de la République, il se refuse à prendre à l'égard du parti de l'Ordre les engagements que Thiers et Montalembert réclament de lui, notamment sur le problème de la liberté de l'enseignement et, battu par le prince Louis Napoléon, se retire dans les rangs de l'opposition républicaine modérée. Après le coup d'État du 2 décembre 1851, il est arrêté et incarcéré pendant un mois au fort de Ham, par mesure de sûreté. Élu député de Paris en 1852, il est déclaré démissionnaire par un vote du Corps législatif pour avoir refusé de prêter serment. Réélu en 1857, il meurt peu de temps après.

CAVALIER Jean (Le Mas Roux, Cévennes, 1680 – Jersey, 1740)

Chef huguenot.

Fils de paysan, il commence par garder les porcs et les moutons à Vézénobres, avant de devenir apprenti boulanger à Anduze. En 1701, il s'exile à Genève, mais dès qu'il apprend le soulèvement camisard (juillet 1702), il regagne sa patrie, où il ne tarde pas à prendre la tête d'un parti d'insurgés. Alors que Rolland « règne » sur le Haut-Languedoc, Cavalier s'impose en Vaunage et dans le pays entre Uzès et Alais (Alès), notamment autour d'Euzet, dont les grottes seront longtemps son refuge le plus sûr. Il mène la vie dure à Broglie et à Montrevel. Mais Villars, après avoir décimé ses hommes, vient assez facilement à bout de lui par la promesse d'une pension de 1 200 livres et d'un brevet de colonel (1704). Cavalier quitte alors le Midi, suivi d'une centaine de fidèles. Il se rend à Versailles où il rencontre le roi. Mais il est déçu par l'accueil qui lui est fait. Ses mérites n'étant pas assez reconnus en France, il passe en Suisse avant de servir contre les armées françaises pour le compte de la Savoie, puis de la Hollande et de l'Angleterre. Après s'être retiré dans ce dernier pays (où il publie en 1725 ses *Mémoires de la guerre des Cévennes*) il achèvera son existence comme gouverneur de Jersey.

CAVARES

Peuple gaulois établi en Celtique avant l'arrivée des Romains.

Couvrant à peu de chose près l'étendue du Comtat Venaissin médiéval, leur territoire est délimité par le Rhône, la Durance, l'Aygues et le Ventoux. Le chef-lieu de leur confédération est soit *Avenio* (Avignon), soit plus probablement *Cabellio* (Cavaillon). À l'époque gallo-romaine ils sont répartis entre quatre cités : *Avenio*, *Cabellio*, *Arausio* (Orange) et *Carpentoracte* (Carpentras), qui forment autant de diocèses et donnent à l'époque franque les quatre *pagi* d'Avignon, de Cavaillon, d'Orange et du Venaissin.

CAYENNE

Chef-lieu du département de la Guyane française, en Amérique du Sud, à l'embouchure de la rivière de Cayenne.

Le site est reconnu par La Ravardière en 1604. La ville est fondée par une compagnie normande en 1637. Après les essais de colonisation de Poncet de Brétigny, vers 1640, de la Compagnie des douze associés en 1652 et de La Vrigne et Michel en 1656, des Hollandais s'y établissent en 1663, bientôt délogés par les Français, que les Anglais chassent à leur tour peu avant la paix de Breda qui, en 1667, donne la Guyane aux Pays-Bas. En 1677, l'amiral d'Estrées reconquiert Cayenne sur les Hollandais et consolide la mainmise des Français sur la majeure partie de la côte qui s'étend à l'est du Maroni.

CAYLUS ou QUÉLUS Jacques de LÉVIS, comte de (?, v. 1554 – Paris, 1578)

Gentilhomme.

Fils aîné d'Antoine, premier comte de Caylus, grand sénéchal et gouverneur du Rouergue, il fait partie des mignons d'Henri III. Très brave comme la plupart des compagnons du roi, il affronte en duel, à plusieurs reprises, les partisans des Guises. Insulté par Charles d'Entragues, il le provoque en duel ; le combat se déroule le 27 avril 1578. Aux côtés de Caylus se trouvent deux autres mignons, Livarot et Maugiron. Son adversaire est accompagné de Schomberg et Ribérac, compagnons de Guise comme lui-même. Maugiron et Schomberg sont tués au cours du combat, Ribérac périt le lendemain et Caylus, percé de dix-neuf coups de dague, survit 33 jours et meurt entre les bras d'Henri III. Éploré, ce dernier conserve les cheveux blonds et les pendants d'oreille de son mignon et rédige lui-même l'épitaphe inscrite sur le mausolée qu'il lui fait élever dans l'église Saint-Paul, à Paris, où Caylus repose aux côtés de Maugiron : *Non injuriam sed mortem patienter tulit* : « Il supporta la mort mais non l'insulte. » Ce monument sera détruit par la foule parisienne le 6 janvier 1589 : voulant venger la mort du duc de Guise, le Balafré, la populace se répand dans les rues de la capitale et abat les statues des mignons dans l'église Saint-Paul.

CAZALÈS Jacques de (Grenade-sur-Garonne, 1758 – Engalin, 1805)

Homme politique.

Il est capitaine de chasseurs lorsqu'il est élu député de la noblesse languedocienne aux États généraux de 1789. Excellent orateur, il défend avec ardeur et constance l'autorité royale et le clergé, ce qui ne l'empêche pas d'admettre le principe d'une représentation nationale pour le consentement de l'impôt. Il tente de créer un parti royaliste libéral avec le concours de Mirabeau. Démissionnaire après la fuite du roi, il émigre au lendemain du 10 août 1792. Lorsqu'il apprend que Louis XVI va passer en jugement, il demande vainement à la Convention un sauf-conduit pour venir le défendre. Après avoir rempli quelques missions pour Louis XVIII, il peut rentrer en France en 1803, mais Bonaparte ne parvient pas à se l'attacher.

CDS : voir CENTRE DES DÉMOCRATES SOCIAUX

Jean Cavalier
Entrevue de Jean Cavalier et du maréchal de Villars. Huile sur toile de Salles, Nîmes, musée des Beaux-Arts.
© *Giraudon*

CECA : voir Communauté européenne du charbon et de l'acier

CED : voir Communauté européenne de défense

CEE : voir Communauté économique européenne

Célestins

Congrégation monastique fondée en Italie, en 1254, par Pietro Angeleri del Morrone, plus tard le pape Célestin V, et soumise à la règle de saint Benoît.

La règle suivie s'inspire de celle de saint Benoît mais elle compte beaucoup plus de prières et de mortifications. L'habit est une tunique blanche, une coule et un scapulaire noirs. L'ordre s'étend rapidement à toute l'Italie et est introduit en France en 1300 par Philippe le Bel qui obtint la canonisation du fondateur. Le couvent de Paris fut particulièrement distingué par la famille royale qui y fit enterrer les cœurs et les entrailles des souverains. Dans toute la France, la plupart des monastères furent fondés par des familles nobles.

Céline Louis-Ferdinand, Louis Ferdinand Destouches, dit (Courbevoie, 1894 – Meudon, 1961)

Écrivain.

Issu d'un milieu modeste, il entre en apprentissage à 15 ans, muni d'un simple certificat d'études. Engagé volontaire en 1912, il en revient invalide à 70 % et dégoûté par la guerre. Après un court séjour en Afrique, il rentre en France, se marie avec Édith Follet (1919), passe son baccalauréat à Rennes et fait des études de médecine. En 1924, il intègre la section d'hygiène de la Société des nations, ce qui le fait voyager aux États-Unis, en Europe et en Afrique. En 1932, il publie *Voyage au bout de la nuit*, sous le nom de Louis-Ferdinand Céline. Le livre rencontre un succès immédiat et a un grand retentissement dans la mesure où il renouvelle de fond en comble le langage romanesque. *Mort à Crédit* (1936), en revanche, fait scandale. Céline s'oppose aux milieux littéraires et rompt avec l'intelligentsia de gauche, qui avait salué sa première œuvre. *Bagatelle pour un massacre* (1937) et *L'École des cadavres* (1938), pamphlets antisémites, lui valent la mise à l'écart des librairies (décret Marchandeau). En 1939, il est médecin sur un paquebot qui fait la ligne Marseille-Casablanca, avant de travailler au dispensaire de Sartrouville. Sous l'Occupation, il publie une quarantaine de lettres et interviews dans les tribunes du fascisme français : *Je suis partout*, *Au pilori*, *La Gerbe*. Il fustige lâcheté aryenne comme domination juive, sans adhérer cependant au programme global de Vichy ni à un quelconque groupuscule fasciste. Médecin du dispensaire de Bezons, il épouse en secondes noces la danseuse Lucette Alimanzar. Conscient que l'Allemagne est sur le point de perdre la guerre, il quitte la France pour l'Allemagne en attendant de pouvoir passer au Danemark. Huit mois plus tard, il y parvient et est incarcéré à la prison de Copenhague. Il justifie ses prises de position par son pacifisme farouche. Il continue d'écrire en particulier *Foudres et Flèches* et *À l'agité du bocal* où il critique Jean-Paul Sartre. Condamné en 1950, Céline est amnistié en 1951, rentre d'exil et s'installe comme médecin à Meudon. En 1957, paraît *D'un Château l'autre*, accueilli favorablement, tandis que *Voyage au bout de la nuit* est adapté au cinéma. Il décède brusquement en 1961.

Louis-Ferdinand Céline
Céline à l'Institut d'étude des questions juives, en mai 1941. © *Collection Viollet*

Cellamare Antonio del Giudice, duc de Giovenazzo, prince de (Naples, 1657 – Séville, 1733)

Diplomate espagnol d'origine italienne.

En 1715, il représente l'Espagne à la cour de France où le duc Philippe d'Orléans assume la régence de Louis XV. Le cardinal Alberoni, ministre de Philippe V, souhaitant voir cette régence exercée par son maître, petit-fils de Louis XIV, charge Antonio del Giudice d'éliminer le Régent. Cellamare intéresse à sa conspiration le duc et la duchesse du Maine comme de hauts seigneurs et de simples gentilshommes. Son but est d'enlever Philippe d'Orléans pendant une fête, de susciter des troubles dans les provinces puis de faire assembler les états généraux qui confieront le gouvernement de la France à Philippe V. Au mois de décembre 1718, un nommé Buvat, copiste du prince, dénonce l'intrigue au Régent, déjà averti par Théodore de Chavigny, mais cependant resté incrédule. Convaincu, à présent, de l'existence de la machination, le Régent ordonne de reconduire Cellamare à la frontière, d'emprisonner le duc et la duchesse du Maine, le prince de Conti, le duc de Richelieu. Par la suite, le cardinal Alberoni démissionnera et le prince de Cellamare deviendra capitaine général de la Vieille-Castille. Le premier roman d'Alexandre Dumas père, *Le Chevalier d'Harmental*, a pour toile de fond la conspiration de Cellamare.

Celtes

En grec Keltoï *et en latin* Celti, *ce mot est employé par les écrivains anciens pour désigner un groupe de peuples barbares dont le berceau serait, selon toute vraisemblance, la partie occidentale de l'Allemagne et dont la domination se serait étendue au continent européen.*

Leurs dialectes, assez proches des dialectes italiques, présentent suffisamment de similitudes pour que l'on puisse les grouper sous le nom de langues celtiques et les ranger dans la grande famille des langues indo-européennes. Si les problèmes soulevés par leur expansion font encore l'objet de maintes controverses, il semble toutefois que l'on puisse parler de Celtes dès l'âge du bronze, époque à laquelle ils auraient déjà atteint la Gaule, la Bretagne et l'Ibérie, et que l'on puisse affirmer que certains groupes celtiques ont été porteurs de la civilisation hallstattienne. Mais l'expansion historique des groupes celtiques en Occident a coïncidé avec l'apparition de la civilisation de La Tène (environ 500 av. J.-C.) et a atteint son apogée au IIIe siècle av. J.-C. Leur dynamisme est exceptionnel : leur esprit belliqueux, joint à des impératifs économiques, les entraîne à de multiples migrations. Par une succession de mouvements tumultueux coupés d'accalmies, ils essaiment dans toute l'Europe occidentale, de l'Italie aux îles Britanniques et à la péninsule Ibérique, mais aussi dans les Balkans et jusqu'en Russie méridionale et en Asie Mineure. Leur principale résidence reste toutefois la Gaule proprement dite.

Celtes
L'Hermès bicéphale de Roquepertuse. Marseille, musée archéologique. © *Sélection Images*

Les Celtes représentent la première manifestation dans l'histoire du monde antique de forces civilisatrices issues de l'Europe continentale et, à cet égard, leur rôle peut être comparé à celui des Grecs en Méditerranée. Mais, à la différence des Romains et des Grecs – on le constate très nettement en Gaule –, les Celtes vivent à l'état tribal, sans véritable structure citadine, du moins jusqu'à la conquête romaine. L'individu n'existe que par le groupe, et leur organisation sociale très rigide, fondée sur un système de clientèles familiales, qui gravitent autour de castes dominantes, engendrera un climat de dissensions perpétuelles et de luttes individuelles pour le pouvoir, l'aristocratie s'étant substituée aux rois entre l'époque de Hallstatt et celle de La Tène.

Cette absence de véritable organisation politique est particulièrement nette dans la partie occidentale du domaine celtique où l'ancienneté des établissements, jointe, durant de longues périodes, à l'absence de tout danger extérieur sérieux, permet l'évolution autonome et naturelle de leurs institutions. Elle se traduit par une certaine décadence dont Rome profite pour soumettre les Celtes du IIe siècle av. J.-C. au Ier siècle apr. J.-C., et sera notamment exploitée par César lorsqu'il conquerra la Gaule (58 à 51 av. J.-C.). Toutefois, si les Celtes ne constituent aucun empire politique, leur civilisation, bien que teintée d'influences méditerranéennes, a su garder son originalité propre et a créé une unité continentale de fait. Elle repose sur une solidarité ethnique et une tradition ancestrale dont la société religieuse des druides est le dépositaire sacré. C'est ainsi qu'en Gaule le facteur religieux joue un grand rôle dans la constitution du mouvement antiromain. Ces forces matérielles et spirituelles propres au monde celtique se traduisent par un art très original caractérisé par une idéalisation de la figure humaine.

Mais les Celtes font en même temps preuve d'une capacité d'adaptation étonnante aux milieux les plus divers, et d'insertion dans les systèmes les plus différents. Se faisant les élèves des techniciens grecs, étrusques, italiotes, ils développent l'agriculture (charrue à roues) et perfectionnent l'art de l'émail. Les Romains leur attribuent l'invention du tonneau. Leurs artisans, notamment leurs charrons, leurs forgerons et leurs potiers sont vite réputés pour leur habileté et, à partir du Ier siècle av. J.-C., inondent l'Occident de leurs produits grâce à un réseau de chemins de terre que Rome perfectionne en l'empierrant. Cette facilité d'assimilation permet leur insertion assez rapide dans le monde romain et, à partir du Ier siècle apr. J.-C., les Celtes ne conservent une originalité très marquée que dans les parties les plus occidentales de l'Europe (en Gaule dans la presqu'île armoricaine).

Celtique

Dans la haute Antiquité, la Celtique désigne tous les pays compris entre Marseille, les Pyrénées, l'océan Atlantique et l'Elbe.

Au moment de la conquête de la Gaule par César, le terme de Celtique ne s'applique plus qu'à la Gaule centrale, la Gaule chevelue, peuplée par les nations celtes les plus anciennement établies, les plus nombreuses et les plus fortement organisées (Éduens, Arvernes, Bituriges, Carnutes, etc.). Elle s'étend du nord au sud depuis la Seine et la Marne jusqu'à la Garonne et, d'ouest en est, de l'Océan jusqu'au Rhin, au cours supérieur du Rhône et aux Cévennes, qui la séparent de la province romaine ou *Provincia*. Enfin, au début de l'Empire romain, ses limites sont encore réduites. La Celtique correspond alors à la portion de la Gaule comprise entre la Seine, la Saône, la Loire et l'Océan.

Cénomans

Tribu celtique, fraction de la grande confédération des Aulerques.

Elle occupe en Gaule le territoire correspondant au Maine et dont la capitale était *Cenomanum*, aujourd'hui Le Mans. Une branche des Cénomans a franchi les Alpes vers le Ve siècle av. J.-C. et s'est établie dans la partie orientale de la Lombardie.

Cens

Au Moyen Âge, droit seigneurial.

Redevance fixe, le plus souvent en argent, due annuellement par le tenancier au seigneur qui lui a concédé la jouissance de terres, en vertu d'un contrat, le bail à cens. Le cens est par essence recognitif de la seigneurie foncière et il est le plus général des droits seigneuriaux. En cas de vente, le seigneur reçoit des droits de mutation, appelés lods et ventes. À côté de ce cens réel, le droit féodal connaît également un cens par tête (*census capitis*) ou chevage qui est une redevance fixe d'un taux faible, payée annuellement par le serf à son seigneur, en signe de sa qualité servile.

Censure

Examen des ouvrages publiés en vue de leur autorisation ou de leur interdiction.

À partir du XIIIe siècle, la Sorbonne nouvellement créée délivre une autorisation aux auteurs soucieux de faire copier ou lire en public leur manuscrit. L'imprimerie renforce la vigilance des autorités : en plus du double imprimatur de l'Université et du parlement de Paris, les livres reçoivent un privilège qui accorde à l'imprimeur un monopole de diffusion temporaire. En 1537, François Ier, par l'ordonnance de Montpellier, instaure l'obligation du dépôt légal d'un exemplaire à la bibliothèque royale de Blois, ancêtre de la Bibliothèque nationale. Dix ans plus tard est instaurée une censure royale sur les textes imprimés, au rôle encore très théorique faute de personnel. La vraie censure reste celle de l'Église, que la Réforme protestante rend vigilante : Rome crée en 1571 l'*Index librorum prohibitorum* – l'Index –, catalogue des livres interdits susceptibles de polluer la foi ou les mœurs. Au XVIIe siècle, *Les Pensées* de Pascal y seront inscrites…

En 1624, sont nommés les premier censeurs royaux – des docteurs en théologie –, dont le rôle s'accroît mais qui sont incapables d'endiguer le flot des libelles contre Richelieu. Celui-ci riposte par la création en 1635 de l'Académie française où officient des littérateurs chargés d'élaborer un dictionnaire mais aussi de répliquer aux pamphlets ; la Fronde voit une inondation de « mazarinades » dirigées contre le cardinal-ministre Jules Mazarin. Mais les éditions clandestines affluent aussi de l'étranger : durant tout le règne de Louis XIV, et spécialement après la révocation de l'édit de Nantes (1685), de nombreux ouvrages parviennent en fraude des très tolérantes Provinces-Unies ou d'Angleterre. Tous ne sont pas des brûlots : ainsi le *Dictionnaire universel* de Furetière, refusé par l'Académie, paraît-il en Hollande en 1690.

En 1741, Louis XV crée un office spécialisé qui se substitue à la censure religieuse aux mains de la Sorbonne, d'où un conflit entre Église et État. Plusieurs dizaines de censeurs (178 en 1789) sont employés au sein de la « Librairie » – le bureau de censure –, sous la responsabilité du chancelier, mais dirigés en pratique par un directeur qui, entre 1750 et 1763, est l'indulgent Malesherbes. Ce libéral permet à l'*Encyclopédie* de voir le jour. De façon générale, la monarchie se montre nuancée : les auteurs de livres immoraux sont davantage poursuivis, comme Sade l'expérimente, que les philosophes aux idées politiques novatrices dont les œuvres peuvent être interdites mais qui jouissent à titre personnel d'une relative quiétude ; même prohibés par le Parlement, ces ouvrages polémiques peuvent bénéficier de protections, d'autorisations tacites, être imprimés à Amsterdam et diffusés en dehors du réseau des libraires via le colportage. La censure peut aussi être indirecte : le « cabinet noir » intercepte la correspondance privée, ce qui incite les particuliers à se montrer prudents, comme Mme de Sévigné, ou à user de codes comme Voltaire.

Le contrôle des idées se complique avec l'émergence d'une presse et d'une opinion publique autonomes. En 1791, l'abolition de la censure est solennellement inscrite dans la Constitution. Mais la censure ne disparaît pas avec la monarchie : l'Empire la rétablit et l'exerce avec vigilance. Le XIXe siècle hésite, supprimant et rétablissant le contrôle selon les circonstances. Victor Hugo doit attendre la chute de Charles X pour faire jouer en 1831 *Marion Delorme* (1829) ; le *Lorenzaccio* de Musset (1834) est inquiété par les censeurs de Louis-Philippe pour son évocation du tyrannicide ; Baudelaire (pour la sensualité sulfureuse des *Fleurs du mal*, 1857) ou Flaubert (pour la célèbre scène de la calèche dans *L'Éducation sentimentale,* 1869) sont traînés en justice. La loi républicaine de 1881 démantèle la censure, maintenue pour les œuvres dramatiques : la censure théâtrale n'est abolie qu'en 1906. La république en guerre réinstaure entre 1914 et 1918 une censure surtout militaire (caviardage des journaux). Vichy, enfin, accompagne sa dictature d'une censure politique et morale rigoureuse qui s'ajoute à celle de l'occupant.

À la Libération, cette législation liberticide est démantelée mais toute forme de contrôle ne disparaît pas. L'État protège les mineurs (loi de 1949) des publications violentes ou pornographiques. Toujours en vigueur mais appliquée de manière sélective, cette disposition vise davantage aujourd'hui les ouvrages incitant à la haine raciale ou à la consommation de stupéfiants. Le contrôle cinématographique, né en 1919, a suivi une évolution parallèle. Aucun film ne peut être diffusé sans visa ministériel. Une appréciation au cas par cas conduit à l'interdiction de *La Religieuse* de Jacques Rivette en 1965 ou, pour des raisons cette fois politiques, à la diffusion très tardive des *Sentiers de la gloire* de Stanley Kubrick (1957). La Commission de classification délivre des visas qui restreignent l'accès de certains films aux spectateurs de plus de 12, 16 ou 18 ans mais les maires peuvent aussi sur le territoire de leur commune interdire la diffusion de certaines œuvres.

Cent Ans (guerre de)

L'expression « guerre de Cent Ans » est une création des historiens du XIXe siècle pour désigner le conflit qui opposa de 1338 à 1453 les deux plus puissants royaumes d'Occident chrétien, la France des Valois et l'Angleterre des Plantagenêts, puis des Lancastre.

Ce conflit interminable est en réalité une succession de campagnes militaires coupées de longues trêves, dont les caractères et les objectifs varient dans le temps. Il est essentiellement franco-anglais mais on ne peut le dissocier de nombre d'autres événements français ou étrangers : en Angleterre, élimination de Richard II puis, plus tard, guerre des Deux-Roses, en Castille, lutte d'Henri de Trastamare contre Pierre le Cruel ; révoltes flamandes, essor de l'État bourguignon ; luttes franco-aragonaises en Sicile ; difficultés de la papauté d'Avignon, etc. L'unité et la continuité de l'affrontement n'échappèrent pourtant pas aux contemporains.

La cause première de cette guerre ruineuse et dramatique est la querelle féodale qui oppose les rois de France et d'Angleterre à propos de la Guyenne depuis que, par le mariage d'Henri II, premier souverain Plantagenêt d'Angleterre, avec Aliénor d'Aquitaine, les rois d'Angleterre sont devenus en même temps ducs d'Aquitaine ou de Guyenne. Les possessions anglaises sur le continent ont même été longtemps bien plus vastes, mais le premier des grands rois capétiens, Philippe Auguste, en a reconquis la plus grande partie. Cependant, les Anglais n'ont pas renoncé aux provinces perdues. Pour tenter d'établir une paix durable, Saint Louis négocie en 1259 le traité de Paris par lequel il cède quelques territoires à l'Angleterre et lui abandonne la jouissance de la Guyenne. Mais, en contrepartie, cette principauté redevient un fief dont le possesseur doit prêter hommage au roi de France. Ce traité, qui met un terme provisoire à plus d'un siècle de luttes est pendant quatre-vingts ans l'instrument diplomatique de base auquel on se réfère lorsque des conflits opposent le nouveau vassal à son suzerain. Mais les rois d'Angleterre finissent par vouloir transformer leur fief continental en un territoire, détenu en toute indépendance, pour échapper aux pressions du roi de France qui prétend au contraire ramener à des litiges d'ordre féodal tous les différends qui l'opposent à l'Angleterre et multiplie ses interventions, n'hésitant pas à prononcer la confiscation du fief pour la moindre offense. C'est ce que font Philippe le Bel en 1294 et Charles IV en 1323. En 1327, un accord est conclu selon lequel le roi de France devra renoncer à toute annexion. L'année suivante, à la mort de Charles IV, le nouveau roi de France, Philippe de Valois, obtient non sans quelque difficulté l'hommage d'Édouard III d'Angleterre pour la Guyenne. Mais, en dépit de ses engagements, la monarchie française conserve l'Agenais et le Bazadais, réduisant la Guyenne à une mince bande de terres, certes riches, le long de l'Atlantique. Ces derniers empiètements ravivent le conflit toujours latent. Les négociations ne peuvent aboutir. En 1336, l'impasse est totale.

À cette querelle de Guyenne est venu se greffer un problème dynastique. Alors que, de la fin du Xe siècle au début du XIVe siècle, les rois ont pu se succéder en France de père en fils, inscrivant la règle de l'hérédité masculine dans les faits, sinon dans le droit, trois rois disparaissent au début du XIVe siècle sans laisser d'héritier mâle. À la mort de Louis X, suivie peu de temps après de celle de son fils posthume Jean Ier (1316), la couronne aurait pu revenir à la fille du roi défunt, Jeanne d'Évreux, mais c'est le plus âgé des frères du roi qui s'empare du pouvoir sous le nom de Philippe V. Le précédent est créé et, pour asseoir sa légitimité, le nouveau souverain fait adopter par une assemblée de notables le principe d'après lequel « femme ne règne en France ». De même, lorsque Philippe V meurt en 1322 en ne laissant que des filles, son dernier frère Charles IV se fait aussitôt reconnaître comme roi. Il disparaît à son tour en 1328 sans héritier mâle. Parmi les trois candidats possibles à la couronne figure Édouard III, roi d'Angleterre depuis quelques mois, petit-fils de Philippe IV le Bel par sa mère Isabelle. Sa candidature n'est valable que dans la mesure où il est admis qu'à défaut de porter la couronne une femme peut la transmettre. À cette question restée jusque-là sans réponse, les barons français répondent par la négative en préférant au souverain anglais Philippe de Valois, petit-fils de Philippe III. Comme le dit une chronique anglaise du temps, le fait que le nouveau roi soit « né du royaume » ne sera pas étranger à leur choix. Dès avant le sacre, Édouard III a envoyé une ambassade en France, chargée d'exposer ses droits à la couronne. Revendication d'abord assez platonique, puisqu'en 1329 il accepte de prêter hommage pour la Guyenne. Mais la réouverture du conflit aquitain et le soutien apporté par les Valois à ses adversaires écossais amènent le Plantagenêt à faire de ses prétentions au trône de France un moyen de justifier sa cause. L'attitude de celui qu'il persiste à tenir pour un vassal révolté détermine Philippe VI à prononcer une nouvelle fois la confiscation de la Guyenne. Édouard III répond en faisant désigner son adversaire, dans les actes de sa chancellerie, sous le nom de « Philippe, qui se dit roi de France », puis en revendiquant publiquement le royaume de France et en reniant l'hommage qu'il a prêté pour la Guyenne, enfin en faisant porter son défi à Paris. La rupture est officielle. La guerre ouverte commence.

Les succès anglais et le traité de Brétigny (1338-1360). Lorsque s'ouvre le conflit, la France, plus peuplée et plus riche (15 millions d'habitants contre 4 millions pour l'Angleterre proprement dite), semble devoir triompher facilement de sa rivale. Mais si cette dernière connaît un certain retard, ses structures administratives et gouvernementales se rangent parmi les plus évoluées. Ces atouts se révéleront décisifs dans une première phase du conflit face à un adversaire qui traverse une grave crise économique et financière. Les premières chevauchées anglaises dans le nord de la France sont sans résultats, mais des succès diplomatiques importants viennent les compenser. Édouard III joue habilement des intérêts économiques qui lient la Flandre à l'Angleterre pour détacher les Pays-Bas de l'orbite française : en interdisant l'exportation des laines anglaises indispensables à l'industrie drapière flamande, il provoque et encourage la révolte des riches cités flamandes, derrière Jacques Van Artevelde contre leur comte, Louis de Nevers, demeuré fidèle à Philippe VI. Il signe avec elles un traité par lequel elles s'engagent à l'aider militairement et à l'accepter comme véritable roi de France (1339). Il soutient également Robert d'Artois, révolté contre Philippe VI, gagne à sa cause le Hainaut et le Brabant en transférant une partie des intérêts anglais dans ces régions, et contracte de nombreuses alliances en Allemagne. Pendant l'été 1337, il s'allie avec l'empereur Louis IV qui, l'année suivante, l'institue son vicaire impérial pour la rive gauche du Rhin.

Par cette coalition, la monarchie française se trouve menacée de deux côtés à la fois. Fort de ces succès, Édouard III prend solennellement à Gand, en janvier 1340, le titre de roi de France, introduisant les fleurs de lys dans son Grand Sceau et dans ses armes. Cinq mois plus tard, le 24 juin 1340, la flotte française est totalement défaite à L'Écluse, près de l'avant-port de Bruges, désastre qui fait perdre à la France le contrôle de la mer. Le conflit rebondit avec les débuts de la guerre de Succession de Bretagne qui oppose deux candidats, Jean de Montfort, soutenu par Édouard III, et Charles de Blois qu'appuie Philippe VI. Une trêve l'interrompt en janvier 1343. Édouard III peut alors reprendre ses autres desseins. Une nouvelle armée anglaise, débarquée en Normandie, se livre à la première des grandes chevauchées anglaises. Après avoir parcouru plus de 350 kilomètres en un mois, elle rencontre l'armée française à Crécy le 26 août 1346. Là encore, la défaite française est complète. Reprenant sa route, Édouard III arrive sous les murs de Calais. Au terme d'un siège de onze mois (septembre 1346 – août 1347), la ville doit se rendre (épisode des six bourgeois de Calais). Devenue anglaise, elle succédera à Bruges comme place principale des marchands anglais. À la suite de ces échecs successifs, la position et l'autorité de Philippe VI se sont inévitablement détériorées, et la monarchie française traverse une grave crise intérieure, marquée par une véritable révolution de palais autour du roi. Toutefois, ni Crécy ni Calais n'ont définitivement réglé le différend franco-anglais, et une trêve est conclue le 28 septembre 1347. Elle se trouve prolongée jusqu'en juin 1355 par un événement extérieur au conflit : la peste noire qui, venue d'Asie, se répand en France et en Angleterre en 1347.

Lorsque Philippe VI meurt en 1350, le bilan de son règne est loin d'être positif. Seul élément favorable, le nouveau comte de Flandre, Louis de Male, fait prisonnier à Crécy, a pu s'échapper et obtenir en 1349 la soumission des villes flamandes. Retournement de situation qui se traduit pour Édouard III par la perte d'un appui précieux qu'il ne devait jamais retrouver. Il se procure, en revanche, dans les premières années du règne du nouveau roi de France, Jean le Bon, un autre allié de taille : Charles le Mauvais, roi de Navarre, qui, ulcéré de n'obtenir aucune compensation territoriale pour prix de son abandon du comté d'Angoulême en faveur de la couronne, se révolte ouvertement contre le roi. Il accepte de se soumettre après avoir reçu le comté de Beaumont-le-Roger et la plus grande partie du Cotentin, mais cette réconciliation est sans lendemain. Elle sera suivie de vingt-cinq années de complots et d'intrigues. À la même date, l'échec de nouvelles négociations franco-anglaises accule Jean le Bon à la guerre.

La campagne de 1355-1356 est menée, du côté anglais, par le fils aîné d'Édouard III, le Prince Noir, qui, après avoir mené en 1355 une fructueuse chevauchée à travers le Languedoc, inflige à Jean le Bon la lourde défaite de Poitiers (19 septembre 1356). Le roi de France se trouve parmi les prisonniers. La nouvelle du désastre est suivie d'une flambée de révolte contre l'autorité royale. Le Dauphin Charles (futur Charles V), alors âgé de 18 ans, doit faire face à une opposition organisée, dirigée par Robert Le Coq, évêque de Laon, devenu le séide du roi de Navarre, et surtout Étienne Marcel, prévôt des marchands de Paris. Le dessein de ce dernier est d'entreprendre, selon le mot du temps, la réformation de l'État, d'écarter son personnel le plus corrompu et d'établir sur la monarchie un contrôle exercé par des représentants des trois ordres au moyen d'un Conseil qui aurait « puissance de tout faire et ordonner au royaume aussi comme le roi ». Le Dauphin doit s'incliner et ratifier la grande ordonnance de mars 1357. Mais, tandis que les états généraux, exprimant surtout les vues de la bourgeoisie parisienne, formulent des exigences toujours plus grandes, les états provinciaux, plus modérés, cherchent à contrôler la perception et l'utilisation des impôts, sans trop se soucier de la grande politique qu'ils abandonnent volontiers au pouvoir royal. Bientôt la situation tourne au désavantage d'Étienne Marcel qui ne peut plus compter que sur la capitale. Un nouveau danger apparaît avec le soulèvement paysan des Jacques, insurrection de la misère, dirigée contre les privilégiés. Il est rapidement écrasé. Étienne Marcel, lui, perd toute sa popularité lorsque sa collusion avec les Anglais devient évidente. Il est assassiné en 1358, et le Dauphin peut faire son entrée dans Paris. La révolution parisienne a échoué. C'est le triomphe de la monarchie. Une fois l'ordre rétabli, les négociations peuvent commencer avec les Anglais, d'autant plus que le roi de Navarre a lui aussi abandonné la partie. Elles aboutissent au dur traité de Brétigny, signé le 1er mai 1360. Édouard III reçoit en toute souveraineté une grande Aquitaine, allant de la Loire au Massif central et aux Pyrénées, Calais et ses marches, le Ponthieu et le comté de Guines : le tiers du royaume environ. La rançon de Jean le Bon est fixée à 3 millions d'écus. En revanche, Édouard III renonce à la couronne de France et s'engage à abandonner les forteresses occupées par ses troupes dans la partie du royaume restant aux Valois. On peut penser à une pacification durable de l'Occident.

La reprise de la guerre. Le redressement français (1360-1388). En réalité, la paix est fragile. En effet, les retards apportés dans le transfert des territoires au profit de l'Angleterre apportent à Édouard III l'occasion de reprendre ses prétentions dynastiques, tandis que Jean le Bon, de son côté, en ne ratifiant pas ses renonciations, conserve implicitement ses droits sur les provinces perdues. De plus, le versement de la rançon du roi ne s'effectue pas dans les délais prévus. Il est vrai qu'Édouard III détient en garantie six princes des fleurs de lys : frère, fils ou parent du roi. Mais l'un d'eux, le duc d'Anjou, s'étant échappé en septembre 1363, Jean le Bon se croit moralement obligé de se constituer de nouveau prisonnier. Il meurt durant cette seconde captivité, le 8 avril 1364.

Sur le continent, une nouvelle source de conflit surgit en novembre 1361, lorsque Philippe de Rouvres, duc de Bourgogne, meurt sans laisser d'héritier direct. Deux candidats peuvent revendiquer le duché : Charles le Mauvais et Jean le Bon, respectivement petit-fils et fils de la grand-tante du duc défunt. Jean le Bon, qui se trouve juge et partie, tranche en sa faveur et fait de sa

Guerre de Cent Ans
L'entrée des Bourguignons dans Paris (1418). Miniature, *Grandes Chroniques de France*. © *Sélection Images*

Guerre de Cent Ans
Entrée de Charles VII dans Rouen (1449). Miniature, *Grandes Chroniques de France*. © *Sélection Images*

nouvelle acquisition un apanage pour son fils Philippe, jetant ainsi sans le savoir les bases de l'État bourguignon qui menacera de submerger ses successeurs. Dans l'immédiat, le Navarrais refuse tout arbitrage, mais il est battu à Cocherel, près de Vernon, par Bertrand Du Guesclin en 1364. Un traité conclu en mars 1365 lui accorde la coseigneurie de Montpellier mais lui enlève toutes ses places de la basse Seine en aval de Paris. La lutte se prolonge également en Bretagne entre les partisans de Jean de Montfort, fils du premier Jean de Montfort, toujours soutenu par l'Angleterre, et ceux de Charles de Blois, libéré en 1356 au terme d'une longue captivité. En 1364, ce dernier est battu et tué à Auray par Jean de Montfort. Du Guesclin, qui l'assistait, est fait prisonnier. Charles V, qui a succédé à son père Jean le Bon, est alors contraint de traiter : par la paix de Guérande (avril 1365), il reconnaît Jean de Montfort comme duc de Bretagne, mais en échange, ce dernier doit lui prêter hommage.

Le roi de Navarre neutralisé, la querelle de Bretagne réglée, reste le problème des Compagnies, groupes armés qui, le plus souvent, avaient été à la solde d'une autorité légitime mais, une fois cassés, refusaient de se disperser et continuaient la guerre pour leur propre compte. En 1360 et 1368, à plusieurs reprises, les Compagnies se réunissent pour donner naissance à de véritables armées, appelées Grandes Compagnies. L'Espagne leur fournit un exutoire en 1365-1366 : sous la conduite de Du Guesclin, bien fait pour les comprendre et les commander, elles se mettent au service d'Henri de Trastamare qui, avec l'appui de Charles V, prétend chasser du trône de Castille le peu populaire Pierre le Cruel. Ce dernier est finalement vaincu et tué de la main de son rival à Montiel en mai 1369. Dans l'affaire, Charles V a gagné l'appui durable de la Castille et a débarrassé la France des Compagnies qui, dans les dernières années du siècle, ne seront plus qu'un fléau local.

La succession de Flandre aurait pu constituer un danger sérieux pour Charles V. Alors que son père, Louis de Nevers, avait toujours tenu pour les Valois, Louis II de Male, son successeur, songe après 1360 à se rapprocher d'Édouard III. Il pense même à donner son unique héritière, Marguerite de Flandre, veuve de Philippe de Rouvres, duc de Bourgogne, en mariage à l'un des fils d'Édouard III. Mais la diplomatie de Charles V réussit à écarter ce projet. Au contraire, en 1369, c'est Philippe le Hardi, duc de Bourgogne, qui épouse Marguerite de Flandre. Si l'union de la Flandre et de la Bourgogne devait se révéler plus tard dangereuse pour la France, nul ne pouvait le prévoir et, au moment où elle se fait, elle offre un appui décisif pour le roi de France.

L'horizon de la monarchie française s'est donc singulièrement dégagé et, de part et d'autre, nul ne semble envisager sérieusement la reprise des hostilités. Les circonstances vont en décider autrement. Édouard III a regroupé toutes ses possessions du sud-ouest en une vaste principauté d'Aquitaine qu'il confie à son fils aîné, le Prince Noir. Ce dernier met en place une administration efficace, rigoureuse, mais ses interventions en Castille désorganisent ses finances et l'obligent à lever de nouveaux impôts. Les protestations se multiplient. La plus violente vient du comte d'Armagnac, qui demande l'arbitrage de Charles V. Effectivement, jusqu'à l'échange des renonciations qui n'a toujours pas eu lieu, le roi de France garde la souveraineté dans les territoires cédés. Acceptant l'appel du comte d'Armagnac, Charles V cite à comparaître le Prince Noir devant le parlement de Paris. En guise de riposte, Édouard III reprend le 3 juin le titre de roi de France. Enfin, le 30 novembre, Charles V prononce une nouvelle fois la confiscation de la Guyenne. À cette date, les hostilités ont repris depuis plusieurs mois. Ainsi, à la différence de ses deux prédécesseurs, de réputation batailleuse et chevaleresque, mais qui n'avaient jamais pris l'initiative de la guerre, Charles V, le « sage roi » soucieux de bon gouvernement, a mené lucidement, en 1368-1369, une politique qui ne pouvait déboucher que sur la guerre, à une époque où ni le problème castillan ni le problème flamand n'étaient résolus.

Les premières campagnes françaises sont couronnées de succès. À la fin de l'année 1377, les provinces perdues dix-sept ans plus tôt sont presque entièrement récupérées, et Charles le Mauvais, dont les intrigues avec le roi d'Angleterre et le duc de Bretagne ont été dévoilées, a vu ses forteresses investies une à une par le duc de Bourgogne. Toutefois les Anglais tiennent toujours solidement Calais, Bordeaux et Bayonne. Ils contrôlent encore un grand nombre de forteresses dans le centre-ouest de la France et ont réussi à s'emparer de Cherbourg. Enfin, Charles V a essuyé un échec en Bretagne. Lorsque le duc Jean IV s'était réfugié en Angleterre, il avait cru à tort pouvoir facilement annexer le duché. À son retour en 1379, Jean IV reçoit un accueil enthousiaste, et Charles V doit lui restituer son duché (second traité de Guérande, avril 1381).

La mort, survenue à trois ans d'intervalle, d'Édouard III puis de Charles V, et l'avènement de deux rois très jeunes, Richard II en Angleterre et Charles VI en France, créent de nouvelles conditions dans le déroulement du conflit. En France, les oncles du nouveau roi s'entendent pour exercer en commun le pouvoir pendant sa minorité. Les conseillers du règne précédent, qui avaient reçu le surnom de « Marmousets », sont écartés. L'achèvement de l'œuvre de réorganisation entreprise par Charles V est négligée. Chacun des oncles poursuit sa politique personnelle, d'où des intrigues et des conflits continuels. Jean de Berry veut faire fortune grâce à sa lieutenance du Languedoc, Philippe de Bourgogne songe à la Flandre, Louis d'Anjou au royaume de Naples. Les nouveaux impôts levés pour aider ce dernier dans ses entreprises entraînent des troubles populaires, notamment à Rouen (la « Hérelle ») et à Paris (révolte des Maillotins). L'anarchie atteint également Gand qui, sous l'impulsion de Philippe Van Artevelde, fils du grand homme politique des années 1340, réclame l'alliance économique et militaire avec l'Angleterre. Pour le gouvernement des oncles, la révolte flamande est très dangereuse. Ils réunissent une forte armée qui écrase les milices gantoises à Roosebeke (1382). Mais sollicités par leurs intérêts personnels, ils se désintéressent quelque peu de la lutte contre l'Angleterre. De son côté, Richard II doit faire face en 1381 à une grave révolte paysanne. Dans ces conditions, la guerre piétine et une trêve est finalement conclue en 1388. Prolongée à plusieurs reprises, elle marque le début d'un rapprochement durable entre la France et l'Angleterre. Une phase nouvelle du conflit s'ouvre.

Le temps des trêves (1388-1411). Certes, l'interruption des hostilités est loin d'être entièrement respectée. Plusieurs fois, de sérieux « attentats aux trêves » se produisent de part et d'autre. Mais, jusqu'en 1404, aucun des deux protagonistes ne réunit de grandes forces destinées à frapper l'adversaire. Richard II d'Angleterre se fait le champion de cette réconciliation. Il admire la monarchie des Valois, libre de tout contrôle populaire ou seigneurial, et rêve d'introduire un régime analogue dans son propre pays. Or, pour se défaire de l'emprise des barons et du Parlement, il lui semble utile de s'appuyer sur son adversaire de la veille. En France, Charles VI, alors âgé de 20 ans, décide d'écarter la tutelle de ses oncles et de gouverner lui-même avec l'aide de son frère Louis, futur duc d'Orléans, et d'anciens conseillers de son père qui sont rappelés (novembre 1388). Avec le premier accès de folie du roi en 1392, ses oncles retrouveront le pouvoir qu'ils avaient un moment perdu. Retournement de situation qui ne modifiera pas les rapports avec l'Angleterre.

On ne peut pourtant aboutir à un traité de paix entre les deux pays. La haine réciproque est devenue trop grande et le contentieux est désormais trop lourd. De plus, la méfiance renaît avec l'avènement sur le trône d'Angleterre d'Henri de Lancastre, qui s'est proclamé roi sous le nom d'Henri IV après avoir fait disparaître Richard II, son cousin. Le nouveau roi doit, en effet, une bonne part de sa popularité à ses déclarations belliqueuses et, en 1404, la monarchie des Valois, profitant d'un grave soulèvement du pays de Galles, prend l'initiative d'une reprise des hostilités. Les premières opérations françaises sont totalement infructueuses. Les rivalités qui divisent et désolent le royaume ne sont pas étrangères à ces échecs. Depuis la mort de Philippe le Hardi, en 1404, la lutte est devenue ouverte entre le nouveau duc de Bourgogne, Jean sans Peur, et le frère du roi, Louis d'Orléans. Tous deux poursuivent le même but : agrandir et consolider leurs possessions et prendre la première place dans le gouvernement de la monarchie. L'assassinat à Paris de Louis d'Orléans par des tueurs à la solde du duc de Bourgogne, le 23 novembre 1407, rend toute réconciliation impossible.

Le geste de Jean sans Peur semble devoir être fatal à sa cause. Mais, faisant front, il présente une apologie du crime dans laquelle le duc d'Orléans est dépeint comme un tyran qu'il était légitime d'abattre. Il se campe également en champion de la réforme monarchique contre les abus et les malversations. Du coup, sa popularité grandit, spécialement auprès de la bourgeoisie parisienne, et il peut s'emparer de la direction du gouvernement. Mais la faction orléaniste, avec à sa tête le nouveau duc d'Orléans, Charles, et son beau-père, le comte Bernard VII d'Armagnac, contrôle encore la moitié du royaume. Il faut donc à Jean sans Peur consolider et élargir sa position. Il pense y parvenir en demandant l'intervention anglaise.

La tentative anglaise de double monarchie (1411-1435). Pour obtenir l'aide militaire d'Henri IV d'Angleterre, Jean sans Peur lui a promis quelques villes flamandes et son aide pour conquérir la Normandie. Mais les Armagnacs prennent à leur tour contact avec le roi d'Angleterre, lui garantissant le recouvrement des provinces perdues depuis 1369. Dans le Conseil d'Henri IV, ces derniers l'emportent sur les Bourguignons. Un accord est conclu en mai 1412. Mais Jean sans Peur apprend la transaction. Aussitôt les Armagnacs dénoncent le pacte. Il est trop tard : des troupes anglaises débarquent près de Cherbourg, prennent Honfleur et traversent l'ouest du royaume sans être inquiétées, d'autant plus que la guerre civile fait rage entre Armagnacs et Bourguignons. Jean sans Peur, pour conserver son prestige, entreprend le programme de réformes qu'il avait promis. En janvier 1413, il déchaîne la foule parisienne contre les Armagnacs et, une fois ces derniers massacrés, emprisonnés, chassés (épisode des Écorcheurs), les émeutiers obtiennent la promulgation d'une grande ordonnance qualifiée plus tard de cabochienne, du nom de leur chef, le boucher Caboche. Mais les notables parisiens prennent peur devant les troubles. Ils se rapprochent du Dauphin Louis (fils aîné de Charles VI), et le duc de Bourgogne, se voyant isolé, abandonne brusquement la partie. C'est le retour des Armagnacs qui abolissent aussitôt l'ordonnance cabochienne (8 septembre 1413) et se maintiennent pendant cinq ans à Paris, en dépit de leur impopularité.

En mars 1413, Henri IV d'Angleterre meurt, laissant le trône à son fils Henri V. Ce dernier se présente immédiatement comme l'apôtre de la paix, mais d'une paix juste qui implique non seulement la restitution des provinces acquises par le traité de Brétigny, mais encore de celles indûment arrachées à Jean sans Terre par Philippe Auguste. Pour éviter l'alliance anglo-bourguignonne, les Armagnacs sont prêts à beaucoup de concessions. Ils refusent néanmoins la Normandie à Henri V qui, jugeant cette province essentielle, se décide à la guerre. Le 14 août 1415, il débarque à Chef-de-Caux. Armagnacs et Bourguignons se sont rapprochés face au péril anglais. Mais la réconciliation n'est qu'apparente, et Jean sans Peur laisse les Armagnacs lutter seuls contre l'envahisseur. Une forte armée est réunie. Elle rencontre l'ennemi à Azincourt le 25 octobre 1415. Elle est écrasée. La cour de France sollicite alors la médiation du roi des Romains, Sigismond, qui, se décidant pour le plus fort, s'allie avec Henri V. Peu de temps après, Jean sans Peur reconnaît Henri V comme celui qui, « de droit », doit devenir roi de France.

Fort de ces appuis, ce dernier débarque de nouveau en France en août 1417 et entreprend cette fois une conquête méthodique et systématique de la Normandie. À Paris, le gouvernement armagnac, affaibli par la défaite d'Azincourt et par la mort du Dauphin Louis (1415), du duc de Berry, fils de Jean le Bon (1416), de Jean, frère du Dauphin (1417), ne tente rien. Il doit céder la place aux Bourguignons en juillet 1418. Le dernier fils de Charles VI, le futur Charles VII, alors âgé de 15 ans, devenu Dauphin en avril 1417, a pu échapper au massacre de ses partisans. Un rapprochement entre Armagnacs et Bourguignons s'esquisse pourtant lorsque les Anglais, après avoir achevé la conquête de la Normandie, deviennent menaçants pour Paris. Mais le meurtre de Jean sans Peur à Montereau le 10 septembre 1419, par un fidèle du Dauphin, rend toute entente impossible pour longtemps. Henri V d'Angleterre qui jusque-là avait surtout cherché à obtenir la fraction la plus large possible du royaume, voit soudain la couronne de France à sa portée. Le nouveau duc de Bourgogne, Philippe le Bon, qui succède à Jean sans Peur, fidèle à son attitude de vengeur et ne pouvant devenir lui-même l'héritier du trône, se range, en effet, non sans scrupules,

Guerre de Cent Ans
La Victoire de Formigny (1450). Miniature, *Grandes Chroniques de France*. © *Sélection Images*

au projet anglais de double monarchie, comme préférable au rattachement pur et simple à l'Angleterre. Il impose à Charles VI la signature du traité de Troyes, le 21 mai 1420 : Charles VI demeure roi jusqu'à sa mort mais il exclut le Dauphin de tous ses droits et donne sa fille Catherine en mariage à Henri V qui devient son « fils » et l'« héritier de France ». À la mort de son beau-père, Henri V coiffera donc les deux couronnes qui resteront unies à jamais sous lui et ses successeurs. Union personnelle et non fusion. Chaque royaume conservera ses droits, ses libertés, ses coutumes et ses lois. En attendant, Henri V, revêtu du titre de régent, exercera le pouvoir au nom de Charles VI et gardera à titre personnel le duché de Normandie.

Mais le Dauphin, et encore plus ses partisans, contestent aussitôt la validité du traité, faisant valoir que Charles VI ne peut disposer à son gré de la couronne car il n'en est que le dépositaire. Or le Dauphin tient encore la France du Centre et du Sud, à l'exception de la Guyenne. Dans ces conditions, Henri V est contraint d'entreprendre une conquête de longue haleine. Peu de temps après, il meurt (août 1422). Le 21 octobre suivant, Charles VI disparaît à son tour et, conformément au traité de Troyes, Henri, fils d'Henri V et de Catherine, déjà roi d'Angleterre par la mort de son père, devient, sous le nom d'Henri VI, roi de France par celle de son grand-père. Le nouveau souverain a quelques mois et c'est son oncle, le duc de Bedford, qui prend la régence. Mais, en même temps, le Dauphin Charles s'est proclamé roi sous le nom de Charles VII.

Le premier soin de Bedford est de raviver l'alliance anglo-bourguignonne, quelque peu défaillante. Il rallie également à son camp le duc de Bretagne Jean V. La guerre reprend alors. Elle n'est pas favorable à Charles VII. Refoulé au sud de la Loire, il se voit affublé par ses adversaires du titre ironique de « roi de Bourges ». Toutefois, la solidarité anglo-bourguignonne se révèle éphémère. Des querelles dynastiques viennent opposer Philippe le Bon au duc de Gloucester, oncle de Bedford. De son côté, Charles VII parvient à détacher un temps Jean V du clan anglais et à conclure des trêves de plusieurs années avec la Bourgogne. La guerre se poursuit donc contre les seuls Anglais. Une opération, qui semble décisive, s'engage le 12 octobre 1428 avec le siège d'Orléans, clef des pays d'outre-Loire.

En ces années 1428-1429 qui se révéleront décisives, la position du souverain Lancastre semble favorable. Il dispose, outre du royaume d'Angleterre, d'une partie importante du royaume de France : la Guyenne, Calais et ses marches, le duché de Normandie, les « pays de conquête », entre la frontière normande et Paris, le Maine, l'Île-de-France, le pays chartrain, la Champagne et la Picardie. De plus, Jean V s'est de nouveau rapproché des Anglais en 1427. Enfin, ces derniers conservent l'alliance de Philippe le Bon qui dispose, dans le royaume, du duché de Bourgogne et des comtés de Flandre, Boulogne Artois, Rethel, Nevers, Charolais et Mâcon et, dans l'empire, de la Franche-Comté, du comté de Namur, du Hainaut, de la Hollande et de la Zélande. Mais l'Angleterre proprement dite n'apporte qu'une aide épisodique dans la lutte, en vertu du principe de la double monarchie. Enfin, dans la France conquise, la population est loin d'être ralliée. Les Anglais continuent à être considérés comme des envahisseurs. Ses recettes fiscales permettent néanmoins à Bedford d'assurer le paiement régulier d'une armée disciplinée, bien équipée, mais peu nombreuse. On peut estimer à 7 000 le nombre des combattants dont le régent dispose au prix d'un effort maximum.

Face à l'Angleterre, Charles VII conserve ses alliés traditionnels, la Castille et l'Écosse. Il trouve également dans les grandes maisons princières – Anjou, Orléans, Bourbon, Foix, Comminges – un appui plus efficace que celui apporté à Bedford par les princes français qui reconnaissent officiellement Henri VI. Mais, si son pouvoir est moins contesté, sa cour est le foyer d'intrigues sans nombre et il ne dispose pas d'une armée régulière. La poursuite des combats repose sur l'activité d'une centaine de « capitaines de gens d'armes et de trait » disposant chacun de quelques dizaines d'aventuriers. Enfin, le point le plus faible réside dans la personne de Charles VII, indolent et irrésolu. Pour lui, l'issue du siège d'Orléans est capitale car d'elle dépendra sa décision d'abandonner ou de poursuivre la lutte.

La capitulation de la ville semble proche après la journée du 12 février 1429 (journée des Harengs), au cours de laquelle les Français sont battus par l'escorte d'un convoi de ravitaillement qu'ils avaient intercepté. Mais l'intervention de Jeanne d'Arc va changer le cours des événements. Arrivée à Chinon le 6 mars 1429, elle y rencontre le « gentil Dauphin » et réussit à le convaincre du caractère divin de sa mission et de la sainteté des voix qui lui ont enjoint de chasser les Anglais hors de France. Avant d'entrer en campagne, elle envoie un défi à ses adversaires, les sommant au nom du « Roi du Ciel » de « rendre France ». Puis elle entre dans Orléans, le 30 avril, et oblige le chef anglais Suffolk à lever le siège (8 mai). Après ce succès, les Français prennent Jargeau, Beaugency et bousculent l'arrière-garde anglaise à Patay (18 juin). Jeanne décide alors Charles VII à gagner Reims où il est sacré le 17 juillet. Sa légitimité devient manifeste.

Les Anglais prennent peur mais Charles VII manque d'énergie. Il s'empare de quelques villes : Laon, Soissons, Senlis et Compiègne, sans entreprendre aucune action d'envergure. De plus, sa position est ébranlée par la capture de Jeanne par les Bourguignons à Compiègne (24 mai 1430). Vendue aux Anglais, la « Pucelle » est jugée à Rouen par un tribunal d'inquisition présidé par Pierre Cauchon. Elle est condamnée comme « hérétique, relapse, apostate, idolâtre » et brûlée le 30 mai 1431. Le 17 décembre 1431, Henri VI qui, deux ans plus tôt, avait été sacré roi d'Angleterre à Westminster, l'est en tant que roi de France dans la cathédrale de Paris. Mais son triomphe n'est qu'apparent. Sa domination est de plus en plus contestée sur le continent et la lassitude de ses troupes de plus en plus grande. Dans ces conditions, Charles VII va pouvoir poursuivre son œuvre de libération. Pour cela, il lui est indispensable d'obtenir l'alliance bourguignonne. Les négociations, ouvertes en 1432, sont longues. Mais Philippe le Bon a compris que son intérêt est de changer de camp. Le 21 septembre 1435, il signe la paix d'Arras avec Charles VII. Par ce traité, Charles VII désavoue officiellement le meurtre de Jean sans Peur et promet d'en faire réparation. Il cède au duc de Bourgogne les comtés de Mâcon et d'Auxerre, les châtellenies de Bar-sur-Seine, Péronne, Montdidier et Roye, la garde de l'abbaye de Luxeuil, les cités, places et seigneuries lui appartenant de part et d'autre de la Somme ainsi que le Ponthieu. Cependant, il garde la possibilité de reprendre son domaine de la Somme contre le versement de 400 000 écus. Philippe le Bon est enfin et surtout dispensé de tout hommage à Charles VII pour les fiefs qu'il tient dans le royaume mais, si le roi meurt avant lui, il y est contraint envers son successeur, tout comme son héritier, s'il meurt avant Charles VII.

Le duc de Bourgogne, outre de notables satisfactions d'amour-propre, tire de ce traité bien des avantages. Il demeure pratiquement maître de sa politique extérieure, et le traité lui donne la possibilité, il est vrai démentie par la suite, de reprendre sa place prééminente auprès des Valois. Charles VII est loin d'être totalement perdant. Il cède de nombreuses places, mais qui se trouvaient déjà en possession du duc de Bourgogne. De plus, la dispense de l'hommage, reposant sur la longévité du roi et du duc actuels, âgés respectivement de 32 et 39 ans, ne peut raisonnablement durer plus d'une trentaine d'années. Enfin ses concessions d'ordre moral seront vite oubliées. L'importance du traité d'Arras est ailleurs. Survenant juste après la mort du duc de Bedford, il met pratiquement un terme à l'expérience de la double monarchie, expérience qui s'était révélée peu viable.

La reconquête française (1435-1453). Dès les premiers mois qui suivent la réconciliation franco-bourguignonne, les progrès de la reconquête sont rapides. Le 13 avril 1436, le connétable de Richemont entre dans Paris. Les hostilités s'ouvrent également entre Anglais et Bourguignons, mais les intérêts économiques reprennent le dessus, des trêves sont conclues entre les adversaires de la veille. Charles VII se trouve de nouveau seul face à une nouvelle offensive anglaise. En 1440, il doit affronter un autre péril : plusieurs princes français, qui jugeaient insuffisantes les faveurs royales et trop rapides les progrès de la centralisation monarchique, se liguent pour chasser l'équipe au pouvoir. Cette Praguerie – par allusion aux insurrections hussites à peine terminées – groupe les ducs de Bourbon, de Bretagne, d'Anjou, le comte d'Armagnac, Dunois, bâtard d'Orléans, le propre fils de Charles VII, le Dauphin Louis (futur Louis XI), et bientôt le duc de Bourgogne. Ces princes négocient même en sous-main avec les Anglais, sans aller toutefois jusqu'à l'alliance ouverte. Mais, cette fois, la riposte de Charles VII est énergique. Enfin, en Angleterre même, les bellicistes doivent laisser le pouvoir au champion de la paix, William de la Pole, comte de Suffolk. Une trêve générale, valable jusqu'au 1er avril 1446, est signée à Tours, le 28 mai 1444.

La politique de Charles VII et de son entourage, où dominent Pierre de Brézé, soutenu par la favorite Agnès Sorel, se fait plus active. De grandes réformes financières et militaires sont mises sur pied (ordonnances de Nancy, février 1445) et, à partir de 1446-1447, la monarchie dispose d'environ 7 000 combattants à cheval répartis dans l'ensemble du royaume, ravitaillés et soldés en permanence. À ces nouvelles compagnies de la Grande Ordonnance s'ajoutent les troupes qui tiennent la frontière autour de la Guyenne et de la Normandie. Militairement, tout est prêt pour la reprise de la guerre.

Dès lors, les événements se précipitent. En 1449, Le Mans est occupé. La même année, le nouveau duc de Bretagne, François Ier, beaucoup plus francophile que son frère Jean V, rompt avec les Anglais. Enfin Charles VII entreprend la reconquête de la Normandie. La campagne dure d'août 1449 à août 1450. Après la chute de Rouen, le 4 novembre 1449, Henri VI tente un dernier effort au printemps 1450 : une armée de secours débarque à Cherbourg le 15 mars. Marchant vers le sud-est, elle rencontre les forces françaises à Formigny (15 avril). Elle est écrasée et la reconquête française s'achève par la prise de Caen (19 juillet) puis par celle de Cherbourg (12 août). La perte de la Normandie signifie l'échec de la politique de Suffolk. Ce dernier, accusé de haute trahison par le parlement d'Angleterre, tente de fuir, mais il est assassiné (mai 1450). Sa chute est le signal d'un soulèvement populaire dans le sud-ouest du royaume qui empêche l'Angleterre de rien tenter pour sauver la Guyenne. Dès octobre 1450, Bergerac est perdue puis, durant l'été 1451, Charles VII rassemble une vaste armée qu'il confie à Dunois. Bordeaux capitule le 23 juin, Bayonne le 19 août. Mais les Gascons ne s'étaient pas ralliés de plein gré aux vainqueurs. Le joug de l'administration française leur était pesant et ils regrettaient l'arrêt du commerce avec l'Angleterre. Le vieux Talbot se voit alors confier le commandement d'une dernière expédition anglaise. Il entre dans Bordeaux en octobre 1452 et reprend la plupart des places perdues l'année précédente. Mais il est battu par l'armée de Charles VII devant Castillon (17 juillet 1453), et Bordeaux, assiégée, se rend le 19 octobre. Au même moment, Henri VI perd la raison : la place est libre en Angleterre pour la guerre civile des Deux-Roses entre les Lancastre et les York.

La guerre de Cent Ans s'achevait donc par la reprise de la province dont l'enjeu avait été l'origine. Mais aucun traité ne vint sanctionner son terme et, longtemps après la reprise de la Guyenne, les Français craignirent un retour offensif de l'adversaire. Édouard IV d'York songea à plusieurs reprises à relancer la guerre en France avec l'appui de la Bourgogne et de la Bretagne. Ses initiatives furent sans lendemain. Lorsqu'il débarqua à Calais en juillet 1475, il ne trouva personne pour l'appuyer et signa la trêve de Picquigny (29 août 1475). Ce fut cette simple trêve qui mit un point final aux entreprises anglaises sur le continent. Mais les rois d'Angleterre conservèrent Calais jusqu'en 1553 et portèrent le titre de roi de France pendant plusieurs siècles, jusqu'au traité d'Amiens de 1802 qui, en droit, mit véritablement fin à la guerre de Cent Ans.

La France était victorieuse d'un conflit où, par deux fois, elle avait failli sombrer. Elle en sortait meurtrie, épuisée matériellement, mais plus unifiée et plus consciente d'elle-même.

CENT-JOURS (les)

Nom donné à la dernière période du règne de Napoléon Ier, du 20 mars 1815, date de son arrivée aux Tuileries, au 22 juin, date de son abdication en faveur de son fils. Le mot fut prononcé pour la première fois par le préfet de Paris, Chabrol, lorsqu'il accueillit Louis XVIII aux portes de la capitale le 8 juillet.

La Première Restauration a mécontenté une partie de l'armée, avec la création des demi-soldes et la disgrâce des chefs les plus illustres, tandis que bourgeois et paysans s'inquiètent de l'avenir des biens nationaux qu'ils ont acquis. Averti de cet état d'esprit, Napoléon quitte l'île d'Elbe le 26 février et débarque à Golfe-Juan le 1er mars, dans l'intention de se diriger vers Grenoble : pour atteindre Lyon, il préfère éviter la vallée du Rhône où les royalistes sont nombreux, et passer par la montagne. Des difficultés apparaissent dès ce 1er mars : un capitaine et vingt grenadiers, ayant pénétré dans la citadelle d'Antibes pour en soulever la garnison, sont retenus prisonniers. Après une violente algarade avec le maire d'Antibes, l'Empereur, pour éviter d'être rejoint par Masséna qui commande à Marseille, décide de poursuivre sans attendre sa route vers le nord. Le général Marchand, qui commande à Grenoble, n'entend pas le laisser passer et charge le commandant Delessart, avec le 5e de ligne, de faire sauter le pont de Ponthaut. En chemin, le commandant apprend l'arrivée de l'Empereur et décide de prendre position en avant du village de Laffrey, dans un défilé, afin de barrer la route de Grenoble. Napoléon ordonne alors à ses hommes de mettre l'arme sous le bras gauche et, s'adressant aux soldats du 5e de ligne, obtient leur ralliement sans difficulté. Le 7e de ligne, commandé par La Bédoyère, quitte bientôt Grenoble aux mêmes cris et, le soir même, l'Empereur couche dans la ville dont les portes ont été enfoncées par les charrons du faubourg Saint-Joseph.

Le gouvernement, qui ne croit pas au succès de l'entreprise impériale, annonce le 7 mars que le « tyran a quitté l'île d'Elbe » et perd plusieurs jours en vaines discussions sur la conduite à tenir. Les journaux soutiennent le régime, notamment *Le Journal des débats* où Benjamin Constant stigmatise l'« homme teinté de notre sang ». Le comte d'Artois (futur Charles X) se dirige vers Lyon pour y organiser la résistance, le duc d'Angoulême quitte Bordeaux pour Toulouse, Nîmes et Marseille. La garnison de Lyon, devant laquelle l'Empereur arrive le 10 mars, se rallie aussitôt, provoquant la fuite du comte d'Artois, du duc d'Orléans (futur Louis-Philippe) et du maréchal Macdonald. À Lyon, Napoléon publie plusieurs décrets concernant, entre autres, la dissolution des Chambres, l'abandon de la cocarde blanche, l'expulsion des émigrés rentrés depuis le rétablissement de la monarchie, l'abolition de la noblesse et de ses titres, la modification de la Constitution. Conscient du danger, le gouvernement royal retire alors le portefeuille de la Guerre à Soult, pour le confier à Clarke, et renvoie les fonctionnaires suspects. Il compte sur Ney pour arrêter l'Empereur mais, à Auxerre, le maréchal se rallie avec toutes ses troupes à ce Napoléon qu'il avait promis de ramener « dans une cage de fer » ; rien ne peut plus arrêter la marche sur Paris. Quittant Auxerre le 18 mars, l'Empereur arrive à Fontainebleau le 19 et entre aux Tuileries le lendemain, acclamé par la foule. Louis XVIII a quitté Paris la veille pour Lille, puis la Belgique.

L'Empereur organise alors, non sans difficulté, son gouvernement. La plupart des anciens ministres retrouvent leur portefeuille : Fouché la Police, Caulaincourt les Affaires étrangères, Cambacérès la Justice, Gaudin les Finances, Mollien le Trésor, etc. Le seul homme nouveau est Carnot, fait comte et placé au ministère de l'Intérieur. Cette nomination vise à satisfaire le parti républicain, appelé patriote. À la nouvelle du débarquement à Golfe-Juan est apparu, dans l'Ouest d'abord, puis dans toute la France, un mouvement véritablement révolutionnaire des « fédérations » de patriotes qui espèrent parvenir à la révolution à travers l'Empereur. En revanche, certains royalistes s'opposent au retour de Napoléon : la duchesse d'Angoulême, le « seul homme de la famille » selon Napoléon, tente de soulever la Gironde et Bordeaux, mais doit capituler le 1er avril, et quitter la France. Le duc d'Angoulême, après quelques succès dans le Midi, l'imite le 9 avril. D'autres tentent de réveiller l'insurrection vendéenne : après l'échec d'une première tentative conduite par le duc de Bourbon, des paysans se soulèvent au milieu du mois de mai sous l'impulsion de leurs prêtres. La conscription, rétablie le 10 avril pour faire face aux périls extérieurs, est pour beaucoup dans ce soulèvement. La Rochejaquelein se place à la tête des insurgés, leur offre des armes anglaises et meurt au combat le 4 juin. Les escarmouches se poursuivront jusqu'à la Seconde Restauration.

Comme il l'a annoncé à Lyon, Napoléon souhaite faire rédiger une nouvelle Constitution, et ordonne la réunion d'une commission comprenant notamment Carnot, Cambacérès et Boulay de la Meurthe. Le premier seul est favorable à un texte rappelant ceux de l'Empire, les autres souhaitent une imitation de la Charte. Ils l'emportent, et l'ancien opposant Benjamin Constant est chargé d'élaborer la nouvelle Constitution, qui institue deux Chambres, celle des pairs et celle des représentants, le jury, la responsabilité ministérielle (sur le plan pénal seulement), la liberté des cultes, celle de la presse, la pairie héréditaire, etc. Ce texte, dit Acte additionnel aux Constitutions de l'Empire, déçoit la population, qui le juge trop proche de la Charte, et contribue à la détacher de l'Empire. La nouvelle Chambre, issue des élections des 8 et 22 mai, est en majorité libérale : 500 libéraux, 80 bonapartistes et une quarantaine de républicains sont élus par les collèges électoraux. Cette Chambre ne tarde pas à manifester sa défiance au nouveau régime : Lanjuinais qui, en 1814, a signé la proposition de déchéance de l'Empereur, est élu président de la Chambre des représentants, place que Napoléon aurait souhaité voir occupée par son frère Joseph. Lors du plébiscite qui devait consacrer l'adhésion populaire à l'Acte additionnel, on ne trouve qu'un peu plus de 4 000 « non », mais 1 300 000 électeurs seulement sur plus de 5 millions d'inscrits ont participé au vote. Conscient du mécontentement, Napoléon veut organiser, le 1er juin au Champ de mai, une grande manifestation nationale où il recevra le serment des Chambres en présence de tous les dignitaires : la fête, malgré la présence de 200 000 Parisiens, ne produit pas l'effet

Les Cent-Jours
Retour de Bonaparte. Eau forte de Couché fils, dessin de Heir, Bruxelles, musée royal de l'Armée.
© *Lorette-Giraudon*

escompté. Onze jours plus tard, l'Empereur quitte Paris pour l'armée du Nord.

Dès le 13 mars, les puissances alliées ont déclaré que « Napoléon Bonaparte s'est placé hors des relations civiles et sociales et que, comme ennemi et perturbateur du repos du monde, il s'est livré à la vindicte publique ». Elles se sont engagées à « mettre sur pied toutes leurs forces contre Bonaparte et sa faction ». Leurs forces, trois armées, représentent théoriquement plus de 600 000 hommes, commandés par le tsar Alexandre, le prince de Schwarzenberg, le duc de Wellington et le maréchal Blücher. Elles doivent entrer en action au mois de juin. Napoléon, qui ne souhaite pas la guerre, tente en vain de négocier avec la Russie ou avec l'Autriche : le 25 mars, les ambassadeurs étrangers quittent Paris et, par la suite, les envoyés français ne pourront franchir les frontières sans être aussitôt arrêtés. Marie-Louise ne répond pas aux lettres de son époux. Le 25 mars, les alliés renouvellent le pacte de Chaumont et annoncent leur intention de reconsidérer le traité de Paris.

L'Empereur peut compter sur une armée de 280 000 hommes environ, plus une réserve de 220 000 hommes. Au mois de mai, les alliés disposent, dans l'immédiat, d'une armée de 200 000 hommes, les troupes d'observation placées sur la frontière septentrionale de la France. Napoléon décide donc d'attaquer la coalition et franchit la frontière belge le 15 juin. Le même jour, Bourmont, qui commande la division de

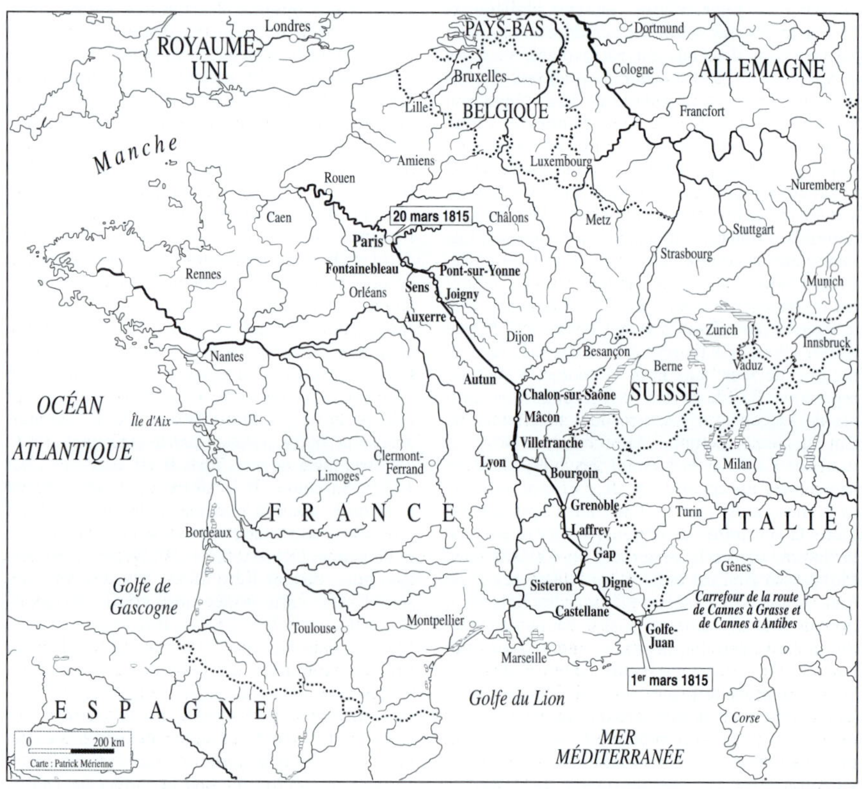

Le « vol de l'Aigle »

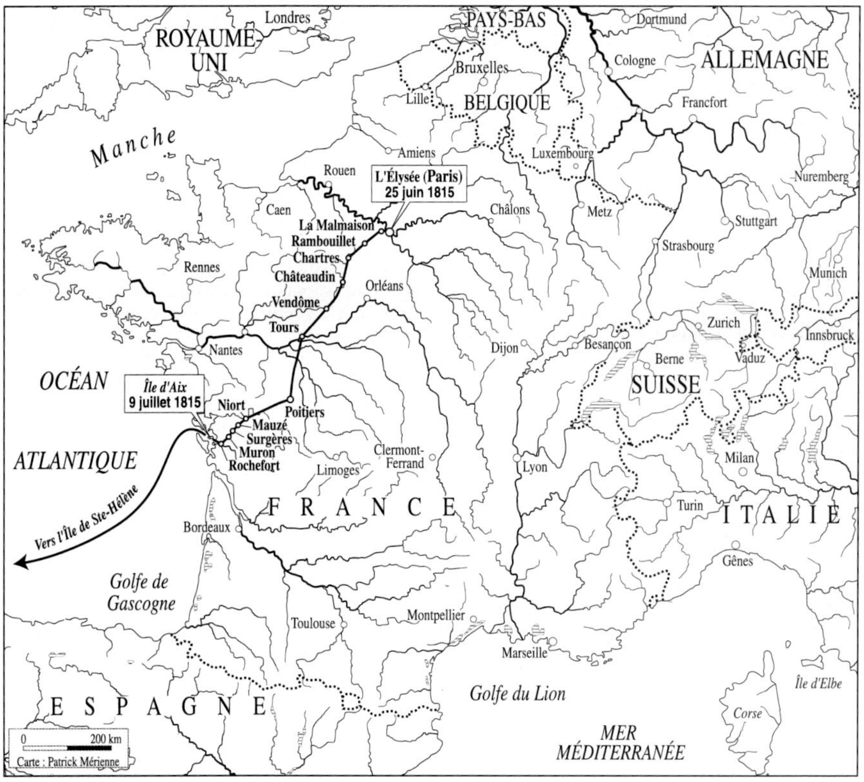

Vers Sainte-Hélène

tête, passe à l'ennemi. Entré dans Charleroi le 15 juin, Napoléon, du fait de la carence et de l'indécision de Ney, doit prendre en personne la tête de la Vieille Garde pour remporter la bataille de Ligny, le 16. Les Prussiens refluent, mais l'absence de Ney empêche leur écrasement. Le lendemain, l'Empereur envoie Grouchy à leur poursuite avec 33 000 hommes, corps d'armée dont l'absence contribuera, le 18 juin, à la défaite de Waterloo. Après la défaite, Napoléon revient à Paris dans l'intention de demander aux Chambres la levée en masse et l'établissement de la dictature. La Chambre des représentants, craignant d'être dissoute, réclame son abdication. Son frère Lucien lui déclare : « Il n'y a que la dissolution ou l'abdication. » Napoléon abdique le 22 juin en faveur de son fils. La Chambre nomme alors une commission gouvernementale de cinq membres, trois représentants et deux pairs. Fouché, président du gouvernement, le trahit aussitôt, comme il a trahi l'Empereur, et négocie avec Louis XVIII. Napoléon se retire à Malmaison, propose en vain de combattre les Prussiens et, à la demande de la commission, part le 29 juin pour Rochefort où il compte s'embarquer pour l'Amérique. Il finit par se rendre aux Anglais le 15 juillet; on le conduit vers Sainte-Hélène, le 7 août. Louis XVIII, qui avait reconstitué son gouvernement à Gand, quitte la ville le 25 juin pour Le Cateau-Cambrésis, et reçoit l'accord des puissances alliées pour se réinstaller à Paris. Le 28 juin, il fait publier une déclaration où il promet d'appliquer la Charte et d'accorder son pardon aux égarés : une première déclaration, trois jours plus tôt, qui promettait que les coupables seraient punis, avait été annulée à la demande de Wellington, de crainte d'une guerre civile. Celle-ci éclate néanmoins dans certaines régions à l'annonce de Waterloo : la vallée du Rhône et le Languedoc se soulèvent, la Terreur blanche provoque de nombreux morts, à Marseille notamment.

Le 30 juin, les armées anglaises et prussiennes arrivent sous les murs de Paris. Le 3 juillet, la commission provisoire signe une suspension d'armes, l'armée française doit se retirer au-delà de la Loire. Quatre jours plus tard, Blücher entre dans Paris où Louis XVIII arrive le lendemain : les Cent-Jours sont terminés. Au mois de novembre sera signé un nouveau traité de Paris, aggravant celui de 1814 : la France perd Landau, Sarrelouis, Sarrebruck, Philippeville et la Savoie, doit subir une occupation de sept ans, et verser une indemnité de guerre de 700 millions de francs.

CENTRAFRICAINE (République)

État de l'Afrique centrale, dépourvu d'accès à la mer, entouré par le Tchad, le Soudan, le Congo, le Zaïre et le Cameroun. Capitale Bangui. La république Centrafricaine a été, jusqu'en 1958, la colonie française d'Oubangui-Chari.

Carrefour de peuples divers depuis des temps lointains, la région est disputée à la fin du siècle dernier entre les conquérants musulmans, des négriers et les Européens, puis entre les colonisateurs européens. Les Français s'installent dans la région à partir de 1880 et partagent le bassin du Congo avec la Belgique : les zones d'influence sont définies en 1885, lors de la conférence de Berlin. Une expédition remonte le cours de l'Oubangui. Une autre, envoyée de Brazzaville en 1889, fonde le poste de Bangui, sur la rive droite de l'Oubangui. La mission Foureau, puis la mission Brazza, pénètrent ensuite à l'intérieur du pays. Vers 1892, Brazza réussit à établir des relations amicales avec les chefs indigènes et à y fonder des postes. Le territoire de l'Oubangui est créé par le décret du 11 juillet 1894 et, en 1897, la réunion de l'Ouest-Oubangui et du Haut-Oubangui donne naissance à l'Oubangui-Chari. À la suite de l'incident de Fachoda, le traité franco-anglais de mars 1899 prive l'Oubangui oriental de son débouché vers le Nil, mais reconnaît à la France la possession du bassin de l'Oubangui et de tous les territoires situés au nord et à l'est du Tchad jusqu'à la ligne de partage des eaux avec le Nil. Les possessions africaines de la France constituent alors un ensemble d'un seul tenant. L'Oubangui devient une colonie en 1905 et entre en 1910 dans l'Afrique-Équatoriale française (A-ÉF). La colonie perd l'ouest de son territoire à la suite de l'accord de 1911 avec l'Allemagne.

Ne voulant pas se charger de mettre le territoire en valeur, le gouvernement concède la région à des sociétés, malgré l'avis de Brazza. Leurs abus et leurs exactions provoquent de nombreux soulèvements au début du siècle, et une mission de Brazza n'obtient guère d'améliorations. La colonie est encore peu connue au lendemain de la Première Guerre mondiale ; l'occupation se limite aux postes militaires, et l'absence de moyens de communications empêche toute mise en valeur. Sous l'impulsion du gouverneur général Augagneur et du gouverneur Lamblin, les travaux de construction du réseau routier et de la voie ferrée Congo-Océan seront enfin entrepris.

Félix Éboué, qui gouverne plusieurs districts de l'Oubangui avant la Seconde Guerre mondiale, devient gouverneur du Tchad en 1940 et se rallie au général de Gaulle, imité par le gouverneur de Bangui, M. de Saint-Mart. L'Oubangui-Chari entre dans l'Union française en 1946. Un mouvement nationaliste se développe aussitôt, dirigé par le député Barthélemy Boganda, fondateur du Mouvement d'évolution sociale de l'Afrique noire. Devenu président du Grand Conseil de l'A-ÉF, Boganda lance l'idée des États-Unis de l'Afrique latine. En 1957, le docteur Gomba préside le premier gouvernement mis en place selon la loi-cadre. L'année suivante, l'Oubangui devient une république autonome au sein de la Communauté, la république Centrafricaine, avant de devenir complètement indépendante en 1960. Boganda ayant trouvé la mort dans un accident d'avion en 1959, son cousin David Dacko lui succède, et devient le premier président de la république Centrafricaine.

CENTRE DES DÉMOCRATES SOCIAUX (CDS)

D'orientation européenne, libérale et sociale, ce parti est issu de la fusion, en mai 1976, du Centre Démocratie et Progrès de Jacques Duhamel et du Centre démocrate de Jean Lecanuet.

Il résulte du soutien apporté en avril 1974 par les deux formations à la candidature présidentielle de Valéry Giscard d'Estaing, puis de l'entrée des leaders au gouvernement Chirac, le 28 mai. Le centre est ainsi réunifié, à l'exception du MRG (Mouvement des radicaux de gauche) qui rallie l'Union de la gauche. Dans la perspective des législatives, le 1er février 1978, l'UDF (Union pour la démocratie française) est créée par le Parti républicain, le parti radical, les clubs Perspectives et Réalités et le CDS. Depuis, ce dernier est une composante de l'UDF. En 1988, le CDS soutient la candidature de Raymond Barre à l'élection présidentielle, en 1995 celle d'Édouard Balladur, avant de se rallier, en 2002, à François Bayrou issu de ses rangs. Ses principales figures sont Jean Lecanuet (mort en 1993) et Pierre Méhaignerie. Le poids électoral du CDS oscille entre 7,5 % et 14,5 % des suffrages à la présidentielle ; il est implanté dans les fiefs historiques de la démocratie chrétienne : l'Ouest, l'Alsace, le Centre-est. Il recrutait jadis ses électeurs chez les propriétaires paysans et la petite bourgeoisie ; à partir de 1986, ceux-ci pèsent si peu que la question du recrutement se pose. Le CDS a subi la logique de bipolarisation imposée par les institutions de la Ve République, qui a amoindri sa représentation et son implantation géographique, en Alsace et dans l'Ouest, si bien qu'en 1981, comme en 1995, il n'a pu présenter aucun candidat à la présidentielle. Il a surtout vu ses valeurs, justice et démocratie sociales, récupérées par la droite et la gauche.

CENTRE NATIONAL DES INDÉPENDANTS (CNI)

Parti politique fondé le 6 janvier 1949 par Roger Duchet, Jean Boivin-Champeaux et René Coty.

Le CNI se veut à la fois « modéré », donc héritier de cette droite libérale à la française incarnée par Léon Say ou Raymond Poincaré, et en réaction contre les « excès modernistes » de l'après-guerre, marqués selon lui par une forte dérive politique à gauche, un interventionnisme étatique, un industrialisme dangereux pour le tissu rural et commerçant, une hégémonie de Paris et enfin par une dangereuse remise en cause de la République (RPF, PC) et de son territoire, notamment colonial. En février 1951, le parti paysan de Paul Antier rejoint le CNI, qui devient le centre national des indépendants et paysans (CNIP). Aux élections de juin 1951, grâce aux apparentements, le CNIP, avec ses 97 élus, rivalise avec le RPF et profite de l'échec du MRP pour s'imposer comme creuset d'une réunion-réhabilitation des droites parlementaires. L'investiture surprise d'Antoine Pinay, en mars 1952, et sa popularité installent le CNIP en situation de parti charnière. Son groupe parlementaire devient le plus important ; ses chefs sont aux commandes : outre Pinay, Joseph Laniel arrive à Matignon en juin 1953 et René Coty est élu président de la République en décembre 1953.

L'année 1954 ouvre un quinquennat de déceptions, d'échecs et de divisions qui marginalisent le CNIP. Celui-ci se déchire sur les affaires européennes – CECA (Communauté européenne du charbon et de l'acier) et CED (Communauté européenne de défense)–, une partie de ses troupes, conduite par Louis Marin, refusant la ratification par peur de la revanche allemande. C'est d'ailleurs l'amendement Delbez du 30 août 1954 qui enterre la CED. À cela s'ajoutent les deux tragédies coloniales – retraite en Indochine, ouverture de la guerre en Algérie – qui voient une nouvelle division du parti, Roger Duchet défendant l'Algérie française. En 1956, le CNIP et ses 80 députés se retrouvent dans l'opposition au Front Républicain et concurrencés par l'envolée poujadiste : ils dénoncent la « désocialisation » de l'économie et l'« abandon » algérien. (En 1957, le parti paysan fait sécession et le CNIP redevient le CNI.) L'arrivée du général de Gaulle paraît aux indépendants une chance sur ces deux registres et, malgré ses préventions de 1946-1952, le CNI vote l'investiture du 1er juin 1958 (86 voix sur 89 parlementaires) et se voit récompensé par le retour de Pinay au gouvernement. Le rapprochement dure jusqu'au discours du 16 septembre 1959 sur l'autodétermination en Algérie ; trois mois plus tard, Pinay quitte le ministère Debré ; autour de Duchet, une partie du CNI refuse de condamner le putsch de 1961 ; enfin, le CNI fait partie du cartel des « non » lors du référendum de 1962. Son audience électorale passe sous la barre des 10 %, elle signe l'échec d'une stratégie de regroupement parlementaire des centres face à la concurrence gaulliste. Au même moment, l'apparition des Républicains indépendants (décembre 1962), grâce à une nouvelle division du CNI, contraint ce dernier à un positionnement de plus en plus extrémiste, soit le contraire de sa philosophie d'origine, ce qui explique sa décrépitude, d'abord dans des alliances avec le Front national (1987, Philippe Malaud), puis en se rapprochant du vieil ennemi gaulliste (1988, Yvon Briant) et en appelant à l'union de toutes les droites (1993 et 1995, Jean-Dominique Gensily). Compte tenu du poids électoral du CNI – entre 0,5 et 1,2 % des voix –, on peut considérer que ce parti a politiquement disparu avec le référendum sur l'élection du président au suffrage universel marquant la principale défaite du régime parlementaire après-guerre.

CERDAGNE

En Catalan Cerdanya, *en espagnol* Cerdaña, *pays historique des Pyrénées orientales aujourd'hui partagé entre la France et l'Espagne. Les régions qui la bornent sont au nord le comté de Foix, à l'est le Roussillon, au sud et à l'ouest la Catalogne.*

Peuplée sous l'Antiquité par les *Ceretani*, la Cerdagne est française sous les Carolingiens, comme partie intégrante de la marche d'Espagne. Elle reçoit des comtes particuliers avant la fin du xe siècle et les conserve jusqu'en 1117, date à laquelle elle entre dans les domaines des comtes de Barcelone. Nominalement, les rois de France en restent suzerains jusqu'au traité de Corbeil, signé, en 1258, par Saint Louis qui reconnaît la possession du comté au roi d'Aragon, en échange de la renonciation de celui-ci à ses droits en France. Par la suite, la Cerdagne partage généralement le même sort que le Roussillon : reconquise par Louis XI, elle est de nouveau cédée à l'Espagne sous Charles VIII (cession confirmée par François Ier). Ses limites actuelles seront fixées, en 1659, par le traité des Pyrénées, qui distinguera deux Cerdagnes : la Cerdagne espagnole (Puigcerda, enclave de Llivia), qui restera à la Catalogne, et la Cerdagne française (Capcir, haute vallée de la Têt ou bassin de Montlouis, bassin cerdan proprement dit avec Bourg-Madame), qui sera adjointe au Roussillon.

CÉRIGNOLE (bataille de)

Défaite française face à l'Espagne, le 28 avril 1503.

Gonzalve de Cordoue, à la tête des troupes espagnoles, bat à Cérignole (Pouilles, Italie) le duc de Nemours, Louis d'Armagnac, qui périt dans la bataille. Cette victoire permet aux Espagnols de s'installer dans Naples, occupée conjointement par la France et l'Espagne depuis 1501. Une expédition de secours menée par La Trémoille échoue, et Louis XII doit reconnaître la perte du royaume de Naples le 31 mars 1504.

CÉRISOLES (bataille de)

Victoire remportée par les Français sur les Impériaux, le 14 avril 1544.

Sous le commandement du comte d'Enghien, les 16 000 Français et Suisses de l'armée du Piémont, qui viennent de mettre le siège devant Carignan, attaquent Cérisoles, où campent les 22 000 Impériaux du marquis del Vasto (ou del Guasto), lieutenant général de Charles Quint dans le duché de Milan. La bataille manque d'abord être perdue par la témérité du comte d'Enghien, qui use sa cavalerie en charges vaines contre les 5 000 piquiers aguerris – Espagnols et Allemands – du marquis des Vasto. C'est alors que Monluc fait donner ses fantassins et arquebusiers, pour la plupart des Suisses et des Gascons, qui parviennent à disloquer les lignes adverses. Regroupée, la cavalerie française charge cette fois avec bonheur. Del Vasto s'enfuit, laissant 12 000 morts ou blessés sur le terrain. La victoire donne aux Français la maîtrise totale du Montferrat (provisoirement cependant, car François Ier doit rappeler ses troupes pour défendre la Champagne et la Picardie).

CÉSAIRE, saint (Chalon-sur-Saône, 470 – Arles, 543)

Évêque.

Entré à 20 ans au monastère de Lérins, il s'impose tant de jeûnes et de veilles que son abbé est obligé de l'envoyer rétablir sa santé à Arles. Il plaît à l'évêque de cette métropole (probablement son parent), qui l'admet dans son clergé puis le nomme abbé d'un monastère voisin de la ville. En 503, il monte lui-même sur le trône épiscopal d'Arles. Fondant hospices et monastères, président de nombreux conciles (Agde en 506, Arles en 524, Carpentras en 527, Vaison et Orange en 529), il jouit d'une autorité, ou plutôt d'une réputation de sainteté qui lui permet de protéger les populations contre l'arbitraire des envahisseurs successifs, les Wisigoths, les Ostrogoths et les Francs. Grâce à sa fermeté, il maintient l'orthodoxie contre les entreprises des ariens Alaric et Théodoric. Il meurt entouré de la vénération de la population. Grand prédicateur, il est aussi l'instaurateur d'une liturgie simplifiée pour l'usage de son peuple. Outre une centaine de sermons, on a gardé de lui deux règles monastiques. L'une d'elles devait s'appliquer à une communauté de femmes dont il avait confié la direction à sa sœur sainte Césarie.

CEUTRONS

Ceutrones. *Peuple gaulois fixé en Tarentaise avant la conquête romaine.*

La cité gallo-romaine des Ceutrons (*civitas Ceutronum*) a Moûtiers (*Darantasia*) pour chef-lieu. Dépendant de la circonscription des Alpes Graies, elle a à peu près la même étendue que l'ancien diocèse de Tarentaise (siège à Moûtiers) ou que l'ancien *pagus* gallo-franc du même nom (*pagus Tarantasiae* en latin).

CEUX DE LA LIBÉRATION

Mouvement de Résistance.

En septembre 1940, un ingénieur, Ripoche, lance un appel aux armes, entendu surtout parmi les officiers aviateurs : « Ceux de la Libération » est né. Réseau de renseignement qui travaille pour le SR air (service de renseignement) à Vichy, puis pour le SR guerre, il comprend aussi un service de faux papiers et d'évasion. Implanté dans les deux zones, début 1943, il se retrouve complètement isolé par l'invasion de la zone sud et le départ du SR air pour Alger. Il doit fusionner momentanément avec le réseau Vengeance. Ses chefs (Ripoche, Coquoin, Médéric, le colonel Ginas) arrêtés tour à tour, le mouvement est décapité.

CEUX DE LA RÉSISTANCE

Mouvement de Résistance.

Lorsque Robert Guédon se charge avec succès de développer Combat en zone nord, le mouvement ainsi créé prend d'abord le nom d'Organisation nationale de la Résistance (ONR), puis, décimé par les arrestations et les exécutions et coupé de Combat, devient Ceux de la Résistance. Défense de la France refusa de s'intégrer à celui-ci comme un ordre de Londres le lui demandait. Rare mouvement à n'avoir pas de journal, Ceux de la Résistance disposait de groupes paramilitaires et d'un réseau de renseignements.

CÉVENNES

Région naturelle qui appartient à la province historique du Languedoc.

On désigne souvent sous le nom de guerre des Cévennes la guerre religieuse des camisards qui naît dans les monts des Cévennes proprement dits et s'étend ensuite aux plaines et aux bassins qui bordent les Cévennes à l'est. Moins célèbre est le « massacre des Cévennes », contemporain des Cent-Jours. Ce triste événement est l'épilogue de la résistance royaliste du Midi : encerclé par les troupes impérialistes du général Gilly, le duc d'Angoulême obtient à La Palud (près de Pont-Saint-Esprit) une capitulation honorable qui lui permet de sauver ses fidèles. Le prince est autorisé à s'embarquer à Cette (Sète), les volontaires royaux sont licenciés et pourront regagner leur foyer sans être inquiétés. Croyant venger leurs ancêtres camisards, les huguenots fanatiques des Cévennes font une boucherie des volontaires royalistes qui rentrent chez eux par le Haut-Languedoc. Au mépris des conventions signées, les pouvoirs publics redevenus bonapartistes ne font rien pour protéger des hommes désarmés, ni pour rechercher les auteurs du crime. Ils s'efforcent d'étouffer l'affaire, sans y parvenir totalement.

CFDT : voir CONFÉDÉRATION FRANÇAISE DÉMOCRATIQUE DU TRAVAIL

CFLN : voir COMITÉ FRANÇAIS DE LIBÉRATION NATIONALE

CFTC : voir CONFÉDÉRATION FRANÇAISE DES TRAVAILLEURS CHRÉTIENS

CGPF : voir CONFÉDÉRATION GÉNÉRALE DU PATRONAT FRANÇAIS

CGPME : voir CONFÉDÉRATION GÉNÉRALE DES PETITES ET MOYENNES ENTREPRISES

Abbaye de Chaalis
Vue de l'abbaye. © *Explorer-Thauvenin*

CHAALIS (abbaye de)

Abbaye cistercienne au sud-est de Senlis, fondée en 1136.

Tous ses bâtiments d'origine, élevés au XIIIe siècle, ont disparu à l'exception de l'église, dont il reste d'importants vestiges, et d'une chapelle dite chapelle de l'Abbé. En 1736, l'architecte Jean Aubert construit sur leur emplacement un nouvel édifice aux proportions nobles et harmonieuses (le château actuel), qui est complété plus tard par trois autres corps de logis. Mais l'abbaye, très endettée, est fermée sur ordre de Louis XVI. Vendue sous la Révolution comme bien national, elle a plusieurs propriétaires au XIXe siècle avant d'être achetée en 1902 par madame Édouard André. Celle-ci y établit de riches collections, notamment de meubles et d'objets du Moyen Âge et de la Renaissance, de peintures italiennes, flamandes et françaises (Dumonstier, Largillière, Oudry, Desportes, Tocqué, Boucher, Nattier) et de sculptures italiennes et françaises (Coysevox, Pajou). Elle a légué l'ensemble du domaine à l'Institut de France.

CHABAN-DELMAS Jacques (Paris, 1915 – Paris, 2000)

Homme politique, Premier ministre.

Jacques Delmas prend le pseudonyme de Chaban dans la Résistance où il travaille pour les services de renseignements alors qu'il est en même temps fonctionnaire de Vichy. Élu député à l'Assemblée nationale en 1946, puis maire de Bordeaux en 1947, il participe à plusieurs gouvernements de la IVe République. Artisan actif du retour du général de Gaulle au pouvoir en tant que gaulliste historique, il est le premier président de l'Assemblée nationale sous la Ve République, de 1958 à 1969. Premier ministre de 1969 à 1972 sous le septennat de Georges Pompidou, il tente alors de promouvoir son projet de « nouvelle société » plus libérale, plus respectueuse de la dignité des individus sur la lancée de mai 1968. Il met notamment en pratique la politique contractuelle État-syndicats-patronat. En 1974, il se présente à l'élection présidentielle, mais le ralliement d'une partie des gaullistes, emmenés par Jacques Chirac, à la candidature de Valéry Giscard d'Estaing ne lui permet pas d'accéder au second tour. Au premier, il a obtenu 15,1% des suffrages. Il demeure maire de Bordeaux jusqu'en 1995, date à laquelle il cède la place à Alain Juppé.

CHABANNES Antoine de, comte de Dammartin (Saint-Exupéry, Limousin, v. 1408 – Paris, 1488)

Chef de guerre.

Il accompagne Jeanne d'Arc dans la plupart de ses expéditions, puis se met à la tête d'une bande d'écorcheurs qui ravage la Bourgogne, la Champagne et la Lorraine. Passé au service de Charles VII vers 1430, il devient rapidement un de ses favoris, est comblé d'honneurs et de pensions. Le roi le nomme grand panetier en 1447, lui confie ensuite la direction du procès de Jacques Cœur en 1452, le nomme gouverneur de Paris. Chabannes, ayant révélé à Charles VII le complot ourdi contre lui en 1447 par le Dauphin Louis, se voit enfermer à la Bastille à l'avènement de ce dernier en 1461. Il s'en échappe en 1465, rejoint la ligue du Bien public, et retrouve, à la suite du traité de Conflans, ses biens confisqués en 1461. Il ne tarde pas à rentrer en grâce et devient le confident de Louis XI. Il reçoit, un des premiers, l'ordre de Saint-Michel, en 1469, et d'autres preuves nombreuses de la faveur royale.

CHABANNES Jacques de, seigneur de La Palice (?, v. 1470 – Pavie, 1525)

Maréchal de France.

Il sert vaillamment en Bretagne, accompagne Charles VIII lors de la conquête de Naples en 1498, participe ensuite aux expéditions italiennes de Louis XII. Fait prisonnier à la bataille de Guinegatte, en 1513, il parvient à s'échapper. Sous le règne de François Ier, il participe aux victoires de Marignan (1515), ce qui lui vaut d'être nommé maréchal de France, et de La Bicoque (1522), secourt Fontarabie et dégage Marseille, avant de trouver la mort à la bataille de Pavie, engagée contre son avis. Pour honorer son courage, ses soldats composent alors une chanson restée fameuse et qui se termine ainsi : « Un quart d'heure avant sa mort il était encore en vie ! »

CHABOT François (Saint-Geniez-d'Olt, 1756 – Paris, 1794)

Homme politique.

Fils d'un cuisinier, il ne semblait pas promis à un grand avenir par sa naissance. Il serait sans doute resté toute sa vie un humble Marmot – puisque telle est l'appellation officielle des habitants de Saint-Geniez – si, frappé par la vivacité de son esprit, l'abbé Laquerbe, son compatriote, ne l'avait envoyé au collège de Rodez. Il venait d'atteindre ses 11 ans. Étendue à toutes les disciplines, sa précocité est si étonnante qu'il lui suffit de trois ans d'études pour passer du côté des professeurs. Il enseigne d'abord les mathématiques et la géométrie. Puis, dans sa lancée, il fait un brillant noviciat à Toulouse avant de se transporter à Béziers et à Carcassonne pour y aborder la théologie. Il devient moine quêteur. On l'appelle le « père Augustin », mais ses mœurs ne répondent pas à son état. Au moment de la Révolution, il est un des premiers à quitter définitivement son couvent. Nommé en 1790 vicaire général de l'abbé Grégoire, alors évêque constitutionnel à Blois, il multiplie les liaisons féminines et commence une carrière de tribun qui le mène peu de temps après à la Législative et, de là, à la Convention.

Ennemi acharné de la Cour, il siège à l'extrême gauche. Il se vêt de façon sordide, souvent en carmagnole. Il est lié avec deux banquiers fort riches, les Frey, dont il épouse la sœur. Mais ceux-ci sont de nationalité autrichienne et les « patriotes » sourcilleux les tiennent pour des espions de Joseph II. Déjà haï des modérés – il vote la mort du roi sans appel ni sursis, il pille Toulouse et l'Aveyron où il a été envoyé en mission –, Chabot n'a plus beaucoup d'amis dans son parti lorsque éclate le scandale de la Compagnie des Indes. L'enquête révèle qu'il est compromis dans l'affaire. Adversaire de la peine de mort en droit commun, n'hésitant pas à l'appliquer en matière politique, il sera condamné à mort par le Tribunal révolutionnaire et envoyé à l'échafaud dans la même charrette que Danton, Desmoulins et Fabre d'Églantine, le 5 avril 1794.

CHABOT Philippe de, seigneur de Brion (?, 1480 – ?, 1543)

Amiral de France.

D'une illustre et ancienne famille du Poitou – son origine remonte au moins au XIe siècle –, il est élevé avec le futur François Ier et reste à ses côtés

Jacques Chaban-Delmas
Chaban-Delmas (au premier plan à dr.) défilant sur les Champs-Élysées, le 18 juin 1945. © *Roger-Viollet*

par la suite. Fait prisonnier à Pavie, en 1525, il négocie avec succès la libération du roi, ce qui lui vaut, peu après, d'être nommé amiral de France. Envoyé en Piémont à la tête d'une armée, en 1535-1536, il obtient de rapides succès et s'empare de presque tout le pays. Ambitieux, il se mêle aux intrigues de la Cour à son retour en France, aux côtés de la duchesse d'Étampes, encourant l'hostilité du cardinal de Lorraine et de Montmorency, qui l'accuse de malversations. Jugé en 1541 par une commission présidée par le chancelier Poyet, il est destitué de son gouvernement de Bourgogne et condamné à une forte amende qu'il ne peut payer : ses biens sont alors confisqués, et lui-même est emprisonné à Vincennes. Rentré en grâce après l'évincement de Montmorency, sur l'intervention de la duchesse d'Étampes, il obtient en 1542 la révision de son procès et reprend sa place auprès du roi.

CHAILLOT

Village établi sur la colline éponyme dans les environs de Paris, Chaillot devient officiellement le « faubourg de la Conférence » en 1659, avant d'être annexé à la capitale en 1787.

Le lieu-dit Chaillot n'est d'abord rien d'autre qu'une « clairière ouverte dans l'immense forêt de Rouvray » (Rochegude et Clébert). Il forme néanmoins dès le Moyen Âge une seigneurie qui, après être échue à la couronne en 1450, est donnée par Louis XI à Philippe de Commynes. Le château de Chaillot, élevé par Catherine de Médicis à l'emplacement actuel du palais de Chaillot existait encore – fort modifié il est vrai – à la veille de la Révolution. Après avoir appartenu à Jeannin et à Bassompierre, il a été transformé en couvent de Visitandines par Henriette de France, reine d'Angleterre, et a abrité la contrition de Louise de La Vallière. Les restes du couvent, désaffecté pendant la Révolution, sont rasés par Napoléon Ier qui a le projet de construire, pour le futur roi de Rome, une somptueuse demeure dominant la Seine et le Champ-de-Mars. Ce projet ne pourra être exécuté. Deux palais seront successivement édifiés au bord de la colline : « l'ancien Trocadéro » inauguré pour l'exposition de 1878, et le « nouveau Trocadéro » ou palais de Chaillot, qui l'a remplacé à l'occasion de l'exposition de 1937.

CHAISE-DIEU (abbaye de La)

Abbaye bénédictine fondée en 1043 par saint Robert de Turlande dans le nord du Velay.

Chef d'une congrégation qui sera unie en 1640 à celle de Saint-Maur, elle est, au XIIe et au XIIIe siècle surtout, une des rivales de Cluny, le « miroir de la perfection de la France ». Elle accumule les richesses, et les papes Clément VI et Grégoire XI la comblent de bienfaits et de privilèges. Le premier, qui est un de ses anciens moines, fait notamment reconstruire à ses frais par l'architecte Hugues Morel, au lieu et place de l'édifice roman de saint Robert, une magnifique église gothique. Elle renferme sa sépulture, splendide tombeau en marbre noir achevé en 1351 par Pierre de Roye, mais qui sera mutilé par les huguenots en 1562. Les bâtiments conventuels, détruits par un incendie en 1695, sont reconstruits au XVIIIe siècle, et l'abbaye de La Chaise-Dieu a toujours un grand renom. Le cardinal de Rohan y est exilé après l'affaire du Collier. Ses derniers moines en sont chassés par les décrets révolutionnaires de février 1790.

CHALAIS Henri de TALLEYRAND, comte de (?, 1599 – Nantes, 1626)

Gentilhomme.

Maître de la garde-robe de Louis XIII, il mène une vie désordonnée et inconséquente. Amant de la duchesse de Chevreuse, il conspire une première fois contre Richelieu et le roi mais est pardonné, à la condition de pousser Gaston d'Orléans, frère de Louis XIII, à épouser Mlle de Montpensier. Chalais s'en garde bien et entre au contraire, en 1626, dans un nouveau complot, avec Anne d'Autriche et Gaston d'Orléans. Dénoncé et arrêté, il est condamné à mort après un procès assez inique, ses juges lui ayant promis la vie sauve s'il dénonçait ses complices – ce qu'il fait. Il est néanmoins décapité à Nantes.

CHALIER Marie-Joseph (?, 1747 – Lyon, 1793)

Homme politique.

Né dans le Piémont, il accomplit plusieurs voyages en Europe avant de s'établir à Lyon, comme négociant. Très sensible aux inégalités sociales, il accueille la Révolution avec enthousiasme, rencontre Robespierre à Paris et déploie à Lyon une grande activité révolutionnaire. Il se consacre à la défense des intérêts des ouvriers lyonnais, et sa propagande l'oppose rapidement à la bourgeoisie d'affaires de la ville. Très actif, Chalier fait partie de tous les comités, de la commune, organise à Lyon la garde nationale, la police, un club révolutionnaire, et s'entoure d'hommes plus ou moins recommandables, les Enragés. Montagnard, il ne tarde pas à s'opposer à une grande partie de la population lyonnaise, de tendance girondine. Le 28 janvier 1793, entouré de 300 hommes armés, ses Enragés, le Marat lyonnais jure devant l'arbre de la liberté d'anéantir les aristocrates, Feuillants, modérés, agioteurs, accapareurs et autres usuriers. Dans la nuit du 5 au 6 février, il fait arrêter tous les adversaires politiques de la commune et des clubs dans l'intention de les conduire à la guillotine, puis déclare au club des Jacobins qu'il est prêt à faire exécuter 900 personnes. Le maire de Lyon s'oppose à lui et démissionne, engageant ainsi l'épreuve de force entre le révolutionnaire et la majorité de la population lyonnaise. Malgré les ordres de la Convention, Chalier et ses amis sont finalement arrêtés à la suite d'un soulèvement populaire, puis jugés et exécutés le 16 juillet 1793. Après la reprise de la ville par les troupes républicaines, Fouché et Collot d'Herbois organiseront une cérémonie expiatoire en mémoire de Chalier et de ses amis.

CHÂLONS-EN-CHAMPAGNE

Ville du département de la Marne, sur la Marne.

Ancienne métropole de la tribu gauloise des *Catalauni*, colonisée par les Romains, l'ex-Châlons-sur-Marne (jusqu'en 1995) voit se dérouler dans ses environs deux batailles célèbres : au cours de la première, en 273 apr. J.-C., Aurélien bat Tétricus ; la seconde, en 451, est la fameuse bataille des champs Catalauniques entre Attila et l'armée romano-barbare d'Aétius qui remporte la victoire. Évangélisée très tôt, Châlons-sur-Marne est le siège d'un évêché, dès le IIIe siècle, et connaît au Moyen Âge une longue période de prospérité sous l'autorité de ses évêques qui y détiennent longtemps une quasi-souveraineté. Elle est, au XIIe siècle, un riche centre commercial dont la population dépasse sans doute 60 000 âmes. Marie-Antoinette y sera reçue à deux reprises : une première fois en 1770 alors que, princesse de 15 ans, elle vient d'Autriche pour épouser le Dauphin de France (c'est pour cette circonstance que Châlons fait élever l'arc de triomphe appelé alors la Porte dauphine et aujourd'hui Porte Sainte-Croix) ; puis en 1791, quand, au retour de Varennes, le roi et la reine s'arrêtent quelques instants devant le monument avant d'aller passer la nuit à l'ancienne intendance devenue la préfecture de la Marne.

CHALON-SUR-SAÔNE

Ville du département de Saône-et-Loire, sur la Saône, une des principales villes de Bourgogne.

À l'époque de la conquête romaine, *Cabillonum*, ville importante des Éduens, port fluvial bien situé, est choisie par César comme entrepôt et base stratégique. Ravagée par les Huns et les Vandales au moment des invasions barbares, prise par les Burgondes en 534, elle est à la fin du siècle la résidence préférée du roi Gontran. Chalon devient, au Xe siècle, le siège d'un comté héréditaire relevant de la maison de Bourgogne ; les comtes de Chalon règnent sur le Chalonnais jusqu'en 1237, date à laquelle le comte Jean le cède à la Bourgogne. Avec la Bourgogne, Chalon entre dans le domaine royal en 1477. La ville reçoit une charte communale au milieu du XIIIe siècle et connaît, au Moyen Âge, la prospérité grâce à ses foires, créées par le duc de Bourgogne. Siège d'un évêché dès le IVe ou le Ve siècle, Chalon abrite ensuite une dizaine de conciles. Prise par le duc de Guise pendant les guerres de Religion (1585), Chalon est longue à reconnaître Henri IV.

CHALOTAIS : voir LA CHALOTAIS

CHAMBELLAN

Office de l'Hôtel du roi institué sous les Capétiens et reprenant les fonctions des cubicularii *mérovingiens et carolingiens.*

Les chambellans sont à l'origine des officiers placés sous les ordres du chambrier. Ce dernier a la haute main sur les services de la chambre du roi, ses vêtements, ses bijoux, mais n'occupe jamais parmi les grands officiers de l'Hôtel une place comparable à celle du sénéchal ou du connétable. La raison en est peut-être que, dès le règne de Philippe Auguste, les souverains lui retirent la garde de leur Trésor pour la confier aux Templiers. Très rapidement, les charges du chambrier sont assurées par ses subalternes, les chambellans. Au XIVe siècle, l'un d'eux devient le premier chambellan ou grand chambellan de France, responsable des services de la chambre et de la garde-robe. Sous ses ordres sont placés les chambellans, ou gentilshommes de la chambre, les valets de chambre très nombreux mais dont la charge est souvent purement honorifique, des fourriers et maréchaux des logis. En contact permanent avec le roi, puisqu'il a notamment l'honneur de lui présenter la chemise à son lever, le premier chambellan, sans jamais toutefois devenir un des personnages les plus importants de la Cour, peut néanmoins jouer un rôle politique non négligeable. Supprimé sous la Révolution, l'office de grand chambellan est rétabli sous le Premier Empire, supprimé sous Louis-Philippe, et de nouveau rétabli sous le Second Empire. L'office de chambrier, devenu honorifique au XIIIe siècle, avait été supprimé en 1545 après la mort de Charles de France, duc d'Orléans, son dernier titulaire.

CHAMBÉRY

Ville de Savoie.

Les origines de Chambéry (en latin *Camberiacum*) restent obscures. Bâtie près de l'antique villa de *Lemincum,* aujourd'hui Lémenc, Chambéry fait partie, sous la domination romaine, de la Gaule narbonnaise, puis de la Gaule viennoise. Les Burgondes l'occupent à la chute de l'Empire. Du Xe au XIIIe siècle, elle constitue un État bien distinct qui s'incarne dans ses comtes, les sires de Chambéry. En 1232, leur descendant Berlion de Chambéry la cède à Thomas Ier, comte de Savoie, qui en fait la capitale de la Savoie. Dès lors, l'histoire de Chambéry, comme celle de la Savoie tout entière, se confond avec celle de l'illustre famille qui préside à ses destinées. Mais, en 1562, Chambéry perd son hégémonie au profit de Turin où les ducs de Savoie, en y portant leur administration, commencent d'affirmer leurs ambitions sur la péninsule italienne. Réduite au rôle de centre administratif des pays d'au-delà des monts, Chambéry se replie alors sur elle-même. Le 24 septembre 1792, elle est occupée par le général de Montesquiou. Rattachée à la France jusqu'en 1815, elle devient chef-lieu du département du Mont-Blanc. Napoléon y séjourne à plusieurs reprises. En 1815, elle est de nouveau intégrée aux États sardes mais redevient française à la suite du traité franco-sarde de Turin, le 24 mars 1860, auquel la population donne une large approbation, le 22 avril 1861, par un vote qui est un véritable plébiscite.

CHAMBORD (château de)

Château de la Loire, dont la construction commence en 1519.

La terre de Chambord appartient au comté de Blois avant d'être rattachée au domaine royal par Louis d'Orléans lors de son avènement au trône sous le nom de Louis XII. Sa situation à proximité de la Loire et de Blois, mais également des forêts giboyeuses de la Sologne, séduit le grand amateur de chasse qu'est François Ier. Il y fait construire une résidence digne de sa gloire. Le chantier, ouvert en 1519, est interrompu en 1525 par le désastre de Pavie. Il ne reprend qu'après le retour de captivité de François Ier. Les travaux sont achevés sous Henri II, mais Chambord, symbole de la première Renaissance française, n'en est pas moins l'œuvre de François Ier, dont on peut reconnaître la marque comme on reconnaît celle de Louis XIV à Versailles.

Si ce sont des mains françaises, celles de Jacques Sourdeau et Pierre Trinqueau (1521-1538), puis celles de Jacques Coqueau (1538-1556), qui ont façonné Chambord, on ignore le nom de l'architecte. L'intervention de Léonard de Vinci n'est pas prouvée, mais il est vraisemblable que ce palais féerique fut le fruit de la collaboration entre le génie français et le génie italien : son plan rappelle celui des châteaux forts de plaine de la France médiévale (notamment Vincennes) et la concentration de ses parties hautes apparaît comme un héritage des résidences princières de la période gothique ; mais l'influence italienne se fait sentir dans l'ampleur, la symétrie et l'ingéniosité de l'édifice. L'enceinte de Chambord forme un vaste rectangle de 156 mètres sur 117 mètres, dont les angles sont flanqués de quatre grosses tours rondes. Celles des angles sud-est et sud-ouest n'ont jamais été achevées et ne dépassent pas la hauteur des courtines. Au milieu du côté septentrional de l'enceinte se greffe l'élément principal de l'édifice, connu sous le nom de donjon. Les quatre angles de cet énorme cube, dont la face nord se confond avec l'enceinte, et dont les trois autres font saillie sur la cour intérieure, sont occupés par quatre puissantes tours rondes. C'est en son centre que se trouve le magnifique et célèbre escalier à claire-voie et à double vis, la montée et la descente s'effectuant chacune par une rampe indépendante. Sa nouveauté réside moins dans sa structure, déjà utilisée par l'architecture gothique, que dans sa conception, sans doute importée d'Italie, au centre d'un édifice.

Demeure privilégiée de François Ier, Chambord éblouit Charles Quint qui s'y arrête en décembre 1539, alors qu'il se rend à Gand pour châtier les bourgeois. Après la mort du souverain français, il connaît une alternance de périodes d'éclat et d'abandon. Pendant les guerres de Religion et le règne d'Henri IV, il est déserté. En 1626, il est attribué, avec le comté de Blois, à Gaston d'Orléans, frère de Louis XIII, qui lui aussi le délaisse. À sa mort, en 1660, le domaine retourne à la couronne. Il appartient à Louis XIV, grand amateur de chasse comme François Ier, de le rénover et de le faire revivre. Le Roi-Soleil y séjourne à neuf reprises et chacun de ses passages est l'occasion de fêtes somptueuses où le théâtre et la musique ont une place d'honneur. Avec la collaboration de Lulli, Molière y donne, en 1669, *Monsieur de Pourceaugnac* et, en 1670, *Le Bourgeois gentilhomme*. Après une nouvelle période d'éclipse, Chambord devient en 1723 la résidence de Stanislas Leszczyński, roi détrôné de Pologne et beau-père de Louis XV, qui y vit pendant huit ans avant de recevoir le duché de Lorraine et de s'établir à Lunéville. En 1748, au lendemain de la bataille de Fontenoy, Louis XV accorde au maréchal de Saxe, en récompense, la jouissance de Chambord mais aussi le droit, comme à un prince souverain, d'avoir auprès de lui, et pour son service, un régiment de cavalerie. Et c'est accompagné de sa « brigade colonelle », où Africains et Antillais côtoient uhlans de l'Europe centrale et orientale, que Maurice de Saxe s'y retire après la bataille de Lawfeld. Mais le « Bâtard de Saxe » n'est pas un soudard. Il aime aussi à s'entourer de philosophes, d'écrivains et de femmes d'esprit. Il réunit une véritable cour où l'on cultive la comédie avec Favard et, grâce à lui, le château revit quelques belles heures. Lorsqu'il meurt, en 1750, Chambord rentre dans le domaine royal et connaît de nouveau l'oubli. Il traverse la Révolution sans grand mal, mais son mobilier est vendu. En 1809, il échoit comme majorat au maréchal Berthier qui, lui préférant sa résidence de Grosbois, n'y séjourne que deux jours. En 1821, une souscription publique est organisée pour l'acheter à sa veuve et l'offrir au duc de Bordeaux, fils posthume du duc de Berry assassiné l'année précédente, et qui prendra plus tard le titre de comte de Chambord, comme chef du parti légitimiste. Il le fait restaurer mais n'y séjourne pour la première fois qu'en 1871. C'est là qu'il rédige le fameux manifeste du 5 juillet 1871 en faveur du drapeau blanc, qui sera le linceul de la royauté en France. Les Bourbon-Parme, ses héritiers, ayant fait la guerre du côté autrichien en 1914, le château est mis sous séquestre, et une transaction en transmet la propriété définitive à l'État en 1932. Le service des Monuments historiques a restauré et remeublé les anciens appartements de Louis XIV.

Château de Chambord
Vue du château. © *Sélection Images*

Le comte de Chambord
Portrait équestre du comte de Chambord en 1854. Huile sur toile du baron Schwiter, château de Chambord. © *G. Dagli Orti*

CHAMBORD Henri d'ARTOIS, duc de Bordeaux, puis comte de (Paris, 1820 – Frohsdorf, Autriche, 1883)

Dernier prince de la branche royale aînée des Bourbons, prétendant au trône sous le nom d'Henri V.

L'année 1820 commence par un drame : le 13 février, Charles Ferdinand de France, duc de Berry, fils cadet du comte d'Artois, est assassiné. Ce prince portait les espoirs de la dynastie : Louis XVIII, roi régnant, n'a point de postérité ; le duc d'Angoulême, aîné de ses neveux, est sans enfants de l'orpheline du Temple, Marie-Thérèse (Madame Royale) ; l'enfant unique du duc et de la duchesse de Berry est une fille. Cependant, le 29 septembre, sa femme Marie-Caroline de Bourbon-Sicile met au monde un fils à qui l'on donne le double prénom d'Henri Dieudonné, pour remercier le Ciel, et le titre de duc de Bordeaux pour récompenser la fidélité de la ville à la cause royale. Jusqu'à l'âge de 10 ans, Henri Dieudonné, que sa mère décrit comme un « gros garçon sans souci », vit aux Tuileries en compagnie de sa sœur et entouré de la sollicitude des deux rois successifs, son grand-oncle Louis XVIII et son grand-père Charles X.

Après l'abdication de Charles X et du Dauphin Angoulême, le jeune prince est appelé à régner sous le nom d'Henri V, Louis-Philippe d'Orléans, nommé par Charles X lieutenant général du royaume, faisant en quelque sorte fonction de régent. Mais l'opération échoue et Louis-Philippe s'impose comme « roi des Français » par la volonté de la Chambre. Avec les autres membres de la famille royale, le duc de Bordeaux est contraint de s'exiler en Angleterre d'où il gagnera le Hradschin à Prague. Lors de la folle équipée de sa mère (1832), son éducation est confiée à la duchesse d'Angoulême, jugée seule à en être digne, tâche qu'elle conservera après la libération et le retour de sa belle-sœur.

C'est en 1843, soit sept ans après la mort de Charles X, que le duc de Bordeaux prend sa première position officielle de prétendant, contre les Orléans, à Londres où les légitimistes français viennent lui rendre hommage. L'année suivante, le duc d'Angoulême (Louis XIX) étant mort, il annonce aux puissances son avènement de droit et déclare qu'il portera simplement le titre de comte de Chambord (le domaine de Chambord lui avait été offert par souscription nationale en 1821), mais qu'il « ne renoncera jamais aux droits que, d'après les anciennes lois françaises, il tient de sa naissance ». Toutefois les Français n'entendent guère parler de lui les années suivantes. Il se tient à la disposition du pays, mais l'heure ne lui paraît pas favorable à une restauration. Les difficultés semblent aplanies après la révolution de 1848, lorsque les élections de 1849 ramènent une assemblée royaliste dans laquelle le courant légitimiste est assez fort. Mais la faction orléaniste, pour laquelle l'aîné des Bourbons est « M. de Trop », fait échouer le premier projet de fusion.

Lorsque Louis Napoléon se proclame empereur des Français, le prétendant lance un manifeste invitant les Français désireux de stabilité monarchique à ne point confondre le césarisme générateur d'aventures, avec la royauté « indissolublement liée à la nation ». Le développement du capitalisme industriel et de ses excès ne le laisse pas indifférent. On le voit s'intéresser au problème ouvrier dès 1865 : « La royauté a toujours été la patronne des classes ouvrières », dit-il dans sa lettre sur les ouvriers, en rappelant les corporations et en présentant la prohibition de la liberté d'association comme la conséquence du libéralisme révolutionnaire. Ces interventions rencontrent évidemment peu d'échos dans la presse impériale. Le comte de Chambord ne peut quitter Frohsdorf, son exil autrichien. Beaucoup de Français le croient résigné à son sort de prince sans couronne.

Il faut attendre les événements du 4 septembre 1870 qui voient la chute de l'Empire, pour que cette impression soit dissipée. Par trois manifestes successifs, le 9 octobre 1870, les 8 mai et 5 juillet 1871, Henri V réaffirme solennellement ses prétentions. Une fois de plus, les élections ont envoyé une majorité pacifiste et monarchiste à la Chambre. Cependant rien ne peut se faire si les orléanistes ne se soumettent pas à la légitimité. *A priori*, leur ralliement ne présente pas de difficulté. Depuis la mort de la duchesse d'Orléans, les princes issus de Louis-Philippe – sauf peut-être Aumale – sont acquis à la cause d'Henri V. Nul n'ignore que celui-ci n'a pas et n'aura pas d'enfants de sa femme, une princesse de Modène épousée en 1846 : les Orléans peuvent donc se croire ses héritiers. Ainsi, la réconciliation des princes est chose faite.

La Chambre étant donc pour ainsi dire aux mains des monarchistes, plus rien ne semble pouvoir s'opposer au retour du roi. En fait ce n'est qu'une apparence. Les royalistes restent divisés. La proportion des conditionnels et des douteux, presque tous issus des rangs orléanistes, est trop forte pour qu'Henri V soit accepté tel qu'il est, sympathique et bonhomme peut-être, mais intransigeant sur les principes du légitimisme le plus pur et « brandissant le drapeau blanc » comme il l'a depuis longtemps annoncé, c'est-à-dire ne voulant devoir son trône à personne. Pour les membres les plus influents de la majorité orléaniste, les Broglie et les Decazes, qui désirent le retour du régime de Louis-Philippe en installant sur le trône son petit-fils, le comte de Paris, plus libéral, voire l'instauration d'une république couronnée, il faut absolument fléchir le prince, ou se passer de lui.

À la suite de l'entrevue de Frohsdorf (5 août 1873), au cours de laquelle le comte de Paris salue en Henri V « le représentant du principe monarchique en France », des négociations s'ouvrent. L'accord se fait assez vite sur certains principes généraux tels que la définition du régime (« représentatif » et non « parlementaire »). Cependant, elles achoppent sur la question du drapeau blanc, le comte de Chambord rappelant dans une lettre à Chesnelong (23 octobre 1873) qu'il lui est indéfectiblement attaché. Toute probabilité de restauration est maintenant nulle, et le vote de l'amendement Wallon par l'Assemblée nationale, le 30 janvier 1875, instaure définitivement le régime républicain.

Chambre ardente

Nom donné sous l'Ancien Régime à plusieurs cours de justice investies de pouvoirs d'exception et chargées de juger des criminels d'État.

Certains ont affirmé que leur nom venait de la peine le plus souvent infligée, le bûcher, mais il vient plus probablement du fait que les juges siégeaient, à l'origine, dans des salles tendues de noir et violemment éclairées, même de jour, par des flambeaux. Parmi les principales chambres ardentes, citons les commissions érigées vers 1535 par François Ier dans chaque parlement, pour punir les hérétiques, et la chambre ardente créée en 1547 par Henri II dans le ressort du parlement de Paris. Quatre ans plus tard, l'édit de Châteaubriant ordonnera la création de chambres ardentes dans toutes les provinces. En 1680, Louis XIV ordonne la création à l'Arsenal d'une cour spécial pour juger les personnes compromises dans l'affaire des Poisons. Présidée par La Reynie, la commission, que l'on appelle aussi cour des Poisons, ou cour de l'Arsenal, entend la Voisin et ses complices de tout rang. Existe également la chambre qui, sous la Régence (mars 1716-mars 1717), vérifie les comptes des fermiers généraux et des traitants, et punit toutes les prévarications commises depuis 1689.

Chambre bleu horizon : voir Bloc National

Chambre de justice

Tribunal d'exception qui relève de la justice retenue du roi. Est parfois appelé chambre ardente dans les cas d'affaires d'État.

Les chambres de justice ont pour mission d'apurer les comptes des traitants, ces financiers qui avancent de l'argent au roi, éventuellement contre affermage d'un ou plusieurs impôts. Il ne faut pas les confondre avec l'institution régulière des chambres des comptes. Les traitants convaincus de malversation sont jugés et condamnés à de lourdes amendes. En fait, il s'agit souvent d'une faillite déguisée de l'État royal qui, faute de pouvoir rembourser ses dettes, fait rendre gorge à quelques financiers trop exigeants, ce qui incite les autres à accepter un moratoire voire une extinction pure et simple de leur créances. Semblables commissions se réunissent en 1661 et 1716, au début du règne personnel de Louis XIV et de la régence qui suit sa disparition. Certaines chambres de justice, appelées « Grands jours » et tout aussi exceptionnelles, ont notamment pour mission de mettre fin aux abus fiscaux, voire aux exactions de certains nobles. Ainsi se tiennent en 1665 des Grands jours d'Auvergne. Ces Grands jours montrent la fonction arbitrale de l'absolutisme qui peut aussi réduire certains dérèglements des pouvoirs locaux.

Chambre des comptes

Sous l'Ancien Régime, Chambre chargée de surveiller la gestion financière du royaume.

À l'égal des grandes institutions de la monarchie, cette fonction s'élabore au sein de la cour des souverains capétiens. Progressivement, des membres de cette cour se voient confier la mission de surveiller les finances royales. Mais l'institution ne prend véritablement forme qu'à partir du XIIIe siècle. Saint Louis lui confère prestige et efficacité en supervisant en personne les travaux. Philippe le Bel accroît les attributions des membres d'une organisation qui prend peu à peu la forme d'un véritable département ministériel. Ceux-ci siègent en effet en permanence, marque d'importance, puisque ce n'est pas encore le cas des représentants du Parlement. Au XIVe siècle, la Chambre se compose de deux présidents, de huit maîtres et de douze clercs.

Au XVIe siècle, l'importance de l'institution est telle que sa présidence est très recherchée et devient même héréditaire au bénéfice de la famille de Nicolay, laquelle va se maintenir jusqu'en 1790. Au Grand Siècle, la course aux honneurs multiplie les postes. S'il n'y a qu'un seul premier président, on dénombre 12 présidents, 78 maîtres, 38 correcteurs, 182 auditeurs, auxquels il convient d'ajouter un avocat général et un procureur général ! Les attributions de la Chambre consistent, il est vrai, à surveiller, juger, apurer les comptes des divers services de l'administration royale, à confirmer les édits, à tenir comptabilité des biens du domaine, à recevoir les dons, pensions et apanages, enfin (compétence plus insolite) à entériner les lettres d'anoblissement et les actes de naturalisation. Le législateur révolutionnaire supprimera l'institution par la loi du 7 septembre 1790. Lui succédera la Commission de comptabilité nationale que Napoléon remplacera à son tour par la Cour des comptes, instaurée par la loi du 16 septembre 1807.

Chambre des députés

Ancienne Assemblée législative française réunie par voie d'élection.

Lors de la Première Restauration, l'article 15 de la Charte de 1814 prévoit que la « puissance législative s'exerce collectivement par le roi, la Chambre des pairs et la Chambre des députés des départements ». Des collèges électoraux élisent pour cinq ans les 262 membres de cette dernière, laquelle, néanmoins, doit se renouveler par cinquième tous les ans. Nul ne sera admis à siéger à la Chambre des députés s'il n'a 40 ans révolus et s'il n'acquitte une contribution directe de 1 000 francs. À peine 10 000 sujets de Louis XVIII seront-ils ainsi éligibles. Les électeurs, quant à eux, ne jouissent du droit de suffrage qu'à partir de 30 ans et du versement d'une contribution directe de 300 francs. Le cens électoral écarte de la vie politique 99 % des Français. La Chambre des députés de l'époque tient déjà ses assises au Palais-Bourbon, là où se réunissait, naguère, le Conseil des Cinq-Cents. Des commissions polyvalentes, tirées au sort, examinent les projets de loi qui sont votés « par assis et levé ». Les lois sont définitivement acceptées après un scrutin secret au cours duquel, à l'énoncé de leur nom, les représentants déposent, dans l'urne prévue à cet usage, une boule blanche approbatrice ou une boule noire désapprobatrice.

Aux élections qui se déroulent lors des Cent-Jours, la plus grande partie des électeurs – ceux-ci ne sont que 7 669 – s'abstiendra. À Marseille, treize votants désigneront quatre députés. Une majorité écrasante de libéraux composera alors la Chambre. Son trône recouvré, Louis XVIII réforme le mode électoral. L'élection se fait à deux degrés, l'âge des électeurs est abaissé à 21 ans, l'âge des éligibles à 25. 48 000 Français participeront aux consultations des 14 et 22 août 1815 et, du 7 octobre de cette même année au 5 septembre 1816, la Chambre, que mènent des ultra-royalistes, combattra le parti ministériel. Finalement, une décision du roi, qui l'a qualifiée peut-être lui-même d'« introuvable », mettra également fin à son existence. En 1830, la Chambre des députés s'oppose toujours au gouvernement, mais, cette fois, elle est libérale : sur 428 représentants, 274 se montrent hostiles au ministère Polignac. Afin de briser sa résistance, Charles X, le 25 juillet, va la dissoudre, restreindre le cens électoral et convoquer les collèges électoraux réformés, pour les 6 et 13 septembre. Ces mesures feront l'objet des trois ordonnances fatales qui, avec celle limitant la liberté de la presse, provoqueront la révolution de Juillet. Louis-Philippe, s'il repousse le suffrage universel, élargit le cens électoral. De 167 000 en 1831, les électeurs passeront à 241 000 en 1846. Pourtant le « roi-citoyen » aura déçu la petite-bourgeoisie. Elle le renversera les 23, 24 et 25 février 1848.

Le vote, par l'Assemblée nationale, des lois constitutionnelles, le 25 février et le 30 novembre 1875, ressuscite la Chambre des députés. Les représentants, âgés de 25 ans minimum, élus au suffrage universel et direct, reçoivent un mandat de quatre années. Ils forment un bureau annuel à

La Chambre des députés
Vue de la façade de l'Assemblée nationale. © *G. Dagli Orti*

chaque législature et à chaque session ordinaire, session d'une durée d'au moins cinq mois. Les séances ont lieu publiquement, sauf pendant les deux guerres mondiales. En 1910, un règlement intérieur de l'Assemblée reconnaîtra officiellement l'existence des groupes politiques. La Chambre des députés de la IIIe République décide des lois en accord avec le gouvernement et le Sénat. Chambre basse, elle compose avec ce dernier, dit Chambre haute, le Parlement. La Chambre exerce le monopole du vote des projets financiers et le droit de contrôle sous forme de questions orales et, à compter de 1909, de questions écrites publiées dans le *Journal officiel*. Seul le président de la République, élu par les députés et les sénateurs, peut, sous réserve de l'assentiment du Sénat, la dissoudre. Le nombre des députés varie selon les législatures. De 533 en 1876, il passe à 589 en 1902, puis à 612 en 1936. À l'exception de la période 1919-1924, la gauche domine la Chambre des députés du 5 mars 1876 au 10 juillet 1940, date à laquelle le Parlement remet le pouvoir entre les mains du maréchal Pétain. Le chef de l'État ajournera la réunion des Chambres. Aujourd'hui, le nombre de députés siégeant à l'Assemblée est de 577.

Chambre des pairs

Chambre haute créée par la Charte de 1814 et destinée à remplacer le Sénat napoléonien.

Elle subsiste jusqu'à la révolution de 1848. La Charte de 1814 rétablit la pairie, supprimée par la Révolution, et institue une Chambre des pairs dont les membres, en nombre indéterminé, sont nommés à vie par le roi. Les pairs peuvent entrer à la Chambre à 25 ans mais n'y ont voix délibérative qu'à 30. La Chambre, dont les délibérations sont secrètes, possède une « portion essentielle de la puissance législative » : elle peut se constituer en Haute Cour pour juger les crimes de haute trahison, d'atteinte à la sûreté de l'État. La première Chambre des pairs, comportant 154 membres, siège du 4 juin 1814 au 20 mars 1815, au palais du Luxembourg. Pendant les Cent-Jours, l'Acte additionnel aux Constitutions de l'Empire (22 avril 1815) crée une nouvelle Chambre, composée d'un nombre illimité de pairs nommés par l'Empereur : au nombre de 124, ils siègent du 3 juin au 7 juillet 1815. Les pairs restés fidèles à Louis XVIII retrouvent leur siège à la Seconde Restauration, et l'hérédité de la pairie est instituée le 19 août 1815, en même temps que sont nommés 94 nouveaux pairs. Dans les années suivantes, la Chambre est complétée, suivant les besoins de la politique royale, par de nouvelles « fournées », qui créent 60 nouveaux pairs en 1819, 27 en 1823, 88 en 1827. Sous la monarchie de Juillet, une Chambre des pairs est confirmée en août 1830, mais l'hérédité de la pairie est supprimée l'année suivante. Sur les 364 membres de la nouvelle Chambre, 175 refusent de prêter serment à Louis-Philippe, et ne peuvent siéger. De nouvelles « fournées » amènent à siéger des hauts fonctionnaires et des membres de la bourgeoisie. La Chambre des pairs disparaît avec la révolution de 1848, après avoir soutenu, plus ou moins énergiquement, la politique royale.

Chambre des représentants

Une des deux chambres, avec la Chambre des pairs, instituée par Napoléon pendant les Cent-Jours par l'Acte additionnel aux Constitutions de l'Empire du 22 avril 1815.

Mars 1815. Le « vol de l'aigle » vient de ramener l'Empereur à Paris. Les Cent-Jours commencent dans la fébrilité. De toutes les préoccupations qui assaillent l'Empire retrouvé, les problèmes constitutionnels ne sont pas les moindres. Malgré les impératifs diplomatiques et les nécessités de reconstituer l'armée, il convient de tenir compte de l'opinion publique et de celle des notables. Or, ceux-ci se sont montrés très attentifs à la déclaration de Napoléon, le 13 mars, relative à la nouvelle Constitution : « Les collèges électoraux seront réunis en assemblée extraordinaire afin de modifier nos Constitutions selon l'intérêt et la volonté de la nation. »

Dans l'euphorie du retour, l'Empereur a-t-il dépassé sa pensée par la parole ? Certes, en pareilles circonstances, il se doute qu'il convient de rassurer. Mais il est permis de supposer que le changement qu'il souhaite a plutôt un caractère plébiscitaire que représentatif, système dont il a horreur et qu'il a tenu à l'écart aux jours de sa gloire. L'Empire restauré, beaucoup de notables rappellent cependant les promesses des premiers jours : une constitution libérale. Réaliste, désireux avant tout de rassurer l'opposition libérale, Napoléon fait alors appel à Benjamin Constant. Le choix peut paraître surprenant étant donné l'éviction de celui-ci du Tribunat et sa collusion passée avec Mme de Staël, autre opposante de qualité. Convoqué aux Tuileries le 6 avril, Constant semble pourtant l'homme de la situation. Il expose un projet qui séduit l'Empereur, lequel le nomme sur-le-champ conseiller d'État. Le 14, le projet est prêt. Assisté de Sismondi, Constant examine chaque article avec le souverain. Il souhaiterait une Constitution très différente de celle de l'Empire de 1804. Napoléon tient au contraire à la continuité du régime, d'où le terme d'Acte additionnel aux Constitutions de l'Empire.

Le pouvoir est désormais partagé entre deux chambres : une Chambre des pairs, dont les membres inamovibles sont désignés à discrétion par l'Empereur, et une Chambre des représentants, élue par des collèges électoraux de département. Ceux-ci se composent de membres choisis par les contribuables les plus imposés, nommés à vie par les assemblées cantonales. Ils désignent à leur tour les « représentants », au nombre de 624, dont l'âge minimum est de 25 ans. Un article prévoit de surcroît la représentation des intérêts professionnels (industrie, services manufacturiers, commerce). Ces membres sont désignés cette fois par les chambres des métiers et les chambres de commerce départementales. L'Empereur peut ajourner, dissoudre, ou, au contraire, proroger cette Chambre des représentants, dont la durée légale est de cinq ans, sous réserve d'en convoquer une autre dans les six mois à compter de sa décision. Les projets de loi sont présentés à l'une ou l'autre de ces Chambres à l'exception des propositions fiscales, des emprunts, des budgets et des comptes de recettes et de dépenses, ainsi que des levées de troupes, qui sont l'attribution, en premier lieu, de la Chambre des représentants. Les membres de cette dernière élisent eux-mêmes leur président. Mais il doit être agréé par l'Empereur. Les relations avec le gouvernement sont assurées par des ministres d'État sans portefeuille. Les autres ministres ne peuvent venir qu'avec l'assentiment de l'Empereur et pour y parler seulement des questions en cours d'examen.

Présenté au Conseil d'État le 21 avril, l'Acte additionnel est approuvé le jour même et ratifié ensuite par 1 532 450 « oui » contre 4 800 « non ». Élue le 4 mai, la Chambre des représentants se réunit pour la première fois le 3 juin. Sa majorité, de tendance libérale, manifeste aussitôt une opposition non dissimulée envers le pouvoir – les bonapartistes ne sont que 80 environ –, attitude qui deviendra hargneuse puis franchement hostile à la nouvelle de Waterloo. Son refus de tout compromis avec l'Empereur entraîne la seconde abdication de celui-ci, le 22 juin. Mais le lendemain, la Chambre des représentants reconnaît la personne du roi de Rome sous le nom de Napoléon II. Mesure vaine, car hostile aux Bourbons, cette assemblée ne servira pas à la Seconde Restauration et se dispersera à partir du 8 juillet, jour où les gardes nationaux occupent le Palais-Bourbon.

Chambre du roi

Sous l'Ancien Régime, ensemble des personnes attachées au service intime du souverain.

Elle se compose de « valets de chambre » (4 premiers valets, 32 ordinaires), d'« huissiers », au nombre de 16, de « portemanteaux », au nombre de 13, de 2 « porte-arquebuses », d'un « artillier », d'un « barbier ordinaire », d'un « chirurgien » qui est en fait un dentiste, de 8 « tapissiers », de 4 « horlogers », et de « porte-chaises », « porte-table » « porte-meubles », « gardes des levrettes et lévriers », « gardes des épagneuls et des petits chiens » en nombre variable, sans oublier le « piqueur » et le « fauconnier oiseleur » ou « tendeur ». Les 4 premiers offices accordent le titre d'écuyer à leurs détenteurs, seuls les 3 premiers conférant la noblesse après vingt ans d'exercice.

Chambre introuvable

Expression par laquelle on désigne traditionnellement la première Chambre des députés de la Seconde Restauration.

Élue au suffrage censitaire les 14 et 22 août 1815, elle siège du 7 octobre 1815 au 20 avril 1816. Elle est dissoute le 5 septembre 1816. La qualification d'introuvable appliquée à cette assemblée a été inventée par Louis XVIII, surpris par le royalisme quasi unanime des nouveaux élus. En effet, les débats et les votes seront constamment dominés par les ultra-royalistes. En refusant à Decazes et même à Richelieu les moyens de leur politique, ceux-ci obligeront le roi à prendre une ordonnance de dissolution qui amènera le remplacement d'une assemblée trop unanime par une nouvelle assemblée manquant cette fois de cohésion (Chambre de 1816-1823). Une assemblée ayant à peu près la même composition que la Chambre introuvable sera élue en 1824. On l'appellera la Chambre retrouvée. Elle sera dissoute en 1827.

CHAMFORT Nicolas Sébastien ROCH, dit (Chamfort, près de Clermont-Ferrand, 1741-Paris, 1794)

Moraliste et polémiste.

Né en Auvergne, Nicolas Roch est un enfant adultérin et doit à une bourse son placement au collège des Grassins à Paris. Il y est remarqué pour ses capacités, mais ses origines modestes ne le conduisent qu'à une place de précepteur auprès des enfants de familles nobles. Audacieux et doué pour le monde, il se fait connaître sous le pseudonyme de M. de Chamfort, du nom de son hameau natal. Des prix de l'Académie française récompensent ses premières essais (*Éloge de Molière*, 1769). Sa popularité dans les salons, comme celui de Mme Helvétius, lui permet de présenter une tragédie à la Comédie-Française. Marie-Antoinette, conquise, lui obtient une forte pension. Bientôt secrétaire du prince de Condé, puis de la princesse Élisabeth, sœur de Louis XVI, il se lie aussi avec Talleyrand et Mirabeau. Chamfort doit autant à son entregent qu'à sa plume acérée d'entrer à 40 ans à l'Académie française.

La Révolution lui coûte rentes et appuis. Mais il s'en réjouit, car il n'a jamais oublié ses origines : il est un des fondateurs de la Société de 1789 avec La Fayette, Sieyès, Talleyrand, Condorcet et publie ses *Tableaux historiques de la Révolution française* (1790). La politique cependant ne l'intéresse pas, même s'il aide Mirabeau et se montre plutôt hostile aux Jacobins. Il reçoit en 1792 le poste de conservateur de la Bibliothèque nationale. Chamfort, toutefois, n'est décidément pas courtisan : il multiplie les attaques contre Marat et Robespierre. Un premier internement aux Madelonnettes sanctionne ses libelles. Il n'en a cure et répond en mots féroces. De nouveau menacé de la prison et sans doute, cette fois, de la guillotine par des adversaires qui rappellent son passé au service de l'aristocratie, il tente de se suicider. Gravement blessé, il décède quelques semaines plus tard en avril 1794. En 1803 paraissent ses *Maximes et pensées, caractères et anecdotes,* recueillis par l'un de ses amis. Au contraire de Vauvenargues, Chamfort le pessimiste dépeint l'âme humaine avec noirceur. Ses aphorismes aiguisés le classent comme un grand styliste et sa brillante causticité égale presque celle de son contemporain, Rivarol, engagé dans le camp de la contre-révolution. Au-delà d'une misanthropie littéraire, Chamfort donne carrière à sa désillusion face aux espérances du siècle.

CHAMILLART Michel de (Paris, 1652 – Paris, 1721)

Contrôleur général des Finances.

Conseiller au parlement de Paris en 1676, maître des requêtes en 1686, il s'attire, dit-on, la sympathie de Louis XIV et de Mme de Maintenon par ses talents de société, notamment son habileté au billard, et l'art avec lequel il administre la maison de Saint-Cyr. Contrôleur général des Finances en 1699, il est nommé secrétaire d'État à la Guerre en 1701. Très honnête homme dans le privé, il se signale alors par son incapacité, usant au maximum de tous les expédients, emprunts, variation des monnaies, etc. De plus en plus impopulaire, il doit démissionner après la prise de Lille, en décembre 1708, et se retire en 1709. Louis XIV lui conservera son amitié.

CHAMPAGNE

Entre les contreforts boisés des Ardennes, au nord, les plissements calcaires des côtes d'Île-de-France, au sud-ouest, et le plateau de Langres, au sud-est, la Champagne étire d'est en ouest ses molles ondulations striées par les principales rivières du Bassin parisien : l'Aisne, la Marne, l'Aube et la Seine.

Nul obstacle ne se dresse sur les routes convergeant vers cette région, à l'exception des mamelons boisés de l'Argonne, au nord-est. C'est dire si cette grande province a connu dans le passé une histoire chargée en raison des facilités de passage qu'elle offre. L'époque celtique y voit la prédominance des Rèmes au nord, des Tricasses entre Aisne et Marne, des *Catalauni* dans la vallée de cette dernière, des Sénons et des Lingons au sud-ouest et au sud-est. Toutes ces peuplades gauloises tirent profit des échanges commerciaux qui s'effectuent entre les régions limitrophes pour établir une solide prospérité ; situation florissante que découvrent les légionnaires de César au milieu du Ier siècle av. J.-C., lors de la conquête de la Gaule septentrionale. L'administration romaine ne rencontre guère de difficultés dans sa tâche nouvelle, d'autant plus que le négoce prend bientôt de l'ampleur avec la multiplication des chaussées joignant la vallée de la Saône à la Belgique et la Rhénanie au Bassin parisien. *Durocortorum* (Reims), *Augustobona* (Troyes) et *Andematunum* (Langres), ex-capitale des Lingons, deviennent sous l'Empire et durant l'époque gallo-romaine de belles et actives cités qu'animent d'importants comptoirs commerciaux. En 451, la décisive bataille des champs Catalauniques, au cours de laquelle Gallo-Romains et Wisigoths unissent leurs forces pour repousser les hordes des Huns d'Attila, se déroule près de Troyes.

L'ordre mérovingien établi par Clovis, couronné roi à Reims vers 496, inclut la future Champagne (du latin *Campania*, terme évoquant une campagne relativement plane) dans le royaume franc. En 511, elle échoit à Thierry, un des fils du souverain franc, puis à Sigebert, roi de Metz et d'Austrasie. Ces partages, obtenus souvent par la violence, inaugurent une ère mouvementée à laquelle met provisoirement un terme la domination des maires du palais d'Austrasie au VIIIe siècle, puis la suprématie de Charlemagne. C'est durant cette époque de bonne gestion qu'apparaissent les grands notables qui deviendront par la suite comtes héréditaires. Le traité de Verdun, en 843, place la Champagne dans la part de Charles le Chauve dont elle constitue la marche nord-orientale. Ce sort est celui de la province durant tout le reste du Moyen Âge, la Lorraine et la région meusienne proches étant incluses parmi les terres du Saint Empire romain germanique.

Les comtes de Champagne prennent de plus en plus d'importance et se considèrent bientôt les égaux des ducs de Bretagne, d'Anjou, de Bourgogne ou des comtes de Flandre. Eudes de France, fils de Robert le Fort, passe pour avoir inauguré cette brillante dynastie de comtes héréditaires à partir de 854. En 923 commence la lignée de la maison de Vermandois avec Herbert de Vermandois dont l'épouse, Hildebrande, est la petite-fille de Robert le Fort. En 1019, la suprématie régionale passe à la famille de Blois, dont le premier représentant est le comte Eudes. Malgré plusieurs divisions en branches aînées et cadettes, cette dynastie porte la Champagne au pinacle du monde féodal, fournissant aux croisés les chefs les plus valeureux, parmi lesquels Henri de Champagne, roi de Jérusalem (en fait de Saint-Jean-d'Acre seulement) de 1192 à 1197. Le titre comtal échoit alors à son frère Thibaud V, auquel succède Thibaud VI le Posthume. Celui-ci ajoute à son titre celui de roi de Navarre (1234). Les comtes de Champagne font de leur région une plaque tournante du commerce international en favorisant le développement d'un cycle annuel de foires à Lagny, Provins, Bar-sur-Aube et Troyes. Elles se développent à la fin du XIIe siècle sous les comtes Henri Ier le Libéral (1152-1181) et Thibaud V (1181-1191), et atteignent leur apogée au XIIIe siècle.

Thibaud VII, Henri III le Gros et Jeanne Ire, ses successeurs, règnent à la fois sur la Champagne et la Navarre, Jeanne apportant ces deux beaux fleurons avec sa dot pour son mariage avec le roi de France Philippe le Bel (1284). Dès lors le sort de la Champagne se confond avec celui de la couronne de France, bien que la réunion définitive de la province au royaume ne soit officialisée qu'en 1361. Placée entre les possessions des ducs de Bourgogne et celles des comtes de Flandre durant la guerre de Cent Ans, la Champagne connaît les affres de l'invasion, d'autant plus que sa population demeure fidèle à la couronne de France. Son attachement est renforcé par les convoitises des ducs bourguignons, fort désireux de réaliser à travers la Champagne une union territoriale idéale avec leurs possessions des Pays-Bas, du Luxembourg et du Brabant.

Effectivement, des garnisons anglo-bourguignonnes occupent les cités champenoises jusqu'aux éclatants succès de Jeanne d'Arc, désireuse de faire couronner Charles VII à Reims. C'est le cas de Troyes le 9 juillet 1429. À Châlons, l'approche de Jeanne incite la population, évêque en tête, à venir au devant de l'héroïne et de ses compagnons d'armes. Le 16 juillet voit leur entrée à Reims, et le lendemain se déroule la cérémonie du couronnement qui renoue avec une longue tradition capétienne. Ni les prétentions territoriales de Charles le Téméraire, ni les séquelles des guerres de Religion ne troublent l'existence d'une province vouée surtout à l'élevage en raison de la pauvreté légendaire de ses terres calcaires. Toutefois, le massacre de protestants à Wassy, le 1er mars 1562, par les partisans catholiques du duc de Guise, sera à l'origine de sanglantes épreuves fratricides. Les mesures édictées par Henri IV apportent enfin l'apaisement. Sedan, fief protestant, apanage de la famille de La Marck, est confisqué en 1641 au duc de Bouillon par Richelieu ; Mazarin jette son dévolu sur Rethel et en fait un duché-pairie : voici la frontière nord-est du royaume désormais solidement verrouillée. La mesure est judicieuse car le prince de Condé, en 1643, a arrêté les Espagnols à Rocroi, voie traditionnelle des invasions, Bayard, en 1521, ayant déjà défendu Mézières contre les Impériaux au terme d'un siège célèbre.

Derrière cet écran, la Champagne du Grand Siècle et du XVIIIe siècle connaît un répit qui favorise son développement. Colbert, originaire de Reims, apparaît à cette époque comme le symbole d'un renouveau économique qui favorise à la fois l'élevage, la bonification de certaines terres de culture, tout en permettant le développement de l'industrie alimentaire, à Reims, et des manufactures de tissages, à Reims aussi et à Troyes, haut lieu de la bonneterie. Mais le plus précieux de ces apports émane d'un moine bénédictin, religieux à l'abbaye de Hautvillers, qui met au point le principe de champagnisation. Ce procédé métamorphose, à la fin du XVIIe siècle, l'excellent vin blanc de la Montagne de Reims en un véritable nectar !

La Révolution française transforme les dix bailliages provinciaux en quatre départements : Marne, Haute-Marne, Aube et Ardennes. L'épopée militaire de cette époque mouvementée laisse la région à l'abri des soubresauts guerriers, la seule menace étant arrêtée en 1792 à Valmy, sur la route de Châlons, par Kellermann et Dumouriez. Il faut attendre 1814 pour voir revenir les épreuves de la guerre en terre champenoise. C'est sur son sol que l'Empereur aux abois jette les ultimes ressources de son savoir stratégique, moments de génie militaire qui n'apportent cependant que deuils et ruines pour un résultat nul. Ces pages héroïques sont écrites par les grognards de l'ex-Grande Armée et les jeunes conscrits de 1813-1814 à Saint-Dizier, Brienne, La Rothière, Champaubert, Montmirail, Vauchamps, Château-Thierry et autour des marais de Saint-Gond. Cosaques, troupes d'Alexandre Ier, Autrichiens de

Schwarzenberg, Prussiens de Blücher brûlent, pillent, rançonnent sur leur passage fermes et villages. Un siècle plus tard, exactement, le même flot dévastateur s'abat de nouveau sur la province, déferlant cette fois du nord. Plus heureux que Napoléon, Joffre choisit les petites collines du Perthois, du Montois et la modeste coupure du Grand Morin pour endiguer la ruée. Il y parvient au terme de six jours d'affrontements, du 5 au 11 septembre, distinguant finalement le nom de la Marne, rivière symbolique, pour qualifier la victoire qui sauve la France du désastre.

Ce succès n'apporte qu'un répit. Rien de décisif n'est joué, car le vaincu s'accroche à la plaine crayeuse au nord de Reims et de part et d'autre de Suippes. Les attaques de l'année 1915 entament à peine ses positions au prix de lourds sacrifices. Au contraire, lorsqu'en juillet 1918 l'envahisseur cherche la rupture définitive, c'est encore le secteur de Champagne qu'il choisit. Les 15 et 16 juillet, un coup de boutoir creuse une poche de 6 kilomètres de long autour de Château-Thierry. L'intention est de déborder largement Reims par le sud-ouest. Mais la contre-offensive que Foch déclenche le 18 rend la tentative vaine. Ludendorff est contraint au repli, les combats défensifs se prolongeant cependant au nord de l'Aisne et de la Vesle jusqu'au 3 août. C'est la seconde « victoire de la Marne ». Elle prélude à la libération définitive de toute la région, effective dans la première semaine de septembre.

CHAMPAGNY Jean-Baptiste de NOMPÈRE de, duc de Cadore (Roanne, 1756 – Paris, 1834)

Homme politique.

Il sert d'abord dans la marine, est envoyé aux États généraux de 1789 par la noblesse du Forez. Rapporteur du Comité de la marine, il est arrêté comme noble en 1793, puis libéré après le 9 Thermidor, vit dans la retraite jusqu'au Consulat. Bonaparte l'apprécie et le nomme conseiller d'État en 1800, ambassadeur à Vienne en 1801, ministre de l'Intérieur en 1804, des Relations extérieures en 1807, à la place de Talleyrand. Fait duc de Cadore en 1809, il conclut la même année le traité de Vienne, puis le mariage avec Marie-Louise. Champagny perd le portefeuille des Affaires étrangères en 1811, mais reste intendant de la couronne. Ministre secrétaire d'État de la régence en 1814, il reçoit le commandement d'une légion de la garde nationale, ce qui ne l'empêche pas d'adhérer à la déchéance de Napoléon. Il entre à la Chambre des pairs en 1819.

CHAMPART

*Droit seigneurial, portion de la récolte (*campi pars*) due au seigneur par le paysan censitaire.*

Il apparaît au XIIe siècle au moment des grands défrichements et se substitue au cens (fixe). Il porte essentiellement sur les grains, parfois sur les vignes. Sa quotité est très variable : parfois, mais rarement, un tiers de la récolte (tierçage), plus souvent la sixième gerbe (sixte) ou la vingtième (vingtain). La moyenne générale semble être de douze gerbes au cent.

CHAMPAUBERT (bataille de)

Victoire remportée pendant la campagne de France par Napoléon sur l'armée prussienne de Blücher, le 10 février 1814.

Cette victoire, remportée sur l'ennemi qui avançait le long de la Marne, et due à l'aide de Marmont, de Ney et de Mortier, n'est pas décisive. En effet, l'armée prussienne, rompue mais non détruite, peut se regrouper à Châlons et se renforcer avant de reprendre l'offensive, de concert avec l'armée de Schwarzenberg.

CHAMP-DE-MARS

Le Champ-de-Mars de Paris doit son existence à la création, en 1751, de l'École militaire.

C'est alors qu'est entreprise, sur l'emplacement de la plaine de Grenelle vouée jusque-là à la culture maraîchère, la construction d'une esplanade qui allait être le terrain de manœuvre des élèves de cette école. Elle reçoit le nom de Champ-de-Mars par allusion au Champ de Mars de la Rome antique qui servait aux évolutions militaires et aux assemblées du peuple. Mentionnée pour la première fois dans un guide en 1769, elle est le théâtre d'un certain nombre d'événements pittoresques. En 1780 s'y déroule, à la suite d'un pari, la première course de chevaux entre un jockey anglais, qui monte un cheval persan appartenant au prince de Nassau, et l'écuyer en chef de l'École militaire, qui sort vainqueur de l'épreuve. Là a lieu également, le 27 août 1783, l'expérience aérostatique de Charles et des frères Robert qui utilisent pour la première fois un ballon gonflé à l'hydrogène. L'année suivante, le 2 mars 1784, c'est la tentative de direction des aérostats de Blanchard.

Le Champ-de-Mars est considéré, à la veille de la Révolution, comme la place d'armes de la réaction dont l'École militaire, fermée en 1788, était l'arsenal. Mais il va subir une profonde transformation et devenir, sous la Révolution, l'Empire et la Restauration, le lieu de rassemblement préféré du peuple français et le cadre des grandes manifestations de la vie nationale. Le 14 juillet 1790, la célébration de la fête de la Fédération symbolise l'adhésion de la nation à la cause de la Révolution. Mais l'année suivante, le 17 juillet 1791, la fusillade du Champs-de-Mars scinde irrémédiablement le parti patriote en deux groupes ennemis. La plaine du Champ-de-Mars est le témoin d'autres événements mémorables : le 8 juin 1794, la fête de l'Être suprême, présidée par Robespierre ; le 3 novembre 1804, la distribution des aigles impériales ; le 1er juin 1815, la réunion de l'assemblée dite du Champ de mai au cours de laquelle est proclamé l'Acte additionnel aux Constitutions de l'Empire. Sous le Second Empire, le Champ-de-Mars devient enfin le lieu privilégié des grandes réjouissances populaires. Des courses de chevaux s'y déroulent jusqu'à l'ouverture de l'hippodrome de Longchamp (1857). Il est également l'emplacement choisi pour la plupart des expositions universelles (celles de 1867, 1878, 1889 – à l'occasion de laquelle est construite la tour Eiffel –, enfin les expositions de 1900 et 1937).

CHAMP DE MARS – CHAMP DE MAI

Au Moyen Âge, assemblée annuelle des hommes libres autour du roi franc.

Il s'agit à la fois d'une assemblée consultative, d'un tribunal, d'une collecte fiscale et d'un rassemblement militaire en vue d'un départ en campagne. Peu à peu l'extension du royaume conduisit à des convocations limitées, où ne venaient que les hommes libres de la région et les seuls aristocrates des régions lointaines. À partir du VIIIe siècle, le recours à la cavalerie fit repousser cette date à la pousse de l'herbe, à partir de mai. L'un des Champs de mars le plus connu est celui, mentionné par Grégoire de Tours, au cours duquel Clovis tua le soldat qui lui avait refusé le vase de Soissons. Chacune des grandes expéditions de Charlemagne partait un peu plus tard, lors des Champs de mai (à cause des besoins en fourrage pour nourrir les chevaux) : Roncevaux en 778, Hongrie en 791…

CHAMP-DE-MARS (fusillade du)

La fusillade du Champ-de-Mars, le 17 juillet 1791, est la conséquence immédiate du départ du roi (21 juin 1791).

Par sa fuite, Louis XVI s'est en effet clairement séparé de la Révolution, et l'émotion est intense dans la France entière. Le mouvement patriote le plus avancé s'en trouve renforcé et met pour la première fois en cause la royauté devant l'opinion. Dès le 21 juin, alors qu'on ignore encore où se trouve le roi, les Cordeliers demandent à l'Assemblée constituante de proclamer la République ou, tout au moins, de ne pas décider du sort de Louis XVI sans avoir consulté les assemblées primaires. Pétitions et manifestations se succèdent, mais l'Assemblée ne cède pas : elle refuse de traduire Louis XVI en jugement lorsqu'elle apprendra, le soir du 22 juin, l'arrestation du roi à Varennes, et s'en tient à la fiction de l'enlèvement de la famille royale. Les Cordeliers, par une nouvelle pétition républicaine, rédigée par Robert et mise au point par Brissot, demandent le « jugement du coupable et l'organisation d'un nouveau pouvoir exécutif ». Elle est déposée le 17 juillet, au Champ-de-Mars, sur l'autel de la patrie, pour y recevoir des signatures. Mais deux hommes cachés sous l'autel ayant été massacrés, l'Assemblée, prétextant des désordres, ordonne au maire de Paris, Bailly, de disperser le rassemblement. La loi martiale est proclamée et la garde nationale, commandée par La Fayette, envahit le Champ-de-Mars. Accueillie à coups de pierres, elle fait feu sans sommation sur la foule, tuant cinquante personnes. Une répression brutale s'ensuit : de nombreux meneurs de l'agitation républicaine sont arrêtés tandis que d'autres – tels Marat et Danton – doivent s'enfuir ou se cacher ; plusieurs journaux démocrates cessent de paraître ; le club des Cordeliers est fermé, le parti démocrate momentanément décapité. Les conséquences politiques de cet événement sanglant sont très importantes. La scission est irrémédiable entre la tendance modérée du mouvement patriote, qui a affirmé sa volonté de stopper la Révolution, au besoin par la force, et les éléments révolutionnaires les plus avancés.

Fusillade du Champ-de-Mars
Le Massacre du Champ-de-Mars. Dessin de Laffitte, musée de la ville de Paris, musée Carnavalet. © *Lauros-Giraudon*

CHAMPIONNET Jean Étienne (Valence, 1762 – Antibes, 1800)

Général.

Fils naturel d'un avocat et d'une paysanne, il sert d'abord dans l'armée d'Espagne. De retour en France en 1791, il prend l'année suivante le commandement d'un bataillon formé dans sa ville natale. Envoyé à l'armée du Rhin, il y franchit rapidement tous les échelons de la hiérarchie militaire jusqu'au grade de général de division. En 1794, affecté à l'armée de Sambre-et-Meuse, il contribue à la victoire de Fleurus et prend Juliers, Cologne et Düsseldorf. Mis à la tête de l'armée de Rome en 1798, il est chargé de défendre la Ville éternelle contre les alliés. Dans un premier temps, il est forcé de l'évacuer devant des forces supérieures. Ensuite, après avoir battu Mack, il parvient à reprendre Rome et à occuper successivement Gaëte, Capoue et Naples (janvier 1799) où il fonde la République parthénopéenne. Ayant expulsé pour concussion un agent du Directoire, il est destitué, traduit devant un conseil de guerre et incarcéré à Grenoble. Mais il est acquitté après le 30 prairial an VII et aussitôt libéré. Les nouveaux directeurs lui demandent d'assumer le commandement d'une armée des Alpes qu'il doit organiser complètement. Après quelques succès de médiocre importance, il se fait battre par les Austro-Russes à Genola (novembre 1799). Atteint par une violente épidémie qui ravage son armée, il meurt peu après à Antibes.

CHAMPLAIN Samuel de (Brouage, v. 1570 – Québec, 1635)

Explorateur et colonisateur.

Fils d'un pêcheur, Champlain sert d'abord dans l'armée royale contre la Ligue, et commence à voyager après l'édit de Nantes. Il quitte la France en juillet 1598 sur un navire espagnol, visite l'Amérique espagnole et les Antilles, et regagne la France en 1600. Nommé géographe du roi à son retour, Champlain ne songe plus qu'à repartir, dans l'intention de rejoindre la Chine par le Canada, vieux rêve de nombreux navigateurs. Il parvient à convaincre le gouverneur du Canada, Chastes, et s'embarque en 1603 avec Pontgravé, pour explorer le Saint-Laurent. Samuel Champlain accomplit ainsi le premier de ses onze voyages au Canada, où il passera près de vingt années en trente ans. Il revient en France en 1603, à l'automne, persuadé de la nécessité de cultiver les bonnes terres d'Acadie, et de créer des postes de traite, à la fois pour le commerce des fourrures et comme points de départ d'autres explorations.

Samuel de Champlain
Paris, Bibliothèque nationale de France.
© *Lauros-Giraudon*

Château de Champs
Vue du château. © *Sélection Images*

Lors d'un second voyage en 1604, avec Mons, Champlain explore l'Acadie, participe à la fondation de Port-Royal, visite une partie des côtes de l'Amérique du Nord. En 1608, il repart de France avec deux navires, remonte le Saguenay et le Saint-Laurent, fonde Québec. Il recherche l'appui des indigènes, s'allie aux Algonquins et aux Hurons contre les Iroquois. Un de ses buts est la conversion des indigènes, c'est pourquoi il amènera au Canada des jésuites et des récollets. En même temps, il continue à chercher au nord la route de la Chine et des Indes. En 1609, il découvre le lac qui portera son nom.

En décembre 1612, nommé lieutenant général du roi en Nouvelle-France, il est choisi par le prince de Condé comme lieutenant. Champlain continue à explorer, à coloniser et à convertir, sans parvenir à intéresser les Français à ses grands projets. Il lui faudra attendre Richelieu, et 1633, pour recevoir une aide réelle. Il ne s'entend guère avec les marchands, avec la compagnie fondée par Mons, qui ne s'intéresse qu'au commerce des fourrures et cherche à entraver l'installation des colons. Nommé lieutenant par Montmorency, successeur de Condé (1620), Champlain doit faire face aux incursions anglaises : Québec est attaquée en 1629 malgré les traités. Champlain est pris et conduit en Angleterre, avec laquelle la France pourtant est en paix depuis trois mois. Il se bat pour la restitution de Québec et de sa région à la France, et regagne son poste après le traité de Saint-Germain (1632). Nommé la même année « lieutenant dans toute l'étendue du Saint-Laurent », il continue son œuvre au Canada et meurt à Québec.

CHAMPMOL (chartreuse de)

Elle fut fondée aux portes de Dijon par le duc de Bourgogne Philippe le Hardi pour être le Saint-Denis de la maison de Valois-Bourgogne (1383).

L'architecte en est Drouet de Dammartin ; les premières sculptures sont confiées au très fameux Claus Sluter, dont l'œuvre est poursuivie, après sa mort, par son neveu Claus de Werve et par divers artistes. De Sluter il subsiste encore le portail de la chapelle et le *Puits de Moïse,* transférés de Champmol à Dijon, le *Christ* ainsi que le tombeau de Philippe le Hardi, achevé en 1411 par Claus de Werve. Le tombeau de Jean sans Peur, exécuté en 1469 par Jean de La Huerta et Antoine Le Moiturier pour Champmol, est également visible aujourd'hui au musée de Dijon.

CHAMPOLLION Jean-François (Figeac, 1790 – Paris, 1832)

Égyptologue.

Éduqué par son frère aîné Jacques-Joseph (dit Champollion-Figeac), passionné par l'Égypte, Champollion, encore pensionnaire au lycée de Grenoble, se met à apprendre, en plus du latin et du grec obligatoires, l'hébreu, l'arabe, le syriaque et le chaldéen. Docteur ès lettres, secrétaire de la faculté des lettres, il commence à être connu lorsque la chute de Napoléon brise sa carrière : la Restauration le destitue de ses fonctions. Il ouvre une école privée, est réintégré, puis à nouveau destitué. Réfugié à Paris, il s'adonne à ses recherches et se lance dans la course pour être le premier à déchiffrer l'écriture égyptienne. Trois concurrents sérieux (Young, Aberblad et Sacxy) sont en lice, mais c'est lui qui l'emporte. Le 27 septembre 1822, il adresse une lettre à l'Académie des inscriptions annonçant qu'il lit les hiéroglyphes. Au vrai, à cette date, il ne lit encore que les seuls mots transcrits du grec en caractères hiéroglyphiques. Le 31 juillet 1828, il s'embarque pour l'Égypte. À force de tâtonnements, étudiant les textes recopiés par les voyageurs et surtout la fameuse pierre de Rosette découverte au cours de la campagne de Bonaparte, il perce les secret de l'écriture égyptienne. Des signes déchiffrés, les uns sont idéographiques, les autres phonétiques. Sa découverte lui permet, en dix ans à peine, d'écrire une grammaire de la langue égyptienne et d'entreprendre un dictionnaire, inachevé à sa mort. Il a aussi été professeur de paléographie à l'École des chartes.

CHAMPS (château de)

Château construit à la fin du XVIIe siècle par l'architecte Jean-Baptiste Bullet de Chamblain pour le fastueux financier Charles Renouard de La Touane, trésorier général de l'extraordinaire des guerres.

Il ne comprend à l'origine qu'un pavillon aux proportions modestes, qui constitue l'élément central du château actuel. En 1701, après la faillite de son premier propriétaire, il est acquis par un autre « traitant », Paul Poisson de Bourvalais, un ancien laquais qui a fait fortune comme fournisseur des armées. C'est pour lui que Bullet, entre 1703 et 1707, agrandit le bâtiment central en lui donnant l'aspect qu'il a conservé jusqu'à nos jours, celui d'un édifice au style calme et sobre, dans la tradition classique définie par Mansart, mais avec un souci nouveau de commodité qui apparaît dans la distribution intérieure. Bourvalais est arrêté en 1716 pour malversations, et le domaine, saisi, est acheté deux ans plus tard par la fille de Louis XIV et de Louise de La Vallière, la princesse de Conti qui, en 1739, le revend à son neveu, le duc de La Vallière. Celui-ci poursuit les aménagements et fait tracer de magnifiques jardins à la française. De 1757 à 1760, il le loue à la marquise de Pompadour. Au moment de la Révolution, le château appartient à la marquise de Marbœuf, qui meurt sur l'échafaud en 1794 tandis que le château est dévasté. Le duc de Lévis, son neveu, en devient propriétaire en 1801. Champs est enfin acheté en 1891 par un mécène, le comte Cahen d'Anvers. Son fils en fait don à l'État en 1934. Il a été aménagé pour servir de résidence à certains hôtes officiels de la France.

Chancelier

Du bas latin cancellarius, *« huissier », littéralement gardien de la grille ou de la barre, au prétoire.*

En France, ce nom désigne des officiers ou des ministres, royaux ou impériaux selon les époques, à qui est confiée l'administration de la justice. Leur dignité est définie par la garde des sceaux. En fait, l'histoire de la chancellerie de l'ancienne monarchie française est une des plus compliquées qui soient. À l'époque mérovingienne, les *cancellarii* sont deux, ou plus ; leurs tâches ne se distinguent guère de celles des simples scribes. C'est avec les Carolingiens qu'apparaissent les premiers chanceliers uniques, dotés de responsabilités importantes. La rédaction et l'expédition des diplômes et des actes législatifs du souverain leur sont dévolues. Mais à partir du milieu du IXe siècle, ils sont en quelque sorte coiffés par les archichapelains, chefs réels de la chancellerie. Toutefois, cet état d'infériorité ne dure pas. Si bien que, dans le courant du XIIe siècle, le roi prend ombrage de l'autorité grandissante du chancelier : de la fin du XIIe siècle à la fin du XIIIe siècle, l'office n'est plus attribué. Néanmoins le titre subsiste ; il est donné – mais par pure courtoisie – au garde des Sceaux, qui a hérité de la majeure partie des fonctions du chancelier. C'est sous Louis X que charge et titre, de nouveau attribués au même personnage, sont intégralement restaurés. Au XIVe siècle, il ne s'agit plus de restauration, mais d'une véritable ascension : le chancelier ne tarde pas à devenir le second personnage du gouvernement avant le connétable, qui a pourtant le pas sur lui.

Le connétable a la direction des armées, mais le nerf de la guerre, la finance, lui échappe totalement. Le chancelier a quant à lui ajouté à ses attributions traditionnelles (rédaction des actes royaux, apposition du sceau) le droit de juger en parlement, avec préséance sur les autres juges ; la direction du Conseil royal en l'absence du roi ; la nomination, dans des cas déterminés, de certains officiers ; le contrôle des dépenses et recettes du receveur général des Finances. Tant que le chancelier est nommé par le roi, on peut espérer que les deux plus hautes autorités du royaume ne se heurteront pas. Or, sous le règne du très ordonné Charles V, les membres du Conseil se font reconnaître le droit d'élire le chef de la chancellerie et, au XVIe siècle, l'inamovibilité du chancelier, passée en usage depuis quelque temps, acquiert force de loi. En cas de conflit, le roi a la solution d'exiler le chancelier en donnant ses fonctions à un garde des Sceaux révocable. Cette pratique – qui interdit toute nomination d'un nouveau chancelier avant la mort du titulaire éloigné – sera fréquente aux XVIIe et XVIIIe siècles. L'exemple le plus couramment cité est Maupeou, qui reste chancelier de 1774 à 1790 malgré sa disgrâce. Mais le retrait des sceaux n'est point toujours l'effet du mécontentement royal ou de la pression populaire s'exerçant contre le chancelier ; il peut faire un heureux, le nouveau garde des Sceaux. Sous Mazarin, l'attribution des sceaux indépendamment de la chancellerie est un moyen qui permet de s'attacher provisoirement un ennemi (Châteauneuf) et de récompenser un ami (Molé), sans ruiner pour autant la carrière du « fonctionnaire parfait » qu'est le chancelier Séguier, qui meurt en possession des sceaux après les avoir perdus deux fois.

Supprimée en 1790, la dignité de chancelier de France est rétablie en 1804 avec le titre d'archichancelier. La dénomination originelle est reprise par la Restauration. Après la révolution de juillet 1830, titre et fonction connaissent une nouvelle éclipse de sept ans. Le dernier chancelier de France sera, de 1837 à 1848, Étienne Pasquier.

Chandernagor

Ville de l'Inde (Bengale occidental).

Deslandes-Bouré y fonde en 1686 un établissement français. Elle est un des cinq comptoirs, avec Pondichéry, Yanaon, Karikal et Mahé que la France conservera après la perte de son empire des Indes, à la suite du traité de Paris en 1763. La ville est cédée à l'Inde en 1951.

Changarnier Nicolas (Autun, 1793 – Paris, 1877)

Général et homme politique.

Ancien élève de Saint-Cyr, il se distingue brillamment au cours des opérations de conquête de l'Algérie. Nommé en 1843 général de division, il est élevé en 1847, par le duc d'Aumale, au commandement de la division d'Alger. En mai 1848, il remplace le général Cavaignac dans le gouvernement de l'Algérie. Mais, appelé par les suffrages des électeurs de la Seine à l'Assemblée nationale, il rentre en France où, après l'insurrection de juin 1848, le général Cavaignac l'investit du commandement supérieur de la garde nationale de Paris. Il est maintenu dans ce poste lorsque le prince Louis Napoléon est élu à la présidence de la République, et reçoit de plus le commandement de toutes les troupes formant l'armée de Paris. Pour s'être rallié aux monarchistes et avoir ouvertement affirmé son hostilité à un coup d'État éventuel, il est arrêté et expulsé de France après le 2 décembre 1851. Il y revient en 1859, mais reste suspect aux yeux du régime et sera placé pendant la guerre de 1870 sous les ordres de Bazaine. Élu député à l'Assemblée nationale en 1871, il prend la tête d'un petit groupe de députés royalistes, dit « groupe Changarnier », signe, le 24 mai 1873, l'interpellation qui provoque la chute de Thiers et vote contre les lois constitutionnelles de 1875 qui établissent la République. Il est élu la même année sénateur inamovible mais meurt deux ans plus tard.

Chansons de geste

Poèmes épiques dont les plus anciens datent de la fin du XIe siècle, comme La Chanson de Roland, *et dont l'âge d'or se situe entre 1150 et 1250 (on en dénombre alors une centaine).*

Dès le XIIIe siècle, les chansons de geste sont définies comme étant la célébration des exploits des héros et des rois et, comme telles, servent de modèle aux chevaliers. Ils y retrouvent les hauts faits (en latin *gesta*) de leurs glorieux ancêtres, compagnons de Charlemagne, et un rappel des préceptes qui doivent diriger leur vie, en particulier les devoirs qu'entraîne le lien vassalique. Ces chansons sont empreintes également de préoccupations politiques, en un siècle où les rois emploient toutes leurs forces à reconstituer l'unité du royaume de France et à rappeler à ses devoirs une noblesse souvent récalcitrante. On pense aujourd'hui que les chansons de geste ont pour origine une tradition orale qui a peu à peu idéalisé les grandes actions passées des héros carolingiens. Dès 1030, des témoins parlent de ces chants, exécutés par un jongleur sur une musique sobre. Plus tôt encore, Charlemagne avait souhaité la transcription de chants en l'honneur d'anciens rois.

La chanson de geste prolifère autour d'une figure héroïque centrale enrichie par les enfances, les ancêtres, la famille, les voyages. La *Geste de Charlemagne* illustre plus particulièrement la lutte contre l'Islam, le rêve d'un Occident uni, la foi en la mission sacré du roi. La *Geste de Guillaume* défend la cause des vassaux fidèles à un roi encore faible (*Le Couronnement de Louis* interprète l'avènement de Louis le Débonnaire à la lumière du sacre de Louis VII). La *Geste de Doon de Mayence* ou *Raoul de Cambrai* rappellent ce que coûte la révolte contre son seigneur ou les luttes entre lignages rivaux. *Huon de Bordeaux* est un cycle de chansons d'aventures.

Dès la fin du XIIe siècle, le raffinement courtois apparaît dans les dialogues où l'appel du bonheur, le merveilleux féerique le disputent à la prouesse. Dans la deuxième moitié du XIIIe siècle, la différence avec le roman de chevalerie n'est plus très nette (*Chronique rimée de Philippe Mousket*). La passion pour l'histoire des rois, le goût de l'aventure et la propagande se mêlent dans les chansons du XIVe siècle (*Charles le Chauve*, *La Chanson de Hugues Capet*). À ce moment, les liens avec l'oralité ont disparu et les poèmes sont manifestement destinés à la lecture. Au XVe siècle, les chansons s'écrivent en prose, mais elles ne sont plus que des remaniements de chansons plus anciennes.

Chanson de Roland (La)

La plus ancienne des chansons de geste françaises.

Elle fut écrite à la fin du XIe siècle par un clerc inconnu et se rattache aux aventures espagnoles de Charlemagne dont l'arrière-garde, commandée par Roland, préfet de la marche de Bretagne, est surprise par les Basques le 15 août 778 dans le défilé de Roncevaux et massacrée. De ces faits d'importance secondaire l'auteur fait un épisode de la guerre sainte. Roland, neveu de Charlemagne, est détesté de Ganelon, son « parâtre », qui trahit pour le perdre. Il convient, avec le roi sarrasin Marsile, d'un guet-apens où tombera l'arrière-garde de Charlemagne dont il fait confier le commandement à Roland. Lorsque les païens surviennent, Roland refuse d'écouter les conseils du sage Olivier qui le conjure d'avertir Charlemagne en sonnant du cor. Il veut se battre sans secours. Les douze pairs (dont il fait partie) multiplient les hauts faits d'armes mais la bataille est trop inégale. Après la seconde attaque ennemie, Roland se décide à sonner du cor. Si fort et si désespérément

La Chanson de Roland
Roland au col de Roncevaux. Huile sur toile de L. Guesnet, XIXe siècle, musée de Périgueux. © *Roger-Viollet*

qu'il se fait éclater la tempe. À la troisième attaque, les derniers compagnons de Roland, Olivier et Turpin, sont tués mais, au loin, on entend déjà les trompes qui annoncent l'arrivée de Charlemagne. Les Sarrasins s'enfuient et Roland, seul mais invaincu, après avoir tenté en vain de briser son épée Durandal, se couche sous un pin pour mourir et remettre son âme à Dieu. Charlemagne le vengera impitoyablement : il infligera une cuisante défaite aux Sarrasins, prendra Saragosse et, de retour à Aix, punira Ganelon de mort tandis que la belle fiancée de Roland, Aude, mourra de douleur en apprenant la mort de son bien-aimé.

Composée de 4 002 vers décasyllabes assonancés, *La Chanson de Roland*, par la peinture qu'elle donne de l'âme chevaleresque, exprime de façon caractéristique l'idéal féodal du XIe et du XIIe siècle et reste l'épopée la plus parfaite du Moyen Âge. Mais elle prête encore à bien des interprétations. Si personne ne doute plus que Turold a signé, vers 1170, le plus beau et probablement le plus ancien texte découvert en 1832 à la bibliothèque Bodléienne d'Oxford, on se demande encore dans quelle mesure il n'aurait pas modifié un original français remontant probablement à la seconde moitié du XIe siècle. Il n'a pas davantage été possible d'établir de façon certaine s'il s'agit d'une œuvre collective ou individuelle et quels intermédiaires ont pu transformer l'épisode de 778 en ce récit épique postérieur de trois siècles. Enfin, Roland est-il avant tout un chevalier chrétien soucieux de la défense de la foi et de son salut ou doit-on surtout voir en lui un héros militaire et un féodal préoccupé par son honneur et celui de son seigneur ? Sa geste peut, en tout cas, être rattachée à la propagande pour la *Reconquista* espagnole quand, au milieu du XIIe siècle, elle devint une guerre sainte et une véritable croisade.

CHANTIERS DE JEUNESSE

Groupements de jeunesse créés le 30 juillet 1940.

Les Chantiers de jeunesse naissent paradoxalement d'un vide et d'un surcroît : le vide intervient le 25 juin 1940 après la dissolution des corps d'armée, conformément à l'armistice signé avec le Reich ; le surcroît, ce sont les 92 000 jeunes hommes de la classe 1940 dont on ne sait que faire et que le régime de Vichy refuse de voir se transformer en délinquants errants. Le général Colson, secrétaire d'État à la Guerre, songe alors au général de La Porte du Theil pour deux raisons. Il avait démontré ses talents d'organisateur en dirigeant dans les années 1920 le mouvement scoutiste d'Île-de-France et son catholicisme moral, voire moralisateur, correspond à l'un des piliers de la Révolution nationale. Le 30 juillet 1940 est instauré un service civil de six mois, les appelés passant sous le contrôle du ministère de la Jeunesse et de la Famille. Le 18 janvier 1941, les Chantiers sont pérennisés et obligent les jeunes de 20 ans à effectuer un stage de huit mois. Au total, 400 000 garçons passeront dans ces camps. Ceux-ci sont installés à la campagne, en vertu du leitmotiv vichyste de la corruption des esprits par la ville, divisés en 41 groupes de 2 000 personnes constituées en équipes d'une dizaine d'individus, d'origines sociales volontairement brassées. On adopte un style militaire (uniforme kaki, salut aux couleurs), mélangé de sport (gymnastique quotidienne) et de scoutisme (veillées et feux de camp), le tout sur fond d'éducation scolaire (préparation du certificat d'études ou du baccalauréat) et morale (sens de l'honneur, vertus de la camaraderie, ce qui n'empêche pas d'exclure les Juifs à partir de juillet 1942).

L'évolution du conflit précipite la fin de l'expérience. Le 5 mars 1943, sous la pression allemande et contre l'avis de Pétain, les Chantiers sont placés sous l'autorité de Laval, dans la logique de la relève et du STO : 19 000 jeunes partent travailler en Allemagne, entre mars et octobre. De surcroît, les Allemands s'inquiètent de la localisation de certains camps près des côtes en cas de débarquement et du rôle que pourraient jouer ces jeunes dans les combats. En janvier 1944, en raison de sa mauvaise volonté dans l'organisation des convois, La Porte du Theil est arrêté et déporté à Munich. Les Chantiers se disloquent, un petit nombre de leurs membres rejoignant les maquis ; le 9 juin 1944, les Chantiers sont dissous. Le général de La Porte du Theil, condamné en Haute Cour en 1945, est relevé de son indignité nationale deux ans plus tard.

CHANTILLY

Ville de l'Oise, sur la Nonette, qui possède un magnifique château, modifié ou reconstruit à plusieurs reprises entre l'époque gallo-romaine et le XIXe siècle.

À l'origine du château de Chantilly se trouve une maison fortifiée construite sur un îlot rocheux, au milieu des étangs et de la forêt, par le Gallo-Romain Cantilius. Vers la fin du Xe siècle, un seigneur du nom de Le Bouteiller édifie un château fort sur le même emplacement. Après la destruction de ce bâtiment par la Jacquerie, en 1358, Pierre d'Orgemont, qui acquiert la seigneurie en 1386, construit une nouvelle citadelle, toujours sur le même emplacement. En 1450, Marguerite, dernière héritière des Orgemont, apporte en dot le château à son époux, le baron de Montmorency. Guillaume de Montmorency, possesseur du château depuis 1484, fait reconstruire la chapelle et donne en 1522 le domaine de Chantilly à son fils aîné, Anne, futur connétable de France. Ce dernier, de 1527 à 1532 environ, demande à l'architecte Pierre II Chambiges de transformer le château tout en conservant le plan primitif. Entre 1550 et 1560, Jean Bullant édifie sur une île le bâtiment de la capitainerie, appelé par la suite « petit château », qui seul demeure aujourd'hui dans son état primitif.

Henri II de Montmorency, coupable d'avoir conspiré contre Louis XIII et Richelieu, est exécuté en 1632 et son château confisqué. En 1643, Anne d'Autriche restitue Chantilly à Charlotte de Montmorency, sœur d'Henri et mère de Louis, plus tard prince de Condé, qui vient de remporter la victoire de Rocroi. Louis XIV le confisque au prince après la Fronde, et le lui rend à la suite de la paix des Pyrénées, en lui accordant son pardon. Le Grand Condé entreprend à son tour des travaux considérables à Chantilly : Le Nôtre et La Quintinie dessinent tout d'abord de vastes jardins, où la Nonette, régularisée, prend le nom de Grand Canal. Le 23 avril 1671, et les deux jours suivants, Condé reçoit à Chantilly le roi et toute la Cour, soit environ 5 000 personnes. Vatel, « contrôleur de la Bouche de Monsieur le Prince », règne sur une armée de cuisiniers et de valets. Au repas du soir, le 23 avril, le rôti manque à deux des soixante tables de quatre-vingts personnes. Vatel s'en désole. Au matin, la marée nécessaire à la préparation du dîner (déjeuner) n'arrive pas : épuisé et désespéré, Vatel se suicide avec son épée. Quelques années plus tard, trouvant le bâtiment incommode, le prince fait entièrement reconstruire le grand château, sur ses fondations. Jules Hardouin-Mansart est chargé de cette reconstruction, tandis que dans la galerie du petit château, dite « des Actions de Monsieur le Prince », Sauveur Lecomte rappelle par ses toiles les victoires du Grand Condé.

Après la mort du prince en 1686, son fils poursuit les travaux du grand château et, de 1719 à 1735, fait élever par Jean Aubert, architecte d'Henri de Bourbon, arrière-petit-fils du Grand Condé, les célèbres Grandes Écuries, situées à l'ouest du grand château, qui constituent un des plus beaux exemples de l'architecture civile de cette période. Louis-Joseph de Bourbon, avant-dernier prince de Condé, construit à l'est de la terrasse un nouveau bâtiment, destiné à son petit-fils le duc d'Enghien, fusillé sur les ordres de Bonaparte en 1804, et qui porte le nom de château d'Enghien. En 1772 enfin, le prince fait bâtir dans le parc un hameau composé de petites maisons pseudo-rustiques et entouré d'un jardin à l'anglaise. Saisi sous la Révolution, le domaine est pillé et morcelé, le grand château rasé. L'ensemble est en piteux état lorsque le duc d'Aumale, héritier du duc de Bourbon, le dernier Condé, en prend possession sous la monarchie de Juillet. Le duc entreprend de remettre Chantilly en état, à partir de 1840. Les travaux, interrompus sous le Second Empire, reprennent de 1876 à 1882 sous la direction de l'architecte Daumet : le grand château est entièrement reconstruit sur ses fondations, dans un style qui pastiche celui de la Renaissance. Le duc réunit à Chantilly de magnifiques collections de peintures, de manuscrits, de tapisseries et de sculptures qu'il lègue, puis donne (1886) à l'Institut de France, avec le château. À sa mort, en 1897, l'ensemble prend le nom de musée Condé. Chantilly abrite d'octobre 1914 à janvier 1917 le Grand Quartier général de l'armée française, il est le siège d'importantes conférences alliées, en juillet et décembre 1915, et novembre 1916.

CHANZY Antoine Alfred (Nouart, 1823 – Châlons-sur-Marne, 1883)

Général.

Dès sa sortie de Saint-Cyr et jusqu'en 1870, il sert dans les zouaves en Algérie, pays qu'il ne quitte qu'à l'occasion des guerres d'Italie et de Syrie, et de l'occupation de Rome, de 1864 à 1868. Il commande les subdivisions de Tlemcen et de Sidi-bel-Abbes. En 1870, Gambetta lui donne le commandement du 16e corps qu'on voit se distinguer à Coulmiers et qui est vainqueur à Patay, puis celui de la IIe armée de la Loire, en remplacement d'Aurelle de Paladines. Pendant six semaines, avec des troupes peu aguerries, il dispute chèrement le terrain aux Allemands. Vainqueur à Vendôme et à Montoire, il est contraint à la retraite au Mans, évitant toutefois la débandade. L'armistice est signé le 28 janvier 1871. Représentant des Ardennes à l'Assemblée nationale, il s'oppose à la paix. Commandant du 7e corps (1872), il est nommé gouverneur général de l'Algérie (1873). Il fait alors preuve d'autorité et s'aliène la gauche. En 1875, il est élu sénateur inamovible. En 1879, sans être candidat, il recueille 99 voix à l'élection pour la présidence de la République. La même année, après avoir été un moment ambassadeur en Russie, il revient en France où il prend le commandement du 6e corps d'armée.

CHAPE – CHAPELLE

Ensemble des objets nécessaires au déroulement du culte (à l'origine du mot, la chape de saint Martin, gardée dans l'oratoire mobile des rois de France).

Le mot désigna ensuite le bâtiment lui-même, pouvant être soit une pièce réservée au culte dans un lieu privé, château, collège, hôpital (dans ce dernier, il n'est pas rare qu'au Moyen Âge la chapelle serve en même temps de salle des malades) ; soit un oratoire intégré dans le plan général d'une église ou édifié en annexe ; soit encore un édifice indépendant, parfois aussi grand qu'une église mais n'en remplissant pas les fonctions (pas d'offices réguliers, pas de fonts baptismaux). Par extension, le mot désigne le corps des ecclésiastiques desservant cet édifice.

CHAPTAL Jean-Antoine, comte de Chanteloup (Nojaret, près de Mende, 1756 – Paris, 1832)

Chimiste et homme politique.

Son oncle, riche médecin à Montpellier, le fait entrer à la faculté de médecine de cette ville où il est reçu docteur en 1777. Un séjour à Paris le rend célèbre et, en 1781, les états du Languedoc fondent en sa faveur une chaire de chimie à l'École de médecine de Montpellier. Il y développe de façon remarquable la doctrine de Lavoisier et crée plusieurs fabriques de produits chimiques. L'acide sulfurique, l'alun artificiel sont mis dans le commerce pour la première fois grâce à lui et, en récompense de ses services, il obtient en 1787 des lettres de noblesse. La Révolution trouve en lui un ardent partisan. Il est arrêté après le 31 mai 1793 pour n'avoir pas caché ses sympathies girondines, mais est très vite élargi. Il part alors pour Paris où il est placé à la tête des ateliers de salpêtre de Grenelle. Puis il est chargé quelque temps après du cours de chimie végétale à l'École polytechnique. Admis à l'Institut lors de sa fondation en 1795, il est nommé conseiller d'État après le 18 Brumaire et reçoit en 1800 le portefeuille de l'Intérieur. On lui doit l'établissement des chambres de commerce, la fondation de la première école d'arts et métiers sur le modèle de celle qu'avait créée La Rochefoucauld-Liancourt, et la réalisation presque complète du réseau des canaux français. Il développe la culture de la betterave et du pastel, multiplie les encouragements à l'industrie, travaille à l'aménagement des hospices, mais s'intéresse aussi aux arts. Après sa démission en 1804, Napoléon le fait entrer au Sénat impérial dont il devient trésorier. Au retour de l'île d'Elbe, il accepte la direction du commerce et des manufactures, ce qui lui vaut d'être rayé par Louis XVIII de la pairie. Il y sera réintégré quelques années plus tard. Après la réorganisation de l'Institut en 1816, il fait partie, au sein de l'Académie des sciences, de la section de chimie.

Charbon

Source d'énergie, le charbon est à la base de la révolution industrielle qui naît en Angleterre au XVIIIe siècle et se diffuse sur le continent au XIXe siècle.

En effet, c'est lui qui permet l'essor du machinisme. La machine à vapeur en est le symbole et l'outil principal. La houille est le « pain de l'industrie ». Même dans une France pauvre en sources d'énergie, il est le combustible essentiel et la matière de base de l'industrie chimique. Sa production se concentre essentiellement dans le Nord, le Pas-de-Calais et la Lorraine, mais il existe aussi un bassin dans le Centre-Midi. De 1871 à 1914, la production annuelle passe de 17 à 40 millions de tonnes et le rendement par mineur de 540 à 735 kg, mais il faut importer le tiers de la consommation. Fournissant 90 % de l'énergie en 1913, concurrencé par d'autres sources d'énergie – le pétrole, l'électricité ou le nucléaire –, le charbon perd de son importance dans les années 1960. Le pacte charbonnier de 1994 prévoit la fermeture des mines en France en 2005.

Charbonnerie

Société politique secrète qui se développe en Italie puis en France, sous l'Empire et la Restauration.

Contrairement à une opinion longtemps répandue, la Charbonnerie n'est pas née en Italie mais en France : à l'origine de la société se trouve une « association des charbonniers », apparue bien avant la Révolution en pays franc-comtois. Un de ses membres, Briot, devenu en 1806 intendant dans les Abruzzes, en transmet les traditions à cette province : les *carbonari* sont ainsi les héritiers des charbonniers français. Sous l'Empire, la Charbonnerie (*Carbonaria*) défend les droits du roi de Naples Ferdinand IV et de son épouse Caroline, réfugiés en Sicile, contre Murat. Après la chute de l'Empire, elle lutte contre la domination autrichienne et les souverains restaurés.

En 1820 se réfugient à Naples deux jeunes révolutionnaires français, Joubert et Dugied, poursuivis après l'échec des journées révolutionnaires du mois d'août. Ils rencontrent des *carbonari*, observent avec enthousiasme l'organisation de leur société et, de retour en France, entreprennent avec leurs amis Bazard et Buchez d'organiser une Charbonnerie française. Du modèle italien, les fondateurs conservent le principe du secret, certains rites d'initiation paramaçonniques – eux-mêmes ont appartenu à une loge maçonnique – et l'émiettement des affiliés. Les charbonniers français, qui se nomment « bons cousins », sont répartis en « ventes » de dix à vingt membres. Pour préserver le secret, chaque fondateur de « vente », appelé « député », est seul à correspondre avec l'échelon supérieur, et les « bons cousins » ne connaissent que les membres de leur propre vente. À la base se trouvent les ventes par-

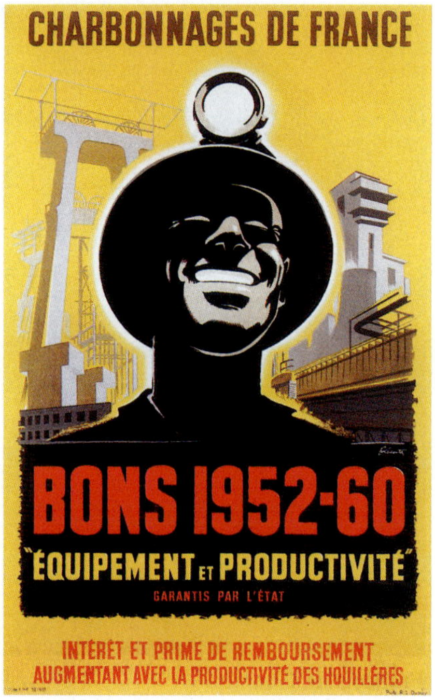

Charbon
Une affiche des charbonnages de France © *Kharbine-Tapaboz*

ticulières, au-dessus les ventes départementales ou centrales, ou mères, composées de vingt députés ; au sommet enfin, la haute vente ou vente suprême, composée de délégués des députés.

La Charbonnerie, fondée le 1er mai 1821, recrute dans des milieux très divers. On y trouve des employés, des avocats, d'anciens soldats de l'Empire, des demi-soldes, des intellectuels comme l'historien Augustin Thierry ou les philosophes Victor Cousin et Jouffroy. Le révolutionnaire Buonarroti, l'utopiste Étienne Cabet, Pierre Leroux, précurseur du socialisme, Auguste Blanqui seront aussi de la Charbonnerie. Parmi les membres de la vente suprême figurent La Fayette, Voyer d'Argenson, Manuel, Dupont de l'Eure, etc. Cette diversité d'origines nuit à la cohésion de la société : ses principaux fondateurs, Dugied et Bazard, auraient souhaité que l'établissement de la république fût son but final. Mais les bourgeois qui appartiennent à la Charbonnerie redoutent le spectre de la Terreur, tandis que les officiers et demi-soldes restent fidèles au bonapartisme : les fondateurs doivent se contenter de proclamer la souveraineté nationale et le droit du peuple à choisir son gouvernement. Réclamant la liberté, et non un accroissement de la liberté comme le souhaitent à ce moment les libéraux français, ils se situent bien en avant de ces derniers. Les tentatives révolutionnaires du général Berton, du colonel Caron et des Quatre Sergents de La Rochelle manifestent l'activité d'une société qui compte, dans sa période la plus faste, 4 000 affiliés à Paris, et autant en province. Bientôt divisée par la diversité même de ses tendances, la Charbonnerie se fond dans les divers mouvements républicains après la révolution de 1830.

Char d'assaut

Arme secrète à l'origine, on le fait passer pour des citernes, d'où le nom de tank.

Le 15 septembre 1916, à Flers, dans la Somme, neuf engins blindés britanniques sèment la panique dans les lignes allemandes. Montés sur chenilles, ils résolvent enfin un triple obstacle : les tranchées, les barbelés, le feu. La Première Guerre mondiale leur offre un premier théâtre d'hostilités – restreint puisque au départ seuls 39 engins évoluent. À la même époque, Estienne, un général français, surnommé depuis « le père des chars », met au point des engins similaires, mais seul l'apport des Américains lui permet de munir de chenilles les tracteurs agricoles. Si les Allemands n'accordent que peu d'attention à l'arme nouvelle, les Français y croient d'emblée, et Renault, dès le 11 novembre 1918, livre 3 177 chars d'assaut. Déterminant pour la stratégie, le char accompagne l'infanterie ou seconde toute pièce d'artillerie. L'association entre cavalerie et blindés, extrêmement efficace, sera plus tardive. La Seconde Guerre mondiale voit évoluer les chars sur tous les champs de bataille et remporter des succès décisifs. Depuis, les combats ne se conçoivent plus sans leur utilisation. Même durant la guerre du Golfe, « guerre des nouvelles technologies », 5 000 chars alliés ont participé à l'opération Tempête du désert.

Charette de La Contrie Athanase de (Nantes, 1832 – Basse-Motte, 1911)

Militaire.

Petit-neveu de François de Charette. Lieutenant-colonel, il prend part en Italie aux combats des zouaves pontificaux, qu'il organise pour la défense des États de l'Église. Il combat à Castelfidardo (1860), Mentana (1867) et devant Rome (1870). Il s'illustre ensuite, avec ses zouaves, pendant la guerre de 1870, notamment à Patay où il est blessé.

Char d'assaut
Chars Renault FT 17 en manœuvre (1937). © *Collection Viollet*

Charette de La Contrie François Athanase de (Couffé, près d'Ancenis, 1763 – Nantes, 1796)

Chef chouan.

Lieutenant de vaisseau sous l'Ancien Régime, il sert pendant la guerre d'Indépendance américaine, démissionne en 1789 et émigre à Coblence en 1792. Bientôt rentré en France, il se retire dans ses terres de Machecoul. Quand éclate la guerre de Vendée, en 1793, les paysans révoltés contre la République le réclament pour chef. Charette se joint à Cathelineau, est de la plupart des combats menés par l'Armée catholique et royale, et se retire, avec ses hommes, après la discussion qui sépare les chefs vendéens (septembre 1793). Il devient bientôt le chef de la Basse-Vendée, poursuit la guérilla après le désastre de Savenay (décembre 1793), s'emparant notamment du camp républicain de Saint-Christophe, près de Challans. Le 17 février 1795, Charette signe à La Jaunaie, près de Nantes, un traité de pacification avec les envoyés de la Convention, mais il reprend les armes au mois de juillet pour appuyer le débarquement des émigrés à Quiberon. Nommé lieutenant général par le comte d'Artois (futur Charles X) débarqué à l'île d'Yeu, il lui demande en vain de se mettre à la tête de l'armée royale. Charette refuse ensuite de se rallier aux Orléans et, traqué dans les marais, il est blessé, pris par les soldats de Hoche et fusillé place Viarmes, à Nantes.

Charges

Sous l'Ancien Régime, terme générique désignant les fonctions publiques ou parapubliques et comprenant les commissions et les offices.

Certaines charges confèrent la noblesse à leur titulaire. Les plus prestigieuses sont les dignités, parmi lesquelles les grands offices de la Couronne auxquels sont assimilés les secrétaires et les conseillers d'État ainsi que les dignitaires de la Cour. Les principaux grands officiers sont le connétable de France, le chancelier, le garde des Sceaux, le grand maître de la maison du Roi, le grand chambellan, l'amiral de France, les maréchaux de France, le grand maître de l'artillerie et le grand écuyer de France. S'y ajoutent les grands

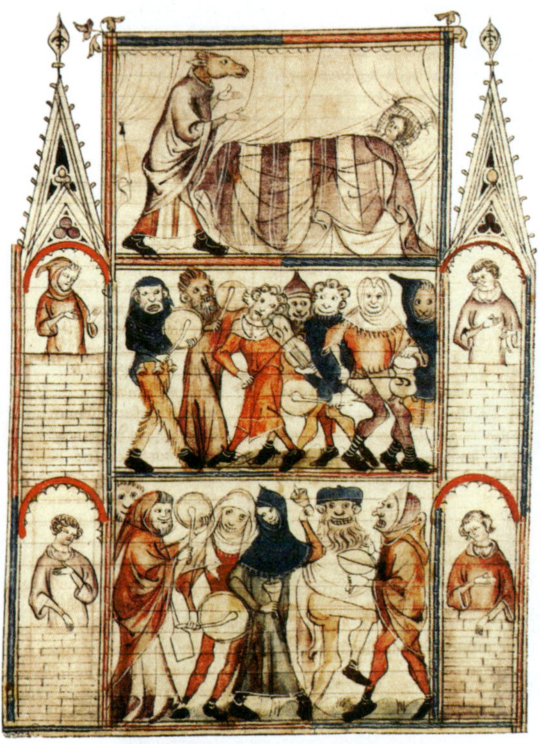

Charivari
Scènes de charivari. *Roman de Fauvel*, miniature, Paris, Bibliothèque nationale de France. © *Giraudon*

François de Charette
Huile sur toile de Paulin Guérin, Cholet, Musée municipal. © *Sélection Images*

dignitaires de la Cour, qui sont des « chefs d'office » et ont rang de « commensaux de premier ordre », tels que le grand échanson, le grand maréchal des logis, le grand prévôt de l'Hôtel, le grand panetier et les maîtres des chasses que sont le grand veneur, le grand louvetier de France ou le grand fauconnier. Tous ces personnages jouissent d'une noblesse de dignité, immédiate et entière dès leur nomination par le roi. Les fiefs de dignité sont par ailleurs les terres nobles, érigées en duchés, marquisat, comtés, vicomtés qui anoblissent pleinement et sans délai leur récipiendaires.

Charibert Ier : voir Caribert Ier

Charité-sur-Loire (La)

Aujourd'hui chef-lieu de canton du département de la Nièvre, La Charité doit son nom à un célèbre prieuré fondé en 1052, et son ancienne importance de place forte à sa situation stratégique sur la Loire.

Le prieuré, qui compte parmi les plus grands et les plus beaux de l'ordre clunisien, est presque entièrement ruiné au XVIe siècle par les huguenots. Les vestiges en sont néanmoins très intéressants. La place est âprement disputée tout au long des guerres de Religion entre le parti catholique et le parti protestant. Ce dernier s'en empare en 1563. Elle retombe ensuite au pouvoir des troupes royales, à qui elle reste soumise jusqu'à l'arrivée du duc des Deux-Ponts qui la reprend d'assaut en 1569. Les protestants la défendent vigoureusement jusqu'au jour où ils en sont chassés par les habitants, en 1572, alors même qu'elle vient de leur être reconnue comme place de sûreté par la paix de Saint-Germain en 1570. La ville est désormais fidèle à son roi mais elle ne peut, malgré son énergique résistance, tenir longtemps tête à François, duc d'Alençon, venu l'assiéger en 1575. Par l'édit de Nantes, Henri IV rend son statut de place de sûreté huguenote à La Charité qui aura, dès lors, une existence plus paisible.

Charivari

Concert discordant où se mêlent, aux huées et aux cris des participants, des bruits de « poêles, bassins, chaudrons et autres meubles propres à faire du bruit » (La Poix de Fréminville, Dictionnaire ou traité de la police générale des villes, bourgs, paroisses, et seigneuries de la campagne, *1756).*

Au Moyen Âge, le charivari est donné par des jeunes gens, en général célibataires, à l'occasion d'un remariage considéré comme hors normes, le plus souvent lors de secondes noces, lorqu'il y a une grande disproportion d'âge entre les nouveaux époux. L'une des premières descriptions figure dans le *Roman de Fauvel,* remanié par Chaillou de Pesstain en 1316. Ce rituel s'est développé avec l'affirmation de l'autonomie de la communauté villageoise et le regroupement des jeunes chargés de défendre ce qui est considéré comme l'ordre naturel. Il se termine par une boisson payée aux participants avec l'argent donné par les conjoints. À l'époque moderne, sous l'impulsion de la Contre-Réforme, statuts synodaux et arrêts du Parlement condamnent le charivari comme illicite. Cependant cette coutume persiste partout en France sous l'Ancien Régime.

Charlemagne ou Charles Ier le Grand (?, v. 742 – Aix-la-Chapelle, 814)

Roi des Francs (768-814), roi des Lombards et empereur d'Occident (800-814).

Fils aîné de Pépin le Bref et de Bertrade, il devient roi des Francs en 768, conjointement avec son frère Carloman. Le partage prévu entre les deux frères par Pépin est annonciateur de discordes. Les territoires adjugés à Charles sont en effet disposés en un vaste arc de cercle autour de ceux qui sont réservés à Carloman, et les deux hommes ne s'entendent guère. Mais la mort prématurée de Carloman permet à Charles de réunir entre ses mains la totalité de l'héritage paternel (771), une fois écartés les deux jeunes fils du défunt qui trouvent refuge avec leur mère Gerberge auprès du roi des Lombards. Commence alors un règne prestigieux de 45 ans qui va faire de Charlemagne le maître de l'Occident. Poursuivant l'œuvre entreprise par Pépin le Bref, il tente de reconstituer l'unité occidentale mais, pour atteindre ce but, semble davantage conduit par les événements que par un plan d'ensemble. Il entreprend d'abord d'abattre la puissance du roi des Lombards, Didier, dont les tentatives de mainmise sur la papauté l'inquiètent et contrarient sa propre volonté d'expansion. Après avoir répudié la fille de Didier qu'on lui avait fait épouser, il se lance à la conquête de l'Italie. Ce dernier, contraint à une retraite précipitée sur Pavie, s'y laisse enfermer et doit capituler après une résistance farouche. Tandis qu'il est envoyé en captivité avec sa femme, Charles ceint la couronne de fer du roi des Lombards. À dater du 5 juin 774, il porte ainsi dans les actes officiels le double titre de roi des Francs et de roi des Lombards. Son second fils, Pépin, sera fait roi d'Italie en 780 ; Charles continuera cependant à présider aux destinées du royaume lombard.

Les résultats acquis en Gaule et en Germanie par Pépin le Bref sont cependant fragiles. L'Aquitaine, même après une rapide et décisive campagne menée en 769, reste peu sûre, et Charles croit devoir ménager les susceptibilités locales en faisant de la province un royaume particulier – étroitement subordonné à son autorité – au profit de son fils Louis. Bien plus préoccupante est la situation de la Bavière où le duc Tassilon, après s'être reconnu vassal du roi franc, a profité de la première occasion favorable pour reprendre sa liberté d'action. La Bavière est l'objet d'une triple attaque pendant l'été 787, et Tassilon, contraint de faire sa soumission, est emprisonné à vie dans un monastère, ainsi que ses deux fils (788).

Plus violents sont les procédés dont le roi des Francs use à l'égard des Saxons, païens qui constituent depuis des siècles pour les Francs un péril toujours renaissant. Contre eux, il inaugure une tradition de conquête où se mêlent les massacres et la christianisation par la force, que le Moyen Âge allait longtemps pratiquer. Il faut néanmoins plus de trente ans pour les soumettre. La première campagne, en 772, est encore de type traditionnel : simple démonstration militaire, elle n'a d'autre objet que de faire respecter la force franque et d'exercer des représailles. Mais, peu après, il apparaît nécessaire de conquérir le pays avec méthode, tout en menant de pair l'œuvre de

La plus grande extension de l'Empire carolingien

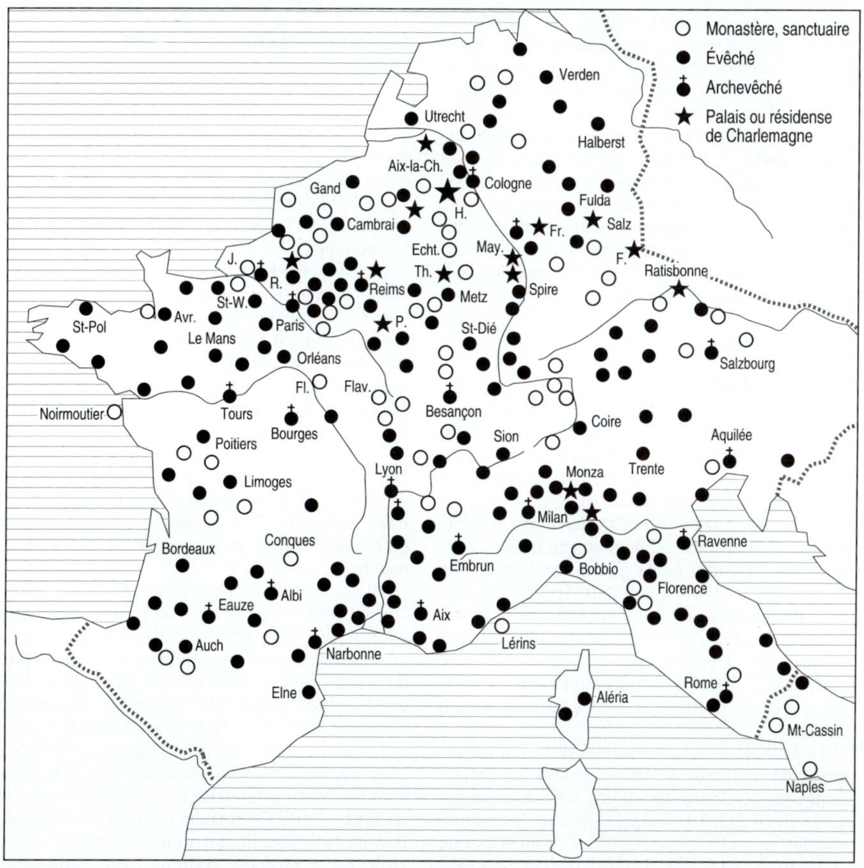

Le catholicisme dans l'empire de Charlemagne en 814

conversion, afin d'éviter d'éternels recommencements. Les campagnes se succèdent, lourdes et sanglantes, non sans revers pour les Francs : en 782, une grande armée franque est surprise et taillée en pièces au pied du Süntelgebirge, sur la rive orientale de la Weser. Charles, décidé à une éclatante revanche, accourt en personne, bat l'ennemi à Verden et passe par les armes 4 500 guerriers. Cela ne suffit pas à décourager les Saxons. Mais la campagne de 785 est décisive. Widukind, un des chefs les plus ardents des Saxons, en révolte depuis 778, doit capituler et accepter de recevoir le baptême. En même temps, un terrible capitulaire institue en Saxe un véritable régime de terreur. En vain. Une révolte éclate en 793. Charles en vient à bout et accorde alors à la Saxe un édit de pacification qui l'assimile aux autres territoires du royaume franc. Reste à triompher des dernières résistances dans l'extrême nord du pays. Elles sont acharnées et seule la déportation massive de populations permet d'achever la conquête de l'immense territoire saxon.

Charlemagne se contente de faire des pays slaves des frontières orientales des sortes de protectorats, respectueux de sa puissance militaire, mais dont la conversion est réservée pour plus tard. Autrement audacieuse est sa politique à l'égard des Avars qui, venus du cœur de l'Asie, campent dans le centre de la vallée danubienne et constituent un danger sérieux, notamment pour la nouvelle province bavaroise. En 796, Charlemagne s'empare du camp (*ring* ou « cercle ») de leur chef, le Khaghan, et les Avars ne se relèveront jamais de ce coup. L'assimilation de ce peuple ne se fait pas sans quelque difficulté mais, en 805, le Khaghan se convertit au catholicisme et prête hommage à l'empereur dont il demande la protection.

À une autre extrémité du royaume franc, la sécurité de la Gaule elle-même commande la mise à la raison de ces autres « païens » que l'Occident tient pour aussi dangereux que les Saxons et les Avars : les musulmans d'Espagne. En 778, Charles se laisse tenter par les promesses plus ou moins sincères du gouverneur de Barcelone en révolte contre l'émir Abd al-Rahman. Mais l'expédition est un échec complet et s'achève en désastre. Rappelé dans le nord par l'annonce d'un soulèvement des Saxons, Charlemagne doit brusquement battre en retraite, sans même avoir pu s'emparer de Saragosse et, alors qu'il repasse les Pyrénées au défilé de Roncevaux, son arrière-garde est surprise et massacrée par des Basques (15 août 778). Dès lors, Charles renonce à la conquête et se limite à une progression lente et méthodique vers la Catalogne et l'Èbre inférieur, dont les places sont investies les unes après les autres (Gérone 785, Barcelone 801, Tortosa 811). Ainsi se constitue peu à peu, au sud des Pyrénées, une bande de territoires de 150 kilomètres de large formant la marche d'Espagne qui couvre le royaume franc vers le sud. À l'ouest, face à la péninsule armoricaine, Charlemagne crée également, à la fin de 789 ou au début de 790, une marche de Bretagne qu'il confie à son fils Charles le Jeune. Mais les tentatives de soumission des Bretons sont sans cesse remises en cause par des révoltes. Enfin les défenses maritimes sont renforcées pour lutter contre les musulmans en Méditerranée et les Danois en Atlantique.

Dès la fin du VIIIe siècle, avant même qu'il ait mené à leur terme toutes ses conquêtes, Charlemagne apparaît comme le maître d'un Occident qui, grâce à lui, achève de prendre conscience de son unité face à l'Empire romain d'Orient. Il devient même l'unique espoir de l'« Empire chrétien » et de la papauté. Le pape Léon III, qui est contraint de lui demander secours contre ses ennemis en 799, souhaite voir restaurer son autorité. Seul un empereur lui semble capable de le faire. Il couronne donc Charlemagne empereur à Rome le jour de Noël 800, en présence du « peuple romain » qui fait entendre par trois fois l'acclamation : « À Charles auguste, couronné par Dieu, grand et pacifique empereur des Romains,

Charlemagne
Le couronnement de Charlemagne à Rome. Miniature, *Grandes Chroniques de France*. © Giraudon

vie et victoire ! » Mais Byzance, seul dépositaire légitime du pouvoir impérial, ne peut voir en lui qu'un usurpateur. Les démarches diplomatiques entre les deux gouvernements, y compris un projet de mariage avec l'impératrice Irène, ayant échoué, Charlemagne mène une série d'opérations dans le nord de l'Adriatique, aux confins des deux empires. Il subit un échec contre les flottes grecques. Mais sa supériorité militaire sur terre lui permet de s'emparer du Frioul, de la Carniole, de l'Istrie et surtout de Venise. Finalement, l'accord se fait quelques mois avant la mort de Charlemagne. Les Francs rendent Venise, gardent les terres au nord de l'Adriatique et le *basileus* reconnaît à Charlemagne son titre impérial.

L'immense empire de Charlemagne, dont le christianisme est le lien le plus sûr, ne constitue pas un tout cohérent. Les particularismes y restent très forts, notamment en Aquitaine, en Bavière, en Lombardie et dans les pays d'acquisition récente, la Frise et la Saxe. En dépit de cette diversité, Charlemagne tente d'organiser son empire et de l'unifier en introduisant partout les institutions franques, même si les codes sont très variables d'un pays à l'autre. Le comte placé par Charlemagne à la tête de chaque « comté » ou *pagus* est le rouage essentiel de cette machine administrative : dépendant strictement de l'empereur, il a des pouvoirs très étendus, tant administratifs que militaires. Les représentants du pouvoir ecclésiastique, notamment les évêques, créatures de l'empereur, sont eux aussi d'utiles instruments de la politique unificatrice et centralisatrice poursuivie par le souverain. Enfin, pour faire sentir partout son autorité, Charlemagne a recours à des inspecteurs dévoués, les *missi dominici* ou « envoyés du maître » qui, groupés en général par deux, un laïque et un ecclésiastique, parcourent chaque année l'empire en tous sens pour faire respecter les mots d'ordre du souverain et exercer une mission de surveillance. Mais les provinces qui confinent aux frontières échappent à cette organisation. Le contact avec l'ennemi y étant permanent, elles forment des territoires militaires, les « marches », où tous les pouvoirs, civils et militaires, sont concentrés entre les mains du chef des troupes d'occupation, le « comte de la marche » ou marquis qu'on appelle parfois « duc » (*dux*), c'est-à-dire général.

La Cour est toujours itinérante mais, abandonnant la vallée de la Seine où s'étaient fixés les Mérovingiens, elle séjourne plus volontiers dans les villas royales d'Héristal, de Thionville, de Worms, de Nimègue, d'Ingelheim et surtout d'Aix-la-Chapelle où trois palais sont construits. Les grands officiers, les conseillers, les secrétaires qui la composent sont à peu près les mêmes que sous les Mérovingiens, mais ils sont plus nombreux et surtout mieux instruits. Bien que les actes gouvernementaux restent surtout oraux, l'usage de l'écrit est encouragé, et le nouvel instrument de l'autorité impériale est le capitulaire, ou ordonnance divisée en chapitres, qui est tantôt particulier à une région, tels les capitulaires des Saxons, tantôt général, tel le capitulaire de Hersal (ou Héristal) sur la réorganisation de l'État (778), le capitulaire *De villis* sur l'administration des domaines royaux ou le capitulaire *De litteris colendis* sur la réforme de l'instruction. Mais si tout, dans l'État carolingien, aboutit à l'empereur, ce dernier entend néanmoins maintenir le contact avec son peuple. L'Assemblée générale, qu'on appelle aussi plaid général, lui en fournit le moyen. Tous les ans, théoriquement à la veille du départ en campagne, elle est censée réunir tous les sujets de l'empire mais ne rassemble en réalité autour du souverain que les personnages importants de l'aristocratie ecclésiastique et laïque.

Le règne de Charlemagne est enfin celui d'un grand effort dans le domaine culturel, ce qu'on devait appeler la Renaissance carolingienne. Les Italiens Paul Diacre et Pierre de Pise, l'Espagnol Théodulfe et surtout Alcuin, le principal conseiller de Charlemagne, en sont les promoteurs. Alcuin inspire la réforme scolaire de Charlemagne, qui crée une école et une académie palatines pour former les serviteurs de l'État. Sous son influence sont recopiés dans les monastères les textes des auteurs païens et chrétiens de l'Antiquité. Les bibliothèques s'enrichissent. L'étude de la théologie et des textes sacrés se développe. Le latin est restauré et l'enseignement des arts libéraux mis à l'honneur. Charlemagne devait être pour tout le Moyen Âge un héros légendaire. Mais son règne s'achève dans l'équivoque. En effet, en 806, il procède au partage de ses États entre ses fils, conformément aux vieux usages francs, sans même faire la moindre allusion à la dignité impériale, ce qui peut faire croire qu'il envisage l'empire comme une réalisation momentanée destinée à ne pas lui survivre. Seule la mort, qui fait disparaître coup sur coup deux de ses fils légitimes, sur les trois qui lui restent, permet finalement de sauvegarder l'unité de l'empire : la couronne est dévolue au cadet survivant, Louis Ier le Pieux, par les soins du vieil empereur, dans une assemblée tenue au palais d'Aix en septembre 813. Mais, très vite, au cours du IXe siècle, la grandiose construction carolingienne se disloque sous les coups conjugués d'ennemis extérieurs – de nouveaux envahisseurs – et d'agents internes de désagrégation.

CHARLEROI

Ville de Belgique.

Au cours de la guerre de Dévolution, Louis XIV et Turenne, à la tête des armées françaises, s'emparent de Charleroi le 2 juin 1667. Le roi charge alors Vauban de fortifier la ville et ne la restitue à l'Espagne qu'en 1678, après la paix de Nimègue. Attribuée à la Hollande par le traité d'Utrecht, Charleroi est de nouveau prise par les Français au cours de la guerre de Succession d'Autriche, en 1746. La paix d'Aix-la-Chapelle, en 1748, la laisse à l'Autriche. Pendant la Révolution enfin, le 26 juin 1794, les troupes républicaines de l'armée de Sambre-et-Meuse commandées par Jourdan pénètrent dans la ville, qui a soutenu un siège magnifique pendant sept jours.

La bataille de Charleroi, une des plus importantes de la guerre de 1914, oppose les armées françaises et allemandes en une série de combats, du 21 au 24 août 1914. Après l'entrée des troupes allemandes en Belgique, au début du mois d'août, la Ve armée française commandée par Lanrezac est chargée, en liaison avec les quatre divisions anglaises de French, de franchir la Sambre à Charleroi et d'attaquer les troupes allemandes. Lanrezac passe la Sambre comme prévu, mais Charleroi, attaquée par la IIe armée de Bülow, est perdue le soir du 21 août. La Ve armée réussit cependant à résister pendant deux jours aux environs de la ville puis, menacée d'encerclement, doit se replier vers Maubeuge.

CHARLES LE GROS (Neidingen, près de la Forêt Noire, 839 – monastère de Reichenau, Souabe, 888)

Roi d'Alémanie (876-882), roi d'Italie (879-887), empereur d'Occident sous le nom de Charles III (881-887), roi de Germanie (882-887), roi de France (884-887).

Fils cadet de Louis le Germanique, Charles partage, en 876, l'héritage de son père avec ses deux frères Carloman et Louis le Jeune. Conformément aux dispositions prises dix ans plus tôt par Louis le Germanique, il reçoit la Souabe et la Rhétie. Appelé par le pape pour combattre les Sarrasins, il se rend en 879 en Italie dont il coiffe la couronne en tant qu'héritier de son frère Carloman, puis est couronné empereur à Rome en février 881. Lorsque Louis le Jeune meurt à son tour, en 882, Charles fait également reconnaître son autorité en Germanie et en Lorraine. Il est enfin élu roi de France en 884, après la mort successive des rois Louis III et Carloman. L'unité carolingienne est ainsi reconstituée sous son nom et sa nomination au trône d'Occident soulève beaucoup d'espoirs. Ils sont vite déçus. L'autorité et la puissance du nouvel empereur se révèlent aussi insuffisantes en Italie et en Germanie qu'en France. Charles III le Gros échoue notamment dans ses tentatives pour dégager Paris assiégé par les Normands (885), et achète finalement leur départ contre un tribut et l'autorisation de piller la Bourgogne. Sa déchéance physique – il est obligé de subir en 887 une grave opération à la tête, sans doute une trépanation – est certainement pour beaucoup dans l'incapacité dont il fait preuve. Bientôt les grands se soulèvent contre lui ; abandonné de tous, il se démet de ses prérogatives, lors d'une assemblée générale convoquée à Tribur en décembre 887. Il meurt un mois plus tard, sans postérité légitime.

CHARLES MARTEL (?, v. 685 – Quierzy, 741)

Maire du palais d'Austrasie et de Neustrie.

Fils de Pépin d'Héristal et d'Alpaïde. À la mort de Pépin, en 714, Plectrude, sa femme légitime, entend gouverner « discrètement » son petit-fils Théodoald et le roi Dagobert III et se débarrasse de Charles en le jetant en prison. Mais il parvient à s'échapper en 715, soulève les Austrasiens contre Plectrude, en est vainqueur et devient maire du palais d'Austrasie (717). Les Neustriens, conduits par Rainfroi au nom du roi Chilpéric II, sont eux aussi contraints de se soumettre, et il défait également le duc d'Aquitaine Eudes, venu à leur secours (719). Désormais maître effectif de l'Austrasie et de la Neustrie, il croit néanmoins prudent de tirer du monastère de Chelles un Mérovingien, un jeune enfant, fils de Dagobert III, et le met sur le trône sous le nom de Thierry IV. La souveraineté du nouveau roi est toute nominale. Charles Martel gouverne en roi et, lorsque Thierry meurt en 737, il ne lui donne pas de successeur.

Ayant arraché le royaume des Francs à l'anarchie, il peut songer à une politique de conquêtes extérieures. Son activité est pendant quelques années surtout orientée vers les pays germaniques de la rive droite du Rhin qu'il se donne pour tâche de protéger contre de nouvelles incursions saxonnes (720, 722, 724, 738). Il rétablit l'autorité franque sur le duché de Bavière (725-728), supprime le duché d'Alamannie (728-730), réussit à maintenir et étendre les conquêtes réalisées en Frise (733-734) et soutient enfin l'évangélisation de la Germanie qui va de pair avec l'extension de l'autorité franque. En Aquitaine, l'invasion arabe menée par Abd al-Rahman (732) contraint le duc Eudes à implorer son secours. Il brise l'élan des Sarrasins en octobre 732 au cours de la célèbre bataille de Poitiers, ce qui contraint Eudes à reconnaître son autorité. À la mort de ce dernier, en 735, il doit néanmoins se résigner à reconnaître pour duc Hunaud, fils d'Eudes, moyennant prestation d'un serment de fidélité. La pacification du sud-est de la Gaule, où son pouvoir réel est des plus faibles, absorbe les dernières années de sa vie. Au terme de plusieurs expéditions, quelquefois difficiles (733-739), il obtient la soumission de la Bourgogne et de la Provence.

Dans les territoires où il peut établir son autorité, il en use sans aucune restriction, brisant ceux qu'il trouve en travers de sa route. Les plus hauts dignitaires de l'Église ne sont pas épargnés. C'est ainsi qu'il n'hésite pas à destituer et même à emprisonner des évêques et à s'emparer arbitrairement des biens de l'Église, concédés à ses vassaux qu'il s'efforce de multiplier afin de disposer d'une cavalerie plus puissante et plus nombreuse. La nature véritable du pouvoir exercé par Charles Martel apparaît nettement dans l'acte par lequel il règle sa succession, en 741 : c'est un véritable partage royal entre ses deux fils, Carloman et Pépin. Il meurt quelques mois plus tard, après avoir sauvé l'unité de la monarchie franque et posé les fondements sur lesquels ses successeurs bâtiront la puissance carolingienne. Plus encore que l'avenir de sa famille, les Pépinides, qui deviendront avec son petit-fils Charlemagne les Carolingiens, il assurera le succès de l'aristocratie militaire qui allait s'enrichir des terres confisquées à l'Église et qu'il réunira dans les assemblées des Champs de mars. Il préparera également la féodalité par l'institution du bénéfice ecclésiastique sous le nom de « précaire ». Le Moyen Âge fit de lui un héros féodal à la force légendaire (d'où son surnom). Il devint plus tard un héros national.

CHARLES II LE CHAUVE (Francfort-sur-le-Main, 823 – Avrieux, 877)

Roi de France (843-877), empereur d'Occident (875-877).

Seul fils né de la seconde union de l'empereur Louis le Pieux avec Judith de Bavière. Sa mère, qui ne fait, comme la plupart des membres de l'aristocratie, aucune distinction entre territoire d'État et patrimoine privé, veut lui assurer la plus large part dans l'héritage paternel. En dépit de l'opposition des fils aînés de Louis le Pieux, notamment de Lothaire, elle obtient pour Charles, à la diète de Worms (829), un territoire propre qui comprend l'Alémanie, l'Alsace, la Rhétie et une partie de la Bourgogne. Au second partage de 831, son lot est encore augmenté de la majeure partie de la Bourgogne, de la Provence, de la Gothie, de divers *pagi* de l'est de la France. À quoi s'ajoute enfin, en 832, l'Aquitaine. Mais les fils aînés de Louis le Pieux s'insurgent contre cette dotation et entrent en révolte ouverte contre leur père qui, abandonné de tous, est déposé tandis que Charles est enfermé en Italie à Tortone (833). Disgrâce toute temporaire, le vieil empereur ayant été restauré dans ses droits dès l'année suivante sur l'initiative de Louis le Germanique. Sa grande pensée reste la constitution en faveur de Charles d'une importante dotation territoriale. Il en commence la réalisation en 837 en lui attribuant un vaste territoire comprenant la Frise, les Pays-Bas et la Belgique d'aujourd'hui, les régions situées entre la Meuse moyenne, la Seine et la mer du Nord, le nord de la Bourgogne et quelques comtés au sud de la Seine. En 838, Charles, devenu majeur, est couronné roi et reçoit le duché du Main avec toute la côte entre Seine et Loire. Il est également proclamé roi d'Aquitaine à la mort de son frère Pépin Ier. Un nouveau partage consécutif à la réconciliation de Lothaire et de Louis le Pieux a lieu en 839, fondé sur une division de tout l'empire, exception faite de la Bavière, entre Lothaire et Charles, les territoires situés approximativement à l'ouest du Rhône, de la Saône et de la Meuse devant revenir à Charles.

Mais, l'année suivante, à la mort de Louis le Pieux, Lothaire prétend à la succession entière. Charles s'allie alors à Louis le Germanique et l'emporte sur Lothaire et Pépin II à la bataille de Fontenoy-en-Puisaye en 841. Après cette victoire, Charles et Louis, décidés à en finir, se lient le 14 février 842 à Strasbourg par des serments solennels qui nous ont livré les premiers échantillons de la langue romane et du haut allemand. Ils acceptent néanmoins la proposition de Lothaire de faire la paix et d'opérer un partage : c'est, en 843, le traité de Verdun qui divise l'empire en trois parties et met définitivement fin à son unité. Charles reçoit la *Francia occidentalis*, c'est-à-dire les pays à l'ouest de l'Escaut, de l'Argonne, de la Saône et des Cévennes plus le comté de Chalon. Mais il ne peut imposer son autorité en Aquitaine et en Bretagne. Il doit abandonner le gouvernement effectif de la majeure partie de l'Aquitaine à son neveu Pépin II qui reconnaît toutefois sa suzeraineté, tandis qu'il est contraint d'admettre l'indépendance de fait de la Bretagne de Nominoé, après la défaite qu'il subit à Ballon en 845.

Charles ne s'estime pourtant pas vaincu. En 848, après s'être fait sacrer à Orléans pour renforcer son autorité royale, il pénètre en Aquitaine et réussit en 852 à s'emparer de Pépin. Mais celui-ci s'échappe. Pour tenter une fois de plus de lui faire échec, Charles fait couronner en 855 son fils Charles l'Enfant comme roi d'Aquitaine, espérant par là donner satisfaction aux tendances autonomistes des Aquitains. Entre-temps, en Bretagne, il a été vaincu par le successeur de Nominoé, Érispoé (851), à qui il a reconnu le titre royal et cédé toute la marche contre une vaine promesse de fidélité. Promesse qui sera mal tenue par le nouveau duc de Bretagne, Salomon, qui expulsera le fils aîné de Charles, Louis le Bègue, à qui son père a donné le Maine avec le titre royal. Au même moment, à la faveur de ces troubles, les Normands multiplient leurs incursions sur l'Escaut, la Seine, la Loire, la Gironde et en Provence. Enfin Louis le Germanique, sollicité par les Aquitains pour intervenir contre son frère, envahit à son tour les États de Charles en 858. Mais celui-ci est sauvé par la fidélité du clergé dirigé par l'archevêque Hincmar. En 859, Louis repasse le Rhin. La paix, rétablie l'année suivante, vaut à Charles un certain prestige et un regain d'autorité.

En janvier 862, son intervention énergique chasse les Normands des pays de Seine. L'année précédente, il avait confié le comté d'Anjou et le commandement entre Seine et Loire à Robert le Fort, lequel doit tenir tête au roi de Bretagne, Salomon, aux Normands de la Loire que ce dernier a pris à sa solde et à Louis le Bègue, soulevé contre son père. Grâce aux Normands de la Seine, dont il a loué les services, Robert le Fort peut vaincre ses adversaires et, lorsque de nouvelles révoltes éclatent en Aquitaine sous le couvert de Charles l'Enfant, l'autorité royale peut là aussi être rétablie. Charles contraint son fils à l'obéissance et, l'année suivante, s'empare de Pépin qui meurt en captivité. Peu après, il tente de profiter de la mort successive de deux des fils de Lothaire. Après celle de Lothaire II (867), il envahit la Lotharingie, mais un ultimatum de Louis le Germanique le décide à négocier avec lui un traité de partage de la Lorraine. Lorsque Louis II, roi d'Italie, meurt à son tour en 875, Charles le Chauve occupe et annexe la partie de la Provence qui lui appartenait, puis vient à Rome se faire sacrer empereur le 25 décembre. Il est également élu roi d'Italie en février 876.

Les deux dernières années de sa vie sont une suite d'échecs. À la mort de Louis le Germanique, il pense mettre la main sur ses États, mais est mis en fuite à Andernach par Louis le Jeune. L'année suivante, les pressantes démarches du pape Jean VIII le décident à passer en Italie pour s'opposer aux razzias sarrasines. Ayant appris qu'en son absence de nouvelles révoltes ont éclaté avec la complaisance de Louis le Bègue, il décide de repasser les Alpes mais, atteint de dysenterie, meurt dans la descente du mont Cenis. Malgré ses efforts, son règne a été marqué par l'affaiblissement progressif de l'autorité royale au profit des grands qui ont pu se constituer de véritables principautés territoriales, héréditaires et pratiquement indépendantes.

CHARLES III LE SIMPLE (?, 879 – Péronne, 929)

Roi de France (898-923).

Le surnom qui lui a été donné n'avait alors rien de péjoratif. Il signifiait à cette époque le sincère, le naturel. Fils posthume de Louis II le Bègue et d'Adélaïde, princesse anglo-saxonne, il est écarté du trône à la mort de ses frères Louis III (882) et Carloman (884), issus d'un premier mariage de Louis le Bègue avec Ansgarde, car les grands le jugent trop jeune. L'empereur Charles III le Gros, qui lui est substitué, est déposé au bout de trois ans, mais la couronne ne revient pas pour autant à son légitime héritier. Eudes, comte de Paris, se fait conférer celle-ci car il paraît seul capable d'arrêter les Normands. Charles, qui s'est fait sacrer roi de France à Reims en 893, doit attendre sa mort (898) pour régner effectivement.

Devant les incursions toujours renouvelées des Normands qui tiennent de solides positions à l'embouchure de toutes les grandes rivières de France, et de là ravagent la Bretagne et l'Anjou, remontent la Seine et la Saône, rançonnent la Bourgogne (901-907), les seigneurs français se décident à marcher contre leur chef Rollon et le battent sous les murs de Chartres. Mais cette victoire ne peut les arrêter et Charles prend le seul parti capable de faire cesser leurs ravages : les attacher au sol. Par le traité de Saint-Clair-sur-Epte, en 911, il cède la partie de la Neustrie qui prend le nom de Normandie et donne sa sœur Gisèle en mariage à Rollon, au profit duquel la nouvelle marche est transformée en duché. Les Normands reçoivent le baptême et leur assimilation est rapide.

Délivré de la menace normande, Charles III le Simple tire parti des troubles causés en Germanie par la mort du dernier des Carolingiens, Louis l'Enfant, pour s'emparer de la Lorraine, de 911 à 920. Il s'attache à ce duché, y réside volontiers, ce qui mécontente les seigneurs neustriens. En 922, les grands déclarent Charles déchu, font sacrer à Reims Robert, duc de France, frère d'Eudes, et forment une coalition derrière Raoul de Lorraine et Robert de Bourgogne. Charles, sans se décourager, livre la bataille de Soissons en 923. Il tue son rival de sa main, mais est vaincu et doit prendre la fuite. Raoul reçoit alors à sa place la couronne de France, tandis que la Lorraine passe dans le royaume de Germanie. Peu après, Charles se laisse séduire par les protestations d'Herbert III, comte de Vermandois, qui l'attire à Péronne et le retient prisonnier. Il meurt, toujours captif, six ans plus tard. De sa seconde femme Ogive d'Angleterre qui réussit à se réfugier en Angleterre auprès de son frère, le roi Athelstan, il avait eu un fils, Louis IV d'Outremer, qu'une troisième restauration carolingienne appellera sur le trône en 936.

CHARLES IV LE BEL (Clermont, 1294 – Vincennes, 1328)

Roi de France et de Navarre (1322-1328).

Troisième fils de Philippe IV le Bel et de Jeanne Ire de Navarre. Lorsque se pose, pour la première fois chez les Capétiens, le problème de la succession au trône, Charles, comte de la Marche, soutient le parti de sa nièce Jeanne contre son frère Philippe le Long. Il ne semble pas prévoir qu'un jour un prince jeune, qui a plusieurs enfants et peut en avoir d'autres, lui laissera le sceptre dans les conditions même de son avènement. Ensuite il se rallie sans réserve au « principe de masculinité ». Si bien que, à la mort de Philippe V, la couronne lui échoit sans contestation. Il a de grands desseins politiques et moraux, mais ne pourra les réaliser totalement, à cause de la brièveté de son règne. Par ses soins, l'abaissement des grands, cher à la dynastie capétienne, est poursuivi ; les seigneurs convaincus de crimes et d'abus sont châtiés. Les banquiers lombards accusés d'usure sont chassés, et leurs biens confisqués. L'administration royale est développée. Pour cela, il faut augmenter les taxes. Un des

Charles IV le Bel
Le roi sur son trône tenant les insignes de la royauté. Miniature, Paris, Bibliothèque nationale de France. © *Sélection Images*

premiers soucis du roi est de ramener le cours des monnaies à un niveau « normal », c'est-à-dire conforme aux traditions des prédécesseurs de Philippe le Bel ; on doit y renoncer rapidement. Charles IV a une politique extérieure active. Il s'intéresse au sort des chrétiens d'Orient, qu'il tente de protéger en préparant une expédition de secours aux rois de Chypre et d'Arménie. Aidé par Charles de Valois qui conquiert l'Agenais (1324), il confisque presque toute la Guyenne anglaise, dont il conserve une grosse part lors de la conclusion de la paix de 1327.

Il a eu trois femmes : la première, Blanche de Bourgogne, épousée en 1307, enfermée pour adultère en 1315 lors de l'affaire des brus de Philippe le Bel au nombre desquelles elle comptait (leur union est annulée en 1322) ; la seconde, Marie de Luxembourg, épousée en 1322, morte en couches en 1324 ; enfin Jeanne d'Évreux, épousée en 1325, qui lui a donné deux filles : Marie, morte sans alliance en 1341, et Blanche, née après la mort de son père, et qui épousera Philippe de Valois-Orléans, frère de Jean II le Bon. Les successeurs de Charles IV sont, en France, Philippe VI de Valois et, en Navarre, Jeanne II, fille de Louis X.

Charles V le Sage (Vincennes, 1338 – Beauté, 1380)

Roi de France (1364-1380).

Fils aîné de Jean II le Bon et de Bonne de Luxembourg. Après la bataille de Poitiers où son père a été vaincu et pris par les Anglais (1356), Charles, duc de Normandie, premier Dauphin royal de France, prend le titre de lieutenant du roi. L'épuisement du Trésor, la misère des campagnes, les ambitions conquérantes du roi d'Angleterre, les complots de Charles le Mauvais, roi de Navarre, tels sont les obstacles qu'il doit surmonter à peine âgé de 19 ans. D'abord il lui faut parer au plus pressé. Les états généraux de langue d'oil sont réunis à Paris le 17 octobre ; ils consentent à octroyer des crédits à condition que le duc de Normandie reconnaisse leur prétention à s'ériger en assemblée politique et renvoie les conseillers de son père. Ceux-ci sont, en effet, jugés responsables de la défaite. Charles ne peut accepter cet ultimatum. Il dissout les états, rend une ordonnance de mutation des monnaies et quitte Paris où il laisse comme représentant son frère le duc d'Anjou. Puis il s'adresse aux états de langue d'oc réunis à Toulouse. Là il obtient rapidement des subsides, sous réserve d'un simple contrôle financier. Il acquiert la conviction qu'une nouvelle session des états de langue d'oil saura se montrer accommodante, pourvu qu'on parvienne à la soustraire à la domination des députés parisiens.

Il se trompe. Lorsqu'il revient, le duc d'Anjou n'a pu faire appliquer l'ordonnance de mutation ; la capitale est au pouvoir du prévôt des marchands Étienne Marcel, de l'évêque Le Coq et du noble Picquigny ; la sédition menace. Il faut rapporter l'édit des monnaies, abandonner les ministres, convoquer une seconde fois les députés des états de langue d'oil qui, dûment filtrés, sont maintenant presque tous des Parisiens. Charles doit accepter leur tutelle. Mais il s'aperçoit que c'est Étienne Marcel qui les mène. Il quitte momentanément Paris pour son duché. Puis il commet l'imprudence de revenir, attiré par les propositions mensongères de Marcel et de Le Coq qui ont besoin d'un garant pour légitimer leur révolution. Sans armée pour le protéger, il n'est plus qu'un otage qui sert les desseins de ceux qui viennent de le proclamer régent. Il ruse mais ses subterfuges finissent par être connus. Pour l'intimider, Marcel fait assassiner sous ses yeux les maréchaux de Normandie et de Champagne, ses meilleurs serviteurs. Un seul moyen de salut : la fuite. Elle se fait de nuit, par la Seine, grâce au dévouement de deux bateliers.

Charles V réunit aussitôt les états à Compiègne. Cette fois, moyennant d'honnêtes concessions, il obtient l'aide financière qu'il réclame. Il déclare qu'il ne rentrera à Paris qu'après le châtiment du meurtre des maréchaux. Il n'a pas à attendre longtemps. À Paris, les bourgeois modérés, qui se sont placés sous la direction de Jean Maillard, relèvent la tête. Étienne Marcel, qui tient maintenant visiblement le parti du roi de Navarre, est assassiné. Quelques jours après, le Dauphin fait sa rentrée triomphale dans la capitale à laquelle il accorde une amnistie générale (1358). Sur ces entrefaites, les Jacques se sont soulevés et se sont mis à ravager le Beauvaisis, l'Île-de-France et la Champagne. Ils se sont approchés de Paris où Marcel leur a promis son alliance. Mais ils ont été massacrés sans pitié par la noblesse, en particulier par le comte de Foix, le captal de Buch et le roi de Navarre.

En 1358, la paix intérieure est donc restaurée, mais la guerre se poursuit contre les Anglais. Par lassitude, ou parce qu'il estime qu'un acte accompli sous la contrainte n'engage à rien, Jean II a accepté les préliminaires de Londres (1359). Il s'agit là d'une véritable capitulation, que le régent, les états et la noblesse de France repoussent avec indignation. Édouard III entreprend une grande chevauchée en France où il tente d'ameuter ses partisans pour contraindre le Dauphin à se soumettre. Mais son expédition ne rencontre qu'une hostilité fuyante, les engagements décisifs lui sont refusés, si bien qu'il croit plus sûr d'accorder aux Français une véritable négociation. Si dure qu'elle soit pour le royaume, la paix de Brétigny n'est pas déshonorante. Jean II rentre en France. Charles redevient régent en 1364, lorsque, l'un de ses fils s'étant échappé d'Angleterre où il était garant de son père, le roi retourne se constituer prisonnier à Londres où il meurt aussitôt.

À 26 ans, Charles V ajoute à une finesse peu commune une expérience rare chez les princes qui montent jeunes sur le trône. Il décide d'abord de lutter contre Charles le Mauvais qui, toujours un peu pressé, a pris les devants en lui envoyant un défi quelques jours avant le sacre. Le duc de Normandie avait lié à sa cause un capitaine breton nommé Du Guesclin, et Charles V lui confirme sa confiance. Après la chute de Mantes et de Meulan, le captal de Buch et ses Anglo-Navarrais sont écrasés à Cocherel en 1364. Dorénavant, grâce à la parfaite entente du politique et du guerrier et jusqu'à leur mort, la même année, la fortune sourira presque constamment aux armes françaises.

Commandées par Du Guesclin, les Grandes Compagnies sont envoyées en Espagne pour soutenir Henri de Trastamare contre Pierre le Cruel (ce qui vaudra plus tard à la France le précieux appui de la flotte castillane contre l'Angleterre). Ensuite, la restauration de l'administration et des finances permet d'envisager la reprise officielle et généralisée des hostilités contre l'occupant. En 1380, les Anglais ne tiennent plus que Calais, Bordeaux, Bayonne, Brest et Cherbourg (que leur a vendue le Navarrais). Les défaites des deux premiers règnes valois sont pratiquement effacées. Grâce à Charles V et à ses serviteurs (Du Guesclin, Jean et Guillaume Dormans, Raoul de Presles, Pierre d'Orgemont, Hugues Aubriot, Bureau de La Rivière…), la France trouve le répit qui lui permet ensuite de survivre aux graves crises du règne de Charles VI. Ce n'est pas pour son intelligence et son jugement, c'est surtout pour sa science et la protection qu'il assure aux savants que Charles V est appelé, dès son vivant, *Sapiens*, le Sage.

Charles V le Sage
Charles V en majesté. Ancien trésor de l'abbaye de Saint-Denis, Paris, musée du Louvre. © *RMN-Gérard Blot*

Charles VI le Bien-Aimé ou le Fou (Paris, 1368 – Paris, 1422)

Roi de France (1380-1422).

Fils de Charles V et de Jeanne de Bourbon, il accède au trône dans sa douzième année. Malgré l'ordonnance de Charles V qui fixe la majorité royale à 14 ans accomplis, il reste jusqu'en 1388 sous la tutelle de ses oncles, les ducs d'Anjou, de Berry, de Bourgogne et de Bourbon. Ces princes ne sont pas totalement dépourvus de capacités mais leurs intérêts sont trop divers, parfois trop opposés, pour qu'il leur soit possible de mener ensemble une action cohérente ; généralement, ils sont bien décidés à profiter de leur passage au pouvoir pour augmenter leur apanage. Seul Bourbon se signale par une certaine retenue, mais, quoique Charles V ait insisté pour qu'il eût sa part du gouvernement, il est le moins influent des quatre. En moins de deux ans, la gestion des « princes des fleurs de lys » aboutit à l'assèchement des réserves financières patiemment amassées par le roi défunt. Il faut instituer de nouvelles taxes qui sont très mal accueillies partout, en particulier à Paris où elles déclenchent la révolte des Maillotins en 1382. La même année, le duc de Bourgogne, gendre du comte de Flandre, entraîne le roi à intervenir contre les Flamands révoltés, mais la brillante victoire de Roosebeke (27 novembre) n'est d'aucun profit pour le royaume. La

Charles VI le Bien-Aimé
Scènes de la vie de Charles VI. En haut à gauche, le roi et son secrétaire, Pierre Salmon. Miniature, Paris, Bibliothèque nationale de France. © *Sélection Images*

répression des troubles de Rouen, de Troyes, de Reims et de Paris écrase les manifestations du mécontentement social sans en dompter les causes. Une expédition est préparée à grands frais contre l'Angleterre, mais elle n'a pas de suites, peut-être faute de chef. Sur ces entrefaites, pour servir la politique germanique de Philippe le Hardi, le roi épouse Isabeau de Bavière, fille du duc Étienne II (1385).

En 1388, le roi, impatient de se libérer du joug de ses oncles, se déclare majeur. L'année suivante il rappelle les conseillers de son père, les Marmousets (parmi lesquels on retrouve Bureau de La Rivière, l'amiral de Vienne, Clisson, Juvénal des Ursins). Grâce à eux, l'administration est reprise en main ; il semble que les temps heureux du règne précédent soient retrouvés. Une fille de Charles VI, Isabelle, est fiancée au jeune roi d'Angleterre Richard II, qui paraît acquis à l'idée d'une réconciliation avec la France. Le gouvernement du Languedoc est enlevé au duc de Berry pour être confié à Gaston Phébus. La fortune sourit au jeune roi, que Christine de Pisan décrit comme « souverainement bel de corps et de viaire » et dont le peuple loue la justice. Seul l'observateur attentif note que l'esprit du roi a des moments de faiblesse, mais ceux-ci sont mis au compte des plaisirs et des fêtes dont la Cour abuse. C'est alors que se produit le fameux épisode de la forêt du Mans (août 1392) : ayant éprouvé deux frayeurs consécutives, le roi est pris d'un accès de frénésie au cours duquel il manque tuer son frère, Louis d'Orléans. À partir de ce moment-là, il n'est plus sain d'entendement, ou plutôt il vit dans des alternances de délire et de lucidité. À mesure que le temps passe, les périodes de folie s'allongent et les accalmies deviennent de l'hébétude. Il se peut que le bal des sauvages – ou des Ardents –, en 1393, ait aggravé le mal.

Alors que le roi vit tristement reclus derrière les murs de l'hôtel Saint-Pol, la France retombe au pouvoir des factions féodales. Cette fois, le pouvoir est disputé entre les maisons d'Orléans (Louis Ier, frère du roi, puis Charles, fils de Louis Ier) et de Bourgogne (Philippe le Hardi puis Jean sans Peur). Relativement paisible tant que la maison de Bourgogne est représentée par Philippe le Hardi, la rivalité prend un tour aigu lorsque Jean sans Peur lui succède en 1404, et dégénère en lutte armée après l'assassinat de Louis d'Orléans par des sbires bourguignons (1407). Dès son avènement, Jean sans Peur avait plusieurs fois tenté de s'emparer de la personne du roi, désormais il parvient à ses fins. De 1408 à 1410, il domine sans partage le Conseil du roi. Dans ses moments de lucidité, Charles V s'est toujours montré favorable à son frère Louis ou à son neveu Charles ; le duc de Bourgogne se charge de travestir ses volontés raisonnables en manifestations de démence, et pendant ses accès de folie il lui fait signer tout ce qu'il veut. Ainsi commence la querelle des Bourguignons et des Armagnacs, ces derniers soutenant le parti orléaniste sous le commandement militaire de Bernard VII, comte d'Armagnac, beau-père de Charles d'Orléans. Paris est livré aux dominations successives des factions et aux révolutions les plus sanglantes. Pendant le règne bourguignon, l'Université s'allie aux bouchers. Il en sort une ordonnance plus raisonnable que son nom ne le laisserait croire, l'ordonnance cabochienne (mai 1413), qui ne sera pas appliquée, les bourgeois parisiens – devenus « Armagnacs » – ayant chassé les Bourguignons en août. Le nouveau roi d'Angleterre, le Lancastre Henri V, profite de l'anarchie pour envahir la France ; il conquiert méthodiquement la Normandie avant de remporter la bataille d'Azincourt (1415), où il taille en pièces la chevalerie française. Pendant ce temps, Isabeau de Bavière passe aux Bourguignons. Un instant prisonnière des Armagnacs à Tours, elle leur échappe et se proclame régente à Paris.

Alors s'ouvre une des périodes les plus noires de l'histoire nationale. Jean sans Peur, qui s'est allié secrètement aux Anglais, se rend maître de la capitale en 1418. C'est lui qui gouverne sous le nom de Charles VI jusqu'au jour où, se rendant sur le pont de Montereau pour négocier avec le Dauphin Charles (futur Charles VII) les conditions d'un abandon de l'alliance anglaise, il est assassiné (1419). Son fils et successeur Philippe le Bon conclut une alliance officielle avec Henri V et avec la reine Isabeau ; il fait rédiger le traité de Troyes en 1420. Henri V épousera Catherine, autre fille de Charles VI, et sera proclamé roi de France et d'Angleterre. Toutefois, comme c'est Charles VI qui est censé prendre cette décision et qu'il continue à bénéficier de l'attachement de son peuple, on lui laisse le titre royal jusqu'à sa mort.

CHARLES VII (Paris, 1403 – Mehun-sur-Yèvre, 1461)

Roi de France (1422-1461).

Cinquième fils de Charles VI et d'Isabeau de Bavière, il porte d'abord le titre de comte de Ponthieu. À la mort de Jean de France, dernier survivant de ses frères aînés, il devient à la fois duc de Touraine, duc de Berry et Dauphin de France (1416). Il se fait proclamer régent du royaume en 1418, mais sa légitimité est contestée par la faction bourguignonne qui, dominant l'esprit de la reine Isabeau, parvient par son intermédiaire à le faire exhéréder au profit d'Henri V d'Angleterre, lors de la conclusion du traité de Troyes en 1420. Lorsque la mort de son père, en 1422, fait de lui le roi en titre, les Anglais et leurs alliés bourguignons occupent presque toute la France du nord de la Loire, plus, bien entendu, la Guyenne girondine, dite Guyenne anglaise. Dans son ensemble, la France méridionale, dominée par le parti armagnac, reconnaît Charles VII pour roi, tout en continuant à l'appeler Dauphin. L'effort financier consenti par le Languedoc en faveur de son souverain est méritoire, mais ne suffit pas à compenser la carence d'une véritable armée royale, s'appuyant sur des finances stables et des institutions solides. Il semble d'ailleurs que Charles VII n'ait pas confiance en lui-même. Peut-être se laisse-t-il gagner par le soupçon de bâtardise que ses ennemis font peser sur lui. Les principaux engagements de ses troupes se soldent par de lourdes défaites : Cravant (1423), Verneuil (1424), journée des Harengs (février 1429). La ligne de la Loire devient l'enjeu de la guerre. Orléans, la bonne ville du duc Charles prisonnier en Angleterre, est investie par les troupes de Bedford. En accord avec ses conseillers, Charles pense qu'il est impossible de forcer le blocus et qu'il faut se résigner à se replier au sud.

C'est alors que se produit le miracle de Jeanne d'Arc. Orléans est sauvée. Jargeau, le pont de Meung, Beaugency sont repris. La route de Champagne s'ouvre devant le prince qui se fait sacrer à Reims en juillet 1429. L'influence personnelle de « la Pucelle » et l'onction sainte transforment le prétendant timide en un roi actif, sûr de son autorité et de l'obéissance de ses sujets, qui, en Champagne et autour de Paris, se rallient peu à peu à l'héritier de dix-neuf rois capétiens. Le connétable de Richemont remplace La Trémoille à la tête des affaires (1433). Les années qui suivent sont encore des années de deuil (supplice de Jeanne d'Arc, ravages des écorcheurs) ou d'humiliations (traité d'Arras avec Philippe le Bon), c'est pourtant pendant cette période que se prépare la libération du territoire. En 1436, Richemont reconquiert Paris. En 1450, la bataille de Formigny chasse les Anglais de Normandie. En 1453, la victoire de Castillon, dernière grande bataille de la guerre de Cent Ans, délivre définitivement la Guyenne, y compris Bordeaux. Les Anglais ne gardent plus que Calais. La victoire avait exigé une grande dépense d'activité humaine, mais aussi une profonde réorganisation du recrutement de l'armée et de l'approvisionnement du Trésor. C'est sous le règne de Charles VII que la France fut dotée, pour la première fois, de forces militaires et de ressources financières fixes, durables, permanentes. La trêve de 1444-1448 permit la constitution des compagnies d'ordonnance (1445) et des francs-archers (1448).

En 1438, Charles VII avait promulgué la Pragmatique Sanction. En 1440, il avait dû affronter la révolte nobiliaire de la Praguerie, à la tête de laquelle s'était placé le Dauphin Louis (futur Louis XI). La Praguerie avait été matée, les principaux seigneurs qui y avaient adhéré s'étaient soumis, mais le Dauphin restait éternellement hostile à son père. Les dernières années de celui-ci devaient en être assombries, quels que fussent les succès obtenus contre Jean II d'Alençon, condamné par ses pairs pour complicité avec l'ennemi (1458), et contre Jean V d'Armagnac, poursuivi en parlement pour répondre de ses mœurs incestueuses et de sa prétention à exercer la souveraineté dans ses fiefs (1460).

Charles VII
Huile sur toile de Jean Fouquet, v. 1444, Paris, musée du Louvre. © *Sélection Images*

Charles avait épousé, en 1422, Marie d'Anjou, fille du roi Louis de Sicile. Il eut d'elle douze enfants. Plusieurs moururent en bas âge. Les autres furent : Louis XI ; Charles, duc de Guyenne, Berry, Normandie, mort en 1472 ; Radegonde, morte sans alliance en 1444 ; Catherine, mariée en 1439 à Charles le Téméraire ; Yolande, qui épousa en 1452 Amédée IX de Savoie ; Jeanne, mariée en 1447 à Jean de Bourbon ; Madeleine, mariée en 1461 à Gaston de Foix, prince de Viane. Liée au roi à partir de l'année 1433, Agnès Sorel lui donna Charlotte, qui épousa en 1462 Jacques de Brézé, comte de Maulévrier (lequel la tua en 1476 pour punir son adultère) ; Marguerite, mariée à Olivier de Coétivy ; Jeanne, mariée à Antoine de Bueil.

Charles VIII (Amboise, 1470 – Amboise, 1498)

Roi de France (1483-1498).

Fils de Louis XI et de Charlotte de Savoie, il a 14 ans, l'âge de la majorité royale, quand son père meurt. Il n'en admet pas moins la nécessité d'une tutelle que, suivant les dernières volontés de Louis XI, il confie à sa sœur Anne, dame de Beaujeu, alors âgée de 23 ans. Les conseillers de Louis XI sont poursuivis. Les états généraux se réunissent à Tours en 1484. Sans manifester la moindre hostilité envers la Couronne, les députés aimeraient rendre les états permanents. Dans l'attente d'une réponse du roi, ils exposent leurs revendications en six chapitres : l'Église (retour à la Pragmatique Sanction), la noblesse (commandements militaires rendus aux féodaux), les communes (diminution de leur participation à l'entretien des troupes), la justice (retour à l'inamovibilité des juges), le commerce (suppression des péages récemment institués), le Conseil (éventualité de la présidence par le duc d'Orléans, futur Louis XII).

Anne de Beaujeu est bien décidée à ne rien céder du pouvoir politique, ni aux états, ni au duc d'Orléans. Pas question d'admettre la permanence d'états délibérants, ce que d'ailleurs les provinces ne sauraient souffrir. En revanche, satisfaction pourra être donnée sur des points théoriques, ou techniques, ou de détail, notamment en matière fiscale et judiciaire. Sur la question de la présidence du duc d'Orléans, Anne s'en tire par une pirouette qui la laisse maîtresse de la réalité du pouvoir : c'est le roi qui préside le Conseil ; s'il en est empêché, le duc d'Orléans peut être amené à le remplacer. C'est un véritable camouflet pour l'héritier présomptif du trône, qui prend les armes afin d'arracher le jeune roi à la sujétion des Beaujeu (1485). La Guerre folle dure trois ans, pendant lesquels le clan orléaniste (Louis d'Orléans, Dunois), allié au clan breton (François II), affronte les forces royales et bourbonnaises conjuguées. La défaite des féodaux révoltés est consommée à Saint-Aubin-du-Cormier (1488).

« Madame » ménage le duc de Bretagne et se garde bien de toucher à sa terre. Il est vrai qu'Anne, héritière de Bretagne, est promise au roi. Pendant ce temps, le duc d'Orléans est tenu étroitement prisonnier. La tutelle des Beaujeu prend fin en 1491. Cette année-là, Charles VIII épouse Anne de Bretagne, devenue duchesse régnante. Libéré par la volonté expresse du roi, Louis d'Orléans est définitivement réconcilié avec les Beaujeu. Ceux-ci se consacreront désormais à l'administration de leurs vastes fiefs. En ses dernières années, Louis XI, héritier des droits de la maison d'Anjou, avait très sérieusement envisagé une expédition en Italie. Mais des difficultés intérieures l'avaient empêché de réaliser ses projets. Charles VIII reprend le grand dessein italien à son compte. Il songe aussi à Constantinople et aux Lieux saints. Pour se lancer dans l'aventure, il croit utile d'acheter la neutralité de ses voisins, ce qui coûte cher à la France : les traités de Narbonne, en 1492, et de Barcelone, en 1493, abandonnent à Ferdinand le Catholique la Cerdagne et le Roussillon ; le traité de Senlis, en 1493, cède à Maximilien d'Autriche les comtés de Bourgogne et d'Artois ; au traité d'Étaples, en 1492, 750 000 écus d'or sont promis au roi d'Angleterre.

L'expédition italienne est menée avec une rapidité singulière : en 1495, le royaume de Naples est occupé. Ce succès foudroyant inquiète Ferdinand et Maximilien. Au mépris des traités qu'ils ont signés, ceux-ci parviennent à regrouper contre Charles VIII une coalition des princes italiens. La perte du royaume de Naples est presque aussi rapide que sa conquête. Le roi est contraint de regagner la France après avoir forcé les lignes alliées à Fornoue (1495). La garnison de Novare doit se rendre quelque temps après. Les derniers points de résistance du royaume napolitain capitulent en 1497. L'année suivante, Charles VIII prépare une nouvelle expédition en Italie lorsqu'il meurt, âgé de 27 ans, quelques heures après s'être heurté violemment le front au linteau d'une porte basse du château d'Amboise. Il avait eu trois fils et une fille qui moururent en bas âge. Son successeur fut son cousin et beau-frère, Louis d'Orléans (Louis XII).

Charles VIII
Charles VIII recevant de Pierre de Waltran l'hommage de son livre. Miniature, XVe siècle, Londres, British Museum. © *Sélection Images*

Charles IX (Saint-Germain-en-Laye, 1550 – Vincennes, 1574)

Roi de France (1560-1574).

Deuxième fils d'Henri II et de Catherine de Médicis, Charles IX accède au trône en décembre 1560 à l'âge de 10 ans et reçoit le sacre cinq mois après. Jusqu'au milieu de l'année 1570, le pouvoir est exercé en fait par sa mère. Cette période est marquée par de nombreux et importants événements : réunion des états généraux à Orléans en 1560, colloque de Poissy en 1561, massacre de Wassy en mars 1562 – qui est le détonateur de la première guerre de Religion –, bataille de Dreux, assassinat du duc de Guise par Poltrot de Méré, édit d'Amboise en mars 1563, grand voyage de la famille royale à travers la France de mars 1564 à avril 1566, afin, en faisant connaître le nouveau souverain aux populations, d'enrayer les guerres de Religion, reprise des armes par les huguenots en 1567, entreprise de Meaux en septembre 1567, bataille de Saint-Denis en novembre 1567, paix de Longjumeau en mars 1568, bientôt rompue (septembre 1568) et suivie des victoires du duc d'Anjou à Jarnac, en mars 1569, et Moncontour en octobre 1569, enfin édit de Saint-Germain, en août 1570, qui termine la troisième guerre de Religion à des conditions favorables aux protestants.

Ayant atteint 20 ans, le roi est impatient de gouverner lui-même. Il compte sur Coligny pour l'aider à s'émanciper et tente alors de mener, d'abord à l'insu de sa mère, puis contre elle, une politique de soutien au protestantisme à l'intérieur et d'hostilité au roi d'Espagne à l'extérieur. Mais les huguenots qu'il envoie secrètement au secours des Flamands révoltés se font massacrer,

Charles IX
Huile sur toile attribuée à François Clouet, Paris, musée du Louvre. © *Sélection Images*

et Catherine reconquiert vite son ascendant. C'est par la volonté du roi et de sa mère que Marguerite de France est unie à Henri de Navarre (futur Henri IV), le 18 août 1572. C'est aussi sous leur autorité commune que, six jours plus tard, le signal de la Saint-Barthélemy est donné. Effrayé par l'ampleur du massacre, Charles IX veut d'abord le désavouer et en rejeter la responsabilité sur les Guises et sur la populace. Mais le fanatisme du Parlement et de la quasi-totalité des Parisiens l'oblige à le revendiquer hautement, en France et devant les cours étrangères, comme « nécessaire au salut de l'État ».

Il meurt moins de deux ans plus tard, d'une maladie de poitrine qui lui fait « vomir le sang ». Il semble que le remords, joint à l'inquiétude de sa succession, ait accéléré cette fin. En 1570, Charles IX avait épousé Élisabeth d'Autriche qui fut, au milieu d'une cour dissolue, un modèle de piété et de modestie. Ils n'eurent qu'une fille, Marie-Élisabeth, qui mourut âgée de cinq ans. Marie Touchet, maîtresse du roi, lui donna un fils, Charles de Valois, qui devait être créé comte d'Auvergne, puis duc d'Angoulême.

CHARLES X (Versailles, 1757 – Gorizia, Italie, 1836)

Roi de France (1824-1830).

Frère cadet du duc de Bourgogne, du duc de Berry (Louis XVI) et du comte de Provence (Louis XVIII), il porte d'abord le titre de comte d'Artois. Après avoir épousé Marie-Thérèse de Savoie, sœur de la femme du comte de Provence (1773), il donne à la dynastie deux fils qui sont les premiers de leur génération : le duc d'Angoulême en 1775 et le duc de Berry en 1778. Sur le plan politique, il montre très vite peu d'égards pour Louis XVI, qu'il traite comme quantité négligeable et contredit ouvertement. Ces écarts seraient de peu de conséquence si les troubles avant-coureurs de la Révolution ne lui faisaient découvrir la politique ; professant des idées absolutistes et radicales, entre autres lors de l'assemblée des notables de 1787 dont il préside un bureau, il s'oppose à la fois au roi, dont l'attitude hésitante l'irrite, et à Monsieur, qui conspire avec l'esprit nouveau. Toutefois, plus agitateur que chef de parti, il quitte la France dès le 17 juillet 1789 et se fixe à Bruxelles, donnant ainsi le signal de l'émigration. Sa vie en exil est partagée entre l'Allemagne (surtout Coblence), Turin, Vienne, la Grande-Bretagne (Édimbourg et Londres). Son activité se manifeste essentiellement par un plan de reconquête de la France échafaudé à Turin avec Calonne (1791), par une adhésion à la déclaration austro-prussienne de Pillnitz (1791), par un service de quelques jours dans le corps d'émigrés rattaché à l'armée de Brunswick (1792) et, après la mort de Louis XVI, par de nombreux projets tendant à secourir la Vendée. Ces projets n'aboutissent qu'à un séjour de six semaines à l'île d'Yeu : le 18 novembre 1795, émigrés et Anglais rembarquent pour l'Angleterre, déchaînant la colère des chefs vendéens.

Charles X
Entrée du roi Charles X dans Reims, le 28 mai 1825. Aquarelle de Jean Develly, Sèvres, Musée national de céramique. © *Lauros-Giraudon*

Pendant dix ans (1794-1804), Louis XVIII et le comte d'Artois, devenu Monsieur, dirigent chacun leur émigration et ne se voient pas ; pendant les dix années suivantes, il leur arrive de se rencontrer, mais sans que ce dernier soit associé à la politique de son frère. Début 1814, Louis XVIII prépare son retour en France. Le comte d'Artois est nommé lieutenant général du royaume. À ce titre, il doit prendre contact en Franche-Comté avec les Français fidèles, rallier les autres, imposer le respect de la France et du principe royal français aux coalisés. Tâches difficiles après un exil de vingt-cinq ans face à des troupes d'occupation le plus souvent hostiles aux Bourbons. Toutefois, le comte d'Artois, grâce au baron de Vitrolles, dépêché par Talleyrand, qui le rejoint à Nancy en mars 1814, commet moins d'erreurs qu'on l'a prétendu. Le 12 avril, il fait son entrée dans Paris et, face au Sénat conservateur, préserve habilement les droits de son frère Louis XVIII. Balayant dans sa déclaration du 15 avril les prétentions constitutionnelles du Sénat, il déclare « n'avoir point reçu (du roi) le pouvoir d'accepter la Constitution, mais je connais ses sentiments et ses principes et je crois ne pas être désavoué en assurant qu'il acceptera les bons. » Ce qui permet à Louis XVIII de substituer la Charte octroyée le 4 juin 1814 à la Constitution des anciens sénateurs de l'Empire qui se contentaient d'en « appeler au trône ».

Pendant la Première Restauration et les Cent-Jours (au cours desquels ils s'exilent ensemble à Gand), Louis XVIII et son frère semblent s'entendre relativement bien. Il n'en est plus de même dans les premières années de la Seconde Restauration. Adversaire de la Charte, Monsieur prend la tête des ultras et protège la Congrégation. Il dirige ou fait mine de diriger un gouvernement occulte qu'on appelle, du nom de la partie des Tuileries qu'il occupe, le pavillon de Marsan. La crise avec le roi éclate en 1818 lorsque le comte d'Artois abandonne publiquement le commandement des Gardes nationales de France dont il avait fait le bras armé de sa cause à la suite des réformes du ministère Richelieu-Decazes, le ministre de l'Intérieur Lainé mettant les gardes communales sous la responsabilité des préfets, aux dépens des inspecteurs généraux proches de Monsieur. Un grand changement intervient après le départ définitif de Richelieu en 1821 : Villèle, chef parlementaire des ultras, est pris au gouvernement. « Monsieur escompte son règne », insinue perfidement le comte de Sémouville.

Le tour de France de Charles IX (1564-1566)

Le 27 septembre 1824, à l'âge de 67 ans, le comte d'Artois devenu Charles X fait son entrée dans la capitale et reçoit un accueil plus que chaleureux. Les premières mesures du règne – promesse de maintenir la Charte, amnistie des condamnés politiques, suppression de la censure – font taire l'opposition des ultras. Toutefois, le maintien au pouvoir de Villèle, détesté des libéraux, peu aimé dans le peuple, de moins en moins apprécié à droite, focalise les mécontentements. Désormais, bons ou mauvais, tous les actes de Charles X seront critiqués âprement : loi du sacrilège, projet d'indemnisation des émigrés, projet de loi sur le droit d'aînesse, loi sur la presse (dite Loi de justice et d'amour), licenciement de la garde nationale de Paris. Tandis que certains ultras estiment que le roi trahit les engagements du comte d'Artois, la gauche libérale – qui sait au besoin s'allier aux ultras – accrédite la légende du pouvoir jésuite. Charles X s'étant mis à porter l'habit de deuil, violet pour les rois, la presse annonce qu'il s'est fait consacrer évêque et célèbre chaque jour la messe aux Tuileries. La victoire de Navarin, en 1827, et l'expédition de Morée, en 1828, pourraient réjouir une opinion batailleuse ; elles ne sont comptées pour rien. La nomination du ministère dirigé par le libéral Martignac (4 janvier 1828) devrait au moins désarmer l'opposition libérale, Martignac est dénoncé comme un fantoche. Le Parlement ne soutient aucun des gouvernements de Charles X. Quelles que soient les tendances politiques de la Chambre, dissoute en 1823 et 1827, le conflit exécutif-législatif est permanent.

Exaspéré, parce qu'il est convaincu de son bon droit, le roi, traumatisé par les événements de 1789 et persuadé d'un complot libéral permanent, décide de ne plus céder mais ne fait que multiplier les maladresses. Sans avoir pu donner sa mesure, Martignac est remplacé, le 8 août 1829, par l'ami de toujours de Charles X, Jules de Polignac, l'un des hommes les plus impopulaires de France. Déchaînée par ce qu'elle considère comme une provocation, la Chambre réagit, au mois de mars 1830, par l'adresse des 221. Nouvelle dissolution. La Chambre de 1830 est entièrement dominée par l'opposition. Avant qu'elle ait pu se réunir paraissent les ordonnances de Saint-Cloud (25 juillet 1830) qui suspendent le régime libéral de la presse, dissolvent encore une fois la Chambre et modifient la loi électorale dans un sens restrictif.

Le roi n'a pas compris que ce coup de force en appelle un autre. Ni lui ni Polignac n'ont pris les mesures de sûreté qui s'imposaient. Le succès de l'expédition d'Alger (4 juillet) n'a pas suffi à relever le prestige du régime. La capitale se soulève et, après les combats des 27, 28 et 29 juillet, Charles X, réfugié à Rambouillet, abdique en faveur du duc de Bordeaux. Puis il nomme le duc d'Orléans lieutenant général. Mais celui-ci, qui se déclare aux ordres du Parlement, refuse tout compromis et monte sur le trône sous le nom de Louis-Philippe. Suivi de sa famille et de ses fidèles, Charles X gagne le port de Cherbourg d'où il s'embarque pour la Grande-Bretagne. Il vit deux ans au château d'Holyrood, à Édimbourg, et un peu plus de trois ans au Hradschin à Prague. Il meurt à Gorizia (à cette époque Görz, en Autriche) lors d'une épidémie de choléra.

CHARLES de FRANCE (Tours, 1446 – Bordeaux, 1472)

Duc de Berry.

Quatrième fils de Charles VII et de Marie d'Anjou, frère de Louis XI. Il se laisse convaincre à plusieurs reprises de prendre la tête des féodaux mécontents de son frère. Duc de Berry, il est le chef nominal de la ligue du Bien public dirigée contre le pouvoir royal, à la suite de laquelle il échange le Berry contre la Normandie. Il ne la conserve pas longtemps, Louis XI l'en dépouille en 1466, lui proposant en échange le Roussillon. Charles refuse la province, recommence à comploter. Il est investi de la Guyenne en 1469. Dressé de nouveau contre son frère en 1471, il songe à épouser la fille de Charles le Téméraire, et participe, au début de 1472, à une nouvelle coalition où entrent notamment ce dernier et Édouard IV d'Angleterre.

CHARLES II LE MAUVAIS (?, 1332 – ?, 1387)

Roi de Navarre (1349-1387).

Fils aîné de Philippe III, comte d'Évreux, mort en 1343, et de Jeanne de France, morte en 1349, reine de Navarre sous le nom de Jeanne II à la mort de Charles IV le Bel. Il était beaucoup plus fondé que le roi d'Angleterre à revendiquer l'héritage des Capétiens directs. Or, il n'hérita de ses parents que le royaume de Navarre et – disait-il du moins – une partie des fiefs auxquels il avait droit comme comte d'Évreux. Son mariage avec Jeanne de France, fille de Jean II le Bon, était fait pour consolider ses prétentions sur le trône de France, à condition qu'il ait su attendre les occasions. Or, Charles d'Espagne ayant été avantagé à son détriment, il fait assassiner ce favori du roi (1354), ce qui lui vaut d'être enfermé à Château-Gaillard en 1356.

Cependant, Charles a conservé des fidèles qui, devant la menace d'une arrivée de Jean le Bon, livrent les places dont ils ont la garde aux Anglais. Lorsque le roi est lui-même fait prisonnier à Poitiers en 1356, le parti navarrais, très puissant à Paris, obtient la libération de son chef. Alors que le Dauphin (futur Charles V) se débat au milieu de l'agitation révolutionnaire, Charles le Mauvais fait une entrée solennelle dans la capitale ; après avoir harangué les foules et fait vider les prisons, il exerce sur le Dauphin un chantage continuel par l'intermédiaire de ses lieutenants Picquigny et Le Coq, auxquels ne va pas tarder à s'ajouter Étienne Marcel, le prévôt des marchands. Cela ne l'empêche pas de contribuer à l'extinction des Jacques en attirant la bande beauvaisienne de Guillaume Calle, dit Jacques Bonhomme, dans un guet-apens, sous le fallacieux prétexte d'une conférence. Cet exploit accompli, il retourne à Paris. Mais cette fois, il se rend odieux en massacrant des Parisiens avec une bande d'Anglais à sa solde, et en refusant de communier après avoir conclu un traité avec le Dauphin. La révolution parisienne terminée, par le meurtre d'Étienne Marcel, le parti navarrais est chassé de la capitale, et la guerre anglaise s'achève par le traité de Brétigny en 1360. Charles le Mauvais élève alors des prétentions sur la Bourgogne. Battu par Du Guesclin à Cocherel en 1364, il doit renoncer pour un moment à troubler les affaires de France (traité d'Avignon, 1365) et gagner la Navarre. En Espagne, il mène une politique désastreuse pour son royaume. Continuant à conspirer contre le roi de France, il perd ses biens normands mais parvient à vendre Cherbourg au roi d'Angleterre (1378). Son fils, Charles III le Noble, restaura le royaume de Navarre.

CHARLES LE TÉMÉRAIRE (Dijon, 1433 – devant Nancy, 1477)

Duc de Bourgogne (1467-1477).

Fils de Philippe le Bon et d'Isabelle de Portugal. En tant que comte de Charolais, il s'illustre pour la première fois lors du siège de Morbecque contre les Gantois en 1457. Compagnon du Dauphin (futur Louis XI), au début de son séjour à la cour de Bourgogne (1456-1461), nommé par lui gouverneur sans gages de la Normandie en 1461, il se brouille à la fois avec son futur souverain et son père lorsque le premier réussit à persuader le second de lui laisser racheter les villes de la Somme pour 400 000 écus d'or (1463). Réfugié en Hollande, il se réconcilie en 1465 avec son père qui lui cède la lieutenance générale de ses États. Il prend alors la tête de la ligue du Bien public contre Louis XI. Resté maître du champ de bataille de Montlhéry en 1465, il ne peut s'emparer de Paris mais contraint le roi à signer les traités de Conflans et de Saint-Maur qui lui donnent les villes de la Somme. En outre, il oblige son adversaire non seulement à abandonner ses alliés liégeois, mais aussi à nommer connétable Saint-Pol, qui commandait l'avant-garde de l'armée de la ligue du Bien public en 1465. La même année, il réprime la révolte de Liège et de Dinant.

À sa mort, le 15 juin 1467, Philippe le Bon lui laisse un État puissant, mais qui se compose de deux blocs séparés : au sud, les vieilles terres, piliers de la puissance ducale, la Bourgogne autour de Dijon, le Nivernais, la Franche-Comté ; au nord, la Flandre, la Hollande, l'Artois, le Hainaut, le Brabant, le Luxembourg, qui comptent parmi les régions les plus riches d'Europe. Fidèle au dessein politique de son père, Charles le Téméraire rêve de réaliser l'unité de ses États en reconstituant une grande Lotharingie de Bâle à la mer du Nord par la conquête de l'Alsace, de la Lorraine et de la Champagne. Il s'y emploie pendant dix ans. Sous son règne, « bourguignon » en vient à s'opposer à « français ». Lui-même se sent si peu lié à son souverain qu'il songe à consacrer sa puissance par l'accession à la dignité royale.

Son premier souci est de réduire l'indomptable cité de Liège, soutenue par Louis XI. Il en vient à bout une première fois en 1467, attire ce dernier à

Charles le Téméraire

Charles le Téméraire présidant les états de Bourgogne. Huile sur toile, XVe siècle, château de Versailles. © *Giraudon*

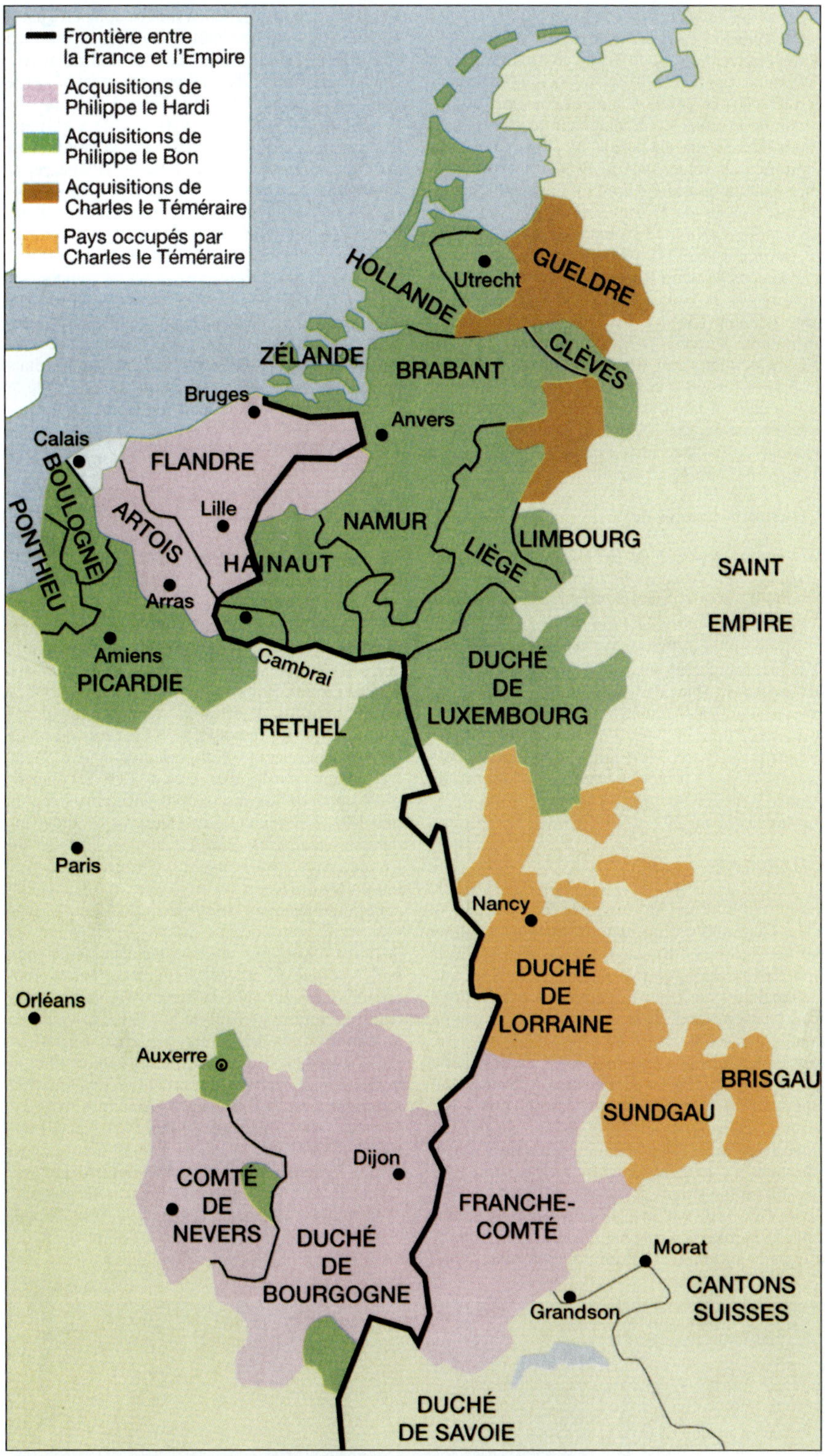

L'État bourguignon sous Charles le Téméraire

Péronne et, à l'annonce d'une seconde révolte de Liège (1468), qui se fait au nom du roi de France, le retient prisonnier et ne le libère qu'après lui avoir imposé, par l'humiliant traité de Péronne, l'exemption des « quatre lois de Flandre » du ressort du parlement de Paris et, sans doute oralement, l'abandon de la Champagne et de la Brie à son propre frère Charles de France, ainsi que la promesse de participer à la sanglante répression de Liège. Jouissant dès lors d'un prestige considérablement renforcé, Charles le Téméraire laisse libre cours à son ambition. Pour obtenir l'appui de l'Angleterre, il a épousé en troisièmes noces, le 3 juillet 1468, Marguerite d'York, sœur d'Édouard IV. Non content d'unifier les institutions de ses États qu'il veut soustraire à toute ingérence étrangère par la création du parlement et de la Chambre des comptes de Malines en 1470, par celle des parlements de Dijon et de Dole, ayant respectivement juridiction sur les Pays-Bas, sur le duché et le comté de Bourgogne, enfin par celle de la Chambre du Conseil bourguignon de Maastricht de 1473 à 1477, Charles le Téméraire les agrandit. En 1468, il annexe la principauté de Liège et, en 1473, le duché de Gueldre. En 1469, il achète à Sigismond de Tyrol la Haute-Alsace, qu'il fait administrer par un grand bailli, Pierre de Hagenbach. Par le traité de Nancy (1473), il se fait livrer les principales places fortes de la Lorraine ; le duc René II garantit, en outre, le libre passage de ses troupes sur son territoire. Il songe à marier sa fille Marie de Bourgogne au fils de l'empereur Frédéric III, Maximilien d'Autriche, en échange de la couronne royale.

Mais il se heurte dans ses projets à la ténacité de Louis XI dont la volonté de poursuivre patiemment la réalisation de l'unité française sous l'autorité royale ne peut que s'opposer à ses propres ambitions. Le roi poursuit contre lui une lutte opiniâtre, bien qu'entrecoupée de trêves. En obtenant de son frère Charles de France qu'il échange la Champagne et la Brie contre la Guyenne, en 1469, Louis XI lui porte un rude coup ; en réconciliant Warwick et Marguerite d'Anjou en 1470, il rend possible la restauration sur le trône d'Angleterre d'Henri VI de Lancastre, au détriment d'Édouard d'York, allié du Téméraire. Enfin, après avoir fait annuler par l'assemblée de Tours de novembre 1470 ses engagements de Péronne, il envahit brusquement la Picardie en janvier 1471 et occupe les villes de la Somme. Contre-attaquant aussitôt, Charles le Téméraire facilite le retour victorieux en Angleterre d'Édouard IV d'York, tandis que lui-même s'empare d'Amiens le 10 mars 1471. S'étant alors doté de troupes permanentes (édits de 1471), il reprend l'offensive en juin 1472 mais échoue devant Beauvais, défendue par Jeanne Hachette, et devant Rouen. Aussi doit-il accepter en 1475 une trêve de neuf ans.

Tout gain sûr et définitif fuit bientôt devant lui. Frédéric III se dérobe. Il perd, avec la mort de Charles de Guyenne en 1472, un allié précieux. Surtout, Louis XI profite de l'inquiétude que suscitent ses ambitions pour l'isoler. Le roi de France élimine en tant qu'adversaires le duc de Bretagne et le comte d'Armagnac (1472-1473) et anime la dangereuse coalition qui se forme contre le Téméraire entre les villes de la Basse Union (Bâle, Mulhouse, Colmar et Strasbourg), et les cantons suisses. Ayant commis l'erreur d'assiéger la ville de Neuss sur le Rhin, de juillet 1474 à juin 1475, Charles ne peut rejoindre son beau-frère Édouard IV d'York qui a débarqué à Calais le 4 juillet 1475 avec l'intention d'envahir la France. Ce dernier renonce d'ailleurs brusquement à ses projets et traite à Picquigny avec Louis XI dès le 29 août. Le duc remporte pourtant un beau succès en s'emparant de Nancy le 30 novembre. Mais, déjà éprouvé par la campagne de Neuss, il est battu par les Suisses à Grandson et Morat (mars et juin 1476). L'année suivante, il se retourne contre le duc de Lorraine qui a réoccupé sa capitale le 7 octobre 1476, mais subit devant les murs de la ville un désastre qui achève sa ruine : son corps, nu et défiguré, est retrouvé dans la boue glacée de l'étang Saint-Jean.

CHARLES de VALOIS : voir VALOIS

CHARLEVILLE

Aujourd'hui Charleville-Mézières, dans le département des Ardennes, sur la Meuse. La ville nouvelle est née en 1966 de la fusion de plusieurs communes.

Charleville est fondée en 1608 par Charles de Gonzague, duc de Nevers et gouverneur de Champagne, en face de Mézières, à la place du petit village d'Arches. Construite de 1608 à 1620 selon un plan régulier, la ville, dans l'esprit de Charles de Gonzague, devait être un bastion catholique face à la protestante Sedan. La place ducale est construite par un architecte qui a travaillé sans doute à la place Royale (place des Vosges) de Paris. La ville connaît un développement rapide, est dotée d'une manufacture d'armes dès 1620, et prospère aujourd'hui au détriment de Mézières.

CHARLIEU (abbaye de)

Abbaye située près de Roanne, dans la Loire.

Fondée en 872, l'abbaye de Charlieu est rattachée à Cluny vers 930. Ses bâtiments, reconstruits au XIe siècle, ont disparu pendant la Révolution. De l'église consacrée en 1094 ne subsiste plus que le porche à deux étages ajouté au XIIe siècle sur la façade de l'édifice. Ses deux portails, magnifiquement sculptés, constituent un des chefs-d'œuvre de l'architecture romane bourguignonne.

Charlotte Élisabeth de Bavière
La Princesse Palatine. Huile sur toile de Constantin Netscher, château de Blois. © *G. Dagli Orti*

CHARLOTTE de SAVOIE (?, v. 1442 ou 1445 – Amboise, 1483)

Reine de France (1457-1483).

Fille de Louis II, duc de Savoie, elle épouse le Dauphin Louis, futur Louis XI, contre la volonté de Charles VII. Le mariage, conseillé par le duc de Bourgogne, est envisagé dès 1451, conclu définitivement en 1456, et se déroule en 1457 à Chambéry. Elle donne sept enfants à Louis XI, dont Anne, future Anne de Beaujeu, sainte Jeanne de France et Charles, futur Charles VIII.

CHARLOTTE ÉLISABETH de BAVIÈRE, dite LA PRINCESSE PALATINE (Heidelberg, 1652 – Saint-Cloud, 1722)

Deuxième femme de Philippe d'Orléans.

Fille de l'Électeur palatin du Rhin. Par son mariage, célébré en 1671, elle devient la belle-sœur de Louis XIV. Elle donne à son mari une fille et deux fils dont Philippe, duc de Chartres puis d'Orléans, le futur Régent. Au milieu de cette cour de France qu'elle juge fort sévèrement, la Palatine tient en grande considération le roi qui, de son côté, l'estime. Laide – elle s'en vante –, disgracieuse, dotée d'une forte carrure, la Palatine possède des manières franches et rudes et ne cache pas sa façon de penser. Les courtisans redoutent ses appréciations et ses condamnations. En 1692, elle tente en vain de s'opposer au mariage de son fils Philippe et de Mlle de Blois, fille naturelle de Louis XIV et de Mme de Montespan. Restée à Versailles après la mort de son époux en 1701, elle constitue un témoin précieux de la vie à la cour de France à cette époque : ses innombrables lettres, adressées à toute l'Europe, sont pleines de détails vivants et savoureux, crus parfois, sur l'existence des courtisans et de leurs maîtres à la fin du règne de Louis XIV et sous la Régence. Intelligente, drôle, lucide, la princesse est souvent scandalisée par les mœurs des personnes qu'elle côtoie.

CHARNACÉ Hercule-Girard, baron de (Anjou, 1588- Breda, Hollande, 1637)

Diplomate et militaire.

Lié par mariage à la famille de Richelieu, il parcourt l'Europe centrale durant la guerre de Trente Ans. Il se lie notamment avec le roi de Suède Gustave-Adolphe. Aussi le cardinal de Richelieu l'envoie-t-il négocier secrètement pour le compte de la France. Charnacé échoue d'abord à gagner l'alliance de Gustave-Adolphe qui réclame une intervention active de la France à ses côtés. Mais lors de sa seconde tentative, jouant sur le ressentiment du roi de Suède contre l'empereur Ferdinand, qui l'a écarté des négociations de paix de Lübeck (mai 1629), Charnacé convainc le souverain de se faire le « libérateur » des protestants allemands. Mieux encore, le 23 janvier 1631, au camp de Bärwalde dans le Brandebourg, Charnacé conclut un traité entre la France et la Suède. Il reste auprès de Gustave-Adolphe jusqu'à la mort de ce prince à la bataille de Lützen le 18 novembre 1632. La *Realpolitik* de Richelieu amène dans le camp français une autre puissance protestante : la Hollande, en révolte contre l'Espagne depuis 1568. C'est encore Charnacé qui obtient le 5 avril 1634 l'alliance du prince d'Orange, stathouder des États-Généraux. Le roi de France fournit à la Hollande le concours d'un régiment dont Charnacé, en récompense de ses services, est nommé colonel. Il participe à ce titre au siège de la place forte espagnole de Breda où il trouve la mort le 1er septembre 1637.

CHARMES (trouée de)

Nom donné, à partir de 1874, au « couloir d'invasion » que le système fortifié de Séré de Rivières laissait ouvert entre les deux camps retranchés de Toul et d'Épinal.

Au début de la Première Guerre mondiale, les Allemands chercheront à exploiter cette faiblesse de la défense française, mais leur VIIe armée se heurtera du 23 au 27 août 1914 à la résistance victorieuse de l'armée Dubail entre Meurthe et Mortagne, puis entre Mortagne et Moselle. Une contre-offensive française rejettera les Allemands depuis Rozelieures jusqu'à la rive droite de la Mortagne (27 au 29 août).

CHAROLAIS

Région du Massif central au sud du Morvan.

Le Charolais est occupé, à l'époque romaine, par les Aulerques Brannovices, de la confédération des Éduens, et fait partie de la Seconde Lyonnaise. Plus tard, le Charolais est englobé dans le royaume de Bourgogne. Il forme ensuite une baronnie qui, à la suite d'un échange, passe, en même temps que le comté de Chalon dont elle relève, sous la dépendance du duc de Bourgogne Hugues IV (1229). Ce dernier la transmet à son second fils Jean puis à Béatrix qui épouse en 1272 Robert de France, fils de Saint Louis. En 1316, le Charolais est détaché du comté de Chalon pour être lui-même érigé en comté au profit de leur petite-fille qui, par son mariage, le fait passer dans la famille d'Armagnac (1327). En 1390, il est vendu à Philippe le Hardi, duc de Bourgogne. Charles le Téméraire, du vivant de son père, porte le titre de comte de Charolais. Après sa mort, sa fille Marie le fait entrer dans la maison d'Autriche, mais Louis XI s'en empare dès 1477 et le réunit une première fois à la France. Pour peu de temps : en 1493, Charles VIII le cède à Philippe le Beau, archiduc d'Autriche. Par la suite, il est un enjeu disputé entre la France, l'Espagne et l'Autriche. Le traité des Pyrénées, en 1659, l'attribue à l'Espagne mais Louis II, prince de Condé, le fait saisir et se le fait attribuer par un arrêt du parlement de Paris, en règlement d'une dette que le roi d'Espagne n'a pu lui rembourser (1684). Le Charolais fait définitivement retour à la Couronne en 1761 à la mort de son arrière-petit-fils, Charles de Bourbon, célèbre pour ses débauches. La région fut administrée par ses états particuliers de 1316 à 1751, époque à laquelle le Charolais fut réuni aux états de Bourgogne.

CHARONNE

Manifestation anti-OAS tenue le 8 février 1962, à Paris autour de la place de la Bastille et du métro Charonne, et qui donna lieu à une violente répression policière menée sous l'égide de Maurice Papon, alors préfet de police.

Organisée par le PC, le PSU et 6 syndicats (CGT, CFTC, Fen, Unef, Sgen, SNI), cette manifestation de ralliement de la gauche rassembla entre 10 000 personnes – évaluation du ministre de l'Intérieur Roger Frey et de la plupart des observateurs –, et 60 000 – chiffre avancé par *L'Humanité*. Ce rassemblement est mis en place pour protester contre l'importante vague d'attentats commis par les membres de l'OAS radicalement opposés aux discussions entreprises depuis mai 1961 à Évian entre de Gaulle et les indépendantistes algériens. En effet, depuis le début de l'année 1962, Paris est submergé par les violences terroristes et les explosions : 18 attentats sont perpétrés dans la seule nuit du 17 au 18 janvier ; le 22, une bombe éclate au ministère des Affaires étrangères tandis que, deux jours plus tard, quelque 13 attentats supplémentaires sont commis dont un chez la mère d'Henri Krasucki (futur secrétaire général de la CGT) ; la veille de la manifestation, une enfant de 4 ans est défigurée à Boulogne-Billancourt, dans l'immeuble où habite André Malraux. Parmi les participants à la manifestation du 8 février, 9 personnes trouvent la mort, dont 7 affiliées au PC, étouffées à l'entrée du métro Charonne. Plusieurs milliers de personnes participent à leurs obsèques en signe de solidarité. Cette vague de violence se poursuit néanmoins au cours de l'année 1962 : le 22 août a lieu l'attentat manqué au rond-point du Petit-Clamart contre le général de Gaulle.

Charonne
La station de métro Charonne après la manifestation. © *Humanité Keystone*

CHARRIER Marc-Antoine (Nasbinals, 1755 – Rodez, 1793)

Homme politique.

Notaire à Nasbinals, dans les montagnes de l'Aubrac, il est élu aux États généraux par le tiers du Gévaudan. Dès les premiers troubles de la Révolution, il s'oppose résolument aux idées nouvelles. Il tente de créer dans le département de la Lozère une sorte de Vendée méridionale, mais l'apathie de la grosse majorité de la population l'en empêche. La victoire qu'il remporte sur les troupes républicaines, à Chanac, à la tête de ses partisans royalistes, est vaine. En mai 1793, il est livré aux autorités qui le traduisent devant le tribunal révolutionnaire de l'Aveyron, et obtiennent sa condamnation à mort et son exécution.

CHARROUX (abbaye de)

Abbaye bénédictine située non loin de Civray (Vienne).

Consacrée au Sauveur, à la Mère de Dieu et aux martyrs, elle est fondée en 782 par le comte Roger de Limoges. Charlemagne, et surtout son fils Louis le Pieux, la prennent sous leur protection et la comblent de bienfaits. Détruite par les Normands en 863, évacuée par les moines de 903 à 908 devant la menace normande persistante, elle accueille en 989 le premier des conciles qui se sont donné pour mission l'institution de la paix de Dieu. À ce concile du Xe siècle s'en ajoutent trois autres de moindre importance au siècle suivant. Le monastère est plusieurs fois ravagé par des incendies avant la construction de l'église, dont Urbain II consacre le maître-autel lors du long séjour qu'il fait en France pour organiser la première croisade (1096). À défaut de textes, il est difficile de déterminer avec précision les dates et les étapes du Charroux de l'époque romane. La disparition de la quasi-totalité des bâtiments au cours du XIXe siècle n'aide pas l'investigation historique. Pourtant l'extraordinaire tour-lanterne circulaire, ajourée en fines arcades en bas, octogonale et presque entièrement fermée en haut, qui fut le centre de l'église et qui se dresse aujourd'hui dans sa solitude, semble indiquer que les principaux travaux sont contemporains des dernières années du XIe siècle. Les fondations subsistantes ont permis de reconstituer le plan de l'ensemble, plan singulier, puisqu'il est à la fois circulaire, cruciforme et basilical. Nul doute que les pèlerins n'aient afflué pendant tout le Moyen Âge dans cette abbatiale qui abritait de nombreuses et précieuses reliques, dont un morceau de la Vraie Croix. Nul doute que les bâtiments conventuels et annexes n'aient été, eux aussi, fort étendus avant leur désaffection moderne, surtout pendant la période romane qui fut certainement l'âge d'or de Charroux, puisque l'abbaye avait alors trois filiales, dont Issoire en Auvergne, et non moins de 234 sujettes.

CHARRUE

Instrument de labour dont le soc dissymétrique forme versoir et retourne ainsi la terre au lieu de la fendre simplement comme l'araire.

Elle apparaît deux siècles avant notre ère sur les rives belges de la Manche, mais son usage n'est certainement pas très répandu. Au Moyen Âge, la charrue coûte cher car elle exige une traction puissante avec des bœufs ou des chevaux, ainsi qu'un soc renforcé de fer. Elle est peu utilisable sur des terrains en pente. Elle est l'instrument des plaines lourdes et riches pouvant de surcroît être ensemencées en avoine sans nuire à la production nécessaire aux hommes. Les progrès de la charrue ont entraîné ceux de l'attelage. À partir des XIe-XIIe siècles, les jougs des bœufs ne portent plus sur le garrot mais sur les cornes puis le front, et le collier d'épaule rigide est utilisé pour les chevaux (et non pas, comme on l'a cru longtemps, le collier autour du cou qui aurait étranglé les animaux pendant l'effort). Dans le même temps progressent les attelages en fil et l'usage des ferrures. Les possesseurs de charrues et d'attelages se démarquent progressivement de la masse paysanne pour devenir l'élite des « laboureurs ». Au XVIIIe siècle, le versoir devient mobile et le soc réglable en profondeur. L'emploi de la charrue ne se généralise qu'au XIXe siècle, grâce aux efforts énormes des Sociétés d'agriculture pour la rendre plus maniable et moins onéreuse.

CHARTE

Chez les auteurs de l'Antiquité, le mot Charta, *d'origine grecque, signifiait simplement « papier », « papier de papyrus ».*

Il en vint à désigner plus spécialement, au Moyen Âge, un écrit authentique, un acte, et reçut en ce sens dans l'ancien droit français des acceptions multiples et variées, au point qu'on comprend généralement sous le terme générique de « charte » les documents authentiques de toute sorte, les actes de toute espèce que le Moyen Âge nous a laissés et dont l'ensemble constitue ce qu'on appelle les sources diplomatiques de l'histoire. Mais on peut opposer la charte à la lettre : c'est ainsi que, parmi les actes royaux, on distingue la lettre patente, caractérisée par une adresse à plusieurs personnes nommément désignées ou encore « à tous ceux que ces présentes lettres verront », de la lettre patente en forme de charte qui s'adresse « à tous présents et à venir ».

Chartes royales, chartes ecclésiastiques, chartes féodales émanent respectivement de la chancellerie royale, des membres du clergé, des seigneurs. Il existe également des chartes de particulier, des chartes privées, des chartes de confirmation, de donation, de vente, d'échange, d'affranchissement. Mais le mot « charte », sans autre désignation, ayant été fréquemment employé, particulièrement depuis le XIIe siècle, pour désigner les actes solennels des souverains et ceux-ci étant généralement des privilèges, les deux termes « charte » et « privilèges » deviennent à peu près synonymes. C'est ainsi qu'un certain nombre de chartes royales accordant des libertés provinciales sont restées célèbres. Parmi toutes celles que la réaction baronniale de 1315-1316 a obtenues de Louis X le Hutin, seule a survécu la Charte aux Normands (1315). Le terme « charte » évoque également le souvenir des libertés communales qui se développèrent en France à partir du XIe siècle. Sont en effet nommées « chartes de communes », « de franchises », « de bourgeoisie », « de coutumes » les contrats écrits et scellés par lesquels le roi ou un seigneur féodal fait concession à partir du XIe siècle de certaines libertés communales aux bourgeois d'une ville. À partir du XVIe siècle, le terme, devenu archaïque, n'est plus guère employé pour les actes publics et les contrats, mais il est repris en 1814 et 1830 pour désigner les instruments constitutionnels de la Restauration et de la monarchie de Juillet. Il répondait en effet à la pensée des fondateurs du nouveau régime monarchique car il semblait, par la fiction de l'octroi qu'il impliquait, renouer avec l'Ancien Régime.

Charte aux Normands. La révolte générale de la noblesse qui marque la fin du règne de Philippe le Bel contraint son successeur Louis X le Hutin à faire des concessions dès son avènement. Mais le nouveau roi a l'habileté, au lieu de rédiger une charte unique qui aurait pu devenir pour la France ce que la Grande Charte était pour l'Angleterre, d'accorder des privilèges à chaque province, en particulier à la Normandie, au Languedoc, à la Champagne, à la Bourgogne, à l'Auvergne. Parmi elles, seule la Charte aux Normands, qu'il concède en juillet 1315, à Vincennes, à la Normandie, a survécu.

Charte constitutionnelle du 4 juin 1814. Rédigée en cinq jours seulement, elle semble renouer dans sa forme avec l'Ancien Régime. Elle se présente, en effet, comme une charte médiévale octroyée par le bon plaisir du souverain « dans la dix-neuvième année de son règne », et aucune possibilité de révision n'est prévue. Mais, si la fiction de l'octroi sauvegarde l'amour-propre royal, la réalité est celle d'un contrat liant le roi à la nation. Le catholicisme est proclamé religion d'État mais les principales conquêtes révolutionnaires, notamment le principe de l'égalité civile et, sous certaines réserves, la liberté de la presse, sont reconnues. Enfin, l'organisation administrative de l'Empire est maintenue. Le régime politique s'inspire du système anglais. Le pouvoir législatif appartient à deux Chambres, celle des pairs et celle des députés, dont le recrutement donne un caractère oligarchique au régime. Les pairs sont nommés à vie par le roi et héréditaires, tandis que la Chambre des députés des départements, renouvelable par cinquième chaque année, est recrutée parmi les contribuables payant plus de 1 000 francs

Charte
Louis X le Hutin accordant la Charte aux Normands. *Grand Coutumier de Normandie*, miniature, v. 1340, musée de la ville de Paris, musée du Petit-Palais. © *Giraudon*

d'impôts directs et choisie par ceux qui en versent plus de 300 par an. Elle est donc dominée par les membres de l'ancienne aristocratie et les gros propriétaires fonciers. Les membres des deux Chambres ne perçoivent pas d'indemnité. Le budget est voté par la Chambre des députés, les lois par les deux Chambres. Mais le pouvoir exécutif conserve des prérogatives considérables. Le roi nomme les ministres qui sont responsables individuellement devant lui. Il a l'initiative des lois et les sanctionne. Il convoque la Chambre des députés et peut l'ajourner ou la dissoudre. L'article 14 lui attribue également le droit de légiférer par ordonnance « pour l'exécution des lois et la sûreté de l'État ». Ce qui fait dire au futur ministre Clermont-Tonnerre : « Toute la Charte est dans l'article 14, l'art est de savoir en user. »

Charte de 1830. Simple révision de la Charte de 1814, elle est hâtivement rédigée et votée par la Chambre des députés qui, après avoir déclaré le trône vacant en fait et en droit, en raison de la violation de la Charte de 1814, invite Louis-Philippe d'Orléans à prendre le titre de roi des Français sous le nom de Louis-Philippe Ier. Les formules qui rappelaient l'Ancien Régime sont supprimées, notamment le préambule de la Charte, « comme blessant la dignité nationale en paraissant octroyer aux Français les droits qui leur appartiennent essentiellement ». La religion catholique n'est plus déclarée religion d'État, on dit simplement qu'elle est professée par la majorité des Français. À l'article concernant la liberté de la presse, il est ajouté que la censure ne pourra jamais être rétablie. Au fameux article 14, devenu l'article 13, il n'est plus question que des règlements nécessaires pour l'exécution des lois : les mots « et la sûreté de l'État » ont été supprimés, et il est précisé que le roi ne pourra jamais suspendre les lois elles-mêmes ni dispenser de leur exécution. Il est ajouté qu'aucune troupe étrangère ne pourra être admise au service de l'État qu'en vertu d'une loi : cela vise les Suisses qui ont été délogés des Tuileries le 29 juillet 1830 comme jadis le 10 août 1792. Les changements les plus importants concernent les Chambres. Désormais le droit d'initiative des lois appartient aux deux Chambres comme au roi. Les séances de la Chambre haute, jusque-là secrètes, deviennent publiques. Le mandat des députés est réduit de 7 à 5 ans. La Chambre des députés nomme son président directement, au lieu de présenter au roi cinq candidats entre lesquels il choisit. Enfin l'âge de l'électorat est abaissé de 30 à 25 ans et celui de l'éligibilité de 40 à 30 ans, tandis que le cens qui inclue expressément la patente est, lui aussi, abaissé à 500 et 200 francs respectivement pour les éligibles et les électeurs. De ce fait, le corps électoral est doublé et comprend environ 200 000 personnes. Une dernière innovation, qui atteste la rupture avec la tradition bourbonienne et la volonté de se situer dans le prolongement de la Révolution et de l'Empire, est le rétablissement de la cocarde tricolore. Mais, si la nouvelle Charte semble s'engager dans la voie du parlementarisme, la responsabilité des ministres, malgré des efforts prolongés, ne fera l'objet d'aucun texte, contrairement à la promesse qui en avait été faite.

CHARTE D'AMIENS

Nom donné au texte adopté par le congrès de la CGT à Amiens (octobre 1906) qui se prononce pour l'indépendance totale des syndicats français devant le patronat, les partis politiques et l'État.

Libre au syndiqué de « participer, en dehors de tout groupement corporatif, à telles formes de lutte correspondant à sa conception philosophique ou politique » ; mais il ne doit pas introduire dans le syndicat les opinions qu'il professe au-dehors. La charte d'Amiens est donc une nouvelle affirmation de l'antiétatisme fondamental du monde ouvrier, et de sa confiance dans l'action directe. Les tendances anarchisantes demeureront longtemps puissantes au sein de la classe ouvrière française.

CHARTE DU TRAVAIL

Projet corporatiste élaboré par le régime de Vichy et mis en place à partir d'octobre 1941.

La loi, publiée le 26 octobre 1941, constitue l'un des piliers de la Révolution nationale voulue par Vichy. Elle a pour ambition d'instaurer la paix sociale en désamorçant ce que Vichy considère comme facteur de la lutte des classes : les syndicats sont unifiés, leur rôle étant limitée à la représentation des salariés, le droit de grève est interdit. Parallèlement, le monde du travail est divisé en 5 catégories – employeurs, ouvriers, employés, agents de maîtrise et cadres – dans une logique corporatiste. En fait, la loi est le résultat d'un compromis laborieux de 14 mois entre les idées de Pétain, celles de Darlan et celles du maître d'œuvre, René Belin, secrétaire d'État au travail. Malgré les 80 articles du texte, personne n'est satisfait : le patronat est hostile au contrôle de l'État et à l'interdiction du lock-out ; les syndicats catholiques sont opposés au syndicat unique ; la CGT clandestine donne l'ordre de saborder les accords. Le 27 juillet 1944, la Charte est abolie par le général de Gaulle et laisse pour héritage notable les comités sociaux, ancêtres des comités d'entreprise, et le salaire minimum vital au montant fixé par l'État.

CHARTIER Alain (Bayeux, v. 1385 – Avignon, v. 1433)

Écrivain et diplomate français.

Secrétaire du Dauphin Charles, futur Charles VII, il accomplit pour son maître, devenu roi et luttant contre Henri VI d'Angleterre, plusieurs missions diplomatiques entre 1424 et 1428. Ses œuvres littéraires, poétiques, historiques ou politiques lui valent au XVe siècle une grande réputation. Dans ces dernières, publiées en latin et en français, il s'efforce de ranimer le courage des partisans de Charles, et celui de ce dernier, face aux revers qui les accablent. Après l'*Épître à l'université de Paris*, en latin (1420), l'un des plus célèbres est *Le Quadrilogue invectif*, où l'auteur fait discuter en français France, noblesse, peuple et clergé (1422). Le *Traité de l'Espérance*, en 1428, reprend les mêmes thèmes patriotiques.

CHARTRES

Ville d'Eure-et-Loir.

L'ancienne *Autricum* est, avant la conquête de César, la capitale des Carnutes, qui lui ont donné son nom actuel, et un centre du culte druidique. Sa première église épiscopale naît au IVe siècle apr. J.-C. Cinq cents ans plus tard, l'édifice, déjà reconstruit à plusieurs reprises, reçoit de Charles le Chauve une relique exceptionnelle : la Sainte Tunique que la Vierge aurait portée le jour de l'Annonciation. Un tel trésor devait contribuer pour beaucoup à la célébrité de Chartres au cours du Moyen Âge. Chartres devient, au Xe siècle, la capitale d'un comté qui appartient à la maison de Champagne et de Blois, puis à la maison de Châtillon-sur-Marne. En 1286, Jeanne de Châtillon le cède à Philippe le Bel, et il devient l'apanage de Charles de Valois, frère de ce roi. Il fait de nouveau partie du domaine royal en 1346. François Ier l'érige en duché en 1528 au profit de Renée de France, duchesse de Ferrare. Louis XIV le donne à Gaston d'Orléans. Il passe enfin à Philippe d'Orléans, frère de Louis XIV, et reste jusqu'à la Révolution dans la famille d'Orléans, dont l'héritier portera jusqu'à Louis-Philippe le titre de duc de Chartres.

Brûlée par les Normands en 858, Chartres résiste cependant en 911 aux attaques de Rollon. Prise par les soldats bourguignons en 1417, reprise par Dunois en 1432, investie par l'armée du prince de Condé en 1568 puis, en 1591, par Henri IV qui s'y fait sacrer deux ans plus tard, Chartres n'a pas cependant d'histoire autonome, en raison sans doute de la proximité de Paris. La ville doit surtout sa célébrité à son admirable cathédrale, la plus complète et la mieux conservée des édifices gothiques français, et aux nombreux pèlerinages dont la tradition s'est perpétuée au pied de la Vierge Noire. Après l'incendie qui a détruit sa façade en 1134, la cathédrale est reconstruite par l'évêque Fulbert au-dessus de la crypte des IXe, XIe et XIIe siècles. Le clocher nord est édifié le premier puis, en 1145, le clocher sud. Une façade est commencée qui comprend trois portails, dont l'actuel portail Royal qui confère tout son prestige à la façade occidentale de la cathédrale, achevée vers 1170. En 1194 un nouvel incendie, qui anéantit une partie de la cité, épargne la crypte et surtout le fameux portail Royal et ses tours.

Mais il faut reconstruire le reste de l'édifice, dont l'ensemble est achevé dès 1220, en vingt-six années seulement. Après le gros œuvre, il reste à compléter la décoration intérieure et extérieure, notamment les portails et les porches des deux croisillons du transept. Vers 1260, date de la dédicace de la cathédrale, qui se fait en présence de Saint Louis, tout est pratiquement terminé. Les siècles suivants s'attachent à parachever, à embellir ou à modifier l'œuvre gothique. Le XIVe siècle ajoute la salle capitulaire et la chapelle Saint-Piat (1313-1358), le XVIe siècle la flèche de la tour nord et la flèche du chœur, achevée en 1727.

Des deux flèches de la cathédrale, l'une est romane, l'autre flamboyante. Six autres étaient prévues pour les tours latérales inachevées. Le Christ triomphant entouré des symboles des évangélistes est représenté sur le portail Royal, au centre du triple portail roman de la façade occidentale. La porte sud et la porte nord sont consacrées à la Nativité et à l'Ascension. L'inspiration romane se traduit ici par des statues-colonnes, allongées et hiératiques, et par la représentation des arts libéraux probablement suggérés par l'enseignement de la célèbre école chartraine du XIIe siècle. Tout différents sont les portails et les porches latéraux, où le réalisme gothique s'est progressivement imposé et où l'on remarque notamment des représentations de la vie active et de la vie contemplative. L'intérieur de l'édifice, long de 130 mètres, haut de 36 mètres, est très homogène. La cathédrale de Chartres est enfin remarquable par les jeux de lumière exceptionnels de ses splendides vitraux. Offerts par de grands personnages tels Blanche de Castille et Saint Louis, et surtout par les corporations qui y ont fait représenter des scènes de leur activité professionnelle, ils offrent le plus riche déploiement de couleurs et de vie de tout l'art gothique.

CHARTRES (maison de) : voir ORLÉANS

CHARTREUSE

Monastère de Chartreux, religieux suivant la règle bénédictine modifiée par saint Bruno.

Conçues pour la vie érémitique, les chartreuses sont généralement constituées par une suite de

Chartreuse
Vue du monastère de la Grande-Chartreuse.
© *Lauros-Giraudon*

Chasse

Petites chasses de Louis XV. Rendez-vous de chasse au puits du roi (Compiègne). Huile sur toile de Jean-Baptiste Oudry, château de Fontainebleau. © *Giraudon*

pavillons ou de cellules dans lesquels les religieux vivent seuls (ils ne se réunissent qu'à l'église, à l'occasion des offices). Le nom de Chartreux a pour origine la Grande-Chartreuse, massif du Dauphiné où saint Bruno fonda en 1084 son premier établissement, qui subsiste toujours après avoir été démoli et reconstruit à plusieurs reprises jusqu'en 1676. Par extension, le nom de chartreuse a été donné aux maisons filles de l'ordre de saint Bruno dans toute l'Europe. Ces maisons n'étaient pas moins de 200 en France au XVIe siècle, 70 en 1790. Les plus connues sont Vauvert à Paris, le Reposoir, Bonpas, le Liget, Villeneuve-lès-Avignon, aujourd'hui détruites, ruinées ou désaffectées, mais souvent fort belles lorsqu'elles ont laissé des vestiges. À cette liste il convient d'ajouter les communautés toujours vivantes de Sélignac, Montrieux et Maugères.

CHASSE

Avant la Révolution, l'activité cynégétique est l'un des privilèges de la noblesse lié à la seigneurie, un des passe-temps favoris des rois et une des revendications les plus vigoureuses que le tiers état exprime dans les cahiers de doléances.

Au Moyen Âge, la chasse est, avec les tournois et la guerre, l'activité principale de la noblesse qui prouve sa valeur en s'exposant au danger très réel du gros gibier et qui bénéficie d'une alimentation riche et carnée. C'est aussi un moyen de combattre les prédateurs du bétail, voire de l'homme. Pour détruire les nuisibles – et d'abord à l'époque les loups –, Charlemagne institue ainsi les louvetiers, devenus lieutenants de louveterie en 1814. Placé sous le patronage de saint Hubert – évêque du VIIIe siècle dont la légende prétend qu'il a été réincarné après sa mort en jeune seigneur chasseur –, la vénerie devient un véritable art à la ritualisation poussée que manifeste l'ordonnance des équipages de chasse « à courre, à cor et à cri ». Au XIVe siècle, Gaston III de Foix, dit Phébus, rédige avec *Le Miroir de Fébus* un traité qui fait autorité juqu'au XVIIIe siècle. Jusqu'à la grande ordonnance de Colbert sur les Eaux et Forêts (1669), le braconnage peut être puni de mort ; il reste pourtant abondamment pratiqué. La prohibition du droit de chasse relève de la crainte de voir les paysans s'armer, négliger le travail de la terre dont dépend le seigneur ou épuiser la ressource en gibier. La chasse dévasterait aussi les cultures, mais les nobles ne les respectent guère… En fait la chasse – à courre ou au faucon – est perçue comme une activité noble par excellence, sans doute parce qu'elle s'est substituée au tournoi de chevalerie. Les rois de France sont pour la plupart des chasseurs acharnés : les Valois – notamment Charles VI et Charles IX – mais aussi les trois premiers Bourbons – Louis XIII jusqu'à la frénésie – épuisent leur suite en d'interminables parties de chasse dans les forêts royales. Pour un gentilhomme, être admis à la chasse du roi est un signe de faveur marqué tandis que les charges de grand veneur ou de grand fauconnier sont parmi les plus convoitées.

La Révolution démocratise le droit de chasse, d'où la dimension symbolique de cette activité en France où le poids de la ruralité se mêle à l'imaginaire politique du peuple en armes. Aussi la France compte-t-elle aujourd'hui le plus grand nombre de chasseurs d'Europe (1 600 000). La loi Verdeille (1964) autorise même les chasseurs à pénétrer, même contre le gré des propriétaires, sur des terrains privés non clos. Mais la chasse, devenu loisir, est très encadrée par les pouvoirs publics via l'Office national de la chasse apparu en 1972 ; depuis 1923, les chasseurs appartiennent obligatoirement à une Fédération départementale et sont soumis à partir de 1976 à un examen pour obtenir le permis de chasse. Lobby puissant, les chasseurs ont également une représentation politique spécifique avec le mouvement Chasse, Pêche, Nature et Tradition (CPNT) qui, très implanté dans le Sud-Ouest et certains départements du Nord, s'oppose à la directive européenne de 1979 restreignant la chasse aux oiseaux migrateurs. Son succès aux élections européennes de 1999, où il franchit la barre de 5 %, témoigne d'une résistance de la France rurale à la généralisation d'une sensibilité et d'un mode de vie urbains.

CHASSELOUP-LAUBAT François, marquis de (Saint-Sornin, 1754 – Paris, 1833)

Ingénieur et général.

Colonel du génie en 1789, il se rallie à la Révolution, défend Montmédy contre les Prussiens, dirige en 1794 la principale attaque contre Maastricht, puis le siège de Mayence l'année suivante. Il accompagne ensuite Bonaparte en Italie, prend Peschiera, Mantoue et Alexandrie, les fortifie suivant un nouveau système de son invention. Ses travaux permettent par la suite au général Moreau d'effectuer une retraite rapide à travers les Apennins. Nommé général de division en 1797, il dirige sous l'Empire les sièges de Dantzig et Stralsund (1807), commande le génie pendant la campagne de Russie, puis est fait comte d'Empire et sénateur en 1813. Il contribue à la déchéance de Napoléon, fait partie de la commission chargée de juger Ney, vote contre la condamnation à mort. Pair et marquis sous la Restauration, il défend les institutions constitutionnelles.

CHASSELOUP-LAUBAT Justin (Alexandrie, Égypte, 1805 – Versailles, 1873)

Homme politique.

Fils du précédent. Il est ministre de la Marine en 1851, puis de 1860 à 1867, et des Colonies de 1858 à 1860. Il favorise le développement de la flotte de guerre française, pousse Napoléon III à l'annexion de la Cochinchine et au protectorat sur le Cambodge (1862-1863). Il est élu sénateur en 1862, président du Conseil d'État en 1869 et député en 1871.

CHASSENON-EN-CHARENTE

Dans l'antique Cassinomagus, *étape sur la route romaine menant de Saintes à Lyon, existait un sanctuaire rural où étaient honorées certaines divinités des eaux guérisseuses.*

Les fouilles menées depuis 1958 dans la localité de Chassenon, bâtie sur l'emplacement de *Cassinomagus*, ont dégagé un temple, un théâtre, et surtout des thermes qui sont les mieux conservés de toute la Gaule. C'est ainsi qu'on peut y voir le système d'adduction d'eau par des aqueducs souterrains, les éléments du chauffage par hypocauste et le bassin de décantation destiné à purifier l'eau polluée. Les malades, qui, du IIe au IVe siècles, sont venus en pèlerinage aux eaux de *Cassinomagus*, ont laissé des ex-voto, des statuettes et des éléments anatomiques en métal ou en terre reproduisant la partie du corps malade.

CHASSEPOT Antoine Alphonse (Mutzig, 1833 – Gagny, 1905)

Armurier et inventeur.

Il met au point, en 1858, le fusil à aiguille, calibre 11 millimètres, qui porte son nom. Introduit dans l'armée en 1866, le Chassepot équipe les troupes françaises en 1870 et se montre supérieur en rapidité et en précision à son homologue allemand (le fusil Dreye). Il n'en est pas moins remplacé en 1874 par le fusil Gras.

Chateaubriand

Huile sur toile de P.-L. Laval, coll. particulière.
© *Sélection Images*

CHATEAUBRIAND François René, chevalier, puis vicomte de (Saint-Malo, 1768 – Paris, 1848)

Écrivain.

Élevé dans la rude et austère atmosphère du château de Combourg, au nord de Rennes, il y mène une existence de solitaire, développant une vie intérieure riche et se montrant sensible aux beautés et aux mystères de la nature. Ses études le mènent à Dol et à Rennes, un brevet de sous-lieutenant au régiment de Navarre lui étant ensuite décerné en 1785. Après avoir tenu garnison à Cambrai, il séjourne à Paris, où il rencontre, entre autres, La Harpe, Chamfort, Fontanes, André de Chénier. Lui-même voit publier ses premiers vers dans l'*Almanach des Muses*. Mais l'année de la parution, 1789, interrompt pour le moment sa vocation littéraire, l'élan révolutionnaire le rejetant immédiatement dans une dédaigneuse opposition au nouveau régime. Afin d'y échapper, il s'embarque au printemps de 1791 pour les États-Unis, visitant la côte orientale, la région des Grands Lacs et les plantations du Sud, ayant la révélation d'autant de paysages nouveaux qui frappent son imagination.

Le succès de la Révolution le conduit durant l'été de 1792 dans l'armée du prince de Condé, laquelle s'en va assiéger Thionville. Grièvement blessé devant la place, Chateaubriand renonce à la carrière des armes et séjourne dans des conditions très précaires à Jersey et à Londres jusqu'en 1799, écrivant un *Essai historique sur les Révolutions* dans lequel il ne ménage guère les adeptes de tout changement d'ordre établi. Précisément, l'ordre consulaire rétabli par Bonaparte lui paraît encourageant en 1800. Ayant été rayé par le Premier Consul des listes de proscrits, il regagne la France, où le décès de sa mère vient de le ramener à la religion. Cette fois commence véritablement, avec le siècle, une création littéraire qui ne s'achèvera qu'avec sa mort. *Atala* est publié en 1801, puis *René* et *Le Génie du christianisme* (1802), autant d'œuvres marquantes qui attirent l'attention du Premier Consul. Un poste de secrétaire d'ambassade à Rome, offert et accepté en juin 1803, témoigne de l'estime du nouveau maître des Français. Mais l'exécution du duc d'Enghien, le 21 mars 1804, sépare irrémédiablement l'homme de lettres du futur empereur. *Les Martyrs* attestent la préoccupation du moment, que tente de faire oublier, de juillet 1806 à juin 1807, un voyage en Turquie et en Palestine. Tandis que Napoléon vole de succès en succès d'Iéna à Auerstaedt et Friedland, Chateaubriand médite dans sa résidence de la Vallée-aux-Loups, site agreste des environs de Sceaux. Là s'élabore l'*Itinéraire de Paris à Jérusalem*, publié en 1811. Trois ans plus tard, le retour de Louis XVIII est salué par le pamphlet intitulé *De Buonaparte et des Bourbons*. Mais il faut bientôt précipitamment quitter la vallée de Chevreuse pour fuir à Gand durant les Cent-Jours.

La récompense à cette fidélité est un titre de pair de France. Chateaubriand exprime ses sentiments ultra-royalistes dans la *Monarchie selon la Charte* (1816), écrit dans lequel il manifeste son opposition à toute dissolution de la Chambre introuvable. Il confirme ce point de vue dans ses chroniques du *Conservateur*. L'assassinat du duc de Berry le rapproche de la cour de Louis XVIII, lequel lui confie un poste d'ambassadeur à Berlin (1820), puis à Londres (1822). Plénipotentiaire au congrès de Vérone où il fait décider l'expédition d'Espagne, il est récompensé par le portefeuille des Affaires étrangères de décembre 1822 à juin 1824. Un congédiement assez brusque fait cependant de cet ultra du régime un sympathisant libéral devant lequel s'ouvrent les colonnes du *Journal des débats*, lequel ne ménage guère Villèle ni Polignac. Mais la venue au pouvoir de Louis-Philippe fait renaître le légitimiste qui démissionne de la Chambre des pairs et cingle le nouveau régime dans *De la Restauration et de la Monarchie élective*, publié en 1831. La monarchie de Juillet lui rend d'ailleurs coup pour coup, sous forme d'inculpation de complot contre l'État (1832) et d'arrestation (février 1833) pour un *Mémoire sur la captivité de la duchesse de Berry*. Cette fois, c'en est fini des honneurs et de l'aisance. Chateaubriand s'adonne à des études historiques et surtout à la rédaction de son œuvre ultime, les *Mémoires d'outre-tombe* qu'il n'achèvera qu'en 1848, année de sa mort. Sa gêne financière est alors telle qu'il ne subsiste que grâce aux avances consenties par son éditeur. Presque octogénaire, le poète admirateur de la nature, le mélancolique héros atteint du « mal du siècle » (le romantisme exaltant) y jette ses derniers feux pour une jeunesse en quête de modèles.

Châteaudun

Ville d'Eure-et-Loir.

À l'origine de Châteaudun se trouve un *oppidum* bâti par les Carnutes sur un éperon rocheux dominant la vallée du Loir, et qui porte à l'époque gallo-romaine le nom de *Castellodunum*. La ville, qui reçoit un évêché dès le VIe siècle, est détruite par les Normands en 875 et relevée au XIe siècle par les comtes de Dunois. Ces derniers élèvent une première forteresse dont subsiste un imposant donjon circulaire datant du XIIe siècle. Le comté passe au XIVe siècle entre les mains de la maison d'Orléans, puis à Jean, le Bâtard d'Orléans, comte de Dunois et de Longueville, compagnon de Jeanne d'Arc. Dunois et ses héritiers, les Longueville, construisent le château actuel, remplaçant la forteresse médiévale par une résidence seigneuriale. La chapelle, la première reconstruite, dans le style flamboyant, porte le nom de Sainte-Chapelle. Les travaux de l'aile occidentale, entamés vers 1460, sont achevés par François de Longueville, fils du Bâtard, qui entreprend ensuite de reconstruire l'aile nord dite de Longueville. François II achève les travaux au début du XVIe siècle. Les deux ailes ont une structure assez semblable, mais la décoration de l'aile de Longueville s'inspire des motifs de la Renaissance italienne. En 1710, le château passe à Charles Philippe d'Albert, duc de Luynes. Diverses modifications sont alors entreprises à l'intérieur des bâtiments. Châteaudun résiste héroïquement aux troupes prussiennes en octobre 1870, avant d'être prise, pillée et incendiée par elles. La ville charge ensuite ses armes de la Légion d'honneur. Le château, acheté par l'État en 1939, a été depuis soigneusement restauré.

Château-Gaillard
Vue de la forteresse. © *Sélection Images*

Château-Gaillard

Ancienne forteresse construite sur une falaise dominant la rive droite de la Seine et le vallon du Petit-Andely.

Il n'en subsiste que des ruines, encore imposantes, notamment celles du donjon. La forteresse est construite sur l'ordre de Richard Cœur de Lion, très rapidement puisque les travaux, commencés en 1196, sont achevés l'année suivante. La citadelle est, malgré ses puissantes défenses, enlevée par Philippe Auguste au moment de sa lutte contre Jean sans Terre, en 1204. Les défenseurs, commandés par Robert de Lasey, soutiennent un siège acharné, de septembre 1203 à avril 1204. Les assaillants doivent employer la ruse, et pénétrer dans le château par une échauguette servant de latrines. Château-Gaillard sert ensuite de prison. Philippe le Bel y fait enfermer Marguerite et Blanche de Bourgogne, épouses de ses fils Louis le Hutin et Charles le Bel, à la suite de l'affaire des frères d'Aulnay en 1314. La première y meurt. La forteresse sert ensuite de prison à Charles le Mauvais, roi de Navarre (1356). Henri IV donne l'ordre de la démanteler en 1603, et la démolition sera poursuivie par Richelieu.

Châteauneuf Charles de L'Aubespine, marquis de (Paris, 1580 – Leuville, 1653)

Garde des Sceaux.

Petit-fils de Claude de l'Aubespine, baron de Châteauneuf-sur-Cher qui fut un des négociateurs du traité du Cateau-Cambrésis, et fils de Guillaume, baron de Châteauneuf, qui fut conseiller d'État et ambassadeur en Angleterre, il entre dans la carrière en 1603 comme conseiller au parlement de Paris. Après avoir été ambassadeur en Hollande et à Bruxelles (1609), en Allemagne (1620), à Venise, puis en Angleterre (1629), il succède à Marillac comme garde des Sceaux après la journée des Dupes (1630). Mais, ayant conspiré contre Richelieu, il est destitué et arrêté (1633). Dix ans plus tard, la mort de Louis XIII le libère. Soutenu en sous-main par la maison d'Autriche et ouvertement par les Importants, il décide de renverser Mazarin pour prendre sa place. Mais la régente Anne d'Autriche le contraint à l'exil en même temps qu'elle fait enfermer Beaufort à Vincennes. Il croit cependant son heure arrivée lors du triomphe de la coalition des deux Frondes. Il récupère les sceaux en 1650 et se fait promettre le poste de Principal ministre. Il est joué une fois de plus : on se sert de lui contre Condé sans le servir. En 1651, les sceaux lui sont repris pour être donnés au fidèle Molé. Il ne survit que deux ans à cette dernière disgrâce.

Châteauneuf-de-Randon

Importante place forte du pays de Randon en Margeride méridionale, à 30 kilomètres de Mende.

C'est au pied de ses murs, en 1380, que Du Guesclin meurt en assiégeant les Anglais et les routiers qui s'y sont retranchés. Châteauneuf est également le chef-lieu d'une des premières baronnies du Gévaudan. Il donna son nom à une antique et illustre maison qui posséda longtemps de nombreuses seigneuries en Gévaudan (Le Tournel, Apcher) et en Vivarais (Joyeuse, origine d'une branche qui donna les ducs et le cardinal de Joyeuse).

Châteauneuf-Randon Alexandre, comte de (Tarbes, 1757 – Épervans, 1827)

Général.

Représentant de la noblesse du Gévaudan aux États généraux, il s'associe au tiers puis, membre de la Convention, est le seul de son département à voter sans sursis, selon son expression, « pour la mort de Louis-le-Dernier ». Il se distingue ensuite par son zèle montagnard aussi bien à Lyon, comme acolyte de Couthon, que dans le Gévaudan et dans les régions limitrophes, surtout en Haute-Auvergne. En récompense de son patriotisme, le Directoire le fait général de brigade. Puis Bonaparte le nomme préfet des Alpes-Maritimes. Mais il ne reste pas longtemps en poste. Quelle que soit son application à flatter les puissants, il ne réussit pas à se maintenir aux affaires sous l'Empire. Son excitation et son instabilité irritent et inquiètent. Enfermé pour dettes à Sainte-Pélagie en 1812, il assure La Tour-Maubourg de son dévouement pour Louis XVIII lorsque celui-ci a recouvré son trône. Il ne sort de prison que deux ans plus tard. Le roi lui refuse la croix de Saint-Louis qu'il réclame comme un dû. Ruiné, abandonné de tous, ce triste rejeton d'une brillante famille meurt fou.

CHÂTEAU-RENAULT François-Louis de ROUSSELET, marquis de (Château-Renault, 1637 – Paris, 1716)

Vice-amiral et maréchal de France.

Chef d'escadre en 1673, il bat Ruyter deux ans plus tard. En 1689, il est chargé de commander les troupes envoyées au secours de Jacques II en Irlande. Il bat alors la flotte anglaise dans la baie de Bantry. Vice-amiral du Levant et capitaine général de la mer Océane pendant la guerre de Succession d'Espagne, il défend les colonies espagnoles d'Amérique et escorte vers l'Europe les galions espagnols chargés d'or. Il ne peut éviter la perte d'une partie de la cargaison à la suite d'une attaque anglaise dans la baie de Vigo (1702), mais est cependant nommé maréchal de France en 1703.

CHÂTEAUROUX

Ville du département de l'Indre, sur l'Indre, Châteauroux doit son origine à un château dont la tradition attribue la construction à Raoul le Large, seigneur de Déols (937-952).

Une forteresse destinée à la défense contre les envahisseurs normands y existe vraisemblablement dès la seconde moitié du ixe siècle. Détruit par un incendie en 1088, le château est reconstruit et, autour de lui, une ville nouvelle prend naissance, Château-Raoul, dont la dénomination apparaît à partir de 1112. Pendant deux siècles se succèdent à Châteauroux les seigneurs de la maison de Déols. Philippe Auguste s'empare de la ville en 1188 mais accepte aussitôt de s'en dessaisir au cours d'une entrevue avec Richard Cœur de Lion. L'année suivante, Châteauroux passe pour trois siècles dans la famille de Chauvigny par le mariage de l'héritière Denise de Déols, avec André de Chauvigny, un des fidèles de Richard Cœur de Lion. Les terres de Châteauroux sont érigées en comté par Charles VIII au profit d'André de Chauvigny qui l'a fidèlement servi (1497). Mais, lorsque ce dernier meurt sans enfants (1502), elles sont partagées en 1584 entre Hardouin de Maillé de Latour-Landry et Françoise d'Aumont. C'est Henri II, prince de Condé qui, par l'acquisition successive de deux parts en 1612 et 1613, reforme le comté. Il s'y réfugie lors de sa première rébellion mais, après sa soumission, en obtient l'érection en duché-pairie. Louis XV l'achète en 1735 et en fait don en 1743 à sa maîtresse, Marie-Anne de Mailly, marquise de La Tournelle qu'il crée duchesse de Châteauroux. Cette dernière n'en jouit guère, puisqu'elle meurt l'année suivante (1744). Le duché fait alors retour à la Couronne. Il en est de nouveau détaché en 1776 en faveur du comte d'Artois, frère de Louis XVI, le futur Charles X.

CHÂTEAUROUX Marie-Anne de MAILLY-NESLE, marquise de La Tournelle, duchesse de (Paris, 1717 – Paris, 1744)

Favorite royale.

Quatrième fille du marquis de Nesle, veuve à 23 ans du marquis de La Tournelle, elle succède dans la faveur de Louis XV à ses sœurs, Mme de Mailly, qu'elle évince, et Mme de Vintimille, qui meurt en 1741. Belle, intelligente, très ambitieuse, elle obtient le rang de « maîtresse déclarée » en 1742 et le titre de duchesse de Châteauroux en 1743. Ses 80 000 livres de rente lui permettent de mener un train de vie princier. À la mort du cardinal de Fleury, le duc de Richelieu et Mme de Tencin la persuadent de jouer un rôle politique, espérant faire d'elle un instrument de leur propre pouvoir. Elle entre dans leurs vues avec enthousiasme et ne parle plus au roi que politique. Elle le décide à se mettre à la tête de ses armées pendant la campagne de Flandre (guerre de Succession d'Autriche), le suit à Lille puis à Metz. Toutefois, lorsque le roi tombe gravement malade dans cette dernière ville en 1744, le parti dévot obtient son départ et elle rejoint Paris sous les huées. Elle retrouve pourtant tout son crédit après la guérison de Louis XV qui se propose de la rappeler à Versailles avec le titre de surintendante de la maison de la Dauphine lorsqu'elle meurt soudainement, ce qui fait croire à un empoisonnement.

La marquise de Châteauroux
Madame de Châteauroux. Huile sur toile de Jean-Marc Nattier, Marseille, musée des Beaux-Arts. © *Giraudon*

CHÂTEAU-THIERRY

Ville du département de l'Aisne, sur la Marne. Elle prend pendant la Révolution le nom d'Égalité-sur-Marne.

Son origine remonte probablement à un château construit en 720 par Charles Martel pour Thierry IV, ou à un autre construit au Xe siècle. En 923, Herbert III, comte de Vermandois, retient quelque temps Charles le Simple à Château-Thierry, avant de le conduire à Péronne. Prise et brûlée par les Anglais pendant la guerre de Cent Ans (1411), la ville est également enlevée par Charles Quint en 1544. Elle joue un grand rôle pendant les guerres de Religion : Charles de Lorraine, duc de Mayenne, à la tête des ligueurs, s'en empare en 1591 ; la ville se soumet à Henri IV en 1595. Napoléon y bat Blücher le 12 février 1814, au terme d'une bataille acharnée. Château-Thierry est occupée et pillée par les Allemands du 3 au 9 septembre 1914, puis est de nouveau le point extrême de leur avance en 1918, au cours de la grande offensive allemande de la fin mai 1918. La Marne est atteinte à Château-Thierry le 30 mai par les Ire et VIIe armées, au terme d'une avance de 60 kilomètres en 4 jours. L'avance allemande est stoppée le 1er juin par les réserves françaises accourues en toute hâte, et la contre-offensive, menée à partir du 18 juillet par les VIe et Xe armées de Mangin et Degoutte, reconquiert en 15 jours le terrain perdu. Ce succès, deuxième victoire de la Marne, permet à Foch de préparer les grandes offensives victorieuses de la fin de l'été.

CHÂTEL ou CHASTEL Jean (?, v. 1575 – Paris, 1594)

Auteur d'une tentative d'assassinat contre Henri IV.

Fils d'un marchand drapier de Paris, il étudie chez les jésuites du collège de Clermont quand il décide d'assassiner Henri IV, en rémission de ses fautes. Il réussit à pénétrer dans la chambre du roi, le 27 décembre 1594, et le blesse légèrement d'un coup de couteau à la mâchoire. Condamné à mort deux jours plus tard par le Parlement, il est écartelé. Le même arrêt du Parlement bannit hors de son ressort les Jésuites, jugés complices. L'un d'eux, le père Guignard, accusé d'avoir influencé Châtel, est pendu le 7 janvier 1595. Les ligueurs célébrèrent ce dernier comme un martyr.

CHÂTEL ou CHASTEL Tanneguy du (Trémazon, v. 1368 – Beaucaire, v. 1458)

Prévôt de Paris.

Rendu célèbre par sa conduite au service du roi de France, sur les champs de bataille de France, d'Angleterre, d'Aragon, du Portugal et d'Italie, il est nommé prévôt de Paris après l'échec du mouvement dirigé par Caboche, en 1413. En mai 1418, au moment où les Bourguignons entreprennent à Paris le massacre des Armagnacs, Tanneguy du Châtel enlève le Dauphin Charles (futur Charles VII), qui réside à l'hôtel des Tournelles, et le conduit à Melun. Devenu un de ses conseillers, il est accusé en 1419 d'avoir, de sa propre main, assassiné Jean sans Peur, duc de Bourgogne, sur le pont de Montereau. Sa culpabilité n'a pu être prouvée avec certitude. Une fois roi, Charles VII le nomme grand-maître de son hôtel en 1423, mais l'écarte deux ans plus tard, Richemont devenant son favori. Sénéchal de Beaucaire, Tanneguy du Châtel achève sa carrière comme lieutenant du gouvernement du Languedoc et général des Finances.

CHÂTELET

Ancien château fort de Paris, dont la tradition fait remonter la fondation à l'empereur Julien.

Primitivement construit en bois, il se composait de deux forteresses qui protégeaient au nord et au sud l'accès de la Cité : le Grand Châtelet est situé sur la rive droite de la Seine, dans l'axe du Grand-Pont, tandis que le Petit Châtelet, sur la rive gauche, gardait l'entrée du Petit-Pont. Durant tout l'Ancien Régime, le Châtelet est le siège du tribunal de la prévôté et vicomté de Paris. Il est immédiatement subordonné au Parlement, puisqu'il n'y a jamais eu de bailliage à Paris. La juridiction du prévôt royal qui y demeure absorbe peu à peu toutes les juridictions seigneuriales et, dès lors, l'importance du Châtelet est extrême. À partir du XIVe siècle, au prévôt chef nominal, on adjoint un lieutenant civil, chef réel, puis un lieutenant criminel, onze conseillers, deux procureurs du roi, etc. Au total, le Châtelet compte au XVIIIe siècle 80 membres. Il statue sur les affaires relevant aujourd'hui du tribunal de première instance et, en partie, de celle du tribunal de commerce et de la chambre des notaires. C'est en fait une juridiction moins parisienne que française, dans la mesure où elle dépasse les limites de la prévôté de Paris : les notaires du Châtelet peuvent exercer leur ministère dans toute la France, de même que les huissiers à cheval du Châtelet. Il est enfin investi d'attributions de police. Au XVIIIe siècle, le Grand Châtelet sert de prison pour les criminels de droit commun. Il est détruit sous l'Empire (de 1802 à 1810). Le Petit Châtelet, d'abord demeure des prévôts, finit lui aussi par servir de prison. Au XVIIIe siècle, on y enferme les détenus pour dettes. Il disparaît en 1782.

Châtelet
Vue intérieure de la prison du Châtelet à Paris sous l'Empire. Aquatinte de J. Hill d'après John Claude Nattes, châteaux de Versailles et de Trianon. © *RMN*

CHÂTILLON (congrès de)

Du 4 février au 1er mars 1814, afin de négocier une paix honorable pour tous, les représentants des puissances coalisées et le représentant de Napoléon Ier, le général de Caulaincourt, duc de Vicence, se réunissent à Châtillon-sur-Seine.

Au nom de l'Empereur, le général exige de négocier en prenant comme fondement le traité de Francfort qui reconnaît les « frontières constitutionnelles » – les frontières naturelles – de la France. Les coalisés, quant à eux, entendent rétablir les limites d'avant 1792 et interdire à la France « de participer aux arrangements qui seront pris pour l'organisation de l'Europe ». Paris capitule à la fin du mois et le congrès se sera tenu en vain.

CHÂTILLON-BLOIS Charles de (?, 1319 – Auray, 1364)

Comte de Guise, duc de Bretagne (1341-1364).

Fils de Gui de Châtillon, il épouse en 1337 Jeanne de Penthièvre, nièce du duc de Bretagne Jean III. Se faisant, à la mort de ce dernier (1341), le champion des prétentions de sa femme à la succession de Bretagne, il entre en compétition pour la possession du duché avec le frère consanguin du défunt, Jean de Montfort. Ce conflit suscite la guerre de Succession de Bretagne qui va durer quarante ans. Charles, qui tient sa force de l'appui des grands barons et des prélats, trouve un allié en la personne de Philippe VI qui le reçoit, au nom de Jeanne de Penthièvre, et accepte qu'il lui prête foi et hommage pour le duché-pairie de Bretagne. Il semble d'abord l'emporter mais est fait prisonnier en 1347 par les Anglais qui soutiennent le parti de Montfort. Relâché en 1356 contre une forte rançon, il subit une irrémédiable défaite à Auray, malgré l'assistance de Du Guesclin, et périt dans la mêlée. Charles de Châtillon-Blois, très pieux, fut béatifié.

CHAULNES Charles Albert d'AILLY, duc de (Amiens, 1625 – Paris, 1698)

Général et diplomate.

Lieutenant général en 1653, il est ensuite à trois reprises ambassadeur à Rome (1666, 1669, 1689), et contribue notamment à faire élire le pape Clément IX en 1667. Nommé gouverneur de Bretagne en 1670, il doit faire face en avril 1675 à la révolte du Papier timbré, impôt que les Bretons refusent de payer, et exerce une répression impitoyable dont son amie, Mme de Sévigné, a témoigné. Il est ensuite ministre plénipotentiaire à Cologne, puis gouverneur de Guyenne (1695).

CHAUMETTE Pierre Gaspard (Nevers, 1763 – Paris, 1794)

Homme politique.

Venu à Paris en 1789, il embrasse aussitôt les idées révolutionnaires, collabore aux *Révolutions de Paris*, et devient, en 1790, un des orateurs les plus écoutés du club des Cordeliers. Procureur-syndic de la Commune de Paris en 1792, en remplacement de Manuel, il exerce dès lors une certaine influence, avec son substitut Hébert. À côté de mesures louables dans le domaine de l'enseignement ou de la santé publique, il contribue à la journée du 31 mai 1793 contre les Girondins, et attaque violemment la religion catholique. Il organise ensuite le culte de la Raison, donne l'ordre de fermer des églises, avant de faire célébrer le culte de la déesse Raison à Notre-Dame (novembre 1793). Ennemi de Robespierre, chef des Enragés avec Hébert, il est arrêté peu après les hébertistes et guillotiné le 13 mars 1794.

CHAUMONT (pacte de)

Pacte signé entre les alliés les 1er et 9 mars 1814.

Alors que Chaumont (Haute-Marne) est occupée par l'ennemi depuis février 1814, la Russie, la Prusse, l'Autriche et l'Angleterre y signent un pacte par lequel elles s'engagent à ne plus traiter avec Napoléon, à se fournir mutuellement des armes, des soldats et des fonds pour lutter contre lui pendant vingt ans, enfin à ramener la France à ses frontières de 1792. Cet accord est une réponse à la rupture du congrès de Châtillon.

CHAUMONT-SUR-LOIRE

Ville du Loir-et-Cher. Le château de Chaumont, qui domine la Loire du haut de son coteau, non loin de Blois, est fondé au Xe siècle par Eudes Ier comte de Blois.

Il passe dès le XIe siècle à l'importante famille d'Amboise. Pour punir Pierre d'Amboise d'avoir adhéré à la ligue du Bien public, Louis XI fait démanteler le manoir en 1465. Mais le seigneur de Chaumont rentre bientôt en grâce et obtient l'autorisation de le relever de ses ruines. La reconstruction, entreprise en 1466, est poursuivie après sa mort (1473) par son fils Charles Ier d'Amboise, aîné de ses dix-sept enfants, et surtout par son petit-fils Charles II d'Amboise à qui incombe le soin d'achever Chaumont (1511). Le nouveau seigneur de Chaumont devient l'un des plus importants personnages du royaume. Grand maître de la maison du roi, maréchal et amiral de France, il exerce enfin la charge de gouverneur du Milanais pour le compte de Louis XII. Il réside principalement à Milan et confie probablement la direction des travaux de Chaumont à son oncle, le célèbre cardinal d'Amboise, ministre de Louis XII. Malgré la connaissance que Charles d'Amboise avait de l'Italie, l'italianisme est encore très timide à Chaumont dont le décor et la structure sont encore essentiellement gothiques.

En 1560, Catherine de Médicis, veuve d'Henri II, acquiert Chaumont pour contraindre Diane de Poitiers, maîtresse du roi défunt, à l'échanger contre Chenonceaux – petite vengeance de la reine qui n'ignore pas l'attachement de Diane pour cette dernière demeure. Celle-ci n'y séjourne guère, préférant se retirer à Anet. À la fin du XVIe siècle, le château appartient à Henri de La Tour d'Auvergne, père du grand Turenne ; sous Henri IV, il passe au banquier lucquois, Scipion Sardini et, sous Louis XIV, à Paul de Beauvillier duc de Saint-Aignan. Vers 1740, Nicolas Bertin de Vaugien, précepteur du duc de Bourgogne, fait abattre l'aile nord pour éclairer la cour et l'ouvrir sur l'harmonieux paysage du Val-de-Loire. Puis l'intendant des Invalides, Jacques Donatien Le Ray, installe dans ses communs une manufacture de poterie où travaille, de 1772 à 1786, le sculpteur italien Nitti, spécialiste des portraits en médaillons de terre cuite. Mme de Staël y réside quelque temps en 1810 avant de s'exiler en Suisse, puis en Russie et en Suède. Le château a été restauré un peu abusivement au XIXe et au début du XXe siècle. Depuis 1939 il appartient à l'État.

CHAUTEMPS Camille (Paris, 1885 – Washington, États-Unis, 1963)

Homme politique, président du conseil.

Fils d'Émile Chautemps, ancien vice-président du Sénat, il s'installe comme avocat à Tours dont il devient maire en 1919. Il est élu la même année député radical-socialiste d'Indre-et-Loire. Son mandat sera renouvelé jusqu'en 1928. Il représentera ensuite le Loir-et-Cher à la Chambre (1929-1934) puis au Sénat (1934-1940). En 1924, il inaugure une carrière ministérielle qui, en seize ans, va l'amener dix-huit fois au gouvernement, dont quatre fois comme président du Conseil. Il débute dans le premier cabinet Herriot (1924-1925) comme ministre de l'Intérieur, poste qu'il occupera le plus souvent, et constitue le 21 février 1930 son premier ministère, qui ne dure que quatre jours. Le deuxième cabinet qu'il forme, le 26 novembre 1933, dans une conjoncture très instable, est lui aussi vite emporté. Chautemps préfère démissionner le 27 janvier 1934 devant la montée de l'agitation due à l'affaire Stavisky. Son impopularité est alors grande chez les gens de droite. Il est pourtant de nouveau ministre dans le second cabinet Sarraut (janvier-juin 1936). Aussitôt après, Léon Blum lui donne, dans son gouvernement de Front populaire, un poste de ministre d'État, avec la charge de combattre la hausse injustifiée des prix. Après la chute du cabinet Blum, il est appelé pour la troisième fois à former un ministère. Ce dernier, constitué le 22 juin 1937 avec Léon Blum à la vice-présidence du Conseil, tente de poursuivre l'expérience socialiste, en combinant la réorganisation économique sous contrôle d'État (création de la SNCF) et l'assouplissement des mesures sociales décidées en 1936 en raison du fardeau budgétaire et de la faiblesse du franc. Il tombe le 14 janvier 1938 mais est pratiquement reconduit pour deux mois le 18 janvier. Vice-président du Conseil chargé de coordonner les services de la présidence du Conseil dans le troisième cabinet Daladier (1938-1940), Chautemps conserve ce titre dans le cabinet de guerre de Paul Reynaud (21 mars – 16 juin 1940). Il s'y montre favorable à l'armistice, et le maréchal Pétain le nomme ministre d'État et vice-président du Conseil de son premier gouvernement (16 juin – 12 juillet 1940) avant d'écarter un représentant éminent de cette République que Vichy condamnait. Il décide peu après de se fixer aux États-Unis, où il avait été chargé d'une mission officieuse, et se tient dès lors à l'écart de toute activité politique.

CHAUVEAU-LAGARDE Claude François (Chartres, 1765 – Paris, 1841)

Magistrat et avocat.

Déjà avocat réputé sous la monarchie, il défend brillamment devant le Tribunal révolutionnaire le général Miranda en mai 1793. Il plaide ensuite pour Charlotte Corday (juillet 1793), puis est commis d'office avec son confrère Tronçon du Coudray qui l'assiste pour Marie-Antoinette (octobre 1793). Bien qu'arrêté par deux fois à la suite de ces derniers procès, il n'hésite pas à assurer la défense du Girondin Brissot (octobre 1793) et celle de Mme Élisabeth, sœur de Louis XVI (mai 1794). Emprisonné de nouveau comme suspect, Chauveau-Lagarde recouvre la liberté au 9 Thermidor. L'abbé Brottier, ainsi que ses amis Durand et La Villeheurnoye, tous conspirateurs royalistes auxquels la justice du Directoire réclame des comptes (1797), trouveront en lui un dévoué défenseur. Avocat au Conseil d'État sous l'Empire et au Conseil du roi sous la Restauration, il sera promu officier de la Légion d'honneur le 23 août 1814 et conseiller à la Cour de cassation en 1828. On lui doit, entre autres ouvrages, une *Notice historique sur le procès de Marie-Antoinette et de Madame Élisabeth.*

CHAUVELIN Germain Louis de (?, 1685 – Paris, 1762)

Diplomate.

Successivement avocat général au Parlement, garde des Sceaux et secrétaire d'État aux Affaires étrangères, il est le plus proche collaborateur du Principal ministre de Louis XV, le cardinal de Fleury. Intelligent et habile, il contribue activement à la signature du traité de Vienne (1738), lequel prive Stanislas Leszczyński du trône de Pologne, et assure celui des Deux-Siciles à don Carlos, fils de Philippe V et arrière-petit-fils de Louis XIV. Ses talents pourtant ne lui éviteront pas d'être disgracié : le trop méfiant Fleury, qui le soupçonne de briguer sa charge, l'exile à Bourges. Passé un certain temps, il se retirera à Issoire et ne reviendra à Paris qu'à la veille de sa mort.

CHAUVET (grotte)

Grotte préhistorique découverte à La Combe d'Arc, en Ardèche.

Le 18 décembre 1994, l'archéologue Jean-Marie Chauvet et deux spéléologues, Éliette Brunel-Deschamps et Christian Millaire, trouvent dans une caverne des gorges de l'Ardèche l'entrée d'un boyau. En suivant cette étroite galerie, ils débouchent sur une série de salles contenant des vestiges d'activités humaines (silex taillés, foyers, traces de pieds) et un ensemble exceptionnel de peintures rupestres. La révélation de cette découverte a un retentissement extraordinaire, car elle bouleverse nombre de données concernant la période paléolithique. En effet, jusqu'en 1994, on n'avait trouvé dans cette partie de l'Ardèche qu'une quinzaine de grottes préhistoriques dotées d'un intérêt moyen. Or, la richesse des peintures de La Combe d'Arc met d'un seul coup cette région du Sud-Est à égalité avec les grands sites du Périgord et des Pyrénées. Ensuite, la datation des vestiges et du décor permet de faire remonter l'occupation du lieu à la période du Solutréen, allant de 27 000 ans pour les traces de charbon de bois à 18 000 ans pour les décors pariétaux, ce qui fait que l'ensemble de La Combe d'Arc est antérieur à ceux de Lascaux et de la grotte Cosquer. Enfin la qualité artistique des peintures, l'originalité et la rareté des sujets représentés, ajoutées au fait que les trois inventeurs ont veillé à garder intacts les vestiges laissés sur le sol, font que des perspectives insoupçonnées s'ouvrent aux spécialistes de la préhistoire dans l'étude de l'art rupestre paléolithique. Plus de trois cents gravures ont été répertoriées sur les murs de la grotte Chauvet, représentant des signes géométriques, des mains positives ou négatives, des animaux peints en rouge, en noir et en jaune. Utilisant le bestiaire déjà bien attesté dans les autres sites paléolithiques (chevaux, ours, bisons, aurochs, mammouths), les artistes de La Combe d'Arc ont privilégié les figurations de rhinocéros laineux, au nombre d'une cinquantaine (alors qu'il n'en existe qu'une vingtaine dans toute l'Europe), ainsi que celles des félins. C'est ainsi qu'on peut voir une hyène et une panthère, spécimens jusque-là inconnus dans les peintures rupestres. Aucun animal n'est représenté blessé, mais plusieurs bisons et chevaux s'affrontent en se faisant face. Ces particularités de la grotte Chauvet permettent d'envisager de nouvelles hypothèses concernant la signification mystérieuse des vastes fresques préhistoriques. Le style et la technique des peintres de La Combe d'Arc sont de très haute qualité. Ils ont su rendre avec vigueur le mouvement des animaux et, par une utilisation très sûre du procédé de l'estompe, donnent un relief étonnant à la faune couvrant les murs. De plus, par la représentation de troupeaux d'animaux en perspective, ils parviennent à figurer un espace à trois dimensions. La grotte Chauvet constitue donc un chef-d'œuvre artistique incontesté et, pour éviter toute dégradation, elle ne sera pas ouverte au public. On prévoit cependant de construire à proximité une réplique pour les visiteurs.

CHAVIGNY ou CHAVIGNARD Théodore de (Beaune, 1687 – Paris, 1771)

Diplomate.

Né Chavignard, il doit à une intrigue de son tuteur le nom de Chavigny, patronyme d'une famille alliée à celle des Vergennes. Élevé au collège de Clermont, le jeune Théodore, que protège le prince de Soubise, sert comme guidon dans le régiment des gendarmes de la garde. Il n'y restera guère : sa véritable origine est découverte. Le roi, furieux, le chasse. Retiré à La Haye, Chavigny – entêté, il a conservé ce nom – espionne au profit du marquis de Torcy, qui l'emploie à l'insu de Louis XIV. Le souverain mort, il continue à servir d'agent de renseignement. Ainsi, il découvre par hasard la conspiration de Cellamare et en prévient le Régent, ce qui lui vaut un retour en grâce. Attaché un temps à l'abbé Dubois, il occupe bientôt le poste d'ambassadeur au Portugal. Par la suite, il représentera la France à la diète de Ratisbonne (1731) et dans presque tous les pays européens. En 1744, il négocie à Francfort le traité alliant entre eux et contre Marie-Thérèse d'Autriche, alors reine de Hongrie, le roi de Prusse, le roi d'Espagne, l'Électeur palatin et le duc de Bavière, couronné empereur germanique sous le nom de Charles VII. La même année, Louis XV lui confie la direction des Affaires étrangères.

CHAYLA François de LANGLADE du (en Gévaudan, v. 1650 – Pont-de-Montvert, 1702)

Prêtre missionnaire.

Issu d'une vieille famille du Gévaudan, il est envoyé comme missionnaire au Siam. À son retour en France, il est nommé prieur de Laval, puis vicaire principal de l'évêque de Mende et archiprêtre des Cévennes. Cette dernière fonction lui donne la haute main sur les missions prêchées contre les protestants après la révocation de l'édit de Nantes. Il se fait rapidement craindre et haïr dans tout le Haut-Languedoc pour le zèle avec lequel il applique les consignes de l'intendant Basville. Il irait jusqu'à user de la torture à l'égard de certains protestants. Il passe pour détenir chez lui des religionnaires récalcitrants, lorsqu'il est attaqué le 24 juin 1702 par la bande d'Abraham Mazel, et frappé à mort. Ce meurtre est le signal de la révolte des camisards.

CHELLES (abbaye de)

Abbaye de femmes fondée au VIIe siècle par la reine sainte Bathilde, veuve de Clovis II, avec un groupe de moniales venue de Jouarre.

La reine s'y retire à la majorité de son fils Clotaire III, vers 664-665 et y termine sa vie en odeur de sainteté. L'abbaye de Chelles a par la suite à sa tête d'autres abbesses de sang royal. Fermée en 1790, l'abbaye est détruite en 1793.

CHEMIN DE FER

Ce mode de transport, inventé en Grande-Bretagne, est rapidement adopté en France où il joue un rôle essentiel à la fois du point de vue économique et en ce qui concerne l'aménagement du territoire.

C'est en 1825 que l'Anglais Stephenson fait rouler le premier train de voyageurs tiré par la force de la vapeur sur des rails. Entre 1828 et 1832 sont construites les lignes Saint-Étienne-Andrézieux et Lyon-Saint-Étienne. Marc Seguin reprend et améliore à cette occasion le procédé anglais. Dans un premier temps, le manque de capitaux, le peu de goût des entrepreneurs français pour la prise de risque, mais aussi les avertissements des milieux médicaux qui craignent des effets désastreux de la grande vitesse sur l'organisme humain, expliquent le retard pris dans la construction d'un réseau national par rapport à la Grande-Bretagne et à la Belgique : en 1848, il n'existe que 3 000 kilomètres de lignes, tronçons éparpillés dans diverses régions. En 1842, le ministère Guizot comprend la nécessité de se doter d'un réseau cohérent. L'État accorde le monopole de l'exploitation à des compagnies privées pour des concessions à long terme. Il installe l'infrastructure et exige en échange un certain pouvoir de contrôle sur les compagnies. Le schéma directeur reprend le plan Legrand de 1833 : des lignes partant de Paris vers les différentes frontières reprennent le dessin des routes royales d'Ancien Régime et préfigurent l'évolution ultérieure des grandes lignes de l'aménagement du territoire.

Le véritable développement des chemins de fer s'effectue entre 1850 et 1870. Six grandes compagnies se partagent le réseau : le Nord, l'Est, le Paris-Orléans, le Paris-Lyon-Méditerranée, le Midi et l'Ouest. Le plan Freycinet de 1879 complète cette trame en y joignant le réseau de transports fluviaux. Au début du XXe siècle, la France a rattrapé son retard et possède un des réseaux les plus denses du monde. Les conséquences de cette modernisation sont multiples : l'unification du territoire national autour de la capitale s'accélère ; les échanges de marchandises industrielles et agricoles sont facilités et entraînent une spécialisation accrue des productions régionales ; le premier exode rural commence sous le Second Empire, amenant son contingent de paysans dans les villes qui offrent des emplois industriels ; le tourisme naît d'abord en Normandie et sur la Côte d'Azur, bientôt dans les Alpes, à Chamonix. Malgré cela, la rentabilité n'est pas toujours à la hauteur des ambitions des investisseurs, et, en 1908, l'État doit racheter la compagnie de l'Ouest déficitaire. Après 1918, la compagnie de l'Est, desservant l'Alsace et la Moselle, revient à l'État, et c'est finalement l'ensemble du réseau qui est nationalisé le 1er janvier 1938 avec la création de la Société nationale des chemins de fer français (SNCF). Une société anonyme est créée pour 45 ans, dont l'État est actionnaire à 51 % et les compagnies privées à 49 %. En 1982, la SNCF devient établissement public industriel et commercial. Elle a des obligations de service public mais garde une autonomie de gestion et doit tenir compte de l'environnement concurrentiel. Cela explique, à partir de 1976, la mise au point du Train à grande vitesse (TGV), en même temps que l'achèvement de l'électrification du réseau, mais aussi la fermeture de lignes dites secondaires et le souhait, après la loi Defferre sur la décentralisation, de déléguer aux régions l'entretien des Trains express régionaux (TER). Pour les mêmes raisons, la SNCF est utilisée par les pouvoirs publics comme une vitrine de la concertation sociale, par les syndicats comme un laboratoire et un levier, et par la Commission européenne comme un exemple de gaspillage des deniers publics. En ce sens, la dernière réforme en date conduite par Alain Juppé en 1997 repose sur un compromis qui a pour premier mérite d'apaiser les tensions poussées à l'incandescence en novembre-décembre 1995 (plus longue grève des cheminots depuis 1948), sans régler aucun problème de fond.

Chemin de fer
Affiche annonçant l'inauguration de la ligne Paris-Brest (25-27 avril 1865). © *RMN-Arnaudet*

Chemin des Dames
Les ruines de Craonne avec, au fond, la crête parcourue par le chemin des Dames (avril-mai 1917).
© *L'Illustration/Keystone*

CHEMIN DES DAMES (le)

Entre les vallées de l'Aisne et de l'Ailette, presque à mi-chemin entre Soissons et Laon, le chemin des Dames s'étire d'est en ouest, courant sur les crêtes d'un plateau dominant les vallées de plus d'une centaine de mètres.

Le chemin des Dames est ainsi nommé parce que Louis XV y fit ouvrir une route pour permettre à ses filles de se déplacer en direction de Cerny-en-Laonnois et Craonne. En 1914, battus sur la Marne, les Allemands en retraite s'accrochent à cet obstacle naturel en ramenant d'urgence en Lorraine l'armée von Heeringen. Ce sont ces défenses que le successeur de Joffre, Nivelle, décide de rompre au mois d'avril 1917. Du 16 au 20, les Ve et VIe armées progressent quelque peu mais au prix de telles pertes que l'opération « défensive » doit être stoppée, entraînant du même coup la disgrâce du commandant en chef. Dès lors, le front va stagner du Moulin de Laffaux jusqu'à Craonne, les Allemands régressant cependant vers l'Ailette en novembre 1917, mais reprenant le plateau durant leur offensive désespérée des 27 et 28 mai 1918 et s'y arc-boutant jusqu'en septembre. Le monument des Crapouillots au Moulin de Laffaux, le fort de la Malmaison, la chapelle-mémorial de Cerny-en-Laonnois et les cimetières des environs de Craonne rappellent le long de cette route l'âpre lutte qui égala en intensité celle de Verdun.

CHÉNIER André de (Constantinople, 1762 – Paris, 1794)

Poète plus connu sous le nom d'André Chénier.

Fils d'un diplomate français et d'une Grecque, venu en France à l'âge de 2 ans, il manifeste un talent poétique précoce, doit renoncer à la carrière militaire du fait de sa santé et se consacre aux lettres. Il se rallie avec enthousiasme à la Révolution dont il apprécie les principes de liberté, mais ne tarde pas a en condamner les excès. Il exprime son désaccord dans le *Journal de Paris*, attaque les Jacobins, dont son frère fait partie, contribue à la défense de Louis XVI avec Malesherbes, et compose une *Ode à Charlotte Corday*. Arrêté comme suspect, il est enfermé à Saint-Lazare, attend plusieurs mois sa mise en jugement, écrivant dans sa prison quelques-uns de ses plus beaux poèmes comme *La Jeune Captive*, qu'il offre à Aimée de Coigny qui a inspiré les admirables strophes et ne s'en soucie guère. Il est traduit devant le Tribunal révolutionnaire, condamné à mort et exécuté le 7 thermidor, soit deux jours avant la chute de Robespierre.

CHÉNIER Marie-Joseph de (Constantinople, 1764 – Paris, 1811)

Écrivain et homme politique, plus connu sous le nom de Marie-Joseph Chénier.

Frère du précédent, il abandonne, comme lui, la carrière militaire pour se consacrer aux lettres, puis à la politique. Enthousiasmé par les idées révolutionnaires, il est membre de toutes les assemblées de 1792 à 1802 et écrit de nombreuses œuvres inspirées de la république nouvelle : *Charles IX*, *La Mort de Calas*, *Gracchus*, etc. Député de Seine-et-Oise à la Convention, il s'intéresse surtout à l'instruction publique, tout en s'efforçant de limiter les excès révolutionnaires. Il fait partie des Comités de l'instruction publique, de sûreté générale, de salut public, siège aux Cinq-Cents et au Tribunat, se rallie à Bonaparte, est inspecteur général de l'Instruction publique de 1803 à 1806. Son *Épître à Voltaire* lui vaut d'être destitué par l'Empereur ; il passe alors dans l'opposition et meurt dans la misère. Il a écrit des tragédies, des poésies lyriques comme le *Chant du départ*, et des *Épîtres*, œuvres dont la plupart sont aujourd'hui bien oubliées.

CHENONCEAUX (château de)

La plus originale des grandes demeures de la Renaissance en Touraine, Chenonceaux a connu une histoire mouvementée, dont témoigne la diversité de son architecture.

Ce n'est au Moyen Âge qu'un manoir fortifié, établi au XIIIe siècle sur le cours tranquille du Cher, dans un site, il est vrai, exceptionnel. Il appartient à la famille de Marques mais est rasé en 1411 sur ordre du roi. Jean de Marques obtient, en 1432, l'autorisation de le rebâtir sur la rive droite du Cher, et le complète par un moulin banal établi dans le lit de la rivière. Ruinés, ses héritiers le vendent, en 1512, à Thomas Bohier, receveur des finances de Normandie. Ce dernier décide de reconstruire l'édifice, et son épouse Catherine surveille les travaux pendant que lui-même accompagne le roi en Italie. La maison forte des Marques est abattue. Seul est conservé le vieux donjon qui reçoit un décor italien, tandis que sera élevé, de 1513 à 1521, sur les piles de l'ancien moulin, l'élégant manoir qui est un des chefs-d'œuvre de la Renaissance.

Thomas Bohier meurt en 1524. Pour acquitter les dettes de son père et complaire au roi, son fils Antoine abandonne le château à François Ier. Diane de Poitiers, à qui Henri II l'offre en 1547, entreprend, cette même année, sur les dessins de Philibert Delorme, la construction sur le Cher d'un pont portant une galerie qui doit relier le château à la rive gauche du Cher, comme l'avait prévu Bohier. Ce projet ne peut être mené à bien. Après la mort accidentelle du roi, sa veuve, Catherine de Médicis, contraint en effet Diane à échanger son château contre Chaumont. La reine mère fait établir elle aussi un ambitieux programme d'agrandissements. Reprenant notamment l'idée de Philibert Delorme mais en la modifiant, elle fait construire sur le pont, vers 1580, la célèbre galerie à deux étages. Elle y donne des fêtes éblouissantes dont Brantôme a laissé un récit émerveillé. Elle fait tendre toutes les pièces de soie et de velours noir. Elle ordonne d'exécuter des boiseries noires sur lesquelles sont peintes des larmes et des plumes, autrement dit des pennes, symbolisant sa peine. Il subsiste encore des fragments de cet appareil de deuil. Lorsqu'elle meurt, en 1589, le domaine est légué à sa bru Louise de Vaudémont, épouse d'Henri III, qui s'y retire après l'assassinat du roi. Les Vendôme succèdent à Louise de Vaudémont en 1601, puis les Conti. Mais le château ne retrouve son éclat qu'au XVIIIe siècle, lorsqu'en 1733 le prince de Conti le cède au fermier général Claude

Château de Chenonceaux
Vue du Château. © *Explorer-Philippe Maille*

Dupin, gendre de Samuel Bernard. Les Dupin y réunissent une société brillante qui goûte les philosophes : Voltaire, Buffon, Jean-Jacques Rousseau y sont reçus. Les bâtiments ont été restaurés au XIXe siècle avec un zèle un peu excessif.

CHERASCO (armistice de)

Armistice conclu entre Bonaparte et le roi de Sardaigne, le 28 août 1796.

Il est la conséquence des victoires de Montenotte, contre les Autrichiens, et de Mondovi, contre les Sardes. La Sardaigne abandonne les villes de Coni et de Tortone. En quinze jours, les soldats du Directoire ont fait 2 000 prisonniers, tué 6 000 ennemis, et pris 21 drapeaux et 40 canons.

CHERBOURG

Ville de la Manche, sur la côte nord du Cotentin.

Le site de Cherbourg est déjà occupé à l'époque paléolithique. Il reçoit au Ve ou au VIe siècle une colonie saxonne qui lui donne son nom. Ce dernier varie d'ailleurs au cours des siècles et ne se fixe véritablement qu'au XVIe siècle. Cherbourg subit au IXe siècle les incursions répétées des Normands, qui s'y établissent définitivement en 911 (traité de Saint-Clair-sur-Epte) et passe aux mains des Anglais lorsque les ducs de Normandie deviennent rois d'Angleterre. Dès lors, Cherbourg est anglaise, pendant des périodes plus ou moins longues, jusqu'au 12 août 1450, date de son retour définitif à la France. Les Anglais tentent de la reprendre en 1694, 1695, 1708, 1710, en vain. Mais en août 1758, pendant la guerre de Sept Ans, après avoir réussi à débarquer à Querqueville, ils s'en emparent sans combat, la pillent et détruisent son port. Au début du XIVe siècle, Philippe le Bel a entouré la ville d'une enceinte fortifiée, renforcée en 1359 par Charles le Mauvais, roi de Navarre. Mais la principale force de la place réside dans son château, remarquable spécimen de l'architecture militaire du Moyen Âge. Louis XIV le fait démolir, ainsi que les remparts, en 1689, et confie à Vauban, qui estime la position de Cherbourg « audacieuse et considérable », le soin d'assurer sa défense. La destruction, au large du port, de la flotte de Tourville en 1692 (bataille de La Hougue) démontre qu'il est indispensable, comme il le soutient, de fermer la rade par une digue. Entreprise en 1784 sous Louis XVI sur les plans de La Bretonnière, poursuivie sous Napoléon Ier sur des bases nouvelles, elle est enfin inaugurée en 1858 par Napoléon III. Longue de 3 712 mètres, large de 200 mètres à la base et de 9 mètres au sommet, elle laisse à ses extrémités deux passes entre les îles Pelée et Chavagnac, elles-mêmes rattachées au continent. La digue protège la grande rade qui s'étend sur 1 500 hectares et dont la profondeur atteint 12 à 13 mètres. Enfin la construction du grand port militaire, taillé en plein roc, est l'œuvre de Napoléon Ier dont la statue se dresse face à la mer et à l'Angleterre. Le 14 avril 1814, le fort de l'île Pelée salue de 21 coups de canon le duc de Berry rentrant d'exil. Plus tard, le 16 août 1830, Cherbourg voit le roi déchu Charles X s'embarquer pour l'Angleterre. En 1840, elle accueille *La Belle Poule* qui ramène les cendres de Napoléon. Devenue port d'escale des paquebots après 1865, Cherbourg reçoit de nouveaux aménagements, et la construction d'une vaste gare maritime, destinée à recevoir les navires transatlantiques de la compagnie anglaise Cunard, est entreprise en 1930.

Pendant la Première Guerre mondiale, la ville sert de base de réparation et de ravitaillement aux escadres françaises du Pas-de-Calais et surtout de base de débarquement aux armées anglaises et américaines. Renonçant à poursuivre une lutte sans espoir, Cherbourg se rend le 19 juin 1940 aux Allemands qui en font un des points forts de leur mur de l'Atlantique. Dès le début de la bataille de Normandie, en juin 1944, elle est l'enjeu des débarquements aéroportés effectués par les Américains près de Barfleur, Sainte-Mère-Église et Carentan. Après être parvenues à atteindre la côte ouest du Cotentin à Barneville, les troupes alliées attaquent Cherbourg dès le 22 juin, que défendent 40 000 Allemands désormais isolés. Ces derniers sont contraints de se rendre le 26 juin, mais la victoire n'est acquise qu'au terme de durs combats de rue et au prix d'innombrables destructions qui n'ont pas épargné l'arsenal. Les Alliés ne peuvent, de ce fait, utiliser efficacement le port pour longtemps. Ils y aménagent néanmoins un puissant pipe-line qui assure en grande partie le ravitaillement des armées libératrices.

CHERCHELL

Ville et port d'Algérie, à l'ouest d'Alger.

Importante cité du temps de l'occupation romaine, alors baptisée *Caesarea*, capitale de la Mauritanie césarienne, elle a conservé de nombreux vestiges de cette période malgré les destructions des siècles suivants.

Les 21 et 22 octobre 1942 se déroulent à Cherchell des conversations secrètes entre le général américain Clark et le général Mast, représentant le général Giraud, en vue de la préparation du débarquement allié de novembre 1942. Cherchell abrite de 1943 à 1945 l'École spéciale militaire de Saint-Cyr, puis une école d'officiers de réserve.

CHEVALERIE

L'institution de la chevalerie est née très lentement, dans l'Europe médiévale, à partir du XIe siècle, de la rencontre entre l'idéal chrétien et la réalité guerrière.

Au-delà d'un simple compromis, la chevalerie rêve d'allier deux idéaux, la croix et l'épée. Après s'être longuement cherchée au milieu des liens de dépendance qui caractérisaient la féodalité, elle trouve sa plus parfaite expression entre le XIe et le XIIIe siècle, particulièrement dans la région entre Seine et Meuse, et marque profondément de son empreinte la civilisation européenne jusqu'au XVe siècle. Si son recrutement est théoriquement ouvert à tous, le plus souvent et dès l'origine les chevaliers sortent de la classe des soldats, c'est-à-dire de la classe dominante, à une époque où les chefs sont surtout des hommes de guerre. Le jeune postulant à la chevalerie n'y accède qu'après un long apprentissage de trois à neuf ans, auprès de son père ou d'un riche parrain. Chaque chef médiéval est ainsi entouré d'une véritable école de chevalerie qui lui apporte une fidèle clientèle, en compensation des lourdes dépenses qu'elle exige. Une cérémonie rituelle, l'adoubement, marque l'entrée en chevalerie du damoiseau. Dans la plupart des cas elle se situe entre sa quinzième et sa vingtième année.

Cette promotion enviée n'apporte au jeune chevalier qu'une auréole morale, face à des devoirs bien lourds. Pour répondre à l'idéal chevaleresque, il doit désormais se conformer à un code qui n'est jamais qu'oral mais n'en est pas moins extrêmement contraignant. À l'engagement chrétien de respecter tout ce qu'enseigne et ordonne l'Église, s'ajoutent d'autres obligations qui découlent de sa situation dans la société médiévale. Homme d'armes non fieffé, il doit une loyale fidélité à son chef de guerre. Vassal, il lui faut respecter scrupuleusement ses devoirs féodaux. Seigneur, il est tenu à exercer ses droits sur ses vassaux avec justice et charité. Enfin, envers lui-même le chevalier se doit d'être en toutes circonstances fidèle aux engagements auxquels il a volontairement souscrit. La perte de la qualité

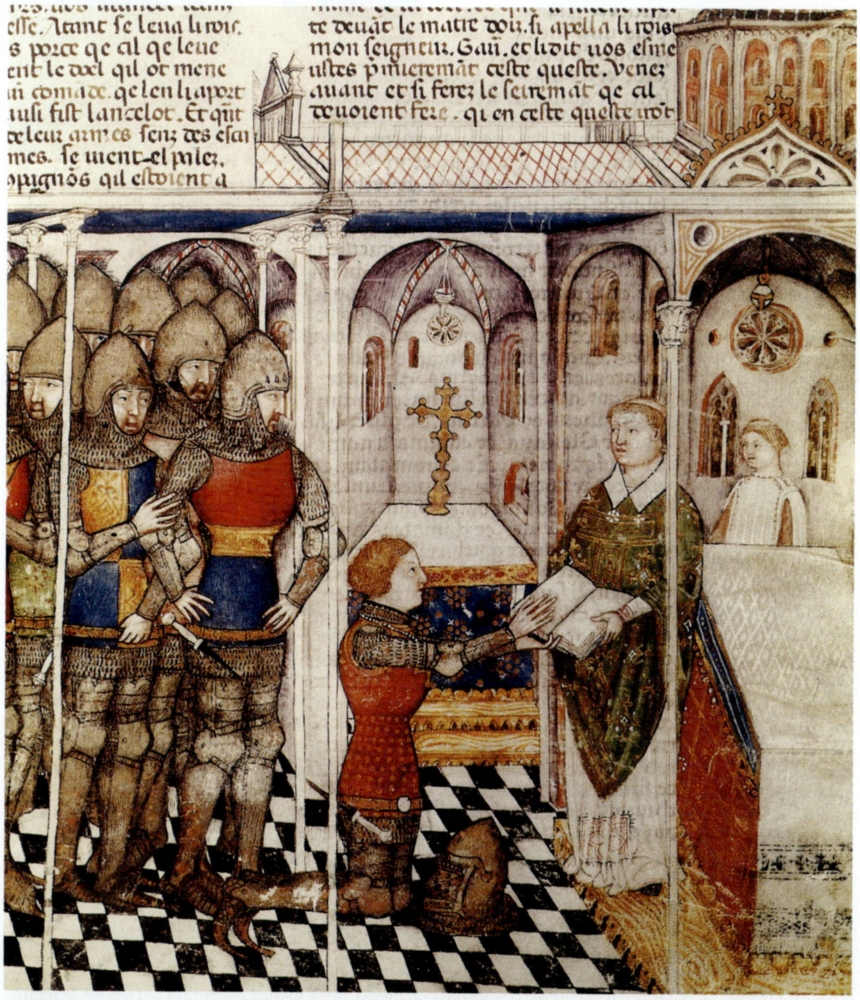

Chevalerie
Adoubement d'un chevalier. L'impétrant prête serment sur l'Évangile. Derrière lui son parrain et ses pairs. Miniature italienne, fin XIVe siècle, Paris, Bibliothèque nationale de France. © *Sélection Images*

chevaleresque a surtout pour motifs la trahison militaire et la forfaiture féodale. Cette condamnation, très rare et dramatique, est, elle aussi, sanctionnée par un rituel au cours duquel les armes de l'ancien chevalier sont brisées tandis que ses éperons – symbole éminent de la chevalerie – sont coupés.

L'Église, toujours plus puissante, pénètre la chevalerie de plus en plus. Cette évolution se traduit par la création d'ordres à la fois militaires et religieux. Le plus souvent internationaux, les plus anciens d'entre eux naissent en Terre sainte : à la fin du XIe siècle, un Provençal fonde sur les Lieux saints un ordre hospitalier que son premier grand-maître, Raymond du Puy, haut seigneur du Dauphiné, double d'un ordre militaire. C'est le fameux ordre des Hospitaliers de Saint-Jean de Jérusalem qui, tour à tour, est connu sous le nom d'ordre de Rhodes puis d'ordre de Malte, du nom des sièges successifs de sa grande-maîtrise. Parmi les autres grands ordres internationaux, celui du Saint-Sépulcre est créé par Godefroi de Bouillon. Aux XIIe et XIIIe siècles, la chevalerie devient un des moyens d'entrer en noblesse, et, en dernier ressort, elle se révèle un des degrés de cette noblesse : l'écuyer et le chevalier finissent par tenir une place fixe dans la hiérarchie de la société noble. Des ordres de chevalerie sont encore créés dans les temps modernes, mais ils ne représentent plus que des classes de soldats décorés. C'est notamment le cas de l'ordre de Saint-Louis, créé par Louis XIV, et, plus près de nous, de la Légion d'honneur, créée par Napoléon Ier. Les derniers témoins de la chevalerie qui subsistent encore en Europe au début du XIXe siècle sont balayés, et les ordres de chevalerie qui existent encore aujourd'hui n'ont, en fait, plus grand-chose de commun avec l'ancienne institution, à tout jamais disparue, mais dont l'idéal continue à imprégner notre civilisation.

CHEVALIER Étienne (?, 1410 – ?, 1474)

Trésorier de France et diplomate.

Contrôleur de la recette générale des finances du roi, il devient trésorier de France en 1452, possédant depuis longtemps la confiance et l'amitié de Charles VII et celle d'Agnès Sorel, qui l'appuie auprès du roi. C'est lui qui exécutera les dernières volontés de la favorite en 1450, puis celles du roi. Arrêté sur l'ordre de Louis XI, il est bientôt libéré et retrouve ses titres, ses pensions, sa charge de trésorier, avant d'être envoyé comme ambassadeur à Rome auprès de Paul III, en 1470. Chevalier protégera aussi les arts et les artistes, notamment le miniaturiste Jean Fouquet, auquel on doit les illustrations de son célèbre *Livre d'heures*.

CHEVALIER Michel (Limoges, 1806 – Montplaisir, 1879)

Économiste et homme politique.

Polytechnicien, il adhère avec enthousiasme à la doctrine saint-simonienne et dirige pendant deux ans l'organe du mouvement, *Le Globe*. Sa participation, en 1831, à l'expérience communautaire tentée à Ménilmontant par Enfantin lui vaut en 1832 une condamnation à un an de prison. Libéré, il accomplit un voyage aux États-Unis, en revient converti au libre-échangisme. Conseiller d'État en 1838, Michel Chevalier est nommé professeur d'économie politique au Collège de France deux ans plus tard, puis administrateur des Mines, avant d'être élu député en 1845. Rallié à Louis Napoléon après la révolution de 1848, il organise sous l'Empire plusieurs expositions, notamment celle de 1855. Avec l'Anglais Cobden, il est ensuite l'instigateur du traité de libre-échange signé en 1860 par la France et l'Angleterre. Parmi ses nombreux projets, on trouve la création d'un tunnel sous la Manche, et le percement du canal de Panamá. Sénateur en 1860, apprécié de Napoléon III, il est couvert d'honneurs sous le Second Empire.

CHEVERNY

Localité du Loir-et-Cher, dans l'arrondissement de Blois.

À côté de l'ancien manoir Renaissance où naquit le chancelier Hurault, sieur de Cheverny, s'élève depuis 1634 un imposant château constitué d'un pavillon central assez fluet et de deux corps de logis en léger retrait, que prolongent latéralement deux écrasants pavillons coiffés en coupole. Cet édifice a été exécuté par le Blésois Jacques Boyer ou Bougier pour Henri Hurault, comte de Cheverny. C'est le plus grand ensemble Louis XIII du Val-de-Loire. La lourde façade apparaît comme disproportionnée. La matière est une pierre d'une blancheur éclatante, presque suspecte. L'intérêt principal de Cheverny est l'aménagement intérieur. Celui-ci n'a pas subi de modifications notables depuis sa construction, ce qui est rare, non seulement en Val-de-Loire, mais en France. Moins heureux est le sort des jardins, dont les beaux parterres classiques, semés de statues et de pavillons, ont été redessinés au XIXe siècle dans le goût anglais.

La duchesse de Chevreuse
Huile sur toile attribuée à Dernet, château de Versailles.
© *Lauros-Giraudon*

CHEVREUSE Marie de ROHAN-MONTBAZON, duchesse de (?, 1600 – Gagny, 1679)

Conspiratrice.

Fille d'Hercule de Rohan, duc de Montbazon, elle épouse en 1617 le connétable de Luynes et, après la mort de celui-ci (1621), un fils d'Henri Ier de Guise, Claude de Lorraine, duc de Chevreuse (1622). Elle se lance dans une vie de galanteries et de conspirations. On lui attribue une foule d'amants : Moret, Holland, Chalais, Châteauneuf, Charles IV de Lorraine. Les complots auxquels elle prend part sous les ministères de Richelieu et de Mazarin sont innombrables. En voici du moins les principaux : affaire Buckingham, entièrement menée par l'entremise de Mme de Chevreuse, qui pense perdre Anne d'Autriche dans l'esprit de Louis XIII et envenime les relations franco-anglaises (1625) ; conspiration de Chalais, où elle escompte la fin prochaine du roi et le remariage de sa veuve avec Gaston d'Orléans, frère de ce dernier (1626) ; coalition Marie de Médicis-Gaston d'Orléans-Châteauneuf en 1633 ; affaire de la correspondance d'Espagne en 1637. La découverte des trois dernières intrigues la conduit à des exils successifs en Lorraine, en Touraine et même en Espagne. Lors de son exil de 1633, elle travaille de toutes ses forces à dresser contre la France le duc de Lorraine, son cousin et amant. Elle est aussi un des meilleurs agents de la péninsule Ibérique : l'affaire de la correspondance d'Espagne suffit à le prouver s'il en est besoin. Elle sera la confidente d'Anne d'Autriche aussi longtemps que celle-ci conservera un cœur espagnol ; elle s'en éloignera dès que la reine, devenue régente, se convertira à la cause française. Elle joue d'ailleurs un rôle plus nuancé pendant la Fronde. Mazarin et les frondeurs l'utilisent comme négociatrice. Elle s'effacera quand la duchesse de Longueville deviendra l'héroïne de l'opposition. Mme de Chevreuse a eu de son premier mari, Luynes, un fils à qui elle a transmis les fiefs qu'elle tenait de son second mari Claude de Lorraine. Ainsi, c'est par ricochet que les Luynes sont devenus ducs de Chevreuse.

CHIAPPE Jean (Ajaccio, 1878 – en mer, 1940)

Administrateur et homme politique.

Après des études de droit, il fait carrière au ministère de l'Intérieur. Ce fonctionnaire zélé se voit bientôt confier des postes importants, comme celui de la Sûreté générale en 1924 et surtout celui de préfet de police en 1927. Il réorganise et modernise le corps des gardiens de la paix, s'attirant une réputation de préfet à poigne. Mais ce souci d'ordre s'applique davantage aux manifestants de gauche qu'aux activistes d'extrême droite. Étant donné la sociologie de la capitale, cette discrimination lui vaut une grande popularité dans les milieux conservateurs. À la suite de la pression exercée par le groupe socialiste à l'Assemblée, il est néanmoins renvoyé de son poste par le gouvernement Daladier le 3 février 1934, d'autant qu'il a bloqué le dossier Stavisky. Alors que Chiappe refuse le poste prestigieux de Résident général au Maroc que Daladier avait pris soin de lui offrir en contrepartie, les ligues d'extrême droite, ulcérées par le renvoi du préfet, participent, de leur côté, à la journée du 6 février 1934, ainsi qu'à la sanglante émeute qui cause le soir même la chute du gouvernement Daladier. Devenu le héraut des ligues et le pourfendeur des socialistes et des communistes, Chiappe se lance dans la politique : élu conseiller municipal de Paris en 1935, il devient député de la Seine l'année suivante, et la majorité du Front populaire trouve en lui l'un de ses ennemis les plus acharnés. Après avoir voté les pleins pouvoirs au maréchal Pétain le 10 juillet 1940, il accepte d'être nommé haut-commissaire au Levant par le gouvernement de Vichy. Mais l'avion qui le transporte est abattu au-dessus de la Méditerranée dans des conditions mystérieuses, peut-être par un avion italien.

CHILDEBERT Ier (?, v. 495 – Paris, 558)

Roi franc (511-558).

Fils de Clovis et de Clotilde. Héritier du royaume de Paris à la mort de son père (511), il règne d'abord sur un territoire comprenant les vallées de la Seine et de la Somme, l'Anjou et les côtes de la Manche, et dont la capitale est Paris. À la mort de son frère Clodomir (524), il s'entend avec son autre frère, Clotaire Ier, pour égorger ses fils, ses propres neveux, et partager leur héritage, le royaume d'Orléans. Seul s'échappe Clodoald, troisième fils de Clodomir, plus tard saint Cloud. En 528, à la suite d'une première campagne contre la Burgondie, il fait périr le roi Sigismond et toute sa famille. Il partage plus tard le royaume burgonde avec son frère Clotaire et leur neveu Théodebert Ier (534). Childebert Ier tente ensuite de faire assassiner Clotaire, pousse son fils Chramne à se révolter contre lui. Il s'allie cependant peu après avec Clotaire et, sous le prétexte de venger sa sœur, maltraitée par son époux le roi Amalaric, se tourne contre les Wisigoths d'Espagne. Amalaric est battu près de Narbonne en 531. Childebert Ier meurt sans héritier mâle, et Clotaire peut s'emparer de son royaume, devenant seul roi des Francs.

CHILDEBERT II (?, v. 570 – ?, 595)

Roi d'Austrasie (575-596), roi de Bourgogne (592-596).

Fils de Sigebert Ier et de Brunehaut. Âgé de 5 ans seulement au moment de l'assassinat de son père par sa tante Frédégonde (575), il est sauvé par le duc Gondovald, qui le fait proclamer roi d'Austrasie à Metz. Childebert II règne sous la tutelle de sa mère, puis d'un Conseil de régence composé de nobles austrasiens, pendant la captivité de Brunehaut. Il s'allie avec son oncle Gontran, roi d'Orléans, et conclut avec lui le traité d'Andelot (587), selon lequel le survivant hériterait du royaume de l'autre. Il reçoit donc la Bourgogne et le royaume d'Orléans à la mort de Gontran (592). Childebert II meurt à 25 ans, peut-être empoisonné par Frédégonde, laissant ses domaines à ses fils, Théodebert II (Austrasie), et Thierry II (Bourgogne et Orléans).

CHILDEBERT III (?, v. 683 – ?, 711)

Roi de Bourgogne, de Neustrie et d'Austrasie (695-711).

Fils de Thierry III. Il succède à son cousin Clovis III à la tête des royaumes de Bourgogne, de Neustrie et d'Austrasie, mais ne règne en fait que nominalement, sous la tutelle du maire du palais Pépin II d'Héristal. Il figure parmi les souverains mérovingiens qu'on a appelés rois fainéants. Son fils Dagobert III lui succède.

CHILDEBERT IV L'ADOPTÉ (? – 662)

Roi d'Austrasie (656-662).

Fils de Grimoald ou Grimaud, maire du palais d'Austrasie sous le règne de Sigebert III. Dépourvu d'héritier, Sigebert III cède à la pression de Grimaud et, vers 644-646, adopte et désigne comme héritier le fils de ce dernier, qui prend le nom de Childebert IV. Sigebert III a ensuite un fils, Dagobert II, mais Grimaud le fait tondre et exiler en Irlande à la mort du roi (656), faisant reconnaître Childebert l'Adopté comme roi d'Austrasie. Mécontents de cette usurpation, les grands de ce dernier royaume s'emparent de Grimaud et le livrent au roi de Neustrie, Clotaire III (657). Il semble que Childebert soit parvenu à se maintenir jusqu'à sa mort, en 662.

CHILDÉRIC Ier (?, v. 436 – ?, 481)

Roi franc (477-481).

Fils présumé de Mérovée. Ses sujets révoltés le contraignent à s'enfuir en Thuringe. Rappelé en 463, il étend peu à peu son domaine mais n'est encore à sa mort qu'un « fédéré » au service de Rome. Il ne laisse comme héritage au fils que lui a donné sa femme Basine, le futur roi Clovis, que le commandement d'un petit groupe de Francs Saliens cantonnés autour d'une « cité » des plus médiocres, Tournai. Son tombeau, découvert à Tournai en 1653, contenait des armes et des bijoux travaillés en orfèvrerie cloisonnée, de vieux deniers d'argent des premiers temps de l'Empire romain, des pièces d'or à l'effigie de l'empereur d'Orient Zénon et un anneau sigillaire.

CHILDÉRIC II (?, 650 – Lognes, près de Chelles, 675)

Roi d'Austrasie (662-675), roi de Neustrie et de Bourgogne (673-675).

Second fils de Clovis II et de Bathilde, il est choisi comme roi par les grands d'Austrasie en 656. Il règne d'abord sous la tutelle de sa tante Himnechilde, mère de Dagobert II, et du maire du palais Vufoaldus. Lorsque les grands de Neustrie sollicitent son aide dans leur lutte contre le maire du palais Ébroïn, il en profite pour se rendre maître de ce royaume. Mais, en voulant gouverner en prince absolu, il se fait des ennemis. Un complot se forme contre lui et il est assassiné dans la forêt de Lognes, à six kilomètres de Chelles, près de Paris.

CHILDÉRIC III (? – monastère de Sithiu-Saint-Bertin, près de Saint-Omer, 754)

Roi d'Austrasie, de Neustrie et de Bourgogne (743-751).

Sous son règne, la réalité du pouvoir est détenue par les maires du palais Pépin et Carloman qui, croyant bon d'abriter leur pouvoir derrière un simulacre de royauté, l'ont mis sur le trône en 743. Lorsqu'en 751 Pépin le Bref se décide, avec le consentement du pape Zacharie, à prendre luimême le titre de roi, il lui fait raser la tête et l'enferme à l'abbaye de Saint-Bertin. Childéric III est le dernier souverain mérovingien.

CHILPÉRIC Ier (?, 539 – Chelles, 584)

Roi de Neustrie (561-584).

Fils de Clotaire Ier, roi unique des Francs depuis 558, et de sa dernière épouse, Arégonde, il doit, à la mort de son père en 561, se résigner à partager le royaume avec ses demi-frères Charibert, Gontran et Sigebert. Sa part est la Neustrie septentrionale, capitale Soissons, petit royaume en comparaison des autres. En 562, il profite des démêlés de Sigebert avec les Avars pour envahir l'Austrasie. Mais, repoussé, il est à deux doigts de perdre ses propres États. Les années 566 à 568 amènent trois grands événements dans la famille mérovingienne. Sigebert épouse Brunehaut, fille cadette du roi des Wisigoths Athanagild. Divorcé d'Audovère, Chilpéric obtient la main de Galswinthe, fille aînée d'Athanagild. Enfin, Charibert meurt. Cette fois, dans le nouveau partage du royaume franc, Chilpéric est gagnant, car la plus grande partie des provinces ecclésiastiques de Rouen et de Tours lui est attribuée.

Après la mort de Galswinthe, retrouvée étranglée dans son lit, Chilpéric épouse sa concubine Frédégonde. Une nouvelle guerre éclate entre Sigebert et Chilpéric (573). D'abord vainqueur, Théodebert, fils aîné de Chilpéric, est défait et tué en Aquitaine par les ducs Godesigel et Gontran Boson (575). La réunion de la Neustrie à l'Austrasie sous le sceptre de Sigebert est proclamée par les soldats des deux rois. Enfermé dans Tournai, Chilpéric est aux abois, mais il est sauvé par Frédégonde qui fait assassiner Sigebert. À partir de cette date, il semble que Chilpéric n'agisse plus que selon les consignes de Frédégonde. C'est ainsi qu'il laisse mettre à mort les fils qui lui restent d'Audovère (Mérovée en 577, Clovis vers 580), puis Audovère elle-même (580). Lors des querelles qui l'opposent à Gontran et à son neveu Childebert II, il meurt assassiné par un inconnu.

CHILPÉRIC II (?, 670 – ?, 721)

Roi de Neustrie (715-721).

Enfermé dans un couvent à la mort de son père Childéric II (673), il est proclamé roi par les Neustriens à la mort de Dagobert III (715). Charles Martel le bat en diverses rencontres et le reconnaît néanmoins pour roi en 719.

CHINON

Chinon, ville d'Indre-et-Loire, allonge aujourd'hui, sur un éperon rocheux dont l'escarpement domine la ville et la vallée de la Vienne, les ruines de trois châteaux, Saint-Georges (XIIe siècle), le château du Milieu et le château de Coudray.

Habitée dès avant la conquête romaine, la colline de Chinon est le siège d'un *oppidum* à l'époque gallo-romaine. Elle est occupée par les Wisigoths au Ve siècle, et conquise par Clovis. Le château du Milieu et le château de Coudray remontent sans doute aux comtes de Blois qui les élevèrent à la fin du Xe siècle et au début du XIe siècle. En 1044, Chinon passe au pouvoir de Geoffroi Martel, comte d'Anjou, puis fait partie des possessions des Plantagenêts lorsque Henri Plantagenêt, comte d'Anjou, accède au trône d'Angleterre. Elle est, dès lors, étroitement mêlée aux luttes entre Capétiens et Plantagenêts. Henri II Plantagenêt y finit d'ailleurs ses jours en 1189. Pour défendre l'accès oriental du château du Milieu, il a fait construire le fort Saint-Georges, dont il ne subsiste que quelques vestiges, et, à l'angle sud-ouest de l'enceinte triangulaire du château de Coudray, la grosse tour du Moulin.

En 1205, après un long siège, Philippe Auguste enlève la ville qui est rattachée au domaine royal de France. Il renforce le château de Coudray qui est encore fortifié au cours du XIIIe siècle. Philippe le Bel fait enfermer les Templiers dans une de ses tours pendant leur procès. Sous les Valois, les travaux concernent essentiellement le château du Milieu qui est rendu plus confortable, notamment par l'aménagement des Grands Logis. Pendant la guerre de Cent Ans, le Dauphin Charles, futur Charles VII, y trouve refuge et sécurité. Il y tient des états généraux en 1428 et, le 9 mars 1429, un événement lourd de conséquences s'y déroule : venue de Lorraine, Jeanne d'Arc lui fait part de la mission qu'elle a reçue de délivrer la France. Devenu roi, Charles VII continue à résider à Chinon jusqu'en 1449. Tous ses successeurs jusqu'à Louis XII y séjournent eux aussi. Philippe de Commynes, qui en est gouverneur pour le compte de Louis XI, fait bâtir la puissante tour d'Argenson. Mais la décadence vient bientôt et se précipite avec Richelieu, qui devient possesseur du domaine, puis avec ses héritiers. Le manque d'entretien et les démolitions causent la ruine partielle du château. Sous le Premier Empire, il sert de carrière et de fabrique de salpêtre. Acquis par le département d'Indre-et-Loire, il est restauré à partir de 1855 à l'initiative de Prosper Mérimée, inspecteur des Monuments historiques.

Jacques Chirac
Jacques Chirac, après la passation des pouvoirs avec François Mitterrand, remontant les Champs-Élysées pour déposer une gerbe sur la tombe du soldat inconnu, le 17 mai 1995. © *Pascal Le Segretain / Sygma*

CHIRAC Jacques (Paris, 1932 –)

Homme politique, Premier ministre, président de la République.

Diplômé de l'Institut d'études politiques et de la Summer School de l'Université de Harvard (États-Unis), ancien élève de l'ENA, il effectue ses obligations militaires en Algérie et envisage la carrière militaire. L'ENA ayant refusé son choix, il intègre la Cour des comptes en 1959, puis est chargé de mission en décembre 1962 à Matignon. Ses qualités le désignent parmi l'équipe dite des « jeunes loups » envoyée à la conquête des circonscriptions détenues par la gauche. Il est élu, en mars 1967, député d'Ussel, en Corrèze, contre Robert Mitterrand, et devient secrétaire d'État aux Affaires sociales jusqu'au 10 juillet 1968. Lors de la crise de mai 1968, au plus fort des grèves, il assure le contact avec les syndicats et participe aux négociations des accords de Grenelle. Secrétaire d'État (12 juillet 1968-5 janvier 1970) aux côtés du ministre de l'Économie et des Finances Valéry Giscard d'Estaing, il est, en 1971, ministre délégué chargé des relations avec le Parlement, puis ministre de l'Agriculture (juillet 1972-février 1974) et ministre de l'Intérieur (février-mai 1974). À la mort du président de la République Georges

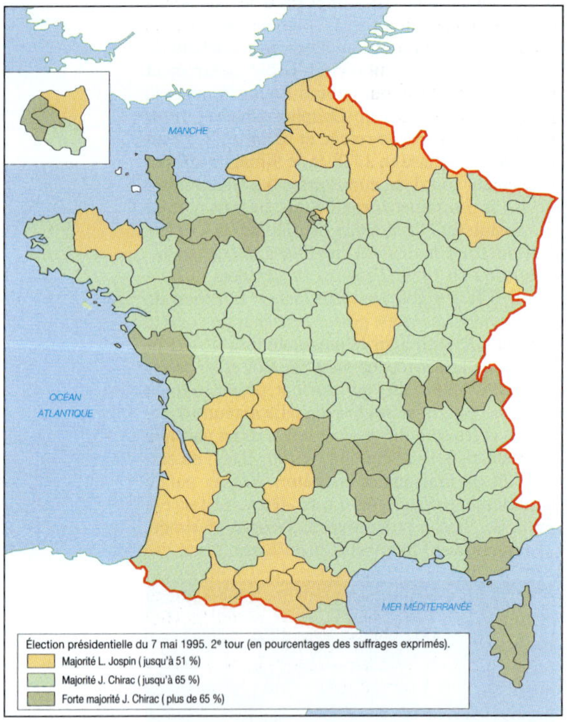

La France de droite en 1995

Pompidou, Chirac essaie d'abord de promouvoir la candidature de Pierre Messmer puis, aux fins de sauvegarder l'influence gaulliste, il lance « l'appel des 43 » et rallie nombre de gaullistes à la candidature de Giscard contre celle de Chaban-Delmas à l'élection présidentielle de 1974. Élu, Valéry Giscard d'Estaing le nomme Premier ministre le 27 mai. Il met en œuvre une politique de relance économique et sociale, caractérisée notamment par un taux d'indemnisation du chômage à 90 %. Cette politique, coïncidant avec le premier choc pétrolier, entraîne une poussée inflationniste et un déséquilibre financier. Elle nécessite un plan de stabilisation à l'automne 1974 qui débouche sur un accroissement du chômage. S'estimant entravé par l'action du président de la République, Jacques Chirac choisit de démissionner le 25 août 1976 – cas de figure inédit sous la Ve République.

Réélu député de Corrèze, il s'empare de la direction de l'UDR, bientôt remplacée par le RPR (Rassemblement pour la République) qu'il crée et dirige de 1976 à 1994. Élu maire de Paris (1977-1995) contre le candidat de l'Élysée Michel d'Ornano, il se montre très critique à l'égard de la politique du Premier ministre Raymond Barre et s'engage dans une course ouverte à l'Élysée, assis sur un RPR devenu premier parti de France avec 150 sièges (1978), se voulant d'abord antigiscardien quitte à passer pour antieuropéen (dénonciation du « parti de l'étranger », 6 décembre 1978), avant de mener la campagne du RPR aux Européennes de 1979 et à abandonner ce mandat un an plus tard. Candidat malheureux à l'élection présidentielle de 1981, où il arrive en troisième position derrière François Mitterrand et Valéry Giscard d'Estaing, il reste le principal leader de l'opposition parlementaire et retrouve Matignon lors du premier gouvernement de cohabitation (20 mars 1986-8 mai 1988) axé cette fois sur la réforme libérale de l'économie comme préalable à la résorption de la crise sociale. Il engage la privatisation de seize sociétés (dont Paribas, Matra, Havas ou TF1) pour 80 milliards de francs, malgré les mécomptes dus au krach boursier de 1987. Le rebond de la croissance et la chute de l'inflation permettent de stabiliser le chômage, non d'en entamer la décrue. Le gouvernement Chirac bute sur des réformes sociales contestées – le code de la nationalité – ou avortées – la loi Devaquet sur l'enseignement supérieur. Son chef apparaît à la fois trop imprégné d'un libéralisme économique anglo-saxon, redouté parce qu'inconnu, et chef d'un parti soupçonné de vouloir accaparer le pouvoir.

À nouveau candidat à l'élection présidentielle, en 1988, il doit d'abord gagner la primaire à droite contre Raymond Barre et ne parvient pas à mobiliser tous les suffrages d'une droite majoritaire en voix au premier tour mais déchirée. Après sa défaite contre François Mitterrand avec 46 % des voix, Jacques Chirac est contesté jusqu'au sein du RPR par la jeune garde, emmenée par Philippe Séguin. Sa seconde réélection à la mairie de Paris, en 1989, son rôle dans le vote du traité de Maastricht contre une partie de ses troupes lui redonnent le leadership. Aussi, dans le but de préparer une nouvelle élection présidentielle, laisse-t-il Édouard Balladur s'installer à Matignon après le succès écrasant de la droite aux législatives de 1993. Cette division des tâches se dissout à mesure que la popularité du Premier ministre l'installe en concurrent, soutenu par l'UDF qui rend à Chirac la monnaie de sa pièce de 1981. D'abord donné favori en 1993, puis outsider jusqu'en février 1995, celui-ci s'impose de justesse à Édouard Balladur, puis à Lionel Jospin avec 52,64 % des suffrages. Outre une campagne de terrain de 15 mois, Jacques Chirac gagne sur le thème qui lui avait été fatal en 1988 : la fracture sociale qui diviserait un pays meurtri par la crise, et qu'il convient donc de réduire.

Cette ambition résiste trois mois à la réalité des chiffres et aux contraintes de l'harmonisation européenne. Le Premier ministre, Alain Juppé, doit d'abord opérer une ponction fiscale de plus de 100 milliards de francs pour alléger la dette et s'engager dans une politique salariale et d'emploi restrictive. En octobre 1995, Chirac confirme ces choix au nom de la nécessité européenne puisque la France est engagée dans la mise en place de l'euro. Cet abandon précipite une flambée sociale, culminant en novembre-décembre avec l'une des plus longues grèves de la SNCF depuis 1948. Cette crispation, là encore inédite dans les annales de la Ve République pour un président en début de mandat, est accentuée par des décisions d'importance capitale à la fois mal présentées et aux enjeux paraissant à tort secondaires, comme l'arrêt des essais nucléaires après une ultime série de tests (été-automne 1995) ou la réforme des armées et leur professionnalisation (1996). Avec un gouvernement englué dans une impopularité persistant au long de l'année 1996, le président de la République tente de reprendre la main en recourant à la dissolution de la Chambre, en avril 1997. Plutôt qu'à un appel aux mânes du gaullisme, Jacques Chirac a logiquement tiré les conséquences de la présidentialisation accentuée du régime, entraînant, de fait, la disparition d'un Premier ministre-fusible. Désavoué par les électeurs et, cette fois, contre la tradition gaulliste, il entame la troisième cohabitation avec Lionel Jospin pour Premier ministre. Les années 1997-2001 le voient se cantonner à la politique européenne, à quelques dossiers internationaux, tandis qu'il est privé du thème de la modernisation politique par la coagulation de ses adversaires, des ambitieux et des revanchards de son camp. La réforme du quinquennat est adoptée par référendum en septembre 2000, et Jacques Chirac ne bénéficie ni de la procédure, ni du coup de jeune sur la durée du mandat ; il en va de même pour le calendrier électoral, inversé en avril 2001 à l'intitiative de l'UDF et des socialistes pour une raison paradoxalement gaulliste : la primauté de l'élection présidentielle et la volonté d'affaiblir le poids des partis. Ainsi dépouillé des attributs présidentiels, affaibli longtemps, de surcroît, par sa possible mise en cause judiciaire pour des actes de corruption intervenus pendant ses mandatures parisiennes, Jacques Chirac, fidèle en cela à la réputation de « bulldozer » forgée par son maître Pompidou, s'est surtout attaché aux conditions de sa réélection. Celle-ci est obtenue, de manière inédite sous la Ve République, par le vote d'un cinquième des Français en sa faveur au premier tour et des quatre cinquièmes au second. En effet, bénéficiant de la défaite de Lionel Jospin au premier tour et du réflexe républicain de la gauche qui appelle à voter en sa faveur pour faire barrage à l'extrême-droite représentée par Jean-Marie Le Pen, Jacques Chirac est réélu avec 82,21 % des suffrages exprimés.

CHLODION ou CLODION LE CHEVELU (? – ?)

Personnage incertain de la première moitié du Ve siècle, peut-être chef ou roi des Francs Saliens et père de Mérovée ou de Childéric Ier.

Sa vie n'est connue que par l'*Histoire des Francs* de Grégoire de Tours. Il aurait envahi la Gaule à la tête de sa tribu vers 425-430 et serait parvenu à dominer une partie de la Flandre, du Hainaut et de la Picardie, jusqu'à sa mort avant 450. Comme Mérovée, ce personnage mi-historique, mi-mythique a connu une gloire postérieure dans les chroniques des rois Mérovingiens puis Carolingiens et Capétiens, comme l'un des pères fondateurs de la dynastie mérovingienne.

CHODERLOS de LACLOS : voir LACLOS

Choiseul
Huile sur toile de Louis Van Loo, Gray, Haute-Saône, musée Baron Martin. © *G. Dagli Orti*

CHOISEUL César, comte du Plessis-Praslin, duc de (Paris, 1598 – Paris, 1675)

Maréchal de France.

Enfant d'honneur de Louis XIII, il est mis à la tête d'un régiment d'infanterie comme maître de camp, en 1616. Il se distingue dans les campagnes d'Italie de 1627 à 1645, est nommé lieutenant général en 1642. Envoyé en Catalogne, il s'empare de Rosas, ce qui lui vaut le bâton de maréchal (1645). Pendant la Fronde, il rend de signalés services à la cause royale, battant notamment Turenne et les Espagnols à Rethel en 1650. Il est créé duc de Choiseul et pair de France en 1665. Ses Mémoires, publiés un an après sa mort sous le nom de maréchal du Plessis, sont en fait peut-être de Segrais.

CHOISEUL César Gabriel de, duc de Praslin : voir PRASLIN

CHOISEUL Claude, comte de (Langres, 1632 – Paris, 1711)

Maréchal de France.

Maître de camp en 1653, maréchal de camp en 1669, il prend une part glorieuse à l'expédition de Candie la même année puis à la guerre de Hollande en 1672-1673. Devenu lieutenant général en 1676, puis créé maréchal de France en 1693, il commande en chef sur les bords du Rhin en 1693, 1696 et 1697, avant de mourir doyen des maréchaux de France à près de 80 ans. On l'appelait aussi le marquis de Francières.

CHOISEUL Étienne François, duc de (Lunéville, 1719 – Paris, 1785)

Homme politique.

Connu d'abord sous le nom de comte de Stainville, le « grand Choiseul » est le fils aîné du marquis de Stainville, un cadet de la maison de Choiseul qui terminera sa vie comme ambassadeur de Florence à Paris – une sinécure – avec une solide réputation de jouisseur et de gourmet. Son fils a une autre envergure, qui tente d'abord de se déployer dans l'armée. Campagne de Bohême, retraite de Prague, défense du Rhin, campagne de Flandre sous Maurice de Saxe et Lowendal, tels sont les principaux théâtres d'une activité consciencieuse, parfois brillante, que récompensent les grades successifs de sous-lieutenant en 1739, colonel en 1743, brigadier et maréchal de camp. Après la paix d'octobre 1748, il entame sa carrière politique sous la protection de Mme de Pompadour. Ambassadeur à Rome, il règle pacifiquement avec Benoît XIV l'affaire de la bulle *Unigenitus* (1754-1757) ; ambassadeur à Vienne, il est fait duc en 1757. En 1758, il remplace Bernis aux Affaires étrangères. Poursuivant la politique autrichienne qui est maintenant celle du gouvernement, Choiseul fait conclure le troisième traité de Versailles (1758). Puis, en 1761, il signe le pacte de Famille et, pour assumer la Guerre (1761-1770) et la Marine (1761-1766), cède les Affaires étrangères à son cousin Praslin.

Il devient une sorte de Premier ministre. Pendant douze ans, Louis XV lui voue une confiance quasi totale. Le traité de Paris à peine signé, Choiseul prépare la revanche contre l'Angleterre. Il réorganise l'armée en profondeur, créant le corps royal d'infanterie et d'artillerie de marine avec l'aide de son cousin, abolissant la vénalité des grades, interdisant la désignation des régiments d'infanterie par noms de gentilshommes. Pendant son ministère, la Lorraine (1766) et la Corse (1768) sont réunies au royaume. Le développement de l'opposition parlementaire et les gages qu'il lui donne, notamment par l'explusion des Jésuites en 1764, l'accroissement des difficultés financières dû à ses réformes de l'armée ainsi que la mort de Mme de Pompadour, à qui succède Mme Du Barry, expliquent que Louis XV le disgracie et l'exile sur ses terres à Chanteloup.

CHOISEUL du PLESSIS-PRASLIN Gilbert de (Paris, 1613 – Paris, 1689)

Évêque et théologien.

Frère de César, duc de Choiseul, commendataire de nombreuses abbayes, il devient évêque de Comminges à 31 ans. C'est un prélat scrupuleux, multipliant visites pastorales et créations de séminaires. Proche du jansénisme sans y donner ouvertement, il est l'ami d'un Nicolas Pavillon. Il est en 1651 un des onze évêques qui demandent au pape de ne pas condamner les propositions de Jansénius. En 1671, Choiseul est transféré sur le siège de Tournai. Il prononce les oraisons funèbres du prince de Conti puis du duc de Longueville. Il est en 1682 parmi les trente-cinq évêques gallicans qui adoptent au nom du clergé de France la Déclaration des Quatre Articles, en grande partie rédigée par Bossuet. Son œuvre théologique, considérable, compte beaucoup d'ouvrages d'apologétique contre les libertins. Il prépare en outre l'édition des *Mémoires* de son frère, le duc de Choiseul.

CHOISY François Timoléon, abbé de (Paris, 1644 – Paris, 1724)

Diplomate, voyageur et mémorialiste.

Issu d'une bonne famille de robe, fils du chancelier de Gaston d'Orléans, richement pourvu de bénéfices, il est dès 18 ans abbé de Saint-Seine en Bourgogne. D'abord abbé de cour, il aime à jouer sur scène des rôles féminins ou à se travestir en « comtesse des Barres » dont il racontera lui-même l'existence fantasmatique dans un ouvrage licencieux. Il s'adonne au jeu de manière effrénée. Ses mœurs et ses dettes l'obligent à quitter Paris pour son château près de Bourges. Mais ce sensuel est aussi un homme de lettres qui fréquente les meilleurs esprits : La Rochefoucauld, Mlle de Scudéry ou Mme de La Fayette… Ses débordements ne l'empêchent pas, en 1676, d'accompagner à Rome le cardinal de Bouillon pour l'élection du pape Innocent XI. Là, il semble s'être converti.

Dans la seconde partie de sa vie, à partir de 1683, Choisy – piété sincère ou habileté politique pour éviter la disgrâce qui le menace ? – renonce à ses frasques et écrit quatre *Dialogues sur la religion*. En 1684, il accompagne l'ambassade du chevalier de Chaumont que Louis XIV dépêche au royaume du Siam. Ordonné prêtre au cours du séjour, il célèbre sa première messe sur le bateau qui le ramène en France en compagnie de la délégation envoyée par le roi du Siam à Louis XIV. Il rapporte d'Asie un *Journal du voyage de Siam* rédigé en 1685 et 1686. Élu à l'Académie française, il donne de nombreux travaux historiques, des ouvrages d'apologie chrétienne ainsi que des *Mémoires pour servir à l'histoire du règne de Louis XIV* publiés en 1726 et qui témoignent d'une très grande finesse d'observation.

CHOISY-LE-ROI

Ville du Val-de-Marne, sur la Seine, où se trouvait, sous l'Ancien Régime, une des plus belles demeures royales de l'Île-de-France.

C'est en 1680 que la Grande Mademoiselle (la duchesse de Montpensier) achète la terre de Choisy-sur-Seine, et confie à Jacques II Gabriel la construction d'un château. Très sobre, la construction, achevée dès 1686, comporte un corps de logis et deux ailes en équerre sur les côtés de la cour d'honneur. Les jardins, dessinés par Le Nôtre, descendent jusqu'à la Seine. À la mort de la Grande Mademoiselle, en 1693, le château passe au Dauphin qui, sur l'ordre de Louis XIV, l'échange en 1695 contre le château de Meudon, appartenant à la veuve de Louvois. La princesse de Conti acquiert Choisy en 1716 et fait ajouter une galerie et un pavillon au nord de l'aile gauche. Lorsque Louis XV achète le château, en 1739, la construction prend le nom de Choisy-le-Roi. Le souverain marque rapidement sa prédilection pour cette acquisition, proche de la forêt de Sénart, et confie à Jacques Ange Gabriel d'importants travaux d'agrandissement. Gabriel construit d'abord de vastes dépendances, dans le prolongement de l'aile nord, puis double les proportions du château. Choisy-le-Roi abrite les nombreuses amours du roi. Pour rendre encore plus intimes ses rencontres avec Mme de Pompadour, Louis XV fait construire par Gabriel, de 1754 à 1756, le petit château, ou petit Choisy, élégante construction d'un étage, richement décorée. On y trouve notamment, dans la salle à manger, la célèbre « table volante » qui évite au roi la présence de serviteurs importuns pendant ses petits soupers. Avec la mort de Louis XV s'achève la belle époque de Choisy-le-Roi : Louis XVI délaisse le château, puis le transforme en caserne pour ses suisses. La construction est finalement démolie sous la Révolution. N'en subsistent aujourd'hui que les pavillons d'entrée, quelques vestiges du grand commun, et la façade du petit château.

CHOLET

Ville du département de Maine-et-Loire, sur la Maine.

Plusieurs batailles s'y déroulent pendant la guerre de Vendée au cours desquelles la ville est entièrement détruite. Elle est toutefois reconstruite après la pacification. À la tête de l'Armée catholique et royale, Stofflet et Cathelineau s'en emparent le 14 mars 1793. Mais les Bleus, entraînés par Kléber et Marceau, chassent les Blancs de la ville le 17 octobre de la même année, après de furieux combats. La bataille, la plus importante de la guerre de Vendée, est une véritable déroute pour les Blancs. Le généralissime d'Elbée et le général Bonchamp sont grièvement blessés, le second meurt le lendemain. Reprise par Stofflet le 10 mars 1794, Cholet passe successivement entre les mains des Blancs puis des Bleus, avant d'être incendiée par Turreau.

CHOUANNERIE

Mouvement insurrectionnel qui éclate dans l'ouest de la France, en mars 1793, pour protester contre les lois révolutionnaires, la mort de Louis XVI, les persécutions contre les prêtres qui refusent de prêter serment à la Constitution civile du clergé, et la levée de 300 000 hommes. Les chouans tiennent tête aux gouvernements successifs pendant près de dix ans.

La Chouannerie tire probablement son nom d'un de ses premiers chefs, Jean Cottereau, surnommé « Jean Chouan » parce qu'il avertissait ses partisans en imitant le cri de la chouette. Le mouvement concerne principalement les paysans du Maine, du nord de l'Anjou, des lisières de la Touraine, de Normandie et de Bretagne, et ne dépasse jamais la Loire vers le sud. Il ne faut pas confondre, comme on le fait couramment, les chouans avec les Vendéens, organisés en une véritable armée, l'Armée catholique et royale. Les chouans, au contraire, combattent toujours par petits groupes, mènent une guerre de guérilla,

Chouannerie
Les Révoltés de Fouesnaut. Huile sur toile de Girardet, Quimper, musée des Beaux-Arts. © *Giraudon*

sous les ordres de chefs comme Cottereau ou Cadoudal. Les nobles de la région appuient le mouvement, fournissent fonds et cachettes. Les chouans rallient un instant les Vendéens au moment de l'expédition de Granville (novembre 1793), ont leur part du désastre de Savenay (décembre), et se retirent dans leurs bois et leurs chemins creux. Ils se livrent ensuite à la guérilla pendant deux ans, attaquant les diligences, les gendarmes et les perceptions. En 1795, Cadoudal et ses hommes tentent en vain de favoriser le débarquement des émigrés à Quiberon, puis rentrent dans la clandestinité.

Au mois d'octobre, le comte Louis de Frotté amplifie le mouvement en Basse-Normandie, et, après une brève soumission en 1796, reprend la lutte et la poursuit pendant le Directoire. La Chouannerie prend un tour de plus en plus clandestin, ses actions étant parfois difficiles à distinguer du simple brigandage. Elle disparaît peu à peu sous le Consulat, après la reddition de la Vendée, l'exécution de Frotté (1800), et l'action énergique de la police du Premier Consul. Son dernier chef, Cadoudal, tente vainement de la ressusciter en approuvant et en laissant faire l'attentat de la rue Saint-Nicaise organisé par le chevalier de Limoëlan et Saint-Régent en décembre 1800.

CHRÉTIEN de TROYES (Champagne, v. 1135 – Champagne, v. 1183)

Fondateur du roman arthurien médiéval.

Son activité littéraire s'exerce, à partir de 1160, à la cour de Marie de Champagne puis de Philippe d'Alsace, comte de Flandre. Il est le créateur de mythes toujours féconds où s'entremêlent, au long d'itinéraires complexes, prouesses chevaleresques, aventures amoureuses, méditations sur la vie, la mort, et le temps. *Érec et Énide* est l'histoire d'un couple dans lequel l'épouse, Énide, reproche à son mari de négliger son devoir de chevalier pour se consacrer à son amour. Érec entraîne alors Énide dans une suite d'aventures au cours desquelles il lui prouve ses qualités. *Cligès ou la Fausse Morte* relate les amours d'Alexandre, fils de l'empereur de Constantinople, venu à la cour du roi Arthur pour s'y faire adouber. Il y épouse une princesse dont il a un fils, Cligès. Le reste du roman tourne autour de la succession au trône de Constantinople. *Lancelot ou le Chevalier de la charrette* présente les amours adultères du héros pour la femme du roi Arthur, Guenièvre. Lancelot n'hésite pas à monter sur la charrette d'infâmie pour ne pas désobéir à sa dame. Entre la cour d'Arthur et la fontaine au Pin se déroulent les aventures d'*Yvain ou le Chevalier au lion*, défenseur des faibles et des opprimés. Enfin, le chef-d'œuvre de Chrétien de Troyes, inachevé, est sans conteste *Perceval ou le Conte du Graal*.

CHRISTINE de FRANCE (Paris, 1606 – Turin, 1663)

Duchesse de Savoie.

Fille d'Henri IV et de Marie de Médicis. Après un projet de mariage avec le prince de Galles, futur Charles Ier d'Angleterre, elle épouse, en 1619, Victor-Amédée Ier duc de Savoie. Devenue veuve en 1637, elle assume la régence au nom de son fils aîné François-Hyacinthe puis, à la mort de celui-ci, en 1638, au nom de son second fils, Charles-Emmanuel. Lorsque la France tente de profiter du trouble suscité par la mort de son mari pour s'emparer de Verceil et de Turin, elle déjoue la tentative d'annexion, mais consent à renouveler son alliance avec sa puissante voisine (1638). Elle réussit également à prévenir les menées de ses beaux-frères, le cardinal Maurice de Savoie et le prince Thomas de Carignan, partisans de l'Espagne, qui réclamaient la régence à la mort de son premier fils. Lorsque le second de ces derniers envahit le Piémont, en 1639, à la tête d'une armée espagnole, elle sollicite le secours de la France au cours d'une entrevue avec son frère Louis XIII et Richelieu, à Grenoble, mais refuse de remettre aux Français ses places de guerre et d'envoyer son fils à Paris pour y être élevé avec le Dauphin. Elle finit par entrer en pourparlers avec ses beaux-frères, conclut un traité avec eux en 1642, mais le conflit reste latent. Un nouveau traité de 1645 confirme les accords passés précédemment avec la France et permet à la Savoie de recouvrer la possession des places du Piémont encore occupées par les Français. Christine de France réussit à préserver l'indépendance de ses États mais essuie un échec lorsqu'elle tente de faire épouser sa fille Marguerite à Louis XIV. Elle conserve son autorité après la majorité de son fils (1648).

Grandes Chroniques de France
Charlemagne. *Chronique de Saint-Denis*, miniature, XIIIe siècle, Paris, bibliothèque Sainte-Geneviève. © *Giraudon*

CHRISTINE de PISAN (Venise, v. 1364 – Paris, 1429)

Femme de lettres.

Fille du médecin de Charles V, épouse d'un notaire de la chancellerie. Très cultivée, elle reste veuve à 25 ans avec trois enfants. Ce sont des difficultés matérielles qui la poussent ainsi à écrire. Christine s'adresse aux princes, dont elle se veut le conseiller politique. Elle participe aux réflexions des théoriciens politiques sur la réforme du royaume et incite les grands à la paix. Elle cherche parmi ces derniers un mentor qui pourra épauler le Dauphin (futur Charles VII), pallier la folie de Charles VI et résoudre la guerre civile. Mais elle parle aussi d'elle-même, d'amour et de chevalerie. Elle est l'une des premières à mettre les femmes en garde contre les pièges de l'amour courtois. Son œuvre compte cent ballades, des viralais, des rondeaux, puis des épîtres, des débats. Son dernier écrit, le *Ditié de Jehanne d'Arc*, célèbre le miracle de la jeune fille choisie par Dieu.

CHRONIQUE DU PSEUDO-TURPIN

Magnifique exemple d'un faux historique rédigé au XIIe siècle afin de promouvoir le culte de Charlemagne en le rattachant à celui de saint Jacques, et donc à son sanctuaire le plus lointain, celui de Compostelle.

Sous la plume d'un soi-disant évêque de Reims, Turpin, est racontée l'histoire de Charlemagne, de Roland et des chevaliers français partis, au nom de saint Jacques, délivrer l'Espagne et le sud-ouest de la France du joug des Infidèles. Ce document a joui d'une authenticité réelle puisqu'il figure dans les très officielles *Grandes Chroniques de France*. Il fut également inséré dans le *Livre de Saint-Jacques* qui fit le succès de Compostelle et recopié partout en Europe dans des centaines de manuscrits. Le *Pseudo-Turpin* a commencé d'être controversé au XVIe siècle mais, deux siècles plus tard, l'abbé Lebœuf, historien du diocèse de Paris, était encore obligé de démontrer que Turpin n'avait jamais existé, tant les légendes refusent de céder devant la vérité historique.

CHRONIQUES DE FRANCE (Grandes)

Récits hagiographiques des rois de France depuis les origines mythiques troyennes jusqu'en 1461, rédigés en grande partie à l'abbaye de Saint-Denis entre les XIIIe et XVe siècles.

La première partie est l'œuvre du moine Primat, commandée par Louis IX en même temps que le réaménagement des tombes de ses ancêtres à Saint-Denis, le tout afin de renforcer le prestige de la royauté. Elle ne fut achevée qu'en 1274 et offerte à Philippe III le Hardi. En fait, Primat n'a pas créé mais assemblé puis traduit toutes les sources dont il disposait, à partir d'un premier corpus rassemblé vers 1220 par un moine anonyme : l'*Histoire des Francs* et la *Geste de Dagobert* pour les Mérovingiens, les *Annales* de Lorsch, la *Vie* de Charlemagne et celle de Louis le Pieux, la chronique du *Pseudo-Turpin* pour les Carolingiens, l'*Histoire des ducs de Normandie*, la *Vie* de Louis VI rédigée par son condisciple et ami le moine Suger ainsi que celle de Philippe-Auguste pour les Capétiens. L'histoire officielle française était née.

Cette première œuvre fut continuée jusqu'en 1350 par deux autres moines de Saint-Denis, Guillaume de Nangis puis Richard Lescot. Par la suite, Charles V préféra choisir son chancelier Pierre d'Orgemont pour relater le règne de Jean le Bon et le sien propre. Il voulait montrer la grandeur de la France par rapport à l'Angleterre et à l'Empire. Il fit recopier et réviser les chroniques anciennes, auxquelles furent attachées les nouvelles en un manuscrit luxueusement enluminé. Ces Grandes Chroniques eurent un retentissement considérable si l'on en juge par le nombre de manuscrits recopiés. Les Grandes Chroniques furent ensuite continuées par Jean Juvénal des Ursins pour la période 1380-1402, par Gilles Le Bouvier, le Héraut Berry pour 1402-1422 et enfin à nouveau et pour la dernière fois par un moine de Saint-Denis, Jean Chartier, pour le règne de Charles VII. Louis XI fit prolonger cette histoire jusqu'en 1461 par un moine de Saint-Maur-des-Fossés. Dès 1477 un premier exemplaire fut imprimé par Pasquier Bonhomme.

CIMBRES

Tribu germanique originaire du Jutland qui subit, à partir du IIIe siècle av. J.-C., de fortes influences celtiques. Avec les Teutons, les Helvètes et les Ambrons, de 113 à 103 av. J.-C., les Cimbres envahissent le Norique, l'Italie, la Gaule, l'Espagne et la Belgique.

Menacés de disette, les Cimbres émigrent, traversant d'abord la Germanie et occupant le Norique, où ils défont le consul romain Papirius Carbo qui tente de les refouler (113). Selon Appien, ils auraient fait des incursions jusque dans la péninsule balkanique avant de passer en Suisse où deux tribus helvètes se seraient jointes à eux. Ensemble, ils pénètrent en Gaule où ils causent de sérieux ravages et mettent en échec les Romains qui essaient de s'opposer à leur avance. Ils réclament de vastes terres et battent en 109 à Orange les tribus gauloises coalisées pour défendre leurs territoires. Cette victoire leur ouvre la vallée du Pô, qu'ils décident de gagner par deux voies différentes. La première de leurs armées est écrasée par Marius à Aix en 102, après avoir traversé la Narbonnaise ; l'autre, venant du Norique, réussit à défaire les Romains dans la vallée de l'Adige avant d'être vaincue à son tour par Marius et Catulus dans une région non identifiée du Piémont en 101. Il ne reste alors pratiquement rien des Cimbres ni des Teutons, sauf la garnison laissée par ces derniers à Namur, qui donnera naissance à la tribu des Aduatuques et, au Jutland, quelques Cimbres demeurés sur place.

CINQ-CENTS (Conseil des)

Créé par la Constitution de l'an III (22 août 1795), le Conseil des Cinq-Cents forme, avec le Conseil des Anciens, le Corps législatif du Directoire, élu au suffrage universel tempéré par un système censitaire à deux degrés et renouvelable par tiers chaque année.

Composé de 500 membres, âgés de 30 ans au moins, le Conseil des Cinq-Cents a l'initiative des lois et adopte des « résolutions » que les Anciens examinent et peuvent transformer en lois. C'est également lui qui dresse la liste décuple sur laquelle les Anciens choisissent les membres du Directoire. Le nouveau Corps législatif est peuplé de thermidoriens en vertu du « décret des deux tiers » que les conventionnels, conscients de leur impopularité, votent avant de se séparer pour conjurer le double danger royaliste et jacobin. En imposant aux assemblées électorales de choisir les deux tiers des nouveaux députés (500 sur 750) parmi les conventionnels en exercice, le décret permet à ces derniers de se perpétuer.

Mais, lors du renouvellement du premier tiers sortant en 1797 (élections de germinal an V), les royalistes profitent de la répression antijacobine qui accompagne et suit la conjuration de Babeuf. Les anciens conventionnels sont écrasés et la droite monarchiste considérablement renforcée. Le conflit est inévitable entre la nouvelle majorité et le Directoire, resté républicain. Ce dernier n'a d'autre ressource que l'appel à l'armée pour faire face à la pression royaliste. Le 8 fructidor (4 septembre 1797), Paris est occupé militairement, Pichegru et une douzaine de députés incarcérés au Temple. Le lendemain les Conseils sont contraints de voter des mesures d'exception, tandis que les élections sont cassées dans 49 départements et que 177 députés sont éliminés sans être remplacés. L'année suivante, ce sont les Jacobins qui bénéficient à leur tour de ce coup de barre à gauche. Mais les Conseils profitent du pouvoir qui leur a été confié de vérifier la validité des élections pour endiguer leur poussée. L'épuration de floréal permet au parti directorial de disposer de nouveau de la majorité dans les Conseils.

Les élections de l'an VII, qui ont lieu avant même les défaites militaires, dans un climat de mécontentement général dû au marasme économique et à l'instauration de la conscription, voient un nouvel échec des candidats officiels. La majorité des Conseils ne s'en trouve cependant pas modifiée : si la minorité jacobine est renforcée, la bourgeoisie thermidorienne n'en conserve pas moins la primauté. Mais, pleine d'animosité contre le Directoire, elle n'hésite pas à faire cause commune avec les Jacobins pour briser son despotisme en imposant son renouvellement (30 prairial an VII). C'est la revanche du législatif sur l'exécutif. Le double danger jacobin et royaliste, joint à l'incapacité et au discrédit du régime, renforcent le mouvement en faveur d'une réforme constitutionnelle, seule capable de restaurer l'autorité de l'État. Ce dernier l'emporte par le coup d'État du 18 Brumaire. Mais les Conseils ne s'inclinent devant le coup de force militaire qu'après une vive résistance.

Lorsque Bonaparte se présente aux Cinq-Cents, entouré de grenadiers et d'officiers généraux, il est, en effet, accueilli par les cris de : « Hors la loi le dictateur ! À bas le dictateur ! » Assailli au cours d'une bagarre d'une violence inouïe, il est emmené dehors, à demi évanoui, par ses soldats. La conjuration semble sur le point d'échouer et il faut toute l'habileté de Lucien Bonaparte, président de l'Assemblée, pour sauver la situation. Il réussit à retarder le vote de la mise hors la loi de son frère – c'est-à-dire la condamnation à mort sans jugement – en menaçant de démissionner de ses fonctions. Puis, enlevé par un peloton d'ordre, il contribue, par son intervention aux côtés de Bonaparte, à convaincre les grenadiers hésitants d'intervenir contre les Cinq-Cents. Conduits par Murat et Leclerc, les soldats pénètrent dans l'Orangerie et dispersent les représentants en les contraignant à sauter par les fenêtres. Cette scène burlesque décide de la réussite du coup d'État.

CINQ-MARS Henri COIFFIER de RUZÉ, marquis de (?, 1620 – Lyon, 1642)

Grand écuyer de France.

Fils du marquis d'Effiat, il est protégé par Richelieu qui le fait introduire à la Cour dès l'âge de 15 ans, comme capitaine des gardes avant de le placer auprès du jeune Louis XIII. Il devient rapidement le confident et le favori du roi, est nommé maître de la garde-robe et grand écuyer de France. Leurs relations ne vont pas sans de nombreuses brouilles, car le roi veut avoir son favori à ses côtés, et Cinq-Mars entend garder son indépendance, notamment pour rencontrer ses conquêtes féminines. Bel homme, bon compagnon, mais aussi très ambitieux et poussé par les ennemis de son protecteur, Cinq-Mars souhaite rapidement dépasser ce rôle de favori dans lequel Richelieu veut le maintenir. Il se voit refuser par ce dernier l'entrée au Conseil, et surtout l'autorisation d'épouser Marie de Gonzague. Dès lors, il ne songe plus qu'à comploter contre le roi, avec Gaston d'Orléans et le duc de Bouillon, peut-être même à l'assassiner. Les conjurés signent un traité d'alliance avec l'Espagne, adversaire de la France (mars 1642). Richelieu découvre le complot, le révèle au roi, et Cinq-Mars est arrêté à Narbonne avec son ami et complice de Thou. Jugé à Lyon par une commission extraordinaire de conseillers au parlement de Grenoble, accablé par les révélations de Gaston d'Orléans, il est condamné à mort et exécuté au mois de septembre.

Cinq-Mars
Huile sur toile de Lestang-Parade, château de Versailles.
© *Lauros-Giraudon*

CINTRA (convention de)

Convention signée entre la France et l'Angleterre le 30 août 1808.

Junot, gouverneur du Portugal, ayant été battu à Vimeiro par Wellesley, qui dirige l'armée anglaise débarquée au Portugal le 1er août 1808, doit signer cette convention au terme de laquelle il accepte d'évacuer le Portugal avec ses troupes.

CISALPINE (République)

État constitué par Bonaparte au milieu de l'année 1797 et reconnu par l'Autriche lors du traité de Campoformio en octobre suivant.

À l'origine, la République cisalpine comprend la Lombardie ou Transpadane au nord du Pô. Elle est bientôt agrandie de la Cispadane, de la partie occidentale du territoire de Venise, puis du pays de Novare. Milan en est la capitale.

CISPADANE (République)

État créé par Bonaparte en 1796 au sud du Pô.

Il réunit les duchés de Modène et de Reggio, ainsi que les légations de Bologne et de Ferrare. Augmentée de la Romagne au traité de Tolentino, en février 1797, la République cispadane est intégrée à la République cisalpine en juillet 1797.

CISRHÉNANE (République)

État constitué en 1797 par les territoires allemands situés à l'ouest du Rhin.

D'abord placée sous protectorat français, la République cisrhénane est annexée par la France lors du traité de Campoformio, en octobre 1797.

CISSEY Ernest Louis Octave COURTOT de (Paris, 1810 – Paris, 1882)

Général, homme politique, vice-président du Conseil.

Il fait la plus grande partie de sa carrière militaire outre-mer avant de combattre en 1870. Appelé par Thiers, il entame sa carrière politique en 1871 avec le portefeuille de la Guerre, qu'il détiendra du 5 juin au 24 mai 1873, puis du 22 mai 1874 au 9 mars 1875. À ce poste, il supprime notamment le droit de vote des militaires, crée les premiers journaux militaires, et s'oppose à la loi qui réduit le service militaire à trois ans. Nommé par Gambetta à la tête du gouvernement le 22 mai 1874, il continue la politique du duc de Broglie. Hostile à l'idée de la proclamation de la République, il est obligé de se rallier aux lois constitutionnelles, mais démissionne le 9 mars 1875, celles-ci ayant été votées.

CISTERCIENNE (grange)

Au Moyen Âge, centre complet et autonome d'exploitation d'un domaine destiné à favoriser la mise en valeur des terres d'une abbaye par une présence constante de frères convers.

On y trouve la résidence, l'entrepôt des récoltes, l'outillage et les ateliers pour l'entretien du matériel et la production artisanale commercialisable. La plupart des granges cisterciennes sont construites aux XIIe et XIIIe siècles avec un réel souci de qualité architecturale, en accord avec l'austérité cistercienne. Certaines sont fortifiées : grange tourangelle de Meslay, granges rouergates de Lioujas ou des Galinières… Certaines encore se spécialisaient dans la vigne, les céréales, l'exploitation minière, la métallurgie ou l'extraction du sel. Malgré les crises et l'évolution de l'ordre cistercien, ces granges, parfois transformées en simples fermes, ont néanmoins subsisté jusqu'à la suppression des abbayes à la Révolution.

CÎTEAUX (abbaye de)

Ancienne abbaye chef d'ordre située en Bourgogne dans l'ancien diocèse de Chalon-sur-Saône, aujourd'hui dans la commune de Saint-Nicolas-lès-Cîteaux.

Elle est fondée en 1098 par Robert, abbé de l'abbaye clunisienne de Molesmes, qui entend revenir à une observance plus littérale de la règle bénédictine, par réaction contre les excès du monachisme clunisien. Il s'installe avec 21 moines dans une forêt que lui donne Rainard, vicomte de Beaune, avec le consentement d'Eudes Ier, duc de Bourgogne, et de Gautier, évêque de Chalon, et adopte le vêtement blanc, par dévotion particulière à la Vierge et par opposition aux autres Bénédictins, portant la bure brune ou noire. Saint Albéric, deuxième abbé de Cîteaux, obtient du pape Pascal II, en 1100, la confirmation du nouveau mode de vie monastique. Mais c'est avec son troisième abbé, Étienne Harding (1109), que la réforme cistercienne prend un développement considérable. De 1113 à 1115 sont fondées quatre autres abbayes, celles qu'on appellera les quatre filles de Cîteaux : La Ferté et Pontigny puis Clairvaux et Morimond. Elles auront elles-mêmes une filiation importante qui leur donnera privilège de chef d'ordre. La Ferté aura 5 filles, Pontigny 16, Morimond 27, enfin Clairvaux 81, et ces filiales essaimeront à leur tour dans toute l'Europe. Cîteaux comptera par ailleurs 25 autres filles. Parmi ces abbayes, Clairvaux a vite une réputation exceptionnelle. Elle la doit à la personnalité de son fondateur, saint Bernard, qui symbolise le nouveau monachisme cistercien face aux conceptions défendues à Cluny par Pierre le Vénérable. Entré à Cîteaux en 1112 avec 30 autres jeunes nobles, Bernard fonde Clairvaux en 1115 à la demande d'Étienne Harding et son renom sera tel que tous les Cisterciens recevront le nom de Bernardins.

En 1119, Étienne Harding obtient du pape Calixte II la confirmation de la règle qu'il vient de rédiger, la *Charta charitatis* (Charte de charité) fondatrice du nouvel ordre. Très austère, elle impose une vie dure dans la pauvreté et un culte dépouillé. Les études profanes sont interdites, de splendides manuscrits ornés de nombreuses miniatures richement colorées seront exécutés à Cîteaux. L'abbé de Cîteaux est le supérieur de l'ordre, mais l'exercice de son autorité est soumis aux décisions du chapitre général, conférence annuelle des abbés. Même dans la maison mère, il est contrôlé par la visite régulière d'une sorte de conseil de famille composé des abbés des quatre grandes filles de Cîteaux. Enfin l'abbé de Cîteaux, qui a une juridiction particulière sur ses filles, ne l'a pas sur les abbayes fondées par ces filles, et chaque abbé garde la direction effective de son monastère. Comme la communauté des moines doit vivre totalement à l'écart de la population laïque, chaque monastère a une organisation intérieure complexe et rationnelle, avec une hôtellerie, des fermes, une infirmerie, des ateliers divers, des moulins, etc. Son site est choisi avec soin, au milieu d'une nature où l'eau circule en abondance, comme le prescrit la règle. Le nom donné aux abbayes évoque souvent cette beauté champêtre : Beaulieu, Charlieu, Vauluisant, Clairvaux, Aiguevives, Fontenay, Le Thoronet, Silvacane. Les monastères cisterciens et les grandes exploitations agricoles qui en dépendent et sont exploitées par des convers, jouent un grand rôle dans l'expansion des défrichements au Moyen Âge.

Cependant, assez vite, les monastères cisterciens deviennent riches, et l'austérité de l'ordre, qui s'est traduite de façon spectaculaire dans le décor puissant, sobre et dépouillé des bâtiments abbatiaux, d'où sont exclus peintures, sculptures, vitraux et pavements, est peu à peu oubliée, et ce dès la fin du XIIe siècle. L'église s'étend avec des bas-côtés, des voûtes d'ogive, un large transept et un déambulatoire à chapelles rayonnantes. Parallèlement, la règle qui donne lieu à des interprétations successives, est transgressée. Le gouvernement de l'ordre lui-même subit d'importantes modifications. C'est ainsi qu'en 1263 le pape Clément IV confirme la nomination de l'abbé de Cîteaux Jacques II, dont l'élection est contestée par les abbés de La Ferté, Morimond et Pontigny, et autorise les moines de Cîteaux à ne plus appeler les abbés des quatre grandes filles pour cette élection.

La décadence est irréversible au XIVe siècle. Elle amène les réformes des Feuillants (XVIe siècle) et des Trappistes (XVIIe siècle). Néanmoins, lors de la fermeture des couvents en 1790, la France compte encore 228 maisons de l'ordre. Ce dernier sera reconstitué au XIXe siècle. Cîteaux elle-même, vendue en 1791 ainsi que son immense domaine, sera rendue à la vie religieuse en 1898. Les Trappistes, au nombre de 830 actuellement en France, sont répartis dans 16 monastères. On compte, par ailleurs, 740 Trappistes femmes réparties dans 13 monastères.

Abbaye de Cîteaux
Vue de l'abbaye (détail) © *Sélection Images*

CITROËN André (Paris, 1878 – Paris, 1935)

Industriel.

Fils d'un Hollandais et d'une Polonaise, polytechnicien, il commence sa carrière dans une société d'engrenages, qu'il fait fructifier. La guerre éclate. Pressenti pour organiser la production de 20 000 obus par jour en 1915, il fait construire en six semaines l'usine de Javel et en produit le double. Citroën devient le principal fournisseur de matériel de la Défense nationale.

André Citroën
Citroën en 1925. © *L'Illustration / Sygma*

À la fin de la guerre, conforté par ses succès (et parfois taxé de « profiteur de la guerre »), il se reconvertit dans l'industrie automobile. Sa visite des usines Ford l'a persuadé qu'il s'agit d'un secteur d'avenir. Il introduit le taylorisme dans ses usines, mais applique une politique sociale. En juin 1919, le modèle A, torpédo d'une puissance de 8 CV, est lancé. Personnalité charismatique, il hante aussi bien les casinos et les plages à la mode que les milieux radicaux-socialistes. Publicitaire de génie, Citroën illumine la tour Eiffel et organise des croisières automobiles. Esprit avant-gardiste, on lui doit aussi des audaces technologiques, l'organisation de transports par cars en banlieue, la création d'une compagnie d'assurance, etc. En 1928, sa société produit 400 voitures par jour, soit plus du tiers de la production française, lorsque débute la Grande Dépression. En faillite, la firme est reprise par Michelin (1934). Quelques mois plus tard, André Citroën meurt.

CIVAUX

Cette petite localité du Haut-Poitou, dans la Vienne, a la particularité de posséder des vestiges de l'époque paléochrétienne fort intéressants.

Dans ce village déjà occupé à l'époque gallo-romaine, les reliques de saint Gervais et de saint Protais attirent les pélerins dès le IVe siècle. On voit encore les restes d'un baptistère archaïque à côté de l'église actuelle datant du XIIe siècle et élevée probablement à l'emplacement du sanctuaire primitif. La particularité essentielle de Civaux est de présenter un ensemble funéraire exceptionnel : quelques milliers de tombes mérovingiennes sont superposées sur plusieurs couches. Au milieu des cyprès, des sarcophages émergent et les couvercles de certains d'entre eux ont été réutilisés pour édifier le mur du cimetière actuel de Civaux. Cet entassement inhabituel de sépultures pose nombre de problèmes non encore résolus par les archéologues.

CLAIRVAUX (abbaye de)

Ancienne abbaye de Cisterciens, située dans le diocèse de Langres, sur le territoire de Ville-sous-la-Ferté, dans une combe de la rive gauche de l'Aube.

C'est dans ce lieu alors inculte et sauvage, et désigné sous le nom de val d'Absinthe, que, sur la demande d'Étienne Harding, abbé de Cîteaux, saint Bernard établit en 1115, grâce aux libéralités de Hugues, comte de Champagne, la troisième des filles de Cîteaux. Il la régit pendant trente-huit ans. Après des débuts difficiles, elle connaît, comme Cîteaux, un succès prodigieux et devient, sous l'impulsion de son illustre chef, une des plus importantes abbayes du royaume. Vingt ans seulement après sa fondation, on doit réédifier sur un plan plus vaste les bâtiments claustraux déjà remaniés en 1133. Terminés en 1153, ils n'abritent pas moins de 300 moines et 400 convers. Ils sont encore agrandis dans la seconde moitié du XIIe siècle, et l'église principale, consacrée à Notre-Dame, est terminée en 1174 sous les auspices de Gauthier, évêque de Langres. Clairvaux aura une filiation importante, essaimant du vivant de saint Bernard. Elle fondera elle-même 80 monastères, et sa descendance comptera plus de 300 maisons. Touchée comme toutes les abbayes cisterciennes par le relâchement de la règle, elle compte, en 1611, parmi les premières à adopter la réforme de l'étroite observance. Sa décadence est néanmoins irréversible : en 1790, elle ne compte plus que 27 religieux profès.

Depuis 1808, une maison centrale de détention occupe ce qui reste de l'abbaye. Ses prisonniers les plus célèbres sont Blanqui, le prince Kropotkine et Philippe, duc d'Orléans, fils du comte de Paris. Un mur d'enceinte de 2 650 mètres entourait l'abbaye. Au sud de l'église, atteinte par la foudre en 1706, réparée en 1709 et enfin occupée par les fours d'une verrerie avant d'être détruite en 1819, s'élevait le grand cloître avec ses dépendances : hôtellerie, infirmerie, boulangerie, étables, écuries, fermes. Les roues des moulins et des soufflеries étaient actionnées par l'Aube, détournée de son cours normal à cet endroit. De l'ensemble de ces édifices anciens, seul subsiste aujourd'hui le bâtiment des convers. La bibliothèque, fondée par saint Bernard, contenait des livres et des manuscrits précieux de théologie, de philosophie et d'histoire qui sont conservés à la bibliothèque de Troyes.

CLARKE Henri, comte de Hunebourg, duc de Feltre (Landrecies, 1765 – Neuwiller, 1818)

Maréchal de France d'origine irlandaise.

Chef d'état-major à l'armée du Rhin en 1793, il se distingue à la prise de Spire, avant d'être suspendu comme suspect, au mois d'octobre. Il obtient la levée de cette suspension en février 1795 et, grâce à la protection de Carnot, est bientôt réintégré dans son grade de général de brigade. Nommé à la fin de l'année général de division, il exécute ensuite plusieurs missions pour le Directoire, en Italie, où il se lie avec Bonaparte, en France et en Toscane. Conseiller d'État en 1804, gouverneur de Berlin en 1806, Clarke est nommé ministre de la Guerre en 1807. Connaissant tous les détails de l'administration militaire, travailleur infatigable, ordonné et méthodique, il se montre tout d'abord digne de la confiance de l'Empereur, faisant notamment échouer l'expédition anglaise à Walcheren, en 1809. Cet exploit lui vaut le titre de duc de Feltre. Au contraire, dans les campagnes de 1813-1814, il se montre mou et indécis. Il accompagne l'impératrice à Blois au moment de l'arrivée des alliés, puis se rend auprès de Louis XVIII à Gand en 1815. À son retour, le roi lui redonne le ministère de la Guerre, le fait pair de France et le nomme maréchal (1816). Clarke se retire de la vie publique en 1817, après avoir, par la création des cours prévôtales (décembre 1815), favorisé la Terreur blanche.

CLASSICISME

Idéal esthétique aux exigences d'ordre, de clarté et d'équilibre qui culmine en France entre 1660 et 1685 mais qui influence largement le second XVIIe siècle. Loin de s'opposer terme à terme à la vague baroque qui lui sert de toile de fond, il lui est indissolublement lié.

Le classicisme partage avec l'humanisme le retour à l'antique : Boileau puise chez Aristote et Horace son *Art poétique,* tandis que l'architecture versaillaise (colonnade, horizontalité, fronton triangulaire...) revient aux formes sobres et épurées des temples romains et grecs après les volutes lyriques des palais baroques. La langue s'épure, refusant le trivial, l'ambiguïté et la profusion pour viser la précision et l'ellipse du latin : Malherbe, Pascal ou Mme de Lafayette en donnent les modèles les plus achevés. L'Antiquité fournit aussi sa symbolique politique à la propagande qui est alors artistique : c'est en Apollon que le plafond de la galerie des Glaces représente le Roi-Soleil qui devient, de façon plus explicite encore, empereur romain dans la statuaire de Coysevox (1640-1720). Mais cette iconographie gréco-romaine est soumise à l'esprit de géométrie : rien de gratuit, de fantaisiste, d'ornemental. Si le classicisme vise le beau, il l'obtient par la satisfaction de la raison, législatrice du goût : d'où un arsenal de règles linguistiques, de canons picturaux, etc., qui permettent la manifestation de l'universel dans l'œuvre, ce qui est l'accomplissement de l'art. La Fontaine ou Mme de Sévigné élèvent ainsi fables et épîtres de faits particuliers à une vérité générale. L'affectivité, l'imagination, le hors-norme qui nourrissent la flamboyance baroque ne servent pas le projet classique. La raison est également mobilisée pour façonner la nature qu'il n'est pas question de rendre sans artifices : l'art a précisément pour ambition de la surpasser et de la plier au génie humain, comme l'exprime le parc de Versailles, œuvre de Le Nôtre, archétype des jardins à la française.

Le projet d'établir une proportion parfaite entre les choses n'exclut pas la recherche de la grandeur. L'art classique, à l'enseigne de la société où il éclôt, est hiérarchique : la tragédie racinienne, l'éloquence sacrée d'un Bossuet, les portraits historiques d'un Le Brun (1619-1690) incarnent le « grand goût », loin des genres mineurs de la comédie ou des paysages. Or, la personnification de la grandeur à l'ère de l'absolutisme, c'est le souverain, qui est aussi le premier mécène de son royaume. L'art classique est politique par essence, et pas seulement du fait de l'opportunisme des artistes : tous sont sincèrement convaincus que rien ne peut fournir de plus grands sujets qu'un grand roi. Louis XIV, tout en édifiant sa gloire par les armes, élargit sa conception du rayonnement de son royaume à la splendeur de ses arts et de ses lettres. Le roi fait vivre toute une génération d'artistes, tels le sculpteur Puget (1622-1694), le dramaturge Molière, l'architecte Hardouin-Mansart (1646-1708) par ses commandes ou des pensions. L'Académie de peinture et de sculpture, fondée en 1648, complétée par une Académie d'architecture en 1671, est la pépinière de ces talents qui ne se sentent plus tenus par le modèle italien. À la Cour, métamorphosée par la liturgie du protocole, se jouent les cérémonies d'un pouvoir, qui, s'il incorpore l'art dans sa propagande, se veut aussi en soi une esthétique. La bourgeoisie coopère à cette insufflation de l'art dans le décor urbain, la prédication ou les divertissements profanes du théâtre : le classicisme lui offre un cadre rigoureux pour mettre en valeur ses réussites ; elle célèbre à travers cet idéal austère et dépouillé sa victoire symbolique sur l'exubérance baroque d'une aristocratie que le souverain désarme et endoctrine après les foucades de la Fronde. Pour autant, le classicisme n'abolit pas les tendances antérieures : la décoration des très nombreuses nouvelles églises par des retables sculptés polychromes, celle de Versailles même où prolifèrent les frises et les tapisseries de Jean Bérain (1640-1711), la musique de cour de Lulli (1632-1687) ou Delalande (1657-1726) relèvent du baroque. Et plus encore le décorum des fêtes, la scénographie théâtrale ou les pompes funèbres... Mais sur la durée le classicisme l'emporte : il va irriguer l'intériorité individuelle à travers le programme intellectuel et moral de l'honnête homme. Au-delà de ses manifestations artistiques contingentes, c'est un véritable art de vivre qui incarne le génie français et le fait vivre bien au-delà de son court moment d'apogée. La civilisation française y trouve le vocabulaire de son universalisme longtemps après que le classicisme s'est dégradé en académisme ou pastiché en néoclassicisme vers 1760.

CLAUDE de FRANCE (Romorantin, 1499 – Blois, 1524)

Reine de France (1514-1524).

Fille de Louis XII et d'Anne de Bretagne, mère du roi Henri II. D'abord promise à Charles d'Autriche, futur Charles Quint, elle épouse en 1514 François d'Angoulême, futur François Ier. Elle apporte en dot, entre autres terres, le duché de Bretagne et des droits sur le duché de Milan. Elle doit subir l'hostilité de sa belle-mère Louise de Savoie et l'indifférence du roi, en dépit de l'amour qu'elle lui porte. Elle n'exerce aucune influence, et donne à son mari sept enfants en dix ans. Boiteuse comme sa mère, assez disgraciée par la nature, effacée, elle s'occupe de l'administration de ses domaines. Sa bonté la fait surnommer « la bonne reine » par le peuple ; une variété de prunes sera par la suite appelée reine-claude en son souvenir.

CLAUZEL Bertrand, comte (Mirepoix, 1772 – Secourrieu, 1842)

Maréchal de France.

Engagé volontaire en 1791, il devient général en 1802. Sous l'Empire, après avoir servi à Saint-Dominique, en Italie, en Dalmatie et en Espagne, il se distingue au Portugal et en Allemagne. Exilé au début de la Seconde Restauration, il regagne la France en 1820. Louis-Philippe le fait gouverneur d'Algérie en 1830 et maréchal de France en 1831. Placé à la tête de l'armée d'Afrique, il essuie, en 1836, devant Constantine, un échec retentissant qui provoque son rappel et sa disgrâce.

CLAVIÈRE Étienne (Genève, 1735 – Paris, 1793)

Financier d'origine helvétique.

Chassé de sa ville natale par la révolution aristocratique de 1782, il se fixe à Paris où il s'occupe de finance et amasse une fortune assez considérable. Très favorable à la Révolution, membre zélé de la Société des amis des Noirs, lié avec Mirabeau dont il devient le conseiller en matière de finances, il se fait remarquer par ses critiques sévères à l'égard de la politique de son compatriote Necker. Clavière est élu à l'Assemblée législative et Brissot le fait nommer en mars 1792 au ministère des Finances, dit des Contributions publiques, dans le premier ministère girondin. Le roi lui reprend son portefeuille trois mois plus tard, en juin 1792, mais il est réintégré après le 10 Août. Compromis avec ses amis girondins, il est décrété d'arrestation le 2 juin 1793 avec son collègue Lebrun sur proposition de Couthon, et prévient la sentence du Tribunal révolutionnaire en se tuant, dans sa prison, d'un coup de couteau au cœur.

CLÉMENCE de HONGRIE (?, 1293 – Paris, 1328)

Reine de France (1315-1316).

Fille du roi de Hongrie Charles Ier, elle épouse, en août 1315, le roi de France Louis X le Hutin, puis est couronnée peu après. Marguerite de Bourgogne, première épouse du roi, emprisonnée à la suite du scandale dit de la tour de Nesle en 1314, était quant à elle morte mystérieusement dans sa prison au début de 1315. Enceinte à la mort du roi, en juin 1316, Clémence de Hongrie accouche au mois de novembre d'un fils, Jean Ier dit le Posthume, qui ne vit que quelques jours. Elle se retire alors dans un couvent et se tient à l'écart de la vie politique, s'occupant d'œuvres charitables.

CLEMENCEAU Georges (Mouilleron-en-Pareds, 1841 – Paris, 1929)

Homme politique, président du Conseil.

« Bleu » de Vendée, il fait ses études de médecine à Nantes, puis à Paris, sous le Second Empire, et collabore aux journaux républicains d'avant-garde, ce qui lui vaut d'être arrêté à plusieurs reprises. Après avoir obtenu son diplôme de médecine (1869), il effectue un voyage d'étude en Amérique puis s'établit à Montmartre dont il devient maire. Élu député par la Seine à l'Assemblée nationale le 8 février 1871, il siège à l'extrême gauche, participe aux tentatives de conciliation lors de la Commune et démissionne peu de temps après. Conseiller municipal au lendemain de ces événements, puis président du conseil municipal de Paris (1875), il y est élu député par le XVIIIe arrondissement en 1876, sur un programme qui comporte notamment la suppression de l'état de siège, l'instruction primaire obligatoire et laïque, la séparation de l'Église et de l'État. Réélu en 1877, il se sépare des opportunistes et de Jules Ferry dont il attaque violemment la politique dans son journal *La Justice*, fondé en 1881. Chef de l'extrême gauche, noyau du futur parti radical, il est bientôt surnommé « le tombeur de ministères », tant sa verve caustique et son éloquence volontiers cynique sont redoutables. La politique coloniale de Jules Ferry trouve notamment en lui un adversaire acharné. Réélu dans la Seine et dans le Var en 1885, il opte pour ce dernier département. Il pousse en avant le général Boulanger, qui passe alors pour très républicain, le faisant entrer dans le ministère formé le 7 janvier 1886 par Freycinet. Mais il se détourne très vite de son ancien protégé et sera réélu député en 1889 contre le candidat boulangiste Baillière.

Lors de la crise de la présidence qui suit la découverte du scandale des décorations, ses attaques contraignent Jules Grévy à démissionner et c'est lui qui assure l'élection de Sadi Carnot. Le 29 janvier 1891, dans un discours célèbre, il fait l'apologie de la Révolution et définit la théorie du « bloc de la Révolution ». Mais le scandale de Panamá donne à ses ennemis l'occasion de l'humilier. Lorsque Reinach se suicide, le 20 novembre 1892, *Le Figaro* soupçonne Clemenceau d'avoir eu des complaisances pour l'escroc Cornelius Hertz. Le leader radical a du mal à se justifier. Il se bat avec le député nationaliste Déroulède qui l'a accusé de servir l'« Internationale des riches » (22 décembre 1892). Les nouvelles accusations portées contre lui par Déroulède et Millevoye en juin 1893 se retournent contre eux, mais la campagne a porté ses fruits : aux élections de 1893, tous les adversaires de Clemenceau se retirent lors du second tour au profit du catholique Jourdan qui le bat de peu. Après cet échec, Clemenceau se tient pendant quatre ans à l'écart de la vie politique.

En octobre 1897, il devient l'éditorialiste du journal de Vaughan, *L'Aurore*, et lorsque l'affaire Dreyfus éclate peu de temps après, il prend très vite la tête de la campagne révisionniste en faveur de Dreyfus. C'est lui qui, le 12 janvier 1898, trouve le titre du fameux article de Zola destiné à faire tant de bruit : « J'accuse ». En 1900, il quitte *L'Aurore* pour fonder une gazette hebdomadaire, *Le Bloc*, où il attaque violemment la politique de Waldeck-Rousseau. Élu en 1902 sénateur du Var, département qu'il représentera à l'Assemblée jusqu'en 1920, il s'éloigne, malgré son anticléricalisme, d'Émile Combes dont il désapprouve les méthodes de gouvernement. Il entre pour la première fois au gouvernement en mars 1906, dans le cabinet Sarrien, comme ministre de l'Intérieur, portefeuille qu'il conserve lorsqu'il succède à ce dernier, en octobre 1906 à la présidence du Conseil. Initiative hardie : il crée un ministère du Travail, dont le premier titulaire est le socialiste Viviani (25 octobre 1906). Mais de nombreux et graves troubles sociaux, dus à la hausse des prix et aux progrès du syndicalisme et du socialisme, marquent son ministère ; et, tout en sollicitant leur appui pour le vote d'un programme de « justice sociale », il s'aliène les socialistes par ses méthodes autoritaires. À la suite de la constitution de la CGT et de la charte d'Amiens, des grèves violentes éclatent un peu partout en France. À Draveil, trois ouvriers sont tués par la troupe en juin 1908. Dans le Midi, la mévente des vins ruine les départements viticoles : bagarres, meetings, démissions de municipalités, mutineries de troupes recrutées dans la région (Perpignan, Béziers, juin 1907) se multiplient. Clemenceau doit négocier. La grève générale déclenchée par la CGT après la révocation de 54 agents des Postes pour leur action lors d'une grève, échoue (mai 1909). Mais Clemenceau, définitivement brouillé avec Jaurès et les socialistes, voit nombre de radicaux se détacher de lui. Le vote par la Chambre du projet de loi instituant l'impôt sur le revenu ne suffit pas à lui rallier les socialistes et mécontente les modérés. On lui reproche également la hâte avec laquelle il est intervenu lors des incidents de Casablanca (massacre d'ouvriers français, 1907 ; désertion de légionnaires, 1908). Un incident, créé par Delcassé à propos de la réorganisation de la marine, provoque la chute de son ministère.

Clemenceau
Georges Clemenceau prononçant un discours pendant une réunion électorale tenue au Cirque Fernando en 1883. Huile sur toile de Jean-François Raffaelli (détail), châteaux de Versailles et Trianon. © *Sélection Images*

Lui que ses ennemis présentaient jusque-là comme un « ennemi de l'esprit patriote », va au contraire devenir le symbole du patriotisme français. Au début de 1914, il fonde *L'Homme libre* qui devient, après la déclaration de guerre et l'établissement de la censure, *L'Homme enchaîné*. Cette feuille se révèle entre ses mains une arme redoutable dirigée contre les généraux médiocres. Elle lui vaut une grande popularité auprès des combattants. Il mène également le combat au Sénat, où il préside la Commission de l'armée. Ses interventions contre Malvy, ministre de l'Intérieur, protecteur de la gazette défaitiste *Le Bonnet rouge*, provoquent la chute du ministère Ribot, le 7 septembre 1917. À ce moment, la guerre est à un tournant : la lassitude des combattants se double d'une crise du moral à l'arrière. Des grèves éclatent tandis que l'Autriche sonde les belligérants en vue de la paix. Painlevé ne peut se maintenir au pouvoir que deux mois. C'est alors que Poincaré fait appel à Clemenceau, qu'il n'aime pas, mais dont il connaît l'énergie et la popularité. Investi le 16 novembre 1917, ce dernier tient immédiatement un langage propre à rallier les énergies défaillantes : « Ma formule est la même partout : politique intérieure, je fais la guerre, politique extérieure, je fais la guerre. » Dominant sans s'appuyer sur personne, toujours sceptique même sur l'issue de la guerre, mais animé d'une volonté indomptable, il poursuit son but sans faiblesse, n'admettant aucune velléité de compromis, pourchassant les défaitistes (il n'hésite pas à traduire en Haute Cour Caillaux et Malvy). L'image de ce Jacobin bourru de 76 ans, qui visite infatigablement les tranchées, emmitouflé dans son passe-montagne, en s'appuyant sur sa canne, devient légendaire. Persuadé que le défaut de coordination entre les états-majors alliés est un grave handicap, au moment où la révolution russe permet à l'Allemagne de renforcer son front occidental, il lutte pour obtenir la création d'un commandement unique.

Pendant l'ultime offensive allemande qui atteint Château-Thierry, le 2 juin, il défend et couvre devant la Chambre Foch, le général en chef qu'il a désigné le 27 mars 1918 en accord avec les Anglais. Celui-ci, disposant désormais des réserves américaines et des tanks, peut bientôt, le 18 juillet, lancer sa grande offensive qui va acculer l'Allemagne à l'armistice, le 11 novembre 1918. Lorsque celui qui a été surnommé « le Tigre » et « le Père la Victoire » vient donner à la Chambre lecture de la convention d'armistice, il est longuement applaudi, et les députés votent une loi proclamant qu'il a « bien mérité de la patrie ». « Il va falloir gagner la paix et ce sera encore peut-être plus difficile », a-t-il déclaré aux députés. Élu président de la conférence de la paix le 18 janvier 1919, il s'y emploie avec la même énergie, assumant un travail énorme aux côtés de Wilson et Lloyd George, à qui l'opposent souvent de violentes discussions. Partisan d'un système de sécurité fondé avant tout sur les alliances, il préfère lui sacrifier certains projets de garanties territoriales, notamment la frontière rhénane. C'est enfin à lui que revient l'honneur de faire signer aux Allemands, dans la galerie des Glaces du palais de Versailles, le traité qui leur est imposé.

Sa popularité est alors exceptionnelle. Mais ses ennemis ne lui ont pas pardonné son autoritarisme, son anticléricalisme parfois brutal et son esprit souvent féroce. Lorsque se pose le problème de la succession de Poincaré, l'habile campagne menée par Briand en faveur de Paul Deschanel aboutit, au premier tour, à donner 408 voix à ce dernier contre 389 à Clemenceau. Celui-ci retire alors sa candidature et démissionne le 18 janvier. Il consacre les dernières années de sa vie à des voyages (en 1922 son séjour aux États-Unis est un triomphe) et à la rédaction, dans la solitude, d'ouvrages de méditation (*Au soir de la pensée*, 1927, et *Grandeur et misères d'une victoire*, 1929). Il avait été élu à l'Académie française en 1918.

CLÉMENT IV, Gui FOULQUES (Saint-Gilles, Gard, v. 1200 – Viterbe, 1268)

Pape (1265-1268).

Militaire, puis jurisconsulte au service de saint Louis et d'Alphonse de Poitiers, il n'embrasse l'état ecclésiastique qu'après la mort de sa femme. Protégé par le roi, il est nommé évêque du Puy en 1257, archevêque de Narbonne en 1259, cardinal-évêque de Sabine en 1262, avant d'être élu pape à Pérouse en 1265. Clément IV devient alors le chef des guelfes en Italie, et attribue le royaume de Naples à Charles d'Anjou.

CLÉMENT V, Bertrand de GOT (Villandraut, Gascogne, 1264 – Roquemaure, 1314)

Premier pape d'Avignon (1305-1314).

Évêque de Comminges en 1295, archevêque de Bordeaux en 1299, il est élu pape en 1305 à Pérouse. En 1309, fuyant Rome et ses révolutions, il s'établit en Avignon. Pressé par Philippe le Bel d'intenter un procès à la mémoire de Boniface VIII, Clément V s'efforce d'apaiser le roi sans porter atteinte à l'honneur de la tradition pontificale. Deux mesures sont prises à cet effet en 1311 : certains actes administratifs de Boniface, comme la bulle *Rex gloriae*, sont cassés (mais les décisions de l'ancien pape en matière de dogme sont intactes), et l'ordre des Templiers est dissous lors du concile de Vienne (1311-1312). Cette dernière décision est compensée par l'œuvre dogmatique du concile (condamnation des bégards et des béguines, renforcement des ordres mendiants).

CLÉMENT VI, Pierre ROGIER ou ROGER (Les Rosiers, près d'Égletons, 1292 – Avignon, 1352)

Quatrième pape d'Avignon (1342-1352).

D'une famille de gentilshommes de petite noblesse, il entre à 10 ans à l'abbaye bénédictine de La Chaise-Dieu, où il prend l'habit de religieux en 1315. Envoyé à Paris pour y conquérir ses degrés en Sorbonne, il y acquiert vite un renom d'éloquence et de savoir et il est peu à peu investi des plus hautes charges. Abbé de Fécamp en 1326, évêque d'Arras en 1328, archevêque de Sens en 1329, de Rouen en 1330, il est enfin créé cardinal-prêtre en 1337 avant d'être élu pape en 1342. En 1348, il acquiert la souveraineté d'Avignon où il aménage somptueusement le palais apostolique. Précurseur des papes de la Renaissance, il aime le faste et favorise les arts avec magnificence. Sa cour accueille les plus beaux esprits de l'époque, notamment Pétrarque et Villani. Sa générosité deviendra proverbiale. Mais il s'occupe aussi des grands problèmes politiques et se montre médiateur puissant et diplomate avisé. Fidèle à l'abbaye de La Chaise-Dieu, il y fait construire une église gothique et choisit de s'y faire enterrer. Son monument funéraire sera mutilé par les protestants en 1562.

Clément VII
Médaillon circulaire représentant le pape Clément VII. Émail peint, Écouen, musée de la Renaissance.
© RMN-H. Lewandowski

CLÉMENT VII, Robert de GENÈVE (?, 1342 – Avignon, 1394)

Antipape (1378-1394).

Évêque de Thérouanne en 1361, archevêque de Cambrai en 1368, cardinal en 1371, il est élu pape au mois de septembre 1378 par une grande partie des cardinaux qui, au mois d'avril, viennent d'élire Urbain VI dans la Ville éternelle. Le pape Grégoire XI, peu avant sa mort survenue en mars 1378, avait en effet décidé de réinstaller le Saint-Siège dans la ville éternelle (janvier 1377), mécontentant et le roi de France Charles V et la majorité des cardinaux. Urbain VI refuse à ces derniers de s'installer en Avignon et reste à Rome, tandis que Clément VII s'établit en Avignon. La France, imitée par ses alliées – l'Espagne, l'Écosse et la Sicile –, reconnaît Clément VII ; le reste de la chrétienté, l'Angleterre notamment, reconnaît Urbain VI : c'est le début du Grand Schisme d'Occident.

CLÉMENT Jacques (Serbonnes, Champagne, v. 1567 – Saint-Cloud, 1589)

Moine jacobin.

Fanatisé par les discours des prêtres ligueurs contre Henri III, coupable à leurs yeux d'avoir fait assassiner le duc de Guise et de s'être allié au chef des réformés Henri de Navarre (futur Henri IV), Jacques Clément décide d'assassiner le roi. Henri III assiège à ce moment, avec Henri de Navarre (futur Henri IV), la capitale occupée par les ligueurs depuis sept mois. Clément s'ouvre de ses projets à ses supérieurs, qui ne le dissuadent pas, lui remettent même une lettre destinée à lui faciliter l'approche du roi. Persuadé d'être l'instrument de Dieu, il parvient au château de Saint-Cloud le 31 juillet 1589, est admis dans la chambre du roi le lendemain matin, écarte les gardes sous prétexte de confidences destinées à Henri III seul, et lui porte un violent coup de couteau au ventre. Le roi devait mourir avant le soir. Clément fut quant à lui massacré par les gentilshommes de service. Le pape Sixte Quint louera son acte en chaire, et Paris l'honorera comme martyr.

CLÉMENT de LA RONCIÈRE Émile François Guillaume (Breda, Hollande, 1804 – Breda, 1874)

Officier et administrateur.

Bien que fils de général, il ne fréquente aucune académie militaire et prend du service dans un régiment de cavalerie (1821). Lieutenant au 1er lanciers, il mène une vie dissolue. En octobre 1824, il est mêlé à un fait divers, une jeune fille, Marie de Morell, l'accusant de l'avoir violée. À l'issue d'un procès retentissant (24 juin - 4 juillet 1835), malgré le talent que déploie son avocat, maître Chaix-d'Est-Ange, et les conclusions de certains experts qui découvrent en Marie de Morell une simulatrice, il est condamné à dix ans de réclusion. Louis-Philippe abrégera cette peine de vingt-quatre mois. Sous le Second Empire, il occupe les postes d'inspecteur de la colonisation en Algérie, de chef de service à Chandernagor (1858) et aux îles Saint-Pierre-et-Miquelon, de commandant des établissements français en Océanie et de commissaire impérial aux îles de la Société (1863). Il avait reçu la Légion d'honneur en 1862, mais en avait été aussitôt radié à la suite de plaintes déposées contre lui par les responsables des missions religieuses de Tahiti.

CLÉMENT de RIS Dominique, comte (Paris, 1750 – Paris, 1827)

Homme politique.

Avocat, il est nommé en 1791 administrateur d'Indre-et-Loire. Jugé trop modéré, il est emprisonné quelque temps sous la Terreur. Il devient sénateur sous le Consulat. En septembre 1800, il est enlevé de son château de Beauvais, en Touraine, par une bande royaliste qui le retient prisonnier dans un souterrain pendant dix-neuf jours avant de le rendre à la liberté. De cet obscur fait divers, dont les raisons exactes n'ont jamais été élucidées, Balzac tirera son célèbre roman *Une ténébreuse affaire*. Clément de Ris est créé comte de Mauny en 1808, puis pair de France en 1814 (il le reste pendant les Cent-Jours). Exclu au début de la Seconde Restauration, il est définitivement rétabli en 1819.

CLERGÉ D'ANCIEN RÉGIME

Premier ordre du royaume, presque aussi nombreux que le second – la noblesse – avec quelque 140 000 membres à la fin du XVIIe siècle sur une population de près de 20 millions d'habitants.

60 000 séculiers vivent « dans le siècle », tandis que 80 000 réguliers suivent une règle communautaire. Le clergé est par ailleurs scindé entre haut clergé (évêques, abbés et certains chanoines) et bas clergé (curés, moines – dont les différences de condition peuvent être considérables), appelés respectivement premier et second ordre du clergé. Le clergé est un ordre riche qui prélève la dîme sur les récoltes et qui possède un douzième des terres du royaume. Privilégié, il est théoriquement exempté de tout impôt mais vote chaque année un don « gratuit » au pouvoir royal, financé par un décime prélevé par l'ordre sur chaque bénéfice. Au niveau individuel, les ecclésiastiques ne relèvent que des tribunaux de l'officialité et non de la justice seigneuriale ou royale. L'unité administrative élémentaire des campagnes est la paroisse, qui rythme la vie des paysans, encadrée de la naissance à la mort par le curé.

Parfois peu digne à la fin du Moyen Âge et au XVIe siècle, le clergé s'améliore grandement avec l'application de la réforme du concile de Trente à partir du début du XVIIe siècle. Les séminaires, les collèges des Jésuites, qui ouvrent leur premier établissement français – le collège de Clermont – à Paris, en 1564, améliorent la culture des prêtres dont les plus ardents sont issus de la congrégation de l'Oratoire fondée en 1611 par le cardinal de Bérulle ; des ordres nouveaux apparaissent, tels les très populaires Capucins, dont la première maison ouvre dans le royaume en 1575 – et auxquels appartient le conseiller de Richelieu, le père Joseph –, ou les Carmélites, appelées en France en 1604 par Mme Acarie. En 1622, le cardinal de la Rochefoucault préside à la réforme des couvents soumis désormais à une discipline beaucoup plus stricte. La prédication prend un grand essor, les prédicateurs entretenant la piété populaire comme le font les très réputés franciscains, ou morigénant les grands – sermons de Bourdaloue (1632-1704) ou de Bossuet.

Mais le clergé est parcouru de querelles intestines, qui opposent séculiers et réguliers, haut et bas clergé, ce dernier sensible au richérisme – doctrine d'Edmond Richer (1559-1631), partisan d'une plus grande autonomie des curés –, mais surtout ultramontains et gallicans, ou molinistes et jansénistes… Le clergé est aussi confronté à l'esprit de libre examen des humanistes, à l'hostilité des protestants, à l'anticléricalisme des libertins ou de certains philosophes des Lumières. La montée en puissance de l'absolutisme lui est également préjudiciable : car si le roi Très Chrétien se fait l'allié d'un catholicisme de choc (révocation de l'édit de Nantes), il n'hésite pas à rogner le domaine (ventes forcées de terres) ou les privilèges de l'Église. Enfin, au XVIIIe siècle, la vague de foi de l'époque précédente retombe – le jansénisme prend un tour nettement plus politique que mystique – et un clergé moins motivé doit lutter contre les débuts de la déchristianisation.

Le 2 novembre 1789, à l'initiative de Talleyrand, les biens du clergé sont confisqués. La Constitution civile du clergé, votée le 12 juillet 1790 par l'Assemblée constituante, vise à soumettre le clergé à l'autorité de l'État. Les bénéfices sont supprimés et remplacés par des traitements publics, d'ailleurs assez généreux pour le bas clergé. Mais ce document divise les ecclésiastiques qui se partagent entre jureurs qui prêtent serment à la Constitution du 3 septembre 1791 et une majorité de réfractaires.

CLERMONT Louis de BOURBON-CONDÉ, comte de (?, 1709 – Versailles, 1771)

Prince de la maison de Bourbon.

Fils de Louis III de Condé, il reçoit les ordres à 9 ans, est nommé abbé de Saint-Germain-des-Prés, du Bec et de Marmoutiers. Une dispense de Clément XII lui ayant permis de porter les armes, il sert en Allemagne et aux Pays-Bas de 1743 à 1747. Placé à la tête de l'armée de Hanovre en 1758, lors de la guerre de Sept Ans, il se fait piteusement battre à Krefeld. En 1754, il était entré à l'Académie française. Il fut une cible de choix pour les polémistes, principalement en raison de sa vanité.

CLERMONT Robert de FRANCE, comte de (?, 1256 – ?, 1317)

Prince capétien.

Sixième fils de Saint Louis, il reçoit en apanage le comté de Clermont-en-Beauvaisis avant d'épouser Béatrice de Bourgogne-Charolais, héritière de Bourbon. À la mort de celle-ci, en 1310, la sirerie de Bourbon passe au nom de Louis Ier, leur fils. Robert est donc l'auteur de la maison royale de Bourbon. En mourant, il transmet son apanage à Louis Ier.

CLERMONT-EN-BEAUVAISIS

Ville du département de l'Oise.

Chef-lieu d'un ancien comté dont les origines connues remontent au début du XIe siècle, la ville de Clermont-en-Beauvoisis s'érige en commune dès 1197. Récupéré par Philippe Auguste après la mort de Thibaud le Jeune, comte de Blois et de Clermont (1218), le comté est plusieurs fois concédé en apanage, notamment à Robert de France, fils de Saint Louis, tige des Bourbons capétiens. À partir du petit-fils de Robert, les aînés des ducs de Bourbon en reçoivent automatiquement la jouissance (jusqu'à ce qu'ils succèdent à leur père comme duc de Bourbon). Après la confiscation des biens du connétable, en 1523, la branche de Bourbon-Condé obtient à son profit la survivance de cette tradition. Depuis le XIVe siècle, la cité de Clermont a souvent souffert des guerres et des invasions : aux mains des Jacques en 1356-1358, elle est prise par les Anglais en 1420, par Henri IV en 1585. Elle subira ensuite les invasions allemandes de 1814, 1871 et 1914.

CLERMONT-FERRAND

Chef-lieu du Puy-de-Dôme.

Établie sur une butte volcanique de la Limagne, au pied des Dômes, *Nemessos* est déjà fondée lorsque les Romains l'imposent comme capitale des Arvernes, au détriment de Gergovie, en la rebaptisant *Augustonemetum*. C'est vers le milieu du IIIe siècle que s'instaure l'habitude d'appeler la cité indifféremment de son nom officiel et de celui du peuple *Arverni* ou *Arvernum*. Ainsi s'explique qu'à partir de saint Austremoine, évangélisateur et premier évêque des Arvernes selon la tradition, on dise évêché d'Auvergne pour évêché d'*Augustonemetum*. Lors même que *Clarus Mons* ou *Claromons* remplace à son tour *Augustonemetum* et *Arvernum* au VIIIe siècle, l'usage se maintient et ne disparaîtra qu'au début du XIVe siècle, au moment du partage épiscopal de la province entre Clermont et Saint-Flour. Grâce à la protection naturelle des monts d'Auvergne et à la personnalité de ses évêques, Clermont a un rôle défensif remarquable en Gaule à l'époque des grandes invasions ; elle reste un grand centre religieux pendant tout le Moyen Âge, neuf conciles s'y tenant. C'est au cours de celui de 1095 qu'Urbain II fait décider la première croisade. Enfin, la ville devient le siège d'un comté épiscopal indépendant au début du XIIIe siècle. Fondée au XIe siècle, Montferrand a longtemps sa vie propre. À la fin du XIIe siècle, la création du Dauphiné en fait une capitale. Comme Clermont, elle reçoit une charte. Le rétrécissement du Dauphiné d'Auvergne, au cours du XIIIe siècle, lui fait perdre son rang de capitale et elle est réunie au domaine. Charles VII y fait résider son bailli ; des Grands Jours s'y tiennent en 1481. L'essor de Riom la condamne toutefois à être rattachée à Clermont, ce qui se produit en 1630. Quoique Riom soit considérée comme le chef-lieu judiciaire de la province, Clermont-Ferrand, siège d'une Cour des aides, accueille les fameux Grands Jours d'Auvergne de 1665. L'histoire ultérieure de la ville offre moins d'intérêt. C'est au XIXe siècle que l'ensemble Clermont-Montferrand tend à redevenir, ou à devenir, la métropole du centre de la France, ou au moins du Massif central. Les frères Michelin sont les principaux responsables de cette évolution.

CLERMONT-TONNERRE Gaspard, duc de (?, 1688 – ?, 1781)

Maréchal de France.

Il se distingue dans l'armée de Bohême en 1741, puis lors de la bataille de Fontenoy en 1745, où il commande la gauche de l'armée française, enfin à celle de Lawfeld (1747), ce qui lui vaut le bâton de maréchal.

CLERMONT-TONNERRE Gaspard, duc de (Paris, 1779 – Glisolles, Eure, 1865)

Homme politique.

Neveu du précédent. Après avoir fait les campagnes d'Italie, d'Allemagne et d'Espagne, il devient en 1808 aide de camp de Joseph Bonaparte alors roi de Naples. Il est nommé maréchal de camp en 1814 sous la Première Restauration puis appelé à la pairie en 1815 lors du second retour des Bourbons, ce qui ne l'empêche pas de protester contre les violences de la Terreur blanche. Il est ministre de la Marine en 1821, enfin ministre de la Guerre dans le cabinet Villèle, de 1823 à 1827.

Marie de Clèves, princesse de Nevers
Portrait allégorique et présumé de Marie de Clèves. Huile sur toile de G. de Lairesse, Amiens, musée de la Picardie. © *Giraudon*

CLERMONT-TONNERRE Jules de (Paris, 1749 – Toulouse, 1830)

Cardinal.

Évêque de Châlons-sur-Marne depuis 1782, il est élu député aux États généraux. Très hostile à la Constitution civile du clergé, il émigre en Allemagne. Lors du Concordat, et à la demande de Pie VII, il se démet de son siège épiscopal. Nommé en 1814 pair de France, il devient archevêque de Toulouse en 1820 et cardinal en 1822. Mais il a de nombreux différends avec le pouvoir royal et se voit notamment retirer son traitement par le ministère Martignac pour avoir protesté, en 1828, contre les lois sur l'enseignement.

CLERMONT-TONNERRE Stanislas Marie Adélaïde, comte de (Pont-à-Mousson, 1757 – Paris, 1792)

Député de la noblesse de Paris aux États généraux, il est élu président de la minorité qui décide de s'unir aux députés du tiers et vote avec enthousiasme, la nuit du 4 Août, l'abolition de tous les privilèges. Mais, partisan d'une monarchie constitutionnelle, il réclame l'établissement de deux Chambres et le veto absolu pour le roi qu'il propose d'investir de la dictature. Arrêté lors de la fuite à Varennes, il est de nouveau inquiété le 10 août 1792. Il venait d'être relâché lorsqu'il est massacré par les émeutiers en rentrant chez lui.

CLÉRY Jean-Baptiste HANET, dit (Les Jardies, près de Versailles, 1759 – Hitzing, Autriche, 1809)

Premier valet de chambre du roi.

Valet de chambre de Mme de Guéménée puis du Dauphin, il obtient de Pétion, en 1792, l'autorisation de servir Louis XVI, prisonnier au Temple. Son dévouement inlassable adoucit les derniers jours du roi. Arrêté en septembre 1793, il figure treize fois sur les listes d'exécution. Libéré après Thermidor, il peut rejoindre Madame Royale sur le chemin de Vienne en décembre 1795. Louis XVIII le nomme premier valet de chambre du roi à titre honorifique et chevalier de Saint-Louis. Le *Journal de ce qui s'est passé à la tour du Temple pendant la captivité de Louis XVI*, publié par lui à Londres en 1798, et écrit, semble-t-il, en collaboration, avec des emprunts au Journal de Hue, ne doit pas être confondu avec les *Mémoires de M. Cléry*, publiés à Londres en 1800, à l'instigation du Directoire, faux manifeste que Chateaubriand qualifie d'« édition interlopée dans laquelle on faisait parler l'auteur comme un laquais et Louis XVI comme un portefaix ».

CLÈVES Marie de (?, 1426 – Chauny, 1487)

Princesse issue de la maison de La Marck, mère de Louis XII.

Fille d'Adolphe IV de Clèves et de Marie de Bourgogne, nièce de Philippe le Bon. Elle fait un mariage politique en épousant, en 1440, Charles d'Orléans, veuf de Bonne d'Armagnac. Gage vivant de la réconciliation des maisons d'Orléans et de Bourgogne, elle permet au duc de quitter définitivement les geôles anglaises où il était retenu depuis vingt-cinq ans. Beaucoup plus jeune que lui, lettrée, elle sait lui plaire. Elle le comble même en lui donnant deux héritiers dont l'aîné sera Louis XII. Environ quinze ans après la mort de Charles d'Orléans, survenue en 1465, elle se remarie avec un gentilhomme artésien nommé Jean de Rabodanges.

CLÈVES Marie de, princesse de Nevers (Paris, 1553 – Paris, 1574)

Fille du duc de Nevers, François Ier.

« La belle Marie », comme l'appellent les poètes, inspire au duc d'Anjou, futur Henri III, une violente passion. Mais les sentiments que lui porte le duc n'empêchent pas Marie d'épouser en 1572 son cousin Henri Ier prince de Condé, et d'abjurer publiquement le calvinisme à Saint-Denis. Deux ans plus tard, peu après la mort de Charles IX, Marie meurt en couches. Henri III, qui n'a pas encore regagné la capitale après son séjour en Pologne, et caressait le projet de faire casser le mariage de Marie de Clèves pour pouvoir l'épouser, manifeste publiquement sa douleur à l'annonce de sa mort, organisant notamment des processions de pénitents.

CLICHY

Ville des Hauts-de-Seine.

Située entre l'ancienne enceinte nord de Paris et la Seine, Clichy est un domaine de prédilection des Mérovingiens, et le roi Dagobert aime à y séjourner. En sa qualité de résidence royale, la ville est le siège de plusieurs conciles, notamment en 626 ou 627, 636, 653 (celui de 636 se préoccupe de la réforme de l'Église ; celui de 653 accorde à l'abbaye de Saint-Denis le droit d'avoir des biens propres). Saint Vincent de Paul, qui en est curé au XVIIe siècle, fait construire l'église actuelle. Le 30 mars 1814, veille de la capitulation de Paris, la garde nationale commandée par le maréchal Moncey se bat avec héroïsme contre les alliés à la barrière de Clichy.

CLISSON

Ville du département de la Loire-Atlantique, au confluent de la Sèvre Nantaise et de la Moine.

Clisson, qui fait partie du comté de Nantes, est pillée et incendiée en 844 par les Normands. Elle est ensuite le berceau de la famille de Clisson, et Olivier le Vieux y construit, au XIIe siècle, une citadelle dont les ruines subsistent. Le château, agrandi au XVe siècle, appartient à la fin du XVIIIe aux Rohan-Soubise puis est incendié en 1793 par Kléber qui veut empêcher les Vendéens de s'y retrancher. L'année suivante, Kléber donne l'ordre d'incendier toute la ville. Au début du XIXe siècle, de 1800 à 1805, le sénateur Cacault, avec l'aide du sculpteur Lemot, entreprend de reconstruire Clisson dans le goût italien, et la ville est appelée le Tivoli français.

Clichy
La Barrière de Clichy. Défense de Paris, le 30 mars 1814. Huile sur toile d'Horace Vernet, Paris, musée du Louvre. © *Giraudon*

CLISSON Olivier IV de (?, 1336 – Josselin, 1407)

Connétable.

Petit-fils d'Olivier II, qui fut accusé d'avoir livré Nantes aux Anglais et exécuté en 1343 sur l'ordre de Philippe VI, il est élevé en Angleterre. Il participe ensuite à la guerre de Succession de Bretagne aux côtés de Jean de Montfort, et remporte la victoire d'Auray en 1364. Brouillé avec ce dernier, il passe dans le parti de Charles de Blois et, à partir de 1370, combat les Anglais aux côtés de Du Guesclin. Il leur reprend Brest en 1377 ; est nommé connétable de France à la mort de son compatriote et frère d'armes (1380). Clisson contribue ensuite à la victoire de Roosebeke sur les Flamands (1382), et devient un des principaux conseillers de Charles VI, favorisant notamment l'action des Marmousets. Le duc Jean IV, qui ne lui pardonnait pas d'avoir changé de camp, tente de le faire assassiner par Pierre de Craon, en 1392. C'est en poursuivant celui-ci en Bretagne que Charles VI est frappé de sa première crise de démence. Le crédit du connétable se trouve rapidement ruiné sous l'influence des oncles du roi revenus au pouvoir et, privé de sa charge et mis en accusation, il se réfugie en Bretagne. Réconcilié avec Jean IV, Clisson devient le tuteur de ses enfants après la mort du duc en 1399. Il meurt dans son château de Josselin.

CLODOMIR (?, 495 – Vézeronce, Viennois, 524)

Roi franc d'Orléans (511-524).

Deuxième fils de Clovis et de Clotilde. À la mort de son père, il reçoit en partage la vallée de la Loire, d'Orléans à Tours, plus Chartres, Sens, Auxerre et, en Aquitaine, Poitiers. En 523, il attaque la Bourgogne avec ses deux frères Childebert et Clotaire, fait prisonnier le roi burgonde Sigismond, le ramène en Orléanais et le fait jeter dans un puits avec sa femme et ses enfants (523). Mais le frère de Sigismond, Gondemar II, reprend les armes contre les fils de Clotilde auxquels s'était joint Thierry et les bat à Vézeronce, en Viennois, le 25 juin 524. Au cours du combat, Clodomir est tué et sa tête portée en triomphe par les Bourguignons. Deux de ses fils sont assassinés par ses frères Clotaire et Childebert. Le troisième, Clodoald (Cloud), devient clerc et fonde près de Paris le monastère qui porte son nom (Saint-Cloud). La veuve de Clodomir se remaria avec Clotaire.

Clotaire Ier
Sainte Radegonde à la table de Clotaire. Miniature, fin XIe siècle, Poitiers, Bibliothèque municipale. © *Giraudon*

CLOOTS Jean-Baptiste du VAL-DE-GRÂCE, dit ANACHARSIS, baron de (Près de Clèves, 1755 – Paris, 1794)

Homme politique prussien.

Venu accomplir ses études à Paris, il décide de s'y installer. Cloots accueille avec exaltation les idées révolutionnaires et milite au club des Jacobins dès 1789, se faisant appeler l'« Orateur du genre humain ». Naturalisé français en 1792, il est envoyé à la Convention par le département de l'Oise et se signale par ses discours anticléricaux et ses positions extrémistes. Suspect aux yeux de Robespierre, il est inclus dans le complot hébertiste et guillotiné le 24 mars 1794.

CLOTAIRE Ier (?, 497 – Compiègne, 561)

Roi de Neustrie (511-561), roi des Francs (558-561).

Fils de Clovis et de Clotilde. Il reçoit, à la mort de son père, en 511, le royaume de Soissons, avec les villes de Cambrai, Tournai, Laon et Arras, ainsi que l'Aquitaine, sauf l'Albigeois et le Quercy. Après avoir combattu les Burgondes avec ses trois frères, il participe à l'assassinat de deux des fils de son frère Clodomir, pour les empêcher d'hériter du royaume d'Orléans à la mort de leur père (524). Seul le troisième, Clodoald (saint Cloud), est sauvé. Clotaire partage alors le royaume d'Orléans avec Childebert, son complice dans l'assassinat de ses neveux. Il lutte ensuite avec son frère Thierry contre les Thuringiens, puis conquiert et partage la Bourgogne avec Childebert (534). En 558, ses frères étant morts, il se trouve seul maître du royaume des Francs, et entreprend de punir son propre fils Chramne, coupable de s'être autrefois révolté contre lui, à l'instigation de Childebert. À sa mort, son royaume est partagé entre ses quatre fils, Charibert, Gontran, Chilpéric et Sigebert.

CLOTAIRE II (?, 584 – ?, 629)

Roi de Neustrie, puis des Francs (613-629).

Petit-fils du précédent, fils de Chilpéric et de Frédégonde, Clotaire II est proclamé roi à la mort de son père en 584, alors qu'il n'a que quatre mois. Sa mère Frédégonde exerce la régence avec l'aide du roi de Bourgogne Gontran. Elle parvient à le défendre contre les menées de son cousin Childebert II, roi d'Austrasie, puis à s'emparer de l'Austrasie à la mort de Gontran (592). Les Austrasiens prennent leur revanche après la mort de Frédégonde, en 597, et obligent Clotaire à signer, en 604, le traité de Compiègne, qui affaiblit son pouvoir. Il se venge après la mort de Thierry II (613) et fait tuer Brunehaut, que les nobles austrasiens lui avaient livrée. Seul maître du royaume franc, qui connaît sous son règne une période de paix et de prospérité, il voit cependant son pouvoir restreint par l'aristocratie terrienne : l'édit qu'il promulgue dès 614 reconnaît l'hérédité des maires du palais et favorise l'aristocratie laïque et ecclésiastique. L'Austrasie lui demande un roi et il désigne son fils Dagobert. Sa femme Bertrade lui a donné deux fils, Dagobert et Charibert.

CLOTAIRE III (? – ?, 673)

Roi de Neustrie et de Bourgogne (657-673).

Fils aîné de Clovis II et de Bathilde, il règne sous la tutelle de sa mère et du maire du palais Ébroïn qui finit par usurper toute l'autorité.

CLOTAIRE IV (? – ?, 719)

Roi d'Austrasie (717-719).

D'ascendance incertaine, peut-être fils de Thierry III, il est mis en 717 sur le trône d'Austrasie par Charles Martel, pour évincer Chilpéric II. Toutefois, Charles Martel gouverne sous son propre nom et Clotaire n'aura aucun pouvoir.

CLOTILDE, sainte (?, v. 475 – Tours, 545)

Princesse burgonde.

Son oncle Gondebaud n'ose pas refuser sa main à Clovis. Elle est chrétienne et entreprend de le convertir à sa foi. D'après Grégoire de Tours, Clovis aurait obstinément refusé de céder à ses prières et se serait même endurci dans son paganisme après la mort en bas âge de leur premier-né, que Clotilde avait obtenu de faire baptiser. Il ne se serait décidé à embrasser le christianisme qu'après sa victoire sur les Alamans. À la mort de Clovis, en 511, Clotilde se retire dans un monastère de Tours et tente en vain de protéger les enfants de Clodomir contre leurs oncles. Elle meurt à Tours, mais son corps est enseveli, plus tard, à côté de celui de Clovis, dans la basilique des Saints-Apôtres à Paris. Sur son emplacement sera construite l'église Sainte-Geneviève. Clotilde sera canonisée par le pape Pélage Ier. Elle avait donné trois fils à Clovis : Clodomir, Clotaire et Childebert.

CLOUD ou CLODOALD, saint (?, v. 522 – Novientum, aujourd'hui Saint-Cloud, v. 560)

Prince mérovingien.

Troisième fils de Clodomir. Seul de sa famille à avoir échappé au massacre organisé par ses oncles Clotaire et Childebert pour le partage du royaume d'Orléans, il décide de vouer sa vie au service du Christ et fonde au bord de la Seine un monastère, origine de la ville qui porte aujourd'hui son nom.

CLOVIS Ier (?, v. 466 – Paris, 511)

Roi des Francs Saliens (481-511).

La chronologie de Clovis, c'est-à-dire « Louis », assez imprécise, ne nous est guère connue qu'à travers l'*Histoire* de Grégoire de Tours, écrite beaucoup plus tard, vers 577. Son père Childéric s'était emparé au cours du Ve siècle d'une partie de la Belgique Seconde et avait étendu sa domination dans le nord de la Gaule, jusqu'aux approches de la Somme. Il était néanmoins resté un simple chef de tribus dont le principal centre était Tournai. Clovis succède à Childéric en 481 et se donne pour tâche de réunir l'ensemble des Francs Saliens sous son autorité. Il a l'habileté de s'attaquer d'abord au général romain Syagrius, qui défend encore l'idée romaine dans le nord de la Gaule. Il triomphe de

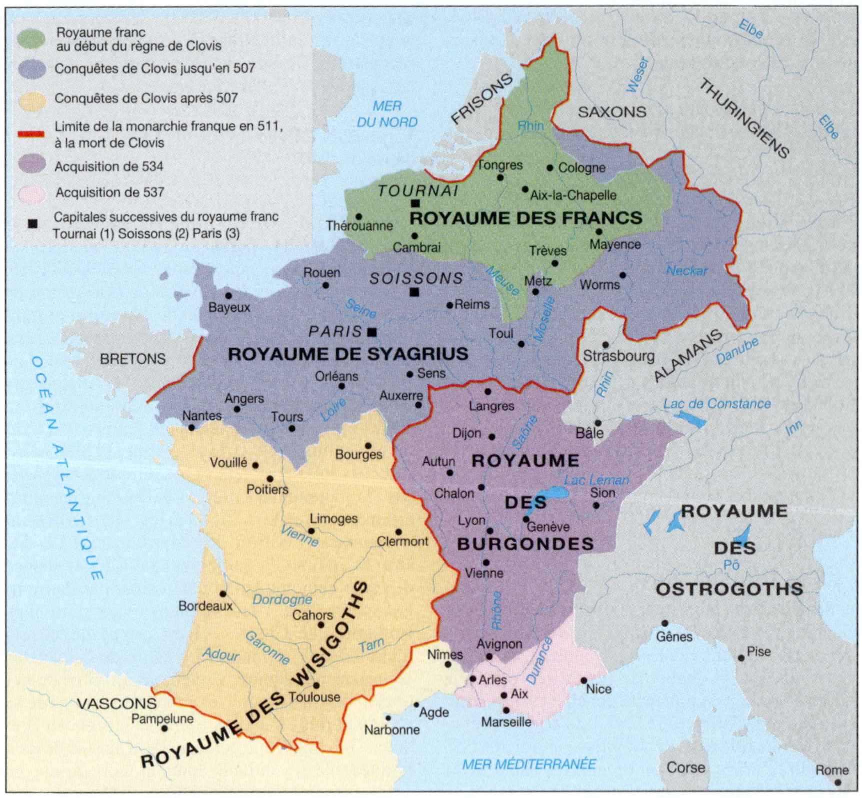

La conquête de la Gaule par Clovis et ses fils

lui en 486 à Soissons, dont il fait sa capitale. Cette victoire lui vaut un tel prestige que le roi des Wisigoths, Alaric II, n'ose pas refuser de lui livrer Syagrius, qui est mis à mort. Au cours des années suivantes, qui restent très obscures, Clovis s'emploie à prendre possession de la région allant de la Meuse et de la Moselle jusqu'au cours moyen et inférieur de la Loire, au besoin en supprimant certains de ses parents trop gênants. Il soumet les Thuringiens et les Francs Ripuaires et réussit surtout à l'emporter sur les Alamans qui, de tous les peuples barbares qui occupent la Gaule, sont ses rivaux les plus dangereux. Il les met en déroute, probablement en 496. Cette victoire consacre son hégémonie dans le nord de la Gaule.

Mais son véritable coup de maître est sa conversion au christianisme. Si l'on en croit Grégoire de Tours, Clovis aurait obstinément refusé de céder aux prières de sa femme et n'aurait fait vœu d'adopter la foi des chrétiens, si leur Dieu lui donnait la victoire, que pendant la bataille contre les Alamans, à un moment où il craignait le désastre. Son baptême est en tout cas célébré peu de temps après ce succès décisif, le 25 décembre 496 ou 498, à Reims, par l'évêque Remi. Trois mille hommes de son armée le reçoivent en même temps que lui. Cet événement capital, alors que les autres souverains barbares sont tous ariens, lui assure le soutien du clergé, essentiel pour sa domination, et lui rallie la population gallo-romaine. Grégoire de Tours compare le nouveau protecteur de l'Église à l'empereur Constantin. Apportant son soutien à Godesigel dans la lutte qui l'oppose à son frère Gondebaud, il conduit une expédition en Bourgogne. Gondebaud est vaincu dans une bataille livrée sous Dijon mais réussit néanmoins à sauver son patrimoine, et les deux souverains finissent par se réconcilier. Ils font même alliance en 507 contre le roi des Wisigoths, Alaric II, qui est battu et tué à la bataille de Vouillé. Après ce succès foudroyant qui lui livre l'Aquitaine, Clovis aurait, toujours selon Grégoire de Tours, reçu à Tours, des mains des ambassadeurs de l'empereur d'Orient Anastase, les insignes de consul, c'est-à-dire une consécration de sa puissance par l'autorité légitime, celle de l'empereur romain résidant à Constantinople.

Clovis Ier
Le baptême de Clovis. *Grandes Chroniques de France*. Enluminure, fin XIVe siècle, Castres, musée Goya.
© *Giraudon*

Après la chute du royaume des Wisigoths, Clovis abandonne la Belgique, où ses prédécesseurs avaient bataillé et résidé pendant un siècle, pour s'installer définitivement à Paris, sa nouvelle capitale. Il devient enfin seul roi des Francs en faisant sans doute assassiner le vieux roi des Ripuaires, Sigebert, et son fils Chlodéric (vers 509), tandis que d'autres rameaux du tronc franc reconnaissent plus ou moins volontairement son hégémonie. Le dernier grand acte de son règne est la réunion à Orléans, en 511, d'un concile général qui réorganise l'Église des Gaules, et auquel se rend la moitié des évêques des États de Clovis. Quand Clovis meurt, cette même année, les Francs sont maîtres de la Gaule, à l'exception de la Bourgogne, et l'hégémonie des chefs Saliens, qui dirigeront pendant deux siècles les destinées de la « nation des Francs », est solidement établie. Ses quatre fils Thierry, Clodomir, Childebert et Clotaire se partageront son royaume.

CLOVIS II (?, 637 – ?, 657)

Roi de Neustrie et de Bourgogne (639-657).

Second fils de Dagobert Ier. Il succède à son père à l'âge de 2 ans. Sa mère Nanthilde assure la régence, et les maires du palais Aega et Erchinoald gouvernent sous son nom. Mais, en dépit de leur politique de temporisation, les forces de dissolution, étouffées pendant le gouvernement énergique de Dagobert, se font de nouveau violemment sentir sous le règne du jeune prince. L'Austrasie peut reconquérir l'autonomie dont elle bénéficiait avant le règne de Dagobert, tandis que la Bourgogne obtient le rétablissement de sa mairie et que des troubles éclatent en Neustrie.

CLOVIS III (? – ?, 695)

Roi d'Austrasie (675).

Fils réel ou prétendu de Clotaire III. Avec le concours des Austrasiens, l'ancien maire du palais Ébroïn évince du trône Thierry III, qui était soutenu par les Neustriens et les Bourguignons, au profit de Clovis III. Mais, une fois maître de la Neustrie, Ébroïn rejette à son tour Clovis III, devenu inutile, et rétablit Thierry III.

CLOVIS IV (?, 682 – ?, 695)

Roi de Neustrie et de Bourgone (691-695).

Fils de Thierry III, il lui succède en 691. Son bref règne, tout théorique, est dominé par la personnalité du maire du palais Pépin d'Héristal qui détient la réalité du pouvoir.

CLUNY (abbaye et ordre de)

Abbaye de Saône-et-Loire, à 25 kilomètres au nord-ouest de Mâcon.

En septembre 909 ou 910, Guillaume III (dit le Pieux), duc d'Aquitaine, comte d'Auvergne, du Velay, du Berry, du Mâconnais et du Lyonnais, fonde dans la villa de Cluny, ancien fisc qu'il a hérité de sa sœur, un monastère pour le salut de son âme et de ses parents. Il en confie la direction à l'abbé de Baume et de Gigny, Bernon, et prend soin de placer le nouvel établissement hors du pouvoir de tout prince laïc ou ecclésiastique, y compris lui-même. La donation est faite aux saints apôtres Pierre et Paul ; le protecteur de Cluny est le pape. Les moines suivront la règle de saint Benoît selon les adaptations apportées au début du IXe siècle par Benoît d'Aniane, c'est-à-dire en diminuant sensiblement les activités manuelles au profit d'un allongement des offices et du travail intellectuel.

Sur ces bases, l'abbaye de Cluny, soutenue par les privilèges pontificaux, favorisée par sa position à l'écart des aires d'influence de tout prince puissant et par la personnalité hors pair de ses premiers abbés (Bernon, Odon, Aymard, Mayeul, Odilon, Hugues de Semur, Pierre le Vénérable), connaît un développement extraordinaire. En mars 931, l'abbé Odon obtient du pape Jean XI un privilège fondamental, celui de se voir reconnaître le droit d'accueillir à Cluny tout moine soucieux de parfaire son itinéraire spirituel quel que soit le monastère dont il est issu. Le pape place ainsi implicitement Cluny au-dessus de toutes les autres abbayes. En outre, il concède l'immunité à l'abbaye, interdisant ainsi à quiconque, sous peine d'anathème, de s'emparer de ses biens et de ses hommes. Ces privilèges sont régulièrement confirmés par les successeurs de Jean XI. En 998, le pape Grégoire V leur ajoute une clause supplémentaire qui achève de faire de Cluny un lieu soustrait au joug de toutes les puissances extérieures et, par conséquent, un lieu puissant : Cluny devient un monastère exempt pouvant choisir l'évêque de son choix pour les consécrations et ordinations de prêtres.

Confortée par ces privilèges, la puissance de Cluny s'établit sur un ensemble de terres et d'hommes donnés aux moines par les membres des familles aristocratiques du Mâconnais et d'autres régions limitrophes. Forts de leurs relations avec les plus grands lignages d'Europe occidentale, les abbés de Cluny parviennent à se faire donner de très nombreux biens, en échange de quoi ils associent les donateurs à leurs fraternités de prière et intercèdent pour leur salut. Les moines de Cluny deviennent ainsi, dès la deuxième moitié du Xe siècle, les spécialistes de la commémoration des morts, qu'il s'agisse des moines de la communauté ou des laïcs bienfaiteurs. Peu avant 1030, l'abbé Odilon institue la fête des défunts, le 2 novembre. D'abord spécifiquement clunisienne, la fête est rapidement célébrée dans toute l'Église.

Donnée dès sa fondation aux saints apôtres Pierre et Paul, l'abbaye de Cluny entretient des relations très étroites avec Rome. Les papes de la réforme grégorienne sont tous fortement marqués par le monachisme clunisien, voire issus de l'abbaye bourguignonne comme Urbain II, grand-prieur de Cluny avant de porter la tiare. Cluny fait figure de laboratoire idéologique pour la papauté réformatrice. Ses monastères sont autant d'étapes visitées par les papes grégoriens lors de leurs séjours en Gaule. Nombre de moines clunisiens deviennent évêques, serviteurs zélés de l'Église réformatrice. En 1077, l'abbé Hugues de Semur (1049-1109) intervient pour réconcilier le pape Grégoire VII et l'empereur germanique Henri IV lors de l'entrevue de Canossa. Jusqu'au milieu du XIIe siècle, les abbés de Cluny sont de tous les combats de l'Église romaine. Ils jouent un rôle essentiel dans la *Reconquista* espagnole en

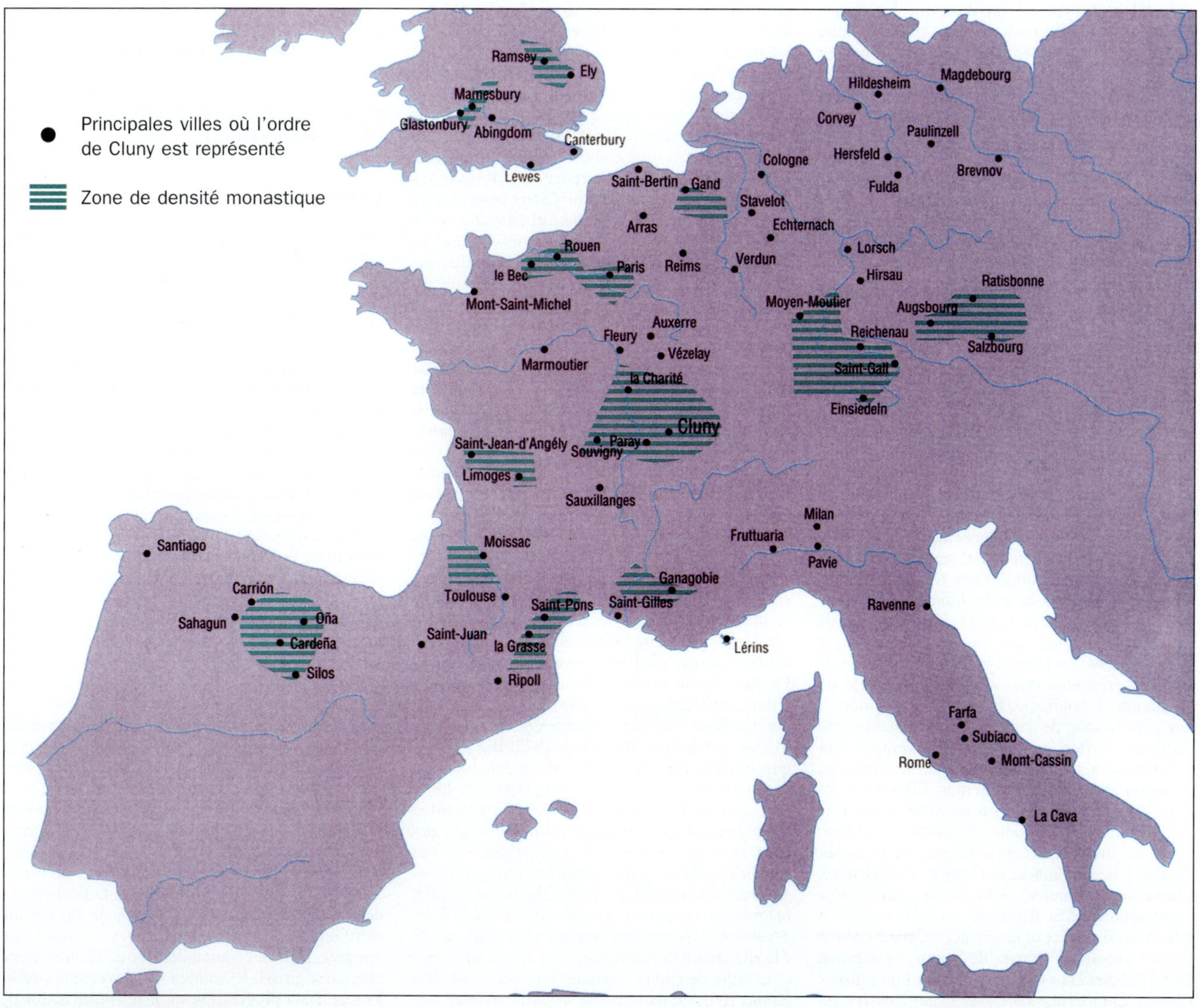

Le rayonnement de Cluny

implantant des prieurés en Catalogne, Aragon et Castille à la fin du XIe siècle. Dans ses traités polémiques, Pierre le Vénérable (1122-1156) se montre un défenseur ardent de l'Église militante, s'efforçant de combattre par le discours tous ceux qui sapent ses fondements : hérétiques, juifs, musulmans. Fidèle à sa vocation de lieu d'asile et de réconciliation instituée par le privilège de Jean XI, Cluny n'hésite pas à accueillir des excommuniés dans l'espoir de les réintégrer dans le giron de l'Église. Le plus célèbre d'entre eux est Abélard, accueilli par Pierre le Vénérable à Cluny après avoir été excommunié au concile de Sens (1140).

En 1100, le monastère de Cluny est le plus puissant de toute la chrétienté. Il est aussi le plus vaste. Sous Pierre le Vénérable, près de quatre cents moines y vivent, auxquels il faut ajouter les nombreux serviteurs laïcs et hôtes de passage. L'édifice le plus remarquable est la grande église abbatiale, la troisième construite à Cluny à partir de 1088 sous l'abbatiat d'Hugues de Semur. Son plan est à la mesure de la puissance de l'abbaye. Avec ses 187 mètres de long, elle dépasse de plusieurs dizaines de mètres toutes les autres églises. Seule Saint-Pierre de Rome, reconstruite par Michel-Ange au XVIe siècle, la dépassera en longueur, et de cinq mètres seulement. Elle comporte cinq nefs, précédées d'une vaste avant-nef qui, à elle seule, a la dimension d'une église paroissiale ordinaire. Son double transept lui donne la forme d'une croix archiépiscopale, symbole du pouvoir ecclésiastique. Le long de ses bras comme autour du déambulatoire, de nombreuses chapelles sont aménagées. Chacune abrite un autel et de précieuses reliques. Elles accueillent les messes privées que les riches donateurs demandent aux moines. Au sud de cette *maior ecclesia*, les arcades du cloître sont en marbre. Les bâtiments conventuels, l'hôtellerie et l'aumônerie sont plus vastes que partout ailleurs et l'infirmerie, à l'est de l'abbatiale, forme un véritable monastère en réduction avec son cloître, son dortoir, son église.

Le rayonnement de Cluny s'appuie également sur un réseau d'établissements liés à l'abbaye bourguignonne : la première congrégation monastique de l'Occident médiéval. La formation de ce réseau s'effectue en plusieurs étapes. D'une part, les abbés de Cluny sont appelés très tôt à réformer certaines abbayes dont la discipline s'est relâchée. Odon (927-942), Aymard (942-954), puis surtout Mayeul (954-994) et Odilon (994-1049) partent eux-mêmes réformer des monastères jadis prestigieux (Saint-Denis, Saint-Bénigne de Dijon, Saint-Germain d'Auxerre, Fleury-sur-Loire). Ils leur apportent les coutumes clunisiennes et envoient sur place quelques moines pour continuer la réforme. Cette diffusion des coutumes clunisiennes est si importante que dans la seconde moitié du XIe siècle, le monachisme clunisien tend à se confondre avec le monachisme noir. Mais toutes les maisons réformées ne sont pas pour autant soumises à Cluny. Elles forment une fraternité monastique, sorte de grande famille sans lien de dépendance particulier. Il n'en va pas de même avec les nouveaux monastères fondés par les Clunisiens. La plupart le sont à l'initiative de familles aristocratiques qui, sur le modèle de Guillaume d'Aquitaine, fondent un petit monastère pour le salut de leur âme en souhaitant généralement s'y faire ensevelir. Ces fondations sont particulièrement nombreuses sous les abbatiats d'Odilon et d'Hugues de Semur. Elles se développent dans les régions où les abbés clunisiens ont des affinités familiales (l'Auvergne, la Provence, la Bourgogne) ou politiques (la Franche-Comté, l'Île-de-France, la Castille, l'Angleterre, l'Italie septentrionale), laissant de vastes zones vierges comme la Bretagne ou la Flandre. La structure de ce réseau ne se met en place qu'à la fin de l'abbatiat d'Hugues de Semur, au tournant du XIIe siècle. La « famille » devient une Église : l'Église clunisienne (*ecclesia Cluniacensis*) qui se construit et se pense sur le modèle de l'Église romaine. Une hiérarchie s'établit entre l'abbaye-mère, Cluny, et les prieurés dont certains sont d'anciennes abbayes désormais dépendantes (Charlieu, Paray-le-Monial, Gigny...). Les prieurs sont nommés par l'abbé de Cluny qui peut également les révoquer. Les moines doivent prononcer leurs vœux à Cluny même. Quelques abbayes conservent néanmoins leur statut tout en intégrant l'Église clunisienne (Auxerre, Vézelay, Saint-Bertin, Saint-Jean-d'Angély, Moissac, Saint-Gilles...), mais nombre d'entre elles regagnent leur indépendance dès le XIIe siècle. En plus des prieurés et des abbayes, l'Église clunisienne comprend de très petits monastères, appelés celles, et des doyennés, établissements ruraux dirigés par deux moines chargés d'administrer une partie du domaine monastique selon un système proche de celui de la grange cistercienne.

Cette structure connaît des changements notables au XIIIe siècle sous l'influence de l'ordre cistercien et de la papauté. L'Église de Cluny devient un ordre fondé sur des statuts écrits et sommé d'adopter le principe du chapitre général mis en place au XIIe siècle par les Cisterciens et les Chartreux. Au terme de près d'un siècle de réformes et de reculs réactionnaires, l'ordre de Cluny trouve sa configuration définitive vers 1280 : l'abbé de Cluny conserve une prééminence notable sur tous les autres, mais il ne dirige plus seul les affaires de l'ordre. Le chapitre général, qu'il préside, et les définiteurs s'en chargent. La visite des monastères de l'ordre n'est plus faite par l'abbé de Cluny, mais par un collège de visiteurs nommé par le chapitre général. L'abbaye de Cluny elle-même doit être visitée, théoriquement, chaque année.

Dès lors, les abbés de Cluny ne jouent plus le rôle prééminent qu'ils tenaient jusqu'au temps de Pierre le Vénérable. Leur ordre n'est plus qu'un ordre monastique parmi d'autres. Les ingérences de la papauté dans ses affaires sont de plus en plus fréquentes, puis s'ajoutent celles des rois de France dès la fin du XIIIe siècle, que la commende entérine au XVe. Les guerres de Religion ruinent l'abbaye de Cluny avec d'autant plus de rigueur que le siège abbatial est tenu pendant cette période par les Guises, chefs du parti catholique. Cluny est à différentes reprises pillé par les huguenots. Le titre d'abbé de Cluny reste malgré tout fort recherché. Richelieu et Mazarin ne le dédaignent pas et, aux XVIIe et XVIIIe siècles, les abbés de Cluny sont tous issus d'illustres familles. Mais la ferveur de la vie monastique est bien altérée. Des querelles intestines surgissent entre les partisans de l'ancienne observance, devenue très douce, et ceux de « l'étroite observance » mise à l'honneur par la congrégation de Saint-Maur et destinée à renouveler en France la dignité et l'idéal de l'ordre bénédictin. Richelieu tente d'unifier la règle par les nouveaux statuts promulgués en 1631. Mais, à sa mort, la scission éclate de nouveau. En 1744, enfin, l'exemption dont l'abbaye jouissait disparaît, et un décret du Conseil d'État la place sous la juridiction de l'évêque de Mâcon, emprise contre laquelle elle avait lutté inlassablement depuis le Xe siècle.

En 1789, l'abbaye n'est plus qu'un grand corps sans âme, surtout depuis 1750, date à laquelle le prieur dom Dathose reconstruit de vastes bâtiments sur l'emplacement des constructions médiévales qui sont presque entièrement rasées. La Révolution disperse les derniers moines de Cluny, et l'église abbatiale, vendue en 1798 comme bien national à quatre entrepreneurs de Mâcon, est détruite de 1809 à 1823. Il n'en reste que le croisillon méridional du grand transept, surmonté du clocher de l'Eau bénite et de la tour de l'horloge, deux chapelles du croisillon méridional du petit transept, et des vestiges des deux tours de façade et de l'avant-nef, que des fouilles archéologiques menées entre 1988 et 1990 ont mis au jour. En revanche, l'essentiel des bâtiments conventuels, reconstruits au XVIIIe siècle, a subsisté. Ils abritent depuis plus d'un siècle l'École nationale supérieure des arts et métiers.

L'ordre de Cluny a disparu en 1790 et ne s'est jamais reformé malgré une tentative avortée à la fin du XIXe siècle.

CLUSERET Gustave Paul (Paris, 1823 – La Capte, Var, 1900)

Officier et homme politique.

Lieutenant dans la garde mobile en 1848, il reçoit la Légion d'honneur pour sa participation à la répression lors des journées de juin. Il sert ensuite en Crimée et en Algérie, puis quitte l'armée et émigre aux États-Unis. Là, il recrute des hommes pour Garibaldi et vient combattre à leur tête en Sicile, en 1860. De retour aux États-Unis, il participe à la guerre de Sécession comme général de l'armée nordiste. Journaliste à Paris en 1867, Cluseret collabore à divers journaux de gauche, est emprisonné à la suite d'un article sur l'armée. En prison il rencontre Varlin, qui le fait probablement adhérer à l'Internationale. Après un nouveau séjour aux États-Unis en 1869, dû à ses démêlés avec la police, il regagne Paris au lendemain du 4 Septembre et se rallie à la Commune de Paris. Il participe à l'insurrection lyonnaise aux côtés de Bakounine, est ensuite le chef de l'éphémère commune du 1er novembre, à Marseille, puis il regagne Paris le 30 mars 1871. Chargé de réorganiser la garde nationale, Cluseret est nommé délégué à la Guerre le 3 avril, car les membres de la Commune le considèrent comme un stratège, puis membre de la Commune le 16 avril. Révoqué pour incapacité le 1er mai, après l'évacuation du fort d'Issy, emprisonné à Mazas, il est finalement acquitté et libéré par la Commune le 21 mai. Il se cache ensuite, à Paris puis en Suisse, pour échapper aux Versaillais, et ne regagne la France qu'après l'amnistie de 1880. Après une nouvelle condamnation, et un nouvel exil, à Constantinople cette fois, il est élu député socialiste du Var en 1888, et réélu en 1893 et 1898. Plus qu'un révolutionnaire ou un homme politique, Cluseret était avant tout un aventurier.

CNPF : voir CONFÉDÉRATION NATIONALE DU PATRONAT FRANÇAIS

CNR : voir CONSEIL NATIONAL DE LA RÉSISTANCE

COALITIONS

On donne le nom de coalitions aux alliances conclues par les États européens contre la France du règne de Louis XIV au Premier Empire.

Louis XIV aura à se défendre contre trois coalitions, toutes inspirées ou dirigées par Guillaume d'Orange, stathouder de Hollande. La première, en 1673-1678, réunit les Provinces-Unies, l'Empire, le Brandebourg et l'Espagne. Sa défaite est sanctionnée par la paix de Nimègue. La deuxième, formée en juillet 1686, est généralement connue sous le nom de ligue d'Augsbourg. Louis XIV n'en viendra à bout qu'après de longs combats (paix de Ryswick, 1697). La troisième, dont la cause était la succession d'Espagne, est constituée en septembre 1701 à La Haye. Comprenant l'Angleterre, les Provinces-Unies, l'Empire, la Prusse, les électorats de Mayence, de Trèves, du Palatinat et de Saxe, elle impose à la France de cruels sacrifices qui ne seront pas vains, puisque l'essentiel des acquisitions du règne sera préservé et que l'Espagne sera laissée à Philippe V, son roi légitime.

Sous la Révolution et l'Empire, la guerre est pratiquement continue en Europe. La France doit faire face à sept coalitions, mises sur pied essentiellement sous l'impulsion de l'Angleterre.

Première coalition. Ses origines remontent à la déclaration de guerre de Louis XVI, le 20 avril 1792, après approbation de l'Assemblée législative, « au roi de Hongrie et de Bohême », c'est-à-dire à l'Autriche. Conformément à la déclaration de Pillnitz (27 août 1791), le roi de Prusse lui offre bientôt l'appui de ses troupes. L'armée des émigrés, sous le commandement de Condé, vient elle aussi grossir le nombre des adversaires de la France. Leur progression sur le territoire national, rendue plus dramatique encore par la déclaration

Coalitions
La Paix d'Amiens en 1802. Huile sur toile de Dominique Doncre, Arras, musée des Beaux-Arts. © *G. Dagli Orti*

menaçante du chef de l'armée prussienne, le duc de Brunswick (manifeste de Brunswick connu à Paris le 1er août), sera à l'origine immédiate de l'insurrection du 10 août 1792 et des massacres de Septembre. Mais l'invasion est arrêtée à Valmy (20 septembre 1792), et c'est bientôt l'avance victorieuse des armées révolutionnaires sur la rive gauche du Rhin, en Belgique et en Savoie. À cette conquête française qui menace leurs intérêts, les États monarchiques ripostent en nouant contre la France une vaste coalition, dont l'Angleterre est l'âme. C'est elle qui la forme en se liant successivement à tous les belligérants par une série de traités, de mars à septembre 1793. Le 1er février, la Convention a déclaré la guerre à la fois à l'Angleterre et à la Hollande. Le 7 mars, c'est le tour de l'Espagne. La rupture avec les souverains italiens s'ensuit : avec le pape, puis avec Naples, la Toscane, enfin avec Venise. Font également partie de la coalition la Russie, la Sardaigne, la Prusse, l'Autriche, l'Empire, Bade, les deux Hesse et le Hanovre. À l'exception de la Suisse et des États scandinaves, la France se trouve donc en guerre contre l'Europe entière.

L'offensive française de Hollande, qui marque les débuts de la campagne de 1793, tourne vite au désastre. La perte de la Belgique, puis celle de la rive gauche du Rhin suivent la sévère défaite de Dumouriez à Neerwinden le 18 mars. La guerre se porte de nouveau sur le territoire national : sur la frontière du nord contre les Anglais, les Autrichiens, les Hollandais ; sur le Rhin contre les Prussiens ; sur les Alpes contre les Piémontais ; sur les Pyrénées contre les Espagnols. Partout les armées de la République battent en retraite. Mais, sous l'impulsion vigoureuse du Comité de salut public, le redressement puis la victoire s'affirment dès l'automne 1793. Hondschoote, longue bataille qui se poursuit du 6 au 8 septembre 1793, est la première victoire des armées françaises depuis longtemps.

Puis les victoires de Wattignies (16 octobre) et Wissembourg (26 décembre) obligent les Autrichiens et les Prussiens à se retirer, tandis que les Espagnols sont refoulés sur la Bidassoa et que la Savoie est libérée dès le mois d'octobre. Les armées françaises du Nord, des Ardennes et de la Moselle poursuivent leur avance face aux troupes de Cobourg, et la victoire de Jourdan à Fleurus (26 juin 1794) est suivie de l'occupation de la Belgique qui est reconquise au 9 Thermidor. Durant l'été, les opérations marquent un temps d'arrêt. Mais les armées françaises reprennent leur marche en avant en septembre. La rive gauche du Rhin et la Hollande sont occupées (la flotte batave, bloquée dans les glaces au Texel est prise d'assaut par les hussards de Pichegru le 23 janvier 1795). Enfin, tandis que dans les Alpes les armées s'en tiennent à la défensive, dans les Pyrénées la Catalogne est envahie à l'automne et, à l'ouest, Saint-Sébastien est investie en août 1794 par les troupes de Moncey.

La coalition, tiraillée par des intérêts divergents, finit alors de se dissoudre. La Toscane signe la première avec la France le traité de Paris (9 février 1795) ; la Prusse négocie ensuite le traité de Bâle (4 avril), puis c'est le traité de La Haye (16 mai) avec la Hollande et enfin le traité de Bâle (22 juillet) avec l'Espagne. En revanche, la paix ne peut être faite avec l'Autriche qui refuse de reconnaître le Rhin comme frontière orientale de la France, et les opérations reprennent. La campagne de 1795 n'est pas décisive mais les victoires de Bonaparte en Italie au printemps 1796 et la chute de Mantoue (2 février 1797), qui ouvre la route de Vienne aux armées françaises, contraignent l'Autriche à signer le traité de Campoformio (17 octobre 1797). L'Angleterre est désormais seule à poursuivre la lutte.

Deuxième coalition (avril-décembre 1798). Elle constitue la riposte de l'Europe à la politique d'expansion du Directoire : annexion de la Belgique, d'une partie de la Hollande et de la Rhénanie et création de républiques sœurs qui sont en fait des États satellites de la France, politiquement soumis et économiquement exploités (République batave, République helvétique, République cisalpine, République romaine). La Russie et la Turquie, que l'affaire d'Égypte rapproche des États européens, le royaume des Deux-Siciles et l'Autriche se regroupent autour de l'Angleterre. Devant cette nouvelle coalition, la République française recule d'abord sur tous les fronts, en Allemagne comme en Italie. Mais encore une fois le redressement s'opère rapidement, facilité par les divisions des puissances coalisées. Les Autrichiens de l'archiduc Charles, inquiets du débarquement anglo-russe de Hollande, ayant quitté la Suisse afin de se porter sur Mayence, les Français réussissent à battre séparément les deux corps russes de Souvorov et Korsakov qui cherchaient à faire leur jonction. La bataille de Zurich (25-27 septembre 1799), remportée par Masséna sur Korsakov, met à nouveau la Suisse au pouvoir des Français, et l'empereur de Russie Paul Ier, ulcéré, rappelle ses troupes et se détache de la coalition. Au début de l'automne 1799, l'offensive coalisée est brisée. La campagne du printemps 1800 est essentiellement un duel franco-autrichien. La victoire de Bonaparte à Marengo (14 juin) et surtout celle de Moreau à Hohenlinden (3 décembre) contraignent l'Autriche à signer la paix. C'est le traité de Lunéville (9 février 1801) qui assure la paix continentale et impose la reconnaissance des frontières « naturelles » de la France. Puis les négociations s'ouvrent avec l'Angleterre. Signé le 28 mars 1802, le traité d'Amiens assure l'empire des mers et la maîtrise coloniale à l'Angleterre, tandis que la France se réserve l'hégémonie continentale. L'Europe, qui était en guerre depuis dix ans, connaît enfin la paix.

Troisième coalition. Formée de nouveau à l'instigation de l'Angleterre qui a rompu la paix d'Amiens dès mai 1803, elle se noue pendant le printemps et l'été 1805, entre l'Angleterre, la Russie et l'Autriche (traité anglo-russe de Saint-Pétersbourg du 18 avril 1805, auquel adhère l'Autriche le 9 août). Motivations politiques et intérêts économiques se mêlent pour expliquer la reprise des hostilités : volonté de l'Angleterre de s'assurer la maîtrise des mers et la prépondérance économique ; ambitions européennes du nouvel empereur de Russie, Alexandre Ier ; inquiétudes de l'Autriche devant la politique expansionniste de la France en Italie et en Allemagne ; enfin haine tenace des puissances monarchiques contre le chef de la nation révolutionnaire.

La campagne française est fulgurante. La Grande Armée, partie de Boulogne à marche forcée, franchit le Rhin à la fin de septembre et s'avance en direction du Danube en aval d'Ulm pour couper les lignes de communications autrichiennes. Cerné, le général Mack capitule dans Ulm le 21 octobre 1805. L'armée russe de Koutousov recule alors le long du Danube jusqu'en Moravie, poursuivie par Napoléon. Le 2 décembre 1805, de leur position centrale du plateau de Pratzen, Russes et Autrichiens, qui ont réussi à faire leur jonction, attaquent les Français. Mais c'est l'éclatante victoire française d'Austerlitz, qui disloque la troisième coalition. L'Autriche signe le 26 décembre le traité de Presbourg qui l'exclut de l'Italie et de l'Allemagne.

Quatrième coalition. Les tentatives de paix avec l'Angleterre et la Russie sont rendues vaines du fait de la volte-face de la Prusse qui, par crainte de voir se former la Confédération du Rhin, et par haine de Napoléon, le parvenu de la Révolution, s'allie à la Russie le 12 juillet 1806. Les opérations sont menées par l'Empereur avec une vitesse stupéfiante. Alors que l'ultimatum prussien exigeant le recul des troupes françaises audelà du Rhin a été remis le 1er octobre, dès le 14 l'armée prussienne a cessé d'exister. Ce jour-là, Napoléon défait à Iéna l'armée de Hohenlohe, tandis que, plus au nord, à Auerstaedt, celle de Brunswick est battue par Davout. Les conséquences d'une telle victoire ne se font pas attendre. La Prusse est occupée jusqu'à la Vistule et soumise à de très dures conditions d'armistice. Les États du centre de l'Allemagne, y compris la Saxe, entrent dans la Confédération du Rhin, et la politique du blocus est généralisée par le décret de Berlin (21 novembre 1806). Mais la Russie reste à vaincre. La campagne d'hiver est particulièrement dure. Après s'être longtemps dérobés, les Russes finissent par accepter la bataille à Eylau (8 février 1807). Napoléon est vainqueur, mais au prix d'une véritable boucherie. Au printemps suivant, le choc décisif a lieu à Friedland (14 juin 1807). L'armée russe est cette fois écrasée : traité de paix, articles secrets et pacte d'alliance sont signés à Tilsit le 7 juillet 1807, entre Napoléon et Alexandre Ier qui accepte de prendre part à la guerre économique contre l'Angleterre. S'y ajoute, le 9 juillet, un accord avec la Prusse qui sort démembrée de cette quatrième coalition.

Cinquième coalition. Encouragée par l'insurrection espagnole, l'Autriche se lance de nouveau dans la guerre avec le seul appui d'une Angleterre hésitante. Battue par Davout à Eckmühl, en Allemagne du Sud, le 22 avril 1809, mais non détruite, l'armée autrichienne recule sur la Bohême, tandis que Napoléon marche sur Vienne où il entre le 12 mai. Le 22, la bataille d'Essling est indécise mais la victoire de Wagram rétablit la situation le 6 juillet 1809. Le gouvernement autrichien doit signer, le 6 octobre, la paix de Vienne qui fait de l'Autriche un satellite de l'Empire français.

Sixième coalition. Le désastre de la campagne de Russie (1812) a pour conséquence la formation, en 1813, d'une sixième coalition qui groupe autour de l'Angleterre et de la Russie, déjà belligérantes, la Prusse (traité russo-prussien de Kalisz, 28 février), l'Autriche (accord de Reichenbach avec la Prusse et la Russie, 27 juin) et la Suède. Vainqueur pendant la campagne d'Allemagne du printemps 1813 à Lützen (2 mai) et à Bautzen (21 mai), grâce à l'une de ses manœuvres les plus brillantes, Napoléon est finalement vaincu par l'assaut général des alliés devant Leipzig (17-18 octobre 1813). Cette défaite marque la fin du Grand Empire et la France doit faire face à l'invasion dans ses anciennes limites. La campagne de France de 1814, en dépit du génie militaire de Napoléon, ne peut rétablir la situation. Paris capitule le 31 mars 1814 et l'Empereur doit abdiquer le 6 avril 1814. La France signe le traité de Paris le 30 mai suivant.

Septième coalition. En vertu du pacte de Chaumont (9 mars 1814) qui liait l'Angleterre, la Russie, l'Autriche et la Prusse pour vingt ans contre la France, la coalition se reforme après le retour de l'île d'Elbe de Napoléon, mis au ban de l'Europe dès le 13 mars 1815, au congrès de Vienne. Ce dernier ne peut résister face aux immenses ressources des alliés. Son armée est mise en déroute par Wellington le 18 juin 1815 à Waterloo, défaite qui met définitivement fin à l'aventure napoléonienne. L'Empereur abdique pour la seconde fois le 22 juin, et la France signe le 20 novembre 1815 le second traité de Paris qui, la ramenant dans ses limites de 1792, lui enlève ce que le premier traité de Paris lui avait conservé de la Sarre et de la Savoie, et la soumet à une occupation de trois à cinq ans jusqu'au paiement d'une indemnité de guerre de 700 millions de francs.

COBLENCE

En allemand, Koblenz. *Ville d'Allemagne située dans la province de Rhénanie-Palatinat, au confluent de la Moselle et du Rhin.*

Elle est, au début de la Révolution et pendant une période assez courte, le point de ralliement des émigrés français. La Cour, qui s'y réunit autour du comte de Provence et du comte d'Artois, futurs Louis XVIII et Charles X, et qui tente de reconstituer artificiellement la France de l'Ancien Régime, est apparue depuis comme l'incarnation même de l'émigration. L'Électeur de Trèves, oncle de Louis XVI par sa mère, avait offert au comte d'Artois la jouissance de son château de Schönbornlust, aux portes de Coblence. Avec le comte de Provence, ce dernier y réside jusqu'à l'automne 1791, puis passe l'hiver dans la ville même de Coblence. Rapidement rejoints par de nombreux émigrés, ils sont 3 000 en novembre 1791, 5 000 en janvier suivant. Cet afflux provoque d'abord une crise du logement, puis la hausse des loyers et des produits alimentaires, et finalement le mécontentement de la population locale devant la suffisance et les mœurs souvent dissolues des émigrés : à côté des réceptions magnifiques organisées par l'Électeur ou les princes, beuveries et tables de jeux font grand tapage dans la ville ; l'Électeur doit en expulser les femmes présentes sans motif valable et ne possédant ni moyens d'existence ni protection suffisante.

Le comte de Provence, agissant en qualité de régent au nom du roi prisonnier, tente de reconstituer un cabinet ministériel dirigé par Calonne – qui est aussi ministre des Finances – avec le maréchal de Broglie, Jaucourt, etc. Le maréchal de Castries représente Louis XVI. De nouveaux arrivants affluent au début de 1792, après la déclaration de guerre. Ils sont de plus en plus mal vus des Rhénans qui demandent leur expulsion. C'est de Coblence qu'est lancé, au mois de juillet, le fameux manifeste de Brunswick. Le comte de Provence quitte la ville à l'automne 1792, après Valmy et le recul de Brunswick. L'Électeur, le comte d'Artois et les émigrés l'imitent quand les troupes républicaines se font menaçantes sur le Rhin. Celles-ci pénètrent dans Coblence en 1794, rasent les fortifications et détruisent Schönbornlust. La ville devient en 1798 le chef-lieu du département français de Rhin-et-Moselle, est occupée par les alliés le 1er juin 1814, et passe ensuite à la Prusse.

COCHIN Augustin (Paris, 1823 – Versailles, 1872)

Homme politique et administrateur.

Administrateur du chemin de fer d'Orléans et de Saint-Gobain grâce à son beau-père le financier Benoist d'Azy, il est nommé adjoint au maire du Xe arrondissement de Paris sous la IIe République. Il envisage une carrière politique lorsque se produit le coup d'État du 2 décembre 1851. Il sera néanmoins préfet de Seine-et-Oise en 1871. Les questions sociales seront ses principales préoccupations, ainsi qu'en témoignent les titres de ses œuvres : *Les Ouvriers européens* (1856), *De la condition des ouvriers français* (1862), etc. L'Académie des sciences morales et politiques le comptera parmi ses membres à partir de 1864.

COCHIN Denys (Paris, 1851 – Paris, 1922)

Homme politique et écrivain.

Fils du précédent, il est député de droite à Paris pendant plus de vingt-cinq ans (1893-1919) et s'intéresse surtout à la politique étrangère, participant comme sous-secrétaire d'État aux gouvernements Briand de 1916-1917 et Ribot de 1917. On lui doit de nombreux ouvrages, dont les plus connus sont *Le Monde extérieur* (1895), *L'Esprit nouveau* (1900), *Ententes et Ruptures* (1905).

COCHIN Jacques Denis (Paris, 1726 – Paris, 1783)

Prêtre.

Il entre dans les ordres, devient curé de Saint-Jacques-du-Haut-Pas en 1756 et, en 1780, fonde en partie à ses frais l'hôpital qui porte son nom depuis 1801. Il a laissé divers ouvrages de dévotion.

COCHINCHINE

Région méridionale de la péninsule indochinoise. Après avoir fait partie de l'Indochine française, elle fut comprise dans la république du Vietnam du Sud aujourd'hui annexée au Vietnam réunifié.

Lorsque les Européens découvrent la Cochinchine, ce nom désigne pour eux le royaume des Nguyên, dynastie qui a sa capitale à Huê, sur la côte orientale. Dans le courant des XVIIe et XVIIIe siècles, les Nguyên étendent leur domination en direction du sud jusqu'au delta du Mékong. Saigon, puis progressivement la majeure partie du bas Mékong passent sous leur contrôle. C'est alors que l'appellation de Cochinchine est réservée à l'extrémité méridionale de la péninsule. De 1771 à 1785, une révolte très violente ruine la puissance des Nguyên et livre le pays à l'anarchie. Un neveu du dernier souverain assassiné, Nguyên Anh, a l'idée de demander des secours au roi de France pour reconquérir le trône de ses aïeux. Ainsi est signé, en 1787, à Versailles, le premier traité franco-cochinchinois. Il n'y aura point d'intervention officielle, mais Mgr Pigneau de Behaine, évêque d'Adran, missionnaire entreprenant et grand ami de Nguyên Anh, parviendra à recruter un corps de volontaires. Grâce à lui, la dynastie des Nguyên sera restaurée d'abord en Cochinchine (1789), puis à Huê, et Nguyên Anh deviendra l'empereur d'Annam Gia Long (1802). La reconnaissance de celui-ci se manifestera par des facilités accordées aux missions et par l'instauration de rapports privilégiés entre la France et l'Indochine orientale. Chaigneau, le successeur de Behaine, parviendra à ouvrir largement la Cochinchine à la France.

Un demi-siècle plus tard, les souverains de Huê, devenus hostiles à la pénétration étrangère, se lancent dans une politique de persécution systématique des missionnaires. Pour défendre ceux-ci, Napoléon III envoie une escadre placée sous le commandement de Rigault de Genouilly qui débarque à Tourane en 1858 et occupe Saigon en 1859. En 1862, le culte catholique est reconnu par l'empereur Tu Duc qui est en même temps obligé de céder à la France la Cochinchine orientale et Poulo Condor. L'année suivante, le roi du Cambodge Norodom se place sous la protection de Napoléon III. Toute la péninsule est désormais atteinte par l'influence française. L'histoire des relations de la France et de la Cochinchine devient celle de l'Indochine française.

COCONNAT ou COCONAS Annibal, comte de (? – ?, 1574)

Capitaine piémontais.

Après s'être distingué par sa cruauté pendant les massacres de la Saint-Barthélemy, il passe au service du duc d'Alençon. Avec La Mole, il entre en 1574 dans un complot visant à écarter Charles IX du trône, et à le remplacer par le duc d'Alençon. Avertie du complot, Catherine de Médicis en fait surveiller les chefs. La Mole et Coconnat sont arrêtés et décapités. Leur maîtresse, la reine Margot et la duchesse de Nevers, font enlever et embaumer leur tête. Dumas, dans *La Reine Margot*, et Stendhal, dans *Le Rouge et le Noir*, ont rappelé ce tragique épisode.

CODE CIVIL

Le code civil se compose de trente-six lois votées et mises en vigueur l'une après l'autre de mars 1803 à mars 1804 ; ces lois ont été réunies en un code unique de 2 281 articles sous le nom de code civil des Français, par la loi du 30 ventôse an XII (21 mars 1804).

C'est un vieux projet, puisque Cambacérès en a déjà donné trois rédactions. La première, présentée au mois d'août 1793, est d'un laconisme extrême, excessif même, au point d'être dangereux. Fortement imprégnée des idées nouvelles, cette première version est pourtant rejetée par la Convention qui la juge trop peu révolutionnaire. C'est après la chute de Robespierre que la seconde rédaction est déposée. Le laconisme y est encore exagéré. Quelques articles sont néanmoins votés. On en reste là jusqu'au 24 prairial an IV : Cambacérès fait alors devant les Cinq-Cents une ultime tentative. L'état politique des partis dans les deux assemblées la rend aussi vaine que les précédentes.

L'énergie d'un seul homme réussit ce que ni l'ancienne monarchie ni la Révolution n'ont pu mener à bien. À peine nommé Premier Consul, Bonaparte décide de donner aux Français le code civil qu'on leur promet depuis si longtemps. Dès le 24 thermidor an VIII (13 août 1800), il crée une commission de trois membres chargés de la

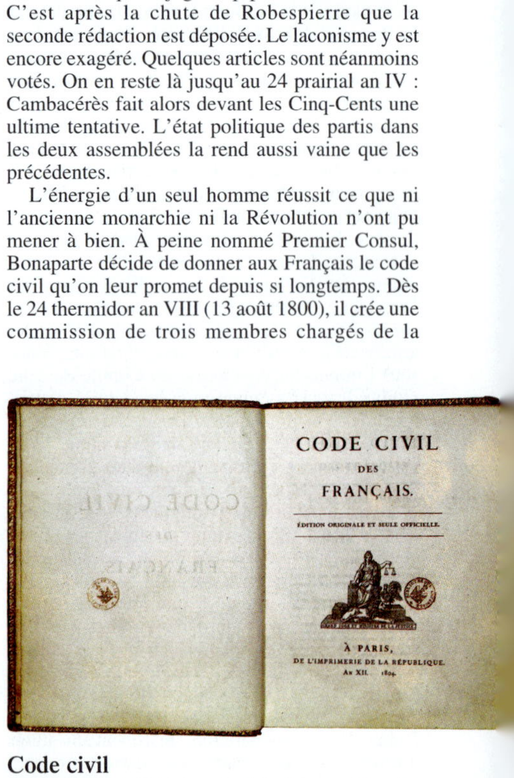

Code civil

Un exemplaire de 1804 du code civil. © *Lauros-Giraudon*

rédaction du projet. Ces trois membres sont Tronchet, Bigot de Préameneu et Portalis, Maleville faisant fonction de secrétaire. Au bout de quatre mois, le projet de l'an VIII est achevé. Après les observations des tribunaux (celui de cassation surtout), les rédacteurs sont à même d'élaborer un projet définitif, qui est soumis au Tribunat en 1801 mais ne peut être définitivement adopté qu'après l'épuration de cette assemblée.

Le code civil abroge l'ancien droit mais non le droit intermédiaire de la Révolution ; pour le premier, l'abrogation ne s'applique que dans la mesure où il y aurait incompatibilité entre les dispositions nouvelles et les anciennes (d'où le maintien jusqu'à nos jours d'une certaine diversité juridique des anciennes provinces). Les dispositions nouvelles sont souvent des rééditions d'anciennes lois ou coutumes : à cet égard les rédacteurs se sont inspirés davantage du droit coutumier (surtout de la coutume de Paris) que du droit romain. Les ordonnances royales ont parfois été reprises (notamment l'ordonnance de Moulins de 1566, pour la *preuve*). Naturellement, les lois révolutionnaires n'ont pas été oubliées (fixation de la majorité, mariage, hypothèques). L'influence de Bonaparte se retrouve dans certaines dispositions de l'état final. C'est ainsi que ce code civil comporte une réglementation détaillée de l'état des militaires. L'adoption et le divorce par consentement mutuel ne recueillant pas l'adhésion de tous les juristes qui collaborent à la rédaction, c'est le Premier Consul qui les impose, peut-être par calcul politique (il n'a pas d'enfants de sa femme Joséphine et songe déjà à fonder une dynastie). Le code civil a été souvent appelé – il l'est encore parfois – Code Napoléon.

CODE NOIR

Nom donné à l'ordonnance royale de mars 1685 « touchant la police des îles de l'Amérique », et destiné à organiser la société esclavagiste, principalement aux Antilles.

Préparée par Colbert sur la base d'enquêtes précises, elle fixe l'étendue et les limites du pouvoir exercé par les propriétaires de main-d'œuvre stérile. Le préambule dispose que les esclaves font partie de « tous les peuples que la Divine Providence a mis sous notre obéissance ». Sur la soixantaine d'articles, les 12 premiers traitent du baptême – obligatoire – et des sacrements auxquels les esclaves ont accès. Puis le régime matrimonial est précisé : si, pour se marier, l'autorisation du maître est nécessaire, ce dernier ne peut pas imposer son choix. L'union entre libres et esclaves est autorisée, les enfants suivant le statut de la mère. Les familles ne peuvent pas être séparées par vente ou succession. Les châtiments corporels sont à la discrétion du propriétaire, à l'exception de la torture et de la mutilation. La fuite est très sévèrement punie par voie de justice, de mort à la troisième tentative. L'esclave ne peut rien posséder en propre, mais le maître est tenu de le vêtir et de le nourrir décemment. L'affranchissement confère la qualité de sujet du roi.

CODES NAPOLÉONIENS

On qualifie de napoléoniens ou d'impériaux les quatre codes publiés par Napoléon Ier empereur : code de procédure civile (1806), code de commerce (1807), code d'instruction criminelle (1808), code pénal (1810).

À la différence du code civil qui est l'héritier d'une grande tradition de jurisconsultes polis par la doctrine et la critique, ces codes spécialisés sont en grande partie des improvisations hâtives. Leur style s'en ressent. Les modifications ou réformes qu'on leur a fait subir ne les ont pas transformés en œuvres littéraires.

COÉTIVY (maison de)

Maison bretonne d'où sont issus les seigneurs de Taillebourg et les princes de Mortagne.

Le plus connu, Prégent IV de Coétivy (vers 1400-1450), sert sous Richemont contre les Anglais, notamment à Formigny. Gouverneur de La Rochelle en 1436, il est nommé amiral de France en 1439, puis gouverneur de Granville et de Talmont en 1450. Il est tué devant Cherbourg.

COËTLOGON Alain Emmanuel de (?, 1646 – Paris, 1730)

Maréchal de France.

Il sert d'abord dans l'infanterie, comme enseigne au régiment Dauphin, et passe en 1670 dans la marine où il accomplit toute sa carrière. Il participe à la plupart des engagements maritimes du règne de Louis XIV : Palerme, Agosta, bombardement d'Alger (1688), combat de la baie de Bantry (1689), La Hougue (1692), défense de Saint-Malo (1693). Il est envoyé en Espagne en 1701, et Philippe V le nomme capitaine général, le chargeant de ravitailler l'Amérique espagnole et d'en ramener un convoi. Membre du Conseil en 1715, il achève sa carrière comme vice-amiral du Levant (1717) et est fait maréchal de France sur son lit de mort.

CŒUR Jacques (Bourges, entre 1394 et 1400 – Chio, 1455)

Homme d'affaires et financier.

Au moment de sa naissance, son père est un gros marchand pelletier de Bourges. Le commerce des fourrures est en effet à cette époque en pleine expansion, notamment à Bourges, capitale du duc Jean de Berry. Jacques Cœur commence à travailler dans les affaires de son père et épouse vers 1418 Macée Léodepart, dont le père est prévôt de Bourges. Ce mariage le met en relation avec les monnayeurs de la ville qui fabriquent de la monnaie pour le roi, et il s'associe avec plusieurs d'entre eux. Toutefois, en 1429, les associés sont accusés de fabriquer de la monnaie de mauvais aloi, et Jacques Cœur est condamné à une forte amende. Amnistié quelques mois plus tard, il développe sa maison de commerce, fonde des comptoirs dans plusieurs villes de France avant de se tourner vers le commerce méditerranéen alors aux mains des Génois et des Vénitiens. Après un voyage d'étude dans les principaux ports de la Méditerranée, en 1432, il décide de se lancer dans le fructueux commerce des épices, par l'Égypte notamment, et transporte le centre de ses affaires à Montpellier, puis à Marseille. Avec les frères Bartholomé, ses principaux associés, et Pierre Godart, il fonde une société « en haut fait de marchandise ». Il installe un chantier naval à Aigues-Mortes, fait fabriquer des copies des galées vénitiennes, puis organise sa propre écurie pour le transport des marchandises à travers la France. Il finit par posséder des comptoirs en Italie, en Afrique, en Syrie, en Égypte, et assure tous les transports, des marchandises aux pèlerins et même aux esclaves. En France, l'installation de ses entrepôts suit la reconquête de Charles VII : Tours, Paris (1435), Rouen, qui permet le commerce avec l'Angleterre, puis Lyon, centre de commerce fluvial.

Immensément riche, Jacques Cœur est devenu un familier de Charles VII : « commissaire sur le fait de l'argenterie » en 1436, il est nommé argentier du roi en 1439. L'argentier veille sur le Trésor royal, est l'intendant des domaines du roi, et doit approvisionner la Cour en un certain nombre de produits. Jacques Cœur ne se limite pas à ce rôle, conseille le roi en fait de finances, notamment pour les réformes monétaires et fiscales, grand souci de Charles VII. Satisfait de ses services, le roi l'anoblit dès 1440, et Jacques Cœur prend pour devise : « À vaillant cœur, rien impossible. » Homme d'affaires, il est aussi diplomate, représente le roi auprès du pape, acquiert la reconnaissance du Saint-Siège qui le soutiendra après sa disgrâce, intervient en Catalogne, à Gênes, à Rome au moment où Félix V et Nicolas V se disputent le trône papal.

La faveur et la fortune de Jacques Cœur, protégé par Agnès Sorel, n'ont plus de limites : négociant, il se fait drapier, teinturier, fabricant de pâte à papier, de chiffons, banquier, puis se lance avec divers associés dans l'exploitation des mines d'argent et de plomb. Il possède d'immenses domaines dans le Berry, en Bourbonnais, dans le Beaujolais et bien sûr à Bourges où il s'est fait construire un magnifique hôtel que l'on peut toujours admirer aujourd'hui. Le roi, jaloux de son argentier, finit par le faire arrêter le 31 juillet 1451. Charles VII choisit personnellement les juges du procès, parmi lesquels de nombreux ennemis de Jacques Cœur qui ne peut être assisté d'un avocat. Accusé, entre autres, d'avoir fabriqué de la fausse monnaie, conspiré avec le Dauphin (futur Louis XI) et même empoisonné Agnès Sorel, il reconnaît tout sous la torture et est condamné à mort. Sa peine est commuée en bannissement, à la confiscation de ses biens et à une amende de 400 000 écus (29 mai 1453). Tous ses biens, ceux du moins que ses associés n'ont pu mettre à l'abri, sont bientôt vendus.

Il devait rester en prison jusqu'au paiement de l'amende, mais il s'échappe en 1454, se réfugie chez des religieux à Beaucaire où il est repris malgré le droit d'asile. Libéré par ses amis, il s'enfuit à nouveau et finit par se réfugier à Rome auprès de Nicolas V. Là, il met de l'ordre dans ce qui subsiste de ses affaires, puis organise pour Calixte III, successeur du pape Nicolas V, une croisade contre les Infidèles. Malade ou blessé, il est débarqué à Chio et y meurt peu après. Ses associés et sa famille reçoivent bientôt des lettres de rémission, l'hôtel de Bourges et les mines du Beaujolais leur sont restitués en 1457. Geoffroy Cœur obtient des lettres de révision du procès au début du règne de Louis XI, mais le procès ne sera jamais rouvert.

COFFINHAL-DUBAIL Jean-Baptiste (Aurillac, 1754 – Paris, 1794)

Homme politique.

Médecin, puis procureur au Châtelet, il participe activement aux émeutes parisiennes du début de la Révolution, notamment à l'assaut contre les Tuileries, le 10 août 1792. Cette action d'éclat lui vaut d'être nommé la semaine suivante président du Tribunal révolutionnaire qui condamne Lavoisier. On lui attribue à cette occasion cette phrase célèbre : « La République n'a pas besoin de savants. » En tout cas, il envoie beaucoup de suspects à l'échafaud. Très dévoué à Robespierre, il le soutient courageusement au 9 Thermidor. Ce sera sa perte : huit jours plus tard, il est envoyé à la guillotine.

COGNAC

Ville d'Angoumois.

Bien placée sur la Charente pour accueillir les cargaisons de sel de la Saintonge, Cognac est dès le Moyen Âge un port prospère. Datant pour l'essentiel du XVe siècle, son château est la résidence préférée de Louise de Savoie, comtesse puis duchesse d'Angoulême, qui y met au monde le futur François Ier. C'est là aussi qu'a lieu, en 1526, la réunion des notables dénonçant le traité de Madrid et la signature de la ligue associant contre Charles Quint la France, le pape, Venise, Florence, l'Angleterre et les Suisses. Par la suite, les protestants s'établiront en grand nombre à Cognac qui deviendra une de leurs quatre ou cinq grandes places de sûreté après le traité de Saint-Germain. La révocation de l'édit de Nantes sera un coup dur pour l'économie cognaçaise qui ne se relèvera qu'à la fin de l'Ancien Régime, et surtout à partir de 1830, avec le succès du cognac.

COHABITATION

Sous la Ve République, nom donné à la coexistence d'un président de la République et d'une majorité parlementaire politiquement opposés.

Le terme apparaît entre les deux tours de l'élection présidentielle de 1965, après la mise en ballottage du général de Gaulle et dans la perspective d'une victoire de la gauche aux élections législatives de 1967. Le Général ayant écarté l'hypothèse, celle-ci prend corps à nouveau pendant la campagne législative du printemps 1978. Le président Giscard d'Estaing, dans son discours de Verdun-sur-le-Doubs (27 janvier 1978), annonce qu'il resterait en place en cas de succès de la gauche. L'idée est reprise par Édouard Balladur, en septembre 1983, puis par François Mitterrand, en octobre 1985. Les deux hommes la justifiaient, contre l'avis par exemple d'un Raymond Barre, en distinguant entre la nécessaire pérennité due à la fonction présidentielle et les aléas politiques du rôle présidentiel, dont l'action dépendait des scrutins législatifs.

La cohabitation entre dans les faits après la victoire de la droite aux élections de 1986. Le président Mitterrand nomme logiquement le chef du parti le mieux représenté à l'assemblée, le RPR Jacques Chirac. Cependant, deux vices de forme se font jour : compte tenu du mode de scrutin proportionnel, la majorité de droite est réduite et l'action du Premier ministre entravée d'autant ; le Premier ministre et le président se préparent à une candidature présidentielle, ce qui entraîne une cohabitation conflictuelle où le président Mitterrand conserve un rôle politique actif (refus de signer des ordonnances, admonestations sur les privatisations ou la Nouvelle-Calédonie, soutien aux lycéens puis aux grévistes, fin 1986). À cela s'ajoute le privilège de sa fonction dans le domaine extérieur, ce qui conduit à une dyarchie puisque aux termes des articles 5 et 20 de la Constitution, les deux têtes de l'exécutif peuvent revendiquer chacune une responsabilité.

La deuxième cohabitation s'opère dans des conditions différentes ; le président Mitterrand, malade, ne sera plus candidat ; Édouard Balladur, nommé Premier ministre, ne devrait pas l'être ; enfin, le scrutin majoritaire assure une large assise à la droite. Au-delà des déclarations martiales, les deux camps pratiquent une cohabitation coordonnée, ce qui suppose l'information réciproque, l'harmonisation des positions et, en cas de désaccord, le recours au Conseil constitutionnel qui devient juge suprême, un peu sur le modèle américain (application des accords de Schengen en août 1993, abrogation de la loi Falloux en janvier 1994). Cette pratique compte pour beaucoup dans le succès de la cohabitation auprès de l'opinion qui, dès juin 1993, manifeste son approbation avec des taux constamment supérieurs à 60 %. Succès également renforcé par la codécision dans le registre international : le pacte de stabilité européen (juin 1993), la gestion de la crise du Système monétaire européen (SME, août 1993), le conflit yougoslave (1993-1994), les négociations du GATT (décembre 1993) sont le produit du tandem de fait Mitterrand-Balladur.

La cohabitation apparaît ainsi, à tort ou à raison, comme un contrepoids démocratique à la présidentialisation du régime, ce que confirme le choix des électeurs pour la troisième séquence, ouverte en mai 1997. Celle-ci se rapproche, dans sa configuration tactique, de la première : les deux têtes, Lionel Jospin et Jacques Chirac, se préparent à une confrontation présidentielle en 2002 et la majorité socialiste à l'Assemblée est relative. Ainsi, en 1999, le président est deux fois mis en cause à l'Assemblée nationale par le Premier ministre à propos de la nomination du préfet Bonnet en Corse et de la mairie de Paris, après la démission forcée de Dominique Strauss Kahn, ministre de l'Économie et des Finances. Dans ces conditions, les réformes institutionnelles sont ou vouées à l'échec (abandon du projet sur la justice début 2000), ou instrumentalisées (inscription constitutionnelle de la parité hommes-femmes, le 28 juin 1999 ; modification du calendrier électoral pour 2002), ou encore vidées de leur valeur modernisatrice (adoption du quinquennat, septembre 2000). Nombre de ces réformes visent à réduire les possibilités d'une cohabitation, ce qui traduit l'exaspération des élites devant la perte d'efficacité, notamment internationale, que représente la dyarchie. Pourtant l'opinion y reste attachée jusqu'au printemps 2002 (54 % à l'étiage – juillet 1986 –, 71 % au zénith – septembre 1988) où 56 % des Français s'y déclarent hostiles.

COIGNY Aimée FRANQUETOT de (Paris, 1769 – Paris, 1820)

Fille de François Henri de Coigny.

D'une très grande beauté, elle est mariée au duc de Fleury puis, en 1791, devient la maîtresse du comte de Montrond qui, lors de la chute de la royauté, part avec elle pour l'Angleterre. Mais ils commettent l'imprudence de rentrer en France à la fin de 1793. Après avoir obtenu le divorce, Aimée de Coigny est arrêtée en même temps que son amant, le 4 mars 1794, sous l'inculpation d'émigration, et incarcérée à Saint-Lazare. C'est alors qu'elle inspire à André Chénier, emprisonné en même temps qu'elle, son élégie de *La Jeune Captive*. Plus heureuse que lui, elle est libérée après le 9 Thermidor et peut alors épouser le comte de Montrond. De nouveau divorcée, elle deviendra la maîtresse de l'un des frères du révolutionnaire Garat.

COIGNY François Henri FRANQUETOT de (Paris, 1737 – Paris, 1821)

Maréchal de France.

Il contribue, sous les ordres du maréchal de Richelieu, à la conquête du Hanovre (1757-1758), puis est fait lieutenant général en 1780. C'est un des intimes de Marie-Antoinette. Député de la noblesse du bailliage de Caen en 1789, il émigre en 1791 et combat dans l'armée de Condé avant de passer au service de la cour du Portugal. Rentré en France en 1814, Coigny fait partie de la Chambre des pairs ; il est nommé en 1816 gouverneur des Invalides et maréchal de France.

COITIER ou COICTIER Jacques (? – Paris, v. 1505)

Médecin.

D'abord médecin ordinaire de Louis XI vers 1470, il devient rapidement son premier médecin et exerce sur lui un grand ascendant. Ambitieux et avide, il se fait nommer clerc ordinaire à la Chambre des comptes en 1476, vice-président en 1480, puis obtient la destitution du président et prend sa place. Le roi lui accorde des sommes énormes, plusieurs domaines, dont celui de Saint-Germain-en-Laye, les titres de bailli et concierge du palais. Après la mort de Louis XI, il conservera ses titres et domaines sous ses successeurs, sauf la présidence de la Chambre des comptes qu'il devra céder à Pierre d'Oriole.

COLBERT Jean-Baptiste (Reims, 1619 – Paris, 1683)

Homme politique.

Fils d'un marchand drapier de Reims – il naît à l'enseigne du Long Vêtu –, il entre comme commis dans les services de Michel Le Tellier. Celui-ci le présente à Mazarin qui en fait son homme de confiance, le chargeant de gérer sa fortune personnelle et l'utilisant pendant la Fronde comme intermédiaire entre Anne d'Autriche et lui-même, lors de son exil. Avant de mourir, Mazarin le recommande à Louis XIV qui est vite impressionné par sa passion du travail et sa compétence, mais aussi par l'habileté avec laquelle il rassemble soigneusement les pièces qui accableront Fouquet (1661). Entré au Conseil d'en haut dès 1661, il devient pour vingt-deux ans, de 1661 à 1683, sans en avoir le titre, le Principal ministre de Louis XIV. Il accumule titres et charges. Responsable des Finances après la chute de Fouquet, il est le premier titulaire, en 1665, de la nouvelle charge de contrôleur général des Finances. En 1664, il achète la surintendance des Bâtiments. Il est également secrétaire d'État à la Maison du roi (1668) et à la Marine (1669). À l'exception de la Maison du roi, il conserve toutes ces fonctions jusqu'à sa mort. Seules lui échappent les Affaires étrangères et la Guerre.

Jean-Baptiste Colbert
Huile sur toile d'après P. Mignard, 1667, châteaux de Versailles et de Trianon. © *RMN*

C'est un cerveau ordonné, méthodique, épris de bien public, qui va marquer de son empreinte l'ensemble du règne de Louis XIV. Le roi le comble. Il sait, en effet, lui plaire par la clarté de ses rapports et l'accable de signatures qui lui donnent l'impression de tout faire. Mais Colbert est dur aux autres comme à lui-même, froid et morose, avide pour son clan familial. Il traite avec hauteur la Cour qui le déteste. Il n'est le courtisan que du roi mais accepte pour lui de joindre à ses fonctions publiques des services domestiques, transmettant les billets de Louis XIV à ses favorites ou recevant à l'accouchement des maîtresses royales les enfants adultérins du roi.

C'est à lui qu'il appartient de mettre en place définitivement la puissante machine administrative qui va faire pour longtemps de la monarchie française la plus efficace des monarchies européennes. En effet, la fin des années 1660 sont marquées par une intense activité législative. Perfectionnement décisif de l'état civil, par le passage de l'exemplaire unique au double registre stipulé par l'ordonnance de 1667 ; grande enquête de 1664 qui jette les bases d'une statistique descriptive systématique du royaume ; généralisation des intendants, représentants directs du roi dans les provinces ; réorganisation, avec méthode et clarté, de l'administration centrale et de la comptabilité : trésor de l'épargne, Conseil royal des Finances, tenue de trois livres (recettes, dépenses, fonds), préparation d'un budget provisoire (état de prévoyance) à côté de l'état au vrai qui arrête les comptes de l'année écoulée ; enfin, tentative d'unification et de clarification fiscales. À son arrivée au pouvoir, Colbert commence par diminuer la dette publique en faisant restituer par un tribunal spécial, la Chambre de justice, près de 110 millions de livres à quelques centaines de financiers concussionnaires. Puis il s'attache à simplifier le système fiscal très confus. Pour diminuer les frais des fermes particulières et améliorer le rendement des impôts, il crée en 1680 la Ferme générale, chargée de lever les impôts indirects, gabelles et aides. Ces derniers sont augmentés tandis que la taille, impôt direct et personnel de répartition, est réduite de 20 %. Mais, malgré les efforts de Colbert, la monarchie s'installe dans un déficit chronique aggravé par les goûts de magnificence de Louis XIV. Pour faire face aux dépenses considérables de la guerre en Hollande, le contrôleur général est contraint à des expédients : création d'offices, vente de lettres de noblesse, mais aussi chasse aux faux nobles et aux exempts (elle donne peu de résultats), refonte des monnaies (1674) et enfin création d'impositions nouvelles, comme le monopole du tabac et l'impôt sur le timbre. Celui-ci, très impopulaire, provoque en Bretagne une révolte paysanne qui se retourne contre la noblesse.

Aux yeux de Colbert, la puissance économique peut seule porter à son apogée la puissance de

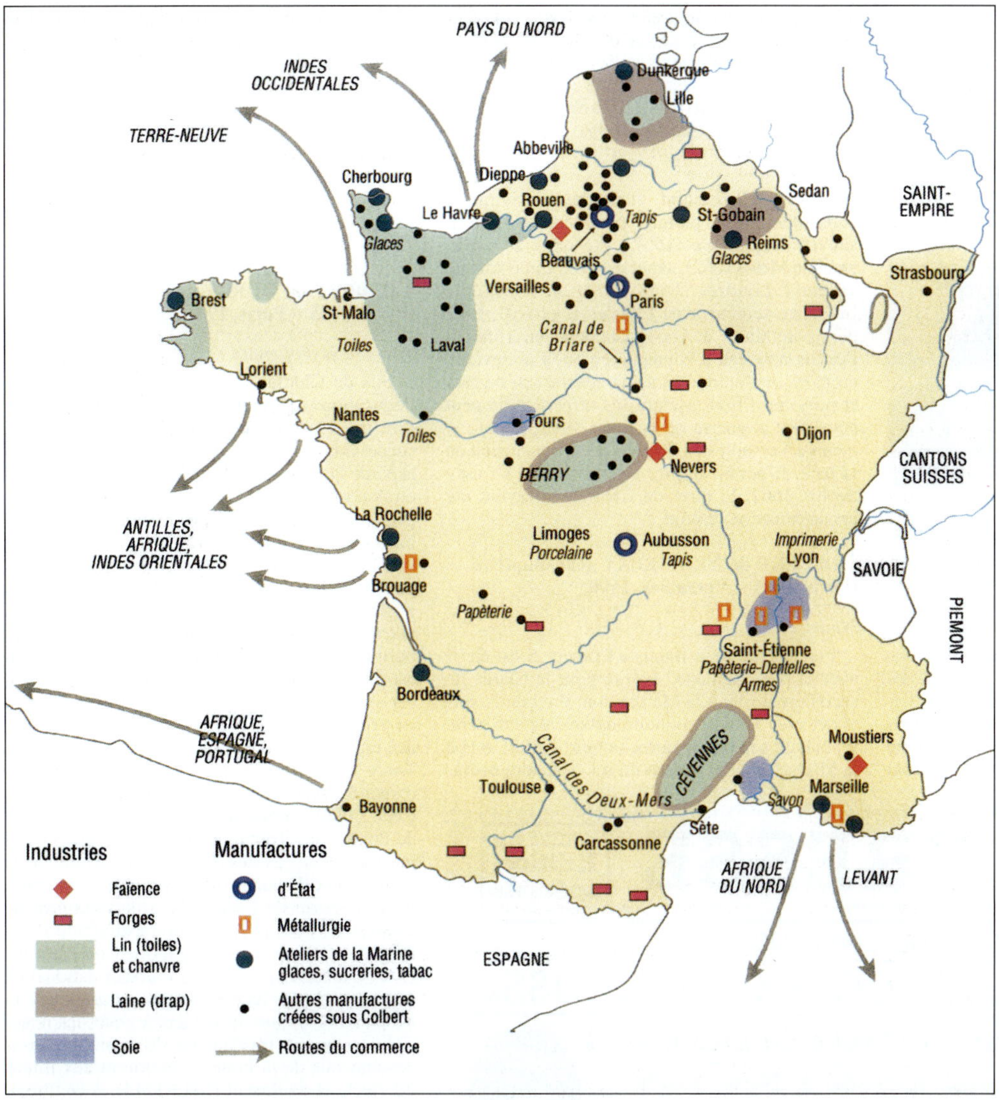

L'industrie au temps de Colbert

l'État et donc assurer l'hégémonie politique. Pour la développer, Colbert met sur pied un système économique qui est l'aspect français, méthodique et « dirigé » du mercantilisme de l'époque. Il suppose une politique fondée sur la force, la réglementation, donc la notion d'État. La principale idée, liée à la « famine monétaire » du temps est que l'État n'est riche que de numéraire. « Il n'y a [pour l'État] que l'abondance d'argent qui fasse la différence de sa grandeur et de sa puissance », écrit Colbert. Et il ajoute : « Il n'y a qu'une même quantité d'argent qui roule dans toute l'Europe et qui est augmentée de temps en temps par celui qui vient des Indes occidentales. » De même, la notion d'extensibilité indéfinie de la production et des échanges est totalement ignorée : le volume du commerce est stable par essence. Il en résulte un nationalisme économique et une sorte de perpétuelle guerre d'argent entre les États. Chacun cherche à se créer une balance de commerce favorable pour attirer et garder le métal précieux. La dernière grande idée est que l'État est un stimulant indispensable pour assurer la prospérité économique. L'économie sera donc étroitement dirigiste.

L'agriculture, subordonnée au commerce, doit fournir aux villes industrielles son ravitaillement à bon marché. D'où des mesures traditionnelles : protection des paysans (instruments et bétails insaisissables), répression du brigandage, arrachage de vignes au profit du blé, protection des forêts, développement des haras et des cultures industrielles (chanvre, lin, mûrier). Mais la fiscalité royale et seigneuriale reste démesurément lourde. Seule l'industrie peut accroître par l'exportation le stock monétaire, donc la puissance de l'État. Pour la développer, Colbert s'efforce d'intéresser les nobles à cette activité en luttant, comme Richelieu, contre le préjugé de dérogeance. Il multiplie les corporations mais leur enlève ce qui leur restait d'autonomie. La législation technique de la production industrielle est, en effet, généralisée. Désormais, c'est l'État qui réglemente les conditions de fabrication et les prix, dans un souci d'efficacité, de qualité et de standardisation. Mais l'édit de 1673 sur la réglementation corporative n'a guère plus d'efficacité que les édits analogues de 1581 et de 1597 : la petite industrie libre subsiste. Pour appuyer son effort, Colbert crée surtout des entreprises nouvelles, les « manufactures », entreprises capitalistes faisant le plus souvent travailler une foule de petits ateliers dispersés, parfois une collectivité de maîtres indépendants. Leur caractère essentiel est le privilège royal qui leur assure l'exemption du contrôle corporatif, le monopole d'une fabrication et des franchises nombreuses à l'adresse des ouvriers. Pour leur procurer de la main-d'œuvre, il mène une politique de natalité, et pour veiller à l'application des réglements et des édits de fabrication, draconiens, il s'appuie sur une élite dirigeante d'administrateurs, les inspecteurs des manufactures, armés d'une dure législation répressive des fraudes. Ce « planisme » de Colbert, qui, dans l'esprit de son créateur, doit être un stimulant de la productivité, donne des résultats durables dans bien des villes et industries (Abbeville, Alençon, Amiens, Aubusson, Angoulême, Rouen, Elbeuf, Tours, Lyon, Saint-Étienne, et, à Paris, le faubourg Saint-Antoine, les Gobelins). Les importations sont considérablement réduites, d'autant plus que Colbert fait instituer une série de tarifs douaniers protecteurs. Mais, à la longue, ce système deviendra un carcan qui entravera le progrès et cristallisera l'économie. Pour favoriser enfin le grand commerce d'exportation, Colbert crée, à coups de capitaux mobilisés de force, compagnies à monopoles et privilèges (la Compagnie des Indes orientales et celle des Indes occidentales en 1664, la Compagnie du Nord en 1669, la Compagnie du Levant en 1670). Paralysées par les règlements, elles donneront lieu à bien des déboires. Seule la Compagnie des Indes orientales traversera le règne. Le grand commerce se développe néanmoins, surtout grâce aux audaces individuelles, et enrichit Bordeaux, Nantes, Saint-Malo, La Rochelle, Marseille. Il est indispensable d'encourager le développement de la marine marchande pour étendre les moyens d'action du commerce français. C'est ce que Colbert fait par un système de primes à la construction, par l'inauguration, en 1668, de l'inscription maritime des gens de mer, répartis en classes servant par roulement, par la réglementation de l'organisation hiérarchique doublée d'une administration civile d'intendants et de commissaires. Colbert considère avant tout les colonies comme des établissements commerciaux qui fournissent au commerce de la métropole les produits manquant au concurrent ou des produits moins chers que ceux des concurrents. D'où la doctrine de l'exclusif : une colonie ne doit vivre que pour et par la métropole. Néanmoins, après Richelieu, il s'élève à l'idée que les indigènes doivent être assimilés et que les colonies doivent former les provinces d'outre-mer de la métropole. Cet effort commercial se traduit enfin par la création d'une marine de guerre importante destinée à protéger la flotte de commerce, à assurer les expéditions de conquête et à maintenir les relations avec les colonies. De 18 vaisseaux en 1661, elle passe à 276 vaisseaux en 1683.

La doctrine économique du colbertisme devait survivre à son auteur. Mais son bilan fut, à long terme, loin d'être entièrement positif : les classes populaires ne bénéficièrent pas de l'essor de l'industrie et du négoce ; la bourgeoisie marchande elle-même chercha à se débarrasser des contraintes sclérosantes du colbertisme ; enfin la guerre économique dont Colbert sentait lui-même le danger fut à l'origine de conflits internationaux. C'est ainsi qu'une des causes de la guerre de Hollande (1672-1678) fut l'affrontement douanier.

En tant que surintendant des Bâtiments (1664), Colbert stimule et discipline la production des beaux-arts, comme une autre manufacture, et sa réglementation crée l'académisme qui n'est que la « maxime de l'ordre » dans la production culturelle, sous protection royale. On lui doit l'Académie des inscriptions et belles-lettres (1663), l'Académie des sciences (1666), l'observatoire de Paris (1667). Il réorganise également le Jardin des Plantes (1671). Aux Beaux-Arts, il restructure, en 1664, l'Académie mazarine de peinture et de sculpture, dirigée à vie par l'infatigable « premier peintre du roi », Le Brun. Il crée les Académies d'architecture (1671) et de musique (1669). L'Académie de France à Rome est fondée en 1666, toujours sous la direction de Le Brun. Sont créées à leur tour, en 1667, les Écoles académiques de peinture et sculpture de Lyon, Reims et Bordeaux. Il autorise la fondation du

Colbert de Seignelay
Le marquis de Seignelay et le duc de Vivonne visitant la galère Reale *dans l'arsenal de Marseille en 1679 (détail).* Huile sur toile de Jean-Baptiste de la Rose, châteaux de Versailles et de Trianon. © *Giraudon*

Journal des savants (1665), accroît les collections de la Bibliothèque royale et crée le cabinet des Médailles. Il est lui-même membre de l'Académie française depuis 1667. Lorsqu'il meurt, épuisé de travail, il laisse à Louis XIV un royaume au plus haut de sa puissance. Mais le roi, sensible à l'influence de Louvois, ne le regrette pas, et le peuple ne conserve de lui que le souvenir des impôts et des règlements qu'il a créés.

COLBERT de CROISSY Charles (Paris, 1625 – Versailles, 1696)

Diplomate.

Frère du précédent. Il est successivement conseiller d'État, premier président du Conseil souverain d'Alsace (1657), président au parlement de Metz (1662), avant d'être nommé ambassadeur à Londres (1668-1674) où il négocie l'alliance secrète avec Charles II (1670). Déjà plénipotentiaire à Aix-la-Chapelle en 1668, il l'est de nouveau à Nimègue en 1678 et devient, en 1679, secrétaire d'État aux Affaires étrangères et ministre d'État. Malgré ses efforts, il ne peut empêcher la guerre de la ligue d'Augsbourg, et meurt à Versailles en 1696 avant la conclusion de la paix. Il portait le titre de marquis de Croissy depuis 1662, la terre de Croissy lui ayant été apportée par sa femme.

COLBERT de SEIGNELAY Jean-Baptiste (Paris, 1651 – Versailles, 1690)

Ministre.

Fils aîné de Jean-Baptiste Colbert. Il est élevé avec la plus vigilante sévérité pour la charge de secrétaire d'État à la Marine dont il reçoit la survivance en 1669. Auxiliaire dévoué de son père, il poursuit son œuvre après sa mort (1683), tant à la Marine qu'à la Maison du roi. Son administration est marquée par les bombardements d'Alger en 1683, de Gênes (qu'il dirige personnellement) en 1684, de Tripoli en 1685, ainsi que par la victoire de Tourville à Sainte-Hélène en 1690, obtenue un an après sa nomination comme ministre d'État. Mais son principal titre de gloire est d'avoir réussi malgré l'opposition du clan Le Tellier, grâce à un labeur acharné et à l'appui de Mme de Maintenon, à donner à la marine française, au moins pour quelques années, la suprématie mondiale.

COLBERT de TORCY Jean-Baptiste (Paris, 1665 – Paris, 1746)

Ministre et diplomate.

Fils de Charles Colbert de Croissy, il reçoit l'éducation traditionnelle de sa famille, c'est-à-dire qu'il est formé tout jeune à prendre la succession de son père. Quand Louis XIV lui accorde la survivance du secrétariat aux Affaires étrangères, en 1689, Torcy a déjà visité l'Espagne, le Portugal, l'Italie, l'Angleterre, l'Allemagne et la Suède. Le droit civil et le droit des gens, l'histoire de France et celle des principaux pays d'Europe, les langues allemande et espagnole n'ont pas de secrets pour lui. Il prend des notes sur les cours et les ministres, compose des portraits, rédige des aide-mémoire historiques. Il est donc plein d'expérience avant même d'exercer sa charge. Pourtant, lorsque son père meurt, en 1698, c'est Pomponne, beau-père de Torcy, qui rapporte les Affaires étrangères au Conseil. Torcy n'a en charge que la rédaction de la correspondance et la réception des ambassadeurs. Cette situation cesse trois ans plus tard, à la mort de Pomponne. Torcy reçoit alors en outre la surintendance des Postes. C'est dans l'affaire de la succession d'Espagne qu'il joue un rôle déterminant : partisan de l'acceptation du testament de Charles II, mesure nécessaire à la sûreté de la France et à la paix « à long terme » de l'Europe (1700), il contribue au grand sursaut national en inspirant à Louis XIV les termes de son appel au peuple (1709), puis il parvient à nouer les négociations qui, en révélant les divisions d'intérêts des ennemis de la France, aboutiront aux traités d'Utrecht et de Rastatt (1713-1714). À ce titre, il est, avec Villars et le roi, le sauveur du pays. Toutefois, le Régent ne lui accorde pas sa confiance, et il n'a plus aucune fonction publique à la majorité de Louis XV.

COLI François (Marseille, 1881 – en mer, 1927)

Aviateur.

Coli est, en 1919, le premier aviateur à réussir la traversée aller et retour de la Méditerranée (en moins de vingt-quatre heures). Il disparaît le 8 ou le 9 mai 1927, avec Nungesser, à bord de l'*Oiseau blanc*, au cours de la première tentative de liaison directe Paris-New York. Le 10 mai, à Paris, le journal *La Presse* avait annoncé faussement l'arrivée des aviateurs sur Boston, puis leur atterrissage à New York.

COLIGNY (calendrier de)

Calendrier en langue gauloise trouvé à Coligny, dans l'Ain, et conservé actuellement au musée de la Civilisation gallo-romaine de Lyon.

Gravé à l'époque romaine sur une table de bronze, le texte de ce calendrier n'a pu encore être intégralement traduit. Il permet cependant de constater que les Gaulois divisent l'année en douze mois lunaires, comprenant alternativement vingt-neuf et trente jours. Selon des périodicités variables, un ou deux mois sont intercalés pour faire correspondre le cycle lunaire de 364 jours et le cycle solaire de 365 jours un quart. Au milieu de chaque mois, on note le terme *atenoux* qui pourrait désigner la pleine lune. Les indications *mat* ou *anmat* signalent que les jours sont fastes ou néfastes. Les autres notations du calendrier de Coligny ne peuvent être déchiffrées, mais il semble qu'il ne comporte pas de mentions sur les fêtes religieuses.

144, rue Montmartre, Paris

LA PRESSE

Edition spéciale

MARDI 10 MAI 1927

LES HEURES D'OR DE L'AVIATION FRANÇAISE

NUNGESSER ET COLI ONT REUSSI

Les émouvantes étapes du grand raid

A 5 heures, arrivée à New-York

PENDANT LA RAFALE

Nungesser à Verdun

Le départ des aviateurs

En plein Atlantique

Au-dessus de Terre-Neuve

Au-dessus de la Nouvelle-Écosse

Les préparatifs pour l'arrivée

LE RAID DE SAINT-ROMAN

L'aviateur aurait atterri dans une île du Cap Vert

L'ARRIVEE

5 heures, New-York

Une escorte américaine

EN AMÉRIQUE

Les préparatifs de M. Ballanca

UN COMPETITEUR SE PREPARE

Les essais de Drouhin

LA PREMIERE VICTOIRE FRANÇAISE

En 1909 Blériot traversait la Manche

LA TRAVERSEE DE LA MEDITERRANEE

Les difficultés de Coli et de Roget

François Coli
La une de *La Presse* du 10 mai 1927, annonçant la fausse nouvelle de l'arrivée en avion de Nungesser et Coli à New York. © *Sélection Images*

COLIGNY François de, dit aussi d'ANDELOT (Châtillon-sur-Loing, 1521 – Saintes, 1569)

Chef militaire.

Fils de Gaspard Ier de Coligny. Après avoir subi une longue captivité à Milan, il devient, en 1555, colonel général de l'infanterie, à la suite de la démission de son frère. Fait prisonnier avec lui à Saint-Quentin, il parviendra à s'évader. Le parti calviniste le compte très tôt parmi ses membres les plus convaincus et les plus fougueux, au point qu'on lui attribue souvent la conversion de ses frères le cardinal et l'amiral. Incontestablement doué pour les armes, il oppose une vigoureuse résistance aux catholiques dans les batailles de Dreux, de Saint-Denis et de Jarnac. Il meurt peu de temps après ce désastre, épuisé par les efforts qu'il a dû fournir pour diriger la retraite de ses coreligionnaires vaincus.

COLIGNY Gaspard Ier de, dit LE MARÉCHAL de CHÂTILLON (Châtillon-sur-Loing, v. 1470 – Dax, 1522)

Maréchal de France.

Il est le premier de sa famille à posséder la seigneurie de Coligny, en Bresse. Il sert en Italie sous Charles VIII et Louis XII, puis sous François Ier qui le nomme maréchal de France en 1516. Sa femme, Louise de Montmorency, lui donne quatre fils : Pierre, mort jeune, Odet dit le cardinal de Châtillon (qui sera cardinal-archevêque de Toulouse puis évêque de Beauvais avant d'embrasser la Réforme et de se marier), Gaspard II (l'amiral) et François (d'Andelot).

COLIGNY Gaspard II, sire de (Châtillon-sur-Loing, 1519 – Paris, 1572)

Amiral de France.

Après s'être distingué dans les campagnes de François Ier et avoir reçu le brevet de colonel général de l'infanterie en 1547, il est nommé simultanément gouverneur d'Artois-Picardie et amiral de France en 1552. La responsabilité de l'entreprise de colonisation du Brésil conduite par Villegaignon (1555) lui est confiée, comme lui sera confiée sept ans plus tard la préparation de la désastreuse expédition de Floride. Avec L'Aubespine, il participe à la négociation de la trêve de Vaucelles (1556) qu'il est bientôt chargé de rompre, pour le malheur de la France. L'année suivante, enfermé dans Saint-Quentin, il oppose une résistance farouche aux Espagnols, auxquels il est finalement obligé de se rendre. La paix du Cateau-Cambrésis le libère en 1559. C'est alors qu'il apparaît comme acquis à la Réforme. Dès son retour en France, il prend avec Condé la direction du parti calviniste. Ses capacités ne trouvent pas leur meilleur emploi dans les batailles rangées. Ses troupes sont vaincues à Dreux puis, après une assez longue période de paix accompagnée d'un rapprochement avec la Cour (1563-1567), à Saint-Denis, Jarnac et Montcontour. Néanmoins, la bataille d'Arnay-le-Duc (1569) marque un ressaisissement des forces huguenotes. Mais, en fait, c'est dans la diplomatie que Coligny réussit le mieux. La paix de Saint-Germain (août 1570) est en grande partie son œuvre.

Dès lors, l'amiral devient une sorte de Principal ministre par l'ascendant qu'il exerce pendant un peu moins de deux ans sur Charles IX. Sa grande idée est de susciter une guerre contre l'Espagne, afin d'obliger les tendances adverses des Français à se réconcilier contre un ennemi commun. Mais cette politique séduisante paraît dangereuse à Catherine de Médicis qui, en outre, s'inquiète au plus haut point de voir son fils entièrement gouverné par le chef d'un parti. Ce sera la perte de l'amiral. La reine mère reconquiert peu à peu son empire sur le roi, dont elle réussit à éveiller la méfiance vis-à-vis de Coligny. Un coup de barre est donné vers les Guises, qui accusent depuis longtemps leur rival d'avoir armé Poltrot de Méré, le meurtrier de François de Guise en 1563. Le 22 août 1572, Coligny échappe à un premier attentat, celui de Maurevert, qui ne parvient qu'à le blesser. Ce n'est que partie remise : deux jours plus tard, l'amiral est la première victime de la Saint-Barthélemy, dont on peut dire qu'elle fut d'abord organisée contre lui.

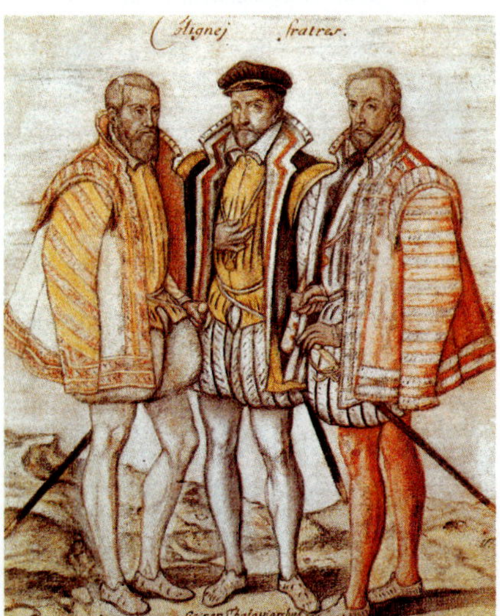

L'amiral de Coligny
Les Trois Coligny. Dessin de l'école de Clouet. Chantilly, musée Condé. © *Giraudon*

COLLABORATION

Politique d'entente et de coopération avec l'Allemagne nazie, menée par l'État français de juin 1940 à août 1944.

D'abord officialisée par l'entrevue de Montoire entre Pétain et Hitler (24 octobre 1940), la collaboration est présentée comme une politique imposée par la défaite au nom du sacro-saint « donnant-donnant » : en négociant avec l'Allemagne, la France espère, dans l'immédiat, desserrer l'étau allemand et permettre une meilleure mise en œuvre de la Révolution nationale ; après la guerre, obtenir un meilleur sort dans le nouvel « ordre européen ». Sous le premier gouvernement Laval (23 juin-13 décembre 1940), d'un côté l'État français tente de limiter l'hémorragie de capitaux provoqués par l'invasion allemande, de l'autre il fait des concessions importantes. Ainsi, à Wiesbaden, la délégation française auprès de la Commission allemande d'armistice propose de centraliser les commandes allemandes et de les répartir entre industriels français. En octobre, le gouvernement cède les mines de beauxite de Bor et l'or belge (dont la France était dépositaire) dans des conditions particulièrement avantageuses pour l'Allemagne.

Darlan au pouvoir (février 1941-avril 1942), plusieurs organismes s'appliquent à ce que l'économie française réponde à l'afflux des commandes allemandes : le ministère de la Production industrielle, la Délégation générale aux relations économiques franco-allemandes (DGRE), les Comités d'organisation, l'Office central de répartition de produits industriels. Ils recommandent de passer des marchés avec l'occupant pour éviter les réquisitions d'entreprises, puis participent à la constitution de sociétés mixtes franco-allemandes. (France-Rayonne, Francolor…). D'importantes quantités de matériel aéronautique, ou roulants, de produits industriels sont livrés. Un nouveau seuil est franchi à partir de 1942 et de l'échec de la guerre éclair en Union soviétique : la Relève, qui prévoit le retour d'un prisonnier de guerre moyennant le départ de trois travailleurs, puis le STO (Service du travail obligatoire) à partir de février 1943. Ce dernier est légèrement limité par les accords Speer-Bichelonne (septembre 1943) qui, en garantissant le statut d'« entreprises protégées » aux usines qui travaillent à 80 % pour le Reich, fixent en France un certain nombre de travailleurs, mais participent en contrepartie au soutien de l'économie du Reich. En 1944, plus de quatre millions de Français travaillent directement pour l'économie allemande.

Collaboration
Marius Berliet écoutant l'acte d'accusation lors de son procès pour collaboration économique avec les Allemands, en 1946. Debouts au fond, ses deux fils.
© *Lapi-Viollet*

Au-delà de ces aspects économiques, la collaboration est militaire : avec la signature des « protocoles de Paris » en mai 1941, la France se range désormais aux côtés de l'Axe contre l'Angleterre, en échange d'une réduction des frais d'occupation et de la libération de 90 000 prisonniers. Elle est aussi policière avec le début de l'engrenage répressif sous l'égide du ministre de l'Intérieur Pierre Pucheu. Les accords Oberg-Bousquet, en juillet 1942, scellent la collaboration des polices et permettent les rafles de Juifs. La police française est de surcroît doublée par les hommes de la Milice, dont le secrétaire général est Joseph Darnand, qui a prêté serment de fidélité à Hitler et entrera au gouvernement en janvier 1944. La collaboration de l'État français n'est pas un double jeu, mais un choix politique. Pour preuve, en novembre 1942, Vichy demande à ses troupes de tirer sur les soldats américains qui débarquent en Afrique du Nord. Enfin, avec le retour au pouvoir de Laval (18 avril 1942-août 1944), qui déclare le 22 juin « souhaiter la victoire de l'Allemagne », la collaboration n'est alors plus qu'un terme de propagande pour désigner les abandons successifs.

COLLABORATIONNISME

Idéologie des Français qui se sont engagés totalement aux côtés des Allemands.

On doit à Marcel Déat la paternité du terme dans *L'Œuvre* du 4 novembre 1940. Estimés à environ 250 000, les collaborationnistes mènent leur action en marge de Vichy et gravitent dans cinq nébuleuses. Tout d'abord, les partis politiques constitués ou reconstitués à partir du début 1941 : Parti populaire français de Jacques Doriot, Rassemblement national populaire de Marcel Déat, Mouvement social révolutionnaire d'Eugène Deloncle, réseau Abetz groupé dans *Collaboration…* La seconde nébuleuse rassemble des groupuscules activistes (Parti national-socialiste français, Parti social-national de France, Parti français, Jeune Front…) et des individus isolés qui ont rejoint des organisations allemandes telles le SIPO-SD et la SS, ou se sont faits auxiliaires de police tels Bonny et Lafont, ou encore qui se sont engagés dans la Légion des volontaires français contre le bolchevisme (LVF). En troisième lieu, viennent les intellectuels (Robert Brasillach, Lucien Rebatet, Drieu la Rochelle…), la presse (*Nouveaux Temps* de Jean Luchaire, *Je suis partout*, *Le Pilori*) et les centres d'études (Institut d'études des questions juives). Dans la quatrième nébuleuse, on note, formée au sein même de Vichy, la Milice de Joseph Darnand. Enfin, également issu de Vichy, figure le groupe des synarques, nombreux à être entrés dans le gouvernement de Darlan en 1941 (Benoist-Méchin, Pucheu, Marion…). La plupart de ces collaborationistes reprochent à Pétain un certain attentisme et veulent établir une véritable alliance avec l'Allemagne. Face à l'avancée des Alliés, beaucoup gagnent l'Allemagne en 1944.

Collaborationnisme
Retour d'Allemagne d'écrivains français en octobre 1941. De g. à dr. : lieutenant Gehrard Heller, Pierre Drieu La Rochelle, Georg Rabuse (au 2e plan), Robert Brasillach, Abel Bonnard, André Fraigneau et Karl Heins Brener, adjoint de Karl Epting à l'Institut allemand de Paris. © *Lapi-Viollet*

Collège de France

Institution d'enseignement inspiré par le mouvement humaniste mais qui, dans son opposition latente avec l'Université et l'Église, porte aussi la marque de l'absolutisme royal.

C'est François Ier qui jette les bases de l'institution en fondant, en 1530, un Collège du roi, composé à l'origine de cinq « lecteurs royaux », deux pour le grec, deux pour l'hébreu et un pour les mathématiques. Le roi de France concrétise ainsi l'idée inspirée par Guillaume Budé, et qu'il mûrissait depuis plusieurs années, de pourvoir la France, en dehors de l'Université, d'une institution d'enseignement analogue au Collège des trois langues, fondé en 1517 à Louvain par le chanoine Busleiden. Pour la réaliser, il fait d'abord appel à Érasme, qui décline l'offre. Mais la personnalité de ce grand humaniste, aussi réputé comme philosophe que comme érudit, révèle le caractère des préoccupations du roi, qui se meut dans un monde de pensées nouvelles qu'on appelle la Renaissance et la Réforme. En nommant comme premiers lecteurs les hellénistes Pierre Danès et Jacques Toussaint pour le collège grec, et les hébraïsants Agathas Guidacerius et François Vatable, à qui l'on doit la première édition de la Bible en hébreu, pour le collège hébraïque, François Ier fait confiance à ceux qui, situant du côté de l'Orient, en Palestine et en Grèce les sources des grandes idées religieuses et morales sur lesquelles vit le monde occidental, s'avisent de rétablir ces idées en leur pureté originelle.

L'Université, gardienne d'une orthodoxie autoritairement imposée, n'est pas lente à s'émouvoir et à fulminer sa censure contre ces nouveaux venus qui entendent soumettre le savoir considéré comme acquis à l'épreuve de la critique. Se sentant lésée dans ses privilèges, elle incite la faculté de théologie à poursuivre les lecteurs du roi devant le Parlement, sous l'accusation d'hérésie. C'est une âpre lutte qui dure cinq années. Les lecteurs royaux finissent par l'emporter grâce à l'appui du roi qui empêche la sentence du Parlement d'avoir effet. Pour mieux marquer ses convictions, François Ier a d'ailleurs créé en 1534 une chaire d'éloquence latine. Le Collège prend dès lors le nom de Collège des trois langues. Le nombre de chaires est porté à sept en 1545, et sous les règnes suivants les lecteurs seront toujours plus nombreux. Devenu Collège royal, il brille d'un vif éclat dans la seconde moitié du XVIe siècle. Les poètes de la Pléiade ainsi que Calvin, Ignace de Loyola, ou François Xavier suivent ses cours, mêlés à de nombreux auditeurs et, de 1551 à 1572, l'enseignement de Pierre Ramus est un triomphe. Mais les conflits avec les autorités extérieures et les dissensions intérieures (déjà, en 1572, au lendemain de la Saint-Barthélemy, Pierre Ramus tombait assassiné par un de ses collègues) nuisent au jeu de l'institution et à son efficacité et, aux XVIIe et XVIIIe siècles, si bon nombre d'hommes illustres continuent d'y professer, le Collège royal subit une relative éclipse.

Le renom des études qui s'y font est néanmoins pour lui une constante sauvegarde. Seul parmi les institutions savantes de l'Ancien Régime le Collège royal, devenu Collège national, continue d'exister et de travailler sous la Révolution, sans que rien ne soit changé dans les principes de son organisation. Devenu Collège impérial sous Napoléon, il prend définitivement le titre de Collège de France sous la Restauration. Pendant tout le XIXe siècle, il poursuit son effort dans la recherche, non sans que parfois la liberté nécessaire à cette tâche lui soit mesurée au nom d'intérêts politiques ou confessionnels. En 1852, la révocation de Michelet, de Quinet, de Mickiewicz, en 1854 la destitution de Renan pour avoir « exposé des doctrines qui blessaient profondément les croyances chrétiennes », d'autres incidents encore ont souvent entretenu une atmosphère de bataille comme aux premiers temps de l'institution.

En dépit de ces difficultés, le Collège de France a continué jusqu'à nos jours à donner un enseignement de haute valeur dans ses cours ouverts à tous et dont le programme, fixé librement par les professeurs, n'est sanctionné par aucun examen. Cette qualité, il la doit d'abord au sens qui y a toujours régné de l'opportunité scientifique et qui s'est traduit par un vaste élargissement de son activité à côté des humanités traditionnelles, en sorte qu'au lieu d'un petit nombre de disciplines, on y fait des recherches originales en mathématiques, astronomie, physique, chimie, histoire naturelle, médecine, histoire sous toutes ses formes, linguistique, philologie, droit, philosophie. Le nombre des chaires y est actuellement d'une cinquantaine, et des laboratoires sont également rattachés au Collège de France. Le succès, en même temps, est venu grâce à l'éminence des savants appelés au Collège, qui ont été bien souvent de grands novateurs et de grands créateurs : de Ramus à Roberval, de Daubenton à Corvisart, de Champollion à Maspero, de Michelet à Edgard Quinet, de Renan à Bergson, Lucien Febvre, Paul Valéry, Claude Lévi-Strauss ou Michel Foucault, les grands noms ne manquent pas. Actuellement, les professeurs du Collège sont choisis par le chef de l'État sur une liste de candidats présentés par l'Institut de France et par le corps des professeurs du Collège de France. En 1530, François Ier ne s'était pas soucié de donner à ses nouveaux maîtres une maison pour enseigner. On avait bien fait, à partir de 1539, de beaux plans de construction, mais le fastueux et toujours impécunieux monarque, non plus que ses premiers successeurs, n'avaient jamais pu les réaliser.

Vers 1600, l'érudit Étienne Pasquier forme le vœu qu'on voie enfin un « magnifique collège de pierres au lieu de celuy qui fut premièrement basty en hommes par le roi Françoys ». Et, dans la dernière année du règne d'Henri IV, on décide d'édifier, d'après les plans de l'architecte Claude de Châtillon, un bâtiment nouveau sur l'emplacement des collèges de Tréguier et de Cambrai, près de la Sorbonne. En 1774, le bâtiment est reconstruit sur les nouveaux dessins de l'architecte Chalgrin. Plus tard, en 1832, l'architecte Latarouilly adjoindra à l'ensemble de l'édifice, du côté ouest, face à la rue Saint-Jacques, une cour à deux pavillons reliés par un portique pompéien. Plusieurs rénovations (1935, 1995) ont été entreprises.

Collèges

Au Moyen Âge, résidences universitaires pour étudiants, puis, à partir du XVIe siècle, établissements secondaires tenus par des congrégations religieuses qui offrent à des élèves entre 8 et 17 ans soit un enseignement littéraire de six ans (collèges dits d'humanités), soit un cycle complet de huit ans comprenant deux années de philosophie (collèges dits de plein exercice).

À la charnière des XIIe et XIIIe siècles naissent des collèges universitaires : des mécènes fondent des pensionnats destinés aux étudiants boursiers de l'Université. Comme celle-ci n'a pas de locaux propres, les collèges se transforment en centres d'enseignement. Ainsi naissent à Paris, aux XIIIe-XIVe siècles, les collèges de la Sorbonne – fondé par Robert de Sorbon en 1257 pour les maîtres ès arts se présentant au doctorat de théologie –, de Navarre – fondé par la reine Jeanne de Navarre en 1304 –, d'Harcourt ou de Clermont. Les collèges au sens moderne naissent de la Réforme : les protestants introduisent l'enseignement religieux – jusqu'alors destiné au seul clergé – et perfectionnent la pédagogie. Leurs collèges, ouverts à partir de 1560, sont très réputés ; ils seront néanmoins fermés avant même la révocation de l'édit de Nantes. Entre-temps, les Jésuites, croisés de la Contre-Réforme, auront repris et perfectionné beaucoup de leurs innovations : internat obligatoire, classes de niveau, méritocratie, rareté des châtiments corporels, sport et théâtre, explication de textes… Ils séduisent les élites, qui confient leur progéniture au célèbre collège de Clermont ouvert à Paris en 1564, opportunément rebaptisé Louis-Le Grand en 1685, ou à l'un des 105 autres établissements – ainsi le collège de La Flèche fondé par Henri IV – qui couvrent le royaume en 1762, année de l'expulsion de l'Ordre. La quasi-gratuité de l'enseignement des Jésuites, grâce à un système de fondations, leur permet d'y faire accéder des jeunes gens de milieux très divers.

D'autres congrégations imitent les Jésuites : la plus renommée est celle de l'Oratoire, qui ouvre en 1638 le célèbre collège de Juilly, en Seine-et-Marne. C'est, en revanche, pour se démarquer de la pédagogie jésuite que les jansénistes créent leurs Petites Écoles à Port-Royal des Champs. Entre 1637 et 1660, ils y forment avec des méthodes très originales (primat du français sur le latin, de l'oral sur le livresque, esquisse d'une psychologie de l'enfance...) une centaine d'élèves, avec pour enseignants Blaise Pascal ou Pierre Nicole. Jean Racine est un de leurs disciples. Très politique est enfin la fondation en 1661 par Mazarin du collège des Quatre-Nations, destiné à recevoir « soixante écoliers » issus de quatre territoires récemment annexés par la France : l'Alsace, les Pays-Bas, le Roussillon, la province de Pignerol. Le bâtiment abrite depuis 1806 l'Institut de France. Le taux de scolarisation reste faible : moins de 2 % des garçons en âge d'y être admis fréquentent effectivement un collège ; des filles il n'est pas question. Il s'y trouve des fils de laboureurs, de bas officiers ou d'artisans mais ils vont rarement au terme d'un cursus qui est loin d'être un enseignement de masse. Néanmoins, gentilshommes ou non, tous les élèves reçoivent le bagage de l'honnête homme formé aux « humanités ».

COLLIER (affaire du)

Célèbre escroquerie contemporaine du règne de Louis XVI.

Ambassadeur de Louis XV auprès de Marie-Thérèse d'Autriche, le cardinal de Rohan, membre de l'une des plus illustres familles du royaume, a scandalisé l'impératrice par ses mœurs licencieuses. Quand il devient grand aumônier de France, Marie-Antoinette, subissant l'influence de sa mère, le tient éloigné d'elle, bien qu'il l'ait accueillie à son arrivée de Vienne alors qu'il était évêque coadjuteur de Strasbourg. Rohan ne se console pas de la disgrâce qui le frappe et cherche en vain à gagner la confiance royale. Vers 1781, apparaissent dans sa vie le comte et la comtesse de La Motte-Valois. Lui, gentilhomme d'aventure, officier de gendarmerie ; elle, soi-disant descendante de Charles IX. Ils séduisent vite le cardinal, protecteur d'individus douteux (Cagliostro le conseille), et la comtesse, qui se targue faussement de posséder l'amitié de Marie-Antoinette, offre à Rohan d'amener la reine à le rencontrer.

Reste à organiser l'impossible entrevue. Le comte séduit une « barboteuse des rues », la fille Oliva, dont les traits rappellent ceux de la souveraine. Puis la comtesse, le 11 août 1784, la revêt d'une robe rappelant celle de Marie-Antoinette sur le portrait peint par Mme Vigée-Lebrun et, entre onze heures et minuit, la conduit dans une charmille proche de la grille de l'Orangerie, à Versailles. Oliva n'aura qu'à remettre une rose à un seigneur, tout en murmurant : « Vous savez ce que cela veut dire. » L'intrigue se déroule parfaitement. Rohan se retire, certain de l'amitié de la reine, peut-être de son amour.

Au cours de l'année 1784, le prélat reçoit de nombreuses lettres rédigées de la main de la reine. En réalité, elles le sont de celle de Marc-Antoine de Rétaux de Villette, faussaire et amant de Jeanne de La Motte. Affectueuses, voire tendres, les missives ne cessent de réclamer d'importantes sommes d'argent que Rohan fournit. Cependant, la comtesse rencontre Böhmer et Bassenge, les joailliers de la Cour, et leur demande s'ils accepteraient de vendre à crédit, à la reine, « par l'intermédiaire d'un grand seigneur », leur plus magnifique parure, un collier de diamants estimé 1 600 000 livres. Les bijoutiers acquiescent. Elle s'adresse alors au cardinal et lui demande s'il voudrait se porter garant pour la souveraine du règlement d'un joyau que lui refuse obstinément son époux. Rohan ayant accepté, Böhmer et Bassenge réclament toutefois un engagement signé de la reine. Rétaux se charge de parapher « Marie Antoinette de France ». Or, jamais la reine n'ajoute « de France » à son nom de baptême. Le feuillet mentionne les clauses du marché : quatre versements échelonnés sur deux ans. Le collier est confié au pseudo-envoyé de Marie-Antoinette, Rétaux de Villette. Le comte et la comtesse disparaissent avec leur complice.

Le 12 juillet 1785, à Versailles, Böhmer communique à la reine un billet de son associé Bassenge, billet dans lequel est évoqué la « plus belle parure de diamants » vendue à la souveraine. Celle-ci ne comprend pas le propos, qu'aucun achat de sa part ne justifie. Au contraire, elle a, plusieurs fois, refusé d'acquérir un collier « en esclavage » formé de 540 diamants et coûtant 1 600 000 livres que lui proposaient les deux fournisseurs royaux, et qu'elle trouvait laid. Le 1er août, Böhmer se rend chez Mme Campan. Affolé, il déclare à la confidente de la reine que sa maîtresse reste lui devoir trois règlements (Rohan n'en ayant payé qu'un seul), solde de l'acquisition du fameux collier « en esclavage ». Il ne s'explique pas ce refus de régler la dette. La reine, lorsqu'elle apprend de Mme Campan ce que désirent les joailliers, exige des éclaircissements. Le scandale éclate. Le 15 août 1785, alors que la Cour se dispose à partir pour la chapelle, Louis XVI ordonne d'arrêter le cardinal de Rohan. La comtesse et ses complices sont enfermés à la Bastille, sauf le comte, parti pour l'Angleterre négocier la vente des diamants du collier.

La reine souhaite un procès public. Il s'ouvre, devant le Parlement, le 22 mai 1786 et s'achève le 31, les princes du sang et les pairs n'y siégeant pas. Le cardinal de Rohan est « déchargé de toute espèce d'accusation », ainsi que Cagliostro qu'avait compromis Jeanne de La Motte, Oliva « déclarée hors cour », Rétaux de Villette banni et la comtesse condamnée à l'emprisonnement à perpétuité. Elle s'évadera dix mois plus tard après avoir été marquée aux épaules de la lettre V réservée aux voleurs. À l'énoncé des verdicts, Paris acclame Rohan, qui est toutefois exilé sur lettre de cachet dans son abbaye de La Chaise-Dieu.

COLLOT d'HERBOIS Jean-Marie (Paris, 1750 – Guyane, 1796)

Homme politique.

Fils d'un orfèvre du nom de Collot, il se fait appeler d'Herbois quand il devient comédien ambulant, et accole les deux noms quand il se lance dans la politique. Auteur et acteur, il joue la comédie dans plusieurs villes de province, et connaît le succès avec des pièces comme *La Famille patriote*. Venu à Paris en 1789, il publie deux ans plus tard l'*Almanach du père Gérard*, dans lequel il se montre favorable à la monarchie constitutionnelle. Il devient rapidement un brillant orateur des clubs et contribue à la journée du 10 Août, puis aux massacres de Septembre. Membre de la Commune, député de Paris à la Convention, il siège à la Montagne, fait ensuite partie du Comité de salut public (septembre 1793). À la fin de l'année 1793, il est chargé avec Fouché de réprimer l'insurrection de Lyon et se signale par son énergie révolutionnaire et sa cruauté. Un attentat manqué, tenté par Admiral en mars 1794, le rend encore plus populaire. Il préside la Convention les 8 et 9 Thermidor, et joue un grand rôle dans la chute de Robespierre. Il est cependant à son tour mis en accusation et déporté en Guyane en 1795.

COLMAR

Chef-lieu du département du Haut-Rhin.

En 823 apparaît pour la première fois, dans un document de Louis le Pieux, le *fiscus Columbarium*, une grande propriété des empereurs carolingiens qui porte le nom de Colombier et remonte certainement à l'époque mérovingienne. Charles le Gros y tient en 887 une assemblée des dignitaires de l'Empire pour organiser la lutte contre les Normands. Dans la seconde moitié du XIIIe siècle, à un moment où la vie prend un grand essor dans la vallée rhénane, et particulièrement en Alsace, Colmar devient enfin véritablement une ville et s'entoure d'une enceinte. Sa situation de carrefour routier et économique favorise son développement : les routes de Suisse et de Méditerranée s'y joignent pour continuer en direction du nord vers Strasbourg et la vallée rhénane la route de l'ouest qui descend du col du Bonhomme, croise à Colmar les précédentes avant de se diriger vers la Forêt-Noire et les pays du Danube ; c'est là que l'Ill devient navigable. Les empereurs de la famille de Hohenstaufen, conscients de l'importance du site, accordent leurs faveurs à la communauté naissante et Colmar devient ville impériale en 1226. Elle n'a plus théoriquement d'autre chef que l'empereur mais ses bourgeois, groupés dans des corporations, doivent néanmoins défendre leurs libertés contre les tentatives d'empiétement des évêques de Strasbourg et des nobles qui entendent exercer seuls le gouvernement de la ville. Elle reçoit enfin de l'empereur, en 1360, une constitution qui sanctionne le pouvoir des corporations de métiers dans l'administration de la ville. Colmar fait partie de la Décapole alsacienne depuis 1354 et devient un gros marché agricole enrichi par le commerce des vins.

Mais, au milieu du XVIe siècle, les conflits religieux et politiques et de dures épreuves dues aux guerres mettent fin à sa prospérité. La Réforme ne s'y introduit qu'en 1575, mais bientôt un antagonisme violent divise catholiques et protestants. Quelques dizaines d'années plus tard, pendant la guerre de Trente Ans, l'empereur Ferdinand II, victorieux des princes protestants, impose la suppression du nouveau culte (1627). Pour peu de temps. En 1632, les Suédois s'emparent de la ville et rétablissent le protestantisme dans ses droits. Mais dès 1634, ils abandonnent aux Français les places fortes qu'ils occupaient en Alsace, dont Colmar. Par le traité de Rueil (1635), le roi de France garantit les privilèges de la cité. Toutefois une garnison française stationne à Colmar qui devient une forte base de guerre.

Colmar continue néanmoins à se comporter comme une ville impériale, et il faut attendre 1673, au moment où la guerre de Hollande est sur le point d'éclater, pour que Louis XIV, désireux de couvrir ses arrières, fasse occuper la ville par surprise. Le traité de Nimègue (1678) consacre la victoire du roi de France : Colmar devient ville royale française. Ses fortifications sont rasées mais, en 1698, Louis XIV, en y installant le Conseil souverain d'Alsace, cour de justice suprême pour toute la province, en fait la capitale judiciaire de l'Alsace, à la place de Brisach.

La Révolution est accueillie avec enthousiasme par Colmar qui devient le chef-lieu du Haut-Rhin. L'influence de la société des Jacobins y est forte mais les querelles religieuses déchirent la ville. Au cours des guerres napoléoniennes, des Colmariens se distinguent, surtout Jean Rapp, son enfant le plus illustre. Au XIXe siècle, plus que la succession des régimes, c'est le développement de l'industrie textile qui prend une grande importance pour la ville.

La guerre de 1870-1871 fait passer la cité avec toute l'Alsace sous la domination allemande, supportée difficilement. Cependant, sous l'administration du Reich, Colmar connaît un nouvel essor économique. Malgré la proximité du front, dans la vallée de Munster, la ville est peu touchée par la Première Guerre mondiale. L'armistice et le retour de l'Alsace à la France y suscitent un enthousiasme débordant. Colmar est de nouveau occupée par les Allemands en juin 1940. À la fin de l'été 1944, la libération de l'Alsace est entreprise par les troupes françaises. Mais, si Mulhouse et Strasbourg retournent à la France dès novembre 1944, ces succès sont remis en cause au début de janvier 1945 par une contre-offensive allemande. Ce n'est qu'après la difficile bataille de Colmar que de Lattre de Tassigny parviendra à libérer la ville.

COLMAR (bataille de)

Nom donné aux opérations déclenchées du 20 janvier au 7 février 1945 par la Ire armée française du général de Lattre de Tassigny, secondée par des troupes américaines, pour réduire la « poche de Colmar », toujours tenue par les Allemands, et, par là, dégager Strasbourg et libérer la Haute-Alsace.

La manœuvre d'encerclement, menée au nord par le 2e corps français (Béthouart) et le 21e corps américain, soit six divisions (dont deux blindées), et au sud par le 1er corps français (Monsabert), soit trois divisions (dont une blindée), a pour principal objectif Colmar, qui sera libérée le 2 février 1945 par les chars du général Schlesser. Dans les jours suivants, du 2 au 7 février, la poche est entièrement nettoyée. Les forces alliées engagées dans la bataille ont fait leur jonction à Rouffach. Elles capturent 27 000 Allemands, 70 chars et 50 canons.

COLOMBAN, saint (Irlande, v. 540 – Bobbio, Italie, 615)

Moine missionnaire irlandais.

Il est le représentant le plus emblématique du monachisme irlandais du haut Moyen Âge, dont les caractéristiques principales sont la rigueur du mode de vie, la participation active du moine à l'évangélisation et à la pérégrination. En vertu de ce dernier devoir, Colomban, formé dans le monastère irlandais de Bangor, débarque en Armorique vers 575, puis vient en Gaule vers 590 pour fonder de nouveaux monastères. Il crée en Lorraine l'abbaye de Luxeuil, qui essaime par la suite de nombreux monastères, comme Jumièges ou Remiremont, et contribue au renouveau monastique en Gaule. En Bourgogne, dans les premières années du VIIe siècle, il rencontre l'hostilité du clergé séculier qui lui reproche notamment ses pratiques liturgiques et son insertion trop entreprenante dans les structures diocésaines. Il s'attire ainsi l'hostilité de Brunehaut et de Thierry II qui le font expulser en Bretagne. Il s'apprête à regagner l'Irlande, mais le vaisseau qui doit le ramener est repoussé vers les côtes, et Colomban s'enfuit. Il traverse la Gaule du Nord, la Suisse, arrive en Italie en 612, ayant fondé, en chemin, de nombreux monastères. Le roi des Lombards l'autorise à installer un monastère à Bobbio où il achève sa vie. La règle instaurée par saint Colomban, d'une grande sévérité, sera peu à peu remplacée par la règle bénédictine.

COLOMBEY-LES-DEUX-ÉGLISES

Commune de l'arrondissement de Chaumont, dans le Barrois.

Le général de Gaulle y avait acquis une propriété « la Boisserie » avant la Seconde Guerre mondiale. Il y meurt le 9 novembre 1970 et se fait enterrer dans le cimetière de ce petit village que domine maintenant une immense croix de Lorraine érigée à sa mémoire.

Colombey-les-Deux-Églises
Vue de la Boisserie avec, en arrière-fond, la croix de Lorraine. © *Sélection Images*

COLPORTAGE

Sous l'Ancien Régime et au XIXe siècle, jusqu'en 1914 encore, vente ambulante en milieu rural distribuant notamment articles textiles, ménagers (vaisselle, coutellerie…) et imprimés (calendriers, almanachs, livres de piété…).

Les réseaux de colportage sont organisés à l'ère moderne par des familles de marchands qui doublent leurs réseaux de boutiques par des circuits de commis parcourant les campagnes. Empruntant des chemins connus d'eux seuls, ces voyageurs de commerce déjouent censure et gabelous. Dès la fin du XVIIe siècle, les ventes sont liées à l'industrie rurale diffuse, dispersée dans les campagnes. Les grands réseaux de distribution sont organisés sur une base régionale : ainsi les colporteurs qui circulent dans le massif du Briançonnais et de là dans l'ensemble de l'Europe du Sud depuis Le Monêtier-les-Bains ; les colporteurs normands du Cotentinois s'approvisionnent à Paris pour diffuser quincaillerie, mercerie et livres populaires – comme ceux de la bibliothèque bleue de Troyes – dans tous les pays européens ; en Provence, près de deux cents montagnards du Dauphiné s'approvisionnent à la foire de Beaucaire en objets divers revendus dans tout le Sud-Est.

Les différents réseaux, plus complémentaires que concurrents, coopèrent : ainsi, le Normand Noël Gille introduit dans la France du Nord les contrefaçons ou les cotonnades imprimées clandestinement que fabrique Jean Delorme dans le Sud-Est. Par ailleurs, les colporteurs ne sont pas spécialisés : les merciers dissimulent parmi les rubans et les bobines des livres interdits publiés à l'étranger. Le colportage facilite la diffusion dans le monde rural d'une civilisation matérielle moins parcimonieuse – mobilier, vêtements, almanachs se multiplient dans les inventaires après décès des paysans du XVIIIe siècle –, favorise la circulation monétaire ainsi que la diffusion des nouvelles. Le colportage est un des multiples relais de l'esprit des Lumières hors de Paris et loin des encyclopédistes. Mais il témoigne aussi d'une organisation commerciale transrégionale voire internationale qui lie la vie villageoise à des circuits métropolitains voire européens.

COMBAT (journal)

Journal d'abord clandestin (fondé en 1941), puis quotidien parisien de 1944 à 1974.

Combat paraît en décembre 1941 à Lyon grâce à l'intitiative de trois hommes : Henri Fresnay, François Menthon, Georges Bidault. Deux ans plus tard, lorsque se concrétise l'union des mouvements résistants, *Combat* se veut le journal de la future France libérée, sous la houlette de Claude Bourdet et de Pascal Pia. Le premier numéro non clandestin sort le 21 août 1944 à Paris avec la devise « De la résistance à la révolution » et le numéro 59, filiation revendiquée avec les parutions de la Résistance. La chance de *Combat* tient dans la coïncidence entre ses idéaux non-conformistes et le talent des plumes qui les servent. Albert Camus, rédacteur en chef pendant un an, Albert Ollivier et André Malraux installent le journal en position de résistance à toute tentative révolutionnaire, notamment communiste, parce qu'elle compromettrait la démocratie. Ce parti moraliste ne tient qu'en raison de l'audience intellectuelle du journal, à tel point qu'on le surnomme « le quotidien de Saint-Germain-des-Prés » : Gide, Sartre, Aron, Bernanos, Mounier, Nadeau en font un journal d'opinion, digne héritier des quotidiens libéraux de la Restauration.

Mais l'exigence culturelle ne garantit pas les fins de mois, surtout en période de guerre froide et de décolonisation. Les difficultés financières et les querelles personnelles entraînent, en 1950, le départ de Claude Bourdet qui fonde *L'Observateur* avec une forte minorité de journalistes. Le quotidien – dont la diffusion passe de 185 000 exemplaires en 1944 à 77 000 en 1950 – tente de rester sur une ligne indépendante des partis, sous la direction d'Henri Smadja, affairiste reconverti en patron de presse. Malgré un sursaut providentiel pendant les événements de mai 1968 où les talents conjugués de Maurice Clavel et de Philippe Tesson drainent un lectorat rajeuni, *Combat* s'érode continûment. Il ne compte plus que 28 000 fidèles quand, en 1973, une nouvelle scission menée par Philippe Tesson pour lancer *Le Quotidien de Paris* achève le titre. Sa dernière *une*, le 30 août 1974 – « Silence, on coule » –, illustre l'esprit paradoxal d'un journal qui aura duré moins de 10 000 numéros.

COMBAT (mouvement)

Un des principaux mouvements de la résistance française pendant la Seconde Guerre mondiale.

Le mouvement Combat, le plus puissant et le mieux organisé des mouvements de la Résistance, est le résultat d'un amalgame improbable entre des individus d'idéologies concurrentes et d'ambitions divergentes, animés par un idéal patriotique commun et l'ardente nécessité de « refaire » la France. Combat résulte de la fusion, en décembre 1941, des mouvements-journaux *Vérités* et *Liberté*. Le premier, conduit par Henri Frenay et Bertie Albrecht, est maréchaliste et compte sur Pétain pour remettre la France dans le conflit ; le second, dirigé par François de Menthon, est inspiré par les idéaux démocrates-chrétiens et souhaite une réno-

Combat
Henri Frenay, commissaire aux Prisonniers, reçu par le comité directeur du Mouvement des prisonniers et déportés, félicite Napoléon, héros de Courbevoie, en présence de François Mitterrand (à dr. au premier plan) et de Philippe Dechartre (octobre 1944). © *Archives Humanité Keystone*

vation nationale dans l'esprit de l'école d'Uriage. Ils sont rejoints par des socialistes marqués eux aussi par le personnalisme d'Emmanuel Mounier, notamment Claude Bourdet.

Jusqu'en novembre 1942, l'absence des Allemands en zone sud fait du combat idéologique et du renseignement les principales activités du mouvement, surtout actif dans la région de Lyon. Il recrute des diplômés, des entrepreneurs et des officiers en majorité. La rupture avec Vichy vient de la concordance entre la répression qu'exercent ses services et l'occupation généralisée du pays. L'appel à la révolution se répète, Combat aménage des caches d'armes, forme des saboteurs, noyaute les administrations et se veut une sorte de concurrent direct tant des communistes que des Français de Londres. D'où la difficulté du ralliement à Jean Moulin et les dissensions qui traversent le MUR (Mouvement uni de la Résistance), d'abord en 1943 sur la réintroduction des partis dans la vie politique française, puis sur les choix stratégiques contre les Allemands fin 1943 – début 1944 (Combat se prononçant pour une action immédiate), enfin au sujet des décisions de l'automne 1944 sur la reconstruction nationale qui précipitent l'éclatement du mouvement.

COMBES Émile (Roquecourbe, Tarn, 1835 – Paris, 1921)

Homme politique, président du Conseil.

D'origine modeste, il se destine d'abord à la prêtrise, accomplit ses études au petit puis au grand séminaire, est reçu docteur en théologie avec une thèse sur saint Thomas d'Aquin en 1860. Il commence à enseigner, perd la foi à la suite d'une crise de conscience et entreprend à Paris des études de médecine. Installé à Pons (Charente-Maritime) comme médecin, il se lance dans la politique, est élu maire de Pons en 1875, conseiller général en 1879, puis sénateur en 1885. Sa rupture avec l'Église catholique est complète, son anticléricalisme de plus en plus militant, bien qu'il reste attaché à une philosophie spiritualiste. Au Sénat, il siège d'abord parmi la gauche démocratique et se spécialise dans les questions de l'enseignement. Vice-président du Sénat en 1894-1895, il entre comme ministre de l'Instruction publique et des Cultes dans le cabinet Léon Bourgeois (novembre 1895 – avril 1896). Dirigeant du parti radical pendant l'affaire Dreyfus, il réclame la révision du procès, fait campagne « pour la défense républicaine et laïque ».

Président du Conseil, et aussi ministre de l'Intérieur et des Cultes, en mai 1902, alors qu'il a près de 70 ans, il se montre plus anticlérical encore que son prédécesseur Waldeck-Rousseau. S'appuyant sur la loi de 1901 et l'appliquant strictement, il cherche à mettre fin à l'enseignement des congrégations. L'appui des socialistes et des instituteurs lui permet de faire fermer des centaines d'établissements, de faire rejeter par la Chambre toutes les demandes d'autorisation présentées par les congrégations non autorisées, et finalement de faire voter la loi de juillet 1904, qui interdit l'enseignement à toute congrégation. Soutenu par une partie des Français, Combes est violemment attaqué par d'autres, Waldeck-Rousseau lui-même lui reprochant son intransigeance. Après un conflit avec le pape Pie X au sujet de la nomination des évêques de Laval et de Dijon, il finit par rompre les relations diplomatiques avec le Vatican (30 juillet 1904). Il prépare la séparation de l'Église et de l'État, bien qu'à l'origine il ne semble pas avoir eu l'intention de la réaliser, souhaitant contrôler l'Église au moyen du Concordat. Il n'aura pas le temps de la réaliser, l'affaire des Fiches entraînant la démission de son cabinet en janvier 1905. Constamment réélu au Sénat, le « petit père Combes », comme on le surnommait, ne joue plus de rôle important. Il sort de sa semi-retraite en 1914, est nommé ministre d'État dans le cabinet d'Union nationale au moment de la déclaration de guerre.

Émile Combes

Caricature de Combes. © *Collection Viollet*

COMBRAILLE ou COMBRAILLES

Petit pays du centre de la France, situé aux confins du Bourbonnais, de la Marche et de l'Auvergne à laquelle il appartient politiquement depuis le XIIe siècle.

La Combraille doit son nom à ses anciens habitants, les *Cambiovicenses*, dont la capitale était *Cambonum* (courbe de rivière en langue celtique), l'actuelle Chambon. Elle constitue une baronnie, parfois appelée principauté, qui jouit d'une quasi-indépendance jusque vers 1180-1200, époque au cours de laquelle elle entre dans les domaines des comtes d'Auvergne. Au début du XIIIe siècle, elle est confisquée par Philippe Auguste en même temps que les autres terres de Gui II. Démembrée de l'ensemble du pays, la seigneurie de Chambon passe, au XIVe siècle, à la famille de La Tour (d'Auvergne), ensuite à celle de Beaufort et revient enfin, par mariage et pour longtemps, aux La Tour. Mais l'autre partie des terres a un autre destin : d'abord aux mains de Pierre de Giac vers 1360, elle est vendue par celui-ci à Louis II de Bourbon un peu avant l'an 1400. Son sort est désormais lié à celui des Bourbons, d'abord sous les aînés de cette maison, puis sous les Montpensier, leurs successeurs, enfin sous les Orléans. Les capitales successives de la baronnie ainsi amputée de sa partie occidentale seront Montaigut et, après le rattachement de cette ville au Bourbonnais, Évaux, qui conservera sa prééminence jusqu'à la Révolution. Située à l'écart des grandes voies de communications, difficilement accessible en son centre, autarcique et assez pauvre depuis le haut Moyen Âge, la Combraille est restée un véritable pays, au sens historique, jusqu'à la Révolution. Elle a été ensuite partagée entre la Creuse, le Puy-de-Dôme et l'Allier. Bien qu'elle ait été considérée comme terre auvergnate, la Combraille était comprise dans le diocèse de Limoges. Sa principale communauté religieuse, Sainte-Valérie de Chambon, fondée par Abbon au milieu du IXe siècle, était fille de Saint-Martial de Limoges.

COMÉDIE-FRANÇAISE

Troupe dramatique fondée en 1680 sur ordre de Louis XIV.

Au milieu du XVIIe siècle existaient à Paris trois troupes principales : les Comédiens du roi à l'hôtel de Bourgogne, la Troupe du roi au Marais et l'Illustre-Théâtre de Molière. Après la mort de ce dernier en 1676, le roi donne l'ordre à sa troupe de se fondre avec celle du Marais dans le nouveau théâtre de la rue de Guénégaud ; le 16 août 1680, toujours sur ordre royal, la troupe de l'hôtel de Bourgogne rejoint celle de l'hôtel de Guénégaud, donnant officiellement naissance à la Comédie-Française (21 octobre 1680). De fait, celle-ci bénéficie d'un monopole exclusif, aucun autre comédien français n'ayant le droit de jouer à Paris. Les représentations mêlent des œuvres de Racine, Corneille, Molière. Elles se composent de deux volets : une œuvre sérieuse, puis une pièce gaie. Pour inaugurer leur salle de l'actuelle rue de l'Ancienne comédie, les « comédiens-français » jouent *Phèdre* et *Le Médecin malgré lui*. Ils déménagent en 1770 aux Tuileries, en 1782 à l'actuel Odéon, et occupent, depuis 1790, une dépendance du Palais-Royal reconstruite après l'incendie de 1900.

Appelée Maison de Molière ou Théâtre-Français, la Comédie-Française, reconstituée en mars 1804, n'est véritablement institutionnalisée que par un décret de Napoléon (émis à Moscou) le 15 octobre 1812. Intrigues et polémiques ne l'animent pas moins. À partir de 1833, elle est dirigée par un directeur (qui devient administrateur par décret de Louis Napoléon Bonaparte en date du 27 avril 1850). L'administrateur représente le gouvernement et a pour tâche de recruter de nouveaux pensionnaires, qui deviennent ensuite des sociétaires, ainsi que de décider du choix du répertoire. Sous l'influence des derniers de ces administrateurs – Jean-Pierre Vincent de 1983 à 1986, Antoine Vitez de 1988 à 1990, Jacques Lassalle de 1990 à 1993, Jean-Pierre Miquel, Marcel Bozonnet depuis 2001 –, une politique d'ouverture, déjà sensible avec certains metteurs en scène tels Jean-Paul Roussillon, s'est exprimée. Le théâtre n'en continue pas moins de transmettre le répertoire tragique classique. Par décret du 5 mars 1995, la Comédie-Française a été transformée en un établissement public national à caractère commercial et industriel.

COMITÉ DE SALUT PUBLIC

Organe essentiel du gouvernement révolutionnaire, créé les 5 et 6 avril 1793 pour remplacer le Comité de défense générale fondé le 1er janvier et dont l'action s'était révélée inefficace.

Composé à l'origine de neuf membres rééligibles choisis par la Convention, renouvelable tous les mois, délibérant en secret, il est chargé de surveiller et d'accélérer l'action de l'administration confiée au Conseil exécutif provisoire, ce dernier devant mettre ses arrêtés en vigueur sans délai. Le Comité de salut public est également autorisé à « prendre dans les circonstances urgentes des mesures de défense générale extérieure et intérieure ». Les Girondins crient à la dictature. Effectivement, l'étendue de ses pouvoirs en fait peu à peu un véritable gouvernement dictatorial aux mains des Montagnards. La Convention, théoriquement souveraine, se bornera le plus souvent à entériner ses décisions. D'avril à juillet 1793, le Comité, où figurent des hommes comme Barère et Cambon, ralliés à la Montagne, est dominé par Danton. Mais il ne sait ni repousser l'invasion étrangère ni prévenir l'insurrection fédéraliste, pas plus qu'il ne sait résoudre le problème de l'assignat et la crise des subsistances. Danton et ses amis, rendus responsables de ces échecs, sont donc éliminés lors du renouvellement du 10 juillet et remplacés par des hommes plus décidés, convaincus que la Révolution ne peut vaincre que par la force du peuple. Couthon, Saint-Just, Jean Bon Saint-André et Prieur de la Marne y forment un noyau de Montagnards qui sera complété le 27 juillet par la nomination de Robespierre, le 14 août par celle de Carnot et de Prieur de la Côte-d'Or, et enfin, le 6 septembre, par celle de Billaud-Varenne et de Collot d'Herbois. Avec Barère et Lindet, le Comité de salut public compte alors onze membres. Tous hommes de probité, de travail et d'autorité, ils restent unis pendant un an, jusqu'à la victoire. C'est le Grand Comité de l'an II qui, sous l'égide de Robespierre, véritable chef de gouvernement, dirige effectivement la France. « Au centre de l'exécution », il a sous « son inspection immédiate » tous les corps constitués, tous les fonctionnaires et, peu à peu, il contrôle tous les autres comités, jusque-là ses égaux. Les six ministres du Conseil exécutif provisoire, puis les douze commissions exécutives qui les remplacent le 1er avril 1794 lui sont étroitement subordonnés. Il dirige la diplomatie, la guerre par son Bureau topographique, la fabrication des armements par sa Commission des armées et des poudres, l'économie du pays par sa Commission des subsistances. Il ordonne des arrestations et empiète sur les attributions du Comité de sûreté générale par son Bureau de police créé fin floréal an II. Si Saint-Just et Couthon jouent aux côtés de Robespierre un rôle particulièrement important, formant ce que l'on a appelé le « triumvirat », et si une certaine spécialisation fait son apparition, celle de Carnot pour la conduite de la guerre, celle de Prieur de la Côte-d'Or et de Lindet respectivement aux armements et aux subsistances, en fait tous ses membres sont solidaires dans la direction de la politique.

La prépondérance du Comité de salut public se manifeste à la fois par la liquidation des factions (Exagérés en mars 1794, Indulgents en avril) et par le silence imposé à l'opposition au sein de la Convention. Mais, au printemps 1794, la division s'insinue au sein du Comité. Aux oppositions de tempérament, aux conflits d'attribution (Carnot s'irrite notamment des critiques de Robespierre et Saint-Just à l'égard de ses plans militaires) s'ajoute la divergence des orientations politiques. Carnot et Lindet, hommes de la Plaine ralliés à la Montagne, supportent mal le dirigisme économique et cachent mal leur hostilité à Billaud-Varenne et Collot d'Herbois qui font figure d'extrémistes. C'est Carnot qui prendra la tête de l'opposition contre Robespierre. Il est servi par l'intransigeance de l'« Incorruptible » qui, en refusant toute conciliation, précipite sa chute. Après le 9 Thermidor, le système gouvernemental de l'an II se disloque très vite. Par réaction contre la dictature terroriste, la prééminence du Comité de salut public où Carnot est le seul de ses anciens membres à subsister, disparaît. Ses pouvoirs sont réduits à la guerre et à la diplomatie, et il ne survivra pas à la Convention qui l'avait créé.

Comité de sûreté générale

Successeur du Comité des recherches de l'Assemblée constituante (1789-1791) et du Comité de surveillance institué le 25 novembre 1791 par l'Assemblée législative, il est créé le 2 octobre 1792 par la Convention qui élit ses membres de mois en mois.

Ces derniers, d'abord au nombre de 30, sont réduits à 18 puis à 12. Leur stabilité devient remarquable puisque, de septembre 1793 à juillet 1794, ils sont constamment réélus. Le Comité de sûreté générale a sous son « inspection particulière », en vertu de la loi du 17 septembre 1793, « tout ce qui est relatif aux personnes et à la police générale et intérieure ». Chargé de l'application de la loi des suspects, il dirige la police et la justice révolutionnaires. C'est le « ministère de la Terreur », formé d'extrémistes comme Amar, Vadier et Voulland. Sous leur impulsion, le Comité patauge dans le sang. Sauf le peintre David et Le Bas, tous ses membres sont particulièrement hostiles à Robespierre. Athées, l'arrêt de la déchristianisation et le culte de l'Être suprême imposés par ce dernier leur sont des griefs supplémentaires, tandis que les empiétements du Comité de salut public sur leurs attributions créent entre les deux comités des conflits de plus en plus fréquents. Cette rivalité, qu'une tentative de conciliation tente vainement de résoudre (4 et 5 thermidor an II), achève de perdre Robespierre. Mais la puissance du Comité de sûreté générale ne survit pas à l'homme qu'il a contribué à abattre. Les membres réputés robespierristes sont rejetés au profit d'hommes plus modérés comme Legendre ou Merlin de Thionville, et ses pouvoirs diminués. Il conserve néanmoins son rôle de police et de surveillance jusqu'à la séparation de la Convention (26 octobre 1795).

Comité français de libération nationale (CFLN)

Organe essentiel de la France combattante, créé le 3 juin 1943 à Alger.

Il rassemble, sous la coprésidence des généraux de Gaulle et Giraud, les généraux Catroux et Georges, ainsi que René Massigli, Jean Monnet, André Philip. Sa première déclaration stipule qu'il « est le pouvoir central français ». Étape décisive dans l'unification de la résistance extérieure, il ne met pas pour autant fin à la querelle de chefs. Le fossé se creuse entre Giraud et de Gaulle. Les différends portent sur le contrôle des maigres forces militaires du CFLN, le rôle des communistes au sein de la Résistance, les relations avec les États-Unis. Rapidement, de Gaulle exploite certaines maladresses de Giraud (éloignement d'Alger en juillet, négligence de la Résistance) pour imposer son autorité. Les rangs des giraudistes se parsèment. Le 2 octobre 1943, une ordonnance abolit la coprésidence au profit de de Gaulle. Le général Giraud finit bon gré mal gré par quitter le CFLN en novembre 1943. De Gaulle fait alors entrer des politiques (Mendès France, Queuille, Tixier), des membres de la Résistance (Frenay, Menthon, Astier de La Vigerie) et deux communistes : Fernand Grenier au ministère de l'Air et François Billoux, commissaire d'État en avril 1944. Le 3 juin 1944, enfin, le CFLN se transforme en Gouvernement provisoire de la République française (GPRF). En un an, il a accompli une œuvre essentielle en préparant la restauration de l'État républicain : création d'une Assemblée consultative provisoire, d'une Cour de cassation, d'un Conseil d'État, droit de vote accordé aux femmes… Lors du débarquement du 6 juin 1944, le CFLN désigne des délégués sur chacun des théâtres d'opérations. Les FFI obéissent alors à la fois au chef d'état major que le Comité militaire d'action (COMAC) a désigné, et au CFLN qui a porté à leur tête le général Kœnig.

Commerce triangulaire

Trafic maritime pratiqué principalement au XVIIIe siècle, ainsi appelé parce qu'il comporte trois pôles commercialement complémentaires.

À savoir : les ports français, d'où partent des marchandises fabriquées en France ou importées ; les côtes africaines occidentales, surtout le golfe de Guinée, où ces marchandises sont échangées contre de l'ivoire, de l'or, de la gomme et surtout des captifs destinés à la main-d'œuvre forcée ; les territoires américains – principalement Antilles et Louisiane –, où les esclaves sont transportés et vendus aux propriétaires de domaines coloniaux et d'où sont rapportés en France des produits tropicaux, en particulier du sucre, du coton et du cacao. Les lettres patentes de 1716 réglementent les conditions d'exercice de ce commerce triangulaire, placé sous le régime de l'exclusif. Les ports de Rouen, Nantes, La Rochelle et Bordeaux reçoivent le monopole de l'armement. Les marchandises concernées sont exemptées de droits fiscaux, les négociants étant tenus de verser au Trésor royal dix livres par Noir introduit aux colonies. Au milieu du XVIIIe siècle, la France, grâce à ses îles, est le premier exportateur mondial de sucre et le troisième importateur d'esclaves. Le commerce triangulaire, dit aussi « circuiteux », dont le trajet complet prend environ dix-huit mois, eut beaucoup à souffrir des guerres, en particulier de celle de Sept Ans (1756-

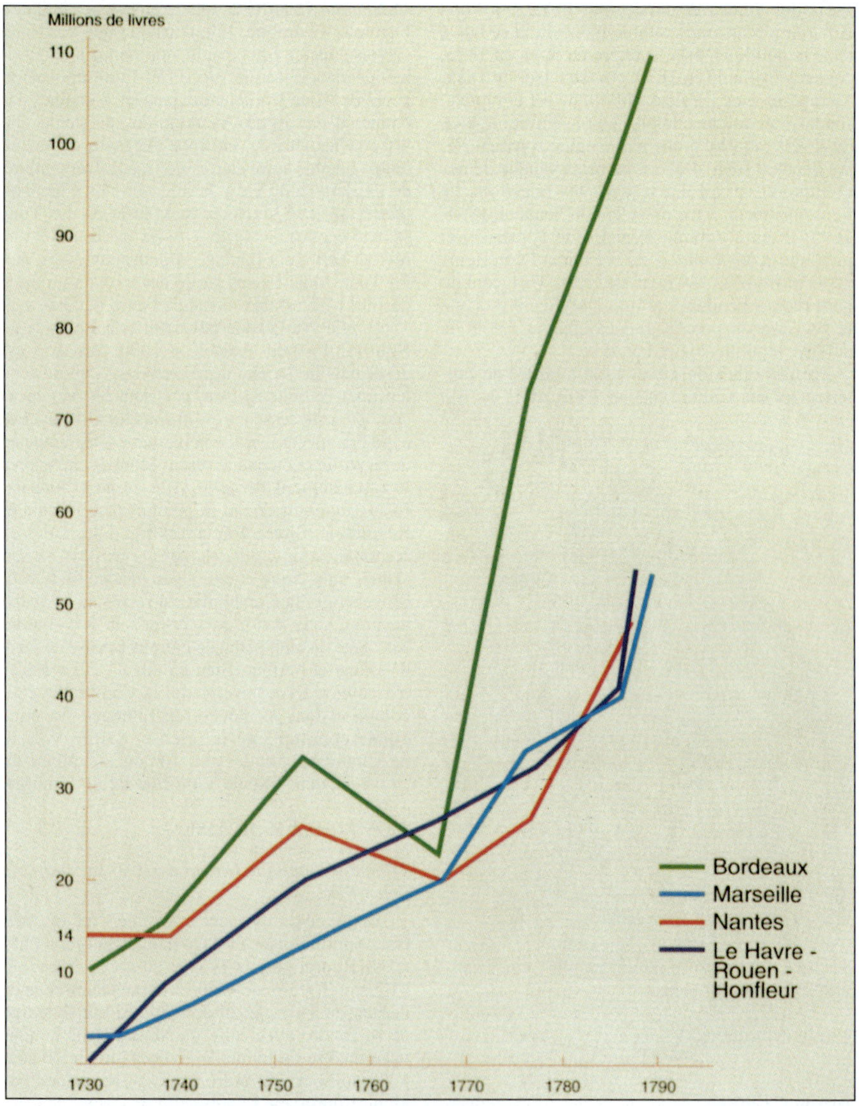

L'évolution du commerce colonial entre 1730 et 1790

1763). Nantes demeura toujours en tête de l'armement pour la traite négrière, et l'on estime que, de 1706 à 1791, ses vaisseaux transportèrent, en 1 300 voyages mobilisant 40 000 marins, plus de 450 000 esclaves, soit un tiers du trafic français. Son enrichissement fut considérable.

COMMINGES ou COMINGES

Pays pyrénéen qui doit son nom au peuple gaulois des Convènes et à sa capitale Lugdunum Convenarum, *en français Comminges puis Saint-Bertrand-de-Comminges.*

Le Comminges était bordé au nord par le Languedoc (Muret est commingeois), au sud par la Catalogne et l'Aragon, à l'est par les pays de Foix et de Couserans, à l'ouest par le Nébouzan, les Quatre Vallées et l'Astarac. Le pays des Convènes semble avoir eu des comtes particuliers dès le IXe siècle, mais l'histoire de ses seigneurs n'est vraiment bien connue qu'à partir du XIIIe siècle. La plupart des comtes de Comminges se sont prénommés Bernard. Après la mort de Marguerite, fille de Pierre-Raymond II, Jean IV d'Armagnac élève des prétentions sur le Comminges, dont il veut s'emparer malgré la donation qu'elle en a faite au roi. Ce sera l'occasion d'une expédition dirigée par le Dauphin (futur Louis XI) contre le Rouergue et la place forte de l'Isle-Jourdain où Jean IV sera pris (1444). Après la mort, en 1453, de Mathieu de Foix, second mari de Marguerite, Charles VII instaure son autorité sur le pays. Huit ans plus tard, il en fait don à Jean, bâtard d'Armagnac, qui l'a fidèlement servi. C'est en 1498 que le comté fait définitivement retour au domaine. Il existe encore une famille de Comminges qui a joué au cours de l'histoire un certain rôle militaire, notamment sous le nom de Guitaut. La tradition veut que cette famille descende des anciens comtes de Comminges. Suffragant d'Auch, l'évêché de Saint-Bertrand, ou plus exactement l'évêché de Comminges, disparaît en 1790. Il aurait été fondé dans les premières années du VIe siècle. Saint Bertrand en fut titulaire, ainsi que Bertrand de Got (Clément V) et Charles de Bourbon, demi-frère illégitime d'Henri IV.

COMMISSARIAT GÉNÉRAL AUX QUESTIONS JUIVES (CGQJ)

Organisme fondé le 29 mars 1941, dans le cadre de la collaboration de l'État français avec l'Allemagne.

Vichy a déjà mis en place une politique antijuive reposant sur un Statut des Juifs, promulgué en octobre 1940. Le CGQJ, créé à la demande de plus en plus pressante des Allemands, assume une triple mission : initiative législative pour tout ce qui concerne les « affaires juives », harmonisation du rythme des liquidations de biens juifs avec les besoins de l'économie nationale, responsabilité vis-à-vis des administrateurs « aryens ». Il applique les lois antisémites françaises, conformément au Statut des Juifs : délivrance de certificats de non-appartenance à la race juive, numerus clausus dans certaines professions, etc. Son premier commissaire, Xavier Vallat, a salué l'arrivée de Léon Blum en 1936 en regrettant que « ce vieux pays gallo-romain [soit] gouverné par un Juif ! » Dès le 2 juin 1941, il fait adopter un nouveau statut des juifs plus discriminatoire qui limite un peu plus les exemptions, sur la base d'une définition plus rigoureuse de la qualité de « juif » et avec des connotations religieuses plus marquées. Il crée l'UGIF (Union générale des israélites de France) le 29 novembre 1941, qui, sur le modèle des *Judenräte* d'Europe orientale, est destiné à servir d'intermédiaire entre Juifs et pouvoirs publics. Antisémite virulent, Xavier Vallat se refuse cependant à tirer profit de l'aryanisation des biens juifs.

À partir de l'été 1942, le rôle du CGQJ change de nature : il devient la courroie de transmission des services antijuifs allemands. Le germanophobe Vallat est remplacé par un grand admirateur des nazis : Darquier, dit de Pellepoix. Avocat véreux, il n'a pas hésité à exploiter la spoliation des biens juifs. Il mène une politique antisémite sévère, réduisant les exemptions de statut, proposant l'extension du port de l'étoile jaune (Xavier Vallat s'était opposé à cette mesure) et la création d'un statut de demi-juifs. Le CGQJ assure la mise en place de l'étoile jaune en zone occupée (à partir du 7 juin 1942), participe activement aux rafles, multiplie les actions de propagande. Il a la responsabilité de la loi du 29 juin 1943 retirant la nationalité française aux naturalisés après 1927. Le 26 février 1944, Darquier est remplacé par Du Paty de Clam. Joseph Antignac lui succède en mai 1944. Rouage français de la « solution finale », le CGQJ a contribué à la déportation de près de 76 000 Juifs de France.

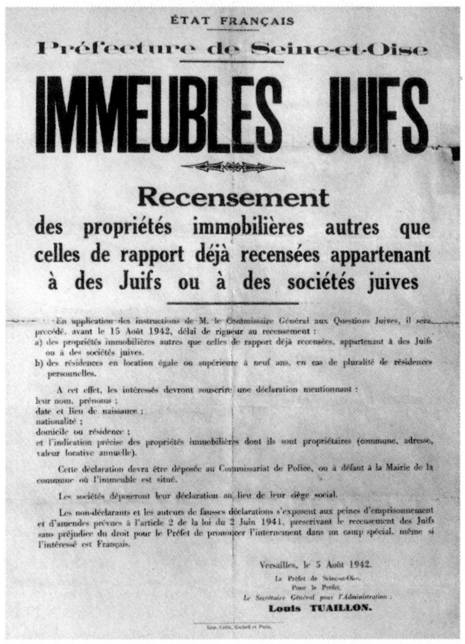
ÉTAT FRANÇAIS

Préfecture de Seine-et-Oise

IMMEUBLES JUIFS

Recensement

des propriétés immobilières autres que celles de rapport déjà recensées appartenant à des Juifs ou à des sociétés juives

En application des instructions de M. le Commissaire Général aux Questions Juives, il sera procédé, avant le 15 Août 1942, délai de rigueur au recensement :

a) des propriétés immobilières autres que celles de rapport déjà recensées, appartenant à des Juifs ou à des sociétés juives.

b) des résidences en location égale ou supérieure à neuf ans, en cas de pluralité de résidences personnelles.

A cet effet, les intéressés devront souscrire une déclaration mentionnant :
leur nom, prénoms ;
date et lieu de naissance ;
nationalité ;
domicile ou résidence ;
et l'indication précise des propriétés immobilières dont ils sont propriétaires (commune, adresse, valeur locative annuelle).

Cette déclaration devra être déposée au Commissariat de Police, ou à défaut à la Mairie de la commune où l'immeuble est situé.

Les sociétés déposeront leur déclaration au lieu de leur siège social.

Les non-déclarants et les auteurs de fausses déclarations s'exposent aux peines d'emprisonnement et d'amendes prévues à l'article 2 de la loi du 2 Juin 1941, prescrivant le recensement des Juifs sans préjudice du droit pour le Préfet de prononcer l'internement dans un camp spécial, même si l'intéressé est Français.

Versailles, le 5 Août 1942.

Le Préfet de Seine-et-Oise,
Pour le Préfet,
Le Secrétaire Général pour l'Administration :
Louis TUAILLON.

Commissariat général aux questions juives
Affiche sur le recensement des biens juifs, 5 août 1942.
© *Centre de documentation juive contemporaine*

COMMISSION

Pouvoir temporaire, octroyé par le roi par lettres patentes, d'exercer une charge dans des limites précisément définies.

Les commissaires, nommés par le roi et à tout moment révocables par lui, se distinguent des officiers, propriétaires d'une charge qu'il peuvent aussi transmettre (paulette). Certains commissaires sont aussi officiers, tels les intendants départis dans les provinces, souvent titulaires par ailleurs d'un office de maître des requêtes du Conseil d'État. L'absolutisme multiplie les commissaires, par nature dans la main du roi, pour l'administration du royaume : le contrôleur général des Finances (qui succède au Surintendant officier), le garde des Sceaux, le premier président du Parlement, les ambassadeurs, les gouverneurs de province, les trente conseillers d'État préparant les dossiers du Conseil du Roi, etc., possèdent une commission.

COMMUNAUTÉ ÉCONOMIQUE EUROPÉENNE (CEE)

Créée en même temps que la Communauté européenne de l'énergie atomique (Euratom) par le traité de Rome du 25 mars 1957, la CEE marque une volonté de relance européenne après la crise de la Communauté européenne de défense (CED).

Elle est le fait d'un certain nombre de groupes européens, comme ceux qui entourent Jean Monnet. Au terme d'une réunion des ministres des Affaires étrangères des six pays de la Communauté européenne du charbon et de l'acier (CECA), la première depuis l'échec de la CED, (conférence de Messine, 1er juin 1955), sont fixés les nouveaux objectifs : il s'agit de franchir une nouvelle étape dans la voie de la construction économique de l'Europe. Paul-Henri Spaak, ministre belge des Affaires étrangères, prend officiellement la responsabilité de cette relance européenne et lui donne une forte impulsion. Le traité de la CEE prévoit l'établissement d'un « marché commun » entre les six pays qui adhéraient déjà à la CECA et comporte deux aspects essentiels : d'une part, la libération des échanges, d'autre part, la construction d'une politique économique commune. La libération des échanges est prévue de façon assez précise : suppression des contingents et des droits de douane pour les marchandises, libération des mouvements de capitaux, possibilité de migration des travailleurs et droit d'établissement dans les différents pays. Ce programme doit être réalisé au terme d'une période transitoire de douze à quinze ans. En même temps, un tarif extérieur commun doit être établi à la périphérie du Marché commun des six. Le traité préconise l'établissement d'une politique commune pour l'agriculture et les transports, l'harmonisation des politiques économiques, particulièrement sur le plan fiscal et sur le plan monétaire. Une liaison est prévue entre l'élaboration progressive des politiques économiques communes et la libération des échanges.

Du point de vue institutionnel, les traités de Rome reprennent, dans une assez large mesure, le schéma général déjà établi par le traité de Paris instituant la CECA. L'Assemblée commune de cette dernière est élargie et transformée en assemblée parlementaire européenne pour les trois Communautés (CECA, CEE et Euratom). Les membres de cette assemblée devront adopter d'eux-mêmes le titre de Parlement européen. La Cour de justice de la CECA est également compétente pour la CEE et l'Euratom. Le Comité consultatif de la CECA subsiste tandis que, pour les deux communautés nouvelles, est créé un Comité économique et social fortement inspiré du Conseil économique et social français. L'innovation la plus importante tient à la structure de l'exécutif et, en particulier, aux rapports existant dans chaque Communauté entre l'organisme européen et le Conseil des ministres nationaux. Pour éviter de raviver la polémique de la supranationalité, la notion de haute autorité n'est pas reprise. On institue des commissions dont le rôle est d'appliquer les traités et les décisions prises par le Conseil des ministres et de faire les propositions nécessaires à la poursuite de l'intégration dans les secteurs prévus. L'indépendance financière de la Haute Autorité n'existe plus pour ces nouvelles commissions, qui dépendent des contributions financières votées par les six gouvernements. De même, contrairement à la Haute Autorité, les commissions de la CEE et de l'Euratom ne prennent pas elles-mêmes les décisions qui sont du ressort du Conseil des ministres. Ce dernier doit les prendre à la majorité mais, comme pour la CECA, une majorité pondérée – on retrouve ici le principe de la supranationalité.

En dépit de certaines réticences, l'opinion française dans son ensemble se montre favorable à la relance, d'autant plus qu'il ne s'agit que de problèmes économiques et techniques. Les deux traités sont ratifiés dès le 10 juillet 1957 par l'Assemblée nationale à une forte majorité, 342 voix contre 239. Ont voté contre : les communistes, les gaullistes, les poujadistes et une partie des radicaux derrière Pierre Mendès France, qui estime que la France n'est pas en état d'entrer dans le Marché commun. D'une façon générale, le traité de la CEE a donné des résultats plus satisfaisants dans le domaine de l'union douanière que dans celui des politiques communes. L'union douanière a été en effet établie le 1er juillet 1968 avec un an et demi d'avance sur le calendrier du traité de Rome. Simultanément, les tarifs nationaux, applicables aux pays non membres, ont été progressivement alignés sur le tarif extérieur commun et, depuis le 1er juillet 1968, les pays de la CEE disposent d'un tarif commun à l'égard du reste du monde.

Après la réalisation de l'union douanière et la mise sur pied de l'« Europe verte », la Communauté s'est élargie à neuf partenaires avec l'adhésion, en 1972, du Royaume-Uni, de l'Irlande et du Danemark. Quant au renforcement de la Communauté européenne, il a été décidé qu'il s'effectuerait principalement par la création d'un budget autonome et la réalisation (en 1980) de l'union économique et monétaire. Mais c'est encore dans le domaine agricole que la construction européenne a le plus progressé. En mars 1971 ont été adoptées les grandes lignes d'une politique de réforme des structures agricoles. Par ailleurs, une nouvelle hiérarchie des prix agricoles, favorable aux productions animales, s'est dessinée. Or, la crise monétaire a mis en danger l'Europe verte en imposant la mise en place de montants compensatoires à la suite de la réévaluation du deutsche Mark.

La coordination des politiques économiques et conjoncturelles, la politique industrielle et la politique régionale ont fait l'objet d'efforts particuliers. La nécessité de ces deux dernières politiques s'est fait d'autant plus sentir que la Communauté est devenue un pôle d'attraction pour les investissements étrangers, notamment américains. Corrélativement, ce mouvement d'investissements américains a été accompagné d'un processus de concentration des entreprises européennes. Dans le domaine de la politique régionale, les Neuf ont adopté, en octobre 1972, le principe de la création d'un Fonds de développement régional alimenté par les ressources propres de la Communauté. Enfin, le principe d'une coordination des politiques régionales a été adopté. Mais la politique énergétique n'a pratiquement pas progressé : l'Italie et la France sont, en effet, en faveur d'une stratégie européenne indépendante, tandis que le Royaume-Uni, l'Allemagne et les Pays-Bas souhaitent une concertation avec les gros pays importateurs de pétrole, notamment les États-Unis. Enfin, en décembre 1974 a été conclu à Paris un accord entre les Neuf en vue de rencontres périodiques. Cet accord envisageait l'élection au suffrage universel du Parlement européen, clause prévue par le traité de Rome, réalisée pour la première fois en juin 1979.

La CEE accueille la Grèce en 1981, l'Espagne et le Portugal en 1986, la Suède, la Finlande et l'Autriche en 1995. En 1990, les accords de Schengen sont signés, suivis de ceux de Maastricht l'année suivante. Le 1er janvier 1993, l'unification franchit une étape décisive avec la libre circulation des capitaux, le début de l'harmonisation fiscale (via la TVA) et la concrétisation de la coopération monétaire, lancée dès 1972 avec le « système monétaire européen ». En janvier 2002, dans le cadre de l'Union économique et monétaire (UEM, mise en place à Madrid en juin 1989 et confirmée à Maastricht en 1991), l'euro, monnaie unique, a été mis en place dans l'ensemble des États membres du Marché commun répondant aux trois critères de convergence définis le 2 avril 1998 par le Conseil européen (inflation maîtrisée, déficit budgétaire inférieur à 3 % du PIB, dette nationale inférieure à 60 % du PIB). Parallèlement à la monnaie unique, un Système européen de banques centrales (SEBC) est institué le 1er janvier 1999, composé de la BCE (Banque centrale européenne) et des banques centrales nationales. Cet organisme est chargé de déterminer et de faire appliquer la politique monétaire de la Communauté, de détenir et de gérer les réserves officielles de change des États membres, ainsi que de promouvoir les systèmes de paiement.

Communauté économique européenne
Signature des traités du Marché commun et de l'Euratom à Rome. De g. à dr. : Christian Pineau, Maurice Faure, le chancelier Adenauer. © *Keystone*

Communauté européenne de défense (CED)

Organisme européen de défense qui ne vit jamais le jour.

L'initiative de cette communauté revient au président du Conseil français René Pleven qui, le 24 octobre 1950, propose à ses partenaires européens la création d'une armée européenne. C'est la transposition dans le domaine militaire de ce qui avait été fait pour les matières de base, le charbon et l'acier, au sein de la CECA. Ce projet apparaît comme une tentative hardie pour résoudre la contradiction qui existe entre le danger d'un réarmement allemand et la nécessité de défendre efficacement l'Europe, dans le climat de tension internationale créé par les débuts de la guerre de Corée. Mais, de tous les pays signataires du traité de l'Atlantique Nord, seuls l'Allemagne, l'Italie, la Belgique, le Luxembourg et plus tard les Pays-Bas acceptent de participer aux négociations qui s'ouvrent à Paris, dans une ambiance de scepticisme, le 15 février 1951, sous la présidence de Robert Schuman.

Le projet définitif élaboré au cours de ces discussions ressemble plus, dans son organisation, à une armée de coalition qu'à l'armée véritablement intégrée initialement conçue par René Pleven. Il vise à établir une communauté européenne de défense, la CED, disposant d'une armée intégrée sous commandement commun. Cette armée comprendrait toutes les forces terrestres et aériennes des pays membres sauf celles nécessaires à la défense des territoires d'outre-mer. Mais les unités de base, de même nationalité, seraient d'environ 13 000 hommes, au lieu des 5 000 à 6 000 hommes seulement prévus par Pleven. Enfin, si les institutions de la nouvelle CED ressemblent beaucoup à celles de la CECA, leurs attributions sont assez différentes : les organismes communautaires ne constituent une autorité supranationale que de façon limitée car le véritable organe de direction est le Conseil des ministres, dont le rôle est d'harmoniser l'action du Commissariat européen à la défense – chargé de l'application du traité – et la politique des gouvernements membres. Comme pour la CECA, une assemblée parlementaire où la France, l'Italie et l'Allemagne disposeraient chacune de trois représentants supplémentaires exercerait un contrôle démocratique. Le traité est signé à Paris le 27 mai 1952. La veille ont été signés à Bonn les accords contractuels qui rendent à l'Allemagne occidentale sa souveraineté.

Le traité de la CED est ratifié sans difficulté par les partenaires de la France à partir du printemps 1953. Mais il suscite en France la plus grande querelle idéologique et politique depuis l'affaire Dreyfus. Les arguments des « cédistes » sont très solides : ils font valoir que la supranationalité est la seule possibilité de limiter le réarmement allemand et de s'opposer au danger de réunification de l'Allemagne fédérale avec l'Allemagne de l'Est. Mais, sur le plan psychologique, les « anticédistes » sont beaucoup mieux armés. Le premier argument, de type sentimental, mais très puissant, est qu'il ne faut pas réarmer l'Allemagne, et que la CED ne l'empêchera nullement de le faire. De plus, la CED « couperait l'armée française en deux ». Il y aurait l'armée française métropolitaine, intégrée dans l'armée européenne, et l'armée française d'outre-mer, sans désormais aucune communication entre ces deux éléments. Cette argumentation se résume en une phrase lapidaire : « La CED réarme l'Allemagne et désarme la France. » Le dernier argument anticédiste est l'hostilité à la supranationalité. Déjà fourni contre la CECA, il prend ici une valeur beaucoup plus grande car, à travers la défense et l'armée, l'essence même de la souveraineté nationale est en jeu. La campagne des anticédistes est enfin favorisée par la stabilisation de la guerre de Corée et la mort de Staline (mars 1953) qui, en faisant baisser la tension internationale, fait également paraître le réarmement de l'Allemagne moins nécessaire.

De plus, la France lie son acceptation définitive au règlement de l'affaire sarroise. Elle tente également d'obtenir un plus grand engagement des Anglais, qui restent en dehors de la CED, et des Américains sur le continent. Toutes ces modifications touchent à l'esprit même du traité. On se trouve dans cette situation singulière où la France, qui a proposé le traité, recule devant son application. Finalement, le 30 août 1954, le parlement français le repousse par 319 voix contre 264. À part les communistes et les gaullistes, très hostiles, et le MRP, très favorable, les autres groupements politiques se trouvent divisés sur une question qui touche au plus profond des intérêts français. Cet échec de la CED donnera un coup d'arrêt à l'idée d'intégration supranationale lancée par la CECA.

Communauté européenne de l'énergie atomique (Euratom)

Organisme européen dans le domaine nucléaire institué en même temps que la Communauté économique européenne (CEE) par le traité de Rome du 25 mars 1957.

L'Euratom a pour objet de créer entre les six partenaires contractants (France, Allemagne, Italie, Belgique, Pays-Bas et Luxembourg) un marché commun nucléaire avec libre circulation des matières fissiles, de l'outillage nécessaire à l'industrie nucléaire et de la main-d'œuvre nucléaire. L'Euratom ne touche pas à la propriété des industries atomiques, qui restent de caractère national, mais il doit faire converger les efforts dans le domaine de la recherche appliquée et mettre en commun une partie des recherches. Ce marché commun nucléaire est ouvert très vite, dès le 1er janvier 1959, mais il ne répond pas à l'intérêt qu'il a soulevé, principalement en France. Ne sont, en effet, concernées par l'Euratom que les applications civiles de l'industrie nucléaire, chacun des pays membres restant libre de développer les applications militaires. De grandes difficultés surgissent immédiatement, car il est souvent malaisé de délimiter secteur civil et secteur militaire.

Communauté européenne du charbon et de l'acier (CECA)

Organisme économique européen fondé le 18 avril 1951.

L'idée en a été lancée le 9 mai 1950 par Robert Schuman qui, dans un esprit de détente internationale et de volonté affirmée de construction européenne, proposait de créer une solidarité de fait entre la France et l'Allemagne en plaçant l'« ensemble de la production franco-allemande de charbon et d'acier sous une haute autorité commune dans une organisation ouverte à la participation des autres pays d'Europe ». La Belgique, l'Italie, le Luxembourg et les Pays-Bas ayant exprimé le vœu de participer à cette organisation, le traité de Paris qui l'institue, le 18 avril 1951, est signé par ces quatre pays, la France et l'Allemagne, au terme de négociations menées essentiellement par Jean Monnet. La circulation du charbon et de l'acier doit être immédiatement affranchie de tout droit de douane et ne peut plus être désormais entravée par des tarifs différentiels dans les transports. Les pays contractants s'engagent à renoncer à toutes les mesures ou pratiques établissant une discrimination quelconque entre producteurs, acheteurs ou utilisateurs, à toutes subventions ou aides accordées par les États, à toutes pratiques restrictives tendant à la répartition ou à l'exploitation des marchés. Progressivement se dégageront de cette politique économique les conditions assurant la répartition la plus rationnelle de la production au niveau de productivité le plus élevé.

Pour assurer la réalisation de ce programme, un système institutionnel original est mis sur pied. Le traité crée, en effet, une sorte de gouvernement européen, la Haute Autorité, chargée de faire appliquer le traité dans un esprit européen. Mais, alors que cette dernière est conçue à l'origine comme totalement indépendante des gouvernements nationaux, il est finalement décidé que ses neuf postes seront pratiquement partagés au prorata des pays participants. Cette atténuation du caractère supranational de l'institution reste très limitée : le pouvoir de la Haute Autorité sur les entreprises charbonnières et sidérurgiques s'exerce directement ; la Haute Autorité s'administre elle-même, notamment par le choix et le recrutement de ses fonctionnaires, et son financement est directement assuré par les firmes du charbon et de l'acier.

Des organismes particuliers l'assistent dans sa tâche. Elle doit s'appuyer sur les avis qualifiés du Comité consultatif, de composition tripartite (producteurs de charbon et d'acier ; utilisateurs et négociants ; travailleurs). Elle est flanquée d'un Conseil spécial des ministres qui donne son avis conforme pour les décisions les plus importantes et doit assurer la liaison entre le secteur du charbon et de l'acier confié à la Haute Autorité et le reste de l'activité économique des différents pays. Est également créée une Assemblée commune. Assemblée parlementaire, celle-ci est chargée d'exercer un contrôle démocratique sur la Haute Autorité qu'elle peut renverser à la majorité des deux tiers lors de la présentation du rapport annuel. Enfin, une Cour de justice veille au respect du traité et tranche les différends qui peuvent se créer entre les divers partenaires.

Mais, alors que dans les cinq autres pays participants les ratifications parlementaires se font sans difficulté, en France le traité est vivement combattu par les communistes et le RPF. Il est finalement adopté par l'Assemblée nationale, le 13 décembre 1951, par 377 voix contre 233. Ce premier Marché commun est ouvert, le 10 février suivant, pour le charbon, la ferraille, le minerai de fer, et, le 1er mai, pour les produits sidérurgiques. Il représente une étape décisive vers la CEE.

Communauté française

Nom donné, à l'initiative du député de Madagascar Tsiranana, à l'association d'États souverains, comprenant la France, la République malgache et divers États africains, créée par la Constitution de 1958 pour remplacer l'Union française.

La Communauté, qui entre dans le cadre du processus de décolonisation, ne fonctionnera jamais en fait dans ses institutions originelles et deviendra simplement contractuelle dès 1960. À la suite du référendum du 28 septembre 1958, qui ratifie la nouvelle Constitution et institue la Communauté, six territoires décident de conserver leur statut : la Côte française des Somalis, les Comores, la Nouvelle-Calédonie, la Polynésie française, Saint-Pierre-et Miquelon, Wallis et Futuna ; les autres choisissent de devenir des États membres. Au mois de décembre 1958, la Communauté comprend treize États : la République française, avec les neuf départements algériens, les deux départements sahariens, les départements de Martinique, Guadeloupe, Guyane et Réunion, et les six territoires d'outre-mer cités plus haut, à côté, la République malgache et onze nouvelles républiques africaines : République centrafricaine, Congo, Côte-d'Ivoire, Dahomey, République gabonaise, République islamique de Mauritanie, Niger, Sénégal, République soudanaise, Tchad et Haute-Volta. Tous ces États deviennent des républiques autonomes en novembre et décembre 1958. Seule la Guinée, en votant « non » au référendum de septembre 1958, choisit l'indépendance complète.

La Communauté se présente à la fin de cette même année comme l'association d'un certain nombre de nations gérant librement leurs propres affaires. Association qui repose sur l'autonomie administrative, législative, institutionnelle des États la composant, et qui possède un certain nombre, limité, d'institutions communes. Trois lois organiques, le 19 décembre 1958, complétées ensuite par divers textes, instituent les organes de la Communauté : la présidence (le général de Gaulle est élu à ce poste le 21 décembre 1958), le Conseil des chefs d'État et de gouvernement, le Sénat et la Cour d'arbitrage.

En fait, la Communauté connaît une évolution rapide. Certains nouveaux États, s'ils refusent d'être liés entre eux comme ils l'étaient du temps de l'Union française, souhaitent toutefois conserver des liens. Une première tentative de regroupement des États de l'ancienne A-OF, opérée par le Soudan et le Sénégal, échoue, mais ces deux États constituent une fédération, la fédération du Mali, dont l'existence sera très brève. La Côte-d'Ivoire, le Dahomey, le Niger et la Haute-Volta constituent ensuite un Comité d'entente, tandis que le Congo, la République centrafricaine et le Tchad se groupent en une Union des Républiques de l'Afrique centrale. Par ailleurs, les nouveaux États acceptent mal la présence du haut-commissaire, représentant le président de la Communauté, et des institutions administratives qui leur apparaissent comme des survivances du colonialisme. Enfin, les dirigeants des nouveaux États ne s'accordent pas sur la conception même de la Communauté. Tous les États demandent leur indépendance à partir de 1960. Certains signent des accords de participation et de coopération avec la Communauté nouvelle et bénéficient du « transfert des compétences communes » : le Mali et la République malgache d'abord, puis le Gabon, le Congo, le Tchad et la République centrafricaine. Les autres États sortent de la Communauté, mais signent plus tard avec elle des accords de coopération : la République islamique de Mauritanie et les membres de l'Entente, Niger, Côte-d'Ivoire, Dahomey, Haute-Volta. Après la rupture de la fédération du Mali, le Soudan, qui conserve le nom de Mali, n'est lié à la France par aucun accord. Les autres États signent des conventions bilatérales ou multilatérales : elles concernent le transfert des compétences institutionnelles de la Communauté à chaque État, puis les modalités de la coopération entre États. Le développement de cette coopération a amené la création, à côté du Secrétariat de la Communauté et de la Direction des affaires africaines et malgaches, d'un ministère de la Coopération. Par l'intermédiaire de ce dernier, la France fournit aux États une aide dans les domaines militaire, judiciaire, économique, financier, monétaire et culturel.

Commune de Paris (1789-1795)

Nom donné au pouvoir municipal qui gouverne Paris de 1789 à 1795.

Le 13 juillet 1789 au matin est publié un arrêté adopté la veille au soir par les électeurs du tiers état de Paris, réunis à l'Hôtel de Ville. Son article 3 porte création d'un Comité permanent. Le jour même, quelques électeurs du tiers (13 au matin, 23 le soir) s'adjoignent d'eux-mêmes à l'ancien « Bureau de ville », composé de 10 membres, pour former cette municipalité illégale. L'administration de la capitale passe enfin définitivement aux mains de la bourgeoisie, à la faveur de la victoire populaire du 14 juillet : le Comité permanent de l'Hôtel de Ville devient la Commune de Paris et le député Bailly en est élu maire le 16 juillet. Le lendemain, le roi vient à l'Hôtel de Ville entériner tous les résultats de l'insurrection du 14 juillet. À cette première Commune succède l'année suivante un organisme régulier : c'est le Conseil général de la Commune, élu par les citoyens actifs des 48 sections de Paris (loi du 21 mai 1790). Il a à sa tête un corps municipal au sein duquel le maire et 16 administrateurs détiennent le pouvoir effectif tandis qu'un procureur syndic, assisté de substituts, est chargé de défendre les droits et les intérêts de la communauté. Les Cordeliers ne pardonnant pas à Bailly d'avoir fait tirer sur la foule le 17 juillet 1791 (fusillade du Champ-de-Mars), ce dernier est bientôt contraint de se démettre. Il est remplacé, le 16 novembre 1791, par le Jacobin Pétion qui a reçu l'appui inattendu de la Cour, décidée à la politique du pire, contre la candidature de La Fayette.

Cette Commune légale est remplacée, dans la nuit du 9 au 10 août 1792, par une Commune insurrectionnelle : sur l'invitation du faubourg Saint-Antoine, les sections les plus révolutionnaires de la capitale désignent – avec, pour la première fois, la participation des citoyens passifs – 82 commissaires qui s'installent à l'Hôtel de Ville à côté de la Commune légale et, de là, dirigent l'insurrection qui renversera la royauté (journée du 10 Août). Entre ce pouvoir révolutionnaire et l'Assemblée législative, qui représente la légalité, s'ouvre immédiatement un conflit, qui durera les six semaines de la fin de la Législative et se poursuivra sous la Convention dans l'opposition des deux partis girondin et montagnard. La Commune insurrectionnelle, épurée bientôt par l'exclusion de tous les Girondins, sauf Pétion, et portée par des élections à 288 membres, tous issus de la petite et moyenne bourgeoisie (tels Chaumette, Robespierre et Danton), entend imposer les mesures les plus révolutionnaires face à l'Assemblée où domine la Gironde, parti de la grande bourgeoisie qui répugne à tout extrémisme. Le pouvoir est ainsi partagé entre des autorités rivales qui empiètent continuellement l'une sur l'autre. Danton, au sein de cette dictature confuse, est amené à jouer un rôle prépondérant en étant à la fois substitut du procureur, syndic de la Commune et ministre de la Justice dans le Conseil exécutif provisoire élu par la Législative.

Avec le Conseil exécutif, la Commune crée des commissaires qui, chargés d'aller galvaniser en province les énergies contre les ennemis de l'intérieur et de l'extérieur, sont à l'origine des premières arrestations de suspects, des premières mesures d'épuration et de l'apparition des Comités de surveillance. La Commune réclame également la création d'un tribunal criminel extraordinaire, formé de juges élus par les sections parisiennes, pour juger des crimes de contre-révolution. Malgré sa répugnance, l'Assemblée cède le 17 août et peu après s'instaure un régime d'exception. Dissoute, puis rétablie le jour même (1er septembre) par l'Assemblée désemparée devant le péril extérieur, la Commune donne l'exemple de l'élan patriotique, après l'annonce de la capitulation de Verdun (2 septembre) mais, en mobilisant les masses populaires, son Comité de surveillance, où siègent Marat, Panis et Sergent, est à l'origine des massacres de Septembre.

Après l'élection de la nouvelle Assemblée, à laquelle elle a activement participé en publiant des listes d'électeurs royalistes à écarter des urnes, la Commune fait procéder à la désignation du nouveau maire. Pétion, ayant refusé sa réélection, est remplacé le 30 novembre 1792 par un médecin, Chambon, soutenu par Brissot. Ce jour ou le lendemain, 1er décembre, la municipalité elle-même est renouvelée. 98 membres de la Commune insurrectionnelle seulement sont élus, mais la Montagne n'en domine pas moins cette quatrième Commune qui se donne pour procureur Chaumette et pour substituts Réal et Hébert. Enfin, le 14 février 1793, Chambon est remplacé à la mairie par Pache, jugé plus révolutionnaire.

S'appuyant sur les meneurs populaires et les militants sectionnaires, proclamant le droit à l'insurrection du peuple, au besoin contre ses représentants, et affirmant le rôle privilégié de Paris, guide de la nation et tuteur de l'Assemblée, cette nouvelle Commune impose à la France entière sa conception de la Révolution pendant l'année 1793. Elle obtient le 5 mai la loi du maximum des grains qu'elle réclamait depuis le 18 avril, et remporte une victoire complète contre la Gironde qui a engagé la lutte décisive le 24 mai en faisant arrêter son substitut Hébert. Après la proscription des Girondins (31 mai et 2 juin), qui consacre sa toute-puissance, la Commune se fait de nouveau menaçante, attisant le mécontentement général, reprochant à la Convention son immobilisme dans le domaine économique et social. Sous sa pression, cette dernière vote le décret portant peine de mort contre les accapareurs (26 juillet), la mise à l'ordre du jour de la Terreur (5 septembre) et la loi du maximum général (29 septembre). La Commune donne enfin à Paris le signal de la déchristianisation par la fermeture générale des églises et des temples (23 novembre).

Mais le Comité de salut public, dont la primauté s'affirme depuis l'automne 1793, réussit à la briser. La liquidation en mars 1794 des hébertistes, dont elle est devenue l'émanation, suivie le 11 mai de l'arrestation du maire Pache, remplacé aussitôt par Lescot-Fleuriot, la désempare, si bien qu'elle est impuissante à sauver Robespierre, le 9 Thermidor. Sa tentative insurrectionnelle, mal organisée et mal dirigée, échoue. Les jours suivants, 83 de ses membres, dont son nouveau maire, sont exécutés. Elle est enfin remplacée par deux commissions, administrative et financière, et perd la plupart de ses pouvoirs au profit de l'administration départementale, tandis que la garde nationale est mise sous les ordres du général en chef de l'armée de l'intérieur. La Constitution de l'an III prend toutes les précautions pour éviter la résurrection de la redoutable Commune. Paris, comme toutes les grandes villes de France, perd son autonomie. Son gouvernement est assuré par 12 municipalités distinctes, dont la gestion n'est coordonnée que par un Bureau central nommé par les autorités départementales sous le contrôle sévère du Directoire.

Commune de Paris (mars-mai 1871)

Mouvement insurrectionnel de la capitale dirigé contre le gouvernement issu des élections de février 1871.

Causes de la Commune. Elles sont nombreuses et plus ou moins immédiates. La capitale, et surtout en son sein les classes les plus modestes, ont beaucoup souffert du siège prussien pendant l'hiver. La reddition de Paris et l'entrée des Prussiens dans la ville (1er mars) augmentent encore la colère de la population, agitée depuis le mois de février. Le peuple, frustré des bénéfices de la révolution de 1830, puis de celle de 1848, au profit de la bourgeoisie, craint une nouvelle victoire bourgeoise. Beaucoup redoutent même que la majorité conservatrice de l'Assemblée élue en février ne rétablisse la monarchie. En même temps, l'Assemblée, où les députés de la province sont bien sûr la majorité, se méfie de la population parisienne dont elle redoute les excès. Méfiance fort ancienne qui remonte à la Révolution de 1789. Une série de mesures maladroites au début du mois de mars achève de déclencher la colère de la population parisienne. L'Assemblée décide la suppression du moratoire des effets de commerce et des loyers. La plupart des Parisiens sont incapables de payer les trois termes dus. L'Assemblée supprime aussi la solde quotidienne des gardes nationaux, seule ressource pour nombre d'ouvriers chômeurs.

Enfin, le 18 mars, les Parisiens apprennent que le gouvernement a décidé de reprendre les canons entreposés à Montmartre et à Belleville par la garde nationale, et que les habitants considèrent comme leur propriété. 200 canons sur 227 ont, en effet, été soustraits par les Parisiens et portent les numéros des bataillons de la garde nationale. Cette dernière a conservé ses fusils lors de la signature de l'armistice (28 janvier). Ses chefs, élus, ont constitué un Comité central à la fin du mois de février, puis l'ensemble de la garde s'est fédérée (3 mars), d'où le nom de Fédérés donné aux soldats de la Commune. Ces Fédérés refusent de donner leurs canons aux troupes régulières, et les regroupent à Belleville, à Montmartre, aux Buttes-Chaumont. L'annonce que le gouvernement de Versailles entend les récupérer par la force est le signal du déclenchement de la Commune.

Déroulement de la Commune. L'effervescence se répand aussitôt dans les faubourgs, les gardes nationaux s'opposent à la reprise des canons, et la troupe, qui avait reçu l'ordre de tirer, fraternise avec la foule. Les généraux Lecomte et Clément Thomas sont faits prisonniers et sommairement exécutés l'après-midi du 18 mars. L'insurrection s'étend peu à peu à l'ensemble de la capitale, le Luxembourg est occupé, puis l'Hôtel de Ville. Thiers estime que le gouvernement sera mieux à même de se défendre s'il quitte Paris. Il abandonne donc la capitale, suivi du gouvernement et des éléments de l'armée restés fidèles, et s'installe à Versailles. Certains bourgeois l'imitent et quittent Paris à leur tour. Le comité central reste maître du pouvoir dans la capitale, et ses membres s'installent à l'Hôtel de Ville. Les blanquistes proposent

La Commune de Paris

Louis XVI reçu par la municipalité de Paris le 17 juillet 1789. Fresque de Jean-Paul Laurens, 1901, Paris, Hôtel de Ville. © *G. Dagli Orti*

La Commune

Les Otages martyrs. Exécution d'otages à la prison de la Roquette, le 24 mai 1871. Au centre, Mgr Darboy, archevêque de Paris. Paris, Bibliothèque nationale de France. © *Sélection Images*

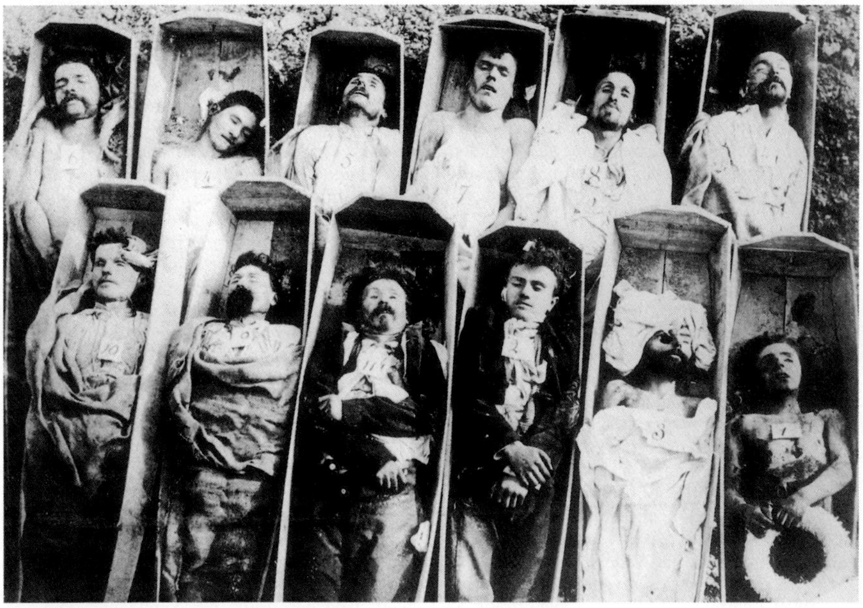

La Commune
Cadavres de communards exposés dans leurs cercueils. © *Sélection Images*

de marcher sur Versailles, mais la majorité du comité s'y refuse, se bornant à décider l'élection, le 26 mars, d'une municipalité, une Commune de 90 membres. Le mouvement parisien se proclame fédéraliste et décentralisateur, mais il n'est guère suivi en province : les mouvements semblables, nés dans quelques grandes villes (Lyon, Saint-Étienne, Le Creusot, Toulon, Marseille) dans la semaine suivant le 18 mars, sont rapidement étouffés, la Commune se limite à Paris.

Les élections du 26 mars donnent une majorité de Jacobins, comme Delescluze, beaucoup de disciples de Blanqui (Rigault, Félix Pyat, Flourens), des révolutionnaires de 1830 et 1848, quelques membres de l'Internationale, comme Varlin ou Édouard Vaillant, des isolés comme Jules Vallès. En face, 19 modérés seulement, qui démissionnent peu après, entraînant de nouvelles élections le 16 avril, et l'arrivée au Conseil de Pottier et du peintre Courbet, entre autres. Les élus proclament solennellement la Commune le 28 mars, et s'installent à l'Hôtel de Ville. Ils prennent rapidement quelques mesures symboliques : adoption du drapeau rouge, du calendrier révolutionnaire – les actes sont datés de l'an 79 de la République –, interdiction du travail de nuit dans les boulangeries, prolongation du moratoire des loyers. La séparation de l'Église et de l'État est votée le 2 avril, comme la laïcité et la gratuité de l'enseignement. Pour se procurer des ressources, les chefs de la Commune se contentent de demander une avance à la Banque de France. Le 3 avril, les Fédérés tentent de marcher sur Versailles. Mais l'effectif et l'armement sont insuffisants, 20 000 hommes combattent vraiment, et on compte un seul officier d'active, Rossel. Ils sont arrêtés, après de violents combats au mont Valérien, à Meudon et à Clamart, et doivent rentrer dans la capitale. Un second siège de Paris commence. Les Versaillais ayant fusillé deux de leurs chefs, les Fédérés prennent des otages parmi les suspects incarcérés, y joignent des prêtres et l'archevêque de Paris, Mgr Darboy. Tandis que les troupes de Thiers attaquent la capitale, les Fédérés continuent à légiférer, à prendre diverses mesures comme la démolition de la colonne Vendôme (12 avril), la création d'un comité de salut public (1er mai).

Le 21 mai, les troupes versaillaises pénètrent dans Paris par le bastion du Point-du-Jour laissé sans garnison par le commandant des Fédérés, Delescluze, successeur de Rossel démissionnaire. La Semaine sanglante commence, des barricades se dressent un peu partout le 23 mai, tandis que les communards incendient l'Hôtel de Ville, le Quai d'Orsay, le Palais de justice, les Tuileries, et d'autres bâtiments. Des combats acharnés se déroulent rue Royale, faubourg Saint-Honoré, des prisonniers sont fusillés sans jugement par les Versaillais le 24 mai, exécution suivie de celle des otages, le même jour. Le 25, les Versaillais sont maîtres de toute la rive gauche de la capitale. Montmartre, Belleville, les Buttes-Chaumont, et enfin le Père-Lachaise, où les Fédérés seront fusillés le long du mur qui porte désormais leur nom, sont le théâtre des derniers combats, le 28 mai.

La répression commence aussitôt, des cours martiales jugent tous ceux, hommes et femmes, qui ont été pris les armes à la main, ceux qui semblent avoir appartenu à la garde nationale. La Semaine sanglante a fait moins de 1 000 morts dans les rangs versaillais, de 20 000 à 30 000 parmi les communards. 35 000 personnes sont arrêtées au début du mois de juin, 7 500 sont condamnées à la déportation en Nouvelle-Calédonie (Rochefort, Louise Michel, Amouroux, etc.), 3 400 à l'emprisonnement, 270 à mort, et une vingtaine sont exécutées, dont Louis Rossel. Les amnisties de 1879 et 1880 permettront aux survivants de rentrer en France.

Conséquences de la Commune. Le mouvement social est décapité pour une dizaine d'années au moins. Flourens, Delescluze, Varlin, Rigault et d'autres sont morts ; Jules Vallès, Édouard Vaillant, Félix Pyat, réfugiés à l'étranger. L'industrie parisienne est paralysée par la mort ou l'exil d'un grand nombre d'ouvriers et d'artisans. Enfin, la Commune accentue encore le fossé qui séparait la province de la capitale ; la méfiance de la première vis-à-vis de la seconde ne s'effacera qu'avec la Première Guerre mondiale.

Communes

Corps collectifs rassemblant tous les groupements et tous les chefs de famille d'une agglomération urbaine, les communes médiévales font leur apparition dans le nord de la France dans la seconde moitié du XIe siècle puis gagnent, avant 1150, la plupart des agglomérations marchandes.

Elle sont un effet de l'essor du commerce et traduisent l'apparition d'une puissance politique, celle des villes. Comme toutes les associations médiévales, elles sont fondées sur un serment mutuel et ont pour premier objet le maintien de la concorde entre les conjurés : ceux qui briseront la « paix de la ville » subiront de graves sanctions. Mais elles répondent essentiellement au besoin des gens de ville de s'assurer une meilleure position devant le seigneur dont ils dépendent une part du pouvoir de ban. Leur direction est assurée naturellement par les membres les plus influents du groupe le plus puissant – généralement celui des marchands, qui dispose de gros moyens financiers.

Le mouvement communal se manifeste d'abord dans les régions de l'Europe où le commerce plus intense favorise le développement urbain, l'Italie lombarde et, un peu plus tard, le nord de la France. Des communes se forment au Mans en 1070, à Cambrai en 1077, puis à Beauvais et Saint-Quentin, avant de gagner, de proche en proche, toute la France et de connaître leur apogée aux XIIe et XIIIe siècles. Le mouvement débute quelquefois par une épreuve de force. Dans certains cas, c'est sous la pression de l'insurrection que les seigneurs de la ville consentent à accorder à la communauté bourgeoise une charte, un contrat écrit et scellé par lequel ils font concession de certaines « libertés » ou « franchises ». C'est ainsi qu'en 1111 – on le sait par le célèbre récit de Guibert de Nogent – les bourgeois de Laon massacrent leur évêque Gaudri, qui refusait de restreindre ses exigences. Mais, le plus souvent, conscients des avantages d'un accord qui, en favorisant le développement du bourg, doit entraîner la prospérité de la seigneurie, les seigneurs accordent, moyennant finances, ces chartes de communes. Les rois de France percevront eux aussi le profit à retirer de la vente de ces franchises, au point qu'au XIVe siècle Louis X et Philippe V provoqueront et même imposeront de telles ventes. Ils percevront également le parti politique qu'ils pourront tirer de ce mouvement qu'il est d'ailleurs impossible de contenir. Certains d'entre eux, tel Louis VI le Gros, chercheront chez les bourgeois des alliés contre une noblesse turbulente.

Les stipulations des chartes de franchises promettent d'abord, d'une manière générale, à tous les habitants de la ville, et au bout d'un certain délai fixé ordinairement à un an et un jour, à tous ceux qui viendront s'y établir, l'indépendance personnelle et donc la disparition de toutes les obligations propres aux dépendants, le formariage, la mainmorte, l'interdiction de se déplacer. De plus, même si le seigneur se réserve quelques prérogatives et profits, les coutumes seigneuriales sont considérablement restreintes : le service militaire est parfois aboli et toujours limité ; le droit de justice seigneuriale réduit au châtiment des crimes les plus graves et subordonné à la plainte des victimes ; les tailles perdent leur caractère arbitraire ; enfin et surtout, tous les privilèges commerciaux du maître, toutes les entraves à la circulation, au négoce, à la libre fréquentation des foires et des marchés sont abolis. Ce résultat acquis, très souvent la commune est dissoute. La ville est dès lors franche, sans plus. Mais, dans un certain nombre de cas, la conjuration communale survit à la victoire. L'existence de l'association urbaine est alors reconnue par la charte et confirmée. La communauté des bourgeois prend de la sorte une personnalité juridique et, héritant une part des pouvoirs de ses anciens maîtres, devient elle-même une seigneurie collective. Seigneurie militaire : les bourgeois sont astreints à porter les armes pour le service de la ville ; seigneurie justicière : la juridiction d'exception, instituée jadis pendant le combat pour la liberté, remplace maintenant les anciens pouvoirs seigneuriaux de répression dont la charte a délivré la ville ; seigneurie qui dispose enfin de ses propres finances, lève sur tous les membres de la communauté des taxes, qu'il s'agisse de contributions établies autrefois pour soutenir l'action contre le seigneur, ou de vieilles coutumes seigneuriales rachetées à leur ancien bénéficiaire. Les bourgeois participent à cette puissance collective et, réunis en assemblées générales, prennent en commun les décisions les plus importantes. Toutefois, la gestion des affaires courantes est assurée par un corps restreint émanant généralement de l'oligarchie marchande, échevinage dans les communes du Nord, consulat dans celles du Midi.

Certes, ces villes restent très petites jusqu'au milieu du XIIe siècle et rassemblent tout au plus quelques centaines, rarement quelques milliers de bourgeois. Mais leur apparition se traduit par des changements profonds. En premier lieu, la croissance des agglomérations urbaines favorise la pénétration de l'économie monétaire dans les campagnes. La ville draine dans ses coffres le fruit de son commerce avec les paysans, mais surtout avec les nobles et les membres du haut clergé. Les richesses ainsi concentrées dans le bourg sont ensuite redistribuées. Par le crédit, car les commerçants avancent volontiers aux ruraux la monnaie dont ces derniers sont démunis – on voit ainsi se multiplier les prêts à intérêt, pratiqués surtout par les Juifs car l'usure est en principe interdite aux chrétiens –, ainsi que par les prêts sur gages fonciers, qui placent entre les mains du créancier la terre et ses produits jusqu'au remboursement de la dette. Mais aussi par les achats des citadins : la ville est, en effet, un centre de consommation de denrées alimentaires ou de matériaux nécessaires à l'artisanat (laine, bois ou cuir).

Jusqu'à la fin du XIIe siècle, ce développement des villes et la prospérité marchande constituent surtout de puissants facteurs d'expansion, dont les classes dominantes, la chevalerie et le clergé, sont les premiers à profiter. Mais le succès des tentatives bourgeoises pour conquérir les franchises modifie peu à peu l'ancien équilibre politique : l'apparition au sein de la société féodale de seigneuries collectives qui rassemblent des égaux liés par un serment ainsi que la formation d'un nouveau groupe social, la classe bourgeoise, caractérisée à la fois par sa vocation économique originale et par son statut privilégié fondé sur la liberté personnelle, bouleversent le système traditionnel des trois « ordres ». Le mouvement communal, qui permet aux exploités de trouver un refuge contre leur maître, acquiert d'ailleurs, un demi-siècle environ après ses débuts dans les villes, un prolongement dans les campagnes où les communautés villageoises, de plus en plus nombreuses à prendre exemple sur les communautés bourgeoises, réclament et obtiennent elles aussi, par une charte, l'abolition des charges les plus gênantes. Mais, à partir du XIVe et surtout du XVe siècle, l'apparition et le développement en France d'un pouvoir monarchique fort tend à sa disparition. Les communes se fondent peu à peu dans l'ensemble national. Dès le XIIIe siècle, Saint Louis leur impose son autorité par une ordonnance de 1256 : le maire doit présenter les comptes au roi, et les deniers de la commune doivent être enfermés dans un coffre, tandis que le trésorier ne peut désormais porter plus de 20 livres sur lui. Mesures qui permettent aux représentants du roi de contrôler à tout moment la fortune de la commune.

Communes révolutionnaires

La formation de la Commune de Paris, entre le 13 et le 16 juillet 1789, accélère le mouvement de révolution municipale qui s'est déclenché en province dès le début du mois de juillet et va s'étendre durant plus d'un mois.

Cette révolution municipale est entérinée par la loi du 14 décembre 1789 qui, à la variété des créations spontanées, substitue une nouvelle organisation municipale, valable pour toute la France. Les citoyens actifs de chaque commune élisent pour deux ans au suffrage direct le Conseil général de la commune, formé de notables et du corps municipal. Celui-ci comprend les officiers municipaux, le maire et le procureur de la commune qui, pourvu de substituts dans les villes importantes, a la charge de défendre les intérêts de la communauté. Ces nouvelles municipalités possèdent des pouvoirs importants : l'assiette et la perception de l'impôt, le maintien de l'ordre avec le droit de requérir la garde nationale et de proclamer la loi martiale, enfin la juridiction de simple police. L'intensité de la vie municipale sera une des caractéristiques de la France révolutionnaire. Mais en août-septembre 1792, soit spontanément, soit sous l'impulsion des commissaires délégués par la Commune de Paris, des comités de surveillance s'adjoignent à l'ancien Conseil général, cette nouvelle institution étant généralisée par le décret du 21 mars 1793, après la défaite de Neerwinden. Ces comités sont à l'origine chargés de la surveillance des étrangers. Mais, très vite, ils élargissent leur compétence, s'occupant notamment de la délivrance des cartes civiques avant de se charger de dresser la liste des suspects et de délivrer contre eux des mandats d'arrêt. Ils seront une des pièces maîtresses du régime de salut public.

Commynes ou Commines Philippe de, sire d'Argenton (?, v. 1447 – château d'Argenton, 1511)

Mémorialiste.

Son père, bailli de Cassel, puis de Gand, et enfin grand bailli de Flandre, s'était fait remarquer par son dévouement au duc de Bourgogne Philippe le Bon, qui accepta d'être le parrain du jeune Philippe. Après des études (langues vivantes et art du combat), Commynes entre en 1464 au service du jeune Charles de Charolais, fils de Philippe le Bon, et l'accompagne dès lors dans toutes ses entreprises : la guerre du Bien public puis, quand Charles devient duc de Bourgogne, la répression des révoltes des villes flamandes et l'entrevue de Péronne avec Louis XI (1468). Charles ne peut que se louer des services et des conseils de Commynes qui, après Péronne, commence cependant à envisager de changer de maître, et finit par passer au service de Louis XI en mai 1472, à la grande fureur de Charles. Parmi les motifs ayant poussé Commynes à quitter la Bourgogne, il y a peut-être l'envie de faire fortune. En effet, Charles n'est guère généreux, alors que Louis XI comble son nouveau conseiller d'honneurs et de richesses, lui remet la seigneurie de Talmont, puis le marie, en février 1473, à une riche héritière du Poitou et lui offre le titre de sire d'Argenton. Commynes est par la suite sénéchal du Poitou, puis capitaine de Poitiers. Hormis une courte disgrâce de 1476 à 1478, pendant laquelle Louis XI préfère suivre la diplomatie brutale conseillée par Olivier Le Daim, Commynes est le conseiller le plus proche et le plus écouté de Louis XI, le spécialiste aussi des affaires italiennes. Membre du Conseil de régence à la mort du roi, en 1483, il prend bientôt parti contre les Beaujeu, participe aux complots qui visent à les éloigner du jeune Charles VIII : disgracié au début de 1487 puis mis en jugement, il est enfermé quelques mois à Loches, puis à Paris, et enfin exilé pour dix ans. Charles VIII le rappelle bientôt et l'utilise de nouveau pour les affaires italiennes, comme le fera ensuite Louis XII. Mais jamais Commynes ne retrouvera le crédit qu'il a connu sous Louis XI.

Il est resté célèbre pour ses *Mémoires* rédigés à partir de 1489, et destinés à l'origine à servir de base à Angelo Cato, archevêque de Vienne, qui souhaitait écrire une vie de Louis XI. La première partie couvre les règnes de Charles VII et Louis XI, la seconde celui de Charles VIII. Par sa naissance bourguignonne et son revirement de 1472, Commynes se trouve particulièrement bien placé pour conter le conflit franco-bourguignon. Ses *Mémoires* restent une source inestimable pour la connaissance de cette période.

Comores

Archipel de l'océan Indien, à mi-chemin entre l'Afrique et Madagascar.

Les principales îles en sont Mayotte (avec les deux îlots de Pamanzi et de Bonzi), Anjouan, Mohéli et la Grande Comore (dans laquelle se trouve la ville de Moroni). Découvertes dès les premières années du XVIe siècle, les Comores intéressent la France en 1840. La colonisation de Mayotte commence en 1843. La Grande Comore, Mohéli et Anjouan sont placées sous protectorat français en 1886, avant de devenir colonies sous la juridiction du gouverneur de Mayotte en 1891. En 1912, elles sont rattachées à Madagascar. L'archipel est devenu autonome en 1947, puis territoire d'outre-mer après un référendum en 1958. Ce statut a été remis en cause en 1974, le gouvernement ayant décidé d'organiser une nouvelle « autodétermination ». Celle-ci a donné une majorité pour l'indépendance dans les trois îles du Nord. Mayotte n'a pas voulu se soumettre à Moroni et a proclamé son attachement à la France. Pour obtenir gain de cause, les Mahorais ont argué de la promesse faite par le Premier ministre Pierre Messmer, en janvier 1972, que la consultation électorale aurait lieu île par île. Le gouvernement semble avoir admis leurs raisons. La République fédérale et islamique des Comores, proclamée en 1975 à l'instigation d'Ahmed Abdallah, considéré comme le « père » de l'indépendance comorienne, ne comprend donc officiellement que les trois îles du Nord. Il semble que la population noire supporte fort mal la domination politique et économique d'une minorité d'origine arabe.

Compagnies commerciales

Associations commerciales, fondées à partir du début du XVIIe siècle, qui joueront parfois, par contrecoup, un rôle plus ou moins important dans la naissance et le développement des colonies françaises.

Au début des temps modernes, et dans plusieurs pays européens, des compagnies commerciales sont constituées, à l'instigation des négociants eux-mêmes ou de leurs gouvernants, dans le dessein d'établir des relations commerciales avec les pays lointains. Les commerçants mettent en commun leurs activités et leurs capitaux, leur responsabilité est totale, et ils reçoivent de leur gouvernement des privilèges et avantages divers, allant de la diminution des taxes douanières à la possession des terres découvertes. Ces compagnies apparaissent à la fin du XVIe siècle dans trois pays, la Hollande et l'Angleterre d'abord, la France ensuite, plus modestement.

Dès 1560 est créée une Compagnie d'Afrique, qui s'intéresse à la pêche du corail sur les côtes des États barbaresques. Au début du XVIIe siècle, à l'instigation de De Monts, une première compagnie est constituée par des marchands rouennais et rochelais pour la découverte et l'exploitation de la Nouvelle-France. En 1627, toujours en Nouvelle-France, Richelieu crée la Compagnie des Cent-Associés ou de la Nouvelle-France. Ces cent associés reçoivent le droit d'exploiter un territoire allant de la baie d'Hudson à la Floride, de Terre-Neuve au lac Huron. La Compagnie reçoit aussi le monopole du commerce des fourrures pour quinze ans, à charge pour elle d'établir pendant cette période 4 000 colons dans le pays. Champlain, notamment, y adhère, mais elle ne peut faire face à ses engagements, du fait de la conquête de Québec par les Anglais, en 1629, et surtout du peu d'intérêt suscité en France par le Canada. Le manque de capitaux se renouvellera par la suite. La Compagnie devra céder ses privilèges à la Compagnie des Habitants, en 1645, et, finalement, le Canada sera rattaché à la Couronne et deviendra une province française en 1663.

D'autres compagnies sont constituées à la même période et avec des succès inégaux, comme la Compagnie du Morbihan, ou celle de la Nacelle de Saint-Pierre fleurdelysée, qui ne verront jamais réellement le jour. En 1626 est constituée la Compagnie de Saint-Christophe, qui devient, en 1635, la Compagnie des îles d'Amérique. Formée par Belain d'Esnambuc pour mettre en valeur les « îles Saint-Christophe, la Barbade et autres situées à l'entrée du Pérou », elle possède toutes les îles du 10e au 30e degré, c'est-à-dire Saint-Christophe, la Martinique, la Guadeloupe, etc. Elle reçoit le privilège d'introduire en France le petun (tabac) en franchise, et toutes ses marchandises seront exemptées de taxes douanières en 1642. Malgré ces avantages, la Compagnie doit vendre ses privilèges et disparaît en 1651. La Compagnie du Sénégal, fondée en 1624 par des marchands dieppois et rennais, crée le comptoir de Saint-Louis d'où partira bien plus tard la colonisation française du Sénégal, et devient, en 1634, la Compagnie du Cap-Vert. Les négociants s'intéressent particulièrement au commerce des esclaves, et la Compagnie obtient le

Compagnies commerciales
Vue des magasins de la Compagnie des Indes à Pondichéry, de l'amirauté et de la maison du gouverneur. Dessin, école française, XVIIIe siècle, musée des arts d'Afrique et d'Océanie. © *RMN-Gérard Blot*

monopole de la traite en 1634. D'autres compagnies du Sénégal seront par la suite formées, jusqu'au début du XVIIIe siècle, avec des succès divers. La dernière est absorbée par la Compagnie des Indes de Law, en 1719.

Toujours sous le règne de Louis XIII, et grâce au soutien de Richelieu, est constituée en juin 1642 la Compagnie d'Orient, que l'on appelle aussi Compagnie de Madagascar, ou Compagnie des côtes orientales d'Afrique. L'initiative en revient à des marchands dieppois associés dans les années 1630 afin d'organiser des expéditions commerciales vers les Indes. Leur succès attire l'attention du cardinal qui leur obtient, par lettres patentes de juin 1642, un privilège exclusif pour dix ans. L'objectif de la Compagnie d'Orient, au sein de laquelle les capitaines Rézimont et Rigault jouent un rôle essentiel, est l'île de Madagascar, que l'on appelle à ce moment île Saint-Laurent, et qu'on croit riche en épices. La Compagnie doit non seulement y établir un établissement commercial, mais en prendre possession au nom du roi. Une première expédition, dirigée par Pronis, un protestant rochelais, s'embarque en 1613 avec douze colons, prend symboliquement possession de l'île Mascareigne (Bourbon), puis de l'île Sainte-Marie, avant de débarquer à Madagascar. D'autres navires suivent et, après une première installation dans un site qui se révèle médiocre, Pronis fonde l'établissement de Fort-Dauphin. Quelques navires repartent vers la France, chargés de bois d'ébène et de cuirs, mais Pronis, trop dur avec les colons, se révèle mauvais administrateur et s'attire l'hostilité des indigènes, ce qui lui vaut, en novembre 1648, d'être remplacé par Étienne de Flacourt. Ce dernier rétablit la situation, crée l'établissement de l'île Bourbon, mais se trouve bientôt abandonné par la Compagnie qui, malgré ses engagements, ne lui envoie plus de navires : en France, ses affaires sont mauvaises, et Mazarin, fort intéressé cependant par les compagnies de commerce, consacre toute son énergie à la lutte contre la Fronde. La Compagnie d'Orient obtient malgré tout, en 1652, le renouvellement pour quinze ans de son privilège. À Madagascar, où Pronis remplace Flacourt, parti chercher du secours et des instructions, Fort-Dauphin est détruit à deux reprises par un incendie, et les indigènes sont de plus en plus menaçants. Pronis meurt et son remplaçant ne brille pas par ses qualités d'administrateur. Aussi, en 1664, lorsque, sur ordre du roi et de Colbert, les actionnaires doivent abandonner leurs droits à la Compagnie des Indes orientales, ne reste-t-il qu'une centaine de colons dans l'île. Le privilège de la Compagnie allant jusqu'en 1667, les actionnaires reçoivent une indemnité. L'établissement de Fort-Dauphin subsiste malgré tout.

Après Richelieu, Colbert amplifie le mouvement, et de nouvelles compagnies à monopole apparaissent, celles du Nord, du Levant, etc. En mai et août 1664 sont créées la Compagnie des Indes occidentales, d'une part, celle des Indes orientales d'autre part. La première, au capital de 6 millions de livres, a son siège au Havre et vise surtout le commerce du sucre antillais, dont Colbert veut réserver le raffinage à Nantes, Saint-Malo et Bordeaux. Elle s'intéressera aussi au commerce des esclaves achetés au Sénégal. La Compagnie des Indes occidentales reçoit, pour quarante ans, le monopole de l'exploitation d'un domaine allant du cap Vert au cap de Bonne-Espérance, pour l'Afrique, et de la Guyane à l'Acadie pour l'Amérique. Malgré ses privilèges, les avantages accordés et l'importance de la souscription royale, toutes les actions proposées ne peuvent être souscrites. Par ailleurs, les colons canadiens refusent le monopole du commerce américain accordé à la Compagnie et veulent que leur pays reste ouvert au commerce étranger. Les colons antillais manifestent la même opposition et favorisent la contrebande hollandaise. Sans renoncer au monopole, Colbert ordonne à la Compagnie des Indes occidentales d'accorder des « permissions », et de ne pas user de son privilège pour fixer les prix. Dès 1672, ce privilège est limité au commerce des Noirs et des bestiaux le long des côtes de Guinée. Finalement, ne pouvant faire face à ses engagements, la Compagnie est liquidée en 1674, le roi reprenant, avec plus de succès, l'administration directe des colonies.

La Compagnie des Indes orientales, puissamment soutenue par Colbert, connaît un meilleur sort. Son emblème est une fleur de lys, et sa devise : « Je fleurirai partout où je la porterai. » Colbert espère, par la création de cette Compagnie, obtenir pour la France une partie du trafic qui s'opère par le cap de Bonne-Espérance, nouvelle route vers l'Orient. Le ministre veut aussi ruiner la compagnie hollandaise du même nom, créée au début du siècle et très prospère. Le siège de la Compagnie des Indes orientales se trouve à Lorient, et son capital prévu est de 15 millions de livres, dont 3 souscrits, sans intérêts, par le roi et la famille royale. La Compagnie reçoit, pour cinquante ans, le monopole du commerce et de la navigation entre le cap Horn et le cap de Bonne-Espérance, la possession de l'île Dauphine (Madagascar), la concession perpétuelle des terres découvertes, et de nombreux avantages, douaniers notamment, comme le versement d'une prime pour chaque tonneau de marchandises importé ou exporté. Les premières années sont toutefois difficiles : deux tentatives d'installation à Madagascar échouent, en 1665 et 1667, et le projet est finalement abandonné. La Compagnie se tourne alors vers les Indes proprement dites : après un premier comptoir, installé à Surate en 1667, François Martin crée en 1674 celui de Pondichéry. Cependant, les résultats sont mauvais et les souscripteurs refusent de verser le dernier tiers de leurs actions, malgré les dividendes fictifs distribués par Colbert. Dès 1682, le roi retire à la Compagnie son privilège, donnant aux négociants français le droit d'utiliser ses navires pour leurs activités aux Indes. En 1685, une nouvelle mesure royale prive la Compagnie du commerce des toiles peintes, qui représentait les trois quarts de ses bénéfices. Directeur de la Compagnie de 1686 à 1706, François Martin crée les comptoirs de Chandernagor (1690) et de Calicut (1701) ; la Compagnie connaît sous son administration sa période la plus active. Dès 1698 malgré tout, une Compagnie de Chine prend en main le commerce des mers de Chine. Entre 1706 et 1712, la Compagnie des Indes orientales doit finalement abandonner partiellement, puis complètement, son privilège à un groupe d'associés malouins, recevant en échange un pourcentage sur les affaires traitées. Elle sera absorbée par la compagnie fondée en 1719 par Law.

Celui-ci avait formé en 1717 une première compagnie, dite d'Occident ou du Mississipi, qui possédait, en fait, le monopole de l'exploitation des territoires de l'Amérique du Nord. Transformée en 1719 en Compagnie des Indes, elle regroupe alors les anciennes Compagnies des Indes orientales, de Chine et du Sénégal, dont elle recueille les privilèges : l'ensemble du commerce maritime français se trouve entre ses mains. Law a émis 50 000 actions de 500 livres, dites actions des Indes. Sa Compagnie suit le sort de son système, et s'effondre avec lui lorsque les « réalisateurs », le prince de Conti et le duc de Bourbon en tête, vendent leurs actions. Elle survit mais, lorsque ses actions sont présentées au « visa », 69 000 sur 125 000 sont annulées et c'est la banqueroute (1721). Un arrêt royal réorganise la Compagnie des Indes dès l'année suivante, limitant ses activités au commerce. Elle abandonne bientôt les régions les moins rentables, ainsi le Nouveau Monde, en 1731, se limite aux Antilles, au Sénégal, à la Guinée, aux îles Bourbon et de France, et aux comptoirs des Indes, auxquels s'ajoutent Mahé en 1721, Karikal en 1738, et Yanaon en 1751. À l'origine, l'assemblée générale des actionnaires élit chaque année les huit syndics qui, avec douze directeurs, quatre inspecteurs royaux et le contrôleur général des Finances, dirigent la Compagnie. Mais le contrôleur général se charge bientôt de la nomination des syndics, et l'assemblée générale disparaît. La Compagnie connaît sa plus grande prospérité vers 1740, puisqu'une action, qui valait 630 livres en 1725, en vaut à ce moment 2 316. Elle cesse cependant de distribuer des dividendes dès 1745. L'administration locale des comptoirs – un gouverneur assisté d'un Conseil – et des troupes se trouvent à la charge de la Compagnie, dont les frais s'accroissent beaucoup plus rapidement que les bénéfices. Le commerce des épices est rapidement passé au second plan, dépassé par celui des produits de luxe – porcelaines, laques et soieries venant de Chine, et tissus des Indes. Aux Indes, les gouverneurs successifs, Lenoir, Dumas et Dupleix, doivent affronter la concurrence de la Compagnie des Indes créée par les Anglais. Jugeant que Dupleix, premier administrateur français à s'immiscer dans les affaires intérieures indiennes, et sous lequel la Compagnie est à l'apogée de sa puissance, mène une politique trop ambitieuse, les autorités le rappellent en 1754. Son successeur, Lally-Tollendal, capitule en 1761 à Pondichéry devant les Anglais et, deux ans plus tard, le traité de Paris ne laisse à la Compagnie, et à la France, que cinq comptoirs aux Indes.

Au même moment, les économistes mènent en France une violente campagne contre la Compagnie des Indes, au nom du « laissez faire, laissez passer », et, malgré le soutien que lui apporte Necker, elle perd son monopole en 1769. Ses comptoirs sont alors rattachés à la Couronne, les actionnaires abandonnant leurs droits au roi qui prend en charge le passif, très lourd, car les guerres ont fini par ruiner la Compagnie. Sa liquidation, confiée en 1770 à quatre bureaux, et finalement prise en main par le Trésor (1790), ne sera achevée qu'en 1793, lors de la création du grand livre de la Dette publique. Toutes les actions de la Compagnie des Indes seront converties en titres de rente perpétuelle. Sous le règne de Louis XVI, Calonne crée, en 1785, une Nouvelle Compagnie des Indes. Cette dernière reçoit pour sept ans, puis pour dix ans, le monopole du commerce aux Indes, en Indonésie et en Chine. L'Assemblée constituante supprime son privilège en 1790, et sa liquidation, qui se poursuit sous la Convention (1793-1794), donne lieu à un scandale où sont impliqués plusieurs révolutionnaires notoires comme Fabre d'Églantine et Chabot, finalement guillotinés en même temps que Danton. Jamais la Compagnie française des Indes, dans ses différentes incarnations, n'atteignit la puissance de l'East India Company britannique, véritable État dans l'État.

COMPAGNIES (Grandes)

Bandes de mercenaires de tous pays, recrutées par la France pendant la première partie de la guerre de Cent Ans, sous les règnes de Jean le Bon et Charles V.

Licenciées après le traité de Brétigny, elles se répandent dans le royaume, ravageant et terrorisant les campagnes. Charles V tente de s'en débarrasser en les envoyant en Hongrie contre les Turcs, mais le projet échoue. Le roi charge alors Du Guesclin de les regrouper et de les emmener en Espagne, où les Grandes Compagnies soutiennent la cause d'Henri de Trastamare contre Pierre le Cruel, avant de se disperser.

COMPAGNONNAGE

Organisation des compagnons au sein d'un métier artisanal, indépendamment de la structure corporative réunissant les maîtres. Le compagnonnage qui évolue en sociétés secrètes est en cela bien distinct des métiers et jurandes. Il est aussi différent des confréries – à base professionnelle mais à finalité d'abord religieuse – comme de la franc-maçonnerie.

La première mention du compagnonnage apparaît dans une ordonnance de Charles VI en 1420, autorisant l'itinérance de cordonniers de Troyes à des fins de perfectionnement professionnel. Mais le compagnonnage concerne essentiellement les métiers du bâtiment : tailleurs de pierre, charpentiers, serruriers, etc. Le phénomène se développe au XVe siècle où l'accès à la maîtrise se ferme : seuls les enfants d'artisans établis y accèdent. En 1469, le tour de France des futurs compagnons devient obligatoire. Le compagnonnage constitue alors un niveau intermédiaire, d'une durée de sept ans, entre apprentissage et maîtrise. Aux XVIe et XVIIe siècles, le compagnonnage s'institutionnalise et se structure : l'élite des compagnons se retrouve dans des sociétés fermées, ou devoirs, qui assurent des tâches de formation, d'assurance mutuelle et de moralisation.

Les Enfants de Salomon (ou du Devoir de liberté) sont en concurrence, et parfois en lutte, avec les Enfants de maître Jacques (ou du Devoir). L'entrée dans ces sociétés suppose des rites d'initiation compliqués où les apprentis, réunis dans un local spécial du cabaret – la « mère » –, se voient inculquer règles de vie et signes de reconnaissance à travers des cérémonies qui parodient le baptême et l'histoire sainte. La Compagnie du Saint-Sacrement s'en inquiète et tente de promouvoir un compagnonnage conforme à l'esprit de la Contre-Réforme. En 1643, le cordonnier parisien d'origine luxembourgeoise Michel-Henry Buch lance une réforme du compagnonnage avec des couvents coopératifs qui essaiment à Soissons, Toulouse, Grenoble et Lyon. Le mouvement cependant reste marginal.

Les autorités, de leur côté, s'inquiètent des pratiques secrètes des compagnons autant que de leur pouvoir économique : ils ont le monopole de l'embauche des apprentis et déclenchent grèves et boycotts. Après une enquête qui dure de 1648 à 1655, la faculté de théologie de Paris interdit le compagnonnage. Mais cette prohibition, qui renforce le côté clandestin du compagnonnage, n'entrave pas son développement : à la fin du XVIIIe siècle encore, le compagnonnage encadre les grandes grèves de canuts de la région lyonnaise. La loi Le Chapelier qui interdit en juin 1791 le droit d'association et de coalition ouvrières ne signe pas davantage la mort du compagnonnage.

Celui-ci vit un nouvel essor sous la monarchie de Juillet où la grève des charpentiers parisiens comme la manifestation du 10 mars 1848 viennent rappeler la puissance du compagnonnage. Mais le mouvement apparaît aussi divisé alors que de violentes échauffourées opposent compagnons du devoir et compagnons du devoir de Liberté. Malgré l'action unificatrice d'Agricol Perdiguier (1805-1875), le compagnonnage s'avère déjà anachronique face à la première révolution industrielle et dépérit inexorablement au profit des sociétés de secours mutuel et des syndicats, pour ne plus regrouper que 25 000 membres en 1900. Le maréchal Pétain tente de relancer le compagnonnage en créant en 1941 l'Association ouvrière des compagnons du devoir et du tour de France. Aujourd'hui, le compagnonnage représente une certaine aristocratie du monde de l'artisanat et un label de qualité. La principale organisation est l'Union compagnonnique des compagnons du tour de France des devoirs unis, qui compte 23 maisons. La tradition du tour de France et du chef-d'œuvre s'est maintenue.

COMPIÈGNE

Ville de l'Oise.

Dans une région où l'habitat préhistorique a laissé de nombreuses traces, les Gallo-Romains fréquentent très tôt le passage sur l'Oise, la traverse au *compendium* de Compiègne, frontière entre les deux « cités » de Beauvais et de Soissons. Il y a là, dès le VIe siècle apr. J.-C., à l'emplacement de l'ancienne abbaye Saint-Corneille, une résidence royale dont l'attrait tient surtout à la proximité d'une forêt giboyeuse. Du VIe au XIe siècle, Compiègne est le palais le plus aimé, le plus fréquenté, notamment à l'occasion des chasses d'automne. Les chasses s'accompagnent d'ambassades, de réceptions et, à ce titre, Compiègne est une véritable capitale diplomatique (partage des trésors de Dagobert en 639 ; assemblée des Francs ; déposition de Louis le Pieux en 833, etc.). Charles le Chauve reconstruit le château et en fait son séjour habituel lorsque Aix-la-Chapelle échappe à son autorité. C'est enfin à Compiègne que s'éteint la dynastie carolingienne avec le jeune roi Louis V, en 987.

Les Capétiens y continuent la tradition royale. Une nouvelle demeure est construite à la lisière de la forêt (Royallieu). Philippe Auguste, baptisé à Compiègne, répare ses fortifications et les augmente : un donjon royal, la Grosse Tour, contrôle désormais le pont sur l'Oise. Charles V, fuyant Paris soulevé par Étienne Marcel, y tient des états généraux en 1358. Peu en sûreté à Royallieu, à l'entrée de la forêt, il fait élever un nouvel édifice, à l'emplacement du palais actuel. Agrandi à plusieurs reprises, il restera jusqu'à Louis XV la résidence des rois de France.

Compiègne est assiégée, prise et reprise huit fois en seize ans, au cours de la guerre de Cent Ans. Jeanne d'Arc, qui participe à la défense « de ses bons amis de Compiègne » pendant le siège le plus important, en 1430, y est faite prisonnière alors qu'elle dirige une sortie. Louis XI vient à plusieurs reprises à Compiègne qui protège Paris du côté des États flamands du duc de Bourgogne. La cité accueille traditionnellement les rois de France au retour de leur sacre à Reims, ainsi Charles VIII et Louis XII. François Ier aménage la forêt où les chasses royales se succèdent. Gabrielle d'Estrées visite souvent l'hôtel des Rats où Henri IV la rencontre fréquemment. Marie de Médicis, mère de Louis XIII, est emprisonnée au château de Charles V, qui avait gardé son aspect médiéval. Louis XIV, qui y séjourne volontiers, déclare un jour : « Je suis logé à Compiègne, comme un paysan. » Louis XV se plaît beaucoup à Compiègne, dont il fait une de ses principales résidences. Il se contente d'abord, à partir de 1738, d'agrandissements et d'adaptations qui sont confiés à l'architecte Jacques Gabriel. Grâce à lui, les appartements sont notamment décorés de tapisseries tissées aux Gobelins sur des cartons d'Oudry. Jacques Gabriel meurt en 1742, il est remplacé par son fils, le célèbre Jacques-Ange Gabriel. C'est à lui que le roi demande, en 1751, de reconstruire totalement le château. En 1774, Gabriel abandonne la direction du chantier à Le Dreux de La Châtre. Les travaux ne seront terminés qu'en 1787.

Très vaste, le nouveau palais est d'une architecture homogène, imposante mais très académique. La cour d'honneur, carrée, est fermée, du côté de la place, par une colonnade double. Sur les trois autres faces s'élèvent des bâtiments à trois étages, qui comportent trois avant-corps décorés de pilastres et de colonnes ioniques, l'un au centre, les deux autres se faisant face aux extrémités de chaque aile. L'originalité la plus frappante du plan de Compiègne vient du fait que la grande façade tournée vers le parc occupe une position oblique par rapport à l'axe de la cour d'honneur, car ses fondations sont l'ancien rempart de Philippe Auguste ; de plus, son étage principal, de plain-pied avec une vaste terrasse, correspond au premier étage de la cour.

C'est à Compiègne, en 1768, qu'est conclu avec Gênes le traité qui donne la Corse à la France. En 1770, le Dauphin, futur Louis XVI, y accueille Marie-Antoinette, quelques jours avant de l'épouser à Versailles. La Révolution dote la ville d'un nouveau nom : Marat-sur-Oise. Elle ne cause pas de dommages au château (seul son mobilier est vendu) mais Compiègne garde de cette période un souvenir particulièrement dramatique : le 17 juillet 1794, les carmélites de Compiègne, transférées à Paris, sont toutes guillotinées comme fanatiques parce qu'elles refusent de renier leur foi.

Napoléon Ier présidera à la résurrection de Compiègne. Sur son ordre, les anciens appartements royaux sont en grande partie remaniés, si bien que le décor du temps de Louis XVI voisine avec le plus important ensemble de style Empire qui existe en France. À son retour d'émigration, Louis XVIII est accueilli à Compiègne par les maréchaux de Napoléon. Louis-Philippe marie sa fille Louise avec le roi des Belges, Léopold Ier, en 1832, dans la chapelle du palais. Mais ce dernier

Château de Compiègne
Salon intérieur du château. © *Sélection Images*

ne retrouvera son éclat qu'avec le Second Empire. Napoléon III et l'impératrice Eugénie, qui aiment particulièrement Compiègne, y réunissent une cour très brillante où les invités se succèdent, chaque automne, en « séries » correspondant à diverses catégories sociales et professionnelles, chacune ayant une durée de dix jours. Sous la IIIe République, en 1901, le président Loubet y reçoit le tsar Nicolas II et l'impératrice de Russie. Puis le palais devient un musée.

Occupée par les Allemands au début de septembre 1914, Compiègne est, du printemps 1917 au printemps 1918, le siège du Grand Quartier général français, et c'est dans la forêt de Compiègne, non loin de la gare de Rethondes, que l'armistice mettant fin au conflit est signé le 11 novembre 1918. Compiègne est occupée de nouveau par les Allemands le 9 juin 1940 et libérée par les Alliés le 30 août 1944, après avoir subi des destructions très importantes. Les Allemands avaient installé à Royallieu quatre camps où étaient regroupés, avant d'être déportés par trains, en convois, des milliers de prisonniers, la plupart français.

COMTAT VENAISSIN

En latin comitatus Vendascinus *ou* Venassinus, *comté de Venasque ou de Venisse. Ancien pays qui s'étendait entre le Rhône, la Durance et le mont Ventoux.*

Peuplée dans l'Antiquité païenne par les Cavares, la région qui devait recevoir l'appellation de Comtat Venaissin est pourvue de trois évêchés dès la fin du IIIe siècle. Le premier de ces évêchés, Venasque, après avoir donné son nom au pays, disparaît assez rapidement (fin du Ve ou fin du VIIIe siècle), mais la ville qui l'abritait sert encore longtemps (jusqu'au XIIe siècle) de résidence occasionnelle aux titulaires du second siège épiscopal, celui de Carpentras, qui se maintiendra jusqu'en 1789. Le troisième évêché est celui d'Orange, qui a la même durée que le précédent. Au Ve siècle, un quatrième siège est créé à Cavaillon mais lui aussi disparaît à la Révolution. Carpentras semble avoir été la plus importante des villes épiscopales du Comtat. Elle est la seule où l'évêque exerce un pouvoir temporel véritable. De 1229 à 1790, succédant peut-être dans cette fonction à Pernes, Carpentras est le chef-lieu de l'administration comtadine.

L'histoire politique du Comtat Venaissin est fort complexe. Avignon forme un comté particulier, lié ou non au comté venaissin selon les époques. Carpentras est une cité ecclésiastique autonome, du moins au début du Moyen Âge. Constituée en comté dès le IXe siècle, l'enclave d'Orange s'émancipe peu à peu, jusqu'à devenir une principauté indépendante au XIIe siècle. Le Comtat Venaissin, sans Avignon ni Orange, suit le sort de la Provence. Lorsque celle-ci est divisée en comté et marquisat, il est intégré au marquisat, propriété des comtes de Toulouse. Cédé au pape une première fois par Raymond VII en 1229 lors du traité de Meaux-Paris, une seconde fois par Philippe le Hardi, héritier d'Alphonse de Poitiers, en 1274, il ne revient à la France qu'en 1791, avec le comtat d'Avignon. Le comté d'Orange avait déjà été annexé par le royaume lors de la conclusion du traité d'Utrecht. L'ensemble ainsi constitué forme la majeure partie du Vaucluse (Avignon, Carpentras, Cavaillon, Orange, enclave de Valréas, Apt qui n'est pas comtadin). Mais le pape n'accepte cette spoliation que le 9 février 1797 (traité de Tolentino). À plusieurs reprises, le Comtat Venaissin est occupé et menacé de confiscation par les rois de France. Jusqu'à la Révolution, les Comtadins ont un statut privilégié. Ils sont considérés comme des naturels français.

Plus qu'aucune autre seigneurie ecclésiastique, le Comtat attira les Juifs au Moyen Âge. Cette attirance s'explique d'abord par l'importance financière et commerciale d'Avignon et des grandes villes du Comtat pendant tout le temps du séjour des papes au bord du Rhône (c'est-à-dire tout le XIVe siècle) ; elle s'explique ensuite par l'attitude protectrice et libérale des papes avignonnais ou romains à l'égard de leurs sujets juifs, depuis le XIIIe siècle – époque où le Saint-Siège bénéficie de la cession du Comtat – jusqu'à la Révolution. En témoignent les synagogues de Cavaillon et de Carpentras, ainsi que la survivance de nombreuses familles de « Juifs du pape » dont les patronymes sont bien souvent tirés des noms de villes du Comtat ou des régions avoisinantes.

COMTE

Nom correspondant au cas régime, seul subsistant, de l'ancien français cuens, « comte », issu du latin comes, comitis, *« compagnon ».*

En fait, dès le règne de Marc Aurèle, l'appellation de *comes* devient un titre, qui sert à désigner des dignitaires dotés d'attributions assez bien définies au Conseil de l'empereur. Le Bas-Empire connaît une floraison de *comites* qui ont droit à des épithètes différentes (*clarissimi*, *spectabiles*, *illustres*) selon leurs responsabilités. L'institution a un regain de faveur et de prestige à l'arrivée des rois barbares qui, depuis des temps immémoriaux, s'entouraient de *fideles*, c'est-à-dire de compagnons liés à eux par serment. On appelle comtes les conseillers du roi et les officiers de son palais, comme on appelle ducs (*duces*) les chefs d'armée, et marquis les comtes ou ducs mis à la tête d'une marche. Certains comtes tendent à s'arroger des fonctions ministérielles. Lorsqu'ils restent dans la capitale royale, on les nomme comtes palatins (*comites palatini*) ; c'est de leurs rangs que sort le connétable (*comes stabuli*) ou comte des étables. D'autres comtes sont envoyés dans les provinces pour juger à la place du roi, ou rétablir l'ordre au nom du roi. On ne leur donne généralement pas d'épithète. Ce sont les ancêtres des comtes territoriaux de la France capétienne. Profitant de l'affaiblissement du pouvoir central pendant l'écroulement mérovingien, puis pendant la décadence carolingienne, ils fondent à deux reprises une féodalité. La seconde féodalité devient rapidement foncière et héréditaire.

Par le nombre, les comtes y occupent largement la première place devant les ducs et les marquis ; ils ne leur cèdent pas en dignité. La distinction entre le comte et le duc est fort malaisée : il n'est pas rare que les titulaires de grands fiefs se fassent appeler indifféremment comtes ou ducs. Partant, il n'existe pas de hiérarchie des titres de noblesse (sauf dans le cas du comte et du vicomte, celui-ci étant par définition, à l'origine du moins, le simple adjoint du comte) ; pas de supériorité non plus, attachée à tel ou tel titre pour l'étendue du fief correspondant. Il y a de grands duchés et de petits comtés, mais les comtés de Toulouse ou de Flandre sont bien plus vastes que maints duchés qui se bornent à une ville et à ses alentours. Cette égalité des fiefs, si l'on peut dire, se maintient jusqu'à la fin de l'Ancien Régime.

Ce ne sera pas le cas des titres. À partir du XIVe siècle et surtout au début du XVIIe, le titre comtal tend à se dévaluer. Il semble que le titre ducal ait acquis plus de prestige. Certains comtés conférés en apanages ont été érigés en duchés (Berry, Angoulême). Mais les principales raisons de la décadence sont la disparition des grands et moyens fiefs du royaume qui ont conservé la dénomination de comté et, plus tard, l'accession de nombreux bourgeois à la noblesse, avec institution de leurs terres héritées ou acquises en comtés. À la veille de la Révolution, le titre de comte est porté à la fois par de vieux nobles d'extraction féodale et par des nobles « patentés ». En le rétablissant, Napoléon Ier ne lui rend pas sa grandeur.

COMTE Auguste (Montpellier, 1798 – Paris, 1857)

Philosophe.

Issu d'une famille royaliste et catholique, il intègre à 16 ans l'École polytechnique et en est renvoyé comme toute sa promotion deux ans plus tard, l'École constituant un « foyer de rébellion ». C'est alors qu'il perd la foi. De 1817 à 1824, il est disciple et secrétaire de Saint-Simon, mais une brouille les sépare. En 1825, il convole avec la volage Caroline Massin, ce qui lui vaudra bien des déconvenues. Dès avril 1826, il commence à professer dans son appartement son *Cours de philosophie positive*. Très vite, un accès de délire interrompt son enseignement. Interné, il reprend son cours au début de l'année 1829. Il est nommé répétiteur d'analyse et de mécanique rationnelle à l'École polytechnique (1832), mais son caractère intransigeant et novateur lui fait perdre sa place en 1844. Seule l'aide pécuniaire de ses admirateurs (notamment Émile Littré et Stuart Mill) le sauve alors de la misère.

Sous la « sainte influence » de Clotilde de Vaux, son grand amour platonique, morte en 1846, Auguste Comte veut transformer la science en philosophie et la philosophie en religion. En 1847, il fonde la religion de l'humanité. La devise positiviste « Ordre et Progrès » résume bien ses idées : révolution, foi dans le progrès d'une part ; conservation, foi religieuse, d'autre part. Écœuré par l'escamotage de la révolution de 1830 et par la monarchie de Juillet, ennemi de Guizot, Comte se réjouit de la révolution de 1848. Il réclame la dictature temporaire du prolétariat, plaçant un moment ses espoirs en Barbès. Surtout, la philosophie positive se déploie en positivisme et il fonde, en 1848, la Société positiviste. Adversaire farouche de Napoléon III, qu'il appelle le « mamamouchi », il a été privé de toute reconnaissance officielle de son vivant. Son enterrement est suivi par quelques disciples, dont Proudhon. Auguste Comte est considéré comme l'un des grands précurseurs de la sociologie.

CONAN Ier, dit LE TORT (? – Concruz, aujourd'hui Conquereuil, 992)

Comte de Rennes (970-992).

Fils de Judicaël Bérenger, il tente d'imposer son autorité en Bretagne. Il possède déjà la Domnonée et le comté de Vannes lorsque, avec l'appui du comte de Chartres, il réussit à se rendre maître de Nantes (990) où il construit, au confluent de la Loire et de l'Erdre, le château dit plus tard du Bouffay. Mais Foulques Nerra prend sa revanche dès 992, à Conquereuil, et Conan perd la vie dans la bataille.

CONAN II (?, 1040 – ?, 1066)

Duc de Bretagne (1056-1066).

Il est encore au berceau lorsque son père, Alain III, meurt (1040). Le pouvoir est alors exercé par son oncle, Eudes, comte de Penthièvre qui se résigne mal à le perdre lorsque son neveu atteint l'âge de la majorité (1056). Conan II est dès lors contraint de passer son temps à réprimer les menées séditieuses de ses vassaux et à contenir les ambitions de Guillaume le Conquérant. Il meurt empoisonné.

CONAN III, dit LE GROS (?, 1095 – ?, 1148)

Duc de Bretagne (1112-1148).

Il épouse Mathilde, fille naturelle du roi d'Angleterre Henri Ier à qui Louis le Gros concède, en 1113, la suzeraineté sur la Bretagne. Néanmoins, Conan III réussit à sauvegarder, face aux Anglo-Normands, ce qui reste d'indépendance au duché. En 1127, il fait abolir par un concile les survivances de l'esclavage et le droit de bris, droit pour les riverains ou pour le duc de s'approprier les épaves rejetées par la mer.

CONAN IV, dit LE PETIT (?, 1137 – ?, 1171)

Duc de Bretagne (1156-1171).

Petit-fils du précédent. Henri II d'Angleterre, qu'il appelle pour lutter contre les seigneurs bretons, trouve en lui un obligé fidèle. Ayant promis sa fille Constance en mariage à Geoffroy, un des fils d'Henri II, il va jusqu'à céder la place à ce dernier, en 1166, pour qu'il ait la garde du duché jusqu'à la majorité de Geoffroy. Dès lors, il vit en Angleterre jusqu'à sa mort.

Conciergerie

Partie médiévale du Palais de justice de Paris, délimitée par la tour Carrée ou de l'Horloge (1370), la tour César, la tour d'Argent élevée sur des fondations romaines (les rois y détenaient leur trésor), la tour Bombée ou Bon-Bec (célèbre pour ses chambres de torture).

Située derrière l'habitation royale, la Conciergerie est, aux premiers temps de la monarchie, la demeure du gouverneur de la maison royale, qui prend en même temps le titre de concierge (d'où l'origine de son nom). Cette charge est très recherchée car de grandes prérogatives y sont attachées. Le concierge loue à des boutiquiers le rez-de-chaussée du palais. Il a la garde des prisonniers du roi. Surtout, il détient le droit de basse et moyenne justice dans tout le « bailliage du palais », droit qu'il délègue jusqu'en 1358 à un bailli, avant de prendre lui-même le titre de bailli. Cette charge de bailli-concierge subsiste jusqu'à la Révolution mais, lorsque le palais de la Cité cesse d'être la résidence du souverain, la Conciergerie n'est plus désormais qu'une prison (1392).

Elle est le théâtre de l'assassinat des Armagnacs, le 12 juin 1418. Ravaillac, Damiens, Cartouche, Mandrin y attendent leur exécution. Pendant la Révolution, les massacres de Septembre y font 288 victimes. Marie-Antoinette, dont le cachot sera transformé en chapelle ardente sous la Restauration, Madame Élisabeth, Charlotte Corday, Mme du Barry, les Girondins, Bailly, Mme Roland, Danton, Fabre d'Églantine, Robespierre, Lavoisier, André Chénier y sont emprisonnés avant de monter à l'échafaud. Cadoudal, les Quatre Sergents de La Rochelle, Louvel, Fieschi, Proudhon y sont eux aussi incarcérés. Aujourd'hui, la Conciergerie sert de lieu d'incarcération provisoire aux prévenus qui attendent d'être introduits dans le cabinet des juges d'instruction, en passant par les escaliers et les couloirs de la Souricière.

Concini Concino, dit le Maréchal d'Ancre (Florence, v. 1575 – Paris, 1617)

Aventurier d'origine italienne.

Neveu d'un secrétaire d'État du grand-duc de Toscane, il se rend rapidement célèbre à Florence par ses escroqueries et ses débauches. Pour se débarrasser de lui, son oncle lui ordonne, en 1600, de se joindre à l'escorte de Marie de Médicis, qui se rend en France pour épouser Henri IV. Ambitieux, habile, beau parleur, il séduit Léonora Galigaï, sœur de lait, favorite et femme de chambre de la nouvelle reine, et l'épouse bientôt. Il obtient rapidement la protection de la reine et toutes sortes de faveurs, Henri IV n'ayant pas le courage d'éloigner le couple des favoris de la reine. Après l'assassinat du roi, il achète le marquisat d'Ancre, est nommé gouverneur de la Normandie et maréchal de France, sans jamais avoir commandé une armée. S'étant débarrassé de Sully peu après la mort du roi, il est bientôt tout-puissant, d'abord populaire, grâce aux fêtes qu'il donne, puis de plus en plus haï, du fait de ses abus et de l'incohérence de sa politique et de celle de la reine. Il parvient à tenir tête aux nobles révoltés par sa hauteur et sa fortune. En 1617, le favori de Louis XIII, Luynes, persuade le roi de le laisser assassiner, et il est tué par Vitry, capitaine des gardes du corps, à l'entrée de la cour du Louvre. Le lendemain de son enterrement, fort discret, la populace déterre son corps et le suspend à un gibet au Pont Neuf avant de le découper en morceaux.

Concini
Huile sur toile de Denis Lecoq (1834), châteaux de Versailles et de Trianon. © *RMN*

Concordat

Le terme « concordat » fut appliqué à l'origine aux transactions conclues soit entre divers prétendants à un même bénéfice, soit entre le supérieur d'un monastère et ses religieux.

À partir du XIe siècle, il désigne également les traités qui, passés entre l'Église et les États, règlent leurs rapports réciproques, à l'exclusion des problèmes de la foi et du dogme. L'un des plus anciens concordats est celui de Worms (23 septembre 1122) signé entre le pape Calixte et l'empereur Henri V ; mais c'est surtout à partir du XVe siècle que le Saint-Siège a recours à ces sortes de conventions diplomatiques. À cette date, la papauté, devenue sur le plan temporel la monarchie la plus centralisée, la mieux ordonnée et la mieux dotée, ne se voit guère contester son rôle dogmatique et la destination morale de sa fonction. Mais elle ne peut songer à faire revivre ses prétentions théocratiques lorsqu'elle semble, dans son refuge avignonnais, soumise aux volontés du roi de France, puis lorsqu'elle est déchirée, pendant le Grand Schisme, par les intérêts divergents des États nationaux.

La montée des prétentions souveraines des nations se traduit en France par l'apparition, au XIVe siècle, du « gallicanisme universitaire et parlementaire » qui débouche, une génération après l'Angleterre, sur l'expérience d'une Église nationale soumise au pouvoir laïc. Affirmant le droit de l'Église de France à se gouverner elle-même sous la direction de la royauté, sans l'intervention de la papauté, la Pragmatique Sanction de Bourges (1438) donne, en effet, une claire définition des « libertés gallicanes ». Pour ne pas trop pâtir de cette emprise du pouvoir laïque, la papauté du XVe siècle ne trouve d'autre palliatif que le partage des attributions par une nouvelle forme de compromis, le concordat.

Concordat de 1516. Les négociations avec la France sont longues. Pie II obtient de Louis XI, le 27 novembre 1461, la suppression de la Pragmatique Sanction qui, par les droits considérables qu'elle accorde aux nobles sur les prélatures et les bénéfices inférieurs, va contre la volonté du roi d'abaisser les prétentions de la noblesse. Mais Louis XI ne veut pas se lier par un traité et accorder au Saint-Siège sur l'Église de France une part de l'autorité qu'il a espéré conserver tout entière par la suppression de la Pragmatique. Il s'appuie sur le Parlement pour refuser au Saint-Siège tout droit sur les bénéfices ecclésiastiques (ordonnances des 24 mai, 19 et 30 juin 1463). Charles VIII et Louis XII reprennent quant à eux la Pragmatique Sanction et la font observer. Mais les guerres d'Italie rendent les rois de France moins intraitables. La défaite de Louis XII, dont les armées et la diplomatie de Jules II ont eu raison, le détermine à des concessions sur la Pragmatique. Puis la victoire de François Ier à Marignan, qui lui donne l'Italie et lui fait espérer l'Empire, l'amène, pour obtenir l'appui du Saint-Siège, à conclure un nouveau concordat. Les négociations, commencées à Bologne par une entrevue entre le pape Léon X et François Ier, trouvent leur aboutissement dans le concordat du 18 août 1516 qui règle jusqu'à la Révolution de 1789 les rapports entre la France et le Saint-Siège.

Le concordat ne reprend pas les deux premiers chapitres de la Pragmatique, qui renferment les deux décrets du concile de Constance sur la périodicité décennale des conciles œcuméniques et la supériorité de tout concile œcuménique sur le pape. Par ailleurs, le pape octroie le concordat comme un acte de son autorité souveraine et, par la bulle *Pastor Æternus* de 1516, abolit la Pragmatique et renouvelle la Constitution *Unam Sanctam* de Boniface VIII. L'Église catholique n'a qu'un chef, le Christ, ou son représentant sur terre, le vicaire du Christ, successeur de saint Pierre. Les deux glaives, le spirituel et le temporel, appartiennent à l'Église. Le pape retient dans sa main le glaive spirituel et confie le glaive temporel aux rois qui ne peuvent s'en servir que selon la volonté du pape, juge de leurs actions, pour le bien de l'Église. En application de ces principes, le roi reçoit le droit de nommer évêques, abbés et prieurs, droit qui appartenait jusque-là aux chanoines et aux moines (le pape ne se réserve que le droit de veto). C'est une conquête importante pour la royauté qui dispose désormais de toutes les grandes charges ecclésiastiques. Mais la papauté bénéficie de nouveau des revenus des annates, rente considérable que lui avait retirée la Pragmatique Sanction. En échange, le roi reçoit

Conciergerie
Vue de la Conciergerie. © *Photo scope-Jacques Guillard*

Concordat
Signature du Concordat par le Premier Consul. Lavis du baron Gérard, châteaux de Versailles et de Trianon. © *Tallandier*

une autre rente, un décime sur tous les biens ecclésiastiques que la papauté n'accordait autrefois que dans des cas exceptionnels, notamment pour les croisades. Le pape et le roi se partagent de même la juridiction ecclésiastique. Les droits des collateurs de bénéfices inférieurs sont enfin diminués au profit des deux puissances contractantes. Cet accord, qui met fin à la tentative de substituer à la primauté de saint Pierre un régime d'assemblées délibérantes et encourage les tendances absolutistes de la monarchie, suscite de très vives protestations en France. Le Parlement ne l'enregistre, le 22 mars 1518, que sur sommation royale, et François Ier, pour triompher des oppositions, doit transférer, en 1527, le jugement des affaires ecclésiastiques au Grand Conseil, c'est-à-dire à un tribunal extraordinaire qui sera à l'origine de la justice administrative.

Concordat de 1801. La réforme de l'État à laquelle procède l'Assemblée constituante sous la Révolution entraîne nécessairement une réforme du clergé, tant, sous l'Ancien Régime, l'État et l'Église enchevêtraient leurs domaines. Mais les constituants, pénétrés d'esprit gallican, l'entreprennent sans négociations ni avec le pape ni avec le clergé. Le Saint-Siège, qui ne peut accepter un statut qui lui est imposé par une Assemblée sans mandat religieux, condamne la Constitution civile du clergé, provoquant une division irrémédiable et dramatique des catholiques de France. Pour achever la pacification intérieure et mieux asseoir son pouvoir, Bonaparte, devenu Premier Consul, entreprend de ramener la paix religieuse en réconciliant les catholiques de France et en les ralliant au nouveau régime. Dans ce dessein, il ouvre dès juin 1800 des négociations avec le Saint-Siège. En novembre, les pourparlers se poursuivent à Paris entre le cardinal Spina et l'abbé Bernier. Ils entrent dans une phase plus active lorsque le cardinal Consalvi arrive à Paris. Le nouveau Concordat est enfin signé le 28 messidor an IX (17 juillet 1801).

Il se présente comme une série de concessions mutuelles. La papauté reconnaît que le catholicisme est « la religion de la grande majorité des Français » et non la religion d'État, mais les consuls en font « profession particulière ». Elle consent au remaniement des circonscriptions ecclésiastiques, en concordance avec les divisions administratives de la Révolution. Elle laisse la nomination des évêques au Premier Consul, mais « Sa Sainteté leur conférera l'institution canonique », suivant les formes anciennes. Les évêques prêtent le serment de fidélité « en usage avant le changement de gouvernement ». La papauté abandonne enfin le clergé réfractaire. Elle déclare ne vouloir troubler « en aucune manière les acquéreurs des biens ecclésiastiques aliénés ». En échange, le gouvernement de la République assure « un traitement convenable aux évêques et aux curés ». Il autorise la reconstitution des chapitres et des séminaires et reconnaît aux évêques le droit, qu'ils n'avaient pas sous l'Ancien Régime, de nommer aux cures. Le gouvernement abandonne enfin, de son côté, le clergé constitutionnel et se désintéresse du clergé régulier qui passe sous la tutelle directe du pape. L'application du nouveau Concordat est confiée à Portalis, nommé directeur des Cultes. Son action sera favorable à l'Église. Dans leur ensemble, les évêques constitutionnels se soumettent. Mais, parmi les évêques réfractaires, 36, fidèles à l'Église d'Ancien Régime, constituent le schisme anticoncordataire de la Petite Église qui subsiste toujours à l'heure actuelle, mais qui a peu de fidèles.

Pour emporter l'adhésion des assemblées et de l'armée, où les sentiments républicains restent vifs, Bonaparte fait rédiger les Articles organiques du culte catholique, à l'insu du pape mais en vertu de l'article du Concordat qui prévoit que l'autorité civile pourra prendre des règlements de police concernant l'exercice du culte. Empreints d'esprit gallican, ils prescrivent qu'« aucune bulle, bref, rescrit... ni autres expéditions de la cour de Rome ne pourront être reçus, publiés, imprimés, sans l'autorisation du gouvernement » et qu'« aucun concile national ou métropolitain, aucun synode diocésain n'aura lieu sans la permission expresse du gouvernement ». Les manifestations extérieures du culte sont elles aussi strictement réglementées. Le pape protestera en vain. Sont publiés le même jour (8 avril 1802) les Articles organiques du culte protestant qui reconnaissent officiellement le protestantisme. Flanqué de ces Articles organiques pour constituer une loi unique, le Concordat est adopté par le Corps législatif le 18 germinal an X (8 avril 1802) et, dix jours plus tard, le jour de Pâques, il est solennellement célébré, en même temps que la paix d'Amiens, par un *Te Deum* à Notre-Dame.

Après ce Concordat, la papauté conclura d'autres traités avec l'État français. Mais ces conventions ne modifieront pas la grande convention de 1802, soit en raison de leur caractère trop particulier, soit parce qu'elles ne seront pas ratifiées. La première, appelée improprement « concordat de Fontainebleau » (25 janvier 1813), est imposée au pape Pie VII, alors qu'il est prisonnier de l'Empereur. Accord secret en 11 articles que Napoléon s'empresse de publier comme loi d'État, il confirme le Concordat de 1801, suspendu depuis 1809 par le refus du pape d'instituer des évêques nommés par Napoléon. Mais le pape le dénonce dès le 24 mars. Cette rupture définitive avec la papauté fait perdre à Napoléon tout le bénéfice de sa politique concordataire en rendant l'appui du clergé au royalisme et à la contre-révolution. Après la Restauration, des négociations sont ouvertes pour remettre en vigueur le concordat de 1516, et un nouveau concordat est signé le 11 juin 1817 entre Pie VII et Louis XVIII. Mais, devant l'opposition des Chambres, Louis XVIII retire le projet avant la discussion, et le concordat de 1817 sera considéré comme nul et non avenu. L'accord de 1802, complété par des accords limités (1822) portant surtout création de nouveaux diocèses, restera donc en application jusqu'au jour où il sera abrogé unilatéralement, en 1905, par la loi de Séparation de l'Église et de l'État. Il continuera néanmoins à être appliqué, après leur retour en 1918 dans la communauté française, dans les trois départements du Bas-Rhin, du Haut-Rhin et de la Moselle.

CONDÉ (seigneurie et maison de)

Condé est une ancienne place forte du Hainaut proche de Valenciennes.

La seigneurie de Condé, qui relève originellement des comtes de Flandre, appartient successivement aux maisons d'Avesnes, de Châtillon-Saint-Pol et de Luxembourg-Saint-Pol, avant d'être transmise, par mariage, à François Ier de la Marche-Vendôme (mort en 1495), chef de la branche cadette de Bourbon. Les Bourbons-Condé ont souvent entretenu la pureté de leur sang par des alliances internes comme celles qui ont uni par trois fois la branche aînée de Condé à la branche cadette de Conti. Parfois, ils ont épousé des Bourbons plus proches du trône qu'eux : Bourbons aînés ou Bourbons-Orléans. Mais le plus remarquable est que, pour la génération des petits-fils du Grand Condé, on ne compte pas moins de trois mariages avec des rejetons illégitimes de rois Bourbons : Louis III de Condé épouse Mlle de Nantes, Anne Louise Bénédicte s'unit au duc du Maine, Marie-Anne se marie avec Louis Joseph de Vendôme. Peu avant, Louis Armand Ier de Conti, neveu du Grand Condé, a épousé Mlle de Blois. À la fin du XVIIe et au début du XVIIIe siècle, la maison de Condé-Conti semble faite pour « caser » ou tout au moins anoblir la descendance illégitime du grand Henri et surtout du grand Louis. Aussi bien n'est-ce pas là le premier titre des Condé à la gloire. L'illustration de leur race vient d'abord des deux premiers princes, Louis Ier et Henri Ier, qui jouent, Louis surtout, un grand rôle dans les guerres de Religion. Le début du règne de Louis XIV est marqué par la gloire militaire de Louis II, dit le Grand Condé. La régence de Philippe d'Orléans connaît l'ascension, brève il est vrai, de Louis IV, Principal ministre jusqu'à l'arrivée au pouvoir de Fleury. Enfin, les trois derniers Condé (les deux derniers, si l'on ne considère que ceux qui ont porté le titre de prince de Condé) ont été parmi les chefs de l'émigration.

CONDÉ Henri Ier de (La Ferté-sous-Jouarre, 1552 – Saint-Jean-d'Angély, 1588)

Deuxième prince de Condé.

Fils de Louis Ier de Condé et d'abord titré duc d'Enghien, comme devaient l'être dorénavant presque tous les aînés des princes de Condé. Il sert jeune dans les forces protestantes et échappe de peu à la Saint-Barthélemy en abjurant comme son cousin Henri de Navarre (futur Henri IV). Abjuration forcée, vite considérée comme nulle et non avenue. Le duc d'Alençon trouve en lui un ami qui le soutient efficacement à plusieurs reprises, notamment dans la négociation de la paix de Monsieur. Bien que les protestants soient généralement assez satisfaits des concessions que cette paix leur accorde, les hostilités reprennent rapidement. Le principal responsable en est Condé lui-même, qui brûle du désir d'imiter son père. Il n'y parviendra pas. Courageux mais sans génie, il remporte quelques succès en Anjou et en Poitou avant d'assister impuissant à la dispersion de son armée. Le véritable chef du parti huguenot est maintenant Henri de Navarre, aux côtés duquel il va combattre à Coutras, en 1587. Il meurt l'année suivante, après deux jours de maladie, d'une mort qui paraît suspecte. Après une autopsie, les médecins concluent à un empoisonnement. Un avocat, attaché à la maison du prince, est arrêté et écartelé. La propre épouse du défunt, Charlotte de La Trémoille, est accusée d'avoir inspiré le meurtre et emprisonnée pendant six ans.

CONDÉ Henri II de (Saint-Jean-d'Angély, 1588 – Paris, 1646)

Troisième prince de Condé.

Fils posthume du précédent. Élevé dans la confession catholique, il n'entretient pas toujours de bons rapports avec Henri IV et est en rébellion ouverte contre la régente Marie de Médicis. Dépourvu de qualités militaires mais doué pour l'intrigue, expert en chantage, rapace, il devient chef du Conseil de régence à la mort de Louis XIII. Les victoires de son fils, le duc d'Enghien, profitent abondamment à sa fortune déjà considérable. Il avait épousé Charlotte de Montmorency, la dernière passion d'Henri IV.

CONDÉ Louis Ier de (Vendôme, 1530 – Jarnac, 1569)

Premier prince de Condé.

Frère cadet d'Antoine de Bourbon-Vendôme, il sert d'abord dans l'armée de Piémont sous Brissac et participe ensuite au siège de Metz en 1552, ainsi qu'à la bataille de Saint-Quentin en 1557. Ayant embrassé la Réforme, il devient l'un des chefs du parti huguenot. Impliqué dans la conjuration d'Amboise, il est condamné à mort, mais le décès de François II, en 1560, le sauve de justesse. Charles IX lui rend la liberté à son avènement et peu après le nomme gouverneur de Picardie. Quand le massacre de Wassy fait prendre les armes aux protestants, Condé recrute un peu partout en France, mais aussi en Allemagne. Ses troupes parviennent à s'emparer d'Orléans et de Beaugency, mais échouent devant Paris en 1562. Battu et pris à Dreux (décembre), leur chef est enfermé au château d'Onzain. Le traité d'Amboise, en mars 1563, le délivre. En 1567, il dirige l'entreprise de Meaux et se fait battre à Saint-Denis. Après la brève paix de Longjumeau, en mars 1568, il reprend les armes. La bataille de Jarnac lui est fatale : après la défaite de son armée et sa propre capture, il est assassiné par Montesquiou, capitaine aux gardes du duc d'Anjou.

Louis Ier de Condé
Dessin, Chantilly, musée Condé. © *Lauros-Giraudon*

CONDÉ Louis II de, dit LE GRAND CONDÉ (Paris, 1621 – Fontainebleau, 1686)

Quatrième prince de Condé.

Duc d'Enghien jusqu'à la mort de son père, Henri II de Condé. Après s'être initié à l'administration d'une province en secondant ce dernier dans le gouvernement de la Bourgogne, il se distingue pour la première fois à 19 ans dans un combat de cavalerie devant Arras, pendant la campagne de Picardie, en 1640. À son retour à Paris, il épouse une nièce de Richelieu, Clémence de Maillé-Brézé (février 1641), contre son gré. Très vite, d'ailleurs, il poursuit sa romance avec Marthe du Vigean, qu'il a rencontrée déjà avant son mariage, chez sa sœur, la duchesse de Longueville. Après la mort de Richelieu, mais sur son conseil, il reçoit le commandement de l'armée de Picardie, chargée de repousser les Espagnols des frontières françaises du Nord. Avec 15 000 fantassins et 6 000 cavaliers, il se porte au secours de Rocroi assiégée et bat, en 1643, en rase campagne, 27 000 Espagnols, dont les fameux régiments de *tercios*.

La jeunesse de Condé et les circonstances dramatiques que connaît la France (Louis XIII vient de mourir) rendent encore plus impressionnante cette victoire qui met fin à cent trente années de

Louis II de Condé
Bataille de Rocroi remportée par le duc d'Enghien (le Grand Condé), 19 mai 1643. Huile sur toile de Heim, château de Versailles. © *Giraudon*

suprématie militaire de l'Espagne. Le duc d'Enghien consolide son succès par la prise de Thionville. L'année suivante, il rejoint Turenne à l'armée d'Allemagne, face à Mercy qui est battu lors de la difficile bataille de Fribourg en 1644. Cette victoire est suivie de l'occupation de toute la rive gauche du Rhin, de la Suisse à Mayence. En 1645, avec Turenne, il force le passage du Neckar à Wimpfen et bat à Nördlingen les Bavarois, les meilleurs soutiens de l'Empire. En 1646, Enghien succède à Gaston d'Orléans dans le commandement de l'armée des Flandres et, menant là aussi une campagne victorieuse, reçoit la capitulation de Dunkerque. Il devient la même année prince de Condé par la mort de son père, qui lui laisse une fortune considérable. Sa puissance commence à inquiéter Mazarin qui, en partie pour l'éloigner de la Cour, le désigne pour commander en Catalogne. Condé échoue au siège de Lérida en 1647. Rappelé dans les Flandres en 1648, il prend Ypres et écrase à Lens les restes de « la redoutable infanterie du roi d'Espagne » (Bossuet). À la suite de cette victoire décisive, l'Empire signe les traités de Westphalie (1648).

Mais la guerre continue avec l'Espagne et elle se complique d'une guerre civile en France, la Fronde. Condé va se jeter dans ses intrigues avec la fougue et la passion de son tempérament. Contre la Fronde parlementaire, il offre d'abord ses services à la reine et à Mazarin, met le siège devant Paris (combat de Charenton) et contraint les parlementaires à signer la paix de Rueil. Mais, se posant en sauveur de la Cour, il se rend odieux par ses prétentions et ses insultes à Mazarin. La reine et ce dernier finissent par le faire arrêter en même temps que Conti et Longueville, le 18 janvier 1650. Les trois princes sont enfermés à Vincennes, puis au Havre. Mais Paris se soulève pour la liberté des princes, tandis que certaines provinces entrent également en révolte ouverte. Devant cette union de la Fronde parlementaire et de la Fronde des princes, Mazarin cède. Il va lui-même au Havre délivrer ses prisonniers. Il est en réalité persuadé que l'alliance entre les seigneurs et les robins n'est pas durable. Effectivement, la « jeune Fronde des princes », dont Condé prend la tête, ne tarde pas à se brouiller avec la « vieille Fronde du Parlement ». Conseillée par Mazarin, la reine s'allie à la vieille Fronde contre Condé qui entre en dissidence et s'unit à l'Espagne. Il s'établit dans son gouvernement de Bordeaux et, de là, met le Midi en feu. Il culbute les troupes royales commandées par Turenne à Bléneau près d'Orléans (7 avril 1652), et les deux armées s'affrontent de nouveau devant Paris. Sur le point d'être écrasé au combat du faubourg Saint-Antoine (2 juillet), Condé ne doit son salut qu'à la Grande Mademoiselle qui fait canonner de Paris les troupes du roi et lui ouvre les portes de la capitale. Mais, par sa politique brouillonne et orgueilleuse, il perd vite le soutien des bourgeois et des parlementaires, lassés de la guerre. Il ne peut maintenir son autorité que par la terreur (massacre du 4 juillet à l'Hôtel de Ville) et finit par s'enfuir le 13 octobre, huit jours avant que Louis XIV fasse sa rentrée dans Paris. Il rejoint à Ablon les armées espagnoles. Tandis qu'une déclaration royale enjoint au Parlement de commencer son procès, il accepte, par haine de Mazarin, un commandement dans l'armée espagnole (1653) et, oubliant Rocroi, va combattre dans les rangs espagnols jusqu'à la paix des Pyrénées. Il dévaste les provinces françaises du Nord et répond à sa condamnation à mort en conduisant l'armée espagnole des Pays-Bas devant Arras, en dépit de l'hostilité du haut commandement espagnol à cette manœuvre. Mais la chance semble l'avoir abandonné. Turenne le contraint à lever le siège et, après divers engagements, finit par le battre, en 1658, à la bataille des Dunes.

L'amnistie de Condé fait l'objet d'âpres discussions lors des négociations qui précèdent la paix des Pyrénées. Mazarin finit par accepter de le rétablir dans ses biens et ses dignités. Rentré à Paris en 1660, Condé se conduit désormais en parfait courtisan. Il ne jouera plus que les seconds rôles. Avec l'assentiment du roi, qui garde à son égard quelque défiance, il se porte candidat au trône de Pologne, mais les tractations qu'il poursuit pendant huit ans (1660-1668) échouent. Il est plus heureux dans ses entreprises militaires. Pendant la guerre de Dévolution, il s'empare en trois semaines de toute la Franche-Comté (février 1668) et, pendant celle de Hollande, se couvre de gloire au passage du Rhin, fait capituler Wesel et plusieurs autres places et écrase enfin le prince d'Orange à Senef (1674). Après la mort de Turenne, il est chargé de défendre l'Alsace contre Montecuccolli. C'est sa dernière campagne, victorieuse elle aussi. Accablé de goutte, il se retire à Chantilly que Mansard et Le Nôtre embellissent pour lui et où, en mécène éclairé, il reçoit et protège les plus grands littérateurs : Bossuet, Racine, Boileau, Molière, La Bruyère…

Ce grand seigneur libertin, dont la laideur allait devenir légendaire, avait toujours affiché au cours de sa longue vie agitée le plus grand scepticisme. Mais, au soir de sa vie, Bossuet réussit à le convertir. Il prononça à sa mort une oraison funèbre restée fameuse où les traits de caractère de ce grand homme de guerre sont étrangement idéalisés. La vie de Condé, de la révolte au service du roi, correspond à la transformation de l'idéal aristocratique sous la pression de l'absolutisme : le Condé de la Fronde est un grand qui défend son honneur et qui n'admet pas devoir obéir à un Mazarin. Le roi auquel il est apparenté ne lui apparaît pas si au-dessus de lui qu'il doive lui obéir absolument. Le grand capitaine de la guerre de Hollande, même s'il n'a pas renoncé à toute velléité d'indépendance, notamment face à un commis roturier comme Louvois, met son honneur dans le service du roi. Ce qu'un Condé accepte, les autres aristocrates moins titrés y consentent *a fortiori*, acceptant de jouer leur rôle, à leur place, à la cour ou aux armées.

CONDÉ Louis Antoine Henri de, duc d'Enghien (Chantilly, 1772 – Vincennes, 1804)

Dixième prince de Condé.

Fils de Louis Henri Joseph de Condé et de Louise d'Orléans, il fait son apprentissage militaire avec son grand-père, au camp de Saint-Omer, dès 1788. L'année suivante, il émigre avec ses parents. Placé par sa naissance au premier rang de l'émigration militaire, il fait la campagne de 1792 sous les ordres de son père. Puis il rejoint l'armée de son grand-père. Lorsqu'elle est licenciée par l'Autriche après les préliminaires de Leoben (1797), il passe en Russie mais revient se battre contre les armées françaises de 1799 à 1801. L'armée de Condé ayant été définitivement dispersée après le traité de Lunéville, il s'installe en civil à Ettenheim, ancienne résidence du cardinal de Rohan, dans le duché de Bade, sur la rive droite du Rhin, à quatre lieues de Strasbourg. Bonaparte, croyant voir en lui le « prince » que les conjurés du complot anglo-royaliste de l'an XI sont censés attendre, le fait enlever dans la nuit du 14 au 15 mars 1804. Bien que revenu de son erreur, le Premier Consul le fait traduire en conseil de guerre et, après un jugement sommaire, le fait fusiller et enterrer le 21 mars au matin dans les fossés du donjon de Vincennes, non comme conspirateur, mais comme « émigré payé par l'étranger pour envahir la France ». Cette exécution met brutalement fin aux espoirs de ceux qui voyaient en Bonaparte le restaurateur des Bourbons, et consomme la rupture du régime avec les royalistes. Le duc d'Enghien était le dernier héritier des Condé. Avec lui disparaît cette illustre famille, bien que son grand-père et son père lui aient survécu plusieurs années. Exhumé en 1816, il fut enterré sous un mausolée dû au sculpteur Bosio, dans la chapelle du château de Vincennes.

CONDÉ Louis Henri de (Versailles, 1692 – Chantilly, 1740)

Septième prince de Condé, portant aussi le titre de duc de Bourbon et généralement appelé Monsieur le Duc.

Fils aîné de Louis III de Condé. La mort de Louis XIV lui permet d'occuper d'éminentes fonctions politiques de 1715 à 1726. Placé à la tête du Conseil de régence par Philippe d'Orléans, il dirige la campagne des ducs contre les « légitimés de France ». Dans cette besogne de salubrité publique, il manifeste un acharnement assez malsain, car il n'est pas pour rien l'héritier de deux princes peu équilibrés. Le décès du Régent en 1723 lui vaut le titre de Principal ministre. Il le restera jusqu'à 1726. Le cardinal Fleury le remplacera alors, profitant de sa disgrâce.

CONDÉ Louis Henri Joseph de (Chantilly, 1756 – Saint-Leu, 1830)

Neuvième prince de Condé, également titré, à l'exemple de son grand-père, duc de Bourbon.

Fils de Louis Joseph, il mène dans sa jeunesse une vie dissolue et agitée. Après juillet 1789, un corps d'émigrés lui est confié, mais il n'atteindra jamais aux responsabilités de son père. La chute de l'Empire le ramène en France. Pendant les Cent-Jours, il tente de soulever la Vendée, sans succès. Il n'accompagne pas Charles X dans son exil. Peu après la révolution de 1830, on le retrouvera pendu à une espagnolette de sa chambre. Suicide ou meurtre ? Mme de Feuchères, sa maîtresse, fut fortement soupçonnée de l'avoir assassiné mais, après enquête, elle bénéficia d'une

Le duc d'Enghien
Portrait du duc d'Enghien jeune. Huile sur toile. © *Sélection Images*

ordonnance de non-lieu. L'affaire n'était pas classée pour autant. Alors que l'on s'attendait à ce que le duc de Bordeaux héritât de la fortune des Condé, les dispositions testamentaires du défunt profitèrent au duc d'Aumale. Le neuvième prince de Condé est aussi le dernier. Avec l'exécution de son fils, le duc d'Enghien, se sont éteints les espoirs de postérité de sa maison.

CONDÉ Louis Joseph de (Paris, 1736 – Paris, 1818)

Huitième prince de Condé.

Fils de Louis Henri de Condé. Il se distingue lors de la guerre de Sept Ans et, avec Soubise, défait Brunswick à Johannisberg en 1762. Mais il se mêle de politique, signant la protestation des princes contre le parlement Maupeou en 1771, puis, au sein de l'Assemblée des notables de 1787, adoptant des idées « réformatrices ». Lorsque la Révolution menace, il est un des premiers à émigrer avec sa famille. On le voit aux Pays-Bas, à Turin, puis à Worms. Quand la guerre éclate en 1792, il organise le corps d'émigrés bien connu depuis sous le nom d'« armée de Condé ». Cette formation remporte quelques succès en Alsace, de 1793 à 1797. Ensuite, le traité de Campoformio oblige Condé à passer en Russie. L'armée de Condé refait une apparition en 1799 pour disparaître à jamais deux ans plus tard, après le traité de Lunéville. Retiré en Angleterre, le prince mettra un terme définitif à ses activités politiques lorsqu'il apprendra l'exécution de son petit-fils, le duc d'Enghien. Il rentrera en France à la Restauration et passera ses dernières années à Chantilly.

CONDORCET Marie Jean Antoine Nicolas de CARITAT, marquis de (Ribemont, 1743 – Bourg-la-Reine, 1794)

Mathématicien, philosophe et homme politique.

Remarquable mathématicien, il soutient une thèse d'analyse mathématique à 16 ans, devant d'Alembert, Clairault et Fontaine. À 22 ans, il publie un *Essai sur le calcul intégral* (1765) et, deux ans plus tard, un *Mémoire sur les problèmes des trois corps* (1767). Il entre à l'âge de 26 ans à l'Académie des sciences dont il devient secrétaire perpétuel en 1773. Il y prononce divers éloges, en particulier ceux de Buffon et de d'Alembert. Économiste, il publie en 1776 ses *Réflexions sur le commerce des blés* et, en 1786, sa *Vie de Turgot*. Turgot, avec qui il était très lié, comme en témoigne leur abondante correspondance, l'avait fait nommer inspecteur général des monnaies. Philosophe, il édite les *Pensées* de Pascal (1776), collabore à l'*Encyclopédie,* publie des textes d'économie politique, écrit une *Vie de Voltaire* (1787) et apporte son concours à l'édition complète de ses œuvres, dite édition de Kehl. Entré à l'Académie française en 1782, il est considéré, à la veille de la Révolution, comme le chef du « parti philosophique » et s'attache particulièrement à définir les droits de l'homme. Député à l'Assemblée législative, il présente, le 20 avril 1792, un rapport et projet de décret sur l'organisation générale de l'instruction publique. Mais on n'adopte pas ses thèses, pas plus que son projet de Constitution. Réélu à la Convention, il ne cache pas ses sympathies pour le parti girondin, tout en gardant sa liberté d'action. En juillet 1793, il est décrété d'arrestation et réussit pendant huit mois à échapper aux recherches. Finalement découvert et arrêté à Clamart, il s'empoisonne dans sa prison de Bourg-l'Égalité (Bourg-la-Reine). C'est au cours de sa proscription sous la Terreur qu'il a composé son *Esquisse d'un tableau historique des progrès de l'esprit humain*, véritable synthèse de la pensée philosophique du XVIIIe siècle. L'histoire de l'humanité s'y divise en dix époques. La dixième, qui traite des « progrès futurs de l'esprit humain », comporte trois idées essentielles. D'abord la destruction de l'inégalité entre les nations par la propagation des principes de la Révolution française à travers le monde et la libération des colonies : il ne doit y avoir que « des hommes libres sur toute la terre ». Ensuite, le progrès de l'égalité dans un même peuple, par l'égalisation des fortunes, la sécurité sociale (il met au point un projet de caisses d'accumulation) et le développement de l'instruction. Enfin, le perfectionnement réel de l'homme : la formation sociale doit rapprocher l'intérêt individuel de l'intérêt collectif, détruire les préjugés, établir l'égalité des sexes, faire disparaître les guerres. Une éducation bien orientée est en définitive seule susceptible de mettre l'homme à l'abri des préjugés qui ferment son esprit. L'œuvre de Condorcet est un acte de foi dans le progrès illimité de l'humanité qui se réalisera, loin de tout dogme religieux, grâce à la seule culture intellectuelle et morale qui, selon lui, est susceptible d'un progrès indéfini et sans régression, à savoir la culture scientifique inaugurée au XVIe siècle avec les techniques rationnelles qui en sont issues.

Condorcet
Huile sur toile de l'école de Greuze, châteaux de Versailles et de Trianon. © *Giraudon*

CONFÉDÉRATION DU RHIN

Nom donné à l'union politique de plusieurs États allemands de 1806 à 1813.

À la suite des victoires de Napoléon en Allemagne, en 1806, et de la renonciation de François II au titre d'empereur d'Allemagne, seize princes allemands, sous l'influence de Napoléon, décident, au traité de Paris, que leurs États constitueront la Confédération du Rhin. On trouve parmi eux les rois de Bavière et de Wurtemberg, le grand-duc de Clèves, etc., rejoints par d'autres princes souverains après l'effondrement de la Prusse. Napoléon est le véritable maître de la Confédération ; il détient le commandement de l'armée confédérée, forte de 63 000 hommes, que la Confédération lui a fournie. Mais les défaites napoléoniennes de 1813 entraînent la fin de la Confédération du Rhin, remplacée, en 1815, par la Confédération germanique. Malgré son échec, elle a joué un rôle important dans l'unification de l'Allemagne.

Confédération française et démocratique du travail (CFDT)

Organisation syndicale née d'une scission de la Confédération française des travailleurs chrétiens (CFTC), au congrès extraordinaire de novembre 1964.

La création de la CFDT obéit à une logique de recentrage humaniste, aux dépens de l'ancrage chrétien. Cette stratégie correspond à un engagement politique croissant des militants qui soutiennent la candidature de François Mitterrand (1965) ou les propositions du PSU (autour de Michel Rocard). Elle repose sur un constat, popularisé par les sections des grandes branches industrielles : les fruits de la croissance doivent profiter davantage aux salariés et faciliter l'avènement d'un nouveau projet de société. Aussi la CFDT soutient-elle le mouvement de mai 1968 et, sous l'impulsion de son nouveau secrétaire, Edmond Maire, qui succède en 1971 à Eugène Descamps, le syndicat se rallie au « socialisme autogestionnaire ». Au lieu d'imposer ses mots d'ordre, il canalise des revendications hétérogènes. La CFDT voit ainsi ses effectifs grossir, mais le soutien qu'elle apporte aux comités de soldats, aux ouvriers de Lip ou aux chômeurs la met en porte-à-faux vis-à-vis des autres centrales, d'une partie de la gauche qui lui reproche son « gauchisme » et des gouvernements de droite. Après 1978 et l'échec de la gauche aux législatives, la CFDT se consacre aux moyens de cautériser un tissu industriel déchiré par la crise. Cela passe par la définition de nouvelles solidarités (elle inspire les lois Auroux de 1982), de nouvelles structures (elle soutient la décentralisation), de procédures originales de négociations avec les gouvernements (elle milite pour la réduction du temps de travail). Ce positionnement lui aliène une partie des ouvriers, au profit de cadres, de techniciens et de fonctionnaires. Jusqu'en 1986-1987, les effectifs du syndicat croissent jusqu'à un sommet de 550 000 affiliés, et la CFDT sort de ses bastions, Bretagne et Alsace, pour accéder à une implantation nationale. En revanche, elle subit le contrecoup de la désyndicalisation à partir de 1989-1990, au moment où ses propositions comme son action semblent en décalage par rapport aux exigences des temps de crise. Cela se traduit par le remplacement d'Edmond Maire par Jean Kaspar (1988), pour un interrègne propice aux conflits intérieurs, puis par l'élection de Nicole Notat (1991-2002) qui reprend à son compte les thèmes des années 1970, cette fois dans une perspective cogestionnaire.

Confédération française et démocratique du travail
Affiches de la CFDT en 1975. © *Roger-Viollet*

Confédération française des travailleurs chrétiens (CFTC)

Organisation syndicale créée en novembre 1919 par le regroupement de différents syndicats de travailleurs chrétiens.

Parmi les nombreux syndicats ainsi regroupés – environ 800 – le plus important est alors la Fédération française des syndicats d'employés catholiques, fondée en 1913. Elle donne à la CFTC ses quatre premiers présidents, Jules Zirnheld, Gaston Tessier, Maurice Bouladoux et Georges Levard, ainsi que ses secrétaires généraux, et elle reste la plus importante jusqu'en 1961, date à laquelle elle est supplantée par la Fédération des métaux. Suivant l'encyclique *Rerum novarum* de Léon XIII, la CFTC de 1919 se réclame de la morale sociale chrétienne. Son but est d'organiser la paix sociale, non de développer la lutte des classes, d'autant que ses dirigeants se proclament anticommunistes. La CFTC compte 110 000 à 120 000 membres, localisés soit dans les villes industrielles de provinces catholiques (Nantes, Nancy, Lyon), soit parmi des professions intermédiaires où les femmes effectuent une poussée remarquée (institutrices, employées de banque). En 1924-1925, le syndicat se signale par plusieurs grèves contre la vie chère, si bien que le patronat de Roubaix vient se plaindre auprès du pape Pie XI. Après une longue enquête, Rome refuse de condamner le syndicat, ce qui a pour effet, dans le contexte déprimé des années 1930, d'inciter à de nouvelles actions, notamment au printemps 1936. La CFTC compte alors 400 000 adhérents et voit sa représentativité reconnue par le gouvernement de Front populaire, même si elle ne participe pas aux accords Matignon. C'est alors qu'adhèrent de jeunes militants, par le biais de la JOC, comme des intellectuels dans le sillage d'Emmanuel Mounier.

Le régime de Vichy dissout la centrale au moment où il présente, le 9 novembre 1940, son projet corporatiste. En réponse, des membres de la CFTC et de la CGT publient un manifeste réaffirmant le principe de l'intérêt général, du respect de la personne humaine et de la liberté. La CFTC, après avoir participé au CNR, œuvre au programme de reconstruction économique et sociale, sous l'influence de militants, les uns favorables à la déconfessionnalisation, les autres inquiets du danger communiste pour les idéaux chrétiens. En 1947, la référence à la doctrine sociale de *Rerum novarum* est ainsi abandonnée, l'unité d'action syndicale avec la CGT maintenue malgré la guerre froide. Eugène Descamps, du courant Reconstruction, parle même de socialisme. En 1959, sous son influence, le syndicat exprime son opposition au général de Gaulle et présente un projet de « planification économique », soit le socialisme réel plus l'autonomie syndicale, mais sans tradition chrétienne. Ce projet est popularisé par les mineurs lors de la grande grève de 1963, première manifestation antigaulliste d'origine sociale. Son succès précipite la scission du syndicat, l'année suivante. Réduite à une centaine de milliers de membres, la CFTC défend surtout la liberté de l'enseignement confessionnel et tente de capter les déçus de la lutte des classes, notamment en 1983-1984. Ce sursaut se prolonge jusqu'en 1989-1991, avant que la disparition de l'adversaire privilégié ne réduise la CFTC à un état groupusculaire, présent dans les instances de la Sécurité sociale pour justifier le principe de diversité.

Confédération générale du patronat français (CGPF), puis Confédération nationale du patronat français (CNPF), puis Mouvement des entreprises de France (Medef)

Organisation patronale.

L'organisation patronale, à la différence des voisins allemands ou anglais, a une histoire dominée par ses relations avec l'État. Elle naît dans l'urgence de 1914-1918 et sous l'impulsion de Clémentel, ministre du commerce, qui veut disposer d'un guichet unique où obtenir, par branche industrielle, les produits nécessaires à l'effort de guerre. En 1919 naît la Confédération générale de la production française, lobby rassemblant les représentants des grandes entreprises. Économiquement, ils sont divisés entre protectionnistes, rationalisateurs, européanistes ou colonialistes ; politiquement, la CGPF apparaît comme une organisation secrète et puissante. En 1936, elle entre dans le jeu politique en acceptant de négocier avec la CGT, sous les auspices du gouvernement Blum. Les accords Matignon, signés pour la CGPF par Duchemin, font peser la menace d'une scission entre petites et grandes entreprises, ce qui entraîne un changement de statut et de président avec Claude-Joseph Gignoux. À ce choc s'ajoutent la dissolution de la CGPF en 1940 par le régime de Vichy et le lancement des comités d'organisation par profession, l'État français désorganisant la structure patronale et embauchant certains des meilleurs talents patronaux au service d'une modernisation industrielle, dont l'idée sera gardée mais les promoteurs et l'institution mis à l'écart.

En 1946, le CNPF est donc associé avec retard au travail de planification, comme à la politique de négociations salariales ou sociales. Son rôle d'intermédiation est reconnu lors des accords de Grenelle (mai 1968), lors des conventions sur la formation professionnelle (1969) ou avec la mise en place d'un paritarisme social dès 1954-1956. En revanche, son influence économique reste longtemps maigre. Le CNPF, longtemps hostile à la construction européenne – sur une ligne antiallemande (comme en 1919), protectionniste et de défense des intérêts coloniaux –, s'adapte à la CEE entre 1965 et 1968. Malgré l'organisation des premières assises de l'entreprise, à Lyon, en 1970, les rapports État-patronat sont déterminants, qu'ils soient de confiance entre Ambroise Roux, patron de la CGE et éminence grise du CNPF, et Georges Pompidou, ou conflictuels, lorsqu'en décembre 1982 Yvon Gattaz organise des États généraux de l'entreprise, avec 20 000 patrons protestant contre les nationalisations.

La longue crise industrielle ouverte en 1974 a entraîné, à partir de 1986, un recentrage des priorités autour de la libération concurrentielle des entreprises, le CNPF se voulant l'incarnation de « l'économie réelle », celle-ci supposant des privatisations, des mesures financières, réglementaires ou budgétaires incitatives, ce qui maintient la relation privilégiée à l'État. Ultime confirmation, dans une logique à nouveau conflictuelle, à partir d'octobre 1988, lorsque Ernest-Antoine Seillière, élu un an plus tôt à la tête du CNPF, le transforme en Mouvement des entreprises de France (MEDEF), dont l'objectif est d'exercer « un leadership d'influence » face aux pouvoirs publics, ce qui suppose la redéfinition du partenariat instauré en 1946.

Confédération générale des petites et moyennes entreprises (CGPME)

Organe constitué en 1944, sous la présidence de Léon Gingembre, pour grouper les entreprises qui exploitent les capitaux particuliers du chef d'entreprise et de sa famille.

Le chef d'entreprise doit, en outre, assumer la direction technique, financière et commerciale de son affaire. En principe, le nombre des salariés ne doit pas excéder 250. Les PME sont opposées à toutes les formes de dirigisme, qu'il s'agisse du dirigisme étatique ou du dirigisme « professionnel » profitant aux grandes entreprises.

Confédération générale du travail (CGT)

Organisation syndicale de salariés, fondée en 1895 à Limoges par les délégués de 28 fédérations d'industries ou de métiers, de 18 bourses du travail et de 126 syndicats isolés.

La CGT n'est pendant plusieurs années qu'une association mal structurée d'organisations hétérogènes dont les innombrables luttes internes, notamment entre partisans de la structure « verticale » (celle des fédérations) et ceux de la structure « horizontale » (celle des bourses du travail), limitent longtemps l'importance et l'audience. Ce n'est que sept ans après sa fondation que le congrès de Montpellier lui donne, en 1902, les statuts qui sont encore les siens aujourd'hui. D'après ceux-ci, la CGT a pour but le « groupement des salariés pour la défense de leurs intérêts moraux, matériels, économiques et professionnels. Elle groupe, en dehors de toute école politique, tous les travailleurs conscients de la lutte à mener pour la disparition du salariat et du patronat ». Mais c'est seulement quatre ans plus tard, en 1906, à Amiens, que la CGT va vraiment définir avec éclat sa doctrine. La tendance révolutionnaire triomphe des réformistes et proclame que la grève générale constitue le moyen d'action normal du syndicalisme ; par ailleurs, contre les positions guesdistes qui préconisent la collaboration des syndicats et du parti socialiste unifié (SFIO) constitué en 1905, et contre le réformisme proudhonien et apolitique, une majorité massive se prononce pour une charte, connue sous le nom de charte d'Amiens, qui définit l'indépendance totale des syndicats vis-à-vis du patronat, des partis politiques et de l'État. L'esprit de cette charte va marquer profondément la CGT et, à travers elle, tout le mouvement syndical français. En confirmant et en accentuant l'orientation déjà nettement révolutionnaire des congrès de 1895 et 1902, elle fait de la CGT une organisation de lutte de classes sans équivalent dans les autres pays. En 1914, le syndicat compte 400 000 adhérents.

Toutefois, à l'exception de quelques-uns de ses membres qui entament peu à peu une résistance souterraine contre la guerre, la CGT pratique résolument l'Union sacrée pendant la Première Guerre mondiale. Les contacts avec les milieux patronaux et surtout les milieux gouvernementaux se succèdent. Certains de ses dirigeants vont même jusqu'à prôner la collaboration des classes et, parfois, la guerre à outrance. À partir de 1917, les événements de Russie dominent tous ses débats. La question si controversée des rapports partis-syndicats se développe avec une acuité accrue, notamment du seul fait de l'existence du parti communiste (bolchevique) de l'Union soviétique qui fait des syndicats les instruments du parti politique. Cette nouvelle conception, fondamentalement contraire à la tradition syndicale française, provoque de nombreux remous au sein de la CGT. Dans ce climat idéologique passionné, sa combativité resurgit avec la fin de la guerre. Le nombre des syndiqués grimpe jusqu'à deux millions à la fin 1919. Les années de l'immédiat après-guerre voient en effet se produire des mouvements sociaux de grande envergure. Les nombreuses actions qui se déroulent en 1919 se soldent par d'importantes lois sociales : loi sur les huit heures de travail, première loi sur les conventions collectives, loi sur l'enseignement professionnel, augmentation des salaires. Mais, en 1920, le mouvement de grève des cheminots, que la CGT soutient par une série de « grèves tournantes », est un échec. De violents heurts s'étant produits au cours de cette grève entre les grévistes et les forces de l'ordre, la CGT est même dissoute, à la demande du gouvernement, par un jugement du tribunal correctionnel de la Seine. Toutefois, l'appel de ce jugement par la CGT n'étant pas venu devant la cour d'appel, la dissolution ne deviendra jamais effective. L'échec des grèves de 1920 aura néanmoins de graves conséquences pour l'avenir de la CGT. Il se traduit par une cassure profonde du mouvement syndical. Les éléments anarcho-syndicalistes et les sympathisants « communistes » (qui ont pris cette dénomination après la scission de Tours), exclus au congrès de Tours, se réunissent en congrès à Saint-Étienne, en 1922, et constituent une nouvelle centrale syndicale, la CGTU ou Confédération générale du travail unitaire, qui adhère à l'Internationale syndicale rouge (ISR) en 1923.

Après cette secousse, le mouvement syndical français s'étiole pendant plusieurs années, semblant s'enliser dans des rivalités stériles. La CGT prend toutefois une initiative qui portera ses fruits en réclamant l'institution d'un Conseil économique. Devant le refus des gouvernements, elle crée elle-même son propre Conseil, le Conseil économique du travail, en liaison avec des coopératives et certains techniciens. Cette expérience originale sera à l'origine du Conseil national économique qui préfigurera à son tour les Conseils économiques d'après guerre (Conseil économique de 1946 à 1959, Conseil économique et social depuis 1959). L'esprit syndical se réveille au lendemain de la grande crise économique de 1931-1935. En moins de deux ans, de 1934 à 1936, l'unité syndicale retrouvée entraîne un retournement complet de la situation. Ce retour à l'unité, consécutif aux événements du 6 février 1934, devient effectif en mars 1936, au congrès spécial de Toulouse. Dominé du côté ex-CGT par la personnalité de Jouhaux, du côté ex-CGTU par celle de Frachon, ce congrès élabore une nouvelle conception du syndicalisme qui réalise une synthèse des tendances opposées de la « vieille CGT » et de la CGTU. Dans l'esprit de la charte d'Amiens, ces nouveaux statuts réaffirment catégoriquement l'indépendance syndicale par rapport aux partis politiques, mais une éventualité qui n'avait pas été prévue par la charte d'Amiens est reconnue : celle de répondre favorablement aux appels qui sont adressés à la CGT par d'autres groupements, cela « en vue d'une action déterminée » ; en conséquence, la CGT confirme son adhésion au programme du Front populaire. Le même congrès adopte un plan de rénovation organisé autour des nationalisations et d'une économie dirigée. En même temps, il confirme l'« opposition absolue qui existe entre les intérêts des salariés que le syndicalisme a pour mission de défendre et les intérêts du capitalisme qu'il combat », et précise « que la participation officielle des organisations confédérées à des organismes divers (organismes de la direction économique) ne saurait être considérée comme une forme d'intégration du syndicalisme dans l'État ou de collaboration avec le patronat ».

La victoire du Front populaire aux élections législatives de 1936 est immédiatement suivie du déferlement sur le pays d'un mouvement de grèves spontanées avec occupation d'usines. La CGT compte bientôt quatre millions d'adhérents, et cette puissance lui permet de négocier avec le patronat des milliers de conventions collectives à l'échelle des branches ou des entreprises, ce qui complète le dispositif mis en place par le gouvernement avec les accords Matignon (semaine de quarante heures, délégués d'ateliers) et la loi sur les congés payés. Mais le plan économique de la CGT est passé aux oubliettes et, dès 1938, les décrets Daladier réduisent la portée des quarante heures. En outre, les syndicats se divisent sur les enjeux internationaux entre pacifistes et antimunichois. Résultat, le syndicat perd un million d'adhérents.

L'unité syndicale retrouvée n'est qu'apparente, et l'essor de la CGT va se briser. La signature, le 23 août 1939, du pacte de non-agression entre l'Allemagne hitlérienne et l'Union soviétique est à la fois la cause, l'occasion et le prétexte d'une nouvelle rupture. Les militants et dirigeants communistes sont exclus du bureau confédéral en septembre 1939. Dans les jours qui suivent, le gouvernement Daladier prononce la dissolution de tous les syndicats dirigés par des « communistes ». Enfin, le 9 novembre 1940, le gouvernement de Vichy décide la dissolution de la CGT en même temps que celle de toutes les

Confédération générale du travail
Défilé de la CGT à Paris, à l'occasion de la journée internationale des femmes, le 8 mars 1982. Au centre, Georges Ségury ; à droite, Henri Krasucki. © *Keystone*

organisations syndicales ouvrières et patronales. Si l'un de ses dirigeants, Belin, devenu secrétaire d'État à la Production industrielle et au Travail, a présidé en tant que tel à cette dissolution, les ralliements au gouvernement de Vichy sont l'exception, et la plupart des dirigeants de la CGT participent activement à la Résistance au sein de laquelle ils reconstituent clandestinement la Confédération unitaire, après annulation de fait de la scission de septembre 1939 (accords du Perreux avril 1943).

Dès la libération de Paris et de la majeure partie du territoire, la CGT apporte son soutien à la grande « bataille de la production », sans toutefois abandonner une lutte revendicatrice qui lui apporte certaines satisfactions (nationalisations, création de la Sécurité sociale, institution des comités d'entreprise, etc.). Mais les rivalités réapparaissent et de nouvelles scissions l'affaiblissent encore une fois : en 1946, celle des anarcho-syndicalistes qui quittent la CGT et constituent la Confédération nationale du travail (CNT), et surtout celle de décembre 1947, lorsque les majoritaires des deux précédentes scissions, Léon Jouhaux et les autres dirigeants non-communistes, devenus cette fois minoritaires, démissionnent de la CGT et constituent en 1948 la CGT-Force ouvrière (CGT-FO). Depuis cette dernière rupture, la majorité des dirigeants de la CGT est constituée de militants du parti communiste. Mais l'action de la Confédération n'en comporte pas moins une participation effective aux travaux des organismes consultatifs officiels.

La CGT traverse les années 1950 dans une logique de repli, arc-boutée sur le thème de la paupérisation absolue du prolétariat. Elle perd un million d'adhérents et interrompt son déclin grâce à l'unité syndicale, facteur déterminant dans la négociation des fruits du partage de la croissance. La direction de la CGT a un discours contestataire et une pratique réformiste, y compris en mai 1968 où elle signe, le 27, les accords de Grenelle et se voit contrainte de les désavouer sous la pression de sa base, demeurée quant à elle fidèle au syndicalisme de classe. Georges Séguy, qui succède à Benoît Frachon en 1970, essaie de combiner la défense des avantages sociaux dans un contexte de chômage croissant et l'idéal d'une économie planifiée et administrée. L'arrivée au pouvoir de l'Union de la gauche en 1981 ne provoque aucun regain et, sous la conduite d'Henri Krasucki (1982-1992), puis de Louis Viannet (1992-1996) et de Bernard Thibault, la CGT enregistre un recul continu, au rythme où se détériore le tissu industriel du pays : parti d'un million d'adhérents en 1986, le syndicat passe sous la barre des 500 000 en 1993, avant de tomber à 350 000 en 1998-1999. Même les spasmes sociaux de 1995 n'ont pas déclenché de rebond, la CGT partageant son leadership avec la CGT dans un paysage en ruines.

CONFÉDÉRATION NATIONALE DU PATRONAT FRANÇAIS (CNPF) : voir CONFÉDÉRATION GÉNÉRALE DU PATRONAT FRANÇAIS (CGPF)

CONFLANS Hubert de BRIENNE, comte de (Paris, v. 1690 – Paris, 1777)

Maréchal de France.

Successivement gouverneur de Saint-Domingue, lieutenant général des armées navales, vice-amiral (1756), maréchal de France (1750), il se fait battre à Belle-Isle, en 1759, par Hawke. Cette défaite portera un coup dur à la marine française et ruinera tous les espoirs de débarquement en Grande-Bretagne.

CONFLANS Louis de BRIENNE de, marquis d'Armentières (?, 1711 – ?, 1774)

Maréchal de France.

Après avoir brillé en Piémont, Bohême, Alsace et Flandre, Louis de Conflans, dit parfois le maréchal d'Armentières, est placé sous le commandement de Maurice de Saxe avec le titre de lieutenant général. À l'issue de la campagne d'Allemagne, il reçoit le gouvernement militaire des Trois-Évêchés. La dignité de maréchal de France récompense ses services en 1768.

CONFLANS-L'ARCHEVÊQUE (traité de)

Traité mettant fin à la guerre du Bien public entre Louis XI et les princes ligués contre lui (5 octobre 1465).

Le roi doit en passer par toutes les volontés de ses adversaires : Charles de France, son frère, reçoit la Normandie en apanage, Charles de Charolais (Charles le Téméraire) se fait, sans compensation, reconnaître les villes de la Somme achetées par Louis XI au vieux duc de Bourgogne ; le duc de Bourbon arrondit ses possessions auvergnates, le duc de Bretagne annexe le comté d'Étampes et enfin le comte d'Armagnac peut mettre la main sur les châtellenies du Rouergue. Le traité de Conflans est confirmé et complété par celui de Saint-Maur trois semaines plus tard. Mais il n'embarrassera pas longtemps Louis XI, qui reprendra la Normandie par les armes l'année suivante.

CONFRÉRIE

Union de prière et société d'entraide regroupant des personnes ayant en commun soit un lieu d'habitation, soit un métier, soit une dévotion particulière à un saint.

Les confréries puisent leurs origines dans une tradition associative antique, à la fois romaine et germanique. Elles sont attestées à l'époque carolingienne mais ne se laissent réellement cerner qu'au XIIIe siècle lorsque des laïcs, sans renoncer à leur état, tentent de vivre selon l'idéal de fraternité développé par les ordres mendiants. L'un de leurs buts est de permettre à chaque confrère de travailler à son salut individuel, tout en l'insérant dans un réseau social très fort. Le mouvement confraternel atteint son apogée durant les deux derniers siècles du Moyen Âge et surtout au moment de la Contre-Réforme, proliférant dans tout le royaume de France. On sait en effet aujourd'hui que ces confréries ne constituaient pas un phénomène concentré en Provence et dans le Comtat Venaissin (particulièrement bien étudié), mais qu'elles ont couvert l'ensemble du territoire, tant urbain que rural.

Quels que soient les lieux ou les époques, les confréries fonctionnent jusqu'à la Révolution selon des principes communs à toutes, qui se répètent à l'infini dans chacun des statuts que l'on a conservés : chacune offre à ses membres un ou plusieurs saints patrons à honorer, cette dévotion se marquant par la construction d'une chapelle, parfois incluse dans l'église paroissiale. De nombreuses cérémonies y sont célébrées, auxquelles doivent assister les confrères, revêtus de leur costume-uniforme : messes, processions derrière bannières et statues, assemblées, banquet annuel… En outre, la confrérie pratique activement la charité et, dans ce cadre, fonctionne comme société de secours mutuel : aide matérielle aux malades et aux sans-travail, parfois même aux justiciables (confrérie Saint-Jacques de Bar-sur-Aube au XVe siècle). Un volet important de l'action confraternelle concerne les funérailles des membres, tous entourant le défunt dès l'annonce du décès jusqu'à l'inhumation. En outre, les confréries œuvrent pour les fondations et dotations d'hôpitaux, donnant argent et temps pour l'entretien des pauvres, des voyageurs ou des pèlerins.

Les historiens ont longtemps tenté de définir différents types de confréries selon la qualité et les motivations de ceux qui les composaient. Ils y ont pratiquement renoncé tant la composition des membres est fluctuante. À Paris ou à Blois au XIVe siècle, la confrérie Saint-Jacques rassemble la noblesse et les officiers du roi, tandis qu'en Normandie la Confrérie du Saint-Sacrement regroupe les simples tanneurs de Bayeux. Lorsque les documents le permettent, on constate même qu'une personne peut faire partie de plusieurs confréries. Les jardiniers de Paris au XVIe siècle sont éparpillés dans une dizaine de confréries, tandis qu'à la même époque d'anciens pèlerins de Compostelle se séparent en deux confréries à Lyon. Malgré des buts religieux et sociaux à l'utilité évidente, les confréries sont souvent mal perçues par les autorités civiles ou ecclésiastiques car elles fonctionnent en dehors de toute surveillance officielle, risquant ainsi de véhiculer des idées subversives ou hérétiques (le droit d'association ne date que de 1901).

Dissoutes à la Révolution, certaines reprennent cependant des activités qu'elles exercent toujours, dans des domaines délaissés par l'Église ou par l'État, en particulier certaines formes de dévotion ou l'assistance aux morts. Parmi les plus connues, citons la confrérie du Précieux Sang de Perpignan, créée originellement pour assister les condamnés à mort et qui, aujourd'hui, égale Séville en popularité lors des processions de la semaine sainte. À Béthune, la confrérie des Charitables, créée en 1168 pour inhumer les malades de la peste lors d'une épidémie, mobilise aujourd'hui encore ses confrères en grande tenue pour assurer le transport des cercueils lors des funérailles de n'importe quel habitant de la ville.

Survivances d'une confrérie de métier bien particulière, les confréries d'archers sont particulièrement actives en Île-de-France et dans le nord-nord-est de la France. En effet, depuis le XVe siècle au moins, ces confréries regroupaient les hommes chargés de la défense des cités. Ni guerriers professionnels, ni nobles, mais faisant partie de l'élite des habitants, ils constituent un groupe à part, n'admettant personne d'autre qu'eux-mêmes au sein de leur confrérie, ce qui était contraire aux coutumes (même des confréries dites de métier admettaient des étrangers à la profession). Les archers ont alors constitué des sortes de confréries secrètes organisées selon des rituels hautement symboliques et compréhensibles par les seuls initiés. Actuellement, si certains archers ne voient plus dans l'archerie qu'un sport olympique, d'autres en revanche continuent la tradition et se conforment aux anciennes lois de la confrérie.

CONGO (République populaire du)

État de l'Afrique équatoriale constitué par l'ancien territoire français du Moyen-Congo, capitale Brazzaville.

La côte proche de l'embouchure du Congo est connue depuis longtemps, fréquentée notamment par les marchands d'esclaves et d'ivoire, mais l'intérieur du pays reste inexploré quand Savorgnan de Brazza entreprend ses expéditions. La première part en 1875 de Libreville, fondée en 1849 par Bouet-Willaumez ; Brazza remonte pour la première fois le cours de l'Ogooué. Le gouvernement français, apprenant que Léopold II a engagé Stanley pour explorer le bassin du Congo, charge Brazza de reconnaître lui aussi le pays. Celui-ci remonte à nouveau l'Ogooué en 1879, signe un traité de protectorat avec le roi Makoko, et la présence française est alors établie sur la rive droite du Congo. Brazza continue ses explorations, au sud de la région, le long du fleuve Congo, et y rencontre Stanley. Les frontières qui séparent la zone française de la zone reconnue par Stanley sont fixées en 1885, suivies de celles qui la séparent des territoires portugais et du Cameroun allemand. Les frontières avec l'État libre du Congo sont définitivement établies en 1887. Après le traité de 1908, qui fixe au fleuve la frontière avec le Cameroun, la colonie est amputée d'une partie de son territoire en 1911, lors de l'accord franco-allemand sur le Maroc. Les territoires cédés seront récupérés en 1919. Réunie au Gabon en 1888, la région devient, en 1891, la colonie du Congo français. Lors de la création de l'Afrique-Équatoriale française (A-ÉF), en 1910, la colonie est séparée en Gabon et Moyen-Congo, le gouverneur général résidant à Brazzaville, devenue capitale.

La mise en valeur de la région est alors entreprise, mais les transports restent très difficiles : la

La loi sur les congrégations
Expulsion des moines du couvent de la Grande-Chartreuse en 1903. © *Collection Viollet*

liaison Congo-Océan ne sera mise en chantier qu'en 1921. Le régime des concessions, instauré en 1890, sauf dans quelques territoires, disparaît en 1930. Le bois, l'ivoire, l'huile et les mines de cuivre sont les principales ressources du Moyen-Congo. Celui-ci se rallie à de Gaulle dès août 1940, le Général se rend à Brazzaville le 24 octobre, et le 17 novembre la réorganisation de l'Afrique-Équatoriale est mise au point. La conférence de Brazzaville se tient au début de 1944. Le Congo devient un territoire français d'outre-mer en 1946, puis une république au sein de la Communauté française en 1958. Deux partis s'opposent dès l'indépendance, le Mouvement socialiste africain de Jacques Opangault, et l'Union démocratique de défense des intérêts africains de Fulbert Youlou. Ce dernier l'emporte et devient président de la République en novembre 1959. Une Constitution de type présidentiel est instaurée en mars 1961, mais Fulbert Youlou sera chassé par un coup d'État en 1963. Un régime mi-parlementaire, mi-présidentiel lui succède, ponctué de coups d'État. En 1970, le Congo est le premier pays africain à se déclarer communiste.

CONGRÉGATION (la)

Association religieuse qui compte de nombreux membres à l'époque de la Restauration.

Créée en 1801 sous le nom de Congrégation de la Sainte-Vierge par un ancien jésuite, le père Bourdier-Delpuits, elle n'a d'abord qu'un recrutement assez restreint, groupant surtout des jeunes gens, étudiants pour la plupart, du faubourg Saint-Germain. Ses réunions sont interrompues en 1809 par Napoléon Iᵉʳ, qui ne peut tolérer l'existence d'une société échappant à son administration, sinon hostile à sa personne. L'Empereur, surtout, se venge ainsi de l'appui qu'elle apporte au pape Pie VII. Elle ne tarde pas à se reconstituer, malgré la surveillance dont ses membres sont l'objet. Cette reconstitution est l'œuvre du père Ronsin, qui en devient l'animateur spirituel en 1814. Pourtant la direction de l'association est laïque. Elle est confiée à un préfet et à des assistants élus annuellement. L'association elle-même est bien structurée, sans que la centralisation y règne à proprement parler. Il y a trois grandes congrégations indépendantes les unes des autres : celle de Lyon, la plus secrète ; celle de Bordeaux, une des plus actives ; celle de Paris, la plus connue, dont dépendent en fait les quelque soixante congrégations moyennes et petites de province. À Paris, on se réunit un dimanche sur deux rue du Bac, au séminaire des Missions étrangères. On y entend une lecture de la vie des saints, des avis du père Ronsin. Après quoi l'on se rend à la messe, où l'on prie et communie avec ferveur. Dans la vie de tous les jours on visite les malades, on assiste et on tente de reclasser les prisonniers, on favorise l'instruction des jeunes gens en mettant des livres à leur disposition.

À son apogée, vers 1820, la Congrégation comprend plus de 2 000 membres. Elle a élargi son recrutement. En plus des étudiants, elle comprend des « aristocrates » d'âges divers, des notables, des gens de loi, des officiers, sans oublier les prélats qui, assistant à vrai dire rarement aux réunions, sont plutôt des membres honoraires. Vers 1825-1826, les activités de la Congrégation sont dénoncées par les campagnes de presse des libéraux comme une conspiration permanente du pouvoir jésuite ; la Congrégation est représentée comme le gouvernement occulte, mais réel de la France. Cette légende, qui sévit pendant plus d'un siècle dans la littérature et dans la mémoire des hommes, doit beaucoup à cet étrange personnage que fut Montlosier, l'auteur du non moins singulier *Mémoire à consulter sur le système religieux et politique tendant à renverser la religion, la société et le trône.* Dès lors, le thème de la Congrégation devient le leitmotiv de l'antijésuitisme sommaire et du libéralisme réunis.

On mesure aujourd'hui le ridicule de la plupart des allégations de Montlosier et de ses successeurs. Il faut néanmoins retenir qu'à l'origine de celles-ci il y a un fait incontestable : certains membres de la Congrégation appartenaient à l'organisation secrète des Chevaliers de la foi, dont le comte Ferdinand de Bertier avait été le fondateur en 1810. Cette organisation était religieuse et politique. Les chevaliers étaient groupés en bannières ; ils avaient un Conseil supérieur qui comprenait un grand maître (Bertier, affilié à la Congrégation en 1807, puis son ami Mathieu de Montmorency), un grand chancelier, un grand aumônier… Les différents étages de la hiérarchie ne se connaissaient pas. Par ce dernier trait, l'institution rappelait la maçonnerie. Par son inspiration chrétienne et royaliste, elle s'apparentait aux ordres de chevalerie du Moyen Âge. Elle joua un rôle appréciable dans la Restauration de 1814. On sait que Villèle, Armand et Jules de Polignac en firent partie. On a de bonnes raisons de penser que Chateaubriand en fut aussi. Il était facile, en confondant Congrégation et chevaliers, d'accuser la Congrégation de ténébreux desseins politiques. C'est pourquoi les chevaliers se dispersèrent en 1826, à la demande de Bertier lui-même. Quant à la Congrégation, elle poursuivit sa carrière jusqu'en 1830.

CONGRÉGATIONS (lois sur les)

C'est en 1817 que la fondation des congrégations a été pour la première fois soumise à une autorisation législative.

Réglementation parfaitement inefficace d'ailleurs à cette époque : les congrégations non autorisées ont continué à se multiplier. Il n'était pas dans l'esprit de la Restauration, ni dans ses possibilités, de prendre des initiatives propres à créer un conflit entre l'Église et l'État. Il en fut autrement sous la IIIᵉ République. Malgré l'opposition du Sénat, Jules Ferry, en utilisant la voie des décrets (29 et 30 mars 1880), oblige les Jésuites à se disperser dans un délai de trois mois, les autres congrégations non autorisées devant régulariser leur situation dans le même temps. Ensuite, les Assomptionnistes sont dissous sur ordre de Waldeck-Rousseau. C'est alors qu'est votée la loi sur les associations (1ᵉʳ juillet 1901). Celle-ci, malgré son nom assez anodin, vise particulièrement les congrégations, qu'elle soumet au régime de l'autorisation législative.

Une nouvelle étape est franchie lorsque Émile Combes passe de la présidence de la Commission des associations à la présidence du Conseil. L'ancien séminariste commence par faire accepter cinq demandes d'autorisation par le Sénat pour faire refuser toutes les autres par la Chambre. Ensuite, il supprime toutes les congrégations, autorisées ou non, en faisant voter la loi du 7 juillet 1904. Les violents remous que cette politique suscite – Waldeck-Rousseau lui-même proteste – aboutissent l'année suivante à la séparation officielle de l'Église et de l'État. La liquidation des biens des congrégations dissoutes sera suspendue par la circulaire ministérielle du 2 août 1914, mais la véritable renaissance des congrégations attendra l'instauration de l'État français. Après le retour des Chartreux en juin 1941, le gouvernement du maréchal Pétain assouplira notablement le régime d'autorisation, puisque celle-ci ne sera plus préalable ; il suffira, en effet, d'un décret rendu sur avis conforme du Conseil d'État pour « légaliser » une congrégation. Ce régime, n'ayant pas été abrogé à la Libération, reste valable. Conclure que toutes les congrégations sont maintenant égales devant la loi serait une erreur. Seules celles qui sont « reconnues » par décret bénéficient de la personne morale qui permet de posséder des biens et d'exercer une activité permanente. Il faut rappeler aussi que la loi des 13 et 19 février 1790, qui refuse toute valeur aux vœux monastiques et permet donc de « jeter le froc aux orties », demeure en vigueur.

CONGRÈS DU PARLEMENT

Nom donné par les textes constitutionnels sous la IIIᵉ, la IVᵉ, puis la Vᵉ République à la réunion commune, à Versailles, des deux assemblées qui constituent le Parlement.

Sous la IIIᵉ République, les lois constitutionnelles de 1875 prévoyaient la réunion en congrès du Sénat et de la Chambre des députés pour l'élection du président de la République ou la révision de la Constitution. Le premier président ainsi élu fut Jules Grévy en 1879, et la Constitution fut révisée à quatre reprises en 1879, 1884, 1926 et 1940. Sous la IVᵉ République, d'après la Constitution de 1946, la Chambre des députés et le Conseil de la République pouvaient se réunir pour les mêmes motifs. Sous la Vᵉ République enfin, d'après la Constitution de 1958, le Sénat et la Chambre des députés se réunissent en congrès à Versailles, sur convocation du président de la République, quand ce dernier souhaite procéder à une révision de la Constitution et ne veut pas la soumettre à un référendum.

CONNÉTABLE

Lorsqu'il apparaît au Bas-Empire, le comes stabuli, *« comte de l'étable », n'est qu'un fonctionnaire spécialisé, d'importance médiocre.*

Il n'y a pas d'évolution sensible sous les Mérovingiens et les Carolingiens. C'est avec les premiers Capétiens que commence l'ascension. La connétablie devient un des cinq grands offices de la Couronne. Naguère son auxiliaire, donc son inférieur, le connétable hérite de plus en plus des fonctions militaires du grand sénéchal. La substitution est totale à partir de 1191, année où, le sénéchal de France Thibaud de Blois étant mort, Philippe Auguste décide de ne pas lui donner de successeur. Les pouvoirs et les privilèges du connétable sont très étendus. Chef suprême de l'armée à défaut du roi, il a, dans l'exercice de ses fonctions militaires, le pas sur les plus hauts seigneurs qu'il peut arrêter à sa guise. Lui, en revanche, est inviolable. L'épée même du roi lui sert d'insigne. Son office lui appartient à vie. Le commandement de l'avant-garde lui revient de droit (ce fut une des raisons de la révolte du connétable de Bourbon, François Ier ayant donné à Bonnivet ce commandement). Lors de la prise d'une ville, une grande part du butin lui est laissée. Le gouvernement d'une ou de plusieurs provinces peut lui être attribué en plus de sa fonction. Enfin, à partir de Charles V, sa désignation n'est plus réservée au roi, mais à un Conseil dont, à vrai dire, l'organisation nous échappe.

Quand la trahison de Charles de Bourbon et les troubles des guerres de Religion eurent mis en péril l'autorité royale, la connétablie parut dangereuse. Anne de Montmorency, mort en 1567, ne fut remplacé qu'en 1593, par son fils Henri. Après Henri de Montmorency, il y eut encore deux connétables : Charles d'Albert, duc de Luynes, et François de Bonne, duc de Lesdiguières. À la mort de ce dernier, Richelieu décida de supprimer l'office. Napoléon tenta de ressusciter le titre en le grandissant, comme il le fit pour le chancelier. Le seul grand connétable de l'histoire de France fut son frère Louis, en 1804. Trois ans après, Berthier fut nommé vice-connétable. Il est à noter qu'au Moyen Âge, les connétables n'étaient pas nécessairement « de France ». Aux XIIe et XIIIe siècles, il existait des connétables seigneuriaux attachés aux grands vassaux. Aux XIVe et XVe siècles, les villes donnaient le nom de connétables à des officiers secondaires commandant des compagnies.

Conques (abbaye de)

Abbaye établie sur le versant nord de la courte et profonde vallée de l'Ouche, près du confluent de cette rivière avec le Dourdou, en Rouergue septentrional.

Habité par des ermites dès la fin du IVe siècle ou le début du Ve siècle, le site de *Concœ* devient, sous le règne de Charlemagne, la résidence d'une communauté monastique suivant la règle de saint Benoît. La véritable fondation d'une abbaye pourrait dater de 819, car c'est en cette année que Louis le Pieux prend Conques sous sa protection. Ce roi aurait même participé en personne à la construction, si l'on en croit le témoignage d'Ermold le Noir. Après une période de décadence due au transfert de la majorité des moines à Figeac, *Novas Concas*, Conques devient un des premiers lieux de pèlerinage du centre et du midi de la France grâce au vol des reliques de sainte Foy d'Agen (866). Dès lors, pendant tout le Moyen Âge, la prospérité religieuse et foncière de l'abbaye, qui avait des « filles » et de nombreuses possessions agricoles, ne se dément point. L'abbaye de Conques est à son apogée aux XIe et XIIe siècles. C'est au XIe siècle qu'est commencée l'abbatiale actuelle, qui est, très probablement, un des plus anciens exemples du type dit des églises de pèlerinage. Outre ce monument au tympan célèbre (monument dégagé et restauré de 1837 à 1879, à la suite du passage de Prosper Mérimée), Conques s'enorgueillit de posséder le plus remarquable trésor religieux de France, grâce à la vigilance des habitants du village qui, pendant la Révolution, l'arrachèrent à la rapacité des envoyés de la Convention. Ce trésor comprend des pièces d'orfèvrerie d'époques diverses, dont les plus anciennes sont le reliquaire de Pépin d'Aquitaine (IXe-Xe-XIe siècles), la Majesté de sainte Foy (Xe siècle, pour le principal de l'œuvre ; mais les camées et intailles sont antiques et certains fragments ont été rapportés au XIIIe siècle, au XVe siècle et même après), l'autel portatif de Bégon, celui de sainte Foy, la Lanterne de Bégon.

Conscription

Système de recrutement pour le service militaire obligatoire mis en place sous le Directoire.

La loi Jourdan-Debrel (5 septembre 1798) instaure un service obligatoire pour tous les Français âgés de 20 à 25 ans. Les conscrits se répartissent en « classes » selon leur année de naissance. Les effectifs militaires sont composés des éléments les plus âgés de chaque classe. En temps de paix, le service dure 5 ans. Les hommes mariés et les inscrits maritimes sont exemptés. Tout Français de 20 à 25 ans doit prouver par un livret militaire qu'il est en règle, et les insoumis sont sévèrement condamnés. La première levée de la conscription ayant été un échec, la deuxième est assortie de la loi de remplacement (17 avril 1799) : les conscrits tirés au sort peuvent se faire remplacer. Les conditions du remplacement évoluent au gré des événements. La conscription est d'emblée très mal accueillie dans le Sud-Est, les Pyrénées, le Massif central, l'Ouest. Beaucoup préfèrent se couper l'index – qui sert à appuyer sur la détente du fusil – plutôt que de partir au service. Les guerres napoléoniennes et les besoins en hommes qu'elles exigent incitent bientôt Napoléon à recourir à un vote express du Sénat pour contourner les lenteurs du Corps législatif. C'est « l'ogre du Sénat ».

La conscription est abolie sous la Restauration, et les troupes impériales dissoutes. Très vite, cependant, faute de volontaires, l'armée de métier ne suffit pas. Le 12 mars 1818, le maréchal Gouvion-Saint-Cyr est chargé d'une refonte de l'armée. Il fixe les nouvelles règles : l'armée se recrute d'abord par engagement volontaire, puis pour 40 000 soldats environ par tirage au sort. Chaque année, en effet, les jeunes gens âgés au moins de 20 ans et aptes au service tirent au sort un numéro – les « mauvais » numéros sont réquisitionnés. Le service actif dure 6 ans, le remplacement est possible (une loi de 1855 le limite à la famille proche et autorise le « rachat » sans remplacement), les exemptions limitées (professeurs, instituteurs, ecclésiastiques, fils uniques, bacheliers…). La loi Niel (4 février 1868) précise la loi Gouvion-Saint-Cyr en distribuant aux « mauvais numéros » un service classique de 5 ans, aux autres un service dans la garde nationale mobile, aux obligations peu contraignantes. L'exonération est supprimée : par ce biais, le service militaire devient personnel et universel.

Abbaye de Conques
Statue de sainte Foy, IXe-Xe siècle. Conques. © *Giraudon*

La loi Gouvion-Saint-Cyr régit à quelques modifications près le service jusqu'en 1872, et ce n'est qu'en 1886 qu'une réforme profonde et égalitaire du service est préparée par le général Boulanger. En 1889, la durée du service militaire est ramenée à trois ans, en 1905 à deux et en 1913 elle est à nouveau portée à trois ans à l'approche de la guerre. Puis, elle passe après les deux guerres mondiales à 18,12, puis 10 mois. En 1996, rompant avec une pratique vieille de plus de deux siècles, le président de la République Jacques Chirac a annoncé la professionnalisation des armées et la suppression du service militaire obligatoire. La loi de programmation sera effective en 2002.

Conseil constitutionnel

Créé par la Constitution de 1958 et formé en février 1959 en remplacement du Comité constitutionnel, le Conseil constitutionnel assume des fonctions juridictionnelles et consultatives.

Il est chargé du contentieux électoral, rôle nouveau dans un pays où la tradition veut que les assemblées elles-mêmes soient juges de la régularité de l'élection de leurs membres par la procédure de la vérification des pouvoirs. Lorsqu'il s'agit d'élections de députés ou de sénateurs, il se contente de statuer sur les réclamations présentées contre ces élections. Mais ses attributions sont plus vastes pour l'élection du président de la République : il doit veiller à la régularité des opérations électorales, examiner les réclamations et proclamer lui-même les résultats. Enfin, dans l'hypothèse d'un référendum, il veille là aussi à la régularité des opérations dont il proclame les résultats. Si le président de la République est empêché de remplir sa fonction, il constate la vacance, fait assurer, si l'empêchement est provisoire, l'intérim par le président du Sénat, et, s'il est définitif, l'élection d'un nouveau président de la République. Ce dernier doit prendre son avis sur la décision de mettre en œuvre les pouvoirs exceptionnels qu'il tient de l'article 16 de la Constitution, mais le rôle du Conseil constitutionnel est ici purement consultatif. Le Conseil constitutionnel est, en outre, un juge de la constitutionnalité. Il dit en droit, dans les limites de sa compétence, si tel ou tel acte est ou non conforme à la Constitution. Son intervention est obligatoire dans le cas d'une loi organique, qui ne peut être promulguée sans lui avoir été soumise, et pour les règlements intérieurs de l'Assemblée nationale ou du Sénat, qui ne peuvent être appliqués sans qu'il ait été amené à se prononcer sur leur constitutionnalité. Mais le Conseil constitutionnel peut également intervenir, sur l'initiative du président de la République, du Premier ministre, des présidents des deux Assemblées ou, depuis la réforme du 20 octobre 1974, de soixante membres du Parlement, après le vote d'une loi et avant sa promulgation, en particulier lorsqu'elle empiète sur le domaine réservé au gouvernement au titre du pouvoir réglementaire. Dans tous les cas, le Conseil doit statuer dans le délai d'un mois ou même, si l'urgence est reconnue par le gouvernement, dans un délai de huit jours. Ses décisions ne sont susceptibles d'aucun recours.

Il comprend neuf membres nommés pour neuf ans, trois par le président de la République, trois par le président de l'Assemblée nationale et trois par le président du Sénat. Tous les trois ans, un membre de chaque catégorie sort de charge. Mais leur mandat ne peut être reconduit. En outre, les anciens présidents de la République font partie du Conseil constitutionnel leur vie durant. Son président, qui a voix prépondérante, est désigné par le président de la République parmi les membres de droit ou nommés. Un certain nombre d'incompatibilités affectent ses membres : tant qu'ils sont en fonctions, ils ne peuvent être ministres, membres du Parlement ni du Conseil économique et social. De plus, ils sont tenus de ne pas prendre publiquement position sur des questions dont ils pourraient être saisis en raison de leurs fonctions.

Conseil d'État

Créé en l'an VIII (1799) sous l'impulsion de Bonaparte, alors Premier Consul, le Conseil d'État est devenu une des principales institutions de la France et symbolise, par sa longévité et sa permanence, la continuité de l'État.

Ses origines remontent à la *Curia regis* et, plus récemment, au Conseil du roi qui, bien que fréquemment remanié et réparti en formations régulières de noms variés, garde une certaine unité et joue pendant tout l'Ancien Régime le rôle de Conseil de gouvernement. Il est donc inévitable qu'une telle institution subisse une éclipse pendant la Révolution. La Constituante achève d'en disperser les attributions en 1791, mais Bonaparte, dans son souci de créer les bases d'un ordre nouveau, la fait reparaître dans la Constitution du 22 frimaire an VIII (13 décembre 1799) sous le nom de Conseil d'État. Formé régulièrement le 4 nivôse an VIII (25 décembre 1799), il doit, selon les propres termes de son premier secrétaire général Locré, « montrer au prince la vérité tout entière et devenir ainsi pour le peuple une garantie bien plus sûre que ses anciens corps dont les remontrances, dangereuses sous un roi faible, étaient inutiles et méprisées sous un roi fort ». Il comprend de 30 à 50 membres, surtout des juristes, choisis et nommés par le Premier Consul, d'abord parmi les membres modérés des assemblées révolutionnaires et surtout des Conseils du Directoire, puis parmi les membres des plus grandes familles. Bonaparte en prend la présidence, montrant par là l'importance qu'il attache à ce rouage essentiel du pouvoir exécutif. Cambacérès, comme deuxième consul et, plus tard, comme archichancelier, en assurera pendant quatorze ans la direction, mais il ne sera jamais qu'un président suppléant. Travaillant en cinq sections (Législation, Finances, Intérieur, Guerre et Marine), le Conseil d'État a des attributions extrêmement étendues de législateur et de Conseil de gouvernement. Son œuvre est considérable, notamment pour la réorganisation administrative et militaire, la confection du code civil et des autres codes – commercial, pénal ou de procédure. Il ne prend une attitude d'opposant face au pouvoir exécutif que dans des circonstances très rares. Lorsque ce sera le cas, notamment lors de la signature du Concordat, ses prérogatives seront immédiatement réduites : la rédaction des projets de loi, qui faisait partie jusque-là de ses attributions, est confiée à des Conseils extraordinaires, dont il n'a qu'à ratifier les décisions (1802). En outre, la création, en 1803, du Conseil privé, limite sa compétence à une juridiction purement administrative.

En dépit des polémiques, tous les régimes, monarchiques ou républicains, qui se succèdent depuis la Première Restauration jusqu'à nos jours maintiennent le Conseil d'État. Mais celui-ci cesse d'être le « Conseil du souverain » et un élément de direction du gouvernement pour se limiter au rôle de conseiller du pouvoir exécutif et de contrôleur de la légalité de ses actes. Exception faite du Conseil d'État du Second Empire : composé de 40 à 50 membres techniciens nommés et révocables par le prince-président puis par l'empereur, il a à peu près les mêmes attributions que le corps créé par Bonaparte (rédaction des projets de loi sur l'initiative du chef de l'État, juridiction administrative suprême). Son vice-président Baroche assiste aux séances du Conseil des ministres et représente le gouvernement devant les assemblées.

L'activité législative du Conseil d'État, prépondérante dans les périodes de gouvernement autoritaire (Premier et Second Empires) où les assemblées parlementaires et les corps élus voient leurs pouvoirs très réduits, décline en effet avec l'établissement des régimes parlementaires qui comportent la responsabilité du gouvernement devant les assemblées qualifiées par la Constitution. C'est ce qui se passe, en fait sinon en droit, sous la monarchie, de 1815 à 1848, et sous la IIIe République, jusqu'au moment où, devant la pratique des décrets-lois, l'effacement du Conseil d'État ira de pair avec celui des assemblées. Le Conseil d'État connaît un regain d'activité sous la IVe République depuis que l'ordonnance du 31 juillet 1945 a consacré un régime éloigné de ces deux extrêmes, en réservant le pouvoir législatif au Parlement et l'initiative des lois à ses membres, mais en obligeant le gouvernement à recourir au Conseil d'État pour la rédaction finale des projets de loi qu'il se propose de soumettre à l'Assemblée.

De même, s'il a perdu, depuis l'avènement du régime parlementaire, son rôle de Conseil de direction gouvernemental, déjà atténué dès le Premier Empire, le Conseil d'État participe de plus en plus à l'exécution des lois, en particulier comme rédacteur des règlements d'administration publique que le gouvernement prend par décret, sur l'invitation du législateur, afin de compléter une loi déterminée. Sa consultation est également prescrite pour les ordonnances et les décrets parlementaires ou individuels, dits « en Conseil d'État ». (La Constitution de 1958 ayant notablement réduit le domaine de la loi, toutes les « matières » échappant désormais à ce domaine font l'objet de décrets en Conseil d'État.)

Son rôle de donneur d'avis est encore très important au début du XIXe siècle : ses avis sur l'interprétation des lois ont même force de loi sous l'Empire. Puis il subit une éclipse relative et, jusqu'en 1940, il est surtout amené à donner son avis préalable à certaines mesures administratives, surtout en matière financière. En revanche, pendant la période interconstitutionnelle qui, après la Libération, a précédé le vote par l'Assemblée constituante de la nouvelle Constitution de 1946, le gouvernement lui demande à plusieurs reprises, souvent sur l'initiative de l'Assemblée, des avis pour l'éclairer sur les principes généraux du droit public non écrit. Il est fréquemment consulté sur la mise en application et sur l'interprétation de la Constitution du 26 octobre 1946. Enfin, bien que la Constitution de 1958 ait créé un Conseil constitutionnel, le Conseil d'État intervient notamment pour délimiter les domaines de la loi et du règlement.

Mais c'est surtout comme juridiction contentieuse que le Conseil d'État a acquis sa notoriété mondiale. Napoléon lui-même, en le chargeant « de résoudre les difficultés qui s'élèvent en matière administrative », avait forgé l'instrument qui allait combattre avec le plus d'énergie l'arbitraire gouvernemental. Puis les lois de la période de Louis-Philippe et de la République de 1848 – et surtout la grande loi de décembre 1872, qui l'a élevé au rang de juridiction indépendante en lui permettant de rendre des arrêts signés de son président, au lieu de simples projets de décrets du chef de l'État –, l'abandon par les ministres de leur prétention de juger eux-mêmes les recours administratifs autres que ceux de caractère gracieux, l'érection par Laferrière d'une véritable doctrine du droit administratif, l'organisation du Tribunal des conflits délimitant les domaines respectifs du contentieux judiciaire et du contentieux administratif constituent autant de facteurs qui ont contribué au développement de l'activité contentieuse du Conseil d'État.

Pour s'acquitter de ce rôle complexe, le Conseil d'État, qui est toujours régi par l'ordonnance du 31 juillet 1945, est placé sous la direction d'un vice-président, dont le titre rappelle le temps où Bonaparte le présidait en personne, assisté d'un secrétaire général et de cinq présidents de section, dont quatre dirigent une section administrative et un celle du contentieux. Les 52 conseillers sont nommés par le président de la République en conseil des ministres, comme sous les IIIe et IVe Républiques. Le Conseil d'État compte également 69 maîtres des requêtes et 44 auditeurs de 1re et 2e classes. Tandis que ces derniers proviennent tous de l'École nationale d'administration (ENA), un maître des requêtes sur quatre et un conseiller sur trois sont choisis par le gouvernement parmi des personnalités extérieures. Enfin 12 conseillers en service extraordinaire sont nommés pour un an « parmi les personnes qualifiées dans les différents domaines de l'activité nationale ».

Conseil de la République

Seconde chambre du Parlement créée par la Constitution de 1946. Héritier du Sénat mais avec des pouvoirs moindres, le Conseil siège au Luxembourg.

Ses membres sont élus au suffrage universel indirect, par les députés d'une part, par les délégués des collectivités communales et départementales de France et d'Algérie et les communautés des territoires d'outre-mer, d'autre part. Le Conseil, dont les membres prennent dès 1948 le nom de sénateurs, est renouvelable par tiers tous les trois ans. Son président est le troisième personnage de l'État, et non le deuxième comme celui de l'ancien Sénat. Les sénateurs, ayant l'initiative des lois, peuvent déposer des projets sur le bureau de l'Assemblée. Ils discutent aussi les propositions de loi de l'Assemblée nationale, qui garde le pouvoir de décision. Le Conseil de la République n'est qu'une « chambre de réflexion » : ses membres participent à l'élection du président de la République mais ne peuvent renverser le gouvernement, ni déposer de motion de censure. Les pouvoirs du Conseil sont accrus par la réforme constitutionnelle de décembre 1954 avec l'instauration de la navette : un projet de loi doit être discuté par les deux Assemblées, jusqu'à leur accord sur un texte commun. La décision finale, au bout de cent jours, appartient toutefois à l'Assemblée. Le Conseil de la République disparaît à l'avènement de la Ve République, et est remplacé par le Sénat.

Conseil des Anciens : voir Anciens (Conseil des)

Conseil des Cinq-Cents : voir Cinq-Cents (Conseil des)

Conseil des dépêches : voir Conseil du roi

Conseil des finances : voir Conseil du roi

Conseil du roi

Le Conseil du roi est originellement un avatar de la Curia regis*. Dans les premiers temps du Moyen Âge, il a des attributions si générales qu'il est difficile d'en donner une définition précise et sûre.*

Il faut attendre le XIVe siècle pour que le roi s'appuie sur un *consilium* permanent, c'est-à-dire un organe de composition restreinte et relativement stable. Le parlement de Paris, section judiciaire de l'ancienne *curia*, et la Chambre des comptes, section financière, ont acquis leur autonomie au XIIIe siècle. Le Conseil du roi peut ainsi devenir un organe de gouvernement au sens purement politique du terme. Il comprend des membres du clergé, des seigneurs, des magistrats. L'usage est de le désigner sous des noms différents, tels que Conseil privé, Conseil étroit, Conseil secret, voire Conseil d'État. Cette diversité de qualifications ne doit pas faire illusion : on ne saurait parler de spécialisation de telle ou telle formation du Conseil royal avant la fin du XVIe siècle. C'est, en effet, sous Henri III et sous les deux premiers rois Bourbons que l'élément politique, central et dominateur du Conseil commence à se distinguer vraiment de l'élément administratif en recevant officiellement la dénomination déjà ancienne de Conseil d'État et privé, ou des parties. Une expression nouvelle naît, à peu près en même temps, pour désigner l'élément administratif. Il s'agit du Conseil des affaires et dépêches. Cette évolution vers la spécialisation ne sera pas remise en cause. Elle s'accentue sous Louis XIV, qui divise son Conseil en quatre sections.

Le Conseil d'État ou d'en haut, dit parfois Conseil secret, comprend, outre le roi, les ministres d'État, au total quatre ou cinq personnes selon les circonstances (ils seront sept à la veille de la Révolution). S'occupant avant tout de la grande politique, ce Conseil ne s'interdit pas pour autant de rendre des arrêts à l'occasion.

Le Conseil des dépêches, qui remplace à partir de 1630 le Conseil des affaires et dépêches, est composé du roi, du chancelier, des ministres et des secrétaires d'État. Tout ce qui a trait à l'administration intérieure du royaume est de sa compétence. Par les maîtres des requêtes, qui lui sont d'ailleurs étrangers, il reçoit communication des rapports établis par les intendants. Il est composé de onze membres à la fin de l'Ancien Régime.

Le Conseil des finances, prévu dès 1563, est définitivement constitué en 1661 après la suppression de la surintendance, consécutive à la disgrâce de Fouquet. Sous Louis XIV, cet organe réunit le chancelier, le chef du Conseil et trois intendants des Finances. Il répartit la taille dans les généralités et met au point les modalités du recouvrement de l'impôt, par les fermes ou par d'autres procédés. Ses membres ne seront jamais plus de onze.

Le Conseil privé ou des parties est la section juridictionnelle du Conseil du roi. Son statut se fixe au milieu du règne de Louis XIV. Recruté parmi les conseillers d'État et les maîtres des requêtes, il a des attributions étendues dans les domaines administratif et judiciaire. De nos jours, ses tâches sont imparties au Conseil d'État et à la Cour de cassation.

Conseil du roi
Louis XIV tenant les sceaux, assisté de conseillers d'État. Huile sur toile, musée de Versailles. © *Sélection Images*

Conseil économique et social

Assemblée délibérante, à caractère purement consultatif, créée par la Constitution de 1958.

Le Conseil économique et social, qui succède au Conseil économique institué par la Constitution de 1946, a pour mission, ainsi que l'indique sa loi organique, de favoriser « par la représentation des principales activités économiques et sociales [...] la collaboration des différentes catégories professionnelles entre elles et d'assurer leur participation à la politique sociale du gouvernement ». Il est composé de 200 membres, représentant des catégories socioprofessionnelles, et de 72 membres désignés en raison de leur compétence personnelle. Leur mode de désignation amalgame la présentation par les organismes économiques et sociaux correspondant aux catégories à représenter et la nomination par le gouvernement. Le Conseil économique et social travaille soit en sections, soit en assemblée plénière. Dans les délibérations des sections peuvent être appelées à participer aux débats, pour une période donnée, des personnes qualifiées qui ont ainsi une espèce de statut de conseillers extraordinaires pour un temps donné. Même si ses avis ne sont pas suivis, le Conseil doit néanmoins être consulté pour les lois de programme ou pour les plans à caractère économique et social ; c'est ce qui explique son importance dans l'élaboration du Plan. Il peut enfin, sans y être invité, formuler des suggestions. Son caractère de conseil du gouvernement lui permet, à la demande de ce dernier, de désigner un rapporteur pour exprimer auprès des assemblées parlementaires son point de vue. Chaque année, le Premier ministre doit faire connaître la suite donnée à ses avis.

Conseil national de la Résistance (CNR)

Organisme de résistance constitué le 27 mai 1943 par Jean Moulin et qui groupe des représentants de huit mouvements de résistance, de six partis politiques et de deux centrales syndicales, CGT et CFTC.

La création du CNR par Jean Moulin répond à deux impératifs. D'un point de vue extérieur, le CNR est censé être la caution de la légitimité en métropole du général de Gaulle, que les Américains aimeraient volontiers évincer en faveur du général Giraud. D'un point de vue intérieur, la création du CNR résout provisoirement l'urgente nécessité de redonner à la France des partis politiques. En effet, depuis la constitution du Mouvement uni de la Résistance (MUR), né de la fusion des grands mouvements de zone sud, les velléités d'indépendance des différents partis politiques se font plus pressantes, à l'image du parti communiste-Front national, qui entend se présenter comme le seul parti résistant. Non sans mal, Jean Moulin parvient à ses fins le 27 mai 1943, et autour de lui se retrouvent deux délégués des centrales syndicales, Louis Saillant pour la CGT et Gaston Tessier pour la CFTC, huit représentants des mouvements de résistance, Pierre Villon pour le Front national, Roger Coquoin pour Ceux de la Libération, Jacques Lecompte-Boinet pour Ceux de la Résistance, Charles Laurent pour Libération Nord, Jacques-Henri Simon pour l'Organisation civile et militaire (OCM), Claude Bourdet pour Combat, Eugène Claudius-Petit pour Franc-Tireur, Pascal Copeau pour Libération Sud. Les cinq représentants des partis politiques sont Daniel Mayer pour la SFIO, Marc Rucart pour le parti radical, Georges Bidault pour le parti démocrate populaire, Jacques Debû-Bridel pour la Fédération républicaine et Joseph Laniel pour l'Alliance démocratique, bien que ce dernier ait voté les pleins pouvoirs à Pétain en 1940. Au cours de cette séance, le CNR décide de l'annulation de tous les actes de Vichy et exige que de Gaulle soit placé à la tête du pouvoir politique.

Après l'arrestation de Jean Moulin, Georges Bidault prend la tête du CNR, qui ne siège bientôt par mesure de sécurité qu'en un bureau permanent de cinq membres comprenant Bidault, Villon, Saillan, Copeau, et Maxime Blocq-Mascart de l'OCM. Il élabore un programme d'action comprenant d'une part un appel à l'insurrection contre la présence allemande, d'autre part un vaste plan de réformes sociales, prévoyant une large nationalisation des moyens de production et une extension de la protection sociale, toutes choses dans l'air depuis 1918, en France comme en Europe du Nord. Le prestige moral du CNR incite le gouvernement provisoire, surtout après le Débarquement et la libération de Paris les 25 et 26 août 1944, à limiter son champ d'action dans le but de ne lui laisser d'existence que symbolique, procédé qui est facilité par l'absorption du CNR dans l'Assemblée consultative en 1944.

Conseil national de Vichy

Institution de l'État français, fondée le 22 janvier 1941.

Le 10 juillet 1940, l'Assemblée nationale confie au maréchal Pétain le soin de rédiger une nouvelle Constitution. Le projet passe aux oubliettes, tant l'emprise du duo Laval-Pétain exclut tout signe de parlementarisme. Le renvoi de Laval, le 13 décembre, change la donne et offre une possibilité à son successeur, Pierre-Étienne Flandin, puisque l'opinion est persuadée que Pétain a décidé de changer de politique. Créé le 22 janvier 1941, le Conseil national a pour mission d'assister le maréchal dans cette fonction et d'établir le contact entre le gouvernement de Vichy et le pays. Il réunit 213 conseillers, notamment 77 anciens parlementaires qui appartiennent à tous les partis de droite, et plusieurs élus de gauche, pacifistes et munichois. S'y ajoutent 136 conseillers choisis pour leur compétence professionnelle ou ce que l'on appelle alors les « élites de l'esprit » (Henri Massis, Georges Claude, Marc Boegner, André François-Poncet, André Siegfried). Conformément au goût de Pétain pour les petites assemblées, le Conseil n'a jamais siégé en assemblée plénière mais par commissions spécialisées, composées de 25 membres au maximum. En pratique, les projets du Conseil resteront lettre morte, qu'il s'agisse de la refonte constitutionnelle, de la réforme corporative ou de la régionalisation. Quant à son impact sur l'opinion publique, premier objectif de Flandin et de son successeur Darlan, il fut nul.

Conservateur (Le)

Journal fondé en octobre 1818 par Chateaubriand.

Le Conservateur entend soutenir « la religion, le roi, la liberté, la Charte et les honnêtes gens » contre la presse de gauche et les tendances libérales du gouvernement. Hebdomadaire au ton polémique, il cesse de paraître après le rétablissement de la censure en 1820 et une partie de ses rédacteurs rejoint *Le Défenseur*.

Considérant Victor (Salins, Jura, 1808 – Paris, 1893)

Théoricien et homme politique.

Ancien élève de l'École polytechnique, il quitte l'armée en 1831 pour propager les idées fouriéristes à Metz, où il était en garnison. À la mort de Fourier, en 1837, il prend la direction de l'organe que celui-ci avait créé, *La Phalange*, auquel succède *La Démocratie pacifique*, en 1845. Pendant la révolution de février 1848, il est envoyé à la Constituante par le Loiret, à la Législative par la Seine ; il vote avec la Montagne, intervient cependant assez peu dans les débats. Il soutient d'abord Cavaignac, puis l'attaque dans son journal, comme le nouveau président. Il doit s'enfuir en Belgique après la journée du 13 juin 1849 dirigée contre Louis Napoléon Bonaparte, puis se rend au Texas. Revenu à Bruxelles, il est jugé pour complot contre la sûreté de l'État. Acquitté, il repart bientôt pour le Texas. Il tente alors d'y fonder un phalanstère, une commune sociétaire de colons, la Réunion, mais la guerre de Sécession vient ruiner ses projets. Il regagne la France en 1869.

CONSTANCE de PROVENCE ou d'ARLES (? – Melun, 1032)

Reine de France (entre 1000 et 1003-1032).

Fille de Guillaume II, comte de Provence, et de Blanche d'Anjou, elle est la troisième femme de Robert II le Pieux. Celui-ci l'épouse après la répudiation de sa deuxième femme, Berthe de Bourgogne, sous la pression du pape Grégoire V invoquant la parenté à un degré prohibé entre les deux époux. La nouvelle reine et son entourage provençal introduisent à la Cour des usages méridionaux et facilitent les échanges entre le Nord et le Midi. Six enfants naissent de son union avec Robert II dont Hugues, couronné roi mais mort avant son père (1025), Henri, futur Henri Ier, et Robert, futur Robert Ier, duc de Bourgogne. Après la mort du fils aîné, Constance cherche à favoriser l'accession au trône de son troisième fils, Robert, aux dépens d'Henri. Elle passe à cet égard pour avoir favorisé la haine entre les deux frères et leur révolte contre leur père (1030), mais c'est surtout après la mort de celui-ci (1031) qu'elle tente effectivement de manœuvrer dans ce sens. Sa mort en juillet 1032 y met un terme mais ces épisodes valent à la reine une réputation désastreuse dont les chroniques royales se font l'écho. Constance d'Arles n'en demeure pas moins la première reine enterrée dans la nécropole capétienne de Saint-Denis.

CONSTANS Jean (Béziers, 1833 – Paris, 1913)

Homme politique.

Avocat, puis professeur de droit, il est élu député de Toulouse en 1876. Ministre de l'Intérieur dans les cabinets Freycinet, de 1879 à 1880, et Ferry, de 1880 à 1881, il contribue à faire voter le scrutin de liste et lutte contre les congrégations. Envoyé à Pékin pour négocier le traité franco-chinois de 1886, il est ensuite nommé gouverneur de l'Indochine (1886-1888), et sévèrement critiqué pour son administration. De nouveau ministre de l'Intérieur en février 1889, en pleine crise boulangiste, il parvient à mettre fin au mouvement, par un mélange de vigueur et d'adresse. Très critiqué au Parlement, il quitte le pouvoir en 1892. Sénateur depuis 1889, il achève sa carrière comme ambassadeur à Constantinople (1899-1909).

CONSTANT de REBECQUE Benjamin (Lausanne, 1767 – Paris, 1830)

Écrivain et homme politique.

Il étudie en Angleterre, puis réside quelque temps à la cour de Brunswick, où il occupe une charge de chambellan. En 1794, il rencontre en Suisse, à Coppet, Germaine de Staël, fille de Necker, déjà célèbre pour ses idées philosophiques et libérales, et devient son amant. En 1796, il s'installe en France, tout en continuant à fréquenter le salon de Coppet, et obtient après maintes démarches la nationalité française. Membre du Tribunat après le 18 Brumaire, grâce à l'appui de Lucien et de Joseph Bonaparte, il défend des idées libérales, et ne tarde pas à s'opposer à Bonaparte, ce qui lui vaut d'être éliminé lors du renouvellement du Tribunat en 1802. Constant suit alors Mme de Staël en exil, voyage et se consacre

Benjamin Constant
Huile sur toile de Lina Vallier, châteaux de Versailles et de Trianon. © *G. Dagli Orti*

à la littérature jusqu'à la chute de l'Empire, rédigeant notamment, en 1806, son chef d'œuvre, *Adolphe*. Pour échapper à l'emprise tyrannique de sa maîtresse, qu'il trompe depuis 1798, il épouse secrètement, en 1808, Charlotte de Hardenberg. Après la chute de l'Empire, Benjamin Constant applaudit au retour des Bourbons, puis se rapproche de Napoléon et contribue à la rédaction de l'Acte additionnel aux Constitutions de l'Empire. Quittant la France après Waterloo, il se réfugie à Bruxelles puis, rentré à Paris, s'adonne de nouveau à la politique et collabore aux journaux libéraux. Député de la Sarthe en 1819, l'auteur d'*Adolphe*, publié seulement trois ans plus tôt, devient un des chefs de l'opposition libérale. Élu à Paris en 1824, réélu en 1827, il se rallie à Louis-Philippe et contribue à son avènement.

CONSTANTINE

Ville d'Algérie. Les Carthaginois, qui y exercent une influence prépondérante au temps de leur puissance, lui donnent le nom de Sarim Batim.

En 1836, le maréchal Clauzel, dont la politique tend à l'occupation militaire de tous les centres de l'ancienne Régence d'Alger, décide de s'en emparer. Mais il doit battre en retraite. Damremont, qui remplace Clauzel, décide de venger l'échec de son prédécesseur et prépare avec soin une nouvelle expédition. Mais il est tué le 12 octobre 1837 sous les murs de Constantine. Le lendemain 13 octobre, l'assaut est donné sous les ordres du général Valée : les zouaves de Lamoricière parviennent à submerger les défenses et assurent la prise de la place, en dépit d'une résistance acharnée.

Le 12 décembre 1943, le général de Gaulle, alors président du Comité français de libération nationale (CFLN), y annonce dans son célèbre « discours de Constantine » l'attribution de la citoyenneté française à plusieurs dizaines de milliers de musulmans qui allaient avoir accès au collège électoral français. Le collège électoral musulman, quant à lui, allait être ouvert à tous les Algériens âgés de 21 ans, et la représentation musulmane élargie au sein des assemblées locales. Enfin les musulmans allaient pouvoir prétendre à tous les emplois civils et militaires. La proclamation à Constantine de cette nouvelle politique libérale explique que le général de Gaulle choisisse de nouveau cette ville, le 3 octobre 1958, pour y lancer un plan qui tente de répondre à la formation d'un gouvernement provisoire de la République algérienne (GPRA), en promettant à l'Algérie un avenir économique par la modernisation intensive du pays.

CONSTANTINOPLE

Aujourd'hui Istanbul.

L'antique Byzance, refondée en 324 par Constantin, capitale de l'Empire romain puis de sa partie orientale, fut pendant cinquante-sept ans le siège d'un Empire latin d'Orient dominé par des Francs. Constantinople subit un assaut des forces croisées et vénitiennes conjuguées le 18 juillet 1203. Cette action a pour effet de renverser l'autorité usurpée d'Alexis III et de rétablir sur leurs trônes les empereurs légitimes soutenus par les croisés, Isaac Ange et son fils Alexis le Jeune. Ce n'est qu'après que ceux-ci eurent été l'un emprisonné, l'autre assassiné au cours d'une révolution déclenchée par Alexis Ducas Murzuphle, que les croisés prennent véritablement la ville, par escalade (12 avril 1204), et la pillent. Comme il n'y a plus de prince grec légitime, la dignité impériale est conférée à Baudouin IX de Flandre, qui n'est pas mis pour autant en possession de tout l'Empire, celui-ci ayant été démembré en vertu d'un accord préalable, pour dédommager les Vénitiens, convoyeurs de la quatrième croisade, et le marquis Boniface de Montferrat, chef militaire de l'expédition.

Empereurs francs de Constantinople. 1204 : Baudouin Ier ; 1206 : Henri, frère du précédent, régent puis empereur ; 1221 : Pierre de Courtenay, époux de Yolande de Flandre ; 1221 : Robert de Courtenay, fils du précédent ; 1228 : Baudouin II Porphyrogénète, frère du précédent, assisté de Jean de Brienne élu baile de l'Empire avec le titre d'empereur associé. Jean de Brienne meurt en 1237. Dans la nuit du 25 juillet 1261, Constantinople est reprise par les Grecs. Le 15 août, Michel Paléologue restaure l'Empire grec d'Orient.

CONSTITUTION CIVILE DU CLERGÉ

Acte législatif voté par l'Assemblée constituante le 12 juillet 1790, et imposé au clergé de France.

Conçue dans un esprit gallican et démocratique, la Constitution vise à établir, civilement et non spirituellement, l'indépendance du clergé français vis-à-vis de la papauté, et à faire des prêtres des fonctionnaires salariés par l'État. Elle divise la France en 83 évêchés, un par département. Évêques et curés sont élus par le peuple à la majorité des voix. Le pape ne nomme donc plus les évêques, qui doivent seulement lui notifier leur élection et sont consacrés par l'archevêque métropolitain. Une dotation annuelle de 77 millions de francs remplace les bénéfices et revenus divers du clergé sous l'Ancien Régime. Les salaires vont de 12 000 à 50 000 livres pour les

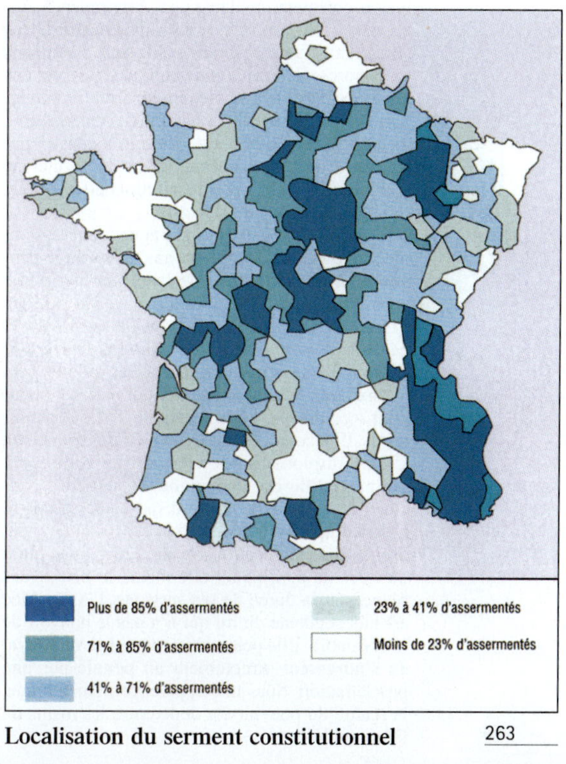

Localisation du serment constitutionnel

évêques, 1 200 à 6 000 pour les curés, 700 à 2 400 pour les vicaires. Le bas clergé reçoit ainsi des sommes supérieures à celles qu'il percevait auparavant. Le roi hésite à ratifier le texte, puis finit par céder. Le pape Pie VI, auquel l'ambassadeur Bernis conseille la modération, hésite lui aussi avant de condamner la Constitution. Certains ecclésiastiques ont déjà prêté serment, plusieurs reviennent alors sur leur décision. La plupart des évêques refusent le serment, prêté surtout par une minorité du bas clergé. Le 27 novembre 1790, l'Assemblée décide que prêtres et évêques en exercice doivent prêter serment dans les huit jours, sous peine d'être destitués. Le clergé se divise alors en prêtres assermentés, ou jureurs, ou constitutionnels, et prêtres insermentés, ou non-jureurs, ou réfractaires, division qui se perpétuera jusqu'au Concordat.

Constitution de 1791

Elle est l'œuvre de l'Assemblée constituante qui, après avoir fait table rase des institutions de l'Ancien Régime, procède à une refonte complète de l'État.

Un comité de dix membres avait été formé dès le 7 juillet 1789 pour préparer la nouvelle Constitution. La Déclaration des droits de l'homme, qui devait en constituer le préambule, est adoptée le 26 août 1789, et le texte définitif voté le 3 septembre 1791. Cette Constitution, avant tout libérale, établit la souveraineté nationale sur les ruines de l'Ancien Régime et de l'absolutisme. Le pouvoir exécutif continue à revêtir une forme monarchique qui paraît alors seule concevable pour un grand État. La royauté est héréditaire comme par le passé, mais le titre de « roi de France et de Navarre » est changé en « roi des Français ». Les pouvoirs du roi sont surtout très restreints. Sa volonté n'a plus force de loi. Il prête serment à la Constitution et, tous les pouvoirs ne pouvant émaner que de la nation, n'est plus qu'un fonctionnaire appointé à 25 millions de liste civile. Il conserve le droit de choisir ses ministres, mais hors de l'Assemblée. Il ne peut rien faire sans leur signature. Cette obligation lui enlève tout pouvoir de décision propre et le place sous la dépendance de son Conseil, lui-même dépendant de l'Assemblée. Il nomme les hauts fonctionnaires, les ambassadeurs et les généraux, il dirige la diplomatie. Mais il ne peut déclarer la guerre ou signer de traités sans le consentement préalable de l'Assemblée. L'administration centrale relève de six ministres (Intérieur, Justice, Guerre, Marine, Relations extérieures, Contributions publiques), les anciens Conseils ont disparu. Néanmoins, en contradiction avec la théorie de la séparation des pouvoirs, le roi garde une part du pouvoir législatif par son droit de veto suspensif. Mais ce dernier ne s'applique ni aux lois constitutionnelles ni aux lois de finances.

Le pouvoir législatif appartient à une assemblée unique élue pour deux ans au suffrage censitaire à deux degrés, l'Assemblée nationale législative, formée de 745 députés. Elle possède l'initiative des lois. Elle a droit de regard sur la gestion des ministres qui doivent lui rendre compte à leur sortie de charge, et qu'elle peut poursuivre devant une Haute Cour nationale pour délit « contre la sûreté nationale et la Constitution ». Elle contrôle la politique étrangère par son Comité diplomatique ; elle vote le contingent militaire. Elle est souveraine en matière financière, le roi ne pouvant ni disposer des fonds ni même proposer le budget. Se réunissant de plein droit, sans convocation royale, le premier lundi du mois de mai, fixant elle-même le lieu de ses séances et la durée de ses sessions, l'Assemblée est indépendante du roi qui n'a pas le pouvoir de la dissoudre. Elle peut même tourner le veto royal en s'adressant directement au peuple par une proclamation. Sous une apparence monarchique, la réalité du pouvoir est donc entre les mains de l'Assemblée.

Constitution de 1793

Elle est votée le 24 juin 1793, après une discussion rapide, par la Convention qui entendait ainsi se laver du reproche de dictature et rassurer les départements.

La Déclaration des droits de l'homme qui la précède va plus loin que celle de 1789. Elle affirme le droit au travail, à l'assistance, à l'instruction et reconnaît non seulement le droit de résister à l'oppression, comme celle de 1789, mais le droit à l'insurrection. La liberté économique est explicitement affirmée. La Constitution elle-même s'inspire de principes très démocratiques puisqu'elle introduit notamment le suffrage universel. La suprématie du législatif sur l'exécutif est en effet assurée par l'élection de l'Assemblée législative au suffrage universel direct masculin, au scrutin uninominal, à la majorité absolue, pour un an. Le Conseil exécutif de 24 membres est choisi par l'Assemblée législative parmi les 83 candidats désignés par les départements au suffrage universel, les ministres sont donc subordonnés à la représentation nationale. L'exercice de la souveraineté nationale est enfin élargi par l'introduction du principe du référendum : la Constitution sera ratifiée par le peuple, ainsi que certaines lois, dans des conditions très précises.

Cette Constitution devient alors pour les républicains de la première moitié du XIXe siècle le symbole de la démocratie politique. Soumise à la ratification populaire, elle est adoptée par plus de 1 800 000 « oui » contre 17 000 « non ». Plus de 100 000 votants ne l'acceptent qu'avec des amendements de tendance modérée. Les résultats du plébiscite sont proclamés le 10 août 1793, jour anniversaire de la chute de la monarchie, à la fête de l'Unité et de l'Indivisibilité de la République. Mais l'application de la Constitution, dont le texte est déposé dans la salle des séances de la Convention, est renvoyée à la paix. Remplacée le 22 août 1795, par la Constitution de l'an III, elle ne sera en réalité jamais appliquée.

Constitution de l'an III

Adoptée le 22 août 1795 par la Convention thermidorienne, elle est mise au point par une Commission des onze où dominent les républicains modérés et les monarchistes constitutionnels.

Elle marque le retour aux principes de 1789 et, rejetant la démocratie politique, confie la direction politique et économique du pays et aux propriétaires aisés, et aux « notables ». La Déclaration des droits de l'homme qui la précède marque un net recul par rapport à celle de 1789. L'égalité civile est seule reconnue. Il n'est plus question des droits sociaux reconnus par la Déclaration de 1793 ni du droit à l'insurrection. En revanche, le droit de propriété est nettement défini, comme dans celle de 1793. Enfin les thermidoriens croient bon d'ajouter une Déclaration des devoirs à la Déclaration des droits. Les principes démocratiques de 1793 sont abandonnés : la nouvelle Constitution rétablit le suffrage censitaire à deux degrés. Toutefois, les conditions de cens sont plus larges qu'en 1791 : tout Français âgé de 21 ans, domicilié depuis un an et payant une contribution quelconque, est citoyen actif. Mais les électeurs, nommés par les actifs réunis en assemblées primaires au chef-lieu de canton, parmi les citoyens âgés de 25 ans, doivent être propriétaires d'un bien rapportant un revenu de 200 journées de travail dans les communes de 6 000 habitants ou plus, ailleurs locataires d'une habitation d'un loyer de 150 journées ou d'un bien foncier d'un fermage de 200 journées. Les électeurs, environ 30 000 pour l'ensemble du pays, réunis en assemblées électorales au chef-lieu du département, élisent, sans condition de cens, le Corps législatif.

Pour écarter toute nouvelle menace de dictature, le principe de la séparation des pouvoirs préside strictement à l'organisation des pouvoirs publics. Le pouvoir législatif est confié à deux conseils : le Conseil des Anciens de 250 membres âgés d'au moins 40 ans, mariés ou veufs, et le Conseil des Cinq-Cents (membres âgés de 30 ans au moins), l'un et l'autre renouvelables par tiers chaque année. Les Cinq-Cents ont l'initiative des lois et adoptent des résolutions que les Anciens examinent et peuvent transformer en lois. Le pouvoir exécutif est confié à un directoire de cinq membres, nommés par les Anciens sur une liste décuple présentée par les Cinq-Cents. Il est renouvelable par cinquième chaque année. Il a pour mission de pourvoir à la sûreté intérieure et extérieure de la République, dispose de la force armée sans pouvoir toutefois la commander, surveille et assure l'exécution des lois dans les administrations et les tribunaux par des commissaires qu'il nomme. Les six ministres sont nommés par le directoire et responsables devant lui, ils ne forment pas un conseil. Le directoire n'a aucun pouvoir sur la trésorerie confiée à six commissaires élus, il n'a pas l'initiative des lois ; il ne peut communiquer avec les conseils que sous forme de messages.

Le principe de la décentralisation préside à l'organisation administrative, qui est simplifiée. Mais on ne revient toutefois pas à la décentralisation totale de la Constitution de 1791. Le département reçoit une administration centrale de cinq membres nommés par l'assemblée électorale ; le district disparaît ; les communes rurales sont groupées sous la direction d'administrations municipales de canton, tandis que les grandes villes, Paris en particulier, perdant toute autonomie, sont divisées en plusieurs municipalités (douze pour la capitale). Toutefois, si ce n'est plus la centralisation jacobine de l'an II, les administrations restent hiérarchisées et l'exécutif est représenté auprès de chaque administration départementale ou municipale par un commissaire nommé. Chargé d'une fonction de surveillance, celui-ci assure une certaine stabilité face à des administrations renouvelables chaque année par fraction, et préfigure, dans une certaine mesure, le préfet que créera Bonaparte. La centralisation s'affirme encore par le droit du directoire d'intervenir directement dans l'administration : il peut annuler ses actes, suspendre ou destituer les administrateurs et pourvoir à leur remplacement jusqu'aux élections suivantes. Le directoire peut enfin, en cas de conspiration, décerner des mandats d'amener ou d'arrêt sans intervention de la justice et procéder à des interrogatoires, à charge de remettre les individus à leurs juges naturels dans les 48 heures.

Constitution de l'an VIII

Les trois consuls provisoires, Sieyès, Roger Ducos et Bonaparte, assistés de douze commissaires, sont chargés de sa rédaction dès le soir du 18 Brumaire, mais la Constitution du 22 frimaire an VIII (13 décembre 1799) est, en réalité, essentiellement l'œuvre de Bonaparte.

Rédigée à la hâte en 95 articles confus, « courte et obscure », elle est soumise au peuple qui l'adopte au scrutin public par 3 millions de voix contre 1 562. Mais elle avait été mise en application le 25 décembre 1799, avant même d'avoir été adoptée. Le pouvoir exécutif est confié à trois consuls nommés par le Sénat pour dix ans, et rééligibles. La totalité du pouvoir est entre les mains du Premier Consul, Bonaparte, qui nomme ministres et fonctionnaires, possède l'initiative des lois et le pouvoir réglementaire pour leur application. Les deux autres consuls, Cambacérès et Lebrun, n'ont qu'une « voix consultative ». Quatre assemblées se partagent le pouvoir législatif : le Conseil d'État (30 à 50 membres), nommé par le Premier Consul, prépare les projets de loi que ce dernier lui propose. Le Tribunat (100 membres d'au moins 25 ans désignés par le Sénat) se contente d'émettre un vœu pour ou contre. Le vote, « par scrutin secret et sans aucune discussion », revient à un Corps législatif de 300 membres. Après quoi, le Premier Consul promulgue la loi ou la renvoie, pour juger de sa constitutionnalité, devant un Sénat de 60 puis 80 membres de 40 ans au moins, choisis au départ essentiellement par les trois consuls puis recrutés ensuite par cooptation, et inamovibles.

Constitution de l'an VIII
Le peuple se réjouit de l'adoption de la Constitution. Caricature. © *Tallandier*

La souveraineté populaire, théoriquement proclamée, se traduit par le rétablissement du suffrage universel. Mais, en dehors des plébiscites où le peuple vote sur un texte constitutionnel à registre ouvert, par « oui » ou « non », il est tout théorique pour l'élection du Corps législatif. Il est combiné avec un système censitaire très complexe et se réduit à inscrire « dans chaque arrondissement communal », sur une liste de confiance, le dixième des citoyens les « plus propres à gérer les affaires publiques », soit environ 600 000 pour tout le pays. Ces citoyens désignent à leur tour le dixième d'entre eux pour former les listes de confiance départementales (soit environ 60 000 notabilités), parmi lesquelles seront désignés les « fonctionnaires publics des départements ». Les notabilités départementales établissent enfin, toujours à raison d'un dizième d'entre elles, une « troisième liste qui comprend les citoyens du département éligibles aux fonctions publiques nationales ». En fait, les listes de confiance finalement établies en l'an IX ne seront jamais utilisées : le gouvernement nomme à sa guise représentants et fonctionnaires.

Constitution de l'an X

Dictée par Bonaparte, proclamé Consul à vie par le Sénat le 2 août 1802, elle est adoptée sans discussion le 16 thermidor an X (4 août 1802) et promulguée sous forme de sénatus-consulte organique de la Constitution.

Le Premier Consul reçoit le droit de présenter au Sénat son successeur quand il le jugera convenable, ou par testament. C'est une étape vers l'hérédité. Ses pouvoirs sont également considérablement accrus : conclusion des traités de paix et d'alliance, droit de grâce, désignation du deuxième et du troisième consul et des candidats au Sénat. Ce dernier reçoit le droit de régler par sénatus-consulte organique tout ce qui n'est pas prévu par la Constitution et qui est nécessaire à sa marche. Ce qui permettra d'instituer l'Empire sans difficulté deux ans plus tard. L'accroissement de l'autorité du Sénat est compensé par sa soumission étroite au pouvoir exécutif : s'il continue à se recruter par cooptation, seul le Premier Consul a le droit de présentation. La création de « sénatoreries », largement dotées en biens nationaux, est elle aussi un gage de docilité. Le Corps législatif perd quant à lui le droit de tenir des sessions régulières ; le Tribunat, qui a fait preuve de trop d'indépendance, est réduit à 50 membres ; le Conseil d'État, enfin, rabaissé au profit d'un Conseil privé, devient une simple juridiction administrative.

Les listes de confiance sont supprimées et remplacées par des collèges électoraux. L'assemblée de canton, formée de tous les citoyens domiciliés, présente des candidats aux conseils municipaux et aux justices de paix sur la liste des cent plus imposés, elle nomme à vie au collège électoral d'arrondissement et au collège électoral du département, ce dernier sur une liste de 600 citoyens les plus imposés. Ces collèges présentent des candidats aux places vacantes dans les conseils d'arrondissement et les conseils généraux de département ainsi que dans les assemblées nationales – Tribunat, Corps législatif, Sénat. Les élections sont donc réduites au minimum et le pouvoir des notables encore renforcé.

Constitution de l'an XII

Promulguée sous la forme du sénatus-consulte du 28 floréal an XII (18 mai 1804), elle consacre l'établissement de l'Empire au profit de Napoléon Bonaparte.

« Le gouvernement de la République est confié à un empereur qui prend le titre d'Empereur des Français ». « La dignité impériale est héréditaire dans la descendance directe, naturelle et légitime de Napoléon Bonaparte, de mâle en mâle. » Selon l'article 4, Napoléon peut adopter les enfants ou petits-enfants de ses frères. La Constitution marque encore une étape dans la création d'une nouvelle aristocratie par l'institution de six grands dignitaires et des grands officiers de l'Empire, dont dix-huit maréchaux. L'article 53 impose un serment à l'Empereur : « Je jure de maintenir l'intégrité du territoire de la République ; de respecter et faire respecter l'égalité des droits, la liberté politique et civile, l'irrévocabilité des ventes des biens nationaux. » Les pouvoirs publics sont peu modifiés, mais Napoléon s'attribue le droit de choisir les sénateurs en nombre illimité. Un plébiscite est prévu non sur le titre impérial, mais sur l'hérédité. Les résultats en sont proclamés en novembre 1804 ; il n'y a environ que 2 500 opposants sur plus de 3 millions de votants.

Constitution de 1848

Issue de la révolution de 1848, elle sera abrogée à la suite du coup d'État du 2 décembre 1851.

Après la chute de Louis-Philippe et les journées révolutionnaires de février 1848, le gouvernement mis en place le 24 février convoque, par le décret du 5 mars, une Assemblée constituante élue au suffrage universel direct. Ce mode de scrutin ne devait plus disparaître par la suite. Les 16 et 18 mai, l'Assemblée désigne une commission de 18 membres chargée de préparer un projet de Constitution. Armand Marrast, son rapporteur, présente un premier projet au mois de juin, puis le 30 août un projet définitif, voté le 4 novembre : la Constitution de 1848 est un travail soigneusement pensé. S'inspirant des principes révolutionnaires, le texte proclame la souveraineté nationale, la liberté, l'égalité, et la fraternité. La France se constitue en une république dont le but est « d'assurer une répartition de plus en plus équitable des charges et des avantages de la société ». La Constitution place le droit au travail et le droit à l'assistance parmi les Droits de l'homme. Elle institue une assemblée unique de 750 membres élus au suffrage universel direct, l'Assemblée législative, qui exerce le pouvoir législatif ; le peuple délègue, pour quatre ans, le pouvoir exécutif à un président élu et responsable devant lui. Les erreurs de la première révolution, l'assemblée unique et la séparation absolue des pouvoirs, égaux et rivaux, sont ainsi renouvelées. Les conflits entre les deux pouvoirs ne peuvent se régler légalement, le président ne pouvant dissoudre l'Assemblée, qui ne peut le révoquer. La Constitution tente de limiter les pouvoirs du président mais, comme le craignait Jules Grévy, son élection au suffrage universel direct lui permettra de passer outre à cette infériorité institutionnelle. Le parlementarisme apparaît dans le texte constitutionnel, les ministres peuvent être choisis à l'intérieur de l'Assemblée. Mais leur responsabilité n'est pas définie. La Constitution fait encore toutes sortes de promesses, proportionnalité de l'impôt, enseignement primaire gratuit, éducation professionnelle, etc., dont aucune ne sera tenue.

Constitution de 1852

Promulguée par Louis Napoléon, président de la République, elle est modifiée par le sénatus-consulte du 7 novembre de la même année, qui rétablit l'empire héréditaire.

Après le coup d'État du 2 décembre 1851, l'Assemblée étant dissoute, un décret convoque les électeurs et leur propose de déléguer les pouvoirs constituants à Louis Napoléon. La proclamation du 2 Décembre définissait les cinq « bases » du nouveau texte : un président de la République élu pour dix ans, qui choisirait les ministres ; trois assemblées se partageraient le pouvoir législatif : le Conseil d'État, le Corps législatif élu au suffrage universel et le Sénat conservateur. Le plébiscite du 21 décembre est un triomphe pour Louis Napoléon, qui obtient 7 500 000 « oui », 650 000 électeurs répondant « non ». Une commission de cinq membres est chargée de préparer la Constitution, rédigée en trois jours et promulguée le 24 janvier 1852. Le texte reprend, avec quelques modifications, les institutions politiques du Premier Empire.

Le pouvoir exécutif appartient, pour dix ans, avec le titre de président de la République, à Louis Napoléon. Il nomme seul les ministres qui ne dépendent que de lui et ne constituent pas de cabinet : le régime parlementaire est bien loin. Louis Napoléon détient le pouvoir exécutif, mais aussi une partie du pouvoir législatif : il possède seul l'initiative des lois, préparées par le Conseil d'État, et peut refuser la promulgation d'une loi, même régulièrement votée. La Constitution prévoit trois assemblées législatives : le Conseil d'État, formé de fonctionnaires, prépare les lois ; le Corps législatif, élu pour six ans au suffrage universel, discute et vote les lois. Ses amendements aux projets impériaux doivent recevoir l'accord des commissaires du gouvernement ou du Conseil d'État. Ses président et vice-président sont nommés par le président de la République qui peut proroger, ajourner ou dissoudre le Corps législatif. La dernière Chambre est le Sénat, Chambre haute dont les membres sont nommés à vie par le président, et qui est le garant de la constitutionnalité des lois.

Le sénatus-consulte du 7 novembre 1852 rétablit l'empire héréditaire au profit de Louis Napoléon, mais ne transforme pas ses pouvoirs, ni les autres institutions. Divers textes modifieront, au cours du Second Empire, les institutions de 1852. Le suffrage universel tout d'abord, qui constitue la principale différence entre le texte de 1852 et celui de l'an VIII, est peu à peu estompé par le système de la « candidature officielle ». Le candidat officiel au Corps législatif, présenté par le préfet, bénéficie de nombreux avantages, concernant l'affichage et la propagande notamment. Tous les députés doivent prêter serment à l'empereur, et les candidats députés eux-mêmes à partir de 1858.

Ces procédés n'empêchent pas la désagrégation de la dictature et le passage à l'empire libéral opéré par l'empereur, tout-puissant cependant, à partir de 1860. Le décret du 24 novembre, complété par le sénatus-consulte et le décret des 2 et 3 février 1861, modifie notablement la Constitution de 1852 ; le Sénat et le Corps législatif peuvent répondre au discours du trône par l'adresse, le second pouvant aussi discuter les projets de loi en comité secret. Des ministres sans portefeuille seront chargés de défendre les projets de loi du gouvernement devant les assemblées. Ils seront remplacés en 1863 par des ministres d'État. Les secrétaires du Corps législatif ne sont plus nommés, mais élus par l'Assemblée. Les comptes rendus des débats des deux Chambres, Corps législatif et Sénat, doivent être publiés au *Journal officiel* et dans les journaux : les Chambres prennent ainsi une importance nouvelle. En même temps, le système de la candidature officielle est renforcé : les réunions et les journaux des autres candidats sont interdits en 1863, leurs comités poursuivis comme associations interdites, etc. Malgré ces mesures, 25 candidats de l'opposition sont élus.

Le décret du 19 janvier 1867 remplace ensuite l'adresse par l'interpellation, qui ne peut toutefois mettre en cause la responsabilité des ministres. L'évolution vers le régime parlementaire s'accentue avec le sénatus-consulte du 14 mars : le Sénat peut demander une seconde délibération des lois au Corps législatif. Par le sénatus-consulte du 8 septembre 1869, le Corps législatif partage l'initiative des lois avec l'empereur et peut proposer des amendements sans l'accord du Conseil d'État. En même temps, le Sénat tend à devenir une seconde Chambre législative : il peut proposer de modifier un projet de loi, rejeter une loi votée même si elle n'était pas inconstitutionnelle. Comme le Corps législatif, il reçoit le droit d'interpellation. Les ministres, choisis dans les deux Chambres, continuent à dépendre uniquement de l'empereur.

Enfin, le sénatus-consulte annoncé le 30 avril 1870 et promulgué le 21 mai, après le succès du plébiscite du 8 mai, établit la monarchie constitutionnelle : le Sénat perd ses pouvoirs constituants mais devient une seconde Chambre législative, discute et vote les projets de loi. L'article 19 déclare les ministres responsables, sans dire explicitement devant quelle instance – ils le sont implicitement devant les Chambres. L'empereur reste cependant responsable devant le peuple, auquel il peut faire appel par le plébiciste.

« Constitution » ou lois constitutionnelles de 1875

La Constitution de 1875 – ou plutôt les trois lois constitutionnelles de 1875 –, la plus courte de notre histoire avec seulement 34 articles (celle de 1852 en comptait 68), met en place un régime qui durera soixante-cinq ans. Ces textes seront abrogés par les Actes constitutionnels du 11 juillet 1940 instituant l'État français.

La première tâche de l'Assemblée constituante élue en 1875 était, avant d'établir une nouvelle Constitution, de signer la paix avec la Prusse. Cela fait, puis la Commune réprimée, l'Assemblée, en majorité royaliste, entreprend de transformer la république provisoire, suivant les termes du pacte de Bordeaux, en monarchie définitive. Et cela malgré l'opposition du pays et de Thiers qui, devenu républicain, est mis en minorité par l'Assemblée le 24 mai 1873, et doit démissionner, laissant la place à Mac Mahon. L'attitude du comte de Chambord, son refus du drapeau tricolore, fait échouer le rétablissement de la monarchie. L'Assemblée prolonge le mandat de Mac Mahon pour sept ans, à titre personnel (20 novembre 1873), et nomme une commission de 30 membres qu'elle charge d'établir le nouveau régime. Beaucoup de députés restent hostiles à la république, et les discussions se prolongent pendant toute l'année 1874. Le débat le plus important porte sur la question du septennat : certains veulent transformer le mandat personnel attribué à Mac Mahon en mandat impersonnel. Plusieurs amendements sont proposés, jusqu'à l'amendement Wallon qui, présenté le 29 janvier 1875 et voté le lendemain à une voix de majorité, établit enfin la république. Il est complété par les lois des 24 et 25 février, qui concernent le Sénat et l'« organisation des pouvoirs publics », et celles du 17 juillet, qui règlent les « rapports des pouvoirs publics ».

Le pouvoir exécutif est assuré par le président de la République, élu pour sept ans par les Chambres, Sénat et Chambre des députés, réunies en Congrès du Parlement. Le pouvoir législatif est partagé entre le Sénat et la Chambre des députés. Le premier est composé de 75 sénateurs inamovibles et 225 sénateurs élus par des collectivités locales, dans chaque département : les conseillers généraux, les conseillers d'arrondissement et un conseiller municipal de chaque commune, ce qui fait des sénateurs les élus des milieux ruraux, et du Sénat une assemblée conservatrice. Le Sénat est élu pour neuf ans et renouvelable par tiers tous les trois ans. La Chambre, 600 députés élus au suffrage universel, est élue pour quatre ans. Les deux Chambres ont en principe les mêmes pouvoirs : l'initiative, partagée avec le président de la République, et la « confection » des lois. Le Sénat peut se transformer en Haute Cour pour juger les attentats contre la sûreté de l'État, ou les actes du président de la République ou des ministres. Les actes constitutionnels accordent de larges pouvoirs au premier : il nomme ministres et fonctionnaires, promulgue les lois votées par les Assemblées et les règlements qui en assurent l'exécution. Il a le droit de convoquer les Assemblées (au moins une session de cinq mois par an), de les ajourner pendant un mois (pas plus de deux fois par session), de prononcer leur clôture et de dissoudre la Chambre avec l'accord du Sénat. Mais en même temps les textes paralysent le président : il est nommé par la réunion des Chambres mais n'est pas responsable devant elles, seuls ses ministres le sont. Or chaque acte présidentiel doit être contresigné par un ministre.

Cette Constitution, comme on l'appelle improprement, possède beaucoup de traits ayant l'allure de compromis, et peut convenir aussi bien à une monarchie qu'à une république. Sa souplesse assurera sa durée. Elle peut être révisée par le Sénat et la Chambre réunis en Congrès du Parlement, et le sera quatre fois – en 1879, 1884, 1926 et 1940. Le premier Congrès décide le transfert à Paris du siège des pouvoirs publics, établi jusque-là à Versailles. En août 1884, le recrutement du Sénat est modifié : les sénateurs inamovibles sont supprimés, les sénateurs doivent être élus par les délégués sénatoriaux des communes, délégués en nombre proportionnel à la population de ces communes. La prépondérance rurale se trouve ainsi diminuée. La révision de 1926 a pour but la création de la Caisse d'amortissement. Enfin, celle de 1940 attribue au maréchal Pétain le pouvoir constituant. La coutume, à défaut des textes, infléchit la Constitution dans deux sens différents : à une première tendance, au régime d'assemblée, succède, à partir de la Grande Guerre et surtout des événements de 1934, une tendance au renforcement de l'exécutif.

L'équilibre instauré par les textes de 1875 ne dure pas, un conflit éclate entre la majorité républicaine de la Chambre et le président monarchiste qui, après avoir dissous la Chambre comme il en avait le droit, le 16 mai 1877, finit par démissionner en 1879. Le discrédit est dès lors jeté sur le droit de dissolution, et aucun président n'osera plus s'en servir : les successeurs de Mac Mahon seront désarmés devant les Chambres. Les ministres, quant à eux, n'ont pas le droit de dissoudre l'Assemblée, et la multitude des partis ne leur permet pas de s'appuyer sur une majorité solide : un régime d'assemblée, et non un régime parlementaire, est mis en vigueur par la coutume.

La guerre de 1914 nécessite le renforcement de l'exécutif, la rapidité et le secret des décisions sont indispensables. Briand, et surtout Clemenceau, sont les artisans de ce renforcement. À l'intérieur du cabinet, le président du Conseil concentre entre ses mains tous les pouvoirs. La présidence du Conseil, non prévue par les textes de 1875, s'organise pendant la guerre. Sous le ministère Clemenceau sont introduits les décrets-lois : le gouvernement peut prendre des décrets ayant force de loi et les faire ratifier par les Chambres un mois après leur promulgation, innovation qui ne disparaît pas avec la fin de la guerre. La loi du 3 décembre 1934 reconnaît l'existence du président du Conseil comme ministre et lui adjoint des services administratifs. Et les décrets-lois perdent leur caractère d'exception : en 1919, 1924, 1926, 1934, 1935, 1937, 1938 et 1939, la loi donne aux présidents successifs l'autorisation d'y recourir. Ce procédé est certainement contraire à la Constitution de 1875 qui avait donné aux Chambres l'initiative des lois. La coutume a donc abouti à donner un pouvoir prépondérant au gouvernement. En même temps, les décrets-lois représentent le seul moyen de pression du gouvernement sur les Chambres. Les crises ministérielles n'en sont du reste guère moins fréquentes. La IIIe République, instaurée en 1875, s'achève officiellement le 10 juillet 1940 quand les Chambres réunies en Congrès donnent au maréchal Pétain le pouvoir d'établir une nouvelle Constitution.

Constitution de 1946
Un bureau de vote le jour du référendum du 13 octobre 1946. © *Keystone*

CONSTITUTION DE 1946

Au lendemain de la Seconde Guerre mondiale, les partis issus des organisations de la Résistance se mettent d'accord, malgré l'opposition d'Édouard Herriot, président de l'Assemblée nationale, pour ne pas rétablir les lois constitutionnelles de 1875.

Le référendum du 21 octobre 1945 pose deux questions aux citoyens : « voulez-vous que l'Assemblée élue à ce jour soit constituante ? » (autrement dit, abolissez-vous les lois de 1875 ?) « Si le "oui" l'emporte, approuvez-vous que les pouvoirs et la durée de l'Assemblée constituante soient organisés conformément au projet de loi dont le texte figure au verso du bulletin ? » (Autrement dit approuvez-vous la limitation des pouvoirs de la Constituante ?) La réponse du corps électoral est positive dans les deux cas. Une première Constituante se réunit peu après et adopte, le 19 avril 1946, un projet de Constitution donnant la quasi-totalité du pouvoir à l'Assemblée nationale, nouvelle appellation de la Chambre des députés. La consultation du peuple par voie référendaire, le 5 mai 1946, donne cette fois un résultat négatif, ce qui entraîne l'élection d'une seconde Constituante. Celle-ci élabore un nouveau projet de Constitution, dont la rédaction est achevée après amendements le 29 septembre. Le référendum du 13 octobre donne une majorité de « oui ». La Constitution de la IVe République est promulguée le 27 du même mois.

Dans la forme, elle diffère sensiblement du projet rejeté, dont toutefois elle n'altère pas vraiment le fond. À côté de l'Assemblée nationale, véritable source du pouvoir exécutif, figure un Conseil de la République, pâle successeur du Sénat de la IIIe République ; ce n'est, en fait, qu'une Chambre de réflexion puisqu'en cas de désaccord des deux assemblées, c'est l'Assemblée nationale qui impose immédiatement sa volonté. Le président de la République figure dans le titre V, soit après le Parlement (titre II), le Conseil économique (titre III) et les traités diplomatiques (titre IV). Le Conseil des ministres constitue la matière du titre VI. Il est fait de nombreuses mentions du « cabinet » ou du « Conseil », sans que le mot de gouvernement soit cité. Le président du Conseil des ministres, est investi par l'Assemblée nationale après avoir été désigné par le chef de l'État. Par ailleurs, est instituée une Union française qui regroupe la République française et les territoires et États associés. Même tempérée par le droit de dissolution et la révision du 7 décembre 1954 qui consolide l'exécutif, la Constitution de 1946 établit un régime d'assemblée. Ainsi, elle apparaît historiquement comme une héritière des Constitutions révolutionnaires de 1791, 1793, 1795 et 1848.

CONSTITUTION DE 1958

Alors que la Constitution de 1946 considérait les régimes qui l'avaient précédée comme abolis par les faits, la Constitution de 1958 apparaît d'abord comme une révision du régime de la IVe République. Le premier chef de l'État de la Ve République, le général de Gaulle, est également le dernier président du Conseil de la IVe République.

La transition se fait par la loi constitutionnelle du 3 juin 1958 qui comporte un article unique : « Par dérogation aux dispositions de son article 90, la Constitution sera révisée par le gouvernement investi le 1er juin 1958 et ce, dans les formes suivantes :

Le gouvernement de la République établit un projet de loi constitutionnelle mettant en œuvre les principes ci-après :
1° Seul le suffrage universel est la source du pouvoir.
2° Le pouvoir exécutif et le pouvoir législatif doivent être effectivement séparés.
3° Le gouvernement doit être responsable devant le Parlement.
4° L'autorité judiciaire doit demeurer indépendante.
5° La Constitution doit permettre d'organiser les rapports de la République avec les peuples qui lui sont associés. »

La loi ajoute que, pour établir un projet, le gouvernement prendra l'avis d'un comité consultatif. Les deux tiers des membres de ce comité seront choisis parmi les parlementaires et désignés par les commissions des deux Chambres. L'avant-projet de Constitution est aussitôt étudié. Il semble que cette étude ait été confiée à un nombre relativement restreint de personnes. Les premiers rôles sont joués par le président du Conseil (Charles de Gaulle lui-même), Michel Debré et quelques membres du Conseil d'État. Ensuite le « comité consultatif », prévu par la loi du 3 juin, siège jusqu'au 14 août et, au prix de quelques modifications, transforme l'avant-projet en projet. Celui-ci est soumis au Conseil d'État puis au Conseil des ministres qui l'accepte, le 4 septembre, et décide de le proposer au peuple par voie de référendum le 28 septembre. Le référendum a deux significations : dans les départements français, il s'agit de se prononcer sur le régime politique proprement dit ; dans les territoires d'outre-mer, il s'agit d'accepter ou de rejeter l'entrée dans la Communauté française qui remplace l'Union française.

La Constitution est promulguée le 4 octobre et publiée au *Journal officiel* le lendemain. Les élections à l'Assemblée nationale ont lieu les 23 et 30 novembre. Le président du Conseil devient président de la République le 21 décembre et prend officiellement ses fonctions le 8 janvier 1959. Un Sénat, élu le 19 avril, remplace le Conseil de la République dont la durée avait été prolongée. La Constitution de 1958 se compose d'un préambule et de quinze titres divisés en 92 articles. Le préambule renvoie à la Déclaration des droits de 1789 et au préambule de la Constitution de 1946. Il ajoute que l'acceptation de la Constitution « par un acte de libre détermination » implique l'acceptation de la Communauté française.

Comme en 1946, le titre premier est « De la souveraineté ». Mais l'ordre des titres qui suivent est bouleversé. Le titre II traite du président de la République, le titre III du gouvernement (c'est à cette occasion que le mot, omis en 1946, réapparaît), le titre IV du Parlement, le titre V des rapports entre le Parlement et le gouvernement. Ce changement n'est point de pure forme. Il annonce une restauration de la puissance de l'exécutif. Le président de la République se fait reconnaître officiellement des pouvoirs plus étendus que dans le régime légal de la Constitution de 1946 et dans le régime de fait de la IIIe République. Toutefois, on ne saurait parler de régime « présidentiel » à la façon des États-Unis. On ne saurait non plus qualifier les nouvelles institutions de « parlementaires » au sens français, c'est-à-dire orléaniste, du terme.

En quoi consistent maintenant les prérogatives du président de la République ? D'abord, en celles que lui reconnaissent les Constitutions antérieures (et que la pratique ne lui a pas toujours permis d'utiliser : ce fut le cas de presque tous les présidents de la IIIe, notamment de Casimir-Perier et de Millerand). Ensuite en attributions nouvelles : recours au référendum, sans nécessité de contre-seing ministériel (article 2), pleins pouvoirs (article 16). Cependant, ces procédures ne sont prévues que dans des cas très limités : organisation des pouvoirs publics, accords de Communauté, ratification d'un traité pouvant avoir des incidences sur les institutions pour l'article 2 ; circonstances graves amenant l'interruption du fonctionnement régulier des pouvoirs publics pour l'article 16. En outre, le chef de l'État est tenu de consulter le Premier ministre, les présidents des Assemblées et le Conseil constitutionnel.

La grande innovation en droit par rapport à la Constitution de 1946 est la résurrection du gouvernement. L'expression « Premier ministre », qui remplace « président du Conseil », vient tout droit de la Grande-Bretagne, considérée en 1958 comme un modèle de démocratie stable. Le Premier ministre est le chef du gouvernement, mais il n'est pas président du Conseil (c'est le président de la République). Les attributions du Conseil de cabinet sont réduites. C'est le chef de l'État qui nomme le Premier ministre. Les fonctions des membres du gouvernement ne peuvent être cumulées avec d'autres emplois : mandat parlementaire, fonction publique ou toute autre activité professionnelle.

Le gouvernement dispose de pouvoirs très étendus et mal définis, dont la seule limite est la responsabilité devant le Parlement. Son principal moyen d'action est le pouvoir réglementaire, enfin précisé dans une Constitution. Le Parlement perd beaucoup de ses attributions. Il n'est plus seul à créer des lois. Bien qu'en principe il représente la nation, celle-ci peut se substituer à lui par voie de référendum pour voter une loi. En outre, le domaine législatif est sévèrement limité par la création d'un domaine réglementaire entièrement réservé, alors que les Constitutions « républicaines » antérieures considéraient en quelque sorte que les règlements devaient céder le terrain devant l'expression de la volonté parlementaire. Enfin, les procédures du travail législatif sont elles aussi profondément modifiées : le Sénat étant restauré dans son ancienne puissance, la navette est de nouveau définie, la question de confiance et la censure peuvent être liées par un vote bloqué. Parmi les organes nouveaux institués en 1958, il faut relever le Conseil constitutionnel, matière du titre VII. Autre nouveauté, mais pas dans les organes, la révision. Après les nombreux changements de numérotation des Républiques,

Constitution de 1958
Affiches électorales, en province, appelant à voter au référendum du 28 septembre 1958. © *Keystone*

celle-ci est facilitée. Néanmoins, ses conditions, réunies dans un chapitre à part, ont été très attentivement précisées, ce qui ne manquera pas de donner des arguments, plus tard, à ceux qui contesteront l'application de la Constitution par le chef de l'État.

Il apparaît rapidement, en effet, que ce dernier ne va pas, comme un grand nombre de ses prédécesseurs, rester en deçà de ses attributions constitutionnelles. Le reproche inverse va lui être plus souvent adressé. L'article 16 permet au gouvernement de diriger longtemps la politique du pays sans en référer au législatif. Lorsqu'en 1962 l'article 2 (référendum), qui ne figure pas dans le titre « De la révision », est précisément invoqué pour réviser la Constitution (il s'agit d'instituer l'élection du président de la République au suffrage universel direct), les « levées de boucliers » sont nombreuses chez les juristes. Il en a été de même, deux années auparavant, lorsque a été votée la révision qui a permis, du moins dans les faits, la dissolution de la Communauté. D'une manière générale, les successeurs du général de Gaulle ont adopté ce point de vue large, d'abord parce qu'ils bénéficient de l'onction donnée par l'élection au suffrage universel, ensuite parce qu'ils veulent garder la maîtrise de l'agenda politique (dissolution de 1997), enfin parce que la dyarchie résultant des alternances électorales justifie le renforcement de l'action présidentielle, via la fixation de l'ordre du jour, l'importance politique de la signature indispensable du chef de l'État ou celle des soixante nominations dont la responsabilité lui incombe. Cette capacité d'adaptation n'a pas empêché les propositions de réforme. En 1996, a été adoptée la session aux fins d'équilibrer le travail en circonscription des députés et leur activité à Paris, sans recourir abusivement aux sessions extraordinaires. La plus ancienne, lancée par Georges Pompidou en mars 1973, concerne l'adoption du quinquennat et le couplage des élections majeures. Elle n'a vu le jour qu'en septembre 2000, après référendum.

CONSTITUTIONNEL (Le)

Journal né pendant les Cent-Jours et disparu en 1914.

Quotidien des libéraux sous la Restauration, il ne présente aucune originalité dans son contenu, publiant des romans-feuilletons de Dumas et de Sue. Il tire à 20000 exemplaires en 1826. Sous Charles X, ses attaques contre les Jésuites et l'Église lui valent plusieurs procès. En déclin sous la monarchie de Juillet, *Le Consitutionnel* reste l'un des quatre principaux journaux de Paris. Repris par le Dr Véron en 1844, il retrouve une certaine audience et tire à 25 000 exemplaires en 1846. Dévoué à la cause impériale, il est l'un des organes officieux sous le Second Empire. Sainte-Beuve y publie ses *Causeries* jusqu'en 1861. En déclin à la fin du Second Empire, il ne tire plus qu'à 9 400 exemplaires en 1867. À nouveau organe de presse du gouvernement au début de la IIIe République, il n'a plus qu'une diffusion confidentielle après 1882.

CONSUL

Nom donné aux magistrats municipaux dans de très nombreuses villes du midi de la France, du milieu du XIIe siècle à la Révolution.

Les villes de consulat sont à peu de chose près l'équivalent des communes dans le Nord. Le nombre des consuls dépend des lieux et des époques. En principe, il y a autant de consuls que de professions et de groupes sociaux dans la cité. Aux temps des grands troubles féodaux du Midi (XIVe-milieu du XVIIe siècle), l'autorité royale trouve souvent un ferme appui dans les institutions consulaires qui sont alors à l'apogée de leur puissance politique.

CONSULAT

Régime politique de la France entre le 19 brumaire an VIII (10 novembre 1799) et le 28 floréal an XII (18 mai 1804).

Le Consulat est établi à la suite du coup d'État de Bonaparte qui renverse le Directoire, le 18 brumaire, et prend fin avec la proclamation de l'Empire. La Constitution du 22 frimaire an VIII (13 décembre 1799) donne son assise juridique à ce régime qui veut s'inspirer du consulat romain.

Politique intérieure. Bonaparte s'installe aux Tuileries le 30 pluviôse an VIII (19 février 1800) et commence un travail énorme de réorganisation de l'État. Le redressement financier, estimé le plus urgent, est favorisé par la création d'une direction générale des Contributions directes et d'un corps de contrôleurs, de receveurs et de percepteurs (loi du 27 ventôse an VIII). La fondation de la Banque de France (24 plûviose an VIII) répond au besoin d'une organisation bancaire pour faciliter l'escompte. Elle reçoit le privilège de l'émission des billets. Une réforme monétaire accompagne cet ensemble : elle maintient le bimétallisme mais, en créant le franc germinal (5 grammes d'argent), monnaie métallique à valeur propre, immuable, elle met en place le système qui durera jusqu'à la Première Guerre mondiale. La loi du 28 pluviôse an VIII redonne à la France un cadre administratif centralisé en concentrant les pouvoirs aux mains des représentants du pouvoir central, désormais fonctionnaires hiérarchisés (préfets dans les départements, sous-préfets dans les arrondissements). Ce système sera conservé jusqu'à nos jours. La justice est elle aussi profondément remaniée, les juges nommés et leur hiérarchie réglée sur celle des autres administrations. Tribunaux civils (juge de paix, tribunal de première instance, tribunal d'appel), tribunaux criminels et Cour de cassation sont placés sous l'autorité du chancelier, garde des Sceaux. Cette œuvre est couronnée par le code civil (promulgué le 21 mars 1804), monument juridique de la société nouvelle, qui concilie les principes révolutionnaires et les conceptions de l'ancien droit, écrit ou coutumier. La création des lycées (11 floréal an X) et de la Légion d'honneur (29 floréal an X) vient compléter cet ensemble. Bonaparte s'emploie également à rétablir la paix intérieure : la loi des otages est supprimée, les prescriptions sont partiellement rapportées, sans que les acquéreurs de biens nationaux soient troublés dans leur possession. Enfin, les persécutions religieuses prennent fin en Vendée, la liberté officielle du culte est rétablie dans tout le pays : mesures consacrées par le Concordat (signé le 16 juillet 1801 et promulgué le 8 avril 1802) qui met fin au schisme qui séparait de Rome l'Église constitutionnelle. Il est salué par un *Te Deum* à Notre-Dame le jour de Pâques 1802.

Politique extérieure. Ce *Te Deum* célèbre également l'œuvre de pacification entreprise à l'extérieur. Bonaparte brise la deuxième coalition avec les victoires de Marengo et de Hohenlinden remportées sur les Autrichiens. Le traité de Lunéville (février 1801) est un rétablissement et une consolidation de celui de Campoformio. Il reconnaît à la France la rive gauche du Rhin, divisée en quatre départements. La France compte 120 départements en l'an XII, avec la Belgique et le Piémont, eux aussi annexés, et impose son protectorat aux Républiques batave, helvétique, cisalpine, ligurienne. En compensation, l'Autriche reçoit quelques territoires mais voit se constituer à son détriment (le 28 février 1803, accord franco-russe) une concentration des principautés germaniques petites et moyennes.

Après l'Autriche, l'Angleterre accepte à son tour de traiter, et la paix d'Amiens est signée en mars 1802. Mais elle est précaire. L'Angleterre, inquiète de la politique d'expansion de Bonaparte en Europe, est également préoccupée par ses initiatives dans le domaine colonial. L'ambition du Premier Consul, la concurrence industrielle et commerciale qui s'accentue entre les deux pays, le désir de l'Angleterre de conserver sans partage l'empire des mers précipitent bientôt la rupture de la paix. La vente aux États-Unis (1803) de la partie occidentale de la Louisiane, restituée à la France par l'Espagne en 1800, le refus des Anglais de rendre l'île de Malte aux Français ont préparé la reprises des hostilités. L'expédition du général Leclerc aux Antilles (16 mai 1803) les déclenchera. Bonaparte réplique en préparant un

La France en 1802 avec ses 108 départements

plan d'invasion de l'Angleterre à partir du camp de Boulogne.

Vers l'Empire. La victoire et la paix d'Amiens ont augmenté la popularité de Bonaparte, qu'un plébiscite proclame bientôt consul à vie, en août 1802, par 3 378 000 « oui » contre 8 000 « non ». Le régime est alors à son apogée. Mais il a des adversaires. Au niveau parlementaire, l'opposition s'exprime au sein du Tribunat dont certains membres ont été déçus dans leurs espérances du 18 Brumaire ; Bonaparte le mate en l'épurant et en le réduisant à 50 membres renouvelés par moitié tous les trois ans, et par le Sénat qui peut désormais le dissoudre (Constitution de l'an X). L'agitation républicaine et royaliste persiste dans le pays et la police de Fouché ne peut la réduire au silence. Elle se manifeste de façon spectaculaire par des attentats contre la personne du Premier Consul. Le 24 décembre 1800, Bonaparte avait déjà échappé à une tentative d'assassinat (machine infernale de la rue Saint-Nicaise) organisée par Cadoudal, le chef des Chouans. Un nouveau complot s'organise autour de Cadoudal et Pichegru. Il reçoit l'appui de l'Angleterre qui, après la rupture de la paix d'Amiens, encourage les mouvements royalistes en France en attendant de trouver des alliés sur le continent. Ce complot anglo-royaliste d'août 1803 et son épilogue, l'enlèvement et l'exécution du duc d'Enghien, dans les fossés du donjon de Vincennes (21 mars 1804), consomment la rupture avec les Bourbons et précipitent l'établissement de l'Empire (Constitution de l'an XII, 18 mai 1804).

CONSULAT (villes du Midi)

Organisation municipale propre aux villes du Midi, née au XIIe siècle à l'exemple des villes italiennes.

La ville de consulat tient sa personnalité juridique d'une concertation avec le seigneur qui auparavant gouvernait la cité. Par une « charte de consulat », ce dernier concède une part de son pouvoir de ban aux habitants groupés en commune. Les premières chartes furent accordées à Narbonne et Béziers en 1130 et à Toulouse en 1155. Les dirigeants de la commune, appelés consuls, sont choisis par cooptation parmi les habitants les plus riches et les plus notables. Leur nombre varie de huit à vingt-quatre selon les villes et selon les époques. Ce phénomène est néanmoins resté circonscrit dans les zones les plus méridionales et n'a pas touché toutes les villes du Sud.

CONTADES Louis Georges Érasme, marquis de (Beaufort-en-Vallée, 1704 – Livry, 1793)

Maréchal de France.

Maréchal de camp en 1740, lieutenant général en 1745, maréchal de France en 1758 avec le commandement de l'armée du Rhin, il se fait battre l'année suivante à Minden par Ferdinand de Brunswick. Le commandement de l'Alsace lui sera confié de 1762 à 1788.

CONTI Armand de BOURBON, prince de (Paris, 1629 – Pézenas, 1666)

Frondeur.

Il est le chef de la seconde lignée des Conti en même temps que le frère du Grand Condé et de la duchesse de Longueville. Initialement destiné à l'Église, il se jette dans la rébellion de Paris dès la première Fronde, sous l'influence de sa sœur qu'il adore, et contre son frère alors attaché aux intérêts de la Cour. Paul de Gondi se sert de lui comme d'un pion pour éliminer d'Elbeuf, candidat au titre de général des armées parisiennes, et pour couvrir de son autorité de prince de Bourbon les négociations que les frondeurs engagent avec l'agent espagnol Fuensaldagne. C'est Mazarin qui reconstitue, contre lui, l'unité de la famille Condé en faisant emprisonner en même temps (janvier 1650) Condé, Conti et Longueville, qu'il est obligé de libérer l'année suivante. Conti perd alors sa position éminente dans la Fronde au profit de son frère. Il ne tardera pas à renoncer pour toujours à l'état ecclésiastique et, la Fronde terminée, à convoler (1654) avec une nièce du cardinal Mazarin, Anne-Marie Martinozzi. On le verra en Catalogne et en Italie, où il commandera des armées, souvent avec bonheur (prise de Villefranche et de Puycerda, occupation de la Cerdagne). Il protégera Molière (qu'il accueillera notamment à Pézenas) et finira dans la dévotion, sans doute sous l'influence de sa femme et de sa sœur.

CONTI François de BOURBON, prince de (?, 1558 – ?, 1614)

Troisième fils de Louis Ier de Bourbon, prince de Condé.

Il est à la fois le fondateur et le seul représentant de la première maison princière de Conti (*voir* Bourbon). Il a eu deux femmes ; la seconde, Louise Marguerite de Lorraine, était la fille d'Henri de Guise, le Balafré.

CONTI François Louis de BOURBON, prince de La Roche, puis de (Paris, 1664 – Paris, 1709)

Militaire.

Il suit son frère Louis Armand Ier en Hongrie et, au retour, est exilé comme lui. Il ne rentre en grâce qu'en 1686. Il sert à Fleurus, Steinkerque, Neerwinden où il est blessé. Élu roi de Pologne en 1697, il trouve l'Électeur de Saxe à sa place en arrivant. Le commandement de l'armée de Flandre vient de lui être confié par Louis XIV lorsqu'il meurt.

CONTI Louis Armand II, comte de la Marche, prince de (?, 1696 – ?, 1727)

Militaire.

Fils du précédent. Il sert sous Villars en 1713, est nommé au Conseil de régence et prend part à la campagne d'Espagne de 1719. La cupidité dont il fit preuve dans l'affaire Law est restée célèbre.

CONTI Louis François de BOURBON, prince de (?, 1717 – ?, 1776)

Militaire.

Fils du précédent. Il est placé, en 1744, à la tête de l'armée de Piémont. Il gagne la bataille de Coni et pose sa candidature au trône de Pologne. Mme de Pompadour, qui ne l'aime guère, l'écarte de l'armée. Partisan du Parlement contre la Cour, un des chefs de l'opposition à Maupeou, il lutte avec virulence contre les projets de Turgot. Il avait épousé Louise Diane d'Orléans, fille du Régent.

Armand de Bourbon, prince de Conti
Médaillon, Chantilly, musée Condé. © *Lauros-Giraudon*

Contraception
Affiche de l'association Choisir en faveur de la contraception. Coll. Dixmier. © *Kharbine-Tapabor*

CONTI Louis François Joseph, comte de la Marche, prince de (Paris, 1734 – Barcelone, 1814)

Militaire.

Fils du précédent. Il participe aux campagnes de la guerre de Sept Ans, prend une attitude opposée à celle de son père dans l'affaire du parlement Maupeou, signe la protestation des princes en 1789, émigre un temps puis revient en France où il prête le serment civique en 1790. Incarcéré en 1793, il est banni après le 18 Fructidor. Les princes de Conti s'éteignent avec lui.

CONTRACEPTION

Ensemble des moyens employés pour provoquer l'infécondité chez la femme ou chez l'homme.

Sous l'Ancien Régime, les « funestes secrets » de la contraception sont déjà connus de quelques catégories de la population mais se limitent pour l'essentiel au *coïtus interruptus*, le préservatif étant alors d'un usage très limité.

Ce sont surtout les nobles qui témoignent d'une volonté de limiter les naissances. Au début du XIXe siècle, les pratiques malthusiennes se répandent dans de larges couches de la population, notamment à la faveur du brassage démographique. C'est ainsi que la bourgeoisie urbaine limite le nombre de naissances pour préserver ses propriétés. Beaucoup d'ouvriers considèrent qu'un nombre d'enfants trop élevé ne peut s'accommoder de la misère dans laquelle les a plongés l'industrialisation. Surtout, les paysans les plus aisés tendent à limiter leur natalité. Les économistes libéraux du règne de Louis-Philippe préconisent la contraception pour mettre fin à l'excès de population, qui leur apparaît comme la première cause de la misère populaire. Cette pratique doit notamment permettre aux familles de préserver leur épargne. La contraception est cependant très critiquée dans les premières décennies de la IIIe République, les populationnistes dénonçant le « néo-paganisme » qui conduit la France vers le déclin démographique. Ainsi, l'impôt sur le revenu, voté en 1914, prévoit de substantiels dégrèvements pour les chefs de famille ; une loi de 1920 punit la propagande malthusienne ; le code de la Famille de 1939 élargit le versement des allocations familiales. Il y a donc une véritable prise de conscience de la dénatalité. La contraception est condamnée par le régime de Vichy qui crée en 1940 un ministère de la Famille. C'est après-guerre, avec l'invention de la « pilule » en 1953 et sa généralisation aux États-Unis à partir du début des années 1960 que le thème de la contraception entre dans le débat public. Sous l'effet de l'évolution des mœurs, le législateur autorise la vente de la pilule dans les pharmacies sur prescription médicale (loi Neuwirth du 19 décembre 1967, mais les décrets d'application n'interviennent qu'en 1969 et 1972). En 1974 est supprimée l'autorisation parentale pour les mineures souhaitant recourir à la contraception, en même temps que la pilule et le stérilet sont remboursés par la Sécurité sociale. Ces mesures expliquent le développement de la contraception : en 1994, 65 % des femmes de 20 à 49 ans utilisent un moyen contraceptif (36,8 % la pilule, 16,1 % le stérilet). L'apparition du sida au début des années 1980 a très largement contribué à la diffusion du préservatif.

Contre-Réforme

Ce terme désigne l'ensemble des mesures prises par la papauté et les milieux catholiques au XVI*e siècle pour contenir, limiter, endiguer, voire refouler les progrès de la Réforme protestante.*

La Contre-Réforme vise aussi à transformer l'Église romaine, si bien que l'expression peut paraître impropre dans la mesure où l'évolution du catholicisme à cette époque et sa transformation ne sont pas entièrement la conséquence de la rupture protestante, mais bien l'aboutissement d'une tendance, d'un mouvement intellectuel interne à l'Église, dont le processus s'accélère toutefois bel et bien à la suite du schisme luthérien ou calviniste. En fait, la Renaissance forme un tout, aussi bien dans le domaine des arts, des sciences, que de la pensée, et l'Église ne demeure pas en dehors du mouvement. Sa renaissance est patente, et certains auteurs n'ont pas hésité à préférer pour ces raisons l'expression « Réforme catholique », par opposition à la Réforme protestante, au terme de Contre-Réforme. On ne doit pas oublier, en effet, que si Luther, Calvin, Zwingli et les autres penseurs réformateurs expriment ouvertement leurs thèses nouvelles, d'autres penseurs souhaitent voir modifier les structures internes de l'Église sans la moindre rupture. Au XVIe siècle, cette tendance comprend, entre autres, des érudits de qualité tels Contarini (qui sera promu cardinal par Paul III et se verra chargé de diriger le début du concile de Trente), Charles Borromée, membre d'un cénacle littéraire dénommé « nuits vaticanes », ou encore la poétesse Vittoria Colonna, amie de Michel-Ange.

En vérité, le bouillonnement des idées, qui caractérise la seconde moitié du XVe siècle et le début du XVIe, s'étend à l'ensemble du monde occidental, et l'on ne saurait alors considérer l'Église comme une institution figée. Mais un indéniable conformisme, une prudence traditionnelle et une méfiance séculaire au sujet de toute novation entravent considérablement les réactions du Saint-Siège face aux idées nouvelles. Le redressement de l'Église romaine, quoique effacé, est donc parallèle au mouvement protestant et non pas consécutif à son éclosion. En douterait-on qu'il suffirait de se reporter aux travaux des conciles de Constance, à partir de 1414, de Bâle en 1431, de Ferrare et de Florence en 1438 et, bien sûr, de Latran en 1512. Les problèmes de rénovation y sont étudiés, avec timidité certes, parfois, avec regret apparemment pour la tradition aux yeux de certains pères. Les intrigues romaines, le luxe et la légèreté de certains pontifes estompent, il est vrai, les véritables problèmes, ce qui explique en définitive autant la révolte maladroite de Savonarole à Florence que l'« explosion » de Luther après son voyage à Rome. Mais il serait à la fois exagéré et erroné de voir dans le moine saxon le révélateur d'une pensée originale. Ce qu'il exprime, avec génie, c'est un état de mécontentement latent.

Puisque les pontifes et leur entourage semblent hésitants, déroutés, parfois timorés, du moins en apparence, il ne faut pas s'étonner que la réaction catholique se manifeste tout d'abord par des initiatives fragmentaires. Les ordres religieux sont les premiers à se manifester, à l'initiative des Capucins, par exemple, à partir de 1525. Des prêtres se livrent à l'apostolat, à la propagation de la foi et à la garde des malades. C'est le cas des Barnabites, des Somasques et des Oratoriens. Les organisations féminines elles-mêmes, sous l'impulsion des Ursulines, en 1535, ne demeurent pas à l'écart. Ce sont cependant les Jésuites qui vont conférer au mouvement vigueur et cohésion. Ignace de Loyola et ses premiers compagnons mettent leur ardeur, leur foi, leur volonté au service du Saint-Siège, où les premières réactions, une fois la surprise passée, sont celles de la rigueur. Les principes de l'Inquisition et de l'Index sont de celles-là. Mais les Jésuites préfèrent porter l'action sur un terrain plus approprié. Les papes Paul III, Paul IV, Paul V et Sixte Quint s'en persuadent, et le concile de Trente reflète cette tendance.

La durée des travaux, de 1545 à 1563, démontre l'étendue des réformes. Le dogme y est mieux défini, mais surtout les abus les plus voyants sont supprimés, à commencer par le cumul des bénéfices. L'autorité du souverain pontife en sort rehaussée et l'Église apparaît désormais plus soudée, plus cohérente et plus combative. L'enseignement est l'objet de grandes attentions, au même titre que la propagation de la foi. Cette émulation est servie par de remarquables hommes d'Église. On retrouve Charles Borromée en Italie, François de Sales en France, Jean de la Croix et Thérèse d'Avila en Espagne, où l'ordre des Carmes prend son essor. Une profonde émulation anime tous ces personnages, ces organismes, stimulant à leur tour les vocations et redonnant au catholicisme un lustre nouveau. Le mouvement s'étend outre-mer au moment précis où les Européens s'en vont à la conquête du monde entier dans le sillage des navigateurs, des soldats et des explorateurs. Les missionnaires parcourent les Indes, la Chine, le Japon et l'Amérique du Nord au Sud, à l'exemple de François Xavier, Bartolomé de Las Casas ou bien le père jésuite Ricci, qui laisse son nom attaché à la Chine méridionale. Les grands souverains donnent à leur tour l'exemple, à l'image de Charles Quint puis de l'empereur Maximilien d'Allemagne, enfin et surtout de Philippe II d'Espagne. Mais cette vigueur ne renverse nullement une situation acquise définitivement. Les Pays-Bas, le nord et le centre de l'Allemagne, la Scandinavie, une grande partie de la Suisse demeurent acquis à la Réforme. La Pologne, l'empire des Habsbourg, l'Italie, l'Espagne et le Portugal restent au contraire attachés à la tradition romaine.

En France, où l'activité des réformés est vive et fort étendue, cette réaction prend un caractère passionné, violent, sanglant avec les guerres de Religion qui vont diviser le pays, de 1562 à 1598, au terme de huit affrontements successifs. Certes, les préoccupations du dogme cèdent alors la place à des querelles politiques, voire dynastiques. Le massacre de la Saint-Barthélemy porte cette haine à son summum ; en outre, il n'est pas déraisonnable de voir dans la révocation de l'édit de Nantes par Louis XIV, en 1685, une lointaine conséquence de cette réaction catholique à laquelle on préfère finalement attacher l'œuvre de saint François de Sales et son *Introduction à la vie dévote*, ou encore les travaux d'une école de pensée animée par Bérulle, Olier et surtout saint Vincent de Paul.

Contrôleur général des Finances

Grand commis de la monarchie absolue. Les attributions du contrôleur général sont celles d'un ministre des Finances. Sa charge est temporaire et révocable à tout moment par le roi.

Dès 1547, Henri II institue deux contrôleurs qui ont pour tâche de vérifier et de contrôler les mouvements des fonds du Trésor. Il ne s'agit encore que d'officiers subalternes, et l'un des offices disparaît dès 1554. En 1564, officier ordonnateur des dépenses, le contrôleur général assiste le surintendant des Finances. Mais, en 1661, Louis XIV disgracie le surintendant des Finances Fouquet et supprime la charge. Colbert, alors intendant des Finances et grand artisan de la chute de Fouquet, devient rapidement un véritable ministre des Finances sans jamais en porter le titre. En 1665, le roi crée pour lui la charge de contrôleur général des Finances, lequel a pouvoir de « faire rapport en notre dit conseil de toutes les affaires qui concernent notre service et de toutes autres indifféremment ». Cette définition assez vague donne, en fait, tous les pouvoirs au ministre : le contrôleur général dirige l'administration financière, l'agriculture, l'industrie, les ponts et chaussées, le commerce et finalement toute l'administration intérieure. Sans en avoir le titre, il peut être un véritable Premier ministre. Colbert sera même ministre de la Marine, et certains de ses successeurs dirigeront le ministère de la Guerre. Le contrôleur général perçoit un traitement annuel de 200 000 livres, plus 20 000 livres s'il est ministre d'État, ce qui est presque toujours le cas. Il touche aussi 100 000 livres lors de son entrée en fonctions, et de multiples pots-de-vin, à l'occasion du renouvellement du bail des fermes générales par exemple. La charge est donc très lucrative. Six directions composent les services du contrôleur général, celles des quatre intendants des Finances, de l'intendant du Trésor royal, et de l'intendant du Commerce.

À Jean-Baptiste Colbert, en place jusqu'à sa mort (1683), succède Le Pelletier. Tous ses successeurs n'auront pas, loin de là, l'envergure du premier contrôleur ; les plus notables seront Chamillart (1699), Law (1720), Orry (1730), Machault d'Arnouville (1745), Terray (1769), Turgot (1774), Necker, qui du fait de son appartenance au protestantisme, n'aura que le titre de directeur général des Finances (1777 et 1788), et Calonne (1783). De Lessart, le dernier contrôleur général des Finances, reste en place jusqu'en 1791.

Convènes

Convenae, *« les rassemblés » en latin. Peuple aquitain établi en Comminges.*

Leur cité, la *civitas Convenarum*, comprend peut-être les Bigerrions et les Consorannes au début de l'Empire. Leur capitale est *Lugdunum Convenarum* (Comminges, puis Saint-Bertrand-de-Comminges). Au Bas-Empire, leur pays, le *pagus Commenicus*, a la même étendue que l'ancien diocèse de Comminges.

Convention collective

Acte contractuel, c'est-à-dire issu d'une discussion entre deux parties, et collectif, en ce sens que l'une des parties au moins, celle qui représente les salariés, est constituée par « une ou plusieurs organisations syndicales de travailleurs », la convention collective ne fait guère son apparition en France avant la Première Guerre mondiale.

L'Ancien Régime fournit déjà quelques exemples d'accords collectifs de salaires, notamment à Nantes. La transformation des corporations en véritables cartels aux mains d'une minorité de maîtres, au recrutement quasi héréditaire, crée, en effet, des difficultés de plus en plus grandes entre maîtres et compagnons. Ceux-ci, malgré la répression, ont quelquefois recours à des grèves, alors appelées *trics*. Il arrive que ces conflits, souvent violents, se terminent par la conclusion d'accords collectifs. Néanmoins la règle générale reste le contrat individuel de travail. Le libéralisme économique proclamé par l'Assemblée constituante aux débuts de la Révolution implique lui aussi la seule reconnaissance des individus et des rapports individuels. Le marché du travail doit être libre comme celui de la production, et les coalitions de compagnons ne sont pas plus tolérées que les corporations de maîtres.

Dans cet esprit, la loi Le Chapelier du 14 juin 1791 interdit la coalition et la grève. De même, le code civil, en matière de travail dépendant, ne connaît que le contrat de louage de services, qui s'applique essentiellement aux rapports entre domestiques et maîtres. Peu à peu, toutefois, le développement de l'industrie se traduit par la multiplication des contrats de louage de services entre des ouvriers et des manufacturiers. Mais les parties contractantes restent foncièrement inégales dans la discussion, et il ne peut s'agir que de contrats d'adhésion éminemment favorables aux patrons. Sans doute peut-on citer, dès 1831, un accord de salaires discuté entre les canuts lyonnais et leurs donneurs d'ouvrage, et, en 1843, un accord dans l'imprimerie de la région parisienne. Mais c'est essentiellement après la reconnaissance du droit syndical, par la loi du 21 mars 1884, que les conventions collectives font véritablement leur apparition. Il faut, en effet, qu'une organisation syndicale assez forte existe pour imposer la discussion de tels accords. C'est d'abord le cas dans les mines, où l'industrie est très concentrée et le syndicalisme ouvrier déjà puissant et discipliné : signée en 1891, ce qu'on a appelé la convention d'Arras régit les relations entre les mineurs et les compagnies minières du Pas-de-Calais jusqu'en 1914. Puis le mouvement gagne le livre où les traditions corporatives sont très fortes. Mais, en dehors de ces deux branches d'activité, il n'y a, pendant longtemps, que très peu de conventions collectives. On ne trouve que quelques contrats épars, apparaissant comme des sortes de traités de paix conclus au lendemain d'un conflit, ayant la précarité même que comporte leur origine et cessant d'avoir effet au bout de quelques mois ou de quelques années.

On assiste pour la première fois à une floraison de conventions collectives au lendemain de la Première Guerre mondiale, en liaison avec le grand mouvement ouvrier de 1919-1920. La première intervention législative en la matière est la loi du 25 mars 1915, qui donne à la convention collective un statut juridique. Statut par ailleurs très libéral, laissant à chaque organisation la responsabilité de conclure des conventions et se bornant à définir un cadre dans lequel elles pourront s'inscrire. Les conventions collectives n'ont d'ailleurs d'effet que pour les employeurs et les salariés personnellement signataires ou membres des groupements signataires. Des conventions de ce type s'étendent à une fraction importante des salariés, mais elles sont éphémères.

Avec la signature des accords Matignon de 1936, entre les représentants de la CGT et de la Confédération générale du patronat, sont jetées les bases d'une organisation nouvelle des rapports entre employeurs et salariés, qui doit reposer sur des conventions collectives. Cette nouvelle organisation est définie par la loi du 24 juin 1936, une des grandes lois ouvrières françaises. Elle ne supprime pas la législation de 1919 mais se juxtapose à elle, en ce sens que les conventions répondant à certaines caractéristiques sont soumises à un régime spécial. Il s'agit des conventions conclues entre les organisations les plus représentatives des salariés et des employeurs, et qui définissent un statut d'ensemble du travail, dans une branche d'activité. Pour la première fois, les pouvoirs publics interviennent dans ce domaine des relations du travail, d'une part pour favoriser la conclusion en convoquant une commission mixte, à la demande de l'une des parties, afin de rapprocher les points de vue ; d'autre part pour donner une valeur juridique particulière à la convention, par ce qu'on appelle la « procédure d'extension » (un arrêté ministériel venant rendre la convention obligatoire pour les entreprises et pour les salariés n'appartenant pas aux organisations signataires mais compris dans le champ d'application géographique et professionnel de cette convention) ; enfin pour assurer le respect des conventions par des sanctions pénales et l'intervention de l'Inspection du travail. Avec cette loi, les conventions collectives cessent donc d'être des accords purement privés pour s'intégrer en grande partie dans un cadre public.

La Seconde Guerre mondiale entraîne la cristallisation des conventions collectives telles qu'elles existaient au début des hostilités, et cette situation dure jusqu'en 1946 et l'intervention d'une nouvelle loi, qui abroge définitivement la législation de 1919-1936 et définit un régime de conventions collectives autoritaire et assez rigide, excluant temporairement la possibilité de régler par conventions les problèmes de salaires, car l'État veut garder la haute main sur la rémunération des travailleurs. Cette législation n'a d'ailleurs eu que très peu d'applications. Elle a été remplacée par la loi du 11 février 1950, qui marque le retour à la liberté de négociation et aux principes qui étaient ceux de la législation de 1919-1936, c'est-à-dire la liberté de négociation, sous réserve qu'en principe les conventions ne peuvent être conclues que par les organisations syndicales. La législation de 1950 favorise également les accords nationaux, régionaux ou locaux et limite assez strictement la possibilité des accords d'établissement, mais elle rétablit la procédure d'extension, par arrêté du ministre du Travail. Toutefois, en dépit de leur nombre relativement important, les conventions collectives sont restées, en France, assez décevantes dans leur contenu. Pour l'essentiel, les problèmes de réglementation du travail continuent à être résolus par la loi ou des règlements administratifs.

Convention nationale

Assemblée politique qui succède à l'Assemblée législative le 21 septembre 1792 et gouverne la France jusqu'au 26 octobre 1795, date à laquelle elle fait place au Directoire.

Après la journée du 10 Août, l'Assemblée législative décide l'élection d'une assemblée chargée d'élaborer une nouvelle Constitution.

L'Assemblée et ses divisions. L'Assemblée est élue à un suffrage presque universel à deux degrés, du 3 au 16 septembre 1792. Les élections se déroulent dans un climat de peur et d'insécurité (menaces d'une invasion étrangère, massacres de Septembre) qui entraîne de nombreuses abstentions. La nouvelle assemblée, qui siège pour la première fois le lendemain de la victoire de Valmy, le 21 septembre, et proclame aussitôt la République, est essentiellement bourgeoise, comprenant 245 hommes de loi pour seulement deux ouvriers. Les partis n'existent pas encore, mais les députés se répartissent en trois groupes principaux : à droite, les Girondins, environ 160, réunis autour de Vergniaud, Brissot, Roland et sa femme. Ils sont bourgeois, sincèrement républicains pour la plupart, libéraux, hostiles à toute intervention de l'État en matière économique et sociale, et anticléricaux. En face, à l'extrême gauche, les Montagnards, avec Marat, Robespierre, Danton et Saint-Just, sont eux aussi bourgeois pour la plupart, mais entendent gouverner par et pour le peuple. Ils s'appuient sur la Commune de Paris, les sections et les Jacobins. Au centre, siège le « juste milieu », le « ventre », le « Marais » ou la « Plaine », masse de députés indécis qui oscillent entre les deux groupes.

La lutte entre Girondins et Montagnards. Après avoir proclamé la République puis décidé que ses actes seraient datés de l'an I de la République (22 septembre), la Convention décide la mise en accusation puis le procès du roi, à la suite de la découverte dans l'armoire de fer de nombreux documents compromettants. Ce sera l'occasion d'un premier affrontement entre Girondins et Montagnards. Certains Girondins tentent en vain d'empêcher l'exécution de Louis XVI en réclamant l'appel au peuple. Tout au long du procès, les Girondins s'opposent aux Montagnards, les accusant de vouloir soumettre la France à la dictature de Paris. Ces derniers, qui s'appuient essentiellement sur les sections et les clubs, répliquent en accusant les Girondins de « fédéralisme ». Ceux-ci l'emportent d'abord, grâce en partie aux succès des armées révolutionnaires après Valmy : occupation de Nice et de la Savoie

DECRET N.° 272.

DE LA

CONVENTION NATIONALE,

Du 24 Décembre 1792, l'an 1.er de la République Françoiſe,

Relatif aux Inſtances qui ſeroient indéciſes aux Tribunaux criminels proviſoires de Paris.

La Convention Nationale, ouï le rapport de ſon comité de légiſlation, concernant les inſtances qui ſeroient indéciſes aux tribunaux criminels proviſoires de Paris, comme y étant portées ſur le bureau lors de la ſuppreſſion de ces mêmes tribunaux, & commencées à plaider ou rapporter ;

Décrète que toutes leſdites affaires ſont reſpectivement renvoyées ; ſavoir, celles en première inſtance, aux tribunaux d'arrondiſſement de Paris, ou aux tribunaux de diſtrict qui euſſent été compétens ſi elles fuſſent nées depuis l'inſtallation de ces derniers tribunaux ; & les cauſes d'appel, devant les mêmes tribunaux ; mais en ce dernier cas, pour y être procédé dans les formes ordinaires, au choix d'un des ſept tribunaux d'appel, qui jugera définitivement.

Au nom de la République, le Conſeil exécutif proviſoire mande & ordonne à tous les Corps adminiſtratifs & Tribunaux, que la préſente loi ils faſſent conſigner dans leurs regiſtres, lire, publier & afficher, & exécuter dans leurs départemens & reſſorts reſpectifs ; en foi de quoi nous y avons appoſé notre ſignature & le ſceau de la république. A Paris, le vingt-cinquième jour du mois de décembre mil ſept cent quatre-vingt-douze, l'an premier de la république Françoiſe. *Signé* Roland. *Contreſigné* Garat. Et ſcellée du ſceau de la république.

A PARIS, DE L'IMPRIMERIE NATIONALE EXECUTIVE DU LOUVRE. 1792.

Convention nationale
Un décret de la Convention en date du 24 décembre 1792. Paris, Bibliothèque nationale de France.

(septembre 1792), de Spire et de Mayence (octobre), puis de la Belgique (décembre). Ces victoires, et surtout l'exécution du roi, provoquent la formation de la première coalition, groupant contre la France l'Angleterre, l'Espagne, la Hollande, la Prusse et l'Autriche (février 1793). La France est rapidement menacée sur toutes ses frontières et connaît des difficultés aussi à l'intérieur, à la suite du soulèvement de la Vendée, déclenché lorsque la Convention annonce son intention de lever une armée de 300 000 hommes (mars 1793). En même temps, les Girondins sont compromis par la trahison du général Dumouriez, passé à l'ennemi le 5 avril. Les défaites à l'extérieur (Neerwinden, 18 mars) s'ajoutent aux difficultés intérieures, le commerce n'existe plus, l'agriculture et l'industrie sont bloquées, le papier-monnaie ne vaut plus rien.

Les Girondins ne peuvent empêcher les Montagnards, soutenus par les Jacobins et les clubs, de constituer le Tribunal révolutionnaire (10 mars), puis les Comités de salut public et de sûreté générale (avril), ni de faire voter par la Convention la loi du maximum (14 mai). D'avril à fin mai 1793, la lutte se poursuit entre Montagnards et Girondins, ces derniers de plus en plus menacés, et finalement éliminés après les journées des 31 mai et 2 juin. Décrétés d'accusation, les Girondins s'enfuient en province, tentent en vain de soulever la Normandie, tandis que des insurrections fédéralistes éclatent à Caen, Bordeaux, Lyon, Marseille et Toulon.

La Convention montagnarde et la Terreur. Débarrassée des Girondins, la Montagne affronte les périls intérieurs et extérieurs. Sous l'impulsion du Comité de salut public, des représentants en mission sont envoyés auprès des armées et dans les villes insurgées : à la fin de l'année, les insurrections de Lyon et de Toulon sont écrasées, tandis que, grâce à la réorganisation des armées par Carnot, à la levée en masse, les frontières sont dégagées et les Vendéens écrasés. La Constitution de l'an I, votée au mois de juillet, et qui posait en principe la souveraineté du peuple, est suspendue jusqu'à la paix : elle ne sera jamais appliquée. Après l'assassinat de Marat (13 juillet 1793), la loi des suspects (17 septembre) inaugure le règne de la Terreur. Elle permet au Tribunal révolutionnaire d'envoyer à la guillotine des centaines de suspects, dont la reine, les députés girondins, Mme Roland, Bailly, Mme du Barry, etc. La Terreur, sous l'impulsion des représentants en mission, s'étend en province ; la guillotine est sur toutes les places. En même temps la déchristianisation est accélérée.

La situation financière continue à se dégrader : les impôts directs ne rentrent pas, les assignats ne valent plus rien et la Convention doit en décréter le cours forcé. Le ravitaillement de Paris n'est pas assuré, et la poussée populaire oblige la Convention à décréter le maximum général – des prix et des salaires – le 29 septembre. Cependant, la Montagne est divisée. Certains souhaiteraient mettre fin à la Terreur. Robespierre, qui occupe une place prépondérante au sein du Comité de salut public, commence par frapper les exaltés, Hébert et ses partisans (24 mars 1794), puis les Indulgents, Danton et ses amis (5 avril). Soutenu par Saint-Just et Couthon, l'« Incorruptible » dirige la Convention et le Comité de salut public jusqu'à sa chute, le 9 Thermidor. Sa disparition met fin à la Terreur.

La réaction thermidorienne. La chute de Robespierre entraîne une violente réaction : les conventionnels mettent fin à la dictature du Comité de salut public, le Tribunal révolutionnaire est supprimé (31 mai 1795), comme le maximum ; le club des Jacobins est fermé (11 novembre 1794), tandis que les suspects sont libérés. La Convention continue par ailleurs à lutter contre les Vendéens, et l'armée républicaine bat les émigrés à Quiberon (juillet 1795). La réaction et la misère provoquent deux insurrections montagnardes à Paris (1er avril et 20 mai), insurrections écrasées par l'armée. Un soulèvement royaliste, provoqué par la Constitution de l'an III, est maté le 5 octobre, à Paris, devant l'église Saint-Roch, par Bonaparte. À l'extérieur, les victoires se succèdent depuis Fleurus (juin 1794) : la Belgique est rapidement reconquise, les Pays-Bas occupés ainsi que la Rhénanie. À la suite du traité de Bâle (avril 1795), la paix est signée avec la Prusse, puis avec l'Espagne et la Hollande, l'Autriche et l'Angleterre seules restant en guerre. La France annexe la rive gauche du Rhin, les Pays-Bas deviennent une république satellite, la réunion de la Belgique à la France étant proclamée le 1er octobre 1795, trois semaines avant que ne se sépare la Convention.

L'œuvre de la Convention. Elle ne se limite pas aux mesures de circonstance, prises au jour le jour par l'Assemblée. Les députés se préoccupent d'abord de l'enseignement. L'enseignement primaire est décrété gratuit et obligatoire le 19 décembre 1793. L'obligation, puis la gratuité, sont supprimées lors de la réaction thermidorienne, mais une école primaire reste prévue dans chaque canton. La Convention, sur un rapport de Lakanal, se penche aussi sur l'enseignement secondaire, prévoyant la création des écoles centrales, au-dessus des écoles primaires. À la veille de se séparer, l'Assemblée établit enfin un plan général d'éducation nationale, des écoles spéciales d'État devant succéder aux écoles centrales. De nombreuses écoles sont encore créées : écoles de santé, destinées à former des médecins, École des travaux publics, qui devient l'École polytechnique en octobre 1795, École des langues orientales (30 mars), Conservatoire de musique (3 août). Parmi les autres créations de la Convention figurent le Muséum d'histoire naturelle (10 juin 1793), le Bureau des longitudes (25 juin), l'Institut national, futur Institut de France (25 octobre), le Musée des monuments français, créé à l'initiative d'Alexandre Lenoir (1er septembre), le Conservatoire des arts et métiers (10 octobre 1794). Le système métrique est adopté dans l'ensemble de la République le 1er août 1793.

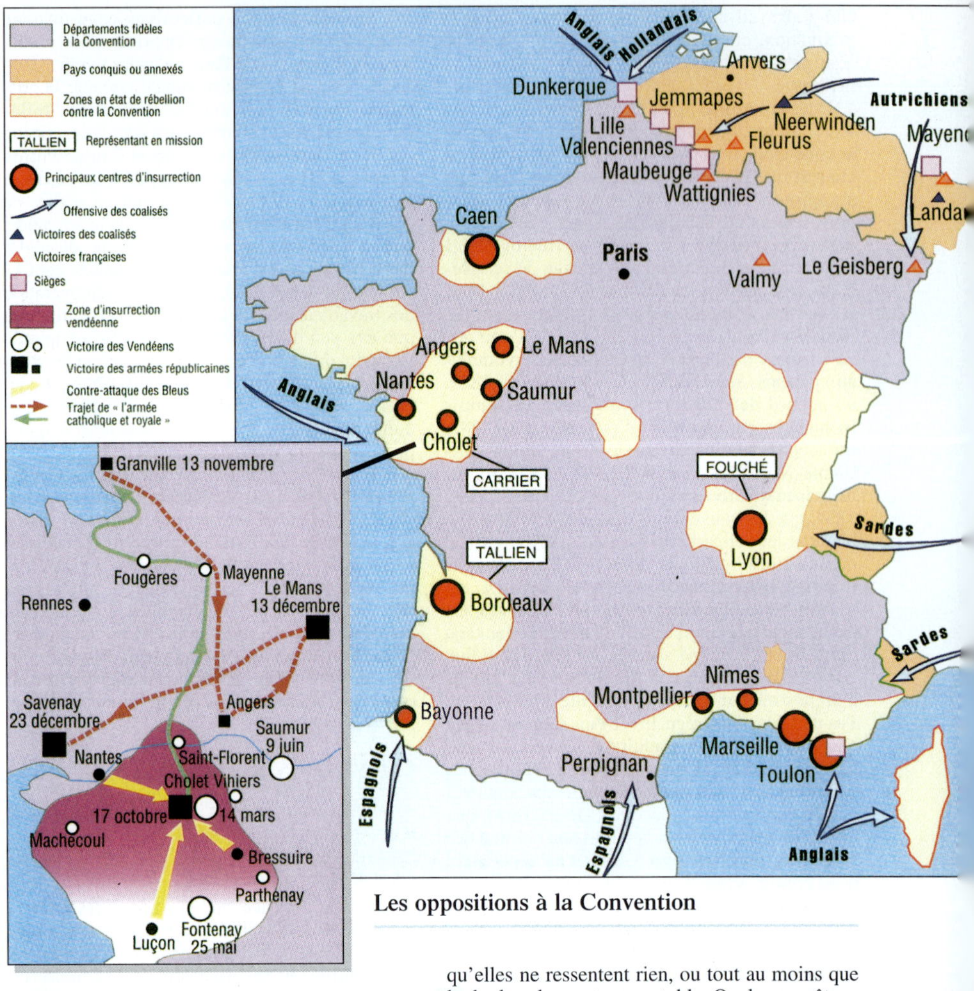

Les oppositions à la Convention

Convulsionnaires de Saint-Médard

L'apparition des convulsionnaires au XVIIIe siècle coïncide avec l'effacement du jansénisme.

Au commencement de 1729, le bruit court dans la capitale que des miracles ont été accomplis par l'intercession d'un diacre janséniste, François de Pâris, mort en 1727. Le cimetière de Saint-Médard, où il est enterré, devient aussitôt le théâtre des pires extravagances d'une foule en délire qui prétend trouver sur la tombe d'un saint la guérison de ses maux ou l'inspiration de ses prophéties. Les femmes et surtout les jeunes filles se livrent à des transports extatiques pendant lesquels les hommes leur font subir de véritables tortures, consistant généralement en coups de bûches sur la tête, les reins, le dos. Il semble qu'elles ne ressentent rien, ou tout au moins que la douleur leur est supportable. Quelques prêtres, qui ont gardé l'âme janséniste, parlent de miracles et concluent à un jugement de Dieu en faveur de leur doctrine. Comme les « convulsions » s'aggravent et redoublent, le Parlement fait des enquêtes. L'archevêque de Paris doit intervenir. Le roi fait mettre à la Bastille les principaux meneurs (février 1732). Le lendemain de leur arrestation, on trouve sur la porte du cimetière, fermé pour cause d'insalubrité, l'inscription suivante :

De par le roi défense à Dieu
De faire miracle en ce lieu.

Les convulsionnaires poursuivent en secret leurs pratiques. De nombreuses sectes se créent. Néanmoins, elles ne semblent pas avoir jamais rassemblé beaucoup de fidèles. Le phénomène disparaît totalement à la Révolution.

Convulsionnaires de Saint-Médard
Différentes agitations des convulsionnaires. Gravure, Paris, Bibliothèque nationale de France. © *Giraudon*

COQUILLE Guy (Decize, 1523 – Nevers, 1603)

Jurisconsulte et écrivain.

Avocat, député du tiers aux états généraux d'Orléans de 1560, échevin de Nevers en 1568, procureur général du Nivernais trois ans plus tard, il se distingue très tôt par son opposition à la Ligue. Représentant de nouveau le tiers à Blois en 1576 et 1588, il figure parmi les principaux rédacteurs des cahiers de son ordre. Ses œuvres écrites comprennent des traités sur les libertés de l'Église gallicane, notamment le fameux *Traité des libertés de l'Église de France* (1594) ; sur le droit français, l'*Institution au droit des François* en particulier ; sur les coutumes, *Coutume du pays et duché de Nivernois* ; enfin un ouvrage d'histoire locale, *Histoire du Nivernois*, et des mémoires historiques. Il est certainement l'auteur qui a le mieux résumé le droit coutumier.

CORAP André Georges (Pont-Audemer, 1878 – Fontainebleau, 1953)

Général.

Sorti de Saint-Cyr en 1898, il sert pendant la Première Guerre mondiale, tantôt dans divers états-majors, tantôt dans les zouaves. Puis il se distingue au Maroc, lors des opérations du Rif où, en mai 1926, il reçoit la reddition d'Abd el-Krim. Général de division en 1933, il commande les troupes du Maroc en 1935, puis la 2e région militaire en 1936. À la mobilisation, il est à la tête du détachement d'armée des Ardennes qui, au début de 1940, devient la IXe armée. Composée de troupes de médiocre qualité et mal armées, cette dernière est chargée de défendre la Meuse de l'ouest de Sedan à Givet. Le 10 mai, jour de l'offensive allemande, Corap doit, dans des conditions très difficiles, faire pivoter une partie de ses hommes en Belgique, jusqu'à Namur, tandis que, dans les Ardennes, il reçoit immédiatement le premier choc, inattendu, des puissantes armées blindées allemandes. Rendu responsable de l'anéantissement de son armée, qui ouvre la brèche dans laquelle s'engouffreront les blindés ennemis, il est remplacé dans son commandement le 16 mai par le général Giraud et passe au cadre de réserve le 1er juillet.

CORBEIL

Ville de l'Essonne, au confluent de la Seine et de l'Essonne.

Ancienne *villa* de saint Germain, évêque de Paris (VIe siècle), la ville fondée au ixe siècle devient alors le siège d'un comté. Le comte Haymon, mort en 967, y fait porter les reliques de saint Loup et de saint Exupère, et ordonne, pour les abriter, la construction de l'église Saint-Spire. La ville appartient aux comtes jusqu'en 1108, lorsque Louis VI la prend à Hugues du Puiset et l'annexe. Siège d'une prévôté, résidence royale appréciée des Capétiens, Corbeil possède dès le XIIe siècle de grands moulins utilisés pour l'approvisionnement de Paris. Saint Louis y signe en 1258, avec le roi d'Aragon, un traité par lequel il renonce à la suzeraineté sur Barcelone et le Roussillon. En échange, Jacques d'Aragon abandonne ses prétentions sur Narbonne, Carcassonne, Albi, Cahors, la vicomté de Gévaudan et la vicomté ou comté de Millau. Corbeil, qui souffre de la guerre de Cent Ans, est cependant assiégée en vain par le duc de Bourgogne en 1419, puis par les calvinistes pendant les guerres de Religion. Prise et dévastée par le duc de Parme en 1590, elle revient à Henri IV la même année.

CORBIE

Ville de la Somme, à l'est d'Amiens.

Sainte Bathilde, épouse de Clovis II, y fonde, après la mort de son mari vers 657, une abbaye bénédictine. L'abbaye de Corbie est au IXe siècle un important centre intellectuel et essaime de nombreux monastères en Angleterre et en Allemagne où, pour convertir les païens, est notamment fondée Corvey, la nouvelle Corbie (822). Ville fortifiée, Corbie est prise par les Espagnols en 1636 au cours de la guerre de Trente Ans. Le danger est grand et l'on craint un moment pour Paris. On parlera d'ailleurs de « l'année de Corbie ». Louis XIV ordonne son démantèlement en 1673.

Charlotte Corday
Le Meurtre de Marat. Huile sur toile de J.J. Hauer, coll. Charles Vatel © *Sélection Images*

CORDAY d'ARMONT Marie Charlotte de (Saint-Saturnin-des-Ligneries, près de Sées, 1768 – Paris, 1793)

Héroïne de la Révolution.

Arrière-petite-nièce du grand Corneille, élevée dans le culte des auteurs anciens, de Jean-Jacques Rousseau et des philosophes, elle se montre tout d'abord favorable aux principes révolutionnaires. Cependant, l'exécution du roi et les excès de la Terreur l'indignent. Elle habite Caen au moment où s'y réfugient les Girondins en fuite, parmi lesquels Pétion, Barbaroux, Guadet, etc. Devant ce qu'ils lui racontent de la dictature parisienne, Charlotte Corday décide de se rendre à Paris et d'y abattre, en pleine Convention, Marat, le « monstre », le « tyran ». Sans consulter personne, sous le prétexte de remettre au ministre de l'Intérieur Garat une lettre de sollicitation que lui a procurée Barbaroux, elle prend le 10 juillet 1793 la diligence pour Paris. Là, elle apprend que Marat, malade, ne quitte guère son domicile. Ne parvenant pas à rencontrer le ministre, elle regagne son hôtel et rédige sa célèbre *Adresse aux Français*, où elle adjure ses compatriotes de se débarrasser de la tyrannie de la Montagne. Le 13 juillet, après avoir acheté un couteau de cuisine, Charlotte Corday se présente chez Marat, rue des Cordeliers. Éconduite à deux reprises, elle revient le soir, affirmant vouloir donner à Marat le nom des Girondins réfugiés à Caen. Enfin introduite, non sans mal, auprès de sa future victime, qui soigne la maladie de peau dont il souffre dans un bain d'eau sulfureuse, elle lui livre les noms promis, et le poignarde. Enfermée à l'Abbaye, puis à la Conciergerie, jugée le 17 juillet et condamnée à mort, elle est aussitôt conduite à la guillotine.

CORDELIERS (club des)

Club révolutionnaire fondé à Paris en avril 1790, sous le nom de Société des droits de l'homme et du citoyen.

Il s'installe dans le couvent désaffecté des Cordeliers – d'où son nom –, rue de l'École-de-Médecine, et a pour principaux chefs Danton, Camille Desmoulins, Marat, Chaumette, Hébert, le brasseur Santerre, le boucher Legendre. Plus proche des classes populaires que le club des Jacobins, il exprime les aspirations de la population ouvrière des faubourgs Saint-Antoine et Saint-Marceau. Véritable groupement de combat, il entretient l'agitation démocratique, surveillant les aristocrates, contrôlant les administrations, agissant par des enquêtes, des souscriptions, des pétitions, des manifestations, au besoin des émeutes. Il intervient dans toutes les journées révolutionnaires.

Ce sont les Cordeliers qui, dès le 21 juin 1791, après la fuite de Louis XVI, demandent à l'Assemblée de proclamer la République et organisent le 17 juillet suivant la pétition républicaine qui est réprimée dans le sang (fusillade du Champ-de-Mars). Momentanément vaincus – le club est fermé et le parti démocrate décapité –, les Cordeliers retrouvent vite leur influence. Ils jouent un rôle très actif dans l'organisation de l'insurrection du 10 août 1792 et peuvent exiger par la suite l'établissement de la Terreur et son renforcement par une vaste épuration des administrations, l'élimination des suspects de la vie publique et une répression accrue contre les « oppresseurs des patriotes ». Leur société, où les hébertistes joueront un rôle prépondérant, devient de ce fait le porte-parole des revendications sociales les plus avancées. Devant ses exigences toujours plus grandes et son attitude menaçante, le Comité de salut public prend les devants en faisant arrêter ses principaux dirigeants (Hébert, Ronsin, Vincent, Momoro) dans la nuit du 13 au 14 mars 1794. Traduits devant le Tribunal révolutionnaire, ils sont guillotinés le 24 mars. Les Cordeliers disparaissent alors de la scène politique.

CORIOSOLITES

Peuple armoricain de la Gaule celtique.

Son territoire correspondait à l'ancien comté de Penthièvre (moitié est des Côtes-du-Nord et franges voisines de l'Ille-et-Vilaine et du Morbihan) et son nom se retrouve dans celui de Corseul, son ancienne capitale, à l'ouest de Dinan.

CORNEILLE Pierre (Rouen, 1606 – Paris, 1684)

Dramaturge.

Il est issu d'une famille de la bonne bourgeoisie provinciale. Son père est maître des Eaux et Forêts, fonction qu'il exercera à son tour. Il suit des études très complètes chez les Jésuites, auxquels il demeure toute sa vie reconnaissant pour la formation humaniste qu'il en reçoit. Des études de droit le mènent à une carrière d'avocat qu'éclipse vite la création théâtrale. Son frère Thomas Coneille (1625-1709) suit aussi cette voie, avec moins de talent mais presque autant de notoriété. Le succès de ses premières pièces, dont

Corneille
Dessin, XVIIIe siècle, musée de Rouen. © *G. Dagli Orti*

Mélite, jouée en 1629, lui vaut d'être engagé en 1633 par Richelieu au sein d'un groupe d'auteurs dramatiques chargés d'écrire des pièces à la dévotion du cardinal qui fournit lui-même l'argument. Corneille se prête un temps au jeu puis repart en Normandie, ce qui indispose son puissant protecteur. Après ses premières tragi-comédies comme *Clitandre, ou l'Innocence délivrée* (1631), Corneille se tourne alors vers un genre en pleine renaissance, la tragédie qu'illustrent Rotrou (1609-1650), La Calprenède (1610-1663) ou Mairet (1604-1686). Mais sa *Médée* (1635) est encore inaboutie. En revanche, dans le genre comique avec *L'Illusion comique* en 1636, Corneille fait preuve d'une grande originalité.

C'est pourtant d'une tragédie que lui vient d'un coup la gloire : au début de 1637, *Le Cid*, inspiré d'un thème de l'auteur espagnol Guillem de Castro, est acclamé. Il est vrai que grâce à la victoire du Grand Condé à Corbie, Paris vient d'échapper à l'invasion espagnole. Louis XIII anoblit Corneille. La première tragédie du classicisme déclenche une fameuse querelle littéraire : Georges Scudéry, qui dénonce les espagnolismes et les libertés prises avec les règles, s'y oppose à Guez de Balzac (1597-1654). L'Académie française publie ses *Sentiments de l'Académie sur le Cid* dont Richelieu dicte les termes très nuancés. Cette tempête échaude Corneille qui attend trois ans avant de donner *Horace* et *Cinna ou la Clémence d'Auguste*, audacieux éloge de la clémence princière à l'époque où Richelieu sévit contre les révoltes nobiliaires et paysannes. Bien qu'il vive à Rouen, Corneille fréquente beaucoup la capitale et le salon précieux de l'Hôtel de Rambouillet. Il y noue des relations aristocratiques qui facilitent son entrée à l'Académie française en 1647.

Corneille est alors au sommet de sa gloire : devenu poète officiel, il livre des inscriptions pour les statues royales ou une pièce à machines (*Andromède*) pour les fêtes que donne en 1648 Mazarin, qui a succédé à Richelieu. Corneille reste fidèle au nouveau Principal ministre pendant la Fronde et s'en voit récompensé par un poste dans l'administration des Finances de Normandie. Mais il a le malheur de célébrer la libération des princes rebelles (Condé, Conti et Longueville) par une tragédie, *Nicomède*, dont le succès même déplaît à Mazarin qui y voit un désaveu de ses sévérités. Le cardinal supprime sa pension à Corneille, au moment où il perd aussi ses différents offices. Après l'échec de *Pertharite* en 1651, Corneille, qui a déjà prouvé sa piété avec *Polyeucte* (1642), se consacre jusqu'en 1657 à la mise en vers de *L'Imitation de Jésus-Christ*. Il se livre aussi à une réflexion théorique sur son théâtre à travers trois *Discours* et des *Examens* de chacune de ses pièces bientôt publiés en préambule de leur texte. Mais ce temps de retraite le voit aussi fréquenter les salons rouennais ou publier des bagatelles en vers.

Corneille connaîtra encore quelques années de succès mais, déjà quinquagénaire, il est en décalage avec l'esthétique du nouveau règne. Fouquet se fait son protecteur et finance un médiocre *Œdipe*. *La Toison d'or,* donnée à l'occasion du mariage du roi, fait recette en 1661. L'année suivante, *Sertorius* est acclamée : épargnés par la disgrâce qui frappe Fouquet, en 1661, Corneille et son frère Thomas sont pensionnés par Louis XIV et s'installent définitivement à Paris. Une édition monumentale du théâtre cornélien paraît in folio en 1663. Mais ses nouvelles tragédies comme *Sophonisbe* (1663), puis *Attila* (1667) ne soutiennent pas la comparaison avec l'*Andromaque* (1667) ou le *Britannicus* (1669) du jeune Racine. L'année 1670 est celle d'une cruelle humiliation : sa *Tite et Bérénice* est éclipsée par la *Bérénice* racinienne, portée par un argument semblable. Dès lors Corneille est relégué sur des scènes secondaires pour *Pulchérie,* que Molière refuse de jouer ; seule sa dernière pièce, *Suréna,* lui rouvre en 1674 la scène de l'Hôtel de Bourgogne où elle rencontre un accueil très tiède. La mort de son fils en Hollande contribue peut-être à son silence autant que les échecs répétés. Sa pension lui est payée de manière capricieuse, mais son déclin n'est pas la déchéance qu'a parfois complaisamment colportée la légende romantique : ses pièces sont données à Versailles, publiées dans toute l'Europe, et certains de ses partisans, comme Mme de Sévigné, le soutiennent toujours. Très assidu aux séances de l'Académie, Corneille publie encore d'innombrables vers pour célébrer les victoires de Louis XIV et disparaît le 1er octobre 1684.

Les héros de Corneille s'identifient à l'idéal éthique du premier XVIIe siècle, jusqu'à la Fronde : les personnages s'y montrent généreux, c'est-à-dire, au sens classique, nobles. Cette morale aristocratique – dans l'acception d'élitiste – vise à une double maîtrise des passions et du destin dans une optique stoïcienne ; Corneille refuse la fatalité qui tisse le tragique racinien. Il est vrai que si les deux dramaturges rivaux sont naturellement chrétiens en un siècle de foi, Racine tire vers les jansénistes tandis que Corneille, en héritier des Jésuites, nourrit une vision plus optimiste et volontaire du salut. Enfin Corneille, contemporain de Descartes, met en scène des personnages qui utilisent leur raison pour évaluer lucidement le conflit au sein duquel ils se débattent et faire le choix, non pas le plus facile, mais qui sert le mieux l'honneur.

CORPORATION

Groupement, dans une association de droit public ou semi-public, doté d'un privilège exclusif, de personnes qui, vouées à l'exercice d'un même métier, se soumettaient à une discipline collective.

Le système corporatif constitue le principal cadre de la vie économique en France depuis le IXe siècle jusqu'à la Révolution. Mais le terme lui-même ne sera importé d'Angleterre que vers le milieu du XVIIIe siècle. Le premier texte qui fait mention du mot « corporation » est l'édit de janvier 1776 qui abolit l'institution. Jusque-là, on employait successivement les expressions « gildes », « hanses », « métiers », « corps de métiers », « communautés d'arts et de métiers », « maîtrises », « jurandes » aussi, parce que de nombreuses corporations étaient dirigées par des maîtres élus, les « jurés ». Ces communautés, qui répondent à un besoin de défense mutuelle et d'entraide des marchands et artisans, notamment contre les empiétements du pouvoir seigneurial, font leur apparition au XIe siècle, à la faveur du retour d'une paix relative. Elles sont caractérisées pendant longtemps par leurs préoccupations sociales et religieuses. Jusqu'à leur disparition, elles sont d'ailleurs souvent doublées de confréries religieuses chargées de subvenir aux frais de leurs membres nécessiteux, et sont toutes placées sous la protection d'un saint patron. Mais leurs buts deviennent plus strictement professionnels en même temps que leurs institutions se précisent. Les corporations prennent enfin leur véritable essor au XIVe siècle, parallèlement au développement du mercantilisme. Dès lors, elles présentent jusqu'à la fin de l'Ancien Régime une réelle unité. Ce qui n'exclut pas certaines lacunes : le système corporatif ne régente ni tous les métiers ni toutes les villes et reste ignoré des campagnes.

Les règles de chaque corporation sont définies par des statuts très précis que le nouveau venu doit jurer d'observer. Établis à l'origine pour protéger chaque métier contre ceux qui ne sont pas jugés dignes de l'exercer, ces statuts organisent peu à peu une forte hiérarchie. On distingue les apprentis, les compagnons et les maîtres, et le passage d'un échelon à l'autre est sévèrement réglementé. Au bout de deux ou trois ans passés chez un maître, l'apprenti devient compagnon et c'est alors qu'il fait son tour de France pour se perfectionner dans son métier. Il est enfin reçu maître, c'est-à-dire patron, après l'exécution d'un « chef-d'œuvre » jugé par les maîtres de la communauté. À la tête de la corporation se trouve une jurande, formée de maîtres jurés, élus par les maîtres. Elle est chargée de rédiger les règlements, de contrôler leur application, de juger les différends et d'administrer les finances de la corporation. En réalité, le système est loin d'être uniforme dans le temps et dans l'espace. On distingue notamment pendant longtemps les métiers « jurés », plus strictement réglementés, et les métiers « réglés », appelés aussi métiers « libres » parce qu'ils jouissent d'une certaine liberté dans leur réglementation, leurs conditions d'apprentissage et leurs règles d'accès à la maîtrise. Mais cette distinction, qui n'est que locale ou régionale (à Paris les métiers jurés l'emportent tandis qu'à Lyon les métiers réglés sont plus nombreux), tend à disparaître. À partir du XVIe siècle, les métiers dits « libres » sont de plus en plus rares.

Aux règles de la formation professionnelle s'ajoute, pour assurer la qualité de la production, une réglementation des conditions de fabrication comme des conditions de vente. Enfin la taxation des prix, qui complète le système, répond en théorie aux intérêts de l'acheteur comme à ceux de l'artisan : en vertu de l'idée chrétienne du « juste prix », le prix de vente doit être assez haut pour que le producteur reçoive une juste rémunération, mais assez bas pour l'intérêt du consommateur. Cette conception dirigiste a une autre raison d'être : la recherche d'une sécurité plus grande contre les dangers de la concurrence au sein d'économies aux ressources encore limitées. Par le contrôle des quantités produites, on évite la concurrence, la surproduction et le chômage. D'où la limitation du nombre des compagnons, celle de la durée du travail journalier et du nombre des jours ouvrables, les droits d'octroi à l'entrée des villes pour défendre le marché urbain ; de là encore l'hostilité au progrès technique qui risque de détruire ce fragile équilibre. Au-delà de la qualité des produits offerts, les corporations contribuent donc à assurer la stabilité sociale et économique. Mais, en contrepartie, en favorisant la routine et la stagnation, elles entravent le développement économique.

Les rapports étroits qu'elles entretiennent avec les pouvoirs publics influencent fortement leur évolution. Il n'y a pas de corporation sans agrément des autorités, et ce sont d'elles que les chefs des métiers tiennent leur pouvoir. Mais, du XIIIe au XVe siècle, à mesure que leur force grandit, les corporations aspirent à jouer un rôle politique dans le cadre urbain et même dans le cadre national. C'est ainsi que certaines corporations comme celle des marchands de l'eau à Paris, parviennent à diriger l'administration de leur ville. Quant à leur désir d'intervenir dans les affaires de l'État, il trouve une parfaite illustration à Paris au début du XVe siècle dans le rôle joué par la corporation des bouchers au moment du soulèvement cabochien.

Conscient de leur force, le pouvoir royal cherche très vite à les contrôler. Dès la fin du règne de Saint Louis, le prévôt de Paris Étienne Boileau avait réglementé les corporations de Paris dans le *Livre des Métiers,* rédigé entre 1260 et 1270, et contenant leurs statuts pour mieux en surveiller l'application. Cette intervention, difficile lors de leur plus grande expansion, devient plus aisée au déclin des corporations, à partir du XVe siècle. Le roi peut se réserver le droit de créer des corporations, puis de confirmer leurs privilèges. Les empiètements royaux s'accentuent au XVIe siècle lorsque le système corporatif subit sa première grave crise, liée à l'esprit de la Renaissance et de la Réforme,

Corporation
Pichet corporatif de Sinceny, v. 1740-1750. Saint-Quentin, musée Antoine Lecuyer. © *Giraudon*

alors que l'individualisme naissant affaiblit la discipline corporative. L'afflux de métaux précieux, entre 1525 et 1590, provoque une perturbation des prix tandis que de nouveaux métiers, nés de l'élargissement des marchés commerciaux, concurrencent les métiers traditionnels et font la fortune des marchands capitalistes.

Mais, en même temps qu'elle s'en assure le contrôle, la royauté donne un nouveau souffle aux corporations qui sont une garantie d'ordre au milieu des troubles des guerres de Religion puis des guerres civiles du règne de Louis XIII. Un édit du règne d'Henri III (1581) impose le système corporatif dans tout le royaume et tente de l'uniformiser. Henri IV prend des mesures du même ordre en 1597. Colbert, enfin, multiplie les corporations, mais leur enlève ce qui leur reste d'autonomie. Partisan d'un strict dirigisme, il généralise la législation technique de la production industrielle et substitue le pouvoir de l'État à celui des corporations. Désormais ce sera l'État qui réglementera et taxera, qui fixera les conditions de fabrication et les prix. De ce point de vue, le XVIIe siècle marque en quelque sorte l'apogée des corporations. Mais il n'en voit pas moins se multiplier les travailleurs libres, en dépit des interdictions, certains d'entre eux jouissant même de la protection royale.

En même temps qu'il tombe sous la coupe de l'État, le système se déforme. Les corporations deviennent de véritables cartels aux mains d'une minorité de maîtres qui contrôlent le marché urbain. De plus, à l'obligation du chef-d'œuvre vient s'ajouter le paiement d'importants droits d'inscription pour pouvoir prétendre à la maîtrise. Tous ces facteurs ont pour conséquence d'avantager les fils de maîtres au détriment des compagnons, et de rendre le recrutement des maîtres quasi héréditaire. D'où des difficultés de plus en plus graves entre maîtres et compagnons. Dès lors, grèves et violences se succéderont. Ayant déjà perdu leur autonomie, donc leur dynamisme, de nombreuses corporations sont ruinées au XVIIIe siècle par la fiscalité royale. Elles doivent parfois souscrire des emprunts considérables pour s'acquitter des taxes que l'État accumule, ainsi que pour racheter les offices de maîtres créés par le roi et qui pourraient nuire à leur monopole. Elles sont enfin violemment critiquées par les penseurs du XVIIIe siècle au nom de la liberté.

Les partisans du libéralisme l'emportent lorsque, en janvier 1776, Turgot fait abolir par un édit royal les métiers, jurés, jurandes, maîtrises et corporations. Le monopole est aboli et toute personne est désormais libre d'exercer le métier qui lui plaît. Mais cette réforme se heurte à la vive hostilité des milieux intéressés. Elle est une des causes de la chute de Turgot et, en août de la même année, les corporations sont rétablies. Toutefois, quelques abus sont supprimés : le montant de la taxe de maîtrise est réduit de moitié et les corporations sont moins nombreuses. Ce n'est qu'un sursis. Les corporations ne peuvent survivre à la destruction de l'Ancien Régime. La Constituante décide d'abord de les réformer (nuit du 4 août 1789) mais, après bien des hésitations, elles sont finalement abolies par la loi d'Allarde, le 2 mars 1791.

Leur suppression ne signifie pas pour autant la disparition de l'esprit corporatif. Dans certaines professions, comme celle du livre, le corporatisme survit dans une certaine mesure à l'apparition du syndicalisme moderne. Il nourrit la réflexion du catholicisme social, soucieux d'éviter les conflits de classe, les effets nocifs de la concurrence et des crises. En 1940, le gouvernement de Vichy tente de substituer aux syndicats professionnels, ouvriers et patronaux, qu'il avait dissous, une organisation corporative. La charte du travail, promulguée le 4 octobre 1941, impose organiquement et institutionnellement la collaboration des ouvriers et des patrons. L'expérience est sans lendemain, mais les tendances corporatives ont continué à se manifester dans les pays industrialisés tels que la France, dans le cadre des recherches d'organisation professionnelle entre les divers syndicats patronaux et ouvriers à l'intérieur d'une même profession.

CORPS LÉGISLATIF

Cette expression a d'abord servi à désigner l'Assemblée législative de la Constitution du 3 septembre 1791. Sous le Directoire, le Corps législatif est l'ensemble constitué par le Conseil des Cinq-Cents et le Conseil des Anciens.

Le régime consulaire institué en l'an VIII fait du Corps législatif une assemblée de 300 membres habilités à dire oui ou non, et seulement oui ou non, aux projets de loi préparés par le Conseil d'État et discutés par le Tribunat. L'expression de Corps législatif disparaît pendant toute la durée de la Restauration, de la monarchie de Juillet et de la IIe République. La Constitution du 14 janvier 1852 la rétablit pour désigner une assemblée élue au suffrage universel, mais aux pouvoirs très limités. Les députés votent les projets de loi sans pouvoir « interpeller » ni « adresser », du moins jusqu'à l'Empire libéral (1860) ; l'adresse puis l'interpellation (1867) et enfin l'initiative des lois (1869) sont alors reconnues à cette assemblée qui siège au Palais-Bourbon. Le Corps législatif ne survit pas au Second Empire.

CORSAIRE

Particulier qui, doté par le roi de lettres de marque, se voit reconnaître le droit de courir sus aux navires ennemis, c'est-à-dire de les arraisonner et de les piller.

Le corsaire agissant au nom d'un État et partageant ses prises avec le roi est à distinguer du pirate, qui pratique en toute indépendance une forme de brigandage maritime. Les pirates les plus redoutés sont à l'époque classique les Barbaresques, qui depuis le port d'Alger écument la Méditerranée et que Louis XIV essaie en vain de soumettre en 1679-1683. La course apparaît à la fin du XVIe siècle en Angleterre durant le conflit avec l'Espagne. Sorte de privatisation de la guerre sur mer, cette forme de lutte est la stratégie idéale des puissances momentanément en situation de faiblesse. Louis XIV y a recours, à l'instigation de Vauban, à partir de 1692 : Duguay-Trouin rançonne ainsi Rio de Janeiro en 1711 ; Dunkerque ou Saint-Malo en tirent une durable prospérité… Certains « capres » ou armateurs, comme le Dunkerquois Jean Bart, sont anoblis. Mais la course, qui est de peu d'efficacité militaire et fait une mauvaise publicité aux États qui l'encouragent, régresse au XVIIe siècle : les exploits d'un Surcouf sous l'Empire sont déjà anachroniques.

Corsaire
Abordage du Triton *par le navire corsaire* Le Hasard. Gravure, début XIXe siècle, Paris, bibliothèque des Arts décoratifs. © *G. Dagli Orti*

CORSE

Quatrième île de la Méditerranée (8 681 km²), au sixième rang des départements français, la Corse a été divisée en 1976 en deux départements : Corse-du-Sud – chef-lieu Ajaccio – et Haute-Corse – chef-lieu Bastia.

Les recherches archéologiques font apparaître des traces de civilisations de l'époque néolithique pouvant remonter à 4 000 ou 5 000 ans av. J.-C. Une traversée maritime d'une centaine de kilomètres est insuffisante, vers le IIIe millénaire, pour décourager la venue des Ligures et des Ibères. Vers l'an mil av. J.-C. apparaissent les Phéniciens, qui installent des comptoirs dans les emplacements de la côte les plus favorables au mouillage. À partir de 600 av. J.-C., la présence des Grecs est certaine. Ils passent pour avoir apporté la vigne. La période légèrement postérieure mentionne l'intervention des Étrusques et des Carthaginois, qui ruinent la colonie phocéenne d'Alalia en 533 av. J.-C. L'an 260 voit les Romains chasser à leur tour les Carthaginois. Un siècle plus tard, la *pax romana* s'impose à l'ensemble de l'île, où le christianisme pénètre au IIe siècle apr. J.-C. Goths et Vandales se livrent à des incursions au Ve siècle, permettant aux Byzantins de venir reconquérir l'« île de Beauté » au milieu du VIe siècle grâce aux lieutenants de Bélisaire. Le VIIIe siècle marque le début d'une intrusion arabe qui ne prendra fin qu'avec l'intervention des Génois et des Pisans. Un moment, les papes exercent leur souveraineté avant de céder leurs droits à ces derniers, fort intéressés par l'implantation de comptoirs commerciaux. Les Génois prennent leur revanche au XIIIe siècle.

Durant cinq siècles, la Corse, cloisonnée en multiples terroirs, clans et communautés, s'unit épisodiquement contre l'occupant génois à la faveur de brusques explosions de colère. C'est Sinucello della Rocca qui secoue le joug en 1290. Arrigo della Rocca est tout aussi heureux vers 1401. Vincentello, le fondateur de Corte, l'imite en 1420 avant d'échouer, quatorze ans plus tard, et de périr décapité à Gênes. Sampiero Corso récidive au milieu du XVIe siècle avec le concours des Français d'Henri II. Mais, chaque fois, les Génois reviennent, mettant à profit les divisions des insulaires. Au XVIIIe siècle, les patriotes s'appellent Bustanico, Gian-Pietro Gaffori et surtout Paoli, qui prend la tête d'une nouvelle révolte en 1755. Cette fois, les Génois sont las et saisissent l'aubaine pour monnayer un pays aussi turbulent, auquel s'intéresse Louis XV. La transaction s'effectue en 1768, juste à temps pour faire naître sous la bannière à fleurs de lys Napoléon Bonaparte, fils d'un petit noble favorable à la cause royale. Les bourses d'études qu'obtiennent ses enfants attachent ce dernier à une cause qui est loin d'être celle de tous ses concitoyens si l'on en juge par diverses insurrections, telle celle du

Niolo, en 1769. Malgré le courage de ses partisans, Paoli et ses lieutenants sont dispersés à Ponte-Nuovo, le 8 mai 1769, par l'artillerie du corps expéditionnaire du comte de Vaux. Les ralliements se multiplient chez les notables et, le 13 juin, Paoli s'embarque pour Livourne. La Révolution permet aux insulaires de déléguer quatre représentants à l'Assemblée constituante. Malgré le retour de Paoli en 1793, la fidélité de l'île à la cause républicaine n'est plus mise en doute, d'autant que le chef autonomiste commet l'erreur de revenir dans les « fourgons » anglais. Sir George Eliot porte même le titre de vice-roi en 1794, et il faut attendre 1796 pour obtenir l'évacuation des garnisons britanniques. Napoléon soude l'île à sa mère patrie par des liens vivaces, ceux du cœur, sans pour autant lui faire perdre son originalité. Les Corses participent désormais à l'expansion d'une France maritime et coloniale qui fait la part belle à ses fonctionnaires et à ses soldats de métier.

Lors de la Seconde Guerre mondiale, l'île est occupée par les Italiens (novembre 1942) puis par les Allemands (septembre 1943), mais elle est investie dès le mois suivant par des commandos et des tirailleurs de l'armée d'Afrique, alliés aux maquisards. La Corse est ainsi le premier département métropolitain libéré de l'occupant. Sans doute ce souvenir insurrectionnel est-il encore vivace lorsque les événements d'Algérie de mai 1958 incitent les insulaires à prendre fait et cause pour le Comité de salut public d'Alger. Le ralliement sans réserve de la grande majorité de la population impressionne la métropole et accélère la chute du cabinet Pflimlin et le retour du général de Gaulle à la vie politique. Quatre ans plus tard, les premiers rapatriés s'installent en Corse, principalement dans la partie orientale de l'île, où des avantages financiers leur sont consentis. Le ressentiment s'avive avec la réussite matérielle de nombre de leurs exploitations, alors que les fermiers et les éleveurs autochtones végètent ou bien doivent quitter leurs terres pour aller travailler en métropole. L'année 1965 voit se produire les premiers attentats. Leur nombre s'accroît à partir de 1967 pour atteindre un paroxysme en 1975, époque à laquelle se produit la prise d'otages d'Aléria, dont l'épilogue sanglant constitue une date dans les relations avec les pouvoirs centraux. Les revendications économiques s'accompagnent désormais de fortes demandes politiques, allant jusqu'à l'indépendance pour une petite minorité d'îliens, et se caractérisant par une pratique réduite du jeu démocratique. Ni le nouveau statut élaboré en 1992, ni le lancement des zones franches en 1995, pas davantage que les négociations parallèles et contradictoires n'ont jamais permis de régler une crise vieille de trente-cinq ans. Au contraire, puisque la Corse – première région aidée de France et huitième d'Europe – demeure à l'avant-dernier rang des régions françaises pour le produit par habitant, tandis que l'assassinat du préfet Claude Érignac (février 1998), le premier depuis la dernière guerre, a mis en évidence l'impasse politique que les négociations dites du « processus de Matignon » entre les élus du Conseil régional et l'exécutif (2000-2001) n'ont pas permis de dégager.

CORVÉE

Apparue lors de la désagrégation de l'Empire romain, à un moment où la raréfaction de la monnaie entraîne une tendance aux échanges en nature, la corvée devient, au Moyen Âge, un des éléments constitutifs du régime seigneurial.

Journées de travail gratuit auxquelles sont astreints les censitaires envers le seigneur, elles représentent, avec le cens et les redevances en nature, la rétribution, par les serfs ou les tenanciers, des terres dont le seigneur leur a concédé l'exploitation et qui permettent à ce dernier d'entretenir et d'exploiter gratuitement son domaine. On distingue les corvées personnelles qui pèsent sur les paysans à raison de leur résidence dans le ressort de la justice, et les corvées réelles qui pèsent sur les terres de la mouvance seigneuriale. Très lourdes dans l'ensemble à l'origine, elles sont néanmoins extrêmement variables dans l'espace, pouvant aller de plusieurs jours de corvée par semaine à un jour par mois. Elles sont de trois types au moins : la corvée agricole, qui assure la mise en valeur de la réserve seigneuriale (labour, ensemencement, fauchage, moissons, vendanges, abattage du bois, etc.) et son entretien (émondage des haies, aménagement des routes et des ponts) ; la corvée de transport, qui consiste à livrer au seigneur les redevances en nature dues par ses tenanciers et à assurer la manutention des produits de son domaine propre ; enfin la corvée de service général pour la construction et l'entretien du château. La coutume fixe peu à peu ces différentes corvées qui ne cessent d'être allégées. Dès le XVIe siècle, beaucoup d'entre elles ont disparu par rachat ou abonnement, ou sont tombées en désuétude et ne représentent plus qu'un ou deux jours de travail par an, le plus souvent pour l'entretien des routes. Elles seront abolies par l'Assemblée constituante (nuit du 4 août 1789 et loi du 15 mars 1790).

CORVÉE ROYALE

Dite des grands chemins. Elle existe déjà sous Louis XIV mais ne sera généralisée qu'en 1738 par le contrôleur général Orry.

Les nobles, les ecclésiastiques, leurs domestiques à gages, les habitants des villes enfin sont exemptés de cette lourde prestation en nature qui pèse sur les paysans de 16 à 60 ans. Elle consiste dans l'obligation pour les taillables des campagnes, dont les villages ne sont pas à plus de 2, 3 ou 4 lieues des chantiers de construction ou d'entretien des routes royales, d'y consacrer gratuitement de 6 à 30 et même 40 jours de travail par an. La corvée royale est personnelle ou réelle. Dans le premier cas, elle atteint les roturiers, propriétaires ou non, alors que, dans le second cas, elle touche seulement le propriétaire qui peut s'en décharger sur un tiers. Elle permet de créer un remarquable réseau routier (dès la fin du règne de Louis XIV, 12 000 lieues de routes étaient tracées tandis que 12 000 autres étaient en chantier). Mais ce travail coûteux, peu productif, a de graves répercussions sur la production agricole en détournant trop souvent les paysans du travail de la terre. Enfin, les abus et l'arbitraire qui s'introduisent dans son application contribuent à rendre cette corvée impopulaire. Elle rencontre de si vives résistances et est l'objet de si vives critiques que la déclaration du 28 juin 1787 finit par lui substituer une prestation en argent qui ne peut excéder le sixième de la taille ou les trois cinquièmes de la capitation roturière. Elle est abolie en même temps que la corvée seigneuriale.

CORVETTO Louis Emmanuel, comte (Gênes, 1756 – Gênes, 1821)

Homme politique français d'origine italienne.

Avocat à Gênes quand les Français pénètrent en Italie, il adhère aux principes révolutionnaire. En 1797, lorsque Bonaparte fait de l'État génois la République ligurienne, il en est nommé président du Conseil exécutif. Trois ans plus tard, lors du fameux siège de Gênes par les Autrichiens, Corvetto est nommé ministre des Affaires étrangères, puis sénateur de Gênes après la victoire de Marengo (14 juin 1800). Il abandonne ses fonctions en 1802 pour devenir directeur d'une banque privée puis, lors de la réunion de la République ligurienne à la France, en 1805, est appelé au Conseil d'État. Il participe notamment à la rédaction du code du commerce et du code pénal, est fait comte d'Empire en 1809. Louis XVIII le maintient au Conseil d'État pendant la Première Restauration comme président de la section des Finances, et il est naturalisé français en 1814. Ministre des Finances de la Seconde Restauration, de 1815 à 1818, il négocie les emprunts de 1816 et 1817, qui permettent d'accélérer la libération du territoire en indemnisant les vainqueurs, et fournissent des ressources à la Caisse d'amortissement. L'opposition lui reproche cependant son manque d'expérience en matière de finances, et le fait qu'il a traité avec des banquiers étrangers. Épuisé par le travail accompli, Corvetto doit démissionner en 1818. Il reste cependant ministre d'État et membre du Conseil privé, mais ne tarde pas à regagner l'Italie.

CORVISART Jean Nicolas, baron (Dricourt, 1755 – Paris, 1821)

Médecin.

Médecin dans le quartier Saint-Sulpice, puis à l'hôpital de la Charité où il fonde, en 1795, l'École clinique, professeur au Collège de France en 1797, il acquiert une immense réputation. Recommandé par plusieurs membres de l'entourage de Bonaparte, et par Joséphine elle-même, il parvient à gagner la confiance du Consul, qui se méfie des médecins, et à dissiper ses malaises par un régime alimentaire strict (1801). Premier médecin de Sa Majesté Impériale en 1804, baron l'année suivante, Corvisart accompagne l'Empereur en Italie en 1805, puis en Autriche en 1809. Il soigne aussi Joséphine, la soumettant à un traitement afin de la guérir de sa stérilité. À Vienne (1809), il annonce à l'Empereur la grossesse de Marie Walewska. Comblé d'honneurs par l'Empereur, Corvisart entre à l'Institut en 1811. Il sait gagner la confiance de Marie-Louise dès son arrivée en France, et aide plus tard Dubois à accoucher l'Impératrice. En 1814 enfin, il accompagne Marie-Louise dans son exil de Blois.

COSQUER (grotte)

Grotte sous-marine ornée de peintures datant du Paléolithique supérieur, découverte en 1991 dans les calanques de Cassis (Bouches-du-Rhône).

C'est au plongeur professionnel Henri Cosquer qu'est due cette découverte capitale dans une région qui jusque-là n'a pas offert de vestiges préhistoriques de cette ampleur. En effet, lors de la dernière glaciation, il y a 9 000 ans, le niveau de la mer sur les côtes méditerranéennes est remonté de plusieurs dizaines de mètres et a recouvert les vestiges des activités humaines antérieures. La découverte de la grotte Cosquer, comme celle de Lascaux ou, plus récemment, celle de la Combe-d'Arc en Ardèche, est plus ou moins due au hasard. Dès 1985, son inventeur a repéré une entrée située à trente-sept mètres au-dessous du niveau de la mer et donnant accès à un étroit passage long d'à peu près deux cents mètres. Pendant l'été 1991, Henri Cosquer parvient à l'extrémité de ce couloir et débouche sur une première salle immergée aux trois-quarts, suivie d'une autre salle hors de l'eau.

L'originalité des décors rupestres de cette salle et leur datation fixée au Paléolithique supérieur, période peu représentée dans les découvertes préhistoriques européennes, font qu'en un premier temps des doutes s'élèvent sur leur authenticité. Cependant, diverses analyses scientifiques confirment que cet ensemble date d'environ 18 000 ans et est donc antérieur à Lascaux. Sur le sol couvert de calcite durci de la seconde salle, il subsiste encore des traces de foyers et des fragments de pierres taillées. Les peintures et les gravures pariétales, en noir ou en rouge, représentent d'une part des figures de mains « négatives », d'autre part une faune très diversifiée. Obtenues par le procédé du pochoir, les mains, de taille fort petite, ont la particularité d'être prolongées par leur avant-bras. Les doigts de certaines ont été mutilés ou repliés sur la paume, particularité déjà observée sur d'autres sites. Les animaux, dont on a actuellement répertorié plus d'une centaine, appartiennent à des espèces très variées et, à l'exception de quelques chevaux regroupés sur un panneau, ne sont pas disposés de façon à représenter une scène composée. On peut reconnaître des bisons, des chevaux, des cerfs, des chamois, des félins, des pingouins, des phoques et des poissons. De curieuses figures rondes ornées de nombreux traits pourraient être des méduses, ce qui serait une nouveauté dans les peintures rupestres. Outre la présence importante d'animaux marins, les peintures de la grotte Cosquer offrent plusieurs autres originalités : les figures animales sont sexuées, les naseaux des chevaux sont soulignés de peinture blanche, les têtes des bisons sont représentées de trois-quart et non de profil. La découverte d'Henri Cosquer apporte donc de nouveaux éléments pour la connaissance d'une période préhistorique où subsistent de nombreuses zones d'ombre, et permettra sans doute de réviser les interprétations ultérieures concernant la signification sacrée ou profane de ces ensembles rupestres. Le « Lascaux sous-marin » n'a pas encore livré toutes ses richesses, car les investigations sont freinées à l'heure actuelle par la difficulté d'accès du site, qui n'est possible que par des plongeurs sous-marins. Le projet de creuser un tunnel d'accès à partir de la terre se heurte à des problèmes de conservation des vestiges qui pourraient être détériorés par leur exposition à l'air libre.

COSSÉ Artus de, seigneur de Gonnor et comte de Secondigny (?, 1512 – Gonnor, 1582)

Maréchal de France.

Frère du maréchal de Brissac, il se distingue à la défense de Metz (1552) et de Marienbourg (1554) ainsi qu'à la bataille de Moncontour (1569). Surintendant des Finances en 1563, maréchal de France en 1567, gouverneur et lieutenant général de l'Orléanais, de l'Anjou, de la Touraine et des pays avoisinants en 1569, il est défait par les huguenots à Arnay-le-Duc en 1570. Le soupçonnant d'intelligences avec le duc d'Alençon, les Politiques et le parti calviniste, Catherine de Médicis le fait embastiller (1574). Henri III le libère l'année suivante. Rentré en grâce, il sera, en 1581, chargé de négocier le mariage, qui n'aura pas lieu, de François d'Alençon, devenu duc d'Anjou, avec la reine Élisabeth Ire d'Angleterre.

COSTES Dieudonné (Septfonds, Tarn-et-Garonne, 1892 – Paris, 1973)

Aviateur.

Après avoir obtenu son brevet de pilote en 1912, il se couvre de gloire durant la Première Guerre mondiale. Il entre ensuite comme pilote de ligne à la compagnie aérienne Latécoère, assurant le vol Toulouse-Casablanca, et à Air Union sur le vol Paris-Londres, avant d'être engagé en qualité de pilote d'essai chez Bréguet, en 1928. Après quoi il accomplit plusieurs performances mémorables : Paris-Assouan aller et retour en 26 heures ; le record du monde de distance sur Paris-Djask (Iran), soit 5 936 kilomètres effectués en 32 heures ; un tour du monde avec Joseph Le Brix, à bord du *Nungesser et Coli*, d'octobre 1927 à avril 1928 ; le record du monde de distance en ligne droite remporté sur Paris-Tsitsikar (Mandchourie) : 7 905 kilomètres parcourus entre les 27 et 29 septembre 1929. Toutefois, par-delà ces succès qui contribuèrent à faire progresser l'aviation avec une prodigieuse rapidité, c'est essentiellement pour l'inoubliable première traversée est-ouest de l'Atlantique Nord que Costes, associé à Maurice Bellonte, reste une des grandes figures de l'histoire de l'aéronautique. En effet, après une tentative interrompue aux Açores en 1929, Costes et Bellonte, les 1er et 2 septembre 1930, couvrent sans escale les 6 200 kilomètres séparant Paris de New York, en 37 heures 17 minutes aux commandes de leur avion, un Bréguet XIX, baptisé le *Point d'interrogation.*

Dieudonné Costes
Costes devant le *Point d'interrogation* en 1930.

COT Pierre (Grenoble, 1895 – Coise-Saint-Jean-Pied-Gauthier, Savoie, 1977)

Homme politique.

Issu d'une famille dauphinoise aisée, il accomplit ses études classiques et supérieures chez les Jésuites. Diplômé en droit, inscrit au barreau de Paris, il exerce la profession d'avocat de 1922 à 1940. Mais la politique accapare la plus grande partie de son temps à partir de 1928, date à laquelle il est élu député radical de Chambéry. Conseiller général de Savoie, maire de la commune de Coise, il occupe dès 1932 un poste de sous-secrétaire d'État aux Affaires étrangères. Il est ministre de l'Air de 1933 à 1937 dans les gouvernements successifs formés par Daladier, Chautemps, Sarraut et Léon Blum, sous le Front populaire. Car ce radical, élu d'un département clérical, prône l'alliance des partis de la gauche. Il deviendra le symbole de cette union, et les adversaires de cette tendance lui voueront une hostilité farouche, en raison par ailleurs de l'aide apportée aux républicains espagnols. Accusé de n'avoir pas mené à bien l'effort de réarmement français avant la guerre, Pierre Cot ne demeure pas à Londres en 1940 (le général de Gaulle craignant que sa présence ne marque trop son Comité) et gagne les États-Unis. Il en reviendra en 1943 et gagnera Alger, où il siègera à l'Assemblée consultative. Élu à partir de 1946 représentant de la Savoie dans les différentes assemblées de la IVe République, il est exclu du parti radical en raison de ses rapports avec les communistes. Il rejoint le groupe des Républicains et Résistants, ébauche de l'Union progressiste qui le portera à la députation du Rhône de 1951 à 1958, puis de la 13e circonscription de Paris de 1967 à 1968. Pierre Cot avait reçu en 1953 le prix Staline de la paix. Il était membre de l'association des juristes démocrates.

CÔTE-D'IVOIRE

État de l'Afrique occidentale, sur le golfe de Guinée (capitale Abidjan).

Les Portugais s'installent sur la côte dès le XVe siècle, entrent au XVIIIe siècle en rivalité avec les Hollandais, les Anglais et les Français. Ces derniers y construisent un fort à la fin du XVIIe siècle, mais l'abandonnent tout au début du XVIIIe. La pénétration française le long des côtes et vers l'intérieur ne reprend qu'à partir de 1884, avec les expéditions de Treich-Laplène et de Binger, qui nouent des alliances avec les chefs locaux. Rattachée d'abord à la Guinée, la « Côte de l'Or », comme on la nommait alors, devient une colonie en 1891, la colonie autonome de Côte-d'Ivoire étant créée en 1893. Devenu gouverneur, Binger crée de nombreux postes, de Tabou à Assinie. La conquête de l'arrière-pays ne sera définitivement assurée qu'avec la capture de Samory, marchand d'esclaves qui s'était constitué un royaume en 1898. En 1899, la Côte-d'Ivoire fait partie de l'A-OF. L'année suivante, Bingerville devient la capitale de la colonie. Les travaux du chemin de fer Abidjan-Niger commencent en 1904, et la mise en valeur de la colonie est entreprise dès les premières années du siècle par des méthodes souvent rigoureuses, adoucies après la Première Guerre mondiale. Les gouverneurs décident de doter la Côte-d'Ivoire de ressources locales. Ces méthodes entraînent des révoltes en 1908-1910, mais permettent le développement économique de la colonie. Ralliée au Comité d'empire, à Alger, en novembre 1942, la colonie participe à l'effort de guerre de la France combattante. Un mouvement nationaliste se développe dès la fin de la Seconde Guerre mondiale et Félix Houphouët-Boigny, député de la Constituante en 1945, crée le premier grand parti africain, le Rassemblement démocratique africain, et réclame l'autonomie de son pays. Le Conseil général, composé de 20 Européens et 30 Africains à la fin de 1946, devient une assemblée territoriale en 1952. La Côte-d'Ivoire obtient son autonomie au sein de la Communauté française en décembre 1958 et l'indépendance complète en 1960.

COTON Pierre (Néronde, Forez, 1564 – Paris, 1626)

Jésuite.

Ancien théologien, il entre dans la Compagnie de Jésus en 1583 et séjourne en Italie avant de revenir en France. Reçu à la Cour, il gagne la confiance d'Henri IV, devient son confesseur, l'accompagne dans ses voyages, et obtient de lui le rappel des Jésuites. Il refuse en revanche tout honneur. Soutenu par Marie de Médicis, il reste le confesseur du jeune Louis XIII après l'assassinat d'Henri IV, mais sera disgracié lorsque Albert de Luynes deviendra le favori du roi.

COTTEREAU Jean, dit JEAN CHOUAN (près de Saint-Berthevin, Maine, 1757 – près de Laval, 1794)

Chef chouan.

Né d'une pauvre famille de sabotiers manceaux, il pratique, dès l'âge le plus tendre, la contrebande du sel en compagnie de ses trois frères. Surnommé Jean Chouan, rappel du chat-huant dont les faux sauniers imitent le cri afin de se rallier, Cottereau devient vite le chef de sa bande. Après avoir tué un gabelou au cours d'une échauffourée qui l'oppose à un détachement de douaniers, il est emprisonné. L'intervention personnelle de Louis XVI, prétend la tradition, lui évitera le gibet. Engagé volontaire dans l'armée royale, il déserte. Arrêté une seconde fois à la suite de nouvelles mésaventures, il purge à Rennes une peine de deux ans de cachot. La Révolution le trouve assagi, propriétaire d'une petite ferme du canton de Saint-Berthevin. Le 15 août 1792, Cottereau se met à la tête des insurgés royalistes de Saint-Ouen-les-Toits, bourg voisin de Laval. Protégé du prince de Talmont, il mène une guerre d'embuscades aux soldats de la République, à partir de son quartier général de la forêt de Misdon. Il meurt au cours d'un engagement avec les Bleus.

COTY François, François Sportuno dit (Ajaccio, 1874 – Louveciennes, 1934)

Industriel et homme de presse.

Secrétaire d'Emmanuel Arène, il fait fortune dans les parfums sous le nom de Coty. En 1919, il satisfait ses ambitions politiques en finançant *L'Action française*, tout en se proclamant républicain. En 1922, il prend le contrôle du *Figaro*. En juillet 1923, son élection au Sénat est invalidée à cause de certaines irrégularités financières de sa campagne. En 1928, il lance *L'Ami du peuple*, journal profasciste. Apparaissant comme l'homme des ligues, il fonde la Ligue nationale des jeunesses françaises, encourage La Rocque aux Croix-de-Feu. Ses idées et le prix très bas de son journal lui valent de solides inimitiés. La presse en vient même à orchestrer une campagne contre lui, et *L'Ami du peuple* se révèle une mauvaise affaire financière. Coty profite néanmoins de l'arrivée au pouvoir d'Hitler pour financer un nouveau mouvement assimilé au fascisme, Solidarité française (1933), du commandant Jean-Renaud, qui disparaît avec la dissolution des ligues par le gouvernement le 18 juin 1936.

COTY René (Le Havre, 1882 – Le Havre, 1962)

Homme politique, président de la République.

Avocat, il aborde la politique en 1907, devenant conseiller d'arrondissement. Député de la

René Coty
Après la passation des pouvoirs, René Coty et le général de Gaulle remontent les Champs-Élysées pour s'incliner sur la tombe du soldat inconnu. © *Keystone*

Seine-Inférieure en 1923, il représente ce département jusqu'en 1935, date à laquelle il est élu sénateur. Il retrouve son siège de député après la Libération, avant de devenir, en 1947-1948, ministre de la Reconstruction. De nouveau membre du Conseil de la République en 1948, il accède à la vice-présidence de cette assemblée, avant d'être appelé par le Congrès de Versailles à succéder à Vincent Auriol, le 23 décembre 1953 et au treizième tour de scrutin, comme président de la République. Le nouveau président, inconnu des Français, deviendra en quatre ans plus populaire qu'aucun de ses prédécesseurs, grâce à son sourire bienveillant, à la franchise de son regard, et surtout à la sagesse de sa vie privée. Mme Coty partage cette popularité. De tendance modérée, mais ferme, Coty assure ses fonctions dans les limites que lui accorde une Constitution qu'il a souvent critiquée. Comme il le faisait avant son élection, il ne cesse de dénoncer l'instabilité ministérielle, sans toutefois intervenir dans les crises qui jalonnent sa présidence. En revanche, le président de la République dirige activement les Conseils ministériels. La fin de la guerre d'Indochine et le développement de la crise algérienne marquent sa présidence. À la suite des événements d'Alger de mai 1958, René Coty fait appel au Général de Gaulle. Sept mois plus tard, la nouvelle Constitution ratifiée par le pays et le Général élu à la présidence de la République, il abandonne discrètement ses fonctions (8 janvier 1959). Il siège ensuite au Conseil constitutionnel et se retire au Havre.

COUBERTIN Pierre, baron de (Paris, 1863 – Genève, 1937)

Pédagogue.

Élève des Jésuites, reçu à Saint-Cyr, il démissionne et entre à l'École libre des sciences politiques. Républicain convaincu, séduit par Tocqueville, Taine et Le Play, il part à 20 ans pour l'Angleterre. Conquis par le modèle d'éducation anglo-saxon, il entend réformer le système éducatif français pour rivaliser avec le modèle du « lycée » prussien, où sports et études façonneraient un homme nouveau. Ses idées reçoivent un écho poli en France ; en revanche, leur actualité européenne permet à Coubertin de raviver le thème d'un olympisme qui serait la preuve de la supériorité européenne (à la fois « civilisationnelle » et « raciale », selon les élucubrations pesudo-darwinistes du temps), signe de bonne entente entre les maîtres du monde et illustration du renouveau folkloriste de la fin du siècle. Les premiers jeux Olympiques modernes se tiennent à Athènes en juin 1894. Coubertin préside le Comité international olympique jusqu'en 1924. Il soutiendra la candidature de Berlin pour les jeux Olympiques, non par une sorte de national-socialisme affectif comme on l'a parfois écrit, mais par fidélité à ses idéaux de jeunesse : la supériorité de l'Europe et l'émergence d'un « homme du XXe siècle ».

COUCY (château de)

Construit dans le Laonais, il appartient à la dynastie des sires de Coucy dont le fondateur est Enguerrand de Boves.

Rêvant de la couronne, son arrière-arrière-petit-fils Enguerrand III n'hésite pas à ourdir un complot pour enlever le jeune Louis IX, alors sous la tutelle de sa mère Blanche de Castille. La régente ayant déjoué ce projet, Enguerrand se retire sur ses terres et se construit un château, dont le gros œuvre semble avoir été terminé en 1242, à peu près à l'époque où Raoul II succède à Enguerrand III. Le château proprement dit occupe l'extrémité d'un promontoire dominant la vallée de l'Ailette. Quadrilatère irrégulier renforcé aux angles par de puissantes tours rondes, il comporte, au centre de l'un de ses côtés, un donjon cylindrique haut de 55 mètres pour un rayon de 15 mètres. C'est, aussi longtemps qu'elle se dresse, la plus grosse tour que l'on connaît. L'intérieur est divisé verticalement en trois immenses salles voûtées d'ogives. La salle du deuxième étage peut contenir plus de mille hommes d'armes. Pas de mâchicoulis, mais des corbeaux supportant des hourds. Une chemise a été prévue pour protéger la partie la plus exposée du périmètre. Le logis s'adosse à la courtine. Du côté du plateau s'étend une très vaste basse cour, séparée du château par un fossé et défendue par une enceinte de plan assez irrégulier (c'est la seule partie qui reste encore debout, quoique très ruinée). Plus loin, la ville est entourée d'une fortification dont il reste au moins un beau vestige, la porte de Laon.

Au début du XIVe siècle, la famille de Coucy se fond par mariage dans celle de Guines. À ces Guines-Coucy appartiennent Enguerrand V, Guillaume, Enguerrand VI et le dernier des vrais sires de Coucy, Enguerrand VII (1346-1397). Celui-ci, gendre d'Édouard III, élève des prétentions sur la couronne d'Autriche, refuse l'épée de connétable qu'il fait offrir à Clisson, combat enfin à Nicopolis où il est fait prisonnier par les Turcs. C'est lui qui fait ajouter dans la cour principale du château les bâtiments contenant la salle des preux et la salle des preuses. Sa fille Marie, morte en 1400, garde une partie de la terre de Coucy qui passe par elle aux familles de Bar et de Luxembourg-Saint-Pol (et par là aux Vendôme), le reste est vendu au duc Louis d'Orléans, déjà propriétaire de Pierrefonds et de La Ferté-Milon. Son petit-fils, en devenant Louis XII, réunit la seigneurie de Coucy à la Couronne. Mazarin fait démanteler le château en 1652. Du donjon, l'intérieur saute, mais le mur, très épais, tient bon malgré quelques fissures. Ce sont les Allemands qui donneront le coup de grâce à ce monument unique, lorsqu'ils seront contraints de quitter le pays en 1917.

COUR (société de)

Expression du sociologue allemand Norbert Elias pour désigner la diffusion des formes de civilité spécifiques à la Cour et aux milieux aristocratiques à l'ensemble des couches sociales de l'Ancien Régime.

Furetière, dans son dictionnaire (1690), définit ainsi le mot « cour » : « lieu où habite un Roi [...], signifie aussi : le Roi et son Conseil [...]. "Cour" signifie encore : tous les officiers et la suite du Prince [...]. "Cour" se dit encore des manières de vivre à la Cour. » La Cour est l'entourage du souverain comprenant, outre sa parenté – les princes du sang et leurs alliés –, les dignitaires (dignité), réunis dans la maison du roi et tous ceux priés, pour leur plus grand honneur, de paraître auprès de lui – les présentés –, voire de séjourner – les logeants. Les dames en sont l'ornement : princesses, favorites, dames d'honneur... Fixée à Versailles à partir de 1682, la Cour, au sens large incluant tous les services attenants, représente environ 10 000 personnes à la fin du règne de Louis XIV. S'y côtoient une moitié de nobles et une moitié de roturiers, lesquels bénéficient de privilèges qui les élèvent au-dessus de leur condition. En 1789, quatre mille familles, officiellement présentées, bénéficient des honneurs de la Cour sans pour autant vivre à la Cour.

Itinérante sous les Valois ou encore très fruste sous les premiers Bourbons, la Cour se stabilise et se codifie après la Fronde. Louis XIV, marqué par le souvenir des troubles, entreprend de satelliser la noblesse autour de lui. Son premier objectif est d'instaurer un véritable culte du roi, indissociable de l'absolutisme ; le second de déraciner les Grands de leur clientèle locale et féodale afin de les détourner des révoltes nobiliaires. Désormais, la disgrâce se paie d'un exil loin de la Cour, comme l'expérimente Bussy-Rabutin. Paraître à la Cour devient une obligation pour quiconque brigue une charge. Les plus prestigieux emplois sont d'ailleurs des dignités de Cour comme ceux de capitaine des gardes du corps ou de premier gentilhomme de la Chambre. La Cour se présente telle une cascade de hiérarchies réglés par le minutieux cérémonial de 1682, hérité de l'époque d'Henri III. D'où de multiples conflits de préseance, réglés par Monsieur, frère

Société de cour
Entrée solennelle de Louis XIV et de Marie-Thérèse à Arras, 30 juillet 1667. Huile sur toile d'A. F. Van der Meulen, châteaux de Versailles et de Trianon. © *Lauros-Giraudon*

du roi, expert en protocole, ou par Louis XIV en personne. Les princes du sang précèdent les légitimés, haussés, à la fureur de Saint-Simon, au-dessus des ducs et pairs, eux-mêmes au premier rang de la cascade de titres qui descend jusqu'à l'humble chevalier.

Mais cet ordonnancement est compliqué par la faveur royale qui distingue chacun selon son mérite ou son crédit : une salutation appuyée, une invitation à une partie de chasse voire à Marly, un accès privilégié à la chambre royale (à ne pas confondre avec la chambre du roi) élèvent immédiatement leur bénéficiaire quel que soit son rang. Tout l'art du courtisan consiste à se trouver le plus souvent possible sous les yeux du roi pour lui apparaître indispensable et capter, outre les charges et pensions, le rayonnement de prestige qui émane du Roi-Soleil. Dès lors, les titulaires d'emplois de commensaux – littéralement ceux qui partagent la même table – qui autorisent l'intimité avec le monarque ont un crédit sans commune mesure avec leur naissance : un Dangeau partage avec les légitimés le droit aux grandes entrées pour le petit lever du roi ; le premier écuyer bénéficie à l'instar du prince de Condé des premières entrées... Moralement et financièrement, tous dépendent du roi.

La Cour agglutine l'élite du temps et la transforme. Elle est une formidable caisse de résonance des rapports de force entre les puissants : là où un Louis XIV contrôle les factions en les opposant, un Louis XVI en est prisonnier. La Cour est aussi un théâtre de dépenses énormes qui contraste avec un monde de pénurie et fait vivre de multiples industries de luxe : en 1788, la Cour absorbe 5 % du budget de l'État. En son sein naissent les modes et les goûts nouveaux qui conquièrent ensuite la Ville. C'est un lieu de culture où convergent les artistes et où se donnent de fasteux divertissements tels *Les Plaisirs de l'île enchantée* en 1664. Le premier gentilhomme de la Chambre sous Louis XIV, le duc de Vivonne, est non seulement un fameux soldat, mais aussi un mécène et ami des lettres qui protège Boileau ou Molière. Loin d'être une structure parasitaire, la Cour est un réducteur de violence politique et un amplificateur des révolutions esthétique et éthique du Grand Siècle.

Tous les observateurs, des ambassadeurs vénitiens du XVIe siècle au grand voyageur anglais Arthur Young à la fin du XVIIIe siècle, s'accordent sur le caractère relativement policé des mœurs populaires en France : le contrôle des instincts individuels, la réduction du niveau de violence collective, l'acculturation des usages de politesse, les savoir-vivre villageois témoignent des progrès de l'éducation des différentes couches de la société. La Cour est l'épicentre de cette urbanité conquérante qui se démocratise ensuite par imitation et diffusion dans les provinces des manières du Louvre ou de Versailles. L'étiquette espagnole introduite par Anne d'Autriche, la cérémonialisation des apparitions royales sous Louis XIV en lien avec l'appareil idéologique de la préciosité et l'archétype de l'honnête homme civilisent l'élite nobiliaire à travers la véritable domestication des Grands que réclame l'absolutisme. Le discours, les manières, la relation à l'autre se codifient, s'épurent et se pacifient. Mais ce monde aulique – lié à la Cour – n'est pas coupé des réalités du pays : les courtisans circulant dans leurs domaines provinciaux, leurs familiers et domestiques, les traitants, financiers et marchands fournisseurs de la Cour sont les pédagogues involontaires du raffinement mondain imité par des bourgeoisies avides de distinction. Caricaturée, tronquée ou altérée, la nouvelle civilité aristocratique finit par irriguer les couches populaires.

COUR DE CASSATION

Juridiction suprême, du moins pour dire le droit, car sa première mission est d'assurer l'unité de jurisprudence. La Cour de cassation est actuellement composée de six chambres : cinq chambres civiles portant le nom de sections et une chambre criminelle.

L'origine du recours en cassation semble être la « supplication », voie admise sous le règne de Saint Louis contre les décisions des « cours le roi ». Toutefois, la procédure de cassation n'a été en quelque sorte officialisée qu'à partir de l'ordonnance de Blois de mai 1579, confirmée par l'édit de Rouen du 15 janvier 1597 et surtout par le « règlement » du chancelier d'Aguesseau du 20 juin 1738. Sous l'Ancien Régime, l'institution chargée de recevoir le recours était le Conseil des parties, présidé par le chancelier. Pas de débats contradictoires à l'époque : la cassation apparaissait avant tout comme un moyen d'imposer l'autorité des ordonnances royales. C'est la Constituante qui a étendu les possibilités du pourvoi en cassation en créant, en décembre 1790, une juridiction spécialisée à cet effet : le Tribunal de cassation, que le sénatus-consulte du 28 floréal an XII (18 mai 1804) rebaptise plus noblement Cour de cassation. Cette juridiction considère comme acquis les points de fait constatés par le jugement ou l'arrêt attaqué ; elle recherche seulement si, « étant donné les faits », la loi a été justement appliquée. Les tribunaux de renvoi ne lui sont pas subordonnés, ils peuvent, en particulier, persister dans une attitude opposée à la sienne, auquel cas il en est référé au Parlement ; c'est par la loi du 1er avril 1837 que sera consacrée l'indépendance du pouvoir juridictionnel, grâce à l'institution de la procédure dite des chambres réunies. La suppression en 1947 de la vénérable Chambre des requêtes et de l'éphémère Chambre sociale, créée en 1938, ouvrira l'accès direct de la Cour aux signataires de pourvois en matière civile.

COUR DE JUSTICE

On donne ce nom à des juridictions exceptionnelles, instituées en 1944 auprès des cours d'appel pour juger des crimes et délits imputés à des « collaborateurs » notoires ou supposés.

Ces tribunaux étaient composés de quatre jurés choisis sur une liste de résistants, d'un magistrat et d'un commissaire du gouvernement. Sur plus de 40 000 affaires instruites par leurs soins, moins de 7 000 se terminèrent par des acquittements, environ 17 000 donnèrent lieu à des peines légères, le reste fut jugé passible de peines infamantes (dont environ 2 000 peines capitales et autant de peines de travaux forcés à perpétuité). Les décisions de ces cours furent dans une importante proportion amendées par des mesures de grâce prises par les chefs de l'État.

COUR DE JUSTICE (Haute)

Juridiction politique instituée pour connaître des crimes et délits commis par de hauts personnages de l'État, ou de certains crimes échappant aux classifications ordinaires.

En France, la première Haute Cour est établie par la Constitution de 1791. Composée de membres du Tribunal de cassation et de jurés, elle ne peut se réunir que par l'autorité du Corps législatif. Un tribunal du même ordre figure dans les Constitutions de l'an III, de l'an VIII, de l'an XII, de 1848 et de 1852. Au contraire, l'Acte additionnel aux Constitutions de l'Empire, la Charte de 1814 et celle de 1830, créent des Cours des pairs qui sont simplement des émanations juridictionnelles de la Chambre des pairs. C'est cette solution que les lois constitutionnelles de 1875 adoptent, en substituant à la Chambre des pairs un Sénat. Trois cas sont prévus : haute trahison ou infraction de droit commun du président de la République ; crimes des ministres dans l'exercice de leurs fonctions ; attentat contre la sûreté de l'État, que l'auteur soit fonctionnaire ou simple particulier. Dans les deux premiers cas, le Sénat est saisi par la Chambre des députés. La Haute Cour de la IIIe République s'est assez rarement réunie (sauf au lendemain de la Première Guerre mondiale : condamnation de Malvy en 1918 et de Caillaux en 1920). En 1940, le gouvernement de l'État français remplace la Haute Cour par une Cour suprême de justice qui fonctionne quelque temps à Riom. En novembre 1944, le Gouvernement provisoire de la République française (GPRF) crée une Haute Cour de justice pour juger le chef de l'État, le chef du gouvernement, les ministres, commissaires généraux, résidents, gouverneurs, hauts commissaires du régime de Vichy. Cette Cour comprend d'abord, outre des jurés tirés au sort sur des listes établies par l'Assemblée consultative, des magistrats, qui seront dessaisis de ces fonctions à la fin de l'année 1945. La présidence de la Haute Cour issue de la Libération est confiée successivement au premier président de la Cour de cassation Mongibeaux, et aux parlementaires Noguères, Depreux, Moro-Giafferi, Fourcade. 108 jugements, 56 condamnations dont 18 à mort, trois exécutions (Laval, Brinon, Darnand), tel est le bilan. Le maréchal Pétain meurt à l'île d'Yeu, le général Dentz en prison. La Haute Cour s'est ensuite prolongée pour rejuger les contumaces. Les sentences ont été alors beaucoup plus modérées. La Ve République s'est pourvue d'une Haute Cour ressemblant assez à celle du régime précédent. Les 24 titulaires et 12 suppléants qui la composent sont désignés par et parmi les députés et sénateurs en nombre égal. Sept magistrats chargés de l'instruction les assistent.

COUR DE SÛRETÉ DE L'ÉTAT

Juridiction unique et permanente instituée par une loi du 15 janvier 1963 pour juger « en temps de paix les crimes et délits contre la sûreté de l'État » (qui relevaient auparavant de la compétence des tribunaux militaires et même, en 1961 et 1962, de juridictions exceptionnelles, aujourd'hui abolies).

Elle comporte une Chambre permanente de jugement composée d'un président (du siège) et de quatre conseillers (deux magistrats, deux officiers supérieurs), une Chambre de contrôle de l'instruction et un parquet (un procureur général, deux avocats généraux, trois juges d'instruction). Le juge d'instruction, qui est doté de pouvoirs très étendus, ne peut informer qu'après avoir été saisi par un réquisitoire du ministère public. Aucun recours n'est possible contre les décisions du président et de la Chambre d'instruction, mais les arrêts de la Chambre de jugement peuvent être attaqués par la voie de l'opposition, par le pourvoi en cassation ou par le pourvoi en révision. La Cour de sûreté de l'État a été supprimée en 1981.

COUR DES AIDES

Tribunal chargé sous l'Ancien Régime de juger souverainement les contestations civiles et criminelles relatives à la levée des impôts tels que gabelle, aides, taille, et de recevoir les appels interjetés des jugements des élections, greniers à sel, juges des traites, etc.

Les cours des aides sont au nombre de 13 en 1789 : quatre autonomes à Paris, Clermont, Bordeaux, Montauban, et neuf autres réunies soit aux parlements (Rennes, Metz, Besançon, Grenoble, Pau), soit aux Chambres des comptes (Rouen, Dijon, Aix, Montpellier).

COUR DES COMPTES

Juridiction financière rendant des arrêts et émettant, dans l'exercice de ses fonctions de contrôle, des rapports.

Si la Cour des comptes n'a pas reçu de consécration constitutionnelle avant l'année 1946, son origine légale n'en demeure pas moins ancienne, antérieure même à la Restauration qui fut la mère de presque toutes nos institutions financières. C'est en effet une loi de 1807, soit du début de l'Empire, qui lui a donné naissance. À vrai dire, il ne s'agissait pas là d'une création *ex nihilo*. Les ancêtres de la nouvelle Cour – connues sous une appellation à peine différente, les Chambres des comptes de l'Ancien Régime –, en particulier celle de Paris, la plus importante, avaient été dotées d'attributions analogues.

Dans son état actuel, la Cour des comptes est placée sous l'autorité d'un premier président et comprend plusieurs Chambres ayant chacune leur président et entre lesquelles sont répartis auditeurs, conseillers-référendaires et conseillers-maîtres. À côté de ces magistrats inamovibles figure un parquet, dirigé par un procureur général assisté d'avocats généraux. Les décisions de la Cour sont non des jugements, mais des arrêts, d'ailleurs soumis au contrôle du conseil d'État par voie de cassation. La juridiction de la Cour s'exerce sur les comptes et non sur les comptables, ses attributions de simple contrôle revêtent des formes diverses : assistance du gouvernement et du Parlement dans le contrôle de l'exécution des lois de Finances (conformément aux dispositions de la Constitution de 1958), contrôle des entreprises publiques, contrôle de la comptabilité administrative, déclarations de conformité, lettres, notes, référés, rapport accompagnant le projet de loi de règlement, enfin grand rapport public annuel.

Cour des Miracles

Nom donné à l'emplacement où, à Paris et dans les grandes villes, se réunissent la nuit les truands, mendiants et autres malandrins.

Le nom de « cour des Miracles » leur est donné parce que les prétendues infirmités des mendiants disparaissent dès qu'ils pénètrent dans leur repaire. Paris en compte une douzaine au XVIIe siècle, la plus célèbre s'étendant entre les rues des Petits-Carreaux, Saint-Sauveur, du Caire et Saint-Denis. Silencieuse le jour, elle s'anime la nuit, quand les truands se réunissent autour de leur roi et de leurs dignitaires. Elle bénéficie d'un droit d'asile de fait, les soldats du guet n'y pénétrant pas volontiers. Une vaste opération de police, menée par le lieutenant La Reynie, conduit en 1668 ses occupants vers l'hôpital ou la prison. Les travaux de voirie du siècle dernier ont fait disparaître les derniers vestiges de la cour des miracles.

Cour du roi

À partir du XIIIe siècle, organe de gouvernement rassemblant les personnes que le roi appelle pour l'aider à gouverner.

À l'origine, le guerrier franc doit obligatoirement assister aux champs de Mars, au cours desquels il donne au chef aide et conseil, et l'assiste dans l'exercice de la justice. Sous l'Empire carolingien, tous les grands aristocrates remplissaient cette fonction. Cette coutume aurait pu disparaître totalement avec l'émiettement de l'Empire. Au contraire, dès le règne de Louis VI, on perçoit la permanence de cette institution, fonctionnant seulement avec les grands qui lui sont restés fidèles et qui forment la Cour du roi. Lorsque Philippe Auguste eut repris en main le gouvernement de son royaume, il fut contraint peu à peu de spécialiser ses services qui s'individualisèrent alors progressivement en Conseil, Parlement et Chambre des comptes. Le Conseil permanent est composé des princes et des grands officiers, ainsi que de juristes formés dans les universités, originaires parfois de la bourgeoisie marchande. Dès le règne de Philippe le Bel, les affaires politiques sont traitées par la partie la plus choisie de ce Conseil, formée en « Grand et Secret Conseil ».

Le Parlement est formé d'un personnel stable auquel le roi délègue son droit de justice. Il se structure sous le règne de Louis IX, mais il faut attendre 1345 pour qu'une ordonnance fixe clairement la composition de ce Parlement. La Chambre des comptes est organisée officiellement en 1320. Elle vérifie les recettes et les dépenses comptabilisées par les officiers du royaume, baillis ou sénéchaux. Progressivement, le sens du mot « cour » a évolué jusqu'à ne plus désigner que l'ensemble des courtisans du roi (*voir* Cour).

Cour militaire de justice

Juridiction d'exception créée par ordonnance présidentielle du 1er juin 1962 pour remplacer le Haut Tribunal militaire qui avait refusé de condamner à mort le général Salan.

Sa fonction est de juger les auteurs d'actes hostiles à la politique du chef de l'État, en relation avec ce que l'on appelle les « événements d'Algérie ». Composée surtout, comme son nom l'indique, de militaires, elle a deux présidents successifs : le général de Larminat et, après le suicide de celui-ci, le 1er juillet 1962 (date même du référendum algérien sur l'indépendance), le général Gardet. Les droits de la défense ne sont pas respectés par ce tribunal, dont les décisions ne peuvent faire l'objet d'aucun recours. Des condamnations à mort qu'il prononce, trois sont restées célèbres : celle du lieutenant Degueldre (fusillé le 6 juillet 1962 au fort d'Ivry), celle de Canal (grâcié le 22 mars 1968) – deux responsables de l'OAS – enfin celle du colonel Bastien-Thiry (fusillé au fort d'Ivry le 11 mars 1963) pour avoir organisé l'attentat du Petit-Clamard contre le général de Gaulle. C'est à l'occasion de la condamnation de Canal que le Conseil d'État annule l'ordonnance du 1er juin 1962, « eu égard à l'importance et à la gravité des atteintes » qu'elle apporte « aux principes généraux du droit pénal » (arrêt Canal du 19 octobre 1962). Par là même, il est mis un terme légal à l'existence de la Cour militaire. Le gouvernement fait voter par les députés la loi du 15 janvier 1963 qui donne une existence légale à la Cour « pour le passé ». Pour l'avenir, une Cour de sûreté de l'État est appelée à remplacer la Cour militaire, mais avec un caractère définitif et non exceptionnel. En principe donc, la Cour militaire ne peut plus juger. Mais un détail de procédure du projet de loi passe inaperçu. Il est prévu un délai de dix jours, porté à quarante sur l'initiative d'un député, pour que la Cour de sûreté de l'État puisse se saisir de plein droit des affaires en cours. Ce laps de temps laisse à la cour de Vincennes la responsabilité du procès et de la condamnation à mort de Bastien-Thiry.

Cour souveraine : voir Parlement

Courbet Amédée Anatole (Abbeville, 1827 – en mer, 1885)

Amiral.

Nommé contre-amiral en 1879, il devient l'année suivante gouverneur de la Nouvelle-Calédonie (1880-1882). Commandant de l'escadre du Tonkin, il impose à l'Annam le protectorat français au traité de Huê (août 1883) et contribue ensuite à la conquête du Tonkin par la prise de Son Tay (décembre). Vice-amiral en 1884, il détruit la flotte chinoise sur la rivière Min, puis l'arsenal de Fou-Tcheou (août), prend Formose et les îles Pescadores. Il meurt d'épuisement à bord du Bayard, dans l'archipel des Pescadores.

Courbet Gustave (Ornans, 1819 – Suisse, 1879)

Peintre.

Originaire d'une famille aisée, destiné au droit, il lui préfère la peinture qu'il étudie à peu près sans maître. Il débute au Salon de 1844 et son *Enterrement à Ornans*, au Salon de 1850, le consacre comme le chef de l'école « réaliste », face à l'académisme. Courbet se signale en 1855 en organisant, pour la première fois, une exposition particulière de ses toiles, refusées au Salon. Entré en relation avec Proudhon dès 1852, il manifeste ses opinions politiques socialistes à la fin du Second Empire. Membre de la Commune en mars 1871, il est à l'origine du décret qui ordonne de déboulonner la colonne Vendôme. Passé pour ce motif en conseil de guerre après la victoire des Versaillais, il est rendu responsable de la chute de la colonne et condamné à six mois de prison et aux frais de rétablissement. Incapable de payer l'amende, il se réfugie en Suisse et meurt près de Vevey.

Courcelles Thomas de (?, v. 1400 – ?, v. 1469)

Maître de théologie et chanoine de Paris.

Nommé en 1430 au rectorat de l'université de Paris, alors sous domination anglaise, il représente, avec Cauchon et d'autres éminents docteurs, le type accompli de l'universitaire acquis aux idées européennes, alors incarnées par la lignée des Lancastre. Ses qualités de sophiste lui permettent d'être désigné comme juge dans le procès de condamnation de Jeanne d'Arc. À Rouen, il est un des trois conseillers qui recommandent l'application de la torture à l'accusée « pour la médecine de son âme », alors que nombreux sont ceux qui s'y opposent.

Courier Paul-Louis (Paris, 1772 – Véretz, Indre-et-Loire, 1825)

Officier, écrivain et polémiste.

Après avoir servi dans l'artillerie, il quitte l'armée en 1809 pour se consacrer aux lettres. Helléniste et écrivain, il entreprend des traductions d'œuvres anciennes et, après la chute de l'Empire, se tourne vers le pamphlet politique, accablant le régime de la Restauration. Ses écrits lui valent d'être poursuivi et emprisonné. D'un caractère peu facile, détesté de ses domestiques, il est assassiné dans des conditions assez mystérieuses par plusieurs d'entre eux, dont l'amant de sa femme.

Courrier de Lyon (affaire du)

Célèbre affaire criminelle sous le Directoire.

Le 27 avril 1796, une malle-poste contenant une forte somme d'argent, partie de Paris en direction de Lyon, est retrouvée dévalisée, ses deux occupants morts. Six suspects sont arrêtés, dont un certain Lesurques, jugé en compagnie de deux de ses complices, Couriol et Bernard. Au cours du procès, malgré ses protestations d'innocence et le fait que Couriol, non seulement le disculpe mais dénonce les instigateurs de l'opération, Lesurques n'en est pas moins reconnu coupable et exécuté le 30 octobre. Cette affaire, qui s'impose vite comme l'exemple même de l'erreur judicaire, enflamme l'opion publique et provoque des controverses passionnées. Par la suite, les coupables ayant été arrêtés, l'un d'entre eux, Dubosq, qui ressemblait beaucoup à Lesurques, sera guillotiné en 1801. Malgré de multiples demandes tout au long du XIXe siècle, la famille de Lesurques n'obtint jamais sa réhabilitation.

Courrières (catastrophe de)

Provoquée par un coup de grisou dans une mine de l'arrondissement de Lens (Pas-de-Calais), elle provoque la mort de 1 100 mineurs, le 10 mars 1906.

Cette catastrophe, due à une insuffisance du système de sécurité, émeut toute la France et provoque une grève générale des mineurs jusqu'en mai.

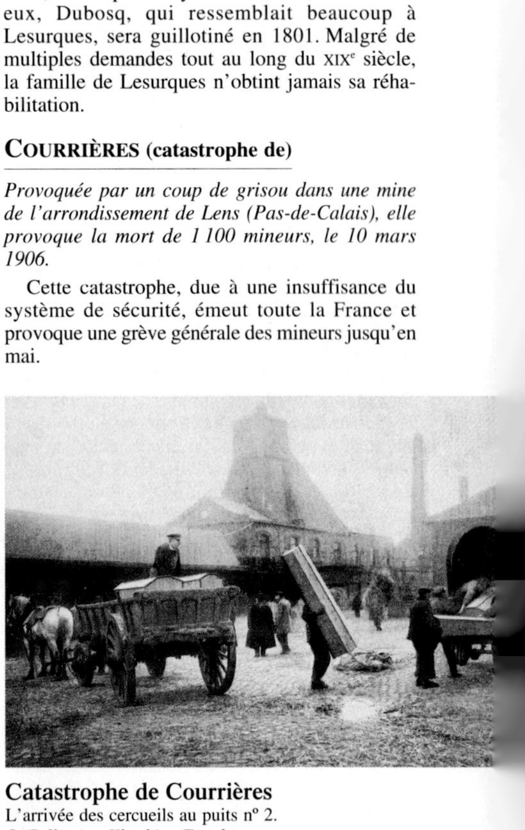

Catastrophe de Courrières
L'arrivée des cercueils au puits n° 2.
© *Collection Kharbine-Tapabor*

Cours prévôtales

Créées par la loi du 20 décembre 1815, établies dans chaque département, les cours prévôtales sont des juridictions d'exception destinées à punir à la fois les délits de droit commun (qui constitueront la majorité de leurs affaires) et les délits politiques, en particulier les rébellions et les réunions subversives.

Composées d'un président, de quatre juges et d'un prévôt militaire, elles adoptent une procédure expéditive et prononcent des sentences exécutables dans les vingt-quatre heures. Elles font partie de la série de lois destinées à punir les complices des Cent-Jours et constituent ainsi une Terreur blanche légale. Elles disparaissent en mai 1818.

Course à la mer

Nom donné par les Français à la manœuvre qui, du 18 septembre au 15 novembre 1914, faisant suite à la bataille de la Marne, consista en une série de débordements successifs des deux adversaires sur leur aile ouest.

Dénomination impropre qui laisse croire que la liaison avec l'Angleterre par les ports de la Manche était en jeu, alors qu'en réalité la mer fut à l'origine une limite et non une fin. Dans une première phase, jusqu'au 4 octobre, la bataille s'étend progressivement de la Picardie à l'Artois. Les cavaleries française et allemande se heurtent sur la Scarpe et, du 21 au 29 septembre, la IIe armée allemande tente de disloquer la charnière de la manœuvre alliée en faisant effort sur Roye, qui est sauvée par la IIe armée française. La ligne de bataille remonte alors de Noyon à Lille, par Bapaume, l'est d'Arras et les collines de l'Artois. Puis elle décroche parallèlement, et au nord de la Lys, vers Gand. Dans cette région, les forces franco-britanniques barrent la Lys, de La Bassée à Ypres, et les forces anglo-belges de Rawlinson couvrent Ostende, entre la Lys et la côte. Actions disparates que Foch reçoit mission de coordonner, le 4 octobre. L'importance stratégique du Pas-de-Calais apparaissant de plus en plus décisive, à mesure que la bataille se rapproche de la mer, ses ports deviennent peu à peu l'enjeu de la bataille.

Sous la direction de Foch, les Alliés s'efforcent d'en barrer l'accès à l'offensive allemande. Cette dernière débute le 16 octobre lorsque la IVe armée allemande, agissant au nord de la Lys, refoule les Belges derrière l'Yser, de Nieuport à Dixmude. La VIIIe armée française et l'armée French, transportée du 5 au 19 octobre de l'Aisne vers les Flandres, prolongent la ligne de défense alliée au sud, en avant d'Ypres et à cheval sur la Lys, au sud-est. Jusqu'au 25 octobre, la bataille des Flandres est surtout vive d'Ypres à la mer et n'apporte aucun résultat appréciable. Puis, à partir du 29, la gauche de la VIe armée allemande et le groupement Fabek tentent de déboucher entre Ypres et la Lys, pour déborder Ypres. Les Belges ayant ouvert les écluses de Nieuport, la vallée de l'Yser est inondée et, dans cette région, les Allemands sont obligés de rompre le contact dans la nuit du 30 au 31 octobre. Plus au sud, les Anglais soutiennent de violents combats sur la crête de Messine. Mais, peu après, l'effort allemand cesse. Du 10 au 13 novembre, les Allemands tentent tout aussi vainement de réduire le saillant d'Ypres, de la Lys à Dixmude. De cette bataille de trente jours, deux noms émergent : Dixmude, avec les fusiliers marins de Ronarc'h, et Langemark, où la fleur de la jeunesse universitaire allemande se fait massacrer avec héroïsme.

Courseulles-sur-Mer

Commune du Calvados sur la Manche, un des hauts lieux de la bataille de Normandie.

Le jour du débarquement allié, le 6 juin 1944, Courseulles fait partie de Juno Beach, une des cinq zones où doivent débarquer les troupes. D'après les plans du haut commandement allié, la ville se situe dans le secteur confié à la IIe armée britannique. Le 6 juin au matin, la 3e division canadienne, division d'assaut, atteint la plage de Courseulles et y installe bientôt une solide tête de pont. Les Canadiens, qui ont aussi débarqué à Bernières, entrent dans Creully dès 5 heures de l'après-midi. Ils seront les premiers à atteindre Caen.

Court Antoine (Villeneuve-de-Berg, 1696 – Lausanne, 1760)

Pasteur et prédicateur.

Originaire du Vivarais, il grandit au milieu de la révolte des camisards et des assemblées au « Désert ». Alors que les autorités proclament l'extirpation du protestantisme, le jeune Antoine Court rassemble en août 1715, dans une carrière aux portes de Nîmes, à Ménoblet, les principaux pasteurs du Midi et une foule de fidèles pour un synode clandestin qui réorganise l'Église. C'est le premier synode provincial depuis la révocation de l'édit de Nantes (1685). Pendant près de quinze ans, Court sillonne Bas-Languedoc, Vivarais et Dauphiné, où il prêche et établit consistoires et séminaires clandestins. Spirituelle, son action est aussi politique : il recommande aux populations naguère camisardes la modération et la soumission aux autorités afin d'arracher pacifiquement la liberté de conscience. Sans céder sur ce dernier point, le Régent propose secrètement à Court une forte pension et l'autorisation de s'installer à l'étranger. Court refuse mais quitte cependant la France vers 1730 pour aller prendre la direction du grand séminaire qu'il a fondé en 1729 à Lausanne. La plupart des ministres protestants français au XVIIIe siècle en proviendront. Il reste à Lausanne jusqu'à sa mort, ne s'absentant qu'en 1744 pour assister à un synode général dans sa province natale du Vivarais.

Courtecuisse Jean (Allaines, Sarthe, milieu du XIVe siècle – Genève, 1423)

Théologien et évêque.

Docteur en théologie en 1388, il représente l'université de Paris lors des négociations entreprises à Avignon pour mettre fin au Grand Schisme. Il s'y montre favorable à la réunion d'un concile général. Envoyé en mission auprès des papes en 1395, il se déclare en faveur de Boniface IX, qui réside à Rome, et réclame la déposition de Benoît XIII, antipape d'Avignon. Après la réunion des états généraux de 1413, il s'adresse à Charles VI, au mois de mai, et lui décrit le piteux état du royaume, puis lui présente l'ordonnance de réforme dite ordonnance cabochienne. Malgré cette prise de position, Courtecuisse n'est pas inquiété après l'échec des cabochiens et l'entrée des Armagnacs dans Paris (septembre 1413), et succède à Gerson comme chancelier de l'université de Paris en 1418. Il est nommé évêque de Paris en 1421, mais Henri V d'Angleterre s'oppose à ce qu'il prenne possession de son siège, et Courtecuisse doit se cacher quelque temps avant de gagner Genève, dont il est nommé évêque en 1422.

Courtenay

Petite ville du Gâtinais, qui donna son nom à deux maisons seigneuriales.

La première maison de Courtenay remonte à un certain Hatto de Château-Renard, sire de Courtenay au début du XIe siècle. La branche aînée de cette maison a été absorbée par mariage dans la lignée capétienne. La branche cadette s'est perpétuée dans les comtes d'Édesse. Elle comporte Jocelin Ier le Grand, seigneur de Tibériade puis comte d'Édesse, mort à Alep en 1131, et Jocelin II le Jeune, qui perd Édesse et meurt lui aussi à Alep, en 1153, en laissant un seul fils, Jocelin III, qui lui-même n'eut que des filles.

La deuxième maison de Courtenay est issue de la petite-nièce de Jocelin Ier d'Édesse, Élisabeth de Courtenay, qui épouse Pierre Ier de France (1125-1182). Pierre II, leur fils aîné, devient en 1184 comte de Nevers, Auxerre et Tonnerre par sa première femme Agnès de Nevers, puis, en 1217, empereur franc de Constantinople par sa seconde épouse Yolande de Flandre-Hainaut. Pierre II et Yolande ont une nombreuse postérité. Deux de leurs fils leur succèdent sur le trône de Byzance : Robert Ier (1221-1228) et Baudouin II, nommé Porphyrogénète parce qu'il est « né dans la pourpre ». Philippe Ier (1273-1283), fils du précédent, voudra porter après lui le titre d'empereur mais ne pourra jamais recouvrer ses possessions d'Orient. À sa mort, son unique fille, Catherine Ire (1283-1307) hérite de ses prétentions qu'elle transmet ensuite à son second mari, Charles Ier de Valois. La maison de Courtenay a eu de nombreuses ramifications. La maison anglaise de Courtenay, qui produisit les comtes de Devon et les marquis d'Exeter, semble issue d'un fils cadet de Jocelin Ier d'Édesse.

Courtrai

En flamand, Kortrijk. *Ville de Belgique (Flandre occidentale), sur la Lys.*

En 1301, les troupes de Philippe le Bel font la conquête de la Flandre, et Courtrai, riche ville marchande, est rattachée à la Couronne avec le reste de la province. Les Flamands se révoltent dès l'année suivante contre l'administration des Français, qui les accablent d'impôts et les empêchent de commercer avec l'Angleterre. Le roi de

Bataille de Courtrai
Les fantassins prenant le pas sur les chevaliers. Miniature, *Chronique de Flandres*, Paris, Bibliothèque nationale de France. © *Sélection Images*

France envoie contre les milices flamandes une armée commandée par Robert d'Artois. Les deux armées se rencontrent près de Courtrai le 11 juillet 1302. La bataille, dite des Éperons d'or, est un désastre pour l'armée royale. Robert d'Artois, Jacques de Châtillon, gouverneur de la Flandre, et des milliers de chevaliers sont tués (6 000 à 7 000 hommes y trouvent la mort). En 1382, par vengeance, Charles VI fait incendier la ville. Courtrai est occupée à plusieurs reprises par les Français (1643, 1646, 1648, 1683, 1744, 1794) et devient sous l'Empire une sous-préfecture du département de la Lys.

Georges Couthon
Huile sur toile de Bonneville, musée de la ville de Paris, musée Carnavalet. © *Lauros-Giraudon*

COUSIN Victor (Paris, 1792 – Cannes, 1867)

Philosophe.

Élève, puis professeur à l'École normale, il enseigne à la faculté des lettres de 1815 à 1821. Ses idées libérales et son éloquence mesurée font le succès de son cours où se pressent les auditeurs. Jugé trop libéral, il est suspendu en 1822. Il devient alors précepteur d'un fils du maréchal Lannes et publie divers ouvrages philosophiques. Cousin accomplit ensuite un voyage en Allemagne, où il rencontre notamment le philosophe Hegel. Suspect de carbonarisme, il passe six mois en prison à Berlin, avant d'être libéré sur l'intervention d'Hegel. Le ministère Martignac lui rend sa chaire de la faculté des lettres en 1827, et il enseigne à nouveau pendant trois ans. Les principes de la révolution de 1830 correspondent à ses idées politiques, et sa carrière publique s'en trouve favorisée : comblé d'honneurs par le nouveau régime, Cousin est nommé conseiller d'État, pair de France et directeur de l'École normale. Ministre de l'Instruction publique dans le gouvernement Thiers, en 1840, il continue à dominer l'enseignement de la philosophie, et doit abandonner sa carrière politique après la révolution de 1848 et le coup d'État de décembre 1851.

COUSIN-MONTAUBAN Charles Guillaume, comte de Palikao (Paris, 1796 – Versailles, 1878)

Militaire.

Général placé à la tête du corps expéditionnaire franco-britannique en Chine, il bat les Chinois à l'est de Pékin, près de Palikao, ce qui lui vaudra son étrange titre de comte de Palikao. Il avait en effet refusé celui de duc de Pékin qui, attribué à un militaire, aurait fait sourire. En prenant la succession d'Émile Ollivier le 9 août 1870, il sera le dernier chef de gouvernement de l'Empire.

COUTANCES

Ville de la Manche.

Avant la conquête romaine, Coutances est, sous le nom de *Cosedia*, une cité des Unelles. Au IIIe siècle apr. J.-C., elle change son ancien nom contre celui de *Constantia*, après avoir été fortifiée par Constance Chlore, et devient la capitale du *pagus Constantinus* (Cotentin). Au Moyen Âge, elle suit les destinées de la Neustrie. Détruite par les Normands en 886, un moment possédée par les Bretons, elle devient prospère sous la domination des ducs de Normandie. Mais, après la mort de Guillaume le Conquérant, elle souffre des luttes qui éclatent entre les prétendants à sa succession. Pendant la guerre de Cent Ans, elle est reprise sur les Anglais par Charles V en 1378, mais passe de nouveau sous la domination anglaise, de 1417 à 1449. Au XVIIe siècle, l'établissement de la gabelle y provoque l'émeute des Va-Nu-Pieds, durement réprimée par le chancelier Séguier.

COUTHON Georges (Orcet, Auvergne, 1755 – Paris, 1794)

Homme politique.

Après des études de droit, il est reçu avocat à Clermont (1788) où ses opinions patriotiques et libérales lui valent une assez grande popularité. Président du tribunal de Clermont-Ferrand en 1789, il est assez modéré pendant les deux premières années de la Révolution mais professe des opinions de plus en plus radicales, réclamant notamment la déchéance de Louis XVI après la fuite à Varennes. Il est alors déjà à peu près paralysé des deux jambes. En 1793, il se déplacera dans une chaise à tourniquet restée célèbre et qui aurait appartenu à la comtesse de Provence. À l'Assemblée législative, où il est élu, il prend rang dès le premier jour parmi les plus révolutionnaires. Réélu à la Convention, il siège parmi les Montagnards les plus intransigeants et entre, en juillet 1793, au Comité de salut public où il forme, avec Robespierre et Saint-Just, l'équipe dirigeante qui a reçu le nom de « triumvirat ». Il préconise et appuie les mesures de terreur les plus dures. C'est lui qui dirige, à l'automne 1793, le siège de Lyon révolté. Au printemps suivant, il est rapporteur de la loi du 22 prairial qui, en enlevant aux accusés les dernières garanties habituelles de la justice, organise la Grande Terreur, mais précipite par ses excès la chute de Robespierre et la sienne. Décrété d'accusation par la Convention en même temps que Robespierre et Saint-Just le 9 Thermidor (27 juillet 1794), il se réfugie avec eux à l'Hôtel de Ville pour essayer de soulever les sections parisiennes contre la Convention. Mais la tentative insurrectionnelle échoue et, malgré son infirmité, il est cruellement maltraité par la foule, manquant d'être jeté à la Seine. Finalement transféré à la Conciergerie, il est guillotiné sans jugement le lendemain soir (10 thermidor) avec Robespierre, Saint-Just et dix-neuf de leurs partisans.

COUTRAS (bataille de)

Victoire remportée par Henri de Navarre (futur Henri IV) sur les troupes royales et catholiques commandées par le duc de Joyeuse le 20 octobre 1587.

Vaincus quoique légèrement supérieurs en nombre, les catholiques laissent la plupart de leurs chefs, dont le duc de Joyeuse, sur le champ de bataille. Leurs adversaires, qui l'ont emporté grâce à leur supériorité tactique, ne perdent qu'un petit nombre de soldats.

COUTUMES

Ensemble de règles juridiques fondé sur l'usage et formant le fondement du droit privé (ou droit coutumier), particulièrement dans la France du Nord où le droit écrit romain n'était pas utilisé.

Dans le langage municipal des XIe et XIIe siècles, les coutumes sont synonymes des libertés accordées par les chartes de franchise. La fameuse coutume de Lorris en est l'exemple le plus connu. Au XIIIe siècle, ces règles sont rassemblées en des recueils appelés coutumiers, ainsi les « coutumes du Beauvaisis », rassemblées par Philippe de Beaumanoir. Mais en 1454, par l'ordonnance de Montils-les-Tours, Charles VII prescrit la rédaction généralisée des coutumes dans tout le royaume. Celle de Bourgogne est enregistrée en 1459, celle de Touraine en 1461, celle d'Anjou en 1463. La plupart d'entre elles sont toutefois rédigées sous Louis XII : celle d'Orléans date de 1509, celle de Paris de 1510. Bien souvent, cette première rédaction est remaniée, notamment pendant la seconde moitié du XVIe siècle, pour pallier les lacunes ou les défauts apparus à l'usage. Cet immense travail n'est pas encore achevé au XVIIIe siècle : la coutume de Toul et Verdun ne sera rédigée qu'en 1746. On compte à cette époque environ 60 coutumes générales et plus de 300 locales. En Lorraine, selon le mot de Voltaire, quand on court la poste, on change plus souvent de coutume que de chevaux. Ceci en dépit d'une certaine unification qui tend à s'opérer dans le ressort d'une même juridiction, en l'occurrence le bailliage ou la sénéchaussée. L'uniformisation de tant de lois diverses paraît très vite souhaitable à la monarchie. Louis XI en voyait déjà la nécessité ; Colbert la présente à Louis XIV comme une entreprise digne de sa gloire. Maupeou, dans un mémoire à Louis XV, préconise un « code général de la France ». Mais la monarchie n'osera pas imposer ce bouleversement. Il faudra attendre le code civil pour voir abroger toutes les coutumes. Cette nouvelle législation fait d'ailleurs une place importante aux anciens usages.

COUVE de MURVILLE Maurice (Reims, 1907 – Paris, 1999)

Homme politique, Premier ministre.

Fils de magistrat protestant, inspecteur des Finances en 1932, il est directeur du Mouvement général des Fonds à la déclaration de guerre. En septembre 1940, il est nommé directeur des Finances extérieures et des Changes. Il conserve ses fonctions juqu'au 24 mars 1943, date à laquelle il rejoint la France libre à Alger. Là, il devient secrétaire général du Comité de guerre, puis commissaire aux Finances du CFLN (Comité français de libération nationale) jusqu'en novembre 1943. À la Libération, intime du général de Gaulle, il est ambassadeur de France à Rome (1945), au Caire (1950), à Washington (1955), puis à Bonn. En 1958, ministre des Affaires étrangères du général de Gaulle, il se fait l'artisan de la réconciliation franco-allemande. De juillet 1968 à juin 1969, il est Premier ministre et doit donc gérer l'après-mai 1968. Sa carrière politique se termine en 1969, avec celle de de Gaulle. Député de Paris à partir de 1973, il est sénateur de 1986 à 1995.

CRAON

Ville de Mayenne, berceau d'une ancienne famille qui possède la seigneurie depuis le XIe siècle au moins.

Le plus fameux des membres de cette famille est, au XIVe siècle, Pierre de Craon. Il accompagne le duc d'Anjou à Naples en 1384 et se fait ensuite chasser de la cour de Charles VI pour ses intrigues et ses débauches. Croyant que le connétable de Clisson est à l'origine de sa disgrâce, il tente de l'assassiner en 1392. La tentative échoue, mais c'est en poursuivant Pierre de Craon réfugié en Bretagne que Charles VI est atteint de sa première crise de démence, dans la forêt du Mans. Pierre de Craon est dépouillé de ses biens. Le dernier descendant de la famille de Craon gouverne la Bourgogne après la mort de Charles le Téméraire. La seigneurie reviendra aux Beauvau, dont la famille prendra le titre de Craon après le mariage d'un de ses membres avec l'héritière du nom.

Maurice Couve de Murville
Couve de Murville au cours d'une conférence de presse tenue par Georges Pompidou à Stockholm, le 10 juillet 1964.

CRAONNE

Ville du département de l'Aisne, au sud-est de Laon.

Les 6 et 7 mars 1814, Napoléon bat Blücher sur le plateau de Craonne. Pendant la Première Guerre mondiale, la région est le théâtre de combats très meurtriers. Les trois plateaux de Vauclerc, des Casemates et de Californie, qui constituaient l'est du chemin des Dames, sont conquis par le général Micheler le 4 mai 1917. Enlevés le 27 mai 1918 par les Allemands, ils sont repris en octobre par l'armée Mangin. Mais Craonne est détruite.

CRÉCY-EN-PONTHIEU (bataille de)

Défaite française face aux Anglais, le 26 août 1346.

L'armée anglaise s'est solidement retranchée au haut des pentes avoisinant Crécy (Somme), afin de faire face à l'armée française, forte de 50 000 hommes, qui la suit depuis la vallée de la Seine. Les hommes de pied de Philippe VI de Valois sont épuisés par leur marche forcée. Envoyé en reconnaissance près de l'armée anglaise, le capitaine Le Moine de Bâle constate que celle-ci manque de vivres et conseille au roi d'attendre au lendemain. Peut-être estime-t-il que les Anglais, pressés par la faim, seront contraints de quitter leur position de force. Mais son avis n'est pas suivi. La cavalerie française brûle d'en découdre et Philippe VI n'ose pas l'en empêcher. Les Anglais possèdent des canons qui auraient fait à cette occasion leur première apparition en Occident, mais ce sont leurs archers qui accomplissent toute la besogne. Les charges de la cavalerie française se brisent toutes contre des murs de flèches meurtrières, les archers et arbalétriers du camp français, génois pour la plupart, et excellents, ne pouvant intervenir efficacement. Le roi de Bohême, Jean de Luxembourg l'Aveugle, qui a fait lier son cheval à celui de son écuyer pour être plus sûr de trouver les Anglais au bout de sa lance, est tué en un lieu où s'élève maintenant la « croix du roi de Bohême ». 1 500 chevaliers français, plusieurs milliers de gens de pied connaissent le même sort, car les Anglais ne prennent pas à rançon. Philippe VI a eu deux chevaux tués sous lui quand le comte de Hainaut finit par le convaincre de quitter le champ de bataille. C'est la première grande bataille de la guerre de Cent Ans. Elle n'entraînera pas autant de catastrophes que Poitiers ou Azincourt, mais la prise de Calais, tête de pont d'une valeur inestimable, en est la conséquence directe.

CRÉDIT AGRICOLE

Établissement bancaire fondé en 1899.

Conformément à la loi Méline de 1894 autorisant la constitution, entre les membres des syndicats agricoles, de caisses locales ayant pour objet de faciliter l'octroi de crédits à ses affiliés pour améliorer leur production, le Crédit agricole mutuel naît en 1899. La même année, ces Caisses locales sont regroupées en Caisses régionales, mais il faut attendre 1926 pour que soit créée la Caisse nationale du Crédit agricole (CNCA), dans l'optique de la reconstruction d'après-guerre et de la modernisation des campagnes (électrification, motorisation). Sa contribution, longtemps restreinte, se développe après la Seconde Guerre mondiale grâce aux subventions de l'État et au monopole des prêts bonifiés consentis aux agriculteurs. À partir de 1959, le Crédit agricole peut financer l'habitat et, en 1968, les entreprises. À cette date, le Crédit agricole est la première banque des particuliers, cette puissance lui permettant, onze ans plus tard, de s'implanter à l'étranger. Grâce à la loi de 1988, le Crédit agricole dispose de son autonomie puisqu'il est détenu par les caisses régionales et les salariés. En 1994, il devient la première banque française et, après sa prise de contrôle partielle du Crédit Lyonnais en 1999, il entre dans le club des dix premières banques mondiales.

CRÉDIT FONCIER DE FRANCE

Établissement bancaire fondé en 1852.

Pour s'assurer l'appui des campagnes, Louis Napoléon Bonaparte, par décret du 28 février 1852, favorise l'établissement d'organismes de crédit foncier. Immédiatement naît la banque foncière de Paris, qui, en absorbant deux autres établissements, forme le Crédit foncier de France le 30 juillet 1852. Dès 1854, comme la Banque de France, il est soumis à une tutelle de l'État. Créé pour alléger les dettes hypothécaires des paysans, le Crédit foncier est surtout devenu le banquier de l'« haussmannisation » et la première banque de dépôts française. À la veille de 1914, il n'a consenti que 15 % de ses prêts à l'agriculture. Ses obligations sont l'un des placements préférés des Français.

CRÉDIT LYONNAIS

Établissement bancaire fondé à Lyon en 1863.

Le Crédit Lyonnais est la deuxième banque de dépôts importante à avoir vu le jour en France. Henri Germain, son fondateur, est persuadé que « Monsieur Tout-le-monde est plus riche que M. de Rothschild ». Conscient que les besoins de crédit se font plus nombreux pour les soyeux contraints d'aller chercher des cocons jusqu'en Extrême-Orient ou pour les métallurgistes soumis à la rude concurrence de l'Angleterre, il veut mobiliser le « bas de laine » des bourgeois de Lyon en leur offrant intérêts et services en contrepartie. Dirigé par des hommes d'affaires et notamment le saint-simonien Arlès-Dufour, la banque se consacre au crédit à court terme. Ouvert à Paris et Marseille (1865-1866), le Crédit Lyonnais se développe en France, puis à l'étranger dès

La bataille de Crécy
À g., les Français ; à dr., les Anglais. Miniature, *Chroniques d'Angleterre*, Paris, Bibliothèque nationale de France.

1876, à Londres, Madrid, Genève, etc. En 1913, avec 374 agences, c'est la première banque commerciale du monde. Au lendemain de la Première Guerre mondiale, l'inflation réduit les ressources des rentiers, traditionnels clients du Crédit Lyonnais ; les mésaventures de l'emprunt russe en ruine certains, le paysage bancaire change. Le Crédit Lyonnais perd momentanément sa première place française entre 1920 et 1929.

Après la Seconde Guerre mondiale, la banque est nationalisée (1945) et le siège central transféré à Paris. Le Crédit Lyonnais reste la première banque française jusqu'en 1966. À partir de cette date, l'État crée les conditions d'un nouveau cycle d'expansion en rapprochant banques d'affaires et banque de dépôts, et en supprimant l'autorisation préalable d'ouverture d'agence. Le Crédit Lyonnais accroît donc le nombre de ses agences, qui passe de 828 en 1967 à 1095 en 1974, année où il est assez durement frappé par la crise bancaire. Dans les années 1980, l'international se développe avec l'acquisition de banques étrangères. D'importantes prises de participation dans le capital d'entreprises sont effectuées via les filiales Clinvest et Clindus, ce qui suppose une stratégie à risques. Le retournement de conjoncture en 1992 vaut à la banque, cette année-là puis en 1993, des pertes importantes. Elles remettent en cause la fiabilité de ses gestionnaires et déclenche « l'affaire du Lyonnais ». La mission de redressement est confiée à Jean Peyrelevade, nommé président en 1993. En 1998, un plan de restructuration est arrêté avec l'État et l'accord de la Commission de Bruxelles. Ce plan comporte d'importantes cessions d'actifs et la privatisation de la banque, réalisée en 1999.

CRÉMIEUX Gaston (Nîmes, 1836 – Marseille, 1871)

Avocat et homme politique.

Inscrit au barreau de Nîmes en 1857, il prend rang parmi les opposants à l'Empire et manifeste des opinions de gauche. Installé à Marseille après son mariage, il collabore à des journaux républicains comme *Le Peuple* ou *L'Égalité*, mais, compromis dans les complots républicains, il est arrêté. Libéré après le 4 Septembre, Crémieux participe à la création de la ligue du Midi pour la défense de la République, mouvement d'extrême gauche dissous par le gouvernement de Tours. Il prend part ensuite à la tentative de soulèvement des extrémistes marseillais qui fait suite à la Commune de Paris, est élu président à la commission départementale créée en remplacement du préfet. Après l'entrée des troupes dans la ville, Crémieux se cache, mais est bientôt arrêté. Jugé et condamné à mort par un conseil de guerre le 28 novembre 1871, il est fusillé le 30.

CRÉMIEUX Isaac Moïse, dit ADOLPHE (Nîmes, 1796 – Paris, 1880)

Avocat et homme politique.

Il fait ses études de droit à la faculté d'Aix-en-Provence et devient avocat au barreau de Nîmes. Sa réputation s'affirme lorsqu'il participe à Paris au procès des ministres de Charles X. En 1830, il succède à Odilon Barrot dans la charge d'avocat aux Conseils du roi et à la Cour de cassation, et se distingue lors des nombreux procès de presse du règne de Louis-Philippe. Élu député, en 1842, par le collège électoral de Chinon, il siège à l'extrême gauche, fait une guerre très active au gouvernement Guizot et réclame l'appel au gouvernement du chef de la gauche dynastique, Odilon Barrot. Après la révolution de 1848, Adolphe Crémieux prend le portefeuille de la Justice du gouvernement provisoire, mais se démet de ses fonctions dès le 7 juin. La candidature de Louis Napoléon Bonaparte à la présidence de la République trouve en lui un soutien assez inattendu, mais il change vite d'attitude pour ne plus voter qu'avec le parti dit de la Montagne. Arrêté lors du 2 Décembre 1851, il est relâché vingt jours plus tard. Il se tient désormais à l'écart des affaires publiques jusqu'en 1869 où, élu député de Paris, il siège de nouveau à l'extrême gauche. Membre du gouvernement de la Défense nationale en septembre 1870, Crémieux devient aussitôt garde des Sceaux et prend à ce titre deux décrets célèbres : l'un décide la dissolution des conseils généraux élus sous l'Empire, le second confère la qualité de citoyen français à tous les Juifs d'Algérie (24 octobre 1870), tandis qu'au contraire une politique peu favorable aux musulmans est instaurée. Il remet ses pouvoirs à l'Assemblée nationale le 14 février 1871. Le 20 octobre suivant, le département d'Alger l'élit député à l'Assemblée nationale. Ferme soutien de la politique de Thiers, Crémieux fait tout, après 1873, pour faire échouer la restauration monarchique. En 1875, il devient sénateur inamovible.

CRÉPY-EN-LAONNOIS (traité de)

Traité conclu entre François Ier et Charles Quint le 18 septembre 1544.

Le roi de France renonce à ses prétentions sur Naples et à la suzeraineté sur le comté de Flandre et l'Artois ; Charles Quint abandonne le duché de Bourgogne et ses dépendances. Le troisième fils de François Ier, Charles, duc d'Orléans, doit épouser la fille de Charles Quint, Marie, ou la deuxième fille de son frère Ferdinand, roi des Romains. La première aura en dot la Franche-Comté, la seconde le Milanais. C'est ce qu'on a appelé l'« alternative ». Un an plus tard, en septembre 1545, la mort de Charles d'Orléans rend caduc le traité.

CRÉQUI ou CRÉQUY

Seigneurie artésienne qui donna son nom à une illustre et puissante famille dont le premier personnage connu est Ramelin, sire de Créqui et de Fressin, qui vivait à la fin du Xe siècle.

L'arrière-petit-fils de Ramelin, Gérard, prend part à la première croisade et épouse Yolande de Hainaut, fille de Baudouin III. On rencontre des Créqui dans presque toutes les grandes batailles de la guerre de Cent Ans et du règne de François Ier. Mais les plus connus de la famille se distinguent au XVIIe siècle.

CRÉQUI Charles Ier de (?, 1578 – Crema, Lombardie, 1638)

Maréchal de France.

Il épouse Madeleine de Bonne, fille du duc de Lesdiguières, à qui il succède en 1606 comme lieutenant général du Dauphiné. Ensuite, il prend part aux guerres de Savoie et de Piémont. Créé maréchal de France en 1622 à la mort du duc de Brissac, il remporte de nombreuses victoires sur les Espagnols, battant notamment le duc de Feria en 1625. En 1626, à la mort de Lesdiguières, le roi lui permet de relever le titre de duc de Lesdiguières. Deux ambassades lui sont confiées : Rome en 1633, puis Venise en 1636.

CRÉQUI Charles III de (?, 1623 – Paris, 1687)

Diplomate.

Petit-fils du précédent. Créé duc de Créqui en 1653, il combat à Rocroi et Nördlingen. Envoyé à Rome comme ambassadeur en 1662, il est la cause bien involontaire de la fameuse affaire de la garde corse (Créqui ayant été attaqué par la garde corse du pape, Louis XIV estime que sa majesté a été insultée, et exige une réparation solennelle ; le pape devra ériger un monument expiatoire sur les lieux de l'attentat). Il sera encore gouverneur de Paris en 1676 puis ambassadeur à Londres.

CRÉQUI François, marquis de (?, v. 1624 – Paris, 1687)

Maréchal de France.

Frère du précédent, il sert avec distinction en Flandre et en Catalogne, ce qui lui vaut d'être nommé successivement lieutenant général (1655), général des galères (1661) et maréchal de France (1668). Stratège habile, il bat le duc de Lorraine dont il conquiert le duché et prend Fribourg en 1670. En 1679, il défait à plusieurs reprises l'Électeur de Brandebourg. Grâce à lui, la ville de Luxembourg se rend au roi en 1684.

CRESSON Édith (Boulogne-sur-Seine, 1934 –)

Femme politique, Premier ministre.

Diplômée d'HÉC-jeunes filles, elle entre en 1965 à la Convention des institutions républicaines dirigée par François Mitterrand, qu'elle rencontre à cette occasion et dont elle sera toujours une fidèle. Membre du Parti socialiste à partir de 1971, elle est députée européen (1979-1981), député de la Vienne (1981-1988). En 1983, elle conquiert la mairie de Châtellerault, fief de droite et seule ville de plus de 30 000 habitants à basculer alors à gauche. Elle est ensuite ministre de l'Agriculture (1981-1983) puis ministre du Commerce extérieur et du Tourisme (1983-1984) dans les gouvernements Mauroy, ministre du Redéploiement industriel et du Commerce extérieur (1984-1986) dans le gouvernement Fabius. En 1988, elle entre comme ministre des Affaires européennes dans le gouvernement

Édith Cresson
Édith Cresson dans son bureau. © *G. Giansanti-Sygma*

Rocard mais, en désaccord avec lui, elle démissionne en juin 1990 pour intégrer un grand groupe industriel. Sa nomination à Matignon, le 15 mai 1991, a un grand retentissement, dans la mesure où elle est la première femme, en France, à occuper un tel poste. Aussi bénéficie-t-elle aussitôt d'un préjugé favorable de la part de l'opinion (73 % de bonnes intentions).

En prenant ses fonctions, Édith Cresson est confrontée à une situation difficile. Économiquement, la croissance stagne et le cap des 2,5 millions de chômeurs vient d'être dépassé. Politiquement, les élections législatives du printemps 1993 s'annoncent particulièrement difficiles pour le Parti socialiste, miné par les « affaires » et dont les dirigeants sont en proie aux querelles intestines. Dès son entrée à Matignon, elle calme la situation explosive des banlieues, augmente le SMIC, contre l'avis du ministre de l'Économie et des Finances Pierre Bérégovoy, s'attaque au déficit de la Sécurité sociale en augmentant de 0,9 % les cotisations d'assurance maladie. Son objectif principal est d'initier une politique industrielle novatrice (ce qu'elle appelle l'« impératif industriel »), fondée sur le soutien aux PME et le développement de l'apprentissage selon le système allemand consistant à ce que la formation réponde au plus près aux besoins des entreprises, ceci dans le but de faire reculer le chômage. Elle milite en faveur de la création d'un grand ministère de l'Industrie et de l'Économie, sorte de MITI à la française, mesure que le président de la République François Mitterrand lui refusera toujours. Par ailleurs, elle insiste sur la nécessité des délocalisations, obtenant, non sans de nombreuses protestations, le transfert de l'ÉNA à Strasbourg (novembre 1991). Malgré son volontarisme et son dynamisme, dans la foulée de la débâcle socialiste aux élections cantonnales, Édit Cresson est obligée de démissionner le 2 avril 1992, soit après dix mois et demi seulement de gouvernement, ayant battu tous les records d'impopularité d'un Premier ministre sous la Vᵉ République. Son échec est dû à une base politique insuffisante, à un soutien en demi-teinte du chef de l'État. Isolée au sein du Parti socialiste depuis toujours, elle s'est très vite heurtée à l'hostilité de ses dirigeants – Laurent Fabius, Pierre Mauroy, Lionel Jospin, Pierre Bérégovoy –, ce dernier ne lui ayant jamais accordé les marges de manœuvre financières dont elle avait besoin. Par ailleurs, sa manière autoritaire et solitaire de gouverner, son refus de la concertation, lui ont aliéné la haute administration ainsi que les syndicats, tandis que des erreurs de communication ont entraîné dans l'opinion et les médias un revirement brutal et violent contre elle. Elle est ensuite commissaire européen de 1994 à 1999.

CRÈVECŒUR Jacques de (? – ?, v. 1441)

Chef de guerre et diplomate.

Au service de Philippe le Bon, duc de Bourgogne, il reçoit plusieurs commandements militaires. Envoyé auprès du roi d'Angleterre pour négocier la paix de 1433, il participe ensuite à la conclusion du traité d'Arras qui réconcilie Philippe le Bon et Charles VII. Il combat les Anglais, prend part au siège de Calais en 1436 et à l'expédition organisée pour la libération de la Normandie. Jusqu'à sa mort, il joue un rôle important dans toutes les transactions et négociations de paix.

CRÈVECŒUR Philippe de (?, v. 1418 – ?, 1494)

Maréchal de France.

Il abandonne le service de la Bourgogne après la mort de Charles le Téméraire, en 1477, et passe à celui du roi de France, livrant à Louis XI les places d'Arras, Hesdin et Boulogne. Maréchal de France à la suite de ses succès en Flandre, grand chambellan de Charles VIII, Crèvecœur signe, en 1492, le traité d'Étaples avec l'Angleterre.

CRILLON Louis des BALBES de BERTON de (Murs, 1543 – Avignon, 1615)

Homme de guerre d'origine piémontaise.

Chevalier de Malte avant de savoir parler, il fait ses « enfances » militaires sous François de Guise. On le voit à Calais, Dreux, Saint-Denis, Jarnac, Moncontour. Mais c'est à Lépante qu'il acquiert sa renommée : don Juan d'Autriche le charge de porter la nouvelle de la victoire au pape. Revenu en France, Crillon est blessé devant La Rochelle et accompagne en Pologne le duc d'Anjou. Celui-ci, devenu Henri III, le nomme maître de camp et crée pour lui le rang de lieutenant-colonel de l'infanterie. Après la journée des Barricades (12 mai 1588), Crillon protège le roi qu'il suit à Blois, mais refuse de se compromettre dans l'assassinat d'Henri de Guise. Mayenne attaquant Tours trouve en lui un adversaire acharné (mai 1589). Après la mort d'Henri III, il sert Henri IV avec un dévouement total. Avant d'abandonner les armes, il commandera l'armée de Savoie, avec Sully, en 1600.

CRIMÉE (guerre de)

Guerre de la France et de l'Angleterre contre la Russie, de 1854 à 1856.

La cause en est le désir des Français, et surtout des Anglais, de soustraire les Détroits et la mer Noire à la menace russe. Le gouvernement de la reine Victoria obéissait à une loi constante de la politique britannique : s'opposer à ce que les autres grandes puissances s'assurent des positions maritimes stratégiques. En l'occurrence, Napoléon III partageait le même souci, mais en y ajoutant des arrière-pensées diplomatiques et un motif religieux. Arrière-pensées diplomatiques : par la cobelligérance avec l'Angleterre, ramener l'entente entre la France et la Grande-Bretagne, prouver que « l'Empire, c'est la paix » ; profiter de la méfiance de l'Autriche envers la Russie pour les dresser l'une contre l'autre, autrement dit casser la vieille alliance des États chrétiens d'Europe orientale contre la France impériale. Motif religieux : la France est par tradition protectrice des Lieux saints. Un traité signé en 1740 entre Louis XV et la Porte l'a solennellement confirmé. Or, depuis environ un siècle, le clergé grec évince peu à peu les desservants latins de Bethléem et de Jérusalem. Les Byzantins bénéficient du soutien efficace du tsar qui déclare avoir à veiller sur les intérêts de plusieurs millions de chrétiens orthodoxes vivant sous la domination turque.

Depuis 1828, Nicolas Iᵉʳ guette la succession de la Sublime Porte, qu'il qualifie d'« homme malade » de l'Europe. En 1852, ses intentions belliqueuses se traduisent dans les faits. La Russie méridionale est mise sur pied de guerre. L'année suivante, les « principautés » ou provinces moldo-valaques sont envahies, la flotte d'Osman Pacha est coulée à Sinope (30 novembre). La mer Noire devient un lac russe. Le 25 mars 1854, la France et l'Angleterre déclarent la guerre à la Russie. Un corps expéditionnaire franco-anglais se rassemble à Gallipoli sous les ordres de Saint-Arnaud et de lord Raglan, puis marche sur Varna. Les Russes sont contraints d'abandonner le siège de Silistrie et d'évacuer les provinces moldo-valaques qui sont placées sous la surveillance de l'Autriche. Le théâtre des opérations se déplace alors pour une diversion en Baltique, où les Alliés s'emparent de Bomarsund (août) et bloquent le port de Kronstadt.

Pendant ce temps, le choléra fait des ravages en Dobroudja. Les alliés décident d'aller attaquer Sébastopol. 60 000 hommes débarquent à Eupatoria, battent Menchikov à l'Alma et marchent sur Sébastopol. Le commandement allié commet alors l'erreur de surestimer les défenses de la ville. Un vaste camp retranché s'établit à l'est et au sud de la place. Canrobert, qui a remplacé en septembre Saint-Arnaud mort du choléra, perd assez de temps pour que les Russes puissent organiser leur défense. Toutefois, Menchikov, qui n'a pas réussi à rompre les lignes alliés à Balaklava en octobre, ni à Inkerman en novembre, ne parvient pas non plus à gêner sérieusement les travaux du siège qui vont se poursuivre pendant l'hiver. Canrobert est relevé de son commandement sur sa propre demande. Pélissier le remplace en mai 1855. Peu de temps après, Simpson succède à lord Raglan, emporté par le choléra. C'est alors que commencent les hauts faits de la campagne : prise du Mamelon vert et des Ouvrages blancs (7 juin), combat du pont de Traktir (16 août), enfin assaut victorieux de Malakoff (8 septembre) qui entraîne la chute de Sébastopol. La guerre prendra fin après la bataille de Kanghil (29 septembre) et l'occupation de Kinburn et d'Otchakov le mois suivant. À l'issue d'un congrès ouvert à Paris le 25 février 1856, la paix est signée le 30 mars. Le principal effet de cette guerre qui, dans l'immédiat, sert surtout les intérêts anglais, est l'arrêt de la progression russe vers le sud. Aux yeux du gouvernement français, la victoire efface les traités de 1814 et de 1815 ; les Balkans et le Proche-Orient s'ouvrent à l'influence française.

CRISE DE 1929

Crise économique née aux États-Unis à la fin du mois d'octobre 1929, et qui gagne peu à peu, et à des degrés divers, l'ensemble des pays capitalistes dans les années suivantes.

Il y a deux crises de 1929, en ce qui concerne la France. La première vient d'Amérique et, dans la perception qu'en ont les contemporains, touche le pays avec retard, moins brutalement que ses voisins, mais avec des effets de long terme dommageables. La seconde, ignorée par orgueil nationaliste autant que par la médiocrité des analyses du moment, est à l'œuvre dès le début de l'année 1929 et signe la désadaptation du pays au monde industriel de l'entre-deux-guerres. Le ton de la réaction française au cataclysme du 24 octobre 1929 à Wall Street est donné par André Tardieu, un mois plus tard : « l'îlot de prospérité dans un monde en crise ». La France, qui avait vaincu la poussée inflationniste de l'après-guerre, s'estimait à l'abri du « tripot américain » (la spéculation boursière), des « chimères allemandes » (le recours massif aux crédits d'outre-Atlantique) et

Crise de 1929
Caricature de la crise par *Le Charivari*, 16 novembre 1929.
© Collection Kharbine-Tapabor

des « prétentions anglaises » (la crise de la livre sterling entraînée depuis 1925 par un retour trop précoce à la parité or de 1914). De fait, dans la seule année 1929, les réserves monétaires de la France augmentent d'un tiers pour atteindre 80 milliards de francs. Surtout, le chômage semble épargner le pays : en 1931, le nombre des sans-emploi officiellement secourus atteint 55 000, contre 2,6 millions en Grande-Bretagne et 4,5 millions en Allemagne. Conformément à ce diagnostic, la crise française se déclenche lorsque l'épuisement de la demande étrangère se conjugue au dumping monétaire déclenché en cascade par les dévaluations de l'automne 1931 et à l'effondrement des prix agricoles. Le nombre des chômeurs touche le million au début de 1936 et le taux officiel des sans-emploi salariés, 10 %, rattrape celui de l'Allemagne (10,3 %) et de l'Angleterre (12,5 %). Cette dégradation s'explique, pour les contemporains, parce que les murs financiers ne sont pas étanches (thème de la spéculation anglo-saxonne), que la France a résisté jusqu'en 1936 aux facilités de la dévaluation, mais que la déflation, menée notamment par les cabinets Flandin et Laval, a pénalisé la compétitivité française (thème de la monnaie forte, handicap dans une guerre monétaire), et enfin parce que les gouvernements se sont montrés pusillanimes (thème de l'incapacité des hommes politiques).

Cette histoire, estampillée par quelques grands acteurs, tel l'économiste Charles Rist, repose sur une analyse incomplète et sur une visée idéologique : exonérer la France de ses faiblesses et faire croire qu'elle reste la grande puissance d'Europe continentale. En réalité, les exportations ont commencé de chuter avec la stabilisation du franc Poincaré (1928), passant de 19 % du PIB (1924-1926) à 12,5 % en 1929 ; de même, la Bourse de Paris commence sa descente en février 1929 et a baissé de 20 % lorsque survient le krach de Wall Street ; enfin, les bénéfices des 100 premières sociétés par rapport aux fonds propres ont reculé de 30 % entre l'été 1928 et la fin 1930. La France économique connaissait dès 1929 des problèmes de débouchés, de rentabilité, de fonds propres. Les événements internationaux cristallisent ces faiblesses, en même temps qu'ils détournent l'attention des responsables sur les causes structurelles de l'archaïsme national. D'où le sentiment d'une crise interminable, sur laquelle on ne peut agir qu'à la marge, et le contresens consistant à envisager une crise de l'offre (surproduction), alors que le pays souffre d'une monétarisation insuffisante (peu de chèques, encore moins de crédits) et d'une demande rétrécie. Le prix à payer d'une telle erreur se solde par dix ans de dépression.

Croisades
La prise de Jérusalem par les croisés. Miniature. © *Sélection Images*

CROISADES

Nom donné aux pèlerinages militaires que les chrétiens d'Occident mènent au Moyen Âge en Terre sainte. Décidés par le pape qui accorde à leurs participants des privilèges spirituels et temporels, ils ont pour but la délivrance du tombeau du Christ, à Jérusalem.

Le mouvement de pèlerinage aux Lieux saints, individuel ou collectif, n'a cessé de s'amplifier à partir de la fin du Xe siècle, à la faveur de la paix relative qui règne en Méditerranée. C'est la rencontre de cette tradition avec celle de la guerre « juste » contre l'Infidèle, exprimée par l'Église d'Occident dès le IVe siècle, qui donne naissance à l'idée de croisade. Dans l'esprit de ses premiers prédicateurs, la croisade doit transformer la guerre endémique en Occident en une juste cause, celle de la chrétienté. À côté de ces facteurs spécifiquement religieux, les conditions sociales et économiques de la fin du XIe siècle – trop-plein démographique, manque de terres exploitables, croissance de l'économie monétaire et des échanges, début de l'expansion italienne en Méditerranée – rendent possible et favorisent l'élan qui pousse en foule vers l'Orient les chrétiens d'Occident. Parmi ces pèlerins, les Français occupent une place privilégiée.

Un malentendu entre les États d'Occident et l'Empire byzantin déclenchera la première croisade. L'Empire byzantin a en effet pour coutume, depuis le milieu du XIe siècle, de recruter des mercenaires occidentaux pour sa défense. Mais, essayant d'appuyer leurs demandes de secours, les Byzantins n'hésitent pas à décrire avec quelque exagération les malheurs réels des fidèles d'Asie Mineure. Ces arguments, joints aux nouvelles colportées par quelques pèlerins en difficulté, provoquent, dans l'Occident profondément ignorant des réalités de l'Orient, une réponse disproportionnée à celle qu'attend Byzance : les papes réformateurs appellent à la guerre sainte pour porter aide aux chrétiens d'Orient opprimés, croit-on, par les Turcs seldjoukides.

Dès 1074, Grégoire VII adresse à certains fidèles de Saint-Pierre un appel à se rendre au secours de « l'Empire chrétien ». Mais sa querelle avec l'Empire byzantin lui fait abandonner son projet. Il est repris en 1095 par Urbain II, qui clôture le concile de Clermont en prononçant un sermon dans lequel, après avoir évoqué les malheurs des chrétiens d'Orient, il adjure les chrétiens d'Occident de cesser leurs luttes fratricides et de s'unir pour combattre les païens et délivrer leurs frères d'Orient. À ces paroles, la foule enthousiaste, au cri de « Dieu le veut », est bientôt décidée, après l'évêque du Puy Adhémar de Monteil, nommé légat et chef de l'expédition, à « prendre la croix », et fait le vœu d'aller à Jérusalem. En signe de ce vœu, les premiers volontaires doivent coudre entre leurs épaules une croix de tissu qui les fait appeler *cruce signati* – « marqués du signe de la croix » –, d'où sera formé, vers le milieu du XIIIe siècle, le terme « croisade ».

La croix est également le signe de l'appartenance à une communauté nouvelle de pèlerins en armes, dotés de certains privilèges spirituels. À Clermont, Urbain II promet l'indulgence plénière – c'est-à-dire la remise de la pénitence imposée pour le pardon des péchés – à tous ceux qui partiront pour libérer l'Église de Dieu à Jérusalem. Peu à peu s'élabore la doctrine ecclésiastique de la croisade pour qui le thème de la libération du tombeau du Christ supplante rapidement le propos initial de secourir les chrétiens d'Orient. Parallèlement, les textes fixent avec précision les conditions d'obtention des indulgences, hiérarchisées dès la fin du XIIe siècle : proportionnelles aux services rendus, elles sont plénières pour deux ans passés en Terre sainte ou dans une autre expédition privilégiée. Mais, très vite, ces privilèges spirituels ne sont pas les seuls. Dès le XIIe siècle, la papauté détermine le statut du croisé par une série de prérogatives matérielles, notamment le privilège de la croix qui, défini en 1145, place le croisé, sa famille et ses biens sous la protection de l'Église pendant la durée de l'accomplissement du vœu.

Urbain II prêche la croisade en France pendant huit mois à Limoges, Angers, en Aquitaine et dans le Languedoc. Il s'adresse surtout au milieu dont il est issu : la noblesse française du sud de la Loire. Mais l'été 1096, date fixée pour le départ, les contingents croisés dépassent largement ce cadre. L'évolution de la condition matérielle et de l'idéal des chevaliers au cours du XIe siècle explique ce succès. Le départ en Orient est un moyen de s'affranchir de la contrainte du lignage, en un temps où le resserrement des liens vassaliques et le mouvement de paix limitent les occasions d'aventure. De plus, parce qu'il met au service d'un idéal chrétien les vertus guerrières, l'accomplissement du « vœu de croix » (*votum crucis*) devient indispensable au parfait chevalier.

Mais l'appel de Clermont reçoit aussi une large audience dans les milieux populaires. À côté de la croisade des « barons », hiérarchisée et structurée, qui comprend d'ailleurs elle-même de nombreux non-combattants, surgit spontanément une croisade populaire. Ces croisades des « pauvres » seront nombreuses et sauront garder vivant jusqu'au début du XIIIe siècle un idéal qui rencontrera de moins en moins d'écho chez les chevaliers. La tradition retient huit croisades qui correspondent à ce que l'on appelle alors les « passages généraux ». Mais nombre de barons, de chevaliers et de « pauvres » prennent la croix en dehors de ces grandes expéditions, venant apporter à l'occasion de leur pèlerinage leur secours éventuel aux États croisés.

La première croisade et les premiers établissements croisés en Terre sainte. Précédant les armées régulières, la « croisade populaire », prend la route de Constantinople par la voie du Danube, dès avril 1096, sous la conduite de Gauthier sans Avoir puis de Pierre l'Ermite. Mais, souvent incapable d'acheter son ravitaillement, elle est portée au pillage, massacre beaucoup de Juifs en chemin, se débande peu à peu et finit sous les coups de la famine, des maladies et finalement des Turcs (octobre 1096), avant même d'avoir atteint son but. Formée de contingents féodaux cheminant isolément, encombrée de non-combattants, la croisade des barons ne répond pas aux désirs du pape qui l'aurait voulue unie sous la direction du légat et d'un chef laïque. Elle accumule néanmoins les succès face à un monde musulman divisé par des querelles politiques, religieuses et ethniques. Quatre armées prennent le chemin de Constantinople par quatre routes différentes : un premier groupe de Provençaux suit Raymond de Saint-Gilles, comte de Toulouse et de Provence ; Godefroi de Bouillon, duc de Basse-Lotharingie, est accompagné de son frère Baudouin de Boulogne, de Hugues de Vermandois, frère du roi Philippe Ier, et de chevaliers français et champenois ; Robert de Normandie et Étienne de Blois conduisent un troisième groupe, enfin Bohémond de Tarente est à la tête des Normands de Sicile. Toutes ces armées sont réunies en Asie Mineure, en mai 1097, et immédiatement se pose le problème de leurs rapports avec l'empereur byzantin, Alexis Ier Comnène. Non sans difficulté, celui-ci obtient des principaux chefs croisés, en échange de son aide, la promesse de lui rendre toutes les terres qui appartenaient à l'Empire avant l'invasion turque et un serment de fidélité pour les autres terres qu'ils pourraient conquérir en Orient. Effectivement, lorsque Nicée est enlevée aux Turcs le 19 juin, elle est rendue aux Byzantins. Mais les ambitions territoriales des croisés ne tardent pas à se manifester. Baudouin de Boulogne refuse de rendre Édesse à Byzance et crée de ce fait le premier État croisé, le comté d'Édesse. Les droits de l'empereur ne sont pas davantage respectés lorsque l'armée croisée, après s'être difficilement frayé un chemin en Anatolie, s'empare d'Antioche (1098). Bohémond prend prétexte du fait qu'Alexis n'a pas porté aide à l'armée croisée pour ne pas restituer la ville. La rupture avec Byzance est consommée. Le 15 juillet 1099, après un assaut difficile de deux jours, Jérusalem tombe à son tour aux mains des croisés. Mais la prise de la ville s'accompagne de violences qui deviendront pour l'Islam le signe de l'intolérance chrétienne. Pour les croisés, elle marque à la fois l'accomplissement du pèlerinage et la transformation de celui-ci en une garde du tombeau du Christ. Les croisades suivantes auront, en effet, pour objet de défendre les positions acquises au Proche-Orient, chaque fois que la pression musulmane se fera menaçante.

Élu prince par les clercs et par les chefs de la croisade, Godefroi de Bouillon prend le titre d'avoué du Saint-Sépulcre, réservant ainsi les droits éminents de l'Église sur le nouvel État. L'aide des autres princes lui permet de surprendre l'armée égyptienne à Ascalon (juillet 1099) et d'assurer ainsi la survie de son État. Mais les « établissements » croisés ne sont encore que quelques villes dangereusement isolées et mal reliées à la mer. En Occident, l'annonce de la prise de Jérusalem contribue à inciter au départ de nouvelles recrues, aussi nombreuses que celles de la première croisade. Barons et pauvres se mettent en route de Lombardie, du Poitou, de Bourgogne et de Bavière. Mais, faute d'entente, ces « arrière-croisades » sont successivement écrasées en Anatolie devant l'unité provisoire des Turcs.

Désormais, les secours ne peuvent plus venir en Terre sainte que par mer, acheminés ou fournis par les villes italiennes. Déjà, les flottes génoises avaient grandement aidé à la prise d'Antioche et de Jérusalem. En 1100, l'archevêque Daimbert de Pise, venu avec 128 bateaux, contribue à fortifier Jaffa et se fait élever au patriarcat de Jérusalem. C'est peut-être pour contrebalancer son influence que Godefroi promet aux Vénitiens un tiers des villes qu'ils aideraient à conquérir et des privilèges importants. Mais il meurt la même année et l'achèvement de la conquête sera l'œuvre de son frère Baudouin. Après s'être fait couronner « roi de Jérusalem » à Bethléem par le patriarche, à la Noël de l'an 1100, Baudouin prend Arsouf et Césarée en 1101, Acre en 1104 (renommée Saint-Jean-d'Acre) avec l'aide des Génois, repousse en 1105 à Ramla une nouvelle offensive fatimide, s'empare enfin de Beyrouth en 1109 et de Sidon en 1110 avec l'appui des flottes norvégiennes. Se posant en arbitre entre les princes croisés, il sait acquérir une autorité morale sur les autres États croisés, les comtés d'Antioche, Édesse et Tripoli, qui forment sous sa direction une sorte de confédération aux liens assez lâches.

La deuxième croisade. Cette expansion des États croisés et certaines violences dont se rendent responsables les Francs suscitent un mouvement de protestation dans le monde musulman, bientôt suivi d'un redressement militaire et politique qui se traduit de façon spectaculaire, en 1145, par la prise d'Édesse. L'événement a un retentissement énorme. En Occident, il est un argument décisif pour le succès de la nouvelle croisade levée sur l'initiative du roi de France Louis VII, désireux de se rendre en pèlerinage à Jérusalem. Le pape Eugène III en confie la prédication à Bernard de Clairvaux qui entraîne à Vézelay, le 31 mars, la prise de croix de nombreux nobles français et parvient à convaincre l'empereur Conrad III de prendre la tête d'une expédition. Mais les mauvais rapports entre les croisés et Byzance et entre les croisés eux-mêmes – Français et Allemands cheminent séparément – affaiblissent considérablement les forces de la croisade avant même son arrivée en Terre sainte. L'armée de Conrad est battue à Dorylée, tandis que Louis VII, harcelé dans la vallée du Méandre, doit s'embarquer pour Antioche avec ses chevaliers. Enfin, la mésentente entre les croisés et les Francs d'Orient conduit définitivement la croisade à l'échec. Le pèlerinage l'emporte sur les nécessités de la défense de l'Orient latin, et les croisés préfèrent, à la reconquête d'Édesse, une expédition inutile contre Damas qui se solde par un échec (1148). Les croisés rapportent toutefois un nouvel arbre fruitier, le prunier, d'où l'expression « se battre pour des prunes ».

La troisième croisade. La contre-offensive musulmane accumule de nouveaux succès sous la direction de Nur al-Din puis de son neveu Salah al-Din (Saladin) qui, après avoir réalisé au moins formellement l'union de l'Égypte et de la Syrie, remettent à l'honneur les thèmes de la guerre sainte et se posent en champions de l'Islam contre ses ennemis extérieurs et intérieurs. Au moment même où le recul de la puissance militaire byzantine en Asie Mineure laisse les États croisés sans protection vers le nord, tandis qu'ils subissent au sud des raids terrestres et maritimes, les dissensions intérieures du royaume de Jérusalem viennent, elles aussi, favoriser l'offensive musulmane. Renaud de Châtillon fournit à Saladin le *casus belli*, lorsqu'au début de 1187 il détrousse une caravane se rendant à Damas et refuse de rendre son butin. Le roi de Jérusalem, Gui de Lusignan, adoptant une stratégie peu prudente, lance son armée à travers le plateau de Galilée pour défendre Tibériade assiégée. C'est le désastre. Cernées à Hattin, écrasées par la chaleur, les troupes franques subissent l'une de leurs plus graves défaites. Le roi et presque tous les chevaliers sont faits prisonniers. Les places de l'intérieur se rendent l'une après l'autre et Jérusalem tombe à son tour le 2 octobre 1187, après un siège de six jours. En peu de temps, les établissements croisés sont réduits à Tyr et Beaufort pour le royaume de Jérusalem et dans le nord, à Tripoli, au krak des Chevaliers, à Antioche et à Margat.

Dès que les premiers désastres sont connus en Occident, une nouvelle croisade s'organise. Les rois de France et d'Angleterre, Philippe Auguste et Richard Cœur de Lion, et l'empereur Frédéric Barberousse prennent la croix en 1188. Précédé en Terre sainte par de nombreux croisés de toutes nationalités qui apportent leur concours au siège d'Acre, Frédéric Barberousse, au terme d'une marche difficile à travers l'Empire byzantin, remporte sur les Turcs la victoire d'Iconium (mai 1190), mais il se noie accidentellement en traversant le Salef (Cilicie), et son armée se disperse. Philippe Auguste et Richard Cœur de Lion, qui ont choisi la route de mer ne partent qu'en 1190. Richard s'empare de Chypre, assurant ainsi la croisade d'une base de ravitaillement proche. Les deux souverains se retrouvent sous les murs d'Acre qui tombe le 2 juillet 1191. Philippe Auguste, malade, regagne la France, Richard reste le seul chef de la croisade. Il remporte des victoires sur Saladin à Arsouf (septembre 1191) et Jaffa (août 1192) mais ne peut espérer reprendre directement Jérusalem. Du côté musulman, le zèle pour la guerre sainte s'est bien émoussé, et les adversaires entament des négociations qui aboutissent à une trêve (septembre 1192). Les Francs gardent la côte de Tyr à Jaffa, et la liberté de pèlerinage à Jérusalem est garantie aux chrétiens. La troisième croisade a donc empêché la chute de la Syrie franque et contribué à l'établissement du second royaume de Jérusalem ou « royaume d'Acre », certes réduit à une frange côtière mais plus facile à défendre que les territoires antérieurs plus étendus. Les trêves seront renouvelées, et le statu quo établi à la faveur de la troisième croisade durera près d'un siècle.

La quatrième croisade. La croisade est devenue à la fois un rite et une institution. Puisque l'on peut disposer de troupes grâce à elle, la tentation est grande de l'utiliser contre d'autres « infidèles » que les musulmans de Terre sainte. La première de ces nouvelles expéditions est la croisade projetée par l'empereur Henri VI qui hérite à la fois des traditions messianiques de la croisade impériale et des ambitions méditerranéennes des Normands, en tant que possesseur du royaume de Sicile. Mais sa mort, au moment où il va s'embarquer, provoque la dislocation des troupes qu'il avait déjà envoyées en Syrie (1197). Cet échec fournit argument au nouveau pape Innocent III, imbu des prérogatives du Saint-Siège et désireux d'en étendre le pouvoir à la faveur de la crise de l'Empire, pour lancer une croisade d'inspiration purement pontificale. Prêchée en France avec un succès croissant par Foulques de Neuilly qui exalte sa vertu purificatrice au moment même où les problèmes financiers vont la dominer, elle s'ébranle sous la direction de Boniface de Montferrat en 1202. Mais, incapables de verser aux Vénitiens le prix convenu pour le transport des troupes par mer, les croisés acceptent de s'emparer pour leur compte de la ville hongroise de Zara (novembre 1202). Première grave déviation, car Zara est une cité chrétienne. Puis ils se laissent convaincre d'aider au rétablissement sur le trône de Constantinople d'Isaac II qui avait été renversé en 1195 par Alexis III. Le 13 avril 1204, après un long siège, les croisés s'emparent de Constantinople qui est livrée au pillage.

Évident aux yeux de la chrétienté grecque victime de la croisade, le scandale de l'expédition qui a ruiné la « reine des villes » de la chrétienté n'apparaît que progressivement dans la conscience occidentale. Les conséquences en sont pourtant dramatiques. La prise de Constantinople par les croisés creuse définitivement le schisme entre les Églises d'Orient et d'Occident, et elle est suivie du démantèlement de l'Empire byzantin. Appliquant les termes d'un traité signé en 1202 sur le partage des conquêtes éventuelles pour moitié entre croisés et Vénitiens, une *partitio* accorde à l'empereur latin de Constantinople le quart des terres, les trois quarts allant pour moitié à Venise et pour moitié aux « pèlerins ». Mais ce nouvel Empire latin est bientôt réduit à la seule ville de Constantinople, et sa survie apparaît vite précaire. En Macédoine est également fondé l'éphémère royaume de Thessalonique, tandis que l'Attique et la Béotie constituent le duché d'Athènes. De tous ces établissements, issus de la quatrième croisade, l'Empire vénitien sera le plus durable : outre un quartier de Constantinople, la République possède désormais en propre les ports de Coron et Modon, au sud de la Messénie, et surtout la Crète.

Les croisades politiques du XIIIe siècle. Ces premières « déviations » de la croisade en amènent vite d'autres. En Europe, à partir de ce début du XIIIe siècle, toutes sortes d'expéditions dirigées contre les « ennemis de la foi » en général, et ceux de la papauté en particulier, fussent-ils chrétiens, sont en effet abusivement assimilées au « pèlerinage de la croix ». En faisant prêcher, à partir de 1207-1208, la croisade contre les albigeois, Innocent III ouvre la voie à ses successeurs et forge l'instrument des « croisades politiques » ultérieures. Il est le premier à lever des taxes pour la croisade sur les revenus du clergé et à exprimer le droit pour le pape d'offrir à tout catholique zélé qui s'en emparerait les terres de ceux qui ne réprimeraient pas l'hérésie. À l'aide de ces armes pratiques et théoriques, les papes du XIIIe siècle utilisent la croisade à une fin politique essentielle : assurer l'indépendance de la papauté en empêchant l'Empire de contrôler l'Italie du Sud et la Sicile et d'encercler le patrimoine de saint Pierre. Ces croisades politiques menées en Occident privent la Terre sainte du secours de nombre d'hommes et quantité d'argent tout au long du XIIIe siècle.

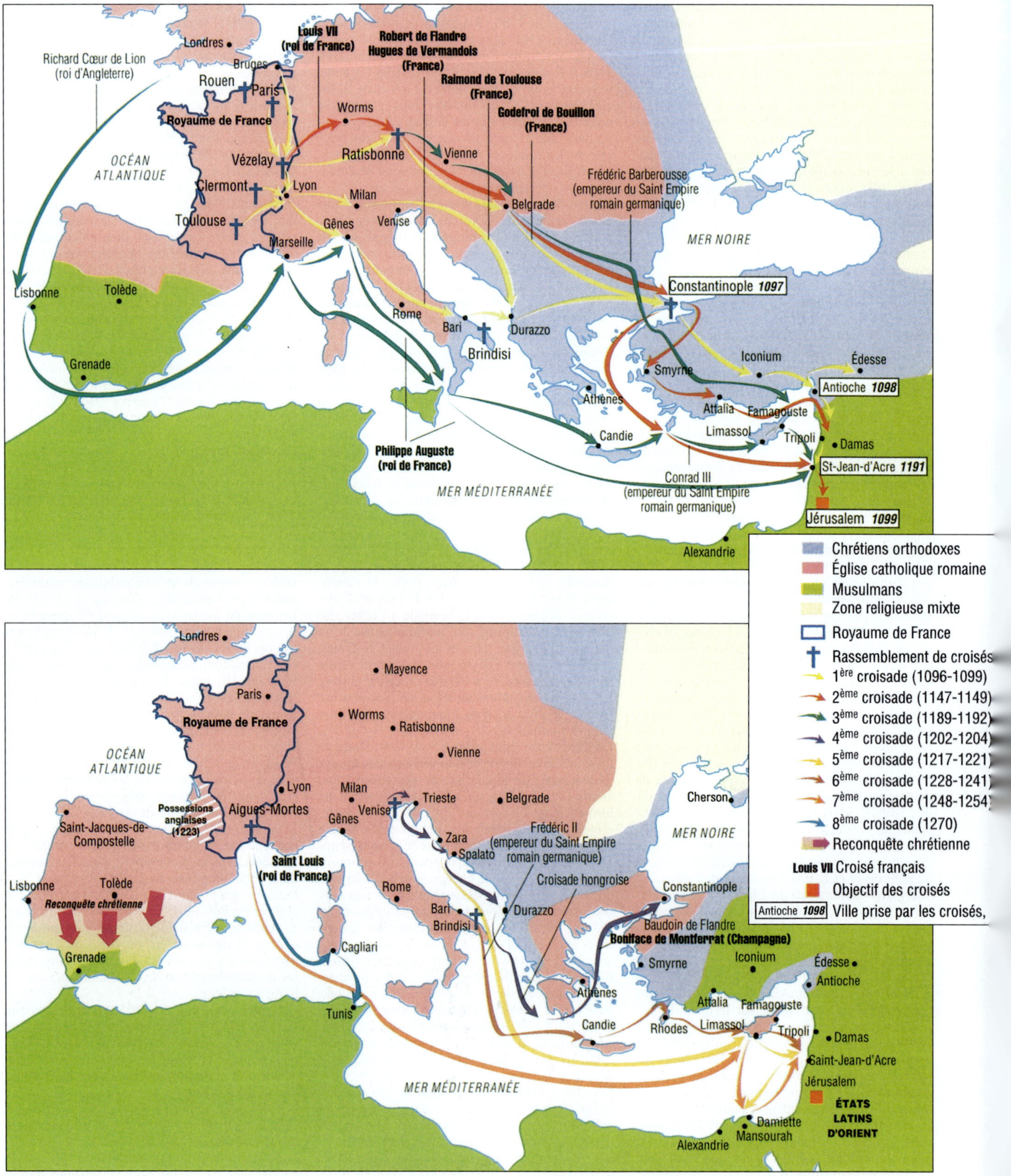

Itinéraire des croisades

Croisades
Embarquement de Saint Louis pour la croisade. Enluminure, *Livre du trésor des histoires*, XVe siècle, Paris, musée du Louvre. © *RMN*

La cinquième croisade. Le Proche-Orient avait connu une longue période de trêves assorties de concessions mutuelles. Mais le pape Innocent III invoque la construction sur le mont Thabor d'une forteresse qui domine la plaine d'Acre pour prêcher en 1213 une nouvelle croisade. Son organisation est codifiée par le quatrième concile de Latran (1215). En raison de la croisade contre les albigeois, commencée en 1209, elle compte peu de Français. Les contingents du duc d'Autriche et du roi de Hongrie ne parviennent pas à s'emparer du mont Thabor (1217) et les Hongrois repartent dès 1218. Les croisés décident alors d'attaquer Damiette, espérant ainsi affaiblir la puissance égyptienne. Devant leur pression, le sultan propose, en échange de la levée du siège, de rendre aux Latins l'ancien territoire du royaume de Jérusalem sauf la Transjordanie. L'opposition du légat Pélage empêche le roi de Jérusalem, Jean de Brienne, d'accepter ce traité. Damiette est prise en novembre 1219 mais, lorsque le légat prétend entraîner la croisade à la conquête de l'Égypte, la marche sur Le Caire s'achève par un désastre et, pour sauver les croisés, il faut abandonner Damiette (1221) et tout projet sur l'Égypte.
La sixième croisade. Après cet échec, le pape Honorius III ne peut plus compter que sur l'empereur Frédéric II qui a pris la croix dès 1215. Couronné empereur à Rome en 1220, ce dernier épouse, en 1225, l'héritière du royaume de Jérusalem, mais son départ pour la Syrie, fixé à 1227, est remis pour cause de maladie. Prenant prétexte de ce nouveau délai, le pape Grégoire IX l'excommunie. Frédéric II rejoint néanmoins la croisade au printemps 1228. Mais il préfère la diplomatie aux armes et, après cinq mois de négociations, réussit à conclure avec le sultan le traité de Jaffa (février 1229) : Jérusalem est rendue au royaume latin, ainsi que Nazareth et Bethléem, avec l'accès à ces cités. L'ancien royaume de Jérusalem est donc reconstitué sous le sceptre de Frédéric II, mais dans des conditions telles que les difficultés intérieures le ruineront à nouveau très vite. Le conflit latent qui oppose Frédéric II à la papauté et aux barons croisés inaugure, en effet, une ère de guerres civiles incessantes que n'interrompront pas les plus graves dangers.
La septième croisade. Elle est précédée d'une croisade, prêchée en 1239, qui mène en Orient le roi de Navarre, le duc de Bourgogne et Richard de Cornouailles. Ce dernier obtient, en 1241, le renouvellement du traité de 1229 et la restitution de territoires supplémentaires. Succès éphémères. En octobre 1244, des bandes musulmanes de Kharezmiens s'emparent de Jérusalem laissée à peu près sans défense et, jointes aux troupes venues d'Égypte, anéantissent à Gaza l'armée du royaume latin. La situation est bientôt dramatique : très vite, il n'y a, pour ainsi dire, plus d'États croisés en Terre sainte, mais des établissements isolés dont la rivalité accroît l'impuissance. L'aide des croisés occidentaux est indispensable. L'appel du pape Innocent IV au concile de Lyon (1245) reçoit peu d'écho en Italie et en Allemagne, absorbées par la lutte entre l'Empire et la papauté, et en Angleterre où le roi Henri III est en lutte contre les barons. Mais il est largement entendu en France, d'autant plus qu'en 1244, au cours d'une grave maladie, Louis IX a fait le vœu de se croiser. Cette nouvelle croisade est dirigée contre l'Égypte qui contrôle désormais les Lieux saints. Partie d'Aigues-Mortes et de Marseille, la flotte française s'empare très vite de Damiette désertée (juin 1249). Mais les croisés réitèrent les erreurs de la cinquième croisade : repoussant l'offre du sultan qui proposait de rendre Jérusalem, Ascalon et la Galilée orientale en échange de leur départ, ils marchent sur Le Caire. Ils réussissent, au prix de durs combats, à passer sur la rive est du Nil à Mansourah. Mais la retraite doit être ordonnée et, minés par une épidémie, harcelés par la flotte et les troupes égyptiennes, les croisés sont contraints de capituler en avril 1250. En échange de Damiette, Louis IX obtiendra sa libération personnelle. La situation s'aggrave très vite en Terre sainte après ce désastre, d'autant plus que les Mamelouks arrivés au pouvoir en Égypte durcissent leur politique face à la pression mongole. En peu de temps, leurs possessions entourent les établissements croisés.
La huitième croisade. Les nouveaux revers croisés, notamment la chute d'Antioche en 1268, provoquent la huitième croisade. Louis IX reprend la croix. Mais, au lieu d'attaquer l'Égypte, il se laisse convaincre par son frère Charles d'Anjou, roi de Sicile, de faire une démonstration sur Tunis. Il meurt pendant le siège de la ville (1270) et Charles d'Anjou renonce à l'expédition après avoir signé un traité favorable à ses intérêts. La dernière des grandes croisades offre donc un nouvel exemple de diversion. Seul le prince Édouard d'Angleterre, arrivé à Tunis après la conclusion de la paix, se rend en Terre sainte et obtient le renouvellement des trêves (1272). Mais les établissements croisés n'occupent plus qu'une étroite bande côtière allant de Château-Pèlerin à Lattakié.
L'échec définitif. La fin des établissements croisés. Élu pape lorsqu'il était en pèlerinage à Acre, Grégoire X met tout en œuvre pour ranimer la croisade. Mais, à sa mort, ses projets avortent. Ses successeurs favorisent les visées de Charles d'Anjou à l'hégémonie méditerranéenne, et seules les Vêpres siciliennes (1282) font avorter une croisade antibyzantine qui détournait une nouvelle fois les croisés de la Terre sainte. La situation y est pourtant dramatique : le sultan Kalaoûn, craignant une alliance entre les États croisés et les Mongols, s'est décidé à en finir avec les établissements chrétiens et a entrepris leur conquête systématique. La chute de Tripoli, en 1289, amène le pape Nicolas IV à prêcher une croisade. En vain. Après un siège de quarante jours, Acre tombe (mai 1291) et, pendant l'été suivant, les dernières places franques (Tyr, Sidon, Beyrouth, Tortose et Château-Pèlerin) capitulent ou sont évacuées. Les chrétiens d'Occident ne pourront plus reprendre pied en Terre sainte. Seule leur reste la base de Chypre qui ne sera conquise par les Turcs qu'en 1571.
Les tentatives de croisade aux XIVe et XVe siècles. Les projets de croisade en vue d'une « récupération de la Terre sainte » ne manquent pourtant pas pendant les siècles suivants. Dès la fin du XIIIe siècle, le franciscain Fidence de Padoue avait suggéré le blocus commercial de l'Égypte par une flotte internationale et le débarquement d'une armée en Syrie du Nord qui ferait la jonction avec les Mongols. Ce thème est repris par le Vénitien Marino Sanudo. Guillaume de Nogaret et Pierre Dubois, légistes du roi de France, préconisent, eux, la fusion des ordres militaires dont les rivalités ont jusque-là nui à la croisade. Ce mythe de l'ordre unique qui accomplirait la croisade inspire la création en Occident de nombreux ordres de chevalerie, depuis l'ordre de l'Épée, fondé par Pierre de Lusignan, l'ordre de la Passion par Philippe de Mézières, jusqu'à la Toison d'or. Ces trois grandes idées (blocus de l'Égypte, alliance mongole et fusion des ordres) entrent à plusieurs reprises dans la réalité mais, si les nouvelles expéditions mises sur pied restent théoriquement destinées à défendre les chrétiens d'Orient, elles ne sont plus en réalité que l'occasion d'une coalition, toute provisoire d'ailleurs, d'États chrétiens pour la défense de leurs intérêts communs en Méditerranée.

En 1310, une croisade prêchée et financée par le pape s'empare de l'île de Rhodes qui est confiée aux Hospitaliers. Ces derniers, du fait du transfert des Teutoniques en Prusse et de la disparition des Templiers (1306), seront les seuls à mener la guerre de course contre les Turcs et les Barbaresques jusqu'à la fin du XVIIIe siècle. En 1345, ils soutiennent la « croisade de l'Archipel », ligue maritime italienne qui s'empare de Smyrne.

En 1365, le roi de Chypre, Pierre Ier, réussit à prendre Alexandrie qu'il saccage. Des actions concertées avec les Mongols sont tentées mais elles ne remportent aucun succès durable, et tout espoir de reprendre pied en Syrie doit être abandonné. Les rois de France, de Philippe le Bel à Philippe VI, prennent tous la croix, mais sans jamais partir. Ils se contentent de soutenir les projets antibyzantins jusqu'au moment où les hostilités avec l'Angleterre empêchent véritablement tout départ.

À cette date, d'ailleurs, la conception même de la croisade a changé. Il ne s'agit plus d'une guerre de libération de la chrétienté orientale, mais d'une guerre de défense de la chrétienté européenne contre les Turcs. En 1396, une croisade formée de contingents venus de toute l'Europe vient au secours du roi de Hongrie menacé par l'avance ottomane, mais la fougue inconsidérée des chevaliers occidentaux en quête de prouesses se solde par le désastre de Nicopolis. La dernière croisade, venue une nouvelle fois au secours de la Hongrie, en 1444, est elle aussi finalement écrasée à Varna. Moins de dix ans plus tard, la chute de Constantinople elle-même ne peut être évitée (1453). Les appels ultérieurs à un « passage général » contre les Turcs, lancés par la papauté et notamment par Pie II qui meurt à Ancône en 1464 au moment de s'embarquer, resteront sans effet. Le mot « croisade » sera encore évoqué au moment de Lépante (1571), du siège de Candie (1659) et de Vienne (1683). Ce ne sera plus qu'un anachronisme.

Le financement des croisades. Il est d'abord assuré par les croisés eux-mêmes. Lors de la première croisade, nombre de croisés vendent tous leurs biens pour se procurer de l'argent ou les engagent auprès de communautés ecclésiastiques. La masse monétaire s'en trouve considérablement accrue mais on assiste en même temps à une chute des prix catastrophique. À ce moyen exceptionnel s'ajoutent, au cours du XIIe siècle, des moyens réguliers : le seigneur en vient à exiger de ses vassaux l'aide (contribution en argent) pour son départ pour la croisade. Avec les trois autres cas (rançon du seigneur, adoubement de son fils, dot de sa fille), la croisade est donc l'occasion, sinon la cause, d'un accroissement des finances seigneuriales. Les rois lèvent eux aussi des contributions : en 1185, Henri II Plantagenêt collecte une dîme dont le produit est envoyé en Terre sainte. Surtout, en 1188, Henri II et Philippe Auguste lèvent chacun la dîme saladine, une taxe d'un dixième sur les revenus des clercs et des laïques. De l'aide, telle la simple subvention demandée par Louis VII à ses vassaux en 1147, on passera à l'impôt que Philippe Auguste prétendra maintenir à son retour de Terre sainte.

De la même façon, l'Église passe de la collecte des dons à la taxation. Pour la quatrième croisade, les deux formes coexistent : Innocent III prescrit de placer dans chaque église paroissiale un tronc pour recueillir les offrandes des fidèles mais, en même temps, il impose, pour la première fois, le clergé séculier et régulier au quarantième de ses revenus (1199), et les cardinaux au dixième. Le terme de « décime » s'attache désormais à ces taxes, qui seront de taux et de durée variables. Elles rencontrent dès l'origine l'hostilité du clergé, mais deviennent, néanmoins, pratique courante au XIIIe siècle.

Les effectifs des croisades. Les plus grandes croisades ont rarement compris plus d'une dizaine de milliers de combattants. L'impression de « foule innombrable » laissée par les deux premières croisades est due à la forte proportion de non-combattants qui les encombrent, retardent leur avance ou les compromettent par leurs excès. Après la deuxième croisade, les autorités s'efforcent d'empêcher le départ de ces non-combattants et, au XIIIe siècle, les croisades sont composées en majorité de militaires de vocation ou de profession. L'élément populaire n'est plus intégré à la croisade que par le biais du mercenariat. Les seules croisades « populaires » des XIIIe et XIVe siècles sont des mouvements « sauvages » et incontrôlés où se retrouve la ferveur, mais aussi l'anarchie des premières croisades populaires. La plus célèbre est la Croisade des enfants, qui lève des milliers d'enfants français et allemands en 1212. Certains marchands de Marseille en profitent pour embarquer les jeunes pèlerins et les vendre comme esclaves en Égypte. Plus tard, en 1250, les pastoureaux se mettent à leur tour en route, sous la direction du mystérieux Maître de Hongrie, pour aller délivrer Saint Louis prisonnier. Mais le mouvement tourne à la jacquerie, et Blanche de Castille doit y mettre fin (1251). D'autres troupes de pastoureaux se manifestent pour la dernière fois en 1320.

États croisés et ordres militaires. La première croisade entraîne la fondation en Terre sainte de quelques États où des institutions originales sont élaborées. Ainsi les Assises de Jérusalem qui ont pour but de permettre, dans le cadre du régime féodal, la vie des différentes communautés religieuses. Ces principautés sont très vite menacées, et leur maintien ou leur reconquête est l'objectif de la plupart des croisades suivantes. Jusqu'au XIIIe siècle, elles méritent véritablement, par leur rôle militaire, le nom d'États croisés mais, par la suite, elles sont remplacées dans le rôle de croisés permanents par les ordres militaires et dépendent de plus en plus étroitement des secours occidentaux, avant de disparaître totalement.

Les ordres militaires sont nés de la nécessité de protéger les pèlerins sur la route de Jaffa à Jérusalem, encore peu sûre au début du XIIe siècle. La communauté qui « servait les pauvres » à l'hospice Saint-Jean de Jérusalem, depuis 1050, se militarise progressivement sous son grand maître Raymond du Puy (1120-1154) mais conserve ses fonctions charitables et le nom d'Hospitaliers. Les Templiers, à l'origine (1118) un petit groupe de chevaliers champenois qui protégeaient les pèlerins et avaient été logés dans une partie du palais à l'emplacement du Temple – d'où leur nom –, obtiennent, en 1128, une règle qui fonde cette « milice du Christ » dont saint Bernard fait l'éloge. À partir de 1130, les effectifs et la puissance de ces ordres, largement possessionnés de part et d'autre de la Méditerranée, augmentent considérablement, et ils constituent bientôt la seule structure capable de mettre en permanence une armée et une flotte au service de la Terre sainte. Mais ils seront vite discrédités par leurs dissensions, leurs prétentions et leur richesse, et seront finalement eux aussi impuissants à défendre et à conserver la Terre sainte.

Le bilan des croisades. Les croisades n'apportent à l'Occident ni l'essor commercial, né de rapports antérieurs avec le monde musulman et du développement interne de l'économie occidentale, ni les techniques et les produits venus par d'autres voies, ni le message intellectuel fourni par les centres de traduction et les bibliothèques de Grèce, d'Italie et d'Espagne, où les contacts étaient autrement féconds qu'en Palestine. Sans doute l'existence des établissements croisés et d'un mouvement constant de voyageurs vers la Terre sainte multiplie-t-elle les échanges et permet-elle à certaines villes italiennes – Pise, Gênes, Venise – de s'enrichir rapidement par des prêts aux croisés et à la location de bateaux. Mais le bilan positif des croisades s'arrête là. Au nom de la défense de la chrétienté, les croisés recourent aux pires excès, depuis les pogroms perpétrés sur leur route jusqu'aux massacres et aux pillages dont la prise de Jérusalem, en 1099, et celle de Constantinople, en 1204, donnent les exemples les plus dramatiques. Les contacts entre l'Orient et l'Occident et les apports mutuels sont, eux aussi, très limités, tant au plan social que religieux. Les croisades creusent même un fossé définitif entre Latins et Byzantins. L'hostilité entre les deux communautés s'accroît de croisade en croisade, au point de déboucher sur la prise de Constantinople en 1204. Quant aux civilisations musulmane et latine, ni les croisades ni l'établissement de croisés en Orient ne favorisent de façon décisive leur connaissance réciproque.

CROISADES D'ENFANTS

Phénomènes migratoires inexpliqués touchant la jeunesse masculine, qui eurent lieu à travers toute l'Europe entre les XIIIe et XVe siècles.

En 1212 à Cologne, un certain Nicolas, 18 ans, a la vision d'un ange qui lui demande de partir pour Jérusalem avec tous les jeunes qui voudraient le suivre. Une troupe se constitue, dont les plus résistants échouent à Brindisi, au sud de la péninsule italienne où la mer ne s'assécha pas, contrairement à la prédiction angélique. La même année, un jeune berger vendômois, Étienne, voit surgir près de lui un pèlerin (le Christ) qui lui confie une lettre pour le roi de France lui demandant l'autorisation de diriger une croisade. Il part, suivi de 30 000 jeunes. Philippe Auguste les renvoie chez eux, les pensant sous l'emprise d'une magie. En 1251, au moment où Saint Louis est prisonnier des Infidèles, se mobilise la Croisade des pastoureaux, à l'instigation d'un adulte, le Maître de Hongrie qui projetait d'amener au « roi de Babylone tous les jouvenceaux de 16 à 30 ans ». Après un vif succès, le mouvement dégénère en jacquerie et est durement réprimé. Passé le temps des croisades, survient la vogue des pèlerinages au Mont-Saint-Michel, l'archange cristallisant sur lui les mythes de l'adolescence masculine. Des enfants viennent par milliers d'Allemagne, d'Aquitaine, de Paris, sans que les adultes puissent s'y opposer. En 1442, ce sont les consuls de plusieurs villes du Lauragais qui envoient douze enfants demander à saint Michel l'arrêt d'une épidémie. Finalement l'Église dénonça vigoureusement les dangers de telles entreprises et frappa d'excommunication ceux qui transgresseraient ses ordres.

CROISSY Charles Colbert, marquis de : voir COLBERT de CROISSY

CROIX (La)

Quotidien né en 1883.

Ce journal qui, à l'initiative d'assomptionnistes, prend la suite d'un mensuel qui existait depuis 1880, connaît un succès rapide (174 000 exemplaires en 1902) et est plutôt conservateur. En 1900, le pape Léon XIII obtient le départ de son directeur antidreyfusard : *La Croix* se rallie alors pleinement à la République, tout en défendant un virulent patriotisme. La mise à l'index de *L'Action française* (1926) confirme le changement d'orientation et un rapprochement avec la Jeunesse ouvrière chrétienne (JOC). Nommé *La Croix-L'Événement* depuis 1972, le journal s'affirme « chrétien dans une société qui se déchristianise ». L'audience moyenne de lecture est passée de 320 000 à 350 000 personnes entre 1995 et 2002.

CROIX-DE-FEU (les)

Fondé en 1927, par Maurice d'Hartoy, afin de grouper les anciens combattants décorés pendant la Première Guerre mondiale pour leur bravoure au feu, d'où ce nom, mais ouvert très vite aux « briscards », c'est-à-dire à tous ceux qui ont passé au moins six mois au front, le mouvement des Croix-de-Feu n'a à l'origine aucun programme politique déclaré.

Après avoir siégé dans les locaux mis à leur disposition dans l'immeuble du *Figaro* par François Coty qui veut encourager leurs premiers pas, les Croix-de-Feu se rendent indépendants de ce dernier, notamment par la volonté du président général du mouvement depuis 1931, le colonel de La Rocque. Les débuts du mouvement ont été lents mais, sous la direction de leur nouveau président, les Croix-de-Feu connaissent un essor rapide. L'organisation développe des rameaux qui étendent sur le pays tout un réseau d'associations destinées aux diverses catégories de Français : en 1932, les Fils de Croix-de-Feu pour encadrer la jeune génération, en 1933 le Regroupement national et les Volontaires nationaux, ouverts à tous sans condition. En même temps. l'ancienne association, fondée sur le culte du souvenir, devient un mouvement politique de

Les Croix-de-Feu

Le colonel de La Rocque assistant avenue Foch à Paris, au défilé de ses troupes, qui viennent de rendre hommage au soldat inconnu, à l'occasion du 17e anniversaire de l'armistice. © *Keystone / Sygma*

droite, nationaliste, qui offre bientôt l'image la plus conforme au modèle de la ligue par ses méthodes, sa stricte discipline et sa structure centralisée. La période de son plus grand développement s'ouvre après le 6 février 1934. Dans les mois qui suivent, les Croix-de-Feu deviennent la plus considérable des ligues françaises, un puissant mouvement de masse groupant plus de 260 000 adhérents en 1935. Sa large audience, entretenue et élargie par son organe *Le Flambeau*, fait d'elle l'une des ligues les plus activistes (septembre 1934 à Chantilly), au point que les heurts incitent, le 10 janvier 1936, la majorité de droite à voter une loi de dissolution des ligues. Celle-ci est appliquée le 18 juin 1936 par le gouvernement du Front populaire ; en réponse, le 10 juillet, est créé le Parti social français (PSF).

CRO-MAGNON (site archéologique de)

Lieu-dit sur le territoire de la commune des Eyzies (Dordogne), dans la vallée de la Vézère.

En 1868, Lartet y découvre le squelette d'un type racial dolichocéphale et de haute taille appartenant au groupe de l'*Homo sapiens*. Ce type humain, apparu au Paléolithique supérieur, s'est perpétué jusqu'au Néolithique supérieur. D'autres ossements de même type, avec toutefois quelques variantes, ont été retrouvés par la suite à Menton, Laugerie-Basse, Combe-Capelle, Le Placard, Bruniquel, Solutré, etc.

CROQUANTS

Nom donné à des paysans révoltés contre l'administration centrale.

Ces révoltes ont lieu surtout pendant les règnes d'Henri IV et de Louis XIII : en 1594 dans le Périgord et le Limousin, en 1624 et 1637 dans le Quercy et le Périgord. La cause principale en est l'augmentation des tailles et la misère qui en résulte. Depuis cette période, le terme de croquant désigne le paysan misérable. Pour certains, l'appellation « croquant » viendrait de ce que la guerre ait été déclenchée à Croc, village du Limousin. Selon de Thou, le mot était appliqué par les paysans à ceux qui croquaient (mangeaient) les pauvres gens. En effet, les paysans révoltés criaient : « Aux croquants ! »

CROŸ ou CROUŸ

Seigneurie de Picardie qui a donné son nom à une illustre famille (on prononce Crouy et non Croïl).

Un Jean de Croÿ figure parmi les morts d'Azincourt. Ses deux fils, Antoine et Jean, arrachent à Philippe le Bon le duché de Luxembourg et le comté de Boulogne. C'est par leur intermédiaire que Louis XI peut racheter les villes de la Somme en 1463. Le fils d'Antoine, Philippe Ier, sert successivement Charles le Téméraire et Maximilien d'Autriche ; le fils de Philippe, Guillaume, généralement connu sous le nom de Chièvres, est précepteur et Premier ministre de Charles Quint, son neveu, Philippe II, devient grand d'Espagne. Charles, marquis d'Havré, se fait titrer duc de Croÿ en 1598. La maison de Croÿ a produit de nombreux rameaux. Celui de Solre a donné Emmanuel, prince de Meurs duc de Croÿ, maréchal de France en 1783, qui a combattu brillamment à Fontenoy.

CROZAT Antoine, marquis du Châtel (Toulouse, 1655 – Paris, 1738)

Banquier et homme d'affaires.

Receveur général du clergé, intendant du duc de Vendôme, il est ensuite trésorier des états du Languedoc et s'enrichit en spéculant sur les affaires maritimes. Devenu un des plus riches financiers de France, il prête de l'argent à Louis XIV et obtient en 1712, et pour quinze ans, le privilège du commerce avec la Louisiane. Il a de grands projets de développement mais, à la suite de mauvaises affaires, doit abandonner son privilège à Law dès 1717. Il fait encore creuser, à ses frais, le canal Crozat (aujourd'hui canal de Saint-Quentin) entre l'Oise et la Somme.

CRUSSOL Antoine de (?, 1528 – La Rochelle, 1573)

Chef de guerre.

Vicomte puis duc d'Uzès, fils aîné de Jacques de Crussol, il joue un grand rôle dans le Midi à l'époque des guerres de Religion. Resté catholique, il est apprécié des calvinistes pour sa modération. On lui doit l'arrestation du baron des Adrets qui s'était rendu odieux à son propre parti. Il meurt au cours du premier siège de La Rochelle.

CRUSSOL Jacques de (?, 1540 – Paris, 1584)

Chef de guerre.

Frère du précédent. Seigneur de Beaudine puis d'Assier comme héritier des Gourdon de Genouillac (d'où le nom de M. d'Acier que lui donnent ses contemporains), il se montre instable et passionné. D'abord huguenot et lieutenant du prince de Condé, il participe à toutes les grandes batailles qui ensanglantent le Midi sous Charles IX et Henri III, est gouverneur de Nîmes puis de Cognac. Fait prisonnier à la bataille de Moncontour, il se met aux ordres de la Cour et se convertit au catholicisme dont il sert désormais la cause avec autant d'ardeur qu'il en avait mis pour la cause adverse.

CUBES : voir BITURIGES

CUSTINE Philippe, comte de (Metz, 1740 – Paris, 1793)

Général.

Après s'être distingué pendant la guerre de Sept Ans et la guerre d'Indépendance américaine, il est nommé maréchal de camp en 1793. Député de la noblesse de Metz aux États généraux, il se montre partisan de réformes, et sera un des premiers à se ranger aux côtés du tiers. Placé à la tête de l'armée du Rhin en juin 1792, Custine prend Spire, Worms et Mayence. Franchissant le Rhin malgré les ordres du ministre de la Guerre, il s'empare de Francfort-sur-le-Main mais, attaqué par les Prussiens, il doit bientôt abandonner la ville, puis Mayence. Déjà suspect à la Convention, qui refuse cependant sa démission, il aggrave son cas en envoyant à l'Assemblée une lettre où il explique que la patrie ne peut être sauvée que par un dictateur, un général. Il suggère ensuite la réunion des armées du Rhin, du Nord, de Moselle et des Ardennes pour reconquérir la Belgique ; on le place à leur tête en mai 1793. Toutefois, il ne peut reprendre en main une situation fort compromise, et il est rendu responsable de la chute de Condé-sur-l'Escaut, comme de celle de Mayence. Rappelé à Paris après la victoire des Montagnards à la Convention, il est destitué le 22 juillet 1793, accusé par le Tribunal révolutionnaire de manœuvres et d'intelligences avec l'ennemi. Défendu en vain par son fils et son aide de camp, Baraguay d'Hilliers, accablé au contraire par Robespierre et Hébert, Custine est condamné à mort et guillotiné le 27 août 1793. Philippe de Custine fut le père d'Armand Louis Philippe François, lui aussi guillotiné mais en 1794, et par là le grand-père d'Astolphe, marquis de Custine, auteur des célèbres *Lettres de Russie* (1843).

d

DAGOBERT Ier (?, début VIIe siècle – Saint-Denis, 639)

Roi des Francs (629-639).

Fils aîné de Clotaire II, il est rompu dès son plus jeune âge aux affaires du royaume puisque son père est contraint de l'envoyer en Austrasie, sous la surveillance de Pépin de Landen et d'Arnoul, évêque de Metz. À sa majorité, Dagobert est formé à une bonne gestion administrative. Roi en 629, il exige de ses vassaux la restitution de terres qui permettent d'étendre la souveraineté franque de l'Austrasie à la Neustrie et de la Bourgogne à l'Aquitaine (qu'il érigera en royaume pour son frère Charibert). Dagobert s'efforce de limiter les pouvoirs de l'aristocratie, entreprenant à travers ces provinces des inspections au cours desquelles il tente de se rapprocher des humbles, gagnant leur confiance en se montrant intraitable sur les problèmes de justice. Le négoce est favorisé par des foires. Des dons appréciables sont accordés aux institutions religieuses, en particulier Saint-Denis. Des abbayes sont érigées. À sa mort, l'Austrasie revient à son fils Sigebert, tandis que le frère de celui-ci, Clovis II, obtient la Neustrie. C'en est fait de l'unité dynastique, et celle-ci, dès lors, ne cessera plus de s'affaiblir.

DAGOBERT II (?, – ?, 679)

Roi d'Austrasie (676-679).

Fils de Sigebert III, petit-fils du précédent, il est tondu et enfermé dans un monastère irlandais à la mort de son père (656). Il n'en sort que vingt ans plus tard, à la mort de son frère Childéric II, pour lui succéder sur le trône d'Austrasie. Roi, il ne parvient pas à contrer le pouvoir toujours plus important des maires du palais, en particulier Grimoald, qui le fait finalement assassiner non loin de Stenay en 679.

DAGOBERT III (?, – ? v. 715)

Roi de Neustrie (711 – v. 715).

Appelé aux affaires de Neustrie et de Bourgogne, à la mort de son père Childebert III, il n'est alors âgé que d'une douzaine d'années. Le pouvoir est détenu par le maire du palais Pépin d'Héristal. Sa mort prématurée ajoute au drame d'une lignée mérovingienne qui s'éteint définitivement avec son fils Thierry IV, entièrement dominé par Charles Martel.

DAGUERRE Louis Jacques Mandé (Cormeilles-en-Parisis, 1787 – Brie-sur-Marne, 1851)

Inventeur et photographe.

D'abord peintre de décors, il crée l'attraction du diorama avant de s'associer à Nicéphore Niepce et d'inventer le daguerréotype, premier appareil photographique permettant de fixer les images sur une plaque de cuivre argenté. L'invention est achetée par l'État après avoir été présentée par Arago à l'Académie des sciences en 1839. Les premières photographies réalisées constituent un témoignage unique sur la société française des années 1840-1860. On doit notamment à Daguerre un célèbre portrait du roi Louis-Philippe.

DAHOMEY

Entre l'immense Nigeria à l'est et le Togo à l'ouest, cette république d'Afrique occidentale s'étire de la vallée du Niger au littoral du golfe de Guinée, couvrant 122 000 km^2 environ, soit presque la superficie de la Grèce.

Porto-Novo, sa capitale (175 000 habitants), assure le trafic maritime de cet État au climat équatorial, abondamment arrosé, dont les modestes productions se limitent à l'huile de palme, au coton et au café. Avec 750 000 habitants, Cotonou est la plus grande cité du pays, mais Abomey, à l'intérieur des terres, demeure une capitale historique, celle du royaume Dan-Homé qui fut, au XVIIe siècle, la première organisation politique cohérente du pays. Vers 1730, une constante expansion permet à l'ambitieux royaume de faire payer tribut à la plupart des notables du littoral et des plateaux de l'intérieur, à l'exception de la communauté Yarouba de l'est. En 1851, les autorités françaises se font toutefois accorder le comptoir de Ouidah, que suivent ceux de Grand-Popo (1857) et de Cotonou (1868). C'est le début d'une pénétration économique puis militaire auxquelles s'opposeront les rois Glé-Glé (1858-1889) et surtout Béhanzin (1889-1893), qui refusera d'entériner l'accord de protectorat conclu le 3 octobre 1890.

En mai 1893, le gouvernement français charge le colonel Dodds et un détachement d'infanterie de marine de soumettre la totalité du pays, ce qui devient effectif en janvier 1894 avec la reddition de Béhanzin. Dès lors, de 1895 à 1897, les forces françaises complètent l'occupation du nord du pays et font leur jonction avec les détachements venus du Soudan et du Niger. Les limites de la colonie sont définies par les conventions du 23 juillet 1897, passées avec l'Allemagne, pour la frontière du Togo, et du 14 juin 1898, avec

Dahomey
Béhanzin (1844-1906), roi du Dahomey au moment de la conquête, ici entouré de ses deux filles. © *Roger-Viollet*

l'Angleterre, pour celle du Nigeria. Inclus dans la fédération d'Afrique-Occidentale française (A-OF) en 1899, puis dans l'Union française en 1946, le Dahomey devient république le 4 décembre 1958 et proclame son indépendance le 1er août 1960. En 1975, le Dahomey prend le nom de Bénin.

DAKAR

Capitale du Sénégal.

Dotée d'un aéroport international, point de départ de deux lignes ferroviaires, centre touristique, la ville, qui compte plus de 1,5 million d'habitants, est l'une des principales métropoles africaines. L'îlot de Gorée, conquis par les Français en 1677, est le premier noyau de l'agglomération. En 1857, séduit par la position du cap Vert, face à Gorée, Faidherbe décide de construire là la ville et le port de Dakar. L'extension de Dakar, au détriment de Rufisque et de Gorée, est rapide, et la ville devient en 1902 la capitale de l'Afrique-Occidentale française - (A-OF), en remplacement de Saint-Louis. Tête de ligne de deux voies de chemin de fer, vers le Niger et le bas Sénégal, port africain de première importance, la ville continue à se développer. En 1940, une grande partie de l'or de la Banque de France est évacuée vers Dakar, où se trouve alors le gouverneur général Boisson. Le 23 septembre, le général de Gaulle arrive devant le port, accompagné d'une escadre anglaise sous les ordres de l'amiral Cunningham, et tente de débarquer pour rallier l'A-OF à la France libre. Il est repoussé sur l'ordre de Boisson, resté fidèle à Pétain. Le gouverneur Boisson ne se rangera aux côtés des Alliés qu'en novembre 1942 et Dakar sera, dès lors, utilisée comme base pour la lutte contre les sous-marins allemands dans l'Atlantique.

DALADIER Édouard (Carpentras, 1884 – Paris, 1970)

Homme politique, président du Conseil.

Professeur agrégé d'histoire, il s'engage très tôt dans le journalisme de combat (*Le Coq* puis *Germinal*) et la lutte politique. En 1911, il devient maire de Carpentras sur une liste radicale. Après avoir passé la guerre au front et terminé lieutenant, il est nommé professeur au lycée Condorcet mais il n'y enseigne que deux mois car, en novembre 1919, il est élu député du Vaucluse, son département natal, qu'il représentera à la Chambre sans interruption jusqu'en 1940 et de 1946 à 1958. Après la victoire du Cartel des gauches, il se voit confier, de juin 1924 à avril 1925, le portefeuille des Colonies dans le premier cabinet formé par Édouard Herriot, son maître à penser. Après de brefs passages au ministère de la Guerre puis à celui de l'Instruction publique, il suit dans leur défaite les membres du Cartel. L'unité du parti radical n'est sauvée que par son élection à la présidence en 1927. De 1930 à 1932, il est par trois fois ministre des Travaux publics avant que Paul-Boncour, impressionné par sa compétence en matière de défense, lui confie le ministère de la Guerre, de décembre 1932 à janvier 1933. Il va occuper ce poste à neuf reprises entre le 31 janvier 1933 et le 18 mai 1940, dont trois fois dans un ministère formé et présidé par lui-même. Son premier cabinet (31 janvier - 24 octobre 1933) est constitué au pire moment de la crise économique mondiale et le jour même où, en Allemagne, Adolf Hitler entre à la Chancellerie. D'un côté, l'échec de la conférence de Londres (mars 1933) et la dévaluation sauvage des monnaies (dollar, livre, mark) empêche Daladier de retrouver la croissance ; de l'autre, le déficit budgétaire augmente de 30 % en un an et le chômage de 40 %, ce qui ôte toute marge de manœuvre interne à Daladier ; enfin, l'arrivée des Nazis ravive la peur de la remilitarisation et incite Daladier à se lancer dans une stratégie préventive d'étouffement. Est ainsi signé à Rome, le 7 juin 1933, un pacte à quatre (France, Grande-Bretagne, Allemagne, Italie) qui se révélera très vite inefficace. Reprenant un projet élaboré en 1927, il songe à compléter le « bouclier » des fortifications frontalières par la formation de divisions motorisées puissantes et mobiles. Mais son cabinet est mis en minorité par les socialistes à propos de nouvelles réformes budgétaires. Rappelé au pouvoir le 30 janvier 1934, en plein scandale Stavisky, en raison de sa réputation d'intégrité, il est contesté par l'extrême droite qui, après sa décision de révoquer le préfet Chiappe, organise la manifestation du 6 février. Lâché par une partie des radicaux, rendu responsable des morts de cette journée par l'extrême droite et les communistes, il démissionne le 7.

Il participe activement à la formation du Front populaire à l'intérieur du parti radical et radical-socialiste, et Léon Blum le choisit, le 4 juin 1936, comme ministre de la Défense nationale et de la Guerre, avec le titre de vice-président du Conseil. Sous ses ordres est mis au point un programme d'armement terrestre de 14 milliards qui, échelonné sur quatre ans, représente le premier véritable programme d'ensemble établi depuis la fin de la Première Guerre mondiale. Daladier conservera le portefeuille de la Guerre jusqu'en avril 1938 dans les deux ministères Chautemps et le second ministère Blum, mais la réalisation de son programme est ralentie par le déficit public et la désorganisation industrielle du secteur.

Lorsque Blum tombe pour la seconde fois, Albert Lebrun appelle Daladier pour former un cabinet au sein duquel il continue à assumer la Défense nationale (10 avril 1938 - 21 mars 1940). Dans des circonstances extérieures préoccupantes, Daladier choisit de donner la priorité à la stabilité financière et aux besoins de la défense nationale passant du coup pour un « traître » à l'extrême gauche. Cette volonté de « remettre la France au travail » ne s'accompagne d'aucune initiative internationale : le pays reste à la remorque de l'Angleterre, dominé par l'attentisme et le pacifisme, inquiet sur ses chances de gagner une guerre éventuelle avec l'Allemagne. C'est pourquoi Daladier se range à la proposition de Neville Chamberlain qui, en se rendant à Munich le 29 septembre 1938, espère échanger la garantie diplomatique de la paix contre des abandons en Europe de l'Est, soit le contraire de toute la politique française depuis 1919. Au terme de cette conférence, la Tchécoslovaquie est, en fait, livrée à l'arbitraire allemand. Daladier est acclamé à son retour de Munich, et sa politique massivement approuvée par le Parlement. Au début de l'hiver, la situation économique et sociale est très mauvaise. Le nouveau ministre des Finances, Paul Reynaud, prend des mesures de renforcement de la fiscalité. Jointes à l'introduction du système des « heures supplémentaires », elles provoquent des mouvements de grève. Néanmoins, le gouvernement réussit à briser une tentative de grève générale (30 novembre 1938), et le redressement économique commence à se faire sentir. Le programme de fabrication de guerre s'en trouve accéléré.

Au lendemain de l'invasion de la Tchécoslovaquie par l'Allemagne, Daladier favorise la

Édouard Daladier
Arrivé à Munich le 29 septembre 1938, Daladier, à sa descente d'avion, passe en revue la compagnie d'honneur. © *L'Illustration / Sygma*

réélection d'Albert Lebrun à la présidence de la République, car il sait que celui-ci ne s'opposera pas à une politique de fermeté. Après l'entrée des troupes allemandes en Pologne, le 1er septembre 1939, il obtient du Parlement un crédit extraordinaire de 70 milliards et, le 3 septembre, conjointement avec la Grande-Bretagne, déclare la guerre à l'Allemagne. Dans son cabinet remanié, il assume, outre la Défense nationale, les Affaires étrangères. Dès le 27 septembre, le parti communiste est dissous, 35 députés communistes sont arrêtés. Daladier essaie de maintenir l'équilibre entre les partisans de l'action, tel Paul Reynaud, et ceux qui parlent déjà de paix, mais il est accusé de passivité. La capitulation de la Finlande devant l'URSS, le 12 mars 1940, le met en difficulté, et il démissionne le 20 mars 1940.

Il garde le portefeuille de la Défense nationale et de la Guerre dans le cabinet formé par Paul Reynaud. Rendu responsable de l'échec, en avril-mai, de la tentative franco-anglaise pour couper, en Norvège, la « route du fer » aux Allemands, il abandonne la Guerre à Paul Reynaud pour prendre les Affaires étrangères, le 18 mai, alors que les Allemands commencent à déferler sur la France. À ce poste, il s'efforce d'éviter l'entrée en guerre de l'Italie. Partisan de la poursuite de la guerre en Afrique du Nord, il est éliminé lors d'un ultime remaniement du ministère le 5 juin 1940. Le 8 septembre, il est arrêté par le gouvernement de Vichy et interné à Bourrassol puis au fort du Portalet avant d'être traduit, le 11 février 1942, devant la Cour suprême de justice de Riom comme l'un des principaux responsables de l'impréparation militaire de la France. Mais le procès, tournant à l'avantage des accusés, est suspendu *sine die*, le 14 avril 1942. L'année suivante, en mars 1943, Daladier est livré aux autorités allemandes et déporté en Allemagne où il est libéré par les troupes alliées en avril 1945.

Dès son retour en France, il reprend place parmi les principaux dirigeants du parti radical et, après un échec lors des élections à la première Assemblée constituante, est constamment réélu député, de 1946 à 1958. Il est porté à la présidence du parti radical en 1957 mais, s'étant prononcé contre la Constitution de 1958, doit céder ses fonctions à Félix Gaillard. Battu aux élections législatives de novembre 1958, il se retire alors de la vie politique.

DALAT (conférence de)

Conférence ayant servi de cadre aux premières entrevues entre les représentants du gouvernement français en Indochine et du Viêt-minh.

La conférence de Dalat, du 18 avril au 11 mai 1946, fait suite au double accord signé par la France avec la Chine (28 février) pour l'évacuation du nord du pays et avec le Viêt-minh sur l'unité territoriale de l'Indochine et son *doc-lap* (qui se traduit autant par indépendance qu'autonomie), le 6 mars. Pour mettre en application l'accord et dissiper les ambiguïtés, les deux camps se retrouvent à Dalat, Thierry d'Argenlieu excluant le principe d'une négociation d'État à État. C'est pourquoi, aucun résultat concret n'est obtenu, chaque camp s'estimant dans son droit et, de plus, exposé à des critiques sur l'ampleur des concessions accordées. La prochaine rencontre est prévue à Fontainebleau, mais elle s'ouvrira dans un contexte différent puisque le rejet du référendum (et donc de la première mouture de l'Union Française) et le nouveau ministère Bidault modifient la position française qui entend aligner le statut du Vietnam du nord sur celui de la Cochinchine, décidé le 1er juin.

DAMAS d'ANTIGNY Charles, duc de (Paris, 1758 – Paris, 1829)

Militaire.

Premier gentilhomme de la chambre de Louis XVI, il participe aux campagnes d'Amérique comme aide de camp de Rochambeau et revient en France avec le grade de colonel. Il commande ensuite les dragons du Dauphin, puis ceux de Monsieur, comte de Provence. Le jour de la fuite du roi, le 21 juin 1791, Damas d'Antigny commande le détachement de dragons posté à Clermont sur ordre du marquis de Bouillé, afin de protéger la berline des fugitifs. Lorsqu'il rejoint à Varennes la famille royale déjà retenue dans l'épicerie du village, il ne dispose que d'une poignée d'hommes, car les autres ont été retenus par les Clermontois. Il ne peut donc, par un coup de force, permettre au roi de poursuivre sa fuite. Arrêté et emprisonné, Damas d'Antigny est libéré par l'amnistie du 13 novembre 1791, émigre, devient capitaine des gardes de Monsieur (futur Louis XVIII), l'accompagne dans l'expédition de Champagne en 1792, puis en Italie. Maréchal de camp en 1795, il fait naufrage au moment de prendre part au débarquement de Quiberon, est à nouveau arrêté, puis libéré, et finit par rejoindre l'armée de Condé. Rentré en France en 1814, il suit Louis XVIII à Gand, et le roi récompense sa fidélité dès le début de la Seconde Restauration (1815), en le nommant premier gentilhomme de la chambre et pair, tandis que Charles X le fera duc en 1825.

DAMES (paix des) : voir CAMBRAI (paix de)

DAMIENS Robert François (La Tieuloy, Arras, 1715 – Paris, 1757)

Auteur d'un attentat sur la personne de Louis XV.

D'une famille de fermiers ruinés, devenu lui-même domestique, il blesse Louis XV au flanc droit, d'un coup de canif, le 5 janvier 1757. La blessure est insignifiante. Damiens n'aurait d'ailleurs pas voulu tuer le roi, mais simplement le rappeler à ses devoirs. Arrêté, il est condamné à être écartelé, le 28 mars 1757, en place de Grève, sous les regards d'une foule immense, non sans avoir été auparavant atrocement torturé. On lui brûle la main droite qui avait tenu le couteau. On le tenaille. On verse du plomb fondu et de l'huile bouillante dans ses plaies. On procède enfin à l'écartèlement, en usage à l'encontre des régicides. Son supplice se prolonge durant une heure et quart.

DAMIETTE

Aujourd'hui Dimyat. Ville et port d'Égypte sur le delta du Nil, au nord-est du Caire.

Damiette est prise une première fois par les croisés en 1219, lors de la cinquième croisade. Louis IX s'en empare à nouveau en juin 1249, mais doit la restituer aux musulmans dès le mois de mai suivant, comme partie de sa rançon. Sa femme, Marguerite de Provence, venait d'y accoucher d'un fils, Jean-Tristan. Le sultan fait raser la ville, qui est reconstruite, sur l'emplacement actuel, plus au sud. Lors de la campagne d'Égypte, les Français s'emparent de Damiette en 1798, et Kléber y bat les Turcs le 1er novembre 1799.

DAMPIERRE Auguste Marie PICOT, marquis de (Paris, 1756 – Valenciennes, 1793)

Général.

Ayant adhéré à la Révolution, il reprend du service en 1791, se distingue à Quiévrain, à Valmy et à Jemmapes comme général et succède à Dumouriez après sa désertion. Il succombe au cours d'une tentative de dégagement de la place de Condé-sur-l'Escaut.

DAMREMONT ou DANRÉMONT Charles DENYS, comte (Chaumont, 1783 – Constantine, 1837)

Militaire.

Sous l'Empire, il participe aux campagnes de Dalmatie, d'Espagne, et du Portugal, avant de rejoindre la Grande Armée en 1813. Il est fait colonel sur le champ de bataille de Lützen. Lorsque les alliés arrivent devant Paris, Damremont, accompagné du colonel Fabvier, est chargé de discuter les bases de la suspension d'armes avec les émissaires russes. Entré sous la Première Restauration dans les gardes du corps, il suit Louis XVIII dans son exil de Gand. Maréchal de camp en 1821, il reçoit en 1830, lors de l'expédition d'Alger, le commandement de la 1re brigade de la 2e division de l'armée d'Afrique, avec laquelle il prend Bône. Le mouvement révolutionnaire parisien le contraint peu après à évacuer la ville. Lieutenant général en décembre 1830, pair de France en 1835, Damremont est nommé, deux ans plus tard, gouverneur général des possessions françaises d'Afrique du Nord, en remplacement de Clauzel. Il reçoit le commandement de l'expédition de Constantine. Quelques heures avant l'assaut, et tandis qu'il inspecte une batterie, il est tué par un boulet qui le transperce de part en part. Le général Valée le remplace, et prend Constantine. Sur ordre de Louis-Philippe, son corps est placé aux Invalides aux côtés de celui du général Baraguay d'Hilliers, son beau-père.

DAMVILLE : voir MONTMORENCY

DANDRÉ ou d'ANDRÉ Antoine, baron (Aix-en-Provence, 1759 – Paris, 1827)

Homme politique.

Issu d'une famille de noblesse parlementaire, il poursuit à Toulouse ses études de droit avant de devenir, à l'âge de 19 ans, conseiller au parlement d'Aix. Élu en 1789 député de la noblesse aux États généraux, il est favorable aux idées nouvelles et se rallie rapidement au tiers état avant d'être envoyé, en qualité de député-commissaire du roi, à Toulon. Subtil mais opportuniste, d'André se fera de nombreux ennemis à l'Assemblée, mais sera toutefois chargé avec Thouret et Duport de recevoir les dépositions de la famille royale après la fuite à Varennes. C'est au cours de l'un de ces interrogatoires que, ayant posé à Marie-Antoinette une suite de questions « embarrassantes », il reçoit en guise de réponse : « J'ai tout vu, j'ai tout su, et j'ai tout oublié. » Devenu favorable à une monarchie constitutionnelle, il doit, quelques mois plus tard, émigrer à Londres en compagnie de Talleyrand dont il partage les idées. Ayant, peu de temps après, rejoint l'Allemagne, d'André est chargé par Monsieur (futur Louis XVIII) des affaires de correspondance avec la France. En 1797, il tente de se faire élire au Conseil des Cinq-Cents, mais échoue, suscitant la méfiance des républicains comme des royalistes ultras. D'André se retire, quelques années plus tard, dans la capitale autrichienne, où il restera jusqu'à la Première Restauration, époque à laquelle le roi le nomme intendant de ses domaines, puis directeur de la police. Après les Cent-Jours, il recouvre son poste d'intendant des Domaines.

DANGEAU Philippe de COURCILLON, marquis de (Paris, 1638 – Versailles, 1720)

Courtisan et mémorialiste du règne de Louis XIV.

Type de l'honnête homme mais aussi de l'homme de cour, le marquis de Dangeau est à la fois un homme de lettres, membre de l'Académie française à 30 ans, et un courtisan hors pair, très habile au jeu. Son frère, Louis, abbé de Dangeau (1643-1723), est un érudit dont Louis XIV fait son lecteur, chargé notamment d'établir la liste des écrivains à pensionner. Philippe devient en 1672 l'aide de camp personnel du monarque : il l'accompagne dans ses campagnes et effectue aussi des missions diplomatiques pour son compte. De par sa proximité avec le roi, Dangeau exerce une influence considérable à la Cour où il protège notamment Boileau. Mais il y dispose aussi d'un poste d'observation privilégié. Pendant 36 ans, de 1684 aux cinq premières années de la Régence, il va s'astreindre jusqu'à sa mort à noter tous les menus événements de Versailles, allant jusqu'à consigner chaque purge de

Danton
Danton devant les Tuileries. Aquarelle, Paris, musée de la ville de Paris, musée Carnavalet. © *Sélection Images*

Louis XIV. Saint-Simon moque cet exposé factuel dont il critique le manque d'étoffe littéraire. C'est précisement ce qui fait sa valeur. Saint-Simon lui-même n'a cessé de l'utiliser : le premier jet de ses *Mémoires* s'intitule *Addition au journal de Dangeau*. Travaillant à la réédition de son œuvre, le pointilleux duc a sous les yeux un journal qui lui sert d'annales. Le *Journal* est publié *in extenso* entre 1854 et 1860 en 19 volumes. Il peut par sa minutie se comparer à d'autres chroniques célèbres, à commencer par celle du petits-fils de Dangeau : les scrupuleux *Mémoires* du duc de Luynes sur la cour de Louis XV (1735-1758).

DANSE MACABRE

Thème moral de l'entraînement inexorable de tous les humains vers un destin commun, la mort, quel que soit leur position sociale.

Dans un cortège conduit par la Mort défilent, main dans la main, un pape, un évêque, un moine, un empereur, un roi, un seigneur, un bourgeois. Au Moyen Âge cette danse est décrite dans plusieurs poèmes (Jean Le Fèvre, Martial d'Auvergne) et est illustrée par des peintures murales dont on conserve certains exemplaires à la Chaise-Dieu en Auvergne, Kermaria en Bretagne ou Meslay en Touraine.

DANTON Georges Jacques (Arcis-sur-Aube, 1759 – Paris, 1794)

Homme politique.

Fils d'un procureur au bailliage d'Arcis, il accomplit ses études de droit à Paris, et s'inscrit au barreau de la capitale. Avocat besogneux à ses débuts, il connaît ensuite une période plus aisée grâce à son mariage, la dot de sa femme lui permettant d'acheter une charge d'avocat ès conseils. Il se jette avec enthousiasme dans le mouvement révolutionnaire en 1789, préside le district des Cordeliers, avant de fonder, en 1790, le club du même nom. D'une haute stature, la voix puissante, les traits irréguliers et marqués par la petite vérole, Danton devient l'un des orateurs les plus écoutés, des Cordeliers d'abord, du peuple parisien ensuite. Membre de la Commune de Paris en janvier 1790, il se montre à ce moment assez modéré, au point que certains l'accuseront par la suite d'avoir touché des fonds des Anglais, de la famille royale, ou du duc d'Orléans. Ce soupçon de vénalité le poursuivra toujours. Il est certain qu'il vit dans l'aisance et traite largement ses amis en 1792, alors qu'il ne travaille plus.

Membre du directoire du département de Paris, c'est-à-dire de l'administration départementale, en janvier 1791, il affiche des sentiments républicains après la fuite à Varennes, réclame avec les Cordeliers la déchéance et la mise en jugement du roi (16 juillet 1791). Inquiété après la fusillade du Champ-de-Mars le lendemain, il quitte Paris pour sa propriété d'Arcis, puis pour l'Angleterre. À son retour, il se présente en vain aux élections pour l'Assemblée législative, mais est élu substitut du procureur de la Commune de Paris au mois de décembre, et joue dès lors un rôle de première importance dans le déroulement de la Révolution. Il prépare la journée du 10 Août, au cours de laquelle est proclamée la déchéance du roi, et sera nommé ministre de la Justice dès le lendemain. Siégeant à la fois au Conseil exécutif, qu'il dirige en fait, et à la commune insurrectionnelle, Danton sait garder son sang-froid face à l'invasion prussienne, empêche le gouvernement de quitter Paris pour la Loire, envoie en province des commissaires chargés de galvaniser les énergies et de lever des volontaires, fait arrêter à Paris 3 000 suspects. Le 2 septembre, devant la Législative, il prononce le fameux : « De l'audace ! encore de l'audace ! toujours de l'audace ! » Le même jour commencent les massacres de Septembre, que ses ennemis lui reprocheront plus tard : s'il n'en a pas pris l'initiative, il n'a pas tenté de les arrêter.

Pendant ce temps, à l'extérieur, le tribun négocie avec l'Angleterre, pour essayer d'obtenir sa neutralité, et tente de détacher la Prusse de l'Autriche. Envoyé à la Convention par les électeurs de Paris (septembre), il devient un des chefs de la gauche mais, attaqué par les Girondins sur sa gestion financière au début du mois d'octobre, il doit abandonner le ministère de la Justice. Danton vote la mort du roi, puis se lie avec Dumouriez lors d'une mission à l'armée du Nord, et propose à son retour la levée de 300 000 hommes et la création du Tribunal révolutionnaire en mars 1793. Il rompt définitivement avec les modérés après la trahison de Dumouriez, attaque les Girondins et contribue à la création du Comité de salut public qu'il préside d'avril à juillet. En politique extérieure, il continue à négocier avec l'ennemi pour tenter de dissoudre la coalition, mais il ne parvient pas, à l'intérieur, à diminuer la cherté de la vie, ni à mettre un terme à l'insurrection vendéenne et fédéraliste : il abandonne le Comité de salut public au mois de juillet. Il vient alors de se remarier, sa première épouse étant morte, et quitte quelque temps la vie politique, puis Paris pour se retirer à Arcis. Comme Robespierre, il s'oppose à la fin de l'année à la déchristianisation prônée par Hébert et ses amis, tout en considérant la religion de l'Être suprême comme une bêtise. Par ailleurs, il s'oppose à Robespierre au sujet de la Terreur dont il ne voit plus l'utilité, et en réclame la suppression. Avec ses amis, ceux que l'on appelle les Indulgents, comme Camille Desmoulins, persuadé que la paix est le seul moyen de mettre fin à la Terreur et d'appliquer enfin la Constitution de 1793, Danton entreprend de nouvelles négociations avec l'ennemi. Ces menées entravent la politique souhaitée par Robespierre et le Comité de salut public qui, pour se débarrasser des Indulgents, vont mêler leur cause à celle des Fripons, compromis dans le scandale de la liquidation de la Compagnie des Indes. Mis en accusation par Saint-Just, arrêté le 30 mars avec ses amis Camille Desmoulins, Hérault de Séchelles et Fabre d'Églantine, Danton est jugé par le Tribunal révolutionnaire du 2 au 4 avril. Condamné à mort le 5 avril – le verdict est rendu hors de sa présence car l'accusateur public, Fouquier-Tinville, a fait évacuer les accusés qui voulaient se défendre –, il monte sur l'échafaud le jour même.

DANTZIG

Aujourd'hui Gdańsk, grand port polonais sur la mer Baltique.

Pendant la guerre de Succession de Pologne, en 1733, une petite expédition française commandée par le général de La Motte de La Peyrouse est envoyée par mer à Dantzig pour apporter son soutien à Stanislas Leszczyński qui, harcelé par les Russes, y a trouvé refuge. Mais, devant l'insuffisance de ses forces face aux positions russes, La Peyrouse se retire sans combattre. En mars 1807, parce qu'elle renferme des approvisionnements considérables et peut servir de point de débarquement aux Russes et aux Anglais sur le flanc gauche de la Grande Armée, Dantzig est assiégée par Napoléon. Elle capitule le 26 mai, et le maréchal Lefebvre est fait « duc de Dantzig ». Dantzig devient alors une cité libre avec garnison française. En 1813, c'est au tour des troupes françaises commandées par Rapp d'être assiégées par les Russes. Ceux-ci, après avoir investi la ville, tentent un assaut général le 5 mars. Il échoue. Dès lors, le duc de Wurtemberg, qui a remplacé Platow, se borne à un blocus : Rapp essaie en vain de rompre celui-ci le 9 juin et la famine l'oblige à traiter en novembre, après six mois de siège. Dantzig sera incorporée à l'État prussien en 1815.

Lors des négociations de paix de 1919, il est décidé que la ville de Dantzig, dont la population est allemande, ne sera pas annexée à la Pologne et recevra un statut international. L'application de ce statut est, de 1919 à 1939, une source de conflits incessants entre l'Allemagne et la Pologne, de même que le problème du « couloir de Dantzig », bande de territoire qui permet aux Polonais d'accéder à la Baltique par le nouveau port de Gdynia mais coupe la Prusse orientale du reste de l'État allemand. Dès 1933, l'installation à Dantzig d'une Diète en grande majorité hitlérienne rend la question brûlante, et Hitler pose ouvertement le problème le 24 octobre 1938 en réclamant la restitution à l'Allemagne de la ville libre et la concession, à travers le couloir, d'une route et d'une voie ferrée dotées d'un statut d'extraterritorialité. Tandis que les Polonais opposent une farouche fin de non-recevoir à ces exigences, les Français, tout à leur stratégie d'apaisement et un mois après Munich, hésitent à prendre le risque d'une guerre pour ceux que Marcel Déat appelle les « Poldèves ». Il faut l'ultime tension de l'été 1939 pour que les Britanniques forcent les Français à envisager des négociations avec le Reich, après le bouleversement que représente la signature du pacte germano-soviétique. Mais, le 28 août 1939, la question de Dantzig est devenue accessoire devant les préparatifs de mobilisation.

DARBOY Georges (Fayl-Billot, Haute-Marne, 1813 – Paris, 1871)

Archevêque.

Ordonné prêtre en 1836, il est nommé vicaire à Saint-Dizier, puis en 1839 professeur au grand séminaire de Langres. À son arrivée à Paris en 1845, il devient professeur à l'école des Carmes et aumônier du collège Henri-IV. Nommé évêque de Nancy une quinzaine d'années plus tard, il fait adopter dans son diocèse la liturgie romaine et contribue au développement des écoles et séminaires placés sous son autorité. Promu en 1863 à l'archevêché de Paris, il devient également grand aumônier de Napoléon III et membre du Sénat au mois d'octobre 1864. Ayant une conception libre et gallicane de son épiscopat, il entre à plusieurs reprises en conflit avec le Vatican, notamment à propos de l'absoute donnée par ses soins à un grand maître de la franc-maçonnerie. Puis, accusé par le pape Pie IX de « toucher au schisme » (du fait de son détachement face à la primauté romaine), il ne peut obtenir le titre de cardinal.

Durant la Commune, Mgr Darboy, venu s'occuper des secours aux blessés, est fait prisonnier à la suite de représailles exercées par les Communards à l'encontre des Versaillais. Pris en otage avec le curé de la Madeleine et le président de la Cour de cassation Bonjean, il devient l'objet d'âpres négociations entre les insurgés et le gouvernement de Versailles (la Commune demandant la libération de Blanqui contre la liberté des deux prélats et du magistrat). Thiers adopte dans les pourparlers une attitude tranchée qui rompt le dialogue et aboutit à la mort, par fusillade, à la prison de La Roquette, de l'archevêque de Paris le soir du 24 mai 1871. Il est inhumé avec ses compagnons de captivité au cimetière du Père-Lachaise. De grandioses funérailles seront célébrées après la défaite de la Commune.

DARDANELLES (détroit des)

Les Grecs de l'Antiquité appelaient Hellespont ce détroit d'une cinquantaine de kilomètres de long, large de 2 à 6 km, séparant la Turquie d'Europe de celle d'Asie et permettant de relier la mer de Marmara à la mer Égée.

C'est le premier passage des Détroits (ensemble formé par le Bosphore et les Dardanelles, et faisant communiquer la Méditerranée et la mer Noire) que l'on rencontre en venant de mer Égée vers la mer Noire, d'où une importance stratégique et diplomatique qui justifie les accords internationaux de 1856, 1871, 1878, 1920, 1923 et 1936 quant à ses statuts et aux autorisations de militarisation. C'est en raison de cette position clef que Winston Churchill, alors premier lord de l'Amirauté, propose, en 1915, une expédition militaire franco-britannique afin de frapper un maillon faible des Puissances Centrales et de convaincre l'Italie de rentrer en guerre. Une escadre française aux ordres de l'amiral Guépratte force le passage le 18 mars, puis 5 divisions alliées débarquent dans la presqu'île de Gallipoli le 25 avril. La pénétration ne dépasse cependant pas 5 km en raison de l'opposition turque, si bien que, le front s'étant stabilisé durant l'été et les Alliés ayant perdu un tiers de leurs navires, une évacuation est décidée à l'automne. Elle est effective le 20 décembre dans le secteur de Gaba-Tépé et le 9 janvier 1916 dans celui de Seddul-Bahir. Au total, les Franco-Britanniques laissent 145 000 victimes, dont 5 000 soldats morts du typhus puis du froid. Cet échec a été vivement reproché à Churchill, qui dut quitter le gouvernement Asquith en novembre 1915.

DARLAN François (Nérac, 1881 – Alger, 1942)

Amiral.

Fils d'un parlementaire de la IIIe République, il sort de l'École navale en 1901 et occupe de 1926 à 1934, puis de 1936 à 1939, le poste de chef du cabinet militaire du ministre de la Marine. Il œuvre en vue de constituer une arme de bataille de première valeur en cas de conflit et y parvient avec les quatre chefs de file que sont en 1939-1940 les cuirassés *Richelieu*, *Jean-Bart*, *Strasbourg* et *Dunkerque*. En 1939, il est nommé amiral. Partisan d'une stratégie défensive et d'actions de contournement via la mer du Nord ou la Méditerranée, Darlan approuve l'armistice de 1940 parce qu'il juge dérisoire l'idée de poursuivre la guerre en Afrique et qu'il croit à une victoire rapide de l'Allemagne. Il met son prestige de chef d'une arme invaincue au service de Pétain : le 16 juin 1940, il devient secrétaire d'État à la Marine. L'attaque britannique de Mers el-Kébir, le 3 juillet, le confirme dans ses vues : les Anglais convoitent l'Empire, les Américains ne sont d'aucun secours, l'essentiel est d'obtenir des Allemands un rôle de flanc-garde occidental, appuyé sur la marine et les colonies africaines. Cela suppose une collaboration politique, motif qui explique sa participation aux intrigues de couloir entraînant la chute de Laval en décembre 1940. Cela n'exclut pas une collaboration militaire, au risque de sortir d'un neutralisme affiché mais peu pratiqué.

Le 10 février 1941, après un intermède Flandin, Darlan est désigné comme vice-président du Conseil et dauphin de Pétain. Il cumule quatre ministères (Affaires étrangères, Marine, Information et Intérieur) qui forment les clefs du pouvoir à Vichy. Aussi Darlan promeut-il la Révolution nationale, via la charte du Travail et le soutien à des technocrates, Lehideux et Pucheu, ou des experts, Sauvy, chargés de planifier l'intégration d'une France industrielle dans une Europe économique sous gouverne allemande. Darlan soutient également la répression accrue exercée par Vichy : installation d'un commissariat aux Questions juives, second statut des Juifs, création des Sections spéciales et acceptation des exécutions d'otages par les Allemands en réplique aux actes de la Résistance. Poursuivant son idée d'un accord politique avec l'occupant, il confère avec Hitler à Berchtesgaden les 11 et 12 mai 1941, et signe, à son retour, les « protocoles de Paris » échangeant la réduction de la ponction financière allemande et le retour des prisonniers anciens combattants contre l'accès des aéroports de Syrie et de Tunisie aux troupes allemandes engagées contre les Anglais. L'hostilité de Weygand, délégué général en Afrique, et de Boisson, gouverneur de l'A-OF, fait capoter l'opération. Mais les Britanniques profitent de cette bévue pour attaquer et occuper la Syrie le mois suivant, tandis que les Allemands se défient désormais de Darlan, en qui ils devinent un personnage louvoyant. Si bien que la pression sur le maréchal s'accentue pour ramener Laval au pouvoir. Satisfaction sera donnée aux Allemands le 18 avril 1942, l'amiral demeurant cependant commandant en chef des forces armées.

Arrivé à Alger au début de novembre, alors que son fils y est hospitalisé, Darlan est surpris par le débarquement anglo-américain du 8 novembre. Hésitant une fois encore sur la conduite à tenir, il opte tour à tour pour le combat et la cessation du feu jusqu'au moment (10 novembre) où le général Juin, commandant des forces terrestres d'Algérie, le persuade de conclure un armistice avec les Américains, décision qui devient effective le 11. Désavoué par le maréchal Pétain mais soutenu par Noguès, résident général au Maroc, et par les principaux chefs militaires d'Afrique du Nord, rejoint par le général Giraud, évadé de métropole, il constitue un Comité de défense de l'empire dont il prend la tête. Il entend à la fois rester fidèle à Vichy et entrer en guerre contre l'Axe. Cette stratégie est combattue par les gaullistes, par les Britanniques hostiles à un anglophobe avoué, par les Américains réticents à ce compromis alors qu'ils l'avaient soutenu, enfin, par les partisans de Giraud. Le 24 décembre 1942, Darlan est assassiné par un jeune royaliste, Bonnier de La Chapelle, dans des conditions qui interdisent de trancher entre l'acte isolé et un complot fomenté par le nombre de ses ennemis.

Darlan
L'amiral Darlan (à dr.) en compagnie du maréchal Pétain, le 13 novembre 1942. © *Sélection Images*

DARNAND Joseph (Coligny, Ain, 1897 – fort de Châtillon, Seine, 1945)

Homme politique.

Après avoir eu une conduite particulièrement brillante au cours de la guerre de 1914-1918, il quitte l'armée, faute d'avoir été nommé officier. Il s'engage d'abord dans l'Action française, puis chez les Croix-de-Feu et adhère, en 1936, au Parti populaire français (PPF) de Doriot. Compromis en 1938 dans l'affaire de la Cagoule, il bénéficie finalement d'un non-lieu. En 1939-1940, ses faits d'armes, à la tête d'un corps franc, lui valent la croix d'officier de la Légion d'honneur. Prisonnier en juin 1940, il s'évade et adhère avec enthousiasme à la Légion française des combattants et volontaires de la Révolution nationale créée par le gouvernement de Vichy. Il en devient délégué permanent auprès de Pierre Laval et organise alors le Service d'ordre légionnaire (SOL), organisme qui, à partir de l'été 1941, doit encadrer les manifestations de la Légion et donner la chasse aux ennemis du régime – des Juifs aux capitalistes en passant par les francs-maçons. À son retour aux affaires, Laval tente d'organiser le SOL en force de maintien de l'ordre à sa dévotion : il confie à Darnand, en janvier 1943, la direction de cette Milice française. Mais celui-ci joue sur la rivalité entre Vichy et l'Allemagne avec comme objectif le triomphe de la Révolution nationale dans une Europe nazie. À l'été 1943, Darnand devient Sturmbannführer dans la Waffen SS et profite de cet engagement pour tenter d'implanter la Milice dans l'ancienne zone Nord.

C'est avec l'appui allemand que Darnand parvient, fin décembre 1943, au poste de secrétaire général au Maintien de l'ordre. Il amplifie la politique répressive de Vichy par une traque systématique des résistants, y compris chez les fonctionnaires du régime ; en même temps, sur le modèle de l'État-SS qui s'impose en Allemagne, il organise la « Franc-garde », une milice dans la Milice qui s'attache à la surveillance des prisons, de l'approvisionnement ou à juger de manière expéditive les résistants capturés. Les exactions de la Milice sont d'autant plus nombreuses qu'à partir du 13 février 1944, Darnand est promu secrétaire d'État à l'Intérieur. Réfugié à Sigmaringen avec Pétain et Laval, il choisit, en avril 1945, d'intégrer la Milice dans la division SS Charlemagne. Il est finalement capturé en Italie, extradé, condamné par la Haute Cour de justice et exécuté le 10 octobre 1945.

Darnand
Darnand quittant les Invalides en compagnie d'officiels allemands. © *ADP / Keystone*

DARU Napoléon, comte (Paris, 1807 – Paris, 1890)

Homme politique.

Fils de Pierre Daru, il siège à la Chambre des pairs de 1832 à 1848, avant d'être élu sous la IIe République député de la Manche à la Constituante, puis à la Législative, dont il est aussi le vice-président. Opposé au coup d'État du 2 Décembre, il est quelque temps emprisonné, puis abandonne la vie politique. À nouveau député en 1869, Daru devient l'année suivante ministre des Affaires étrangères du cabinet Émile Ollivier. Député de la Manche à la Constituante en 1871, il achève sa carrière comme sénateur de 1876 à 1879.

DARU Pierre Bruno, comte (Montpellier, 1767 – Meulan, 1829)

Homme politique et administrateur militaire.

Commissaire des guerres de 1784 à 1789, il observe au début de la Révolution une attitude modérée qui lui vaut d'être emprisonné pendant la Terreur. Libéré, il devient chef de division au ministère de la Guerre en 1797 et commissaire à l'armée du Rhin en 1799. Il met ensuite ses talents d'organisateur militaire au service de Bonaparte, puis de l'Empire, devient tribun, conseiller d'État, avant d'être nommé intendant de la Grande Armée dans les pays conquis. Secrétaire d'État en 1811, il tente en vain de dissuader l'Empereur d'entreprendre la campagne de Russie, et met au point son approvisionnement. Ministre de la Guerre en 1813, il rejoint l'Empereur pendant les Cent-Jours, attitude qui lui vaut d'être disgracié jusqu'en 1819. Louis XVIII le nomme alors membre de la Chambre des pairs. Militaire, mais aussi historien et homme de lettres, il avait encouragé en Italie la carrière militaire de son jeune cousin Henri Beyle, dit Stendhal.

DASSAULT Marcel (Paris, 1892 – Neuilly-sur-Seine, 1986)

Avionneur.

Marcel Bloch, fils d'un médecin ayant quitté l'Alsace après l'annexion de 1871, fait ses études au lycée Condorcet et devient élève à l'école d'électricité Bréguet, puis à l'École nationale supérieure d'aéronautique. Durant la Première Guerre mondiale, il travaille pour l'armée de l'air, invente une hélice en bois qui équipe notamment l'avion de Guynemer et se lance dans la construction du Sem 4. Après guerre, il s'intéresse à l'immobilier, puis revient à l'aéronautique lorsque le ministère de l'Air lui commande un trimoteur postal. En 1936, la nationalisation de l'industrie aéronautique lui vaut une large indemnisation, ce qui lui permet de fonder un bureau d'études privé et de lancer la fabrication du Bloch 200 et du Languedoc 161. Emprisonné dès octobre 1940, il est transféré en juillet 1944 à Drancy et déporté à Buchenwald. Ayant adopté le nom de Bloch-Dassault à la Libération, il crée la société d'où sortent, en 1950, l'Ouragan, premier avion à réaction français et, en 1952, le Mystère-IV, premier avion européen à franchir le mur du son. De 1947 à 1986, près de 6 500 avions « Dassault » sont vendus à plus de 60 pays. Député RPF des Alpes-Maritimes en 1951, battu en janvier 1956, puis élu au Conseil de la République en avril 1957, il est de 1958 à sa mort député de l'Oise. Marcel Dassault se veut également un patron de presse avec des fortunes diverses : *Semaine de France* (1952), *Paris-Presse* et *Vingt-quatre Heures* (1965) sont des échecs ; en revanche, *Jours de France* (1954) atteint jusqu'à 500 000 exemplaires dans les années 1970, grâce à un cocktail d'images de mode, d'actualité systématiquement heureuse et de chroniques, dont la sienne, teintée d'un paternalisme faussement naïf.

Homme d'affaires à succès, Marcel Dassault doit une large part de sa fortune à ses relations avec l'État, tant par ses commandes que par le capital investi (20 %). Cet entregent paraît suspect, au point qu'en 1976 une commission d'enquête est constituée sur l'utilisation des fonds publics dans l'aéronautique, mais ses conclusions se perdent dans les sables. Placée sur la liste des nationalisations en 1981, l'entreprise Dassault est habilement conservée, en pratique, par son fondateur qui offre 20 % suplémentaires de capital à l'État, tout en restant « conseiller technique », mais patron de fait grâce au maintien de ses équipes. Marcel Dassault incarne l'une des particularités du capitalisme à la française au XXe siècle, où fonds publics et talent privé font bon ménage.

DAUDET Léon (Paris, 1867 – Saint-Rémy-de-Provence, 1942)

Journaliste, polémiste et écrivain.

Fils d'Alphonse Daudet, il abandonne ses études de médecine pour le journalisme polémique, soutient la campagne antisémite menée par Édouard Drumont, puis se rallie à la théorie du nationalisme intégral de Charles Maurras, et devient à ses côtés un des animateurs du mouvement et du journal *L'Action française*. Dans les colonnes de ce dernier, bi-mensuel puis quotidien à partir de 1908, il ne cesse d'attaquer le régime et les hommes politiques républicains, même pendant la guerre de 1914 où il voit des traîtres allemands et des comploteurs pacifistes chaque jour. Partisan d'une paix avec l'Allemagne, il est député en novembre 1919, mais battu aux élections de mai 1924.

La mort mystérieuse de son fils Philippe, en novembre 1923, l'affecte profondément et le conduit à attaquer violemment le régime et ceux qu'il rend responsables de cet événement : à la suite d'un procès en diffamation en octobre 1925, il est condamné à 5 mois de prison. Il épuise en vain toutes les ressources de la procédure, avant de se réfugier, avec ses collaborateurs, dans l'immeuble de L'Action française, en juin 1926. Encerclé par la police, il finit par se rendre, est incarcéré, mais s'évade moins de deux semaines plus tard, dans des circonstances rocambolesques : un de ses amis, imitant la voix du ministre de l'Intérieur, donne par téléphone l'ordre de le libérer. Réfugié en Belgique, Daudet continue son œuvre de romancier. Gracié en décembre 1929, il regagne la France et continue à écrire dans *L'Action française*.

DAUMESNIL Pierre (Périgueux, 1776 – Vincennes, 1832)

Général.

Issu d'une famille modeste, ce fils de perruquier s'enrôle très jeune comme simple soldat durant les campagnes d'Italie et d'Égypte ; il participe, au cours de cette dernière, au siège de Saint-Jean-d'Acre sous les ordres du général

Honoré Daumier
La Loterie royale. Caricature, musée de la Ville de Paris, musée Carnavalet. © *G. Dagli Orti*

Bonaparte. Promu capitaine en 1806, il déploie à la bataille de Wagram une bravoure exceptionnelle, et perd une jambe, emportée par un boulet autrichien. Surnommé dès lors le général « Jambe de bois », Daumesnil reçoit le grade de général de brigade et devient, en 1812, gouverneur du château de Vincennes. En 1814, il soutient au fort de Vincennes un siège opiniâtre, se contentant de répondre aux émissaires venus négocier la reddition du château : « Rendez-moi ma jambe et je vous rendrai Vincennes. » Toutefois, il doit se soumettre le 12 avril, sur ordre du nouveau gouvernement. S'étant rallié à l'Empereur dès son retour de l'île d'Elbe, Daumesnil garde son gouvernement de Vincennes, défendant la place lors de la dernière coalition avec autant d'ardeur que durant le siège précédent. Mis en retraite au retour des Bourbons, il recouvre après la révolution de 1830 son poste de gouverneur.

DAUMIER Honoré (Marseille, 1808 – Valmondois, 1879)

Caricaturiste et peintre.

C'est la monarchie de Juillet qui donne à ce fils d'encadreur l'occasion de déployer ses talents dans le cadre de la presse illustrée. Républicain et libéral, Daumier collabore à *La Caricature*, où il ridiculise les parlementaires et les membres du gouvernement, accusés d'avoir confisqué la révolution des Trois Glorieuses à leur profit. Après la dissolution du journal en 1835, Daumier rejoint *Le Charivari* mais doit abandonner la satire politique pour se consacrer à celle des mœurs et de la vie quotidienne, croquant les locataires, les acteurs, les voyageurs de trains, les magistrats ou les baigneurs. Hostile à Louis Napoléon Bonaparte, il crée le personnage de Ratapoil. En 1860, Daumier est congédié du journal et se consacre alors à la peinture, abordant de nouveaux sujets. Il reprend sa collaboration au *Charivari* en 1863 et publie des planches qui dénoncent les horreurs de la guerre de 1870. Devenu aveugle, il meurt dans le dénuement le plus complet.

DAUNOU Pierre Claude François (Boulogne-sur-Mer, 1761 – Paris, 1840)

Homme politique et érudit.

Oratorien, puis membre du clergé constitutionnel, il est élu à la Convention par le Pas-de-Calais, et se signale dans cette assemblée par sa modération : après avoir refusé de voter la mort de Louis XVI, il proteste contre la proscription des Girondins, ce qui lui vaut d'être emprisonné en même temps qu'eux. Libéré après le 9 Thermidor, il joue dès lors un rôle important à la Convention en élaborant notamment le rapport qui est à la base de la loi organique du 25 octobre 1795. Cette loi établit un plan général d'éducation nationale, et crée l'Institut national, futur Institut de France. Daunou est aussi un des auteurs de la Constitution de l'an III. Membre du Conseil des Cinq-Cents, il contribue ensuite à la rédaction de la Constitution de l'an VIII, dont le projet est modifié par Bonaparte selon ses propres idées. Membre du Tribunat, il démissionne rapidement, mais est nommé archiviste de l'Empire en 1804. Destitué à la Restauration, Daunou est cependant nommé professeur d'histoire au Collège de France en 1817, puis élu député du Finistère, et siège au sein de l'opposition constitutionnelle. Réélu après 1830, il retrouve son poste aux Archives, entre à la Chambre des pairs en 1839, et continue à publier des travaux historiques.

DAUPHIN

Avant d'entrer dans la maison royale de France, cette appellation servit longtemps à désigner les détenteurs des comtés de Viennois et d'Auvergne. Mais primitivement, Dauphin ou Delphin était un prénom. Aussi l'usage étymologique veut-il qu'on l'écrive avec une majuscule.

L'ancêtre des « Dauphins de Viennois » est Gigues IV d'Albon, qui se fait appeler *Guigo Delphinus*. Ses successeurs reprennent ce deuxième prénom à chaque génération, tant et si bien que Dauphin devient sous Humbert Ier de La Tour (fin du XIIIe siècle) une sorte de titre féodal. Comte de Viennois et prince de Dauphiné sont synonymes. C'est en tant que descendants des Dauphins de Viennois que les comtes d'Auvergne de la branche aînée reprennent à leur usage d'abord le prénom, puis le titre de Dauphin. Ainsi naît le Dauphiné d'Auvergne, dont le seigneur, il convient de le noter, est plus couramment appelé « comte Dauphin d'Auvergne » que « Dauphin d'Auvergne ». L'appellation « Dauphin » tombe en désuétude, en ce qui concerne l'Auvergne, sous les Montpensier. Dans le cas du Dauphiné de Viennois, elle est reprise, après l'extinction des aînés de la maison de La Tour du Pin, par la lignée royale des Valois. Charles V est le premier « Dauphin de Viennois » capétien. Le titre est attribué systématiquement à tous les fils des rois de France appelés à régner, et cela alors même que le Dauphiné aura été réuni à la couronne. Le dernier « Dauphin de France » officiellement salué sous ce nom est le duc d'Angoulême, fils de Charles X.

Il y eut 28 Dauphins royaux. Sous les premiers Valois : Charles V, Charles VI, les 5 fils de celui-ci (dont Charles VII) puis Louis XI, Charles VIII, ses 3 fils morts jeunes. Sous le Valois-Orléans Louis XII : ses 2 fils morts en bas âge. Sous les Valois-Angoulême : 2 fils de François Ier (dont Henri II), puis François II. Sous les Bourbons : Louis XIII, Louis XIV, le Grand Dauphin, le duc de Bourgogne, le duc de Bretagne, le frère de celui-ci (qui devint Louis XV) puis Louis fils de Louis XV, Louis Auguste (Louis XVI), son fils aîné Louis Joseph, son fils puîné Louis Charles (Louis XVII) et enfin Louis Antoine, duc d'Angoulême (Louis XIX) et fils de Charles X. Dans la tradition féodale, la Dauphine pouvait être titulaire du fief delphinal ; dans la tradition royale, elle était obligatoirement l'épouse du Dauphin.

DAUPHINÉ

Province s'étirant entre le Rhône lyonnais et les Alpes.

Les Allobroges, venus de Savoie, au nord, les Voconces au sud, les Segalaunes, les Tricastins, les Cavares et les Ucenis représentent les principales communautés gauloises du pays avant la venue des Romains. Ces derniers passent les Alpes de 131 à 125 et contrôlent la région à la fin du IIe siècle avant J.-C., rattachant le territoire à leur province de Narbonnaise puis à la Viennoise, situation qui demeure jusqu'aux premières invasions barbares du Ve siècle apr. J.-C. Alains et Wisigoths parcourent et saccagent la vallée du Rhône, précédant les Burgondes, venus du nord et de l'est, qui s'imposent à la fin du Ve siècle. Clovis et ses descendants, puis la dynastie carolingienne soumettent à leur tour cette vaste Burgondie dont la partie comprise entre Saône, Rhône et Alpes est incluse dans l'éphémère part de Lothaire au traité de Verdun en 843. Au IXe siècle, cette région est tiraillée entre petits souverains de Provence, de Bourgogne cisjurane et transjurane. En 933, Provence et Bourgogne transjurane forment le deuxième royaume de Bourgogne, également appelé royaume d'Arles. Mais le dernier souverain de cet apanage, Rodolphe III (993-1032), désigne pour héritier Conrad le Salique, l'empereur du Saint Empire romain germanique en personne.

Le comté de Viennois est ainsi inclus dans ce gigantesque empire qui s'étend de la Baltique à la Méditerranée. Mais cette entité est si vaste qu'elle se révèle pratiquement ingouvernable. Même si l'empereur Frédéric Barberousse se fait couronner à Vienne, au sud de Lyon, en 1178, l'éloignement du pouvoir central contribue à la dissolution politique, favorisée de surcroît par les coutumes de la féodalité. Les seigneurs de Viennois appartiennent alors aux maisons d'Albon (de 1029 à 1162), de Bourgogne (1162-1281) et de La Tour du Pin (1281-1349). Peu à peu se crée un titre que ces seigneurs vont élever au sommet de la hiérarchie féodale et qui désignera par la suite le fief lui-même : celui de Dauphin, symbole héréditaire que va même porter le fils aîné du roi de France. Lorsqu'en 1343 et 1344 le Dauphin Humbert II, sans héritier, cède ses possessions au roi de France Philippe de Valois, il n'émet qu'une condition : que le fils aîné du roi soit désormais le gouverneur des nouvelles terres de la couronne. C'est effectivement le prince héritier qui va régenter le pays « dauphinois » jusqu'à l'avènement de Louis XI, en 1461, lequel rattache la province au royaume, le titre de Dauphin devenant désormais honorifique.

Sous Louis XIV et Louis XV, la province connaît ordre et prospérité. Par la suite, elle est une des premières à se rallier à la Révolution. En effet, le besoin de réforme est vif parmi les petits notables ruraux autant que parmi les populations urbaines. Le 7 juin 1788, la population de Grenoble se soulève contre l'armée, qu'elle bombarde du haut des toits à coup de tuiles. Après cent soixante années d'interruption, les membres des états du Dauphiné se réunissent pour élire les députés de la province aux États généraux de Versailles. Délibérant à Vizille, ces représentants évoquent, Barnave et Mounier en tête, les questions les plus épineuses pour le régime.

Lorsque les événements de Paris confirment une évolution irrésistible, les Dauphinois se rallient avec enthousiasme aux idées nouvelles. La fête de la Fédération est partout célébrée avec éclat, tandis que la province se scinde en trois départements : Isère (chef-lieu Grenoble), Drôme (Valence) et Hautes-Alpes (Gap). Pendant la Restauration, la Terreur blanche ne sévit pas en

Dauphiné à l'encontre des républicains et des demi-soldes de la Grande Armée. Au contraire, l'esprit d'opposition au régime royal ne se dément ni sous la Restauration ni sous le pouvoir plus libéral de Louis-Philippe. Le coup d'État bonapartiste du 2 décembre 1851 dresse ouvriers et paysans sur le chemin de la fronde, voire de la révolte. Pourtant c'est ce Second Empire, souvent honni, qui apporte au pays dauphinois un essor sans précédent. Les routes sont multipliées et élargies. Le chemin de fer s'avance vers Grenoble, Gap et Briançon. Le charbon est extrait à La Mure. Le 27 septembre 1869 à Lancey, au nord-est de Grenoble, dans la vallée du Grésivaudan, l'ingénieur Aristide Bergès fait tourner une turbine actionnée par une chute d'eau de 200 m, la machine pouvant bientôt traiter 2 000 tonnes de pâte à papier par an.

Les villages voisins de Domène et de Brignoud sont rapidement équipés d'installations semblables. En 1883, un autre ingénieur, Deprez, réussit à acheminer du courant entre Jarrie et Grenoble. L'énergie peut être transportée des chutes d'eau aux usines. La « houille blanche » va transformer la région. Effectivement s'élèvent les premières usines électrométallurgiques et électrochimiques. En 1889, Héroult fabrique à Froges de l'aluminium par électrolyse. Pont-de-Claix, Livet produisent du carbure, du calcium, du chlore, de la soude et leurs dérivés chimiques. Métaux, chimie, textiles, mécanique vont désormais animer toute la région grenobloise. Les chutes d'eau sont systématiquement prospectées et équipées d'installations hydro-électriques. Les deux guerres mondiales accentuent ces besoins en énergie, tout en développant encore plus les implantations industrielles.

Fief de l'opposition à tout pouvoir autoritaire, Grenoble devient durant l'Occupation un des bastions de la Résistance. Les massifs de la Grande-Chartreuse, de Belledonne et du Champsaur accueillent les réfractaires du Service du travail obligatoire (STO) et les maquisards. Le Vercors, en juillet 1944, devient un refuge si menaçant pour l'occupant qu'il se décide à un assaut en règle avec des moyens exceptionnels. Le mois d'août apporte la libération définitive du versant occidental des Alpes grâce à la remontée de la Ire armée française vers Lyon et au dégagement des hautes vallées par les tabors et les réguliers marocains. Pourtant les Allemands s'accrochent aux crêtes de la frontière italienne, et les chasseurs alpins doivent tirailler sur ces hauteurs jusqu'au 8 mai 1945.

David
Jacques Louis David (1748-1825), premier peintre de l'Empereur. Huile sur toile de Marie Eléonore Godefroid, copie d'un tableau de Navaez, châteaux de Versailles et Trianon. © *RMN – Gérard Blot*

DAUPHINÉ D'AUVERGNE : voir AUVERGNE

DAUTRY Raoul (Montluçon, 1880 – Lourmarin, 1951)

Ingénieur.

Spécialisé dans les questions ferroviaires, directeur général du réseau Ouest à partir de 1928, il a un rôle déterminant dans la constitution de la SNCF en 1937. En 1939, le président Daladier fait appel à lui pour prendre la direction du ministère de l'Armement dans son cabinet de guerre, poste qui sera supprimé en juin 1940. Ministre de la Reconstruction en 1944-1945 dans le cabinet de libération du général de Gaulle, Raoul Dautry passera au Commissariat à l'énergie atomique en 1946.

DAVID Jacques Louis (Paris, 1748 – Bruxelles, 1825)

Peintre.

Élève de Vien, prix de Rome en 1774, il s'affirme dans les années 1780 comme un champion du classicisme, de l'art et de la beauté antiques. Enthousiasmé par les principes révolutionnaires, inscrit au club des Jacobins, il offre, en 1791, l'esquisse du *Serment du Jeu de paume* à l'Assemblée constituante. À la Convention, où il est élu en 1792, et qu'il présidera deux ans plus tard, il vote la mort du roi. Siégeant avec les Montagnards, il s'oppose aux Girondins. Mêlant l'art et la politique, David offre à l'Assemblée la *Mort de Michel Le Peletier*, entre au Comité de l'instruction publique et, chargé des Beaux-Arts, organise les fêtes de la Régénération et de l'Être suprême. Tout en continuant à peindre (*La Mort de Marat*, 1793), il entre au Comité de sûreté générale le 14 septembre 1793, mais ne s'y manifeste guère. Son absence de la Convention, au 9 Thermidor, lui évite d'être arrêté et guillotiné. David est cependant dénoncé le 13 thermidor, expulsé du Comité de sûreté générale, décrété d'arrestation, et emprisonné. Libéré peu après, il est de nouveau incarcéré, avant d'être définitivement amnistié en brumaire an IV (1796). Il abandonne alors la vie politique.

Entré à l'Institut, où il est le collègue de Bonaparte, David se lie avec celui-ci, mais refuse de siéger au Conseil d'État ou au Sénat, pour se consacrer à la peinture. Après avoir refusé sa nomination de peintre du gouvernement, en 1800, il accepte, huit ans plus tard, de devenir premier peintre de Napoléon et chevalier d'Empire. Napoléon lui a commandé quatre grandes compositions dont deux seulement, le fameux *Sacre* et la *Distribution des aigles*, seront réalisées. Exilé à la Restauration, David meurt en Belgique, où il continuait à travailler. Le gouvernement de Charles X refuse à sa famille le transfert de sa dépouille en France.

DAVOUT Louis Nicolas, duc d'Auerstaedt, prince d'Eckmühl (Annoux, Yonne, 1770 – Paris, 1823)

Maréchal.

Issu d'une vieille famille bourguignonne, d'Avout, il entre, en 1785, à l'École militaire de Paris en qualité de cadet-gentilhomme. Il en sort, trois ans plus tard, avec le grade de sous-lieutenant de cavalerie. Ardent partisan de la Révolution, il se fait élire, en 1792, chef d'un bataillon de volontaires et participe glorieusement aux campagnes du Nord et de Belgique (1793). Destitué de ses fonctions du fait de son état nobiliaire, en 1793, Davout est promu général de brigade deux ans plus tard. Il combat avec un courage remarquable lors de la campagne du Rhin (1795-1797), de l'expédition d'Égypte (1798-1799), et commande la cavalerie de l'armée d'Italie de 1800 à 1801, avant d'être élevé à la dignité de maréchal de France en 1804. Après s'être distingué lors de la campagne d'Austerlitz, Davout écrase à Auerstaedt, en 1806, l'armée prussienne de Brunswick avec son seul corps d'armée. Devenu, l'année suivante, gouverneur du grand-duché de Varsovie, il soumet, durant la campagne de 1809, l'armée autrichienne à Eckmühl. Il commande, un an plus tard, l'armée d'Allemagne et se conduit une fois encore avec bravoure, lors de la campagne de Russie, en 1812. Commandant de la garnison de Hambourg en 1813, il défend énergiquement la place contre les Russes jusqu'à la conclusion de la paix, en 1814. Durant les Cent-Jours, Napoléon nomme Davout ministre de la Guerre. Bien que disgracié au moment de la Seconde Restauration, il peut entrer à la Chambre des pairs en 1819, grâce à ses prises de position en faveur de la monarchie.

DÉAT Marcel (Guérigny, Nièvre, 1894 – San Vito, près de Turin, 1955)

Homme politique.

Élève de l'École normale supérieure, il est mobilisé en 1914 et effectue une guerre remarquable, saluée par 5 citations et la Légion d'honneur. Il revient du front pacifiste dans l'âme. Agrégé de philosophie, il adhère à la SFIO où il se révèle un militant puis un cadre actif, dévoué, dynamique. Parlementaire très écouté de ses collègues, il entreprend de rénover le socialisme français à l'exemple du Belge Henry de Man, apologiste du dirigisme économique et social. Au sein de la SFIO, Déat devient donc le chantre d'un socialisme autoritaire et national, le « néo-socialisme », qui prétend attirer à lui les classes moyennes. Chassé du parti socialiste en novembre 1933 pour cette tendance « déviationniste », Déat n'en prend aucun ombrage, au contraire, puisque l'envoyé de Mussolini à Paris, Landini, lui assure son autonomie financière par de fréquents subsides. Son influence est même si bien établie qu'Albert Sarraut lui confie le portefeuille de l'Air dans le cabinet qu'il constitue en janvier 1936. Battu aux élections. Déat se montre partisan d'une entente avec l'Allemagne et, hostile au réarmement, il publie, le 4 mai 1939, dans *L'Œuvre*, un article retentissant : « Faut-il mourir pour Dantzig ? » Après la défaite, cet adepte d'un parti unique rejette d'emblée la Révolution nationale du maréchal Pétain. La personnalité de Laval lui déplaît. Il quitte Vichy, s'installe à Paris et crée, en février 1941, le Rassemblement national populaire. Ce mouvement milite pour la collaboration franco-allemande. Déat se trouve à Versailles aux côtés de Laval le 27 août 1941, à la cérémonie de la fondation de la Légion des volontaires français (LVF), lorsque Paul Collette le blesse grièvement. Rétabli, il met sa plume, ses partisans, ses moyens de diffusion au service de ses idées et fait taire son hostilité à l'égard de Vichy en acceptant, le 16 mars 1944, le poste de secrétaire d'État au Travail et à la Solidarité nationale. Il quitte la France en août pour se réfugier à Sigmaringen, échoue à y tenir un rôle, réussit à passer dans la clandestinité en Italie du Nord où il finit ses jours dans un couvent. Il avait été condamné à mort par contumace en juin 1945.

DÉBARQUEMENT D'AFRIQUE DU NORD

Pour soulager le front européen, notamment en Union soviétique, et se placer en position de force sur le maillon faible du bloc pro-allemand, l'Italie, les Alliés décident d'ouvrir un second front.

Le 8 novembre 1942, la Grande-Bretagne et les États-Unis organisent un débarquement en Afrique du Nord française dans le cadre de

Le débarquement de Normandie
Après les premières heures de la bataille, arrivée des renforts. © *Tallandier*

l'opération Torch. Reçus à coups de canon par les représentants de Vichy, mais aidés par quelques résistants, ils réussissent à atteindre le Maroc et l'Algérie. Ayant d'abord donné l'ordre aux forces vichystes de résister, l'amiral Darlan se rallie aux Américains qui lui confient l'administration de l'empire libéré. L'assassinat de Darlan (24 décembre 1942) et son remplacement par le général Giraud ne changent guère la situation. La législation et les hommes de Vichy demeurent en place en Afrique du Nord. Avec l'arrivée du général de Gaulle à Alger se réalise néanmoins l'union des Français engagés dans le combat. Ce débarquement provoque aussitôt une riposte allemande : l'occupation de la zone sud en France et, en conséquence, le sabordage de la flotte à Toulon le 27 novembre. Cette dernière choisit cette solution plutôt que de tomber aux mains des Allemands, et surtout plutôt que de rallier les ports d'Afrique du Nord. L'opération entraîne également une défaite italo-allemande en Tunisie et en Tripolitaine. L'armée allemande s'efforce de rester en Tunisie, mais en mars 1943, Rommel et ses troupes renoncent. Les Alliés contrôlent totalement l'Afrique du Nord. Enfin, l'opération permet le débarquement de Sicile (juillet 1943) et la campagne d'Italie qui marque la fin du régime mussolinien.

DÉBARQUEMENT DE NORMANDIE

Dès mai 1943, la conférence de Washington envisage l'ouverture d'un second front en Europe par un débarquement en France, et la conférence de Téhéran, fin 1943, en trace les grandes lignes.

Les Alliés hésitent sur le lieu. Le Pas-de-Calais est plus proche que la Normandie, mais beaucoup mieux défendu. La surprise étant un atout essentiel du dispositif, les Alliés font circuler une masse de fausses nouvelles à grand renfort d'agents doubles, de rumeurs, de messages radio. Le but est de faire croire aux Allemands que l'assaut en Normandie n'est qu'une diversion et de les obliger, ainsi, à maintenir une partie de leurs réserves dans le Pas-de-Calais. Le Débarquement – surnommé opération Overlord – est supervisé par le général Eisenhower, commandant suprême des forces expéditionnaires alliées (décembre 1943), en étroite coordination avec la Résistance intérieure française. L'opération est préparée dès janvier 1944. 3 500 000 hommes regroupés en Angleterre sont intensément entraînés.

Le jour J venu, dans la nuit du 5 au 6 juin 1944, des hommes-grenouilles viennent cisailler les barbelés posés par les Allemands en mer ; à 2 heures, les troupes aéroportées sont lâchées ; à 3 heures commence le bombardement aérien, à 5 h 50 le bombardement naval ; à 6 h 30, 5 divisions d'assaut accostent sur 5 plages allant de Varreville à Ouistreham. Les Américains débarquent sur deux plages situées de part et d'autre de l'estuaire de la Vire, baptisées Utah et Omaha, avec 57 000 hommes et 15 500 soldats aéroportés, et les Britanniques sur trois plages du secteur de Caen : Gold, Juno, Sword, avec 75 000 hommes et 8 000 soldats aéroportés. Les unités manœuvrent sous la couverture d'une protection aérienne radicale. Pour la préparation et l'appui du débarquement, 18 000 avions sont basés dans les îles Britanniques. 200 000 sorties ont lieu de J-60 à J+1 ; 3 467 bombardiers lourds, 1 641 bombardiers légers, 5 409 chasseurs, 2 316 avions de transport interviennent, le 6 juin, au profit des 9 divisions (dont 3 aéroportées) qui donnent l'assaut en territoire français au prix d'une dizaine de milliers d'hommes perdus, soit beaucoup moins que ne le craignait Eisenhower. Pour les combats navals, le plan Neptune a prévu que 4 000 navires convoieraient, outre les hommes, 1 500 blindés et 16 000 véhicules. 1 500 bâtiments doivent appuyer de leur feu les forces d'invasion.

Les Allemands, qui s'attendaient à un débarquement dans le Pas-de-Calais, sont pris de court. Au soir du 6 juin, les Anglo-Américains sont parvenus à établir une importante tête de pont entre Caen et le Cotentin. Mais la prise de Caen, objectif prévu, n'a pu être faite. La bataille contre les Allemands dure jusqu'au milieu du mois d'août et s'achève par la libération de la France. Reposant sur une habile combinaison de facteurs (conditions météorologiques, moyens techniques, logistique, tactique…), le débarquement de Normandie est l'une des opérations militaires les plus importantes de l'histoire.

DÉBARQUEMENT DE PROVENCE

Deuxième débarquement allié, il est décidé en dépit des réticences de Churchill, partisan d'une intervention dans les Balkans.

Appoint du débarquement de Normandie, l'opération baptisée Anvil doit prendre l'occupant en tenaille. Elle a lieu sur les côtes de Provence, à l'est d'Hyères. Placée sous le haut commandement de sir Maitland Wilson, comprenant la Ire armée française commandée par le général de Lattre de Tassigny, elle mobilise 1 200 navires et 1 500 bombardiers. La flotte part de Naples, Tarente, Malte, Oran et Ajaccio. Dans la nuit du 14 au 15 août 1944, les commandos immobilisent les batteries de la côte. Au lever du jour, les formations aéroportées sont lâchées au nord des Maures. Puis, les premières vagues d'assaut américaines s'emparent rapidement des régions de Saint-Tropez, Sainte-Maxime et Saint-Raphaël. Les pertes des Alliés sont relativement faibles : moins de 320 morts. Le lendemain débarquent trois divisions françaises qui marchent sur Toulon, atteinte le 18 août, en avance sur les prévisions. Les Allemands sont contraints d'opérer une retraite anticipée. Le 28 août, les garnisons allemandes de Toulon et de Marseille déposent les armes. Avant la mi-septembre, les armées du débarquement de Provence font la jonction en Bourgogne avec celles débarquées en Normandie. Avec l'aide de la Résistance intérieure, l'opération permet la libération du territoire français.

Le débarquement de Provence
Les premières troupes alliées mettent le pied sur le sol français. © *Roger-Viollet*

DEBENEY Marie Eugène (Bourg-en-Bresse, 1864 – Bourg-en-Bresse, 1943)

Général.

Entré à Saint-Cyr en 1884, lieutenant en 1890, et professeur à l'École supérieure de guerre en 1905, il est promu major général des armées en 1917, avant d'être chargé du commandement de la Ire armée française. Lors de l'offensive allemande de 1918, il brise l'élan des troupes ennemies à Montdidier et reçoit à son quartier général les émissaires allemands, dans la nuit du 7 au 8 novembre. Les hostilités terminées, Debeney est nommé commandant de l'École supérieure de guerre (1919), directeur du Centre des hautes études militaires, puis membre du Conseil supérieur de la guerre et enfin successeur du général Buat, en qualité de chef d'état-major de l'armée, en 1924. Auteur d'un ouvrage, *La Guerre et les Hommes*, dans lequel il analyse le rôle primordial de la psychologie d'un peuple en cas de conflit, Debeney assiste, peu de temps après, à la débâcle de mai-juin 1940. En 1943, il meurt victime d'un attentat.

Michel Debré
Debré (à g.) en compagnie de Valéry Giscard d'Estaing.
© *Roger Viollet*

DEBRÉ Michel (Paris, 1912 – Paris, 1996)

Homme politique, Premier ministre.

Docteur en droit, diplômé de l'École libre des sciences politiques, auditeur au Conseil d'État en 1935, il fait son entrée en politique au cabinet de Paul Reynaud en 1938. Mobilisé lors de la Seconde Guerre mondiale, il est fait prisonnier, mais s'échappe. Ayant retrouvé le Conseil d'État, il intègre Ceux de la Résistance. À la Libération, il est nommé commissaire de la République à Angers et assure à ce titre une épuration équilibrée. Le 15 mars 1945, de Gaulle l'appelle auprès de lui. Chargé de mission, il participe à la réforme de la fonction publique qui conduit à la création de l'ENA. Sénateur RPF de 1948 à 1958, il est un opposant résolu de la IVe République, un adversaire implacable du traité de Rome en 1957, autant qu'un partisan de l'Algérie française. Le retour de De Gaulle au pouvoir en 1958 le ramène à des postes de responsabilité. Garde des Sceaux de juin 1958 à janvier 1959, il est l'un des inspirateurs de la nouvelle Constitution. Premier ministre de la Ve République (1959-1962), fidèle serviteur du Général, Debré participe, avec Jacques Rueff, à la remise en ordre de l'économie et à la création du nouveau franc. En 1959 est adoptée la loi Debré sur l'enseignement privé, qui continue aujourd'hui à réguler pour l'essentiel les rapports entre l'État et les établissements d'enseignement privé. En 1962, de Gaulle, estimant que la période d'installation de la Ve République est close, change de Premier ministre. Michel Debré est alors élu député de la Réunion (1963). Ministre de l'Économie et des Finances (1966-1968), il entreprend une réforme bancaire. Ministre des Affaires étrangères (1968-1969), il se fait le champion de l'indépendance nationale. Ministre de la Défense (1969-1973), il milite en faveur de la « politique de dissuasion ». À la mort du général de Gaulle, loin des ministères, il incarne la vieille garde et la conscience du gaullisme. Il se présente à l'élection présidentielle de 1981, mais n'obtient que 1,65 % des voix. Il est élu à l'Académie française en 1988.

DECAEN Charles, comte (Creully, Normandie, 1769 – Ermont, Seine-et-Oise, 1832)

Général.

Enrôlé en 1792, il participe aux guerres de la Révolution, sur le Rhin et en Vendée, et se signale à Hohenlinden en 1800. Nommé en 1802 gouverneur des Établissements français des Indes, Decaen défend pendant huit ans les îles de France et de Bourbon contre les attaques anglaises. Nommé à son retour à la tête de l'armée de Catalogne, puis de celle de Hollande, il se distingue de nouveau, et sera fait comte d'Empire. Rallié à Louis XVIII à la Restauration, nommé commandant de la 11e division militaire pendant les Cent-Jours, Decaen capitule à Bordeaux et rejoint l'Empereur, qui lui confie l'armée des Pyrénées orientales. Ce ralliement lui vaut d'être emprisonné et condamné lors de la Seconde Restauration puis amnistié en 1817. Il reste en disponibilité jusqu'en 1830, époque où Charles X le remet en activité.

DECAZES et de GLUCKSBERG Élie, duc (Saint-Martin-en-Laye, 1780 – Decazeville, 1860)

Homme politique, président du Conseil.

Descendant d'une vieille famille de Guyenne, il étudie le droit et débute comme avocat à Libourne. Juge au tribunal de la Seine en 1806, conseiller de cabinet de Louis Bonaparte, roi de Hollande, l'année suivante, enfin conseiller à la cour d'appel de Paris en 1811, attaché à la maison de Madame Letizia, mère de l'Empereur, il se rallie néanmoins aux Bourbons en 1814, et son refus de renouer avec le régime impérial pendant les Cent-Jours fait sa fortune politique sous la Restauration. Très séduisant, distingué et homme d'esprit, il réussira à inspirer à Louis XVIII une confiance sans réserve et une affection presque paternelle. Préfet, puis ministre de la Police en remplacement de Fouché en 1815, il fait voter un certain nombre de lois d'exception par la Chambre introuvable mais réprouve très vite les excès de la Terreur blanche et prend la tête du groupe des constitutionnels qui entend rallier les Français autour du trône par une application loyale de la Charte. Son programme, qu'il résume dans une formule restée célèbre : « Royaliser la nation, nationaliser la royauté », lui attire l'hostilité des ultras. Il obtient la dissolution de la Chambre introuvable le 5 septembre 1816, contribue à faire voter par la nouvelle Chambre la loi électorale du 5 février 1817 et s'efforce de ramener le calme dans le pays. En 1818, il est à l'apogée de son crédit et de sa puissance et joue le rôle principal après la retraite du duc de Richelieu (décembre). Ministre de l'Intérieur en janvier 1819, président du Conseil en novembre, il tente, avec l'appui du comte de Serre, de mettre en application la politique qu'il défend. Mais il est en butte aux attaques continuelles des ultras (Villèle, Corbière) qui lui reprochent le vote de lois libérales sur la presse, l'entrée de pairs également libéraux à la Chambre haute et un nouveau projet de loi électorale. Sa chute est brutale. Lorsque le duc de Berry, second fils du duc d'Artois, seul membre de la famille royale capable d'avoir des enfants, est assassiné, le 14 février 1820, les ultras, qui rendent sa politique responsable du drame, obtiennent son renvoi avec l'appui de la duchesse d'Angoulême. Louis XVIII n'en continue pas moins à lui prodiguer des marques de sympathie et d'estime. Nommé duc et pair, Decazes se voit confier le poste d'ambassadeur à Londres, mais il résigne son poste lorsque le second ministère Richelieu est remplacé par le cabinet Villèle (décembre 1821). Rentré en France, il continue à mener la lutte contre les ultras à la Chambre des pairs. Après 1830, il se rallie avec résignation à la monarchie de Juillet. Il est grand référendaire de la Chambre des pairs de 1834 à 1848. Il se retire définitivement de la vie publique après la révolution de 1848. Lui qui avait toujours manifesté un grand intérêt pour les techniques nouvelles crée alors, au milieu du bassin minier de l'Aveyron, des forges importantes autour desquelles se développera l'agglomération de Decazeville.

DÉCÉATES ou DÉCIATES

Peuple de la Gaule narbonnaise, fixé dans la région d'Antibes, entre les Oxybiens et les Nérusiens.

En 151 avant J.-C., s'étant opposés avec leurs voisins Oxybiens à Marseille et à ses colonies, les Décéates sont battus par les Romains, alliés des Massaliotes, et mis sous la dépendance de la grande cité phocéenne. Ultérieurement, quand Marseille aura été annexée par Rome, ils seront réunis à Antibes (*Antipolis*) pour former une cité gallo-romaine, la *civitas Antipolitana*, qui sera elle-même à l'origine de l'ancien diocèse et du pays gallo-franc d'Antibes.

DÉCEMBRE 1851 (coup d'État du 2)

Coup d'État par lequel Louis Napoléon Bonaparte met fin à l'opposition de l'Assemblée législative et se perpétue au pouvoir, préparant ainsi la voie au Second Empire.

Entre 1849 et 1851, la situation politique de la France est paradoxale. La Constitution qu'elle s'est donnée en 1848 est républicaine, mais ni le président de la République, Louis Napoléon Bonaparte, bonapartiste par sa naissance, ni l'Assemblée issue des élections de mai 1848 ne sont républicains. Au contraire, en 1849-1850, Louis Napoléon et la majorité monarchiste de l'Assemblée font alliance pour lutter contre les républicains. Par des mesures législatives : loi du 16 juillet 1850 sur la presse qui rétablit le cautionnement ; loi Falloux de mars 1850 qui favorise l'enseignement libre, loi électorale du 31 mai 1850 qui réserve le droit de suffrage aux électeurs ayant trois ans de domicile, ce qui exclut bon nombre d'ouvriers mais aussi par une répression systématique de la propagande républicaine. Cependant, une fois le parti républicain pratiquement annihilé, le conflit ne tarde pas à s'ouvrir entre Louis Napoléon et l'Assemblée, le premier entendant se maintenir à la présidence de la République. Or, une nouvelle élection présidentielle doit avoir lieu en 1852 et, d'après la Constitution, Louis Napoléon n'est pas rééligible. De son côté, la majorité monarchiste de l'Assemblée espère pouvoir rétablir la monarchie – légitimistes (comte de Chambord) et orléanistes (comte de Paris) tentent même de s'entendre –, mais le projet de « fusion » entre les deux branches capétiennes échoue. Les deux pouvoirs législatif et exécutif étant l'un comme l'autre issus du suffrage universel, la crise semble impossible à dénouer, et il apparaît bien vite qu'elle ne pourra se résoudre que par un coup de force.

L'opposition devient ouverte à partir de l'automne 1850. Successivement, l'Assemblée et le président prennent l'offensive. Le premier incident notoire a lieu en octobre, lorsque Louis Napoléon passe en revue le camp militaire de Satory. Il y est accueilli par les escadrons de cavalerie au cri de « Vive Napoléon ! », et un chef d'escadron brandit même son sabre en criant : « Vive l'Empereur ! » Le général Changarnier, commandant de l'armée de Paris, acquis à l'Assemblée qui a rappelé par un ordre du jour que l'armée doit s'abstenir de toute démonstration, est révoqué par le prince-président le 9 janvier suivant. En riposte, l'Assemblée provoque le 20 janvier la démission des ministres. Elle refuse enfin la révision légale de la Constitution, le 21 juillet 1851, par 446 voix contre 278 (cette révision, rendue très difficile par la Constitution, ne pouvait être faite que dans la dernière année de la législature et devait recueillir au moins les trois quarts des voix). Dès lors, le temps pressant, car l'élection du nouveau président doit avoir lieu au printemps 1852, Louis Napoléon se décide à prendre les devants et à se débarrasser de l'Assemblée par un coup d'État. Pour cette épreuve de force, il se trouve dans une situation favorable du fait de la division de ses adversaires : même face au danger, le parti monarchiste refuse de s'entendre avec les républicains.

Pour préparer le coup d'État, Louis Napoléon commence par s'assurer du soutien de l'armée en confiant le commandement des troupes de Paris au général Magnan et le ministère de la Guerre au général Saint-Arnaud, tous deux dévoués à sa cause. La préfecture de police, enlevée à Carlier, est donnée à Maupas. Enfin, pour mieux diviser ses adversaires et augmenter son prestige personnel, il propose au Parlement, le 4 novembre 1851, sur le conseil de Morny, l'abrogation de la loi électorale de 1850. Elle est rejetée par 355 voix seulement contre 348, le parti de l'Élysée ayant voté avec les républicains. Comme l'avait espéré Louis Napoléon, l'Assemblée sort de ce débat discréditée auprès des républicains. Enfin, lorsque la droite de l'Assemblée, sentant le coup de force prêt, veut transformer en loi un décret du 11 mai 1848 qui donnait au président de l'Assemblée le droit de requérir la force armée pour sa protection, elle se heurte à un refus (17 novembre 1851). C'est précisément au moment où on a le sentiment d'une détente, après ce vote, que le coup d'État, plusieurs fois repoussé depuis le mois de septembre, a lieu dans la nuit du 1er au 2 décembre 1851, jour anniversaire du sacre de Napoléon Ier et de la victoire d'Austerlitz.

Le 1er décembre au soir, un grand bal a été donné à l'Élysée pour détourner les soupçons, tandis que Morny se fait voir au théâtre. Mais, à 22 heures, le président réunit dans son cabinet, outre son secrétaire Mocquart et Persigny, les trois hommes chargés de diriger l'opération : Morny, Saint-Arnaud et Maupas. Il prend alors un dossier intitulé Rubicon (les pièces préparées pour le coup d'État), en souvenir de César, dont il aime à s'inspirer. Il remet à Morny le décret qui le nomme ministre de l'Intérieur. Il envoie un aide de camp porter le manuscrit de sa proclamation à l'Imprimerie nationale, où l'attend une équipe de typographes commandés pour un travail exceptionnel. La copie est partagée entre les ouvriers, de façon qu'aucun ne puisse voir l'ensemble du texte. Entre 5 et 6 heures, tandis que des troupes sûres occupent les points stratégiques de la capitale, les murs de Paris se couvrent de deux proclamations du président de la République, l'une au peuple, l'autre à l'armée, et d'un décret annonçant la dissolution de l'Assemblée, le rétablissement du suffrage universel et la convocation du corps électoral pour un plébiscite. Enfin le Palais-Bourbon est occupé par le colonel Espinasse ; 14 représentants et 62 républicains, jugés capables d'organiser la résistance – des chefs de parti (comme Thiers) et des militaires (comme Cavaignac, Changarnier) –, sont arrêtés dans leur lit et emprisonnés à Mazas ou à Vincennes.

À la nouvelle du coup d'État, Paris reste morne et la journée du 2 décembre est indécise. Il y a toutefois une tentative de résistance légale : 300 députés, pour la plupart membres de la droite, se réunissent dans la mairie du Xe arrondissement, au carrefour de la Croix-Rouge et, se constituant en Assemblée, votent la déchéance de Louis Napoléon. Mais ils se dispersent à l'arrivée de la troupe. Le 3, des barricades apparaissent dans le faubourg Saint-Antoine ; c'est sur l'une d'elles, au coin de la rue Sainte-Marguerite (aujourd'hui rue Trousseau), que le député Baudin se fait tuer. L'après-midi, l'insurrection gagne les quartiers ouvriers de Saint-Martin et Saint-Denis, et, le soir, les républicains ont l'impression d'une victoire. Morny, en effet, n'a pas essayé de réduire l'insurrection immédiatement. Mais le 4, qui sera la journée décisive, il lance ses troupes à la reconquête des quartiers abandonnés. C'est au cours de ces opérations que la brigade du général Canrobert, cédant à la panique, déclenche sur les boulevards une fusillade meurtrière d'un quart d'heure qui fait de nombreuses victimes, surtout parmi les promeneurs inoffensifs. Une répression brutale suit. Elle met définitivement fin à toute résistance. Le 5, les troupes ont la situation en main, mais le bilan est lourd : 380 victimes civiles. En province, la situation est plus difficile. On assiste à des séries de petits soulèvements locaux, notamment dans les départements du sud de la Loire, dans le Centre et le Midi languedocien et rhodanien. Là aussi, l'armée réussit à disperser les républicains. Le coup d'État a réussi.

Cette résistance républicaine détourne les coups du gouvernement sur la gauche. Les membres conservateurs de l'Assemblée arrêtés le 2 décembre sont relâchés. La répression contre les républicains est très dure. Le gouvernement procède à des arrestations massives (environ 27 000), qui brisent l'opposition politique. Des commissions mixtes, créées dans chaque département, examinent les cas des prévenus. 15 300 d'entre eux font l'objet d'une sanction : 238 sont envoyés à Cayenne, 9 530 en Algérie, 1 545 sont expulsés et 2 804 internés en France. Le parti républicain est décapité, ce qui rendra possible le rétablissement de l'Empire. Mais cette répression accumule contre le nouveau régime des haines tenaces qui pèseront sur sa destinée. Dans l'immédiat, un plébiscite organisé entre le 20 et le 22 décembre 1851 confirme massivement (par 7 145 000 « oui » contre 600 000 « non ») l'autorité de Louis Napoléon et lui délègue le pouvoir de rédiger une Constitution. Dernière étape avant la proclamation du Second Empire, cette Constitution porte le mandat présidentiel à dix ans.

DÉCENTRALISATION

Processus politique et institutionnel visant à développer les responsabilités et les pouvoirs locaux à travers le territoire national.

Le thème a agité les premières années de la Révolution au moment où il s'agissait de déterminer les meilleurs moyens de garantir l'avenir du pays et l'égalité des citoyens. La reprise en main napoléonienne a clos le débat pour un siècle et demi en postulant que les préfets, représentants de l'État, incarnaient la voix de la raison centrale. Même Vichy, contrairement à une idée reçue, s'est attaché à renforcer les prérogatives de l'État en intégrant la remise à l'honneur des traditions et des découpages « provinciaux » dans son schéma organiciste : l'aménagement du territoire vise à créer des fidélités politiques autres que citoyennes, en même temps qu'à s'adapter aux contraintes d'un pays charcuté en 6 zones territoriales. C'est le rapprochement européen et la course à l'industrialisation qui accélèrent l'aménagement du territoire dans une logique, d'une part, tayloriste (désengorger Paris en trouvant des terrains grands, peu chers et peu fiscalisés avec une main-d'œuvre peu syndiquée) et, d'autre part, complémentaire avec les voisins rhénans. 21 régions programmes sont ainsi créées en 1955 à l'initiative de Gaston Defferre, maire d'une ville – Marseille – menacée par la fin des colonies et la chute du commerce méditerranéen. Entre 1950 et 1964, les régions bénéficient d'une déconcentration administrative, suivie par des essais de délocalisation indutrielle (Citroën à Rennes) ; l'échec du référendum du 27 avril 1969, qui proposait notamment la création d'une collectivité locale de niveau régional, semble trancher

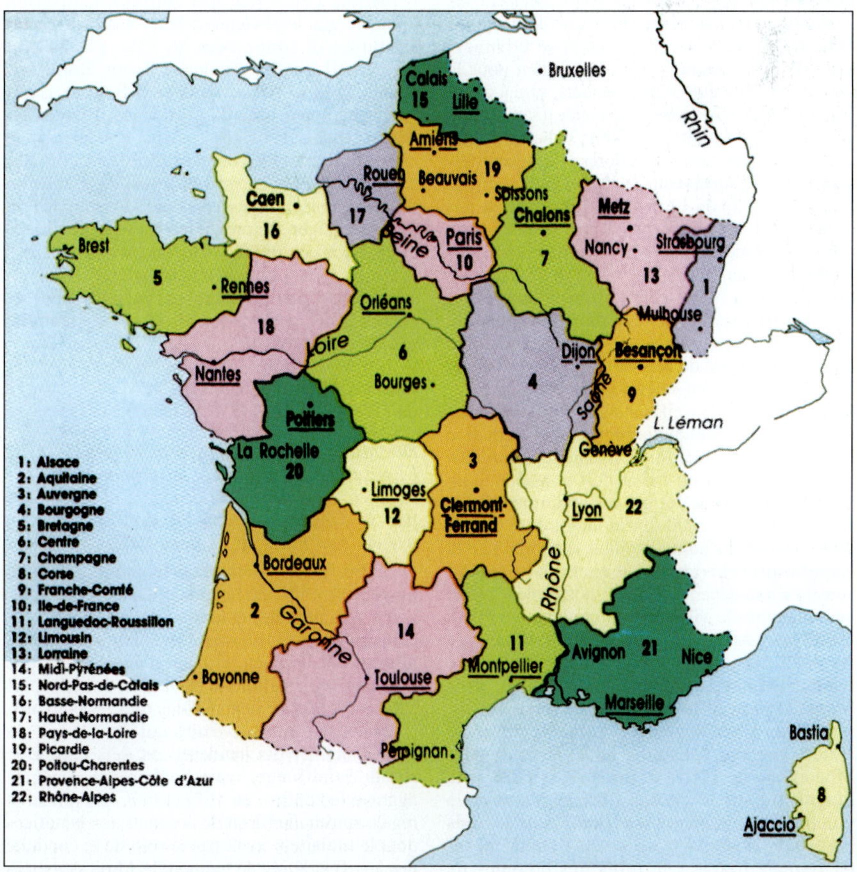

La France des régions

le débat en faveur de la déconcentration. De fait, la loi du 5 juillet 1972, version édulcorée du projet référendaire, lance l'établissement public régional avec un conseil mixte, élus et représentants de la vie économique, tandis que sept métropoles d'équilibre (Marseille, Nantes, Nancy-Strasbourg, Bordeaux, Montpellier, Toulouse, Lyon-Grenoble) sont censées fournir un contrepoint à la domination parisienne. En 1976, le rapport d'Olivier Guichard, « Vivre ensemble », concrétise une vision décentralisatrice plus que prudente.

Toutefois, la tradition jacobine n'a été véritablement remise en question, pour la première fois, qu'avec la loi Defferre (2 mars 1982). Elle fait, en effet, des communes, des départements et des régions des collectivités territoriales aux pouvoirs renforcés. La décentralisation n'est pas une nouveauté pour les communes puisque ces dernières sont administrées par un élu, le maire, depuis plus d'un siècle (1884). En revanche, elle a une grande portée pour le département et la région. Leur administration, dirigée auparavant par un préfet, est désormais confiée aux élus : le président du conseil général et le président du conseil régional. De vastes domaines de compétence (aménagement du territoire, logement, transport, enseignement) sont ainsi transférés aux élus locaux. Les préfets ne représentent plus que le pouvoir central sur place. C'est une révolution institutionnelle, puisque les pouvoirs périphériques s'imposent à l'autorité centrale (fin du décret du 28 pluviôse an VIII) et que disparaissent les tutelles administratives.

Les principaux risques d'une telle rupture étaient le réveil de l'irrédentisme, la force d'inertie des structures comme des hommes, surtout dans la répartition des compétences, l'absence de restructuration de la carte territoriale française. En pratique, si le succès démocratique est indiscutable, ce qui vérifie la vieille maxime d'Odilon Barrot : « On n'administre bien que de près », les dérapages, insuffisances fonctionnelles et autres complications ont nécessité des ajustements constants. Les lois des 7 janvier et 22 juillet 1983 puis du 25 janvier 1985 précisent les contenus sectoriels des transferts de compétence (éducation, ports de pêche, maîtrise urbaine) ; celle du 30 décembre 1985, en limitant pour la première fois le cumul des mandats, vise à dégager une élite régionale renouvelée (sans grand succès, d'où la redite de 2000) ; celle du 5 janvier 1988 cherche à « améliorer » la décentralisation en organisant un contrôle budgétaire et financier. La loi du 12 avril 1991, relative au statut de la Corse, préparée par Pierre Joxe, tente de prévenir l'irrédentisme corse (comme celui des DOM-TOM en 1982) par l'adoption d'une position girondine : d'un côté la République reconnaît la « particularité » insulaire du « peuple corse », de l'autre elle conçoit le statut régional comme un moyen de maintenir l'unité nationale. Bien que l'idée d'un « peuple corse » ait été sanctionnée par le Conseil constitutionnel le 9 mai 1991, c'est en pratique la philosophie girondine qui s'applique à l'île (avec notamment la multiplication des cas où l'État doit consulter l'assemblée territoriale) et qui est confirmée par la loi de novembre 2000. Enfin, la loi du 6 février 1992 relative à l'administration territoriale de la République cherche à donner un « second souffle » à la décentralisation, notamment par la communauté de villes ou de communes. Force est de reconnaître que cette loi a plutôt renforcé les pôles constitués que contribué à l'équilibre régional, comme en témoigne l'échec des plans Massif Central de 1994 – troisième version d'une tentative d'aménagement après le plan de Valéry Giscard d'Estaing de 1975 et la « loi Montagne » de 1985 – et de 1997, comme si le diagnostic sur le déséquilibre régional et la volonté d'agir (encore manifeste dans les lois Pasqua de 1996 et Voynet de 2000) butaient sur ce constat simple : le refus des hommes de migrer d'une manière rationnelle et équilibrée.

DÉCHAUSSÉS ou DÉCHAUX : voir CARMES

DÉCIME

Levée sur le clergé pour le roi, cette taxe fait son apparition à la fin du XIIe siècle pour financer la troisième croisade, car il apparaît légitime que le clergé coopère aux dépenses de cette dernière. Son taux correspond, en principe, au dixième des revenus des biens d'Église – d'où son nom.

Lorsque le roi a un pressant besoin d'argent, il lui arrive, de plus en plus régulièrement, pour les motifs les plus divers, dès la fin du XIIIe siècle, de solliciter du clergé une levée de décimes. Il adresse alors une demande au pape qui autorise le clergé à payer. C'est ce que fait Philippe le Bel en 1288 : il obtient même l'octroi de trois décimes successives. Mais en 1295, ayant de nouveau besoin d'argent pour combattre Édouard III d'Angleterre, il s'adresse directement à une assemblée de prélats, sans passer par l'intermédiaire du pape Boniface VIII. La violente riposte du pape, qui condamne la mesure par une bulle, ouvre ce qu'on a appelé le « conflit de la décime ».

À partir du XVIe siècle, cette contribution, volontaire en principe, finit par devenir régulière. En 1516, à Bologne, François Ier obtient du pape qu'il puisse lever une décime annuelle, théoriquement pour la « guerre contre les Turcs » (alors que ces derniers allaient devenir ses alliés), et fait dresser une sorte de cadastre estimatif et diocésain de tous les bénéfices. Le clergé sera contraint, dès 1579-1580, de proroger en fait indéfiniment ce régime de subventions, parmi lesquelles on distingue désormais les « décimes ordinaires » (ou de contrat) et les « décimes extraordinaires », levées pour faire face à des besoins exceptionnels. Leur montant, fixé à 1 300 000 livres par le contrat de Poissy (1561), applicable en droit jusqu'en 1577 afin de servir au paiement des rentes sur l'Hôtel de Ville de Paris et des arrérages des dettes du clergé, ne cessera de s'élever (10 millions avant 1789).

Le clergé a obtenu, toutefois, de se charger lui-même de la levée de ses propres décimes, et il institue peu à peu une solide organisation dominée par les évêques : les Chambres ecclésiastiques (8 sont créées en 1580 par un édit d'Henri III à Paris, Toulouse, Lyon, Bordeaux, Rouen, Tours, Aix et plus tard Bourges), qui jugent en appel, sous la présidence d'un archevêque, tous les litiges fiscaux concernant le clergé ; et surtout les bureaux diocésains, organisés en 1616 pour répartir et lever, dans le cadre du diocèse, les impôts votés par l'Assemblée du clergé et juger en première instance les litiges afférents à ces impôts. En fait, le montant des décimes sera toujours réparti irrégulièrement, sans être proportionné aux revenus des diocèses ou des bénéficiers, dont certains sont exemptés, tels les cardinaux.

DÉCLARATION DU CLERGÉ ou DES QUATRE ARTICLES

Déclaration concernant les droits et privilèges de l'Église gallicane, rédigée en grande partie par Bossuet, et adoptée à la demande de Louis XIV par 35 évêques et autant de prêtres réunis en assemblée à Paris, le 19 mars 1682.

La Déclaration entre dans le cadre de la lutte qui, depuis plusieurs années, oppose l'Église gallicane à la papauté, et Louis XIV à Innocent XI, élu pape en 1673. Le roi estime tenir son pouvoir directement de Dieu, le pape n'en recevant que l'autorité spirituelle. Au contraire, Innocent XI estime que le pape tient de Dieu tous les pouvoirs, et les délègue aux souverains qui ne sont que ses lieutenants. Divers incidents ont déjà opposé le roi au Saint-Siège, mais l'affaire de la régale aggrave le conflit : en 1673, Louis XIV étend la régale spirituelle (droit de nommer aux bénéfices dont le titulaire n'avait pas le soin de la conduite des âmes) et la régale temporelle (droit de percevoir les bénéfices majeurs, évêchés et abbayes pendant leur vacance), jusque-là limitées à certains diocèses, à l'ensemble des diocèses français, puis décide, deux ans plus tard, que la mesure aura un effet rétroactif. Seuls protestent deux évêques jansénistes : Pavillon, d'Alet, et Caulet, de Pamiers. Le premier fait appel au pape de la décision royale. Innocent XI condamne l'extension du « prétendu droit de régale », et un long conflit commence. Au pape, soutenu par les évêques jansénistes, s'oppose le roi que soutiennent les Jésuites, le Parlement et la Sorbonne. Après de nombreux incidents, une assemblée du clergé, réunie à Paris depuis novembre 1681, élabore une déclaration en quatre points, qui présente les thèses gallicanes de Louis XIV et place en fait l'Église de France entre ses mains.

Le premier article affirme que le pape n'a qu'une autorité spirituelle, les rois ne sont soumis à aucune autorité ecclésiastique en ce qui concerne le temporel, le pape ne peut les juger dans ce domaine ni les déposer ; le deuxième décrète que le concile œcuménique est supérieur au pape, même dans le domaine spirituel ; le troisième confirme l'inviolabilité des libertés gallicanes ; le quatrième enfin conteste l'infaillibilité pontificale, tant que l'Église universelle n'a pas donné son « consentement ». Le 11 avril suivant est connue la réponse du pape : « Nous improuvons, déchirons, cassons tout ce qui a été fait dans cette assemblée pour l'affaire de la régale. » À quoi l'Assemblée du clergé réplique : « L'Église gallicane se gouverne par ses propres lois et elle en garde inviolablement l'usage. » Sur l'ordre de Louis XIV, la Déclaration, enseignée dans les collèges et les séminaires, doit être acceptée par les candidats aux titres théologiques. Innocent XI refuse alors d'investir les nouveaux évêques, et 35 évêchés sont privés de titulaires à sa mort, en 1689. Le nouveau pape, Alexandre VIII, semble plus favorable aux prétentions gallicanes, mais le conflit reprend bientôt. Louis XIV, qui se heurte à des difficultés intérieures et extérieures, finit par composer, et se rétracte, avec ses évêques, en 1693. Les gallicans renoncent à la Déclaration du clergé, et le pape Innocent XII, plus conciliant que ses prédécesseurs, accorde les investitures et accepte l'extension du droit de régale. La Déclaration reste cependant enseignée en France. En 1802, Bonaparte reprend la Déclaration des Quatre Articles dans un article organique ajouté au Concordat. En 1810, dans le sénatus-consulte qui crée le titre de roi des Romains (17 février), l'Empereur prétend contraindre le pape, par serment, à ne pas s'opposer à la Déclaration.

DÉCORATIONS (affaire des) : voir GRÉVY Jules

DECOUX Jean (Bordeaux, 1884 – Paris, 1963)

Amiral.

Au début de la Seconde Guerre mondiale, il est appelé comme vice-amiral à la tête des forces navales d'Extrême-Orient. Puis il devient gouverneur général de l'Indochine en juillet 1940 lors du rappel du général Catroux, et haut-commissaire dans le Pacifique en 1941. Face à la lourde hypothèque que font peser les Japonais sur l'Indochine, ses moyens de défense sont extrêmement pauvres et il ne peut espérer aucun appui de la Grande-Bretagne ni des États-Unis. Conformément aux accords imposés par le Japon au gouvernement de Vichy, il conclut avec les Japonais la convention de septembre 1940, qui fixe les concessions accordées à l'armée nippone au Tonkin, puis celle de juillet 1941, qui lui accorde de nouvelles prérogatives dans le sud de l'Indochine. Entre-temps, il doit faire face à l'attaque thaïlandaise (septembre 1940-janvier 1941). Néanmoins, grâce à ses qualités de négociateur, il parvient à sauvegarder les positions majeures de la France dans cette région du monde et à maintenir les populations autochtones dans la discipline et la confiance, en dépit de la propagande japonaise. Mais les Japonais l'emprisonnent en mars 1945, lorsqu'ils se rendent maîtres de l'Indochine. Après la capitulation du Japon, l'amiral

Decoux est arrêté par ordre du gouvernement provisoire et transféré en France où il est traduit devant la Haute Cour de justice, en raison de sa fidélité au maréchal Pétain. Il bénéficie d'un non-lieu en 1949. Il a publié ses souvenirs la même année sous le titre *À la barre de l'Indochine*, et en 1957 sous celui de *Adieu Marine*.

DECRÈS Denis, duc (Châteauvillain, Haute-Marne, 1762 – Châteauvillain, 1820)

Homme politique.

Il accomplit ses premières armes durant la guerre d'Indépendance américaine dans l'escadre de l'amiral de Grasse. Capitaine de vaisseau en 1791, il se rallie à la Révolution et participe, en 1793, à diverses missions, notamment dans l'océan Indien. Mais son titre le rend suspect aux autorités parisiennes, auxquelles il vient seulement rendre compte de la situation aux colonies et solliciter des secours. Destitué, arrêté sous la Terreur, Decrès recouvre son grade sous le Directoire. Contre-amiral en 1798, il prend part à une expédition à Malte. Capturé en essayant de forcer le blocus anglais autour de l'île, il regagne la France à la signature de la paix d'Amiens en 1801. Bonaparte, qui a apprécié sa valeur, le nomme alors préfet maritime de Lorient, chef de l'escadre de Rochefort, puis l'appelle au ministère de la Marine à Paris. À ce poste, il déploie une activité remarquable. Il réorganise aussi bien la flotte de haute mer que les ports chargés de recevoir ces navires de combat. De l'Adriatique à l'embouchure de l'Elbe, il n'est pas de mouillage de qualité qui ne reçoive la visite d'ingénieurs envoyés par le ministre, notamment Flessingue, en Zélande, et surtout Anvers. Rallié à l'Empereur durant les Cent-Jours, Decrès sera mis d'office à la retraite sous la Restauration. Il mourra des suites d'une tentative d'assassinat.

DÉFENSE DE LA FRANCE

Mouvement de Résistance fondé à l'automne 1940 par de jeunes étudiants du Quartier latin.

Il compte dans ses rangs des hommes comme Philippe Vianney, Robert Salmon, Jurgensen, et son point de ralliement est le laboratoire de géographie physique à la Sorbonne. Ces résistants de la première heure sont d'abord antiallemands, mais tout autant maréchalistes. Financé par le riche industriel Marcel Lebon, qui a compris l'efficacité de la presse au cours de la Première Guerre mondiale, il publie un journal, *Défense de la France*, qui devient le premier organe de la presse clandestine en zone nord avec un pic de 130 000 exemplaires. Autour du journal se forme un mouvement, qui compte environ 3 000 membres. Dès février 1942, il constitue un service de faux-papiers. À partir de 1943, il crée quelques corps francs et maquis. Longtemps giraudiste, non représenté au Conseil national de la Résistance, Défense de la France adhère au Mouvement de libération nationale et poursuit son action en publiant *France Soir* à la Libération.

DÉFENSE PASSIVE

Dispositif d'organisation national destiné à sauvegarder les civils pendant la Seconde Guerre mondiale.

Elle est mise en place par le ministère de la Défense nationale et de la Guerre. Dans chaque département, les préfets et les maires doivent préparer la population à la guerre et réaliser des opérations de protection. Ils sont secondés par un personnel composé d'engagés volontaires ou de personnes réquisitionnées. Pour les enfants, le 6 mai 1939, l'enseignement de la « défense passive » est rendu obligatoire. Le ministre de l'Éducation nationale fait distribuer dans les écoles un manuel officiel de défense passive intitulé *Alerte aux avions*. En 1942, le ministère rappelle que les 12 heures annuelles d'enseignement prévues par le décret de mai doivent être effectuées. Le programme prévoit pour les classes maternelles l'entraînement au port du casque ; pour les autres classes, des informations sur le danger aérien, les alertes, l'extinction des lumières, les moyens de défense contre les gaz, l'accès aux abris. Pour les adultes, la surveillance de l'approche de l'aviation ennemie est exercée sur l'ensemble du territoire par des postes de guet militaires. Les informations sont centralisées au Service de sécurité générale chargé de donner l'alerte. La population est prévenue de l'éventualité d'un bombardement par des sirènes en ville, le tocsin en campagne. Les habitants disposent d'une demi-heure (ramenée bientôt à un quart d'heure) pour gagner les abris et se mettre sous les ordres du chef d'abri ou du chef d'îlot.

DÉFENSE NATIONALE (gouvernement de la)

Gouvernement qui dirige la France du 4 septembre 1870 au 12 février 1871.

Le dimanche 4 septembre, à l'annonce de la capitulation de l'armée impériale à Sedan, la foule parisienne descend dans la rue. Aux abords du Corps législatif (l'actuel Palais-Bourbon), l'effervescence est vive. Plus de 200 000 Parisiens se pressent de la place de la Concorde au boulevard Saint-Germain aux cris de « Déchéance ! », « À bas Badinguet ! », « Vive la République ! » Profitant de la séance parlementaire en cours, les plus virulents des manifestants débordent les gardes nationaux et pénètrent dans l'édifice durant l'après-midi. Certains gardes, d'ailleurs, prêtent main-forte aux manifestants, si bien que cette irruption entraîne le départ du président de l'Assemblée, Schneider, ainsi que celui de tous les ministres du dernier gouvernement impérial dirigé par le comte de Palikao. Le régime de Napoléon III s'effondre d'un coup. La foule pénètre partout ; non seulement dans les couloirs de l'Assemblée, mais aussi dans l'hémicycle. Grimpé sur une chaise dans la salle des Quatre Colonnes, le député Ernest Picard exhorte les manifestants au calme. En vain.

Combler le vide politique, telle est la préoccupation immédiate des plus perspicaces des députés présents, en l'occurrence ceux de l'opposition républicaine au régime, Léon Gambetta et Jules Favre en tête. Favre propose de proclamer la légalité du gouvernement à l'Hôtel de Ville, lieu traditionnel de réunion populaire, ce que Gambetta approuve, alors que Jules Grévy, le juriste, émet de vives réserves. La thèse de Favre et de Gambetta l'emporte. Si bien que le *Journal officiel* du 5 septembre publie déjà la composition du gouvernement de la Défense nationale. La présidence est assumée par le général Trochu. Vice-président, Jules Favre est également ministre des Affaires étrangères. Gambetta détient le portefeuille de l'Intérieur. Le ministère de la Justice est occupé par Adolphe Crémieux, celui des Finances par Ernest Picard, celui de la Guerre par le général Le Flo, un banni du coup d'État du 2 décembre 1851. Jules Simon est ministre de l'Instruction publique et des Cultes. Six membres de ce gouvernement enfin ne détiennent aucun portefeuille : Emmanuel Arago, Garnier-Pagès, Alexandre Glais-Bizoin, Eugène Pelletan et Henri Rochefort. Cinq avocats figurent dans ce gouvernement : Arago, Crémieux, Favre, Gambetta et Picard. Tandis que Trochu assume ses fonctions depuis Paris (assiégé à partir du 19 septembre), Gambetta s'efforce de stimuler la résistance à l'envahisseur depuis la province. Le 7 octobre il quitte Paris en ballon pour se rendre tout d'abord en Picardie puis à Tours, d'où il entend coordonner la résistance. Remarquablement secondé par Freycinet, un ingénieur des Mines attaché au ministère de la Guerre, Gambetta va se montrer l'âme de la continuation de la lutte en supervisant tous les rouages des délégations ministérielles et des préfectures. Car la poursuite de la guerre est, pour le moment, le seul but du gouvernement. Bismarck et les principales cours européennes n'ont que dédain pour ce pouvoir insurrectionnel parisien qui évoque dans ses proclamations enflammées les principes chers aux Jacobins de la Révolution de 1789. Dans une Europe essentiellement monarchiste, la proclamation de la République apparaît à tous comme un sacrilège. Une sorte de « sainte alliance » des régimes établis se noue aussitôt. Elle rend vaines les tentatives diplomatiques de Jules Favre en vue d'obtenir une possible médiation. Seul le représentant des États-Unis en France annonce au ministre des Affaires étrangères que son gouvernement reconnaît officiellement le nouveau régime.

Pour contenir l'envahisseur qui encercle Paris et achève l'occupation du sud de la Lorraine et de la Champagne, il ne demeure dans les villes de garnison que sept régiments d'infanterie de l'armée impériale et une dizaine de régiments de

Gouvernement de la Défense nationale

Les généraux et le gouvernement de la Défense nationale. Par A. Stevens et H. Gervez. De g. à dr. : général de Charette, général de Sonis, général Gougeard, amiral Jauré-Guiberry, général Chanzy, Crémieux, Freycinet, général d'Aurelle de Paladines, Gambetta, général Clinchant, général Carré de Bellemare, général Faidherbe, colonel de Rochebrune. Au fond, le peintre Blida. © *Harlingue-Viollet*

cavalerie. En ramenant des cadres et des détachements d'Algérie et de Rome (où se trouvent les zouaves pontificaux), en proclamant la levée en masse des gardes nationaux dans les départements non envahis, Gambetta et Freycinet vont parvenir à constituer 3 armées : celle de la Loire et celle du Nord dans un premier temps, puis celle de l'Est.

Au total, ces forces représentent quelque 350 000 hommes. Pour les armer, Freycinet déploie des prodiges d'énergie. Il achète des armes en Belgique, en Angleterre et surtout aux États-Unis, où les surplus résultant de la guerre de Sécession sont disponibles. Le général d'Aurelle de Paladines et l'armée de l'Ouest battent les Bavarois à Coulmiers, le 9 novembre, mais échouent, le 28 novembre, à Beaune-la-Rolande et, le 2 décembre, à Loigny. Le général Chanzy regroupe des forces à l'ouest d'Orléans et va mener une habile campagne de harcèlement qui ne pourra cependant pas renverser la situation. L'armée de l'Est (formée par une partie des forces réunies au camp de Salbris, au sud d'Orléans) a pour mission de délivrer Belfort au mois de novembre. Bourbaki, son chef, remporte un succès à Villersexel, en Haute-Saône, le 9 janvier 1871. Mais il se heurte, vers le sud de Belfort, aux retranchements dressés par Manteuffel pour protéger les assiégeants. Si bien qu'à la suite de tentatives infructueuses il doit ordonner la retraite, le 17, en direction de Besançon puis du Jura. Pendant ce temps, en Picardie, Faidherbe et l'armée du Nord (forte d'environ 30 000 hommes) tiennent en échec l'envahisseur à Pont-Noyelles (23 décembre 1870) et surtout à Bapaume (3 janvier 1871). Mais le manque de moyens empêche toute exploitation stratégique.

Quant à Paris, assiégé depuis presque quatre mois, affamé, bombardé, il agonise. Toutes les tentatives de sortie ont échoué, la dernière, le 19 janvier à Buzenval révélant les insuffisances de la garnison. Cet échec incite donc le gouvernement de la Défense nationale à reprendre des négociations entamées en octobre et novembre par Favre puis par Thiers, chargé de mission extraordinaire. Gambetta rechigne et voudrait continuer la lutte. Mais il est mis en minorité, car la situation militaire est désespérée. L'armée de Bourbaki reflue vers la Suisse, et les Allemands atteignent Laval, aux portes de la Bretagne. Jules Favre signe donc, le 28 janvier, un armistice de 21 jours renouvelable. Celui-ci prévoit l'élection d'une assemblée chargée des négociations de paix. Gambetta démissionne le 6 février. Le 8, les élections assurent à l'Assemblée une majorité de notables décidés à conclure la paix et dont Thiers est le chef de file. L'Assemblée nationale se réunit à Bordeaux le 12 et, cinq jours plus tard, porte Thiers à sa présidence. Le gouvernement que Trochu a quitté le 22 janvier a terminé sa tâche et remet tous ses pouvoirs au nouveau chef de l'exécutif.

DEFFERRE Gaston (Marsillagues, 1910 – Marseille, 1986)

Homme politique.

Avocat, membre de la SFIO dès 1933, il entre dans la Résistance en 1941 et rejoint le réseau Froment, futur réseau Brutus. Il participe à la réorganisation des socialistes. Il refuse de siéger à l'Assemblée d'Alger en 1943 et participe, les armes à la main, à la libération de Marseille, ce qui lui vaut d'être nommé par les gaullistes chef de la délégation provisoire installée à la mairie. Premier magistrat de la ville par le courage et le hasard des armes, Defferre entend capitaliser son avantage. Il lance *Le Provençal* sur les ruines du journal clandestin *L'Espoir* qu'il avait fondé. Le 11 mai 1945, l'audience du journal l'aide à être élu maire à l'unanimité, avant de démissionner le 1er octobre en raison des querelles intrasocialistes. Il est à nouveau élu en 1953 et restera maire jusqu'à sa mort. Ministre de la France d'outre-mer dans le gouvernement de Guy Mollet, Defferre est célèbre pour sa loi-cadre de 1956, qui prépare l'émancipation politique des colonies françaises de l'Afrique noire. Il est également toujours réélu député des Bouches-du-Rhône, sauf en 1958, ce qui lui permet de faire une brève carrière de sénateur (1959-1962). Candidat anticipé sous les traits de « Monsieur X » dans *L'Express*, il renonce à participer à l'élection présidentielle de 1965. En 1969, en revanche, soutenu par Pierre Mendès France, il se présente, mais réalise le maigre score de 5 %. Il appuie François Mitterrand dans son accession à la tête du nouveau parti socialiste (1971). Président du groupe socialiste à l'Assemblée nationale, il participe à la victoire de la gauche en 1981. Nommé ministre de l'Intérieur et de la Décentralisation dans le gouvernement Mauroy (1981-1984), il est l'auteur des lois de décentralisation des 2 mars, 2 juillet 1982 et 7 janvier 1983. Enfin, il est ministre chargé du Plan et de l'Aménagement du territoire dans le gouvernement Fabius (1984-1986).

Eugène Delacroix
Portrait de l'artiste. Autoportrait, huile sur toile, Paris, musée du Louvre. © *Lauros-Giraudon*

DEGOUTTE Jean Marie Joseph (Charnay, Rhône, 1866 – Charnay, 1938)

Général.

Commandant la VIe armée dans le secteur de Château-Thierry en juillet 1918, il doit faire face, à partir du 15, à l'offensive « de la dernière chance » lancée par Ludendorff. La résistance déterminée qui est opposée dès le début de l'action oblige le commandement allemand à stopper ses efforts dès le lendemain, après des progressions très réduites. Le 18 juillet, Foch entreprend la contre-attaque et la confie à Mangin et à Degoutte, dont les éléments réduisent complètement la poche allemande de Château-Thierry le 3 août, contribuant de la sorte à la « seconde victoire de la Marne ». En 1923, Degoutte est chargé d'occuper la région industrielle de la Ruhr à la suite du non-paiement des indemnités de réparation.

DELACROIX Eugène (Saint-Maurice, 1798 – Paris, 1863)

Peintre.

Si l'art sous toutes ses formes attire très jeune Delacroix, c'est la peinture qui retient son choix, et il entre, à l'âge de 18 ans, à l'École nationale supérieure des beaux-arts où il travaille dans l'atelier de Guérin, se liant d'amitié avec Géricault. Puis il se révolte contre le classicisme et commence à exprimer un fougueux romantisme au salon de 1822, attisant l'indignation des amateurs d'art hostiles à ses thèmes violents et tourmentés. En 1825, Delacroix part pour Londres où la rencontre du peintre Bonington et sa liaison avec Mrs. Dalton vont jouer un rôle important dans sa vie. En 1831, ardent partisan de la révolution des Trois Glorieuses, il présente *La Liberté guidant le peuple*, commande du régime précédent qui lui vaut la Légion d'honneur sur un malentendu (Delacroix est un monarchiste conservateur, mais son tableau est pris pour une apologie des Trois Glorieuses, avant de devenir un symbole républicain). L'année suivante, il se rend en Afrique du Nord ; ce voyage est la source d'inspiration de nombreuses œuvres. Durant les années qui le séparent de la consécration publique, Delacroix continue à être l'objet d'attaques perpétuelles sur sa conception de la peinture. Au salon de 1855, son œuvre étant enfin louée tant par le grand public que par les critiques d'art, le peintre désormais illustre devient conseiller municipal de Paris, membre de l'Académie des beaux-arts et doit se mettre à honorer de nombreuses commandes tant privées qu'officielles : plafonds de l'Assemblée nationale et du Sénat, galerie d'Apollon au Louvre, etc. Par ailleurs, il publie de nombreux écrits et rédige un *Journal* (1822-1863) faisant état de ses réflexions non seulement sur son art, mais aussi sur les faits et les hommes de son époque.

DELACROIX Jacques Vincent (Paris, 1743 – Versailles, 1832)

Avocat.

De 1770 à 1783, il publie plusieurs textes dénonçant les abus de la torture et propose chaque fois des remèdes équitables fondés sur les principes du droit. Professeur de droit public au début de la Révolution, cet esprit très libéral se fait cependant accuser d'être royaliste par les plus exaltés de ses détracteurs. Lors du procès de Louis XVI, il n'hésite pas à nier la compétence de la Convention. Traduit devant le Tribunal révolutionnaire, il plaide si bien sa propre cause qu'il en sort acquitté.

DELAHAYE Jules (Angers, 1851 – Paris, 1925)

Homme politique.

Ancien élève de l'École des chartes, il entre dans le journalisme avec des opinions catholiques et nationalistes qu'il défendra avec vigueur au Parlement comme député d'Indre-et-Loire, de 1889 à 1893, et de Maine-et-Loire, de 1907 à 1919, puis comme sénateur de 1920 à 1925. C'est à l'occasion du scandale du Panamá qu'il joue un rôle déterminant. Le 21 novembre 1892, son intervention dans une atmosphère houleuse oblige la Chambre à nommer une commission d'enquête qui établira peu à peu la corruption de nombreux députés.

DELCASSÉ Théophile (Pamiers, 1852 – Nice, 1923)

Homme politique.

L'appui de Gambetta favorise l'ascension politique de ce journaliste de *La République française* que le département de l'Ariège élit député en 1889. Anticlérical de nature, radical d'option politique, Delcassé soutient l'effort colonial de Jules Ferry et reçoit, en 1894, la récompense de sa constance sous forme du portefeuille des Colonies. En juin 1898, il succède à Gabriel Hanoteaux comme ministre des Affaires étrangères. Succession délicate parce qu'Hanoteaux s'est efforcé de détendre les rapports franco-allemands, alors que Delcassé va au contraire tenter de diminuer la tension franco-britannique, consécutive à des ambitions territoriales coloniales en Afrique. Sa tâche est d'autant plus ardue que cet effort de rapprochement se situe au moment de l'incident de Fachoda, au Soudan oriental. En renonciation des visées françaises dans la vallée du Nil et en Égypte, Delcassé obtient une renonciation britannique semblable au Maroc. Moyennant quoi sont jetées les prémices d'une « entente cordiale », impensable quelques mois auparavant. Dans le même temps, en vue d'affermir sa réussite, Delcassé s'efforce d'améliorer les relations anglo-russes, ce qui se produira effectivement quelques années plus tard à la faveur d'un accord sur les zones d'influence respectives dans la région de l'Afghanistan et du massif du Pamir. Complétant sa manœuvre, il s'efforce, en 1900, de détacher l'Italie de l'alliance germano-autrichienne, accordant au gouvernement de Rome d'abord des prêts, puis des avantages territoriaux en Libye en échange d'une reconnaissance des droits français sur le Maroc. Le dépit de l'empereur d'Allemagne Guillaume II, lors de l'incident de Tanger (31 mars 1905), démontre que le résultat a été obtenu.

L'intransigeance de Delcassé et les maigres assurances de soutien données par l'Angleterre et l'Italie en cas de crise majeure avec l'Allemagne incitent le président du Conseil Rouvier à le désavouer en acceptant la réunion d'une conférence internationale à Algésiras. Devant pareille concession, il préfère se retirer (juin 1905). Ministre de la Marine de 1911 à 1913, ambassadeur à Saint-Pétersbourg de 1913 à 1914, il retrouvera le portefeuille des Affaires étrangères dans le cabinet formé par Viviani. Delcassé achève alors de détacher l'Italie de la cause allemande mais ne peut empêcher la Bulgarie de se joindre aux puissances centrales. Dépité par cet échec et surmené, il démissionne à l'automne 1915, entraînant avec lui le départ de Viviani.

DÉLÉGATION GÉNÉRALE

Ensemble des services qu'organise Jean Moulin, parachuté en France dans la nuit du 1er au 2 janvier 1942, avec le titre de « représentant personnel du général de Gaulle et délégué du Comité national ».

La délégation générale compte moins de 20 personnes au début de l'année et ne commence à s'organiser qu'au printemps. En avril 1942 est lancée une agence de presse clandestine que dirige Georges Bidault ; en juillet, le parachutage de Daniel Cordier donne un vrai secrétaire à Moulin ; le même mois, un comité d'experts se met en place pour tracer les contours de la France économique « d'après-guerre » (on y croise Alexandre Parodi, François de Menthon, Pierre-Henri Teitgen ou Pierre Lefaucheux). À la fin de l'été 1942, la délégation atteint la soixantaine de personnes (elle en atteindra 200 à la fin de la guerre), chargées de répartir les fonds entre les mouvements de résistance afin de travailler à leur unification progressive (ce qui sera réalisé dans la zone sud par la fusion des trois grands mouvements Combat, Libération et Franc-Tireur dans les Mouvements unis de résistance (MUR) avant que soit enfin constitué, le 27 mai 1943, le Conseil national de la Résistance) et de choisir les hauts fonctionnaires susceptibles d'être nommés à la Libération. Après l'arrestation de Jean Moulin, en juin 1943, dont l'intérim est assuré par Bingen et Serreulles, le général de Gaulle choisira Bollaert pour lui succéder. Lorsque ce dernier est arrêté à son tour en février 1944, Alexandre Parodi le remplace.

DELESCLUZE Charles (Dreux, 1809 – Paris, 1871)

Homme politique.

Étudiant en droit, républicain aux idées d'extrême gauche, il participe à la révolution de 1830, au cours de laquelle il est blessé. En 1836, ses attaques contre la monarchie de Juillet, et les poursuites qu'elles entraînent, le contraignent à s'exiler en Belgique. Rentré en France en 1840, il s'installe à Valenciennes, et s'attire de nouveaux ennuis à la suite de la parution de ses articles dans *L'Impartial du Nord*. Après avoir fait proclamer la République à Valenciennes, en février 1848, il est nommé commissaire du gouvernement dans le Nord, puis, rentré à Paris, lance en novembre 1848 *La Révolution démocratique et sociale*. Un article contre Cavaignac lui vaut une condamnation à trois ans de prison et une amende en avril 1849. Delescluze passe alors en Angleterre. Revenu clandestinement en 1853, condamné à quatre ans de prison, il est incarcéré à Belle-Isle, en Corse, puis à Cayenne, d'où il revient malade. Il fonde à son retour *Le Réveil* qui, paraissant surtout grâce à des souscriptions, compte parmi les journaux d'opposition à l'Empire.

De nouveau condamné en 1870, pour avoir protesté contre la déclaration de guerre, il se réfugie en Belgique et ne regagne la France qu'après la proclamation de la République, reprenant la publication du *Réveil*. Maire du XIXe arrondissement de Paris le 15 novembre 1870, il démissionne le 6 janvier, quand le gouvernement provisoire refuse de prendre des mesures de salut public. Député de Paris le 8 février, il abandonne son mandat pour entrer au Conseil de la Commune, fait partie de divers comités avant d'être nommé délégué civil à la Guerre le 11 mai. Il dirige alors la lutte contre l'armée versaillaise mais, ne pouvant l'arrêter dans Paris, ni empêcher les massacres de la Semaine sanglante, il se fait tuer, le 25 mai, sur la barricade du Château-d'Eau.

DELESSERT Benjamin, baron (Lyon, 1773 – Paris, 1847)

Financier, industriel et philanthrope.

Il est le fils du financier lyonnais Étienne Delessert, qui avait fondé en 1782 la première compagnie française d'assurance contre l'incendie, puis la première banque d'escompte, la Caisse d'escompte. Benjamin Delessert lui succède dans ses affaires en 1795. En 1801, il installe une raffinerie de sucre à Passy. Il est alors le premier à fabriquer du sucre de betterave. Cette innovation lui vaut la croix d'honneur, remise en 1812 par l'Empereur, et le titre de baron. Sous la Restauration, il introduit en France les caisses d'épargne, organisées sur le modèle anglais. Il est élu en 1817 député indépendant de Paris et le restera vingt-cinq ans. Membre de la Société philanthropique, fondateur de la Société d'encouragement pour l'industrie nationale, Delessert souhaite aussi généraliser l'enseignement primaire. Ses interventions philanthropiques lui valent le surnom de « Père des ouvriers ». Il lègue à la Caisse d'épargne une somme destinée à ouvrir chaque année un livret à 3 000 ouvriers.

DELESTRAINT Charles Antoine (Biache-Saint-Waast, 1879 – camp de concentration de Dachau, 1945)

Général.

Sorti de Saint-Cyr, il est, entre les deux guerres mondiales, un des meilleurs spécialistes des blindés. Après l'armistice de 1940, il organise très vite la résistance dans la région de Lyon et devient le premier chef de l'armée secrète en zone sud, à partir de l'unification des groupes armés de Combat, de Libération et de Franc-Tireur (fin 1942). Il est ensuite investi du même titre pour toute la France. Au retour d'un voyage clandestin à Londres en mars 1943, il est arrêté à Paris en juin et déporté au Struthof, puis à Dachau où il est abattu quelques jours avant la libération du camp.

DÉLICIEUX Bernard (Montpellier, v. 1260 – Avignon, v. 1320)

Franciscain, théologien.

Lecteur au couvent de Carcassonne puis de Narbonne, connu surtout pour son opposition déclarée à l'inquisition languedocienne et pour avoir été le chef des spirituels franciscains, il est impliqué dans un complot contre Philippe le Bel. Il est emprisonné, gracié, puis, en 1315, accusé de magie, ce qui lui vaut d'être condamné à la prison à vie.

DELORS Jacques (Paris, 1925 –)

Homme politique.

Il appartient au cercle fermé des personnalités que leur ascension, leurs choix politiques comme leurs valeurs installent en icônes du républicanisme à la française. À l'image d'un Raymond Poincaré ou d'un Antoine Pinay, son audience dépasse les frontières partisanes, comme si les Français le rêvaient capable de concilier les tempéraments contraires qui les traversent. Jacques Delors appartient à la génération dont l'enfance puis l'adolescence sont marquées par la crise économique et la guerre, destructrice des valeurs humanistes auxquelles ce chrétien adhère, d'abord à la JEC puis au MRP (1944-1946) et surtout à la CFTC comme au mouvement de gauche chrétienne Vie Nouvelle à partir de 1952. Parallèlement, il entame une carrière de fonctionnaire à la Banque de France (1945-1962), gravissant les échelons par la promotion interne et se frottant aux mécanismes économiques jusqu'à devenir l'un des experts de la CFTC. Cette double casquette lui permet de contribuer à l'élaboration du IVe Plan, d'être parmi les sages chargés de trouver une issue au conflit des mineurs (1963) et d'être nommé, en avril 1969, secrétaire général à la formation professionnelle malgré son engagement à l'Union des gauches socialistes. Dès juin, il est recruté par Jacques Chaban-Delmas à Matignon comme conseiller social et contribue au discours du 16 septembre dit de la « nouvelle société », fondée sur les rapports contractuels entre groupes sociaux. L'opposition du président Pompidou et de l'UNR réduit l'ambition à quelques mesures (mensualisation des salaires, généralisation des conventions collectives), mais Delors y gagne la réputation d'un modernisateur mesuré.

À partir de 1972, il suit une trajectoire personnelle – fondant le club Échanges et Projets ou enseignant à l'université – tout en se rapprochant du PS, qu'il rejoint en 1974 avant de faire partie de ses experts en 1976. Son adhésion relève beaucoup de la fidélité à François Mitterrand, ce qui l'incite à combattre Michel Rocard en 1978 et à rejeter le « Projet socialiste » pour cause de

La ligne de démarcation
Les Allemands franchissant la ligne de démarcation. © *ADP/Keystone*

marxisme excessif. Sa fidélité est d'abord récompensée en 1979 par un siège de député européen, puis en 1981 par le ministère des Finances, bien qu'il soit la 14e roue du carrosse (place hiérarchique sans précédent) et surveillé par un ministre du Budget très entreprenant, Laurent Fabius. Pendant un an, ses avis ne sont guère pris en compte et il doit avaliser la double dévaluation du franc (novembre 1981, juin 1982) en se bornant à réclamer une « pause » et en critiquant les dérapages budgétaires d'une politique de relance qu'il avait soutenue.

C'est son engagement européen, position héritée des lendemains de guerre, qui le sort de la marginalisation. En mars 1983, il arrache le maintien de la France dans le Système monétaire européen contre une nouvelle dévaluation et un plan d'austérité, validés notamment par l'Allemagne. Les résultats sont mitigés et l'arrivée de Laurent Fabius à Matignon en juillet 1984 signe son éviction. Or, le 18 juillet, il est nommé président de la Commission européenne avec le soutien signalé de Helmut Kohl et l'accord unanime des autres chefs de gouvernement. Cette seconde chance européenne lui permet de donner sa mesure : dès juin 1985, son « livre blanc » propose de réaliser le grand marché uni européen en sept ans ; le 28 février 1986, l'Acte unique en établit le programme ; en juin 1989, inaugurant son deuxième mandat, il lance l'Union économique et monétaire mais échoue dans son projet d'Union politique et de défense (décembre 1991). L'adoption du traité de Maastricht, en 1992, marque à la fois l'apogée de son influence et les limites de son action qui concentre les critiques des antitechnocrates et de gouvernements (Londres, Copenhague) soucieux de border le rôle de la Commission. Cantonné à un rôle d'exécution jusqu'en 1994, Jacques Delors bénéficie d'un prestige personnel jamais atteint par un responsable européen, mais assiste en spectateur aux négociations du GATT (1993) comme aux évolutions du PS. Cet homme paradoxalement sans troupes politiques, à l'autorité partisane inexistante, est cependant plébiscité par l'opinion de gauche lorsqu'en 1994 s'amorce la course présidentielle. Longtemps en tête des sondages, il choisit, en novembre, de ne pas se présenter, comme si la charge était contraire à son souci de réformisme participatif.

DÉMARCATION (ligne de)

Sous l'Occupation, ligne organisant le partage de la France en deux ensembles.

Prévue par l'article 2 de la convention d'armistice entrée en application le 25 juin 1940, la ligne de démarcation, longue de 1 200 km, coupe la France entre une zone occupée par les Allemands au nord et une zone libre au sud. Mais d'autres démarcations affectent déjà le pays : le Nord et le Pas-de-Calais sont rattachés aux autorités d'occupation installées en Belgique, l'Alsace et la Lorraine sont déjà annexées à l'Allemagne, une zone interdite est instituée dans le Nord-Est (Aisne, Ardennes, Meuse, Meurthe-et-Moselle, Vosges) et sur le littoral atlantique, enfin une zone rouge, très surveillée, longe la frontière franco-suisse. La nouvelle division aboutit donc à faire passer environ 3/5 du territoire français sous l'occupation allemande. La zone dite libre, ainsi que les colonies, les protectorats et les départements d'outre-mer, sont administrés par le gouvernement de Vichy. Treize départements sont traversés par la ligne. Les Allemands ont respecté la topographie des lieux et non l'entité communale. La ligne est tracée de telle sorte que si elle est utilisée comme une cloison étanche, elle peut asphyxier le pays : la zone libre ne peut survivre coupée de l'autre, sachant qu'elle en dépend à 76 % pour le charbon, 96 % pour l'acier. Elle est donc un moyen de chantage efficace : que les relations se détériorent avec Vichy, aussitôt la ligne est fermée aux hommes, aux marchandises, au courrier.

Les Allemands transforment rapidement la ligne en une véritable frontière. Les quatre points essentiels de passage sont à Moulins – au pont Régemortes –, à Chalon-sur-Saône, à Vierzon et à Langon. Le fameux *Ausweis* (laissez-passer) qui, après présentation aux postes de contrôle allemands, permet de franchir la ligne, est délivré avec parcimonie. À part Pierre Laval, les ministres français se le voient systématiquement refusé. Résistants ou simples Français déploient des trésors d'ingéniosité pour franchir la ligne, en recourrant le plus souvent à des passeurs. Après le débarquement anglo-américain en Afrique du Nord en novembre 1942, la zone libre est envahie par les Allemands, mais le régime des *Ausweis* ne disparaît que le 1er mars 1943.

DEMI-SOLDES

Nom donné aux officiers de l'armée napoléonienne placés d'office en non-activité par le gouvernement de Louis XVIII, lors de la Seconde Restauration, et réduits de ce fait à la « demi-solde ».

Un lieutenant touche 44 francs par mois, un capitaine 73 francs. À titre de comparaison, le prix du kilogramme de pain à Paris est de 63 centimes. Un serrurier gagne 150 francs par mois et un charpentier 98 francs. En 1820, l'ouvrier le moins payé perçoit 50 francs par mois. Les demi-soldes (lieutenants) sont donc payés, à l'époque, au tarif du SMIC d'aujourd'hui. Ils sont 20 000 après Waterloo, 16 000 encore en 1817. Mais beaucoup d'entre eux, tout en gardant la nostalgie des campagnes impériales, se rallieront plus ou moins sincèrement au nouveau régime. Parallèlement, le contrôle sévère dont ils faisaient l'objet au début de la Restauration se relâchera. À partir de 1824, ils peuvent se déplacer librement et cumuler leur solde avec un autre traitement. De 1817 à 1830, ils sont 5 000 à être réintégrés dans l'armée. Pour la moitié des autres, c'est le retour à l'agriculture. Certains se reconvertissent en industriels, cabaretiers, voyageurs de commerce, agents d'assurances, ou même instructeurs des troupes ottomanes ou sud-américaines. Ils ne sont plus que 3 500 en 1828 et, sur ce nombre, un millier seulement, refusant tout compromis avec les Bourbons, continue à vivre en marge de la société. Ce sont eux qui deviendront les héros de la propagande bonapartiste. Les demi-soldes ne prendront aucune part à la révolution de 1830. La monarchie de Juillet leur prodiguera néanmoins emplois et honneurs.

DENAIN (bataille de)

Victoire remportée par le maréchal de Villars, assisté de Montesquiou, le 24 juillet 1712 sur les Austro-Hollandais du prince Eugène.

Denain, dans le Nord, fait partie de la ligne de communication établie par les alliés entre leur magasin de Marchiennes et les tranchées de Landrecies, dernière place forte restée aux mains des Français sur la route de Paris. Inspiré par un conseiller au parlement de Douai nommé Lefèvre d'Orval, le maréchal de Villars attaque vigoureusement. La ligne est coupée et l'ennemi perd plus de 10 000 hommes. Landrecies est délivrée. L'évacuation de la Flandre par les coalisés est la première conséquence de cette belle victoire qui permet à plus longue échéance la conclusion de la paix d'Utrecht (1713).

DENFERT-ROCHEREAU Pierre Philippe (Saint-Maixent, 1823 – Versailles, 1878)

Militaire.

Il sert tout d'abord en Italie en 1849, prend part ensuite à la guerre de Crimée, notamment au siège de Sébastopol en 1855, et reçoit une blessure à Malakoff. Il combat ensuite en Algérie, de 1860 à 1864, rentre en France avec le grade de lieutenant-colonel, et reçoit, en 1864, le commandement du génie de Belfort. Nommé colonel et gouverneur

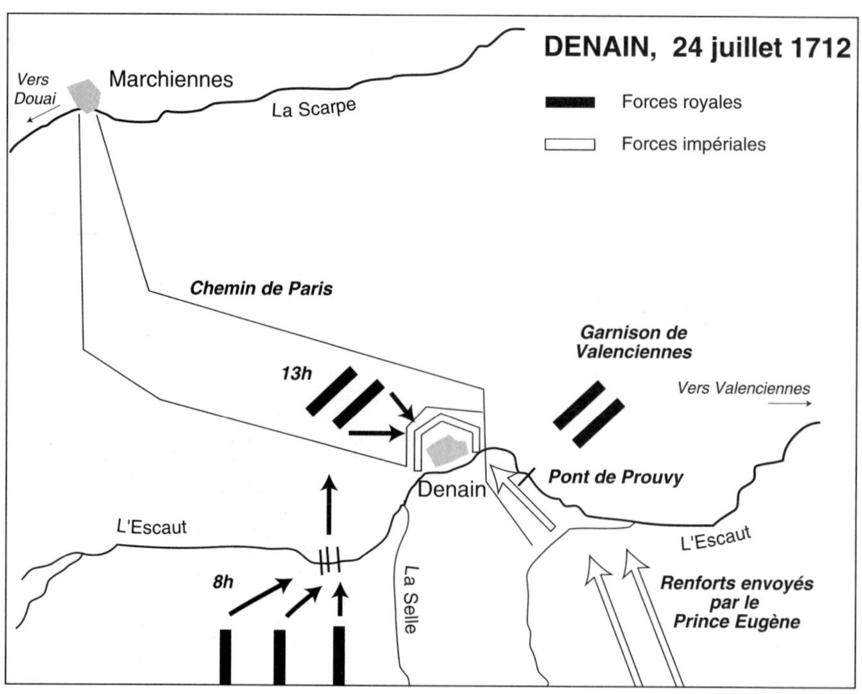

La bataille de Denain

Vivant Denon
Autoportrait de l'artiste. Pastel, v. 1770, musée Vivant-Denon. © *G. Dagli Orti*

de la place en 1870, il résiste héroïquement et victorieusement, à partir du 4 novembre, aux attaques prussiennes, et ne se rend, sur l'ordre du gouvernement provisoire, que le 18 février. Sa défense permet à la France de conserver Belfort. Élu représentant du Haut-Rhin à l'Assemblée nationale le 8 février, il démissionne dès la signature des préliminaires de paix. Réélu le 2 juillet par plusieurs départements, il choisit la Charente-Inférieure, s'inscrit au groupe d'union républicaine. Il appuie à la Chambre la politique de Gambetta, fait partie, le 18 juin 1877, des 363 députés républicains qui refusent leur confiance au ministère du duc de Broglie. Il est réélu en octobre.

DENIS, saint (IIIe siècle)

D'après Grégoire de Tours et Sulpice Sévère, ce religieux aurait été envoyé en Gaule au IIIe siècle pour prêcher l'Évangile.

Accompagné d'un prêtre du nom de Rusticus et du diacre Eleutherius, il se serait rendu à Lutèce et aurait été martyrisé près de cette ville dans la localité de *Catulliacus*, aujourd'hui Saint-Denis. Vers 625, le roi Dagobert aurait fondé, à sa mémoire, une abbaye dont l'emplacement allait servir, plus tard, de sépulture aux rois de France. Selon la légende, Denis, supplicié et décapité sur la butte Montmartre, aurait réussi à gagner l'emplacement de Saint-Denis en portant sa tête, grâce à une intervention miraculeuse.

DENON Dominique VIVANT, baron (Givry, près de Chalon-sur-Saône, 1747 – Paris, 1825)

Diplomate, artiste et administrateur.

Le jeune chevalier de Non, après une formation de dessin à Lyon, se rend à Paris pour y étudier le droit. Protégé par le premier valet de chambre du roi, Laborde, il se voit bientôt confier la gestion du cabinet des Médailles créé par Louis XV pour Mme de Pompadour. Il réalisera près de 300 gravures durant sa carrière. De 1772 à 1774, il est employé comme secrétaire d'ambassade à Saint-Pétersbourg. Vergennes l'envoie ensuite en Suisse, où il a l'occasion de rencontrer Voltaire à Ferney. Diplomate, Dominique Denon est aussi l'auteur d'un conte libertin, *Point de lendemain*, publié dans le *Journal des dames* en 1777. Cette même année, il retrouve Laborde qui, renvoyé de sa charge à l'avènement de Louis XVI, se lance dans l'édition d'art ; il charge Denon de superviser une équipe de dessinateurs et de rédiger un journal de voyage en Italie du Sud, région alors peu décrite par les voyageurs. Une longue querelle littéraire l'opposera à l'un des commanditaires du voyage, l'abbé de Saint-Non, qui réécrit et affadit son texte. Denon en publie une partie sous son nom propre en 1788, sous le titre *Voyage en Sicile*. Nommé en 1779 secrétaire d'ambassade à Naples auprès du cardinal de Bernis, il y reste huit ans, fréquentant toute l'aristocratie europénne avant d'émigrer à Venise durant la Révolution. Rentré en France en 1793 pour éviter la confiscation de ses biens, il fait mieux que survivre durant la Terreur : grâce à la protection du peintre David, il est nommé graveur national par Robespierre.

Sous le Directoire, Denon se montre un fidèle du salon de Joséphine de Beauharnais. Ami du général Bonaparte, il est de l'expédition d'Égypte, d'où il rapporte un compte rendu qui lui vaut en 1802 un grand succès d'édition. *Le Voyage dans la Basse et la Haute Égypte* contribue à la vague d'égyptomanie qui déferle alors. Le Premier Consul nomme Denon directeur du Musée central, bientôt Musée Napoléon, installé notamment dans l'ancien palais du Louvre. Denon fait figure de véritable ministre des Beaux-Arts de l'Empereur qui le fait baron. Dans le sillage des armées impériales, Denon choisit dans toute l'Europe les plus belles pièces des musées étrangers et veille à leur transport en France. Son goût est si sûr que Louis XVIII, en 1814, le confirme dans ses fonctions. Mais après les Cent-Jours, il est contraint de démissionner, non sans avoir dû restituer à leurs pays d'origine les œuvres raflées. Il se retire au milieu de sa collection personnelle du Quai Voltaire tout en continuant à paraître dans le monde.

DENTZ Fernand (Roanne, 1881 – Fresnes, 1945)

Général.

Ancien élève de Saint-Cyr et de l'École supérieure de guerre, il devient, le 5 juin 1940, gouverneur militaire de Paris, et c'est à lui que revient la mission de remettre la capitale aux Allemands le 14 juin. En décembre 1940, il est nommé haut-commissaire et commandant supérieur des troupes au Levant. Général d'armée le 15 juin 1941, il applique strictement les instructions de Vichy et s'oppose par les armes à l'entrée des troupes britanniques et gaullistes en Syrie et au Liban. Déféré devant la Haute Cour de justice à la fin de la guerre pour son action au Levant, il est condamné à mort le 20 avril 1945. Sa peine sera commuée en travaux forcés à perpétuité. Il mourra peu après en prison.

DÉPARTEMENTS

Les départements sont les circonscriptions territoriales et administratives qui se sont substituées officiellement aux provinces et aux pays, par la volonté de la Constituante, le 26 février 1790.

Leur nombre varie à maintes reprises, notamment pendant la période de la Révolution et de l'Empire : de 83 à l'origine, il passe à 86 en 1793, à 100 en 1801, à 130 en 1810 et à 86 après les traités de 1815. En 1860, l'annexion du comté de Nice et de la Savoie donne à la France trois nouveaux départements, mais trois autres sont perdus onze ans plus tard, en Alsace et en Lorraine. Le retour de ces provinces en 1918, la division de l'Algérie en départements (3 au début de la colonisation, 15 à la fin), la transformation en départements des anciennes colonies des Antilles (Martinique et Guadeloupe), de la Guyane et de la Réunion en 1946, amènent un nouvel accroissement du nombre des circonscriptions locales, qui dépasse ainsi la centaine avant l'indépendance de l'Algérie en 1962. La réforme administrative de 1964, en organisant le redécoupage de la Seine et de la Seine-et-Oise, a créé les nouveaux départements des Hauts-de-Seine, de la Seine-Saint-Denis, du Val-de-Marne, de l'Essonne, du Val-d'Oise et des Yvelines. En 1975, la Corse est divisée en Corse du Sud et Haute-Corse.

DÉPORTATION

Pendant la Seconde Guerre mondiale, départ forcé du territoire national de différentes catégories de population.

Jusqu'à la fin de la guerre, le terme de « déporté » recouvre indifféremment les prisonniers de guerre, les déportés politiques ou raciaux. C'est lors du retour des premières déportées de Ravensbrück, gare de Lyon, le 14 avril 1945, que l'opinion publique prend la mesure du drame. Il convient de distinguer trois types de déportation. Les politiques regroupent tous ceux qui ont lutté contre l'occupant allemand : communistes, gaullistes (en fait ceux qu'on appelle « résistants » fin 1942 et qui n'avaient pas nécessairement d'engagement gaulliste), républicains espagnols. Les déportés raciaux – juifs, tziganes – sont pourchassés à partir de la fin 1941 ; en principe, ils sont séparés des autres prisonniers même s'ils ont été arrêtés pour des motifs politiques. Enfin, une dernière catégorie est composée des droits communs,

Déportation
Rafle de juifs à Marseille en janvier 1943. © *Bundes archiv, Koblenz*

regroupés sous l'appellation « marché noir », plus ceux considérés comme des délinquants sexuels – proxénètes, prostitués hommes ou femmes.

Les déportés politiques et de droit commun partent en général des centres de Royallieu (près de Compiègne) et de Romainville. On estime leur nombre à 65 000 dont 41 000 politiques. Environ 40 % d'entre eux revinrent des camps. Les juifs sont internés à Drancy. Après une série de rafles, le 27 mars 1942, un premier train de déportation quitte la France pour les camps de la mort. La machine infernale est lancée : 78 trains suivront, les autorités allemandes s'acharnant même à en faire partir un dernier le 17 août 1944. Les déportés, choisis parfois de manière aléatoire, s'entassent dans des wagons à bestiaux regroupant 100 à 125 personnes. Munis au mieux de maigres provisions, ils ne disposent que d'un seau hygiénique par wagon. Le trajet dure de trois à cinq jours. Au total, l'Occupation se solde par 75 721 déportés raciaux, dont un bon tiers de nationalité française, 6 012 enfants de moins de 12 ans et 8 687 vieillards. Seuls 2 500 déportés –3 % de ces macabres convois – ont survécu. Le retour des déportés s'opère rapidement, en même temps que celui des prisonniers de guerre et des travailleurs du STO. Le choc de la réinsertion est une autre épreuve : l'indemnité de déportation se monte à 5 000 francs, la prime d'accueil à 1 000 francs, un lot de vêtements, un carnet de métro et un emploi garanti sous conditions (12 mai 1945). Reste surtout l'invisible frontière entre une opinion émue, attentive et ces « sur-vivants » dont il est impossible de partager l'univers mental.

Desaix
Desaix, général de division. Huile sur toile d'Appiani, 1800, château de Versailles. © *Giraudon*

DÉROULÈDE Paul (Paris, 1846 – près de Nice, 1914)

Écrivain et homme politique.

Il abandonne ses études pour voyager, puis aborde la littérature. Prisonnier lors de la guerre de 1870, il s'évade et participe aux campagnes de la Loire et de l'Est. Il prend part ensuite à la répression de la Commune et abandonne le service après s'être cassé la jambe lors d'une chute de cheval. Il publie, de 1872 à 1875, les *Chants du soldat*, poèmes où s'expriment l'amour de la patrie, de l'armée, et l'idée de revanche, et qui connaissent une très grande vogue. En 1882, il fonde la ligue des Patriotes qui compte bientôt 200 000 adhérents. Déroulède, dont la devise est : « Qui vive ? France ! », réclame la restitution de l'Alsace-Lorraine, l'abrogation des lois constitutionnelles de 1875, la séparation des pouvoirs au sein de l'État, l'élection du président de la République au suffrage universel. Ami et partisan du général Boulanger, « le seul ministre qui fasse peur à l'Allemagne », il engage la ligue des Patriotes à ses côtés. Élu député d'Angoulême après deux échecs (1889), il se rend célèbre à la Chambre par de bruyantes interpellations, attaque Clemenceau au sujet de l'affaire de Panamá et démissionne en 1892.

Quelques années plus tard, après avoir mené campagne contre Dreyfus, Déroulède est réélu dans la Charente (1898). Le 23 février 1899, à la suite des obsèques de Félix Faure, il tente d'entraîner vers l'Élysée un régiment commandé par le général Roget, dans l'intention de renverser la république parlementaire, et échoue. Jugé et acquitté, Déroulède est de nouveau arrêté sur l'ordre de Waldeck-Rousseau en septembre suivant, et condamné à dix ans de bannissement pour complot contre la sûreté de l'État. Établi en Espagne, il regagne la France après l'amnistie de 1905 et se consacre à la ligue des Patriotes, continuant inlassablement à prêcher la revanche sur l'Allemagne.

DESAIX Louis Charles Antoine des AIX, chevalier de VEYGOUX, dit (Saint-Hilaire-d'Ayat, près de Riom, 1768 – Marengo, Italie, 1800)

Général.

Issu d'une famille noble de la région de Riom, il sert au régiment de Bretagne-Infanterie lorsque éclate la Révolution, à laquelle il se rallie avec enthousiasme. Aide de camp en 1792, distingué par Carnot, il est envoyé à l'armée du Rhin où il gagne le grade de général de brigade. Divisionnaire à 26 ans, il reçoit du général Moreau le commandement du centre de l'armée de Rhin-et-Moselle, forçant le passage du Rhin à Kehl et immobilisant le gros des forces autrichiennes. Bonaparte se l'attache par la suite et lui confie l'avant-garde de l'armée d'Égypte. Après avoir occupé Malte, Desaix parvient en Égypte en juillet 1798. À la suite de la victoire des Pyramides, Bonaparte le charge de poursuivre Mourad-bey, qu'il bat à Sediman, ce qui permet d'occuper la région du Fayoun. Remontant la vallée du Nil, Desaix traite avec tant de tact et de bon sens la population et les autorités civiles que celles-ci lui décernent le surnom flatteur de « Sultan juste », qui lui restera. Intercepté en mer au retour d'Égypte puis libéré, il a juste le temps de rejoindre l'armée d'Italie en juin 1800 : Bonaparte, confiant plus que jamais dans ses qualités tactiques, lui donne le commandement de deux divisions mais engage sans lui la bataille à Marengo le 14 juin. Le premier affrontement est un échec, le second n'est pas plus heureux et l'affaire semble compromise lorsque, marchant au canon, Desaix fait irruption en fin de journée sur le champ de bataille, tombant sur le flanc des Autrichiens, les mettant en déroute et transformant au prix de sa vie un échec en éclatant succès. Sa mort consterne Bonaparte, qui lui fait aussitôt rendre des honneurs exceptionnels sur le champ de bataille.

DESCARTES René (La Haye, 1596 – Stockholm, Suède, 1650)

Philosophe et mathématicien.

Né en Touraine, à La Haye, d'une famille de petite noblesse de robe, il fréquente le collège de Jésuites de La Flèche. Bien que licencié en droit, il se passionne pour les mathématiques « à cause de la certitude et de l'évidence de leurs raisons ». En 1618, il s'engage dans les armées de Maurice de Nassau, prince hollandais allié de la France. Le 10 novembre 1619, enfermé dans son « poêle » (sa chambre), il a une sorte d'illumination intellectuelle où lui apparaît la possibilité d'une méthode rationnelle rigoureuse. Des voyages dans toute l'Europe (Italie, Bohême…) lui permettent de mûrir sa géométrie analytique comme sa philosophie. En 1623, il revient en France et fréquente Guez de Balzac, le père Mersenne ou le cardinal de Bérulle. Puis, en 1628, il repart définitivement pour la Hollande, avide de tranquillité et de liberté de pensée. Même en cette contrée de – relative – tolérance, son audace intellectuelle lui vaut de nombreux ennemis, malgré la protection de certains grands comme la princesse Palatine. Aussi accepte-t-il en 1649 l'invitation de la reine Christine de Suède avec laquelle il était en correspondance depuis plusieurs années. Sommé de donner des leçons de philosophie à 5 heures du matin en plein hiver à l'infatigable souveraine, il contracte une pneumonie qui l'emporte le 11 février 1650.

Descartes se montre d'abord soucieux d'un usage rigoureux de la raison (*Règles pour la direction d'esprit*, 1628), car l'univers tout entier est rationnel. « L'univers est écrit en langue mathématique », comme l'affirme l'astronome Galilée. La condamnation du savant italien par le tribunal de l'Inquisition, le 23 juin 1633, incite Descartes à la prudence : son traité rationaliste, *Le Monde*, ne sera publié qu'en 1664, après sa mort. Il se contente des applications scientifiques à travers trois traités : la *Dioptrique*, les *Météores*, la *Géométrie*. Sa physique des « tourbillons » sera cependant contestée par Pascal et démentie par le newtonisme. Plus remarquable est le *Discours de la méthode* (1637) qui sert de préface aux trois traités : la « révocation en doute » de toutes les certitudes communes jusqu'à venir buter sur un fait indubitable lui vaut une vive polémique. Il y répond par les *Méditations métaphysiques* (1641) où son système se précise : l'existence ontologique de la pensée à travers le célèbre *cogito* – je puis douter de tout sauf du fait que je doute – s'articule à l'affirmation de la transcendance inscrite au cœur de la conscience. L'univers est ainsi transparent à la pensée humaine. Il en fait l'application dans les *Principes de la philosophie* (1644) où l'univers apparaît comme un espace homogène et géométrique parfaitement explicable par les mathématiques. En ce dernier domaine Descartes innove de façon décisive avec l'analyse algébrique qui traduit les figures géométriques en équations à l'intérieur d'un repère « cartésien ». À la fin de sa vie, il développe une morale stoïcienne à travers les *Lettres à la princesse Palatine* ou le *Traité des passions de l'âme* (1649).

Le cartésianisme connaît une vogue immédiate : précieuses et gens du monde se piquent de « cartésianiser ». Le père Mersenne, correspondant de Descartes, propage sa doctrine et la défend contre les libertins comme Pierre Gassendi ; si le père Malebranche s'efforce de marier cartésianisme et catholicisme, les Jésuites combattent une doctrine critique qui place Dieu certes au-dessus mais aussi au-delà de la science. Pascal moque Descartes, « inutile et incertain » qui est, au contraire, pour Fontenelle l'initiateur de l'esprit

Descartes
Portrait de René Descartes. Huile sur toile, v. 1649, d'après Frans Hals, Paris, musée du Louvre. © *G. Dagli Orti*

scientifique. Le philosophe et ses partisans sont mis à l'Index par l'Église catholique. Toutefois, le cartésianisme paraît bientôt beaucoup plus acceptable que le newtonisme, doctrine matérialiste venue d'Angleterre. Avant 1750, il est enseigné partout. S'il paraît alors formellement dépassé, son impact est énorme : ce rationalisme rend légitime et possible l'aventure technicienne de l'Occident des Lumières. Dieu est hors du monde, dès lors concevable selon la métaphore de la machine, mais assure la conaturalité de l'intellect humain et du cosmos. L'homme peut ainsi se rendre « comme maître et possesseur de la nature » sous sa propre responsabilité.

DESCHANEL Paul (Bruxelles, 1855 – Paris, 1922)

Homme politique, président de la République.

Fils d'un proscrit du coup d'État du 2 décembre 1851, il doit à l'exil de son père, républicain fervent, d'être né en Belgique. Sous-préfet en 1877, il s'adonne aussi à la littérature, écrit quelques essais historiques, se révèle bon orateur et attiré par la politique, se fait élire député républicain d'Eure-et-Loir en 1885, évite les prises de position trop tranchées qui ont nui à son père. Très élégant, affable, ami de tous les groupes de l'Assemblée, président de la Chambre des députés en 1898, il est, semble-t-il, un candidat neutre idéal pour la présidence de République. Clemenceau ayant trop d'ennemis en 1920, Deschanel rallie les suffrages des parlementaires et se fait élire au premier tour de scrutin, le 17 janvier 1920, par 784 voix sur 888 votants. C'est un triomphe. Cependant, nerveux, émotif, le nouveau président devient bientôt neurasthénique. Ses nerfs lâchent et, malgré les efforts d'un entourage attentif, il montre presque chaque jour la preuve de la perte croissante de ses facultés. En mai de cette même année, le pays stupéfait apprend sa mésaventure nocturne : en allant inaugurer un monument à Montbrison, il est tombé de son wagon-lit sur le ballast. La suite présidentielle ne s'est aperçue de rien, et le train a poursuivi sa route. On retrouve Deschanel, indemne, chez un garde-barrière. Le 10 septembre, on peut le voir se tremper à peu près nu dans une des pièces d'eau du château de Rambouillet. Cette fois, il n'est plus possible d'éviter la démission, qui se produit le 21 septembre.

DÉSERT

Les calvinistes donnaient le nom de « désert » aux lieux écartés où ils se réunissaient, après la révocation de l'édit de Nantes, pour l'exercice de leur culte.

Pendant la guerre des Cévennes, on parlait couramment d'églises, d'assemblées ou de pasteurs du désert. L'appellation de musée du Désert a été donnée à la maison natale de Rolland, chef camisard, au Mas Soubeyran.

DES ESSARTS Pierre : voir ESSARTS Pierre des

DESÈZE ou de SÈZE Romain, comte (Bordeaux, 1748 – Paris, 1828)

Avocat.

Appartenant à une famille de juristes bordelais, il poursuit la tradition en entrant au barreau de sa ville natale, où il exerce de 1767 à 1776. À partir de cette époque, sur l'invitation de Target, l'avocat de Louis XVI, il s'installe à Paris et acquiert la notoriété à la suite de remarquables plaidoiries, notamment celle prononcée en faveur d'une des filles d'Helvétius. Aussi, lorsque éclate l'affaire du Collier, la Cour le choisit à titre de conseiller. De même, le baron de Besenval fait appel à lui pour se défendre de l'accusation d'avoir fait tirer sur la foule lors des événements du 14 juillet 1789 autour de la Bastille, tâche qu'il remplit à la perfection puisqu'il obtient l'acquittement de son client, ce qui décide Louis XVI à adjoindre Desèze à ses deux autres défenseurs, Tronchet et Malesherbes. Le 25 décembre, après avoir écrit son texte en quatre jours et quatre nuits, il soumet sa plaidoirie au roi qui fait modifier la fin, estimant qu'elle fait trop appel aux sentiments des conventionnels. C'est donc un texte solide, bien articulé, logique, que prononce Desèze, dont l'argument principal est le suivant : « La Constitution prévoit que le roi peut perdre son caractère inviolable et sacré en cas de refus de prêter serment à la Constitution et en cas de trahison. En admettant que le roi soit coupable, il est donc censé avoir abdiqué. Devenu, par conséquent, simple citoyen, il ne peut être jugé que pour des faits postérieurs à son abdication expresse ou légale. » L'argumentation est habile mais manque de chaleur et ne saurait émouvoir une majorité décidée au châtiment suprême.

Emprisonné à son tour sous la Terreur, Desèze ne doit la liberté qu'à la chute de Robespierre. Son attachement sincère à la cause des Bourbons le laisse à l'écart des honneurs sous le Consulat et l'Empire, malgré les propositions de Napoléon. La récompense vient, sous la Restauration, avec un titre de premier président de la Cour de cassation (janvier 1815), la pairie, l'obtention du cordon de Saint-Michel, enfin un siège à l'Académie française en 1816 avec réception par Fontanes, grand maître de l'Université.

Desmoulins
Camille Desmoulins et sa famille. Huile son toile, École de David, château de Versailles. © *Giraudon*

DESGENETTES René Nicolas (Alençon, 1762 – Paris, 1837)

Médecin.

Comme Larrey, Percy et Coste, Desgenettes fait partie des grands médecins de l'Empire. Ami de Buffon, Condorcet, Chaptal, cet aristocrate séduit les frères Joseph et Napoléon Bonaparte durant la campagne d'Italie. Médecin en chef de l'armée en 1798, il inocule à son fils la variole, et à lui-même la peste. Désobéissant aux ordres de l'Empereur, il refuse de précipiter la mort de malades, mais n'encourt aucune disgrâce. Il réorganise le Val-de-Grâce, puis reçoit la responsabilité médicale de la Grande Armée (1807) qu'il conserve jusqu'à Waterloo à l'exception de deux moments où il est fait prisonnier (1812-1813). Disgracié sous la Restauration, il est encore maire, médecin en chef des Invalides (1832) et membre de l'Académie des Sciences.

DESMARETS Nicolas, seigneur de Maillebois (Paris, 1648 – Paris, 1721)

Contrôleur général des Finances.

Commis de son oncle Colbert, il est ensuite maître des requêtes, puis intendant des Finances, de 1674 à 1683. Il subit alors une longue disgrâce, aux causes mal définies, et ne retrouve les Finances royales qu'en 1703, comme directeur, et en 1708, date à laquelle il succède à Chamillart en tant que contrôleur général. Desmarets doit faire face à une situation financière très difficile, trouver des ressources pour le financement de la guerre de Succession d'Espagne, alors même que sévit la grande famine de 1709. Homme intègre, travailleur, il parvient à obtenir du banquier Samuel Bernard un nouveau prêt de 6 millions, et à réduire le montant des tailles. En 1710, il organise la levée de l'impôt du dixième, frappant en principe tous les revenus, au grand mécontentement des nobles. Très critiqué malgré le succès de ses entreprises, il est renvoyé par le Régent.

DESMICHELS Louis Alexis, baron (Digne, 1779 – Paris, 1845)

Général.

Volontaire à 15 ans, il sert en Italie, en Égypte, est nommé colonel à Essling en 1809 et général en Italie par le prince Eugène. Commandant la province d'Oran en 1833, il tente de faire d'Abd el-Kader son protégé et le champion de la libération de l'Algérie contre la domination exécrée des Turcs. Le 26 février 1834, il signe avec lui un traité par lequel, dans une clause secrète, il reconnaît la souveraineté de l'émir des Croyants et s'engage à lui apporter son aide. Mais il est remplacé par le général Trézel dès que le gouvernement est informé du contenu réel du traité.

DESMOULINS Camille (Guise, Aisne, 1760 – Paris, 1794)

Publiciste et homme politique.

Fils du lieutenant général au bailliage de Guise, il obtient, comme Robespierre et en même temps que lui, une bourse qui lui permet de poursuivre ses études à Paris, au collège Louis-le-Grand. Ses études de droit achevées, en 1785, il s'inscrit au barreau de Paris, mais ne plaide guère : le bégaiement, le manque de souffle et l'absence de relations ne facilitent pas ses débuts. Son père, qui souhaite le voir s'installer à Guise, ne le soutient guère, et Desmoulins végète quand éclate la Révolution : généreux, admirateur des républiques antiques, il l'accueille avec enthousiasme, assiste aux séances des États généraux à Versailles, devient un des familiers de Mirabeau. Déjà, au mois de juin, il a produit, sans réussir à le faire publier, un violent pamphlet contre la monarchie, *La France libre*, dans lequel il manifeste ses sentiments républicains. Le 12 juillet, au lendemain du renvoi de Necker, il harangue la foule assemblée dans les jardins du Palais-Royal, l'appelle à l'émeute, lui propose pour emblème une feuille de marronnier, la cocarde verte, couleur de l'espérance, et l'entraîne vers les Tuileries. Deux jours plus tard, la Bastille est prise.

Desmoulins, qui parvient alors à faire imprimer *La France libre*, exerce dès ce moment une grande influence sur l'opinion révolutionnaire, par ses discours et surtout ses publications, car il est bien meilleur journaliste qu'orateur : *Le Discours de la Lanterne aux Parisiens* obtient un grand succès, comme ensuite *La Réclamation en faveur du marquis de Saint-Hurufe*. Le 28 novembre 1789 paraît le premier numéro d'un hebdomadaire, *Les Révolutions de France et de Brabant*, où il continue à proclamer ses idées républicaines tout en dénonçant ceux qui, selon lui, s'éloignent de la ligne du bien public. Ses articles lui vaudront des démêlés avec Antoine Talon, puis Marat. Le journal disparaîtra au mois de juillet 1791 pour reparaître peu de temps à la fin de 1792. Avec Fabre d'Églantine et Danton, Camille Desmoulins entre au club des Cordeliers, fondé en mai 1790 et y déploie une grande énergie. Au mois de novembre 1790, en l'église Saint-Sulpice, il épouse son grand amour, Anne Louise, dite Lucile Duplessis. Leur fils Horace sera le premier inscrit sur les registres d'état civil de la ville de Paris.

Avec Fréron, au mois de mai 1792, il lance *La Tribune des Patriotes*, où il veut attaquer La Fayette, Dumouriez, Brissot et les Girondins, favoriser l'écroulement de la monarchie et l'avènement de la république. Ses intentions lui valent de nombreux ennuis, avant même la sortie du journal, et *La Tribune* n'a que quatre numéros. Il participe ensuite, aux côtés de Danton, à la préparation de la journée du 10 Août, au lendemain de laquelle il devient secrétaire du nouveau ministre de la Justice. Député de Paris à la Convention, il se rapproche de plus en plus de Danton, tout en continuant à servir les idées de Robespierre, notamment contre les Girondins, dans un pamphlet violent et de qualité médiocre, l'*Histoire des Brissotins*. Il vote la mort du roi, mais refuse de voter la mise en accusation de Marat. Il se compromet ensuite en défendant le général Dillon, accusé d'avoir voulu faire évader Marie-Antoinette. À la fin de 1793, effrayé par les excès de la Terreur, Desmoulins incline vers l'indulgence et publie le 5 décembre une nouvelle feuille, *Le Vieux Cordelier*, où il attaque les hébertistes. Accusé de trop grande modération, notamment par Collot d'Herbois, il tente en vain d'en appeler à Robespierre. Rayé des Cordeliers le 11 janvier, Desmoulins est arrêté le 31 mars en même temps que Fabre d'Églantine, Danton et ses amis, sur un rapport de Saint-Just. Il est notamment accusé de complicité avec le duc d'Orléans, Dumouriez, et de complot contre la République, pour le rétablissement de la monarchie. Il se défend mal et, condamné à mort par le Tribunal révolutionnaire, est exécuté le 5 avril. Sa femme, accusée d'avoir conspiré avec l'étranger pour le faire évader, lui et les Indulgents, subit le même sort le 13 avril.

Despotisme éclairé

Mode de gouvernement autoritaire et modernisateur caractéristique de la Russie, de l'Autriche, de la Prusse et de l'Espagne dans la seconde moitié du XVIIIe siècle.

Le despotisme éclairé tente de concilier la tradition autoritaire et le discours rationaliste et technicien des Lumières. Pour autant, les souverains qui le revendiquent, de Charles III (1759-1788) d'Espagne à Frédéric II (1740-1786) de Prusse, ou Catherine II (1762-1796) de Russie en passant par Marie-Thérèse d'Autriche (1740-1780) et Joseph II (1765-1790), imitent l'absolutisme louis-quatorzien jusque dans l'architecture de leurs châteaux. Ils gouvernent leur pays d'une main de fer, domestiquant noblesse et corps intermédiaires, renforçant leur appareil militaire. Si le despotisme peut-être dit « éclairé », c'est ainsi moins par son humanisme que par l'adoption d'une modernisation à marche forcée confiée à une bureaucratie efficace. Il s'agit aussi d'une politique de séduction de l'intelligentsia européenne : Voltaire fait le voyage de Potsdam à la cour de Frédéric II de Prusse, Diderot est invité cinq mois à la cour de Catherine II, qui pensionne aussi généreusement Voltaire ou d'Alembert… En 1767, la tsarine rédige un projet de réforme qui apparaît si audacieux qu'en France la censure l'interdit. Mais le projet reste, et si Diderot demeure sous le charme de Catherine II, Voltaire se brouille avec le roi de Prusse.

La contradiction ultime entre despotisme éclairé et esprit philosophique n'est nulle part aussi visible que dans l'histoire de la Pologne. Chassé de son trône, le roi Stanislas Leszczyński, devenu duc de Lorraine (1738-1766), accueille à Lunéville les philosophes comme Voltaire. Son successeur à Varsovie, Stanislas-Auguste Poniatowski (1764-1795), essaie de moderniser son royaume. Ancien familier du salon de Mme Geoffrin à Paris, disciple des physiocrates, le monarque fait consulter Rousseau qui rédige un projet de constitution, *Les Considérations sur le gouvernement de Pologne et sur sa réformation projetée*. En 1791, une constitution très avancée est effectivement adoptée. Mais ce renouveau se heurte aux manœuvres de Catherine II. Démembrée et annexée en trois étapes (1772, 1793 et 1795), la Pologne est victime des despotismes russe, prussien et autrichien.

En France, Napoléon Ier réalise une forme originale de despotisme éclairé grâce à l'émigration massive de l'ancienne noblesse et à l'assujettissement des corps intermédiaires nouvellement créés. L'impérialisme extérieur en est une manifestation des plus ambiguës : réactions nationales et restaurations tuent le cosmopolitisme des Lumières. Les philosophes sont ainsi aimantés par deux modèles politiques : d'une part, la monarchie constitutionnelle libérale à l'anglaise vantée par Montesquieu et la plupart des penseurs politiques du XVIIIe siècle jusqu'aux Monarchiens au début de la Révolution ; d'autre part, les régimes très ambigus de l'Europe centrale et orientale dont le despotisme est aussi éclairé que la propagande habile. Rousseau est à peu près seul à prôner un modèle républicain, dans sa version helvétique.

Dessoles Jean Joseph Paul Augustin, marquis (Auch, 1767 – château-de-Montuchet, Essonne, 1828)

Homme politique, président du Conseil.

Après la démission de Richelieu de la présidence du Conseil le 18 décembre 1818, Louis XVIII, qui ne veut pas entendre parler du retour de Talleyrand, prend conseil auprès de Pasquier et Decazes qui lui recommandent Dessoles car fidèle aux Bourbons, peu connu et peu influent. Dessoles, président du Conseil du 29 décembre 1818 au 19 novembre 1819 avec le portefeuille des Affaires étrangères, ne jouera en effet aucun rôle face à Decazes, l'homme fort du ministère.

Deuxième division blindée (2e DB)

Division blindée des Forces françaises libres née le 24 août 1943.

Elle fait ses premières armes en Afrique du Nord. Au noyau initial des 3 000 Français libres, le général Leclerc, son éminent chef (futur maréchal de France), intègre des unités de l'armée d'Afrique, 3 600 Nord-Africains musulmans, environ 3 000 évadés de France par l'Espagne, des Corses, des républicains espagnols, des femmes, les « Rochambelles » affectées au bataillon médical. Au total, l'effectif atteint 15 000 personnes. La 2e DB rejoint l'Angleterre fin avril 1944 et débarque en Normandie à la suite des troupes alliées. Elle est la première à entrer dans la capitale lors de la Libération de Paris (24-25 août 1944), avant de poursuivre la guerre vers l'est. Elle franchit les Vosges le 22 novembre et libère Strasbourg le 23. Puis elle participe à la réduction de la poche de Colmar et, après une période de repos, à celle de Royan (15-17 avril 1945). Enfin, elle est encore présente au combat final en Allemagne avec la prise de Berchtesgaden le 5 mai 1945. Le 18 juin 1945 à Paris, la 2e DB ouvre le défilé de la Victoire, seule en tête.

Deux-Mers (canal des, ou du Midi) : voir Riquet Pierre Paul

Dévolution (guerre de)

On appelait dévolution une disposition de la coutume de Brabant selon laquelle l'héritage se transmettait aux filles nées d'un premier mariage de préférence aux fils d'un second lit.

C'est en vertu de ce droit qu'en 1665, à la mort de Philippe IV d'Espagne, Louis XIV prétendra imposer la candidature de sa femme Marie-Thérèse au trône d'Espagne, contre le demi-frère de celle-ci, Charles II. La guerre de Dévolution commence en 1667 par l'invasion de la Flandre (campagne de Turenne). Charleroi, Tournai, Douai, Lille, Courtrai, Audenarde sont enlevées en quelques semaines. En janvier 1668 est conclu un traité de partage avec l'empereur Léopold Ier dont l'épouse, Marguerite Thérèse, en tant qu'infante d'Espagne, possède aussi des droits à la succession. En même temps, inquiètes des succès français, la Hollande, l'Angleterre et la Suède forment la Triple-Alliance de La Haye. Louis XIV juge prudent de signer avec l'Espagne le traité d'Aix-la-Chapelle (mai 1668) qui, moyennant l'annexion définitive par la France d'une dizaine de places flamandes, dont Lille et Douai, rend à l'Espagne la Franche-Comté récemment conquise par Condé au cours d'une campagne éclair.

Dévot

Au XVIIe siècle, partisan de l'application exigeante de la Contre-Réforme catholique aussi bien en politique intérieure qu'extérieure.

Les dévots sont héritiers du parti de la Ligue catholique des guerres de Religion ; hostiles à l'absolutisme monarchique, ils militent pour le respect des libertés des corps intermédiaires – parlements, états provinciaux… – ou des grands féodaux ; ils condamnent l'édit de Nantes et plaident pour l'alliance avec la très catholique Espagne (espagnolisme). Bien en cour sous Marie de Médicis et le duc de Luynes, les dévots se heurtent frontalement à Richelieu, à sa *realpolitik* autant qu'à sa conception de l'État royal. Le bras de fer aboutit à la défaite des dévots lors de la journée des Dupes, le 10 novembre 1630. Mais les dévots restent un puissant mouvement social et religieux en ce siècle des Saints qu'incarne la Compagnie du Saint-Sacrement. Largement implantée à la cour mais aussi en province, la Compagnie a l'oreille d'Anne d'Autriche, la reine mère, et de Fouquet ; elle nourrit une première « cabale » des dévots contre Mazarin à l'automne 1660 : comme à Richelieu, lui sont reprochées sa politique antiespagnole et la construction d'un État fort…

La seconde cabale, la plus célèbre, vise Molière qui attaque la Compagnie du Saint-Sacrement dans *Tartuffe ou l'Hypocrite* : la comédie, jugée « divertissante » par Louis XIV, est représentée à Versailles dans le cadre de la fête royale des Plaisirs de l'Île enchantée, le 12 mai 1664. Devant l'hostilité de l'archevêque

Diane de Poitiers
Diane de Poitiers vers 1565. Dessin, Chantilly, musée Condé. © *Giraudon*

de Paris, Hardouin de Péréfixe, et de la reine-mère, Louis XIV doit se résoudre à interdire de jouer la pièce en public. Le curé Roullé va jusqu'à vouer l'auteur au bûcher… *Dom Juan*, en février 1665, subit le même sort malgré son dénouement édifiant. Toutefois, irrité de l'influence de la Compagnie, Louis XIV la dissout en 1666 et accorde sa protection à Molière. Celui-ci tente en 1667 une représentation publique d'une version amendée de sa pièce, *Panuphle ou l'Imposteur*, aussitôt interdite par le premier président du parlement de Paris, Guillaume de Lamoignon, ancien membre de la Compagnie. Ce n'est que le 5 février 1669 que Molière, soutenu par le roi, peut donner au Palais-Royal et avec un grand succès *Tartuffe ou l'Imposteur*. Il y caricature l'intolérance et les faux-semblants religieux. À partir des années 1680, sous l'influence de Mme de Maintenon, les dévots regagnent du crédit et poussent à l'édit de Fontainebleau qui abroge en 1685 celui de Nantes.

DIABLINTES : voir AULERQUES

DIANE de POITIERS (?, 1499 – château d'Anet, 1566)

Favorite royale.

Fille de Jean de Poitiers, seigneur de Saint-Vallier, elle épouse à 15 ans Louis de Brézé, sénéchal de Normandie, alors âgé de 56 ans ; malgré cette différence d'âge, elle reste fidèle à son mari jusqu'à la mort de celui-ci, en 1531. Diane, qui appartient d'abord à la maison d'Anne de Beaujeu, est dame d'honneur de la reine Claude en 1523, quand son père est compromis dans la trahison du connétable de Bourbon. Elle est déjà célèbre pour sa beauté, et, sollicité de faire grâce au seigneur de Saint-Vallier, François Ier cède aux prières de Diane, sans compensation malgré les bruits répandus par la suite.

Peu après la mort de Louis de Brézé, le roi la charge de l'éducation du jeune Dauphin (futur Henri II) alors âgé de 12 ans. Ce dernier conçoit bientôt pour elle une passion qui ne s'éteindra qu'avec sa mort. Elle devient sa maîtresse vers 1538-1539 et exerce à la Cour une grande influence, partagée d'abord avec la maîtresse de François Ier, la duchesse d'Étampes : chacune possède sa coterie, son parti, et les disputes ne manquent pas. Le mariage du jeune Henri avec Catherine de Médicis, en 1533, ne modifie rien : Diane s'affirme sa protectrice. Elle fait exiler la duchesse d'Étampes à la mort de François Ier (1547), et devient dès lors toute-puissante. Faite duchesse de Valentinois en 1548, elle amasse des trésors considérables, fait construire le château d'Anet, embellir celui de Chenonceaux et marie ses filles au comte de la Marche et au duc d'Aumale. Elle se mêle aussi de politique, déteste les protestants, et favorise le connétable de Montmorency et les Guise. La mort de Henri II en 1559 vient mettre un terme à sa toute-puissance. Catherine de Médicis, qui supportait sa présence depuis vingt-cinq ans, l'oblige à restituer les bijoux offerts par le roi, à échanger Chenonceaux contre Chaumont, et l'exile au château d'Anet.

DIANE de VALOIS ou DIANE de FRANCE (Piémont, 1538 – Paris, 1619)

Princesse.

Elle est la fille naturelle du Dauphin Henri, futur Henri II, et d'une Piémontaise nommée Filippa Duco. Henri II la légitime et lui fait épouser, en 1553, Horace Farnèse, second fils du duc de Parme, qui sera tué quelques mois plus tard à Hesdin. Elle se remarie en 1557 avec François de Montmorency, fils aîné du connétable. De nouveau veuve en 1579, elle demeure à la Cour et se signale par ses mœurs irréprochables. Faite duchesse d'Angoulême en 1582, elle négocie la réconciliation d'Henri III et d'Henri de Navarre après le meurtre d'Henri de Guise. Devenu roi, Henri IV lui manifestera une grande estime.

DIDEROT Denis (Langres, 1713 – Paris, 1784)

Écrivain et philosophe.

Issu d'une famille de couteliers, il fait de bonnes études chez les Jésuites. Sur sa demande, son père l'envoie les poursuivre à Paris, au collège Louis-le-Grand selon certains, ou d'Harcourt selon d'autres. Lorsqu'il en sort, il refuse de prendre une profession régulière, comme le souhaitent ses parents, et continue à se livrer à toutes sortes d'études, passant de la philosophie aux mathématiques et à l'astronomie. Il mène longtemps une existence médiocre d'écrivain besogneux, vivant chichement de traductions et de pamphlets. En 1743, il épouse une lingère, Antoinette Champion, qui lui donnera, en 1753, une fille, Angélique (la future Mme de Vandeul). Ces années voient le début de sa production littéraire et philosophique, qui sera considérable. En 1745, il publie un *Essai sur le mérite et la vertu*, traduction de Shaftesburg, en 1746 ses *Pensées philosophiques*, dont les audaces indisposent le pouvoir mais lui acquièrent une réputation parmi les gens de lettres, en 1747 un autre essai philosophique, *Promenade d'un sceptique*, mais aussi un roman licencieux, *Les Bijoux indiscrets*. En 1749, sa *Lettre sur les aveugles à l'usage de ceux qui voient* lui vaut quatre mois d'incarcération à Vincennes.

Les vingt années suivantes de sa vie sont marquées par le combat philosophique qui le fait connaître du grand public. Le succès final de l'entreprise fera de lui un homme respectable, nanti d'un nom, de titres et de quelques rentes, reçu chez les banquiers et les fermiers généraux, pensionné de l'impératrice de Russie Catherine II qui aura la délicatesse de lui « acheter » sa bibliothèque. C'est en 1745 que le libraire Le Breton lui demande une adaptation de la *Cyclopaedia or Universal Dictionary of Arts and Sciences* d'Éphraïm Chambers. Mais, avec l'aide de Jean d'Alembert, il conçoit un projet plus vaste et ambitieux : faire une encyclopédie qui soit « un tableau général des efforts de l'esprit humain dans tous les genres et dans tous les siècles », ainsi qu'il le souligne dans le *Prospectus* qui annonce la parution de l'ouvrage (octobre 1750). Le premier volume est publié en 1751 et, grâce à son opiniâtreté, l'entreprise sera menée à bien. Les difficultés sont pourtant multiples. Les plus spectaculaires sont, en 1757, la brouille avec Rousseau suscitée par l'article « Genève » et, en 1759, l'arrêt de la publication par décision du Conseil du roi à la suite de la parution du livre *De l'esprit* d'Helvétius, un des collaborateurs de l'*Encyclopédie*. Découragé, d'Alembert abandonne en 1759 mais Diderot continue, grâce à la protection de Mme de Pompadour et surtout à la bienveillance de Malesherbes, directeur de la Librairie. Les dix derniers volumes (VIII à XVII) peuvent paraître en bloc en 1765. Cet énorme travail ne l'a pas empêché de poursuivre son œuvre littéraire et philosophique. En 1751 paraît la *Lettre sur les sourds et muets* ; en 1754 *Les Pensées sur l'interprétation de la nature*, qui sont suivis de deux drames bourgeois : *Le Fils naturel ou les Épreuves de la vertu* (1757), joué en 1771, et *Le Père de famille* (1758), joué en 1761. Ce dernier est publié avec un exposé de son système dramatique qui entend substituer à la peinture des caractères celle des conditions (*Entretiens sur le Fils naturel : Dorval et moi* et *Discours sur la poésie dramatique*). En 1759, lorsque débutent les *Salons*, il commence à rédiger de précieuses études, qu'il poursuivra régulièrement jusqu'en 1781. Il y exprime toute son admiration pour Greuze et surtout Chardin, selon lui un des grands « magiciens » de la peinture, qui sait effectivement mieux que quiconque satisfaire ses goûts pour le réalisme. En 1760, il écrit *La Religieuse*, qui paraîtra en 1769 seulement, et en 1762, *Le Neveu de Rameau* qui ne sera publié qu'en 1813.

Diderot
Portrait de Denis Diderot, écrivain. Huile sur toile de Jean-Honoré Fragonard, Paris, musée du Louvre.
© *G. Dagli Orti*

L'*Encyclopédie* achevée, Diderot atteint à sa plénitude. En 1769, il rédige une méditation philosophique, *Le Rêve de d'Alembert*, qui paraîtra en 1830, et, en 1772, le *Supplément au voyage de Bougainville*. La même année, il collabore à l'*Histoire philosophique et politique du commerce des Européens dans les deux Indes* de l'abbé Raynal. En 1773, l'année où il entreprend de faire en Russie le voyage auquel Catherine II le convie depuis longtemps, c'est *Le Paradoxe sur le comédien*, *Jacques le Fataliste et son maître*, publié en 1796, et sa *Réfutation suivie de l'ouvrage d'Helvétius intitulé l'Homme*. Dans les dernières années de sa vie, il écrit enfin *Entretien d'un philosophe avec la maréchale de*... (1776), *Essai sur la vie de Sénèque*, *Essai sur les règnes de Claude et de Néron* (1778), *Est-il bon, est-il méchant ?* (1781). Il a laissé une abondante correspondance, dont la partie la plus intéressante est constituée par ses lettres à son amie Sophie Volland, qu'il avait rencontrée en 1756 et qui meurt quelques mois avant lui.

Pour ses contemporains, Diderot a surtout été une « tête philosophique ». Voltaire, qui ne l'aimait pas mais le soutenait dans le combat philosophique, l'appelait « Socrate-Diderot », « frère Platon », « Pantophile » (l'ami de toutes choses), et Rousseau subit son ascendant avant de se brouiller avec lui en 1758. L'étranger, principalement l'Allemagne, vit en lui un romantique avant la lettre. Avec son culte de la raison mais aussi ses contradictions, ses curiosités scientifiques ainsi que ses utopies, il est en tout cas le représentant le plus complet du XVIIIe siècle français. Des *Pensées philosophiques* (1746) et de la *Promenade d'un sceptique* (1747) au *Rêve de d'Alembert*, sa pensée s'est précisée et approfondie. De la confrontation un peu formelle des différents systèmes philosophiques, on passe à un exposé dialectique des problèmes auxquels se heurte l'athéisme matérialiste pour lequel il opte en définitive. Au fil de l'entretien, surgit une hypothèse hardie comme solution des contradictions qui se sont multipliées. En effet, Diderot ne bâtit pas un système achevé, une vision du monde cohérente. Sa pensée demeure pleine de contradictions, consciente de ses limites, car sa philosophie est avant tout mouvement, réflexion sur ce qui change en l'homme et autour de lui sur son devenir. Là est sa grande originalité. Son matérialisme, tel qu'il finit par s'affirmer, n'apparaît plus seulement comme la base rationnelle de l'athéisme, mais comme la seule hypothèse qui permette de comprendre l'ensemble des phénomènes dans leur évolution comme dans leur unité. Dans le *Rêve de d'Alembert*, en partant des faits rassemblés par les biologistes et les physiologistes, il tente de répondre à deux des problèmes essentiels de la pensée matérialiste : celui du passage de la matière inerte à la matière vivante et celui de l'organisation de la matière vivante. Au dualisme chrétien, il substitue un monisme matérialiste. Mais sa conception matérialiste n'est pas celle d'un déterminisme étroit qui serait une négation de la liberté, où l'homme serait prisonnier de son organisation biologique et ne pourrait que refléter passivement le mouvement des choses. La supériorité de l'homme sur les autres espèces vient au contraire de ce qu'il a le pouvoir de se modifier et d'agir sur son milieu. Cette réflexion trouve son prolongement dans l'expérience romanesque, pratique essentielle pour Diderot. Il incarne ses concepts dans des personnages mi-réels, mi-imaginaires, qu'il met aux prises avec ce qui, sur le plan des idées, paraissait contradiction irréductible, les obligeant à choisir entre les possibles, et donc à agir et à se déterminer eux-mêmes. Ses personnages parlent, agissent et réagissent, non suivant les lois de la logique abstraite, mais selon une logique interne qui naît des contradictions de leur être ou de leur révolte contre une société qui contredit leurs aspirations profondes au bonheur, la seule morale que Diderot reconnaisse.

Diên Biên Phu
Parachutistes français atterrissant sur le champ de bataille. © *L'Illustration / Keystone*

DIDIER, saint (Autun, v. 540 – Lyon, 608)

Évêque.

Brunehaut le fait déposer par un synode réuni à Chalon-sur-Saône, parce qu'il s'était opposé à elle. Placé en résidence dans l'abbaye de l'île Barbe, près de Lyon, il est ensuite gracié et réintégré. Cependant, il entretient de bonnes relations avec Thierry II, roi de Bourgogne et d'Austrasie, petit-fils de Brunehaut. Celle-ci exerçant une tutelle pesante sur le souverain prend alors ombrage de la présence de l'évêque, que certains rapports dépeignent comme s'efforçant de dresser le jeune homme contre son autorité. En 608, Didier est de nouveau arrêté et aussitôt décapité sur ordre de Brunehaut. Le nom de Didier a été également porté par un évêque de Langres, mis à mort au IIIe siècle par les Vandales dans une localité qui s'appelle maintenant Saint-Dizier.

DIDIER (? – Carcassonne, 587)

Duc de Toulouse.

Avec Mummole, Didier est l'un des grands capitaines de son temps. D'abord au service de Chilpéric Ier, il conquiert pour lui le Quercy et l'Albigeois sur les Austrasiens, mais est battu près de Limoges par Mummole. Peu après, il s'empare de l'Agenais et du Périgord et met le siège devant Bourges en 583. La mort de Chilpéric l'amène à soutenir les prétentions de Gondovald contre Childebert. Après l'échec de son protégé, il parvient à se réconcilier avec Gontran qui le confirme dans la possession du duché de Toulouse. Il trouvera la mort en assiégeant Carcassonne au cours d'une expédition contre Reccared, roi des Wisigoths.

DIÊN BIÊN PHU (bataille de)

Diên Biên Phu (13 mars-7 mai 1954), défaite militaire française qui précipite les négociations sur la fin de la guerre d'Indochine et de la présence française.

Nommé commandant en chef des forces françaises le 8 mai 1953, le général Navarre propose un plan qui tourne autour de deux axes principaux : une attitude défensive au nord du 18e parallèle en évitant à tout prix un engagement décisif ; tenter de prendre, au contraire, l'offensive au sud du 18e parallèle afin de pouvoir s'appuyer sur une « zone assainie » avant de se lancer, vers l'automne 1954, en direction du Nord. Son objectif n'était pas la capitulation de l'ennemi, mais l'instauration d'un rapport de forces permettant une « sortie honorable » du conflit.

Mais, pendant l'été 1953, alors que la Chine accentue son soutien au Viêt-minh, les Français continuent à mener des opérations ponctuelles, tandis que le Viêt-minh prépare une large offensive sur le delta du Tonkin. Le général Cogny, commandant des forces terrestres du Vietnam Nord, demande alors un renfort de troupes qui, immédiatement acheminé vers le delta, va casser, le 15 octobre, l'offensive grâce à l'opération *Mouette*.

Fort de ce succès et pour obliger l'adversaire à modifier la disposition de ses troupes, donc avec l'espoir de desserrer l'étau autour du delta, le général Navarre décide de constituer un point de fixation dans l'extrême ouest du Tonkin. Il compte que les forces du général Giáp s'épuiseront devant le feu français et qu'il pourra ensuite assainir le delta. Lai Chau, base française, ne pouvant être maintenue pour différentes raisons d'ordre tactique et météorologique, le seul secteur raisonnablement satisfaisant est la plaine de Diên Biên Phu, transformée en camp retranché, à compter du 20 novembre 1953.

Du côté Viêt-minh, Giáp entend livrer bataille afin de disposer, en cas de succès, d'atouts militaires dans la négociation qui s'annonce. En effet, depuis le printemps, l'idée d'une paix négociée progresse : en France, Joseph Laniel s'en déclare partisan ; en Asie, la fin de la guerre de Corée (juillet) incite Russes et Chinois à soutenir l'idée de peur d'une immixtion américaine ; quant à Hô Chi Minh, le 29 novembre, il la propose dans une interview à un journal suédois. Seuls les Américains s'y opposent, par hostilité à la Chine communiste et au nom de la doctrine du *Rollback* (« refoulement ») définie par le nouveau président, Eisenhower.

Les préparatifs de bataille s'intensifient pendant un trimestre, en même temps que s'organise – à partir du 3 décembre – l'encerclement de la base. Les Vietnamiens bénéficient de la logistique chinoise (1 500 tonnes de matériel par mois), des conseillers militaires du bloc de l'Est et de la mobilisation de 75 000 coolies pour transporter le matériel. Du côté français, le gouvernement refuse d'accorder des renforts aériens, tandis que Navarre, sceptique sur la mobilisation ennemie en novembre, décide de livrer bataille à partir du 3 décembre car il est convaincu d'être en supériorité ; les informations recueillies pendant le mois ne le font pas changer d'avis. En pratique, fin décembre, le camp est encerclé et l'évacuation impossible.

À la veille de la bataille, l'organisation du camp retranché français se présente ainsi : au centre, cernant le terrain d'aviation – véritable poumon du camp –, se trouvent les positions Claudine, Huguette, Anne-Marie, Dominique, Éliane. Ce noyau, contenant également l'essentiel des infrastructures de l'état-major, de l'intendance et l'hôpital de campagne, abrite 8 bataillons, un groupe de 105 et une batterie de 155. Au nord-est, deux points d'appui avancés, Béatrice et Gabrielle, qui, situés sur les hauteurs dominant la cuvette de Diên Biên Phu, disposent chacun d'un bataillon. Au sud, Isabelle possède, à environ 5 kilomètres du camp principal, deux, puis trois bataillons et un groupe d'artillerie de 105. Un examen topographique succinct du camp retranché permet de remarquer deux points faibles dans la position française. Le premier, le plus important, fait apparaître que la piste d'atterrissage n'est effectivement protégée que par les positions Gabrielle et Béatrice. Ces dernières, insuffisamment dotées en hommes, deviendront une des cibles privilégiées de l'armée de Giáp. En outre, et là réside la seconde faille, aucun ouvrage du dispositif défensif n'est bétonné. De ce fait, troncs d'arbres et sacs de sable ne manqueront pas de s'effondrer dès les premiers coups de l'artillerie viêt-minh.

C'est le 13 mars, à 17 h 45, que le Viêt-minh lance le premier assaut, après quelques heures de combats acharnés au nord-est du camp. Béatrice tombe, suivie de peu par Gabrielle : deux bataillons sont perdus, l'artillerie et les contre-attaques françaises sont restées inefficaces. Cogny décide alors de renforcer les effectifs de la garnison par des troupes d'élite : le 16 mars est parachuté le 6e BPC (bataillon de parachutistes) du commandant Bigeard. Le Viêt-minh continue les jours suivants à resserrer son dispositif et à exercer une pression sans cesse accrue à l'est du camp. Le 25, Bigeard est chargé par Castries d'anéantir le maximum d'armes DCA sur le flanc ouest. L'opération entraîne un répit de courte durée. Le 30 mars, en effet, débute la « bataille des cinq collines ». Après un matraquage de l'artillerie viêt-minh, particulièrement intense, Dominique 1 et Éliane 1, Dominique 6 tombent ; elles sont suivies peu de temps après par Dominique 2, tandis qu'Éliane 2 résiste, au prix d'un carnage épouvantable.

Le 31 mars pourtant, les Français réinvestissent partiellement Éliane 1 et se renforcent sur Dominique, tout en espérant que Hanoi ne tardera pas à envoyer des renforts : cet espoir sera très vite déçu et le Viêt-minh reprend immédiatement l'offensive. Dominique 2 et Éliane 1 tombent de nouveau. Seules Éliane 4 et Éliane 2 ont résisté, à l'est du camp. Les offensives des 1er-4 avril entraînent le repli de nos soldats ; Anne-Marie et Huguette 7 tombent, tandis qu'Éliane 2 et Huguette 6 résistent à la pression viêt-minh. Le 5 avril, nouvelle attaque sur Huguette 6. Le 6e BPC s'y porte. Nouveau succès pour Bigeard, mais les pertes sont lourdes : les deux camps, épuisés, vont alors consacrer quelques jours de répit à réorganiser leur armée. Force est de reconnaître que, si le Viêt-minh a également subi de lourdes pertes, la situation française n'en est pas, pour autant, plus enviable. Dominique 1, 2, 5, 6, ainsi qu'Éliane 1 et Anne-Marie, sont perdues ; les troupes valides sont épuisées, le matériel fortement endommagé et la zone de parachutage considérablement réduite du fait de l'avance viêt-minh.

Le 10 avril, l'offensive reprend. Bigeard réinvestit Éliane 1 qui, dès le lendemain, doit subir, mais sans succès, une nouvelle attaque de l'ennemi. Quelques troupes seront parachutées pendant ce temps sur la cuvette : saupoudrage dérisoire qui ne suffira pas à renverser la situation. Le 15 avril, Castries est promu général, Langlais et Lalande colonels, Bigeard et Pazzis lieutenants-colonels. Trois jours plus tard, l'étau se resserre un peu plus sur le camp retranché : Huguette 6 est cernée. Dès lors, les actes d'héroïsme de cette poignée d'hommes ne pourront plus suffire à contenir ne serait-ce que momentanément la pression viêt-minh. Le camp français – Isabelle exclue – ne dispose plus, pour faire face aux divisions 308, 312 et 316, que d'environ 2 500 hommes.

23 avril : 5 heures du matin. Huguette 1 tombe, et le colonel Bigeard échoue dans sa contre-offensive. Dans la nuit du 1er au 2 mai, Huguette 5 est perdue, Dominique 3 et Éliane 1 perdent pied et Diên Biên Phu vit, durant la nuit du 3 au 4, le dernier parachutage sur le camp retranché. Le 7 mai 1954 à 18 h 30, le camp de Diên Biên Phu tombe. Plus encore que les pertes humaines, pourtant notables (8 000 morts côté Viêt-minh, 5 000 côté français, auxquels il faut ajouter au moins 5 000 prisonniers morts dans les semaines suivantes), c'est la défaite d'une armée occidentale, d'un des pays victorieux en 1945, d'un allié des États-Unis qui choque l'opinion internationale. En France, les images du champ de bataille suscitent l'expression « Verdun asiatique », et celles des prisonniers filmés par la propagande soviétique achèvent de convaincre les politiques comme l'opinion qu'il faut en finir, dès lors que les priorités sont, en Europe, à la reconstruction, et qu'il est exclu d'envoyer le contingent. Renonçant à examiner les causes profondes de cette défaite (priorité politique donnée à la défense européenne, absence de liaison entre politiques et militaires jusqu'à la création du Comité de guerre du 11 mars 1954, confiance excessive dans le soutien ultime des Américains au nom du « *containment* », erreurs répétées d'appréciation des officiers supérieurs), les Français en prennent prétexte pour solder la guerre et la colonisation.

Depuis le 26 avril était réunie à Genève une conférence internationale destinée à préparer les modalités de retrait de la France hors d'Indochine. Si Joseph Laniel, président du Conseil, ne peut survivre, politiquement, à la chute de Diên Biên Phu, Pierre Mendès France, partisan de longue date de l'ouverture de négociations, est appelé à la tête du gouvernement (19 juin 1954) et, dès le 21 juillet 1954, les accords de Genève mettent un terme à la guerre d'Indochine sur les bases suivantes : coupure du Vietnam de part et d'autre du 17e parallèle ; liberté pour les populations de se rendre dans l'une des deux zones ; élections générales au Vietnam à effectuer dans un délai de deux ans sous le contrôle d'une commission internationale. Signés par la France et le Vietnam, mais aussi par l'URSS, la Chine et l'Angleterre, les accords de Genève permettent le passage vers le sud de 900 000 Nord-Vietnamiens fuyant le régime communiste, et, le 9 octobre 1954, les derniers soldats français quittent Hanoi.

DIEPPE

Une échancrure modelée par la rivière d'Arques dans la lignée de falaises bordant le littoral du Pays de Caux est à l'origine de l'essor du port de Dieppe, qui sera longtemps, avec Honfleur, le seul point de mouillage valable entre le Pas-de-Calais et la base du Cotentin.

Après la conquête de la Normandie par Philippe Auguste au début du XIIIe siècle, les marins dieppois fournissent une partie importante des équipages de la flotte royale. Il en résulte un antagonisme avec les Anglais, qui s'amplifie durant la guerre de Cent Ans, époque au cours de laquelle la cité résiste à Talbot (1442). Mais la véritable vocation de la ville est la mer. Une fois la paix revenue, les armateurs locaux montent des expéditions vers le Sénégal, l'Amérique du Nord et même la Moscovie. Il est vrai que l'esprit de conquête est exclu et que seules les préoccupations commerciales poussent à tant d'audace. La postérité a retenu le souvenir de Jean Ango. Les comptoirs établis outre-mer, notamment au Sénégal, aux Canaries, au Canada, excitent cependant la jalousie des concurrents anglo-hollandais, qui incendient en 1694 une grande partie du port. Le mal est d'autant plus sensible que, neuf ans auparavant, la révocation de l'édit de Nantes a fait perdre à la ville une partie de ses notables, acquis à la Réforme. La concurrence de Rouen et du Havre prolonge un marasme qui ne prend fin qu'au XIXe siècle avec le rétablissement des relations avec l'Angleterre, Dieppe devenant le point de départ d'une ligne régulière vers Newhaven. La pêche et le développement des bains de mer animent un commerce local qui inclut aujourd'hui des conserveries, des entrepôts de denrées coloniales et des ateliers de mécanique.

DIEPPE (bataille de)

Le 19 août 1942, Dieppe est l'objectif d'un raid important, première opération « amphibie », menée par les Britanniques, et sorte de prologue au débarquement du 6 juin 1944.

Pour réaliser cette opération baptisée Jubilé, l'amiral Mountbatten, qui la dirige, dispose de 6 000 Anglo-Canadiens appuyés par 70 escadrilles de la RAF. Il a pour mission la conquête momentanée de la ville de Dieppe et d'une petite tête de pont, l'exécution des destructions à l'intérieur de celle-ci et, au-delà, l'attaque de l'aérodrome de Saint-Aubin ainsi que de la batterie de côte d'Arques-la-Bataille. Mais, après une matinée de combats qui les ont amenés au cœur de la ville, les commandos doivent se replier sous la protection des unités navales et des chasseurs de la RAF. Le bilan est lourd. Si 48 avions allemands ont été abattus et 24 endommagés, la moitié seulement de l'effectif britannique engagé à terre a réussi à regagner l'Angleterre. Il y a 1 200 morts et 1 800 blessés ou prisonniers. La marine anglaise a perdu le destroyer *Berkeley* et la RAF une centaine d'avions. L'opération n'est pourtant pas négative. Les Britanniques, qui ont notamment pu s'emparer d'un nouveau type de radar allemand, tirent de l'opération de précieux enseignements, dont il sera tenu compte dans l'élaboration des plans appliqués en juin 1944, en particulier l'impossibilité de débarquer dans un port bien défendu, d'où la création de ports artificiels sur la côte du Calvados. Dieppe sera libérée par les Canadiens de Crérar le 1er septembre 1944.

DIESBACH (famille de)

Maison de Souabe-Franconie, passée en Suisse au début du XIIe siècle et agrégée au Saint-Empire en 1427.

Clewi de Diesbach, précurseur des Fugger, famille de banquiers allemands, fonde une des plus grandes entreprises commerciales de l'époque, avec une flotte à Venise et l'autre à Barcelone. Son petit-fils, Nicolas de Diesbach (1430-1475), avoyer de Berne, est l'artisan de l'Alliance perpétuelle entre la France et les Cantons suisses. Son neveu, Louis de Diesbach (1452-1527), capturé à Péronne avec Louis XI, est l'auteur de la première autobiographie suisse. Jean de Diesbach, commande en chef les troupes suisses à la bataille de Pavie, où il est tué. De 1689 à 1792, les Diesbach sont colonels-propriétaires d'un régiment de leur nom au service de France et donnent des officiers tant aux Gardes-Suisses qu'à la Compagnie des Cent-Suisses. Eugène de Diesbach (1817-1905), agronome, est député du Pas-de-Calais à l'Assemblée nationale de 1871. Son petit-fils, Louis de Diesbach (1893-1982), pilote de chasse à l'escadrille des *Cigognes*, est également député du Pas-de-Calais de 1932 à 1940.

DIJON

Ville de la Côte-d'Or, au confluent de l'Ouche et du Suzon, ancienne capitale de la Bourgogne.

Divio ou *Castrum Divionense* est à l'origine un camp retranché romain, bien situé sur les voies reliant le nord de la Gaule à la Méditerranée. D'après la légende, saint Bénigne y prêche le christianisme au IIe siècle et y subit le martyre. Son tombeau, retrouvé au début du VIe siècle, est à l'origine de l'abbaye de Saint-Bénigne, fondée par Grégoire de Langres en 525, et autour de laquelle se développe le Dijon ancien. L'ancien camp romain et le bourg, réunis, font partie du royaume des Burgondes, puis des possessions de l'évêque de Langres, avant d'être cédés à Robert le Pieux en 1015, et rattachés à la Bourgogne. Les premiers ducs bourguignons n'ont pas réellement de résidence préférée, si ce n'est Autun, et Dijon ne devient capitale du duché qu'au milieu du XIIe siècle, après l'effacement de cette dernière. L'essor de la ville ne date en fait que de sa reconstruction par le duc Hugues II, après l'incendie qui l'a détruite entièrement en 1137. Le duc fait construire une nouvelle enceinte qui, plus vaste que la précédente, enserre les nouveaux quartiers comme celui de Saint-Bénigne. Il fonde aussi la foire Saint-Jean, qui contribue au développement de Dijon. Hugues III poursuit les aménagements et fait construire près du palais ducal une chapelle, plus tard Sainte-Chapelle. Il octroie aussi une charte à la commune de la ville. Dans la première moitié du XIIIe siècle, de 1230 à 1250, Hugues IV fait élever l'église Notre-Dame. En 1315, à Saint-Bénigne, devant le maire et les échevins, le duc Eudes jure de respecter les privilèges de la ville, tandis que les notables lui jurent fidélité, et que l'abbé lui passe au doigt l'anneau d'or, symbole de son union avec le peuple de Bourgogne. Cette coutume sera respectée jusqu'au dernier duc, Charles le Téméraire.

La période la plus brillante de Dijon commence avec le règne du premier grand duc de Bourgogne, Philippe le Hardi, qui poursuit l'embellissement du palais ducal et fait paver les rues de la cité. Après la bataille des Éperons d'or (1302), il rapporte à Dijon le célèbre Jacquemart du beffroi de Courtrai, qui frappe désormais les heures sur l'église Notre-Dame. Jacquemart recevra une épouse au XVIIe siècle, un fils au XVIIIe et une fille au XIXe siècle. Philippe, qui établit dans sa ville une chambre des comptes, souhaite construire hors des murs une nouvelle abbaye, destinée à abriter son tombeau. Pour sa réalisation, à Champmol, il fait venir de très nombreux artistes dont Claus Sluter, auteur, entre autres, du portail, une des rares pièces du sanctuaire qui nous soit parvenue car Champmol a été détruite pendant la Révolution. Sluter réalise aussi le *Calvaire* ou *Puits de Moïse*, en partie détruit aujourd'hui. Philippe le Bon continue à embellir sa capitale, ordonne la construction de l'église Saint-Jean et l'agrandissement du palais ducal avec la tour de la Terrasse. Dijon reste la capitale de la Bourgogne après sa réunion à la France en 1477 ; les états et le parlement de Bourgogne s'y réunissent.

En 1513, la ville est assiégée par les Suisses de l'armée impériale, et son gouverneur, La Trémoille, doit payer une forte rançon pour les éloigner. Siège d'une université (1722) et d'un évêché (1731), Dijon est occupée par les Prussiens en octobre 1870 et libérée par Garibaldi au début de 1871. Prise par les Allemands le 16 juin 1940, elle est libérée par la Ire armée française le 11 septembre 1944.

DILLON Arthur, comte de (Braywick, Berkshire, 1750 – Paris, 1794)

Militaire irlandais.

Frère de Théobald Dillon, il suit une carrière militaire en France. Maréchal de camp en 1783, gouverneur de Tabago en 1786, il représente la Martinique aux États généraux de 1789. Nommé lieutenant général en 1792, il réclame avec vigueur la punition des assassins de son frère. Accusé, en 1793, de connivence avec l'ennemi et de complot dans l'intention de faire évader Marie-Antoinette, il est guillotiné l'année suivante.

DILLON Théobald, chevalier de (Dublin, 1745 – Lille, 1792)

Général irlandais.

Rallié à la Révolution, maréchal de camp en 1791, il est envoyé, l'année suivante, à l'armée de la frontière de Flandre, commandée par Rochambeau. Le 28 avril, il reçoit l'ordre de marcher sur Lille, mais d'éviter le combat avec l'ennemi : surpris par une division autrichienne, il ordonne à ses hommes de reculer, provoquant une grande confusion. Après avoir en vain tenté de rétablir l'ordre, Dillon est finalement massacré par ses soldats, son corps est traîné dans les rues de Lille avant d'être brûlé.

DÎME

Portion des fruits de la terre ou des troupeaux que les possesseurs de terre paient pour assurer le culte et les œuvres d'assistance qui s'y rattachent, la dîme constitue jusqu'à la Révolution un des plus importants revenus de l'Église.

Conseillée d'abord comme une pratique pieuse, elle devient obligatoire vers le IVe siècle, et deux capitulaires de Charlemagne, en 779 et 794, l'exigent de tous, d'un bout à l'autre de l'empire, tant il est vrai que l'État carolingien ne sépare plus sa cause de celle de l'Église catholique et ne laisse à nul autre le soin de légiférer en pareille matière. Seule contribution publique assimilable à un impôt direct, elle est théoriquement destinée à compenser les biens d'Église spoliés par Charles Martel et Charlemagne. Elle se lève avant le champart et autres droits seigneuriaux. Elle se perçoit directement aux champs. Ses modalités varient suivant les régions et les récoltes, mais elle est universelle et pèse donc aussi bien sur les domaines des nobles et les propriétés personnelles des clercs que sur les terres des roturiers. Malgré son nom, son taux semble avoir toujours été inférieur à 10 %, le taux moyen pour les grains et pour l'ensemble du pays se situant vraisemblablement autour du treizième. On distingue les « grosses dîmes » sur les objets de grande culture, grains et vin ; les « menues dîmes » ou « dîmes vertes » sur le chanvre, le lin, les légumes, les fruits ; les « dîmes de charnage » ou de « carnage » sur le croît des troupeaux (brebis, porcs, animaux de basse-cour). Les « dîmes anciennes » portent sur les champs cultivés de temps immémorial ; les « dîmes novales » sur des fonds nouvellement cultivés ou nouvellement chargés de fruits décimables. Les « dîmes solites » désignent les dîmes perçues de tout temps, de mémoire d'homme, et les « dîmes insolites » celles qui sont perçues de date récente et sont donc contestées par les assujettis.

Théoriquement, le droit exige, sauf titre contraire, que ce soit le curé de la paroisse qui perçoive la dîme. En réalité, le « décimateur », celui qui perçoit les grosses dîmes (d'où l'expression fréquente de gros décimateur), est souvent le titulaire d'un bénéfice qui n'assure pas lui-même le service paroissial. Il a alors l'obligation de laisser au curé une part de la dîme, la « portion congrue », c'est-à-dire convenable, suffisante et si, à la fin de l'Ancien Régime, la plupart des « congruistes » vivent sans doute chichement, il ne faut pas généraliser à l'excès cette vue devenue traditionnelle. La dîme est, en tout cas, très impopulaire et sa perception donne lieu à des plaintes et des procès. Elle sera supprimée en 1789 et 1790.

DÎME SALADINE

Nom donné à la taxe d'un dixième sur les revenus annuels des clercs et des laïcs, levée par Henri II Plantagenêt (synodes du Mans, janvier 1188, et de Geddington, février 1188) et par Philippe Auguste (ordonnance de Paris, mars 1188) pour aider au financement de la troisième croisade et à la reprise de Jérusalem sur Salah al-Din (Saladin).

À cette occasion, les évêques avaient reçu le pouvoir d'excommunier tous ceux qui, ne partant pas pour la croisade, refusaient de s'acquitter de cette redevance. Le clergé se racheta en versant 5 000 marcs d'argent.

DINANT

Ville de Belgique, dans la province de Namur. Une falaise rocheuse dominant la rive droite de la Meuse et un léger rétrécissement de la rivière expliquent l'essor de Dinant, carrefour routier important et petit centre industriel et commercial aux confins de l'Ardenne et des Fagnes.

Soucieux de protéger leur domaine vers le sud, les évêques de Liège contrôlent la place au Moyen Âge. Cette allégeance liégeoise se paie cher : en 1466, le duc de Bourgogne, Philippe le Bon, ayant pris ombrage des sympathies des habitants pour Louis XI, saccage la cité. Possession successive des Bourguignons, des Espagnols puis des Autrichiens, qui la fortifient tour à tour, la place constitue un des premiers objectifs des Français à chaque conflit. Ainsi est-elle occupée en 1554, 1675 et 1793, entre autres. La Convention puis le Directoire et l'Empire en font une sous-préfecture du département de Sambre-et-Meuse.

En mai 1940, lors de la grande offensive à travers les Ardennes, Dinant est un des trois points de franchissement de la Meuse par les *Panzer*, en l'occurrence la 7e Panzer de Rommel. Le général passe lui-même la rivière dans un bateau de caoutchouc, dans la matinée du 13 mai, entraînant avec lui un bataillon de fusiliers à la hauteur de l'écluse de Leffe, à la sortie nord de la cité. Parvenus la veille sur les hauteurs de la rive gauche, les premiers détachements de fantassins de la IXe armée française (général Corap) n'ont pas eu le temps d'établir des positions consistantes. Les premiers chars allemands passeront sur des radeaux à partir de 21 heures, prélude à la percée du lendemain.

DIRECTOIRE

Régime qui succède à la Convention le 4 brumaire an IV (26 octobre 1795) et prend fin avec le coup d'État du 18 brumaire an VIII (9 novembre 1799).

Il repose sur la Constitution de l'an III, votée par la Convention le 17 août 1795, et ratifiée par plébiscite en septembre de la même année, par 1 057 390 « oui » contre 49 978 « non » (mais les abstentions ont été massives : environ 5 millions). Adoptée au cours de la période de réaction qui

Le Directoire
Audience du Directoire en costume le 30 brumaire au IV de la République. Gravure de Jean Duplessi Berteaux, Paris, Bibliothèque nationale de France. © *Lauros-Giraudon*

suit la chute de Robespierre le 9 thermidor an II (27 juillet 1794), cette Constitution marque un net recul par rapport à celle de 1793 et jette les fondements d'un régime de notables. Aussi a-t-on souvent donné au Directoire le nom de « république bourgeoise ».

Aspect institutionnel. La Constitution de l'an III, mise au point par une Commission des onze où se côtoient des républicains comme Daunou et des royalistes comme Boissy d'Anglas et Lanjuinais, revient aux principes de 1789, mais infléchis dans le sens des intérêts bourgeois. À la Déclaration des droits de l'homme et du citoyen de 1789 est substituée une Déclaration des droits et des devoirs qui ne reconnaît que l'égalité civile. L'article 1er de la Déclaration de 1789, si significatif – « Les hommes naissent et demeurent libres et égaux en droits » – est même supprimé. Il n'est *a fortiori* plus question du droit à l'instruction, au travail, à l'assistance, reconnus par la Déclaration de 1793, ni du droit à l'insurrection. En revanche, comme en 1793, le droit de propriété est nettement défini. Les principes de la démocratie politique sont eux aussi abandonnés : la nouvelle Constitution rétablit le suffrage censitaire à deux degrés. Toutefois, au premier degré, les conditions de cens sont plus larges qu'en 1791. Sont citoyens actifs et possèdent le droit de vote les Français âgés de 21 ans, domiciliés depuis un an et payant une contribution quelconque.

Pour éviter toute menace de dictature, l'organisation des pouvoirs publics est strictement régie par le principe de la séparation des pouvoirs. Pour la première fois en France, le pouvoir législatif est confié à deux assemblées, le Conseil des Cinq-Cents et le Conseil des Anciens (250 membres), tous deux renouvelables chaque année par tiers. Les Cinq-Cents ont l'initiative des lois et adoptent des résolutions que les Anciens examinent et peuvent transformer en lois. Le pouvoir exécutif appartient à un Directoire de cinq membres, qui donnera son nom au régime. Nommés par les Anciens sur une liste décuple présentée par les Cinq-Cents, les directeurs sont renouvelables par cinquième chaque année. Ils disposent de pouvoirs plus étendus que le roi en 1791. Ils nomment les six ministres qui sont responsables devant eux, dirigent l'administration, la police, la diplomatie, disposent de la force armée, sans toutefois pouvoir la commander. Mais ils n'ont pas l'initiative des lois et n'ont aucun pouvoir sur la trésorerie, confiée à six commissaires élus.

La centralisation jacobine de l'an II est abandonnée et l'organisation administrative simplifiée. Le département reçoit une administration centrale de cinq membres nommés par l'assemblée électorale. Le district disparaît. Les communes rurales sont groupées sous la direction d'administrations municipales de canton tandis que les grandes villes, Paris en particulier, perdant avec leur commune et leur maire toute autonomie, sont divisées en plusieurs municipalités. Toutefois, les administrations restent hiérarchisées et l'exécutif est représenté auprès de chaque administration départementale ou municipale par un commissaire nommé qui préfigure le préfet et assure une certaine stabilité face à des administrations renouvelables chaque année par fraction. La centralisation s'affirme encore par le droit donné au Directoire d'intervenir directement dans l'administration : il peut annuler ses actes, suspendre ou destituer les administrateurs et pourvoir à leur remplacement jusqu'aux élections suivantes. Le Directoire peut enfin, en cas de conspiration, décerner des mandats d'amener ou d'arrêt sans intervention de la justice et procéder à des interrogatoires, à charge de remettre les individus à leurs juges naturels dans les 48 heures. Ces mesures sont un avant-goût de la pratique policière qui caractérisera le régime consulaire. Dans le même esprit, des entraves sont mises par la Constitution à l'activité des clubs et des sociétés populaires. La presse est réglementée, les journaux pouvant être suspendus par une loi pour un an. La presse sera néanmoins beaucoup plus libre qu'elle ne l'avait été sous la Convention.

Désireuse de prévenir tout retour au système dirigiste de l'an II, la Constitution affirme qu'il n'y a aucune « limitation à la liberté du commerce et à l'exercice de l'industrie et des arts de toute espèce ». Ce libéralisme intégral sera la base du pouvoir des notables. Dans le domaine spirituel, la séparation des Églises et de l'État, proclamée par la Convention, est maintenue, mais le gouvernement tentera d'implanter un culte déiste, la théophilanthropie, puis, après son échec, un culte décadaire rationaliste. Un gros effort est tenté pour réformer et répandre l'instruction. La Constitution déclare l'enseignement primaire gratuit et obligatoire mais ces dispositions ne seront jamais appliquées par manque de crédits. En revanche, l'enseignement secondaire sera rénové par la création d'écoles centrales qui, rompant avec une longue tradition, accorderont une place privilégiée aux sciences, au dessin et aux langues vivantes. L'ouverture de l'École polytechnique et l'établissement de l'Institut national destiné à grouper les savants et à diriger la recherche scientifique marqueront la contribution du Directoire à l'amélioration de l'enseignement supérieur. Enfin les Archives nationales et départementales, le Conservatoire de musique, le musée du Louvre, le Muséum d'histoire naturelle et le Conservatoire des arts et métiers, créés par la Convention, seront mis en activité sous le Directoire.

Le nouveau régime s'installe dans des conditions peu favorables : le pays, qui n'est pas encore stabilisé, est de plus menacé de banqueroute et hérite, pour conduire la guerre, d'un assignat dévalué et d'une armée désorganisée. Ces difficultés seront aggravées par le jeu des institutions : l'excès de défiance vis-à-vis de toute possibilité de dictature, qui se traduit par le renouvellement annuel de la moitié des municipalités, du tiers des Conseils et du cinquième du Directoire, aura pour conséquence une instabilité chronique. Surtout, rien n'est prévu pour résoudre les conflits toujours possibles, entre l'exécutif et le législatif. Dès le départ, d'ailleurs, les thermidoriens truquent eux-mêmes le système libéral qu'ils veulent instaurer. Conscients de leur impopularité et désireux d'éliminer les anciens Montagnards et l'opposition monarchiste constitutionnelle, ils se perpétuent au pouvoir par le décret des deux tiers du 5 fructidor an III (22 août 1795), qui oblige les assemblées électorales à choisir les deux tiers des nouveaux députés (500 sur 750) parmi les conventionnels en exercice. De ce fait, les deux Conseils seront peuplés de thermidoriens.

Le premier Directoire (1795-1797). Composé d'anciens conventionnels régicides – Barras, Rewbell, La Révellière-Lépeaux, Carnot et Letourneur –, il réussit à briser la résistance armée royaliste. Mais si les royalistes abandonnent pratiquement toute idée de coup de force après l'arrestation de leurs principaux chefs (Stofflet, Charette) et la capitulation de Cadoudal, de Frotté et de Scépeaux, ils ne renoncent pas à l'espoir de renverser légalement le régime. Ce péril royaliste persistant incite le Directoire à se rapprocher des Jacobins. La crise économique et financière redoutable à laquelle il se trouve confronté rend impossible cette politique d'union. L'assignat est ruiné, l'économie délabrée. Une crise fiscale double la crise monétaire. Les impôts ne rentrent pas. Le Trésor est vide. Cette catastrophe monétaire, que le Directoire tente vainement d'éluder en supprimant l'assignat et en le remplaçant par le mandat territorial (loi du 28 ventôse an IV – 18 mars 1796), qui se révèle tout aussi désastreux, aggrave la misère et le mécontentement.

La découverte de la conjuration des Égaux (1795 - mai 1796), formée par Babeuf et Buonarroti pour renverser le pouvoir en place et tenter d'introduire pour la première fois dans la réalité un régime communiste, le rejette encore davantage vers la droite. Le mouvement royaliste s'en trouve renforcé et, lors des élections de l'an IV (printemps 1795), qui doivent renouveler le tiers sortant des Conseils, les « directoriaux » sont écrasés au profit de la droite monarchiste. Les Conseils élisent alors au Directoire, en remplacement de Letourneur, Barthélemy, monarchiste notoire, et la réaction s'abat ouvertement sur toute la France. Elle provoque inévitablement un conflit entre les Conseils, qui sont sous l'influence des royalistes, et le Directoire où les républicains sont encore en majorité. En l'absence de toute procédure constitutionnelle, ce conflit ne peut être résolu que par le recours au peuple, comme en l'an II, ou par l'appel à l'armée, comme au 13 Vendémiaire. La nature même du régime excluant la première solution, reste l'armée. L'enthousiasme révolutionnaire s'y est peu à peu assoupi, mais elle reste en majorité républicaine, à l'exception de l'armée de Rhin-et-Moselle qu'avait commandée Pichegru, acquis aux royalistes. Elle vient de plus de remporter de grandes victoires et ne peut admettre que le fruit de ses succès soit sacrifié, comme semblent le vouloir les Conseils, qui souhaitent une paix rapide, sans annexions, afin de permettre une prochaine restauration. L'armée d'Italie, commandée par Bonaparte, apparaît comme le principal espoir du Directoire. Bousculant les plans de Carnot, qui lui assignait un rôle secondaire par rapport aux armées d'Allemagne (Sambre-et-Meuse sous Jourdan et Hoche, Rhin-et-Moselle sous Moreau), Bonaparte décide de la lutte contre l'Autriche par une campagne fulgurante de vingt mois (avril 1796 - novembre 1797). Pressenti par le Directoire en même temps que Hoche, il accepte. À l'occasion du 14 Juillet, les deux généraux envoient au Directoire des « adresses » le sommant d'agir contre les Clichyens, comme on appelle alors les royalistes et modérés, du nom du quartier de Paris où se trouve leur club. Une première tentative conduite par Hoche avorte mais Bonaparte, qui a délégué à Paris son subordonné Augereau, réussit à mener l'affaire à bien. Le 18 fructidor an V au matin (4 septembre 1797), Paris est occupé militairement, Pichegru et une douzaine de députés arrêtés et incarcérés au Temple, ainsi que Barthélemy. Carnot, qui, par souci de la légalité, s'était joint aux modérés, peut s'enfuir. Il n'y a aucune résistance et les Conseils, rassemblés dans la nuit, votent les mesures d'exception qui leur sont imposées. Les élections sont cassées dans 49 départements, 177 députés éliminés sans être remplacés, 65 personnes déportées en Guyane, la « guillotine sèche ». La majorité est de ce fait renversée dans les Conseils. Le ministre de l'Intérieur, François de Neufchâteau, et celui de la Justice, Merlin de Douai, sont portés au Directoire pour remplacer Carnot et Barthélemy. Enfin, les mesures répressives visant les émigrés et les réfractaires sont remises en vigueur.

Le coup d'État de Fructidor porte un rude coup à la République libérale instaurée par la Constitution de l'an III. Le Directoire a réussi à éliminer l'opposition de droite mais il se trouve désormais isolé face à un législatif rabaissé, aigri, qui guette sa revanche. Surtout, il s'est placé à la merci des généraux, de Bonaparte en particulier, qui n'apporte son soutien au gouvernement contre les Conseils que pour imposer ses conceptions. C'est ce qu'il fait aux préliminaires de paix de Leoben puis au traité de Campoformio, qu'il signe avec l'Autriche le 18 octobre 1797. Malgré les instructions du Directoire, qui comportaient la cession de la rive gauche du Rhin et le rétablissement de la république de Venise, il cède à l'Autriche l'Istrie, la Dalmatie, les bouches de Cattaro, Venise et la terre ferme jusqu'à l'Adige, ne conservant pour la France, de l'ancien domaine vénitien, que les îles Ioniennes. En échange, l'Autriche reconnaît la République cisalpine créée en Italie du Nord par Bonaparte comme « puissance indépendante », et renonce à la Belgique. L'annexion de la rive gauche du Rhin, désirée par le Directoire, n'est pas reconnue officiellement. Toutefois, par des articles secrets, l'Autriche y consent jusqu'au confluent de la Nette. Un congrès réuni à Rastatt (1797-1799) doit régler ce problème. Reniant le principe du droit des peuples à disposer d'eux-mêmes, proclamé en 1790, la nation révolutionnaire est revenue aux pratiques diplomatiques d'Ancien Régime en se faisant « marchande de peuples ». La guerre ne se poursuit plus qu'avec l'Angleterre, et Bonaparte est nommé général en chef de l'armée destinée à débarquer dans les îles Britanniques.

Le second Directoire. Après Fructidor et Campoformio, le Directoire généralise le recours aux méthodes autoritaires qui lui permettent de réduire pour un temps la contre-révolution. Des mesures d'exception sont prises à l'encontre des émigrés et des réfractaires. Une politique violemment anticléricale est adoptée par le gouvernement. Mais les Jacobins profitent à nouveau de cette conjoncture et, en dépit de mesures d'intimidation et de pression, les élections de l'an VI

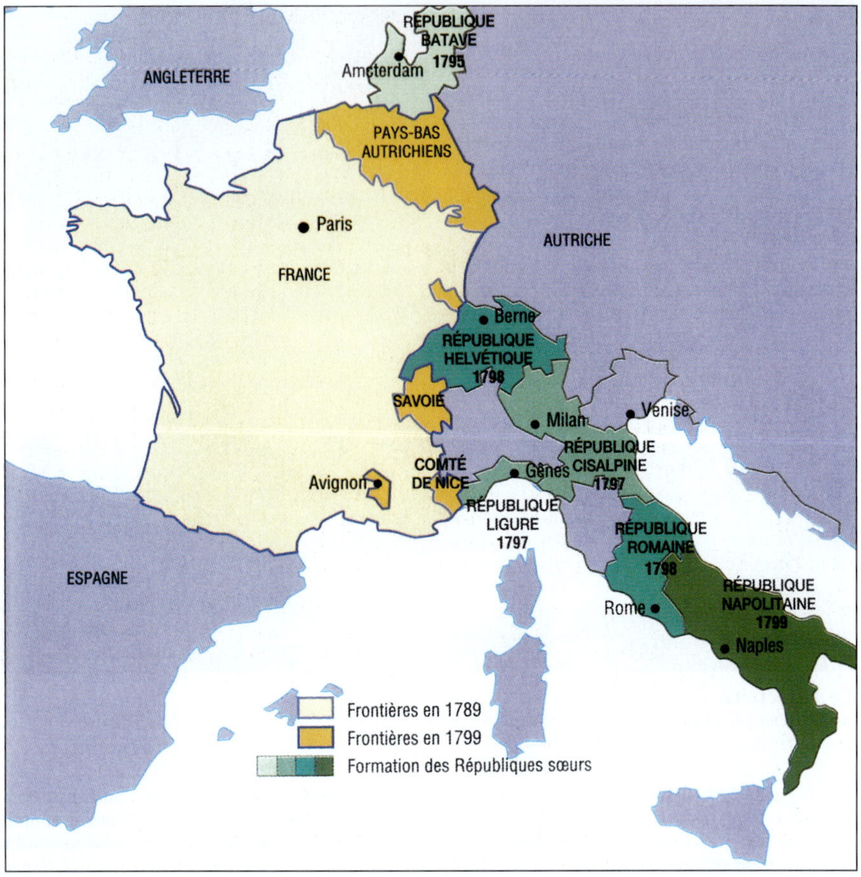

La France du Directoire et la formation des républiques sœurs

sont un succès pour eux. La riposte est immédiate. Par la loi du 22 floréal an VI (11 mai 1798), les Conseils, chargés de la vérification des pouvoirs des nouveaux députés, annulent 106 élections. L'apparence de la légalité a été sauvegardée, mais personne n'est dupe, et le régime s'est encore un peu plus discrédité par ces procédés violents. Son prestige n'est pas rehaussé par la nomination de Treilhard, homme de second plan, en remplacement de François de Neufchâteau. Néanmoins, l'exécutif est renforcé pour un temps et exerce une véritable dictature pendant treize mois, jusqu'en juin 1799. Les Conseils épurés ne font plus d'opposition, la presse est asservie, les oppositions jacobine et royaliste réduites au silence.

Dans cette atmosphère de contrainte politique est réalisée une œuvre de réorganisation économique et financière à laquelle se sont employés surtout deux ministres : Ramel aux Finances et François de Neufchâteau à l'Intérieur. Œuvre durable qui prépare celle de Bonaparte. La situation financière est assainie par la banqueroute des deux tiers ou liquidation Ramel (lois du 9 vendémiaire et du 24 frimaire an VI - 30 septembre et 14 décembre 1797). L'administration des contributions directes est réformée et les principes libéraux, adoptés en la matière depuis 1789, sont abandonnés. Dans chaque département, une agence des contributions directes, composée de fonctionnaires chargés de l'assiette et de la perception, est établie. Le système des contributions est refondu. Un nouvel impôt direct sur les portes et fenêtres, sorte d'impôt général sur le revenu, évalué d'après l'importance apparente des locaux d'habitation, est institué. Patente, contribution foncière, contribution mobilière sont réorganisées. On revient timidement aux impôts indirects. Une taxe sur les routes, dite droit de passe, et une taxe de 10 % sur le prix des places des voitures publiques sont créées. Le droit de timbre est étendu aux journaux et affiches. L'octroi est rétabli à Paris et l'enregistrement réorganisé. Cette œuvre se montrera efficace, l'essentiel de ces lois fiscales devant demeurer en vigueur jusqu'à nos jours. Le déficit n'en persiste pas moins et il faut recourir aux expédients habituels : vente des biens nationaux, emprunts, surtout exploitation des pays occupés. Le Directoire demeure à la merci des financiers et des fournisseurs, et la corruption s'amplifie, en particulier, dans les milieux de la guerre. Enfin, l'économie reste très faible car la déflation entraîne la cherté du crédit et la baisse des prix qui freinent à leur tour la reprise économique.

L'effort de stabilisation intérieure est d'ailleurs définitivement compromis par une politique extérieure aventureuse. Alors que le maintien de la paix continentale paraissait nécessaire afin de pousser la lutte contre l'Angleterre, le Directoire s'engage, au nom de la liberté qu'il s'agit encore une fois d'apporter chez les peuples soumis au joug de l'aristocratie et du despotisme, dans une politique d'expansion continentale qui ruine rapidement toutes les chances de stabilisation intérieure. La « grande nation » s'entoure de « républiques-sœurs », États satellites politiquement soumis, économiquement exploités. La ville libre de Mulhouse est annexée, Genève devient le chef-lieu du département du Léman. La République helvétique remplace l'ancienne Confédération de cantons indépendants. La République cisalpine doit accepter un traité d'alliance et un accord commercial. Est également créée une République romaine. Le Piémont parvient à sauvegarder son indépendance mais, outre un traité d'alliance, doit consentir à ce que des troupes françaises occupent Turin. Cette politique inquiète l'Europe et le congrès de Rastatt (1797-1799) contribue à rapprocher l'Autriche de l'Angleterre. Lorsqu'il s'ouvre, la domination française est solidement assise en Belgique, autrefois autrichienne, dans l'ancien évêché de Liège, dans les territoires hollandais annexés, soit 9 départements, et en Rhénanie dont les territoires occupés ont déjà été organisés en 4 départements. La France refuse néanmoins la compensation que réclame l'Autriche. L'alarme s'accroît encore en Europe lorsque Bonaparte, jugeant impossible le projet de débarquement en Angleterre, s'empare de l'île de Malte et s'installe en Égypte (été 1798). La deuxième coalition constitue la riposte de l'Europe à cette politique envahissante. Sa formation s'accélère lorsque l'amiral Nelson réussit à détruire à Aboukir, non loin d'Alexandrie, l'escadre française qui avait transporté l'armée de Bonaparte (1er août 1798). Elle groupe bientôt, outre l'Angleterre, l'Autriche, la Russie, la Turquie et le royaume de Naples. L'hiver 1798-1799, la guerre reprend dans la péninsule italienne. Les troupes napolitaines s'étant emparées de Rome, Championnet libère la ville, investit à son tour Naples et crée une République parthénopéenne, en dépit des instructions du Directoire qui entendait tenir un gage pour négocier. Peu à peu, au printemps 1799, la guerre devient générale. L'attentat de Rastatt, le 28 avril 1799 – dans la nuit, alors qu'ils quittent le Congrès, les plénipotentiaires français sont sabrés par les hussards autrichiens –, en souligne le caractère. C'est de nouveau la guerre de l'Europe monarchique contre la nation révolutionnaire. Elle débute mal. La campagne de printemps est désastreuse pour les Français qui reculent sur tous les fronts, notamment en Italie.

Ces échecs remettent en question l'équilibre du régime, déjà compromis par le marasme économique, l'aggravation de la fiscalité, l'instauration de la conscription (pour la première fois en France) par la loi Jourdan. Le mécontentement général se traduit aux élections de l'an VII (printemps 1799) par une nouvelle défaite des gouvernementaux. Sans devenir majoritaire, l'opposition jacobine se trouve considérablement renforcée. Prenant alors leur revanche sur le Directoire qui, en deux fois, les a démantelés, les Conseils entreprennent à leur tour de briser le despotisme directorial, au moment même où les victoires des coalisés mettent la République en péril. Le 15 juin, soutenus par Barras et Sieyès, qui vient de remplacer Rewbell, ils cassent l'élection de Treilhard et, trois jours plus tard, le 30 prairial an VII (18 juin), contraignent Merlin de Douai et La Révellière à démissionner. Ils seront remplacés par Roger Ducos, ancien conventionnel régicide, et l'obscur général Moulin.

Mais les vainqueurs ne tardent pas à se diviser en « prairialistes » de droite et de gauche. Pendant deux mois, les néo-Jacobins dominent et imposent une politique de salut public. Grâce à la rigoureuse application de la loi Jourdan, le Directoire trouve les effectifs nécessaires à la guerre. Pour couvrir les frais de cet effort, un impôt forcé de 100 millions est levé sur les citoyens riches. La liberté de la presse est rétablie mais une loi des otages, dirigée contre les royalistes, esquisse un retour à la Terreur. Cette prépondérance jacobine est de courte durée. Suit une réaction modérée. Les insurrections royalistes qui éclatent alors dans la région de Toulouse, en Bretagne et en Vendée, montrent que la voie est de plus en plus étroite entre l'opposition de droite et celle de gauche. Toutefois, à l'extérieur, le danger immédiat est écarté à l'automne. La campagne a pourtant mal débuté avec la perte de l'Italie en août. Mais les Austro-Russes sont battus en Suisse (bataille de Zurich, 25-27 septembre 1799), et les Anglo-Russes rejetés à la mer en Hollande. Le problème politique passe au premier plan.

Devant les entreprises toujours renouvelées des royalistes et des Jacobins, s'était formé au printemps 1799 un groupe révisionniste inspiré par le directeur Sieyès, qui préconisait la modification de la Constitution dans le sens d'un renforcement du pouvoir exécutif aux dépens des Conseils. La révision de la Constitution, prévue selon une procédure extrêmement compliquée, se révélant dans la pratique impossible, Sieyès se décide à un coup d'État, avec encore une fois l'aide de l'armée. Le général Joubert avait accepté de diriger l'opération, mais il est tué à Novi en Italie, le 15 août. Pressenti à son tour, Moreau hésite lorsque Bonaparte, le prestigieux pacificateur de Campoformio, ayant quitté son commandement en Égypte et miraculeusement échappé aux croisières anglaises, débarque à Fréjus le 9 octobre 1799. Le 14 octobre, il est à Paris, entre dans les vues de Sieyès et prépare avec son aide le coup d'État qui, le 18 brumaire an VIII (9 novembre 1799) met fin au régime du Directoire. Mais, déjouant les calculs des « brumairiens », Bonaparte tournera rapidement à son profit le succès de l'entreprise et instaurera un régime de pouvoir personnel, le Consulat.

DISSUASION (politique de)

Politique d'affichage stratégique et diplomatique, l'appartenance au club nucléaire, le nombre et l'efficacité supposés des engins servant à en éviter l'usage.

La France procède à ses premiers essais nucléaires en 1960 à Reggane dans le Sahara. Cette arme est pour elle le moyen de rester sur le devant de la scène politique internationale. Le général de Gaulle refuse d'être tributaire du seul système de défense de l'allié américain face à l'Union soviétique dans le contexte de la guerre froide, et développe avec vigueur la force de frappe qui va permettre à la France de quitter le commandement militaire intégré de l'OTAN en 1966. La force de frappe française se constitue progressivement : dans l'ordre, le Mirage IV, le premier sous-main nucléaire *Le Redoutable* en 1967, les missiles intercontinentaux du plateau d'Albion en 1972. En 1968, à l'initiative des États-Unis et de l'URSS, est signé un Traité de non-prolifération qui entre en vigueur en 1970 et auquel la France n'adhère qu'en 1991 : les puissances signataires détentrices de la technologie liée à l'atome (États-Unis, URSS, Royaume-Uni, France, Chine) s'engagent à ne pas transmettre leurs connaissances dans ce domaine à des États non dotés. En 1976, un conseil de politique nucléaire extérieure est créé en France : présidé par le chef de l'État, il définit les grandes orientations de la nation au sujet de la prolifération et contrôle les exportations de matières « sensibles ». À partir de la fin des années 1980, la France entame une réduction de ses armements. Ainsi, à la suite de la révision de la loi de programmation militaire de 1987-1991, il y eut réduction de 75 à 45 Mirage 2000N/ASMP et de 120 à 80 missiles Hadès dès 1992, ainsi que la décision officielle de retirer les missiles Pluton et les bombes à gravitation, tout ceci malgré l'existence programmée à l'époque de Mirage 2000N' à double capacité (devenu Mirage 2000D). Dans la conception du Livre blanc 1972 de la Défense nationale, les moyens militaires classiques de la France s'intégraient dans la manœuvre générale de dissuasion. Forces nucléaires et forces traditionnelles étaient, en particulier, très étroitement associées dans le scénario majeur d'engagement total en Europe. L'effondrement de l'URSS et la guerre du Golfe, en 1991, ont mis en évidence la nécessité d'une complémentarité entre force de dissuasion et forces conventionnelles, plus adaptées aux missions de maintien de l'ordre dans le cadre de l'ONU ou de l'OTAN. Le Livre blanc 1994 et la loi de programmation militaire 1995-2000 proclament ainsi : « L'articulation entre les moyens nucléaires et les moyens conventionnels est appelée à évoluer [...]. Les systèmes nucléaires doivent garantir la crédibilité de la dissuasion dans des circonstances plus diversifiées que naguère et les moyens conventionnels sont appelés à jouer, dans certains cas, un rôle stratégique propre. » De ce point de vue, le gel des essais nucléaires décidé en 1994 par le président de la République François Mitterrand était autant une décision circonstancielle à usage politique interne que l'annonce d'une inflexion dans la stratégie française. De fait, son successeur, Jacques Chirac, a repris en 1995 une campagne de courte durée aux fins de réafficher la volonté indépendantiste de la France, tout en s'alignant en pratique sur la position américaine de « club nucléaire » fermé aux nouvelles puissances, quitte à menacer certains États dits « voyous » en raison de leur stratégie révolutionnaire d'une destruction massive.

DISTRICT

Nom donné, en 1790, à des subdivisions des départements dont l'étendue correspond à peu près à celle des arrondissements actuels.

Cette institution disparaît en 1795. Très particulier est le cas des districts de Paris, créés en 1789 ; ils sont au nombre de 60, pour l'élection aux États généraux, et remplacés en juin 1790 par 48 sections.

Divorce
Caricature d'Alfred Naquet, qui fit rétablir le divorce en 1884, par André Gill. © *Roger-Viollet*

DIVORCE

L'institution du divorce date de la loi du 20 septembre 1792.

Est instaurée alors la faculté de divorcer par consentement mutuel avec définition des causes possibles de séparation – incompatibilité d'humeur, démence de l'un des époux, mauvais traitements, abandon, etc. Le code civil (1804) maintient cette faculté mais réduit le nombre de causes, tout en favorisant le mari par rapport à son épouse. La Restauration, reconnaissant la religion catholique comme religion d'État, supprime le divorce, que la Chambre des députés tente de rétablir sous le règne de Louis-Philippe mais en vain, du fait de l'opposition de la Chambre des pairs. Il n'est rétabli qu'en 1884 (loi Naquet) mais uniquement pour faute, sans reconnaissance du consentement mutuel. À partir de 1908, la séparation de corps peut être convertie en divorce à la demande de l'un des deux anciens époux. Le régime de Vichy réglemente plus rigoureusement la procédure : le divorce devient plus difficile et plus lent, il est interdit de divorcer avant un délai de trois ans de mariage. Au lendemain de la guerre, la législation de 1908 est rétablie. Il faut attendre juillet 1975 et l'initiative d'un garde des Sceaux chrétien, Jean Lecanuet, pour que le principe du divorce par consentement mutuel soit finalement admis. Cette décision entérine une réalité perceptible en Europe : le nombre des divorces double entre 1963 et 1973, les tribunaux sont engorgés par une procédure de 30 mois en moyenne et le coût global dépasse les 30 milliards de francs. Cependant, l'évolution des mœurs devance toujours le législateur : en 1993, le taux de divorce atteint 35 % en France et 50 % à Paris. En 1995 et en 2001, de nouveaux ajustements sont mis en chantier, visant à transformer la procédure en acte quasi administratif, ce qui s'inscrit dans le processus de désacralisation du mariage, illustré par la montée de l'union libre (17 % des couples en 1999) et par le vote du pacte civil de solidarité (PACS) le 16 novembre 1999.

Dixième

Sous l'Ancien Régime, impôt royal direct du dixième du revenu, pesant théoriquement sur tous.

Créé en 1710, il est supprimé en 1717, rétabli en 1733, de nouveau supprimé en 1737, rétabli pour la dernière fois en 1741 avant d'être remplacé, en 1749, par l'impôt du vingtième. Il n'est en fait, le plus souvent, qu'un des suppléments de la taille.

Dixmude (bataille de)

Bataille ayant opposé les armées belges et françaises aux Allemands en octobre et novembre 1914 dans le cadre des ultimes opérations de la course à la mer.

Revenus d'Anvers sous la conduite du roi Albert Ier, 50 000 soldats belges mettent en état de défense cette partie occidentale du dispositif allié qui se termine sur le littoral de la mer du Nord à hauteur de Nieuport. Les Allemands, au contraire, ne songent qu'à attaquer, en raison de la proximité des ports de Dunkerque, de Calais et de Boulogne, par lesquels le corps expéditionnaire britannique reçoit renforts et approvisionnements. D'où la série d'assauts déclenchés à partir du 20 octobre contre ces positions dont Dixmude est le centre. Les Belges ouvrent les vannes le 27 et s'abritent derrière cet obstacle naturel qui gêne considérablement l'assaillant. Le général Joffre leur a envoyé en renfort la brigade de fusiliers marins du contre-amiral Ronarc'h, soit environ 7 000 hommes. Dans ce cloaque où la terre et l'eau rendent le terrain instable et interdisent la création de tranchées profondes, Français et Belges contiennent les attaques les plus violentes, et, si les Allemands parviennent à s'emparer du bourg de Dixmude même, le 11 novembre 1914, il s'agit d'un succès sans signification stratégique. Ils se maintiendront dans ces ruines jusqu'à leur repli du 29 septembre 1918. Pour sa bravoure, le régiment de fusiliers marins, qui a perdu la moitié de son effectif, recevra les plus hautes décorations françaises et belges.

Djibouti

Capitale de la République de Djibouti, ancien Territoire français des Afars et des Issas, située sur la rive sud du golfe de Tadjoura.

Les Français s'installent tout d'abord à Obock, sur la rive opposée du golfe, mais le poste est mal situé, coupé de l'arrière-pays par une chaîne de montagnes difficile à franchir. Léonce Lagarde choisit donc un nouvel emplacement et s'y installe, en 1888, avec quelques compagnons. L'essor définitif de Djibouti, qui remplace officiellement Obock en 1892, date de la construction du chemin de fer franco-éthiopien : le contrat de concession est signé en mars 1894, mais les travaux ne commencent que trois ans plus tard, et se poursuivent, au milieu de nombreuses difficultés, jusqu'à la Première Guerre mondiale. Le chemin de fer, une voie unique longue de 784 km, relie alors Addis-Abeba à Djibouti. Cette dernière, débouché de l'Éthiopie, s'accroît et se modernise entre les deux guerres : des travaux d'aménagement du port sont entrepris en 1926 tandis que l'agglomération s'étend sur les plateaux de Marabout, du Serpent et de Djibouti. Isolée par le blocus anglais, de 1940 à 1942, comme l'ensemble de la Côte française des Somalis, Djibouti se rallie à la France libre en 1942. La ville comptait un peu plus de 100 000 habitants lorsque, après la proclamation de l'indépendance, le 27 juin 1977, Hassan Gouled Aptidon est devenu le premier chef d'État de la République de Djibouti.

Doctrinaires

Nom donné sous la Restauration à un groupe d'hommes politiques et de publicistes opposés aussi bien à la monarchie de droit divin qu'à la souveraineté du peuple, et partisans d'une monarchie constitutionnelle.

Partisans d'une monarchie constitutionnelle fondée sur une véritable représentation parlementaire, sur l'indépendance du système judiciaire comme sur le respect de toutes les libertés, adversaires des libéraux comme des ultras, et détestés par eux, les doctrinaires sont peu nombreux, comme l'exprime le mot de Beugnot : « Ce parti qui tiendrait sur un canapé. » Ils ont cependant une grande influence sur l'évolution des idées politiques sous la Restauration et la monarchie de Juillet avec des hommes comme Guizot, Royer-Collard, de Serre, puis, par la suite, Duvergier de Hauranne et Charles de Rémusat. Ils font connaître leurs idées, leur doctrine politique, au début de la Restauration, dans une revue mensuelle dirigée par Guizot et Royer-Collard, *Archives philosophiques, politiques et littéraires* (novembre 1817 - décembre 1818).

Dol-de-Bretagne

Ville d'Ille-et-Vilaine.

Selon la légende, son origine remonte au milieu du VIe siècle : vers 550, des Bretons venus d'Irlande auraient construit sur son emplacement un monastère entouré d'habitations. Nominoé, duc de Bretagne, érige Dol en siège archiépiscopal en 848, mais les archevêques de Tours se refuseront toujours à reconnaître le fait, et obtiendront d'Innocent III, en 1209, que ce soi-disant évêché métropolitain soit réduit à l'état de simple évêché. La ville de Dol, qui subit à plusieurs reprises les ravages des incursions normandes aux IXe et Xe siècles, devient, au XIe siècle, le siège d'un comté créé par des seigneurs issus de la maison de Dinan. Assiégée par Guillaume le Conquérant en 1075, délivrée par Philippe Ier l'année suivante, elle est prise par Henri II en 1164. Guy de Thouars la reprend à Jean sans Terre en 1204, et l'histoire de Dol est désormais celle de la Bretagne. Sous la Révolution, l'évêché de Dol est supprimé en 1790. La région est ensuite un des principaux centres de la révolte des Chouans. Les Vendéens prennent Dol au début de novembre 1793 puis, après l'échec de Granville (14 novembre) et la retraite, parviennent à battre les armées républicaines non loin de Dol, le 20 novembre.

Dole

Ville du Jura. Dole fait remonter son origine à l'époque romaine, un pont permettant alors le franchissement du Doubs.

Son érection en commune affranchie date de 1274. Son importance devient telle que les souverains du Saint Empire en font la métropole de la Franche-Comté et, au XIVe siècle, les ducs de Bourgogne y installent même une université. Après la mort de Charles le Téméraire, Charles d'Amboise s'empare, par la ruse, de la place en 1479. Mais sa restitution à l'empire incite Charles Quint à entourer la cité de puissantes murailles (1530). Condé, futur vainqueur de Rocroi, l'assiège en vain en 1636. Louis XIV est plus heureux en 1668 et 1674. C'est le prélude à l'annexion de la Franche-Comté, reconnue en 1678 par le traité de Nimègue. Mais, en raison d'une position jugée trop excentrique et sans doute aussi en raison de la résistance qui lui a été opposée, le roi décide alors de transférer la capitale de la province à Besançon.

Dolet Étienne (Orléans, 1509 – Paris, 1546)

Imprimeur et humaniste.

À 12 ans, il va à Paris pour y faire ses études, qu'il poursuit à Padoue, Venise et Toulouse, où il étudie le droit. À propos d'un édit contre les associations d'étudiants, il prend à partie le parlement de Toulouse dans deux discours qui font scandale et l'obligent à se réfugier à Lyon. Il y demeure de 1534 à 1538, comme correcteur chez l'imprimeur Sébastien Gryphe. En 1538, il se marie avec Louise Giraud qui lui donne un fils, Claude. La même année, il ouvre un atelier d'imprimeur rue Mercière, à Lyon, à l'enseigne de la Doulouère d'or, où il publie essentiellement des almanachs, des brochures de combat, des satires. Ayant édité un *Cato christianus* qui semble teinté d'athéisme, il est emprisonné une première fois par l'Inquisition en 1542, puis une nouvelle fois, en 1544, pour avoir publié une série d'ouvrages de tendance réformée et, parallèlement, diverses œuvres qui paraissent nier l'immortalité de l'âme, dont un passage d'un dialogue attribué à Platon, l'*Axiochos*. Condamné à mort, il est étranglé et brûlé, place Maubert, à Paris.

L'activité littéraire d'Étienne Dolet a été considérable. On lui doit des éditions de Marot et Rabelais, qui sont ses amis avant de se brouiller avec lui, des commentaires sur les discours de Cicéron et sur l'*Andrienne* de Térence. Il se pose en défenseur de la langue française dans sa *Manière de bien traduire d'une langue à l'autre*, dédiée à Guillaume du Bellay (1540). Poète, il publie des *Carmina* (1534-1538) et un *Cantique sur la désolation et la consolation* (1546). Mais son cas reste une énigme. Il est, en effet, difficile de dire s'il était un hérétique ou un libre penseur. Dans son œuvre principale, *Commentarii linguae latinae*, ouvrage d'érudit mais aussi de philosophe fort peu orthodoxe, il apparaît comme un libre penseur et semble opter pour l'évhémérisme qui voit dans la divinité une extrapolation de l'homme. Mais par la suite, à partir de 1542, il publie coup sur coup divers ouvrages inspirés par la doctrine de Genève (*Sommaire de la foi chrétienne*, *Nouveau Testament*) qui peuvent faire croire à sa conversion.

Domaine

Nom donné à la forme d'exploitation rurale partagée entre une réserve et des tenures, qui est au Moyen Âge la base du système seigneurial.

Le Haut-Empire romain avait déjà connu, à côté de la petite propriété, le régime de la grande propriété dans le cadre de la *villa*, ancêtre de notre village moderne. Le propriétaire y était entouré d'esclaves et d'hommes libres. Les esclaves cultivaient la terre dont le propriétaire se réservait l'exploitation ou bien assuraient les services artisanaux du village. Aux hommes libres le propriétaire affermait d'autres terres.

Au Bas-Empire, ce grand domaine se développe, et la puissance du grand propriétaire s'accroît. Dans l'insécurité économique et politique de cette époque, les hommes vivent plus repliés sur eux-mêmes et cherchent des protections. Devant les difficultés qui les assaillent, les petits propriétaires préfèrent souvent abandonner leur terre à un grand propriétaire qui leur en restitue la jouissance pour une durée fort longue, sinon perpétuelle, moyennant une redevance, *ut colant*, pour qu'ils la cultivent : ce seront des colons. On voit aussi des fermiers qui tendent à devenir colons. Ainsi un nombre de plus en plus élevé d'hommes tiennent héréditairement une terre – on devait dire plus tard une tenure – d'un grand propriétaire et, parce qu'ils dépendent de lui, ont droit à sa protection.

Si les invasions et l'effondrement de l'Empire romain bouleversent l'organisation politique et la mentalité des sociétés, ils apportent relativement peu de changements dans les formes de propriété et les méthodes d'exploitation. Au contraire, dans le cadre de l'économie fermée qui caractérise le haut Moyen Âge, le domaine apparaît comme le système agricole et artisanal le mieux adapté à la nouvelle situation politique et économique. Tandis que nombre de villas gallo-romaines subsistent ou sont partagées avec les envahisseurs barbares, d'autres domaines se créent. Les rois barbares puis mérovingiens installent volontiers les membres de leur entourage sur des propriétés voisines des résidences monarchiques de Paris, d'Orléans et de Metz, et multiplient les concessions foncières en faveur des hommes qui peuvent les servir. Par leurs soins et par ceux des grands, les temporels monastiques se grossissent eux aussi de nombreuses villas. Enfin, le mouvement de « dédition », d'offre de soi-même, amorcé sous le Bas-Empire, prend une grande extension et contribue à l'agrandissement des domaines. Certains donnent « pour leur âme » des biens à un établissement ecclésiastique qui leur en laisse la jouissance à titre gracieux ou contre une faible redevance ; d'autres ont des soucis exclusivement temporels. Le bien dont ils cèdent la propriété leur est rétrocédé en usufruit – à vie ou pour plusieurs générations – par le bénéficiaire de la donation qui leur concède de son côté une autre terre dépendante, et perçoit ordinairement sur l'ensemble un cens peu élevé.

Héritier des villas romaines ou création du haut Moyen Âge, le domaine de l'époque carolingienne nous est surtout connu par les « polyptiques ». Leur pratique, qui remonte au Bas-Empire, se développe considérablement au IXe siècle sous les effets conjugués des recommandations impériales, dictées par des préoccupations fiscales, de l'essor monastique et de la renaissance intellectuelle. Ces polyptiques reflètent une grande diversité des villas, particulièrement nombreuses dans les pays de champs ouverts et d'habitat aggloméré qui ont fourni les conditions les plus favorables à leur épanouissement : Bassin parisien, Flandre, Lorraine. Elles couvrent souvent de 500 à 1 200 hectares, mais peuvent être beaucoup plus petites (quelques dizaines d'hectares) ou énormes (les domaines de l'abbaye de Saint-Germain-des-Prés ont pu être évalués à 33 000 hectares). Souvent, un certain nombre de villas sont subordonnées à une villa principale. Enfin, quelquefois, les terres d'une même villa peuvent être éparpillées à l'intérieur de plusieurs villages, comme en Bourgogne et dans le sud-ouest de la France. À côté des champs destinés à la grande culture, le domaine comporte des cultures spécialisées, comme la vigne, lorsque le climat le permet, des prés pour l'élevage, un cours d'eau qui fournit la force hydraulique et permet éventuellement la pisciculture. Il est ordinairement divisé en une partie cultivée directement par le seigneur, surtout grâce aux corvées des paysans (la réserve), et une partie fractionnée en tenures (ou manses) concédées aux paysans. La réserve comprend champs, prairies, bois, friches, étangs autour d'un noyau central : la *curtis* (cour) qui groupe une maison d'habitation, des bâtiments d'exploitation – cuisine, boulangerie, cellier, pressoir, four et forge, granges et étables, ateliers – en plus d'un dortoir ou de cabanes pour les esclaves, puis un oratoire sur l'emplacement duquel s'élèvera l'église paroissiale. De nombreux maîtres exploitent directement entre le tiers et le cinquième des étendues arables de leur domaine. Le manse, cellule principale des populations rurales, est d'abord l'endroit où demeure la famille paysanne, puis la terre dont elle vit. Incorporé dans le domaine, il est devenu une unité de tenure, une base de répartition des charges paysannes, variables selon que le manse est *ingénuile* (c'est-à-dire libre) ou servile (au sens d'esclave). Mais, à partir du VIIIe siècle, un divorce assez fréquent s'opère entre la condition des paysans et celle de leurs terres. Dans un souci de stabilité, les coutumes seigneuriales se sont prononcées pour l'hérédité du manse, qui garantit aux maîtres la main-d'œuvre indispensable et aux tenanciers libres la « perpétuité » sur les champs paternels. De façon moins définie, les traditions ont été favorables à l'indivisibilité de la tenure, ainsi placée à l'abri des partages successoraux et des aliénations partielles.

La mise en valeur de la réserve, qui réclame une nombreuse main-d'œuvre, était à l'origine essentiellement assurée par des esclaves domestiques. Mais, fort serrés au lendemain des invasions barbares, les rangs de l'esclavage se sont éclaircis durant le haut Moyen Âge. Le clergé a encouragé les affranchissements et, surtout, les apports extérieurs ayant diminué, le recrutement des esclaves est devenu difficile et onéreux. Cette main-d'œuvre, qui manque désormais, les propriétaires la réclament à leurs tenanciers, libres ou non-libres. Ainsi se développe entre les deux sections de chaque villa une association qui est le principe et la base du régime domanial. Quel que soit le nombre de ses occupants, c'est le manse qui supporte les charges : services d'une part, redevances de l'autre. Fixées, en général, par la coutume du lieu, elles sont immuables tant que les parties ne s'entendent pas pour les modifier. Deux séries de travaux sur la réserve sont attendues des tenanciers, les uns au temps, les autres à la tâche. Chaque manse fournit pendant un nombre de jours déterminé par an (souvent un jour par semaine et « une quinzaine » par an) un travailleur qui exécute un certain nombre de besognes agricoles auxquelles le nom de « corvées » est souvent réservé. Il assure en outre, toute l'année, la mise en valeur d'un lot de la réserve. Enfin, il charrie les produits de la réserve, soit à l'intérieur du domaine, soit jusqu'à un marché ou un port voisin. Les exploitations serviles sont, en général, dispensées du transport des produits seigneuriaux (car, pendant longtemps, leurs détenteurs n'avaient à leur disposition ni attelage ni animaux de trait) et les serfs ne sont pas astreints à l'ost. Mais leurs autres charges sont plus lourdes. Obligation est souvent faite au détenteur d'un manse servile d'assurer, outre « deux quinzaines » par an, le « service de trois jours par semaine ». D'autres taxes, qui se sont substituées à des corvées, des charrois, des obligations militaires, ou qui correspondent à des droits d'usage sur les prés, les bois et les friches des communaux, pèsent encore sur toutes les tenures. Il faut y ajouter les produits manufacturés (outils et étoffes) attendus de l'habileté des ruraux. En définitive, le système est lourd, mais pas écrasant.

Il subit bientôt d'importantes modifications. La condition sociale des anciens esclaves évolue vers le servage. L'Église, qui ne pouvait admettre le statut de l'esclave antique, lui avait fait reconnaître, dès le IVe siècle, certains droits de la personne humaine, notamment les droits de la famille (interdiction de séparer les familles serviles en arrachant les enfants aux parents ou les époux l'un à l'autre). De plus, dès le IVe siècle également, était apparue la tendance à ce que les hommes dépendant du grand domaine soient attachés à cette terre. Cette attache qui, beaucoup plus tard, devait être considérée comme un manque de liberté, a été au contraire pendant le haut Moyen Âge le signe d'un statut très amélioré des anciens esclaves : ils ne risquaient plus d'être vendus, transplantés, et ils avaient la garantie du pain quotidien. Ils avaient désormais leur maison, leur *casa*, et leur lopin de terre. On a dit qu'ils étaient « chasés ». En s'améliorant, leur situation a ainsi progressivement rejoint celle des anciens hommes libres qui continuaient à se mettre volontairement sous la dépendance d'un seigneur jusque vers le milieu du XIe siècle. À cette apparition du nouveau statut du servage s'ajoutent d'importants changements politiques aux IXe et Xe siècles. Avec la désagrégation de l'Empire carolingien, il arrive fréquemment que les anciens pouvoirs régaliens tombent au niveau du domaine dont le maître, en même temps que seigneur foncier, devient seigneur banal, c'est-à-dire qu'il exerce dans son domaine les pouvoirs d'origine publique. C'est alors que se multiplient les ordonnances présidant aux grands actes de la vie agricole, fixant le début des travaux saisonniers et la rotation des cultures, contrôlant l'exploitation des forêts et la mise en valeur des friches. Surtout, les tenanciers de toutes catégories viennent comme se fondre dans la seigneurie banale où un statut analogue leur est bientôt appliqué, même si subsistent quelques différences entre eux. Les serfs sont atteints un peu plus lourdement que les anciens hommes libres. Ils doivent, en principe, la taille et la corvée « à merci », c'est-à-dire à la merci, à la miséricorde du seigneur. Ils doivent également, en signe de leur qualité servile, une redevance, le chevage, qui est d'un taux faible, mais prend la valeur d'un symbole.

Cette évolution ne doit toutefois pas être systématiquement généralisée. Elle varie selon le contexte politique et économique. En Normandie, par exemple, les paysans sont plus libres. Le servage y a disparu au XIe siècle et il n'y a ni formariage ni mainmorte. Le duc, qui a su conserver les droits de la puissance publique, contrairement à ce qui s'est passé en Île-de-France où ils se sont émiettés jusqu'au niveau du domaine seigneurial, n'a pas besoin, pour maintenir son autorité, d'abaisser la liberté de ses sujets. Il y a ainsi un lien entre l'étendue du cadre politique et le degré de liberté. La condition des paysans subit aussi l'incidence des facteurs économiques. Ainsi, sur les terres qui sont défrichées, on voit apparaître, à partir de la seconde moitié du XIe siècle, des hommes qu'on appelle les « hôtes » (*hospites*). Ils ont un statut meilleur. Leur travail étant plus dur et très rentable, ils obtiennent par exemple, des moines qui les installent sur des terres à défricher, un peu de liberté.

Plus tard, vers le XIe siècle, le système seigneurial se modifie encore. Les progrès de la démographie, des techniques agricoles et des défrichements se traduisent par une production agricole accrue. La terre produisant plus et le nombre des exploitants s'accroissant, le manse se fractionne. Les exploitations se divisent en demi-manses, voire en quarts de manses (ou quartiers). Finalement, la notion de manse est même abandonnée pour celle de « feu » : la maison qui fume entourée de la terre exploitée. L'ancien grand domaine se démembre, lui aussi, entre plusieurs seigneurs fonciers sous l'influence de causes analogues et de la pratique de la sous-féodation. Évolution qui accentue la tendance à un encadrement plus serré de la paysannerie. La réserve seigneuriale diminue elle aussi et tend à disparaître. S'il en conserve la propriété éminente, le seigneur en octroie la propriété utile contre le paiement d'une redevance annuelle, le cens. Tout cela conduit à un autre type de rapports humains, tout au moins à partir des années 1080. Le déclin de la réserve est en fait lié à celui, qui s'amorce, de l'économie domaniale. Ceci concorde avec l'essor commercial qui ouvre l'économie et développe, dans les villes, un artisanat libre.

Par ailleurs, il y a désormais un autre style de rapports humains entre le seigneur et ses tenanciers. Le seigneur, n'exploitant plus la réserve, partage moins qu'autrefois le genre de vie des paysans. Il vit plus loin d'eux. Or à la fin du XIe siècle et au début du XIIe siècle, avec le redressement de l'autorité royale, les conditions politiques deviennent moins favorables au seigneur banal. Les conditions économiques également. La seigneurie banale est d'un moindre profit qu'entre 1020 et 1080, et le seigneur qui a concédé sa réserve ne peut plus la reprendre. Il se trouve en moins bonne position vis-à-vis des exploitants qui dépendent de lui. D'où, souvent, par le jeu d'une pression des exploitants, des améliorations dans leur statut. On voit se développer des sortes de coutumiers seigneuriaux qui fixent le taux des redevances dues au seigneur et qui mettent beaucoup plus l'accent sur la liberté des tenanciers que sur l'exploitation de la seigneurie et les profits que peut en tirer le seigneur. Ils diffèrent beaucoup, à cet égard, des anciens inventaires carolingiens.

Le domaine seigneurial n'en demeure pas moins jusqu'à la fin de l'Ancien Régime le cadre essentiel de l'exploitation du terroir et de l'existence villageoise. Mais il subit encore un certain nombre de modifications. À partir du XIVe siècle s'opère un certain transfert de la fortune terrienne au profit de nouveaux nobles. Beaucoup d'entre eux connaissent à leur tour des difficultés au XVIe siècle. La montée des prix profite à ceux des nobles qui percevaient surtout des rentes en nature, mais défavorise ceux dont les revenus étaient essentiellement constitués de rentes en argent. De plus, les guerres d'Italie ont été ruineuses pour quantité de seigneurs français qui ont dépensé dans la péninsule plus qu'ils n'y avaient gagné. Menacés de ruine, les anciens seigneurs tentent d'instaurer sur leurs terres la propriété authentique que le droit romain ramène à l'ordre du jour, et les nouveaux riches, conseillés par leurs intendants, s'avèrent eux aussi plus âpres au gain, plus durs envers les paysans. Ils reprennent les communaux, tentent d'imposer à leurs tenanciers des contrats de métayage ou de fermage qui leur sont plus profitables, ferment leurs terres (enclosures) aux troupeaux des paysans. Mais cette « réaction seigneuriale » est assez limitée en France car le pouvoir royal, en pleine expansion et déjà très centralisé, a, au contraire, intérêt à voir augmenter le nombre de ses contribuables roturiers, ce qui ne peut se faire qu'aux dépens du pouvoir seigneurial.

Le mouvement de rachat des terres nobles par la bourgeoisie puissante et riche se poursuit jusqu'au XVIIIe siècle. À la veille de la Révolution, le tiers état possède, dans l'Île-de-France, 53 % des terres et 29 % des droits seigneuriaux qui s'y attachent. Au sein du domaine, les tenures serviles, plus lourdement grevées de redevances et de services, subsistent, mais elles sont de plus en plus fréquemment converties en censives (tenures à cens). Il en subsiste cependant dans l'est et le centre de la France. La censive représente désormais la forme la plus répandue du domaine utile et de la propriété éminente des seigneurs. Mais les paysans censitaires ont tendance à se considérer comme les véritables propriétaires de leur tenure qu'ils « tiennent » à titre héréditaire, dont ils peuvent disposer par actes entre vifs ou par testament et qu'ils peuvent hypothéquer. Ils estiment monstrueux le paiement des redevances.

L'impopularité des droits seigneuriaux apparaît nettement à travers les cahiers de doléances de 1789. L'exaspération des paysans est d'autant plus forte qu'une nouvelle et violente réaction aristocratique marque les dernières années de l'Ancien Régime. La noblesse ne cesse de s'appauvrir, la noblesse de Cour se ruinant à Versailles, la noblesse provinciale végétant sur ses terres. Aussi exige-t-elle avec d'autant plus d'âpreté l'application de ses droits traditionnels. Le désir de se débarrasser du poids de ces droits seigneuriaux détestés est, en grande partie, à l'origine de l'insurrection paysanne qui éclate en juillet 1789 et concourt à créer le climat de la Grande Peur. Face à cette jacquerie, l'Assemblée nationale, composée en majorité de propriétaires, pense un moment à organiser la répression. Elle se résoud finalement à des concessions, adoptées dans l'enthousiasme au cours de la nuit du 4 août 1789. Mais les décrets d'application (5-11 août) atténuent singulièrement la portée des décisions généreuses prises au cours de cette célèbre séance. Si les droits qui pesaient sur les personnes sont tous abolis, ceux qui grevaient les terres sont déclarés rachetables. Or, tantôt le paysan sera trop pauvre pour libérer sa terre en rachetant les droits seigneuriaux, tantôt, s'il est aisé, les conditions seront telles que le rachat sera en fait impossible. Il devra attendre les votes de l'Assemblée législative et surtout de la Convention, qui supprimera totalement les droits seigneuriaux le 17 juillet 1793, pour que soient tirées les véritables conséquences de la nuit du 4 Août et voir abolir le régime seigneurial.

DOMAINE ROYAL

Propriété personnelle des rois de France et cœur du royaume et de ses agrandissements successifs.

Sous les Mérovingiens, l'expression désigne, à côté du domaine public composé des anciennes cités (*civitas*) celtiques dont l'administration est confiée à des comtes, les innombrables villas de l'ancien domaine impérial – au moins plusieurs centaines avec l'étendue moyenne d'un village moderne – dont les rois francs se sont emparés à titre personnel. Les souverains mérovingiens vivent des revenus, essentiellement agricoles, de ces domaines, menant une existence itinérante pour aller consommer sur place des produits difficiles à transporter à cette époque. Le plus clair des revenus des souverains carolingiens est lui aussi procuré par ces domaines, toujours extrêmement nombreux et administrés avec soin d'après des règles fixées par Charlemagne dans son célèbre capitulaire *De villis*. Mais les donations incessantes que font les monarques se traduisent par la diminution régulière du domaine royal. En provoquant un morcellement régional du royaume, elles permettent bientôt aux anciens agents de l'autorité royale, les comtes, d'usurper les anciens droits régaliens en même temps que les villas royales situées dans leur comté.

Lorsqu'un de ces usurpateurs, le duc de France (centre du Bassin parisien) Hugues Capet remplace les Carolingiens, il n'arrive lui aussi sur le trône qu'après avoir distribué une partie de son domaine pour assurer son élection. Sous son règne et sous ceux de ses premiers successeurs, le domaine royal est constitué de seigneuries regroupées entre la région d'Orléans, au sud, et de Senlis, au nord, avec quelques prolongements dans la région de Laon où ils ont acquis certains des domaines que possédaient les Carolingiens. Mais cet amalgame de seigneuries royales ne couvre guère plus de surface qu'un département actuel (environ 7 000 km^2) et ne constitue pas un territoire continu. Les seigneuries royales s'enchevêtrent avec d'autres. Il y a des châteaux et des châtellenies où les Capétiens sont les maîtres : ainsi Poissy, Melun, également des villes : Paris, Orléans, Senlis. Mais ces centres de leur puissance sont disjoints les uns des autres par des châtellenies indépendantes, voire hostiles : Montmorency, Montlhéry, etc.

Néanmoins, la domination du roi sur son domaine devient peu à peu efficace et solide. Le domaine royal, dont font temporairement partie les grands fiefs lors d'un changement de titulaire lorsque le roi peut percevoir le relief, est bientôt divisé en 4 prévôtés : Paris, Étampes, Orléans, Sens. Agents préposés par le roi dans son domaine, sans aucune spécialisation, les prévôts le représentent pour la gestion domaniale, les affaires de justice, de finances, et les questions militaires. Parallèlement à cette amélioration de la gestion domaniale, le premier tiers du XIIe siècle voit la soumission des châtelains hostiles de l'Île-de-France et de l'Orléanais. Déjà Robert le Pieux avait rasé plusieurs châteaux appartenant à des vassaux pillards enclavés dans le domaine royal. Philippe Ier entreprend de le prolonger au sud de la Loire. Mais c'est Louis VI le Gros qui, en réussissant à soumettre les châtelains hostiles de l'Île-de-France, notamment Hugues du Puiset, sire de Montlhéry, devient un prince territorial obéi dans son domaine. Habile et prudent, Louis VI, comme son fils Louis VII le Jeune sait également composer. S'il réduit les châtelains indociles, il accepte le mouvement communal, d'autant plus facilement que ce dernier affaiblit précisément ses adversaires. Sous les règnes de ces deux rois, les villes s'affranchissent, voient leurs redevances, leurs prestations de service fixées par des chartes. En même temps, le nombre des serfs diminue dans les campagnes.

À partir du noyau de puissance que représente le domaine royal ainsi consolidé, la royauté peut, à la période suivante, parallèlement au déclin de la féodalité, accentuer son expansion qui conduit finalement à la réunion des grandes principautés territoriales à son domaine, c'est-à-dire à une concentration politique au profit du roi. Philippe Auguste décuple le domaine royal. Pour ce faire, il a recours essentiellement aux moyens du droit féodal. Ainsi, c'est par le jeu de la commise, confiscation du fief par le seigneur, prononcée à la suite d'une plainte de Hugues de Lusignan contre Jean sans Terre, que Philippe Auguste s'empare, de 1203 à 1205, de la plupart des possessions des Plantagenêts en France (Normandie, Maine, Anjou, Touraine, Poitou). C'est également par succession, mariage, quelquefois aussi par donation, que la plupart des autres grands fiefs sont réunis au domaine royal. Lorsque Philippe Auguste épouse en 1180 Isabelle de Hainaut, nièce du comte de Flandre, ce dernier, qui n'a pas d'enfants, lui constitue en dot le Boulenois et l'Artois. Trois ans plus tard, Philippe Auguste devient également maître, par succession, de l'Amiénois et du Vermandois. La puissance royale s'étend presque d'un seul coup jusqu'à Boulogne. C'est par le biais du mariage d'un frère de Saint Louis, Alphonse de Poitiers, avec l'héritière du comté de Toulouse, que ce comté est lui aussi réuni au domaine. Une des clauses du contrat de mariage, décidé par le traité de Paris de 1229 qui reconnaissait déjà l'annexion de Béziers, Nîmes et Carcassonne, avait été que si le ménage n'avait pas d'enfants, le comté reviendrait au roi. C'est ce qui se produit en 1271. C'est encore par mariage que la Champagne est acquise par la royauté – Philippe le Bel, qui devient roi en 1285, ayant épousé l'héritière de ce comté. Mais son incorporation au domaine ne sera effective qu'en 1361, lorsque Charles le Mauvais roi de Navarre et comte d'Évreux aura définitivement renoncé à ses prétentions sur cette province.

Le Dauphiné est, lui, incorporé au royaume et au domaine royal dans une ligne de progression française en terre d'empire. Dans les années 1340, le prince territorial du Dauphiné – on l'appelait Dauphin du Viennois – ayant besoin d'argent, le roi Philippe VI de Valois consent à le renflouer, mais à certaines conditions qui prennent, en 1349, la forme d'une abdication, non pas en faveur du roi, ni même de son fils, mais de son petit-fils, héritier de la couronne au second degré, le futur Charles V. Pour ménager les sensibilités régionales, il s'établit en règle coutumière que le Dauphiné ne serait incorporé ni au royaume ni au domaine, et qu'il serait seulement soumis au gouvernement de l'héritier de la couronne de France. Ce régime dure jusqu'en 1461, date à laquelle Louis XI juge l'assimilation du Dauphiné au royaume suffisante pour que son incorporation devienne effective. Mais le fils aîné du roi continue à porter le titre de Dauphin jusqu'à la Révolution. Louis XI, qui a repris avec vigueur et obstination la politique d'unification du royaume, ne s'arrête pas là. Sous son règne sont également annexés la Cerdagne et le Roussillon (1463), le comté de Provence (acte de 1481) et enfin, surtout, le duché de Bourgogne (possession temporaire de la royauté de 1361 à 1363 mais apanagé aussitôt à Philippe le Hardi, fils de Jean le Bon), dont le retour définitif à la couronne en 1477 met fin à la plus lourde hypothèque qui ait jamais pesé sur l'avenir de la royauté française.

La dernière principauté territoriale réunie au domaine est, au siècle suivant, la Bretagne, encore une fois par mariage. Le dernier duc de Bretagne meurt en 1488, laissant une héritière, sa fille Anne, âgée de 13 ans, qui est contrainte, devant les succès français, d'épouser le jeune roi Charles VIII (1491). Il est alors convenu que, s'il ne naît pas d'enfants du mariage, Anne épousera en secondes noces l'héritier de la couronne devenu roi. C'est ce qui se produit lorsque Charles VIII meurt en 1498. Anne épouse le nouveau roi Louis XII, qui a fait lui-même dissoudre son premier mariage. De leur union naît une fille, Claude de France, et il est décidé qu'elle épousera le successeur de Louis XII, François Ier. En 1524, le duché est légué à leur fils, le Dauphin François. La Bretagne n'était jusque-là rattachée au royaume que par un lien personnel, mais, en 1532, les états de Bretagne, plutôt que de se voir forcer la main, prononcent d'eux-mêmes l'union réelle et perpétuelle de leur pays au royaume de France.

Parallèlement, la royauté poursuit un grand effort de centralisation et d'organisation des services publics : gouvernement, administration, justice, finances. Pour appuyer et développer l'autorité royale, apparaissent de nouveaux officiers royaux qui dépendent étroitement du roi et agissent en son nom : les baillis dans le Nord, les sénéchaux dans le Midi. Ils supplantent peu à peu les prévôts qui n'étaient plus très bien adaptés à leur tâche. L'accent est également mis sur la justice royale qui progresse aux dépens des justices seigneuriales et ecclésiastiques. Cette évolution ne se fait pas sans heurts. Certains agents du roi se montrent avides et tyranniques. Ils sont détestés. Mais le roi n'hésite pas à les condamner. Saint Louis envoie des franciscains, puis des clercs du Conseil pour enquêter sur leurs méfaits. La Chambre des comptes apparaît pour vérifier les revenus du domaine qu'ils versent au Trésor royal. La royauté ne cherche d'ailleurs pas à uniformiser l'administration du domaine, à mesure que ce dernier se développe. Le roi a pour règle de confirmer les privilèges des pays au moment de leur réunion au domaine. On trouve maints exemples de cette tradition : c'est ainsi qu'en 1202 Philippe Auguste confirme les libertés des Normands et maintient leur Cour suprême de justice, l'Échiquier. En 1477, encore, lorsque Louis XI réunit au domaine divers États de Charles le Téméraire, il confirme leurs libertés dans le détail. Lorsque, dans les pays tardivement réunis au domaine, des états provinciaux existaient avant la réunion, le roi les laisse subsister. Mais, d'assemblée conseillant un prince indépendant, ils deviennent assemblée locale d'un pays, conseillant le roi pour ce pays. En règle générale, les régions réunies anciennement au domaine royal n'ont pas d'états provinciaux. Mais il arrive malgré tout que, dans certaines d'entre elles, des états apparaissent longtemps après leur incorporation au royaume. Ces états ne procèdent plus alors qu'indirectement d'anciennes assemblées féodales. Ainsi en Normandie : déjà au XIIIe siècle les baillis s'y entouraient du conseil des principaux notables de leur bailliage, où se mêlaient clercs, nobles et bourgeois. En 1315, lors de la réaction féodale, des puissances locales s'y dressent contre le roi et ses agents, et Louis X est obligé d'octroyer la Charte aux Normands. Au cours du XIVe siècle, le roi prend l'habitude, sous la pression de ces forces locales, de convoquer des assemblées de prélats, de barons et de représentants des villes. Les réunions ont un fonctionnement très souple. Certaines sont générales à toute la Normandie, d'autres partielles, si le besoin de conseil est plus local. Quelque chose d'analogue se produit dans d'autres régions du domaine royal, à la même époque. D'abord vers 1315, en raison de la réaction féodale qui souvent prend forme par réunion d'états. Outre les Normands, Louis X le Hutin doit accorder des chartes régionales aux Picards, aux habitants du Vermandois, du Languedoc et à d'autres pays encore, puis au moment de la guerre de Cent Ans, à partir de 1340, lorsque les besoins d'argent du roi se font pressants.

Mais, dans l'esprit du roi, ces libertés ont une limite : le bien commun, dont il se sent seul responsable. À ce titre, il se juge autorisé à supprimer ce qu'il estime être de mauvaises coutumes. D'où son emprise toujours plus grande sur ses sujets. Au-delà de quelques difficultés passagères, elle aboutira à la constitution d'une monarchie extrêmement centralisée. Les intendants de Louis XIV sauront pourtant encore ménager les provinces étrangères récemment annexées : Alsace (réunie en 1648), Flandre (1668). Celles-ci, grâce à l'habileté de la politique royale, s'attacheront profondément à leur nouvelle patrie.

Jusqu'à la fin du Moyen Âge, se maintient une conception féodale du domaine. Les rois multiplient les apanages en faveur de leurs fils puînés. Cette pratique est inaugurée par Henri Ier qui, se conformant aux volontés de son père Robert II le Pieux, cède la Bourgogne à son frère Robert en 1031. Conscient que la puissance royale est liée à l'accroissement de son domaine et donc avant tout à son intégrité, Philippe Auguste fait triompher la notion de l'indivisibilité du royaume et de la transmission de la couronne au fils aîné, qui entraîne l'exclusion des puînés. Mais la pratique des apanages est reprise et systématisée par son fils Louis VIII qui, autour des années 1225, constitue des dotations à ses fils puînés. Il donne l'Artois à son second fils, l'Anjou et la Touraine à son troisième, le Poitou au quatrième. Saint Louis n'accorde à ses puînés que des apanages de faible étendue, tel le comté de Clermont-en-Beauvaisis, donné à l'ancêtre des Bourbons. Philippe III fait preuve de la même prudence lorsqu'il concède le Valois à son fils Charles, le père de Philippe VI de Valois. De plus, sous l'influence des légistes, les droits des apanagistes sont restreints. On pose la règle de la transmission de l'apanage en ligne directe masculine, si bien qu'en cas d'extinction de la descendance masculine du premier apanagiste, l'apanage fait retour au domaine.

Mais Jean II le Bon forme de nouveau trois apanages importants pour ses trois fils puînés : l'Anjou est donné en 1360 à Louis d'Anjou, le Berry la même année à Jean de France et la Bourgogne, en 1363, à Philippe le Hardi. Il prend néanmoins le soin d'assortir ses dotations de réserves importantes tendant à sauvegarder la souveraineté royale. Son fils Charles V ne peut que s'incliner devant ses volontés lorsqu'il lui succède en 1364. Mais il accentue les clauses de sauvegarde royale, préservant ainsi l'avenir et créant une situation juridique dont son lointain successeur Louis XI tirera profit à la fin du XVe siècle. Ayant d'autant mieux compris la valeur du domaine royal qu'il a dû reconquérir une grande partie de son royaume sur les Anglais, après les premières défaites de la guerre de Cent Ans, il pose en même temps les règles relatives à l'inaliénabilité de ce domaine. Réaffirmé au XVe siècle, ce principe se fonde à partir du règne de Charles VII sur l'idée que le roi n'est que l'usufruitier de l'administration du domaine, de même qu'il l'est de la couronne. L'inaliénabilité du domaine sera ainsi rapprochée et étroitement liée à l'indisponibilité de la couronne.

La montée de la puissance de l'État bourguignon est la plus claire illustration du danger que représentèrent pour la royauté les dotations en apanage. Mais Louis XI, après la mort de Charles le Téméraire, réussit à briser la menace en recouvrant le duché de Bourgogne et les pays français du groupe bourguignon ; et, en faisant disparaître cette dernière féodalité apanagiste, il scelle le triomphe de la monarchie. Lorsque, peu de temps après, les ducs de Bretagne, derniers représentants de l'ancienne féodalité des princes territoriaux, cèdent eux aussi leur place au roi de France, ce dernier peut désormais exercer sans partage les droits souverains dans tout le royaume.

Jusqu'au XIVe siècle, la monarchie avait essentiellement vécu grâce aux revenus du domaine royal primitif. Les ressources tirées de ce domaine (ou ordinaire) étaient de nature très diverse. Les unes (taille, banalités) étaient un lointain souvenir des anciens droits régaliens des souverains carolingiens ; d'autres (relief, aide aux quatre cas) étaient d'origine féodale, d'autres enfin étaient simplement d'origine foncière (cens, lods et ventes). Il fallait y ajouter les redevances perçues sur les serfs à titre personnel (chevage), les confiscations dont étaient frappés les usuriers et les donations faites au roi. Mais, à partir du XIVe siècle, lorsque les aides, impôt « extraordinaire », sont imposées à l'ensemble du royaume, les revenus du domaine propre ne représentent bientôt plus qu'une faible partie des ressources de la monarchie. L'administration de l'ancien domaine, qui fait vivre un grand nombre d'officiers, est même souvent déficitaire, et de grands ministres comme Sully et Richelieu, suivis en cela par les économistes du XVIIIe siècle, proposent de le vendre. Avant même le vote de la Constitution de 1791 qui fera du roi de France le « roi des Français », avec une liste civile de 25 millions, un décret du 21 novembre 1790 déclarera « domaine national » le domaine de la couronne et supprimera son inaliénabilité.

DOMBES (la ou les)

Ancien pays de France, au nord-est de Lyon, entre le Jura et le Beaujolais, aujourd'hui compris dans le département de l'Ain.

La Dombes fait d'abord partie du royaume de Bourgogne puis, jusqu'à la fin du XIVe siècle, son territoire est partagé entre plusieurs seigneuries. Elle n'existe alors que de nom. Mais, en 1424, la Dombes est constituée en principauté souveraine au profit de Louis II, duc de Bourbon, avec Trévoux pour capitale. Confisquée par François Ier, à la suite de la défection du connétable de Bourbon en 1523, elle est remise en 1527 à la reine mère Louise de Savoie, reprise à sa mort et possédée successivement par François Ier, François II, Catherine de Médicis, avant d'être rendue, en 1561, à Louis de Bourbon-Montpensier. Elle reste dans cette famille jusqu'en 1681, date à laquelle la Grande Mademoiselle, Anne Marie Louise d'Orléans, pour obtenir la libération de Lauzun, la cède au duc du Maine. En 1762, elle est définitivement réunie à la couronne de France, à la suite d'un échange consenti par le comte d'Eu, second fils du duc du Maine.

Dominicains
Saint Dominique enseignant dans un couvent. « Les Heures d'Étienne Chevalier », Chantilly, musée Condé. *© G. Dagli Orti*

DOMINICAINS (ordre des)

Nom communément donné à l'ordre mendiant des Frères prêcheurs fondé par saint Dominique en 1215.

Venu à Rome à l'occasion du quatrième concile du Latran en 1215, saint Dominique obtient la confirmation de la communauté qu'il vient de créer à Toulouse pour lutter contre l'hérésie cathare. L'esprit du nouvel ordre est déterminé par la prédication de la parole de Dieu, témoignée dans la pauvreté évangélique, d'où le nom de Frères prêcheurs. Saint Dominique, en effet, persuadé que ni le clergé séculier ni les réguliers ne sont à même de lutter contre l'hérésie, veut que ses compagnons, eux, mènent une vie aussi irréprochable et dépouillée que les « parfaits » cathares. Il est également convaincu qu'il ne sera possible de ramener les hérétiques dans la voie de l'orthodoxie que par la prédication. De là l'importance qu'il donne aux études, même par rapport à l'office, tout en sachant restreindre le rôle du livre à sa fonction auxiliaire.

La règle donnée par le pape Honorius III au nouvel ordre, le 22 décembre 1216, est celle de saint Augustin, à la fois ouverte à la vie apostolique et assez souple pour garantir la liberté du choix d'institutions compatibles avec son esprit. Le titre propre de Frères prêcheurs lui est confirmé le 21 janvier 1217. Alors, saint Dominique, loin de retenir sur place ses compagnons, les envoie par groupes dans les principaux centres universitaires de la chrétienté : Paris, Bologne, Madrid... Ses fondations sont vite des succès et, en 1220, il convoque les délégués de tous ses couvents en un premier chapitre général. Celui-ci met sur pied une organisation de l'ordre adaptée à son rôle et inspirée du mode de gouvernement conciliaire qui anime alors les communes, les métiers et les universités. En 1221, un nouveau chapitre, tenu à Bologne, enregistre l'extraordinaire expansion de l'ordre dont les couvents sont répartis en huit provinces. Ses structures sont enfin définitivement mises en place au chapitre général de 1238, sous le généralat du savant canoniste Raymond de Peñafort qui met en ordre les décisions des chapitres précédents. Par la suite, les institutions ne varient jamais dans leur substance, mais de nombreuses réformes sont entreprises, à partir de la fin du XIVe siècle, sans toutefois entraîner une division de l'ordre en branches rivales. L'ordre est gouverné par un maître général qui est élu et qui n'a pas besoin, pour entrer en fonctions, que son élection soit confirmée par le pape, prérogative que les Dominicains sont les seuls à avoir. Chaque province a pour supérieur un prieur provincial, chaque couvent un prieur conventuel. Entièrement vêtus de laine, les Dominicains portent une robe blanche avec un scapulaire de même couleur, un manteau noir, une ceinture de cuir à laquelle est attaché un rosaire.

Les Dominicains tiennent une grande place dans l'histoire de l'Église pratiquement dès leur fondation. Presque partout en Europe, ils dirigent l'Inquisition. Le maître du Sacré Palais, la plus haute instance catholique pour la censure des livres est un dominicain. Ils donnent enfin à l'Église catholique quelques-uns de ses plus grands docteurs (saint Albert le Grand et saint Thomas d'Aquin) et prédicateurs (saint Vincent Ferrier, Savonarole). Supprimé en France en 1792, l'ordre est rétabli par Lacordaire, qui prend l'habit à Rome en 1839. Le premier couvent est rouvert à Nancy en 1843. Les Dominicains comptent aujourd'hui plus de 800 frères en France, et se sont attachés depuis le début du XXe siècle à la rénovation de l'art sacré, comme en témoigne leur revue *Art sacré* fondée en 1936.

DOMINICAINES

Les moniales dominicaines ont pour origine le groupe de femmes hérétiques converties que saint Dominique installe à Prouille, dans l'évêché de Toulouse, en 1207, et le monastère de Saint-Sixte à Rome, réformé par le saint.

Cloîtrées, elles se consacrent à la vie contemplative et à l'enseignement. Elles sont actuellement environ 550 en France.

DOMINIQUE, saint (Caleruega, Castille, v. 1170 - Bologne, 1221)

Fondateur de l'ordre des Frères prêcheurs.

Domingo de Guzman devient chanoine régulier d'Osma, en Espagne. En 1203, il accompagne son évêque, Diego de Acevedo, dans une mission au Danemark. En traversant le sud de la France, les deux voyageurs sont consternés par l'importance du catharisme. À leur retour, après une visite à Rome, ils décident de joindre leurs efforts à ceux des légats envoyés en Languedoc par Innocent III pour convertir les hérétiques. Après la mort de Diego (1207) et l'assassinat du légat Pierre de Casteinau (1208), Dominique reste seul pour poursuivre son œuvre. Il réunit autour de lui un petit groupe de prédicateurs décidés à ramener les hérétiques dans la voie de l'orthodoxie par la parole et la pratique de la pauvreté. En 1207, il fonde à Prouille, près de Fanjeaux, un monastère pour les femmes hérétiques converties dont il entend faire le centre matériel et spirituel de son action. Mais sa prédication n'a pas d'autre succès. Ce n'est qu'après la défaite des albigeois à Muret en 1213 qu'il est accueilli, en 1215, à Toulouse avec ses compagnons par l'évêque Foulques, un ancien troubadour. S'étant rendu la même année au quatrième concile du Latran afin de demander au pape Honorius III, pour lui-même et ses frères, confirmation de leur fondation de Toulouse, il accepte volontiers la règle que leur donne le pape, le 22 décembre 1216.

Le titre propre de « Prêcheurs » leur est confirmé le 21 janvier suivant. Le 15 août 1217, Dominique disperse ses 16 religieux, les envoyant à Paris, Madrid, Bologne et Rome. Lui-même accomplit en 1218-1219 un grand voyage de prédication, à pied, de Rome à Toulouse, puis en Espagne, et de là à Paris, Milan et Rome. Mais, se consacrant également à l'organisation de son ordre, il préside à Bologne, en 1220 et 1221, les deux premiers chapitres généraux des Frères prêcheurs. Celui de 1220 donne au nouvel ordre sa forme définitive, en lui fixant un statut original de pauvreté mendiante, largement inspiré de la législation de l'ordre de Grandmont. Le second divise l'ordre en 8 provinces et met sur pied une grande campagne de prédication en Lombardie, qui durera une dizaine d'années. Dominique meurt peu de temps après. Il est canonisé dès 1234 par le pape Grégoire IX.

Domrémy
La maison natale de Jeanne d'Arc. © *G. Dagli Orti*

DOMRÉMY

Village des Vosges situé sur la Meuse, siège de la maison de Jeanne d'Arc.

Celle-ci a été transformée en musée, et une basilique a été érigée en 1890 au Bois-Chenu, à l'emplacement où Jeanne allait prier. On évoque les vers de Péguy : « Meuse endormeuse et douce à mon enfance... » Le cours d'eau alangui est parsemé d'herbes ; les poiriers dominent aux alentours. La demeure des parents de Jeanne a été très intelligemment aménagée. Acquise par l'État à l'instigation de Louis XVIII, en 1818, la demeure contient des reliques de l'héroïne et la porte conserve, sculptées dans la pierre du fronton, les armes de la famille d'Arc avec l'inscription datant de 1481 : « Vive labeur, vive le roy Loys. »

DON GRATUIT DU CLERGÉ

Sous l'Ancien Régime, somme que le clergé de France, théoriquement exempté d'impôts car ordre privilégié, consent à verser « librement » au Trésor royal, d'où le terme gratuit.

Le clergé répartit et perçoit lui-même sur ses membres les taxes nécessaires à son versement. Au XVIIIe siècle, le don gratuit, qui est renouvelé tous les cinq ans, représente une somme insignifiante en comparaison des énormes revenus de l'Église de France.

DORIOLE Pierre, sieur de Loiré (La Rochelle, 1407 – ?, 1485)

Contrôleur général des Finances.

Maire de La Rochelle en 1451, comme l'a été son père avant lui, il est chargé de diverses missions à la Cour. Il représente la province d'Aunis auprès de Charles VII, avant d'être nommé maître des comptes et contrôleur général des Finances. Il conserve sa place sous Louis XI, ce qui ne l'empêche pas de prendre part à la guerre du Bien public, en 1465. Rapidement rentré en grâce et comblé de faveurs, il devient chancelier à la mort de Juvénal des Ursins, en 1472, et fait partie des conseillers les plus écoutés de Louis XI. Il pousse notamment le roi à développer le commerce extérieur du royaume. En mai 1483, cependant, le roi lui reproche ses relations avec les Bretons et lui retire sa charge de chancelier, le nommant président de la Chambre des comptes.

DORIOT Jacques (Bresles, Oise, 1898 – Menningen, Allemagne, 1945)

Homme politique.

Ouvrier ajusteur à Saint-Denis, il aborde la politique par le syndicalisme. Mobilisé en 1917, il combat au chemin des Dames, puis en Orient. Après la guerre, membre des Jeunesses communistes, il accomplit à Moscou un séjour de plus d'un an, et gravit à son retour les échelons du parti : secrétaire général des Jeunesses communistes en 1923, il devient membre du Comité central l'année suivante, et se tourne vers la politique. Député de la Seine en 1924, il deviendra maire de Saint-Denis en 1931. Exclu du Parti communiste pour avoir fondé, après le 6 février 1934, avec Georges Monnet et Gaston Bergery, un « front commun contre le fascisme », il continue à se proclamer communiste, tout en se détachant du Parti. Réélu à la Chambre en 1936, Doriot fonde en juin un parti fasciste, le Parti populaire français (PPF), organisé en sections, et combat le Front populaire dans le journal du parti, *La Liberté*. Révoqué de son poste de maire en 1937, pour une gestion peu scrupuleuse, il abandonne peu après son mandat de député.

Mobilisé en 1939, Doriot fonde après l'armistice *Le Cri du Peuple* (octobre 1940), dans lequel il s'affirme maréchaliste et partisan de la collaboration avec l'Allemagne. *Le Cri du Peuple* devient rapidement un des principaux journaux collaborationnistes. Doriot participe ensuite à la création de la Légion des volontaires français (LVF), où il s'engage le 25 juillet 1941. Avec elle, il combat les Russes aux côtés des Allemands de 1942 à 1944, tout en effectuant de fréquents séjours en

France pour faire pression sur Vichy dans ses relations avec le Reich. Il reçoit la Croix de fer en décembre 1943. Après le débarquement allié de juin 1944 et la Libération, il suit le gouvernement en Allemagne, fonde le Comité français de libération dont il prend la tête le 6 janvier 1945, et organise à Radio-Patrie des émissions destinées à la France. Le 22 février, il est tué dans sa voiture, sur une route allemande, par un avion non identifié.

DORMANS

Ville de la Marne, à mi-chemin entre Château-Thierry et Épernay.

En 1575, Henri de Guise y remporte un succès sur un détachement de reîtres allemands et d'arquebusiers français que le frère du maréchal de Montmorency conduit, aidé de François d'Anjou, passé dans le parti calviniste. Poursuivant les fuyards, le duc de Guise reçoit sur la partie gauche de la mâchoire un coup d'arquebuse qui lui vaudra le surnom de « Balafré ».

DORMOY Marx (Montluçon, 1888 – Montélimar, 1941)

Homme politique.

Militant socialiste, maire de sa ville natale en 1926, Marx Dormoy devient député socialiste de l'Allier en 1931 et sénateur en 1938. Sous-secrétaire d'État à la présidence du Conseil dans le premier gouvernement Blum (juin 1936-juin 1937), il est ministre de l'Intérieur du troisième cabinet Chautemps (juin 1937-janvier 1938), puis dans le second cabinet Blum (mars-avril 1938). À ce titre, il doit arbitrer de nombreux conflits entre patrons et ouvriers, et combattre l'agitation terroriste de la Cagoule, s'attirant la haine des membres de cette société secrète. Placé par Vichy en résidence surveillée à Montélimar, il est assassiné le 26 juillet 1941 par des membres du Comité secret d'action révolutionnaire, nom officiel de la Cagoule.

DOUAI

Ville du département du Nord, sur la Scarpe.

Duacum se développe autour d'une forteresse gallo-romaine, le *castrum Duacense*, et appartient par la suite aux comtes de Flandre. Enrichie par l'industrie drapière, la ville reçoit une charte communale en 1228 : Jeanne de Flandre et Ferrand de Portugal reconnaissent officiellement ses échevins qui se recrutent par cooptation et exercent leurs fonctions pendant treize mois. Le prolétariat ouvrier, en nombre important du fait du développement industriel de la ville, s'oppose dès le XIIIe siècle aux marchands en des grèves violentes qui aboutissent parfois à de véritables révoltes (1280). Philippe le Bel enlève Douai aux comtes de Flandre, en 1297, mais perd la ville après celle de Courtrai. Il l'enlève de nouveau en 1312, puis Charles V la rend aux comtes en 1369. Avec la guerre de Cent Ans, durant laquelle la ville change plusieurs fois de mains, les laines anglaises ne parviennent plus à Douai dont le déclin commence. Louis XI l'assiège vainement en 1479, et la levée du siège est à l'origine d'une procession solennelle de géants en osier, les gayants.

Prise par Louis XIV en 1667, Douai est cédée à la France par le traité d'Aix-la-Chapelle (1668) et fortifiée par Vauban. Le roi y fonde une école d'artillerie. Pendant la guerre de Succession d'Espagne, la ville est prise par les alliés en avril 1710, reprise par Villars en 1712, et acquise définitivement à la France à la suite du traité d'Utrecht. Dotée d'une université depuis 1560, elle devient, en 1714, le siège du parlement de Flandre. Occupée par les troupes allemandes de 1914 à 1918, Douai fut prise de nouveau le 27 mai 1940, bombardée à plusieurs reprises en mai-juin 1944, enfin libérée par les Anglais le 1er septembre.

DOUAIRE

*D'origine germanique malgré une étymologie latine (*dotarium*).*

Le douaire est un ensemble de biens de caractère usufruitier laissé à la femme pour qu'elle ne tombe point dans la misère après la mort de son mari. La mauvaise conduite de la veuve, son remariage trop rapide peuvent susciter la déchéance du douaire. L'institution sera abolie par la Révolution.

DOUAUMONT (fort de)

Situé sur la ligne de crête que constituent les collines de la rive droite de la Meuse à une dizaine de kilomètres au nord-est de Verdun, il a été érigé à la fin du XIXe siècle pour assurer la défense des places de l'Est.

En 1915, ces ouvrages sont considérés comme impropres au combat, et leur artillerie est enlevée, la garnison se limitant aux services d'intendance. C'est ainsi que, dans la journée du 25 février 1916, les Allemands, ayant atteint les hauteurs de Talou, de Louvemont, d'Hardaumont et la côte du Poivre, pénètrent dans le fort de Douaumont et le mettent en état de défense. Le front se stabilise aux abords du fort, près duquel se déroulent des combats acharnés, des éléments de la 5e division du général Mangin parvenant jusqu'aux fossés dans la journée du 22 mai, sans pouvoir cependant s'emparer de l'ouvrage, dégagé par l'ennemi le 24. Seule une offensive de grande envergure permet de réoccuper cette position stratégique. Elle est menée à nouveau par Mangin dont les unités parviennent au fort le 24 octobre, refoulant les Allemands des hauteurs d'alentour et capturant plus de 6 000 prisonniers. En souvenir de ces combats acharnés, un ossuaire est installé en contrebas depuis 1932, renfermant les restes de 300 000 combattants.

DOUDART de LAGRÉE Ernest Marie Louis de Gonzague (Saint-Vincent-de-Mercuze, Isère, 1823 – Tong-Tchouan, Chine, 1868)

Militaire.

La vocation de marin de ce polytechnicien le mène dans les territoires d'outre-mer, en Crimée puis en Cochinchine, en 1862. Commandant des forces françaises ayant pénétré au Cambodge, il obtient le protectorat de la France sur le Royaume khmer. Son objectif suivant est le Yunnan chinois. Mais l'énormité de l'entreprise le terrasse, et Francis Garnier, son compagnon de route, ramène l'expédition vers la vallée du Mékong. Érudit, lettré, archéologue passionné, Doudart de Lagrée est l'auteur d'*Explorations et Missions* (1884) et d'une importante correspondance.

DOULLENS

Ville de la Somme. Située au nord d'Amiens, cette cité picarde commande les routes d'Arras et de Saint-Pol-sur-Ternoise au confluent de l'Authie et de la Grouche.

Son importance stratégique justifie sa mise en défense par ses possesseurs successifs de l'époque médiévale, les comtes de Vermandois puis de

Douaumont

Les combats autour de Douaumont relatés par *Le Petit Parisien* du 25 octobre 1916. © *Tallandier*

Ponthieu, enfin les ducs de Bourgogne, en 1435. À la mort de Charles le Téméraire, en 1477, Louis XI s'empare aussitôt de la place et l'érige en bastion de son « bouclier » picard. Mettant à profit les soubresauts des guerres de Religion, les Espagnols occupent la cité en 1595, mais doivent la restituer trois ans plus tard à la faveur du traité de Vervins. Le report de la frontière en Flandre et en Hainaut diminue la valeur stratégique de Doullens, que Vauban dote cependant de fortifications. Si l'invasion de 1814 amène un détachement de coalisés dans la ville, celle-ci ne reviendra à l'actualité historique qu'en mars 1918, à la suite de l'offensive allemande déclenchée, le 21, sur le front britannique, au nord de Saint-Quentin. Devant un risque de rupture des lignes alliées, Clemenceau sollicite une conférence qui se tient le 26 à l'hôtel de ville en présence du président de la République Raymond Poincaré, de Foch, Pétain, Douglas Haig et leurs principaux collaborateurs. Haig, à la suite de longues discussions, finit par accepter le principe d'une suprématie de Foch sur l'ensemble du secteur allié occidental. Une autre conférence, tenue à Beauvais le 3 avril, charge le général Foch « de la conduite stratégique des opérations » et, le 17, celui-ci reçoit officiellement le titre de général en chef des armées alliées. Le nouvel hôtel de ville renferme des souvenirs de cette conférence.

DOUMENC Joseph (Grenoble, 1880 – massif du Pelvoux, 1948)

Général.

Ancien élève de l'École polytechnique et de l'École de guerre, il est, pendant la Première Guerre mondiale, à la tête du service des transports automobiles des armées. À ce titre, il organise, en 1916, la Voie sacrée, qui assure le ravitaillement et la relève de Verdun. Après la guerre, Doumenc se signale, avec le général Estienne, comme un des promoteurs de l'artillerie d'assaut motorisée, du char d'assaut notamment. Envoyé à Moscou en 1939, comme chef de la délégation française chargée de négocier un accord militaire avec l'URSS, il voit sa mission réduite à néant par la signature du pacte germano-soviétique. Major général en 1940, il tente vainement d'organiser les divisions motorisées, quitte le service en 1942, et se tue accidentellement en 1948.

DOUMER Paul (Aurillac, 1857 – Paris, 1932)

Homme politique, président de la République.

Fils d'un ouvrier poseur de rails, il débute comme apprenti dans un atelier de fondeur de médailles de Montmartre. Ayant suivi les cours du soir organisés par la ville de Paris, il parvient à acquérir des connaissances qui lui permettent de passer avec succès le baccalauréat. Puis, répétiteur dans un collège, il finance ainsi ses études de droit. Rédacteur en chef du journal *La Tribune de Saint-Quentin*, il acquiert bientôt une influence suffisante dans la région pour se faire élire député de l'Aisne aux élections de 1888, sous l'étiquette du parti radical. Député d'Auxerre en 1891 et en 1893, Doumer se révèle un collaborateur de choix au sein de son parti en raison de son application, de son sens de l'organisation, sans oublier son éloquence. Le président du Conseil Léon Bourgeois lui offre le portefeuille des Finances de 1895 à 1896, date à laquelle il se voit confier la tâche de gouverneur de l'Indochine (il assumera ces fonctions jusqu'en 1902). Pourtant, une brouille avec Combes au sujet de sa politique anticléricale lui aliène bientôt une partie importante des radicaux et, bien que président de la Chambre, Doumer échoue contre Fallières lors de l'élection à la présidence de la République de 1906. Il prend sa revanche vingt-cinq ans plus tard, en l'emportant au deuxième tour de scrutin, le 13 mai 1931, sur le ministre des Affaires étrangères Aristide Briand, candidat de dernière heure. Après onze mois de fonctions, le 6 mai 1932, il tombe à Paris sous les balles d'un émigré russe exalté, lors de l'inauguration de la vente des livres des écrivains combattants.

Paul Doumer
« M. Paul Doumer, président de la République française ». *Le Petit journal illustré*, 17 mai 1931. © *Tallandier*

DOUMERGUE Gaston (Aigues-Vives, Gard, 1863 – Aigues-Vives, 1937)

Homme politique, président du Conseil, président de la République.

Fils d'un viticulteur de la région nîmoise, d'origine protestante, avocat puis juge en Indochine et en Algérie, il adhère au parti radical. Il se présente aux élections dans son département natal et est élu dès l'année 1893. C'est le début d'une brillante carrière politique qui le voit successivement détenir le portefeuille des Colonies (1902-1905), du Commerce (1906), de l'Instruction publique (1906-1909), à nouveau du Commerce (1909-1910), avant de devenir président du Conseil en 1913 et à nouveau ministre des Colonies de 1914 à 1917. En excellents termes avec les principaux partis de la Chambre des députés, de surcroît président du Sénat, Doumergue apparaît comme l'homme de conciliation idéal, en 1924, après la démission de Millerand. Paul Painlevé est le seul adversaire qui s'oppose à sa candidature à la présidence de la République : il ne recueille que 309 voix le 13 juin, jour de l'élection, contre 515 à Doumergue. Retiré de la vie politique en 1931, après un septennat effectué sans heurts, l'ex-président sera sollicité pour constituer un gouvernement d'union nationale après les sanglantes émeutes du 6 février 1934. Il passe pour un sauveur. Paris vit dans l'enthousiasme. Mais ses souhaits de voir renforcés les pouvoirs du gouvernement lui aliènent ses amis radicaux, ce qui entraîne la démission du gouvernement, le 8 novembre suivant, et sa retraite définitive.

DOURDAN

Ancienne capitale du Hurepoix, située non loin de Rambouillet (aujourd'hui dans l'Essonne).

Ce fut une des premières possessions directes de la lignée robertienne. Hugues le Grand y est mort. Selon une tradition qui n'a pas été prouvée, Hugues Capet y serait né. La construction du château actuel est contemporaine de la fin du règne de Philippe Auguste. Le plan est un quadrilatère flanqué aux angles de quatre tours dont une, nettement plus importante que les autres, fait office de donjon. Au début du XVe siècle, la seigneurie de Dourdan était un des apanages du duc Jean de Berry.

DOUVRES (traité de)

Traité secret signé le 1er juin 1670 entre Louis XIV et Charles II d'Angleterre.

Le roi d'Angleterre, qui a résolu de mettre à exécution son projet de se convertir au catholicisme, s'engage à faire la guerre aux Provinces-Unies, conjointement avec la France dont l'aide est nécessaire à ses desseins, et à soutenir les droits éventuels de Louis XIV sur la monarchie espagnole. En contrepartie, il est prévu qu'à la signature de la paix l'Angleterre pourra s'établir aux bouches de l'Escaut. Ce traité n'est connu et signé que par les conseillers catholiques de Charles II. Vis-à-vis des protestants, celui-ci simule une négociation nouvelle d'où sort, en décembre 1670, un autre traité. La clause par laquelle ce dernier s'engage à « se réconcilier avec l'Église romaine aussitôt que le bien des affaires de son royaume lui pourra permettre » est omise, et la part de l'Angleterre dans la dépouille de la Hollande augmentée. Mais par une lettre secrète, Charles II déclare s'en tenir au traité de Douvres.

DOUZE (Commission des)

Composée de douze membres, choisis au sein de la Convention, cette commission, formée sur proposition de Barère et qui siège du 18 au 31 mai 1793, reçoit pour tâche de s'opposer, grâce à une série d'enquêtes, aux complots menés par la Commune de Paris contre l'Assemblée.

Acquise aux idées girondines, elle présente le 24 mai à la Convention un rapport demandant la mise en arrestation de nombreux membres de la Commune dont l'exalté Hébert, à cause d'un article du *Père Duchesne* appelant au massacre des Girondins. En guise de représailles, la Commune organise une émeute, et le 31 mai la Convention, selon le vœu de Robespierre, supprime la Commission des douze, sonnant par là même le début de la proscription des Girondins.

DOYAT Jean de (château de Doyat, près de Cusset, v. 1440 – royaume de Naples, 1495)

Chambellan.

Il est d'abord gouverneur de Cusset, place importante car voisine des possessions du duc Jean II de Bourbon. Il sert fidèlement les intérêts du roi et dénonce les excès commis dans la région par le duc de Bourbon. En récompense, Louis XI le nomme conseiller, chambellan, bailli de Montferrand et gouverneur de l'Auvergne avant de l'appeler à son Conseil, en 1482. Doyat s'est attiré l'animosité du duc de Bourbon et, après la mort du roi, quand ce dernier devient tout-puissant, il est emprisonné, fouetté aux carrefours, puis le bourreau lui perce la langue, avant de lui couper les oreilles. L'ancien conseiller de Louis XI est finalement banni, tandis que le duc de Bourbon s'empare de ses biens et persécute sa famille. Charles VIII le réhabilitera quelques années plus tard, le nommera grand maître de l'artillerie et l'utilisera pendant les guerres d'Italie.

DRAGONNADES

Nom donné à un procédé de persécution utilisé contre les protestants sous le règne de Louis XIV pour obtenir par la force leur conversion, après l'édit de Fontainebleau qui révoque l'édit de tolérance de Nantes.

Appliqué avec l'approbation de Louvois, il consiste dans le logement forcé des soldats exclusivement chez les protestants. Ceux-ci sont surchargés de garnisaires (jusqu'à une compagnie et demie chez une protestante du Poitou) qui reçoivent la consigne de vivre « à discrétion » chez

Drancy
Arrivée des premiers internés dans le camp de Drancy le 20 août 1941. © *Archives du CDJC*

eux, avec tous les excès que cela peut impliquer. Aucune classe sociale n'est épargnée. Les atrocités des « missionnaires bottés » font vite merveille : en Poitou, la dragonnade de l'intendant Marillac, qui est le premier à faire de ce procédé un système, en 1680, est suivie de 30 000 conversions. Il y a des plaintes, et le roi rappelle Marillac, mais Louvois a raison des hésitations de Louis XIV et étend les dragonnades à la France entière en 1685. Les dragonnades de Foucauld en Béarn et de Lamoignon de Basville en Poitou et en Languedoc seront sévères.

DRANCY

Ville de la Seine-Saint-Denis, située au nord-est de Paris. Une villa de l'époque romaine, Terentiacum, *est à l'origine de l'agglomération.*

Drancy est surtout tristement célèbre pour avoir abrité un camp de prisonniers, puis un camp d'internement pour juifs pendant la Seconde Guerre mondiale. Prise par les Allemands le 14 juin 1940, la ville reçoit d'abord plusieurs milliers de prisonniers, notamment tous les civils britanniques trouvés en France et arrêtés, ainsi que les Alsaciens pris dans l'armée française, et bientôt transformés en soldats allemands. À partir de 1941, le principal centre d'internement, la cité de la Muette, est transformée en camp d'internement pour juifs, étrangers d'abord, puis français, et devient un centre de transit entre l'arrestation et l'envoi dans les camps d'extermination allemands par convois d'environ 1 000 individus. Le camp, qui renferme jusqu'à 10 000 personnes, est placé sous la dépendance directe de Eichmann. Le dernier convoi pour l'Allemagne quitte Drancy le 17 août 1944, et 1 467 personnes se trouvent encore sur place le lendemain, quand le camp est libéré. Le poète Max Jacob, interné en mars 1944, contracte à Drancy une pneumonie dont il mourra peu après. Tristan Bernard, René et Léon Blum ont été eux aussi internés à Drancy où seront enfermées après la Libération des personnalités accusées de collaboration.

DRAPEAU TRICOLORE

Emblème de la République française.

Le 17 juillet 1789 à Paris, Louis XVI reçoit une cocarde. Était-elle bleu et rouge aux côtés de la cocarde blanche du roi, ou déjà tricolore sous l'influence de La Fayette? En tout cas, elle allie les couleurs de Paris à celles de la monarchie. Le tricolore apparaît et, dès le 19 octobre 1790, Mirabeau l'oppose au simple blanc « de la contre-révolution ». À partir du 20 mai 1794, la marine porte pavillon tricolore. L'actuel drapeau français est né. Il faut cependant attendre 1812 pour que les trois bandes se généralisent. À la Restauration, Louis XVIII reprend le drapeau blanc sous prétexte que le tricolore a rassemblé les troupes à Waterloo. Néanmoins, son gouvernement tempère l'ardeur des députés et repousse un amendement punissant de mort la détention d'un drapeau tricolore. Le changement de couleur provoque quelques mutineries. Il humilie l'armée et accrédite l'image d'un roi « revenu dans les fourgons de l'étranger ». Pendant toute la Restauration, l'opposition rejette pêle-mêle traités de 1815, drapeau blanc, clergé et noblesse. Sous Charles X, le drapeau devient de plus en plus l'emblème des idées honnies de légitimité et d'autorité. En 1830, Louis-Philippe, roi-citoyen, fait remplacer dès la cérémonie d'intronisation (9 août) les fleurs de lys par le bleu, blanc, rouge. Le tricolore est même inscrit dans la charte du 14 août (art. 67). Sous la révolution de 1848, les républicains rejettent le drapeau rouge pour conserver le tricolore. Le dernier sursaut pour tenter de restaurer le « drapeau blanc d'Henri IV » (manifeste du 5 juillet 1871), celui du comte de Chambord (Henri V), échoue. Sauf pour un petit nombre d'irréductibles, le tricolore est devenu, selon le mot de Falloux, « par opposition à l'étendard sanglant de l'anarchie, le drapeau de l'ordre social ». Au XXe siècle, d'ailleurs, les socialistes, dès août 1914, et les communistes, à partir de 1934, adoptent eux aussi le tricolore. Emblème quasi sacré, le drapeau se brandit aux moments forts de l'Histoire. À la Libération, ainsi, pavoiser ses fenêtres est l'une des actions les plus consensuelles. Elle répond aux appels de Radio-Londres, qui exhorte dès le 14 juillet 1944 les Français à « hisser les drapeaux tricolores sur les bâtiments publics, les clochers et les cheminées d'usines », mais elle est aussi une manifestation spontanée d'allégresse. Le culte du drapeau s'est affaibli après la Libération, mais le tricolore reste hautement symbolique. Il se mêle souvent désormais aux couleurs de la région ou au drapeau européen.

DRESDE (bataille de)

En 1813, Napoléon, sûr de la fidélité du roi de Saxe, fait de Dresde la plaque tournante de sa campagne d'Allemagne.

Après la rupture de l'armistice qu'il a conclu, en juin 1813, avec les Russes et les Prussiens sous la médiation de Metternich, il y bat, les 26 et 27 août, l'armée autrichienne de Schwarzenberg. Victoire sans lendemain : Napoléon n'en doit pas moins se retirer sur Leipzig, à la suite des défaites infligées à ses lieutenants par Blücher et Bernadotte.

DREUX

Durocasses. *Ville d'Eure-et-Loir. Fondée à l'époque gallo-romaine, elle semble avoir été un lieu sacré pour les Gaulois.*

Elle devient, pendant le haut Moyen Âge, le chef-lieu du comté de Dreux qui, après avoir appartenu aux comtes de Vexin et aux ducs de Normandie, est rattaché à la couronne de France sous le règne de Robert le Pieux. En 1137, Louis VII donne le comté en apanage à son frère Robert qui devient ainsi chef de la maison capétienne des comtes de Dreux. C'est à la bataille de Dreux, en 1562, que le duc François de Guise vainc les protestants de Condé et de Coligny. Quelques années plus tard, Henri IV assiégeant la ville et l'ayant reprise, en fait raser le château (1593). Plusieurs fois détachée, puis réunie au domaine de la couronne, la ville lui revient définitivement sous le règne de Louis XV. De nos jours, subsistent de nombreux vestiges architecturaux civils et religieux, parmi lesquels la chapelle royale Saint-Louis, construite sous la Restauration, qui sert de sépulture aux princes de la maison d'Orléans depuis Louis-Philippe.

DREUX-BRÉZÉ Henri Évrard, marquis de (Paris, 1762 – Paris, 1829)

Grand maître des cérémonies du roi.

Titulaire, depuis 1781, de cette dignité, héréditaire dans sa famille, c'est à lui que revient la charge d'organiser le cérémonial des États généraux de 1789. Lors de la célèbre séance royale du 23 juin 1789, il vient rappeler aux représentants du Tiers l'ordre qui leur a été donné par le roi de se séparer et s'attire la légendaire réplique de Mirabeau : « Nous ne sortirons d'ici que par la force des baïonnettes ». Émigré après le 10 août 1792, il rentre en France en 1801 et retrouve sa charge à la Restauration.

DREYFUS Alfred (Mulhouse, 1859 – Paris, 1935)

Officier.

Reçu à l'École polytechnique à 18 ans, nommé capitaine à 29 ans, il est admis à l'École supérieure de guerre en 1890. Faussement accusé de trahison, il devient, en 1894, le principal personnage d'une affaire d'espionnage qui bouleverse la vie politique française de 1897 à 1906, ébranle la IIIe République et la marque profondément.

DREYFUS (affaire)

Affaire d'espionnage ayant bouleversé la IIIe République.

La condamnation. Arrêté le 15 octobre 1894, le capitaine Dreyfus est accusé d'être un agent au service de l'Allemagne. Dans une corbeille à papier de l'attaché militaire à l'ambassade d'Allemagne a été trouvé un bordereau annonçant l'envoi d'importants documents militaires. En dépit d'expertises contradictoires, le ministre de la Guerre, le général Mercier, croit reconnaître dans l'écriture du bordereau celle du capitaine Dreyfus qui proclame son innocence. D'abord demeurée secrète, l'affaire est divulguée par une note du *Figaro*, le 1er novembre 1894. Elle alimente alors une violente campagne antisémite, menée par *La Libre Parole* d'Édouard Drumont. Dreyfus est traduit devant le conseil de guerre qui, en décembre, à l'unanimité le condamne à la dégradation militaire et à la déportation. Il est dégradé, le 5 janvier 1895, dans la cour de l'École militaire et envoyé le 21 février à l'île du Diable. L'affaire semble classée. L'opinion, unanime, est soulagée. Ce qu'elle ne sait pas c'est que le général Mercier, pour emporter la conviction du conseil de guerre, lui a communiqué un dossier secret (notamment une pièce appelée « Ce canaille de D... » qui semble accablante pour Dreyfus).

La campagne pour la révision. Le frère du condamné, Mathieu Dreyfus, croit à l'erreur judiciaire et, aidé par le journaliste Bernard Lazare, commence à faire campagne. De son côté, le nouveau chef du Service de contre-espionnage français, le commandant Picquart, rouvre le dossier et, en mars 1896, découvre un pneumatique ou « petit bleu », provenant lui aussi de l'ambassade d'Allemagne. Ce télégramme non posté était destiné à un officier attaché à l'état-major français, le commandant Esterhazy au passé agité. Or l'écriture d'Esterhazy semble être celle du bordereau qui a déclenché le scandale. Le sous-chef d'état-major, le général Gonse, averti, conseille à Picquart de ne pas relancer l'affaire et, le 1er novembre, le commandant Henry, pour convaincre Picquart d'erreur, annonce la découverte d'un nouveau billet dans la corbeille de l'ambassade d'Allemagne. Il semble établir la culpabilité de Dreyfus. Picquart est envoyé en Tunisie et remplacé par Henry. Une pétition en faveur de la révision du procès est rejetée par le Parlement, faute de preuves.

Mais, au cours de l'été 1897, le vice-président du Sénat, Scheurer-Kestner, ayant acquis, après une entrevue avec le notaire de Picquart, la certitude que des faux ont été produits au cours du procès, prend la tête du mouvement révisionniste et demande une entrevue au président de la République. Elle est sans résultat (Félix Faure prêche la prudence) et, le 9 novembre, le ministère de l'Intérieur publie une note quasi officielle affirmant que Dreyfus a été justement condamné. L'affaire commence à agiter le pays. La presse de droite mène une ardente campagne contre les partisans du « traître Dreyfus ». Ces derniers, qui trouvent quelques soutiens dans les milieux de la presse (Clemenceau) et de l'Université, sont encore peu nombreux.

Esterhazy, dénoncé officiellement le 15 novembre par une lettre de Mathieu Dreyfus au nouveau ministre de la Guerre, le général Billot, est sur sa demande traduit devant le conseil de guerre. La presse de droite durcit sa campagne, alors que les manifestations d'étudiants se succèdent. Le ministre de la Guerre, interpellé devant le Parlement, réaffirme la culpabilité de Dreyfus, et le président du Conseil, Méline, conclut : « Il n'y a pas d'affaire Dreyfus. » Au milieu d'une atmosphère surchauffée, Esterhazy est acquitté, le 11 janvier 1898, à l'unanimité. Picquart, accusé de faux, est interné au mont Valérien.

« J'accuse. » C'est alors que Zola lance le débat devant l'opinion. Le 13 janvier, en première page du journal *L'Aurore*, il publie une lettre ouverte, « J'accuse… ! », au président de la République, y dénonçant les incertitudes du procès, posant la question des responsabilités de l'état-major, accusant le conseil de guerre d'avoir acquitté Esterhazy « par ordre ». La vraie bataille commence. L'affaire devient une lutte politique. Les partisans de Dreyfus, qui demandent la révision du procès au nom de la justice et de la vérité, sont soutenus par le clan des « Intellectuels » qui se groupent autour de Clemenceau, Jaurès, Péguy. Le 20 février, ils créent la Ligue des droits de l'homme. *Le Siècle* (J. Reinach) et *L'Aurore* s'en font les interprètes. Mais les antidreyfusards ont au service de leur cause une presse beaucoup plus puissante. Avec Barrès, Maurras et Déroulède, ils s'opposent à la révision au nom de la chose jugée, de l'honneur de l'armée, et réclament la condamnation de Zola. Leur appel au patriotisme leur permet d'organiser d'importantes manifestations. Dans cette atmosphère, le gouvernement se voit contraint de déférer Zola devant la cour d'assises de la Seine, qui le condamne à un an de prison pour diffamation. Il se réfugie en Angleterre.

La campagne pour les élections législatives n'aborde pas ce dossier explosif dans lequel les partis politiques voient un piège, et le cabinet Brisson, qui sort de cette consultation, est davantage préoccupé par la question religieuse. Le ministre de la Guerre, le général Cavaignac, veut même donner un coup d'arrêt définitif au procès. Il se déclare certain de la culpabilité de Dreyfus, conclut à une complicité entre Dreyfus et Esterhazy et révèle à la Chambre l'existence du dossier secret.

La réhabilitation. L'affaire est rouverte par un nouveau coup de théâtre. Cavaignac, ému par les campagnes de presse qui affirment la nullité des pièces d'accusation, ordonne un nouvel examen du dossier. Bientôt, en août, le commandant Henry est contraint de lui avouer qu'il est l'auteur du « petit bleu » qu'il a falsifié pour étayer les preuves de la culpabilité de Dreyfus. Arrêté le 30 août 1898, il est aussitôt enfermé au mont Valérien où on le retrouve mort le lendemain. Cette mort mystérieuse entraîne des réactions très vives dans l'opinion. Le chef d'état-major (Boisdeffre) doit démissionner, trois ministres de la Guerre se retirent successivement avant que le ministère Brisson lui-même ne tombe. Les antidreyfusards soutiennent l'idée du « faux patriotique » (il aurait été fabriqué par Henry pour remplacer un document qu'il était impossible de produire sans menacer la paix avec l'Allemagne) qui transforme Henry en héros patriote, victime de son devoir. La violence des manifestations nationalistes amène la réconciliation des gauches, hantées par la crainte d'un complot, autour de l'anticléricalisme, et de l'antinationalisme, tandis que la demande en révision du procès est acceptée par la Cour de cassation, le 29 octobre. Dreyfus est ramené de l'île du Diable, le jugement de 1894 est annulé le 3 juin 1899, et le nouveau procès de Dreyfus s'ouvre à Rennes à la fin du mois d'août 1899. Il n'apporte aucun élément nouveau et, après un mois de débats, Dreyfus est de nouveau reconnu coupable, mais avec « circonstances atténuantes », et condamné à 10 ans de détention. Le verdict ne peut satisfaire l'opinion, et le président Loubet gracie immédiatement Dreyfus. Cette initiative présidentielle est un acte politique qui réussit à apaiser les esprits. Dreyfus reste formellement coupable et l'armée garde son prestige. En 1906, Dreyfus est réhabilité, la Cour de cassation, toutes chambres réunies, ayant cassé le jugement du conseil de guerre de Rennes. Il reçoit la Légion d'honneur, le 22 juillet 1906, et est réintégré dans l'armée avec le grade de commandant.

DRIANT Émile (Neuchâtel-sur-Aisne, 1855 – près de Verdun, 1916)

Militaire et homme politique.

Gendre du général Boulanger, épris de stratégie, il publie en 1889, sous le pseudonyme de Capitaine Danrit, un ouvrage prophétique : *La Guerre de demain*. Ayant quitté l'armée en 1905, à la suite de l'affaire des fiches, Driant milite parmi les mouvements nationalistes et se fait élire député de Meurthe-et-Moselle en 1910. Commandant des 56e et 59e régiments de chasseurs à pied, il se trouve au bois des Caures le 21 février 1916, lors du déclenchement de l'assaut allemand contre Verdun. Il succombe le 22, après avoir stimulé les défenses de première ligne, devenant une des figures symboliques de la grande bataille défensive.

Cinq Centimes

ERNEST VAUGHAN

L'AURORE

Littéraire, Artistique, Sociale

J'Accuse...!

LETTRE AU PRÉSIDENT DE LA RÉPUBLIQUE

Par ÉMILE ZOLA

LETTRE

A M. FÉLIX FAURE

Président de la République

Mercredi 12 Janvier 1898

CINQ Centimes

LA LIBRE PAROLE

La France aux Français !

Directeur : ÉDOUARD DRUMONT

LE COUP DE MASSUE !

MANIFESTATIONS DEVANT LE CONSEIL DE GUERRE

Vive l'armée ! — A bas les Juifs !

L'ACQUITTEMENT

ÉDOUARD DRUMONT

L'affaire Dreyfus

Dreyfusards et antidreyfusards s'affrontant par voie de presse. © *Sélection Images*

DRIEU LA ROCHELLE Pierre (Paris, 1893 – Paris, 1945)

Écrivain.

Il est le symbole d'une génération d'intellectuels qui a embrassé le fascisme. Issu d'une bourgeoisie aisée, qu'il juge décadente, il est au gré de ses humeurs tour à tour attiré, avant la Grande Guerre par l'Action française, et dans l'entre-deux guerre par le dadaïsme, le surréalisme, le radicalisme jeune turc de Bergery et le communisme. Nourri de Barrès et de Nietzsche, il voue une indéfectible admiration à la force conquérante. Combattant de 14-18, blessé à Verdun, il avoue ses désillusions guerrières dans *La Comédie de Charleroi* (1934). En janvier 1934, il fait son premier voyage dans l'Allemagne nouvelle avec Bertrand de Jouvenel et devient membre du réseau Abetz. Ayant participé à la journée du 6 février 1934 à Paris, il adhère au Parti populaire français (PPF) de Jacques Doriot en 1936. Puis, hostile à l'Anschluss et réticent à l'égard de l'ultra-munichisme, il rompt avec Doriot à la fin de l'année 1938. *Gilles*, un de ses romans majeurs, décrit son aspiration à un fascisme français indépendant. Pendant la drôle de guerre, il dénonce la barbarie nazie, mais deux ans plus tard s'affiche comme l'un des intellectuels les plus acquis à la cause de l'Occupant. Directeur de la plus prestigieuse revue de son temps, la NRF (*Nouvelle revue française*) de 1940 à 1943, il y fait entrer toute l'intelligentsia collaborationniste et antisémite. À la Libération, après s'être caché quelques mois, il se suicide le 16 mars 1945 non sans avoir proclamé son engouement pour Staline.

DROIT COUTUMIER, DROIT ÉCRIT

Sous l'Ancien Régime, on qualifie de « coutumier » le droit inspiré par des usages qui n'ont pas fait l'objet de codification systématique avant le XIIIe siècle ; l'expression « droit écrit » désigne généralement des dispositions héritées du droit romain, codifié entre le IVe et le VIe siècle (Code théodosien, Code justinien).

Le droit coutumier est caractéristique du Nord de la France, le droit écrit du Midi. Toutefois, à aucune époque ce partage n'a été exclusif, le droit romain ayant parfois influencé le Nord, même dans des temps relativement anciens, cependant que le Midi substituait fréquemment certaines règles coutumières à des principes de droit romain. Les plus septentrionaux des pays de droit écrit sont la Bresse, le Mâconnais, le Beaujolais, le Forez, la Haute-Auvergne (ou tout au moins sa partie méridionale), le Limousin, la Basse-Marche et la Saintonge.

DROITS DE L'HOMME ET DU CITOYEN (Déclaration des)

Depuis 1688, en Angleterre, et à partir du 4 juillet 1776 aux États-Unis d'Amérique, des textes garantissent les droits fondamentaux des habitants.

Inspirés par les écrits de Montesquieu et ceux des autres encyclopédistes, les réformateurs français de 1789 ne sauraient négliger pareilles garanties, d'autant plus qu'elles ont toujours été refusées par l'Ancien Régime. Juristes, moralistes et députés se concertent donc pour présenter à la séance du 2 octobre un texte aussitôt adopté. Il va porter l'appellation de Déclaration des droits de l'homme et du citoyen, ensemble de 17 articles fondamentaux dont beaucoup passeront tels quels dans les codes de jurisprudence. L'article premier énonce que les « hommes naissent et demeurent libres et égaux. Les distinctions sociales ne peuvent être fondées que sur l'utilité commune ». Selon l'article 2, les droits imprescriptibles de l'homme sont « la liberté, la propriété, la sûreté et la résistance à l'oppression ». La « nation » constitue l'élément fondamental de la souveraineté humaine (art. 3). La liberté consiste à faire « tout ce qui ne nuit pas à autrui » (art. 4). Enfin, consécration pour le juriste, « la loi est l'expression de la volonté générale » (art. 6).

Les principes énoncés par les philosophes de la seconde moitié du XVIIIe siècle trouvent là leur pleine consécration, à commencer par le principe de séparation des pouvoirs et la proclamation des droits naturels de l'homme. Mais ce qui différencie surtout la déclaration française des textes anglo-saxons, c'est son élan humanitaire. La Déclaration ne s'applique pas au seul peuple français, mais bien au monde entier, et il est symbolique qu'il en résultera par la suite, dans les colonies françaises puis espagnoles, enfin anglaises et néerlandaises, l'abolition de l'esclavage. Sous la IIIe République, les enfants des écoles communales apprenaient par cœur, à l'égal des récitations classiques, les principaux articles de cette Déclaration.

DROIT DIVIN

Ensemble de règles considérées comme fixées par Dieu, parmi lesquelles l'origine du pouvoir royal.

Cette conception chrétienne – « il n'est point d'autorité qui ne vienne de Dieu », selon la maxime de saint Paul dans l'épître aux Romains – emprunte à la tradition juive où le souverain était considéré comme l'élu de Dieu. Sous Philippe III le Hardi, les *Établissements de Saint-Louis* précisent : « Le roi ne tient de personne, sauf de Dieu et de lui ». Le droit divin est source des droits régaliens qui constituent la souveraineté du roi et se renforcent en même temps que se construit l'absolutisme aux dépens des grands féodaux, de l'Église et des parlements. Le droit divin n'a pour seule limite pratique que les lois fondamentales du royaume. Seul le roi est investi de son pouvoir par la grâce de Dieu lors de ce sixième sacrement qu'est le sacre dont Pépin le Bref est le premier bénéficiaire. Il devient ainsi le vicaire du Christ sur terre ; politiquement irresponsable, il est sacro-saint : tout attentat contre lui est un sacrilège puni du dernier supplice (Clément, Damiens...). Représentant Dieu sur Terre, le roi n'admet aucune subordination, en particulier vis-a-vis du pape (gallicanisme), non plus qu'aucune opposition de ses sujets. Cette origine divine du pouvoir permet au roi de s'imposer aux grands féodaux, non pas comme un simple suzerain mais comme souverain. Elle est le fondement des droits régaliens.

Certains de ces droits définissent de nos jours encore la souveraineté étatique, tel celui de battre monnaie ou de gracier un condamné. Le premier droit régalien est celui de faire la loi (édits) et de l'interpréter. Les parlements en cette matière ne sont que des chambres d'enregistrement de la loi : lorsqu'ils regimbent en émettant des remontrances, il suffit au roi de paraître en personne pour imposer sa volonté à travers un lit de justice. Le roi a le pouvoir de modifier la condition d'un individu : naturaliser un étranger, légitimer un bâtard, anoblir un roturier, enfermer un particulier sans jugement par une lettre de cachet. Il a la faculté d'accorder aux individus ou aux communautés des privilèges. Il a aussi toute latitude pour fonder des universités, créer des foires ou réunir

La Déclaration des droits de l'homme et du citoyen
Le texte intégral de la Déclaration. © *Sélection Images*

des conciles. Dans le domaine religieux, le roi, depuis le concordat de Bologne (1516), choisit et nomme évêques et abbés auxquels le pape confère ensuite l'investiture canonique. Il dispose aussi du droit de régale – qui consiste à percevoir les revenus d'un bénéfice ecclésiastique vacant.

Au XVIIIe siècle, le droit divin est contesté par les Lumières qui lui opposent les droits naturels et une conception laïque du pouvoir, inspiré du modèle britannique de monarchie parlementaire mis en place lors de la révolution de 1688. Aussi la première Constitution française, du 3 septembre 1791, fait-elle de Louis XVI le roi des Français, qui règne par la loi et non plus par la volonté de Dieu.

DROITS DE L'HOMME (ligue des)

Ligue constituée en février 1898, alors que l'affaire Dreyfus divise la France en deux camps.

La ligue se rassemble au moment du procès Zola, en janvier 1898, à l'initiative du sénateur républicain modéré Ludovic Trarieux. Favorable à Dreyfus, et par conséquent opposée à la ligue des Patriotes et à la ligue de la Patrie française, l'association entend défendre la liberté, la fraternité, l'égalité et la justice face aux décisions arbitraires du pouvoir politique ou du pouvoir judiciaire. Son but est la recherche de la vérité, ses adhérents appartiennent aux milieux universitaires et littéraires avant tout, mais aussi politiques. La ligue qui, à l'origine, voulait se situer au-dessus des partis, n'a pu conserver cette ligne : elle défend le droit sur le plan des personnes, elle combat les erreurs judiciaires, mais, sur le plan politique, veille aussi à ce que soient respectés les principes républicains de 1789. Elle se retrouve ainsi rapidement aux côtés de la gauche, apôtre de la laïcité, contre les conservateurs catholiques, nationalistes et antisémites. Cette situation est surtout manifeste dans les années qui précèdent la Première Guerre mondiale, quand Francis de Pressensé remplace Trarieux à la présidence (1904-1913). La ligue défend alors une politique d'« action républicaine » dans trois directions, laïcité, démocratie politique, et pacifisme.

La ligue des Droits de l'homme connaît sa période la plus active entre les deux guerres, notamment sous l'action de Ferdinand Buisson. Elle compte en 1933 près de 200 000 adhérents, membres des professions libérales et du corps enseignant surtout. Son influence s'exerce aussi par un organe bimensuel, les *Cahiers des Droits de l'homme* (1920), et par un quotidien, *La Quotidienne* (1923). Les radicaux y jouent un rôle prépondérant jusqu'en 1933, date à laquelle la majorité passe aux socialistes. À la veille de la guerre s'amorce le déclin de l'association, victime de son succès même et de sa trop grande politisation. Certains, comme Victor Basch, qui la préside depuis 1926, regrettent que le but originel, la défense des droits de l'homme au point de vue juridique, ne soit plus le plus important. La ligue, dirigée après la Seconde Guerre mondiale par Émile Kahn puis Daniel Mayer, sans retrouver son audience passée, est cependant présente et active à chaque fois que, sur le plan international, le libre exercice des droits de l'homme et du citoyen est remis en cause.

DROITS SEIGNEURIAUX

Droits d'ordre militaire, fiscal, judiciaire, économique que le seigneur – qu'il soit châtelain ou seigneur d'Église – tire à l'époque féodale de son pouvoir de ban.

Il les exerce sur ceux qu'on appelle les « hommes de la poesté », c'est-à-dire sur les hommes qui sont en sa puissance, paysans ou artisans, car ceux qui lui sont attachés par un lien féodo-vassalique sont exclus de son emprise. Ces droits, dont l'image se précise au XIe siècle, au temps de l'essor de la seigneurie, sont d'abord d'ordre militaire. C'est au seigneur que les sujets de la seigneurie, par suite de la dissolution de presque toute forme d'État, doivent le service militaire qu'ils devaient autrefois au roi franc. Il consiste en des corvées, comme la construction ou la réparation des châteaux, en des réquisitions, fournitures ou charrois de vivres, en un service de garde au château mais aussi en une participation éventuelle au combat. Ces droits sont également d'ordre fiscal. Les « hommes de la poesté » acquittent des redevances, généralement en nature, ainsi la taille, pour prix de la protection seigneuriale et un certain nombre de corvées, notamment pour l'entretien des chemins et des ponts. Les droits seigneuriaux sont encore d'ordre judiciaire. Le seigneur juge toutes les causes, y compris les causes majeures dont le roi carolingien avait délégué la compétence au comte. Cette plénitude de pouvoir se traduit par deux expressions. L'une, du XIe siècle, dit que le seigneur a la « justice du sang », c'est-à-dire qu'il peut condamner à mort. L'autre, qui n'est pas antérieure au XIIIe siècle, dit qu'il a la « haute justice ». La basse justice, elle, est une arme pour exiger le paiement des droits. Les droits seigneuriaux sont enfin d'ordre économique. Ils comprennent les droits de chasse et de pêche, de colombier, les divers péages, la perception de droits sur les marchés et les foires et sur les moyens de production par le jeu des banalités qui sont de véritables monopoles économiques. À côté de ces droits qui pèsent sur les personnes, les « droits réels » sont réputés peser sur les terres. Le seigneur conserve, en effet, la propriété éminente (la directe) des terres (tenures) que cultivent les paysans. Ceux-ci n'ont que la propriété utile, pour laquelle ils paient des redevances annuelles (rentes et cens) en argent généralement, champart sur les récoltes ou casuelles (lods et vente) en cas de mutation par vente ou héritage.

Parallèlement au renforcement progressif de la monarchie, les obligations d'ordre militaire tendent à disparaître, tandis que d'autres droits tombent en désuétude, surtout à la fin du XVe siècle. Mais, dès le XVIe siècle, avec l'apparition de la nouvelle noblesse issue du capitalisme urbain, les droits seigneuriaux retrouvent vigueur et, au XVIIIe siècle, deviennent beaucoup plus pesants. Les justices seigneuriales, en cas de contestation, accablent les paysans, et les seigneurs s'attaquent aux droits collectifs, aux droits d'usage sur les biens communaux dont ils réclament la propriété éminente et dont les édits de triage leur accordent souvent le tiers. Dans certaines régions, cette réaction seigneuriale est particulièrement dure. Il en est ainsi dans le Maine et en Franche-Comté, où subsiste dans toute sa rigueur le droit de suite sur les serfs et les mainmortables qui n'est plus appliqué ailleurs et où l'édit royal de 1779 qui l'abolit doit être inscrit militairement sur les registres du parlement, en 1788 seulement. À la veille de la Révolution, les charges seigneuriales sont, de toutes celles qui pèsent sur les roturiers, les plus lourdes et les plus impopulaires. Elles seront abolies ou déclarées rachetables la nuit du 4 août 1789.

DROUET Jean-Baptiste (Sainte-Menehould, 1763 – Mâcon, 1824)

Homme politique.

Lors de la fuite de la famille royale, il est maître de poste à Sainte-Menehould. Nourrissant des soupçons sur l'identité des voyageurs au moment du relais de la berline, il se fait mandater par la municipalité et part à la poursuite de la famille royale avec le cabaretier Guillaume. Il rejoint le bourg de Varennes par des raccourcis, alerte la population, oblige le procureur de la commune, Sauce, à ne pas laisser les voyageurs poursuivre leur route, mais ne participe pas à l'arrestation du roi, le 21 juin 1791. Devenu célèbre, il va rendre compte de son action devant l'Assemblée constituante, qui le félicite et lui offre une récompense de 30 000 livres, puis devant les Jacobins. Il reçoit une couronne civique, et son buste est placé à l'Hôtel de Ville.

Député suppléant de la Marne à la Législative, il ne siège pas mais est ensuite élu député à part entière à la Convention. Il se signale par son jacobinisme, vote la mort du roi, défend en revanche Philippe Égalité et les Girondins. Exalté, il réclame la condamnation à mort de tous les Anglais présents en France, voyant en eux des espions. En 1793, Drouet est envoyé en mission à l'armée du Nord. Fait prisonnier en tentant de sortir de Maubeuge, il sera durement traité quand on le reconnaîtra, et enfermé au Spielberg. Après deux ans de captivité, il est – avec les conventionnels livrés par Dumouriez – échangé contre Madame Royale. De retour à Paris, il siège aux Cinq-Cents pour peu de temps, car il est compromis dans la conspiration de Babeuf, arrêté et enfermé à l'Abbaye. Il s'évade et se réfugie en Suisse, séjourne aux Indes et aux Canaries, avant d'être jugé par contumace et acquitté, ce qui lui permet de rentrer en France en octobre 1797.

Bonaparte fait de lui le premier sous-préfet de Sainte-Menehould, fonction qu'il occupe jusqu'en 1814. Drouet participe à la défense de l'Argonne pendant l'invasion et doit à nouveau s'exiler en 1816 à la suite de la loi dite d'amnistie qui le proscrit comme régicide. Il ne quitte cependant pas la France, se cache à Mâcon sous le nom de Maërgesse, celui de sa compagne. Il achève ses jours comme secrétaire-lecteur d'un ultra-royaliste qui ignore son identité.

DROUET Jean-Baptiste, comte d'Erlon (Reims, 1765 – Paris, 1844)

Maréchal de France.

Racolé en 1782, il sert cinq ans dans l'armée royale, reprend du service en 1792 et prend part aux campagnes de la Révolution dans les armées de Sambre-et-Meuse et du Danube. Général de brigade en 1799, de division en 1801, Drouet est mis à la tête de l'état-major du corps de réserve en 1807, de la 11e division militaire en 1809, puis de l'armée bavaroise. Il combat ensuite dans l'armée d'Allemagne, puis au Portugal et en Espagne, en qualité de commandant de l'armée du Centre. Chevalier de Saint-Louis et grand officier de la Légion d'honneur sous la Première Restauration, il commande la 16e division militaire et dirige le conseil de guerre qui acquitte Exelmans. Emprisonné à Lille à la suite de l'affaire Lefebvre-Desnouettes, il rejoint Napoléon et se distingue à Waterloo. Condamné à mort par contumace en 1816, Drouet se réfugie en Prusse, regagne la France en 1825, puis est rappelé en activité après la révolution de 1830. Commandant de la 12e division militaire, il contribue, en 1832, à l'arrestation de la duchesse de Berry. La France commence alors, non sans hésitation, la conquête de l'Algérie, et Drouet en est nommé gouverneur général en 1834. Il crée les bureaux arabes, entreprend de traiter avec Abd el-Kader, mais est rappelé dès 1835, et remplacé par Clauzel. La dignité de maréchal de France récompense ses longs services quelques mois avant sa mort, en 1843.

DROUOT Antoine (Nancy, 1774 – Nancy, 1847)

Général et pair de France.

Issu d'une famille de boulangers, il est, durant la Révolution, élève à l'École d'artillerie de Châlons. Envoyé à l'armée du Nord en 1793, il participe à la bataille de Fleurus, puis regagne l'armée du Rhin avant d'être fait, en 1804, colonel de la garde impériale et membre de la Légion d'honneur. Drouot combat avec intrépidité à la bataille de Wagram, et il est fait baron d'Empire en 1810. Il reçoit le commandement en chef de l'artillerie de la Grande Armée à Lützen et à Bautzen. Promu général de brigade en janvier 1813, il devient aide de camp de l'Empereur, comte et général de division au mois de septembre de la même année. La première abdication lui fait suivre Napoléon sur le chemin de l'exil, il devient gouverneur de l'île d'Elbe jusqu'aux Cent-Jours, période durant laquelle il est nommé pair de France. Après la bataille de Waterloo et l'exil de l'Empereur, il se constitue prisonnier. Il est traduit devant un conseil de guerre, qui l'acquitte, jugeant qu'ayant été emmené par Napoléon à l'île d'Elbe, il avait perdu sa nationalité française et n'avait, de ce fait, pas eu à prêter serment de fidélité à la royauté. Louis XVIII lui offre une pension. Il la refuse et se retire chez son frère, à Nancy, où il vit en marge de toute activité publique. Quelques années plus tard, dans son testament, Napoléon lui léguera 100 000 francs qu'il consacrera au soulagement des malheureux.

DROUYN de LHUYS Édouard (Paris, 1805 – Paris, 1881)

Diplomate et homme politique.

Député de Melun depuis 1842, il participe aux banquets réformistes de 1848 puis, élu à la Constituante, se rapproche de la droite. Un moment ministre des Affaires étrangères de la IIe République, il se rallie ensuite à Louis Napoléon, et fait partie de la commission consultative, puis du Sénat. De nouveau ministre des Affaires étrangères au début du Second Empire (1852-1855), il est favorable à l'alliance franco-autrichienne. S'opposant à la guerre de Crimée, il démissionne en avril 1855, quand Napoléon III refuse le compromis proposé par l'Autriche. Rappelé en octobre 1862 en remplacement de Thouvenel, il se heurte au problème de l'unité italienne, tente vainement de réconcilier le pape et Victor-Emmanuel. Toujours favorable au rapprochement avec l'Autriche et inquiet des menées expansionnistes de la Prusse, il essaie d'éviter la guerre austro-prussienne. En juillet 1866, il rédige avec Napoléon III un projet de convention secrète avec la Prusse, pour prix de la médiation impériale dans le conflit austro-prussien, après Sadowa. Mais Guillaume de Prusse refuse la convention que Bismarck rend publique peu après, et l'empereur, pour atténuer la déplorable impression produite par ce marché, désavoue son ministre qui démissionne et abandonne la politique.

DRUIDES

Prêtres celtes. Leur société religieuse a été, en Gaule comme en Bretagne et en Irlande, dépositaire de la tradition ancestrale et la véritable gardienne de l'esprit celtique.

Aux temps historiques, les druides se recrutent par l'enseignement ou la cooptation, parfois l'hérédité. Ils sont organisés en collèges, tiennent des assemblées annuelles et élisent un chef suprême. Mais ils constituent moins une caste fermée qu'une confrérie hiérarchisée qui participe à la vie de la communauté et joue un rôle de premier plan dans la vie sociale et politique des Celtes. Une cérémonie consacre la fin de leur long apprentissage. Au terme de cette initiation dont ils mettent vingt ans à franchir tous les degrés, les druides exercent des fonctions diverses qui peuvent se répartir en quatre groupes principaux. Fonctions religieuses avant tout, que symbolise leur vêtement blanc : ils sont les intermédiaires entre le monde surnaturel et les hommes, prophétisent, interprètent les présages, formulent les interdictions rituelles. Ils sont les ordonnateurs et parfois les ministres des sacrifices, procèdent à la cueillette sacrée du gui, rite exclusivement gaulois à ce qu'il semble. Fonctions juridiques : ils ne sont pas véritablement des juges, mais jouent le rôle d'arbitres, d'avocats, de jurisconsultes dans les litiges publics et privés. Qu'il s'agisse de meurtres, d'héritages, de contestations relatives à la propriété, ce sont eux qui fixent amendes et réparations. Ils peuvent lancer l'interdit sur ceux qui n'acceptent pas leur arbitrage. Fonctions politiques : leur rôle d'arbitre les amène à trancher les différends entre tribus. Chaque roi a auprès de lui un druide qui est, en fait, son conseiller politique. Les druides bénéficient d'ailleurs de privilèges (exemption de service militaire et d'impôt). Fonctions éducatives enfin : en dehors de ceux qui se préparent au sacerdoce, les druides élèvent pratiquement tous les jeunes gens de l'aristocratie militaire. Leur enseignement purement oral est d'autant plus efficace qu'il n'est pas académique. Il a pu être résumé dans cette formule : « Craindre les dieux, ne rien faire qui ne soit noble, et s'exercer aux qualités viriles. »

Certains druides sont des hommes très cultivés et Aristote, puis Cicéron, parlent d'eux avec admiration. Philosophes mystiques, ils ont élaboré une doctrine complète de l'immortalité de l'âme avec une morale et une mythologie. Ils croient vraisemblablement à la métempsychose (transmigration des âmes d'un corps à un autre). Ils possèdent également des notions de physique, d'astronomie, connaissent bien les plantes et leurs propriétés. C'est parce que les druides représentaient une force morale redoutable et qu'ils étaient les gardiens des concepts fondamentaux du nationalisme gaulois qu'ils ont été persécutés sous l'Empire romain, en vertu des lois relatives aux sacrifices humains (qu'ils pratiquaient) et à la magie. Leur force de cohésion, donc de résistance, fut particulièrement forte en Bretagne.

Édouard Drumont
Papillons de Drumont. © *Tallandier*

DRUMONT Édouard (Paris, 1844 – Paris, 1917)

Écrivain et homme politique.

Employé tout d'abord comme bureaucrate à l'Hôtel de Ville, il commence à donner des articles à divers journaux, comme *La Presse théâtrale*. Après la guerre de 1870, où il sert dans la garde mobile, il se consacre au journalisme et publie dans *La Liberté* de Girardin des chroniques concernant la vie parisienne, le théâtre ou les coulisses de la Chambre. Il aborde ensuite la polémique et entreprend de défendre l'indépendance de la famille française contre les puissances d'argent. En 1886, la publication d'un pamphlet *La France juive*, le rend célèbre. Son propos apparaît dès la première phrase de l'introduction : « Taine a écrit la conquête jacobine. Je veux écrire la conquête juive. » Les difficultés de la France au début de la IIIe République s'expliquent, dit-il, par l'« invasion juive ». Son ouvrage lui vaut, entre autres, un duel avec Arthur Meyer, directeur du *Gaulois*.

Sans rejoindre la gauche, Drumont multiplie les attaques contre le capitalisme. Les scandales de la IIIe République achèvent de le rendre célèbre. Ses articles dans *La Libre Parole*, quotidien qu'il fonde en 1892, contribuent à faire éclater le scandale de Panamá. La violence de ses écrits, leur antisémitisme, lui valent de nombreuses difficultés, procès ou duels. L'apothéose de Drumont se situe au moment de l'affaire Dreyfus, qui le range aux côtés des nationalistes et antisémites virulents : après avoir défendu les masses contre le capitalisme et tenu des propos proches de ceux des socialistes, il se trouve placé dans le camp des possédants. Avec Maurras et Barrès, il milite dans la ligue de la Patrie française. Son renom lui vaut d'être élu député d'Alger (1898-1902). Mais le développement de l'*Action française* contribue à diminuer son audience, ce journal lui retirant peu à peu ses lecteurs. Drumont, qui a connu l'aisance, si ce n'est la fortune, doit accepter la transformation de *La Libre Parole*, et la mise en place d'une nouvelle équipe qu'il n'influence guère. Il meurt ruiné et désabusé.

DRUZES ou DRUSES (affaire des)

Conflit ayant opposé ce peuple, actuellement au Liban et au sud de la Syrie, à l'armée française durant l'entre-deux-guerres.

À l'origine, les Druzes forment une secte religieuse, fondée, à la fin du Xe siècle, par deux missionnaires ismaïliens, Mohamed Ibn Ismaïl el-Darazi (*Duruz* ; pluriel de *Darazi*, a donné Druze) et Hamza Ibn Ali Ibn Ahmed. Les Druzes croient à la métempsychose (transmigration des âmes d'un corps à un autre) et à la réincarnation. Le peuple vit en bons termes avec ses voisins maronites jusqu'au XIXe siècle, date à laquelle s'engagent de terribles luttes (massacre des Maronites de 1860). En 1920, la Syrie se trouvant sous mandat français, est constitué, pour respecter la spécificité de ce peuple, un État distinct (djebel druze) aux côtés de celui du grand Liban et de Damas. Malgré tout, les Druzes, voyant dans la puissance mandataire une entrave à leur indépendance et à leur autorité, se révoltent contre les troupes françaises qui mettent plusieurs mois (1925-1926) à les pacifier.

DUBAIL Augustin Edmond (Belfort, 1851 – Paris, 1934)

Général.

Sorti de Saint-Cyr en 1870, il est aussitôt envoyé en Lorraine au 10e bataillon de chasseurs à pied. Il participe à la campagne de l'armée du Rhin, se distinguant à Spicheren où, cerné par un détachement d'uhlans, il se dégage, presque seul, l'arme au poing. Fait prisonnier après la capitulation française, il prend part aux engagements militaires menés par le gouvernement de Versailles contre la Commune de Paris, est promu lieutenant en 1873 et professeur à Saint-Cyr l'année suivante. Breveté de l'École supérieure de guerre, Dubail sert en Algérie avant d'être par deux fois chef du cabinet militaire du ministre de la Guerre, Berteaux. En 1906, ayant le grade de général de brigade, il est placé à la tête de Saint-Cyr, où son passage a laissé de nombreuses et importantes transformations quant à l'instruction et l'éducation militaires. Chef d'état-major de l'armée en 1911, puis membre du Conseil supérieur de la guerre, Dubail, commandant de la Ire armée en 1914, donne un coup d'arrêt à la progression allemande en Sarre, puis remporte dans la trouée de Charmes un succès d'une importance telle qu'il met fin à la progression allemande vers les Vosges, ce qui permet à la IIe armée de sauver Nancy. Appelé au commandement du groupe des armées de l'Est, il est, en 1916, touché par la limite d'âge et abandonne le front pour devenir gouverneur militaire de Paris. Grand chancelier de la Légion d'honneur, Dubail crée, en 1921, la Société de la Légion d'honneur et, en 1925, le musée de la Légion d'honneur.

DUBOIS Guillaume (Brive-la-Gaillarde, 1656 – Versailles, 1723)

Cardinal et Principal ministre.

Fils d'un modeste apothicaire, il poursuit ses études à Paris grâce à une bourse et à divers travaux domestiques. Précepteur dans plusieurs familles, il est chargé, en 1687, de l'éducation du duc de Chartres, Philippe d'Orléans, et gagne sa confiance. Il sait aussi se concilier la faveur de Louis XIV, en persuadant son élève d'épouser Mlle de Blois : en récompense, le roi lui donne l'abbaye de Saint-Just. Conseiller le plus intime du duc d'Orléans, il entre au Conseil d'État quand son ancien élève devient Régent, en 1715. L'audace de ses propos provoque souvent des brouilles avec le Régent qui, cependant, ne peut se passer de lui. Intelligent et habile, Dubois joue jusqu'à sa mort un rôle considérable dans la direction de la politique étrangère. Il recherche l'alliance avec l'Angleterre, comme le ministre anglais Stanhope recherche celle de la France, et leurs tractations aboutissent à l'alliance de Hanovre (octobre 1716), à la Triple-Alliance de 1717, quand la Hollande rejoint la France et l'Angleterre, et enfin à la Quadruple-Alliance de 1718, avec l'Autriche. Nommé secrétaire d'État aux Affaires étrangères en septembre 1718, Dubois fait échouer un complot organisé par le ministre espagnol Cellamare qui vise à écarter le Régent du pouvoir.

Son ambition alors ne connaît plus de bornes : il n'a reçu que la simple tonsure, mais veut devenir archevêque de Cambrai. Il fait intervenir plusieurs intermédiaires, dont le roi d'Angleterre, et son vœu est exaucé : il reçoit tous les ordres en un seul jour (mars 1720), puis est sacré archevêque de Cambrai, en juin, dans l'église du Val-de-Grâce, devant toute la Cour réunie. Le 4 décembre 1720, il parvient à faire enregistrer la bulle *Unigenitus* par le parlement de Paris. La mitre ne lui suffit plus, il veut être cardinal : le nouveau pape, Innocent XIII, lui offre la barrette en 1721. Principal ministre l'année suivante, le nouveau cardinal est tout-puissant, exilant ceux qui lui résistent. En février 1723, quand Louis XV atteint sa majorité, Dubois continue à siéger au Conseil d'en haut, et reste Principal ministre. Malade, il meurt quelques jours plus tard à la suite d'une opération.

DUBOIS-CRANCÉ ou DUBOIS de CRANCÉ Edmond Louis Alexis (Charleville, 1747 – Rethel, 1814)

Général et homme politique.

Un moment mousquetaire de la garde, il abandonne la carrière militaire en 1775 et réapparaît, en 1789, député du tiers du bailliage de Vitry-le-François. Il se signale à l'Assemblée constituante par ses nombreuses activités, siège aux Comités des subsistances, des finances, et surtout au Comité militaire où il travaille à la réorganisation de l'armée. Toutes les questions l'intéressent, de l'école au règlement de l'avancement, et il se montre favorable au service obligatoire. De nouveau sous les armes pendant la Législative, il vient d'obtenir le grade de colonel quand il est envoyé à la Convention par le département des Ardennes. Dubois-Crancé siège sur les bancs de la Montagne, et poursuit l'organisation de l'armée, par l'amalgame (1793) puis l'embrigadement (1794). Il accomplit en même temps plusieurs missions auprès des armées du Midi, du Nord puis, nommé général en mars 1793, rejoint, le mois suivant, l'armée des Alpes. Il joue, à ce moment, un rôle important dans la répression de l'insurrection de Lyon, ce qui n'empêche pas le Comité de salut public de demander son rappel, peu avant la chute de la ville, et son remplacement par Couthon. À Lyon comme dans ses autres missions, Dubois-Crancé se montre favorable à la conciliation plus qu'à la force. Le Comité de la guerre le charge ensuite d'appliquer l'embrigadement dans l'Ouest, mais son modérantisme lui attire l'hostilité de Robespierre et de Couthon, qui obtiennent son rappel en juillet 1794, le font rayer des Jacobins, et réclament même son arrestation le 8 thermidor. La journée du lendemain le sauve, il retrouve sa place aux Jacobins, puis entre au Comité de salut public au mois de décembre 1794. Il siège ensuite aux Cinq-Cents, s'occupe de questions financières et monétaires, et reprend du service quand son élection aux Anciens est annulée. Ministre de la Guerre en 1799, il ne s'oppose pas au coup d'État du 18 Brumaire mais cède bientôt la place à Berthier et vit à l'écart de la vie publique, refusant d'adhérer à l'Empire.

DU BOURG Anne (Riom, 1521 – Paris, 1559)

Magistrat.

Professeur de droit civil à l'université d'Orléans en 1547, conseiller au parlement de Paris en 1557, il sympathise avec les idées de Calvin et prend la défense des protestants en présence d'Henri II lors de la mercuriale, ou assemblée des chambres du parlement, en avril 1559. Il affirme qu'on ne doit pas appliquer aux protestants la peine – la mort – qu'on n'inflige pas à tous ceux qui pratiquent l'adultère à la Cour, et qui pourtant la méritent. Voyant dans cette déclaration une allusion à ses relations avec Diane de Poitiers, Henri II ordonne l'arrestation du conseiller qui est conduit le 10 juin à la Bastille, en compagnie de deux collègues coupables, eux aussi, d'avoir défendu les protestants. La mort du roi, le 10 juillet, ne sauvera pas Anne Du Bourg qui, condamné à mort, est brûlé en place de Grève, le 23 décembre 1559, après avoir été étranglé.

Anne Du Bourg
Pendaison d'Anne Du Bourg. Gravure de Francis Hogenberg, Paris, Bibliothèque nationale de France.

Duc

Du latin dux, ducis, *guide, chef militaire. Au début du* v*e siècle, le duc est un commandant de garnison soumis à l'autorité d'un comte.*

Ce n'est qu'après les grandes invasions que, l'aspect territorial de sa fonction se dessinant, il prend dans certaines régions le pas sur le comte. À la fin des temps mérovingiens, ses progrès sont tels que l'autorité royale en est fortement ébranlée. Charlemagne s'efforce de réagir contre le danger représenté par les ducs en créant un grand nombre de comtes. Mais l'anarchie des dernières années du règne de Louis le Pieux profite de nouveau à la puissance des ducs, qui se créent spontanément et transforment peu à peu leur charge en une sorte de bénéfice héréditaire, assis sur un territoire nommé *ducatus*, duché. L'ascension parallèle des comtes et des ducs amène ensuite la « féodalisation » de l'Europe occidentale. Au sein du royaume de France, à l'avènement de Hugues Capet, les ducs territoriaux sont au nombre de 4 : Bourgogne (Henri le Grand, frère du roi), Aquitaine (Guillaume Fier à Bras, comte de Poitiers), Gascogne (Bernard-Guillaume), Normandie (Richard Ier sans Peur). Duché au temps de Nominoé en 819, la Bretagne est redevenue provisoirement possession comtale sous les maisons de Rennes et de Nantes.

Lorsque les souverains commencent à rétablir leur autorité en banalisant à leur profit les forces féodales, les ducs retombent sous le contrôle monarchique. Le titre ducal est alors accordé par le roi seul et pour trois motifs : importance de la terre à laquelle il est attaché (mais ce n'est pas une règle absolue : maints comtés sont aussi étendus que des duchés, sinon plus), appartenance de ladite terre au domaine royal (cas des apanages constitués pour des puînés capétiens : Bourbon, Berry, Auvergne, Valois, Orléans...), ou simple désir d'honorer le titulaire. Les violents soulèvements féodaux de la fin du Moyen Âge enseignent le danger des duchés territoriaux, si bien qu'au XVIe siècle le titre ducal n'est plus conféré que de façon honorifique. À l'avènement d'Henri III, il n'y a plus que 8 duchés-pairies en France. De nombreux ducs reçoivent des gouvernements, mais leurs provinces sont choisies assez éloignées des fiefs dont ils portent le nom. Les ducs et pairs (ainsi Saint-Simon) viennent, dans la hiérarchie de la Cour, directement après les princes du sang et les légitimés (grands).

À la fin de l'Ancien Régime, on distingue trois sortes de ducs : les ducs et pairs, les ducs non pairs (possesseurs de terres érigées en duchés et n'ayant pas droit de séance au Parlement), les ducs à brevet (dont le titre, non sujet à enregistrement, n'est transmissible que sur une nouvelle décision de l'autorité royale) ; les ducs sont qualifiés « cousins » par le roi. Le Premier Empire reprend le titre ducal en en modifiant la portée. Le duché est soit attaché à un grand fief italien ou voisin de l'Italie (Dalmatie, Istrie), soit attribué de manière toute théorique (ainsi lorsque le nom évoque une victoire : Elchingen, Rivoli...) ; les titres nobiliaires sont hiérarchisés de façon rigide, le duc étant placé au-dessous du prince et au-dessus du comte. La Restauration fait un amalgame de la noblesse ancienne et de la noblesse impériale, auxquelles elle ajoute 17 nouveaux ducs issus soit de la vieille noblesse (Talleyrand-Périgord, Montesquiou-Fezensac, Blacas) soit de la roture (Decazes). Louis-Philippe et Napoléon III créeront aussi quelques ducs.

Duchâtel Tanneguy II (Trémazan, vers 1369 – Beaucaire, 1458)

Chambellan et prévôt de Paris.

Tanneguy (ou Tanguy) II Duchâtel, chevalier, quatrième fils d'Hervé, seigneur du Châtel, est le plus célèbre membre de cette famille noble de Bretagne, illustre pour ses combats dans l'armée française pendant la guerre de Cent Ans. Tanneguy II se distingue lors du saccage de Darmouth, en 1404, perpétré pour venger la mort de son frère Guillaume, tombé au combat contre les Anglais. Dès lors, il devient l'un des plus ardents défenseurs de la cause française et armagnaque. Il soutient d'abord Louis d'Orléans qui le fait chambellan. Après son assassinat en 1407, il suit en Italie Louis II d'Anjou, roi de Naples et comte de Provence. De retour en France en 1410, il devient un serviteur zélé du Dauphin Charles (futur Charles VII) qui le fait maréchal de Guyenne (1411). Après l'échec du mouvement cabochien, le gouvernement armagnac le nomme prévôt de Paris, sénéchal de Saintonge et gouverneur de la Rochelle, puis châtelain de Rochefort et de Beaucaire. Quand les Bourguignons entrent par surprise dans Paris dans la nuit du 28 au 29 mai 1418, Tanneguy Duchâtel conduit le Dauphin à la Bastille avant de quitter la capitale avec lui en direction de Melun. Il participe ensuite à la tentative de rapprochement du dauphin avec le duc de Bourgogne et assiste à l'entrevue de Montereau, le 10 septembre 1419, où Jean sans Peur est assassiné. Sans preuve, il passe pour être l'un des initiateurs de l'attentat. Charles VII devenu roi fait alors de lui son principal auxiliaire et le nomme maître de son hôtel (1422). Il est néanmoins évincé de la Cour dès 1423 dans le cadre du rapprochement franco-bourguignon souhaité par le roi au profit d'Arthur III, duc de Bretagne, comte de Richemont, jugé mieux placé pour une telle conciliation. Duchâtel passe l'essentiel des trente dernières années de sa vie en Provence comme châtelain, viguier et sénéchal de Beaucaire, puis lieutenant du gouverneur de Languedoc à partir de 1440.

Duchêne Denis Auguste (Juzennecourt, Haute-Marne, 1862 – Bihorel-lès-Rouen, 1950)

Général.

Général de brigade en 1914, il reçoit, en août suivant, le commandement du 2e corps d'armée (1915-1916) et participe aux batailles de Verdun et de la Somme. Général de division en octobre 1916, il commande la Xe armée lors de la bataille de l'Aisne (1917). Enfin, en 1918, à la tête de la VIe armée, il participe aux combats de Picardie et du chemin des Dames.

Duclerc Charles Théodore Eugène (Bagnières-de-Bigorre, 1812 – Paris, 1888)

Homme politique, président du Conseil.

Ministre des Finances sous la IIe République, il reprend l'idée de Lamartine de nationaliser les chemins de fer dans le but de donner du travail aux chômeurs des ateliers nationaux, ce qui lui vaut l'hostilité de la droite qui repousse son projet à l'Assemblée. Il s'oppose ensuite à la répression du général Cavaignac lors des journées de juin 1848 et démissionne. Après une longue vie parlementaire, il accède à la présidence du Conseil, avec le portefeuille des Affaires étrangères, le 7 août 1882. À ce poste, il manque de fermeté face à l'Angleterre sur la question du canal de Suez ; au Tonkin, il envoie 3 000 hommes pour affermir le protectorat français sur l'Indochine. Il démissionne le 28 janvier 1883, après que Charles Floquet a demandé l'expulsion des membres des anciennes familles régnantes. Avec deux autres ministres, il ne voulait pas en effet se désolidariser du duc d'Aumale, fils de Louis-Philippe.

Duclos Jacques (Louey, Hautes-Pyrénées, 1896 – Paris, 1975)

Homme politique.

Ouvrier pâtissier, il est blessé à Verdun en 1916, puis fait prisonnier en 1917. À son retour de captivité, il adhère à l'Association républicaine des anciens combattants dirigée par Henri Barbusse et Paul Vaillant-Couturier. Il en devient vite un des dirigeants. En 1921, il s'inscrit au parti communiste et prend place au sein du Comité central en 1926. La même année, il est élu député du XXe arrondissement de Paris. Ce mandat, grâce à l'immunité qui lui est attaché, lui permet de mener plusieurs activités politiques illégales. Réélu en 1928 contre Léon Blum, il est battu en 1932 par Marcel Déat, mais reconquiert son mandat en 1936, à Sceaux. De 1936 à 1939, il est vice-président de la Chambre. Membre du bureau politique et du secrétariat du PCF depuis 1931, il dirige d'abord la section spéciale, c'est-à-dire le service d'information et de renseignement du Parti puis, à partir de 1934, se consacre à la propagande. En 1935, il entre au comité exécutif de la IIIe Internationale et joue un rôle actif aux côtés de Maurice Thorez dans la formation du Front populaire (1936). Violemment antimunichois en 1938, il refuse de désavouer, en 1939, le pacte germano-soviétique. Malgré l'interdiction du PCF, Duclos écrit à Daladier le 1er octobre 1939 pour suggérer l'ouverture de pourparlers de paix avec l'Allemagne. Poursuivi par la police, il s'installe à Bruxelles et sert de relais entre Moscou et Paris. Le 15 juin 1940, il retourne à Paris pour entamer des négociations avec le Reich sur l'opportunité de faire reparaître la presse communiste. C'est Moscou qui rompt le dialogue en août. Dès lors, Jacques Duclos, chef du PCF clandestin, suit les stratégies successives du Kremlin : lutte contre la guerre, lutte contre l'occupant (été 1941), union dans la lutte avec les autres résistants (octobre 1942), union toujours et préparation d'une prise du pouvoir révolutionnaire à la victoire (été 1943).

De 1945 à 1958, il siège de nouveau comme député de la Seine au Palais-Bourbon où il préside le groupe parlementaire communiste (1946-1958). De 1946 à 1948, il est vice-président de l'Assemblée nationale. Pendant la IVe République, il est de tous les débats, à la pointe de toutes les offensives du Parti, notamment contre Tito en 1948, le pacte de l'Atlantique Nord en 1949, le réarmement de l'Allemagne en 1952-1954, la guerre d'Algérie enfin. Battu aux élections législatives de 1958, il est élu en 1959 au Sénat où, comme président du groupe communiste, il terminera sa carrière parlementaire. En 1964, il est confirmé dans ses fonctions de membre du bureau politique et du Comité central. Il participe, de ce fait, à l'évolution de son parti et se rallie à la voie pacifique vers le socialisme. En 1969, à 72 ans, il se lance dans une dernière aventure politique en présentant sa candidature à la présidence de la République. Il recueille 21,27 % des suffrages exprimés. Il meurt le 25 avril 1975, ses obsèques étant l'occasion pour le PCF d'une démonstration de force, avec 180 000 personnes et la représentation de tous les partis communistes.

Directeur de *Démocratie nouvelle* et de *La Voix de l'Est*, auteur de nombreux éditoriaux dans *L'Humanité*, il a également publié, outre ses *Mémoires*, un certain nombre d'ouvrages : *À l'assaut du ciel*, *Histoire de la Commune de Paris*, *L'Avenir de la démocratie*, *De Napoléon III à de Gaulle*, *Bakounine et Marx*, *Ombre et Lumière*.

Ducos Jean-François (Bordeaux, 1765 – Paris, 1793)

Homme politique.

Fils de bourgeois, négociant à Bordeaux, il est, en 1791, élu député à l'Asssemblée législative. Siégeant à l'aile gauche des Girondins, il participe à la journée du 10 août 1792, et vote l'abolition de la royauté. Réélu, le 7 septembre 1792, député à la Convention, Ducos vote la mort du roi et devient secrétaire de l'Assemblée en mai 1793, tout en continuant à défendre ses anciens amis girondins. Cette fidélité lui doit de passer devant le Tribunal révolutionnaire qui le condamne à mort au mois d'octobre 1793.

Ducos Pierre Roger, comte (Montfort, Landes, 1747 – Ulm, 1816)

Homme politique.

Avocat dont le père était lui-même homme de loi, il devient, au début de la Révolution, président du tribunal criminel des Landes, puis se fait élire, en septembre 1792, député à la Convention. Il y vote la mort du roi, participe à la lutte contre les Girondins et devient, en 1793, président du club des Jacobins, avant d'être nommé secrétaire de la Convention. Il sait se rendre suffisamment discret pour ne pas être inquiété, tant avant qu'après les événements de Thermidor an II, et ne réapparaît sur la scène politique qu'en 1796, date à laquelle il devient membre du Conseil des Anciens, avant d'en être élu président en frimaire an V (1797). Nommé membre du Directoire exécutif au mois de mai 1798 (en remplacement de Merlin de Douai), il ne tarde pas à devenir l'homme-lige de l'abbé Sieyès. Il apporte une aide considérable au coup d'État du 18 Brumaire, puis siège en qualité de troisième consul, aux côtés de Bonaparte et de Sieyès, durant quelques semaines. En frimaire an VII (1800), Ducos est nommé sénateur, puis, en 1808 comte d'Empire. Malgré cela, il adopte, en 1815, une attitude ambiguë envers le régime, ce qui ne l'empêche pas de faire partie de la Chambre des pairs durant les Cent-Jours. Banni comme régicide au retour des Bourbons, il décide de se rendre en Autriche, mais est tué près d'Ulm, écrasé par sa propre voiture, à la suite d'un accident.

DUCROT Auguste Alexandre (Nevers, 1817 – Versailles, 1882)

Général.

Après avoir gagné ses galons d'officier en Algérie, cet ancien élève de l'École de Saint-Cyr étrenne un grade de général de brigade durant la campagne d'Italie de 1859. Divisionnaire à Strasbourg en 1869, il avertit le gouvernement impérial de l'état menaçant des armements prussiens, mais en vain. Entraîné dans la débâcle de l'armée de Mac Mahon en août 1870, Ducrot rejoint l'empereur au camp de Châlons et reçoit le commandement d'un corps d'armée. À Sedan, Mac Mahon blessé lui cède ses responsabilités, mais Wimpffen intrigue pour l'obliger à se démettre de ses fonctions. Prisonnier avec l'armée impériale, envoyé à Pont-à-Mousson, il en profite pour s'évader, déguisé en ouvrier. Ayant gagné Vesoul, en région encore non occupée, il regagne Paris, où le général Trochu lui confie successivement le commandement des 13ᵉ et 14ᵉ corps, puis de la IIᵉ armée de siège. Avec ces unités, Ducrot dirige les principales tentatives de percée, celles du 19 septembre à Châtillon, du 21 octobre à Rueil et des 28, 29 et 30 novembre à Champigny. Un retard lors de la concentration de Buzenval, le 19 janvier 1871, lui fait attribuer par certains la raison de l'échec de cette ultime tentative. Député de la Nièvre en 1871, commandant du corps d'armée de Bourges, mais sympathisant royaliste, Ducrot est soupçonné par les républicains de vouloir fomenter un coup d'État. Il est mis à la retraite d'office en 1878. Il est l'auteur de plusieurs ouvrages de stratégie militaire publiés entre 1871 et 1876.

DUEL

Combat singulier par lequel deux adversaires tranchent un point d'honneur à l'épée ou au pistolet.

Hérité du duel judiciaire qui, au Moyen Âge, permet de déterminer par le verdict de la providence la culpabilité d'un accusé en l'opposant à son accusateur, le duel peut aussi être considéré comme la forme ultime et codifiée de « la guerre privée ». Il devient aux XVIᵉ et XVIIᵉ siècles un rite d'affrontement à mort par où un gentilhomme défend son honneur, celui d'une dame ou d'un ami. Il suppose l'envoi d'un cartel – une déclaration, précisant l'offense – ou une provocation directe – soufflet ou gant jeté au visage. Certains lieux sont spécialement fréquentés par les « tireurs », comme s'appellent les escrimeurs : ainsi le Pré-aux-Clercs, devant Saint-Germain-des-Prés, est-il le théâtre des duels entre étudiants. Le duel oppose communément une paire d'adversaires mais peut être aussi collectif – ainsi le célèbre combat du 27 avril 1589 entre trois mignons de Henri III dont Caylus et trois partisans du duc de Guise – ; il suppose la présence de témoins et parfois d'un chirurgien. Le dernier duel autorisé par le roi oppose devant toute la Cour, le 10 juillet 1547, Guy de Chabot, baron de Jarnac, et François de Vivonne, seigneur de la Châtaigneraie, mortellement atteint au jarret.

Cette « mode » tragique – Brantôme, grand bretteur, publie même un *Discours sur les duels* –, qui décime la noblesse, relève de la morale héroïque en vogue au siècle de Corneille : dans *Le Cid* (1636), c'est Don Diègue lui-même, trop âgé pour se battre, qui sollicite son fils : « Rodrigue, as-tu du cœur ? » Mais la justice du roi s'en trouve bafouée et le sang de sa noblesse détournée de son service sur les champs de bataille. Aussi en 1626, Richelieu prohibe-t-il le duel. Le comte de Montmorency-Bouteville – 22 duels à 28 ans – sera exécuté l'année suivante pour avoir enfreint l'interdit. Désormais clandestin, le duel disparaît lentement et survit à l'Ancien Régime en se diffusant dans la bourgeoisie. Vers 1850, en France, il fait de 20 à 30 victimes chaque année. Sous la IIIᵉ République encore, le général Boulanger et Jules Ferry s'affrontent tandis que Georges Clemenceau ou Joseph Caillaux sont de célèbres bretteurs.

Duel
Lameth et le marquis de Castries : deux citoyens d'oppinions différentes. Gravure des frères Lesueur, Paris, musée de la ville de Paris, musée Carnavalet. © *Lauros-Giraudon*

DUFAURE Armand (Saujon, Charente-Maritime, 1798 – Rueil, 1881)

Homme politique, président du Conseil.

Installé comme avocat à Bordeaux, il commence sa carrière politique comme député de Saintes en 1834, et appartient alors au parti libéral constitutionnel. Conseiller d'État dans le ministère Thiers en 1836, il devient ministre des Travaux publics dans le ministère Soult en 1839. Rallié à la République, appelé au ministère de l'Intérieur en octobre 1848 par Cavaignac, Dufaure soutient la candidature de ce dernier à la présidence de la République. Il conserve son portefeuille au début de la présidence de Louis Napoléon, mais démissionne quand le président réclame à l'Assemblée la révision de la Constitution (octobre 1851). Il se tient, dès lors, à l'écart de la vie politique, et recommence à plaider. Ami de Thiers, il est ministre de la Justice dans son cabinet en 1871, puis réélu député en 1873, de nouveau ministre de la Justice dans le cabinet Buffet (octobre 1875). Président du Conseil en février 1876, il s'oppose à la majorité en ce qui concerne l'amnistie, le jury, les rapports de l'Église et de l'État, et démissionne au mois d'octobre. Dufaure siège ensuite au Sénat, redevient ministre de la Justice et président du Conseil en décembre 1877, fait voter les lois de garantie mais s'oppose de nouveau à l'Assemblée. Aspirant au repos – il a près de 80 ans –, il refuse tout portefeuille après la démission de Mac Mahon (février 1879), et s'oppose à la politique anticléricale de Jules Ferry.

DUFIEUX Julien Sosthène (Mascara, 1873 – Paris, 1959)

Général.

Sorti de Saint-Cyr dans l'infanterie en 1893, il est chef d'état-major de Gouraud au Maroc en 1913. En 1914, Joffre l'appelle au Grand Quartier général. Chef d'état-major de la Xᵉ armée en 1915, il est ensuite affecté au commandement d'une brigade, sur le front, avant de devenir, en 1917-1918, chef du 3ᵉ bureau puis aide-major général de Pétain. La paix revenue, le commandement de la division d'occupation de la Cilicie lui est confié. De retour en France, à la fin de 1921, il remplace Debeney à la direction de l'École supérieure de guerre. Au Maroc, pendant la guerre du Rif, en 1926, c'est son groupe de divisions qui vient à bout de la « tache de Taza ». Il est enfin nommé membre du Conseil supérieur de la guerre et inspecteur général de l'infanterie (1931-1938). En 1940, le maréchal Pétain le rappelle auprès de lui et lui confie la présidence de la Cour martiale créée le 24 septembre pour juger les officiers qui ont répondu à l'appel du général de Gaulle. Quelques condamnations sont prononcées, pour la plupart par contumace, mais Dufieux s'efforce d'en neutraliser les effets et parvient à faire entrer cette juridiction en sommeil.

DUGOMMIER Jacques François COQUILLE, dit (Basse-Terre, Guadeloupe, 1738 – près de Figueras, Catalogne, 1794)

Général.

Fils d'un conseiller du roi au Conseil supérieur de Guadeloupe, il embrasse, dès l'âge de 13 ans, la carrière des armes dans la compagnie des cadets-gentilshommes des colonies, puis il abandonne l'armée, ne pouvant espérer accéder à un grade d'officier supérieur pour n'être pas de naissance noble. Partisan des premiers événements révolutionnaires, il est, en 1789, nommé commandant en chef des gardes nationales de Guadeloupe, où il se distingue par sa défense des autochtones noirs contre les colons. Élu député de la Guadeloupe à la Convention en septembre 1792, il refuse immédiatement ce mandat, préférant continuer à servir sous les drapeaux de la

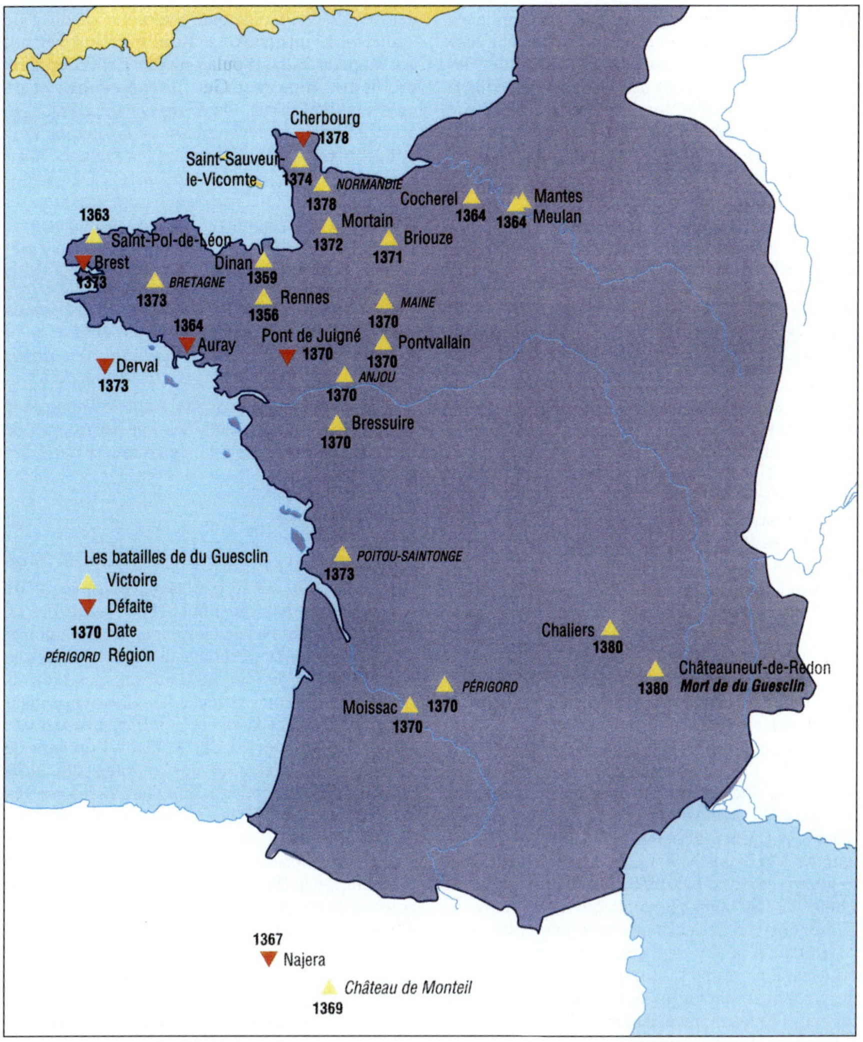

L'épopée de Du Guesclin

jeune République. En octobre de la même année, Dugommier est nommé général de camp à l'armée d'Italie, puis est chargé du siège de Toulon avec le grade de général de division. Quelques semaines plus tard, ayant repris la ville aux Anglais, il gagne, promu général en chef de l'armée des Pyrénées-Orientales, le front des combats opposant l'armée française aux Espagnols. Durant cette difficile campagne, il fait remporter à ses troupes de nombreuses et brillantes victoires, mais au cours de la bataille de la Sierra Negra, il est mortellement blessé par un éclat d'obus. À l'annonce de sa mort, la Convention décide que le nom de Dugommier sera gravé sur la colonne érigée au Panthéon : « En l'honneur des guerriers qui tombèrent pour la cause de la République et de la Liberté. »

DUGAY-TROUIN René (Saint-Malo, 1673 – Paris, 1736)

Corsaire.

Son père, Luc Trouin de La Barbinais, négociant armateur, avait été consul à Malaga. Dès 1689, René Trouin, sieur du Guay, connu sous le nom de Du Guay-Trouin, est volontaire sur un bâtiment corsaire, et, à 18 ans, est capitaine d'un navire qui appartient à sa famille. Lorsque, après le désastre de La Hougue en 1692 qui met fin à l'hégémonie maritime française, la guerre de course remplace la guerre d'escadre, il ne tarde pas à se couvrir de gloire, infligeant de rudes coups aux Anglo-Hollandais. En 1697, avec 5 vaisseaux corsaires, il l'emporte au large de Bilbao sur 3 vaisseaux de guerre hollandais qui escortaient 19 bâtiments de commerce. Un brevet de capitaine de frégate légère de la marine royale récompense ce coup d'éclat. Après une campagne au Spitzberg, il est promu capitaine de vaisseau (1705) et, l'année suivante, Louis XIV lui confie le commandement de 4 vaisseaux et 2 frégates. La prise de Rio de Janeiro en 1711, par un audacieux coup de main, avec 7 vaisseaux et 4 frégates seulement, est son plus grand titre de gloire. Chef d'escadre en 1715, lieutenant général en 1728, il combat encore les Barbaresques en 1731. Il a laissé des *Mémoires* d'un grand intérêt.

DU GUESCLIN Bertrand (La Motte-Broons, près de Rennes, v. 1320 – Châteauneuf-de-Randon, 1380)

Connétable de France.

Aîné d'une noble mais pauvre famille bretonne, il apprend très tôt à se battre : sa réputation naît dès son premier tournoi à Rennes où, avec un cheval et une armure d'emprunt, il ne remporte pas moins de seize victoires. Il participe dès lors à tous les tournois de la région, portant partout sa devise, *Notre Dame Guesclin*. Dans la guerre entre Jean de Montfort et Charles de Blois pour la possession du trône de Bretagne, Du Guesclin prend le parti de ce dernier, participe au siège de Vannes en 1342, puis accompagne les fils de Charles, otages à Londres. On perd ensuite sa trace pendant une dizaine d'années, pour le retrouver en 1356 devant Rennes, assiégée par les troupes anglaises qui soutiennent Montfort et sont commandées par Lancastre : Du Guesclin pénètre dans la ville par ruse avec quelques compagnons et, malgré ses blessures, contraint finalement Lancastre à abandonner le siège. Rentré dans la ville, Charles de Blois lui offre la terre de La Roche-Rieu et l'arme chevalier. Il passe ensuite au service du roi de France, est nommé gouverneur de Pontorson, où il se marie, et continue à guerroyer pour le roi. En 1364, à Cocherel, ses troupes battent l'armée du roi de Navarre, commandée par le captal de Buch, et capturent ce dernier. Charles V, qui apprend la nouvelle sur le chemin de Reims où il va recevoir l'onction du sacre, lui offre le comté de Longueville, le nomme capitaine de Normandie, et le charge de débarrasser la province des Navarrais.

La même année, la guerre de Bretagne reprend, et Du Guesclin participe à titre personnel à la bataille d'Auray aux côtés de Charles de Blois : la journée est un désastre pour ce dernier, finalement tué par les hommes de Jean de Montfort, tandis que Du Guesclin est fait prisonnier par le capitaine anglais Jean Chandos. Charles V paie sa rançon et le charge, en 1365, de conduire en Espagne les Grandes Compagnies qui ravagent la France. En Espagne, il soutient Henri de Trastamare contre Pierre le Cruel, parvient à le faire reconnaître roi de Castille, est comblé d'honneurs. Mais Pierre le Cruel, réfugié à Bordeaux, obtient l'alliance du Prince Noir et une armée commandée par Chandos. Et c'est la bataille de Navarette en 1367, déconseillée par Du Guesclin qui, vaincu, blessé et fait prisonnier par le prince de Galles, est soigné par son vainqueur. De nouveau libéré contre rançon, il reprend la lutte aux côtés de don Henri et remporte la victoire de Montiel en 1369, qui assure le trône à son protégé.

La guerre contre les Anglais reprend en France la même année et, nommé connétable en 1370, Du Guesclin mène les opérations pendant près de dix ans. Connaissant la supériorité numérique de l'adversaire, il préfère la guerre de harcèlement aux grandes batailles coûteuses en hommes. Il chasse les Anglais de Normandie, combat en Guyenne, dans le Poitou, en Saintonge, puis en Bretagne et encore en Normandie. La fin de sa vie est assombrie par la décision de Charles V de confisquer la Bretagne en 1378 : il refuse de combattre les Bretons et se retire à Pontorson. Il réapparaît en 1380, se dirige vers l'Auvergne pour y combattre les routiers. Le 9 juillet, il met le siège devant Châteauneuf-de-Randon, tombe malade peu après, et meurt le 13 juillet. À la demande de Charles V, qui meurt deux mois plus tard, on l'enterre à Saint-Denis, près du tombeau que le roi s'est fait construire.

DUMAS Alexandre DAVY de LA PAILLETERIE, dit (Saint-Domingue, 1762 – Villers-Cotterêts, 1806)

Général.

Fils naturel d'un riche planteur de l'île de Saint-Domingue, marquis de La Pailleterie, et d'une esclave noire, il s'engage, en 1776, dans le régiment des dragons de la Reine sous le nom de Dumas. Rallié à la Révolution, il gagne ses grades avec les volontaires de l'an II, parvenant au rang de général dès le mois de septembre 1793. Tout d'abord commandant de l'armée des Pyrénées-Orientales, Dumas passe ensuite en Italie avec Bonaparte et confirme sa réputation d'audace en battant Wurmser dans la plaine lombarde, en 1797, puis en défendant Brixen, dans le Tyrol du Sud, où il reçoit le surnom d'« Horatius Coclès du Tyrol ». Devant tant de brio, Bonaparte porte son nom sur la liste des partants pour l'Égypte, où il se distingue notamment lors de la révolte du Caire. Mais les sentiments républicains de Dumas lui aliènent le Premier Consul, lequel le tient à l'écart et lui retire désormais tout poste de service actif. Le général Dumas est le père d'Alexandre Dumas.

DUMNAC L'ANGEVIN

Chef du peuple gaulois des Andécaves, au Ier siècle avant J.-C.

Après la défaite de Vercingétorix, en 51 avant J.-C., il prend la tête, dans l'ouest de la Gaule, d'un des derniers foyers de rébellion contre César. Il tente de s'emparer de *Limonum* (Poitiers) au printemps, mais, attaqué par Fabius, lève le siège et transfère ses bandes dans l'Anjou, puis en Armorique. Son armée est finalement écrasée au début de l'été.

Dumouriez
Dumouriez, général en chef de l'armée du Nord. Huile sur toile de Rouillard, château de Versailles. © *Giraudon*

DUMNORIX (? – ?, 54 avant J.-C.)

Chef éduen.

Il tente de s'opposer aux entreprises des Suèves d'Arioviste, avec l'appui du chef séquane Castic et du chef helvète Orgétorix, dont il épouse la fille, et de rétablir la monarchie à son profit. Bien que César lui ait confié le commandement d'un corps de cavalerie gauloise, Dumnorix favorise l'émigration des Helvètes dans l'ouest de la Gaule chevelue, lorsque le danger suève se précise. Son frère Diviciac finit par le dénoncer, mais obtient sa grâce. En 54, il refuse d'accompagner César en Bretagne et se fait tuer en luttant contre la cavalerie romaine.

DUMONT-d'URVILLE Jules Sébastien César (Condé-sur-Noireau, 1790 – Meudon, 1842)

Amiral.

En 1819, à bord de la *Chevrette*, il participe à une expédition scientifique dans la mer Noire et la mer Égée. D'une grande curiosité scientifique, passionné d'histoire naturelle et d'archéologie, il signale à cette occasion la découverte de la *Vénus de Milo* au gouvernement français. De 1822 à 1825, à bord de *La Coquille*, il accompagne le capitaine Duperrey dans son voyage autour du monde et publie à son retour les résultats de l'expédition. Nommé capitaine de frégate en 1825, Dumont d'Urville reçoit l'année suivante le commandement de l'*Astrolabe*, avec mission d'explorer l'Océanie et d'y rechercher la trace de La Pérouse. Pendant trois ans, l'*Astrolabe* croise le long des côtes de l'Australie, la Tasmanie, la Nouvelle-Zélande, les îles Fidji et la Nouvelle-Calédonie. Le navigateur finit par retrouver les restes de l'expédition de La Pérouse dans l'île de Vanikoro, en février 1828. À son retour, il publie le résultat de ses recherches et travaux scientifiques dans *Les Voyages de l'Astrolabe* (22 volumes à partir de 1830). Dumont d'Urville conduit Charles X et sa famille en Angleterre après la révolution de 1830, puis accomplit, en 1837, avec l'*Astrolabe* et la *Zélée*, un nouveau voyage dans les mers australes : il découvre les terres Louis-Philippe et de Joinville en 1839, la terre Adélie en 1840. Nommé contre-amiral à son retour, en décembre 1840, il met au point la relation de son dernier voyage quand il est tué, avec sa famille, dans la catastrophe du chemin de fer Paris-Versailles, le 8 mai 1842.

DUMOURIEZ Charles François DUPÉRIER, dit (Cambrai, 1739 – Turville Park, 1823)

Général et homme politique.

Fils d'un commissaire des guerres, il entame sa carrière militaire pendant la guerre de Sept Ans comme cornette au régiment d'Escars-Cavalerie. Licencié à la suite de la paix de 1763, il se tourne vers la diplomatie secrète. Choiseul lui confie diverses missions en Italie, en Corse, en Espagne et au Portugal. Dumouriez reprend du service pendant la campagne de Corse (1768-1769), puis revient à ses activités précédentes : le duc d'Aiguillon l'envoie en Pologne, puis en Suède. Ses initiatives dans ce dernier pays conduisent le ministre à le rappeler, puis à le faire embastiller plusieurs mois. Libéré en 1774, Dumouriez, nommé colonel, est envoyé à Lille, puis à Cherbourg où, pendant plus de dix ans, il dirige les travaux d'aménagement du port. Maréchal de camp en 1788, commandant de la garde nationale de Cherbourg en 1789, il se rallie à la Révolution, accomplit une mission secrète en Belgique, puis s'installe à Paris où il se lie avec Mirabeau, La Fayette, le duc d'Orléans, et s'inscrit aux Jacobins en 1790. Ministre des Affaires étrangères en mars 1792 grâce à l'appui des Girondins, surnommé le « Ministre bonnet rouge », il pousse à la guerre contre l'Autriche, déclarée le 20 avril. Louis XVI lui confie le ministère de la Guerre le 13 juin, mais il démissionne trois jours plus tard.

Nommé à la tête de l'armée du Nord après le 10 Août, il regroupe ses troupes sur la Meuse près de Sedan et parvient, à la mi-septembre, à rejoindre Kellermann et Beurnonville à l'ouest de l'Argonne. Le 20 septembre, en grande partie grâce à ses manœuvres, l'invasion prussienne est stoppée par la victoire de Valmy. Mais il laisse l'ennemi se retirer sans le poursuivre, attitude qui lui vaut notamment la méfiance de Marat. Une nouvelle victoire, remportée le 6 novembre à Jemmapes sur les Autrichiens, permet à Dumouriez de s'emparer en quelques jours de toute la Belgique. Il songe à ce moment à se constituer aux Pays-Bas une sorte de principauté, de proconsulat, d'où il dicterait ses volontés à Paris. Tandis que ses menées lui valent à Paris de nombreux ennemis, il revient dans la capitale au moment du procès du roi pour y intriguer, cherche à se rapprocher de Danton, des Girondins, songe à aider au rétablissement d'une monarchie constitutionnelle. Lorsque la guerre reprend, à la fin du mois de février 1793, il commande personnellement l'armée de Hollande, concentrée à Anvers et qui pénètre en Hollande au début du mois de mars. Dumouriez mène une politique de plus en plus personnelle, s'oppose aux décisions de la Convention, songe dès ce moment à marcher sur Paris. Battu à Neerwinden, le 18 mars 1793, et relevé de son commandement, il conclut un accord secret avec l'Autriche : l'armée française évacuera la Belgique et remettra Condé aux Impériaux, l'Autriche renonçant à conquérir la France et aidant à l'établissement de la monarchie constitutionnelle en la personne de Louis XVIII. Mise au courant de ses intentions, la Convention délègue auprès de lui Beurnonville et quatre députés chargés de le ramener à Paris : Camus, Bancal, Quinette et Lamarque. Il refuse d'obéir, livre les commissaires de la Convention à l'Autriche le 1er avril et, ne pouvant entraîner ses troupes contre l'Assemblée, passe à l'ennemi le 4 avec le duc de Chartres – futur Louis-Philippe – et quelques officiers. Déclaré, depuis le 3 avril, traître à sa patrie et hors la loi, il mène pendant quelques années une vie errante, conseillant les ennemis de la République et les émigrés sans jamais toutefois obtenir la confiance des royalistes. Celui que Napoléon qualifie de « misérable intrigant » s'installe définitivement en Angleterre en 1803, continue à s'occuper de problèmes diplomatiques, d'espionnage et de questions militaires. On le trouve lié à Pichegru au moment de la conspiration de Cadoudal. Plus tard, il conseille Wellington et les Espagnols sur la conduite à tenir face aux armées napoléoniennes. Louis XVIII ne l'autorisera pas à rentrer en France, et il achèvera sa vie en Angleterre.

DUNES (bataille des)

Victoire remportée par Turenne sur l'armée espagnole placée sous les ordres de don Juan d'Autriche et du Grand Condé, dans les dunes, entre Nieuport et Dunkerque, le 14 juin 1658.

Elle est suivie de la capitulation de Dunkerque et de l'invasion des Pays-Bas par les troupes de Turenne, qui prélude à la signature du traité des Pyrénées.

DUNKERQUE

Duinekerke *(« église des dunes »). Ville du Nord.*

C'est au VIIe siècle que saint Éloi, évêque de Noyon, aurait bâti, en l'honneur de saint Pierre, une chapelle située dans les dunes et aurait donné à la bourgade de pêcheurs qui existait alors le nom que porte la ville aujourd'hui. Les preuves historiques de son existence ne datent cependant que du milieu du Xe siècle : en 958, le comte de Flandre, Baudouin III dit le Jeune, l'entoure de murs pour la préserver des attaques des Normands. Elle reste sous la domination des comtes de Flandre jusqu'à la fin du XIVe siècle mais obtient, vers 1218, de nombreux privilèges et une sorte d'organisation communale. Prise en 1300 par Philippe le Bel, elle reste pendant cinq ans au pouvoir du roi de France. Au milieu du XIVe siècle, elle est érigée en seigneurie et passe dans la maison de Bar. De 1384 à 1477, Dunkerque fait partie des domaines du duc de Normandie. De 1477 à 1513, elle appartient à la maison d'Autriche. Enfin, de 1513 à 1658, elle est une possession de la maison d'Espagne et, pendant longtemps, le seul port permettant les communications entre l'Espagne et les Pays-Bas espagnols. De 1633 à 1658, elle devient l'enjeu de la partie que jouent entre elles la France, l'Angleterre et l'Espagne. Conquise par le prince de Condé en 1646, la ville est reprise par le marquis de Leyde en 1652. Enfin, en 1658, après la bataille des Dunes, Turenne s'en empare. Mais, Cromwell n'ayant accepté de signer avec la France un traité d'alliance contre l'Espagne qu'en échange de la promesse de Dunkerque, tant il craint ses corsaires ou *capres*, la ville est aussitôt remise à l'Angleterre. Elle ne reste entre ses mains que quatre ans. En 1662, Charles II la vend à Louis XIV pour cinq millions.

Louis XIV met tout en œuvre pour tirer le maximum de bénéfice de cette importante acquisition. Des travaux de fortification sont conduits par Vauban avec une rapidité inouïe et, bientôt, du port de Dunkerque sortent des escadres et des bateaux armés en course qui, notamment avec Jean Bart, deviennent à nouveau la terreur des flottes et du commerce de l'Angleterre et des Provinces-Unies. Aussi l'Angleterre impose-t-elle, en 1713, le démantèlement des fortifications de Dunkerque et le comblement de son port dont s'assure, sur place, un représentant anglais. Toutefois, grâce à sa franchise confirmée par Louis XIV, la ville renaît en se spécialisant dans le commerce des vins et des eaux-de-vie. Le traité de Paris de 1783 l'affranchit de toutes contraintes mais les travaux, commencés sous Calonne pour lui redonner son ancienne importance, sont interrompus par la Révolution. Convoitée par l'Angleterre, elle est assiégée en 1794 par le duc d'York ; la victoire de Hondschoote la sauve. Napoléon la négligera un peu au profit d'Anvers, et les travaux de réaménagement ne seront terminés que sous le Second Empire et la IIIe République.

Pendant la Première Guerre mondiale, le rôle stratégique qui lui est assigné fait de Dunkerque une cible pour les bombardements : elle abrite, en

Dunkerque
Bombardement de Dunkerque en 1695. Dunkerque, musée des Beaux-Arts. © *Giraudon*

effet, des bâtiments légers destinés à couvrir le flanc des armées alliées en interdisant les raids allemands dans le Pas-de-Calais. Du 28 mai au 4 juin 1940, elle est le théâtre de la célèbre bataille de Dunkerque. En 1944, au cours de l'avance alliée, la garnison allemande de Dunkerque, bien qu'isolée, réussira à se maintenir jusqu'à l'armistice du 8 mai 1945.

DUNKERQUE (bataille de)

Le 20 mai 1940 au soir, lorsqu'il apparaît que les troupes alliées en Belgique sont définitivement encerclées par les armées allemandes, se pose le problème de leur évacuation.

Renonçant au plan Weygand qui visait à leur permettre de s'échapper vers le sud par des attaques conjuguées parties du nord et du sud en direction de Bapaume, le corps expéditionnaire du général Gort, sans en référer au haut commandement français, amorce son repli vers la mer pour tenter de rembarquer vers l'Angleterre. C'est alors que se constitue le 25 mai, aux ordres de l'amiral Abrial, le camp retranché de Dunkerque où le rembarquement doit être tenté sous la direction de l'amiral Ramsay, avec le concours des marines française et anglaise et le soutien de la RAF. Les modalités de l'opération, baptisée Dynamo, sont réglées au cours d'une conférence tenue à Douvres, le 27 mai, entre les commandants des forces maritimes alliées du Nord.

Du côté terrestre, les Anglais participent très peu aux opérations de protection qui incombent essentiellement aux Français après la capitulation belge du 27 mai. Sur les lignes mêmes du camp retranché, elles sont assurées par les unités des 68e, 32e, 60e, 21e divisions du secteur des Flandres et les restes de la 12e division, dont le chef, le général Jannsen, sera tué au fort des Dunes. Plus loin, l'armée du général Blanchard se bat furieusement à Lille et sur la Lys – les Allemands lui rendront d'ailleurs les honneurs sur la place de Lille –, mais elle est à bout de forces, et seule une erreur de Hitler, qui stoppe ses blindés le 25 mai, rend la tentative possible. L'héroïsme des marines française et anglaise la transforme en un succès. Ce sera le « miracle » de Dunkerque. Malgré les bombardements incessants de la *Luftwaffe*, si violents qu'à partir du 1er juin il est décidé de n'opérer que de nuit, le corps expéditionnaire de Gort tout entier réussit à s'embarquer du 28 mai au 1er juin, soit 220 000 Anglais. Mais, au milieu de la confusion, on a assisté à des gestes regrettables, comme le rejet à la mer des soldats français embarqués sur les navires anglais et, en dépit d'une instruction de Londres parvenue à Gort le 28 et l'enjoignant d'embarquer à bord des navires anglais autant de troupes françaises que d'anglaises, 18 000 Français seulement ont été évacués le 1er juin. Le tour de force est accompli du 2 au 4 juin lorsque, grâce à l'amiral Landriau et à sa flottille, forte de 50 navires de guerre et 50 dragueurs et patrouilleurs, 93 000 Français sont encore évacués. Tout est terminé le 4 juin au matin. Les bâtiments ne peuvent plus approcher de la côte, tellement les bombardements sont intensifs, et il n'est plus possible d'endiguer l'avance des Allemands sur Dunkerque. Quelques hommes s'enfuient encore en canot. L'amiral Abrial et l'amiral Platon rendent le port inutilisable avant de s'en aller. C'en est fini de Dunkerque et de la bataille des Flandres.

Du côté allié, les pertes ont été lourdes : 6 destroyers, 9 torpilleurs, 2 contre-torpilleurs et 88 navires de toutes sortes. De plus, le matériel lourd a dû être abandonné. Mais l'opération a été une réussite qui a dépassé les espérances. Alors qu'on ne pensait, au départ, évacuer que 45 000 hommes, plus de 330 000 ont pu s'échapper.

DUNKERQUE (traité de)

Traité franco-anglais.

Traité d'amitié et d'assistance mutuelle signé pour une durée de cinquante ans, le 4 mars 1947, entre la Grande-Bretagne et la France, en vue de faciliter le règlement des difficultés pouvant surgir entre les deux pays et de faire échec à toute reprise d'une politique allemande d'agression.

DUNOIS Jean d'ORLÉANS, comte de Longueville et de (Paris, 1403 – L'Hay, 1468)

Prince capétien illégitime, homme de guerre.

Fils de Louis Ier, duc d'Orléans et de Mariette d'Enghien, dame de Cany, Dunois, qui a été longtemps appelé le Bâtard d'Orléans, épouse dès son plus jeune âge la querelle des Bourguignons et des Armagnacs et s'attache, en 1421, à la cause et à la personne du Dauphin Charles (futur Charles VII). Après avoir défendu le Mont-Saint-Michel en 1425 et défait les Anglais devant Montargis deux ans plus tard, il dirige la défense d'Orléans contre Talbot, lors du fameux siège de 1429 qui se termine sur l'intervention victorieuse de Jeanne d'Arc. Il la seconde à Patay et dans l'assaut infructueux contre Paris, avant de prendre sa relève après qu'elle a été capturée à Compiègne. Chartres en 1432, Saint-Denis et Meulan en 1435 tombent devant son armée, ce qui amène la reddition de Paris en 1436. En 1439, après avoir participé aux conférences de Gravelines, il est crée comte de Dunois. Mais la politique de réformes inaugurée par le roi, en particulier en matière militaire, le mécontente au point de le jeter dans la Praguerie, qu'il quitte cependant très vite, ce qui lui permet de revenir en grâce et d'être un des principaux auteurs de la reconquête sur les Anglais de la Normandie, puis de la Guyenne (1451). Charles VII lui donne mission, ultérieurement, de poursuivre le Dauphin Louis (futur Louis XI) révolté et d'arrêter le duc d'Alençon (1456), ce qui lui vaut, à la mort du roi (1461), la plus complète déchéance. Il adhère alors à la ligue du Bien public, puis se réconcilie avec Louis XI à la paix de Conflans, en 1465, et recouvre enfin intégralement et définitivement ses biens, ses dignités et son crédit. Les comtes et ducs de Longueville-Dunois descendent de lui.

DUPANLOUP Félix Antoine Philibert (Saint-Félix, Savoie, 1802 – Château de Lacombe, Savoie, 1878)

Évêque.

Ordonné prêtre en 1825, il occupe successivement les postes de vicaire de la Madeleine et de l'église Saint-Roch, à Paris, tout en étant aumônier de la Dauphine et confesseur du jeune duc de Bordeaux. Précepteur des fils de Louis-Philippe, il dirige les conférences de Notre-Dame en 1834, puis devient supérieur du séminaire de Saint-Nicolas-du-Chardonnet. C'est lui qui assiste Talleyrand dans ses derniers moments et le ramène à la religion. Chanoine de Notre-Dame, il combat les théories de Lacordaire et de Montalembert au

Mgr Dupanloup
L'évêque d'Orléans à la fin des années 1850.

sujet de la liberté de l'enseignement. Évêque d'Orléans en 1849, membre de l'Académie française en 1854, Dupanloup exerce une forte influence sur les catholiques libéraux durant le règne de Napoléon III. Très populaire à la suite de son attitude ferme vis-à-vis des Prussiens en 1870-1871 à Orléans, il suscite l'estime sans réserve de ses concitoyens qui le portent à l'Assemblée nationale lors des élections de 1871. Orateur très écouté, il fait voter une loi sur la liberté de l'enseignement supérieur et termine sa carrière politique en qualité de sénateur inamovible (1876). Adepte des traditions gallicanes, Dupanloup avait combattu le dogme de l'infaillibilité pontificale lors du concile du Vatican de 1869. Son œuvre littéraire, outre ses *Œuvres oratoires*, consiste surtout en écrits et mémoires sur l'enseignement et l'éducation.

DUPERRÉ Victor Guy, baron (La Rochelle, 1775 – Paris, 1846)

Amiral.

Il participe aux combats navals de l'époque révolutionnaire, devenant enseigne de vaisseau en 1795, lieutenant de vaisseau en 1802, capitaine de frégate en 1806. Duperré gagne le grade de capitaine de vaisseau en échappant aux Anglais dans la mer des Antilles puis en forçant le blocus du port de Lorient. En 1810, à bord de la *Bellone*, il coule quatre frégates anglaises et remporte un succès flatteur près de l'île Maurice. Baron en 1810, contre-amiral l'année suivante, Duperré organise les ports de l'Adriatique et défend Venise contre les Autrichiens en 1813-1814. Lui ayant pardonné son ralliement à Napoléon durant les Cent-Jours, Louis XVIII lui confie la flotte destinée à bloquer Cadix en 1823. Le succès du débarquement d'Alger, en juillet 1830, lui vaut le rang d'amiral et le titre de pair. La monarchie de Juillet fera appel à lui par trois fois pour détenir, de 1834 à 1843, les portefeuilles de la Marine et des Colonies.

DU PERRON Jacques DAVY (Saint-Lô, 1556 – Paris, 1618)

Cardinal.

Fils de pasteur, élevé en Suisse (ce qui a fait que certains lui ont attribué une origine helvétique), il reçoit une solide éducation. Venu à Paris compléter celle-ci, il fréquente les Jésuites, mène avec eux discussions et controverses et finit par se convertir à la religion catholique en 1577. Lié à Cujas, Scaliger, Baïf et Desportes, entre autres, il obtient le poste de lecteur du roi Henri III. Bien que laïque à ce moment, il compose des sermons, fait l'éloge de Ronsard et prononce une oraison funèbre de Marie Stuart. Henri III le charge de préparer les harangues royales, en particulier celle qu'il prononce aux états de Blois, en 1588. Entré dans les ordres en 1593 seulement, Du Perron se revèle un contradicteur redoutable pour les protestants. L'influence qu'il exerce sur le futur Henri IV concourt d'ailleurs à la conversion du prétendant au trône. Évêque d'Évreux, il est chargé d'aller plaider à Rome la levée de l'interdit frappant la couronne de France. Il réussit sa mission et gagne le chapeau de cardinal en 1604, la responsabilité de l'archevêché de Sens, deux ans plus tard, et une entrée au Conseil de régence, en 1610, à la mort du roi. Lors des états généraux de 1614, puis à l'Assemblée des notables, réunie à Rouen en 1617, le Saint-Siège ne trouve pas meilleur défenseur face aux tendances gallicanes d'un certain nombre de représentants. Il occupera les dernières années de sa vie à rédiger des écrits qui seront publiés en 1622.

DUPES (journée des)

On donne ce nom à la journée du 10 novembre 1630 au cours de laquelle le cardinal de Richelieu, qui paraissait tombé en disgrâce le matin, se retrouva le soir plus puissant que jamais, à la grande déception de ses adversaires.

Avec l'appui du parti de l'opposition favorable à l'Espagne, que déroutent et révoltent la nouvelle politique de modération vis-à-vis des protestants (paix de grâce d'Alais du 23 juin 1629) et la poursuite de la politique d'intervention en Italie, la reine mère Marie de Médicis se décide à agir contre Richelieu, à qui elle n'a pas pardonné la guerre menée contre ses deux gendres de Savoie et d'Espagne. À Lyon, en septembre 1630, elle obtient de son fils Louis XIII, si gravement malade qu'on craint pour sa vie, la promesse du renvoi de Richelieu et attend le premier moment favorable pour la lui rappeler. Le « grand orage » éclate le matin du 10 novembre 1630 au palais du Luxembourg, résidence de Marie de Médicis. Une scène violente y oppose la reine mère à Richelieu, en présence du roi, blême et muet. Marie de Médicis croit avoir triomphé, et les courtisans se précipitent déjà pour lui faire leur cour tandis que Richelieu songe à fuir. Mais on apprend que le roi l'a fait appeler à son rendez-vous de chasse de Versailles où, après un long entretien, il a déclaré publiquement garder au cardinal toute son affection et toute sa confiance.

Ce renversement de situation est le tournant politique et diplomatique du règne de Louis XIII.

La journée des Dupes
Allégorie de la journée des Dupes. Gravure, Paris, Bibliothèque nationale de France.

La déroute de l'opposition est en effet radicale et rapide. Les sceaux sont retirés à Marillac qui, arrêté, sera exécuté le 10 mai 1632 en place de Grève. En février 1631, Gaston d'Orléans, le frère du roi, s'enfuit à Orléans, puis à Nancy. Les disgrâces se succèdent, et la reine mère s'évade de Compiègne vers Bruxelles le 18 juillet 1631. Elle ne reverra jamais son fils. Le cardinal, dont la terre est érigée en duché-pairie, a désormais le champ libre pour peupler les hautes charges de personnages fidèles. Le véritable ministère commence. À l'extérieur, ce sera également le triomphe de sa politique : sauver les restes de l'Allemagne protestante et faire échec à l'Espagne.

DUPETIT-THOUARS Abel Aubert (La Fessardière, près de Saumur, 1793 – Paris, 1864)

Amiral.

Neveu d'Aristide Dupetit-Thouars. Après avoir accompli plusieurs missions hydrographiques le long des côtes de Terre-Neuve, de France et d'Algérie, il contribue à mettre au point, puis à faire accepter le plan de débarquement dans la baie d'Alger, auquel il participe. Il accomplit ensuite diverses missions scientifiques et commerciales, dans le Pacifique notamment, à bord de la *Vénus*, de 1836 à 1839. Revenu en France, il propose au gouvernement Guizot l'annexion des îles Marquises : nommé contre-amiral, Dupetit-Thouars occupe les îles en 1841 puis, de sa propre initiative, fait signer à Pomaré, reine de Tahiti, un traité de protectorat, en 1842. Il se heurte bientôt aux intrigues de l'Anglais Pritchard, et finit par l'expulser, en mars 1844, provoquant une grave tension entre la France et l'Angleterre. Guizot est contraint de le rappeler, mais la France conservera finalement Tahiti.

DUPETIT-THOUARS Abel Nicolas Bergasse (?, 1832 – en mer, 1890)

Amiral.

Neveu du précédent, il participe sous le Second Empire aux campagnes de Crimée et de l'Adriatique puis, pendant la guerre franco-prussienne, commande les batteries flottantes du Rhin (1870), avec lesquelles il s'enferme dans Strasbourg. Sous la IIIe République, il reçoit le commandement de l'escadre de la Méditerranée.

DUPETIT-THOUARS Aristide Aubert (Château de Boumois, près de Saumur, 1760 – Aboukir, 1798)

Officier de marine.

Il commence par servir dans l'armée de terre et parvient à entrer dans la marine au moment de la guerre contre l'Angleterre, en 1778. Enseigne en 1784, il accomplit diverses missions à la fin de l'Ancien Régime, puis projette de partir à la recherche de La Pérouse : après de multiples difficultés – il doit vendre ses biens pour réunir les fonds nécessaires –, il réussit à prendre la mer en août 1792. Mais l'expédition échoue, il est fait prisonnier par les Portugais dans la région du cap Vert, son bateau est confisqué, et lui-même emprisonné à Lisbonne. Libéré en 1794, il entreprend un nouveau voyage, au large de l'Amérique notamment, et reprend du service au moment de l'expédition d'Égypte (1798). Commandant du *Tonnant*, bloqué dans la rade d'Aboukir par les navires anglais, il meurt à bord après avoir coulé le *Majestic* et contraint le *Bellérophon* à amener son pavillon (1er août).

DUPLEIX Joseph François (Landrecies, 1697 – Paris, 1763)

Administrateur colonial.

Son père, qui est bien placé auprès de la Compagnie des Indes, l'envoie aux Indes en 1720. Assez vite, il y entre en conflit avec le gouverneur Lenoir. Mais il réussit à s'imposer. Lenoir est d'ailleurs cassé en 1729. Deux ans plus tard, Dupleix est nommé gouverneur de Chanderna-

Dupleix
La levée du siège de Pondichéry par Dupleix en 1745. Gravure de Sergent, Paris, Bibliothèque nationale de France.
© *Lauros-Giraudon*

gor. Grâce aux relations fructueuses qu'il noue avec la Chine, il transforme cette pauvre « loge » en une petite ville coquette et accroît considérablement sa propre fortune. En 1741, il épouse Jeanne Albert de Castro, la veuve de son ami Jacques Videns. Surnommée Jan Begum, cette belle métisse lui rendra d'immenses services par sa connaissance de l'Inde et facilitera ses interventions dans les affaires locales. La décomposition politique de l'Inde favorise ces interventions et les rend en même temps nécessaires, car l'Inde est indispensable au commerce avec la Chine, dont les produits sont très appréciés en Europe. Au début de 1742, Dupleix, nommé gouverneur général des Établissements français de l'Inde en remplacement de François Dumas, s'installe à Pondichéry. Sur le marché étroit que représente alors l'Inde, la rivalité est âpre avec les compagnies concurrentes, notamment avec la Compagnie anglaise, et bientôt, avec la guerre de Succession d'Autriche, les possessions françaises semblent être à la merci des Anglais qui sont maîtres de la mer et alliés au nabab du Carnatic. Mais, grâce à la petite flotte du gouverneur de l'île de France, Mahé de La Bourdonnais, une escadre anglaise est repoussée et Madras, capitale des Établissements anglais dans la péninsule, tombe aux mains des Français le 21 septembre 1746. Un violent conflit oppose alors La Bourdonnais, qui veut rendre Madras contre rançon, à Dupleix, qui veut garder la ville. La perte de ses navires dans un ouragan oblige La Bourdonnais à céder devant son rival, sur qui il n'a plus aucun moyen de pression. L'énergie de Dupleix permet encore de repousser une attaque anglaise sur Pondichéry. Au traité d'Aix-la-Chapelle (1748), il fait figure de vainqueur, bien que Madras soit finalement échangée contre Louisbourg.

Après la paix avec les Anglais, Dupleix conserve, avec sa petite armée, l'instrument qui va lui permettre d'intervenir directement en Inde. Suivant l'exemple donné par les Hollandais en Insulinde, il entend utiliser son appui militaire à des fins commerciales, en affermant ses troupes à des princes qui, en contrepartie, se chargeront de leur entretien et lui assureront des avantages commerciaux ou territoriaux. Le revenu de certaines provinces, versé directement aux Français, doit écarter tout risque financier. Dupleix obtient l'adhésion à ce système du gendre du nabab du Carnatic et du fils du nizam d'Hyderabab. La moitié du Deccan est ainsi soumise à l'influence française. Il ne s'agit pas, certes, d'une conquête coloniale, car les autochtones, même s'ils sont de plus en plus étroitement contrôlés, conservent l'administration de leurs provinces. Mais l'indépendance des régions que domine la France est très fictive. Cette expansion française amène les Anglais à intensifier eux aussi leurs interventions pour protéger leurs propres positions commerciales. Dans ces conditions, il est inévitable que les conflits renaissent entre les deux puissances. Ils se succèdent bientôt et prennent une telle ampleur que les directeurs de la Compagnie, qui avaient d'abord approuvé, en 1749, l'entreprise de Dupleix, s'inquiètent de plus en plus de ses conséquences. Le 1er août 1753, Dupleix est relevé de ses titres et fonctions.

De retour en France en juin 1754, il cherche à faire valoir ses droits, intente en vain un procès à la Compagnie qui refuse de lui rembourser les sommes qu'il a personnellement engagées dans les affaires indiennes. Jusqu'à sa mort, en novembre 1763, il se débat dans des problèmes financiers, et vit assez longtemps pour voir, après la signature du traité de Paris qui met fin à la guerre de Sept Ans (10 février 1763), la ruine presque complète de la puissance française en Inde.

DUPLESSIS-MORNAY Philippe : voir MORNAY

DUPONT de L'ÉTANG Pierre Antoine (Chabanais, 1765 – Paris, 1840)

Général.

Il accole à son nom celui de l'Étang, afin d'éviter toute confusion avec son frère aîné qui suit, durant quelque temps, une carrière analogue à la sienne. En 1791, il est à l'état-major du général Dillon, un des chefs de l'armée du Nord. Une blessure reçue devant Tournai lui vaut une promotion flatteuse. Carnot le distingue en 1793 et bientôt Bonaparte lui confie des missions délicates. Dupont s'en acquitte bien et joue un rôle important durant la journée du 18 Brumaire. Il se distingue ensuite à Marengo, à Ulm – ce qui lui vaut le titre de comte d'Empire – et à Friedland. En revanche, il est battu et fait prisonnier en Espagne en juillet 1808, et doit signer la capitulation de Bailen. Sitôt libéré et débarqué à Toulon, il est immédiatement incarcéré et transféré au fort de Joux, dans le Jura, d'où la chute de l'Empire le fera sortir. Louis XVIII lui confie un moment le portefeuille de la Guerre. Charles X ne peut espérer soutien plus fidèle. Député depuis 1815, il siège avec les ultras.

DUPONT de L'EURE Jacques Charles (Le Neubourg, 1767 – Rouge-Perriers, Eure, 1855)

Homme politique.

Avocat au parlement de Rouen en 1789, accusateur public près le tribunal criminel de l'Eure pendant la Révolution, il est élu au Conseil des Cinq-Cents en 1797. Conseiller, puis président de la cour de Rouen, il est élu au Corps législatif en 1813, à la Chambre des députés sous la Première Restauration, à la Chambre des représentants pendant les Cent-Jours, et de nouveau à la Chambre en 1817. Destitué de sa charge de président de la cour de Rouen en 1818, du fait de son appartenance à l'opposition libérale, il adhère à la Charbonnerie, puis participe à la révolution de 1830. Dupont de l'Eure est, quelque temps, ministre de la Justice au début de la monarchie de Juillet mais ne tarde pas à revenir à l'opposition. Très populaire, il est nommé président du gouvernement provisoire de 1848 mais, fatigué et usé, il ne joue aucun rôle et abandonne bientôt la vie publique.

DUPONT de NEMOURS Pierre Samuel (Paris, 1739 – Eleutherian Mills, États-Unis, 1817)

Économiste et homme politique.

Après avoir commencé des études de médecine, il se passionne pour l'économie politique et devient l'ami et disciple de Quesnay, avec lequel il écrit un traité intitulé *Physiocratie*. En 1774, il est le collaborateur de Turgot, puis celui de Vergennes et de Calonne, inspirant à ce dernier un grand nombre de réformes (ou de tentatives de réformes, entre autres le fameux plan de réformes présenté à Louis XVI en septembre 1786 et qui remet en cause les privilèges fiscaux) durant les dernières années de l'Ancien Régime. Conseiller d'État à la veille de la réunion des États généraux de 1789, il est élu député du Tiers État dans le bailliage de Nemours et se charge plus particulièrement des problèmes financiers et commerciaux au sein de l'Assemblée constituante, dont il devient président en 1790. Hostile à la création des assignats, il reste d'une inébranlable fidélité à Louis XVI, ce qui lui vaut d'être emprisonné au lendemain de la captivité de la famille royale en 1792. Incarcéré durant toute la Terreur, il aurait été sauvé de l'échafaud grâce à la chute de Robespierre et se trouve remis en liberté après le 9 Thermidor.

Élu député du Loiret au Conseil des Anciens, sous le Directoire, il est proscrit après la journée du 18 Fructidor (4 septembre 1797) pour les idées antirépublicaines exprimées dans son journal, *L'Historien*. Dès lors, Dupont de Nemours s'embarque pour les États-Unis, où il devient un des conseillers du président Jefferson. De retour en France, il abandonne tout rôle politique réel et se contente d'un poste de sous-bibliothécaire à la bibliothèque de l'Arsenal. Tenu à l'écart sous l'Empire, mais ayant conservé une grande renommée tant en qualité d'économiste que de monarchiste fidèle, il retrouve des fonctions de conseiller d'État et de secrétaire du gouvernement provisoire en 1814. L'un de ses fils, chimiste et ami de Lavoisier, ayant émigré en Amérique lors de la Révolution de 1789, crée, en 1802, une usine de fabrication de poudre qui va être le point de départ de l'immense empire commercial qu'est devenue, de nos jours, la société de produits chimiques Dupont de Nemours.

DUPORT Adrien (Paris, 1759 – Appenzell, Suisse, 1798)

Homme politique.

Conseiller au parlement de Paris en 1789, il représente la noblesse de la capitale aux États généraux. Acquis aux idées nouvelles, il fait partie des députés de la noblesse qui se joignent au Tiers, et constitue avec Lameth et Barnave un triumvirat qui tente de concilier idées nouvelles et monarchie. Il joue un rôle important à la Constituante, notamment par la préparation d'un rapport sur la réorganisation de la justice : il recommande en particulier l'utilisation du jury, au civil comme au criminel. Chargé d'interroger Louis XVI après Varennes, il se fait ensuite, poussé par Barnave, le défenseur des prérogatives royales. Président du tribunal criminel de Paris, Duport s'enfuit après la journée du 10 Août, est arrêté et emprisonné quelque temps, s'évade et passe en Angleterre. Rentré en France après le 9 Thermidor, il émigre de nouveau après le 18 Fructidor.

DUPRAT Antoine (Issoire, 1463 – Nantouillet, 1535)

Cardinal et chancelier de France.

Lieutenant général du bailliage de Montferrand en 1490, avocat général au parlement de Toulouse en 1495, maître des requêtes en 1503, il devient premier président du parlement de Paris en 1508. Louise de Savoie lui confie alors l'éducation de son fils, le futur François Ier qui, devenu roi, le nomme chancelier (1515). Duprat accompagne François Ier en Italie, négocie le concordat de Bologne signé en 1516 avec Léon X, et parvient à le faire enregistrer par le Parlement. Il se rend impopulaire dès le début du nouveau règne ; on lui reproche les levées d'argent considérables rendues nécessaires par la guerre, puis le concordat. Il participe ensuite aux négociations du camp du Drap d'or en 1520. La même année, lorsque la guerre reprend entre François Ier et Charles Quint, il organise la levée de contributions extraordinaires et, surtout, étend la vénalité et l'hérédité des charges. Conseiller de la régente pendant la captivité de François Ier (1525), Duprat est de plus en plus impopulaire – on lui reproche tous les maux dont souffre le royaume. Le parlement de Paris nomme une commission chargée d'instruire contre lui, mais le roi met fin aux poursuites dès son retour de captivité (1526). Parallèlement à sa carrière laïque, Duprat a des ambitions ecclésiastiques : veuf en 1516, il entre bientôt dans les ordres, devient archevêque de Sens en 1525, puis cardinal en 1527, légat *a latere* en 1530. Il s'intéresse dès lors aux problèmes religieux, préconise une attitude sévère contre les protestants, mais n'oublie pas pour autant la politique, soutient la candidature de François Ier à l'empire. Il songe même à présenter sa candidature au trône papal à la mort de Clément VII, en 1534, mais le roi s'oppose à ses projets.

DUPUY Charles Alexandre (Le Puy, 1851 – Ille-sur-Têt, Pyrénées-Orientales, 1923)

Homme politique, président du Conseil.

Professeur de philosophie puis inspecteur d'académie, il se laisse séduire par la politique et se fait élire député républicain de son département natal en 1885. Ministre de l'Instruction publique en 1892, il dirige le gouvernement du 5 avril au 3 décembre 1893. Élu président de la Chambre des députés aussitôt après la chute du ministère, Dupuy fait preuve d'un étonnant sang-froid lorsque l'anarchiste Vaillant lance une bombe dans l'hémicycle le 9 décembre. Il est à nouveau président du Conseil de mai 1894 à janvier 1895, puis de novembre 1898 à juin 1899, avant de siéger au Sénat de 1900 jusqu'à sa mort. Candidat à la présidence de la République après l'assassinat de Sadi Carnot, en 1894, il est battu par Jean Casimir-Perier.

DUQUESNE Abraham, marquis (Dieppe, 1610 – Paris, 1688)

Amiral.

Son père, qui est capitaine marchand, l'embarque tout enfant sur son navire, et dès l'âge de 17 ans, il a à son actif la prise d'un bateau hollandais. Il est fait capitaine de vaisseau pour sa participation aux actions navales de la guerre de Trente Ans. En 1644, il passe au service de la Suède et prend part, avec le grade d'amiral major, à la bataille de Femern, en 1644, qui confirme la défaite de la flotte danoise. Revenu en France, il est promu chef d'escadre en 1647, puis lieutenant général des armées de mer en 1667. Il acquiert la gloire pendant la guerre de Hollande où il dispute victorieusement aux Hollandais et aux Espagnols la maîtrise de la Méditerranée. En 1675, il remporte la bataille de Stromboli. La même année, à d'Agosta, il est vainqueur de Ruyter, tué au cours du combat. Il triomphe également aux îles Lipari et à Syracuse, en 1676. Puis il mène plusieurs expéditions contre les Barbaresques, au cours desquelles Tripoli (1681) et Alger (1682 et 1683) sont bombardées. En 1684, il exerce des représailles contre Gênes, alliée des Espagnols. Le roi lui a donné, en 1681, la terre du Bouchet, près d'Étampes ; bien que protestant, il ne sera pas inquiété après la révocation de l'édit de Nantes, en reconnaissance de ses services. Mais ses enfants devront s'expatrier. Duquesne a également contribué à l'extension de l'arsenal de Brest, dont il a dirigé les travaux.

DUQUESNOY Adrien (Briey, 1759 – Rouen, 1808)

Homme politique et publiciste.

Avocat et syndic de Lorraine et du Barrois avant la Révolution, il représente Bar-le-Duc aux États généraux de 1789. À Paris, il se lie à Mirabeau, et, à l'Assemblée, contribue à la division de la France en départements. Tout d'abord peu favorable au roi, mais plutôt au duc d'Orléans, il devient royaliste et publie jusqu'au 10 Août, avec Regnault de Saint-Angély, et aux frais du ministère, *L'Ami des patriotes*. Maire de Nancy en 1792, il est compromis par les documents découverts dans l'armoire de fer, et décrété d'arrestation le 5 décembre. Libéré, Duquesnoy est de nouveau poursuivi pour avoir encouragé la dissolution du club révolutionnaire de Nancy, arrêté et traduit devant le Tribunal révolutionnaire. Libéré par le 9 Thermidor avant d'avoir été jugé, il est finalement acquitté. Il abandonne alors la politique jusqu'au 18 Brumaire, devient à ce moment le conseiller de Lucien Bonaparte. Membre du Conseil du commerce, puis maire du Xe arrondissement de Paris, il est finalement disgracié par Napoléon pour avoir marié Lucien sans son consentement. Ruiné, il se jette peu après dans la Seine.

DURANTI Jean Étienne DURANT, dit (Toulouse, 1534 – Toulouse, 1589)

Magistrat.

Capitoul de Toulouse à partir de 1563, avocat général près le parlement des états du Languedoc cinq ans plus tard, ce haut magistrat reçoit d'Henri III, en 1581, la charge de premier président de ce parlement. Fidèle au souverain, tant par reconnaissance que par conviction personnelle à l'égard de la Ligue, il va encourir dès ce moment une haine farouche des ennemis du roi. Plusieurs attentats seront fomentés contre lui, en vain, jusqu'au jour de 1588 au cours duquel une émeute permettra aux conjurés d'arriver à leurs fins. Le corps mutilé du capitoul sera hissé au pilori avec le portrait d'Henri III placardé dans le dos. Le peintre Paul Delaroche, au XIXe siècle, a retracé cet épisode dans une œuvre exposée à la Cour des comptes et qui brûla durant les événements de la Commune en 1871.

DURAS Amédée de DURFORT, duc de (Paris, 1771 – Versailles, 1838)

Gentilhomme.

Petit-fils d'Emmanuel Félicité de Duras. Il est un des fidèles de Louis XVI puis, ayant émigré en 1791, du comte de Provence. Celui-ci, devenu Louis XVIII, le fait premier gentilhomme et pair de France. Il épouse Claire de Kersaint (1779-1829), amie de Mme de Staël, grande admiratrice de Chateaubriand et auteur de divers petits romans dont le plus renommé est *Ourika* (1823), que Louis XVIII qualifiera d'« Atala de salon » mais qui n'en connaîtra pas moins un succès extraordinaire.

DURAS Emmanuel Félicité de DURFORT, duc de (Paris, 1715 – Versailles, 1789)

Maréchal de France.

Il représente la France à Madrid en 1752. Son originalité est d'être entré à l'Académie française sans avoir rien écrit et d'avoir été nommé maréchal de France sans avoir jamais commandé une armée.

DURAS Jacques Henri de DURFORT, seigneur, puis duc de (Duras, 1625 – Paris, 1704)

Maréchal de France.

Il était le neveu de Turenne. Nommé lieutenant général par le Grand Condé en 1651, pendant la Fronde, il se fait confirmer cette charge après avoir traité avec la Cour, en 1657. On le voit ensuite participer à la conquête de la Franche-Comté. En récompense, le roi lui accorde le gouvernement de ce pays en 1674, puis le bâton de maréchal en 1675. Duras est pour lui érigée en duché en 1689.

DUROC Michel, duc de Frioul (Pont-à-Mousson, 1772 – Markersdorf, Silésie, 1813)

Général.

Destiné au notariat, il entre cependant à l'École militaire de Pont-à-Mousson, y étudie l'artillerie, puis entame sa carrière militaire comme aide de camp du général Lespinasse (1792). Il rencontre Bonaparte au siège de Toulon en 1793, se lie avec

Duroc
Duroc, duc de Frioul. Huile sur toile de Gros, château de Versailles. © *Lauros-Giraudon*

lui et, devenu son aide de camp, l'accompagne en Italie en 1796. Duroc se distingue lors du passage de l'Isonzo, accompagne ensuite Bonaparte en Égypte, participe enfin à la préparation du coup d'État du 18 Brumaire. Nommé général de brigade en 1800, il accomplit plusieurs missions diplomatiques délicates, à Vienne, Saint-Pétersbourg et Copenhague. Général de division en 1803, très apprécié du Premier Consul, Duroc devient grand maréchal du palais en 1804, lorsque l'Empire succède au Consulat. L'Empereur lui confie de nouvelles missions auprès du roi de Prusse, de l'électeur de Saxe et de Charles IV d'Espagne. À Austerlitz, le grand maréchal du palais commande une division de grenadiers. Duc de Frioul en 1808, il contribue aux victoires de Wagram et d'Essling, mais il est tué par un boulet perdu après la bataille de Bautzen. Napoléon, qui l'aimait comme un ami, en conçoit un vif chagrin et fera, de Sainte-Hélène, un legs fort important à sa famille. Sur ordre de Louis-Philippe, les restes de Duroc seront transportés aux Invalides.

DURUY Victor (Paris, 1811 – Paris, 1894)

Historien et homme politique.

Fils d'ouvrier devenu normalien, disciple de Michelet, il attire l'attention, à partir de 1838, en publiant une *Géographie politique de la République et de l'Empire romains* puis, trois ans plus tard, un *Atlas de géographie universelle*. Napoléon III s'attache un moment cet érudit d'histoire ancienne pour l'aider à rédiger son œuvre personnelle, à laquelle il tient particulièrement, *La Vie de César*. Il le récompense par une promotion rapide : inspection d'académie en 1861, inspection générale l'année suivante, enfin portefeuille de l'Instruction publique en 1863, qu'il détiendra jusqu'en 1869. Cette nomination coïncide avec l'infléchissement du régime vers une tendance libérale à laquelle appartient le nouveau ministre, par ailleurs anticlérical, ce qui lui vaut attaques et critiques des milieux catholiques. En avance sur son temps, il propose une scolarisation gratuite qui sera l'œuvre de la IIIe République. De même prône-t-il l'accroissement du nombre des établissements pour jeunes filles. L'enseignement supérieur voit le développement des études philosophiques et celui des langues vivantes à un moment où la France accroît ses échanges avec l'étranger. L'histoire contemporaine figure désormais aux programmes des lycées, l'agrégation est rétablie et la création, en 1868, de l'École pratique des hautes études, révèle la volonté de combler le retard pris sur les universités étrangères, allemandes en particulier, dans le domaine de la recherche. Tant d'innovations, cependant, avivent les critiques d'opposants cléricaux, et Duruy préfère se retirer un an avant la chute du régime. Il consacre la fin de sa vie à de nombreux écrits, en particulier une *Histoire des Romains*, rédigée de 1876 à 1885, qui justifie une admission à l'Académie des sciences morales en 1879, puis une élection à l'Académie française en 1884.

DUVAL Émile Victor (Paris, 1841 – Petit-Clamart, 1871)

Chef militaire.

Ouvrier fondeur, il fait partie des groupes de combat organisés par Blanqui à la fin de l'Empire, et fomente, en 1870, une grève des ouvriers fondeurs parisiens qui s'achève, au terme de quatre mois, par une victoire. Après le 4 Septembre, il siège au Comité central républicain des vingt arrondissements, participe aux insurrections des 31 octobre 1870 et 22 janvier 1871 puis, avec Eudes, Henri et Ferré, travaille à l'organisation des armées révolutionnaires. Membre du Conseil de la Commune le 26 mars, il siège à la commission militaire et à la commission exécutive ; il est bientôt nommé général. Le 2 avril, de concert avec Eudes et Bergeret, Duval décide de marcher contre les Versaillais et, à la tête de l'aile gauche des Communards, se dirige vers Versailles par la route de Rambouillet, en passant par Châtillon et Villacoublay. Flourens, Bergeret et Eudes commandent les deux autres colonnes. Il passe la nuit du 2 au 3 sur le plateau de Châtillon avec 7 000 hommes et, le matin, s'avance avec une partie de ses troupes jusqu'au Petit-Clamart, puis recule et installe ses 1 500 hommes dans la redoute de Châtillon. Encerclé le 4 au matin, dépourvu de vivres et de munitions, il doit se rendre et, avec les autres prisonniers, est conduit à Versailles. Le général Vinoy, rencontré sur la route, le fait fusiller.

Victor Duruy
Victor Duruy en 1869. © *Roger-Viollet*

DUVERGIER de HAURANNE Jean, abbé de Saint-Cyran (Bayonne, 1581 – Paris, 1643)

Théologien.

D'une famille de bourgeois d'office, il poursuit à Louvain puis à Paris des études commencées dans son pays natal. Condisciple de Jansénius, il devient son ami vers 1604. Tous deux s'installent, en 1611, à Bayonne où ils mènent une vie très retirée, se livrant à une étude approfondie de saint Augustin. En 1617, Duvergier revient à Paris mais continue à correspondre avec Jansénius. Il est nommé abbé de Saint-Cyran en 1620, fait la connaissance, en 1622, d'Antoine Arnauld d'Andilly et se fixe l'année suivante à Paris. C'est à cette date qu'il entre en relation avec la mère Marie-Angélique Arnauld, abbesse de Port-Royal des Champs, mais il ne prendra définitivement la direction de ce couvent qu'en 1636.

On lui doit, sous le pseudonyme de Petrus Aurelius, la publication, en 1632, du *Traité fondamental du sacerdoce et de l'épiscopat*, véritable charte de la Réforme catholique française qui fait de lui, après la mort de Bérulle, le plus grand théologien français. Par son rigorisme et l'importance qu'il accorde à la Grâce, il apparaît bientôt comme le chef de file de l'aile catholique radicale et, avec Jansénius et Antoine Arnaud, il est un des fondateurs du néo-augustinisme, improprement appelé jansénisme. Sa réputation est alors très grande et Richelieu, qui l'avait connu lorsqu'il était évêque de Luçon, lui offre, outre plusieurs riches abbayes, les évêchés de Bayonne et de Clermont, ce qu'il refuse. Richelieu commence d'ailleurs à s'inquiéter des implications politiques des thèses que soutient Saint-Cyran, notamment sa réflexion sur les conséquences pratiques de la transsubstantiation affirmée solennellement au concile de Trente. Cette thèse aboutit au refus de ne jamais faire céder l'ordre supérieur de l'Évangile devant la raison d'État, et à la condamnation de l'attrition, symbole d'une théologie plus libérale que Richelieu avait soutenue. Craintes justifiées. Saint-Cyran fournit en effet de nouvelles bases idéologiques au parti de Marillac dans son refus du « machiavélisme » politique de Richelieu, dans son appui donné à la résistance fiscale et dans son opposition à la guerre contre l'Espagne. Richelieu le fait enfermer à Vincennes le 14 mai 1638. Saint-Cyran n'en sortira qu'après la mort du cardinal, pour mourir lui-même quelques mois plus tard.

DUVERGIER de HAURANNE Prosper (Rouen, 1798 – château de Herry, Sancergues, Cher, 1881)

Homme politique et écrivain.

Il collabore, non sans éclat, avec Guizot, au *Globe* (1824) et devient, jeune encore, un des chefs les plus influents du parti doctrinaire. Mais, reniant bientôt ses anciens amis, il apporte son soutien à l'opposition de gauche, défendant la fameuse maxime : « Le roi règne et ne gouverne pas. » Il est un des promoteurs et des meneurs de la coalition parlementaire qui renverse Molé en 1839. Ami et partisan de Thiers, dont il devient le principal lieutenant, il est, après la chute de ce dernier (octobre 1840), un des plus redoutables adversaires de la politique de Guizot. Il joue un rôle considérable dans les dernières années du règne de Louis-Philippe, publiant, en 1846, un écrit retentissant, *La Réforme parlementaire et la réforme électorale*, et organisant la campagne des banquets qui allait provoquer le renversement du régime. Il ne souhaitait, en réalité, que sa réforme et, au sein de l'Assemblée constituante de 1848, se rallie à la politique antirépublicaine de la droite. Battu aux élections de 1849, il n'entre à l'Assemblée législative qu'en décembre 1850, par suite d'une élection partielle, et y combat, avec les orléanistes, la politique de l'Élysée. Au 2 Décembre, il s'associe à la protestation de ses collègues, est arrêté à la mairie du Xe arrondissement et subit une détention de cinq semaines ainsi qu'un exil de huit mois. Rentré en France, il consacre les loisirs d'une retraite politique forcée à rédiger une grande *Histoire du gouvernement parlementaire en France de 1811 à 1848*. Il se rallie, après la chute du Second Empire, à la République conservatrice inaugurée par Thiers, mais échoue aux élections sénatoriales de 1876 et se retire de la vie politique l'année suivante. Il avait été élu membre de l'Académie française en 1870.

DUVEYRIER Henri (Paris, 1840 – Sèvres, 1892)

Explorateur.

Il accomplit, dans la seconde moitié du XIXe siècle, plusieurs missions d'exploration en Afrique du Nord. Un premier voyage, au départ de Constantine, le conduit dès 1859 dans le Sahara algérien, jusqu'à El Goléa. L'année suivante, Duveyrier visite la région de Touggourt et Ouargla, et regagne sa base en passant par le Sahara tunisien. Il séjourne ensuite chez les Touareg du Tassili, aux confins algéro-libyens, puis dans le Fezzan, préparant la pénétration française dans ces régions.

DYLE (manœuvre)

Nom donné au plan d'intervention des forces franco-anglaises en Belgique en 1940.

Lorsque éclate la guerre, en septembre 1939, l'état-major français est persuadé que les Allemands, s'ils attaquent, vont reprendre le plan Schlieffen qui avait failli réussir en 1914, c'est-à-dire faire le vide en Alsace pendant que l'orage déferlera sur la Belgique. Pour faire face à cette invasion attendue de la Belgique, le général Gamelin a prévu trois possibilités, dont les modalités sont communiquées à l'état-major belge qui refuse toute collaboration. La première, qui prévoit la poussée des forces alliées jusqu'au canal Albert, appuyée à Liège et à la Meuse, doit être abandonnée en raison des délais trop longs nécessaires à son exécution. Dans une deuxième hypothèse, l'hypothèse Escaut, les forces anglo-françaises se porteraient par un mouvement tournant autour de Condé jusqu'à Gand approximativement, ce qui permettrait de donner la main aux troupes belges chargées de défendre le réduit Gand-Anvers. Mais cette stratégie prudente présente des inconvénients : elle abandonne à l'ennemi une grande partie du territoire belge ; l'aile gauche des armées alliées devrait se battre le dos à la mer et la ligne de l'Escaut et des canaux est peu propice à la résistance. C'est finalement une solution intermédiaire, la « manœuvre Dyle » qui est retenue. Les Anglo-Français avanceront jusqu'à la ligne Meuse-Anvers. Le premier groupe d'armées pivotera autour de la charnière Montmédy-Sedan, de sorte que son flanc gauche rejoindra l'armée hollandaise au nord d'Anvers, tandis que son centre s'établira sur la Dyle, d'Anvers à Namur, et que son flanc s'appuiera sur la Meuse, de Namur aux positions déjà tenues en France. La plus grande partie du territoire belge et Bruxelles échapperont donc à l'emprise ennemie. Mais ce projet a le défaut d'étendre dangereusement le front d'attaque jusqu'à Louvain. Surtout, les Anglo-Français ne devront entreprendre cette manœuvre qu'à la demande du gouvernement belge, c'est-à-dire que l'entrée en guerre de la Belgique reste conditionnée par la violation de sa neutralité par les Allemands, une fois que ceux-ci auront eux-mêmes pénétré dans ce pays.

Le 10 mai 1940, tôt dans la matinée, dès les premiers bombardements allemands en Hollande, en Belgique et dans le nord et l'est de la France, le tiers des armées françaises se met en mouvement. À l'aile gauche, la VIIe armée du général Giraud, poussant jusqu'à Breda, tend la main aux forces néerlandaises. Au centre, tenu par la Ire armée française du général Blanchard en liaison avec le corps expéditionnaire anglais de Gort au nord et avec la IXe armée de Corap au sud, les avant-gardes atteignent la ligne Anvers-Namur dans la journée. Mais elles se trouvent en plaine rase sans aucun obstacle antichars, à la merci des blindés de l'ennemi. La retraite précipitée des troupes belges devant les Allemands les met dans l'impossibilité de tenir les positions assignées jusqu'à l'arrivée des corps principaux. L'établissement de la ligne de front prévue se révèle donc impossible. La situation devient dramatique lorsque les Allemands, faisant porter leur principal effort là où on ne les attend pas, dans les Ardennes, réussissent à rompre le dispositif français de la Meuse. Débordant par le sud les forces alliées de Belgique, ils les obligent à se replier, dès le 17, sur la Dendre puis, le 19, sur l'Escaut de Gand à Cambrai. Le général Billotte doit lui aussi ramener en hâte des unités vers le sud pour couvrir Dunkerque. Le 20 mai, les armées alliées des Flandres sont définitivement enfermées dans la nasse par le gigantesque « coup de faucille » des blindés de Guderian qui, après avoir pris Amiens, foncent vers Abbeville.

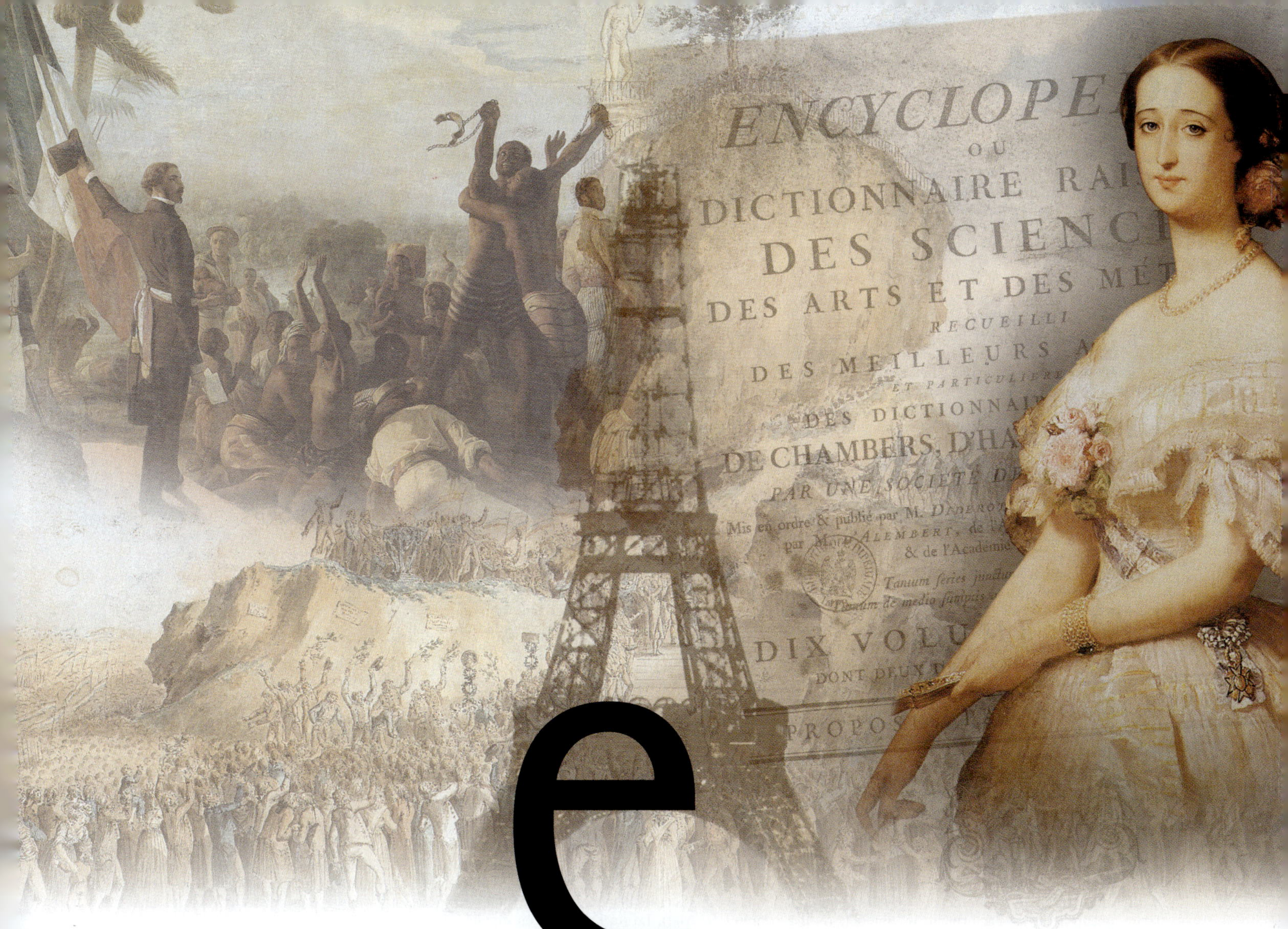

e

Eaux et forêts (administration des)

Service chargé de la gestion des rivières et des forêts.

Du fait de l'importance de la forêt au Moyen Âge, la monarchie française a très tôt développé une administration destinée à son entretien et son exploitation. Dès le XIVe siècle, les Eaux et Forêts constituent une juridiction extraordinaire. Elle gère les forêts du domaine royal et a un droit de regard sur les bois des particuliers et les rivières. Placée sous l'autorité de maîtres des Eaux et Forêts à partir de 1555, puis d'un grand maître des Eaux et Forêts, elle est ensuite divisée entre plusieurs maîtrises et codifiée par l'ordonnance de 1669, qui pose les bases d'une politique de conservation patrimoniale. Les conservateurs des Eaux et Forêts sont créés en 1791, avant que la Restauration ne fonde l'École nationale des Eaux et Forêts en 1824, destinée à la formation des ingénieurs. Après avoir fusionné en 1965 avec l'École du génie rural, elle s'intitule désormais École nationale du génie rural, des eaux et des forêts.

Eauze

Ville du Fezensac, en Gascogne, dans le département du Gers.

Eauze est d'abord, sous le nom d'*Elusa*, capitale du peuple gaulois des Élusates. Elle devient métropole civile et religieuse de la Novempopulanie dès le IIIe siècle. Les incursions normandes et sarrasines la ruinent au VIIIe siècle. Reconstruite par la suite, mais remplacée comme métropole par Auch au IXe siècle, la cité ne pourra jamais se relever complètement. En 1985, à l'occasion de travaux entrepris dans la localité, fut découvert un magnifique trésor enfoui dans la terre au moment des invasions de la fin du IIIe siècle. Une cassette renferme des bijoux somptueux ornés de perles, d'émeraudes, de saphirs et de grenats, ainsi que des couteaux aux manches d'ivoire délicatement sculptés. Plusieurs sacs contiennent plus de 28 000 pièces d'argent.

Ebbon (?, 775 – ?, 851)

Archevêque.

Fils d'Himiltrude, nourrice du futur empereur Louis le Pieux, il est élevé avec ce dernier, qui le nomme archevêque de Reims en 816. Sur l'ordre du pape Pascal II, il accomplit ensuite une mission d'évangélisation au Danemark (822-823). Malgré ses liens avec Louis le Pieux, il préside en 833 l'assemblée de Compiègne qui oblige l'empereur à se désister et le remplace par son fils Lothaire. Remonté sur le trône en 835, Louis fait à son tour déposer son frère de lait par le concile de Thionville. Enfermé à l'abbaye de Fulda, Ebbon retrouve son siège épiscopal à l'avènement de Lothaire en 840, mais il en est chassé dès l'année suivante par Charles le Chauve, frère de Lothaire. Réfugié auprès de Louis le Germanique, il achève ses jours à la tête de l'évêché d'Hildesheim, en Basse-Saxe.

Éblé Jean-Baptiste, comte (Saint-Jean-Rohrbach, Moselle, 1758 – Königsberg, 1812)

Général.

Dès 9 ans, il est admis comme canonnier au régiment d'Auxonne où son père sert comme officier. Lieutenant en 1785, il est nommé attaché militaire à Naples, où il transforme l'artillerie. Il rentre en France en 1792 et combat sous les ordres de Dumouriez. Les services qu'il rend à Hondschoote, Dunkerque et Wattignies lui valent le grade de général de brigade. Il est placé à la tête de l'artillerie dans l'armée du Nord (1794-1795), dans l'armée de Rhin-et-Moselle (1795-1797) puis dans l'armée de Rome-et-Naples (1798-1799). Éblé contribue puissamment aux succès de Moreau en Allemagne pendant les campagnes de 1800 et de 1801, devient gouverneur de Magdebourg (1807-1808), puis ministre de la Guerre du roi Jérôme de Westphalie (1808-1810), avant de passer à l'armée du Portugal. Il fait enfin la campagne de Russie comme commandant en chef des équipages de pont et construit sur la Berezina les ponts qui permettent de sauver les débris de la Grande Armée, forte encore de 30 000 à 40 000 hommes. Napoléon, qui l'a en très haute estime et l'a fait comte, le nomme premier inspecteur général de l'artillerie. Peu après, Éblé succombe aux fatigues de sa dernière campagne.

Éboué Félix (Cayenne, 1884 – Le Caire, 1944)

Homme politique.

D'origine guyanaise, diplômé de l'École coloniale, il occupe divers postes dans l'administration coloniale, en Afrique noire et aux Antilles françaises : il devient ainsi, en 1936, le premier gouverneur noir d'une colonie, la Guadeloupe. Gouverneur du Tchad en 1938, il rallie dès août 1940 le territoire à la France libre. Nommé peu après gouverneur de l'A-ÉF par le comité de Londres, Éboué tente de mettre en place une nouvelle politique africaine. Tout en respectant les institutions traditionnelles, il préconise l'association progressive entre métropolitains et Africains et défend ce point de vue à la conférence de Brazzaville (1944) dont il est un des instigateurs.

ÉBROÏN (? – ?, v. 681)

Maire du palais de Neustrie et de Bourgogne.

Originaire de Neustrie il veut imposer l'autorité de cette dernière à la Bourgogne dont Léger, évêque d'Autun, symbolise le désir d'indépendance. Les deux hommes vont se heurter pendant de longues années. Après la mort de Clovis II, roi de Neustrie et de Bourgogne, et celle du maire du palais Erchinoald (657), Ébroïn succède à ce dernier et gouverne en fait le pays, avec la régente Bathilde, au nom du jeune Clotaire III. Ce dernier meurt en 673 et Ébroïn, sans consulter les grands, place sur le trône son frère Thierry III. Cette décision entraîne, en 674, une révolte de la noblesse bourguignonne menée par Léger : Thierry III est chassé et remplacé par son frère Childeric II. Ébroïn doit s'exiler à Luxeuil. Léger devient alors le seul conseiller du roi. Mais ils ne s'entendent pas et Léger rejoint bientôt son adversaire à Luxeuil. Après l'assassinat de Childéric, en 675, les nobles de Neustrie et de Bourgogne font rechercher Thierry III, enfermé dans un couvent et tonsuré, et le placent à nouveau sur le trône. Ébroïn et Léger quittent Luxeuil. Allié à présent aux Austrasiens, Ébroïn renverse Thierry III et le remplace par un prétendu fils de Clotaire III, Clovis III. Il envoie en même temps des troupes contre Léger, qui est pris, torturé, enfermé et maltraité pendant deux ans avant d'être décapité. Déçu par Clovis, le maire du palais appelle de nouveau Thierry III et règne en son nom sur la Neustrie et la Bourgogne. L'Austrasie passe aux mains de Pépin d'Héristal qui, s'attaquant à Thierry III, est battu par Ébroïn près de Laon en 680. Celui-ci semble exercer son autorité sur l'ensemble des royaumes francs quand il est tué par Ermenfroy, un noble qu'il a dépouillé.

ÉBURONS

Eburones. *Peuple de la Gaule Belgique, établi sur la Meuse, dans le Limbourg et le Hesbaye (région de Tongres, Maastricht, Liège, Verviers, Aix-la-Chapelle) et sur la rive gauche du Rhin (région de Neuss, Cologne).*

Pour avoir, sous les ordres d'Ambiorix, défait une légion romaine, ce peuple est, en représailles, pratiquement exterminé par César. Les survivants seront, au début de l'Empire romain, regroupés avec les Aduatuques, les Condruses et autres Germains cisrhénans dans la cité unique des Tongres (*civitas Tungrorum*).

ÉCHANSON

Sous la monarchie, officier chargé de verser à boire au roi et à son entourage.

La charge remonte en fait à l'époque mérovingienne où l'échanson est placé sous l'autorité d'un *magister scancorium,* « maître des échansons ». Ce dernier, qui prend sous les Carolingiens le nom de bouteiller, *buticularius*, conserve alors sa suprématie. Dès les premiers Capétiens, ces deux officiers exercent des charges distinctes, mais dont la spécificité est parfois difficile à déterminer. Il semble que l'échanson soit chargé d'acheter le vin et d'en assurer la distribution à l'intérieur de l'hôtel du roi, et de verser à boire au souverain, le bouteiller ayant la haute main sur l'ensemble du service des boissons de la Cour. Le bouteiller exerce en même temps des charges politiques et administratives qui l'empêchent de surveiller le personnel inférieur, tâche bientôt confiée à l'échanson. Ce dernier, appelé au XIVe siècle maître échanson du roi, ou grand échanson de France, dirige un nombre variable d'échansons et de serviteurs subalternes qui constituent l'échansonnerie. Lors de la suppression de la charge de bouteiller, en 1468, ses revenus et charges honorifiques passent au maître échanson, mais non ses responsabilités politiques et administratives. Sa fonction première tombe peu à peu en désuétude, il ne verse plus à boire au roi que dans les grandes occasions, lors du sacre, des fêtes ou des cérémonies. Sous son autorité sont placés jusqu'à douze échansons. Au XVIIe siècle, l'échansonnerie est divisée en deux services, l'échansonnerie-bouche, pour le roi, et l'échansonnerie-commun. Chaspoux, marquis de Verneuil, est le dernier maître échanson de l'Ancien Régime. Sous la Restauration, l'office est rétabli en faveur du comte de La Rothe, qui l'exerce jusqu'à la réorganisation de la maison du roi, en 1820. Assumée alors par l'un des quatre chambellans de l'hôtel, la charge disparaît en 1830. On trouve aussi des échansons dans les grandes cours féodales.

ÉCHECS (jeu d')

Jeu qui se joue à deux personnes, sur un damier de 64 cases, avec 8 pièces et 8 pions de chaque côté.

Inventé en Inde entre le Ier et le Ve siècle, le jeu d'échecs est introduit dans le midi de la France vers l'an Mil. Les noms des pièces et des figures évoluent progressivement – par exemple la reine, qui n'apparaît qu'au XVe siècle, remplaçant la vierge, elle-même substituée au vizir. Les pions succèdent aux « piétons », les soldats. Le fou, quant à lui, apparaît au XIVe siècle, à l'époque où il est une figure familière des cours princières. Contrairement à bien d'autres jeux, le jeu d'échecs est recommandé car il exerce l'intelligence, la sagesse et l'art de la tactique militaire. Au Moyen Âge on le considère comme une illustration de la solidarité des membres de la société politique gravitant autour du roi. Vers 1270, dans son *Livre des échecs moralisés* (traduit en français par Jean de Vignay vers 1348 et souvent adapté par la suite), le dominicain italien Jacques de Cessoles explique comment chacun doit trouver son chemin parmi les cases blanches (le Bien) et les cases noires (le Mal). Le roi l'emporte en dignité sur toutes les autres pièces qui sont soumises à son commandement et éclairées par la gloire de ses vertus. Les fous sont ses conseillers, les chevaliers le défendent, les pions (paysans, artisans et marchands) lui fournissent le nécessaire. La perte du roi est la perte du royaume.

Une partie d'échecs
Miniature du XVe siècle. Paris, Bibliothèque nationale de France © *Sélection Images*

ÉCHELLES DU LEVANT ET DE BARBARIE

Du turc iskele, *déformation de l'italien* scala, *« échelle ». Comptoirs commerciaux établis depuis le début du XVIe siècle par certaines nations chrétiennes, dont la France, dans les pays islamiques de la Méditerranée.*

Le nom d'Échelles du Levant s'applique aux comptoirs de la Méditerranée orientale, c'est-à-dire les ports de l'Empire ottoman situés entre Constantinople et Alexandrie, certaines villes de l'intérieur comme Le Caire, Alep et Damas, et enfin les îles et presqu'îles grecques dépendant du sultan, Morée, Chypre et Crète. Parmi les Échelles de Barbarie, les plus importantes sont Tripoli, le cap Nègre et Tunis à l'est ; La Calle, Alger, Bône et Oran au centre ; Salé, Safi, Mogador, Fez et Agadir à l'ouest. Les marchands français de la Renaissance trafiquent déjà avec l'Empire ottoman, l'Égypte surtout, mais ce commerce est soumis uniquement à des conventions amiables lorsque François Ier et Soliman concluent, en 1636, les Capitulations. Ces dernières assurent à la France une influence prédominante dans l'Empire ottoman. La situation des marchands reste cependant assez précaire, car les Capitulations sont renouvelables, ou révocables après la mort du souverain. La permanence des avantages consentis par les Capitulations ne sera assurée qu'en 1740. Dès 1580, l'Angleterre obtient des avantages identiques à ceux consentis à la France, et les Provinces-Unies l'imitent en 1612.

Les Échelles, quartiers entièrement clos et isolés de la population musulmane, sont gérées par un consul assisté du « Conseil des députés de la nation », négociants, capitaines et patrons. Le consul crée et perçoit les taxes sur lesquelles il prélève sa rétribution. Il règle les litiges internes, les délits criminels étant jugés en dernier ressort par la métropole. Une juridiction mixte règle les conflits entre musulmans et ressortissants français. Malgré l'éloignement, de nombreuses plaintes concernant les abus commis par les consuls ou certains ressortissants parviennent au gouvernement : l'arrêt de Colbert, en 1664, puis l'ordonnance de la marine, en 1681, rappellent leurs devoirs aux consuls prévaricateurs et aux marchands. Malgré les traités, la situation des Échelles reste extrêmement précaire, du fait des agissements des consuls, des pirates et des chefs locaux, et de la concurrence étrangère. Le comptoir de Bannière de France, créé vers 1560, est enlevé à la France dès 1568, restitué peu après, et finalement détruit en 1604, en même temps que ceux de La Calle et du cap Nègre. Plus tard, Louis XIV connaît de multiples conflits avec les États barbaresques, les Échelles doivent subir des taxes arbitraires et des saisies, auxquelles le roi répond en faisant bombarder Alger par Duquesne (1682-1683). La prépondérance française, évidente au milieu du XVIe siècle, avec la création de la Compagnie du corail (1552), entraîne le réveil économique de Marseille, qui détient bientôt l'essentiel du commerce des Échelles. Dès la fin du siècle cependant, cette prépondérance décline, puis s'effondre sous le ministère de Richelieu : 1 000 navires assurant le commerce avec les Échelles passent par Marseille en 1610, ils ne sont plus que 50 en 1660. Colbert, qui tient pour essentiel le commerce avec le Levant, entreprend de redresser la situation et de mettre un terme au monopole exercé, fort mal, par Marseille. Dans ce dessein, le ministre crée, en 1670, la Compagnie du Levant, et place à sa tête une majorité de Parisiens, et non de Marseillais. Cette compagnie, qui ne détient pas de monopole mais jouit de nombreux avantages, disparaît cependant avant la fin de la décennie. À partir de 1682, la politique française pro-ottomane favorise les activités des marchands, dans les Échelles du Levant surtout, car le commerce avec la Barbarie continue à souffrir de la présence des pirates. Ce commerce appartient de nouveau, et plus que jamais, aux négociants marseillais : les ordonnances de 1685 et 1700 contraignent tout commerçant qui souhaite s'établir dans une Échelle à demander l'accord de la chambre de commerce de Marseille. La France parvient, au XVIIIe siècle, à conserver d'importantes relations commerciales avec l'Empire ottoman, d'autant que ses principaux concurrents, Angleterre et Pays-Bas, sont attirés vers d'autres horizons, tandis qu'elle-même est privée du Canada et de l'Inde.

ÉCHEVIN

Ancien magistrat municipal.

Le nom d'échevin, attesté en 1213, est la traduction du bas-latin *scabinus*, lui-même adapté du francique *skapin*, « juge » (ancien haut allemand *scaffin*). Aux temps carolingiens, les *scabini* sont les assesseurs du tribunal comtal, comme l'avaient été les rachimbourgs sous les Mérovingiens. À l'époque de la plus grande extension féodale (IXe-XIe siècle), la connaissance qu'ils ont des procès leur permet d'assurer la représentation des administrés, surtout dans les cités où les corps sociaux sont plus organisés qu'ailleurs. Leur nomination reste toutefois longtemps encore l'affaire du roi ou des seigneurs. Peu à peu, ils se cantonnent dans le Nord (dans le Midi, les consuls rempliront des fonctions analogues) et perdent leurs attributions judiciaires pour s'octroyer un rôle administratif dans les villes, en particulier les villes de communes. Le collège échevinal aide le maire et le prévôt dans leurs tâches de police. Le régime de l'échevinage parisien est assez spécial, du moins aux XVIIe et XVIIIe siècles. Réorganisé en vertu de l'ordonnance de 1617, il se compose de quatre membres, deux représentant les marchands, les deux autres les universitaires. Ce corps est renouvelable par moitié tous les ans. Dès lors, jusqu'à la Révolution de 1789 et dans toutes les grandes villes du Nord, l'histoire de l'échevinage connut peu de grands changements.

ÉCHIQUIER

Nom donné à la cour financière et judiciaire des ducs de Normandie au Moyen Âge, dès Henri Ier Beauclerc.

Le tapis quadrillé, l'échiquier, sur lequel le comptable ducal disposait les jetons correspondant aux recettes, est à l'origine de cette appellation. Les assises de l'Échiquier se tiennent d'abord, irrégulièrement, dans les diverses résidences du duc. Mais, à partir d'Henri II Plantagenêt, il y en a deux par an à Caen. Plus tard, elles seront transférées à Rouen. Lorsqu'en 1204 Philippe Auguste soumet la Normandie au domaine royal, il laisse subsister l'Échiquier mais s'y fait représenter par des commissaires royaux qui, périodiquement, viennent présider les séances. Ces commissaires sont détachés de la cour du roi puis, après 1250, du parlement de Paris auquel l'Échiquier ressort en appel. À la fin du XVe siècle, par une évolution commune à un certain nombre d'anciennes juridictions régionales, l'Échiquier est érigé en un parlement indépendant ayant mêmes prérogatives que l'ancien parlement unique de Paris et rang de cour souveraine : Louis XII le transformera en cour permanente en 1499 et François Ier lui donnera, en 1515, le nom de « Parlement ».

ECKMÜHL (bataille d')

Victoire remportée par les Français sur les Autrichiens les 22 et 23 avril 1809.

La campagne de 1809 débute par une série d'engagements dans la boucle du Danube, au sud de Ratisbonne, en Bavière, à la suite de l'initiative de l'archiduc Charles de franchir l'Inn dès le 9 avril. Ayant rejoint le major général Berthier à Donauwerth, Napoléon ordonne la concentration de trois corps d'armée dans la vallée du Danube aux ordres respectifs de Davout, de Masséna et d'Oudinot, Lefebvre couvrant le flanc droit à hauteur d'Ingolstadt. Le 19 avril, l'Empereur pousse Davout de Ratisbonne vers Neustadt. Les Autrichiens se trouvent en effet à proximité, et dès lors commencent une suite d'engagements qui vont se prolonger jusqu'au 23. Par les combats préliminaires de Thann et d'Abensberg, le 20 avril, Davout refoule l'avant-garde autrichienne. Le 21 avril, les grenadiers d'Oudinot atteignent Landshut, menaçant la ligne de repli de l'archiduc Charles. Aussi, ce même jour et le lendemain, l'archiduc fait-il effort pour rétablir sa ligne. Il s'ensuit pour Davout deux journées extrêmement dures autour d'Eckmühl. Ce succès permet la prise de Ratisbonne le lendemain (où Napoléon reçoit l'unique blessure de son existence) et met un terme à la lutte entre le Danube et l'Isar. La route de Vienne est ouverte. Davout, qui a pris une part déterminante à la réussite de l'entreprise, est fait prince d'Eckmühl.

Sa fille, marquise de Blocqueville, ayant fait don d'une somme importante, en 1892, pour la construction d'un phare à la pointe de Penmarc'h en Bretagne, l'ouvrage porte, en hommage, le nom de phare d'Eckmühl.

ÉCLUSE (bataille de l')

Premier fait d'armes important de la guerre de Cent Ans (24 juin 1340).

L'Écluse est le nom français du village néerlandais de Sluis, dans l'estuaire du Zwin. Philippe VI, roi de France, possède à ce moment une flotte importante, réunie depuis de longues années en prévision d'une croisade sans cesse remise. En juin 1340, le roi charge cette flotte, commandée par un marin génois de valeur, Barbavera, et deux chefs français sans grande expérience, Quiéret et Béhuchet, d'arrêter les navires anglais d'Édouard III, qui projette de débarquer en Flandre. Le 24 juin, la flotte française mouille au large de L'Écluse, ses navires serrés les uns contre les autres, quand se présente l'ennemi ; au lieu de gagner la haute mer, les Français restent immobiles. La bataille s'engage le matin, et les archers anglais obtiennent rapidement l'avantage sur les lents arbalétriers normands ou génois. La victoire anglaise n'est cependant assurée qu'à la fin de la journée, quand la flotte flamande vient renforcer celle d'Édouard III. Sur 200 vaisseaux français environ, une trentaine seulement peuvent s'échapper. Quiéret a la tête tranchée, on jette son corps à la mer, Béhuchet est pendu à un mât. La bataille de l'Écluse assure à l'Angleterre, pour de longues années, la maîtrise de la mer.

ÉCOLE MILITAIRE

École de Paris destinée à l'instruction militaire de jeunes nobles pauvres.

Peu aidée par le roi au moment de sa construction, l'École voit tout de même le jour grâce au financier Pâris-Duverney, et surtout à l'importante aide pécuniaire de la marquise de Pompadour. L'édifice est construit d'après les plans de

Échevins de Paris
Esquisse de Nicolas de Largillière, Amiens, musée de Picardie, donation Lavalard. © *Sélection Images*

l'architecte Gabriel. Les travaux, commencés en 1769, s'achèvent en 1772 sous le règne de Louis XV. L'École est supprimée en 1776, avant d'être rétablie l'année suivante et ce, jusqu'en 1787. C'est ainsi qu'elle voit Bonaparte séjourner dans ses murs, de 1784 à 1785. Elle se trouve affectée à la garde consulaire à partir de 1800, à la garde impériale quatre ans plus tard, pour abriter enfin la garde royale au moment de la Restauration. Situé dans le quadrilatère formé par le Champ-de-Mars, la place de Fontenoy, l'avenue Duquesne et l'avenue de Suffren, le bâtiment est aujourd'hui le siège de plusieurs établissements d'enseignement supérieur militaire, notamment l'École d'état-major, l'École supérieure de l'intendance et les Écoles supérieures de guerre.

École nationale d'administration (ENA)

Établissement public d'enseignement supérieur fondé le 9 octobre 1945.

La création de l'ENA par Michel Debré s'inspire de plusieurs tentatives avortées, en 1848 puis en 1936. Elle répond à deux objectifs : d'une part démocratiser la fonction publique supérieure, d'autre part former une élite de hauts fonctionnaires au recrutement unifié et indépendants du pouvoir politique. Il s'agit également de décloisonner les administrations et de professionnaliser leurs agents. L'école s'intègre par concours ouvert à tout étudiant disposant d'une licence, généralement issu de l'Institut d'études politiques de Paris (concours externe), et à des fonctionnaires déjà en poste, sans condition de diplôme (concours interne). Le choix des affectations (Conseil d'État, Inspection des finances, Cour des comptes, corps préfectoral) est gouverné par le rang de sorties. Dès les années 1950, la réussite de l'école s'affirme : être « énarque » est une marque de compétence, de réussite et de promotion sociale, notamment pour la bourgeoisie moyenne jusqu'en 1970 (entre 30 % et 40 % des promotions), comme de pérennité sociale pour la grande bourgeoisie (de 30 % à 55 % des promotions). Ce clivage se retrouve entre la carrière des « administrateurs » et celle des « grands corps ». D'où la montée des critiques – à la fin des années 1970 – contre un certain esprit de caste des élèves, leur manière technocratique d'administrer, le fait qu'ils colonisent de plus en plus le pouvoir politique (depuis 1958, un tiers des ministres et des membres de cabinet sont issus de l'ENA), d'où une collusion entre les cabinets ministériels qui prennent les décisions et l'administration qui les exécute, l'insuffisance de la démocratisation. D'autre part, dans les années 1980, on assiste à l'essor du « pantouflage » (15 % à 18 % des promotions), pratique décriée consistant à abandonner la haute fonction publique pour le monde des affaires. Pour remédier à ces défauts, les gouvernements ont procédé à plusieurs réformes (1958, 1965, 1971 et 1983). La dernière ouvre une troisième voie d'accès (créée en janvier 1983, supprimée en 1986, rétablie et modifiée en 1990). Elle est réservée, par concours, à des syndicalistes, des élus locaux, des élus d'associations reconnues d'utilité publique. Toutefois, cette mesure reste trop marginale pour avoir un véritable impact sur la formation et la composition sociale des élèves. En 1991, l'école, parisienne jusqu'alors, est délocalisée à Strasbourg, sur décision du Premier ministre Édith Cresson, confirmée en 1993 par son successeur Édouard Balladur après son annulation par le Conseil d'État.

École normale supérieure (ENS)

École destinée à former les maîtres de l'enseignement supérieur.

Sous l'Ancien Régime, l'enseignement était confié le plus souvent aux membres de la Compagnie de Jésus. Ces derniers ayant été expulsés du royaume en 1761, les boursiers de petits collèges sont réunis au collège Louis-le-Grand à Paris afin d'y recevoir les connaissances nécessaires à l'exercice du professorat. La Révolution, friande de systématisation et consciente, à la suite de Rousseau, de l'enjeu que représente l'instruction pour la nation en germe, veut distribuer les bienfaits de l'éducation à l'ensemble de la population. Les conventionnels Lakanal et Garat font voter le 9 brumaire an III (30 octobre 1794) une loi instituant un établissement durable d'enseignement supérieur d'où doivent rayonner savoir et sagesse. Les premiers élèves, âgés d'au moins 21 ans, sont envoyés par les départements. On compte parmi eux le navigateur Bougainville, âgé de 66 ans. Cette première école rémunère ses élèves et leur dispense un enseignement varié et inégal dans l'amphithéâtre du Museum d'histoire naturelle. Le corps professoral compte dans ses rangs Monge, Laplace, Daubenton, Bernardin de Saint-Pierre. La présence de savants est garante de la liaison opérée pour la première fois entre enseignement et recherche. Cependant, la situation économique se dégradant, on abandonne l'idée d'ouvrir des Écoles normales de districts en 1795. L'École de Paris elle-même perd ses moyens. C'est en 1808 que Napoléon la rouvre, mais dans un esprit militaire, afin de former les futurs cadres de son armée et de son gouvernement. Conservé au moment de la Restauration, l'établissement est près de disparaître en 1822. Sous Louis-Philippe, Victor Cousin, nommé directeur, donne enfin une renommée à l'École. Elle est installée rue d'Ulm, dans des locaux neufs. Dans la deuxième moitié du siècle, Louis Pasteur continue l'œuvre entreprise par les directeurs qui l'ont précédé, et l'École devient un des grands centres de recherche et de formation en France.

Deux nouvelles Écoles normales supérieures, masculine à Saint-Cloud et féminine à Fontenay-aux-Roses, sont créées respectivement en 1880 et 1882, pour former les professeurs destinés à instruire les maîtres dans les nouvelles écoles normales de province, mises sur pied par les lois Ferry portant création d'un enseignement public obligatoire. En 1881, l'ENS d'Ulm se voit dotée d'un pendant féminin à Sèvres. En 1912 est instituée l'École normale supérieure de l'enseignement technique, ou Enset, à Cachan. Sous la IIIe République, la rue d'Ulm est le foyer de l'intelligentsia de gauche. Le bibliothécaire Lucien Herr joue un rôle décisif dans la conversion des jeunes élèves – ainsi Jean Jaurès – au socialisme. L'affaire Dreyfus voit se cristalliser les antagonismes idéologiques ; la majeure partie des élèves se range dans le camp dreyfusard. L'École produit ainsi des universitaires mais aussi des intellectuels engagés en politique selon des phénomènes de générations. La IIIe République lui doit largement son surnom de « république des professeurs » (A. Thibaudet), avec des figures comme Alain, le philosophe du radicalisme, Édouard Herriot ou Léon Blum. Les élèves, à l'image des élites de la République, paient un lourd tribut à la Première Guerre mondiale où ils sont souvent affectés à des postes modestes et exposés. Durant la Seconde Guerre mondiale, si un Robert Brasillach (dont *Notre avant-guerre* restitue bien l'atmosphère de certains milieux de l'École dans les années 1930) ou un Marcel Déat épousent les thèses antisémites et collaborationnistes, beaucoup de normaliens choisissent la voie de la Résistance derrière Marc Bloch, Jean Cavaillès ou Pierre Brossolette, qui le paient de leur vie. Sur le plan intellectuel, les lettres (Bergson, Lavisse, Dumézil, Simone Weil...) dominent très largement malgré les figures du mathématicien E. J. Cartan ou du physicien Paul Langevin.

Après 1945, le rôle politique de l'École se réduit : l'ENA a été en partie créée pour fournir des élites à la fois moins politisées et plus pragmatiques, lestées d'un bagage technique économique et juridique. Par ailleurs, le rôle croissant des sciences et du commerce valorisent deux autres grandes écoles du carré d'as : l'École polytechnique et l'École des hautes études commerciales (HEC). Il n'en reste pas moins que le débat intellectuel de l'après-guerre est symbolisé par deux personnalités issues de l'École – Jean-Paul Sartre et Raymond Aron –, tandis que Georges Pompidou accède à la présidence de la République. Par ailleurs, la contribution des anciens élèves au renouveau de la pensée (structuralisme, marxisme, nouvelle histoire...) paraît considérable comme en témoignent les noms de Louis Althusser, Maurice Merleau-Ponty, Jacques Derrida, Jacques Le Goff, Michel Foucault ou Michel Serres, etc. Le bilan scientifique est également remarquable, qu'illustrent Alfred Kastler ou Pierre-Gilles de Gennes et que récompensent depuis le début du siècle dix prix Nobel et six médailles Field. L'École est à nouveau fortement politisée dans les années 1960 et 1970 où les courants de gauche (PC, PSU, PS...) et d'extrême-gauche (maoïstes, trotskistes...) sont très représentés.

La fièvre retombe dans les années 1980 où s'observe une certaine banalisation de la vie de l'établissement sur le modèle des autres grandes écoles. En 1986, les sévriennes sont intégrées à la rue d'Ulm qui devient mixte ; en 1987, les deux établissements de Fontenay et de Saint-Cloud fusionnent tandis que la section scientifique émigre à Lyon sur le site de Gerland. Dans la perspective de l'intégration européenne, l'École développe l'accueil d'auditeurs voire d'élèves étrangers et favorise le détachement à l'étranger de ses jeunes fonctionnaires-stagiaires. Ceux-ci se dirigent toujours majoritairement vers la recherche et l'université, mais non plus massivement. C'est le cas notamment des scientifiques tentés par les grands corps ou l'entreprise. Certains littéraires préparent l'ENA durant leur scolarité à l'École (cas d'Alain Juppé) ou intègrent les cycles avancés de certaines écoles de commerce. Il existe enfin de nombreux profils totalement atypiques dans la banque (Pierre Moussa) ou le journalisme (Jean-François Revel). Plus que jamais, l'ENS est un des centres d'excellence de la recherche française qui héberge de nombreux laboratoires. Par la cohabitation disciplinaire qu'elle organise autant que par la liberté laissée à ses quelque 1 000 élèves dans la définition de leur projet intellectuel, la rue d'Ulm demeure une institution puissamment originale.

École polytechnique

Fondée le 28 septembre 1794 sous le nom d'École centrale des travaux publics, à l'initiative de Monge, Prieur et Carnot, elle est destinée à la formation des ingénieurs des grands corps de l'État et de certains officiers. Elle devient École polytechnique l'année suivante.

Comme l'École normale supérieure et le Conservatoire national des arts et métiers, l'École polytechnique fait partie de l'entreprise de remplacement des cadres de la nation entamée sous la Révolution. Elle est accessible aux lauréats d'un concours. Située sur la montagne Sainte-Geneviève dans le Quartier latin, son emblème est constitué de deux canons croisés – d'où son surnom d'« X ». Napoléon lui donne en 1804 un statut militaire qu'elle conserve aujourd'hui : les élèves sont internes et portent l'uniforme ; la première année de scolarité est une année de préparation militaire ; durant toutes leurs études, les élèves ont le statut d'officier et perçoivent une solde ; enfin, l'École, qui relève du ministère de la Défense, est dirigée par un officier supérieur. Le rang de sortie détermine la suite de la carrière : les plus brillants accèdent aux grands corps de l'État (les deux plus prestigieux sont le corps des Mines et le corps des Ponts et Chaussées), tandis que les autres optent pour la recherche ou pour les entreprises du secteur public. Pourtant, à la fin de la scolarité, de plus en plus d'élèves choisissent la voie de l'entreprise. Dans l'ensemble de la société, l'influence des polytechniciens est à la mesure du pouvoir qui leur est confié. En 1976, l'École est déplacée à Palaiseau, à 30 kilomètres au sud de Paris, l'espace plus vaste permettant l'installation de laboratoires de recherche associés à l'École et d'installations universitaires.

ÉCOLES

Établissements d'enseignement collectif dévolus, dans un sens restrictif, à l'instruction de base ou élémentaire. Organisées initialement par l'Église, elles passent sous le contrôle de l'État avec l'avènement de la République.

Après la chute de l'Empire romain d'Occident en 476, l'aristocratie franque manifeste le plus souvent une grande méfiance vis-à-vis des écoles, leur préférant sa propre tradition éducative fondée sur l'entraînement physique et non sur les travaux intellectuels. Au VIe siècle, l'enseignement se dispensait dans les écoles monastiques ou cathédrales, théoriquement destinées à la formation des clercs mais accueillant néanmoins de jeunes laïcs. On y apprenait à lire dans le psautier et on étudiait la Bible, ainsi que certains textes hérités du monde païen, judicieusement choisis. À la fin du VIIIe siècle, Charlemagne entreprend une refonte des programmes afin de former des clercs qui soient capables de célébrer correctement la liturgie et d'étudier les Écritures. L'émiettement de l'Empire n'interrompit pas ce processus et les écoles de France ou d'Italie dispensèrent un excellent niveau d'enseignement. Aux XIe et XIIe siècles se multiplient les écoles cathédrales et capitulaires, ainsi celles de Chartres ou de Paris, particulièrement renommées. Dans les villes et les villages, des clercs ou parfois des laïcs dirigent des petites écoles (ou écoles de grammaire) où les enfants, particulièrement ceux des artisans et des marchands, apprennent à lire, à écrire et à compter. Les plus pauvres reçoivent un enseignement gratuit. À Paris au XIIIe siècle, au moment où se développe l'université sous l'impulsion de Robert de Sorbon, s'ouvrent des collèges pour des enfants ayant parfois moins de 12 ans, et qui accueillent même des écoliers pauvres (ainsi par exemple le collège de la Sorbonne ou le collège de Navarre). Au XIVe siècle, de nombreuses villes créent des écoles dont les maîtres sont parfois payés sur le budget de la ville.

À l'âge classique, l'enseignement devient un des enjeux majeurs des réformes religieuses. Le concile de Trente (1545-1563) institue des séminaires pour la formation des prêtres et confie au curé la charge de l'instruction élémentaire, notamment en milieu urbain via les écoles de charité. Les protestants renouvellent les méthodes pédagogiques, et plus encore les jansénistes qui ouvrent à Port-Royal des Champs leurs Petites Écoles à partir de 1637. L'école est prolongée par les collèges tenus par les congrégations, en particulier par les Jésuites. Ceux-ci sont expulsés en 1762, celles-là interdites par les lois de 1791. Mais l'enseignement est un des domaines privilégiés par l'idéologie révolutionnaire : l'article 26 de la Déclaration des droits de l'homme et du citoyen du 26 août 1789 promet une éducation épanouissant la personnalité. Les décrets Lakanal de septembre et octobre 1793 distinguent les trois degrés – primaire, secondaire et supérieur – et donnent latitude à tout particulier d'ouvrir une école, sous réserve d'un certificat de « civisme et bonnes mœurs », évidemment délivré sur des critères très politiques. Tout comme la pensée des philosophes, loin d'être unanimement favorable à l'enseignement de masse, l'œuvre de la Révolution est ambiguë, plus bénéfique à l'enseignement supérieur (création de l'École normale supérieure, de l'École polytechnique...) qu'à l'instruction élémentaire.

Napoléon restitue l'enseignement primaire à l'Église mais étatise le secondaire via les lycées et l'Université, recréée en mars 1808. La Restauration fait obligation à chaque commune d'instaurer un enseignement élémentaire (1816), bientôt placé sous la responsabilité épiscopale (1824). En 1833, Guizot instaure une école normale d'instituteurs dans chaque chef-lieu de département et une école primaire supérieure qui prolonge la scolarité primaire pour les plus brillants élèves dans chaque chef-lieu d'arrondissement. Sous la IIe République, la loi Falloux du 15 mars 1850 affirme la liberté de l'enseignement et organise la coexistence des systèmes publics et privés. À la fin du Second Empire, Victor Duruy généralise l'enseignement primaire féminin à toutes les communes d'au moins 500 habitants (1867). Il faut attendre 1880 pour que la loi Camille Sée instaure un enseignement secondaire féminin.

L'œuvre éducative majeure de la IIIe République est incarnée par les lois Ferry du 16 juin 1881 et du 28 août 1882, qui instituent une école primaire publique laïque (l'enseignement religieux restant autorisé en dehors des heures de cours, en pratique le jeudi après-midi), gratuite et obligatoire de 7 à 13 ans. Cette école n'est pas neutre ; elle assure dans les campagnes la diffusion de l'idéal républicain que l'on peut décliner sous une triple modalité : morale laïque inspirée par le kantisme, conceptions scientistes comtiennes et préceptes d'hygiène pastorienne, patriotisme militant enfin, prohibant l'usage des patois et inculquant à travers le *Petit Lavisse* la nostalgie des provinces perdues. Cet enseignement est sanctionné par un certificat d'études primaires, expérimenté à partir de 1866 mais généralisé dès 1882 : il permet d'accéder à de nombreux concours de la fonction publique et constitue le bagage intellectuel type des « couches nouvelles » (Gambetta). La figure de l'instituteur, « hussard noir de la République », concurrence celle du curé. Les ecclésiastiques sont exclus de l'enseignement : d'abord par l'interdiction des congrégations enseignantes en 1904, puis par l'éviction des derniers ecclésiastiques de l'enseignement public en 1912.

Après la Première Guerre mondiale, la gratuité du premier degré est étendue à tout le secondaire entre 1930 et 1932. En 1951, les lois Marie et Barangé étendent le bénéfice des bourses aux élèves des établissements privés et accordent aux parents une allocation scolaire pour qu'ils choisissent librement l'école de leur enfant. Les relations entres les écoles privées et l'État sont réglées par un système de contrats (d'association, simple ou hors-contrat) au terme de la loi Debré de 1959, tandis que l'obligation scolaire est portée la même année à 16 ans par la réforme Berthoin. En 1972, le traditionnel jeudi libre est décalé au mercredi. La réforme Haby de 1975 généralise l'enseignement pré-élémentaire ou maternel, créé dès 1887 et qui reste une spécificité française. Il n'est cependant pas obligatoire, même si 35 % des enfants de 2 ans et 99 % des enfants de 3 ans en bénéficient en 1995. La même réforme fait déboucher le cycle primaire sur quatre années d'un collège désormais unique de la 6e à la 3e. En 1984, la querelle scolaire se rallume avec le projet Savary d'un enseignement unifié annexant le secteur privé au service public. La plus grande manifestation parisienne depuis 1968 – plus d'un million de personnes sur les Champs-Élysées le 24 juin 1984 – contraint le gouvernement socialiste à retirer le projet et à préserver le *statu quo*.

L'école contemporaine, devenue une école de masse (6,5 millions d'élèves dans le premier degré, dont 85 % scolarisés par l'enseignement public), affronte le double défi de l'ouverture à la modernité (initiation à l'informatique et aux langues étrangères) et du maintien de l'apprentissage des savoirs fondamentaux – lecture, écriture, calcul – face à des publics de plus en plus hétérogènes, parfois de langue maternelle étrangère (c'est le cas par exemple de 20 % des écoliers de l'académie de Créteil). Elle y répond de manière inégale. Un élève sur trois en 6e ne lit pas couramment, tandis que 7 % des conscrits au service national étaient déclarés illettrés, plus du double présentant des difficultés à rédiger un texte simple. Par ailleurs, l'école peine à définir un projet éducatif qui s'élève à la transmission de valeurs morales et civiques, malgré une récente réorientation en ce sens.

ÉCOLES CHRÉTIENNES (frères des)

C'est à Reims que Jean-Baptiste de La Salle fonde, en 1681, une congrégation religieuse destinée à favoriser l'instruction gratuite des enfants pauvres.

Supprimé en 1791, l'ordre est rétabli à la suite du Concordat signé par Bonaparte et le pape Pie VII en 1801. L'école elle-même est incluse au sein de l'Université à la suite des décrets de 1808.

ÉCOLOGIE

Courant de pensée et mouvement politique.

Le courant écologiste est à la fois divers et tardif. Il apparaît en France au début des années 1950 lorsque les « amoureux de la nature », et au premier rang les pêcheurs à la ligne, dénoncent dans la presse la pollution des rivières. Ces initiatives anecdotiques sont relayées par des mouvements spontanés consécutifs à la première grande catastrophe écologique, le naufrage du pétrolier Torrey-Canon, en 1967, au large de la Bretagne-nord, puis, en 1969-1970, aux projets d'aménagement du parc naturel de la Vanoise, et enfin, à partir de 1971, par les premières manifestations contre les centrales nucléaires de Fessenheim et du Bugey. Ces mouvements sont relayés par une presse aux tirages confidentiels mais de fort impact idéologique, *Le Sauvage* ou *La Gueule ouverte*, et par une émission de télévision produite par Louis Bériot et Michel Péricard, *La France défigurée*, qui draine en moyenne 3 millions de téléspectateurs. L'irruption des écologistes sur la scène politique se produit à la faveur de l'élection présidentielle de 1974, lorsque René Dumont, agronome de renommée mondiale, recueille 1,3 % des suffrages exprimés. Dans la foulée, en juin, se tiennent les premières assises de l'écologie puis, en novembre, naît le Mouvement écologique. Celui-ci obtient un succès d'estime aux élections cantonales de 1976 et voit émerger deux nouvelles têtes, Antoine Waechter à Mulhouse et Brice Lalonde à Paris. Aux municipales de 1977, les écologistes sont présents dans 41 villes et recueillent 8,4 % des voix exprimées. À cette date, se dessinent les grands traits du courant : implantation dans les grandes villes (Paris et banlieue), dans trois régions (Rhône-Alpes, Alsace, Bretagne) et émiettement du courant en sous-tendances rivales (Amis de la Terre, SOS Environnement, Mouvement écologique...), lié à l'hétérogénéité des recrutements – dominante PSU, pacifistes, hippies, gauchistes.

Les années 1978-1984 sont marquées par un recul politique et par les difficultés à créer une organisation partisane stable, a fortiori unifiée. Le score de Brice Lalonde à la présidentielle de 1981 – 3,8 % – correspond à l'audience de formations qui peinent à faire entendre leurs idées. Outre des rivalités personnelles, les écologistes sont divisés en trois tendances, les Amis de la Terre, le Mouvement d'Écologie politique (MEP) et le 3e collectif regroupant le reste des militants. Il faut attendre l'assemblée de Clichy, en janvier 1984, pour que naisse un « Parti écologiste », réunification de courte durée puisqu'aux élections européennes de juin, les « Verts » (dénomination du parti) affrontent la concurrence de Brice Lalonde, pour un résultat d'une médiocrité partagée, 3,3 % des voix chacun. Contrairement à l'analyse avancée par les Verts, le mode de scrutin n'est pour rien dans cet échec, ce que confirment les élections législatives de 1986 à la proportionnelle où les écologistes recueillent 2,5 % des voix.

C'est à nouveau une catastrophe qui va redonner crédibilité au discours écologique : l'accident de Tchernobyl en 1986. Échaudés par la décennie précédente, les Verts suivent la stratégie du refus d'alliances prônée par Antoine Waechter et obtiennent 3,8 % à la présidentielle de 1988, retrouvant leur score de 1981 mais dans une perspective plus favorable de vote sanction contre la majorité de gauche, doublé localement par un vote alternatif aux grandes formations politiques. Le phénomène se renouvelle aux municipales de 1989, qui voient les écologistes obtenir 35 % à Saint-Pol-sur-Mer et dépasser 20 % à Colmar, Limoges ou Saint-Brieuc. Au total, sur 132 villes, les Verts obtiennent 8,5 % des voix, comblant

Écrouelles
Henri II guérissant les écrouelles. Miniature du livre d'Heures du roi, Paris, Bibliothèque nationale de France. © *Sélection Images*

ainsi le creux des années 1980. L'essai est transformé la même année, où, pour la première fois, une liste écologiste dépasse les 10 % au niveau national, lors des européennes.

L'éclatement partisan menace toujours les Verts (deux courants aux régionales de 1992), dans la mesure où les écologistes sont composés à part égale de pragmatiques et de déçus. Il faut l'occasion inespérée des législatives anticipées de 1997 – comme si les Verts étaient exclusivement réactifs et incapables de créer les conditions de leur propre succès – pour que l'alliance électorale avec le PS et le PC les propulse au gouvernement, avec un ministère à part entière, l'Environnement, dévolu à Dominique Voynet. Ce succès s'accompagne d'un déplacement des priorités programmatiques, l'écologie cédant le pas aux questions sociales – parité, inégalités sociales, sort des minorités –, et transformant les Verts en force d'appoint libertaro-libérale, utile voire indispensable à la conquête de certaines mairies en 2001 (Paris) mais dont le poids global – contrairement aux proclamations des leaders – ne dépasse guère celui de 1977 : à cette date, les écologistes avaient franchi la barre des 13 % dans 3 arrondissements parisiens ; vingt-cinq ans plus tard, ils y parviennent dans 6. Tout se passe comme si, lors des consultations décisives, les électeurs variés qui composent les Verts rejoignaient pour partie leur formation d'origine ou s'abstenaient, tandis que les partis traditionnels bénéficiaient d'un effet d'affichage écologiste, réduit, en général, à la durée de la campagne mais suffisant pour enlever 3 à 4 % des voix aux Verts. Cependant, le score de Noël Mamère à l'élection présidentielle de 2002 (5,25 %) atteste l'enracinement des Verts dans le paysage politique français.

Écorcheurs

Bandes organisées militairement qui ravagèrent de nombreuses provinces sous le règne de Charles VI, et surtout de Charles VII.

Ces hommes viennent d'horizons divers : on trouve parmi eux d'anciens soldats, mais aussi des paysans, des aventuriers ou des gentilshommes déclassés. Ils sont castillans, anglais, allemands, écossais – les plus féroces, dit-on –, ou français. Leurs ravages s'exercent surtout après 1435, lorsque la paix d'Arras libère les mercenaires engagés par les Armagnacs et les Bourguignons. Les écorcheurs sévissent alors dans le Languedoc, l'Albigeois, l'Auvergne, le Berry, la Bourgogne – ils franchissent même la frontière alsacienne –, et surtout en Île-de-France : en 1440, ils pénètrent jusque dans l'île Notre-Dame de Paris, aujourd'hui île Saint-Louis. Sous le commandement de chefs comme Villandrando, La Hire ou Chabannes, ils pillent et mettent à sac les bourgs et les villes ; en leur versant une sorte de rançon appelée appatils, bourgeois et marchands peuvent espérer échapper au pillage ou à la mort. En 1444, Charles VII parvient à diriger une partie de ces bandes vers l'Allemagne et la Lorraine. La même année, de nombreux écorcheurs périssent à la bataille de Saint-Jacques, face aux Suisses. Le roi ne parvient à mettre un terme à leurs agissements qu'avec la création des compagnies d'ordonnance, en 1445, et la fin de la guerre de Cent Ans.

Écouen

Château situé à l'est de la forêt de Montmorency (aujourd'hui dans le Val-d'Oise).

Sa construction est commencée vers 1535 par le connétable Anne de Montmorency. Les plans, quatre corps de bâtiment encadrant une cour rectangulaire, sont généralement attribués, au moins pour partie, à Jean Bullant, qui participa presque certainement aux travaux avec Jean Goujon. L'aile d'entrée la plus basse et la plus étroite sera rasée en 1787 et réédifiée dans un style assez froid sous l'Empire. Écouen est un des premiers exemples de ce qui devait être appelé l'« ordre colossal » français. La terre d'Écouen reste dans la maison de Montmorency jusqu'à la mort du petit-fils d'Anne, Henri, décapité en 1632 ; confisquée avec Chantilly et l'ensemble du duché, elle est alors donnée aux Condé qui la conservent jusqu'à la Révolution, mais en négligeant le château. Celui-ci est pillé lorsque les Condé émigrent, transformé en maison d'éducation de la Légion d'honneur en 1807, puis rendu aux Condé par Louis XVIII. Sous la monarchie de Juillet, il revient à l'État qui en fait de nouveau un établissement de la Légion d'honneur, en 1851. En 1962, des travaux ont été entrepris pour sauver la toiture et rendre à l'ensemble ses volumes et, dans la mesure du possible, sa décoration originelle. Aménagé en musée de la Renaissance, il abrite depuis 1977 de magnifiques objets d'art, provenant pour la plupart des collections du musée de Cluny, notamment la célèbre suite de *David et Bethsabée*, jusque-là invisible en exposition permanente.

Écuyer
Écuyer tenant les brides de trois têtes de chevaux. Fresque, apr. 1265, Pernes-les-Fontaines, tour Ferrande (mur nord, registre supérieur). © *Giraudon*

Écrouelles

Maladie scrofuleuse d'origine tuberculeuse qui se traduit par des fistules laissant des cicatrices. De par le caractère quasi divin que leur conférait la sainte ampoule le jour de leur sacre, les rois de France passaient pour avoir le pouvoir miraculeux de guérir les écrouelles.

Les rois de France, depuis le XIe siècle jusqu'à la fin de l'Ancien Régime, l'exerceront, et la tradition sera reprise par Charles X lors de son sacre en 1825. C'est surtout après la cérémonie du sacre que le roi touche les écrouelles. Il impose les mains sur les malades en disant : « Le roi te touche, Dieu te guérisse. » Mais le cérémonial peut recommencer à chaque fête solennelle, Pâques, Pentecôte, Toussaint, Noël, voire au jour de l'an, à la Chandeleur ou à l'Assomption. François Ier touchait plus de 1 000 malades par an. Charles IX dépassait les 2 000. Henri IV imposa plus de 1 000 scrofuleux au lendemain de son sacre. Le jeune Louis XIII dépassa les 3 000 en 1620. En un seul jour, le 22 mars 1701, Louis XIV alla jusqu'à toucher 2 400 malades.

Écuyer

La société féodale, très hiérarchisée, réserve le rang d'écuyer à un jeune noble désireux de devenir par la suite chevalier.

Officiellement, ce jeune homme porte l'écusson de son maître. En fait, il s'agit d'une sorte de stage qui implique un statut de domesticité, très spécialisée, il est vrai. Outre l'écusson, l'écuyer transporte une partie du harnachement du chevalier, notamment son bouclier. L'écuyer n'a pas l'autorisation de porter, par exemple, des éperons en or ou dorés, ni des habits de velours. L'argent et la soie, en revanche, sont autorisés. Nul ne peut aspirer devenir chevalier s'il n'a pas servi un maître en qualité d'écuyer durant sept ans, distinction qui ne peut d'ailleurs être remplie qu'à partir de l'âge de 14 ans. Auparavant, les jeunes gentilshommes occupent successivement les postes de pages, de valets ou damoiseaux. Cette sorte de statut de l'écuyer se perpétue jusqu'au XVe siècle environ, époque au cours de laquelle les règles de la chevalerie se détériorent. Le Moyen Âge finissant confère à l'écuyer une fonction de plus en plus domestique, le rang d'anoblissement étant désormais fonction de la position hiérarchique du maître. Puis, au début de la Renaissance, le titre d'écuyer est inclus dans la troisième catégorie des titres hiérarchiques, loin derrière les seigneurs titrés (princes, ducs, marquis) et les chevaliers et autres possesseurs de terres héraldisées. Les écuyers se recrutent alors parmi les gentilshommes de robe, d'office ou d'épée.

Au XVIIe siècle, des décrets royaux déterminent les fonctions d'écuyer. On distingue les écuyers du corps ou d'honneur, les écuyers de chambre ou chambellans, les écuyers d'échansonnerie ou de paneterie, entre autres. Par la suite, en raison du grand nombre de nobles désireux de posséder du personnel titré de service, on en vient à décerner le terme d'écuyer à des serviteurs de haut rang mais non nobles. À la cour du Louvre puis de Versailles, les écuyers sont des officiers chargés de régir les écuries royales. La charge suprême est détenue par le grand écuyer. Premier écuyer, appelé « Monsieur le Grand », il a la charge des carrosses. À l'armée, il sert comme aide de camp. Napoléon maintient la tradition et désigne au poste de grand écuyer Caulaincourt, en 1804. Ce sera, en fait, le dernier titulaire d'une charge par ailleurs très lucrative.

ÉDESSE (comté d')

Édesse est le centre d'un petit État arménien vassal des musulmans avant de devenir la capitale du premier État latin d'Orient, créé à la suite de la première croisade.

En 1098, appelé à Édesse par l'Arménien Thoros, désireux de secouer la tutelle turque, Baudouin de Boulogne, frère de Godefroi de Bouillon, devient son fils adoptif et héritier. Peu de temps après, une émeute le débarrasse du prince arménien et Baudouin devient, de ce fait, le premier comte d'Édesse (1098-1100). Sous son règne, le comté forme au nord la principale protection des premiers établissements chrétiens contre les Turcs. À la mort de Godefroi, en 1100, Baudouin, appelé à lui succéder à Jérusalem, abandonne le comté d'Édesse et le confie à son cousin Baudouin du Bourg (1100-1110) qui a épousé une Arménienne, Morfia, fille du prince de Mélitène. Le comté d'Édesse connaît dès lors une histoire assez troublée. Avec celui d'Antioche, il doit faire face aux premières contre-offensives musulmanes. En 1104, Baudouin est fait prisonnier et, en 1110, Édesse est sauvée de justesse par des secours venus de Jérusalem. Quelques années plus tard, en 1119, Baudouin II succède à Baudouin Ier à Jérusalem, après l'avoir remplacé à Édesse, et la principauté revient à son cousin, Jocelin Ier de Courtenay (1119-1131), qui continue la lutte avec énergie. Il est lui aussi fait prisonnier et doit abandonner aux Turcs certaines de ses places les plus avancées. Sa principauté continue néanmoins à constituer la principale barrière face au monde musulman. Mais son fils Jocelin II (1131-1150) n'a pas ses qualités et, en 1145, au hasard d'une campagne, les Turcs s'emparent d'Édesse, laissée sans défense. L'événement a un retentissement énorme. En Occident, la reconquête d'Édesse devient le principal argument de la prédication de la deuxième croisade. En fait, la principauté perdue ne sera jamais reconquise.

EDGEWORTH de FIRMONT Henri (Edgeworthtown, Irlande, 1745 – Mitau, Livonie, 1807)

Prêtre.

Fils d'un pasteur anglais, converti au catholicisme, ce jeune prêtre s'installe en France, étudie au collège des jésuites de Toulouse, puis est admis au séminaire des Missions étrangères à Paris. Prêtre demeuré fidèle à la tradition en 1791, il est distingué par la cour des Tuileries pour son courage et appelé à servir de chapelain à Madame Élisabeth, puis de confesseur au roi lui-même. Assistant le monarque déchu jusqu'à l'échafaud, il le réconforte lorsque le bourreau s'avance pour lier les mains du condamné : « Sire, dit-il, dans ce nouvel outrage, je ne vois qu'un trait de ressemblance entre Votre Majesté et Dieu, qui va être sa récompense... » Sur une gravure postérieure à l'exécution, certains ont cependant prêté au confesseur royal une autre interprétation telle que : « Allez, fils de Saint Louis, le ciel vous attend. » Interrogé par la suite à ce sujet, Edgeworth devait déclarer qu'il ne se souvenait pas avoir prononcé les paroles qu'on lui attribuait. Exilé après ces événements, le prêtre rejoint la famille royale en Livonie russe. Il réside à Mitau auprès du comte de Provence, le futur Louis XVIII, qui s'attache sa personne en qualité de chapelain.

ÉDIT

Nom donné sous la monarchie à une constitution royale relative à un objet particulier.

Apparu dès les débuts de la monarchie franque, l'édit ne se différencie clairement de l'ordonnance que sous les Capétiens. Le second terme concerne les lois générales, comportant de nombreuses dispositions et portant sur des matières différentes. Au contraire, l'édit concerne une loi nouvelle portant sur une seule matière, mesure fiscale, création d'offices ou d'impôts, mesures contre les duels, etc. Les édits, expédiés par la grande chancellerie et scellés du grand sceau de cire verte, sont datés seulement du mois et de l'année, et commencent par : « À tous ceux qui ces présentes liront ». Ils prennent le plus souvent le nom de la ville où ils ont été rendus, ou celui de la matière concernée. Parmi les principaux figure l'édit de Crémieu, où François Ier règle la juridiction des bailliages, sénéchaussées, etc., l'édit des Petites Dates (1550), par lequel Henri II entend sévir contre les abus opérés dans la collation des bénéfices, et l'édit de Chateaubriant, rendu l'année suivante contre les calvinistes. Aux XVIe et XVIIe siècles sont rendus de nombreux édits de pacification par lesquels les souverains tentent de mettre fin aux guerres de Religion. Les plus célèbres sont l'édit d'Amboise et l'édit de Nantes.

ÉDIT D'AMBOISE : voir AMBOISE

ÉDIT DE NANTES : voir NANTES

ÉDUENS

Peuple de la Gaule celtique établi à l'époque de César dans la Bourgogne et le Nivernais actuels, avec pour capitale Bibracte, sur le mont Beuvray. Les Éduens seront de fidèles alliés du peuple romain.

Constamment en conflit avec leurs voisins, notamment les Arvernes, ils réclament l'assistance de Rome en 122 avant J.-C. lorsqu'ils sont attaqués par les Allobroges. Ils conservent leur suprématie, en grande partie grâce à l'alliance de Rome, jusqu'en 61 av. J.-C., date à laquelle, vaincus par une coalition des Suèves, des Arvernes et des Séquanes, ils réclament de nouveau l'assistance de Rome. César, tardivement venu à leur secours – en 58 av. J.-C. –, les défend à la fois contre les Helvètes et les Suèves. L'année suivante, ils fournissent à César une aide militaire contre les Belges et jouent auprès de lui un rôle de médiateur en faveur des Bellovaques, des Senons et des Helvètes. Toutefois, ils décident de se rallier un instant au parti de Vercingétorix au moment où, devant Gergovie, César semble être vaincu. Ils se soumettent en 51, en même temps que les Arvernes. Sous la domination romaine, leur pays fait partie de la Lyonnaise Première et a Autun pour capitale. En 48 après J.-C., Claude leur accorde le droit de cité.

EFFIAT Antoine COËFFIER de RUZÉ, marquis d' (Effiat, Bourbonnais, 1581 – Lutzelstein, 1632)

Maréchal de France.

Élevé par son grand-oncle, Ruzé de Beaulieu, il hérite de ses biens en 1613, à la condition de porter son nom. Il commence sa carrière à la Cour, comme gentilhomme de la chambre du roi (1599), puis capitaine d'une compagnie de chevau-légers (1610), avant d'être nommé grand maître et réformateur des mines et minières de France, en 1610. Ses aptitudes d'administrateur attirent alors l'attention de Richelieu, qui favorisera sa carrière. En 1616 enfin, le marquis d'Effiat devient conseiller d'État et premier écuyer du roi. L'année suivante, maréchal de camp, il se distingue au siège de La Rochelle. Richelieu utilise ensuite ses talents de diplomate et l'envoie en ambassade à Londres, en 1624, afin de négocier le mariage d'Henriette de France et du prince de Galles, futur Charles Ier. Deux ans plus tard, une nouvelle ambassade extraordinaire conduit Effiat en Allemagne. La même année, il remplace Marillac au poste de surintendant des Finances, présente aux notables l'état des finances du royaume et parvient à diminuer le taux de l'intérêt, du denier 10 au denier 18. Louis XIII, qui nomme Antoine d'Effiat grand maître de l'artillerie en 1629 lui confie l'année suivante, le commandement de l'armée du Piémont, avec le titre de lieutenant général : il participe ainsi aux combats de Veillane et de Carignan, puis à la prise de Saluces. Maréchal de France en 1631, gouverneur du Bourbonnais, de l'Auvergne et de l'Alsace, il est investi, en 1632, du commandement de l'armée d'Alsace et meurt brusquement au moment où il s'apprêtait à marcher sur Trèves. Il est le père de Cinq-Mars.

ÉGINHARD (Maingau, vallée du Main, v. 770 – abbaye de Seligenstadt, 840)

Chroniqueur.

Il étudie à l'école de Fulda, puis à la *Scola palatii* sous la direction d'Alcuin et se fait vite remarquer à la cour de Charlemagne par son érudition exceptionnelle. Secrétaire particulier de Louis le Pieux, précepteur de Lothaire, il est le type même de l'intellectuel laïque de l'époque carolingienne, historien et théologien, lettré et dévot. Ami d'Alcuin, il joue un rôle important dans l'œuvre de renaissance scolaire et intellectuelle du IXe siècle. Très pieux, il se procure à Rome les restes de saint Pierre et de saint Marcellin, et les transfère au monastère de Seligenstadt (Mülheim-sur-le-Main), qu'il a fondé pour les abriter. Il a laissé une histoire de cette translation. Également architecte, il prend part à la construction du palais d'Aix-la-Chapelle. Il est enfin et surtout l'auteur d'une biographie de Charlemagne, *Vita Karoli Magni*, écrite en latin après la mort de l'empereur, qui est, pour le style, le chef-d'œuvre de la Renaissance carolingienne. Éginhard s'inspire de Suétone pour la forme et le plan. En revanche, la refonte des *Annales* officielles rédigées à la Cour par les clercs de la chapelle palatine lui a sans doute été attribuée à tort. Il avait épousé Emma, sœur de l'évêque de Worms.

ÉGLISE CONSTITUTIONNELLE

Nom donné a l'Église de France lorsqu'elle fut réorganisée sous la Révolution par la Constitution civile du clergé.

Du fait du refus d'une grande partie du clergé d'accepter le nouveau statut qui lui est imposé, refus renforcé par la condamnation par le pape de la Constitution civile du clergé, elle ne regroupe qu'une partie des ecclésiastiques, ceux qui acceptent de prêter serment à la Constitution. Le terme même qui la désigne devient le symbole de la coupure dramatique de l'Église de France en deux groupes à peu près égaux, mais très inégalement répartis suivant les régions : les assermentés, constitutionnels ou jureurs, nombreux dans le Sud-Est, et les réfractaires, en majorité écrasante dans l'Ouest.

ÉGLISE (Petite)

Nom donné aux catholiques qui refusent le Concordat de 1801.

Le principal motif de leur attitude est que le pape ne dispose pas moralement du droit d'exiger la démission d'évêques qui n'ont commis aucune faute canonique. Groupée, à l'origine, sous l'autorité théologique du père Blanchard, la Petite Église s'est perpétuée jusqu'à nos jours dans certaines régions telles que le Poitou.

ÉGYPTE (campagne d')

Les origines de cette expédition doivent sans doute être recherchées dans le « rêve oriental » de Bonaparte, attesté par son souci, à Campoformio, de s'assurer des îles Ioniennes.

Dès 1796, l'idée s'est fait jour de remplacer la perte des Antilles par l'occupation de l'Égypte où les négociants marseillais entretiennent des relations commerciales anciennes. Mais il s'agit aussi de faire échec à l'Angleterre, l'éternelle ennemie, en créant dans la nouvelle colonie une base

Campagne d'Égypte
Bonaparte donne un sabre au chef militaire du Caire (juillet 1798). Huile sur toile de Mulard, 1808, château de Versailles. © *Sélection Images*

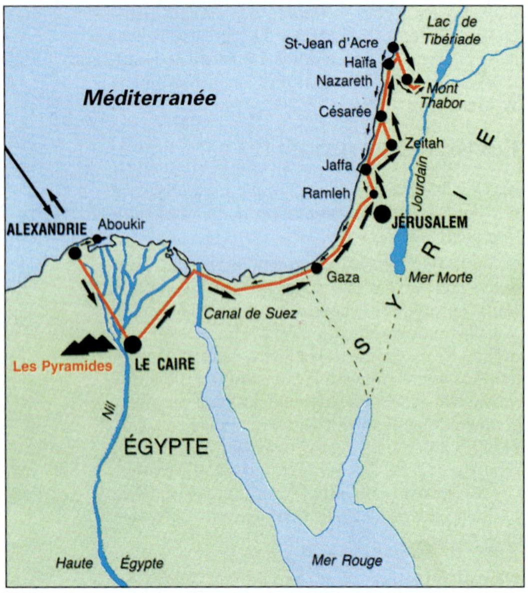

Itinéraire de la campagne d'Égypte et principales batailles

d'opérations contre la domination britannique aux Indes. Le 5 ventôse an VI (23 février 1798), Bonaparte remet à Barras un projet que le Directoire, peu fâché de se débarrasser d'un général ambitieux à la veille des élections de l'an VI, approuve dès le 15 (5 mars). Un corps expéditionnaire de 38 000 hommes met à la voile, le 19 mai 1798, à Toulon, sur 335 navires de guerre et de transport. Le 6 juin, la flotte est devant Malte, qui tombe sans coup férir. Échappant à Nelson, elle débarque le 1er juillet près d'Alexandrie, qui est enlevée d'assaut le lendemain. L'armée marche, non sans difficulté, sur Le Caire. L'Égypte est sous le gouvernement théorique de beys dominés par la milice turque des Mamelouks. Le 21 juillet, leur cavalerie est écrasée à la bataille des Pyramides par l'infanterie française formée en carré. Toutefois, faute de troupes montées, Bonaparte ne peut les poursuivre. Entré au Caire le 23 juillet, il y établit son quartier général. Mais, le 1er août, la flotte anglaise de Nelson surprend la flotte française au mouillage d'Aboukir et la détruit. D'un seul coup l'Angleterre est maîtresse de la Méditerranée, et Bonaparte prisonnier dans sa conquête. Il entreprend néanmoins de l'organiser et d'y faire vivre son armée. Il envoie Desaix pacifier la Haute-Égypte, doit réprimer une insurrection au Caire, mais sait aussi gagner les musulmans par le respect qu'il témoigne envers leur religion, et fonde l'Institut d'Égypte avec l'aide de savants qui l'ont accompagné : Monge, Berthollet, Geoffroy Saint-Hilaire, etc.

Devançant une attaque de la Turquie pour reconquérir l'Égypte, il marche sur la Syrie en février 1799, prend Gaza, puis Jaffa dont tous les défenseurs sont massacrés sans pitié. Il est ensuite vainqueur au mont Thabor (16 avril) mais échoue devant Saint-Jean-d'Acre, que les Anglais soutiennent par mer. Après deux mois de siège, de mars à mai, il doit ordonner la retraite sur l'Égypte. Elle est très dure. L'armée française, décimée par la peste, épuisée par la traversée du désert, réussit néanmoins à écraser à Aboukir, le 25 juillet 1799, une armée turque débarquée par les Anglais. Vainqueur, Bonaparte n'en reste pas moins enfermé en Égypte, avec une armée affaiblie par le climat et la guerre. Jugeant la partie perdue, il abandonne le commandement à Kléber et part secrètement pour la France en août. Kléber signe avec les Turcs une convention d'évacuation (24 janvier 1800) à El-Arich. Les Anglais ayant refusé de la ratifier, il bat les Turcs à Héliopolis (18 mars) et asseoit de nouveau solidement la domination française sur tout le pays. Mais il est assassiné par un musulman le 14 juin 1800. Après la défaite qu'infligent les Anglais à son successeur, Menou, à Canope (mars 1801), les garnisons du Caire et d'Alexandrie capitulent et, en août 1801, une convention d'évacuation des débris de l'armée française, signée avec les Anglais, met définitivement fin à l'aventure égyptienne. Non seulement cette campagne s'est soldée par un échec, mais elle a rapproché de l'Angleterre la Russie et la Turquie, inquiètes des visées expansionnistes de la France en Orient, et contribué, de ce fait, à nouer le premier jalon dans la formation de la deuxième coalition.

EIFFEL Alexandre Gustave (Dijon, 1832 – Paris, 1923)

Ingénieur.

Après des études à l'École centrale, il décide de se consacrer à la construction et devient ingénieur-conseil avec pour projet de découvrir une nouvelle utilisation du fer, alors trop lourd. Après avoir appliqué le principe de l'air comprimé aux fondations des piles du pont métallique de la Gironde, il met au point le système qui fera sa réputation, fondé sur le principe de la « poutre en treillis » et permettant d'allier souplesse et résistance. Il crée à Levallois les établissements portant son nom et participe notamment aux chantiers du viaduc de la Sioule et de la ligne de Commentry à Gannat. Il construit des charpentes métalliques dans de nombreux édifices. Au début de la IIIe République, Eiffel est un technicien estimé et reconnu. Il réalise le viaduc de Garabit en 1882 et achève sept ans plus tard, le 31 mars 1889, pour l'Exposition universelle de Paris, la tour qui rendra son nom célèbre dans le monde entier. Avec ses 7 000 tonnes de fer en 18 000 pièces assemblées par 2 500 000 rivets, celle-ci atteint une hauteur de 300 mètres. Impliqué dans le scandale de Panamá, Eiffel doit céder en 1893 la direction de son entreprise. Il installe un laboratoire sur la plate-forme supérieure de la tour, étudie la résistance du vent et crée ainsi un premier prototype d'avion. Fort de ses travaux, en 1912, il établit à Auteuil le premier laboratoire d'aérodynamique.

ELBE (île d')

Île italienne de la mer Méditerranée. D'une superficie de 225 km², l'île d'Elbe se situe à une dizaine de kilomètres à l'ouest de la province de Livourne dont elle est séparée par le détroit de Piombino, et à cinquante kilomètres à l'est du cap Corse.

Appelée *Aithaléia* par les Grecs de l'Antiquité et *Ilva* par les Romains, l'île appartient primitivement aux Étrusques, avant d'être carthaginoise. Devenue au Xe siècle la propriété des Pisans, puis celle des Génois en 1290, elle est, du fait de la richesse de ses mines de fer, l'objet de la convoitise des Médicis qui en sont maîtres dès 1548 ; passée ensuite sous domination espagnole jusqu'au début du XVIIIe siècle, l'île échoit au royaume de Naples en 1736. Les guerres du Consulat donnent l'île à la France, qui l'annexe d'abord au royaume d'Étrurie, puis à la principauté de Piombino, avant de l'intégrer à l'Empire en 1808. Elle est alors un fragment du département français de la Méditerranée, dont Livourne est le chef-lieu et Porto-Ferraio une sous-préfecture. Lors de la première abdication de Napoléon, en 1814, l'île d'Elbe passe sous l'entière souveraineté de l'Empereur exilé qui va, en quelques mois, organiser et faire prospérer son nouveau domaine (3 mai 1814-26 février 1815). Devenue toscane, après la seconde abdication de l'Empereur, l'île d'Elbe passe sous la souveraineté italienne en 1860. Durant la Seconde Guerre mondiale, elle est occupée par l'armée allemande puis libérée par les troupes françaises le 17 juin 1944, après deux jours de combat.

ELBÉE Maurice Louis GIGOST d' (Dresde, Allemagne, 1752 – Noirmoutier, 1794)

Général vendéen.

Issu d'une famille de Poitevins établis en Saxe, il commence par servir les armes de l'Électeur, avant de rejoindre la France, où il obtient le grade de lieutenant au régiment de Dauphin-Cavalerie ; toutefois, mécontent de n'avoir pu obtenir une compagnie, il donne sa démission en 1783, se marie, puis se retire dans ses terres de Beaurepaire. Sous la Révolution, il émigre, mais regagne la France en apprenant qu'une pénalité contre les émigrés vient d'être décrétée. C'est alors qu'il prend le parti d'entrer dans la lutte contre-révolutionnaire. Placé à la tête de troupes royalistes vendéennes, il se rallie à Cathelineau et Stofflet au mois de mars 1793 ; à leurs côtés, et avec une armée de 30 000 hommes, il s'empare des villes de Châtillon-de-Bressuire et de Tiffauges, avant de battre les troupes républicaines à La Châtaigneraie et à Vihiers. Après encore quelques succès, notamment à Saumur et à Angers en juin 1793, d'Elbée, mal secondé, doit se retirer dans son quartier général de Mortagne où il est élevé à la dignité de généralissime des armées de Vendée. Malgré tout, il voit ses troupes défaites par les armées de la République et se retrouve grièvement blessé au cours de la bataille de Cholet, le 17 octobre 1793. Quelques heures plus tard, la ville capitule. Fait prisonnier et transféré sur l'île de Noirmoutier, il est condamné à mort et fusillé dans un fauteuil.

ÉLECTION

Au Moyen Âge et sous l'Ancien Régime, division administrative de base en matière financière dans les régions qui ont perdu le privilège d'avoir des états.

L'impôt y est fixé par le pouvoir royal et réparti par des officiers royaux, appelés « élus ». D'où le nom de pays d'élection, par opposition aux pays d'état qui ont conservé le droit de voter et de répartir eux-mêmes l'impôt. Les élus assurent dans leur circonscription la recette de l'aide, qu'en général ils afferment, et aussi la répartition et la recette de la taille. Crées par les états généraux de 1355, ils sont alors choisis, élus par ces derniers, ce qui explique le nom qui leur est resté, pour lever une aide générale sur la guerre. Mais ce mode de désignation ne dure que très peu de temps. Dès 1360, la monarchie, se substituant aux états, transforme les élus en officiers nommés et permanents qui achèteront leur charge lorsque les offices deviendront vénaux. Le ressort des élus est d'abord le diocèse, avant de devenir en 1380 l'élection, subdivision financière de la généralité elle aussi issue des états de 1355. À la fin du XIVe siècle, pour mieux défendre ses intérêts, la monarchie leur adjoint des procureurs et des avocats. L'élection est alors à la fois un service d'administration financière, un tribunal jugeant sur les faits de la taille, et la circonscription géographique où s'exercent ces deux fonctions. En fait, l'administration des élections ne fonctionnera jamais parfaitement. Les circonscriptions instables, qui couvrent en moyenne de 700 à 1 500 km², sont souvent remaniées et, lorsque les charges deviennent vénales, la faiblesse des gages incite leurs détenteurs à rechercher des profits illégaux et des activités annexes, pourtant interdites, au détriment de l'obligation de résidence. Aussi le ressentiment se développe-t-il contre leur administration gaspilleuse (remontrances de François Ier en 1517) et pléthorique (96 élections en 1500, 109 en 1575, 146 en 1597, 178 en 1662, avec 4 000 agents). Leur réputation est telle que Richelieu menace de les introduire dans les provinces trop avares de subsides. Réduites déjà, en 1577, à l'état de simples circonscriptions financières, avec la création des bureaux des finances, elles voient leur rôle encore diminuer parallèlement au développement du pouvoir des intendants qui, au XVIIIe siècle, sont les véritables maîtres de la répartition de la taille. Elles n'ont désormais d'importance que comme circonscriptions entre lesquelles se fait cette répartition.

La monarchie a implanté des élections au gré de ses possibilités. La répartition en est donc très irrégulière dans le royaume. De puissants états provinciaux (Languedoc, Bretagne, Dauphiné) sont parvenus à les éviter. D'autres (Normandie) ont dû composer. En 1789, on compte 21 généralités de pays d'élections ; 5 de pays d'états (Bourgogne, Bretagne, Toulouse, Montpellier, Provence) où les élections n'ont pu être implantées, avec cependant des exceptions telle la généralité de Dijon qui, bien que pays d'état, renferme 4 élections ; enfin 7 généralités de régions récemment annexées qui en sont totalement dépourvues (Metz, les Trois-Évêchés et Clermontois, Besançon, Lille, Nancy, Strasbourg, Valenciennes, Perpignan et la Corse).

Élisabeth de France
Portrait d'Élisabeth de France, reine d'Espagne. Dessin, crayon, sanguine, École de Clouet, 1559, Chantilly, musée Condé. © *Giraudon*

ÉLÉONORE de HABSBOURG (Louvain, 1498 – Talavera, 1558)

Reine de France (1530-1547).

Fille de Philippe le Beau, archiduc d'Autriche et roi de Castille, sœur aînée de Charles Quint, elle est élevée à la cour de ce dernier. Son frère la marie, en 1519, à Manuel Ier, roi de Portugal, et elle regagne l'Autriche à la mort de son époux, survenue dès 1521. Charles Quint envisage alors de la remarier au connétable de Bourbon, mais Pavie et la captivité de François Ier modifient ses projets : d'après une des clauses du traité de Madrid (1526), l'archiduchesse doit épouser François Ier, veuf de Claude de France. Divers incidents retardent cette union qui figure de nouveau au traité de Cambrai (1529), et elle n'est célébrée qu'en juillet 1530. Douce et effacée, la reine, qui ne donne aucun enfant au roi, est rapidement délaissée. Elle vit dès lors dans la retraite et la piété et, à la mort de François Ier, en 1547, se retire aux Pays-Bas, puis en Espagne (1556).

ÉLÉONORE de NAVARRE (?, v. 1420 – Tudela, 1479)

Reine de Navarre (1479).

Fille cadette de Jean II, roi d'Aragon, et de Blanche d'Évreux, reine de Navarre, elle épouse en 1436 le comte de Foix Gaston IV. Contre toute justice, Jean II continue à occuper le trône de Navarre après la mort de sa femme et exhérède ses enfants aînés, Charles de Viane et Blanche, au profit d'Éléonore. À partir de 1464, celle-ci administre la Navarre selon les instructions de son père, à la mort duquel, en 1479, elle est enfin proclamée reine. Elle meurt quelques semaines plus tard en laissant son royaume à son petit-fils François Phébus.

ÉLISABETH d'AUTRICHE (?, 1554 – Vienne, 1592)

Reine de France (1570 – 1574).

Fille de l'empereur Maximilien II d'Autriche, elle épouse Charles IX en 1570, mais ne joue aucun rôle à la Cour, le roi étant alors tout à sa passion pour Marie Touchet, et la reine mère Catherine de Médicis veillant de surcroît à maintenir la nouvelle reine à l'écart des affaires politiques. Veuve en 1574, Élisabeth regagne Vienne l'année suivante.

ÉLISABETH de FRANCE (Fontainebleau, 1545 – Madrid, 1568)

Reine d'Espagne (1559-1568).

Fille d'Henri II et de Catherine de Médicis. Fiancée successivement à Édouard IV d'Angleterre, puis à don Carlos, infant d'Espagne, elle épouse finalement le père de ce dernier, Philippe II, veuf de Marie Tudor. Le mariage prévu par le traité du Cateau-Cambrésis, est célébré le 22 juin 1559, le duc d'Albe représentant le roi d'Espagne. Élisabeth meurt en couches quelques années plus tard, mais certains accusent Philippe II, jaloux de son fils, d'avoir inspiré la mort de la reine.

ÉLISABETH de FRANCE (Fontainebleau, 1602 – Madrid, 1644)

Reine d'Espagne (1615-1644).

Fille d'Henri IV et de Marie de Médicis. Née un an après son frère le Dauphin Louis (futur Louis XIII), elle est mariée en 1615 à Bordeaux, par procuration, au prince des Asturies (Philippe IV), puis échangée contre Anne d'Autriche dans l'île des Faisans. Elle contribuera à la chute du comte-duc d'Olivarès et se montrera vraie Espagnole en soutenant la résistance de ses sujets contre les Français lors de la défection de la Catalogne. Elle fut la mère de Marie-Thérèse d'Autriche, reine de France.

ÉLISABETH de FRANCE, Philippine Marie Hélène, Madame (Versailles, 1764 – Paris, 1794)

Princesse.

Dernière fille du Dauphin, fils de Louis XV et de Marie-Josèphe de Saxe, elle devient très tôt orpheline. La comtesse de Marsan et l'abbé de Montaigut, chargés de son éducation, lui inculquent les principes de piété et de charité qu'elle observera jusqu'à sa mort. Pendant la Révolution, Mme Élisabeth, qui a pour son frère Louis XVI une grande affection, suit la famille royale aux Tuileries et l'accompagne dans sa fuite, qui devait s'achever à Varennes. Emprisonnée au Temple avec la famille royale après le 10 Août, elle est, selon le mot du roi, la « seconde mère » de son neveu et de sa nièce. Moins surveillée que Louis XVI, elle continue à correspondre avec ses frères émigrés, ce qui ne sert pas précisément la cause du roi aux yeux des révolutionnaires. Au

Élisabeth de France
Portrait de Madame Élisabeth. Huile sur toile, XVIIIe siècle, Saint-Quentin, musée Antoine Lecuyer. © *Giraudon*

mois d'août 1793, Marie-Antoinette est transférée à la Conciergerie, et Madame Élisabeth reste seule avec la future duchesse d'Angoulême. Séparée de cette dernière et conduite à la Conciergerie, elle comparaît devant le Tribunal révolutionnaire le 9 mai 1794. On ne peut lui reprocher que sa parenté avec le roi, et Fouquier-Tinville hésite à requérir la peine de mort. Accusée finalement d'avoir correspondu avec ses frères, et de leur avoir fait parvenir argent et diamants, elle est condamnée à mort le 10 mai et immédiatement exécutée.

ELNE

Ville de la plaine du Roussillon dans l'actuel département des Pyrénées-Orientales.

Ancienne *Illiberis* des Celtibères, Elne est depuis la plus haute antiquité une importante place forte. Hannibal campe au pied de ses murs lors de sa marche sur Rome. Elle doit son changement de nom à l'empereur Constantin qui la relève au début du IVe siècle et l'appelle *Castrum Helenae* en l'honneur de sa mère. Fondé en 571, l'évêché d'Elne, dont dépendent le Conflent et le Roussillon, cesse d'exister en 1602 au profit de la vieille rivale d'Elne, Perpignan. Dédiée à sainte Eulalie, la cathédrale, dans son état actuel, remonte au XIe siècle, mais a subi de notables modifications depuis le XIIe jusqu'au XVe siècle, dans un double dessein de fortification et d'agrandissement. La façade, de style lombard, a été crénelée après coup de deux tours dont seule la plus grosse, véritable donjon, est ancienne. Le cloître, édifié en plusieurs étapes entre la fin du XIIe et le début du XVe siècle, se distingue entre tous les cloîtres roussillonnais par sa richesse architecturale et ornementale ; avec ses tombeaux des XIIe et XIIIe siècles, il est considéré comme l'un des plus beaux ensembles religieux français.

ÉLOI, saint (?, v. 588 – Noyon, 660)

Évêque.

Destiné au métier d'orfèvre, il apprend cet art, ainsi que celui de la fabrication des monnaies, dans l'atelier du maître Abbon, à Limoges. Installé ensuite à Paris, il gagne la confiance de Bobbon, trésorier de Clotaire II. Selon la légende, le roi lui ayant commandé un trône, il réussit à fabriquer deux pièces avec l'or fourni pour une seule. Émerveillé, Clotaire le place peu après à la tête de l'atelier monétaire de Marseille puis le fait maître de la monnaie. L'ancien orfèvre devient ensuite trésorier de Dagobert Ier, fils et successeur de Clotaire, et accomplit pour lui de nombreuses missions diplomatiques. Fondateur du monastère de Solignac en 632, Éloi reçoit la prêtrise. Évêque de Noyon en 641, il poursuit jusque chez les Frisons son œuvre évangélisatrice, fonde dans son diocèse plusieurs monastères (Noyon, Tournai, Saint-Quentin) et construit des hôpitaux destinés aux pauvres. Saint Éloi est le patron des orfèvres, des forgerons et de tous les ouvriers qui travaillent le métal.

ÉLYSÉE (palais de l')

Résidence historique de Paris située à l'angle de la rue du faubourg Saint-Honoré et de l'avenue de Marigny.

Henri de La Tour d'Auvergne, comte d'Évreux, confie en 1718 la construction de son hôtel à l'architecte Armand-Claude Mollet. Le Régent, qui a concédé une partie du terrain nécessaire à la construction, inaugure les bâtiments deux ans plus tard. L'hôtel d'Évreux, comme on l'appelle alors, se dresse autour d'une grande cour d'honneur, flanquée de deux cours secondaires. Côté jardins, la façade comporte un grand corps de logis prolongé latéralement par deux arrière-pavillons et deux ailes basses. Encore inachevé au milieu du siècle, l'hôtel est cependant fort plaisant, et Mme de Pompadour l'achète 730 000 livres en 1753. La marquise l'habite peu, le fait remanier par son architecte Lassurance II et le prête au marquis de Marigny, son frère. Acheté par le financier Beaujon en 1773, et de nouveau remanié, le palais revient à Louis XVI en 1786. Le roi le vend l'année suivante à Bathilde de Bourbon, sœur du futur Philippe Égalité, il prend alors le nom d'Élysée-Bourbon. La duchesse fait don de son hôtel à la Nation pendant la Révolution, le récupère sous le Directoire, le loue au citoyen Hovyn, qui y organise des bals publics. Le bâtiment prend alors le nom d'Élysée et Hovyn l'acquiert en 1798. Au-dessus de l'établissement, exploité par le glacier italien Vellini, le premier étage est divisé en quinze appartements, où réside notamment la famille d'Alfred de Vigny. L'Élysée redevient habitation princière en 1803, puis Napoléon le donne à sa sœur Caroline (1805) qui le fait aménager par Percier et Fontaine. Restitué à l'Empereur par Murat lors de son départ pour Naples, en 1808, il est offert à Joséphine au moment du divorce impérial. Le tsar Alexandre l'occupe en 1814, et de nouveau en 1815, après que Napoléon y aura signé sa seconde abdication, le 22 juin 1815. Redevenu Élysée-Bourbon, le palais abrite sous la Restauration le duc de Berry, jusqu'à son assassinat en 1820, puis le duc de Bourbon, jusqu'en 1830. Peu habité sous la monarchie de Juillet, l'Élysée sert en 1848 de local à la Commission des dons patriotiques, avant d'être attribué au président de la République, Louis Napoléon : il prend alors le nom d'hôtel de la présidence. Sous le Second Empire, l'hôtel sert de résidence aux souverains étrangers, d'Alexandre II au sultan Abdul Aziz. Depuis 1873 et Mac Mahon, le palais de l'Élysée, devenu résidence officielle des présidents de la République, a connu de nombreux aménagements.

EMBRUN

*Cette localité de la haute vallée de la Durance (département des Hautes-Alpes) porte le nom d'*Ebrodunum *à l'époque romaine.*

Au milieu du IVe siècle, l'active cité devient évêché et le demeurera jusqu'en 1790, comptant au XVIe siècle parmi ses prélats Jules de Médicis, qui deviendra pape sous le nom de Clément VII. Sept conciles se tiendront à Embrun, érigée en place forte au XVIIIe siècle et déclassée seulement en 1882.

ÉMERY Jacques André (Gex, 1732 – Issy-les-Moulineaux, 1811)

Religieux.

Supérieur de la congrégation de Saint-Sulpice, sous l'Ancien Régime, il fait preuve d'une certaine compréhension à l'égard du nouveau pouvoir révolutionnaire, puis rejette le principe de la Constitution civile du clergé, si bien que l'époque de la Terreur lui vaut l'emprisonnement. Grand vicaire de l'archevêché de Paris après la normalisation des rapports entre le clergé français et le Consulat, il obtient de Bonaparte la réouverture du séminaire de Saint-Sulpice. Par la suite, l'Empereur, qui le tient en estime, le nomme conseiller de l'Université en 1808. Trois ans plus tard, désireux de restreindre le pouvoir spirituel du pape Pie VII en France, Napoléon décide de prendre l'avis d'un groupe de prélats comprenant trois cardinaux, deux archevêques et trois évêques, auxquels il adjoint le père Émery. Devant le silence de ses supérieurs, interrogés par l'Empereur, Émery s'enhardit et critique fermement le projet, recevant les félicitations de Napoléon pour sa franchise.

ÉMIGRÉS

Nom donné aux Français, nobles et membres du clergé surtout, qui quittèrent la France pendant la Révolution et se réfugièrent à l'étranger.

Les premiers départs se produisent pendant l'été 1789 : dès le 17 juillet, à la demande du roi, le comte d'Artois son frère (futur Charles X) et le prince de Condé, accompagnés d'autres aristocrates, prennent le chemin de la frontière belge. Leur intention est de gagner ensuite Turin. Ceux, assez peu nombreux, qui quittent la France pendant cette période dite de l'« émigration joyeuse », pensent regagner leur pays un peu plus tard. Par la suite, la Grande Peur de juillet, les journées d'Octobre, la Constitution civile du clergé et sa condamnation par le pape (mars 1791), les appels de Condé, l'arrestation du roi à Varennes, entraînent l'émigration de nombreux aristocrates, membres du haut clergé, et officiers. Bientôt, chaque émeute, incident ou rumeur est cause de nouveaux départs, et le nombre total des émigrés, fort imprécis, finit par atteindre 200 000 à 300 000 personnes, dont 50 000 ecclésiastiques environ. Les conditions dans lesquelles s'effectuent ces départs sont extrêmement variables, relativement aisées au début, parfois tragiques. Ceux qui fuient la Révolution se regroupent autour d'une dizaine de pôles d'attraction : l'Angleterre d'abord, du fait de sa réputation de pays accueillant, la Belgique et les Pays-Bas jusqu'à leur invasion, comme les pays allemands et les principautés rhénanes, la Scandinavie et la Russie où les émigrés sont en effectif beaucoup plus faible, l'Espagne et l'Italie où les ecclésiastiques sont les plus nombreux, et enfin les États-Unis. Pendant les trois premières années, la vie politique et la vie de cour, puisque la majorité des émigrés appartiennent à la noblesse, rayonnent autour de trois centres : Turin, Coblence et Worms. À Turin où le comte d'Artois trouve asile auprès de son beau-père le roi de Sardaigne, en octobre 1789, de nombreuses intrigues politiques se nouent, surtout après l'arrivée de Calonne. Le comte d'Artois, accompagné ou suivi de la plupart de ceux qui l'entouraient à Turin, rejoint ensuite à Coblence son frère le comte de Provence, émigré le jour de Varennes. Là, le futur Louis XVIII tente de constituer un cabinet, tandis que les émigrés, fort nombreux, retrouvent mœurs et usages de la cour de France. En même temps, le prince de Condé, arrivé en Rhénanie au printemps 1791, tente de mettre sur pied, à Worms, une armée destinée à combattre la Révolution. L'armée de Condé, ou armée des Princes, dans laquelle l'on trouve beaucoup plus d'officiers que de soldats, combat aux côtés des alliés jusqu'au désastre de Quiberon (1795), et sera définitivement dispersée après la paix de Lunéville en 1801.

La plupart des émigrés connaissent une vie matérielle assez difficile, bientôt aggravée par l'attitude de la France. Dès la fin de 1791, Louis XVI somme l'Électeur de Trèves de disperser les groupes armés qui séjournent sur son territoire. Condé et son armée doivent bientôt quitter Worms. Peu à peu, devant les menaces révolutionnaires, l'attitude arrogante des émigrés et le renchérissement de la vie occasionné par leur présence, les populations de la Rhénanie et des autres principautés allemandes leur deviennent hostiles. Abris et ressources se font de plus en plus incertains. L'optimisme provoqué par la déclaration de guerre est vite réduit à néant par le faible rôle accordé aux émigrés dans l'armée alliée, puis par Valmy : l'armée de Condé, après avoir accompagné la progression des ennemis de la République, les suit dans la retraite, et les émigrés ne sont bientôt plus que des proscrits. La Révolution prend contre ceux qui ont quitté la France des mesures de plus en plus rigoureuses, sous l'impulsion d'abord de la Législative, la Constituante n'ayant guère légiféré dans ce domaine. L'Assemblée envisage les mesures à prendre dès le mois d'octobre 1791 et ses discussions, fort longues, aboutissent à la loi du 30 mars 1792 « relative aux biens des émigrés ». Loi qui donne aussi la première définition légale de l'émigré, celui qui a quitté la France sans motif depuis le 1er juillet 1789. Viennent ensuite la confiscation et la vente des biens des émigrés (2 septembre), l'exécution de tout émigré pris en France les armes à la main (9 octobre), et enfin le bannissement à perpétuité de ceux qui ont quitté la France, la mort s'ils tentent d'y revenir (23 octobre). La loi la plus complète, votée le 23 mars 1793, est l'œuvre de la Convention. Elle définit sept catégories d'émigrés dont les biens sont confisqués, eux-mêmes étant en fait condam-

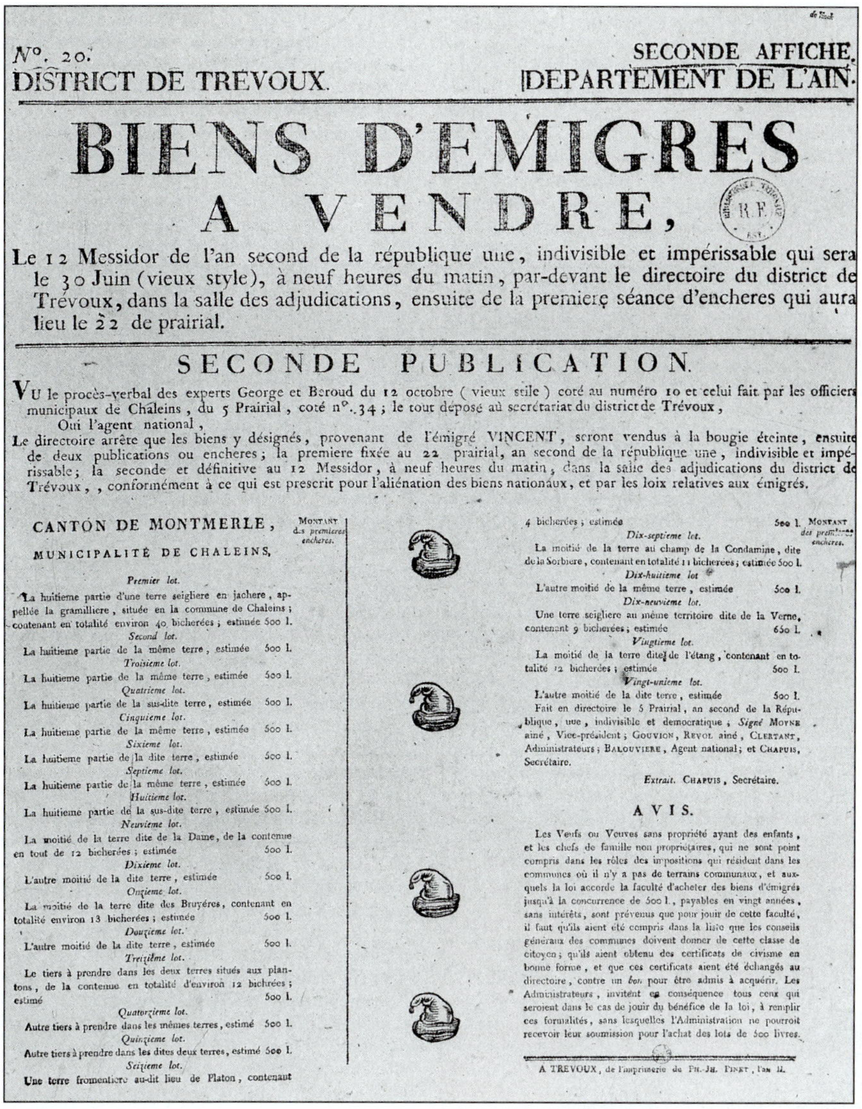

N°. 20. SECONDE AFFICHE.
DISTRICT DE TREVOUX. DEPARTEMENT DE L'AIN.

BIENS D'EMIGRES A VENDRE,

Le 12 Messidor de l'an second de la république une, indivisible et impérissable qui sera le 30 Juin (vieux style), à neuf heures du matin, par-devant le directoire du district de Trévoux, dans la salle des adjudications, ensuite de la premiere séance d'encheres qui aura lieu le 22 de prairial.

SECONDE PUBLICATION.

Vu le procès-verbal des experts George et Beroud du 12 octobre (vieux stile) coté au numéro 10 et celui fait par les officiers municipaux de Chaleins, du 5 Prairial, coté n°. 34; le tout déposé au secrétariat du district de Trévoux,

Oui l'agent national,

Le directoire arrête que les biens y désignés, provenant de l'émigré VINCENT, seront vendus à la bougie éteinte, ensuite de deux publications ou encheres; la premiere fixée au 22 prairial, an second de la république une, indivisible et impérissable; la seconde et définitive au 12 Messidor, à neuf heures du matin, dans la salle des adjudications du district de Trévoux, , conformément à ce qui est prescrit pour l'aliénation des biens nationaux, et par les loix relatives aux émigrés.

CANTON DE MONTMERLE, — MONTANT des premieres encheres.

MUNICIPALITÉ DE CHALEINS,

Premier lot.

La huitieme partie d'une terre seigliere en jachere, appellée la gramilliere, située en la commune de Chaleins; contenant en totalité environ 40 bicherées; estimée 500 l.

Second lot.

La huitieme partie de la même terre, estimée 500 l.

Troisieme lot.

La huitieme partie de la même terre, estimée 500 l.

Quatrieme lot.

La huitieme partie de la sus-dite terre, estimée 500 l.

Cinquieme lot.

La huitieme partie de la même terre, estimée 500 l.

Sixieme lot.

La huitieme partie de la dite terre, estimée 500 l.

Septieme lot.

La huitieme partie de la même terre, estimée 500 l.

Huitieme lot.

La huitieme partie de la sus-dite terre, estimée 500 l.

Neuvieme lot.

La moitié de la terre dite de la Dame, de la contenue en tout de 12 bicherées; estimée 500 l.

Dixieme lot.

L'autre moitié de la dite terre, estimée 500 l.

Onzieme lot.

La moitié de la terre dite des Bruyéres, contenant en totalité environ 13 bicherées; estimée 500 l.

Douzieme lot.

L'autre moitié de la dite terre, estimée 500 l.

Treizieme lot.

Le tiers à prendre dans les deux terres situés aux plantons, de la contenue en totalité d'environ 12 bichrées; estimé 500 l.

Quatorzieme lot.

Autre tiers à prendre dans les mêmes terres, estimé 500 l.

Quinzieme lot.

Autre tiers à prendre dans les dites deux terres, estimé 500 l.

Seizieme lot.

Une terre fromentiere au-dit lieu de Platon, contenant 4 bicherées; estimée 500 l. — MONTANT des premieres encheres.

Dix-septieme lot.

La moitié de la terre au champ de la Condamine, dite de la Sorbiere, contenant en totalité 11 bicherées; estimée 500 l.

Dix-huitieme lot

L'autre moitié de la même terre, estimée 500 l.

Dix-neuvieme lot.

Une terre seigliere au même territoire dite de la Verne, contenant 9 bicherées; estimée 650 l.

Vingtieme lot.

La moitié de la terre dite de l'étang, contenant en totalité 12 bicherées; estimée 500 l.

Vingt-unieme lot.

L'autre moitié de la dite terre, estimée 500 l.

Fait en directoire le 5 Prairial, an second de la République, une, indivisible et democratique; *Signé* MOYNE ainé, Vice-président; GOUVION, REVOL ainé, CLERTANT, Administrateurs; BALOUVIERE, Agent national; et CHAPUIS, Secrétaire.

Extrait. CHAPUIS, Secrétaire.

AVIS.

Les Veufs ou Veuves sans propriété ayant des enfants, et les chefs de famille non propriétaires, qui ne sont point compris dans les rôles des impositions qui résident dans les communes où il n'y a pas de terrains communaux, et auxquels la loi accorde la faculté d'acheter des biens d'émigrés jusqu'à la concurrence de 500 l., payables en vingt années, sans intérêts, sont prévenus que pour jouir de cette faculté, il faut qu'ils aient été compris dans la liste que les conseils généraux des communes doivent donner de cette classe de citoyen; qu'ils aient obtenu des certificats de civisme en bonne forme, et que ces certificats aient été échangés au directoire, contre un *bon* pour être admis à acquérir. Les Administrateurs, invitent en conséquence tous ceux qui seroient dans le cas de jouir du bénéfice de la loi, à remplir ces formalités, sans lesquelles l'Administration ne pourroit recevoir leur soumission pour l'achat des lots de 500 livres.

A TREVOUX, de l'imprimerie de PH.-JH. PINET, l'an II.

Émigrés

Vente aux enchères de terres confisquées. Paris, Bibliothèque nationale de France. © *Sélection Images*

nés à mort par contumace. L'Assemblée fait publier une première liste d'environ 30 000 personnes qui, si elles franchissent la frontière, seront jugées sans appel et encourront la peine de mort. Les parents des émigrés, qui risquent la mort s'ils correspondent avec eux ou leur font passer des fonds, sont déclarés suspects et ne peuvent exercer aucune fonction publique. Par la suite, diverses mesures particulières renforceront cette loi.

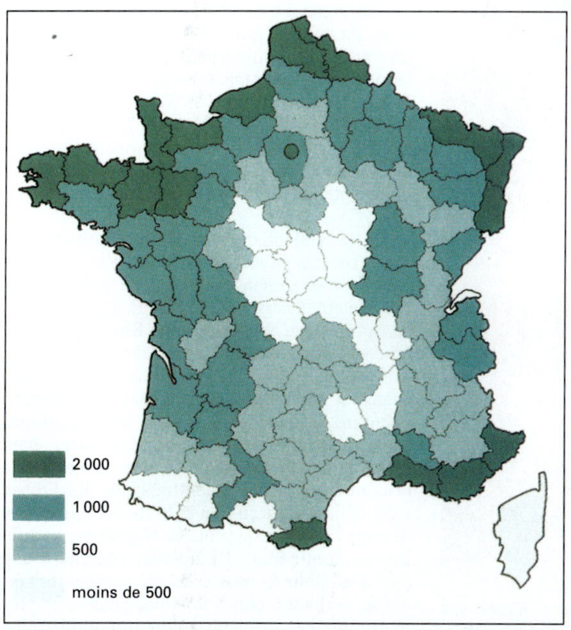

Répartition des émigrés par département (1789-1794)

La rigueur diminue quelque peu après Thermidor, le Directoire alternant ensuite la clémence, jusqu'au 18 Fructidor, et la sévérité puisqu'il renouvelle les lois contre les émigrés. Certains regagnent cependant clandestinement leur pays dès cette période, mais la plupart attendent le Consulat. En décembre 1799, la liste des « émigrés rassemblés », soit environ 145 000 personnes, est déclarée close. Les services de Fouché étudient cette liste et, le 20 octobre 1800, un arrêté supprime la moitié des noms qui y figuraient et autorise les émigrés ainsi rayés de la liste à regagner la France, s'ils prêtent serment à la Constitution. Enfin, après Marengo et la paix d'Amiens, Bonaparte accorde l'amnistie générale par le sénatus-consulte du 26 avril 1802 ; un millier d'émigrés seulement en sont exclus. La plupart des amnistiés regagnent la France. Ne demeurent à l'étranger que les irréductibles, de 5 000 à 25 000, regroupés autour du comte de Provence qui s'est proclamé roi après la mort de Louis XVII (1795). Ils regagnent la France à la Restauration, dans ce qu'on a appelé à tort les « fourgons de l'étranger ». Leur arrogance, leur attitude maladroite – ils réclament la restitution de leurs biens et inquiètent les acquéreurs de biens nationaux – favorisent le retour de l'Empereur. La vente des biens nationaux n'est cependant pas remise en question. La loi du 5 décembre 1814 ne restitue que les biens devenus propriété d'État, les rentes constituées et les créances dues par les particuliers. Certains émigrés conservent cependant une situation précaire, et, le 27 avril 1825, le ministère Villèle fait voter la loi du « milliard des émigrés », qui leur attribue 30 millions de rentes. Cette loi, et la disparition naturelle progressive des individus, met fin au problème posé par les émigrés.

EMPIRE (Premier)

Gouvernement sous lequel a vécu la France du 18 mai 1804 au 11 avril 1814, puis du 20 mars au 22 juin 1815.

Jamais peut-être le destin d'un régime politique n'aura été aussi intimement lié à son détenteur : Napoléon Bonaparte. Premier Consul d'une République redevenue prospère, il est très vite considéré comme l'homme providentiel auquel le Sénat (se fondant sur le péril d'une restauration monarchique : complot royaliste de Cadoudal au mois de février 1804) n'hésite pas à proposer le 27 mars de la même année la constitution d'une forme de gouvernement à transmission héréditaire. Le 18 mai 1804, un sénatus-consulte « confie le gouvernement de la République au Premier Consul, avec le titre d'Empereur des Français » et un plébiciste entérime le « Vœu de toute la nation », en approuvant la motion sénatoriale par 3 500 000 « oui » contre seulement 2 500 « non ». Ainsi voit le jour la Constitution de l'an XII, véritable acte constitutif du Premier Empire. Il y est déclaré que le gouvernement de la République est confié à un empereur héréditaire dans sa descendance naturelle, légitime ou adoptive ou, à défaut, dans celle de ses frères Joseph et Louis, celle de Lucien et Jérôme ayant été écartée (car ils ont déchu par leur mariage). Puis, le 2 décembre 1804, le pape Pie VII, reconnaissant du Concordat, présidera à la cérémonie de couronnement de l'Empereur et de l'Impératrice en l'église Notre-Dame de Paris. À la sortie de la cathédrale, la France n'acclame plus un homme parmi tant de ceux ayant été détenteurs d'une parcelle de pouvoir depuis près de quinze ans, elle acclame un chef d'État représentant à la fois le consensus politique d'une nation et un monarque choisi et protégé « par la grâce de Dieu ». Toutefois, la couronne du sacre reste posée sur celui qui est regardé à l'étranger comme l'héritier d'une révolution fondamentalement antimonarchique. Cette ambiguïté est sans aucun doute déjà le point faible du régime. D'ailleurs, si celle-ci est ressentie par une grande partie de la France (favorable ou non à l'Empire), elle l'est également par l'Empereur lui-même, et ce dernier va immédiatement essayer de prévenir les risques pouvant, à la moindre crise, renverser les institutions. Comprenant que le pays a besoin de structures stables et hiérarchisées, il s'attache à reconstituer la rigidité de fonctionnement de la société d'Ancien Régime. Il recrée une véritable société de cour, savamment élaborée et entièrement dépendante de son autorité ; il maintient l'héritage constitutionnel du Consulat (le Sénat élaborant la loi, le Tribunat la discutant sans la voter, le Corps législatif la votant sans la discuter, et le Sénat veillant au fonctionnement des assemblées et pourvoyant à ses sièges) ; il crée une noblesse d'Empire, et un ordre national spécifique : la Légion d'honneur. Mais tout cela, conformément aux craintes impériales, ne suffira pas à faire vivre l'Empire sans l'Empereur. De fait, lors de la conspiration du général Malet ou des deux abdications de Napoléon, nul ne songera à la survie de l'Empire, ni par dévolution de la couronne au roi de Rome, ni par pérennité de cette forme de gouvernement. On constate que celle-ci n'a été créée que par et pour un homme d'envergure exceptionnelle.

Cependant, par-delà les ferments internes menaçant la société impériale, existe un péril lié au précédent et beaucoup plus préoccupant dans l'immédiat ; c'est l'alliance des cours étrangères contre une France prospère et hégémonique. Dès lors, Napoléon se trouve sans cesse harcelé et contraint à la guerre : contraint, puisque s'étant engagé à maintenir les acquis territoriaux des régimes précédents ; contraint aussi pour affermir son autorité sur le pays ; contraint enfin pour contenir un déferlement de l'armée des cours européennes qui attendent l'occasion de rétablir les Bourbons sur le trône de France. Il faut donc, pour Napoléon, donner à la fois des lois nouvelles et stables à la France (tant d'un point de vue institutionnel qu'au regard du droit des personnes), développer l'agriculture et les manufactures (pour conserver l'acquis économique du Consulat), et former une armée puissante et efficace (afin de faire front à toute tentative d'invasion étrangère). Face au spectaculaire redressement de la France sous le Consulat, l'Angleterre, dès 1803, a repris les armes afin de bloquer toute hégémonie française, tant politiquement qu'économiquement. C'est à propos du problème de Malte que les hostilités se déclenchent. Alors qu'à Londres on ne peut se résoudre à la perte de l'île, dont l'importance stratégique est considérable en Méditerranée orientale, à Paris un engagement naval est redouté, et les vieux projets du débarquement en Angleterre sont remis à l'ordre du jour. Dès lors, 150 000 hommes sont massés sur les côtes de la Manche et de la mer du Nord, et du quartier général de Boulogne s'élabore l'invasion de la Grande-Bretagne. Mais à la suite d'erreurs commises par l'amiral Villeneuve, le plan échoue et Napoléon opte délibérément pour la victoire terrestre, afin de débloquer l'alliance nouée au printemps 1804 entre l'Angleterre et la Russie, grossie depuis par l'Autriche, puis consolidée à l'automne par Naples et la Suède. Dans le courant du mois d'août, l'Empereur donne l'ordre à son armée de quitter le camp de Boulogne et de voler au-devant des troupes autrichiennes qui s'apprêtent à entrer en Bavière. En un mois, la Grande Armée franchit le Rhin, réussit à encercler l'armée autrichienne commandée par Mack et permet à Napoléon d'obtenir de celui-ci la capitulation de ses troupes à Ulm, le 20 octobre 1805. La route de Vienne ouverte, l'armée impériale se dirige vers Munich, puis franchit le Danube au mois de décembre, afin d'aller à la rencontre de l'armée austro-russe reconstituée en Moravie.

C'est, en effet, non loin d'Olmütz que les empereurs de Russie et d'Autriche, Alexandre Ier et François II, ont concentré leurs troupes. Immédiatement, Napoléon se rend sur les lieux et choisit le théâtre de l'affrontement : le plateau de Pratzen près d'Austerlitz. Le 2 décembre, jour anniversaire du couronnement, l'Empereur remporte sa plus prestigieuse victoire militaire. Il impose, trois semaines plus tard, le 26 décembre 1805, la paix de Presbourg à l'Autriche : celle-ci doit céder la Vénétie, l'Istrie moins Trieste, la Dalmatie, et perd toute influence dans les États allemands du Sud. Immédiatement, germe dans le cerveau de l'Empereur l'idée de reconstituer l'« empire d'Occident ». Il commence, conformément aux conditions délibérées à Presbourg, par déposer le roi de Naples et le remplacer par son frère Joseph, en janvier 1806 ; puis, au mois de mai de la même année, la République batave devient royaume de Hollande, la couronne en revenant à Louis, frère cadet de l'Empereur ; le 5 juin, Napoléon démantèle d'un trait de plume le huit fois centenaire Saint Empire romain germanique, créant un nouvel État : le grand-duché de Berg, donné à Murat – devenu beau-frère de l'Empereur par son mariage avec Caroline Bonaparte –, et se proclame protecteur de la Confédération du Rhin le 6 août 1806. L'influence autrichienne est réduite à néant en dehors de ses frontières : le Grand Empire est en train de se créer.

Dès lors, l'élaboration d'une politique européenne d'apaisement semble possible. L'Autriche est sortie de la troisième coalition, l'Angleterre, malgré sa victoire navale de Trafalgar (21 octobre 1805), voit, avec la mort de Pitt, une nouvelle possibilité de traiter avec la France ; la Russie le souhaite et il semble que toutes les conditions soient réunies pour arriver à un accord. Mais la Prusse, mécontente de la création de la Confédération du Rhin, pousse à la guerre. Immédiatement, les négociations entamées entre la France et les cours d'Europe échouent, et la quatrième coalition se noue. Cette dernière, qui comprend les ennemis d'hier plus la Prusse, est rapidement réduite à néant. Le 14 octobre 1806, l'armée française écrase l'armée prussienne à Iéna, et, le 27 du même mois, les troupes impériales défilent victorieusement à Berlin. Reste à battre les Russes ; c'est chose faite une première fois, lors de la difficile et meurtrière bataille d'Eylau, le 8 février 1807. Puis Napoléon, estimant le risque d'une campagne menée durant l'hiver en Russie, décide de convaincre les Turcs et le chah de Perse d'entrer en guerre contre celle-ci, afin de prendre à revers l'armée du tsar ; cette ébauche de « rêve oriental » de la part de Napoléon n'a pas le temps de se réaliser : l'armée russe est battue, une deuxième fois et de façon beaucoup plus décisive qu'à Eylau, à la bataille de Friedland, le 14 juin 1807. Alexandre Ier doit alors accepter de négocier avec la France, ce qui satisfait Napoléon, très préoccupé par la politique menée à Madrid et à Vienne. Souhaitant conclure un traité d'alliance durable, les deux empereurs se rencontrent à Tilsit le 25 juin 1807, sur un radeau ancré au milieu du Niémen. Là, ils se découvrent des affinités mutuelles, et chacun des deux souverains, conquis par la personnalité de l'autre, signe, au terme de chaleureuses négociations, un traité (8 juillet 1807) dont la Prusse fait les frais. Cette dernière perd la moitié de sa population et doit payer une écrasante dette de guerre. Il est créé un royaume de Westphalie donné à Jérôme Bonaparte le 18 août 1807, et les possessions prussiennes de Pologne forment le grand-duché de Varsovie, que les Polonais ambitionnent immédiatement de voir devenir un État indépendant.

Le tsar obtient, quant à lui, toute latitude dans les territoires situés à l'est de la Vistule et, en contrepartie, s'engage à tout faire pour amener l'Angleterre à négocier avec la France ; il promet, en cas d'échec, de participer au Blocus continental conçu par Napoléon pour isoler la grande île. Toutefois, même si Napoléon s'est, pour sa part, engagé à servir de médiateur dans le différend opposant les Turcs aux Russes, les dispositions de Tilsit apparaissent vite comme précaires, étant donné la crainte suscitée à la cour du tsar par la proximité de la puissance française. La France s'est taillé la part du lion et la Russie redoute de devenir à son tour la proie de Napoléon. Avec le Blocus continental, l'Empereur cherche d'une part à affaiblir la puissance économique britannique, et d'autre part à instaurer grâce à ce protectionnisme autoritaire une prépondérance commerciale française sur les marchés euro-

Premier Empire
Les Grandes Armes de l'Empire français, d'azur à l'aigle impérial d'or, empiétant un foudre de même (utilisées aux Gobelins pour l'exécution d'une portière en tapisserie), par Dubois, d'après Louis Saint-Ange Desmaisons, 1808, Paris, Mobilier national. © *Lauros-Giraudon*

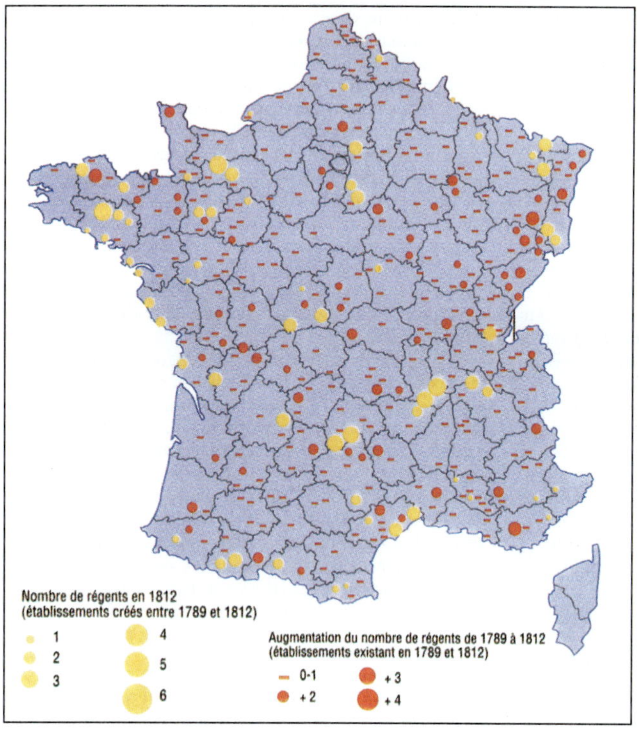

L'implantation des lycées sous l'Empire

péens. Le plan de Napoléon réussit parfaitement, et l'Angleterre, fortement atteinte, semble devoir capituler. Toutefois, pour mener à bien cet embargo antibritannique, il faut que le blocus soit général, ce qui va obliger Napoléon à procéder à une série d'annexions. Dès lors, les adversaires de l'Empire ont beau jeu de présenter la politique française comme étant insatiable et les visées de l'Empereur mégalomanes. La France doit, en effet, intervenir dans toute l'Europe pour éviter une contrebande favorable aux Anglais. L'armée impériale se rend dans le nord de l'Allemagne, en Hollande, occupe Rome (le pape ayant refusé de fermer ses ports), annexe Parme et Plaisance. Napoléon est pris dans le piège de l'hégémonie guerrière et économique : devenu malgré lui le gendarme de l'Europe, il ne peut reculer et doit adopter la politique de la fuite en avant.

C'est alors que se dresse un problème qui menaçait depuis le début du blocus : l'attitude portugaise. Le Portugal, véritable colonie britannique, représente un réel danger dans la politique antianglaise ; dès lors, la France et l'Espagne en décident la conquête et, à la suite d'un accord signé en octobre 1807 entre Napoléon et le Premier ministre du roi Charles IV, Manuel Godoy, une armée française, commandée par Junot, entre au Portugal et prend Lisbonne tandis que la famille royale s'enfuit au Brésil. Le coup de force réussit, les espérances de Napoléon se réalisent. L'Angleterre, acculée à la faillite, semble au bord de la capitulation la plus complète, ce qui ne se produira pas à cause de la guerre d'Espagne qui va être l'une des plus lourdes de conséquences pour la France impériale. Elle éclate parce que Napoléon, lorsqu'il s'est allié à l'Espagne pour conquérir le Portugal, ambitionnait dans un même élan la mainmise sur l'ensemble de la péninsule Ibérique. Certainement poussé par Talleyrand, l'Empereur profite alors des dissensions à l'intérieur de la cour d'Espagne pour jeter les plans d'une conquête nouvelle. Pendant ce temps, une émeute ayant éclaté à Aranjuez le 18 mars 1808, le roi Charles IV doit abdiquer en faveur de son fils Ferdinand VII. Murat propose alors la médiation de Napoléon et, après l'entrevue de Bayonne, Ferdinand VII rend la couronne à son père, qui la remet à son tour à Napoléon. Fort de cette nouvelle acquisition territoriale, l'Empereur nomme son frère Joseph roi d'Espagne le 10 mai 1808.

Peu de temps après, des émeutes violemment réprimées par Murat jettent l'Espagne dans la guerre civile. La résistance à l'occupation française s'organise et, pour la première fois, la Grande Armée subit une cuisante défaite et capitule à Bailen le 22 juillet 1808. Junot doit, à la suite d'un débarquement anglais, évacuer en hâte le Portugal ; l'influence britannique redevient présente sur le continent. Napoléon décide d'intervenir personnellement, mais souhaite, avant de prendre une quelconque décision, rencontrer le tsar : ce sera à Erfurt le 27 septembre 1808, où, malgré l'amitié apparente liant les deux hommes, il semble que la guerre peut reprendre potentiellement. En effet, Alexandre Ier, toujours inquiet de l'occupation française à ses frontières et influencé par sa noblesse, souffrant, par ailleurs, de ne plus pouvoir commercer avec l'Angleterre, va être attentif aux précieux conseils de Talleyrand. Ce dernier ayant informé le tsar des difficultés de l'Empereur, fait officieusement savoir à la cour de Vienne qu'en cas de conflit avec la France, la Russie joindrait ses troupes à celles de l'Autriche. La bombe est amorcée, elle éclatera au printemps 1809.

Pour l'heure, tandis que Talleyrand se ménage quelques « douceurs » de la part des cours de Vienne et de Saint-Pétersbourg, Napoléon réussit à rétablir momentanément la situation en Espagne et proclame le 4 décembre 1808 l'abolition de la féodalité et de l'Inquisition. Toutefois, informée par Talleyrand de la lassitude du peuple français pour la guerre, la cour d'Autriche envisage une nouvelle campagne contre Napoléon : c'est le début de la cinquième coalition (mars-avril 1809). Soutenu par une opinion publique vivant dans la crainte d'un désastre guerrier, l'empereur d'Autriche ouvre les hostilités. Napoléon réagit immédiatement, prend de vitesse les Autrichiens, et l'armée française entre dans Vienne le 14 mai 1809. Cependant, une crue du Danube isole les différents corps de la Grande Armée et celle-ci est mise en échec par les Autrichiens à Essling le 22 mai. À l'annonce de la nouvelle, la Bourse de Paris s'effondre, la Chouannerie s'agite dans l'ouest de la France, des troubles éclatent aux quatre coins du Grand Empire : c'est la crise de confiance. Sentant le danger, l'Empereur décide de passer à l'offensive et livre bataille à l'armée autrichienne.

Le 6 juillet 1809, à Wagram, la victoire revient très nettement à la France qui impose la paix de Vienne à l'Autriche : cette dernière perd la Galicie, une partie de la Carinthie, la Croatie maritime avec Fiume, l'Istrie et Trieste. Malgré tout, même si cette cinquième coalition s'achève sur un succès français, l'Empereur est inquiet : certes, il a doté la France d'un empire s'étirant de l'Elbe au Tibre et regroupant plus de 45 millions d'âmes ; mais, dès l'annonce du revers d'Essling, la France a immédiatement été secouée par une vague de troubles. Par ailleurs, dans l'hypothèse où Napoléon viendrait à disparaître, qui lui succéderait puisqu'il n'a pas d'héritier direct ? C'est la raison pour laquelle il répudie Joséphine, stérile, et prend la décision d'« épouser un ventre », qu'il choisit, pour raison d'État, dans la maison des Habsbourg. Le mariage est conclu par procuration le 11 mars 1810 avec Marie-Louise d'Autriche, fille de l'empereur François II et de Marie-Thérèse de Naples, et célébré à Paris les 1er et 2 avril suivants ; un an plus tard, le 20 mars 1811, vient au monde le roi de Rome.

Avec cette naissance, l'Empire touche à son apogée. Jamais la France ne fut aussi étendue ; jamais l'influence de celle-ci ne sera plus grande en Europe. Que ce soit pour les lois, la construction des routes ou l'organisation de l'administration, la France est omniprésente en Europe occidentale, comptant jusqu'à 130 départements. Toutefois, chaque jour, l'Empereur sent que les difficultés s'élèvent devant lui. La bourgeoisie, lasse de faire la guerre, veut se consacrer aux affaires. Le concile national n'accepte pas, à propos de la nomination de nouveaux évêques, de subordonner le pape au prince. Les catholiques sont irrités par l'incarcération de Pie VII à Fontainebleau. Les libéraux reprochent au régime l'absence de libertés publiques. Les populations

Itinéraire de Napoléon de Fontainebleau à l'île d'Elbe

annexées sont en proie à un légitime nationalisme qui les pousse à se révolter contre l'occupation française. De plus, avec l'hostilité que nourrit désormais la Russie à l'encontre de la France, Napoléon perd son dernier allié étranger puissant. Dès lors, l'Empereur gouverne un pays qui lui est fidèle mais qui est surtout las d'envoyer ses fils se faire tuer sur tous les champs de bataille d'Europe. Une nouvelle crise de confiance secoue la France ; elle va être amplifiée par la désastreuse campagne de Russie. L'alliance conclue à Tilsit, déjà fort ébranlée à Erfurt, n'a pas résisté aux contraintes du Blocus continental. La Russie, s'appauvrissant et craignant que la France ne reconstitue le royaume de Pologne, n'hésiterait pas, le cas échéant, à entrer en guerre contre la France. De fait, le 25 avril 1812, le tsar somme l'Empereur d'évacuer la Prusse. Ce dernier ne veut pas obtempérer et la guerre éclate. Ayant réuni environ 700 000 hommes, Napoléon franchit le Niémen le 24 juin et commence une longue marche entrecoupée d'affrontements secondaires avec l'armée russe, le tsar ayant choisi d'épuiser les Français dans l'immensité d'un pays où les paysans brûlent les récoltes afin d'affamer la Grande Armée. Des jours durant, les Russes se dérobent toujours vers l'est. La manœuvre est habile, car Alexandre Ier se doute que Napoléon ne pourra résister au désir de pousser jusqu'à Moscou.

Effectivement, après avoir hésité, l'Empereur, souhaitant livrer une bataille décisive, continue à marcher vers l'est. L'engagement a enfin lieu au mois de septembre 1812, près de Borodino ; toutefois la bataille de la Moskova (7 septembre 1812) ne peut être considérée comme une victoire par aucun des deux camps. Certes, par elle, Napoléon s'ouvre la route de Moscou (où il entre le 14 septembre), mais la gloire n'est pas grande : l'armée russe a uniquement battu en retraite ; elle peut livrer combat à tout moment. L'occasion ne va pas lui en être fournie : le 15 septembre Moscou brûle, incendiée par les Français mais également par les Russes, préférant la destruction à la reddition. Napoléon hésite. Doit-il tenter d'anéantir l'armée du tsar ? Doit-il hiverner en Pologne ou regagner la France ? Le 19 octobre, l'Empereur choisit : l'armée rentrera à Paris. C'est le début d'une épouvantable débâcle. Les Français, repassant par l'itinéraire de l'aller, ne trouvent que désolation et terre brûlée. La faim et le froid déciment les troupes : elles ne comptent plus, au passage de la Berezina, que quelques dizaines de milliers d'hommes. Entre-temps, Napoléon ayant devancé son armée, est informé qu'à Paris le général Malet a tenté un coup d'État, laissant croire que l'Empereur était mort. La tentative échoue, mais ce dernier apprend que, pas un instant il n'a été pensé au roi de Rome pour lui succéder. Napoléon sait que l'Empire est lié à son sort et non à celui de sa dynastie.

La campagne de Russie a sonné le glas de l'Empire. Après le départ de l'Empereur, l'armée s'est désagrégée et sa réputation d'invincibilité est battue en brèche ; les nationalismes s'exacerbent ; dans toute l'Europe occupée se lève la « guerre de délivrance ». Immédiatement, l'Autriche s'allie à la Russie pour vaincre les troupes françaises et inflige à celles-ci la défaite de Leipzig en octobre 1813 ; les princes allemands, alliés d'hier, se retournent contre la France ; la Hollande se joint à eux, suivie par la Confédération helvétique et même le royaume de Naples, où Murat abandonne Napoléon en rejoignant le camp des ennemis de l'Empire. Bien qu'affaibli, Napoléon se raidit face à l'adversité, et la Grande Armée, essentiellement composée de jeunes recrues – les « Marie-Louise » –, engage la campagne de France. Malgré l'héroïsme de l'armée impériale, les troupes ennemies s'ouvrent la route de Paris au printemps 1814. Napoléon préfère alors abandonner la capitale pour faire croire aux coalisés qu'il veut prendre leur armée à revers. Ces derniers ne s'inquiètent pas de la manœuvre et arrivent devant Paris, qui se rend le 31 mars. Deux jours plus tard, un Conseil auquel participe Talleyrand décide, puis fait ratifier par le Sénat, la déchéance de l'Empereur, avant d'appeler Louis XVIII au trône de France. Napoléon se retire alors à Fontainebleau et, pressé par ses maréchaux, signe le 11 avril un traité l'obligeant à abdiquer et lui confiant uniquement la souveraineté de l'île d'Elbe ; par ailleurs, le traité de Paris (30 mai 1814) prévoit que la France doit retrouver ses frontières de 1792, mais lui épargne toute dette de guerre. Il est décidé qu'un congrès (celui de Vienne) réglera ultérieurement le sort des anciens territoires conquis. Les conditions imposées par les ennemis de la France sont certes rigoureuses mais non draconiennes ; elles vont le devenir après les Cent-Jours.

Moins d'un an après sa déchéance, Napoléon débarque à Golfe-Juan (1er mars 1815) et prend la route de Paris. Aussitôt l'enthousiasme populaire accompagne celui qui avait été, depuis le Consulat, le symbole de la gloire et de l'indépendance nationales. Napoléon comprend de nouveau le sens de sa popularité et ce que la France attend de lui ; dès son arrivée aux Tuileries, il choisit de jouer sa carte d'héritier de la Révolution sans pour cela inquiéter la bourgeoisie des affaires. Par l'Acte additionnel aux Constitutions de l'Empire, il infléchit les institutions dans un sens plus libéral, et essaie de rassurer ceux qui, par intérêt, craignent le retour aux hostilités. Toutefois, les cours étrangères, ne pouvant accepter le retour de l'Empereur, le déclarent hors la loi. Alors s'engage une courte campagne dont l'aboutissement sera la défaite française de Waterloo, le 18 juin 1815. Quatre jours plus tard, Napoléon abdique en faveur de son fils, ce dont personne ne se souciera, et, après avoir espéré se rendre en Amérique, se livre aux Anglais qui le conduiront à l'île de Sainte-Hélène.

L'Empire venait de mourir, laissant derrière lui le second traité de Paris (20 novembre 1815), beaucoup plus sévère que le premier puisque aggravant celui-ci de l'amputation de la Savoie et de nombreuses places fortes ; imposant la restitution des œuvres d'art prises au cours des conquêtes ; accablant la France d'une indemnité de guerre de 700 millions et de l'entretien d'une armée d'occupation de 150 000 hommes ; prévoyant enfin la stricte surveillance des affaires françaises par les quatre (Russie, Prusse, Autriche, Angleterre).

EMPIRE (Second)

Gouvernement de la France du 2 décembre 1852 au 4 septembre 1870.

Depuis le coup d'État du 2 décembre 1851, le régime de la IIe République n'est plus qu'une fiction. Assuré d'une majorité écrasante à la suite du plébiscite du 21 décembre suivant, le prince-président, investi des pouvoirs les plus étendus, peut préparer à loisir le but qu'il s'est fixé depuis sa jeunesse : restaurer le lustre de la famille Bonaparte et rétablir le prestige de la France, en devenant l'arbitre d'une Europe remodelée à sa guise et surtout libérée des traités impies de 1815. En même temps, à l'intérieur, il conviendra de maintenir l'ordre établi, de respecter les hiérarchies sociales tout en établissant une prospérité économique qui devrait bénéficier à tous pour la plus grande gloire de l'Empire. La répression qui a suivi le coup d'État a certes permis de mettre hors la loi les républicains les plus virulents. La Constitution du 14 janvier 1852 confère au président des pouvoirs étendus. Il détient ce pouvoir pour dix ans et est rééligible. Il nomme les hauts fonctionnaires, commande l'armée et, empiétant sur le pouvoir législatif, détient un droit exclusif d'initiative des lois. Les ministres relèvent de sa seule autorité. Le Conseil d'État lui est acquis. Le

Second Empire
Réception des ambassadeurs siamois par Napoléon III au palais de Fontainebleau. Huile sur toile de Jean Gérôme, château de Versailles. © *Giraudon*

Corps législatif est soumis, puisque susceptible d'être dissous à tout moment. Enfin le Sénat, aux membres nommés par le prince-président, n'a qu'un pouvoir consultatif constitutionnel.

La suspension de la liberté de la presse place les moyens d'information à la discrétion du pouvoir. L'Université est mise sous tutelle sous l'autorité du ministre Hippolyte Fortoul. Quant aux préfets, ils déploient une activité zélée tendant à préparer les notables provinciaux à l'évolution du régime vers l'Empire. Tout, d'ailleurs, dans le pays concourt à cette fin. Le régime républicain a fait faillite en faisant tirer la troupe sur les ouvriers en juin 1848. Le principe des Ateliers nationaux s'est révélé un échec économique. Bourgeois de province et ruraux aspirent à une stabilité, faite de libertés mesurées et du respect des hiérarchies sociales. La monarchie constitutionnelle de 1791, le Directoire, le Consulat, l'Empire, la Restauration, la monarchie de Juillet en furent les émanations après des périodes de convulsions. L'ordre orléaniste a mis en place au cours des dix-huit années de règne un personnel de préfets, d'administrateurs, de responsables locaux, de notables tout disposés à servir un régime apportant semblable apaisement. Les Bourbons déconsidérés, Louis-Philippe mort en 1850, les républicains ne possédant plus d'appui populaire, il suffit au prince-président de trouver un compromis entre la famille Bonaparte et une classe bourgeoise orléaniste de cœur, sinon d'intérêt. D'où la prudence manifestée au lendemain du coup d'État.

Pour parvenir à ce but, des « voyages d'information » sont effectués en province dans un grand apparat. Persigny, le ministre de l'Intérieur, fait bien les choses et, parmi les manifestants chaleureux glissés dans la foule, beaucoup crient « vive l'empereur ! » au passage du cortège présidentiel. Le 15 août est redevenu fête officielle et l'aigle réapparaît sur la hampe des drapeaux. Un mythe napoléonien se développe d'ailleurs dans tout le pays à la faveur de dessins, de peintures et de lithographies, en particulier celles de Raffet, qui exaltent le souvenir des grognards et la gloire de la Grande Armée. Le 16 octobre, *Le Moniteur* imprime : « La manifestation éclatante qui se produit dans toute la France en faveur du rétablissement de l'Empire impose au président le devoir de consulter le Sénat. » Le 7 novembre, le Sénat, docile, vote le texte d'un plébiscite sur le rétablissement de l'« Empire héréditaire ». Le 21 novembre, le texte est approuvé par 7 824 000 « oui » contre 253 000 « non » et 2 062 000 abstentions en provenance surtout des départements royalistes de l'Ouest, du Sud-Ouest et de Provence.

Le rêve de l'ancien *carbonaro* devient réalité. Dès ce moment, le culte napoléonien va s'imposer dans ses moindres détails. C'est au château de Saint-Cloud, dans l'ambiance de Brumaire, que la délégation des assemblées vient porter les résultats de la consultation. La cérémonie se déroule le 1er décembre. Le lendemain est l'anniversaire du sacre de Napoléon Ier, en 1804, et de son triomphe d'Austerlitz l'année suivante. C'est sous ces heureux auspices que Louis Napoléon prend le nom de Napoléon III, désirant respecter le souvenir de l'Aiglon, lui-même proclamé souverain par l'abdication de son père et désigné par le Corps législatif en 1815. La Cour, déjà virtuellement réunie au palais de l'Élysée, s'installe aux Tuileries. L'étiquette est celle du Premier Empire. La garde impériale redevient un corps d'élite. Les châteaux de Saint-Cloud et de Compiègne retrouvent leur lustre d'antan. Les officiers de l'ancienne armée impériale reçoivent dignités et faveurs. À l'intérieur, l'humiliation de 1814-1815 est effacée.

À l'extérieur, tout est à faire. Si la proclamation de la IIe République, en 1848, a effarouché les cours européennes, la résurrection de l'Empire est partout acceptée avec réserve. Pour ces monarchies, le nouveau souverain n'est qu'un parvenu. Selon le protocole, l'empereur s'adresse, par exemple, au tsar Nicolas Ier en le qualifiant de « mon frère », mais ce dernier répond simplement par le qualificatif de « mon ami ». L'Empire naissant est donc prisonnier des contingences dans lesquelles il est appelé à évoluer. Et tout d'abord il y a la volonté du monarque lui-même. C'est un Bonaparte, même si l'on chuchote dans la coulisse qu'un doute plane sur la paternité réelle du roi Louis, ce qui est particulièrement controversé. Le nouvel empereur, lui, se considère appelé aux plus hautes destinées, à l'égal de son oncle prestigieux. Sa mère, la reine Hortense, lui a inculqué foi en son étoile. La conquête du trône est une incroyable réussite si l'on considère le point de départ. Reste maintenant à matérialiser les rêveries de jadis. Car cet être secret, sensible, élevé et éduqué par une mère ambitieuse, croit en sa destinée.

Pour rallier les orléanistes, il faut de l'ordre et du prestige. L'Empire sera donc autoritaire et guerrier, contrairement aux promesses du discours de Bordeaux d'octobre 1852 (« l'empire, c'est la paix »). L'empereur y répugnerait-il que son entourage le lui rappelle volontiers en brandissant la menace des républicains, réfugiés à Bruxelles, à Londres ou à Jersey, où le « père Hugo » manie une plume acerbe. Ainsi, Persigny, le ministre de l'Intérieur, Pietri, le préfet de police, Fould, futur ministre des Finances, Rouher, le ministre du Commerce et Baroche, le président du Conseil d'État, prônent les vertus d'un régime autoritaire, l'emportant sur les libéraux que sont le prince Napoléon, fils du roi Jérôme, dernier survivant de l'épopée impériale, et Morny, demi-frère de l'empereur qui possède la sensualité des Beauharnais et l'intelligence de Talleyrand, son aïeul. Les affaires, surtout les plus fructueuses, l'intéressent avant tout et, sur ce point, le développement économique et industriel de ce milieu du XIXe siècle va combler ses souhaits. L'opposition étant dispersée, jugulée, surveillée, l'empereur se moque des bouderies des légitimistes du faubourg Saint-Germain et des départements de l'Ouest. Il leur accorde néanmoins des journaux pour s'exprimer : *La Gazette de France* et *L'Union*. Les catholiques disposent de *L'Univers*. *Le Journal des débats* exprime la pensée orléaniste, tandis qu'une critique plus ou moins nuancée est tolérée dans *Le Siècle*, *La Presse* ou *Le Charivari* (illustré par Daumier), pour donner bonne conscience au régime. En vérité, l'Empire n'a rien à craindre de l'intérieur car tout est en ordre. Le seul danger véritable viendra de régicides étrangers, tels Pianori en 1855 et surtout Orsini in 1858.

Il est vrai qu'à l'extérieur l'Empire comble les amateurs de prestige. Avec l'aide des Britanniques, des Turcs et des Piémontais, la Russie, qui convoitait Constantinople et les Détroits, est humiliée en 1854-1855 en Crimée autour de Sébastopol. La France retrouve sa place prépondérante en Europe. L'Autriche subit un sort semblable, en 1859, dans la plaine lombarde, ce qui permet à l'empereur de réaliser son ancien rêve : l'unité de la péninsule, et à l'Empire de recouvrer deux provinces perdues au congrès de Vienne, la Savoie et le comté de Nice, qui acquiescent respectivement par 1 300 000 et 25 000 « oui » contre 2 000 et 160 « non ». Outre-mer, la Kabylie est soumise et le contrôle de l'Algérie étendu aux confins marocains et sahariens. En Afrique noire, les possessions du Sénégal sont étendues de 1852 à 1854 vers la Casamance et le massif du Fouta-Djalon. L'occupation de la côte des Somalis, en 1862-1863, permet le contrôle de la mer Rouge, qui va prendre une importance capitale à la suite du percement du canal de Suez en 1869, œuvre de Ferdinand de Lesseps auquel l'empereur n'a pas ménagé ses appuis. En Extrême-Orient, le drapeau tricolore flotte en 1862 sur la Cochinchine, prélude, l'année suivante, à un protectorat sur le Cambodge puis à une pénétration vers l'intérieur par la vallée du Mékong. Les années 1857, 1858 et 1860 voient se dérouler des opérations victorieuses en Chine, à Pékin, en coopération avec les Britanniques, tandis que dans le Pacifique les succès de la monarchie de Juillet sont complétés par l'occupation, en 1853, de la Nouvelle-Calédonie puis, en 1864, des îles Loyauté.

Grâce à tous ces succès, l'Empire s'impose aux puissances européennes, servi, il est vrai, par les bons négociateurs que sont Drouyn de Lhuys, Walewski et Thouvenel. Les catholiques sont satisfaits de la présence française dans les États du pape, même réduits au seul Latium. La venue sur le trône d'une Espagnole pratiquante, Eugénie de Montijo, belle, hautaine, froide, respectée des uns, honnie des autres, donne au régime, en mars 1856, l'héritier qui lui manque. Après une quarantaine d'années d'éclipse, Paris redevient capitale diplomatique. Le congrès de Paris qui, en 1856, met fin à la guerre de Crimée, et par contrecoup aux traités de 1815, en administre la preuve. S'y ajoutent les expositions internationales de 1855 aux Champs-Élysées et de 1867 au Champ-de-Mars. La première attire 5 millions de visiteurs et la seconde pas moins de 11 millions. Paris, dont la population passe de 1,3 million d'habitants à près de 2 millions, devient la capitale mondaine du continent. Aérée par les travaux du baron Haussmann, agrémentée par les Champs-Élysées, les promenades du bois de Boulogne et

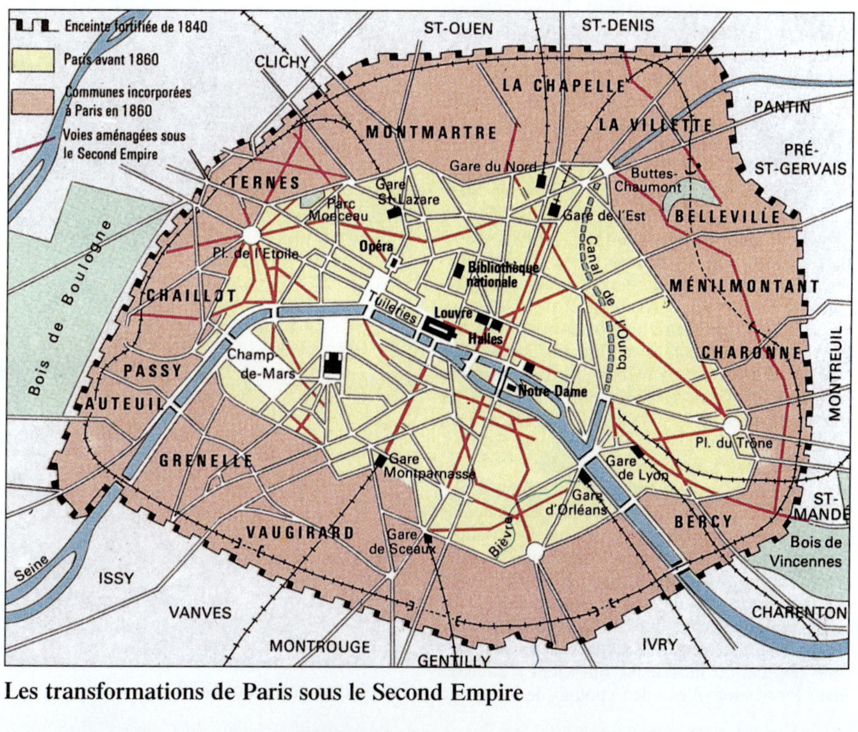

Les transformations de Paris sous le Second Empire

les frondaisons de Vincennes, dotée du grand marché des Halles centrales, la ville étend ses limites jusqu'à Auteuil, Vaugirard, Bercy, Belleville, Clignancourt, les Batignolles, la porte Maillot. Une société élégante se presse sur les boulevards où triomphent les opérettes d'Offenbach et les valses d'Olivier Métra. On y parle des œuvres de Flaubert, de Baudelaire, des frères Goncourt, de Barbey d'Aurevilly, d'Alphonse Daudet, d'Octave Feuillet. La critique s'impose avec Sainte-Beuve et Francisque Sarcey. Les théâtres affichent les productions d'Alexandre Dumas fils, d'Émile Augier, d'Eugène Scribe, de Labiche, de Pailleron et de Victorien Sardou. Auguste Comte développe son réalisme philosophique avec Littré, son disciple. La poésie se renouvelle avec une école parnassienne menée par Leconte de Lisle. Victor Duruy, ministre de l'Instruction publique, confère à l'enseignement un élan nouveau en même temps qu'il revigore une lignée d'historiens à laquelle appartiennent Fustel de Coulanges, Taine, Renan et aussi l'architecte Viollet-le-Duc, épris d'art mediéval, rénovateur, entre autres, de la cité de Carcassonne et du château de Pierrefonds.

En peinture, Ingres jette ses derniers feux, laissant à Horace Vernet et à Meissonier le soin de rappeler une épopée impériale fort bien vue en cour. Le réalisme est l'œuvre de Courbet et de Millet, peintres des humbles. Fantin-Latour, Théodore Rousseau, Corot, Manet, Daubigny, Paul Flandrin, Harpignies proposent des thèmes nouveaux, alors que l'exotisme prend allure de classicisme avec Chassériau, Fromentin, Gustave Moreau et Henri Regnault. À côté de cette floraison, on remarque un développement économique sans précédent. L'activité bancaire, les découvertes techniques et la spéculation financière sont à l'origine d'un développement économique qui va permettre à la France de se maintenir au niveau des deux autres puissances industrielles occidentales, l'Angleterre et la Prusse, dont l'essor est alors considérable. Les frères Pereire et Achille Fould donnent le ton en créant, en 1852, le Crédit mobilier. L'année suivante naît le Comptoir d'escompte, puis le Crédit Lyonnais (1863) et la Société générale (1864). Avec cet appoint bancaire, les sociétés par actions se multiplient, codifiées par les lois de 1863 sur les sociétés à responsabilité limitée et de 1867 sur les sociétés anonymes. Cet appoint de capitaux stimule le commerce. De grands magasins se créent avec le Bon Marché (1852), le Louvre (1855), la Belle Jardinière (1856), le Printemps (1865), la Samaritaine (1869). La spéculation foncière, à laquelle les « embellissements » d'Haussmann ne sont pas étrangers, prend une ampleur sans précédent sur les Champs-Élysées, autour du parc Monceau et le long des nouvelles artères. Les banques favorisent le développement prodigieux des chemins de fer (2 000 km de lignes en 1852 ; 18 000 km en 1870) et des transports maritimes, qui voient la création des Messageries maritimes (1851) et de la Compagnie générale transatlantique (1861).

L'exploitation du minerai de fer et des gisements de charbon du Nord, de Lorraine, des bassins du Creusot, de l'Aveyron et des Cévennes favorise la croissance d'une industrie lourde qui justifie, en 1864, la création du Comité des Forges. Un besoin constant de main-d'œuvre attire une partie de la population rurale vers les faubourgs des cités industrielles, amorce d'un mouvement démographique qui ira s'amplifiant. L'empereur se félicite de cette tendance puisque, dans ses méditations à caractère économique, il a naguère rêvé de l'extinction du paupérisme. Des logements salubres sont construits. Des adductions d'eau sont entreprises. Napoléon III fonde des institutions de bienfaisance, des coopératives de consommation, édicte les premières mesures sociales, telle la constitution de caisses de retraite pour la vieillesse, sans se concilier pour autant une population laborieuse qui vient s'amasser dans les « bidonvilles » de l'époque, de Vaugirard à Ménilmontant pour la région parisienne, cadre dans lequel, plus tard, Émile Zola viendra chercher l'inspiration de son roman, *L'Assommoir*.

Dans le domaine rural, l'empereur intervient également pour faire drainer la Sologne et replanter de résineux la région landaise. L'enseignement agricole est développé. Amendements et engrais sont conseillés. Le cheptel est mieux sélectionné et le Crédit foncier, créé en 1852, doit venir en aide aux cultivateurs désireux d'acqué-

Le réseau ferré en 1850

Le réseau ferré en 1870

rir des terres dans des conditions financières intéressantes. Le thermalisme connaît un essor sans précédent. Le duc de Morny lance la station balnéaire de Deauville et Napoléon III fréquente assidûment Biarritz. L'empereur prend intérêt aux inventions et protège les savants. Grâce à une élévation du niveau de vie, aux progrès de l'hygiène et à un abaissement sensible de la mortalité infantile, la population de l'Empire métropolitain passe de 35 700 000 habitants en 1852 à 36 500 000 en 1860 et à 37 500 000 en 1870. Mais l'Allemagne, non unifiée, il est vrai, compte alors déjà 41 millions d'habitants et la Grande-Bretagne, autre puissance industrielle importante, approche ce chiffre.

Ce bilan apparemment flatteur du régime impérial comporte cependant un passif, à savoir les contradictions du pouvoir. Les historiens s'accordent pour voir dans l'année 1860 un tournant entre l'Empire autoritaire des huit premières années et l'Empire libéral de la décennie suivante. Plusieurs raisons sont à l'origine de cette évolution. Tout d'abord la réussite de la politique italienne, laquelle, en renforçant le pouvoir du roi Victor-Emmanuel aux dépens de l'autorité papale, aliène à l'empereur une partie des catholiques français sous l'influence de certains prélats, tel Mgr Pie, évêque de Poitiers. Pour contrebalancer ce handicap, l'empereur croit le moment opportun de favoriser la classe ouvrière en abaissant le coût de la vie par une politique de libre-échange que concrétise, en janvier 1860, un traité commercial avec la Grande-Bretagne. Mais la portée réelle de cette initiative est atténuée par la crise qui frappe les produits industriels français, concurrencés par les articles britanniques, en particulier dans la métallurgie et les textiles. Une partie des notables subit le contrecoup de ce marasme sans pour autant rallier les ouvriers, eux-mêmes victimes de chômage et toujours sensibles aux arguments d'une opposition républicaine qui se fortifie autour de Jules Ferry, Camille Pelletan, Delescluze et surtout Henri Rochefort et Gambetta. Cette opposition se renforce d'ailleurs par la collusion des légitimistes, menés par Falloux et Berryer, et des orléanistes habilement conduits par Thiers.

Miné par la maladie de la pierre, l'empereur apparaît dès cette époque dérouté, tant les avis de son entourage sont divergents. C'est la rançon d'un régime où le prodigieux développement des techniques industrielles et commerciales pousse à l'agiotage. Mais ni la solidité d'un régime ni sa pérennité ne sont assurées par de telles pratiques. L'essentiel, tant pour la haute bourgeoisie que pour les notables, ne consiste-t-il pas à tirer profit de ce maximum d'avantages matériels tout en desserrant progressivement les contraintes ? C'est ce qui se produit effectivement à la fin des années 1860. Morny croit habile de créer un tiers parti qui soutiendrait la dynastie tout en prônant des réformes, même démagogiques. L'empereur attire à sa cause, par la suite, le républicain Émile Ollivier, dont il fera l'équivalent d'un Premier ministre en 1870. Mais cette évolution lente du régime vers le parlementarisme coïncide avec de monumentales bévues. Autant l'Empire autoritaire a connu d'indéniables succès militaires et diplomatiques, autant l'Empire dit libéral accumule les erreurs.

Tout d'abord la malheureuse expédition du Mexique, montée à partir de décembre 1861, avec les Britanniques et les Espagnols, dans le dessein de protéger les ressortissants de ces pays et de recouvrer la créance d'un banquier suisse, Jecker, qui a eu l'habileté d'intéresser à ses affaires l'insatiable duc de Morny. La guerre de Sécession américaine semble alors une aubaine dans l'esprit rêveur de Napoléon pour créer à Mexico un empire catholique sous influence française, dont la façade serait représentée par Maximilien d'Autriche. Il en résulte un échec dont la conséquence est le rappel du corps expéditionnaire en mars 1867. L'opposition exulte. Elle a déjà recueilli plus de 2 millions de voix aux élections législatives de 1863 (contre 5,3 millions au gouvernement) ; elle obtient en 1867 le droit d'interpellation pour les députés, l'envoi des ministres devant les Chambres, l'aménagement des lois sur la presse et les réunions publiques. Aux élections de mai 1869, la majorité gouvernementale s'amenuise à 4,4 millions de suffrages contre 3,3 millions à cette même opposition, qui obtient 30 sièges pour les républicains, 50 pour les monarchistes et 116 pour le Tiers Parti. L'année 1869 amplifie le programme des réformes et le sénatus-consulte de septembre accorde au Corps législatif l'initiative des lois. Les séances du Sénat deviennent publiques et le compte rendu des débats est publié. Un autre sénatus-consulte, promulgué le 20 avril 1870, confère aux assemblées le pouvoir d'initiative des lois et des amendements. Les ministres deviennent responsables. C'est le retour au régime parlementaire de la monarchie de Juillet avec, en plus, le suffrage universel.

L'empereur y recourt, une dernière fois, inspiré par Émile Ollivier, pour faire approuver toutes les réformes entreprises depuis 1860. Le plébiscite du 8 mai est un indéniable succès : 7 358 000 « oui » contre 1 570 000 « non ». La sagesse conseillerait de s'en contenter. Toutefois, Napoléon III cherche depuis quelques années à compenser ses concessions intérieures par des succès diplomatiques. Son vieux rêve d'être l'arbitre de l'Europe le tenaille plus que jamais. Or, depuis 1862, la Prusse connaît un renouveau sous l'impulsion de son ancien ambassadeur en Russie et en France, Bismarck, qui a pu mesurer à loisir les insuffisances de l'empereur vieillissant. Ce dernier a la maladresse de suggérer des compensations territoriales sur la rive gauche du Rhin, au Luxembourg, voire en Belgique après la victoire de la Prusse sur l'Autriche à Sadowa, en 1866 : « notes d'aubergiste » que le chancelier prussien s'empresse de communiquer aux cours d'Allemagne du Sud et à Londres, où l'effet est déplorable.

Un conflit franco-prussien devient inévitable, d'autant plus que Bismarck, après avoir évincé l'Autriche de la Confédération germanique, entend unifier la Prusse et les États du Sud. Il se prépare méthodiquement à ce conflit avec l'appoint du sidérurgiste Krupp, qui fabrique un excellent canon à tube rayé, se chargeant par la culasse alors que les canons de l'armée impériale, de portée moindre, se chargent toujours par la gueule. Le fusil Chassepot ne peut compenser cette infériorité, et Napoléon a la malchance de perdre en 1869 le seul officier supérieur valable de son armée, le maréchal Niel, créateur de la garde mobile, indispensable réserve de l'armée impériale aux effectifs trop peu nombreux. En juillet 1870, bien que la candidature du prince de Hohenzollern-Sigmaringen au trône d'Espagne ait été retirée sur la pression de la France, la diplomatie impériale croit le moment opportun de remporter un succès supplémentaire en obtenant du roi de Prusse une renonciation écrite, bévue dont Bismarck tire aussitôt profit en rédigeant, en des termes insultant pour la France, la dépêche d'Ems. La conséquence en est que, avec une myopie confinant à la déraison, le ministère et l'entourage (l'impératrice en tête) de l'empereur, miné par la maladie, s'enflamment et poussent à la guerre, déclarée à la Prusse le 19 juillet.

En moins d'un mois de campagne, le meilleur stratège de l'époque, le feldmaréchal von Moltke, bouscule Mac Mahon à Woerth, encercle Bazaine dans Metz et fait capituler la dernière force disponible, celle du camp de Châlons dans la cuvette de Sedan, le 1er septembre, obtenant du même coup la reddition de l'empereur désemparé, à qui l'impératrice a refusé le repli vers Paris. À l'annonce de ce désastre, connu dans la journée du 3, la population parisienne entre en effervescence. Le dimanche 4, la foule pénètre dans le Corps législatif et, dans l'après-midi, les républicains se réunissent à l'Hôtel de Ville, Gambetta et Favre en tête, pour proclamer un gouvernement de Défense nationale. Aux Tuileries, ni l'impératrice régente, ni aucun ministre ne sont inquiétés. La violence n'est pas même nécessaire pour mettre un terme au régime. Inconsistant, artificiel, sans armée et sans notables, il se dissout de lui-même, laissant à une opposition vilipendée depuis dix-huit ans la tâche de sauver seule l'honneur.

EMPIRE COLONIAL

Ensemble des territoires extra-métropolitains qui furent, du XVIe siècle à la seconde moitié du XXe, soumis à l'autorité de la France.

Deux périodes principales se dégagent à l'intérieur du phénomène colonial. La première correspond aux XVIe, XVIIe, XVIIIe siècles et concerne essentiellement le continent nord-américain et l'Inde. La seconde, du premier tiers du XIXe siècle au milieu du XXe, est plus spécifiquement orientée vers les terres extrêmes-orientales et africaines. C'est avec les grandes découvertes territoriales de la Renaissance que naît l'ère de la conquête coloniale. La France, à l'instar des autres pays européens, participe dès le début du XVIe siècle à cette frénésie de découvertes motivée, pour l'essentiel, par la recherche de métaux précieux. En effet, avec François Ier (convoitant les richesses de son adversaire Charles Quint), sont lancées plusieurs expéditions maritimes vers le nouveau continent, dont celle de Jacques Cartier qui explore la baie du Saint-Laurent. Toutefois, l'enjeu de la route des Indes n'est pas atteint, et la partie septentrionale de l'Amérique est délaissée. Puis, les guerres de Religion advenues, une terre d'asile pour les protestants va être recherchée. Après une brève occupation de la baie de Rio de Janeiro, les Français doivent céder le terrain aux troupes portugaises. Ainsi refoulés, ils partent vers le continent nord-américain, fondent une colonie qu'ils baptisent fort Caroline, en hommage à leur souverain Charles IX, mais se font battre par les Espagnols. Henri IV monté sur le trône de France, une première expédition conduit les Français en Acadie, en 1604, une

L'Empire colonial français avant 1914

autre à Québec, en 1608. Champlain, chef du « voyage », explore les lacs Huron et Ontario et établit, grâce à sa farouche détermination, une solide colonie en Nouvelle-France.

L'œuvre de Champlain ne va d'ailleurs pas rester lettre morte. En effet, Richelieu, conscient de l'importance économique et stratégique de ces terres nouvelles, en confie le développement à des compagnies privées qui, au Canada, aux Antilles, au Sénégal ou à Madagascar, commencent une exploitation systématique des richesses nouvellement découvertes. Puis Colbert reprend cette politique et soutient à son tour l'action colonisatrice outre-océans ; il fonde en 1664 deux compagnies royales, la Compagnie des Indes orientales et la Compagnie des Indes occidentales, chargées respectivement de l'Amérique du Nord et du sous-continent indien, aux fins de fournir à la métropole la quantité de matières premières dont elle a besoin. Ensuite, le processus d'intégration des territoires d'outre-mer au domaine royal va se concrétiser avec leur rattachement pur et simple à la couronne. À la fin du XVIIe siècle, les colonies françaises sont ainsi devenues à la fois une réalité commerciale et statutaire. Au début du XVIIIe siècle, la France étend son emprise et son œuvre colonisatrice à la Louisiane, aux Antilles (peuplées progressivement grâce au commerce triangulaire de la traite des Noirs), tandis que l'île Bourbon (Réunion) et l'île de France (Maurice) deviennent des escales prospères sur la route des Indes, dont les divers établissements drainent vers la France les richesses de cet Orient encore très mal connu.

Mais, après cette période d'essor, advient celle des revers. Le traité d'Utrecht, la guerre de Sept Ans et le traité de Paris, en 1763, font perdre à la France tout ou partie du Canada, de la côte ouest de l'Afrique, de l'Inde, de la Louisiane, tandis que la tentative d'implantation en Guyane est un échec. Toutefois, quelques années plus tard, avec la guerre d'Indépendance américaine, la France recouvre le Sénégal, une partie de la Louisiane et rétablit son influence en Inde. Mais la grande période de ce qu'il est convenu d'appeler le « premier empire colonial français » est en passe de se ternir. La Révolution française, imprégnée par l'humanisme élémentaire de la philosophie des Lumières, abolit l'esclavage, voit ses possibilités d'intervention outre-mer limitées, tandis qu'avec la vente de la Louisiane aux États-Unis en 1803 et le traité de Paris de 1815, il ne reste plus, au lendemain du Premier Empire, en guise de colonies, qu'un maigre agrégat de terres pratiquement inexploitées. Après avoir hérité des épisodes révolutionnaires et impériaux ce piètre héritage colonial, la Restauration, loin de tenter la reconquête des territoires perdus, abandonne pratiquement les colonies restantes. Toutefois, avec la fin du règne de Charles X s'opère un épisode fondamental de l'histoire coloniale française : le 5 juillet 1830, la ville d'Alger est investie.

Louis-Philippe, peu exalté par ce legs, est toutefois poussé à en assumer la dévolution et à en poursuivre la conquête sous l'impulsion du maréchal Bugeaud. Puis, avec le règne de Napoléon III et son aspiration de vaste empire, la politique de développement des colonies s'intensifie sur le continent africain : Faidherbe implante solidement la France au Sénégal (1865), la Nouvelle-Calédonie est investie, la Cochinchine également (1863-1867), tandis qu'un protectorat est institué sur le Cambodge en 1863. Ainsi, la IIIe République se trouve, dès l'abord, à la tête d'un empire redevenu prospère et qu'elle s'efforce de développer plus encore. Le traité du Bardo entérine la présence française en Tunisie (1881), puis un protectorat y est institué (1883). Le Sahara est conquis, tandis que le Soudan, la Haute-Volta, la Côte-d'Ivoire seront, quant à eux, groupés en 1904 à l'intérieur d'une structure fédérative appelée Afrique-Occidentale française (A-OF), dont Dakar sera la capitale. En 1885, la conférence de Berlin fixe les limites des colonies africaines et clarifie la notion de « zone d'influence » sur ce continent. En 1910, la France institue l'Afrique-Équatoriale française (A-ÉF) regroupant principalement le Tchad, le Congo et le Gabon. Puis, voulant contrecarrer l'influence anglaise dans le nord-est de l'Afrique, la France s'installe (expédition Marchand, incident de Fachoda) sur la côte des Somalis, conquiert Madagascar, les Comores et différentes terres australes. Elle obtient, après une guerre avec la Chine, les protectorats sur le Tonkin et l'Annam, tandis qu'est constituée, en 1887, l'Union indochinoise. En 1912, au terme d'un différend avec l'Allemagne, la France obtient le protectorat sur le Maroc, tandis que le traité de Versailles en 1919 renforce sa position en Afrique centrale et au Proche-Orient. Durant l'entre-deux-guerres, l'empire colonial français, avec ses 70 millions d'âmes réparties sur une superficie vingt-cinq fois supérieure à celle de la métropole, atteint son apogée.

Puis, au lendemain de la Seconde Guerre mondiale et à la suite de la constitution de l'Union française, des guerres d'Indochine et d'Algérie, de la création de la Communauté française en 1958 (12 États africains issus de l'ex A-OF- A-ÉF y sont autonomes puis indépendants à partir de 1960), se désagrège peu à peu le « second empire colonial français », l'un des plus vastes de l'histoire moderne. Aujourd'hui, il ne reste qu'une poussière de territoires répartis en départements d'outre-mer (DOM : Martinique, Guyane, Guadeloupe et Réunion), territoires d'outre-mer (TOM : Nouvelle-Calédonie, Wallis-et-Futuna, Polynésie française, Terres australes et antarctiques françaises [TAAF] et deux collectivités territoriales (Mayotte et Saint-Pierre-et-Miquelon).

EMS (dépêche d')

Incident diplomatique qui fut la cause immédiate de la guerre franco-prussienne de 1870.

À l'origine de l'affaire se trouve le projet de Bismarck de mettre sur le trône d'Espagne le prince Léopold de Hohenzollern, un cousin éloigné du roi de Prusse Guillaume Ier, projet qui rencontre, dès qu'il est connu, l'hostilité ouverte de la France. L'incident semble clos lorsque la diplomatie française obtient, le 11 juillet 1870, la renonciation de ce prince au trône espagnol. Guillaume Ier lui-même paraît satisfait de la conclusion d'une affaire qui lui semblait mal engagée. « Cela m'ôte une pierre du cœur », écrit-il à sa femme. Mais, sous la pression du Corps législatif, qui réclame des garanties pour l'avenir, l'ambassadeur français Benedetti reçoit la mission de se rendre dans la ville d'eau d'Ems, où séjourne Guillaume Ier, pour obtenir de celui-ci qu'il s'engage à ne plus jamais soutenir à l'avenir la candidature des Hohenzollern au trône d'Espagne. Surpris de cette démarche, le roi se contente de répéter à l'ambassadeur qu'il considère l'affaire terminée. Paris, jugeant la réponse insuffisante, prie Benedetti d'insister pour obtenir une nouvelle audience. Refus de Guillaume Ier, qui fait préciser à Benedetti qu'il n'a rien à ajouter à ce qu'il a déjà déclaré. Puis il met Bismarck au courant de l'affaire par une dépêche envoyée le 13 juillet. Il y déclare : « Le comte Benedetti m'a arrêté au passage à la promenade pour me demander finalement, d'une manière très indiscrète, de l'autoriser à télégraphier aussitôt à l'empereur que je m'engageais pour l'avenir à ne plus jamais donner mon consentement si les Hohenzollern revenaient sur cette candidature. Je finis par refuser assez sévèrement, attendu qu'on ne devait ni ne pouvait prendre de pareils engagements à tout jamais. Je lui dis naturellement que je n'avais encore rien reçu et, puisqu'il était, par la voie de Paris et de Madrid, informé plus tôt que moi, il voyait bien que mon gouvernement était de nouveau hors de cause. » La suite de la dépêche est de l'aide de camp du roi : « Comme Sa Majesté a résolu [...] de ne plus recevoir le comte Benedetti à cause de sa prétention, et de lui faire dire simplement par un aide de camp que Sa Majesté avait reçu du prince (de Hohenzollern) confirmation de la nouvelle que Benedetti avait déjà eue de Paris, et qu'Elle n'avait plus rien à dire à l'ambassadeur, Sa Majesté laisse à Votre Excellence le soin de décider si la nouvelle exigence de Benedetti et le refus qui lui a été opposé ne doivent pas être aussitôt communiqués tant à nos ambassadeurs qu'à nos journaux. »

Cependant, à Berlin, Bismarck communique à la presse une version volontairement tronquée des événements, calculée de manière à aggraver l'impression de refus et à le rendre injurieux pour la France : « Après que la nouvelle de la renonciation du prince de Hohenzollern eut été communiquée officiellement par le gouvernement royal espagnol au gouvernement impérial français, l'ambassadeur de France a encore demandé à Ems à Sa Majesté le roi de l'autoriser à télégraphier à Paris que Sa Majesté s'engage pour toujours à ne plus jamais donner son consentement si les Hohenzollern posaient de nouveau leur candidature. Là-dessus, Sa Majesté a refusé de recevoir encore l'ambassadeur et lui a fait savoir par son aide de camp de service qu'elle n'avait plus rien à lui communiquer. » Ce texte, publié sans aucun caractère officiel dans un supplément de la *Gazette de l'Allemagne du Nord*, offre un prétexte belligène à Napoléon III, malgré l'opposition de la gauche républicaine du Corps législatif, les réticences des milieux d'affaires et les hésitations d'une partie de son entourage. Bismarck a atteint son but : décider la France à une guerre qu'il juge indispensable à l'achèvement de l'unité allemande.

ENA : voir ÉCOLE NATIONALE D'ADMINISTRATION

ENCYCLOPÉDIE (ou Dictionnaire raisonné des sciences, des arts et des métiers)

*À l'origine, l'*Encyclopédie *ne devait être qu'une entreprise de librairie, une simple adaptation, demandée à Diderot par le libraire Le Breton, de la Cyclopaedia or Universal Dictionary of Arts and Sciences d'Éphraïm Chambers, compilation publiée à Londres en 1728.*

Mais Diderot, avec l'aide de d'Alembert, conçoit le projet de faire œuvre originale. Son dessein est vaste et ambitieux : il s'agit de faire de l'*Encyclopédie* un grand ouvrage à la gloire de l'esprit humain libéré, par l'usage universel de la raison, du joug des préjugés. La parution est annoncée par un *Prospectus* de Diderot (octobre 1750) où, après avoir rendu hommage aux dictionnaires antérieurs, il souligne que l'*Encyclopédie* ira plus loin : elle présentera « un tableau

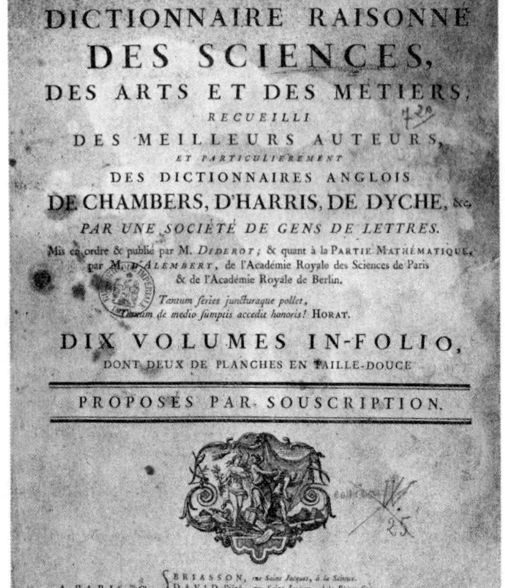

ENCYCLOPEDIE,
OU
DICTIONNAIRE RAISONNE
DES SCIENCES,
DES ARTS ET DES METIERS,
RECUEILLI
DES MEILLEURS AUTEURS,
ET PARTICULIEREMENT
DES DICTIONNAIRES ANGLOIS
DE CHAMBERS, D'HARRIS, DE DYCHE, &c.
PAR UNE SOCIETE DE GENS DE LETTRES.
Mis en ordre & publié par M. DIDEROT ; & quant à la PARTIE MATHÉMATIQUE, par M. D'ALEMBERT, de l'Académie Royale des Sciences de Paris & de l'Académie Royale de Berlin.
Tantum series juncturaque pollet,
Tantum de medio sumptis accedit honoris! HORAT.
DIX VOLUMES IN-FOLIO,
DONT DEUX DE PLANCHES EN TAILLE-DOUCE
PROPOSES PAR SOUSCRIPTION.
A PARIS, Chez BRIASSON, rue Saint Jacques, à la Science. DAVID l'aîné, rue Saint Jacques, à la Plume d'or. LE BRETON, Imprimeur ordinaire du Roy, rue de la Harpe. DURAND, rue Saint Jacques, à Saint Landry, & au Griffon.
M. DCC. LI.
AVEC APPROBATION ET PRIVILEGE DU ROY

L'Encyclopédie
Frontispice de l'*Encyclopédie*, 1751.
© *Tallandier*

La diffusion de l'*Encyclopédie*

général des efforts de l'esprit humain dans tous les genres et dans tous les siècles », en insistant sur la vulgarisation des notions techniques qui sera une des originalités de l'entreprise. Le premier volume paraît en juillet 1751. Il est précédé du *Discours préliminaire* de d'Alembert qui explicite les deux objectifs de l'ouvrage : « Comme *Encyclopédie*, il doit exposer, autant qu'il est possible, l'ordre et l'enchaînement des connaissances humaines ; comme *Dictionnaire raisonné des sciences, des arts et des métiers*, il doit contenir sur chaque science et sur chaque art, soit libéral, soit mécanique, les principes généraux qui en sont la base et les détails les plus essentiels qui en font le corps et la substance... » Plus profondément, il recherchera la généalogie et la filiation des connaissances humaines selon la mémoire, l'imagination, la raison, et esquissera l'histoire des progrès humains. Le deuxième volume, publié en octobre 1751, donne lieu au premier des nombreux incidents qui contrarieront la parution. La soutenance, par un collaborateur de l'*Encyclopédie*, l'abbé de Prades, d'une thèse jugée hérétique, est suivie de la suspension de la publication pendant dix-huit mois, par décision d'un arrêt du Conseil du roi. Les quatre volumes suivants paraissent sans encombre. Mais le septième (octobre 1757) déchaîne une nouvelle polémique, beaucoup plus violente. Il contient l'article « Genève » de d'Alembert, qui suscite la réplique de Rousseau dans sa *Lettre sur les spectacles* de mars 1758 et la rupture entre les deux hommes. La publication du livre *De l'esprit*, d'un autre collaborateur, Helvétius (juillet 1758), dénoncé comme représentant la doctrine des encyclopédistes, poursuivi et condamné au feu, porte un nouveau coup à l'*Encyclopédie*. Le 8 mars 1759, un arrêt du Conseil du roi supprime les volumes parus (c'est-à-dire jusqu'à la lettre H) et retire le privilège au libraire. Découragé, d'Alembert abandonne alors l'entreprise. Mais Diderot la poursuit avec l'approbation tacite du pouvoir, grâce à la protection de Mme de Pompadour et du marquis d'Argenson, et surtout grâce à la bienveillance de Malesherbes, directeur de la librairie. En dépit des attaques des jansénistes et des Jésuites, notamment de Fréron et de Palissot, l'énorme entreprise peut être menée à son terme. Les dix derniers volumes (VIII à XVII) paraissent en bloc en 1765 avec six volumes de planches ; six volumes supplémentaires de planches, auxquels Diderot n'a pas collaboré, sont enfin publiés en 1772.

Le succès de l'*Encyclopédie* est immédiat et considérable, et son influence ne cesse de croître avec les années. En 1749 est prévue une dépense de 250 000 livres, financée par souscription. Le prix de ces souscriptions est énorme : 280 livres, le revenu annuel d'un travailleur manuel. Néanmoins, 1 200 souscriptions sont enregistrées en 1749, 4 000 en 1757, pour un tirage de 4 200 exemplaires. Mais c'est sans doute au cours des années 1780, avec la réédition du libraire Panckouke, que l'*Encyclopédie* atteint la plus grande popularité. Elle couvre alors toute l'Europe. Le corps social qu'elle touche directement est cependant limité au cercle des esprits « éclairés » – académiciens, parlementaires, avocats, officiers des finances –, car son prix fait barrage. Mais ses thèmes sont repris dans une petite littérature de grande diffusion et, par ce biais, elle peut pénétrer peu à peu dans des couches plus modestes de la population.

L'*Encyclopédie* est l'œuvre d'une équipe de 200 à 250 collaborateurs. D'Alembert et Diderot ont fait appel à de grands écrivains pour la rédaction de certains articles : Voltaire (« Éloquence », « Élégance », « Esprit », « Imagination »), Montesquieu (« Goût ») et à des spécialistes déjà célèbres : Rousseau (« Musique »), Helvétius, l'abbé de Condillac (« Philosophie »), l'abbé Morellet, l'abbé Yvon (« Théologie »), le baron d'Holbach (« Chimie »), Daubertin (« Histoire naturelle »), Marmontel (« Critique littéraire »), Dumarsais (« Grammaire »), Quesnay, Turgot (« Économie politique »). Mais beaucoup d'autres collaborateurs, sur la plupart desquels nous ne savons rien, ont eux aussi travaillé à l'*Encyclopédie*. Ils comptent quelques représentants, généralement de fraîche date, de la noblesse, parmi lesquels le chevalier de Jaucourt qui apporte à l'entreprise sa fortune et son dynamisme. Mais la plupart appartiennent à la gamme la plus étendue et la plus ouverte de la bourgeoisie française : avocats, bourgeoisie d'affaires, beaucoup de représentants de l'appareil de l'État, mais aussi des savants, des artistes, des médecins. Ils seront assez nombreux, partant ou non de ce tremplin, à s'élever dans l'échelle sociale. C'est le cas de Diderot lui-même, écrivain besogneux en 1745, quand il s'entend avec Le Breton, nanti, vingt ans plus tard, d'un nom, de titres et de quelques rentes. C'est également le cas de Desmarets, ancien répétiteur de mathématiques, chargé dans l'équipe, en 1757, de visiter les fabriques de drap et qui, poussé par Trudaine et Turgot, finira, en 1786, par accéder à la direction des manufactures de France.

Fruit de ce travail collectif, l'*Encyclopédie* est avant tout un esprit, celui des Lumières. Cela en dépit de divergences entre collaborateurs, d'un certain conservatisme politique et littéraire, et malgré les prudences nécessaires. Le fanatisme, les croyances ridicules sont condamnés au nom de la raison, l'autorité et la tradition au nom du progrès. S'adressant au roi, Voltaire en a fait un des plus beaux éloges : « Sire, vous êtes trop heureux qu'il se soit trouvé sous votre règne des hommes capables de connaître tous les arts et de les transmettre à la postérité. Tout est ici, depuis la manière de faire une épingle jusqu'à celle de fondre et de pointer vos canons, depuis l'infiniment petit jusqu'à l'infiniment grand. Remerciez Dieu d'avoir fait naître dans votre royaume ceux qui ont servi ainsi l'univers entier. Il fait que tous les autres peuples achètent l'*Encyclopédie* ou qu'ils la contrefassent. Prenez tout mon bien si vous voulez ; mais rendez-moi mon Encyclopédie. »

Enfantin Barthélemy Prosper, dit Le Père (Paris, 1796 – Saint-Mandé, 1864)

Ingénieur et économiste.

Fils d'un banquier, élève de l'École polytechnique, il ne trouve pas d'emploi à la sortie car il a participé à la défense de Paris en 1814. Pendant deux ans, il voyage donc en Europe comme représentant en vins, traversant l'Allemagne, les Pays-Bas et la Russie. À son retour, il travaille dans divers établissements bancaires, notamment le Crédit industriel. Entré en relation avec Saint-Simon et chargé de poursuivre son œuvre, Enfantin fonde en 1825, avec Olinde Rodrigues, un journal destiné à répandre la doctrine saint-simonienne, *Le Producteur*, auquel succède *Le Globe* en 1830. D'autres saint-simoniens se joignent à eux comme Armand Bazard et Michel Chevalier, et, en 1828, le mouvement devient une « Église » dont les « pères suprêmes » sont Enfantin et Bazard. L'Église connaît rapidement un grand succès, compte plusieurs dizaines de milliers d'adhérents. Des divergences opposent bientôt les deux « pères », Bazard voulant transformer l'Église en mouvement politique, alors qu'Enfantin souhaite organiser, sans heurts, la révolution morale et sociale. La scission se produit en 1831 et Enfantin, seul père suprême, fonde une communauté rue Monsigny, puis à Ménilmontant. Autour de lui, les apôtres, hommes et femmes, exercent leurs fonctions « selon leur capacité », tout en attendant la venue de la « mère suprême ». Poursuivie en 1832 pour infraction à la loi sur les associations et outrages aux mœurs, la communauté se disperse, le père Enfantin est condamné à un an de prison et à une amende. Gracié, il accomplit un voyage de deux ans en Égypte, où il continue à chercher la mère

Le père Enfantin
Le disciple de Saint-Simon en 1832, lithographie. Paris, Bibliothèque nationale de France. © *Sélection Images*

suprême, et fonde une société pour le percement de l'isthme de Suez. Des difficultés financières font échouer l'entreprise et Enfantin, rentré en France, devient agriculteur à Tarray puis maître de poste à Lyon (1840). En 1845 enfin, avec l'aide d'anciens disciples devenus hommes d'affaires ou de finances, il fonde une compagnie de chemin de fer, la Compagnie de la ligne de Lyon, dont il devient directeur, puis caissier général. À côté de certaines théories folkloriques, le père Enfantin a exercé une influence considérable sur les économistes ou les gens de finances du Second Empire, comme Michel Chevalier et les frères Pereire.

ENGHIEN

En flamand Edingen. *Ville du Hainaut belge, située au sud-ouest de Bruxelles.*

C'est l'origine des comtes d'Enghien qui sont représentés, à partir du XVIe siècle, par un rameau de la maison de Bourbon-Vendôme. Après la cession de la ville d'Enghien à la famille de Ligne, sous Henri IV, la seigneurie d'Enghien est transférée en Île-de-France et érigée en duché en faveur de la maison de Condé. L'usage s'instaure peu après de réserver le titre de duc d'Enghien au fils aîné – ou petit-fils aîné – du prince de Condé.

ENGHIEN François de BOURBON, comte d' (La Fère, 1519 – La Roche-Guyon, 1546)

Homme de guerre.

Troisième fils de Charles de Bourbon-Vendôme. Nommé, en 1544, sous-lieutenant général en Piémont par François Ier, il remporte la même année sur le marquis du Guast ou del Vasto la victoire de Cérisoles et enlève Carignan à Pierre Colonna, mais échoue devant Nice. Il meurt victime d'un accident banal.

ENGHIEN Louis Antoine Henri de Condé, duc d' : voir CONDÉ Louis Antoine Henri de, duc d'Enghien

ENQUÊTEURS ROYAUX

Agents royaux créés en 1247 par Louis IX et chargés d'enquêter dans les provinces sur les agissements des fonctionnaires du roi.

Dès le XIIe siècle, les souverains envoient de temps à autre des agents sur le domaine royal, pour répondre aux plaintes de leurs sujets. Avant de partir pour la croisade, Louis IX a voulu prendre connaissance des plaintes des populations et constate qu'elles concernent surtout les abus des officiers royaux. Le roi institue alors les enquêteurs royaux, dont les pouvoirs sont précisés par les Lettres royales de janvier 1257 : « Pour recevoir par écrit et examiner les plaintes que l'on peut faire valoir contre nous ou nos ancêtres, ainsi que les dires relatifs aux injustices, exactions, etc., dont nos baillis, prévôts, forestiers, sergents et leurs subordonnés se seraient rendus coupables depuis le commencement de notre règne. » L'intention de Saint Louis est plus pieuse que politique, les premiers enquêteurs appartenant souvent aux ordres mendiants. Ils doivent, dans le domaine royal, écouter les récriminations de toutes sortes, faire comparaître les officiers incriminés devant eux et réparer éventuellement leurs torts. Mais ils n'exercent pas d'autorité directe sur les fonctionnaires, que seul le roi, sur leur rapport, peut destituer. La première enquête, réalisée en 1217-1248, donne des résultats très positifs, et la Grande Ordonnance de 1254 tiendra compte des rapports établis. L'institution fonctionne régulièrement jusqu'à la fin du règne, la plupart des plaintes concernant la brutalité, l'arrogance et la rapacité des agents subalternes. Alphonse de Poitiers, frère du roi, l'imite dans son apanage.

Les enquêteurs royaux poursuivent leur tâche sous Philippe III. Ils doivent alors, de plus, rechercher ceux qui détiennent illicitement des biens de la couronne. Philippe IV conserve la création de son aïeul, mais dans un dessein bien différent, fiscal et non pieux. Les enquêteurs, qui vont à présent deux par deux, un clerc et un laïque, doivent contraindre les officiers prévaricateurs et les usurpateurs du domaine royal à verser de fortes amendes. De plus en plus, ils ont tendance à substituer leur autorité à celle des officiers royaux ou des pouvoirs locaux. L'institution perd sa régularité, mais les populations lui restent fort attachées. De plus en plus nombreux, les enquêteurs royaux deviennent cependant, au début du XVe siècle, de véritables fléaux pour les sujets du roi, qui souvent cherchent à acheter leur départ. Ils disparaissent bientôt, et seront remplacés par les réformateurs généraux, les commissaires départis, puis par les intendants.

ENRAGÉS

Groupe de meneurs révolutionnaires extrémistes qui fait son apparition sous la Révolution, au début de l'année 1793.

Ses chefs sont, à Paris, l'ancien abbé Jacques Roux et un employé des postes, Varlet, à Lyon Charlier et Leclerc, à Orléans Taboureau. Préoccupés avant tout du problème des subsistances que la montée des prix rend de plus en plus aigu, ils réclament la taxation générale, la réquisition des grains, la réglementation de la boulangerie, des secours pour les indigents et les familles des volontaires. Leur propagande fait de rapides progrès parmi les sans-culottes des sections parisiennes, et les Montagnards, pour obtenir l'appui populaire dans leur lutte contre les Girondins, doivent faire des concessions à leur programme. Sont ainsi décrétés : le 11 avril 1793, le cours forcé de l'assignat, le 4 mai, un maximum départemental des grains et des farines et, le 20 mai, un emprunt forcé d'un milliard sur les riches. Les Enragés continuent néanmoins à attiser le mécontentement général, reprochant à la Convention son immobilisme dans le domaine économique et social, réclamant que soit rompue « par les moyens justes la disproportion des fortunes », exigeant la taxation générale et une loi sur les accapareurs. Dès la chute de la Gironde, Robespierre, qui craint d'être débordé, entreprend de les combattre, tout en leur enlevant l'essentiel de leurs arguments par le renforcement des mesures d'économie dirigée. À la suite des journées populaires des 4 et 5 septembre, le maximum national des grains et des farines est décidé le 11 septembre, le maximum général le 29. Mais, entre-temps, les Enragés ont été éliminés. Jacques Roux est arrêté le 5 septembre 1793, Varlet subit le même sort le 18 septembre. Le silence est donc imposé pour un temps à l'opposition extrémiste, mais les Hébertistes ne vont pas tarder à prendre la succession des Enragés sur la scène politique.

ENREGISTREMENT

Formalité de droit commun consistant en la transcription, sur un registre officiel, d'actes juridiques, afin de conférer à ces derniers un caractère authentique et donnant lieu, dans la majorité des cas, au paiement d'un droit fiscal.

Dès les premiers temps de la monarchie, le pouvoir royal envoie aux cours souveraines les actes de gouvernement émanant de son autorité directe afin que les dites cours, ou parlements, prennent acte et entérinent, d'un point de vue exclusivement formel, les dispositions voulues par le roi. Mais, très rapidement, les cours souveraines voient en cette formalité de l'enregistrement une possibilité de contrôle, voire de censure à l'encontre du pouvoir royal. Dès lors, toute l'histoire de la monarchie française, depuis ses origines jusqu'à 1789, ne va être qu'une interminable suite de conflits plus ou moins violents entre le roi et les parlements. Que l'autorité du monarque soit affaiblie par telle ou telle circonstance défavorable, celle des parlements s'affirme avec ses réticences à enregistrer les ordonnances royales. À l'inverse, que le royaume ait à sa tête un souverain exerçant ses fonctions de manière « absolue », et l'enregistrement redevient une simple formalité, conforme aux dispositions du droit public de l'ancienne France. C'est ainsi que, à l'exception de périodes de grands troubles politiques, telle la Fronde, ou de la décision prise, en 1673, par Louis XIV de retirer au Parlement le droit de remontrance préalable à l'enregistrement (droit qui sera rétabli sous la Régence), cette procédure fonctionnera bon gré mal gré du Moyen Âge à la Révolution. Il faut d'ailleurs mentionner que l'enregistrement n'est jamais resté, dans son refus ou son acceptation, qu'une arme psychologique ou un moyen de pression de la part des parlements. En effet, si une ordonnance ne pouvait être, en principe, appliquée qu'après avoir été enregistrée par ceux-ci, cet enregistrement pouvait toujours être obtenu par le roi à la suite de la convocation d'une réunion de son parlement en « lit de justice », et cela sans voie de recours possible. Au terme de cette procédure, l'enregistrement était acquis automatiquement, et l'ordonnance devenait immédiatement exécutoire.

ENS : voir ÉCOLE NORMALE SUPÉRIEURE

ENSÉRUNE

Plateau fortifié entre l'Orb et l'Aude, en Bas-Languedoc. C'est un des sites archéologiques les plus riches de Gaule.

Son principal intérêt vient de ce qu'à partir du VIe siècle avant notre ère plusieurs habitants préromains y ont laissé des traces profondes. Silos, nécropoles, vases grecs campaniens, étrusques ou de style ibérique s'y trouvent à profusion. Les premiers rapports de cet *oppidum* « indigène » avec le monde hellénique semblent s'être établis dès le milieu du VIe siècle. À la fin du Ve siècle, une véritable cité au sens grec du terme se substitue à l'agglomération des cabanes à la manière indigène ou celtique. Concurremment, les Ibères font sentir leur influence dans le domaine de l'écriture et sans doute plus généralement de la langue. Ensuite, les contacts s'affirment avec le monde celtique, le pays passe sous la domination politique des Gaulois et l'ensemble urbain s'étend sur le plateau. Lorsque Rome crée la Province et y établit sa civilisation, l'*oppidum* perd sa raison d'être et tombe dans une décadence mortelle (Ier siècle av. J.-C.). On ne sait absolument rien du nom ou des noms qu'Ensérune pouvait porter dans l'Antiquité. L'appellation d'Ensérune apparaît pour la première fois dans des textes du haut Moyen Âge.

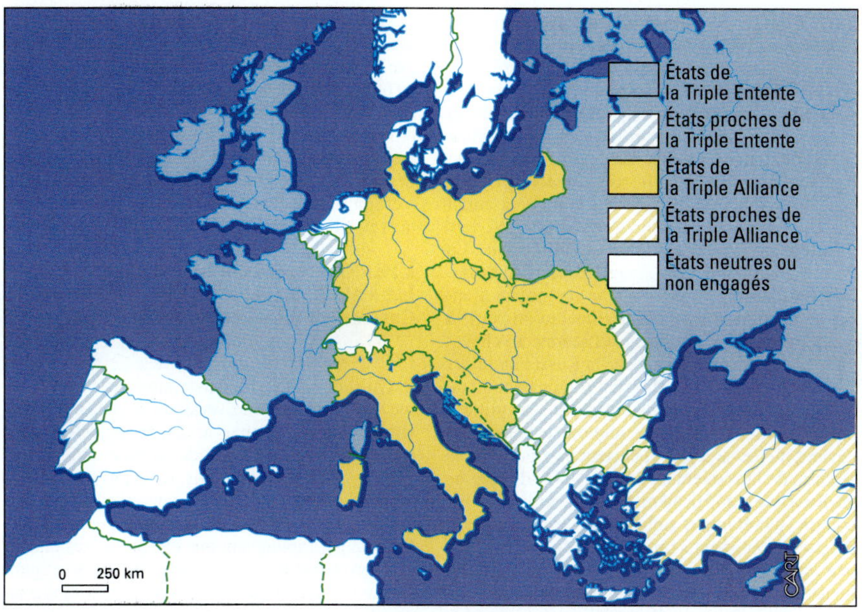

Les États de la Triple Entente face à ceux de la Triple Alliance

ENTENTE CORDIALE

Nom donné au rapprochement diplomatique institué entre la France et la Grande-Bretagne au début du XXe siècle.

L'hégémonie politique et militaire allemande sur l'Europe continentale à la fin du XIXe siècle et, en particulier, les ambitions de l'empereur Guillaume II dans le domaine colonial, ainsi que sa volonté de doter l'Allemagne d'une redoutable force navale provoquent une inquiétude croissante en Angleterre. Cette évolution d'esprit se produit au moment où le chancelier allemand von Bülow fait preuve de sentiments antibritanniques (notamment lors de la guerre des Boers). Par ailleurs, à Paris, le ministre des Affaires étrangères Théophile Delcassé et l'ambassadeur à Londres Paul Cambon souhaitent une amélioration des relations franco-britanniques, assez tendues jusque-là en raison de rivalités coloniales en Afrique. Les ouvertures de pourparlers entre les deux gouvernements sont d'autant mieux facilitées qu'en 1903 a débuté le règne d'Édouard VII, le plus francophile des souverains anglais. Lord Lansdowne, chef du Foreign Office, fait de son côté preuve de grande compréhension. À peine monté sur le trône, Édouard VII vient séjourner à Paris où il reçoit un accueil chaleureux. En retour, le président Émile Loubet est accueilli à Londres avec beaucoup de sympathie. Ce sont les prémices officielles d'une négociation que poursuivent les diplomates dans leurs chancelleries respectives. Les pourparlers sont menés avec prudence par les Britanniques, peu désireux de s'engager sur le continent par des accords trop précis. Enfin, le 8 avril 1904, les gouvernements parviennent à un accord aux termes duquel les deux pays règlent à l'amiable le principe des droits de pêche à Terre-Neuve, aplanissent des problèmes de frontière en Afrique, déterminent leurs zones d'influence au Siam (Thaïlande) et reconnaissent pour chaque État un statut de *condominium* sur l'archipel des Nouvelles-Hébrides, dans le Pacifique. Surtout, les deux gouvernements s'accordent mutuellement une pleine liberté d'action en Égypte pour la Grande-Bretagne et au Maroc pour la France, chacun renonçant à toute prétention dans la zone d'influence de l'autre.

Même s'ils sont limités, ces accords représentent un progrès dans les relations diplomatiques entre deux États presque décidés à en venir aux armes quelques années plus tôt, surtout au moment de l'incident de Fachoda, ou bien, en 1900-1901, durant la guerre des Boers, l'opinion publique française ne cachant pas son hostilité aux Britanniques. Il ne s'agit pas d'une alliance, mais de l'amorce d'un esprit coopératif dont on retrouve des précédents de la part de Guizot, sous le règne de Louis-Philippe, et de Napoléon III lors de la guerre de Crimée et à la suite des accords de libre échange de 1860. Ce rapprochement diplomatique trouve sa première application lors de la conférence d'Algésiras (1906), puis, en 1907, lors du règlement des différends afghans entre Russes et Britanniques, sous les auspices français.

ENTENTE (Triple)

Nom générique donné aux alliances que noue le ministre des Affaires étrangères Théophile Delcassé afin de riposter au traité dit de la Triplice qui unit l'Allemagne, l'Autriche et l'Italie.

La Triple Entente repose à la fois sur l'alliance franco-russe (1891-1892), l'Entente cordiale franco-britannique (1904) et sur la liquidation par le tsar et le roi d'Angleterre du contentieux né de leurs querelles coloniales (1907). Seule l'alliance franco-russe s'assortira d'un accord militaire.

ENTRAGUES Catherine Henriette de BALZAC d', marquise de Verneuil (Orléans, 1579 – Paris, 1633)

Favorite royale.

Fille de François de Balzac d'Entragues, gouverneur d'Orléans, et de Marie Touchet, maîtresse de Charles IX. Elle succède dans le cœur d'Henri IV à Gabrielle d'Estrées, morte en avril 1599, alors que le roi se préparait à l'épouser. Ambitieuse et avide, la famille d'Entragues veut assurer à Henriette le sort promis à Gabrielle et contraindre le roi à l'épouser. Dès le mois de juin 1599, Henri IV donne à sa maîtresse le marquisat de Verneuil et 100 000 écus puis, dans un billet en date du 1er octobre, lui promet le mariage si elle lui donne un fils dans l'année à venir. En même temps, cependant libéré par la dissolution de son mariage avec Marguerite de Valois, le roi négocie une nouvelle union, bientôt conclue, avec Marie de Médicis. Leur mariage est célébré en décembre 1600 à la grande fureur d'Henriette, qui n'a pas réussi à donner un fils à son amant. Henri l'éloigne à plusieurs reprises, mais ne peut se passer d'elle. À la naissance du Dauphin (futur Louis XIII), en septembre 1601, Henriette perd tout espoir d'être épousée et, avec son père et son frère naturel, le comte d'Auvergne, entre dans la conspiration de Biron. Ce dernier est exécuté en 1602, mais la faiblesse du roi permet à la famille d'Entragues d'échapper au châtiment. Les Entragues continuent cependant leurs agissements en relation avec l'Espagne : leur but est, arguant du fameux billet, la dissolution du mariage royal et la substitution du fils d'Henriette au Dauphin. Un procès, en février 1605, met fin à leurs menées : ils sont condamnés à mort et Henriette, après avoir obtenu leur grâce, doit se retirer quelque temps dans un couvent. Elle n'est définitivement écartée qu'en 1609 lorsque naît le dernier grand amour du roi pour Charlotte de Montmorency. Henriette avait donné au roi deux enfants, Gaston-Henri, duc de Verneuil, plus tard évêque de Metz, et Gabrielle Angélique, mariée au duc d'Épernon.

ENTRECASTEAUX Antoine Raymond Joseph de BRUNI, chevalier d' (Aix-en-Provence, 1739 – mer de Java, 1793)

Amiral.

Parent du bailli de Suffren, fils du président du parlement de Provence, il participe aux batailles navales de la guerre de Sept Ans et gagne le grade d'enseigne au combat de Minorque, en avril 1756. Nommé, par la suite, à la tête de la division navale des Indes, il combat à nouveau les Anglais durant la guerre d'Indépendance américaine puis, la paix revenue, gouverne les îles Mascareignes, de 1787 à 1789. Ayant regagné la métropole, promu contre-amiral, Entrecasteaux est chargé de retrouver La Pérouse et quitte Brest en 1791. Son navire parcourt le Pacifique, des îles Salomon jusqu'à l'archipel des Kouriles, l'équipage se livrant à d'intéressants relevés topographiques à défaut de recueillir des informations sur le disparu. C'est en revenant vers Java qu'il meurt des suites d'une dysenterie. Rossel, un de ses lieutenants, ramène l'expédition en France, en 1795, après avoir été intercepté par les Anglais, lesquels ne restituent cartes et documents scientifiques qu'en 1801, après la paix d'Amiens. Rossel publie une relation complète de l'expédition en 1808.

ENTRÉE ROYALE

À partir du XIVe siècle, manifestation politique destinée à exalter le culte de la royauté lors du passage d'un roi dans une ville du royaume.

Au XIIIe siècle, lorsque le roi approche de l'une des villes du royaume, il est accueilli très simplement par les bourgeois qui lui présentent des cadeaux et lui donnent la liste des lieux d'hébergement. Parfois, l'usage exige que le roi prête serment de respecter les libertés et les privilèges de la ville qui le reçoit. Peu à peu les cortèges se solennisent (des robes aux couleurs de la ville en 1336 à Béziers) et grossissent en nombre. L'entrée du roi devient l'occasion de spectacles : en 1380, Charles VI, entrant dans Paris pour la première fois après son sacre, assiste à plusieurs représentations théâtrales échelonnées le long du chemin. En 1389, lors de son voyage dans le Midi, il entre dans Montpellier, Béziers et Lyon abrité sous un dais, phénomène qui se produit à la même époque pour le saint sacrement lors des processions de la Fête-Dieu. L'entrée solennelle devient un long cheminement triomphal qui conduit le souverain – tel le Christ entrant dans Jérusalem – depuis la porte où lui ont été remises symboliquement les clefs de la ville jusqu'au lieu des cérémonies religieuses et civiles. Cette entrée festive s'accompagne de libéralités, des prisonniers sont graciés, du vin coule des fontaines, de grands banquets ont lieu. Lorsqu'en 1449 Charles VII entre dans Rouen reconquise, il est armé, monté sur un cheval couvert d'un drap d'or timbré de fleurs de lys, précédé du sceau royal porté par le chancelier. À chaque fois, comme le font les édiles de Mâcon pour l'entrée de Louis XII en 1501, l'occasion est alors bonne de demander quelque faveur au roi, par exemple qu'il n'augmente pas le montant de la gabelle.

Lorsque Charles IX entreprend son voyage en France (1564-1566), il est accompagné d'une suite jamais surpassée, estimée à 15 000 chevaux et autant de personnes. Ses multiples entrées se font alors sur le mode du triomphe romain, avec l'*imperator* couronné sur son char. Et toujours le roi jure de respecter les privilèges de la ville.

Louis XIV continue l'usage et « entre » ainsi plusieurs fois dans Paris, en 1643 pour célébrer son accession au trône, en 1649 et 1652 pour démontrer la défaite de la Fronde, en 1660 après son mariage avec Marie-Thérèse d'Autriche. Après la Révolution, Charles X restaure les fastes de la royauté. Dernier roi sacré, il est également le dernier à « entrer » dans les villes. Lors de son voyage à Saint-Omer en 1824, chaque commune située sur son trajet l'accueille solennellement, les municipalités aux limites de leur territoire, le clergé sur les marches des églises.

ENTREMONT

Oppidum *des Sallyens, situé à 3 km au nord-ouest d'Aix-en-Provence.*

Fondé peut-être au IVe siècle avant J.-C., agrandi au IIIe siècle, au moment de l'expansion celtique de part et d'autre de la vallée du Rhône, Entremont est pris d'assaut et détruit par les Romains en 123 avant J.-C. Pour le remplacer, ces derniers créent Aix (*Aquae Sextiae*) en 122. Entremont occupait alors un promontoire et s'étendait sur une superficie de plus de 3,5 hectares. Son enceinte en pierres sèches, ses tours et le mur transversal séparant la ville haute (quartier résidentiel) de la ville basse subsistent encore. Premier exemple connu d'urbanisme en Gaule, la cité était construite suivant un plan en damier. On y travaillait le bronze, le cuir, le corail, la poterie. Les outils de forgeron et d'orfèvre qu'on y a mis au jour depuis le début des fouilles, en 1946, témoignent de l'importance de cet artisanat. La tradition celtique s'y allie avec l'influence méditerranéenne. Au IIe siècle avant J.-C., un courant commercial s'établit avec Marseille. Le sanctuaire, luxueusement décoré, se trouve dans la partie haute de la ville. On y accède par une grande voie sacrée, dallée, le long de laquelle ont été retrouvées les statues des chefs héroïsés de la tribu, généralement accroupis dans la pose bouddhique, la main gauche posée sur un crâne. Dans le sanctuaire lui-même ont été découverts les vestiges de portiques à alvéoles destinés à l'exposition des crânes.

ÉON Charles de BEAUMONT, chevalier d' (Tonnerre, 1728 – Londres, 1810)

Aventurier.

Fils de Louis Déon de Beaumont, il poursuit ses études à Paris, étudie le droit, mais aussi l'escrime et l'équitation, sans pour cela négliger les lettres : il publie même un essai historique. Très joli garçon, il se plaît à se déguiser en femme, et aurait été remarqué ainsi costumé par Louis XV, lors d'un bal donné chez le duc de Nivernais. La France n'entretient plus, à cette date, d'ambassadeur en Russie et le roi cherche un moyen d'entrer en relation avec la tsarine. Quelqu'un pense à confier cette mission délicate et secrète au chevalier d'Éon, qui part donc pour la Russie en juillet 1755, vêtu en femme et porteur d'un passeport au nom de Mlle Lia de Beaumont. Il s'acquitte à merveille de sa mission, rencontre la tsarine, devient même sa lectrice, et remet à Louis XV la réponse de la souveraine à sa missive. Il retourne en Russie en 1756, vêtu en homme cette fois, comme secrétaire d'ambassade. Ses tractations secrètes aboutissent à un traité d'alliance entre les deux pays, et le roi le récompense en le faisant lieutenant de dragons. Après une nouvelle mission qui lui vaut le grade de capitaine, Éon combat avec vaillance pendant la guerre de Sept Ans et reçoit la croix de Saint-Louis. Il accomplit ensuite une mission secrète en Angleterre, vêtu tantôt en homme et tantôt en femme, et la question de son sexe, posée publiquement, donne lieu dans la capitale britannique à d'importants paris. À Londres, il rencontre Beaumarchais, autre agent secret, et lui avoue qu'il est une femme. Beaumarchais revient peu après avec les ordres du roi : Éon doit désormais rester costumé en femme. Autorisé à se rendre en France en 1777, il rencontre Louis XVI, qui lui confirme ses ordres. Il regagne Londres en 1783 et y achève ses jours assez misérablement : on peut le voir dans une enceinte payante, habillé en femme ou en homme, affronter au fleuret un adversaire masculin. L'autopsie de son corps, en 1810, révèle qu'il s'agissait bien d'un homme.

ÉPARGES (les)

Commune de la Meuse. La crête des Éparges domine la rive droite de la Meuse au sud de Verdun.

De ce plateau, il est loisible d'observer la plaine de la Woëvre, d'où les efforts accomplis par les Allemands pour le contrôler dès septembre 1914 et les tentatives répétées des fantassins français pour le reconquérir, ce qui sera obtenu au printemps de 1915, au prix de sanglants assauts. Par la suite, la crête des Éparges constituera un des môles extérieurs de la défense du secteur de Verdun, contre lequel se briseront toutes les tentatives allemandes.

ÉPERNON Jean Louis de NOGARET de LA VALETTE, duc d' (Château de Caumont, Gascogne, 1554 – Loches, 1642)

Homme de guerre.

Qu'il descende du légiste languedocien Nogaret, comme le veut la version officielle, ou d'un simple notaire, comme le disent ses détracteurs, il est un cadet sans grande fortune. Brave à la guerre, intelligent, bien mis, d'un physique avantageux, dévoré du désir de parvenir, il réussit à entrer dans le milieu des mignons d'Henri III et à y occuper rapidement une des premières places. La bienveillance royale se manifeste à son égard par une véritable pluie d'or, à laquelle s'ajoute un nombre très élevé de gouvernements (Aunis, Saintonge, Angoumois, Anjou, Touraine, etc.) et de dotations territoriales (dont Épernon, achetée au roi de Navarre et érigée spécialement en duché-pairie en 1581). Six ans plus tard, il est nommé colonel général de l'infanterie, charge conférant au moins autant d'autorité que celle de maréchal de France, et obtient la main de Marguerite de Foix-Candale, unique héritière d'une illustre maison possédant des biens immenses.

Mais son ambition ne se borne pas à profiter de la munificence royale, et son succès ne s'explique pas seulement par la faveur. Avec Joyeuse, Épernon est le type même du mignon qui met son épée au service du roi. Son influence politique est considérable. Il sait à merveille servir les intérêts de l'État lorsqu'ils ne paraissent pas s'opposer aux siens. Les Guises et la Ligue trouvent en lui un ennemi redoutable. C'est lui qui négocie les rapprochements des deux Henri (Henri III et Henri de Navarre, futur Henri VI), lui encore qui empêche les ligueurs de livrer Boulogne aux Anglais. Il récolte ainsi une solide impopularité.

Entrée royale
Cortège des chevaliers passant devant la tribune d'Henri II. *Relation de l'entrée d'Henri II dans Rouen le 1er octobre 1550.* Huile sur toile. © *G. Dagli Orti*

Le duc d'Épernon
Dessin anonyme du XVIe siècle. Paris, Bibliothèque nationale de France. © *Sélection Images*

Peu lui importe. Il jouera jusqu'à sa disgrâce finale le rôle de politicien haï et indispensable. Contre toute attente, lorsque le roi meurt, il refuse de reconnaître Henri de Navarre pour son successeur et retire ses troupes. Henri IV devenu roi fait mine de ne pas lui en tenir rigueur. Gouverneur de Provence, Épernon se rend, par ses ruses, ses violences et ses hauteurs, insupportable à la noblesse et au peuple, au point qu'on l'accuse ouvertement, d'ailleurs avec beaucoup de vraisemblance, de manigancer la sécession du pays avec l'appui du duc de Savoie et du roi d'Espagne. En mai 1596, il se résigne à faire sa soumission que le roi reçoit à des conditions extrêmement généreuses en le confirmant dans ses gouvernements et charges. Il est dans le carrosse royal lorsque, en mai 1610, Henri IV est frappé par Ravaillac (les opinions proespagnoles qu'il affiche alors le feront soupçonner d'avoir trempé dans le crime). Le lendemain, il fait reconnaître la régence de Marie de Médicis, grâce à qui il redevient tout-puissant à la Cour, jusqu'au triomphe de Concini qui provoque son exil à Metz. Cela ne l'empêche pas de soutenir plus tard la reine contre Louis XIII, à qui il désobéit à chaque occasion. C'est lui qui organise l'évasion de Blois (1619) et toujours lui qui dicte les conditions de la paix d'Angoulême (1622). Richelieu lui fait donner le gouvernement de la Guyenne, mais de violents démêlés l'opposent au parlement de Bordeaux, et il se permet de lever sa canne sur l'archevêque de Sourdis en pleine rue (1634). Louis XIII le contraint à faire pénitence publique et lui adjoint Condé (1638). Trois ans plus tard, sa disgrâce définitive est matérialisée par une décision royale l'exilant à Loches, où il meurt peu après.

Son fils Bernard (1592-1661), également colonel général de l'infanterie, est surtout connu pour la brutalité dont il fait preuve dans son gouvernement de Guyenne, pendant la Fronde, d'où la révolution bordelaise connue sous le nom d'Ormée.

ÉPERONS (journées des)

Nom donné à une bataille qui se déroula, le 16 août 1513, à Guinegatte (aujourd'hui Enguinegatte dans le Pas-de-Calais), et opposa les armées anglo-allemandes d'Henri VIII et de Maximilien à celle de Louis XII.

Après un bref engagement, les Français s'enfuient en désordre, laissant à l'ennemi dix bannières et de nombreux prisonniers. On a donné le nom de journée des Éperons à cette bataille, car les chevaliers français, par la rapidité de leur fuite, firent davantage usage de leurs éperons que de leurs armes.

ÉPERONS D'OR (bataille des) : voir COURTRAI

ÉPICES

Plantes aromatiques utilisées en cuisine et en pharmacie.

Au Moyen Âge, elles viennent des profondeurs de l'Asie, de l'Inde ou de la Chine et sont vendues à des prix très élevés, principalement à Alexandrie et sur les rives de la mer Noire. Connues en Occident (Bède le Vénérable en possédait dix-sept), elles connaissent un grand engouement au moment des croisades. Elles arrivent en transitant par les villes maritimes italiennes, revendues au poids à des grossistes dans les grandes foires internationales. Au XIVe siècle, elles s'achètent ensuite chez les apothicaires et les épiciers. À Paris, il faut alors trois ans d'apprentissage et trois de compagnonnage pour devenir maître-épicier. Leurs catalogues comptent plus de quatre cents noms d'épices – poivre, cannelle, musc, aloès, cannelle, camphre, girofle, gingembre, curcuma, galanga, cardamome... Mais beaucoup parmi elles sont fausses, résultat de tromperies plus ou moins volontaires au cours de la longue chaîne des transits. Après la découverte de la route des Indes par le Portugal, à l'aube du XVIe siècle, les cours s'abaissent et la consommation s'accroît. Deux ports se concurrencent : Montpellier, port des « épices du Ponant » venant de l'ouest, et Marseille, port des « épices du Levant » venant de l'est. Aux épices asiatiques s'ajoute le safran originaire du Moyen Orient, la malaguette (ou maniguette), poivre long importé d'Afrique à bon marché, le piment et la vanille découverts en Amérique tropicale. Les épices servent à la conservation des viandes (et des cadavres que l'on embaume) et entrent dans la fabrication de nombreux remèdes énergétiques, baumes, alcoolats, vins. Elles subsistent de nos jours, quoique concurrencées par les synthèses chimiques (vanilline par exemple).

ÉPORÉDORIX

Chefs éduens du Ier siècle av. J.-C.

Le premier entraîne son peuple, jusque-là fidèle allié des Romains, à la révolte contre César, lors de l'insurrection générale de juillet 52 avant J.-C. Mais il est capturé par le futur imperator pendant la bataille de Dijon (août 52) qui voit la déroute des Gaulois. On connaît un autre Éporédorix, lui aussi éduen, peut-être fils du précédent et qui, après avoir servi César, le trahit, pille Noyon et se porte au secours de Vercingétorix assiégé par les Romains dans Alésia. Il fera sa soumission après la défaite finale.

ÉPRÉMESNIL Jean-Jacques DUVAL d' (Pondichéry, 1746 – Paris, 1794)

Magistrat et homme politique.

Fils d'un administrateur des colonies, il est membre du Conseil souverain de Pondichéry puis chef du Conseil souverain de Madras, qu'il défend avec succès, en 1747, contre les troupes du nabab d'Arcot. D'Éprémesnil devient conseiller au parlement de Paris en 1775 et, à ce titre, va jouer un rôle considérable dans l'opposition au pouvoir monarchique. Il réclame, dès 1785, la convocation des états généraux ; est l'un des chefs de l'opposition violente que le Parlement fait aux projets de réforme de Calonne et de Loménie de Brienne. Il est, en particulier, un adversaire acharné de la « subvention territoriale », impôt unique, applicable à tous – même aux privilégiés –, que Calonne tente d'imposer. D'Éprémesnil est également un des inspirateurs de la déclaration des lois fondamentales du royaume qui, publiée le 3 mai 1788 par le parlement de Paris, est la négation du pouvoir absolu. Le 5 mai, Brienne veut en vain le faire arrêter au milieu du Parlement avec Goislard de Montsabert, un autre meneur de l'opposition parlementaire. Il se livre le lendemain et est emprisonné. La chute de Brienne, remplacé par Necker, et celle de Lamoignon, lui valent la liberté. D'Éprémesnil est élu député de la noblesse de Paris hors-les-murs aux États généraux de 1789 mais, dès les débuts de la Révolution, lui qui avait été un des plus farouches défenseurs des libertés face au pouvoir royal, devient un des plus fermes soutiens de l'absolutisme royal lorsqu'il voit les privilèges menacés. Condamné à mort par le Tribunal révolutionnaire, il est guillotiné en 1794.

ÉPURATION

Processus judiciaire et extra-judiciaire par lequel, à la Libération, des gens soupçonnés de collaboration avec les Allemands sont condamnés ou exécutés.

L'épuration s'est déroulée dans tous les pays occupés. En France, une épuration sauvage, estimée à 8 000 ou 9 000 cas dont 1 600 décidées par des tribunaux improvisés, se manifeste d'abord : huées publiques, croix gammées sur les maisons, tonte vengeresse de femmes compromises... Cours martiales, tribunaux militaires de FFI ou

Épices
Récolte du poivre dans le sud de l'Inde. Marco Polo, *Livre des merveilles*, Paris, Bibliothèque nationale de France. © *Tallandier*

tribunaux populaires n'ont aucune existence légale, mais les Français leur reconnaissent une légitimité. Pour rétablir l'État de droit, les Comités départementaux de libération (CDL) cèdent la place aux commissaires de la République. En juin 1944, l'épuration légale commence. Elle fait arrêter massivement les suspects, sauvant des innocents et prouvant sa volonté de châtier les coupables. Le 26 août est publiée l'ordonnance, condamnant les « activités antinationales ». Des commissions examinent les cas individuellement : plus de la moitié des personnes arrêtées sont libérées au bout de quelques jours. Le bilan de cette épuration est le suivant : sur 310 000 dossiers, près de 50 000 individus ont été condamnés à la dégradation nationale et 44 000 à des peines de prison ou de travaux forcés, 6 763 personnes ont été condamnées à mort, et 767 effectivement exécutées.

Commence alors l'épuration politique, qui prend en compte les actes commis à partir du 17 juin 1940. Sur 108 personnes traduites devant la Haute Cour entre le 15 mars 1945 et le 1er juillet 1959, 18 sont condamnées à mort et trois effectivement exécutées (Pierre Laval, Joseph Darnand et Fernand de Brinon). Chaque ministère est également censé avoir sa commission interprofessionnelle d'épuration : au ministère de la Défense nationale, on avance le chiffre de 900 exécutions. Dans l'administration, en fait, l'épuration s'avère difficile : nombre de fonctionnaires ont servi Vichy avec le même zèle que la IIIe République. Au total, 23 000 à 25 000 fonctionnaires sont condamnés, une partie d'entre eux bénéficiant d'annulations ultérieures. En pratique, l'épuration économique et l'épuration religieuse sont les moins marquées. À part les exemples Renault et Berliet, les condamnations sont rares et éphémères. Quant au sort des évêques, majoritairement favorables à Vichy, l'opposition acharnée du nonce, Mgr Roncalli (futur Jean XXIII) limite les décisions à quelques changements de titulaires. L'épuration touche aussi les écrivains, dont les publications sont suspendues (Montherlant), les artistes (Paul Belmondo), le monde du spectacle (Sacha Guitry, Maurice Chevalier, Arletty, Tino Rossi...).

ERCHINOALD (? – ?, 657)

Maire du palais de Neustrie.

Il succède dans cette charge à Ega, mort en 640. Il fait épouser au jeune roi Clovis II une esclave saxonne, Bathilde. Quelques années plus tard, profitant de la mort de Sigebert II, roi de Bourgogne et d'Austrasie, il prend en main le gouvernement des trois royaumes réunis (656). L'année suivante, Clovis II étant mort à son tour, le maire du palais fait reconnaître comme rois les trois fils du souverain mais continue à gouverner en leur nom, avec Bathilde. Ébroïn lui succède bientôt.

ERFURT (entrevue d')

Négociations menées entre Napoléon et le tsar Alexandre Ier à Erfurt (Thuringe) du 27 septembre au 14 octobre 1808.

Après la défaite de Bailen (1808) et la signature de la convention de Cintra, l'Empereur a décidé de partir pour l'Espagne avec la Grande Armée, afin de réduire le soulèvement espagnol. Mais avant son départ, il veut consolider sa position européenne, face à l'Autriche, et pour cela renforcer l'alliance franco-russe. Le tsar Alexandre interviendrait pour que l'Autriche cesse de réarmer, et Napoléon lui laisserait les mains libres en Finlande et dans les provinces danubiennes. Tous les souverains allemands sont invités à Erfurt pour la fin du mois de septembre, mais le roi de Prusse décline l'invitation, et l'empereur autrichien se fait représenter par Metternich. Ce dernier incite le tsar à résister aux ambitions de Napoléon, tandis que Talleyrand, dont certains historiens pensent qu'il a trahi son maître, persuade Alexandre de « sauver l'Europe... en tenant tête à Napoléon ». Il insinue même que, loin d'accepter le désarmement de l'Autriche, il faut la pousser à réarmer, pour qu'elle soit un jour l'alliée de la Russie contre la France. Le traité, signé le 12 octobre, ne répond donc pas aux espérances de Napoléon : la Russie s'engage seulement à combattre aux côtés de la France si l'Autriche attaque cette dernière. Par une convention secrète, le tsar laisse l'Empereur agir librement en Espagne, Napoléon lui laissant en échange toute liberté d'action en Finlande, en Moldavie et en Valachie. Talleyrand est le grand responsable de ce demi-échec.

ÉRISPOÉ (? – ?, 857)

Roi de Bretagne (851-857).

Fils et successeur de Nominoé. Durant l'été de 851, il triomphe de Charles le Chauve qui prétend soumettre les Bretons, et il obtient de lui, en échange d'une vague promesse de fidélité, le titre officiel de roi ainsi que la cession de la marche entière avec Rennes, Nantes et le pays de Retz. Charles le Chauve songe d'abord à lancer contre lui un rival, son cousin Salomon, puis, devant les menaces que font peser sur son empire les Normands et Pépin d'Aquitaine, il se résigne à une réconciliation. Mais Érispoé est assassiné, à l'instigation de Salomon qui se présente comme un champion plus ferme de la cause nationale.

ESCALE-DIEU (abbaye de l')

Abbaye cistercienne située dans le diocèse de Tarbes, non loin de Bagnères-de-Bigorre.

Fondée en 1137 à Capadour, transférée en 1140 à son emplacement actuel, *Scala Dei* est la quatorzième fille de Morimond. Elle-même implantera des sujets en Gascogne et en Espagne. Grâce aux libéralités des comtes et des comtesses de Bigorre, elle prospère au XIIIe siècle. Le XVe siècle amène son déclin. Des troubles religieux du XVIe siècle, l'église, construite vers 1143 et consacrée en 1160, sort mutilée. Les bâtiments conventuels sont réédifiés aux XVIIe et XVIIIe siècles. L'ensemble de l'abbaye, vendu en 1793, souffrira encore du vandalisme jusqu'au milieu du XIXe siècle.

ESCAUT

Fleuve qui prend sa source dans les collines de l'Aisne, au nord de Saint-Quentin.

L'Escaut permet de relier, par un canal, les cours de l'Oise et de la Somme. Canalisé sur son cours supérieur, ce fleuve arrose Cambrai, Denain, Valenciennes, Tournai, Oudenaarde, Gand et Anvers en Belgique, où il prend, dans la zone flamande, la dénomination de Schelde. Il s'agit d'une très remarquable voie d'eau dont l'importance commerciale a nécessité maintes conventions diplomatiques. Possesseurs de son embouchure grâce à leur archipel de Zélande, désireux d'autre part de promouvoir l'essor de Rotterdam aux dépens de l'activité d'Anvers, les Hollandais obtiennent un substantiel avantage lors des négociations du traité de Westphalie, en 1648. Une des clauses interdit, en effet, la navigation terminale aux marchandises provenant des possessions des Pays-Bas espagnols, c'est-à-dire de l'actuelle Belgique. Successeurs des Espagnols à l'issue du traité d'Utrecht (1713), les Autrichiens s'efforcent en vain d'obtenir la réouverture de la navigation dans les bouches de l'Escaut, les Anglais trouvant dans cette entrave le moyen d'avantager le port de Londres. La Révolution française, puis le Premier Empire, de 1795 à 1814, rétablissent la libre circulation sur l'Escaut, de même que les traités de 1814-1815 qui unissent les Pays-Bas tout entier sous le sceptre de la maison d'Orange. La proclamation de l'indépendance belge, en 1830, relance l'antagonisme entre Rotterdam et Anvers, le traité du 18 avril 1839 accordant aux deux États le droit de police sur le fleuve mais imposant aux Belges un péage. Cette situation ne subsiste cependant que jusqu'au 12 mai 1863, date de la conclusion d'un accord prévoyant le versement par les Belges d'une indemnité forfaitaire de 17 millions de florins.

En 1944, à la suite de l'avance des forces anglo-canadiennes en Belgique et dans le sud des Pays-Bas, et devant le désir des Américains d'utiliser le port d'Anvers pour ravitailler le front occidental, les Allemands s'efforcent de garder fermées les bouches de l'Escaut. Cette situation nécessite un débarquement des Canadiens, le 9 novembre, à Walcheren, ainsi qu'une offensive terrestre sur le secteur de Breskens. Malgré les inondations, les réseaux de mines et une défense acharnée, les Alliés parviennent à dégager le bas Escaut en moins d'une quinzaine de jours, à la suite de quoi Hitler décide de braquer des rampes de lancement de V1 et de V2 sur le grand port belge.

ESCLAVAGE (abolition de l')

La condition d'esclave a été introduite dans les colonies françaises dès le début de leur exploitation agricole : durant le XVIIe siècle, la main-d'œuvre des plantations des îles à sucre venait d'Afrique par le commerce triangulaire pratiqué par les armateurs des ports de l'Atlantique, Nantes et Bordeaux notamment.

Malgré la publication du Code noir (1685) empreint d'humanité, la condition juridique de l'esclave dans le monde chrétien n'était guère meilleure que celle qu'il tenait dans l'Antiquité. Dès le début du XVIIIe siècle, les philosophes, en particulier Condorcet, s'attaquent à cette institution et demandent l'abolition de l'état servil. En France comme dans les îles à sucre, la Société des amis des Noirs demande l'abolition de la traite et s'oppose au Club Massiac, pro-esclavagiste. La Déclaration des droits de l'homme et du citoyen de 1789 ne s'appliquant pas aux colonies, il faut attendre le décret du 16 pluviôse an II (4 février 1794) pour voir la Convention l'abolir, grâce à l'action et à l'influence de l'abbé Grégoire. L'esclavage est cependant rétabli dès 1802 par le Premier Consul. Lors de la signature du traité de Paris, le 30 mai 1814, la France promet, sous la pression des Anglais de renoncer à la pratique de la traite dans un délai de 3 à 5 ans. Elle suit effectivement cet engagement mais ne libère pas les esclaves existants, si bien que l'esclavage se perpétue. Au moment de la révolution de 1848, 160 000 esclaves environ travaillent aux Antilles ; tandis que l'économie de plantation traverse une grave crise, les libéraux réclament l'abolition, s'inspirant en particulier du modèle britannique. Finalement, le 4 mars 1848, l'Assemblée constituante décide l'abolition de l'esclavage sur la proposition de Victor Schoelcher, le décret définitif étant voté le 27 avril. Les gouverneurs, favorables aux colons, sont remplacés par des commissaires de la République.

ESCOLIVES-SAINTE-CAMILLE (nécropole d')

En 1955, la découverte imprévue, dans la Vienne, d'une nécropole mérovingienne dans un champ, entraîne des fouilles qui dégagent peu à peu de nombreux vestiges de l'époque gallo-romaine.

Des habitations, des thermes correspondent à ce que l'on connaît déjà sur la vie d'une agglomération pendant les premiers siècles de notre ère. Seuls les restes d'un sanctuaire, découverts dans les fondations des thermes, posent encore des problèmes d'identification aux archéologues. Il est difficile de reconstituer la façade de ce bâtiment qui présentait sans doute une série d'arcades extérieures. De multiples fragments de corniches, de sculptures, de frises ont pu être collectés et leurs décors offrent un mélange énigmatique de sujets gréco-romains et gaulois. On y voit aussi bien des plantes, des animaux que des petits amours. Deux piliers portent, sculptés sur leurs faces, chacun quatre dieux connus (Hercule, Mars, Vulcain, etc.) dont les représentations offrent des particularités inhabituelles. C'est ainsi que Mars tient son épée à l'envers et qu'Hercule, au lieu de sa massue, porte sur l'épaule un gourdin pourvu d'une poignée. Des stèles votives représentent des figures curieuses, telle cette femme portant trois robes. Une inscription permet de reconnaître sur une de ces stèles la déesse Rosmerta, la grande divinité de l'abondance chez les Gaulois. Le décryptage des secrets du sanctuaire d'Escolives-Sainte-Camille contribuera certainement à mieux connaître les croyances religieuses des Gaulois.

ESNAMBUC ou ENAMBUC Pierre BELAIN, sieur d' (Allouville, Normandie, 1585 – Saint-Christophe, 1635)

Navigateur.

Après s'être fixé un temps à Saint-Christophe en 1625, il fonde Saint-Pierre de la Martinique en 1635. L'appui de Richelieu lui permet de constituer ensuite la Compagnie de Saint-Christophe qui deviendra la Compagnie des Isles d'Amérique.

ESPAGNE (campagne de 1808-1813)

Ensemble des opérations militaires consécutives à la nomination de Joseph Bonaparte au trône d'Espagne.

Le 18 mars 1808, une révolte éclate à Aranjuez, et le roi Charles IV abdique en faveur de son fils Ferdinand VII. Ambitionnant alors une mainmise sur le pays, Napoléon, par l'intermédiaire de Murat, fait préparer une entrevue, à Bayonne, au cours de laquelle il finit par obtenir le retrait pur et simple des Bourbons d'Espagne. Puis, selon une stratégie politique déjà éprouvée, il place immédiatement son frère Joseph sur le trône madrilène. Toutefois, dès l'annonce de l'arbitrage de Bayonne, l'émeute éclate. Le *Dos de Mayo* (2 mai 1808), le peuple de Madrid s'insurge contre les Français, et l'ordre n'est rétabli qu'au prix d'une sanglante répression menée particulièrement par les Mamelouks de Murat. En quelques jours, le soulèvement s'amplifie et, le 30 mai, le pays est entièrement levé contre les troupes impériales. Tandis que 100 000 Français franchissent les Pyrénées, le roi Joseph entre à Madrid le 22 juillet 1808, confirmé dans ses pouvoirs par une junte de dignitaires espagnols. Le 13 juillet, Bessières bat les insurgés à Medina del Rio Seco mais, quelques jours plus tard, Dupont, à la tête de 20 000 hommes, se dirige vers Cordoue et, menacé d'encerclement, se replie sur Bailen, où il ne tardera pas à se trouver assiégé. Au terme d'une résistance héroïque, la ville tombe le 22 août aux mains des Espagnols. Pendant ce temps, tandis que Joseph quitte Madrid, fuyant l'émeute, les insurgés pactisent avec l'Angleterre dont les troupes, débarquant au Portugal, font reculer Junot et le contraignent à signer la convention de Cintra (août 1808). Napoléon décide alors de réagir violemment. Il envoie sur-le-champ 200 000 hommes en Espagne pour tenter de rétablir la paix française. Ce sera peine perdue. Soutenues par les Anglais, les troupes espagnoles vont, au cours des mois, faire reculer les Français, obligeant ceux-ci à dépêcher sans cesse de nouveaux soldats qui, inopérants en Espagne, feront cruellement défaut sur d'autres fronts. La vaste manœuvre de récupération de la situation militaire voulue par l'Empereur, l'héroïque bataille de Somosierra (30 novembre 1808), enfin la reprise de Madrid le 4 décembre ne suffiront pas à rétablir durablement la présence française.

Durant l'hiver de 1808-1809, tandis que Napoléon doit regagner Paris, Soult laisse passer l'occasion de battre les Anglais à La Corogne et, dès le printemps de 1809, de nouveaux combats s'engagent. Malgré l'intrépidité de Masséna et Suchet, la Grande Armée, décimée par la guérilla, la famine et l'épuisement, perd peu à peu du terrain. Bien que les années 1810-1811 voient de brillants succès français, les « habits rouges », fermement implantés maintenant au Portugal, décident de submerger l'Espagne. Le duc de Wellington se met à harceler les Français, contraints de s'enfuir de Madrid au mois de juin 1812. À l'automne pourtant, Soult réinstalle Joseph sur le trône d'Espagne au prix d'écrasantes pertes en hommes et en matériel. Ce retour est de courte durée. Au début de 1813, en effet, Wellington repart à la conquête de la péninsule Ibérique à la tête de 100 000 soldats anglo-espagnols. Joseph, une fois encore, doit abandonner Madrid et gagne Vitoria. Le « front de l'Èbre » ne tarde pas, lui non plus à céder, et, à la fin du mois de juin, l'armée française est contrainte de se replier sur Tolosa. La déroute est complète. Les restes de la Grande Armée arrivent pêle-mêle à Bayonne, tandis que Suchet doit capituler à son tour. La campagne d'Espagne se solde par ce qui fut peut-être le plus grand désastre extérieur du Premier Empire et aboutit, par le traité de Valençay (11 décembre 1813), au retour de Ferdinand VIII sur le trône d'Espagne.

ESPAGNE (expédition de 1823)

Expédition militaire organisée contre les libéraux espagnols par le gouvernement français, poussé par les ultras et sollicité par le roi Ferdinand VII.

Depuis le mois de juillet 1822, Ferdinand VII, prisonnier de fait du gouvernement libéral, appelle à l'aide les souverains alliés, membres de la Sainte-Alliance, et particulièrement Louis XVIII, Bourbon comme lui. Le roi de France, comme son ministre Villèle, se montre d'abord hostile à l'intervention, à laquelle est favorable Montmorency, ministre des Affaires étrangères. En octobre 1822, au congrès de Vérone, l'Angleterre se déclare opposée à toute intervention, tandis que la Russie semble favorable à la guerre. Montmorency, qui dirige la délégation française, annonce que la France interviendra en Espagne. Au mois de décembre, seul Villèle continue à désapprouver l'expédition et menace de démissionner. Louis XVIII se sépare alors de Montmorency, que remplace Chateaubriand. Ce dernier se montre encore plus favorable à l'envoi d'un corps expéditionnaire que son prédécesseur, et Villèle finit par céder. Décision qui provoque à la Chambre une vive opposition de la gauche et l'expulsion du député Manuel.

Au début du mois d'avril 1823, le duc d'Angoulême passe les Pyrénées avec 80 000 hommes et s'avance sans encombre vers Madrid, accueilli

L'abolition de l'esclavage
Proclamation de l'abolition de l'esclavage dans les colonies françaises. Huile sur toile d'Auguste Biard, château de Versailles. © *Lauros-Giraudon*

en libérateur par les royalistes. Il gagne ensuite Séville, où il pense trouver Ferdinand VII, prisonnier des *Cortes*, puis Cadix, où s'est réfugié le gouvernement libéral avec son captif. Le siège de la ville commence le 30 août et, le 20 septembre, après la prise du fort du Trocadero, puis de celui de Santipietri, Cadix capitule. Aussitôt délivré, Ferdinand VII annule tous les actes que les libéraux lui avaient imposés, ses ennemis sont pourchassés, la « terreur apostolique » s'installe. Écœuré, le duc d'Angoulême refuse le titre de prince de Trocadero et regagne la France. À Paris, où il refuse également que l'on donne à l'arc de triomphe de l'Étoile le nom d'arc du Trocadero, la mode est « au Trocadero ».

ESPAGNE (guerre d')

Guerre civile entre républicains et nationalistes, de juillet 1936 à mars 1939.

À la chute de Primo de Rivera en 1930 et au lendemain de l'exil du roi Alphonse XIII en 1931, la République est proclamée en Espagne. Les élections de 1936 portent au pouvoir un gouvernement de gauche de *Frente Popular*. Rapidement, les républicains se heurtent dans leurs réformes aux forces conservatrices. En juillet 1936, l'armée du Maroc, avec à sa tête les généraux Sanjurjo et Franco, trouve dans l'assassinat d'un des leaders de la droite monarchiste, Calvo Sotelo, l'occasion d'un coup d'État contre la jeune République. C'est le coup d'envoi de la guerre civile opposant nationalistes et républicains. Elle va durer trois ans et faire plus de 400 000 morts. Elle est très marquée par l'intervention de puissances étrangères : l'Allemagne et l'Italie combattent auprès de Franco, tandis que l'Union soviétique soutient les républicains. Il s'agit d'assurer la victoire du fascisme contre le communisme. La France, malgré le fait que le Front populaire soit au pouvoir, n'intervient pas, ce qui provoque une division de l'opinion publique. La droite demeure largement favorable aux putschistes, Paul Claudel en tête, mais Georges Bernanos fustige, dès 1937, dans *Les Grands Cimetières sous la lune*, les insurgés franquistes. François Mauriac, de même, après avoir pris parti pour les nationalistes, tourne le dos au camp des rebelles et signe le manifeste *Pour le peuple basque* en 1937. Pour sa part, la gauche reste fidèle au camp républicain, tout en se divisant sur les moyens de le soutenir. Anarchistes et trotskistes d'un côté, communistes soutenus par l'URSS de l'autre, se déchirent. Surtout, le conflit célèbre la naissance d'un nouvel engagement des intellectuels, dont André Malraux est le symbole. Il ne se contente pas d'écrire *L'Espoir*, mais combat aux côtés des républicains.

ESPAGNE (guerre de Succession d') : voir SUCCESSION D'ESPAGNE (guerre de)

ESPAGNOLISME

Influence de la culture espagnole sur les arts et la civilisation, essentiellement entre 1580 et 1660, date à laquelle l'Espagne, déclinante, cède le pas à la prépondérance française.

L'influence de l'Espagne se greffe d'abord sur celle de l'Italie, qui irrigue depuis la fin du XVe siècle la Renaissance française. Mais le XVIe siècle est le Siècle d'Or d'une Espagne enrichie par l'argent métallique américain, dotée par la présence des Habsbourg sur le trône d'un vaste empire européen qui encercle la France des Pyrénées aux Flandres en passant par les Alpes et la Franche-Comté, et qui connaît une grande vitalité culturelle. L'espagnol, langue de la diplomatie et de la politique, pénètre en France avec l'entourage des infantes qu'épousent Louis XIII et Louis XIV : Anne d'Autriche, en particulier, pousse son fils à introduire l'étiquette espagnole à la Cour ; Marie-Thérèse, qui n'exerce pas la régence, a un rôle beaucoup plus discret. L'étiquette espagnole véhicule la théâtralisation de la Cour : entrée des grands, rites du lever et du coucher du roi, habits de cour imposant une tenue hiératique, protocole strict régissant la place et les prérogatives de chacun selon son rang. L'ensemble de ces prescriptions, accumulées depuis l'époque d'Henri III, est consigné dans le cérémonial de 1682.

L'Espagne fournit aussi deux mythes majeurs du XVIIe siècle : *Le Cid*, symbole de l'honneur castillan que Corneille emprunte à Guilhem de Castro, et *Dom Juan*, figure du libertin, que Molière adapte de Tirso de Molina. La veine picaresque nourrit le burlesque (Scarron) et inspire encore son *Gil Blas* à Le Sage au XVIIIe siècle. Cette séduction culturelle est indissociable d'un puissant rayonnement politico-religieux. L'Espagne est ainsi la fine pointe de la Contre-Réforme catholique : la ferveur du royaume de Sa Majesté Très Catholique influence celui du Roi Très Chrétien, notamment à travers l'ordre des Jésuites, dont beaucoup sont espagnols. Tout un

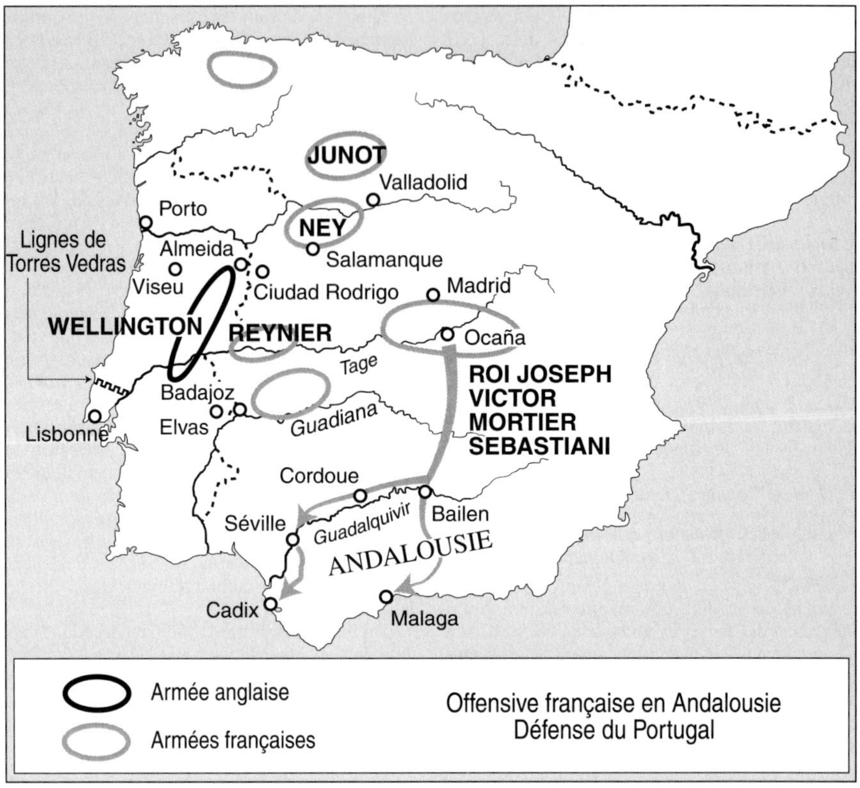

Situation stratégique en janvier 1810

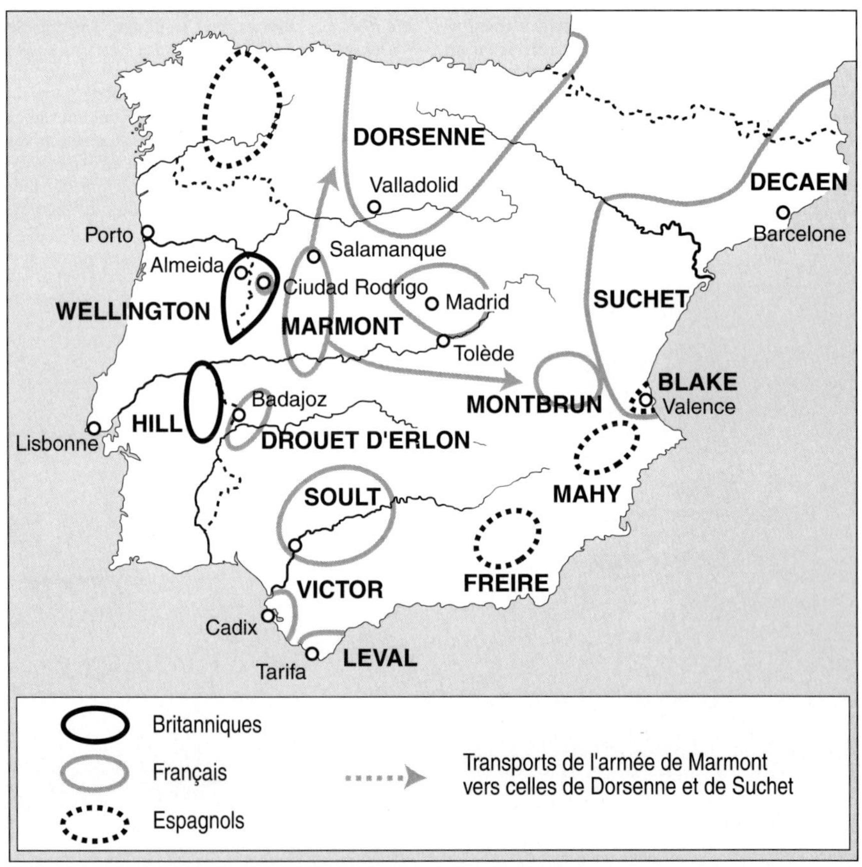

Situation stratégique en décembre 1811

parti autour de la Congrégation du Saint-Sacrement et du chancelier de Marillac est favorable à l'alliance espagnole, à rebours de la politique de Richelieu. L'Espagne, qui est intervenue durant les guerres de Religion en finançant le parti des Guises et la Sainte Ligue, voit se rallier temporairement à elle, durant la Fronde, Condé et Turenne, les deux plus grands capitaines de l'armée royale. La paix des Pyrénées (1659) et l'avènement du classicisme français sous Louis XIV assourdissent l'influence hispanique. Au siècle des Lumières, le pôle d'aimantation culturelle des élites françaises pivote vers l'Angleterre, mais pour des raisons bien davantage politiques qu'artistiques.

ESPINASSE Charles Marie Esprit (Saissac, Aude, 1815 – Magenta, Italie, 1859)

Général.

Ancien élève de l'École de Saint-Cyr, il fait ses premières armes en Algérie sous la direction de Changarnier puis de Bugeaud. Lieutenant-colonel d'infanterie, il commande un détachement envoyé à Rome en 1848 pour protéger le pape. Revenu en France, il est à la tête du 42e régiment de ligne de Paris lors du coup d'État du 2 Décembre. C'est avec l'aide de ces troupes qu'il envahit l'Assemblée nationale dans la nuit et met les questeurs en état d'arrestation. Récompensé pour cette intervention par le grade de général de brigade, Espinasse participe à la campagne de Crimée. En 1858, au lendemain de l'attentat d'Orsini, Napoléon III lui confie le portefeuille de l'Intérieur avec mission de réprimer sévèrement les menées des ennemis du régime. Il s'acquitte de sa tâche avec zèle et fait notamment voter par le Corps législatif la célèbre loi de sûreté générale qui confère les pouvoirs les plus étendus à l'Administration. Récompensé par le titre de sénateur, nommé général de division, Espinasse commande la 2e division du 2e corps d'armée (Mac Mahon) lors de l'attaque du village de Magenta, assaut durant lequel il est mortellement blessé.

ESSARTS Pierre des (?, v. 1360 – Paris, 1413)

Prévôt de Paris.

Il devient tour à tour grand bouteille, grand fauconnier, prévôt de Paris en 1411 et président de la Chambre des comptes. Ayant fait ravitailler Paris en cette période de disette, il reçoit en retour la reconnaissance des Parisiens qui lui décernent le titre de « Père du peuple ». Mais, accusé d'avoir dépensé des fonds publics à des fins personnelles, il commet, en 1413, l'erreur de passer, par dépit, dans le camp des Armagnacs, peu appréciés de la population parisienne. Il s'empare de la Bastille à la tête de ses partisans, mais la vive réaction des cabochiens renverse la situation. Assiégé à son tour dans la Bastille, capturé, il est accusé d'avoir voulu enlever Charles VI. Torturé, il est ensuite pendu au gibet de Montfaucon.

ESSLING (bataille d')

Combat indécis entre Français et Autrichiens, le 22 mai 1809.

Après avoir neutralisé les troupes autrichiennes, Napoléon fait son entrée à Vienne le 13 mai 1809. Mais les forces ennemies ne sont pas détruites, et l'Empereur décide d'attaquer l'armée de l'archiduc Charles, repliée sur la rive droite du Danube. Témérairement, les 30 000 hommes de Masséna et de Lannes tentent de franchir le fleuve à Aspern et Essling (20 mai). L'opération réussit, mais une crue subite emporte les ponts de bateaux. Privés de renforts, les Français arrivent néanmoins à contenir la contre-offensive des 90 000 Autrichiens. Les ponts rétablis, Lannes reprend l'offensive le 22 avec 30 000 hommes de renfort, mais les ponts sont une nouvelle fois rompus, clouant les réserves d'artillerie française sur la rive sud. Napoléon est alors contraint de se retrancher dans l'île Lobau avec toutes les troupes engagées. Jamais jusque-là il n'avait subi pareil échec. Les pertes, à peu près égales de part et d'autre, s'élèvent à 45 000 tués et blessés. Lannes a été mortellement blessé. Pour reprendre les hostilités, Napoléon attend d'avoir reçu les renforts d'Italie et de Dalmatie amenés par le prince Eugène et Marmont. Il réussit alors à traverser le fleuve par surprise en aval d'Essling (4 et 5 juillet) et la bataille décisive se livre dans la plaine de Marchfeld entre le Danube et les modestes hauteurs de Wagram (5 et 6 juillet 1809).

ESTAING Dieudonné Tristan d' (?, fin XIIe siècle – ?, début XIIIe siècle)

Homme de guerre.

Ce chevalier aurait, selon la tradition locale, sauvé Philippe Auguste en péril de mort lors de la bataille de Bouvines, le 27 juillet 1214. C'est pour récompenser cette action que le roi aurait accordé à la famille d'Estaing le rare privilège d'inscrire à son blason les fleurs de lys sur champ d'azur.

ESTAING-SAILLANS Jean-Baptiste Charles Henri, comte d' (Château de Ravel, Auvergne, 1729 – Paris, 1794)

Amiral de France.

Il sert d'abord dans l'armée de terre où il est nommé colonel du régiment de Rouergue-Infanterie, en 1748, et brigadier en 1756. C'est avec ce grade qu'il participe à l'expédition des Indes sous les ordres de Lally-Tollendal. En 1759, alors qu'il vient d'entrer dans la marine, les Anglais le font prisonnier au siège de Madras et le libèrent peu après sur parole. Mais il prend la tête d'un parti français qui fait le plus grand tort au commerce britannique et il a la maladresse de se faire prendre une seconde fois, ce qui lui vaut d'être expédié sous bonne garde à Portsmouth. Maréchal de camp en 1761, lieutenant général l'année suivante (mais d'abord seulement pour l'armée de terre), puis vice-amiral pour les mers d'Afrique et d'Asie, d'Estaing est envoyé avec douze vaisseaux de ligne pour agir en faveur des *Insurgents* d'Amérique. Devant Rhode Island, il invite les Canadiens à secouer le joug anglais (1778). L'année suivante, le renfort d'une escadre conduite par La Motte-Picquet et le comte de Grasse lui permet de s'emparer de Saint-Vincent et de la Grenade, puis de battre l'amiral Byron, arrivé au secours de ces îles. Mais il lui est impossible de prendre Savannah, et le gouvernement pourvoit à son remplacement, dont il sera dédommagé en 1783 par le commandement de l'escadre franco-espagnole de Cadix. La conclusion de la paix l'empêche de prendre le départ et le ramène à la Cour, où les idées nouvelles commencent à faire des adeptes. Appelé à l'Assemblée des notables, mais non aux États généraux, en raison, semble-t-il, de l'hostilité de la noblesse auvergnate, il se jette dans le parti qui causera sa perte ; commandant de la garde nationale de Versailles, il se garde bien de donner des ordres lors des journées des 5 et 6 octobre. Ensuite, sa conduite est plus nuancée et paraît même équivoque. La loi des suspects lui est fatale. Sa déposition dans le procès de la reine, pleine de contradictions, ne le sauvera pas. Il périra sous la guillotine. D'Estaing avait été nommé amiral de France en 1792.

ESTERHÁZY Marie Charles Ferdinand Walsin, dit WALSIN-ESTERHÁZY : voir DREYFUS (affaire)

ESTEVA Jean-Pierre (Reims, 1880 – Reims, 1951)

Amiral.

Nommé résident général en Tunisie, il doit faire exécuter en 1941 les protocoles de Paris qui accordent aux navires des puissances de l'Axe la possibilité de relâcher dans certains ports de Tunisie, en vue de faciliter le ravitaillement des forces germano-italiennes de Libye. Lorsque se produit le débarquement anglo-américain du 8 novembre 1942 en Algérie et au Maroc, Esteva

L'amiral d'Estaing
Charles Henri, comte d'Estaing (1769). Huile sur toile de Jean-Baptiste Lebrun, château de Versailles.
© *Lauros-Giraudon*

suit les ordres de Vichy et accepte la venue de parachutistes allemands sur l'aérodrome de Tunis. Puis c'est l'arrivée d'importantes forces terrestres germano-italiennes. Demeuré en fonctions jusqu'au mois de mai 1943, date de la chute de Tunis, et revenu à Vichy, il est arrêté à la fin des hostilités et traduit devant un tribunal militaire. Condamné à la détention à vie pour avoir livré les installations militaires de Bizerte aux forces de l'Axe, il bénéficie d'une remise de peine.

ESTIENNE Jean-Baptiste (Condé-en-Barrois, 1860 – Paris, 1936)

Général.

Ancien élève de l'École polytechnique ayant choisi de servir dans l'artillerie en 1880, il effectue des recherches techniques et met au point, après 1900, plusieurs appareils de mesure de tir. Vers 1910, il s'intéresse également aux possibilités offertes par l'aviation en matière d'observation. Commandant l'artillerie du secteur de Verdun en 1915, Estienne est promu général de division en 1918. Il est un des premiers officiers supérieurs français à deviner l'avenir du char, prônant le développement de cette arme et son emploi tactique par des groupes d'assaut.

ESTIENNE d'ORVES Honoré d' (Verrières-le-Buisson, 1901 – mont Valérien, 1941)

Officier de marine.

Ancien élève de l'École polytechnique. Entré dans la marine comme lieutenant de vaisseau en juin 1940, il se rallie au mouvement de la France libre et rejoint le général de Gaulle à Londres. Bien que fort peu rompu aux techniques de l'espionnage et de l'information militaire, d'Estienne d'Orves est affecté au service de renseignement de la France libre et envoyé en France en décembre 1940 pour monter un réseau. Dénoncé par un de ses agents, il est arrêté et condamné à mort par les Allemands, qui l'exécutent, le 29 août 1941, dans l'enceinte du mont Valérien. Ces derniers placardent les murs des principales

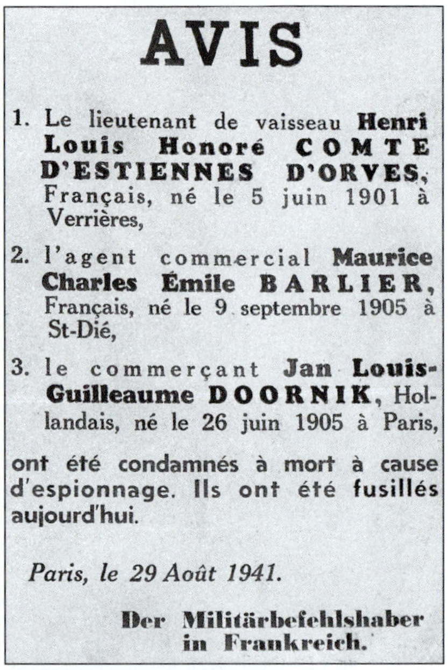

AVIS

1. Le lieutenant de vaisseau **Henri Louis Honoré COMTE D'ESTIENNES D'ORVES**, Français, né le 5 juin 1901 à Verrières,

2. l'agent commercial **Maurice Charles Émile BARLIER**, Français, né le 9 septembre 1905 à St-Dié,

3. le commerçant **Jan Louis-Guilleaume DOORNIK**, Hollandais, né le 26 juin 1905 à Paris,

ont été condamnés à mort à cause d'espionnage. Ils ont été fusillés aujourd'hui.

Paris, le 29 Août 1941.

Der Militärbefehlshaber in Frankreich.

Honoré d'Estienne d'Orves

Avis de la condamnation à mort par les Allemands de d'Estienne d'Orves. © *Tallandier*

villes de France d'affiches annonçant la sentence, révélant du même coup à l'opinion française l'existence d'une résistance active et faisant de cette victime le symbole de la lutte des Français contre l'occupant.

ESTOUTEVILLE Guillaume d' (?, v. 1403 – Rouen, 1483)

Cardinal.

Fils de Jean d'Estouteville et frère de Louis d'Estouteville, grand bouteiller de France en 1435, grand sénéchal de Normandie et gouverneur de Rouen. Entré dans l'ordre de Saint-Benoît et nommé cardinal dès 1439, Guillaume d'Estouteville se trouve par la suite à la tête de six évêchés (Maurienne, Digne, Béziers, Ostie, Velletri et Porto Sainte-Ruffine), trois prieurés (Saint-Martin-des-Champs, Grand-pré et Beaumont-en-Auge) et quatre abbayes (Saint-Ouen-de-Rouen, Jumièges, Montebourg et le Mont-Saint-Michel), outre l'archevêché de Rouen dont il est investi en 1453. En 1451, le pape Nicolas V l'envoie comme légat auprès de Charles VII, pour tenter de rétablir la paix entre la France et l'Angleterre. Il échoue dans sa mission mais gagne la confiance de Charles VII qui le charge, en compagnie du Grand Inquisiteur de France Jean Bréhal, de préparer la révision du procès de Jeanne d'Arc (1452). Il réforme peu après les statuts de l'université de Paris. Dans la seconde moitié du XVᵉ siècle, il réside le plus souvent en Italie et devient, en 1477, camerlingue de l'Église romaine. Très riche, d'Estouteville a utilisé une partie de sa fortune à améliorer ou élever de nombreuses constructions. On lui doit notamment le chœur de l'abbaye du Mont-Saint-Michel, le palais archiépiscopal de Rouen et les deux tours de la cathédrale de la ville, où son cœur a été déposé en 1484.

ESTRADES Godefroi, comte d' (Agen, 1607 – Paris, 1686)

Maréchal de France et diplomate.

Page de Louis XIII, il se met durant la guerre de Trente Ans au service de Richelieu puis de Mazarin, accomplissant plusieurs missions diplomatiques en Hollande et participant ensuite aux négociations du traité de Westphalie. Gouverneur de Dunkerque de 1650 à 1652, lieutenant général de l'Aunis l'année suivante, il devient par la suite maire de Bordeaux. Commandant de l'armée de Catalogne en 1655, il retrouve une mission diplomatique en 1661, date à laquelle Louis XIV le nomme ambassadeur extraordinaire auprès du roi d'Angleterre Charles II. Il obtient de ce dernier, en 1662, la restitution du port de Dunkerque. Maréchal de France en 1675, d'Estrades couronne sa carrière en menant à bien, en 1678, les négociations du traité de Nimègue. À la fin de sa vie, il occupe les fonctions de gouverneur du duc de Chartres, le futur Régent.

ESTRÉES (maison d')

Famille picarde connue depuis le milieu du XVᵉ siècle avec Pierre, seigneur de Boulant.

La branche de Cœuvres, dont est issue la « belle Gabrielle », apparaît au début du XVIᵉ siècle avec Antoine le Jeune, mort en 1530, et s'éteint avec le neveu de Victor Marie d'Estrées, Louis Charles Le Tellier, marquis de Courtanvaux, petit-fils de Louvois.

ESTRÉES César d' (Paris, 1628 – Paris, 1714)

Cardinal et diplomate.

Évêque de Laon en 1653, puis cardinal en 1671, il accomplit pour Louis XIV de nombreuses missions diplomatiques, principalement à Rome lors de la négociation de l'affaire de la régale.

ESTRÉES François Annibal d' (?, 1573 – Paris, 1670)

Maréchal de France et diplomate.

D'abord évêque de Noyon, il quitte l'Église pour une carrière militaire et diplomatique au service d'Henri IV et de ses successeurs : il obtient notamment, par une intervention énergique, l'élection du pape Grégoire XV en 1621. Maréchal de France en 1626, il occupe le poste d'ambassadeur à Rome de 1636 à 1648. Cette même année, il est fait duc d'Estrées et pair de France.

ESTRÉES Gabrielle d' (?, 1573 – Paris, 1599)

Favorite royale.

Fille d'Antoine d'Estrées et de Françoise Babou de La Bourdaisière. À l'automne 1590, Bellegarde, autrefois mignon d'Henri III, vante au successeur de celui-ci les charmes de Gabrielle d'Estrées dont lui-même est épris. Henri IV la rencontre au château de Cœuvres et devient aussitôt amoureux d'elle : la jeune fille a dix-sept ans et elle est fort belle. Comme celle de sa famille, sa réputation est assez mauvaise et le roi espère une victoire facile. Mais elle résiste, par attachement à Bellegarde et surtout par intérêt familial : son père, son oncle, et l'amant de sa tante, privés de leurs charges, veulent les réintégrer. Elle ne cède qu'en avril 1591, et ses parents obtiennent peu après satisfaction. Gabrielle ne se contente

Gabrielle d'Estrées

Gabrielle d'Estrées prenant son bain. Huile sur toile, École française, Azay-le-Rideau. © *Sélection Images*

La présence française en Inde vers 1700

pas d'être la favorite officielle traitée comme une reine par le roi : elle veut se faire épouser. Elle pousse donc Henri IV à se convertir au catholicisme, afin qu'il puisse faire annuler son mariage. Elle donne à son amant un fils, César, futur duc de Vendôme (juin 1594). Marquise de Monceaux en 1596, elle est faite duchesse de Beaufort l'année suivante. En février 1599, la reine Margot (Marguerite de Valois) accepte enfin la dissolution de son mariage, mais Gabrielle meurt en couches quelques mois plus tard. Après César, elle avait donné au roi une fille, Catherine, duchesse d'Elbeuf, et un fils, Alexandre, chevalier de Vendôme.

ESTRÉES Victor Marie d' (Paris, 1660 – Paris, 1737)

Maréchal de France.

Il reçoit la charge de vice-amiral en 1684. Maréchal de France en 1703, lieutenant général des flottes d'Espagne l'année suivante, Victor d'Estrées contribue à affermir Philippe V sur le trône d'Espagne. Vice-roi d'Amérique et gouverneur de Nantes à la mort de son père, il devient ministre d'État en 1715.

ESUS

Dieu gaulois dont le nom signifie peut-être le « bon maître » ou le « dieu ».

Représenté muni d'une hache ou une serpe avec laquelle il abat un arbre, il porte la tunique courte des bûcherons. Sur une stèle de Trèves et sur le pilier des nautes de Lutèce, l'arbre qu'abat Esus cache un taureau, et trois gros oiseaux (corbeaux ou grues) sont juchés sur les branches. Cette scène énigmatique évoque probablement un mythe celtique où intervient ce dieu-bûcheron. Le poète latin Lucain rapporte qu'on sacrifie à Esus des hommes suspendus à des arbres.

ÉTABLISSEMENTS FRANÇAIS DE L'INDE

Dès le XVIe siècle, la France ambitionne de se fixer aux Indes. Toutefois, elle ne s'y implante véritablement que lorsque la Compagnie française des Indes orientales, après sa refonte de 1664, décide d'ouvrir un comptoir à Surate.

L'Établissement ferme bientôt, mais la Compagnie achète Pondichéry au grand moghol Aurangzeb. Ce souverain lui permettra, en 1668, de prendre possession de Chandernagor. Plus tard, elle obtient Karikal, Yanaon, Mazulipatam. En 1719, sa fusion avec la Compagnie d'Occident du célèbre financier Law donnera naissance à la Compagnie française des Indes qui absorbera toutes les petites compagnies ayant des intérêts dans le pays, et régentera comptoirs et « loges ». En 1742, François Dupleix, qui a dirigé le comptoir de Chandernagor, devient gouverneur des Établissements français. Il les métamorphosera, secondé par les marquis de Bussy-Castelnau et de La Bourdonnais, en un vaste empire englobant tout le Deccan. Malheureusement pour la France, Dupleix est vaincu devant Maduré par les troupes anglaises. Louis XV le rappelle à Paris et charge le baron Lally-Tollendal d'assurer la défense des Indes françaises, mais les Britanniques le battent à Pondichéry, s'emparent de lui et de la ville. Conséquence du traité de Paris de 1763 qui met fin à la guerre de Sept Ans, la Grande-Bretagne ne tarde pas à enlever à la France presque tous ses Établissements de l'Inde. Le traité de Versailles l'obligera bien à les rendre en 1783, mais elle les ressaisira lors des guerres qu'elle mènera contre la République en 1793 – année où la Convention dissout définitivement la Compagnie des Indes – et en 1803. Ce n'est que sous Louis XVIII que l'Angleterre, par le traité de Paris du 20 novembre 1815, restituera Mahé, Karikal, Pondichéry, Yanaon, Chandernagor et quelques loges et territoires. Aux termes des accords du 21 octobre 1954, la France s'est retirée de l'Inde et y a cédé ses droits à l'Union indienne.

ÉTABLISSEMENTS DE ROUEN

Charte accordée à une ville.

Au début du XIIe siècle, malgré leur nombre et leur importance économique croissante, les communautés urbaines ne possèdent nulle existence légale. Elles demeurent soumises à des seigneurs ; mais leur développement démographique, leur richesse, l'apparition de notables influents rendent inéluctable une modification de leur état de sujétion. Cette reconnaissance officielle de personnalité sera l'œuvre du XIIe siècle. Elle se concrétise par des sortes de chartes accordées de manière différente selon les cas et les lieux. Ces affranchissements codifiés sont obtenus par la négociation avec le seigneur ou bien parfois par la force : c'est le cas à Amiens, Cambrai, Laon, Le Mans ou Vézelay. Dans le Midi, les cités bénéficiaires prennent le nom de villes franches ou consulaires. En Angleterre et dans les possessions anglaises de la famille Plantagenêt sur le continent, ces textes portent le nom d'*establishment* (institution, fondation) ou, plus littéralement « établissement », terme qui sera transposé en français et accolé à celui de Rouen, cité bénéficiaire d'une pareille mesure de la part du roi Henri II Plantagenêt (1154-1189). Le texte énumère la nature des franchises accordées aux habitants et régit désormais leurs relations avec le pouvoir. Il sert bientôt de modèle à d'autres communes de Normandie puis de l'ouest et du nord de la France, pays de droit coutumier pour lequel un écrit constitue à cette époque une des meilleures références.

ÉTABLISSEMENTS DE SAINT LOUIS

Recueil de droit coutumier français dressé vers 1270-1273 par un compilateur.

Celui-ci ajoute au recueil de textes deux ordonnances de Saint Louis, l'une régissant les droits du prévôt des marchands de Paris, l'autre interdisant le duel judiciaire. C'est cette particularité qui a fait croire, au XIXe siècle, que l'ensemble de ces écrits émanait du roi lui-même. En fait, ces Établissements se composent de deux livres rapportant les principaux droits coutumiers d'Anjou, du Maine et de l'Orléanais. Le compilateur se livre, à chaque occasion, à des comparaisons entre les coutumes régionales, le droit romain et le droit canon. Cette œuvre ne présentait à l'époque aucune valeur juridique officielle mais elle aura un profond retentissement sur les juristes d'Île-de-France, du Val de Loire et du Poitou qui en appliqueront volontiers les principes.

ÉTAMPES

Ville du département de l'Essonne, dans la Beauce, au confluent de la Chalouette et de la Juine.

L'existence d'Étampes est attestée depuis le VIe siècle, et la ville appartient au domaine royal dès les premiers Capétiens. Plusieurs conciles se tiennent à Étampes aux XIe et XIIe siècles. Au début du XIIe siècle, Robert le Pieux élève dans la ville un premier château fortifié dit du Séjour ou des Quatre Tours, dont quelques vestiges subsistent dans l'actuel palais de justice. À ces fortifications, Louis VII ajoute au milieu du XIIIe siècle le donjon royal, dit tour Guinette (de guigner, guetter), qui s'élève selon un plan quadrilobé très rare. De 1201 à 1212, la tour Guinette sert de prison à la reine Ingeburge, épouse répudiée de Philippe Auguste. Philippe le Bel donne la seigneurie d'Étampes à son frère, Louis d'Évreux, et Charles IV l'érige en comté en 1327, au profit, toujours, de la branche d'Évreux. Pendant la guerre de Cent Ans, la ville est assiégée par les Anglais, les routiers et les Bourguignons et ses fortifications sont démantelées au début du XVIe siècle. En 1537, François Ier transforme le comté en duché, offert à Jean de Brosses, le mari complaisant de sa maîtresse Anne de Pisseleu. Celle-ci doit s'en dessaisir sous le règne d'Henri II, au profit de Diane de Poitiers. Le duché d'Étampes passe, en 1598, à Gabrielle d'Estrées, favorite d'Henri IV, et, à la mort de celle-ci l'année suivante, le roi le donne à César de Vendôme, un des fils qu'elle lui a donnés. Le duché reste entre les mains de ses descendants jusqu'en 1712, date à laquelle il rentre dans le domaine royal et cesse d'être une monnaie d'échange aux amours royales.

ÉTAMPES Anne de PISSELEU, duchesse d' (Fontaine-Lavaganne, 1508 – Heilly, 1580)

Favorite royale.

Fille d'honneur de la reine Louise de Savoie pendant la captivité de François Ier en Espagne, elle fait partie du cortège qui accueille le roi libéré à Bordeaux, le 17 mars 1526. 18 ans, belle, blonde, l'air candide, elle séduit aussitôt François Ier et devient sa maîtresse. Soutenue par Louise de Savoie qui déteste la favorite en place, Françoise de Châteaubriant, elle engage la lutte contre cette dernière et l'évince définitivement en

1534. Le roi la marie à Jean de Brosse, comte de Penthièvre, et donne aux époux, en 1536, le comté d'Étampes, érigé en duché. Intelligente et cultivée, ce qui lui permet d'exercer sur le roi une grande influence, elle protège les artistes, organise à la Cour bals et fêtes splendides. Elle n'aime pas François Ier, et on lui prête de nombreux amants dont elle encourage la carrière. C'est ainsi qu'elle soutient Chabot contre Montmorency. Sa coterie s'oppose ensuite à celle de Diane de Poitiers, favorite du Dauphin (futur Henri II). Le peuple ne l'aime pas et la rumeur publique l'accuse de trahir François Ier pour Charles Quint. En 1547, la mort du roi, l'avènement d'Henri II et la toute-puissance de son ennemie Diane de Poitiers provoquent son exil immédiat. Anne doit rendre ses bijoux, tous les cadeaux du roi. Comble d'infortune, son mari lui intente un procès, étalant le scandale de sa vie sur la place publique. Henri II met rapidement un terme à ce procès, puis reprend le duché d'Étampes aux époux. Anne de Pisseleu meurt bien des années plus tard, complètement oubliée. On ignore même où elle a été enterrée.

La duchesse d'Étampes
La maîtresse de François Ier vers 1540. Dessin, Chantilly, musée Condé. © *Giraudon*

ÉTAPLES

Petite ville du Pas-de-Calais, située dans l'estuaire de la Canche, à 13 km au nord-ouest de Montreuil.

Les Romains, qui la nomment *Stapulae*, y mouillent les embarcations destinées à la liaison avec la *Bretagne* (Angleterre), vocation qui se poursuit au Moyen Âge entre la grande île et le littoral picard. L'importance du site est telle que Philippe Auguste y établit une citadelle. Celle-ci deviendra par la suite siège de capitainerie royale. Désireux d'aller guerroyer en Italie, Charles VIII y conclut, en novembre 1492, un traité de paix avec Henri VII d'Angleterre, moyennant le versement de 745 000 écus.

ÉTAT CIVIL

Actes écrits permettant de faire la preuve de la naissance, du mariage et de la mort des individus. L'administration romaine, déjà, rend obligatoire l'inscription des naissances dans des registres, mais cette pratique disparaît pendant le haut Moyen Âge au profit du témoignage oral.

À la fin du XIVe siècle seulement, certains prêtres commencent à consigner dans des registres les aumônes offertes par les fidèles à l'occasion des baptêmes, mariages et enterrements, et la date de ces cérémonies. Cette habitude se répand peu à peu, et l'ordonnance de Villers-Cotterêts la légalise en 1539 : curés et vicaires doivent tenir des registres où figure le nom des enfants baptisés, et les déposer chaque année au greffe du bailliage le plus proche. L'ordonnance de Blois, en 1579, étend la mesure aux mariages et aux décès, et interdit aux juges de recevoir d'autres preuves de l'état civil des individus. Une nouvelle ordonnance, en avril 1667, précise que les registres doivent être tenus en double exemplaire, l'un pour le curé, l'autre destiné au greffe du tribunal royal. La révocation de l'édit de Nantes contraint ensuite les protestants à recourir au curé, et non plus au pasteur, mesure qui entraîne des troubles pendant tout le XVIIIe siècle, dans le Languedoc et le Dauphiné surtout. Il faut attendre 1787 pour qu'un édit, enregistré par le Parlement l'année suivante seulement, autorise les non-catholiques à contracter mariage devant les juges des lieux. Des registres doivent être établis dans la principale justice de tous les bourgs et villes. Sous la Révolution, la loi du 20 septembre 1792 retire la tenue des registres au clergé et la confie aux municipalités. La loi du 28 pluviôse an II achève ensuite la sécularisation de l'état civil, et ces mesures, reprises par le code civil en 1804, ne subiront plus que des modifications de détail.

ÉTAT FRANÇAIS

Régime politique succédant à la IIIe République à partir du 10 mai 1940.

La IIIe République, par l'intermédiaire de ses parlementaires, réunis au casino de Vichy, a mis un terme à son existence en votant les pleins pouvoirs au maréchal Pétain le 10 juillet 1940. Par 569 voix contre 80 et 17 abstentions est adopté l'article unique selon lequel : « L'Assemblée nationale donne tous pouvoirs au gouvernement de la République, sous l'autorité et la signature du maréchal Pétain, à l'effet de promulguer par un ou plusieurs actes une nouvelle Constitution de l'État français. Cette Constitution devra garantir les droits du travail, de la famille et de la patrie. Elle sera ratifiée par la nation et appliquée par les assemblées qu'elle aura créées. » Nul autre parlementaire plus que Pierre Laval ne s'est autant efforcé de faire approuver ce texte qui entérine la disparition du régime républicain. Dès ce moment, le maréchal et son entourage vont prôner les grands principes de l'État français, corporatiste, agricole et artisanal. La droite française aspire, en effet, au repliement du pays sur lui-même, appliquant les principes maurrassiens de la « France seule ». Ce repliement doit permettre la rénovation de la nation par la réflexion, la méditation, en éliminant toutes les causes de corruption et de faiblesse du régime précédent, perturbé par l'influence des milieux financiers et des partis politiques. Corporatiste, l'État français remplace les notions de « Liberté », d'« Égalité » et de « Fraternité », chères aux Jacobins, par celles de « Travail », de « Famille » et de « Patrie ». La francisque est son emblème. C'est en quelque sorte un nouveau régime d'« ordre moral » tel que le défendit le maréchal de Mac Mahon au lendemain du désastre de 1870-1871.

Le grand principe de l'État français, dont les termes figurent sur tous les entêtes officiels, est la Révolution nationale. L'expression apparaît dans un message du maréchal Pétain à la nation en date du 11 octobre 1940. L'ordre nouveau doit s'inspirer des doctrines chrétiennes. Il prône le retour à la terre et loue les mérites de l'artisanat, ce qui semble bien archaïque à une époque de production de masse. Les organismes professionnels doivent régir eux-mêmes leurs règles intérieures. La vie politique et administrative relève au contraire de la seule autorité du chef de l'État. Le gouvernement ne sera plus désormais l'émanation d'une quelconque volonté populaire. Au contraire, le pouvoir doit s'exercer « d'en haut » et étendre progressivement son autorité « vers le bas ». Il faut donc un exécutif fort, avec peu de membres, efficace, qui fera valoir son autorité par l'intermédiaire des super-préfets de régions, des préfets et des sous-préfets. Les conseils généraux départementaux disparaissent. L'autorité des maires est considérablement réduite. Ces édiles ne sont d'ailleurs plus élus par leurs administrés mais désignés et nommés par le pouvoir.

Dans le domaine professionnel, les organisations paysannes sont choyées. Tout est entrepris pour maintenir le paysan à la terre et même pour encourager le retour de citadins vers la campagne. Les anciens combattants représentent une autre « clientèle » fort prisée : ils sont appelés à constituer l'ossature d'un parti unique dont l'élément actif, la Légion française des combattants, doit quadriller tout le pays (jusqu'en 1942 la seule zone sud) en vue de s'assurer partout une solide implantation. Une loi du 20 août 1940 entérine son existence. Les membres de cette Légion prêtent solennellement serment au maréchal. C'est

État français
Fête de l'athlétisme français, passage du 800 mètres (Vichy, septembre 1941). © *Roger-Viollet*

au nom de l'État français que sont nommés ou révoqués les fonctionnaires, que sont édictés lois, décrets et arrêtés, l'occupant profitant de ce paravent pour faire entériner une législation répressive qui institue, entre autres, les lois raciales et le Service du travail obligatoire (STO). L'État français perd progressivement de son prestige à mesure que la cause allemande vacille et que les exigences de l'occupant deviennent plus pressantes. Après la réussite du débarquement allié du 6 juin 1944 en Normandie, un nombre croissant de fonctionnaires refuse d'obéir à ses directives. Les Allemands eux-mêmes mettent un terme officiel à son existence en procédant, le 20 août, à Vichy, à l'enlèvement du maréchal Pétain pour le conduire au château de Sigmaringen, dans le Wurtemberg.

ÉTATS GÉNÉRAUX

Au Moyen Âge et sous l'Ancien Régime, assemblée des trois ordres du royaume, clergé, noblesse et tiers état, convoquée par le roi pour traiter d'affaires importantes concernant l'État.

Cette assemblée procède de la Cour du roi dont elle est comme une cour élargie. En sa Cour, aux temps féodaux, le roi appelait ses principaux vassaux laïques et ecclésiastiques qui constituaient les forces sociales actives de la société. À la fin du XIIe siècle et au XIIIe siècle, lorsque les structures sociales commencent à se modifier, il prend également l'habitude de faire appel à des bourgeois. Cependant, jusqu'à la fin du XIIIe siècle, le roi convoque tantôt les bourgeois, tantôt ses vassaux laïques et ecclésiastiques, mais jamais ensemble les trois ordres. C'est seulement en 1302 que, pour la première fois, Philippe le Bel, désireux de s'appuyer sur l'opinion publique dans son conflit avec Boniface VIII, convoque à Notre-Dame de Paris pour le 16 avril une assemblée de prélats, de barons et de représentants des villes, dans laquelle on a pu voir la première réunion des états généraux. Les moments essentiels y sont déjà : le discours du chancelier qui expose la thèse royale, les mots prononcés par le roi, la prise de position des états.

Les états généraux aux XIVe et XVe siècles. Pendant ces deux premiers siècles de leur histoire, la souplesse des états généraux est très grande. Cette caractéristique ne disparaîtra d'ailleurs jamais complètement : les modes de convocation, de composition et de tenue des états généraux ne seront jamais nettement déterminés. Un aspect de cette souplesse a trait à l'aire géographique de provenance de ceux qui les composent, variable selon les circonstances. En principe, les états englobent tout le royaume. Mais il arrive assez souvent – et notamment au milieu du XIVe siècle en raison des troubles de la guerre de Cent Ans – que le roi réunisse deux assemblées différentes : l'une pour les pays de langue d'oïl et l'autre pour les pays de langue d'oc. Le rôle naturel de ces assemblées, qui sont une création du souverain, est consultatif, limité à une ou plusieurs questions, le plus souvent d'ordre financier. Mais la carence du pouvoir ou la gravité des circonstances peut faire que les états sortent de la déférence et de la discrétion qui les caractérisent à l'origine. Tout au long des XIVe et XVe siècles, ont voit des rois forts s'appuyer sur les états. Ainsi Philippe le Bel en 1302, puis en 1308, lorsqu'il convoque les états à Tours à propos de l'affaire des Templiers. De même en 1314, à propos d'une nouvelle guerre en Flandre, on le voit encore réunir les états pour leur demander des subsides. Ses successeurs prennent exemple sur lui : à propos de l'unification des monnaies en 1320 et 1333, également pendant la guerre de Cent Ans, en des périodes de redressement. C'est ce que fait Charles V, en 1367, lorsqu'il veut remettre de l'ordre dans le royaume après les victoires remportées contre les Anglais. De même Charles VII, en 1439, associe les états à sa reconquête du royaume et Louis XI leur demande leur soutien, en 1468, dans sa lutte contre Charles le Téméraire. Mais il arrive aussi que, dans les périodes difficiles, les états cherchent à s'imposer au roi, C'est ce qu'ils font notamment au milieu du XIVe siècle, lorsque l'on assiste à une véritable crise politique qui atteint son paroxysme dans les années 1355-1358, pendant lesquelles ils siègent à peu près en permanence, ce qui ne s'était jamais vu.

Cette crise remonte aux années 1346-1347. Elle est liée aux défaites de Philippe VI, qui se voit adresser de sévères remontrances par l'assemblée réunie en novembre 1347 après le désastre de Crécy, aux besoins d'argent de la monarchie et aux difficultés économiques des années 1350, qu'aggrave la peste noire. Lorsqu'ils se réunissent à Paris à la fin de novembre 1355, le roi leur demande des subsides par l'intermédiaire de son chancelier. L'orateur des villes, Étienne Marcel, prévôt des marchands, négocie avec celui-ci. Finalement les états accordent l'aide demandée, mais entendent imposer un certain nombre de conditions à leur soutien. Les états se réservent d'organiser la perception de l'aide, qui sera confiée à des receveurs choisis dans chaque pays par les députés des états, les « élus ». Ils entendent également en contrôler les recettes. L'argent ira directement aux troupes sans passer par les agents royaux. Ces conditions financières sont assorties de conditions politiques, la première étant la périodicité des réunions. Les états obtiennent d'être convoqués pour mars, puis pour novembre 1356. Ils font également admettre par le roi que jamais aucune aide ne pourra être levée sans leur consentement ; le roi ne pourra pas non plus lever l'arrière-ban, c'est-à-dire convoquer tous les hommes à l'armée, si ce n'est « par le conseil des députés ». De plus, les états choisiront eux-mêmes les maîtres des monnaies. Enfin, le « droit de résistance » est reconnu à tous, par voie de coalition, contre les officiers royaux. C'est un véritable droit de rébellion. Sous l'impulsion d'Étienne Marcel, les états cherchent donc à organiser une sorte de gouvernement représentatif qui contrôlerait le pouvoir royal. On assiste à un début de réalisation lorsque, en mars 1356, les états, constatant que l'impôt rentre mal, votent un nouvel impôt. Par ailleurs, l'autorité royale semble un peu plus affaiblie avec la captivité de Jean le Bon, consécutive à la bataille de Poitiers.

Réunis de nouveau en octobre 1356, les états accentuent leurs prétentions. La « Commission des élus » établit un bilan des griefs contre le gouvernement, dresse une liste des « mauvais conseillers du roi », émet la prétention que le Conseil du roi soit désormais choisi parmi les états, qu'il n'en soit qu'une émanation. En février 1357, les états demandent également la périodicité des états et la création d'une commission de contrôle des services publics. La Grande Ordonnance du Dauphin (mars 1357) semble leur donner satisfaction. Mais, si le Dauphin (futur Charles V) a eu la sagesse de prendre, parmi toutes les doléances qui lui ont été présentées, celles qu'il estime utiles au point de vue administratif ou judiciaire, il ne cède pas, en réalité, sur l'essentiel, c'est-à-dire le choix de ses conseillers. Il refuse d'admettre d'avoir à les prendre parmi les membres des états, ce qui lui réserve la possibilité de gouverner. Et comme l'agitation continue, qu'Étienne Marcel se compromet avec les Anglais, il exploite cette situation, se pose en défenseur du royaume, quitte Paris et réunit dans les provinces des états provinciaux qui le soutiennent. Rentrant alors à Paris, il prend appui sur un parti qu'il a su s'y ménager et qui se soulève à son approche. Étienne Marcel est tué dans les combats. Le Dauphin pardonne à tous, mais dissout les états. Grâce à lui, la royauté sort de la crise non seulement victorieuse, mais fortifiée.

L'échec des états généraux de 1355-1358 ne peut que décourager des tentatives ultérieures. Pendant près d'un siècle, les états sont réduits au rôle modeste de bailleurs de fonds, à l'exception des états de janvier 1413 qui précèdent la révolution cabochienne. Cependant, à la faveur de la minorité de Charles VIII et de la régence de sa sœur aînée, Anne de Beaujeu, les états réunis à Tours, du 15 janvier au 14 mars 1484, renouvellent un certain nombre d'exigences. Philippe Pot y prononce un remarquable discours sur le peuple « donateur de la chose publique » et sur l'origine élective de la monarchie, et les états réclament de nouveau la périodicité des réunions. Mais ils n'obtiennent rien. Ce dernier échec sera lourd de conséquences. Les assemblées politiques n'auront pas réussi, en France, comme elles l'avaient fait en Angleterre, à jouer finalement d'autre rôle que celui que veut bien leur accorder une royauté en essor. Ces tendances s'affirmeront encore aux siècles suivants avec le développement de l'absolutisme royal. Le roi finira même par ne plus convoquer les états. Ceux de langue d'oïl disparaîtront et ceux de langue d'oc ne survivront à partir de 1361 que sous la forme d'états provinciaux.

S'ils signifient l'échec définitif de la tentative de gouvernement d'assemblée, les états de 1484 sont néanmoins positifs en ce sens qu'ils marquent le passage d'assemblées de type essentiellement féodal à celui d'assemblées de type représentatif. Jusque-là, la représentation des états est, en effet, loin d'être nationale. La première convocation de 1302 s'adresse aux vassaux laïques et ecclésiastiques de la royauté. Les villes dont le roi convoque les représentants sont uniquement celles dotées de privilèges et sont, comme telles, ses vassales. Enfin les paysans, qui ne sont pas les vassaux du roi, ne sont absolument pas « représentés ». Mais, très vite, il y a un élargissement des convocations. Dès 1308, d'importants bourgs délèguent des représentants. Parallèlement, l'idée de représentation progresse, même au sein de la noblesse et du clergé, qui prennent l'habitude de se faire représenter par un procureur. Par ce biais des procurations, on arrive au principe de la représentation qui s'affirme dans la seconde moitié du XVe siècle. Déjà en 1468, aux états de Tours, Louis XI, qui entend s'appuyer sur l'opinion publique, sur les petites gens dans sa lutte contre Charles le Téméraire et contre les forces féodales coalisées dans un dernier sursaut, a recours à un système de convocation mixte. D'une part, selon l'ancienne méthode, il convoque des prélats et des seigneurs qui comparaissent individuellement ou par procuration. Mais d'autre part – et c'est là la nouveauté –, il demande à ses bonnes villes de lui « députer » des notables des trois ordres, « gens d'Église, bourgeois, nobles ». Ce principe prévaut définitivement aux états de 1484. Le terme de tiers état y apparaît pour la première fois dans les textes et, pour la première fois également, une représentation des trois ordres y est organisée pour l'ensemble du royaume. Elle aboutit à un système d'élection par circonscription, par bailliage, à raison d'un député par ordre pour chaque bailliage. Sont ainsi rassemblés 250 à 284 députés. Cependant, si la distinction est claire entre chaque ordre, il y a encore des interférences, des élections communes où sont groupés dans une même assemblée noblesse et tiers état. C'est ce qui se produit à Paris. Enfin, aux états, les députés se groupent non par ordre, mais par pays, car l'unité nationale est de fraîche date.

Les états généraux du XVIe siècle. L'échec politique des états généraux de 1484 permet à la monarchie française de réaliser aux mieux les conditions de la monarchie absolue. Les rois Charles VIII, Louis XII, François Ier et Henri II sont ceux qui ont le plus la maîtrise de leur royaume. Mais avec les guerres de Religion qui compromettent le pouvoir royal, réapparaissent les prétentions des états à limiter l'autorité du roi, et les états généraux sont convoqués à plusieurs reprises dans la seconde moitié du XVIe siècle (Orléans 1560 ; Pontoise 1561 ; Blois 1576-1577, 1588-1589 ; Paris 1593). C'est alors que leur organisation se précise et se clarifie. Les états apparaissent définitivement répartis par ordre. Les élections se font sur décision du roi par lettres patentes largement publiées, elles ont lieu dans le cadre du bailliage. Les membres des assemblées de bailliage qui députent aux états généraux groupent, en général, tous les nobles détenteurs de fiefs et les prêtres séculiers, ainsi que les représentants des chapitres et des monastères. Les délégués du tiers état comprennent, d'une part, les représentants des communautés rurales dont tous les membres sont consultés, mais dans le cadre d'un système à plusieurs degrés, et, d'autre part, ceux des habitants des villes dont seules les notabilités sont représentées (officiers de justice, chefs de quartier, échevins). L'assemblée de bailliage réunit alors les délégués des trois ordres, qui élisent leur député et rédigent leur cahier de doléances. Les délégations sont donc composées de ces députés de bailliages, grossis parfois de représentants des états provinciaux (Languedoc, Bourgogne, Dauphiné) et de certaines villes (Paris, La Rochelle, Marseille, Rouen, Amiens). Les effectifs réunis sont variables : 39 députés en 1561 à Pontoise, 326 en 1576 (dont 104 du clergé, 72 de la noblesse, 150 du tiers), 505 en 1588, 128 en 1593.

Les sessions débutent en principe par une séance royale solennelle, au cours de laquelle le chancelier annonce le motif de la convocation. Chaque ordre se retire alors pour délibérer – des délégations assurant le contact entre les ordres –, élit un bureau (président, secrétaire, orateur), vérifie les pouvoirs des députés, fond en un seul cahier par ordre les doléances des cahiers de bailliage. En une ou plusieurs séances communes, les orateurs des trois ordres répondent aux questions posées puis soutiennent au roi leur cahier en une séance de clôture. Le Conseil du roi n'examine donc les cahiers qu'après la dislocation des états ; aussi les députés cherchent-ils à ce qu'une commission reste en rapport avec le Conseil. Ce sera peine perdue. L'excès de désordre, la politique espagnole et antinationale des ligueurs permettent, par réaction, à Henri IV de renforcer les tendances à l'absolutisme. Son règne est marqué par un nouvel effacement des états généraux, cette fois-ci durable. À l'exception de ceux de 1614, réunis à la faveur de la crise gouvernementale aiguë qui secoue la France pendant la minorité de Louis XIII, les états généraux ne seront plus convoqués avant 1789.

Les états généraux de 1614. La politique espagnole de la régente Marie de Médicis et la faveur illimitée qu'elle accorde à Concini ayant soulevé l'opposition des grands, des protestants, du Parlement et de la Sorbonne, la Cour se voit contrainte de leur accorder la convocation des états généraux. Composés de 464 députés – « 140 du clergé, 132 de la noblesse, 192 (dont 131 officiers) du tiers » –, ils siègent à Paris, en ordres séparés, aux Grands-Augustins d'octobre 1614 à février 1615. Mais les haines qui s'y manifestent entre les trois ordres provoquent leur échec complet : le tiers gallican s'oppose au clergé ultramontain en ce qui concerne l'indépendance de la personne royale à l'égard du Saint-Siège, le clergé et la noblesse sont hostiles à la vénalité des offices, perpétuée par la paulette que le tiers n'accepte de voir supprimer qu'à la condition que la noblesse consente à une diminution des tailles et des pensions dont elle vit. Finalement, le jeune roi et sa mère profitent de ces dissensions pour éluder les problèmes. Les députés sont remerciés mais, comme ils s'attardent à Paris, le souverain leur fait connaître, à titre individuel, quelques mesures qu'il a prises en considération des doléances : suppression de la vénalité des charges, établissement d'une chambre de justice pour juger les financiers compromis. Rien de plus. Mais les états de 1614 ont révélé la personnalité de Richelieu, député et orateur du clergé. Paradoxalement, en contribuant puissamment au renforcement de l'absolutisme royal, ce sera lui qui rendra inutile jusqu'en 1789 la convocation des états généraux.

États généraux
Les états de 1614. Gravure, Paris, bibliothèque des Arts décoratifs. © *G. Dagli Orti*

Les États généraux de 1789. Pendant les années qui précèdent 1789, la crise financière et l'incapacité du régime à se réformer ouvrent une grave crise politique dont profite l'aristocratie pour imposer la convocation des États généraux. Mais, à ce jeu dangereux, l'aristocratie ne l'emporte pas. En provoquant la réunion des États généraux par son refus de toute réforme qui porterait atteinte à ses privilèges, elle met certes à bas l'absolutisme royal, mais ouvre aussi la voie, sans le vouloir, à la Révolution. Cette révolte nobiliaire prend corps lorsque Calonne prétend établir l'égalité devant l'impôt. L'Assemblée des notables convoquée en 1787 pour approuver son train de réformes se révèle si peu docile que Brienne, successeur de Calonne, la congédie le 28 mai 1787. Mais, l'urgence des réformes s'affirmant toujours plus, Brienne est contraint d'affronter les parlements dont la résistance succède à celle des notables. Le 3 mai 1788, le parlement de Paris publie une déclaration des lois fondamentales du royaume dont il se dit le gardien et, reprenant une vieille revendication, proclame que le vote des impôts appartient aux États généraux. Loin de briser sa résistance, la réforme judiciaire de Lamoignon met, au contraire, le comble à l'agitation qui tourne à l'insurrection à Dijon, Toulouse, Pau, Rennes et surtout dans le Dauphiné où l'assemblée de Vizille réclame la convocation des États généraux qui, pour elle, ont seuls le droit d'établir des impôts. Contraint de céder devant une situation financière de plus en plus dramatique, Brienne promet le 5 juillet 1788 par un arrêt en Conseil, de réunir les États généraux et, le 8 août, fixe leur réunion au 1er mai 1789. Necker, rappelé au pouvoir, confirme la convocation à la date fixée par Brienne. L'enthousiasme est alors immense parmi le tiers état qui, jusque-là, a suivi l'aristocratie dans sa révolte contre l'absolutisme. Mais le parlement de Paris se hâte d'indiquer en quel sens il entend exploiter sa victoire : le 21 septembre 1788, il prend un arrêt au terme duquel les états seront « régulièrement composés et convoqués suivant la forme observée en 1614 », c'est-à-dire en trois ordres séparés disposant chacun d'une voix. Cette prise de position, qui signifie clairement que les deux ordres privilégiés l'emporteront de toute façon sur le tiers état, provoque la rupture de l'alliance entre l'aristocratie et la bourgeoisie. Le parti patriote, qui reporte désormais tous ses espoirs sur un roi qui a consenti à faire appel à ses sujets, prend la tête de la lutte contre les privilégiés. Comme rien n'a jamais fixé de façon précise les bases essentielles de l'institution, le doublement du tiers par rapport aux deux autres ordres et le vote par tête et non par ordre sont les points essentiels sur lesquels porte le débat. Sur rapport de Necker, le Conseil du roi accorde le doublement du tiers le 27 décembre 1788. Mais il ne tranche pas la question décisive du vote par tête ou par ordre.

Le règlement électoral fixé par les lettres royales du 24 janvier 1789 est libéral. Le bailliage ou la sénéchaussée forment la circonscription. Les membres des ordres privilégiés se réunissent au chef-lieu pour former l'Assemblée électorale du clergé et l'Assemblée électorale de la noblesse : les évêques et les abbés, tous les chapitres, corps et communautés ecclésiastiques rentés, réguliers et séculiers, et généralement tous les ecclésiastiques possédant bénéfice ou commanderie d'une part, tous les nobles possédant fief d'autre part. Font encore partie de l'Assemblée électorale du clergé tous les curés de paroisse, ce qui assure une importante majorité au bas clergé. Pour le tiers état, le mécanisme est assez complexe. Ont droit de vote tous les habitants composant le tiers, nés Français ou naturalisés, âgés de 25 ans, domiciliés et compris au rôle des impositions. Dans les villes, les électeurs s'assemblent d'abord par corporations ou, s'ils ne font partie d'aucune corporation, par quartiers, et nomment un ou deux délégués pour 100 votants. Ces délégués forment l'Assemblée électorale du tiers de la ville, chargée de choisir les électeurs de l'Assemblée du tiers du bailliage qui élit à son tour les députés aux États généraux. Dans les campagnes, les habitants se

États généraux
Ouverture des États Généraux à Versailles, le 5 mai 1789. Dessin de C. Monet, gravure d'Helman, Paris, Bibliothèque nationale de France, coll. de Vinck. © *Tallandier*

réunissent en assemblées de paroisse, afin de nommer, à raison de deux pour 200 feux, des délégués à l'Assemblée du tiers du bailliage. Ce règlement favorise la bourgeoisie. Les représentants du tiers sont toujours élus au suffrage indirect à deux degrés dans les campagnes, à trois dans les villes. Surtout, le vote a lieu en assemblée électorale, par appel nominal. Aussi les bourgeois les plus influents, notamment les hommes de loi, vont-ils dominer les débats, et la représentation du tiers ne sera-t-elle composée que de bourgeois.

La campagne électorale s'était engagée dans un grand mouvement d'enthousiasme et d'agitation politique et sociale. Mais les opérations électorales se déroulent dans l'ensemble avec calme et lenteur, chaque assemblée électorale rédigeant un cahier de doléances dont l'ensemble constitue un vaste tableau de la France à la fin de l'Ancien Régime. Les abstentions sont nombreuses. C'est ainsi qu'à Paris il y a seulement 11 706 votants sur les 50 000 électeurs du tiers. Les résultats, tout comme les revendications formulées dans les cahiers de doléances, montrent la force qu'a su acquérir dans tout le pays et dans toutes les classes de la société le parti patriote. La députation du clergé, forte de 291 membres, compte plus de 200 prêtres libéraux acquis aux réformes et quelques prélats libéraux. Parmi les 270 députés de la noblesse dominent les « aristocrates », mais s'affirme aussi un groupe d'environ 90 grands seigneurs patriotes, prêts à faire cause commune avec le tiers. Quant à ce dernier, près de la moitié de sa députation, forte de 578 membres, est composée des hommes de loi qui avaient joué un rôle si important au cours de la campagne électorale. Ils arrivent à Versailles unis, alors que les ordres privilégiés sont profondément divisés : hostilité du clergé contre la noblesse, de la noblesse provinciale contre les grands seigneurs libéraux, des curés contre les évêques.

Après la réception du 2 mai par le roi au château de Versailles, puis la procession du saint sacrement à Saint-Louis (4 mai), l'ouverture solennelle des États généraux a lieu, le 5 mai, dans la salle des Menus-Plaisirs. Les discours inauguraux du roi, du garde des sceaux Barentin, hostile à toute nouveauté, et de Necker, qui se borne à traiter des questions financières, sans annoncer de programme politique, déçoivent les représentants du tiers. Le lendemain, la noblesse et le clergé se réunissent dans les salles qui leur ont été affectées afin de procéder à la vérification des pouvoirs et de se constituer séparément. Alors le tiers, comprenant qu'il ne peut compter que sur lui-même, ouvre le conflit en réclamant la vérification en commun, ce qui implique le vote par tête et non par ordre. Puis, après une ultime invitation aux deux ordres privilégiés, il commence à procéder seul à la vérification des pouvoirs des députés des trois ordres (12 juin). Son habileté tactique va lui donner la victoire. Dès le 13, le bloc des privilégiés commence à se désagréger. Trois curés de la sénéchaussée de Poitiers répondent à l'appel de leur nom, six, dont l'abbé Grégoire le 14, puis dix le 16. Sentant la victoire, le tiers, faisant valoir qu'il représente les 96/100e de la nation, abandonne, sur la proposition de Sieyès, le titre, désormais sans objet, d'États généraux pour celui d'Assemblée nationale et s'attribue le droit de consentir l'impôt (17 juin). Cette fermeté ébranle la résistance du clergé qui cède, le 19 juin, et se prononce pour la vérification définitive de ses pouvoirs en assemblée générale. Mais, encouragé par l'opposition de la noblesse, Louis XVI se décide à la résistance. Le 20 juin au matin, les députés du tiers trouvent fermées les portes de leur salle. Se transférant alors dans la salle du Jeu de paume, ils s'engagent par le serment du Jeu de paume « à ne jamais se séparer et à se rassembler partout où les circonstances l'exigeront jusqu'à ce que la Constitution soit établie et affermie sur des fondements solides ». La séance royale du 23 juin, destinée à les faire céder, est un échec pour le roi. Ce dernier y admet le vote des impôts par les États généraux et consent également à garantir les libertés individuelles et celles de la presse, mais lorsqu'il ordonne aux trois ordres de siéger en chambres séparées et casse les arrêtés du tiers, celui-ci refuse de se retirer et déclare ses députés inviolables. Après avoir un moment songé à employer la force, Louis XVI y renonce, alors que les représentants de la noblesse libérale mettent la main à l'épée pour défendre le tiers qui demeure maître de la situation. Dès lors, le triomphe de ce dernier se précipite. Le 24 juin, la majorité du clergé vient se confondre avec lui dans l'Assemblée nationale et, lorsque 47 députés de la noblesse, sous la conduite du duc d'Orléans, imitent cet exemple, le roi se décide à sanctionner ce qu'il n'a pu empêcher. Le 27 juin, il invite tous les représentants du clergé et de la noblesse à rejoindre l'Assemblée nationale. Les trois ordres délibèrent désormais officiellement en commun, les États généraux ont définitivement vécu. De plus, l'autorité du roi est implicitement passée sous le contrôle des représentants de la nation. Pour consacrer cette transformation, l'Assemblée se proclame Assemblée nationale constituante le 9 juillet. La Révolution a commencé.

ÉTATS PROVINCIAUX

Nom donné sous l'Ancien Régime à la réunion des trois ordres d'une province en assemblée régulièrement constituée, convoquée périodiquement, et jouissant d'attributions administratives et politiques, essentiellement le vote et la répartition de l'impôt.

Leur origine, difficile à dater avec précision, remonte aux Conseils de clercs, de nobles et d'hommes libres réunis par les seigneurs dans les fiefs, ou les agents du roi dans le domaine royal, avant de prendre une décision importante. L'institution acquiert généralement ses caractères définitifs vers le milieu du XIVe siècle et ne joue un rôle actif que jusqu'à la fin du siècle suivant. Abbés et évêques, qui siègent en tant que propriétaires, représentent le clergé ; la noblesse est représentée par les principaux seigneurs, et le tiers par les délégués des bonnes villes. Les modes de désignation des députés des deux derniers ordres sont extrêmement variables selon les provinces, mais le tiers ne représente qu'une oligarchie urbaine, jamais le peuple des campagnes. À intervalles réguliers, des lettres closes convoquent les députés au nom du roi, du gouverneur de la province ou des grands feudataires. Tous les participants reçoivent une indemnité, délibèrent en de brèves sessions de cinq jours, par tête ou par ordre suivant les provinces et les sessions. Les commissaires royaux président les séances, font connaître les désirs du souverain, peuvent exaucer les doléances des députés. Leur nombre varie de 2 à 5, on trouve parmi eux des ecclésiastiques et des laïques, membres des grands corps de l'État, comme Jacques Cœur.

Le rôle essentiel des états consiste à voter l'impôt, le « don gratuit » ; ils votent ensuite une taxe destinée à couvrir les frais de recouvrement, parfois aussi des subsides pour la défense du pays. En période troublée, l'assemblée peut lever des troupes et s'allier aux états des provinces voisines. Les députés établissent aussi des remontrances sur la situation de la province, l'administration royale, les édits, les traités, etc., et font parvenir au roi un cahier de doléances concernant les affaires communes de la province. Ils désignent des commissions intérimaires chargées de suivre les affaires en dehors des sessions, un agent permanent auprès du roi, et leurs propres officiers, syndics généraux, greffiers, receveurs généraux. Au point de vue administratif, les états sont chargés de la répartition des taxes votées, les receveurs étant soit des officiers royaux, soit des agents des états eux-mêmes. Leurs pouvoirs tendent rapidement à augmenter aux dépens de ces derniers. Une autre attribution des assemblées concerne les travaux publics, la voirie, etc., et les députés ont aussi la possibilité de prendre des mesures propres à favoriser le commerce ou l'agriculture.

Du point de vue politique, leur influence, déjà minime, ne cesse de décroître après la guerre de Cent Ans : le roi ne les convoque que très rarement pour de grandes circonstances – présentation d'un mariage ou d'un traité. Leur rôle essentiel consiste, en fait, à procurer rapidement au souverain des fonds indispensables, plus rapidement que s'il s'adressait séparément à chacun des trois ordres. Le roi les utilise avant tout pour lutter contre les Anglais, et cherche à les supprimer, ou du moins à les annihiler, dès qu'il est assez puissant pour lever l'impôt sans leur consentement. Avec le règne de Charles VII, commence donc la décadence des états : les souverains limitent leurs pouvoirs, s'abstiennent de les convoquer ou les suppriment. Ils disparaissent dès la première moitié du XVe siècle dans le Limousin, la Marche, l'Anjou et la Guyenne, au siècle suivant dans les provinces du Centre. Richelieu tente ensuite de généraliser les élections : en 1628, par exemple, dix officiers porteurs de mandements royaux sont chargés de lever l'impôt dans le Dauphiné, les états n'ont pas le droit de se réunir. Le roi ne les supprime pas, mais soumet leur réunion à son autorisation – elle ne sera plus jamais donnée. Louis XIV s'abstient peu à peu de les convoquer en Normandie (1655), en Basse-Auvergne (1672), dans le Quercy et le Rouergue (1673), etc. Des états provinciaux non périodiques subsistent cependant dans toutes les provinces, ces dernières conservant leur personnalité morale et leur être juridique ; elles peuvent demander au roi la réunion de leurs états pour un motif déterminé, tandis que le souverain peut les convoquer pour établir de nouvelles taxes.

Si les états des provinces royales ont perdu rapidement tout pouvoir, il n'en est pas de même dans les pays tardivement rattachés à la France, comme la Bretagne ou le Béarn. Ces provinces voient leurs privilèges reconnus par les traités d'annexion, le roi cherchant à se concilier les populations et à utiliser à son profit les institutions existantes. Il est vrai que ces traités ne sont pas toujours respectés : malgré leurs clauses, Louis XIV supprime les assemblées du Roussillon et de l'Alsace. Dans la plupart des cas, cependant, les assemblées des trois ordres sont conservées et prennent le nom d'états provinciaux. Ceux du Béarn et des pays pyrénéens, dont l'origine remonte à l'ancienne cour féodale, ont joué longtemps un important rôle politique et administratif. Contrairement à ce qui se produit dans la plupart des provinces, le tiers acquiert rapidement les mêmes pouvoirs que les deux premiers ordres, et l'assemblée est réellement délibératoire. Nommés par les états, les syndics sont les vrais maîtres du pays jusqu'au rattachement à la France. Béarn, Bigorre, Navarre, Nébouzan et Quatre-Vallées conservent leurs états jusqu'à la Révolution. Les états de Bretagne, souvent réunis aux XIVe et XVe siècles, subsistent eux aussi jusqu'en 1789. Mais la réforme opérée en 1567 par le duc de Mercœur leur interdit toute action réellement constructive : permettant à tous les nobles de siéger à l'assemblée, même s'ils ne possèdent pas de terre noble, elle provoque un afflux de députés de la noblesse et le désordre des délibérations. Les états de Provence sont supprimés par Richelieu, mais la province conserve une « commission intermédiaire », composée des procureurs élus des villes, de deux nobles possédant un fief et de deux évêques. Cette institution originale s'occupe de l'administration du pays et parvient à conserver, au moins théoriquement, la levée des taxes et la gestion des deniers publics. En 1787, Louis XVI rétablit les états de Provence et donne la prépondérance aux deux premiers ordres. Cette mesure provoque des protestations et des troubles, et Mirabeau intervient en faveur du tiers. Les états de Bourgogne, constitués au XIVe siècle, donnent la première place aux ordres privilégiés : ils élisent respectivement 70 à 300 députés, contre 72 seulement pour le tiers. Chaque ordre désigne un délégué, dit élu général, qui le représente entre les sessions. Les états de Bourgogne parviennent à conserver leurs privilèges après le rattachement, se réunissent tous les ans, mais les deux premiers ordres restent les maîtres. Les états de l'Artois et du Cambrésis remontent eux aussi au milieu du XIVe siècle. En 1526, Charles Quint donne au tiers le privilège de ne payer que les taxes qu'il a contribué à établir. La prépondérance appartient ici au clergé et au tiers. Les états de Languedoc, seule province non tardivement rattachée à conserver une assemblée à la veille de la Révolution, sont souvent cités comme le type de ces assemblées. Réunis tous les ans sur convocation du roi, leur rôle essentiel consiste à consentir, répartir et faire lever l'impôt. Ils rédigent un cahier de doléances sur les affaires de la province, cahier porté au roi par leurs délégués. À la Cour, un agent permanent suit leurs affaires. L'organisation définitive des états date du début du XVIe siècle, on y trouve les principaux nobles, les évêques et archevêques, le tiers étant représenté par une oligarchie. Les députés forment une assemblée unique où les deux premiers ordres disposent chacun de 22 voix, le tiers en possédant 44. Ils élisent leurs officiers, trois syndics généraux, des greffiers et un receveur général, et, à côté du vote des impôts, administrent la province avec les intendants et officiers royaux.

L'institution des états provinciaux est restée populaire pendant tout l'Ancien Régime, en raison essentiellement de ses attributions fiscales. On oppose les provinces qui en possèdent, du fait de cette apparente liberté, aux pays d'élection où l'impôt est fixé arbitrairement et sans contestation possible. Il est exact que l'institution des états permet aux provinces de payer, globalement, moins d'impôts. Mais, ces derniers n'étant pas répartis équitablement, les contribuables ne s'en aperçoivent guère. De plus, sauf exception, les états ne sont pas vraiment représentatifs, l'institution est oligarchique et hostile en fait à tout changement, et d'un fonctionnement coûteux. Défauts qui valent aux états, à la veille de la Révolution, d'être attaqués par les esprits lucides, Turgot, par exemple. En 1789, les états de Languedoc, de Provence et de Bourgogne soulèvent l'indignation de leurs populations en réclamant le droit de désigner eux-mêmes leurs députés aux États généraux. Les derniers états, qui furent cependant à l'origine un intermédiaire utile entre gouvernants et gouvernés, disparaissent à la Révolution.

ÉTIENNE Eugène (Oran, 1844 – Paris, 1921)

Homme politique.

Député d'Oran en 1881, et constamment réélu par la suite, il se spécialise dans les questions coloniales. Rapporteur à plusieurs reprises du budget des Colonies (1885-1887), il occupe ensuite le poste de sous-secrétaire d'État à la Marine et aux Colonies dans les ministères Rouvier (1887), Tirard (1889-1890) et Freycinet (1890-1892). Poursuivant l'œuvre de Jules Ferry, il défend avec vigueur une politique d'expansion coloniale, groupe bientôt autour de lui un véritable parti colonial, plus de 90 députés. Étienne crée également l'École coloniale, fonde l'Union indochinoise, et plus tard le Comité de l'Asie française. Favorable à l'expansion africaine, il se prononce pour la pénétration pacifique au Maroc et propose en 1904 la création d'un institut marocain. Ministre de l'Intérieur (janvier 1905), puis de la Guerre (décembre) dans le second cabinet Rouvier, Étienne conserve son portefeuille au sein du cabinet Sarrien (mars-octobre 1906), et redevient ministre de l'Intérieur dans les éphémères cabinets Briand et Barthou (1913). Sénateur en 1920, il siège avec la gauche républicaine.

ÉTIENNE de BLOIS (?, v. 1097 – ?, 1154)

Roi d'Angleterre (1135-1154).

Fils du comte de Blois et d'une fille de Guillaume le Conquérant, Adèle, il est élevé à la cour du roi d'Angleterre, Henri Ier Beauclerc. Ce dernier lui fait épouser l'héritière des comtes de Boulogne et il entre en possession des biens de son beau-père en 1125. L'année suivante, il jure fidélité à Mathilde, fille d'Henri Ier, que ce dernier vient de désigner pour lui succéder. En 1135, cependant, aussitôt connue la mort du souverain anglais, le comte gagne l'Angleterre et profite de l'impopularité de Mathilde et de son époux, l'Angevin Geoffroy Plantagenêt, pour se faire proclamer roi. L'appui des barons et des prélats du royaume lui permet de se faire sacrer à Westminster à la fin de l'année. Mais cet appui n'a été obtenu qu'en échange de nombreuses concessions, et le nouveau souverain connaît bientôt des difficultés avec les Écossais et les Gallois, puis en Normandie, et même en Angleterre où la guerre civile éclate en 1139. David d'Écosse, en particulier, soutient le parti angevin de Mathilde et son époux, puis de leur fils Henri. La paix n'est vraiment établie qu'en 1152 à la mort d'Eustache, fils d'Étienne : Mathilde accepte alors de le reconnaître comme roi, à la condition qu'il désigne Henri Plantagenêt comme successeur. La mort d'Étienne de Blois, en 1154, est à l'origine de la dynastie anglo-angevine.

ÉTOILE (ordre de l')

Ordre de chevalerie créé par Jean II le Bon à Saint-Ouen en 1351.

Le souverain veut ainsi imiter l'ordre de la Jarretière institué en Angleterre deux ans plus tôt. Les chevaliers, appelés aussi chevaliers de Notre-Dame de la Noble Maison, ont pour devise : *Monstrant re!libus astra lliam*, « Les astres montrent la route aux rois ». Jean le Bon choisit comme insigne des chaînes d'or, une étoile blanche sur fond d'émail rouge et un manteau de damas blanc. Le roi désigne les dix-huit premiers chevaliers parmi les seigneurs de sa cour, lui-même prenant le titre de grand maître de l'ordre de l'Étoile. Trop prodigué, l'ordre perd toute valeur dès le règne de Charles V.

ÊTRE SUPRÊME (culte de l')

Culte révolutionnaire institué par la Convention le 18 floréal an II (7 mai 1794), sur un rapport de Robespierre.

Disciple de Rousseau, ce dernier estime que la vertu doit être, avec l'égalité, la base de l'État démocratique que doit devenir la France. Une religion « naturelle » doit permettre de parvenir à cette vertu. Robespierre veut aussi combattre le culte de la Raison introduit à l'automne précédent par les hébertistes. Après l'exécution de ces derniers, la Convention décrète donc que le « peuple français reconnaît l'existence de l'Être suprême et de l'immortalité de l'âme ». Le culte, dont le contenu est à la fois terrestre et politique, se démarque des dogmes catholiques : on y trouve en revanche une influence maçonnique. De grandes fêtes seront célébrées chaque décadi en l'honneur des principales journées révolutionnaires, comme le 14 Juillet, en l'honneur aussi de l'Être suprême, de la nature, du genre humain ou des « vertus les plus utiles à l'homme », comme l'Amour de la Patrie. La première de ces fêtes, réglée par David, se déroule le 8 juin 1794 au jardin des Tuileries. Robespierre, président de la Convention depuis le 4 juin, préside, prononce un discours à la gloire de la divinité et proclame que l'« idée de l'Être suprême et de l'immortalité de l'âme est un rappel continuel de la justice, qu'elle est donc sociale et républicaine ». Une habile propagande a popularisé le culte, l'accueil du public est donc favorable, mais nombreux sont les députés mécontents de l'initiative de Robespierre : cette journée, qui marque apparemment son triomphe, contribue en fait à sa perte, et le culte disparaît avec lui.

ÉTRURIE (royaume d')

Nom donné en 1801 au grand-duché de Toscane, enlevé à Ferdinand III de Habsbourg à la suite du traité de Lunéville, et érigé en royaume au profit de Louis, fils du duc de Parme.

Louis ne règne que deux ans et, à sa mort, sa femme Marie-Louise, déclarée tutrice de leur fils mineur, administre le royaume en son nom. Le royaume d'Étrurie disparaît en 1808 ; incorporé à l'Empire, il est divisé en trois départements (Ombrone, Arno, Méditerranée). En 1809, Napoléon reconstitue le grand-duché de Toscane au profit de sa sœur Élisa, qui le restituera à Ferdinand III en 1814.

EU

Située dans la vallée de la Bresle, qui sépare la Normandie de la Picardie, cette localité de Seine-Maritime commande la route d'Abbeville à Dieppe.

Elle est distante de quelques kilomètres seulement de l'ensemble portuaire de Mers-Le-Tréport, ce qui explique l'emplacement d'une cité gallo-romaine dans l'Antiquité (*Auga*), puis d'une forteresse à l'époque carolingienne, elle-même à l'origine de la puissance des comtes d'Eu. Les ducs de Normandie, les familles de Lusignan, de Brienne, les comtes d'Artois possèdent tour à tour le comté au Moyen Âge. La famille de Guise en hérite au XVIe siècle et fait restaurer le château, œuvre que terminera au siècle suivant la duchesse de Montpensier (la Grande Mademoiselle). Pour obtenir la liberté de Lauzun, cette dernière lègue le domaine au duc du Maine, fils légitimé de Louis XIV. Le duc n'ayant pas d'enfants, le domaine passera à son neveu, le duc de Penthièvre, beau-père du duc d'Orléans, futur Philippe Égalité. Transformé en hôpital sous la Révolution, devenu résidence sénatoriale sous l'Empire, le château sera restauré par l'architecte Fontaine et le peintre Delaroche, à l'instigation de Louis-Philippe qui y recevra à plusieurs reprises la reine Victoria d'Angleterre. Confisqué par Napoléon III avec tous les biens de la famille d'Orléans en 1852, le domaine d'Eu est restitué par décision de l'Assemblée nationale, en 1872, au comte de Paris, puis confisqué en juin 1886, date de la loi d'exil, bannissant les familles ayant régné sur la France.

EUDES Émile François (Roncey, Manche, 1843 – Paris, 1888)

Homme politique.

Ancien étudiant en pharmacie, il abandonne ses études pour la politique. Il affirme à la fin du Second Empire ses convictions anticléricales dans *La Libre Pensée*, puis *La Pensée nouvelle*. Il milite aussi dans les groupes blanquistes et, en août 1870, persuade Blanqui lui-même de passer à l'action. Arrêté le 14 août après l'échec de l'opération contre la caserne des pompiers de La Villette, condamné à mort le 29, il est sauvé par la défaite de Sedan. Après la chute de l'Empire, favorable à la défense à outrance, il collabore à *La Patrie en danger* et commande le 138e bataillon de la garde nationale, avant d'être destitué pour sa participation à l'insurrection du 31 octobre. Le 18 mars 1871, Eudes commande avec Ranvier les bataillons venus de Belleville qui s'emparent de l'Hôtel de Ville. Il devient bientôt un membre influent de la Commune : délégué à la Guerre le 24 mars, membre du Conseil de la commune le 26, membre de la commission militaire et de la commission exécutive le 29, il quitte cette dernière le 3 avril pour se consacrer aux opérations militaires. Inspecteur général des forts de la rive gauche le 20 avril, Eudes est enfin élu au Comité de salut public le 9 mai. Il combat sur les barricades pendant la Semaine sanglante, puis gagne la Suisse et enfin l'Angleterre.

Condamné à mort par contumace pour le pillage et l'incendie du palais de la Légion d'honneur où se trouvaient ses bureaux, Eudes ne regagne la France qu'après l'amnistie. Il retrouve alors Blanqui, collabore à *Ni Dieu ni Maître* puis, après la mort du théoricien, lance *L'Homme libre* avec Vaillant. La mort le saisit brusquement au cours d'une réunion politique, pendant qu'il prononçait un discours.

EUDES d'AQUITAINE (? – ?, 735)

Duc d'Aquitaine.

Il descend très probablement des Mérovingiens par son père Boggis, que la tradition la mieux établie considère comme un fils cadet de Charibert, roi d'Aquitaine (lequel était frère de Dagobert Ier). C'est vers 688 que, par succession ou par conquête, il instaure son autorité sur les pays compris entre la Loire, l'Atlantique, les Pyrénées, la Septimanie et le Rhône. En 717, il soutient Rainfroi, maire de Neustrie, contre Charles Martel. Quatre ans plus tard, il écrase l'émir Al-Zamah entre Toulouse et Carcassonne. On ne sait si vainqueur et vaincu concluent alors un pacte contre l'Austrasie. Toujours est-il que l'Aquitaine reste longtemps rebelle à l'autorité de Charles Martel. Mais, en 731, Eudes se trouve obligé de réviser sa politique, car ses fiefs sont l'objet de dévastations périodiques des Sarrasins. Charles Martel répond à l'appel au secours de son ennemi. Après la bataille de Poitiers, en 732, l'Aquitaine doit reconnaître l'autorité de la cour d'Austrasie. Eudes a un fils nommé Hunaud qui lui succédera.

EUDES de PARIS (?, v. 860 – La Fère, 898)

Roi de France (888-898).

Fils aîné de Robert le Fort, trop jeune pour lui succéder quand ce dernier est tué à Brissarthe en 866, il doit attendre 886 pour entrer en possession de ses territoires. Comte de Paris, il possède en outre la plupart des régions situées entre Seine et Loire, et Charles le Gros le reconnaît comme *dux Francorum*. Eudes parvient à défendre Paris contre les attaques des Normands en 885-886. À la suite de ce succès, les grands vassaux réunis en assemblée à Compiègne, en 888, le choisissent pour succéder à Louis le Bègue et lui offrent la couronne, au préjudice du jeune Charles le Simple. Eudes poursuit alors la lutte contre les Normands, les bat à Montfaucon-en-Argonne, mais subit aussi plusieurs revers. Arnoul le Bâtard et Foulques, archevêque de Reims, poussent contre lui Charles le Simple, couronné par Foulques en 893. Après plusieurs années de lutte, Eudes accepte de partager ses territoires avec son rival et, en 897, lui abandonne les pays situés entre Rhin et Seine.

EUDES de SULLY (La Chapelle-d'Angillon, 1166 – Paris, 1208)

Évêque.

Évêque de Paris, il s'oppose violemment au remariage de Philippe II Auguste avec Agnès, fille du duc de Méranie (1196). Très pieux, il s'attache à promouvoir le monachisme et à réformer la discipline ecclésiastique. Il établira également une législation synodale, modèle des législations futures de ce type.

EUGÈNE de SAVOIE-CARIGNAN, dit LE PRINCE (Paris, 1663 – Vienne, 1736)

Chef de guerre.

Fils d'Eugène Maurice de Savoie-Carignan, comte de Soissons, et d'Olympe Mancini, nièce de Mazarin. D'abord destiné à l'état ecclésiastique sous le titre d'abbé de Carignan, il préfère embrasser une carrière militaire et demande un régiment à Louis XIV. Mais celui-ci, qui fait peu de cas de lui, refuse. Eugène conçoit alors, contre la France et contre son roi, un violent ressentiment qui déterminera toute son activité à venir. Passé en 1683 au service de l'empereur Léo-

Le culte de l'Être suprême
Fête de l'Être suprême au Champ-de-Mars. Aquarelle gouache de Thomas Naudet, musée de la ville de Paris, musée Carnavalet. © *Lauros-Giraudon*

pold Ier, il ne tarde pas à se distinguer en Piémont contre la France (1690-1693), puis en Hongrie contre les Turcs qu'il écrase à Zenta (1697). Dans la guerre de Succession d'Espagne, il défait Villeroi à Chiari en 1701 (ce qui lui permet de s'emparer du Mantouan) mais essuie une défaite devant Vendôme à Luzzara (1702). Les années qui suivent amènent un déplacement du théâtre des opérations. Il remporte aux côtés de Marlborough les batailles d'Oudenarde (1708) et de Malplaquet (1709) mais se fait battre à Denain par Villars et Montesquiou (1712). Deux ans plus tard, l'empereur le nomme plénipotentiaire pour négocier la paix de Rastatt. Le danger ottoman subsiste. Eugène écrase de nouveau les Turcs à Peterwardein (1716) et à Belgrade (1717). Cette dernière victoire, fêtée dans toute l'Europe chrétienne, vaut à son auteur une position de Premier ministre (malgré certains désaccords avec l'empereur). Une fois encore, en 1733, Eugène reprend le commandement des armées impériales contre la France, mais avec peu de succès ; il renonce à secourir Philipsbourg assiégée et conseille la paix, qui sera conclue à Vienne en 1735, un an avant sa mort.

L'impératrice Eugénie
Eugénie de Montijo. Huile sur toile d'Édouard Louis Dubufe. © *Sélection Images*

EUGÉNIE Eugenia Maria de MONTIJO de GUZMAN, comtesse de Teba (Grenade, 1826 – Madrid, 1920)

Impératrice des Français (1853-1870).

Elle appartient par son père, le comte de Teba, à l'une des plus grandes familles d'Espagne, mais sa mère est la fille d'un négociant en vins et primeurs. Son père, grand admirateur de Napoléon, s'est rallié à Joseph pendant l'Empire. On le trouve même par la suite dans les rangs de l'armée impériale, notamment à la barrière de Clichy en 1814. La comtesse, cultivée, affectionne les voyages, et Eugénie parcourt l'Europe à ses côtés. Elle gardera une grande affection pour deux amis de sa mère, Prosper Mérimée et Stendhal. Poussée par cette dernière qui ne reculerait pas devant l'intrigue pour obtenir un riche mariage, Eugénie est fort ambitieuse. Très courtisée, elle sacrifie son amour pour le duc d'Albe au profit de sa sœur Paca, et ne peut ensuite épouser son grand amour, le marquis d'Alcanices. Au cours d'un voyage en France, en 1849, Eugénie, adroitement placée par sa mère, attire l'attention du prince-président lors d'une revue à Satory. Elle a alors 23 ans, et ses admirateurs vantent la pureté de l'ovale de son visage, son teint transparent, ses cheveux aux reflets roux et le modelé de ses épaules. Louis Napoléon la retrouve peu après chez la princesse Mathilde et tombe amoureux d'elle. Devenu empereur, il l'épouse le 30 janvier 1853. L'aristocratie et la bourgeoisie se gaussent du mariage d'amour de l'empereur, mais il semble bien que le peuple l'approuve : l'impératrice, par sa beauté autant que par sa charité, sera très populaire pendant les premières années du règne et surtout après la naissance du prince impérial, le 16 mars 1856.

Depuis son mariage, Eugénie vit en représentation perpétuelle, se sent « en cage » et ne retrouve quelque liberté que dans la maison de vacances de Biarritz, la « villa Eugénie », achetée en 1856. L'impératrice a pour son mari de l'affection, de l'estime et, bien que coquette, lui restera toujours fidèle. La fidélité de l'empereur ne dure, en revanche, que quelques mois et, jalouse, Eugénie multiplie les scènes de ménage. Après la naissance du prince impérial, l'impératrice souhaite assurer l'avenir de la dynastie et commence à s'intéresser à la politique. Napoléon, qui espère ainsi l'occuper, n'élève pas d'objection. Eugénie défend d'abord les intérêts du pape dans l'affaire italienne, mais ne peut empêcher l'intervention française. L'empereur lui confie la régence pendant son séjour en Italie, en 1859, et de nouveau en 1865, lorsqu'il part pour l'Algérie. Elle pousse ensuite son époux à intervenir au Mexique, puis à soutenir Maximilien, et l'échec mexicain dresse l'opinion contre elle : on la surnomme l'« Espagnole ». Plus positif est le soutien apporté à son cousin Ferdinand de Lesseps pour le percement de l'isthme de Suez. En 1870, enfin, elle pousse à la guerre contre la Prusse et se trouve de nouveau investie de la régence. Au lendemain du 4 Septembre, poussée par le prince de Metternich-Winneburg, ambassadeur autrichien à Paris, elle quitte Paris secrètement et, avec l'aide de son dentiste américain Evans, gagne Deauville, puis l'Angleterre où son fils la retrouve.

L'empereur, libéré de sa captivité, les rejoint plus tard à Chislehurst, où le couple impérial occupe la résidence de Camden Place. La mort tragique de son fils Louis, tué par les Zoulous en 1879, la plonge dans un profond désespoir. En septembre 1880, Eugénie quitte Camden Place pour la propriété de Farnborough, bientôt transformée en un véritable musée impérial. Une église est construite dans le parc, et Eugénie y fait transporter les cendres de son mari et de son fils en 1887. À Farnborough, l'impératrice reçoit de nombreux visiteurs, de tout rang. Elle voyage beaucoup, en Italie, en Méditerranée, en Espagne, et revient en France à partir de 1882, à Paris d'abord puis au cap Martin où elle fait construire la villa Cyrnos. Elle regagne l'Angleterre quand la guerre éclate, installe à Farnborough une ambulance destinée aux blessés alliés et donne son yacht, le *Thistle*, à l'amirauté. Un dernier voyage la conduit en Espagne où elle subit avec succès une opération de la cataracte. Elle meurt au château de Liria le 11 juillet 1920. Son corps repose à Farnborough entre ceux de son mari et de son fils.

EURO

Unité de compte devenue en 2002 la monnaie officielle de pays sélectionnés dans l'Union européenne afin d'en renforcer l'unité économique sur le marché mondial. Son nom a été choisi lors de la conférence de Madrid de décembre 1995.

Les conditions nécessaires à l'adoption de cette nouvelle monnaie ont été définies en 1991 lors des accords de Maastricht. Elles sont appelées « critères de convergence » : un déficit public limité à 3 % du PIB, une dette publique inférieure à 60 % du PIB, une hausse du coût de la vie limitée à 3 % par an, des taux d'intérêt à long terme n'excédant pas 2 % de ceux des trois États membres présentant les meilleurs résultats, une présence dans le Système monétaire européen depuis au moins 2 ans avec des marges de fluctuation inférieures à 15 %. Ces conditions sont réunies par la France. Entre 1999 et 2002, l'euro n'existe que sous forme scripturale. Après une mise en circulation progressive, l'utilisation de l'euro devient obligatoire le 17 février 2002 au plus tard pour tous les utilisateurs. Depuis 1998, la Banque centrale européenne définit la politique monétaire de l'Union européenne, afin d'assurer la stabilité des prix dans cette nouvelle monnaie qui efface les fluctuations monétaires intra-européennes et les risques de spéculation. Son premier directeur est nommé la même année : il s'agit du Néerlandais Wim Duisenberg.

EUROPE (Conseil de l')

Organisme international fondé le 5 mai 1949.

À la suite de la création de l'union douanière belgo-néerlando-luxembourgeoise (Benelux) en septembre 1944, de la promulgation du plan Marshall, le 5 juin 1947, de la création de l'Organisation européenne de coopération économique (OECE), le 16 avril 1948, et de l'OTAN, le 4 avril 1949, il apparaît souhaitable aux dirigeants des principaux pays d'Europe occidentale d'élaborer un pouvoir politique destiné à coordonner l'action de ces États au sein d'un même organisme. Ainsi est fondé, le 5 mai 1949, un Conseil de l'Europe dont les membres sont : la France, la Grande-Bretagne, la Belgique, les Pays-Bas, le Luxembourg, l'Italie, la Suède, la Norvège, le Danemark, l'Islande, auxquels s'ajouteront l'Allemagne fédérale, l'Irlande (Eire), la Grèce et la Turquie, puis l'Autriche, Chypre, la Suisse, Malte, le Portugal, l'Espagne, le Liechtenstein, la Finlande. Ce Conseil, dont le siège se trouve à Strasbourg, n'est pas une institution supranationale. S'il compte un comité des ministres (composé par les ministres des Affaires étrangères des États membres) et une assemblée, ses pouvoirs sont nuls, l'assemblée n'ayant que vocation consultative et ne pouvant qu'émettre des vœux que les États ne sont pas obligés de suivre. Bien que son action soit entravée par le compromis initial entre les intentions fédératrices et les préférences unionistes des Britanniques, le Conseil joue un rôle pionnier dans la définition d'un droit commun européen, notamment en matière de droits de l'homme (Convention de Rome, 4 novembre 1950) avec la création d'une Cour européenne qui rend 212 décisions entre 1959 et 1999, s'imposant comme référence et jurisprudence du droit communautaire.

EUROPÉEN (Conseil)

Organisme visant à aider à la construction européenne, fondé au sommet de Paris, le 9 décembre 1974, à l'initiative du président français Giscard d'Estaing.

Ce Conseil, qui se réunit trois fois par an, est chargé de piloter la construction européenne, via l'harmonisation des politiques, ce qui implique la participation des chefs de gouvernement. L'idée française est de coordonner les politiques européennes en ce temps de crise pétrolière et monétaire, puis d'utiliser le Conseil comme chambre d'élaboration des traités et des politiques à long terme, notamment en matière d'élargissement. C'est le Conseil qui décide (Rome, 1975 et Bruxelles, 1976) l'élection du Parlement européen au suffrage universel à compter de juin 1979, la création du SME (3 réunions en 1978, la dernière à Bruxelles en décembre), le règlement du contentieux britannique (Fontainebleau, 1984) ou la mise en chantier de l'Acte unique (Milan, 1985) et de l'Euro (Madrid, 1995). Compte tenu de l'enchevêtrement des problèmes, le Conseil est devenu le moteur le plus puissant de l'intégration européenne, sous l'impulsion franco-allemande d'abord (1974-1983), puis d'un quadrille franco-italo-germano-britannique (1984-1989), ces derniers utilisant les réunions du Conseil pour bloquer ou réorienter le cours de la politique européenne. En revanche, depuis l'échec de la proposition Kohl-Mitterrand de créer une véritable Union politique (10 avril 1990), et après l'adoption du traité de Maastricht (7 février 1992), le Conseil s'est cantonné à la définition d'un cadre général d'action (Florence, juin 1996).

EUSTACHE de SAINT-PIERRE (Saint-Pierre, v. 1287 – Saint-Pierre, 1371)

Bourgeois de Calais.

En août 1347, après un long siège, le roi d'Angleterre Édouard III pénètre dans Calais. Son intention est de raser la ville, mais il accepte finalement de lui faire grâce, à condition que six des plus notables bourgeois, en chemise, tête et pieds nus, la corde au cou, viennent lui présenter les clés de la cité et se mettre entre ses mains. Avec cinq concitoyens, Eustache franchit donc les portes de Calais le 4 août, saluant ainsi la population : « Adieu, bonnes gens, priez pour nous. » Froissart, seul chroniqueur qui mentionne cet événement, ajoute qu'Édouard III, devant les supplications de son épouse Philippa, accepta finalement de faire grâce à Eustache et à ses compagnons. Certains historiens ont mis en doute la véracité des faits rapportés par Froissart, affirmant au contraire qu'Eustache de Saint-Pierre, abouché avec le roi d'Angleterre, aurait persuadé ses concitoyens de se rendre et, en récompense, aurait été couvert d'honneurs par Édouard III.

ÉVÊCHÉS (les Trois-)

Ce terme désigne les domaines temporels des évêques de Metz, de Toul et de Verdun conquis sur le Saint Empire romain germanique par Henri II en 1552.

Les Impériaux ayant refusé de reconnaître cette occupation militaire, il faudra attendre les négociations du traité de Westphalie (1648) pour faire entériner cet état de fait par le gouvernement de Vienne. En France même, jusqu'en 1790, date de la création des départements, ces territoires conservent un statut particulier, n'étant inclus dans aucun bailliage ni sénéchaussée royale. Les habitants, sous l'Ancien Régime, ne sont pas considérés comme Français du domaine et portent la dénomination générale d'Évêchois.

ÉVÊQUE

Clerc placé à la tête d'un diocèse pour y remplir une mission de direction spirituelle.

Dans le christianisme primitif, l'évêque est le prêtre des cités antiques chargé d'une mission de surveillance des autres prêtres, notamment ruraux. Élu initialement par le peuple, l'évêque, qui n'est plus obligatoirement prêtre, est bientôt choisi par d'autres clercs constitués au IXe siècle en un chapitre cathédral de chanoines. Il peut être aussi nommé directement par le pape au titre d'une provision pontificale. Dans le monde gallo-romain – la Gaule compte 118 diocèses pour 185 *civitates* –, l'évêque maintient la vitalité des centres urbains ; il entreprend aussi l'évangélisation des campagnes comme le fait au IVe siècle Martin de Tours dans l'Ouest de la Gaule. Des synodes régionaux et des conciles œcuméniques entretiennent l'idée d'empire au moment où il se disloque au Ve siècle. Lors des invasions, les évêques, haut dignitaires de l'Empire, tentent de défendre localement la romanité, comme le fait Sidoine Apollinaire animant la résistance de Clermont contre les Wisigoths. Aux VIe-VIIe siècles, avec l'évanouissement de l'autorité impériale, le rôle de l'évêque paraît plus crucial encore. D'abord sur le plan urbanistique : Didier, à Cahors, fortifie sa ville et veille à l'approvisionnement en eau ; Bertrand, évêque du Mans, construit une basilique dans les faubourgs. Mais plus encore dans le domaine politique : les évêques poussent les rois barbares à se convertir – Avit de Vienne baptise le burgonde Sigismond ; Remi, évêque de Reims, baptise Clovis – et se font les agents du pouvoir royal.

Issus de l'aristocratie, les évêques se forment à la Cour – Didier de Cahors partage sa jeunesse avec le jeune Dagobert –, font contrepoids au pouvoir des comtes dans les cités, conseillent les rois – ainsi Grégoire de Tours négocie-t-il le traité d'Andelot (587). Ceux-ci multiplient la concession d'immunités fiscales et judiciaires aux évêques. Dans le désordre de la fin du VIIe siècle, certains prélats deviennent les seuls chefs de la cité : c'est le cas de Léger à Autun, qui se taille une véritable principauté. Ces évêques, dont certains sont lettrés (Grégoire de Tours est historien, Fortunat poète), ne pratiquent guère la théologie. Mais ils transmettent la culture latine et surtout l'idée impériale qui renaît avec l'empire carolingien. Beaucoup seront canonisés et laissent un souvenir vivace dans la toponymie des communes françaises (saint Martin, saint Avit...).

Après la grave crise de la fin du VIIIe siècle, où de nombreux sièges épiscopaux sont restés vides, Pépin, Charlemagne ou Louis le Pieux renforcent l'autorité des évêques : les diocèses se multiplient et leurs limites se confondent avec celles des comtés. Considérés comme des fonctionnaires publics, ces évêques ont une conception très séculière de leurs fonctions, d'où de fréquentes remontrances, en particulier de Louis le Pieux. Avec les savants étrangers et les abbés, les évêques sont au cœur de la renaissance carolingienne, tandis que se développent des écoles cathédrales. Théodulf, poète et collectionneur d'origine wisigothique, est ainsi ordonné évêque d'Orléans par Charlemagne.

La solide organisation de l'institution épiscopale permet à l'église de survivre au déclin de la monarchie aux Xe-XIe siècles. Dans le sud de la France, le mouvement de la paix de Dieu est lancé vers 990 par l'archevêque de Bordeaux, Gombaud, et l'évêque du Puy, Guy. Partout, les droits temporels des évêques se renforcent : les évêques du Midi revendiquent la seigneurie des cités aux dépens des comtes, faux diplômes carolingiens à l'appui ; ceux du Nord bâtissent de véritables seigneuries épiscopales, levant des troupes et construisant des châteaux. Beaucoup d'évêques sont peu édifiants : ainsi, au milieu du XIe siècle, le simoniaque Manassé de Reims ou le nicolaïte Robert de Rouen, mis en place par le duc dont il est parent. Le recrutement des évêques se concentre dans la seule classe chevaleresque : ces prélats qui ont parfois acheté leur siège au roi ou au prince territorial qui les nomme vivent comme des laïcs, s'entourent de vassaux et font la guerre. Aussi, l'institution épiscopale est-elle à la fois concurrencée et régénérée par la renaissance monastique qui porte au premier plan les grands abbés réformateurs comme Hugues de Semur.

L'évêque a au Moyen Âge un rôle décisif dans la vie des fidèles. Outre la dotation foncière considérable – son temporel – et les revenus – il perçoit le quart des dîmes – qui en font un grand seigneur, il exerce de vastes pouvoirs : consécration des églises, collations des sacrements (ordination des prêtres), mais aussi évocation devant son tribunal – l'officialité – de toutes les causes ayant trait à la religion (blasphème, adultère, infanticide) et de tous les délits commis par les clercs. Il peut lancer une excommunication, qui équivaut à une véritable mise à mort sociale. Il administre le diocèse et autorise les nouvelles constructions religieuses. L'évêque s'appuie sur un personnel spécialisé : coadjuteur qui le supplée en cas de maladie, archiprêtre qui l'assiste dans la liturgie, chancelier qui garde son sceau et encadre ses notaires, official qui a délégation de ses pouvoirs de juridiction, et archidiacre qui surveille les paroisses et dispose de ses propres agents. Mais le pouvoir de l'évêque est contrebalancé par celui du chapitre des chanoines qui l'élisent, le conseillent, l'hébergent dans la cathédrale qu'ils font construire. Certains de ces chanoines – notamment le prévôt, chef du chapitre – disposent d'énormes revenus au titre de la mense capitulaire et sont plus riches que l'évêque. Par ailleurs certaines abbayes dites « exemptes » ne relèvent que de l'abbé général de leur ordre. Enfin, l'évêque s'insère à son tour dans une hiérarchie ecclésiastique : l'archevêque métropolitain confirme son élection et juge en appel de ses décisions ; le pape exige un serment de l'évêque qu'il nomme, peut transférer vers un autre siège, surveille par légats interposés. Élu par les chanoines, le futur évêque doit subir un examen canonique lors d'un synode provincial avant d'être confirmé par l'archevêque qui lui transmet la crosse, symbole du gouvernement du diocèse, et l'anneau, en signe de mariage mystique avec l'Église. Mais les vassaux de l'évêque, et plus encore le comte de la cité épiscopale, ont aussi « voix au chapitre » par leur influence décisive. Enfin le roi ou le prince territorial s'arroge à partir de Charlemagne le droit de choisir un candidat et de l'investir, avant son sacre par l'archevêque, pour la partie temporelle de l'évêché assimilée à un fief.

Les évêques de la fin du Moyen Âge jusqu'au début du XVIIe siècle négligent parfois leur rôle pastoral et spirituel : un évêché qui, même au XVIIIe siècle, rapporte au moins cent fois la portion congrue d'une paroisse, est d'abord considéré comme une source de revenu par son titulaire, souvent apparenté aux plus puissantes familles princières. Un quart des évêchés est sans titulaire à la fin du XVIe siècle, un autre quart est doté de prélats absentéistes qui ne paraissent jamais dans leur diocèse, ce qui ne les empêche pas d'en avoir plusieurs. En vertu du concordat de Bologne (1516), le haut clergé est recruté par le roi avant de recevoir l'investiture ecclésiastique. Les choix sont très souvent dictés par les rapports de force entre les grandes maisons qui se disputent les bénéfices pour leurs cadets.

Les exigences de la fonction épiscopale s'élèvent nettement avec l'application progressive de la Contre-Réforme tridentine au cours du XVIIe siècle. Des prélats représentatifs du siècle des saints imposent un nouveau modèle de rigueur morale et de réelle dévotion : saint François de Sales, évêque de Genève résidant à Nancy, introduit dans son diocèse les préceptes de saint Charles Borromée et publie à l'usage des laïcs son *Introduction à la vie dévote* qui aura un grand rayonnement tout au long du siècle. Les évêques se fixent dans leur diocèse : c'est le cas d'un Nicolas Pavillon. D'autres se dévouent aux pauvres comme Jean-Baptiste Gault, évêque de Marseille, qui s'installe dans une chambre de l'Hôtel-Dieu. C'est à la Cour, en revanche, comme précepteur des enfants de France, que Bossuet et Fénélon incarnent de hautes ambitions intellectuelles et morales. Si le second critique l'action du souverain, le premier célèbre l'absolutisme et la politique religieuse de Louis XIV.

Car les évêques, majoritairement fidèles à une conception gallicane de l'Église de France, sont aussi des relais efficaces du pouvoir monarchique. Le roi les choisit volontiers dans la « bonne noblesse » plutôt que dans la haute aristocratie, et renforce leurs attributions – comme le fait Louis XIV en 1695 – au détriment des grands ordres religieux ou des chapitres cathédraux. Cette montée en puissance du pouvoir épiscopal inquiète les curés, sensibles à la fin de l'Ancien Régime aux thèses du richérisme. Cette doctrine, due au théologien parisien Edmond Richer (1559-1631), promeut le rôle du bas clergé dans les domaines théologique et disciplinaire en vue d'une forme d'autogestion. La Constitution civile du clergé en partie préparée par l'évêque d'Autun, Talleyrand, transforme les prélats en fonctionnaires rémunérés par l'État, situation qu'entérine le Concordat napoléonien.

ÉVIAN (accords d')

Conclus et signés, du 7 au 18 mars 1962, les accords franco-algériens d'Évian, en Haute-Savoie, mettent fin aux combats et préparent l'indépendance de l'Algérie.

Après l'échec des premiers pourparlers d'Évian (mai-juin 1961), puis de Lugrin (juillet 1961), les délégués du gouvernement français et du Front de libération nationale (FLN) se sont retrouvés secrètement aux Rousses, le 11 février 1962. Un des principaux obstacles à la conclusion des accords a disparu depuis le mois de septembre précédent, le général de Gaulle ayant annoncé que la France renonçait à ses exigences sur le Sahara. Le développement du terrorisme de l'OAS risque, en revanche, d'entraver la marche des négociations françaises. Des deux côtés cependant, les délégués sont décidés à aboutir rapidement et, après le succès de la rencontre des Rousses, se retrouvent à l'hôtel du Parc d'Évian, le 7 mars. Les chefs des délégations sont les mêmes qu'aux Rousses : MM. Joxe, de Broglie et Buron pour la France, Belkacem Krim, Saad Dalhab, Ben Tobbal et Yazid pour le FLN.

Les accords, conclus le 18 mars au soir, se bornent *stricto sensu* à un cessez-le-feu. Ils sont accompagnés d'une série de « déclarations gouvernementales », forme inconnue et donc sans valeur en droit international, destinées à régler les points en suspens. Le procédé a été imposé par la France, qui refusait de négocier avec le Gouvernement provisoire de la République algérienne (GPRA). Parmi les principaux points, l'annonce d'un scrutin d'autodétermination en Algérie dans un délai de 3 à 6 mois, puis la reconnaissance éventuelle d'un État indépendant, coopérant avec la France, la souveraineté française étant maintenue jusqu'à l'autodétermination. Les pouvoirs appartiendront à un haut-commissaire nommé par la France, aidé pour le maintien de l'ordre par le commandant en chef, et à un Exécutif provisoire de douze membres désignés par le gouvernement français. L'Exécutif gère les affaires spécifiquement algériennes et prépare l'autodétermination. Il dispose, sous son autorité, des services de police et d'une « force d'ordre ». La France reconnaît le FLN comme formation politique et proclame l'amnistie : un avion transporte ainsi Ben Bella et ses compagnons à Genève dès le 18 mars au soir. Le scrutin d'autodétermination, prévu pour le 1er juillet, doit comporter trois options : maintien du statut de département français, indépendance dans la rupture avec la France, ou dans la coopération. En fait, une seule question sera posée aux électeurs algériens : « Voulez-vous que l'Algérie devienne un État indépendant coopérant avec la France ? » L'Algérie indépendante garantit les biens et les personnes, les Français restant dans le pays auront trois ans pour choisir entre la double nationalité et un statut d'étranger assorti d'une convention d'établissement. Du point de vue économique, l'Algérie reste dans la zone franc, la France s'engage à fournir l'aide financière prévue par les programmes en cours ; les Français pourront quitter le pays avec leurs biens ou le produit de leur vente. La France poursuit sa collaboration technique et culturelle. En ce qui concerne le Sahara, les sociétés françaises jouiront, pendant six ans, d'un droit de préférence dans l'attribution des permis de recherche et d'exploitation, un organisme technique franco-algérien étant créé pour la mise en valeur des gisements et du désert. Du point de vue militaire enfin, la France conserve, pour quinze ans, la base de Mers el-Kébir, maintient ses installations du Sahara pour cinq ans, et dispose pendant la même période de quatre aéroports. Les forces armées françaises, réduites en un an à 80 000 hommes, seront totalement évacuées dans les trois ans qui suivront l'autodétermination.

La métropole accueille avec soulagement la nouvelle de la signature des accords d'Évian, annoncée dès le 18 mars au soir par le général de Gaulle. Après le refus du général Billotte, le Général propose le poste de haut-commissaire à Christian Fouchet, qui l'accepte. L'Algérien Abderrhaman Farès est nommé président de l'Exécutif provisoire. Le 19 mars à midi, le général Ailleret, commandant en chef en Algérie, donne l'ordre de cesser le feu. En Algérie, l'OAS refuse de reconnaître les accords, et le « plan offensif » lancé par le général Salan fait officiellement 2 300 victimes, entraînant une escalade de la terreur puisque 1 250 Européens sont assassinés. Cette poussée de violence éclipse les perspectives de coopération et précipite le premier départ des pieds-noirs (mars-mai). Le massacre des harkis, le second départ des pieds-noirs, la dénonciation de la « plate-forme néocolonialiste » qu'auraient été les accords (juillet-novembre) vident la négociation de ses acquis. En dix ans, les bases de la coopération sont liquidées par des dirigeants très peu démocrates (nationalisation des terres sans indemnité en 1963, des concessions pétrolières en 1971), ce qui n'empêche pas la France de remplir le volet économique des accords d'Évian avec 2,5 milliards de dollars fournis jusqu'en 1970, soit un quart de l'aide au développement.

ÉVREUX

À une cinquantaine de kilomètres au sud de Rouen, point de franchissement de la vallée de l'Iton, affluent de l'Eure, le chef-lieu du département de l'Eure a une origine très ancienne.

Les Gaulois Aulerques en font leur capitale. À l'époque romaine puis au Moyen Âge, *Ebroicum* prend une importance commerciale et administrative croissante, ce qui explique l'intrusion des Normands en 892, puis l'érection du pays en duché, à la fin du Xe siècle, en faveur de Robert, fils du duc Richard Ier de Normandie. À la fin du XIIe siècle, Philippe Auguste jette son dévolu sur ce fief qu'il arrache à Jean sans Terre en même temps qu'il étend son emprise sur le reste du duché de Normandie (1203-1204). À la fin du XIIIe siècle, Philippe le Bel remet le comté d'Évreux à son frère Louis. Le fils de ce dernier, Philippe le Sage, est la tige de la maison capétienne de Navarre. La trahison d'un des descendants, Charles le Mauvais, roi de Navarre et comte d'Évreux, permet à Charles V de confisquer cette possession importante, en 1378. Louis XIV la remet au duc Frédéric Maurice de Bouillon en échange de Sedan, et Napoléon Ier, en 1810, se souvient du terme impropre de « duché de Navarre » pour constituer un majorat en faveur de l'ex-impératrice Joséphine après son divorce. La souveraine répudiée ira demeurer plusieurs mois au château de Navarre, aux portes de la ville.

Les accords d'Évian
La délégation du FLN à la villa du Bois d'Avault, à Genève, s'apprêtant à gagner Évian. © *Photo Keystone*

En 1993-1994, des fouilles ont dégagé les thermes de la villa gallo-romaine, édifiés à la fin du IIe siècle de notre ère. Pour construire ces bâtiments balnéaires couvrant une surface de 2 850 mètres carrés, les architectes ont dû tenir compte de la déclivité importante du terrain et ont érigé une vaste plate-forme servant de base aux thermes. Avec beaucoup d'ingéniosité et d'imagination, ils ont su aussi aménager l'intérieur des bains en faisant alterner des espaces rectangulaires, circulaires et octogonaux.

EXELMANS Remi Joseph Isidore, comte (Bar-le-Duc, 1775 – Paris, 1852)

Maréchal de France.

À peine sorti du collège, ce fils de commerçant entre, en tant que volontaire, au 3e bataillon de la Meuse, où il doit attendre sept ans avant d'être promu sous-lieutenant. Au mois de juillet 1798, il devient aide de camp du général Éblé, puis de Murat. Participant avec ce dernier aux campagnes d'Autriche, de Prusse et de Pologne, il acquiert vite la réputation de valeureux et intrépide soldat, ce qui lui vaut d'être nommé général de brigade en 1807. Exelmans, qui combat durant la campagne d'Espagne, est fait prisonnier, mais obtient rapidement sa libération et rejoint Murat, devenu roi de Naples. Ce dernier lui confère la charge de grand maréchal du palais, puis il rejoint la France où il est fait baron d'Empire par Napoléon, en 1812. Il est aux côtés de l'Empereur durant la campagne de Russie et y déploie une grande énergie. Il est promu général de division à la veille de la bataille de la Moskova. Durant les Cent-Jours, Napoléon lui confie une division de cavalerie à la tête de laquelle il prend part aux batailles de Fleurus, de Ligny et de Waterloo. Au retour des Bourbons, l'ordonnance du 24 juillet 1815 l'oblige à quitter la France et il se réfugie en Belgique. Puis, à la faveur d'une amnistie, il revient en France quelques années après, mais reste à l'écart de toute vie publique jusqu'en 1830. Louis-Philippe fait de lui un pair de France en 1831, et Louis Napoléon Bonaparte le nomme maréchal de France quelques mois seulement avant sa mort.

EXODE (l')

Fuite de la population devant l'armée allemande au début de la Seconde Guerre mondiale.

L'exode proprement dit commence le 5 juin 1940, lorsque la percée allemande sur le front de la Somme, suivie par le départ du gouvernement français vers la Touraine, le 10, déclenche un déferlement de Parisiens sur les routes. Il est vrai que depuis le 15 mai, les habitants du Nord, des Ardennes et les Belges refluaient en désordre. Toutefois, leur déplacement s'était opéré sans heurt, notamment en raison de la noria de trains conduisant les fuyards vers le Sud. C'est donc le nombre – Paris perd les trois quarts de ses habitants en quinze jours –, la généralisation du départ au nord d'une ligne Nantes-Genève ainsi que la cohue qui caractérisent l'exode. Pêle-mêle, les piétons côtoient les cyclistes, bouchant la route par un interminable flot de voitures à bras, à cheval, à essence où l'on a entassé le nécessaire – matelas, provisions et habits. Pour autant, l'exode n'est pas systématique : à quelques kilomètres de distance, on voit des villages se vider et d'autres rester insensibles à cette peur collective qui se nourrit des souvenirs de 1870 et des fantasmes du « boche » massacreur d'enfants et pilleur de villages. De surcroît, des actes isolés entretiennent cette hantise : à Oignies et à Courrières, les SS exécutent 128 prisonniers.

Le sud de la France se transforme en une gigantesque gare de triage : 200 000 personnes dorment dans les rues de Limoges. Au total, 8 millions de Français, de Belges et de Luxembourgeois se retrouvent au sud de la Loire, avec des pics de 700 000 personnes en Creuse, de 225 000 en Corrèze et près d'un million dans l'illusoire « réduit breton ». On imagine les heurts et l'incompréhension entre ces Français découvrant dans de pareilles circonstances leurs concitoyens méridionaux. L'exode constitua un élément décisif dans le choix de l'armistice. Il permit d'abord aux généraux d'affirmer, contre toute évidence, qu'un tel déplacement de foule entravait la défense du territoire. Ensuite, le spectacle de ces hordes hagardes offrit, notamment à Philippe Pétain le 17 juin, un prétexte idéal pour réclamer un armistice censé assurer le retour à l'ordre. De fait, à compter du 20 juin, les « évacués » commencent leur voyage à rebours.

EXODE RURAL

Phénomène par lequel les ruraux désertent les campagnes.

Entre 1846 et 1975, la population rurale de la France ne cesse de décliner, passant de 27 millions à 14 200 000 habitants. En 1851, pour 36 millions d'habitants, le pays compte 75 % de ruraux ; de nos jours c'est l'inverse, et le chiffre de la population urbaine grimpe même jusqu'à 90 % si l'on intègre le périurbain. La population agricole majoritaire atteint son maximum en 1866 avec 20 millions de paysans. Deux grandes phases d'exode rural privent la campagne de sa jeunesse. Entre le Second Empire et la Première Guerre mondiale, les campagnes se vident d'hommes lors de l'extension du réseau ferré et de l'industrialisation. C'est vers 1930 que, pour la première fois, la population urbaine dépasse la population rurale. Entre 1945 et le début de la décennie 1970, une seconde poussée urbaine accompagne la croissance économique rapide des « Trente Glorieuses ». Paris cesse alors d'absorber à lui seul tout l'excédent de la population française, comme cela avait été le cas de 1880 à 1939. La politique de décentralisation semble donc avoir été assez efficace. Le déclin de la population rurale, longtemps une constante, est à présent enrayé. Une légère reprise se manifeste même depuis 1975. Elle ne s'explique cependant pas par une augmentation de la population agricole. Cette population représentait un tiers de la population française en 1970, elle n'en constitue plus qu'un cinquième en 1990, soit seulement 19 % de la population rurale. L'exode agricole s'est même accru depuis 1988 sous l'effet des limitations de production exigées par la politique agricole commune (PAC). C'est donc le développement des résidences secondaires, l'implantation d'activités de services à la campagne, le tourisme vert... qui ont permis de revitaliser l'espace rural.

EXPOSITION COLONIALE

Exposition internationale organisée à Paris en 1931.

L'idée d'une exposition exaltant la grandeur de l'Empire colonial et l'œuvre de civilisation de la France naît vers 1905. Elle est reprise en 1927 par le gouvernement Poincaré dans un souci de commémoration de l'apport fourni par les colonies durant la Première Guerre mondiale, d'entente avec les empires européens continentaux (italien, espagnol, belge, hollandais) et de concurrence avec les Britanniques. Le 6 mai 1931, au bois de Vincennes, le président de la République Gaston Doumergue inaugure ce qui se présente comme un voyage dans l'Empire : la reproduction du temple d'Angkor, l'édification de villages africains, l'installation d'un parc zoologique connaissent un extraordinaire succès, avec 8 millions de visiteurs, dont un million d'étrangers. Le musée des Colonies, destiné à pérenniser l'image d'une colonisation bénéfique et durable, rencontre une audience médiocre, signe que les visiteurs étaient plus sensibles à l'exotisme qu'au fait colonial.

EXPOSITIONS UNIVERSELLES

L'organisation d'expositions a commencé en France en 1798 sous le Directoire, et connu un succès croissant. Mais c'est à l'Angleterre que revient l'initiative d'avoir transformé ces manifestations nationales en expositions internationales en 1851.

Séduit dès 1852, Louis Napoléon décide que la France doit à son tour accueillir une grande exposition universelle. En 1855, le palais des Arts et de l'Industrie sur les Champs-Élysées devient un bâtiment d'exposition définitif. L'État prend en charge les frais. Paris, capitale de l'art, doit tenir sa place dans le progrès industriel. 24 000 exposants et 5 millions de visiteurs assistent à cette première. Elles auront lieu désormais tous les 10 à 12 ans (1855, 1867, 1878, 1889...). Tous les domaines de l'activité humaine réalisés dans toutes les nations y sont présentés. Les expositions mettent en scène le processus de transformation des matières premières en produits finis (mobilier, par exemple) et les beaux-arts. L'exposition de 1867, édifiée au Champs-de-Mars, est un triomphe (52 000 exposants, près de 7 millions de visiteurs). La plupart des souverains étrangers viennent la visiter. Manufacturiers, agriculteurs, artisans, ouvriers s'y rencontrent. Apogée de l'Empire, cette exposition ne s'illustre cependant pas toujours par ses choix judicieux. Courbet et Manet ne sont pas retenus par le jury et doivent exposer dans des pavillons particuliers. L'exposition de 1889 coïncide avec le centenaire de la réunion des États généraux à Versailles, prélude à la Révolution. Transfert de cendres au Panthéon et inauguration du *Triomphe de la République* de Dalou accompagnent les festivités. La galerie des Machines et la tour Eiffel (1889) sont édifiées à cette occasion. Dès cette exposition, une gamme de divertissements est offerte au public. L'exposition de 1900 consacre la fée électricité et l'art nouveau. On lui doit la construction du pont Alexandre-III, du Grand et du Petit Palais (1900). C'est la plus visitée, avec 50 millions de visiteurs contre 16 millions en 1878 et 30 millions en 1889 et 1937. Cette dernière exposition (1937) célèbre la publicité, la photo, le cinéma et la phonographie. Elle laisse le palais de la Découverte, le palais de Chaillot, le palais de Tokyo. Depuis la Seconde Guerre mondiale, les expositions universelles se sont espacées et n'ont pas eu lieu à Paris. La dernière a eu lieu à Hanovre en 2000.

EXPRESS (L')

Hebdomadaire fondé le 16 mai 1953 par Jean-Jacques Servan-Schreiber.

L'Express a connu quatre « vies », correspondant aux crises qui ont marqué son origine, ses choix idéologiques et son développement. La première débute dans une atmosphère de critique anticommuniste qui suit la mort de Staline, anticolonialiste qui prend acte de l'enlisement français en Indochine et antiétatique qui dénonce les handicaps de la modernisation nationale. L'hebdomadaire se veut à la fois libéral (au sens français du terme) et de gauche, en même temps qu'il se reconnaît un chef de file politique, Pierre Mendès France, qu'il soutiendra lors de la campagne électorale de l'hiver 1955 en devenant quotidien. Ses options en font un adversaire déclaré du gaullisme à partir de 1959, ce qui explique le lancement de la candidature de « monsieur X », alias Gaston Defferre, à la veille de la campagne électorale de 1965 puis, après que celle-ci eut fait long feu, son ralliement à la candidature Mitterrand.

Pour autant, cet engagement politique se trouve en décalage avec une période de basse pression marquée par l'enracinement du gaullisme et la montée des préoccupations sociales. En 1964, « J.-J.-S.-S. » tente d'enrayer l'érosion de son lectorat en adoptant la formule du « news-magazine » sur le modèle du *Spiegel* et de *Time*, soit un mélange d'informations généralistes, de grandes signatures et d'articles susceptibles d'attirer la publicité. Sous la houlette de Claude Imbert, de Jacques Duquesne et de Georges Suffert, le pari est doublement gagné : le lectorat passe de 150 000 exemplaires en 1964-1965 à 400 000 en 1967-1968 et 600 000 en 1972, tandis que la récolte publicitaire décuple son chiffre d'affaires. Le départ de l'équipe dirigeante pour fonder un concurrent, *Le Point*, la mise au service partielle du journal aux velléités « réformatrices » de

« J.-J.-S.-S. », leader du parti radical, et la chute de la publicité après le premier choc pétrolier ouvrent une troisième crise. Celle-ci est résolue en 1977 par l'entrée au capital de James Goldsmith, PDG de la Générale Occidentale, libéral patenté (au sens anglo-saxon du terme) et de sympathie politique giscardienne. La cohabitation avec une rédaction de gauche est assurée par le prestige du nouveau directeur de la rédaction, Jean-François Revel, tandis que les éditoriaux de Raymond Aron fournissent l'habillage libéral minimal.

Le statu quo se prolonge jusqu'au 5 mai 1981, lorsqu'une couverture favorable à François Mitterrand entraîne le « débarquement » d'Olivier Todd, rédacteur en chef, et, par solidarité, de Jean-François Revel. Dès lors, le magazine expérimente des formules plus ou moins hasardeuses – libérale, anti-mitterrandienne, sociétale avec une forte coloration écologiste – au gré des foucades d'un propriétaire peu préoccupé du résultat financier d'un journal pesant à peine 1 % de son empire financier. La diffusion de *L'Express* passe sous la barre des 500 000 exemplaires en 1982 et, l'année suivante, perd sa place de leader des news-magazine au profit du *Nouvel Observateur*. Il faut attendre la venue d'un nouveau directeur de la rédaction, transfuge du *Point*, Denis Jeambar, pour que le magazine retrouve sa position prééminente, ainsi qu'une santé économique florissante avec un bénéfice moyen annuel de 89 millions de francs pour les années 1999-2001, prospérité qui s'accompagne d'un rétrécissement supplémentaire du contenu politique au profit de l'économie et des loisirs.

EYLAU (bataille d')

Bataille remportée par les Français sur les Russes, le 8 février 1807.

Le 8 février 1807, le général Bennigsen, qui reculait jusque-là systématiquement devant Napoléon, accepte, pour sauver Koenigsberg, de livrer bataille à Eylau (ville de Prusse orientale, aujourd'hui en Russie, sur la frontière polonaise). Le choc est confus et particulièrement meurtrier. Il fait 40 000 victimes parmi les 80 000 Russes et les 50 000 Français engagés. Napoléon déborde la gauche de son adversaire et, acculé dans le cimetière, ne se sort d'une situation difficile que grâce à l'intervention de Murat. L'arrivée de Davout et Ney contraint Bennigsen à la retraite mais Napoléon doit renoncer à la poursuite, et la campagne ne peut être achevée que l'été suivant par la victoire de Friedland. Cette bataille démontre que le système de guerre napoléonien s'adapte mal à la rigueur du climat des plaines d'Europe continentale dont les ressources sont, de plus, insuffisantes.

EYZIES (Les) : voir CRO-MAGNON

f

FABERT Abraham de (Metz, 1599 – Sedan, 1662)

Maréchal de France.

Fils et petit-fils d'imprimeurs lorrains (son grand-père avait été anobli par le duc de Lorraine), il refuse la carrière ecclésiastique à laquelle on le destine et s'engage à 14 ans dans les gardes-françaises. Il participe ainsi aux campagnes contre les protestants, dans le Languedoc puis à La Rochelle (1627). Après s'être signalé par son sang-froid et son énergie lors de la retraite de Mayence (1635), il devient un spécialiste de la guerre de siège. Ses capacités d'ingénieur l'ont fait considérer comme un précurseur de Vauban. Fabert exerce ses talents devant de nombreuses places, entre autres Avesnes, Maubeuge et Landrecies, en 1637, Suse, Turin, où il est blessé, et Arras, en 1640, puis Collioure et Perpignan, en 1642. Nommé gouverneur de Sedan après la cession de la ville à la France (1642), il entreprend d'en restaurer et améliorer les fortifications, et en assure la possession à la France. Mazarin, auquel il reste fidèle sans toutefois vouloir lui servir d'espion, le nomme maréchal de camp en 1646. Lieutenant général en 1651, Fabert conduit en 1654 le siège de Stenay, devant Louis XIV. Ses succès lui valent d'être nommé maréchal de France en 1658 en dépit de ses origines modestes.

FABIEN Georges Pierre, dit COLONEL (Paris, 1919 – Habsheim, Haut-Rhin, 1944)

Résistant.

Cet ouvrier métallurgiste, membre du parti communiste, suit, dès le mois de mai 1941, l'appel à la lutte lancé par *L'Humanité* clandestine. Après l'attaque allemande contre l'URSS, il participe au Front national qui se donne pour tâche de libérer la France des Allemands sans se soucier de l'appartenance politique de ses membres. Fabien organise le 21 août 1941 le premier attentat qui coûte la vie à un officier allemand, dans les couloirs de la station de métro qui porte aujourd'hui son nom. Cet attentat sera condamné par de Gaulle en raison des exécutions d'otages qu'il entraîne. Puis Fabien commande un groupe de FTP et devient en 1944 chef de la brigade FFI de l'Île-de-France. Comme beaucoup de jeunes éléments de la Résistance, il participe aux combats de la Libération. À la tête de sa brigade, il prend part à la campagne d'Alsace dans les rangs de la Ire armée française et meurt en voulant désamorcer une mine.

FABIUS Laurent (Paris, 1946 –)

Homme politique, Premier ministre.

À certains égards, le parcours politique de Laurent Fabius rappelle la carrière de certains « technocrates mirobolants » de la IIIe République, montés au pinacle dans les années 1920 et fracassés sur les écueils des années noires. Pour autant, la longévité de sa carrière politique, entamée en 1978 par son élection de député de Seine-Maritime, et son retour au premier plan depuis 1997 – d'abord président de l'Assemblée nationale puis ministre des Finances –, attestent d'une force de caractère et d'un sens politique peu ordinaires. Laurent Fabius emprunte d'abord la voie royale des fils de famille à l'esprit et aux manières déliés, accumulant les brevets d'excellence universitaire (École normale supérieure, Sciences-Po, agrégation, ENA) qui le font remarquer par Georges Dayan, ami et conseiller de François Mitterrand. Dès 1978, il devient son directeur de cabinet et se charge, au congrès de Metz en 1979, de disqualifier à la fois les thèses de la deuxième gauche et du CERES. En 1981, il est nommé ministre du Budget et se démarque de son patron, Jacques Delors, en militant pour une politique de relance keynésienne et de nationalisation des entreprises industrielles. Il est notamment l'auteur de la loi de finances rectificative de juillet 1981 aux résultats fort médiocres, ce qui ne l'empêche pas de plaider pour une politique volontariste jusqu'à ce que François Mitterrand décide, en mars 1983, le retour à l'orthodoxie budgétaire et communautaire. Son ralliement lui vaut le poste de ministre de l'Industrie où il doit défaire ce qu'il prônait la veille, notamment en orchestrant les restructurations industrielles.

En juillet 1984, il est nommé Premier ministre dans un contexte défavorable à la gauche, celle-ci ayant dû reculer sur la législation scolaire et se révélant incapable d'endiguer la montée du chômage. Son style modernisateur convainc l'opinion publique, mais pas les militants du PS qui lui préfèrent Michel Rocard au congrès de Toulouse (octobre 1985). Ce revers s'accompagne d'une mortification lorsque les mêmes militants choisissent Lionel Jospin, contre les pratiques de la Ve République, pour mener la campagne législative de 1986. Enfin, cette même année 1985 voit éclater deux affaires qui vont durablement altérer son image nationale et partisane, tandis qu'elles pèseront d'un poids exorbitant sur la suite de sa carrière. En juillet, l'affaire Greenpeace met au jour les manigances d'une raison d'État qui n'est jamais aussi condamnable que lorsqu'elle refuse la transparence et la sanction démocratique en cas

Laurent Fabius
Laurent Fabius au cours d'une conférence de presse au sujet de la Nouvelle-Calédonie le 3 décembre 1984.
© *Keystone*

d'erreur. En déclinant toute responsabilité au détriment du seul Charles Hernu, ministre de la Défense contraint à la démission, Laurent Fabius endosse la tunique du cynique en politique. Au même moment débute le scandale du sang contaminé par le sida et transfusé aux hémophiles. En adoptant la même attitude de retrait par rapport à ses ministres, Edmond Hervé et Georgina Dufoix, le Premier ministre étale à nouveau son manque de solidarité et perd d'emblée la bataille d'image qui le contraint, le 19 décembre 1985, à accepter sa mise en accusation devant la Haute Cour alors qu'il est effectivement, en toute logique administrative, innocent des fautes qui lui sont reprochées, sauf à admettre que le Premier ministre de tout gouvernement est responsable judiciairement d'une signature qu'il est contraint de déléguer. Laurent Fabius endosse donc également la peau du bouc émissaire.

S'ouvre alors une décennie d'échecs et de déceptions. D'abord dans la conquête du parti socialiste à trois reprises : en mai 1988, il est battu par Pierre Mauroy ; en janvier 1990, au congrès de Rennes, aucune coalition ne parvient à se dégager alors que le courant Fabius est le premier au sein des fédérations ; en avril 1993, Michel Rocard s'impose à la tête du parti. Certes, en 1991, Laurent Fabius a hérité du poste de premier secrétaire mais par défaut, devant l'incapacité de Pierre Mauroy à tenir ses troupes et vis-à-vis l'adoubement de Michel Rocard, en réserve de candidature élyséenne, ce qui limite singulièrement l'autorité et la marge de manœuvre de Fabius. Ensuite, la lancinante instruction de l'affaire du sang contaminé l'empêche de tirer profit de sa position à la tête de l'Assemblée entre 1988 et 1993 : il ne participe ni à la bataille électorale de 1993, ni à la course présidentielle de 1995. Son rétablissement commence à la faveur de deux hasards malchanceux pour ses rivaux : la déroute de Michel Rocard aux européennes de 1994 lui permet de soutenir la candidature d'Henri Emmanuelli, un de ses fidèles, au secrétariat du parti ; les élections législatives de 1997 lui offrent l'occasion de retrouver le perchoir du Palais-Bourbon et de s'imposer comme successeur naturel de Dominique Strauss-Kahn lorsque ce dernier est contraint à la démission en mars 2000. Il se sent d'autant plus libre d'accepter le ministère de l'Économie et des Finances qu'il a bénéficié, fin 1999, d'un non-lieu dans l'affaire du sang contaminé. Leader des socialistes « modérés », adeptes du marché et d'une mondialisation régulée, Laurent Fabius se retrouve, à 55 ans, dans une position d'arbitre privilégié en même temps qu'il demeure l'un des plus jeunes candidats crédible à la fonction présidentielle.

Fabliau

Conte à rire en vers conservés dans des recueils de la fin du XIIIe siècle ou du début du XIVe.

Les sujets sont conventionnels et se retrouvent souvent dans le folklore de plusieurs pays. Ils comportent presque toujours une duperie qui soulève le rire aux dépens de celui qui méritait bien d'avoir été pris. Le fabliau n'est plus considéré comme l'antithèse du roman courtois mais plutôt comme un complément. Ces fabliaux ont été très nombreux, réunis en six volumes au XIXe siècle dans un *Recueil général et complet des fabliaux des XIIIe et XIVe siècles* par A. de Montaiglon, réactualisé depuis 1983 par W. Noomen (*Nouveau Recueil complet des fabliaux*). Parmi les auteurs les plus connus qui ont pratiqué ce genre, citons Cortebarbe avec *Les Trois Aveugles de Compiègne*, Jean Bodel avec *Gombert et les deux prêtres,* ou encore Rutebœuf avec *Le Pet au vilain.* Le fabliau n'a pas vécu au-delà du XIVe siècle, mais La Fontaine ou Molière y ont puisé quelques-uns de leurs sujets.

Fabre d'Églantine Philippe Fabre, dit (Carcassonne, 1750 – Paris, 1794)

Poète et homme politique.

Ayant obtenu une églantine d'or aux jeux Floraux de Toulouse, il fait désormais suivre son nom, Fabre, de celui, mieux sonnant, d'Églantine. En 1787, il vient à Paris où il se fait connaître par quelques comédies inspirées de l'actualité politique et qui seront vite oubliées. Il est également l'auteur d'une chanson qui, elle, est devenue célèbre : *Il pleut, il pleut, bergère.* Ami de Danton et de Camille Desmoulins, il entre au club des Cordeliers et fait partie de la Commune du 10 août 1792. Élu député de Paris à la Convention, il vote la mort de Louis XVI. En octobre 1793, il est chargé d'imaginer les noms poétiques que porteront les mois du nouveau calendrier républicain : vendémiaire, brumaire, frimaire, nivôse, pluviôse, ventôse, germinal, floréal, prairial, messidor, thermidor, fructidor. Vers la même date, il dénonce ce que l'on a appelé la « conspiration de l'étranger », un complot qui aurait été fomenté par les étrangers pour perdre la République par des mesures outrancières, et lance également les premières attaques contre les compagnies et sociétés par actions, notamment la Compagnie des Indes. En fait, il ne dénonce que pour mieux se couvrir, car il est engagé depuis longtemps dans de fructueuses spéculations et joue à la baisse sur les actions de ces sociétés. Mais le scandale éclate lorsqu'il apparaît que la minute du décret de liquidation de la Compagnie des Indes a été falsifiée avec sa complicité. Arrêté, il est guillotiné le 5 avril 1794 en même temps que ses amis dantonistes, que cette affaire avait contribué à mettre en mauvaise posture.

Fabre d'Églantine
Huile sur toile, XVIIIe siècle, château de Versailles.
© *Giraudon*

Fabvier Charles Nicolas, baron (Pont-à-Mousson, 1783 – Paris, 1855)

Militaire.

En 1807, il est membre de l'expédition de secours envoyée par Napoléon au sultan Sélim III qui combat l'Angleterre. Plus tard, il fondera, à Ispahan, un arsenal et, sur le chemin du retour, s'engagera, en Russie, dans les troupes du général Poniatowski. Aide de camp du maréchal Marmont, Fabvier participe à la guerre d'Espagne. Lors de la campagne de Russie, il est blessé à la bataille de la Moskova et nommé chef d'escadron. Colonel d'état-major et officier de la Légion d'honneur à l'issue de la campagne de Saxe, on le retrouve chef d'état-major organisant le repli des onze armées qui battent en retraite après Leipzig. Le 31 mars 1814, il signe la capitulation de Paris, au nom des maréchaux Marmont et Mortier. Mis en disponibilité durant la Restauration, Fabvier, accusé de menées bonapartistes, quitte la France et voyage à travers la péninsule Ibérique jusqu'en 1823. À cette époque, il décide de s'embarquer pour la Grèce et de soutenir les Hellènes qui luttent contre les Turcs afin d'obtenir leur indépendance. Il se distinguera dans la défense de l'Acropole d'Athènes, assiégée par les soldats de Ibrahim Pacha. Revenu à Paris, Fabvier contribue activement à la victoire de la révolution de Juillet. Lieutenant général en 1839, pair de France de Louis-Philippe en 1845, il accepte de la IIe République l'ambassade de Constantinople (1849). Élu député du département de la Meurthe à l'Assemblée législative, il réclame la libération d'Abd el-Kader. Au lendemain du coup d'État du 2 décembre 1851, il renonce à toutes ses activités politiques.

Fachoda (incident de)

L'évacuation forcée de cette ville (aujourd'hui Kodok) située sur le cours supérieur du Nil, au Soudan, par la mission Marchand, en 1898, détériore profondément les rapports franco-britanniques.

Partie du Congo pour rallier Djibouti en juillet 1896, l'expédition française, qui comptait un peu plus de 150 hommes, atteint Fachoda le 10 juillet 1898. Le mois suivant, lord Kitchener, qui remonte le Nil avec plus de 2 000 hommes pour écraser les Madhistes et réaliser la jonction avec Le Cap, s'y trouve à son tour. Le capitaine Marchand est prié de s'effacer. Mais il refuse, déclarant que la faiblesse de ses effectifs ne le ferait pas reculer, et en réfère à son gouvernement. C'est un *casus belli.* Incapable d'envoyer des secours à ses ressortissants, affaiblie intérieurement par les déchirements de l'affaire Dreyfus (alors à leur paroxysme), la France doit s'incliner. Delcassé, successeur d'Hanotaux, donne à Marchand, entre-temps devenu commandant, l'ordre d'évacuer Fachoda (ordre du 3 novembre, reçu le 7). Le 21 mars 1899, un accord livre la totalité du bassin du Nil à l'Angleterre. L'opinion française est violemment choquée par cette reculade. Les Anglais réapparaissent comme l'ennemi héréditaire. Ce ressentiment ne sera pas effacé par la conclusion de l'Entente cordiale en 1904.

Faidherbe Louis Léon César (Lille, 1818 – Paris, 1889)

Général et colonisateur.

Polytechnicien et officier du génie, il sert en Algérie de 1842 à 1847, à la Guadeloupe de 1848 à 1849, et de nouveau en Algérie de 1849 à 1852. Envoyé au Sénégal en 1852 et nommé deux ans

Le général Faidherbe
Huile sur toile de M. Bignot-Dubaux, Paris, musée de l'Armée. © *Giraudon*

plus tard chef de bataillon et gouverneur de la colonie, il accomplit à ce poste (de 1854 à 1861, puis de 1863 à 1865) un travail considérable de mise en valeur et d'organisation qui fait de lui le véritable fondateur de la colonie du Sénégal. Avec des troupes indigènes, les tirailleurs sénégalais, Faidherbe entreprend de pacifier le pays, combat les Toucouleurs et les repousse à l'est du Haut-Sénégal (1855-1863), rejette vers le nord les Maures Trarza, puis annexe le pays des Ouolofs (traité de mai 1858). L'annexion du Cayor (1861-1865) lui permet ensuite de dégager la route reliant Saint-Louis à l'île de Gorée. Loin de se limiter à ce travail d'exploration et de pacification, le général – il l'est depuis 1861 – étudie les dialectes africains, s'intéresse aux coutumes locales, les respecte et entreprend le développement économique de la colonie. Il crée ainsi des écoles, des comptoirs, des ports comme Dakar et Rufisque et tente d'améliorer l'agriculture en développant la culture de l'arachide. À son départ, en 1865, le général Faidherbe laisse un pays prospère. Il sert ensuite en Algérie, à Bône, à Batna puis, après Sedan, reçoit de Gambetta le commandement de l'armée du Nord, avec le grade de général de division (novembre 1870). Groupant 45 000 hommes, cette armée arrête Manteuffel sur la Somme, à Pont-Noyelles (3 décembre), remporte ensuite la victoire de Bapaume, le 10 janvier 1871, mais doit se replier après la bataille de Saint-Quentin, le 19 janvier 1871. Sa résistance épargne néanmoins aux départements du Nord les désagréments d'une occupation prussienne. Très populaire dans la région, Faidherbe est élu spontanément à l'Assemblée nationale par la Somme, mais démissionne aussitôt (février). Il se présente ensuite aux élections du mois de juillet et, élu par la Somme, le Pas-de-Calais et le Nord, opte pour ce dernier département. Il siège à gauche jusqu'au mois d'août puis, jugeant que l'Assemblée s'arroge des pouvoirs excessifs, il démissionne de nouveau. Il accomplit ensuite une mission archéologique en Égypte. Sénateur en 1879, il ne participe guère aux travaux de l'Assemblée, s'oppose cependant au boulangisme. En 1880 enfin, Faidherbe succède au général Vinoy, grand chancelier de la Légion d'honneur.

FAIDIT

Du bas latin faiditus, *« proscrit ».*

Nom donné à l'époque de la croisade albigeoise aux seigneurs hérétiques, ou sympathisant avec l'hérésie, qui ont fui leurs châteaux ou en ont été chassés à l'arrivée des croisés. Leurs terres échurent la plupart du temps aux compagnons de Simon de Montfort ou aux ralliés méridionaux.

FAILLY Pierre Louis Charles de (Rozoy-sur-Serre, Aisne, 1810 – Compiègne, 1892)

Militaire.

Officier d'infanterie à sa sortie de l'École de Saint-Cyr, colonel en 1851, général de brigade en 1854, il devient divisionnaire à la suite de la campagne de Crimée, puis aide de camp de Napoléon III. La campagne d'Italie de 1859 le voit à la tête de la 4e division à Magenta et à Solferino. Chargé de défendre les États pontificaux en 1867 contre les entreprises de Garibaldi, Failly expérimente à cette occasion le nouveau fusil Chassepot, envoyant à Paris après le combat de Mentana le célèbre message : « Nos fusils Chassepot ont fait merveille », ce qui le rend odieux au parti libéral. Récompensé par le poste de sénateur en 1868, cet officier bien en cour se retrouve deux ans plus tard, au début de la guerre franco-allemande, à la tête du 5e corps. Son indécision, lors de la journée du 6 août, fait qu'il demeure inactif près de Bitche alors que se déroulent à gauche la bataille de Spicheren et à sa droite celle de Woerth. Couvrant l'aile droite de l'armée impériale en marche vers Sedan, Failly se laisse surprendre le 31 août non loin de Beaumont, au sud de la Meuse, prélude au désastre du lendemain. Le gouvernement de la IIIe République ne fera jamais appel à ses services et le laissera en disponibilité.

FAINÉANTS (rois)

Nom donné par dérision par les historiens du XIXe siècle aux derniers rois mérovingiens (notamment à partir de Thierry III).

Sous leur règne, l'essentiel du pouvoir était entre les mains des maires du palais.

FAISANS (île des)

Cette petite terre isolée au milieu de la Bidassoa est depuis longtemps partagée à égalité entre la France et l'Espagne qui l'ont utilisée plusieurs fois comme lieu de rencontre pour leurs gouvernements.

En 1464, entrevue de Louis XI de France avec Henri IV de Castille ; en 1615, échange de deux fiancées : Élisabeth de France destinée à Philippe IV, Anne d'Autriche destinée à Louis XIII ; en 1659, conclusion définitive, entre Mazarin et don Luis de Haro, du traité des Pyrénées ; quelques jours plus tard, c'est l'entrevue de Louis XIV et de l'infante Marie-Thérèse, avec promesse de mariage. L'île des Faisans est souvent appelée île de la Conférence.

FALAISE

Ville du Calvados, sur l'Ante.

Au milieu du Xe siècle, Falaise apparaît comme la ville principale du comté de l'Hiémois. Robert le Diable, duc de Normandie, la choisit comme résidence principale. Son fils, Guillaume le Conquérant, né à Falaise, est, dit-on, à l'origine du développement de la cité : il fait notamment élargir son enceinte et crée la foire de Guibray, une des plus importantes du Moyen Âge. À la mort d'Henri Ier Beauclerc, Falaise prend parti pour Étienne de Blois. Assiégée par Geoffroy Plantagenêt, elle succombe bientôt. Jean sans Terre organise la commune de la ville en 1203 et y retient prisonnier son neveu Arthur de Bretagne. Philippe Auguste lui enlève Falaise en 1204 et confirme les privilèges de la cité. Pendant la guerre de Cent Ans, les troupes anglaises s'en emparent en 1417, après quarante-sept jours de siège. Talbot est alors nommé gouverneur de la ville ; il améliore les fortifications et fait ajouter au château la tour ronde. Mais Charles VIII parvient à reprendre Falaise en 1450 ; dès lors, elle restera à la France. La ville change de mains à plusieurs reprises pendant les guerres de Religion : prise par les protestants en 1562, reprise par les catholiques la même année, elle est enlevée par Coligny en 1563, par Montgomery en 1568 et enfin par Matignon, pour le roi, en 1574. Les ligueurs tentent ensuite d'en faire le centre de leurs opérations en Normandie, mais Henri IV les expulse en 1591 et ordonne le démantèlement des fortifications. Gravement endommagée par les bombardements pendant la Seconde Guerre mondiale, Falaise est libérée par la Ire armée canadienne, le 17 août 1944.

FALKLAND : voir MALOUINES (îles)

FALLIÈRES Armand (Mézin, Lot-et-Garonne, 1841 – Mézin, 1931)

Homme politique, président du Conseil, président de la République.

Avocat à Nérac, maire de cette ville, conseiller général du Lot-et-Garonne (1871), député de ce même département en 1876, et constamment réélu jusqu'en 1885, il siège sur les bancs de la gauche et fait partie des 363 réélus en 1877. Vice-président de la gauche républicaine, il est choisi par Freycinet comme sous-secrétaire d'État à l'Intérieur et aux Cultes (décembre 1879), conserve son portefeuille dans le premier cabinet Ferry (1880-1881), et participe dès lors à la plupart des gouvernements. Ministre de l'Intérieur de Duclerc (1882-1883), Fallières doit, en particulier, combattre les anarchistes et les monarchistes. Successeur de Duclerc, pour très peu de temps, à la présidence du Conseil (28 janvier – 18 février 1883), il entre ensuite comme ministre de l'Instruction publique et des Beaux-Arts dans le second cabinet Ferry (1883-1885). Son rôle se limite, en fait, à exécuter les idées du président du Conseil. Ministre de la Justice dans les cabinets Rouvier et Tirard (1887-1888), de nouveau ministre de l'Instruction publique et des Beaux-Arts dans le second cabinet Tirard (1889-1890), il cumule les deux portefeuilles dans le quatrième cabinet Freycinet (1890-1892) et doit alors faire face à de nombreux incidents. Sénateur du Lot-et-Garonne en 1890, et constamment réélu jusqu'en 1906, Fallières remplace Loubet à la présidence du Sénat en 1899. En février 1906 enfin, candidat des gauches, soutenu par Clemenceau, il est élu à la présidence de la République, contre Paul Doumer. Barbu, de petite taille, ventripotent, le nouveau président de la République est une cible de choix pour les caricaturistes, mais il représente aussi la France petite-bourgeoise, auprès de laquelle il est fort populaire. Le président Fallières, tout en respectant les limites étroites dans lesquelles les textes constitutionnels maintiennent ses pouvoirs, joue, par sa finesse, un rôle politique non négligeable. Il abandonne la vie politique en 1913, après l'élection de son successeur, Raymond Poincaré.

FALLOUX Frédéric Albert Pierre, comte de (Angers, 1811 – Paris, 1886)

Homme politique.

Le premier ouvrage littéraire de ce futur ministre de l'Instruction publique est une *Histoire de Louis XVI*, publiée en 1840. Six ans plus tard, il entre à la Chambre des députés en qualité de représentant du Maine-et-Loire, élu par l'arrondissement de Segré. Rallié à la IIe République, quoique royaliste de cœur, il est désigné comme rapporteur de la loi sur les Ateliers nationaux et conclut à leur suppression. À la suite de sa réélection à l'Assemblée législative après l'insurrection de juin 1848, le prince-président Louis Napoléon lui confie le portefeuille de l'Instruction publique, poste qui permet à Falloux d'attacher son nom à la célèbre loi sur la liberté de l'enseignement confessionnel et congréganiste dans les écoles et les collèges, qui supprimait aussi le monopole de l'Université et instaurait un contrôle moral des instituteurs par les autorités (15 mars 1850). Mais le coup d'État du 2 décembre 1851 le voit dans l'opposition, ce qui le contraint à cesser toute activité politique, ses critiques portant sur l'attitude de Napoléon III vis-à-vis du pape et de la question italienne. Admis à l'Académie française en 1856, en remplacement de Molé, Falloux continue néanmoins à entretenir des relations étroites avec les milieux légitimistes, si bien qu'à l'Assemblée de Bordeaux en 1871, il joue un grand rôle parmi la droite monarchiste, s'efforçant notamment de concilier légitimistes et orléanistes. Ses *Mémoires d'un royaliste*, parus deux ans après sa mort, résument bien son option politique.

FAMILLE (pacte de)

Traité d'alliance signé pendant la guerre de Sept Ans, à Paris, le 15 août 1761, entre les Bourbons de France et d'Espagne, sur l'initiative de Choiseul.

Par cette convention, les rois de France et d'Espagne se garantissent réciproquement leurs États et possessions, toute attaque contre l'un d'eux obligeant l'autre à l'assistance immédiate ; aucune paix ne pourra être signée que d'un commun accord. Les Bourbons de Parme et des Deux-Siciles, admis au pacte, y adhèrent bientôt. Dirigé essentiellement contre l'Angleterre, dont Charles III d'Espagne redoute l'hégémonie en Amérique du Nord après la chute du Canada, et dont Choiseul espère briser la suprématie navale, le pacte relève, en fait, d'une conception plus vaste : une grande ligue catholique, composée de la France, de l'Espagne et de l'Italie bourbonnienne alliée avec l'Autriche, amie de la France, se serait opposée aux États protestants, la Prusse et l'Angleterre. Dans l'immédiat, le concours de l'Espagne ne peut empêcher la victoire britannique sur la France, déjà vaincue et épuisée. Il coûte même à la France la Louisiane, remise à l'Espagne pour compenser l'annexion par l'Angleterre de la Floride (traité de Paris de 1763). Mais plus tard, au temps de la guerre d'Indépendance américaine, l'union étroite entre la France et l'Espagne, renouée par le traité d'Aranjuez du 12 avril 1779, rendra de grands services à la France dans sa lutte contre l'Angleterre.

FAMINE (pacte de)

Cette expression désignait, dans la seconde moitié du XVIIIe siècle, un ensemble de manœuvres que le gouvernement était soupçonné de concerter pour favoriser la spéculation sur les grains.

La dénonciation par un juriste, Leprévost de Beaumont, des agissements frauduleux de la société Malisset est à l'origine de la découverte du scandale, qui prend des proportions énormes du fait de la crise des subsistances entre 1765 et 1774. Certains accusateurs vont même jusqu'à répandre le bruit que le roi a honoré les entreprises d'approvisionnement de sa haute protection afin de tirer lui-même profit de la faim du peuple. En fait, le contrat Malisset a été résilié en 1768 ; les pratiques frauduleuses des sociétés ne sont pas générales, et les hausses, comme les pénuries, sont dues avant tout à des causes économiques. La légende du pacte de Famine n'en connaîtra pas moins un regain de faveur lorsque Brienne accordera la libre exportation du blé, en 1787 ; à tel point qu'elle sera très souvent invoquée contre la monarchie dans les premières années de la Révolution.

FAMINES ET DISETTES

Les famines sont des pénuries alimentaires extrêmes qui provoquent la mort des populations par consomption, les disettes des situations carencielles aiguës qui entraînent des troubles de croissance et une plus grande vulnérabilité aux « pestes et fièvres ».

Sous l'Ancien Régime, la sécurité alimentaire des populations est toujours précaire. Le Moyen Âge a conservé le souvenir d'atroces famines comme celle qui sévit en 1033 et que rapporte le moine Raoul Glaber ; de graves crises frumentaires ponctuent le début du XIe siècle, la fin du XIIe, épargnent le XIIIe siècle, hormis l'alarme de 1224-1226, et reparaissent au XIVe siècle en lien avec la peste noire et la guerre de Cent ans. La présence de gens de guerre ruine en effet le fragile équilibre entre les ressources et les populations : les armées vivent sur le pays, qu'il soit d'ailleurs ami ou ennemi, et dévastent les cultures par leurs chevauchées. La guerre de Trente Ans fait disparaître la moitié de la population alsacienne. La famine est aussi l'arme la plus sûre des assaillants lors des sièges, comme en témoigne la prise de La Rochelle en 1628. Dans la seconde moitié du XVIIe siècle, la menace proprement militaire s'estompe : la guerre s'éloigne aux frontières et Louvois met en œuvre l'encasernement de l'armée royale soumise à une discipline renforcée. Restent les accidents météorologiques – froids exceptionnels, gels tardifs, étés pourris... – qui demeurent imparables s'ils ne sont pas limités à une seule région : en 1565, 1592, 1660-1661, 1709, 1770, 1788, le mauvais temps a ainsi affecté tout le royaume. La productivité agricole est très faible : un grain en donne cinq, sur lesquels il faut en réserver un pour les semailles suivantes. Mais le paysan n'a parfois pas d'autre recours que de tout consommer, d'où des disettes lors de la soudure à la fin du printemps. Sur plusieurs siècles, le climat semble obéir à des cycles. Il se serait refroidi aux XIIe-XIIIe siècles puis de 1580 à 1850, période pour laquelle on évoque un « petit âge glaciaire » si spectaculaire lors du « grand hiver » de 1709-1710 où « la France n'est plus qu'un grand hôpital désolé et sans provision » (Fénelon) : 200 000 à 300 000 morts sont alors provoquées par la dernière famine subie en France. Ce n'est pas la plus meurtrière de l'Ancien Régime : lorsque les rigueurs climatiques s'enchaînent sur plusieurs années, elles débouchent sur des catastrophes nationales comme celle de 1693-1694, où disparaissent 1,7 million de Français.

Même si, en année normale, le paysan de France – pays le plus riche d'Europe avec les Provinces-Unies – mange à peu près à sa faim, il doit déduire de la récolte les semences, mais aussi les divers prélèvements de la fiscalité royale – le montant de la taille est multiplié par cinq entre les années 1630 et la fin du règne de Louis XIII –, seigneuriale, de la dîme, des rentes constituées (remboursement d'un prêt en parts de récolte). Les surplus commercialisables sont maigres ; en cas de disette, le mauvais état des routes, les douanes intérieures et les égoïsmes locaux ne favorisent guère les transferts de province à province. Les quelques excédents sont achetés par des spéculateurs. Le laboureur doit s'endetter et, ayant vendu terres et attelages, devient un simple manouvrier (ou brassier) travaillant comme journalier et soumis à tous les aléas du chômage. Les « chertés » sont des facteurs déterminants dans le déclenchement des révoltes paysannes. Les autorités favorisent aux dépens des campagnes l'approvisionnement des grandes villes – et d'abord de Paris – afin de les garder fidèles.

Ce n'est qu'au XVIIIe siècle, à partir des années 1740, que la situation s'améliore, notamment grâce aux effets de la « révolution » agricole. Mais le 5 octobre 1789 encore, des femmes viennent demander du pain aux grilles de Versailles... Au XIXe siècle, bien que désormais très localisées, les disettes subsistent, notamment en ville où s'entasse un prolétariat frappé par un chômage chronique. La révolution de 1848 a parmi ses multiples causes la hausse du prix du pain. Mais le phénomène est désormais exceptionnel. Les crises d'Ancien Régime, essentiellement frumentaires, sont remplacées par des crises industrielles où l'offre de blé s'accroît paradoxalement du fait de l'apport en provenance des pays neufs : c'est le cas entre 1873 et 1896. La guerre, certes, ramène la pénurie : ainsi Paris assiégée durant l'hiver 1870-1871 connaît une véritable disette. Et en plein XXe siècle, l'occupation allemande à partir de 1940 se traduit par des restrictions très sévères (250 grammes de pain par jour en 1944) qui se prolongent jusqu'en 1949 (fin du rationnement). L'avènement de la société de consommation n'a pas résolu tous les problèmes alimentaires, en particulier pour les plus pauvres, victimes sinon de disettes, du moins d'une alimentation carencée.

FAREL Guillaume (Les Fareaux, près de Gap, 1489 – Neuchâtel, 1565)

Réformateur.

D'une famille noble du Dauphiné, il est d'abord le disciple de Lefèvre d'Étaples à Paris, puis à Meaux (1521). Gagné à la cause de la Réforme, il trouve successivement refuge à Bâle, près de Johannes Œcolampade (1523), à Montbéliard (1524) et à Metz (1525). Puis il rejoint Lefèvre d'Étaples à Strasbourg où il publie la première liturgie en langue française, la *Sommaire et Briefve Déclaration d'aulcuns lieux fort nécessaires a ung chascun chrestien* (1525), dans laquelle il nie la présence réelle. On le retrouve bientôt en Suisse, à Berne. Il évangélise le pays de Vaud, abolit le catholicisme à Neuchâtel (1530) et subit profondément l'influence de Zwingli, retenant surtout l'aspect destructeur de sa pensée dans la *Manière et fasson qu'on tient ès lieux que Dieu de sa grâce a visités,* qu'il écrit en 1533. C'est lui qui fait adopter la Réforme à Genève, où il fonde en 1535 la première Église. Il réussit à convaincre Calvin de s'y établir en 1536. Chassé en même temps que lui deux ans plus tard, il se réfugie à Neuchâtel. Lorsque ses partisans le rappellent à Genève, il persuade encore Calvin de l'y rejoindre (1541), puis se retire définitivement à Neuchâtel.

FAREMOUTIERS (abbaye de)

Abbaye bénédictine établie en Seine-et-Marne, à dix kilomètres de Coulommiers.

C'est au VIe siècle que la future sainte Fare, fille d'un noble neustrien, fonde, après avoir été convertie au christianisme par saint Colomban, un monastère qui portera son nom – le moustier (monastère) de Fare. Celui-ci jouit rapidement d'une grande renommée. Il donne à l'abbaye de Jouarre sa première abbesse, sainte Théodehilde (634). Une des filles de Charlemagne le gouverne au IXe siècle. L'abbaye de Faremoutiers, ruinée par la Révolution, a été restaurée en 1931.

FARINES (guerre des)

Le terme désigne des troubles qui se sont produits dans le royaume en 1775.

La libre circulation des grains rétablie par Turgot le 13 septembre 1774 ayant coïncidé avec une mauvaise récolte et un hiver particulièrement rigoureux, le prix de la livre de pain monte à 3 sous 1/4. Spontanément, des émeutes éclatent à Dijon, Pontoise et Paris contre la hausse du prix du pain. Le 2 mai, la révolte gagne Versailles, où les émeutiers pénètrent jusque dans les cours du château. Mais ces soulèvements sont vite réprimés. À Paris, deux manifestants sont pendus pour l'exemple. Avec 25 000 hommes chargés de surveiller les marchés, Turgot réussit à étouffer définitivement la révolte qui, à ses yeux, n'a été qu'une manœuvre de ses ennemis.

FARINES (journée des)

Tentative d'Henri de Navarre pour prendre Paris d'assaut, le 20 janvier 1591.

Ayant levé à contrecœur le siège de Paris en 1590, Henri de Navarre, futur Henri IV, entend toujours exercer une menace contre la capitale, en possession de la Ligue, tout en continuant une occupation méthodique de la Normandie. En attendant les renforts et les subsides promis par le parti protestant, il continue ses harcèlements sous forme de hardis coups de main. Ainsi, le 20 janvier 1591, il imagine de s'emparer de Paris par surprise en faisant pénétrer dans la place un groupe de ses soldats censés apporter un chargement de farine. L'endroit choisi est la porte Saint-Denis, non loin de laquelle un détachement d'assaut se cache dans un repli de terrain. Il attend le signal une fois que le poste de garde sera maîtrisé. Mais les pseudo-paysans sont découverts, la ruse est éventée et le détachement du Béarnais doit s'éloigner au plus vite. En souvenir de cet échec, les Parisiens décernent à ce 20 janvier le nom de journée des Farines.

FASTRADE (? – Francfort-sur-le-Main, 794)

Troisième femme de Charlemagne.

Fille du comte de Franconie, elle épouse Charlemagne en 783, à Worms. Certains chroniqueurs de l'époque, tel Éginhard, rapportent sa dureté et son influence pernicieuse sur son mari ; il est vrai que l'historien de l'empereur manifeste volontiers des préjugés défavorables à l'égard de la reine. Celle-ci, inhumée en l'église Saint-Alban de Mayence, est la mère des princesses Hiltrude et Tétrade.

FAUCHE-BOREL Louis (Neuchâtel, 1762 – Neuchâtel, 1829)

Agent royaliste.

Imprimeur à Neuchâtel, il rend divers services aux émigrés et abandonne ses affaires en 1795 pour se dévouer à la cause des Bourbons. Il entre ainsi en relation avec les généraux Pichegru et Moreau, puis avec le directeur Barras, mais toutes ses négociations et ses entreprises échouent. Arrêté à plusieurs reprises, il est libéré sur les instances de la Prusse, en tant que sujet prussien. Après avoir séjourné à Berlin, puis à Londres, sous l'Empire, il regagne Paris dès octobre 1814 pour se mettre au service de Louis XVIII. Peu reconnaissant, ce dernier le fait éconduire par Blacas. Fauche-Borel suit néanmoins le souverain en exil à Gand, mais cette fidélité lui vaut d'être jeté en prison sur ordre du roi et d'être de nouveau libéré à la demande de la Prusse. Fauche-Borel, qui a beaucoup de dettes mais peu de revenus, tente en vain d'établir la preuve de ses entreprises au profit des Bourbons et finit par se suicider dans sa ville natale.

FAUCHER Léon (Limoges, 1804 – Marseille, 1854)

Économiste et homme politique.

Tout d'abord traducteur de textes grecs et passionné d'archéologie, il s'intéresse aux affaires en 1830, date à laquelle il publie des séries d'articles prônant la liberté du commerce. Élu député de la Marne en 1846, Faucher s'intéresse surtout aux questions financières et douanières. L'Assemblée constituante de 1848 le voit de nouveau parlementaire, puis ministre des Travaux publics, ensuite de l'Intérieur, poste qui lui permet de tenter des manœuvres électorales lors des scrutins de l'année suivante. Blâmé par ses pairs, l'ex-ministre est rappelé par ses électeurs à l'Assemblée législative en 1849 et retrouve en 1851 son portefeuille de l'Intérieur. Revenu à la vie privée après le coup d'État du 2 Décembre, il se consacre désormais essentiellement aux affaires économiques et financières, participant avec le concours de son beau-frère Wolowski à la création du Crédit foncier. Membre de l'Académie des sciences morales et politiques depuis 1849, Faucher a également publié diverses études économiques, en particulier sur l'Angleterre ainsi que des mémoires sur le droit au travail, en 1848.

FAUCHET Claude (Dornes, Nièvre, 1744 – Paris, 1793)

Prélat et homme politique.

Entré dans les ordres et devenu prédicateur du roi, il s'enflamme rapidement pour les idées nouvelles et participe à la prise de la Bastille sabre à la main, en tête des assaillants. Très vite, il devient l'un des plus fougueux orateurs du Palais-Royal et fonde avec Bonneville un journal favorable aux conceptions les plus avancées de la Révolution : *La Bouche de fer*. Nommé en 1791 évêque constitutionnel du Calvados, il est, au mois de septembre de la même année, élu député de ce département à l'Assemblée législative. Ennemi acharné des émigrés et des prêtres réfractaires, il stigmatise avec virulence les menées contre-révolutionnaires des agents des princes se trouvant à Paris, puis il se fait réélire député à la Convention en 1792. C'est à partir de cette période que Fauchet semble avoir modifié ses vues politiques ; en effet, après s'être récusé en tant que juge dans le procès de Louis XVI, il est accusé d'avoir eu connaissance du projet d'assassinat de Marat par Charlotte Corday, puis de l'avoir cautionné, ce qui lui vaut d'être traduit devant le Tribunal révolutionnaire qui le fait guillotiner le 31 octobre 1793.

FAUCIGNY (comté de)

Région voisine du Chablais.

Le comté proprement dit, réuni au domaine royal à la fin du XIIIe siècle, est cédé par la France à la Savoie en 1355 et suit le sort de cette terre jusqu'à son annexion à la France en 1860.

FAURE Edgar (Béziers, 1908 – Paris, 1988)

Homme politique, président du Conseil.

Avocat, il est membre de la délégation des juristes français au procès de Nuremberg (1945-1946) avant de devenir l'un des grands acteurs politiques de la IVe République : ce député radical du Jura (1946-1958) est en effet deux fois président du Conseil (du 20 janvier au 8 mars 1952, puis du 23 février 1955 au 1er février 1956), 12 fois ministre sous la IVe République, 3 fois sous la Ve République. Longtemps et souvent responsable de l'économie (ministre du Budget en 1950-1951 des cabinets Queuille et Pleven, des Finances en 1952, des Affaires économiques en 1953-1954 sous Laniel puis sous Mendès France avant d'être nommé chef du gouvernement en février 1955), Edgar Faure parvient à réduire l'inflation tout en assurant le retour à la paix sociale.

En tant que ministre des Affaires étrangères et président du Conseil, Edgar Faure contribue à la pacification des premières crises coloniales en Afrique du Nord : c'est lui qui, en poursuivant les efforts de Mendès France en février 1955, remet Mohammed V sur le trône du Maroc et réalise « l'indépendance dans l'interdépendance » de cet État par la déclaration commune de La Celle-Saint-Cloud (6 novembre 1955). Dans la même perspective, il fait libérer Habib Bourguiba et accorde l'autonomie interne à la Tunisie (mai 1955). Il ne fait en revanche aucun progrès dans la crise algérienne. Sa décision de dissoudre l'Assemblée, en décembre 1955, ne lui est pas pardonnée. Il doit quitter le parti radical, interrompant quelque temps sa carrière politique. On lui reproche aussi une certaine versatilité. Après avoir passé son doctorat en droit en 1960 – sa thèse porte sur Turgot –, puis l'agrégation, il revient pourtant aux affaires sous le général de Gaulle. Il est ministre de l'Agriculture de janvier 1966 à juillet 1968, date à laquelle il devient ministre de l'Éducation nationale. Il fait voter, au lendemain de la crise universitaire de mai 1968, la nouvelle loi d'orientation de 1969 prévoyant l'autonomie des UER, la participation des étudiants aux conseils, la pluridisciplinarité des universités et le renouvellement des structures. Ministre d'État aux Affaires sociales en 1972, président de l'Assemblée nationale de 1973 à 1978, il est l'un des rares hommes politiques à avoir connu une brillante carrière à la fois sous la IVe et la Ve République.

FAURE François Félix (Paris, 1841 – Paris, 1899)

Homme politique, président de la République.

Fils d'un fabricant de meubles parisien, mais ayant préféré apprendre le métier de tanneur, il est négociant en peausserie au Havre, où il rencontre une indéniable réussite. Président de la chambre de commerce locale, élu député républicain modéré en 1881, il entre dès l'année suivante au ministère Jules Ferry en qualité de sous-secrétaire d'État aux Colonies. Vice-président de la Chambre des députés en 1893, ministre de la Marine en 1894, il est sollicité par ses pairs pour succéder à Casimir-Perier. Élu président de la République dès le second tour de scrutin, le 17 janvier 1895, Félix Faure est favorable au renforcement de l'alliance franco-russe, encourage la conquête de Madagascar et affirme son hostilité à la révision du procès intenté à Dreyfus. La chronique de la vie parisienne de l'époque retiendra le faste dans lequel vit le président, surnommé le « Président-Soleil », et surtout sa fin brusque, terrassé par une crise cardiaque dans un salon de l'Élysée, le 16 février 1899, alors qu'il se trouve en galante compagnie – en l'occurrence celle de madame Steinheil, épouse d'un artiste-peintre parisien en renom.

Félix Faure
Le président de la République, en 1895.
© *Keystone/L'Illustration*

FAVORITES

La favorite est une maîtresse royale au statut semi-officiel et à l'influence politique plus ou moins considérable.

Agnès Sorel, amante de Charles VII, fut la première favorite, officielle, d'un roi de France. La « Dame de Beauté » inaugure un rôle politique riche d'avenir par ses dons et son mécénat, son rôle dans la prescription des modes de cour, surtout son influence dans le choix des conseillers du roi et la tenue d'une véritable cour parallèle. Sa mort en 1450 rend le roi dépressif. Au siècle suivant, Diane de Poitiers se voit confier par François Ier l'éducation du Dauphin, âgé de 12 ans : elle devient vers 1538 la maîtresse du futur Henri II. Après la mort du roi, Diane est toute-puissante auprès de son amant monté sur le trône : elle fait exiler la maîtresse de François Ier, la duchesse d'Étampes, et s'oppose à Catherine de Médicis, l'épouse d'Henri II. Mais son influence politique cesse tout à fait à la mort du roi en 1559 : la reine mère l'exile à son tour. Charles IX s'éprend de la dame de Belleville, Marie Touchet (1553-1638), qui lui donne un fils, Charles de Valois, créé plus tard duc d'Angoulême. Marie aura d'un autre lit une fille, Henriette d'Entragues, dont Henri IV fera la duchesse de Verneuil et en 1599 sa maîtresse.

Henri IV multiplie trop les conquêtes pour qu'aucune n'exerce une influence sensible. Gabrielle d'Estrée comme Henriette d'Entragues lui extorquent toutefois des promesses de mariage en cas de naissance d'un fils ; mais en 1608 Henriette est répudiée. Louis XIII, très pieux et au cœur du mouvement dévot, développe une amitié masculine exclusive avec le duc de Luynes et n'a pour les dames de la Cour, telle Mlle de Hautefort, que des inclinations platoniques. Louis XIV retrouve le tempérament de son grand-père et, comme lui, multiplie liaisons et bâtards : les six enfants de Françoise de Montespan, dont les futurs duc du Maine et comte de Toulouse, seront légitimés après ceux de Louise de La Vallière, Mlle de Blois – future princesse de Conti – et le comte de Vermandois. C'est aussi parce qu'elles perturbent l'arbre généalogique royal et l'ordre des préséances que les favorites sont regardées avec suspicion. Après la mort de la reine en 1683,

Fête de la Fédération
Fête de la Fédération célébrée à Lille en 1790. Huile sur toile de Louis Watteau, Lille, musée des Beaux-Arts. © *Sélection Images*

Louis XIV renonce au papillonnage et fait de Mme de Maintenon son épouse morganatique. Louis XV, davantage que son aïeul, se laissera dominer par certaines de ses favorites, des aristocrates – Mme de Vintimille du Luc et ses deux sœurs Mme de Mailly et la marquise de La Tournelle, future duchesse de Châteauroux –, mais aussi des bourgeoises (Jeanne Poisson future marquise de Pompadour), voire des demi-mondaines (Jeanne Bécu, future comtesse du Barry) ; celles-ci peuplent l'entourage royal de leurs obligés. Même si la seconde se mêle moins de politique que la première, elles contribuent toutes deux au discrédit de la monarchie. Louis XVI, bien que très sage, en paie le prix. Zoé Talon, comtesse du Cayla (1785-1852), favorite de Louis XVIII, est la dernière à mériter ce titre. Par la suite, les différents chefs de l'État auront certes des maîtresses, certaines exerçant une influence importante, mais aucune n'aura de rôle officiel. Il en est ainsi par exemple de Lady Howard (1823-1865), comtesse de Beauregard, et de Virginie Oldoini, comtesse de Castiglione (1837-1899), qu'aima Napoléon III.

La collation d'un titre, la donation d'un domaine consacrent le statut de favorite : Gabrielle d'Estrée est faite marquise de Monceaux puis duchesse de Beaufort par Henri IV ; Louise de La Vallière reçoit l'hôtel de Biron, Mme du Barry Louveciennes, Mme du Cayla obtient le château de Saint-Ouen et le domaine de Benon près de La Rochelle. À ces avantages de fortune et d'honneur s'ajoutent une influence et des réseaux : la duchesse d'Étampes s'oppose à Montmorency, Mme du Barry à Choiseul. Souvent les favorites deviennent l'instrument d'un clan : la duchesse de Châteauroux est utilisée par le duc de Richelieu pour influencer Louis XV. Mme de Pompadour esquisse une véritable politique personnelle, fait (Bernis, Choiseul) et défait les ministres (Orry, Maurepas), et exerce un ministère parallèle en compagnie des frères Pâris. Elle a l'habileté de tolérer à Louis XV des « pensionnaires », jeunes et éphémères concubines qui ne lui font pas concurrence. Toutefois, il ne faut pas diaboliser les favorites. Elles n'occupent jamais que l'espace politique que le roi leur laisse : Napoléon Ier, qui eut une cinquantaine de liaisons, n'en laissa sortir aucune de l'ombre. Seule la volonté du souverain impose la présence de la favorite à la Cour qui n'en murmure pas moins… Sans excès de délicatesse, Louis XIV, après sa rupture avec Louise de La Vallière, la contraint à rester à Versailles afin de dissimuler ses nouvelles amours avec Mme de Montespan. L'adultère royal est sûrement moins bien accepté par la Cour et la ville dès lors que les souverains d'un XVIIIe siècle déjà bourgeois revendiquent une vie privée que s'interdisait un Louis XIV en représentation incessante. Louis XV abrite ainsi ses amours dans la propriété du Parc-aux-Cerfs à Versailles ; les monarques qui refusent d'endosser le métier de roi à plein temps se voient appliquer la morale des simples particuliers.

FAVRAS Thomas de MAHY, marquis de (Blois, 1744 – Paris, 1790)

Militaire.

S'étant déjà rendu suspect au parti révolutionnaire en ayant présenté imprudemment des projets politiques, il est impliqué, à la fin de l'année 1789, dans une conspiration qui aurait été ourdie par le comte de La Châtre pour se débarrasser de Louis XVI et instaurer une régence du comte de Provence (futur Louis XVIII). Favras est seul inquiété. Accusé d'« avoir tramé contre la Révolution, d'avoir voulu introduire de nuit des gens armés dans Paris, afin de se défaire des trois principaux chefs de l'administration [entendre La Fayette, Bailly et Necker], attaquer la garde du roi, enlever le sceau de l'État et même entraîner le roi et sa famille à Péronne », il est sommairement jugé et pendu en place de Grève le 19 février 1790. Cette affaire, pas plus que la responsabilité du comte de Provence, n'a jamais été totalement éclaircie.

FAVRE Gabriel Claude Jules (Lyon, 1809 – Versailles, 1880)

Avocat et homme politique.

Avocat à Lyon depuis 1830, installé à Paris en 1836, il milite activement, dès cette époque, au sein du parti républicain et se montre un adversaire résolu du régime de Louis-Philippe. Aussi, au lendemain de la révolution de février 1848, Ledru-Rollin l'appelle-t-il au service de la IIe République en qualité de secrétaire général du ministère de l'Intérieur. Élu peu après député du Rhône, Favre occupe jusqu'au 2 juin 1848 le poste de sous-secrétaire d'État aux Affaires étrangères. Républicain modéré, il s'oppose au prince Louis Napoléon et critique vivement le coup d'État du 2 décembre 1851. Revenu au barreau, il défend Orsini en 1858.

Député de la Seine au Corps législatif, bâtonnier de l'ordre des avocats en 1860, Favre stimule sans cesse l'opposition au régime impérial. L'annonce des désastres militaires contre la Prusse l'incite à déposer un projet de déchéance de la dynastie dès la nuit du 3 septembre 1870. L'envahissement du Corps législatif, dans l'après-midi du lendemain, le place, aux côtés de Gambetta, à l'avant-scène de la vie politique française. Cette journée le porte au pouvoir, en l'occurrence à la vice-présidence du gouvernement de la Défense nationale ; il y détient également le portefeuille des Affaires étrangères, ce qui le conduit à refuser les premières propositions de Bismarck. Élu à l'Assemblée nationale le 8 février 1871 par six départements, il signe le traité de Francfort le 10 mai suivant puis rend son portefeuille trois mois plus tard, estimant sa mission accomplie. Dès lors, Favre agit dans l'ombre de Thiers, qu'il soutient par ses discours. Républicain toujours convaincu, il stimule l'opposition au maréchal de Mac Mahon. Membre de l'Académie française depuis 1868, sénateur du Rhône à partir du 30 janvier 1876, Favre achève alors ses *Mémoires* consacrés au gouvernement de la Défense nationale.

FAYOLLE Marie Émile (Le Puy, 1852 – Paris, 1928)

Maréchal de France.

Sorti en 1875 de l'École polytechnique comme artilleur, il professe à l'École de guerre en 1904. Il atteint la limite d'âge avec le grade de général de brigade, en 1912. En 1914, il défend Nancy à la tête d'une division de réserve. L'année suivante, il est à la tête du 32e corps et, en 1916, de la VIe armée. Avec cette dernière, il prend part à la bataille de la Somme. Après la défaite des troupes de Victor-Emmanuel III à Caporetto, en octobre 1917, six divisions franco-anglaises opérant en Italie sont placées sous sa responsabilité. En mars 1918, à la tête d'un groupe d'armée de réserve, Fayolle sauve Compiègne de l'invasion allemande. C'est lui qui organise la contre-offensive Mangin sur le Matz, comme il appuiera, au mois de juillet 1918, l'offensive lancée par les Alliés vers la trouée de la Sambre. Fayolle devient maréchal de France en 1921.

FÉCAMP

Port de pêche du littoral du pays de Caux, situé entre Dieppe et Le Havre.

Fécamp doit son origine à l'abbaye dite de la Trinité, fondée vers 658 en souvenir de la légende du Précieux Sang. Celle-ci assurait alors que le sang du Christ avait été recueilli en Palestine dans une boule de métal placée dans un tronc de figuier. Voguant sur les flots, la relique aurait ainsi atteint l'échancrure du pays de Caux où aboutit un petit cours d'eau, et y aurait été découverte par un habitant du nom de Boson. L'abbaye bénédictine de la Trinité est ravagée par les Normands vers 851. Restauré sur l'initiative du duc Richard II, le monument devient un lieu de pèlerinage et assure la renommée de la cité médiévale. En 1563, se rendant au siège de Honfleur, Catherine de Médicis s'arrête à Fécamp pour visiter l'abbaye, mais les canonniers de l'escorte mettent accidentellement le feu au portail central, sinistre qui endommage une partie des bâtiments. Restaurés à nouveau, ceux-ci sont toujours l'objet de cérémonies traditionnelles. Mais les reliques du Précieux Sang ont été perdues à jamais.

FÉDÉRATION (fête de la)

Cérémonie commémorant le premier anniversaire de la prise de la Bastille, à Paris, au Champ-de-Mars (14 juillet 1790).

Sous la Révolution, le mouvement des fédérations qui naît spontanément à la fin de l'année 1789 constitue la riposte des patriotes face aux menaces contre-révolutionnaires et manifeste l'adhésion de la nation à l'ordre nouveau. Habi-

Mur des Fédérés

Le Mur des Fédérés, cimetière du Père-Lachaise. Exécution du 28 mai 1871. H.A. Darjou. © *Giraudon*

tants des campagnes et des villes fraternisent d'abord dans des fédérations locales, se promettant assistance mutuelle. Le 29 novembre 1789, les gardes nationales du Dauphiné et du Vivarais se fédèrent à Valence ; en février 1790 se constitue, à Pontivy, la fédération bretonne-angevine ; le 30 mai, le mouvement gagne Lyon. En juin, c'est enfin le tour de Strasbourg et de Lille. Ces réunions sont bientôt marquées par de grandioses cérémonies à la gloire de la Révolution. La Fédération nationale du 14 juillet 1790, organisée par l'Assemblée constituante à l'instigation des 48 sections parisiennes, le jour anniversaire de la prise de la Bastille, en est l'aboutissement. Au Champ-de-Mars, devant 300 000 spectateurs, l'évêque Talleyrand, entouré de 300 prêtres ceints de l'écharpe tricolore, célèbre sur l'autel de la patrie une messe solennelle. Puis La Fayette, au nom de tous les Fédérés des départements représentés par 14 000 délégués, prononce le serment « qui unit les Français entre eux et les Français à leur roi pour défendre la liberté, la Constitution et la loi ». Le roi prête, à son tour, serment de fidélité à la nation et à la loi, et le peuple enthousiaste salue par d'immenses acclamations la concorde retrouvée. L'unité de la France paraît définitivement affirmée.

Les Fédérés, notamment bretons et marseillais, jouent un rôle déterminant pendant l'insurrection du 10 août 1792 qui renverse la monarchie. Mais, sous la Convention, l'idéal des fédérations faiblit très vite. La fête du 10 août 1793, organisée par le peintre David sous la présidence d'Hérault de Séchelles, n'est qu'un pâle reflet de la cérémonie de 1790. Le mouvement a vécu. Pendant les Cent-Jours se reconstituent des « fédérations » en Bretagne (avril 1815), à Paris (14 mai) et surtout dans l'Est (Lorraine, Strasbourg, Bourgogne, Dauphiné). D'inspiration jacobine et bourgeoise, elles se forment dans l'exaltation des souvenirs révolutionnaires. Mais Napoléon refusera d'exploiter leur mouvement.

Fédérés

Nom pris, en 1871, par les gardes nationaux des bataillons parisiens qui constituèrent l'armée de la Commune.

Seuls environ 5 000 gardes des bataillons du centre et de l'ouest de Paris, dits « de l'ordre », se mettent au service du gouvernement versaillais qui s'en trouve fort embarrassé. D'après les conventions de l'armistice franco-prussien, la garde nationale conserve ses armes et doit assurer la garde de la capitale et le maintien de l'ordre. Composée de volontaires, divisée en garde active et garde sédentaire, elle élit ses officiers dans chaque bataillon, le commandement étant nommé par le gouvernement. Le 15 février 1871, les 2 000 délégués des bataillons parisiens décident la fédération de ces bataillons et l'élection d'un comité central de la garde nationale. Réunis à plusieurs reprises au cours du mois de février, les délégués des Fédérés appellent les Parisiens aux manifestations du 24 et des jours suivants. Le 27 février, les Fédérés transportent sur les collines qui entourent la capitale les canons de la garde nationale, que les Parisiens considèrent comme leur propriété. Le 3 mars, les délégués des Fédérés élisent un comité central provisoire, avec lequel devront bientôt compter la commission militaire et les délégués à la guerre successifs. Le 18 mars, enfin, commence l'insurrection armée des Fédérés et des Parisiens contre le gouvernement de Versailles qui voit la naissance de la Commune.

Les effectifs des Fédérés ont été considérablement surestimés par les deux camps. Selon le rapport du général versaillais Appert, la garde sédentaire et la garde active comptent 194 291 hommes. Le journal officiel de la Commune en dénombre 197 332. En fait, ces chiffres concernent les rationnaires et non les combattants. Après l'échec de la sortie du 3 avril, ces derniers ne sont plus que 25 000 à 30 000 et leur nombre ne cesse de diminuer malgré le décret du 5 avril, modifié le 7, qui prévoit le service volontaire entre 17 et 19 ans, le service obligatoire de 19 à 40 ans. La capitale possède, à ce moment, un armement considérable en canons comme en fusils, mais les Fédérés n'en utilisent qu'une faible partie. Le manque de coordination et l'incapacité militaire de la presque totalité des chefs de la Commune sont les causes principales de cette carence de l'armement et de l'échec des opérations militaires. Mal commandés, désemparés, voyant leurs camarades tomber au cours des escarmouches qui les opposent aux Versaillais au mois d'avril et au début du mois de mai, nombre de Fédérés regagnent alors leurs foyers. Des milliers périront parmi ceux qui poursuivent le combat pendant la Semaine sanglante (21-28 mai 1871), les uns tués les armes à la main, face aux Versaillais, d'autres fusillés sommairement, sans jugement, d'autres enfin connaîtront le même sort après leur comparution devant les cours prévôtales. Plus de 25 000 Fédérés sont arrêtés par les Versaillais au cours de leur progression dans la capitale et conduits vers Versailles. À la fin de la Semaine sanglante, ils ne sont plus que 1 200 à 1 500 à combattre sur les barricades. Au cours de la répression qui suit l'écrasement de la Commune, des milliers de condamnations à mort, à la déportation ou à l'emprisonnement seront prononcées contre les survivants.

Fédérés (mur des)

Il rappelle un des ultimes sacrifices des volontaires de la garde active et de la garde sédentaire de Paris, fédérés pour défendre le gouvernement révolutionnaire de la Commune de Paris, en 1871.

Le 28 mai 1871, dernier jour de la Commune, 147 Fédérés sont alignés contre le mur qui se trouve en haut du cimetière du Père-Lachaise et fusillés par les troupes gouvernementales, les Versaillais. Ce mur est devenu pour les organisations de gauche françaises le symbole de l'insurrection de 1871, de la répression qui sévit pendant la Semaine sanglante du 21 au 28 mai 1871 (plusieurs milliers d'hommes furent tués ou exécutés), enfin de l'écrasement de la Commune. Jusqu'à la fin des années 1980, elles s'y réunissent pour perpétuer ce souvenir.

Fée

Être féminin merveilleux intervenant dans la vie des hommes pour leur procurer ou leur retirer amour, fortune ou jeunesse éternelle.

Capables de métamorphoses, les fées se font femme, serpent ou oiseau, pouvant à volonté être mortelles ou immortelles, servantes de Dieu ou de Satan. Parmi elles, les fées-marraines décident des destinées humaines. Elles se manifestent dans les combats, donnant à leurs protégés la force et l'héroïsme dont ils ont besoin pour vaincre, ou portant elles-mêmes les armes. Les fées semblent appartenir au monde celtique car elles apparaissent dans les cycles d'Arthur et de la Table ronde où, sous l'influence des croyances chrétiennes, elles apprivoisent le merveilleux issu du monde païen. Parmi elles, deux fées-amantes éprises d'un mortel, Mélusine et Morgane. Mélusine

Fée

Illustration du *Roman de Mélusine*. Manuscrit, Paris, Bibliothèque nationale de France. © *AKG*

laisse une descendance fondatrice de la lignée des Lusignan et disparaît à la suite de la transgression d'un interdit. Morgane, la fée maléfique, entraîne l'être aimé dans l'autre monde et s'identifie à la Mort.

L'Église adopte une attitude partagée selon que la fée est bonne chrétienne ou suppôt de Satan. Morgane se fait parfois bienfaisante et son visage, dans *Ogier le Danois*, se superpose à celui de la Vierge Marie. La fée de la Roche Menor exécute les volontés divines et fait de Perceval le héros du Graal. Dans *Huon de Bordeaux*, les fées ont leur place dans la hiérarchie céleste. Mais le plus souvent, la fée est une émanation satanique. Au XIIIe siècle, Philippe Mouskès, après de nombreux autres chroniqueurs, fait ainsi d'Aliénor une fée issue du lignage diabolique des comtes d'Aquitaine (elle s'envole de l'église lorsqu'on l'oblige à assister à la consécration). Les inquisiteurs traquant les cathares questionnèrent beaucoup les suspects sur leurs rapports avec le merveilleux. De même, lors du procès de Jeanne d'Arc, les juges furent très attentifs à un éventuel commerce de Jeanne avec les fées, ce qui aurait impliqué des rapports avec Satan. Les fées sont ensuite devenues des thèmes littéraires et ont connu un vif succès au XVIIe siècle, sous l'influence de Charles Perrault, ainsi qu'au XIXe siècle.

FÉMINISME

Courant de pensée postulant et réclamant l'égalité entre hommes et femmes.

Dès la Révolution française, le féminisme a son défenseur, Condorcet, son héroïne, Olympe de Gouges, auteur de la Déclaration des droits de la femme (septembre 1791), et ses relais, les salons et la franc-maçonnerie. Le code civil de 1804 n'en renforce pas moins l'incapacité juridique des femmes. Pendant la révolution de 1848, socialistes et républicains débattent de l'égalité politique des sexes, dans l'esprit du socialisme utopique vanté par Fourier, le premier à utiliser le terme en son sens courant. *La Voix des femmes,* premier quotidien féministe, appelle en vain George Sand à l'Assemblée nationale. En 1871, les femmes participent à la Commune. On songe notamment à Louise Michel et aux « pétroleuses » qui incendièrent les édifices parisiens lors de l'écrasement de la Commune. La rumeur ayant fait de ces pétroleuses des pensionnaires de maisons de tolérance, la féministe révolutionnaire fut longtemps assimilée à une prostituée. Autre combat : des associations revendiquent le développement de l'instruction, ce qui aboutit à ce qu'en 1905, 1 148 jeunes filles passent le baccalauréat et près des deux tiers suivent des cours à l'Université (qu'elles ne fréquentent vraiment que depuis 1890). Cependant, les Françaises restent exclues de la vie politique à l'heure où les suffragettes anglaises ont obtenu le droit de vote (1918). La Première Guerre mondiale permet néanmoins une évolution radicale du monde du travail : les femmes remplacent avec compétence les hommes aux champs, à l'usine, ce qui n'est pas sans conséquences sur l'évolution de leur statut. L'égalité civile, hors suffrage universel, est accordée en 1938. Enfin, par l'ordonnance du 21 avril 1944, le droit de vote est accordé aux Françaises. En 1968, les Françaises peuvent ouvrir un compte en banque sans l'accord de leur mari. La même année, naît le nouveau mouvement américain (le Women's Liberation Movement). Sa version française, le MLF, Mouvement de libération des femmes (1970), contribue à l'accession libre à la pilule en 1979. Traduction politique du changement : en 1974, cinq femmes entrent au gouvernement, en 1991 une femme est Premier ministre et en 1999 la loi sur la parité est adoptée.

FÉNELON François de SALIGNAC de LA MOTHE (Château de Fénelon, Périgord, 1651 – Cambrai, 1715)

Évêque et écrivain.

D'une famille de très vieille noblesse, mais ruinée, il entre au séminaire de Saint-Sulpice. Ordonné prêtre probablement en 1675, il est nommé, en 1678, supérieur des Nouvelles Catholiques, institution qui se consacre à la rééducation de jeunes filles protestantes converties au catholicisme. Son premier ouvrage, *Trois dialogues sur l'éloquence*, date de cette époque, mais il ne sera publié qu'en 1718. Après la révocation de l'édit de Nantes, Fénelon est chargé de mission en Aunis et en Saintonge, en 1685, 1686 et de nouveau en 1687, pour surveiller la conversion au catholicisme des protestants de ces régions. Son rôle de directeur de conscience le met en relation avec le duc de Beauvillier, gendre de Colbert. Pour ce père de huit filles, il rédige, en 1687, *L'Éducation des filles* et, lorsque Beauvillier devient gouverneur du duc de Bourgogne, petit-fils de Louis XIV, et appelé à lui succéder, il fait nommer Fénelon précepteur du petit prince (1689).

En octobre 1688, Fénelon fait la connaissance de Mme Guyon, qui propage en France un courant mystique inspiré du quiétisme de Molinos, que Rome a condamné. D'abord inquiet des tendances de cette doctrine et de ses points communs avec celle de Molinos, Fénelon finit par se convaincre que seules des imprudences de langage la font paraître hétérodoxe. Cependant, se sentant suspectée, Mme Guyon sollicite un jugement sur sa doctrine. En juillet 1694, Bossuet et Mgr de Noailles se réunissent à Issy pour l'approfondir et, en février 1695, Fénelon, devenu

Fénelon
Huile sur toile de Joseph Vivion, château de Versailles. © *Giraudon*

archevêque de Cambrai, se joint à eux. Apparemment, ces conférences sont un succès, puisqu'elles aboutissent à un accord, en mars 1695. En fait, Bossuet est décidé à abattre le quiétisme. *L'Explication des maximes des saints*, publiée par Fénelon en 1697 pour sa défense, marque le début d'une rude polémique entre les deux anciens amis. Fénelon en sort vaincu, son livre étant condamné par le Saint-Siège sous la pression de Louis XIV (12 mars 1699). Exilé dans son diocèse et privé de ses titres et pensions, Fénelon se réfugie alors dans une semi-opposition. Dans les années qui suivent, plusieurs de ceux qui l'avaient soutenu à Rome sont élevés au cardinalat. Le cardinal Albani, qui avait été son plus ardent avocat au Vatican, est même élu pape sous le nom de Clément XI. Malgré cela, Louis XIV ne rappelle pas Fénelon, car sa méfiance n'a fait que croître avec la publication, en 1699, à l'insu de l'auteur, des *Aventures de Télémaque*, composées probablement vers 1694. Ce roman, composé pour l'éducation du duc de Bourgogne, par les conseils de gouvernement qui lui sont donnés, dessine le portrait du souverain idéal. Il est immédiatement interprété, à juste titre, comme une critique voilée mais sévère de Louis XIV. Beaucoup voient, à travers certains personnages, des portraits satiriques du roi, de Mme de Maintenon et de plusieurs grands personnages du royaume, tandis que d'autres trouvent dans cet ouvrage des maximes qui permettraient de réformer le gouvernement de la France en y introduisant plus de raison, de justice et de respect de l'homme. Dans sa retraite, Fénelon publie encore le *Dialogue des morts* (1700) et, vers la fin de sa vie, l'*Examen de conscience d'un roi* et les *Tables de Chaulnes* (1711) qui montrent qu'il n'a pas perdu l'espoir de voir la royauté se réformer. Cependant, la mort prématurée du duc de Bourgogne (1712) ruinera les espoirs réformateurs – sans doute excessifs – qu'il avait placés en son élève. Fénelon était entré à l'Académie française en 1693.

FÉODALITÉ

Le terme « féodalité » est un mot savant et tardif qui apparaît seulement au début du XVIIe siècle. Il dérive de fief (feodum), *terme central du vocabulaire médiéval qui, lui, est utilisé dès le Xe siècle.*

Au sens strict, la féodalité désigne l'ensemble des liens personnels qui, au Moyen Âge, unissent les membres des couches dominantes de la société. Ces liens s'appuient sur une base « réelle », le bénéfice, le fief, que le seigneur octroie à son vassal en échange d'un certain nombre de services et d'un serment de fidélité. Mais ce système de liens personnels ne peut être dissocié d'un contexte politique et il a pénétré la société médiévale tellement en profondeur que,

Féminisme
Une manifestation du MLF à Paris, le 20 novembre 1971. © *Sélection Images, photo Caroly*

Féodalité

Château et chevaliers. Peinture murale, XIIe siècle, Cressac (Charente), chapelle des Templiers. © *RMN-Arnandet*

plus largement, la féodalité peut se définir comme une organisation économique, sociale et politique fondée sur des liens d'homme à homme, dans laquelle une classe de guerriers spécialisés – les seigneurs –, subordonnés les uns aux autres par une hiérarchie de liens de dépendance, domine une masse paysanne qui exploite la terre. Ce type de société a été celui de la France et de toute l'Europe occidentale, du IXe au XIIIe siècle.

La féodalité naît à la faveur de la dislocation de l'autorité publique et de l'émiettement territorial qui caractérisent le Xe siècle. Déjà amorcé en 843 par le partage de l'Empire carolingien en royaumes, ce processus de morcellement se poursuit dans le royaume occidental de la fin du IXe siècle à la seconde moitié du XIe siècle, par étapes progressives. À la fin du IXe siècle et au premier tiers du Xe siècle, l'autorité publique tombe du niveau du roi et du cadre du royaume à celui des principautés territoriales groupant plusieurs *pagi* : ainsi la Bourgogne, la Flandre, la Normandie… Puis, dans une deuxième phase, vers le milieu du Xe siècle, plus particulièrement à la périphérie de quelques principautés territoriales, des comtés comprenant un seul *pagus* tendent à conquérir leur autonomie : ainsi le Maine, l'Anjou. Enfin, dans les dernières années du Xe siècle et la première moitié du XIe siècle – avec quelques prolongements un peu plus tardifs –, le *pagus* se disloque à son tour, et l'autorité publique tombe au niveau des seigneurs dans le cadre de la seigneurie banale. Au terme de cette évolution, la puissance publique exercée autrefois par le roi l'est au niveau d'une mosaïque de territoires inégaux d'importance variable, car la dislocation politique est plus ou moins profonde selon les régions. C'est ainsi qu'en Normandie le duc a su conserver son autorité et exerce seul les anciens droits régaliens, alors qu'en Île-de-France ceux-ci sont désormais entre les mains des châtelains. Cependant, même à ce niveau, un ordre se recrée. Qu'il soit châtelain ou seigneur d'Église, le seigneur banal tire de son ban (pouvoir de commandement) des prérogatives d'ordre militaire, fiscal, judiciaire, économique, sur ceux qu'on appelle les « hommes de la poesté », c'est-à-dire tous les paysans et les artisans.

L'autre fondement essentiel de la féodalité est le lien féodo-vassalique qui touche profondément aux structures sociales. Les « hommes de la poesté » en sont exclus, mais ce lien ne concerne pas uniquement les chefs politiques – princes territoriaux, comtes, seigneurs banaux – et s'étend plus bas dans la société. Toute l'aristocratie – haute, moyenne et basse – y est mêlée. Ce lien consiste d'abord en un lien personnel, le lien vassalique, qui crée la vassalité. À la suite d'un contrat qui est assorti d'obligations réciproques, un homme, le vassal, devient le dépendant d'un autre homme, le seigneur. Ce contrat trouve son origine dans la *commendatio* de la Gaule mérovingienne des VIIe et VIIIe siècles, par laquelle des *vassi* se recommandaient à des hommes importants, des *seniores*. Formaliste et oral, il se noue par un double rite : l'hommage et le serment de fidélité. L'hommage est l'ancienne *commendatio* qui prend le nom d'hommage à partir du XIe siècle. Il consiste essentiellement en une « dation des mains » : le vassal, nu-tête, sans armes, généralement à genoux, met ses mains jointes dans celles de son seigneur qui, lui, est debout. Puis il lui déclare : « Sire, je deviens votre homme. » Ce à quoi le seigneur répond : « Je vous reçois et prends à homme. » En France, il y a souvent un rite supplémentaire qui crée entre le seigneur et le vassal une affinité encore plus étroite : en relevant son vassal, le seigneur le baise sur la bouche, faisant de lui un « homme de bouche et de mains ». À ce premier rite, qui était le seul à l'époque mérovingienne, les temps carolingiens en ajoutent un second, le serment de fidélité prêté par le vassal sur un objet sacré, immédiatement après la cérémonie de l'hommage, pour placer les engagements qu'il a pris sous la protection de Dieu et leur conférer un caractère irrévocable.

De l'hommage dérivent des obligations fondamentales, celles qui donnent leur sens à la vassalité. Pour le vassal, servir le seigneur ; pour le seigneur, protéger le vassal, c'est-à-dire d'abord le faire vivre. C'est alors qu'apparaît le second élément du lien féodo-vassalique. À l'origine, le seigneur subvient aux besoins de son vassal en l'accueillant chez lui mais, très vite et de plus en plus, il s'acquitte de son devoir de soutien en lui donnant un fief. Cet usage se répand dès le début des temps carolingiens et le fief, élément réel des liens féodo-vassaliques, supplante bientôt l'élément personnel, le sentiment de dévouement. D'où, pour combattre cette tendance au relâchement du lien personnel, le serment de fidélité. La concession du fief par le seigneur se fait au cours d'une cérémonie rituelle, l'investiture, qui suit généralement l'hommage et la fidélité, et qui consiste en un acte symbolique, la remise d'un objet (étendard, sceptre, gant, morceau de paille, etc.). Les obligations que comporte pour le vassal cette concession se précisent et se limitent dès le XIe siècle. Elles sont de deux sortes : l'aide, *auxilium,* et le conseil, *consilium.* L'aide est militaire et pécuniaire. Le service d'aide militaire est celui d'« ost et chevauchée », qui ne peut durer plus de quarante jours de suite et est gradué suivant l'importance du fief. L'aide pécuniaire est, elle aussi, réduite par la coutume à quatre cas : le paiement de la rançon du seigneur, s'il est fait prisonnier, l'adoubement de son fils aîné, le mariage de sa fille aînée et son propre départ pour la croisade. D'où le nom d'« aide aux quatre cas » donné à cette contribution pécuniaire. Quant à l'obligation de conseil, elle consiste essentiellement à siéger à la cour du seigneur. Pendant longtemps, celui qui s'estime lésé par son partenaire se libère de ses engagements unilatéralement, par une rupture de foi, une sorte de défi. Mais, là aussi, les règles se précisent peu à peu. Le seigneur peut, notamment, réclamer devant la cour féodale une procédure de confiscation de fief, la commise, contre son vassal qui n'a pas rempli ses devoirs.

Le fief est à l'origine viager et inaliénable. Il devient héréditaire dès le Xe siècle en France mais, à chaque changement, le serment doit se renouveler. Puis la pratique de la sous-féodation se répand à son tour. Enfin, il arrive de plus en plus fréquemment que des fiefs soient vendus, l'acquéreur étant toutefois tenu de se déclarer le vassal du seigneur qui conserve dans tous les cas un droit éminent sur son bien concédé. La féodalité comprend une hiérarchie. Un seigneur a un vassal auquel il concède un fief, mais ce seigneur est lui même vassal d'un autre seigneur et ainsi de suite, de degré en degré, jusqu'au roi. La hiérarchie féodale se présente donc sous la forme d'une pyramide dont le roi serait au sommet. Elle s'ébauche sous l'Empire carolingien lorsque Charlemagne confie aux *seniores* des responsabilités vis-à-vis de leurs propres *vassi*. Il en charge notamment les vassaux royaux (*vassi regales*), dont il use comme d'intermédiaires. Il y a donc au sommet le roi, puis les *vassi regales* qui ont eux-mêmes des *vassi*, les *vassi vassorum* (vassaux de vassaux, on dira plus tard vavasseurs). Ce système reste la règle dans la Germanie du Xe siècle et, pour une part, du XIe siècle, mais, dans le royaume de France, parallèlement à l'effondrement politique, on voit apparaître à partir de la fin du IXe siècle une pratique inverse, d'après laquelle un vassal a plusieurs seigneurs pour en tirer plusieurs fiefs. Cet usage s'amplifie brusquement à la fin du Xe siècle. À tous les niveaux de la puissance politique, les chefs territoriaux cherchent à s'agrandir en se faisant concéder plusieurs fiefs dépendant de plusieurs seigneurs. Cet état de choses conduit, au XIe siècle, à un déclin total du dévouement vassalique. Les vassaux en profitent pour ne plus acquitter leurs services au seigneur.

Apparaissent alors des palliatifs, fondés sur la notion d'hommage prioritaire. Lorsqu'un vassal fait hommage à un seigneur et qu'il est déjà le vassal d'un autre seigneur, il ne promet alors sa foi que *salva fidelitate*, sauf la fidélité due à cet autre. Puis, vers le milieu du XIe siècle, s'esquisse la distinction entre deux sortes d'hommage : l'hommage-lige et l'hommage-plain ou plane. L'hommage-lige est un hommage prioritaire ; l'hommage-plain est en quelque sorte un hommage secondaire. Cette règle n'est pas absolue : on voit des vassaux cumuler plusieurs « ligences ». Une nouvelle étape est franchie lorsqu'il est admis que la priorité d'obligations se fonde sur l'importance du fief. Le vassal doit hommage prioritaire au seigneur dont il tient le principal de ses fiefs. C'est la relance d'une notion de hiérarchie, fondée sur de nouvelles bases. Elle s'inspire des idées développées par les tenants de la réforme grégorienne pour soutenir le redressement de l'autorité papale dans la seconde moitié du XIe siècle. Imaginant un système de hiérarchie des églises qui toutes dépendent de Rome, ils étendent cette notion à une hiérarchie entre les terres, car le pape a lui aussi des vassaux et les fiefs de ces vassaux sont des terres qui dépendent de l'Église. La pratique féodale française profite de cette théorie. Le principe de la hiérarchie des églises conduit, au moins pour une part, à la conception d'après laquelle un fief meut d'un autre fief et ainsi de suite jusqu'au royaume et au roi. De là un nouveau schéma hiérarchique, même dans le cas de pluralité des mouvances. Désormais, ce n'est plus la personne du vassal, mais l'élément réel, le fief, qui est à la base d'un nouvel ordre féodal car un fief, même s'il appartient à un vassal multiple, ne peut mouvoir que d'un seul fief. Les rois énergiques et persévérants des

XIIe et XIIIe siècles sauront exploiter cette nouvelle idée au profit du renforcement de leur autorité.

Aux premiers temps de la féodalité, le domaine des Carolingiens est sans cesse allé en décroissant. Ayant pris l'habitude de concéder des terres aux comtes pour les rétribuer, ainsi qu'aux églises et à leurs propres vassaux pour accroître leur clientèle, les rois n'ont à peu près plus rien en 987, si ce n'est autour de Laon. Après cette date, ce qu'on appelle le domaine royal des premiers Capétiens, ce sont en réalité des seigneuries groupées entre la région d'Orléans au sud et Senlis au nord, avec quelques prolongements dans la région de Laon, où les premiers Capétiens ont acquis certains des domaines que possédaient encore les derniers Carolingiens. Cet amalgame de seigneuries royales ne constitue pas un territoire continu. Les châteaux et les châtellenies où les Capétiens sont les maîtres sont séparés les uns des autres par des châtellenies indépendantes, voire hostiles : ainsi Montmorency, Montlhéry. Le roi n'en domine pas moins l'Île-de-France, noyau de puissance où il trouvera une base d'appui lorsque l'heure du renouveau sonnera pour la royauté.

Dans le dernier quart du IXe siècle, la royauté n'est pas encore assez affaiblie pour que les comtes et les princes, au début d'un nouveau règne, ne soient plus obligés de se commender au roi et de recevoir de lui l'investiture de leurs charges. Mais, au début du Xe siècle, tandis que les rois élus s'affaiblissent avec l'alternance des deux maisons rivales (Carolingiens et Robertiens), les princes deviennent pratiquement indépendants et ne prêtent hommage au roi qu'au hasard des jeux de la politique et des alliances. Ces fidélités sont d'ailleurs très fragiles et souvent intermittentes. Au XIe siècle, les princes territoriaux sont de plus en plus éloignés du roi. Ils ne lui reconnaissent plus guère qu'une prééminence très lâche tenant à ce que, par le sacre, le roi règne théoriquement sur le royaume de France auquel ils ont malgré tout le sentiment d'appartenir. C'est ainsi que le duc de Normandie, s'il fait parfois hommage au roi, prétend, au début du XIe siècle, que cet hommage, purement personnel, n'engendre aucun service parce que, dit-il, il tient la Normandie en bénéfice de ses pères et non pas du roi. Cette thèse normande se confirme après 1066 lorsque le duc de Normandie, Guillaume le Conquérant, devient roi d'Angleterre. Il se considère comme l'égal du roi de France en dignité royale et, par conséquent, se dispense d'hommage. Cette attitude conduit en 1108 à un refus d'hommage opposé au nouveau roi Louis VI le Gros par trois des principaux princes territoriaux du royaume : le duc de Normandie, le duc de Bourgogne et le duc d'Aquitaine.

Mais cette date marque en même temps un tournant. Louis VI le Gros, précisément, aura pour politique d'exiger des princes l'hommage et le service. Cette exigence s'affirme dans des écrits qui témoignent d'une doctrine dont l'inspirateur est Suger, abbé de Saint-Denis et conseiller du roi. Premier point de cette doctrine : ce dernier étant au sommet de la hiérarchie féodale, tous les princes territoriaux qui constituent le premier degré de cette hiérarchie lui doivent l'hommage – et l'hommage lige – avec service prioritaire, ce premier degré se prolongeant vers le bas par les degrés inférieurs, ceux des arrière-vassaux du roi. Deuxième point : puisque le roi est au sommet d'une hiérarchie, il ne doit l'hommage à personne. Louis VI s'appuie sur ces arguments en 1127-1128, lors de la succession du comté de Flandre. S'il ne parvient pas à imposer son candidat, il obtient néanmoins que le nouveau comte, Thierry d'Alsace, lui prête hommage et reçoive de lui la Flandre en fief, par le jeu de l'investiture. De même, vingt ans plus tard, en 1151, Louis VII se fait prêter hommage-lige par Henri II Plantagenêt, hommage fondé sur l'idée que la Normandie, dont Henri II est duc en même temps que roi d'Angleterre, est fief du royaume.

Cet essor royal, amorcé sous Louis VI et Suger, s'accuse plus nettement à partir du milieu du XIIe siècle. Il se produit alors un mouvement inverse, mais symétrique, de celui qui, de la fin du IXe siecle au milieu du XIe siècle, avait progressivement désagrégé, de haut en bas, les cadres politiques jusqu'à l'émiettement. Cette nouvelle évolution conduira à la réunion des principautés territoriales au domaine royal, c'est-à-dire à une concentration politique au profit du roi. Irrésistiblement engagé au XIIIe siècle, le processus d'unification s'achèvera au XVe siècle.

La progression royale est facilitée par la désagrégation des cadres politiques de la féodalité. À partir du XIIe siècle, la seigneurie banale s'étiole. Les châtelains voient leurs sujets – marchands, producteurs urbains et ruraux – s'enrichir grâce aux transformations économiques et à l'essor du commerce. Or eux-mêmes ne sont plus producteurs (depuis longtemps ils n'exploitent plus leur réserve) et leur monnaie locale perd de la valeur face à l'afflux des monnaies étrangères. Ils s'appauvrissent au moment même où le développement du luxe accroît leurs besoins. D'où un déséquilibre financier qu'ils tentent de pallier en aliénant progressivement des parcelles de leur seigneurie. Cette situation profite aux princes territoriaux, assez riches pour racheter des seigneuries ; le XIIe siècle est à certains égards une période d'essor, de remontée de puissance pour certains d'entre eux. On observe, par exemple, une concentration politique très nette en Bourgogne et dans l'empire Plantagenêt au temps d'Henri II. Mais elle profite également à la royauté française.

C'est sous le règne de Philippe Auguste que se dessine la politique qui tendra à réaliser l'unification du royaume par le rattachement des grands fiefs au domaine royal. Pour ce faire, Philippe Auguste et ses successeurs n'useront pas de la force mais des moyens tirés du droit féodal. Lorsque Hugues de Lusignan, comte de la Marche, un des vassaux d'Aquitaine de Jean sans Terre (successeur d'Henri II Plantagenêt) fait appel à Philippe Auguste, faisant grief à Jean sans Terre de lui avoir enlevé un château et sa fiancée, Philippe Auguste cite Jean à comparaître devant sa cour. Refus de celui-ci qui se prévaut de l'ancienne thèse normande de l'indépendance féodale du duc de Normandie vis-à-vis du roi de France. Mais le roi de France rétorque qu'il a cité Jean non pas comme duc de Normandie mais comme duc d'Aquitaine, et la cour le condamne par défaut à la commise de ses fiefs (1202). Entrant alors immédiatement en campagne, Philippe Auguste conquiert la Normandie, puis le Maine et l'Anjou (1204). La guerre rebondit quelques années plus tard. Jean sans Terre suscite contre le roi une coalition de féodaux qui se sentent menacés, mais elle est vaincue à Bouvines en 1214. Cette bataille signifie l'échec de la haute féodalité face au roi.

Le souverain use également de règles du droit privé. Le plus souvent, il fait l'acquisition des grandes principautés par succession, par mariage, quelquefois aussi par donation. C'est ce qui se passe en 1180. Cette année-là, Philippe Auguste épouse la nièce du comte de Flandre qui, n'ayant pas d'enfants, lui constitue en dot le Boulonnais et l'Artois. En 1183, Philippe Auguste devient maître, par succession, de l'Amiénois et du Vermandois. Sa puissance s'étend donc d'un seul coup jusqu'à Boulogne. C'est également par le jeu du mariage d'un frère de Saint Louis, Alphonse de Poitiers, avec l'héritière du comté de Toulouse, que ce comté est lui aussi réuni au domaine en 1271. C'est encore par mariage que la Champagne est à son tour acquise, Philippe le Bel ayant épousé l'héritière de ce comté. Les deux dernières grandes principautés à tomber sous l'autorité royale par ces moyens seront le Dauphiné (son incorporation sera effective en 1461) et la Bretagne, à la suite des mariages successifs de l'héritière, Anne de Bretagne, avec Charles VIII, puis Louis XII.

Au XIIIe siècle, la notion de supériorité royale est très claire, mais elle ne peut être efficace que si elle donne prise au roi sur tous ses arrière-vassaux. Or, il y a dans l'usage féodal français un principe qui va à l'encontre de cette évolution : un seigneur féodal n'a de prise que sur ses vassaux et non pas sur ses arrière-vassaux : « Le vassal de mon vassal n'est pas mon vassal. » La royauté va donc mener une lutte d'un siècle pour échapper à l'application de cet adage et étendre son action à des degrés toujours plus bas de la hiérarchie féodale, en exploitant toutes les ressources possibles du droit féodal. Le roi use de la compétence de sa cour pour trancher les litiges entre ses vassaux et ses arrière-vassaux. Il multiplie également ses vassaux directs, de plusieurs façons. Lorsqu'il réunit des principautés territoriales à son domaine, il devient seigneur direct des anciens vassaux des princes territoriaux. Il les multiplie également par le jeu des fiefs-rentes. Enfin, la seule puissance royale, plus forte et par conséquent plus protectrice, lui attire de nouveaux vassaux. Le roi cherche également à exiger de ses vassaux directs un hommage prioritaire dans le cas, fréquent, où ceux-ci sont vassaux d'autres seigneurs. Il s'efforce ainsi d'obtenir soit un hommage-lige, si le vassal n'est encore l'homme-lige de personne, soit, s'il l'est déjà, une priorité de ligence, au besoin par un augment de fief, qui peut consister en une rente.

Cependant, cette politique n'est pas sans rencontrer des difficultés. La priorité peut jouer contre le roi vis-a-vis de certains de ses vassaux. Ses arrière-vassaux sont également obligés, au cas où leur seigneur est en guerre contre lui, de suivre ce seigneur (Philippe Auguste doit faire face à une situation de ce genre lorsqu'il entre en guerre contre Jean sans Terre en 1202). Aussi l'effort des rois, à partir du milieu du XIIIe siècle, consiste-t-il à renouveler les idées sur l'État. À l'aide de légistes instruits, ils s'efforcent de faire triompher à leur profit une priorité absolue vis-à-vis de leurs vassaux et d'abolir le principe de non-emprise du suzerain sur ses arrière-vassaux.

Il est d'abord admis qu'un arrière-vassal du roi ne peut pas, en cas de guerre entre son seigneur et le roi, faire la guerre à celui-ci sans s'être assuré que le roi est vraiment dans son tort. Allant bientôt plus loin, les légistes établissent qu'en tout état de cause les rapports féodo-vassaliques ne peuvent jamais jouer contre le roi ; que, placé au-dessus de la hiérarchie féodale, celui-ci ne peut être atteint par les rapports privés que les membres de cette hiérarchie ont les uns avec les autres. Il est, dès lors, facile d'en déduire que tous les membres de la hiérarchie féodale sont soumis à l'emprise royale. L'exemple de l'État anglo-normand, où le principe d'une autorité supérieure, d'une fidélité prioritaire au profit du roi en Angleterre et du duc en Normandie, s'est toujours maintenu, vient appuyer cette thèse. L'influence du droit romain est également nette. Les légistes dégagent l'idée que le roi a dans son royaume une autorité territoriale semblable à celle de l'empereur dans l'Empire romain. Ce que traduit une formule apparue vers 1260 : « Le roi de France est empereur en son royaume. » Cette référence au pouvoir de l'empereur permet de franchir la dernière étape décisive, de passer de la notion de suzeraineté à celle de souveraineté du roi, c'est-à-dire de sa supériorité à l'encontre de tous et à laquelle tous sont soumis sans distinction. Le triomphe de cette idée enlève définitivement toute portée politique au régime féodal au profit de la royauté unificatrice qui, désormais, détient seule la puissance publique. Si la féodalité prend alors fin sous son aspect politique, qui était l'aspect essentiel, elle subsistera jusqu'à la Révolution comme système de possession et d'exploitation de la terre. Ainsi, lors de la nuit du 4 août 1789, l'Assemblée décidera d'abolir entièrement le régime féodal, et le décret du 27 juillet 1793 interdira même totalement l'usage des termes féodaux.

FÈRE (La)

Ville forte de Picardie, aujourd'hui dans l'Aisne.

D'origine très ancienne, elle est disputée à maintes reprises au XVIe siècle entre huguenots et catholiques, puis entre royalistes et ligueurs. Pendant la Première Guerre mondiale, les Allemands s'en emparent (3 septembre 1914). Située sur la position Siegfried, elle devient, en 1917, un des principaux points de défense de la ligne Hindenburg. La ville ne sera libérée que le 10 octobre 1918 par l'armée Debeney.

FERMES

Sous l'Ancien Régime, système selon lequel le roi confie l'administration et la perception de certains impôts ou taxes à un ou plusieurs particuliers, contre le versement immédiat d'une somme globale et forfaitaire.

Les fermiers adjudicataires qui prennent à bail le recouvrement des impôts conservent la différence entre les sommes perçues par leurs agents et la somme versée au roi. L'affermage permet à ce dernier des rentrées rapides, anticipées au besoin, et lui évite d'entretenir un nombreux personnel financier. Cette pratique remonte en fait au Moyen Âge, au début du XIVe siècle probablement : les recettes des prévôts d'abord, puis celles du domaine royal étaient affermées à des particuliers, souvent aux prévôts eux-mêmes. Dès le début du XVIe siècle, le système est étendu aux impôts indirects : après les aides, affermées par paroisses selon un bail annuel, dès 1508, des fermiers prennent à bail le recouvrement des traites, puis celui de la gabelle, et enfin celui de tous les impôts indirects. À la fin du siècle, le Conseil d'État établit pour chaque impôt des baux distincts, adjugés ensuite par les trésoriers généraux. Chaque province conclut par la suite les baux avec un seul adjudicataire, le traitant, ou avec plusieurs associés, les partisans.

La multiplication des traitants et partisans, leur âpreté, le fait aussi qu'un grand nombre sont étrangers rendent le système des fermes fort impopulaire. En même temps, s'il évite les frais de perception, l'État se trouve spolié de sommes souvent considérables. Sully résilie donc les baux anciens, interdit les nouveaux aux étrangers et groupe, en 1604, les diverses fermes en quatre fermes générales. Mais les abus réapparaissent après lui, et il faut attendre Colbert pour que le gouvernement reprenne en main le système des fermes. Dès 1664-1667, il confie à une seule compagnie de fermiers la perception des traites dans les treize provinces du centre et de l'est, dites des « cinq grosses fermes ». En 1669, les « fermes unies » regroupent les aides, gabelles, cinq grosses fermes, entrées, etc. En même temps, le ministre intervient dans les enchères, contraint les adjudicataires à augmenter leurs offres. La première Ferme générale apparaît en 1680 avec le bail Fauconnet. Le fermier prend à bail les gabelles, aides, domaines, traites et entrées pour 56 millions de livres. Avec divers autres droits, le total est fixé à 63 millions. En 1687, les baux Domergue et Charrière, qui portent sur la même somme, concernent l'ensemble des impôts. La Ferme générale ne survit guère à Colbert ; les baux ne cessent de diminuer, il devient même impossible de trouver des fermiers au moment de la guerre de Succession d'Espagne : malgré son faible montant, 40 millions, le bail Isambert, conclu pour trois ans en 1706, doit être en partie mis en régie en 1709. En 1715, alors que le bail Manis atteint 48 millions, certains droits, comme l'amortissement, le tabac ou les postes, font l'objet de régies particulières.

Du fait des bouleversements de la Régence, la Ferme générale n'est définitivement constituée qu'en 1726. Le contrôleur général signe dès lors un bail unique, pour six ans, avec une seule personne, son valet de chambre souvent. Cet homme, qui donne son nom au bail, n'est que le mandataire des fermiers généraux, quarante à ce moment, soi-disant cautions de la somme versée. Les fermiers, associés depuis 1691 dans la Compagnie des fermiers généraux, doivent emprunter à diverses personnes pour verser au roi la somme globale correspondant au montant du bail. Ils versent ensuite à leurs créanciers une part d'intérêts appelée « croupe ». Ils versent aussi des croupes à ceux qui, courtisans souvent, interviennent auprès du contrôleur général des Finances, dont dépend leur entrée au sein de la Compagnie des fermiers généraux. Le roi lui-même perçoit des croupes. Les fermiers doivent encore verser un cautionnement considérable, un million de livres d'abord, puis un million et demi en 1768. L'importance de ce cautionnement les rend pratiquement inamovibles, le gouvernement étant bien incapable de le rembourser. Sur ce cautionnement, ils perçoivent 10 % d'intérêt sur le premier million, 6 % ensuite. Les fermiers perçoivent un traitement de 24 000 livres plus diverses indemnités de fonctionnement, jusqu'à la réforme de Necker qui, en 1780, diminue les sommes ainsi versées. L'essentiel des revenus des fermiers vient des bénéfices réalisés sur les baux, peut-être le cinquième du montant total des impôts, somme dont il faut, bien sûr, déduire les frais de fonctionnement. Et ces derniers sont loin d'être négligeables, car la Compagnie a mis sur pied une organisation financière remarquable : elle emploie notamment des tourneurs, sortes d'inspecteurs qui accomplissent des tournées dans les provinces. Cette organisation sera en grande partie reprise par le Consulat. Jusqu'au bail Henriet, en 1756, les fermiers ne s'occupent directement que des gabelles, traites, tabacs et entrées de la capitale ; les aides et domaines sont sous-affermés à des compagnies particulières et fort recherchés, car ils sont de rapport fructueux. Cette pratique, qui donne lieu à de trop nombreux abus, est supprimée en 1756, et le nombre des fermiers généraux porté à soixante. Ce nombre redescend à quarante en 1780, lorsque Necker confie les aides à une régie générale et les domaines à une administration générale. Porté à 80 millions en 1726, le bail atteint 99 millions en 1738, 110 en 1756, 132 en 1768, 152 en 1774, 122 en 1780 (abaissement dû à la réforme de Necker) et 144 en 1786.

Les fermiers généraux ont été jugés fort sévèrement par leurs contemporains et par les générations suivantes, sans toujours mériter cette sévérité. Il est vrai que les traitants et partisans du XVIIe siècle, et les fermiers du début du XVIIIe, pressurent les populations par l'intermédiaire de leurs agents, soutenus par la police et la justice royales. Il est vrai aussi que nombre de fermiers acquièrent, aux dépens du roi et de ses sujets, des fortunes considérables. Un grand nombre de cahiers de doléances, en 1789, réclament la suppression de la Ferme générale, et la Constituante supprime les fermiers généraux le 2 décembre 1790. Mais la plupart des vingt-huit fermiers qui, victimes de cette mauvaise réputation, accompagnèrent Lavoisier à l'échafaud sous la Terreur, étaient des hommes fort honorables.

FERRAND Marie Louis (Besançon, 1753 – Port-au-Prince, Haïti, 1803)

Général.

Ancien compagnon d'armes de Rochambeau durant la guerre d'Indépendance américaine, il est emprisonné durant la Terreur sous prétexte de son amitié avec La Fayette. Remis en liberté après la réaction thermidorienne, il exerce un commandement dans le secteur des Ardennes puis au sein de l'armée de Sambre-et-Meuse. Leclerc se l'adjoint lors de son expédition à Saint-Domingue en 1801. Lorsque celui-ci succombe à une épidémie, l'année suivante, Ferrand le remplace. Mais l'armée décimée ne peut endiguer les progrès des insurgés conduits par Dessalines. Encerclé par ceux-ci et sur le point d'être capturé, Ferrand préfère la mort à la reddition et se tue d'une décharge dans la tête.

FERRIÉ Gustave (Saint-Michel-de-Maurienne, 1868 – Paris, 1932)

Militaire et savant.

Ancien élève de l'École polytechnique, il est colonel durant la Première Guerre mondiale. Ses travaux sur les diverses techniques de transmission sans fil le font alors affecter au service des télécommunications de l'armée, et il utilise la tour Eiffel comme relais pour le service des transmissions radiophoniques. Ferrié est, après la guerre, un inventeur très estimé dans les milieux scientifiques internationaux. Ses travaux portent notamment sur les transmission radiophoniques à bord des avions.

FERRIÈRES (entrevue de)

Conférence entre Jules Favre et Bismarck afin d'obtenir la cessation des hostilités entre la Prusse et la France, les 19 et 20 septembre 1870.

Dès le début du siège de Paris, à la mi-septembre 1870, Guillaume Ier établit son quartier général à Ferrières-en-Brie, à une trentaine de kilomètres à l'est de Paris, dans une demeure construite par l'architecte Paxton pour le compte d'Alphonse de Rothschild. Jules Favre, ministre des Affaires étrangères du gouvernement de la Défense nationale, ayant exprimé le désir de négocier avec les autorités prussiennes en vue d'une cessation possible des hostilités, Bismarck désigne le château de Ferrières comme lieu de rendez-vous, les 19 et 20 septembre. Alors que Favre offre une indemnité en échange d'une cessation des hostilités, Bismarck exige au préalable une cession de territoire en Alsace et dans le nord de la Lorraine. Devant de telles exigences, le ministre français renonce à poursuivre plus avant les conversations. La population parisienne, favorable à la défense à outrance, accueille très mal cette conférence et son échec, finalement préjudiciables au prestige de Jules Favre et du gouvernement.

FERRY Jules (Saint-Dié, 1832 – Paris, 1893)

Homme politique, président du Conseil.

Secrétaire du gouvernement de la Défense nationale le 4 septembre 1870, il est délégué à l'administration du département de la Seine (6 septembre 1870). Il parvient à s'enfuir de l'Hôtel de Ville où l'insurrection du 31 octobre le retenait prisonnier avec ses collègues, puis à délivrer ceux-ci. Maire de Paris quand la ville est assiégée par les Prussiens, les rudes dispositions que la guerre l'oblige à prendre lui valent le surnom de « Ferry-la-Famine ». Il sera, au moment de la Commune, l'un des derniers membres du gouvernement à quitter la capitale. Le 24 mai 1871, après

Jules Ferry
Approbation des plans de la nouvelle Sorbonne. Huile sur toile d'André Brouillet, Paris, Sorbonne. © *RMN-Bulloz*

la victoire des Versaillais, Ferry assume les responsabilités de préfet de la Seine. Le 5 juin, devant l'hostilité de députés conservateurs, il démissionne et ne représente plus, à l'Assemblée nationale, que le département des Vosges. Ministre plénipotentiaire en Grèce le 15 mai 1872, Ferry revient d'Athènes le 24 mai de l'année suivante. À Versailles, président de la gauche républicaine, il combat opiniâtrement l'ordre moral, l'Église, et fait partie du groupe des 363 rassemblant les signataires d'une déclaration en faveur des institutions démocratiques (18 mai 1877).

Conservant le ministère de l'Instruction publique et des Beaux-Arts – il l'a occupé durant le cabinet Waddington et le premier cabinet Freycinet, et y a commencé sa campagne scolaire antireligieuse –, Ferry devient président du Conseil le 23 septembre 1880. Il amorce alors son programme d'expansion coloniale – la Tunisie est placée sous le protectorat de la France –, accorde la gratuité de l'enseignement primaire (16 juin 1881), dissout 300 congrégations, fait voter les lois autorisant à travailler le dimanche et les jours de fêtes catholiques, à ouvrir des débits de boissons sur simple déclaration (30 juin 1881), à éditer et imprimer des périodiques (29 juillet 1881). Écarté un temps des affaires publiques par Gambetta (novembre 1881), Ferry, grand maître de l'Université, retrouve son portefeuille dans le deuxième cabinet Freycinet. Il rend laïc et obligatoire l'enseignement primaire (28 mars 1882). De nouveau président du Conseil du 21 février 1883 au 30 mars 1885 – l'union républicaine et la gauche républicaine forment la majorité parlementaire –, il réforme les institutions judiciaires (30 août 1883). Le 21 mars 1884 est votée la loi sur les associations, préparée par Waldeck-Rousseau et annonciatrice des lois syndicales. Le 5 avril, toutes les communes, sauf celle de Paris, reçoivent un statut identique. Le 27 juillet 1884, sur proposition d'Alfred Naquet, la loi établissant le divorce est promulguée. Bien d'autres mesures anticonservatrices interviendront pendant le second cabinet Ferry : suppression des prières publiques à l'ouverture des sessions du Parlement, abolition de l'inamovibilité de certains sièges sénatoriaux, interdiction de remettre en cause le régime républicain et de porter à la présidence de l'État un membre de la famille royale ou impériale.

Jules Ferry mène une politique coloniale hardie qui, en dépit des gages qu'il a fournis à la démocratie, lui attirera l'hostilité de la gauche – elle l'appellera « Ferry-Tonkin » – sans, pour autant, lui attirer l'amitié de la droite, méfiante à l'égard des aventures d'outre-mer. La France s'empare de Diégo-Suarez, de Tamatave (1883) et du Bas-Congo (1884). Elle commence la conquête du Tonkin et s'enfonce vers le Niger en 1884. À l'annonce de l'évacuation de Lang Son par les troupes du général Brière de l'Isle (29 mars 1885), Ferry, mis en minorité, se retire. Il n'exercera plus le pouvoir. Adversaire du boulangisme, l'ancien président du Conseil, vaincu électoralement, cède son siège de député au représentant du général Boulanger. La présidence de la République lui échappe le 3 décembre 1887 et il subit une tentative d'assassinat.

FERSEN Axel, comte de (Stockholm, 1755 – Stockholm, 1810)

Officier suédois.

Issu d'une vieille famille écossaise, le père d'Axel de Fersen, feld-maréchal suédois, envoie son fils, dès l'âge de 19 ans, dans les principales cours d'Europe afin qu'il y achève son éducation d'officier. C'est ainsi qu'à Paris, où il est le protégé de l'ambassadeur de Suède, il a l'occasion de rencontrer lors d'un bal la Dauphine, Marie-Antoinette. Il la revoit quatre ans plus tard à Versailles, alors qu'elle est devenue reine et lui officier de dragons. Bien vite, la Cour, attentive aux moindres faits et gestes de ses souverains, a compris qu'ils éprouvent l'un pour l'autre un penchant. Pour ne pas compromettre la reine, Fersen signe un engagement à destination de l'Amérique, mais l'expédition est annulée et il est nommé, sur les instances de Marie-Antoinette, colonel au régiment Royal-Deux-Ponts. Au mois de mars 1780, grâce à Breteuil et Vergennes, Fersen est promu aide de camp de Rochambeau, s'embarque le 13 avril pour l'Amérique et revient trois ans plus tard. Mais son penchant pour Marie-Antoinette est devenu une passion et, par-delà de longues séparations, tous deux vont vivre d'intenses moments de bonheur. Grâce à cette dernière, il est nommé colonel et propriétaire du Royal-Suédois avec 20 000 livres de rentes.

Fersen
Portrait de Fersen. Miniature de Hallé, coll. particulière. © *Giraudon*

Au printemps 1791, Fersen est chargé d'organiser la fuite de la famille royale, qui échoue à Varennes. Par la suite, il parcourt l'Europe, afin de mettre sur pied une coalition armée permettant de libérer les prisonniers de la tour du Temple. Le 13 février 1792, il se rend auprès du couple royal et propose d'organiser une nouvelle évasion, mais Louis XVI refuse. Fersen vient de voir Marie-Antoinette pour la dernière fois. Après avoir regagné la Suède, il est, en 1797, envoyé en qualité d'ambassadeur au congrès de Rastatt, et, à son retour à Stockholm, il reçoit le titre honorifique de maréchal du royaume. C'est alors que, accusé (très certainement à tort) d'avoir fait empoisonner le prince héritier, Charles-Auguste, Fersen, chef de la haute aristocratie suédoise, est massacré en pleine rue par une foule ameutée, dans la journée du 20 juin 1810.

FERTÉ-MILON (La)

Commune de l'Aisne, sur l'Ourcq.

La ville abrite notamment les vestiges encore imposants d'un château construit à la fin du XIVe siècle par Louis d'Orléans, frère de Charles VI. Prise par Henri IV en 1594, La Ferté-Milon est, au siècle suivant, assiégée vainement par le duc de Lorraine allié aux princes révoltés pendant la Fronde. Au cours de la Première Guerre mondiale, la ville constitue le point le plus avancé de la grande offensive allemande en direction de Paris, le 27 mai 1918.

FESCH Joseph (Ajaccio, 1763 – Rome, 1839)

Archevêque.

Entré au séminaire à 13 ans, cet oncle maternel du futur Napoléon Ier renonce, durant la Révolution, à l'état ecclésiastique et devient commissaire des guerres, organisant à Bâle un club des Jacobins. Sous le Consulat, Bonaparte étant désireux de rétablir les cultes, il entre de nouveau dans les ordres avant d'être nommé, en 1802, archevêque de Lyon. Cardinal primat des Gaules l'année suivante, il persuade le pape Pie VII d'aller sacrer l'Empereur à Paris et reçoit, en contrepartie, les titres de grand aumônier de France, de comte et de sénateur des mains de son neveu. Toutefois, dans le conflit opposant Pie VII à Napoléon, il prend fait et cause pour le pape ; l'Empereur l'exile alors dans son diocèse de Lyon. Mais c'est en 1811 que le cardinal tombe définitivement en disgrâce, lors du concile durant lequel il manifeste ouvertement son opposition à la politique impériale. Dès la première abdication, Fesch se retire à Rome mais retrouve son diocèse durant les Cent-Jours. Bien qu'ayant été nommé pair de France en 1815, il refuse le siège et retourne, après l'exil de Sainte-Hélène, se réfugier à Rome. N'ayant pu obtenir de Louis XVIII de recouvrer son archevêché de Lyon, il s'établit non loin du Vatican, réunit une belle collection de tableaux et achève ses jours aux côtés de sa demi-sœur, Letizia Bonaparte, la mère de l'Empereur.

FEUDATAIRE

Dans la société féodale, est feudataire toute personne possesseur d'un fief.

Par la suite et par analogie, le mot désigne celui qui détient un titre, une fonction ou un bien susceptible d'être inféodé dans les mêmes conditions qu'un fief.

FEUILLANTS

Nom donné aux religieux de l'ordre monastique issu de celui de Cîteaux institué en 1577 par Jean de La Barrière, abbé de Feuillant (près de Toulouse).

L'ordre des Feuillants est devenu indépendant de la juridiction de Cîteaux par décision du pape Sixte Quint en 1586 ; il va connaître, dès 1595, plusieurs modifications de règles dues au caractère particulièrement rude et austère de celles-ci, et tendant à les adoucir quelque peu. En 1587, les Feuillants sont appelés à Paris par Henri III, qui souhaite faire surveiller cet ordre tout acquis aux visées des Guise. Portant robe blanche et capuchon sans scapulaire, les moines s'installent non loin de l'actuelle terrasse des Tuileries, près de la rue Saint-Honoré. Durant cette période troublée des guerres de Religion, le plus illustre de ces ligueurs fanatiques est Dom Percin de Mont-Gaillard (nommé le Petit Feuillant), rendu célèbre par l'exaltation de ses sermons en faveur de la seule religion catholique. Pendant la Révolution, l'ordre est dispersé en France et dans toute l'Europe. L'Assemblée constituante, en octobre 1789, l'Assemblée législative, puis la Convention avant sa translation aux Tuileries se réunissent successivement dans une partie louée, puis confisquée, du couvent des Feuillants. Enfin, c'est là que la famille royale, prisonnière, est hébergée le 10 août 1792, avant d'être enfermée, trois jours plus tard, au Temple.

FEUILLANTS (club des)

Fondé le 16 juillet 1791, il s'installe rue Saint-Honoré dans le couvent occupé jusqu'à leur dispersion (en 1791) par les Feuillants, religieux de l'ordre de Cîteaux.

Le club des Feuillants regroupe les éléments conservateurs du club des Jacobins qui, refusant de suivre ce dernier lorsqu'il se prononce après Varennes pour la déchéance du roi, ont décidé de faire sécession. 264 députés de la Législative s'y inscrivent. Adversaires de l'Ancien Régime comme de la démocratie, les Feuillants sont partisans de la monarchie limitée et de la primauté de la bourgeoisie telles que la Constitution de 1791 les a établies. Ils se divisent en deux tendances. Les « Lamethistes » suivent les mots d'ordre du triumvirat Barnave, Du Port et Lameth, tandis que les « Fayettistes » prennent leur inspiration auprès de La Fayette. Mais ce parti feuillant, qui entendait jouer un rôle modérateur, sombre en même temps que le trône après le 10 août 1792. Son influence fait place à celle des Brissotins, futurs Girondins.

FÉVRIER 1934 (journée du 6)

Mouvement insurrectionnel organisé par plusieurs partis d'extrême droite dans le but de renverser le gouvernement.

Aux élections de mai 1932, qui se sont déroulées sous le signe de la crise économique, une

Le club des Feuillants
Caricatures des Feuillants. Gravures coloriées, musée de la ville de Paris, musée Carnavalet. © *Lauros-Giraudon*

majorité radicale et centre-gauche (356 sièges) succède à la majorité de droite et du centre-droite (324 sièges) qui avait été élue en 1928. Une série de krachs financiers, dont la cause lointaine résulte de la crise financière puis économique de 1929 aux États-Unis, révèle de nombreuses malversations dans lesquelles sont impliqués, ici et là, des hommes politiques de renom. La faillite de la banque Oustric, à la fin de 1930, a constitué le signe avant-coureur d'un malaise qui se confirme avec celle de la société Aéropostale en mars 1931. Chaque fois, l'enquête révèle que des parlementaires figurent à des postes importants de ces organismes ou bien en sont les conseillers. Le marasme économique est vivement dénoncé tant par les partis de gauche (socialistes et communistes) que par les ligues de droite, qui regroupent un grand nombre d'anciens combattants. Les parlementaires de droite et du centre-droite, passés dans l'opposition, ne ménagent pas leurs critiques, lesquelles deviennent sarcasmes sous la plume d'un pamphlétaire vigoureux comme Léon Daudet, qui fait des émules.

L'instabilité ministérielle accroît les critiques lorsque a lieu, le 24 décembre 1933, l'arrestation du directeur du Crédit municipal de Bayonne, accusé d'avoir émis de faux bons de caisse pour un montant de 200 millions de francs. Le 7 janvier 1934, Joseph Garet, député-maire radical de la même ville, est à son tour arrêté pour vol, faux, usage de faux, détournement de biens publics, recel. Derrière le paravent apparaît la personne de Stavisky, un escroc dont on annonce le suicide à Chamonix le 8 janvier. La fièvre gagne les milieux politiques, réveillant tous les tenants de l'antiparlementarisme. Pierre Darius, directeur du journal *Midi* et de l'hebdomadaire *Bec et Ongle*, est arrêté pour avoir placé les fameux « bons de Bayonne » tout en prêtant le concours de ses publications aux manœuvres frauduleuses de Stavisky. Le 9 janvier, à la rentrée du Parlement, est annoncée la démission du ministre des Colonies, Albert Dalimier, radical lui aussi, compromis à son tour. Le lendemain, les Camelots du roi manifestent boulevard Saint-Germain et place de la Concorde aux cris de « À bas les voleurs ! » Des membres de la Solidarité française, créée par le commandant Jean Renaud, avec l'appui financier de François Coty en 1933, ainsi que des Chemises bleues de Marcel Bucard sont également présents. Le 11 janvier, on apprend l'arrestation d'Albert Dubarry, directeur du journal *La Volonté*, et du journaliste Camille Aymard, eux aussi compromis dans l'affaire Stavisky. Sur le boulevard Saint-Germain, entre la Chambre des députés et le Quartier latin, 2 000 Camelots du roi et membres des Jeunesses patriotes se heurtent aux forces de police.

À la Chambre, le député de l'opposition Ybarnégaray voit ses pairs repousser sa demande de constitution d'une commission parlementaire d'enquête. Erreur qui renforce la croyance que le pouvoir désire par tous les moyens étouffer le scandale en cachant les noms des coupables. Pourtant, par à-coups, des personnages tombent, tel le député Bonnaure, dont l'immunité parlementaire est levée le 15. À la Chambre des députés, Philippe Henriot attaque violemment le ministre de la Justice, Joseph Raynaldy. Dans la soirée du 22 janvier, de nouvelles bagarres éclatent boulevard Saint-Germain et autour de l'Hôtel de Ville, scènes de violence qui se renouvellent le lendemain puis, avec plus d'ampleur, le 27, date de la démission du ministère Chautemps. À 15 heures, le 6 février, le gouvernement Daladier se présente devant les députés. La séance s'annonce houleuse car, dans la rue, le mécontentement s'amplifie.

La contestation est apportée par les membres des fédérations d'anciens combattants, qui clament leur indignation contre les agioteurs et incriminent de surcroît la mutation du préfet Jean Chiappe, intervenue le 3 février, à qui Daladier reproche à la fois ses sympathies envers les ligues et son implication dans l'affaire Stavisky. *L'Action française*, entre autres, fait chorus et appelle ses sympathisants à chasser du pouvoir les parlementaires véreux. Dans la soirée, la foule devient de plus en plus dense. Aux anciens combattants, aux curieux, s'ajoutent les membres de l'Action française, les Camelots du roi et les groupes des Jeunesses patriotes, sans oublier des étudiants sympathisants. La foule atteint une densité inaccoutumée aux abords de la rue Royale, de la place de la Concorde, des Champs-Élysées. Vers 19 heures 30, l'épreuve de force se produit. Des déflagrations éclatent, des coups de feu claquent, tandis que se dressent des barricades et s'allument des incendies. 15 personnes trouvent la mort, et on relève près de 1 500 blessés. Environ 2 000 manifestants de la Solidarité nationale se dirigent vers le pont de la Concorde, résolus à forcer le barrage des gardes républicains qui bloque le passage vers la Chambre des députés. Cependant, les manifestants de l'UNC refusent de marcher sur l'Assemblée et prennent la direction opposée, rue Royale, où des affrontements avec les forces de police se produisent aux abords de l'Élysée et du ministère de l'Intérieur. Rive gauche, les Croix-de-Feu du colonel de La Roque acceptent de se replier après avoir descendu la rue de Bourgogne en direction de l'Assemblée puis traversé la Seine. L'ordre de dispersion est donné devant le Petit-Palais par le colonel de La Roque. Seuls quelques membres des Jeunesses patriotes de Taittinger réussissent à franchir les barrages entre le quai d'Orsay et le pont de Solferino. Quatre d'entre eux pénètrent à la Chambre et demandent la démission du gouvernement. Réuni au Quai d'Orsay, celui-ci est dans l'indécision, les présidents du Sénat et de la Chambre ainsi que les leaders des principales formations politiques répugnant à la proclamation de l'état de siège. Le lendemain à 14 heures, Daladier présente la démission de son gouvernement au président de la République Albert Lebrun. Gaston Doumergue accepte de quitter sa retraite toulousaine pour venir constituer un cabinet d'union nationale. À sa descente de train, à la gare d'Orsay, le 8 février, le nouveau chef de gouvernement est accueilli par plus de 3 000 personnes.

Le 9 cependant, les esprits ne sont pas calmés, car l'action des ligues patriotiques déclenche à son tour les contre-manifestations du PCF et de la CGTU. Les manifestants se heurtent aux barrages des services d'ordre aux abords des gares du Nord et de l'Est ainsi que sur le faubourg du Temple, autour de la place de la République, le long des boulevards Voltaire et de Ménilmontant. C'est le prélude à un mouvement de plus grande

Le 6 février 1934
Les drapeaux de l'Union nationale des anciens combattants place de la Concorde. © *Keystone*

ampleur qui se déclenche le 12 février à l'appel des partis socialiste et communiste ainsi que des syndicats de travailleurs et d'une centaine d'écrivains comme André Malraux, Alain, Paul Eluard et Jean Guéhenno. La grève générale est proclamée pour protester contre les événements du 6 février, qualifiés de « tentative de coup d'État de caractère fasciste ». Dans l'après-midi du 12, aux sons de *La Marseillaise* et de *L'Internationale*, un cortège regroupant près de 150 000 personnes s'ébranle de la porte de Vincennes en direction de la place de la Nation. En province, des mouvements similaires sont signalés à Marseille (où se produisent des bagarres avec des opposants), à Villeurbanne, Mulhouse, Dunkerque, Nantes et Dijon. Le 15, le gouvernement Doumergue obtient la confiance des députés par 402 voix contre 125. Des commissions parlementaires sont instituées pour enquêter tant sur le scandale Stavisky que sur les événements du 6 février.

La République a vacillé, mais l'émeute a tourné court faute d'unité dans sa direction stratégique entre les plus décidés (Jeunesses patriotes, Action française, Solidarité française) et les tenants d'une démonstration de force sans volonté réelle de s'emparer de l'Assemblée nationale (UNC, Croix-de-Feu).

FEZENSAC ou FÉZENSAC

Ancien pays gascon (pagus Fidentiacus) *dont le chef-lieu était Vic.*

Constitué à l'époque carolingienne dans la partie septentrionale du diocèse d'Auch, le comté de Fezensac ne fait qu'un avec celui d'Armagnac jusqu'en 960. Cette année-là meurt Guillaume-Garcie, comte de Fezensac, deuxième fils du duc de Gascogne Garcie-Sanche le Courbé. Il laisse trois fils : Otton ou Eudes, tige des comtes de Fezensac dont est issue la maison de Montesquiou ; Bernard Ier, comte d'Armagnac ; Frédelon, comte de Gaure. Vers 1097, Astanove II de Fezensac part pour la Terre sainte, d'où il ne reviendra pas. Son fief passe à sa fille unique Adalmur, qui épouse Arnaud-Bernard d'Armagnac. Ainsi, Fezensac et Armagnac sont de nouveau réunis, mais au profit de la branche d'Armagnac. Cette situation durera jusqu'à la fin de la maison d'Armagnac. En 1776, Anne Pierre de Montesquiou obtient le droit d'ajouter à son nom celui de Fezensac, qui sera assorti du titre ducal en 1821, en faveur de l'abbé de Montesquiou, fidèle serviteur de Louis XVIII.

FICHES (affaire des)

Nom donné au système conçu par le général André, ministre de la Guerre dans le cabinet Combes (1901-1904), afin de subordonner l'avancement des officiers à un ensemble de renseignements d'ordre politique et religieux, obtenus principalement auprès de loges maçonniques et consignés sur des « fiches » directement transmises au ministre.

Cette affaire politico-religieuse de la IIIe République est immédiatement l'objet de vifs débats, tant à l'intérieur de l'armée qu'au Parlement : au cours d'une séance, le 4 novembre 1904, le député nationaliste Syveton gifle le ministre Louis André, contraignant ce dernier à donner sa démission. En janvier 1905, cette affaire entraîne la chute du ministère Combes.

FIEF

Au Moyen Âge, concession attribuée gratuitement par un seigneur à son vassal en vue de procurer à celui-ci l'entretien auquel il a droit en échange de sa fidélité et de son dévouement, et de le mettre à même de fournir un certain nombre de services requis par le seigneur en compensation de cette concession.

Le mot « fief », qui fait son apparition au début du XIe siècle, supplante peu à peu l'ancien terme *beneficium*, bienfait. Dérivant du latin *feudum*, qui désigne des biens meubles d'une certaine valeur (cuirasse, casque, bracelet d'or), il n'est à l'origine pas toujours employé dans le sens précis qu'il aura par la suite. Longtemps, il est appliqué, on ne sait au juste par quels détours, au salaire donné à des artisans ou à des serviteurs pour l'accomplissement de services spécialisés, et n'importe qui peut recevoir un fief, pourvu qu'il contracte un engagement personnel. L'objet concédé, très variable, peut être aussi bien un objet mobilier, une terre, un cens, qu'un droit, un péage ou même un ou plusieurs fiefs. Mais, au XIIe siècle, le fief prend un sens plus restreint. Il consiste le plus souvent en terres et constitue un des éléments essentiels du contrat féodo-vassalique. Seul un membre des couches dominantes de la société peut en bénéficier et il s'oppose par sa nature même aux censives des paysans. Durant les derniers siècles du Moyen Âge, l'épithète « noble » ou l'expression « fief de chevalier » vient marquer encore plus expressément cette différence de nature.

Jusqu'au Xe siècle, ce fief noble ne comporte pas les droits de la puissance publique. Le bienfait et le fief sont une chose, les charges publiques ou *honores* en sont une autre. Mais comme les *honores* finissent par être concédées par le roi à peu près de la même manière que les bienfaits et les fiefs, l'étiquette de fief est étendue aux grandes principautés sur lesquelles les princes territoriaux ou les comtes ont la puissance publique. C'est ce qu'on appellera les « grands fiefs ». Le fief est le plus souvent une terre, mais dans la seconde moitié du XIe siècle, lorsque se produit un renouveau économique et commercial et que la monnaie circule de nouveau, certains seigneurs se mettent à concéder en fief à des vassaux des rentes, c'est-à-dire le droit de percevoir annuellement un revenu fixe. Ces « fiefs-rentes » sont un moyen précieux pour les princes territoriaux particulièrement riches de s'attirer des vassaux. Ils soulignent l'importance croissante qu'a prise le fief dans les relations féodo-vassaliques, comme soutien et justification des obligations du vassal. La concession du fief par le seigneur au vassal se fait au cours d'une cérémonie rituelle, l'investiture, qui suit généralement l'hommage et le serment de fidélité, et qui consiste en un acte symbolique, la remise d'un objet (étendard, sceptre, verge, anneau, couteau, gant, morceau de paille, etc.).

À l'origine, le fief noble sous-entend un dévouement absolu du vassal envers son seigneur qui, lui, doit sa protection. Mais à partir du XIe siècle, les obligations que comporte pour le vassal la concession en fief se limitent et se précisent. Elles sont bientôt de deux sortes : l'aide, *auxilium*, et le conseil, *consilium*. L'aide est militaire et pécuniaire. Le service majeur de l'aide militaire est celui d'« ost et chevauchée » que le vassal acquitte – le mot l'indique – en combattant à cheval, signe distinctif de son appartenance au monde des seigneurs. Au XIIe siècle, une règle coutumière limitera le service d'ost à quarante jours de suite. Cette aide militaire est d'ailleurs graduée suivant l'importance du fief. On distingue, au XIIe siècle, toute une échelle de fiefs. Il y a d'abord, au degré mineur, les fiefs de chevaliers ou fiefs de haubert, ainsi nommés parce que le chevalier arrive seul avec son armure ou haubert. Puis les fiefs de châtelains, de barons, de vicomtes, de comtes, dont les titulaires sont tenus de venir, non plus seuls, mais avec un nombre d'hommes qui croît avec la dignité. Par ces catégories de fiefs, fondées sur l'aide militaire, s'établit peu à peu la hiérarchie des titres nobiliaires qui durera jusqu'à la Révolution. L'aide est également pécuniaire. Le vassal doit aider son seigneur, selon l'importance du fief, dans certaines circonstances de la vie du seigneur justifiant un soutien ou un cadeau. Il contribue ainsi au paiement de la rançon si le seigneur est fait prisonnier, au paiement de l'armure de son fils aîné lorsqu'il est armé chevalier, au mariage de sa fille aînée. À partir de la fin du XIe siècle, il finance aussi le départ du seigneur pour la croisade. La coutume s'est finalement limitée à ces quatre cas : d'où le nom d'« aide aux quatre cas » donné à l'aide pécuniaire. Quant à l'obligation de conseil, elle consiste essentiellement à siéger à la cour du seigneur, à lui « faire sa cour ». La survivance de cette expression, même dans un sens bien différent, témoigne de l'importance sociale qu'eurent au Moyen Âge les relations féodo-vassaliques.

La société féodale s'est inévitablement trouvée confrontée au problème de la sanction des obligations réciproques du vassal et du seigneur. Il est arrivé, encore assez souvent, et même assez tard, que celui qui s'estimait lésé agît unilatéralement par une rupture de foi, une sorte de défi. Mais peu à peu s'est organisée une procédure devant la cour féodale. Contre le vassal qui n'a pas rempli ses devoirs, le seigneur, qui conserve toujours sur son bien concédé un droit éminent par opposition au droit utile du vassal, peut réclamer une procédure de saisie temporaire et même de confiscation du fief, la commise. Primitivement, le fief est viager. Le seigneur est libre de le concéder à qui il veut, d'investir celui qu'il a choisi, et le vassal doit maintenir le fief dans l'état où il était lors de l'investiture afin de pouvoir, le cas échéant, le restituer. Il ne peut, par conséquent, ni le démembrer ni l'aliéner. Lorsque son seigneur meurt, il doit payer un droit de relief pour obtenir une nouvelle investiture. Dans la réalité, de viager, le fief devient vite héréditaire, en France dès le Xe siècle et le début du XIe siècle, et c'est le fils du vassal qui doit payer un droit de relief pour succéder à son père. Mais le droit d'aînesse assure encore l'indivisibilité du fief. Lorsque l'héritier est une fille, le seigneur peut lui choisir un époux ; lorsque l'héritier est mineur, il a la garde seigneuriale (tutelle de l'enfant et administration du fief), ou bien il accepte que le service féodal soit assuré par un bailliste. L'aliénabilité du fief est elle aussi peu à peu admise, mais plus tardivement que l'hérédité. La pratique de la sous-féodation se répand la première. Puis, dans le courant du XIIe siècle, le fief devient totalement aliénable. Il se vend. Du moins cherche-t-on à préserver l'intérêt du seigneur. Tout d'abord en exigeant son accord, ce qui ouvre la voie à la possibilité d'un refus. De plus, l'aliénation ne peut se faire sans un transfert qui, en réalité, est double, avec un double rite : le « dévest » du vassal qui se dévêt de son fief ou de la partie aliénée de son fief, par un rite inverse de l'investiture ; puis l'investiture de l'acquéreur, précédée de l'hommage et du serment de fidélité qui en font un nouveau vassal. Le seigneur profite à cette occasion d'un droit de mutation, analogue au relief successoral, mais d'un taux plus élevé. Il équivaut, dans la pratique courante, au cinquième du prix de vente, d'où son nom de quint. Le seigneur peut enfin se substituer à l'acquéreur – c'est le retrait féodal – en lui remboursant le prix. Pendant longtemps, les roturiers ne peuvent acquérir un fief noble. Une ordonnance de Saint Louis le leur interdit expressément. Mais des ordonnances de Philippe III (1273 et 1275) admettent que le non-noble acquérant un fief mouvant du roi pourra devenir noble s'il paie une lourde taxe, le franc-fief.

L'apparition d'un mot nouveau, vers les années 1070, celui de « feudataire », pour désigner le vassal, est caractéristique de cette évolution des liens féodo-vassaliques. De plus en plus, à mesure que le Moyen Âge s'avance, l'accent est mis sur l'élément réel, le fief, au détriment de l'élément personnel, la vassalité. La féodalité entre en déclin parallèlement à l'essor du pouvoir royal. Peu de nouveaux fiefs se créent après le XIVe siècle. Le service d'ost disparaît avec la formation d'une armée royale soldée et la réglementation de la guerre privée, à partir du règne de Saint Louis. L'ultime terme de ce déclin se situe au XIVe siècle, lors des premiers combats de la guerre de Cent Ans où les chevaliers français sont vaincus par de simples fantassins anglais.

FIENNES et de TINGRY Robert, baron de (? – ?, v. 1382)

Connétable.

Homme de guerre redouté des Anglais, il devient connétable lorsque Gauthier de Brienne, possesseur de la charge, meurt à la bataille de Poi-

Fieschi
L'Attentat de Fieschi. Huile sur toile d'Eugène Lami, détail, 1845, châteaux de Versailles et Trianon. © *RMN*

tiers le 19 septembre 1356. Fiennes repousse d'Amiens les troupes de Charles II le Mauvais, roi de Navarre, le 13 septembre 1358, les chasse de Melun le 18 juin 1359, et d'Auxerre en 1360. De 1361 à 1364, il traque impitoyablement les Grandes Compagnies en Bourgogne et dans le Midi. Fatigué par l'âge, il se démet du commandement suprême de l'armée royale et, le 2 octobre 1370, Bertrand Du Guesclin lui succède.

FIESCHI Joseph (Murato, Corse, 1798 – Paris, 1836)

Aventurier.

Issu d'une famille d'origine génoise, berger de son état, il est à peine âgé de 16 ans lorsqu'il contracte un engagement dans l'armée du royaume de Naples, dont le souverain est alors Murat. Il y alterne le bon et le mauvais, gagnant d'un côté la croix des Deux-Siciles, mais trahissant par la suite son souverain au profit des Autrichiens. Après la fin de l'aventure en 1815, Fieschi regagne son île natale, vit d'expédients et finit par se faire condamner en 1819 à dix ans de prison pour vol et escroquerie. Désorienté, sans travail, après s'être évadé de la prison d'Embrun (Hautes-Alpes), il gagne le Midi et s'efforce de se faire oublier sous le nom de Gérard. Ses pérégrinations l'amènent à fréquenter les milieux républicains de Paris, où des projets de complots contre Louis-Philippe s'élaborent en dépit d'une répression active. La vindicte s'accroît au lendemain de la promulgation de la loi du 10 avril 1834 qui restreint les droits d'association et de réunion politique. Les émeutes qui s'ensuivent, tant à Paris qu'à Lyon, entraînent des poursuites judiciaires à l'encontre des meneurs républicains. La Chambre des pairs est érigée en Haute Cour de justice. Les débats se poursuivent durant tout le premier semestre de l'année 1835, laissant entrevoir de nombreuses condamnations. Le ressentiment est tel que Fieschi, sollicité par deux républicains, le bourrelier Morey et l'épicier Pépin, accepte de passer à l'action et de fomenter un attentat.

Louis-Philippe devant se rendre à la Bastille le 28 juillet pour la cérémonie commémorative de la révolution qui l'a mené au pouvoir, Fieschi, avec le concours financier de Pépin, met au point un engin de sa conception, constitué de 25 canons de fusil posés sur un châssis. La mise à feu doit balayer la chaussée lors du passage du cortège. Pour cela, Fieschi loue un local du boulevard du Temple et, assisté de Morey, arme son engin. La déflagration atteint mortellement 18 personnes, dont le maréchal Mortier, et fait 22 blessés. Mais le roi est indemne, ainsi que ses fils. Blessé par l'explosion d'un des fusils, arrêté, jugé, condamné à la peine capitale, Fieschi sera exécuté le 19 février 1836 en même temps que ses deux complices. C'est en s'inspirant de la machine infernale de Fieschi que l'ingénieur soviétique Kostko conçut, en 1941, les célèbres orgues de Staline, assemblage de pièces d'artillerie légère montées sur affût et projetant simultanément leurs projectiles.

FIGARO (Le)

Deux journaux parisiens ont porté ce titre.

Le premier, fondé en 1825 par Maurice Alhoy, est une feuille virulente, satirique, notamment contre le ministère Polignac, ce qui vaut à son propriétaire d'innombrables procès. Ceux-ci finalement le ruineront.

Le nouveau *Figaro* paraît le 2 avril 1854. Hippolyte de Villemessant, son directeur, maintient la tradition du précédent journal en insufflant à son hebdomadaire un style vif, mordant, parfois agressif. La vie parisienne, en particulier le théâtre, y tient une place prépondérante, de même que les mondanités. À titre d'exemple, en 1855, les nouvelles de la campagne de Crimée sont résumées en quelques lignes au bas d'une page intérieure. Le succès de la formule est néanmoins immédiat, si bien que la périodicité devient bientôt bihebdomadaire puis, en 1866, quotidienne. Edmond About, Aurélien Scholl, Villemot, Lespès, Jouvin, Wolf sont alors les animateurs de rubriques fort appréciées du public, auxquels vient se joindre Rochefort dont les attaques contre le régime de Napoléon III mettent en danger l'existence du journal.

Après 1871, Villemessant modifie la ligne directrice de la publication, prenant ouvertement parti pour les monarchistes. À sa mort, en 1879, ses successeurs, Francis Magnard, Fernand de Rodays et Périvier atténuent cette tendance. L'organe perd son agressivité antirépublicaine et gagne une nouvelle couche de lecteurs, tout en se consacrant de plus en plus aux mondanités, aux spectacles parisiens et à la vie littéraire et artistique. Les éditoriaux varient en fonction des événements. Gaston Calmette, directeur à partir de 1903, se départit néanmoins de cette attitude et entame une série d'attaques personnelles contre le ministre Caillaux, ce qui lui vaut, le 16 mars 1914, d'être abattu dans son bureau par Mme Caillaux elle-même.

Le richissime parfumeur François Coty acquiert le journal en 1922 et pense lui conférer un lustre nouveau en transférant les bureaux du quartier Richelieu-Drouot au rond-point des Champs-Élysées. Les directeurs successifs, Alfred Capus, Robert de Flers, André Chaumeix, Lucien Romier puis Pierre Brisson, à partir de 1934, maintiennent la tradition mondaine et littéraire et font passer le journal à plus de 100 000 exemplaires vendus. Le ton policé et la qualité des articles de politique étrangère côtoient des éditoriaux xénophobes. Les événements de juin 1940 contraignent la rédaction à se replier à Lyon, où le titre paraît jusqu'en novembre 1942. Cette suspension d'activité permet la reparution au lendemain de l'insurrection de Paris. Toujours sous la direction de Pierre Brisson, *Le Figaro* atteint sa consécration. Son tirage dépasse le demi-million d'exemplaires quotidiens. Complet, équilibré, très bien informé, il offre à ses lecteurs une quantité d'informations que couronnent les signatures de François Mauriac, Wladimir d'Ormesson, Jacques de Lacretelle, André Siegfried, André Billy, Gérard Bauer, entre autres, sans oublier Jean-Jacques Gautier, capable à lui seul, par un simple article, d'assurer le succès d'une pièce de théâtre ou au contraire d'écourter son existence.

La publication des *Mémoires* de Winston Churchill, en 1949, accroît encore l'audience du journal, soulevant de vives polémiques, en particulier au sujet de certains aspects de la campagne de 1940. Les révélations du transfuge Kravchenko, évadé d'Union soviétique, ont un grand retentissement pour le journal qui stigmatise volontiers le communisme. En mai 1958, *Le Figaro* soutient le retour au pouvoir du général de Gaulle, ce qui vaut à Pierre Brisson de voir son domicile plastiqué par l'OAS. À sa mort, en 1964, le journal connaît une décennie de difficultés judiciaires et successorales avant d'être racheté, en 1975, par Robert Hersant. Celui-ci entame à la fois une stratégie de fusion avec *L'Aurore* et de diversification avec le lancement de suppléments hebdomadaires (*Le Figaro Magazine*, octobre 1978). Parallèlement, le journal qui, selon l'ancien directeur de la rédaction, Jean d'Ormesson, se voulait « un grand journal libéral », entame une critique vigoureuse des gouvernements socialistes à partir de 1981, en même temps qu'il s'efforce de correspondre aux attentes consuméristes de sa clientèle (*Le Figaro Madame* et *Le Figaro TV*, mars-avril 1980). L'érosion de son lectorat, dont l'effectif retombe sous le seuil de 500 000 lecteurs en 1980, puis les difficultés financières du groupe Hersant et la succession de ce dernier conduisent à une refonte du journal (1999) dans un esprit voisin des grands quotidiens conservateurs européens.

PARIS
14, Rond-Point des Champs-Élysées
RÉDACTION ADMINISTRATION
21, Boulevard Montmartre

Le Gaulois **LE FIGARO** 2 francs

DIRECTEUR : Pierre BRISSON

MARDI 21 NOVEMBRE 1944 — N° 80 — 118e ANNÉE

TARIFS DES ABONNEMENTS
3 mois .... 140 francs
6 mois .... 260 francs

Notre politique extérieure

AVANCE ALLIÉE CONTINUE DE LA HOLLANDE A LA SUISSE

LES TROUPES FRANÇAISES SONT ENTRÉES A BELFORT

LA GUERRE — ET ONT ATTEINT LE RHIN

après avoir rapidement traversé la plaine d'Alsace

Metz est investi, Gérardmer et Raon-l'Etape sont libérés

PROGRESSANT DE TOUTES PARTS AUTOUR D'AIX-LA-CHAPELLE LES ALLIÉS ONT PRIS GEILENKIRCHEN ET DE NOMBREUSES LOCALITÉS

"C'est un triomphe que je demande..."

Après le général de Gaulle MM. Pleven, Billoux et Louis Marin *lancent de vibrants appels en faveur de l'emprunt*

A NANCY

«Le Rhin est atteint et je suis heureux que cette victoire soit une victoire française» *déclare le général Eisenhower*

Le Figaro
La une du *Figaro* du 21 novembre 1944. © *Collection Viollet*

FILITOSA (site de)

Site archéologique de Corse du Sud, situé dans la vallée du Taravo, entre Ajaccio et Sartène.

Jusqu'en 1956, cet ensemble, placé sur un éperon rocheux dominant un paysage vallonné, est resté ignoré des archéologues. La découverte des immenses statues-menhirs, sans doute les plus anciennes d'Europe et aussi saisissantes que celles de l'île de Pâques, ainsi que des massifs monuments circulaires, a été déterminante pour la connaissance du passé de la Corse. Menées sous la direction de l'archéologue Jean Grosjean, les fouilles ont permis de déterminer trois périodes d'occupation du lieu. Des restes de l'époque paléolithique prouvent que, dès le sixième millénaire, des agriculteurs et des bergers ont vécu à Filitosa. C'est vers 2000 av. J.-C. qu'apparemment les hommes de la vallée du Taravo ont choisi cet endroit comme lieu de sépulture et ont commencé à élever auprès des tombes de leurs morts des alignements de mégalithes hauts de deux à quatre mètres. Petit à petit, vers 1600 av. J.-C., ces pierres dressées sont nanties de caractères anthropomorphiques : le mégalithe est surmonté d'une ébauche de tête, où sont gravés yeux, nez et bouche ; puis apparaissent des détails morphologiques, omoplates et colonne vertébrale. Enfin, vers 1400 av. J.-C., ces esquisses humaines sont agrémentées d'armes en relief, longues épées, poignards dans leurs fourreaux, ébauche de casques à cornes et de cuirasses. On discute sur le fait de savoir si ces guerriers impressionnants sont là pour veiller sur les morts ou s'ils représentent des ennemis morts au combat. En effet, c'est à peu près à cette époque que des envahisseurs, arrivés par la mer, refoulent les habitants de Filitosa qui se réfugient vers le nord de l'île. D'après l'hypothèse de Jean Grosjean, ces conquérants pourraient être des Shardanes, un des redoutables Peuples de la mer qui ont menacé en particulier l'Égypte pendant le deuxième millénaire. L'archéologue les appelle « Torréens », d'après le nom de *torri* donné aux grands monuments circulaires élevés par ce peuple. Les Torréens construisent à Filitosa plusieurs de ces édifices, hauts de six à huit mètres, où ils incinèrent leurs morts. Édifiées en pierres sèches, ces forteresses rondes comprennent une chambre centrale recouverte d'une voûte. On a retrouvé dans l'appareil de leurs murs de nombreuses statues-menhirs brisées et placées le visage contre terre. Les Torréens ont ainsi réutilisé les mégalithes des occupants précédents, peut-être pour anéantir leurs pouvoirs magiques. Les travaux des archéologues ont permis de dégager et de redresser ces statues-menhirs. À l'heure actuelle, les alignements de mégalithes sont disposés autour des trois grands torri, de l'*oppidum* et du village torréen, ce qui permet de voir simultanément les vestiges de la culture et des croyances funéraires des deux peuples qui ont occupé successivement l'éperon de Filitosa. À l'entrée du site s'élève la statue Filitosa V, haute de trois mètres, pourvue d'une épée cruciforme dressée verticalement tout au long du menhir, et d'un poignard au côté. Encadrant le monument central et faisant face au soleil levant, Filitosa IX et Filitosa XIV constituent les chefs-d'œuvre de l'art des mégalithes corses : taillées dans une pierre granuleuse, elles sont surmontées de visages aux traits d'une grande finesse pourvus d'yeux globuleux énigmatiques et vaguement méprisants. Elles semblent détenir la clef du mystère de Filitosa, site unique où se trouvent exprimées côte à côte les cultures protohistoriques de la Corse.

FILLASTRE Guillaume (La Suze-sur-Sarthe, Maine, v. 1348 – Rouen, 1428)

Cardinal.

Théologien de l'université de Paris, il occupe assez rapidement de hautes fonctions dans la hiérarchie ecclésiastique et représente le pape auprès du clergé de France, notamment lors de l'assemblée générale de 1406. Cardinal en 1411, Fillastre se montre un fervent partisan de l'extinction du Grand Schisme avignonnais. Membre de la curie romaine, archevêque d'Aix-en-Provence en 1414, il participe au concile de Constance de 1414 à 1418, se faisant remarquer pour ses interventions en faveur de la supériorité des décisions conciliaires sur la volonté papale. Son influence permet, par la suite, l'élection, le 11 novembre 1417, en plein concile, de Martin V, dont le règne met fin effectivement au Grand Schisme. Moins heureux en France, Fillastre tente en vain de mettre un terme à la rivalité entre Armagnacs et Bourguignons. Érudit, fervent chercheur, lettré de qualité, Fillastre laisse également un certain nombre d'écrits, en particulier une traduction des textes de Ptolémée, ainsi qu'une œuvre cartographique dans laquelle apparaît pour la première fois le contour méridional du Groenland.

FINANCES (contrôleur des) : voir CONTRÔLEUR DES FINANCES

FINANCIERS

Sous l'Ancien Régime, riches particuliers qui fournissent l'État et notamment l'armée, deviennent les banquiers de la monarchie et parfois prennent à ferme ses finances.

L'affermage de ces recettes contre une somme annuelle forfaitaire permet au roi d'être assuré d'un revenu fixe, de faire l'économie d'une administration fiscale, de transférer l'impopularité de l'impôt sur ceux qui se chargent de le collecter après lui en avoir avancé le produit. Sous Mazarin, les fortunes fulgurantes réalisées par les partisans et autres traitants – traites et fermes sont des contrats d'affermage –, tandis qu'augmente la pression fiscale, accélèrent la Fronde. Parfois la monarchie choisit d'apurer brutalement ses comptes en réunissant une chambre de justice qui incitent les traitants trop gourmands à composer ou arrêtent les coupables de trop évidentes malversations comme, en 1716, Paul Poisson de Bourvalais, qui avait fait fortune comme fournisseur aux armées. Mais ces financiers sont aussi d'indispensables administrateurs qui savent trouver des capitaux dans toute l'Europe. Samuel Bernard finance ainsi les guerres de Louis XIV qui l'anoblit en 1708. Issus de la bourgeoisie, les financiers accèdent à la noblesse ou s'y allient. Ils mènent grand train : Charles Renouard de La Touane se fait ainsi construire à la fin du XVIIe siècle le château de Champs. Leur position officielle se renforce par l'achat d'offices et l'obtention de privilèges : Antoine Crozat, receveur général du clergé, intendant des états du Languedoc, reçoit le monopole du commerce avec la Louisiane. Au XVIIIe siècle, les principaux financiers sont les 40 adjudicataires de la Ferme générale des impôts. Symboles d'un système perçu comme inique, 28 d'entre eux périssent sous la guillotine révolutionnaire. Il est vrai que, après la guerre d'Indépendance américaine (1776-1783) qui ruine les finances royales, la monarchie est de plus en plus dépendante, notamment des trésoriers (comptables) de la marine, tel Baudart de Saint-James, qui fournissent autant qu'ils gèrent l'argent du roi. Une certaine intimité avec le souverain peut favoriser une carrière : ainsi Jean-Joseph Laborde, premier valet de chambre de Louis XV qui contribue au financement de la Guerre de Sept ans.

À ce niveau-là, certains financiers ont un rôle politique qui vaut presque celui d'un Principal ministre. Jacques Cœur en est au Moyen Âge le plus éclatant exemple. Joseph Pâris-Duverney, qui commence sa fortune comme beaucoup de ses collègues dans la fourniture aux armées, devient un ministre des Finances *bis* sous Louis XV, obtenant par exemple le renvoi du contrôleur général Orry. Son influence est relayée auprès du roi par Mme de Pompadour, fille de François Poisson, un ancien employé des frères Pâris… Outre les services qu'ils rendent à la monarchie par leur crédit et leur technicité, les financiers sont aussi des mécènes éclairés, souvent séduits par les idées nouvelles : Pierre Crozat, frère d'Antoine, protège le peintre Watteau, Pâris-Duverney associe Beaumarchais à ses affaires, Claude Dupin, gendre de Samuel Bernard, reçoit au château de Chenonceau Voltaire, Buffon ou Rousseau. Au XIXe siècle, la figure du financier dans le sens étroit de l'Ancien Régime disparaît avec la réorganisation des finances de l'État (suppression du système de la ferme, fondation de la Banque de France par Napoléon en 1802) et l'ouverture du marché international des capitaux. Certains grands banquiers, comme les Rothschild, ou grands personnages comme le duc de Morny, n'en continuent pas moins à jouer un rôle capital dans la réalisation de certaines opérations.

FISC

Domaine impérial dans la Gaule romaine.

À l'époque franque, un fisc est une villa ou un palais du domaine royal. Certains servent à réunir les grands du royaume, lors de plaids (assemblées générales) ou de conciles : Attigny, Ponthion, Quierzy, Clichy… On en compte un millier environ à l'avènement de Charlemagne. Le mot sort ensuite de l'usage, puis les historiens modernes le reprennent pour définir le revenu royal, principalement les recettes extraordinaires de l'impôt.

FLACOURT Étienne de (Orléans, 1607 – en mer, 1660)

Explorateur.

Chargé en 1648 d'assister le gouverneur Pronis, responsable d'un comptoir à Fort-Dauphin, il parvient à rétablir l'ordre sans toutefois ramener à la coopération complète les Malgaches de l'intérieur, montés contre les agissements autoritaires du gouverneur. Revenu en métropole en 1655, après avoir remis ses pouvoirs à Pronis, Flacourt réussit à faire lever l'accusation de dilapidation de fonds lancée contre lui par un certain nombre d'actionnaires de la Compagnie. Confirmé dans ses fonctions d'inspecteur général, ayant reçu de nouvelles instructions du maréchal de La Meilleraye, il repart pour Madagascar en 1660, mais meurt en cours de route. Il est l'auteur d'un *Dictionnaire de la langue de Madagascar* (1653), d'un *Petit Catéchisme madécasse et français* (1657) et surtout d'une *Histoire de la grande île de Madagascar* (1658-1660), aux renseignements nombreux et précis.

FLAGELLANTS

Membres de diverses confréries itinérantes qui, au Moyen Âge, se fouettaient mutuellement jusqu'au sang afin d'obtenir la grâce divine.

Les premiers groupes apparaissent en 1260 à Pérouse, où les pénitents, à demi vêtus, se flagellent en pleine rue en chantant des hymnes sacrés et en offrant leur douleur comme le Christ avait offert la sienne au rachat des péchés du monde. Cette pratique spectaculaire suscite nombre de conversions et se répand de ville en ville. Les flagellants franchissent les Alpes et constituent des confréries en Provence (Marseille), à Strasbourg et en Lorraine, puis en Allemagne et jusqu'en Pologne. Leur mouvement touche tous les groupes sociaux, particulièrement dans les périodes troublées par des schismes, des guerres ou des épidémies. Au XIIIe siècle, le dominicain Jacques de Voragine constate les effets bénéfiques de ces pénitences publiques mais, au fil du temps, le clergé se fait plus réticent face à des pratiques qui deviennent hétérodoxes. L'exaltation des flagellants se manifeste à nouveau en 1349, alors que sévit la peste noire, mais est condamnée par le pape Clément VI et, en France, à la fois par Philippe VI et par l'université de Paris. En réaction se produisent alors des actes de violence anticléricale et antisémite. De nombreuses confréries de flagellants restent néanmoins soumises à l'autorité de l'Église. Elles contribuent à employer la discipline comme pratique collective de la pénitence, mais en privé seulement. Certaines subsistent jusqu'au XIXe siècle.

FLAHAUT de LA BILLARDERIE Auguste Charles Joseph, comte de (Paris, 1785 – Paris, 1870)

Général et diplomate.

Fils naturel de Talleyrand et de la comtesse de Flahaut, amant de la reine Hortense, la fille de Joséphine. Brillant officier des armées impériales, il participe notamment à la campagne de Russie avant d'être nommé, en 1813, aide de camp de l'Empereur, général de division et comte d'Empire. Il rallie Napoléon au retour de l'île d'Elbe. De nouveau aide de camp de l'Empereur pendant les Cent-Jours, il tente en vain, sur ses instructions, de franchir la frontière pour rencontrer Marie-Louise. Pair de France, Flahaut participe ensuite à la bataille de Waterloo, puis se montre favorable à l'Aiglon après la seconde abdication. Privé peu après de son grade et de la pairie, il gagne la Suisse, puis l'Angleterre où il épouse une Anglaise en 1817, et attend 1827 pour s'installer définitivement à Paris. Après la révolution de 1830, Charles X lui rend son grade et son titre de pair. Nommé ministre plénipotentiaire à Berlin en 1831, il démissionne au bout de quelques mois. Un nouveau poste d'ambassadeur le conduit à Londres en 1842, mais Flahaut, mis à la retraite par la révolution de 1848, ne réintègre pas ses fonctions par la suite. En revanche, il offre ses services à Louis Napoléon en 1851, devient sénateur en 1853 et enfin grand chancelier de la Légion d'honneur en 1855. Il eut de la reine Hortense un fils, le duc de Morny.

FLAMEL Nicolas (?, v. 1330 – ?, 1418)

Écrivain public et copiste.

Il passe – à tort – pour avoir réalisé la synthèse de l'or et de l'argent grâce à des connaissances en alchimie acquises sur le chemin de Compostelle. Il jouissait en fait d'une confortable aisance due à son mariage avec une riche veuve et à la spéculation immobilière. Sa renommée vint de ce qu'il donna son nom à des fondations pieuses ostentatoires qu'il avait créées dans son quartier de Saint-Jacques-de-la-Boucherie à Paris. Sa réputation d'alchimiste n'apparaît pas de son vivant, mais seulement au tout début du XVIe siècle, lorsqu'un traité d'alchimie lui est faussement attribué. Cinquante ans plus tard, un auteur enjolive l'histoire en racontant qu'il a rédigé cet ouvrage d'après les enseignements reçus sur le chemin de Compostelle (à cette époque, le thème du voyage est une composante obligée du récit alchimique) et qui lui ont permis de fabriquer de l'or. Dorénavant les apprentis alchimistes partent en pèlerinage depuis Saint-Jacques-de-la-Boucherie. Au XVIIIe siècle, sa maison est pillée par un chercheur d'or. Elle est démolie en 1852 lors du percement de la rue de Rivoli. Il fallait garder un support à la légende : on a donné son nom à une rue nouvellement percée et à l'auberge du 51, rue de Montmorency.

FLANDIN Pierre Étienne (Paris, 1889 – Saint-Jean-Cap-Ferrat, 1958)

Homme politique, président du Conseil.

Fils de haut fonctionnaire, avocat à Paris, député de l'Yonne à partir de 1914, il fait partie de l'Alliance démocratique et siège au centre droit de la Chambre des députés, dont il est un des membres les plus influents entre les deux guerres. Cette distinction se traduit par le portefeuille du Commerce en 1930, des Finances en 1931 et 1932 et la présidence du Conseil de novembre 1934 à mai 1935. À ce titre, il participe aux entretiens de Stresa avec le Premier ministre britannique et Mussolini, inquiet des visées territoriales d'Hitler. Ministre des Affaires étrangères en 1935-1936 dans le cabinet Sarraut, Flandin demeure indécis lors de la remilitarisation de la Rhénanie par Hitler. Il approuve les accords de Munich de septembre 1938, et envoie un message de félicitations aux quatre cosignataires. Après le désastre de 1940, on le retrouve à Vichy dans l'entourage du maréchal Pétain. Lorsque celui-ci décide de se débarrasser de Pierre Laval, le 13 décembre, il fait appel à Flandin. Mais les Allemands, désireux de rétablir Laval, boycottent le nouveau ministre qui se heurte à Pétain, hostile à son côté trop « parlementaire ». Il est débordé par les intrigues de Darlan et doit renoncer à sa mission le 9 février 1941. Il passe en Afrique du Nord en octobre 1943, où il est arrêté pour collaboration. Traduit devant la Haute Cour de justice en janvier 1946, il est acquitté mais condamné à l'indignité nationale. Il passe ses dernières années à rédiger ses souvenirs intitulés *Politique française 1919-1940.*

FLANDRE

La Flandre française constitue la partie méridionale de la plaine littorale des anciens Pays-Bas qu'arrosent l'Aa, l'Yser, la Deûle et la Scarpe. Bordée au nord-ouest par la mer du Nord, au nord-est par la frontière belge, au sud-ouest par les collines d'Artois, la Flandre française se prolonge naturellement à l'est par le Hainaut français, que traversent l'Escaut et la Sambre. L'ensemble forme depuis 1790 le département du Nord.

La Flandre méridionale est occupée par les Morins à l'époque celtique. César les soumet au milieu du Ier siècle av. J.-C. et inclut le pays dans la Belgique seconde. Au Ve siècle de notre ère, les Francs Saliens instaurent leur domination sur les Gallo-Romains, implantant le parler germanique qui sera à l'origine du flamand actuel. Les péripéties de l'époque mérovingienne incluent ce territoire dans le royaume de Neustrie. Saint Amand, saint Bertin et saint Vaast l'évangélisent au cours du VIIe siècle. Charlemagne y rétablit ordre et prospérité au siècle suivant. Le partage de Verdun en 843 accorde le pays à Lothaire, mais le traité de Meerssen, en 870, l'attribue aux Francs de l'Ouest. Cependant, les comtes de Flandre, à partir de 862, vont se montrer pour les souverains carolingiens et capétiens de redoutables et turbulents vassaux. Les communes sont riches et actives. Elles aspirent à l'autonomie et mettent souvent en échec l'autorité royale. Les empereurs germaniques se mêlent de ces querelles, et Philippe Auguste doit vaincre à Bouvines en 1214, pour rappeler ses droits. La guerre de Cent Ans relance les rivalités, cette fois avec l'aide des Anglais. La maison de Bourgogne, concurrente de celle des aînés de Valois, réunit la terre flamande à ses possessions continentales. Le mariage de Marie de Bourgogne, fille unique de Charles le Téméraire, avec Maximilien d'Autriche, en 1477, fait passer la Flandre dans le domaine habsbourgeois. Charles Quint profite de sa victoire de Pavie, en 1525, et de la capture de François Ier pour faire signer à celui-ci, l'année suivante, le traité de Madrid qui rompt les derniers liens de vassalité entre la Flandre et la couronne de France. Mais en s'emparant de Calais en 1558, Henri II montre que les souverains français n'entendent pas se contenter d'une frontière sur la Somme. Mazarin profite du traité des Pyrénées, en 1659, pour annexer l'Artois. Louis XIV trouve là un excellent tremplin pour redescendre dans la plaine. Il ne laisse pas passer l'occasion, de 1662 à 1678, et il est assez tenace négociateur pour conserver cette frange méridionale des anciens Pays-Bas espagnols, annexant Dunkerque (1662), Lille et Douai (1668, traité d'Aix-la-Chapelle) et Cambrai (1678, traité de Nimègue).

En contrepartie, la Flandre dite « française », par opposition aux Pays-Bas « autrichiens » (l'actuelle Belgique), va servir de marche frontière durant plus de deux siècles. L'invasion de 1792 amène les Autrichiens devant Lille, Valenciennes

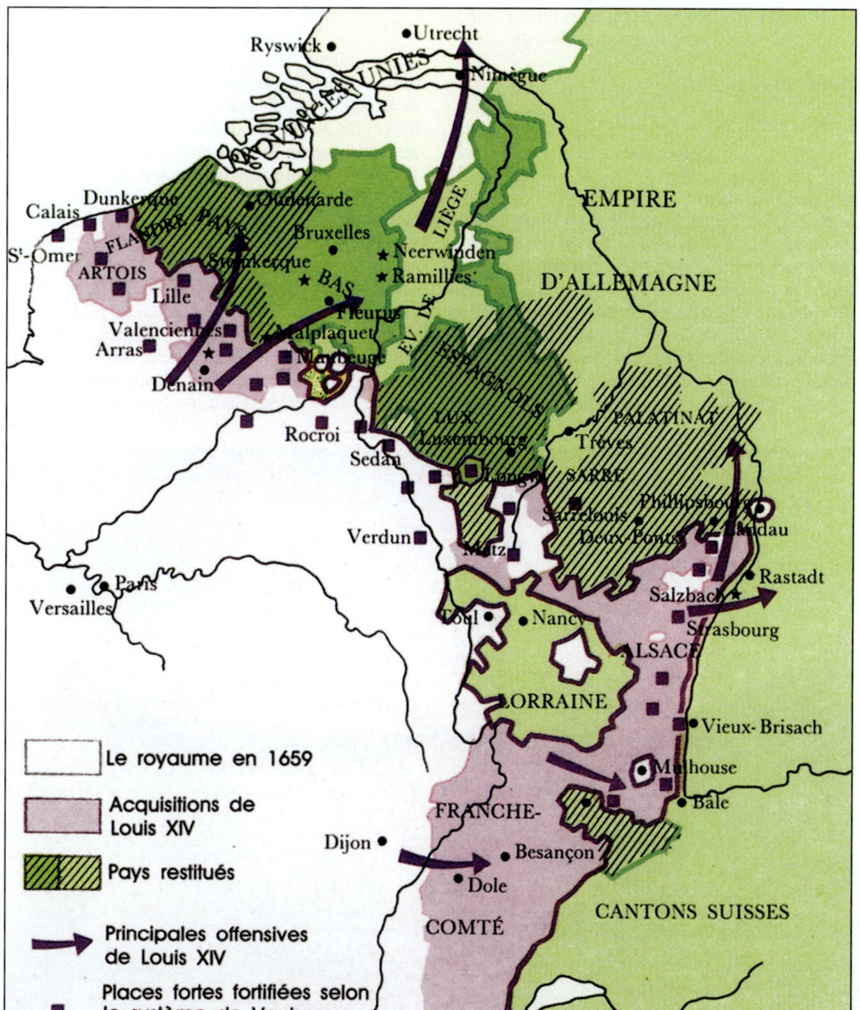

La Flandre sous Louis XIV

et Condé. En 1793, la victoire de Hondschoote permet de délivrer Dunkerque comme celle de Wattignies libère Maubeuge. Pichegru défait le prince de Cobourg à Tourcoing en mai 1794, prélude à l'élan irrésistible des armées de la Révolution vers la Belgique et les Pays-Bas. Il faut attendre 1814 et 1815 pour voir revenir l'envahisseur sur ces confins septentrionnaux. Faidherbe les protège avec habileté en 1870-1871. Mais les Allemands déferlent irrésistiblement en août 1914, balayant les défenses de Lille et de Maubeuge et n'échouant que de justesse dans leur course à la mer devant les tranchées dressées à la hâte par Foch, en octobre, de Béthune à Bailleul. En mai 1940, le littoral, épargné naguère, constitue le but des divisions motorisées. Dunkerque, exutoire des forces franco-britanniques en retraite, marque le terme d'un mouvement commencé trois semaines auparavant sur les rives de la Meuse comme sur celles de la Dyle belge. La Libération prend partout des allures de kermesse, sauf à Dunkerque où l'amiral Frisius s'enferme dans une « poche » qu'il garde farouchement jusqu'au 9 mai 1945, le lendemain de la capitulation allemande.

FLATTERS Paul (Paris, 1832 – Bir el-Garama, 1881)

Militaire et explorateur.

Le ministre des Travaux publics Duveyrier le charge d'une mission au Sahara, dans le but d'étudier la possibilité de relier par le train l'Algérie au Soudan. Après une première tentative inutile de reconnaissance, il quitte Ouargla, le 19 décembre 1880, avec une centaine d'hommes. Le 16 février, alors que la colonne a parcouru 1 500 kilomètres, il tombe dans un piège tendu par ses guides et est massacré par des Touareg. Seuls douze membres de la mission Flatters – des Algériens – arriveront à regagner Ouargla.

FLÈCHE (La)

Ville de la Sarthe, sur le Loir.

Construit autour du château élevé au XIe siècle par Jean de Beaugency, le bourg voit également s'implanter, au XIIe siècle, l'abbaye de Saint-Thomas, fondée par le comte du Maine, Élie de Beaugency. Au XVIe siècle, les Bourbons-Vendôme deviennent seigneurs du lieu et font reconstruire le château en 1537, avant qu'il ne soit lui-même l'objet de réfections, sous le règne d'Henri IV, afin de devenir un collège de jésuites, qui aura Descartes parmi ses élèves. Sous l'Empire, le collège est transformé en école militaire et Napoléon Ier en fait, en 1808, le Prytanée national militaire, dont l'accès est, de façon générale, réservé aux fils des membres de la Légion d'honneur, des officiers et sous-officiers.

FLÉCHIER Esprit (Pernes, 1632 – Montpellier, 1710)

Évêque et prédicateur.

Élevé à Tarascon par un oncle prêtre, il accomplit des études religieuses qui le mènent à enseigner la rhétorique à Narbonne. En 1659, il se rend à Paris où il trouve, trois ans plus tard, un emploi de précepteur chez les Caumartin. La Cour l'attire, ainsi que l'hôtel de Rambouillet, au sein duquel il se fait connaître par des poésies de circonstance sur des thèmes mondains ou nationaux ainsi que par des opuscules en prose selon le goût du jour (portraits et lettres). En 1665, le conseiller d'État Caumartin l'emmène avec lui à Clermont où se tiennent les Grands Jours d'Auvergne. Fléchier notera ses observations souvent piquantes dans une relation très vivante qui ne paraîtra intégralement qu'en 1844 : *Mémoires sur les Grands Jours d'Auvergne*. Nommé lecteur du Dauphin en 1671, il entame une carrière d'orateur religieux. Ses premières oraisons funèbres lui permettent de poser sa candidature à l'Académie française, où il est reçu en 1673 le même jour que Racine. Au sommet de la gloire, il prononce l'oraison funèbre de Turenne, que d'aucuns considèrent comme son chef-d'œuvre (1676). En 1679 paraît sa *Vie de Théodose*. Évêque de Lavaur en 1685, puis de Nîmes en 1687, il parvient à se faire apprécier à la fois des catholiques et des calvinistes dans un pays violemment secoué par la révocation de l'édit de Nantes. Ses lettres pastorales et une partie de sa correspondance privée seront publiées entre 1711 et 1833.

FLEIX (Le)

Commune de la Dordogne située à 20 km de Bergerac, sur la Dordogne.

Au château de Fleix est conclue le 26 novembre 1580 une paix qui met fin à la septième guerre de Religion, appelée aussi guerre des Amoureux. Le conflit a éclaté au début de l'année, à la suite des agissements d'Henri III. Le roi, averti des intrigues amoureuses de la cour de Nérac, des mœurs fort libres du roi de Navarre Henri (futur Henri IV) et de son épouse Margot (la propre sœur d'Henri III), s'est empressé d'en répandre le bruit. Furieuses, Margot et ses femmes poussent leurs maris, et leurs amants, à reprendre les armes. Elles ne tardent pas à parvenir à leurs fins, aussi le conflit qui éclate en Guyenne au mois d'avril porte-t-il le nom de guerre des Amoureux. Le fait militaire essentiel de cette guerre est la prise de Cahors par Henri de Navarre, le 30 mai. Les engagements qui suivent sont indécis, les belligérants se retrouvent donc à l'automne au château de Fleix où la paix est conclue le 26 novembre. Elle confirme l'accord de Nérac signé en février 1579, les protestants acquérant cependant des avantages supplémentaires en ce qui concerne la durée d'occupation des places fortes qui leur sont accordées. La paix de Fleix n'aura guère de suites, du fait notamment de l'attitude de Condé, qui la refuse.

FLESSELLES Jacques de (Paris, 1721 – 1789)

Prévôt des marchands.

Né dans une famille de secrétaires du roi, il est nommé intendant de Lyon, avant de remplir, au début de la Révolution, les fonctions de prévôt des marchands de Paris. Intelligent, mais versatile, il soutient, en 1789, tour à tour la politique menée à Versailles et celle de l'Hôtel de Ville, perdant de ce fait tout crédit aux yeux des deux partis. Apostrophé le jour de la prise de la Bastille par Coulon (électeur de la capitale) sur son opportunisme et l'existence de dépôts d'armes dans Paris, il se justifie et répond gauchement, donnant à la foule exaltée un prétexte à lui faire subir le « jugement du peuple ». De fait, tué sur les quais de Seine dès sa sortie de l'Hôtel de Ville par un coup de pistolet, il est ensuite décapité, sa tête plantée au bout d'une pique parcourant, toute la journée du 14 Juillet, les rues de Paris.

FLEURIEU Charles Pierre CLARET, comte de (Lyon, 1738 – Paris, 1810)

Marin, savant et homme politique.

Engagé dans la marine dès l'âge de 14 ans, il participe aux campagnes de la guerre de Sept Ans, puis se livre à l'étude théorique des sciences nautiques. Il invente la première montre marine à secondes qui facilite le calcul des longitudes. Nommé en 1776 directeur des ports et arsenaux, Fleurieu dresse les plans des opérations navales pendant la guerre d'Indépendance américaine et entreprend de réorganiser la marine. On lui doit aussi les instructions données à La Pérouse lors de son expédition d'exploration. Ministre de la Marine en octobre 1790, mal soutenu par la Constituante, Fleurieu abandonne son poste. Choisi par Louis XVI comme gouverneur du Dauphin, emprisonné sous la Terreur, il retrouve la liberté au bout de quelques mois. Il appartient au Bureau des longitudes et à l'Institut, siège au Conseil des Anciens, dont il est exclu après le 18 Fructidor. Membre du Conseil d'État en 1797, il préside la section de la Marine et assure à plusieurs reprises, entre 1803 et 1804, l'intérim de la Marine. Intendant général de la maison de l'Empereur en juillet 1804, sénateur en 1805, Fleurieu achève sa carrière en 1808 comme gouverneur des Tuileries et comte d'Empire.

FLEURUS

Situé à 12 km au nord-est de Charleroi, à 14 km de Gembloux et à une vingtaine de kilomètres à l'ouest de Namur, ce bourg du Hainaut belge se trouve à un carrefour stratégique sur la voie naturelle des invasions entre les collines du Brabant, au nord, et le sillon de la Meuse, au sud.

Pareille situation explique que s'y soient déroulées quatre batailles. En août 1622 a lieu une rencontre indécise entre protestants allemands commandés par Mansfeld et Espagnols de Gonzalès de Cordoue, chef de la Ligue catholique. Le 1er juillet 1690, le maréchal de Luxembourg, par une manœuvre habile en direction de Ligny, tourne le front austro-hollandais du prince de Waldeck, mettant hors de combat ou capturant 15 000 adversaires, s'emparant de 55 canons et de plus d'une centaine de drapeaux, et méritant de ce fait le surnom de « tapissier de Notre-Dame ». Le 8 messidor de l'an II (26 juin 1794), l'armée de Sambre-et-Meuse, aux ordres de Jourdan, assisté de Kléber, Lefebvre, Championnet, Marceau, Morlot et Montaigu, y défait les troupes autrichiennes du prince de Cobourg, venu au secours de la place de Charleroi. Grâce à ce suc-

La Flèche
Vue des bâtiments : la cour d'Austerlitz. © *Scope Jacques Guillard*

Fleurus
La Bataille de Fleurus. Huile sur toile de Jean-Baptiste Mauzaisse, 1837, châteaux de Versailles et Trianon. © *RMN*

cès, la Révolution victorieuse va pouvoir contrôler entièrement la Belgique. La dernière bataille de Fleurus porte en fait le nom de Ligny, localité située à 4 km au nord-est, où Napoléon Ier, durant les Cent-Jours, refoule le 16 juin 1815 les Prussiens de Blücher avant de se faire battre deux jours plus tard à Waterloo.

FLEURY André Hercule de (Lodève, 1653 – Paris, 1743)

Cardinal et homme politique.

Fils d'un receveur des décimes entré dans l'Église pour « alléger sa famille », il devient aumônier de la reine en 1679, puis du roi en 1683, évêque de Fréjus en 1698 et précepteur de Louis XV en 1714. Il acquiert une grande influence sur son élève qui, à sa majorité (février 1723), le fait entrer au Conseil du roi, puis au Conseil de conscience. En 1726, il succède au duc de Bourbon, dont il a provoqué la chute, et reçoit le chapeau de cardinal. Il gardera le pouvoir jusqu'à sa mort, sans pourtant prendre le titre de Principal ministre. C'est par les Conseils, où il est prépondérant, que Fleury devient seul maître du gouvernement. Souple et insinuant, très jaloux de son autorité, il choisit de bons collaborateurs. En politique intérieure, il s'occupe peu de finances, en laissant le soin à Orry qui, nommé au contrôle général des Finances en 1730, y demeure quinze ans. Économe, Orry réussit à assainir le budget qui, en 1738, est pour la première fois en équilibre depuis 1671. Mais pour peu de temps, car la guerre de Succession d'Autriche ramènera le déficit, et au prix d'une réduction des rentes qui atteint surtout les petits porteurs.

Le cardinal de Fleury
Huile sur toile de Stémart, d'après Rigaud, 1728, château de Versailles. © *Tallandier*

À l'égard des protestants, Fleury pratique une large tolérance ; mais il doit faire face à l'agitation janséniste qu'a réveillée l'affaire des billets de confession. Résolument pacifiste en politique extérieure, il louvoie entre les menaces de guerre, réussit à rétablir l'amitié franco-espagnole (1729), mais doit accepter la guerre de Succession de Pologne (1733-1738) sous la pression du roi, de la reine et de l'opinion. Il se fait également arracher l'entrée en guerre de la France contre l'Autriche, aux côtés de Frédéric II (guerre de Succession d'Autriche, 1740-1748). Lorsqu'il meurt, nonagénaire, il est peu regretté, sa politique ayant paru peu prestigieuse. Son administration prudente correspondait pourtant à une époque de réelle prospérité, peut-être la plus heureuse du règne de Louis XV.

FLEURY Claude (Paris, 1640 – Paris, 1723)

Prêtre et historien.

Une charge d'avocat au parlement de Paris, exercée durant neuf ans, semblait devoir combler cet ancien élève des jésuites du collège de Clermont lorsqu'il décide soudain de renoncer au monde des affaires et d'entrer dans les ordres. Cette nouvelle orientation lui permet de devenir successivement précepteur des enfants du prince de Condé puis du duc de Vermandois, fils légitime de Louis XIV et de Mlle de La Vallière. Après une mission accomplie en Poitou et en Saintonge en compagnie de Fénelon, afin de rassurer les protestants de ces régions au lendemain de la révocation de l'édit de Nantes, c'est le début de la consécration avec le rang de sous-précepteur des Enfants de France, les ducs d'Anjou, de Berry et de Bourgogne. Lié à Bossuet, Bourdaloue et au président Lamoignon, il est élu à l'Académie française, en 1696, au siège de La Bruyère. Les honneurs dès lors se succèdent. Après la confiance de Louis XIV, voici celle du Régent, lequel lui confie en 1716 le soin d'assister spirituellement le jeune Louis XV, fonction qu'il remplira jusqu'à sa mort. Outre sa vocation ecclésiastique, Fleury se révèle historien et juriste. On lui doit, entre autres, une *Histoire du droit français* (1674), le *Catéchisme historique* (1679), les *Mœurs des chrétiens et des israélites* (1682) enfin une *Histoire ecclésiastique* en 20 volumes publiée de 1691 à 1720, très estimée des contemporains, mais critiquée par la suite pour ses tendances gallicanes.

FLEURY Émile Félix, comte (Paris, 1815 – Paris, 1884)

Militaire et diplomate.

Exilé en Kabylie pour propagande bonapartiste par le gouvernement républicain, il revient opportunément en métropole en 1848 et devient officier d'ordonnance de Louis Napoléon Bonaparte. Il prend ensuite une part déterminante au coup d'État du 2 décembre 1851. Général de brigade en 1856, premier aide de camp de l'empereur, grand officier de la Légion d'honneur en 1859, général de division en 1863, sénateur en 1865, Fleury attache surtout son nom aux missions diplomatiques que lui confie Napoléon III. En 1859, après la bataille de Solferino, il joue un rôle déterminant auprès de François-Joseph d'Autriche pour la conclusion de l'armistice de Villafranca. En 1866, après Sadowa, ce même empereur d'Autriche lui remet la Vénétie pour Napoléon III, qui va la rétrocéder à Victor-Emmanuel d'Italie. En 1867, Fleury est ambassadeur à Saint-Pétersbourg. La chute de l'Empire, le 4 septembre 1870, lui coûte son poste. Mis en disponibilité, il passe désormais son existence à animer le parti bonapartiste et à écrire ses *Souvenirs*, livre dans lequel il s'efforce de justifier les initiatives de l'empereur déchu.

FLEURY-SUR-LOIRE (abbaye de)

L'abbaye de Fleury-sur-Loire, située sur la commune de Saint-Benoît-sur-Loire (Loiret) qui lui a donnée son nom actuel, est l'une des plus prestigieuses abbayes bénédictines aux Xe et XIe siècles.

Réformée par l'abbé Odon de Cluny, foyer intellectuel brillant notamment sous l'abbatiat d'Abbon de Fleury (mort en 1004), elle fut également l'objet de faveurs des premiers souverains capétiens dont le cœur du domaine était situé non loin de là (Orléans). Le roi Philippe Ier s'y est fait ensevelir en 1108. L'abbatiale représente un des plus remarquables témoins de l'art roman. Le transept et le chœur remontent à 1067 et ont été achevés vers 1108. La nef, de style gothique naissant, caractérise l'évolution de l'architecture religieuse du milieu du XIIe siècle. La crypte contient les reliques de saint Benoît, ramenées d'Italie à la suite de la destruction de l'abbaye du mont Cassin par les Lombards au milieu du VIIe siècle. De la même origine transalpine sont les pièces de dallage en mosaïque ornant le chœur, lequel abrite le tombeau de Philippe Ier. Des fouilles entreprises à partir de 1958 ont permis d'atteindre des soubassements remontant approximativement au VIIIe siècle.

FLOQUET Charles (Saint-Jean-Pied-de-Port, 1828 – Paris, 1896)

Homme politique, président du Conseil.

Avocat, inscrit au barreau de Paris en 1851, il se distingue sous le Second Empire par ses sentiments républicains. En 1867, lorsque le tsar, reçu à Paris, visite le Palais de justice, Floquet, mêlé à ses confrères, aurait jeté sur le passage du souverain : « Vive la Pologne, Monsieur ! » Exclamation qui manque brouiller Alexandre II avec la France, mais fait beaucoup pour la réputation de Floquet. Il intervient dans de nombreux procès politiques, défendant notamment, en 1870, la famille de Victor Noir. Nommé adjoint au maire de Paris Arago après la chute de l'Empire, il démissionne, le 3 octobre, pour se consacrer à la défense de la capitale. Député de Paris le 8 février, il proteste contre les conditions de paix prussiennes, puis contre le transfert de l'Assemblée à Versailles. Il entreprend ensuite de multiples et vaines démarches de conciliation entre l'Assemblée et la Commune. Successivement conseiller municipal de Paris (1872), puis président de ce même conseil (1874), Floquet est réélu député de Paris en 1876, siège à l'extrême gauche et entreprend une campagne pour l'amnistie des condamnés de la Commune. Il fait partie des 363 réélus, en octobre 1877, puis est réélu à nouveau en 1881 et devient alors vice-président de la Chambre.

Nommé préfet de la Seine en 1882, il abandonne son mandat de député, mais quitte la préfecture dès le mois d'août, le gouvernement refusant la création d'une mairie de Paris. Réélu aussitôt député, par Perpignan, Floquet siège parmi la gauche radicale et se signale notamment en proposant d'interdire le séjour sur le territoire national à toutes les familles ayant régné sur la France (janvier 1883). En tant que président de la Chambre (avril 1885), il joue un rôle d'arbitre. Réélu à la fin de l'année, alors que sa candidature à la présidence de la République avait été envisagée, Floquet conserve son siège aux élections de 1887. En avril 1888, lorsque les succès du boulangisme entraînent la chute du cabinet Tirard, le député de Perpignan est chargé de constituer le nouveau ministère, où il se réserve le portefeuille de l'Intérieur. À la Chambre, le nouveau président du Conseil s'oppose aux propositions du général Boulanger et, après un vif échange de propos le 12 juillet (« À votre âge, général Boulanger, Napoléon était mort ! »), les deux hommes s'affrontent en duel le lendemain. Floquet, civil et sexagénaire, provoque l'étonnement en blessant son adversaire. Poursuivant la lutte contre les boulangistes, il obtient notamment, le 13 janvier 1889, le rétablissement du scrutin d'arrondissement, moins favorable à ses adversaires. Mais la Chambre, où les députés opportunistes, hostiles au révisionnisme, se sont unis aux boulangistes et aux conservateurs, vote le lendemain l'ajournement de la révision constitutionnelle, et le gouvernement Floquet doit démissionner. Réélu député de Paris en 1889, il retrouve la présidence de la Chambre à la fin de l'année et la conserve jusqu'en janvier 1893. Il achève sa carrière politique comme sénateur de la Seine (1894-1896).

FLORÉAL AN VI (loi du 22)

Loi du 11 mai 1798 permettant au Directoire de casser les élections qui viennent de se dérouler.

Les élections, qui ont soumis 473 députés sur 750 au renouvellement, sont un enjeu d'importance, et il apparaît vite que le danger vient moins de l'opposition royaliste, intimidée et désorganisée par la répression qui a suivi le 18 Fructidor (4 septembre 1797), que de l'opposition de gauche. Effectivement, en dépit des multiples pressions exercées sur les électeurs, près de 300 députés jacobins sont élus tant au Conseil des Anciens qu'à celui des Cinq-Cents. Mais le gouvernement s'est prémuni par la loi du 12 pluviôse an VI (31 janvier 1798), qui confie aux conseils la vérification des pouvoirs des nouveaux élus. C'est ainsi que peut être votée la loi du 22 floréal an VI (11 mai 1798) qui casse les élections dans 8 départements ; valide les élus qui plaisent au gouvernement dans 19 départements au sein desquels les assemblées électorales se sont scindées en deux groupes ayant chacun choisi le nombre total de députés attribués à la circonscription ; et enfin écarte 60 élus juges ou administrateurs. En tout, 106 députés sont « floréalisés ». En revanche, 191 candidats gouvernementaux entrent dans les conseils : 85 commissaires et fonctionnaires à la nomination du Directoire, 106 juges et administrateurs théoriquement élus, en fait souvent mis en place par le gouvernement. Réplique au coup d'État du 18 Fructidor, ce tripotage électoral permet au parti directorial de disposer de la majorité dans les conseils, mais il discrédite encore davantage le régime.

FLORIDE

État du sud-est des États-Unis.

Au cours des guerres de Religion, l'amiral de Coligny encourage les expéditions vers le Nouveau Monde, espérant trouver dans ces régions inconnues un refuge pour les protestants, ses coreligionnaires. Le 18 février 1562, une expédition confiée à Jean Ribaut quitte Le Havre et débarque dans l'actuelle Floride. Mal organisés, abandonnés par la métropole, la plupart des colons ne survivent pas. En 1564, René de Laudonnière dirige une nouvelle expédition composée d'ouvriers et de jeunes gens, de protestants et de catholiques. Ils arrivent en Floride au mois de juin. Laudonnière fait élever un fort auquel il donne le nom de fort Caroline en l'honneur de Charles IX. La révolte et l'insubordination ne tardent pas à se répandre, une partie des compagnons de Laudonnière se mutinent et s'enfuient, la nourriture manque. Laudonnière finit par acheter aux Anglais un navire pour rentrer en France. Une flotte espagnole commandée par don Menendez de Avila arrive en Floride en 1565 et s'empare par surprise de fort Caroline. La plus grande partie des colons protestants sont massacrés, les catholiques envoyés aux galères. De retour en France, Laudonnière est très mal accueilli. Trois ans plus tard, un gentilhomme gascon, Dominique de Gourgues, équipe à ses frais quelques bâtiments. Débarqué en Floride, il massacre la garnison espagnole de San Mateo. Toutefois, il n'y aura plus désormais d'installation française en Floride.

FLOTTE ou FLOTE Pierre (Languedoc, ? – Courtrai, 1302)

Chancelier.

Juriste formé à l'école de droit de Montpellier, il devient en 1295 conseiller de Philippe le Bel, qui lui confère le titre de chancelier. Deux ans plus tard, il est envoyé à Rome auprès du pape pour négocier la canonisation de Saint Louis. Revenu de Rome avec une grande aversion pour Boniface VIII, il ne néglige aucune occasion pour dresser la couronne de France contre le pouvoir temporel du Saint-Siège. Ayant accompagné Philippe le Bel durant sa campagne de Flandre, Flotte est mortellement frappé au cours de la bataille de Courtrai.

FLOURENS Gustave (Paris, 1838 – Chatou, 1871)

Révolutionnaire.

Après des études brillantes, il devient, en 1863, suppléant de son père, professeur au Collège de France. Son enseignement matérialiste, athée et anticlérical fait bientôt scandale ; le contrat annuel qui le lie au Collège n'est pas renouvelé, et il doit quitter la France. Il gagne alors Londres, puis la Belgique et participe, en 1866, à l'insurrection crétoise contre les Turcs. Les Crétois le nomment député et le chargent ensuite de les représenter auprès des Grecs. Le gouvernement français, qui n'apprécie guère son attitude, réclame à la Grèce son expulsion : embarqué de force à bord d'un navire en partance pour Marseille, Flourens regagne Paris en 1868. Sa participation à l'agitation politique lui vaut diverses amendes et trois mois de prison, puis un duel contre Paul Granier de Cassagnac, auteur d'un article qu'il juge insultant pour le peuple.

Chroniqueur militaire dans *La Marseillaise* de Rochefort, dissuadé par ce dernier de déclencher une insurrection le jour des obsèques de Victor Noir, il quitte la France lors de l'arrestation du journaliste (février 1870). Flourens gagne alors la Hollande, puis l'Angleterre, et enfin la Grèce, qu'il quitte dès l'annonce de la chute de l'Empire. Son projet de soulèvement général de l'Europe n'ayant pas obtenu l'adhésion qu'il souhaitait, il se contente de constituer cinq bataillons à Belleville. Il participe à leur tête à l'insurrection du 31 octobre, ce qui lui vaut d'être arrêté au mois de décembre et incarcéré à Mazas. Évadé le 27 janvier et vivant dès lors dans la clandestinité, Flourens est condamné à mort par contumace le 11 mars. Reprenant la plume, il proteste dans *Paris livré* contre les conditions de paix puis, élu au Conseil de la Commune, devient un des principaux chefs de l'insurrection parisienne. Nommé colonel, Flourens est tué par un gendarme après un combat désespéré contre les troupes versaillaises, devant la gare de Rueil, le 3 avril.

FOCH Ferdinand (Tarbes, 1851 – Paris, 1929)

Maréchal de France.

Sorti de l'École polytechnique en 1873, il choisit l'artillerie comme arme de début de carrière. Ses qualités tactiques le font distinguer en 1885 pour entrer à l'École de guerre, où il revient ensuite comme professeur après avoir publié à partir de 1903 *Des principes de la guerre* et *De la conduite de la guerre*, où il expose sa doctrine de l'offensive et de la manœuvre. Général en 1907, Foch se trouve en août 1914 à la tête du 20ᵉ corps d'armée, chargé de la surveillance du front de Lorraine au nord de Nancy. Il est, avec Gallieni et Franchet d'Esperey, un des trois chefs de valeur que Joffre appelle à lui au début de septembre pour participer à la bataille décisive de la Marne, la IXᵉ armée nouvellement créée lui étant alors confiée pour contenir la ruée allemande entre les

Ferdinand Foch
Foch (à g.) et Joffre à la tête du défilé de la victoire à Londres, le 19 juillet 1919. © *Sélection Images*

Foires
Le Champ de foire à Quimper. Huile sur toile d'O. Perrin, 1810. Quimper, musée des Beaux-Arts. © *Giraudon*

marais de Saint-Gond et de Fère-Champenoise. À la suite de son brillant comportement en ces jours décisifs, Joffre lui confie en octobre le soin de coordonner l'action des forces franco-britanniques en Artois et en Flandre durant les opérations de la course à la mer. Commandant le groupe d'armées du Nord, Foch dirige en 1915 les offensives d'Artois, et celles de la Somme l'année suivante. Conseiller technique du gouvernement, puis chef d'état-major interallié en 1917, il intervient en Italie à la suite du désastre de Caporetto et rétablit le front italien sur la Piave. L'offensive allemande du printemps de 1918 en Picardie rend évidente la nécessité d'une coordination des forces alliées, surtout depuis l'arrivée en force des divisions américaines. La conférence de Doullens (26 mars) lui assure la subordination des armées britanniques. Celle de Beauvais (3 avril) le charge de la direction stratégique des opérations. Le 17 avril, Foch est investi du titre de commandant en chef des armées alliées.

Après avoir colmaté les brèches en Flandre, en Picardie et en Champagne, il inaugure sa première contre-offensive le 18 juillet en réduisant la « poche » de Château-Thierry. À partir du 8 août, il recourt à la méthode des « offensives en tiroir », ne laissant plus aucun répit aux Allemands, partout contraints à la défensive. Le bâton de maréchal récompense alors des succès répétés, prélude à une victoire sanctionnée par l'armistice du 11 novembre, que les plénipotentiaires allemands viennent signer dans le wagon servant de poste de commandement, au carrefour de Rethondes, en forêt de Compiègne. Il devient également maréchal de Grande-Bretagne et de Pologne. L'Académie française lui ouvre ses portes le jour même de l'armistice et l'année 1919 est celle de son entrée au Conseil supérieur de la guerre. Les difficultés des négociations de paix et le problème de la sécurité militaire française en Rhénanie préoccupent Foch, qui redoute un réveil du militarisme allemand, ce qui explique qu'il boycotte la signature du traité de Versailles. Contrairement à certains de ses pairs, il ne s'engage dans aucune action politique et consacre les dix dernières années de sa vie à écrire ses *Mémoires*.

Foires

Centres périodiques de transactions commerciales.

Les foires sont moins fréquentes que les marchés, mais d'une durée plus longue, approvisionnées en produits plus nombreux et fréquentées par des clients venus de régions plus éloignées. À l'origine se trouvent de grandes concentrations humaines à l'occasion de fêtes religieuses ou de pèlerinages. Les foires se développent beaucoup à partir du XIe siècle lorsque les princes assurent la protection des marchands et des biens sur les routes et concèdent des privilèges sur place (justice immédiate, rédaction d'actes notariés, garanties bancaires). Certaines foires revendiquent une fondation ancienne, ainsi celle du Lendit, que l'abbaye de Saint-Denis attribue à Dagobert. D'autres ont une vie plus éphémère. Au XIIe siècle, les foires de Champagne comptent parmi les plus grandes d'Europe. Elles se déroulent par cycles couvrant pratiquement toute l'année en se tenant alternativement à Provins, Troyes, Lagny et Bar-sur-Aube. Elles déclinent au siècle suivant, victimes de la concurrence de Paris et des progrès de la navigation qui permet aux navires italiens d'atteindre les Flandres bien plus rapidement que par la route. Mais d'autres foires naissent en ce même XIIIe siècle, ainsi celles de Pézenas et de Montagnac, favorisées par l'annexion du Languedoc au domaine royal. À leur tour, elles déclinent au profit de celles de Montpellier. La fonction des foires dépasse largement le cadre du commerce. S'y associent l'information économique, la fête, les jeux, la compétition entre villes. Ainsi Lyon, en 1420, obtient de Louis XI le statut de ville de foire au détriment de Bourges qui ne s'en est jamais relevée. Les grandes foires ont disparu progressivement avec les progrès des communications qui ont engendré de nouvelles méthodes de négoce.

Foix

Située au confluent de l'Ariège et de l'Arget, Fulum, *l'ancienne capitale du comté de Foix, s'est, à l'origine, constituée autour d'un oratoire fondé sous Charlemagne et qui prendra ultérieurement le nom de Saint-Volusien.*

Au début du XIe siècle, le fils d'un comte de Carcassonne, Roger-Bernard, construit le château. Son fils se fait appeler comte de Foix. Les descendants de celui-ci se reconnaissent vassaux du roi de France, au moins à partir de 1229. Mais, en 1272, ils déclinent toute obédience, et Philippe III le Hardi, en représailles, assiège et prend Foix. Lorsque, quelque vingt ans plus tard, les comtes de Foix héritent du Béarn, ils délaissent la plupart du temps leur ancienne capitale. Foix a été dévastée à plusieurs reprises lors des guerres de Religion. La Constituante en a fait le chef-lieu du département de l'Ariège.

Foix (comté et maison de)

Le comté historique de Foix s'est formé aux dépens du Roussillon, de l'ensemble Comminges-Couserans et surtout du Languedoc méridional. À l'époque de sa plus grande expansion, au milieu du Moyen Âge, il s'étendait sur un territoire plus petit que l'Ariège actuelle.

Habité à l'époque gallo-romaine par les Tectosages, dominé ensuite par les Goths puis par les Francs, le pays fuxéen est rattaché au duché d'Aquitaine sous les Carolingiens. Des premiers ducs d'Aquitaine, il passe aux comtes de Toulouse puis, sans sortir de la mouvance toulousaine, aux comtes de Carcassonne. C'est le deuxième fils d'un comte de Carcassonne, Roger-Bernard, qui se présente comme le premier seigneur autonome de Foix. L'érection du pays en comté se fait au milieu du XIe siècle sous son fils Roger Ier. Raymond-Roger, comte de Foix de 1188 à 1223, accompagne Philippe Auguste en Terre sainte où il se distingue par sa valeur lors de la prise d'Acre. Raymond-Roger protège les troubadours et rime lui-même à ses heures. Mais il favorise aussi tantôt ouvertement tantôt en sous-main les hérétiques albigeois. Il soutient Raymond VI de Toulouse, son suzerain, lorsque cette politique lui paraît profitable. En réalité, comme presque tous ceux de sa dynastie, il ne songe qu'à s'enrichir des dépouilles des Raymond et des Trencavel, au besoin en s'alliant aux rois d'Aragon, et à échapper à l'autorité du roi de France. Sa politique est continuée par son fils Roger-Bernard II qui, seul des seigneurs méridionaux ayant affiché leur sympathie pour l'hérésie, sortira fortifié de l'épreuve de la guerre albigeoise.

En 1252, le mariage de Roger-Bernard III avec Marguerite, fille de Gaston VII de Béarn, promet aux comtes de Foix la succession du Béarn et de la Bigorre. Chose accomplie en 1290 pour le Béarn. Mais la Bigorre est longtemps aux mains soit du roi, soit du comte d'Armagnac, qui revendique aussi le Béarn comme parent des derniers vicomtes et descendant par les mâles des ducs de Gascogne. Sous les Gaston de Foix, la lutte fait rage. Les seigneurs de Foix sont presque toujours les alliés des Anglais. Le règne de Gaston III, dit Phébus, marque l'apogée de la dynastie. Mais la résidence de celle-ci est maintenant transférée dans les capitales successives du Béarn. En 1398, Mathieu de Foix, originellement vicomte de Castelbon, mais héritier de Gaston III par la volonté des Béarnais, avec l'accord du roi, et conformément à la loi salique, meurt sans enfants. Sa succession passe à Isabelle de Grailly, descendante comme lui de Gaston Ier. D'Isabelle est issue la deuxième maison de Foix, dite de Grailly-Foix-Béarn. Les sentiments anglophiles de la famille de Grailly ne sont pas faits pour apaiser la querelle avec les Armagnacs, qui sentent bien que les seigneurs de Foix guettent maintenant le Comminges. En 1479, Éléonore d'Aragon, reine de Navarre, qui avait épousé Gaston IV en 1434, meurt après avoir choisi pour successeur son petit-fils François Phébus. Celui-ci meurt peu après à son tour et sa sœur, Catherine, hérite en même temps de Foix, du Béarn et de la Navarre. Elle épouse Jean III d'Albret en 1484. L'histoire du comté de Foix se confond à partir de cette date avec celles de la Navarre et du duché d'Albret. Henri IV de France, qui est Henri II d'Albret et de Foix, réunit ses possessions pyrénéennes à la couronne en 1607. Les cadets et, selon les circonstances, parfois les aînés de la maison de Foix portaient souvent le titre de vicomtes de Castelbon. C'est par l'ancienne famille de Castelbon que les comtes de Foix recueilleront leurs droits sur l'Andorre, aujourd'hui transmis à la France.

Foix Gaston de : voir Gaston de Foix

Foix Odet de : voir Lautrec Odet de Foix, vicomte de

Foix Paul de (?, 1528 – Rome, 1584)

Archevêque et diplomate.

Fils de Jean de Foix, comte de Carmain, il entre dans les ordres et, malgré sa naissance, devient conseiller au parlement de Paris. Arrêté avec Anne du Bourg après s'être fait l'avocat de la tolérance devant Henri II, il est condamné puis absous. Catherine de Médicis fait de lui son conseiller et l'envoie en ambassade auprès de Marie Stuart puis d'Élisabeth, dont il négocie le mariage avec le duc d'Alençon. Nommé archevêque de Toulouse en 1577, Paul de Foix représente le roi à Rome de 1579 à sa mort. Très lié avec Montaigne, il est cité dans les *Essais*. Ses intéressantes *Lettres* ont été publiées en 1628.

FOIX Pierre de (?, v. 1385 – Avignon, 1464)

Cardinal et diplomate.

Fils d'Isabelle, héritière de Foix, et d'Archambaud de Grailly, captal de Buch, il se fait franciscain à Morlas. Nommé sous Benoît XIII évêque de Lescar en 1408, puis de Comminges, et enfin cardinal, il prend part au concile de Constance où il abandonne la cause de son protecteur pour préconiser un nouveau conclave. Martin V le fait cardinal-évêque d'Albano puis légat en Avignon. Là, ainsi que dans le Comtat Venaissin, il accomplit une œuvre bénéfique comme restaurateur de la paix publique. Envoyé en Espagne, il obtient l'abdication de Muñoz, dit Clément VIII. Deux nominations successives à l'archevêché d'Arles (1450) puis à l'évêché de Tarbes marquent la fin de sa carrière.

FONCK René (Saulcy-sur-Meurthe, 1894 – Paris, 1953)

Aviateur.

Breveté pilote en avril 1915, il est versé dans une escadrille de reconnaissance, la Caudron-47, dotée du fameux G-4. C'est à bord de cet appareil qu'il abat son premier avion ennemi. Affecté ensuite au groupe de chasse des Cigognes, au sein duquel tant d'aviateurs s'illustreront, Fonck, aux commandes de son redoutable Spad, remporte sa deuxième victoire le 3 mai 1917. Par la suite, d'une précision de tir peu commune, il abat ses adversaires avec une rapidité fulgurante – ne tirant parfois que quatre ou cinq cartouches. Les 9 et 26 mai 1917, Fonck abat six avions de suite. Et c'est lui qui, le 30 septembre, l'emporte sur Wisseman, le vainqueur de Guynemer. Son palmarès réel est de 127 victoires, mais l'état-major, considérant seulement les appareils abattus à l'intérieur des lignes françaises, ne lui en reconnaît que 75. En septembre 1926, un an avant Lindbergh, il tente la traversée de l'Atlantique Nord d'ouest en est, à bord d'un Sikorsky. Décollant de Roosevelt-Field près de New York, l'avion, trop lourdement chargé, capote. Ses compagnons Clavier et Islenof sont tués, mais Fonck est indemne.

FONTAINEBLEAU

Ville d'Île-de-France, dans le département de Seine-et-Marne.

À l'origine, on trouve un rendez-vous de chasse, possession des rois de France dans la forêt de Bière, qui, bâti vers 1137, va rapidement devenir un lieu de villégiature fréquent pour la cour de France, dès le règne de Louis VII. Philippe Auguste et Saint Louis s'y rendent régulièrement, Philippe le Bel y naît et y meurt des suites d'une chute de cheval en forêt ; Charles V y fonde une bibliothèque ; enfin, François Ier fait agrandir et embellir l'édifice aux formes lourdes pour le remplacer par un palais qu'il veut comme « une nouvelle Rome ». Pour réaliser ce souhait, le roi fait venir d'Italie de grands artistes de la Renaissance, tels que le Primatice et le Rosso, ces derniers décidant de raser purement et simplement les constructions médiévales pour donner au nouveau château une finesse à la fois originale et grandiose. Les travaux durent plusieurs années, la ville prospère, et se forme autour de ces artistes un cénacle qui va prendre le nom d'école de Fontainebleau.

Dès lors la ville et son palais entrent dans l'histoire de France. En 1540, François Ier y reçoit Charles Quint ; vingt ans plus tard, une assemblée de notables convoquée au château entend Coligny demander la tolérance pour les adeptes de la religion réformée. Le 31 janvier 1564, Catherine de Médicis y reçoit, en présence du roi Charles IX, les ambassadeurs des cours catholiques d'Europe venus demander l'abrogation de l'édit de pacification d'Amboise. Puis, pendant près de quarante ans, Fontainebleau se trouve quelque peu éclipsée et ne connaît à nouveau des heures de gloire que sous Henri IV, qui aime beaucoup cette résidence et dépense des sommes considérables pour son embellissement. Le règne de Louis XIII voit souvent la cour de France se rendre à Fontainebleau pour des chasses à courre dans la forêt voisine. En 1685, la révocation de l'édit de Nantes est signée de la main de Louis XIV dans le château bellifontain, qui n'abritera d'ailleurs que très épisodiquement le séjour du Roi-Soleil. Avec la Régence et le règne de Louis XV, la Cour revient à Fontainebleau. Le tsar Pierre Ier visite la ville et réside au château en 1717. La future reine de France, Marie-Antoinette, apprécie tout particulièrement le charme des lieux, et quelques années plus tard le couple royal séjournera régulièrement au palais.

Cinq ans avant la Révolution, la ville, devenue paroisse depuis 1661, est dotée d'une administration municipale composée d'un maire, de deux échevins et d'un procureur syndic. L'Europe des princes, de passage en France, vient souvent séjourner à Fontainebleau, tandis que la Révolution marque le déclin de la ville. Les nombreux hôtels particuliers sont soit endommagés, soit déclarés biens nationaux, le château est dépouillé d'une grande partie de son mobilier et cesse d'être entretenu. Commencent alors de sombres années pour le prestige de la ville, désormais délaissée. Mais, après avoir dû lutter contre sa voisine Nemours pour devenir le siège de la sous-préfecture, elle finit par l'emporter et connaît de nouveau la gloire sous l'Empire. Napoléon aime le château, s'y rend régulièrement, et des heures capitales de l'épopée impériale vont dès lors être liées à Fontainebleau : en 1801 tout d'abord, à la signature du traité de partage du Portugal ; puis de 1812 à 1814, lorsque le pape Pie VII y est emprisonné ; le 5 avril 1814 enfin, au moment de la première abdication, puisque c'est dans la cour du château, appelée depuis cour des Adieux, que l'Empereur prend congé de ses troupes avant son exil pour l'île d'Elbe. Peu fréquenté sous la Restauration, le château abrite plus souvent l'entourage de Louis-Philippe ; puis Napoléon III, délaissant parfois Compiègne, choisit Fontainebleau pour résidence d'automne. Particulièrement apprécié par l'impératrice Eugénie, le château devient sous son égide le siège d'un très riche musée chinois, existant encore de nos jours. Après la guerre de 1870, s'installe à Fontainebleau l'École d'application de l'artillerie et du génie. Entre 1949 et 1966, la ville abrite le quartier général des forces armées de l'Organisation du traité de l'Atlantique Nord (OTAN).

FONTAINEBEAU (école de)

École artistique italianisante qui s'épanouit lors de la Renaissance française, de 1530 à 1560.

Après la défaite de Pavie et sa captivité, François Ier veut rehausser son prestige par de grands travaux au château de Fontainebleau. Les meubles ou les livres des autres résidences royales de Blois ou d'Amboise sont installés dans l'appartement des Bains, à l'intérieur de la nouvelle aile qui agrandit la partie ancienne du château. La galerie du roi, prototype de celle des Glaces à Versailles, cent cinquante ans plus tard, est décorée par le Primatice : des fresques et des stucs inspirés de l'Antiquité romaine y servent d'écrin à des tableaux de l'Arétin, Léonard de Vinci ou de Raphaël. Un disciple de celui-ci, le Rosso (1494-1540), devient premier peintre de la cour mais aussi directeur d'une fabrique de tapisseries créée pour décorer les murs du château. Après sa disparition, il est remplacé par le Primatice (1504-1570), qui rapporte de Rome de nombreuses sculptures antiques.

Ces modèles italiens suscitent une création nationale puissante dans le sillage de Fontainebleau, à la fin du règne de François Ier et durant celui d'Henri II. Jean Goujon s'inspire des marbres romains pour sa fontaine des Innocents à Paris (1549) ou la tribune des Caryatides (1550) au Louvre, auquel Pierre Lescot ajoute l'aile Henri II, sur le modèle du palais Farnèse à Rome mais en plus rigoureux. Philibert Delorme élève le château d'Anet de 1548 à 1558 pour la maîtresse d'Henri II, Diane de Poitiers ; son disciple Jean Bullant (1515-1578) est l'architecte du château d'Écouen. Influencés aussi mais originaux sont le peintre et décorateur Antoine Caron (1521-1599) ou les portraitistes des Valois, Jean Clouet (1475-1541) et son fils François (1520-1572). Fontainebleau traverse le siècle pour connaître sous Henri IV une seconde germination, de 1589 à 1610, avec les peintres Toussaint Dubreuil ou Martin Fréminet. Mais celle-ci est limitée et combattue par de nouvelles tendances :

Fontainebleau
La cour du Cheval blanc ou cour des Adieux avec l'escalier du fer-à-cheval de Jean Andronet du Cerceau (1634).
© G. Dagli Orti

la floraison mythologique, les nus sveltes et langoureux, le maniérisme sophistiqué qui la caractérisent rencontrent en effet le sens tragique qu'ont fait naître les guerres de Religion aussi bien que les aspirations plus austères de la Contre-Réforme. À partir de cette synthèse paradoxale, la vague du baroque est en train de se former.

FONTAINE-FRANÇAISE

Cette localité de la Côte-d'Or se trouve à 35 km au nord-est de Dijon, non loin d'un étang donnant naissance à un affluent de la Saône.

Au Moyen Âge, Fontaine-Française constitue, au sein du territoire bourguignon, une enclave dépendant directement de la couronne de France, d'où son nom. En 1595, Henri IV y remporte une victoire décisive sur les ligueurs et leurs alliés espagnols, dirigés par le duc de Mayenne et Fernando Valasca. Seigneurie importante jusqu'à la Révolution, la localité possède un château dans lequel Voltaire séjournera à de nombreuses reprises au XVIIIe siècle.

FONTANES Louis de (Niort, 1757 – Paris, 1821)

Grand maître de l'Université.

Issu d'une famille de petite noblesse du Poitou, il débute dans la carrière littéraire en faisant publier ses poèmes, à la fin de l'Ancien Régime, dans *Le Mercure de France* et l'*Almanach des Muses*. La Révolution le séduit sans excès et le titre de la revue qu'il publie alors en compagnie de Suard, *Le Modérateur*, traduit parfaitement sa pensée. Les excès de la Terreur le contraignent donc à une clandestinité à laquelle mettent fin les événements de Thermidor. Membre de l'Institut et professeur à l'École centrale, Fontanes est de nouveau inquiété au lendemain du 18 Fructidor et doit se réfugier en Angleterre où il se lie avec Chateaubriand. Le coup d'État du 18 Brumaire et un ralliement sans réserve à Bonaparte marquent le début d'une nouvelle carrière. Fontanes est élu au Corps législatif (qu'il va présider en 1805), à l'Institut (1803) et reçoit le titre de grand maître de l'Université en 1808. Il est sénateur deux ans plus tard, et comte d'Empire. Opportuniste, il se rallie avec autant de ferveur à la Restauration, Louis XVIII ajoutant à une gamme honorifique déjà bien fournie un titre de marquis. Auteur prolixe, Fontanes se signale surtout par ses interventions lors des cérémonies officielles. La postérité n'a retenu de son action que son concours à la publication du *Génie du christianisme* de Chateaubriand et le rétablissement des études classiques durant son séjour à la tête de l'Université.

FONTANGES Marie-Angélique de SCORRAILLE de ROUSSILLE, duchesse de (Cropières, Auvergne, 1661 – Paris, 1681)

Favorite royale.

La marquise de Montespan, dans l'espoir de détourner Louis XIV de Mme de Maintenon, favorise ses amours avec le roi, qui ne durent pas deux ans. Créée duchesse en 1680, elle donne une fille à Louis XIV, laisse son nom à une coiffure caractérisée par sa hauteur, puis se retire au couvent de Port-Royal pour y mourir.

FONTARABIE

Ville d'Espagne, sur la Bidassoa.

Assiégée par François Ier en 1528, puis par Condé en 1638, sans succès, Fontarabie est ensuite le théâtre de la célébration, par procuration, du mariage de Louis XIV et de Marie-Thérèse d'Autriche (2 juin 1660). Les Français s'en emparent deux fois au XVIIIe siècle, en 1719 avec Berwick, en 1794 avec Moncey. Ce dernier, à la tête de 1 200 hommes, enlève la ville le 1er août, contraignant les Espagnols à abandonner d'importants stocks de vivres et de munitions, et de nombreux prisonniers. Deux nouveaux sièges conduisent les troupes françaises devant Fontarabie sous l'Empire, en 1808 et 1813.

FONTENAY (abbaye de)

L'abbaye cistercienne de Fontenay, seconde fille de Clairvaux, est fondée par saint Bernard en 1118, non loin de Marmagne, près de Montbard, en Auxois.

Son site est caractéristique : un vallon isolé dans les forêts, qu'il faut assécher et défricher. Un ruisseau fournit le poisson et l'énergie pour les ateliers monastiques. Son premier abbé est Godefroi de La Roche-Vanneau. Son rayonnement est vite très grand. Elle compte jusqu'à 300 moines, et Saint Louis lui donne le titre d'abbaye royale. Mais elle entre en déclin au XIVe siècle. Vendue en 1791, elle sera restaurée en 1906. Son plan bien ordonné, qui met en valeur l'équilibre entre les bâtiments à affectation religieuse et ceux à destination économique, fait d'elle un des exemples les plus caractéristiques de l'architecture cistercienne. L'église, construite de 1130 à 1147, date à laquelle elle fut solennellement consacrée par le pape Eugène III, ami de saint Bernard, est très simple et austère. D'autres bâtiments sont en partie conservés : le cloître, la salle capitulaire, voûtée sur croisée d'ogives, de la seconde moitié du XIIe siècle, le sciptorium, le chauffoir, le réfectoire et la cuisine, l'infirmerie, la chapelle des étrangers, l'hôtellerie, le colombier, la boulangerie et enfin la forge, élevée à la fin du XIIe siècle.

FONTENAY-LE-COMTE

Ville de Vendée, sur la Vendée. L'occupation du site, fort ancienne, remonte à l'époque préhistorique.

Appelée *Fontanacum* à l'époque gallo-romaine, la cité prend une certaine importance sous les Mérovingiens grâce à son atelier monétaire. Les comtes de Poitou, ducs d'Aquitaine, élèvent au XIe siècle le château de Fontenay, et la ville passe ensuite aux Mauléon, puis aux Lusignan. Louis IX l'enlève à ces derniers en 1242 et la donne à son frère, Alphonse de Poitiers. Devenue capitale du Bas-Poitou, Fontenay est dès lors dite « le Comte », par référence à Alphonse de Poitiers. Le traité de Brétigny la donne aux Anglais, mais Du Guesclin la reprend en 1372. Prise et reprise huit fois au cours des guerres de Religion, Fontenay-le-Comte jouit cependant d'un remarquable éclat littéraire et scientifique au XVIe siècle. Ses fortifications sont démantelées en 1622. La ville, qui prend sous la Révolution le nom de Fontenay-le-Peuple, souffre des guerres de Vendée. Après le succès des troupes républicaines commandées par Chalbos, le 16 mai 1793, les Blancs investissent Fontenay le 25. Le lendemain, un Conseil supérieur pour l'administration des territoires reconquis y est établi, au nom du comte de Provence (futur Louis XVIII). La ville demeure le chef-lieu du département de la Vendée jusqu'en 1806.

FONTENELLE Bernard LE BOUVIER de (Rouen, 1657 – Paris, 1757)

Auteur dramatique et vulgarisateur scientifique.

Après ses études chez les Jésuites, le jeune Fontenelle débute au *Mercure Galant*, dirigé par son oncle Thomas Corneille. Se croyant une vocation d'auteur dramatique, il multiplie les pièces qui sont autant de fours. En revanche, il brille dans les salons : chez Mme de la Sablière, Mlle de Scudéry ou Ninon de Lenclos, sa conversation spirituelle est parfaitement accordée au règne finissant des Précieuses. Plus avant dans sa longue vie, il sera encore apprécié chez la duchesse du Maine, chez Mme de Tencin ou Mme Helvétius... Mais il n'est pas qu'un bel esprit. À partir de 1686 et de la publication coup sur coup des *Entretiens sur la pluralité des mondes*, de *L'Histoire des oracles* et de *L'Histoire des fables*, il prend une position en pointe. Résolument rangé dans le camp des Modernes dans la fameuse querelle (*Digression sur les Anciens et le Modernes*, 1688), Fontenelle attaque la tradition au nom de l'esprit critique, comme le fait dans le même temps Pierre Bayle (1647-1706) avec ses *Pensées sur la comète* (1682). Il démonte la fabrication des mythes païens tout en visant en filigrane les dogmes du christianisme. Passionné par l'astronomie et la physique, partisan convaincu de Descartes, il se fait le vulgarisateur de la révolution scientifique. Secrétaire perpétuel de l'Académie des sciences à partir de 1699, il n'est l'auteur d'aucune découverte majeure mais multiplie les monographies de savants sans renoncer pour autant à donner ses tragédies qui sont de très réguliers échecs. Convaincu des progrès de l'humanité, capable de relativisme et de tolérance, Fontenelle illustre le grand tournant de la modernité entre 1685 et 1720 et annonce la figure de Voltaire.

FONTENOY (bataille de)

Victoire française remportée sur une armée composée d'Anglais, de Hanovriens et de Hollandais, le 11 mai 1745.

Traditionnellement regardée comme le grand succès militaire du maréchal de Saxe, la bataille de Fontenoy n'est, au regard de la situation politique européenne, que l'un des nombreux épisodes de la guerre de Succession d'Autriche (1740-1748). À la mort de l'empereur Charles VI, les prétentions de nombreux princes européens – au mépris des droits imprescriptibles et inaliénables que sa fille Marie-Thérèse avait pourtant à lui succéder – ont déclenché un conflit au cours duquel, par le jeu des alliances, des ruptures, des batailles et des traités, la France se trouve face à une coalition dirigée par sa grande rivale, l'Angleterre. Dès le début de l'année 1745, chacun des belligérants sait que l'engagement à venir sera décisif : 20 000 Anglais ont débarqué sur le continent, secondés par les Hollandais. L'armée française, quant à elle, forte d'environ 70 000 hommes, est commandée par le maréchal de Saxe (fils naturel d'Auguste II de Pologne et d'Anne de Koenigsmarck), affligé de crises d'hydropisie le gênant pour se tenir en selle. Aussi le verra-t-on, au cours de la bataille, dans une voiture en osier rapidement déplacée par son état-major sur tous les points importants du théâtre des opérations. Pour lui, excellent stratège, la situation est claire : le lieu de l'affrontement arrêté, il faudra se porter sur Tournai, prendre la ville, puis se diriger vers l'Escaut afin de pouvoir mieux contrôler la Flandre autrichienne, enjeu territorial des hostilités.

Dès le 30 avril, conscients du rôle stratégique de premier plan que représente Tournai, les coalisés, commandés par le duc de Cumberland, marchent sur cette ville, convaincus qu'ils pourront, grâce à cet important point d'appui, submerger aisément les troupes françaises. Apprenant la manœuvre, le maréchal de Saxe donne l'ordre de couper la route aux coalisés en immobilisant, d'une part, une vingtaine de milliers d'hommes devant Tournai, et en faisant se poster, d'autre part, 47 000 hommes devant Antoing, village situé non loin de l'Escaut ; ce terrain est en effet jugé favorable pour l'engagement qui s'annonce. Le champ de bataille est une étendue faiblement accidentée (mais ce jour-là détrempée, boueuse), en légère déclivité, qui ne représente guère plus qu'un quadrilatère d'un kilomètre sur deux ; c'est dans cet espace relativement restreint que tout se jouera. Le maréchal de Saxe a fait déployer ses hommes d'Antoing jusqu'au-delà des bois de Barry, tandis que deux importants dispositifs d'artillerie ont été placés l'un derrière Fontenoy, l'autre en avant de ce bois, sur la gauche française. Fortement pourvues en matériel lourd, ces positions sont destinées à jouer le rôle de points d'appui. Toutefois Saxe commet – il le reconnaîtra à l'issue de la bataille – une erreur qui aurait pu lui coûter la victoire : il néglige de fortifier les 850 mètres séparant Fontenoy du bois de Barry, brèche dans laquelle les coalisés s'engouffreront.

Le 10 mai, Louis XV se trouve en retrait du bois de Barry, au milieu de l'armée. Le roi, fort enjoué, se plaît à rappeler que depuis la bataille de Poitiers (de 1356), aucun souverain français n'a combattu avec son fils et que, depuis Saint Louis, aucun n'a personnellement mené un engagement d'une telle importance face aux Anglais. Le matin du 11, très tôt, tandis que le maréchal continue à donner ses ultimes instructions, Louis XV se rend à son poste de commandement de Notre-Dame-au-Bois, entouré, entre autres, par le Dauphin et le maréchal de Noailles. Sous l'égide du duc de Richelieu, la protection du roi est assurée grâce à une tête de pont jetée sur l'Escaut – afin de permettre une éventuelle retraite –, et surtout grâce à un détachement de troupes d'élite chargé spécifiquement de veiller à la sécurité du souverain, du Dauphin et de leurs proches. Peu avant 6 heures, le duc de Cumberland donne l'ordre à ses troupes de se porter sur Fontenoy, tandis que les Hollandais attaqueront Antoing : la bataille est engagée.

Immédiatement, les coalisés s'élancent. Alors que les Hollandais sont décimés par la mitraille française (ils se replieront rapidement et n'interviendront plus de la journée), les Anglais harcèlent constamment le centre du dispositif français. Constatant que ces offensives restent peu efficaces, Cumberland ordonne de faire investir le bois de Barry par les highlanders de lord Ingoldsby, mais les régiments français résistent à l'offensive. De plus, ayant rencontré dans le bois un détachement des *grassins*, Ingoldsby croit être en présence d'une troupe importante et s'en retourne auprès de Cumberland pour demander des renforts en artillerie et en hommes. À 8 h 30, les Français sont toujours maîtres du terrain. Reconsidérant l'échec qu'il vient de subir, Cumberland fait de nouveau jeter ses hommes dans la mêlée ; il sait maintenant que les deux ailes du dispositif français sont solidement défendues et opte pour une offensive de front… là où, justement, Saxe a négligé d'implanter des redoutes et des batteries d'artillerie. Tout à coup, les gardes-françaises voient surgir devant elles, de l'autre côté de la dénivellation les séparant des Anglo-Hanovriens, un avant-corps ennemi, halant, dans des conditions rendues très difficiles par l'état détrempé du sol, plusieurs canons, suivis de près par 15 000 fantassins anglais, écossais et hanovriens.

Les régiments de Campbell, du Royal-Écossais et du régiment des gardes-françaises sont désormais face à face. À portée de voix des lignes françaises, lord Hay s'approche, chapeau à la main, et lance en direction du comte d'Auteroche une « invitation » à faire tirer « ses gens » les premiers. L'épisode, relaté par Voltaire, relève moins d'un souci inspiré par l'esprit chevaleresque que par l'efficacité des armes. En effet, le temps nécessaire pour recharger des fusils était tel que les soldats tirant les premiers se plaçaient dans une position de vulnérabilité rendant, pour de longs instants, toute manœuvre impossible. Auteroche n'ayant pas fait « tirer ses gens », les Anglais sont contraints de faire feu les premiers. Toutefois, malgré ce désavantage théorique, leur rapidité à fondre sur les régiments français et suisses surprend le centre du dispositif français, qui cède en plusieurs endroits. Rien ne semble désormais pouvoir contenir la progression des Anglais qui, ramassés en une longue colonne, submergent complètement la position française retranchée derrière le village de Fontenoy. À 10 heures, la situation des troupes françaises semble désespérée. Le maréchal de Saxe ne voit plus de salut que dans une violente contre-offensive de la cavalerie, dirigée sur les flancs de la colonne anglaise qui, maintenant, a totalement rompu le front français. La cavalerie se précipite sur l'ennemi, mais ses charges se brisent sur une masse indestructible, repoussant, du seul fait de sa cohésion et de la synchronisation de son feu nourri, les groupes dispersés qui tentent d'ouvrir une brèche.

Le début de l'après-midi se passe en une suite d'offensives, peu efficaces, des escadrons français. Les Anglais paraissent invincibles. Pendant que Saxe et l'état-major du roi, Louis XV en tête, envisagent toutes les possibilités susceptibles de retourner la situation, sur le terrain, les régiments français continuent à se briser sur le gros de la troupe anglaise. Déjà, en plusieurs points du front, les munitions viennent à manquer. Cependant, faute de pouvoir contenir la poussée ennemie, Saxe tente de l'exploiter à son avantage. En la laissant s'étirer en longueur, donc en ne lui résistant que mollement dans sa progression, il compte rendre la colonne plus vulnérable. À deux heures de l'après-midi, celle-ci, harcelée par les charges françaises, a arrêté sa progression. C'est alors que le duc de Richelieu, aide de camp de Louis XV, arrive du front et suggère que l'on fasse mitrailler la colonne par quatre canons.

Louis XV donne aussitôt son accord et, tandis qu'une grande masse de l'infanterie française harcèle la droite de la colonne anglaise et que continuent les charges de cavalerie, la contre-offensive générale se prépare. Bien que le maréchal de Saxe n'ait pu encore être tenu au courant de cette décision, le nouveau dispositif est mis en place. Chaque membre de l'entourage royal part se placer à la tête de ses troupes, et bientôt gendarmes, carabiniers, mousquetaires, grenadiers à cheval se préparent à l'assaut. Sur la droite française, alors que les ordres de Saxe de préparer le repli français par les troupes postées à Antoing n'ont pas encore pu être infirmés, le duc de Biron, voyant les nouveaux mouvements de troupes, décide d'arrêter la retraite de ses hommes. Le maréchal approuve le choix opéré par le roi et, malgré ses difficultés à se déplacer, se porte sur la gauche française, tout en exhortant les détachements armés qu'il rencontre à coordonner leurs efforts et à ne point se disperser en harcèlements ponctuels et désordonnés. Toutes les troupes françaises sont maintenant rassemblées en direction de l'armée anglaise. En quelques minutes la colonne ennemie est submergée, des brèches y sont ouvertes et des centaines de soldats des deux camps tombent. Attaqués de toutes parts, les hommes de Cumberland ne peuvent résister et, surpris par la canonnade, asphyxiés par la force de l'étau français, ils doivent battre en retraite. Quittant alors le terrain, ils se replient sans laisser prendre leur drapeau et dévalent en bon ordre le fossé qu'ils avaient si péniblement franchi auparavant.

Au lendemain de la victoire, s'ouvre la route des Flandres et, avec elle, la mainmise sur les grandes villes, Tournai, Gand, Bruges, Audenarde et Ostende. Le maréchal de Saxe peut même partir à la conquête des Pays-Bas autrichiens et envahir les Provinces-Unies (1747-1748). Mais la paix d'Aix-la-Chapelle, l'année suivante, a pour unique dessein de reconnaître les droits de Marie-Thérèse sur le trône d'Autriche. Ainsi, alors que la grande bénéficiaire de la guerre de Succession d'Autriche est la Prusse (qui obtient la Silésie), la France, quant à elle, n'a tiré de l'opération – excepté le prestige militaire – aucun avantage.

FONTEVRAULT

Commune du département du Maine-et-Loire située à 16 km au sud-est de Saumur et à quelques kilomètres au sud de Montsoreau.

C'est dans cette zone boisée que Robert d'Arbrissel fonde, vers 1100, une abbaye consistant alors en un ensemble de cabanes regroupant une communauté d'hommes et trois de femmes rassemblant des religieuses, des pécheresses converties et des lépreuses. Au décès de son fondateur, en 1117, l'ensemble des bâtiments groupe, assurent les chroniques, environ 5 000 personnes. Approuvé par le pape Pascal II dès 1106, l'établissement étend son influence à travers l'Europe et crée à son tour des institutions similaires en Angleterre et en Espagne. Après Robert d'Arbrissel, l'autorité supérieure sera toujours exercée par

Fontenoy
La Bataille de Fontenoy du 11 mai 1745. Huile sur toile, XVIIIe siècle. © *Sélection Images*

Fontevrault
Vue du clocher de l'abbaye. © *Sélection Images*

une abbesse, plusieurs d'entre elles étant de sang royal. Au XVe siècle, de graves dissensions affaiblissent l'ordre, certains membres désirant voir modifier les règles internes. Louis XII, Louis XIII, Louis XIV, les papes Grégoire XV et Urbain VIII doivent successivement intervenir pour y mettre un terme. La Révolution supprime l'activité des religieux et l'Empire installe dans les bâtiments de l'abbaye un centre pénitencier qui s'y maintiendra jusqu'à une époque récente (1963), date de la reconversion de l'édifice en monument historique. L'église de Grand-Moutier servit au Moyen Âge de sépulture à la dynastie des Plantagenêts. Henri II, Aliénor d'Aquitaine et Richard Cœur de Lion y sont enterrés.

FONTFROIDE (monastère de)

Situé non loin de Narbonne, en Languedoc, le monastère de Fons frigidus, *en roman Fontfreyde, a été fondé vers 1093, soit quelques années avant Cîteaux, par un groupe de religieux qu'attiraient les libéralités du vicomte Aymar de Narbonne.*

La communauté suit d'abord la règle de saint Benoît puis, quand l'ordre cistercien bénéficie de la vigoureuse impulsion de saint Bernard, elle demande à être affiliée à Clairvaux, qui la rattache en 1146 à Grandselve, devenue elle-même cistercienne l'année précédente. Fontfroide connaît une expansion rapide. Dès 1151, elle implante une filiale en Catalogne, Poblet. Les seigneurs de Montpellier, de Béziers, de Roussillon et de Toulouse la couvrent de donations. En 1242, elle fonde Valbonne dans le diocèse d'Elne. Au milieu du XIIIe siècle, sa filiation compte cinq abbayes d'hommes et trois de femmes. Quand l'hérésie albigeoise met le Languedoc en état de guerre, Fontfroide devient le bastion de l'orthodoxie. En 1199, elle produit deux légats : Pierre de Castelnau et Raoul. D'autres sommités ecclésiastiques lui devront leur formation, notamment Arnaud Novelli et son neveu Benoit XII (Jacques Fournier). Cependant, la décadence spirituelle et matérielle vient relativement vite. Au XVe siècle, l'abbé Pierre Feller donne à tout le Languedoc le spectacle d'une vie licencieuse. De graves désordres éclatent, ternissant la réputation de la maison qui perd peu à peu ses pensionnaires puis, en 1764, son titre abbatial. En 1791, le monastère est vendu, mais il échappe à la destruction. De 1858 à 1901, des cisterciens de Sénanque (Vaucluse) le réaniment. Devenus propriété privée, les bâtiments (église, cloître, constructions diverses contenant dortoirs, réfectoires, cellier), sensiblement défigurés au XIXe siècle, ont été restaurés avec un goût et un soin rares.

FONTRAILLES Louis d'ASTALAC, marquis de Marestang, vicomte de (? – ?, 1677)

Conspirateur.

D'abord attaché au comte de Soissons, il prend Richelieu en haine. C'est lui qui, lors du complot de Cinq-Mars, sert d'intermédiaire entre ce dernier et Gaston d'Orléans puis se charge d'aller négocier en Espagne, avec Olivares, le traité dont la découverte mènera Cinq-Mars à sa perte. Il peut s'enfuir en Angleterre avant l'arrestation de ses complices. La mort du cardinal lui permettra de revenir en France et de se mêler encore à la cabale des Importants puis aux émeutes suscitées à Paris pendant la Fronde par Gondi.

FORBACH

Ville du département de la Moselle, près de la frontière sarroise.

Le château féodal du Schlossberg, construit sur la colline qui porte ce nom, au-dessus des ruines d'un temple romain dont subsistent encore quelques vestiges, est à l'origine de Forbach. Pendant la guerre franco-prussienne, le 6 août 1870, le 2e corps d'armée mené par le général Frossard rencontre la Ire armée allemande sur les hauteurs de Spicheren, non loin de Forbach. Toute la journée, au cours de cette bataille de Forbach-Spicheren, les 28 000 Français tiennent tête à 70 000 Allemands. Bazaine restant sourd aux appels au secours du général Frossard, ce dernier doit se retirer vers Sarreguemines au soir du 6 août. La route de la Lorraine est ouverte aux Prussiens.

FORBIN Claude, chevalier puis comte de (Gardanne, 1656 – château de Saint-Marcel près de Marseille, 1733)

Marin.

Il participe au combat de Messine, en 1676, sert ensuite sous d'Estrées en Amérique, puis sous Duquesne lors du bombardement d'Alger (1683). Désigné en 1685 comme major de l'ambassade envoyée auprès du roi de Siam, et nommé grand amiral par ce dernier, il ne regagne la France qu'en 1688. Il reçoit l'année suivante le commandement d'une frégate et, avec Jean Bart, participe à la guerre de course contre les Anglais. Fait prisonnier avec Jean Bart en 1689, Forbin s'évade de Plymouth en sa compagnie et reprend la lutte. En 1692, lors du désastre de La Hougue, le navire placé sous son commandement parvient à s'échapper. Forbin accompagne ensuite le comte d'Estrées au siège de Barcelone (1696) puis, pendant la guerre de Succession d'Espagne, entreprend de nombreuses croisières dans l'Adriatique. Nommé chef d'escadre en 1707 et chargé de conduire en Écosse le prétendant Jacques Stuart, il ne peut accomplir sa mission. À la suite de cet échec, dont il est rendu responsable, il quitte le service en 1710.

FORBIN Louis Nicolas, comte de (château de La Roque-d'Anthéron, Bouches-du-Rhône, 1777 – Paris, 1841)

Peintre, archéologue et administrateur.

Élève de David, il interrompt sa carrière artistique pour servir dans les armées de l'Empire au Portugal, en Espagne et en Autriche. Démissionnaire en 1809, il se retire à Rome avec le grade de lieutenant-colonel. La Restauration le nomme directeur des musées royaux. Il succède dans cette fonction à Dominique Vivant Denon. Forbin réorganise le Louvre et crée deux nouveaux établissements : le musée des Antiquités étrusques et égyptiennes, qu'il enrichit de nombreux objets et peintures rapportés de Grèce, d'Égypte et de Sicile où il se rend en 1817-1818 ; et le musée du Luxembourg, destiné aux artistes vivants.

FORBIN-JANSON Charles Auguste, comte de (Paris, 1785 – Marseille, 1844)

Évêque.

Attaché comme auditeur au Conseil d'État en 1805, il abandonne en 1811 la carrière juridique pour entrer dans les ordres. Avec l'abbé de Rauzan, il fonde sous la Restauration la Société des missions de France, qui joue un grand rôle, parfois plus politique que religieux, dans le renouveau des missions intérieures. Nommé évêque de Nancy en 1824, Forbin-Janson, plus préoccupé de ses missions que de son diocèse, s'y rend impopulaire par son attitude antilibérale et ultramontaine. Contraint de faire nommer à ses côtés un coadjuteur après la révolution de Juillet, l'évêque de Nancy quitte la France, en 1839, pour le Canada et les États-Unis. Là, il se distingue par son zèle missionnaire. Revenu en France en 1841, il fonde deux ans plus tard l'œuvre de la Sainte-Enfance, destinée au rachat et au baptême des enfants chinois, et meurt au moment où il s'apprêtait à poursuivre son œuvre missionnaire en Chine.

FORCE (prison de la)

Prison parisienne située dans le Marais, entre la rue Pavée et la rue du Roi-de-Sicile, et détruite en 1850.

La prison, où l'on distingue la Petite Force et la Grande Force, doit son nom à la proximité de l'hôtel du duc de La Force. Destinée, à la fin de l'Ancien Régime, aux prisonniers pour dettes, elle devient, sous la Révolution, prison pour femmes (Petite Force), et prison politique (Grande Force). Les massacres de Septembre y font de nombreuses victimes, dont la plus célèbre est la princesse de Lamballe. Madame du Barry, entre autres, est enfermée à la Force l'année suivante (1793). Après le général Malet, incarcéré sous l'Empire, la prison reçoit les opposants à la monarchie de Juillet, notamment Cavaignac, Barbès et Blanqui.

FORCE OUVRIÈRE

Syndicat fondé le 19 décembre 1947, avec l'aide d'Irving Brown (1911-1989), dirigeant de l'American Federation of Labor, par 15 000 dissidents de la CGT dont Léon Jouhaux et André Vicot, qui démissionnent et fondent leur propre parti, la CGT-FO.

Cette scission intervient à la suite de l'échec des grandes grèves organisées après le renvoi des ministres communistes et le lancement du plan Marshall, plan de reconstruction européenne proposé par les États-Unis auquel l'URSS avait refusé de s'associer. Le nom de ce syndicat provient du journal *Force ouvrière* issu de la tendance « confédérée » – non communiste – de la CGT, organe de presse ayant pris la succession à la Libération de *Résistance ouvrière*, publication clandestine sous l'Occupation. Cette crise de décembre 1947, affichant le désir de se « séparer purement et simplement des staliniens » (André Bergeron), marque le début du reflux général du syndicalisme : la CGT, qui compte près de 6 millions de membres à la fin de l'année 1947, chute au début de l'année suivante à quelque 2,5 millions, tandis que FO ne compte qu'un million d'adhérents à la même date. Léon Jouhaux est le premier et seul président de ce syndicat, tandis que le poste de secrétaire général est occupé successivement par André Bergeron en 1963 – qui est à ce titre l'un des signataires des accords de Grenelle –, et Marc Blondel depuis 1989. Lors des élections prud'homales du 10 décembre 1997 qui connaissent un taux d'abstention record de 65,5 %, FO reste stable dans le paysage syndical français avec un score de 20,46 %, équivalant à celui de 1992 et 1987. La centrale de Marc Blondel, qui espérait gagner des points – elle en gagne chez les employés et les ouvriers mais chute très nettement chez les cadres –, demeure ainsi en troisième position derrière la CGT (33,11 %) et la CFDT (25,35 %). D'une manière générale, l'ensemble des dirigeants syndicaux mettent en cause l'absence de campagne officielle et la responsabilité des pouvoirs publics dans ce record d'abstentéisme aux urnes des salariés, record que Marc Blondel a qualifié de « catastrophe ». Car, derrière l'apparent immobilisme des résultats électoraux, se cachent en fait pour chaque centrale de véritables pertes de voix. Au lendemain des élections, les premiers craquements syndicaux se font sentir : le 15 décembre, 300 cheminots quittent Force ouvrière derrière Gilles Vaucouleur et fondent leur propre Syndicat national des personnels et exécution (SNPE) des chemins de fer et annexes. Aussitôt qualifié de « coup médiatique » par Marc Blondel, ce départ, à la veille du 50ᵉ anniversaire de la scission de 1947, est, selon Vaucouleur, « le début d'une longue série », tant les tensions et les dissidences au sein de ce syndicat sont profondes.

Force ouvrière
Le congrès d'avril 1948. © *Collection Viollet*

Forces françaises combattantes

Ce terme désigne l'ensemble des forces militaires du Comité français de Londres, puis d'Alger, entre 1942 et 1944, année de la Libération.

À la suite de la constitution à Londres du mouvement de la France libre, conséquence de l'appel du 18 juin 1940, le général de Gaulle anime une force qui va grandissant à mesure que les mois passent, que les ralliements augmentent, tant dans les territoires d'outre-mer qu'en métropole même. Le chef de la France libre va désormais s'efforcer de réaliser un de ses vœux les plus chers : posséder un organisme ayant à la fois les attributions d'un véritable cabinet de guerre et les moyens de lutter aux côtés des Alliés contre les forces de l'Axe. La constitution du Comité national de la France libre, le 24 septembre 1941, représente la première étape de ce souhait. La seconde est proclamée le 1ᵉʳ avril 1942 à l'occasion d'une allocution publique : « Il ne faudrait pas croire, déclare le général, que cette espèce de miracle que constitue la France combattante soit donné une fois pour toutes [...]. Toute l'affaire repose sur ceci : que la France combattante entend marcher avec ses alliés sous la réserve formelle que ses alliés marchent avec elle... » Pour la première fois le terme est lancé. Il exprime sans la moindre ambiguïté la volonté du chef du Comité de Londres de participer en tant que force autonome à l'effort militaire allié au même titre que les autres puissances des Nations unies contre l'Axe. Le mot « combattante » a donc été choisi avec soin. Dans l'esprit du général, cette dénomination est une suite logique à l'expression de France libre.

Forces françaises de l'intérieur (FFI)

Formations de combat de la Résistance intérieure.

Ébauchée dès 1940 dans la clandestinité, la Résistance intérieure française prend son élan avec la promulgation de la loi sur le Service du travail obligatoire (STO), en 1942. De nombreux réfractaires, en effet, refusent d'aller en Allemagne et gagnent les divers maquis à partir de 1943. Le mouvement prend une ampleur sans précédent durant l'hiver 1943-1944 et au printemps de 1944. Mais la division de la France en plusieurs zones, la diversité des mouvements de résistance aboutissent à une croissance des organisations, multiplicité accrue par les difficultés de communications. Diverses tendances unificatrices ont cependant été tentées. Jean Moulin, par exemple, délégué du général de Gaulle, parvient à constituer le Conseil national de la Résistance (CNR) au printemps de 1943 et tient la première réunion plénière de cet organisme le 27 mai à Paris, rue du Four. Semblable unification est souhaitée, tant à Londres qu'à Alger, en vue d'obtenir au moment des débarquements une coordination efficace des actions militaires des résistants armés. L'Organisation de résistance de l'armée (ORA) l'exige également, car ses membres, militaires de carrière, répugnent à se trouver sous les ordres d'organismes civils. D'autre part, le parti communiste a mis sur pied un Comité d'action militaire (COMAC) fort bien structuré, et dispose d'éléments de choc de qualité avec les francs-tireurs et partisans (FTP). Il semble donc indispensable au gouvernement provisoire d'Alger, aussi bien qu'aux Alliés, de coiffer tous les réseaux d'un commandement militaire unique.

Le 1ᵉʳ février 1944, le Comité français de libération nationale (CFLN) décide donc, à Alger, la création d'un état-major chargé de diriger les Forces françaises de l'intérieur. La métropole est divisée en 12 régions militaires. Les formations FFI comporteront un état-major à quatre bureaux selon les données classiques, structures que l'on retrouve aux échelons nationaux, régionaux et départementaux. Le général Kœnig, ancien de Narvik, héros de Bir Hakeim, est désigné en mars 1944 en qualité de chef d'état-major. Celui-ci se trouve à Londres, étant donné la présence dans la capitale anglaise de l'état-major interallié du général Eisenhower. Mais à Alger opère un chef adjoint, le général Cochet, qui reçoit des attributions semblables pour le midi de la France, où un second débarquement est prévu après celui de Normandie. Le général Kœnig supervise donc dès ce moment l'ORA, l'armée secrète (AS), les FTP et les divers maquis. En pratique, les FFI sont handicapées par les doutes que nourrissent les Anglo-Saxons sur leur efficacité au combat et par le souci des mouvements de la Résistance de conserver leur liberté d'action. Pourtant, lors du Débarquement, les FFI joueront un rôle décisif d'auxiliaires.

Le 6 juin, à la suite de la diffusion de messages radiophoniques, tous les réseaux et maquis entrent en action. Le « plan Vert » est applicable au réseau ferroviaire, et il est exécuté principalement par le groupe « Résistance-fer ». Le « plan Violet » est destiné au sabotage des communications téléphoniques et télégraphiques allemandes par le service des PTT. Le « plan Bleu » vise à neutraliser les centrales électriques et le « plan Tortue » doit entraver les liaisons routières de l'occupant. En même temps, les maquis passent à l'action militaire, aidés souvent par des parachutages d'armes et de munitions, et par l'envoi de combattants, en particulier en Bretagne où atterrissent les éléments du 1ᵉʳ régiment aéroporté du colonel Bourgoin, stationné en Angleterre.

Forces françaises de l'intérieur
Un FFI au moment de la libération de Paris, en août 1944. © *Lapi-Viollet*

Ailleurs, des Pyrénées aux Alpes, à travers tout le Massif central et le Morvan, l'occupant est sans cesse harcelé. Il se voit souvent immobilisé et subit de lourdes pertes. Au contraire, la progression des forces alliées est facilitée par ces soldats qui balisent les axes de pénétration tout en les surveillant après le passage des éléments motorisés. Le gain de temps est énorme et, après la campagne, le général Eisenhower estimera à la valeur d'une quinzaine de divisions l'appoint des FFI à ses propres forces. Le centre de la Bretagne, le sud de la Loire jusqu'aux Pyrénées, les Cévennes et le Morvan sont ainsi libérés par les FFI seules. Par la suite, ces Forces françaises de l'intérieur fourniront à l'armée régulière un apport de plus de 150 000 combattants, la Ire armée (de Lattre de Tassigny) en incorporant 137 000 à l'automne de 1944 et durant l'hiver. Les FFI constitueront en outre la majeure partie des troupes des fronts de l'Atlantique et des Alpes d'octobre 1944 à mai 1945.

FORCES FRANÇAISES LIBRES (FFL)

À la suite de l'appel du général de Gaulle lancé sur les ondes de la BBC à Londres, le 18 juin 1940, un certain nombre de combattants des trois armes se rallient au mouvement de la France libre.

Beaucoup proviennent du corps expéditionnaire de Norvège, d'autres sont des évacués de Dunkerque. Des ralliements individuels s'opèrent également depuis la Bretagne (tels les hommes valides de l'île de Sein) ou bien sont des transfuges des territoires d'outre-mer. En juillet et août se rallient les comptoirs des Indes, les territoires du Pacifique, les Nouvelles-Hébrides et la Nouvelle-Calédonie, les territoires du Tchad, de l'Oubangui, du Cameroun et du Congo. Le Gabon suit l'exemple en novembre. Les accords du 7 août, passés avec le cabinet britannique, règlent les modalités d'assistance militaire et financière. Le Comité français est reconnu diplomatiquement par les gouvernements en exil à Londres, et, au printemps 1941, la France libre bénéficie des avantages de la loi américaine prêt-bail. En 1941, les forces navales comptent 170 bâtiments et réunissent un effectif de 3 600 hommes aux ordres de l'amiral Muselier (que remplacera le 3 mars 1942 l'amiral Auboyneau). Les forces aériennes comprennent les groupes de chasse « Île-de-France », « Alsace » et « Normandie » (qui passera en Russie en 1942 et deviendra l'escadrille « Normandie-Niemen »), ainsi que la formation de bombardement « Lorraine ».

Quant aux forces terrestres, elles participent successivement à un raid contre Mourzouk, capitale du Fezzan, en janvier 1941, et à la conquête, par les troupes du colonel Leclerc, en mars 1941, de l'oasis de Koufra, dans le sud de la Libye. D'autres unités participent à la libération de l'Érythrée en mars 1941 puis à la campagne de Syrie en juin-juillet 1941. En 1942, les forces terrestres comprennent environ 15 000 combattants regroupés en deux brigades légères stationnées au Proche-Orient. La 1re brigade française libre (Kœnig) s'illustrera à Bir Hakeim, tandis que la colonne Leclerc, partie du Tchad en décembre 1942, parviendra à Tripoli en janvier 1943, effectuant sa jonction avec la VIIIe armée de Montgomery venue d'El-Alamein. Dans le même temps, le Comité de la France libre constitue un réseau de renseignement, le BCRA, et entretient des relations très étroites avec les mouvements de résistance de métropole, que Jean Moulin s'efforce de rassembler au sein d'un organisme qui deviendra, en 1943, le Conseil national de la Résistance (CNR). Un insigne frappé de la croix de Lorraine, emblème imaginé par l'amiral Muselier en 1940, symbolise l'appartenance aux Forces françaises libres. C'est la seule distinction que le général de Gaulle porte d'ailleurs sur son uniforme. Cet insigne sera distribué aux membres des FFL jusqu'au 3 juin 1943, date de la fusion des Comités de Londres et d'Alger en un Comité français de libération nationale (CFLN) qui désormais représentera légalement les intérêts de la France combattante.

FOREY Élie Frédéric (Paris, 1804 – Paris, 1872)

Maréchal de France.

Admis en 1822 à l'École militaire de Saint-Cyr, il prend part à l'expédition d'Alger et tient garnison dans les Pyrénées jusqu'en 1835. Nommé capitaine, il se distingue lors du siège de Constantine, puis est placé en 1840 à la tête d'un bataillon de chasseurs à pied et fait successivement quatre campagnes en Afrique avant de rejoindre la métropole avec le grade de colonel. Général en 1848, il apporte un concours énergique au coup d'État du 2 décembre 1851 (fusillade des boulevards) et reçoit à cette occasion la croix de commandeur de la Légion d'honneur. Promu général de division en 1852, Forey est appelé en 1854 à la division de réserve de l'armée d'Orient, et il est chargé momentanément du commandement des troupes lors du siège de Sébastopol. Rentré de Crimée, il est placé à la tête de la première division de l'armée de Paris. Cette dernière devant participer à la campagne d'Italie, il prend part, victorieux, aux meurtriers combats menés contre les Autrichiens à Montebello au mois de mai 1859. Appelé la même année au Sénat, Forey devient chef du corps expéditionnaire au Mexique et parvient à prendre, après un long siège, la ville de Puebla en 1863, ce qui lui vaut le bâton de maréchal. Son immobilisme à Orizaba, avant d'aller attaquer Puebla, l'accord qu'il donne trop hâtivement à la régence pour appeler l'archiduc Maximilien au trône, sans prendre l'avis du pays, lui feront perdre son commandement au profit du général Bazaine.

FOREZ

Pays situé dans le Massif central entre le Lyonnais et le Beaujolais à l'est, l'Auvergne à l'ouest.

Géographiquement, il comprend deux parties nettement différentes : les monts (Haut-Forez), rocailleux et durs ; la plaine, longtemps marécageuse, aujourd'hui encore riche en étangs. Historiquement, le *pagus Forensis*, appelé ensuite *Foresium*, doit son nom à son chef-lieu, *Forum Segusiavorum* (Feurs). Après avoir fait partie de la Première Lyonnaise sous le Bas-Empire, il devient comté au Xe siècle sous la suzeraineté du roi de Bourgogne. Par la suite, le comté de Forez partage généralement le sort de celui de Lyonnais. Guigue II, comte de Forez et Lyonnais, recommande avant sa mort, en 1137, son fils Guigue III au roi de France. Depuis lors, le comté de Forez est reconnu comme mouvant du royaume. Cela n'empêche pas les comtes de Forez et les archevêques de Lyon de se disputer la possession du Lyonnais jusqu'en 1173. Le comte Jean Ier (1290-1333) réorganise l'administration de son fief, instituant en 1317 une chambre des comptes. La seconde dynastie forézienne a son dernier représentant en la personne de Jean II, dont la nièce et seule héritière, Anne d'Auvergne, comtesse de Clermont d'Auvergne et du Forez, épouse vers 1370 le duc Louis II de Bourbon.

Ainsi, le comté de Forez passe à une troisième dynastie, celle des Bourbons. Toutefois, il est considéré au XVe siècle comme un apanage et ne bénéficie pas de dérogation (accord confirmé par Charles, comte de Clermont, en 1425). La trahison du connétable de Bourbon entraîne sa confiscation. Au traité de Madrid, François Ier doit le rendre au connétable. Mais la mort de celui-ci en 1527 permet à la couronne de le récupérer juridiquement avec le reste des biens bourbonnais. En 1530, après la paix de Cambrai, François Ier se trouve obligé de donner le Forez, avec d'autres terres, à Louise de La Roche. Le Forez rentrera par la suite dans le gouvernement du Lyonnais.

En 1441, Feurs a cédé la place comme capitale du pays à Montbrison. Cette dernière cité, qui a beaucoup souffert des guerres de Religion, notamment lorsque le baron des Adrets accomplissait ses exploits, a conservé son rang jusqu'à la Révolution. En 1790 est constitué un département de Rhône-et-Loire réunissant Forez et Lyonnais, avec Lyon pour capitale ; en 1793, cette circonscription est supprimée. Le nouveau département de la Loire recouvre, à peu de chose près, les anciennes limites du Forez. Le statut de chef-lieu est rendu à Feurs, que Montbrison remplace une seconde fois en 1801. En 1856, l'essor industriel de Saint-Étienne lui permet de s'imposer à son tour comme chef-lieu de la Loire.

FORMIGNY (bataille de)

Victoire remportée au cours de la guerre de Cent Ans par les Français sur les Anglais.

Le 15 avril 1450, les forces réunies du comte de Clermont, du connétable de Richemont et de l'amiral de Coëtivy rencontrent à Formigny, près de Bayeux, l'armée anglaise de Thomas Kyriel. Ce dernier venait de débarquer à Cherbourg pour tenter de porter secours aux dernières places anglaises en Normandie. Les Anglais sont écrasés et, après cette victoire, les Français peuvent achever la reconquête de la Normandie.

FORMULAIRE

La religion catholique connaît un grand nombre de formulaires mais seul le Formulaire *lié à la querelle du jansénisme est resté célèbre.*

En 1653, Nicolas Cornet, un ami de la Compagnie de Jésus, obtient la condamnation pontificale de cinq propositions qu'il a extraites du livre de Jansénius, l'*Augustinus*. Il obtient encore, en 1655, la rédaction du *Formulaire*, contenant la condamnation de ces propositions attribuées à Jansénius. Dès 1656, le Formulaire, qui est une condamnation implicite de l'augustinisme et du jansénisme, devient le test de l'orthodoxie. Sa signature est imposée à tout membre du clergé à partir de 1658-1660, et une bulle d'Alexandre VII la prescrit en 1664 à toute personne qui voudrait s'approcher des sacrements. Or il apparaît qu'en réalité ces fameuses propositions ne sont pas contenues expressément dans l'*Augustinus*, même si elles sont plus ou moins dans la pensée de Jansénius. De fait, la signature du Formulaire empoisonne les affaires religieuses pour plus d'un siècle et suscite de nombreux drames de conscience, comme en témoigne la fameuse rétractation signée par Malebranche en 1673. À partir de 1660, les tracasseries, bientôt les persécutions se développent contre les réfractaires. Un *modus vivendi* est trouvé en 1668 mais, à partir de 1679, la situation se dégrade de nouveau et les controverses resurgissent, notamment après la publication, en 1701, du *Cas de conscience*. En 1705 encore, Clément XI exige l'observation sincère et sans réserve du Formulaire.

FORNOUE (bataille de)

Victoire remportée par les Français sur la Sainte Ligue, le 6 juillet 1495.

Charles VIII, contraint d'abandonner Naples, rencontre à Fornoue, non loin de Parme, l'armée des confédérés de la Sainte Ligue dirigée par Jean-François II, duc de Mantoue. Grâce à la *furia francese*, et malgré leur infériorité numérique – ils ne sont que 9 000 contre 40 000 confédérés –, les Français l'emportent. Cette victoire permet à Charles VIII de repasser les Alpes au mois de novembre.

FORT CARILLON : voir CARILLON (fort)

FORT-DE-FRANCE

Chef-lieu de la Martinique, situé au bord de la baie du même nom, au sud des pitons du Carbet.

La qualité du mouillage a fait distinguer cet emplacement au XVIIe siècle, lorsque Colbert décide d'y construire un port destiné à recevoir un arsenal et des entrepôts. On l'appelle à l'époque Fort-Royal. Des tremblements de terre et de violents cyclones ont ravagé le site, en particulier en 1839 et en 1891. Malgré cette vocation maritime et l'excellence de ses installations, Fort-de-France

Fou – Folie
Saint Martin exorcisant un possédé. Huile sur toile, fin XVe siècle, Colmar, musée Unterliden. © G. *Dagli Orti*

n'est encore, au début du XXe siècle, que la deuxième agglomération de l'île, nettement supplantée par Saint-Pierre, qui compte alors 26 000 habitants contre 15 000 seulement au chef-lieu administratif. Mais cette situation est renversée à la suite de l'éruption de la montagne Pelée, qui détruit en grande partie Saint-Pierre en mai 1902. Dès ce moment, Fort-de-France connaît une croissance constante et quintuple sa population. La ville rend hommage à l'impératrice Joséphine de Beauharnais, native de l'île, par une statue et par un attachant culte du souvenir.

FORTUNAT, saint Venance (Duplavilis, actuellement Valdobiaddene près de Trévise, v. 530 – Poitiers, v. 600)

Évêque et poète.

Après d'excellentes études à Ravenne, il vient, en 565, en pèlerinage à Saint-Martin-de-Tours et se fixe à Poitiers. Il y devient chapelain de sainte Radegonde, dont il a écrit la biographie. Évêque de Poitiers vers 597, il est surtout connu par les œuvres qu'il a composées : un long poème sur saint Martin de Tours dont il a écrit aussi la vie, et surtout des hymnes *(Vexilla regis, Pange lingua)*, à la demande de Radegonde pour la réception solennelle des reliques de la Vraie Croix (568-569).

FOU – FOLIE

Celui qui a perdu la raison – Aliénation de l'esprit.

La définition du fou se trouve dans l'Ancien Testament. Il est « l'insensé qui a dit que Dieu n'existait pas » (Ps 52). De là découle la diabolisation de la folie. Le fou est habité par Satan, qui s'exprime par sa bouche. D'où les exorcistes qui perdurent jusqu'à nos jours. D'où également le recours aux saints pour guérir. En France, le sanctuaire le plus célèbre du royaume est, aux frontières de l'Île-de-France et du Gâtinais, Saint-Mathurin-de-Larchant (qui abrite les ruines impressionnantes d'une église gigantesque). Les malades les plus dangereux sont enfermés dans l'église dans des cages, le temps d'une neuvaine, gardés soit par leur famille, soit par des gardiens. Dès le Moyen Âge, on distingue plusieurs types de folie : frénésie, manie, mélancolie et léthargie. Si la société garde volontiers en son sein ceux qui ne sont pas dangereux, elle traite en revanche avec beaucoup de rigueur les « frénétiques », autrement dit ceux qui sont possédés par Satan. Pour faire fuir le diable, on enchaîne le malade, on le met en cage, on le fouette, on le chasse de la ville. À une autre frontière de la pensée médiévale, la folie est apparentée à l'innocence et le fou à un envoyé du Ciel. De là découle la vogue des fous volontaires, les « fous de Dieu » définis par saint Paul dans la première Épître aux Corinthiens. Parmi eux, Robert d'Arbrissel, fondateur de l'abbaye de Fontevraud au XIIe siècle, saint Bernard ou saint François d'Assise, et beaucoup d'autres. Comme tel encore, le fou est le héros des fêtes des Fous du temps de Noël, où l'ordre social est inversé et où l'insensé apparaît comme porteur de toutes les sagesses. De là enfin découle la vogue des « fous de Cour », qui seuls peuvent se permettre de donner certains avis impertinents au roi ou au prince. La médecine médiévale cherche également à guérir les fous. Dans les hôpitaux, on les soigne par les plantes puis, à partir du XIVe siècle, par une opération consistant à extraire du crâne la « pierre de folie ».

La perception de la folie change radicalement au XVIIe siècle, lorsque la raison règne à l'état pur. Tout ce qui n'est pas raison devient déraison et doit être éliminé, enfermé. De plus, le champ de la folie s'élargit. Elle inclut désormais la pointe extrême des défauts. Par exemple sont déclarés fous un plaideur opiniâtre, un grand menteur, un esprit chagrin et bourru, un curé non charitable et usurier, une femme qui n'aime pas son mari. Avec eux sont internés les libertins, les débauchés, les blasphémateurs, et tout ce monde d'exclus croupit dans des prisons qui ne sont pas sans rappeler l'Enfer et qui, au XVIIIe siècle, finissent par faire peur aux hommes raisonnables. La folie serait-elle contagieuse ? On pense alors à isoler les fous, mais comment les reconnaître ? On reprend la vieille classification médiévale séparant les fous selon le danger qu'ils présentent : l'insensé n'a qu'une raison pervertie, tandis que l'aliéné est devenu étranger aux autres et à lui-même. Celui-là seul doit être enfermé. Et on doit essayer de le soigner.

La Révolution libère les aliénés de leurs chaînes. Le médecin Philippe Pinel (1745-1826) abolit les méthodes thérapeutiques violentes auxquelles sont soumis les aliénés (*Traité médico-philosophique sur l'aliénation mentale ou la manie*, 1803). Puis vient la contribution du professeur Jean Martin Charcot (1825-1893), qui fait avancer les recherches sur la pathologie nerveuse, notamment sur l'hypnose et l'hystérie. Son élève à la Salpêtrière, l'Autrichien Sigmund Freud (1856-1939), bouleverse l'approche médicale de la folie en introduisant la méthode de la psychanalyse, fondée sur l'exploration de l'inconscient du patient (*L'Interprétation des rêves*, 1899-1900 ; *Psychopathologie de la vie quotidienne*, 1901 ; *Cinq leçons sur la Psychanalyse*, 1910 ; *Totem et Tabou*, 1913).

FOUAGE

Redevance seigneuriale ou imposition royale perçue au Moyen Âge sur chaque feu (ou foyer), d'où son nom.

Taxe sur le revenu exigée des non-nobles, le fouage royal est établi par deux ordonnances de Philippe le Bel (novembre 1303 et janvier 1304) pour lui permettre d'équiper ses troupes (deux ou trois sergents pour cent feux). Pesant à l'origine uniquement sur les pays de langue d'oc, il n'est pas perçu dans le nord du royaume avant le milieu du XIVe siècle, mais prend alors très vite le caractère d'un impôt de répartition. Sa levée est régulière en 1370, car les états n'ont pu refuser leur consentement pendant la guerre de Cent Ans. Cet impôt qui préfigure la taille est d'ailleurs désigné à partir du XVIe siècle par le nom générique de « taille », le terme fouage ne s'appliquant plus qu'aux variétés locales de la taille (Normandie, Bretagne, Provence).

FOUCAULD de PONTBRIAND Charles Eugène, vicomte de, dit le PÈRE de (Strasbourg, 1858 – Tamanrasset, 1916)

Missionnaire.

Après de mauvaises études militaires à l'École de Saint-Cyr et à l'École de Saumur – on le cite comme un exemple à ne pas suivre –, il devient sous-lieutenant de hussards à la piètre réputation. Le 20 mars 1881, une décision ministérielle le place en disponibilité pour indiscipline. En juin, la presse annonce l'entrée en campagne du 4e chasseurs, son régiment, contre les rebelles d'Ouled Sidi Cheik. Charles de Foucauld demande à reprendre du service, simple spahi, s'il le faut, et il est réintégré. Le soulèvement vaincu, il démissionne de l'armée et réside à Alger, où il prépare un voyage d'exploration au Maroc. Il apprend la langue arabe, approfondit ses connaissances géographiques et cartographiques. Le 12 juin 1882, le tribunal civil de Nancy le déclare cependant prodigue. L'un de ses cousins sera son conseil juridique. Charles de Foucauld, revêtu d'une lévite de rabbin, part pour le pays de Moulay Hassan le 10 juin 1883. Il le visite du nord au sud. Le 23 mai 1884, il rejoint l'Algérie et, le 9 janvier 1885, durant un séjour qu'il effectue en France, il reçoit la médaille d'or de la Société de géographie.

L'époque de l'aventure physique est maintenant finie. Celle de l'aventure spirituelle débute : il effectue un pèlerinage à Jérusalem le 3 décembre 1888, fait une retraite à l'abbaye de Solesmes et à la trappe de Soligny, et enfin entre à la trappe de Notre-Dame-des-Neiges, en Ardèche, en janvier 1890. Le 27 janvier, il y est postulant, le 7 février, sous le nom de frère Alberic Marie, novice de chœur. La trappe de Notre-Dame-du-Sacré-Cœur, en Syrie, l'accueille au mois de juin. Le 2 février 1892, il fait sa profession de foi dans l'ordre des Cisterciens réformés. Il a renoncé à la totalité de ses biens, recherche l'ascèse et l'humiliation, mène à Nazareth une vie de pauvreté à la porte d'un couvent, sert de domestique aux sœurs clarisses. Le 9 juin 1901, Mgr Montety l'ordonnera prêtre, à Viviers. Cinq mois plus tard, retiré à Beni-Abbès, oasis du Sud algérien, le père de Foucauld – frère Charles de Jésus – s'astreint à suivre la sévère règle de saint Augustin. Il baptise son ermitage la « Fraternité du Sacré-Cœur » et y assiste les pauvres, rachète les esclaves. Des amis de naguère le visitent, tels le futur maréchal Lyautey et le futur général Laperrine. En 1905, l'amenokal Moussa autorise le marabout – ainsi les Algériens l'appellent-ils – à se fixer au milieu des terres touareg, à Tamanrasset. C'est là, lors d'un raid Senousis, que devant son refus d'abjurer, un Targui âgé de 15 ans, l'assassinera d'une balle de fusil tirée dans l'oreille droite. On lui doit une *Reconnaissance du Maroc*, une *Règle pour les petites sœurs*, un *Évangile présenté aux pauvres nègres* et un dictionnaire français-touareg, touareg-français.

Charles de Foucauld
À Beni-Abbès vers 1903. © *Sélection Images*

FOUCAULT Nicolas (Paris, 1643 – Paris, 1721)

Juriste et administrateur.

Avocat au parlement de Paris, procureur des requêtes de l'hôtel en 1666, il se démet en 1672 et devient alors avocat général au Grand Conseil. Maître des requêtes et intendant de Montauban en 1674, du Béarn en 1682, et enfin du Poitou en 1685, il se distingue par l'ardeur de son zèle contre les protestants. Il n'hésite pas à employer la force pour obtenir leur conversion, détruit les temples, impose le logement des gens de guerre. Intendant de Caen en 1689, il occupe cette charge pendant dix-sept ans, et achève sa carrière comme conseiller ordinaire, en 1717.

FOUCHÉ Joseph, duc d'Otrante (La Martinière, Loire-Atlantique, 1759 – Trieste, Italie, 1820)

Homme politique.

Il mène ses études chez les oratoriens de Nantes et, selon les vœux de sa famille, envisage une carrière analogue à celle de son père, capitaine de la marine marchande. Toutefois, il préfère devenir, en 1781, confrère de l'Oratoire et recevoir les ordres mineurs. En 1782, il se retrouve professeur de sciences au collège de Niort ; l'année suivante, il enseigne à Saumur puis à Vendôme et à Juilly. En 1788, il est envoyé, en qualité de professeur de physique, à Arras, où il fait la connaissance de Robespierre. Au début de la Révolution, Fouché est préfet des études au collège de Nantes, avant de quitter l'état ecclésiastique pour devenir avocat. En 1790, il s'inscrit à la Société des amis de la Constitution (futurs Jacobins). Deux ans plus tard, il se fait élire à la Convention où il vote la mort de Louis XVI sans appel ni sursis. Patriote acharné, il est envoyé en mission à Nantes, dans l'Aube et dans la Nièvre où, avec un fanatisme outrancier, il organise une sanglante répression antinobiliaire et une ardente œuvre de déchristianisation. En 1793, à Lyon, il ordonne, avec Collot d'Herbois, de sanglantes représailles contre des ennemis de la République puis, estimant l'avenir de Robespierre compromis et se trouvant lui-même l'objet de vives critiques au sein des comités révolutionnaires, décide de se joindre aux ennemis de Robespierre.

Effectivement, sans participer directement à la journée du 9 Thermidor, il réapparaît peu de temps après aux côtés des thermidoriens. Fouché va ensuite quitter ces derniers, rallier Babeuf, être arrêté puis amnistié. C'est alors que, grâce à la protection de Barras, il est envoyé dans un premier temps comme ambassadeur à Milan puis à La Haye, avant que lui soit proposé, toujours sur les instances de Barras, le poste de ministre de la Police, au mois de juin 1799. Fouché abandonne alors son protecteur et se tourne vers Bonaparte, dont il perçoit la destinée. C'est ainsi que, au lendemain du 18 Brumaire, il conserve son portefeuille ministériel, malgré la défiance nourrie à son encontre par le Premier Consul. Comme chef de la police, il crée un formidable réseau de police secrète et voit augmenter son ascendant sur Bonaparte. Toutefois, ce dernier continue à se méfier de lui et, ne pouvant le renvoyer brutalement, décide de supprimer son ministère, tout en confiant à son ancien titulaire le siège de sénateur d'Aix. Fouché ne retrouve son poste ministériel qu'à l'avènement de l'Empire. Quoiqu'il se rende indispendable à Napoléon qui le nomme duc d'Otrante en 1809, celui-ci le congédie et l'exile à Aix-en-Provence en juillet 1810, après avoir appris qu'il entretient des contacts avec des émigrés, qu'il a partie liée avec Talleyrand, enfin qu'il désapprouve le mariage autrichien. Après une disgrâce de trois ans, Fouché est nommé gouverneur des provinces Illyriennes et redevient ministre de la Police durant les Cent-Jours. Louis XVIII le maintient quelques semaines à ce poste, puis le nomme ambassadeur à Dresde. Mais, frappé par la loi de 1816 en tant que régicide, il perd ses fonctions et est exilé. Il se retire alors à Trieste où il meurt au mois de décembre 1820, laissant une fortune de 14 millions et des *Mémoires* d'un grand intérêt. Il est inhumé dans la cathédrale de Trieste.

Fouché
Joseph Fouché, duc d'Otrante. Huile sur toile d'E.L. Dubufe, château de Versailles. © *Giraudon*

FOUCHET Christian (Saint-Germain-en-Laye, 1911 – Genève, 1974)

Homme politique.

Ancien élève de la faculté de droit et de l'École des sciences politiques, ministre plénipotentiaire, conseiller général de Meurthe-et-Moselle, il rejoint la France libre en 1940 et opère dans une formation aérienne. De 1943 à 1946, il remplit diverses missions diplomatiques en URSS, en Pologne, puis en Inde. Délégué général du RPF, le parti gaulliste, de 1947 à 1951, député de la Seine de 1951 à 1956, ce fidèle compagnon du général de Gaulle devient haut-commissaire en Algérie en 1962, puis ministre de l'Éducation nationale jusqu'en 1966, enfin ministre de l'Intérieur de 1967 à 1968. Après la retraite politique du général de Gaulle, Christian Fouchet prend à son tour ses distances avec l'UDR. Il postule même un moment à la course à l'Élysée, en 1974, à titre individuel, mais se retire ensuite en faveur de Jacques Chaban-Delmas.

FOUCQUET ou FOUQUET Nicolas, vicomte de Vaux, marquis de Belle-Isle (Paris, 1615 – Pignerol, 1680)

Surintendant des Finances.

Fils du riche armateur breton François Fouquet, maître des requêtes et conseiller d'État, il commence sa carrière dans la magistrature. Conseiller au parlement de Metz, puis maître des requêtes, il remplit, de 1642 à 1647, plusieurs missions d'intendant, aux armées ou dans les provinces. Il se lie en 1648 avec Mazarin, qui le nomme intendant de Paris au mois d'avril, et de nouveau pendant la Fronde, lorsque l'armée royale assiège la capitale. Fouquet, qui achète en 1650 la charge de procureur général au parlement de Paris, reste fidèle à la reine mère et à son ministre pendant la Fronde, et réussit à sauver les collections de Mazarin. Sa fidélité est récompensée par la charge de surintendant des Finances, qu'il partage en 1653 avec Abel Servien, et exerce seul à la mort de ce dernier, en 1659. Très habile, Fouquet utilise d'abord son crédit personnel pour emprunter les fonds qui lui permettent de renflouer le Trésor. Il pensionne des gens en place, et même la reine mère. Il use par la suite de tous les expédients, dévaluations, anticipations sur les ressources futures, emprunts onéreux, confondant d'ailleurs sa propre fortune avec celle du roi, puisqu'il prête à l'État comme particulier et se rembourse comme surintendant. Il attache beaucoup d'importance au commerce extérieur et prend diverses mesures dont Colbert se souviendra quelques années plus tard. À son initiative, les marchandises importées sont frappées d'un droit de 50 sous par tonneau. Il tente aussi d'améliorer la capacité de la flotte commerciale française. À l'intérieur, il projette le remaniement des tailles et des tarifs de circulation des marchandises.

Fouquet ne cherche pas seulement à rétablir les finances de la France, il veut aussi s'enrichir et accumule en quelques années, grâce à sa charge, une fortune considérable. Spéculant sur les emprunts, touchant d'énormes pots-de-vin lors de l'affermage des impôts indirects, opérant de multiples malversations, comme bon nombre de ses prédécesseurs, il peut se faire construire, sur sa terre de Vaux, un magnifique château (1656-1661). Mécène généreux et attentif, il favorise la carrière de Le Vau, Le Nôtre et Le Brun, qui travaillent à Vaux, protège Poussin, Puget, La Fontaine, Molière, et bien d'autres. Il réunit dans son château de magnifiques collections et une bibliothèque de 13 000 volumes. Trop ostentatoire, sa fortune lui attire de nombreux ennemis, lui-même réunissant autour de lui une coterie, où l'on trouve ses gendres, les maréchaux d'Aumont et de Gramont, et Hugues de Lionne.

Brouillé avec Mazarin après la paix des Pyrénées (1659), Fouquet fortifie son château de Belle-Isle, acheté l'année précédente au duc de Retz. Ministre d'État et membre du Conseil d'en haut à la mort de Mazarin, il peut se croire tout-puissant (1661). Mais sa fortune lui a attiré la haine de Louis XIV, tandis que Colbert, qui fut autrefois son ami mais convoite sa charge, cherche à l'abattre par tous les moyens, présentant au roi un rapport sur ses nombreuses malversations. Écoutant à tort les conseils de ses ennemis, Fouquet vend au parlement de Paris sa charge de procureur grâce à laquelle il ne dépendait que de ce même parlement, et se place ainsi entre les mains du roi. La fête splendide qu'il donne au roi et à la reine pour l'inauguration de Vaux (17 août 1661), ses menées auprès de Mlle de La Vallière achèvent de persuader Louis XIV qu'il doit se débarrasser de ce ministre trop puissant. Louis XIV invite donc Fouquet à l'accompagner à Nantes où il doit tenir les états de Bretagne. Puis il le fait arrêter par d'Artagnan, le 5 septembre. Un long voyage conduit ensuite le prisonnier à Amboise, Vincennes, Moret, et enfin à la Bastille. L'ancien surintendant est accusé de malversations aux dépens de l'État et de tentative de rébellion, car les enquêteurs ont découvert un plan concernant la fortification de Belle-Isle. Au terme d'un procès long et inique – Berryer, commis de Colbert, a falsifié de nombreuses pièces, tandis que le chancelier Séguier et le procureur général Talon s'acharnent contre l'accusé –, Fouquet est condamné au bannissement perpétuel et à la confiscation de ses biens (20 décembre

Fouquet
Gravure de Gaillard d'après le tableau de Nanteuil, coll. Bulloz, Paris, Bibliothèque nationale de France.
© *Sélection Images*

1664). Jugeant la peine trop légère et craignant qu'à l'étranger Fouquet n'agisse contre lui, Louis XIV la commue en détention perpétuelle.

Conduit à Pignerol, Fouquet y subit une détention extrêmement rigoureuse, au moins jusqu'en 1671, car son ami Pomponne, devenu secrétaire d'État, obtient pour lui un peu moins de rigueur. Il peut même librement voir Lauzun, enfermé lui aussi à Pignerol. Sa famille ne pourra cependant lui rendre visite qu'en 1679. Il meurt l'année suivante, dans des circonstances restées mystérieuses. L'opinion publique, qui pourtant n'aimait guère les surintendants, s'était montrée favorable à Nicolas Fouquet, et ses nombreux amis et protégés, La Fontaine, Mme de Sévigné, Mlle de Scudéry, etc., ont vainement tenté de lui venir en aide. Sa chute inaugure le règne personnel de Louis XIV, persuadé dès lors du danger que représente pour l'autorité royale un ministre trop puissant. La charge de surintendant des Finances disparaît avec Nicolas Fouquet.

FOUGÈRES

Ville d'Ille-et-Vilaine, aux confins de la Normandie et de la Bretagne.

Fougères, qui fait partie au Moyen Âge des neuf grandes baronnies de Bretagne, se développe autour de son château. Une première construction, datant du XIe siècle, est assiégée et rasée par Henri II d'Angleterre en 1166. La forteresse, bientôt reconstruite et agrandie, date en grande partie du XIIe siècle et conserve aujourd'hui encore ses treize tours, dont la tour Mélusine (XIIIe). La baronnie de Fougères, cédée aux Lusignan au milieu du XIIIe siècle et confisquée par le roi en 1307, passe entre les mains de divers membres de la famille royale avant d'être vendue au duc de Bretagne, en 1428. Réunie au duché, puis à la couronne en même temps que ce dernier, la baronnie connaît ensuite plusieurs possesseurs, dont Diane de Poitiers. En raison de sa position de place forte défendant la Normandie, Fougères a connu de très nombreux sièges : Pierre de Dreux la prend en 1230, Du Guesclin en 1372, les Anglais en 1448, le sire de La Trémoille en 1488, le duc de Mercœur en 1588 et 1596. Fougères devient sous la Révolution un des centres de la Chouannerie. Au début du mois de novembre 1793, les Vendéens s'emparent de la ville près de laquelle meurt Lescure, blessé à Cholet.

FOULD Achille (Paris, 1800 – Tarbes, 1867)

Banquier et homme politique.

Fils d'un banquier, ami de Guizot, il possède tous les atouts pour réussir à la fois dans les affaires et en politique. Effectivement, la ville de Tarbes lui permet de siéger en 1847 à la Chambre des députés et, l'année suivante, à la faveur de la révolte parisienne, la capitale lui accorde un siège à l'Assemblée constituante. Ses attaques au sujet de la gestion de Garnier-Pagès attirent l'attention sur lui, et il gagne ainsi la confiance du prince-président. Il la conservera pratiquement jusqu'à sa mort, malgré une réussite aléatoire, le déficit budgétaire demeurant constant. Mais Fould est un financier expert dans l'art de manipuler les chiffres et de recourir aux expédients techniques. Il bénéficie, en outre et surtout, de solides appuis. Son soutien aux principes du libéralisme économique est, en effet, l'occasion pour beaucoup d'asseoir de solides fortunes grâce à des spéculations, particulièrement en honneur sous le régime impérial. Ministre d'État en 1852, il fonde le Crédit mobilier avec les frères Pereire. Membre de l'Académie des beaux-arts en 1857, membre du Conseil privé l'année suivante, redevenu ministre des Finances en 1861, Fould, fondateur de la banque d'Algérie, codifie les principes des créances hypothécaires, établit des caisses de retraite pour la vieillesse et réduit la taxe des lettres. L'accord commercial franco-britannique de 1860 est dû, en grande partie, à son insistance auprès de Napoléon III.

FOULLON Joseph François (Saumur, 1717 – Paris, 1789)

Administrateur.

Foullon, dit parfois Foullon de Doué, du nom de sa terre, est intendant général des Armées puis intendant de la Marine et conseiller d'État en 1789. Il est chargé, après le renvoi de Necker (12 juillet 1789), de l'administration de l'armée qui, sous les ordres du duc de Broglie, ministre de la Guerre, est destinée à maintenir l'ordre dans la capitale et devient vite pour les Parisiens « l'armée de siège ». Ses opinions contre-révolutionnaires et le poste qui lui a été confié le désignent à la fureur du peuple, hanté par l'idée d'un complot aristocratique qui viserait à accaparer les grains pour accabler le peuple, et à faire marcher les troupes contre Paris. Connaissant son impopularité, il se réfugie à Viry mais, découvert par des paysans, il est traduit devant l'Assemblée des électeurs de l'hôtel de ville de Paris qui ne peut le sauver de la rage populaire : il est pendu à un réverbère au moment de son transfert à la prison de l'Abbaye (22 juillet). Son gendre, Berthier de Sauvigny, qui s'était rendu lui aussi très impopulaire par les mesures qu'il avait dû prendre pour assurer l'approvisionnement de Paris, sera exécuté à son tour peu de temps après.

FOULQUES III NERRA ou LE NOIR (?, 972 – Metz, 1040)

Comte d'Anjou.

Fils de Geoffroi Ier d'Anjou, petit-fils de Foulques II, il engage tout d'abord le combat avec ses voisins bretons, lesquels se coalisent contre lui. Foulques tue de sa propre main Conan Ier, comte de Rennes, au combat de Conquereuil en 992. Tournant ensuite ses forces vers l'est, il enlève Saumur au comte Eudes de Blois, mais a les plus grandes peines à conserver cet empiètement. Foulques Nerra est demeuré très populaire en Anjou en raison de son panache guerrier, ce qui fait oublier certaines brutalités commises lors de ses expéditions. Il est vrai que le comte angevin, redoutant une vengeance divine, a toujours pris soin de faire ériger nombre de chapelles et de monuments religieux tout en multipliant donations pieuses et pèlerinages. L'un de ceux-ci le mènera même en Terre sainte et c'est à son retour qu'il mourra, lors de son passage à Metz.

FOULQUES IV LE RECHIN (Château-Landon, 1043 – Angers, 1109)

Comte d'Anjou.

Fils du comte de Gâtinais Geoffroi Ferréol, neveu de Geoffroi II Martel, lui-même fils de Foulques III, Foulques IV le Réchin (le « hargneux » ou le « querelleur ») reçoit en héritage la Saintonge, alors que son frère Geoffroi le Barbu obtient l'Anjou et la Touraine. Le Réchin envahit les possessions de son frère, le bat à Brissac en 1068, le fait prisonnier et l'enferme dans une forteresse durant une trentaine d'années. Sa quatrième épouse, Bertrade de Montfort, le quitte pour épouser vers 1092 le roi de France, Philippe Ier. Le petit-fils de Foulques IV et de Bertrade est Geoffroy Plantagenêt, qui épousera Mathilde, fille d'Henri Ier d'Angleterre.

FOULQUES de REIMS (?, v. 840 – ?, v. 900)

Archevêque.

Chanoine à Reims, puis abbé de Saint-Bertin, il est nommé à la tête de l'archevêché de Reims en 883. Après la déposition de Charles le Gros, les nobles réunis en assemblée à Compiègne offrent la couronne au Robertien Eudes de Paris (888). Foulques de Reims pousse alors Charles le Simple, frère de Louis III et de Carloman, à se dresser contre le nouveau souverain. Après avoir sacré son candidat en 893, il s'emploie à réconcilier les deux rivaux. Devenu seul roi de France à la mort d'Eudes (898), Charles le Simple exprime sa gratitude à l'archevêque de Reims en le nommant chancelier. Le prélat meurt deux ans plus tard, assassiné sur l'ordre de Baudouin de Flandre, qui convoite l'abbaye de Saint-Bertin.

FOUQUIER-TINVILLE Antoine Quentin (Hérouël, Picardie, 1747 – Paris, 1795)

Homme politique.

Fils d'un riche cultivateur picard, il poursuit à Paris des études de droit et achète, en 1774, la charge de procureur au Châtelet. Contraint de vendre cette charge en 1783 à la suite de diverses malversations, il mène une vie assez obscure jusqu'en 1792, affirme cependant avoir joué très tôt un rôle actif dans la Révolution, aux côtés de son lointain parent Camille Desmoulins. Membre du jury d'accusation au tribunal constitué le 17 août 1792, puis substitut de l'accusateur public près le tribunal criminel du département de Paris, il devient accusateur public au Tribunal révolutionnaire lors de sa création (mars 1793). Exécutant tous les ordres du Comité de salut public, il s'ac-

Fouquier-Tinville
Jugement de Marie-Antoinette. La reine face à Fouquier-Tinville. Gravure de P. Bouillon. Musée de la ville de Paris, musée Carnavalet. © *Lauros-Giraudon*

quitte dès lors de ses fonctions avec un zèle, une rigueur et un cynisme impitoyables, qui le font bientôt surnommer le « Pourvoyeur de la guillotine ». Fouquier-Tinville requiert ainsi la mort de plus de 2 000 personnes, parmi lesquelles Marie-Antoinette, les Girondins, les Hébertistes, Danton et les Indulgents, Desmoulins et des centaines d'accusés que souvent il n'entend même pas. Lors de la réaction thermidorienne, il ose proposer, par l'intermédiaire de Barère, sa candidature pour la place d'accusateur public dans le nouveau tribunal révolutionnaire. Décrété d'arrestation à l'instigation de Fréron, le 14 thermidor, Fouquier-Tinville parvient à se faire entendre par la Convention le 21 et rédige en prison, où il passe huit mois, un mémoire dans lequel il se présente comme l'instrument du Comité de salut public et de la Convention. Il n'en est pas moins condamné à mort, au terme d'un procès de quarante et un jours, et guillotiné à son tour.

FOUREAU Fernand (Saint-Barbaut, Haute-Vienne, 1850 – Paris, 1914)

Explorateur.

De 1888 à 1895, il participe à plusieurs expéditions. Parti d'In-Salah (Sahara algérien), il atteint le plateau du Tademaït, reconnaît le Sahara jusqu'au Tassili des Ajjer et organise, à partir de Temassinine, plusieurs explorations qui préparent la marche vers le Tchad. Favorisé d'un legs important, Foureau, en compagnie du commandant François Lamy, monte une expédition afin de gagner le Tchad (novembre 1898). Partie d'Ouargla (Algérie) et malgré de grosses difficultés à obtenir ravitaillement, guides et animaux de bât, la colonne entre à Agadès (Niger) le 10 août 1899. Le 1er janvier 1900, la mission Foureau-Lamy effectue, à Fort-Archambault (Tchad), la liaison avec la mission Joalland-Meynier, l'ex-mission Voulet-Chanoine, venant du Soudan. Le 21 avril, toutes deux rejoignent, sur la rive gauche du Chari, Émile Gentil, monté de l'Oubangui. Les décrets des 5 et 8 septembre 1900 créent le Territoire militaire des pays et protectorats du Tchad. Fernand Foureau a laissé d'importants ouvrages traitant du Sahara.

FOURIER Charles (Besançon, 1772 – Paris, 1837)

Penseur et économiste.

Fils d'un riche négociant en draps, il perd toute sa fortune en 1793, et mène dès lors une vie de commis ou de petit employé de commerce, à Lyon et à Paris notamment. En même temps, il réfléchit sur l'organisation de la société, avec deux préoccupations principales : répandre ses idées et lutter contre celles de Saint-Simon et d'Owen, qu'il considère comme des charlatans. Autodidacte, Fourier est fortement imprégné de toutes les théories en vogue à la fin du XVIIIe siècle, de Rousseau aux cosmogonies mystiques. Son premier ouvrage, la *Théorie des quatre mouvements*, paraît en 1808 ; viennent ensuite le *Traité de l'association domestique et agricole* (1822), et le *Nouveau Monde industriel* (1829) ; ouvrages qui passent pratiquement inaperçus, mais lui attirent cependant quelques disciples comme Victor Considérant.

Fourier veut mettre fin au désordre qui règne dans la société et permettre à l'homme de vivre dans le bonheur. Il dénonce les « vices de la civilisation ». Son but est la création d'un « ordre sociétaire » fondé sur le principe de l'attraction passionnelle et où toutes les passions, bonnes ou mauvaises, pourraient être satisfaites, alors que l'ordre social actuel les refrène. Fourier dénombre 12 passions principales (sensuelles, affectives et distributives), qui peuvent se diviser en 810 caractères différents : l'unité sociale future, la phalange, doit donc comporter 1 620 personnes, autant de femmes que d'hommes, chacune représentant un caractère. Idée rare à ce moment, le théoricien préconise l'égalité totale entre l'homme et la femme. Les phalanges s'établissent dans des phalanstères, sortes de coopératives de production et de consommation où chacun travaille selon ses aptitudes et ne perçoit pas de salaire. Les phalanstériens vivent en commun dans une sorte de vaste palais et exploitent le terrain qui l'entoure, environ 400 hectares. Ils se livrent aussi à diverses activités artisanales, Fourier étant hostile à l'industrialisme prôné par les saint-simoniens, comme il est hostile au système commercial existant, à la concurrence en général, au libéralisme. En revanche, il ne condamne ni la propriété ni l'héritage. Sur les revenus apportés par les diverses activités, 4/12e vont au capital, 5/12e au travail et 3/12e au talent. Juridiquement, le phalanstère se présente comme une société par actions, chaque phalanstérien en possédant au moins une. Fourier préconise donc la création immédiate de ces phalanstères, grâce auxquels la société parviendra à l'état de « garantisme », puis à l'harmonie parfaite. L'école « phalanstérienne », ou « sociétaire », ou « harmoniste », ou enfin « garantiste » de Fourier, constituée vers 1825, tente de faire connaître ses théories dans *Le Mercure*, fondé en 1830 par Considérant, puis dans *Le Phalanstère* (1832), et enfin dans *La Phalange* (1836). Les disciples de Fourier entreprennent dès 1832 d'organiser un phalanstère à Condé-sur-Vesgre, dans le Nord, mais ils échouent. D'autres tentatives aux États-Unis n'auront guère plus de succès. À côté de théories utopiques et irréalisables, Charles Fourier énonce quelques idées intéressantes, concernant notamment l'association, et certains ont vu en lui le précurseur du coopératisme.

FOURMIES (fusillade de)

Fusillade survenue à Fourmies (Nord) le 1er mai 1891.

Située dans l'un des bastions de l'industrie textile, cette commune du département du Nord y fait travailler un quart de ses 15 000 habitants. Après le traumatisme de la Commune, le choc de la Grande Dépression a, pendant la décennie 1880, mis au chômage jusqu'à un tiers des ouvriers. Leur paupérisation a longtemps freiné les mouvements sociaux, d'autant que les syndicats se souciaient d'abord de revendications corporatistes et craignaient que l'échec des grèves ne les affaiblît davantage. En 1889, le succès de la grève des Houillères de Lens, avec une hausse exceptionnelle de 10 % des rémunérations, marque le retournement de la conjoncture et, notamment avec l'apparition de syndicalistes anarchistes, une politisation des mouvements. C'est dans ce contexte qu'est organisé le rassemblement de Fourmies, le 1er mai 1891, à l'occasion de la journée revendicative contre l'exploitation des travailleurs. Surprises par le nombre des manifestants – environ 1 300 –, les forces de l'ordre se croient à tort menacées, tirent sur la foule, tuent 9 personnes dont un enfant de 12 ans et 7 adolescents, et en blessent 60 autres.

La violence de l'épisode entraîne trois conséquences d'ordre différent : elle précipite le passage à un autre type de grève, moyen de pression dans une négociation, ce que vérifie en novembre 1891 la signature de la convention d'Arras entre patrons et dirigeants ouvriers, première expérience de convention collective en France ; elle incite les pouvoirs publics, en 1892, à modifier la durée du travail pour les adolescents ; enfin, elle creuse le fossé entre syndicalistes de tendance guesdiste, favorables à un ancrage régional et à une action au niveau de l'État, et syndicalistes révolutionnaires.

FOY, sainte (? – Agen, IIIe siècle)

Vierge martyre.

D'après la *Chanson de sainte Foy*, elle était issue d'une grande famille d'Agen et vivait sous Dioclétien ; poursuivie par Dacien, agent de l'empereur, pour avoir refusé d'abjurer, elle subit la torture sur un gril d'acier sous lequel un feu avait été allumé. Mais Dieu, agissant par l'intermédiaire de ses anges, étouffe le brasier et, pour venir à bout de la jeune fille, les mécréants de Vasconie la décapitent. Les reliques de sainte Foy sont volées à Agen en 866 par un moine de Conques. Aussitôt commence le prodigieux essor de l'abbaye rouergate, qui devient un des principaux centres de pèlerinage du Midi français. Pendant les XIe et XIIe siècles, le culte de sainte Foy se répand un peu partout en France. Les Espagnols honorent la sainte d'Agen à l'égal de leurs martyres nationales, sous le nom de *Santa Fe*.

FOY Maximilien Sébastien (Ham, 1775 – Paris, 1825)

Général.

Ancien soldat des armées du Nord et du Rhin durant la Révolution, cet officier supérieur n'approuve ni le consulat à vie que s'attribue Bonaparte, ni la proclamation de l'Empire. Passant d'Austerlitz en Dalmatie puis en Espagne, Foy obtient néanmoins le grade de général de brigade en 1809 après la bataille de Vimeiro, au Portugal. Divisionnaire en 1810, il participe à toute la campagne péninsulaire jusqu'en 1813, défendant, l'année suivante, Orthez contre les Anglo-Espagnols. Rallié à Napoléon durant les Cent-Jours par haine des Bourbons, il intervient à Waterloo et se voit disgracié à la Restauration. Il commence alors une *Histoire des guerres de la péninsule,* qu'il achève en 1819 lorsque le département de l'Aisne l'envoie siéger à la Chambre. Remarquable orateur, Foy profite de l'occasion pour dénoncer les excès des ultras, faisant impression sur l'Assemblée et cristallisant sur sa personne l'attention de l'opposition au régime. Sa mort soudaine, consécutive à une affection cardiaque, est l'occasion pour les républicains et les libéraux de clamer leur opposition en accompagnant leur héros au cimetière du Père-Lachaise. Malgré la pluie, plus de 100 000 personnes suivent le convoi mortuaire, le cercueil étant porté à bras. Une souscription populaire produit la somme d'un million de francs de l'époque, qui est versée à sa veuve et à ses cinq enfants. Une autre souscription permettra plus tard l'érection d'un monument funéraire, œuvre du sculpteur David d'Angers et de l'architecte Vaudoyer.

FRACHON Benoît (Chambon-Feugerolles, Loire, 1892 – Les Bordes, Loiret, 1975)

Syndicaliste.

Mineur du bassin de la Loire, il milite presque aussitôt au sein de la CGT. Il appartient au mouvement socialiste et rejoint la tendance communiste en 1920, après le congrès de Tours. Conseiller municipal, membre du Comité central du parti, Frachon continue son action au sein du groupement départemental de la CGT, occupant jusqu'en 1939 un poste de secrétaire national. Exclu de la CGT après le pacte germano-soviétique, il devient l'un des responsables du parti communiste clandestin et contribue à la réunification syndicale de la CGT (avril 1943), tout en soutenant le refus des ouvriers requis par le STO. À la Libération, il soutient la « bataille de la production » et les nationalisations, ainsi que la ligue

Benoît Frachon
Frachon aux côtés de Frédéric Joliot-Curie (à g.) à Paris, le 1er mai 1949. © *Roger-Viollet*

communiste prônée par Moscou. En décembre 1947, il ne peut éviter une scission de la CGT. Il reste secrétaire général jusqu'en 1966.

FRANC

Unité monétaire qui succède à la livre en 1795.

Les lois de germinal an XI (7 avril 1803) en organisent l'émission en lui laissant le bimétallisme or et argent comme système d'étalon, d'où son nom de franc germinal pendant la période napoléonienne. Le pouvoir d'achat du franc a varié en fonction du mouvement général des prix. Quand les prix baissent (de 1817 à 1850, par exemple), le franc s'apprécie. En moyenne, jusqu'en 1914, la valeur du franc est restée à peu près constante. Le cours forcé est rétabli en 1914. L'entre-deux-guerres inaugure une période agitée. En 1922, la conférence de Gênes reconnaît le Gold Exchange Standard dont les deux principaux bénéficiaires sont la livre et le dollar. En 1926, le Cartel des gauches est contraint de faire appel à Poincaré pour résoudre la crise financière. Le Franc Poincaré, fixé à un peu plus d'un cinquième du franc germinal (1928), redevient stable. Il sera suivi du franc Auriol, du franc Bonnet, du franc Reynaud. Parallèlement, sous la direction de Jacques Rueff, aux changes flottants sont substitués les changes fixes qui mettent fin aux cours forcés de la monnaie. Pour la première fois, le franc n'est plus défini par un poids d'argent, l'application du Gold Exchange Standard étant supprimée. Le 4 mai 1938, c'est l'abandon de l'étalon-or et le rattachement à l'étalon-sterling à la parité fixe de 179 F. Enfin, le 3 septembre 1939, le contrôle des changes généralisé fige les parités de la livre à 176,25 F et du dollar à 43,8 F. Le franc ne retrouve sa convertibilité externe qu'en 1959, grâce à la coopération européenne. Dix-huit dévaluations interviennent de 1928 à 1958. Cette dernière est la plus célèbre. Elle crée un « nouveau franc » égal à 100 anciens francs. Une phase de taux de changes fixes et ajustables s'instaure. À partir de 1969, cependant, l'instabilité des taux d'inflation crée des pressions persistantes sur le franc, qui s'apprécie par rapport au dollar et se déprécie par rapport au mark. L'entrée dans la crise à partir de 1973 conduit aux changes flexibles. Au début des années 1980, le recours à la dévaluation est encore nécessaire à plusieurs reprises. À partir du milieu de la décennie, en revanche, la diminution de l'inflation permet une politique de « franc fort ». Le franc, remplacé progressivement par l'euro, la monnaie européenne, cesse définitivement d'exister le 17 février 2002.

FRANC-ALLEU : voir ALLEU

FRANC-FIEF

Au Moyen Âge, droit dû par les roturiers acquéreurs d'un bien noble.

Cette taxe, très lourde, est établie en 1275 par une ordonnance de Philippe III qui décide que le non-noble acquérant un fief mouvant du roi ne pourra devenir noble qu'à condition de s'acquitter de cette redevance. Le franc-fief vient donc sanctionner dans les faits l'ascension sociale des roturiers. Créé pour des raisons fiscales, il est pourtant d'un très faible produit pour la couronne. Le franc-fief est devenu très impopulaire à la fin de l'Ancien Régime, le tiers état en étant venu à le considérer avant tout comme une contrainte humiliante.

FRANC-MAÇONNERIE

Société de pensée à caractère initiatique et à vocation universelle se fondant sur la tolérance et la liberté, dont le but principal est la recherche de la vérité et le perfectionnement de l'humanité.

Née en Angleterre au début du XVIIIe siècle – la Grande Loge de Londres est fondée en 1717 –, la franc-maçonnerie anglo-saxonne, dont le texte de référence est le *Livre des Constitutions* de James Anderson, étend rapidement son influence dans la France des Lumières. La première loge parisienne, la loge Saint-Thomas, est fondée en 1726. La Première Grande Loge de France regroupe, en 1728, l'ensemble des loges françaises. Très vite, cette société secrète à la philosophie déiste et au caractère tolérant quant à l'appartenance idéologique de ses membres éveille les soupçons. La bulle *In Eminenti* du pape Clément XII, qui excommunie tous les francs-maçons, marque le début du combat qui oppose l'Église et la franc-maçonnerie.

La thèse, développée par l'abbé Barruel, selon laquelle la Révolution française est le fruit d'un complot maçonnique ne résiste pas à l'analyse. Paradoxalement, cette période est l'un des moments noirs de l'histoire de la franc-maçonnerie. Ainsi, le Grand Orient de France passe de près de 700 loges en 1789 à moins de 20 ateliers en 1796. Toutefois, l'implication de la maçonnerie, bastion des idées républicaines, dans l'histoire nationale est incontestable durant la IIe et la IIIe République, âge d'or de la maçonnerie française. Le 24 février 1848, la proclamation de la République et la mise en place d'un gouvernement provisoire qui compte trois francs-maçons en activité représente une victoire pour les idéaux de la franc-maçonnerie. L'abolition de l'esclavage, en avril 1848, est le fait du sous-secrétaire d'État, le franc-maçon Victor Schoelcher.

Mais c'est surtout lors de la IIIe République que la franc-maçonnerie, principalement le Grand Orient de France, joue un rôle actif dans la construction et la défense du régime. Ainsi, la séparation des Églises et de l'État est le fruit d'une longue collaboration entre le gouvernement, en particulier le Frère Émile Combes, et les loges maçonniques françaises. Parallèlement, sans doute à cause du pouvoir politique incontestable des Frères, mais aussi parce que la maçonnerie est le premier défenseur de la République, les francs-maçons sont victimes de diverses attaques. Condamnés par l'Église, attaqués par une importante presse qui dénonce le complot judéo-maçonnique, montrés du doigt dans la IIIe Internationale qui interdit à ses adhérents d'intégrer une loge, les francs-maçons seront surtout victimes du régime de Vichy. Le 13 août 1940, une loi interdit les sociétés secrètes. En 1941, la deuxième loi antimaçonnique décrète la publication au *Journal officiel* des noms et rangs de tous les dignitaires. Ils sont exclus de la fonction publique et se voient interdire tout mandat électif. Les archives sont confisquées et les locaux réquisitionnés.

Aujourd'hui, si elle demeure au centre de certains débats et reste condamnée par l'Église – l'excommunication est réitérée par le pape Léon XIII en 1884 et par le cardinal Ratzinger, au nom de la Congrégation pour la doctrine de la foi, en 1983 –, la franc-maçonnerie française tente de s'ouvrir au monde profane et de combattre l'image de société secrète qu'elle véhicule. Même si, par respect pour les Frères il est préférable de ne pas divulguer les noms de ceux qui désirent garder le secret, les loges sont des associations au statut défini par la loi de 1901 et déclarent chaque année les résultats des élections internes.

La franc-maçonnerie actuelle, réunissant plus de 100 000 Frères et Sœurs, se compose de différentes obédiences – fédérations de loges qui se placent sous une autorité et une juridiction unique et admettent des principes et des usages communs. La plus importante, le Grand Orient de France, est née en 1773, à la suite de la réforme de la Première Grande Loge de France. Cette obédience, exclusivement masculine, compte 43 000 membres répartis en 1 000 loges. Ayant décrété la liberté absolue de conscience en 1877, la référence au Grand Architecte de l'Univers devient facultative. Les loges peuvent travailler à différents rites : français (qui exclut toute référence religieuse), écossais rectifié, écossais ancien accepté, Memphis-Misraïm. La Fédération française du Droit humain, ordre mixte fondé en 1893, compte 13 500 membres. La référence au Grand Architecte est facultative, et les différentes loges travaillent au rite écossais ancien accepté.

La Grande Loge de France, créée en 1894, exclusivement masculine, rassemble 26 000 membres répartis dans 700 loges, qui suivent le rite écossais ancien accepté, bien que quelques-unes travaillent au rite écossais rectifié – la référence au Grand Architecte de l'Univers est alors obligatoire. La Grande Loge nationale française, proche de la maçonnerie anglo-saxonne, ne reconnaît pas les autres obédiences. Créée en 1913, elle compte aujourd'hui 24 000 membres. Cette obédience exclusivement masculine est la seule à imposer la croyance en Dieu et en sa volonté révélée ainsi que la référence au Grand Architecte de l'Univers. Enfin, la Grande Loge féminine de France est créée en 1952. Obédience exclusivement féminine, elle comprend 10 500 sœurs qui travaillent aux rites écossais ancien accepté, français et écossais rectifié.

À l'instar de tout membre de société à caractère initiatique, les francs-maçons fondent leur travail de perfectionnement sur des rites dont les symboles peuvent être classés en trois principales catégories : symbolisme de la construction, symbolisme cosmique, symbolisme de la mort et de la renaissance. Dans la première catégorie, le maillet et le ciseau taillent la pierre brute, symbole du travail sur soi ; l'équerre, le compas, le niveau et la truelle symbolisent la construction du vaste édifice qu'est la société. Le symbolisme cosmique donne à l'action du franc-maçon et à l'œuvre de la franc-maçonnerie une résonance universelle : soleil, lune, étoile flamboyante. Le symbolisme de la mort et de la renaissance s'exprime dans le mythe de la mort d'Hiram, qui est au cœur du grade de maître : sur la tombe d'Hiram, l'acacia refleurit ; par ailleurs, avant son initiation au grade d'apprenti, le candidat est invité, dans le cabinet de réflexion, à méditer la formule VITRIOL, « visite l'intérieur de la terre et tu trouveras la pierre cachée » – forme moderne et intériorisée de l'antique voyage aux enfers : il s'agit dans les deux cas d'apporter à l'angoisse de la mort la réponse du progrès, de l'humanité en marche. Ces trois formes de symbolisme, le franc-maçon les pratique tout au long de sa vie maçonnique à travers les rites d'initiation aux différents grades, dont les grades d'apprenti, de compagnon et de maître – les « grades bleus » – sont communs à tous les rites. Chaque rite possède par ailleurs ses Ateliers de hauts grades qui proposent à ceux qui le souhaitent et y sont acceptés de continuer leur progression initiatique. Les travaux de ces Ateliers ont pour but l'approfondissement du symbolisme maçonnique, soit par la reprise des thèmes fondamentaux des trois premiers grades, soit par l'introduction de nouveaux mythes donnant lieu à des cérémonies d'initiation.

FRANCE (campagne de 1814)

Ensemble des opérations militaires conduites sur le sol français et aboutissant à l'abdication de Napoléon (6 avril).

Au lendemain de la bataille de Leipzig (16-19 octobre 1813), l'armée française doit évacuer précipitamment l'Allemagne ou se trouvent encore de 100 000 à 150 000 hommes bloqués à l'intérieur de places assiégées par l'ennemi. Cette amputation massive est immédiatement perçue par Napoléon qui comprend le danger réel que représente, pour la France, l'absence de ces soldats. De fait, au fil des jours, la situation diplomatique se dégrade considérablement, et les alliés, spéculant sur la force numérique de leurs armées, se préparent à déferler sur la France. Le 1er janvier 1814, l'armée de Silésie, commandée par Blücher, franchit le Rhin. Les villes de Mayence et de Coblence (préfectures françaises) sont occupées, les frontières de la France cèdent de tous côtés. Le 25 janvier, Napoléon, partant pour les frontières de l'Est, sait qu'il ne dispose plus que de 60 000 hommes à opposer aux 460 000 s'apprêtant à envahir la France entière. Par ailleurs, les nouvelles sont plus que mauvaises : Schwarzenberg se dirige vers Troyes, tout

Campagne de France (1814)
Napoléon Ier suivi des maréchaux Ney et Berthier et des généraux Drouot, Gourgaud et Flahaut de La Billarderie. Huile sur bois d'Ernest Meissonier, 1861. Paris, musée d'Orsay. © *Giraudon*

en repoussant la Vieille Garde, et Blücher, qui vient d'arriver à Saint-Dizier, s'avance vers l'Aube. L'Empereur, parvenu à Châlons et ayant réussi à rassembler 33 000 hommes, opte pour la contre-offensive immédiate et décide d'entamer une guerre de harcèlement. Il commence par battre une division russe à Saint-Dizier puis, apprenant que Blücher cherche à faire la jonction avec Schwarzenberg, s'élance sur le premier pour empêcher cette réunion des armées ennemies. L'ardeur des « Marie-Louise » est au-dessus de tout éloge, et les Prussiens sont battus à Brienne, le 29 janvier. Mais, grâce aux secours de Schwarzenberg, 150 000 soldats ennemis fondent maintenant sur les 33 000 Français et, malgré un héroïque combat de la Grande Armée, celle-ci doit battre en retraite à La Rothière (1er février) : Napoléon a perdu 6 000 hommes et a de fortes raisons d'être inquiet. Murat vient de le trahir ; ses alliés d'hier continuent à passer à l'ennemi, la France est sur le point d'être envahie. Tout semble désormais perdu.

Malgré cela, une lueur d'espoir apparaît grâce à une faute tactique grave de la part de l'ennemi. En effet, Blücher et Schwarzenberg, estimant leurs armées respectives suffisamment fortes isolément, font route vers Paris en progression dissociée. Tandis que le premier compte suivre la Marne, le second décide de descendre par les bords de Seine. Dès lors, l'Empereur bondit sur Blücher et le bat à Champaubert le 10 février. Il recommence le lendemain à Montmirail. Puis encore une fois à Vauchamps, le 14. L'armée prussienne démantelée fuit vers Châlons. Malgré tout, il faut encore battre Schwarzenberg, et Napoléon poursuit sa tactique de harcèlement ; il l'emporte sur les Russes à Mormant, le 17 février, puis sur les Wurtembergeois à Montereau le lendemain, avant de repousser les Autrichiens de Schwarzenberg au-delà de Troyes. Profitant de ces succès, les maréchaux poussent l'Empereur à la paix, qu'on tentait déjà d'élaborer depuis le 5 février à Châtillon-sur-Seine, où un « congrès » était réuni. Malgré tout, les négociations piétinent car les alliés réclament le retour aux frontières de 1792, tandis que Napoléon s'y oppose et veut se trouver en position de force pour négocier sur des bases honorables.

C'est ainsi que, malgré une certaine discorde au sein même des états-majors ennemis et un actif concours de la population française pour seconder l'armée, le champ de bataille s'étend maintenant sur une grande partie de la France. À Lyon, Augereau fait face aux Autrichiens. Suchet et Soult guettent, au pied des Pyrénées, les troupes anglo-espagnoles, et le prince Eugène combat les Autrichiens de Bellegarde et les Napolitains de Murat. Le 1er mars, à Chaumont, les souverains et ministres alliés concluent un pacte d'alliance de vingt ans (prélude à la Sainte-Alliance). Russes, Autrichiens et Prussiens fourniront, pour les besoins de la coalition, les soldats nécessaires, tandis que l'Angleterre s'occupera de subventionner cette armée de près de 500 000 hommes. Dès lors, l'ennemi reprend les hostilités. Les armées des alliés se scindent une fois encore, et Napoléon se jette immédiatement sur Blücher qui ne se laisse pas déloger de Laon malgré des combats acharnés, les 9 et 10 mars. L'Empereur doit se replier, et, à Châtillon, les négociations sont rompues. Seule une victoire militaire reste désormais possible. Alors, Napoléon, comprenant qu'à Paris une importante partie de son entourage veut le mener à abdiquer, décide de changer de tactique. Après avoir tenté le 20 mars de battre Schwarzenberg à Arcis-sur-Aube, il se porte vers les départements de l'Est en espérant couper les armées ennemies de leurs arrières. Les coalisés, ayant eu connaissance de la manœuvre, décident, le 24 mars, de marcher sur Paris. Napoléon va encore battre les Russes à Saint-Dizier, le 26, mais, comprenant l'imminence du danger, décide à son tour de rallier Paris, le surlendemain. Toutefois, il est trop tard, les alliés sont aux portes de la capitale, et, conformément aux vœux exprimés quelque temps plus tôt par l'Empereur, l'impératrice Marie-Louise et la Cour quittent Paris le 29 mars.

Ce même jour, des combats acharnés s'engagent à Belleville et à Clichy, et Joseph Bonaparte, ayant appris que la ville serait sauve si elle se rendait sans combats, demande aux maréchaux de négocier. C'est donc le 30 mars, dans la nuit, que la capitulation de Paris est signée. Le lendemain, les souverains alliés entrent dans la ville. Connaissant maintenant ces nouvelles désastreuses, Napoléon a rejoint Fontainebleau. Bordeaux vient d'être livrée aux Anglais. Lyon a capitulé et, à Paris, un gouvernement provisoire a été installé dès le 1er avril. L'Empereur est à bout de forces morales et physiques quand il apprend, le 3 avril, que le Sénat vient de voter sa déchéance. Par ailleurs, il comprend que ses maréchaux sont soit en passe de le trahir, soit tellement las de la guerre qu'ils n'attendent plus de lui que son retrait inconditionnel. C'est ainsi qu'il consent à rédiger, le 6 avril 1814, son acte d'abdication, avant de prendre, quelques jours plus tard, le chemin de l'exil.

FRANCE (campagne de 1940)

Ensemble des opérations militaires menées en France du début de l'attaque allemande (10 mai) jusqu'à la signature de l'armistice (21 juin).

Bien que la France, suivant l'exemple britannique, ait déclaré la guerre au IIIe Reich, le 3 septembre 1939, pour venir en aide à la Pologne, aucun plan d'intervention en Allemagne n'existe à l'état-major général. Fidèle à la conception défensive tirée des leçons de la guerre de 1914-1918, le général Gamelin laisse les deux tiers de la centaine de divisions dont il dispose derrière le « corset » de la ligne Maginot, réputée infranchissable. Tout juste fait-il prolonger terrassements et abris de campagne de l'ouest de Montmédy, où se termine la zone fortifiée, jusqu'à la Sambre et à l'Escaut. En cas d'invasion de la Belgique par les Allemands, à peine envisage-t-il, en octobre, une pénétration de son aile gauche en Flandre, mais le mouvement serait limité au cours de l'Escaut. Cependant, afin de protéger la région industrielle de Lille-Roubaix-Tourcoing et le bassin minier du Pas-de-Calais (qui a tant fait défaut à l'industrie française en 1914-1918), le général Gamelin, sur les instances du président Daladier, décide en novembre de se montrer un peu plus audacieux et de pousser plus avant, le cas échéant, dans la plaine brabançonne. Reprenant les conclusions d'une étude du Conseil supérieur de la Défense nationale en date de 13 avril 1937, il retient la manœuvre Dyle, du nom de la petite rivière coulant à l'est de

Campagne de France (1940)
Prisonniers français dans le nord de la France. © *SIRPA/ECPA France*

Bruxelles et le long de laquelle s'articulerait le front allié entre Anvers et Namur. Ensuite, la ligne de défense suivrait le cours de la Meuse de Namur à Sedan, puis de là se prolongerait vers Montmédy et la ligne Maginot. Certes, ce plan entraîne l'abandon des Ardennes, de Liège et d'une grande partie du canal Albert. En compensation, l'armée belge est incluse dans ce dispositif, qui protège Bruxelles, Anvers et le bassin minier. Compte tenu de ces dispositions, les groupes d'armées n° 2 et 3, aux ordres respectifs des généraux Prételat et Besson, occupent le secteur statique de la ligne Maginot avec les IIIe armée (général Condé), IVe armée (Requin), V^e^ armée (Bourret) et VIIIe armée (Garchery). De Montmédy à la mer s'articule le groupe d'armées n° 1 (général Billotte), comprenant la IIe armée (Huntziger), la IXe armée (Corap), la Ire armée (Blanchard), le corps expéditionnaire britannique (Gort) et, le long du littoral, la VIIe armée (Giraud) destinée à opérer la jonction avec les forces néerlandaises, l'hypothèse d'une invasion des Pays-Bas étant retenue au mois de mars 1940. C'est l'opération « Breda » qui complète ainsi vers le nord la manœuvre Dyle.

Selon cette conception stratégique, la ligne Maginot absorbe la moitié des disponibilités en effectifs, alors qu'elle a été conçue au contraire pour en libérer le plus possible en vue d'autres opérations, tandis que la majeure partie des forces mécanisées et la totalité du corps expéditionnaire britannique (BEF) doivent pénétrer en Belgique centrale. Entre ces deux groupes principaux, 17 divisions seulement sont affectées au secteur Meuse-Ardennes, région tenue pour secondaire, considérée peu menacée en raison de la configuration du terrain. « Dans les Ardennes, assure un adage de l'état-major français, la Meuse se défend toute seule. » En face, dans le camp allemand, l'évolution est tout autre. « Nous ne demeurerons pas toujours passifs à l'ouest », se plaît à répéter Hitler à son entourage à mesure que se prolonge la « drôle de guerre ». Effectivement, le 27 septembre, jour de la capitulation de Varsovie, le Führer fait déjà dresser un premier plan d'attaque. Le 9 octobre, la directive n° 6 spécifie que le « plan Jaune » (*Fall Gelb*) comporte l'invasion de la Belgique, du Luxembourg et des Pays-Bas. Au mois de novembre, l'*Oberkommando des Heeres* (OKH) soumet un plan d'attaque prévoyant une importante occupation de terrain en Hollande, en Belgique et dans le nord de la France avec comme but l'occupation du littoral de la mer du Nord et du Pas-de-Calais. C'est en quelque sorte une reprise du plan Schlieffen de 1914, l'effort étant porté sur l'aile droite du dispositif d'attaque. En conséquence, tandis que le groupe d'armées « C » (général von Leeb) demeure statique le long de la ligne Siegfried, de la frontière suisse au Luxembourg, l'action sera confiée au groupe d'armées « B » (général von Bock) concentré au nord d'Aix-la-Chapelle, face aux Pays-Bas, et au groupe « A » (von Rundstedt) échelonné d'Aix-la-Chapelle à la Moselle luxembourgeoise. Des deux dernières concentrations, celle-ci est la moins pourvue car son effort en terre ardennaise est alors estimé secondaire.

Cependant, au cours de l'hiver, le chef d'état-major de von Rundstedt, le général von Manstein, met en évidence les faiblesses de ce plan et propose de renforcer au profit du groupe « A » une partie des dotations en matériel et en unités d'attaque. Hitler lui-même désire, sur ces entrefaites, que la place forte de Liège soit contournée par le sud. Des notes sont adressées à l'OKH dans ce sens, Rundstedt et Manstein ajoutent leurs critiques, si bien que, lorsque ce dernier est reçu par le Führer à la chancellerie du Reich, à Berlin, le 17 février 1940, un plan nouveau est soumis à celui-ci. Son originalité, son audace séduisent le chancelier. Manstein fait ressortir que seule cette offensive peut amener un résultat décisif en prenant à revers les forces alliées aventurées en Belgique centrale alors que le plan de l'OKH n'aboutit qu'à une poussée frontale aux résultats

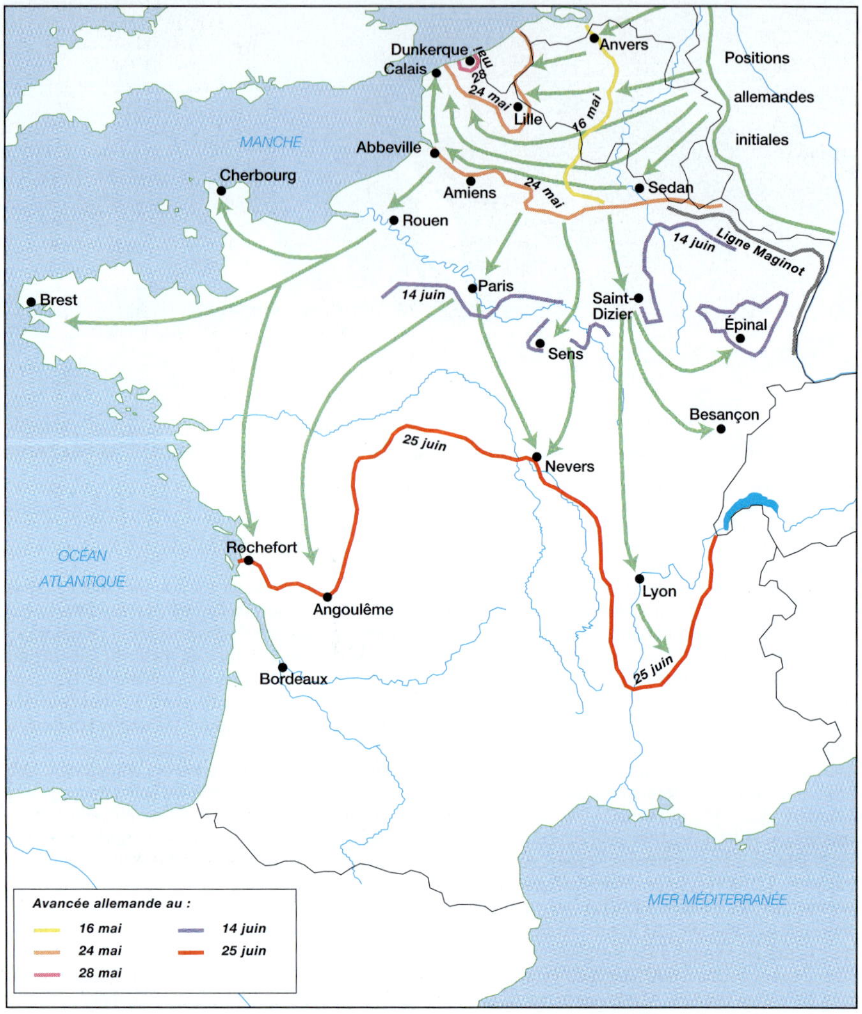

La campagne de France

des plus aléatoires. À la fin du mois de février, Hitler, convaincu, décide de renforcer les moyens du groupe « A » et notamment de lui affecter 7 des 10 divisions de Panzer que possède la Wehrmacht. Outre les XIIe et XVIe armées qu'il possède déjà, Rundstedt se voit affecter la IVe armée, qui provient du groupe « B », ainsi qu'une IIe armée réservée pour la percée décisive, laquelle s'effectuera à travers le massif ardennais avec franchissement de la Meuse à Sedan, Monthermé et Dinant, puis poussée ultérieure vers Calais, Boulogne et Dunkerque. Au total, Rundstedt dispose de 45 divisions alors que le groupe « B » décroît de 45 à 29 divisions, Bock ne dirigeant plus que les VIe et XVIIIe armées.

Dès lors, le sort des armes à l'ouest est jeté. Lorsque l'ordre d'attaque est donné, le 9 mai au soir, pour le vendredi 10 à 4 h 45 du matin, Hitler manifeste une grande confiance. À son PC de Vincennes, le général Gamelin fait de même et l'affirme dans une proclamation aux troupes : « L'attaque que nous avons prévue depuis octobre dernier s'est déclenchée ce matin. L'Allemagne engage contre nous une lutte à mort. Les mots d'ordre sont, pour la France et tous ses alliés : courage, énergie, confiance. » En fait, dès les premières heures du combat, les Alliés enregistrent des surprises désagréables. Le *Luftflotte* n° 2 (Kesselring), qui soutient le groupe d'armées « B », et le n° 3 (Sperrle), qui assiste le groupe « A », réunissent au total 1 264 chasseurs et 1 465 bombardiers, parmi lesquels les redoutables Stuka. La maîtrise du ciel appartient dès la première heure de bataille à la Luftwaffe, qui bombarde sans désemparer gares, aérodromes, nœuds de communications, troupes avançant en Belgique, tout en poursuivant les premiers convois de réfugiés fuyant vers le sud. Pendant ce temps, des parachutistes allemands sautent sur les faubourgs de Rotterdam, cité portuaire dont le centre vient d'être rasé par un terrible incendie consécutif à un bombardement. D'autres parachutistes s'emparent des défenses du canal Albert à l'ouest de Liège et, dans les Ardennes, les chars foncent vers la Meuse sans que le commandement français en soit informé.

Si les avant-gardes de la VIIe armée de Giraud parviennent quand même à Breda, la Hollande est déjà pratiquement perdue. Le grand-duché de Luxembourg est entièrement occupé et, le 13 mai, les généraux français de la Ire armée se demandent s'il ne faut pas déjà renoncer à l'exécution du plan Dyle, tant l'avance adverse est rapide. Le premier engagement de chars vient de se dérouler dans la plaine belge entre Huy et Tirlemont. L'installation du gros des forces alliées entre Namur et Anvers doit s'échelonner sur une semaine. Jamais, semble-t-il, ce plan ne sera réalisable. Ce même 13 mai, couvertes par des essaims de Stuka, les avant-gardes des divisions de Panzer franchissent la Meuse. Guderian à Sedan, la 6e Panzer à Monthermé, les 5e et 7e Panzer (Rommel) au nord de Dinant. Les 14 et 15 mai, les chars allemands bifurquent vers l'ouest et entament une percée sur les arrières de la IXe armée de Corap, surprise en plein mouvement, débordée, disloquée. Après un court arrêt sur l'Oise, le 17 mai, les Panzer poursuivent leur ruée et arrivent au Crotoy, à l'embouchure de la Somme, le 20. La manœuvre de Manstein a réussi. Les forces alliées du Nord et de Belgique sont coupées de leurs arrières.

La veille, le général Gamelin a été destitué au profit de Weygand, qu'il faut cependant faire venir de Syrie et qui ignore tout de la situation sur le terrain. Les Britanniques se rendent compte que l'armée française n'a plus les qualités de celle de 1914-1918 et que ses chefs sont incapables de redresser la situation, faute de conceptions adaptées à la guerre de mouvement. Dans ces conditions, seul un reflux vers l'unique port encore libre d'accès, Dunkerque, peut sauver le corps expéditionnaire et les débris du groupe d'armées n° 1. Par bonheur, ancien combattant du front des Flandres, Hitler interdit aux divisions blindées de s'aventurer dans la zone inondable, ce qui épargne Dunkerque. L'effort prodigieux des marines française et britannique permet le sauvetage de 220 000 Britanniques et de 110 000 Français entre le 28 mai et le 4 juin. Maigre consolation car l'armée néerlandaise a capitulé le 15 mai ; l'armée belge l'imite le 28. À la hâte, Weygand constitue une nouvelle ligne de résistance de Montmédy, à l'est, jusqu'à l'embouchure de la Somme, à l'ouest, en suivant les cours de l'Aisne, le canal de l'Ailette, celui de Saint-Quentin et la plate vallée de la Somme. L'intendance fait des prodiges pour acheminer vers cette ligne renforts et matériel. Les cheminots accomplissent d'autres prodiges pour transporter en une semaine les dernières réserves de l'armée.

Les 5 et 6 juin, après deux semaines de répit, l'assaut reprend. Entre Amiens et Abbeville d'une part, sur l'Aisne d'autre part, chars et Stuka ouvrent de nouveau la voie à l'infanterie. Au sud d'Amiens et de Rethel la résistance cependant est acharnée. Durant trois jours, l'assaillant est tenu en échec et subit de lourdes pertes. Mais sa supériorité matérielle est partout décisive. Rommel atteint Les Andelys le 9 et empêche un rembarquement allié à Saint-Valery-en-Caux le surlendemain. Pendant ce temps, en Champagne, les chars de Guderian atteignent Reims. Le 12, le front n'est plus qu'une suite de points de contact tenus par des troupes épuisées. Il s'étire de la Seine au confluent de l'Oise, suit cette dernière jusqu'à l'Ourcq, puis longe la Marne et se relie à Montmédy par l'Argonne. La ligne Maginot, intacte, protège l'armée de l'Est, dans laquelle sont sans cesse prélevés des renforts. Depuis deux jours, l'Italie de Mussolini s'est jointe à la curée. Un signe qui ne trompe pas. Au Conseil des ministres qui se tient ce 12 juin à Cangé, près de Tours, le généralissime Weygand renouvelle ses angoisses dans un exposé précis de la situation militaire, révélant à nombre de ministres surpris combien le sort du pays est désespéré. Pour la première fois est même prononcé par Weygand le mot « armistice ». Le président du Conseil Paul Reynaud réagit vivement, mais le maréchal Pétain, vice-président du Conseil, appuie le commandant en chef.

Dès lors, un profond malaise accable le gouvernement, d'autant que les mauvaises nouvelles se succèdent. Paris est évacué sans combat le 14 juin. Sollicité, le président Roosevelt ne répond, quarante-huit heures plus tard, que par des paroles de compassion. Durant ces journées des 15 et 16 juin, la IIIe République agonise. Parvenu à Bordeaux, le gouvernement est tiraillé entre fractions rivales, Paul Reynaud se heurtant de plus en plus à l'hostilité du maréchal Pétain. Churchill propose la conclusion d'une association franco-britannique qui irrite le nationalisme d'un certain nombre de ministres. Dans de subtiles manœuvres de couloir, l'autorité de Paul Reynaud s'effrite. Bien peu prennent au sérieux sa volonté de poursuivre la lutte en Afrique. Weygand et Pétain d'ailleurs s'y opposent, puisque cela impliquerait en métropole la capitulation de l'armée, ce qu'ils refusent, alors qu'un armistice est un acte politique.

Le temps presse. Les Allemands sont à Besançon, à Autun, à Dijon. Ils atteignent la Loire à Orléans, à La Charité, à Nevers. Vers l'ouest ils sont signalés à Châteaudun, Nogent-le-Rotrou, Alençon, Argentan, aux approches de Caen. Camille Chautemps émet alors une proposition dont les conséquences vont être incalculables. Puisque le Conseil des ministres rejette la proposition britannique d'union, et par conséquent la continuation de la lutte, puisque la situation militaire s'aggrave d'heure en heure, le mieux ne serait-il pas de s'enquérir d'éventuelles conditions d'armistice, ce qui n'engage à rien ? Reynaud offre sa démission. Le président Lebrun lui demande d'y surseoir jusqu'à la séance du Conseil des ministres prévue dans la nuit. C'est, en fait, un court répit pour un régime à l'agonie. Épuisé, Reynaud renonce après une ultime entrevue avec le président de la République et les présidents des Chambres, Herriot et Jeanneney. Sollicité, le maréchal Pétain accepte aussitôt de former un nouveau cabinet. Son équipe ministérielle est prête. Son programme aussi : c'est l'armistice. Le 17 juin à midi, le vieux maréchal s'adresse à la nation par la radio : « C'est le cœur serré que je vous dis aujourd'hui qu'il faut cesser le combat. Je me suis adressé cette nuit à l'adversaire pour lui demander s'il est prêt à rechercher avec moi, entre soldats, après la lutte et dans l'honneur, le moyen de mettre un terme aux hostilités. »

Le terme « cesser le combat » est prématuré, car des dizaines de milliers de combattants prennent l'expression pour un ordre et se rendent, ce qui va expliquer le chiffre effarant de 1 950 000 prisonniers de guerre. À 0 h 35, le 25 juin, entre en vigueur l'armistice conclu quatre jours auparavant à Rethondes dans le wagon de Foch, en présence d'Hitler et de tous les dignitaires du Reich. Le général Huntziger, l'amiral Le Luc, le général d'aviation Bergeret et l'ambassadeur Léon Noël vivent ces moments d'amertume avant d'aller deux jours plus tard à Rome solliciter une semblable suspension d'armes auprès de l'Italie. Commencées le 3 septembre 1939, entreprises réellement le 10 mai 1940, les hostilités s'achèvent donc sur un désastre complet après un mois et demi de combat. Le passif est d'autant plus lourd qu'aux innombrables destructions il faut ajouter 92 000 morts militaires, 250 000 blessés et des dizaines de milliers de civils frappés à leur tour. En regard, le vainqueur ne déplore que 16 000 morts et moins de 32 000 blessés.

FRANCE (formation de la)

Au traité de Verdun (843), la France occidentale est détachée du reste de l'Empire carolingien. Théoriquement soumise à la suzeraineté des empereurs, elle s'affirme indépendante dès le IXe siècle.

Depuis Philippe Auguste – qui s'empare du comté d'Artois (1189), de l'Auvergne (1198), des comtés de Touraine, de Maine et d'Anjou (1203), du duché de Normandie (1205) et contrôle la Champagne –, la monarchie a entrepris un effort de réduction des grands fiefs féodaux par leur assimilation au domaine royal. Louis VIII conquiert le Languedoc, qu'annexe Saint Louis au traité de Paris en 1229. Mais la Guyenne ainsi que le Limousin, le Périgord, le Quercy, la Saintonge restent aux mains du roi d'Angleterre, qui tient ces provinces en tant que duc d'Aquitaine. C'est au XVe siècle, avec la fin de la guerre de Cent Ans et l'éviction des Anglais de Guyenne, que le royaume de France se consolide de façon décisive. Louis XI, par sa victoire sur Charles le Téméraire (1477), conquiert Bourgogne et Picardie et s'assure par ailleurs du Maine, de l'Anjou et de la Provence. L'union de Charles VIII puis de Louis XII avec Anne de Bretagne permet l'annexion de cette province en 1532. En 1552, Henri II, en occupant les trois évêchés de Metz, Toul et Verdun commence à mordre sur la Lorraine. L'accession des Bourbons au trône assure en 1589, lors du sacre d'Henri IV, le rattachement de la basse Navarre et du Béarn à la couronne. En 1598, les Anglais perdent avec Calais leur dernière possession sur le continent. Henri IV couvre Lyon, jusqu'alors en position frontalière, en obtenant de la Savoie, en 1601, la Bresse, le Bugey, le pays de Gex et le Valromey.

Le XVIIe siècle est le grand moment de l'expansion française. En 1648, les traités de Westphalie, qui soldent la guerre de Trente Ans, confirment l'annexion des Trois-Évêchés, prononcent le rattachement du sud de l'Alsace ainsi que de dix autres villes d'empire unies pour former la Décapole. Les conquêtes suivantes se font aux dépens non plus du Saint Empire germanique mais de l'Espagne : la paix des Pyrénées (1659) accorde à Louis XIV l'Artois, une partie du Luxembourg et, au sud, le Roussillon et la Cerdagne. Deux importantes places fortes s'ajoutent ensuite : Dunkerque, rachetée aux Anglais en 1662 et Lille, accompagnée de toute la Flandre méridionale, cédée par Charles II d'Espagne au traité d'Aix-la-Chapelle en 1668. Dix ans plus tard, cette stratégique frontière septentrionale devient cohérente avec la cession du reste de l'Artois, du Cambraisis et du Hainaut méridional par l'Espagne au traité de Nimègue en 1678. Dès lors, Vauban peut cadenasser l'ensemble d'un réseau de fortifications – la « ceinture de fer » –, qui sera efficace jusqu'à la fin de l'Ancien Régime. Poussé par ce souci de rationalisation de la frontière, Louis XIV inaugure une politique de réunions en pleine paix prononcées par des cours de justice jouant sur l'ambiguïté du droit féodal. De ces coups de force, qui scandalisent l'Europe, seuls Strasbourg (1681) et la basse Alsace seront confirmés par les traités de Ryswick (1697) et Rastadt (1714).

Les agrandissements du XVIIIe siècle se concentrent sur une décennie : en 1762, Louis XV récupère la principauté des Dombes et hérite en 1766 de la Lorraine après la disparition de Stanislas Leszczyński ; deux ans plus tard, il achète la Corse à la République de Gênes. Dès lors, le « pré carré » revêt presque sa configuration actuelle : les rois de France sont moins soucieux d'atteindre les frontières naturelles (montagnes, littoraux et fleuves Rhin et Escault) que d'éliminer les enclaves étrangères au profit d'une ligne géométrique semée d'ouvrages fortifiés. Un empire colonial, essentiellement insulaire après la perte du Canada français en 1763, prolonge le royaume outre-mer. La Révolution, en revanche, cultive l'impérialisme des frontières naturelles qui implique l'annexion de la rive gauche du Rhin et des Pays-Bas jusqu'à l'Escaut, réalisée en 1792 ; Napoléon Ier matérialise fugitivement le rêve de l'Europe française, aux 130 départements (Bouches-du-Rhin, Arno ou Sambre-et-Meuse…) et aux nombreux territoires vassaux, démantelée en 1814. Le premier traité de Paris (30 mai 1814) accorde à la France des limites plus favorables que celles de 1792. Après les Cent Jours, les Alliés se montrent moins traitables : le second traité de Paris (20 novembre 1815) enlève à la France Bouillon, Philippeville, Marienbourg, Sarrelouis, Sarrebruck ainsi que la Savoie, mais conserve Mulhouse, française depuis 1801, et Avignon, principauté pontificale annexée en 1791. À l'extérieur, la France a perdu la Louisiane (toute la vallée du Mississipi), vendue en 1803 par Napoléon aux États-Unis, et plusieurs îles dont Saint-Domingue, où naît en 1804 la république d'Haïti, et les Seychelles annexées par les Anglais. Charles X, peu avant sa chute en juillet 1830, réoriente les énergies de conquête vers l'Algérie, bientôt rattachée à la métropole. Napoléon III obtient la cession de Nice et de la Savoie (traité de Turin, 24 mars 1860) pour prix de son aide au royaume de Piémont pour unifier l'Italie et en chasser les Autrichiens. Des référendums garantissent l'assentiment des populations. Mais la défaite finale du régime face à la Prusse aboutit à la cession de l'Alsace et d'une partie de la Lorraine au traité de Francfort (10 mai 1871). Les provinces perdues ne seront recouvrées qu'au traité de Versailles, en juin 1919. La Troisième République, parallèlement, reconstitue un empire colonial cette fois continental, africain et indochinois.

À deux reprises, aux lendemains des conflits mondiaux, la France tente de s'assurer le contrôle de la Sarre allemande qui choisit à chaque fois de revenir sous souveraineté allemande (référendums de 1935 et 1955). En 1945, le général de Gaulle obtient le rattachement des vallées alpines italiennes de Tende et Brigue, de la haute Roya et de la Vésubie, 1 000 kilomètres carrés en tout (1947). Revenu au pouvoir, il négocie l'indépendance des départements français d'Algérie (accords d'Évian, 18 mars 1962). La France contemporaine n'a plus aucune revendication territoriale.

FRANCE : voir MAURICE (île)

Le traité de Verdun : naissance de la France (843)

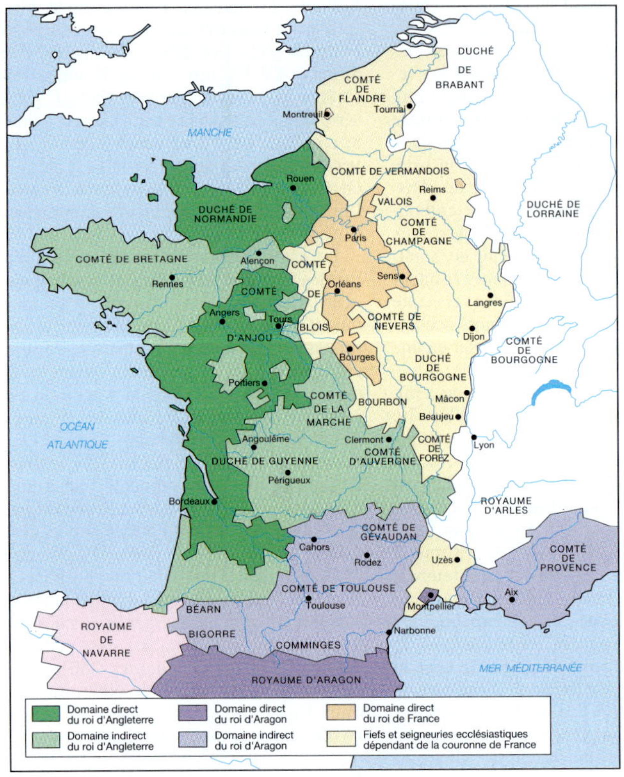

La France vers 1180

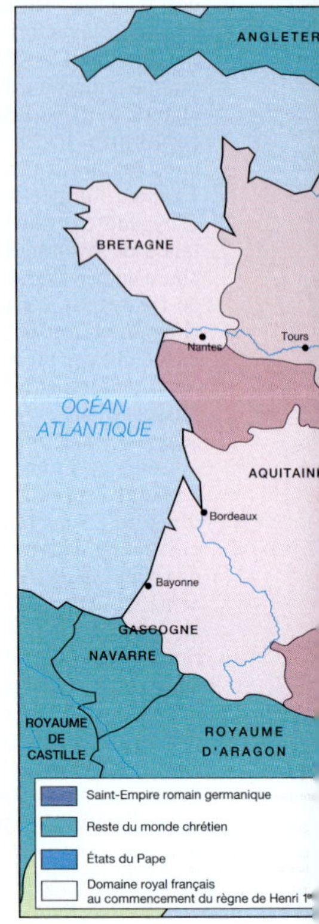

La France à la mort de S

La France de Henri IV

La France de Louis XIV

La France à la veille d

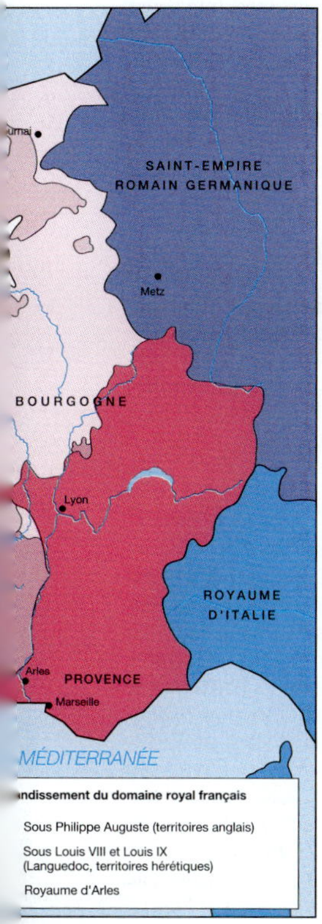

...(1270)

La France au début de la guerre de Cent Ans (1360)

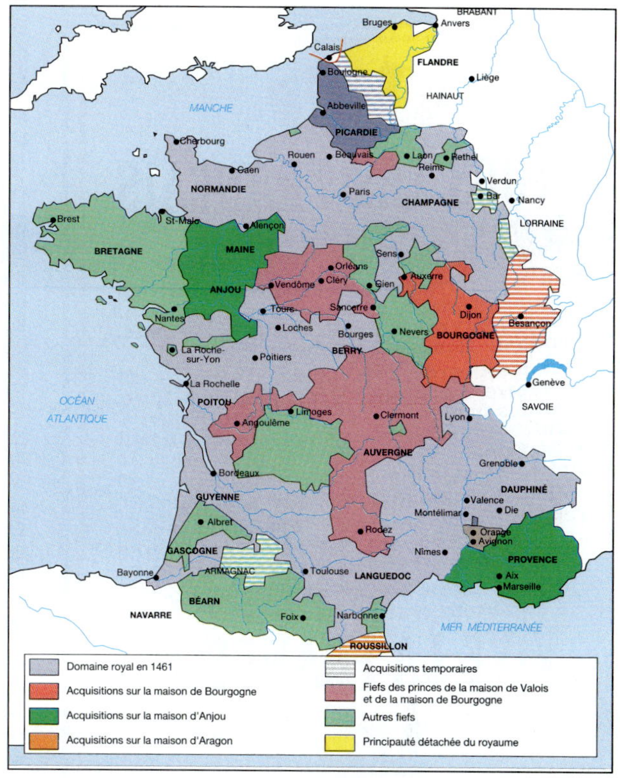

La France à la mort de Louis XI (1483)

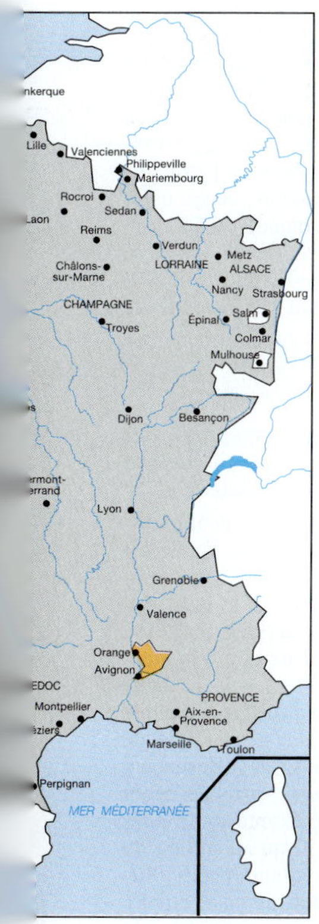

La France impériale en 1813

L'acquisition de Nice et de la Savoie (1860)

France libre
Affiche du général de Gaulle appelant à la résistance face à l'ennemi. Comité d'histoire de la Seconde Guerre mondiale. © *Tallandier*

FRANCE LIBRE

Cette dénomination s'applique aux forces militaires ralliées au général de Gaulle depuis le 18 juin 1940 jusqu'au mois d'avril 1942, date à laquelle le Général substitua le terme de France combattante.

La France de l'armistice étant censée se trouver à la merci de l'occupant allemand, toute force ou élément proclamant son refus de composer appartient donc, selon le général de Gaulle, à la France libre. C'est, selon lui, l'autre France, celle du combat à outrance, du pari d'une victoire alliée, alors que l'Axe est tout-puissant et que la Grande-Bretagne se replie sur elle-même. Le 28 juin, le général de Gaulle est reconnu publiquement par les Britanniques « chef des Français libres ». Pour eux, il est le chef d'une armée d'appoint alors que de Gaulle, lui, se considère comme le chef d'un gouvernement en exil. Pour le soutenir, il dispose de forces dérisoires, à peine 7 000 hommes au mois d'août, au moment où le gouvernement britannique consent un accord d'assistance matérielle et définit un statut des Français libres. Depuis le 2 août, le chef de cette France libre est condamné à mort par un tribunal militaire de la zone sud. Ses partisans sont qualifiés de « dissidents ». Seuls, parmi les responsables militaires d'un certain rang, le général Catroux, ancien gouverneur de l'Indochine, et l'amiral Muselier, se sont ralliés. En face, autour de la personne du maréchal Pétain, investi de tous les pouvoirs légaux, le gouvernement de Vichy bénéficie d'un lustre indéniable. L'Empire est fidèle au même titre que la flotte de haute mer dirigée par l'amiral Darlan.

L'attaque des Britanniques à Mers el-Kébir, le 3 juillet précédent, a tari le recrutement de la France libre qui se compose donc surtout de transfuges individuels venant de la zone occupée, de soldats rapatriés de Norvège ou de Dunkerque, d'unités stationnées au Proche-Orient, de quelques groupes d'aviateurs, de petits bâtiments de la marine et, fait remarquable, de la totalité des hommes valides de l'île de Sein. Cette rébellion devient cependant crédible à la fin du mois d'août, lorsque le gouverneur Éboué rallie le Tchad. La France libre dispose de son premier territoire ; elle peut y exercer sa souveraineté, lever des troupes. Au Cameroun, le capitaine de Hauteclocque (devenu pour la circonstance le colonel Leclerc) obtient un résultat semblable. L'Oubangui et le Congo suivent l'exemple. Mais il faudra monter une opération de petite envergure pour réduire en novembre le Gabon et réaliser l'unité de l'A-ÉF. Il est vrai que l'échec du général de Gaulle devant Dakar, en septembre, fait hésiter bien des responsables de territoires d'Afrique noire, même si les comptoirs des Indes se sont ralliés sans hésitation, de même que la Nouvelle-Calédonie et les îles de Polynésie.

Cependant, quoique réduites – et peut-être en raison de cela –, les Forces françaises libres déploient des prodiges d'énergie, d'audace, de vertus militaires, arborant comme signe de ralliement un drapeau tricolore frappé d'une croix de Lorraine, emblème imaginé par l'amiral Muselier. Les aviateurs luttent au sein de la RAF avec les escadrilles « Alsace », « Lorraine » et « Bretagne ». Les marins escortent les convois alliés. Quant aux modestes forces terrestres, elles portent des coups sensibles à l'adversaire. Le colonel d'Ornano jette en janvier 1941 le désarroi parmi la garnison italienne de Mourzouk, au Fezzan. Le colonel Leclerc gagne ses étoiles de divisionnaire en faisant capituler la position italienne de Koufra en mars, après un raid fantastique d'audace à travers le Tibesti. Il y fait serment de délivrer Strasbourg. Le colonel Magrin-Verneret, un ancien de Norvège, devenu « général Monclar », obtient en avril la reddition de la garnison de Massaouah en Érythrée. Mais en juin et juillet, un combat fratricide oppose en Syrie Français libres et troupes de Vichy. La cassure de la France en deux fractions inégales s'accentue à la suite de cet antagonisme entre ces notions de légalité, leitmotiv de Vichy, et de raison d'État, conception du général de Gaulle, dans la perspective d'une victoire alliée.

Cette situation irrite d'autant plus vivement ce dernier qu'il ressent une indéniable réticence de la part des Américains à son égard. Si la totalité des gouvernements européens en exil ont, en effet, reconnu son Comité, si les Britanniques ont conclu des accords officiels, il n'en est pas de même du gouvernement de Washington, qui possède un ambassadeur à Vichy. Certes, le bénéfice de la loi de prêt-bail est acquis le 11 novembre 1941. L'entrée en guerre du Japon et les maladresses du gouvernement de Pierre Laval accroissent peu à peu les préventions américaines à l'égard de la France de l'armistice, sans pour autant atténuer les craintes du président Roosevelt à l'encontre du chef de la France libre, pour lequel il prononce volontiers le terme de « césarisme ». Le combat politique et diplomatique de la France libre est donc, à l'image de son chef, un combat solitaire. Son but est de créer un organisme possédant les attributions d'un véritable cabinet de guerre avec lequel les Alliés devront tôt ou tard traiter. Ayant passé huit mois en Afrique et au Proche-Orient pour régler tous les problèmes administratifs, politiques et militaires posés à son Comité, le général de Gaulle ne parviendra à ses fins que le 24 septembre 1941. Ce jour-là, en effet, est proclamé à Londres le Comité national de la France libre. Véritable Conseil des ministres, il se compose de commissaires chargés de départements particuliers. Sous la présidence du chef de la France libre, se réunissent MM. Pleven (Finances, Économie et Territoires d'outre-mer), Cassin (Justice), Dejean (Affaires étrangères), Diethelm (Travail, Information), le général Valin (Air), le général Legentilhomme (Guerre) et l'amiral Muselier (Marine).

La rupture des relations diplomatiques entre le gouvernement de Vichy et l'Union soviétique, en juin 1941, facilite un rapprochement avec ce Comité de la France libre. La reconnaissance officielle est effective précisément en ce jour de la proclamation du CNFL. C'est là un succès indéniable à un moment où la résistance intérieure porte également son attention vers Londres sous l'impulsion de Jean Moulin. Conscient de cette influence croissante, désireux aussi de conférer à son action un caractère d'association étroite avec les autres alliés en lutte, le général de Gaulle décide donc, en avril 1942, de substituer le terme de France combattante à celui de France libre. Il n'en demeure pas moins tenu à l'écart des entreprises anglo-américaines à Madagascar, en mai, puis en Afrique du Nord, en novembre. Cependant, le chef du Comité de Londres est invité par Roosevelt et Churchill à rencontrer le général Giraud à Anfa, au Maroc, en janvier 1943, prélude à l'accord final du 3 juin entre les comités de Londres et d'Alger.

FRANCFORT (traité de)

Traité conclu le 10 mai 1871 entre la France et la Prusse et mettant fin à la guerre de 1870.

Il fait suite à la signature de préliminaires établis à Versailles, le 26 février 1871, entre Bismarck et Thiers, et approuvés le 1er mars suivant par l'Assemblée de Bordeaux. En avril, après une première conférence ouverte à Bruxelles le 28 mars, Thiers se rend à Francfort pour y rencontrer Bismarck. Par la suite, le chef de l'exécutif provisoire cède la place à Jules Favre, qui mènera les discussions jusqu'à leur terme, c'est-à-dire le 10 mai. La France cède, en Alsace et en Lorraine, les départements du Bas-Rhin et du Haut-Rhin (moins Belfort), ainsi que la Moselle (moins l'arrondissement de Briey) et l'arrondissement de Château-Salins (provenant du département de la Meurthe). Elle verse une indemnité de 5 milliards de francs-or à titre de contribution de guerre. Le traité de commerce avec la Prusse, conclu en 1862, n'est pas renouvelé, mais la France garantit à l'Allemagne, en matière de commerce et de navigation, le traitement de la nation la plus favorisée. Le traité devient exécutoire le 20 mai 1871 à la suite de l'échange des ratifications. L'emprunt émis par Thiers, en juin 1871, ayant été couvert deux fois, celui émis en juillet 1872 l'ayant été quatorze fois, les 5 milliards exigés sont réunis. Le chef de l'exécutif peut ainsi effectuer les versements, ce qu'entérine la convention franco-allemande du 15 mars 1873. Et, le 16 septembre de la même année, le dernier soldat allemand quitte Verdun, soit dix-huit mois avant la date prévue par le traité de Francfort.

FRANCHE-COMTÉ

Région de l'est de la France, composée des quatre départements de la Haute-Saône, du Doubs, du Jura et du Territoire de Belfort.

Habitée au Ier siècle av. J.-C. par le peuple celtique des Séquanes, cette partie de la Gaule est traversée par les légions de César lors de la conquête romaine, en 52 av. J.-C., et perd son indépendance après la défaite gauloise d'Alésia. À la fin du IIIe siècle, le territoire compris entre Bâle, la Saône et le Rhône devient, sous le règne de Dioclétien, une province militaire appelée *Maxima Sequanorum*. Ensuite, à l'époque de l'empereur Constantin, est constitué à Besançon, capitale de la région, un évêché ; mais au début du VIe siècle, la future Franche-Comté souffre des invasions barbares et passe, jusqu'au milieu du VIe siècle environ, sous la domination des Burgondes. Devenu partie intégrante du vaste empire de Charlemagne, le territoire est rattaché à la Lotharingie lors du traité de Verdun en 843, avant de quitter, une cinquantaine d'années plus tard, le *Regnum Francorum* pour le royaume de Bourgogne-Provence créé par Boson.

En 1038, après que le dernier descendant du royaume d'Arles, Rodolphe III, eut été proclamé roi des peuples de Bourgogne-Provence, la partie septentrionale de la région (celle située au nord de la Saône) est dévolue à Conrad, empereur germanique. Puis, passant aux mains de divers suzerains, au hasard des dévolutions territoriales, l'actuelle Franche-Comté passe, en 1156, sous l'autorité de Frédéric Ier Barberousse, à la suite de son mariage avec Béatrix, héritière de cette province. Quelques années plus tard, le fils de Frédéric Ier, Otton, prend le titre de comte palatin de Bourgogne et, après être revenue aux maisons d'Andechs-Mérau et de Chalon, la région est rattachée de 1316 à 1335 à la couronne royale de France par le mariage de Jeanne de Bourgogne, fille d'Otton IV, avec Philippe V. Conséquence du mariage de la fille de la comtesse-reine Jeanne avec le duc de Bourgogne, Eudes IV, les deux Bourgognes sont réunies. Le duché reste durant quelque temps sous la suzeraineté du roi de France avant d'entrer, en 1361, dans le domaine de Marguerite de Flandre, qui doit hommage vassalique à l'empereur germanique.

C'est en 1366 que, pour la première fois, est employée la dénomination « Franche-Comté », et en 1384 qu'est consacrée une nouvelle union du duché et du comté de la province, à l'occasion du mariage de Marguerite de Flandre avec Philippe le Hardi, duc de Bourgogne. Mais celle-ci est de nouveau rompue en 1477, à la mort de Charles le Téméraire, dont la fille Marie épouse Maximilien d'Autriche. Conquise par les armées de Louis XI, la Franche-Comté échoit, à la fin du règne de Charles Quint, à la branche espagnole des Habsbourg, se trouvant dès lors dotée d'un statut d'autonomie favorable à la prospérité de son commerce. Devenue province espagnole, la Franche-Comté voit à plusieurs reprises la guerre portée sur son sol. En effet, la cour de Madrid dispose avec ce territoire d'un important point d'appui pour diriger, le cas échéant, ses troupes sur la France. Puis, après l'occupation (consécutive à la déclaration de guerre à l'Espagne) de la Franche-Comté par l'armée d'Henri IV, la province est revendiquée, au nom de Marie-Thérèse, par le roi Louis XIV à la mort de Philippe IV d'Espagne. Conquise par la France en 1668, elle est rendue à l'Espagne lors du traité d'Aix-la-Chapelle, mais est définitivement annexée par la France en 1678, à la suite du traité de Nimègue.

La riche province, dont la capitale n'est plus Dole mais Besançon, se trouve de par son emplacement stratégique l'objet de nombreuses autres occupations. Après avoir été, sous la Révolution, divisée en trois départements, Doubs, Jura et Haute-Saône, la Franche-Comté voit déferler l'armée des coalisés en 1814-1815, puis celle des Prussiens lors de la guerre de 1870-1871, enfin celle des Allemands en 1940, avant d'être libérée en 1944 par la Ire armée française et un très actif réseau de résistance. Voisine de la Suisse, la Franche-Comté connaît dès le XVIIIe siècle un développement industriel important lié aux manufactures horlogères, à la métallurgie et au bois.

FRANCHET d'ESPEREY Louis Félix (Mostaganem, Algérie, 1856 – Amancet, Tarn, 1942)

Maréchal de France.

Entré dans l'armée en 1876, il sert tout d'abord dans son Algérie natale puis en Indochine, d'où il passe en Chine en 1900 pour participer à la guerre des Boxers. Colonel en 1903, général en 1908, il exerce un commandement au Maroc de 1912 à 1914, année décisive qui le voit à la tête du Ier corps d'armée à Lille. À la veille de la bataille de la Marne, Joffre le désigne pour remplacer le général de Lanrezac à la tête de la Ve armée, en retraite depuis Charleroi. Avec Gallieni, Foch et Sarrail, Franchet d'Esperey va jouer un rôle déterminant dans la victoire de septembre. La Ve armée contient la ruée allemande entre le nord de Provins et Sézanne, du 5 au 7 septembre, jour où la pression de l'assaillant se relâche en raison de l'action de Gallieni en direction de Meaux. Discernant la position précaire de l'adversaire, le commandant de la Ve armée déclenche alors une vigoureuse contre-attaque qui lui permet de s'enfoncer dans le front allemand à l'ouest d'Esternay et de progresser entre le Grand et le Petit Morin, jetant la confusion dans les rangs adverses et parvenant, le 12, aux abords de Reims.

Par son action et sa détermination, Franchet d'Esperey a facilité la tâche de Foch, à sa droite, tout en contribuant au succès final de la manœuvre de Joffre. À l'automne 1914, il pressent que le sort de la guerre ne se décidera pas en France, où le front stagne, mais dans les Balkans. Il sollicite du président du Conseil Viviani un commandement sur le front serbe, esquissant déjà les grandes lignes de sa manœuvre victorieuse de 1918. Il lui faudra en effet patienter près de quatre années pour faire prévaloir sa conception, l'année 1916 le voyant à la tête du groupe des armées de l'Est puis, en décembre suivant, de celui des armées du Nord. Ce n'est qu'en juin 1918 qu'il peut enfin donner sa pleine mesure, en lançant l'armée d'Orient à l'assaut du front germano-bulgare de Macédoine. L'élan est donné le 15 septembre. Le 29, le front du Vardar est totalement enfoncé. Les Bulgares sollicitent l'armistice et le Danube est atteint en octobre. L'Autriche-Hongrie, la Bulgarie et la Turquie mettent bas les armes, laissant l'Allemagne seule. Récompensé en 1921 par le bâton de maréchal, inspecteur général de l'armée d'Afrique à partir de 1923, Franchet d'Esperey entre à l'Académie française en 1934.

FRANCHISES

Au sens fiscal du terme : exemption de taxes ou d'impôts ; exonération totale ou partielle des droits pesant sur les marchandises entrant ou sortant d'un territoire déterminé.

C'est au XIe siècle qu'apparaissent, au nord de la France, les chartes ou privilèges de franchises, qui s'étendront, durant les XIIe et XIIIe siècles, à l'ensemble du pays. Ceci correspond à la flambée de l'économie urbaine du Moyen Âge. La conséquence immédiate en est l'octroi d'un ensemble de libertés visant à limiter les redevances, prestations ou corvées diverses, auxquelles étaient normalement soumises les villes et bourgades du royaume. En obtenant ces franchises, les bourgeois et marchands favorisent leur communauté urbaine et l'essor de leur ville qui peut devenir un centre d'échanges prospère et recherché. Dès lors se multiplient les « villes franches », dont le statut sera évidemment conditionné par l'acceptation ou le refus de l'autorité seigneuriale, bien que, dans les faits, le seigneur des lieux perçoive rapidement l'avantage à consentir de telles franchises et entérine, dans la plupart des cas, la constitution de ces chartes.

Ainsi, le nombre des communautés franches ne cesse de croître, et les formules retenues sont aussi nombreuses que variées. Tandis que certaines villes franches jouissent, par exemple, uniquement d'une exemption de taille, mais restent soumises à une hégémonie seigneuriale pesante, d'autres bénéficient au contraire d'une liberté complète au regard de leurs droits économiques, juridiques ou administratifs. Par ailleurs, la concession de franchises pouvait varier, d'une part, suivant le nombre et la nature des exonérations consenties et, d'autre part, selon la distinction entre les différentes catégories de personnes auxquelles la franchise était destinée à s'appliquer. Telle corporation ou groupe d'habitants d'un quartier pouvait, par exemple bénéficier seul de l'affranchissement. Dès lors, la concession de franchises apparaît comme un acte à portée sélective ; c'est ainsi que l'exonération de tel ou tel droit pouvait, à son tour, être total ou partiel en fonction des dispositions de la charte d'affranchissement. Indépendamment, l'affranchissement d'une ville pouvait être consenti soit à titre gracieux (le seigneur s'estimant alors payé du seul fait du développement économique prévisible de sa ville), soit à titre onéreux, lorsque ledit seigneur souhaitait que cette concession soit rachetée par les habitants, afin de se procurer rapidement de l'argent (en cas de départ imminent à la croisade, par exemple). Les concessions de chartes de franchises diminuent très nettement dès la fin du XIIIe et au XIVe siècle, avec l'essor de la monarchie française qui tend à se soumettre l'ensemble des villes du royaume.

FRANCIA OCCIDENTALIS (Francie occidentale)

Nom attribué à la partie occidentale de l'ancien royaume de Louis le Pieux, partagé entre ses trois fils lors du traité de Verdun en 843.

La Francie occidentale est attribuée au dernier né, Charles, futur Charles le Chauve. Elle se compose des territoires situés à l'ouest de l'Escaut, de l'Argonne, de la Saône et des Cévennes, plus le comté de Chalon sur la rive gauche de la Saône, mais sans les territoires du Lyonnais, du Viennois, du Vivarais et de l'Uzège situés sur la rive droite du Rhône. Le nom de Francie occidentale est attribué à cet ensemble territorial en opposition à la Francie médiane (*Francia media*) constituée par la Lotharingie, de la mer du Nord à la péninsule italienne, et à la Francie orientale (*Francia orientalis*), située à l'est du Rhin. De ces trois territoires dominés par les Francs, seuls l'occidental conservera son nom de *Francia* pour devenir la France à partir du règne de Saint Louis. Pour cette raison, de nombreux historiens ont été tentés de dater la naissance de la France du traité de 843. Attitude dont il est prudent de se garder, les rois successeurs de Charles le Chauve ne se dénommant pas « rois de France » avant le milieu du XIIIe siècle, mais rois des Francs occidentaux, roi des Francs, ou rois de *Francia occidentalis*.

FRANCISCAINS (ordre des)

Ordre religieux mendiant fondé en 1209 par saint François d'Assise (province d'Ombrie, Italie).

Connu en France sous le nom d'ordre des Cordeliers, cet ordre, placé dès sa création sous la seule autorité morale de saint François, voit ses règles constitutives approuvées dans un premier temps par le pape Innocent III, avant d'être, à plusieurs reprises, modifiées durant le Moyen Âge. En effet, ces règles, extrêmement austères quant au dénuement matériel des frères, apparaissent vite comme étant incompatibles avec la tâche de prédication universelle et d'enseignement dévolue, à cette époque, à l'Église. L'obligation de pauvreté se trouve de ce fait adoucie dès 1230 ; toutefois certains disciples de François d'Assise, refusant cette modification regardée par eux comme trahissant le vœu de leur maître de foi, vont jusqu'à la rupture avec leurs frères réformistes. Alors qu'en 1212 la fille spirituelle de François d'Assise, sainte Claire d'Assise, fonde l'ordre des Clarisses (émanation féminine des Franciscains), ces derniers sont amenés à prendre, à l'instar des Dominicains, fermement position contre l'hérésie ; deux des plus célèbres docteurs franciscains de la scolastique sont saint Bonaventure et Guillaume d'Occam.

Par ailleurs, les Franciscains vont s'attacher à la conversion des musulmans ; le frère Raymond Lulle peut être considéré comme le père de l'étude des langues orientales. Mais au XIVe siècle, l'ordre se trouve encore une fois divisé à la suite d'une nouvelle modification des règles de la communauté. Alors que les « conventuels » se laissent tenter par quelques compromis vis-à-vis de certains biens matériels, les « observants » continuent à vivre dans l'ascétisme le plus rude, et, en 1517, après de nombreuses années de conflits internes, le schisme fait naître de l'« observance » un nouvel ordre : celui des Capucins ; ce dernier se dissociera définitivement des Franciscains en 1619. Il faut attendre 1897 pour que les différentes branches de la famille des Franciscains se trouvent réunies, grâce au pape Léon XIII, sous le nom de Frères mineurs. De nos jours, l'ordre fondé par saint François d'Assise se compose des Frères mineurs dits de l'observance, des Capucins et des conventuels. Exerçant essentiellement leur apostolat dans les missions étrangères, les Franciscains français sont actuellement environ 1 500 à travers le monde ; ils portent la tunique de bure marron, le capuce, la corde et les sandales, à l'image du *fratello* d'Assise.

FRANCO-ALLEMANDE ou FRANCO-PRUSSIENNE (guerre) : **voir GUERRE DE 1870**

FRANÇOIS de SALES, saint (Château de Sales, près de Thorens, Savoie, 1567 – Lyon, 1622)

Évêque, docteur de l'Église.

Sa famille, fortement imprégnée de franciscanisme, appartient à la noblesse savoyarde. Destiné à la magistrature, il étudie à Paris, puis à Padoue, et devient, en 1592, avocat au souverain Sénat de Savoie. Il abandonne bientôt la magistrature pour la prêtrise, reçoit les ordres dès 1593. L'évêque de Genève, son oncle, Mgr de Granier, chassé de sa ville par la Réforme et installé à Annecy, l'envoie alors en mission dans le Chablais. Pendant quatre ans, François de Sales tente, par la prédication, de ramener les protestants au catholicisme. Après un court séjour à Rome (1598), il devient en 1599 coadjuteur de l'évêque de Genève. Une mission diplomatique le conduit en 1602 à Paris : il doit étudier avec Henri IV la situation religieuse du pays de Gex, passé à la France à la suite du traité de Lyon en 1601. François rencontre à cette occasion la société parisienne, notamment Bérulle et Mme Acarie, et prêche au Louvre le carême de 1602.

Évêque de Genève après la mort de son oncle, la même année, il entreprend de réformer les paroisses et les communautés religieuses de son diocèse. François de Sales prêche aussi dans diverses autres villes, comme Dijon, Annecy, Chambéry, Grenoble ou Paris. À Dijon, il rencontre en 1601 Jeanne de Chantal avec laquelle il fonde en 1610, à Annecy, l'ordre de la Visitation. Lors d'un nouveau séjour à Paris, en 1618, il négocie le mariage de Charles-Emmanuel de Piémont et d'une princesse française, rencontre Vincent de Paul et refuse d'être nommé coadjuteur de l'évêque de Paris. En 1622, François de Salles accompagne le prince de Piémont auprès de Louis XIII, qui séjourne alors à Avignon. Il meurt lors du voyage de retour.

Par ses prêches comme par ses ouvrages, dont les plus célèbres sont l'*Introduction à la vie dévote* (1604) qui, à l'époque, rencontre un succès considérable, et le *Traité de l'amour de Dieu* (1616), François de Sales a voulu montrer à ses contemporains comment respecter les commandements et les enseignements de Dieu sans abandonner le monde. Resté fidèle à l'optimisme franciscain qui a entouré son enfance, il établit les rapports de Dieu et des hommes sur la confiance réciproque. Célèbre de son temps, François de Sales a inspiré les constitutions de nombreuses congrégations religieuses. Béatifié en 1662 et canonisé en 1665, il a été proclamé docteur de l'Église en 1877.

FRANÇOIS Ier (Cognac, 1494 – Rambouillet, 1547)

Roi de France (1515-1547).

Fils de Charles de Valois et de Louise de Savoie, il épouse en 1514 Claude de France, la fille de son cousin Louis XII. Le roi n'ayant pas d'héritier, il accède au trône en janvier 1515. Le règne débute aussitôt par une campagne militaire au-delà des Alpes. Le jeune roi s'y jette avec fougue, bien secondé il est vrai par Bonnivet. La victoire de Marignan, remportée sur les Suisses, donne à la France le Milanais et apporte d'emblée la gloire au roi. François Ier est un véritable personnage de la Renaissance. Ses connaissances sont étendues, quoique parfois superficielles, assurent certains. Son jugement passe pour pertinent. Mais peut-être l'exécution des décisions laisse-t-elle parfois à désirer, et c'est là qu'il convient de déceler les faiblesses du règne et d'expliquer les erreurs qui entraîneront quelques déboires. Bonnivet, Chabot puis Anne de Montmorency sont successivement des conseillers écoutés. S'y ajoute l'influence des nombreuses favorites, telles la comtesse de Châteaubriant (qui soutient ses propres protégés) et la duchesse d'Étampes. Intrigues et conflits de personnes sont nombreux également, puisque le souverain ajoute des liaisons personnelles, dont la Belle Ferronnière demeure la plus célèbre. Veuf en 1524, François Ier épouse en secondes noces Éléonore d'Autriche, sœur de Charles Quint. Il donnera à ses enfants un précepteur de choix, l'humaniste Lefèvre d'Étaples.

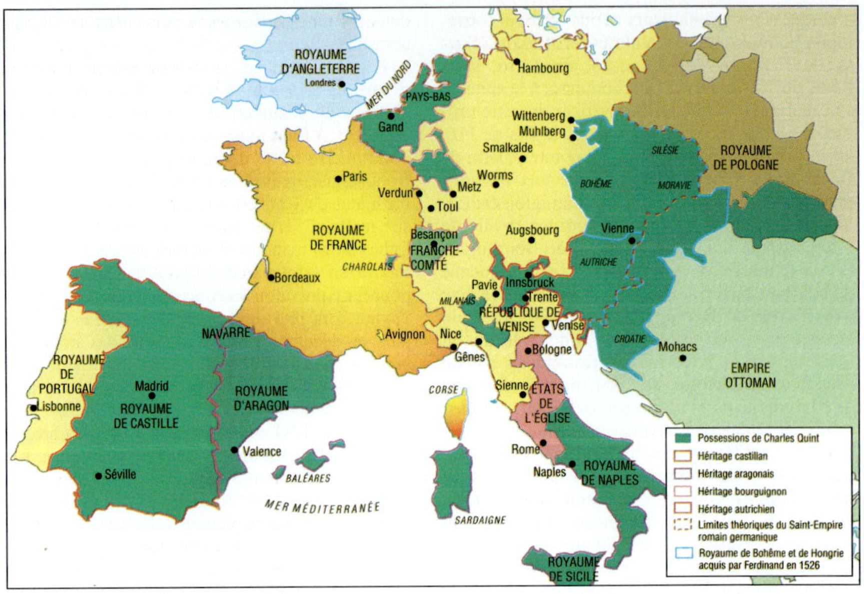

L'Europe de François Ier et de Charles Quint

Une cour bourdonnante, affairée, brillante, s'épanouit au milieu d'un luxe sans précédent. Les apports de la Renaissance aidant, ce lustre atteint parfois à la démesure. En témoigne le camp du Drap d'or, dressé non loin de Calais, où François Ier reçoit Henri VIII d'Angleterre (1520). La France inaugure sous ce règne la longue lutte qui va l'opposer dorénavant à l'empire, la grande puissance continentale qui aspire à la suprématie et dont la couronne échoit en 1519 à Charles Quint. Dépité, François Ier reprend alors à son compte la formule des légistes selon laquelle le « roi de France est empereur en son royaume ». En résultent les campagnes d'Italie qui diluent au-delà des Alpes les forces vives du royaume. Après le désastre de Pavie (1525), captif à Madrid, le roi signe le traité du 14 janvier 1526 qui cède à l'empire la Flandre, le Milanais, Naples et la Bourgogne. En fait, c'est mal connaître l'astuce de François Ier qui ne consent à toutes ces exigences que pour recouvrer au plus tôt sa liberté. Une fois acquise la paix de Cambrai (1529), il noue de judicieuses alliances avec les adversaires de l'Empire, à savoir les princes protestants d'Allemagne, les Suédois et, initiative choquante sur le moment, les Turcs musulmans. Un siècle plus tard, Richelieu n'aura pas à chercher d'autres motifs d'inspiration pour lutter contre la maison d'Autriche.

À l'intérieur, l'exemple est tout aussi positif. Au moment où la Réforme s'impose en Allemagne du Nord, en Hollande, en Scandinavie et en Suisse, le roi préserve son domaine de néfastes soubresauts. Il agrandit les possessions de la couronne en confisquant les biens du connétable de Bourbon, parti chez les Impériaux. Avec l'assistance judicieuse de sa mère, Louise de Savoie, François Ier renforce partout l'autorité de l'administration. Le pouvoir de justice des seigneurs est réduit. L'autorité de l'État s'affirme au contraire sur l'Église par la conclusion du concordat de Bologne, qui permet au roi de nommer les évêques. Des intendants royaux parcourent les provinces, confirmant partout la puissance royale. L'état civil est créé en 1539 par l'ordonnance de Villers-Cotterêts, laquelle, préparée par le chancelier Guillaume Poyet, entérine la primauté de la langue française sur le latin dans la rédaction des actes judiciaires et notariés. Sur le plan des arts et des lettres, François Ier favorise le développement de l'imprimerie, fonde en 1530 le Collège des lecteurs royaux (futur Collège de France), protège et encourage les artistes de toutes disciplines. Il fait venir d'Italie, entre autres, Benvenuto Cellini et Léonard de Vinci, qui terminera ses jours à Amboise. Le Louvre resplendit et les courtisans se pressent à Fontainebleau (préfiguration de Versailles). La France des temps modernes prend son essor sous le sceptre de ce souverain digne de la Renaissance.

François Ier
La Bataille de Marignan. Huile sur toile, XVIe siècle, Chantilly, musée Condé. © *Sélection Images*

FRANÇOIS II (Fontainebleau, 1544 – Orléans, 1560)

Roi de France (1559-1560).

Fils aîné d'Henri II et de Catherine de Médicis, marié en 1558 à Marie Stuart, reine d'Écosse, il délègue pratiquement tous ses pouvoirs à la reine mère et aux oncles de sa femme, le duc François de Guise et son frère le cardinal Charles de Lorraine, chefs de la faction catholique. Contre ces deux hommes, les protestants, menés par Louis de Condé, Antoine de Bourbon, roi de Navarre son frère, et les trois Coligny, rassemblent leurs forces et préparent une rébellion générale. Mais la conjuration d'Amboise qui doit les débarrasser des Guises est un échec (1560). Victorieux, ceux-ci noient le « tumulte » dans le sang. Le roi – adolescent bouffi et boutonneux – n'est qu'un pauvre malade. Il meurt à Orléans le 5 décembre d'une mastoïdite qui lui arrache des cris épouvantables. Marie Stuart n'est plus reine de France, et la mort du roi François sauve Louis de Condé, condamné à mort depuis le 26 novembre.

FRANÇOIS Ier de BRETAGNE (Vannes, 1414 – Plaisance, près de Vannes, 1450)

Duc de Bretagne (1442-1450).

Fils aîné du duc Jean V et de Jeanne de France (fille de Charles VI), il succède à son père en 1442. Immédiatement, il fait preuve, vis-à-vis de son oncle Charles VII, déjà victorieux, du plus grand loyalisme, le soutenant dans sa lutte contre les Anglais en Normandie. Il fait ainsi arrêter et emprisonner son frère Gilles en 1446 parce que ce dernier est en trop bons termes avec les Anglais.

FRANÇOIS II de BRETAGNE (?, 1435 – château de Couëron, près de Nantes, 1488)

Duc de Bretagne (1458-1488).

Succédant à son oncle Arthur III de Richemont, il devient duc de Bretagne en 1458 et entend ne renoncer à aucune des prétentions de ses prédécesseurs. Au mépris des injonctions royales, il s'obstine à conserver dans les actes de sa chancellerie le titre de « duc par la grâce de Dieu » que Jean V s'était arrogé en 1418. Mais il se révèle peu capable de soutenir de pareilles prétentions, d'autant qu'il trouve en face de lui Louis XI, puis Anne de Beaujeu. Tiraillé entre des influences contraires, irritant la haute noblesse par sa confiance prodiguée à des étrangers, mécontentant l'Église, il mène une politique brouillonne qui ne donne guère de résultats.

Les officiers royaux ayant tenté de réduire l'indépendance de son duché (1464), le duc participe à la ligue du Bien public (1465). Il installe Charles de France en Normandie, se brouille avec lui (1465), tente de l'aider à reconquérir cet apanage (1467), mais, vaincu par Louis XI, doit signer la paix d'Amiens (1468). La trêve est de courte durée. La même année, François II conclut une triple alliance avec le nouveau duc de Bourgogne Charles le Téméraire et le roi d'Angleterre Édouard IV. Dès qu'il voit approcher l'armée du roi de France, il se réconcilie avec lui ; mais c'est pour se remettre immédiatement à nouer des intrigues avec tous ses adversaires. Laissé seul par la mort du Téméraire (1477), il se rapproche encore des Anglais, avec lesquels il signe, en 1481, un traité d'alliance perpétuelle : il y est prévu que l'aînée de ses filles, Anne, épousera le prince de Galles. Mais les Anglais restant inactifs, François II promet bientôt la main d'Anne à l'archiduc d'Autriche Maximilien, élu roi des Romains, et par conséquent désigné pour l'Empire. En même temps, il soutient Dunois et le duc d'Orléans, chefs de la coalition de la Guerre folle contre Anne de Beaujeu et Charles VIII. Mais ses troupes sont vaincues par l'armée royale à Saint-Aubin-du-Cormier (1488) et, par le traité du Verger (près de Sablé), signé le 19 août 1488, il doit promettre que ses filles ne se marieront pas sans le consentement du roi. François II meurt moins d'un mois plus tard et, aussitôt, se pose le problème du mariage de son héritière, Anne de Bretagne.

FRANÇOIS-MARSAL Frédéric (Paris, 1874 – Gisors, 1958)

Homme politique, président du Conseil.

Major de sa promotion d'infanterie à Saint-Cyr, il quitte l'armée pour la banque et devient attaché au cabinet Clemenceau à la fin de la Première Guerre mondiale. Lors du traité de Versailles, il est nommé expert financier au sein de la délégation française. Appelé aux Finances par Alexandre Millerand en 1920, il tente une politique déflationniste. Il est à nouveau ministre des Finances dans le troisième ministère Poincaré et, à la suite de la victoire du Cartel des gauches en mai 1924, forme un gouvernement particulièrement éphémère (9-13 juin). Il doit démissionner dès le lendemain de sa nomination, entraînant avec lui le président de la République, Alexandre Millerand.

FRANCOPHONIE

Ensemble des pays utilisant le français.

Avant même d'être un cadre institutionnel et politique de coopération, la francophonie, entendue dès 1880 par Onésime Reclus comme l'ensemble des personnes et des pays utilisant le français, est une réalité historique et culturelle issue, pour l'essentiel, de la colonisation. Pas moins de 1,73 milliard de personnes, dans 52 pays, utilisent aujourd'hui le français à un titre ou à un autre. Dès 1950, les organisations non gouvernementales ouvrent la voie de la francophonie avec la création, cette année-là, de l'Association internationale des journalistes et de la presse de langue française. Le développement institutionnel de la francophonie, inauguré par la création, le 20 mars 1970 à Niamey, de l'Agence de coopération culturelle et technique, est le fait d'une triple préoccupation : préoccupation, par la voix de Léopold Sédar Senghor ou d'Habib Bourguiba, des pays du Sud en développement en quête de reconnaissance internationale ; préoccupation des communautés francophones de Belgique et du Québec attachées à la préservation de leur identité culturelle ; préoccupation de la France gaullienne qui s'enorgueillit de ce nouveau rayonnement culturel. Ce n'est qu'en 1986 qu'a lieu à Paris le premier sommet de la francophonie, sous la présidence de François Mitterrand, soucieux, face à la mondialisation, de préserver le pluriculturalisme mondial et l'exception culturelle française. Depuis lors, sept autres sommets ont été organisés, chacun étant l'occasion de développer la coopération culturelle (création d'universités francophones), économique (allègement des dettes publiques) et technique (énergie). À partir de 1992 (sommet de Chaillot), la francophonie s'enrichit d'une dimension politique avec la création d'un Conseil permanent de la francophonie, l'adoption de la Charte de la francophonie (1997) et l'institution d'un secrétaire général (M. Boutros-Ghali). Pour autant, en témoigne le sommet de Moncton (Canada, septembre 1999), la définition politique de la francophonie, au regard notamment du respect des droits de l'homme et de la démocratie (conformément aux objectifs de la Charte), est malaisée et source de tensions, lesquelles pourraient menacer l'existence même de l'Organisation internationale de la francophonie.

FRANCO-RUSSE (alliance)

Rapprochement politique et financier entre la France et la Russie de la fin du XIXe siècle jusqu'en 1917.

Au XIXe siècle, la Russie considère la France comme un pays ennemi en raison du souvenir des guerres napoléoniennes et de la vocation messianique revendiquée par les révolutionnaires français. De surcroît, depuis le congrès de Vienne et jusqu'au système bismarckien (1872 puis 1881), la Russie entre dans toutes les coalitions anti-françaises. Pourtant, à compter de 1887, la modification des rapports austro-russes incite le tsar Alexandre II à reconsidérer sa position à l'égard de la « pourriture républicaine ». Le clash entre Saint-Pétersbourg et Vienne conduit Bismarck à choisir le camp autrichien et à couper les crédits russes. Les banques françaises prennent le relais en 1888 sous la forme d'un emprunt de 125 millions de roubles, premier d'une série de quinze qui représenteront 16 milliards de francs en 1914 (200 milliards de francs d'aujourd'hui). Ces crédits publics s'accompagnent d'investissements industriels – 200 millions en 1888 et 2,2 milliards de francs en 1914.

Logiquement, les gouvernements français cherchent à en retirer des avantages diplomatiques. En 1890, lorsque Guillaume II refuse de renouveler le traité bismarckien, le rapprochement s'amorce. En 1891, les deux pays signent un traité d'amitié ; en août 1892, une convention militaire, ratifiée en décembre 1893. L'alliance est née, sur le principe d'une tenaille antiallemande. Au demeurant, celle-ci paraît fragile : en 1909, lors de la crise bosniaque, les Français se défaussent de leur soutien ; en 1911, lors de l'affaire d'Agadir, les Russes leur rendent la pareille. C'est la raison pour laquelle, en 1912, comme en juillet 1914, Poincaré se rend en Russie afin de consolider l'alliance, voyage décisif dans le choix de la fermeté adopté par les Russes lors de la crise de Sarajevo, avec les conséquences que l'on connaît, le déclenchement de la Première Guerre mondiale. Jusqu'en 1917, l'alliance ne se dément pas. Cependant, la non-reconnaissance des dettes de l'État tsariste par le régime bolchevique instauré en 1918 entraîne la ruine de très nombreux épargnants français titulaires d'emprunts russes.

FRANCS

Peuple germanique qui conquit la Gaule romaine et lui donnera plus tard son nom, la France.

On connaît peu de chose sur les origines des Francs. Leur nom apparaît pour la première fois au IIIe siècle ap. J.-C. lorsque, vers 254, Gallien les rejette sur la rive droite du Rhin. Ils semblent avoir groupé un certain nombre de tribus ou de fractions de tribus germaniques, de langues westiques, établies sur le Rhin inférieur et moyen : Amsivariens, Bructères, Chamaves, Chattes, Sicambres et peut-être également Bataves, Tenctères, Usipètes… Plusieurs d'entre elles conserveront d'ailleurs leur autonomie et, jusqu'au règne de Clovis, leurs chefferies héréditaires. Toutefois, on peut distinguer deux sous-groupes principaux : les Francs Saliens qui, au milieu du IVe siècle, occupent le Brabant, et les Francs du Rhin (Hesse), longtemps appelés à tort Francs Ripuaires.

Décrits par les Romains comme des pillards intrépides, les Francs semblent avoir participé à l'invasion de la Gaule dans la seconde moitié du IIIe siècle ; d'autres, signalés sur la mer Noire, auraient regagné les régions du Rhin par le détroit de Gibraltar ; d'autres enfin ravagent avec les Saxons la côte du Pas-de-Calais. Mais, dès la fin du IIIe siècle, ils s'intègrent peu à peu à l'Empire romain. Sous l'empereur Postumus (258-268), ils fournissent individuellement des auxiliaires aux armées romaines et sont de plus en plus nombreux à y servir, notamment dans l'armée des Gaules. Au IVe siècle, certains d'entre eux parviennent

Mobilier de la tombe d'un chef franc
Tombe 319 : épée, couteau, perle penditif d'épée. Lavoye (Meuse). Saint-Germain-en-Laye, musée des Antiquités nationales. © *RMN-J.G. Berizzi*

même au commandement suprême (Argobast, Bonitus, Silvanus), et les contemporains de Constantin lui reprochent de trop apprécier les Francs. Au terme d'une campagne menée par l'empereur Maximien en 288, un roi franc, Gonnebaud, reconnaît la suzeraineté romaine et fournit des soldats et des colons. C'est le début d'une alliance qui s'étend peu à peu aux différents peuples francs : Rome les installe avec le statut de peuples « fédérés » sur le territoire de l'Empire, aux bouches du Rhin, avec la charge de protéger des autres peuples germaniques le secteur de frontière qu'ils occupent en avant du *limes* romain. Ce système assure la sécurité du territoire romain jusqu'au milieu du IVe siècle. Mais les Francs ne s'arrêtent pas là. Parallèlement au déclin de l'Empire, qui se traduit par l'abandon de territoires toujours plus vastes, ils poursuivent une lente colonisation vers l'ouest, sans que l'on puisse véritablement encore parler d'invasion. C'est ainsi que les Saliens, déjà installés par Constance Chlore (293-305) dans l'île des Bataves (entre le Lek et le Waal) voient leur établissement en Toxandrie (Campine) reconnu par Julien en 358 et obtiennent en même temps le statut de « fédérés ». Les Ripuaires sont, eux, chargés de défendre la rive droite du Rhin entre la Ruhr et le Main.

Au début du Ve siècle, la Gaule du Nord est progressivement pénétrée par les Francs. Le chef salien Clodion occupe la Belgique Seconde (Escaut supérieur) après 440 et y fonde le royaume de Cambrai. En 454, Aétius réussit à arrêter la progression des Ripuaires qui devront attendre sa mort pour s'installer dans la vallée de la Moselle. Mais la poussée est irrésistible, et les Francs passent définitivement de la condition de sujets de l'Empire à celle de conquérants. Le Mérovingien Childéric Ier (mort vers 481), roi des Saliens de Tournai, est encore théoriquement subordonné au général romain Égidius qui contrôle le petit État romain de l'Île-de-France, dernier débris de la puissance romaine en Gaule. Mais Childéric se libère progressivement de cette sujétion et son fils Clovis accède à l'indépendance totale en battant et en faisant mettre à mort, en 486, le fils d'Égidius, Syagrius, dernier représentant de l'Empire romain en Gaule. Puis Clovis supprime les rois des autres tribus saliennes et, victorieux des Alamans, à l'est, soumet à sa seule puissance tout le pays entre la Meuse et la Loire. Dans les dernières années du Ve siècle, il chasse les Wisigoths de Tours et décide de se convertir, non pas à l'arianisme, comme les autres barbares, mais au catholicisme, ce qui fait de lui le seul roi catholique de tout l'Occident. Il lance ensuite ses troupes contre les Wisigoths ariens, les écrase à Vouillé en 507 et les refoule au-delà des Pyrénées. S'étant enfin imposé sur le Rhin aux Francs Ripuaires, il s'établit à Paris et meurt en 511 après avoir présidé à Orléans le premier concile général de l'Église franque. Il laisse un royaume qui s'étend sur plus des deux tiers de la Gaule et une partie de la Germanie. Ses fils poursuivent son œuvre en annexant le royaume burgonde (533-534) et la Provence, et en soumettant la Thuringe. Au milieu du VIe siècle, la Gaule tout entière, à l'exception des pays bretons et basques de la Septimanie wisigothique et d'une partie de la Germanie, se trouve rassemblée en un seul État, le *Regnum Francorum*, qui poursuit son expansion et domine l'Occident sous les Carolingiens.

Pour les Romains, l'envahisseur franc est un « barbare » qu'ils distinguent physiquement par sa taille, souvent élevée, son teint clair, ses cheveux blonds. Les Francs portent des braies de lin ou de peau et gardent souvent le torse nu. Ils pratiquent une agriculture semi-nomade, déplaçant des cultures temporaires à l'intérieur d'un certain périmètre par défrichements marginaux. L'élevage conserve une place privilégiée dans l'économie franque car il ne constitue pas seulement une richesse que l'on peut emporter avec soi en d'éventuels déplacements, mais un signe visible de fortune et, à l'occasion, un moyen d'échange. Devant fabriquer et réparer eux-mêmes leurs armes, les Francs ont la réputation d'être des artisans habiles : leurs talents de métallurgiste se retrouvent dans une orfèvrerie imitée de l'art des steppes (trouvailles du tombeau de Childéric). Chaque année, le peuple en armes se réunit autour du chef qu'il s'est choisi, à la veille du départ en campagne. Originellement, la convocation a lieu en mars, d'où le nom de Champ de mars (*campus martis*) donné à cette assemblée. Chaque guerrier est lié à son chef par un serment de fidélité mais la loi du plus fort domine souvent les rapports. Les Francs sont avant tout des fantassins : ne portant ni casque ni cuirasse, ils utilisent le scramasaxe (glaive), la francisque (hache de guerre) et l'angon (lance à crochets). Seuls les chefs sont à cheval et portent la spatha (épée longue).

La fusion entre Francs et Romains se heurte à certains obstacles. L'un des plus sérieux est le paganisme, jusqu'à la conversion de Clovis. Même après cet événement décisif, les progrès du catholicisme chez les Francs sont lents et il faut attendre le VIIIe siècle pour que les Francs de la rive droite du Rhin cessent de martyriser les missionnaires et adoptent la religion chrétienne. De plus, comme les autres Barbares, les Francs ont le désir de ne pas perdre leurs traditions, désir justement renforcé par la crainte d'être numériquement submergés par les Gallo-Romains. Cette volonté des Francs de préserver leur originalité se retrouve dans la législation du haut Moyen Âge, où apparaît le principe de la « personnalité des lois », si contraire à la tradition juridique romaine. Chacun est jugé selon la coutume juridique du groupe ethnique auquel il appartient : pour les Francs la *loi salique*, rédigée en latin sous Clovis, mais qui ne nous est parvenue que dans un texte de la fin du VIIIe siècle surchargé d'additions et peut-être de corrections, codifie les coutumes des Francs Saliens, tandis que la *loi ripuaire*, rédigée vers 540, fixe celles des Francs Ripuaires. On y trouve des règles de procédure et surtout les fameux tarifs de composition (*wergeld*). Toutefois, en dépit de ces difficultés, l'assimilation réciproque est rapide. Le petit nombre des Francs par rapport aux anciennes populations la rend d'autant plus facile que les Francs, à la différence des Goths, n'interdisent pas les mariages mixtes. De cette fusion naîtra lentement un monde nouveau en Occident, le monde médiéval.

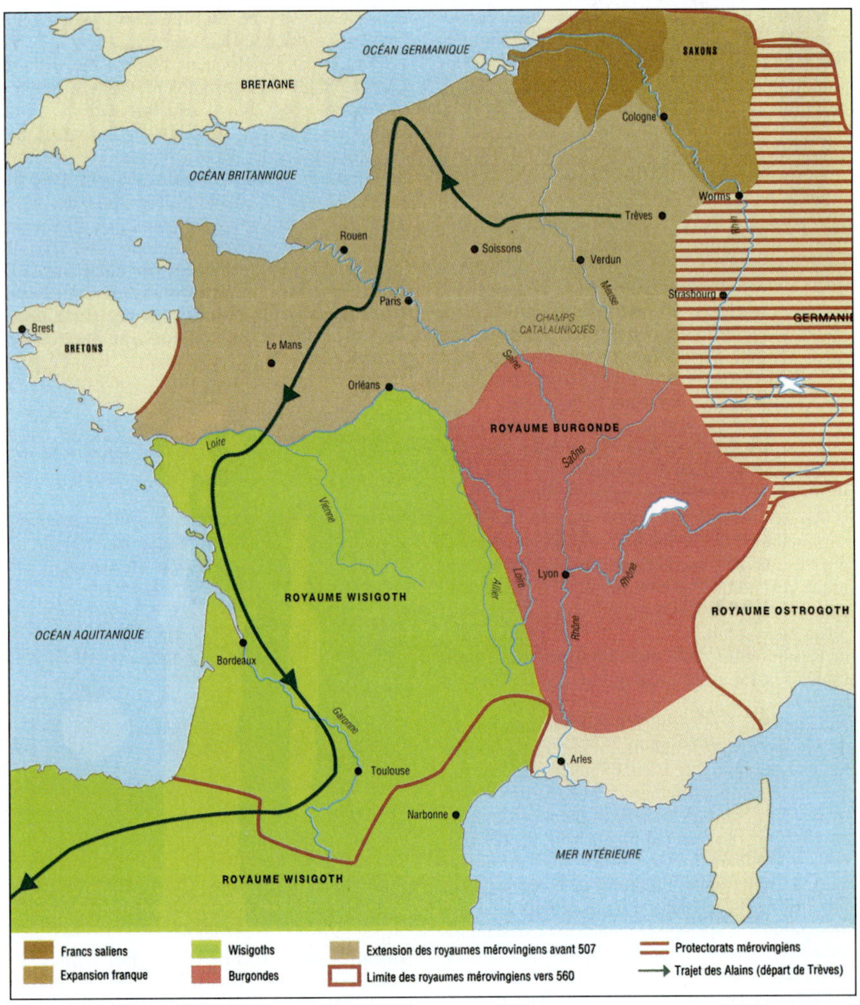

L'expansion franque au VIe siècle

Franc-Tireur

Mouvement de la Résistance reliant des hommes d'horizons très divers.

En août 1940, Élie Péju, Jean-Jacques Soudeille, puis Antoine Avinin, Auguste Pinton, Noël Clavier se réunissent à Lyon. Au mois de novembre, ils diffusent des tracts signés France-Liberté. À la fin de l'année, Jean-Pierre Lévy les rejoint et donne son véritable essor au groupe. En décembre 1941, paraît *Franc-Tireur* (150 000 exemplaires en 1944). Le titre renvoie à la guerre de 1870. Le mouvement organise les premiers maquis importants (soit 29 000 hommes). En janvier 1943, il fusionne avec Combat et Libération. Le 21 août 1944, paraît le premier numéro libre de *Franc-Tireur*.

Francs-tireurs et Partisans français (FTPF)

Armée clandestine créée en 1942 par le Front national de lutte pour l'indépendance de la France, mouvement de résistance communiste apparu à partir de 1941.

Elle a pour fonction de coordonner trois branches paramilitaires d'obédience communiste : l'Organisation spéciale créée fin 1940 (OS), les groupes de jeunesses communistes auteurs des premiers attentats contre les Allemands comme celui exécuté par Pierre George, alias le colonel Fabien, et enfin les membres de la main d'œuvre immigrée (MOI). Le parti communiste souhaite que 20 % de ses membres soient FTPF. Ces FTPF sont les premiers à organiser systématiquement sabotages et attentats contre les Allemands. Dirigés par Charles Tillon, ses principaux chefs sont Henaff, Albert Ouzoulias, Beyer, Prenant. En février 1944, ils sont intégrés aux FFI (Forces françaises de l'intérieur), tout en conservant leur autonomie, et combattent aux côtés des Alliés à la Libération.

FRAYSSINOUS Denis, comte de (Curières, Rouergue, 1765 – Saint-Geniez-d'Olt, Aveyron, 1841)

Évêque et homme politique.

Ordonné au début de la Révolution, il refuse de prêter serment et exerce clandestinement son ministère pendant la Terreur. Conférencier aux Carmes de 1801 à 1803 et à Saint-Sulpice de 1803 à 1809 puis de 1814 à 1822, il contribue grandement au renouveau religieux des premières années du XIXe siècle, et la publication de ses conférences en 1825 sous le titre de *Défense du christianisme* prolongera son audience. Nommé aumônier du roi en 1821, puis évêque d'Hermopolis et grand maître de l'Université en 1822, et enfin ministre des Affaires ecclésiastiques et de l'Instruction publique de 1824 à 1828, il s'efforce de christianiser l'enseignement supérieur. Mais il n'y parvient pas et certaines de ses mesures, comme la suppression de l'École normale et la suspension de cours à l'École de médecine, font crier à la réaction. Après la révolution de 1830, il se fixe un temps à Rome. En 1833, chargé de l'éducation du duc de Bordeaux, il gagne Prague puis revient en France trois ans avant de mourir. Il avait été élu membre de l'Académie française en 1822. Outre ses conférences, on a de lui les *Vrais Principes sur les libertés de l'Église gallicane* (1818) et les oraisons funèbres du prince de Condé (1818), de Louis XVIII (1824) et de Talleyrand (1838).

FRÉDÉGONDE (?, v. 545 – ?, 597)

Reine de Neustrie.

D'origine assez obscure, elle appartient à l'entourage de la reine Audovère, épouse du roi de Neustrie Chilpéric Ier. Ambitieuse, elle exerce bientôt sur le roi un fort ascendant et le contraint à répudier Audovère en 567. Contrairement à ses espérances, le roi imite alors son frère Sigebert, roi d'Austrasie, qui vient d'épouser Brunehaut, fille d'Athanagild roi des Wisigoths, et épouse Galswinthe, sœur de Brunehaut. Vouant, dès lors, une haine profonde à la nouvelle reine, Frédégonde finit par la faire étrangler dans son lit et épouse enfin Chilpéric. Brunehaut ayant décidé alors de venger sa sœur, la guerre éclate entre la Neustrie et l'Austrasie. Pour s'assurer la victoire, l'épouse de Chilpéric charge deux assassins de la débarrasser de Sigebert (575). Brunehaut, retenue prisonnière à Paris, puis à Rouen, rencontre dans cette ville le fils de Chilpéric et d'Audovère, Mérovée, et ne tarde pas à l'épouser sans le consentement du roi. Utilisant l'intrigue et le mensonge, Frédégonde parvient à persuader le roi de Neustrie de punir son fils qui, poursuivi, finit par se faire tuer par un de ses serviteurs. Tournant ensuite son courroux contre l'évêque de Rouen Prétextat, auquel elle reproche d'avoir béni le mariage de Mérovée, la reine le fait exiler puis supprimer. Quelque temps plus tard, les enfants de Frédégonde et Chilpéric tombent malades et meurent l'un après l'autre. La reine profite de ces circonstances pour évincer Clovis, autre fils de Chilpéric et d'Audovère : elle l'accuse d'avoir empoisonné ses enfants, et se débarrasse de lui. Audovère connaît bientôt le même sort, tandis que sa fille est jetée dans un couvent. En même temps, la reine tente vainement de faire assassiner Brunehaut et son fils Childebert.

Lorsque Chilpéric meurt de mort violente, en 584, la reine, soupçonnée de ce nouveau meurtre, doit demander la protection de Gontran, roi de Bourgogne. Elle fait alors proclamer roi son fils Clotaire, âgé de quelques mois, et gouverne en son nom. À la mort de son protecteur, qu'elle a aussi tenté de faire assassiner pour le punir de la tenir à l'écart, Frédégonde reprend la lutte contre Brunehaut et Childebert (592). Ses troupes battent ce dernier près de Droissy et, le vaincu étant mort peu après, la reine est de nouveau accusée de meurtre. Brunehaut administre alors la Bourgogne et l'Austrasie au nom de ses petits-fils, et la guerre reprend entre les deux reines. Frédégonde l'emporte à Latofao, en 596, et meurt l'année suivante, paisiblement.

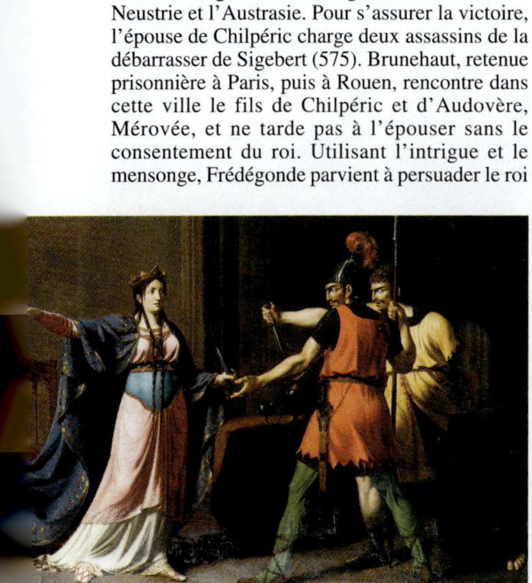

Frédégonde
Frédégonde armant les assassins de Sigebert. Huile sur toile de E. Wallet, XIXe siècle, Douai, musée de la Chartreuse. © *Giraudon*

FRÉJUS

Distinguée par les Grecs de Provence avant la conquête romaine, la rade de Fréjus connaît une activité commerciale importante durant plusieurs siècles avant que les légionnaires ne s'y installent au IIe siècle av. J.-C.

En 49 av. J.-C., un lieutenant de César aménage la rade et dénomme la cité naissante *Forum Julii*, en hommage à son chef. Sous l'empire, la ville prend une importance considérable, servant de mouillage aussi bien aux navires de commerce qu'à la flotte de combat. Un arsenal, des quais, des entrepôts complètent sur le littoral les importants monuments de la cité proprement dite, dont subsistent encore aujourd'hui un amphithéâtre, un aqueduc et des remparts. La cité est si importante qu'un évêché y est établi au IVe siècle. Les incursions des Sarrasins n'entravent que momentanément une activité qui se perpétue durant le Moyen Âge et la Renaissance, Henri II y créant même un siège d'amirauté. Mais les alluvions déposées par l'Argens, ajoutées à celles du Reyran, envasent progressivement la rade au bénéfice de Toulon. De retour d'Égypte, Bonaparte y débarque en octobre 1799 et, empereur déchu, s'y embarque à destination de l'île d'Elbe, à la fin d'avril 1814.

FRENAY Henri (Lyon, 1905 – Porto-Vecchio, 1988)

Résistant.

Élève de Saint-Cyr, capitaine en 1939, fait prisonnier dans les Vosges en 1940, il s'évade. Officier d'active de l'armée d'armistice, il démissionne le 28 janvier 1941. Dès août 1940 en zone sud, il publie un manifeste de résistance, puis fonde le Mouvement de libération nationale, qui devient Combat, principal mouvement de résistance de la zone sud en 1941. Ses liens avec Bertie Albrecht confortent son engagement. Sa grande idée est de former des cadres pour la Résistance. Longtemps pétainiste, il rompt définitivement avec le maréchal en avril 1942 en publiant une *Lettre ouverte au maréchal Pétain*. Sa farouche indépendance le fait s'opposer à Jean Moulin en particulier, et à toute tutelle exercée sur la Résistance en général. De plus, il voit en Jean Moulin un agent du parti communiste dans la Résistance. Ce dernier, de son côté, critique les contacts pris par Frenay avec les services américains pour obtenir des subsides. Deux rencontres d'Henri Frenay à Londres avec le général de Gaulle en septembre et novembre 1942 ne réussissent pas à effacer les contentieux. Membre du Comité français de libération nationale (CFLN) à Alger, il a en charge le commissariat aux Prisonniers et aux Déportés à partir du 9 novembre 1943. Ministre des Prisonniers à la Libération, il accomplit avec vigilance la difficile mission du rapatriement de près d'un million de personnes. Après l'échec politique du Mouvement de libération nationale et l'échec commercial du journal *Combat*, il s'éloigne de la politique. À sa mort, le président de la République François Mitterrand rend hommage à ce compagnon de la Libération dans la cour d'honneur des Invalides.

FREPPEL Charles Émile (Obernai, 1827 – Angers, 1891)

Évêque et homme politique.

Ordonné prêtre en 1849, il enseigne l'histoire, puis la philosophie, avant de se faire connaître par les conférences religieuses qu'il donne en tant que chapelain de Sainte-Geneviève (1852). Ardent polémiste, il combat avec vigueur les théories de Renan. Doyen de Sainte-Geneviève en 1867, appelé deux ans plus tard à la préparation du concile du Vatican, Freppel défend la thèse de l'infaillibilité du pape. Évêque d'Angers en 1869, il fait montre d'un ardent patriotisme au cours de la guerre franco-prussienne. La paix revenue, il décide de soutenir l'Église en participant à la vie politique et se présente en vain aux élections de juillet 1871. Il prend part cependant aux actions des monarchistes et fonde à Angers une université catholique (1875). Élu enfin député par les Brestois en 1880, et constamment réélu jusqu'à sa mort, Charles Freppel s'affirme dès lors comme le représentant de l'Église catholique au Parlement et joue un rôle considérable. Pendant des années, le député de Brest combat sans relâche, et sans succès, la politique gouvernementale : il s'oppose ainsi aux lois concernant l'enseignement (1880-1882) ou le divorce (1882). En revanche, il soutient les expéditions coloniales. Fidèle à ses convictions royalistes, le prélat combat jusqu'à sa mort le régime issu des lois constitutionnelles de 1875, allant même, au printemps de 1891, jusqu'à avertir Léon XIII qu'il commet une erreur en conseillant aux catholiques français d'accepter le régime républicain.

FRÈRE Aubert (Grévillers, Pas-de-Calais, 1881 – camp du Struthof, Bas-Rhin, 1944)

Général.

Commandant de l'École militaire de Saint-Cyr, de 1931 à 1935, il est placé par le général Weygand, à la fin de mai 1940, à la tête de la VIIe armée, unité ramenée de Flandre et complétée par des renforts pour tenir le nouveau front de l'Aisne et de la Somme entre le chemin des Dames, le canal de l'Ailette et la vallée de la Somme, à l'est d'Amiens. Mais, les 6 et 7 juin, cet ultime barrage cède sous la poussée des divisions de Panzer. Ayant assuré la retraite de ses forces, le général Frère se retrouve en zone sud après l'armistice, ne cachant pas sa volonté de préparer la revanche. Il prend des contacts avec les services du 2e Bureau et établit des liaisons avec des officiers de l'armée d'armistice en 1940 et 1941. Passé dans la clandestinité à la suite de l'invasion de la zone sud en novembre 1942, il prend à ce moment le commandement de l'Organisation de résistance de l'armée (ORA) dans le dessein de favoriser en métropole l'action du général Giraud installé à Alger. Arrêté au mois de juin 1943, Frère est déporté au camp d'extermination du Struthof, en Alsace, où il meurt le 13 juin 1944. Ses successeurs à la tête de l'ORA sont les généraux Verneau (jusqu'en septembre 1943) et le général Revers.

FRÉRON Louis Stanislas (Paris, 1754 – Saint-Domingue, 1802)

Journaliste et homme politique.

Fils du célèbre critique de *L'Année littéraire*, il se charge, bien que très jeune encore, de continuer la publication du journal de son père. Acquis aux idées révolutionnaires, il fonde à Paris, en 1790, *L'Orateur du peuple*, feuille dans laquelle il expose, sous le pseudonyme de Martel, ses opinions politiques. Dénonçant l'un des premiers la « trahison » de Mirabeau, Fréron se prononce, dès l'annonce de la fuite à Varennes, en faveur de la déchéance royale, et on le retrouve parmi les pétitionnaires du Champ-de-Mars. Puis, élu député de la Convention le 14 septembre 1792, il vote la mort du roi « sans appel ni sursis » avant d'être envoyé en mission dans le sud de la France aux côtés de Barras pour exercer une répression impitoyable contre les « ennemis de la République ». Il devient successivement l'ami de Danton, de Camille Desmoulins, de Tallien, ce qui lui vaut d'être considéré par Robespierre comme un « agent de la réaction » et d'être exclu du club des Jacobins. Dès lors, se sentant menacé, il participe activement à la chute de Robespierre. Devenu le symbole vivant de la « jeunesse dorée » thermidorienne, Fréron opte un moment pour les idées royalistes, puis se rallie à la cause de la République après la journée contre-révolutionnaire du 13 vendémiaire an IV. Candidat malheureux au Conseil des Cinq-Cents, il quitte l'avant-scène politique et devient l'amant de Pauline Bonaparte. Le 18 Brumaire, Fréron appuie le coup d'État mais n'obtient du Premier Consul qu'une sous-préfecture à Saint-Domingue, où il meurt victime du rude climat tropical, deux mois après son arrivée dans l'île.

FRÉTEVAL (bataille de)

Défaite, dans le Loir-et-Cher, de l'arrière-garde de Philippe Auguste par les troupes de Richard Cœur de Lion, le 3 juillet 1194.

Les Anglais s'emparent ainsi de tous les bagages du souverain, parmi lesquels le sceau royal et les archives de la couronne. À la suite de cette fâcheuse expérience, le roi décide de conserver ses archives dans une tour du Louvre et d'en faire dresser copie, sur des registres qui constituent aujourd'hui le trésor des Chartes.

FREYCINET Charles Louis de SAULSES de (Foix, 1828 – Paris, 1923)

Homme politique, président du Conseil.

Ingénieur des Mines, il se met, dès la chute du Second Empire, au service du gouvernement de la Défense nationale. Gambetta le nomme alors préfet du Tarn-et-Garonne puis délégué au département de la Guerre (10 octobre). Après la défaite, il se consacre au journalisme et à sa carrière professionnelle. Élu sénateur de la Seine en 1876, et constamment réélu jusqu'en 1920, Freycinet participe dès lors à la plupart des innombrables combinaisons ministérielles qui jalonnent la fin du siècle. Ministre des Travaux publics dans le cabinet Dufaure (décembre 1877) puis dans le cabinet Waddington (1879), il met au point le célèbre programme de travaux dit plan Freycinet, qui doit permettre d'améliorer les voies de communications et les ports français. Appelé à la présidence du Conseil par Jules Grévy, la « souris blanche » – ainsi le surnomme-t-on – constitue un cabinet dominé par la personnalité de Jules Ferry, et appuie la politique de laïcisation défendue par ce dernier (mars-septembre 1880). Il retrouve la présidence du Conseil après la chute de Gambetta (janvier 1882) et continue à soutenir l'œuvre de Ferry : l'enseignement primaire, déjà gratuit, devient laïque et obligatoire.

Son ministère achève aussi l'organisation municipale, appuie mollement la poursuite de l'expansion en Indochine, mais tombe quand la Chambre refuse de voter les crédits nécessaires à une intervention en Égypte, conjointement avec les Anglais (juillet 1882). Ministre des Affaires étrangères dans le premier cabinet Brisson (avril-décembre 1885), il succède à ce dernier en janvier 1886, tout en conservant son portefeuille, et se retire en décembre. Au cours de cette troisième

Freycinet
Huile sur toile, 1880, château de Versailles.
© *Lauros-Giraudon*

présidence du Conseil, Freycinet porte Boulanger au ministère de la Guerre, doit affronter un fort mécontentement social (grèves de Decazeville et Vierzon, 1886), tente de lutter contre les difficultés financières en créant l'impôt à 3 %. De cette période datent encore la loi qui interdit aux chefs des familles ayant régné sur la France de séjourner dans le pays (22 juin), et celle qui interdit l'enseignement primaire aux congrégations (octobre), à la grande fureur des catholiques. Ministre de la Guerre dans les éphémères cabinets Floquet et Tirard (1889-1890), Freycinet accomplit une remarquable œuvre d'organisation et porte à trois ans le service militaire. De nouveau président du Conseil (mars 1890-février 1892), il conserve le portefeuille de la Guerre, contribue à l'échec final du boulangisme, mais doit affronter de nombreuses difficultés. Toujours ministre de la Guerre dans les cabinets Loubet et Ribot (1892-1893), en 1898 dans les cabinets Dupuy, il est écarté pour avoir soutenu la hiérarchie militaire au début de l'affaire Dreyfus. Freycinet limite alors son activité au Sénat. Malgré son grand âge, il accepte encore un portefeuille de ministre d'État au cours de la Grande Guerre (1915-1916).

FRIEDLAND (bataille de)

Victoire française remportée sur les Russes, le 14 juin 1807.

Dans le cadre de la quatrième coalition, les opérations militaires contre les Russes, provisoirement suspendues par Napoléon après la confuse et meurtrière bataille d'Eylau, reprennent au printemps 1807. Le maréchal Lefebvre ouvre la campagne en s'emparant de Dantzig en mai. Puis les places de Silésie tombent à leur tour aux mains des Français. Voulant sauver Königsberg que menace Napoléon, le général russe Bennigsen décide brusquement d'attaquer. Après une série de marches et de contre-marches, le choc a lieu à Friedland, au sud-est de Königsberg, le 14 juin 1807, dans des conditions peu favorables aux Russes : ceux-ci se sont, en effet, aventurés sur un petit plateau entouré par un méandre de la rivière Alle – au fond duquel se trouve la ville de Friedland – et ne s'ouvrant sur la plaine que du côté ouest. Lannes est chargé de repousser sur ce point les attaques multipliées des Russes, tandis que Napoléon écrase le plateau sous le feu d'une formidable artillerie, puis occupe ou coupe les ponts de l'Alle, interdisant toute retraite aux Russes acculés à la rivière. La victoire française est complète : elle coûte aux Russes 25 000 hommes dont 25 généraux, contre 7 000 ou 8 000 Français. Elle met le Niémen à la portée de Napoléon. Mais, conscient des immenses risques d'une campagne en Russie et inquiet de l'attitude de l'Autriche sur ses arrières, celui-ci propose la paix au tsar Alexandre de Russie qui, mécontent de ses alliés, accepte l'idée d'une domination à deux sur l'Europe et signe, le 7 juillet 1807 les accords de Tilsit.

FRŒSCHWILLER (bataille de)

Défaite française face aux Prussiens, le 6 août 1870.

Le 5 août 1870, à la suite du premier échec subi deux jours plus tôt par les Français à Wissembourg, Mac Mahon, dont le quartier général est établi au château de Reichshoffen, replie ses troupes sur une position forte à Frœschwiller, afin de couvrir la route de Bitche, de Saverne et d'Haguenau et de menacer le flanc droit de l'ennemi s'il marche sur Strasbourg. Ne disposant que de 46 000 hommes environ, étirés sur un front de 6 km sans défense, il songe à se retirer encore pour attendre des troupes de secours. De son côté, le prince royal de Prusse, averti du dispositif français, envisage de concentrer ses forces sur la Sauer, le

Friedland
Napoléon Ier sur le champ de bataille de Friedland le 14 juin 1807. L'Empereur ordonne au général Oudinot de poursuivre l'armée russe. Huile sur toile d'Horace Vernet, v. 1835-1836, châteaux de Versailles et Trianon. © *RMN*

La Fronde
Le combat de la porte Saint-Antoine (1652). Huile sur toile. © *Sélection Images*

6 août, et d'attaquer, le 7, par les ailes. Mais la bataille s'engage inopinément, dès le 6 au matin, par des escarmouches entre détachements de reconnaissance à Woerth. Au bruit du canon, une colonne bavaroise, en marche sur Lembach, se porte sur Langensoultzbach et attaque la gauche du premier corps français. Puis, par renforts successifs, l'armée allemande, forte de 120 000 hommes et appuyée par 180 canons, prend l'offensive sur Woerth et Gunstett. Les Français repoussent quatre attaques jusqu'à midi. Mais, n'ayant pas de troupes en réserve, ils sont débordés par le nombre. Menacé d'être tourné, Mac Mahon se dégage en faisant charger la brigade de cuirassiers Michel sur le village de Morsbronn, où tous seront tués ou pris, tandis qu'au centre les contre-attaques furieuses des turcos rejettent l'ennemi sur la Sauer. Néanmoins, les Prussiens atteignent bientôt le Niederwald et menacent Frœschwiller. La bataille est perdue à 2 heures mais Mac Mahon se fait un point d'honneur de tenir le plus longtemps possible. Enfin, débordé par les ailes, il doit ordonner la retraite. Pour donner à l'infanterie le temps de se retirer, il lance alors la brigade de cuirassiers Bonnemain et les tirailleurs sur Elasshausen. Charge meurtrière restée célèbre sous le nom de charge de Reichshoffen.

Le repli de l'armée française s'effectue en désordre par le col de Saverne sans que personne ne pense à détruire le tunnel où passent route, chemin de fer et canal. L'Alsace, laissée sans défense, est occupée par les Allemands qui investissent Strasbourg le 9 août. En France, l'effet moral de la défaite de Frœschwiller est désastreux. Il est encore accentué par le revers que subissent les Français le même jour à Forbach en Lorraine. Le prestige de l'armée française s'en trouve ruiné et, du même coup, l'autorité de Napoléon III ébranlée.

Froissart
Froissart écrivant ses *Chroniques*. Miniature des *Chroniques de France et d'Angleterre*, Paris, Bibliothèque nationale de France. © *Sélection Images*

FROISSART Jean (Valenciennes, 1333 ou 1337 – Chimay, Belgique, apr. 1400)

Chroniqueur.

Destiné à l'Église, mais peu attiré par la vie religieuse, il décide d'écrire l'histoire des guerres de son temps et entreprend de nombreux voyages. Le premier, vers 1361, le conduit à la cour d'Angleterre, où il devient clerc de la chambre de la reine, Philippa de Hainaut. Après un séjour en Écosse, il accompagne en 1364 le prince de Galles à Bordeaux, regagne l'Angleterre, puis traverse la Flandre, la Bretagne et la Gascogne (1366-1367). En 1368, avec Chaucer, Froissart accompagne en Italie le duc de Clarence, qui doit épouser la fille de Galéas Visconti. Il passe ensuite trois ans à la cour de Brabant puis, éprouvé par la mort de sa protectrice Philippa (1373), se fixe comme prêtre à Lestine, où il poursuit la rédaction de ses *Chroniques*. Froissart reprend bientôt la route, gagne la cour de Gui de Châtillon, comte de Blois, qui lui fournit les moyens de poursuivre sa chronique. Chapelain du comte, puis chanoine de Chimay (1384), il rejoint en 1388 la cour de Gaston Phébus à Orthez. Il gagne ensuite l'Auvergne, Paris, puis l'Angleterre (1394), et finit par se retirer à Chimay après la mort du comte de Blois (1397). On ignore la date exacte de sa mort.

Les quatre livres des *Chroniques* de Froissart, inspirés parfois de la *Chronique* de Jean le Bel, mais d'un ton tout personnel, couvrent la période 1322-1400. Présentant le point de vue anglais, puis français, elles ont été remaniées par l'auteur. Ce dernier écrit pour des nobles, qui lui offrent les moyens financiers de poursuivre son travail, et décrit leur vie brillante ou guerrière. Il partage du reste leurs goûts : la vie du peuple, des paysans, leur misère au cours de cette guerre de Cent Ans ne l'intéressent pas. Brillantes, vivantes, les *Chroniques* de Froissart constituent un précieux témoignage sur son temps.

FRONDE (la)

Pendant la minorité de Louis XIV, soulèvement contre le gouvernement de Mazarin et de la régente, qui s'étendit de Paris aux provinces, et s'acheva par une guerre civile de quatre ans (1648-1652).

Le déclenchement de la Fronde répond à des causes profondes, politiques, sociales et économiques comme la baisse continue des prix, et à plusieurs causes immédiates. La guerre contre la maison d'Autriche, engagée depuis 1635, entraîne d'énormes dépenses, la multiplication des emprunts et la création d'impôts nouveaux. Dans les provinces, le peuple, soutenu par la noblesse, se révolte à plusieurs reprises contre la rapacité des traitants et des partisans, auxquels sont affermés les impôts indirects. Les mesures financières du surintendant d'Émeri – édit du toisé et taxe sur les aisés, 1644, réduction des rentes, 1646, augmentation de l'octroi, 1647 – augmentent encore le ressentiment. L'opinion reproche au ministre et à Anne d'Autriche de mener à la Cour une vie brillante, alors que le pays est en ruine. Sans que soit remis en cause le principe de la monarchie absolue, les officiers royaux veulent se débarrasser des intendants, tandis que la noblesse craint de perdre ses privilèges, déjà amoindris par Richelieu. Sévèrement tenus en main par le cardinal et par les intendants, les grands et les officiers royaux veulent donc profiter de la minorité de Louis XIV pour retrouver leur liberté d'action, et se débarrasser de Mazarin.

La suspension de la paulette, c'est-à-dire en fait de l'hérédité des charges, en avril 1648, achève de dresser contre Mazarin les magistrats des cours souveraines. La reine annule alors cette décision et annonce que les gages des magistrats seront suspendus pendant quatre ans, la paulette étant en revanche reconduite pour neuf ans. Bien qu'épargnés par cette mesure, car leurs gages sont inférieurs au droit de paulette, les parlementaires refusent, au mois de mai, d'enregistrer l'édit. Réunis en une seule assemblée, les membres du Parlement et des cours souveraines publient, le 13 mai, l'arrêt d'union, par lequel ils décident de déléguer à la Chambre Saint-Louis des députés qui délibéreront de la réforme de l'État. Mazarin et la reine alternent en vain menaces et persuasion pour tenter de dissuader les conseillers : la Chambre Saint-Louis met au point une charte en vingt-sept articles, véritable réforme de l'État (juillet). Ce texte, qui n'a rien de démocratique, réclame la suppression des intendants, le pouvoir que leur déléguait le roi passant aux magistrats. Les privilèges de ces derniers sont bien sûr renforcés, aucun nouvel impôt ne peut être levé sans l'accord du Parlement. Le texte prévoit encore des mesures contre les traitants – tenue plus rigoureuse des comptes, limitation des dépenses –, et proclame la liberté des personnes et des biens. Dépourvue des troupes qui lui permettraient de mater les magistrats, Anne d'Autriche finit par accepter la charte des vingt-sept articles.

Le 26 août, cependant, tandis qu'à Notre-Dame retentit le *Te Deum* qui célèbre la victoire de Condé à Lens, la reine fait arrêter le conseiller Broussel et les principaux meneurs de l'agitation parlementaire, Blancmesnil et Charton. Loin de ramener le calme, cette décision entraîne la journée des Barricades et des émeutes qui ne s'achèvent que par la libération des magistrats. Ainsi commencent, par la Fronde parlementaire, quatre années de troubles. Au mois de septembre, toute la Cour se transporte à Rueil et gagne ensuite Saint-Germain. Là, le 22 octobre, la reine doit signer une déclaration par laquelle elle accepte la réforme de la Chambre Saint-Louis. Deux jours plus tard, au moment où sont signés les traités de Westphalie, le Parlement enregistre la déclaration. La Cour regagne Paris au mois de novembre, les esprits restent échauffés, certains grands songent à se ranger aux côtés des parlementaires : le prince de Conti, frère de Condé, la duchesse de Longueville, leur sœur, la Grande Mademoiselle, Paul de Gondi, Bouillon et La Rochefoucauld.

Le 5 janvier 1649, la Cour se retire précipitamment à Saint-Germain, fuite qui marque à jamais la mémoire du jeune roi, tandis que la reine ordonne aux cours souveraines de siéger en province. Parlementaires et conseillers s'entendent avec les grands, révoltés, et donnent au prince de Conti, assisté de Beaufort et d'Elbeuf, le commandement de leurs troupes. Sur l'ordre de la reine, Condé assiège Paris à la tête des troupes royales et bat les milices parisiennes à Longjumeau et à Charenton au mois de février. Les grands cherchent alors des alliés à l'étranger, en Allemagne et en Espagne. Les parlementaires, refusant cette trahison, engagent avec la reine des négociations qui aboutissent à la paix de Rueil, le 30 mars. La paix confirme les concessions précédentes et accorde pensions et honneurs aux chefs nobles de la Fronde. Anne d'Autriche promet à Gondi le chapeau de cardinal. Le peuple est déçu, qui espérait le renvoi de Mazarin. En province, des conflits éclatent entre les parlementaires et les gouverneurs, certaines populations s'insurgent contre les impôts, puis tout rentre dans l'ordre. Anne d'Autriche et son fils regagnent Paris au mois d'octobre, au milieu des acclamations, mais Mazarin est plus critiqué que jamais, les mazarinades (écrits satiriques composés contre Mazarin) se multiplient. Le ministre essaie de s'appuyer sur la province, de dresser les unes contre les autres les différentes coteries princières, accorde des privilèges aux amis de Condé. Ce dernier, qui se donne de plus en plus d'importance, intrigue avec les grands. Anne d'Autriche décide alors de s'appuyer sur Gondi contre Condé et conclut le 14 janvier 1650 un accord secret avec le coadjuteur, Monsieur, la duchesse de Chevreuse et Vendôme. Le 18, elle fait arrêter Monsieur le Prince – ainsi appelle-t-on Condé –, le prince de Conti et Longueville. Dès la fin du mois, les épouses et les amis des captifs gagnent les provinces et tentent de les soulever contre le gouvernement : la duchesse de Longueville s'est ainsi rendue en Normandie, mais une quinzaine de jours suffisent à l'armée royale, animée par la présence de Louis XIV, dont c'est la première campagne, pour mater la révolte. Soulevée à son tour, la Bourgogne doit bientôt s'incliner, tandis que la Guyenne, qui espère en vain le soutien de l'Espagne, capitule au mois d'octobre. La guerre étrangère se poursuit pendant ce temps, l'archiduc Léopold a envahi le nord de la France au mois de juin, avec l'appui de Turenne, mais ce dernier est vaincu à Rethel le 15 décembre 1650.

Mazarin et la reine semblent alors l'emporter, mais commettent l'erreur de ne pas donner à Gondi le chapeau de cardinal promis : celui-ci entre alors en relation avec Monsieur et la duchesse de Chevreuse tandis que les parlementaires réclament la libération des princes captifs (janvier 1651). Mazarin décide dès lors de quitter Paris pour Saint-Germain, mais Anne d'Autriche et le roi ne peuvent le suivre car les portes de la capitale sont fermées. Le ministre fait libérer les princes captifs, malgré l'avis de la reine, et gagne le château de Brühl, en Rhénanie (février). Pendant toute l'année 1651 la reine, restée en relation avec Mazarin par l'intermédiaire de Colbert, louvoie entre le duc d'Orléans, Gondi, Condé et le Parlement, dressant les coteries les unes contre les autres. Le 7 septembre, la majorité de Louis XIV est proclamée. En désaccord avec la population parisienne et ses chefs, et malgré les efforts de conciliation d'Anne d'Autriche, Condé se retire peu après dans son gouvernement de Guyenne. Il s'allie alors aux Espagnols, lève des troupes dans le Midi et s'appuie même sur l'Ormée, mouvement populaire insurrectionnel tout-puissant à Bordeaux. Avec la Guyenne, se soulèvent bientôt l'Aunis, la Saintonge, le Poitou, l'Anjou et le Berry. Le roi et la reine quittent Paris au mois d'octobre et s'installent à Poitiers. Châteauneuf, qui commande la petite armée royale, refoule Condé au-delà de la Charente, puis de la Dordogne, tandis qu'une déclaration royale qualifie le chef des frondeurs de rebelle et de traître, pour avoir traité avec les Espagnols. Lorsque Mazarin rejoint le roi et la reine, au mois de décembre, tous les mécontents s'unissent contre lui, sa tête est mise à prix (150 000 livres, que l'on paierait par la vente de ses collections). Au mois de février 1652, l'armée royale quitte le Poitou pour l'Anjou, où elle s'empare d'Angers. À Saumur, au mois de mars, Turenne abandonne officiellement le camp des frondeurs, se réconcilie avec le roi, et prend avec d'Hocquincourt le commandement de l'armée qui se dirige vers la capitale.

Dans tout le pays, la guerre civile accumule les ruines matérielles, les campagnes sont pillées et désolées. Les Espagnols s'emparent à nouveau de la Catalogne et envoient vers Paris une armée de soutien aux frondeurs. À Paris, si les bourgeois et les parlementaires commencent à se lasser de cette situation ruineuse et confuse, la population reste très hostile à Mazarin. Un aspect nouveau apparaît dans certains pamphlets de cette année 1652 : le roi est rendu responsable de la guerre civile, au même titre que Mazarin ou les parlementaires. Après le combat de Bléneau, où Condé et Turenne ont tour à tour l'avantage (6-7 avril), Turenne marche vers Paris, tandis que Condé se retire vers Châtillon. Au mois de juin, l'armée des princes campe entre Saint-Cloud et Gennevilliers, l'armée royale étant établie à Saint-Denis. Le 1er juillet, Turenne attaque son adversaire, qui tente de gagner Charenton. Le lendemain, en présence du roi et de Mazarin, qui suivent les combats des hauteurs de Charonne, Condé est acculé dans le faubourg Saint-Antoine, en dehors des murs de la capitale. Seule l'intervention de la Grande Mademoiselle, qui fait tirer les canons de la Bastille sur l'armée royale, permet à la petite armée des frondeurs, sur le point d'être écrasée, de se jeter dans Paris. Anarchie et désordre se répandent bientôt dans la capitale. Le 4 juillet, appelé journée du Feu, ou journée de Paille, la population, excitée par Condé et ses hommes, massacre une trentaine de magistrats et de bourgeois. Ces derniers s'étaient réunis à l'Hôtel de Ville pour étudier les mesures à prendre contre les émeutes. Excédée par ces désordres, la bourgeoisie cherche à se débarrasser de Condé et se rapproche de la reine, à condition que Mazarin disparaisse. Le ministre s'éloigne donc une seconde fois, gagne la principauté de Sedan. Après les négociations entreprises à Pontoise, puis à Compiègne (août-septembre), le roi rentre triomphalement à Paris le 21 octobre. Le lendemain, Louis XIV tient au Parlement un lit de justice, et proclame l'amnistie générale, dont sont néanmoins exclus Beaufort, La Rochefoucauld, Rohan, Fontrailles et Broussel. Gondi n'en sera pas moins arrêté au mois de décembre et conduit à Vincennes. La lassitude est générale, personne ne proteste quand Mazarin rentre discrètement à Paris, en février 1653. Condé, condamné à mort en septembre, a gagné la Hollande, puis l'Espagne, et combat la France aux côtés de cette dernière. Seule Bordeaux continue à tenir tête au roi, mais la ville finit par capituler au mois d'août 1653 : la Fronde est terminée. L'autorité du roi en sort grandie : le Parlement perd le droit de remontrance, et les intendants sont rétablis. Mais la France est en ruine.

FRONT NATIONAL

Mouvement de résistance.

Le mouvement, lancé par le parti communiste en mai 1941, est hostile à la « guerre impérialiste » des Anglais comme des Allemands, à Vichy comme à la France libre. Après l'attaque allemande contre l'URSS (juin 1941), la lutte contre le fascisme et l'envahisseur devient prioritaire ; on ne se soucie plus de faire le tri entre les opinions des résistants. Le Front national recueille l'adhésion d'hommes aussi différents que Frédéric Joliot-Curie, François Mauriac, Georges Bidault ou Pierre Villon. Né en zone nord, mais rapidement implanté dans les deux zones, le mouvement s'adresse surtout aux membres des professions libérales, aux Français peu politisés, aux femmes. Au sein de cette organisation, à la fois politique et militaire, chaque groupe édite un journal et diffuse des tracts, tandis que les troupes, les Francs-Tireurs et Partisans français (FTPF), multiplient les actions. Le Front, seul mouvement de résistance implanté dans les deux zones, cherche à réunir les autres organisations de résistance, ce qui lui permettrait de marginaliser de Gaulle. Après l'arrestation de Jean Moulin et alors qu'il avait refusé de s'associer aux regroupements initiés par ce dernier, le Front national pousse Georges Bidault, démocrate-chrétien et membre de son comité directeur, à la présidence du Conseil national de la Résistance (CNR). Avec Pierre Villon, membre du PC et du CNR, le Front fait adopter une charte qui prévoit l'installation d'un pouvoir révolutionnaire à la Libération. On en a un avant-goût en septembre 1943, avec la libération de la Corse où le Front national, armé grâce à l'aveuglement du général Giraud, installe des autorités noyautées par les communistes.

Le Front se présente à la Libération comme le plus important mouvement de résistance, mais échoue en janvier 1945 à créer un grand parti de la Résistance, avec divers membres d'autres mouvements. Le Front lui-même finit par se désagréger. Le Front national des écrivains, animé par Louis Aragon, subsiste plus longtemps et publie les *Lettres françaises*.

FRONT NATIONAL

Mouvement politique fondé le 5 octobre 1972 et se réclamant de l'extrême droite.

Dès sa création, le Front national est marqué par la diversité de microcourants : on y trouve des membres d'Ordre Nouveau, des « nationaux » conduits par Jean-Marie Le Pen, des royalistes. Les scores insignifiants réalisés aux élections législatives de 1973 (0,52 % des voix) entraînent une scission lors du premier congrès (28-29 avril 1973) : il y a deux FN, l'un présidé par Jean-Marie Le Pen, l'autre par l'ancien secrétaire général, Alain Robert. Débouté en justice, celui-ci lance le Parti des forces nouvelles (PFN) qui soutient la candidature de Valéry Giscard d'Estaing à la présidentielle de 1974, tandis que Jean-Marie Le Pen, candidat, recueille 0,74 % des suffrages exprimés. De 1974 à 1981, le FN s'efforce d'agréger de nouveaux courants : les catholiques intégristes de Bernard Antony, les solidaristes de Jean-Pierre Stirbois, les nationalistes-révolutionnaires de François Duprat. Mais les résultats électoraux sont continûment insignifiants : 0,29 % aux législatives de 1978 et 0,18 % en 1981, J.-M. Le Pen n'étant pas parvenu à réunir 500 signatures pour se présenter à la présidentielle cette même année.

À partir des municipales de 1983, le contexte change. Profitant des ravages de la crise économique, du déclin des grands appareils d'encadrement populaire (PCF et syndicats), de l'inquiétude devant une immigration considérée comme spoliatrice, le Front national effectue une percée aux européennes du 17 juin 1984 avec 11 % des suffrages, soient 2 millions d'électeurs, le plus haut score électoral obtenu par l'extrême droite. Ce vote urbain, populaire, permet au FN d'évincer le PFN et de se doter d'une organisation complète qui revendique 65 000 militants en 1986. Grâce à l'instauration de la proportionnelle, le Front entre à l'Assemblée nationale, après les élections du 16 mars 1986, avec 35 députés, et investit, avec 137 élus, les conseils régionaux. Les 14,4 % de suffrages obtenus par Jean-Marie Le Pen à la présidentielle de 1988 ouvrent, pour le Front, une stratégie de « conquête du pouvoir » théorisée par le délégué général, Bruno Mégret, qui considère sa formation comme seule alternative au PS. Les arguments utilisés sont à la fois classiques de la pensée d'extrême droite (antisémitisme, xénophobie, antiparlementarisme, anticapitalisme, antieuropéisme) et en phase avec la crise généralisée que traverse la France. D'où la progression régulière des scores du FN, indépendante des condamnations morales ou judiciaires qui touchent son leader : 13,5 % aux régionales de 1992, 15 % à la présidentielle de 1995 comme aux législatives de 1997. En 1998, il joue le rôle d'arbitre dans 5 régions sur 22, provoquant l'explosion de l'UDF.

C'est le moment où le Front national est, à nouveau, traversé par la lutte des chefs et de leurs courants. Comme en 1973 et sous le même motif de la « modernisation », Bruno Mégret crée un parti concurrent (automne 1998-23 janvier 1999), d'abord appelé lui aussi FN, puis Mouvement national républicain (MNR). Les rivalités de clans et d'appareils entraînent la désaffection d'une partie des électeurs aux élections européennes de juin 1999, les deux listes totalisant 9 % des suffrages (5,7 % FN ; 3,3 % MNR). Ce recul modeste ne permet pas de conclure à une crise majeure de l'idéologie de la droite révolutionnaire, tant il convient de distinguer entre le combat des chefs et l'inquiétude de ceux des couches intermédiaires ou populaires qui se sentent menacés par la transformation économique et sociale du pays. L'élection présidentielle de 2002 atteste en effet la constance du vote frontiste en chiffres absolus (216 000 électeurs gagnés d'une présidentielle à l'autre) et sa progression relative puisque Jean-Marie Le Pen recueille 16,9 % des suffrages (l'extrême droite FN-MNR atteignant le pourcentage record de 19,2 %) et s'installe au deuxième tour.

FRONTENAC Louis de BUADE, comte de Palluau et de (Saint-Germain-en-Laye, 1620 – Québec, 1698)

Gouverneur général de la Nouvelle-France (Canada).

Ce fils de nobles périgourdins, ayant Louis XIII pour parrain, épouse en 1648 Anne de La Grange, belle mais dépensière qui, peu à peu, crible son mari de dettes. Louis XIV, voulant pallier les soucis d'argent dont il est victime, lui propose le poste de gouverneur général de la Nouvelle-France, lui accordant en même temps des délais pour rembourser ses créanciers. Dès son installation outre-Atlantique, en 1672, Frontenac donne à la colonie française un essor et une prospérité remarquables, développant notamment le commerce des peaux. En outre, son goût de l'administration et de la découverte le pousse à étendre le territoire dont il est responsable jusqu'au nord du lac Ontario et à organiser une expédition sur le fleuve Mississippi. Mais il entre en conflit fréquent avec les autorités ecclésiastiques du lieu sur le problème de la libre circulation de l'alcool. En effet, tandis que le gouverneur souhaite que les Indiens puissent boire librement des eaux-de-vie les mettant, face aux négociations territoriales, dans un état « euphorique », Mgr de Laval, évêque de Québec, se bat pour que ces derniers ne consomment pas de boissons altérant leur santé morale et physique. La querelle dure plusieurs années puis, les rapports entre Frontenac et certains ministres s'étant dégradés, le gouverneur doit, après être resté dix ans en poste, quitter la Nouvelle-France. En 1669, rentré en grâce, il est chargé de réprimer une révolte des Iroquois et, ayant recouvré ses fonctions de gouverneur, repousse l'avance anglaise sur Québec. Certains revers militaires, suivis de succès pour les troupes françaises, permettent à Frontenac de consolider les intérêts français au Canada. Ceux-ci sont confirmés lors de la paix de Ryswick (1697), qui conserve à la France le nord de la baie de Hudson et l'Acadie.

FRONTIÈRES (bataille des)

Nom donné aux combats du début de la Première Guerre mondiale qui, du 5 au 26 août 1914, opposèrent les forces françaises à l'offensive des armées allemandes en Belgique, au Luxembourg, dans les Ardennes et en Lorraine.

Sur leur aile droite, les Allemands, après s'être emparés de Liège, contraignent les Belges à se replier sur Anvers et la mer, et les Anglais à se retirer sur Mons. L'armée belge rejoindra les lignes alliées au sud d'Ostende le 11 octobre. Au centre, la Ve armée française de Lanrezac, qui a franchi la Sambre, livre dans les Ardennes de violents combats de rencontre qui l'obligent à se retirer sur Charleroi et Guise. Les IIIe et IVe armées françaises, qui se sont portées respectivement des Ardennes sur Virton et Neufchâteau, subissent elles aussi de fortes pertes et se replient derrière la Meuse et l'Othain. Mais ces succès ennemis sont relativement limités par la prudence de l'exploitation allemande. Partout, les Français ont pu décrocher et battre en retraite en bon ordre. Enfin, si en Lorraine l'aile gauche allemande a d'abord refoulé les Français vers Charmes, entre Meurthe et Moselle, après son succès de Morhange, la situation se redresse bientôt. Une riposte française partie du Grand-Couronné de Nancy, où les Français étaient restés accrochés, et de la région plus au sud, rejette les Allemands au-delà de la Mortagne, affluent de la Meurthe. À l'issue de cette bataille des Frontières, les forces françaises sont battues mais leur moral n'est pas entamé car les Allemands, s'ils ont remporté des succès tactiques, n'ont pu emporter la décision. Il faut néanmoins toute la solidité de Joffre pour admettre qu'il est nécessaire de « céder du terrain pour organiser une manœuvre plus en arrière », ce qui permettra le rétablissement sur la Marne.

FRONT POPULAIRE

Coalition de divers partis de gauche qui arrive au pouvoir après avoir remporté les élections législatives de 1936, et s'y maintient jusqu'en 1938.

Le Front populaire, qui arrive au pouvoir en France en juin 1936, n'est pas la première tentative d'union des forces de gauche sous la IIIe République. Le Bloc des gauches en 1899, puis le Cartel des gauches, en 1924, avaient déjà associé radicaux et socialistes. Ce qui confère son originalité au mouvement de 1936 et lui donne un caractère sans précédent, c'est la participation du parti communiste qui renonce à une attitude d'opposition systématique et amorce ainsi un tournant décisif vers sa réintégration dans la communauté nationale. Officiellement constitué le 14 juillet 1935 – à l'origine, sous le nom de Rassemblement populaire –, le Front populaire se présente comme « l'immense rassemblement de toutes les forces résolues à défendre la liberté contre l'atteinte du fascisme », dont la montée se fait de plus en plus menaçante en Europe. Cette mobilisation des forces de gauche est facilitée par la politique déflationniste adoptée par le gouvernement Laval pour tenter de résoudre les difficultés de la crise économique. Au printemps 1936, la production industrielle française a baissé de 50 %, la moyenne des revenus de 30 % et le nombre de chômeurs non secourus s'élève à 500 000. À cela s'ajoute, pour les gauches, la menace fasciste, lourdement ressentie en France depuis l'affaire Stavisky, qui n'est qu'un scandale politico-financier parmi d'autres mais donne une résonance nouvelle et imprévue à la campagne que les ligues ébauchent depuis plusieurs mois contre le parlementarisme. Après le choc de la journée du 6 février 1934, le rapprochement entre toutes les forces de gauche se concrétise lors de la grève générale lancée, cette fois, par la CGT, le 12 février. Au dernier moment, le parti communiste et la CGTU décident de s'y associer et de participer aux manifestations organisées à travers tout le pays. À Paris, les socialistes se rassemblent sur le côté sud du cours de Vincennes. On est venu à pied, à bicyclette, dans des autocars affrétés par des municipalités ouvrières de banlieue. Bien avant 15 heures, heure prévue pour le début du défilé, la foule est dense. En tête, les leaders de la SFIO, Léon Blum, Vincent Auriol, Bracke, Paul Faure, Georges Monnet. Derrière eux, un grand nombre de parlementaires, mais aussi des intellectuels alors communisants, Jean-Richard Bloch, André Malraux. Les communistes, eux, se rassemblent de l'autre côté du cours de Vincennes et derrière les socialistes. Lorsque la manifestation s'ébranle, les deux cortèges (sans doute entre 50 000 et 100 000 personnes) progressent parallèlement. À ce moment encore des heurts sont possibles entre les deux groupes de manifestants que l'histoire a parfois si profondément séparés. Mais, lorsqu'ils marchent l'un vers l'autre, place de la Nation, un cri l'emporte : « Unité ! »

En germe dans cette journée du 12 février, le Front populaire ne surgit pourtant que le 14 juillet 1935. Il aura fallu près de dix-huit mois pour que soient éliminés les obstacles qui s'opposaient à sa constitution. La méfiance persiste longtemps, en effet, entre communistes et socialistes qui critiquent par ailleurs vivement les chefs radicaux. Camille Chautemps est accusé d'avoir, par faiblesse, laissé s'envenimer l'affaire Stavisky, Édouard Daladier de n'avoir pas su mener la bataille jusqu'au bout, Édouard Herriot d'avoir, en 1934 comme en 1926, accepté l'union nationale. Mais la crainte du fascisme pousse au rapprochement des forces de gauche. L'Internationale communiste de Moscou elle-même ne rejette plus la possibilité d'une action commune des communistes avec la SFIO, par crainte que l'URSS ne se trouve isolée en face d'une Allemagne nazie.

Du 14 juillet 1935 aux élections de mai 1936. L'aboutissement est la journée unitaire du 14 juillet 1935. À Paris, deux manifestations de caractère différent se succèdent. Le matin, renouvelant la fête de la Fédération du 14 juillet 1790, des délégués venus de toute la France prêtent solennellement le serment du Rassemblement populaire au vélodrome Buffalo, à Montrouge. L'après-midi, une grande manifestation se déroule de la Bastille à la Nation, à travers le vieux quartier révolutionnaire du faubourg Saint-Antoine. 500 000 manifestants, disent les organisateurs ; beaucoup plus en tout cas que pour la manifestation du 12 février 1934. La marche vers l'union est dès lors irrésistible. Le Comité de rassemblement populaire regroupe quatre partis politiques : le Parti communiste français, la SFIO, l'Intergroupe des partis socialistes non SFIO, le Parti radical et radical-socialiste ; deux confédérations du travail, la CGT et la CGTU, ainsi que

Front populaire
Les grévistes du bâtiment dans le bois de Vincennes, le 13 juin 1936. © *Keystone/L'Illustration*

quatre autres organisations : la Ligue des droits de l'homme, le mouvement d'Amsterdam-Pleyel, le Comité de vigilance des intellectuels antifascistes, le Mouvement d'action combattante, qui rassemble diverses organisations d'anciens combattants. Le Comité de rassemblement populaire se donne alors pour objectif la victoire aux élections législatives de mai 1936 sur la base d'un programme de gouvernement publié le 12 janvier 1936 et aligné sur les positions les plus modérées, avec pour slogan : « Le pain, la paix, la liberté ». La décision prise par la CGT et la CGTU, en mars 1936, de reconstituer l'unité des deux syndicats au sein de la « vieille CGT » devient le symbole de cette volonté d'action commune. Elle porte ses fruits. Les élections sont un succès. Alors qu'ils détenaient déjà la majorité dans la Chambre de 1932 avec 322 élus, les partis du Front populaire disposent désormais, au soir du second tour, le 3 mai, de 378 députés, grâce au déplacement de 300 000 voix seulement ; mais avec une redistribution des sièges aux dépens des radicaux et au profit de la SFIO, qui obtient 146 sièges, et des communistes qui passent à 72 sièges.

Le 4 mai, Léon Blum réclame le pouvoir pour son parti, devenu le groupe le plus puissant des forces de gauche et de la Chambre entière. La Constitution exigeant qu'un mois s'écoule entre les élections et la présentation du nouveau gouvernement devant la nouvelle Chambre, il pense disposer de ce délai pour constituer son cabinet. Mais la masse des travailleurs, tout à la joie du succès, ne veut pas attendre et entend entrer immédiatement dans la voie des réalisations. Avant même la constitution du nouveau gouvernement, des grèves avec occupation d'usine éclatent un peu partout, spontanément. La France n'avait jamais connu jusque-là un mouvement de ce genre.

Le mouvement de grèves. Il prend naissance le 11 mai au Havre (usine Bréguet), gagne Toulouse le 13 (usines Latécoère). De là, les grèves se multiplient rapidement, touchent le 14 mai la région parisienne, et tout d'abord les usines Bloch de Courbevoie, avant de se généraliser dans la métallurgie. Quelquefois, les directions cèdent ; parfois, elles refusent toute négociation aussi longtemps que l'usine demeure occupée, et le mouvement se prolonge. Ces grèves étonnent tout le monde, même Léon Blum, par leur nombre et leur ampleur. Illégales, elles n'en sont pas moins pacifiques. Toutes les occupations d'usine respectent l'outil, soigneusement entretenu, et s'efforcent de ne pas troubler la vie de la cité. Tout ou presque se passe dans le calme et l'ordre. C'est dans ces conditions difficiles que Léon Blum constitue son cabinet le 4 juin. Celui-ci obtient la confiance de la Chambre le 6, par 384 voix contre 210. Mais il apporte une première déception. Seuls les socialistes et les radicaux y sont représentés. Les communistes ont décliné l'offre qui leur a été faite de participer au gouvernement et promettent seulement leur soutien. Pour résoudre le problème des grèves le plus urgent (on compte 1 million de grévistes le 1er juin), Blum et Roger Salengro, ministre de l'Intérieur, provoquent dès le lendemain, dimanche 7 juin, une réunion commune entre représentants du patronat (CGPF) et délégués de la CGT à l'hôtel Matignon. Les négociations sont difficiles, car les employeurs s'inquiètent des répercussions des mesures envisagées sur la vie des entreprises. Il faut l'arbitrage de Léon Blum pour aboutir à un accord sur le problème des salaires. Enfin, à 1 heure du matin, est signé un texte qui restera connu sous le nom d'accords Matignon. Il préconise la conclusion de conventions collectives de travail, décide le relèvement des salaires de 7 à 12 % et prévoit l'institution de délégués du personnel élus dans les entreprises occupant plus de 10 salariés. Ce succès ne débouche pas sur une reprise immédiate du travail. Il faut attendre le mot d'ordre de Thorez, le 12 juin : « Il faut savoir arrêter une grève » et le vote des premières dispositions par la Chambre pour que les grèves refluent.

La justice sociale se fait loi. Tandis que les ligues accusées de fascisme (Croix-de-Feu, Jeunesses patriotes, Solidarité française, Francistes) sont dissoutes le 18 juin, mesure à laquelle le colonel de La Rocque répliquera par la création du Parti social français et Doriot par celle du Parti populaire français, Léon Blum entreprend de faire voter le plus rapidement possible les autres lois sociales qu'il avait promises lors de la constitution de son cabinet. Le 20 juin est votée la loi sur les congés payés (congé minimum de 15 jours, dont 12 ouvrables, au bout d'un an de services continus dans l'établissement) ; le 21 juin, la loi sur les 40 heures (avec régime plus favorable pour les ouvriers mineurs : 38 heures 45 par semaine au lieu de 40, par référence à un projet de convention internationale). L'adoption d'un nouveau statut de la Banque de France est plus laborieuse. Élaborée sous la direction de Vincent Auriol, ministre des Finances, la nouvelle loi est promulguée le 24 juillet. Elle place désormais la Banque de France sous le contrôle étroit de l'État et accorde le droit de vote aux 40 000 actionnaires, au lieu de le réserver aux 200 plus forts d'entre eux. C'est la fin du monopole des « 200 familles » dénoncé par Daladier au congrès radical de 1934. Le texte sur l'Office national interprofessionnel du blé, rédigé par Georges Monnet, ne passe pas non plus sans difficulté. Il est voté par le Sénat, à la septième navette, le 14 août. En revanche, la loi sur la nationalisation des industries de guerre (11 août) ne soulève qu'une faible opposition, car les « marchands de canons » ont mauvaise réputation. Le 9 août, enfin, la scolarité primaire est prolongée de 13 à 14 ans.

Pour fêter sa victoire, le Front populaire multiplie les rassemblements pacifiques, qui traversent de plus en plus nombreux les artères de Paris en de longs cortèges, derrière des drapeaux rouges et tricolores entremêlés, et aux accents de *La Marseillaise* et de *L'Internationale*. L'apothéose de ces manifestations est le défilé du 14 juillet 1936, de la Bastille à la Nation et sur le cours de Vincennes, à l'occasion duquel Léon Blum, Maurice Thorez, Édouard Daladier et Roger Salengro se retrouvent à la même tribune.

Mais les difficultés ne tardent pas à surgir. Le déchaînement de la guerre civile espagnole (18 juillet 1936) soumet la cohésion du Front populaire à une première rude épreuve. Le gouvernement semble divisé sur la réponse à donner à l'appel à l'aide du gouvernement espagnol de front populaire, et Blum songe à démissionner. Mais il se ravise et finit par se résoudre à une politique de non-intervention pour sauver la paix tout en entravant l'aide des puissances totalitaires aux franquistes, et par souci de maintenir avec la Grande-Bretagne l'accord le plus total. Mais cette politique provoque de violents remous au sein du parti communiste, partisan de l'aide ouverte au Front populaire espagnol, et au sein de la SFIO elle-même, où Jean Zyromski prend la tête d'un mouvement d'opposition. La non-intervention se révélera de toute façon décevante, se réduisant à une façade juridique derrière laquelle les États totalitaires s'abriteront pour intervenir aux côtés des franquistes.

Premières difficultés. Blum se voit également contraint par l'évolution de la situation internationale à renoncer à la politique de désarmement général, simultané et contrôlé qu'il n'avait cessé

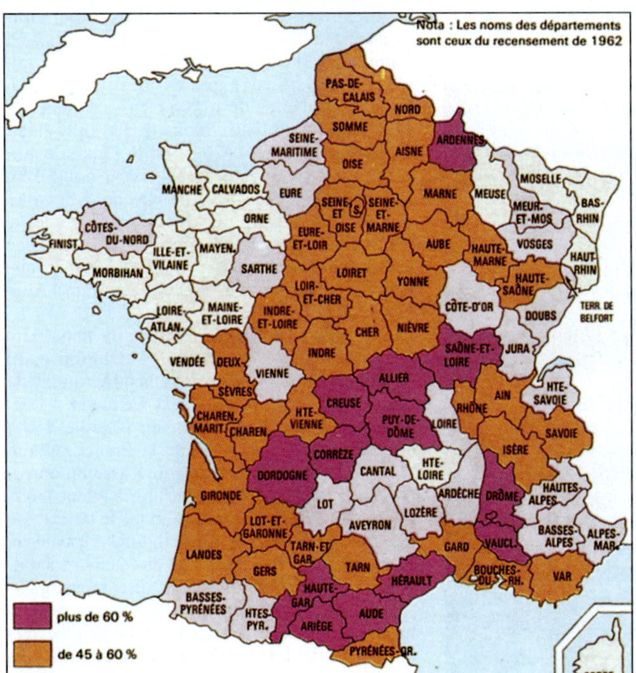

Succès du Front populaire aux élections d'avril 1936

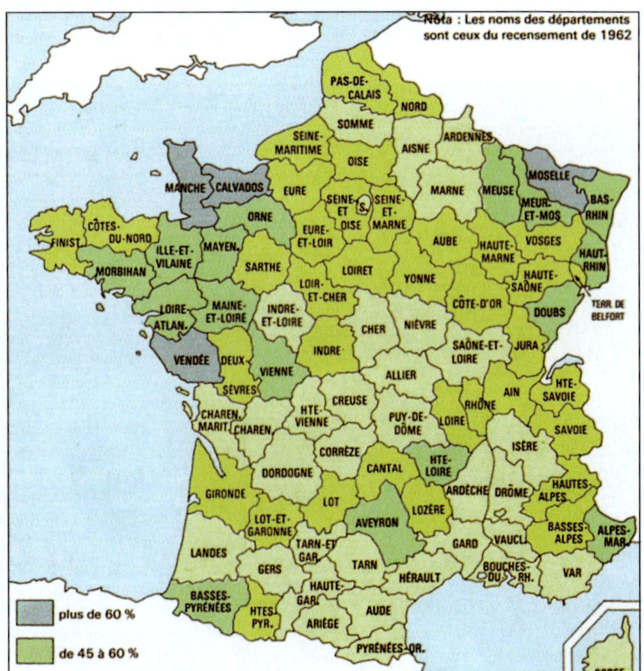

Vote contre le Front populaire aux élections d'avril 1936

de réclamer depuis qu'il était devenu, au lendemain de la Première Guerre mondiale après le congrès de Tours, le leader de la SFIO. Le climat européen, déjà singulièrement modifié par l'échec de la conférence du désarmement à Genève et l'arrivée au pouvoir d'Hitler, s'est encore dégradé deux mois avant la victoire du Front populaire, avec la dénonciation du pacte de Locarno et la remilitarisation de la Rhénanie. Les circonstances imposent à Blum l'abandon de ses convictions et l'adoption d'un programme de réarmement massif. Alors que l'état-major ne réclamait que 9 milliards de crédits nouveaux, Daladier, ministre de la Défense, qui trouve ce projet insuffisant, le porte à 14 milliards. Compte tenu des crédits antérieurs, c'est finalement près de 67 milliards que la France consacrera à la création d'armements. Le pari fait par Léon Blum et Vincent Auriol d'une reprise économique assurée par le rétablissement du pouvoir d'achat, grâce notamment aux augmentations de salaires, n'est pas davantage tenu. Les mois de juillet, août et septembre ne sont pas favorables à cette reprise, en partie à cause des congés payés, en partie à cause de la perpétuelle renaissance des grèves, en partie par suite de l'exploitation qui est faite par la droite des événements intérieurs et extérieurs. Le gouvernement est acculé à la dévaluation, acceptée non sans graves remous par les Chambres. Le franc flottant, entérinant une perte de 25 à 30 % en valeur, est institué le 1er octobre.

Dès lors, l'élan réformateur du gouvernement semble brisé. À diverses reprises, il annonce son intention d'amorcer la réalisation du second train de réformes qu'il avait annoncé dans sa déclaration ministérielle. Parfois, il dépose un texte qui, voté par la Chambre, stagne au Sénat. Plus souvent, il est arrêté par les répercussions financières des mesures envisagées. La « grande peur des bien-pensants » n'est plus qu'un souvenir. Le patronat relève la tête. La bourgeoisie, qui s'inquiète de la continuation des troubles (le gouvernement doit procéder à des évacuations d'usines par intervention de la force publique), ne cache pas son hostilité. L'extrême droite reste active, malgré la dissolution des ligues. Elle lance même une violente campagne de presse contre Roger Salengro, accusé à tort de désertion pendant la guerre de 1914. Victime de la calomnie, celui-ci se suicide le 18 novembre. Par ailleurs, les relations entre les formations du Front populaire continuent à se dégrader. Tandis que le parti radical se fait de plus en plus réservé, le parti communiste finit par refuser la confiance au gouvernement en décembre 1936, à l'issue d'un débat de politique extérieure où Jacques Duclos a vivement attaqué le gouvernement.

Les piétinements. La situation économique devient inquiétante. Les effets de la dévaluation sont, en effet, annihilés par l'entrée en vigueur des décrets prévoyant l'application de la semaine de 40 heures, dont Jouhaux, au nom de la CGT, impose une application rapide et stricte, alors qu'une application souple et échelonnée aurait sans doute été préférable. On espérait au moins de la loi une diminution massive du chômage. Celle-ci n'est que modeste, et la production se trouve de nouveau ralentie, principalement dans les usines fournissant la Défense nationale où les travailleurs qualifiés ne sont pas assez nombreux. Le 13 février 1937, Léon Blum doit admettre la nécessité d'une « pause » dans la création d'un Fonds d'indemnisation du chômage et d'un système généralisé de retraites. Mais la situation ne s'améliore pas et, en mars 1937, c'est le drame de Clichy. Au cours d'une contre-manifestation organisée par des militants de gauche contre une réunion du Parti social français, des incidents éclatent entre les manifestants et le service d'ordre. On relève 5 morts et 200 blessés. Les forces de l'ordre, dont Léon Blum est théoriquement le chef, ont tiré sur des manifestants appartenant, certains, à son propre parti. Le malaise est grave. L'inauguration de l'Exposition internationale de Paris, Arts et Technique, est le symbole de ces difficultés. Elle doit être repoussée du 1er mars au 24 mai 1937, et, même à cette date, les réalisations françaises sont loin d'être achevées. Léon Blum se décide alors à demander les pleins pouvoirs. Mais l'opposition du Sénat le contraint à démissionner (22 juin 1937).

Tout comme le ministère Blum, le ministère Chautemps qui lui succède est une coalition de type Front populaire. La différence est que cette coalition est désormais dirigée par un leader radical et non plus par un leader socialiste. Certes, de nombreux chefs de la SFIO appartiennent au nouveau cabinet : Léon Blum est vice-président du Conseil, tandis que Vincent Auriol, son fidèle lieutenant, a pour sa part troqué les Finances contre la Justice. Mais personne ne se fait d'illusion quant à la politique du nouveau gouvernement. D'autant plus que le titulaire du portefeuille des Finances a pour nom Georges Bonnet, un radical bon teint, qui n'a jamais caché son hostilité au Front populaire. La SFIO est d'ailleurs profondément divisée sur l'opportunité de sa participation au nouveau gouvernement. Léon Blum, lui, ne considère pas que la présence des SFIO dans le gouvernement les condamne à l'inaction. Lui-même s'emploie à élaborer les textes qui aboutiront à la création de la SNCF. Les difficultés financières, aggravées par les sorties d'or, la hausse des prix ainsi que le déclenchement de nouvelles grèves avec occupation, montrent vite la fragilité de la coalition gouvernementale. Le malaise croissant débouche sur une grave crise. En janvier 1938, les communistes refusent leur soutien au gouvernement. Chautemps répond, avec quelque vivacité, qu'il leur « rend leur liberté ». Dans ces conditions, la SFIO décide de retirer ses ministres (15 janvier 1938). C'est la rupture du Front populaire, qu'avait tant redoutée Léon Blum.

Avec le nouveau cabinet Chautemps, formé le 18 janvier, les radicaux retrouvent le contrôle du pouvoir. Le nouveau gouvernement prétend certes encore s'appuyer sur une majorité de Front populaire, mais il ne comprend plus de ministres socialistes. Il est presque entièrement composé de radicaux. Néanmoins, par la loi du 4 mars 1938, il complète un décret pris au temps du gouvernement Blum et instituant l'arbitrage obligatoire dans le conflit du travail (grâce aux commissions paritaires de conciliation).

La fin d'un rêve. Après sa démission, le 10 mars 1938, à la veille de l'*Anschluss*, le président de la République Albert Lebrun appelle derechef Léon Blum pour former le nouveau gouvernement. C'est un cadeau empoisonné. Il s'agit, au demeurant, de « lever une hypothèque » : l'échec de Blum devant la Chambre étant probable, la preuve sera faite que le Front populaire est définitivement laminé. Léon Blum, très attentif à la gravité de la situation internationale, pense tout au contraire à constituer autour du parti socialiste une majorité d'union nationale débordant largement le Front populaire, « de Thorez à Reynaud ». Il considère, en effet, que les démocraties occidentales sont condamnées si elles ne savent pas faire preuve de fermeté devant la politique hitlérienne mais que le péril est désormais trop grave pour que l'alliance de la France et de la Grande-Bretagne puisse suffire. Or l'appui des États-Unis et de l'URSS ne pourra être obtenu que si une large majorité se dégage en France. Mais la droite refuse, par hostilité envers lui et parce qu'elle n'admet pas de communistes au gouvernement. Il doit se rabattre sur un ministère à participation radicale et socialiste, comme en 1936, solution à laquelle il ne croit pas lui-même.

Formé le 13 mars 1938, ce second ministère Blum est marqué par une flambée de grèves qui paralyse les usines d'aviation. Il est « exécuté » trois semaines plus tard (8 avril) par un Sénat plus hostile que jamais, le point de chute – opposition à un contrôle des prix, au contrôle des changes et à l'institution d'un impôt sur le capital – étant en fait accessoire. Dès sa formation, le gouvernement était condamné. La fiction du Front populaire ne s'évanouit pas pour autant, apparemment, avec la constitution du gouvernement Daladier, le 10 avril. Si celui-ci n'implique pas de participation socialiste ni communiste, il a le soutien de tous les partis du Front populaire et fait même l'unanimité (il est investi par 575 voix contre 5). Même les communistes ont voté pour lui, bien que Daladier passe désormais à leurs yeux comme l'homme de l'état-major. Mais en quelques mois la situation va complètement changer. Dès avril 1938, communistes et socialistes protestent contre certains décrets-lois. L'opposition se renforce lorsqu'en août Daladier, avant tout préoccupé de la situation extérieure, décide d'assouplir les 40 heures, notamment pour accélérer les productions de guerre. Un pan important – ne serait-ce qu'à titre symbolique – de l'œuvre du Front populaire se trouve ainsi battu en brèche. Deux ministres, Frossard et Ramadier, démissionnent. Ils sont remplacés par Monzie et Pomaret. Par la suite, Daladier laissera de plus en plus les coudées franches à son ministre des Finances, Paul Reynaud, qui ne se cache pas de vouloir redonner une nouvelle chance au « libéralisme ». La conférence de Munich (30 septembre 1938) marque la fin irrémédiable du Front populaire. À la Chambre, les communistes, farouchement antimunichois, votent contre le gouvernement lorsque celui-ci demande les pleins pouvoirs financiers. Quant aux socialistes, divisés entre munichois, derrière Paul Faure, et antimunichois, derrière Léon Blum, ils s'abstiennent. Enfin, le 30 novembre 1938, le parti radical, reprochant au parti communiste de n'avoir pas collaboré avec loyalisme au Rassemblement populaire, annonce officiellement qu'il refuse désormais toute collaboration avec lui. En même temps, le ton monte entre le gouvernement et la CGT. Mais l'ordre de grève que celle-ci lance le 30 novembre pour atteindre à la fois la politique extérieure de Daladier et de Bonnet et la politique sociale de Paul Reynaud est un échec retentissant. C'est le linceul du Front populaire. Daladier sort consolidé de cette ultime épreuve de force que lui avait imposée le parti communiste.

FROSSARD Charles Auguste (Versailles, 1807 – Château-Villain, 1875)

Général.

Diplômé de l'École polytechnique, officier du génie, il participe au siège de Rome en 1849, puis à la guerre de Crimée d'où il revient avec le grade de général de brigade (1855). Devenu en 1857 aide de camp de Napoléon III, qui l'apprécie particulièrement, il l'accompagne l'année suivante en Italie. Chef de la maison militaire de l'empereur et gouverneur du prince impérial en 1867, Frossard commande le camp de Châlons au début de la guerre franco-prussienne. L'empereur le nomme alors à la tête du 2e corps de l'armée du Rhin, avec lequel il attaque Sarrebrück le 2 août. Battu à Forbach le 6, au cours de la guerre des frontières, il participe ensuite aux combats de Rezonville, le 16, de Saint-Privat, le 18, puis au repli sous Metz. Favorable à la capitulation de la ville au mois d'octobre et fait prisonnier, il rejoint l'empereur en Allemagne et regagne la France en 1871.

FROTTÉ Charles Pierre Louis, comte de (Alençon, 1766 – Verneuil-sur-Avre, 1800)

Chef chouan.

Ses premières études faites à Caen, il fréquente l'académie militaire versaillaise de Gorsas. Sous-lieutenant surnuméraire en mars 1781, il tient garnison à Lille. Lorsque éclate la Révolution, Louis de Frotté porte le grade de lieutenant. Royaliste passionné, il rejoint l'armée des princes en la ville d'Ath, dans le Hainaut (1791). Émigré à Londres après Valmy, puis membre de l'expédition du comte de Puisaye, il combat parmi les insurgés de Bretagne et tente d'organiser, croit-on, l'évasion de Louis XVII de la prison du Temple. Au début de l'année 1796, Frotté, qui a regroupé les forces contre-révolutionnaires éparses, tient le Cotentin et l'Orne. Ses troupes occupent Mayenne. Toutefois, devant la riposte du général Hoche, il se résout à disperser son armée et regagne l'Angleterre. Débarqué à Arromanches, il reprend la lutte en septembre 1799. Passé quatre semaines, 10 000 hommes le suivent.

Et les victoires succèdent aux victoires. Pacy-sur-Eure, à moins de 85 kilomètres de Paris, tombe entre les mains des rebelles en novembre 1799. Le marquis de Frotté, son père, remet au partisan la croix de chevalier de Saint-Louis que vient de lui décerner Louis XVIII.

Avec Georges Cadoudal, Frotté reste le meneur royaliste dont le Premier Consul redoute le plus l'action. Le 21 janvier 1800, il s'empare d'Argentan. Un débarquement anglais pourrait décider de l'avenir. Il n'a pas lieu, et Bonaparte lance contre les « brigands » de Normandie 60 000 soldats. Lucide, sachant l'impossibilité de vaincre où il se trouve, Frotté décide de négocier. Le général Brune, commandant en chef de l'armée de l'Ouest, accepte de discuter des conditions de paix : il accorde à Frotté un sauf-conduit, valable toute la journée du 15 février 1800, afin que celui-ci se rende à Alençon pour rencontrer ses représentants. Le général Guidal reçoit Frotté et les six officiers qui l'accompagnent. Les pourparlers s'éternisent et, minuit sonnant, les royalistes sont arrêtés. Ils sont escortés jusqu'à Verneuil-sur-Avre, où un tribunal militaire les condamne à mort.

FRUCTIDOR AN V (coup d'État du 18)

Sous le Directoire, coup d'État perpétré le 4 septembre 1797 par les directeurs républicains, avec l'aide de l'armée, contre la nouvelle majorité royaliste du Conseil des Anciens et du Conseil des Cinq-Cents.

Les élections de germinal an V (avril 1797), portant sur le renouvellement du tiers des conseils, aboutissent à la victoire des royalistes : onze conventionnels seulement sont réélus. La droite monarchiste se trouve ainsi renforcée, et la réaction s'amorce aussitôt : réunis dès le 20 mai, les Conseils portent Barbé-Marbois à la présidence des Anciens, et Pichegru à celle des Cinq-Cents. Le directeur sortant, Letourneur, est remplacé par Barthélemy, monarchiste notoire. Réunie au club de Clichy, la droite, divisée, ne parvient pas à s'accorder sur la politique à suivre. Les Conseils décident cependant diverses mesures en faveur des parents des émigrés et des prêtres réfractaires. Les directeurs républicains, La Révellière-Lépeaux et Rewbell, finalement renforcés par Barras qui les soutient après avoir hésité, entrent en conflit avec leur collègue Carnot, bourgeois conservateur, modéré, et avec Barthélemy. Ils demandent l'appui de l'armée, obtiennent l'adhésion de Bonaparte et de Hoche. Le premier révèle la trahison de Pichegru, le second dirige des troupes vers Paris, le 1er juillet.

Le conflit éclate ouvertement quand Carnot, en accord avec la majorité des Conseils, demande le remplacement de deux ministres jacobins, Merlin et Ramel, le 14 juillet : les trois directeurs républicains refusent, révoquent deux ministres modérés et nomment Talleyrand aux Relations extérieures et Hoche à la Guerre. Apprenant le remaniement ministériel et l'entrée des troupes dans le « rayon constitutionnel » qui leur est interdit, les Conseils s'inquiètent et font reculer Hoche et ses hommes. La droite envisage la mise en accusation des trois directeurs républicains, mais Carnot refuse. À la demande de Barras, Bonaparte envoie alors d'Italie le jacobin Augereau, nommé quelques jours plus tard (18 août) commandant de la division militaire de Paris. Le 12 août, les Conseils autorisent la création de compagnies d'élite dans la garde nationale, ce qui permet d'armer la bourgeoisie des quartiers riches. Les directeurs décident alors de recourir les premiers à la force : dans la nuit du 17 au 18 fructidor, Augereau fait entrer dans Paris ses 33 000 hommes qui, le lendemain matin, cernent les Conseils. Augereau et ses troupes occupent les salles de délibérations aux cris de « Vive la République ! », Barthélemy, Pichegru et une douzaine de députés sont arrêtés et incarcérés au Temple, tandis que Carnot parvient à s'enfuir. Le coup de force ne rencontre aucune résistance, car un arrêté menace de mort tous ceux qui travailleront au rétablissement de la royauté ou de la Constitution de 1793. Dès le 19 fructidor, la minorité républicaine des Conseils vote les mesures d'exception proposées par les directeurs : annulation des élections dans 49 départements, invalidation de 177 députés, condamnation de 65 personnes à la déportation en Guyane. Pichegru, Barthélemy et Carnot figurent parmi ces dernières. Toutes les mesures répressives visant les émigrés et les prêtres sont remises en vigueur : les premiers ont vingt jours pour quitter la France, 160 seront guillotinés dans les jours suivants. Les prêtres réfractaires qui ont regagné la France doivent s'exiler, sous peine de déportation : 923 prêtres français et 400 prêtres belges, accusés de conspiration contre la République, seront déportés. Le Directoire dispose à présent de pouvoirs accrus qui lui permettent d'épurer l'administration et les tribunaux, et de proclamer l'état de siège. L'exécutif se trouve ainsi renforcé aux dépens du législatif. Il peut croire qu'il tiendra en main l'armée et ses généraux, grâce à la paix nouvellement rétablie. Mais cette paix ne fait qu'augmenter le prestige du vainqueur italien, Bonaparte.

FULBERT (Italie, v. 960 – Chartres, 1028)

Évêque.

Attaché à la Bibliothèque pontificale à Rome, il y rencontre Gerbert, qu'il aurait rejoint à Reims vers 984 pour suivre son enseignement. C'est alors qu'il devient l'ami du futur roi de France Robert le Pieux. En 992, Fulbert est appelé à Chartres par d'anciens condisciples et y étudie la médecine. En 1006, il est élu évêque de Chartres, probablement à la demande de Robert le Pieux, dont il devient le conseiller. Le prélat défendra ses intérêts avec vigueur, notamment à l'assemblée de Chelles (1008). Après l'incendie de 1020, il fait construire la cathédrale romane qui sera elle-même détruite par le feu en 1194. Sa grande renommée d'écolâtre est enfin à l'origine du développement et de l'éclat des écoles de Chartres. Ses qualités de dialecticien – on le surnommera « ce vénérable Socrate » – attirent, en effet, un grand nombre d'élèves. Aristote, traduit par Boèce, constitue le fondement de son enseignement. Mais Fulbert est également musicien et hagiographe. On a de lui 125 lettres qui ont été recueillies par son secrétaire Sigon et qui fournissent de précieux renseignements sur son époque.

FULRAD, saint (Alsace, début VIIIe siècle – Saint-Denis, 784)

Abbé de Saint-Denis.

Descendant d'une puissante famille d'Alsace, il entre au monastère bénédictin de Saint-Denis, dont il devient abbé en 750. Il est le principal artisan de l'immense fortune mobilière de cette abbaye, obtient pour elle de nombreux privilèges et fait reconstruire la basilique. Archichapelain du palais, Fulrad joue un rôle important au sein de l'Église par le soutien qu'il apporte à l'action évangélisatrice et réformatrice de saint Boniface. Il prend également une part active à la restauration du pouvoir temporel du pape en Italie, à la chute de la dynastie mérovingienne et à l'avènement de Pépin le Bref qui le charge, avant de prendre le pouvoir en 751, d'aller avec Burchard, évêque de Wurtzbourg, prendre l'avis du pape Zacharie sur ses prétentions au trône. Charlemagne lui aussi sera partiellement redevable à Fulrad de sa toute-puissance sur les Francs.

FURNES

En flamand Veurne. *Ville belge située à 40 km au sud de Bruges.*

En 1297, les troupes de Philippe IV le Bel défont, aux environs de Furnes, celles de Gui de Dampierre, comte de Flandre. À la suite de la décision du parlement de Paris de remettre au roi de France les villes flamandes de Gand, Bruges, Lille, Douai et Valenciennes, Gui de Dampierre, comte de Flandre, retire son hommage à Philippe IV le Bel et le porte à Édouard Ier d'Angleterre (27 janvier 1297). Ce transfert laisse aux nobles flamands le choix de servir ou leur suzerain immédiat, le comte de Flandre, ou leur suzerain éminent, le roi de France. Ceux qui resteront avec le comte s'appelleront les Lebaerts (les gens du lion), ceux qui rejoindront le roi, les Leliaerts (les gens du Lys). En 1297, la défaite, dans les plaines de Furnes, des Anglo-Flamands par l'armée française de Robert, comte d'Artois, contribue à la signature du traité de Montreuil (1299).

FUSTEL de COULANGES Numa Denis (Paris, 1830 – Massy, 1889)

Historien.

Normalien en 1850, membre de l'École d'Athènes, il enseigne d'abord au lycée d'Amiens, puis au lycée Saint-Louis de Paris, avant de rejoindre la faculté des lettres de Strasbourg. Il entend faire de l'histoire non un art, mais « une science pure ». Son principal ouvrage, *La Cité antique* (1864), présente le sentiment religieux comme la base de la famille et de la cité gréco-romaines, soulignant la destruction de la société antique par le christianisme. On lui doit également une *Histoire des institutions politiques de l'ancienne France,* dont le premier volume paraît de son vivant (1888), les autres étant publiés à titre posthume par Camille Jullian de 1889 à 1892.

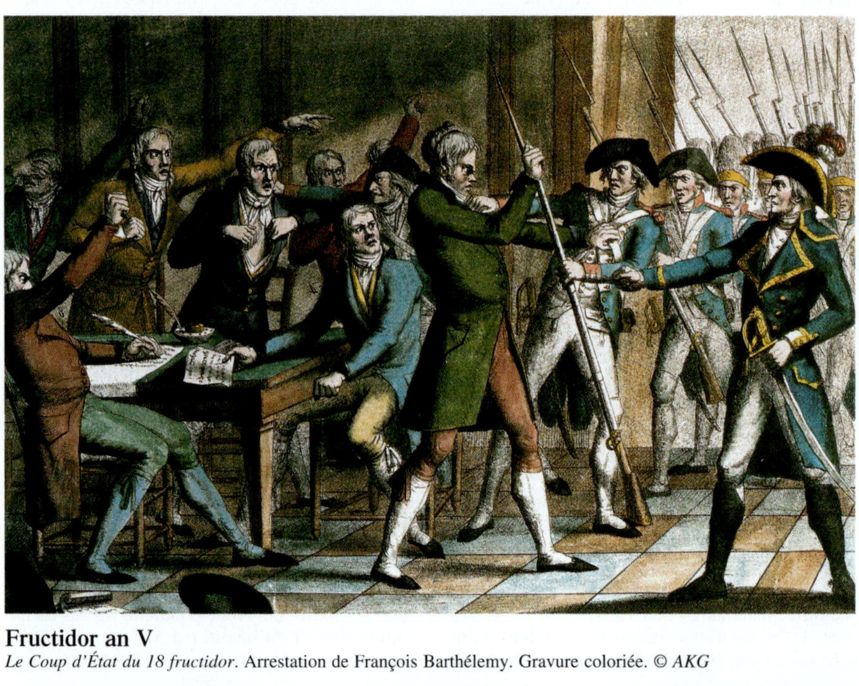

Fructidor an V

Le Coup d'État du 18 fructidor. Arrestation de François Barthélemy. Gravure coloriée. © *AKG*

g

Gabales

En latin Gabali.

Peuple gaulois qui habitait sous l'Antiquité l'actuel Gévaudan, et faisait partie de la clientèle des Arvernes à la veille de la conquête romaine. Sa capitale était *Anderitum*, qui devint au Bas-Empire *Gabali* ou *Gabalum* (aujourd'hui Javols).

Gabelle

Le terme de gabelle s'applique longtemps à toute espèce d'impôts avant de désigner exclusivement, à partir du XIV*e siècle, une taxe sur le sel établie par Philippe VI de Valois (ordonnances de 1341 et 1343) dans le domaine royal et les apanages, à l'exception de la Bourgogne jusqu'en 1370. Sept « maîtres souverains », ayant sous leurs ordres des gabeliers, y contrôlent dès lors tout le commerce du sel.*

Supprimée en 1346 à la demande des états de Paris et de Toulouse, elle est rétablie le 1er janvier 1356 et étendue aux pays de langue d'oïl. En 1369, les pays de langue d'oc, épargnés jusque-là, y sont eux aussi soumis. Abolie une nouvelle fois en 1380, la gabelle est rétablie définitivement en 1383 et constitue désormais un des impôts permanents de la monarchie. Entreposé dans les greniers ou dans leurs succursales, les chambres à sel, le sel est vendu pour le compte des marchands par des grenetiers qui, sous le contrôle des généraux (généralités) et des élus (élections), majorent le prix de vente d'un droit dont le montant est arbitrairement fixé par le roi en son Conseil, et reversé au fisc. Les comptes sont vérifiés par la Chambre des comptes. À partir du XVIe siècle, le royaume est divisé, pour ce qui concerne la gabelle, en plusieurs grandes zones de conditions très différentes :

– Les pays de grande gabelle, comprenant le centre du pays, ravitaillés en sel par les côtes du Poitou, de Saintonge, Guyenne, Languedoc et Provence. À partir de 1578, la gabelle y est affermée à des hommes d'affaires qui la gèrent conjointement avec les officiers royaux. Le sel, transporté par voie fluviale, est contrôlé par les marchands dans des greniers de transit ; à l'arrivée aux greniers de vente, il est déchargé, mesuré puis emmagasiné et séché durant trois ans au moins, avant d'être acheté soit par des consommateurs soit par des revendeurs, les regrattiers. À l'origine, le sel est seulement taxé mais, pour éviter les fraudes et les trafics de sel non taxé, notamment à proximité des salins et des voies de transport, la consommation d'une certaine quantité de sel par habitant devient obligatoire, ce qu'on appellera le « sel du devoir pour le pot et la salière ». Cette contrainte contribuera beaucoup à l'impopularité de la gabelle. En théorie, la gabelle est applicable à tous. Mais les établissements charitables et les fonctionnaires bénéficient du « franc-salé » et ne paient que le droit du marchand. Ils sont tenus de revendre aux greniers l'excédent de leur consommation.

– Les pays de petite gabelle : ceux du Sud-Est et du Midi méditerranéen, où la production des salines du Languedoc et de la Provence dépasse largement la consommation. Des greniers de contrôle sont établis près des côtes, les consommateurs sont obligés de s'approvisionner en sel gabelé mais ils peuvent s'adresser directement aux marchands, et la consommation est libre. Dans une zone étroitement délimitée, située au nord du Languedoc, le commerce du sel est lui aussi libre.

– Les pays rédimés, du Poitou à la frontière espagnole, fournis en sel par les marais salants du Sud-Ouest, où l'on exploite le sel noir, médiocre mais bon marché. Dans ces régions, longtemps soumises à l'Angleterre, le sel est d'abord frappé d'un droit perçu à la vente, équivalant au quart ou au cinquième de la valeur du sel, d'où le nom de « quart » ou de « quint » donné à la taxe royale. Lorsque François Ier tente d'y établir la législation des pays de grande gabelle et d'y créer des greniers à sel, il doit reculer devant les soulèvements populaires et consentir à les exempter de la gabelle, moyennant le versement d'une somme de 1 194 000 livres.

– Les pays de salines du duché de Bourgogne, alimentés en sel par les mines de Franche-Comté. Le régime de la gabelle, établi sous la domination des ducs, y est libéral ; les consommateurs peuvent se ravitailler au grenier de leur choix.

– Les pays du quart bouillon, en Basse-Normandie. Le sel y est obtenu non par le procédé du dessèchement, comme ailleurs, mais par l'ébullition du sable imprégné d'eau de mer. Le roi perçoit sur sa vente un droit du « quart ».

– Enfin les pays exemptés : le Boulonnais et la Bretagne, où le commerce du sel est complètement libre.

Le grand défaut de la gabelle est, outre le prix trop élevé d'une denrée si nécessaire, cette diversité dans la condition des provinces : c'est ainsi que, de la Bretagne au Maine, la différence de prix va du 1/2 sou à 12 ou 13 sous. Cette diversité encourage la fraude. La contrebande et le faux saunage se développent partout, notamment aux frontières des pays de grande gabelle. Les faux sauniers se ravitaillent en sel dans les pays exemptés ou rédimés et cherchent à l'écouler dans ceux qui sont soumis à la gabelle. Pour tenter de mettre fin à ce trafic et améliorer ainsi le revenu royal, Colbert décide par une ordonnance de mai 1680 que le sel destiné aux pays de grande gabelle ne pourra venir que de Brouage et du pays nantais, tout autre étant déclaré « faux sel ». L'accusation de « faux saunier » est appliquée non seulement à la vente du sel venu d'ailleurs que des greniers, mais aussi à l'emploi du « sel de devoir » à des salaisons. La contrebande simple est punie des galères, la contrebande armée de la mort. Pour la dépister, la Ferme générale entretient des gabelous, ou commis des gabelles qui, mal recrutés et mal payés, sûrs de l'impunité, font régner la terreur. L'impopularité de la gabelle, certainement l'impôt d'Ancien Régime le plus détesté, n'en est que plus grande et, en 1789, sa suppression est une des premières revendications des cahiers de doléances des États généraux. La Constituante l'abolira par le décret du 1er décembre 1790.

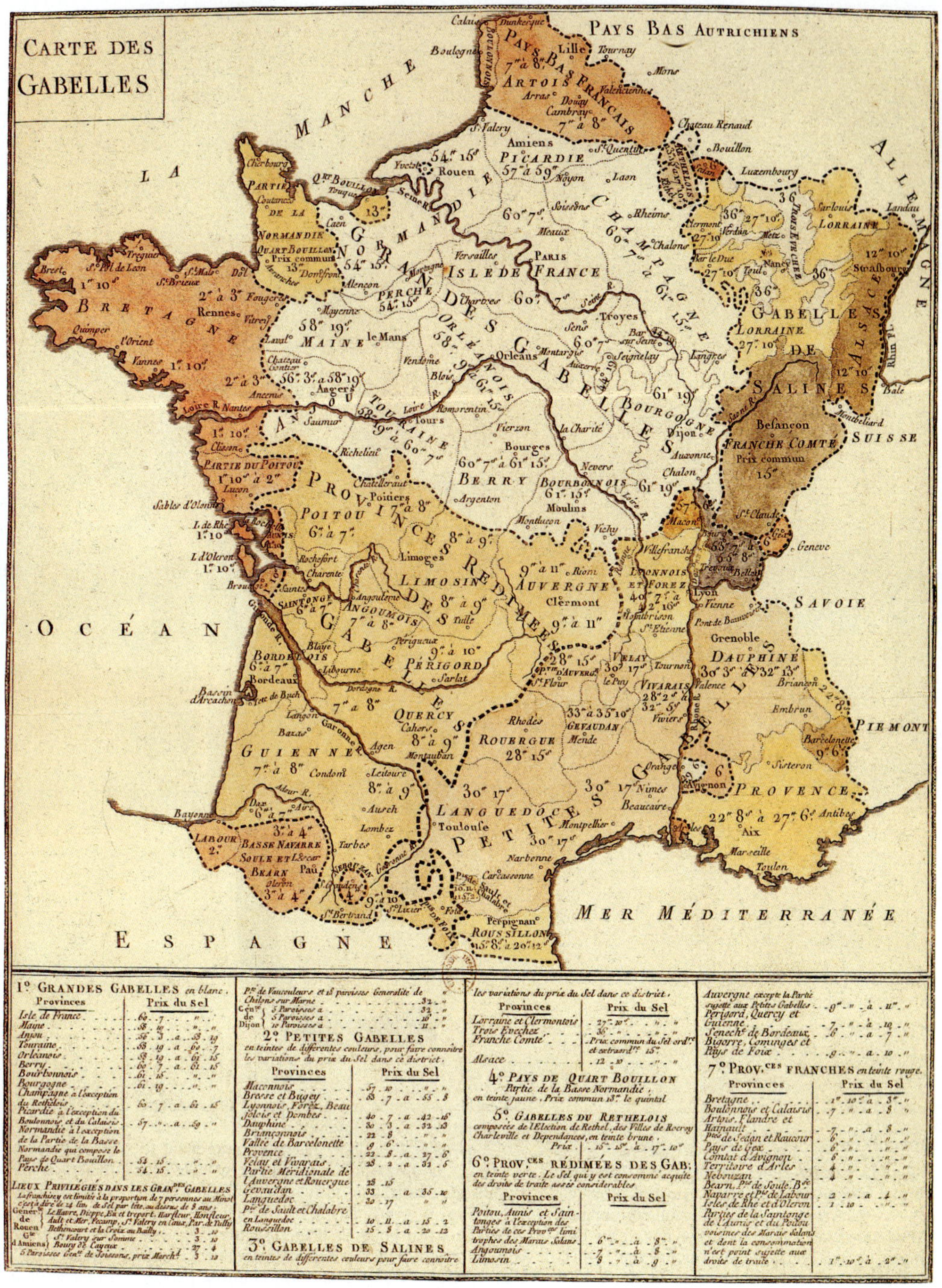

Répartition de la gabelle sous l'Ancien Régime
Paris, Bibliothèque nationale de France. © *Sélection Images*

GABON

État d'Afrique situé de part et d'autre de la ligne de l'équateur.

Peuplé seulement d'1,358 million d'habitants pour un territoire de 267 000 km², soit une densité de 5 habitants au km², le Gabon ne comporte pas moins de 40 groupes ethniques différents, dominés en nombre (près de 50 %) par les Fangs, venus du nord au cours du XIXe siècle et principalement installés dans la vallée de l'Ogooué. Les autres groupes portent les noms d'Échira, d'Adouma, d'Okandé, de Seké, de Bakélé et de Mbedé, populations vivant encore à l'état tribal sauf le long de la côte, où les plantations de café et de cacao occupent des superficies appréciables. Mais la grande richesse de la République gabonaise est assurément le bois de coupe, acheminé de l'intérieur par flottage, le manganèse et surtout le pétrole, dont on extrait annuellement 4 millions de tonnes. Toutes ces richesses étaient inconnues lorsque les premiers navigateurs portugais relâchèrent sur le littoral, à partir de 1470, et que Diego Cam s'enhardit à explorer les estuaires vers 1484. Seules, par la suite, les ressources procurées par l'esclavage vont intéresser les Européens dont les navires négriers croisent au large avant de prendre la direction des Antilles ou du Brésil. Ce trafic se poursuit jusqu'au XIXe siècle, époque au cours de laquelle les navires français surveillent particulièrement les parages. C'est ainsi qu'une base de ravitaillement, créée en 1842 dans l'estuaire du fleuve Gabon, devient sept ans plus tard Libreville, l'actuelle capitale, en souvenir des premiers esclaves libérés.

Les navigateurs français continuent leurs explorations de 1850 à 1869, préparant la voie au plus prestigieux d'entre eux, Savorgnan de Brazza, qui parcourt les pistes de l'intérieur, de 1874 à 1883, à la recherche d'une voie directe menant au Congo. C'est d'ailleurs au territoire du Congo qu'est tout d'abord rattaché administrativement le Gabon, lequel ne formera un territoire distinct qu'à partir de 1910 au sein de la fédération d'Afrique-Équatoriale (A-ÉF). Rallié au mouvement de la France libre en novembre 1940, le Gabon devient république au sein de la Communauté en 1958, puis accède à l'indépendance en 1960, année de son admission à l'ONU.

GABRIEL LALEMANT, saint (Paris, 1610 – Saint-Ignace, Nouvelle-France, 1649)

Missionnaire et martyr.

Entré en 1630 dans la Compagnie de Jésus, il fait vœu de se consacrer aux missions, mais sa santé fragile l'oblige à rester en France, où il enseigne à La Flèche, Moulins et Bourges. Ce n'est qu'en 1646 qu'il peut s'embarquer pour la Nouvelle-France. Deux ans plus tard, il rejoint le père Jean de Brébeuf à Sainte-Marie-du-Sault, chez les Hurons. Avec lui, il tombe aux mains des Iroquois qui lui infligent des tortures affreuses pendant dix-sept heures de suite avant de lui donner le coup de grâce (17 mars 1649). Il sera béatifié en 1925, puis canonisé en 1930 avec les autres martyrs du Canada.

GAILLARD Félix (Paris, 1919 – Jersey, 1980)

Homme politique, président du Conseil.

Issu d'une famille charentaise ayant exercé diverses responsabilités politiques locales, il a un cursus universitaire brillant : licencié en droit puis diplômé de l'École libre des sciences politiques, il obtient en 1942 un diplôme d'études supérieures d'économie politique et achève son parcours en 1943 à l'inspection des Finances. La même année, il s'engage dans la Résistance et devient l'adjoint d'Alexandre Parodi, d'abord au Comité français de libération nationale, puis au gouvernement provisoire. Après avoir secondé Jean Monnet en mission aux États-Unis de septembre 1944 à novembre 1946, il est élu député radical-socialiste de Charente. Il gravit alors les échelons politiques, du poste de sous-secrétaire d'État aux Affaires économiques dans le gouvernement Schuman, de novembre 1947 à juillet 1948, à celui de secrétaire d'État à partir d'août 1951, dans les gouvernements Pleven, Faure, Pinay et Mayer, où il se montre particulièrement

Galère
Galère en rade de Marseille. Huile sur toile de l'école de Puget, XVIIe siècle, musée du Vieux-Marseille. © *Giraudon*

favorable au développement de l'énergie atomique en encourageant la création du centre de Saclay et celle de l'agence européenne Euratom et en préparant les premiers essais nucléaires au Sahara. Ministre des Finances dans le gouvernement Bourgès-Maunoury en juin 1957, Gaillard tente de réduire le déficit de la balance commerciale par la création, d'une part, d'une taxe de 20 % à l'importation et, d'autre part, d'une prime de 20 % à l'exportation, tout en décrétant le blocage des prix. Mais le gouvernement Bourgès-Maunoury chute sur la proposition d'une loi-cadre sur l'Algérie, qui prévoit un collège électoral unique et un exécutif autonome à Alger. Après cinq semaines de crise ministérielle, Gaillard est finalement investi président du Conseil à trente-huit ans, le 5 novembre 1957. Confronté d'une part à la crise économique, d'autre part et surtout aux « événements » d'Algérie, le gouvernement Gaillard tente de maintenir l'intégrité du territoire national et fait voter la loi-cadre le 31 janvier 1958, avec de nombreux amendements pour apaiser les partisans de l'Algérie française. Mais le bombardement du village tunisien de Sakhiet le 8 février 1958 et la proposition de médiation anglo-américaine en Algérie plombent définitivement le gouvernement Gaillard qui tombe à son tour le 15 avril 1958. Écarté un moment de la vie politique, Gaillard devient président du Parti républicain radical et radical-socialiste de septembre 1958 à octobre 1961. Un temps partisan de De Gaulle, il critique assez vite sa pratique autoritaire du pouvoir et rejoint les rangs de l'opposition en 1962. Malgré des velléités de rentrée en scène sous la présidence Pompidou, il reste hors-jeu et disparaît en mer, sur son bateau de plaisance.

GALÈRE

Navire à rames et accessoirement à voiles qui dérive des navires romains puis byzantins, la galère manifeste à la fois la gloire du roi sur mer et la rigueur de sa justice.

Après avoir connu son apogée au XVIe siècle – son équipage est alors composé d'hommes libres –, la galère est un outil déjà archaïque au XVIIe siècle où triomphe le vaisseau à voile et à haute coque. Outre une fonction de garde-côtes, la galère sert occasionnellement de transport d'infanterie. Quoique peu maniable, lente et faiblement armée, elle reste un outil de prestige indispensable, notamment en Méditerranée où évoluent une quarantaine d'unités vers 1690, parmi lesquelles la *Réale*, navire-amiral somptueusement orné par le sculpteur Pierre Puget. La charge de capitaine général des galères, qui reste dans la famille des Gondi, est des plus prestigieuses. Chaque galère est servie par 250 rameurs, qui sont des prisonniers. Car la galère est aussi un bagne flottant pour quelque 40 000 condamnés sous le seul règne de Louis XIV : Maures razziés, déserteurs, faux-monnayeurs, faux-sauniers et protestants après la révocation de l'édit de Nantes. Les condamnés aux galères sont en priorité ceux qui bravent l'ordre absolutiste. La charité d'un Vincent de Paul, nommé aumônier général des galères en 1619 et qui fonde en 1638 à Marseille l'Œuvre des galériens, n'améliore guère leur sort. Ce n'est qu'en 1748 que le Clos des Galées de Marseille sera fermé et que la chiourme intégrera des bagnes à terre.

GALIGAÏ Éleonora DORI ou DOSI, dite LÉONORA (Florence, v. 1576 – Paris, 1617)

Favorite de Marie de Médicis.

Sœur de lait de Marie de Médicis, elle partage l'enfance de cette dernière à la cour du grand-duc de Toscane. Elle exerce sur sa compagne une influence sans cesse croissante, la persuadant de refuser tous les prétendants, jusqu'à ce que se présente Henri IV. Adoptée, moyennant un peu d'or, par un noble italien ruiné qui lui donne son nom, Léonora Galigaï est invitée à la cour de France où le roi lui promet une place. Elle y accompagne donc Marie de Médicis. Parmi la suite de cette dernière figure Concini qui, dès l'étape d'Avignon, la séduit. Dès lors, Galigaï ne cesse de rechercher honneurs et fortune pour son compagnon et elle-même. Mal accueillie par Henri IV, qui la considère avec défiance et lui interdit d'épouser Concini, elle parvient à gagner la confiance d'Henriette d'Entragues, maîtresse du roi : ce dernier ne peut résister à la fois à sa femme et à sa maîtresse. Léonora épousera Concini le 12 juillet 1601.

Loin de parader au premier plan, comme son époux ne tarde pas à le faire, Léonora vit dans l'ombre, se contente de diriger la reine, amassant or et bijoux et d'énormes pots-de-vin consentis par ceux qui souhaitent obtenir quelque chose de la reine par son intermédiaire. Elle souffre de violentes crises d'hystérie, voire d'épilepsie, se croit ensorcelée et, fort superstitieuse, use de toutes sortes de remèdes, fait laver la vaisselle à l'eau bénite, s'entoure de mages et de charlatans. Multipliant les intrigues, elle entre dès 1606 en relation avec l'Espagne, transmettant à Philippe III des informations en échange de fortes sommes d'argent. Deux ans plus tard, avec le duc d'Épernon, la marquise de Verneuil, Concini et bientôt avec la reine, Léonora aurait projeté l'assassinat du roi. Pour préparer l'opinion, elle fait répandre de multiples prédictions annonçant la mort prochaine d'Henri IV. Enfin, quand la guerre menace, elle pousse Marie de Médicis à exiger le sacre. Pendant la régence, de plus en plus malade, la Galigaï pousse en avant son mari qui finit par dominer complètement la reine et gouverner le pays. Elle-même se contente de s'entourer de mages et de percevoir, plus que jamais, des fonds de tous côtés. Inquiète cependant de l'opposition grandissante, elle voudrait retourner en Italie, mais Concini, devenu maréchal d'Ancre, ivre de pouvoir, refuse. Elle prend alors ses distances vis-à-vis de son mari et protège l'ascension de Richelieu, devenu grâce à elle secrétaire d'État à la Guerre et aux Affaires extérieures. Abandonnée par la reine après l'assassinat du maréchal d'Ancre, arrêtée, accusée de lèse-majesté et de sorcellerie, elle est condamnée à mort, décapitée et brûlée le 8 juillet 1617.

Léonora Galigaï
Exécution de la Galigaï. Gravure, XVIIe siècle, Paris, Bibliothèque nationale de France. © *Lauros-Giraudon*

GALIOT de GENOUILLAC : voir GENOUILLAC

GALLICANISME

Doctrine par laquelle l'Église catholique de France a affirmé, durant plusieurs siècles, la défense de certaines de ses libertés contre l'autorité pontificale.

Visant essentiellement des différends d'ordre temporel, le gallicanisme s'oppose traditionnellement à la doctrine papale qualifiée d'ultramontaine. Dès lors peuvent être dégagés deux aspects du gallicanisme. L'ecclésiastique, tendant à opposer l'Église nationale au Saint-Siège, et le politique (ou gallicanisme royal), faisant entrer en conflit le souverain (en qualité de chef temporel de l'Église de France) avec le pape, autorité suprême de l'Église catholique. Les bases essentielles du gallicanisme sont formulées par les légistes du roi de France, Philippe le Bel, à propos du désaccord né entre celui-ci et le pape Boniface VIII sur la délimitation entre l'exercice du pouvoir royal et l'autorité du souverain pontife en matière juridictionnelle. Le dominicain Jean de Paris démontre en 1302 que, le roi de France ne tenant sa couronne que de Dieu, l'immixtion du pape dans les affaires temporelles du royaume est abusive. Puis, tout au long du XIVe siècle, et parallèlement à l'affermissement du pouvoir royal, prend corps, sous la plume de théologiens tels que Marsile de Padoue ou Jean de Jandun, le courant tendant à placer, au rang de serviteurs de l'État, les clercs de l'Église de France.

À la suite du Grand Schisme d'Occident, les conciles de Constance (1414) et de Bâle (1431), en affirmant leur primauté sur l'autorité pontificale en matière de nomination d'évêques et d'abbés, entrent en conflit ouvert avec le Saint-Siège. Immédiatement, le successeur de saint Pierre repousse les conclusions conciliaires ; mais, se souciant peu de la prise de position pontificale, le roi Charles VII reconnaît la suprématie du concile de Bâle dans la pragmatique sanction de Bourges, le 7 juillet 1438. Le statut de l'Église de France reste donc en suspens. Quelques années plus tard, François Ier règle le problème en négociant un accord avec Léon X, le concordat de Bologne de 1516, ce dernier devenant la charte de l'Église gallicane de France jusqu'à la Constitution civile du clergé de 1790. Selon ce concordat, le roi de France obtient de nommer évêques et abbés mais, en contrepartie, reconnaît la supériorité de l'autorité pontificale sur les conciles. Les parlements vont immédiatement prendre fait et cause pour le gallicanisme national de stricte obédience et entraveront, durant des décennies, la liberté d'action des souverains sur ce chapitre, voyant là une nouvelle occasion d'affermir leur rôle politique. Le gallican Pierre Pithou, en fondant l'autorité royale, en matière religieuse, sur le fait que le sacre et les avantages financiers accordés à l'Église donnent au monarque une suprématie indéniable, enflamme les esprits lors du concile de Trente (1545-1563).

Après quelques années de répit, le débat renaît sous le règne de Louis XIV qui, lors des édits de 1673 et 1675 sur la régale, s'oppose violemment au pape dans la célèbre Déclaration des Quatre Articles rédigée par Bossuet. Promulguée comme loi du royaume, cette déclaration doit néanmoins être rapportée en 1693, et ce malgré l'opposition parlementaire. Mais force est de reconnaître que les légistes s'en inspireront lors de la rédaction, sous la Révolution de 1789, de la Constitution civile du clergé. En 1801, si le Concordat épure le haut clergé gallican de l'Ancien Régime et accroît l'autorité pontificale en matière disciplinaire et hiérarchique, il n'en reste pas moins que les principales dispositions de ce texte se réfèrent expressément à celui de Bossuet. La Restauration voit la renaissance du conflit entre les gallicans et les ultramontains ; mais le débat va peu à peu tomber en désuétude du fait de la laïcisation de l'État : le problème est définitivement résolu, en 1905, lors de la loi portant Séparation de l'Église et de l'État, qui reconnaît au Saint-Siège le droit de nommer et révoquer, à sa discrétion, les évêques de France.

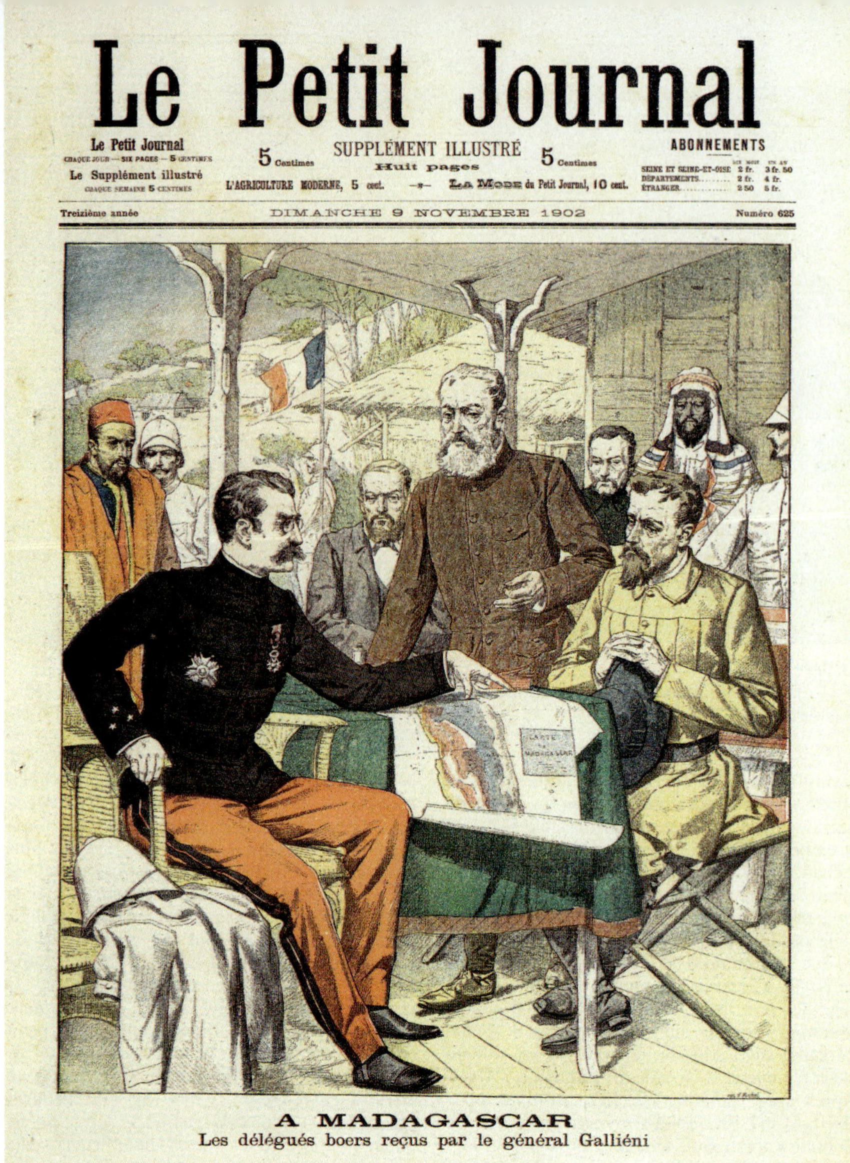

Joseph Gallieni
Gallieni recevant les délégués Boers à Madagascar. *Le Petit Journal*, 9 novembre 1902, Paris, musée de la Presse, coll. Christian Bailly. © *Lauros-Giraudon*

GALLIENI Joseph Simon (Saint-Béat, Haute-Garonne, 1849 – Versailles, 1916)

Maréchal de France.

Sorti de Saint-Cyr en 1870, il est lieutenant lors de la défense de Bazeilles. Devenu capitaine, il se rend au Niger à partir de 1879, où il négocie un traité qui fait de la France le partenaire exclusif des échanges commerciaux du haut Niger. Lieutenant-colonel au Sénégal, puis colonel au Tonkin, il est enfin nommé gouverneur général de Madagascar de 1896 à 1905. Après avoir déposé la reine Ranavalo, il remet de l'ordre dans l'île malgache et évoque son travail dans des ouvrages comme *Lettres de Madagascar* et *La Pacification de Madagascar*. De retour en France, il siège au Conseil supérieur de la guerre de 1908 à 1913, date à laquelle il est atteint par la limite d'âge. Il revient néanmoins sur le devant de la scène dès l'éclatement de la Première Guerre mondiale, où il se voit confier le poste de gouverneur militaire de Paris le 26 août 1914. En septembre 1914, il joue un rôle décisif en donnant l'ordre de réquisitionner les taxis de la capitale, afin de permettre aux soldats de la VIe armée d'aller combattre sur le front : initiative couronnée par la victoire de l'Ourcq sur les troupes du général Alexander von Kluck, premier acte de la bataille de la Marne. Ministre de la Guerre du 29 octobre 1915 au 16 mars 1916 dans le cabinet Briand, Gallieni seconde activement Joffre, mais il est malade et bientôt contraint de démissionner, deux mois avant sa mort. La République lui accorde en 1921, à titre posthume, le titre de maréchal de France.

GALLIFFET Gaston Alexandre Auguste, marquis de (Paris, 1830 – Paris, 1909)

Général.

Engagé volontaire dans la cavalerie, il gagne ses grades en Crimée, en Afrique et en Italie, où son intrépidité incite Napoléon III à se l'attacher en qualité de membre de son état-major. Blessé grièvement au siège de Puebla, au Mexique, récompensé par le grade de colonel en 1867, Galliffet sert encore en Algérie et arrive, en août 1870, à la tête de ses chasseurs d'Afrique pour rejoindre l'armée impériale en route vers Sedan. Son attitude lors des combats du plateau d'Illy lui vaut le grade de général de brigade, quoiqu'il ait été fait prisonnier. Libéré à la chute de l'Empire, il reçoit un commandement dans l'armée de Versailles, destinée à réprimer la Commune parisienne. Sa rigueur répressive lui vaut le surnom de « fusilleur » chez les radicaux et les socialistes. Rallié à la République, proche de Gambetta, il est nommé gouverneur militaire de Paris en 1880, inspecteur général de l'armée, membre du Conseil supérieur de la guerre. Galliffet est sollicité en 1899 par Waldeck-Rousseau pour le portefeuille de la Guerre. Son passage rue Saint-Dominique se caractérise par le règlement de l'affaire Dreyfus sous forme d'une remise de peine, à la grande fureur des milieux conservateurs et sans que la gauche atténue pour autant la rancœur qu'elle nourrit depuis 1871.

GALLIPOLI (bataille de) : voir DARDANELLES (détroit des)

GALSWINTHE (?, v. 540 – ?, 568)

Reine de Neustrie (567-568).

Fille aînée du puissant roi des Wisigoths Athanagild, sœur aînée de Brunehaut, elle épouse en 567 Chilpéric Ier, roi de Neustrie, peu après le mariage de sa cadette avec le roi d'Austrasie Sigebert, frère de Chilpéric. Les noces sont célébrées à Rouen. Chilpéric, qui a répudié sa première femme Audovère pour l'épouser, lui constitue un vaste douaire, avec les cités de Limoges, Bordeaux, Cahors, le Béarn et la Bigorre. Mais elle meurt étranglée dans son lit, dès l'année suivante, sans doute victime de la concubine de Chilpéric, Frédégonde, qui ne lui a pas pardonné de l'avoir évincée.

GAMAIN François (Versailles, 1751 – Versailles, 1795)

Artisan.

La passion de Louis XVI pour la serrurerie ayant attiré au château de Versailles cet artisan, le souverain avait conservé pour lui une grande estime. Aussi le monarque déchu, lorsqu'il réside aux Tuileries, fait-il appel à Gamain pour confectionner, dans l'épaisseur d'un mur, une armoire à porte de fer dans laquelle seront dissimulés des documents très importants pour la cause royale. Gamain se prête à la manœuvre puis, pris de remords, tremblant de peur, ou bien poussé par l'espoir d'une substantielle récompense, dénonce la supercherie au ministre Roland, lequel fait procéder à une vérification. Les documents effectivement découverts dans la désormais célèbre « armoire de fer » auront d'incalculables conséquences, à commencer par le procès du roi. Au cours de ce procès, le nom de Gamain n'est pas prononcé. Mais, en 1794, le serrurier fait parvenir à la Convention un mémoire dans lequel il affirme que la reine Marie-Antoinette aurait tenté de l'empoisonner sitôt l'armoire achevée. Arguant que cette tentative aurait altéré sa santé, Gamain obtient une pension de 1 200 livres, mais n'en profite guère puisqu'il meurt quelques mois plus tard.

GAMBETTA Léon (Cahors, 1838 – Ville-d'Avray, 1882)

Homme politique, président du Conseil.

Fils d'un émigré génois installé à Cahors, il poursuit des études de droit dans la capitale et s'inscrit en 1860 au barreau de Paris. Violemment opposé au Second Empire, il se spécialise dans la défense des républicains : le procès du journaliste Delescluze, accusé d'avoir voulu ériger un monument à la mémoire du député Baudin, le rend célèbre en 1868. Lors de la campagne pour les élections au Corps législatif, en mai 1869, il met au point le fameux programme de Belleville, charte du parti radical. Élu par Belleville et par Marseille, il choisit de représenter le populaire quartier parisien, et devient à la Chambre le chef de la minorité républicaine. Avec Thiers, Gambetta s'oppose à la guerre franco-prussienne, puis il vote malgré tout les crédits militaires. Le 4 septembre, après avoir vainement tenté de calmer la foule, il doit renoncer à faire légaliser la révolution par le Corps législatif. Il proclame la République avec Jules Favre, à l'Hôtel de Ville. Ministre de l'Intérieur dans le gouvernement de la Défense nationale aussitôt constitué, malgré l'opposition de Jules Ferry, Gambetta se montre partisan de la lutte à outrance. Aussi quitte-t-il Paris assiégé dans un ballon, l'*Armand-Barbès* (7 octobre). Il veut organiser la résistance en province et surveiller la délégation du gouvernement provisoire installée à Tours. Gambetta prend alors les portefeuilles de l'Intérieur et de la Guerre et, conseillé par Freycinet, met sur pied une sorte de « dictature militaire » qui permet de retarder de six mois la fin de la guerre. On lui doit notamment la constitution de l'armée de l'Est, de celle du Nord, et des deux armées de la Loire. Gambetta croit pouvoir poursuivre le combat après la capitulation de Paris, mais entre en conflit avec les autres membres du gouvernement, favorables à la paix. Jules Simon lui succède au ministère de l'Intérieur, le 3 février 1871, et le contraint à démissionner trois jours plus tard. Élu par neuf départements à l'Assemblée nationale, le 8 février, Gambetta choisit le Bas-Rhin, refuse de signer le traité de paix et démissionne lorsque l'Alsace-Lorraine est cédée au vainqueur (1er mars). Réélu par Belleville le 3 juillet, il siège à l'extrême gauche, où il dirige l'Union républicaine. Pour lutter contre les monarchistes et gagner les Français à l'idée républicaine, il se fait le « commis voyageur de la République » à travers la France, et fonde, le 5 novembre 1871, *La République française*. Dans ce journal, il dénonce les conservateurs, agite le spectre d'un retour à l'Ancien Régime et tente d'attirer la bourgeoisie modérée, ce qu'il appelle les « couches nouvelles », composées de commerçants, fonctionnaires ou petits propriétaires.

Sa position se durcit encore lorsque Mac Mahon remplace Thiers (1873). Pour abattre la coalition monarchiste de l'ordre moral, Gambetta réclame la dissolution de la Chambre et la réunion d'une Assemblée constituante. Pratiquant ensuite la « politique des résultats », il recherche l'alliance des partis du centre et assure ainsi le vote des lois constitutionnelles qui, en 1875, établissent enfin la République. Élu dans quatre circonscriptions en février 1876, Gambetta choisit de représenter Paris et dirige la majorité républicaine de la nouvelle Chambre. Il se montre favorable à l'impôt sur le revenu et s'oppose au cléricalisme, reprenant le mot de Peyrat : « Le cléricalisme, voilà l'ennemi. » Quand éclate la crise du 16 mai 1877, il prend la tête du mouvement de résistance à Mac Mahon et au ministère d'ordre moral de Broglie-Fourtou. Il signe la déclaration des 363 qui refusent leur confiance au ministère puis, avec Thiers, fait campagne, à la tête des républicains unis, pour le respect des institutions républicaines et la réélection des 363. Contraint de se soumettre après la victoire des républicains, Mac Mahon confie la présidence du Conseil à Dufaure, ami de Gambetta. On accuse alors ce dernier, triomphalement réélu dans le XXe arrondissement, d'exercer un « pouvoir occulte ». Le député de Paris participe ensuite à la campagne pour les élections sénatoriales qui, le 5 janvier 1879, donnent une confortable majorité aux républicains. Après la démission de Mac Mahon, le 30 janvier, on pourrait s'attendre à voir Gambetta au premier plan mais même ses amis politiques craignent que son autoritarisme et son sens tactique n'aboutissent à une nouvelle dictature. Il doit donc se contenter de la présidence de la Chambre. Réélu en 1880 et 1881, poursuivant dès lors la « dictature de la persuasion », Gambetta obtient le retour des Chambres à Paris (1879) et le vote de l'amnistie générale (1880). S'affirmant « opportuniste », il combat les monarchistes, les bonapartistes et les cléricaux, et remporte avec les membres de l'Union républicaine les élections de septembre 1881.

Son heure vient enfin lors de la démission du ministère Jules Ferry, son adversaire, chef de la gauche républicaine : le 14 novembre, Gambetta constitue son « grand ministère » d'Union républicaine. Mais le refus des principaux dirigeants des groupes républicains, qui aboutit à un « ministère de commis » avec des hommes neufs comme Rouvier ou Waldeck-Rousseau, rend son existence éphémère. Le gouvernement entre rapidement en conflit avec la Chambre, au sujet notamment du rétablissement du scrutin de liste, qui nécessite une révision de la Constitution : le 27 janvier 1882, lorsque Gambetta pose la question de confiance, la majorité de l'Assemblée vote contre lui, et il doit se retirer. Remplacé par Freycinet, Gambetta appuie ce dernier lorsqu'il réclame une intervention en Égypte aux côtés de l'Angleterre (juin) et de nouveaux crédits militaires. Il semble revenir au premier plan lorsqu'il se blesse accidentellement en manipulant une arme à feu, le 27 novembre. Mal soigné – le médecin lui a prescrit de rester couché, ce qui déclenche une sorte d'occlusion intestinale et une inflammation du péritoine –, Gambetta s'affaiblit. On n'ose pratiquer une opération, et il meurt le 31 décembre.

Léon Gambetta
Gambetta en ballon, 1870. Huile sur toile de Guiroud et Didier, musée de la ville de Paris, musée Carnavalet.

GAMBIER (îles)

Reconnu en 1797 par le navigateur britannique Wilson, cet archipel de l'actuelle Polynésie française est alors baptisé Gambier en hommage à l'amiral James Gambier qui détruisit le port de Copenhague en 1807.

L'ensemble comprend une dizaine d'îlots représentant une superficie d'environ 30 km^2. Le naturaliste Darwin s'est livré à des études prolongées concernant les barrières de corail entourant ces îles d'origine volcanique, placées depuis 1844 sous protectorat français et rattachées en 1881 à la région administrative de Tahiti.

GAMELIN Maurice (Paris, 1872 – Paris, 1958)

Général.

Collaborateur de Joffre durant la Première Guerre mondiale, chargé d'un commandement en Syrie en 1925 lors de la révolte des Druzes, il réussit à s'élever dans la hiérarchie en raison de sa souplesse de caractère. Successeur de Weygand en 1935, chef d'état-major de la Défense nationale en 1938-1939, il est promu, en septembre 1939, à la tête de la coalition alliée. Désireux d'échapper aux interventions des politiciens, qui ont tant gêné Joffre durant la guerre précédente, Gamelin choisit pour quartier général le fort de Vincennes, sans s'inquiéter de savoir si celui-ci n'est pas trop éloigné du front ni si les moyens de communication sont appropriés, ce qui n'est pas le cas. Ensuite, il divise les secteurs opérationnels. Au général Georges incombe celui du Nord-Est, lequel supervise les groupes d'armées 1, 2 et 3. Le général Noguès, résident au Maroc, est chargé du secteur d'Afrique du Nord et le général Weygand, haut-commissaire en Syrie, prend en charge le Levant. Le chef d'état-major se contente d'envoyer à ses subordonnés des directives générales. Quant à la guerre elle-même, il ne la conçoit que défensive, le front devant s'articuler sur des voies d'eau, telle la Meuse belge, qu'il convient de faire garder par des divisions dont l'installation doit exiger une quinzaine de jours. La majeure partie des divisions disponibles est donc immobilisée derrière le rempart de la ligne Maginot, alors que le secteur des Ardennes ne reçoit que 17 divisions étalées sur une distance de 170 km, certaines de ces unités étant sous-équipées. En revanche, deux des trois divisions mécanisées existantes seraient engagées à l'est de Bruxelles en cas d'invasion de la Belgique, et la troisième, incluse dans l'armée de Giraud, devrait progresser jusqu'à Breda, en Hollande, de manière à assurer la liaison avec les forces néerlandaises.

Cet échafaudage, mal adapté à la guerre de mouvement, s'écroule dès le 11 mai, si bien qu'à cette date un général aventuré en Belgique, Prioux, propose de renoncer aussitôt à la manœuvre Dyle pour revenir sur la frontière. En vain. Le 13 mai, pour la première fois, l'attention de Gamelin est attirée vers la Meuse, mais ce n'est que les 14 et 15 mai que se révèle l'ampleur de la surprise. Aucune réserve ne se trouve derrière le front ardennais, volatilisé sous la pression des chars et des Stuka. Le 17, les Allemands sont parvenus sur l'Oise. L'armée de Belgique reflue. Le 19, les Panzer approchent de l'embouchure de la Somme. C'est ce jour que choisit le président Reynaud pour destituer le général Gamelin, qu'il désirait déjà écarter le 9 mai. Arrêté par le gouvernement de Vichy en 1940 comme un des principaux responsables de la défaite militaire, cité en 1942 devant la Cour de justice de Riom, Gamelin est capturé par les Allemands lors de leur irruption en zone sud en novembre 1942 et interné en Allemagne jusqu'en 1945. Ne voulant pas admettre ses erreurs, il s'efforce de justifier ses décisions de 1940 dans *Servir* (1947).

GANTEAUME Honoré, comte (La Ciotat, 1755 – La Pauligne, près d'Aubagne, 1818)

Amiral.

Embarqué dès l'âge de 14 ans, il participe à plusieurs campagnes avant de servir sous les ordres de l'amiral d'Estaing, en Amérique, puis sous ceux de Suffren, aux Indes. Il navigue ensuite quelque temps au service de la Compagnie des Indes, reprend du service en 1793, et reçoit l'année suivante le commandement du *31-Mai*, avec le grade de capitaine de vaisseau. En 1796, Ganteaume réussit à déjouer la surveillance anglaise et à ravitailler Brest. Chef d'état-major de Brueys pendant la campagne d'Égypte, il parvient à échapper au désastre de l'*Orient*. Nommé contre-amiral à la demande de Bonaparte, investi du commandement en chef des forces navales en Égypte, il réussit à ramener en France, sur le *Muiron*, le vainqueur des Pyramides (août 1799). En récompense, Bonaparte le nomme conseiller d'État après le 18 Brumaire. Ganteaume préside alors le Conseil de la marine. En 1802, une nouvelle campagne le conduit de Toulon à Saint-Domingue, où il doit transporter des armes. Vice-amiral à la suite du succès de cette expédition, Ganteaume reçoit en 1804 le commandement de la flotte réunie à Brest. Cette flotte doit contribuer au débarquement, sur les côtes anglaises, des troupes réunies au camp de Boulogne. Bloqué par la flotte de Cornwallis, Ganteaume ne peut accomplir sa mission. Commandant des forces navales de Méditerranée en 1808, puis inspecteur général des côtes de l'Océan, il reçoit en 1809 le commandement de la flotte réunie en rade de Toulon. En 1813 enfin, avec le titre de commissaire extraordinaire, Ganteaume est chargé d'organiser à Toulon la mobilisation des gardes nationaux, la conscription, l'armement des troupes et des arsenaux. Il accomplit cette mission jusqu'au moment où le Sénat vote la déchéance de l'Empire, à laquelle il adhère. Resté inactif pendant les Cent-Jours, Ganteaume est fait pair de France par Louis XVIII à son retour.

Pont du Gard
Le Pont du Gard. Huile sur toile d'Hubert Robert, Paris, musée du Louvre. © *RMN – Gérard Blot*

GAP

Vapincum. *Au carrefour des routes menant de Haute-Provence vers le Dauphiné et de la haute vallée de la Durance vers la région de Valence, le chef-lieu du département des Hautes-Alpes se flatte d'une origine romaine.*

À la fin de l'époque carolingienne, la cité est administrée par ses évêques qui la remettent aux Dauphins grenoblois dans le dernier tiers du XIIIe siècle. Fief réformé, la place sera, durant les guerres de Religion, un bastion du parti calviniste représenté par le connétable de Lesdiguières.

GARAT Dominique Joseph, comte (Bayonne, 1749 – Urdains, Basses-Pyrénées, 1833)

Homme politique.

Avocat à Bordeaux à la fin de l'Ancien Régime, il se lie avec les philosophes et publie plusieurs œuvres littéraires, dont trois sont couronnées par l'Académie française, ainsi que des articles dans *Le Mercure* et *Le Journal de Paris*. Il enseigne également l'histoire au lycée dès la création de l'établissement (1785). Élu député du tiers aux États généraux de 1789, par le bailliage d'Ustaritz, il analyse les séances dans *Le Journal de Paris*. En octobre 1792, après les massacres de Septembre, Garat remplace Danton au ministère de la Justice. Il acquiert, à l'occasion d'un discours prononcé devant la Convention le 22 octobre, le surnom de « Garat-Septembre ». Selon lui, en effet, « ces journées ont été des prolongations des combats de la liberté avec le despotisme ». En tant que ministre de la Justice, il notifie à Louis XVI sa condamnation à mort, le 20 janvier 1793. Ministre de l'Intérieur à la suite de Roland, au mois de mars 1793, il se montre tout à fait incapable, se révélant la dupe des Jacobins. Il annonce ainsi, à la veille du 31 Mai, que tout est calme dans Paris. Celui que Mme Roland a appelé l'« eunuque politique » et d'autres le « Jacobin malgré lui » finit par être décrété d'arrestation, en raison de son modérantisme et de son incapacité. Emprisonné, il parvient à se justifier avec le soutien de Robespierre, ce qui ne l'empêche pas d'abandonner son protecteur au 9 Thermidor. Professeur à l'École normale, il siège successivement aux deux Conseils sous le Directoire, puis représente la France à Naples (1798). Fervent admirateur de Bonaparte après le 18 Brumaire, sénateur en 1800, Garat est fait commandeur de la Légion d'honneur en 1801 et comte en 1808. Il continue à encenser l'Empereur, ce qui ne l'empêche pas de voter sa déchéance en 1814. La Restauration le chasse cependant de l'Académie française, où il avait été élu en 1806.

GARD (pont du)

Admiré comme un des chefs-d'œuvre les plus remarquables de l'architecture romaine, le pont du Gard, dont les trois étages d'arcades enjambent le Gardon près de Remoulins, est en fait un fragment de l'aqueduc menant les eaux de la source d'Eure, près d'Uzès, jusqu'à la ville de Nîmes.

On attribue la conception de cette œuvre d'art à Agrippa, gendre d'Auguste, qui en aurait entrepris la construction en 19 av. J.-C., mais les recherches récentes prouvent qu'il faut situer son édification au milieu du Ier siècle de notre ère, sous le règne de Claude ou de Néron. Le pont du Gard constitue la partie apparente des travaux réalisés pour alimenter en eau la ville de Nîmes, en pleine expansion au début de l'Empire. Les Romains décident de capter l'eau des fontaines d'Eure, au débit particulièrement régulier. Mais les 50 kilomètres qui séparent cette source de la cité nîmoise sont occupés par des garrigues et un terrain accidenté qui interdisent de tracer en ligne droite le canal d'adduction d'eau. De plus, la faible dénivellation entre les points de départ et d'arrivée (à peine 17 mètres) conduit les architectes romains à de véritables prouesses techniques pour assurer la régularité du débit. C'est pourquoi le tracé du canal sinue en contournant les obstacles. Par endroits, le terrain est creusé, à d'autres des murs surélèvent le canal. C'est ainsi que des arches sont encore visibles à Vers, en amont de Remoulins. Pour traverser les gorges du Gardon, un fleuve de faible importance, mais sujet à des crues redoutables par temps d'orage, il a fallu lancer un ouvrage monumental, long de 275 mètres et haut de 48,77 mètres. Les architectes romains ont donc conçu ce pont-canal en superposant trois étages d'arcades dont le nombre va en se multipliant vers le haut : l'étage inférieur, large de 6,36 mètres, comporte six arches monumentales ; le second étage, large de 4,56 mètres, compte onze arches et le troisième étage, large de 3,06 mètres, trente-cinq, auxquelles il faut ajouter douze arches supplémentaires aujourd'hui disparues, ce qui portait à l'origine la longueur de l'étage supérieur à 360 mètres. Malgré ces proportions imposantes, l'ensemble donne l'impression d'une grande légèreté et la teinte dorée de ses pierres se détache sur la végétation sauvage des gorges du Gardon. En fin de parcours, les eaux venues d'Uzès aboutissaient dans le *castellum* (château d'eau) de Nîmes et étaient réparties dans dix canalisations alimentant les différents quartiers de la ville. On estime à 20 000 m^3 d'eau le débit quotidien de l'aqueduc de Nîmes.

Garde impériale

Corps d'armée constitué le 29 juillet 1804 à partir des principaux éléments de la garde consulaire et comprenant, à sa création, environ 10 000 hommes.

Commandée par Davout, Soult, Bessières et Mortier, elle est, à l'instar de la garde royale, un élément de prestige national, une réserve de talents militaires et une école de cadres de l'armée. Après avoir été augmentée de plusieurs régiments en 1806 et 1807, l'Empereur y crée en 1809 une distinction entre la Jeune Garde qu'il vient d'instituer et la Vieille Garde, composée des précédents contingents ; tandis qu'à la première revient le rôle de troupes d'élite, la seconde est considérée essentiellement comme un corps de réserve. En 1812, les effectifs de la garde impériale passent de 10 000 à 32 000 hommes après l'adjonction des corps d'armée étrangers qui participeront à la campagne de Russie. Cette désastreuse campagne terminée, la garde impériale ne compte plus que 500 hommes à la fin de la retraite. Toutefois, elle redevient l'élément de base de l'armée et se couvre plusieurs fois encore de gloire, lors de la campagne de France, avant d'être congédiée au moment des adieux de Fontainebleau. Seuls un bataillon de grenadiers et un équipage de marins recevront l'autorisation de suivre l'Empereur à l'île d'Elbe, soit 600 hommes auxquels viendront se joindre autant d'Elbois, de Corses et de Polonais. Reconstituée en 1815, la garde impériale commandée par le général Cambronne se disloque au lendemain de Waterloo, après avoir fait preuve, au cours de cette dernière bataille de l'Empire, d'une bravoure pathétique exprimée dans la phrase immortelle de Cambronne : « La Garde meurt et ne se rend pas. » De fait, cette dernière est décimée au soir du 18 juin 1815.

Avec le Second Empire renaît une garde impériale qui, constituée en 1854, ne comprend plus que deux brigades d'infanterie, une brigade de cavalerie et un régiment d'artillerie. Elle atteint rapidement des effectifs importants et participe aux guerres de Crimée, d'Italie et de 1870, avant d'être définitivement dissoute en 1871.

Garde nationale

Milice bourgeoise formée de volontaires.

Si le 14 juillet 1789 symbolise le début de la Révolution française, un certain nombre de mesures ont déjà anticipé sur l'événement. La constitution de la garde nationale est de celles-là. Ainsi, dans la journée du lundi 13, les électeurs parisiens aux États généraux décident de demeurer unis et de créer un comité permanent qui prend en fait le caractère d'une municipalité insurrectionnelle. La présence aux Tuileries de gardes suisses et d'éléments du Royal-Allemand incite en même temps ces notables à décréter la formation d'une milice bourgeoise constituée de membres des 60 districts de Paris. Complétée par des gardes françaises et des éléments du guet, cette unité arbore une cocarde rouge et bleu – les couleurs de la ville de Paris – pour se différencier des groupes favorables au pouvoir royal. Au lendemain de la prise de la Bastille, le Comité permanent en confie le commandement à La Fayette. Celui-ci, en compagnie de Bailly, le maire, présente au roi, le 17 juillet, la nouvelle unité municipale qui prend alors la dénomination de garde nationale, mal habillée, mais armée grâce au pillage des dépôts des Invalides le 13. L'exemple gagne bientôt les provinces. Chaque municipalité d'une certaine importance tient à posséder sa garde, si bien que les attributions de ce corps sont successivement réglementées par les décrets de 1790, 1791 et 1793. En principe, l'institution concerne tous les citoyens valides âgés de 16 à 60 ans. En fait, l'éventail d'appelés sera moins large, bien que les structures des unités soient celles de l'infanterie avec des compagnies groupées en bataillons.

Les gradés sont élus, caractéristique que supprime Napoléon en 1805 en instaurant une garde nationale sédentaire répartie en « cohortes » de 10 compagnies, elles-mêmes regroupées en « légions ». Cette fois, l'Empereur nomme les officiers, les sous-officiers et les caporaux étant à leur tour désignés par les capitaines et les chefs de cohortes. Malgré ces structures proches de celles de l'armée de ligne, la garde nationale n'est pas destinée à être engagée hors des frontières. Il faut l'amenuisement des effectifs de la Grande Armée pour voir, à partir de 1812, l'appel du premier ban, c'est-à-dire celui des hommes âgés de 20 à 26 ans. En 1813 est convoqué le second ban ; il concerne les gardes de 26 à 40 ans. L'invasion de 1814 donnera à maintes de ces formations l'occasion de prouver leur courage et leur sens du devoir, tant dans la défense de places et de villes que sur les divers champs de bataille des vallées de la Seine et de la Marne, puis sur les barrières de Paris.

Le régime de la Restauration conserve cette institution d'origine pourtant révolutionnaire et bourgeoise, et réglemente à nouveau l'organisme par des décrets en 1815 et 1816. Monsieur, frère du roi (futur Charles X), en devient le commandant général et en fait une arme redoutable aux mains de ses amis ultraroyalistes, jusqu'à ce qu'un décret de 1818 la remette sous l'autorité du ministre de l'Intérieur. La participation d'un grand nombre de gardes à l'insurrection de juillet 1830 est la conséquence de cet acte de défiance. C'est aussi pour Louis-Philippe un motif de rétablissement. Un décret de 1831 instaure donc de nouveau la garde selon ses structures de 1791, c'est-à-dire que les officiers supérieurs sont désignés par le roi alors que les cadres subalternes sont élus.

En 1848, l'usure du régime est décelable à l'attitude de cette même garde nationale. Alors que Paris gronde et que l'émeute rend la foule nerveuse, Louis-Philippe décide de faire appel à la garde le 23 février. L'effet est désastreux, les appelés s'écrient : « À bas Guizot, vive la

Garde nationale
Le Citoyen Naudeville en uniforme de la garde nationale. Huile sur toile, musée de la ville de Paris, musée Carnavalet. © *Lauros-Giraudon*

Garde impériale
L'Empereur Napoléon passant en revue ses troupes devant les Tuileries. Huile sur toile d'Horace Vernet, Londres, Wallace Collection. © *Bridgeman-Giraudon*

réforme ! » Le coup de grâce est porté, place des Victoires, par des membres de la 3e légion, qui braquent leurs armes sur les dragons du roi. Dans Paris se répand rapidement l'information : « La garde nationale lève la crosse. » À l'annonce de cette nouvelle, Louis-Philippe renvoie Guizot. Il est trop tard. La défection de la garde condamne le régime, car les cris reprennent le lendemain lorsque le roi passe en revue la 1re légion près des Tuileries. Il n'en faut pas plus pour que, une fois au pouvoir, le prince-président Louis Napoléon prenne toutes mesures pour tenir à sa disposition une formation si importante. Le recrutement est cependant limité aux hommes valides de 25 à 50 ans. Leur nombre par commune est soigneusement délimité. Les officiers sont désignés par l'administration, et les formations les plus importantes ne vont pas au-delà du bataillon. En fait, la garde nationale ne tiendra aucun rôle important sous ce régime. Mais un chef militaire de valeur, le maréchal Niel, déplorant le manque d'effectifs de l'armée impériale, crée par la loi du 1er février 1868 une garde nationale mobile. La garde nationale s'y fondra en 1870, prélude à l'armée de conscription de la IIIe République.

GARDE ROYALE

Les souverains français ont toujours attaché à leur personne un corps de soldats dépendant directement de leur autorité et chargé de veiller à leur sécurité : empruntée à la garde prétorienne des empereurs romains, une garde « royale », même si elle n'en porte pas toujours le nom, sera, durant la royauté, présente à chaque instant auprès de la Cour.

La première ébauche de cette garde semble apparaître sous le règne de Clovis, puis se retrouve à l'avènement de Charlemagne, composée d'infanterie et de cavalerie. Elle connaît un essor nouveau sous Philippe Auguste, et se distingue à la bataille de Bouvines. Puis Louis XI réorganise sa garde personnelle, qu'il partage en deux compagnies : d'une part l'une de 100 archers, l'autre de 100 lanciers, et d'autre part une compagnie de cent-suisses. Forte de 8 000 hommes sous François Ier, elle est regroupée sous le règne de Louis XIV en une « maison militaire du roi », qui se distingue au cours de toutes les campagnes et notamment au passage du Rhin et à Malplaquet. Restructurée en 1775, la garde royale est amputée de deux compagnies de mousquetaires et de la compagnie des grenadiers à cheval. Lors de la Révolution, l'Assemblée constituante supprime la garde royale pour la remplacer par une garde constitutionnelle composée de 1 200 hommes ; cette dernière est à son tour congédiée par un décret de l'Assemblée législative en date du 29 mai 1792. La Restauration voit se reconstituer la maison militaire et se réorganiser la garde royale, qui comprend dès lors huit régiments d'infanterie, huit régiments de cavalerie, un régiment d'artillerie à pied, un d'artillerie à cheval et un régiment du train. La révolution de 1830 emporte définitivement la garde royale, qui est licenciée le 11 août 1830, Louis-Philippe ne s'attachant pas une garde particulière.

GARDES-FRANÇAISES

Régiment constitué à la demande de Catherine de Médicis afin de protéger le roi Charles IX, encore mineur, lors du retour du siège du Havre en 1563.

Plusieurs fois modifié, ce corps voit au mois de juillet 1777 sa composition fixée à six bataillons de fusiliers et de grenadiers. Troupes d'élite destinées en cas de guerre aux opérations d'infanterie, et en temps de paix à la protection de la famille royale, les gardes-françaises ont leurs quartiers dans les faubourgs de Paris, ce qui les tient éloignées de l'influence des officiers de Cour lorsque celle-ci s'installe à Versailles. De ce fait, au contact de la population parisienne, les gardes-françaises vont, dès le début de la Révolution, prendre fait et cause pour ce peuple au milieu duquel ils vivent. Ils refuseront de tirer, malgré l'ordre des officiers, et chargeront même le régiment du Royal-Allemand le 13 juillet 1789. Participant à la prise de la Bastille, puis à la garde de l'Hôtel de Ville, ce corps connaît de nombreuses désertions, ce qui oblige Louis XVI à l'incorporer aux gardes nationales durant l'été 1789. La Révolution évoluant, et le rôle des « sections » prenant de l'ampleur, l'importance stratégique des gardes-françaises s'amenuise : ils disparaissent lors des guerres de 1792, où ils sont tenus de rejoindre l'armée révolutionnaire aux frontières.

GARIGLIANO (batailles du)

Défaite de l'armée française, commandée par le marquis de Saluces, face aux troupes espagnoles de Gonzalve de Cordoue, en octobre 1503. Victoire du général Juin sur la XXe armée allemande commandée par le général Vietinghoff en mai 1944.

Après trois mois d'observation sur le bord de ce fleuve d'Italie centrale qui sépare le Latium de la Campanie, la bataille s'engage enfin et tourne à la confusion dans le camp français. C'est alors que Bayard, pour protéger leur retraite sur Gaète, défend seul le pont du Garigliano contre 200 Espagnols. Cet acte héroïque lui vaudra une renommée universelle.

Grâce à une tête de pont établi sur le Garigliano, le général Juin, chef du corps expéditionnaire français, déclenche le 11 mai 1944 une offensive qui permet, en passant par les monts Aurunci, de tourner la ligne Gustav devant laquelle les forces du général Alexander étaient bloquées depuis janvier 1944. Ce succès, décisif, permet aux Américains de s'emparer de Rome le 4 juin suivant.

GARNIER Marie Joseph François, dit FRANCIS (Saint-Étienne, 1839 – Hanoi, 1873)

Officier de marine.

Il participe, comme enseigne, aux expéditions de Chine et de Cochinchine (1860-1862) avant de prendre part à la grande exploration du bassin du Mékong entreprise par Doudart de Lagrée en 1866. Lorsque ce dernier meurt, Garnier prend la tête de l'expédition, pénètre dans le Yunnan et revient par le Yang-tseu-kiang et Chang-hai. Il publiera une relation de ce voyage, une des plus remarquables du siècle, *Voyage d'exploration en Indo-Chine 1866-1868*. Après avoir pris part à la défense de Paris, il repart pour l'Extrême-Orient et remonte le Yang-tseu-kiang jusqu'aux rapides. Il avait découvert la navigabilité du Song koi, reliant le Tonkin au Yunnan, si bien qu'il accepte la mission que lui confie le gouverneur de la Cochinchine, l'amiral Dupré, d'intervenir à Hanoi pour obtenir l'ouverture du fleuve au commerce français (1873). Devant le refus des mandarins, Garnier, qui ne dispose pourtant que de 120 hommes, n'hésite pas à attaquer la citadelle de Hanoi, défendue par 7 000 Annamites, et réussit à s'en emparer. Cet exploit est le prélude d'une campagne de trois semaines au cours de laquelle il se rend maître de toutes les forteresses du delta, avec le soutien des chrétiens du pays. Mais, désavoué par Dupré, il ne reçoit pas les renforts qu'il a demandés et se fait tuer au cours d'une embuscade aux portes de Hanoi par des Pavillons noirs à la solde des Annamites.

GARNIER-PAGÈS Étienne Joseph Louis (Marseille, 1801 – Paris, 1841)

Homme politique.

Avocat à Paris, membre de la société Aide-toi le ciel t'aidera, il participe à la révolution de Juillet et devient un des chefs du mouvement républicain. Député de l'Isère en 1831, élu ensuite dans la Sarthe, il siège à l'extrême gauche. Républicain, mais non révolutionnaire, poursuivi après l'insurrection des 5 et 6 juin 1832, il acquiert une grand popularité et mène une lutte sans merci contre le gouvernement de Guizot.

GARNIER-PAGÈS Louis Antoine (Marseille, 1803 – Paris, 1878)

Homme politique.

Frère du précédent, membre comme lui de sociétés secrètes, il participe à la révolution de 1830, puis abandonne la politique pour un temps. Courtier de commerce à Paris à la mort de son frère, il vend sa charge et se fait élire député de l'Eure en 1842. À la Chambre, Garnier-Pagès intervient dans les discussions sur le commerce, les rentes et les chemins de fer. Réélu en 1846, il participe à la campagne réformiste de 1847, puis au mouvement révolutionnaire de 1848 : membre du gouvernement provisoire, maire de Paris en février, il devient enfin ministre des Finances. À ce titre, il fait décréter l'impôt des 45 centimes – impôt direct très lourd pour les contribuables –, la réunion de toutes les banques en une seule et le cours forcé des billets. Il représente ensuite la Seine à la Constituante, mais n'est pas réélu à la Législative. Réélu toutefois au Corps législatif en 1864, Garnier-Pagès apparaît, à la fin de l'Empire, aux côtés de Jules Favre et de Jules Simon, comme un des chefs de l'opposition. Membre du gouvernement de la Défense nationale en 1870-1871, il est battu en février 1871 et se retire de la vie politique.

GASCOGNE

Région historique du Sud-Ouest de la France.

Le nom Gascogne vient du latin *Vasconia* et désigne à l'origine l'ensemble des pays cispyrénéens envahis à partir du milieu du VIe siècle par les Vascons, qui y ont depuis fait souche à côté des Aquitains. Au haut Moyen Âge, la Vasconie est donc à peu de chose près l'équivalent de la Novempopulanie romaine. Plus tard, elle rétrécit. En effet, à une époque difficile à déterminer avec précision (vraisemblablement autour du Xe siècle), les habitants du Pays Basque, bien qu'ils soient par excellence des Vascons, ne sont plus considérés comme habitant la Gascogne. L'appellation de Gascons est réservée aux Aquitains latinisés qui parlent un dialecte roman. Aujourd'hui encore, s'il est vrai que le Labourd est resté dans le gouvernement de Guyenne et Gascogne jusqu'à la Révolution, il n'est pas d'usage de confondre Basques et Gascons. Il est également abusif de nommer Gascons les habitants de la Guyenne, fussent-ils de la Guyenne bordelaise qui parfois, au cours de son histoire, partagea le sort politique de la Gascogne.

Les ducs de Gascogne. L'expression « duché de Gascogne » apparaîtrait dans les textes vers 600. Cela peut sembler paradoxal puisque c'est l'année même où Thierry II et Thibert II, rois francs, écrasent et soumettent les Vascons qui sont incorporés au duché d'Aquitaine. Quand, vers 630, l'Aquitaine est transformée en royaume pour Charibert, le frère de Dagobert Ier, la Gascogne reçoit pour duc le beau-père de Charibert, un certain Armand. Charibert mort, le royaume d'Aquitaine disparaît et redevient un duché uni à la monarchie franque. Alors Armand, qui entend bien assurer la survivance de sa charge à sa famille, prend les armes pour faire respecter les droits de son petit-fils Boggis, qui se trouve être précisément le fils de Charibert. À la fin, de guerre lasse, Dagobert reconnaît son neveu comme duc héréditaire d'Aquitaine et de Gascogne. Boggis est le père du célèbre Eudes d'Aquitaine qui aura lui-même pour fils Hunaud.

Après la mort de Waifre, fils d'Hunaud, en 768, Charlemagne donne le duché de Gascogne à un neveu d'Hunaud, Loup Ier. Celui-ci est ainsi le premier des ducs héréditaires de la Gascogne propre. On lui a attribué longtemps l'anéantissement de l'arrière-garde de Charlemagne à Roncevaux. Sans doute à tort, car les Basques semblent avoir agi sans son aveu. Son fils Adalric se révolte à l'occasion de la nomination de Liotard au comté de Fezensac, ôté de la Gascogne par Charlemagne, et réédite l'affaire de Roncevaux, cette fois au détriment des troupes de Louis le Débonnaire. Celui-ci le fait exécuter en 812. Adalric représente la tige des rois de Navarre, de

Castille et d'Aragon. Les derniers ducs de Gascogne, qui descendent par les mâles de Clovis, se nomment Loup-Centulle et Scimin. Toujours révoltés contre la monarchie franque, ils seront, l'un tué, l'autre privé de son duché qui sera confié à des administrateurs amovibles. Loup-Centulle laissera une postérité qui constituera l'origine des vicomtes de Béarn.

La seconde dynastie héréditaire des ducs de Gascogne apparaît avec Sanche Ier Mittara, petit-fils de Loup-Centulle par sa mère, mais castillan de naissance. Les Gascons l'appellent en 872. Il gouverne leur pays sans reconnaître l'autorité des rois de France, en quoi il sera imité par ses descendants, Sanche II Mittara, Garcie-Sanche le Courbé, Sanche-Garcie, etc., jusqu'à Bérenger qui meurt sans enfants vers 1036. La fille de l'un des derniers ducs épouse Eudes de Poitiers, duc d'Aquitaine, et lui transmet ses droits. Ceux-ci seront contestés lors de la révolte de Bernard II d'Armagnac, qui prétend à la succession comme descendant en ligne masculine de Garcie-Sanche. Finalement, la lignée poitevine l'emportera définitivement en 1070 avec Gui-Geoffroi (Guillaume VI de Poitiers, Guillaume VIII d'Aquitaine). Il ne sera plus jamais question du duché de Gascogne.

La Gascogne sous les ducs d'Aquitaine. Réunie politiquement à l'Aquitaine, la Gascogne est composée de nombreuses seigneuries qui ne cessent de se faire la guerre entre elles. Par ailleurs, sous l'autorité bien théorique de la dynastie poitevine, les vieux pays gallo-romains ou gallo-francs renaissent et se développent parfois au point que les plus personnalisés d'entre eux formeront des sortes d'États solides (Armagnac, Comminges, Béarn...) dans un État faible (le duché), et même une province distincte de la Gascogne au sens administratif du terme (Béarn). Les ensembles sont parfois politiquement dissociés selon les époques. Il existe aussi des pays qui ne sont pas des fiefs, comme la Chalosse. Enfin, il est assez difficile de préciser les limites de la Guyenne et de la Gascogne dans les parages du Bordelais et de ce qui fut longtemps son annexe féodale et économique, le captalat de Buch près d'Arcachon. Les seigneurs de Béarn, d'Armagnac, de Comminges puis d'Albret sont certainement les plus actifs et les plus « absolus » du XIe au XVe siècle.

La Gascogne anglaise et française. Théoriquement, l'Aquitaine des comtes de Poitiers est devenue, après la mort d'Aliénor, « l'Aguienne-Gascogne » anglaise. En fait, l'Aguienne (la Guyenne) ne forme pas un bloc. Les campagnes de Philippe Auguste ont sérieusement entamé la fragile unité aquitaine. Plus on va vers l'est, moins la suzeraineté des Plantagenêts est respectée. Il en est de même de la Gascogne. Bien qu'il leur arrive de se laisser tenter par l'alliance anglaise, les comtes d'Armagnac témoignent généralement de sentiments français. Les autres grands féodaux gascons jouent avec plus ou moins de bonheur sur les deux tableaux ; les plus petits subissent. À l'époque de la folie de Charles VI et de la bataille d'Azincourt (1415), le sire d'Albret soutient la France. Le Bordelais, très attaché au commerce de ses vins avec l'Angleterre, se montre résolument hostile aux Français de 1154 à 1453. Après l'expulsion définitive des Anglais au XVe siècle, la monarchie n'accorde pas de gouvernement propre à la Gascogne. Toutefois celle-ci reste, dans une certaine mesure, une province. Car dans la vaste circonscription de Guyenne et Gascogne se maintient une subdivision qui est formée par les régions du Couserans, du Comminges, de la Bigorre, de l'Armagnac, du Condomois, de la Chalosse et du Labourd. La ville principale en est Auch. La généralité est établie d'abord à Pau en Béarn (généralité de Gascogne, Béarn et Navarre) puis, en 1716, à Auch (généralité de Gascogne). La partie occidentale de la Gascogne est rattachée au parlement de Bordeaux, la partie orientale à celui de Toulouse. En 1790, la Gascogne forme les départements des Landes, du Gers, des Hautes-Pyrénées et, pour partie seulement, ceux de la Haute-Garonne, de l'Ariège et des Basses-Pyrénées.

GASSION Jean de (Pau, 1609 – Arras, 1647)

Maréchal de France.

De religion protestante, il aborde la carrière militaire comme gendarme du prince de Piémont, en 1625, et rejoint en 1628 l'armée des huguenots commandée par le duc de Rohan. Après la paix d'Alais, il se joint à la campagne de Savoie, participe au siège de Pignerol et au combat de Veillane, puis se met au service de Gustave-Adolphe, roi de Suède. Ce dernier, qui vient d'intervenir dans la guerre de Trente Ans, mène à ce moment campagne contre l'empereur aux côtés de son alliée, la Saxe. Gassion participe avec éclat à cette campagne, sauve la vie du roi au siège d'Ingolstadt (1631), et regagne la France après la mort de Gustave-Adolphe, tué en 1632 à Lützen. Il se distingue bientôt aux sièges de Dole et de Landrecies puis, nommé maréchal de camp en 1638, joue un grand rôle dans la victoire de Rocroi, où il commande l'aile droite (1643). Maréchal de France et conseiller d'État la même année, Gassion reçoit un nouveau commandement, prend Gravelines, Cassel, Béthune, Lillers, Courtrai, Furnes et Dunkerque. Abattu par un coup de mousquet lors du siège de Lens, il meurt quelques jours plus tard à Arras.

Jean de Gassion
La mort du maréchal au siège de Lens. Gravure (détail), Paris, Bibliothèque nationale de France. © *Sélection Images*

GASTON Ier de FOIX (?, 1289 – Maubuisson, 1315)

Comte de Foix et vicomte de Béarn sous le nom de Gaston VIII.

Fils de Roger-Bernard III de Foix et de Marguerite de Béarn. Son règne est caractérisé par de violents conflits pour la possession du Béarn avec les comtes d'Armagnac et de Comminges. Ayant refusé de se soumettre à un arrêt du parlement de Paris, il est un temps emprisonné en 1309. De Jeanne d'Artois il a trois enfants : Gaston II ; Roger-Bernard, chef de la branche de Castelbon, éteinte en Mathieu, dernier comte de Foix de la première dynastie ; Isabelle, mariée à Archambaud de Grailly, tige des comtes de Foix de la deuxième dynastie.

GASTON II de FOIX (? – Algésiras, Espagne, 1343)

Comte de Foix.

Il poursuit les hostilités contre les Armagnacs, sert Philippe VI en Guyenne et en Picardie, obtient que le comté de Foix soit agrégé à la sénéchaussée de Toulouse. Il mourra en apportant son concours à Alphonse XI de Castille.

GASTON III de FOIX, dit PHÉBUS ou FÉBUS (?, 1331 – Orthez, 1391)

Comte de Foix.

Fils du précédent, il doit son surnom à un jeu de mot un peu pédant entre Foix et le doublet d'Apollon. Comme presque tous ceux de sa maison, mais avec un art consommé, il mène un incessant jeu de bascule entre les souverains de France et d'Angleterre. D'abord fidèle à Philippe VI, il refuse l'hommage du Béarn à Jean II le Bon qui a de la sympathie pour le comte d'Armagnac. S'appuyant sur les Grandes Compagnies, il guerroie contre Jean Ier d'Armagnac qu'il vainc et fait prisonnier à Launac en 1362. S'il exige une rançon fantastique (300 000 florins) et l'obtient, la promesse de bonne paix que se jurent les comtes de Foix et d'Armagnac n'aura pas plus d'effet que celles qui l'ont précédée. Grâce à l'argent de la rançon, Gaston III tient à Orthez une cour fastueuse qui impressionnera le chroniqueur Froissart. En 1377, il devient utile à Charles V qui cherche à se l'attacher en le nommant gouverneur de Languedoc en 1380. L'avènement de Charles VI sous tutelle amène le retrait de cette charge au profit du duc de Berry. Il en résulte de longs désordres aux confins du Languedoc et de la Gascogne. L'administration exécrable du duc amène le nouveau roi enfin émancipé à rendre à Gaston sa province. En 1390, avant de mourir, celui-ci désigne son souverain comme légataire universel de ses domaines. Passionné de chasse, il a écrit sur ce sujet un traité érudit, *Le Miroir de Fébus*. Ami des arts, Gaston Phébus semble avoir agi non seulement en seigneur avisé mais, du moins à la fin de sa vie, en politique à longues vues. Cependant, la violence de son caractère confinait à la folie. Il est généralement admis qu'il tua de ses propres mains, sans cependant vouloir donner la mort, son seul fils légitime, Gaston, qu'il avait soupçonné d'avoir voulu l'empoisonner (1382). À sa mort, Charles VI cède ses droits à Mathieu de Castelbon.

GASTON IV de FOIX (? – ?, 1472)

Comte de Foix.

Fils de Jean de Grailly, comte de Foix, Gaston IV épouse d'abord Éléonore de Navarre, et, bénéficiant de l'exhérédation de Carlos de

Viane, les deux époux reçoivent le gouvernement de la Navarre. En 1453, Gaston aide Charles VII dans sa reconquête de la Guyenne ; en récompense, le comté de Foix est érigé en comté-pairie, et le fils aîné de Gaston obtient la main de Madeleine, sœur de Louis XI. Mais, par la suite, Gaston soutient le parti du duc de Bourgogne, ce qui l'oblige à s'exiler en Navarre où il meurt.

GASTON de FOIX, duc de Nemours : voir NEMOURS Gaston de FOIX, duc de

GÂTINAIS

Cette région agricole que se partagent l'Orléanais et l'Île-de-France (les départements de Seine-et-Marne et du Loiret), s'étend de part et d'autre du Loing.

Elle est limitée à l'est par la vallée de l'Yonne, au nord par la forêt de Fontainebleau, au sud-ouest par la forêt d'Orléans et, au sud-est, par la Puisaye. Montargis, Nemours et Courtenay sont les principales localités de cet ancien pays de France réputé pour ses chasses, ses céréales et son miel. Pays des Gaulois Senons, cette région sans relief accentué a toujours été un lieu de passage entre les vallées de la Seine et de la Loire. À la fin de l'époque carolingienne, des comtes s'efforcent de se rendre indépendants. Mais la proximité du domaine capétien rend aléatoire cette ambition et, vers 1070, le roi de France Philippe Ier s'empare de la région pour la réunir au domaine royal. Foulques IV le Rechin, comte d'Anjou, était fils de Geoffroi Ferréol, comte de Gâtinais.

Gaston Phébus

Gaston Phébus donnant des ordres à ses meneurs. « Livre de la chasse de Gaston Phébus », miniature, XVe siècle, Paris, Bibliothèque nationale de France. © *Giraudon*

GAUCHISME

Terme forgé par Lénine en 1920 dans son ouvrage, Le Gauchisme, maladie infantile du communisme. *Par la suite, il a pris d'autres acceptions.*

Dans la pensée de Lénine, le gauchisme est péjoratif : il caractérise « le petit bourgeois pris de rage devant les horreurs du capitalisme » mais qui n'adhère pas à la ligne du parti. Dans l'avant-garde intellectuelle française, et notamment chez les surréalistes, après l'arrivée de Staline au pouvoir et lors de la guerre du Rif au Maroc (1924-1925), le gauchisme est d'abord une dénonciation du colonialisme, du capitalisme qui est sensé l'avoir causé et de la nécessité d'une lutte internationale pour le combattre (position de Trotski contre Staline). En France, la pérennité du gauchisme passe donc entre 1925 et 1955 par des artistes (Max Ernst, Miró, Calder) autour de la galerie Denise René après 1944, par des écrivains et éditeurs (André Breton, Michel Leiris, Maurice Nadeau, Dyonis Mascolo, Raymond Queneau), comme par la rencontre avec la tradition libertaire du proudhonisme (Prévert, Léo Malet, Benjamin Péret). On les retrouve dans la mise sur pied du *Manifeste des 121* réclamant le droit à l'insoumission en réaction à la guerre d'Algérie. En même temps, dans la revue *Socialisme et barbarie*, Mascolo, Claude Lefort et Cornelius Castoriadis dénoncent la méthode léniniste de passage au socialisme, ce qui revient à mettre en cause le PCF.

La césure politique intervient à l'occasion de l'élection présidentielle de 1965, où la génération du baby-boom n'a pas les 21 ans requis pour voter. Des étudiants communistes (Alain Krivine, Henri Weber) dénoncent alors la double trahison, du vote, d'une part – « élection, piège à cons » –, contre le pouvoir gaulliste et le candidat de la gauche unie, François Mitterrand et d'autre part des communistes, jouant le jeu démocratique au lieu de préparer la révolution. Entre 1965 et 1968 prolifèrent des chapelles gauchistes, caractérisées par leurs rivalités, la dénonciation des « politiciens bourgeois » et la critique de l'altération imposée par le taylorisme, la course à la productivité, l'autoritarisme des chefs. Ces thèmes connaîtront une fortune remarquable et éphémère en mai 1968, tandis que le gauchisme s'est révélé comme une école supérieure de formation pour les carrières politique (de Lionel Jospin à Gérard Collomb ou Georges Frêche) et médiatique (Serge July, Régis Debray, Bernard Guetta, Edwy Plenel). En définitive, la notoriété du gauchisme des années 1960-1970 est assurée par deux écrivains appartenant à l'Internationale situationniste, Guy Debord et Raoul Vaneighem, dont les ouvrages sur la « société du spectacle » fournissent la matière des analyses sur la société française des années 1980-1990.

GAUDIN Martin Michel Charles, duc de Gaète (Saint-Denis, 1756 – Gennevilliers, 1841)

Financier et homme politique.

Commis dans l'administration des vingtièmes (1775), il est un des six commissaires de la Trésorerie créée par la Constituante (1791). Sous le Directoire, il est commissaire général des Postes. Le 11 novembre 1799, deux jours après le coup d'État du 18 Brumaire, Gaudin est nommé ministre des Finances par Bonaparte devenu Premier Consul. Il occupera ce poste jusqu'en 1814, mais le Trésor lui échappera lorsqu'il sera érigé en ministère en 1802. Chargé de mener à bien la réorganisation financière, il se donne pour première tâche de fortifier la centralisation de l'administration des Finances. Dès le 3 frimaire an VIII (24 novembre 1799) est créée une administration des contributions directes, en vue d'une meilleure assiette de l'impôt, avec une direction générale, des directions départementales, un corps de contrôleurs et d'inspecteurs chargés de la répartition. La loi du 27 ventôse an VIII (18 mars 1800) retire la levée des impôts aux pouvoirs locaux pour la replacer entre les mains de l'État par l'intermédiaire d'un corps de fonctionnaires dépendant directement du ministre et dont l'efficacité est immédiate : trésorier-payeur et receveur général pour le département, receveur particulier pour l'arrondissement, percepteurs, créés primitivement dans les villes où les rôles dépassent 15 000 francs, mais qui seront généralisés en 1804. Pour donner crédit aux rescrits annuels des receveurs et des percepteurs, Gaudin impose le cautionnement à tous les fonctionnaires des Finances. Le besoin d'une organisation bancaire se faisant sentir, en particulier pour faciliter l'escompte, la Caisse des comptes courants fondée en 1796 par Perregaux et Récamier est transformée le 24 pluviôse an VIII (13 février 1800) en Banque de France.

La remise en ordre budgétaire est lente malgré la confiance revenue. Le budget peut enfin être équilibré en l'an X. Mais, après la rupture de la paix d'Amiens et la reprise des campagnes militaires, le déficit réapparaît, chronique, et il faut recourir aux ressources extraordinaires tirées de la guerre. Néanmoins, la faculté contributive du pays reste essentielle et, sur les conseils de Gaudin, Napoléon rétablit le 25 février 1804 l'impôt indirect sous le nom de « droits réunis » : d'abord taxe sur les boissons, en 1806 impôt sur le sel, en 1810 monopole du tabac. Par leur lourdeur, ces impôts contribueront à l'impopularité du régime impérial. L'établissement d'un cadastre (1802-1807) assure enfin une répartition rationnelle de l'impôt foncier.

Créé duc de Gaète en 1809, Gaudin reprend le portefeuille des Finances pendant les Cent-Jours. Député constitutionnel de l'Aisne de 1815 à 1819, il joue un rôle important à la commission des Finances, avant d'être nommé gouverneur de la Banque de France (1820-1834). On a de lui des *Mémoires* (1826-1834).

GAULE

À l'origine, le nom de la Gaule, Gallia, *désigne l'ensemble des pays habités par les Celtes* (Galli, *en latin).*

Aux premiers temps de l'expansion romaine, cet ensemble comprend, outre la France des frontières naturelles (Gaule transalpine ou ultérieure), la majeure partie de l'Italie septentrionale (Gaule cisalpine ou citérieure). Puis, peu à peu, jusqu'à l'époque de l'Empire romain, les limites d'emploi de l'expression *Gallia* tendent à se resserrer ; les Romains distinguent plusieurs Gaules qualifiées par diverses épithètes ; le monde celtique perd ses dernières apparences d'unité. La conquête du bassin du Pô vers 200 av. J.-C. permet aux Romains d'assujettir à l'*Urbs* les tribus celtiques cisalpines ; celles-ci sont regroupées dans une province unique que l'on appellera *Gallia togata* ou Gaule en toge. L'an 118 av. J.-C. marque l'achèvement d'une nouvelle conquête romaine, celle des rivages méditerranéens de la Transalpine. La région annexée reçoit d'abord l'appellation toute simple de *Provincia*. Elle deviendra plus tard la Narbonnaise ; on la qualifiera souvent de *Gallia bracata* (Gaule en braies) pour l'opposer à la fois à la *togata* et à la *comata* (Gaule chevelue, hirsute ou boisée).

À l'arrivée de César, c'est la *Gallia comata*, autrement dit la Gaule indépendante, qui constitue le pays des Gaulois par excellence. La première phrase des *Commentaires de la guerre des Gaules* en donne une description restée classique : « *Gallia est omnis divisa in partes tres quarum unam incolunt Belgae, aliam Aquitani, tertiam qui ipsorum lingua Celtae, nostra Galli appellantur* » : « L'ensemble de la Gaule est divisé en trois parties ; l'une est habitée par les Belges, une autre par les Aquitains, la troisième par ceux qui s'appellent eux-mêmes les Celtes et que nous appelons, nous, les Gaulois. » Si l'on s'en tient au texte, la Gaule chevelue elle-même ne serait qu'en partie peuplée de Gaulois ; en fait, toute l'histoire de ce pays sous la domination romaine démontrera le contraire : Belges et Aquitains continueront à être considérés comme des Gaulois tant que la Gaule durera. En 51 av. J.-C., les campagnes de César victorieusement achevées, la Gaule est déclarée province romaine. L'ancienne *Provincia* lui est agrégée. En 27, Auguste reprend la vieille division tripartie de la Gaule chevelue et distingue ce qu'on appellera désormais les trois Gaules, Belgique, Celtique, Aquitanique ou Aquitaine, dont les limites seront assez sensiblement modifiées par la suite. La longue période qui s'étend du milieu du Ier siècle de notre ère au Bas-Empire est caractérisée par un double phénomène : les différentes Gaules tendent à changer de dénomination (la Celtique devient Lyonnaise) et à se morceler. La Lyonnaise est ainsi partagée en Lyonnaise et Séquanaise ; l'Aquitaine perd sa partie méridionale au profit de la Novempopulanie ; une Germanie en deux morceaux séparés est créée en Belgique ; la Narbonnaise forme trois provinces qui sont, d'ouest en est : la Narbonnaise Première, la Viennoise et la Narbonnaise Seconde.

Au IVe siècle, la Gaule est constituée de deux diocèses : le diocèse des Gaules ou des dix provinces (les quatre Lyonnaises, les deux Belgiques, les deux Germanies, la *Maxima Sequanorum* et les Alpes Grées et Pénines) et le diocèse de Viennoise ou des sept provinces (la Viennoise, les deux Aquitaines, la Novempopulanie, les deux Narbonnaises et les Alpes Maritimes).

Parmi les peuples gaulois les plus importants, on peut citer : Aduatuques, Allobroges, Arvernes, Atrébates, Aulerques, Bellovaques, Bigerrions, Bituriges, Boiens, Cadurques, Decéates, Éburons, Éduens, Helvètes, Ligures, Lingons, Nerviens, Parisii, Pictons, Rèmes, Rutènes, Sallyens, Sénons, Séquanes, Suessions, Trévires, Ubiens, Vénètes, Volques.

Et, pour mémoire : Abrincatuens, Ambarres, Ambiens, Andes, Ausques, Baiocasses, Calètes, Carnutes, Caturiges, Cavares, Cénomans, Ceutrons, Consorannes, Convènes, Coriosolites, Éburovices, Élusates, Ésuviens, Gabales, Lémovices, Leuques, Lexoviens, Mandubiens, Mediomatrices, Medules, Meldes, Namnètes, Némètes, Petrocores, Nérusiens, Nitiobriges, Osismiens, Oxybiens, Rauraques, Salasses, Santones, Sardones, Segusiaves, Suètres, Tongres, Tricasses, Tricastins, Turons, Véromanduens, Viducasses, Voconces, Vangions, Vasates, Véliocasses, Vellaves, Volques Arécomiques, Volques Tectosages.

GAULE (guerre des) : voir ALÉSIA, GERGOVIE, VERCINGÉTORIX

GAULLE Charles André Joseph Marie de (Lille, 1890 – Colombey-les-Deux-Églises, 1970)

Général, homme politique, président de la République.

Il naît le 22 novembre 1890 dans une famille d'enseignants, chrétiens et patriotes. Ayant choisi la carrière militaire, il intègre Saint-Cyr en 1909 et en sort, trois ans plus tard, 15e sur 211, ce qui lui vaut une affectation intéressante, au 33e régiment d'infanterie cantonné à Arras et placé sous les ordres du colonel Pétain. Pendant les deux premières années de la Première Guerre mondiale, de Gaulle est blessé trois fois et fait prisonnier à Douaumont, le 2 mars 1916, ce qui marque prématurément pour lui la fin du conflit. La captivité lui offre l'occasion de réfléchir aux contraintes techniques et tactiques de la guerre moderne, sous l'influence de deux compagnons experts – les futurs maréchaux Catroux et Toukhatchevski. Sitôt libéré, il demande à rejoindre les troupes polonaises, en qualité d'instructeur puis de chef de cabinet (1919-1920), ce qui lui fournit le thème de son premier article publié (« La Bataille de la Vistule »). Remarqué contre les troupes russes, il est nommé professeur d'histoire à Saint-Cyr, en même temps qu'il est admis à l'École de guerre (1922). Ce parcours n'échappe pas à Philippe Pétain qui l'embauche à son état-major particulier pour une étude historique (le futur ouvrage *La France et son armée* de 1938). Les affectations proposées au militaire – Trèves en 1923, Beyrouth en 1929 – semblent moins l'intéresser que ses recherches. En 1931, il publie *Le Fil de l'épée* – consacré aux conditions morales du commandement –, suivi en 1934 par *Vers l'armée de métier*, écrit pendant son passage au secrétariat de la Défense nationale. De Gaulle y préconise la constitution d'unités blindées autonomes, ce qui éveille l'attention de Paul Reynaud, propagandiste de cette idée au Parlement, sans grand succès.

La campagne de France confirme les analyses de de Gaulle. Celui-ci participe aux combats, à Montcornet (17 mai 1940), dans une ultime tentative pour colmater la percée de Sedan. Sa détermination, à défaut de succès, lui vaut d'entrer, le 5 juin, au gouvernement Reynaud en tant que sous-secrétaire d'État à la Défense nationale et à la Guerre. Sa position lui permet de rencontrer Churchill, mais elle est trop marginale pour qu'il puisse exercer une influence dans le sens de la poursuite du combat. La demande d'armistice, suivie par la démission de Reynaud et l'appel de Pétain, le décide à gagner l'Angleterre où il lance, le 18 juin, au micro de la BBC, un appel à continuer la lutte qui est peu entendu et qui n'a pas d'effet immédiat. Commence alors une longue période de précarité. Les responsables de l'Empire demeurent fidèles à Vichy, sauf Félix Éboué ;

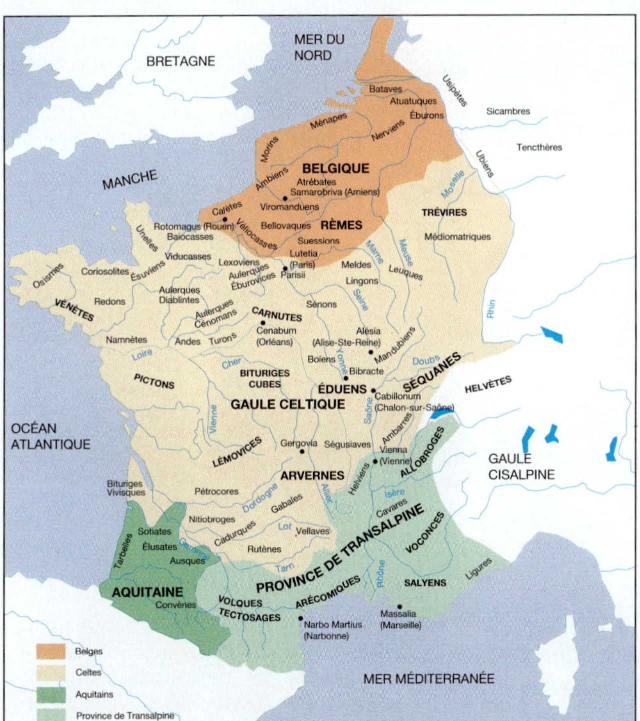

La Gaule à la veille de la conquête romaine

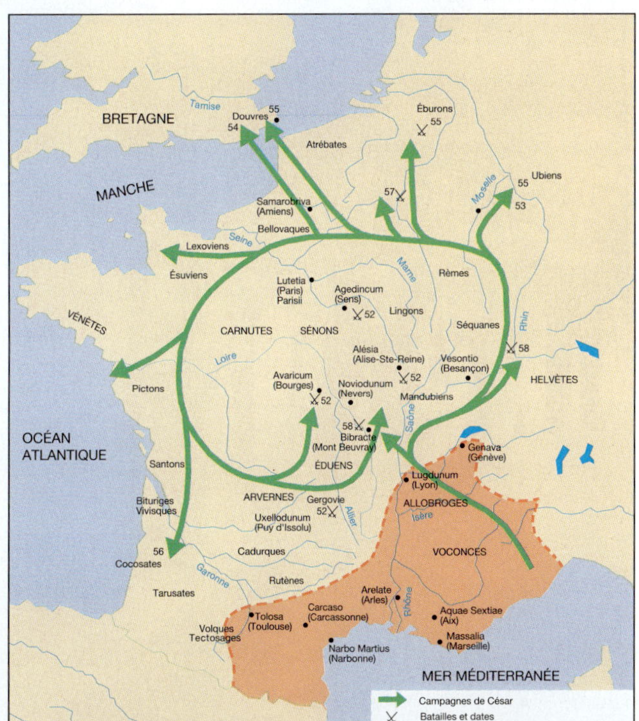

L'expansion romaine en Gaule
(Ier siècle av. J.-C.-IIe siècle apr. J.-C.)

les Britanniques hésitent jusqu'au 7 août avant de le reconnaître comme chef des « Français libres » ; les ralliements en provenance de la métropole sont rares, le mouvement manque d'hommes autant que d'armes et d'argent ; enfin, de Gaulle est condamné à mort par Vichy. Jusqu'en 1942, celui-ci n'a guère de prise sur les événements. La Résistance intérieure ne le reconnaît pas unanimement, les Britanniques jouent leur carte au Moyen-Orient et les Américains ignorent celui qu'ils tiennent pour une sorte de dictateur, au profit du général Giraud.

Le rapport de forces bascule au printemps de 1943, quand successivement Jean Moulin peut fédérer les organisations de résistance au sein du Conseil national de la Résistance (CNR) sous l'obédience gaullienne, et que de Gaulle partage avec Giraud la direction du Comité français de libération nationale (CFLN) à Alger avant d'en devenir le seul responsable (octobre 1943). Dès cette époque, il élabore les mesures et les politiques à mener dans une France libérée et, en ce qui concerne l'Empire, en fait l'annonce à Brazzaville (janvier 1944). Le débarquement réussi du 6 juin lui permet de reprendre pied en France à Courseulles-sur-Mer, le 14 juin, et d'introniser le premier commissaire de la République, moyen d'affirmer que Vichy n'a été qu'une parenthèse et que de Gaulle incarne la légitimité du pouvoir face à des Alliés sceptiques. Le 25 août, il entre dans Paris, reçoit l'accueil enthousiaste de la population et s'installe au ministère de la Guerre, autre manière de signifier que la France entend participer à la victoire contre l'Allemagne, donc en retirer les profits et la reconnaissance internationale pour son gouvernement (Gouvernement provisoire de la République française – GPRF –, formé le 9 septembre).

Président du GPRF jusqu'au 20 janvier 1946, de Gaulle capitalise les propositions élaborées par les différents mouvements de résistance. Par la suite, il s'attribuera abusivement la paternité des principales mesures, mais celles-ci doivent à son autorité d'avoir été concrétisées, notamment l'introduction du vote des femmes pour les élections de 1945, la modification du régime de la Sécurité sociale, les premières et plus importantes nationalisations. Son départ tient à la faiblesse de son assise partisane en regard de la force communiste et de la rapidité avec laquelle les anciens partis de la IIIe République se sont redressés. De Gaulle est un homme seul qui doit faire face à une situation économique difficile, aux premiers craquements dans l'Empire et qui ne maîtrise pas le texte de la future Constitution à soumettre aux Français. Sa démission surprise lui offre *a priori* une position de recours.

De Gaulle
De Gaulle prenant connaissance de l'acte de reddition du général von Choltitz le 25 août 1944, gare Montparnasse, à 16 h. © *SIRPA/ECPA France*

De Gaulle capitalise tout d'abord dans ce registre par une série de discours (Bayeux, 16 juin 1946 ; Épinal, 29 septembre) où il entreprend l'apologie d'un pouvoir exécutif fort. L'année suivante, il organise ses troupes en créant le Rassemblement du peuple français (RPF, 14 avril 1947) et se fait le critique de l'impuissance gouvernementale comme des abandons de souveraineté. L'écho national de ces déclarations s'affaiblit, d'abord en raison de son éloignement du pouvoir, ensuite des réussites économiques de la IVe République, enfin de l'habileté de la loi électorale dite des « apparentements » qui, pour les législatives de juin 1951, permet de limiter la représentation gaulliste à 118 sièges sur 625. De Gaulle devient une sorte de figure tutélaire lointaine qui retourne à ses œuvres littéraires (le premier tome des *Mémoires de guerre* paraît en 1954).

C'est le bourbier algérien qui offre une occasion d'imposer à la fois un retour plébiscité au pouvoir et la réforme institutionnelle indispensable, selon lui, à l'exercice efficace de ce pouvoir. La manifestation d'Alger, le 13 mai 1958, est une aubaine, exploitée par ses partisans et uti-

De Gaulle
Affiche apposée boulevard Kellerman au cours du défilé précédant le meeting au stade Charlety, le 28 mai 1968. © *Keystone*

lisée par de Gaulle pour revenir aux affaires avec le soutien des principaux chefs de parti. Il n'y a donc pas de « coup d'État » gaulliste, mais à partir du 27 mai un processus normal de formation d'un nouveau gouvernement, investi le 1er juin. La tâche prioritaire qu'il s'assigne est la rédaction d'une nouvelle Constitution, soumise à référendum et réalisée sous la conduite de Michel Debré. Le 20 septembre, 79 % des suffrages approuvent la création d'une Ve République dont Charles de Gaulle devient le premier président, le 21 décembre. Contrairement aux attentes de la population d'Algérie, ses préoccupations principales concernent la modernisation économique de la métropole, engagée dans une hypothétique et embryonnaire construction européenne. Tandis qu'il reste flou sur le futur statut de l'Algérie et que son offre de « la paix des braves » ne résout rien, il se soucie de tenir les engagements signés à Rome en 1957, notamment par un plan de stabilisation financière, élaboré par Jacques Rueff et Antoine Pinay, ainsi que par diverses mesures de soutien à l'exportation.

Les déceptions suscitées par l'absence de règlement en Algérie ramènent la question au premier plan des préoccupations et précipitent une double décision. De retrait, en premier lieu, annoncé le 16 septembre 1959 par le discours sur l'autodétermination des Algériens, ce qui ouvre mécaniquement la voie à l'autonomie ou à l'indépendance, compte tenu du rapport démographique. L'hostilité des pieds-noirs (Semaine des barricades, 24 janvier-1er février 1960) et les hésitations de l'armée de métier ne modifient pas une ligne de conduite approuvée le 16 novembre 1960 par référendum. En second lieu, les tentatives d'assassinat (Petit-Clamart, 22 août 1962) contre sa personne, perpétrées par les membres de l'Organisation de l'armée secrète (OAS), décident de Gaulle à modifier la procédure d'élection du président de la République et à la proposer au suffrage universel, choix approuvé par 62 % des votants. Il en sera le premier bénéficiaire, en novembre 1965, en étant élu au second tour (44,4 % des voix au premier ; 54,8 % au second) face au candidat de la gauche unie, François Mitterrand.

Après s'être défaussé du problème algérien, le chef de l'État peut se consacrer aux deux enjeux qui lui semblent prioritaires : l'affirmation du rang international de la France et la consolidation de son indépendance. Le premier enjeu suppose l'apurement du contentieux historique avec l'Allemagne (traité de coopération, 22 janvier 1963), ainsi que le retour de l'influence française dans des pays du tiers monde en quête de « troisième voie » (reconnaissance de la Chine en 1964 ; voyage au long cours en Amérique latine la même année ; discours de Phnom-Penh du 1er septembre 1966 sur l'avenir de l'Asie du Sud-Est ; définition d'une « politique arabe » allant jusqu'à censurer l'attitude d'Israël vis-à-vis des Palestiniens, 1965-1967). Le second repose sur le contrôle des signes de la puissance : signe diplomatique (politique autonome vis-à-vis de l'URSS dès 1965, politique de la « chaise vide » dans la définition des priorités de l'Europe des Six, refus à deux reprises de la candidature britannique à la CEE) ; signe économique avec une politique du franc fort, l'accumulation des stocks d'or et la politique du champion national capable – en principe – de rivaliser dans les grandes branches industrielles avec les firmes occidentales (Bull, Concorde, procédé couleur TV-Pal) ; signe stratégique avec l'achèvement d'un programme nucléaire commencé dix ans auparavant (Bombe A en 1960, mise au point d'un sous-marin nucléaire, le *Rubis*, et de missiles à courte portée), ainsi que la sortie partielle de l'OTAN en 1959 (Méditerranée), 1963 (Atlantique) et 1966 (commandement intégré).

L'efficacité et la durée de ces stratégies dépend d'une conjoncture de basse pression. Or, à partir de 1967, plusieurs indices témoignent d'un retournement de tendance : à l'extérieur, la guerre des Six Jours, suivie par les débuts de la contestation anti-américaine et ceux de la crise des réserves financières ; à l'intérieur, un succès étriqué aux législatives de 1967, suivi par des contestations sociales sur le partage de la croissance, culminant en mai 1968 avec la paralysie du pays. Dans cette séquence, le général de Gaulle apparaît en décalage avec les évolutions et les opinions, mais capable de coups de théâtre brillants (l'appel au « Québec libre » en juillet 1967, le voyage à Baden-Baden le 29 mai 1968). L'échec du référendum sur le Sénat, le 27 avril 1969, avec 52,4 % de « non » constitue le symétrique inverse de celui de 1962 : cette fois, le cartel des « non » l'emporte parce que le projet gaullien semble déplacé et mineur. Selon ses engagements, de Gaulle quitte aussitôt ses fonctions et se consacre à nouveau à l'écriture, en achevant la publication des *Discours et Messages* et en livrant le premier tome des *Mémoires d'espoir*. Il meurt le 9 novembre 1970.

GAULOIS : voir CELTES

GAULOIS (dieux)

Tout en étant représenté par des images de dieux d'une grande richesse, le panthéon gaulois continue à rester mystérieux.

Dans *La Guerre des Gaules*, César affirme que Mercure est la divinité principale des Gaulois et qu'Apollon, Mars, Jupiter et Minerve sont aussi l'objet de cultes. Les noms romains attribués par César aux dieux gaulois ont faussé la perspective de leurs fonctions réelles ainsi que les mythes qui pouvaient les concerner. C'est pourquoi les chercheurs restent très prudents dans leur approche du monde divin des Gaulois et tentent de l'interpréter, non plus en comparaison avec la mythologie gréco-romaine, mais en le rapprochant de celui des autres peuples celtes. Parmi les dieux les mieux représentés en Gaule, se trouvent Cernunnos, Épona, Ésus, Lug, les Matrae, Sucellos, Taranis et Teutatès. Comme traits dominants de ce panthéon, on peut noter la fréquence d'objets symboliques des Celtes (torque, rouelle, esse ou spirale, maillet, svastika) et l'omniprésence du monde animal : le taureau à trois cornes, les ramures de cerf de Cernunnos, la jument d'Épona, le serpent à tête de bélier, le sanglier, les oiseaux (grues, corbeaux et pigeons), l'ours, le géant anguipède (être hybride à tête et torse d'homme prolongé par une queue de serpent). Toutes ces caractéristiques renvoient à peu près certainement à des légendes connues des Gaulois, mais restées mystérieuses en l'absence de textes écrits les concernant. De plus, l'assimilation progressive des dieux gaulois à ceux du panthéon gréco-romain a peu à peu occulté leur signification originelle.

GAUTIER SANS AVOIR (? – Civitot, Asie Mineure, 1096 ou 1097)

Chef de bandes.

Il suit Pierre l'Ermite lorsque celui-ci lance sa croisade populaire en 1096. Puis il abandonne son chef et, avec ses compagnons, se dirige vers Constantinople par la Hongrie et la Bulgarie en pillant tout sur son chemin. Les populations réagissant vigoureusement, ses effectifs fondent

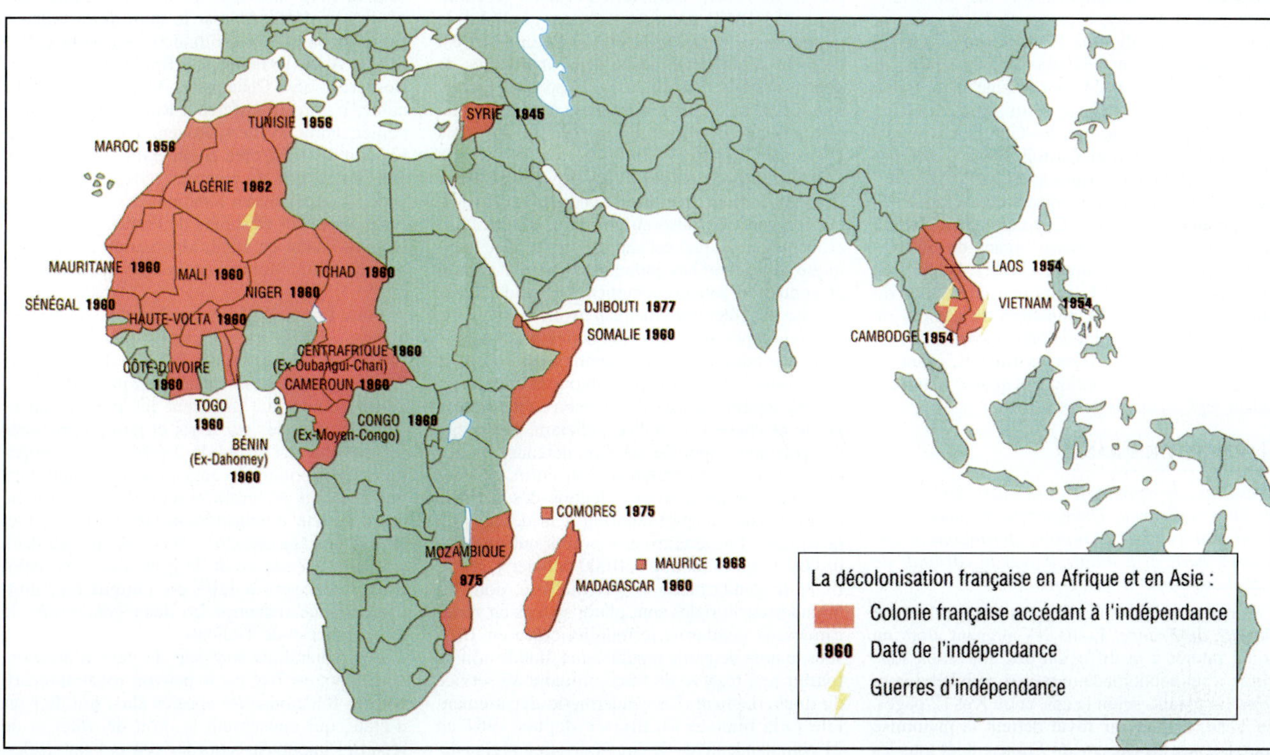

La décolonisation sous et après de Gaulle

vite. Alexis Comnène lui fait d'abord un bon accueil, avant de devoir prendre des mesures de précaution. Gautier est retenu en Asie Mineure, à Civitot, en attendant l'arrivée de Pierre l'Ermite. Les croisés de Gautier Sans Avoir, pris dans une embuscade, se feront tous massacrer par les Turcs.

GAVRINIS (tumulus de)

Tumulus de cent mètres de circonférence et de huit mètres de haut, dans l'île de Gavrinis (golfe du Morbihan).

Il s'agit d'un ensemble funéraire datant du IVe millénaire. On pénètre à l'intérieur du tumulus par un couloir de près de quatorze mètres de long, soutenu par des piliers et débouchant sur une chambre trapézoïdale d'environ deux mètres de côté. Une dalle sert de toit à cette pièce et huit autres font office de murailles. Des gravures étonnantes sont tracées sur les parois : des séries de spirales, d'arceaux enlacés, de méandres couvrent l'ensemble de la surface. Bien des explications ont été avancées pour donner le sens de ces motifs énigmatiques : signes magiques, écriture hiéroglyphique, représentations stylisées d'animaux ou de divinités. Quelle qu'en soit sa signification, ce réseau fascinant de courbes tourbillonnantes fait de la minuscule chambre centrale du tumulus de Gavrinis un haut-lieu de l'art mégalithique. Mais le plus surprenant dans cet édifice est peut-être ce qui est invisible pour le visiteur. En effet, plusieurs des dalles formant le plafond et les murs de la salle sont des pierres réutilisées venant d'autres mégalithes. C'est ainsi qu'on a découvert que la dalle de couverture porte sur sa face supérieure des gravures de bovidés et de haches. Ces dessins, ainsi que la forme de la cassure de la pierre, ont permis aux archéologues de conclure que cette dalle se raccorde à celle qui couvre la Table des Marchands de Locmariaquer, les deux morceaux ayant de toute évidence constitué à l'origine une pierre levée de plus de dix mètres de haut.

GAY Francisque (Roanne, 1885 – Paris, 1963)

Militant catholique et journaliste.

Responsable de la démocratie chrétienne, il collabore successivement à une maison d'éditions, Bloud et Gay, à partir de 1911, puis au mouvement du Sillon de Marc Sangnier. *La Vie catholique*, premier hebdomadaire du genre, lui doit sa création en 1924, tout comme le quotidien *L'Aube* en 1932, organe réunissant alors les signatures, entre autres, de Georges Bidault, Maurice Schumann et Gaston Tessier, militant syndicaliste chrétien. Après avoir participé à l'action de résistance du mouvement démocrate chrétien durant l'Occupation, Gay reprend en 1944 la direction de *L'Aube*, devenu organe du Mouvement républicain populaire (MRP). Député de Paris de 1945 à 1951, principal animateur du MRP, il fait partie du ministère du général de Gaulle en 1945, de celui de Félix Gouin en 1946, puis du ministère de Georges Bidault, avant de terminer sa carrière politique en qualité d'ambassadeur au Canada de 1948 à 1949.

GAZETTE DE FRANCE

S'inspirant de « petites feuilles » distribuées dans les cités italiennes, Théophraste Renaudot crée, le 30 mai 1631, La Gazette, *périodique d'annonces, écrit à la main, auquel le cardinal de Richelieu fournit des informations.*

C'est en 1762 qu'elle prendra le titre de *Gazette de France*, Louis XV prenant alors un grand intérêt à la diffusion des nouvelles sous forme d'un hebdomadaire puis d'un bihebdomadaire contenant, selon le cas, entre 8 et 12 pages. En 1787, le pouvoir royal détient la mainmise complète sur *La Gazette de France*, dont tous les rédacteurs sont nommés par lui. Le 10 août 1792, *La Gazette* devient quotidienne. Bonapartiste sous l'Empire, royaliste sous la Restauration, cette publication va désormais demeurer l'organe des légitimistes, recevant notamment le concours de Charles Maurras, qui l'animera jusqu'à la cessation de sa parution en 1914.

GELLONE (abbaye de)

Abbaye bénédictine languedocienne fondée et dotée en 804 par Guillaume d'Orange, comte de Toulouse et duc d'Aquitaine.

D'abord simple *cella* (succursale) de sa voisine Aniane, elle s'émancipe peu à peu à partir des premières années du Xe siècle. À la seconde moitié du XIe siècle, Aniane, jalouse de son extension, veut la faire revenir sous son autorité. Il en résulte une querelle d'un demi-siècle qui est restée fameuse dans la chronique monastique ; en 1090, Urbain II reconnaît solennellement la séparation des deux communautés. C'est au tombeau de son fondateur, mort en 812 en odeur de sainteté, que Gellone doit l'essentiel de sa réputation et de sa prospérité au Moyen Âge. Le changement de son nom en Saint-Guilhem-le-Désert, qui semble s'être accompli progressivement entre le XIe et le XIIIe siècle, suffit à en témoigner.

GENDARMERIE

Force de police à statut militaire, chargée de tâches civiles et relevant du ministère de la Défense. Elle veille à la sûreté publique tout en participant à la défense de la nation.

Si la gendarmerie peut se réclamer des troupes de la Maison du roi dont elle porte le signe distinctif, l'aiguillette blanche, et des Compagnies d'ordonnance, premier embryon d'armée permanente, fondées en 1445 par Charles VII, c'est avec l'affirmation de l'État royal qu'elle acquiert son statut définitif. En 1536, elle est chargée pour le compte des maréchaux de France (d'où son nom de maréchaussée) de la police militaire dans le cadre de missions de prévôté qui lui incombent toujours dans les zones de stationnement des troupes. En 1720, elle est étendue à tout le territoire, chaque maréchaussée royale ayant pour ressort une généralité. La Révolution lui donne en 1791 son nom moderne de gendarmerie nationale. Ses missions principales lui sont assignées sous le Directoire en avril 1798 (loi du 28 germinal an VI). « À la fois dans la dépendance de l'Armée et de l'Administration, elle forme un état particulier », écrit Bon Adrien Jeannot de Moncey (1754-1842), premier inspecteur général de la gendarmerie entre 1801 et 1812. En 1813 est créée la garde républicaine à partir d'unités de gendarmes vétérans rapatriés d'Espagne. Durant tout le XIXe siècle, la gendarmerie a un important rôle militaire et s'illustre par exemple durant la guerre de Crimée.

À Paris sont rassemblés les organes centraux de la gendarmerie nationale : la direction et l'inspection générale, ainsi qu'un centre administratif et technique auquel est rattaché le Service technique de recherches judiciaires (fichier central et centre du renseignement). La gendarmerie assume des rôles extrêmement divers qui peuvent être regroupés sous trois étiquettes principales : la police administrative (maintien de l'ordre et protection de la population ; séjour et circulation des étrangers ; débits de boisson ; épidémies ; pêche et chasse), la police judiciaire (transferts des personnes appréhendées ou détenues, police des audiences des tribunaux) et, enfin, défense nationale (préparation et exécution des mesures de mobilisation, participation à la défense du territoire). La gendarmerie comprend quelque 98 000 hommes (contre 130 000 policiers), répartis entre gendarmerie départementale, dont les brigades territoriales sont plutôt situées en zones rurales, et gendarmerie mobile, créée en 1926 sous le nom de garde républicaine mobile afin de fournir une réserve de force militaire au service du gouvernement. La gendarmerie départementale (« la blanche »), divisée depuis 1967 en 21 commandements de circonscription régionale, comprend en outre des unités spécialisées : pelotons de haute montagne, brigades autoroutières, sections et brigades de recherche, etc. Au sein de la gendarmerie mobile, il faut distinguer les formations de la Garde républicaine, chargées de missions d'escorte et de prestige, de celles du Groupement de sécurité et d'intervention de la Gendarmerie nationale qui comprend le Groupe d'intervention (GIGN), l'Escadron parachutiste d'intervention (EPIGN) et le Groupe de sécurité de la présidence de la République (GSPR).

La gendarmerie a des missions très larges qui vont de la défense opérationnelle du territoire (garde des installations stratégiques et protection du territoire national) et de la police militaire – sa mission initiale – à la police judiciaire sous le contrôle du procureur de la République, en passant par la police de la route et le secours aux personnes. C'est aussi l'organe d'exécution d'autres départements ministériels : Économie et Finances (surveillance et vérification, recherches de renseignement au profit des perceptions), Équipement (Ponts et Chaussées, affaires maritimes, aviation civile), Agriculture (répression des fraudes des Eaux et Forêts), Anciens combattants et victimes de guerre, Éducation nationale (protection des mineurs) et Affaires sociales (Santé publique et action sociale). Si cette « force humaine » est perçue favorablement par les Français et voit affluer les candidatures, se pose le problème de son adaptation à la nouvelle géographie de la population, essentiellement urbaine et périurbaine. Un projet de redéploiement de certaines brigades territoriales dans les banlieues des agglomérations et d'une nouvelle articulation avec le dispositif des forces de police est à l'étude.

GÉNÉRALITÉ

Sous l'Ancien Régime, circonscription financière correspondant à l'étendue de la juridiction des généraux des Finances, constitués par les receveurs et les bureaux des Finances.

Les offices des bureaux des Finances confèrent la noblesse après deux générations. Ces divisions administratives apparaissent lors des états généraux de 1356. À la fin du XIVe siècle, il existe trois généralités seulement : Languedoc, Languedoïl, pays d'outre-Seine et Yonne ; puis, au XVe siècle, apparaît la généralité de Normandie. En 1523, on en trouve 10, à la suite de la création des généralités de Picardie, Bourgogne, Provence, Guyenne, Dauphiné, Bretagne. L'édit du 7 décembre 1542 porte leur nombre à 17 et elles sont désormais désignées par le nom de la ville où siège le bureau des Finances. Ce sont celles d'Aix, Agen (transférée à Bordeaux), Amiens, Bourges, Caen, Châlons-sur-Marne, Dijon, Grenoble, Issoire (transférée à Riom), Lyon, Montpellier, Paris, Poitiers, Rouen, Toulouse, Tours. Un édit de 1552 crée la généralité de Nantes et constitue auprès du receveur général un trésorier général, cumulant les fonctions des généraux des Finances et des trésoriers de France. Limoges et Orléans datent de 1558, Moulins de 1587, Soissons de 1595, Montauban de 1635 et Alençon de 1636.

Sous Louis XIV, le nombre des généralités s'élève à 21. C'est alors que s'opère une transformation fondamentale. Le rôle des généraux des Finances ne cesse de décliner parallèlement à l'importance que prennent les commissaires départis, nommés par le roi et non propriétaires de leur charge ; quand de fonctionnaires temporaires, ces derniers deviennent des intendants permanents, les généralités sont choisies comme cadre de leur administration (1666). De ce fait, dans le langage des XVIIe et XVIIIe siècles, les deux termes d'intendance et de généralité sont synonymes, exception faite du Languedoc, dont l'intendance regroupe les deux généralités de Montpellier et de Toulouse.

Les généralités sont soit de pays d'élection, où l'impôt est fixé par le pouvoir royal et réparti par des fonctionnaires appelés élus, soit de pays d'états, qui conservent le droit de voter et de répartir l'impôt. Au cours des XVIIe et XVIIIe siècles, leur importance ne cesse de croître en raison du rôle de premier plan joué par les intendants dans l'administration provinciale française, et elles sont toujours plus nombreuses. En 1789, on en compte 34. Elles se répartissent en 21 généralités de pays d'élection, partagées en un certain nombre de subdivisions territoriales appelées élections, de gouvernements, de pays d'états et de villes abonnées : Alençon (1636), Amiens (1542), Auch (1716), Bayonne et Pau (1784), Bordeaux (1542), Bourges (1542), Caen (1542), Châlons-sur-Marne (1542), Grenoble (1542), La Rochelle (1694), Limoges (1558), Lyon (1542), Montauban (1635), Moulins (1587), Orléans (1558), Paris (1542), Poitiers (1542), Riom (1542), Rouen (1542), Soissons (1595), Tours (1542) ; 5 généralités de pays d'états, subdivisées en bailliages, diocèses, recettes, vigueries, pays et villes abonnés, gouvernements, districts de villes, subdélégations et gouvernances : Bourgogne à Dijon (1542), Bretagne, d'abord à Nantes puis à Rennes à partir de 1689, Toulouse et Montpellier (1542), ces deux dernières étant groupées dans l'intendance du Languedoc-Provence (1542) à Aix. S'ajoutent enfin les généralités des pays d'imposition créés dans les pays conquis et annexés depuis le règne de Louis XIV : Metz, les Trois-Évêchés et Clermontois (1737), Besançon (1676), Lille (1691), Nancy (1737), Valenciennes (vers 1678), Perpignan (1660), Strasbourg (1682) et enfin Corse (1768). Une intendance établie à Trévoux en 1762 est supprimée en 1787.

GENÈVE (conférence de)

Du 26 avril au 21 juillet 1954, 19 délégations sont réunies à Genève pour résoudre les problèmes découlant de la guerre de Corée (qui s'est achevée l'année précédente par un armistice) et de celle d'Indochine.

Les cinq grandes puissances sont représentées par leurs ministres des Affaires étrangères ou leur Premier ministre. Les discussions sont menées par MM. Chou En-lai (Chine), Molotov (URSS), Dulles (États-Unis), Eden (Grande-Bretagne) et Bidault (France). Les discussions au sujet de la Corée échouent, mais les négociations en vue d'aboutir à un cessez-le-feu en Indochine prennent une tournure plus vigoureuse à la suite de la venue, au mois de juin, du nouveau président du Conseil français, Pierre Mendès France, décidé à dégager la France du bourbier indochinois, après la défaite de Diên-Biên-Phu. Dans la nuit du 20 au 21 juillet, un accord est enfin obtenu. Le Viêt-nam est séparé en deux zones de part et d'autre du 17e parallèle. Des élections générales doivent avoir lieu dans chacune d'elles dans un délai de deux ans sous le contrôle d'une commission internationale composée de représentants de l'Inde, du Canada et de la Pologne. La clause de libre départ pour les populations civiles incite 900 000 catholiques du Tonkin à chercher refuge au sud. Aucune aide militaire ne doit être apportée dans l'une et l'autre zone, les forces françaises devant quitter le delta tonkinois au mois d'octobre 1954. Sur le moment, chacun des négociateurs se félicite de l'heureuse conclusion de cette conférence de Genève qui vient d'apporter un règlement que l'on croit définitif au problème vietnamien.

GENEVIÈVE, sainte (Nanterre, v. 420 – Paris, v. 502)

Vierge, patronne de Paris.

La *Vie de sainte Geneviève* a été probablement écrite par un contemporain, une vingtaine d'années après la mort de la sainte. Elle a suscité de vives polémiques dans le monde de l'hagiographie, mais l'opinion actuelle est qu'il s'agit d'une œuvre de bonne foi, altérée par des retouches ultérieures. Fille de paysans de condition moyenne, Geneviève est remarquée tout enfant, s'il faut en croire la tradition, par saint Germain d'Auxerre qui la bénit et la consacre à Dieu. La même tradition nous montre Geneviève, adolescente, faisant déjà des miracles. Elle garde alors le petit troupeau de ses parents dans le voisinage de leur maison, mais elle est autorisée à recevoir le voile à l'âge de 15 ans. À la mort de ses parents, elle vient habiter à Paris avec sa marraine, près du parvis Notre-Dame où, entourée d'un groupe de vierges, elle mène une vie édifiante. Le Moyen Âge émerveillé contera les innombrables miracles qu'elle accomplit et fera de sa vie une légende dorée. Lorsque, en 451, Attila paraît devant Troyes, après avoir incendié Metz et menacé Paris, elle relève le courage des Parisiens qui ne songent qu'à fuir. Geneviève réunit les femmes au baptistère de Saint-Jean-le-Rond et, leur rappelant les grands exemples de Judith et d'Esther, les invite à détourner le fléau que sont les Huns à force de jeûnes et de prières. Quand arrive la nouvelle qu'Attila a quitté la vallée de la Seine pour marcher vers la Loire, les Parisiens lui attribuent le mérite de la préservation de leur cité et lui vouent désormais une reconnaissance enthousiaste. Plus tard, lorsque les Francs, rejetés par Syagrius au-delà de la Somme, tentent de réduire Paris en l'affamant, c'est encore Geneviève qui sauve la ville en allant, par voie d'eau, chercher du ravitaillement jusqu'à Troyes.

Après sa mort, on lui érige d'abord un humble oratoire dans un coin du cimetière qui occupait la montagne Lutèce (le haut de l'actuelle rue Soufflot). Les fidèles y affluant, l'oratoire fait place à une église consacrée à saint Pierre et saint Paul. Mais le prestige de la sainte est tel que l'église, débaptisée, devient au IXe siècle l'église Sainte-Geneviève, qui sera le centre d'une des plus célèbres abbayes de l'Ancien Régime. La « montagne » elle-même prend son nom et, chaque fois qu'un nouveau fléau – Normands, peste ou Anglais – menace la ville, c'est elle qu'on va encore chercher : sa châsse, œuvre de saint Éloi, est promenée dans les rues et exposée à la pointe de la Cité, face à l'ennemi. Les révolutionnaires tentent en vain de mettre fin à cette vénération : en novembre 1793, ses cendres sont jetées à la Seine et sa châsse portée à la Monnaie. Son culte se perpétue néanmoins au sommet de « sa » montagne, en l'église Saint-Étienne-du-Mont qui, plus heureuse que la vieille abbaye Sainte-Geneviève, démolie de 1802 à 1807, conserve quelques restes de ses ossements.

GENLIS Stéphanie Félicité du CREST de SAINT-AUBIN, comtesse de (Champcéri, Bourgogne, 1746 – Paris, 1830)

Femme de lettres.

À six ans, elle est chanoinesse noble du chapitre d'Alix, près de Lyon. À 16 ans, elle épouse Charles Brûlard de Genlis et devient, en 1770, dame d'honneur de la duchesse de Chartres, grâce à l'influence de sa tante par alliance, Mme de Montesson, qui est secrètement mariée au duc d'Orléans, père du duc de Chartres. En 1777, elle est choisie par la duchesse de Chartres comme gouvernante des deux filles qu'elle vient d'avoir. Elle prend une grande influence sur le futur Philippe Égalité, alors duc de Chartres, dont elle a été la maîtresse. Le duc lui confie également, en 1781, l'éducation de ses fils, dont l'aîné sera Louis-Philippe. Ingénieuse, inventive, elle inaugure pour eux des méthodes d'éducation assez originales. C'est à cette période de sa vie que se manifeste son goût pour les lettres. Elle écrit successivement *Théâtre d'éducation* (1779), *Adèle et Théodore* (1782), *Veillées du château* (1784), *Conseils sur l'éducation du Dauphin* (1790) et *Les Leçons d'une gouvernante* (1791), extraits du journal confidentiel de l'éducation du duc de Valois, futur roi des Français. Elle accueille avec faveur la Révolution mais quitte la France au mois de novembre 1792 avec la princesse Adélaïde, future Mme Adélaïde. Proscrite comme émigrée, elle se révèle alors violemment antirévolutionnaire. Son mari, qui est resté en France, est le premier Girondin à être décapité en 1793.

Mme de Genlis ne regagne la France qu'en 1802, sous le Consulat, après avoir parcouru l'Angleterre, la Belgique, la Suisse et l'Allemagne. Bonaparte, qui l'estime, lui alloue une pension de 6 000 francs et la nomme dame inspectrice des écoles primaires. Mais, à la Restauration, Louis XVIII lui supprime cette rente.

Mme de Genlis
Leçon de harpe donnée par Mme de Genlis à Mlle d'Orléans. Huile sur toile de Jean-Baptiste Mauzaisse, château de Versailles. © *Lauros-Giraudon*

Jusqu'aux dernières années de sa vie, elle ne cesse d'écrire. On lui doit plus de 80 ouvrages. Mais ce sont ses *Mémoires* (1825) qui lui ont assuré une manière de célébrité.

GENOUILLAC Jacques de RICART de GOURDON de, dit GALIOT de (Assier, Quercy, 1465 – Limousin, 1546)

Grand maître de l'artillerie.

Sénéchal d'Armagnac, chambellan de Charles VIII, il brille par son courage à Fornoue, en 1495, et reçoit la charge de grand maître de l'artillerie à Ravenne, en 1512. L'intervention de ses canons est déterminante dans la victoire de Marignan en 1515. Il fait faire d'immenses progrès à l'artillerie grâce à sa connaissance profonde de la balistique. C'est sous sa maîtrise que naissent les premiers canons vraiment mobiles. Très écouté de François Ier, il est chargé d'ambassades en Espagne et revêtu de la dignité de grand écuyer de France. Ses incontestables services lui ont permis d'amasser une fortune considérable. Il fait construire à Acier (aujourd'hui Assier), dont il est seigneur, un château magnifique, type achevé du château de la Renaissance en Guyenne, dont il ne reste qu'une aile. L'église d'Acier est aussi son œuvre. Il y érige un monument funéraire singulier, qui porte des inscriptions à sa gloire. Extérieurement, le bâtiment est ceinturé par une frise constituée de bas-reliefs illustrant le rôle de ses bouches à feu dans les sièges et les batailles rangées de son temps. Il meurt lieutenant du roi en Languedoc après avoir occupé quelque temps la surintendance des Finances.

GENSOUL Marcel Bruno (Montpellier, 1880 – Paris, 1973)

Vice-amiral.

Lieutenant de vaisseau en 1914, affecté à bord du cuirassé *République*, il termine les hostilités au commandement du torpilleur *Fanfare* avec le rang de lieutenant de vaisseau. Le commandement des cuirassés *Courbet*, *Bretagne* puis *Provence* précède, en 1931, une entrée à l'état-major des régions maritimes, prélude à une désignation à l'état-major général en qualité de contre-amiral.

Vice-amiral en 1937, Gensoul est désigné en 1939 pour diriger l'escadre de l'Atlantique. Cette unité se replie lors de l'armistice de juin 1940 à la base de Mers el-Kébir avec les cuirassés *Dunkerque*, *Strasbourg*, *Provence* et *Bretagne*. Le 3 juillet, la force H, venant de Gibraltar, commandée par l'amiral Somerville, bloque l'entrée d'Oran. Le chef de l'escadre britannique transmet alors une mise en demeure de l'amirauté offrant, au choix, un ralliement de la flotte française dans un port anglais ou un désarmement sous contrôle américain dans un port des Antilles françaises. Cette démarche est la conséquence d'un article de l'armistice du 25 juin prévoyant un « désarmement de la flotte dans un port français *sous le contrôle de l'ennemi* ». L'expression est particulièrement malheureuse car l'amirauté britannique l'a interprétée dans son sens le plus défavorable, à savoir la perspective d'une mainmise germano-italienne sur ces bâtiments, ce qui ferait basculer le rapport de forces maritime et accroîtrait les chances d'un débarquement en Angleterre. D'où l'opération Catapult visant à la mise hors service des navires français, opération qui se déroule partout sans heurts, sauf ici.

Somerville n'est pas favorable à ce coup de force. Il l'a dit à Londres. Il envoie un médiateur à Oran, le commandant Holland. Mais Gensoul refuse de recevoir l'officier. Il prend seulement connaissance de l'ultimatum britannique qu'il ne peut accepter puisque cela constituerait une rupture de l'armistice avec l'Allemagne, et s'il temporise, c'est pour permettre la mise sous pression des chaudières des cuirassés en vue d'un affrontement. La force H ouvre le feu à 16 heures 56. Seul le *Strasbourg*, à peu près intact, réussit à rejoindre Toulon, accompagné un long moment par le torpilleur *La Poursuivante*. Les autres bâtiments sont plus ou moins endommagés, tel le *Bretagne* qui chavire sur tribord. Revenu en juillet en métropole, Gensoul gagne Vichy, où il est nommé général des Forces maritimes et chef du service central des œuvres de la Marine. Il est mis à la retraite le 10 octobre 1942.

GENTIL Émile (Volmunster, Moselle, 1866 – Bordeaux, 1914)

Explorateur et administrateur colonial.

Après avoir servi dans la marine, il rejoint Savorgnan de Brazza au Congo, parcourt la région de la Haute-Sangha, puis descend le Chari, de 1895 à 1898, plaçant cette région de l'actuelle République Centrafricaine sous protectorat français. Ce succès, autant qu'un compte rendu détaillé de son expédition, lui vaut, en 1899, la grande médaille d'or de la Société de géographie. Retourné dans cette même région l'année suivante, investi des pouvoirs de commissaire du gouvernement français dans le Chari, Gentil obtient la pacification des confins tchadiens en soumettant le sultan Rabah. Poussant toujours vers le nord, il opère la jonction avec deux autres expéditions françaises, celle de Foureau et Lamy, puis celle de Joalland et Meynier. L'ensemble de ces missions a été consigné dans des *Comptes rendus* de la Société de géographie. En hommage, le gouvernement a conféré le nom de l'explorateur à un port établi à l'embouchure de l'Ogooué, au Gabon : Port-Gentil.

GENTILHOMME

Titre auquel donne droit la noblesse d'extraction puis, à partir du XVIIIe siècle, par dérivation, qualification de l'homme policé, de bonne compagnie.

Théoriquement, seule la noblesse immémoriale donne droit à la qualité de gentilhomme ; d'où l'expression : « Le roi peut faire un noble et non faire un gentilhomme ». L'appellation de gentilhomme suppose au XVIIe siècle – notamment à partir de la grande enquête sur la noblesse de 1666 – d'exciper d'une origine noble remontant à quatre générations, soit un peu plus d'un siècle (extraction dite simple). Il faut être issu d'une *gens* au sens latin du mot, d'une maison. L'anobli n'est donc pas gentilhomme, le noble de robe peut l'être. C'est un véritable oxymore satirique que *Le Bourgeois gentilhomme* (1670) de Molière. Homme de condition, le gentilhomme est aussi homme de qualité. Il a souci de l'honneur, et doit, de plus en plus, se montrer cultivé, apte aux subtilités d'une vie sociale qui se raffine ; cette dernière composante finit par prévaloir et le gentilhomme des Lumières tend à se confondre avec l'honnête homme. Au XIXe siècle, anglomanie aidant, s'impose le terme de gentleman qui fédère les valeurs de droiture, d'élégance morale et physique, de culture et de savoir-vivre revendiquées par la bourgeoisie.

Gentilhomme
Gentilhomme de la famille royale. Paris, Bibliothèque des Arts décoratifs. © *Giraudon*

GEOFFROI II d'ANJOU dit MARTEL Ier (?, 1006 – Angers, 1060)

Comte d'Anjou.

En 1040, il succède à son père Foulques Nerra et s'efforce, après lui, de consolider la puissance angevine, en poursuivant une politique d'expansion guerrière qui met sous son autorité non seulement l'Anjou, mais aussi le Vendômois, la Touraine et une partie du Maine. Il crée quelques monastères, dont celui de la Trinité de Vendôme, et il meurt sous l'habit monastique à l'abbaye Saint-Nicolas d'Angers.

GEOFFROI III d'ANJOU, dit LE BARBU (?, v. 1040 – ?, ap. 1096)

Comte d'Anjou.

Neveu de Geoffroi II Martel, comte d'Anjou en 1060, il doit, en 1067, partager ses fiefs avec son frère Foulques IV le Réchin. L'année suivante, ce dernier le fait emprisonner et confisque ses terres à son profit. Sous son règne, comme sous celui de son frère, on assiste à une éclipse de la maison angevine.

GEOFFROI IV d'ANJOU (?, v. 1071 – ?, 1106)

Comte d'Anjou.

Second fils de Foulques IV le Réchin, il est associé en 1103 au gouvernement de son père. Mais il disparaît avant celui-ci qui, à sa mort, laisse l'Anjou à son dernier fils, Foulques V le Jeune.

GEOFFROI V LE BEL, dit GEOFFROI PLANTAGENÊT (?, 1113 – Château du Loir, 1151)

Comte d'Anjou et du Maine (1131-1151), duc de Normandie (1135 et 1144-1150).

Son surnom, qu'il transmettra à sa descendance, vient de la branche de genêt fleuri qu'il a l'habitude de porter sur son casque. Fils aîné de Foulques V d'Anjou, il épouse en 1129 Mathilde, l'« impératrice », veuve de l'empereur Henri V et fille du roi d'Angleterre Henri Ier Beauclerc, de dix ans son aînée mais héritière de l'Angleterre et de la Normandie. En partant pour l'Orient afin de ceindre la couronne de Jérusalem, son père lui cède ses fiefs en 1131, le Maine et l'Anjou, et si sa femme ne peut faire valoir ses droits sur l'Angleterre contre Étienne de Blois, lui-même amorce l'essor de la dynastie angevine en s'emparant de la Normandie au terme de plusieurs campagnes. Son fils, Henri Plantagenêt, futur Henri II d'Angleterre, à qui il confie sa conquête dès 1150, est le créateur du puissant royaume anglo-angevin.

GEOFFROI VI LE JEUNE (?, 1158 – ?, 1186)

Comte d'Anjou et duc de Bretagne.

Quatrième fils d'Henri II Plantagenêt et d'Aliénor d'Aquitaine. Il est pourvu par son père du comté d'Anjou, et son mariage avec Constance, fille du duc de Bretagne Conan IV, le met en possession du duché de Bretagne. Mais, soucieux de son indépendance, Geoffroi se révolte contre son père qui entend exercer une véritable tutelle sur ses possessions. Il s'allie même un moment contre lui avec le roi de France Philippe Auguste, et aurait sans doute affranchi la Bretagne s'il n'était mort brusquement dans un tournoi en 1186.

GEORGES Alphonse Joseph (Montluçon, 1875 – Paris, 1951)

Général.

Ancien collaborateur de Foch lors de la Première Guerre mondiale, membre du Conseil supérieur de la guerre à partir de 1932, il accompagne le roi Alexandre Ier de Yougoslavie et le ministre des Affaires étrangères Louis Barthou à Marseille, le 9 octobre 1934, lorsqu'un attentat est commis contre le souverain. Alexandre Ier et Louis Barthou sont tués, Georges blessé. Il se rétablit et reprend du service. Adjoint au général Gamelin, il se voit confier, en 1939, le commandement du secteur nord-est, un des nombreux rouages imaginés par le commandant en chef entre les responsables de groupes d'armées, les commandants d'armées et lui-même. Installé au château des Bondons, près de la Ferté-sous-Jouarre, il assiste impuissant à l'écroulement du front de la Meuse et de Belgique, subissant à son tour la disgrâce qui frappe son supérieur. Réfugié en zone sud après l'armistice, Georges n'est pas inquiété par le gouvernement de Vichy. Ayant rejoint l'Afrique du Nord en 1943 et rallié le général Giraud à Alger, Georges sert un moment de conseiller à Winston Churchill. Le général de Gaulle à son tour lui accorde sa confiance et le fait participer aux travaux du Comité français de libération nationale.

GÉRARD Étienne, comte (Damvillers, Lorraine, 1773 – Paris, 1852)

Maréchal de France.

Engagé en 1791, il participe aux campagnes de 1792-1793 sous les ordres de Dumouriez et de Jourdan, puis accompagne Bernadotte en Italie et dans son ambassade de Vienne. Il prend part ensuite à toutes les campagnes de l'Empire. Blessé à Austerlitz, il contribue à la victoire de Wagram puis, envoyé en Espagne en 1810-1811, se distingue à Fuentes de Oñoro. Nommé général de division au cours de la campagne de Russie en 1812, Gérard joue un rôle très énergique lors de la retraite et parvient, avec Davout, à sauver l'arrière-garde de la Grande Armée surprise à Kovno (décembre). Gérard, qui commande ensuite une division à Lützen et à Bautzen, est fait comte d'Empire après cette dernière bataille. Grièvement blessé à Leipzig (octobre 1813), il se distingue cependant au cours de la bataille de France, notamment à Montereau où l'Empereur lui confie le commandement de trente-huit bataillons formant le corps de réserve. Malgré les honneurs consentis par Louis XVIII qui le fait grand-croix de la Légion d'honneur et chevalier de Saint-Louis, Gérard rejoint Napoléon pendant les Cent-Jours. À la tête du 4e corps de l'armée du Nord, il assure en juin 1815 la victoire de Ligny. À Waterloo, placé sous les ordres de Grouchy, il tente vainement de le persuader de « marcher au canon ».

Contraint de quitter la France après la seconde abdication, il regagne Paris en 1817, lorsque l'armée est licenciée, et ne reprend pas de service. Député de Paris en 1822, réélu en 1827, il siège parmi l'opposition libérale et sera appelé au ministère de la Guerre par Louis-Philippe, en 1830. La même année, le roi lui confère la dignité de maréchal de France. Placé en 1831 à la tête de l'armée du Nord, il aide les Belges à repousser les Hollandais, et dirige avec succès le siège d'Anvers en 1832. Pair de France l'année suivante, de nouveau ministre de la Guerre, président du Conseil en 1834, pour quelques mois, enfin grand chancelier de la Légion d'honneur en 1835, Gérard est nommé commandant supérieur de la garde nationale en 1838. Napoléon III le nomme sénateur en 1852.

GERBERT d'AURILLAC (Auvergne, v. 940 – Rome, 1003)

Pape sous le nom de Sylvestre II (999-1003).

D'origine obscure, il est élevé à Saint-Géraud, la grande abbaye d'Aurillac. Moine, il est remarqué par le comte Borel de Barcelone, qui l'emmène en Espagne où il étudie la musique et l'astronomie selon les maîtres arabes. Puis son protecteur le conduit en pèlerinage à Rome. Là, en 970, Gerbert rencontre l'empereur saxon Otton Ier qui lui confie l'instruction de son fils, le futur Otton II. En 972, il devient écolâtre à Reims où son enseignement, surtout mathématique, ne tarde pas à lui valoir une réputation européenne. Robert, fils d'Hugues Capet, et l'historien Richer figurent parmi ses élèves. En 982, Gerbert reçoit d'Otton II l'abbaye de Bobbio en Milanais. Secrétaire d'Adalbéron, archevêque de Reims, il joue un rôle important dans la lutte que se livrent la dynastie saxonne et les derniers représentants de la race carolingienne. Dès la fin de 984, il se tourne vers Hugues Capet qui bénéficie du soutien au moins momentané des Ottonides.

À la mort de Louis V, en 987, sa subtile diplomatie contribue à faire élire Hugues Capet contre le dernier des Carolingiens légitimes, Charles de Basse-Lorraine. À la mort d'Adalbéron, Arnoul, bâtard de Lothaire, s'impose sur le siège de Reims au grand dam des ambitions de Gerbert. Arnoul, après avoir prêté serment à Hugues Capet, trahit ce dernier pour Charles. Le concile de Saint-Basle, près de Reims, le dépose et Gerbert le remplace (juin 991). Mais Rome n'admet pas la décision d'une assemblée qui s'est tenue sans son aveu et, en 996, Gerbert doit quitter Reims et se réfugier auprès du très jeune empereur Otton III. Ce dernier suit son enseignement puis le fait nommer archevêque de Ravenne en 998 et, l'année suivante, élire pape sous le nom de Sylvestre. Le premier, il aura l'idée d'une croisade pour la délivrance de Jérusalem et l'unification de la chrétienté.

GERBILLON Jean-François (Verdun, 1654 – Pékin, 1707)

Missionnaire.

Jésuite et mathématicien, il est envoyé par Louis XIV en Chine, où il arrive après avoir traversé le Siam en 1689. L'empereur Kang Hi recourt à ses services pour négocier avec les Russes. La direction de la mission jésuite française en Chine lui est alors confiée. On a de lui un traité de géométrie en tartare et en chinois, ainsi que des études historiques sur la Tartarie et d'intéressantes relations de voyages dans le même pays.

GERGOVIE

En latin Gergovia *ou* Gergovia Arvernorum. *Localité située à 6 km au sud de Clermont-Ferrand, sur un plateau basaltique.*

Ancien *oppidum* des Arvernes avec probablement, du moins pendant les périodes troublées, le rang de capitale, Gergovie est, depuis la plus haute Antiquité, un refuge pour les habitants de la Limagne. L'existence d'une cité organisée n'est attestée par les fouilles archéologiques qu'à partir du premier siècle de notre ère. Or, c'est assez curieusement à cette époque que *Nemessos*, rebaptisée *Augustonemetum* (aujourd'hui Clermont), s'est imposée définitivement comme capitale des Arvernes. La grande gloire de Gergovie est d'avoir résisté victorieusement à César. En 52 av. J.-C., les légions du proconsul enferment les troupes de Vercingétorix sur la terrasse de Gergovie aux emplacements actuels de Risolles, de Jussat et de La Roche-Blanche. César parvient à s'emparer de La Roche-Blanche pour intercepter l'approvisionnement en eau des Gaulois et leur interdire l'accès de la plaine. Mais Vercingétorix fait une sortie massive et, à l'issue d'une lutte acharnée, les Romains doivent lever le siège avec de lourdes pertes. Pour Vercingétorix, la bataille de Gergovie est une grande victoire en même temps qu'une revanche sur ses concitoyens. En effet, avant de prendre la tête de la résistance gauloise, il avait été chassé de Gergovie par le parti aristocratique arverne, hostile à ses aspirations monarchiques.

GERMAIN d'AUXERRE, saint (Auxerre, v. 380 – Ravenne, 448)

Évêque.

D'origine noble, il appartient à la haute administration impériale. Il est élu en 418 au siège épiscopal d'Auxerre. Sur l'ordre du pape, il accomplit ensuite en Bretagne, la Grande-Bretagne actuelle, deux missions destinées à favoriser l'extension de la religion chrétienne dans l'île, et à lutter contre le pélagianisme : saint Loup de Troyes l'accompagne dans son premier voyage, en 429, et saint Sévère de Trèves dans le second, en 445. Germain d'Auxerre encourage aussi la vocation de Geneviève, future patronne de Paris, et la consacre à Dieu. Il meurt à Ravenne, au cours d'une nouvelle mission. Son corps est ramené à Auxerre où il est enterré, et son tombeau, dans l'abbaye qui porte son nom (Saint-Germain d'Auxerre), devient rapidement un lieu de pèlerinage.

GERMAIN de PARIS, saint (près d'Autun, v. 496 – Paris, 576)

Évêque.

En 556, il est appelé à succéder à Libanus, évêque de Paris, alors qu'il dirige à Autun le monastère de Saint-Symphorien. Il entreprend de restaurer et de maintenir la discipline dans son diocèse, tâche ardue en cette période de guerres incessantes. Cultivé, Germain est l'ami du poète Fortunat, son biographe. Son nom reste attaché à la fondation du monastère de Saint-Vincent, consacré en 558 et peuplé en grande partie de moines venus de Saint-Symphorien. Germain sera enterré dans l'église de Saint-Vincent, plus tard Saint-Germain-des-Prés.

GERMAINS

Les textes latins, notamment l'ouvrage de Tacite De situ moribus et populis Germaniæ, *ont servi dans le passé à connaître les coutumes, les mœurs et l'organisation des communautés vivant de part et d'autre de l'Elbe, entre la mer Baltique et la région danubienne.*

Écrit en 98, cet ouvrage résume à l'époque la somme de savoir que les Romains possèdent sur cette Germanie forestière, souvent marécageuse, peuplée de vigoureux guerriers adorateurs de divinités naturelles, et dont les bois sacrés servent de temples. Cantonnés apparemment entre les Slaves de la plaine de l'Oder et les Celtes établis à l'est du Rhin, les Germains semblent se déplacer lentement vers l'ouest, entrant en contact avec le monde latin dans la vallée du Rhin, qui demeurera jusqu'au Ve siècle la limite naturelle de l'Empire romain. Les marchands entrés en relation avec ces Germains font état de communautés de sédentaires constituant des villages mais jamais de cités, contrairement au monde romain. Ces Germains vivent d'agriculture et d'élevage. Ils plantent des céréales et défrichent des forêts profondes, denses et giboyeuses. La Germanie se compose en fait d'un assez grand nombre de groupements, possédant cependant des points communs. Si l'organisation politique n'existe pas, la hiérarchie apparaît assez stricte étant donné l'existence d'accords passés sous serment, le *comitatus* de Tacite, liant les hommes les uns envers les autres et que sanctionne une amende d'argent ou *wergeld* en cas de manquement. Si le culte du chef est l'élément fondamental de toute communauté, beaucoup de décisions sont prises par des assemblées statuant à la majorité des hommes en état de porter les armes. Une étroite solidarité unit les membres d'un même groupe ou d'une même famille (*stamme*). Un sens communautaire rend chaque membre responsable de la faute commise par l'un des siens. La vie familiale paraît stable, la femme, quoique servante, est l'objet d'un grand respect et peut donner un avis sur les problèmes cruciaux. La propriété est partout respectée, étant elle-même scindée en terres communautaires comme les bois, les landes et les pâturages, les terres de cultures (exploitées par une famille ou *sippe*), et en biens individuels comme la maison, le jardin ou le verger avoisinant.

Les Germains ne se déplacent que sous la poussée d'autres intrus. Ainsi les Frisons se dirigent vers l'ouest et s'installent avant l'ère chrétienne dans le nord des Pays-Bas actuels, et les Nerviens entre Meuse et Escaut. Les Trévires occupent les terres celtiques sur la rive droite du Rhin et pénètrent par la suite dans la vallée de la Moselle. Mais les premiers Germains à affronter les Romains sont les Cimbres et les Teutons, qui franchissent le Danube et le Rhin pour faire irruption jusque dans la vallée du Rhône à partir de 105 av. J.-C. Marius les écrase à Aix en 102 puis à Verceil, dans la plaine du Pô, en 101 av. J.-C. Ce rude contact incite dès lors les Romains à se méfier de toutes ces peuplades mystérieuses, cachées dans les amples forêts d'outre-Rhin qui semblent supplanter les Celtes. Lors de la conquête de la Gaule, César s'empresse de rejeter au-delà du grand fleuve, en 58, les Suèves d'Arioviste. Le livre VI des *Commentaires* attire l'attention sur ces peuplades, par lesquelles le mal est censé arriver. Des camps de légionnaires parsèment la rive gauche du Rhin, autant de postes de guet destinés à maintenir de manière intangible le *limes*, la frontière nord-orientale de l'Empire. Mais bientôt l'empereur Auguste s'enhardit et rêve de porter ces limites sur l'Elbe. Drusus passe le Rhin et soumet en partie Ubiens, Suèves et Sicambres. Toutefois, les légions confiées à Varus disparaissent dans la forêt de Teutoburg, au nord de l'actuelle Westphalie, ramenant l'expansion romaine au sillon rhénan (9 apr. J.-C.).

Durant quatre siècles, ce fossé sera, à l'est, celui du monde barbare, que franchiront seuls des marchands, les légionnaires se contentant d'occuper l'Allemagne du Sud actuelle. Mais ce monde gallo-romain, à la brillante civilisation, attire progressivement ces hommes des bois qui filtrent à travers le *limes* avec le consentement des autorités romaines. Avec le Bas-Empire, nombre de ces guerriers germaniques sont engagés comme auxiliaires des légions. Beaucoup s'installent avec leur famille, cultivent des terres, se sédentarisent. Mais les contrecoups ethniques survenant dans la grande plaine russe ou danubienne, dans les bassins de la Vistule et de l'Oder, poussent de plus en plus de communautés germaniques vers l'Ouest. Les Alamans s'enhardissent à traverser le Rhin, obligeant le futur empereur Julien à intervenir et à les repousser en 357 à la hauteur du site actuel de Strasbourg. La division de l'Empire, en 395, accentue l'emprise des barbares, qui fournissent même des chefs militaires aux légions, tels le Vandale Stilicon ou le Suève Ricimer. En 406, l'inévitable se produit avec le franchissement du fleuve par un grand nombre de Vandales, de Suèves et de Burgondes. Si les deux premiers groupements ne font pratiquement que traverser la Gaule, pour gagner l'Ibérie et l'Afrique du Nord, les Burgondes s'installent dans la plaine de la Saône et atteignent les Alpes du Nord, s'établissant en outre au-delà du Jura. Les Francs Ripuaires suivent, s'infiltrant le long de la Moselle, durant le Vᵉ siècle, imitant les Francs Saliens, déjà établis entre Meuse et Escaut. Sous la conduite de leurs premiers chefs connus des chroniqueurs, Clodion puis Mérovée, ils gagnent les régions de Tournai puis de Cambrai avant de pousser avec leur roi Childéric par la vallée de l'Oise vers la Seine et la moyenne Loire. Les Alamans s'installent à leur tour au-delà du Rhin supérieur et dans l'Alsace actuelle, s'y maintenant malgré leur défaite de Tolbiac, en 496, face au premier unificateur de l'ex-domaine gallo-romain, Clovis.

La conversion de celui-ci au christianisme, la coopération entre envahisseurs et Gallo-Romains, l'absence de barrières raciales entre ces diverses communautés favorisent les ambitions de Clovis qui impose son autorité aux Burgondes et aux Wisigoths, venus d'Italie et installés entre Rhône et littoral atlantique, dans une région d'Aquitaine beaucoup plus romanisée qu'au nord de la Loire (ce qui est également le cas de l'actuelle Provence et du Languedoc ou Septimanie). Seule demeure à l'écart l'Armorique, domaine celte où vont bientôt s'installer les Bretons chassés de Grande-Bretagne par l'irruption d'autres peuplades germaniques, les Angles et les Saxons. Ainsi, à l'exception des Normands (Germains du Nord qui n'apparaîtront qu'au IXᵉ siècle sur le littoral de la Manche), la Gaule romaine est devenue domaine des Gallo-Romano-Germains, l'élément franc affirmant sa prépondérance à travers la dynastie mérovingienne. Avec cet apport germanique, la Gaule devient la France, même si les Carolingiens reconstituent pour un siècle un empire d'Occident à caractère très germanique.

GERMANIES

Nom donné à deux circonscriptions de la Gaule romaine.

Conquises lors des campagnes de Drusus et de Tibère entre 16 et 12 av. J.-C., elles ne sont d'abord que des gouvernements militaires sous l'appellation de Germanie supérieure (région allant de la limite de la Rhétie et du lac de Constance au Rhin) et de Germanie inférieure (du Rhin à la mer). Ultérieurement, elles deviennent les provinces de Germanie Première et Seconde, allant jusqu'à l'Elbe et dotées d'un statut spécial qui les fait dépendre de la Belgique au point de vue civil et financier. Au Bas-Empire, la Germanie a sa capitale à Mayence (*metropolis civitas Magontiacensium*) et comprend, outre la métropole, trois cités : Worms (*civitas Vangionum*), Spire (*civitas Nemetum*) et Strasbourg (*civitas Argentoratensium*). Quant à la Germanie Seconde, elle se compose de deux cités : Cologne (*civitas Agrippinensium*), la métropole, et Tongres (*civitas Tungrorum*).

GERMINAL AN III (journée du 12)

Première des deux insurrections jacobines contre la réaction thermidorienne (1ᵉʳ avril 1795).

La misère croissante, la hausse vertigineuse des prix pendant l'hiver 1794-1795 sous la double action de la pénurie des denrées et de la méfiance envers l'assignat, l'incapacité enfin du pouvoir à résoudre ces problèmes financiers aigus et à assurer l'approvisionnement de Paris provoquent des troubles dans les faubourgs parisiens. Ceux-ci débouchent, au printemps 1795, sur de véritables émeutes de la faim auxquelles les adversaires de la réaction thermidorienne tentent de donner une direction et des buts politiques. Émeutes attendues et qui échouent, car le mouvement populaire, privé de ses cadres – victimes de la répression –, est totalement désorganisé. La journée du 12 germinal an III est une manifestation plus qu'une insurrection qui envahit la Convention, se contentant de réclamer l'application de la Constitution de 1793 et des mesures contre la disette. La garde nationale disperse sans peine les manifestants à coups de gourdin. L'agitation persiste le lendemain, mais l'ordre est vite rétabli. Les conséquences politiques de cet échec populaire ne se font pas attendre. Dans la nuit du 12 au 13 germinal, la Convention décrète la déportation immédiate, sans jugement, des quatre anciens terroristes Barère, Billaud-Varenne, Collot d'Herbois et Vadier. La gauche est encore décimée par l'arrestation de 16 Montagnards, dont Cambon. Le 6 mai, Fouquier-Tinville est condamné à mort avec 15 jurés de l'ancien Tribunal révolutionnaire. Enfin la Constitution de 1793 est ouvertement dénoncée. C'est ainsi que le 14 mai la section de la République la qualifie de « constitution décemvirale dictée par la peur et acceptée sous son empire ».

GERSON Jean LE CHARLIER, dit JEAN de (Gerson, Ardennes, 1363 – Lyon, 1429)

Prédicateur et théologien.

Élève du théologien Pierre d'Ailly au collège de Navarre de Paris, il succède à son maître et conseiller en 1395, en qualité de chancelier de l'Université. Doyen également du chapitre de Bruges, à la demande du duc de Bourgogne Philippe le Hardi, ce théologien se montre préoccupé par le schisme de l'Église et va tenter tous les efforts pour ramener l'union. Des pressions sont exercées à son initiative pour obtenir la démission du pape d'Avignon Benoît XIII en même temps que celle de Grégoire XII, installé à Rome. Le concile de Pise, en 1409, n'ayant pu résoudre l'antagonisme, Gerson déploie toute son influence pour obtenir la réunion d'un nouveau concile, à Constance cette fois, en 1414. Il se montre l'âme de cette assemblée, qui va siéger durant quatre ans et finit par régler la division de l'Église en proclamant la supériorité des décisions conciliaires sur la volonté papale. En France même, avec autant de rigueur et de détermination, Gerson condamne les excès de violence des Bourguignons, s'attirant leur vindicte et se voyant interdire tout retour dans la capitale. Retiré d'abord à l'abbaye de Melk, en

12 germinal an III
La Disette du pain, vendeurs et rentiers. Gouache des frères Lesueur, fin XVIIIᵉ siècle, Paris, musée de la ville de Paris, musée Carnavalet. © *G Dagli Orti*

Gerson

Gerson prêchant la Passion en l'église Saint-Bernard à Paris, le matin. « Sermons sur la Passion et Traités divers » de Jean de Gerson, miniature, v. 1480, Bibliothèque municipale de Valenciennes. © *Giraudon*

Autriche, il finit par revenir à Lyon en 1419, passant les dix dernières années de sa vie dans une retraite complète, à rédiger des ouvrages de théologie.

GESVRES Louis POTIER, comte de Tresmes (? – ?, 1630)

Secrétaire d'État.

Frère de Nicolas Potier de Blancmesnil (1541-1635), président du parlement de Paris dévoué à Henri IV. Secrétaire des Finances en 1567, secrétaire du Conseil en 1578, il favorise la réconciliation d'Henri III et d'Henri de Navarre (futur Henri IV). Secrétaire d'État en 1589, il demeure aux côtés d'Henri IV, négocie la soumission de Mercœur et instruit le procès de Biron. La seigneurie de Gesvres est érigée en baronnie en 1597, en marquisat en 1626. En 1608, Henri IV avait récompensé ses services en le faisant comte de Tresmes. Son fils Augustin (mort au château de Bresle en 1650), nommé archevêque de Bordeaux en 1616, collabore avec Vincent de Paul, puis devient aumônier d'Anne d'Autriche, qui le disgracie quelques années plus tard.

GÉVAUDAN

Ancien pays faisant partie de la province de Languedoc et bordé au nord par l'Auvergne, à l'ouest par le Rouergue, au sud par le Languedoc proprement dit (diocèse d'Alais, actuellement Alès), à l'est par le Vivarais et le Velay. Il doit son nom au peuple gaulois des Gabales.

Le Gévaudan historique, correspondant approximativement au département actuel de la Lozère (sans Villefort ni Meyrueis, mais avec tout le pays de Saugues), occupe une superficie infiniment plus vaste que le Gévaudan géographique (limité à la région de Javols). Les capitales du Gévaudan sont au nombre de quatre : *Gabalum* (Javols) conserve son rang de chef-lieu du pays gabalitain jusqu'aux invasions barbares qui la détruisent. Au Moyen Âge, Mende, ville épiscopale, est l'agglomération la plus prospère, mais Grèzes, forte citadelle où réside le vicomte, lui dispute la primauté politique, du moins du Xe au XIIIe siècle. Par la suite, Mende semble s'imposer comme capitale unique lorsque les évêques font reconnaître par le roi leur titre de comte. En fait, les rois de France installent leur administration dans la ville de Maruéjols (et non Marvejols, graphie manifestement erronée que la Révolution a officialisée). Jusqu'à la fin de l'Ancien Régime, les états du Gévaudan se tiendront une année à Mende, l'année suivante à Maruéjols.

L'histoire du Gévaudan médiéval et féodal est d'une extrême complexité. À l'époque franque, le pays des Gabales suit généralement le sort de l'Austrasie. Avant la génération de Chilpéric Ier, les rois francs font du Gévaudan un comté, *pagus comitatus*. Mais la seule autorité efficace est l'Église, représentée par l'évêque de Mende, *episcopus gabalitanus*. Sous les successeurs de Charlemagne, les comtes de Gévaudan se rendent indépendants. Ils résident rarement dans le pays parce qu'ils appartiennent généralement à des dynasties régnant sur plusieurs fiefs importants. Ainsi en est-il à partir de Bernard, comte d'Auvergne et de Gévaudan, marquis de Gothie, contemporain de Louis le Bègue. À Bernard succède le fameux Guillaume le Pieux, comte d'Auvergne et de Gévaudan, marquis de Gothie, duc d'Aquitaine, que l'on considère comme la souche des maisons de Toulouse, de Rouergue et de Gothie. Le comté de Gévaudan suivra tantôt le sort du comté de Toulouse, tantôt celui du Rouergue. Il restera dans la même famille jusqu'à la mort de Raymond IV de Toulouse, dit de Saint-Gilles. Après lui, il n'est plus fait mention d'aucun comte laïque en pays gabalitain. Mais il demeure un vicomte de Gévaudan. Le premier vicomte connu est Bernard Ier, qui vit au milieu du Xe siècle. Rapidement, ses successeurs, établis à Gredon (Grèzes) accaparent la puissance effective, ne laissant aux comtes qu'une autorité nominale. Il y a de grandes chances que les deux maisons féodales soient issues d'une commune origine. Certains vicomtes de Gévaudan ont possédé une partie du Rouergue et se sont qualifiés comtes ou vicomtes de Millau. En 1112, Douce, héritière de Gévaudan, épouse Raymond-Bérenger, comte de Barcelone. L'héritier de ce dernier est son cousin Alphonse II, roi d'Aragon. Ainsi, en 1166, le Gévaudan entre en même temps que la Provence dans les vastes possessions de la dynastie de Barcelone-Aragon.

Les vicomtes ne pouvant dès lors pas plus que les comtes résider dans le pays, leur pouvoir s'effrite de la même façon. S'appuyant sur les seigneurs locaux, les évêques de Mende s'efforcent de les évincer ; la croisade albigeoise, en détruisant les ambitions de la maison d'Aragon au nord des Pyrénées (mort de Pierre d'Aragon à Muret, 1213) et en mettant un terme aux velléités d'insoumission des comtes de Toulouse, leur semble une occasion favorable. En fait, c'est le roi de France qui parviendra à récupérer la vicomté à son profit. Pendant près d'un siècle, les évêques prétendront exercer sur le Gévaudan les droits comtaux. Mais les baillis de Maruéjols, coiffés par les sénéchaux de Beaucaire, s'opposeront à toutes leurs tentatives. En 1307, un pariage entre l'évêque Durand et Philippe le Bel mettra fin au conflit. Les évêques portent désormais, et sans discussion possible, le titre de comtes. Ils partagent avec les rois les droits politiques et judiciaires. Si bien que, jusqu'à la Révolution, le roi ne sera jamais véritablement souverain en Gévaudan.

La bête du Gévaudan

Représentation de la bête du Gévaudan. Gravure coloriée, 1764, Paris, Bibliothèque nationale de France. © *Selva Leemage*

GÉVAUDAN (bête du)

Expression par laquelle la tradition désigne un fléau qui s'abattit sur les populations rurales du Haut-Gévaudan et de certaines paroisses de Haute-Auvergne, pendant les années 1764 à 1767.

On s'est longtemps demandé ce que pouvait être au juste « la Bête », auteur du fléau. S'agissait-il d'un animal isolé ou de plusieurs loups carnassiers enhardis par leur nombre, qui semble avoir été très élevé dans le Massif central à l'époque ? Enfin, ne devrait-on pas aller plus loin et préciser que ces loups ont été aidés dans leur besogne sanguinaire par quelques sadiques, car certains meurtres ont été commis avec une cruauté humaine ? Les historiens modernes penchent pour les deux dernières hypothèses. Ce qui est sûr et ne doit rien à la légende, parce que toutes les archives locales l'attestent, c'est que la Margeride et les monts avoisinants ont été ravagés et maintenus dans la terreur pendant près de quatre ans par une bête ou des bêtes qui attaquaient l'homme avec une férocité singulière. On évalue à plus de 100 le nombre des attaques certifiées, à plus de 50 le nombre des morts, pour la quasi-totalité des enfants ou des femmes. « La Bête » cherche à saisir sa victime au cou, généralement par-derrière ; en cas de succès elle la décapite, la défigure, lui dévore les poumons et plus rarement presque tout le corps. Sa première apparition est signalée aux limites du Vivarais, près de Langogne. Après avoir erré jusqu'en Aubrac, elle restreint peu à peu le théâtre de ses exploits au centre de la Margeride. À certaines périodes, ses attaques sont quotidiennes. Des chasses officielles sont organisées contre elle. La France entière entend parler des échecs de MM. Duhamel et d'Enneval. En 1765, le successeur de ces derniers, Antoine, porte-arquebuse du roi, se vante d'avoir tué « la Bête » près de Langeac. Grossier mensonge. Le loup gonflé de paille qu'il présentera à la Cour est simplement un peu plus gros que la moyenne de ses congénères. Après une accalmie, les ravages reprennent. Deux ans plus tard, Jean Chastel tue à son tour un très gros loup, au pied du mont Mouchet. Nouvelle accalmie, mais cette fois elle dure tant que c'est la fin de la grande pitié du pays gabalitain. Le loup de Chastel est-il donc « la Bête » ? Non, car il n'est pas assez gros pour qu'on puisse lui imputer tant de crimes. Alors une des bêtes, la dernière ? Probablement. Il a, comme le veulent les descriptions traditionnelles de « la Bête », « le museau fort long » et une raie noire sur le dos. Certes, on ne sache pas que cette raie soit particulièrement large, ni la queue spécialement « longue et forte », ni le chef « très plat et large ». Mais, sur ce point, les gens qui ont été surpris par « la Bête » ont pu se tromper.

GEX (pays de)

Ce petit territoire s'étale sur le flanc sud-oriental des chaînons du Jura qui le bordent à l'ouest. Sa limite orientale est le canton de Genève et, au sud, le cours du Rhône.

Les crêtes du Jura atteignent de ce côté leur point culminant avec les 1 723 m du crêt de la Neige, ce qui explique le long isolement de ce versant, lequel ne communique avec le reste du département de l'Ain que par le col de la Faucille, au nord, et par la montée du fort de l'Écluse au sud. Aucun obstacle, au contraire, n'entrave les voies de passage vers Genève, d'où la vive rivalité qui a opposé à la fin du Moyen Âge et durant la Renaissance Bernois, Genevois et ducs de Savoie pour la possession de ce territoire. Le traité de Lyon, en 1601, permet à Henri IV de faire franchir au royaume les hauteurs du Jura, Gex devenant un bailliage de la généralité de Bourgogne. La réforme administrative de 1790 affecte le pays au département de l'Ain. Les traités de 1815 en laissent la possession à la France, tout en détachant six communes au profit du canton de Genève.

GIAC ou GIAT Pierre de (?, v. 1380 – Dun-le-Roi, 1427)

Favori de Charles VII.

Originaire d'Auvergne, il séjourne dans les premières années du XVe siècle à la cour d'Isabeau de Bavière et se trouve mêlé aux intrigues et à la vie galante de la reine. Il rejoint ensuite, avec son épouse, la cour de Jean sans Peur, duc de Bourgogne, et devient un de ses conseillers. Fait prisonnier par les partisans du Dauphin (futur Charles VII) après l'assassinat du duc à Montereau (1407), il se décide, non sans hésitation, à rejoindre leur parti. Intrigant, poussé au premier plan par le ministre Louvet, Pierre de Giac s'insinue dans les bonnes grâces du Dauphin, et reste à ses côtés quand il devient roi (aux yeux des Armagnacs car il ne sera sacré qu'en 1429). En même temps, il détourne une bonne partie des fonds réclamés par le connétable de Richemont, et que ce dernier destine à l'organisation de la guerre. Ainsi, la plupart des sommes accordées par les états généraux de Mehun-sur-Yèvre en 1426 passent dans ses coffres. Excédé, le connétable de Richemont le fait saisir à Issoudun, le 8 février 1427. Conduit à Dun-le-Roi, sur les terres du connétable, Pierre de Giac est accusé d'avoir détourné des fonds, ainsi que d'avoir assassiné sa première épouse, Jeanne de Naillac, pour épouser Catherine de L'Isle-Bouchard, fort riche. Malgré ses promesses – Giac propose au connétable 100 000 écus, sa femme, ses enfants –, il est jugé et exécuté sommairement.

GIA LONG (?, v. le milieu du XVIIIe siècle – ?, 1820)

Roi de Cochinchine.

Neveu du roi Due Tong, qui le désigne comme héritier, il est évincé de son héritage par une révolte des paysans Thaï. Son nom est alors Nguyen Anh, car il appartient à la dynastie des Nguyen, très influente dans le sud de la péninsule indochinoise. À partir de 1775, Nguyen Anh s'efforce de faire valoir ses droits, mais toutes ses tentatives sont vouées à l'échec, faute de moyens appropriés. C'est alors qu'arrive en Cochinchine un missionnaire français, Pigneau de Béhaine. Le prince l'accueille, subit son influence, suit ses conseils et lui confère pratiquement la charge de diriger les affaires publiques. De 1779 à 1783, s'étant proclamé roi, Nguyen Anh s'efforce d'étendre son emprise vers le nord, mais doit renoncer en raison de l'opposition des communautés annamites du littoral et des hauts plateaux. Pigneau de Béhaine décide alors de se rendre à Versailles et de solliciter de l'aide. Louis XVI, qui s'intéresse aux voyages lointains, accorde cet appui sous forme de subsides, d'armes et d'envoi de quelques volontaires. En 1787, la Cochinchine est enfin soumise. L'influence française y devient prépondérante, et les chrétiens sont protégés. En 1802, ayant étendu son contrôle sur le sud de l'Annam, Nguyen Anh modifie son nom en Gia Long, sous lequel il va passer à la postérité. Sa sage administration lui permet d'exercer une influence grandissante qui lui vaudra une renommée flatteuse parmi les souverains indochinois.

GIDE André (Paris, 1869 – Paris, 1951)

Écrivain.

Né dans une famille de la riche bourgeoisie protestante, il se destine à la littérature dès l'âge de 19 ans, après la mort de son père. Il fréquente les milieux artistiques français et anglais, fait un voyage avec Oscar Wilde et assume bientôt son homosexualité. Dès 1895, il s'insurge ouvertement contre la rigueur de l'éducation bourgeoise et les impératifs de la morale en publiant *Les Nourritures terrestres*, dont l'écho – « Familles, je vous hais ! » – est sensible parmi les jeunes générations. En 1909, il fonde avec Jacques Copeau la *Nouvelle Revue française*, doublée, dès 1911, d'une maison d'édition (la NRF) qui donna naissance aux éditions Gallimard. En 1914, il publie *Les Caves du Vatican*, au tirage d'abord confidentiel puis best-seller après 1918 lorsqu'il devient le manifeste de la « génération du feu », surréalistes compris. Ayant installé son magistère éditorial et littéraire, Gide sacrifie aux rites de l'intellectuel. Il s'engage contre le colonialisme après un voyage effectué en 1925 au Congo et au Tchad, où il avait été mandaté par le gouvernement, et qu'il consigna par écrit dans son *Voyage au Congo* (1927) et son *Retour du Tchad* (1928). Il se prononce aussi contre l'hitlérisme et le fascisme, faisant partie du comité de vigilance antifasciste. D'abord compagnon de route du parti communiste, il s'insurge contre le régime soviétique après un second séjour en URSS (*Retour de l'URSS*, 1936). André Gide reçoit le prix Nobel de littérature en 1947.

GIÉ Pierre de ROHAN, sire de (Château de Mortier-Crolles, Anjou, 1451 – Paris, 1513)

Maréchal de France.

Fidèle homme de guerre de Louis XI, qui le fait maréchal en 1475, il réussit, en 1479, à arracher à Maximilien d'Autriche toutes les places que le roi a déclarées françaises à la mort de Charles le Téméraire (1477), et dont l'empereur s'est cependant emparé. Continuant à servir la monarchie après la mort de Louis XI, Gié accompagne Charles VIII en Italie (1494), combat à Fornoue, et passe de nouveau les Alpes avec Louis XII, en 1499. Le roi le nomme gouverneur d'Angers, lieutenant général en Bretagne et chef du Conseil en l'absence du cardinal d'Amboise. Aux côtés de ce dernier, il joue un rôle important dans le gouvernement de la France. Louis XII le nomme aussi gouverneur du jeune duc d'Angoulême, futur François Ier. En 1504, cependant, au moment où l'on croit le roi sur le point de mourir, Gié prend certaines mesures à l'encontre d'Anne de Bretagne. Cette dernière, une fois son époux rétabli, obtient la disgrâce de son ennemi. Suspendu pendant cinq ans de sa dignité de maréchal de France et destitué de ses autres charges, il est exilé.

GIEN

À 64 km en amont d'Orléans, cette ville du Loiret occupe un emplacement de choix au carrefour des routes de Briare, de Montargis et de Bourges, ce qui explique son origine très ancienne.

Un poste romain surveillait déjà le passage de la Loire ; le Moyen Âge y ajoute un château fort dont l'importance est confirmée dans les armes de la ville. Philippe Auguste discerne à son tour l'importance du site qu'il s'empresse de rattacher à la couronne. Les Anglais s'y installent durant la guerre de Cent Ans, mais ne peuvent empêcher, en 1410, la conclusion d'une alliance dirigée contre les Bourguignons par les ducs d'Orléans et de Berry. Anne de Beaujeu restaure le château en 1494 et lui confère cette allure résidentielle qu'il a su conserver jusqu'à nos jours, malgré les épreuves subies par la cité giennoise : refuge d'Anne d'Autriche et du jeune Louis XIV durant la Fronde, base d'action de l'armée de la Loire en

André Gide
Gide lors du premier congrès international des écrivains, « Défense de la culture », au palais de la Mutualité, à Paris, en juin 1935. À ses côtés, Heinrich Mann et Koltzov, de *La Pravda*. © *Collection Viollet*

1870 et point de résistance de la Xe armée française en retraite à la mi-juin 1940. L'édifice abrite aujourd'hui un remarquable musée de la chasse, tandis que les maisons bordant la Loire, sinistrées durant la dernière guerre, ont été restaurées avec beaucoup de soin, conservant à la cité de la faïence son charme d'antan.

GILLES de BRETAGNE (? – ?, 1450)

Troisième fils du duc Jean V de Bretagne.

À la mort de son père, il ne reçoit, à titre d'apanage, que deux petits domaines sur les confins de l'Anjou. Son frère François dirige le duché de Bretagne à sa guise et manifeste, en particulier, son désir de s'allier à Charles VII de France. Gilles, au contraire, passe pour anglophile, position qui découle autant d'une ambassade à la cour de Londres en 1445 que du sentiment de frustration qu'il conçoit à la suite du règlement de l'héritage paternel. En juillet, il offre donc à Henri VI d'Angleterre de mettre ses châteaux à sa disposition en échange du concours de l'armée anglaise de Normandie. Mais le texte de la proposition est intercepté et François Ier de Bretagne fait arrêter son cadet. Charles VII souhaite voir éliminer cet adversaire alors que le connétable de Richemont, compagnon d'armes de Jeanne d'Arc, prône la modération.

L'intrusion du roi de France dans les affaires de la péninsule fait apparaître Gilles, aux yeux de certains notables, comme le garant de l'indépendance bretonne. Les Anglais, en conséquence, s'efforcent de faire délivrer cet allié de choix, allant jusqu'à offrir au duc François la restitution de Fougères contre 50 000 livres et l'élargissement du prisonnier. Mais la défaite anglaise de Formigny, le 15 avril 1450, rend vain tout espoir de délivrance, d'autant que le gardien du château de La Harduinaye, Olivier de Méel, passe pour un fanatique. Celui-ci prétendra que son prisonnier s'est « étouffé de rage à la nouvelle de Formigny » lorsqu'on découvrira son corps sans vie, le 24 avril. Mais d'autres versions soutiennent la thèse d'une exécution pure et simple.

GIRARDIN Émile de (Paris, 1806 – Paris, 1881)

Publiciste, écrivain et homme politique.

Après avoir occupé plusieurs emplois, il aborde le journalisme et lance, à partir de 1829, des publications à succès comme *La Mode*, *Le Journal des connaissances utiles* ou *Le Panthéon littéraire*. Abordant aussi la politique, il est élu député de Bourges en 1834. Le 1er juillet 1836 paraît le premier numéro de *La Presse*, dont le lancement est un événement considérable : grâce à la publicité et aux annonces, il peut fixer l'abonnement à 40 francs, la moitié du prix demandé par ses concurrents qui protestent en vain. Quelques jours après sa naissance, *La Presse* est la cause indirecte du duel qui oppose, le 22 juillet, son directeur au journaliste Armand Carrel, duel qui entraîne la mort de ce dernier. Malgré son bas prix, *La Presse* ne conserve pas longtemps les forts tirages des premiers jours, car elle soutient trop ouvertement le gouvernement. Girardin, qui conseille à Louis-Philippe l'abdication le 24 février 1848, est envoyé l'année suivante à l'Assemblée législative par le Bas-Rhin. Expulsé après le coup d'État du 2 Décembre, il regagne la France en 1852 et reprend la direction de *La Presse*.

Autrefois orléaniste, puis républicain, Girardin ne tarde pas à devenir bonapartiste et soutient l'Empire libéral dans *La Presse*, puis dans *La Liberté*, achetée en 1866 et dont le tirage passe de 500 à 60 000 exemplaires. Après le 4 Septembre, Girardin transporte son journal à Tours, puis à Bordeaux, et se livre à de violentes attaques contre le gouvernement de la Défense nationale. Dans *Le Petit Journal*, acheté en 1872, et dans *Le Moniteur universel*, il défend en revanche la politique de Thiers, son ami de longue date. Avec *Le Petit Journal,* qui atteint 500 000 exemplaires, il contribue à répandre dans le pays l'idée républicaine. Puis, à la tête de *La France*, achetée en 1874, il mène une vive campagne contre l'ordre moral, et surtout contre Mac Mahon et le ministère Fourtou-de Broglie. Député du IXe arrondissement de Paris aux élections d'octobre 1877, il conserve ce mandat jusqu'à sa mort et lutte pour la liberté illimitée de la presse. Girardin est l'époux de Delphine Gay, auteur de nombreux ouvrages poétiques, romanesques et aussi de brillantes chroniques publiées dans *La Presse* sous le pseudonyme du vicomte de Launay. Son salon devient le rendez-vous des célébrités littéraires de l'époque. Émile de Girardin a lui aussi publié dans des genres divers, dont une autobiographie, *Émile*.

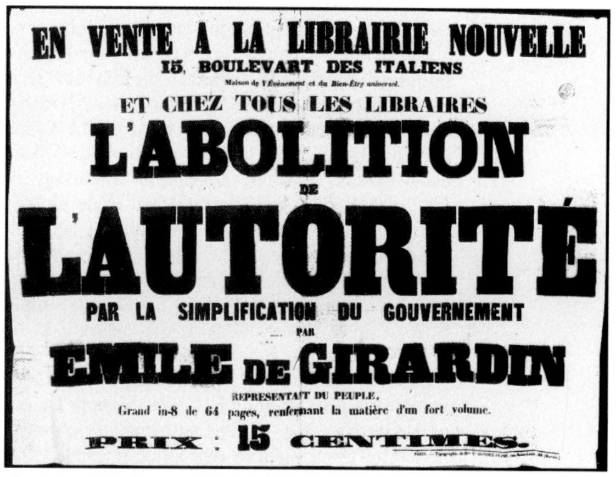

Émile de Girardin
Affiche publicitaire pour un ouvrage de Girardin.
© Collection Viollet

GIRAUD Henri (Paris, 1879 – Dijon, 1949)

Général.

Ancien élève de l'École de Saint-Cyr (1900), officier d'infanterie en 1914, blessé, prisonnier, évadé deux fois, il participe ensuite à la guerre du Rif. Colonel, il enseigne à l'École de guerre de 1927 à 1929 et étrenne ses étoiles de général durant les opérations de pacification du Haut-Atlas, de 1932 à 1933. Audacieux, décidé, entreprenant, Giraud jouit de la considération de ses pairs. Général d'armée en 1939, il se voit confier en décembre le commandement de la VIIe armée, cantonnée en Flandre maritime et en Artois. Au printemps, le généralissime Gamelin lui confie la mission (en cas d'invasion de la Belgique et des Pays-Bas) d'organiser la continuité du front occidental. Pour cela, il doit assurer la liaison entre les armées belge et néerlandaise de part et d'autre de Breda. Le choix de Gamelin, en l'occurrence, est excellent : dès le 10 mai, Giraud opère une progression fulgurante. Le lendemain, ses unités avancées atteignent déjà Breda, mais cette progression s'effectue en vain, puisque les Allemands frappent en Hollande et sur la Meuse ardennaise. La IXe armée de Corap s'y est aventurée. Le 15 mai, elle est volatilisée. Gamelin décide de faire permuter les deux généraux. Giraud croit pouvoir colmater la brèche. En fait, il n'y a plus d'unités organisées. Le 18 mai, il est capturé par une patrouille allemande.

Enfermé dans la forteresse de Kœnigstein, il s'en évade le 17 avril 1942. Cet épisode est à l'origine de sa popularité, d'autant que Giraud ne quitte pas la France mais réside en zone non occupée et rencontre Pétain le 29 avril. Pour les Américains, le général offre une alternative à de Gaulle puisqu'il est antiallemand, mais non hostile à Vichy. Aussi, à l'approche du débarquement allié en Afrique du Nord, l'état-major américain sollicite son concours. Un sous-marin britannique vient le chercher clandestinement sur le littoral provençal pour l'emmener à Gibraltar. Giraud y rencontre Eisenhower et croit que les Alliés vont lui confier la direction des opérations en Méditerranée, ce qui le pousse à suggérer aux Américains de débarquer immédiatement en Provence.

Dès le 9 novembre, Giraud est à Alger. Mais l'armée d'Afrique demeure insensible à son vibrant appel lancé à la radio. Le chemin du pouvoir est d'ailleurs barré par l'amiral Darlan. Giraud entre néanmoins au Comité français grâce au soutien américain, mais comme second. Lorsque Darlan est abattu, le 24 décembre 1942, le général prend le titre insolite de Commissaire civil et militaire. Mais son pouvoir ne s'étend qu'à l'Afrique du Nord – où se déroule la bataille de Tunisie – et à l'A-OF. Giraud se contente de laisser les hommes de Vichy agir de concert avec les Américains. De son côté, le Comité français de Londres demeure hostile, le général de Gaulle reprochant à l'ancien gouverneur de Metz une trop grande complaisance à l'égard du gouvernement de Washington et son refus de rétablir la République.

En vain Churchill et Roosevelt, réunis en janvier 1943 au Maroc, tentent-ils de rapprocher les deux hommes. En France occupée, les résistants

Henri Giraud
Le général Giraud (à dr.) en compagnie de l'amiral Darlan, à Alger, le 20 décembre 1942.
© Sélection Images ECP Armées

se méfient également de ce Comité d'Alger, qui maintient en vigueur les lois du gouvernement de Vichy. Cette prise de position de résistants métropolitains va emporter la décision en faveur de la France libre. Au mois de mai, un accord est conclu entre les deux comités français. Le 3 juin, le Comité français de libération nationale (CFLN) est constitué, à Alger, consacrant un partage de pouvoir entre les généraux Giraud et de Gaulle. Équilibre illusoire puisque Giraud doit accepter la subordination des armées qu'il commande au pouvoir politique de de Gaulle et l'agrégation des FFL aux troupes régulières. En fait, cette situation ne peut durer. Giraud est avant tout un homme de guerre et les intrigues de couloirs lui répugnent. En octobre 1943, il dirige de brillante manière la libération de la Corse. Mais la fourniture d'armes aux membres de maquis communistes lui est vivement reprochée d'Alger. Cela permet de l'écarter définitivement de tout rôle politique. Il s'y résigne d'ailleurs aisément pour se consacrer entièrement aux opérations d'Italie, où opère le corps expéditionnaire du général Juin. Mais en avril 1944, de nouvelles dissensions entre le président du CFLN et le responsable des forces armées se produisent. Alors celui-ci préférera renoncer à ses fonctions. Dès lors, Giraud ne jouera plus aucun rôle, se contentant d'écrire des mémoires qui résument parfaitement son action : *Mes évasions* et *Un seul but, la victoire. Alger 1942-1944*.

GIROD de L'AIN Jean-Louis, baron (Cessy, Ain, 1753 – Vernoix, Suisse, 1839)

Magistrat.

Issu d'une famille bourgeoise, il devient juge du bailliage de Gex avant d'être nommé, par Louis XVI, maire de cette ville en 1780. En 1791, il est élu président du tribunal du district de Nantua, mais son modérantisme durant la Terreur le rend suspect, et il est emprisonné. Il ne recouvre la liberté qu'après le 9 Thermidor (27 juillet 1794). Devenu deux ans plus tard député de l'Ain au Conseil des Anciens (époque à laquelle il décide d'accoler à son nom de famille celui de son département d'origine), Girod de l'Ain est renouvelé dans son mandat en 1799, mais cette fois au Conseil des Cinq-Cents. Favorable au coup d'État du 18 Brumaire, il fait son entrée au Corps législatif peu de temps après et postule, en 1804, mais sans succès, au siège de sénateur du département du Léman. Toutefois, nommé la même année membre de la Légion d'honneur, il est chargé des fonctions de conseiller-maître à la Cour des comptes en 1807, puis élevé à la dignité de baron d'Empire au mois de mai 1809. Redevenu magistrat durant les Cent-Jours, il recouvre son siège de député de l'Ain en 1818, mais doit se retirer deux ans plus tard du fait de l'infirmité et du grand âge qui le contraignent à prendre sa retraite, gratifié toutefois du titre de maître des comptes honoraire.

GIROD de L'AIN Jean-Marie Félix (Gex, 1789 – Paris, 1874)

Général.

Entré en 1805 à l'école militaire de Fontainebleau, il participe aux campagnes de Prusse, de Pologne (1806-1807) et d'Espagne (1808-1811) avec le grade de lieutenant. Promu capitaine en 1812, il prend part à la campagne de Russie en qualité d'aide de camp du général Dessaix puis, après avoir occupé divers postes dans la hiérarchie militaire, il est élu député de son département d'origine en 1833, avant d'être promu maréchal de camp en 1842.

GIROD de L'AIN Louis Gaspard Amédée, baron (Gex, 1781 – Paris, 1847)

Magistrat et homme politique.

Fils aîné de Jean-Louis Girod de l'Ain, il est avocat jusqu'en 1806, avant d'être nommé procureur impérial à Turin, puis à Alexandrie l'année suivante. Il est deux ans plus tard substitut du procureur général à la cour d'appel de Lyon, et auditeur au Conseil d'État en 1810. Mais cette rapide carrière est loin d'être à son terme. Devenu avocat général à la cour impériale de Paris, il n'en renie pas moins son attachement à l'Empire dès la première abdication et exprime officiellement son adhésion au retour des Bourbons, ce qui ne l'empêche pas d'accepter de Napoléon, en 1815, le poste de président du tribunal de première instance de Paris et d'être élu représentant à la Chambre des Cent-Jours. Girod de l'Ain épouse alors la petite-nièce de Charles François Lebrun et perd, au retour de Louis XVIII, ses fonctions judiciaires, pour redevenir, en 1819, conseiller à la cour de Paris.

Élu député en 1827, il est nommé vice-président de la Chambre deux ans plus tard. Il soutient le ministère Martignac et rédige, durant les Trois Glorieuses, l'« adresse » au duc d'Orléans. Ce zèle lui permet d'obtenir le poste de préfet de police le 1er août 1830, mais il abandonne très vite ces fonctions au profit de celles de conseiller d'État, et il est promu membre de la Légion d'honneur. Redevenu député en 1831, il est président de la Chambre au mois d'août et ministre de l'Instruction publique durant l'année 1832, avant d'être élevé à la dignité de pair de France par Louis-Philippe. Enfin, nommé président du Conseil d'État, Girod de l'Ain devient garde des Sceaux dans le cabinet intérimaire de 1839 et continue à exercer une forte influence à la Chambre des pairs jusqu'à sa mort.

GIRONDINS (club des)

Dans l'Assemblée législative qui siège pour la première fois le 1er octobre 1791, la gauche est représentée par les Girondins, ainsi dénommés parce que leurs plus brillants orateurs sont originaires du Sud-Ouest ou représentants du département de la Gironde, tel Vergniaud, leur inspirateur.

La droite est représentée par les Feuillants ou royalistes constitutionnels. Le centre regroupe les députés indépendants qui votent tantôt avec la droite, tantôt avec la gauche. Par dérision, ils sont surnommés le « ventre » ou le « marais » ou encore les « esclaves de la peur », en raison de leurs fréquentes hésitations. Au début des travaux de l'Assemblée, il n'existe pas de distinction à l'intérieur du groupement des Girondins, pas plus que chez les Jacobins, où se met déjà en évidence Robespierre. L'adversaire, pour le moment, est avant tout le ministère feuillant que Louis XVI a appelé au pouvoir en décembre 1791. Mais lorsqu'un incident diplomatique entraîne la démission de ce ministère, le 10 mars 1792, sous les attaques de Vergniaud, l'heure des Girondins sonne. Le pouvoir leur échoit le 24 mars. L'impulsion est donnée par le ministre de l'Intérieur Roland et par Dumouriez, chargé des Affaires étrangères. Brissot, Condorcet, Isnard leur apportent un soutien résolu. Tous souhaitent le maintien des libertés et l'affirmation d'un pouvoir respectueux des entités régionales.

Après la journée du 20 Juin, qui voit la foule des faubourgs envahir les Tuileries pour contraindre le roi à respecter ses obligations constitutionnelles, puis l'insurrection du 10 Août au cours de laquelle l'extrême gauche de l'Assemblée affirme sa force grandissante au sein de la Commune de Paris, enfin les massacres de Septembre, les Girondins commencent à se sentir dépassés par les événements. Il ne reste, en effet, bientôt plus que deux pouvoirs réels : l'Assemblée et la Commune, c'est-à-dire la majorité girondine de l'Assemblée et la fraction très active des quartiers parisiens auxquels va la sympathie des Montagnards. Ceux-ci renforcent leur emprise à la faveur de la désignation des membres de la Convention, qui siègent à partir du 21 septembre. Les Girondins sont un peu plus d'une centaine de membres, parmi lesquels Brissot, Condorcet, Barbaroux, Isnard, Pétion, Roland. Ceux-ci siègent face aux Montagnards, tenant le rôle d'un parti de résistance.

Tout va opposer désormais ces deux tendances. Soutenus par le Paris populaire, les Montagnards affirment la prééminence politique de la capitale et désirent un pouvoir centralisateur. Les Girondins, au contraire, sont partisans d'une décentralisation administrative. Les conceptions économiques révèlent une faille identique. Les premiers désirent le recours aux réquisitions de denrées et à l'organisation de marchés de distribution pour enrayer la cherté de la vie. Les seconds prônent le libre jeu des échanges naturels et de la concurrence, les réquisitions et les ventes forcées constituant à leur point de vue des atteintes caractéristiques à la liberté. Les divisent encore et surtout leurs conceptions de l'homme et de l'existence. Lettrés pour la plupart, juristes en nombre, bourgeois éclairés inspirés par Rousseau et les encyclopédistes, les Girondins redoutent les réactions de la rue. Selon eux, les affaires publiques doivent s'élaborer dans les salons et se débattre à l'Assemblée. Brissot résume ce point de vue dans un *Appel à tous les républicains de France*, dans lequel il représente les Montagnards comme des « désorganisateurs qui veulent tout niveler, les propriétés, l'aisance, les prix des denrées [...] même les talents, les connaissances et les vertus ». Les Montagnards trouvent leur inspiration dans les séances animées du club des Jacobins. Les Girondins, qui dédaignent le tumulte et la violence, préfèrent les débats plus académiques. Assez paradoxalement cependant, ces mêmes hommes, adversaires du recours à la force, désirent la guerre avec l'Autriche et la Prusse, car ils estiment que la Révolution ne peut s'affirmer qu'à la faveur d'un succès face à l'Europe des rois. Les Montagnards, Robespierre en tête, redoutent cet affrontement qui affaiblira le pays, lassera le peuple et pourra aboutir finalement à une dictature militaire. Le sort à réserver au roi est motif de nouvelles divergences. Tout en déclarant Louis XVI coupable de trahison envers la nation, les Girondins souhaitent lui épargner la mort et tendent à l'indulgence. Vergniaud sollicite un recours au peuple, mais, sur intervention de Barère, la motion est rejetée le 16 janvier 1793 par 423 voix contre 281.

Cette attitude modératrice exaspère la population parisienne qui, depuis trois ans, n'a jamais désigné le moindre Girondin pour la représenter dans les diverses assemblées. La guerre aux frontières, les réticences de la province envers la prétention parisienne à la suprématie politique, la trahison de Dumouriez, en avril, avivent les passions. Marat, dans *L'Ami du Peuple*, désigne les Girondins comme des contre-révolutionnaires. Devant pareille attaque, les Girondins votent le 13 avril une motion mettant en accusation l'« Ami du peuple » par 220 voix contre 92. Mais le Tribunal révolutionnaire absout l'accusé le 24, lequel revient à la Convention le front ceint d'une couronne de chêne. Le 15, Pache, le maire de Paris, somme la Convention, au nom des sections de quartier et du Conseil général, de « purifier la représentation nationale » en expulsant les députés de la Gironde. Ceux-ci répliquent en faisant voter le principe de l'inviolabilité des députés. Dans cet élan, une commission de douze députés est chargée de vérifier les actes de la Commune de Paris. À ce titre, elle fait procéder à l'arrestation d'Hébert, rédacteur du *Père Duchesne*. Une menace d'émeute le fait libérer. Mais l'épreuve de force semble inéluctable entre les représentants modérés et la Commune. Danton se rend compte du danger et tente de s'interposer. En vain. Légalistes, les Girondins ne se doutent pas que leur audience touche à sa fin. Le 30 mai, un comité insurrectionnel siège à l'évêché, renforcé par des délégués de sections des quartiers. Le lendemain, Hanriot prend le commandement de la garde nationale. La Convention est invitée à supprimer la Commission des douze et à décréter d'arrestation 21 Girondins. Le vote est acquis après une véhémente intervention de Robespierre.

Enhardi par ce succès, Marat sent la victoire proche. Le 1er juin, le Comité insurrectionnel devient Comité de salut public des sections. Le 2, Hanriot encercle la Convention. Marat réclame et obtient l'arrestation de 29 autres Girondins, ce qui fait appeler cette journée le « 10 Août de la Convention ». C'en est fait de la Gironde. Les membres qui peuvent quitter Paris s'efforcent toutefois de soulever certaines régions de province, la Normandie, le Sud-Ouest et la vallée du Rhône en particulier. Toutes ces entreprises échouent et nuisent finalement à la cause de leurs auteurs. Les uns se dispersent, d'autres se rendent ou sont arrêtés. Certains se suicident. Ce sera le cas de Condorcet, de Roland, de Valazé, alors que le Tribunal révolutionnaire condamne à mort les 22 incarcérés, lors de sa séance du 30 octobre. Les rares députés à échapper à cette répression, tels Isnard, Louvet, Lanjuinais, Rouyer, reviennent à la Convention en 1795 ou siègent au Conseil des Cinq-Cents, comme Bergoeing et Deleyre. Lamartine, en 1847, rendra un ultime hommage aux Girondins en écrivant leur histoire, ce qui le rendra du même coup populaire. Charles Nodier est à l'origine de la légende du stoïcisme des Girondins, mise en scène dans l'une de ses nouvelles, *Le Dernier Banquet des Girondins*.

GISORS

Localité de l'Eure. Située au bord de l'Epte, qui sépare l'Île-de-France de la Normandie, cette ville du Vexin normand a connu un destin mouvementé en raison de sa position stratégique.

Les routes menant vers Pontoise et Gournay-en-Bray s'y croisent avec celles reliant le Beauvaisis à Vernon et aux Andelys dans la vallée de la Seine. Vers 1095, le duc de Normandie, Guillaume le Roux, fils de Guillaume le Conquérant, fait ériger un donjon octogonal dont il subsiste encore aujourd'hui d'importants vestiges. Philippe Auguste, qui s'empare de la place au début du XIIIe siècle, renforce les défenses. Une légende veut que le prétendu trésor des Templiers soit enterré là. Le comté de Gisors sera l'apanage, entre autres, de Blanche de Castille, de Blanche d'Évreux (la reine Blanche) et au XVIe siècle de Renée, fille de Louis XII. Durant les guerres de Religion, le duc de Mayenne érige la place en sanctuaire de la Ligue, que le futur Henri IV soumettra au cours de sa victorieuse campagne de Normandie.

GISCARD d'ESTAING Valéry (Coblence, 1926 –)

Homme politique, président de la République.

L'itinéraire de Valéry Giscard d'Estaing apparaît si singulier qu'on serait tenté de le rapprocher de celui d'un Thiers ou d'un Guizot. Son ascension s'apparente à celle des ténors des IIIe et IVe Républiques – Joseph Caillaux, André Tardieu, Paul Reynaud ou Edgar Faure – ; sa victoire présidentielle de 1974 le range parmi les rares dirigeants occidentaux comparables à J.F. Kennedy, tant par l'âge d'accession au pouvoir (48 ans) que par le style médiatique de sa campagne ; son septennat se marque par des transformations sociales majeures et par un rôle européen prééminent, mais il laisse dans l'opinion l'impression d'une entrée dans le long tunnel de la crise économique ; son parcours politique depuis 1981 lui confère une place de franc-tireur de la droite libérale – une sorte de symétrique du Mendès France des années 1960-1970 –, sans qu'il puisse reconquérir un leadership. Valéry Giscard d'Estaing est à la fois un héritier et un fleuron du cursus honorum à la française. Son père, Edmond, inspecteur des Finances, fut un homme d'affaires prospère et un haut fonctionnaire influent dans l'entre-deux-guerres et à Vichy ; ses grand-père et arrière grand-père maternels furent députés, sénateurs et même, pour le second, Agénor Bardoux, ministre de l'Instruction. Par son mariage, il entre dans le clan Schneider. Le jeune homme réussit le concours de Polytechnique, en sort dans la botte, ce qui lui permet d'être admis à l'ENA et d'en sortir inspecteur des Finances. Première originalité, ses études ne le détournent pas d'un engagement patriotique : l'année de son bac, il s'engage dans la Ire armée de de Lattre, combat jusqu'en Allemagne et est décoré de la Croix de guerre.

C'est en 1954 qu'il entre dans un cabinet ministériel, celui d'Edgar Faure, aux Finances, qu'il suit à Matignon en 1955. L'année suivante, il est élu député du Puy-de-Dôme en pleine vague poujadiste, puis conseiller municipal à Chanonat et conseiller général. Après avoir voté l'investiture du général de Gaulle, il devient secrétaire d'État au Budget sous la houlette d'Antoine Pinay, un ami de la famille, mais ne suit pas son mentor lorsque celui-ci se retire en janvier 1960. Il joue à la fois la carte de la notoriété ministérielle (aux Finances, de janvier 1962 à janvier 1966) et de la différenciation politique vis-à-vis des gaullistes en lançant un groupe parlementaire, les Républicains indépendants, puis le club Perspectives et Réalités. Pour la première fois, en février 1966, il apparaît comme un « dauphin » possible du Général. Les événements de 1968, le référendum de 1969 où il se pose en opposant masqué, l'élection de Georges Pompidou brouillent son calendrier. Son retour aux Finances, entre 1969 et 1974, apparaît comme une position d'attente, tandis que les Républicains indépendants jouent le rôle d'aiguillon d'une majorité divisée. À nouveau, la mort du président Pompidou bouleverse les échéances et incite Giscard d'Estaing à tenter sa chance contre Jacques Chaban-Delmas dans le registre de l'ouverture, du changement et de la jeunesse contre la continuité gaulliste. Le coup de poker est gagnant lorsqu'il reçoit le soutien de 40 députés de l'Union pour la défense de la République (UNR) menés par Jacques Chirac, inquiets, eux, de la percée réalisée par François Mitterrand. Crédité de 32,6 % des voix, il devance largement Chaban-Delmas mais compte dix points de retard sur le candidat de la gauche. C'est lors de la campagne du second tour, avec des affiches plus proches du marketing commercial que de l'annonce programmatique et une prestation télévisuelle remarquée, que Giscard affirme sa modernité. Elle lui permet de triompher d'un souffle (50,8 % des suffrages exprimés) et, premier président non gaulliste de la Ve République, de considérer qu'une « ère nouvelle de la politique française » commence avec lui.

Valéry Giscard d'Estaing
Giscard d'Estaing, ministre des Finances, au cours d'une conférence de presse, le 16 septembre 1963. © *AFP*

Loin de se cantonner à cette formule-slogan, le président entreprend de concrétiser le changement suivant un calendrier serré. L'âge électoral est abaissé à 18 ans en juillet, le principe du « collège unique » visant à démocratiser l'enseignement secondaire (dite loi Haby) est voté en juillet, le statut de l'ORTF modifié en août, l'élargissement du droit de saisine du Conseil constitutionnel en octobre, la généralisation de la Sécurité sociale en décembre avec le remboursement des produits contraceptifs, l'autorisation de l'interruption volontaire de grossesse (dite loi Veil) est adoptée en janvier 1975, le principe du divorce par consentement mutuel décidé en juillet, en même temps qu'est organisé le système d'indemnisation du chômage le plus élevé de l'histoire – 90 % du salaire net. En un an, le ticket Giscard-Chirac (celui-ci ayant été nommé Premier ministre) a rattrapé une décennie de retard sur ses voisins européens et le « libéralisme avancé », mot d'ordre de VGE, a coagulé la société française autour de classes moyennes enrichies et satisfaites.

Mais cette entreprise a un coût élevé, dans une conjoncture économique marquée par une inflation à deux chiffres, le creusement des déficits budgétaires et la déstabilisation énergétique et monétaire mondiale. Le couple exécutif a réussi la première politique effectivement keynésienne appliquée en France, mais il ne dispose ni des marges financières ni du temps nécessaire à sa pérennisation. Le retournement est amorcé à l'automne 1975 par le plan de stabilisation Fourcade, puis confirmé avec le départ de Jacques Chirac de Matignon en août 1976, par souci de préserver le capital électoral gaulliste avant les échéances de 1977 et de 1978. Le choix de Raymond Barre pour Matignon place le président sur la défensive, tant économique (retour à une orthodoxie libérale) que sociale (loi « sécurité et liberté » d'Alain Peyrefitte). Et les initiatives internationales – lancement du Conseil européen en 1974, des sommets annuels des pays riches en 1975, du Système monétaire européen en 1979 – apparaissent peu opératoires face au deuxième choc pétrolier (1978) ou à la crise des monnaies (choc dollar en 1979-80). Giscard d'Estaing se trouve pris dans une contradiction insurmontable entre l'affichage initial de son septennat (une société « décrispée », une économie fluide) et les contraintes de l'heure. Cet état de fait précipite un renversement des positions de 1974 : le président est englué dans un environnement qui semble archaïque, tandis que le chef de l'opposition, François Mitterrand, apparaît paradoxalement comme porteur d'un élan nouveau avec un programme vieux de dix ans. À cela s'ajoute l'isolement créé par le pouvoir, une maladresse patente dans ses relations avec les citoyens ou dans la gestion de l'affaire dite des diamants, péripétie dérisoire, le tout donnant l'impression d'un président « crispé » sur son siège élyséen. D'où la sanction, longtemps impensable (jusqu'en janvier 1981), de l'élection présidentielle où Valéry Giscard d'Estaing ne recueille que 48,24 % des voix.

L'ancien président entame dès février 1982 une opération de reconquête, autant de l'opinion que de ses positions parlementaires. Il redevient conseiller cantonal (mars 1982), député du Puy-de-Dôme (septembre 1984, réélu depuis), président du Conseil régional d'Auvergne (1986) et conduit même la liste UDF-RPR aux élections européennes de juin 1989 où il arrive en tête avec 28,4 % des suffrages. Mais il ne dispose pas d'un terrain ministériel où étaler ses compétences, Jacques Chirac en 1986 et Édouard Balladur en 1993 prenant soin d'écarter ce concurrent redoutable. Surtout, sa pensée politique semble restée arrimée à l'esprit des années 1970, si bien que son ouvrage de 1983, *Deux Français sur trois*, ne se démarque guère de *Démocratie française* écrit en 1976. Son audience se réduit à une sorte de magistère critique, pour dénoncer les lenteurs de la construction européenne, proposer le passage au quinquennat ou appeler à un regroupement des centres. Mais, à la différence d'un Poincaré après 1918 par exemple, sa vision politique suscite plus de commentaires élogieux sur sa lucidité intellectuelle que de souhait d'un retour aux affaires. Dans cet esprit, sa désignation à la tête de la Convention sur l'avenir de l'Europe, à compter de février 2002, lève l'hypothèque nationale et confirme la dimension d'expert européen, reconnue à Valéry Giscard d'Estaing dès 1974. Il lui incombe en effet de piloter l'élargissement à l'Est de l'Union et de fonder la première Constitution de l'Europe.

GÎTE (droit de)

À l'époque féodale, droit que possède le seigneur d'être hébergé par ses vassaux quand il se déplace.

D'abord exclusivement réservé au roi, ce droit est étendu peu à peu à tous les seigneurs. Il est, à la fin du XVIe siècle, transformé en une redevance en argent qui cesse progressivement d'être perçue.

GLANUM

Au pied des Alpilles, la ville de Saint-Rémy-de-Provence garde le souvenir de l'antique Glanum *que des commerçants phocéens fondent au VIe siècle avant notre ère près d'une source considérée comme sacrée.*

Prise par Jules César en 49 av. J.-C., la ville grecque s'enrichit de monuments romains avant d'être détruite au milieu du IIIe siècle par des envahisseurs germains. Sous la direction de l'archéologue Henri Rolland et de ses successeurs, la cité antique a été dégagée avec ses monuments et ses belles maisons d'époque hellénistique remaniées à l'époque romaine. La plus ancienne d'entre elles, la Maison des Antes, datée du IIe siècle av. J.-C., ordonne ses pièces autour d'une cour centrale entourée d'un portique et contient une des plus anciennes mosaïques retrouvées en France. Un forum, des temples richement décorés, des thermes montrent l'importance de cette cité devenue romaine qui attire de nombreux voyageurs venus boire l'eau de la source miraculeuse. Un nymphée monumental est construit autour de cette dernière sous le règne d'Auguste, et la déesse romaine Valetudo (« Santé ») se substitue à la divinité guérisseuse des origines. Les vestiges architecturaux trouvés dans les fouilles, des stèles funéraires et de belles statues, dont celles d'un captif gaulois et de Julie, fille d'Auguste, sont rassemblés dans l'Hôtel de Sade à Saint-Rémy. Connus sous le nom des « Antiques », deux monuments, parmi les plus beaux de la Gaule romaine, s'élèvent au milieu des oliviers aux portes de Saint-Rémy. Il s'agit tout d'abord de l'Arc triomphal commémorant les victoires de Jules César en Gaule : la voûte sculptée de caissons hexagonaux, l'arcade soulignée d'une guirlande de fleurs et de fruits, des reliefs représentant des captifs gaulois traduisent une influence grecque. Non loin de là, la tour-mausolée des Julii, sans doute élevée par un riche habitant de Glanum à la mémoire de Caius et Lucius César, petits-fils d'Auguste morts prématurément au début de notre ère, étonne par son état parfait de conservation et l'élégance de sa conception. Le socle carré, orné de scènes de combat mythologiques, supporte un premier étage percé de quatre arcades, lui-même surmonté d'un deuxième étage circulaire à colonnes corinthiennes. Une coupole, abritant deux statues de jeunes gens, coiffe le tout et seule la pomme de pin dressée sur le faîte a disparu. La légèreté harmonieuse de ce cénotaphe est en quelque sorte une interprétation « provençale » de l'architecture romaine.

GLAOUI AL HADJDJ THAMI AL-GLAOUI, dit LE (?, v. 1875 – Marrakech, 1956)

Pacha marocain.

C'est un adversaire de la dynastie chérifienne alaouite, au pouvoir au Maroc depuis la seconde moitié du XVIIe siècle. Après la conquête française de 1911-1914, il facilite la tâche de Lyautey, contribuant avec ses guerriers berbères à pacifier le sud du pays durant la Première Guerre mondiale. Au cours de la campagne d'Italie de 1943-1944, un de ses fils est tué dans les rangs du corps expéditionnaire français. Après les hostilités, il voit d'un mauvais œil les tentatives d'émancipation du sultan Mohammed V, assurant les résidents généraux, en particulier le maréchal Juin, de l'hostilité des populations berbères de la montagne à l'encontre du sultan. Si bien qu'en août 1953 le maréchal destitue ce dernier pour lui substituer Mohammed ben Arafa, protégé du Glaoui. Mais la situation se détériorant sous l'action des mouvements nationalistes, bien implantés dans les villes et dans la plaine, le gouvernement français se décide, deux ans plus tard, à réinstaller Mohammed V sur le trône. Désavoué, humilié, le Glaoui fait sa soumission au roi, au cours d'un déplacement spécial en France et meurt peu après, le 23 janvier 1956.

GLIÈRES (maquis des)

Ce massif calcaire fait partie de la zone des Préalpes savoyardes et s'étend à une quinzaine de kilomètres au nord-est d'Annecy.

Dès 1943, les Glières sont un foyer de résistance et abritent membres de l'Armée secrète, anciens chasseurs alpins, anciens soldats républicains espagnols et FTP. Quelques parachutages leur ont procuré des armes d'origine britannique. Le 2 février 1944, un message de Londres mal compris incite les chefs des maquis (Vallette d'Osia et Romans-Petit) à l'action. Ne disposant que de 700 miliciens et supposant les maquisards plus nombreux, ne pouvant de surcroît compter sur l'appoint des gendarmes et des GMR (Groupe mobile de réserve), Darnand, chef de la milice de Vichy, sollicite le soutien des Allemands. Un premier bombardement a lieu le 12 mars. Il est suivi de nouveaux raids les 17 et 23 mars. Le 24, les Allemands terminent leur concentration de forces. Les tirs d'artillerie commencent. L'assaut du réduit débute le 26. Il se poursuit durant près d'une semaine, le capitaine Anjot de l'Armée secrète, qui a succédé à Tom Morel, ayant ordonné la dispersion de ses éléments en raison de leur infériorité en nombre et en matériel. Malgré le bouclage des vallées par les miliciens, plusieurs dizaines de maquisards parviennent à rejoindre les maquis voisins, mais l'épisode fait plus de 150 morts chez les résistants.

GLOBE (Le)

Titre de plusieurs journaux parisiens.

En 1824 paraît tout d'abord un recueil philosophique dirigé par Pierre Leroux et Paul Dubois qui comporte également des pages littéraires et même politiques. On y trouve les signatures de Thiers, de Rémusat, de Sainte-Beuve, entre autres. Le mouvement romantique y développe ses thèses. La tendance politique est défavorable au pouvoir de la Restauration. Aussi la réussite de la révolte parisienne de 1830 favorise-t-elle l'essor du *Globe*, qui s'intéresse de plus en plus à la vie politique. Mais Leroux cède le titre en 1831 à Michel Chevalier, lequel fait bientôt du *Globe* l'organe du mouvement saint-simonien ; décision imprudente, puisque le journal périclite et cesse de paraître dès l'année suivante. Par la suite, diverses publications vont reprendre cet excellent titre. La plus durable sera celle portant en sous-titre « La Gazette des deux mondes » : elle débute le 1er janvier 1837 sous forme de périodique, avant de passer à une parution quotidienne en 1841 sous la direction de Granier de Cassagnac.

GLORIEUSES (Les Trois) : voir JUILLET 1830 (Journées des 27, 28, 29)

GOBEL Jean-Baptiste (Thann, 1727 – Paris, 1794)

Évêque constitutionnel.

Alsacien d'origine, né au sein d'une famille de robe, il s'engage dans une carrière ecclésiastique prometteuse : chanoine à 14 ans, il est en 1757 vicaire général de l'évêché de Bâle ; quinze ans plus tard, il devient suffragant de l'évêque de Bâle pour la Haute-Alsace. Il est aussi évêque, mais de Lydda, *in partibus*. Polyglotte, bibliophile et amateur d'art, c'est un prélat épris de luxe et souvent préoccupé de trouver l'argent nécessaire à ses goûts. Il s'y emploie notamment lors de missions à Versailles, mais c'est en vain qu'il tente de faire ériger à son profit un évêché en Haute-Alsace. En 1789, Gobel joue la carte révolutionnaire. Élu député aux États généraux, il défend la liberté des opinions religieuses à condition que leur manifestation ne trouble pas l'ordre public. Le 4 janvier 1791, il est l'un des sept évêques à accepter devant l'Assemblée nationale de prêter serment à la Constitution civile du clergé du 12 juillet 1790. Deux mois plus tard, il est élu au siège épiscopal de Paris et sacré par Talleyrand. Le nouvel archevêque – schismatique – adopte un profil très politique : membre actif du club des Jacobins dont il est même fugitivement vice-président, Gobel est nommé administrateur de Paris en novembre 1791. Cette allégeance à la Révolution, ainsi qu'une position peu canonique sur la question du mariage des prêtres – 2 000 prêtres se marient entre 1789 et 1795 –, font de l'évêque de Paris la bête noire du clergé insermenté ; ses dettes et son train de vie lui valent une campagne de libelles. Opportuniste, c'est aussi un conciliateur qui tente d'éviter le déchirement des chrétiens.

Gobel pousse la Convention à occuper la principauté de Bâle et se fait envoyer fin 1792 en qualité de commissaire civil à Porrentruy, siège des princes-évêques de Bâle. Il contribue ainsi à la création de la république Rauracienne, la première république-sœur. Mais il sert le parti montagnard et les Girondins obtiennent son rappel à Paris. Ses ennuis commencent cependant avec la vague de déchristianisation qu'entraînent Clootz et Chaumette. Le 9 novembre 1793, Gobel est à la tête du mouvement d'abjuration du clergé de Paris et dépose ses lettres de prêtrise à la tribune de la Convention, en même temps que plusieurs de ses vicaires : il renonce à son siège épiscopal et, comme Sieyès, se « déprêtrise ». Cette fuite en avant dans l'apostasie le dessert : ses relations avec les milieux hébertistes, dont le déiste Robespierre dénonce la dérive athée, le rattrapent. Gobel est arrêté en mars 1794 et comparaît devant le Tribunal révolutionnaire en compagnie de Chaumette et de deux douzaines d'hébertistes. Convaincu de « crime contre la nation », il est guillotiné le 14 avril 1794.

GOBELINS (manufacture des)

Devant son nom à celui d'une famille de teinturiers célèbres venus s'installer à Paris, sur les bords de la Bièvre, la « maison des Gobelins » est transformée, en 1661, sur les ordres de Colbert, afin de devenir la manufacture royale des meubles de la Couronne.

Toutefois, c'est Henri IV qui, le premier, installe, dès 1601, dans les bâtiments qui s'éten-

Les Gobelins
Louis XIV visitant les Gobelins. Tapisserie, carton de Charles Lebrun, Paris, Gobelins. © *Telarci-Giraudon*

daient de la Bièvre à l'actuelle rue des Gobelins (dans le quartier du faubourg Saint-Marcel) de grands artistes du moment, tels François de La Planche ou Marc de Comans. Puis Colbert procède, de 1662 à 1667, à l'aménagement de la manufacture en y appelant, outre de grands tapissiers, des peintres, des bronziers, ou des ébénistes réputés. Pour que la manufacture puisse répondre aux vœux du ministre, c'est-à-dire être une institution de haut niveau, destinée à glorifier, grâce à son art, le règne et la personne du Roi-Soleil, il faut lui conférer un statut rigoureux. Colbert crée ainsi un poste de directeur, doté de pouvoirs très larges, tant en matière artistique qu'administrative, et le confie, en 1664, à l'un des plus grands peintres du temps, Charles Le Brun (1619-1690). Développant, améliorant, créant des procédés de tissage ou de teinture, Le Brun, sous l'égide duquel travaille un nombre considérable d'artistes aux formes d'expression très variées, fait exécuter plusieurs centaines de tapisseries destinées aux grandioses résidences royales. À sa mort, le poste de directeur des Gobelins revêt un caractère beaucoup plus administratif, l'aspect artistique étant confié, quant à lui, à un inspecteur. Il faut rappeler, en outre, qu'à la manufacture des Gobelins (atelier de tissage de haute lisse), vinrent travailler durant cette période des peintres-cartonniers aussi illustres que Simon Vouet, Philippe de Champaigne, François Desportes, Jean-François de Troy, Charles Coypel, Jean-Baptiste Oudry ou François Boucher. Après avoir connu un réel abandon durant la période de la Révolution, la manufacture retrouve sous l'Empire et la Restauration une activité importante. Ses ateliers sont réunis à ceux de la manufacture des tapis de la Savonnerie de Chaillot, en 1826. De nos jours, la manufacture nationale des Gobelins continue à exécuter des tapisseries d'artistes comme Chagall, Le Corbusier ou Lurçat.

GOBINEAU Joseph Arthur, comte de (Ville d'Avray, 1816 – Turin, 1882)

Diplomate et écrivain.

Ses premiers écrits sont publiés dans plusieurs journaux parisiens de la monarchie de Juillet, notamment *La Revue des Deux Mondes* et la *Revue provinciale*. Remarqué par Tocqueville, il devient son chef de cabinet lorsque celui-ci est nommé ministre des Affaires étrangères (1849), avant d'occuper le poste de secrétaire d'ambassade à Berne, puis à Hanovre. C'est alors qu'il publie son *Essai sur l'inégalité des races humaines* (1853-1855), qui jette les fondements du racisme moderne : la race blanche est supérieure à toutes les autres et de sa pensée découle « tout ce qu'il y a de grand, de noble, de fécond sur la terre ». Gobineau témoigne une particulière admiration pour les Germains, mais ses thèses ne rencontrent pas le succès escompté. Envoyé en mission en Iran, il rejoint ensuite la Grèce et le Brésil, publiant de nombreuses études érudites ainsi que des romans, en particulier *Les Pléiades* (1874). Hitler se réfère à ses thèses dans *Mein Kampf*.

Godefroi de Bouillon
Godefroi de Bouillon avec plusieurs chevaliers. *Histoire du voyage et conquête de Jérusalem*, manuscrit, XIVe siècle, Paris, Bibliothèque nationale de France. © *Sélection Images*

GODEFROI de BOUILLON (Baisy, près de Genappe, Belgique, 1061 – Jérusalem, 1100)

Duc de Basse-Lorraine.

Fils d'Eustache II, comte de Boulogne, petit-fils par la lignée maternelle de Godefroi II de Basse-Lorraine (à qui il succède), il sert fidèlement l'empereur d'Allemagne tant contre les Saxons qu'en Italie. Le pape Urbain II n'ayant pas la possibilité de prêcher sur les terres d'Empire, il semble que des moines de l'ordre de Cluny (très influents en Basse-Lorraine) aient incité Godefroi à se croiser. Suivi de chevaliers flamands, brabançons, wallons, lorrains et rhénans, il traverse le sud de l'Allemagne en août 1096, puis la Hongrie, les Balkans, connaît quelques difficultés avec les Byzantins au début de 1097 et parvient en Anatolie, où Nicée finit par capituler en juin. Deux ans plus tard, le 15 juillet 1099, Godefroi assiste au couronnement de son entreprise, la prise de Jérusalem. À la suite du désistement de Raymond de Toulouse, le duc de Bouillon est désigné par ses pairs, le 22 juillet, pour exercer l'autorité suprême. Mais Godefroi de Bouillon refuse le titre de roi et se contente de celui d'« avoué du Saint-Sépulcre », c'est-à-dire « défenseur ». Les clercs estiment, en effet, que les Lieux saints appartiennent à l'Église et qu'ils doivent constituer une sorte de seigneurie ecclésiastique dont les croisés ne sont que les défenseurs laïques. Si tel est le cas, le nouvel « avoué » est digne de confiance puisque ses troupes triomphent des Égyptiens à Ascalon au mois d'août. Au mois de décembre arrive en Terre sainte Daimbert de Pise, qui se présente comme légat pontifical. Celui-ci se fait élire patriarche de Jérusalem et obtient de Godefroi serment de vassalité. Par la suite, Daimbert ne se contente plus d'un pouvoir nominal et aspire à une pleine souveraineté sur Jérusalem et Jaffa. La question demeure en suspens lorsque Godefroi meurt le 18 juillet 1100.

GODEHEU Charles (Bretagne, XVIIIe siècle)

Négociant et administrateur.

Armateur enrichi par la finance, il devient un des directeurs de la Compagnie des Indes occidentales. En 1754, cette dernière le charge de remplacer le gouverneur Dupleix dont les menées expansionnistes en Inde inquiètent l'Angleterre, et la Compagnie elle-même. Sa mission consiste à élaborer un traité de paix avec la compagnie anglaise. Le 26 décembre 1754, Godeheu signe ainsi le traité qui porte son nom et lui vaut d'être accusé de trahison : bien que partout vainqueurs, les Français renoncent à toutes leurs acquisitions, aux alliances conclues par Dupleix avec les princes des Indes, à toutes leurs prétentions. Le négociateur regagne aussitôt la France, Duval-Leyrit le remplace. Finalement, le gouvernement français le désavoue, et le traité Godeheu n'est pas ratifié.

GODESIGEL ou GODEGISILE ou GODIGISEL (? – Vienne, v. 500)

Un des quatre fils du roi burgonde Gundioc.

Vers 493, deux de ses frères ayant été éliminés, il se partage l'héritage paternel avec son frère aîné Gondebaud. Godesigel réside alors à Genève. Mais il entre en conflit avec Gondebaud qui entend réduire ses États au tiers de l'ancien royaume burgonde et fait secrètement appel à Clovis qui bat Gondebaud, avec son aide, sous Dijon (500). Mais ce dernier réussit peu après à s'emparer de Vienne, nouvelle capitale de son adversaire. Godesigel est tué au cours de l'assaut dans l'église arienne où il avait trouvé refuge.

GOHIER Louis (Semblançay, 1746 – Montmorency, 1830)

Homme politique.

Avocat au parlement de Bretagne, il se fait remarquer et apprécier de la population par son opposition aux mesures de Maupeou et de Brienne. Député d'Ille-et-Vilaine à la Législative en 1791, puis à la Convention en 1793, Gohier est chargé de la préparation du rapport qui entraîne la déchéance de Louis XVI. Successeur de Garat au ministère de la Justice, le 20 mars 1793, il conserve cette place jusqu'au 20 avril 1794. Il préside ensuite le tribunal de la Seine, puis est nommé juge au tribunal de cassation. Après le coup d'État de Prairial (juin 1799) organisé par la majorité jacobine des Conseils contre les directeurs modérés, Gohier remplace le directeur Treilhard, expulsé. Avec Roger Ducos et Moulin, nommés directeurs quelques jours plus tard à la place de Rewbell et La Révellière-Lépeaux, il s'oppose à la politique défendue par Sieyès. Médiocre président du Directoire, au 18 Brumaire, il tente mollement de s'opposer au coup d'État, et on l'oblige à démissionner. Gohier accepte cependant, en 1802, la place de consul général à Amsterdam, poste qu'il occupera jusqu'en 1810.

GOLFE-JUAN

Localité de l'actuel département des Alpes-Maritimes, située sur le territoire de Vallauris.

Le 26 février, Napoléon, exilé à l'île d'Elbe depuis le 4 mai 1814, quitte Porto-Ferrajo à bord du brick *L'Inconstant*, accompagné d'environ 1 200 hommes, et débarque à Golfe-Juan le 1er mars 1815. Gardant un mauvais souvenir de son passage, au mois d'avril 1814, dans la royaliste vallée du Rhône, il décide de regagner la capitale par la route des Alpes, appelée depuis route Napoléon. C'est ainsi que commence, en ce début de mois de mars 1815, à Golfe-Juan, le légendaire « vol de l'aigle de clocher en clocher » qui devait marquer le début de la période des Cent-Jours.

GOLIARDS

Au Moyen Âge, poètes satiriques puis clercs ribauts.

Au XIIe siècle, les goliards sont des poètes parfaitement respectables qui ont écrit en latin des recueils de critiques de la société, de sa hiérarchie et de ses modèles reconnus. Parmi eux, figurent Hugues d'Orléans, Gautier de Châtillon, l'Archipoète de Cologne, tous ayant composé en France. Au XIIIe siècle, on appelle goliards des groupes de clercs, anciens étudiants de la « faculté des arts », comme Villon, n'ayant pas pu ou voulu entrer dans la carrière ecclésiastique ou intellectuelle. Célibataires faute de moyens, ils se font copistes, jongleurs ou domestiques pendant que d'autres vagabondent d'université en université. Certains ont écrit des complaintes de la pauvreté, des chansons à boire, des poèmes amoureux ainsi que des chansons parodiant les chants de la messe. Aux yeux de leurs contemporains, ils sont de mauvaise vie et se comportent en contestataires permanents.

GOMBETTE (loi)

Rédigée vers 500-501 sur l'ordre du roi des Burgondes Gondebaud, la lex Burgundiorum, *connue par la suite sous l'appellation de loi Gombette, du nom de son auteur, ne nous est parvenue que sous la forme remaniée par Sigismond, fils de Gondebaud, en 517.*

Réunissant en un seul recueil de 109 titres les lois anciennes des Burgondes, adoucies au contact de la civilisation gallo-romaine, elle régit les populations résidant alors en Bourgogne, à l'exception des Gallo-Romains qui bénéficient d'un petit code inspiré des lois romaines, dit Code papien. Elle répond au souci de Gondebaud de se concilier la masse de ses sujets indigènes. Elle s'applique, en effet, à tenir la balance égale entre tous les sujets du roi et se préoccupe notamment de maintenir, suivant l'équité, le régime de partage des terres, dit « hospitalité », opéré un demi-siècle auparavant entre Romains et Bourguignons. Le droit burgonde y apparaît plus éloigné du droit romain que le code wisigothique mais plus proche que la loi franque. Dans le droit privé, les mâles occupent une place prépondérante : les filles ne sont admises à la succession de leur père que s'il n'y a pas de fils. La solidité et l'importance des liens familiaux y transparaissent nettement : c'est ainsi que, pour se disculper, un accusé doit jurer de son innocence avec onze membres de sa famille. La législation burgonde atteste également la survivance des mœurs pastorales : un voleur de bœufs est puni de mort au même titre qu'un voleur d'esclaves. En ce qui concerne les pénalités, la loi Gombette est très différente du droit romain. Sauf cas très graves, elle ne prévoit le plus souvent que des peines pécuniaires et revêt surtout, en dernier ressort, l'aspect d'un tarif détaillé de compositions pécuniaires.

GONDEBAUD ou GONDOBALD (? – Genève, 516)

Roi des Burgondes.

Second fils du roi burgonde Gundioc. Neveu du patrice romain Ricimer qui le fait nommer *magister militum per Gallias* puis patrice romain, c'est lui qui, en 473, choisit comme empereur le chef de la garde impériale Glycère. De retour en Gaule, il partage le royaume burgonde avec son frère cadet Godesigel (v. 480) après la disparition de leurs deux autres frères, Chilpéric et Gondemar, qu'il aurait assassinés. Il règne alors à Lyon. Clovis, auquel Godesigel fait secrètement appel contre lui, le bat sous Dijon (500), et il doit se réfugier à l'extrémité de ses États, à Avignon. Mais il prend bientôt sa revanche sur Godesigel, qui est tué lors de l'assaut qu'il donne à sa capitale, Vienne. Gondebaud réunit alors sous sa domination tout le pays qu'on appelle actuellement la Bourgogne. Il promulgue la célèbre loi Gombette et finit par faire la paix et même s'allier avec Clovis, époux de sa nièce Clotilde depuis 493. Quoique arien, le roi des Burgondes élève ses fils dans le catholicisme. Son fils aîné Sigismond sera tué par Clodomir, et le royaume passera à son second fils Gondemar.

GONDEMAR ou GONDOMAR (? – ?, 534)

Roi de Bourgogne.

Second fils du précédent, il succède en 523 à son frère Sigismond, tué par Clodomir, reprend immédiatement les armes et tue à son tour Clodomir au cours de la bataille qui l'oppose aux fils de Clovis à Vézeronce, en Viennois (524). Mais les rois francs l'assiègent à Autun en 532 et le mettent en fuite. Son royaume est définitivement soumis par les Francs en 534 et lui-même privé de son trône.

GONDI

Famille florentine dont certains membres s'établirent en France dans les premières années du XVIe siècle.

Les Gondi, courtisans de basse extraction, revendiquaient une origine très noble et regardaient de haut les Médicis. En épousant, en 1565, Claude-Catherine de Clermont-Dampierre, veuve du baron de Retz, Albert de Gondi fait entrer dans la famille de Gondi la terre de Retz, érigée en duché-pairie en 1581. Les Gondi s'éteignent en 1716 après la mort de Marie Catherine Antoinette, supérieure des filles du Calvaire. C'est sur des terrains appartenant pour la presque totalité à la famille des Gondi qu'ont été édifiés les châteaux et jardins de Versailles.

GONDI Albert de, duc de Retz : voir RETZ

GONDI Antoine (?, 1443 – ?, v. 1485)

Magistrat florentin.

Il a deux fils, Jérôme et Guidobaldo dit Antoine, qui s'installent comme banquiers à Lyon et captent la confiance de Catherine de Médicis. L'aîné, Jérôme, est le père de Jean-Baptiste, maître d'hôtel de la reine, et de François Marie, ambassadeur ; leur branche s'éteint à la fin du XVIIe siècle.

GONDI Charles de (?, 1536 – ?, 1574)

Général des galères.

Troisième fils de Guidobaldo dit Antoine de Gondi. Qualifié seigneur de La Tour, il est maître de la garde-robe et général des galères, charge qui restera dans la famille. Il épouse Antoinette d'Orléans qui lui donnera un fils, Henri, duc de Retz. Celui-ci est le père de Catherine, duchesse de Retz (qui épouse son parent Pierre de Gondi, fils de Philippe Emmanuel), et de Marguerite Françoise, duchesse de Beaupréau.

GONDI Philippe Emmanuel de (Limoges, 1581 – Joigny, 1662)

Général des galères.

Fils aîné d'Albert de Gondi. Il a deux fils, dont l'instruction sera confiée à Vincent de Paul : Pierre, général des galères, duc de Retz par son mariage avec sa cousine Catherine, et Jean François Paul, qui sera coadjuteur de son oncle l'archevêque de Paris, Jean-François de Gondi, puis, après bien des intrigues, cardinal sous le nom de Retz.

GONDI Pierre de (?, 1533 – ?, 1616)

Cardinal.

Deuxième fils de Guidobaldo dit Antoine de Gondi. Évêque de Langres en 1565, puis de Paris en 1569, il est fait cardinal en 1585 et nommé ambassadeur à Rome. Avec lui, l'évêché de Paris devient une possession des Gondi.

GONDOVALD ou GONDOALD (?, v. 550 – Comminges, 585)

Aventurier franc.

Il se prétendait fils de Clotaire Ier et d'une concubine. Son vrai nom était peut-être Ballomer. Venant de Constantinople où il s'était exilé, il débarque à Marseille, d'où il se lance à la conquête des Gaules en 584, à l'instigation de Gontran Boson, qui le trahit vite. Élevé sur le pavois à Brive, il s'empare d'Angoulême, Périgueux, Toulouse, enfin Bordeaux avec l'appui des Austrasiens et de Mummole. Gontran de Bourgogne parvient à l'enfermer dans Comminges. Là, après un siège de quinze jours mené par le duc Leudegisèle, il est abandonné par les siens, livré par Mummole à l'ennemi et massacré.

GONTAUT-BIRON Anne Armand, vicomte de (Paris, 1817 – Paris, 1890)

Diplomate.

Député des Basses-Pyrénées en 1871, il est nommé dès le mois de décembre ambassadeur à Berlin. À ce poste, pendant sept ans, il travaille à rétablir des relations normales entre la France et l'Allemagne. Il négocie la libération anticipée du territoire, contribue à la signature de la seconde convention franco-allemande, le 29 juin 1872, puis à celle du traité du 15 mars 1873. En mars 1875, la loi militaire votée par l'Assemblée nationale provoque l'inquiétude du chancelier Bismarck qui, sans intervenir directement auprès du gouvernement français, déclenche dans la presse une violente campagne vilipendant l'esprit de revanche des vaincus. Le ministre Decazes cherche alors des appuis au sein des puissances européennes, et Gontaut-Biron intervient avec succès auprès des diplomaties britannique et russe : la reine Victoria et le tsar soutiennent la France, mettant fin à cette alerte internationale. Rappelé par le gouvernement français le 31 janvier 1878, il siège dès lors au Sénat, dont il est membre depuis janvier 1876, et abandonne la vie publique en 1882.

GONTRAN, saint (?, v. 545 – Chalon-sur-Saône, 592)

Roi de Bourgogne (561-592).

Deuxième fils de Clotaire Ier, il reçoit la Bourgogne en 561. Ses premiers actes consistent à confirmer la loi Gombette, à s'efforcer de réconcilier ses frères Sigebert et Chilpéric, à repousser les invasions des Lombards et à envoyer ses généraux contre les Bretons, les Basques et les Wisigoths. Après la mort de Sigebert, Gontran défend Childebert II, son neveu, contre les entreprises de Chilpéric dont les troupes sont écrasées près de Limoges par Mummole. Ayant perdu ses deux fils, il adopte Childebert II pour qui il revendique les terres usurpées par Chilpéric. Peu après, le roi doit faire face à la révolte de Gondovald, suscitée par l'aristocratie austrasienne, et décide de prendre sous sa protection la reine Fredégonde et son fils Clotaire. Ses expéditions contre les Wisigoths, tant en Espagne (586) qu'en Septimanie (589), sont des échecs. En 587, il signe le traité d'Andelot qui confirme son alliance avec Childebert. Gontran s'éteint à Chalon-sur Saône après plus de trente-deux ans de règne. Grégoire de Tours l'appelait le « bon roi Gontran », et l'Église l'admit au nombre de ses saints, sans doute parce qu'il avait été un des rares rois à de son temps à protéger vraiment les clercs et les monastères. Il accueillit saint Colomban à Luxeuil et fonda Saint-Michel-de-Chalon.

GONTRAN Boson (? – Andelot, 587)

Duc d'Auvergne.

Sous l'autorité de Sigebert, roi d'Austrasie, il défait et tue Théodebert, fils de Chilpéric Ier (575). Nommé tuteur de Childebert II, il se rend à Constantinople où il prépare la grande révolte de Gondovald (584), qu'il abandonne dès son arrivée en Provence. Accusé d'avoir violé la tombe de sa femme pour s'en approprier les richesses, il est traîné devant une assemblée à Andelot et exécuté sur ordre du roi de Bourgogne Gontran.

GONZAGUE

Famille princière originaire des environs de Mantoue.

À l'époque des campagnes de Charles VIII en Italie, Jean François II, marquis de Mantoue, est choisi par le pape, le duc de Milan, la Sérénissime république de Venise et l'Espagne pour commander les troupes qui marcheront contre le roi de France. Pourtant, on le voit s'allier à Charles VIII dès 1503 et adhérer, six ans plus tard, à la ligue de Cambrai. Son fils aîné Frédéric II, premier duc de Mantoue par la grâce de Charles Quint, s'assure, en 1536, la possession du Montferrat que convoite le duc de Savoie. Le troisième fils de Jean François II, Ferdinand, premier duc de Guastalla, grand capitaine au service de Charles Quint et connu pour sa dureté, est soupçonné d'avoir fait empoisonner en 1536 le Dauphin, fils aîné de François Ier.

La sœur de Frederic II, Chiara, épouse en 1481 Gilbert de Bourbon-Montpensier, à qui elle donnera un fils, le connétable de Bourbon. Un des fils puînés de Frédéric II, Louis, devient par mariage duc de Nevers. C'est à partir de sa génération que les Gonzague se mettent, la plupart du temps, sous la protection du roi de France pour échapper aux menaces conjuguées que l'Espagne et la Savoie font peser sur leurs terres. En 1627, après la mort du duc Vincent II, dernier représentant de la branche aînée des Gonzague, la querelle des Français et des Impériaux, qui ont chacun leur candidat pour le duché de Mantoue (branche de Nevers pour la France, de Guastalla pour l'Espagne), reprend. Finalement, le duc Charles de Nevers et de Rethel parvient a s'imposer à Mantoue. L'échec de la coalition hispano-savoisienne à Casal, capitale du Montferrat, en 1630, confirme le duc français sur le trône de ses ancêtres.

Charles Ier meurt en 1637 et a pour successeur son petit-fils Charles II qui, n'ayant que 8 ans, est d'abord placé sous la tutelle de sa mère. En 1659, ce dernier vend toutes ses possessions françaises (Nevers, Rethel, Mayenne, etc.) à Mazarin. Son fils Charles III prend parti pour Louis XIV dans la guerre de Succession d'Espagne. Une garnison française s'installera à Mantoue. Les terres des Gonzague seront envahies par les Autrichiens après la victoire du prince Eugène à Turin en 1706. Deux ans après, Charles meurt sans héritier direct, vraisemblablement empoisonné, et les Autrichiens mettent alors fin à l'indépendance de Mantoue, cependant que la Savoie annexe le Montferrat.

Anne de Gonzague

Anne de Gonzague, princesse Palatine. Huile sur toile, XVIIe siècle, château de Versailles. © *Lauros-Giraudon*

GONZAGUE Anne de, dite LA PRINCESSE PALATINE (Paris, 1616 – Paris, 1684)

Fille de Charles Ier de Gonzague, duc de Mantoue et de Nevers.

Destinée au cloître par son père, elle devient la maîtresse d'Henri II de Guise, archevêque de Reims, qui l'abandonne après avoir obtenu l'autorisation de quitter les ordres et après l'avoir secrètement épousée en 1638. Veuve, elle épouse en 1645, toujours secrètement, le comte palatin du Rhin Édouard de Bavière, dont elle aura trois filles. En 1650, on la retrouve dans la Fronde, chargée de missions encore secrètes, telles que la négociation de la mise en liberté des princes et la réconciliation de Gondi (futur cardinal de Retz) avec la reine, Catherine de Médicis. Veuve une seconde fois en 1663, elle passe ses dernières années dans la contrition et la dévotion. Sa fille, Anne de Bavière, épouse en 1663, le duc d'Enghien, fils du Grand Condé. Bossuet prononcera son oraison funèbre. Elle passait pour fort belle. C'est elle qui décida le mariage d'Élisabeth-Charlotte, autre princesse Palatine, avec Monsieur, frère de Louis XIV.

GONZAGUE Louise-Marie ou Marie-Louise de (Paris, v. 1612 – Varsovie, 1667)

Reine de Pologne (1645-1667).

Fille aînée de Charles Ier de Gonzague, duc de Mantoue et de Nevers. Orgueilleuse et romanesque, elle rêve de se faire enlever par Gaston d'Orléans, frère de Louis XIII. Mais Marie de Médicis veille sur son fils et la fait arrêter en 1629. En 1642, elle promet sa main à Cinq-Mars s'il parvient à débarrasser la France de Richelieu : la conspiration manquée coûte la vie au grand écuyer de France. En 1645, elle trouve en Ladislas, roi de Pologne, un mari assez titré pour elle, mais difficile à mener. Ce dernier meurt en 1648 ; sa veuve se remarie avec son beau-frère Jean Casimir, qu'elle contribue à faire élire roi : ainsi la Pologne ne change pas de reine.

GORÉE

Île côtière du Sénégal, protégeant la rade de Dakar.

Visitée dès 1365 par des négociants dieppois, l'île devient, en 1619, un comptoir hollandais, et porte le nom de Goude Rede, « Bonne Rade ». L'amiral d'Estrées l'enlève aux Hollandais, en 1677, et Gorée devient alors le principal comptoir commercial français sur la côte occidentale de l'Afrique. Occupée par les Anglais de 1758 à 1763, puis de 1800 à 1814, l'île n'est définitivement occupée par la France qu'après 1817. Son importance ne cesse de décliner au cours du XIXe siècle, tandis que se développe la colonie du Sénégal, et Gorée est rattachée à Dakar en 1929.

GORSAS Antoine Joseph (Limoges, 1752 – Paris, 1793)

Homme politique.

Fils d'un cordonnier, il refuse d'entrer dans les ordres pour devenir commis de la Ferme générale des domaines, à Versailles. En 1779, il ouvre dans cette ville une institution à la fois civile et militaire, où il inculque aux jeunes gens des principes de liberté. Deux ans plus tard, des pamphlets contre le gouvernement lui valent d'être embastillé. Quelque temps plus tard, Gorsas est de nouveau arrêté et enfermé à Bicêtre, en raison de l'enseignement dispensé dans son établissement, dorénavant fermé. Adhérant avec enthousiasme à la Révolution, il fonde, dès juillet 1789, à Versailles, une feuille très pittoresque intitulée *Le Courrier de Versailles à Paris*, et la transporte dans la capitale au mois d'octobre. Devenu *Le Courrier de Paris dans les provinces*, puis *Le Courrier des 83 départements*, le journal, que Gorsas dirige jusqu'au 31 mai 1793, est un des plus répandus et des plus lus de cette période. Considéré tout d'abord comme un patriote – il défend notamment les massacres de Septembre comme un « mal nécessaire » –, il se prononce bientôt pour la monarchie. Élu dans l'Orne et la Seine-et-Oise, il choisit de représenter ce dernier département et, à la Convention, se rapproche des Girondins. Lors du procès de Louis XVI, Gorsas se prononce pour l'appel au peuple, la détention et le « bannissement à la paix », mais refuse le sursis. Il attaque ensuite Marat dans *Le Courrier*, provoquant le saccage de son imprimerie, dans la nuit du 9 au 10 mars. Le 13 avril, il vote pour la mise en accusation de ce dernier. Un mois plus tard, la Commune répand dans tout Paris, sous forme d'affiches, la comparaison de ses opinions sous le titre : « Le Gorsas d'autrefois et le Gorsas d'aujourd'hui. » Décrété d'arrestation le 2 juin, il s'enfuit a Caen, est mis hors la loi le 28 juillet. Revenu à Paris, il se montre imprudemment dans un cabinet de lecture, ce qui lui vaut d'être arrêté, jugé et guillotiné le jour même, le 7 octobre.

GOTHIE

Région du midi de la France dont l'étendue varie selon les époques.

À l'origine, la Gothie est le pays où les Wisigoths ont pu se maintenir après leur défaite de Vouillé devant les Francs. Au VIIe siècle, ce pays correspond au Bas-Languedoc et au Roussillon, plus une partie de la Catalogne transpyrénéenne. Au début du IXe siècle, on parle parfois d'un duché de Gothie comprenant la Septimanie et toute la marche orientale d'Espagne. Vers 860, le marquisat de Gothie est séparé du gouvernement des marches d'Espagne. Narbonne en est la capitale. Guillaume le Pieux, comte d'Auvergne et duc d'Aquitaine, en est le titulaire le plus célèbre. Sous les premiers Capétiens, la Gothie appartient aux comtes de Rouergue de la maison de Toulouse ; elle est parfois jointe au Gévaudan.

GOTHS

Peuple germanique, vraisemblablement originaire de la Scandinavie, fixé sur la côte méridionale de la Baltique et la rive droite de la basse Vistule au Ier siècle av. J.-C.

Au milieu du IIe siècle, ils émigrent vers le sud et s'établissent au nord-ouest de la mer Noire. Ils forment alors un État puissant divisé en deux royaumes distincts mais qui resteront très liés : celui des Ostrogoths entre le Don et le Dniestr, celui des Wisigoths entre le Dniestr et le Danube. En 238, les Goths se heurtent pour la première fois à l'Empire romain en envahissant la Thrace puis la Dacie. Ayant découvert la navigation, ils ravagent, vingt ans plus tard, les côtes de la mer Noire, franchissent le Bosphore, pillent les côtes d'Asie Mineure, brûlent le temple d'Éphèse et viennent dévaster Athènes. En 269, ils ravagent la Crète et Rhodes. L'empereur Claude II le

Gothique réussit cependant à les écraser à Naissus (Niš). Aurélien les repousse au sud du Danube mais il leur abandonne la Dacie en 271. Valens les tient en respect et, pendant un siècle, les Goths vivent dans une paix relative le long du Danube, fournissant des mercenaires à Rome et percevant des tributs. Un traité conclu en 332 avec les Wisigoths favorise même les échanges culturels et, en particulier, la pénétration du christianisme arien. C'est un évêque wisigoth, Ulfilas, qui, voulant traduire le Nouveau Testament en goth, créera, au milieu du IVe siècle, l'écriture et la langue littéraire gothiques.

En 375, les Huns attaquent les Ostrogoths sur le Don inférieur. Ils soumettent une partie d'entre eux. Mais la majorité fuit vers l'ouest, au-delà du Dniepr et du Danube, suivie des Wisigoths et d'autres tribus germaniques qui demandent asile à l'Empire. Les Wisigoths s'établissent alors en Thrace, les Ostrogoths en Pannonie, et désormais leurs destins se séparent. Les Wisigoths se lassent vite de la domination romaine. Ils se soulèvent en 377 et, tantôt vaincus tantôt vainqueurs, ravagent l'est des Balkans et la Grèce en 396. En 397, ils obtiennent l'Épire mais, le pays étant pratiquement ruiné, leur chef Alaric décide de gagner la Vénétie par la côte dalmate. Pendant dix ans, les Wisigoths dévastent l'Italie (sac de Rome en 410), puis ils gagnent la Calabre, essaient vainement de passer en Afrique et remontent finalement en Gaule. Là, ils s'installent entre le Rhône et la Garonne, fondant le royaume de Toulouse, le premier État barbare établi sur le sol de l'Empire. Un traité conclu en 418 le reconnaît officiellement. Puis ils gagnent peu à peu sur l'Espagne et lorsque, au début du VIe siècle, les Francs s'emparent de l'Aquitaine, les Wisigoths se replient sur la Castille et fondent le royaume de Tolède qui subsistera jusqu'à la conquête islamique.

Les Ostrogoths restés en Pannonie passent sous le protectorat des Huns et participent aux campagnes d'Attila en Gaule et en Italie. Ils sont notamment à ses côtés lors de la bataille des champs Catalauniques (451). À sa mort, ils adoptent une position de neutralité et concluent en 455, avec l'Empire, un traité qui leur cède les territoires situés autour du lac Balaton. Ils luttent alors contre les Skires et les Sarmates, puis envahissent l'Illyricum. Un nouveau traité leur accorde la Macédoine en 473. Mais la Mésie, l'Épire et la Dacie continuent à être victimes de leurs raids et, en 488, pour s'en débarrasser, Zénon les envoie, sous la conduite de Théodoric, chasser Odoacre d'Italie. Vainqueur de ce dernier, Théodoric fonde en Italie un royaume romano-barbare. Son règne voit l'ébauche d'une véritable culture gothique byzantinisante dont Ravenne est le foyer. Il réserve néanmoins les fonctions militaires aux Goths, qui sont régis par une administration différente de celle des Romains. Ce royaume est de courte durée. Dès 536, après la mort du petit-fils de Théodoric, il se désagrège. Bélisaire, sur l'ordre de Justinien, débarque en Italie et entre à Ravenne en 540. Les Ostrogoths résistent jusqu'en 552, date à laquelle ils sont pratiquement exterminés par Narsès (bataille de Tadinæ).

GOUGES Marie-Olympe GOUZE, dite OLYMPE de (Montauban, 1748 ou 1755 – Paris, 1793)

Dramaturge et pamphlétaire.

Fille d'un boucher de Montauban, elle est mariée à l'âge de 17 ans à un officier de bouche de la maison d'Alexis de Gourgues. Mère et veuve un an plus tard, en mal de reconnaissance sociale – elle affirma toujours être la fille illégitime du marquis Le Franc de Pompignan –, elle transforme son nom et le fait précéder d'une particule. Dorénavant Olympe de Gouges s'installe à Paris où elle mène une vie galante tout en fréquentant les cafés autour de Palais-Royal où se cultivent les thèses philosophiques et l'esprit de ceux qui affichent leurs ressentiments contre Versailles. Bientôt cependant, la jeune provinciale change de vie pour se consacrer entièrement à l'écriture. Par le biais du théâtre (*Zamore et Mirza ou l'heureux naufrage*, 1783), puis de l'essai (*Réflexions sur les hommes nègres*, 1788), elle cultive la controverse et déchaîne les passions en s'engageant dans la lutte pour l'abolition de l'esclavage au moment où apparaissent les premiers mouvements insurrectionnels dans les colonies françaises, Vincent Ogé à Saint-Domingue en tête.

Venue assister aux États généraux à Versailles en avril 1789, elle abandonne le théâtre et ses déboires pour la défense du peuple asservi dont elle soutiendra bientôt la cause dans les libelles qu'elle affiche sur les murs, distribue sur les ponts et lit dans les cafés du Palais-Royal. Cette propension à dialoguer avec ses concitoyens assure alors sa notoriété, mais les libelles qu'elle envoie à l'Assemblée puis à Mirabeau en faveur de l'égalité politique, juridique et sociale des femmes, restent lettre morte. Face à cette indifférence polie qui traduit le refus d'accepter l'émergence d'une femme dans les débats, Olympe de Gouges épouse la cause féministe défendue par Etta Palm et bientôt par Camille Desmoulins. Elle interpelle le roi, la reine à qui elle dédie sa célèbre *Déclaration des droits de la femme et de la citoyenne* (1791), Necker, le duc d'Orléans, mais aussi les États généraux, la Convention et Robespierre qu'elle accuse, avec Marat, d'être « des insectes croupissants dans le bourbier de la corruption ». Cet esprit incisif et virulent, qui se met ensuite au service de la défense de Louis XVI lors de son procès, déclenche l'opprobre de Robespierre : Olympe de Gouges est arrêtée le 20 juillet 1793, enfermée à la Conciergerie le 28 octobre, avant de comparaître devant le Tribunal révolutionnaire de Fouquier-Tinville. Elle est guillotinée le 3 novembre 1793 pour avoir « tenté de saper la République par ses écrits ».

GOUIN Félix (Peypin, Bouches-du-Rhône, 1884 – Nice, 1977)

Homme politique, président du Gouvernement provisoire de la République française (GPRF).

La vie politique de Félix Gouin coïncide avec les années d'essor et de grandeur de la SFIO ; elle s'arrête avec les débuts de la Ve République. Fils d'instituteurs laïques, Félix Gouin adhère au socialisme en 1902 et devient avocat en 1907. Orateur brillant, il commence une carrière électorale remarquable par sa longévité et par le cumul des mandats : conseiller général (1911) puis municipal (1921), maire d'Istres (1922), député d'Aix (1924), il garde tous ces mandats jusqu'en 1958 à l'exception de la période vichyste. En 1936, en tant que vice-président du groupe socialiste à la Chambre et aux commissions des Finances comme au Budget, il contribue à mettre en œuvre la politique économique du Front populaire. Membre du courant pacifiste de la SFIO, favorable aux accords de Munich, il entre en résistance dès juillet 1940 en refusant les pleins pouvoirs au maréchal Pétain, puis en organisant la SFIO clandestine. Arrivé à Londres en août 1942, il fonde le groupe des parlementaires résistants, sert d'intermédiaire entre de Gaulle et la SFIO, puis préside les assemblées consultatives d'Alger, de Paris et la Constituante. Le 26 janvier 1946, et jusqu'au 12 juin, il succède à de Gaulle comme président du GPRF, et met en chantier les premières réformes prévues par le CNR. En automne 1946, il est accusé d'avoir orchestré la pénurie de vins à des fins mercantiles et le scandale lui coûte la présidence du Conseil et de la République, bien que sa culpabilité n'ait jamais été prouvée. Trois fois ministre en 1947, il se consacre ensuite à ses activités à l'ONU où il représente la France, et à la promotion de la construction européenne.

GOULET (traité du)

Paix conclue, au mois de mai 1200, entre le roi de France Philippe Auguste et son adversaire Jean sans Terre, roi d'Angleterre, dans un lieu-dit du Vexin normand situé sur la rive gauche de la Seine entre Gaillon et Vernon.

Philippe Auguste reconnaît Jean comme roi d'Angleterre, mais reçoit en échange une partie du Vexin normand, Les Andelys exceptés, et le comté d'Évreux. Blanche, nièce de Jean sans Terre, est fiancée à Louis, héritier du trône de France (futur Louis VII), et lui apporte en dot une grande partie du Berry, soit les seigneuries d'Issoudun, de Graçay et de Châteauroux. Le mariage des futurs parents de Saint Louis sera célébré à Port-Mort, presque en face du Goulet. Enfin, confirmant le succès de Philippe Auguste, le roi d'Angleterre se reconnaît vassal du roi de France pour ses fiefs continentaux. La paix du Goulet sera rompue dès 1202.

GOURAUD Henri (Paris, 1867 – Paris, 1946)

Général.

Appartenant à la promotion 1888 de l'École militaire de Saint-Cyr, il accomplit la première partie de sa carrière militaire en Afrique, participant, en 1898, à la campagne du Soudan, puis servant au Dahomey, au Tchad, en Mauritanie, enfin au Maroc de 1911 à 1914. Placé à la tête du corps expéditionnaire français aux Dardanelles, Gouraud, grièvement blessé au mois de juin 1915, est amputé d'un bras. Très populaire parmi la troupe en raison de son comportement courageux, il commande en 1918 la IVe armée sur le front de Champagne. Haut-commissaire au Levant, de 1919 à 1923, il termine sa carrière en 1937 en qualité de gouverneur militaire de la place de Paris.

GOURGAUD Gaspard, baron (Versailles, 1783 – Paris, 1852)

Général.

Fils d'un musicien de la chapelle de Louis XVI, il entre dans l'armée en 1801 et participe à toutes les guerres de l'Empire. Blessé à Austerlitz, il combat ensuite à Iéna, Friedland, Essling et Wagram, où il se distingue particulièrement. Officier d'ordonnance de l'Empereur, il participe à ses côtés aux campagnes de Russie et de France et le suit jusqu'à Fontainebleau. Versé dans les gardes du corps de Louis XVIII, après la première abdication, comme les autres officiers d'ordonnance, il accourt aux côtés de Napoléon pendant les Cent-Jours. Nommé général au lendemain de Waterloo, Gourgaud accompagne à Sainte-Hélène l'Empereur déchu. Là, sous sa dictée, il rédige deux des huit volumes des *Mémoires pour servir à l'histoire de France sous Napoléon*, les autres étant dus à Montholon. Cependant, à la suite de querelles avec ses autres compagnons d'exil, Montholon notamment, Gourgaud, d'un caractère jaloux, quitte Sainte-Hélène en 1818. Ne pouvant rentrer en France, il gagne l'Angleterre, mais la publication de la *Campagne de 1815*, où il raconte la bataille de Waterloo, lui vaut d'être chassé du pays. Toujours en 1818, il intervient auprès des souverains européens réunis à Aix-la-Chapelle pour tenter d'adoucir le sort de Napoléon. Il écrit aussi à Marie-Louise, sans succès.

Autorisé à regagner la France en 1821, Gourgaud reste à l'écart de la vie publique jusqu'en 1835, ne se signalant que par le duel qui l'oppose en 1825 à Philippe de Ségur, à la suite de la publication par ce dernier de l'*Histoire de la Grande Armée*. Lieutenant général en 1835, bientôt général de division et aide de camp de Louis-Philippe, il accompagne en 1840 le prince de Joinville à Sainte-Hélène avec les survivants de la captivité et ramène les cendres de l'Empereur. Louis-Philippe le fait pair de France à son retour. Mis à la retraite par la révolution de 1848, Gourgaud représente les Deux-Sèvres à l'Assemblée législative, en 1849. À côté de ses mémoires, édités en 1822-1823, on lui doit notamment *Les Erreurs de Bourrienne*, où il réfute les affirmations de ce dernier.

GOUVERNEMENT

Sous l'Ancien Régime, circonscription territoriale embrassant plusieurs bailliages et sénéchaussées, à la tête de laquelle est placé un gouverneur chargé de la régir au nom du roi, surtout du point de vue militaire.

Le nombre des gouvernements, leurs limites, qui ne se superposent jamais à celles des provinces ou des généralités, et leur rôle varient considérablement depuis leur apparition jusqu'à la fin de l'Ancien Régime. Dès le XIVe siècle, il existe, dans diverses grandes régions du royaume, des délégués ou représentants du roi qui, sous le nom de lieutenants généraux, le représentent et administrent en son nom d'une manière temporaire. Ces fonctions, d'importance variable, sont tantôt générales, embrassant toute l'administration, telle la lieutenance du duc d'Anjou et du duc de Berry en Languedoc, sous Charles V et Charles VI, tantôt de caractère plutôt militaire, au moment des guerres. Elles sont toujours remplies par de grands personnages. Cette institution se multiplie et se généralise au cours du XVe siècle et au début du XVIe. Sous Louis XI, on compte huit gouvernements : Normandie, Picardie, Champagne et Brie, Bourgogne, Languedoc, Guyenne, Provence, Dauphiné qui, tous, touchent les frontières du royaume. Sous Charles VIII et Louis XII, leur nombre augmente et les pouvoirs des gouverneurs s'accroissent, avec tendance à l'hérédité. Au début du XVIe siècle, il existe onze gouvernements : Normandie, Picardie, Champagne et Brie, Bourgogne, Languedoc, Guyenne, Provence, Dauphiné, Lyonnais, Bretagne, Île-de-France. Supprimés en 1542, ils sont rétablis en 1545 au nombre de treize : les onze gouvernements déjà cités, sauf le Lyonnais, remplacé par ceux de Bresse, de Savoie et de Piémont. Cette réglementation est de courte durée. En 1547, Henri II opère une réorganisation générale et crée trois grands gouvernements : Dauphiné, Savoie, Bresse et Piémont ; Bourgogne, Champagne et Brie ; Lyonnais, Forez, Dombes, Marche, Auvergne, Bourbonnais, Berry. Ces nouvelles dispositions durent, elles aussi, peu de temps. En 1559, la Savoie, le Piémont et la Bresse sont rendus au duc de Savoie. Cependant, après la création de celui de l'Orléanais et l'établissement de celui du Lyonnais, on trouve en général douze gouvernements jusqu'à la fin du XVIe siècle. Pendant les guerres de Religion, ils tombent aux mains des chefs des divers partis politiques et religieux qui se les font attribuer et en font de véritables États féodaux, dont le chef tente d'obtenir non seulement le commandement des forces militaires, mais aussi toute l'administration financière et judiciaire.

Henri IV, qui a eu à lutter contre leurs empiétements et leurs prétentions, entreprend de faire disparaître ce danger. Mais pendant la minorité de Louis XIII, de nouveaux gouvernements sont créés et, au moment où Richelieu prend le pouvoir, ils sont même en nombre important, grâce à la création de ceux du Berry, de l'Anjou, de l'Aunis, du Maine, du Poitou, démembrés de l'Orléanais ; de celui de l'Auvergne, démembré du Lyonnais ; de ceux du Limousin, de Saintonge et d'Angoumois, démembrés de la Guyenne, et de la création de ceux du Béarn, de Toul, de Metz et de Verdun. Richelieu, puis Louis XIV reprennent la politique qui tend à diminuer la puissance des gouverneurs. Louis XIV leur enlève le maniement des deniers publics, restreint leurs attributions militaires, diminue la durée de leurs fonctions, les retient à la Cour et les oblige même à ne se rendre dans leurs gouvernements qu'avec autorisation royale. Il place enfin à côté d'eux des lieutenants généraux et des lieutenants du roi, dont ils n'ont plus la nomination. En même temps, il crée de nouveaux gouverneurs, ce qui en porte le nombre à trente. À la fin de l'Ancien Régime, la charge de gouverneur n'est pratiquement plus qu'honorifique.

Gouvernement provisoire de 1814

Gouvernement de la France du 1er au 14 avril 1814.

Au terme de la désastreuse campagne de France et de la reddition de Paris aux mains des souverains alliés (30 mars 1814), le problème de la succession au pouvoir se pose avec acuité. Certes, Napoléon n'a pas encore abdiqué – il ne le fera que le 6 avril –, mais la tournure prise par la situation politique du pays et la pression exercée par l'entourage immédiat de l'Empereur sont en passe de dissuader ce dernier de reconquérir par les armes sa capitale envahie. Dès lors plusieurs hypothèses se présentent. La première consiste à instituer une régence en attendant la majorité du roi de Rome. Cette éventualité est mollement repoussée par le tsar Alexandre Ier, qui ne souhaite pas véritablement le retour des Bourbons, et par Talleyrand qui craint que cette régence soit dominée par la présence, même discrète, de Napoléon. La seconde est celle avancée par le tsar, consistant en un appel à Bernadotte, ce qui suscite l'opposition de Talleyrand, anxieux quant à son avenir politique. En fait, Talleyrand préparait, avec l'appui des Anglais qui ne voulaient traiter ni avec Napoléon ni avec sa famille, le retour des Bourbons sur le trône de France. C'est donc dans cette dernière voie qu'une troisième solution est envisagée et retenue. Mais, pour l'heure, un gouvernement provisoire doit être institué afin de négocier avec les alliés.

Sur le conseil empressé du tsar Alexandre, le Sénat, organe institutionnel entièrement inféodé quelques jours plus tôt aux volontés politiques de l'Empereur, confie, le 1er avril, à Talleyrand, à Dalberg, au général Beurnonville, à Jaucourt, à l'abbé de Montesquiou et à Dupont de Nemours (nommé secrétaire général) la responsabilité d'un gouvernement de transition appelé gouvernement provisoire. Le premier acte de ce gouvernement est de décider la déchéance de l'Empereur, ainsi que l'abolition des prétentions héréditaires de sa descendance au trône impérial. Puis il nomme des commissaires pour chaque département ministériel et remanie l'état-major de la garde nationale de Paris, tout en préparant l'arrivée du comte de Provence. Il ne reste donc plus, pour que l'Empire ait cessé d'exister, qu'à faire entériner par le Sénat – au terme d'une procédure bâclée par 64 sénateurs sur 240 – la déchéance inconditionnelle de Napoléon, effective à partir du 3 avril 1814.

De fait, en quelques jours – Paris ayant appris le 6 avril l'abdication de Napoléon –, les cocardes blanches réapparaissent, en même temps que les émigrés, dont certains avaient quitté leur pays depuis près de 25 ans. Force est de reconnaître qu'une bonne part de la population, lasse des guerres et de son cortège de deuils, voit revenir sans effroi au trône de France Louis XVIII, officiellement rappelé par le Sénat le 6 avril. Le lendemain, tandis que l'impératrice Marie-Louise et son fils, l'Aiglon, se trouvent toujours à Blois, le gouvernement provisoire s'attache à régler le sort de l'Empereur déchu. Sur proposition du tsar Alexandre, encore, lui est dévolue la souveraineté de l'île d'Elbe et une pension de 2 millions de rente que Louis XVIII devra lui verser. Toutefois, la tâche majeure du gouvernement provisoire reste, par-delà la liquidation de l'héritage impérial, la préparation des institutions de la France du futur roi. C'est ainsi que, dès le 6 avril, le Sénat va élaborer une Constitution devant être soumise à référendum puis au serment du nouveau monarque, projet qui sera rejeté par Louis XVIII. Toutefois, ce projet de Constitution porte en lui les ferments de l'ambiguïté institutionnelle que connaîtra la Restauration. En effet, s'il était impossible de méconnaître les apports libéraux acquis depuis un quart de siècle, il n'était guère aisé d'envisager qu'un monarque accepte qu'on lui « accorde » une couronne qu'il estimait ne tenir que de Dieu. Une fois de plus, le rationalisme révolutionnaire s'opposait aux principes immuables de la monarchie absolue. Dès lors, Louis XVIII, s'apprêtant à quitter l'Angleterre, sait que le futur régime sera celui du compromis entre les deux tendances qui ont déchiré la fin du siècle précédent. Conscient des difficultés qu'aura à connaître le début de la Restauration, le gouvernement provisoire se retire, le 14 avril, dès l'arrivée à Paris du comte d'Artois, futur Charles X, frère de Louis XVI et de Louis XVIII, et nommé par ce dernier lieutenant général du royaume chargé de préparer l'entrée du roi dans Paris, le 3 mai 1814.

Gouvernement provisoire de 1848

L'invasion de la Chambre des députés dans la journée du 24 février vient d'empêcher la reconnaissance du comte de Paris, petit-fils du souverain déchu, Louis-Philippe. La République étant proclamée, la nécessité d'un gouvernement provisoire s'impose.

Au *National*, organe des républicains modérés, la liste comprend les noms de Lamartine, d'Odilon Barrot, de Marrast, le rédacteur en chef, de François Arago, de Marie et de Garnier-Pagès. La foule, qui stationne devant le journal, réclame les noms de Ledru-Rollin, Crémieux et Dupont de l'Eure. Pendant ce temps, à *La Réforme*, organe du parti socialiste, la liste réunit les noms d'Étienne Arago, de Louis Blanc, de l'ouvrier Martin dit Albert, de Flocon, un rédacteur du journal, et de Caussidière. Cette dualité risquant de dégénérer en nouveaux heurts, compte tenu de l'excitation populaire, Lamartine fait preuve d'esprit d'à-propos en incitant ses colistiers à se rendre d'urgence à l'Hôtel de Ville pour y recevoir l'aval officiel. C'est alors que le groupe de *La Réforme* se présente et réclame sa part. Après maintes palabres, la fusion s'accomplit. Sous la présidence de Dupont de l'Eure, les ministères se répartissent comme suit : Lamartine (Affaires étrangères), Crémieux (Justice), François Arago (Marine et Colonies), Ledru-Rollin (Intérieur), Marie (Travaux publics). Dupont de l'Eure, né en 1767, ancien membre du Directoire et du Conseil des Cinq-Cents, fait figure de patriarche. Lamartine, légitimiste rallié à la République, auteur d'une *Histoire des Girondins* publiée un an auparavant, rassure les modérés aussi bien que les chancelleries. Sa première intervention consiste d'ailleurs dans le maintien du drapeau tricolore, auquel certains désirent substituer le drapeau rouge. D'autres mesures gouvernementales suivent, car la situation est grave. Les prix agricoles montent sans cesse, conséquence d'une crise résultant aussi bien d'une sécheresse catastrophique que d'une grave maladie de la pomme de terre. Le machinisme, en constant développement, réduit de surcroît nombre d'ouvriers au chômage. Des entreprises ferment. Beaucoup d'artisans cessent leurs activités. Un indéniable antagonisme de classe se révèle. Il risque d'entraîner des conflits violents, compte tenu de l'appauvrissement de la classe laborieuse. En quelques jours, le gouvernement décide donc la liberté de réunion, abolit la peine de mort en matière politique, supprime l'esclavage aux colonies, interdit le port des titres de noblesse, le cautionnement et le droit de timbre pour les journaux. Il permet à tous les citoyens l'entrée dans la garde nationale par la suppression de l'obligation d'équipement. Enfin un décret du 4 mars rétablit le suffrage universel masculin : tout citoyen âgé de 21 ans est électeur ; le nombre de ceux-ci passe ainsi de 250 000 à 9 millions.

Le 25 février, un autre décret proclame le droit au travail. Une idée de Louis Blanc prend consistance, celle de l'ouverture d'Ateliers nationaux destinés à donner du travail aux chômeurs par l'intermédiaire d'un organisme d'État. L'idée paraît si séduisante qu'une commission du travail s'installe au palais du Luxembourg dès le 28 février. Mais la réalisation laisse à désirer car le travail productif manque. Plus de 15 000 candidats se pressent devant ces Ateliers, si bien que pour occuper tout ce monde il est bientôt décidé de retourner la terre du Champs-de-Mars. Les horaires de travail sont réduits et les équipes chôment un ou deux jours sur quatre. Les modérés critiquent ce gâchis, alors que les ruraux déplorent la remise de salaires si élevés à des gens non productifs. Le malaise grandit. Le moment est d'autant plus inopportun que les impôts rentrent mal en raison du nombre des fermetures d'entreprises. Les commerçants, se souvenant des assignats révolutionnaires, refusent souvent les billets de banque. Un emprunt émis au taux de 5 % n'est pas même couvert. Les possesseurs d'argent ne se démunissent pas, car la confiance dans le nouveau pouvoir est des plus réduites.

Les membres de celui-ci sont conscients de cette situation et décident de recourir à des élections pour élire une Assemblée constituante. La date retenue tout d'abord est le 9 avril. Mais une manifestation populaire oblige à un report de date au 23 du même mois. Les manifestants désirent, en effet, voir proroger un régime provisoire qui leur est favorable. Le dimanche 16 avril, une nouvelle manifestation se produit. Mais, cette fois, Ledru-Rollin fait intervenir la garde nationale. Changarnier – à la tête de ces détachements dont les membres reçoivent 1,50 franc par jour – a tôt fait de disperser les récalcitrants. La consultation est maintenue au 23. Trois jours auparavant, le gouvernement provisoire, dont la tâche est virtuellement terminée, distribue ses nouveaux drapeaux à l'armée et à la garde nationale. La cérémonie se déroule à l'arc de triomphe de l'Étoile, en présence de plusieurs centaines de milliers de participants ; séance fastueuse qui contraste avec les soucis économiques du moment. Et le 4 mai, pour son ultime réunion, le gouvernement provisoire cède ses pouvoirs à une commission exécutive.

Gouvernement provisoire de la République française (GPRF)

Nom donné au gouvernement issu du Comité français de libération nationale et proclamé à Alger le 3 juin 1944. Il dure jusqu'au 16 janvier 1947.

Les accords Giraud-de Gaulle passés le 3 juin 1943 à Alger ont permis de constituer le Comité français de libération nationale (CFLN). Un an plus tard, à l'approche des débarquements alliés en France, il apparaît indispensable de conférer à ce comité d'Alger un caractère encore plus officiel, d'autant que le président Roosevelt éprouve à l'égard du général de Gaulle et de son entourage des sentiments réservés. Aussi, le 3 juin 1944, le Comité français de libération nationale décide-t-il de prendre la dénomination française de Gouvernement provisoire de la République française (GPRF). Il faut voir là l'intention bien arrêtée du gouvernement d'Alger d'affirmer sa personnalité, au moment où les forces alliées vont administrer des territoires libérés sur lesquels s'exerçait jusqu'alors l'autorité du gouvernement de Vichy. Cela, le général de Gaulle ne peut l'accepter, d'autant plus que les Alliés envisagent d'utiliser dans les régions libérées des billets de banque non reconnus par les autorités françaises. Cependant, la décision de proclamer le gouvernement provisoire ayant été prise à l'unanimité par les membres de l'Assemblée consultative siégeant à Alger, et réunissant d'anciens parlementaires, l'accueil chaleureux reçu par le général de Gaulle lors de son arrivée à Bayeux, le 14 juin, moins d'une semaine après le débarquement de Normandie, l'action judicieuse de MM. Alphand, Hoppenot et Viénot, respectivement représentants du CFLN à Washington et à Londres, permettent d'assouplir des relations jusque-là très tendues entre Alger et les Alliés. Le général de Gaulle est reçu à Washington au début de juillet. Le 11 juillet, le Département d'État américain reconnaît *de facto* le gouvernement provisoire, imité aussitôt par les autres puissances en guerre contre le Reich allemand. Cette reconnaissance implique que désormais le gouvernement provisoire est seul habilité à exercer les pouvoirs civils dans les territoires libérés ; qu'il délègue auprès des autorités militaires alliées ses agents de liaison ; que c'est par l'intermédiaire de ces derniers qu'il faudra étudier et débattre tout problème de caractère administratif ; que le gouvernement provisoire et ses préfets peuvent seuls fournir aux forces alliées l'assistance civile dont elles ont besoin ; qu'enfin la monnaie émise par les autorités alliées le sera avec l'assentiment et sous l'entier contrôle de l'administration française.

Ces accords entrent en vigueur au début du mois d'août, c'est-à-dire à un moment où s'amplifie vraiment la phase de libération, la percée d'Avranches étant obtenue à partir du 25 juillet

Gouvernement provisoire de 1848

Les membres du gouvernement provisoire du 24 février 1848. Lithographie, Paris, Bibliothèque nationale de France. © *Collection Viollet*

et le débarquement en Provence étant prévu pour le 15 août. Les généraux Kœnig dans la zone nord et Cochet dans le sud coiffent les organisations des FFI. Le Conseil national de la Résistance centralise toutes les actions de la Résistance civile et contrôle les grandes administrations. Les douze régions métropolitaines possèdent en puissance des commissaires de la République qui sont prêts à se substituer immédiatement aux super-préfets du gouvernement de Vichy. Dans les départements, préfets et sous-préfets compromis sont sur le point d'être arrêtés ou démis de leurs fonctions. Tout est donc prêt pour accueillir le nouveau régime qui, en raison de son caractère républicain officiellement proclamé, préfigure ce que sera la IVe République. La légalité républicaine est en effet proclamée le 9 août. Le 26, le général de Gaulle reçoit des Parisiens un accueil triomphal. Il rencontre à l'Hôtel de Ville les membres du Conseil national de la Résistance. Le 31, le gouvernement provisoire quitte Alger pour s'installer à Paris. Le 9 septembre, un remaniement ministériel permet l'entrée de personnalités de la Résistance, ainsi que des représentants de la IIIe République, comme Jules Jeanneney, ancien président du Sénat.

Le gouvernement se fixe quatre objectifs : assurer l'autorité publique, épurer le passé, rétablir le rang international de la France et reconstruire l'économie. Le premier aspect présente un caractère d'urgence, étant donné la prise de pouvoir des autorités locales issues de la Résistance et les inconnues sur la stratégie politique des communistes. L'attitude légaliste du PCF facilite la reconnaissance *de jure* du GPRF par les Alliés, le 23 octobre 1944. L'économie accapare le gouvernement, d'abord pour assurer le ravitaillement et rétablir les transports, puis dans le choix d'une politique financière. Contre l'avis des partisans d'une stratégie chirurgicale (remplacement des billets, réduction de la masse monétaire, retour rapide à l'équilibre budgétaire), de Gaulle choisit une option gradualiste, insuffisante pour enrayer une inflation héritée de la guerre. Enfin, les nationalisations et la création de la Sécurité sociale indiquent que le gouvernement de Gaulle suit les traces des politiques de relance initiées en Europe du Nord à partir de 1936, et qu'il compte sur la paix sociale pour éviter les tensions politiques.

En fait, celles-ci reprennent dès l'hiver 1944, avec l'échec de la fusion des principaux mouvements de résistance, l'apparition du MRP qui entre en concurrence avec la SFIO, et les atermoiements du PCF. Les élections législatives d'octobre 1945 confirment cette division : le PCF (26,2 % des voix), le MRP (24 %) et la SFIO (23,5 %) détiennent une légitimité concurrente de celle du Général. Les conditions d'un retour au régime d'assemblée sont réunies et, si de Gaulle peut former un gouvernement le 21 novembre, il doit se retirer le 20 janvier 1946 devant les assauts conduits contre sa politique budgétaire. Le 23, l'accord PCF, MRP, SFIO signe les débuts du tripartisme. La « parenthèse de Gaulle » paraît refermée. Aussitôt, les partis se divisent sur la nature de la nouvelle Constitution proposée aux Français. D'un côté, le PCF souhaite une Assemblée dominante, élue à la proportionnelle et élisant le président de la République ; de l'autre, le MRP souhaite le rétablissement du Sénat et un équilibre inégal des pouvoirs avec l'exécutif présidentiel. Le référendum du 5 mai 1946 sur un projet proche du projet communiste est rejeté par 53 % des suffrages ; dans la foulée, aux élections législatives du 2 juin, le MRP passe devant le PCF et Félix Gouin, qui avait succédé à de Gaulle (26 janvier – 12 juin), laisse la place à Georges Bidault (26 juin – 28 novembre).

De son côté, le Général tente de capitaliser les déceptions des Français et les attentes des électeurs MRP. Mais son discours de Bayeux, le 16 juin, se révèle un coup d'épée dans l'eau. Car les partis n'entendent pas s'effacer devant lui et préparent une seconde mouture constitutionnelle, calée sur les attentes du MRP. Celle-ci est acceptée grâce à un taux d'abstention record (33 % des inscrits) et à un maigre succès de ses partisans (36 % de « oui »). Le retour à la normale s'opère alors en quatre étapes : les élections législatives figent les positions politiques avec un PCF redevenu le premier parti de France ; le Conseil de la République représente un Sénat rénové ; le 16 janvier 1947, Vincent Auriol est élu premier président de la IVe République ; enfin, le 21 janvier, Paul Ramadier, socialiste comme Auriol, devient le premier président du Conseil et succède à Léon Blum (12 décembre 1946-16 janvier 1947). Une semaine plus tard, Ramadier soumet l'investiture de son gouvernement au vote des députés. La continuité l'a emporté sur la rupture.

GOUVION-SAINT-CYR Laurent, marquis de (Toul, 1764 – Hyères, 1830)

Maréchal de France.

Fils d'un tanneur, Laurent Gouvion – Saint-Cyr est le nom de sa mère – tente en vain de réaliser sa vocation de peintre, puis de comédien. Engagé volontaire en 1792, dans un bataillon de chasseurs républicains, il participe aux campagnes de l'armée du Rhin, puis à celles de l'armée de Rhin-et-Moselle. Montant rapidement en grade, il est nommé général de division dès 1794. Général en chef de l'armée de Rome, en 1798, il se signale par son honnêteté et son intégrité. Bonaparte, qui se méfie de ses idées républicaines, le tient tout d'abord à l'écart, lui confiant diverses missions – diplomatiques, comme une ambassade à Madrid, en 1801, ou militaires, comme le commandement de l'armée d'occupation de Naples en 1803. Rappelé en 1806, Gouvion-Saint-Cyr participe alors aux campagnes de Prusse et de Pologne, qu'il achève comme gouverneur de Varsovie (1807). Envoyé en Espagne en 1808, il accomplit une brillante campagne de Catalogne, prend notamment Rosas. Commandant du 6e corps de la Grande Armée pendant la campagne de Russie, il remporte à Polotsk, sur Wittgenstein, une brillante victoire qui lui vaut le bâton de maréchal et le titre de comte. Chargé en 1813 de défendre Dresde, il ne capitule qu'après l'épuisement de ses munitions et obtient des conditions honorables (11 novembre).

Rallié aux Bourbons en 1814, il se tient à l'écart pendant les Cent-Jours. Ministre de la Guerre en 1815, et à nouveau en 1817, il contribue à rallier au régime nombre d'officiers impériaux et prépare la loi de 1818 qui porte son nom. Cette loi organise le recrutement de l'armée, par engagements volontaires et tirage au sort, et limite le traditionnel arbitraire de la collation des grades. Gouvion-Saint-Cyr, que Louis XVIII a fait pair en 1815 et marquis l'année suivante, doit se retirer en 1819 devant l'opposition des ultras et abandonne alors la vie publique. On lui doit plusieurs ouvrages littéraires, notamment des *Mémoires pour servir à l'histoire militaire sous le Directoire, le Consulat et l'Empire*, publiés en 1831.

GRAAL (légende du)

Au Moyen Âge, un graal est un grand plat creux servant à présenter poissons ou viandes. C'est également un ciboire ou un calice. C'est ainsi qu'il entre dans la littérature dans le conte du Graal de Chrétien de Troyes aux alentours de 1180.

À peu près à la même époque, Robert de Boron, dans son *Roman de l'Estoire du Graal*, le rattache définitivement à la passion du Christ : le Graal est le *vessel* (vase) de la Cène ayant servi à Joseph d'Arimathie à recueillir le sang lors de la Crucifixion. En même temps, le poète fait de Joseph d'Arimathie le premier des chevaliers gardiens de ce Graal. Car ce vase magique est très convoité en raison de tout ce qu'il peut offrir à celui qui le détient, ses bienfaits mythiques variant d'ailleurs selon les auteurs. Au XIIIe siècle, le Graal est présent dans le vaste cycle des romans bretons incluant l'histoire de Merlin et celle de Lancelot du lac, sans cesse remanié jusqu'au XVIe siècle. En 1882, la légende du Graal a inspiré au compositeur allemand Richard Wagner (1813-1883) son opéra *Parsifal*, sans cesse rejoué depuis ce temps, et même adapté au cinéma : ainsi, en 1982, le *Parsifal* de Hans-Jürgen Syberberg, en une retransposition baroque assez fidèle à l'inspiration de Wagner.

La légende du Graal
Épisodes de la légende. *Livre de messire Lancelot du lac*. Miniature, début XVe siècle, Paris, bibliothèque de l'Arsenal.

GRAILLY

Famille féodale qui tire son nom de la seigneurie de Grailly (aujourd'hui Grilly), dans le pays de Gex.

À la fin du XIIIe siècle, elle devient propriétaire de la vicomté de Benauge en Bordelais. À partir de cette époque, les Grailly s'attachent aux intérêts anglais. En 1336, Pierre II de Grailly épouse Assalide de Bordeaux, héritière du captalat de Buch (pays des anciens Boïens d'Aquitaine, capitale La Teste-de-Buch, près d'Arcachon). Leur petit-fils est le célèbre Jean III, capitaine des Anglo-Navarrais au temps de Charles V. En 1381, Archambaud de Grailly épouse Isabelle de Foix, qui hérite en 1398 de tous les biens de la maison de Foix-Béarn. Ainsi est fondée la deuxième lignée des comtes de Foix, celle des Grailly-Foix.

GRAILLY Jean III de, dit LE CAPTAL ou LE CAPTAU de BUCH (?, 1343 – Paris, 1377)

Chef de guerre.

Fils de Jean II de Grailly et de Blanche de Foix. À l'instar de ses ancêtres, pendant la guerre de Cent Ans, il épouse la querelle anglaise contre la maison de France, si bien qu'Édouard III lui confie le comté de Bigorre et lui confère l'ordre de la Jarretière. Lieutenant du Prince Noir, il partage avec Chandos les lauriers de la bataille de Poitiers (1356). L'année suivante, il va guerroyer en Prusse avec son cousin Gaston Phébus. En 1364, Du Guesclin le bat à Cocherel. Après lui avoir fait promettre d'abandonner la cause anglaise, Charles V lui rend la liberté et, pour se l'attacher, lui donne la seigneurie de Nemours. Mais le captal ne tarde pas à regagner le parti qui fit la fortune de ses ancêtres. Cette attitude lui vaut d'être nommé en 1371, par Édouard III, connétable d'Aquitaine. En 1372, près de Soubise, il tombe de nouveau aux mains des Français qui, cette fois, le gardent en prison, au Temple de Paris, où il mourra.

GRAMONT Antoine III, duc de (Hagetmau, Landes, 1604 – Bayonne, 1678)

Maréchal de France.

Éloigné de France à la suite d'un duel interdit par la législation du cardinal de Richelieu, il guerroie en Allemagne durant la guerre de Trente Ans sous les couleurs impériales, puis sous celles du duc de Mantoue. Revenu en France en 1633, il prend part de nouveau à la guerre de Trente Ans, au nom du roi, après avoir occupé un moment la lieutenance générale du gouvernement de Normandie. Maréchal de France en 1641, Gramont demeure fidèle à la Cour durant la Fronde et reçoit en récompense le rang de ministre d'État, en 1653. Ambassadeur à la Diète de Francfort en 1657, il est désigné deux ans plus tard pour demander la main de l'infante Marie-Thérèse d'Espagne au nom de Louis XIV. Gramont est considéré à l'époque comme un des meilleurs cavaliers de France. Terminant sa carrière militaire et diplomatique durant la campagne de Flandre de 1667, il laisse de très intéressants *Mémoires* que son fils fera publier en 1716.

GRAMONT Antoine IV, duc de (?, 1672 – Paris, 1725)

Maréchal de France.

Participant à toutes les campagnes royales de 1688 à 1712, il se couvre de gloire à Ramillies, en 1706, à la tête des gardes-françaises et reçoit une très grave blessure à Malplaquet, trois ans plus tard. Le Régent lui demande, après la mort de Louis XIV, d'entrer au Conseil de guerre, puis en 1718, au Conseil de régence. Louis XV couronne sa carrière en le créant maréchal de France en 1724.

GRAMONT Armand de (?, 1638 – Kreuznach, Allemagne, 1673)

Militaire.

Lieutenant général du Béarn, il encourt la disgrâce royale pour avoir courtisé Henriette d'Orléans, belle-sœur de Louis XIV. Mettant alors son épée au service des Polonais, portant également le titre de comte de Guiche, il s'en va guerroyer contre les Turcs puis avec les Hollandais contre les Anglais, en 1666. Lors de la traversée du Rhin de 1672, Gramont passe le premier le fleuve à la nage. Turenne s'attache alors ce combattant qui meurt l'année suivante à Kreuznach.

GRAMONT Philibert de (?, 1621 – Paris, 1707)

Militaire.

Frère d'Antoine III de Gramont, il est destiné à l'Église, mais préfère la carrière militaire. Remarquable escrimeur autant que bon cavalier, il sert dans l'armée d'Italie, participe au siège de Turin, passe en Flandre puis se fait remarquer par Condé et Turenne en Franche-Comté en 1668. Après la campagne de Hollande (1672), il est successivement lieutenant général du Béarn, puis gouverneur de l'Aunis. Homme de cour, bel esprit, réputé pour sa galanterie, Gramont devient célèbre en disputant Mlle de La Mothe-Houdancourt à Louis XIV. Exilé en Angleterre, il y épouse la sœur de l'écrivain Antoine Hamilton qui rapportera les aventures de son beau-frère dans les *Mémoires du comte de Gramont* parus en 1713.

GRANCEY Jacques ROUXEL de MÉDAVY, comte de (?, 1602 – Paris, 1680)

Maréchal de France.

Sous le règne de Louis XIII, il participe notamment aux sièges de Montauban (1621), de La Rochelle (1627-1628), de Trèves (1632), ainsi qu'à celui de Saverne (1636), au cours duquel il est blessé. Maréchal de campagne et gouverneur de Montbéliard en 1636, puis de Gravelines en 1643, Grancey reste fidèle au roi pendant la Fronde et reçoit en récompense la charge de maréchal de France (1651). Louis XIV le place deux ans plus tard à la tête de l'armée envoyée combattre les Espagnols dans le Piémont, et le maréchal de Grancey bat ses adversaires au passage de la Bormida, en 1654.

GRANCEY Jacques Léonor ROUXEL de MÉDAVY, comte de (château de Chalencey, près de Langres, 1655 – Paris, 1725)

Maréchal de France.

Petit-fils du précédent. Lieutenant général en 1702, commandant en chef de l'armée d'Italie en 1704, au cours de la guerre de Succession d'Espagne, il remporte deux ans plus tard la victoire de Castiglione. Commandant en chef de la Provence en 1718, il est fait maréchal de France en 1724.

GRAND

La ville antique de Granum, *bâtie dans les Vosges sur un plateau entre la Marne et la Meuse, doit son nom au dieu guérisseur celtique Grannus qui y possède un sanctuaire.*

À l'époque romaine, Apollon prend la place de Grannus et les visiteurs viennent consulter l'oracle du dieu dans le grand temple construit au début de notre ère. C'est ainsi qu'en 310, le futur empereur Constantin, ramenant son armée de Trèves vers le sud, s'arrête dans le temple de Granum et a la vision du dieu lui promettant la victoire. Constantin se met alors sous la protection d'Apollon avant d'opter deux ans plus tard pour le christianisme. De Granum, détruite par les barbares au Ve siècle, il reste une grande basilique où se trouve la plus grande mosaïque antique de France : elle couvre entièrement le sol d'une pièce carrée de 14 mètres de côté prolongée par une abside arrondie de 9 mètres de profondeur. Son décor géométrique très varié encadre une scène centrale avec des personnages et, dans les angles, sont représentés des fauves. Depuis 1980, on a dégagé l'immense amphithéâtre de Granum, adossé à une petite colline. Près de 20 000 spectateurs pouvaient prendre place dans ce bâtiment long de 148 mètres et possédant une arène de 50 mètres sur 34 mètres. On n'arrive pas encore à trouver d'explication sûre pour la disposition des gradins qui sont beaucoup plus élevés sur un des côtés de l'amphithéâtre, alors qu'aucun obstacle naturel ne justifie ce décalage important.

GRAND-COURONNÉ (bataille du)

Bataille livrée du 5 au 12 septembre 1914 par le général de Castelnau, à la tête de la IIe armée, qui réussit à enrayer l'avance allemande sur Nancy.

Après leur échec sur la trouée des Charmes (26 août), les Allemands, décidés à poursuivre et à accentuer leur offensive sur la Mortagne et en direction de Nancy et de Saint-Mihiel, se heurtent à la résistance de la IIe armée française qui protège la capitale lorraine des hauteurs boisées du Grand-Couronné, à l'est de Nancy, où elle s'est repliée à la suite de la bataille de Morhange. L'attaque allemande débute le 5 septembre en présence de Guillaume II qui s'attend à faire son entrée à Nancy. Elle porte au nord sur la côte Sainte-Geneviève et au sud sur le mont d'Amance, la forêt de Champenoux et les hauteurs au nord de Lunéville. Pont-à-Mousson tombe le 6, Lunéville le 7, mais Castelnau résiste à la côte Sainte-Geneviève, à Léomont et à Champenoux, et le 20e corps de Foch réussit à se rendre maître des débouchés des bois. Devant une évolution des combats aussi peu favorable pour eux, les Allemands renoncent, dès le 9, à leur tentative. Nancy est sauvée et Castelnau peut même récupérer, les 11 et 12 septembre, tout le terrain perdu.

GRAND-PRESSIGNY (le)

Situé aux confins de la Touraine, en Indre-et-Loire, le bourg du Grand-Pressigny est considéré comme la capitale de l'âge de pierre.

En effet, c'est dans ses environs qu'ont été trouvés au XIXe siècle de très importants ateliers consacrés à la taille des silex. Répartis dans une zone de près de dix kilomètres de long, ces centres industriels, dès le début du premier millénaire, travaillaient la pierre de la région dont la couleur jaune cire est très caractéristique. Les vestiges permettent de déterminer les spécialités de chaque atelier qui fabriquait en série lames ou poignards. On a retrouvé en Bretagne, en Bourgogne, en Suisse, des silex taillés au Grand-Pressigny, ce qui suppose un trafic commercial déjà bien organisé. Le musée, installé dans le château de la localité, présente une des collections les plus importantes du monde de ces silex plats et très finement taillés, dont la teinte rappelle celle du métal.

GRANDE ARMÉE

Nom donné à l'armée française sous le Premier Empire.

C'est en 1803 que Napoléon Ier, souhaitant doter la France d'une armée permanente et apte à faire face au péril de guerre européenne, organise la Grande Armée. Son recrutement est assuré par la loi sur la conscription votée en 1798 sur la proposition de Jourdan. Selon ce système, chaque Français âgé de 20 à 25 ans doit accomplir un service militaire, le contingent étant fixé, dès 1805, par l'Empereur lui-même. La Grande Armée subit, au cours des années, quelques modifications mais, pour l'essentiel, garde les mêmes structures : les régiments se regroupent en brigades, les brigades en divisions et celles-ci en corps d'armée. Toutefois, au fur et à mesure des conquêtes, elle se grossit de contingents étrangers (Bavarois, Polonais, Saxons, etc.). L'armée impériale peut, schématiquement, se diviser en trois groupes. Le premier est celui des troupes de ligne, composé d'infanterie de ligne, d'infanterie

Grande Armée
Napoléon Ier harangue le 2e corps de la Grande Armée sur le pont de Lech à Augsbourg, le 12 octobre 1805. Huile sur toile de Claude Gautherot, châteaux de Versailles et de Trianon. © *RMN - Arnaudet*

légère, de cavalerie légère : hussards, chasseurs à cheval, chevau-légers, lanciers (1811), gardes d'honneur (1813) ; de cavalerie lourde : carabiniers, dragons, cuirassiers ; d'artillerie à pied et à cheval, enfin de sapeurs. Il forme le gros de l'armée impériale. Le deuxième, celui des troupes de la garde impériale, est considéré comme un corps d'élite, destiné à intervenir aux moments délicats ou décisifs d'une bataille. Il est composé, quant à lui, d'infanterie – elle-même divisée, à partir de 1809, en Jeune Garde et Vieille Garde –, de cavalerie légère, de cavalerie lourde, d'artillerie à pied et à cheval, et enfin de génie. Le troisième groupe, le plus faible numériquement, se compose d'auxiliaires, au sein desquels se trouvent le génie, le train et le service de santé. Ces trois éléments réunis, la Grande Armée compte dans ses rangs environ 590 000 hommes en 1805, dont 440 000 fantassins, 77 000 cavaliers, 23 000 artilleurs et 28 000 hommes appartenant au génie, le reste composant, de façon numériquement variable, la Garde et la gendarmerie.

Outre les effectifs considérables de la Grande Armée, il faut mentionner l'inébranlable fidélité des hommes la composant – des grognards jusqu'aux « Marie-Louise », des artilleurs jusqu'aux officiers de santé – envers l'Empereur et sa politique de conquêtes. Rompus à une discipline de fer, exténués par les marches forcées et les fréquentes batailles, souvent mal vêtus, mal nourris, mal soignés, payés avec retard, ces hommes feront preuve d'un courage et d'un dévouement héroïques jusqu'à la chute de l'Empire. En effet, après une légère lassitude à la fin de 1813, la plupart des conscrits récalcitrants vont être stimulés à l'annonce de la résurrection de l'Empire, durant les Cent-Jours, et l'ensemble de la Grande Armée va se battre à Waterloo avec une énergie farouche. Combien de soldats et d'officiers tués la Grande Armée a-t-elle déplorés au cours des campagnes napoléoniennes ? Le débat reste très controversé. Toutefois, sur un chiffre global de 1 600 000 hommes mobilisés, les estimations portant à environ 470 000 le nombre de morts officiellement enregistrés et à plus de 500 000 celui des « portés disparus » (prisonniers non libérés ou déserteurs ayant fondé un foyer dans l'un des nombreux pays traversés), sont, sans aucun doute, très proches de la réalité.

GRANDE DÉPRESSION

Ensemble de crises touchant l'Europe, et surtout la France, à la fin du XIXe siècle.

À l'exception de l'Allemagne, dont la production industrielle connaît un taux de croissance élevé (4,15 % l'an), l'Europe de l'Ouest traverse, entre 1873 et 1895, une longue dépression qui touche d'abord la France. Celle-ci se marque, dans la durée, par une chute de la croissance du produit par tête qui plafonne à 1,1 % l'an, accompagnée d'une chute comparable de la production industrielle, ramenée à 1,75 %. S'y ajoute l'enchevêtrement de trois crises conjoncturelles : agricole dès 1873 avec la concurrence des blés américains puis les ravages du phylloxéra chez les viticulteurs ; industrielle ensuite avec des faillites à répétition, depuis 1882, dans les secteurs du textile et du bâtiment ; bancaire enfin avec le krach de l'Union générale en 1882 qui place tous les établissements financiers sur la défensive et coupe la distribution des crédits. Sur le fond, la Grande Dépression s'explique d'abord par le ralentissement de la demande agricole, fondement de l'économie, à la fois pour des raisons démographiques (chute des naissances) et en raison de la saturation du marché, à un moment où la concurrence étrangère se fait plus vive grâce au transport à longue distance (bateaux à vapeur) et à la conservation frigorifique en 1877. Par ailleurs, les années 1860-1880 sont marquées par un doublement du salaire ouvrier puis par sa résistance, même pendant la crise. Ce manque de flexibilité des salaires correspond à un changement dans la nature de l'industrialisation : jusque là, celle-ci s'était opérée par l'exploitation de la main-d'œuvre ; désormais, l'offre de travail ne trouve plus preneur parce que les tâches se sont spécialisées, que les paysans ne fournissent plus la « piétaille » de l'usine et que le maintien du salaire avec des prix en chute n'incite ni à l'émigration, ni au changement de travail. Enfin, les investissements se sont taris en même temps que les capitaux disponibles prenaient le chemin des États-Unis (1868-1890), de l'hémisphère sud (1882-1893), puis de l'Europe du Nord (1890). La Grande Dépression constitue un tournant majeur dans l'histoire économique du monde occidental. C'est la fin du développement harmonieux de l'Europe et la voie ouverte aux nationalismes et au protectionnisme. C'est aussi le début du déclin de la civilisation rurale.

GRANDE MADEMOISELLE : voir MONTPENSIER Anne Marie Louise d'ORLÉANS, duchesse de

GRANDE PEUR

Au lendemain de la révolution parisienne de juillet 1789, la révolte agraire, qui s'est déjà propagée en de multiples régions, la crise économique, la crainte d'une réaction nobiliaire violente sous la forme d'un « complot aristocratique » contre le peuple, avec l'aide de brigands recrutés pour la circonstance par des puissances étrangères, conjuguent leurs effets pour créer dans les campagnes une atmosphère de panique.

Des rumeurs circulent, propagées par des gens affolés, des bandes de brigands – non pas n'importe quels brigands, mais le plus souvent des ennemis : Piémontais dans les Alpes ; Anglais débarqués, dit-on, à Brest et en Bretagne ; en Limousin, le comte d'Artois venu de Bordeaux à la tête d'une armée – s'avanceraient, détruisant la récolte de blé arrivée à maturité et brûlant les villages. Pour lutter contre ces périls imaginaires, les paysans courent aux armes, se munissent de piques, de fourches, de fusils de chasse, tandis que le tocsin jette l'alarme de proche en proche. C'est ainsi que prennent naissance six peurs originelles : en Franche-Comté, à la suite de la révolte des paysans comtois, en Champagne, dans le Beauvaisis, dans le Maine, dans la région de Nantes, dans celle de Ruffec. De là, le mouvement rayonne jusqu'à toucher la plus grande partie de la France, du 20 juillet au 6 août. Seuls la Bretagne, la Lorraine et l'Alsace, le Hainaut, les Landes, le Languedoc et la Basse-Provence échappent à la contagion. Puis une seconde étape s'enchaîne sur la panique initiale. La peur passée, les villageois ne déposent pas les armes, et leurs troupes armées se portent au château voisin, se font livrer les archives, livres et plans terriers, titres séculaires du prélèvement seigneurial, et les brûlent en un feu de joie. L'incendie et le pillage achèvent souvent le geste antinobiliaire mais le mouvement reste dans l'ensemble peu sanglant.

Les campagnes sortent transformées de la Grande Peur. La révolte agraire et la jacquerie ont jeté bas le régime féodal. Des comités paysans, des milices paysannes se sont formées, à l'exemple de ce qui s'est passé à Paris et dans les grandes villes. Mais la bourgeoisie urbaine, propriétaire foncière autant que la noblesse, se sent menacée dans ses intérêts, et il y a des engagements entre les bandes paysannes et les milices bourgeoises, ainsi dans le Mâconnais et surtout en Dauphiné. Face à l'insurrection des campagnes, l'Assemblée nationale, elle aussi composée dans sa majorité de bourgeois propriétaires, ne cache pas son émotion. Elle songe un moment à organiser la répression. Mais, consciente des dangers d'une telle politique – elle n'a aucun intérêt à confier le commandement des forces répressives au gouvernement royal qui pourrait en profiter pour tenter de retrouver toute son autorité –, elle consent à des concessions, à la

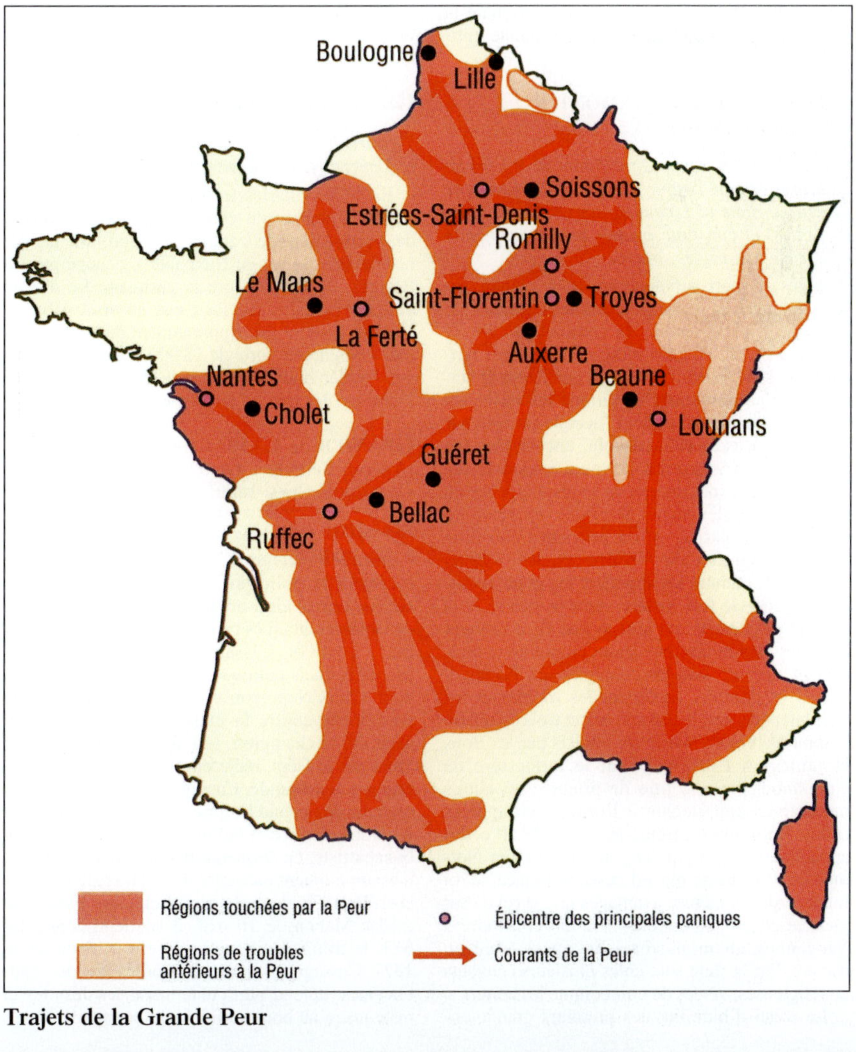

Trajets de la Grande Peur

suppression, la nuit du 4 août 1789, des droits seigneuriaux considérés comme une propriété d'un type spécial, souvent usurpée ou imposée par la violence.

GRANDIER Urbain (près de Sablé, 1590 – Loudun, 1634)

Prêtre.

Curé de Saint-Pierre, à Loudun, puis chanoine de Sainte-Croix de Loudun, il est jalousé : sa réussite, son caractère irascible et querelleur, la bienveillance qu'il manifeste aux protestants, son hostilité aux confréries, lui valent de nombreux ennemis. On lui reproche aussi ses mœurs relâchées, puisqu'il vit avec une jeune fille. Sa conduite lui vaut une première condamnation, mais il est finalement absous en 1620. Quelques années plus tard, Grandier sollicite en vain la place de directeur de conscience du couvent des ursulines de Loudun. Son concurrent l'emporte. Les religieuses, bientôt agitées de mouvements nerveux et soumises à une enquête, parlent de « possession » et accusent le curé de Loudun de les avoir ensorcelées. La rumeur enfle, Grandier finit par porter plainte en calomnie devant l'archevêque de Bordeaux, Mgr de Sourdis, qui étouffe l'affaire. Cependant, lorsque Laubardemont, envoyé à Loudun par Richelieu pour surveiller la destruction des fortifications, arrive dans la ville, l'affaire est portée devant lui. Grandier est bientôt arrêté et présenté devant une commission de douze juges. Au cours du procès, huit femmes et soixante témoins l'accusent de sacrilèges et de mauvaises mœurs. Reconnu coupable de magie, maléfices et possession, il est condamné au bûcher et subit la torture avant d'être brûlé vif. Bien entendu, les cas de « possession » ne s'arrêtent pas avec la mort du curé de Loudun. Certains ont prétendu qu'il avait été victime d'une vengeance de Richelieu, le ministre lui attribuant la paternité d'un pamphlet contre sa personne, intitulé *La Cordonnière de Loudun*.

GRANDMONT ou GRANMONT (ordre et abbaye de)

Vers 1074-1076, selon la tradition, saint Étienne de Muret groupe autour de lui, sur la montagne de Muret, dans le Limousin, un certain nombre d'ermites, et constitue bientôt une communauté religieuse aux règles strictes.

Après sa mort survenue en 1124, certains de ses compagnons, sous la conduite d'Hugues de Lacerta, s'installent sur le sommet proche de Grandmont. Là, Hugues rédige le *Livre des sentences* (1125), recueil de règles qui fixent le statut de la communauté et jettent les bases du nouvel ordre monastique. L'accent est mis sur l'érémitisme et le refus absolu, encore plus net que chez les Cisterciens, de toute responsabilité dans le monde (possession de terres éloignées du monastère, prélèvement de rentes, exercice du ministère paroissial...). La pénitence constitue l'objet essentiel de l'ordre et les « Bons Hommes », comme les appellent les populations, mènent une vie fort austère, dans le silence et la pauvreté. Austérité qui leur amène de nombreux disciples ; les monastères grandmontains se multiplient, surtout dans les domaines des Plantagenêts. Ces derniers protègent les moines et les exemptent de tous les droits, eux et trois ou quatre hommes libres du voisinage choisis par les Bons Hommes. À l'origine, seul le monastère de Grandmont porte le titre de prieuré ; les autres monastères appartenant à l'ordre sont appelés celles. En moins de trente ans, plus de 60 celles apparaissent en Aquitaine, en Anjou et en Normandie. L'ordre se répand aussi en France, le roi lui accorde les mêmes avantages que le roi d'Angleterre et, en 1164, Louis VII fait construire à Vincennes un monastère, lui aussi érigé en prieuré. Par la suite sont créés plusieurs couvents de religieuses, vêtues de noir comme les hommes.

Le souci d'humilité des premiers grandmontains est tel qu'au sein du monastère les moines de chœur se soumettent aux décisions des frères convers, sauf pour les matières liturgiques et spirituelles. Vers 1170-1180, un violent conflit éclate à Grandmont entre les deux groupes, suscitant l'intervention du pape Clément III. Par la suite, la hiérarchie entre moines de chœur et convers est calquée sur celle des Cisterciens. Cette évolution notable accompagne un relâchement général de l'austérité des premiers temps. Jean XXII tente de réformer l'ordre en 1317, réduit le nombre des monastères à 39, mais la décadence continue, le relâchement se répand peu à peu. L'abbaye de Grandmont tombe en commende au XVIe siècle. Une nouvelle réforme échoue au siècle suivant, et l'ordre est finalement supprimé par la commission des réguliers, en plusieurs étapes, de 1770 à 1787.

GRANDS JOURS

Appelées aussi Hauts Jours, ces assises se réunissent dans certaines villes du royaume, du Moyen Âge au XVIIe siècle ; elles ont à statuer, en dernier ressort, sur les affaires préalablement instruites ou jugées par les officiers royaux ou seigneuriaux.

L'origine de l'institution semble remonter à un tribunal établi à Troyes par les comtes de Champagne au XIIe ou au XIIIe siècle. Les Grands Jours troyens sont solennels et périodiques (ils ont lieu trois ou quatre fois par an avant la réunion du comté à la couronne, deux fois ensuite). Les Grands Jours royaux, dont l'usage se répand au XIVe siècle, sont soit périodiques soit exceptionnels ; placés sous l'autorité de commissaires extraordinaires étrangers à la province, donc indépendants des pressions locales, ils ont pour principale mission de ramener la paix et l'ordre dans les pays éloignés de la capitale. Il semble que François Ier y ait eu recours plus souvent que tout autre de nos rois. Pourtant, les plus connus sont ceux qui se tiennent sous Henri IV (en 1605 dans le Quercy et le Limousin), Louis XIII (en 1634 à Poitiers) et Louis XIV (en 1665 à Clermont-Ferrand) ; ces derniers sont les fameux Grands Jours d'Auvergne narrés par Fléchier.

GRANDSON ou GRANSON (bataille de)

Victoire de l'armée confédérée suisse sur Charles le Téméraire, le 2 mars 1476.

En 1476, Charles le Téméraire, duc de Bourgogne, s'empare du château de Grandson (ville de Suisse, dans le canton de Vaud, sur la rive occidentale du lac de Neuchâtel), occupé par les Bernois, et en massacre la garnison. Le duc se venge ainsi des Suisses qui se sont alliés à Louis XI contre lui. Apprenant ce massacre, l'armée confédérée, forte de 18 000 hommes, se jette sur l'armée bourguignonne, la met en déroute, et s'empare des trésors du Téméraire.

GRANIER de CASSAGNAC Bernard de (Avéron-Bergelles, Gers 1806 – château du Couloumé, Gers, 1880)

Journaliste et homme politique.

Installé à Paris en 1832, il défend dans plusieurs journaux la politique conservatrice, fonde *Le Globe*, journal ultra-orléaniste dans lequel il mène de violentes attaques contre Guizot. Après la révolution de 1848, Cassagnac est mêlé à plusieurs procès et duels politiques. En 1849, il prend parti pour Louis Napoléon et engage une polémique passionnée contre la maison d'Orléans dont il avait été le champion. Élu au Corps législatif en 1852 par le Gers, réélu en 1857 dans la circonscription de Mirande, Cassagnac est un des grands orateurs du Second Empire. Au 4 septembre 1870, il quitte la France et publie à l'étranger un journal bonapartiste, *Le Drapeau*. À son retour en France, il est un moment incarcéré mais Thiers le fait relâcher. En 1876, il est élu député du Gers. Favorable à Mac Mahon, le 16 mai, il soutient, contre les 363, le ministère Broglie. Réélu à Mirande en 1877, Cassagnac vote contre toutes les lois républicaines, défend particulièrement les Jésuites et reste jusqu'au bout un fidèle du bonapartisme.

GRANIER de CASSAGNAC Paul de (La Guadeloupe, 1842 – Saint-Viâtre, Loir-et-Cher, 1904)

Homme politique.

Fils du précédent. Engagé volontaire en 1870, il est fait prisonnier et interné en Silésie. À son retour en France, il se pose comme chef du parti bonapartiste et multiplie les attaques contre l'Assemblée nationale et le parti républicain avec une violence qui lui vaut d'être poursuivi à plusieurs reprises pour diffamation. Élu député le 20 février 1876 contre un légitimiste, il adopte une telle attitude envers les chefs républicains qu'il est condamné à deux mois de prison en avril 1877. Candidat officiel au 16 Mai, après que Mac Mahon a obligé Jules Simon à démissionner pour le remplacer par le duc de Broglie, il est réélu à Condom ; sa profession de foi avait tenu dans cette phrase : « Elle [la République] me tuera ou je la tuerai. » Mais son élection est invalidée. Réélu en 1879 puis en 1881, il est exclu de la Chambre à deux reprises pour avoir insulté Jules Ferry, le traitant, notamment en février 1883, à propos du Tonkin, de « dernier des lâches ». Après la mort du prince impérial, Cassagnac n'avait reconnu que difficilement le prince Napoléon comme prétendant bonapartiste et pousse en 1884 son fils, le prince Victor Napoléon, à rompre avec son père. De nouveau député du Gers en 1885 et 1889, il continue à manifester inlassablement et bruyamment sa haine envers le régime républicain et adhère au boulangisme (il fait partie du Comité des six). Battu aux élections générales de 1893, il prend sa revanche en 1898, et les antidreyfusards trouvent en lui un allié passionné. Il se retire de la vie publique après son échec aux élections de 1902.

GRASSE François Joseph Paul, marquis de Grasse-Tilly, comte de (Le Bar, Alpes-Maritimes, 1722 – Paris, 1788)

Amiral.

Capitaine de vaisseau en 1762, chef d'escadre en 1779, il participe aux principaux combats navals de la guerre de Sept Ans et de la guerre d'Indépendance américaine. Opérant aux Antilles, il se distingue autour de l'île de la Dominique et à Tobago en 1781. Mais son action la plus déterminante consiste dans le blocus de la baie de Chesapeake, dont la conséquence est l'isolement total des Anglais à Yorktown. Moins heureux en 1782 au large de l'archipel des Saintes, il trouve en face de lui l'escadre bien supérieure en nombre de Rodney, qui le force à

François de Grasse
Portrait du lieutenant général des armées navales. Huile sur toile de Jean-Baptiste Mauzaisse, château de Versailles. © *Lauros-Giraudon*

amener son pavillon. Revenu en France après la fin des hostilités et après une captivité en Angleterre, il comparaît devant un conseil de guerre en 1784, mais parvient à se justifier et obtient son acquittement.

GRAUFESENQUE (La)

Au confluent du Tarn et de la Dourbie, dominé par le causse du Larzac, le site de La Graufesenque, au sud de la ville de Millau, est pendant les deux premiers siècles de notre ère le plus grand centre de fabrication de poteries du monde romain.

C'est dans cette petite plaine que se trouvait à l'époque gauloise la bourgade de Condatomagos (« ville du confluent »), centre commercial des Rutènes. Dès le début de notre ère, les habitants de la ville se spécialisent dans la production de céramique en utilisant des procédés déjà employés par les Romains, dont ils vont très vite détenir le monopole pour expédier leurs œuvres dans tout l'Empire. Condatomagos possède sur place tout ce qui est nécessaire à l'industrie de la poterie : une argile de qualité, de l'eau en abondance et un approvisionnement facile de bois de chauffage grâce aux forêts proches des Causses. De plus, la construction d'une route, passant par Condatomagos et rejoignant au nord la voie Bordeaux-Lyon et au sud la *Via Domitia* qui traverse la Narbonnaise, ouvre aux Rutènes l'accès au grand commerce dès le règne d'Auguste.

Commencées en 1950, les fouilles ont mis au jour sur une surface de 2 500 m² les ateliers, les maisons des ouvriers et les gigantesques fours dans lesquels on pouvait cuire 30 000 vases en une seule fournée. La spécialité des potiers de La Graufesenque est la confection des céramiques « sigillées » (« à poinçon »), caractérisées par leur vernis rouge très brillant et leur décor en relief. Le vase est tourné à l'intérieur d'un moule en terre sur lequel un poinçon a imprimé en creux différents motifs, ce qui permet de produire en série des pièces ornées de la même façon. Le répertoire des décors est très varié, et on a relevé près de deux mille poinçons différents, qui témoignent de l'inventivité des potiers. Chaque atelier a sa spécificité iconographique, qui varie aussi selon la mode et le goût des clients. Les motifs non figurés, dessins géométriques, feuillages, arabesques se répétant tout autour des parois des vases, appartiennent à un style classique répandu dans tout le bassin méditerranéen. Sous le règne de Claude (41-54), apparaissent à La Graufesenque les premiers poinçons reproduisant des combats de gladiateurs et les dieux olympiens, sujets destinés à connaître un grand succès commercial. À la fin du règne de Néron (v. 65), le potier Germanus s'illustre en étant le premier à représenter des petites scènes de genre et le cortège de Bacchus entouré de ménades et de satyres. L'originalité de la poterie gallo-romaine tient à la fois dans l'inventivité des artistes traitant avec fantaisie des thèmes connus par ailleurs et dans la place tenue par un bestiaire très riche (chiens, singes, oiseaux, bêtes sauvages), qui correspond à la prédilection des Gaulois pour le monde animal. Au début du IIe siècle, l'appauvrissement du répertoire des potiers marque le déclin de la production de La Graufesenque. Sur le fond ou le flanc de la poterie, l'artisan imprime une estampille portant le nom du propriétaire de l'entreprise. Ensuite, les vases sortis du moule sont cuits à très haute température dans des fours spéciaux à tubulures, ce qui leur donne leur vernis caractéristique. Les pièces « ratées » (de l'ordre de 20 % de la production d'une fournée) sont jetées dans de grandes fosses où on a retrouvé des milliers de tessons. Plusieurs centaines d'ouvriers travaillent dans les ateliers de La Graufesenque qui ont exporté, à l'apogée de leur période d'activité, des millions de vases de formes variées ainsi que de la vaisselle de table. Les potiers ont utilisé des assiettes pour y inscrire leurs comptes en donnant le détail des fournées, les noms des artisans, les lieux d'expédition, et ces documents d'un type particulier permettent de bien connaître les détails techniques de cette industrie. On a retrouvé des poteries fabriquées à La Graufesenque dans toute la Gaule, en Germanie, en Espagne, en Afrique et en Méditerranée orientale. Dans les décombres de Pompéi se trouve une caisse en provenance de La Graufesenque, contenant 90 vases et 30 lampes, que le destinataire n'avait pas encore eu le temps d'ouvrir au moment de l'éruption du Vésuve en 79. Les activités de La Graufesenque déclinent à la fin du Ier siècle de notre ère et la production de la céramique sigillée gauloise se concentre alors plus au nord, à Lezoux.

GRAVELINES

Localité du département du Nord.

Le nom flamand de cette localité des bords de l'Aa, située à 20 km à l'ouest de Dunkerque, rappelle son origine médiévale (*Graven linghe* : le canal du comte). C'est en effet vers 1160 que les comtes de Flandre décident de drainer la zone marécageuse littorale, de manière à y favoriser la pêche puis, par la suite, les exportations vers l'Angleterre de primeurs provenant de la zone des *wateringhes*. Occupée par le maréchal de La Ferté en 1658, la place est définitivement acquise par Louis XIV l'année suivante à la faveur de la paix des Pyrénées. Vauban y dresse aussitôt des fortifications qui feront de la place forte un des pivots des défenses de la Flandre maritime.

GRAVELOTTE (bataille de)

Combat indécis entre Français et Prussiens, le 16 août 1870.

Ce village de Moselle, situé à une dizaine de kilomètres à l'ouest de Metz, sur la route de Verdun, est occupé le 16 août 1870 par le 2e corps du général Frossard, de l'armée de Bazaine, en cours de mouvement vers Verdun. Afin d'interdire ce mouvement de repli, Moltke lance contre les lignes françaises les Ire et IIe armées prussiennes de Steinmetz et du prince Frédéric Charles, qui coupent la route à la hauteur de Vionville. Mais l'intervention des 4e et 6e corps de Ladmirault et de Canrobert, accourus au canon, rétablit la situation. Les Allemands doivent à l'arrivée du 10e corps, commandé par Fransecki, de ne pas être à leur tour débordés sur leur gauche, tandis que Bazaine, de son côté, ne profite pas de sa propre supériorité numérique sur la droite pour mettre l'assaillant en difficulté. Compensant son infériorité en artillerie par un feu nourri de chassepots et de canons à balles, l'armée impériale inflige aux Prussiens des pertes nettement supérieures aux siennes (18 000 hommes hors de combat contre 12 000) ; les Allemands sacrifient même un moment la brigade de hussards et de cuirassiers de Bredow, dans la « chevauchée de la mort ». Au soir de la bataille, l'armée française tient toujours le plateau entre Gravelotte et Mars-la-Tour. Mais le coup d'arrêt qui en résulte immobilise le reste de l'armée de Bazaine aux portes de Metz, alors que Moltke va profiter de ce retard pour commander les jours suivants un mouvement tournant par l'ouest, qui conduira ses forces au-delà de Mars-la-Tour vers Saint-Privat, achevant de la sorte l'encerclement de l'armée du Rhin dans Metz. En sacrifiant l'équivalent de deux divisions (« ça tombe comme à Gravelotte », dira-t-on par la suite dans l'armée française), Moltke parvient donc à effectuer une manœuvre audacieuse, pleine de risques, mais qui répond à son principe favori : « fixer et envelopper par débordement ». Gravelotte est l'opération de fixation par excellence. Elle justifie, au point de vue stratégique, dans l'esprit du général prussien, ce lourd sacrifice en hommes.

GRÉGOIRE de TOURS, saint (Clermont-d'Auvergne, v. 538 – Tours, v. 594)

Évêque et historien.

Son père était fils d'un sénateur arverne et avait un frère nommé Gal (saint Gal, *Gallus* en latin), qui fut évêque d'Auvergne. Sa mère appartenait aussi à une famille noble ; elle était nièce de saint Nizier (*Nicetius*), évêque de Lyon. L'éducation de Grégoire, très tôt orphelin de père, se fit successivement chez Nizier et chez Gal. Dès l'enfance, Grégoire est destiné à l'Église, et ses études seront purement ecclésiastiques. En 563, il est ordonné diacre. Sa santé étant précaire, il se rend à Tours pour visiter le tombeau de saint Martin dont les vertus thaumaturgiques sont célèbres dans toute la Gaule. Une fois guéri, Grégoire décide de se fixer à Tours. Il en est élu évêque en 573. Jusqu'à sa mort, survenue quelque vingt ans plus tard, il ne s'en absentera guère. Son illustre origine, le renom de ses parents, l'importance du siège épiscopal de Tours, enfin des qualités propres lui ont permis de fréquenter un grand nombre de hauts personnages de son époque, notamment des rois mérovingiens. Sujet de Sigebert, roi de Reims, puis de Chilpéric, roi de Soissons, enfin de Gontran, roi de Bourgogne, il assiste aux violents conflits qui les opposent. C'est probablement lui qui négocie le traité d'Andelot, conclu en 587 entre Childebert II d'Austrasie et Gontran. Gouvernant son diocèse avec rigueur, il défend les droits de saint Martin contre les descendants de Clovis. Grâce à son prestige, il peut contraindre Chilpéric à respecter le droit d'asile (il refuse de lui livrer Mérovée et Brunehaut qui s'étaient réfugiés dans son église) ; il est le seul à oser défendre, d'ailleurs avec succès, l'évêque Prétextat, accusé de lèse-majesté pour avoir béni l'union de Mérovée et de Brunehaut. Lui-même est en butte aux perfidies de Leudaste et cité devant un tribunal où les évêques le mettent hors de cause. Grégoire lutte avec ardeur contre les croyances des ariens et des Juifs qu'il s'emploie à convertir. Il restaure les édifices religieux de son diocèse. Enfin son œuvre écrite est considérable : les *Sept Livres des miracles*, *Vies des pères*, *La Gloire des confesseurs*, mais son livre majeur reste pour nous l'*Histoire des Francs (Historiae Francorum)* commencée en 575. Sans lui, nous ne connaîtrions presque rien de la période mérovingienne.

GRÉGOIRE XI, Pierre ROGER ou ROGIER de BEAUFORT (Rosiers-d'Égletons, Limousin, 1329 – Rome, 1378)

Dernier pape d'Avignon (1370-1378).

Neveu de Clément VI, il appartient à une famille limousine pourvue de possessions en Anjou. Cardinal en 1348 à l'âge de 17 ans, élu pape dans les derniers jours de 1370, consacré le 5 janvier suivant, il travaille d'abord à réconcilier Charles V et Édouard III d'Angleterre. L'appui de Catherine de Sienne lui fait ensuite espérer de ramener Florence dans l'obédience pontificale (1371) ; peu après, la Sicile reconnaît sa suzeraineté. Mais bientôt son projet d'accommodement avec les Grecs échoue (1374), et l'opposition florentine reprend de plus belle, parvenant à soulever contre son autorité la marche d'Ancône, la Campanie et Bologne (1375-1376). En 1377, cédant aux instances de sainte Catherine, il quitte Avignon pour Rome où il mourra l'année suivante. Un pontificat bien rempli, non seulement par des actes de politique internationale, mais aussi par des efforts doctrinaux contre les hérésies, qui sont représentées à l'époque par la négation de la présence réelle (1371), le fatalisme (1372) et les dix-neuf propositions de Wyclif (mise en accusation du pape par des inférieurs, déni du droit de propriété aux pécheurs, etc.).

GRÉGOIRE Henri, dit L'ABBÉ (Veho, près de Lunéville, 1750 – Paris, 1831)

Évêque constitutionnel.

D'une famille de paysans pauvres, il est instruit chez les Jésuites avant de devenir curé d'Embermesnil (Lorraine). Populaire, il est élu député du clergé aux États généraux de 1789, où il contribue à décider le bas clergé à se joindre au tiers. La nuit du 4 Août, le député du clergé demande la suppression des annates, l'abolition du droit d'aînesse et des privilèges nobiliaires.

Abbé Grégoire
Huile sur toile, École française, XVIIIe siècle, Paris, musée des Arts africains et océaniens. © *Lauros-Giraudon*

Lors de la discussion de la Constitution, il se déclare hostile au veto absolu du roi et au marc d'argent qui enlève aux pauvres le droit de participer à la nomination des députés. Il vote l'abolition des vœux monastiques mais demande la conservation des établissements qui ont rendu des services à la science et à l'agriculture. Bien qu'il ne l'ait pas défendue avec enthousiasme lors des débats, l'abbé Grégoire prête serment le premier à la Constitution civile du clergé (1790). Mais il réprouvera toujours les violences contre les réfractaires. Évêque constitutionnel de Blois (1791), il est élu député à la Convention où, dès la première séance, il se joint à Collot d'Herbois pour réclamer la proclamation de la République, concluant sa proposition en des termes restés célèbres. Mais, s'il se prononce pour la mise en jugement de Louis XVI, il réclame en même temps l'abolition de la peine de mort et demande que le roi en bénéficie. Le 7 novembre 1793, il refuse de suivre l'exemple de Goebel, évêque constitutionnel de Paris, et de renoncer à ses fonctions ecclésiastiques. Il continuera d'ailleurs à siéger à la Convention en vêtements de couleur violette, c'est-à-dire épiscopale.

Dévoué avant la Révolution à la cause des Juifs, en Lorraine, il se consacre également avec opiniâtreté à celle des Noirs. Dès la nuit du 15 août 1789, il réclame pour eux la plénitude des droits civils et fait voter, le 4 février 1794, l'abolition de l'esclavage, question à laquelle il consacre plusieurs ouvrages. À la Convention, Grégoire fait aussi partie du Comité d'instruction publique et contribue à la fondation de l'Institut, dont il sera membre, et du Conservatoire des arts et métiers. Il propose l'organisation d'une association des savants et des écrivains de tous les pays et, plus que quiconque, tente de prévenir la destruction des monuments d'art qu'il aurait été le premier à qualifier de vandalisme. Du 21 février au 29 septembre, la Convention adopte une série de décrets sur la liberté des cultes, qu'il avait tant de fois réclamée. Sous le Directoire et le Consulat, il tente de revigorer le gallicanisme et fait réunir deux conciles nationaux (1797 et 1801). Mais il échoue dans son désir de rapprochement avec les réfractaires.

Membre des Cinq-Cents sous le Directoire (1795-1798), du Corps législatif après le 18 Brumaire (1800), puis du Sénat (1802), Grégoire refuse d'adhérer au Concordat et doit renoncer à son évêché. Au Sénat, il fait partie de l'infime minorité qui reste fidèle à la tradition républicaine et sera l'un des trois qui s'opposeront au senatus-consulte établissant l'Empire. Exclu de l'Institut après la Seconde Restauration, il est élu député de l'Isère en 1819, mais sous l'action des ultras, scandalisés par cette élection, n'est pas admis à la Chambre. Libéral convaincu, il meurt fidèle à ses prises de position, refusant notamment de renier son serment à la Constitution civile du clergé.

GRÉGORIENNE (réforme)

Réforme de l'Église mise en œuvre au XIe siècle par la papauté pour retrouver la pureté originelle de l'Église primitive, ainsi que son indépendance vis-à-vis des pouvoirs laïcs.

Cette réforme visait l'interdiction du mariage ou du concubinage (nicolaïsme) pour tous les membres du clergé, l'arrêt de la vente des charges ecclésiastiques (simonie), ainsi que la nomination d'un prêtre, d'un évêque ou d'un abbé par un laïc. Les principes de cette réforme sont posés dès 1050 par le pape Léon IX qui rassemble des textes affirmant d'abord la primauté du pape dans l'Église durant la querelle des investitures. Entre le Xe et le XIIe siècle, l'Église est en conflit permanent avec les souverains temporels – l'empereur germanique tout particulièrement –, qui outrepassent leur droit d'investiture en nommant abbés et évêques sans se plier à l'exigence d'une préalable consécration ecclésiastique. Par ailleurs, bien des évêques ou des archevêques ne voyaient dans le pape que le premier des évêques et ne s'y sentaient pas soumis. Pour remédier à cela, la papauté se manifeste directement dans les provinces ecclésiastiques (les archevêchés) en envoyant des représentants temporaires, les légats. Les premières manifestations concrètes de cette influence nouvelle sont un droit d'appel des clercs en conflit avec une autorité laïque ou ecclésiastique, principalement à l'occasion d'investitures non canoniquement valables.

La mise en place réelle de la réforme est le fait du pape Grégoire VII (1073-1085) qui lui a laissé son nom. En 1075, dans la bulle *Dictatus papae*, il dresse un catalogue des coupables, interdit aux laïcs toute nomination de clerc à un quelconque poste et interdit aux fidèles d'assister aux offices célébrés par des évêques ou des prêtres non élus canoniquement. Cette réforme est longue à s'appliquer en France. Grégoire VII s'oppose vigoureusement à Philippe Ier, auquel il veut imposer sa prééminence. Le grand juriste et évêque Yves de Chartres cherche à atténuer les dissensions et engage la France dans un compromis distinguant l'investiture spirituelle, réservée à l'Église, de l'investiture temporelle, laissée aux laïcs. Il parvient ainsi à imposer au roi l'éviction d'un évêque en ne maintenant pas l'adversaire voulu par le pape, et en trouvant un troisième candidat approuvé par les deux parties. Les mêmes recommandations sont sans cesse reprises dans les conciles, entre autres dans celui de Clermont en 1095, réuni par le pape Urbain II (1088-1099), et au XIIIe siècle encore, aux conciles de Lyon de 1245 et 1274. En ce même XIIIe siècle, on pense que l'application de la réforme grégorienne est l'une des causes du succès de l'hérésie cathare qui a rassemblé un grand nombre de mécontents.

Dans les mêmes temps, la papauté s'est également appuyée sur Cluny, un ordre monastique en pleine expansion dont elle était le supérieur immédiat depuis sa fondation en 909 (sans l'intermédiaire de la hiérarchie épiscopale). En effet, Grégoire VII, Urbain II, Callixte II étant d'anciens moines clunisiens, ils ont multiplié les constellations de monastères relevant directement de la papauté, lesquels devinrent autant d'instruments de la présence pontificale dans la vie des églises. Parmi ces monastères on peut citer Saint-Victor de Marseille, Marmoutiers à Tours, La Chaise-Dieu en Auvergne, Saint-Martin-des-Champs à Paris.

GRENELLE (accords de)

Accords conclus entre des représentants du CNPF et ceux de plusieurs centrales syndicales, le 27 mai 1968.

Ce jour-là, après 40 heures de négociations, entrecoupées de tête-à-tête entre Georges Pompidou, Premier ministre, Georges Séguy, secrétaire général de la CGT, et Paul Huvelin, président du CNPF, le résultat semble acquis. Le SMIG passe de 2,22 à 3 francs de l'heure, soit une hausse de

Accords de Grenelle
Table ronde du 27 mai 1968 réunissant syndicats, patronat, gouvernement. Au fond (de g. à dr.) : Jean-Marcel Jeanneney, ministre des Affaires sociales ; Georges Pompidou, Premier ministre ; Jacques Chirac, secrétaire d'État aux Affaires sociales et à l'Emploi. © *Keystone*

Place de Grève
La Place de Grève en 1750. Huile sur toile de Jean-Baptiste Raguenet, musée de la ville de Paris, musée Carnavalet. © *Lauros-Giraudon*

35 %, les salaires moyens augmentent de 7 % au 1er juin et de 3 % au 1er octobre, la durée du travail sera réduite d'une heure par semaine d'ici la fin du Ve Plan, le prix du ticket modérateur de la Sécurité sociale est abaissé. Enfin, les jours de grève de ce mois de mai seront payées à 50 % et récupérés pour le solde, ce qui fait dire à un chroniqueur d'Europe 1, le matin du 27 : « Voilà un joli mois de mai. » À la surprise générale, notamment de la CGT, la poursuite de la grève, décidée à Billancourt tous les matins par un vote à main levée, est maintenue après que la base a pris connaissance des accords. Le secrétaire syndical essuie même des lazzis, avant de retourner sa veste et de coller à la base. Car les ouvriers ont la tête à la politique et aux événements tragiques du 24 mai, marqués par le premier mort des « événements ». Aussi les accords de Grenelle ne seront-ils jamais entérinés, mais leurs principales dispositions entrent en vigueur, à commencer par la hausse du SMIG, décidée par Georges Pompidou le 31 mai, au lendemain de la manifestation réussie de soutien au général de Gaulle et à la veille d'un week-end de Pentecôte qui voit se réouvrir les pompes à essence.

GRENELLE (camp de)

La plaine de Grenelle, devenue depuis un quartier de Paris, a eu longtemps pour vocation de servir de champ de manœuvres.

Un camp militaire y est installé sous la Révolution. Le 21 août 1794, le château, dépendant du camp de Grenelle, où le chimiste Chaptal a la responsabilité de la fabrication des poudres et salpêtres destinés à l'armée révolutionnaire, explose, faisant plusieurs centaines de victimes. Deux ans plus tard, le 9 septembre 1796, le camp est attaqué de nuit par 700 à 800 émeutiers. Cette rébellion, immédiatement imputée à des factions anarchistes, semble plutôt avoir été organisée par la police du Directoire, afin de confondre plusieurs activistes favorables aux idées de Babeuf. De fait, cette « conjuration de Grenelle » permet d'arrêter plusieurs babouvistes notoirement hostiles au gouvernement. La plaine de Grenelle a été le théâtre de nombreuses exécutions militaires (notamment celles de Malet et de ses complices malgré eux, en 1812, et de La Bédoyère, en 1815).

GRENOBLE

Chef-lieu du département de l'Isère.

Fondée par un peuple des Gaules, les Allobroges, sous le nom de *Cularo*, elle est agrandie au IVe siècle sous le règne de l'empereur romain Gratien, et s'appelle dès lors *Gratianopolis*. Lieu de passage privilégié, le bourg fait partie, du IXe au XIe siècle, du royaume de Bourgogne-Provence, avant de devenir au XIIIe siècle la capitale des Dauphins, d'où le nom de la province : Dauphiné. Il se trouvera de ce fait rattaché aux possessions de la famille royale de France. Dotée d'une université dès 1339, Grenoble devient le siège du parlement du Dauphiné en 1453, et se trouve être l'objet, durant les guerres de Religion, de la convoitise des deux antagonistes. Tombée aux mains des ligueurs après avoir été fortement endommagée par les protestants, la ville est définitivement prise, au nom d'Henri IV, par Lesdiguières en 1590. En 1788, conséquence directe de la politique hésitante de Louis XVI, Grenoble, à l'instar d'autres villes de France, connaît de violentes émeutes. Son parlement s'étant élevé contre le « coup d'État Lamoignon », ses membres reçoivent des lettres d'exil. Au jour fixé pour leur départ éclate une insurrection opposant la population grenobloise, favorable à son parlement, aux autorités royales représentées par le duc de Clermont-Tonnerre, chargé à l'époque du gouvernement militaire du Dauphiné. Le 7 juin, les soldats de Clermont-Tonnerre sont attaqués à coups de tuiles lancées par les émeutiers du haut des toits. C'est pourquoi cette journée sera appelée par la suite journée des Tuiles. Devant l'ampleur de la rébellion, le duc doit faire battre ses hommes en retraite. Le prolongement immédiat de cette journée sera l'assemblée de Vizille (21 juillet 1788), qui apparaît, sans ambiguïté, comme une des principales étapes du processus prérévolutionnaire. En 1815, lors du retour de Napoléon de l'île d'Elbe, Grenoble est une des premières villes à ouvrir ses portes à l'Empereur. Un important soulèvement bonapartiste y éclate au mois de mai de l'année suivante.

GRÈVE (place de)

Actuelle place de l'hôtel-de-ville de Paris.

C'est en 1141 que se trouve mentionné pour la première fois le nom de place de Grève, bien que l'emplacement de celle-ci ait effectivement existé de nombreuses années auparavant. Descendant en pente douce vers la « grève » de la Seine, d'où sa dénomination, cette place va être, aux premiers siècles de notre histoire, un lieu de fêtes réputé tout particulièrement pour ses feux de la Saint-Jean, avant de connaître au Moyen Âge un sort tout différent. En effet, sous le règne de Charles V, la prévôté des marchands y fait construire un bâtiment baptisé « Maison aux Piliers », et destiné à abriter le siège de l'administration communale de la ville. Le prévôt des marchands, Étienne Marcel, en juillet 1357, achète cette maison pour la Hanse des marchands de l'eau. Dès lors, la Maison aux Piliers restera la maison commune de Paris, troquant lentement son nom contre celui d'Hôtel de Ville. En outre, dans le même temps, la place devient le lieu de supplice des condamnés à mort. D'un point de vue topographique, irrégulièrement scindée en deux parties – l'une en bord de Seine où se tenait le marché au vin et au charbon, et l'autre où sur une petite esplanade se trouvaient les canons de l'artillerie municipale –, la place de Grève devient au XVIe siècle le lieu de rencontre d'une population marginale et des ouvriers sans emploi, dont la présence fréquente en ce lieu serait, pour certains, à l'origine de l'expression « faire la grève » ou « se mettre en grève ». En 1673, afin de faciliter le débarquement des marchandises, on construit en bord de Seine un quai grâce auquel cette place restera durant de longues décennies un centre de négoce très actif au cœur même de la capitale. Pendant la Révolution, la place de Grève connaît la fièvre de maintes « journées parisiennes » et voit se dresser jusqu'en 1793 l'échafaud de la guillotine qui sera transportée ensuite place de la Révolution, puis place du Trône renversé, actuelle place de la Nation. C'est en 1806 que la place de Grève est débaptisée pour devenir l'actuelle place de l'Hôtel-de-Ville, mais les exécutions capitales s'y dérouleront sous l'Empire, jusqu'à la Restauration.

GRÉVY Jules (Mont-sous-Vaudrey, Jura, 1807 – Mont-sous-Vaudrey, 1891)

Homme politique, président de la République.

Il est issu d'une famille rurale du Jura. Après des études d'avocat, il est élu député en 1848 à l'Assemblée constituante et à nouveau en 1849 à l'Assemblée législative. Sous le Second Empire, il se tient éloigné de la vie politique jusqu'en 1868, date à laquelle il est élu au Corps législatif sur les rangs de l'opposition. Présidant ensuite l'Assemblée nationale en 1871, puis la Chambre des députés de 1873 à 1876, il fait figure de chef de file des républicains depuis la mort de Thiers en 1877. Rien d'étonnant donc à ce qu'il soit élu président de la République le 30 janvier 1879 après la démission de Mac Mahon. Dès son entrée en fonction, Grévy affirme qu'il se soumettra à la volonté des députés, prenant ainsi acte de l'affaiblissement de la fonction présidentielle depuis la crise du 16 mai 1877. Il s'entoure néanmoins d'hommes de second plan, tels Freycinet ou Waddington, qui ne lui portent pas ombrage, et n'a de cesse d'écarter du pouvoir le trop populaire Gambetta, dont il torpille le « grand ministère ». Sa présidence est marquée à l'intérieur par l'avènement des grandes lois républicaines des années 1880 sur les libertés, sur l'école obligatoire, laïque et gratuite, sur la reconnaissance du syndicalisme. La politique étrangère de Grévy est résolument pacifiste, et son obstination à considérer l'Alsace et la Lorraine comme perdues lui vaut l'hostilité des radicaux, partisans de la revanche, qui préfèrent se rassembler derrière le général Boulanger. C'est au même moment, en 1887, qu'éclate le scandale des trafics de la Légion d'honneur auquel se livrait le gendre de Grévy, Daniel Wilson. Le pacifisme du président, pourtant innocent, ne plaide pas en sa faveur, et les partisans de la revanche saisissent l'occasion de le pousser à la démission. Cédant à la pression de la Chambre qui refusait de siéger jusqu'à ce qu'il se retire, Grévy démissionne le 1er décembre 1887, contribuant davantage à l'affaiblissement de la présidence.

GRIBEAUVAL Jean-Baptiste VAQUETTE de (Amiens, 1715 – Paris, 1789)

Maître artilleur.

Engagé au régiment de Royal-Artillerie en 1735, il se spécialise dans les recherches balistiques et effectue des études comparatives sur l'organisation et la puissance de feu de diverses armées européennes. Son rapport concernant l'artillerie prussienne attire l'attention sur lui et le fait distinguer par l'impératrice Marie-Thérèse, qui l'engage à son service en 1757 et lui confie le commandement de l'artillerie autrichienne. Feld-maréchal autrichien, Gribeauval tient tête durant deux mois à l'armée de Frédéric II en 1762 à Schweidnitz. Libéré après la fin de la guerre de Sept Ans, il regagne la France où Louis XV le

Gribeauval
Dessin de Carmontel, Chantilly, musée Condé.
© *Lauros-Giraudon*

nomme maréchal de camp puis lieutenant général en 1765, et lui accorde le cordon de grand-croix de Saint-Louis. Louis XVI en fait, à partir de 1776, un inspecteur général de l'artillerie. Dans ses fonctions, il donne la pleine mesure de son expérience, différenciant l'artillerie de place de celle de campagne, dont il modifie le calibre des pièces tout en les rendant plus mobiles. Grâce à ces initiatives, à la fin de l'Ancien Régime et au début de la Révolution, l'artillerie française est de loin la meilleure d'Europe. Elle le prouve à Valmy et à Jemmapes et maintient cette supériorité durant les campagnes suivantes, fournissant au Consulat puis à l'Empire une puissance de feu dont Napoléon tire profit. Dans la première moitié du XIXe siècle, toutes les armées européennes adaptent leur artillerie aux normes énoncées par Gribeauval. Ses travaux ne se limitent cependant pas aux canons. Tout ce qui concerne l'armement l'intéresse et c'est ainsi qu'il préconise, à partir de 1777, le forgeage des pièces de fusil à l'aide de matières « standardisées ». Pour l'époque c'est une véritable révolution technique, ces pièces étant jusqu'alors forgées à la main, une fois le métal rougi sorti du feu. Grâce à cette nouvelle technique, les pièces de fusil sont de meilleure qualité, fournissant un armement plus homogène, ce qui améliore d'autant le rendement des unités.

GRIMALDI Honoré II (?, 1597 – ?, 1662)

Prince de Monaco.

Il parvient à chasser les Espagnols de sa principauté (1641). Afin de compenser la perte de ses domaines en pays espagnols dont Philippe IV s'est emparé, la France lui cède le duché de Valentinois, le comté de Carlat, les baronnies de Buis et de Calvinet, enfin le marquisat des Baux.

GRIMOALD ou GRIMAUD (? – Paris, 656)

Maire du palais.

Fils de Pépin de Landen (mort en 640), il s'empare du pouvoir en faisant assassiner le maire du palais Otton et gouverne l'Austrasie au nom du roi Sigebert III à partir de 643. Son audace est telle qu'il tente de substituer sa descendance à celle des Mérovingiens : il fait adopter par Sigebert son propre fils Childebert, qui recevra le surnom de Childebert l'Adopté, l'installe sur le trône à la place du fils de Sigebert, Dagobert II, et pendant sept ans gouverne sous son couvert. Mais ce règne se termine par une catastrophe, aux péripéties d'ailleurs incertaines. Attiré par une ruse des Neustriens, Grimoald aurait péri en prison à Paris, tandis que Childebert l'Adopté aurait disparu à son tour en 662. Le second fils de Pépin le Jeune, maire du palais sous Childebert II, devait lui aussi porter le nom de Grimoald ou Grimaud.

GRIMOARD Nicolas Henri René de (Fontenay-le-Comte, 1743 – Rochefort, 1794)

Amiral.

Lieutenant de vaisseau de la marine royale, il participe à la guerre d'Indépendance américaine, se distinguant notamment autour de l'île de la Dominique en 1781, puis à la bataille de l'archipel des Saintes l'année suivante. Second du commandant en chef en 1790, lors de l'expédition de Saint-Domingue, Grimoard achève cette mission. Récompensé par le grade de vice-amiral, il reçoit de la Convention la direction de l'escadre de Brest. Mais une dénonciation le présente au Tribunal révolutionnaire comme sympathisant royaliste, ce qui entraîne une immédiate destitution et une comparution devant le tribunal maritime de Rochefort, qui le condamne à la peine de mort.

GRINGOIRE

Journal parisien fondé en 1926 par le député nationaliste Horace de Carbuccia, gendre du préfet de police Jean Chiappe.

Celui-ci en est le véritable directeur tant dans le domaine politique que littéraire. Proche des milieux de la droite nationaliste et des ligues, la ligne éditoriale du journal, violemment antisémite, est favorable à la politique expansionniste de Mussolini et opposée au Front populaire ainsi qu'aux parlementaires. En 1936, *Gringoire* lance une violente campagne de presse contre le ministre de l'Intérieur, Roger Salengro, qui aboutit à son suicide. Au moment des accords de Munich, le journal se félicite de la décision prise par la France et manifeste son anglophobie. Toutefois, le journal se replie en zone sud, à Lyon, après la signature de l'armistice de 1940, sans pour autant modifier ses opinions. *Gringoire* est alors un fervent soutien de la politique du maréchal Pétain. Il est interdit à la Libération. En 1929, le tirage est de 135 000 exemplaires, en 1940, de 500 000.

GROUCHY Emmanuel, marquis de (Château de Villette, 1766 – Paris, 1847)

Maréchal de France.

Issu d'une famille noble de Normandie, il est lieutenant aux gardes du corps en 1783. Au début de la Révolution, il se montre partisan des idées nouvelles, ce qui lui vaut d'être nommé général de division en 1793. Obligé de quitter l'armée à la suite du décret de la Convention qui exclut les ex-nobles, il est bientôt réintégré par le décret spécial du 13 juin 1795. Grouchy participe à la désastreuse campagne d'Italie de 1799 : le jour de la bataille de Novi, il commande l'aile gauche de Joubert et soutient la retraite. Mais, blessé, il tombe aux mains de l'ennemi. Il sera échangé un an plus tard et contribuera à la victoire de Hohenlinden (1800). Il avait protesté publiquement contre le 18 Brumaire, mais se réconcilie assez vite avec le nouveau régime et adhère sans difficulté à l'Empire. Dès lors, Grouchy est un des serviteurs les plus zélés de Napoléon, qu'il suit dans presque toutes ses campagnes. En 1809, il est nommé colonel général des chasseurs et comte d'Empire. Pendant la retraite de Russie, Napoléon lui donne une marque de grande confiance en le plaçant à la tête de l'Escadron sacré, composé d'officiers chargés de veiller à sa sûreté personnelle.

Mis en disponibilité par la Première Restauration, Grouchy offre spontanément ses services à Napoléon pendant les Cent-Jours. Nommé commandant en chef des 7e, 8e, 9e et 10e divisions militaires (Sud-Est), il se porte en hâte dans la vallée du Rhône où le duc d'Angoulême tient la campagne avec quelques troupes, mais n'arrive que pour recevoir la capitulation du prince. Napoléon est néanmoins si satisfait qu'il lui expédie sur-le-champ le bâton de maréchal (17 avril). Puis il le rappelle à Paris pour siéger à la Chambre des pairs et lui confie le commandement de la cavalerie de réserve dans l'armée du Nord qui doit se porter sur la Belgique à la rencontre de Blücher et de Wellington. Chargé de poursuivre l'armée de Blücher en retraite et d'empêcher sa jonction avec Wellington, il se laisse tromper par l'arrière-garde prussienne sur les mouvements réels du gros de l'armée de Blücher. Celle-ci a en effet réussi à s'échapper et s'apprête à prendre Napoléon de flanc et en arrière. Croyant l'avoir toujours devant lui, il refuse de marcher au canon de Waterloo (18 juin), malgré les supplications de ses lieutenants et particulièrement du général Gérard. Obnubilé par les ordres de Napoléon le sommant de poursuivre Blücher, Grouchy s'obstine à ne pas rejoindre le gros de l'armée impériale. Bien qu'il ait reçu (trop tardivement de toute façon) un nouveau message de Soult lui demandant de se porter

14e Année. — N° 645 — 1 fr. 25 — Pour un Français, il n'y a pas d'autre cause à défendre ni à servir que celle de la France. Maréchal PETAIN. — 1 fr. 25 — 17 avril 1941

DANS CE NUMÉRO : BATAILLES POUR LE PIRÉE ET POUR SUEZ

GRINGOIRE

LE GRAND HEBDOMADAIRE PARISIEN, POLITIQUE, LITTÉRAIRE

LE PLUS FORT TIRAGE ET LA PLUS FORTE VENTE DES JOURNAUX HEBDOMADAIRES

DANS CE NUMÉRO : QUE SERA LA PAIX ? par Philippe HENRIOT

Siège provisoire : 39, rue Grignan, MARSEILLE. Téléphone : Dragon 14-31

Siège social : 20, avenue Rapp, PARIS (VIIe). Téléphone : Ségur 92-80 - 92-81

Directeur : H. de CARBUCCIA

NAÏFS AUDITEURS DE LA RADIO GAULLARDE

connaissez du moins les individus qui vous bourrent le crâne

CEUX DE LONDRES

GOLDENBERG dit Georges BORIS

WEISKOPF dit GOMBAULT

Louis LEVY

CEUX DE BOSTON

COT

La femme TABOUIS

GERAUD dit PERTINAX

Et ce sont ces gens-là qui injurient PÉTAIN et DARLAN !

Gringoire
La une de *Gringoire* du 17 avril 1941. © *Selva Leemage*

immédiatement sur la droite française, il ne peut s'y rendre faute de temps. Cette absence pèsera très lourdement dans le désastre du 18 juin 1815, et Grouchy passera une partie de sa vie à tenter de se justifier. Mais Napoléon a sans doute exagéré les conséquences de son erreur lorsqu'il a dit : « À Waterloo Grouchy s'est perdu ; j'aurais gagné cette affaire sans son imbécillité. » Proscrit en juillet 1815, il passe cinq ans aux États-Unis, à Philadelphie. Il est exclu de l'ordonnance d'amnistie de 1819, et c'est seulement en 1821 qu'une ordonnance spéciale met fin à son exil. Elle le rétablit dans les dignités et titres qui étaient les siens avant les Cent-Jours. Louis-Philippe lui rend son grade de maréchal en 1831 et l'appelle à la Chambre des pairs en 1832.

GUADELOUPE

Ce département des Antilles françaises (chef-lieu Basse-Terre) est une île d'origine volcanique dont le volcan de la Soufrière culmine à 1 484 mètres.

La partie orientale, ou Grande-Terre, moins accidentée que Basse-Terre, est propice aux plantations, en particulier celles de cannes à sucre, de bananiers et de caféiers. Le nom de la Guadeloupe, de consonance espagnole, est dû à Christophe Colomb qui aperçoit l'île le 4 novembre 1493, jour du pèlerinage de la Sierra de Guadalupe en Estremadure. Occupée par des Indiens Caraïbes, la Guadeloupe se révèle réfractaire à la colonisation ; un groupe de missionnaires espagnols y est massacré en 1525. Plus heureux que les religieux, les Français Duplessis et Charles de L'Olive y prennent pied en juin 1635. Colbert rattache le territoire à la couronne en 1674, situation qui entraîne l'occupation anglaise de 1759 à 1763, durant la guerre de Sept Ans, puis en 1794, enfin de 1810 à 1815. Lors de la Seconde Guerre mondiale, l'amiral Robert, haut-commissaire du gouvernement de Vichy, y maintient jusqu'en 1943 l'autorité du maréchal Pétain, l'île se ralliant alors, de même que la Martinique, à la France combattante. Depuis 1946, la Guadeloupe bénéficie du statut de département.

GUADET Marguerite Élie (Saint-Émilion, 1758 – Bordeaux, 1794)

Homme politique.

Avocat à Bordeaux, il est nommé administrateur du département en juillet 1790, puis président du tribunal criminel de Bordeaux au mois de mars suivant. Député de la Gironde à l'Assemblée législative (octobre 1791), il se fait connaître au mois de janvier suivant en prononçant un discours en faveur de la Constitution. À la suite de ce discours fameux, ses collègues affirment : « La Constitution ou la mort. » Guadet apparaît bientôt comme un des plus brillants orateurs de la Gironde, en même temps qu'un des adversaires les plus acharnés de la Montagne. Irascible, orgueilleux, il excelle aux luttes de personnes. Le 20 février, il défend les sociétés populaires, puis réclame la constitution, sous Paris, d'un camp de fédérés. Reçu au club des Jacobins, il y attaque à plusieurs reprises Robespierre, auquel il reproche d'avoir évoqué la Providence. S'attaquant ensuite à Marat, il fait voter contre lui des poursuites le 3 mai 1792.

Après le 20 juin, et de concert avec ses collègues Vergniaud et Gensonné, autres chefs de la Gironde, Guadet écrit au roi pour lui demander de rappeler les ministres chassés le 13. Sur sa proposition, l'Assemblée vote le 30 août la dissolution de la Commune issue de la journée du 10 Août, mais celle-ci reste cependant en fonctions. Réélu à la Convention, Guadet s'oppose plus que jamais aux Montagnards, et vote l'appel au peuple et la mort avec sursis lors du procès du roi. Désigné dès le 8 avril 1793 comme un des ennemis de la Révolution par la section du Bon Conseil, il s'élève deux jours plus tard contre les agissements des sections parisiennes et contre la dictature exercée par la capitale. Le 12 avril, il attaque Robespierre, puis Danton, et enfin Marat, entraînant la mise en accusation de ce dernier le lendemain. Il vote cependant contre cette mesure. Poursuivant la lutte contre les autorités parisiennes, Guadet propose le 18 mai le transfert de l'Assemblée à Bourges et la réunion d'une commission de 12 membres chargée de prendre les mesures nécessaires à la sécurité publique. Cette dernière proposition est acceptée par la Convention. Le même jour, Guadet dénonce la brochure publiée la veille par Desmoulins contre les Brissotins. Il combat encore l'insurrection du 31 mai puis, décrété d'arrestation le 2 juin avec les autres chefs de la Gironde, s'enfuit de Paris, déguisé en garçon tapissier. Gagnant alors Évreux, puis Caen où il participe à la tentative de création d'une armée fédéraliste, il passe en Bretagne et gagne la Gironde par la mer. Mal accueilli, réfugié chez sa belle-sœur, il est finalement découvert, jugé et guillotiné au mois de juillet.

GUÉBRIANT Jean-Baptiste BUDES, comte de (Le Plessis-Budes, Côtes-d'Armor, 1602 – Rottweil, Souabe, 1643)

Maréchal de France.

Issu d'une ancienne famille de Bretagne, il fait ses études au collège de La Flèche et ses premières armes en Hollande de 1626 à 1630. Nommé capitaine d'une compagnie des gardes du roi en 1632, il se marie la même année avec une demoiselle du Bec-Crespin, puis participe à plusieurs campagnes avant d'être chargé par Louis XIII de défendre la ville de Guise contre les Espagnols. Ayant remporté dans cet engagement un brillant succès, il est nommé maréchal de camp à l'armée du duc de Rohan en 1637 et commande les troupes auxiliaires françaises pendant la guerre du Bas-Palatinat. Envoyé au secours du duc Bernard de Saxe-Weimar, tué peu après au cours de combats, Guébriant lui succède à la tête de son armée, et remporte plusieurs succès militaires, notamment à Wolfenbüttel, où il massacre plus de 2 000 hommes dans les rangs ennemis, bien qu'il ait à faire face à une armée supérieure en nombre. Malgré tout, cette victoire n'est pas décisive. Il réussit toutefois à battre une nouvelle fois les Impériaux à Kempen en 1642, ce qui lui vaut d'être nommé maréchal de France. Au cours de la campagne de 1643, Guébriant est grièvement blessé par un coup de fauconneau et meurt de gangrène cinq jours plus tard. Son corps sera ramené à Paris et Louis XIV lui réservera de magnifiques funérailles.

GUÉNÉGAUD Henri de, marquis de Plessis-Belleville (?, 1609 – Paris, 1676)

Financier.

Administrateur financier comme son père, à qui il succède en 1639, il est nommé secrétaire d'État à la maison du roi en 1643 mais tombe en disgrâce en 1669. Son successeur sera Colbert. Il avait fait construire par François Mansart un hôtel à l'emplacement actuel de l'Hôtel de la Monnaie à Paris.

GUÉNOLÉ, GWENNOLÉ ou GUIGNOLÉ, saint (Armorique, 461, – Landévennec, 532)

Saint breton.

Sa vie, légendaire, en fait le fils d'un prince gallois émigré en Armorique, Fragan. Élève de Budoc, chef du monastère de l'île Lavré près de Bréhat, il devient, très jeune, célèbre par l'exercice de vertus extraordinaires et par des miracles. La renommée de saint Patrick semble l'attirer en Irlande. Mais, dans une vision, le saint lui fait comprendre que sa mission est de rester sur le continent. Avec quelques moines, Guénolé s'établit alors dans une île nommée Topepig, au fond de la rade de Brest, puis sur la côte où il fonde le monastère de Landévennec (485) destiné à une grande renommée. C'est là que ses reliques seront vénérées jusqu'à la destruction de l'abbaye, en 1793.

GUÉPRATTE Émile Paul (Granville, 1856 – Brest, 1939)

Amiral.

Les Britanniques ayant décidé de réduire les forts turcs de la zone des détroits des Dardanelles, une escadre mixte est constituée en février 1915. Le chef de l'expédition est l'amiral britannique Carden, le détachement français étant confié au contre-amiral Guépratte. Ce dernier dirige le feu des bâtiments français qui réduisent au silence plusieurs fortins à partir du 19 février, mais une seconde tentative, le 18 mars, aboutit à un échec avec la perte du *Bouvet*. À bord du *Suffren*, Guépratte dirige imperturbablement le tir, puis, la mission devenant impossible, ordonne le repli des unités. Récompensé du grade de vice-amiral pour cette action, nommé ensuite préfet maritime de Bizerte, il siège à la Chambre des députés de 1919 à 1924. Mais sa véritable vocation est désormais celle d'écrivain de la mer. Membre de l'Académie de marine, Guépratte se consacre jusqu'à sa mort à la littérature.

GUÉRANDE (traités de)

Traités signés pendant la guerre de Succession de Bretagne.

Le 12 avril 1365, à la suite de la défaite subie à Auray par Charles de Blois devant Jean de Montfort, malgré l'assistance de Du Guesclin, le premier traité de Guérande (ville située près de la côte, au nord de l'estuaire de la Loire) reconnaît la couronne ducale à Jean de Montfort qui devient duc de Bretagne sous le nom de Jean IV. Toutefois, Jeanne de Penthièvre, veuve de Charles de Blois, qui a été tué dans la mêlée, conserve le comté de Penthièvre et la vicomté de Limoges, avec une rente de 10 000 livres. Le traité prévoit que l'existence d'un hoir mâle de la ligne de Bretagne exclura dorénavant de la succession dans le duché toute candidature féminine, mais, au cas où il n'y aurait pas d'héritier mâle, le duché reviendrait à la descendance de Jeanne de Penthièvre. Enfin, il n'est rien changé à la stipulation du traité de Brétigny (1360) qui avait déclaré que la souveraineté et l'hommage bretons demeureraient au roi de France. Ce traité ne signifie pourtant pas la fin immédiate de la guerre de Succession de Bretagne. En dépit de ses engagements, Jean IV mène une politique d'alliance avec l'Angleterre qui amène Charles V à intervenir de nouveau en Bretagne.

Le second traité, signé le 4 avril 1381, est ménagé par les seigneurs bretons, hostiles à l'alliance anglaise tout comme aux immixtions royales dans le duché. Jean IV promet de solliciter le pardon de Charles VI, de lui prêter main-forte contre les ennemis du royaume et de ne plus s'entourer de conseillers anglais. Promesses elles aussi bien mal tenues, jusqu'à la réconciliation définitive entre Jean IV et le comte de Penthièvre, fils de Charles de Blois, en 1395.

GUÉRIN ou GARIN (Pont-Saint-Maxence, v. 1157 – Chaalis, 1227)

Évêque.

Chevalier de Saint-Jean de Jérusalem, il devient le confesseur de Philippe Auguste (1180) et, en 1201, son conseiller et le chef de sa chancellerie. En 1213, il reçoit l'évêché de Senlis, tout en conservant ses fonctions. Il joue un rôle actif dans les guerres que mène Philippe Auguste et prend notamment une part glorieuse à la bataille de Bouvines (1214). Guérin y commande l'aile droite française et c'est à lui que se rend le comte de Flandre. Comme garde des Sceaux, il fonde le Trésor des chartes, pour y conserver dans un lieu fixe les titres de la couronne qui, jusque-là, suivaient le roi dans tous ses voyages. Il fait partie des commissaires royaux adjoints au prince Louis (futur Louis VIII) dans la guerre contre les albigeois, et Philippe Auguste le choisit comme exécuteur testamentaire. Maintenu dans toutes ses fonctions et nommé chancelier en titre par Louis VIII, Guérin, après la mort de ce prince, en 1226, se retire dans l'abbaye de Chaalis, près de Senlis, où il meurt l'année suivante.

Guérin (? – ?, 853)

Comte de Mâcon et de Chalon.

Après avoir participé aux luttes du règne de Louis le Pieux, il contribue en 834 à la restauration du vieil empereur sur le trône. Lorsque, à la mort de ce dernier (840), ses trois fils se disputent le pouvoir, Guérin apporte son soutien à Charles le Chauve et décide, en 841, de l'issue de la bataille de Fontenoy-en-Puisaye. Celle-ci remportée sur Lothaire par Charles, avec l'aide de Louis le Germanique, prélude au traité de partage de Verdun.

Guerre folle

Nom donné aux hostilités que la haute noblesse engage à la fin de l'an 1486 contre la régente Anne de Beaujeu, pendant la minorité de Charles VIII.

Le duc d'Orléans, futur Louis XII, et François II, duc de Bretagne, sont à la tête de la révolte. Vaincus par La Trémoille à Saint-Aubin-du-Cormier en 1488, les deux chefs de la ligue féodale font leur soumission.

Guerre de 1870

Guerre entre la France, la Prusse et les États allemands du sud du Main. Ce conflit est la conséquence directe de la candidature d'un prince allemand, Léopold de Hohenzollern, au trône d'Espagne, vacant depuis 1868.

L'ambassadeur de France à Madrid, le baron Mercier de Lostende, télégraphie la nouvelle à Paris le 3 juillet 1870. L'effet est immédiat, tant à la Cour que dans les ministères et dans la rue, bien que le prince soit un parent éloigné du roi Guillaume Ier de Prusse, chef de la maison de Hohenzollern. Marié à une princesse portugaise, parlant espagnol, catholique, militaire, il a paru le candidat idéal au gouvernement madrilène. À Paris, la presse se déchaîne et parle de provocation. L'opposition au régime se manifeste à son tour, si bien que, dès le 6 juillet, le ministre des Affaires étrangères, le duc de Gramont, n'hésite pas à faire à la tribune du Corps législatif une déclaration très ferme, assurant que la France « remplira son devoir sans hésitation et sans faiblesse ». L'Europe est stupéfaite de cette fièvre soudaine. L'Espagne ne comprend pas et, en Allemagne, la déclaration du ministre français est considérée comme « insolente ». Nombreux cependant sont ceux qui refusent d'envisager l'hypothèse d'un conflit armé pour une simple question dynastique. L'heure des diplomates semble venue. Le 9 juillet, l'ambassadeur français Benedetti rencontre le roi Guillaume en sa qualité de chef de la maison régnante. Ce dernier fait preuve d'esprit conciliant et, le 12 juillet, le prince Antoine de Hohenzollern télégraphie à Madrid que son fils Léopold « retire son acceptation en raison des complications que cette candidature paraît soulever et de la situation pénible où les derniers événements ont mis le peuple espagnol ». Le même jour, l'ambassadeur d'Espagne à Paris transmet cette décision au duc de Gramont et le roi Guillaume annonce la nouvelle à Benedetti. Une lettre confirme l'information, précisant que le roi a donné son acquiescement « comme chef de la famille et comme souverain ». L'affaire paraît terminée.

C'est compter sans une opinion parisienne en délire, qui manifeste dans la rue sa volonté de « relever le défi ». Les témoins les plus lucides sont consternés, d'autant qu'au Palais-Bourbon et à la cour des Tuileries le parti de la guerre se félicite de la tournure prise par les événements. Aux Tuileries, ce parti interventionniste ne peut espérer meilleur avocat que l'impératrice Eugénie, qui voit dans un succès militaire (qui ne fait aucun doute) l'occasion d'affermir le régime, dont le caractère libéral lui déplaît, et d'assurer le trône au prince impérial, Napoléon III étant malade. De plus, un succès obtenu aux dépens d'une puissance de confession protestante ne serait pas pour lui déplaire. Enfin, voici l'occasion de relever le prestige du pays, terni, assure-t-on, depuis 1866, date de la victoire prussienne de Sadowa contre l'Autriche. Manifestement, ce conflit tant souhaité tranchera la question de la suprématie continentale. Dès lors, le parti de la guerre ne fera rien pour apaiser la situation, au contraire. À Saint-Cloud, Napoléon III, miné par la maladie, est l'objet d'une vive pression de la part du ministre des Affaires étrangères, le duc de Gramont, et de ses ministres. Ébranlé, las, il autorise le Quai d'Orsay, dans la soirée, à faire de nouveau intervenir Benedetti en vue d'obtenir de Guillaume Ier une renonciation formelle de candidature. Démarche maladroite, indécente même, compte tenu de l'attitude du souverain. Le 13, ce dernier fait répondre qu'il ne peut et ne veut prendre l'engagement demandé, réaffirmant cependant ses déclarations précédentes de renonciation. Et comme Benedetti, conformément à ses instructions, se montre pressant, Guillaume Ier réplique sur un ton moins amène qu'il vient de donner sa réponse et qu'il n'a rien à ajouter.

Guerre de 1870

« Cette guerre insensée ménageait toutes les douleurs à la France. Un hiver terrible, la privation des vivres décimaient ses enfants. Un ennemi insolent et enivré de ses succès incendiait les villages, massacrait les femmes, les enfants, les prêtres et les vieillards. Elle subit les conditions du traité le plus implacable qui ait jamais existé. Deux provinces lui étaient enlevées ; 5 milliards à payer, et l'ennemi en France comme garantie de sa créance. » Gravure légendée. © *Sélection Images*

Confirmation de cette attitude est donnée dans l'après-midi et, Benedetti continuant à insister, le roi décide de transmettre l'affaire au chancelier Bismarck par l'intermédiaire du conseiller Abeken. Le chancelier se trouve alors à Ems en compagnie du ministre de la Guerre Roon et du chef d'état-major Moltke. L'insistance française auprès du roi, les propos belliqueux qui parviennent de Paris depuis plusieurs jours, des renseignements précis fournis par les informateurs parisiens de Bismarck démontrent que l'entourage de l'empereur désire la guerre. Il en est de même du côté prussien, étant donné que Bismarck s'est fixé pour objectif l'unité de l'Allemagne et l'érection de la monarchie prussienne au rang d'empire. Moltke, sûr de sa supériorité militaire, se montre partisan d'un conflit ; Roon enchérit. Bismarck prépare alors un communiqué à la presse, dont les termes se veulent volontiers offensants pour la France. C'est la célèbre dépêche d'Ems que la IIIe République superposera à l'image péjorative du chancelier en lui conférant un sens de provocation. Elle se termine par la phrase à senteur de poudre : « Là-dessus Sa Majesté a refusé de recevoir encore l'ambassadeur et lui a fait savoir par son aide de camp de service qu'elle n'avait plus rien à lui communiquer. » À cet énoncé, la tradition fait dire à Moltke : « Tout à l'heure c'était une chamade, maintenant, c'est une fanfare ! »

La Gazette de l'Allemagne du Nord, à qui Bismarck a transmis le communiqué, s'empresse de le diffuser à Berlin. Le caractère injurieux du congédiement obtient en tout cas l'effet souhaité lorsque le compte rendu parvient à Paris. Deux réunions ministérielles se tiennent à Saint-Cloud dans la journée du 14 juillet. L'empereur est pris d'un malaise au cours de celle du soir. Il se retire un moment et, selon un contemporain (le sénateur Grivart), l'impératrice met à profit cette absence momentanée pour emporter la décision des hésitants en faveur de la déclaration de guerre. Dans l'après-midi du lendemain, la tension se transporte au Corps législatif, où Thiers s'efforce en vain de modérer l'ardeur des bellicistes. Dans la soirée, un vent de folie embrase Paris. Chacun commente les phrases des responsables, depuis le « cœur léger » d'Émile Ollivier jusqu'au « bouton de guêtre » du maréchal Lebœuf. La majorité des députés vote les crédits de guerre. Sur les boulevards, la foule hurle : « À Berlin ! » Elle conspue Thiers et menace de mettre à sac son hôtel particulier de la rue Saint-Georges. Enfin le 19 juillet, le représentant de la France remet au ministre des Affaires étrangères de Prusse une déclaration de guerre en bonne et due forme.

Cependant, l'armée impériale est inapte à la tâche qui lui est soudain imposée. Les militaires d'opérette, chers à Offenbach, semblent diriger sur le terrain un ensemble inconsistant, mal préparé par les campagnes coloniales de Kabylie, d'Afrique noire, de Cochinchine et du Mexique. Impressionné par les sanglants affrontements de Magenta et de Solferino, l'état-major impérial ne conçoit désormais le combat que sous une forme statique. Si le fusil Chassepot est une arme tout à fait remarquable pour sa précision, sa portée et surtout sa fréquence de tir, l'artillerie, en revanche, est déficiente. Les pièces, en bronze, se chargent toujours par la gueule, alors que les modèles d'acier, fondus chez Krupp, munis de culasses, sont supérieurs en précision, en portée et en rapidité de tir. Les Français ont des fusils ; les Prussiens ont des canons. La puissance de feu est à leur avantage. Grâce à l'appoint des royaumes d'Allemagne du Sud et à une préparation méthodique des effectifs, ils ont le nombre. Aux 800 000 Prussiens s'ajoutent 200 000 Bavarois, Badois et Wurtembergeois, sans oublier une Landwehr de 400 000 hommes. En France, le maréchal Niel, seul chef de valeur réelle, est mort trop tôt (en 1869) pour voir mener à bien son projet de constitution de réserves, avec la garde

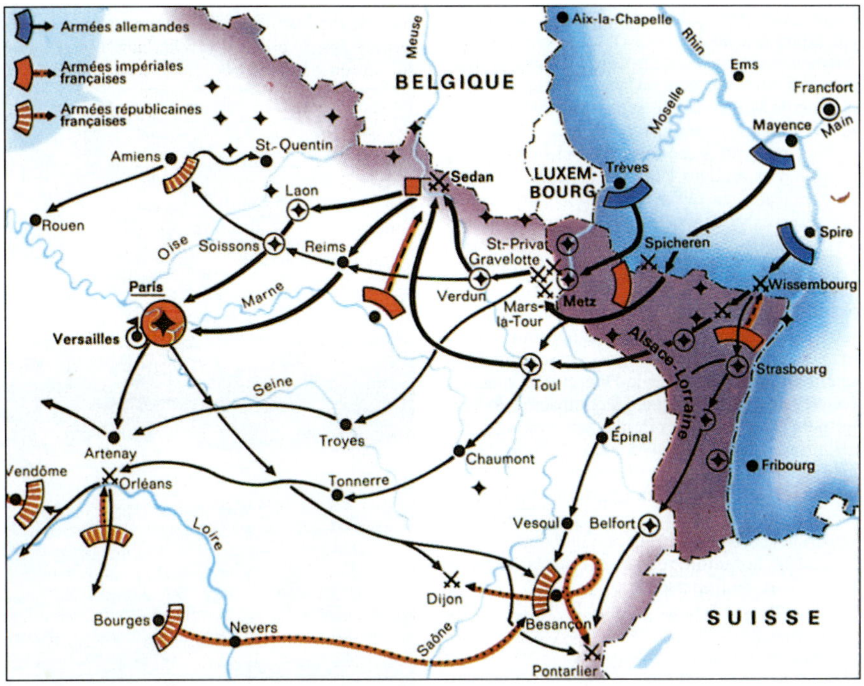

La guerre de 1870

mobile, complément indispensable d'une armée impériale aux effectifs insuffisants (375 000 hommes, plus 175 000 en second échelon). Enfin, il y a la présence dans le camp prussien du grand stratège Moltke. Celui-ci a inculqué à ses subordonnés une conception mobile du combat qui consiste à fixer l'adversaire par une attaque frontale tout en l'enveloppant par un audacieux mouvement débordant. La tactique statique de l'état-major français facilite sa tâche.

Le résultat ne se fait pas attendre. Bousculé à Wissembourg avec son avant-garde, Mac Mahon croit opportun d'accepter le combat sur les bords de la Sauer entre Woerth et Froeschwiller, face à la IIIe armée du prince royal de Prusse, dans la proportion de un contre deux. Le nombre et la supériorité de l'artillerie prussienne ont raison au soir du 6 août des divisions de Ducrot, de Raoult et de Lartigue, et il faut faire appel à la cavalerie pour ralentir l'assaillant entre Morsbronn et Reichshoffen. Les débris de l'armée du maréchal refluent sur le camp de Châlons, apportant la démoralisation à des détachements de mobiles en pleine désorganisation. Une dizaine de jours plus tard, à Metz, Bazaine, commandant l'armée pompeusement appelée « du Rhin », se laisse distraire par une attaque frontale devant Borny, à l'est de la Moselle, tandis que la IIe armée du prince Frédéric-Charles effectue un débordement par le sud. D'où les batailles de Gravelotte, de Mars-la-Tour et de Saint-Privat, du 16 au 18 août. Une fois encore, les chassepots se surpassent, mais nulle part l'artillerie impériale ne peut se maintenir sur les positions choisies, partout surclassée par sa rivale. Au soir du 18 août, l'armée de Bazaine reflue dans Metz. Napoléon III, terrassé par la maladie, et arrivé au camp de Châlons, attendra en vain cette force de 180 000 hommes qui ne jouera désormais plus aucun rôle, sauf celui de retenir autour de Metz la IIe armée prussienne.

Placé à la tête de l'armée de Châlons, Mac Mahon se montre partisan d'un repli vers Paris pour affronter l'ennemi sous la protection des forts de la capitale. L'empereur, à la volonté vacillante, se rallie à cette proposition. Mais, des Tuileries, l'impératrice, avisée du projet, ordonne au contraire de s'éloigner car, selon elle, un pareil mouvement serait considéré comme une impardonnable perte de prestige. Bazaine étant censé se replier vers Châlons, Mac Mahon décide d'aller à sa rencontre… en passant par la vallée de la Meuse. Alors que l'assaillant effectue tous ses mouvements d'est en ouest et se montre vulnérable à une attaque contre son flanc méridional, le maréchal va s'enferrer dans l'entonnoir ardennais, décision si insolite, si aberrante que l'ennemi perd sa trace. Il faut l'indiscrétion d'un journal pour le remettre dans la bonne direction. L'armée impériale est surprise en plein mouvement dès le 30 août à Beaumont, près de Mouzon, tandis que le gros des forces atteint Sedan dans une invraisemblable désorganisation. Mac Mahon croyait n'avoir devant lui qu'une modeste IVe armée prussienne nouvellement formée. Or, voici que surgit, dans la journée du 1er septembre, la IIIe armée du prince royal de Prusse. Ses 160 000 hommes s'ajoutent aux 90 000 de la IVe. Mac Mahon se bat à un contre trois.

Les Bavarois du 15e régiment, venant de Mouzon, fixent son attention par une attaque frontale contre Bazeilles – où les « marsouins » défendent la maison Bougerie, scène de la *Dernière cartouche* –, tandis que l'aile marchante, par Fresnois, Donchery et Iges, enferme l'armée impériale dans la « cuvette de Sedan ». En vain les chasseurs du général Margueritte se sacrifient-ils sur le plateau de Floing pour empêcher la « pince » de se refermer. Depuis Fresnois, l'artillerie prussienne martèle le centre de Sedan, vers lequel reflue l'armée en déroute. Des hauteurs de La Marfée, au sud de la ville, l'empereur, Bismarck et Moltke contemplent l'agonie. C'est là que le général Reille, fils du soldat de l'Empire, vient apporter la reddition de Napoléon III, soucieux d'éviter un massacre. Au bout de trois semaines, il n'y a plus d'armée impériale, sauf quelques unités éparses autour de Paris et dans les dépôts. L'empereur est captif en Allemagne. La guerre pourrait s'arrêter là. Mais il n'y a plus de pouvoir légal. Le 4 septembre, à l'annonce du désastre, le régime s'est volatilisé. L'impératrice Eugénie, Cousin-Montauban, le président du Conseil, comte de Palikao, les ministres sont incapables de réagir. La foule envahit le Palais-Bourbon. Gambetta et Jules Favre prônent la formation d'un gouvernement républicain qui reçoit la consécration à l'Hôtel de Ville. Ce sera l'épopée du gouvernement de la Défense nationale avec lequel débute, nominalement du moins, une ère politique nouvelle.

GUERRE MONDIALE (Première)

Guerre mondiale, du 3 août 1914 au 11 novembre 1918.

Un mois exactement s'écoule entre le 28 juin 1914, date de l'assassinat de l'archiduc François-Ferdinand, héritier de la couronne d'Autriche-Hongrie, et de son épouse à Sarajevo, en Bosnie, et le 28 juillet 1914, date de la déclaration de guerre du gouvernement de Vienne à la Serbie. Durant ce mois, tout se passe comme si les chancelleries s'attachaient à nouer d'ultimes alliances et les états-majors à mettre en place un dispositif dont l'aboutissement est inéluctablement la guerre. Un conflit excédant six mois est impensable, assure-t-on, en raison de l'énorme débauche de projectiles provoquée par les armes modernes. Et comme les Allemands se targuent d'être aussi prévoyants que méthodiques, ils ont mis au point depuis 1905 un plan destiné à leur assurer la victoire en quelques mois, comme cela s'est déjà passé en 1864, 1866 et 1870. L'Allemagne ayant deux adversaires assurés, à l'est et à l'ouest, en raison du jeu des alliances, ses stratèges, le comte Schlieffen en tête, connaissent la voie à suivre : écraser rapidement la France par une offensive aussi soudaine que massive, puis retourner toutes les forces disponibles contre les Russes, dont la guerre contre le Japon, en 1905, a révélé les faiblesses.

Le 30 juillet, le tsar Nicolas II, allié des Serbes, ordonne la mobilisation générale. En réplique, Guillaume II déclare l'« état de danger de guerre » en vue de soutenir l'Autriche, et adresse un ultimatum à Saint-Pétersbourg. Le 1er août, à 19 heures, n'ayant pas obtenu satisfaction, pressé par son état-major, il déclare la guerre à la Russie. Le même jour, le gouvernement français, allié de celui de Saint-Pétersbourg, décrète la mobilisation générale. Le 3, désireuse avant tout d'éliminer au plus tôt la puissance française, l'Allemagne déclare la guerre à la France. La querelle austro-serbe se transforme soudain en une conflagration continentale. Comme si le nombre des antagonistes n'était pas suffisant, l'Allemagne y ajoute la Belgique, qu'elle envahit le 3 août, semblant délibérément ignorer la garantie accordée à ce petit pays neutre par la Grande-Bretagne. Il est vrai que le chancelier Bethmann-Hollweg vient de qualifier de « chiffon de papier » le traité de neutralité belge signé en 1831 par le roi de Prusse de l'époque. Aussi, le 4 août au soir, le cabinet de Londres notifie-t-il à Berlin que la Grande-Bretagne entrera en guerre le lendemain. Le Japon, allié de cette dernière, intervient à son tour le 23 août, donnant au conflit une envergure mondiale. Il est vrai que les Japonais sont intéressés seulement par la conquête des archipels allemands des Marshall, des Mariannes et des Carolines, dans le Pacifique central, ainsi que par les comptoirs et concessions germaniques de Chine.

Dès les premiers jours d'août, les Allemands se ruent sur les places fortes belges de Liège et de Namur, qui résistent héroïquement, sans pouvoir cependant retenir le gros des forces d'invasion. Cette avance en Belgique centrale prend au dépourvu le commandement français, qui a concentré le principal de ses forces en Lorraine. En hâte, Joffre fait remonter la Ve armée, commandée par Lanrezac, vers la Belgique, où le rejoint le corps expéditionnaire britannique, fort d'une demi-douzaine de divisions. Dans la seconde quinzaine d'août, les batailles de frontière, dans les Ardennes, à Mons et à Charleroi sont autant d'échecs pour les Alliés, alors que les fronts allemands de Lorraine et d'Alsace sont à peine entamés. C'est le début d'une épouvantable retraite qui s'étend, dit un communiqué français du début de septembre, « des Vosges à la Somme ». En fait, la poussée allemande est encore plus profonde, et si le front de Lorraine tient effectivement des Vosges à Verdun, les Allemands approchent de Paris et entament un mouvement tournant vers le sud-est afin de prendre dans la nasse les troupes du front oriental. Dédaignant le camp retranché de Paris, confié à Gallieni, l'aile droite allemande offre son flanc découvert à l'armée de Paris. Gallieni, en accord avec Joffre, forme aussitôt une armée qu'il confie à Maunoury. Pour qu'une des unités se déplace plus vite vers Meaux, il réquisitionne les taxis de la ville, ces célèbres « taxis de la Marne » qui constituent alors la première unité motorisée de l'histoire militaire. Tandis qu'il frappe le flanc droit adverse, Joffre ordonne aux autres armées de s'arrêter et de résister sur place dans la région des deux Morins et en Champagne. L'affaire réussit également parce que Sarrail s'arc-boute à la place de Verdun, tenant dans le succès de l'opération de la dernière chance un rôle aussi capital que méconnu.

Faisant face à cette soudaine attaque sur sa droite, l'assaillant découvre son centre, dans lequel s'avance un autre stratège de choix, Franchet d'Esperey. Quoique les Britanniques progressent de manière trop timorée, ce qui permet à la IIe armée allemande de von Bülow de refluer sans se faire envelopper, l'ennemi est tout de même contraint à la retraite. Il perd Reims, Soissons et parvient tout juste à se rétablir sur les hauteurs du chemin des Dames, au sud de Laon. Bientôt les troupes en présence cherchent à se déborder mutuellement tout en s'approchant de la mer du Nord, l'armée belge descendue d'Anvers avec le roi Albert Ier venant rejoindre les Franco-Britanniques sur les terres inondables de la région de l'Yser. Alors, deux sillons parallèles, proches presque à se toucher, éventrent le sol des Vosges jusqu'à Nieuport, sur le littoral flamand. Les soldats creusent ces tranchées qui symbolisent la fin de la guerre de mouvement et le début d'une sorte de guerre de siège qui mue le fantassin en troglodyte. Il se protège par d'inextricables réseaux de fils de fer barbelés tandis que les techniciens inventent les méthodes les plus horribles de combat, depuis la grenade aux éclats dévastateurs jusqu'aux mines souterraines qui font sauter le terrain, les lance-flammes et surtout, à la fin de 1915, les gaz toxiques, dont l'ypérite, qui sera, plus tard, si redoutée.

Les vaines offensives en Champagne, en Picardie et en Artois, au cours de l'année 1915, transforment ces secteurs en enfer ; ce grignotage est des plus coûteux en vies humaines. L'espoir d'une décision possible s'éloigne, en effet, chaque jour, car à l'est le « rouleau compresseur » russe est lui aussi embourbé. Les faiblesses d'un régime impérial sclérosé se révèlent dans toute leur ampleur. Dès le 29 août 1914, le désastre de Tannenberg, en Prusse-Orientale, atteste les insuffisances du prétendu géant. Hindenburg et Ludendorff récidivent les 7, 8 et 9 septembre dans la région des lacs de Mazurie, au moment précis de la victoire de la Marne à l'ouest. Si la fin de l'année s'achève par un échec allemand devant Lodz et un recul autrichien en Galicie, l'année 1915 est désespérante pour l'armée tsariste. La Galicie est perdue en juin. Varsovie est évacuée en août. La Pologne centrale est abandonnée, de même que la Lituanie. Les Allemands atteignent Riga, la Biélorussie et l'Ukraine.

La décision militaire n'étant cependant obtenue nulle part, chacun des protagonistes s'efforce d'attirer à lui le plus possible de pays neutres. En novembre 1914, la Turquie rejoint les puissances centrales, obligeant les Russes à tenir un nouveau front en Arménie et les Britanniques à envoyer des forces importantes dans le Sinaï, dans le golfe Persique et surtout aux Dardanelles, où un corps expéditionnaire franco-britannique se maintient à grand-peine d'avril 1915 à janvier 1916. Si l'entrée en guerre de l'Italie, en mai 1915, oblige les Autrichiens à garder les cols alpins et la Vénétie orientale, cet appoint est anéanti par l'intervention de la Bulgarie contre les Serbes à l'automne. Ceux-ci, jusqu'alors, contiennent victorieusement les Autrichiens sur le Danube de part et d'autre de Belgrade. Ce soudain « coup de poignard dans le dos », en octobre, contraint l'armée serbe à se retirer à travers les montagnes enneigées du Monténégro et de l'Albanie pour atteindre la mer Adriatique, où les navires alliés viennent recueillir les survivants pour les emmener en Tunisie. Afin de compenser cette perte, un corps expéditionnaire franco-britannique s'installe autour de Salonique, dans le nord de la Grèce, d'où il sera possible, plus tard, de revenir en Serbie du Sud. Pour le moment, cependant, les Allemands estiment pouvoir obtenir la décision à l'ouest, plus précisément dans la zone de Verdun, car depuis que les Russes sont refoulés au-delà du Niémen, c'est en France que doit se faire la décision aux dires du général von Falkenhayn, successeur de Moltke depuis septembre 1914 à la tête de l'état-major impérial.

Pour parvenir à ses fins, celui-ci imagine une bataille d'usure dans laquelle il « saignera » l'armée française sur place, épuisant inexorablement ses réserves pour ensuite déclencher les offensives de la percée victorieuse. Pourquoi Verdun ? Pour plusieurs raisons : tout d'abord les défenses françaises se trouvent sur la rive droite de la Meuse, donc handicapées par des voies de communication réduites et précaires ; ensuite le secteur de Verdun lui-même n'est desservi que par une route venant de Bar-le-Duc et une voie ferrée à écartement métrique. La compagnie de l'Est ne peut donc y faire circuler ses convois. Par ailleurs, ce secteur est demeuré relativement calme depuis le début des hostilités, les défenses ont été allégées. Enfin la région de Verdun est incluse dans la zone de commandement du prince impérial, le kronprinz Fréderic-Guillaume. En cas de succès, la famille régnante serait la première bénéficiaire de l'opération.

L'attaque est décidée pour le 21 février 1916. Un intense pilonnage d'artillerie est censé ouvrir la route de la victoire. Bien vite, cependant, le chemin de la victoire décisive aboutit à un sanglant cul-de-sac dans lequel près d'un million de combattants des deux camps seront immolés. Le général Pétain, placé à la tête de la IIe armée, stimule la résistance, l'organise, la soutient en créant la Voie sacrée et sa noria de camions montant et descendant du front. Pas plus sur la rive gauche que sur la rive droite de la Meuse, le kronprinz ne parvient à obtenir les succès qu'il espère depuis des mois malgré une débauche d'efforts confinant à la démesure. Le bois des Caures, la côte du Poivre, Vaux, Douaumont, entre autres, sur la rive droite de la Meuse, le Mort-Homme, Cumières, la côte 304, sur la rive gauche, demeurent à jamais les lieux de sacrifice de toute une génération.

Du côté français, l'année 1916 est entièrement symbolisée par Verdun, puisque le général Mangin doit attendre jusqu'au 15 décembre pour reprendre les sites stratégiques de la côte du Poivre, de Louvemont et de Hardaumont. De même, l'offensive franco-britannique sur la Somme de juillet à novembre, de Péronne à Bapaume, se solde par un autre carnage, avec près de 10 000 morts par kilomètre de front. Mais les pertes sont lourdes de part et d'autre, et il faut admettre que partout à l'ouest le front s'enlise. En raison de l'hécatombe, le besoin d'hommes devient aussi primordial que celui des matières premières pour l'industrie. Chaque pays mobilise toutes ses ressources humaines. Les Britanniques ont établi la conscription et font appel à leurs colonies et à leurs dominions. L'Afrique noire et l'Indochine font elles aussi apport à l'armée française. Mais cela n'est pas suffisant. Si les puissances centrales ne peuvent plus espérer le soutien de nouvelles nations, les Alliés obtiennent l'appoint de la Roumanie et du Portugal. La Grèce va suivre l'exemple en 1917, l'« année terrible », celle au cours de laquelle le fléau de la balance semble sur le point de basculer. Mais vers quel camp ?... Une paix sans victoire, comme le propose en janvier 1917 le président américain Woodrow Wilson ? Une paix de compromis, comme le souhaite le nouvel empereur d'Au-

Première Guerre mondiale
Assassinat de l'archiduc François-Ferdinand d'Autriche. Supplément illustré du *Petit Journal*.
© *Sélection Images*

Première Guerre mondiale
Corvée de « pluche » de soldats français punis sous le regard de prisonniers allemands. © *Sélection Images*

Le front français au début de la guerre (août-novembre 1914)

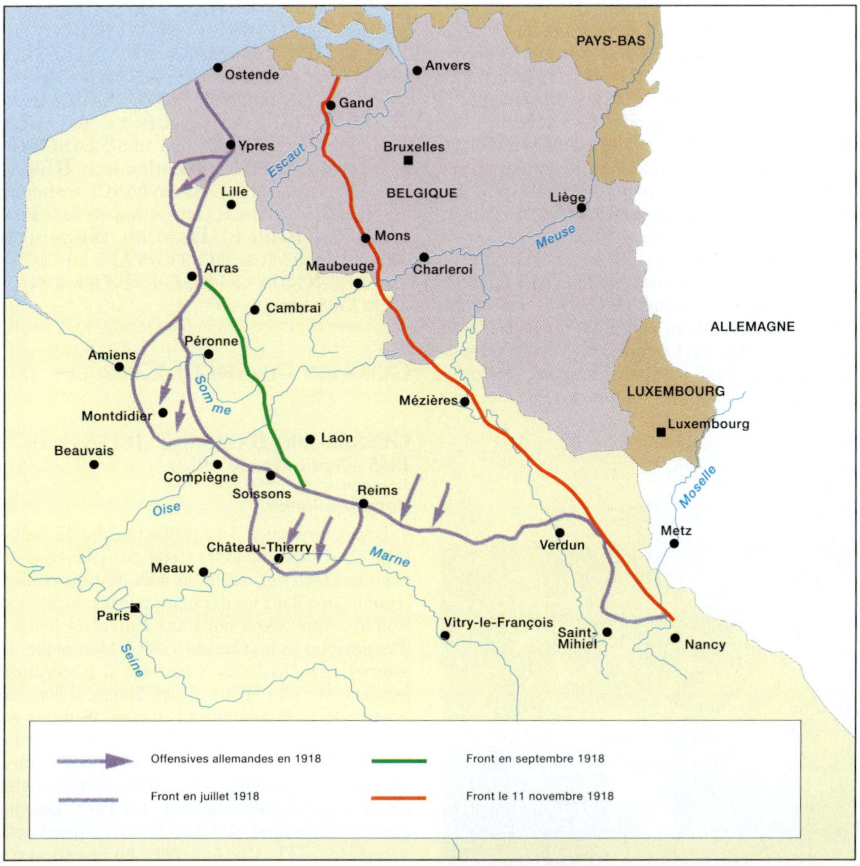

Le front français à la fin de la guerre (juin-novembre 1918)

triche, Charles Ier, qui succède, le 22 novembre 1916, à François-Joseph ? Guillaume II croit que le sort des armes peut lui être encore favorable, d'autant que le régime tsariste vacille. L'offensive russe de l'été 1916, conduite par Broussilov, s'interrompt faute de munitions, de ravitaillement et, en général, de moyens matériels. Une révolte éclate à Petrograd le 8 mars 1917. Le 12, un comité des députés de la Douma et un soviet des ouvriers et des soldats se mettent d'accord pour constituer un gouvernement provisoire. Redoutant une révolution, les généraux de l'état-major demandent à Nicolas II d'abdiquer. Celui-ci s'y résoud le 16 mars à la suite de la défection des troupes chargées de marcher sur Petrograd. À l'annonce de ces événements, les Allemands discernent soudain la possibilité de jeter bas l'édifice impérial vermoulu. Sollicité par les socialistes suisses de laisser Lénine revenir en Russie par la Finlande, l'empereur Guillaume donne son agrément au transit d'un wagon plombé qui transporte également l'épouse de Lénine, ainsi que d'autres révolutionnaires, tels Zinoviev et Radek. La manœuvre est habile, car le nouveau pouvoir russe apparaît sans consistance. En juillet, le prince Lvov cède la place au socialiste Kerenski, qui espère imposer les réformes que chacun souhaite grâce au soutien du parti social-démocrate. En vain. Et la révolution bolchevique d'octobre balaie Kerenski, au nom du retour à la paix.

À l'ouest, l'inquiétude gagne les plus résolus. Les offensives britanniques et françaises d'avril en Artois, en Picardie et sur le chemin des Dames s'enlisent après des succès initiaux. Les pertes sont lourdes et nulle part le front ne peut être percé. Le moral des combattants vacille à son tour à la nouvelle des événements de Russie. La lutte paraît sans issue possible. La propagande pacifiste s'amplifie. Des mutineries se produisent même à partir du 20 mai. Des régiments refusent de monter en ligne et on enregistre plusieurs centaines de cas de désobéissance ; plus de 600 condamnations à mort sont prononcées, dont une cinquantaine exécutées. Moins handicapés par cette crise morale, les Britanniques prennent à leur compte les autres offensives de l'année 1917, en direction de Cambrai au mois de novembre, avec l'appoint de près de 400 tanks (arme nouvelle à laquelle les Allemands accordent peu de crédit), ainsi que sur le front des Flandres, où l'armée portugaise tient un secteur avec deux divisions.

Nulle part les Allemands n'ont cédé. Au contraire, en Italie, le front de Vénétie craque en octobre à Caporetto, obligeant l'armée italienne à refluer en désordre sur la Piave. En Roumanie, l'offensive austro-allemande submerge le pays à la fin de 1916, et la révolution russe rend précaire le maintien des débris de l'armée roumaine en Moldavie. Si la Grèce s'est jointe aux Franco-Britanniques du camp de Salonique, le front stagne dans le sud des Balkans. La guerre sur mer redouble avec l'accentuation des attaques des sous-marins allemands contre les transports maritimes alliés. Le commerce des États-Unis en pâtit. Les Américains s'inquiètent du remboursement des dettes importantes contractées outre-Atlantique par les gouvernements alliés. Un échec des puissances occidentales signifierait des pertes financières considérables. Aussi, redoutant pareille éventualité, le gouvernement de Washington, prenant prétexte d'un torpillage du navire *Lusitania* (le 7 mai 1915) dans lequel ont péri 124 citoyens américains, déclare-t-il la guerre aux puissances centrales le 2 avril 1917.

L'Entente court un danger aussi grand qu'en 1914. Au printemps de 1918, Ludendorff ramène progressivement de Russie des troupes libérées par la conclusion de l'armistice germano-russe de Brest-Litovsk, signé le 3 mars. Le 21, après cinq heures d'intense préparation d'artillerie, le premier assaut se déclenche sur le front britannique de Picardie. Celui-ci cède à l'ouest de Saint-Quentin. La brèche menace Péronne, à la jonction des secteurs français et anglais. Le but avoué est Amiens et le littoral de la Manche, en vue de séparer les forces des deux principaux alliés occidentaux. La situation est si grave que le 26 mars, à Doullens, les Britanniques acceptent enfin le principe d'un commandement unique, confié au général Foch.

Celui-ci rameute les renforts disponibles et finit par colmater la brèche entre Montdidier et Villers-Bretonneux. En avril, Ludendorff récidive entre Lens et Ypres, obtenant des succès locaux en Flandre. Puis il frappe sur le chemin des Dames, franchit successivement l'Aisne et la

Première Guerre mondiale
Soldat écrivant une lettre quelque part sur le front de la Somme. © *L'Illustration/Sygma*

Vesle pour aboutir le 28 mai sur la Marne à l'ouest de Château-Thierry. Le 9 juin, l'effort porte cette fois dans la vallée de l'Oise, avec Compiègne puis Paris pour objectifs. C'est le dernier succès de Ludendorff, dont les réserves, employées avec prodigalité, finissent par s'épuiser. Le 15 juillet, en effet, l'offensive déclenchée sur le front de Champagne est un échec. L'initiative passe cette fois dans le camp allié, où les renforts américains vont grandissant. Foch fait réduire, dès le 18 juillet, le saillant de Château-Thierry. Encouragé par ce premier succès, le commandant en chef allié décide de frapper dans des secteurs très éloignés, de manière à gêner Ludendorff dans ses acheminements de renforts. Le 8 août, le généralissime fait attaquer en Picardie. Ludendorff, dans ses *Mémoires*, mentionne ce jour comme le « deuil de l'armée allemande ». Il n'a pratiquement plus de réserves pour faire face à l'attaque des Franco-Britanniques entre Albert et Montdidier. À partir du 20 août, les Allemands se replient sur la ligne Hindenburg. Le 12 septembre, les Américains donnent la mesure de leur importance numérique en réduisant le saillant de Saint-Mihiel. Partout, les Allemands cèdent du terrain, tout en livrant de durs combats d'arrière-garde de la Lys à la Meuse.

Alors que le fléau de la balance hésitait à désigner le vainqueur au début du printemps, tout bascule soudain. En Palestine, les Britanniques, parvenus à Jérusalem à Noël 1917, atteignent la Syrie dans le courant de 1918 et contrôlent Alep en octobre. En Mésopotamie (Irak), à la même époque, d'autres forces britanniques remontent les vallées du Tigre et de l'Euphrate pour parvenir à Mossoul et à ses champs pétrolifères. Le 30 octobre, le sultan de Constantinople autorise ses plénipotentiaires à signer la convention de Moudros, qui livre les Détroits aux Alliés. La veille, 29 septembre, les Bulgares ont demandé l'armistice à la suite de la victorieuse offensive de l'armée franco-gréco-britannique d'Orient dirigée par Franchet d'Esperey. Attaquant sur les confins gréco-serbes à partir du 15 septembre, ces forces viennent de percer les lignes germano-bulgares du Sokol et de la Dobroudja, ouvrant aux Serbes la vallée du Vardar. La poursuite continue vers le nord. Les Serbes parviennent à Niš le 14 octobre et délivrent Belgrade le 1er novembre. Le Danube est atteint.

C'est là que François-Joseph a fait débuter les hostilités quatre ans auparavant. Le 4 novembre, l'empereur Charles Ier, au pouvoir depuis 1916, sollicite un armistice. Les Alliés pénètrent en Hongrie. Les Roumains s'apprêtent à reprendre la lutte. Les Italiens remportent la victoire de Vittorio-Veneto, en Vénétie. L'Allemagne se retrouve isolée. De Gand à Mézières, les arrière-gardes allemandes refluent toujours, disputant chèrement le terrain. Mais il n'y a plus de réserves depuis trois mois. L'économie du pays est exsangue. Les restrictions sont draconiennes. Depuis le 29 septembre, Ludendorff fait savoir, chaque jour, à l'empereur Guillaume II que la situation militaire est désespérée. Le chancelier Hertling cède alors la place au prince Max de Bade, un libéral, partisan de l'armistice. Ludendorff se démet de son poste le 26 octobre. Au début de novembre, la flotte de haute mer, basée à Kiel, fait preuve d'insubordination, influencée par l'exemple russe. Le 9 novembre, la révolte gronde à Berlin. Au Grand-Quartier général de Spa, l'empereur se résoud enfin à l'abdication et se réfugie en Hollande.

Depuis la veille, une délégation de plénipotentiaires a franchi les lignes de feu près du Cateau. Le 11, ses membres se trouvent en forêt de Rethondes, près de Compiègne, dans le wagon-Q-G du maréchal Foch pour signer l'armistice. Le rêve germanique d'hégémonie est évanoui, car l'Allemagne épuisée doit évacuer tous les territoires encore occupés dans les quinze jours à venir. L'armée doit également évacuer la rive gauche du Rhin et trois têtes de pont de la rive droite à Mayence, Coblence et Cologne. La flotte est mise sous surveillance. Pour le reste, la parole appartient aux diplomates, chargés de négocier bientôt à Versailles les termes du traité de paix.

Ainsi s'achève au terme de 52 mois d'épreuves la Première Guerre mondiale qui cause, en France, 1 400 000 morts et 3 560 000 blessés.

GUERRE MONDIALE (Seconde) : voir ARMÉE SECRÈTE, ARMISTICE DE 1940, ATLANTIQUE (mur de l'), BIR HAKEIM (bataille de), BUREAU CENTRAL DE RENSEIGNEMENT ET D'ACTION MILITAIRES, CAEN (bataille de), CALUIRE (réunion de), CEUX DE LA LIBÉRATION, CEUX DE LA RÉSISTANCE, COLLABORATION, COLLABORATIONNISME, COMITÉ FRANÇAIS DE LIBÉRATION NATIONALE, COMMISSARIAT GÉNÉRAL AUX QUESTIONS JUIVES, CONCENTRATION (camps de), CONSEIL NATIONAL DE LA RÉSISTANCE, DÉBARQUEMENT D'AFRIQUE DU NORD, DÉBARQUEMENT DE NORMANDIE, DÉBARQUEMENT DE PROVENCE, DÉFENSE DE LA FRANCE, DÉMARCATION (ligne de), DÉPORTATION, DEUXIÈME DIVISION BLINDÉE, DUNKERQUE (bataille de), ÉTAT FRANÇAIS, EXODE (l'), FORCES FRANÇAISES COMBATTANTES, FORCES FRANÇAISES DE L'INTÉRIEUR, FORCES FRANÇAISES LIBRES, FRANCE (campagne de 1940), FRANCE LIBRE, FRANC-TIREUR, FRANCS-TIREURS ET PARTISANS FRANÇAIS, FRONT NATIONAL, LIBÉRATION (ordre de la), LIBÉRATION NORD, LIBÉRATION SUD, MAIN-D'ŒUVRE IMMIGRÉE, MERS EL-KÉBIR, MONTOIRE-SUR-LE-LOIRE (entrevue de), MOUVEMENT DE LIBÉRATION NATIONALE, MOUVEMENT DU MUSÉE DE L'HOMME, MOUVEMENTS UNIS DE LA RÉSISTANCE, NORMANDIE (bataille de), NORMANDIE-NIÉMEN, OCCUPATION, ORGANISATION CIVILE ET MILITAIRE, ORGANSATION DE RÉSISTANCE DE L'ARMÉE, PARIS (libération de), RÉSISTANCE (histoire de la), RÉSISTANCE (mémoire de la), RÉSISTANCE (répression de la), RETHONDES, RHIN-ET-DANUBE, RIOM (procès de), SERVICE DU TRAVAIL OBLIGATOIRE, SIGMARINGEN, STRUTHOF, VERCORS (maquis du)

GUESCLIN DU : voir DU GUESCLIN

GUESDE Jules BAZILE, dit JULES (Paris, 1845 – Saint-Mandé, 1922)

Homme politique.

Expéditionnaire à la préfecture de la Seine (1864), il devient journaliste sous le nom de Guesde (1867) et milite au sein de l'opposition républicaine dans les dernières années du Second Empire. Après avoir collaboré à diverses feuilles d'opposition, Jules Guesde fonde à Montpellier le journal *Les Droits de l'homme*, d'inspiration jacobine (1er juin 1870). Après Sedan, il écrit en faveur de la Commune et doit se réfugier en Suisse en juin 1871. Il y crée un quotidien, *Le Réveil international*, ainsi que la Section de propagande et d'action révolutionnaire socialiste, inspirés par le bakouninisme. En 1872, Guesde passe en Italie où il publie un *Essai de catéchisme socialiste* (1875). Une fois rentré en France, après prescription de sa condamnation (1876), il est initié au marxisme par un jeune socialiste allemand, K. Hirsch. Il fait alors paraître *L'Égalité*, une feuille républicaine athée et socialiste, dont la pensée « collectiviste et révolutionnaire » ne se fixera qu'en 1880. Poursuivi à l'occasion du congrès syndical international de Paris, il lance de prison son « programme et adresse des socialistes révolutionnaires » puis, libéré, inspire en octobre 1879 les travaux du congrès ouvrier de

Première Guerre mondiale
Une tranchée allemande. © *Sélection Images/ECPA*

Jules Guesde
Portrait de Jules Guesde © Sélection Images

Marseille. En fait, Guesde a du marxisme une conception assez sommaire, fondée sur la conviction qu'aucun problème ne pourra être abordé avant la prise du pouvoir par le prolétariat. D'où un certain dogmatisme qui rendra impossible l'élaboration d'une tactique adaptée aux conditions spécifiques françaises.

Blanquistes et anarchistes ont participé à ses côtés au congrès de Marseille. Mais, très vite, l'émiettement des tendances s'affirme. Dès 1880, les éléments anarchistes se séparent de Guesde et, à la suite des élections de 1881 qui sont une déception, les « possibilistes » de Paul Brousse font à leur tour sécession. La minorité regroupée autour de Guesde se constitue en Parti ouvrier français (POF). Nullement découragé, cet homme obstiné, qui se considère volontiers comme le « détenteur du véritable évangile », limitant son action à la propagande politique, rassemble autour de lui un groupe de partisans convaincus. Il n'a longtemps qu'une très faible emprise sur les masses. Cependant, à partir de 1890, le rôle du guesdisme dans la formation et le développement de la IIe Internationale, ainsi que son action dans l'organisation de la journée du 1er mai 1890 (première grève générale), contribuent à augmenter son prestige. Orateur incisif, excellent organisateur, Guesde met sur pied un parti structuré, discipliné et centralisé qui, bien que de dimensions encore très modestes, commence à enregistrer quelques succès. Dès 1889, quatre députés guesdistes sont entrés au Parlement et, en 1893, Guesde est élu député de Roubaix (1893-1898). Il représentera ensuite Lille de 1906 à 1922.

Le guesdisme possède ses assises les plus stables dans les pays industriels – Nord, Pas-de-Calais, Aube, Loire et Rhône –, tous de forte concentration ouvrière. Violemment hostile à la participation du socialiste Millerand au ministère Waldeck-Rousseau, Guesde fonde avec Vaillant, à la suite des grèves sanglantes qui marquent ce ministère, le Parti socialiste de France (PSDF) qui se donne un programme reposant sur l'idée de la lutte des classes. Mais son intransigeance doctrinale lui nuit, et c'est désormais Jaurès qui devient la grande figure du socialisme français. Si le congrès d'Amsterdam de la IIe Internationale (1904), qui condamne le révisionnisme, semble être un succès pour lui, le congrès de Toulouse de 1908 confie à Jaurès la direction effective du nouveau parti socialiste français, la SFIO (Section française de l'internationale ouvrière). Après la mort de Jaurès en 1914, Guesde retrouve en partie son influence. Avec tous les socialistes français, il se rallie à l'Union sacrée, puis entre comme ministre d'État dans les cabinets Viviani et Briand (août 1914-décembre 1916). Lors de la scission du congrès de Tours (décembre 1920), il reste fidèle à la SFIO.

GUI de BOULOGNE ou d'AUVERGNE (?, entre 1313 et 1320 – Lérida, Espagne, 1374)

Cardinal et diplomate.

Fils de Robert VII, comte d'Auvergne, et de Marie de Flandre. Chanoine, puis chancelier de l'église d'Amiens, il est élu archevêque de Lyon en 1340. Clément VI le fait cardinal deux ans plus tard et lui confie en 1346 une mission en Hongrie : tenter d'aplanir le différend qui oppose le roi Louis de Hongrie à la reine Jeanne de Naples. De retour en France, il se voit chargé par Innocent VI de ramener la paix entre la France et l'Angleterre (1353). Gui de Boulogne commence par réconcilier Jean le Bon et son gendre Charles le Mauvais, roi de Navarre, brouillés depuis que ce dernier a fomenté l'assassinat de Charles d'Espagne, favori du roi. Cette réconciliation, qui a eu lieu le 22 février 1534, ne dure que quelques mois, et les préliminaires de paix signés avec l'Angleterre peu après ne seront suivis d'aucun effet. Une nouvelle mission diplomatique conduit Gui de Boulogne en Espagne : il rétablit la paix entre les rois d'Espagne et du Portugal, et meurt lors du voyage de retour.

GUI de DAMPIERRE (?, 1225 – Pontoise, 1305)

Comte de Flandre.

Son règne mouvementé, marqué par la violente crise sociale qui secoue la France comme l'Italie à la fin du XIIIe siècle, voit changer le sort du sud du comté de Flandre, dont il hérite en 1278. Lors des luttes sociales, il soutient le « commun » des villes contre le patriciat qui fait appel au suzerain du comté, le roi de France, trop heureux de trouver là une occasion d'affaiblir Gui de Dampierre. Un premier conflit éclate lorsque Gui prétend marier sa fille Philippa à Édouard, fils du roi d'Angleterre, au moment où une guerre menace entre celui-ci et Philippe le Bel. Accusé de félonie, il est retenu prisonnier au Louvre. Libéré sur les instances du pape, en échange de sa fille, il continue à traiter avec l'Angleterre tandis que Philippe le Bel poursuit une politique qui, en accordant des franchises aux villes flamandes, tend à amoindrir l'autorité comtale. Dans ces conditions, la guerre est inévitable. Elle commence en 1297 et se révèle désastreuse pour Gui. Une à une, ses villes tombent aux mains des Français et il en est réduit à se soumettre. Prisonnier du roi de France, il vit désormais dans une fastueuse captivité à Compiègne puis à Pontoise. Ce n'est pourtant pas la fin de la Flandre ; ses fils continuent la guerre. Mais si, dans un premier temps, ils accumulent les succès, la situation évolue bientôt en faveur du roi de France qui réussit à s'emparer de toute la Flandre française. Gui de Dampierre meurt peu avant la signature du traité d'Athis-sur-Orge (juin 1305) qui enregistre la défaite de ses fils.

GUI de LUSIGNAN (?, v. 1129 – Palestine, 1194)

Roi de Jérusalem.

Ambitieux cadet d'une famille noble du Poitou, il se croise et, débarqué en Palestine, séduit Sybille, fille du feu roi de Jérusalem Amaury Ier et sœur de Baudouin IV, successeur de celui-ci. Fait comte de Jaffa et d'Escalon, il épouse la princesse en 1180. À la mort du jeune Baudouin V, dit Baudouinet, neveu de Baudouin IV, Gui de Lusignan, bien que son beau-frère l'ait exhérédé, dispute à Raymond III, comte de Tripoli et seigneur de Tibériade, le trône de Jérusalem. Soutenus par le patriarche Héraclius, par le grand maître de l'ordre du Temple Gérard de Ridford, par Renaud de Châtillon et par Jocelin de Courtenay, la princesse Sybille et le comte Gui pénètrent dans Jérusalem, à la faveur des obsèques de Baudouin V. Malgré l'opposition de Raymond III retenu à Tibériade sur les faux avis de Jocelin de Courtenay et des principaux barons, la fille d'Amaury Ier y coiffe la couronne en 1186. Gui de Lusignan ne reste pas longtemps roi. Le 4 juillet 1187, réconcilié avec Raymond III, il livre bataille au sultan Saladin, à Hattin, entre Tibériade et la mer. Vaincu, en dépit de l'héroïsme de sa cavalerie, Gui de Lusignan, avec Renaud de Châtillon et Gérard de Ridford, est prisonnier de l'ennemi. Pour recouvrer sa liberté, il n'hésite pas à céder la Ville sainte au sultan. Déconsidéré, Gui de Lusignan meurt seigneur de Chypre, île que lui a concédée Richard Ier Cœur de Lion. Henri VI, empereur germanique, érigera cette seigneurie en royaume lorsque Amaury, frère de l'éphémère souverain de Jérusalem, en aura hérité.

GUIBERT Francois APOLLINI, comte de (Romans, 1744 – Paris, 1790)

Général et écrivain militaire.

Fils de Charles de Guibert, lieutenant général, gouverneur des Invalides, il participe à la guerre de Sept Ans, à la campagne de Corse et obtient, en 1788, le grade de maréchal de camp. Membre de l'Académie française en 1786, Guibert est l'auteur d'ouvrages militaires prônant des conceptions stratégiques inspirées des techniques de l'école prussienne. Son *Essai de tactique générale*, datant de 1773, complété en 1779 par sa *Défense du système de la guerre moderne*, aurait eu une influence déterminante sur les idées militaires de Napoléon Ier. Ayant vécu avec Julie de Lespinasse une liaison passionnée – il l'a abandonnée pour un mariage de raison –, il meurt à Paris à l'âge de 46 ans.

GUICHE : voir GRAMONT

GUICHEN Luc Urbain du BOUËXIC, comte de (Fougères, 1712 – Morlaix, 1790)

Marin.

Entré dans la marine en 1730, capitaine de vaisseau en 1756, il est nommé chef d'escadre en 1776. Deux ans plus tard, sous les ordres du comte d'Orvilliers, il commande une des divisions de l'armée navale de Brest qui affronte à Ouessant la flotte anglaise de l'amiral Keppel. Lieutenant général en 1779, Guichen quitte Brest l'année suivante, avec quinze vaisseaux, en direction des Antilles où il doit remplacer d'Estaing. Là, près de la Dominique, il remporte plusieurs victoires sur l'amiral Rodney. Mais, en décembre 1781, alors qu'il a reçu mission de protéger un convoi de troupes et de munitions en route vers les îles d'Amérique, il ne peut empêcher l'amiral Kempenfeld de s'emparer d'une quinzaine de navires. De nouveau commandant de l'armée de Brest en 1782, il mène plusieurs campagnes contre les Anglais, conjointement avec la flotte espagnole, et abandonne le service actif à la fin de la guerre d'Indépendance américaine.

GUILLAUMAT Louis (Bourgneuf, Loire-Atlantique, 1863 – Nantes, 1940)

Général.

Affecté, depuis 1914, au cabinet du ministre de la Guerre Messimy, il reçoit en 1916 le commandement de la IIe armée dans le secteur de Verdun puis, de décembre 1917 à juin 1918, celui de l'armée d'Orient, qu'il prépare à l'assaut victorieux du front bulgare. Durant les événements de l'été de 1918, Guillaumat commande la Ve armée sur le front de Champagne et contribue à la victoire finale en lançant, au nord de Reims, les coups de boutoir préconisés par Foch contre des forces allemandes démunies de réserves. De 1924 à 1930, il dirige les forces d'occupation française en Rhénanie.

GUILLAUME d'ORANGE

Personnage principal d'un cycle de chansons de gestes du XIIe siècle, héros des luttes de la France du Midi contre les Sarrasins.

Ce personnage légendaire emprunte beaucoup à la vie de Guillaume de Gellone, dit Guillaume au Corlo Nez (au nez courbe et non au court nez), duc de Toulouse et proche parent de Charlemagne. Ce chevalier lutta contre les Basques et les Arabes avant de fonder l'abbaye de Gellone en 806 et d'être canonisé en 1066. Le cycle est construit à partir de la *Chanson de Guillaume,* sur laquelle se greffent *Les Enfances de Guillaume*, *Le Couronnement de Louis*, *Le Charroi de Nîmes*, *La Prise d'Orange*, *Le Moniage Guillaume*…

GUILLAUME de MACHAUT (Reims, v. 1300 – Reims, 1377)

Poète.

Après avoir été au service de Jean de Luxembourg puis du roi de Navarre, il devient en 1340 chanoine de l'église de Reims, non sans fréquenter les cours royales ou princières. Il est l'auteur de quelques centaines de ballades, dits ou rondeaux, ainsi que de poèmes narratifs empruntant autant à l'imaginaire qu'à la réalité (*La Prise d'Alexandrie*). Il raconte ses propres amours dans le *Remède de Fortune*. Il compose la musique de ses poèmes dans la tradition des trouvères, en innovant toutefois par l'utilisation d'une certaine polyphonie comportant une partie vocale et plusieurs parties instrumentales (*Messe du Couronnement*).

GUILLAUME LE GRAND ou de GELLONE, saint (? – Gellone, Languedoc, 812)

Chef de guerre.

Issu d'une riche famille franque liée par le sang aux Mérovingiens, il a pour père Thierry, comte d'Autun, et pour mère Aude, fille de Charles Martel, ce qui le fait cousiner avec l'empereur Charlemagne. Cette insigne parenté, jointe à des talents certains, explique sa rapide ascension à la cour d'Aix. Nommé en 788 comte de Toulouse avec mission de réduire les Gascons à l'obéissance, puis cinq ans plus tard duc d'Aquitaine pour bouter les Sarrasins hors de Septimanie, il se couvre de gloire en de nombreux combats. Gloire que les chansons de geste exalteront : en littérature, le « cuens Guillelmes » est le héros d'un cycle épique ; sous le nom de Guillaume d'Orange ou de Guillaume au Corb Nez (au nez courbe et non au court nez), ou encore de Guillaume Fierebrace, il accomplit des prodiges. La prise de Barcelone en 803 semble bien avoir été, en grande partie, son œuvre. La Septimanie revenue à la paix, la marche d'Espagne créée, il est au sommet des honneurs, lorsqu'il retrouve en Aquitaine un ami d'enfance, un Goth nommé Witiza, frère Benoît en religion, fondateur d'Aniane. Convaincu par son exemple, Guillaume fonde en 804 deux monastères en Septimanie : l'un au diocèse d'Uzès, Caseneuve, l'autre au diocèse de Lodève, Gellone. Il se retire dans ce dernier, en 806, après avoir abandonné ses armes à Brioude et reçu la tonsure à Aniane. Il meurt six ans plus tard en grande réputation de sainteté.

GUILLAUME Ier LE PIEUX (? – ?, 918)

Premier comte d'Auvergne et marquis de Gothie.

Fils de Bernard II Plantevelue, il devient, à la mort de Rannoux II, comte de Poitiers et duc d'Aquitaine. Il est également comte de Toulouse sous le nom de Guillaume II. Il est resté célèbre pour avoir fondé l'abbaye de Cluny en 910, pour le salut de son âme et celle de ses parents.

GUILLAUME III TÊTE d'ÉTOUPE (Poitiers, v. 910 – Poitiers, 963)

Duc d'Aquitaine.

Primitivement, il ne possède que le comté de Poitiers, l'Aquitaine ayant été annexée par Raymond III de Toulouse. Par la suite, il peut reconquérir le duché et même le garder contre les prétentions d'Hugues le Grand qui s'en était fait investir par le roi Lothaire. Sa femme Emmeline est la fille de Rollon de Normandie. Leur fille Adélaïde épousera Hugues Capet.

GUILLAUME IV FIEREBRACE ou FIER À BRAS (?, 935 – Saint-Maixent, 995)

Duc d'Aquitaine.

Fils du précédent, il se proclame duc d'Aquitaine à la mort de son père. Beau-frère d'Hugues Capet, il ne participe pourtant pas au couronnement de ce dernier. À la fin de sa vie, il prend l'habit monastique.

GUILLAUME V LE GRAND (?, v. 980 – Maillezais, 1030)

Duc d'Aquitaine.

Fils du précédent. De l'ensemble de ses fiefs, comté de Poitiers et duché d'Aquitaine, il fait une principauté indépendante du pouvoir capétien. Il refuse la couronne que les Italiens lui proposent à la mort de l'empereur Henri II, en 1024. Il est connu pour sa piété ainsi que pour ses goûts pour les lettres et les arts qu'il protège.

GUILLAUME VI (? – ?, 1038)

Duc d'Aquitaine.

Fils du précédent. Il est défait et pris à Moncontour, en 1034, par Geoffroi Martel, comte de Vendôme, à qui il doit céder Saintes et Bordeaux.

GUILLAUME VIII (?, 1027 – Chize, v. 1086)

Duc d'Aquitaine.

D'abord appelé Gui-Geoffroi, il guerroie contre tous ses voisins (Hugues de Lusignan, Geoffroi le Barbu, Foulques le Réchin, Bernard d'Armagnac) et annexe la Saintonge en 1062, puis la Gascogne en 1070. Ses qualités d'administrateur lui permettent de fortifier considérablement l'autorité ducale. Ses talents militaires ne s'exerceront pas seulement en France. Placé à la tête d'une armée envoyée en Espagne contre les Maures, il s'empare de Barbastre en 1064.

GUILLAUME IX (?, 1071 – ?, 1127)

Duc d'Aquitaine.

Fils du précédent. Il se qualifie comte de Poitiers sous le nom de Guillaume VII, ainsi que duc d'Aquitaine et de Gascogne. Son existence est plus mouvementée encore que celle de son père. Il commence par envahir le comté de Toulouse en 1098. Après quoi il encourt une sentence d'excommunication pour la licence de sa vie privée. Puis il conduit une armée à la croisade (1101) où il se fait aussitôt battre à Héraclée. Enfin, au retour, qui ne tarde guère, il s'empare une seconde fois du comté de Toulouse (1114), qu'il perd en allant combattre les Maures près de Cordoue (1120). Guillaume IX est un des plus anciens poètes connus de la langue romane, « le premier troubadour », dit-on traditionnellement.

GUILLAUME X (Toulouse, 1099 – Saint-Jacques-de-Compostelle, 1137)

Duc d'Aquitaine.

Fils du précédent, il vit en mécène dans ses somptueux châteaux. En 1131, il reconnaît l'antipape Anaclet, dont il n'abandonne la cause qu'en 1134 devant les objurgations de Bernard de Clairvaux. Avant de partir en pèlerinage pour Saint-Jacques-de-Compostelle où il mourra, il désigne comme héritière de tous ses États sa fille aînée Aliénor, qui sera fiancée au prince Louis (futur Louis VII), fils de Louis VI le Gros.

GUILLAUME LE BÂTARD ou GUILLAUME Ier LE CONQUÉRANT (Falaise, vers 1027 – Rouen, 1087)

Duc de Normandie (1035-1087) et roi d'Angleterre (1066-1087).

Il est le fils illégitime du duc de Normandie Robert le Diable et d'Arlette, fille d'un peaussier de Falaise. Avant son départ pour la Terre sainte (1034), le duc Robert le fait reconnaître comme son héritier légitime par les barons normands et, à sa mort, en 1035, Guillaume prend effectivement sa succession. Mais sa minorité est marquée par de graves troubles. Desservi par sa condition de bâtard, qu'exploitent ses ennemis, le jeune duc voit son autorité bafouée par les barons normands. Une période d'anarchie sanglante de douze ans s'ouvre. Ses tuteurs, notamment l'énergique Gilbert de Brionne, sont successivement assassinés tandis que les descendants de Richard Ier et Richard II, qui ne cachent pas leur mépris pour le nouveau duc, entretiennent un esprit de sédition auquel les Bretons et surtout le roi de France Henri Ier ne sont pas étrangers. La paralysie du pouvoir est pratiquement totale. Henri Ier en profite pour récupérer le Vexin. Il fait même ravager l'Hiesmois au cœur du duché. Mais lorsqu'une révolte particulièrement grave, animée par Gui de Brionne, éclate en Basse-Normandie, en 1046, Henri Ier accorde son soutien à Guillaume par crainte que le succès de Gui de Brionne n'entraîne la constitution d'une principautée normando-bourguignonne, fatale au domaine royal (Gui de Brionne est fils de Renaud Ier de Bourgogne et petit-fils par sa mère du duc de Normandie Richard II).

Guillaume le Conquérant
Page des *Lois* d'Édouard le Confesseur représentant Guillaume le Conquérant. Miniature, XIVe siècle, Londres, British Museum. © *Sélection Images*

Vainqueur des rebelles, grâce à l'aide de son suzerain, au Val-des-Dunes, entre l'Orne et la Dives, en 1047, Guillaume peut dès lors rétablir son autorité. Il confisque une partie des biens des rebelles – ceux des vicomtes du Bessin et du Cotentin –, contraint un grand nombre d'entre eux à recevoir des garnisons ducales dans leurs châteaux, impose enfin à tous le respect de la paix de Dieu, qu'il proclame à Caen en 1047. Jusqu'à 1060, son activité est tournée vers l'implantation en Normandie d'un régime féodal strict qui lui laisse une autorité étendue et réelle. Il dispose bientôt d'une armée nombreuse grâce à l'institution de « fiefs de haubert » en faveur de chevaliers contraints à un service d'ost très strict de 40 jours. Sa politique dynamique vise aussi à couvrir ses frontières en conquérant places et terres. Il se heurte notamment au puissant et dangereux comte d'Anjou, Geoffroi Martel, auquel il réussit à reprendre Alençon et Domfront avant d'imposer en 1052 sa suzeraineté au seigneur de Bellême, ancien propriétaire de ces deux places fortes et maître des accès de Normandie méridionale. Son mouvement d'expansion s'achève par l'annexion de la Mayenne. L'administration ducale est rénovée et Guillaume transfère sa capitale de Falaise à Caen, plus au centre du duché. Il y fait construire le château ducal, encourage la rénovation spirituelle de l'Église normande, choisissant avec soin ses dignitaires, fondant de nombreux monastères et ne nommant à leur tête que des adeptes de la réforme clunisienne. Le duc acquiert ainsi l'appui du Saint-Siège mais épouse, en 1050 – malgré le pape et malgré Lanfranc, son conseiller et l'un des principaux artisans de la réforme religieuse en Normandie –, sa cousine Mathilde, fille du comte de Flandre. Excommuniés, ils devront, en pénitence, construire deux églises à Caen, l'« abbaye aux Hommes » et l'« abbaye aux Dames ».

Après avoir fait de la Normandie une principauté féodale, Guillaume mûrit un projet ambitieux. Grâce sans doute à l'intervention de l'archevêque de Cantorbéry, le Normand Robert de Jumièges, il réussit à persuader son cousin germain Édouard le Confesseur, roi anglo-saxon d'Angleterre, qui n'a pas d'enfants, de le désigner comme héritier. Mais, lorsque Édouard meurt, l'assemblée des chefs anglo-saxons lui désigne pour successeur Harold, *earl* de Sussex. Guillaume a pourtant obtenu de ce dernier un serment de fidélité lorsqu'une tempête malencontreuse l'a jeté sur les côtes du Ponthieu. Exploitant ce qu'il déclare être un parjure, il obtient l'appui du pape Alexandre II dans son projet d'invasion de l'Angleterre. L'expédition, partie de Saint-Valery-sur-Somme, débarque à Pevensey (Sussex) le 29 septembre 1066 et, le 14 octobre suivant, Guillaume bat son rival à Hastings. Par cette seule bataille, où la bonne ordonnance de son ost et l'efficacité de ses archers font merveille, Guillaume se rend maître de l'Angleterre. Ce vassal du roi de France est couronné roi d'Angleterre à Westminster le jour de Noël 1066.

Toute sa propagande est fondée sur l'idée de légitimité, et il fait d'abord preuve de la plus grande modération vis-à-vis des Saxons, ne confisquant que les biens de ceux qu'il considère comme traîtres. En février 1067, il peut retourner, triomphant, en Normandie, en laissant l'administration de l'Angleterre à son sénéchal Guillaume Fils-Osbern et à son demi-frère Eudes, évêque de Bayeux. Mais il n'est maître que du sud et de l'ouest de l'Angleterre celle-ci étant, en outre, toujours sous la menace d'une invasion scandinave. Enfin, nombre de vassaux normands à qui il a distribué des terres sont de fidélité incertaine et, très vite, il est rappelé en Angleterre par une révolte inspirée par Eustache de Boulogne. Son prestige est alors tel que ce sont les Anglo-Saxons qui lui apportent leur soutien et l'aident à repousser une invasion conduite par trois fils de Harold.

Une révolte de deux seigneurs saxons, les comtes Edwin et Corcar, lui donne l'occasion de soumettre les comtés du Nord. En 1069, il écrase avec brutalité la révolte des Anglais du Nord qui ont reconnu comme roi Edgar Atheling (ou Aetheling). Il contraint une flotte danoise, venue à leur aide, à rembarquer, et pratique dans les comtés du Humber et de la Tyne une politique de la terre brûlée qui assure sa domination. En 1072, il peut licencier ses mercenaires. En 1075, une nouvelle conjuration de grands barons normands et bretons (Raoul de Gaël et Roger de Hereford, fils du fidèle Guillaume Fils-Osbern) est vaincue par Eudes de Bayeux. Le comte saxon Walthoof, qui n'a pas pris part au complot, mais ne l'a pas dénoncé, est décapité. Dès lors, les Saxons sont systématiquement écartés de tout pouvoir et à peu près complètement dépossédés. Un nombre infime de grands propriétaires saxons peut conserver ses terres. Les shérifs sont désormais des barons normands et la plupart des prélats saxons sont évincés au profit de Normands. C'est ainsi qu'en 1070 Guillaume fait élire archevêque de Cantorbéry son ami Lanfranc en remplacement du Saxon Stigand. Pour les barons normands, il forme de grands groupes de fiefs, les honneurs, jamais d'un seul tenant, mais comprenant des terres dans les diverses régions du royaume. Des deux côtés de la Manche, le régime féodal, émanant du souverain, est bientôt le même. En Angleterre, il se superpose à la vieille organisation saxonne du « manoir ». Ses cadres comprennent les « tenants en chef » ou vassaux directs du prince, responsables envers lui du service de leurs chevaliers détenteurs de « fiefs de chevalier ». Le *Domesday Book*, dont la rédaction est entreprise en 1086 et qui dresse un inventaire des domaines fonciers du royaume d'Angleterre, traduit les résultats de ce bouleversement territorial et montre que la population se divise désormais en Angleterre en deux éléments bien séparés : les nobles, presque tous normands ou français, et le peuple saxon qui leur est soumis et voit le statut de ses hommes libres se dégrader jusqu'à une demi-servitude. Guillaume exige enfin un serment de fidélité de ses sujets : c'est le sens du célèbre serment de Salisbury, par lequel les principaux nobles doivent se lier à lui. S'appuyant sur cette organisation efficace, il peut passer la moitié de son temps en Normandie.

Mais, à partir de 1074, s'engage sous l'impulsion du roi de France Philippe Ier un long conflit entre sa monarchie, mi-continentale, mi-insulaire, et la monarchie capétienne. À la fin de son règne, Guillaume doit lutter à plusieurs reprises contre la trahison. En 1078, le roi de France accorde son soutien à son fils, Robert Courteheuse, en révolte contre son autorité, tandis qu'Eudes de Bayeux, son frère utérin, qui intrigue lui aussi, est arrêté et enfermé dans la tour du château de Rouen en 1082. Lui-même meurt le 9 septembre 1087 en effectuant un raid de représailles contre la ville française de Mantes. Il pensait que l'union des deux couronnes était passagère et, sur son lit de mort, partage son royaume comme un patrimoine, suivant en cela l'exemple des Carolingiens. La Normandie, considérée comme son bien propre, revient à son fils aîné Robert Courteheuse. L'Angleterre, traitée en acquet, est attribuée à Guillaume le Roux. Son troisième fils, le futur Henri Ier Beauclerc, doit se contenter d'une somme d'argent et du comté de Mortain. Ce sera pourtant lui qui achèvera et perpétuera l'œuvre paternelle. Brisée en 1087, l'union de la Normandie et de l'Angleterre sera rétablie en 1106 par ce prince habile qui saura profiter de la mort de Guillaume le Roux et de l'incapacité de Robert Courteheuse. Après avoir vaincu ce dernier à Tinchebray, il le gardera captif sa vie durant. L'État anglo-normand s'accroîtra encore au XIe siècle de l'Anjou et de l'Aquitaine, au point de constituer un grave danger pour la France jusqu'en 1204, date à laquelle Philippe Auguste réussira à le conjurer.

GUILLOTIN Joseph Ignace (Saintes, 1738 – Paris, 1814)

Médecin et homme politique.

Professeur à la faculté de médecine de Paris, réputé pour sa bonté et son « dévouement à l'humanité souffrante », il est élu député du tiers état aux États généraux de 1789. À ce titre, il est chargé, à la fin du mois de juillet 1789, d'aménager la salle de réunion de la jeune Assemblée constituante. Cette dernière s'étant installée dans la salle du Manège, aux Tuileries, c'est encore lui qui met au point l'organisation générale de la salle des séances. Le 1er décembre, devant la Constituante, Guillotin se prononce en faveur d'un supplice unique, identique pour tous les condamnés, et réclame l'utilisation d'une machine permettant d'abréger leurs souffrances. Il semble que l'idée de cette « machine » lui soit venue en assistant à une représentation de marionnettes : il y remarqua un mécanisme qui coupait la tête d'une poupée. La Révolution naissante accepte cette machine, baptisée « guillotine ». Par la suite, Guillotin accepte les fonctions de médecin militaire à l'armée du Nord, puis est arrêté, un an après Thermidor, en tant que « signataire de plusieurs écrits contraires aux lois ». Il est libéré quelques semaines plus tard. Il retrouve sa clientèle sous l'Empire et, jusqu'à sa mort, se consacre à la lutte contre la variole.

Joseph Guillotin
Huile sur toile, XVIIIe siècle, musée de la ville de Paris, musée Carnavalet. © *Giraudon*

GUINÉE

État d'Afrique occidentale, bordé au nord par la Guinée-Bissau, le Sénégal et le Mali, à l'est par la Côte-d'Ivoire, au sud par le Liberia et la Sierra Leone.

L'ensemble couvre une superficie de 246 000 km^2. La façade maritime s'ouvre sur l'océan Atlantique par une plaine littorale basse, couverte de rizières et de plantations de bananiers, de caféiers et le long de laquelle débouchent deux modestes rivières, le Numez et le Konkouré. Dès que l'on s'avance vers l'intérieur, le relief s'étage progressivement par paliers en direction du massif du Fouta Djalon au nord, et de celui du mont Nimba au sud-est. Les quelque 6,9 millions d'habitants se répartissent en divers groupes ethniques. La moitié d'entre eux appartiennent aux groupes Peuls et Mandingues, qui occupent la moitié septentrionale du pays. Malinkés, Bagas, Soussous, Nalous et Landoumans se partagent les régions méridionales, reconnues par les Portugais dès la fin du XVe siècle. L'archipel des Bissagos sert alors de lieu de rassemblement des esclaves que les navires négriers emmènent ensuite vers les Antilles et le continent américain, aux XVIe et XVIIe siècles. Le XVIIIe siècle voit l'arrivée de navigateurs français qui confèrent au littoral la dénomination générale des Rivières du Sud. Il faut toutefois attendre 1810 pour que le

Maison de GUISE

René II
comte de Vaudémont, puis duc de Lorraine
(1451-1508)
∞ 1. Jeanne d'Harcourt (?-1488)
2. Philippa de Gueldre (?-1547) [6 enfants]

- **Antoine** (2.)
  duc de Lorraine et de Bar
  (1489-1544)
  Maison de LORRAINE
- **Claude Ier** (2.)
  1er duc de Guise
  (1496-1550)
  ∞ Antoinette de Bourbon-Vendôme (1494-1583)
  [13 enfants]
  - **Marie**
    (1515-1560)
    ∞ 1. Louis II d'Orléans-Longueville
    (1510-1537)
    2. Jacques V d'Ecosse (1512-1542)
    - **Marie Stuart** (2.)
      (1542-1587)
  - **François Ier**
    2e duc de Guise
    (1519-1563)
    ∞ Anne d'Este (1531-1607)
    [7 enfants]
    - **Henri Ier le Balafré**
      3e duc de Guise
      (1550-1588)
      ∞ Catherine de Clèves
      (1548-1633)
      [14 enfants]
      - **Charles**
        4e duc de Guise
        (1571-1640)
        ∞ Henriette de Joyeuse
        (1585-1656)
        [10 enfants]
        - **Henri II**
          5e duc de Guise
          (1614-1664)
          ∞ 1. Anne de Gonzague (1616-1684)
          2. Honorée de Glimes (?-1670)
        - **Marie**
          duchesse de Guise
          (?-1688)
        - **Louis I**
          duc de Joyeuse
          (1622-1664)
          ∞ Marie-François de Valois
          (1630-1696)
          [2 enfants]
          - **Louis-Joseph I**
            6e duc de Guise
            (1650-1671)
            ∞ Elisabeth duchesse d'Alençon
            (?-1696)
            - **François-Joseph II**
              7e duc de Guise
              (1670-1675)
      - **Louis III**
        cardinal de Guise
        (1575-1621)
      - **Claude**
        duc de Chevreuse
        (1578-1657)
        ∞ Marie de Rohan-Montbazon
        (1600-1679)
      - **Louise**
        (1588-1631)
        ∞ François de Bourbon,
        duc de Conti (1558-1614)
        Maison de BOURBON-CONTI
      - **François**
        chevalier de Guise
        (1589-1614)
    - **Catherine**
      (1552-1596)
      ∞ Louis de
      Bourbon-Montpensier
      (1513-1582)
    - **Charles**
      duc de Mayenne
      (1554-1611)
      ∞ Henriette de
      Savoie-Villars (?-1611)
    - **Louis II**
      cardinal de Lorraine
      (1555-1588)
  - **Charles**
    cardinal de Lorraine
    (1524-1574)
  - **Claude II**
    (1526-1573)
    ∞ Louise de Brézé
    (1518-1577)
    [11 enfants]
  - **Louis**
    cardinal de Guise
    (1527-1578)
- **Jean** (2.)
  cardinal de Lorraine
  (1498-1550)

lieutenant-colonel Pinet-Laprade, établi au Sénégal, lance des reconnaissances organisées. Les traités de 1814 confirment cette souveraineté française. En 1827, René Caillié commence l'exploration de l'intérieur, imité par Hecquard en 1850 et Lambert en 1860. Plusieurs missions parcourent, de 1879 à 1881, la zone du Fouta Djalon, qu'occupent vers 1890 des détachements militaires venus du Soudan (l'actuel Mali). Le gouverneur Ballay organise la colonie entre 1890 et 1900, la rendant distincte du Sénégal et permettant son inclusion en 1910 dans la grande fédération d'Afrique-Occidentale française (A-OF). C'est de Guinée que provenaient en partie les contingents de tirailleurs affectés dans les régiments dits « sénégalais » qui surent se battre avec héroïsme durant la Première Guerre mondiale. Citoyens français à partir de 1946, possédant le suffrage électoral en 1957, les Guinéens, suivant les conseils de leur leader politique Sékou Touré lors du référendum du 28 septembre 1958, sont les seuls à rejeter le projet de Constitution présenté par le général de Gaulle et accèdent du même coup à l'indépendance le 2 octobre.

GUINEGATTE

Aujourd'hui Enguinegatte. Commune du Pas-de-Calais, dans l'arrondissement de Saint-Omer.

Guinegatte a été le théâtre de deux batailles aux XVe et XVIe siècles. La première, le 7 août 1479, entre les troupes de Louis XI et celles de Maximilien d'Autriche, est indécise. La seconde, le 16 juillet 1513, connue sous le nom de journée des Éperons, est peu glorieuse pour les Français de Louis XII qui, après un court engagement d'artillerie, s'enfuient sans combattre devant les troupes d'Henri VIII d'Angleterre et de Maximilien d'Autriche.

GUISE

Ville de Picardie située sur l'Oise, dans l'actuel département de l'Aisne.

Ses origines remontent au IXe siècle et celles de son château au XVIe. D'abord comté et capitale de la Thiérache, Guise appartient un temps à la maison de Châtillon. Elle entre dans la famille de Lorraine lors du mariage de Marie de Châtillon, fille du comte de Blois, avec Raoul, duc de Lorraine (1333). François Ier l'érigera en duché-pairie. Les Anglo-Bourguignons la prennent en 1425 mais les Espagnols, au XVIIe siècle, se heurtent à la farouche résistance de Guébriant.

GUISE (bataille de)

Elle a lieu dans les derniers jours d'août 1914.

Après les échecs de Charleroi et de Mons, la Ve armée française commandée par le général Lanrezac s'est repliée entre Guise et Vervins, tandis que les Anglais de French se sont retirés sur la rive gauche de l'Oise, entre Noyon et La Fère. C'est alors que Lanrezac reçoit de Joffre l'ordre de se mettre face à l'ouest et d'attaquer, entre Saint-Quentin et Guise, dans le flanc de la Ire armée allemande commandée par von Kluck qui presse les Anglais. Entre-temps, l'armée anglaise a pu sortir de la zone d'opérations de von Kluck, mais pour venir se jeter dans celle de la IIe armée allemande de von Bülow. Lanrezac donne alors, pour le 28, l'ordre à ses 3e et 18e corps de se porter sur l'Oise entre Origny et

Mouy, face à l'ouest, pour déboucher contre von Kluck, pendant que son 10e corps restera en flanc-garde face au nord pour contenir von Bülow. De son côté, von Kluck reçoit, le 28, l'ordre de marcher vers la Basse-Seine, par la rive ouest de l'Oise, et von Bülow, sur la rive est de l'Oise, de marcher directement sur Paris par le front La Fère-Laon. Français et Allemands avancent donc à la rencontre les uns des autres et Lanrezac attaque le 29. Mais, lorsque son 10e corps, faisant flanc-garde au nord, reçoit le choc du Xe corps de von Bülow, la nécessité de se défendre de ce côté lui interdit de poursuivre l'attaque sur Saint-Quentin. Le 18e corps est chargé d'observer cette ville, tandis que tout le reste de l'armée se porte face au nord.

La bataille se livre donc en potence face au nord, de Guise à Vervins, et face à l'ouest, devant Saint-Quentin. Sur le front Guise-Vervins, la manœuvre française est un brillant succès. Le 10e corps allemand, bousculé, repasse l'Oise le 30 au matin. Mais ce coup d'arrêt est éphémère. Il ne permet pas le redressement sur la Somme auquel Joffre a un moment pensé. En direction de Saint-Quentin, les Français sont en effet rejetés derrière l'Oise et, comme à sa droite la IVe armée française se replie sur Rethel et qu'à sa gauche les Anglais font retraite sur l'Aisne, Lanrezac se voit contraint, le 30, d'abandonner ses positions pour se reformer, en aval de Laon le lendemain. Il doit bientôt encore reculer, car les Allemands menacent de le tourner sur sa gauche en s'engouffrant dans l'intervalle qui le sépare des Anglais, qui sont très en arrière. Pour parer à ce danger, il jette au-devant de la cavalerie allemande la brigade d'Afrique du colonel Simon, transportée de Laon en chemin de fer, qui est appuyée par la cavalerie Abonneau, transportée de la droite vers la gauche, tandis que le gros de son armée se dérobe au plus vite derrière l'Aisne.

GUISE Catherine Marie de LORRAINE de : voir MONTPENSIER

GUISE Charles de LORRAINE, duc de : voir MAYENNE

GUISE Charles de LORRAINE, duc de (?, 1571 – Cuna, Italie, 1640)

Quatrième duc de Guise.

Fils d'Henri Ier de Lorraine, duc de Guise, et de Catherine de Clèves, il est emprisonné à Tours après la tragédie de Blois, et s'échappe en 1591. Lorsqu'il rentre à Paris, son influence au cours des réunions du Conseil des Seize le dispute à celle du duc de Mayenne. La Ligue songe un temps à l'élire roi et à lui faire épouser une infante d'Espagne. Rallié à Henri IV, il reçoit le gouvernement de Provence. Plus tard, mêlé aux intrigues du règne de Louis XIII, il s'exilera à Florence.

GUISE Claude Ier de LORRAINE, comte d'Aumale, duc de (Condé, 1496 – Joinville, 1550)

Premier duc de Guise.

Fils cadet de René II, duc de Lorraine. Naturalisé français, il est 22 fois blessé lors de la bataille de Marignan en 1515. En 1522, il repousse les Anglais de Picardie, et, en 1524, les Impériaux de Bourgogne. Au lendemain de la bataille de Lupstein, où ses troupes ont écrasé les bandes de paysans luthériens qui menaçaient la Champagne, il se glorifie d'être l'« ennemi des hérétiques et le défenseur de la foi ». Afin de récompenser sa vaillance, François Ier érige son comté en duché-pairie. Il s'empare du Luxembourg en 1542, et meurt gouverneur de Bourgogne et grand veneur de France.

GUISE François Ier de LORRAINE, prince de Joinville, duc d'Aumale et de (Bar, 1519 – près d'Orléans, 1563)

Deuxième duc de Guise.

Fils de Claude Ier de Lorraine et d'Antoinette de Bourbon, il se couvre de gloire aux batailles de Montmédy (1542), de Landrecies (1543) et au siège de Boulogne (1545), où Ambroise Paré lui arrache le fer de lance qui s'est fiché dans sa joue gauche. Cette blessure lui vaudra, comme plus tard à son fils Henri, le surnom de « Balafré ». (On dira parfois « le premier Balafré. ») Après avoir dégagé Saint-Quentin, que les Impériaux assiègent depuis deux ans (1552-1553), le duc de Guise reçoit le commandement de l'expédition d'Italie (1556-1557). Bien qu'il soit revenu sans avoir pu conquérir le royaume de Naples auquel il prétend, Henri II le nomme lieutenant général du royaume (1557). L'année 1558, ses troupes reprennent Calais, dernière possession de l'Angleterre en France. À l'avènement de François II, le duc de Guise et son frère le cardinal Charles de Lorraine, dont la nièce Marie Stuart a épousé le roi, gouvernent. Ils répriment sévèrement la conjuration d'Amboise, fomentée par les huguenots afin d'enlever le jeune souverain. Lors de la mort du roi en 1560, membre du triumvirat, aux côtés du connétable de Montmorency et du maréchal de Saint-André, le duc de Guise se veut le chef du parti catholique. Le 1er mars 1562, passant par Wassy, il invite des pasteurs qui prêchent dans une grange du bourg à se rendre auprès de lui, mais des jets de pierres accueillent les messagers. Un massacre s'ensuit, marquant le début des guerres de Religion. Les protestants ouvertement révoltés, le duc de Guise leur enlève Rouen (26 octobre 1562) et les défait à la bataille de Dreux (19 décembre 1562). Alors qu'il investit Orléans, tombée aux mains des réformés, il est assassiné par un aventurier huguenot, Jean Poltrot de Mérée.

Le cardinal de Lorraine
Le Balafré et son frère le cardinal de Lorraine reposant sur un lit de parade. Gravure, Paris, Bibliothèque nationale de France. © *Sélection Images*

GUISE Henri Ier de LORRAINE, dit LE BALAFRÉ, duc de (?, 1550 – Blois, 1588)

Troisième duc de Guise.

Fils de François de Guise et d'Anne d'Este. Après avoir mis son épée au service de l'empereur contre les Turcs, en 1566, il regagne la France qu'il trouve en pleine guerres de Religion. Il affronte les protestants à Jarnac puis à Moncontour, avant de défendre Poitiers. La paix de Saint-Germain (1570) l'irrite d'autant plus qu'elle consacre l'influence grandissante de son principal adversaire, l'amiral de Coligny. Le 21 août 1572, un attentat est perpétré contre l'amiral à l'instigation du duc, prélude au massacre de la Saint-Barthélemy et à la reprise de la guerre civile. Guise y redouble d'activité. Gouverneur de la Champagne, il est blessé au cours d'un combat à Dormans, le 10 octobre 1575, ce qui lui vaut, comme à son père, le surnom de « Balafré » (parfois « second Balafré »). La Ligue comble ses espoirs, et la mort du duc d'Anjou, frère d'Henri III, en 1584, renforce sa détermination à barrer la route du trône à Henri de Navarre, prétendant huguenot. Il est vrai que le Balafré caresse dès ce moment l'idée de ceindre lui aussi la couronne à la mort d'Henri III. Redoublant d'activité, il parvient au comble de sa popularité en défaisant les mercenaires helvétiques à Vimory, non loin de Montargis, puis les reîtres germaniques à Auneau, en Beauce, en octobre et novembre 1587. Lorsqu'il paraît à Paris, malgré l'opposition royale, il soulève l'enthousiasme. Le 8 mai 1588, le succès est tel que la milice bourgeoise se rallie à lui. Henri III provoque une émeute en faisant appel à des détachements étrangers et doit fuir Paris après la journée des Barricades, le 12 mai. Rien donc ne semble entraver l'accession au trône du duc de Guise, si ce n'est une ultime hésitation doublée peut-être de présomption. Alors que le Louvre attend son nouveau maître, le Balafré s'en va chercher la considération à Blois, où se tiennent les états généraux. Le 23 décembre, il est assassiné sur ordre du roi. La chronique prête à ce dernier, venu constater le résultat, une phrase digne d'une épitaphe : « Il est encore plus grand mort que vivant ! »

Henri Ier de Lorraine, duc de Guise
Assassinat du duc de Guise au château de Blois. Huile sur toile de Paul Delaroche. Chantilly, musée Condé. © *Lauros-Giraudon*

GUISE Henri II de LORRAINE, duc de (Blois, 1614 – Blois, 1664)

Grand chambellan.

Fils de Charles de Lorraine, duc de Guise. Obligé de s'exiler à la suite de la conspiration du comte de Soissons (1641), il conteste à Philippe IV d'Espagne le droit de régner sur Naples, dont il revendique le trône, et reste prisonnier en Espagne jusqu'en 1648. Libéré, il rejoint le parti de la Fronde, mais l'abandonne rapidement. L'année 1654 voit échouer sa nouvelle tentative de conquête napolitaine. Henri de Guise devra se satisfaire de la charge de grand chambellan de Louis XIV.

GUISE Jean d'ORLÉANS, duc de (Paris, 1874 – Larache, Maroc, 1940)

Chef de la branche des Bourbon-Orléans.

Fils de Robert, duc de Chartres, il devient à la mort de son cousin germain Louis Philippe, duc d'Orléans, chef de la branche de Bourbon-Orléans (1926). Les orléanistes le reconnaîtront comme roi de France de droit sous le nom de Jean III. Alors que son fils Henri, comte de Paris, qu'il a placé à la tête de son secrétariat, rompt toute relation avec le mouvement d'Action française quand le pape Pie XI condamne celui-ci, le duc de Guise garde une attitude amicale vis-à-vis de l'école de pensée maurrassienne.

GUISE Louis II de, dit LE CARDINAL de LORRAINE (Dampierre, 1555 – Blois, 1588)

Archevêque.

Frère cadet d'Henri Ier, duc de Guise, il succède à son oncle Louis de Lorraine, premier cardinal de Guise, comme archevêque de Reims (1574). Il revêt la pourpre en 1578. Âme de la Ligue, il soutient les manœuvres de son frère contre Henri III. Président de l'ordre du clergé aux états généraux de Blois (1588), il critique publiquement les paroles du roi, qui ordonne son exécution le lendemain de la mort du Balafré. Son corps est jeté dans la Loire.

GUITON Jean (La Rochelle, 1585 – La Rochelle, 1654)

Armateur.

Membre d'une famille protestante d'armateurs rochelais, il mène, à partir de 1620, une action déterminée contre le pouvoir royal, stimulant particulièrement la résistance durant le siège de La Rochelle, dont il est le maire, face à Richelieu, promettant le poignard à quiconque parlerait de capituler (1627-1628). Malgré cette détermination, la ville succombe à un blocus total, et Guiton trouve quelque temps refuge en Angleterre. Reconnaissant ses qualités, Richelieu lui accorde une amnistie, allant même jusqu'à lui conférer un brevet de capitaine de vaisseau durant la guerre de Trente Ans.

GUIZOT François Pierre Guillaume (Nîmes, 1787 – Val-Richer, Calvados, 1874)

Homme politique, président du Conseil.

Issu d'une famille protestante nîmoise, il étudie à Genève avant de s'installer à Paris en 1805, devenant professeur d'histoire moderne à la Sorbonne en 1812, année au cours de laquelle il épouse Pauline de Meulan, une femme de lettres de quatorze ans son aînée. Son enseignement rénove les sciences historiques grâce à une étude scientifique et élaborée des sources d'information, ainsi qu'à une grande rigueur des exposés, lesquels accordent une large place à l'étude des institutions. Cette dernière préoccupation révèle d'ailleurs la pensée de Guizot, tout d'abord opposant à Napoléon, rallié à Louis XVIII mais adepte d'une monarchie constitutionnelle qui concilierait les avantages apportés par la Révolution et l'Empire avec l'ordre des institutions apporté par le pouvoir royal. Secrétaire général du ministère de l'Intérieur en 1814-1815, il suit le roi lors de son exil à Gand durant les Cent-Jours. Très actif sous les deux ministères Richelieu et Decazes où on le trouve à l'origine de plusieurs grandes lois « libérales » de cette époque, il s'occupe par ailleurs de la direction de l'administration départementale et communale jusqu'en 1820, date de son retour à la Sorbonne. Des attaques contre le ministère ultra de Villèle entraînent la suppression de son cours en 1822, circonstance que Guizot met à profit pour commencer une abondante carrière littéraire consacrée principalement à des études de l'histoire de France et de celle d'Angleterre. Rétabli dans son enseignement en 1828, Guizot est appelé à la Chambre deux ans plus tard par les électeurs du Calvados. Une énergique protestation contre les ordonnances de juillet lui vaut la reconnaissance de Louis-Philippe, qui le nomme ministre de l'Intérieur. Thiers fait également appel à lui de 1832 à 1836 pour régler les problèmes d'enseignement, tout comme Molé. L'année 1840 le voit au poste d'ambassadeur à Londres puis de ministre des Affaires étrangères dans le ministère Soult.

François Guizot
Portrait du ministre de l'Intérieur (1830). Huile sur toile de J.G. Vibert, châteaux de Versailles et Trianon.
© *Lauros-Giraudon*

Jusqu'aux événements de 1848, Guizot guide la politique intérieure et extérieure française, laissant la réputation d'un conservateur en étroites relations avec les milieux d'affaires et lançant la célèbre formule : « Enrichissez-vous par le travail et l'effort ! » Anglophile déterminé, le maître à penser de la vie politique française se heurte, cependant, à une opinion publique réticente. Celle-ci manifeste son opposition par la campagne des Banquets, à laquelle le ministre croit habile de répliquer par une polémique cassante. Sa démission, le 23 février 1848, est trop tardive pour renverser une situation très compromise pour la royauté, que la révolte parisienne balaie aussitôt. Réfugié en Belgique puis en Angleterre, Guizot ne demeure qu'un an en exil et revient en France l'année suivante. Sa carrière politique est désormais achevée mais son œuvre littéraire s'accroît de *Mémoires pour servir à l'histoire de mon temps* (1858-1868).

GUYANE

Érigé en département depuis 1946, ce territoire du nord-est de l'Amérique méridionale est, avec 91 000 km² (soit 1/6e de la métropole), le plus étendu des départements français. Le Maroni à l'ouest, l'Oyapock à l'est, le délimitent de la Guyane néerlandaise (Surinam) et du Brésil. Environ 400 km séparent l'embouchure de ces deux fleuves entre lesquels s'étale une forêt plus ou moins dense, semblable à celle de la région amazonienne dont elle constitue un prolongement naturel.

C'est vers 1637 que des marins normands abordent sur cette partie du littoral. Des missionnaires jésuites longent la côte en vue d'évangéliser les tribus indiennes qui se réfugient dans la forêt. Au XVIIIe siècle, l'exemple néerlandais en matière de défrichement incite Choiseul, Turgot et le gouverneur Malouet à drainer un sol ingrat, souvent marécageux, sur lequel ils souhaitent l'implantation de canne à sucre. Les restrictions apportées au système de l'esclavage par la Révolution font péricliter ces plantations autant que la mainmise anglo-portugaise durant les guerres de la Révolution et de l'Empire. Les traités de 1814 et 1815 restituent le territoire au régime de la Restauration. Il est sans valeur économique à l'époque, et la suppression définitive du régime de l'esclavage, en 1848, confirme sa léthargie. Reprenant l'exemple du Directoire, qui exila sous ces tropiques des adversaires indésirables (tels Billaud-Varenne et Collot d'Herbois), Napoléon III institue près de Cayenne un pénitencier dont la réputation fâcheuse va s'étendre à la colonie tout entière. L'île du Diable voit arriver en 1895 l'ex-capitaine Dreyfus. Le bagne, objet de maints reportages et d'une littérature qui en dénonce volontiers les excès et le caractère périmé, demeure jusqu'en 1946.

GUYENNE

Province du sud-ouest de la France.

Aquitaine, Aguienne, Guyenne. D'un point de vue linguistique, la Guyenne n'est rien d'autre qu'une déformation populaire du mot Aquitaine. Cette déformation n'affecte d'abord que la prononciation. Dans le courant des XIIe et XIIIe siècles, le vocable « Aquitaine » s'amollit en « Aguienne » puis, par une mauvaise compréhension de l'article élidé, en « Guienne » ou « Guyenne ». La transformation définitive est accomplie dans l'écriture vulgaire à la fin du XIIIe siècle. Les historiens veulent que le changement d'appellation soit inséparable des changements politiques qui affectèrent le sud-ouest de la France lorsque le titre ducal attaché au fief aquitain fut passé aux Plantagenêts. Or ces changements sont nombreux à l'intérieur même du seul XIIIe siècle. Tantôt le domaine du roi d'Angleterre diminue, tantôt il s'accroît. C'est par diminution que l'Aquitaine serait devenue Guyenne. On s'accorde à penser que la perte la plus sensible qu'ait eu à subir le roi d'Angleterre fut celle du Poitou, berceau de la dynastie aquitaine dont il avait hérité. Là où il n'y a plus de Poitou, il n'y a plus d'Aquitaine. Or le Poitou se sépare à deux reprises de l'ensemble aquitain : une fois en fait, une fois en droit, par traité. La première fois, Philippe Auguste prononce la confiscation du comté (1203) puis l'occupe (1205). Le pays est perdu pour les Anglais jusqu'au traité de Brétigny. La seconde fois, Henri III d'Angleterre renonce totalement aux droits qu'il pourrait avoir sur le Poitou par le traité de Paris (longtemps dit d'Abbeville) de 1258-1259. Selon la majorité des auteurs, c'est alors seulement que naît la Guyenne.

La première Guyenne anglaise. Le traité de Paris ne fixe pas de manière immuable les limites du duché de Guyenne. Certaines questions restent pendantes. Le roi d'Angleterre doit hériter de l'Agenais si Alphonse de Poitiers et Jeanne de Toulouse meurent sans enfants ; le sort du Quercy et du Rouergue n'est pas réglé, eux aussi faisaient partie de la mouvance toulousaine. Cependant on commence à y voir un peu plus clair en 1286, après la mort de Philippe III, lorsque Édouard Ier prête hommage au jeune Philippe IV. Le duché anglais de Guyenne comporte alors, outre l'ensemble Bordelais-Landes-Labourd, les pays de Saintonge, Limousin, Périgord, Agenais, Armagnac, Bigorre et Béarn (bien que celui-ci se prétende indépendant). On voit déjà se dessiner à côté de la Gascogne la Guyenne moderne. Toutefois on peut être surpris d'y trouver encore le Limousin et l'on doit constater que, finalement, les deux pays aquitains de Rouergue et de Quercy sont retournés à la couronne avec le Languedoc.

Le traité de 1286 semble avoir écarté tout risque de conflit. Pourtant, la paix ne dure que quelques années. Deux rois régnant ensemble sur un même duché, c'est un de trop. Des rivalités économiques mettent aux prises, d'une part des Anglais et des Bayonnais inféodés au roi d'Angleterre, d'autre part des Normands devenus sujets du roi de France. Une guerre de course s'ensuit. Ordre est donné de saisir Bordeaux. En 1293, le duc de Guyenne est assigné devant la cour de Philippe IV. L'Aquitaine fait de nouveau l'objet d'une mesure de confiscation. La lutte ouverte recommence. Elle prend fin par les traités de Montreuil en 1299 et de Paris en 1303. Édouard Ier recouvre tout le duché, et son fils, le futur Édouard II, vient en 1304 prêter hommage à son suzerain. Il faut attendre le court règne de Charles IV (1322-1328) pour voir la Guyenne réduite à une assez faible superficie qui annonce déjà la « petite Guyenne » du temps de Jeanne d'Arc. La guerre reprend à la suite de heurts entre seigneurs aquitains et gens du roi de France. La Guyenne est encore confisquée et cette fois bien près d'être entièrement enlevée. Puis, la paix ayant été signée, le prince de Galles, créé duc de Guyenne, prête hommage en 1325 à Beauvais. Charles IV conserve l'Agenais, le Bazadais, le Condomois et La Réole. Le duché est coupé en deux tronçons, l'un comprenant la Saintonge méridionale, le Bordelais, le diocèse de Dax et le Labourd avec Bayonne, l'autre Puymirol et Penne d'Agenais. Charles IV profite de l'occasion pour établir dans le duché un sénéchal qui nomme les juges, baillis et autres officiers, et qui a sous sa dépendance les châtelains désignés par le duc. Dans cette décision, la guerre de Cent Ans est en germe.

La Guyenne et la guerre de Cent Ans. Certes, la question aquitaine n'est pas la seule qui oppose les Capétiens et les Plantagenêts. Mais sans elle, la guerre n'aurait sans doute pas duré aussi longtemps. Édouard III ne se serait point brusquement déclaré roi de France et d'Angleterre s'il n'avait senti que son duché français lui échappait peu à peu. Au total, la lutte durera beaucoup plus de cent ans, environ cent trente ans. Sur ces cent trente ans, il n'y en aura que vingt d'hostilités effectives opposant directement les troupes régulières du roi et du duc. Cela suffira pour mettre tout le pays à feu et à sang. Les bagarres de village à village, les ravages de routiers, les conflits de vassalité entretiendront un état de tension permanent. La guerre est déclarée en 1337. La fortune sourit d'abord aux Anglais. Les succès qu'Édouard remporte dans le Nord, notamment à Crécy et à Calais, lui permettent de recouvrer, en Guyenne, une partie du Périgord. En 1355, le Prince Noir fait mieux : au cours de sa première campagne aquitaine, il ne pille pas moins de 500 villes et villages. Le désastre de Poitiers (1356) est suivi des préliminaires de Londres (1359) qui abandonnent en toute souveraineté plus de la moitié de la France au roi d'Angleterre. Naturellement, l'Aquitaine figure entièrement dans la partie cédée. Mais le Dauphin (futur Charles V) et les états généraux jugent inacceptable l'acte signé en captivité par Jean II le Bon, fait prisonnier par les Anglais après la défaite de Poitiers, et la guerre reprend. C'est à cette époque que se situe la seconde chevauchée du Prince Noir. L'opposition de la Guyenne occidentale et de la Guyenne orientale apparaît en pleine lumière. La première, sur laquelle règnent Bordeaux et ses commerçants, fournit aux Anglais un soutien sincère et puissant. La seconde, que la désorganisation monarchique a rendue incapable de résister victorieusement, se réfugie dans une attitude fuyante qui gênera en fait, sensiblement, les efforts du prince de Galles. Enfin la paix est conclue à Brétigny en 1360. Son premier effet est de reconstituer l'ancien duché d'Aquitaine qui est confié en fief au Prince Noir, mais dont le suzerain est désormais le roi d'Angleterre. L'Angoumois, la Saintonge, l'Aunis, le Poitou, l'Agenais, le Périgord, le Quercy, le Rouergue, la Bigorre et l'Armagnac sont arrachés à la France.

Les pays aquitains réunifiés ne retrouvent pas pour autant le calme. Lorsque Jean Chandos prend possession, au nom d'Édouard III, du Quercy et du Rouergue, il lui faut apaiser les craintes et les susceptibilités. Certains seigneurs ne se soumettent qu'à condition que les droits du roi de France soient sauvegardés en dernier ressort. En outre, la paix a réduit beaucoup de monde à l'inactivité. C'est ce monde-là qui fournit le recrutement des grandes compagnies dont les pillages s'exerceront sur les terres du roi d'Angleterre et sur celles du roi de France. Pendant quatre ans, de 1363 à 1367, la Guyenne est mise en coupe réglée.

En 1368, l'espoir d'une guerre saine mettant fin à la paix pourrie renaît. Les seigneurs gascons se révoltent contre la suzeraineté anglaise et font appel au parlement de Paris contre les sénéchaux anglais. Charles V admet le bien-fondé de leurs réclamations. Montalbanais et Rouergats expulsent le léopard. Le Quercy et le Périgord tentent d'agir de même mais en sont empêchés par les routiers. Vers 1378, grâce à Charles V, au duc d'Anjou et à Du Guesclin, les Anglais ne possèdent plus en Guyenne que quelques villes éparses, Bayonne, Bordeaux et sa région. Mais au début du XVe siècle, le vent tourne un peu partout en faveur des Anglais. Puis Bordeaux brûle, Blaye est assiégée. Le petit peuple prend le parti du roi de France ; la noblesse, à l'exception des comtes d'Armagnac et des sires d'Albret, soutient la cause anglaise. La Haute-Guyenne et le Périgord s'enthousiasment pour les exploits de Jeanne d'Arc. Domme, Sainte-Foy-la-Grande, Bazas, Bergerac, Libourne, Saint-Émilion sont rendues à la France : le sort des armes n'a même pas laissé aux Anglais la Guyenne au sens géographique. Talbot, qui jouit d'une forte popularité chez les Bordelais, met un instant en balance les succès français. En juillet 1453, il rencontre la redoutable artillerie de Charles VII dans la plaine de Castillon. Il est tué. Les Anglais préparent leur départ. Bordeaux retombe aux mains du roi de France qui entreprend immédiatement la construction du fort du Hâ et du château Trompette « pour tenir le fer au dos » des Bordelais. L'événement à valeur de symbole : la Guyenne anglaise est morte.

La Renaissance. Ayant hérité d'un royaume où l'étranger ne se maintient qu'en Calaisis, Louis XI s'emploie à panser les blessures du Sud-Ouest. Il restaure la puissance de Bordeaux dont il stimule le commerce et organise le parlement. Les églises et les monastères sont reconstruits. Les régions dévastées sont repeuplées grâce à des apports extérieurs. Les universités de Cahors et de Bordeaux se reprennent à prospérer, ainsi que les écoles de Rodez et de Montauban. Le duché de Guyenne, donné en apanage en 1469 au duc de Berry, frère du roi, est définitivement réuni au domaine royal à la mort de son titulaire en 1472. Peu à peu, les pays de la Guyenne qui étaient restés inféodés rentrent pacifiquement sous l'autorité directe du roi : le Rouergue et le Périgord au début du XVIIe siècle sous Henri IV, héritier des Albret et des Armagnac ; l'Agenais, réuni une première fois au domaine en 1444, sous Charles VII, attendra la mort de la reine Margot en 1615.

La fin du XVe et la première moitié du XVIe siècle constituent à tous égards l'âge d'or de la Guyenne. Après les campagnes d'Italie auxquelles participent en grand nombre les Aquitains et les Gascons, le Sud-Ouest connaît une véritable floraison de l'humanisme. Montaigne, La Boétie, Scaliger symbolisent la Renaissance des lettres. Le branle de la Renaissance artistique est donné par des œuvres qui n'ont pas leur équivalent hors de Guyenne. Il s'agit des châteaux d'Assier, de Cieurac, de Montal, de Bournazel, de Graves dans le haut pays ; de Biron, Bourdeilles, Puyguilhem, Losse-en-Périgord dans le bas pays. L'architecture civile produit des œuvres raffinées dans les villes de Figeac, Villefranche-de-Rouergue, Rodez, Cahors, Nérac, Sarlat. L'art du XVIe siècle en Guyenne ne manque pas d'unité. Toutefois, les constructions du haut pays se caractérisent à la fois par la survivance de certaines traditions médiévales et par l'exubérance ou le fini de la sculpture. La Basse-Guyenne se laisse gagner plus rapidement par le classicisme.

Cependant, les peuples aquitains ne tardent pas à se diviser pour des questions de religion. Leur féodalité ne peut s'habituer à l'état de paix. Leur bourgeoisie est prise par une sorte de fièvre intellectuelle. Les petits intérêts locaux feront le reste. C'est vers 1560 que l'on commence à s'entretuer dans le Bazadais et l'Agenais. Jeanne d'Albret, très puissante en Guyenne où elle possède de nombreux fiefs, favorise publiquement la Réforme. Aussitôt le Rouergue est coupé en deux, Rodez tenant pour les catholiques, Villefranche et Millau pour les protestants. Comme lieutenants du roi de France, Burie et Montluc dirigent les armées catholiques contre Duras, lieutenant de Condé, et Crussol d'Acier. Montgoméry gagne le Béarn avec des renforts venus du Dauphiné et de la Provence. À la Saint-Barthélemy, des massacres ensanglantent Figeac et Millau. Par la suite, Henri de Navarre établit son commandement à Nérac. La paix de Bergerac en 1577 ne marque qu'une accalmie. En 1587, le roi de Navarre bat le ligueur Anne de Joyeuse à Coutras. Ce n'est toujours pas la paix. Les massacres ne cesseront qu'en 1593, avec l'abjuration

Guyenne
Philippe VI de Valois recevant l'hommage d'Édouard III d'Angleterre pour l'Aquitaine. Miniature, *Grandes Chroniques de France*, Paris, Bibliothèque nationale de France. © *Sélection Images*

d'Henri IV. La tranquillité ne reviendra vraiment qu'après l'édit de Nantes, cinq ans plus tard. En 40 ans de luttes civiles, la Guyenne aura souffert davantage que pendant les 250 ans de la rivalité franco-anglaise.

La Guyenne moderne. Le Grand Siècle commence assez mal. Les protestants ont fait de Montauban leur citadelle. En 1625 et 1626, Rohan, leur chef, soulève la Haute-Guyenne après avoir renouvelé son alliance avec les Anglais. Sous Louis XIII, le Sud-Ouest devient l'inépuisable réserve sur laquelle s'appuient les nobles mécontents. Le roi doit assiéger Saint-Antonin, Montauban, Sainte-Foy et faire une démonstration du côté de Millau. Les prétextes religieux ne seront pas toujours nécessaires : ainsi, beaucoup plus tard, dans la capitale de la province, où la sottise et la brutalité de Bernard d'Épernon susciteront la sanglante Ormée, ou Fronde bordelaise. C'est en 1654 que l'ordre reviendra, cette fois pour longtemps. Les intendants veilleront à ce que les régions dont ils ont la charge ne soient plus la honte de la France. Depuis 1635, ils sont au nombre de deux. L'un réside à Bordeaux et administre le Bordelais, le Bazadais, l'Agenais et le Périgord. L'autre a été installé à Montauban ; sa généralité, dite de Haute-Guyenne, ne comprend que deux pays, mais vastes : le Quercy et le Rouergue.

Le partage administratif de la Guyenne procède d'un souci réaliste. La province s'étend sur plus de 400 km d'est en ouest. Or la capitale se situe presque à une extrémité. D'ailleurs, les conditions économiques ont changé. Le transport fluvial, qui a fait à l'origine la force de Bordeaux, ne détient plus le monopole du trafic. De nombreuses routes ont été construites, qui mettent le haut pays et le Périgord en rapport, soit avec Paris, soit avec des contrées méridionales. En outre, l'unité aquitaine n'est pas considérée comme une loi historique sans nuances. Au XIIIe siècle, le comte de Rodez relevait de la mouvance toulousaine, le Périgord subit fortement l'attirance limousine, tandis que l'Agenais tendait à devenir une annexe de la Gascogne.

Une constatation s'impose : les intendants accomplissent consciencieusement leurs tâches. Les Aquitains apprennent à se discipliner. Il n'y a pas d'époque plus heureuse pour la Guyenne que la période 1660-1789. Un artisanat intelligent se développe dans toutes les villes, grandes ou petites. La vie intellectuelle est brillante. On ne construit jamais autant et si bien à Bordeaux qu'au XVIIIe siècle. La Révolution arrête net cet essor et découpe la province en cinq départements : Gironde, Lot-et-Garonne, Dordogne, Lot et Aveyron. Les constituants ne connaissent donc que les cours d'eau ! À vrai dire leur partage n'est pas totalement dépourvu de sagesse. Les trois derniers départements au moins correspondent approximativement à des pays restés bien vivants dans la mémoire des hommes. Et ces pays datent des Gaulois ! L'Empire est moins heureux lorsqu'en 1808 il fabrique tout exprès pour Montauban un département à la fois quercynois, rouergat et languedocien. Ce chef-d'œuvre de modestes dimensions reçoit le nom de Tarn-et-Garonne.

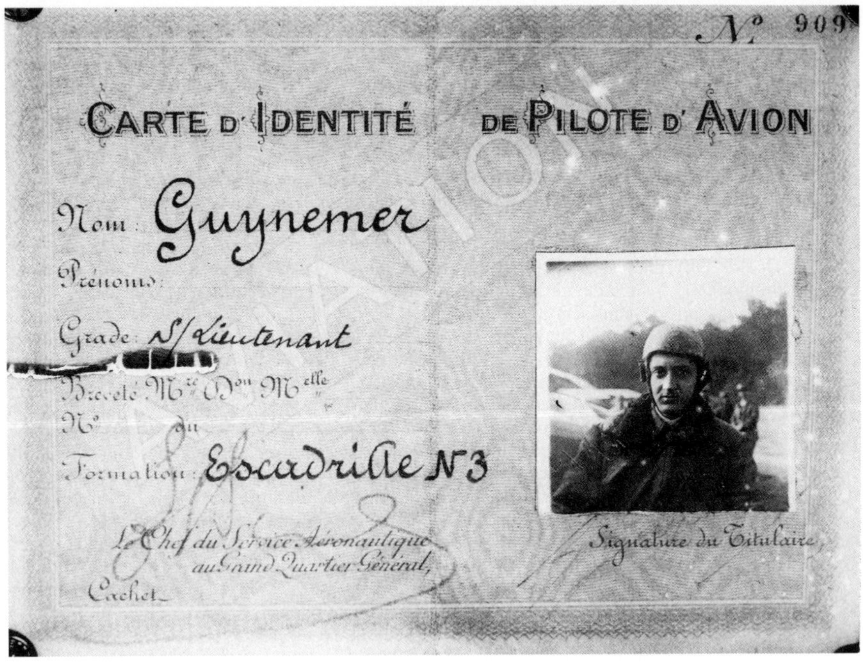

Georges Guynemer
Carte d'identité du pilote. © *Roger-Viollet*

GUYNEMER Georges Marie (Paris, 1894 – en combat aérien à Poelcapelle, Belgique, 1917)

Aviateur.

D'une constitution frêle, il réussit cependant à se faire accepter comme élève-mécanicien, avant d'être admis élève-pilote puis breveté en 1915. Affecté à la MS 4, il se voit doté de l'avion de son camarade Bonnard, qui quittait l'escadrille, un Nieuport baptisé le *Vieux-Charles*. Ce nom plaît à Guynemer qui non seulement le conserve, mais encore le donne à tous ses autres avions, notamment à son célèbre Spad du groupe des Cigognes. Le 19 juillet 1915, il abat son premier avion ennemi. Blessé en mars 1916 devant Verdun, il participe quand même à la bataille de la Somme, et poursuit une glorieuse série de victoires, inscrivant à son palmarès 53 avions abattus en combats aériens. Il est lui-même abattu le 11 septembre 1917 par le lieutenant Wisseman.

GUYON du CHESNOY Jeanne-Marie BOUVIER de LA MOTHE, dite MADAME GUYON (Montargis, 1648 – Blois, 1717)

Mystique.

Fille d'un procureur du roi, nourrie des lectures de François de Sales et de Jeanne de Chantal, elle manifeste très tôt son attirance pour la vie ascétique, mais sa famille lui refuse l'entrée en religion. Elle épouse donc, en 1664, Jacques Guyon du Chesnoy, qui la laisse veuve dès 1676, avec trois enfants et une belle fortune. Décidant de consacrer sa vie à la religion, et plus précisément à la conversion des hérétiques, Mme Guyon quitte sa famille et ses affaires en 1681 et gagne la Savoie où elle s'occupe d'une fondation de Nouvelles Catholiques, protestantes converties. L'évêque de Genève désapprouve son mysticisme, et elle doit quitter Thonon en 1683. Elle gagne alors le Piémont, puis le Dauphiné, et prêche sans relâche la mystique du pur amour. En 1685, paraît son premier ouvrage, le *Moyen court et très facile pour faire l'oraison*. Installée à Paris l'année suivante, Mme Guyon poursuit son apostolat et inquiète l'archevêque de Paris, Mgr de Harlay, qui la fait enfermer chez les Visitandines en janvier 1688. Libérée au mois de septembre sur les instances de Mme de Maintenon, séduite par ses théories, Mme Guyon est introduite à Saint-Cyr et rencontre Fénelon, qui compte bientôt au nombre de ses partisans. Mais Mme de Maintenon, jalouse de l'influence exercée par sa protégée sur Saint-Cyr, l'accuse de quiétisme. La doctrine de Mme Guyon est finalement censurée après les entretiens d'Issy, dirigés par Bossuet en avril 1695. Arrêtée de nouveau au mois de décembre et enfermée à la Bastille jusqu'au début de 1703, elle est ensuite exilée à Diziers, puis à Blois. S'occupant de bonnes œuvres, elle achève sa vie entourée de la vénération de ses disciples et entretient une active correspondance.

h

HACHETTE Jeanne LAISNÉ, dite FOURQUET, surnommée JEANNE (?, v. 1454 – Beauvais, ?)

Héroïne.

La tradition veut que ce soit elle qui, en 1472, à la tête de ses concitoyens, ait défendu Beauvais assiégée par Charles le Téméraire. La petite hache dont elle s'était armée pour repousser les assaillants est à l'origine de son surnom, imaginé postérieurement. Pour célébrer cette défense héroïque, Louis XI décida en 1473 que chaque année, le jour de la sainte Agadrème, aurait lieu à Beauvais une procession solennelle, dite de l'Assaut. Ce jour-là les femmes devaient avoir le pas sur les hommes, en souvenir de leur conduite particulièrement vaillante derrière Jeanne Hachette.

HAGUENAU

Aujourd'hui sous-préfecture du Bas-Rhin sur la Moder, Haguenau a longtemps été incorporée au monde germanique

La ville se bâtit autour d'un pavillon de chasse des ducs de Souabe (XIIe siècle). Frédéric Barberousse y fait construire un château et des fortifications. Il y séjourne à plusieurs reprises. Déclarée ville impériale en 1257, Haguenau devient la doyenne de la Décapole d'Alsace ou union des dix villes impériales qui se constitue en 1353-1354 sous la protection de l'empereur Charles IV, avec privilège pour ses membres de s'administrer elles-mêmes. Mais elle se verra disputer la première place au sein de cette ligue par Colmar. Haguenau souffre des guerres féodales, puis devient un foyer actif de la Réforme au XVIe siècle (colloque de 1540). Réunie à la France après le traité de Westphalie (1648), elle perd la plupart de ses franchises sous Louis XIV, qui fait raser ses fortifications.

HAIG Douglas, premier comte (Édimbourg, 1861 – Londres, 1928)

Maréchal britannique.

Officier de cavalerie, il participe à la campagne du Soudan de 1897 à 1898, puis à la guerre des Boers de 1899 à 1902, avant de servir aux Indes de 1903 à 1906. Rentré en Angleterre, il contribue à la réorganisation de l'armée britannique avant d'être nommé, en 1909, chef d'état-major de l'armée des Indes. Investi du commandement du 1er corps britannique engagé en France au début de la Première Guerre mondiale, il reste à la tête de ce dernier lorsqu'il devient la Ire armée britannique, à la fin de 1914. En décembre 1915, Haig prend le commandement de l'ensemble du corps expéditionnaire britannique en France, en remplacement du maréchal French, et conserve ce poste jusqu'à la fin du conflit. Il met au point avec Joffre l'offensive de la Somme, lancée le 1er juillet 1916 : 26 divisions britanniques, un canon tous les 50 mètres sur un front de 30 kilomètres et 6 jours de « feu roulant » avant l'assaut. « Nous attaquerons lorsque l'artillerie aura tout détruit, il nous suffira d'occuper les lieux. » Cette certitude affichée par Haig conduit à une boucherie : 40 000 Britanniques tués en deux jours. Haig maintient l'ordre d'assaut ; au total, les pertes se montent à 420 000 hommes, pour un résultat insignifiant dû, selon le maréchal, à l'inexpérience des soldats. Cette obstination bornée coûta son commandement à Joffre, mais pas à Haig.

Placé, de décembre 1916 à mars 1917, sous les ordres de Nivelle, malgré son opposition au commandement unique, le maréchal entretient de très mauvais rapports avec le commandement français. En 1917, lorsque ce dernier décide de rester sur la défensive en attendant les renforts américains, Haig poursuit l'offensive, attaque notamment à Vimy, avant de mener à Cambrai la première grande bataille de chars. Ses rapports avec Foch, nommé en 1918 unique commandant en chef des armées alliées, sont bien meilleurs et, sous son commandement, les troupes britanniques prennent une part importante à l'arrêt de la dernière offensive allemande (mars-juillet), et à la victoire finale (août). Récompensé par le titre de comte, Douglas Haig se consacre après la guerre à l'organisation de la British Legion. Ses *Mémoires,* publiés en 1952, portent contre le commandement français pendant la Grande Guerre des jugements sévères, et ont donné lieu à de nombreuses controverses.

HAINAUT

Ancienne province partagée entre la Belgique et la France.

Le Hainaut, situé entre Flandre, Brabant et vallée de la Meuse, est un véritable carrefour. Cela explique le nombre de rencontres où s'opposèrent, dans le passé, les armées en marche, soit du sud au nord, soit du nord-est vers le sud-ouest : Seneffe (1674 et 1794), Fontenoy (1745), Fleurus (1622, 1690, 1794, 1815), Jemmapes (1792), Mons et Charleroi (1914). Dans l'Antiquité, ce pays est occupé par les Nerviens. La conquête romaine inclut la région dans la province de Belgique Seconde. Les Francs s'y installent en

Haig
Le maréchal Haig (au centre), en compagnie du général Joffre (à g.) et du général Foch en 1916.
© *Sélection Images*

nombre au cours du Vᵉ siècle et font de Tournai leur capitale. Fief impérial, le Hainaut prend sa personnalité au cours du IXᵉ siècle, lorsque la désagrégation du pouvoir central (en l'occurrence celui de Lothaire) devient effective. Vers 878, Régnier au Long Col prend le titre de comte et transmet son titre, en 915, à son fils Gislebert. Ce dernier est reconnu comme tel par l'empereur, consécration qui fait entrer le nom de Hainaut (terme latin de la rivière Haine, *Hannonia*) dans l'histoire de l'Europe médiévale. Le Hainaut est d'ailleurs à l'époque beaucoup plus étendu qu'aujourd'hui et comprend également le Hainaut français actuel, c'est-à-dire approximativement le quadrilatère compris entre Cambrai, Valenciennes, Maubeuge et Avesnes.

Le mariage de Richilde, descendante de Gislebert, et du comte de Flandre Baudouin VI (Baudouin Iᵉʳ en Hainaut) permet l'union de ces deux provinces au milieu du XIᵉ siècle. Celle-ci est confirmée et renforcée par le mariage de Marguerite d'Alsace, héritière du comté de Flandre, avec Baudouin V. Le lustre de la maison de Hainaut est tel que Baudouin VI devient en 1204 empereur latin de Constantinople sous le nom de Baudouin Iᵉʳ. Après cette promotion, le comté passe au pouvoir d'héritières, Jeanne (1205-1244) puis Marguerite (1244-1280), comtesses de Flandre. Les héritages sont compliqués et occasionnent un conflit entre les maisons d'Avesnes et de Dampierre, auquel Saint Louis met finalement un terme, en 1246, par l'arbitrage de Péronne. Le Hainaut passe ainsi à la maison d'Avesnes, tandis que la famille de Dampierre reçoit la Flandre. Jean Iᵉʳ d'Avesnes (1280-1304) devient sur ces entrefaites (1300) comte de Hollande et de Zélande. Par héritage et par négociations, ces possessions passent en 1433 à Philippe le Bon, duc de Bourgogne. Le Hainaut devient ainsi une des pièces maîtresses du domaine bourguignon, que la mort de Charles le Téméraire, en 1477, fait passer, cinq ans plus tard, dans le domaine de la maison de Habsbourg.

L'unité du pays se maintient de la sorte jusqu'au milieu du XVIIᵉ siècle. C'est alors que le traité des Pyrénées (1659), confirmé par celui de Nimègue (1678), détache la partie méridionale au profit de la France. Celle-ci constitue la partie orientale du département du Nord en 1790 avec les arrondissements de Valenciennes, Cambrai et Avesnes. Le Hainaut septentrional, demeuré dans les Pays-Bas autrichiens, sert de base de départ à l'armée d'invasion en 1792. Mais les victoires des armées de la Révolution écartent la menace courant 1794. L'année suivante, la Révolution conquérante annexe la région et en fait le département de Jemmapes (chef-lieu Mons) qui dure jusqu'en 1814. Province néerlandaise en vertu des décisions du congrès de Vienne (qui réunit Pays-Bas et Belgique), le Hainaut se libère à la faveur de la révolte bruxelloise de 1830.

Haïti

Grande île des Antilles, à l'est de Cuba, divisée en deux États indépendants : la République Dominicaine et la République d'Haïti.

Si la partie orientale de l'île de Saint-Domingue (la République Dominicaine) parle espagnol, la partie occidentale, Haïti, est francophone. L'île de Saint-Domingue est, avec une superficie de 77 250 km², la plus étendue des Antilles après Cuba, la portion haïtienne représentant à elle seule 27 750 km². À l'origine, l'ensemble de l'île découverte par Christophe Colomb en 1492 porte le nom d'Hispaniola, la « Petite Espagne ». À la fin du XVIᵉ siècle, les Espagnols occupent l'ensemble du territoire dont ils ont pratiquement éliminé la population indienne caraïbe pour lui substituer des esclaves noirs amenés d'Afrique. En 1638, durant la guerre de Trente Ans, des boucaniers francophones, venus des autres îles antillaises, s'établissent sur la côte ouest après en avoir délogé les Espagnols. Richelieu reconnaît leur autorité, incitant d'autres Français à les y rejoindre, si bien qu'au traité de Ryswick, en 1697, les plénipotentiaires reconnaissent cette zone comme possession française.

La canne à sucre y prospère et la population excède le demi-million d'habitants en 1790, lorsque l'Assemblée nationale française propose l'abolition de l'esclavage. Le trouble qui en résulte parmi les colons est mis à profit par le chef noir Toussaint Louverture, qui déclenche l'année suivante une sanglante révolte. Elle est matée lorsque Bonaparte envoie sur place son beau-frère, le général Leclerc, à la tête de 20 000 hommes. Toussaint Louverture est capturé et envoyé en métropole. Mais un de ses lieutenants, Dessalines, reprend l'étendard de la révolte. Mettant à profit l'affaiblissement du corps expéditionnaire du fait d'épidémies successives, il refoule Leclerc vers la côte, qu'il finit par contrôler de 1803 à 1805. Entre-temps, le 1ᵉʳ janvier 1804, le rebelle décide de l'indépendance d'Haïti, dont il se proclame empereur sous le nom de Jacques Iᵉʳ. Lorsque ce premier monarque est assassiné en 1806, un de ses compatriotes, Christophe, se fait couronner sous le nom d'Henri Iᵉʳ et règne de 1811 à 1820 malgré une vive rivalité avec Pétion, le chef républicain de la partie méridionale de l'île. De 1818 à 1843, le pouvoir appartient à Boyer, un tyran abusif. Son expulsion, en 1843, coïncide avec l'émancipation de la partie orientale qui redevient Saint-Domingue. Après le règne de Faustin Iᵉʳ, de 1849 à 1859, l'anarchie haïtienne est telle que les États-Unis finissent par soumettre le pays à leur protectorat, lequel se prolonge jusqu'en 1934.

Ham (fort de)

Forteresse de Picardie, sur la Somme, où furent détenus de célèbres prisonniers.

Parmi eux, on compte Jeanne d'Arc, qui fut, dit-on, prisonnière de Jean de Luxembourg ; plus tard, au XVIᵉ siècle, Louis de Condé, fils de Charles de Bourbon et aïeul du Grand Condé ; Mirabeau, coupable d'avoir écrit un mémoire sur l'agiotage ; des chefs vendéens et des prêtres réfractaires ; Moncey, pour avoir refusé de siéger au procès du maréchal Ney ; le capitaine Hugues Duroy de Chaumareys qui, après avoir fait échouer sa frégate, la *Méduse*, avait abandonné 147 naufragés sur le tristement célèbre radeau ; le prince de Polignac, auteur des ordonnances dont la signature causa la révolution de 1830 ; les autres ministres de Charles X ; les généraux Cavaignac et Changarnier ; et surtout Louis Napoléon Bonaparte qui y est emprisonné en 1840 après l'échec de sa tentative de Boulogne. Il y rédige, en 1844, ce qui sera son œuvre maîtresse, *L'Extinction du paupérisme*, et réussit à s'en évader en 1846 sous le costume d'un maçon, Alphonse Pinguet, dit Badinguet. Ce dernier surnom restera à celui qui deviendra l'empereur Napoléon III. De nos jours, il ne reste de cette forteresse que quelques ruines.

Hamelin Ferdinand Alphonse (Pont-l'Évêque, 1796 – Paris, 1864)

Amiral.

Neveu du contre-amiral Jacques Hamelin, ce jeune officier se décide également pour la carrière de marin et participe en qualité de lieutenant de vaisseau aux expéditions d'Espagne en 1823, de Grèce en 1827, et devient capitaine de frégate d'Alger en 1830. Vice-amiral, il commande l'escadre de la mer Noire en 1854, lors de l'intervention en Crimée, et gagne le grade d'amiral à la fin de la campagne. Napoléon III le nomme ministre de la Marine (1850-1855).

Hamelin Jacques Félix Emmanuel, baron (Honfleur, 1768 – Paris, 1839)

Contre-amiral.

Enseigne de vaisseau en 1792, capitaine de frégate en 1796, il participe cette année-là à l'expédition d'Irlande puis effectue une reconnaissance, de 1800 à 1803, dans l'hémisphère sud. La concentration de la Grande Armée à Boulogne le trouve capitaine de vaisseau. C'est avec ce grade qu'il se distingue en 1806 à bord de la *Vénus* en forçant les blocus du Havre et de Cherbourg, puis en allant semer la perturbation dans le commerce anglais au large des côtes indiennes, en 1810. Récompensé par le grade de contre-amiral et le titre de baron d'Empire, Hamelin termine son commandement en dirigeant la division navale de l'Escaut puis l'escadre de Brest. La monarchie de Juillet lui confie en 1832 la direction générale du Dépôt des cartes et plans de la marine.

Hanoi

Ville du Vietnam, relais dans le delta du Tonkin, sur le fleuve Rouge (Sông Koi)

La ville passe pour avoir été fondée vers le milieu du VIIIᵉ siècle. C'est un relais idéal pour les marchandises transitant vers le nord du Tonkin et le Yunnan chinois. La cité apparaît alors sous le nom de Thang Long, mais sa vocation est celle sous laquelle elle est désignée lors de l'arrivée des premiers Européens : Ké Cho (« le Marché »). Le Français Francis Garnier, souhaitant trouver de ce côté un moyen de pénétration vers la Chine méridionale, enlève une première fois la citadelle le 19 novembre 1873. Le commandant Rivière la réoccupe le 25 avril 1882. C'est le début d'une colonisation qui érige la ville en siège du gouvernement général de l'Indochine. De 1940 à 1945, l'occupation japonaise abaisse le prestige français et favorise, en août 1945, l'implantation du mouvement Viêt-minh. L'armée chinoise de Tchang Kaï-chek, en vertu des accords d'armistice, se substitue aux Japonais. Elle demeure dans le delta jusqu'en mars 1946, date du débarquement des troupes du général Leclerc à Haiphong. Leclerc lui-même entre à Hanoi le 18 mars. L'armée française y demeurera jusqu'en octobre 1954, date de l'évacuation décidée par les accords de Genève.

Hanotaux Gabriel (Beaurevoir, Aisne, 1853 – Paris, 1944)

Historien et homme politique.

Archiviste paléographe, il devient rédacteur au ministère des Affaires étrangères en 1879, puis chef de cabinet de Gambetta et de Jules Ferry. Après un bref séjour à Constantinople, en tant que conseiller d'ambassade (1885), il est élu député de l'Aisne en 1886. Il échoue dans ce même

Hanoi
La ville au début de la guerre d'indépendance. © *Tallandier*

département aux élections de 1889 et devient directeur du Service des protectorats au Quai d'Orsay. Ministre des Affaires étrangères de mai 1894 à octobre 1895, dans les deuxième et troisième cabinets Dupuy puis dans le troisième cabinet Ribot, il retrouve son portefeuille dans celui de Méline (avril 1896-juin 1898). L'essentiel de son œuvre concerne l'alliance franco-russe : à partir de l'accord militaire qui lie les deux pays depuis janvier 1894, Hanotaux négocie l'alliance proclamée par le tsar et Félix Faure en 1897. Le ministre des Affaires étrangères soutient aussi la présence française en Tunisie (accord franco-italien de septembre 1896), et en Afrique équatoriale (traité franco-allemand de juillet 1897). Pour consolider l'influence française en Extrême-Orient, il obtient en 1898 la concession à la France du chemin de fer du Yunnan et du territoire de Kouang Tcheou-Wan. Hanotaux accorde encore son appui à la mission Marchand, mais le ministère Méline tombe avant l'incident de Fachoda (1898). Delcassé, qui lui succède, ne partage pas ses vues, et ne poursuit pas sa politique.

L'ancien ministre abandonne la politique en 1898 et se consacre à ses travaux historiques. Fondateur en 1910 de la Société franco-américaine, il représente la France à la Société des Nations en 1918, et accomplit une ambassade extraordinaire à Rome en 1920. Parmi ses principaux ouvrages figurent une *Histoire de Richelieu* (1888-1943, poursuivie après sa mort par le duc de La Force), l'*Histoire de la France contemporaine* (1903-1908), l'*Histoire illustrée de la guerre de 1914* (17 volumes publiés de 1915 à 1926), et l'*Histoire de la nation française* (1920-1929), publiée sous sa direction.

HANRIOT ou HENRIOT François (Nanterre, 1761 – Paris, 1794)

Homme politique.

Issu d'une famille modeste, il reçoit des rudiments d'éducation lui permettant de devenir employé aux écritures chez un homme de loi, puis commis à l'octroi de Paris à la veille de la Révolution. Le 12 juillet 1789, voyant le bureau où il travaille chaque jour envahi par la foule des Parisiens insurgés, loin d'essayer de défendre son lieu de travail, il participe au pillage. Cet acte lui vaut d'être incarcéré. Mais il est bientôt libéré, à la faveur de la campagne « propatriotique » menée par Marat, puis devient commandant du bataillon de la section des Sans-Culottes (quartier du Jardin des Plantes). Hanriot prend une part active à la journée du 10 Août et aux massacres de septembre 1792. Nommé par la Commune commandant général de la garde nationale parisienne dans la nuit du 30 au 31 mai 1793, il fait cerner la Convention par ses 80 000 hommes, le 2 juin, et, sous la menace du canon, oblige les députés, qui tentaient de forcer le barrage, à regagner la salle des séances et à voter la proscription des Girondins. En mars 1794, Robespierre lui évite le sort des hébertistes auxquels il était très lié. Considéré comme l'homme de confiance de la Commune, il est décrété d'arrestation le 9 Thermidor, et arrêté. Délivré par Coffinhal, il ne peut rassembler assez de troupes pour sauver Robespierre et ses amis politiques, 16 sections seulement sur 48 lui ayant envoyé des détachements. Par ailleurs, Hanriot fait preuve en la circonstance d'un tel manque de fermeté que cette tentative échoue. Dès lors, sans instructions ni ravitaillement, les sectionnaires finissent par se disperser et laissent le champ libre à la marche des forces de la Convention sur l'Hôtel de Ville. Blessé lors de son arrestation, Hanriot, qui porte le surnom de « Bourrique à

Le fort de Ham
Vue du fort. Coll. du prince impérial. © *Sélection Images*

Robespierre », est guillotiné en même temps que ce dernier, le 10 thermidor (28 juillet 1794).

HARCOURT

Cette grande famille normande fait remonter son origine à Bernard le Danois, compagnon de Rollon et de Guillaume Ier Longue-Épée, gouverneur de la Normandie au xe siècle.

La seigneurie d'Harcourt (Eure) est la récompense de ses loyaux services. Cette possession s'accroît par la suite des terres d'Elbeuf et de Lillebonne. Puis la maison d'Harcourt se divise en trois branches, la première étant apparentée à la maison de Lorraine, la deuxième à celle de Longueville, la troisième faisant ériger en duché, au début du XVIIIe siècle, la seigneurie de Thury, en Normandie, qui, dès lors, prend le nom de Thury-Harcourt, localité située dans la vallée de l'Orne à 26 km au sud de Caen.

HARCOURT Godefroi d', dit LE BOITEUX (?, v. 1300 – près de Coutances, 1356)

Chef de guerre.

Le roi Philippe VI de Valois ayant confisqué ses biens en 1344, il se réfugie en Flandre et fait hommage l'année suivante à Édouard III d'Angleterre, qu'il incite vivement à débarquer en Normandie. Il facilite l'entreprise en conduisant des bandes armées, composées de Normands et d'Anglais, à l'assaut des places importantes du Cotentin comme Cherbourg, Valognes et Saint-Lô. Accompagnant l'armée anglaise, Godefroi d'Harcourt reçoit même un commandement à Crécy, en 1346, et contribue au succès d'Édouard III. Il s'associe ensuite à Charles le Mauvais, sous la bannière duquel il tombe mortellement frappé lors d'un engagement avec des soldats de l'armée du roi de France, non loin de Coutances, en 1356.

HARCOURT Henri de LORRAINE, comte d', dit CADET LA PERLE (?, 1601 – Royaumont, 1666)

Vice-roi de Catalogne.

Second fils de Charles Ier, duc d'Elbeuf. Son surnom lui vient de la perle qu'il porte à l'oreille. Considéré comme un des grands capitaines de son temps, il acquiert sa réputation pendant la guerre de Bohême, commande la flotte en Méditerranée puis les troupes en Piémont, et s'empare de Turin en 1640. Nommé vice-roi de Catalogne en 1644, il est contraint de lever le siège de Lérida en 1646. Les armes lui sont plus favorables en Flandre. Il est vainqueur des Espagnols à Valenciennes et prend Condé-sur-l'Escaut en 1649. Il avait été nommé grand écuyer de France en 1643 et transmettra en 1658 à son fils aîné cette dignité qui demeurera dès lors dans sa maison. Pendant la Fronde, il soutient d'abord la Cour, puis passe dans le camp des princes et reçoit le gouvernement de l'Anjou pour prix de sa soumission.

HARCOURT Henri, duc d' (?, 1654 – ?, 1718)

Maréchal de France et diplomate.

Il défend avec succès le Luxembourg en 1692, contribue à la victoire de Neerwinden (1693) et, nommé ambassadeur à Madrid, finit par convaincre Charles II de désigner comme héritier le duc d'Anjou, Philippe, petit-fils de Louis XIV. Les récompenses de cette réussite seront le titre de duc en 1700, le maréchalat en 1703 et la pairie en 1709.

HARENGS (journée des)

Nom donné à la défaite que les Français essuient devant les Anglais de John Fastolf, le 12 février 1429, près de Rouvray-Saint-Denis, lors du siège d'Orléans.

Elle est ainsi nommée parce que les harengs constituaient, dit-on, l'essentiel des vivres du convoi que protégeait le capitaine anglais.

HARFLEUR

Ville de Seine-Maritime, située sur la Lézarde, près de l'embouchure de la Seine, à 10 km du Havre.

Appelée *Caracotinum* au IIe siècle, elle est très tôt le principal centre maritime de l'embouchure de Seine, et le reste jusqu'à l'expansion du Havre-de-Grâce, port fondé en 1509. Les ducs de Normandie lui porteront toujours le plus vif intérêt. Henri V d'Angleterre s'empare d'Harfleur en septembre 1415. Il tente de la peupler de sujets anglais après avoir chassé hors de ses murs 1 600 familles harfleuraises. Reprise par les Français en 1445, la ville est reconquise par Henri VI (1447). Elle redevient définitivement française en 1450. L'église d'Harfleur, édifiée pour sa grande partie au cours du XIVe siècle, est considérée comme un des premiers édifices religieux de la province.

HARKIS

Militaires embauchés en Algérie à partir de février 1956, pour servir de milices ou de supplétifs à l'armée française régulière.

Installés dans leur village ou quartier, organisés suivant le schéma traditionnel – compagnie, escadron, batterie –, ils sont censés utiliser leur connaissance du terrain et des habitants pour des missions de sécurité. Les harkis recrutent chez les paysans, y compris parfois d'anciens membres de l'Armée de libération nationale (ALN) ; en 1962, leur nombre, *stricto sensu*, est au minimum de 41 000, jusqu'à 60 000 selon d'autres calculs. En pratique, on assimile les différents soutiens arabes des troupes, moghaznis (intégrés à l'armée régulière), GMS (groupes mobiles de sécurité) et harkis, ce qui donne des totalisations entre 69 000 et 140 000, pour un ensemble, familles incluses, compris entre 850 000 et 1 million de personnes. Jusqu'au cessez-le-feu en Algérie après la signature des accords d'Évian, le 19 mars 1962, l'éventualité du rapatriement des harkis ou de leur maintien sur place ne suscite aucune préoccupation. En revanche, lorsque l'OAS déclenche, le 30 mars, une campagne d'attentats, le général de Gaulle craint que les harkis ne soient « embauchés » par l'OAS et ralentissent ou entravent la mise en place et l'action de l'Exécutif provisoire algérien, décidées la veille. Aussi, le 3 avril, le désarmement des harkis est-il décidé par Paris contre l'avis des militaires ; le 14, le nouveau Premier ministre, Georges Pompidou, n'évoque pas la question des harkis, tandis que les premiers départs pour la métropole sont signalés (1 200 à 1 800 pour avril 1962), en général effectués sur l'insistante pression des militaires français. Ce maigre contingent est de trop pour le ministre d'État, Louis Joxe, qui, le 16 mai 1962, rappelle « la stricte interdiction de l'installation en métropole des Français musulmans ». À ce moment, le nœud gordien du destin des harkis est noué : on leur refuse le rapatriement vers la patrie qu'ils ont librement choisie, tandis que les engagements initiaux du FLN de ne pas exercer de représailles s'estompent à mesure que le terme « collaborateur » fait son apparition, fin mai 1962.

L'indépendance précipite les événements. Une première vague d'exactions suit sa proclamation, le 3 juillet, sans que le gouvernement français change de position : le 15 juillet, Louis Joxe précise que « les supplétifs débarqués en métropole en dehors du plan général [de rapatriement dont sont précisément exclus les harkis] seront renvoyés en Algérie ». À la vengeance privée succède la vengeance d'État : le 15 août 1962, les supplétifs sont privés de leurs biens, tandis qu'une campagne d'exécutions sans jugement se déroule jusqu'aux premiers jours de novembre. Le nombre des victimes est si important – 32 000 au moins, 64 000 au plus et 100 000 avec les représailles familiales – que Georges Pompidou intervient, le 19 septembre, pour réclamer « le transfert en France des anciens supplétifs ». Il est en général trop tard pour les harkis, mais leurs familles s'installent avec la double étiquette infamante de « faux immigré » et de « traître », indésirables sur le sol algérien et ignorés en France. Elles sont regroupées dans des camps, à Bias par exemple, situés loin des villes, qui accueillent indifféremment les cas sociaux et les intégrables dans une sorte de *no man's land*, ce qui a pour triple effet de casser les structures sociales traditionnelles, de limiter les chances d'insertion par l'emploi ou par l'école, de précipiter la majorité des familles dans la dépendance administrative. Résultat : en 1974, les deux tiers des Français musulmans ont moins de 45 ans et les trois quarts sont sans qualification et sans emploi.

Ce gâchis entraîne les premières grèves de la faim en 1974 (Évreux, Roubaix, Lille, Longwy), menées par les enfants de harkis qui réclament les avantages de la citoyenneté. En mars 1975, une délégation de Saint-Maurice-L'Ardoise (Gard) pose le problème des relations avec l'Algérie, de l'indemnisation et de la mémoire. Démarche partiellement récompensée, en 1981, avec une indemnisation jadis refusée en 1970 sous la présidence Pompidou ; mais la fermeture des camps, promise, reste un vœu pieux, l'exclusion spatiale entraînant faits divers, tensions et manifestations (1987, 1999, 2001). À leur manière, les harkis posent toujours la même question qu'en 1962 : pourquoi est-il si compliqué d'être Français et musulman ?

HARLAY Achille de, comte de Beaumont (Paris, 1536 – Paris, 1619)

Magistrat.

Issu d'une famille originaire de Franche-Comté, il devient membre du parlement de Paris à l'âge de 22 ans. Quatorze ans plus tard, à la mort de son père, il accède au poste de président et devient premier président en 1582, sur décision d'Henri III, en remplacement de Christophe de Thou, son beau-père. Homme sincère, ferme de caractère, humain, ce magistrat ne voit dans les guerres de Religion, qui écartèlent la France à cette époque, que l'assouvissement de passions personnelles auxquelles il répugne. Aussi demeure-t-il inébranlablement fidèle au pouvoir royal d'Henri III, quelles que soient ses faiblesses. Ainsi, en mai 1588, lors de la journée des Barricades, résiste-t-il au duc de Guise, qui s'efforce de l'entraîner dans le camp des ligueurs, par intimidation. La sanction du duc ne se fait pas attendre ; c'est l'incarcération à la Bastille. Harlay n'en sortira qu'après l'assassinat du roi et moyennant une amende de 10 000 écus. Sitôt libre, il rejoint Tours, où sont réunis les parlementaires favorables à Henri IV. La récompense viendra sous forme de l'érection de la seigneurie de Beaumont en comté, Achille de Harlay étant en outre chargé de la réorganisation du Parlement une fois l'institution revenue à Paris. Dès lors, le premier président se retire des affaires politiques, se consacre essentiellement à sa tâche parlementaire, faisant cependant exception pour manifester sa vive opposition aux Jésuites, aux doctrines ultramontaines, couronnant son activité par la rédaction d'un ouvrage consacré aux coutumes d'Orléans.

HARLAY Achille de (Paris, 1639 – Paris, 1712)

Magistrat.

Petit-neveu du précédent, il accède à son tour à la magistrature suprême du parlement de Paris de 1689 à 1707. Fidèle soutien de la cause royale et gallicane, il intervient pour faciliter la légitimation des bâtards de Louis XIV. Esprit caustique et critique, il passe pour avoir rédigé des écrits qui furent réunis par la suite sous le titre d'*Harlœana*.

HARLAY de CHAMPVALLON François de (Paris, 1625 – Conflans, 1695)

Archevêque.

Abbé de Jumièges en 1648, archevêque de Rouen dès 1651 puis de Paris en 1670, il est tenu en haute estime par Louis XIV. Chargé par le roi des affaires ecclésiastiques du royaume, il profite de sa position pour combattre les jansénistes de Port-Royal et surtout pour obtenir du souverain la

Haussmann
Napoléon III et Haussmann (à g.). Huile sur toile de Yvon Adolphe, musée de la ville de Paris, musée Carnavalet. © *Giraudon*

révocation de l'édit de Nantes. C'est encore à lui que Louis XIV a recours en 1684 pour célébrer son mariage secret avec Mme de Maintenon. Membre de l'Académie française depuis 1670, Harlay obtient de Louis XIV une déclaration affirmant sa protection envers cette assemblée de lettrés. L'archevêque de Paris a été très critiqué par ses contemporains pour sa vie privée.

HARTMANNSWILLERKOPF

Sommet des Vosges méridionales où se déroulèrent, pendant la Première Guerre mondiale, des combats particulièrement acharnés.

Situé entre les vallées de la Thur et de la Lauch, dominant de 700 mètres la plaine d'Alsace, l'Hartmannswillerkopf constitue un observatoire idéal que les soldats français et allemands se disputent dès la fin du mois de décembre 1914. Le sommet, auquel les Français donnent bientôt le surnom de « Vieil-Armand », est pris par les Allemands le 22 janvier suivant, à l'issue de combats meurtriers. Après plusieurs et vaines attaques en février et en mars, la 66e division parvient à chasser les Allemands de la crête au début du mois d'avril. Les Français restent maîtres du sommet jusqu'au mois d'octobre : le 15, à la suite d'une nouvelle attaque allemande, le Vieil-Armand change à nouveau d'occupants. Après diverses contre-attaques, et une dernière offensive au mois de décembre 1915, le commandement français, devant l'étendue des pertes, décide d'abandonner le sommet. Les troupes françaises restent cependant établies sur les pentes de l'Hartmannswillerkopf.

HAUSSMANN Georges Eugène, baron (Paris, 1809 – Paris, 1891)

Administrateur et homme politique.

D'origine alsacienne, il étudie quelque temps la musique au Conservatoire, devient clerc de notaire, entreprend ensuite des études de droit et obtient un diplôme d'avocat. Entré en 1831 dans la carrière préfectorale, comme secrétaire général de la préfecture de la Vienne, il est bientôt nommé sous-préfet d'Yssingeaux, puis de Nérac (1833), Saint-Girons (1840), et enfin de Blaye (1842). Destitué par la révolution de 1848 et installé à Bordeaux, Haussmann affirme avec force son soutien à Louis Napoléon. Préfet du Var en 1849, de l'Yonne en 1850, et de la Gironde en 1851, il applaudit au coup d'État, et fait bientôt connaître ses projets à Louis Napoléon, qui séjourne à Bordeaux en 1853. L'empereur adhère à ses idées, le fait baron, et le nomme dès 1853 préfet de la Seine. Grand officier de la Légion d'honneur en 1856, sénateur en 1857, grand-croix de la Légion d'honneur en 1862, membre du Conseil impérial de l'Instruction publique, Haussmann restera à la tête de la préfecture de la Seine pendant plus de seize ans, réalisant la transformation de la capitale. Paris lui doit une grande part de sa physionomie actuelle. Administrateur énergique, le baron Haussmann s'attache à la réalisation de son plan, écartant tous les obstacles. Ses buts, qui correspondent aux désirs de l'empereur, sont la salubrité – taudis et vieux quartiers doivent être rasés – et le maintien de l'ordre public. Il faut remplacer ruelles et enchevêtrements de constructions vétustes par de larges avenues macadamisées, bordées d'immeubles bien alignés. L'empereur souhaite aussi diminuer le chômage, et faciliter la circulation des hommes et des marchandises. Toutes ces réalisations contribueront au prestige impérial.

Sous l'administration d'Haussmann, Paris devient un gigantesque chantier : les vieux quartiers ouvriers sont rasés et reconstruits, et leurs habitants souvent contraints de les abandonner, car ils ne peuvent faire face à l'élévation des loyers. On dégage les abords des principaux monuments du centre de la capitale (Notre-Dame, Louvre, Palais de justice, Arc de Triomphe, etc.), on perce la « grande croisée », qui unit la place de l'Étoile à celle du Trône par la rue de Rivoli et, du nord au sud, la gare de l'Est à l'Observatoire, par les boulevards Sébastopol et Saint-Michel. Haussmann fait aussi tracer le boulevard Saint-Germain, l'avenue de l'Opéra, etc. Divers espaces verts sont aménagés : bois de Boulogne et de Vincennes, parcs Monceau et Montsouris, Buttes-Chaumont. On construit des hôpitaux (Lariboisière, Sainte-Anne), des églises (La Trinité), des théâtres (Opéra et Châtelet), les Halles centrales, dues à Baltard, la préfecture de police, des gares, des casernes, les ponts de l'Alma et de Solferino, etc. On creuse le sol pour répandre dans la capitale les bienfaits de l'eau, du gaz et des égouts. La loi de janvier 1860 annexe à Paris les communes suburbaines comprises entre le mur des fermiers généraux et l'enceinte de 1840 : Auteuil, Passy, Montmartre, Grenelle et Vaugirard sont ainsi rattachées à la capitale qui compte 1,5 million d'habitants et 20 arrondissements. En même temps que le reflux des Parisiens aux revenus modestes vers la périphérie, tous ces bouleversements entraînent d'énormes spéculations sur les expropriations et les terrains à bâtir, et des dépenses encore plus considérables. Haussmann et sa gestion financière, souvent peu scrupuleuse, suscitent de multiples critiques : en 1868, *Les Comptes fantastiques d'Haussmann*, pamphlet de Jules Ferry, font grand bruit. Finalement désavoué par le gouvernement, bien que son honnêteté soit indiscutable, le préfet de la Seine est relevé de ses fonctions par le ministre Émile Ollivier, le 5 janvier 1870. Rentré dans la vie privée, Haussmann devient administrateur du Crédit mobilier, et représente la Corse à la Chambre de 1877 à 1881, mais ne parvient pas à se faire élire à Lesparre en 1881, ni à Paris en 1885. Ses *Mémoires* ont été publiés de 1890 à 1893.

HAUTECOMBE (abbaye de)

Célèbre abbaye construite dans le hameau savoyard de Saint-Pierre-de-Curtille, sur la rive gauche du lac du Bourget.

L'abbaye royale de Notre-Dame de Hautecombe, fondée en 1125 par Amédée III de Savoie, est confiée dix ans plus tard aux religieux de l'ordre de Cîteaux. L'abbaye s'agrandit grâce aux dons et libéralités de la maison de Savoie et donne au XIIIe siècle deux papes, Célestin IV et Nicolas III. En 1340, le comte Aymon fait élever la chapelle des Princes dans laquelle seront inhumés la plupart de ses descendants. Tombée en commende, Hautecombe s'appauvrit et décline au XVIIe siècle. En 1780, le roi Victor-Amédée III, qui souhaite rétablir sa splendeur passée, fait reconstruire le cloître et les bâtiments conventuels. La Révolution française interrompt ses travaux et chasse les moines de l'abbaye, vendue comme bien national à un fabricant de faïence. Ruiné, ce dernier abandonne Hautecombe. En 1824, Charles Félix, roi de Sardaigne, rachète l'abbaye et ses possessions, relève les mausolées de ses ancêtres et entreprend la restauration des édifices, en respectant le plan primitif. Deux ans plus tard, les Cisterciens sont rétablis à Hautecombe. Lors de la cession de la Savoie à la France en 1862, une annexe du traité protège l'abbaye contre une éventuelle désaffection, et confirme les droits de la maison d'Italie. En 1922, les bénédictins de la congrégation de Solesmes remplacent les Cisterciens.

HAUTEFORT

Village du Périgord que domine un château original.

La seigneurie de Hautefort appartient au Moyen Âge à la maison de Born, illustrée par le troubadour Bertran de Born et son frère ennemi Constantin. Au XIVe siècle, le fief de Hautefort, érigé en vicomté, passe à une branche des Gontaut. Le château actuel date pour l'essentiel des XVIe et XVIIe siècles. L'ensemble du XVIIe siècle, édifié entre 1640 et 1680 sous Jacques François, deuxième marquis de Hautefort, frère de Marie de Hautefort, est unique en Périgord. Après avoir été remis en état à l'issue de trente ans d'efforts par ses propriétaires, il a brûlé le 31 août 1968. Une campagne nationale a été lancée pour aider à le restaurer.

HAUTE-VOLTA

République africaine. Au sud de la grande boucle du Niger, couverte par la zone de végétation steppique du Sahel, la République voltaïque s'étale sur 274 200 km^2, soit la moitié de la France.

Le Mali au nord-ouest, le Niger au nord-est, le Dahomey, le Togo, le Ghana et la Côte-d'Ivoire au sud bordent cet État peuplé principalement de Mandingues, cultivateurs et éleveurs pour la plupart, tout comme les Bobos, les Samos, les Markas et les Busansis, leurs voisins minoritaires, alors que les Fulanis, les Hausas sont des éleveurs semi-nomades à l'égal des Touareg du Nord. Le nom antique de la Haute-Volta est le Mogho, c'est-à-dire le pays des Mossis. Il s'agit d'un royaume guerrier dont les chroniques rapportent l'extension vers le nord et l'ouest du XIVe au XVIe siècle. Après un long déclin de trois siècles, laissant le pays sans ressources, en 1896, le détachement commandé par le lieutenant Voulet occupe l'ensemble du territoire, Ouagadougou, la capitale, tombant en septembre.

L'administration française ne juge pas nécessaire de créer une entité territoriale spéciale pour administrer cette région de l'Afrique-Occidentale française (A-OF) sans limites naturelles, et l'incorpore finalement dans le groupe Haut-Sénégal-

Niger, créé en 1904. Cependant, le pays des Mossis fournissant à l'armée une grande partie de ses tirailleurs, dits « sénégalais », le territoire de la Haute-Volta est quand même délimité en 1919. Un trait de plume le supprime en 1932. Une décision contraire le rétablit en 1947, le souverain des Mossis, le *moro naba*, étant alors un personnage politique et religieux fort influent. Inclus dans la Communauté française en qualité de territoire autonome le 11 décembre 1958, le pays mossi se détache de cette même Communauté en juin 1960 et proclame son indépendance le 5 août suivant par l'entremise du président Yaméogo. La modicité des ressources naturelles (limitées à des récoltes de sorgho, de mil, de manioc, d'arachides et de légumineuses) oblige une grande majorité de la population active à émigrer, en priorité vers la Côte-d'Ivoire et la France. Les coups d'État militaires se succèdent. À la suite de celui du 28 mai 1984, la Haute-Volta devient le Burkina Faso.

HAUTPOUL Jean Joseph Ange, comte d' (château de Sallettes, Languedoc, 1754 – château de Vornen, Prusse, 1807)

Général.

Né d'une noble famille languedocienne connue depuis le Xe siècle, il entre comme sous-lieutenant au régiment de Languedoc, en 1777. Il y parcourt, dans la cavalerie, tous les grades jusqu'en 1792, date à laquelle il est nommé lieutenant colonel. La Révolution n'interrompt pas sa carrière, et d'Hautpoul devient en 1794 général de brigade. Inspecteur général de la cavalerie après le traité de Campoformio, il participe aux campagnes du Consulat et de l'Empire, notamment à la bataille d'Austerlitz, où il force l'aile droite ennemie à la tête de ses cuirassiers. Cette charge magnifique lui vaut d'être nommé sénateur, et de recevoir le grand cordon de la Légion d'honneur. Le général d'Hautpoul combat ensuite à Iéna, puis à Eylau, où il parvient à enfoncer le centre russe, avant d'être mortellement blessé. Son corps, ramené à Paris, est inhumé au Panthéon sur ordre de l'Empereur.

HAVRE (Le)

Désireux de créer un port militaire sur le littoral septentrional de l'estuaire de la Seine, regrettant l'ensablement de Harfleur, François Ier porte son choix en 1516 sur un site compris entre les petits ports de pêcheurs de Leure, à l'ouest de Harfleur, et de Chef-de-Caux, appelé aujourd'hui Sainte-Adresse.

À cet emplacement s'élève peu à peu *Franciscopolis,* ou Ville françoise ; mais la nouvelle localité change par la suite ce nom en Havre-de-Grâce en raison de la présence en ces lieux de la chapelle de Notre-Dame-de-Grâce. Elle conserve cependant dans ses armes la salamandre chère à François Ier, la surmontant de trois fleurs de lys. Port de guerre, Le Havre excite la convoitise des Anglais qui l'occupent de 1562 à 1564 à la faveur des guerres de Religion. Richelieu dote la ville d'une citadelle que les Anglais attaquent de nouveau en 1694 et 1759. Le XIXe siècle voit cette vocation militaire transférée à Cherbourg, cédant la place à une activité commerciale qui ira s'amplifiant. Deuxième port français avant la Seconde Guerre mondiale, Le Havre subit 172 bombardements de 1940 à 1944, entraînant la destruction des quatre cinquièmes de la cité portuaire. La garnison allemande ne cède d'ailleurs la place, le 12 septembre 1944, qu'après un ultime et dévastateur bombardement, dix-huit jours après la libération de Paris.

HAXO François Nicolas Benoît (Lunéville, 1774 – Paris, 1838)

Général et ingénieur.

Neveu de Nicolas Haxo (qui se suicida en 1794 pour ne pas tomber aux mains des Vendéens), sorti de l'école de Châlons en 1793, c'est un spécialiste de la guerre de siège. En 1832, il dirige l'investissement d'Anvers. La place se rendra au bout de 24 jours.

Rue Haxo

Des communards s'apprêtent à exécuter les otages. Photomontage. Bibliothèque historique de la ville de Paris. © *Tallandier*

HAXO (massacre de la rue)

Massacre commis à Paris, sous la Commune, le 26 mai 1871.

Après cinq jours de combat et de recul devant les Versaillais, le colonel fédéré Émile Goix fait sortir de la prison de la Roquette 52 otages dont 11 prêtres, 35 gardes ou gendarmes et 3 mouchards. Goix espère galvaniser les ultimes troupes de la Commune en exhibant ses otages devant la foule surexcitée, afin d'obtenir de celle-ci la « vengeance » que Delescluze, délégué civil à la guerre, lui refuserait, s'il était mis au courant de son dessein. La manœuvre réussit pleinement. Cernés par la foule qui s'est sans cesse épaissie, les « calotins » sont finalement parqués dans la cité de Vincennes, ancien emplacement d'un café-concert, pour l'heure transformé en poste de commandement du 2e secteur de Paris (aujourd'hui numéros 79 à 85 de la rue Haxo dans le XXe arrondissement). Une vivandière de 19 ans abat d'un coup de fusil l'abbé Planchat, fondateur du patronage de Charonne. C'est le signal du massacre. Malgré l'intervention désespérée de Vallès et d'autres chefs communards, les otages sont rangés entre un haut mur et un fossé. Il n'en réchappera pas un seul. On ramassera même un cadavre de trop dans la foule. La cité de Vincennes s'appelle aujourd'hui villa des Otages. Une chapelle commémorative s'y élève depuis 1938.

HÉBERT Jacques (Alençon, 1757 – Paris, 1794)

Journaliste et homme politique.

Contrôleur au théâtre des Variétés, puis domestique, il accueille avec enthousiasme la naissance de la Révolution et ne tarde pas à se faire connaître par plusieurs pamphlets. Dès 1790, il fonde *Le Père Duchesne* où, dans un langage extrêmement violent, qui le fait surnommer l'« Homère de l'ordure », il dénonce les riches et les aristocrates, tous les ennemis du peuple. Inscrit au club des Cordeliers dès 1790, Hébert exerce rapidement une grande influence sur le club, devenant un de ses meneurs. Après Varennes, il est un des premiers signataires de la pétition du Champ-de-Mars (17 juillet 1791). Nommé après le 10 Août substitut du procureur de la Commune, Chaumette, le révolutionnaire s'affirme comme ennemi acharné des Girondins. La commission des Douze, nommée le 20 mai 1793 par la majorité modérée de la Convention, le fait décréter d'arrestation le 24. Libéré sous la pression de la Commune, Hébert prend la tête de la faction la plus extrémiste de la Montagne, les hébertistes, parfois appelés aussi les Exagérés. Il se déchaîne contre les Girondins, contribuant ainsi à leur perte. Après l'assassinat de Marat (13 juillet), Hébert et les Enragés de Jacques Roux se disputent la succession de l'« Ami du peuple ». Comme ce dernier, Hébert veut améliorer le sort des classes populaires et milite pour l'éducation des masses. Avec Chaumette et ses amis, il reprend une partie du programme social et politique des Enragés, qui disparaissent au mois de septembre, exécutés sur ordre de Robespierre.

À l'automne, il mène dans *Le Père Duchesne* une violente campagne d'agitation terroriste. Le 4 septembre, il pousse le peuple à envahir la

Jacques Hébert

Le Père Duchesne. Paris, Bibliothèque nationale de France. © *Tallandier*

Convention pour réclamer du pain. *Le Père Duchesne* vante les mérites de « sainte Guillotine », applaudit à la mort de Marie-Antoinette, contre qui Hébert profère d'ignobles accusations, puis à celles de Philippe Égalité, de Bailly et de Barnave. Contrairement aux partisans de Danton, Hébert se montre favorable aux mesures les plus radicales, la guerre à outrance, le maximum, le renforcement de la Terreur. À partir de novembre 1793, *Le Père Duchesne* s'en prend à « la calotte », applaudissant bientôt l'athéisme officiel. Avec ses amis, Hébert participe à l'instauration du culte de la déesse Raison, dont il n'est cependant pas l'instigateur. Au mois de février 1794, il dénonce Robespierre. Au début du mois de mars, il est partisan d'une insurrection populaire, destinée à débarrasser la Révolution des modérés et, ainsi, du gouvernement révolutionnaire. Robespierre et le Comité de salut public ne peuvent plus tolérer ses propos incendiaires qui mettent en jeu leur autorité et, dans la nuit du 13 au 14 mars, Hébert et la plupart de ses partisans sont arrêtés. Dix jours plus tard, les hébertistes passent à leur tour sous le couperet. L'épouse du révolutionnaire, une ancienne religieuse prénommée Jacqueline, connaîtra le même sort le 13 avril, avec Lucile Desmoulins et les inculpés de la « conspiration des prisons ».

HÉBERTISTES

Partisans du révolutionnaire Jacques Hébert.

Aile la plus violente des Jacobins, les hébertistes, très puissants de l'automne 1793 au printemps 1794, contraignent les Montagnards à réaliser une partie de leur programme. Parmi les principaux hébertistes, que certains appellent parfois les Exagérés, figurent Chaumette, procureur-syndic de la Commune depuis l'arrestation de Manuel (août 1793), et Pache, maire de Paris depuis le mois de février. Pache saura abandonner ses amis assez tôt pour ne pas être exécuté. Les hébertistes sont maîtres du ministère de la Guerre, avec le ministre Bouchotte et le secrétaire général Vincent. Rossignol, général en chef de l'armée de l'Ouest, Ronsin, bientôt commandant de l'armée révolutionnaire, l'imprimeur Momoro, le Prussien Anacharsis Cloots, le Belge Proli bientôt compromis dans divers trafics, sont les hébertistes les plus influents. À Paris, ces derniers dominent le club des Cordeliers et les sections parisiennes qu'ils peuvent mobiliser rapidement pour organiser une journée populaire. Lorsque la permanence des sections est supprimée, en septembre 1793, les hébertistes, Proli surtout, organisent dans chaque quartier des sociétés populaires, bientôt coiffées d'un comité central.

Le journal d'Hébert, *Le Père Duchesne*, fort lu par la population parisienne, distribué en province et aux armées, leur fournit une arme de première importance. Après la mort de Marat, au mois de juillet, Hébert se proclame l'exécuteur testamentaire spirituel de l'« Ami du peuple », tandis que le chef parisien des Enragés, Jacques Roux, tente de poursuivre la publication de la feuille de Marat. Les Enragés, rivaux des hébertistes auprès des masses populaires, s'intéressent avant tout à la question sociale, alors qu'Hébert donne la primauté au politique, à l'établissement d'une république démocratique. Cependant, après l'élimination des Enragés (septembre), les partisans d'Hébert reprennent à leur compte une partie de leur programme, notamment la mise en place de la Terreur. Sous la menace d'un soulèvement populaire, la Convention met « la Terreur à l'ordre du jour » (5 septembre), crée l'armée révolutionnaire de l'Intérieur, chargée des subsistances et du ravitaillement de Paris (9 septembre), vote la loi des suspects (17 septembre), renforce le Tribunal révolutionnaire (28 septembre) et décrète le maximum général (29 septembre). Devant l'importance prise par les hébertistes, Robespierre a dû se résoudre à faire entrer deux d'entre eux, Collot d'Herbois et Billaud-Varenne, au Comité de salut public.

Sous l'impulsion des hébertistes, de Chaumette notamment, la Convention est conduite, à partir du mois d'octobre, à accélérer la déchristianisation, en interdisant tout d'abord la célébration du culte hors des églises. Le 6 novembre, le comité central des sociétés populaires, avec les hébertistes Pereira et Proli, propose une pétition visant à supprimer le budget du culte. Le soir même, les hébertistes contraignent l'évêque constitutionnel de Paris, Gobel, à démissionner. À l'instigation de Chaumette, de Thuriot, et du député Léonard Bourdon, est ensuite organisé le culte de la Raison. L'épouse de Momoro incarne la déesse Raison à l'église Saint-André-des-Arts. Inquiets de l'influence prise par les hébertistes, Robespierre et les membres du Comité de salut public qui n'appartiennent pas à la faction tentent de s'en débarrasser. Arrêtés dès le 12 octobre sur ordre de Fabre d'Églantine, Proli, Pereira et quelques autres ont été libérés, peu après, sur l'intervention de Collot d'Herbois. Hébert, mis en cause à la suite d'un de ses articles, est blanchi par l'intervention des Jacobins. Au mois de décembre, la loi du 14 frimaire qui confère les pleins pouvoirs au Comité de salut public, sous le contrôle de la Convention, subordonnant la Commune au comité, affaiblit les hébertistes. Ils restent cependant aussi violents, se livrant à une perpétuelle surenchère, et annoncent au début du mois de mars l'organisation prochaine d'une journée populaire. Le 13 mars, Saint-Just dénonce devant la Convention les menées de l'étranger qui cherche à corrompre le peuple et insinue que les hébertistes ne sont que les agents de l'ennemi. Arrêtés dans la nuit du 14 mars, traduits devant le Tribunal révolutionnaire et condamnés à mort, Hébert, Momoro, Ronsin et Cloots, joints à d'autres condamnés, sont exécutés le 24. Le gouvernement révolutionnaire s'éloigne ainsi un peu plus des masses populaires. Le 27 mars, un décret supprime l'armée révolutionnaire. Trois jours plus tard, les Indulgents sont arrêtés à leur tour.

HÉDOUVILLE Gabriel Théodore Joseph, comte d' (Laon, 1755 – Laon, 1825)

Général.

Entré au service à 18 ans, ayant suivi le parti de la Révolution, il devient général de brigade en 1793. Ses opinions ne le protègent pas de l'emprisonnement : incarcéré comme noble, il ne retrouve la liberté qu'après le 9 Thermidor. Chef d'état-major du général Hoche, il participe à la première pacification de la Vendée (février-mars 1796). Moins heureux à Saint-Domingue, île que la République l'a chargé de gouverner, Hédouville ne parvient pas à réprimer la révolte de Toussaint Louverture. Général en chef de l'armée d'Angleterre, il combat de nouveau les insurgés royalistes de Bretagne, de Vendée et de Normandie. Lorsque l'armée d'Angleterre prend le nom d'armée de l'Ouest (14 janvier 1800), sous le commandement du général Brune, Hédouville rétrograde au rang de chef d'état-major. Sa souplesse aide beaucoup à la deuxième pacification des provinces rebelles. Ministre plénipotentiaire à Moscou (1801-1804), sénateur, chambellan, comte d'Empire, il est, durant la campagne de Russie, chef d'état-major de Jérôme Bonaparte, roi de Westphalie. Le 2 avril 1814, il vote la déchéance de l'Empereur. Il sera élevé à la pairie par Louis XVIII.

HÉLOÏSE (Paris, 1101 – couvent du Paraclet, près de Nogent-sur-Seine, 1164)

Religieuse.

Après l'avoir placée dans le monastère d'Argenteuil, son oncle Fulbert l'installe chez lui et lui donne Abélard comme précepteur. Une passion violente unit bientôt les deux jeunes gens qui se réfugient en Bretagne, se marient secrètement et ont un fils. Mais, poursuivant Abélard de sa vengeance, Fulbert le fait mutiler par des hommes de main qui, selon la propre expression d'Abélard, lui ôtent les « parties de son corps par lesquelles il avait péché ». Il se retire alors à l'abbaye de Saint-Denis, tandis qu'Héloïse prend le voile au monastère d'Argenteuil (1118). Leur amour est intact et, entre les deux amants, s'engage alors une correspondance qui a été conservée. Étonnante de piété, de passion et de scolastique, elle se poursuit jusqu'à la mort d'Abélard (1142). Héloïse lui survit vingt-deux ans, entourée du respect et de l'admiration des hauts dignitaires ecclésiastiques et des papes.

HELVÈTES

Peuple celtique établi en Allemagne du Sud puis, à partir des dernières années du IIe siècle avant J.-C., dans la Suisse actuelle.

En 58 avant J.-C., les Helvètes décident d'émigrer au-delà de la Saône et du Rhône, dans le pays des Allobroges et la province romaine, sous la conduite de leur chef Orgétorix. Après avoir mis le feu à leurs bourgs, ils partent par Genève, entraînant avec eux les Rauraques, les Boïens, les Latobices et les Tulinges. Certains d'entre eux parviennent jusqu'à Bibracte dans le territoire des Éduens. Cette invasion sera le prétexte de l'intervention de César en Gaule. Le proconsul fait barrer les passages entre Jura et Rhône, puis repousse les tribus helvétiques déjà engagées. Celles-ci sont contraintes de regagner leurs montagnes, avec de lourdes pertes, et de rebâtir leurs villages. Les conquêtes de César achevées, leur territoire constitue une sorte de marche de la Gaule en direction des pays germaniques. Lors de la réorganisation d'Auguste, l'Helvétie est intégrée à la province impériale de Belgique. Pendant la paix romaine, les principales villes helvétiques seront *Aventicum* (Avenches) et *Vindonissa* (Windisch). Au IVe siècle, les Helvètes feront partie de la *Maxima Sequanorum*.

HELVÉTIQUE (République)

Gouvernement établi à Lucerne après l'occupation de la Suisse par l'armée du Directoire (1798).

La Constitution de la République helvétique, préparée à Paris par le Bâlois Peter Ochs, organisait le partage du pays suisse en 19 cantons égaux. Partisans de l'unité et fidèles du fédéralisme s'affrontent rapidement en Suisse et, en 1803, le Premier Consul doit abolir ce régime en imposant l'Acte de médiation.

HENRI Ier (?, 1008 – Vitry-aux-Loges, 1060)

Roi de France (1031-1060).

Second fils de Robert II le Pieux et de Constance d'Arles, il devient duc de Bourgogne vers 1017. Hugues, fils aîné du roi, associé au trône et couronné en 1017, meurt en 1025. Deux ans plus tard, Henri est à son tour couronné et associé au trône malgré l'avis de Constance, qui aurait voulu favoriser son troisième fils, Robert : la monarchie capétienne n'a pas encore fait une règle impérative de la primogéniture, et Constance pouvait espérer faire couronner son fils préféré. Henri succède donc à son père, mort en 1031, et doit aussitôt combattre les prétentions de Robert et de Constance, soutenus par une ligue de grands vassaux. Contre ses adversaires, parmi lesquels on trouve notamment l'ambitieux Eudes de Blois, le nouveau roi obtient l'alliance de l'empereur germanique, Conrad II, et surtout celle du duc de Normandie, Robert le Magnifique. En échange de son aide, il cède à ce dernier le Vexin français. Constance meurt en 1034 et Henri, grâce à l'aide normande, vient à bout de ses adversaires, cédant le duché de Bourgogne en apanage à Robert pour mettre fin au conflit. La lutte continue cependant avec Eudes de Blois et ses partisans, et ne s'achève qu'en 1039.

Après la mort du duc de Normandie, survenue en 1035, Henri soutient les droits de son fils Guillaume le Bâtard contre les barons normands révoltés, et l'aide à les écraser en 1047. Quelques années plus tard, changeant tout à coup de politique, le roi de France se tourne contre son allié et envahit la Normandie. Le futur Guillaume le

Henri Ier
Gisant de Henri Ier, XIIIe siècle, Saint-Denis, basilique.
© *Sélection Images*

Conquérant bat Henri Ier à Mortemer en 1054, puis à Varaville quatre ans plus tard. L'autorité d'Henri est de plus en plus réduite, et la monarchie semble bien faible à sa mort. La couronne a perdu la Bourgogne et n'a gagné que le Sénonais. C'est pendant cette période que les évêques français, réunis en plusieurs conciles, proclament la paix de Dieu, puis la trêve de Dieu. Fiancé tout d'abord à une fille de Conrad, roi de Germanie, morte avant son arrivée en France, Henri Ier épouse en 1043 Mathilde, fille de l'empereur d'Allemagne Henri III, que le roi vient de rencontrer à Ivois. Mathilde meurt dès 1044. En secondes noces, le roi choisit Anne de Kiev, fille du grand-duc de Russie Laroslav, forgeant ainsi la première alliance entre la France et la Russie (1051). Leur fils aîné, Philippe, associé au trône en 1059, succède à son père sous le nom de Philippe Ier.

HENRI II (Saint-Germain-en-Laye, 1519 – Paris, 1559)

Roi de France (1547-1559).

Second fils de François Ier et de Claude de France. Enfant, le jeune Henri, alors duc d'Orléans, passe plusieurs années de captivité en Espagne, à la suite du traité de Madrid (1526) qui stipule, entre autres, que le Dauphin François et son frère Henri resteront prisonniers en Espagne à la place de leur père, qui regagne la France. Henri ne rejoint son pays que le 1er juillet 1530, et ce séjour marque à jamais son caractère, qui demeurera austère et renfermé. Dédaignant l'étude et les arts, le duc d'Orléans n'a de goût que pour les exercices physiques. Dès 1530, François Ier charge Diane de Poitiers, veuve depuis peu, de l'éducation de son fils cadet. La jeune femme – elle a 32 ans – sait gagner la confiance, puis l'affection du prince, qui lui voue bientôt des sentiments dignes des romans de chevalerie, sa lecture favorite. Diane l'autorise à porter ses couleurs, et Henri se vêtira uniquement de noir et de blanc jusqu'à sa mort. Son mariage avec Catherine de Médicis, en 1533, ne met pas fin à l'influence de Diane, au contraire : elle le contraint, par exemple, à gagner tous les soirs le lit conjugal et, après plusieurs années de stérilité, Catherine donne enfin un fils, suivi de neuf autres enfants, à son époux.

En 1536, la mort de François, son frère aîné, fait d'Henri le Dauphin de France. Quelques années plus tard, Diane devient sa maîtresse. Il ne cessera de l'aimer jusqu'à sa mort, comme en témoigne sa brûlante correspondance. Roi de France à la mort de son père, le 31 mars 1547, Henri II est sacré à Reims le 25 juillet suivant. Il subit, à côté de celle de Diane, de multiples influences : celle du parti italien, l'entourage de Catherine de Médicis, celle des Guises, à la tête des ultramontains, celle enfin du connétable de Montmorency et de ses neveux, plus conciliants. Poussé par les Guises et désireux d'arrêter l'extension de la Réforme, Henri II se dresse d'abord contre l'Angleterre, aux côtés de l'Écosse que gouverne la régente Marie de Lorraine, sœur de François de Guise. Alors que les Anglais, par la voix de Somerset, pressent la régente de marier sa fille Marie Stuart, héritière du trône, au jeune Édouard VI d'Angleterre, Henri II lui propose de l'unir à son propre fils, le Dauphin François (futur François II). Au mois de juin 1548, François de Guise, chargé de ramener Marie Stuart en France, débarque en Écosse avec 6 000 hommes. Au mois de mars 1550, Henri II vient mettre le siège devant Boulogne et réclame la restitution de la ville à la France. Voyant que Charles Quint n'interviendra pas à ses côtés en cas de conflit, l'Angleterre cède.

Poursuivant la politique de son père, Henri II s'attaque à Charles Quint : il resserre l'alliance turque, puis signe avec les princes protestants révoltés contre son ennemi le traité de Chambord (1552). En échange des Trois-Évêchés (Metz, Toul et Verdun), le roi fournit aux révoltés d'importants subsides. Cependant, Charles Quint ne peut accepter cette extension territoriale, et les deux monarques se préparent à la guerre. Après l'occupation des Trois-Évêchés par les armées françaises dès 1552, l'empereur vient mettre le siège devant Metz, défendue avec succès par François de Guise (octobre 1552 – janvier 1553). Avec l'aide des Turcs, les Français portent ensuite la guerre sur les côtes italiennes, tandis que les combats se poursuivent en Belgique. Battus à Renty le 13 août 1554, par François de Guise et le maréchal de Tavannes, les Impériaux sont en revanche vainqueurs en Italie l'année suivante : Monluc, assiégé dans Sienne, doit se rendre le 17 avril 1555. Malgré leur augmentation, qui a déclenché à Bordeaux dès 1548 des émeutes sévèrement réprimées, les impôts ne suffisent pas à alimenter la guerre : après l'emprunt aux banquiers, le cardinal de Tournon lance en 1555 un emprunt au public, le « Grand Parti », qui remporte un succès important. Le connétable de Montmorency, qui cherche à rétablir la paix entre les deux souverains, réunit en vain des conférences à Marcq (1555). Conscients du mauvais état de leurs finances, le roi et l'empereur signent à Vaucelles une trêve de cinq ans, favorable à la France. Cependant, poussé par le pape et par son neveu, le cardinal Caraffa, Henri II décide, malgré l'opposition de Montmorency, une nouvelle intervention en Italie dès août 1556. François de Guise passe les Alpes à la fin de l'année, sous prétexte de soutenir le pape. Le 31 janvier 1557, la guerre est officiellement déclarée, et les hostilités commencent dans le nord de la France tandis que, en Italie, le duc de Guise se dirige vers Naples : c'est le « voyage de Naples », coûteux et inutile. Au mois d'août, Henri II rappelle en France le duc de Guise.

Le 10 août 1557, Emmanuel-Philibert de Savoie, à la tête des Impériaux, écrase devant Saint-Quentin l'armée royale commandée par le connétable de Montmorency. Ce dernier tentait de dégager la ville, assiégée par les Impériaux et défendue par Coligny. Ne disposant pas de ressources suffisantes, Emmanuel-Philibert doit renoncer à marcher sur Paris, et l'armée royale peut se reconstituer. Montmorency prisonnier, le roi nomme François de Guise lieutenant général du royaume (octobre). Depuis le mois de juin, à la demande de son époux Philippe II d'Espagne, fils et successeur de Charles Quint, Marie Tudor, reine d'Angleterre, a déclaré la guerre à la France. Au mois de novembre, les Français décident de se porter vers Calais : le 6 janvier 1558, la citadelle se rend. Deux jours plus tard, Guines tombe à son tour : mises à part les îles anglo-normandes, toutes les parcelles du territoire français occupées par les Anglais depuis la guerre de Cent Ans sont revenues à la France. Cependant, Henri II rencontre de grandes difficultés financières et ne peut tenir les engagements du Grand Parti. En outre, las de la guerre, il souhaite se consacrer à la lutte contre l'hérésie : engagés dès septembre 1558, les pourparlers aboutissent à la paix du Cateau-Cambrésis, le 3 avril 1559. La France renonce à la plupart de ses conquêtes, à ses prétentions en Italie, mais conserve Calais. Les Trois-Évêchés ne sont pas mentionnés, puisque la France signe le traité avec l'Espagne et non avec l'empire, mais la France les conserve *de facto*.

Henri II
Portrait de Henri II. Huile sur toile, musée du Puy. © *Sélection Images*

Le roi peut alors travailler à combattre les protestants. Catholique pieux et intransigeant, Henri II les a poursuivis dès le début de son règne : une chambre ardente instituée au parlement de Paris au mois d'octobre 1547 prononce plus de 500 condamnations en deux ans. En décembre, le roi décide que tous les livres, imprimés en France ou à l'étranger, doivent être soumis au visa de la faculté de théologie. D'autres chambres ardentes sont instituées en province dans les années suivantes, et au mois de juin 1551 l'édit de Châteaubriant en augmente encore le nombre. Cet édit supprime aussi l'appel et encourage la délation. Les protestants surpris dans l'exercice clandestin de leur culte risquent le bûcher, comme leur famille si elle tente de les défendre. Malgré cette rigueur, le calvinisme se répand dans les années suivantes, de nombreux nobles, et en particulier les neveux du connétable, se convertissent. En juin 1559, l'édit d'Écouen renforce celui de Châteaubriant et invite les tribunaux à punir exclusivement de la mort les protestants qui comparaissent devant eux. Le conseiller Anne du Bourg, condamné à mort pour avoir protesté contre cette rigueur, sera exécuté au mois de décembre, malgré la mort du roi. La lutte contre l'hérésie n'est pas pour Henri II le seul moyen de renforcer l'unité du pays et le pouvoir royal : sous son règne sont institués le Conseil des affaires, les quatre secrétaires d'État, qui administrent le royaume par quartiers (1547), et les commissaires départis, dont les héritiers seront les intendants. En 1551 sont créés les présidiaux, tribunaux intermédiaires entre les parlements et les bailliages. La guerre coûte cher, les rentrées ordinaires ne suffisent pas, il faut multiplier les expédients : ventes d'offices, levées extraordinaires, emprunts de 1548 et 1555, etc. Sous le règne d'Henri II s'épanouit aussi, sous l'influence de Diane et des grands, car le roi ne goûte guère les arts, la renaissance littéraire et artistique.

Parmi les dix enfants de Catherine de Médicis et d'Henri II, trois régneront : François II, Charles IX et Henri III. En vertu du traité du Cateau-Cambrésis, leur fille aînée, Élisabeth, doit épouser Philippe II d'Espagne, veuf de Marie Tudor. De grandes fêtes sont organisées à Paris à la fin du mois de juin 1559, pour célébrer cette union et celle de Marguerite, sœur du roi, avec Emmanuel Philibert de Savoie. Henri II participe aux joutes organisées rue Saint-Antoine, non loin des Tournelles. Le 30 juin, il est blessé à l'œil par un coup de lance porté par Montgomery, capitaine de sa garde écossaise. Le 10 juillet, malgré les soins d'Ambroise Paré, le roi meurt, laissant le trône à François II, âgé de 15 ans.

HENRI III (Fontainebleau, 1551 – Saint-Cloud, 1589)

Roi de France (1574-1589).

Troisième fils d'Henri II et de Catherine de Médicis. Du vivant de son frère Charles IX, il est duc d'Anjou. Grâce à la diplomatie de Jean de Monluc, évêque de Valence, il devient roi de Pologne à la mort de Sigismond III en 1574. Sur ces entrefaites, la disparition de Charles IX le pousse à rentrer en France pour ceindre la couronne. Par Vienne, Venise et la Lombardie, où il reçoit chaque fois l'hommage des potentats locaux, le nouveau roi de France parvient aux Alpes, les franchit en septembre et arrive à Lyon, où il pénètre en grande pompe en compagnie de sa mère, venue au-devant de lui. Le rôle de Catherine de Médicis sera désormais moindre. Henri III subira toutefois les influences contradictoires de son entourage, en particulier celle des mignons, dont la présence aux côtés de ce souverain passant pour efféminé contribuera au discrédit du pouvoir. Dans ces conditions, le roi ne peut guère en imposer aux partis adverses qui intriguent pour faire triompher leurs idées. C'est d'autant plus regrettable qu'il se montre soucieux de préserver l'unité du pays. Pour y parvenir, il compose donc, faisant des concessions aux uns puis aux autres, s'efforçant de concilier des antagonismes, au prix souvent de pénibles humiliations. La paix de Beaulieu, accordée aux protestants en 1576, relève de cette préoccupation. Le roi paie les frais de la guerre en mettant ses bijoux en gage à Florence, tout en conférant à son frère, le duc d'Alençon, des avantages territoriaux exorbitants. L'esprit de tolérance est indéniable, les réformés se voyant reconnaître le droit de pratiquer leur culte (sauf à Paris) tout en pouvant disposer de places fortes pour leur sécurité. Cette fois, ce sont les catholiques qui s'insurgent contre tant de mansuétude. La Ligue fulmine et place à sa tête le prestigieux Henri de Guise dit le Balafré, lequel va se poser de plus en plus en rival du souverain. Beaucoup de ligueurs n'hésitent même pas à souhaiter le renversement du trône et l'incarcération du roi dans un monastère. En vue de neutraliser cette redoutable faction, Henri III croit habile de prendre la tête de la Ligue et fait sienne la résolution des états généraux de Blois qui préconise la reprise de la lutte contre les protestants. Cette fois, le jeu de bascule reprend, sous l'influence des Politiques et de leur nouvelle tendance, celle des Mécontents.

La paix de Nérac, en 1580, leur donne satisfaction une fois encore. Mais, quatre ans plus tard, Henri III n'ayant pas d'héritier, la mort de son frère, le duc d'Alençon, fait redoubler la fureur des ligueurs. Cette fois le successeur virtuel est Henri de Navarre (futur Henri IV), un protestant. Le Saint-Siège manifeste son émotion autant que Philippe II d'Espagne, qui apporte à la Ligue un soutien inconditionnel. La lutte redouble et donne lieu à la « guerre des trois Henri » : Henri III pour la cause royale, Henri de Guise pour la Ligue et Henri de Navarre pour les réformés. La succession d'Henri III est guettée par tous les partis. La défaite de son favori Joyeuse à Coutras, en octobre 1587, affaiblit encore la position du roi, lequel doit également affronter la vive hostilité de la ville de Paris acquise à la cause de la Ligue. La journée des Barricades, le 12 mai 1588, le contraint à fuir la capitale, où le duc de Guise entre en triomphateur. Celui-ci croit habile de couronner son succès à Blois même, où le souverain a cherché refuge et où les états sont convoqués. Face au danger, Henri III réagit en faisant assassiner dans sa propre chambre le Balafré (23 décembre). Le lendemain, son frère, le cardinal de Lorraine, subit le même sort.

Ce coup de force clarifie la situation, puisque dans le même temps Henri III effectue un rapprochement avec Henri de Navarre. Une solution dynastique est concevable, bien que la religion de ce dernier dresse contre lui la Ligue, maîtresse de Paris, laquelle prononce la déchéance du roi et nomme le duc de Mayenne, frère d'Henri de Guise, lieutenant général du royaume. Le bon sens politique du roi rachète alors ses erreurs de conduite et son manque d'envergure. L'alliance avec Henri de Navarre est un gage de réunification ultérieure, car la Ligue est compromise avec les Espagnols. Accompagnée des partisans d'Henri de Navarre, l'armée royale vient donc mettre le siège devant Paris. Mais le 1er août 1589, Jacques Clément, moine ligueur, parvient à approcher le roi au camp royal de Saint-Cloud et le poignarde. Henri de Navarre demeure désormais le seul à briguer le trône.

Henri III
Henri III présidant la première cérémonie de l'ordre du Saint-Esprit fondé par lui en 1578. Huile sur toile, musée de Versailles. © *Sélection Images*

HENRI IV (Pau, 1553 – Paris, 1610)

Roi de Navarre (1572-1610) et roi de France (1589-1610).

Fils d'Antoine de Bourbon, duc de Vendôme, et de Jeanne d'Albret. Il passe son enfance à Pau puis, à partir de 1560, à Paris, à la cour du Louvre, depuis que son père a été nommé lieutenant général du royaume à la faveur de l'avènement de Charles IX. Le collège de Navarre l'accueille et lui prodigue une éducation qui est celle des nobles de l'époque. Mais la mort d'Antoine de Bourbon au siège de Rouen (1562) incite Jeanne d'Albret à regagner ses États, acquis à la Réforme, et dont elle partage les convictions. Ainsi Henri de Navarre devient calviniste, situation qui risque de lui barrer la route du trône, auquel il pourra prétendre à la mort du duc d'Anjou, frère d'Henri III, lui-même sans postérité. Jeanne d'Albret accorde d'ailleurs tous ses soins à cette probable échéance. Henri est à peine âgé de 15 ans lorsque sa mère le conduit au camp des huguenots de La Rochelle. C'est le début d'une initiation militaire qui le fait assister au combat de Jarnac, où le prince de Condé trouve la mort, ce qui le hisse au titre nominal de chef du parti protestant sous la direction de fait de l'amiral de Coligny. Henri assiste également de loin à la malheureuse journée de Moncontour (octobre 1569) au sujet de laquelle, malgré son jeune âge, il émet de judicieuses remarques quant à l'action erronée de Coligny. Ses pérégrinations de jeunesse dans les collines béarnaises l'ont rendu apte à cette guerre de « coups de main » qui caractérisent par la suite la lutte dans le Midi. Son sens tactique est confirmé par sa participation heureuse au succès de Coligny à Arnay-le-Duc, événement qui incite Catherine de Médicis à conclure la paix de Saint-Germain-en-Laye (1570). Le gage de réconciliation est le mariage d'Henri avec Marguerite de Valois, la « reine Margot », reine de Navarre et sœur de Charles IX, avec laquelle il ne s'entendra guère (18 août 1572). Alors qu'à Paris la tension entre catholiques et calvinistes est telle qu'elle va bientôt aboutir au massacre de la Saint-Bartélemy (24 août 1572), le futur Henri IV préfère se convertir. Après quatre années passées à la Cour comme une sorte d'otage, il parvient à s'enfuir (février 1576). Il atteint la Loire, se rétracte de son abjuration au passage à Tours et gagne le Poitou, terre calviniste. Là, le fugitif prend la tête de ses partisans et son emprise s'étend pratiquement jusqu'au Languedoc.

La constitution de la Ligue, à l'instigation du duc de Guise, annule les heureux effets du traité de Beaulieu accordant la paix aux protestants (1576). Les hostilités reprennent l'année suivante. Henri s'empare de Marmande et de La Réole. Ces événements alternent avec des périodes de négociations que caractérisent l'édit de Poitiers (1577) et l'ordonnance de Blois (1579), mais les positions sont trop tranchées de part et d'autre pour qu'un accord soit véritablement durable. En 1580, le roi de Navarre fait tomber la place de Cahors, important bastion catholique entre la vicomté de Limoges et le bassin de la Garonne. Les paix de Nérac et de Fleix ne sont que des entractes entre deux campagnes. L'assemblée protestante de Montauban lui confère le titre de protecteur des Églises en 1581. L'année suivante, l'assemblée de Saint-Jean-d'Angély définit ses pouvoirs. Mais l'événement le plus important de cette période est la mort du duc d'Anjou, frère d'Henri III, en juin 1584. L'absence d'héritier royal élève d'emblée le roi de Navarre au rang d'héritier de la couronne, perspective qui scandalise les Guises et la Ligue. L'émotion s'étend jusqu'à Madrid, où la perspective d'une France réformée incite Philippe II à promettre 50 000 écus par mois et des volontaires pour « extirper sectes et hérésies ». Devant Henri III se dresse désormais le puissant et entreprenant duc de Guise, qui se targue d'une ascendance carolingienne.

La lutte redouble de 1586 à 1589 et porte le nom de « huitième guerre civile » ou « guerre des trois Henri » (Henri III, Henri de Guise, Henri de Navarre). Malgré son brillant succès de Coutras sur Joyeuse, mignon d'Henri III, le roi de Navarre ne semble pas au bout de ses peines car jamais Henri de Guise n'a été plus près du trône, cette année 1588 qui le voit « roi de Paris ». Cependant, prenant de vitesse ce dernier, Henri III le fait

Henri IV
La Mort de Henri IV. Gravure flamande, coll. Bulloz. © *Sélection Images*

assassiner à Blois avant de se rapprocher d'Henri de Navarre, suivant en cela les conseils des membres du parlement de Paris, installé à Tours. Le 30 avril 1589, près de Plessis-lez-Tours, pour la première fois depuis treize ans, le roi en titre rencontre celui qu'on appelait naguère Henriquet. Peu après, Henri III lui-même est assassiné par un moine ligueur, Jacques Clément. Reste à son successeur à monter sur le trône, tâche d'autant plus difficile à réaliser que, à l'image de Charles VII, « roi de Bourges », face aux Anglais, Henri n'est en fait que le « roi des huguenots du Sud-Ouest », même s'il est venu mettre le siège devant Paris aux côtés du souverain défunt.

Philippe II d'Espagne fournit hommes, armes et subsides à la Ligue, dirigée par le duc de Mayenne, frère d'Henri de Guise, car il caresse l'espoir de faire un jour monter sur le trône de France sa fille Isabelle, petite-fille d'Henri II par sa mère. C'est un avantage pour Henri, parce que nombre de catholiques français (et le duc de Mayenne est de ceux-là) redoutent de voir une mainmise espagnole sur la France. Une réaction patriotique se devine en effet, et Henri a l'habileté de faire, le 4 août 1589 à Saint-Cloud, une déclaration aux termes de laquelle il prend l'engagement de maintenir la religion romaine dans le royaume, de se faire instruire dans cette

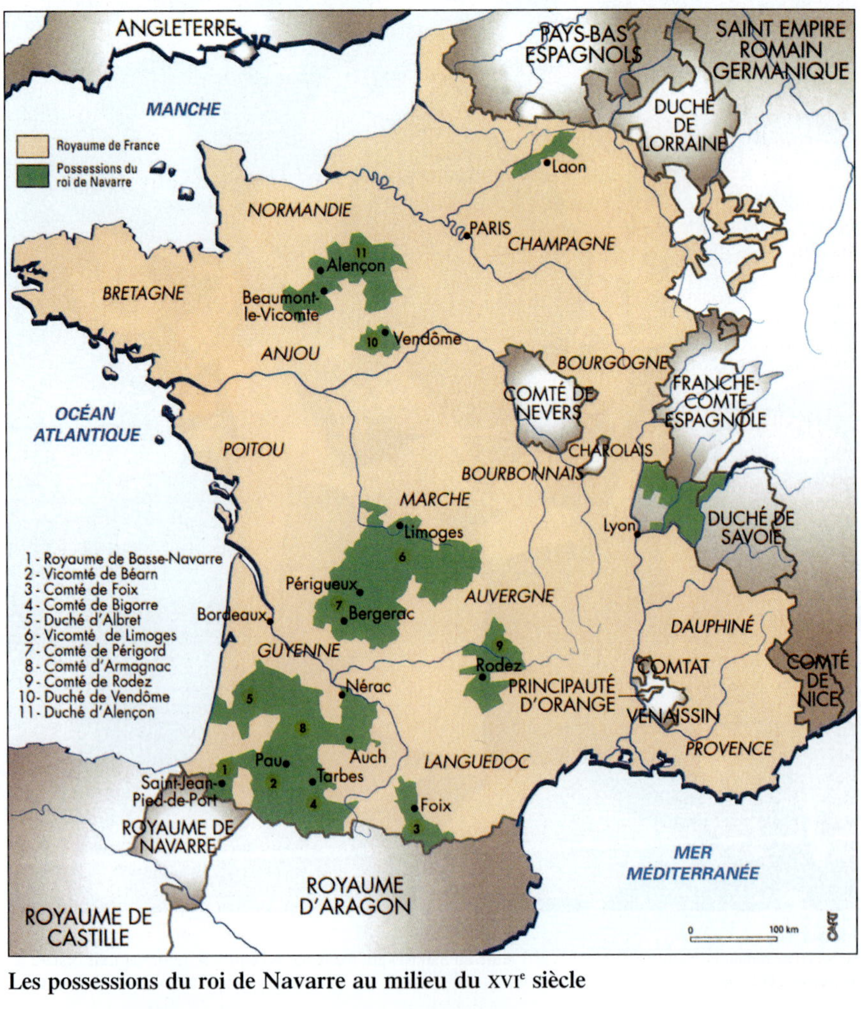

Les possessions du roi de Navarre au milieu du XVIe siècle

foi, tout en maintenant les édits de ses prédécesseurs quant aux garanties accordées naguère aux réformés.

Il lui reste à devenir roi. Le cardinal de Bourbon, son oncle, est devenu en effet, pour la Ligue, « Charles X », alors que le duc de Mayenne se dit lieutenant général du royaume. Un échec cuisant essuyé à Arques près de Dieppe, le 21 septembre 1589, révèle à celui-ci ses limites autant que l'habileté tactique de son adversaire. Une nouvelle défaite, subie à Ivry cette fois, sur les bords de l'Eure, le 14 mars suivant, confirme l'emprise d'Henri IV, le chef « au panache blanc », sur les provinces de l'Ouest. Mais il échoue devant Paris, ravitaillé par les Espagnols du duc de Parme après quatre mois de siège. Une nouvelle tentative, par la ruse, échoue en janvier 1591 lors de la journée des Farines, les assiégeants se faisant passer pour des meuniers. La guerre traîne en longueur. L'emprise de la Ligue sur Paris et Rouen contrebalance des succès royaux dans le pays de Caux, en Champagne, en Dauphiné et en Provence. Si les états généraux convoqués par le duc de Mayenne en 1593 repoussent finalement la candidature d'Isabelle d'Espagne et révèlent du même coup la division du camp catholique, si Henri de Navarre enregistre des ralliements à sa cause, sa légitimité ne lui suffit pas, pas plus que la force de son armée. Il lui faut accomplir un acte politique qui ne peut être qu'une abjuration solennelle. Le pays l'attend, las d'une guerre ruineuse et d'une désunion qui déchire le royaume depuis maintenant plus d'une trentaine d'années. Gabrielle d'Estrées, favorite avisée, l'y pousse de toute son influence. En ridiculisant l'acharnement de la Ligue, les auteurs de la *Satire Ménippée*, en cours de réalisation, ne font qu'exprimer le bon sens populaire. Le roi lui-même y est résolu, et le 25 juillet 1593, après un ultime entretien avec l'archevêque de Bourges à la basilique Saint-Denis, il se déclare convaincu. S'agenouillant, il jure « devant la face du Dieu tout-puissant de vivre et mourir en la religion catholique, de la protéger et défendre encore et contre tous, au péril de son sang et de sa vie, renonçant à toutes les hérésies contraires ».

Si l'expression « Paris vaut bien une messe ! » semble apocryphe, si Henri doit convaincre certains de ses ex-coreligionnaires, si le Saint-Siège se montre au premier abord prudent, l'effet de cette abjuration est indéniable. Le sacre est célébré à Chartres le 25 février 1594. Paris ouvre ses portes le 22 mars suivant. Le tenace duc de Mayenne subit un ultime échec à Fontaine-Française en Bourgogne, le 5 juin 1595, ce qui entraîne peu après sa soumission. L'irréductible duc de Mercœur, farouche ligueur replié en Bretagne, compose à son tour en mars 1598. Le 2 mai suivant, le traité de Vervins ramène la paix entre la France et l'Espagne. Enfin Henri IV tient les promesses de sa déclaration de Saint-Cloud, faite neuf ans auparavant, en promulguant l'édit de Nantes. Le 13 avril 1598, cet acte affirme le catholicisme religion d'État tout en conférant aux réformés des garanties élémentaires d'exercice du culte.

Désormais, Henri IV s'attache à recontruire la France. Dans un vaste pays livré durant trois décennies à l'anarchie, il manifeste d'emblée le souci d'abaisser les grands qui font passer leur intérêt personnel avant celui de l'État. Biron, ancien compagnon d'armes, ne comprend pas cette évolution, persiste dans ses errements et finit exécuté en 1602. En contrepartie, le roi se concilie les plus modestes serviteurs de l'État en leur accordant l'édit de la Paulette, qui énonce le principe de la vénalité et l'hérédité des charges administratives.

À l'extérieur, le traité de Lyon permet, en 1601, un agrandissement du royaume entre Saône et Rhône par l'acquisition de la Bresse, du Bugey, du Valromey et du pays de Gex, amenant la fleur de lys aux portes de Genève. Des alliances sont nouées avec les petits princes italiens, la Toscane fournissant la princesse Marie de Médicis, qui devient la deuxième épouse du souverain et assure sa descendance. D'autres accords sont conclus avec les protestants d'Allemagne, car l'empire des Habsbourg, autant que l'Espagne, est l'adversaire à abaisser. On discerne là les prémices de la future politique du cardinal de Richelieu, et l'intention que l'on prête au roi, en 1610, de mener une expédition en direction des Pays-Bas espagnols (l'actuelle Belgique) ne relève pas seulement de préoccupations sentimentales envers la jeune et attirante Charlotte de Montmorency, emmenée par son mari Condé à Bruxelles. Continuateur de l'œuvre de ses prédécesseurs des temps modernes, comme Louis XI et François Ier, Henri IV sert de modèle à son tour à ses successeurs du XVIIe siècle naissant. Ce début de siècle voit en effet la France prendre une dimension mondiale avec la fondation de Québec par Champlain en 1608, tandis que le Breton Pierre Olivier Malherbe contourne le continent sud-américain, atteint les Philippines et le Sud-Est asiatique, reçoit l'hommage du Grand Mogol puis du shah de Perse avant de remonter le long du littoral africain, revenant à Paris en 1609 pour proposer au roi d'exploiter les mines d'or et d'argent entrevues outre-mer. Aussi la mort d'Henri IV, assassiné le 14 mai 1610 par Ravaillac, ne peut-elle guère modifier la situation politique du royaume, même si la minorité de Louis XIII sera troublée durant une douzaine d'années par des intrigues de cour et des ambitions contraires. Mais ni le sort de la monarchie, ni l'unité du royaume ne sont menacés. L'œuvre d'Henri IV lui a survécu.

La popularité d'Henri IV est largement un mythe fabriqué entre la fin du XVIIIe siècle (pour déprécier Louis XV, extrêmement critiqué voire haï) et le début du XIXe siècle : la Restauration adopte pour hymne officiel le « Vive Henri IV ». Les romantiques, avec Augustin Thierry, embellissent encore la légende dorée. En son temps, Henri IV a su favoriser le clan des Béarnais qui l'entouraient, mais le jugement porté sur lui par ses contemporains est très nuancé sinon réservé. Beaucoup de catholiques lui reprochent d'avoir accordé trop de concessions aux protestants à travers l'édit de Nantes ; sa politique économique assez brouillonne n'a pas contribué à un redressement très rapide de campagnes ruinées par une génération de guerres : la « poule au pot » reste un vœu pieux ou une déclaration d'habile propagande. Sa Cour, rustique voire débraillée, heurte les milieux aristocratiques habitués aux raffinements italianisants de l'entourage d'Henri II. Le mouvement de la préciosité en naîtra par réaction.

HENRI V : voir CHAMBORD Henri V, duc de Bordeaux, comte de

HENRI V : voir CHAMBORD Henri V, duc de Bordeaux, comte de

HENRI d'ORLÉANS, comte de Paris (Le Nouvion-en-Thiérache, Aisne, 1908 – Paris, 1999)

Prétendant au trône de France.

Il est le descendant direct de Louis-Philippe, à la quatrième génération. Jusqu'au 28 mars 1926, date du décès de son oncle Philippe, prétendant en titre, Henri connaît une enfance loin des enjeux dynastiques et politiques, à Larache (Maroc espagnol). Son père, le duc de Guise, devenant le chef de la maison de France, la loi d'exil votée en 1886 s'applique à sa famille. Henri s'installe à Bruxelles et, au gré d'études buissonnières en médecine, en droit, en économie politique, il acquiert une formation supérieure, complétée par les conseils particuliers de juristes – Alibert de Barthélemy –, de politiques – Benoist –, de journalistes – Léon Daudet –, tous d'obédience maurrassienne. À cela s'ajoute l'influence grandissante de Georges Bernanos qui conduit le prince, après le 6 février 1934, à se détacher de l'Action française et à lancer son journal, *Le Courrier royal*. En novembre 1937, la rupture est consommée. La montée des périls extérieurs conduit Henri d'Orléans à dénoncer les accords de Munich, à s'inquiéter du militarisme allemand et, à partir de décembre 1939, à mener des missions diplomatiques secrètes, faute de pouvoir s'engager au front. Le 25 août 1940, la mort de son père le place en prétendant officiel, soucieux de ménager sa stratégie de réconciliation nationale, ce qui le conduit à critiquer la position du général de Gaulle et à se monter bienveillant à l'égard du maréchal Pétain. C'est après une conversation avec Laval et Pétain, les 6 et 7 août 1942, qu'il comprend l'impasse où est engagé Vichy et qu'il décide de jouer la carte de rassembleur en Algérie. En décembre 1942, après l'assassinat de Darlan auquel des royalistes participent, le comte de Paris entend se poser en troisième homme dans le conflit de Gaulle-Giraud, mais il échoue devant le refus du premier et celui des Américains. Réfugié en Espagne, il se réinstalle en France après l'abrogation de la loi d'exil, en juin 1950. À partir de 1954, il tisse des liens avec le général de Gaulle, notamment sur le thème de l'association capital-travail, commun aux deux hommes et qu'il avait abordé dans son livre *Essai sur le gouvernement de demain* (1936). En 1961, il reprend du service diplomatique pour expliquer la politique algérienne de la France aux pays arabes, mais – contrairement à ses espérances – de Gaulle ne songe ni à une restauration, ni à s'effacer devant lui pour la présidentielle de 1965. Dans la logique de la Ve République, le comte de Paris n'a ni la légitimité du suffrage universel, ni l'appui d'une majorité du peuple, ni le soutien d'une force politique.

HENRIETTE ANNE d'ANGLETERRE (Exeter, Angleterre, 1644 – Saint-Cloud, 1670)

Duchesse d'Orléans.

Fille d'Henriette Marie de France et de Charles Ier Stuart. En 1661, elle se convertit au catholicisme pour épouser, la même année, Philippe d'Orléans, frère de Louis XIV. Séduisante, d'esprit piquant, s'entendant mal avec un époux qui la délaisse, elle se montre très accessible aux galants qui se pâment pour elle. La bruyante passion du comte de Guiche est loin de la laisser indifférente, ce qui lui attire la médisance de la Cour. Malgré son apparente légèreté, elle n'est pas indigne de confiance. Son beau-frère Louis XIV, qui éprouve comme tout le monde une forte inclination pour elle, l'envoie en Angleterre remplir auprès de son frère Charles II une mission secrète dont le résultat sera le traité de Douvres en 1670. Peu après son retour, elle mourra en quelques heures dans d'affreuses souffrances, après avoir absorbé un verre d'eau de chicorée. La rumeur accusera le chevalier de Lorraine, qu'elle avait fait exiler, de l'avoir empoisonnée. Il n'est pas impossible que la cause de sa mort ait été une péritonite aiguë. Bossuet prononça en son honneur une de ses plus célèbres oraisons funèbres (« Madame se meurt, Madame est morte… »).

HENRIETTE ANNE de FRANCE (Versailles, 1727 – Versailles, 1752)

Princesse.

Deuxième fille de Louis XV. Après le mariage de sa sœur aînée, Louise-Élisabeth, en 1739, elle est désignée du nom de Madame Seconde ou Madame Henriette. Elle vit un roman d'amour malheureux avec le duc de Chartres, fils du Régent, et conçoit un vif chagrin lorsque Louis XV lui interdit de l'épouser. Sa santé était mauvaise et elle meurt à 25 ans, emportée par une fièvre dite « putride ».

HENRIETTE MARIE de FRANCE (Paris, 1609 – Colombes, 1669)

Reine d'Angleterre et d'Écosse.

Troisième fille d'Henri IV et de Marie de Médicis. Née quelques mois avant la mort de son père, Henriette est la plus fine et la plus charmante des filles de France. Son mariage avec le jeune roi Charles Ier d'Angleterre, conclu en 1625 après de laborieuses négociations, semble ouvrir une période faste pour la diplomatie française. Contrairement aux calculs de Richelieu, elle a

Henriette Marie de France
Huile sur toile d'après Van Dyck. Le Puy-en-Velay, musée Crozatier. © *Giraudon*

peu d'influence sur son mari, d'autant qu'elle est détestée par Buckingham et par les membres de la Cour. Avant la guerre civile, Henriette se rend en Hollande pour obtenir des troupes du stathouder (1642). Puis, dès juillet 1644, elle doit se réfugier en France. Elle se débat de toutes ses forces pour sauver son mari (1649) et se retire au couvent de la Visitation, fondé par ses soins à Chaillot. Ses dernières années lui apportent quelques consolations : elle voit la restauration de son fils Charles II, qu'elle accompagne un moment à Londres (1660), et le mariage de sa dernière fille, Henriette Anne, avec Monsieur, frère de Louis XIV (1661). Son oraison funèbre a été prononcée par Bossuet.

HENRIOT Philippe (Reims, 1889 – Paris, 1944)

Homme politique.

Fils d'un officier, il s'engage dans le militantisme catholique et se fait remarquer par la qualité de ses articles dans la *Liberté du Sud-Ouest*. Installé en Gironde, il devient député de Bordeaux en 1932, pour le compte de l'Union populaire républicaine. À la Chambre, ses talents d'orateur le distinguent, notamment lorsqu'il applaudit au 6 février 1934 qu'il présente comme avertissement à la « République des corrompus ». Le Front populaire et la guerre d'Espagne achèvent de le convaincre que le monde est partagé en deux camps : la civilisation chrétienne contre la barbarie bolchevique. Soutien de Pétain, il affiche des positions germanophiles dès le début de 1941 et commence à s'attaquer aux Anglais. Il s'engage dans la Milice et, en janvier 1944, est nommé secrétaire d'État à l'Information sous la pression allemande. Par l'entremise d'éditoriaux radiophoniques biquotidiens, Henriot attaque ses ennemis (résistants, communistes, républicains, anglo-saxons, francs-maçons, juifs) et exalte une Allemagne « invincible ». Sur ordre du Comité d'Alger, inquiet des effets de cette propagande, il est assassiné le 28 juin 1944.

HÉRALDIQUE

Science du blason et code des règles permettant de représenter et de décrire correctement les armoiries (ou armes). Le terme « héraldique » est dérivé du mot « héraut » venant lui-même du germanique heriwald *dont le sens premier est messager.*

Les armoiries apparaissent au XIIe siècle comme signes de reconnaissance peints sur les boucliers et les bannières des combattants. Très vite, elles figurent sur les sceaux où le signataire est représenté en chevalier, puis elles se transmettent héréditairement. Au temps de Saint Louis, elles deviennent un signe de noblesse ou de qualité, et les possesseurs sont désormais aussi bien des femmes, des évêques, des bourgeois que des villes ou des métiers. Une certaine mise en ordre s'instaure aux XIVe et XVe siècles, du fait des hérauts d'armes des princes qui sont alors reconnus comme spécialistes, d'où le nom d'héraldique donné à cette codification. En effet, ces hérauts sont des officiers chargés de veiller au respect du droit durant les batailles, les joutes, les tournois et les pas d'armes. Pendant les mêlées, ce sont eux qui indiquent au prince les combattants qu'ils identifient par leurs armoiries.

L'écu est le support des armoiries. Il est teinté d'émaux divisés en « couleurs » : rouge = *gueule*, bleu = *azur*, noir = *sable*, vert = *sinople*, violet = *pourpre* ; en « métaux » : jaune = *or* et blanc = *argent* ; enfin en « fourrures » ou « pannes » qui sont des combinaisons de deux émaux. Des lignes peuvent diviser l'écu en sections de différents émaux, les sections impaires se nomment *pièces héraldiques*, les paires *partitions*. À cela peuvent s'ajouter (ou figurer seuls) des *meubles* qui sont des figures naturelles (astres, êtres humains, animaux réels ou imaginaires, poissons ou coquillages, végétaux) ou des figures artificielles empruntées à l'art militaire, la vénerie, l'architecture civile ou religieuse. Des ornements extérieurs s'y ajoutent, timbre, support, insigne de dignité, cri de guerre, devise… Le blason se lit dans un ordre déterminé : l'écu se regarde comme une figure humaine ; son flanc dextre est à notre gauche et son flanc senestre à notre droite. Bien que n'ayant pas été réservées à l'usage exclusif de la noblesse, les armoiries sont abolies en 1790, mais rétablies sous l'Empire lors de l'institution de la noblesse impériale, qui est dotée d'emblèmes spéciaux indiquant l'origine et le rang du titulaire.

HÉRAULT de SÉCHELLES Marie Jean (Paris, 1759 – Paris, 1794)

Magistrat et homme politique.

Il obtient de Marie-Antoinette une charge d'avocat du roi au Châtelet (1777), puis d'avocat général au parlement de Paris, avec dispense d'âge (1785). Il rompt cependant avec la Cour dès le début de la Révolution et participe à la prise de la Bastille. Élu juge au tribunal du Ier arrondissement de Paris en décembre 1790, il est envoyé l'année suivante en mission dans le Haut- et le Bas-Rhin, où sévissent des troubles contre-révolutionnaires. Député de Paris à l'Assemblée législative au mois de septembre 1791, il siège à ce moment parmi les modérés, les Feuillants, mais combat le parti de la Cour, notamment après la déclaration de Pillnitz. Adjoint au comité diplomatique, Hérault de Séchelles rédige le rapport déclarant la patrie en danger et en donne lecture à l'Assemblée le 16 juin 1792. Il préside la Législative du 20 août au 5 septembre, puis représente la Seine-et-Oise à la Convention. Président de cette assemblée le 1er novembre, Hérault de Séchelles fait ensuite partie des commissaires nommés à la fin du mois pour organiser le nouveau département du Mont-Blanc et l'armée des Alpes. Il ne se trouve donc pas à Paris au moment du procès de Louis XVI. Il regagne la capitale à la fin du mois de mai 1793 et préside la Convention lors de la séance de nuit du 27 mai, au cours de laquelle la commission modérée des Douze est cassée. Il préside aussi celle du 2 juin, et tente vainement de s'opposer à l'émeute et d'empêcher l'arrestation des Girondins. Il se prononce cependant contre eux lors de leur mise en accusation. Adjoint au Comité de salut public, Hérault de Séchelles rédige avec Saint-Just la Constitution de l'an I, sans grande conviction. Élu le 10 juillet au Comité de salut public, il est chargé, avec Barère, des affaires diplomatiques. De nouveau président de la Convention, il conduit l'Assemblée au Champ-de-Mars pour la fête de la Fédération. À sa demande, une nouvelle mission le conduit dans le Haut-Rhin en octobre 1793. Déjà suspect de modérantisme, il est dénoncé par Bourdon de l'Oise le mois suivant, puis accusé par Saint-Just d'avoir fourni à l'ennemi des secrets diplomatiques. Bientôt décrété d'arrestation, Hérault de Séchelles, qui semble las et découragé, ne se défend guère. Condamné à mort, il est guillotiné en même temps que Danton et les Indulgents, le 4 avril 1794.

HÉRÉSIES

Déviations dogmatiques condamnées par l'Église catholique comme contraires à la foi chrétienne.

L'hérésie suppose que la doctrine enseignée s'oppose à une vérité de foi déjà établie. Par exemple, rejeter l'assomption de la Vierge n'était pas une hérésie avant la définition de ce dogme en 1950. On peut distinguer les hérésies par leurs déviations principales de la doctrine.

Les hérésies contraires à l'unicité du Principe Créateur, tel le manichéisme ou le catharisme. Le manichéisme apparaît à la fin du Xe siècle dans les écoles où on étudiait les hérésiarques des premiers siècles chrétiens. Selon cette théorie, l'auteur de la matière n'est pas Dieu, mais le diable, ce qui est la cause du combat entre bien et mal. D'où le rejet de la forme charnelle du Christ : Dieu n'a pas pu prendre chair. Et l'Église est à rejeter en tant que signe matériel. On retrouve ces mêmes idées dans le mouvement cathare, au XIIe siècle.

Les hérésies contraires à la doctrine trinitaire d'un Dieu unique en trois personnes. Pour l'arianisme, seul le Père est Dieu, le Christ a été un homme. Pour le nestorianisme, le Christ a une double nature, humaine et divine. Pour le monophysisme, le Christ n'a eu qu'une nature divine.

Au XIIe siècle, la découverte en Occident de la métaphysique aristotélicienne et sa mise en œuvre par Avicenne et Averroès conduisent à de nouvelles querelles qui touchent à la relation de l'intelligence humaine et de la connaissance rationnelle avec Dieu et la Révélation. Abélard, Albert le Grand ou Thomas d'Aquin ont eu ainsi à se justifier. En 1331, le pape Jean XXII s'interroge : quel est le sort des âmes dans le temps qui s'écoulera entre le jugement particulier qui accompagne la mort et le Jugement dernier ? Il répond que les justes ne verront Dieu qu'après le Jugement dernier. Il déclenche en Europe l'affaire dite de la Vision béatique autour de laquelle s'affrontent le roi de France, les Franciscains et les Dominicains. Benoît XII tranche dès son élection en 1334 : le jugement est exécutoire dès la mort. Parallèlement, sont considérés comme hérétiques les courants réformateurs qui s'insurgent contre les compromissions de l'Église avec le siècle. La hiérarchie ecclésiastique est d'autant plus prompte à condamner qu'elle ne veut pas renoncer à ses pratiques et que les réformateurs proposent souvent une vie religieuse sans clergé. En effet, le Moyen Âge distingue mal la négation d'un point de la foi de l'insubordination à l'Église ou le simple manque à la discipline. Pour les inquisiteurs, est hérétique tout suspect qui ne se soumet pas pleinement à l'Église. Le Grand Schisme (Urbain VI, réformateur, n'est pas accepté par le roi Charles V qui soutient Clément VII, pape d'Avignon) a été l'une des conséquences de ces mouvements. Au XIVe siècle, John Wyclif et Jean Hus préparent la voie à Luther et Calvin et à la grande déchirure du protestantisme. Puis le jansénisme prolonge bien au-delà de la ruine de Port-Royal un étroit courant hérétique.

HERING Pierre (Strasbourg, 1874 – Neuilly-sur-Seine, 1963)

Général.

Sorti de Polytechnique dans l'artillerie, en 1896, il est admis à l'École de guerre en 1903 et sert surtout dans l'état-major pendant la Première Guerre mondiale. De 1926 à 1928, il commande l'École de guerre. Promu général de division, Hering entre en 1935 au Conseil supérieur de la guerre et devient gouverneur de Strasbourg. Passé au cadre de réserve en 1939, il est rappelé à l'activité, lors de la mobilisation, comme gouverneur militaire de Paris. Le 8 juin 1940, il prend le commandement des forces établies sur le front entre Vernon et l'Oise, qui constituent ce qu'on a appelé l'armée de Paris. Il en dirige la retraite à partir du 13 juin au-delà de la Loire et jusqu'au sud de la Creuse, après quoi il réintègre le cadre de réserve.

HERMAN ou HERMANN Armand (Saint-Pol, 1749 – Paris, 1795)

Magistrat et homme politique.

Avocat, puis juge à Arras, il préside le tribunal criminel du Pas-de-Calais lorsque Robespierre l'appelle à Paris. Grâce à ses relations avec ce dernier, il devient, en octobre 1793, président du Tribunal révolutionnaire : Marie-Antoinette, les hébertistes, les dantonistes, les ultra-révolutionnaires comme les modérés, des centaines d'accusés comparaissent devant lui. Le gouvernement révolutionnaire, mécontent de son attitude lors du procès de Danton, le remplace par Dumas. Herman est quelque temps ministre de l'Intérieur, mais le 9 Thermidor entraîne sa perte : arrêté après la chute de Robespierre, il proteste qu'il n'a fait qu'exécuter les ordres de la Convention et du Comité de salut public. Il n'en est pas moins condamné à mort et guillotiné en même temps que Fouquier-Tinville.

HERR Frédéric Georges (Altkirch, Haut-Rhin, 1864 – Paris, 1926)

Général.

Artilleur de formation, cet ancien polytechnicien se trouve en 1915 à la tête du 6e corps d'armée, stationné dans la région de Verdun. À la suite de la visite d'une commission parlementaire, en juillet, il est décidé de démanteler les forts de la périphérie de Verdun et d'en récupérer les pièces d'artillerie, les fortifications étant censées ne pas pouvoir résister aux mortiers lourds d'un possible assaillant, ainsi que cela s'est passé l'année précédente autour de Liège, de Namur et d'Anvers. Au mois d'août 1915, la région fortifiée de Verdun (RFV), ainsi déclassée, passe dans le secteur du 6e corps. Averti par ses subordonnés, le général Herr est conscient de la précarité des défenses. Ses avertissements seront confirmés par les faits dès le début de l'offensive allemande de février 1916, et le général Pétain, après enquête, reconnaîtra la justesse de ces mises en garde. Mais, en raison de son nom à consonance alsacienne, le chef du 6e corps sera injustement accusé, sur le moment, d'avoir « trahi », calomnie dont il se justifiera aisément.

HERRIOT Édouard (Troyes, 1872 – Saint-Genis-Laval, Rhône, 1957)

Homme politique, président du Conseil.

De naissance modeste, Édouard Herriot, après des études à l'École normale supérieure, est reçu à l'agrégation de lettres en 1893. Professeur au lycée de Lyon (1896), puis maître de conférences à la faculté de la ville, il s'inscrit au parti radical au moment de l'affaire Dreyfus. Docteur ès lettres en 1904, avec une thèse sur Mme Récamier et ses amis, il est élu adjoint au maire et, en 1905, succède à ce dernier, qui a été nommé à Madagascar. Son aspect bonhomme, malgré l'intransigeance de son caractère, sa grande éloquence, sa culture vaste et raffinée, le rendent rapidement populaire auprès de ses administrés. Avec l'architecte Tony Garnier, Herriot fait de Lyon un modèle d'aménagement urbain contemporain, suivant les exemples américain et allemand. Le nouvel hôpital et la Cité des États-Unis illustrent ces univers rationnels, hygiéniques, que l'on commence à appeler les « grands ensembles » (1914). Sénateur (1912-1919) puis député (1919-1957) du Rhône, Herriot joue un rôle de plus en plus important au sein du parti radical. Briand lui confie son premier portefeuille ministériel, celui des Travaux publics, dans le cabinet qu'il dirige de décembre 1916 à mars 1917.

En 1919, Herriot est élu président du Parti républicain radical et radical-socialiste à la surprise générale, mais pour rompre clairement avec la logique d'Union sacrée suivie depuis 1914 et incarnée par un autre radical, Clemenceau. Ce choix le conduit à organiser le Cartel des gauches avec les socialistes pour les élections de mai 1924. Stratégie victorieuse, suivie de plusieurs reculs qui montrent les faibles qualités d'Herriot comme homme d'État. Il doit subir la démission du président de la République, Alexandre Millerand (contre son avis) et l'élection de Gaston Doumergue (juin 1924), qui n'était pas son candidat. L'évacuation de la Ruhr passe pour une reculade et un alignement sur l'Amérique. La reconnaissance de l'URSS excite le fantasme bolchevique, d'autant qu'elle se conjugue (octobre 1924) avec l'affirmation d'un strict laïcisme (l'anticléricalisme étant le seul ciment des gauches à cette date) et le transfert des cendres de Jaurès au Panthéon, présenté comme un facteur supplémentaire de division idéologique. Enfin, la politique économique du ministre Clémentel, organisée autour du retour à l'équilibre budgétaire, de la lutte contre l'inflation et du contrôle de la masse monétaire, est sabotée par les discours contradictoires et les dissimulations d'Herriot. Sa dénonciation du « mur d'argent » n'arrête pas la spéculation menée de Londres contre le franc et met en évidence son talent pour se défausser de ses responsabilités. Le 8 avril 1925, Clémentel doit démissionner quand la réalité s'impose : les caisses sont vides. Herriot est renversé par le Sénat le 10.

Élu président de la Chambre le 22 avril, Herriot conserve cette charge jusqu'au 20 juillet 1926. En effet, après avoir contribué à la chute du gouvernement Briand, le 17 juillet, il est chargé de constituer le nouveau gouvernement. Mais la situation financière est catastrophique, l'inflation règne, et le ministère tombe le jour même de sa présentation à la Chambre le 21 juillet. Dans le cabinet d'union nationale, ou « des six présidents », aussitôt constitué par Poincaré, Herriot reçoit le portefeuille de l'Instruction publique. Pendant deux ans, il lutte pour la gratuité de l'enseignement secondaire. Démissionnaire en novembre 1928, en même temps que les autres ministres radicaux, il rentre dans l'opposition. Le 3 juin 1932, après la victoire de la gauche aux élections du mois précédent, il forme le nouveau gouvernement à la demande du président Lebrun. Pour faire face à la mauvaise situation économique, diminution des exportations et de la production industrielle, effondrement des prix agricoles et montée du chômage, le président du Conseil présente le 17 juillet un plan d'austérité, accepté par la Chambre. À l'extérieur – Herriot s'est de nouveau réservé les Affaires étrangères –, après l'échec de la conférence de Genève sur le désarmement, celle de Lausanne consacre la fin des Réparations. La question du paiement des dettes aux États-Unis, auquel Herriot est favorable alors que la Chambre s'y est opposé, entraîne le renversement de son ministère, le 14 décembre 1932.

Après la crise qui aboutit au 6 février 1934, et cautionnant la victoire de la rue sur la représentation nationale, l'ancien président du Conseil entre comme ministre d'État dans les cabinets Doumergue (février 1934), Flandin (novembre 1934), Bouisson et Laval (juin 1935 – janvier 1936). Le maire de Lyon apporte ensuite, pour quelque temps, le soutien des radicaux au Front populaire, et devient en juin 1936 président de la Chambre, exerçant une grande influence jusqu'à la fin de la IIIe République. Il préside l'ultime séance parlementaire de cette dernière, au grand Casino de Vichy, le 9 juillet 1940, et s'abstient lors du vote des pouvoirs au maréchal Pétain, le lendemain. Sa réserve croissante à l'égard du nouveau régime (ce qui n'en fait ni un résistant ni, surtout, un gaulliste) et sa popularité conduisent en 1942 les autorités vichyssoises à le placer en résidence surveillée dans sa maison de Brotel, puis à Évaux-les-Bains, dans la Creuse. Il est ensuite transféré près de Nancy. C'est là que, le 13 août 1944, peu de jours avant la libération de Paris, Laval vient le chercher pour le ramener dans la capitale. Ce dernier veut qu'Herriot, dernier président de la Chambre, convoque une Assemblée nationale à laquelle le maréchal Pétain remettrait la délégation de pouvoirs qui lui a été consentie le 10 juillet 1940. Il envisage même la formation d'un gouvernement Herriot. À Paris, celui-ci invoque que le pouvoir de convoquer une telle assemblée n'appartient qu'à l'ancien président du Sénat, Jules Jeanneney. Reconduit à Nancy, avec son épouse, au bout de trois jours de vaines discussions, Édouard Herriot doit suivre le repli allemand, et il est interné à Potsdam. Libéré par les Russes le 25 avril 1945, il regagne Paris après un séjour à Moscou, puis à Téhéran. Le général de Gaulle lui restitue alors la croix de la Légion d'honneur qu'il avait renvoyée au grand chancelier.

Réélu maire de Lyon en 1945, et président de l'Assemblée nationale deux ans plus tard, Herriot s'oppose à la fois

Édouard Herriot
Herriot (à dr.), président de l'Assemblée nationale, en compagnie de Paul Reynaud, président du Conseil, en juin 1940. © *Roger-Viollet*

au général de Gaulle, au PCF et à la IVe République (il recommande le vote négatif aux deux référendums de 1946). Ce défenseur sourcilleux d'une République morte soutient le projet de construction européenne, même s'il s'oppose à la CED, et finit sa vie couvert d'honneurs, y compris une bénédiction religieuse donnée par le cardinal Gerlier le jour de ses obsèques. Ses mémoires, sous le titre *Jadis*, ont été publiés de 1948 à 1952.

HERVÉ Édouard (Saint-Denis-de-la-Réunion, 1835 – Paris, 1899)

Journaliste.

Libéral sous l'Empire, il devient par la suite un adepte convaincu des idées royalistes. En 1872, il fonde *Le Soleil*, qu'il dirigera jusqu'à sa mort, et dans lequel écrira le jeune Maurras. En 1879, il se rapproche de l'orléanisme. Le comte de Paris trouvera en lui un ami et un conseiller dévoué. Édouard Hervé est élu à l'Académie française en 1886.

HERVÉ Gustave (Brest, 1871 – Paris, 1944)

Journaliste et homme politique.

Professeur agrégé, il doit quitter l'Université en 1901, à la suite d'un procès qui lui a été intenté pour avoir écrit des articles antimilitaristes. Il se fait ensuite inscrire au barreau (1908), fonde le journal socialiste *La Guerre sociale*, violemment antipatriotique, et représente au sein de la SFIO un courant insurrectionnel. Cependant, lors de la déclaration de guerre, en 1914, Hervé se rallie sans hésitation à la politique d'Union sacrée et fait preuve du plus ardent patriotisme. En 1916, il quitte la SFIO, fonde le journal *La Victoire* et soutient le ministère Clemenceau. En 1927, il crée le Parti socialiste national, inspiré du fascisme, et se déclare, dès 1934, favorable à une dictature militaire avec une formule promise à un avenir certain : « C'est Pétain qu'il nous faut. » Hervé collaborera sans états d'âme pendant toute la guerre.

HESDIN

Ville située sur la Canche aux confins de l'Artois et de la Picardie.

Au Moyen Âge, elle est le siège d'un comté important dépendant du comté de Flandre. Le XVIe siècle, en la soumettant aux caprices des guerres entre la France et l'Empire, la ruine. En 1553, Charles Quint la fait raser de fond en comble. Une forteresse est édifiée quatre kilomètres plus loin, laquelle est le noyau de la ville actuelle. Pris par Louis XIII en 1639, le nouvel Hesdin est livré aux Espagnols vingt ans plus tard, et enfin définitivement reconnu à la France lors de la conclusion du traité des Pyrénées. L'emplacement de l'ancienne ville s'appelle aujourd'hui Vieil-Hesdin.

HEURES (livres d')

Livres de dévotion privée, très ornés et personnalisés car adaptés aux usages locaux et aux préférences individuelles.

Ils apparaissent à la fin du XIIIe siècle et supplantent progressivement le psautier dans les mains des laïcs. Ils tirent leur nom des huit heures de prières qui rythment la journée des moines et des laïcs, car elles sont sonnées par les cloches des églises. Toutes les trois heures doivent se lire les prières des offices : matines (minuit) et laudes (trois heures), très tôt réunies pour être chantées entre minuit et l'aube, suivies de l'office du matin – prime (six heures) –, puis des « petits offices » de tierce (neuf heures), sexte (midi) et none (quinze heures), et enfin des offices du soir – vêpres (dix-huit heures) et complies (vingt-et-une heures). Les laïcs ont à leur disposition ce livre d'Heures, composé généralement d'un calendrier, d'extraits des Évangiles, des prières à lire aux Heures de la Vierge, du Saint-Esprit et de la Croix, elles-mêmes suivies par des psaumes pénitentiels, les suffrages des saints et les offices des morts. Dans certains se trouvent des passages de traités philosophiques ou médicaux ainsi que des fragments d'ouvrages littéraires. Ces livres, dont certains sont des chefs-d'œuvre d'enluminures, accompagnaient la vie familiale. On y notait les événements principaux, ils servaient à enseigner la lecture aux enfants. Ils se sont multipliés avec l'imprimerie et, dans des formes très simplifiées, existent encore aujourd'hui.

HILAIRE d'ARLES, saint (?, v. 400 – Arles, 449)

Archevêque.

Il succède à saint Honorat comme archevêque d'Arles en 429. Continuant à mener une vie austère, présidant de nombreux conciles (Riez en 439, Orange en 441, Vaison en 442, Arles en 443), il se montre parfois très sévère envers les prêtres dont il censure les opinions ou les mœurs. Un différend l'oppose à ce sujet au pape saint Léon Ier le Grand qui l'appellera néanmoins, après sa mort, « Hilaire de sainte mémoire ».

HILAIRE de POITIERS, saint (Poitiers, v. 315 – ?, v. 367)

Évêque.

Probablement issu d'une riche famille méridionale, il exerce d'abord le métier de rhéteur puis répudie le paganisme et reçoit le baptême vers 345. Bien qu'il soit marié et père, les Poitevins l'élisent pour évêque vers 354. Dès lors, Hilaire consacre sa vie à lutter contre l'arianisme, au point qu'on l'appellera l'« Athanase de l'Occident ». Sa rigoureuse opposition à la politique religieuse de Constance II lui vaut un exil de quatre ans en Phrygie (356-360). Son zèle pour le Credo ne sera pas ralenti pour autant. C'est pendant cette période qu'il compose ses deux principaux traités, le *De Trinitate* et le *De synodis*, et qu'il participe au concile de Séleucie (359). Ayant obtenu l'autorisation de revenir en Gaule, il rouvre la lutte par un pamphlet contre l'empereur, le *Contra Constantium* (360). Peu après, Hilaire anime le concile de Paris.

Il accueillit, au moins une fois dans sa vie, saint Martin à Poitiers et introduisit en Occident les usages monastiques orientaux. Son œuvre écrite a incontestablement marqué une étape décisive dans la formation de la théologie chrétienne. C'est par saint Hilaire que s'est faite la confluence du courant oriental inspiré par Origène avec le courant occidental illustré par Tertullien et saint Cyprien. Dans la définition du dogme de la Trinité, Hilaire a fait adapter le mot « consubstantiel ». Du diocèse de Poitiers sa renommée gagna toute la Gaule et il devint l'« astre éclatant de l'Église ». Ses miracles seront racontés par Fortunat. Ses reliques sont conservées dans l'église romane Saint-Hilaire-le-Grand de Poitiers. Il a été reconnu docteur de l'Église en 1851 par le pape Pie IX.

HINCMAR (?, v. 806 – Épernay, 882)

Archevêque et théologien.

Élève, puis moine à l'abbaye de Saint-Denis, il appartient à l'une des plus importantes familles du royaume franc. Avec son maître Hilduin, le jeune moine se rend à la cour de Louis le Pieux et gagne la confiance du souverain. Son crédit s'accroît encore sous le règne de Charles le Chauve, fils et successeur de Louis : Hincmar est son principal conseiller de 845 à 876. Archevêque de Reims en 845, il exerce son influence sur l'Église comme sur le royaume. En 849, Hincmar fait condamner par l'assemblée de Quierzy-sur-Oise les théories du moine Gottschalk sur la prédestination, exposant bientôt sa propre doctrine dans le *De prædestinatione Dei et libero arbitrio*. Au point de vue politique, il soutient Charles le Chauve contre Louis le Germanique, en 858, puis contre Lothaire II. Un conflit l'oppose depuis 857 à l'un de ses suffragants, l'évêque de Soissons Rothade. Ce dernier affirme son droit à en appeler directement au pape, sans passer par l'intermédiaire d'Hincmar, pourtant archevêque métropolitain. En 865, le pape Nicolas Ier donne raison à Rothade, et contraint Hincmar à le réintégrer sur son siège. Deux ans plus tard, un conflit au sujet d'un prêtre déposé sur son ordre l'oppose à Charles le Chauve. Malgré ce différend, Hincmar couronne le souverain roi de Lotharingie, à Metz, en 869.

L'empereur fait de l'archevêque de Reims son exécuteur testamentaire et, après sa mort (877), le prélat couronne à Reims le nouveau souverain, Louis le Bègue. Il conserve son influence sous le règne de ce dernier (877-879) et demeure ensuite aux côtés de Louis III et de Carloman. En 882, les incursions normandes contraignent Hincmar à se réfugier à Épernay, où il meurt bientôt. Très actif, Hincmar avait notamment créé l'hôpital Saint-Bernard et le collège des Bons-Enfants. Parmi ses nombreux ouvrages politiques ou théologiques figure le *De ordine palatii*, tableau des institutions carolingiennes à la fin du règne de Charlemagne. Hincmar continua aussi la rédaction de la chronique dite de Saint-Bertin.

HOA BINH

Localité du delta tonkinois dans le nord du Vietnam, située dans la vallée de la rivière Noire, à une soixantaine de kilomètres au sud-ouest d'Hanoi.

Le repli du corps expéditionnaire français en 1951 vers la zone du delta a pour effet l'évacuation de la cité. Mais en novembre, le général de Lattre de Tassigny décide de porter un coup de boutoir dans cette région afin de faire reculer les bases du Viêt-minh. L'opération est un succès. Les 1er et 2e bataillons étrangers de parachutistes, appuyés par des supplétifs vietnamiens, s'emparent de la cité. De Lattre vient sur place quelques jours plus tard célébrer cette réussite. Ce sera la dernière de sa carrière militaire. Son départ replonge les autorités d'Hanoi dans la crainte et l'hésitation, d'autant plus que des bruits d'intervention chinoise circulent. Le Viêt-minh ayant réussi à couper en décembre la vallée de la rivière Noire, Hoa Binh est dès lors isolée. Le besoin de récupérer des effectifs incite le général Salan à évacuer la place, opération qui se déroule entre le 22 et le 25 février 1952. L'étau viêt-minh se resserre dès ce moment sur l'ouest du delta.

HOCHE Lazare (Versailles, 1768 – Wetzlar, Prusse, 1797)

Général.

Fils d'un garde-chenil à la vénerie de Louis XV, il devient aide-palefrenier aux écuries de Versailles avant de s'enrôler, en 1784, comme simple soldat au régiment des gardes françaises. Durant cette période, il consacre ses courtes heures de loisir à lire afin de pallier une éducation imparfaite. Puis, son régiment ayant été licencié au mois d'août 1789, Hoche, devenu caporal depuis le mois de juin de cette même année, est incorporé dans la garde nationale soldée de Paris, avec le grade de sergent. C'est alors que, promu capitaine dans un régiment d'infanterie au mois de janvier 1792, il participe aux grandes heures de l'histoire militaire de la Révolution. Après s'être distingué au siège de Thionville, il rejoint l'armée des Ardennes et devient aide de camp du général Leveneur. Chargé de la défense de Dunkerque, il contribue à la victoire de Hondschoote, dont il est récompensé par le grade de général au mois de mai 1793. Puis, devenu général en chef de l'armée de Moselle à l'âge de 25 ans, Hoche, après une défaite subie contre les Prussiens à Kaiserslautern, bat Wurmser, dégage Landau occupée et refoule les Autrichiens hors d'Alsace. Toutefois, malgré ces brillants succès militaires, il est la victime de l'inimitié que nourrit à son encontre Saint-Just, est emprisonné peu de temps après son mariage pour une raison futile. Incarcéré à la Conciergerie, il est traduit devant le Tribunal révolutionnaire mais le 9 Thermidor lui permet de recouvrer la liberté.

Hoche
Huile sur toile du baron Gérard, musée de Versailles.
© *Tallandier*

Immédiatement chargé de rétablir l'ordre républicain en Vendée, Hoche réussit à pacifier sans représailles sanglantes les provinces de l'Ouest. Il bat l'armée royaliste débarquée à Quiberon le 27 juin 1795 et reçoit à Port-Haliguen, le 21 juillet, la capitulation des émigrés commandés par Puisaye et Sombreuil. Après avoir démantelé les réseaux de Stofflet et de Charette, le général est chargé par le Directoire d'une expédition en Irlande, mais celle-ci tourne rapidement à la déroute et doit être abandonnée. De retour en France, il est nommé, en 1797, commandant de l'armée de Sambre-et-Meuse mais, après avoir battu les Autrichiens à Neuwied, à Ukerath, à Altenkirchen et à Dierdorff, il tombe grièvement malade et meurt le 19 septembre 1797, au terme d'une longue affection respiratoire. Son corps est inhumé aux côtés de celui de Marceau, à l'intérieur du fort de Peterberg, et le Directoire fait organiser, le 1er octobre au Champ-de-Mars, une grandiose cérémonie à sa mémoire.

HÔ CHI MINH, NGUYN TAT THANH, dit NGUYÊN AI QUOC, puis (Nghé An, 1890 – Hanoi, 1969)

Homme politique vietnamien.

Fils d'un modeste fonctionnaire annamite de la région de Vinh (réputée pour sa traditionnelle agitation nationaliste), il fréquente un moment le collège mais préfère finalement l'aventure, en l'occurrence un poste de boy sur le cargo *Latouche-Tréville*, en route pour Le Havre. À Paris, après la guerre, il exerce le métier de retoucheur de photographies, tout en fréquentant la rédaction des journaux socialistes, écrivant en particulier pour *L'Humanité* un article intitulé « Histoire d'un ouvrier indochinois en France ». Premier Indochinois à militer au parti socialiste, il assiste en 1920 au congrès de Tours, celui de la scission, et opte pour la majorité communiste. Cette option le conduit à Moscou puis en Chine, où Borodine, représentant du Komintern dans ce pays, remarque ses qualités. Les services soviétiques encouragent son zèle en lui confiant la mission de créer des partis communistes dans le Sud-Est asiatique. Ainsi fonde-t-il, le 6 janvier 1930, le Parti communiste indochinois. Une émeute prématurée l'oblige à se réfugier l'année suivante à Hong Kong puis à Singapour (où les Britanniques l'incarcèrent un moment), avant de repartir pour Berlin et Moscou. En 1941, il fonde le Viêt-minh, destiné à lutter contre l'occupation japonaise. C'est à cette date qu'il choisit son surnom (« celui qui éclaire »). En 1944, le mouvement viêt-minh, dirigé par le chef du PCI, quadrille le nord du pays. Hô Chi Minh prend même contact avec des agents américains de l'OSS (*Office of Strategic Service*) venus de Chine nationaliste. Il réclame des armes et sollicite une intervention américaine en vue d'émanciper le Vietnam.

En mars 1945, lorsque le Japon fait disparaître l'autorité coloniale française, Hô Chi Minh rompt avec les autres leaders nationalistes et tente de substituer son autorité à celle des Japonais, des seigneurs de la guerre chinois et des Britanniques désireux d'évincer les Français. Le 2 septembre 1945, lorsque les Japonais capitulent, il proclame l'indépendance de la « République démocratique du Vietnam », depuis Hanoi. Envoyé par de Gaulle et sous l'autorité politique du haut-commissaire Thierry d'Argenlieu, le corps expéditionnaire du général Leclerc rétablit la position française et surtout instaure un climat de confiance réciproque, sur le modèle des négociations alors en cours aux Indes. Le 6 mars 1946, Hô Chi Minh et Jean Sainteny reconnaissent, à Hanoi, l'existence d'un Vietnam « libre dans l'Union française ». Cependant, cet accord est saboté par l'amiral Thierry d'Argenlieu qui souhaite séparer la Cochinchine du Vietnam ; aussi la conférence de Fontainebleau (septembre 1946), qui devait entériner les accords de mars transformés en traité, est un échec, malgré la présence en France d'Hô Chi Minh. Le 23 novembre, le bombardement du port d'Haiphong par la marine française, sur ordre de Thierry d'Argenlieu, ouvre la guerre d'Indochine.

La France cumule trois handicaps : Hô Chi Minh symbolise l'insurrection d'un peuple agressé par le colonisateur ; il reçoit le soutien de la Chine et de l'URSS au nom de la lutte contre les « impérialistes » européens ; la guerre – menée par l'armée de métier – rencontre l'indifférence ou l'hostilité des Français de métropole. Cette guerre se clôt par les accords de Genève (avril-juillet 1954) qui consacrent la division du Vietnam entre un Nord (au-delà du 17e parallèle) aux mains d'Hô Chi Minh et un Sud gouverné par le général Diem. À partir de 1959, les troupes du Nord soutiennent les nationalistes du Sud, provoquant le soutien matériel puis l'intervention des Américains (1965), inquiets d'un basculement de toute la région dans l'aire d'influence communiste. Celle-ci s'effectue par bombardements aériens, dévastant le Nord et ses habitants (au moins 10 % de la population tuée entre 1965 et 1973), en même temps qu'ils accélèrent la transformation du Vietnam du Nord en démocratie populaire, à parti unique et régime policier. Pour autant, à la mort « d'oncle Hô », en 1969, les aspects totalitaires sont ignorés de l'opinion internationale et celui-ci apparaît comme le symbole de la lutte anti-impérialiste.

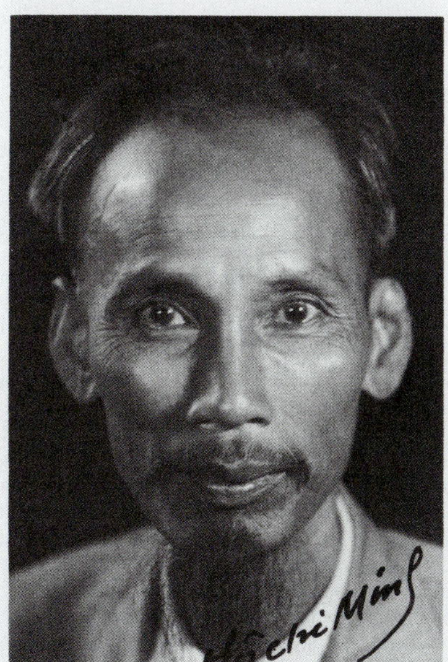

Hô Chi Minh
Hô Chi Minh en avril 1946. Coll. du général Salan.
© *Sélection Images*

HÖCHSTÄDT (batailles d')

Trois batailles célèbres ont été livrées dans la plaine de Höchstädt, localité de Bavière située sur le Danube.

La première, pendant la guerre de Succession d'Espagne, est remportée le 20 septembre 1703 par Villars sur l'armée autrichienne du comte de Styrum. La deuxième, pendant cette même guerre, le 13 août 1704, voit la défaite de Tallart et Marsin devant les troupes anglo-autrichiennes commandées par Marlborough et le prince Eugène. La troisième est gagnée le 13 juin 1801 par Moreau, généralissime de l'armée du Rhin, sur les Autrichiens du feld-maréchal Kray auquel il coupe la ligne de retraite, le contraignant à une demande de suspension d'armes (15 juillet).

HOCQUINCOURT Charles de MONCHY, marquis d' (Picardie, 1599 - Dunkerque, 1658)

Maréchal de France.

Nommé maréchal de camp en 1642, il se montre fidèle à la Cour au début de la Fronde, contribuant à la victoire de Rethel sur Turenne en 1650, ce qui lui vaut le bâton de maréchal peu après. Défait en 1652 par Condé à Bléneau, il trouve le moyen d'être nommé l'année suivante vice-roi de Catalogne, charge trop lourde pour ses capacités. Il déploiera plus de talent en 1654 devant Arras en secondant les efforts de Turenne. Des blessures d'amour-propre le jettent dans le camp ennemi (1665). Les Espagnols lui confient la défense de Dunkerque ; c'est devant cette place qu'il est mortellement blessé en allant reconnaître les lignes françaises.

HOHENLINDEN (bataille de)

Victoire remportée par le général Moreau, le 3 décembre 1800, sur l'armée austro-bavaroise sous le commandement nominal du jeune archiduc Jean, en réalité aux ordres effectifs du général Lauer.

Après avoir conquis la Bavière et imposé en juillet un armistice à l'armée autrichienne du général Kray (à la suite notamment de sa victoire de Höchstädt), Moreau doit faire face, en novembre, à une nouvelle offensive autrichienne de Lauer. Mais il a repéré le pays avec soin et choisi l'emplacement de la rencontre, le petit village de Hohenlinden, en Bavière, dans une clairière qui sépare les deux vastes forêts d'Isen à l'est et d'Ebersberg à l'ouest. Ayant réussi à enserrer les Autrichiens dans l'étroite chaussée forestière qui sépare les deux massifs entre les feux convergents de Ney et Grouchy d'une part, Richepanse et Decaen d'autre part, il leur inflige en peu de temps une défaite complète, sous une tempête de neige, puis se lance à leur poursuite par la vallée du Danube, en direction de Vienne. Les Autrichiens, qui ont eu 12 000 à 15 000 hommes tués, blessés ou prisonniers, demandent alors un armistice qui leur est accordé à Steyr le 25 décembre. Cet armistice et celui de Trévise, pour le front italien, mettent fin aux hostilités et précèdent de peu la signature du traité de Lunéville (9 février 1801).

HOLLANDE (guerre de)

Guerre européenne, ayant duré de 1672 à 1679.

Des rivalités économiques entre la France et les Provinces-Unies protestantes sont à l'origine de cette guerre. L'alliance de Charles II d'Angleterre, également intéressé à la ruine des ports d'Amsterdam et de Rotterdam, incite Louis XIV à monter une expédition vers le nord, à laquelle Guillaume d'Orange répond en faisant ouvrir les digues et écluses protégeant les zones inondables. Pendant ce temps, la Hollande noue des alliances avec l'Espagne, le Grand Électeur de Brandebourg et l'empereur d'Autriche, la France ralliant à sa cause les Suédois. Après le repli de l'armée d'invasion de la Hollande, Turenne doit défendre l'Alsace contre les Impériaux en 1674, date de l'abandon de la lutte par Charles II. L'échec des Suédois à Fehrbellin, face aux Prussiens, en 1675, est compensé par des avantages français obtenus en Flandre et surtout en Franche-Comté, si bien que Louis XIV, lors des négociations de paix à Nimègue, peut prétendre à l'annexion de la seconde et réclamer de la première les villes de Cambrai et de Valenciennes. S'y ajoutent Bouchain, Condé-sur-l'Escaut, Aire-sur-la-Lys, Saint-Omer, Warneton et Poperinghe. Louis XIV affermit de la sorte sa frontière septentrionale, tout en parvenant aux crêtes jurassiennes.

HOMMAGE

Aux temps féodaux, acte solennel par lequel un vassal se place sous la dépendance d'un seigneur.

L'hommage remonte à l'ancienne *commendatio* de la Gaule mérovingienne des VIIe et VIIIe siècles, par laquelle des *vassi* – on devait dire plus tard des vassaux – se recommandaient à des *seniores* – appelés plus tard seigneurs – pour avoir leur protection. Systématisée par Charles Martel qui avait besoin de soldats qui lui fussent étroitement liés, et qui prit l'habitude, pour subvenir à leurs frais, de leur concéder des terres en bienfait – *in beneficio* –, du moins à titre viager, cette pratique ne fait que croître sous les Carolingiens avant de prendre le nom d'hommage à partir du XIe siècle. Cet engagement du vassal envers son seigneur prend effet au cours d'une cérémonie rituelle qui consiste essentiellement en une « dation » des mains. Le vassal, nu-tête, sans armes, généralement à genoux, met ses mains jointes dans celles de son seigneur qui, lui, est debout. Puis il exprime sa volonté de se donner au seigneur suivant une formule du genre : « Sire, je deviens votre homme. » Le seigneur répond : « Je vous reçois et prends à homme. » En France, il y a souvent un rite supplémentaire qui crée entre le seigneur et le vassal une affinité encore plus étroite : en relevant le vassal, le seigneur le baise sur la bouche, faisant de lui un « homme de bouche et de mains ».

À ce premier rite, qui était le seul à l'époque mérovingienne, les temps carolingiens en ajoutent un second, qui est le serment de fidélité. Le vassal s'est relevé et, la main sur les livres saints ou sur une châsse contenant des reliques, prête serment de fidélité à son seigneur. Il lui jure foi et sûreté (*fidem et securitatem*), serment de valeur religieuse qui, s'il était violé, ferait du vassal un parjure soumis aux peines ecclésiastiques, et qui, par conséquent, fortifie l'engagement du vassal. De l'hommage dérivent les obligations qui donnent leur sens à la vassalité : pour le seigneur « protéger » le vassal, pour le vassal « servir » le seigneur. Ces obligations ont à l'origine une portée avant tout morale mais elles se traduisent vite dans la réalité par des contraintes précises. Le vassal doit à son seigneur le *consilium* – le conseil –, qui consiste, en général, en l'obligation de participer aux assemblées réunies par le seigneur et de rendre la justice en son nom, et l'*auxillum* – l'aide, essentiellement militaire et éventuellement financière. De l'obligation de protection qui incombe au seigneur vis-à-vis de son vassal, découle celle de le faire vivre : à l'origine en l'accueillant chez lui, en le nourrissant et en le vêtissant ; et puis, bientôt, et de plus en plus, en lui donnant un fief. Contre le vassal infidèle, « félon », le seigneur, en général avec l'avis de son Conseil, peut prononcer des sanctions, dont la principale est la confiscation du fief. Inversement, le vassal peut « défier », c'est-à-dire retirer sa foi au seigneur qui manque à ses engagements. Théoriquement, le « défi » doit s'accompagner d'une proclamation solennelle et du renoncement au fief.

Les vassaux prennent très souvent l'habitude, en France, de recevoir des fiefs de plusieurs seigneurs, aussi apparaît-il, vers le milieu du XIe siècle, une distinction entre deux sortes d'hommage : l'hommage lige et l'hommage plain ou plane. L'hommage lige prime sur les autres, généralement à cause de l'importance du fief. Il oblige le vassal de façon prioritaire à l'égard du suzerain auquel il est prêté et ne peut être prêté, qu'à un seul suzerain. Par comparaison, l'hommage plain est en quelque sorte un hommage secondaire. Mais il est arrivé que même l'hommage lige ait été prêté à plusieurs seigneurs.

HONFLEUR

Ce port du Calvados, situé sur la rive méridionale de l'estuaire de la Seine, occupe depuis l'époque médiévale une place très importante sur cette partie du littoral.

Les chroniques font remonter son origine au XIe siècle. Les Anglais s'y livrent au pillage durant la guerre de Cent Ans, et il faut attendre 1450 pour que l'armée royale le réoccupe. Ligueurs et calvinistes se le disputent en 1562, et Henri IV n'y fait son entrée qu'en 1594. Mais la paix revenue n'est pas gage de prospérité puisque, de l'autre côté de l'estuaire, Le Havre prend son essor. Les bassins créés par Duquesne de 1668 à 1684 et agrandis entre 1720 et 1725, suffisent tout juste à maintenir l'activité de pêcheries. Les yachts, aujourd'hui, soulignent la vocation touristique et résidentielle de cette ville très appréciée des artistes.

HONNÊTE HOMME

Idéal esthétique et éthique élaboré au XVIIe siècle pour caractériser la culture et la civilité de l'homme du monde comme du courtisan.

Dans la première partie du Grand Siècle, s'affirme la notion d'honnêteté, en réaction contre la grossièreté de la noblesse. Les Précieuses en sont les institutrices, de multiples ouvrages en déclinent le modèle, comme *Le Courtisan* de Baldassar Castiglione (1528) ou *L'Honnête homme* de Nicolas Faret (1630). L'honnêteté est un idéal mondain – l'homme se perfectionne dans la société du salon ou de la Cour – et élitiste au double plan moral et social : l'honnête homme est bon chrétien et homme d'honneur, la plupart du temps gentilhomme, de préférence bien fait et d'allure élégante. L'honnêteté déroule aussi un programme éducatif hérité de l'humanisme qui s'enracine dans la civilité et se continue par les belles lettres (romans et poésies), les langues étrangères – italien et espagnol notamment –, voire les mathématiques et la philosophie. Mais ce savoir libéral n'est pas celui d'un savant, encore moins d'un pédant : il se déploie dans la conversation élevée au rang d'art et se met au service d'une rhétorique de séduction qui assure la promotion de l'honnête homme à la Cour.

Mais, à la Cour, comment rester honnête au sens de vertueux ? L'absolutisme impose au courtisan une forme de servilité contraire à son idéal. Faute de pouvoir fonder toujours la valeur sur la faveur, l'honnêteté, à l'aube du règne de Louis XIV, perd son ambition morale. La Bruyère, dans *Les Caractères*, découvre les ambiguïtés du monde où, comme le dépeint Mme de La Fayette dans *La Princesse de Clèves*, tout est masque, voire contrefaçon à la Dom Juan ou à la Tartuffe. Cependant, la notion gagne en extension ce qu'elle perd en profondeur au point de devenir une véritable norme de la société de cour : l'honnêteté est une estampille autorisant l'accès aux honneurs et aux pensions ; elle distingue le Parisien du provincial, le gentilhomme du bourgeois, qui tente pourtant d'en prendre les airs en lisant *Le Mercure Galant*. Davantage que les valeurs de l'héroïsme ou de la sainteté qu'elle remplace en partie, l'honnêteté synthétise le legs de l'âge classique en un canon universel, altéré mais toujours révéré.

HONNEUR

Réputation, estime qui accompagne, dans la société d'Ancien Régime, la naissance mais aussi l'état, le courage ou les talents.

À l'époque carolingienne, l'honneur est la rétribution d'une fonction publique, en particulier celle de comte. Ce sens spécialisé subsiste à l'époque moderne au pluriel du mot : les honneurs désignent les privilèges attachés à telle ou telle dignité ou charge ; les honneurs de la Cour, réglementés en 1732, comprennent ainsi, pour les hommes, le droit de monter dans les carrosses du roi. L'honneur est une des valeurs fondatrices de l'éthique aristocratique telle que l'expriment dans sa forme épurée les tragédies de Corneille comme *Le Cid*. Il s'hérite avec les titres mais aussi se défend face à l'offense, qui doit se purger par les armes ou face aux prétentions de l'absolutisme royal : c'est au nom de leur honneur blessé que les Grands se révoltent sous Richelieu ou durant la Fronde. Le souci de l'honneur est la première préoccupation du gentilhomme, après celle du salut, mais bien avant les intérêts matériels ; d'où l'idée que si certaines activités sont honorables, d'autres, notamment mercantiles, sont avilissantes. Car le principal terrain où l'honneur se gagne ou se perd reste le champ de bataille où il est glorieux de s'exposer, quitte à payer l'impôt du sang. Cette morale héroïque inspire aussi le roi, qui se veut un « roi de guerre » (J. Cornette) à la tête de son armée, comme Louis XV à Fontenoy en 1745 (pour la dernière fois cependant dans l'histoire de la monarchie). L'honneur est également une valeur féminine qui se défend essentiellement sur le terrain de la vertu et de la réputation, c'est-à-dire de « l'honnêteté » (« l'honnêteté des femmes [...] n'est souvent qu'un art de paraître honnête », La Rochefoucauld). Les hommes ont naturellement le devoir de défendre l'honneur des femmes du lignage qui rejaillit sur le leur. Mais cette conception de l'honneur féminin déborde largement le monde aristocratique. Le terme d'« honnêteté » ne recouvre cependant pas que la forme spécifique de l'honneur féminin : outre son honneur, le gentilhomme doit à partir du XVIIe siècle afficher les qualités de l'honnête homme, cette « honnêteté » qui s'étend au savoir et au savoir-vivre.

HONORAT, saint (?, v. 350 – Arles, 429 ou 430)

Archevêque.

Originaire de la Gaule Belgique, peut-être de Champagne ou de Lorraine, il se convertit avec son frère Venance et accomplit, toujours avec lui, un voyage en Orient qui lui apprend les usages de la vie monastique. Entre 400 et 410, Honorat vient se fixer dans les îles de Lérins et fonde un monastère dans celle qui depuis porte son nom. Consacré archevêque d'Arles en 426, il meurt quelques années après.

HÔPITAL GÉNÉRAL

À la fois hospice et prison, institué en 1656 dans les murs de la Salpêtrière à Paris pour le « grand renfermement » des indésirables, projet politico-administratif qui se greffe sur la mission d'aumône et d'assistance.

L'Hôpital général répond à une situation d'urgence : la montée du paupérisme après la Fronde et la guerre étrangère. Sur le modèle de la capitale, un édit royal de 1662 impose la création d'un hôpital général dans toutes les grandes villes. Plus de 5 000 mendiants sont à un moment rassemblés dans les établissements parisiens. Dans son ambition répressive, l'Hôpital général manifeste la volonté de l'absolutisme de mettre à l'écart de la cité les exclus de l'ordre classique : y sont en effet destinés les prostituées, les Tziganes, les vagabonds, les enfants trouvés et indigents que l'on contraint à se réformer dans une stricte discipline de travail et de prière. Mais cette institution ambiguë est aussi l'expression d'un renouveau caritatif qu'incarne la participation de Vincent de Paul et de ses filles de la Charité, créées en 1633. Pour le futur saint, l'assistance est un préalable à la conversion et au salut. La Contre-Réforme impose en effet un programme d'ordre moral mais aussi une sensibilité plus grande aux malheurs du temps : l'Hôpital général, comme d'autres établissements de l'époque, offre une assistance aux malades les plus démunis ou aux contagieux dont les proches ne veulent pas. Le privilège des riches est de mourir chez eux.

HORTENSE de BEAUHARNAIS (Paris, 1783 – Arenenberg, 1837)

Reine de Hollande (1806-1810).

Fille d'Alexandre de Beauharnais et de Joséphine Tascher de La Pagerie (l'impératrice Joséphine), elle est élevée à Paris dans une institution dirigée par Mme Campan. En 1802, Bonaparte, son beau-père, la marie contre son gré à son frère Louis, futur roi de Hollande. Trois enfants naîtront de cette union : Napoléon Charles, qui meurt à 4 ans en 1807, Napoléon Louis (1804-1831) et Charles Louis Napoléon (1808-1873), futur empereur Napoléon III. Hormis quelques courtes périodes de réconciliation, Hortense n'est pas heureuse en ménage. Elle est frêle et sensible, mais aussi frivole et légère, tandis que Louis est maladivement jaloux. Lorsqu'il s'installe à La Haye, elle le suit sans joie et réside plus souvent en France qu'en Hollande. En 1810, après l'abdication de son mari, elle obtient de vivre séparée de lui, à Paris. Du comte de Flahaut, écuyer de l'Empereur, dont elle est la maîtresse depuis plusieurs années, elle a en 1811 un fils, le futur duc de Morny. Lors de la Première Restauration, Louis XVIII la crée duchesse de Saint-Leu sur intervention du tsar Alexandre dont elle a obtenu l'appui. Lui pardonnant d'avoir abandonné sa cause, Napoléon, en l'absence de Marie-Louise, lui fait jouer le rôle d'impératrice pendant les Cent-Jours. Hortense est contrainte de s'exiler au lendemain de la seconde abdication de Napoléon et trouve refuge dans le petit château d'Arenenberg sur les bords du lac de Constance, non loin du village d'Ermatingen. Pendant la mauvaise saison, elle séjourne également à Augsbourg puis, à partir de 1823, en Italie. Après la révolution de Juillet, elle caresse l'espoir de se réinstaller en France. Mais Louis-Philippe refuse de mettre fin à son exil et, après un court séjour à Paris avec ses deux fils, elle gagne Londres avant de retrouver Arenenberg. Les *Mémoires* de la reine Hortense ont été publiés de 1922 à 1926 par le prince Victor Napoléon.

Hortense de Beauharnais en 1818
Huile sur toile de Garneray, coll. du prince Napoléon.
© Sélection Images

HOSPITALIERS (ordre des)

Nom donné aux religieux voués au service des malades et des voyageurs.

Les moines ont toujours considéré l'hospitalité comme le premier des devoirs à rendre aux hommes. Les croisades firent ressentir la nécessité d'organismes spécialement conçus pour la protection des pèlerins de Palestine. En Terre sainte, les ordres hospitaliers les plus célèbres furent l'ordre du Saint-Sépulcre et l'ordre de Saint-Jean de Jérusalem. L'ordre du Saint-Sépulcre remonterait à Godefroi de Bouillon ou à Baudouin de Flandre. En réalité, son existence officielle n'est attestée qu'à partir de la fin du XVe siècle. C'est, en effet, au temps du pape Alexandre VI qu'est institué un ordre militaire « du Saint-Sépulcre », destiné à récompenser les nobles personnages qui faisaient le pèlerinage des Lieux saints. En 1561, Pie IV autorise le gardien des moines de Saint-François en Terre sainte (dit Père gardien de la Terre sainte) à créer des chevaliers du Saint-Sépulcre. Aujourd'hui, la nomination des chevaliers est réservée au patriarche latin de Jérusalem. Le gouvernement français a reconnu cet ordre en 1928.

Fondé vers 1100 par Gérard Tenque pour défendre un hôpital de Jérusalem placé sous l'invocation de saint Jean-Baptiste, l'ordre de Saint-Jean de Jérusalem suit la règle (ou prétendue règle) de saint Augustin et se transforme en ordre militaire vers 1120-1140. Après la chute de Jérusalem en 1187, les Hospitaliers de Saint-Jean s'installent à Acre puis à Chypre (1291). En 1309, ils font la conquête de Rhodes qui, pendant plus de deux siècles, constitue le noyau de leur puissance. Là, ils doivent repousser les Turcs à plusieurs reprises, notamment sous la maîtrise de Pierre d'Aubusson lors du siège de 1480. Chassé de Rhodes par Soliman II en 1522, l'ordre s'établit en 1530 sur l'île de Malte qui lui est donnée par Charles Quint. L'ordre poursuit, contre les Infidèles, une lutte illustrée par deux grands épisodes : la résistance du grand maître La Valette (du 19 mai au 14 septembre 1565) et la victoire de Lépante (7 octobre 1571). Le XVIIIe siècle amène le déclin : vers 1785, la guerre de course est abandonnée ; en 1798 les Maltais laissent Bonaparte occuper leur île. Celle-ci ne sera pas rendue aux chevaliers lorsque les Anglais s'en empareront en 1800.

Depuis 1834, l'ordre a son siège à Rome. Actuellement, il est représenté dans 32 pays. Contrairement à ce que prétend une certaine légende, son rôle n'est pas purement honorifique. Si les Hospitaliers de Saint-Jean décernent des décorations, notamment la croix de Malte, ils possèdent aussi des hôpitaux et des véhicules d'intervention sanitaire. La première mission de l'ordre, l'« hospitalité » au sens plein du terme, n'est donc pas perdue.

L'hôtel de ville de Paris
Vue de la façade de l'Hôtel de Ville sur la place de Grève. Gravure, XVIIe siècle, châteaux de Versailles et Trianon.
© RMN-Gérard Blot

HÔTEL DE VILLE DE PARIS

C'est à partir du XIIe siècle que les bourgeois parisiens prennent l'habitude de se réunir pour discuter d'affaires concernant une cité en constante extension.

Les chroniques rapportent la tenue de réunions sur la rive gauche, non loin de l'ancien couvent des Jacobins, c'est-à-dire des actuelles rues Soufflot et Victor-Cousin. Mais, au XIIIe siècle, ce « parloir des bourgeois » passe sur la rive droite en raison de l'importance prise par la corporation des bateliers, lesquels amarrent leurs embarcations sur ce qui deviendra la place de Grève. C'est ainsi qu'après 1357 la Maison aux Piliers, possession des dauphins viennois, accueille les assemblées communales, chaque époque agrandissant le bâtiment. Sous François Ier, l'édifice est devenu si insuffisant que le monarque en décide la démolition pour lui substituer un bâtiment inspiré de l'architecture italienne, construction élégante, à laquelle Dominique de Cortone, dit le Boccador, passe pour avoir travaillé. En fait, l'ouvrage ne sera achevé qu'au XVIIe siècle sous la prévôté de François Miron. Il sombrera dans les flammes de l'insurrection de la Commune en mai 1871. La reconstruction sera entreprise par les architectes Ballu et Deperthes de 1873 à 1883, ceux-ci respectant l'aspect général de l'édifice détruit.

Le 20 août 1944, le Comité parisien de libération s'installe à l'Hôtel de Ville. Quatre jours plus tard arrive sur la place le détachement du capitaine Dronne, élément précurseur de la 2e DB, composé des chars *Champaubert*, *Montmirail* et *Romilly*, ainsi que de quelques *half-tracks* d'infanterie, symbole annonciateur d'une libération que couronne le surlendemain la rencontre du général de Gaulle, président du gouvernement provisoire, et des membres du Conseil national de la Résistance.

HÔTEL DU ROI

Nom donné, sous les Capétiens, à l'ensemble des services domestiques du roi.

L'institution, fort ancienne, n'est connue dans le détail qu'à partir du règne de Saint Louis, grâce à diverses ordonnances. L'ordonnance d'août 1261, comme plus tard, sous le règne de Philippe le Bel, celles de 1285 et 1291, énumère les officiers domestiques qui composent les différents services de l'hôtel et fixe leurs gages, mi en espèces, mi en nature. Au sens le plus étroit, celui de domesticité, l'hôtel du roi comporte six services ou *ministeria*, les métiers de l'hôtel : paneterie, échansonnerie, cuisine, fruiterie, écurie et chambre. Cette dernière, cessant d'être un métier entre 1257 et 1261, est alors remplacée par la fourrière. Ces métiers ne sont pas les seuls services de l'hôtel, parmi lesquels figurent, par exemple, la prévôté de l'hôtel, l'aumônerie ou la vénerie. Au contraire, certains services ne font pas partie de l'hôtel du roi. Chaque service est dirigé par des chefs distincts, pour le roi d'une part, et pour le commun, c'est-à-dire le reste de la Cour, d'autre part. Les deux maîtres de l'hôtel, bientôt remplacés par un seul grand maître, contrôlent les dépenses.

Les officiers, nommés et révoqués par le roi, sont logés au château royal ou dans ses dépendances, et accompagnent le souverain dans ses fréquents déplacements. L'effectif exact du personnel de l'hôtel, officiers et subalternes, est difficile à évaluer. L'hôtel groupe peut-être 500 personnes sous le règne de Philippe V, sans compter l'hôtel de la reine, ni celui des enfants de France. Tous ces personnages, dont la plupart sont nourris et vêtus aux frais de l'hôtel, représentent une lourde charge. L'hôtel possède son administration financière et sa comptabilité particulièrement alimentée, pendant trois siècles, par les recettes du domaine. À partir du règne de Philippe Auguste, baillis et prévôts envoient régulièrement le produit de ces dernières au « Trésor du Temple », qui règle les dépenses de l'hôtel et les gages des officiers.

Les chefs des métiers les plus importants, le sénéchal, le connétable, le bouteiller et le chambrier, détachés de la domesticité, constituent bientôt, avec le chancelier, les grands officiers de la couronne. Certains d'entre eux prennent une importance politique considérable, contraignant parfois le roi à ne plus attribuer l'office. La cour du roi capétien, centre de son gouvernement, n'est en fait souvent que l'élargissement de son hôtel.

HOUCHARD Jean Nicolas (Forbach, 1738 – Paris, 1793)

Général.

Entré dans l'armée en 1755, il participe à la guerre de Sept Ans. Nommé commandant en chef de l'armée de la Moselle et du Rhin en août 1793, il bat à Hondschoote (6-8 septembre) l'armée du duc d'York. Accusé par Barère et Jean Bon Saint-André de n'avoir pas poursuivi l'ennemi en fuite, il est condamné à mort par le Tribunal révolutionnaire et guillotiné.

HOUGUE (bataille de La)

Combat naval livré en 1692 par Tourville au large de la pointe de Barfleur, sur la côte nord-est du Contentin, à la flotte anglo-hollandaise dirigée par l'amiral Edmund Russel.

Au cours de la guerre de la ligue d'Augsbourg, alors que le maréchal de Bellefonds a regroupé dans la presqu'île du Cotentin les troupes françaises et irlandaises chargées de débarquer en Angleterre pour y rétablir Jacques II sur le trône, Tourville commande la flotte française, armée pour cette occasion. À la fin du mois d'avril, le roi et Pontchartrain ordonnent à l'amiral de quitter Brest immédiatement, sans attendre comme il le souhaiterait le renfort de la flotte de la Méditerranée. Tourville doit attaquer l'ennemi s'il le rencontre, même si ses propres forces sont inférieures. Parti de Brest le 9 mai avec 39 navires, que rejoignent bientôt cinq autres unités, Tourville, à bord du *Soleil Royal*, dépasse la rade de Cherbourg aux premières heures du 29 mai, et se trouve face aux 89 (ou 99 selon les sources) vaisseaux anglo-hollandais. La bataille fait rage toute la journée, les Français tiennent tête à l'ennemi malgré leur infériorité numérique. Lorsque l'engagement cesse, après la tombée du crépuscule, deux vaisseaux anglais ont été envoyés par le fond, beaucoup d'autres sont gravement endommagés. Aucun navire français n'a été coulé, mais trois d'entre eux, dont le *Soleil Royal*, sont très endommagés. Au cours de la retraite vers Saint-Malo, qui s'opère dans une brume épaisse, neuf navires français s'égarent et poursuivent seuls leur route. Deux d'entre eux, le *Bourbon* et le *Saint-Louis*, se réfugient dans la rade de La Hougue. Les 35 navires commandés par Tourville mouillent le 30 mai devant Cherbourg et lèvent l'ancre après la tombée de la nuit pour poursuivre la retraite. Tourville s'est décidé à quitter le *Soleil Royal*, trop endommagé, pour monter à bord de l'*Ambitieux*. Le *Soleil Royal* se dirige vers la rade de Cherbourg.

Dans la nuit, 11 navires s'égarent à nouveau dans la brume, ce qui leur permettra d'échapper au désastre. Le 31 mai au matin, l'amiral et ses 33 vaisseaux, poursuivis par l'ennemi, arrivent en vue du raz Blanchard et du passage de la Déroute : 11 navires seulement parviennent à franchir le passage et s'échappent, les 12 autres, dont l'*Ambitieux*, commencent à dériver vers le nord, risquant de tomber aux mains de l'ennemi. L'amiral décide alors d'échouer les vaisseaux, chaque capitaine restant toutefois maître de sa décision : l'*Admirable* et le *Triomphant* rejoignent le *Soleil Royal*, et attendent l'ennemi. Les 10 autres, doublant le cap de Barfleur, retrouvent le *Bourbon* et le *Saint-Louis* devant La Hougue, où ils s'échouent. Les 3 navires réfugiés dans la rade de Cherbourg sont brûlés par l'ennemi, la défense acharnée de l'équipage empêchant l'abordage. Le 1er juin, Tourville se rend à terre pour prendre les ordres de Bellefonds et de Jacques II. Malheureusement, malgré les sollicitations pressantes de l'amiral, ces derniers ne veulent prendre aucune décision. Le 2 juin, sans être inquiétés, les Anglo-Hollandais brûlent les 6 vaisseaux échoués devant l'île de Tatihou. Le lendemain, malgré la résistance de Tourville et de Villette, qui agissent sans ordres, les 6 derniers vaisseaux subissent le même sort devant La Hougue. Louis XIV, conscient de la responsabilité qu'il porte dans ce désastre, accueille ainsi Tourville : « Je suis content de vous et de la marine. Nous avons été battus, mais vous avez acquis de la gloire et pour vous et pour la nation. » En revanche, l'Angleterre pavoise : la France a perdu tout espoir de débarquer sur le sol anglais et, surtout, la marine française a perdu la maîtrise des mers. Elle renonce dorénavant aux grandes batailles rangées, se contentant de la guerre de course.

HOUPHOUËT-BOIGNY (Yamassoukro, Côte d'Ivoire, 1905 – Yamassoukro, 1993)

Homme politique, président de la République de Côte d'Ivoire.

Membre de l'ethnie des Baoulés, élevé chez les pères (il fera bâtir une réplique de la basilique de Saint-Pierre de Rome à Yamassoukro), médecin, il prend le nom de Boigny – « Bélier » – en 1945 et fonde le RDA (Rassemblement démocratique africain). Élu à l'Assemblée constituante en 1945, député de la Côte d'Ivoire au Parlement français (1946-1949), plusieurs fois ministre sous la IVe République, il est ministre d'État du général de Gaulle. En 1960, il devient le premier président de la République de Côte d'Ivoire devenue indépendante et exerce le pouvoir pendant 30 ans jusqu'à son retrait volontaire en 1990, ce qui fait de lui le dirigeant africain ayant exercé le plus longtemps une charge suprême, ainsi qu'un pionnier en matière de transmission constitutionnelle du pouvoir, pour l'avoir légué à son successeur Henri Konan-Bédié, président de l'Assemblée nationale.

HOWARD Elizabeth HARRIET, dite MISS, comtesse de Beauregard (Preston, Sussex, 1823 – Beauregard, 1865)

Demi-mondaine britannique.

Fille d'un bottier de Brighton, elle tente de faire une carrière théâtrale sous le nom de Miss Harriet Howard, sans grand succès. Mais elle reçoit une énorme fortune d'un de ses amants à qui elle a donné un fils. Très belle, intelligente, elle devient alors la reine du demi-monde londonien, tient un salon et, par l'intermédiaire du comte d'Orsay, fait la connaissance en 1846 de Louis Napoléon Bonaparte, le futur empereur Napoléon III. Très éprise de lui, elle met sa fortune à la disposition de sa cause et l'accompagne à Paris en 1848. Elle sera la maîtresse officielle du prince jusqu'au mariage de ce dernier avec Eugénie de Montijo (1853). Outre le remboursement de 5 millions-or, Napoléon III lui offrira en cadeau de rupture le titre de comtesse de Beauregard – du nom du domaine qu'elle venait d'acquérir à La Celle-Saint-Cloud.

HUE François, baron (Fontainebleau, 1757 – Paris, 1819)

Valet de la chambre du roi.

Huissier de la chambre du roi, puis premier valet de la chambre du Dauphin (1787), il fait preuve envers Louis XVI et sa famille pendant la Révolution, notamment pendant leur incarcération au Temple, d'une fidélité et d'un dévouement qui ont fait entrer son nom dans la légende. En reconnaissance, Louis XVI le couche sur son testament et le recommande à son fils. Arrêté en 1793, il est libéré en 1794, et Mme Royale obtient qu'il l'accompagne à Vienne l'année suivante. En 1799, Louis XVIII le prend à son service – il sera son premier valet de chambre jusqu'en 1818. Il avait été créé baron en 1816. Les *Souvenirs du baron Hue* (1787-1815) ont été publiés par A. de Maricourt, son arrière-petit-fils, en 1903.

HUÊ

Ville du centre du Vietnam, située au bord de la rivière Truong-Tien, ou rivière de Huê, à une quinzaine de kilomètres du littoral de la mer de Chine.

La proximité des premiers plissements de la chaîne annamitique explique l'importance séculaire de ce site, voie de passage obligée entre le nord et le sud de la péninsule indochinoise. Aussi n'est-il pas étonnant que les chroniques y mentionnent une fondation dès le IIIe siècle, implantation qui serait d'origine chinoise. Les négociants y établissent nombre de magasins. Leur prospérité est rapportée dès le XIVe siècle, si bien que la place devient également résidence seigneuriale. La dynastie des Nguyên la distingue et s'y établit à son tour au XVIIIe siècle. Le caractère administratif du lieu se confirme et s'accentue avec le règne de l'habile Gia Long, qui fait ériger une citadelle à partir de 1801 par le colonel français Olivier. Un palais s'y ajoute bientôt. La venue de la cour d'Annam amène la création de magnifiques jardins durant le XIXe siècle, de casernes, d'arsenaux. Les souverains annamites en font leur capitale. Son bombardement, le 20 août 1883, par les détachements de l'amiral Courbet, prélude à la mainmise française.

Éclipsée par Hanoi au nord et Saigon au sud, la cité prospère durant une soixantaine d'années grâce à son négoce actif, à la construction d'une voie ferrée et au passage de la route coloniale transindochinoise. Les accords de Genève de 1954, fixant la séparation des deux Vietnam le long du 17e parallèle, rendent la position plus aventurée, en raison de la proximité des forces communistes. Jamais plus, en effet, Huê ne retrouvera son lustre passé. La reprise de la guerre entre le Nord et le Sud amène une première fois, en janvier 1968, les forces nordistes dans la ville même, théâtre de massacres. Reprise par les troupes du gouvernement de Saigon et les *marines* américains, la ville est à nouveau menacée en mars 1972 lors de l'offensive du général

Victor Hugo
La dernière photo de Hugo (12 avril 1885). © *Sélection Images*

Giap sur Quang-Tri. La chute de cette importante région, lors de l'attaque nord-vietnamienne du début de 1975, prélude à l'effondrement définitif du régime du général Thieu.

HUGO Joseph Léopold Sigisbert (Nancy, 1773 – Paris, 1828)

Général.

Fils d'un artisan nancéien, il s'engage dans l'armée royale en 1788 mais ne gagne des grades qu'à la faveur de la Révolution, qui l'envoie guerroyer sur le Rhin, en Vendée, puis en Italie. Chef de bataillon en 1800, il accompagne Joseph Bonaparte à Naples en 1806 et y lutte contre la bande de Fra Diavolo. Haut dignitaire de la Cour, il accompagne le frère de l'Empereur à Madrid à partir de 1808, participe à la contre-guérilla et retraite avec l'armée en 1813. Napoléon lui confie durant la campagne de France de 1814 la défense de Thionville, tâche menée au-delà du possible puisqu'il faut une intervention de Louis XVIII, après les hostilités, pour mettre un terme à la résistance. Il a publié un certain nombre d'ouvrages de tactique militaire, en particulier sur les convois de ravitaillement, des *Mémoires*, parus en 1825, et un roman, l'*Aventure tyrolienne*, rédigé sous le pseudonyme de Sigisbert.

HUGO Victor (Besançon, 1802 – Paris, 1885)

Poète, dramaturge et romancier.

Fils du précédent. Il fait ses études au lycée Louis-le-Grand, où il prépare l'École polytechnique. Dès cette époque, il commence à écrire diverses odes et satires, qui lui valent d'être couronné à plusieurs reprises par les jeux Floraux. Celui qui prétendait vouloir être « l'écho sonore » de son époque épouse les tendances politiques du siècle : sous la monarchie de Juillet, Hugo se montre classique et monarchiste. C'est l'époque où l'Académie lui décerne une mention en 1817, où il intitule la revue qu'il a fondée *Le Conservatoire littéraire*. Mais l'interdiction de cette revue en 1829 amorce la conversion de Hugo au libéralisme, et la préface de *Cromwell*, premier manifeste du romantisme, prétend appliquer à l'art ce nouveau principe de liberté. Devenu orléaniste et libéral lors de la Révolution de 1830, Hugo écrit, au cours de la décennie, une grande partie des œuvres qui feront son renom. Ce sont tour à tour des recueils lyriques, comme *Feuilles d'automne* (1831), *Les Chants du crépuscule* (1835), *Les Voies intérieures* (1837), *Les Rayons et les Ombres* (1840), des drames en vers tels *Hernani* (1830) qui provoque la célèbre « bataille d'*Hernani* » mettant aux prises classiques et romantiques, ou encore *Le Roi s'amuse* (1832), *Ruy Blas* (1838), *Les Burgraves* (1843). Cette dernière pièce subit un échec retentissant qui conduit Hugo à renoncer au théâtre. Il écrit parallèlement des œuvres en prose, comme *Lucrèce Borgia* et *Marie Tudor* (1833), ou *Angelo* (1835), et surtout *Notre-Dame de Paris* (1831), grande fresque historique médiévale. C'est aussi l'époque au cours de laquelle il rencontre Juliette Drouet, qui reste sa maîtresse toute sa vie. Membre de l'Institut depuis 1841, Hugo est au faîte de sa première gloire littéraire lorsque le frappe en 1843 le deuil de sa fille Léopoldine, à Villequier. Le double coup de cette tragédie familiale et des bouleversements politiques de 1848 l'incite à se lancer dans la politique, à « militer ».

Définitivement gagné à la cause républicaine lors de la Révolution de 1848, il est élu député de l'Assemblée constituante la même année : l'ancien légitimiste vendéen cède alors la place au prophète de la République. C'est pourquoi, après l'avoir brièvement soutenu, il déchaîne ses foudres contre Louis-Napoléon Bonaparte et devient son ennemi le plus acharné après le coup d'État du 2 décembre 1851. Figurant parmi les premiers noms sur la liste des proscrits, Hugo s'exile pendant dix-huit ans. Il s'installe d'abord à Bruxelles, puis à Vianden, au Luxembourg, à Jersey et à Guernesey. Partout, il ne cesse de dénoncer « l'usurpateur », « Napoléon le Petit », comme dans *Les Châtiments* (1853). Recueils lyriques comme *Les Contemplations* (1856), épopées homériques comme *La Légende des siècles* (1859-1883), romans sociaux comme *Les Misérables* (1862), *Les Travailleurs de la mer* (1866) et *L'Homme qui rit* (1869), aucun genre littéraire n'échappe à sa verve emportée, qui n'a de cesse qu'elle ne vilipende, stigmatise et caricature les inégalités sociales.

Il revient d'exil en 1870 après le désastre de Sedan, et endosse le rôle de chantre de la République naissante. Il est élu député à l'Assemblée nationale en 1871, dont il démissionne cependant assez rapidement, se refusant d'une part à abandonner l'Alsace-Lorraine, d'autre part à faire partie d'une Assemblée niant reconnaître l'élection de Garibaldi. Élu au Sénat en 1876, il n'y trouve vraiment sa place qu'en 1881, après que cette institution, créée pour sauvegarder les intérêts monarchistes, fut devenue elle aussi républicaine. À côté de ses discours républicains, Hugo écrit *L'Année terrible* (1872), qui évoque la guerre franco-allemande et la Commune, ainsi que son dernier grand roman, *Quatre-vingt-treize* (1874) et *L'Histoire d'un crime* (1883), où il raconte le coup d'État. Sa dernière veine est d'un registre plus apaisé, à l'image de son recueil *L'Art d'être grand-père* (1877). Pour ses 80 ans, 600 000 Parisiens défilent sous ses fenêtres, tandis que des provinciaux envoient des fleurs, manifestation à laquelle participe également le gouvernement Jules Ferry. On comprend ainsi qu'à sa mort, le 22 mai 1885, son enterrement national et sa panthéonisation marquent l'entrée symbolique de la France dans l'ère républicaine. Le peuple de Paris rend hommage au barde inspiré qui a demandé à être conduit à sa dernière demeure dans le corbillard des pauvres et qui effectue, devant plus d'un million de personnes, le parcours de la gloire éternelle entre l'Étoile et le Panthéon.

HUGUENOTS

Nom donné en France à partir du milieu du XVIe siècle aux adeptes de la Réforme, et plus particulièrement aux calvinistes.

Plusieurs explications ont été proposées pour l'étymologie de *huguenot*. La plus vraisemblable est une altération, sous l'influence du diminutif du prénom Hugues, *Huguenot*, de l'alémanique *Eidgenossen* qui signifie « associés par serment », « confédérés », « conjurés ». L'expression servit à désigner les habitants de Genève, ligués en 1518 contre le duc de Savoie et l'évêque de la ville.

HUGUES de CLUNY, saint (Semur-en-Brionnais, 1024 – Cluny, 1109)

Sixième abbé de Cluny.

Issu de la famille des seigneurs de Semur-en-Brionnais (près de Paray-le-Monial), il est apparenté aux plus grands lignages aristocratiques de Bourgogne (comtes de Chalon, ducs de Bourgogne) et à la famille royale. Sa sœur, Ermengarde, est mariée à Robert Ier, duc de Bourgogne, lui-même frère du roi Henri Ier. Après des études dans l'école cathédrale d'Auxerre, il entre à Cluny vers l'âge de 15 ans, en devient prieur à 23, puis abbé à 25, après la mort d'Odilon (janvier 1049). Son abbatiat de soixante ans coïncide avec l'apogée du monastère bourguignon.

Poursuivant la politique de ses prédécesseurs, il entretient des relations étroites avec tous les princes d'Occident, des seigneurs châtelains jusqu'à l'empereur. Par ce biais, il étend considérablement le réseau des maisons clunisiennes dans des régions nouvelles : Île-de-France, Aquitaine, Saintonge, Aragon et Castille, Angleterre, Lombardie. Des abbayes anciennes sont agrégées au réseau clunisien (Saint-Germain d'Auxerre, Saint-Martial-de-Limoges, Saint-Gilles, Saint-Bertin-de-Thérouanne, Moissac) et de nouveaux monastères sont fondés comme La Charité-sur-Loire, Lewes (en Angleterre) ou Saint-Martin-des-Champs, qui deviennent eux-mêmes d'importants foyers auxquels sont liés des petits monastères. L'organisation du réseau clunisien, relativement informelle jusqu'alors, prend forme sous l'abbatiat d'Hugues. Entre 1075 et 1080, de nouvelles coutumes sont rédigées par le moine Ulrich de Ratisbonne. C'est dans ces textes que l'on voit apparaître pour la première fois la distinction, appelée à un long avenir, entre abbayes et prieurés ; distinction explicitement reconnue par le pape Pascal II en 1100. Le réseau clunisien, désormais appelé Église clunisienne (*Ecclesia Cluniacensis*), se compose d'une tête, Cluny, et de membres, parmi lesquels on distingue très nettement les abbayes et les prieurés. Les premières peuvent nommer leur propre abbé, avec néanmoins le consentement de celui de Cluny. Les prieurés sont soumis à l'abbaye-mère, et régulièrement visités par son abbé, enfin dirigés par un prieur nommé par celui-ci. Une autre nouveauté importante est la création, en 1055, par l'abbé Hugues, du premier monastère clunisien de femmes, à Marcigny (Saône-et-Loire, tout près de Semur-en-Brionnais). Il accueille dès les premières années la sœur et la mère de l'abbé de Cluny, et bientôt de nombreuses femmes issues de l'aristocratie et venant de l'ensemble du royaume.

Hugues entretient, comme ses prédécesseurs, des relations très étroites avec la papauté. Au début de son abbatiat, il est choisi par Grégoire VII comme légat en Aquitaine (1059-1060). Lors de la querelle du pape avec l'empereur Henri IV, il est un intermédiaire efficace jouant de sa parenté spirituelle avec les deux protagonistes (il est parrain de l'empereur). Il est l'un des principaux organisateurs de l'entrevue de Canossa en 1077, à laquelle il assiste et qui voit l'humiliation du second devant le premier. Si, malgré une légende tenace, Grégoire VII n'est pas un ancien moine de Cluny, son plus illustre successeur, Urbain II, en est l'ancien prieur. Dès son accession à l'abbatiat (1088), il renouvelle tous les anciens privilèges de Cluny, renforce son immunité en délimitant strictement un « ban sacré » autour de l'abbaye, soumis à la seule juridiction de l'abbé (1095), étend son exemption à l'égard de l'évêque de Mâcon et lui accorde les insignes épiscopaux.

Si l'abbé de Cluny ne s'est pas montré un partisan acharné de la première croisade, il a joué en revanche un rôle essentiel dans la *Reconquista* menée en Espagne à la fin du XIe siècle contre les musulmans d'Espagne. Le réseau de prieurés clunisiens qu'il établit en Aragon et en Castille, grâce à la générosité du roi Alphonse VI et des seigneurs de la région, sont les bastions de cette reconquête. Par ailleurs, ce sont Hugues et des moines clunisiens, dont le célèbre Bernard, devenu évêque de Tolède en 1080, qui imposent le changement de liturgie en Espagne, remplaçant la liturgie mozarabe par celle, unificatrice, de Rome.

À Cluny même, l'action d'Hugues est marquée par la mise en place du système des doyennés, petits établissements monastiques situés non loin de l'abbaye, chargés notamment de récupérer la rente agricole des moines et d'approvisionner le monastère. Ce système inspirera beaucoup les moines cisterciens, quelques années plus tard, lorsqu'ils mettront au point leurs célèbres granges. Pour manifester dans la pierre la puissance de Cluny, Hugues entreprend de reconstruire entièrement l'église abbatiale. La première pierre de ce qui deviendra la *maior ecclesia*, plus grande église de l'Occident jusqu'à la reconstruction de Saint-Pierre de Rome au XVIe siècle, est posée en 1088. Le chœur est semble-t-il achevé lorsqu'il est consacré par Urbain II en octobre 1095 et l'église est à peu près complète en 1130, date de sa dédicace par un autre pape, Innocent II. De l'œuvre écrite d'Hugues, ne sont conservés que quelques sermons et une dizaine de lettres adressées notamment au roi de France Philippe Ier et au roi d'Angleterre Guillaume le Conquérant. Toutefois, c'est à Hugues qu'il faut attribuer la paternité d'avoir fait rédiger et compiler les premiers cartulaires de Cluny et la reprise du dossier hagiographique de l'abbé Odon (927-942), officiellement reconnu saint vers 1090. Cette tradition de sanctifier les premiers abbés de Cluny se poursuit après la mort d'Hugues. Son successeur, Pons de Melgueil, fait rédiger pas moins de sept vies d'Hugues de Semur qui aboutissent, en 1120, à sa canonisation. Outre ses nombreux privilèges, sa richesse considérable, son réseau comptant plusieurs centaines de monastères, Cluny peut s'enorgueillir, au seuil du XIIe siècle, de quatre saints abbés : Odon, Mayeul, Odilon et Hugues.

HUGUES de GRENOBLE, saint (Châteauneuf-sur-Lers, 1053 – Grenoble, 1132)

Évêque.

Il fait des études poussées avant d'entrer dans les ordres et de devenir chanoine à Valence. En 1080, le clergé dauphinois le presse d'occuper le siège épiscopal de Grenoble. Hugues acquiesce et se fait sacrer à Rome. Son épiscopat est marqué par la lutte contre la simonie qui sévit dans son diocèse. Tenté de gagner La Chaise-Dieu pour entrer dans la vie régulière, il rejoint finalement son poste sur l'ordre du pape Grégoire VII. Ami de saint Bruno, il lui indique en 1084 le chemin de la Chartreuse. Hugues de Grenoble fut canonisé en 1134 par Innocent II.

HUGUES L'ABBÉ (? – ?, 885)

Archidacre.

À la mort de Robert le Fort (866), Charles le Chauve, dont il est le cousin, le nomme duc entre Seine et Loire (« marquis de Neustrie ») et abbé de Saint-Martin-de-Tours et de Marmoutier. En 877, il profite de l'expédition que mène en Italie Charles le Chauve pour se révolter, avec la complicité du propre fils du roi, Louis le Bègue. Devenu roi, Louis II le Bègue le nomme archichapelain du palais. Hugues l'Abbé est alors le personnage le plus influent du royaume. C'est lui qui exerce véritablement le pouvoir, faisant notamment signer à Louis II le traité de Fournon avec le roi de Germanie Louis III le Jeune. À la mort de Louis II, il fait reconnaître comme rois les deux fils du défunt, Louis III et Carloman, et travaille à leur rapprochement avec Louis le Jeune qui convoite lui aussi la couronne de la *Francia occidentalis* (accords de Ribemont en 880). Jusque-là, il avait plus ou moins réussi à contenir les Normands de la Loire mais, à partir de 882, leur poussée est irrésistible et il ne peut les empêcher de s'installer à Amiens. Il préside encore l'Assemblée des grands qui confie la couronne à Charles le Gros (885) et, sous ce nouveau règne, continue à exercer quelque temps le pouvoir.

HUGUES LE GRAND (? – ?, 956)

Comte de Paris et duc des Francs.

Fils du roi Robert Ier. À la mort de son beau-frère, le roi Raoul, qui ne laisse pas d'héritier direct (936), il est maître de la région entre Seine et Loire, mais également propriétaire de vastes domaines en Orléanais, en Touraine et en Berry, abbé laïque de Saint-Martin-de-Tours, de Marmoutier, de Saint-Germain d'Auxerre, de Morienval, peut-être aussi de Saint-Germain-des-Prés. Ainsi est-il le plus riche propriétaire du royaume. Son mariage avec Éthilde, sœur du roi des Anglo-Saxons Aethelstan, ajoute encore à son influence. À cette puissance matérielle, il joint une intelligence de premier ordre. Tout semble le désigner pour assumer la fonction royale, mais il ne veut pourtant pas tenter la chance d'une élection. Il connaît la défiance de l'aristocratie qui le jalouse et la puissance de ses rivaux. Dans ces conditions, il préfère renoncer au titre royal et cherche plutôt à exercer le pouvoir en fait, sinon en droit. À cette fin, il affiche un loyalisme carolingien qui n'est pas précisément désintéressé et persuade les grands de rappeler le fils de Charles le Simple, alors réfugié en Angleterre, qui monte sur le trône sous le nom de Louis IV.

Mais, déjouant les calculs d'Hugues, le nouveau roi rejette sa tutelle. Il entend régner et poursuivre la restauration de l'autorité royale entreprise par son prédécesseur. Le conflit entre les deux hommes devient inévitable. Hugues se ménage l'alliance germanique en épousant en secondes noces, en 937, Hatuide, sœur du roi de Germanie Otton le Grand, auquel il rend hommage en 940. Il se réconcilie surtout avec son ancien rival Herbert de Vermandois et gagne encore à sa cause le duc de Lorraine Gilbert et probablement Guillaume Longue-Épée, duc de Normandie. La perte de Reims (940) est pour Louis IV un grave échec, mais il réussit à préserver Laon, pivot de la défense carolingienne, et fait bientôt évoluer la situation en sa faveur. Otton s'étant décidé à traiter, Hugues se soumet à son tour en 942. Mais la paix est de courte durée. Tout en se montrant déférent à l'égard du roi, Hugues prépare sa vengeance. Après l'assassinat de Guillaume Longue-Épée (942), il réussit à dresser la Normandie contre Louis IV (943-945). Au même moment, des troubles agitent le Vermandois (943). C'est alors que Louis IV, invité par Harold de Bayeux à une entrevue sur les bords de la Dives, tombe dans un guet-apens. Sa suite est massacrée. Lui-même réussit à s'enfuir, mais il est fait prisonnier à Rouen, dont il se croyait pourtant le maître (945). Hugues le Grand se le fait remettre.

Le roi est sauvé par l'intervention d'Otton le Grand que l'ambitieuse activité d'Hugues inquiète (946). Délivrance chèrement achetée : Hugues obtient Laon, qu'il convoitait depuis longtemps. Otton et Louis ne parviendront pas à lui reprendre la place mais, lorsque Hugues refuse de se soumettre aux décisions du concile d'Ingelheim (juin 948) qui, sur la question de Reims, s'était ouvertement prononcé en faveur de la royauté, ils obtiennent son excommunication au concile de Trèves (septembre 948). Hugues subit bientôt un autre grave échec lorsque Louis IV réussit à entrer dans Laon par surprise. Incapable d'emporter la décision par les armes, il doit conclure la paix en 950. Sa puissance est intacte, mais il ne peut plus songer, après ces défaites, à revendiquer la couronne. Il n'esquisse pas le moindre geste de protestation lorsque Lothaire, le fils de Louis IV, est élu roi en 954, se contentant de faire payer chèrement son consentement. Il se fait reconnaître la suzeraineté de l'Aquitaine et, à la mort du duc de Bourgogne Gilbert, qui s'était proclamé son vassal, hérite de son duché avec l'assentiment de Lothaire (956). À sa mort, il laisse trois fils mineurs, Hugues, Otton et Eudes-Henri. L'aîné, le futur Hugues Capet, parvient à ceindre la couronne qui avait échappé à son père, donnant ainsi naissance à la longue dynastie des Capétiens.

HUGUES Ier CAPET (?, v. 941 – Saint-Denis, 996)

Duc des Francs (956-987) puis roi de France (987-996).

Fils aîné du précédent. On ne sait pas avec certitude la raison pour laquelle il reçut le surnom de Capet, qu'il ne transmit pas à ses successeurs, mais qui servit à désigner la longue dynastie dont il fut le premier représentant. Mineur à la mort de

Hugues Capet
Hugues Capet proclamé roi par les grands du royaume. Huile sur toile de Jean Alaux, dit le Romain, XIXe siècle, châteaux de Versailles et Trianon. © *RMN-Gérard Blot*

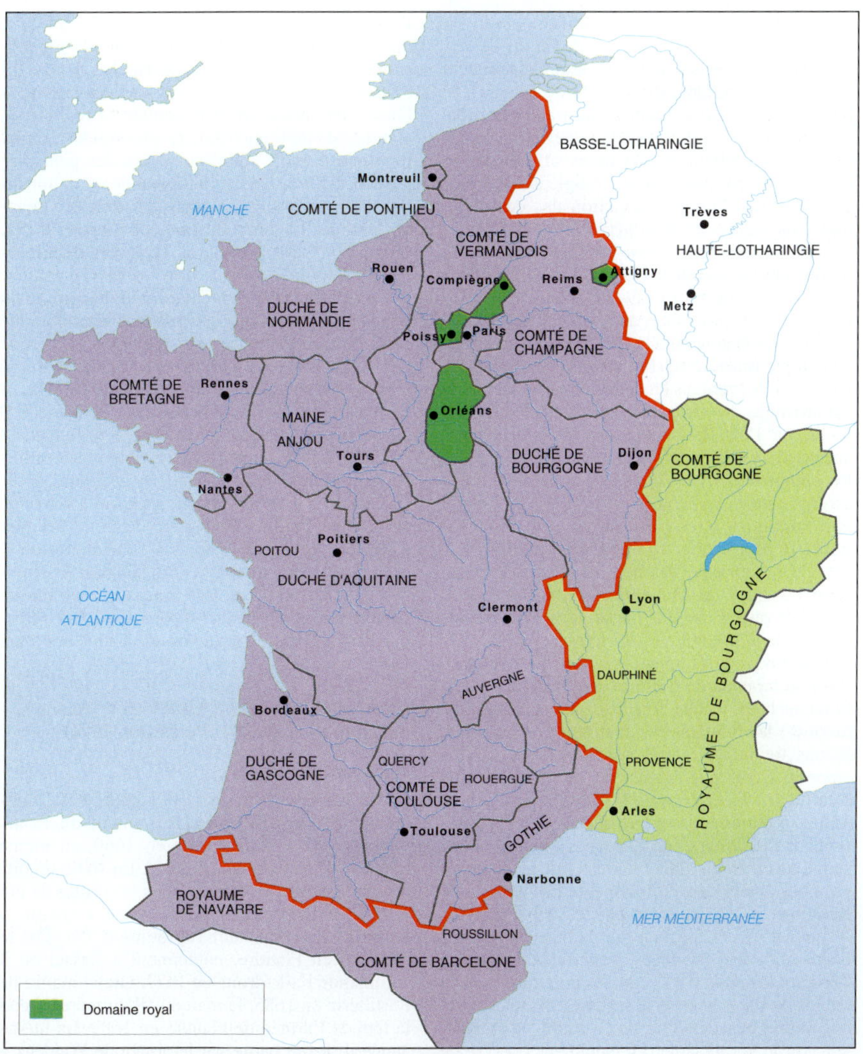

La France et le domaine royal vers l'an Mil

son père, il ne peut hériter immédiatement de la puissance qu'avait acquise ce dernier. Mais très vite son influence ne cesse de s'accroître. En 970, il épouse Adélaïde, fille de Guillaume Tête d'Étoupe. Il se rend surtout populaire par sa brillante défense de Paris contre Otton II en 978, tandis que son zèle religieux lui assure l'appui du clergé, à la fois séculier et régulier, enrichi par ses donations. Dans le conflit latent qui l'oppose au roi Lothaire, il bénéficie de l'appui de l'archevêque de Reims Adalbéron et de son ami Gerbert, l'écolâtre de Reims. Tous deux, très soucieux d'un accord avec la Germanie et croyant le jeune roi de Germanie Otton III menacé par Lothaire, forment le projet de le sauver en substituant sur le trône Hugues Capet à la famille carolingienne. Lothaire, ayant éventé le complot, traduit Adalbéron devant une assemblée d'évêques à Compiègne (985), mais celle-ci est dispersée par Hugues Capet qui, après ce coup d'éclat, se réconcilie avec le roi.

Lorsque Lothaire disparaît en 986, Hugues, malgré les appuis sur lesquels il peut compter, ne cherche pas encore à disputer la couronne au fils du roi défunt, Louis V, associé au pouvoir depuis 979. Toutefois, à la mort accidentelle de ce dernier, il ne reste plus qu'un seul représentant de la famille carolingienne, le frère de Lothaire, Charles duc de Basse-Lorraine, très impopulaire. Hugues juge alors son heure venue. Devant l'Assemblée réunie à Senlis puis à Noyon pour désigner le nouveau roi, Adalbéron intervient en sa faveur de manière décisive. Hugues Capet est proclamé roi le 1er juin 987 et, le 3 juillet, il est sacré par Adalbéron à Noyon. Mais Charles de Basse-Lorraine ne renonce pas à ses droits. Il réussit à s'emparer de Laon (988) et, bientôt, la mort d'Adalbéron prive Hugues Capet de son plus solide appui. Avec l'espoir de dissocier ses adversaires, ce dernier donne comme successeur à Adalbéron Arnoul, bâtard de Lothaire, celui qui précisément avait livré Laon à Charles de Lorraine. Mais Arnoul remet Reims à Charles de Lorraine. C'est finalement une ruse ourdie par l'évêque de Laon, Ascelin, qui sauve la situation : ce dernier s'arrange pour faire tomber Charles de Lorraine, sa femme et ses deux fils aux mains du roi (991). Reste Arnoul. Hugues Capet, qui entend conserver sous son influence directe l'archevêché de Reims, tente de se débarrasser de lui en le faisant déposer par un concile. Cependant, il se heurte à l'opposition du pape qui ne peut admettre cette décision prise pour des raisons uniquement politiques. Le conflit entre la royauté capétienne et le pape s'envenime et ne s'acheminera vers une solution définitive qu'après la mort des protagonistes.

Hugues Capet n'a pas attendu la fin des luttes dynastiques pour tenter de consolider son pouvoir. Dès la première année de son règne, il se hâte d'assurer l'avenir de sa dynastie en ressuscitant à son profit un usage carolingien : quelques mois après son élection, il associe à la royauté son fils aîné Robert (30 décembre 987). Grâce à cette fiction, que ses successeurs perpétueront, le pouvoir royal, exercé en commun, devient à la fois indivisible et héréditaire. Mais ce pouvoir est encore bien limité. Le royaume est partagé en une quinzaine de grandes principautés territoriales, gouvernées par des dynasties héréditaires qui échappent totalement à l'action royale et se subdivisent elles-mêmes en une foule de seigneuries vassales dont les titulaires ont plus ou moins usurpé à leur tour les droits régaliens. Le roi est sous la dépendance étroite de l'aristocratie qui l'a élu et de l'Église qui l'a sacré. Il a néanmoins des atouts. D'abord le domaine royal, constitué d'une part par les pays qu'il possédait personnellement au moment de son élection (Île-de-France et Orléanais) et d'autre part les pays d'Aisne et Oise (Compiègne, Reims et Laon), qui proviennent de l'héritage carolingien. Les nombreuses donations qu'il a accordées au moment de son élection pour récompenser ou susciter les fidélités ont diminué l'importance de ce domaine. Il essaie également de tirer parti de la puissance du lien vassalique qui lui attache les grands feudataires. C'est ainsi qu'il intervient dans la guerre qui met aux prises deux de ses grands vassaux, le comte d'Anjou Foulques Nerra et le comte de Blois Eudes Ier. Un dernier atout important lui vient du sacre. Il est l'« oint du seigneur », ce qui lui confère une force morale, un prestige religieux qui le rendent supérieur à tous les grands. Sans pouvoir prétendre à une politique ambitieuse, il réussit à maintenir les positions de la royauté en face des grands vassaux, et permet à sa dynastie de se perpétuer.

HUGUET Marc Antoine (Moissac, 1757 – Paris, 1796)

Évêque constitutionnel et homme politique.

Fils d'un notaire royal, il entre dans la carrière ecclésiastique, devient curé de Bourganeuf, et adhère à la Constitution civile du clergé. Élu évêque constitutionnel de la Creuse, sacré à Guéret en mai 1791, il représente bientôt le département à l'Assemblée législative, où il siège à gauche. Réélu à la Convention l'année suivante, Huguet siège dans les rangs de la Montagne et vote la mort du roi sans sursis. Il apostasie en 1793 et accomplit pour la Convention plusieurs missions, à Rouen, dans la Creuse, le Puy-de-Dôme, et à Limoges. Décrété d'arrestation après la journée du 12 Germinal, au cours de laquelle il a apporté son soutien à la foule, il est enfermé au fort de Ham. L'amnistie votée par la Convention lors de sa dernière séance lui permet de quitter la prison. De retour à Paris, mêlé aux conjurés qui tentent d'entraîner contre le Directoire les soldats du camp de Grenelle, il est arrêté, condamné à mort malgré ses dénégations, et fusillé.

HULIN Pierre Auguste (Paris, 1758 – Paris, 1841)

Général.

Sergent aux gardes-suisses puis adjudant au service de Genève, il rentre en France en 1787 et devient directeur d'une société de blanchisserie ayant son siège à La Briche. Le 14 juillet 1789, on le retrouve haranguant la population devant l'hôtel de ville de Paris. C'est lui qui, avec Élie, prend la tête de l'émeute qui va assiéger la Bastille. Cette entreprise fera sa fortune militaire et politique : dès 1789, il est commandant de la garde nationale de Paris. Emprisonné un temps sous la Convention, il est libéré et réintégré en 1794. Bonaparte l'entraîne ensuite dans son sillage à l'occasion des campagnes d'Italie, qu'il termine comme garde consulaire. En 1803, Hulin est nommé général. L'année suivante, il accepte de présider le tribunal militaire chargé de la condamnation du duc d'Enghien. Sa fidélité bonapartiste est récompensée par les gouvernements militaires de Vienne (1805) puis de Berlin (1806), un titre de comte (1808), et enfin le gouvernement de Paris (1810). C'est en exerçant cette dernière fonction qu'en s'opposant à l'entreprise de Malet il est blessé par celui-ci.

HUMANISME

Nouvelle conception de l'homme qui, née avec le quattrocento *italien, apparaît en France au* XVIe *siècle (première recension du mot en 1539) dans le sillage des guerres d'Italie, et caractérise la démarche intellectuelle de la Renaissance : redécouverte de l'Antiquité, encyclopédisme et philosophie sensible à l'universalité de la condition humaine saisie dans son individualité concrète.*

L'humanisme est une célébration de l'homme dans la beauté de son corps, dans son statut de seule créature pensante, dans sa dignité de personne autonome : d'où le caractère pluriel de la culture humaniste qui émane de poètes comme Joachim du Bellay, de médecins comme Ambroise Paré, de théologiens comme Lefèvre d'Étaples, de juristes comme Jean Bodin. Son idéal est de réconcilier les savoirs au service d'une vision synthétique de l'homme tout en demeurant dans le cadre chrétien. Cette vision se nourrit des retrouvailles avec l'Antiquité gréco-latine, qu'autorise l'afflux des manuscrits en provenance de Constantinople, après la prise de la ville par les Turcs (1453). Ces manuscrits, leurs traductions et commentaires sont diffusés par l'imprimerie nouvellement inventée, qui joue un rôle capital dans la promotion de l'humanisme, d'où une floraison de libraires et imprimeurs tels la famille Estienne avec Robert (1503-1559) et Henri (1531-1598) qui, loin d'être de simples marchands de livres, sont d'abord des érudits. Ainsi est redécouverte la philosophie idéaliste de Platon, tandis qu'Aristote – fondateur de la logique mais aussi pionnier de la biologie – est débarrassé de la gangue des gloses médiévales. D'où également un retour à l'étude du grec, presque oublié durant la période précédente, et un vigoureux effort philologique pour dresser grammaires et dictionnaires qu'illustre le grand philologue Guillaume Budé (1468-1540), auteur d'un *Commentaire de la langue grecque*.

Mais la glorification de l'homme n'implique pas la rupture du lien avec le divin : l'humanisme, s'il sécularise la vision de l'homme, n'a rien d'un agnosticisme ; il paraît même indissociable d'une toile de fond religieuse, voire mystique, où se greffe la Réforme protestante. En approfondissant le mystère de l'homme, on approche celui de Dieu : de la créature au Créateur existent d'intimes correspondances qui sanctifient l'étude de l'univers et toute tentative pour s'en rendre maître par la technique. Ainsi des prélats sont-ils au premier rang de la pensée humaniste, tel l'évêque d'Auxerre, Jacques Amyot (1513-1593), traducteur de Plutarque, ou le cardinal Jean du Bellay. Rares sont les disciples avoués des rationalistes de l'école de Padoue, tel Bonaventure des Périers. L'humanisme français, essentiellement chrétien, est au cœur d'une tentative de réforme de la vie religieuse ; la *devotio moderna*, importée des Pays-Bas et de Rhénanie, s'incarne en France à travers l'évangélisme du cénacle de Meaux : le théologien Lefèvre d'Étaples, qui traduit la Bible en français, et son élève Guillaume Briçonnet, fils d'un surintendant des finances et évêque de Meaux, militent pour une vie religieuse plus exigeante et travaillent à l'éviction des ecclésiastiques incapables ou dissolus.

L'humanisme doit aussi son rayonnement au soutien des milieux de la Cour et du roi lui-même : Étienne Pasquier (1529-1615), auteur des *Recherches de la France*, ancêtre de l'*Encyclopédie*, est avocat général à la Chambre des comptes. Guillaume Budé, le célèbre philologue, est proche conseiller de François Ier : celui-ci, outre son mécénat artistique, se veut aussi « père des lettres ». Il fonde, en 1530, le Collège des lecteurs royaux, ancêtre du Collège de France où sont enseignées les « humanités » ; sa sœur Marguerite de Navarre est elle-même écrivain et accorde sa protection aux humanistes les plus audacieux. François Rabelais peut clamer en 1532 son enthousiasme pour la restauration des belles lettres et exposer avec l'abbaye de Thélème de son *Gargantua* (1534) le rêve d'une cité idéale gouvernée par les princes de la République des lettres.

L'âge d'or de l'humanisme français se clôt en 1541 au moment de l'affaire des Placards, quand François Ier déclenche la répression contre les protestants ; les humanistes, dont certains ont sauté le pas de la Réforme, sont accusés d'avoir « pondu l'œuf que Luther a couvé ». Certains s'enfuient à Genève, à l'instar du poète Clément Marot, d'autres finissent au bûcher comme l'imprimeur d'Érasme et de Rabelais, Étienne Dolet, supplicié en 1546. Mais l'humanisme ne disparaît pas pour autant dans la tourmente des guerres de Religion : il est récupéré par les deux camps : Jésuites d'un côté, qui en font la base de l'enseignement de leurs collèges, protestants de l'autre. Certains se tiennent à l'écart des polémiques pour retenir de l'humanisme la sagesse et la sensualité qui imprègnent les vers de Ronsard ou la tolérance et le scepticisme qui façonnent l'œuvre de Montaigne.

HUMANITÉ (L')

Quotidien fondé en 1904 par Jean Jaurès, qui en fait l'organe du parti socialiste (SFIO).

Le journal, lancé le 18 avril 1904, connaît un tirage de 130 000 exemplaires et, pendant la Première Guerre mondiale, adopte une ligne patriotique. Marcel Cachin en devient le directeur en octobre 1918 et impose, après le congrès de Tours, une ligne communiste. *L'Humanité* rencontre de multiples difficultés, tant judiciaires (pendant la guerre du Rif en 1925), que financières (1929-1930, occasion de lancer la fête de L'Humanité pour récolter des fonds) ou politiques (accusations d'espionnage en 1926-1927). Le tirage passe à 200 000 exemplaires, grâce aux rubriques sportives et aux campagnes de mobilisation (affaire Sacco et Vanzetti, 1927). Suspendu par le gouvernement le 25 août 1939 à la suite de la signature du pacte germano-soviétique, le journal publie son premier numéro clandestin dès le 26 octobre suivant. Il tente vainement, en juin 1940, de reparaître à Paris, sous l'occupation allemande. Réduit à la clandestinité, il ne reprend officiellement sa publication que le 21 août 1944, et retrouve sa place de grand quotidien communiste d'audience nationale sous la direction de Marcel Cachin puis, à la mort de ce dernier, en 1958, sous celle d'Étienne Fajon et, en 1974, de Roland Leroy. Mais l'érosion des ventes est nette dès la fin des années 1960 : le journal tombe sous la barre des 200 000 exemplaires, puis sous celle des 100 000 après 1985. Depuis 1992, la direction du Parti craint même sa disparition.

HUMBERT Jean (Rouvroi, Lorraine, 1755 – La Nouvelle-Orléans, Louisiane, 1822)

Général.

Général de brigade en 1794, il combat avec l'armée de l'Ouest. Au mois de juillet 1795, il dirige une des trois colonnes de l'armée républicaine qui, sous les ordres de Hoche, écrase les émigrés à Quiberon. Humbert soutient ensuite le Directoire, jusqu'au 18 Fructidor, subissant les attaques du parti clichyen sur ses origines : on lui reproche d'avoir autrefois vendu des peaux de lapin. En 1796, Hoche lui demande de commander, sous ses ordres, l'armée qui doit débarquer en Irlande. La tempête fait échouer le projet, repris deux ans plus tard. Humbert dirige les 1 500 hommes qui, à bord d'une première escadre, traversent la mer et débarquent en Irlande. Mais les troupes transportées par une seconde escadre ne peuvent débarquer et, bloqué par Cornwallis, Humbert est contraint de se rendre. Échangé contre un prisonnier anglais, il rejoint l'armée du Danube, au sein de laquelle il est blessé en 1799. Le général participe ensuite à l'expédition de Saint-Domingue sous les ordres de Leclerc (1802), puis regagne la France après la mort de son chef, en compagnie de la veuve de ce dernier, Pauline Bonaparte. Mais le Premier Consul n'apprécie guère les sentiments qu'il porte à sa sœur, ni son républicanisme, et Humbert, d'abord exilé en Bretagne, est contraint de s'expatrier en Amérique. Il participe à l'insurrection des colonies espagnoles, et achève ses jours aux États-Unis.

HUMIÈRES Louis de CREVANT, marquis, puis duc d' (?, 1628 – Versailles, 1694)

Maréchal de France.

Après s'être distingué à la bataille des Dunes en 1658, il reçoit le gouvernement du Bourbonnais puis celui de Lille en 1660, en même temps que le bâton de maréchal. En 1672, un différend l'oppose à Turenne, sous les ordres de qui il refuse de servir. Une disgrâce s'ensuit, à laquelle Louvois met rapidement fin. On le retrouve en Flandre, notamment à Cassel où il commande l'aile droite en 1677. Grand maître de l'artillerie en 1685, le marquis d'Humières prend la tête de l'armée de Flandre en 1689. La même année il se fait battre par le prince de Waldeck à Valcourt. Il est créé duc et pair en 1690.

EDITION SPECIALE

l'Humanité

ORGANE CENTRAL DU PARTI COMMUNISTE FRANÇAIS

JEAN JAURÈS — VAILLANT-COUTURIER — MARCEL CACHIN

MERCREDI 4 MARS 1953

15 fr.

"Radio-Moscou" annonce un grand malheur qui frappe les peuples du monde entier :

LE CAMARADE STALINE EST GRAVEMENT MALADE

Un message du Comité Central du Parti Communiste Français

Comité Central du Parti Communiste de l'Union Soviétique. - Moscou

L'annonce de la maladie du camarade Staline atteint douloureusement au-delà de notre Parti la classe ouvrière et le peuple de France.

Nous formons les souhaits les plus ardents pour que guérisse le guide génial des travailleurs du monde, l'architecte du Communisme, le défenseur le plus sûr de la paix et de l'homme.

En ces heures douloureuses nous exprimons au glorieux Parti de Staline et au peuple soviétique notre fraternelle et indéfectible solidarité.

Pour le Comité Central du Parti Communiste Français :
Jacques DUCLOS.

UN MESSAGE du Parti Communiste Italien

BULLETINS DE SANTE

Une proclamation du Comité Central du Parti Communiste de l'Union Soviétique et du Conseil des Ministres de l'URSS

L'Humanité
La Une de *L'Humanité* du 4 mars 1953. © *AFP*

Huns

Peuple nomade des steppes que l'on suppose d'origine mongole.

Au IIe siècle, Ptolémée situe les Huns au nord du Caucase, vraisemblablement entre le Manytch et le Kouban. En 374, ils apparaissent dans les vallées du Don et de la Volga, infligent une lourde défaite aux Ostrogoths et aux Alains, soumettent une partie des Wisigoths et poursuivent leur marche vers l'ouest. Ils sont entourés d'une réputation de cruauté, et leurs hordes inspirent une terreur panique, même aux autres peuples barbares qui s'ébranlent à leur tour en direction de l'Empire romain pour tenter de leur échapper. Ils sont donc en partie à l'origine des grandes invasions. À la fin du IVe siècle, ils occupent la Roumanie et le bassin pannonien (Hongrie), en 405 les steppes du Danube moyen où ils soumettent les Gépides, les Lombards, les Ruges, les Skires. Mais, jusque vers 408, date à laquelle un de leurs rois, Uldin, tente de s'établir en Thrace et en Mésie, ils entretiennent de bonnes relations avec l'empire d'Orient auquel ils prêtent leur concours contre les Wisigoths d'Alaric. Quant à l'empire d'Occident, il utilisera plus longtemps encore la fameuse cavalerie hunnite pour lutter contre les Germains. Le général romain Aétius, en particulier, se sert des soldats huns contre les Wisigoths, les Francs et les Burgondes et, en 433, consolide leur établissement en Pannonie où ces nomades de longue tradition finissent par fonder peu à peu un État sédentaire (royauté héréditaire, domination d'une aristocratie enrichie par le pillage).

La puissance des Huns devient vite redoutable et, lorsque Attila succède à son oncle Roua en 434, il dispose d'un véritable empire territorial. Jusqu'en 450, il utilise ses forces contre l'Orient. Il pille les Balkans par des raids annuels, exige des tributs de plus en plus lourds et, atteignant les Thermopyles en 447, ravage la plupart des grandes villes. L'empereur d'Orient réussit alors à le détourner vers l'Occident. Les Francs et les Vandales font appel à lui ; le chef des Bagaudes gaulois se réfugie à sa cour, Honoria, sœur de l'empereur Valentinien III, propose de l'épouser. Prenant conscience de la fragilité de l'Empire romain, Attila fait volte-face et, en 451, envahit la Gaule. Passant par Mayence, il ravage la Belgique, met la ville de Metz à sac, s'écarte de Paris, mais se heurte à Aétius qui, avec l'aide de troupes barbares, le bat une première fois sous Orléans avant de l'écraser aux champs Catalauniques en Champagne. Attila se dirige alors vers l'Italie septentrionale mais, moyennant un lourd tribut, semble-t-il, le pape Léon Ier obtient son départ. Il meurt brusquement l'année suivante en Pannonie et la puissance hunnite ne lui survit pas. Ses fils se disputent la royauté, les Germains qui avaient lutté à ses côtés reprenant leur indépendance, les Huns finissent par s'éparpiller : certains entrent au service de l'empire d'Orient, d'autres restent en Pannonie ou regagnent l'Ukraine.

Huntziger Charles (Lesneven, Finistère, 1880 – près du Vigan, Gard, 1941)

Général.

Fils d'un Alsacien ayant opté pour la France en 1871, il sort de Saint-Cyr à 20 ans et sert dans l'infanterie de marine à Madagascar et au Sénégal. En 1909, Huntziger entre à l'École de guerre, puis séjourne au Tonkin de 1912 à 1914. Pendant la Première Guerre mondiale, il participe aux opérations sur le front français avant d'être envoyé en 1918 sur le front d'Orient, où il affirme sa valeur dans la préparation et l'exécution des attaques menées en Albanie, comme dans l'offensive qui force la Bulgarie à capituler. Après la guerre, il accomplit de nombreuses missions à l'étranger (Chine, Brésil, etc.). Commandant les troupes du Levant à Beyrouth en 1933, il entre au Conseil supérieur de la guerre en 1938.

En septembre 1939, Huntziger prend le commandement de la IIe armée. Lors de l'attaque allemande de mai 1940, il ne peut empêcher la percée des blindés allemands à Sedan, à la charnière de son armée et de celle du général Corap (IXe armée), mais réussit du moins à rétablir un front solide où il résiste aux efforts consécutifs de l'ennemi. Nommé commandant du groupe d'armées n° 4 le 5 juin 1940, il est désigné pour présider la délégation chargée de négocier l'armistice (17 juin). Celui-ci conclu, il préside encore la délégation française à Wiesbaden jusqu'au 6 novembre, date à laquelle il est investi des fonctions de ministre de la Guerre et de commandant en chef des forces terrestres au sein du gouvernement de Vichy. Mais il trouve la mort dans un accident d'avion au retour d'une inspection en Afrique du Nord.

Hurons

Peuple indien d'Amérique du Nord qui, au XVIIe siècle, habite les bords du Saint-Laurent et la région comprise entre les lacs Huron et Ontario.

Ils sont constitués de quatre tribus. En butte aux persécutions des Iroquois, ils demandent l'aide des Français qui la leur accordent et installent chez eux des missionnaires. Au milieu du XVIIIe siècle, l'intervention des Hollandais aux côtés des Iroquois amène la destruction brutale de la confédération huronne. Lorsque les Anglais envahissent à leur tour la Nouvelle-France, les Hurons sont massacrés sans pitié. Les survivants se réfugient alors dans la région de Loretteville, près de Québec.

Huxelles Nicolas du Blé ou du Bled, marquis d' (Chalon-sur-Saône, 1652 – Paris, 1730)

Maréchal de France et diplomate.

D'abord destiné à l'état ecclésiastique, il entre dans l'armée en 1671 à la suite du décès de son frère aîné, tué à Candie en 1669. Lieutenant général en 1688, il doit sa réputation militaire à sa brillante défense de Mayence en 1689 : avec 10 000 hommes seulement, il résiste au duc de Lorraine, qui en a 60 000, et ne se rend que faute de munitions, après 56 jours de combats. Le bâton de maréchal, qu'il reçoit en 1703, marque le couronnement et la fin de sa carrière militaire. Il entame alors une carrière diplomatique tout aussi brillante.

En 1710, Louis XIV lui confie les destinées de la France en le chargeant, avec l'abbé de Polignac, de le représenter aux conférences de Geertruidenberg, que l'intransigeance des Hollandais mène à l'échec. Il est ensuite, avec plus de succès, plénipotentiaire à Utrecht (1712-1713), où il fait preuve de tant de souplesse et d'habileté que Louis XIV le nomme en 1713 gouverneur général de l'Alsace et le désigne dans son testament pour faire partie du Conseil de régence. À la mort de Louis XIV, le Régent l'appelle à la présidence du Conseil des Affaires étrangères (1715-1718). À ce titre, il négocie avec la Prusse le traité secret de 1716 et tente d'aboutir à un traité d'alliance avec Pierre le Grand, lors du voyage que ce dernier effectue en France en 1717. Nommé conseiller au Conseil de régence en 1718, il s'élève contre la conclusion de la Triple-Alliance (France, Angleterre et Provinces-Unies contre l'Espagne), mais finit par se résoudre à la signer. Il est encore nommé par Louis XV membre du Conseil du roi en 1726 et n'abandonne définitivement les affaires qu'un an avant sa mort. Il devait une grande partie de sa carrière à la protection de Louvois. Esprit délicat et fin, il faisait partie de la société de Mme de La Fayette et de Mme de Sévigné.

HYDE de NEUVILLE Jean Guillaume, baron (La Charité-sur-Loire, 1776 – Paris, 1857)

Homme politique.

Né d'un père d'origine anglaise, il manifeste un grand zèle pour les Bourbons pendant la Révolution et l'Empire. Membre du club de Clichy, agent du comte d'Artois, il accomplit plusieurs missions en Angleterre, rencontre Pitt, et s'expatrie outre-Manche après le 18 Fructidor. Rentré en France sous le Consulat, il rencontre Bonaparte et lui propose de rétablir Louis XVIII sur le trône. Accusé par Fouché d'avoir participé à l'attentat de la machine infernale, Hyde de Neuville parvient à se disculper et quitte la France pour s'établir aux États-Unis. Sous la Restauration, Louis XVIII lui confie diverses missions secrètes à Londres, Turin et Florence, et accepte qu'il l'accompagne dans son exil à Gand. Député de la Nièvre en 1815, il représente la France aux États-Unis de 1816 à 1821. Réélu dans la Nièvre en 1822, puis en 1824 et 1827, Hyde de Neuville siège parmi les royalistes constitutionnels. À la Chambre, il condamne la guerre d'Espagne et les marchés Ouvrard. Il est ministre de la Marine en 1828, dans le cabinet Martignac, et abandonne la politique après 1830. On lui doit d'intéressants *Mémoires et Souvenirs*, publiés de 1888 à 1890.

Charles Huntziger
Le général Huntziger (à dr.) lors de son voyage en Afrique du Nord, en compagnie des généraux Noguès (face à lui) et Weygand. Oran, octobre 1941. © *Sélection Images*

I

IBÈRES

Peuple établi dans une partie de l'Espagne à l'époque de la conquête romaine.

Leur provenance est inconnue. Peut-être ont-ils la même origine que les peuples de la Mer qui envahirent l'Égypte dans le courant du second millénaire avant notre ère. C'est au VIe siècle qu'on les trouve au nord des Pyrénées, en Aquitaine et dans le Languedoc. Mêlés aux Celtes, ils donnent naissance aux Celtibères. Les anciens Aquitains, qui habitaient la Gascogne, seraient le produit de ce croisement de deux races.

IÉNA (bataille d')

Victoire remportée par Napoléon sur les Prussiens, le 14 octobre 1806, près de ce village d'Allemagne orientale, sur la Saale.

Après le rejet d'un ultimatum prussien exigeant le recul des troupes françaises au-delà du Rhin (1er octobre), Napoléon est entré en Saxe et, le 8 octobre, les deux armées française et prussienne se trouvent de part et d'autre de la chaîne du Thüringerwald, les Français au sud, les Prussiens au nord. Ces derniers amorcent un mouvement destiné à tourner Napoléon en traversant les montagnes par le nord-ouest. Mais l'Empereur prend lui aussi de biais, au lieu de marcher droit à l'ennemi. Devançant les Prussiens, il franchit en sens inverse les défilés du Frankenwald au sud-est, descend la vallée de la Saale et atteint Iéna le 13 octobre, en arrière et sur le flanc des positions prussiennes. Il pense avoir devant lui toute l'armée prussienne. En réalité, Brunswick et le roi de Prusse, craignant précisément d'être coupés de leurs lignes de communications et de retraite, ont reculé avec 70 000 hommes en direction de l'Elbe, tandis que Hohenlohe, qui fait face à Napoléon avec 50 000 hommes seulement, est chargé de protéger leur repli.

Dans la nuit du 13 au 14, l'Empereur installe son artillerie sur le plateau du Landgrafenberg qui domine la vallée et la ville et, le 14, engage le combat avec le gros de ses forces (80 000 hommes). Hohenlohe est mis en déroute au terme d'une bataille impétueuse, d'attaque directe à la façon révolutionnaire, sans combinaisons savantes, où les troupes françaises, commandées par Lannes, Soult et Augereau dispersent, en formations clairsemées, les régiments prussiens qui s'alignent pour tirer à découvert, selon les conceptions traditionnelles de la guerre d'Ancien Régime. À l'issue de la bataille, Napoléon croit avoir vaincu toute l'armée prussienne. Sa stupéfaction est grande lorsqu'il apprend que le même jour, à 20 km au nord, à Auerstaedt, Davout, chargé en principe de couper la retraite à l'ennemi, est victorieux avec 26 000 hommes seulement face aux 70 000 hommes de Brunswick et du roi de Prusse. Les deux armées vaincues refluent en déroute dans la direction de Weimar. Davout, Murat, Ney et Soult, lancés à leur poursuite jusqu'à la Baltique, transforment la déroute en débâcle. Au cours des deux batailles simultanées, les Français ont perdu 8 000 hommes, les Prussiens 42 000, dont 18 000 prisonniers. Au terme de ces deux victoires fulgurantes, l'armée prussienne a cessé d'exister. La campagne de Saxe a duré seulement huit jours (8-14 octobre). Toutes les places fortes prussiennes, Lübeck, Stettin, Küstrin, Magdebourg, tombent en quelques jours et Napoléon peut faire son entrée à Berlin le 27 octobre.

Les conséquences d'une telle campagne ne se font pas attendre. La Prusse, réduite à la Prusse orientale, est soumise à de très dures conditions d'armistice. Les États du centre de l'Allemagne entrent dans la Confédération du Rhin et, par le décret de Berlin, Napoléon met en place contre l'Angleterre la politique du Blocus continental.

IF (château d')

Citadelle située sur un îlot calcaire de la Méditerranée, au sud-ouest de Marseille, à environ 1,5 km de la côte.

En 1524, lorsque Antoine de Bourbon révolté contre François Ier pénètre en Provence et vient assiéger Marseille, sans succès, le roi décide de faire construire à If une citadelle destinée à contrecarrer l'attaque de la ville par la mer. Aussitôt entamés, les travaux, fort lents, ne sont achevés que dans les années 1530. La citadelle se compose d'un imposant donjon flanqué de trois tours : Saint-Christophe, Sainte-Jaume et Maugouvert. Divers travaux perfectionnent les défenses au cours du XVIe siècle : trois puits, des citernes, un moulin et une chapelle, Notre-Dame de la Passion. Le château d'If devient une prison, et accueille peu après 1580 son premier pensionnaire. En 1591, les Florentins, appelés à l'aide par le gouverneur de la citadelle contre les Espagnols du duc de Savoie, s'emparent par surprise de la forteresse avant de monnayer leur départ. Plus tard Vauban visite les fortifications, les trouve insuffisantes et établit, pour les améliorer, un plan qui ne sera jamais exécuté. De nombreux protestants sont enfermés au château d'If sous le règne de Louis XIV, mais aussi des prisonniers politiques ou des fils de famille dévoyés. C'est ainsi que Mirabeau y séjourne en 1774, son père ayant obtenu contre lui une lettre de cachet. Le futur tribun rédige l'*Essai sur le despotisme* et séduit l'épouse d'un des gardiens, ce qui lui vaut d'être peu après envoyé au fort de Joux. À nouveau prison d'État sous l'Empire, If accueille les complices de Cadoudal, puis des prisonniers venus de toute l'Europe. Le cercueil contenant les restes de Kléber, tué en Égypte en 1801 et ramené à If, reste dans la citadelle jusqu'en 1818. Celle-ci devient un monument historique en 1926. Alexandre Dumas a popularisé le château d'If en y enfermant son héros, Edmond Dantès, futur comte de Monte-Cristo.

Île-de-France

L'Île-de-France ou Isle de France (désignation apparue au XIVe siècle) est une région historique et naturelle qui occupe le centre du Bassin parisien.

Plus étendue que l'ancien Pays de France ou Vieille France dont elle est issue, elle est comprise à l'origine entre l'Oise et la Marne, au nord de la Seine, au sud de la Nonette (affluent gauche de l'Oise) et de la Thérouanne (affluent droit de la Marne). Mais, au cours de l'histoire de France, ses limites, toujours relativement imprécises, ont varié. Avec l'Orléanais, elle constitue l'essentiel du domaine des premiers Capétiens. Cependant, l'autorité du roi y est longtemps faible car les seigneuries royales, jusqu'au XIIe siècle, ne constituent pas un territoire continu. Elles sont disjointes les unes des autres par des châtellenies indépendantes, voire hostiles : Montmorency, Montlhéry, etc. Robert II le Pieux avait réussi à raser plusieurs châteaux appartenant à des vassaux pillards, mais il faut attendre le règne de Louis VI le Gros pour que soient réduits définitivement les châtelains hostiles à la royauté et que le roi devienne un véritable prince territorial, obéi et respecté en Île-de-France. Habile et prudent, Louis VI, comme son fils Louis VII, sait composer. S'il réduit les châtelains indociles, il accepte le mouvement communal, d'autant plus que ce dernier affaiblit précisément ses adversaires. Sous les règnes de ces deux rois, les villes d'Île-de-France s'affranchissent, obtiennent que leurs redevances soient fixées par des chartes. En même temps, le nombre des serfs diminue dans les campagnes. Son pouvoir ainsi consolidé, la royauté pourra se servir de l'Île-de-France comme d'un noyau de puissance à partir duquel, dès le règne de Philippe Auguste et parallèlement au déclin de la féodalité, elle poursuivra son expansion qui conduira finalement à la réunion des grandes principautés territoriales à son domaine initial, c'est-à-dire à une concentration politique toujours plus marquée à son profit.

Au XVIe siècle est constitué un gouvernement de l'Île-de-France qui comprend, outre Paris et la Vieille France, le Beauvaisis, le Noyonnais, le Laonnais, le Soissonnais, le Valois, le Mantois, le Vexin français, l'Hurepoix, le Drouais, le Gâtinais français, la Brie française. Ces pays, tous du ressort du parlement de Paris, sont répartis entre les deux généralités de Paris et de Soissons. Ainsi étendue, l'Île-de-France continue néanmoins à être considérée comme la région de Paris (*ager Parisiensis vulgo Isle de France*, 1680). En 1790, elle forme cinq départements, en totalité ou en partie : Paris (puis département de la Seine), Seine-et-Oise (moins la région d'Étampes), Seine-et-Marne (moitié ouest), Oise (moins la frange du nord), Aisne (partie centrale : Laon et Soissons), plus la pointe nord de l'Eure-et-Loir (Dreux) et les franges nord-est du Loiret et nord-ouest de l'Yonne. Aujourd'hui, l'Île-de-France est une des 22 régions administratives et compte 8 départements : Paris, Seine-et-Marne, Yvelines, Essonne, Hauts-de-Seine, Seine-Saint-Denis, Val-de-Marne, Val-d'Oise.

Illyriennes (provinces)

Nom donné à des territoires de l'empire d'Autriche qui furent rattachés à l'Empire français de 1809 à 1813.

Installé à Laibach (Ljubljana), le gouvernement des provinces Illyriennes comprend sept intendances : Carniole (chef-lieu Laibach), Haute-Carinthie (Villach), Istrie (Trieste), Dalmatie (Zara), Raguse (Raguse), Croatie civile (Carlstadt) et Croatie militaire (même chef-lieu). Les provinces Illyriennes sont administrées par Marmont et Bertrand. Les Autrichiens en reprennent le contrôle dès 1813. La France renonce à leur possession en 1815. Elles forment alors un royaume d'Illyrie dont l'autonomie est symbolique.

Imago Mundi

Description du monde connu.

Depuis le VIe siècle avant J.-C. circule l'idée que la terre est ronde comme une pelote, située au centre du monde constitué par les autres planètes qui tournent autour d'elle. Si l'on calcule très tôt les latitudes, on achoppe sur les longitudes, faute de montres transportables permettant de connaître la différence de temps solaire entre deux lieux. Les représentations du monde sont donc théoriques : la terre émergée est un cercle bordé de l'océan et de ses îles. Le centre en est Jérusalem ou Rome. Les images du monde les plus connues sont dues à Honorius, né vers 1080, traduites en français par Pierre de Beauvais au début du XIIIe siècle ; à Gossuin de Metz en 1248 à partir des connaissances antérieures, avec une seconde version en 1255 enrichie par l'expérience de la croisade d'Égypte. Il a été traduit entre les XIIIe et XVe siècles en hébreu, judéo-allemand et anglais. Pierre d'Ailly (1351-1420), universitaire parisien, compile vers 1414 Gossuin de Metz et des auteurs anglais. Christophe Colomb en posséda un exemplaire imprimé plus tard, qu'il a annoté. Enfin, citons Luis Angulo, médecin et astrologue de Charles VII en 1456.

À l'ère des grandes découvertes, le développement de l'art cartographique s'intensifie et se diffuse grâce à l'imprimerie. La France reste à cette époque hors du mouvement car trop occupée par les guerres de Religion. Aux XVIIe et XVIIIe siècles en revanche, elle s'impose par la qualité de son école cartographique (Nicolas Sanson d'Abbeville puis Jaillot et Cassini), encouragée par les Bourbons qui défendaient les intérêts maritimes du royaume. Les géographes français ont exercé une rigueur scientifique les conduisant à éliminer tout ce qu'ils n'avaient pas vérifié eux-mêmes. En 1729 est publié à Paris le premier *Atlas géographique*.

Immigration

Phénomène par lequel des populations s'installent de manière durable ou définitive dans un pays qui n'est pas le leur.

Sous l'Antiquité, l'immigration, au sens actuel du terme, n'existe pas, même si se produisent de vastes mouvements de population. Aussi est-il préférable de raisonner en terme de vagues migratoires qui voient s'installer dans ce qui deviendra la France des peuples aussi divers que les Grecs (600 av. J.-C.), les Celtes (700 et 500 av. J.-C.) qui amèneront les Gaulois, les Romains (à partir de 125 av. J.-C.), les Germains (IIIe siècle apr. J.-C.). À partir du IVe siècle, l'Empire romain cède devant les grandes invasions, et l'on assiste au déferlement des Burgondes, des Francs, des Arabes, des Normands. Toutes populations qui – qu'elles se fixent durablement ou non – n'en donnent pas moins à la France son identité.

Au Moyen Âge et sous l'Ancien Régime, l'immigration s'opère par l'afflux de métiers spécialisés, diversifiés et de toute nationalité, essentiellement européennes : financiers, marchands, religieux, médecins, artistes, mercenaires, mineurs, métallurgistes, imprimeurs, etc. En petit nombre, géographiquement peu concentrés, ils ne suscitent pas – à quelques exceptions près – de

Imago Mundi
Carte du monde, 1536, Londres, British Museum. © *Sélection Images*

rejet des milieux, urbains surtout, dans lesquels ils se sont insérés. Certaines personnalités parviennent même au faîte des honneurs et de la respectabilité, que ce soit dans l'industrie (Oberkampf), la musique (Lully), la politique (Concini, Mazarin), la guerre (Maurice de Saxe), la finance (Law, Necker).

En tant que phénomène de masse, l'immigration n'est quantifiable qu'à partir de la deuxième moitié du XIXᵉ siècle. En 1851, la France compte 380 000 étrangers ; 1 million trente ans plus tard ; un peu moins d'1,5 million en 1911. 90 % d'entre eux proviennent de pays voisins, d'abord de Belgique et d'Angleterre (1860-1870), puis d'Italie (après 1875, les Italiens sont 1,8 million en 1914), d'Espagnols, de Suisses et de Polonais. Dans la plupart des cas, ces immigrants forment une main-d'œuvre peu qualifiée, travaillant dans des secteurs pénibles (mine, métallurgie, chimie, plus tard automobile), mais attirée par des salaires et des conditions de vie que leur pays d'origine ne peut leur procurer. Cet afflux explique que les pouvoirs publics cherchent d'abord à les compter (janvier 1887), puis à les localiser (déclaration à la mairie, 1888), enfin à les intégrer (loi de 1989 déclarant français les enfants nés sur le sol français, sauf refus de l'enfant). Cette intégration s'opère en fonction de la situation régionale de l'emploi, d'où des manifestations xénophobes (1898, 1902, 1907) dans les pays viticoles ou les villes portuaires au Sud.

Pendant la Première Guerre mondiale, confrontée à des besoins considérables en hommes, tant en termes de main-d'œuvre que d'effectifs, la France fait appel aux ressources de son empire colonial. C'est ainsi que 470 000 appelés coloniaux et 200 000 civils se fixent en métropole. À partir de 1918, dans le cadre de la reconstruction du pays, on assiste à un nouvel afflux – massif – d'étrangers, soit pour des motifs politiques, mais ils sont minoritaires (Russes blancs, Arméniens, exode des antifascistes après 1924 venus d'Italie puis d'Europe centrale), soit pour des motifs économiques (Italiens, Espagnols, Polonais, Tchèques). On en recense 2,4 millions en 1926, 2,9 millions en 1931, soit 7 % de la population, taux supérieur à celui des États-Unis. L'État adopte deux attitudes, l'une dictée par la prise en compte de la saignée démographique de la Première Guerre mondiale, l'autre par les difficultés sectorielles de la reconstruction et les effets de la mécanisation sur l'emploi. Ainsi, la loi du 11 août 1926 limite l'emploi des étrangers à certaines professions « autorisées » ; en même temps, les régularisations se multiplient (637 000 entre 1918 et 1938) avec cependant des quotas – l'immigration nord-africaine est « indésirée » dès 1920 et interdite en 1924. À partir des années 1930, l'intégration des étrangers se heurte à la crise économique, et un certain discours xénophobe, jusqu'ici circonscrit à l'extrême droite, se répand dans tous les partis politiques. L'État se fait plus interventionniste, fixant par exemple en 1932 des quotas d'étrangers par branche industrielle et par région, poussant au rapatriement des familles, tandis que l'administration contingente la délivrance des cartes d'identité et des permis de travail. Dès 1935, on compte 20 000 participants forcés. En 1936, le nombre des étrangers tombe à 2,45 millions du fait des départs et des naturalisations et malgré l'afflux des réfugiés allemands ou espagnols. Le régime de l'État français considère, lui, que les immigrés sont désirables « en fonction de leurs ethnies » et que les réfugiés constituent les moins souhaitables des immigrés. Dès août 1940, les réfugiés espagnols et allemands sont livrés à Franco et à Hitler. En octobre, Alexandre Parodi est démis de la direction de la main-d'œuvre, ce qui permet d'organiser administrativement l'exclusion des juifs et le renvoi des indésirables vers l'Allemagne.

À la Libération, l'ordonnance du 2 novembre 1945 fait de la France un pays d'immigration pour les travailleurs et aussi pour leurs familles, dans la logique du creux démographiques des années 1930-1943 et dans une perspective productiviste de reconstruction. Un Office national de l'immigration (ONI) est créé, et des titres de séjour de un, trois, dix ans sont prévus. D'un côté, l'État se soucie de pérenniser la présence des immigrés ; de l'autre, en installant de manière sélective ses bureaux de l'ONI, il privilégie la Méditerranée du nord à celle du sud et de l'est. À partir de 1946 est encouragée la main-d'œuvre venant de l'Italie du Sud, tandis que l'attribution de la citoyenneté aux musulmans d'Algérie (septembre 1947) déclenche une vague migratoire parallèle. Les deux s'équilibrent jusqu'en 1955 (130 000 Italiens, 180 000 Algériens, 40 000 autres méditerranéens). À cette date, le pays compte 1,76 million d'immigrés contre 1,65 en 1945. Jusqu'en 1974, les pouvoirs publics sont surtout soucieux de maintenir l'équilibre entre les deux courants alors que les accords d'Évian de 1962 décidant de l'indépendance de l'Algérie ont précipité l'arrivée d'Algériens. D'où les accords de 1956, 1971, 1974 avec l'Italie, l'Espagne, le Portugal d'abord, puis le Maroc et la Tunisie. En 1975, le pays compte 3,4 millions d'étrangers, soit 6,5 % de la population, avec une modification de la composition des nouveaux arrivants : la part de la population européenne passe de 90 % à 60 %, les Italiens sont dépassés par les Espagnols, eux-mêmes bientôt supplantés par les Portugais (1 % des effectifs en 1954, 22 % en 1975). Qu'elles soient d'origine européenne ou africaine, ces populations occupent des emplois pénibles, peu qualifiés, peu rémunérés dans des secteurs, notamment industriels, qui préfèrent jouer sur le faible coût de la main-d'œuvre plutôt que sur l'investissement technique, emplois dont les nationaux ne veulent pas, ce qui explique que les immigrés soient tolérés, en dépit d'un discours de rejet assez répandu, se nourrissant plus de phantasmes que de réalités.

À partir de la fin 1974, devant la poussée du chômage, l'État change de stratégie : il s'agit de limiter l'arrivée des nouveaux puis de s'interroger sur la présence durable des immigrés. En pratique, les gouvernements reprennent l'esprit de la politique des années 1931-1945 : tantôt s'impose la stratégie du retour (1978-1981, 1989-1988), tantôt celle de l'assimilation-intégration (1981-1983, 130 000 régularisations), tantôt un tri entre l'intégration des travailleurs installés de longue date et la lutte contre les arrivées (1984, 1993-1995, 1997 avec 80 000 régularisations). Au total, la population immigrée en France varie peu en pourcentage (6,5 % en 1975, comme en 1999 et 2001), mais sa composition évolue avec le déclin des nord-méditerranéens (1 million au maximum en 1982), la persistance du flux algérien (695 000) et marocain (640 000), la poussée du courant turc (230 000) et, fait nouveau depuis 1992, la reprise d'une immigration à l'intérieur de l'Union européenne (50 000 personnes par an), tandis que l'on compte environ 90 000 naturalisations par an.

IMPORTANTS

On appelle ainsi, par dérision, les membres de la cabale qui, après la mort de Richelieu (1642) et de Louis XIII (1643), se dresse contre le gouvernement de Mazarin.

Les Importants, anciens amis d'Anne d'Autriche, estiment posséder des droits sur la régence. Mazarin les gêne en tant que continuateur de la politique de Richelieu ou plus simplement parce qu'il occupe une place qu'ils convoitent. Les plus actifs des Importants sont Beaufort, les duchesses de Montbazon et de Chevreuse, Montrésor et Fontrailles. Comme la reine ne cède pas à leurs exigences, ils décident d'éliminer Mazarin, au besoin en le tuant : le poste de Principal ministre sera alors donné à l'ancien garde des Sceaux Châteauneuf, un homme de paille acquis à l'idée d'une alliance avec l'Espagne. Soutenu par la régente, Mazarin fait enfermer à Vincennes le plus bruyant des Importants, Beaufort (septembre 1643). Les éléments les plus dangereux de la conspiration sont exilés en province. Ces mesures énergiques suffisent à ramener le calme mais on retrouvera la plupart des Importants lors de la Fronde.

INCROYABLES

Sous la Convention thermidorienne et au début du Directoire, élégants qui affectaient une tenue vestimentaire extravagante et une façon de s'exprimer non moins excentrique.

Symbole de la réaction morale qui accompagne la réaction politique et sociale mise en place par les thermidoriens, la jeunesse dorée des Incroyables et des Merveilleuses pousse jusqu'à l'outrance la frénésie de plaisirs et de luxe qui, dans les classes possédantes, succède à l'austérité républicaine. Ces jeunes bourgeois, représentants d'une minorité riche et oisive, ne cachent pas leurs opinions royalistes. Leur mot de passe est « dix-sept », par allusion à Louis XVII. Par opposition à la simplicité des sans-culottes, qu'ils considèrent comme grossière, ils se distinguent par une grande recherche dans les manières, qui leur paraît alors très aristocratique. Proscrivant le *r* de leur prononciation, ils doivent leur surnom au mot qu'ils répètent sans cesse : « C'est incroyable ! » Ils

Le café des Incroyables
La « mode » dans les dernières années du XVIIIᵉ siècle. Gravure colorée de 1797, musée de la ville de Paris, musée Carnavalet. © *Lauros-Giraudon*

adoptent aussi une tenue particulièrement voyante : perruque en « oreilles de chien », menton enfoncé dans une énorme cravate, habit à longues basques, petits souliers à bout pointu, bâton noueux qu'ils tiennent toujours à la main.

INDE FRANÇAISE : voir ÉTABLISSEMENTS FRANÇAIS DE L'INDE

INDÉPENDANCE AMÉRICAINE (guerre d')

Guerre (1775-1783) à laquelle la France participe à partir de 1778 aux côtés des Américains et qui aboutit à l'indépendance des États-Unis.

L'atout des Américains réside dans l'ampleur du mécontentement, lequel s'étend aussi bien aux ex-colonies du Nord-Est (la Nouvelle-Angleterre) qu'à celles du Middle Atlantic et du Sud. Les Anglais doivent réduire et mater les foyers de rébellion. Une victoire non suivie d'effet perd pratiquement sa portée. Il suffit donc aux insurgés (*Insurgents* en anglais) de se maintenir partout sur la défensive et d'éviter tout choc comportant le moindre risque. Moyennant quoi, ils peuvent espérer lasser un adversaire réputé pour sa ténacité et qui, une quinzaine d'années auparavant, a évincé la France du Canada. Ils peuvent également, grâce à des succès flatteurs, rallier la totalité de la population des anciennes colonies, car la déclaration d'indépendance ne fait nullement l'unanimité. En effet, d'après les évaluations de l'historien Samuel Eliot Morison, sur une population de 2,5 millions d'habitants, un tiers seulement semble s'être rallié au principe de l'indépendance. Plus de 1 200 000 personnes attendent le résultat des combats pour se prononcer définitivement et au moins 250 000 autres se déclarent ouvertement pour la cause du roi d'Angleterre. Ce sont les *Empire loyalists* qui préféreront, plus tard, gagner le Canada et s'installer en Ontario.

De surcroît, les insurgés ne constituent pas un ensemble uni, contrairement aux apparences. Des particularismes régionaux divisent les ex-colons de Nouvelle-Angleterre, les fiers Bostoniens, et ceux du Sud, aux coutumes différentes. Ce sera le trait de génie des responsables de la rébellion, et notamment de John Adams, de désigner comme commandant en chef un homme du Sud, le Virginien George Washington, bien que le gros des effectifs des milices provienne du Nord-Est. Par ses qualités morales, son prestige et sa compétence, Washington unira une coalition hétéroclite, handicapée par l'immensité des distances à parcourir, de la Georgie aux confins canadiens. C'est d'ailleurs vers le Canada encore rétif que les plus entreprenants des *Insurgents* espèrent cueillir les premiers lauriers. Washington démontre alors son sens des réalités en préconisant au contraire une action plus limitée contre Boston. Les Anglais, maîtres de la mer, font porter leur effort autour de New York et la vallée de l'Hudson dans l'intention de séparer les *Insurgents* du Nord-Est de ceux du Sud. Washington réplique par un harcèlement constant qui aboutit à la capitulation du général britannique Burgoyne, à Saratoga, le 17 octobre 1777, premier échec marquant que ne peut compenser l'occupation de Philadelphie le 26 septembre précédent.

Les milices américaines mettent à profit l'hiver pour parfaire leur entraînement dans la région de Valley Forge sous la direction d'un officier prussien, le baron von Steuben, un des nombreux volontaires étrangers accouru au secours des insurgés tout comme un autre officier allemand, Kalb, les Polonais Kosciusko et Pulaski et surtout le jeune marquis de La Fayette, adepte des principes démocratiques, qui n'a pas hésité à armer une frégate en avril 1777 pour partir combattre en compagnie d'autres membres de la noblesse libérale.

Pendant ce temps, à Versailles, Benjamin Franklin plaide une cause favorablement accueillie, la diplomatie française voyant dans une intervention outre-Atlantique une occasion inespérée d'effacer l'humiliation de 1763. Le traité de Paris mettant fin à la guerre de Sept Ans avait en effet abouti à la liquidation des possessions françaises en Amérique. Le 6 février 1778, l'accord est conclu, la France reconnaissant l'indépendance des États-Unis et offrant une aide militaire et matérielle importante. L'appoint est d'autant plus appréciable que l'Espagne s'apprête également à intervenir contre l'Angleterre ainsi que les Pays-Bas, désireux de bénéficier pour leur commerce d'un échec naval britannique. L'approche d'une flotte française contraint les Anglais à évacuer Philadelphie au printemps 1778 et à se replier vers New York, permettant du même coup aux milices sudistes de remporter au cours des campagnes de 1779-1780 les victoires de King's Mountain, de Cowpens et de Guilford. De ce côté, les *Insurgents* sont dirigés par un habile tacticien, Nathanael Green, efficacement secondé par D. Morgan, William Washington, un cousin éloigné du commandant en chef, et Henry Lee. Au centre, l'apport français prend consistance avec la présence des 6 000 hommes conduits par Rochambeau. La flotte de l'amiral de Grasse bloque par mer la place de Yorktown défendue par le marquis de Cornwallis, tandis que les Franco-Américains assaillent la garnison par terre. Le 19 octobre 1781, Cornwallis capitule, remettant son épée à Rochambeau, lequel s'efface et désigne Washington.

Cette fois la cause est entendue à terre, car les Anglais voient leurs communications maritimes entravées par les efforts conjugués des flottes française, espagnole et hollandaise tant en Méditerranée que dans les Caraïbes et dans l'Atlantique Nord. De Grasse, d'Estaing, Guichen, La Motte-Picquet et Suffren, le long du littoral indien, portent de rudes coups au négoce britannique, harcelant les escadres de Hood et de Rodney, lequel remporte toutefois un succès de prestige aux Saintes à la mi-avril 1782. Mais la situation peut d'autant moins être renversée que les milices de Washington profitent de leur supériorité terrestre pour s'infiltrer vers l'ouest et le nord-ouest, occuper les futurs territoires du Kentucky, du Tennessee, de l'Ohio et même de l'Illinois, permettant aux négociateurs du traité de paix d'exprimer des prétentions ne se limitant plus à la région de l'Hudson et aux monts Alleghanys, mais englobant la région des Grands Lacs et les approches du Mississippi.

Jay, Franklin et John Adams s'empressent de faire reconnaître ces avantages territoriaux lors des préliminaires de paix conclus dès le 30 novembre 1782. Prélude à la signature du traité de Versailles, le 3 septembre 1783, qui voit l'Espagne récupérer Minorque et la Floride, les Néerlandais recouvrer leurs possessions antillaises et la France réoccuper Saint-Pierre-et-Miquelon, Tobago, Sainte-Lucie, Gorée, au Sénégal, tout en reprenant son droit de pêche à Terre-Neuve. En fait, les Britanniques ne sont qu'humiliés et sont parvenus à protéger le Canada. Au contraire, les finances françaises sortent amoindries de l'aventure, ce qui contribuera en partie à la chute de l'Ancien Régime.

La guerre d'Indépendance américaine
Les Anglais capitulent après la défaite de Yorktown, le 19 octobre 1781. De g. à dr. : Lincoln, Rochambeau, Hamilton, Washington, Nelson, La Fayette, Tarleton, Cornwallis et Abercromble. Musée de Blérancourt. © *Tallandier*

INDES (Compagnie des) : voir COMPAGNIES COMMERCIALES

INDES OCCIDENTALES (Compagnie des) : voir COMPAGNIES COMMERCIALES

INDES ORIENTALES (Compagnie des) : voir COMPAGNIES COMMERCIALES

INDOCHINE

Évangélisée en certains points par des missionnaires français dans le courant du XVIIe siècle, la péninsule indochinoise attire l'attention de Napoléon III lorsque des persécutions antireligieuses s'y déroulent vers 1860.

Les amiraux Rigault de Genouilly, Bonard et de La Grandière interviennent tour à tour et obtiennent finalement, en 1867, la reconnaissance de la présence française en Cochinchine, le Cambodge étant déjà soumis à protectorat depuis quatre années. La recherche de nouvelles voies de pénétration vers la Chine incite par la suite les marins français à remonter sans cesse vers le nord, tout d'abord le long des côtes d'Annam, puis jusque dans le golfe du Tonkin. Le fleuve Rouge leur semble constituer la voie de pénétration idéale, et Francis Garnier parvient de la sorte à Hanoi, dont il s'empare le 20 novembre 1873. En 1874, un traité permet le développement du commerce français. Mais des difficultés dans les échanges et la présence de Pavillons noirs (mercenaires chinois ou tonkinois au service de l'empereur d'Annam) incitent, en 1882, le commandement de Saigon à envoyer une nouvelle expédition. Elle est confiée au capitaine de frégate Rivière, lequel, avec trois canonnières et 600 hommes de troupe, parvient devant Hanoi en avril et s'empare de la ville le 25. Le petit détachement occupe par la suite Nam Dinh en mars 1883, mais Garnier trouve la mort au cours d'un combat contre les Pavillons noirs, le 19 mai, près du pont du Papier.

À cette annonce, Jules Ferry, alors président du Conseil, décide une action immédiate en vue de châtier les Tonkinois. Il désigne un commissaire de la République, le Dr Harmand, compagnon de Garnier, et adjoint aux forces d'Hanoi un corps de 2 500 hommes aux ordres du général Bouët. Hanoi est dégagée, tandis que le long de la côte d'Annam le détachement naval de l'amiral Courbet bombarde les forts de Huê, imposant en août au successeur de l'empereur Tu Duc (mort en juillet) le protectorat français sur le pays. Puis, remontant le fleuve Rouge, Courbet s'empare en décembre de l'ensemble du delta tonkinois. Mais un échec à Lang Son, en mars 1885, provoque la chute de Ferry et manque d'entraîner l'évacuation du Tonkin, principe rejeté à la Chambre des députés en décembre à une seule voix de majorité.

Le gouverneur Paul Bert jette alors les bases d'un pouvoir centralisé qui prend le nom, en 1887, d'Union générale indochinoise, territoire composé de la Cochinchine, de l'Annam, du Tonkin et du Cambodge, auquel vient s'ajouter, en 1893, le royaume du Laos, menacé par les Siamois (Thaïlandais) et qui préfère le protectorat français. Cet ensemble s'étend de la presqu'île de Ca Mau, au sud, jusqu'à la Chine, le Mékong servant en partie de frontière avec le Siam. Le tout représente une superficie de 737 000 km², soit presque une fois et demie la métropole, pour une population, à l'époque, de plus de 15 millions d'habitants. L'empereur d'Annam demeure à titre honorifique seulement. Un gouverneur général régente l'Union indochinoise qui possède désormais un budget commun, un service de travaux publics et un Conseil supérieur chargé d'assister le gouverneur, le premier, en 1896, étant Paul Doumer, futur président de la République française. Ses successeurs poursuivent l'œuvre entreprise. L'université de Hanoi est créée en 1907. Lui succèdent l'École française d'Extrême-Orient, puis de nombreux lycées et collèges. Routes et voie ferrée relient Hanoi à Saigon. Une autre voie atteint le Yunnan chinois. Les routes coloniales strient le Tonkin. Le charbon est exploité au nord-est, et les plantations d'hévéas d'Annam et de Cochinchine confèrent à la colonie, en plus d'une production de riz appréciable, une réelle puissance économique découverte par les Français en 1914-1918 lorsqu'arrivent les cargaisons et les hommes, venus épauler la métropole.

La Première Guerre mondiale suscite ainsi une double prise de conscience. Chez les métropolitains, domine le sentiment d'un empire asiatique riche, source de placements fructueux, d'échanges (notamment pour l'industrie automobile). Cela s'accompagne d'une découverte culturelle, exprimée par exemple lors de l'Exposition coloniale de 1931 avec la reconstitution du temple d'Angkor. Chez les Indochinois, la position américaine sur le droit des peuples à disposer d'eux-mêmes et l'exemple de la révolution bolchévique ont favorisé une demande d'autonomie, voire une contestation de la présence française.

Le Tonkin demeure, en effet, un foyer de nationalisme, en particulier la province de Vinh (celle du futur président Hô Chi Minh). Le Parti national du Vietnam, créé en 1927, tourne ses espoirs vers la Chine de Tchang Kaï-chek. Nguyên Ai Quoc (de son vrai nom Nguyên Tat Thanh, et qui adopte en 1941 celui d'Hô Chi Minh) fonde à son tour, en 1930, le Parti communiste indochinois. L'année suivante se produit à Yen Bay, dans la

Indochine
Affiche touristique de R. Pia imprimée en 1927 à Hanoi-Haïphong. © *Sélection Images*

nuit du 9 au 10 février, une rébellion des tirailleurs tonkinois et annamites. Une répression brutale mate toute opposition, sans extirper une hostilité latente. Celle-ci trouve son expression parmi les membres des sectes religieuses, politico-religieuses, le caodaïsme ou des groupements plus diversifiés comme les Hoa Hao ou les Binh Xuyen.

C'est cette situation que trouvent les Japonais en 1940. Profitant de l'affaiblissement de la puissance coloniale, le cabinet de Tokyo obtient du gouvernement de Vichy l'autorisation d'installer des garnisons aux endroits stratégiques. L'amiral Decoux, gouverneur général, est obligé de s'incliner, s'efforçant cependant au prix de mille ruses et de beaucoup de diplomatie de maintenir l'œuvre accomplie tout en protégeant au mieux les quelque 40 000 ressortissants français répartis sur l'ensemble du territoire et notamment à Hanoi, à Saigon et à Huê. Les nationalistes profitent de la situation pour ramifier leurs organisations. Le coup de force japonais du 9 mars 1945 contre les garnisons et l'administration françaises porte un coup terrible à l'autorité du gouvernement général. En août, les Japonais vaincus donnent leurs armes aux nationalistes. Hô Chi Minh s'empare du pouvoir à Hanoi le 19 août, obligeant l'empereur d'Annam Bao Daï à abdiquer et proclamant la République populaire et démocratique du Vietnam le 2 septembre.

Les militaires français, libérés par les Japonais, regagnent leurs cantonnements. Troupes chinoises nationalistes, au nord du 17e parallèle, et britanniques, au sud, exécutent les accords d'armistice en attendant l'arrivée des troupes de métropole amenées par le général Leclerc. Le détachement précurseur parvient à Saigon le 5 octobre. Mais l'entrée à Hanoi ne s'effectue qu'en mars 1946. Encore Leclerc ordonne-t-il d'arborer sur les véhicules les drapeaux français et vietnamien. Le haut-commissaire Jean Sainteny doit négocier avec Hô Chi Minh. Le gouvernement général a vécu. Une ère nouvelle commence pour la péninsule indochinoise.

INDOCHINE (guerre d')

Conflit armé mettant aux prises les forces de l'Union française et les maquisards du Viêt-minh entre 1945 et 1954.

La souveraineté française sur la péninsule indochinoise connaît une première ombre dès l'été 1940, lorsque le résident général, l'amiral Decoux, est contraint d'accepter la présence de troupes japonaises, déjà maîtresses de la Chine méridionale. En 1941, les succès japonais sur les Anglo-Saxons et sur les Néerlandais dans toute l'Asie du Sud-Est et en Indonésie facilitent la tâche de la propagande de l'occupant. L'homme blanc, partout humilié, est présenté comme un

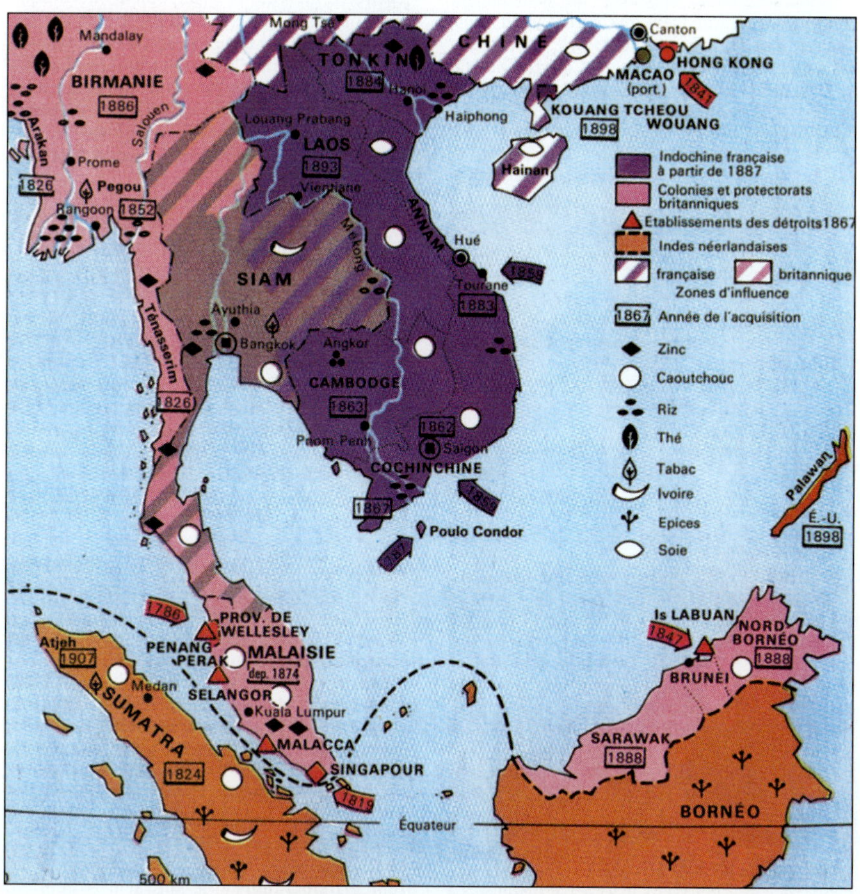

La présence française en Indochine à la fin du XIXe siècle

être décadent, méprisable, dont il faut se libérer. En Indochine, le 9 mars 1945, les autorités militaires japonaises se livrent à un coup de force contre l'administration et les troupes françaises. Le 11 mars, l'empereur d'Annam Bao Daï proclame l'indépendance, dénonce les traités de 1862 et de 1874 et intègre la Cochinchine dans l'ensemble des Trois Ky, le Tonkin, l'Annam et la Cochinchine.

En fait, la péninsule est quadrillée par un mouvement beaucoup plus cohérent, redoutable, bien organisé, car clandestin, celui du Viêt-minh (abréviation de *Viêt Nam Doc Lap Dong Minh Hoi*, Ligue révolutionnaire pour l'indépendance du Vietnam), que dirige le chef communiste Hô Chi Minh. Le 19 août, alors que le Japon est terrassé, les membres du Viêt-minh s'emparent du pouvoir à Hanoi, chassent les représentants de l'empereur et proclament la République populaire et démocratique du Vietnam. La communauté française de Hanoi se retranche dans ses quartiers, en butte à la vindicte populaire. Étant donné que la France sort de la guerre en Europe complètement épuisée, aucune force n'est disponible pour intervenir en Asie. La capitulation japonaise surprend l'état-major général, au moment où se constitue un embryon de corps expéditionnaire destiné à intervenir dans le Sud-Est asiatique, en 1946. Le général Leclerc a été placé à la tête de ce détachement, dénommé Corps expéditionnaire français en Extrême-Orient (CEFEO), qui ne se compose alors que du bataillon de renfort de la 2e DB et de quelques unités éparses de l'infanterie de marine, stationnées à Fréjus. Il n'y a ni avions ni transports pour acheminer ces troupes en Asie. Le général Leclerc gagne Tokyo avec quelques officiers pour apposer sa signature, le 2 septembre, au bas de l'acte de capitulation japonais, sur le pont du cuirassé *Missouri*.

L'acte prévoit que l'Indochine française sera provisoirement occupée au nord du 16e parallèle par les troupes nationalistes chinoises de Tchang Kaï-chek et au sud par un contingent anglo-indien. Ces deux forces ont pour mission de désarmer les troupes japonaises, qui abandonnent volontiers leur armement aux partisans du Viêt-minh et leur fournissent même des instructeurs. De Chine, des membres de la CIA américaine interviennent auprès des Chinois pour qu'ils contrecarrent toute velléité française de retour à l'état antérieur. C'est donc au sud, en Cochinchine, que Leclerc, dont la base se trouve à Colombo, dans l'île de Ceylan, peut espérer rétablir la situation. Le général britannique Gracey, chef du corps expéditionnaire facilite aussitôt la mission du général français. Celui-ci, dans la mesure de ses moyens, devra cependant attendre le 3 octobre pour voir arriver de Ceylan l'avant-garde du 5e RIC, élément précurseur d'une force cohérente que précède le cuirassé *Richelieu*.

Guerre d'Indochine
Soldats réceptionnant du matériel parachuté. © *SIRPA/ECPA France*

Genève, juillet 1954
Pierre Mendès France et Chou-en-Laï optimistes à l'issue de leur dernier entretien. © *Keystone*

Le gouvernement français estime, en effet, recouvrer là un prestige militaire et politique terni par la défaite et l'Occupation. L'Indochine est pour la métropole le symbole de la résurrection nationale, fleuron d'un empire qui a contribué à la rénovation de l'armée et participé, à ce titre, à la victoire. L'arrivée du groupement mécanique Massu permet à Leclerc de dégager Saigon, puis d'entreprendre une lente remontée vers le 16e parallèle, au prix d'escarmouches sans nombre avec les maquisards du Viêt-minh qui coupent les routes, dressent des embuscades et, surtout, se terrent dans les villages, sur les arrières des troupes. C'est au nord, au Tonkin, que se décide le sort de l'ancienne colonie. Le Viêt-minh y est omniprésent, tandis que les généraux chinois mettent le pays en coupe réglée. C'est donc avec mauvaise grâce qu'ils évacuent Haiphong, le 5 mars 1946, après avoir ouvert le feu sur les premiers navires français. La présence de cette force rend également le Viêt-minh plus conciliant. Le 6 mars, le délégué français, Jean Sainteny, signe avec Hô Chi Minh un accord aux termes duquel la France « reconnaît la République du Vietnam comme État souverain, possédant ses institutions propres, mais faisant partie de l'Union française » et, par conséquent, représenté diplomatiquement par celle-ci. En échange, le gouvernement du Viêt-minh autorise les troupes françaises à se substituer aux nationalistes chinois ; mesure en vérité souhaitée par les Vietnamiens, qui supportent de plus en plus difficilement la présence et les exactions de leurs voisins du nord. Ainsi, le 18 mars 1946, le général Leclerc et ses détachements font une entrée très remarquée dans Hanoi, accueillis dans la joie par la communauté française.

Leclerc rencontre tour à tour Giap, chef des forces armées du Viêt-minh, et Hô Chi Minh, lequel souhaite se rendre au plus tôt à Paris pour entériner les accords conclus avec Sainteny. Il désire inclure dans le nouveau Vietnam la Cochinchine, « grenier à riz » de la péninsule. C'est alors que les difficultés commencent. À Paris, la diplomatie de Sainteny est vivement critiquée. Beaucoup l'accusent de « commettre un Munich indochinois ». L'amiral d'Argenlieu, nouvellement promu au poste de haut-commissaire, est de ceux-là. Sa voix est d'autant plus écoutée que les rapports transmis de Saigon présentent l'action du Viêt-minh comme celle d'un mouvement révolutionnaire faible, isolé, donc aisément réductible par la force. Dès ce moment, les conditions d'un conflit sont réunies. Grâce à leur organisation très hiérarchisée et structurée, formés à l'action clandestine, les partisans du Viêt-minh sont décidés à l'épreuve de force si aucune négociation n'aboutit. Leur but est l'occupation totale des Trois Ky, décision démesurée sur le moment, mais qui répond à une simple logique : le riz se trouve en abondance au sud.

À Paris, on affecte de considérer pour négligeable le mouvement Viêt-minh, bien que son chef soit convié au mois d'août à Fontainebleau. Commencée dans l'euphorie, la négociation s'enlise. Hô Chi Minh désire aboutir à un résultat concret : obtenir la reconnaissance de l'indépendance de son pays, assortie seulement de certaines clauses restrictives concernant la diplomatie et l'économie. Les discussions tournent court, car le gouvernement français ne veut pas faire la moindre concession. C'est même le moment où l'amiral d'Argenlieu prend l'initiative de créer un gouvernement autonome à Saigon, puis de réunir à Dalat une assemblée de notables destinée à établir les fondements d'une fédération indochinoise.

Lorsque Hô Chi Minh quitte Paris, en septembre, chacun se félicite de la fermeté du gouvernement. Le chef nationaliste, au contraire, se prépare à cette guérilla que Leclerc redoute tant. Le général s'en est ouvert à Léon Blum et à diverses personnalités politiques libérales de la métropole, soulignant l'impossibilité pour un corps expéditionnaire formé pour la lutte en Europe d'affronter un ennemi réfugié dans la jungle ou bien dans les rizières. L'avertissement n'est pas entendu. Le successeur de Leclerc, le général Valluy, ne dispose en 1946 que de 50 000 hommes pour contrôler un territoire aussi étendu que les deux tiers de la France. Qu'importe, puisque le Viêt-minh n'est composé que de bandes d'irréguliers inorganisés. Aussi des consignes de fermeté sont-elles transmises par le haut commandement en novembre. Le 20, l'artillerie française détruit une partie du port de Haiphong à titre d'intimidation. La cassure est totale. De ce jour commence une guerre qui est le type même du combat révolutionnaire. Hô Chi Minh et les siens s'installent dans le maquis tonkinois, constituant un véritable gouvernement clandestin dont l'autorité s'étend loin vers le sud, car leur emprise s'exerce aussi bien aux villages qu'aux bourgs et aux grandes cités comme Hanoi, Huê ou Saigon. Chars, avions, artillerie ne peuvent rien

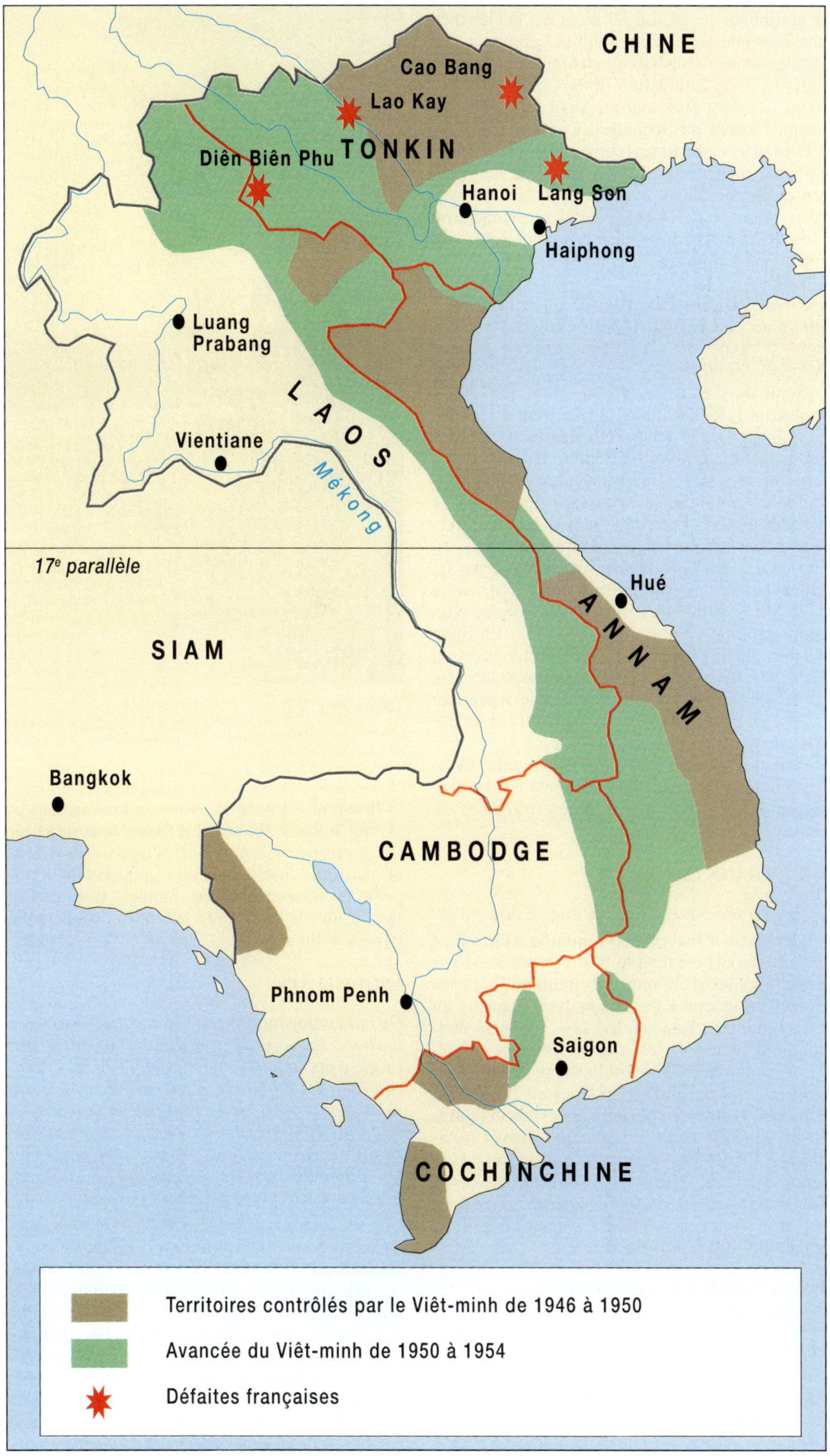

L'indochine entre 1946 et 1954

contre cette force tenace, mobile, qui propose au menu peuple la possession de sa terre et offre à la jeunesse un avenir exaltant, excluant la corruption, mal chronique du pays indochinois. En 1949, les maquis tiennent solidement le nord du Tonkin, la région de Vinh, la zone située au sud de Huê et le sud du delta du Mékong jusqu'à la pointe de Ca Mau. C'est aussi au cours de cette époque que les troupes de Mao Tsé-toung triomphent des nationalistes de Tchang Kaï-chek et fournissent de l'armement aux maquisards tonkinois.

En vain le gouvernement français a-t-il conclu avec l'empereur Bao Daï, en juin 1948, dans la baie d'Along, un accord aux termes duquel « la France reconnaît l'indépendance du Vietnam et son unité dans le cadre de l'Union française ». L'empereur, rétabli dans ses prérogatives, obtient autant sinon plus que le Viêt-minh réclamait deux ans auparavant. Quoi qu'il en soit, c'est trop tard. L'armée française est partout contrainte à la défensive face à des adversaires qui se glissent entre les mailles du quadrillage, prenant l'aspect, de jour, de paisibles paysans occupés dans les rizières, et se muant la nuit en combattants. Lorsque le commandement français s'avise de la situation aventurée des postes de la frontière chinoise, il est également trop tard. La garnison de Cao Bang est anéantie en 1950 sur le chemin du repli vers le delta. Les positions de Lao Kay Ha Giang, Bao Lac, Lang Son et Loc Binh sont tour à tour perdues ou évacuées dans les pires conditions.

Lorsque le géneral de Lattre de Tassigny est nommé commandant en chef, le 5 décembre 1950, un sentiment de pessimisme étreint les combattants. Le nouveau généralissime stimule les cadres, dresse un périmètre défensif autour du delta tonkinois et obtient de l'empereur la mobilisation d'une armée vietnamienne qui atteindra 160 000 hommes l'année suivante. La guerre de Corée, dans laquelle sont engagés les États-Unis, pourrait favoriser l'internationalisation du conflit indochinois. Mais Georges Bidault, ministre des Affaires étrangères puis président du Conseil, s'y oppose, reflétant ainsi l'attitude d'un Mouvement républicain populaire qui s'attache à contrôler au Parlement le problème indochinois à l'égal d'un « domaine réservé ». Après le départ de de Lattre de Tassigny, le général Salan, son successeur, poursuit une lutte essentiellement défensive, ne détenant plus réellement que les deltas du Tonkin et du Mékong, la région de Huê et la zone des hauts plateaux de part et d'autre de Dalat.

En 1953, le général Giáp, qui commande les troupes vietnamiennes, entreprend une infiltration vers le Laos. Pour parer à cette menace, le général Navarre, sixième commandant en chef, envisage une diversion vers le pays thaï sous forme d'un camp retranché qui obligerait le Viêt-minh à déplacer son corps de bataille du delta tonkinois vers une région éloignée où il serait plus facile de l'affronter en combat ouvert. Bien que sans soutien aérien massif et sans moyens de transport suffisants, Navarre choisit pour ce faire la cuvette de Diên Biên Phu, à plus de 250 km à l'ouest d'Hanoi. Le Viêt-minh est dans l'incapacité, croit-on, d'y acheminer troupes nombreuses, ravitaillement important et surtout une artillerie que les stratèges français estiment impossible à concentrer faute de pistes suffisantes. Or c'est précisément le contraire qui se passe. L'intendance des maquisards est remarquablement organisée à travers la jungle. Lorsque la bataille se déclenche, à la fin de l'hiver de 1953-1954, c'est une artillerie bien approvisionnée qui martèle le camp retranché et entraîne les premiers succès de l'assaillant. Bientôt le camp est soumis à un harcèlement qui réduit au silence les batteries de la défense. L'ouverture à Genève, en avril 1954, d'une conférence des grandes puissances au sujet du conflit indochinois fait redoubler d'efforts l'assaillant. Pour le gouvernement français, cette conférence est l'occasion d'« une sortie honorable », le Viêt-minh devant se persuader de l'impossibilité d'obtenir une décision par les armes. C'est ignorer la formidable mobilisation à laquelle s'est livré Giáp, réunissant une main-d'œuvre qui strie la jungle de pistes, de cachettes et de dépôts aussi nombreux que bien camouflés. C'est également accepter de courir un risque énorme alors que des négociations s'engagent. C'est enfin sous-estimer un adversaire qui s'est sans cesse renforcé. Mais le haut commandement est toujours persuadé d'un succès défensif.

Avec autant de méthode que d'habileté, Giáp réduit un à un les points d'appui du camp après avoir surclassé l'artillerie. Le 29 mars, l'atterrissage des avions est rendu impossible. Les 35 000 combattants de Giáp disposent de quelque 75 000 coolies qui assurent un ravitaillement abondant et constant. En face, les quatre groupes de transports aériens arrivent tout juste à acheminer 100 tonnes de fournitures quotidiennes aux 10 000 hommes du colonel de Castries. Le 24 avril, l'aérodrome, principal point de parachutage, est occupé. C'est l'agonie. La population de la métropole suit avec angoisse le déroulement de l'épreuve, laquelle prend un caractère dramatique dans les premiers jours de mai, alors que l'on devine une fin inéluctable. Le 7 mai, au 56e jour de lutte, les derniers défenseurs se rendent. Le gouvernement de Joseph Laniel ne résiste pas à la tempête. Le 18 juin lui succède celui de Pierre Mendès France. Le 21 juillet, au terme de 86 jours de discussions, un accord de cessez-le-feu est enfin signé. Le 17e parallèle sépare les antagonistes. Dans les trois mois qui suivent, les troupes de l'Union française doivent évacuer le delta du Tonkin pour se replier au sud. La communauté française et nombre de Vietnamiens catholiques les imiteront. C'est la fin de la présence française dans le Sud-Est asiatique que le corps expéditionnaire quittera en 1955.

INDULGENCES

Rémission totale ou partielle accordée par l'Église de la peine temporelle due pour effacer les péchés déjà pardonnés.

Si l'offense à Dieu disparaît avec la confession, il reste à accomplir une peine temporelle, soit ici-bas par une pénitence, soit au purgatoire par un séjour plus ou moins long. Les pénitences terrestres sont des peines expiatoires, telles que jeûnes, prières, macérations, aumônes, exil, pèlerinages, entretien d'églises ou d'hôpitaux... L'indulgence permet de diminuer cette peine. Elle est fondée sur le principe du « trésor de l'Église » constitué par le Christ, la Vierge et les saints en faveur de toute la communauté chrétienne, les mérites des premiers aidant à la rémission des péchés des seconds. Ce trésor est gardé par le pape qui charge certains cardinaux ou évêques de l'aider à le distribuer. Aux XIe et XIIe siècles, des indulgences collectives partielles sont ainsi accordées à l'occasion d'un événement important tel que la consécration d'une église ou une translation de reliques. L'indulgence plénière n'est accordée que par le pape, par exemple pour un départ à la croisade. La faute est alors pardonnée et la peine totalement remise. Le succès va grandissant, on achète même pour le repos de l'âme des défunts ou, par testament, de la sienne propre. C'est alors que se développe tout une « comptabilité de l'au-delà » étudiée par l'historien Jacques Chiffoleau, qui pousse par exemple Antoinette de Turenne à verser vers 1410 des sommes exorbitantes à Saint-Martin de Tours pour la célébration de 20 000 messes...

Au XIVe siècle, le nombre des indulgences croît considérablement. Dès 1300, le jubilé de Rome est spécialement créé pour offrir une indulgence plénière à tous ceux qui y viendraient en pèlerinage. Initialement prévu tous les 100 ans, l'écart entre deux jubilés est progressivement ramené à 50 ans, 30 ans puis 25 ans à cause du succès de l'opération. En ce même siècle, des quêteurs itinérants obtiennent l'autorisation de vendre des indulgences, pour des causes diverses telles que la reconstruction d'une église ou la fondation d'un hôtel-dieu. Charles Quint organise même une campagne entre 1515 et 1518, le produit des « ventes » devant servir à l'entretien de digues... La campagne des indulgences, en particulier une quête organisée par l'évêque de Magdebourg, destinée pour moitié au remboursement d'un prêt qu'il avait contracté auprès des banquiers Fugger, fournit au moine Martin Luther l'occasion de sa révolte.

INDULGENTS

Au sein des Montagnards, faction de tendance plus modérée constituée à la fin de l'année 1793 autour de Danton.

Alors que certains révolutionnaires, groupés autour d'Hébert, réclament l'intensification de la Terreur et constituent, à l'extrême gauche, le groupe des Enragés, d'autres, pour des motifs divers, commencent à s'inquiéter des outrances de cette Terreur. Danton est leur chef de file. Les Indulgents bénéficient de l'appui du général Westermann, qui sert à ce moment la République en Vendée. Tous ceux qui adhèrent à la faction modérée n'agissent pas nécessairement dans un souci d'humanité : des hommes comme Fabre d'Églantine ou Chabot, compromis dans de louches affaires, s'inquiètent de la rigueur de la politique terroriste, et craignent pour leur vie.

Le 5 janvier 1794, à la tribune des Cordeliers, Momoro et Collot d'Herbois dénoncent Camille Desmoulins et l'indulgence dont il fait preuve dans *Le Vieux Cordelier*, le journal qu'il a créé en décembre 1793 pour combattre la Terreur. Aux Jacobins, Robespierre s'en prend bientôt aux factions extrémistes, les hébertistes comme les dantonistes, tous ennemis selon lui de la République. L'Incorruptible se débarrasse d'abord des hébertistes, arrêtés dans la nuit du 14 au 15 mars, et guillotinés le 24. Le 30 mars est déclenchée une nouvelle série d'arrestations, groupant des Indulgents et des personnes compromises dans l'affaire de la liquidation de la Compagnie des Indes. Danton, Desmoulins, Delacroix, Westermann, Hérault de Séchelles, Chabot, Basire et d'Espagnac, entre autres, comparaissent devant le Tribunal révolutionnaire. Au terme de leur procès, qui se déroule du 2 au 4 avril et s'achève hors de la présence de Danton, car il se défend trop bien, les Indulgents, comme les voleurs, sont condamnés à mort et guillotinés.

INGEBURGE ou ISAMBOUR (?, v. 1176 – Essonnes ou Corbeil, 1236)

Reine de France.

Sœur de Canut IV, roi de Danemark, elle épouse en 1193 Philippe Auguste, veuf d'Isabelle de Hainaut. Dès le début, cette union est un échec complet. Le roi prend sa femme en horreur et, refusant de partager son existence avec elle, travaille à l'annulation du mariage. Ingeburge se débat pour conserver son statut d'épouse, avertissant la cour de Danemark qui fait appel au pape. En 1196, après avoir fait constater par un tribunal ecclésiastique présidé par l'archevêque de Reims la nullité du mariage pour parenté à un degré prohibé et non consommation, Philippe Auguste épouse Agnès de Méranie. Le pape, en 1200, jette l'interdit sur le royaume de France. Le roi feindra de se soumettre mais ne reprendra Ingeburge qu'en 1213, sans jamais lui pardonner son entêtement, sauf à l'heure de sa mort où il reconnaîtra avoir eu des torts envers elle. Celle qui était restée malgré toutes les pressions la reine légitime de France mourra après treize ans de veuvage dans la retraite.

INKERMANN (bataille d')

Victoire franco-anglaise de la guerre de Crimée.

Le plateau d'Inkermann (à environ 5 km à l'est de Sébastopol) est tenu le 5 novembre 1854 par deux brigades d'infanterie britannique que les Russes attaquent à l'aube, mettant à profit un épais brouillard. Renouvelant la méthode de Wellington à Waterloo, les Anglais résistent opiniâtrement sur place, attendant la venue des alliés du moment, en l'occurrence les Français du général Bosquet. Celui-ci survient avec les brigades Bourbaki (6e de ligne, 7e régiment léger) et Autemarre (3e zouaves et turcos). Sous l'effet de furieuses charges, les Russes sont rejetés vers la Tchernaïa avec de très lourdes pertes. Les escarpements jalonnant le plateau recevront après la bataille le surnom d'Abattoir.

INNOCENT VI, Étienne Aubert (Mont, Limousin, ? – Avignon, 1362)

Pape d'Avignon.

Canoniste éminent, il occupe les sièges épiscopaux de Noyon (1338), de Clermont (1340) puis d'Ostie avec la pourpre cardinalice (1342) avant d'être élevé au trône de saint Pierre en 1352 par des prélats avignonnais. Le premier acte important de son pontificat consiste à envoyer comme légat en Italie le « cardinal d'Espagne », comme on appelle alors le célèbre Gil de Albornoz. Celui-ci accomplira une œuvre militaire et diplomatique considérable au terme de laquelle la papauté aura recouvré son autorité sur ses domaines temporels d'Italie. Dès 1354, nobles et communes prêtent serment à l'Église à Montefiascone, Visconti s'allie au pape, la Tuscie est reconquise. En 1355, Albornoz couronne Charles IV à Saint-Pierre. Peu après, Innocent VI subit sa première grande déception quand l'empereur repasse les Alpes et publie, en 1356, la fameuse Bulle d'or qui affranchit l'élection impériale de tout contrôle pontifical ; cette sécularisation solennelle de l'empire entraîne de sa part une violente protestation. En 1358, de nouvelles difficultés se présentent. Les Grandes Compagnies prennent Pont-Saint-Esprit et coupent les communications d'Avignon et du Comtat Venaissin. Il faut acheter leur départ à prix d'or.

Innocent VI
Gisant. Chartreuse de Villeneuve-lès-Avignon.
© *Sélection Images*

Innocent VI semble avoir voulu sincèrement revenir à Rome. Pieux, il réforma la curie et les frères prêcheurs. On lui doit la construction de la magnifique chartreuse de Villeneuve-lès-Avignon, où il demanda à être inhumé (son souhait sera exaucé le 23 octobre 1960). Le bienheureux Urbain V lui succéda.

INQUISITION

Du latin inquisitio, *enquête. L'Inquisition désigne d'abord la procédure ordinaire inventée par l'Église au XIIe siècle pour combattre les crimes contre la foi au moyen d'une enquête. Mais, au sens strict, on appelle inquisition le tribunal ecclésiastique mis en place dans la première moitié du XIIIe siècle qui met en œuvre une procédure exceptionnelle fondée sur l'enquête, le secret, l'extorsion de l'aveu au besoin par la torture.*

L'utilisation par les tribunaux ecclésiastiques de la procédure inquisitoriale à la fin du XIIe siècle accompagne la transformation de l'Église amorcée depuis le milieu du XIe siècle. Institution puissante et centralisée prétendant régir l'ensemble des rapports sociaux, l'Église romaine multiplie les mesures pour combattre les déviances dogmatiques et imposer une doctrine unique. La multiplication des hérésies dans la seconde moitié du XIIe siècle tient tout autant au refus de nombre de personnes de se soumettre à cette théocratie nouvelle qu'à la politique ecclésiastique elle-même, qui fait de tous ses opposants des hérétiques. Par la décrétale *Ad abolendam* de 1184, le pape Lucius III organise l'*inquisitio* épiscopale. Dans chaque diocèse, il ordonne d'organiser des tournées d'enquête, menées par les évêques, pour traquer les hérétiques et les juger. Une deuxième étape est franchie en 1199 par la bulle *Vergentis in senium* d'Innocent III. Pour la première fois, l'hérésie est associée au crime de lèse-majesté divine. Il faut désormais la combattre selon les moyens appropriés à la lutte contre ce crime. Les conciles d'Avignon (1209) et de Toulouse (1229) organisent des commissions d'enquête formées de quatre personnes dans chaque paroisse (un prêtre et trois laïcs) pour la recherche des hérétiques. En 1233, le pape Grégoire IX confie ces enquêtes aux dominicains, désormais chargés spécialement de lutter contre les hérétiques au moyen de l'Inquisition. En 1252, Innocent IV, par la bulle *Ad extirpendam*, justifie officiellement l'utilisation de la torture lors de la procédure extraordinaire.

Le tribunal de l'Inquisition procède en plusieurs étapes. Pour lancer l'*inquisitio*, le juge ecclésiastique peut se fonder sur des dénonciations ou sur la rumeur (*fama*) pesant sur une ou plusieurs personnes. Dans ce cas, il importe de collecter la *fama* en la consignant par écrit. Un notaire attaché au tribunal inquisitorial entend les témoignages et les met en forme (*narratio*). Cette narration est ensuite transformée en une série d'articles qui énumèrent les fautes commises par l'accusé et les péchés auxquels ils renvoient. Dès lors qu'un ensemble de témoignages conséquent est rassemblé contre une personne, celle-ci est présumée coupable. La suite de la procédure consiste à obtenir l'aveu de ses crimes. L'accusé doit répondre par oui ou par non aux questions qui lui sont posées, découlant elles-mêmes des articles de diffamation. L'application de la torture pour conduire à l'aveu est loin d'être généralisée. Elle ne s'impose jamais au début de la procédure mais seulement si l'accusé se montre rétif à tout aveu. Le but de la torture – que l'on appelle la question (*questio*) – est de faire pression sur le corps (le tordre, le torturer) pour faire sortir de lui le Mal, responsable des crimes. L'aveu (*confessio*) est un véritable exorcisme qui expurge la faute. S'il est obtenu sous la torture, il doit être réitéré trois jours plus tard sans aucune contrainte. Le cas échéant, on applique la sentence. Si l'accusé se rétracte, il est considéré comme *relaps* ou *pertinax*, c'est-à-dire persistant dans son erreur, de nouveau la proie du diable qui lui fait cacher ses crimes indicibles. L'ensemble de la procédure est d'ailleurs secrète, l'horreur présumée des crimes avoués devant demeurer hors d'atteinte des oreilles du public à qui ne sera diffusée qu'une version expurgée et codifiée.

S'il s'est libéré de l'emprise diabolique, l'accusé ayant avoué n'a pas pour autant expié son crime de lèse-majesté et doit être puni en conséquence. En fonction de la gravité estimée du crime, les sentences vont de la pénitence au bûcher, en passant par toute une série de peines matérielles (amendes, privations de biens), pénitentielles (pèlerinage) ou infamantes (bannissement, port des vêtements d'infamie en public...). Le sort de l'accusé qui n'avoue pas varie en fonction des intérêts politiques et religieux et du danger potentiel qu'il représente aux yeux des autorités ecclésiastiques et laïques. Son sort peut aller des sanctions temporelles légères jusqu'au bûcher. Le relaps, quant à lui, est conduit automatiquement au bûcher. La proclamation des sentences est publique, de même que les condamnations. L'Église n'ayant pas le droit de verser le sang ou de donner la mort, l'exécution des peines capitales est laissée au bras séculier, juge royal ou seigneurial laïc.

À partir de 1232, le pape Grégoire IX étend le principe de l'inquisition à l'ensemble du monde catholique. Tombent de surcroît sous sa coupe les responsables de crimes d'apostasie, de sorcellerie et de magie. Cependant, chaque pays réagit de manière différente quant à l'application des poursuites. En Allemagne, Conrad de Marburg lui confère un caractère aussi brutal que dans le Midi de la France. Le principe se maintiendra en Bavière et en Autriche jusqu'au XVIIIe siècle. En Angleterre, en revanche, l'ordonnance papale n'est pas exécutée, de même qu'en Scandinavie.

En France, l'Inquisition est rapidement dominée par le pouvoir royal, même si elle reste un tribunal ecclésiastique, et ses méthodes se diffusent dans les tribunaux royaux. En vertu de son sacre, le roi de France est en effet porteur d'une légitimité divine. Il est un roi chrétien dont l'un des buts est de veiller au soin des âmes et à l'intégrité de la foi catholique dans le royaume. Dès le milieu du XIIIe siècle, l'un des serments prononcés lors du sacre est précisément de combattre les hérétiques. En vertu de cette mission, les rois de France mènent à partir de Louis VIII (croisade contre les Albigeois) et surtout Saint Louis et Philippe le Bel, une lutte acharnée contre les ennemis de la foi, qui sont aussi les ennemis du royaume. L'arrestation et le procès des templiers en 1307, les condamnations collectives contre les juifs et les lépreux en 1321 puis, dès le milieu du XVe siècle, la lutte contre la sorcellerie dont Jeanne d'Arc est une victime emblématique, sont menées selon les méthodes et le but de l'Inquisition tout autant par des tribunaux royaux qu'ecclésiastiques. Au XVIe siècle et jusque dans les années 1650, une véritable contagion diabolique s'empare du royaume aboutissant à la chasse aux sorcières et à certains grands procès retentissants, tel celui d'Urbain Grandier, soi-disant ensorceleur des religieuses de Loudun, mais aussi ennemi de la politique unificatrice de Richelieu.

Institut de France

Une loi du 8 août 1793 avait supprimé toutes les académies et sociétés littéraires protégées par l'État. L'article 298 de la Constitution de l'an III en promet le rétablissement, mais sans oser leur rendre leurs noms anciens, et en les groupant dans un « Institut national chargé de recueillir les découvertes et de perfectionner les arts et les sciences ».

Cet Institut est organisé par une loi du 3 brumaire an IV (25 octobre 1795). Il comprend trois classes : sciences physiques et mathématiques ; sciences morales et politiques ; littérature et beaux-arts. Chacune de ces classes est divisée en sections. Le 3 pluviôse an XI (23 janvier 1803), un arrêté consulaire supprime la deuxième classe et partage la troisième en trois : langue et littérature françaises ; histoire et littérature anciennes ; beaux-arts. Il faut attendre la Restauration pour voir réapparaître les académies, sans que l'existence de l'Institut soit remise en cause pour autant. Une ordonnance royale du 21 mars 1816 transforme complètement l'économie de l'Institut qu'elle divise en quatre classes : Académie française, Académie des inscriptions et belles-lettres, Académie des sciences, Académie des beaux-arts. Une dernière ordonnance, en date du 26 octobre 1832, reprendra une expression de la loi de brumaire an IV pour créer une cinquième classe, l'Académie des sciences morales et politiques. Installé originellement au Louvre, qui avait été la résidence des académies de 1673 à 1793, l'Institut est transféré en 1806 à son emplacement actuel, le collège des Quatre-Nations, quai Conti. La transformation de la chapelle en salle des séances est l'œuvre de l'architecte Vaudoyer. C'est là, sous la coupole d'un des plus beaux édifices parisiens, que se tiennent chaque année les séances publiques : une pour l'ensemble de l'Institut (le 25 octobre), une pour chaque académie. Les dépenses courantes de l'Institut figurent au budget de l'Éducation nationale. Depuis sa création, l'Institut a reçu de nombreux dons, tels que le domaine de Chantilly ou le château de Langeais. L'origine de la riche bibliothèque de l'Institut remonte à un legs fait en 1760 à la ville de Paris par le magistrat Antoine Moriau. La bibliothèque Mazarine n'a été rattachée à la bibliothèque de l'Institut qu'en 1945.

Instituteur

Enseignant d'une école primaire.

Votées en 1833, les lois Guizot imposent aux communes l'entretien d'une école primaire et créent les Écoles normales (EN). Toutefois, jusqu'à la IIIe République, l'Église reste quasiment maîtresse de l'enseignement primaire. Le maître est souvent un congrégationniste et, même lorsqu'il est un laïc, l'école est presque toujours confessionnelle. Il doit, selon les instructions officielles, « porter au recueillement par son exemple ». À partir de 1854, néanmoins, le recteur d'académie le dispense du « certificat de bonnes mœurs » délivré par l'Église. Avec l'avènement de la République, le statut d'instituteur est complètement modifié. La loi de juin 1881 rend l'école primaire gratuite, obligatoire et laïque. La fonction d'instituteur se féminise : en 1879, les départements sont obligés d'avoir une école normale de filles, comme de garçons. Cependant, le salaire que la IIIe République verse au maître en début de carrière est très inférieur à celui d'un ouvrier, et l'égalité de traitement (hommes/femmes) effective seulement en 1919. L'instituteur apparaît comme le représentant d'une couche sociale nouvelle. Dès 1873, la majorité de l'Assemblée avait été inquiète quand avait été élu à Paris contre Charles de Rémusat l'instituteur radical Barodet. Le maître est l'un des représentants de cette société sans prêtres et sans roi, d'où la traditionnelle opposition entre le curé du village et l'instituteur, volontiers socialiste et syndicaliste. Ayant embrassé les idéaux républicains et laïques, qualifié de « hussard noir » de la République (Charles Péguy), il permet qu'en 1900 seuls 3 % des conscrits soient illettrés. L'entre-deux-guerres correspond à une revalorisation de la fonction en prestige et en revenus. Vichy supprime les EN et demande aux instituteurs de prêter un serment d'allégeance. Après 1945, la fonction tend à nouveau à se dévaloriser. En 1990, les EN ont été remplacées par des IUFM et le terme « instituteur » par celui de « professeur des écoles ».

Intendants

Agents par excellence du gouvernement royal dans les provinces sous l'Ancien Régime, les intendants font leur apparition au XVIe siècle.

Ce sont à l'origine des commissaires recrutés parmi les maîtres des Requêtes de l'hôtel, chargés de chevauchées ou missions temporaires en vue d'imposer l'autorité royale, réminiscence des *missi dominici* de Charlemagne et des enquêteurs royaux du XIIIe siècle. Ils veillent dans les provinces à l'administration de la justice, de la police et des finances, au maintien du bon ordre, à l'exécution des commissions dont ils sont chargés par le roi en son Conseil. D'où le titre de « commissaires départis pour l'exécution des ordres du roi » qu'ils reçoivent en 1551. Ils se multiplient rapidement : de 6 en 1553, leur nombre passe à 20 en 1556. Si leurs attributions varient selon les circonstances, de même varie le territoire soumis à leur inspection. Certains sont même envoyés aux armées pour contrôler la justice et le ravitaillement, mais sous les ordres de chefs militaires.

Après les guerres de Religion ils sont les agents indispensables du rétablissement de l'autorité royale, et leur importance s'accroît sous Henri IV. En 1600, ils prennent le titre d'« intendants », et le roi commence à leur confier l'administration des nouvelles circonscriptions financières, les généralités. Les états généraux de 1614 réclament en vain la diminution de leurs attributions car leur action mécontente les officiers. Leur rôle se précise encore et se fixe sous Richelieu. Au début de la Fronde, Mazarin doit bien accorder leur suppression (édit du 13 juillet 1648), sauf dans les régions frontières, Languedoc, Bourgogne, Champagne, Provence, Lyonnais et Picardie, mais, la tourmente passée, ils sont rétablis en 1654.

Désormais, s'ils continuent à être pourvus de commissions toujours révocables, ils s'installent définitivement dans tout le royaume, à partir de 1666 à la tête d'une seule généralité. La Bretagne est la dernière province à recevoir des intendants en 1689. Ils sont les rouages essentiels de l'administration provinciale, les instruments les plus actifs de la centralisation monarchique. Leurs attributions sont à la fois vastes, vagues et souples, et il n'est en fait rien qui ne soit de leur compétence, administrative ou judiciaire. En 1697, ils reçoivent même un droit d'inspection sur les parlements. Leur titre est très exactement « intendants de justice, police et finances, commissaires départis dans les généralités du royaume pour l'exécution des ordres du roi ». Dans leur généralité, ils se font aider par des subdélégués qu'ils nomment en nombre variable et qu'ils rémunèrent. Sous Louis XIV, les intendants sont au nombre de 25 (21 en pays d'élections et 4 en pays d'états) sans compter ceux des colonies (Talon au Canada, 1665-1672) et ceux des armées. Au début du XVIIIe siècle, ils sont 30 et, en 1789, leur nombre s'élève à 33.

L'hôtel des Invalides
L'inauguration par Louis XIV le 28 août 1706. Huile sur toile de Pierre Denis Martin. © *Tallandier*

Sous Louis XIII et Louis XIV ils sont véritablement le « roi présent en la province », avant tout défenseurs des droits du prince. Certains laisseront un souvenir de brutalité, tels Basville, persécuteur des protestants, surnommé le « tyran du Languedoc », et Marillac, instigateur des dragonnades. Mais, dans bien d'autres cas, leur action est bienfaisante, comme celle de Bazin de Bezons à Limoges, puis à Orléans et à Lyon, et du même Basville en tant que créateur, cette fois, du port de Sète. Au XVIIIe siècle, leur rôle évolue quelque peu. Leur réseau est désormais bien ancré, malgré quelques modifications dans les circonscriptions. Leurs bureaux, d'abord squelettiques, sont plus étoffés (10 à 15 personnes). Le nombre (jusqu'à la cinquantaine) et les attributions de leurs subdélégués se sont fortement accrus. Ceux-ci ramassent les renseignements et font pénétrer plus avant leur influence. Bien assis et mieux entourés, les intendants font de plus en plus corps avec le pays. Certains d'entre eux, qui font partie de l'élite « éclairée », n'hésitent pas à soutenir leurs administrés contre des seigneurs abusifs ou des décimateurs trop lents à faire leur devoir. Tous tâchent d'obtenir un *modus vivendi* acceptable à la fois à Versailles et dans leur généralité, compatible avec leur tranquillité provinciale et leur avancement futur. Mais leur administration, souvent bénéfique et exercée par des hommes remarquables (Turgot en Limousin, Blossac à Poitiers, Sénac de Meilhan à Aix, Montyon en Auvergne, Tourny à Limoges puis à Bordeaux, Calonne à Metz puis à Lille), n'est pourtant pas très populaire. Elle paraît souvent illustrer, contre l'originalité et les « libertés » provinciales, le « despotisme » gouvernemental et parisien d'une administration qui a surtout des ennemis. Les intendants constituent de commodes boucs émissaires que chargent remontrances, pamphlets et les cahiers de doléances des États généraux de 1789. Agents du « régime » jugés trop puissants, ils tombent avec lui : la Constituante les supprime le 22 décembre 1789.

Leur souvenir inspirera l'institution des préfets, en 1801. L'organisation du corps des intendants avait, par ailleurs, été imitée un peu partout au XVIIIe siècle en Europe, en Espagne notamment, et même hors d'Europe, en Amérique espagnole, après 1762 à Cuba.

INTERDIT

Peine canonique qui interrompt toute vie religieuse dans un territoire donné.

Le pape ou son légat y recourent pour faire céder les gouvernants en provoquant le mécontentement du peuple. L'interdit suspend en effet les baptêmes, les sépultures et les mariages. Le royaume de France fut par exemple mis en interdit pour faire céder Philippe Auguste lorsqu'il répudia son épouse pour se remarier avec Agnès de Méran en 1198. Mais le roi, en menaçant les évêques, est parvenu à ce que la sentence soit restée lettre morte dans la plupart des diocèses.

INTERNATIONALE (L')

Hymne révolutionnaire international.

Créé en 1871 d'après un poème d'Eugène Pottier sur une musique de Pierre Degeyter, il est exécuté pour la première fois en 1888 à la fête des travailleurs de Lille. En 1917, au moment de la Révolution russe, il est choisi comme hymne national soviétique jusqu'à l'adoption par l'URSS, en 1941, d'un nouvel hymne.

INVALIDES (institution et hôtel des)

Henri IV fonde, rue de l'Oursine, de nos jours rue Léon-Maurice-Nordmann, la Maison royale de la charité chrétienne (1604), afin d'y accueillir les vieux soldats estropiés à son service.

La régente Marie de Médicis se désintéresse du sort des vétérans, mais le cardinal de Richelieu installe ceux-ci au château de Bicêtre qu'il érige alors en commanderie de Saint-Louis. La commanderie pratiquement abandonnée, Louis XIV et le marquis de Louvois décident de construire un hôtel où les soldats invalides seront entretenus aux frais des prieurés et des abbayes. Les médecins, chirurgiens et apothicaires attachés à l'institution jouiront des mêmes privilèges que leurs confrères attachés à la personne du souverain. L'érection de l'hôtel royal des Invalides commence le 30 novembre 1671. Il s'élèvera hors Paris, plaine de Grenelle, entre le faubourg Saint-Germain et le bourg du Gros-Caillou. L'architecte qui a dressé ses plans est Libéral Bruant. À partir de 1677, Jules Hardouin-Mansart achève l'église Saint-Louis-des-Invalides et conçoit le dôme, mais, dès l'année 1676, 6 000 militaires réformés auront pris possession de leur dernier asile.

Le parterre de l'Hôtel est aujourd'hui bordé d'un fossé large de 6 mètres et profond de 3. S'y alignent canons français d'autrefois et canons pris à l'ennemi ; parmi ces trophées figure la Batterie triomphale de Frédéric Ier de Prusse, que Napoléon rapporta de Vienne en 1805. Deux pavillons en avant-corps terminent la longue façade du bâtiment, lequel présente un arc dont le centre, qui atteint son toit, s'orne d'un bas-relief représentant Louis XIV dû au ciseau de Pierre Cartellier (1816). Les statues de la Justice et de la Prudence encadrent le Roi-Soleil revêtu d'un costume d'empereur romain. L'image primitive du monarque – la Révolution la mutila – avait été sculptée, ainsi que le Mars et la Minerve placés à droite et à gauche de la porte d'entrée, par Guillaume Coustou. L'ensemble de l'hôtel des Invalides subsiste tel qu'au XVIIe siècle.

Une galerie à balustrade surplombe l'intérieur de l'église Saint-Louis-des-Invalides. Des drapeaux conquis – on en comptait 1 500 en 1814 – pavoisent la corniche. La nef, de 17 mètres de long et de 6 mètres de large, située derrière l'autel, conserve des caveaux et un columbarium où sont déposés les cœurs des maréchaux de Vauban et Baraguay d'Hilliers, des généraux Kléber et Éblé, du capitaine de La Tour d'Auvergne, de Mlle de Sombreuil ainsi que d'illustres soldats et de célèbres gouverneurs de l'hôtel. Le nom de plusieurs de ces gouverneurs s'inscrit sur les piliers séparant les bas-côtés de la nef. L'église du Dôme, de style jésuite, se trouve maintenant séparée de l'église Saint-Louis-des-Invalides. Les deux édifices possèdent toutefois un chœur commun. Le superbe dôme éponyme mesure 107 mètres de haut. Il est constitué d'un tambour à 12 fenêtres, percées entre 40 colonnes corinthiennes engagées. La coupole fut dorée à plusieurs reprises depuis sa construction. La chapelle Sainte-Thérèse de l'église du Dôme abrita le tombeau de Turenne, transféré de Saint-Denis. Celle de Saint-Jérôme reçut, le 15 décembre 1840, la dépouille mortelle de Napoléon Ier. Le 2 avril 1861, un sarcophage de porphyre rouge, œuvre de Louis Visconti, renferma les six cercueils qui gardent le corps du grand homme. Près du tombeau de l'Empereur, deux urnes contiennent le cœur et les entrailles du prisonnier de Sainte-Hélène.

Au-dessus de la porte – faite du bronze des canons russes et autrichiens d'Austerlitz – du vestibule de la crypte, le visiteur peut lire la phrase fameuse du testament impérial : « Je désire que mes cendres reposent sur les bords de la Seine, auprès de ce peuple français que j'ai tant aimé. » L'épée que Napoléon ceignit le matin d'Austerlitz, le chapeau qu'il coiffa à la bataille d'Eylau, ses décorations restent en une chapelle de marbre noir. Le caveau de la chapelle Saint-Ambroise renferme les restes du frère de l'Empereur, Jérôme, ancien roi de Westphalie, et ceux de plusieurs membres de la famille Bonaparte. Outre le corps de nombreux soldats illustres, dont le maréchal Foch, l'église du Dôme conserve les cendres du duc de Reichstadt, l'Aiglon, fils de l'Empereur, rendues à la France par l'Allemagne dans la nuit du 13 au 14 décembre 1940.

Les bureaux du gouvernement militaire de Paris se trouvent, depuis 1898, à l'hôtel des Invalides qui loge moins de 200 pensionnés, pour la plupart blessés de guerre. La fondation datant de Louis XIV abrite le musée de l'Artillerie et le musée historique de l'Armée.

INVENTAIRES

Nom donné à la partie de la loi de Séparation de l'Église et de l'État qui concernait la mise au point des listes de tous les meubles et objets du culte renfermés dans les églises.

La loi de Séparation de l'Église et de l'État, promulguée le 9 décembre 1905, prévoit, à côté de la suppression du budget du culte et de la nomination des évêques par le gouvernement, la remise des édifices religieux, de leur mobilier et des objets du culte, à des associations cultuelles. La loi prescrit aussi que les officiers fiscaux sont chargés d'établir l'inventaire du mobilier et des objets du culte avant leur remise à ces associations. Alors que certains catholiques estiment qu'il faut s'accommoder de la loi de Séparation, d'autres redoutent que les inventaires ne soient l'occasion de spoliations, de confiscations ou de sacrilèges, et refusent que les biens des églises soient transmis aux associations, composées de laïques. La position du pape Pie X qui, par l'encyclique *Vehementer nos* (11 février 1906), condamne non seulement le principe de la loi de Séparation, mais encore ses modalités d'application, renforce encore leur opposition. De nombreux incidents éclatent en Bretagne, à Paris, en Seine-et-Oise, dans le Massif central, dans les Flandres : obéissant à leurs évêques et à leurs prêtres, les fidèles se barricadent dans les églises, huent ou molestent les receveurs et les percepteurs qui doivent faire appel à la force publique. Certains agents du fisc démissionnent, d'autres renoncent à établir les inventaires et dressent des listes fictives. À l'approche des élections législatives, qui doivent avoir lieu au mois de mai, l'opposition conservatrice veut utiliser les incidents provoqués par les inventaires pour dresser les électeurs catholiques contre le Bloc des gauches. Les agents du fisc reçoivent l'ordre d'achever les inventaires avant la fin du mois de mars : plus de 20 000 restent à effectuer. Mais, le 6 mars, un manifestant est tué dans un village des Flandres. Interpellé, le président du Conseil Rouvier déclare, le 10 mars, que la loi a été appliquée. Par une curieuse contradiction, la Chambre vote l'affichage de son discours, mais refuse, par 267 voix contre 224, sa confiance au ministère, qui démissionne. Le radical Sarrien succède à Rouvier et compose le 14 mars son gouvernement, dans lequel Briand est chargé de l'Instruction publique et des Cultes. Clemenceau, nouveau ministre de l'Intérieur, déclare que la « question de savoir si on comptera ou si l'on ne comptera pas les chandeliers d'une église ne vaut pas une vie humaine » et envoie aux préfets une circulaire ordonnant de surseoir aux inventaires là où l'emploi de la force est nécessaire. De fait, on ne parlera bientôt plus des inventaires.

IRÉNÉE, saint (Asie Mineure, v. 130 – Lyon, v. 208)

Évêque.

Disciple de saint Polycarpe, évêque de Smyrne, il vient en Gaule vers 157. L'évêque de Lyon, le martyr saint Pothin, lui confère la prêtrise et l'envoie vers le pape Éleuthère pour le prier de ne pas refuser la communion aux Orientaux qui fêtent Pâques le même jour que les Juifs. Successeur de Pothin sur le siège épiscopal de Lyon (v. 178), Irénée intervient de nouveau auprès du pape Victor (v. 190) à propos de cette question de la Pâque orientale. Il meurt peut-être martyr, mais on ne peut l'affirmer. La tradition lyonnaise veut en tout cas que son corps ait été inhumé dans une basilique dédiée à saint Jean. Si l'on connaît mal sa vie, son œuvre écrite révèle un des plus anciens et des plus remarquables théologiens de l'Église occidentale. Dans ses deux ouvrages essentiels, la *Démonstration de la prédication apostolique* et surtout le *Traité contre les hérésies*, écrits sans prétentions littéraires, dans un style sobre, il apparaît comme l'adversaire éclairé des mythes gnostiques et le meilleur défenseur de la foi dans l'Occident du IIe siècle.

ISABEAU de BAVIÈRE (Munich, 1371 – Paris, 1435)

Reine de France (1385-1435).

Fille d'Étienne II de Bavière-Ingolstadt et de Thadée Visconti. Son mariage avec Charles VI (1385) est négocié par les oncles du roi (Louis d'Anjou, Jean de Berry et Philippe de Bourgogne), conformément au désir exprimé par Charles V que son fils se marie avec une Allemande, pour contrebalancer dans l'Empire germanique l'influence du roi d'Angleterre, lui-même marié à une Allemande. Elle donne 12 enfants au roi, dont le futur Charles VII. À partir de 1392, le roi étant devenu fou, elle est mise à la tête d'un conseil de régence dont font partie Louis d'Orléans, frère du roi, et Jean sans Peur, duc de Bourgogne. Elle favorise ouvertement Louis d'Orléans, et provoque ainsi la querelle des Armagnacs et des Bourguignons. En 1403 meurt le duc de Bourgogne qu'elle a toujours considéré comme un tuteur et un fidèle soutien. Elle se tourne alors vers Louis d'Orléans qui l'accapare. Ils se rencontrent très souvent dans le jardin du couvent des Célestins. Des bruits courent qu'il voudrait l'enlever. En 1404, les Bourguignons marchent sur Paris. Isabeau fuit secrètement vers Melun et son frère enlève le Dauphin... bientôt rattrapé par le nouveau duc de Bourgogne, Jean sans Peur. Peu après, le roi, au cours d'une rémission, charge Isabeau de rétablir la paix entre les princes. Elle rentre à Paris. Pourtant, au milieu des troubles qui agitent la capitale, en 1405, sa réputation est ternie. Les rumeurs circulent sur sa cupidité, ses toilettes, la joyeuse vie menée en son hôtel et de mystérieux scandales qui s'y déroulent. Puis, en 1407, Louis est assassiné par Jean sans Peur. Isabeau perd à nouveau son soutien. La guerre entre Armagnacs (partisans du duc d'Orléans) et Bourguignons (partisans du duc de Bourgogne) fait rage.

En 1416, âgée de 45 ans, elle est exilée à Tours et son Trésor lui est confisqué. L'année suivante, Jean sans Peur l'enlève, avec sa complicité. Depuis Troyes, elle s'intitule reine de France et s'oppose dorénavant à son fils Charles qui prend en 1418 le titre de régent. Pourtant, des contacts entre eux s'établissent peu après l'assassinat du duc de Bourgogne, mais la pression bourguignonne pousse Isabeau à la signature du désastreux traité de Troyes en 1420, qui écarte Charles de la succession paternelle. Après la mort de Charles VI, le 21 octobre 1422, Isabeau de Bavière cesse de jouer un rôle politique et se retire à l'hôtel Saint-Pol à Paris, où elle finit ses jours.

Inventaires

Les difficultés pour la police d'établir l'inventaire de l'église Saint-Pierre-du-Gros-Cailloux à Paris obligent les pompiers à casser les carreaux pour y entrer. © *L'Illustration/Sygma*

ISABELLE d'ANGOULÊME (?, 1186 – Fontevrault, 1246)

Reine d'Angleterre (1200-1216).

Fille du comte Aymar III d'Angoulême. Fiancée à Hugues X de Lusignan, comte de la Marche, elle rencontre, au cours des réjouissances qui précèdent son mariage, le roi d'Angleterre Jean sans Terre. Ce dernier l'enlève aussitôt et l'épouse en 1200, après avoir répudié Harvoise de Gloucester. Isabelle donne à son mari deux fils, le futur Henri III et Richard duc de Cornouailles. Elle regagne la France après la mort du roi en 1216, et revient à son ancien fiancé, qui l'épouse en 1217. Isabelle pousse le comte de la Marche à se révolter contre Louis IX, avec l'appui d'Henri III. Vaincus près de Taillebourg en 1246, les deux époux implorent le pardon du roi. Après la mort de son second mari, Isabelle se retire à Fontevrault.

ISABELLE d'ARAGON (?, 1247 – Cosenza, Calabre, 1271)

Reine de France (1262-1271).

Fille de Jacques d'Aragon et de Yolande de Hongrie, elle est mariée en 1262 au futur Philippe III le Hardi. Elle lui donne trois fils : Louis, mort en 1276 ; Philippe, futur Philippe IV le Bel ; Charles, fondateur de la branche de Valois. Elle accompagne le roi à la croisade de Tunis et meurt à son retour, d'une chute de cheval.

ISABELLE de FRANCE, bienheureuse (Paris, 1225 – Longchamp, 1270)

Princesse.

Fille de Louis VIII et de Blanche de Castille, sœur de Saint Louis, elle est attirée dès sa jeunesse par la règle et les principes franciscains. Elle refuse plusieurs prétendants, notamment Conrad, fils de l'empereur Frédéric II (1244), puis Hugues XI de Lusignan (1250). Renonçant au monde, elle fonde, en 1259, le couvent des clarisses de Longchamp, doté par le pape d'une règle moins sévère que celle de sainte Claire, et s'y retire en 1263. Isabelle de France a été béatifiée en 1521.

ISABELLE de FRANCE (Paris, 1292 – Hertford, Angleterre, 1358)

Reine d'Angleterre (1292-1330).

Fille de Philippe IV le Bel et de Jeanne de Navarre, elle devient reine d'Angleterre en 1308 par son mariage avec Édouard II dont elle a un fils, le futur Édouard III. Cette princesse française mène en Angleterre une politique en fin de compte funeste à la France. La caution qu'elle donne à la révolution qui coûte la vie à Édouard II (1327) contribue à la faire mépriser par son fils. En 1330, Édouard III la renverse et la fait enfermer dans une prison où elle mourra vingt-huit ans plus tard ; c'est d'elle qu'Édouard III et ses successeurs prétendent tenir leurs droits sur le trône des Capétiens.

ISABELLE de FRANCE (Paris, 1389 – Blois, 1409)

Reine d'Angleterre (1396-1399).

Deuxième fille de Charles VI et d'Isabeau de Bavière, elle est mariée le 1er novembre 1396 à Richard II, roi d'Angleterre. Elle n'a que 6 ans alors que son mari en a 30. Ce mariage, célébré à Calais par l'archevêque de Cantorbéry, inaugure une politique de rapprochement entre la France et l'Angleterre. Lorsque Henri IV de Lancastre détrône Richard II (1399), il refuse d'abord de libérer la jeune veuve de son rival, mais finit par la renvoyer en France, tout en conservant sa dot et ses bijoux, modeste compensation, selon lui, pour ce qui restait à payer de la rançon de Jean le Bon. Isabelle est remariée dès 1400 au fils aîné du duc d'Orléans, Charles. En 1401, après l'assassinat de Louis d'Orléans, elle devient duchesse d'Orléans. Mais elle meurt dès 1409, quelques heures après avoir mis au monde une fille, Jeanne. Elle n'avait pas 20 ans.

ISABELLE de HAINAUT (Lille, 1170 – ?, 1190)

Reine de France (1180-1190).

Fille de Baudouin V de Hainaut et de Marguerite d'Alsace, elle épouse en 1180 Philippe II Auguste à qui elle apporte une grande partie de l'Artois qui lui vient de son oncle Philippe d'Alsace. Elle donne à Philippe le seul fils légitime qu'il devait jamais avoir, le futur Louis VIII. En outre, elle fait la jonction de la deuxième et de la troisième dynastie royale comme descendante des Carolingiens.

ISABELLE de LORRAINE (?, 1410 – Launay, près de Saumur, 1453)

Reine de Sicile, duchesse d'Anjou et de Lorraine.

Fille du duc de Lorraine Charles II et de Marguerite de Bavière, elle est mariée à 10 ans au duc de Bar, René d'Anjou. À la mort de son père en 1431, elle apporte la Lorraine à son époux. Très énergique, elle lutte à ses côtés contre Antoine de Vaudémont qui, allié au duc de Bourgogne, lui dispute la possession de la Lorraine, et prend en main le gouvernement du duché lorsque René est fait prisonnier à Bulgnéville. Isabelle s'assure ensuite du soutien des seigneurs lorrains, ordonne une levée générale dans tout le duché, intervient auprès du duc de Bourgogne et parvient à faire libérer sur parole son époux, prisonnier à Dijon. En 1435, ce dernier hérite du trône de Naples, qu'il devra conquérir contre Alphonse d'Aragon. Contraint la même année de regagner les prisons du duc de Bourgogne, René ne peut s'acquitter de cette tâche. Sans hésiter, Isabelle s'embarque pour Naples, parvient à s'y rendre populaire et accueille son mari après sa libération, en 1437. Les deux époux tentent de défendre leurs possessions contre Alphonse d'Aragon, mais doivent finalement y renoncer et regagnent la Lorraine en 1442. Isabelle administre alors le duché, tandis que le roi René réside en Anjou à la cour de France.

Bataille de l'Isly
La victoire du maréchal Bugeaud vue par Prosper Bacaret (?), 1845. Paris, musée de l'Armée. © *Tallandier*

ISLES

Composante essentielle du premier empire colonial français formé aux XVIIe-XVIIIe siècles.

Elles s'organisent en deux sous-ensembles, l'un antillais, l'autre indien, exploités par des compagnies privées sous Richelieu – la Guadeloupe est conquise en 1635, l'île Dauphine (Madagascar) en 1643 – puis par des compagnies royales fondées par Colbert en 1664 : la Compagnie des Indes orientales et la Compagnies des Indes occidentales. Le domaine insulaire de l'océan Indien, qui articule les îles Bourbon dès 1649 (la Réunion), de France (Maurice) à partir de 1715 et l'archipel des Seychelles (1742) autour de la grande île Dauphine, sert d'escale et d'emporium à l'intense commerce avec les Indes où les comptoirs français, tel Pondichéry, peuvent aussi être assimilés à des « isles ». L'intérêt des îles de l'océan Indien est d'abord stratégique, l'économie de plantation (café, canne, poivre…) dans le monde indien étant relativement secondaire. Ce n'est pas le cas des Antilles, vouées à la plantation, fonctionnant grâce à la traite et dont la principale production est la canne à sucre : grâce à la partie occidentale de Saint-Domingue, colonisée entre 1665 et 1697 (île partagée aujourd'hui entre Haïti à l'ouest et la République dominicaine à l'est), la France est le premier producteur de sucre du monde au XVIIIe siècle. Une véritable économie capitaliste anime le littoral atlantique et spécialement les ports de Nantes et de Bordeaux, tandis que tout l'arrière-pays de l'Ouest français approvisionne les marchés créoles grâce à la proto-industrialisation. La filière sucrière comporte encore de très nombreuses raffineries de canne, notamment dans la région d'Orléans. Les profits considérables amassés dans cette économie sucrière, indissociable du commerce triangulaire, serviront d'amorce à la première vague d'industrialisation.

Les trafics coloniaux insulaires en plein essor à la fin de l'Ancien Régime périclitent durant la Révolution et l'Empire : le blocus anglais empêche la navigation, certaines colonies changent de main (cas de l'île Maurice cédée à l'Angleterre en 1814) ou acquièrent une indépendance précoce (Haïti dès 1804), la traite humaine est abolie en 1815 (l'esclavage seulement en 1848), tandis que le sucre de betterave supplante celui tiré de la canne. L'industrialisation s'implante au nord et à l'est du pays et tourne le dos au littoral atlantique ; le second empire colonial sera essentiellement continental. Aujourd'hui, cependant, la France d'outre-mer consiste essentiellement dans ces « isles » conquises sous l'Ancien Régime.

ISLY (bataille de l')

Victoire remportée par le maréchal Bugeaud sur les troupes régulières marocaines le 14 août 1844, près de l'Isly, rivière du Maroc oriental.

Après trois ans de lutte acharnée menée par Bugeaud, Abd el-Kader, à bout de ressources, a dû, pour sauver ce qui reste de ses troupes, se réfugier au Maroc dont le sultan, gagné à sa cause, fait intervenir ses troupes sur les confins algériens. La riposte de Bugeaud est décisive. Tandis que le prince de Joinville bombarde Tanger (6 août), lui-même franchit la frontière algéro-marocaine avec 10 500 hommes et 16 canons et attaque les troupes marocaines qui, sous le commandement du fils du sultan, Abd al-Rahman, se sont retranchées derrière la rivière de l'Isly. Écrasés par l'artillerie, les cavaliers arabes tournent bride, imprudemment poursuivis par les chasseurs et spahis français qui ne sont sauvés d'une contre-attaque de 10 000 cavaliers arabes que par l'intervention de l'infanterie française. À la suite de cette bataille, le sultan du Maroc doit signer le traité de Tanger qui met Abd el-Kader hors la loi, tandis que Bugeaud reçoit le titre de duc d'Isly.

ISNARD Maximin (Grasse, 1755 – Grasse, 1825)

Homme politique.

Fils d'un négociant en parfumerie, il exerce à Draguignan la profession de son père lorsqu'il est élu député du Var à l'Assemblée législative. Se faisant l'interprète des plus ardentes passions populaires, il se signale par son intervention dans le vote des décrets contre les émigrés et les prêtres réfractaires (novembre 1791). Il met également sa rhétorique au service de la cause de la guerre (avril 1792). Réélu à la Convention, Isnard siège parmi les Girondins. Il n'est pas parmi les plus modérés : il vote la mort de Louis XVI et fait partie du Comité de défense générale. C'est même sur son rapport que le Comité de salut public est créé. Il n'en combat pas moins la politique de la Montagne, presque avec autant de véhémence qu'il avait combattu celle de la Cour. Le 25 mai 1793, il préside la Convention quand la Commune de Paris vient, par une pétition menaçante, réclamer la mise en liberté d'Hébert. C'est alors qu'Isnard lance contre Paris une sorte d'anathème qui exaspère les passions et restera célèbre : « Si, par ces insurrections toujours renaissantes, il arrivait qu'on portât atteinte à la représentation nationale, je vous le déclare au nom de la France entière, bientôt on chercherait sur les bords de la Seine si Paris a existé. » Cette intervention, qui soulève une grande émotion au sein de la Convention, le rend très impopulaire. Le 2 juin, il se démet lui-même de ses fonctions et échappe à la proscription. Arrêté le 28 septembre suivant, puis relâché, il est mis hors la loi en octobre, mais réussit à se cacher jusqu'au 9 Thermidor. Ayant repris en décembre 1794 sa place à l'Assemblée où il appuie la politique de réaction des thermidoriens, il est envoyé comme représentant dans le Sud-Est. Député du Var au Conseil des Cinq-Cents (1795-1797), Isnard se rallie à Bonaparte en brumaire an VIII et publie les *Réflexions sur le sénatus-consulte du 28 floréal an XII (1804)*. Sous la Restauration, il fait paraître de tels sentiments monarchiques qu'il échappe à la loi de 1816 qui proscrit les conventionnels régicides.

Issas : voir Afars et Issas (territoire français des)

Issoire

Iciodurum. *Ville de la Limagne, en Basse-Auvergne, dans l'actuel département du Puy-de-Dôme.*

Issoire est un bourg très ancien où les Romains établissent une école et un temple renommés dans toute la Gaule. Selon la tradition, c'est dans ses murs que saint Austremoine, apôtre des Arvernes, endure le martyre au IIIe siècle. Issoire est comprise dans le dauphiné d'Auvergne lors de la constitution de ce fief. Après s'être convertie très tôt à la Réforme, elle devient pendant les guerres de Religion une des principales places de sûreté des huguenots. Prise et reprise selon la fortune des armes par le parti catholique et par le parti protestant, la ville subit d'importantes dévastations. En 1575, le capitaine Merle massacre les moines de l'abbaye Saint-Austremoine, qui est pillée et minée. Il est remarquable que l'église soit demeurée debout. Saint-Austremoine reste l'un des plus beaux échantillons de l'art roman auvergnat.

Issoudun

À 27 km au nord-est de Châteauroux, à 38 km au sud-ouest de Bourges, au cœur de la Champagne berrichonne, Issoudun, chef-lieu d'arrondissement de l'Indre, fait remonter son origine à l'époque romaine.

Au Moyen Âge, c'est une place forte importante, doublée par un centre commercial desservant cette partie du Berry, propice à la culture des céréales et à l'élevage du mouton. À partir du XIIe siècle, les seigneurs d'Issoudun jouissent d'une indéniable considération et, durant la guerre de Cent Ans, les Anglais convoitent la place. Lors des guerres de Religion, les ligueurs s'y installent, mais la population les en chasse en 1589, ses sympathies allant à la Réforme. De même, la place récidive au milieu du XVIIe siècle en résistant aux frondeurs. La révocation de l'édit de Nantes porte un coup sensible au commerce et à l'artisanat local.

Italie (campagnes et guerres d')

Bien que corsetée par l'imposante barrière alpine, l'Italie septentrionale a vu affluer les envahisseurs, quelles que soient les époques.

Les chroniques gauloises mentionnent déjà le célèbre siège de Rome (que sauvèrent les oies du Capitole) et l'appui que ces mêmes Gaulois donnèrent à Hannibal, décidé à en découdre avec les légions romaines. Séparés de l'Italie par les possessions de Lothaire, par celles des souverains des royaumes de Bourgogne puis par les terres d'empire, les monarques capétiens demeurent à l'écart de la péninsule. Mais, à la fin du Moyen Âge, l'acquisition du Dauphiné puis de la Provence mettent la couronne de France au voisinage direct de l'Italie.

Campagne de 1494-1495. Certes, Normands au XIe siècle puis Angevins au XIIIe siècle ont établi un moment leur pouvoir sur la Sicile et Naples à la faveur de leur maîtrise maritime. Mais il faut attendre les ambitions de Charles VIII et de Louis XII pour voir de nouveau les Français descendre dans la plaine du Pô. Inspiré par le souvenir des chevaliers angevins, Charles VIII rêve de reconquérir le royaume de Naples. Une promenade militaire lui permet de réaliser ce souhait en 1494 et 1495, Milan offrant au passage l'hommage de Ludovic le More, Florence celui de Pierre II de Médicis et Rome celui d'Alexandre VI Borgia. Alphonse II de Naples abdique et s'enfuit en Sicile. Charles VIII ceint la couronne napolitaine le 22 février 1495, succès aussi brillant qu'éphémère, puisqu'une coalition lombardo-vénitienne l'oblige à se frayer par les armes le chemin du retour. Victorieux à Fornoue, sur le Taro, le 6 juillet, le roi retraverse les Alpes en novembre. Le retour est seulement honorable.

Campagnes de 1499-1500 et de 1512. Louis XII reprend l'entreprise de son prédécesseur en direction du Milanais, sur lequel il estime avoir des

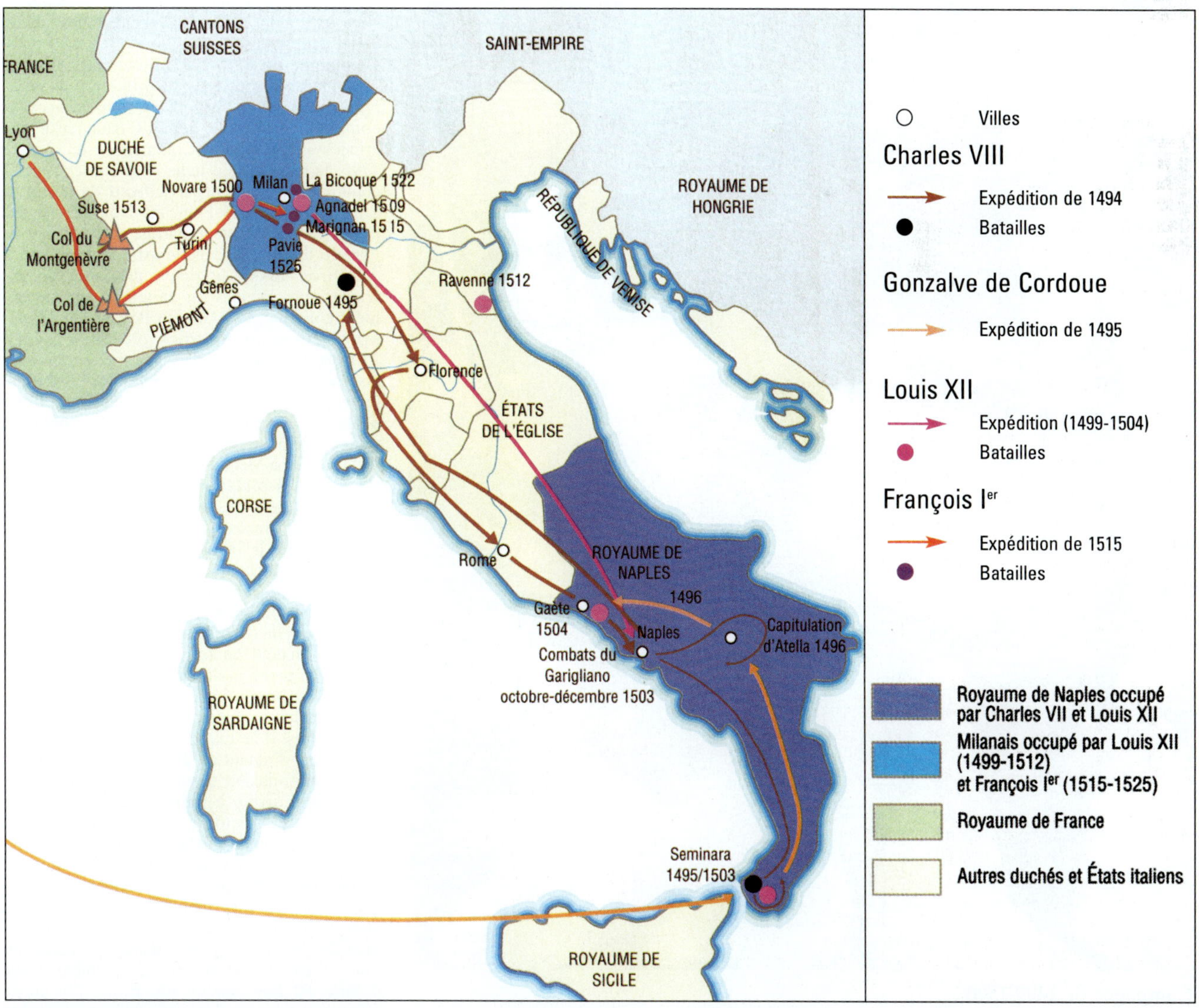

Les Valois en Italie

droits étant le petit-fils de Valentine Visconti, puis vers Naples. Ainsi, en 1499, les Français envahissent le Milanais, avant de marcher sur le royaume de Naples, investi à l'été 1501, à la suite d'un accord secret avec Ferdinand d'Aragon. Cependant, dès 1503, les Français en sont chassés par les Espagnols, commandés par Gonzalve de Cordoue (défaites de Seminara, Cérignole et du Garigliano, où Bayard se couvre de gloire). Sur ces entrefaites, le pape Jules II, qui entretient les divisions entre Français et Espagnols pour assurer sa domination en Italie centrale, se heurte au seul État italien susceptible de s'opposer à lui, la république de Venise. La ligue, conclue à l'instigation de Jules II à Cambrai, en 1507, coalise toute l'Europe contre les Vénitiens, qui sont écrasés à Agnadel par les Français (15 mai 1509). Se retournant ensuite contre Louis XII qu'il juge trop puissant en Italie, le pape organise une autre ligue, contre la France cette fois. La brillante victoire de Ravenne contre les Espagnols (1512) où Gaston de Foix, à la tête des troupes françaises, trouve la mort, n'empêche pas que celles-ci doivent battre en retraite. L'année suivante, le Milanais est réoccupé par les Suisses qui installent à Milan l'un des fils de Ludovic Sforza.

Guerre de 1515-1546. Tout jeune souverain, François Ier n'échappe pas lui non plus au mirage italien. La victoire qu'il remporte à Marignan (1515) porte ombrage à Charles Quint, et l'Italie devient un enjeu entre les deux puissances. Les Impériaux y lancent leurs meilleures troupes et leurs plus avisés stratèges, tel Lannoy, auquel se joint par la suite le connétable de Bourbon, traître à la France. Lautrec et les Suisses essuient un échec à La Bicoque en 1522. Le siège de Pavie, trois ans plus tard, offre à François Ier une possibilité de revanche qui tourne court, puisque, au terme d'une charge imprudente, le roi est fait prisonnier. L'année 1528 voit, au lendemain du sac de Rome par les Impériaux, une malheureuse tentative de Lautrec contre Naples. Cette fois, c'est la Provence qui est menacée après la rupture, en 1535, de la paix de Cambrai. Il faut l'aide des Turcs pour prendre Nice en 1543, et attendre l'année 1544 pour revenir dans le Piémont à la faveur de la victoire du comte d'Enghien et de Montluc à Cérisoles. Avantages flatteurs auxquels mettent un terme les paix de Crépy (1544) et d'Ardres (1546). Plus avisé que ses prédécesseurs, Henri II tourne ses regards vers Calais et les évêchés lorrains, si bien que l'Italie connaît un répit jusqu'au XVIIe siècle, les guerres de Religion interdisant de surcroît toute velléité d'intervention à l'extérieur.

Campagne de 1640-1648. Les développements de la guerre de Trente Ans incitent Richelieu à rechercher dans la plaine lombarde de possibles adversaires pour la maison d'Autriche. Les ducs de Parme et de Mantoue sont de ceux-là. En 1640, le cardinal décide d'intervenir avec ses propres armes. Henri de Lorraine, comte d'Harcourt, bat les Espagnols à Casal et peu après à Ivrée. Mazarin, moins ambitieux, soutient mollement le soulèvement de Naples et se contente de faire occuper l'île d'Elbe en 1646 par La Meilleraye et Duplessis-Praslin.

Louis XIV, détenant Pignerol, position fortifiée au pied des Alpes piémontaises acquise par Richelieu, frappe à son tour les Impériaux. Catinat triomphe à Staffarde près de Saluces, en 1690, occupe Suse en 1691 et décide en 1693 du succès de La Marsaille par une impétueuse charge à la baïonnette. Il se sert en outre de cette base pour occuper, en 1681, Casal, capitale du Montferrat, projet qui avait échoué deux ans auparavant à la suite d'une trahison de Mattioli. Mais ces conquêtes sont abandonnées au duc de Savoie en 1696 pour prix de sa défection du camp impérial. Marché de dupes, puisque le duc rejoint le camp adverse lors de la guerre de Succession d'Espagne, ce qui oblige Villars à intervenir victorieusement à Chiari en 1701. Vendôme l'imite l'année suivante à Luzzara et à Verceil en 1704. Mais tous ces avantages sont anéantis par l'échec du duc d'Orléans face au prince Eugène à Turin en 1706. Les traités de 1714 consacrent finalement la prépondérance de la maison de Savoie qui recouvre ses possessions d'en deçà des Alpes, le comté de Nice, et établit ses limites occidentales sur les crêtes dauphinoises.

Campagne de 1796-1797. Ensemble des engagements militaires qui, du printemps 1796 au printemps 1797, ont opposé les troupes françaises commandées par le général Bonaparte aux armées austro-sardes. Commencée le 12 avril 1796, la campagne d'Italie peut être considérée comme le point de départ effectif du destin du futur empereur des Français. Nommé par son protecteur, le directeur Barras, commandant de l'armée d'Italie, Bonaparte est chargé, à la tête d'environ 40 000 hommes, de combattre les armées autrichiennes sur un terrain particulièrement convoité, la « Grande Péninsule ». Après avoir rejoint son quartier général à Nice le 27 mars 1796, Bonaparte galvanise le moral des hommes et bat les troupes autrichiennes à Montenotte le 12 avril, à Dego le lendemain et à Millesimo le surlendemain. Engagées contre les troupes piémontaises, les armées françaises sont victorieuses, à Mondovi, le 21 avril, contraignant les Sardes à réclamer un armistice, signé le 28 avril à Cherasco. Le 25 mai, le traité de Paris entérine le succès français en attribuant à la France Nice et la Savoie. Bonaparte se porte alors sur les Autrichiens, obligeant les troupes du général Beaulieu à se replier sur l'Adda afin d'éviter l'encerclement. Il livre ensuite la bataille de Lodi (10 mai) qui lui ouvre la route de Milan où il entre en triomphateur quatre jours plus tard. De là, Bonaparte prend la direction de Mantoue, point d'appui autrichien, au lieu de se porter, comme le lui demandait le Directoire, vers l'Italie centrale.

Toutefois, il ne lui est pas tenu rigueur de ses initiatives, d'autant qu'aux succès militaires il ajoute un formidable trésor de guerre qui, expédié en France, arrive à point pour renflouer les finances du Directoire. Durant cette période, Bonaparte continue à défaire les troupes de l'Autrichien Wurmser à Lonato, à Castiglione (les 3 et 5 août) puis à Bassano le 8 septembre, et oblige les Autrichiens à se replier sur Mantoue. C'est alors que des renforts envoyés par Vienne et commandés par Alvinczy, parviennent à mettre les Français en échec à Caldiero (12 novembre). Cette défaite est sans lendemain. Bonaparte quitte Vérone et traverse l'Adige, espérant déboucher sur l'arrière des troupes autrichiennes. Pour réus-

Campagne de 1499-1500
Louis XII, roi de France, entre dans Gênes en 1499. Miniature du *Voyage de Gênes* par Jean Marot.
© *Sélection Images*

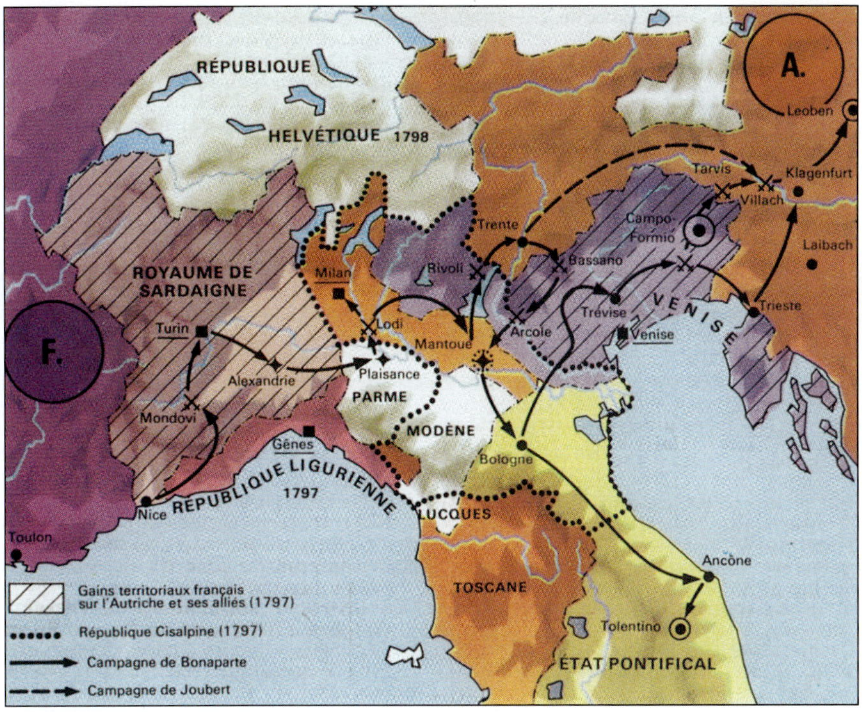

La campagne d'Italie de Bonaparte (1796-1797)

sir cette manœuvre, il faut franchir un pont enjambant les terres marécageuses de la région d'Arcole. C'est sur ce pont qu'après une infructueuse tentative d'Augereau se précipitent les troupes françaises conduites par Bonaparte. L'assaut est décisif : Wurmser bat en retraite et sera irrémédiablement brisé le 17, laissant sur le terrain 6 000 morts et 5 000 prisonniers. L'hiver venu, la bataille décisive de cette campagne se prépare.

Pour l'ennemi le plan est simple. Wurmser, enfermé dans Mantoue, dispose de 17 000 hommes ; Alvinczy, devant venir le délivrer, en commande 80 000. Cette centaine de milliers de combattants fondra sur Milan et écrasera les Français. Bonaparte, prévoyant le plan des alliés, se dirige, depuis Mantoue et Vérone, vers le nord du lac de Garde. L'affrontement a lieu à Rivoli, le 14 janvier 1797. Dans un premier temps, 80 000 Autrichiens vont encercler une armée française deux fois moins nombreuse. Mais, pris à revers par les troupes du général Monnier, ils sont totalement défaits en quelques heures. Alvinczy est battu, et Wurmser, toujours à Mantoue, doit capituler le 2 février 1797. À l'annonce de cette reddition, le pape consent au traité de Tolentino le 19 février, tandis que Bonaparte se précipite en direction de Vienne et que les succès de l'armée d'Allemagne contraignent les Autrichiens à réclamer un armistice (Leoben, 7 avril 1797). Bonaparte, agissant à titre personnel, organise la « paix française » en Italie, et impose à l'Autriche la très sévère paix de Campoformio, le 18 octobre 1797.

Campagne de 1800. Ensemble des engagements militaires ayant, au nord de l'Italie, opposé en mai-juin 1800, les armées française et autrichienne. Les Français, ayant été chassés de la Lombardie par les troupes austro-russes quelques mois après la campagne de 1796-1797, décident, sous l'égide du Premier consul Bonaparte, de reconquérir les territoires perdus et de restaurer la prédominance française. C'est ainsi que, à la tête d'une armée de 60 000 hommes, Bonaparte franchit les 15 et 20 mai le col du Grand-Saint-Bernard et déferle, à l'improviste, sur Milan, afin de couper la retraite de l'Autrichien Mélas qui vient d'obtenir la reddition de Masséna à Gênes. Lannes livre alors bataille aux Autrichiens le 9 juin, à Montebello, tandis que le 14, Bonaparte les bat à Marengo. Ces derniers doivent se retirer de Lombardie et de Vénétie. L'armistice de Trévise du 15 janvier 1801, et surtout le traité de Lunéville du 9 février 1801 viennent renforcer celui de Campoformio. Jourdan reçoit le titre de gouverneur du Piémont. La République cisalpine est reconstituée. Bonaparte en sera nommé président en 1802.

Campagne de 1859. Malgré des victoires qui figurent parmi les plus brillantes qu'elle ait remportées, la France voit toujours ses limites sud-orientales confinées au Rhône, aux Alpes dauphinoises et au Var. Napoléon III déplore cette situation et le soutien qu'il entend apporter au Piémont doit, dans sa pensée, permettre d'acquérir Nice et la Savoie. La question a été évoquée à Plombières l'année précédente lors de l'entrevue avec Cavour. La campagne contre l'Autriche devrait favoriser ce dessein. La guerre étant déclarée par l'Autriche au Piémont le 27 avril, Napoléon III prend le commandement des cinq corps d'armées destinés à l'expédition, confiés respectivement à Canrobert, Baraguay d'Hilliers, Niel, Mac Mahon et au prince Napoléon. L'empereur lui-même détient le commandement en chef. Une partie de l'armée passe les Alpes piémontaises, tandis que le gros des forces se concentre au nord de Gênes. Début mai, le prince Napoléon débarque à Livourne et soulève la Toscane.

Le 14 mai, l'empereur réunit ses forces dans la région de Novare, ne laissant au sud du Pô que la division Forey, dans le dessein de tromper les Autrichiens. Le combat de Montebello, le 20, prouve la justesse du plan, Gyulai demeurant fixé dans la région d'Alexandrie. Aussi sa surprise est-elle grande lorsque les Piémontais, renforcés par le 3e zouaves, emportent Palestro d'assaut le 31 mai. Constituant l'aile gauche alliée, Mac Mahon force le passage du Tessin à Turbigo le 3 juin. La victoire de Magenta, le lendemain, oblige Gyulai à évacuer la Lombardie pour se replier sur la Vénétie. Le 7 juin, Napoléon III et Victor-Emmanuel font une entrée triomphale dans Milan en liesse. Baraguay d'Hilliers bat l'arrière-garde autrichienne à Marignan (Melegnano) le lendemain et l'armée impériale vient s'arrêter devant les positions autrichiennes de Solferino, au sud du lac de Garde, en avant du Mincio. C'est là que l'empereur François-Joseph entend protéger la Vénétie. Dans la journée du 24 juin, cette position est solidement tenue par une infanterie qui utilise au mieux sa puissance de feu. Au nord, Benedeck contient les Piémontais devant San Martino. Au centre, Baraguay d'Hilliers et Mac Mahon se livrent à de coûteuses actions face à Solferino et à Cavriana. Sur la droite, l'empereur doit intervenir personnellement pour inciter Canrobert à seconder Niel dans son action vers Guidizzolo.

L'utilisation, pour la première fois dans l'armée française, de canons à tube rayé (qui accroissent la précision et la portée du tir) confère aux alliés une supériorité tactique qui incite François-Joseph, en fin d'après-midi, à ordonner la retraite. Les protagonistes laissent 40 000 morts sur le terrain, ce qui remplit d'effroi le Suisse Henri Dunant, lequel proposera au monde l'institution de la Croix-Rouge. L'armistice de Villafranca, le 8 juillet, met un terme à l'entreprise.

Campagne de 1917. Depuis deux ans et demi, l'Italie lutte aux côtés des Alliés contre son adversaire séculaire, l'Autriche. Le front demeure figé dans le Trentin, dans le Frioul et sur l'Isonzo. Cependant, une soudaine offensive autrichienne sur le Haut-Isonzo aboutit, en octobre 1917, à l'effondrement de l'armée italienne de Vénétie : la défaite de Caporetto ramène la ligne de front sur la Piave. En novembre, le général Foch est envoyé d'urgence au grand-quartier général italien, à titre de conseiller. Le général Fayolle est chargé de diriger plusieurs divisions franco-britanniques destinées à soutenir l'allié transalpin en difficulté. Parmi ces troupes se trouve une brigade de chasseurs alpins français qui se distingue notamment, le 30 décembre 1917, par la prise du mont Tomba.

Campagne de 1943-1944. Constitué en Afrique du Nord, doté d'armement américain, un corps expéditionnaire français est destiné à participer à la campagne d'Italie. La position qui lui est accordée, à l'automne, se situe dans les Abruzzes à la limite des secteurs de la VIIIe armée britannique et de la Ve armée américaine. En fait, dans l'esprit du haut commandement allié, la mission des Français est secondaire. La France, depuis 1940, souffre d'un préjugé défavorable, et la courageuse campagne de Tunisie, durant l'hiver de 1942-1943, n'est pas parvenue à dissiper ce dédain. Personne n'attend le général Juin lorsqu'il arrive à l'aérodrome de Naples, en novembre, pas même un officier d'ordonnance allié. Lorsqu'il est enfin informé de sa mission, le chef du corps expéditionnaire apprend que la première de ses unités à intervenir, la 2e division d'infan-

La campagne de 1859

terie marocaine (2e DIM) doit simplement relever, au début de décembre, la 34e division d'infanterie américaine devant le mont Pantano, au cœur des Abruzzes. Avec une troupe d'élite dotée d'un armement approprié et de services adaptés à la guerre en montagne (en particulier des mulets dont sont dépourvus les Américains pour les transports en terrain accidenté), Juin passe aussitôt à l'attaque. Le 5e RTM enlève d'emblée le mont Pantano aux Allemands surpris. Le 26 décembre, le 8e RTM se distingue à La Mainarde. Le renfort de la 3e division d'infanterie algérienne (3e DIA) permet de rejeter les Allemands sur la « ligne Gustav », en janvier 1944, à la suite de la prise de Costa San Pietro et de la Monna Casale. Au dire du général Juin, la percée décisive vers Rome peut être obtenue dans ce secteur. Mais les Alliés préfèrent passer par Cassino.

En mars, le corps expéditionnaire se déplace dans le secteur du Garigliano. Renforcé par la 1re division française libre (celle de Bir Hakeim et de la campagne de Libye), par la 4e division marocaine de montagne (4e DMM) et par quatre détachements de tabors marocains, ce groupement représente une force appréciable. Las de buter contre le cul-de-sac de Cassino, le haut commandement allié prête cette fois une oreille attentive aux propos du général français qui préconise un mouvement débordant. À 23 heures, le 11 mai 1944, le front s'embrase. Fer de lance du corps expéditionnaire, la 2e DIM perce aussitôt le front allemand dans la boucle du Garigliano et atteint le mont Faito le 13. Bientôt les positions du mont Majo, clef des défenses du massif, cèdent à leur tour. Le 17, Esperia est atteint. Les tabors de la 4e division marocaine de montagne exploitent la percée. Cassino tombe le 18, et les Ve et VIIIe armées s'engouffrent dans la brèche. Rome est libérée le 5 juin, veille du débarquement de Normandie. Le général souhaiterait que la poursuite de l'ennemi en déroute se poursuive avec vigueur, l'occasion se présentant de foncer jusqu'à la plaine du Pô et jusqu'aux Alpes. En vain. Les plans alliés prévoient un arrêt dans les Apennins, au nord de Florence. Le corps français cesse ses opérations offensives le 18 juin à Sienne et quitte l'Italie. La campagne de Provence l'attend en août. L'y rejoindra la 9e DIC, qui s'empare le 18 juin de l'île d'Elbe. Les Français ne reviendront en Italie qu'en mai 1945, lorsque les maquisards alpins descendront dans le val d'Aoste, à la grande fureur du président Truman, inquiet de voir les Français compliquer encore le règlement de la question frontalière italienne avec des revendications portant jusqu'aux portes de Turin.

Ivry-la-Bataille

Petite commune à l'est de la plaine de Saint-André, sur l'Eure.

Le 14 mars 1590, Henri IV contraint au combat en rase campagne les troupes de la Ligue (8 000 cavaliers et 12 000 fantassins) commandées par Mayenne et son allié, le comte d'Egmont, et les vainc, avec seulement 2 000 cavaliers et 8 000 fantassins. C'est au cours de cette bataille que le roi, alors que la victoire semble se déclarer pour Mayenne, entraîne sa cavalerie dans une charge décisive en prononçant la phrase restée célèbre : « Mes compagnons, Dieu est pour nous, voici ses ennemis et les nostres, voici vostre roi. À eux ! Si vos cornettes vous manquent, ralliez-vous à mon panache blanc, vous le trouverez au chemin de la victoire et de l'honneur. »

J

JAC : voir JEUNESSE AGRICOLE CHRÉTIENNE

JACOBINS

Nom longtemps donné en France, avant la Révolution, aux religieux appartenant à l'ordre de saint Dominique.

Les Dominicains, arrivés à Paris à l'automne 1217, s'installent d'abord près de Notre-Dame. L'année suivante, Philippe Auguste leur offre de s'établir entre les portes Saint-Michel et Saint-Jacques, dans un ancien hôpital dédié à saint Jacques. Partout, on note une préférence marquée des Dominicains pour ce saint apôtre, ce qui leur vaut très vite d'être appelés « Frères de saint Jacques », puis Jacobins. En 1229, lorsque l'Université, en grève, quitte la capitale, les Jacobins demandent l'autorisation d'enseigner et créent deux chaires de théologie. À son retour, l'Université essaie de mettre fin à cette concurrence, abolit une des chaires et tente de faire supprimer l'autre. Soutenus par Louis IX, les Jacobins parviennent à se maintenir, et des noms comme ceux de saint Thomas d'Aquin et d'Albert le Grand illustrent l'importance prise par leur cours de théologie, renommé dans toute la France. Saint Louis les protège, les dote et leur permet d'achever leur église. Dans les premières années du XVIe siècle, la nécessité d'une réforme apparaît évidente : les Jacobins sont beaucoup plus attachés à leurs richesses et à des mœurs désordonnées qu'à l'enseignement de saint Dominique. Au cardinal d'Amboise, qui tente en 1502 de les réformer, les religieux opposent la force et sont finalement expulsés. À leur place sont installés, en 1505, des Jacobins réformés. Dans l'église du couvent de la rue Saint-Jacques, construite au XVIe siècle, figurent beaucoup de tombes illustres, notamment celles de Robert de Clermont et de Charles de Valois, ainsi que les entrailles ou le cœur de Philippe III, Philippe V, Philippe VI, Charles IV, etc. Le couvent de la rue Saint-Jacques, fermé en 1790, a été démoli.

Les Jacobins possédaient à cette époque deux autres couvents. L'un, fondé en 1611 rue Neuve-Saint-Honoré, abrite sous la Révolution le club auquel il donne son nom. À la place des bâtiments conventuels, démolis à la fin de la Révolution, est construit en 1810 l'actuel marché Saint-Honoré. La troisième maison des Jacobins, fondée en 1632, faubourg Saint-Germain, devient sous la Révolution le musée de l'Artillerie. Son église, bâtie en 1682 et érigée en paroisse après le Concordat, porte aujourd'hui le nom de Saint-Thomas-d'Aquin.

JACOBINS (club des)

Société politique constituée avant même le début de la Révolution, et qui devient rapidement le plus important et le plus célèbre des clubs révolutionnaires de 1789 à 1799.

Au mois de mai 1789, lorsque s'ouvrent à Versailles les États généraux, les députés bretons décident de se réunir au café Amaury, pour préparer les questions qui seront débattues à l'Assemblée. À ce club breton, où l'on trouve Lanjuinais, Defermon et Le Chapelier, le plus influent à ce moment, se joignent bientôt des députés d'autres régions, comme Barnave, Sieyès, Pétion ou les frères Lameth. Le club breton suit l'Assemblée, devenue Assemblée constituante, à Paris, et s'établit non loin du Manège où siègent les députés, dans le couvent des Jacobins situé rue Saint-Honoré : la Société des amis de la Constitution, nouveau nom du club, sera pour cette raison appelée club des Jacobins. Ses membres s'installent d'abord dans le réfectoire du couvent, bientôt trop étroit, puis dans la bibliothèque, et enfin, en septembre 1791, dans l'église. D'abord limité aux députés – ils sont environ 200 –, le club s'ouvre aux gens de lettres, puis à tous ceux qui peuvent payer la cotisation. Cette dernière est élevée, 24 francs par an et 12 francs de droit d'entrée. Le club compte 1 100 à 1 200 membres lors de la Fédération de 1790. Ses membres les plus influents sont alors les modérés, menés par les « triumvirs » ; une tendance de gauche, plus démocratique, se manifeste néanmoins avec Pétion et Robespierre. La majorité se montre favorable à la monarchie constitutionnelle, à la royauté héréditaire, à l'inviolabilité de la personne royale et au suffrage censitaire. Dès cette période, le club comprend l'intérêt qu'il peut avoir à posséder des filiales en province et entretient une active correspondance avec les sociétés qui se constituent à son exemple, jouant le rôle d'intermédiaire entre le gouvernement et elles. 150 filiales sont ainsi constituées en 1790, et le Comité de correspondance joue un rôle considérable. Cette même année, le comité est entre les mains de Laclos, agent du duc d'Orléans.

Au début de 1791, et pour divers motifs, les doctrines jacobines commencent à évoluer. Les députés ne sont plus en majorité, et les simples citoyens, même s'ils sont bourgeois, sont plus démocrate et s'inquiètent des progrès de la contre-révolution ; enfin, des clubs rivaux apparaissent à la droite des Jacobins. Les mesures réactionnaires votées par la Constituante au printemps 1791, et surtout la fuite à Varennes de la famille royale, entraînent une scission au sein du club et la fin de la période modérée. La majorité modérée, avec La Fayette, Barnave, Sieyès et Le Chapelier, veut « maintenir » le roi, malgré sa fuite, alors que la minorité veut le déposer. Suivant leurs meneurs, la plupart des députés quittent au mois de juillet le club des Jacobins pour se réunir au Palais-Royal, puis dans le couvent des Feuillants, d'où le nom de club des Feuillants donné à leur Société des amis de la Constitution. Ne restent aux Jacobins que les éléments les plus démocrates, Robespierre, Pétion, Prieur de la Marne, Dubois-Crancé, Roederer, les abbés Grégoire et Royer. La plupart des filiales de provinces restent fidèles aux Jacobins et ne rejoignent pas les Feuillants.

Sous l'influence de Robespierre, le club prend une direction nouvelle. L'ancien avocat d'Arras organise dès la fin du mois de juillet une première épuration : le Comité de présentation, soigneusement choisi, examine le cas de tous les inscrits, anciens et nouveaux. Des circulaires sont envoyées en province, invitant les filiales à agir de même. En septembre, le club parisien compte un millier de filiales, grâce auxquelles il exerce une grande influence. À la Législative, les Jacobins ne comptent qu'une centaine de députés, contre 264 aux Feuillants, mais leurs membres non députés sont beaucoup plus actifs que ceux du club rival. Les Jacobins organisent des tournées de propagande en province, ainsi Robespierre en Artois, au mois d'octobre 1791. L'élection de Pétion à la mairie de Paris, contre La Fayette, est leur premier succès. Le club se démocratise de plus en plus : à partir du mois d'octobre, ses séances sont publiques, tous les citoyens peuvent y assister, ce qui entraîne un certain désordre. Les Jacobins essaient néanmoins de s'en tenir à leur propos, discuter des lois futures, expliquer au peuple celles qui sont votées, surveiller les fonctionnaires. Ils veulent appliquer la Constitution, malgré son imperfection, lutter contre la Cour et les émigrés. Républicains acharnés, ils réclament la souveraineté du peuple, l'unité de la nation et du territoire français, avec une foi qui va jusqu'à l'intolérance.

L'influence prise par Robespierre ne s'exerce pas sans contestation, notamment en ce qui concerne la guerre : Brissot et ses amis se montrent favorables à la déclaration de guerre, alors que Robespierre et ses partisans souhaitent achever d'abord la révolution à l'intérieur du pays. Brissot semble l'emporter au début de 1792 : ses amis girondins entrent dans le ministère constitué le 23 mars, l'influence de Robespierre diminue. Après le début de la guerre, avec les défaites et la vie chère, le club s'engage de plus en plus dans la voie de la démocratie ; les Girondins perdent leur influence, Robespierre lui-même est parfois sur le point d'être dépassé. Après la journée du 10 Août, au cours de laquelle le club ne joue qu'un rôle limité, Robespierre comprend la nécessité d'une nouvelle réorganisation : au mois de septembre, 115 députés seulement, sur 750 membres de la Convention, appartiennent au club, et les relations avec les provinces sont beaucoup moins actives. Robespierre et ses partisans veulent surveiller leurs élus et éliminer ceux qui s'écartent de l'orthodoxie jacobine, culte de la Patrie et confiance dans la Vertu. Le 22 septembre, lendemain de la proclamation de la République, le club prend le nom de Société des Jacobins, amis de la Liberté et de l'Égalité. Une nouvelle épuration est bientôt organisée, les députés girondins quittent le club ou en sont exclus, comme Brissot le 10 octobre : le club est bientôt entre les mains des Montagnards.

Au moment du procès du roi, tous les Jacobins se montrent favorables à la « mort du tyran », alors que les Girondins sont divisés. Ces derniers conservent la majorité parlementaire, mais, par la crainte qu'il inspire, le club exerce une influence prépondérante sur les votes de l'Assemblée. En l'an II, la Convention suit donc les directives jacobines, soigneusement préparées au club avant d'être présentées à l'Assemblée et exécutées par le Comité de salut public. Robespierre cherche à écarter les factions, les Indulgents, puis les hébertistes. Il s'en prend ensuite à la Commune, réorganisée après la disparition des hébertistes ; tous les nouveaux membres appartiennent au club. L'« Incorruptible » semble tout-puissant au printemps 1794 mais le club, sans cesse épuré, docile, ne représente plus les masses populaires. Et certains Jacobins, hostiles à la politique religieuse de Robespierre, se dressent contre lui, rejoints par ceux qui jalousent sa prépondérance, comme Collot d'Herbois et Billaud-Varenne, et des hommes qui, comme Fréron et Barras, cherchent avant tout à s'enrichir. Robespierre rompt peu à peu avec l'Assemblée, ne communique avec elle que par l'intermédiaire du club, auquel il ne se rend plus qu'épisodiquement : retrouvée lorsqu'il est présent, son autorité décline en son absence. Les Jacobins applaudissent son discours le 8 thermidor mais, privés de leur chef, ne savent que faire le lendemain, et le suivent dans sa chute. Fermé le 10 thermidor par Legendre, rouvert quelques jours plus tard à la condition d'exclure les robespierristes, le club des Jacobins se survit, mais doit affronter une violente campagne de calomnies. Ses membres sont traités de « buveurs de sang », de « dominateurs », etc. Des bagarres éclatent entre les Jacobins et leurs adversaires. Le 21 brumaire (11 novembre 1794), la Convention décide la fermeture de la salle des Jacobins et, le lendemain, la suppression du club. Les filiales disparaissent pendant l'été 1795 et, au mois de septembre, la Constitution de l'an III interdit aux sociétés populaires l'affiliation et la correspondance.

Les Jacobins parisiens, artisans, boutiquiers, bourgeois, se regroupent néanmoins après l'amnistie d'octobre 1795, mais ils sont divisés : certains, de tendances babouvistes, se montrent favorables à la Constitution de 1793, d'autres, modérés, à celle de l'an III. La lutte contre les babouvistes entraîne la dissolution de la Société des amis de la République, nouvelle dénomination des Jacobins, en février 1796. Un autre club néo-jacobin est organisé en juillet 1799 par Prieur de la Marne et Le Peletier : la Société des amis de la Liberté et de l'Égalité siège au Manège et reconstitue rapidement un certain nombre de filiales en province. Inquiet des théories babouvistes tenues par le club, le Directoire lui interdit la salle du Manège. Ses membres se transportent alors à l'église Saint-Thomas-d'Aquin. Finalement, sur ordre de Sieyès, Fouché lui-même ferme la porte de l'église, le 13 août 1799. Certaines filiales subsistent en province jusqu'à l'an VIII, mais l'esprit jacobin persistera beaucoup plus longuement.

Jacobins
Le Club des Jacobins pendant la Révolution. Musée de la ville de Paris, musée Carnavalet. © *Lauros-Giraudon*

JACQUARD Joseph Marie (Lyon, 1752 – Oullins, Rhône, 1834)

Mécanicien.

Ce Lyonnais fait d'abord faillite avec une fabrique de tissus façonnés avant de concevoir un métier (1790), où un mécanisme permet de lever automatiquement les fils. Jacquard construit une première machine (1801), perfectionnée en 1806. En récompense, Napoléon lui décerne une pension et la Légion d'honneur (1819). Son invention supprimant des emplois de « tireurs de lacs », les canuts cassent les métiers Jacquard lors des révoltes (1831, 1834, 1849).

JACQUERIE

Soulèvement de paysans (ou Jacques) qui éclate dans le Beauvaisis à la fin de mai 1358, pendant la captivité de Jean le Bon, en Angleterre.

On en connaît l'histoire par les chroniques et les lettres de rémission accordées par la chancellerie royale. Si l'on en croit ces sources, toutes hostiles aux révoltés, il s'agit de « conspirations, alliances et monopoles », de « rébellions et assemblées » provoquées par de « méchantes gens », de « vilains du plat pays », en vue de détruire « tous les nobles et gentilshommes du monde ». La rébellion des Jacques, le plus souvent réduits à des conditions extrêmement difficiles par la longue guerre de Cent Ans avec sa succession d'invasions et de pillages, est, en effet, avant tout dirigée contre les nobles. Les paysans leur reprochent de ne plus savoir défendre le royaume, de s'être fait battre sans honneur à Courtrai, Crécy et Poitiers et, loin de les protéger comme ils le devraient, de vivre à leurs dépens, de piller et rançonner hors de leurs terres et d'être plus exigeants que jamais dans leurs terres.

Partie du Beauvaisis, cette révolte de la misère contre les privilégiés se répand inégalement en Picardie, dans le nord de l'Île-de-France et jusqu'en Champagne. Plusieurs groupes se forment. Le plus important se donne pour chef Guillaume Karle, de Mello. Les Jacques incendient, pillent : les chroniqueurs les présentent comme des « chiens enragés » et leur attribuent toutes sortes de crimes. Il semble qu'en réalité ils ne tuèrent que par occasion. Certains textes assurent qu'ils voulaient se donner un roi. En fait, on les voit combattre sous des bannières fleurdelisées. Leurs rangs grossissent rapidement, mais Guillaume Karle ne peut s'emparer ni de Compiègne ni de Senlis. Ils espèrent peut-être un appui extérieur. Étienne Marcel, prévôt des marchands de Paris,

Jacquerie
« La défaite des Jacques », *Chroniques* de Froissart, miniature, XVe siècle, Paris, Bibliothèque nationale de France, manuscrits. © *Sélection Images*

hostile au roi et au Dauphin (futur Charles V), ne peut les soutenir qu'un instant. Les quelques troupes qu'il leur envoie en renfort se font écraser et massacrer à Meaux, qu'elles tentaient de prendre. Pendant ce temps, Charles le Mauvais, roi de Navarre et comte d'Évreux qui a pris la tête de la répression avec le captal de Buch, attire Karle à une entrevue et le retient prisonnier. Il peut alors massacrer les Jacques privés de leur chef (10 juin) et laisse aux nobles, cette fois réunis, le soin d'achever la besogne. Dès la fin du mois de juin, l'ordre est rétabli, au prix d'une répression atroce. Karle est décapité et plus de 15 000 Jacques massacrés un peu partout, d'après les chroniques. Bien que sans lendemain, la Jacquerie laissera chez les contemporains une impression profonde et durable.

Jansénisme

Doctrine religieuse centrée sur la question de la grâce qui connaît un grand rayonnement dans la France du siècle des saints.

La fin des guerres de Religion, la stabilité politique qui en résulte pour la France, ainsi qu'un indéniable développement économique, ont pour corollaire un renouveau dans le domaine de la pensée. La floraison littéraire de la première moitié du XVIIe siècle l'atteste. La théologie ne peut demeurer à l'écart. La Renaissance catholique, amorcée par François de Sales, trouve une première application avec l'action sociale de Vincent de Paul et l'ordre des lazaristes. Elle complète celle de la Compagnie du Saint-Sacrement de l'Autel dans un domaine plus spirituel. Cette préoccupation se retrouve dans les recherches qui se font jour parmi les congrégations religieuses à propos de la liberté humaine, à concilier avec la prescience de Dieu, et de la nécessité de la grâce. Le jésuite espagnol Luis Molina s'est efforcé de répondre à la question dans ce dernier quart du XVIe siècle. Le molinisme résulte de ces méditations, la consécration lui venant de l'agrément donné à ses thèses par les Jésuites.

Dans le même temps, sous l'impulsion de Michel Baïus, l'université de Louvain se préoccupe du salut, dénonçant l'optimisme exagéré des conclusions de ces mêmes Jésuites. En France, l'ordre des Dominicains penche également vers une conception moins optimiste, estimant le molinisme en contradiction avec la *Somme* de saint Thomas d'Aquin. Ce problème de la grâce rebondit en 1640 avec la publication de l'œuvre posthume d'un disciple de Baïus à Louvain, Cornelis Otto Jansen dont le nom latinisé est Jansénius. Évêque d'Ypres à la fin de son existence, l'auteur développe les conclusions de Baïus en analysant de manière plus poussée la notion de la déchéance de l'homme, Dieu accordant la grâce à certains êtres prédestinés, alors que d'autres sont abandonnés à leur désarroi. Le point de vue de Jansénius est le suivant : depuis la faute d'Adam, l'homme ne connaît plus de contrainte extérieure, mais, à l'intérieur de lui-même, cet homme n'est pas libre, étant donné que sa volonté hésite entre les biens matériels terrestres et la grâce. Si Dieu accordait toujours cette dernière, l'homme ne pécherait jamais ; mais il lui arrive de refuser cette grâce, ce qui pousse l'homme au mal. La grâce n'est donc accordée qu'à un certain nombre d'élus, à des êtres prédestinés pour lesquels Jésus s'est sacrifié.

Cette thèse est aussitôt attaquée par les Jésuites, d'autant plus que la doctrine janséniste fait des progrès en France sous l'impulsion de Jean Duvergier de Hauranne, abbé de Saint-Cyran, lequel convertit les religieuses de Port-Royal. Ce résultat est la conséquence de l'interprétation de la nouvelle doctrine, qui apparaît idéale aux communautés de purs ou de parfaits. L'Église s'inquiète. Sous sa pression, Richelieu fait incarcérer l'abbé de Saint-Cyran. En vain, car le flambeau est repris par un autre théologien, Antoine Arnauld, reçu prêtre en 1641 et docteur en Sorbonne, auteur, deux ans plus tard, du livre *De la fréquente communion* dans lequel il critique les interprétations des Jésuites sur la grâce. Après un moment d'apaisement, la querelle rebondit lorsque Nicolas Cornet, syndic de la faculté de théologie de Paris, conclut en 1649 que l'*Augustinus* comporte sept « propositions » fondamentales. La Sorbonne nomme des commissaires pour vérifier le bien-fondé de ces allégations. Ceux-ci, après examen minutieux, concluent que cinq de ces propositions ne sont pas entièrement formulées dans l'ouvrage de Jansénius, mais qu'elles en résument la substance et, selon l'expression de Bossuet, « en sont l'âme ». Aussitôt la Sorbonne censure ces cinq propositions, ce qui entraîne un appel en abus d'une soixantaine de docteurs en théologie devant le Parlement. 48 évêques français saisissent ensuite le pape Innocent X, lequel condamne, en 1653, ces propositions dans la bulle *Cum occasione*.

Dès ce moment, l'Église de France se partage entre tenants de la tradition et jansénistes. Ces derniers, qui ont soutenu le cardinal de Retz durant la Fronde, apparaissent comme des opposants et voient se liguer contre eux l'Assemblée du clergé et la Cour. En revanche, ils reçoivent l'appui de quelques évêques, d'une majorité de membres du Parlement, de certains nobles parmi les plus frondeurs et, cela va de soi, des solitaires de Port-Royal, dont les Petites Écoles portent sérieusement ombrage aux collèges des Jésuites. L'influence des jansénistes est telle qu'en 1656 l'Assemblée du clergé impose aux ecclésiastiques la signature d'un texte condamnant formellement le jansénisme. Pascal contrebalance cette initiative en publiant les *Lettres provinciales* dans lesquelles il fustige sans ménagement les Jésuites. La querelle prend une telle acuité que l'archevêque de Paris, Hardouin de Péréfixe, fait expulser les religieuses de Port-Royal de Paris, en 1664, pour les reléguer à Port-Royal des Champs, dans la vallée de Chevreuse. Les Petites Écoles sont fermées. Deux ans plus tard, Le Maistre de Sacy, directeur de Port-Royal, est embastillé.

Rien cependant – et surtout pas la contrainte – ne parvient à fléchir la volonté des jansénistes. Des évêques refusent de se prêter à une sorte de répression qui heurte leur conscience, en particulier ceux de Beauvais, d'Angers, de Pamiers. Si bien que, sur intervention de prélats, le gouvernement de Louis XIV sollicite la médiation du Saint-Siège. Le pape Clément IX s'y prête. En 1669, cet apaisement est appelé paix de l'Église. La nouvelle comble de satisfaction les tenants de Port-Royal, qui reçoivent l'appui, entre autres, de Boileau, et de Mmes de Sévigné, de Sablé et de Longueville. En réalité, pour les jansénistes, c'est un répit, que prolonge par la suite l'antagonisme entre Louis XIV et le Saint-Siège au sujet du problème gallican. Mais lorsque ce différend est apaisé, les jours de Port-Royal sont comptés, car le pouvoir ne peut admettre que le jansénisme rallie les opposants de toutes sortes. Le souvenir de la Fronde n'est pas estompé. Le conflit rebondit en 1702 à propos d'une question de principe concernant l'absolution à donner à un religieux janséniste. La Sorbonne émet un avis favorable,

Jansénisme
Les religieuses de Port-Royal des Champs assemblées. Huile sur toile attribuée à Madeleine de Boulogne, v. 1710, musée de Port-Royal des Champs. © *G. Dagli Orti*

mais le Saint-Siège, en la personne de Clément XI, émet un avis contraire, en 1705, dans la bulle *Vineam Domini*. Louis XIV profite de l'occasion pour faire expulser les religieuses de Port-Royal des Champs, puis raser les bâtiments (1710). En fait, c'est un foyer d'opposition que le roi vieillissant entend briser, ce qui fera dire à Ernest Renan qu'au XVIIe siècle Port-Royal a réuni « les seuls caractères qui n'aient pas fléchi devant l'universelle fascination du pouvoir ».

Le père Quesnel, successeur d'Antoine Arnauld, mort en exil à Bruxelles, poursuit néanmoins la mission que lui dicte sa conscience. Ses *Réflexions morales* sont mises à l'index par la bulle *Unigenitus*. Dès lors, le jansénisme va changer progressivement de caractère et passer de la doctrine religieuse à une sorte de parti politique ralliant les opposants au pouvoir absolu. À un jansénisme populaire (qui se traduit par exemple par le phénomène des convulsionnaires de Saint-Médard, lieu de guérisons miraculeuses) s'ajoute un jansénisme clérical (dont les Jésuites constituent la cible) et un jansénisme parlementaire qui va se perpétuer durant tout le XVIIIe siècle. Mais l'esprit janséniste disparaîtra à son tour dans le tourbillon révolutionnaire, laissant au libéralisme ce rôle d'opposition aux Jésuites et au pouvoir établi.

JANVIER (édit de)

Édit de tolérance rendu à Saint-Germain-en-Laye par Catherine de Médicis, le 17 janvier 1562.

Au début du mois, le chancelier Michel de L'Hospital convoque à Saint-Germain les représentants des parlements de province, qui devront donner leur avis sur l'édit : la majorité des 48 délégués se montre favorable aux propositions du chancelier et, le 17 janvier, Charles IX signe l'édit qui autorise le culte réformé, sous certaines conditions. La célébration du culte est autorisée en dehors des villes closes, elle doit se dérouler dans le calme et ne pas regrouper plus de cinq cents personnes. Toutes les peines prononcées contre les protestants sont suspendues, mais il leur est interdit de prêcher contre les catholiques et de réunir des troupes ou des fonds. Pour la première fois, l'existence légale des protestants est reconnue, à la grande fureur des catholiques intransigeants. La violation de l'édit par le duc de Guise (massacre de Wassy, 1er mars 1562) marque le début des guerres de Religion qui ensanglanteront le royaume pendant quarante ans.

JARGEAU (siège de)

Siège mené et remporté par Jeanne d'Arc, le 14 juin 1429.

En 1429, Jargeau, bourg de la rive gauche de la Loire, est fortifié par les Anglais, car il flanque à l'est leur position d'Orléans. Celle-ci étant tombée le 8 mai, les conseillers de Charles VII, La Tremoille en tête, désirent dégager toutes les rives de la Loire des garnisons ennemies. Jargeau, occupé par 900 hommes aux ordres du duc de Suffolk, constitue un premier objectif. Dans les premiers jours de juin, l'armée royale se met en marche, sous le commandement du duc d'Alençon. Après trois jours de siège, Jeanne d'Arc fait donner l'assaut et le bastion est emporté dans la journée du 14 juin.

JARNAC

Ville située à l'est de Cognac sur la Charente.

Ancienne baronnie qui appartint aux Lusignan, aux Craon puis aux Chabot. Dans les proches parages de Jarnac a lieu, le 13 mars 1569, une sanglante bataille entre les protestants du prince de Condé et les catholiques commandés par le duc d'Anjou, futur Henri III. Les catholiques sont vainqueurs. C'est en amont de Jarnac, du côté de Brassac, que Montesquiou, capitaine des gardes du duc d'Anjou, tue le prince de Condé qui s'est rendu prisonnier.

JARNAC Guy CHABOT, baron de (?, 1509 – ?, v. 1575)

Gentilhomme.

Le 10 juillet 1547, Henri II autorise Guy Chabot, baron de Jarnac, et François de Vivonne, seigneur de La Châtaigneraie, à se battre en duel. Le prétexte est futile, l'enjeu politique considérable : Jarnac porte les espoirs du clan Montmorency, des Albret et d'anciens favoris de François Ier, autrement dit les « Anciens » ; La Châtaigneraie défend le parti du roi, de sa maîtresse – Diane de Poitiers –, des Guises, c'est-à-dire les « Modernes », puisqu'Henri II ne règne que depuis trois mois. En outre, le physique des deux combattants ajoute à la symbolique ; Jarnac est fluet, son adversaire, un colosse. Comme dans les légendes religieuses, Jarnac-David triomphe de La Châtaigneraie-Goliath en ayant l'intelligence de lui trancher le jarret, botte régulière qui immobilise son adversaire, en même temps coup jugé impossible à réaliser, d'où l'idée de duplicité accolée à l'expression « coup de Jarnac ». Or, Henri II commet une double erreur politique : ne voulant s'afficher plus ouvertement avec son champion, il lui ordonne de reprendre le combat. Épuisé par la lente perte de son sang, La Châtaigneraie meurt d'une blessure superficielle, aggravé par un roi « qui ne sut l'être et n'osa pas être partisan ». En un sens, Henri II montrait son impuissance à contrôler les clans aristocratiques, dont on connaît la conséquence des haines financières et religieuses. Ce combat fut le dernier duel judiciaire en France.

JAUCOURT François ARNAIL, comte de (Tournan-en-Brie, 1757 – Presles, Seine-et-Marne, 1852)

Homme politique.

Issu d'une famille protestante, il siège à l'Assemblée législative en 1791, avant d'être arrêté en raison de son modérantisme. Il réussit cependant à émigrer et regagne la France après la chute de Robespierre. Rallié à Bonaparte après le 18 Brumaire, Jaucourt siège au Tribunat en 1799, devenant président de cette assemblée. Sénateur en 1803, il est ensuite attaché à la maison du roi Joseph et l'accompagne à Naples. Membre du gouvernement provisoire composé et présidé par Talleyrand, après la chute de l'Empire (31 mars 1814), il prend en charge les Affaires étrangères pendant le séjour de ce dernier au congrès de Vienne. Pair et ministre d'État, il accompagne Louis XVIII dans son exil de Gand, pendant les Cent-Jours, et devient ministre de la Marine dans le gouvernement constitué par le roi lors de son retour à Paris en juillet 1815. Abandonnant ensuite la politique, Jaucourt se consacre aux questions religieuses et aux intérêts de la communauté protestante.

JAURÉGUIBERRY Jean Bernard (Bayonne, 1815 – Paris, 1887)

Amiral.

Ancien élève de l'École navale, lieutenant de vaisseau en 1845, il participe en 1855 à l'expédition de Crimée puis, avec le grade de capitaine de frégate, aux opérations de Chine et de Cochinchine. Gouverneur du Sénégal et contre-amiral en 1869, il commande en second l'escadre d'évolution lors de la déclaration de la guerre franco-prussienne. Quittant bientôt la mer pour la terre, Jauréguiberry fait partie de la délégation de Tours et reçoit le commandement de la 1re division du 16e corps d'armée de la Loire, sous les ordres de Chanzy. Sa brillante conduite à Coulmiers puis à Patay, le 1er décembre, lui vaut d'être placé à la tête du 16e corps, et nommé vice-amiral. Jauréguiberry montre ensuite, pendant la retraite vers Laval, et notamment à la bataille du Mans, le 11 janvier 1871, une ardeur et une ténacité remarquables. Député des Basses-Pyrénées, il vote les préliminaires de paix et démissionne en 1872 lorsqu'il est nommé préfet de Toulon. Sénateur inamovible en 1879, ministre de la Marine en 1879-1880 et 1882-1883, il préconise, selon son propre exemple, l'utilisation à terre d'unités de marine.

JAURÈS Benjamin (Paris, 1823 – Paris, 1889)

Amiral.

Sorti de l'École navale en 1841, lieutenant de vaisseau en 1850, il participe aux campagnes de Crimée, d'Italie, de Chine et du Mexique. Capitaine de vaisseau en 1869, il reçoit un commandement dans l'escadre de la mer du Nord en 1870. Appelé à l'armée de la Loire par Jauréguiberry et nommé général de brigade à titre auxiliaire, Benjamin Jaurès reçoit au mois de novembre le commandement du 21e corps. Nommé en même temps général de division, toujours à titre auxiliaire, il se distingue pendant la retraite vers Laval aux combats de Montfort, Pont-de-Sennes, Sillé-le-Guillaume, etc. Brillante conduite qui lui vaut d'être nommé général de division à titre définitif. Contre-amiral au mois d'octobre 1871, député du Tarn depuis le mois de juillet, il siège au centre gauche et soutient à la Chambre la politique de Thiers. Sénateur inamovible en 1876, vice-amiral deux ans plus tard, Benjamin Jaurès, nommé ambassadeur à Madrid, puis à Saint-Pétersbourg, achève sa carrière comme ministre de la Marine en 1889.

JAURÈS Jean (Castres, 1859 – Paris, 1914)

Homme politique.

Issu d'une famille bourgeoise, reçu premier à l'École normale supérieure, agrégé de philosophie en 1881, il professe au Lycée d'Albi avant d'être chargé de cours à la faculté des lettres de Toulouse (1883). Sa carrière politique débute sous le signe du républicanisme modéré dans le Tarn, où il se fait élire député en 1885 grâce à l'appui de son cousin, l'amiral Benjamin Jaurès. Mais son mandat n'est pas renouvelé en 1889. Après avoir brillamment soutenu sa thèse de doctorat, *De la réalité du monde sensible*, éditée en 1891, il se convertit au socialisme vers 1892 sous l'influence de Lucien Herr, bibliothécaire à l'École normale supérieure, qui l'a convaincu qu'il était possible de devenir socialiste sans adhérer ni au guesdisme ni au blanquisme. Les articles qu'il écrit dans *La Dépêche de Toulouse* et *La Petite République* témoignent de son évolution. Pour lui, l'idéal socialiste est un élargissement de ses convictions républicaines. Moins doctrinaire qu'humanitaire, il est avant tout un homme politique qui cherche à trouver le chemin des aspirations populaires, longtemps dans une démarche assez isolée en marge des grandes organisations socialistes.

Lors des élections de 1893, il fait partie de la célèbre « fournée » socialiste qui, avec lui, est représentée au Palais-Bourbon par Jules Guesde, René Viviani, Alexandre Millerand, Marcel Sembat, Auguste Vaillant. Député de Carmaux, il s'impose vite par la chaleur de sa verve et son érudition exceptionnelle. Bien qu'il n'étant pas avocat, il défend aux assises Gérault-Richard, poursuivi pour un article contre Casimir-Perier paru dans *Le Chambard* en novembre 1894. Lorsqu'il s'engage fortement avec Lucien Herr en faveur de l'innocence du capitaine Dreyfus, il n'est d'abord que médiocrement suivi par ses amis politiques, qui considèrent cette affaire comme une affaire intérieure de la bourgeoisie, et il se fait battre aux élections de 1898 parce que dreyfusard. Avec Viviani, il soutient l'entrée de Millerand dans le gouvernement Waldeck-Rousseau (juin 1899). Cette prise de position provoque entre Jaurès et Guesde – ce dernier se déclarant inconditionnellement hostile à toute participation des socialistes au pouvoir bourgeois – une longue polémique, particulièrement vive aux congrès socialistes de 1899 et de 1901. Elle débouche sur une véritable rupture au congrès de Lyon (1901), à la suite des grèves sanglantes au cours desquelles le gouvernement est amené à intervenir contre les ouvriers. Il se forme alors deux coalitions opposées : le Parti socialiste français de Jaurès et le Parti socialiste de France de Guesde. Jaurès, qui avait pris position en faveur du Bloc des gauches, sort vainqueur des élections de 1902 face aux guesdistes, avec 37 élus contre 14. Réélu en 1906, 1910 et 1914, il dominera ce Bloc des gauches où seule la personnalité de Clemenceau est à la hauteur de la sienne.

Jean Jaurès
De gauche à droite : Jean Jaurès, Édouard Vaillant et Pierre Renaudel (brassard), devant le mur des Fédérés en 1913. © *Roger-Viollet*

L'unification du parti socialiste imposée par la IIe Internationale lors du congrès d'Amsterdam (1904) semble se faire à ses dépens. Il doit s'incliner devant la condamnation de toute collaboration avec la bourgeoisie. Le congrès tenu à Toulouse en 1908 par le nouveau parti socialiste (Section française de l'Internationale ouvrière, SFIO) lui confie néanmoins la direction effective du parti. Il se garde bien, d'ailleurs, avec sa prudence paysanne, de le manier trop rudement. À cette époque de sa vie, il estime entièrement dépassée la conception blanquiste ou guesdiste du socialisme, et la classe ouvrière lui apparaît surtout comme une promesse d'élargissement ou comme un rempart de la démocratie qu'il juge trahie par le radicalisme clemenciste sur les plans social et international. Comme Léon Blum, il considère l'explication marxiste insuffisante et rejette entièrement la croyance en la proximité de l'avènement de l'État socialiste qui, à ses yeux, n'est pas fatale mais sera le fruit d'un effort volontaire. Il pense que l'État existant ne doit pas être « détruit » mais « conquis » de l'intérieur. Il est surtout préoccupé, dans son journal *L'Humanité*, qu'il a fondé en 1904, d'établir une vérité humaine et cosmopolite, un ordre rationnel qui s'oppose avec succès à l'abdication de l'intelligence, au culte de la force dont il voit partout devant lui les manifestations menaçantes. En ce sens, le socialisme est pour lui une affirmation d'espérance. Génie synthétique, il cherche à concilier l'idéalisme avec le matérialisme, l'individualisme proudhonien avec le collectivisme, la démocratie avec la lutte des classes, la patrie avec l'Internationale. On connaît de lui la fameuse formule : « Un peu d'internationalisme écarte de la patrie, beaucoup d'internationalisme y ramène. » Pour lui, la classe ouvrière est l'héritière de la tradition nationale, et les meilleurs patriotes sont les socialistes. Enfin, il ne voit pas dans l'État, comme Marx, l'instrument de la classe dominante pesant de tout son poids sur les déshérités, mais un arbitre possible : « L'État, dit-il, n'exprime pas une classe; il exprime le rapport de classes, c'est-à-dire le rapport de leurs forces. » Les socialistes ne doivent pas considérer l'État démocratique comme un ennemi, car ils peuvent agir sur lui et par lui. Sous sa forte impulsion, le parti socialiste progresse rapidement entre 1906 et 1914, bien que les socialistes se refusent au soutien des cabinets radicaux et soient entrés dans l'opposition depuis les grèves de l'année 1907, durement réprimées par le gouvernement Clemenceau : les duels oratoires de Jaurès avec Briand et Clemenceau sont restés célèbres dans l'histoire parlementaire.

Dès 1905, quand l'affaire de Tanger rend plus sensible le danger de guerre, Jaurès se consacre à la défense de la paix car, pour lui, la guerre n'est pas seulement aberrante sur le plan humain : c'est, du point de vue socialiste, une diversion du capitalisme international au détriment des citoyens les plus démunis. Dans son journal et au Palais-Bourbon, il milite contre le service militaire de trois ans (1913) et propose, dans *L'Armée nouvelle* (1910), une forte organisation des réserves. Cette attitude lui attire l'hostilité des milieux patriotiques et modérés. Clemenceau est au premier rang de ses adversaires. Quant à la presse nationaliste, elle le couvre de boue. Le grand tribun socialiste fait également entendre des appels pathétiques à portée mondiale en faveur de la paix et de l'union entre les hommes : ses interventions au congrès socialiste international de Bâle (novembre 1912) et à la réunion du bureau socialiste international de Bruxelles (25 juillet 1914) sont parmi les meilleurs exemples de sa chaude éloquence. Cependant, à mesure qu'évolue la crise de 1914, Jaurès semble modifier son attitude. À partir du 26 juillet, les articles de *L'Humanité* passent sous silence l'idée de la grève générale insurrectionnelle et préconisent au contraire le sang-froid. Jaurès admet que le gouvernement français souhaite sincèrement la paix, et il semble vouloir le laver de tout soupçon belliciste. Il est donc permis de se demander quel était son état d'esprit lorsqu'il est assassiné dans la soirée du 31 juillet au café du Croissant à Paris par un nationaliste, Raoul Villain. Sa mort scelle l'Union sacrée qui est définie sur sa tombe par Léon Jouhaux le 4 août. La dépouille mortelle de Jaurès sera solennellement portée au Panthéon après la victoire électorale du Cartel des gauches en 1924.

Une partie des discours de Jaurès a été publiée dans *Discours parlementaires* (1904) ; Péguy a édité les *Études socialistes* (1902). Jaurès est également l'auteur d'une *Histoire socialiste de la Révolution française* dans laquelle, se voulant l'héritier à la fois de Marx et de Michelet, il montre la filiation qui relie le socialisme à cette révolution.

JEAN de BRÉBEUF, saint (Condé-sur-Vire, 1593 – Saint-Louis, Nouvelle-France, 1649)

Missionnaire jésuite.

D'extraction noble, entré dans les ordres en 1622, il enseigne à Rouen avant de s'embarquer pour la Nouvelle-France en 1625. Là, il soigne et évangélise les Hurons. Après un séjour en France qui dure de 1629 à 1633, il revient à Québec et reprend sa place dans la mission huronne. En attaquant Saint-Louis pour exterminer les Hurons, les Iroquois le capturent en même temps que Gabriel Lalemant. Méprisant les offenses des envahisseurs, Brébeuf meurt dans d'horribles tortures. La foule boit son sang pour acquérir son courage. Avec les autres martyrs du Canada (dont Gabriel Lalemant, mort le même jour que lui), il sera béatifié en 1925 et canonisé en 1930.

JEAN EUDES, saint (Ri, Normandie, 1601 – Caen, 1680)

Fondateur de la Congrégation de Jésus et Marie.

Élève des jésuites de Caen, il est tonsuré et minoré en 1620, alors qu'il fait sa philosophie. Après être passé par la faculté de théologie de Caen, il entre en 1623 à l'Oratoire, au couvent Saint-Honoré de Paris, où Bérulle l'accueille lui-même. Il y est ordonné prêtre en 1625 et participe à la ferveur de la première communauté bérullienne dont il se révèle un des plus brillants prédicateurs. Mais, les missions populaires et l'exemple de Bourdoise, Olier et Vincent de Paul l'ayant persuadé de l'urgent besoin de formation du clergé dans l'esprit du concile de Trente, il quitte l'Oratoire en 1643 et fonde à Caen la Congrégation séculière de Jésus et Marie, dite eudiste, dont les maisons, d'abord simples lieux de retraite pour prêtres et ordinands, prennent peu à peu l'allure de maisons de formation destinées à fournir des cadres aux séminaires. Parallèlement, il crée des refuges et la Congrégation des filles de Notre-Dame-de-la-Charité à l'intention des « filles débauchées ». Il est enfin l'initiateur du culte liturgique des cœurs de Jésus et Marie. Avec Bérulle et saint Vincent de Paul, il est un de ceux qui contribuèrent le plus au renouveau catholique dans la France du XVIIe siècle. Le plus réédité de ses ouvrages spirituels est *La Vie et le royaume de Jésus dans les âmes chrétiennes* (1637). Jean Eudes a été canonisé en 1925.

JEAN FRANÇOIS RÉGIS, saint (Fontcouverte, Languedoc, 1597 – Lalouvesc, Vivarais, 1640)

Prêtre.

Issu d'une bonne famille languedocienne, entré chez les Jésuites à Toulouse en 1616, il se fait le grand apôtre de la Contre-Réforme chez les paysans les plus isolés du Vivarais et du Velay. Les conversions obtenues par lui dans des milieux farouchement calvinistes sont nombreuses. Dévoué jusqu'à l'héroïsme, ne répugnant pas aux besognes les plus ingrates, comme la rédemption des prostituées, il se fait des ennemis dans les classes aisées. L'évêque de Viviers lui-même trouve ses méthodes peu orthodoxes et lui adresse de sévères admonestations. Mais ces obstacles tomberont vite. Pendant les derniers temps de sa vie, les foules accourent au Puy et en Haut-Vivarais pour être reçues par lui en confession. Son tombeau attire toujours beaucoup de pèlerins à Lalouvesc. Jean François Régis a été béatifié en 1716 et canonisé en 1737.

JEAN-BAPTISTE de LA SALLE, saint (Reims, 1651 – Rouen, 1719)

Fondateur de l'institut des Écoles chrétiennes.

Issu d'une famille de robe, il devient chanoine de Reims à 16 ans et entre au séminaire en 1670. À la mort de ses parents en 1672, il s'occupe de l'instruction de ses dix frères et sœurs. Peu après son ordination, en 1678, il est amené à s'intéresser à la construction des écoles gratuites de Reims, destinées aux pauvres, et s'aperçoit que cet enseignement manque cruellement de maîtres compétents. Pour pallier ce manque de formation, Jean-Baptiste de La Salle réunit autour de lui, dès 1680-1682, pour former et encadrer ces maîtres, de jeunes volontaires qui, tout en demeurant laïques, vouent leur vie à Dieu. Puis il se démet de son canonicat, distribue ses biens et rédige à l'intention des frères une *Pratique du règlement journalier* (1682). Quatre écoles s'ouvrent de 1682 à 1685, à Rethel, Château-Porcien, Guise et Laon.

Quelques années plus tard, Jean-Baptiste fonde à Reims un séminaire de maîtres destinés à enseigner les jeunes ruraux, véritable école normale qui fonctionne à côté du noviciat. En 1688, il s'installe à Paris, sur le territoire de la paroisse Saint-Sulpice, dont il prend en charge l'école de charité. Là, en 1691, il crée la congrégation des Frères des Écoles chrétiennes, et prononce des vœux définitifs d'obéissance, d'association et de stabilité. Trois ans plus tard, alors qu'il vient d'être élu supérieur de la congrégation, il précise que les frères devront rester laïques. La même année, Jean-Baptiste rédige les *Règles communes de l'institut des Frères des Écoles chrétiennes* puis divers ouvrages pédagogiques, enfin des manuels à l'intention des écoliers. L'institut connaît un très vif essor en France et jusqu'à Rome, où une école est fondée en 1702. Retiré à Rouen, où est transféré le noviciat, Jean-Baptiste de La Salle abandonne ses fonctions en 1717 pour n'être plus que le chapelain de la communauté. Aussi ferme dans ses desseins qu'il était doux de caractère, le fondateur des Écoles chrétiennes s'est montré un réel novateur, prônant l'enseignement collectif au lieu de l'enseignement individuel traditionnel, et remplaçant le latin par le français. Béatifié en 1888, canonisé en 1900, Jean-Baptiste de La Salle a été proclamé patron des éducateurs en 1950.

JEAN-MARIE VIANNEY, saint, dit LE CURÉ d'ARS (Dardilly, près de Lyon, 1786 – Ars-sur-Formans, 1859)

Prêtre.

Fils de paysans très pieux, il ne reçoit une éducation religieuse qu'assez tardivement en raison des troubles de la Révolution. Dès 1805, cependant, il se prépare à entrer au séminaire. Mais la conscription napoléonienne l'oblige à se cacher pendant quatorze mois. Renvoyé du séminaire de Lyon pour la faiblesse de ses notes, il finit par être ordonné prêtre en 1815. Après deux années de vicariat à Écully, il est nommé en 1817 curé d'Ars-sur-Formans, misérable village de la Dombes, où il trouve une population profondément déchristianisée. En 1820, et une nouvelle fois en 1827, le découragement l'envahit et il songe à abandonner sa charge. Mais, peu à peu, les fidèles sont attirés par son enseignement simple et fort, sa charité, son austérité qui sont le reflet d'une âme possédée par Dieu, même si elle doit parfois affronter le démon (le « Grappin »). Sa renommée grandit et, à partir de 1830, sa paroisse devient un véritable centre de pèlerinage. De partout on vient chercher à Ars la paix de l'âme et aussi la guérison des corps, car les miracles s'y multiplient. Dès 1840, la diligence de Lyon est quotidienne et, à partir de 1853, 100 000 personnes accourent chaque année à Ars. Exténué « au dernier degré », Jean-Marie Vianney meurt le 4 août 1859. Ars est resté, plus qu'un pèlerinage, un foyer spirituel, notamment pour les prêtres. Canonisé en 1925, le curé d'Ars est le patron des curés et des responsables des communautés paroissiales.

JEAN XXII, Jacques DUÈSE ou d'EUSE (Cahors, 1245 – Avignon, 1334)

Deuxième pape d'Avignon (1316-1334).

Évêque de Fréjus (1300), chancelier de Sicile (1308), évêque d'Avignon (1310), puis cardinal et évêque de Porto (1313), il est élu pape à Lyon en 1316, après une vacance pontificale de plus de deux ans. Son long règne sera l'un des plus actifs et l'un des plus agités de l'histoire de l'Église. Jean XXII commence par rétablir le siège de la papauté dans son ancien évêché d'Avignon. Là, ses premiers efforts sont pour ramener à l'obéissance, au besoin par la force, les « spirituels ».

Jean-Marie Vianney
Apparition de la Vierge au curé d'Ars. Vitrail, fin XIXe, Valle de Bravo, Mexique. © *G. Dagli Orti*

Dans la bulle *Quorumdam exigit*, il déclare que l'obéissance se trouve au-dessus de la pauvreté parce qu'elle asservit à Dieu l'esprit et non pas seulement le corps. Fraticelles, bizoches et béguins, qui ressuscitent certaines tendances paupéristes des cathares et des vaudois, prospèrent alors dans le midi de la France. Le pape les condamne. En cette époque où les discussions théologiques sont généralement empreintes d'une fureur byzantine, les réactions contre « Jacques de Cahors » se font violentes. Elles viennent d'horizons divers. Guillaume d'Occam en appelle au concile contre le pape « hérésiarque ». Ici se passe l'épisode de l'antipape Pierre de Corbière, suscité par l'empereur Louis V de Bavière que Jean XXII a excommunié pour des raisons politiques. « Nicolas V » ne parviendra même pas à rallier les suffrages des Romains et viendra à Avignon se jeter aux pieds du pontife légitime en suppliant (1330).

Gouvernant une cellule monacale, Jean XXII est un administrateur pointilleux. Son expérience de juriste le sert à merveille. C'est aussi un grand bâtisseur dont les munificences profitent d'abord à sa patrie, Cahors, où il crée une université, puis bien sûr à Avignon, sa résidence et celle de ses cardinaux, et même à Rome, siège de saint Pierre, dans laquelle il s'installerait volontiers si les désordres de l'Italie ne l'en empêchaient pas. Il faut encore mettre à l'actif de son pontificat la canonisation de Thomas d'Aquin, en 1323, et la création de nombreux évêchés dans le midi de la France (Saint-Flour, Vabres, Castres, etc.).

JEAN Ier LE POSTHUME (Paris, 1316 – Paris, 1316)

Roi de France (1316).

Fils posthume de Louis X le Hutin et de Clémence de Hongrie, il meurt dès l'âge de 4 jours (15-19 novembre). Son oncle Philippe le Long, comte de Poitiers, deuxième fils de Philippe le Bel, régent de France depuis la mort de Louis X, devient roi au mois de janvier 1317 sous le nom de Philippe V. Certains prétendent alors sans preuves que le régent a fait empoisonner son neveu pour l'évincer. En 1356, année de la défaite de Poitiers et de la capture de Jean II le Bon, apparaît à Sienne, en Italie, un homme qui se prétend Jean Ier. Selon lui, le roi nouveau-né aurait été enlevé par deux barons qui redoutaient que Mahaut d'Artois ne l'empoisonnât pour donner le trône à son gendre Philippe le Long. Élevé en Normandie jusqu'à l'âge de 10 ans, puis conduit à Sienne par celui qui se prétend son père, un nommé Guccio, Giannino n'apprend sa véritable origine qu'en 1354, de la voix de Nicolas de Rienzi, sénateur de Rome. Ce dernier le reconnaît comme roi de France. Les autorités de Sienne l'imitent puis, sous la pression des négociants de la ville inquiets pour l'avenir de leur commerce avec la France, reviennent sur leur décision. Giannino, persuadé maintenant qu'il est vraiment Jean Ier, obtient d'importants fonds fournis par des banquiers toscans espérant récupérer, en cas de succès, une partie de leurs anciennes créances sur Philippe le Bel. Il se rend auprès du roi Louis de Hongrie, neveu de sa « mère » Clémence. À son tour, Louis le reconnaît formellement. Giannino lève alors une armée et pénètre en Provence, dans l'intention de se faire reconnaître par le pape, installé en Avignon. Mais Innocent VI se dresse au contraire contre lui, appelle à l'aide les troupes de Jean le Bon et de Jeanne de Naples, qui écrasent celles du prétendant : capturé, ce dernier est conduit à Naples où il achève ses jours au château de l'Œuf (1363).

JEAN II LE BON (Le Gué de Mauny, près du Mans, 1319 – Londres, 1364)

Roi de France (1350-1364).

Fils de Philippe VI de Valois et de Jeanne de Bourgogne. À sa naissance, son grand-père Charles, comte de Valois, est encore en vie et son père Philippe n'est encore que comte du Maine. Quand celui-ci devient roi, il lui fait épouser, à l'âge de 13 ans, Bonne de Luxembourg, fille de Jean, roi de Bohême. Le futur Jean II porte alors les titres de comte du Maine, comte d'Anjou et duc de Normandie. Il a 18 ans à la naissance de son premier enfant, Charles. Bonne lui donnera neuf autres enfants, dont sept survivront. Elle meurt cependant de la peste en 1349 sans avoir été reine. Jean se fiance ensuite à Blanche de Navarre, mais son père se hâte de la lui enlever ; il se remarie alors avec une veuve plus vieille que lui, Jeanne de Boulogne. Philippe VI meurt l'année même de ce mariage, en 1350.

À son avènement, Jean II jouit d'une assez bonne réputation. Le dernier dauphin de Viennois, Humbert II, qui léguera le Dauphiné à la famille royale, l'apprécie. Les méridionaux ont de l'affection pour lui. Sa générosité, son goût pour les belles montures, son aspect sportif plaisent à beaucoup. Malheureusement, il s'est montré piteux stratège en 1346 au siège d'Aiguillon. Jean II commet également plusieurs erreurs qui lui aliènent le soutien d'une partie de la noblesse et quelques conflits armés. L'exécution sommaire de son connétable, Raoul VI de Brienne, en 1350, pour des raisons mal éclaircies et passées sur le compte de la félonie, lui valent l'hostilité de la famille champenoise. Trois ans plus tard, il s'aliène son gendre, Charles, roi de Navarre, en ne lui donnant pas l'ensemble des fiefs qui lui avaient été promis. Le vaste comté d'Angoulême est donné au favori du roi, Charles d'Espagne La Cerda, ce qui déclenche la fureur de celui que ses sujets d'outre-Pyrénées appellent déjà *el Malo*, « le Mauvais ». Le 8 janvier 1354, La Cerda est assassiné. Charles revendique hautement le meurtre devant le Conseil du roi, l'Université, le pape, les villes. C'est une déclaration de guerre. Jean II se livre à sa douleur, puis jure « que jamais en son cœur joie n'aura » jusqu'à la vengeance. Mais Charles lui fait peur avec la menace d'une alliance anglaise, si bien que Jean II le couvre de donations de toutes sortes, augmentant ainsi la

Jean II le Bon
Huile sur toile, v. 1350, Paris, musée du Louvre.
© *Lauros-Giraudon*

puissance de celui qui est devenu son premier rival. C'est le 5 avril 1356 que s'exécute la vengeance. Les « cruelles justices » du roi atteignent les Navarrais au château de Rouen, où ils étaient reçus par le duc de Normandie qui n'est autre que le Dauphin Charles (futur Charles V). Le Mauvais lui-même est épargné et incarcéré. Il ne tardera pas à avoir des partisans qui plaindront son sort et réclameront sa libération. Cependant, la guerre anglaise a recommencé en Guyenne et Gascogne, que le prince de Galles ravage impunément. Jean II prend l'ennemi en chasse et l'accule à la bataille à Maupertuis près de Poitiers (19 septembre 1356). La charge française tourne au désastre, et le roi est fait prisonnier Ainsi devient-il pour ses sujets, qui l'aiment encore, et pour la postérité, Jean le Bon, c'est-à-dire le Brave.

Emmené captif à Bordeaux puis à Londres, il est traité avec les plus grands égards. Pendant ce temps, le Dauphin Charles tente de diriger le royaume et doit faire face aux revendications des états généraux de 1356 pour l'établissement d'un gouvernement conciliaire, à la révolte d'Étienne Marcel à Paris (1358) puis à la Jacquerie qui éclate la même année en Beauvaisis. En mars 1359, le roi captif négocie avec Édouard III un traité (les Préliminaires de Londres) qui laisse à l'Angleterre la moitié du royaume de France et une rançon à payer de quatre millions d'écus d'or en échange de sa libération. Le Dauphin et les états, enfin d'accord, rejettent toutes les clauses. Quand Édouard III débarque le 28 octobre pour se faire sacrer à Reims, il ne trouve que campagnes désertes et villes closes et ne tarde pas à repartir. À Brétigny (1360), la libération de Jean II est obtenue à des conditions dures, mais relativement honnêtes. Le roi d'Angleterre renonce à ses prétentions sur la couronne des Capétiens et se contente de l'Aquitaine et d'une rançon de trois millions d'écus d'or garantie par otages. C'est à l'occasion du règlement de cette rançon que les premiers « francs » sont émis. En 1362, Jean II regagne son royaume et marie sa fille à Galeazzo Visconti contre six cent mille écus, mais les ravages des routiers et de la peste coûtent infiniment plus cher que ne rapporte cette dot. Lorsqu'en 1363 le roi apprend la fuite de son fils Louis d'Anjou, otage du traité, il retourne se constituer prisonnier en Angleterre (1364) et meurt à Londres trois mois après son arrivée, le 8 avril.

JEAN d'ALENÇON, duc d'Alençon, dit JEAN II LE BON (Argentan, vers 1407 – Paris, 1476)

Prince capétien.

Fils de Jean Ier, comte puis duc d'Alençon, et de Marie de Bretagne, il succède dès 1415 à son père, tué à Azincourt. Jean, qui siège au Conseil du roi à partir de 1423, est choisi la même année comme parrain de l'enfant royal nouveau-né, le futur Louis XI. Fait prisonnier par les Anglais à la bataille de Verneuil, en 1424, il retrouve la liberté trois ans plus tard, moyennant le versement d'une forte rançon qui le contraint à aliéner une partie de ses domaines. À Chinon, en 1429, le duc rencontre Jeanne d'Arc, dont il devient un des premiers et plus fidèles compagnons. Nommé lieutenant général par Charles VII, il combat aux côtés de la « Pucelle » à Jargeau, Meung, Beaugency, etc., avant de conduire le roi à Reims où il doit recevoir l'onction sainte. Comme Jeanne, Jean d'Alençon voudrait poursuivre la lutte contre les Anglais, alors que Charles souhaite négocier : il participe à l'attaque de Paris, mais ne peut empêcher le licenciement de l'armée. Brouillé avec le roi, disgracié, Jean se retire alors sur ses terres. Charles VII le soutient, malgré leur mésentente, dans un conflit qui l'oppose en 1431-1432 au duc de Bretagne, mais continue à le tenir à l'écart : de plus en plus mécontent, Alençon rencontre en 1437, à Angers, Jean IV d'Armagnac et le roi de Sicile, et participe avec eux à la Praguerie, trois ans plus tard.

Réconcilié avec le roi en 1449, il joue un rôle considérable dans la campagne qui aboutit à la libération de la Normandie, et recouvre ses domaines. À nouveau mécontent de l'attitude royale, le duc se met en 1456 en rapport avec les Anglais, projette de marier sa fille au duc d'York et de faciliter un débarquement anglais en Normandie. En 1458, il se rend à Paris pour témoigner au procès de réhabilitation de Jeanne d'Arc. Averti, le roi le fait arrêter et juger à Vendôme pour lèse-majesté et haute trahison. Il est condamné à mort par ses pairs, mais la peine est commuée en détention perpétuelle. Jean d'Alençon est enfermé à Loches, tous ses biens sont confisqués. Son filleul Louis, qu'il a autrefois appuyé contre Charles VII, le libère à son avènement, en 1461, mais il entre en 1465 dans la ligue du Bien public, et conspire de nouveau contre son ancien protégé en 1469 : arrêté et jugé, Jean d'Alençon est enfermé au Louvre en 1474 et n'en sort que peu de temps avant sa mort.

JEAN SANS PEUR (Dijon, 1371 – Montereau, 1419)

Duc de Bourgogne (1404-1419).

Fils de Philippe II le Hardi et de Marguerite, fille de Louis II de Male, il épouse en 1385 Marguerite de Bavière. En 1396, il prend la tête de la croisade de Hongrie et y acquiert une réputation de chevalier valeureux : il doit notamment son surnom à sa courageuse conduite pendant la bataille de Nicopolis, au cours de laquelle il est vaincu et fait prisonnier par les Turcs. La folie de Charles VI et le désordre du gouvernement avaient déjà entraîné son père à intervenir activement dans les affaires du royaume et à mener une politique plus française que bourguignonne. Cette tendance s'accentue lorsque Jean lui succède en 1404. Avec lui, la lutte feutrée qui opposait le clan bourguignon à celui du frère du roi, Louis d'Orléans, fait place à une opposition ouverte. Dans un style très différent, les deux hommes, aussi ambitieux l'un que l'autre, poursuivent en effet le même but : agrandir et consolider leurs possessions, les doter d'une organisation politique, militaire et financière solide, s'attribuer la plus large part possible des subsides royaux, et surtout prendre la première place dans le gouvernement de la monarchie. Pour cela, Jean sans Peur ne recule devant aucun moyen et va jusqu'à faire assassiner son rival, le 23 novembre 1407. Son geste, qui suscite l'indignation générale, semble devoir être fatal au succès de sa cause. Mais il se ressaisit bientôt, présente même une apologie du crime dans laquelle le duc d'Orléans est dépeint comme un tyran qu'il était légitime d'abattre. En même temps, il se campe en champion de la réforme monarchique, prônant la lutte contre les abus et les malversations. Du coup, sa popularité grandit, spécialement auprès de la bourgeoisie parisienne. Il revient à la Cour en 1408, se fait nommer gouverneur du Dauphin en 1409, s'empare de la direction du gouvernement et entreprend une vaste épuration à la chancellerie, au Parlement, à la Chambre des comptes, parmi les grands officiers de la couronne, qu'il remplace par ses protégés. Mais le parti des Armagnacs, qui lui voue une haine inexpiable depuis son crime et lui livre une lutte implacable, reste puissant. Jean sans Peur croit alors pouvoir consolider et élargir sa position en demandant l'intervention anglaise (1411). Puis, toujours maître de Paris, il fait entreprendre le programme de réformes sur lequel repose son prestige. Il convoque les états généraux en janvier 1413, déchaîne la foule contre les Armagnacs et, une fois ces derniers massacrés, emprisonnés ou chassés, consent aux émeutiers la promulgation d'une grande ordonnance qualifiée plus tard de cabochienne, du nom de leur chef, le boucher Simon Caboche. Mais les troubles se poursuivent dans la capitale, suscitant chez les bourgeois, qui prennent peur, une réaction favorable aux Armagnacs. Se voyant isolé, Jean sans Peur abandonne brusquement la partie et laisse la place à la faction adverse (1413).

Effrayé par l'étendue des ambitions du nouveau roi d'Angleterre Henri V, il se rapproche des Armagnacs lorsque le souverain anglais débarque en Normandie, à la tête d'une forte armée (1415). Mais la réconciliation n'est qu'apparente, et il laisse au parti adverse la lourde tâche de lutter contre l'envahisseur. Au lendemain de la défaite d'Azincourt, en signe de défi, il envoie son gantelet à Henri V, mais vient le trouver à Calais l'année suivante et, éclatante victoire diplomatique pour ce dernier, le reconnaît comme celui qui, « de droit », doit devenir roi de France (octobre 1416). Puis il fait cause commune avec la reine Isabeau de Bavière. Tous deux créent à Troyes un gouvernement rival, puis font leur entrée à Paris après la disparition de Bernard VII

Jean sans Peur
Huile sur toile, Flandre, XVe siècle, Chantilly, musée Condé. © *Giraudon*

d'Armagnac (conjuration de Perrinet Le Clerc, mai 1418). Disposant désormais du roi, de la reine et des organes de gouvernement, Jean sans Peur y fait régner la terreur. Mais il ne peut arrêter les progrès d'Henri V, laisse Rouen capituler au terme d'un siège héroïque et s'achever la conquête de la Normandie. En novembre 1418, Jean doit abandonner Paris, directement menacé. Il devient alors urgent pour lui de se rapprocher des Armagnacs : le Dauphin et lui se rencontrent d'abord à Corbeil, puis à Montereau. Mais là, il périt assassiné par un fidèle du Dauphin, le 10 septembre 1419.

JEAN Ier de BRETAGNE, dit LE ROUX (?, 1217 – ?, 1286)

Duc de Bretagne (1237-1286).

Fils de Pierre de Dreux, surnommé un siècle plus tard « Mauclerc », et d'Alix de Thouars, héritière du duché de Bretagne. À la mort de sa mère en 1221, il devient duc de Bretagne, sous la tutelle de son père qui lui cède la place à sa majorité, en 1237. Son règne sera le plus long de l'histoire bretonne. Avec ce nouveau duc s'ouvre une période de plus d'un demi-siècle durant laquelle la Bretagne vit en paix. Sa politique prudente consiste essentiellement à gérer fructueusement son domaine. Il agit en bon vassal du roi de France, suit Saint Louis à Tunis en 1270, sans indisposer pour autant le souverain anglais. Habile diplomate, Jean Ier est également un poète, élégant et fin, auteur de chansons pieuses et courtoises, et un vrai féodal par son goût pour les chasses, les châteaux et les chevaux. Il fait agrandir près de Sarzeau, au milieu de giboyeuses, son château de Sucinio.

JEAN II de BRETAGNE (? – Lyon, 1305)

Duc de Bretagne (1286-1305).

Fils du précédent et de Blanche de Champagne, il accompagne son père à la huitième croisade. En 1259, il épouse Béatrix, fille d'Henri III d'Angleterre, mais reste néanmoins favorable à la France. Reconnaissant, le roi de France érige la Bretagne en duché-pairie en 1297. Jusque-là, la chancellerie royale n'accordait au duc de Bretagne que le titre de comte.

JEAN III de BRETAGNE, dit LE BON (Châteauceaux, 1286 – Caen, 1341)

Duc de Bretagne (1312-1341).

Fils d'Arthur II de Bretagne et de Marie, vicomtesse de Limoges. Quoique marié trois fois, successivement avec Isabelle de Valois, Isabelle de Castille et Jeanne de Savoie, il n'a pas d'enfants légitimes. Étant en mauvais termes avec la seconde femme de son père, Yolande de Dreux, il refuse de désigner pour héritier son frère consanguin Jean de Montfort ; implicitement, sans qu'il se décide jamais à se prononcer officiellement sur le point de droit que soulevait sa succession, son choix se porte sur sa nièce, Jeanne de Penthièvre, qu'il marie à Charles de Châtillon-Blois (1337), neveu du roi Philippe VI de Valois. Mais, à sa mort, les droits de Jeanne de Penthièvre sont contestés par Jean de Montfort qui, recourant aussitôt à la voie de fait, ouvre la longue guerre de Succession de Bretagne.

JEAN de MONTFORT (?, 1293 – Hennebont, 1345)

Duc de Bretagne (1341-1345).

Fils du duc Arthur II et de Yolande de Dreux, comtesse de Montfort-l'Amaury. À la mort du duc Jean III, son frère consanguin qui a refusé de le désigner pour héritier, il tente néanmoins d'imposer sa candidature contre celle de Jeanne de Penthièvre. Il s'empare de Nantes où il se fait reconnaître comme duc et, en deux mois (juin-juillet 1341), se rend maître des places fortes principales de Bretagne avant de s'embarquer pour l'Angleterre où il s'abouche avec Édouard III. Mais le roi de France Philippe VI de Valois le dépose, et il est capturé à Nantes, en septembre 1341, par les troupes royales. Relâché en septembre 1343, après la trêve de Malestroit, sous condition de ne pas remettre les pieds en Bretagne, il oublie vite son serment, débarque bel et bien en Bretagne et rend hommage à Édouard III d'Angleterre à titre de roi de France. Peu après, à l'automne 1345, il meurt assiégé dans Hennebont, mais la guerre de Succession de Bretagne se poursuit après sa disparition.

JEAN IV de BRETAGNE, dit LE VAILLANT ou LE CONQUÉREUR (?, 1341 – Nantes, 1399)

Duc de Bretagne (1365-1399).

Fils du précédent et de Jeanne de Flandre. Élevé à la cour d'Édouard III d'Angleterre, il est porté du côté anglais aussi bien par son éducation que par ses intérêts. En 1362, après une tentative de partage de la Bretagne qui échoue par la faute de l'intransigeance de Jeanne de Penthièvre, il gagne la Bretagne pour continuer la guerre contre Charles de Blois. Ce dernier ayant été tué à la bataille d'Auray, qui est une irrémédiable défaite pour le parti de Jeanne de Penthièvre (1364), le traité de Guérande, en avril 1365, lui reconnaît la couronne ducale. Mais, lorsqu'il signe un traité d'alliance étroite avec Édouard III, les Bretons, avant tout hostiles aux Anglais, sollicitent l'intervention du roi de France, Charles V, qui expédie en Bretagne une armée commandée par Bertrand Du Guesclin. Jean IV s'enfuit alors chez son « seigneur et père », Édouard III, et Charles V prononce la confiscation de ses terres en 1378. Rappelé par ses sujets, Jean IV est reçu triomphalement en Bretagne. Il conclut alors, en 1380, avec le nouveau roi d'Angleterre Richard II, un traité d'alliance dirigé contre Charles V. Mais les Bretons répugnent tout autant à cette alliance qu'à l'intervention du roi de France, et un accommodement est trouvé à la mort de Charles V. Par le second traité de Guérande en 1381, ménagé par les seigneurs bretons, Jean IV recouvre son duché et promet de solliciter de Charles VI son pardon, de lui prêter main-forte contre les ennemis du royaume et de ne plus s'entourer de conseillers anglais. La paix n'est pourtant pas encore définitive. Jean IV entre en conflit avec le nouveau connétable Olivier de Clisson, et la Bretagne ne retrouve le calme qu'à partir de 1395. Jean IV termine son règne en grand seigneur, faisant notamment construire à Vannes le somptueux château, aujourd'hui disparu, de l'Hermine. Ses succès face à Charles V lui avaient valu son surnom de « Conquéreur ».

JEAN V de BRETAGNE, dit LE SAGE (?, 1389 – château de La Touche, près de Nantes, 1442)

Duc de Bretagne (1399-1342).

Fils du précédent et de Jeanne de Navarre, fille de Charles le Mauvais. Avec son règne s'ouvre l'époque où la Bretagne réussit à se maintenir comme une principauté territoriale jusqu'à la fin du XVe siècle. Lorsqu'il prête hommage à Charles VI le 7 janvier 1404, Jean V déclare le faire « en la forme et manière » de ses prédécesseurs, sauf « les libertés, prérogatives et dignités du duché de Bretagne ». Après la bataille d'Azincourt en 1415, le nouveau duc, qui n'avait pas attendu pour regarder du côté anglais, s'attache à une politique de bascule entre la France et l'Angleterre. En 1423 notamment, dédaignant les objections de ses sujets, il s'allie avec le duc de Bourgogne Philippe le Bon et le régent anglais Bedford (triple alliance d'Amiens). À la veille de sa mort, il donne encore son appui au soulèvement féodal de la Praguerie (1440) qui crée de sérieux embarras à Charles VII. Chez lui, il entre en conflit avec Margot de Clisson, représentante des rancunes des Penthièvre, qui le fait arrêter au cours d'une embuscade, en 1420, et laisse former contre lui, deux ans plus tard, un projet d'assassinat. En représailles, Jean V confisque l'apanage de Penthièvre. Protecteur des arts, il est également très dévot et professe une vénération particulière pour saint Yves. Il contribuera, par ses insistances, à la venue en Bretagne, en 1418, du célèbre prédicateur espagnol Vincent Ferrier. Il avait, en fait, laissé l'administration de ses États à son chancelier Jean de Malestroit.

JEAN III d'ALBRET (? – Monein, Béarn, 1516)

Roi de Navarre (1494-1516).

Fils d'Alain le Grand, sire d'Albret, et de Françoise de Châtillon, comtesse de Périgord. Il épouse en 1484 Catherine de Navarre, sœur et héritière de François Phébus, roi de Navarre, mort l'année précédente. Associé au gouvernement, couronné roi de Navarre sous le nom de Jean III, il se montre sans énergie ni talents, pas plus politiques que militaires. Attaqué en 1510 par Ferdinand II le Catholique, Jean d'Albret s'enfuit auprès de Louis XII, abandonnant à l'envahisseur la Haute-Navarre, réunie à la couronne de Castille en 1512. Malgré l'appui de la France, il ne parvient pas à reconquérir la province perdue et ne conserve que la Basse-Navarre, ou Navarre française. Son fils, Henri II, roi titulaire de Navarre, est le père de Jeanne d'Albret, mère d'Henri IV.

JEAN BON SAINT-ANDRÉ, André JEANBON dit, baron (Montauban, 1749 – Mayence, 1813)

Homme politique.

De famille protestante, fils d'un foulon, il est pasteur à Castres puis à Montauban en 1788, où il préside la Société populaire en 1789. Élu député du Lot à la Convention, il se joint à la Montagne et vote la mort du roi. Le 10 juillet 1793, il entre au Comité de salut public. D'abord envoyé en mission aux armées de l'Est, Jean Bon Saint-André est bientôt chargé de la réorganisation de la marine militaire, minée par l'insubordination. À Brest, où il est représentant en mission de septembre 1793 à mai 1794, il rétablit la discipline par des mesures très sévères, avec l'aide de Prieur de la Marne, puis il participe, sur mer, aux opérations de Villaret de Joyeuse contre les Anglais. De juillet 1794 à mars 1795, il est chargé d'une nouvelle mission dans les départements maritimes du Midi, spécialement à Toulon où il montre les mêmes qualités d'organisateur. Il est arrêté le 28 mai 1795, lors de la réaction qui suit l'insurrection de prairial, mais remis en liberté le 29 octobre, après le vote de l'amnistie. Le Directoire le nomme alors consul général à Alger, puis à Smyrne (1798). Lorsque la Turquie rompt avec la France, il est arrêté et passe trois ans en captivité (1799-1801). Après sa libération, Bonaparte le nomme commissaire général des trois départements de la rive gauche du Rhin (décembre 1801), puis préfet du Mont-Tonnerre à Mayence (septembre 1802) où il confirme sa réputation d'excellent administrateur.

JEANNE d'ARC, sainte (Domrémy, Lorraine, v. 1412 – Rouen, 1431)

Héroïne nationale.

La tradition présente Jeanne comme étant la fille de Jacques d'Arc ou Darc et d'Isabelle Romée, nom qui évoque un pèlerinage à Rome. Domrémy est alors un village animé que traverse l'ancienne voie romaine menant de Verdun à Langres. Négociants flamands, lorrains, bourguignons et français y transitent fréquemment (par la Champagne toute proche), apportant les coutumes de leurs pays respectifs. Jacques d'Arc, champenois d'origine, exerce quelques menues fonctions honorifiques dans ce village du Barrois que traverse le mince filet d'eau de la Meuse supérieure. C'est dans ce décor agreste que grandit la future héroïne. Sa mère lui inculque l'humilité, la foi et la charité, complétant le tout par des tâches domestiques qui feront dire, plus tard, à Jeanne : « Pour filer et pour coudre, je ne crains femme de Rouen. » Les travaux des champs l'oc-

Jeanne d'Arc
Jeanne d'Arc au siège de Paris (1429). Miniature, Paris, Bibliothèque nationale de France. © *Sélection Images*

cupent également. Les chroniques assurent que la jeune fille fuit les jeux de son âge et recherche volontiers la solitude. Elle prie, jeûne, communie et se confesse, révélant un esprit ouvert, réfléchi, en même temps qu'une maturité précoce.

Les épreuves des habitants de ces confins champenois et lorrains font le reste. Car les méfaits de la guerre de Cent Ans s'exercent également le long de cette voie de passage menant vers le plateau de Langres et la Bourgogne. Routiers anglais et mercenaires bourguignons passent fréquemment par cette modeste vallée, semant souvent sur leur passage effroi, ruines et dévastations. Domrémy souffre d'autant plus de ces exactions que la majorité des habitants penchent pour le parti armagnac. Jeanne grandit donc au milieu de ces calamités, entendant le récit des événements de la bouche même des témoins. Elle imagine villes et villages pillés, le jeune Dauphin (futur Charles VII) fuyant les régions envahies. L'injustice d'une telle situation l'émeut et fait naître un sentiment de révolte, qui ira se fortifiant à mesure que se renouvellent les épreuves. Une légende ne court-elle pas affirmant que la royauté, perdue par une femme (la reine Isabeau de Bavière) sera sauvée par une autre femme ? Toujours d'après les chroniques, c'est vers 1425 que Jeanne évoque l'apparition de l'archange saint Michel et des saintes Catherine et Marguerite. Sa foi aidant, on comprend que « ses voix » lui dictent son devoir. Au printemps 1428, après de longues hésitations, elle se rend à Vaucouleurs où elle est reçue par Robert de Baudricourt qui, après l'avoir entendue, l'éconduit. Au cours de l'entrevue, elle annonce ce qu'elle répétera désormais sans cesse : elle est envoyée par Dieu pour débarrasser le royaume des Anglais, pour faire couronner le Dauphin et le remettre sur le trône.

Semblable affirmation, pareil but tiennent en vérité de la parfaite gageure. Un nouveau passage dévastateur de routiers anglo-bourguignons lui facilite cependant la tâche, incitant cette fois le sire de Baudricourt à plus d'attention envers une personne animée par tant de volonté. Baudricourt se résout à envoyer, en janvier 1429, une missive au Dauphin, le « roi de Bourges », réfugié à Chinon. Puis, le mois suivant, sur réponse favorable, Jeanne se met en route vers le pays de Loire, accompagnée de deux hommes d'armes de Vaucouleurs, Bertrand de Poulangy et Jean de Nouillompont, qu'assistent trois servants ou palefreniers. La réussite de l'entreprise est aléatoire, car il convient de traverser le plateau de Langres et l'Auxerrois, régions infestées de bandes anglaises et bourguignonnes. Jeanne, habillée en soldat, arbore un étendard portant un Saint-Esprit d'argent sur champ d'azur, un oiseau tenant dans son bec l'inscription : *De par le Roy du Ciel.*

Pourtant, les traversées d'Auxerre et de Gien s'effectuent sans encombre. Au-delà de la Loire, le danger s'estompe, les Anglais étant contenus par les détachements royaux de l'Orléanais. La traversée du Berry s'effectue à allure rapide, de même que celle de la Touraine, marquée par un arrêt à Sainte-Catherine-de-Fierbois, lieu de pèlerinage. Enfin c'est l'arrivée à Chinon, le 6 mars, date retenue par la tradition. La petite troupe est pilotée par Collet de Vienne. Mgr Machet, confesseur du Dauphin, sert d'intermédiaire et a presque aussitôt un entretien avec les deux hommes d'armes de Vaucouleurs. Puis le prélat conduit les deux visiteurs auprès de Charles, qui les fait interroger. La teneur de l'entretien est demeurée secrète. Elle est en tout cas positive, puisque Jeanne est bientôt reçue officiellement.

« Le Roi, écrira le chroniqueur Alain Chartier, pour la mettre à l'épreuve, s'était confondu parmi d'autres seigneurs plus pompeusement vêtus que lui. » C'est cependant vers lui que Jeanne se dirige sans hésitation. Cette assurance confirme pour beaucoup le caractère miraculeux de l'entreprise. L'entretien qui s'ensuit avec Charles se prolonge. Les arguments de la jeune bergère paraissent convaincants, tant le visage du Dauphin, habituellement morne et sévère, s'anime au fur et à mesure de la conversation. Cependant, malgré cette première impression favorable, le « roi de Bourges » croit devoir soumettre Jeanne à plus ample information. Une commission de gens d'Église la contraint à un interrogatoire minutieux dans les locaux de l'université de Poitiers. La teneur de l'interrogatoire n'a pas été divulguée. Mais on peut affirmer que le résultat est positif, d'autant que les théologiens n'ont pas manqué de poser nombre de questions pièges. Jeanne répond avec aisance et à-propos à toutes les objections, faisant preuve d'un esprit observateur, vif, déterminé.

Alors commence l'épopée fulgurante qui va réaliser ses prédictions. Dotée d'une armure par le Dauphin, assistée d'une véritable maison de guerre avec hérauts d'armes, écuyers, pages, Jeanne conduit les détachements royaux vers Orléans. Elle pénètre dans la ville le 29 avril. Le 8 mai, la cité est débarrassée de ses assiégeants, la dernière « bastille » ayant été emportée la veille. Jeanne, certes, a été blessée, mais l'événement accroît le retentissement de l'exploit. La nouvelle, qui se propage, frappe de stupéfaction le menu peuple, qui voit là le miracle tant attendu pour délivrer le pays. Elle annihile les réactions anglaises, l'envahisseur semblant pétrifié d'effroi au seul nom de la « Pucelle ». Dans le même temps, celle-ci vole de réussite en réussite. Assistée de chefs de guerre valeureux, tels Dunois, La Hire, Xaintrailles, entre autres, la « bonne Lorraine » inflige des échecs retentissants à l'occupant, tant à Jargeau qu'à Beaugency ou à Patay. Le val de la Loire orléanaise est libéré. Gien est

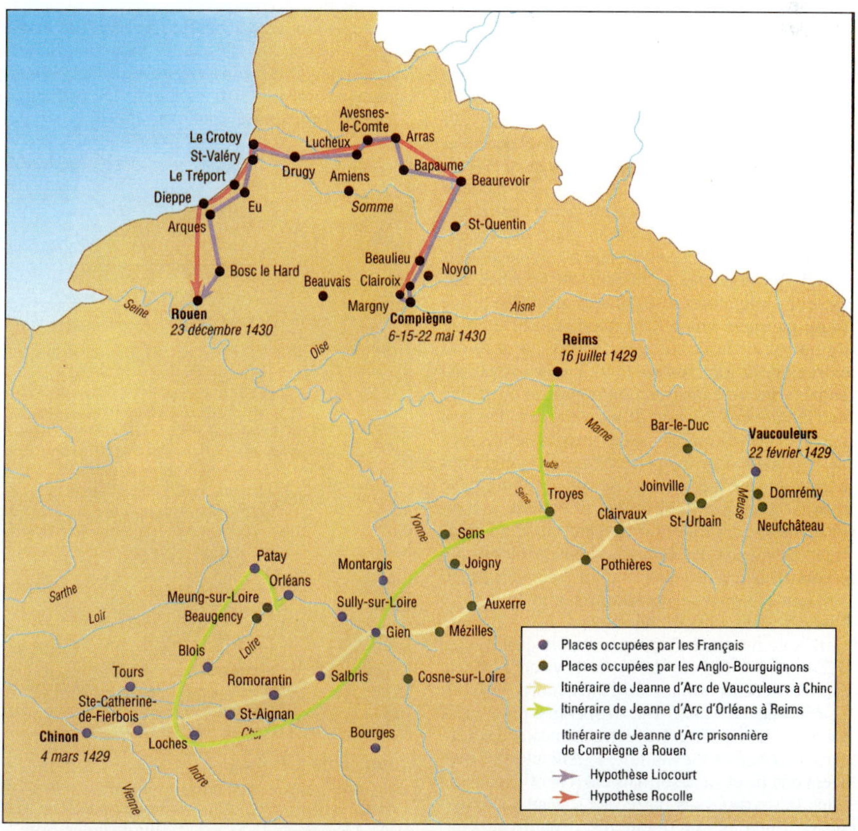

Les itinéraires de Jeanne d'Arc

atteint puis Auxerre, enfin Troyes le 9 juillet. La route de Reims est ouverte, celle du sacre royal. Celui-ci se déroule en grande pompe le dimanche 17 juillet. Les chroniqueurs rapportent que, durant toute la cérémonie, Jeanne se tient debout près du monarque couronné, tenant son étendard dressé, aucun autre chef de guerre n'ayant été autorisé à apporter le sien. Pour l'ex-bergère, la volonté de Dieu est accomplie. La France possède un véritable souverain autour duquel elle peut et doit se rallier. De nombreuses cités font leur soumission : Soissons, Laon, Provins, Château-Thierry, Compiègne, entre autres. Beauvais chasse son évêque, Pierre Cauchon, trop dévoué aux Anglais. Mais Paris résiste, acquis à la cause bourguignonne. Le 8 septembre, lors d'un assaut, Jeanne est blessée. C'est son premier échec. Un autre suivra, en décembre, devant La Charité-sur-Loire. Charles VII tend à la négociation et répugne à lever de nouvelles troupes.

Cette situation, ces perspectives d'inaction pèsent au contraire à l'héroïne. La venue des Bourguignons devant Compiègne lui semble l'occasion idéale pour mettre un terme à cette indécision. Le 23 mai 1430, elle pénètre dans la ville ; mais une sortie hasardeuse, dans la soirée, se termine par un nouvel échec. Les défenseurs lèvent prématurément le pont-levis. Jeanne est capturée. Jean de Luxembourg, se rendant à l'avis des théologiens de l'université de Paris, accepte de livrer sa prisonnière aux Anglais (à Jean de Lancastre), moyennant une substantielle rançon. Le fait est que les gens d'Église ont décidé de faire juger l'héroïne, dont l'extraordinaire aventure est synonyme, pour beaucoup, de sorcellerie. Le procès, mené par l'évêque Pierre Cauchon, est conduit selon la procédure de l'Inquisition. La prisonnière fait front, ridiculise souvent ses détracteurs, les confond, les désarçonne par son bon sens. Autant de raisons pour que ces accusateurs redoublent de hargne. Certes, la torture physique est exclue, mais les tourments moraux se succèdent. Commencée en janvier 1431, l'instruction se poursuit jusqu'au 24 mai, date de la communication d'une première sentence, celle d'un emprisonnement. C'est l'entérinement d'une instruction que ponctue un procès-verbal d'abjuration, bien que cette pièce (non signée, affirment certains historiens) soit contestée. Abandonnée par ceux qu'elle a servis (Charles VII en premier), Jeanne a eu un moment de défaillance. Sous prétexte qu'elle a remis des vêtements d'homme (les seuls laissés à sa disposition), un second procès est aussitôt intenté. La procédure cette fois est expéditive, puisque la sentence est connue d'avance. Elle se déroule du 24 au 30 mai et se termine par une condamnation, pour relaps, à la peine capitale.

Le mercredi 30 mai, sur la place du Vieux-Marché, à Rouen, la prisonnière est livrée au bras séculier et conduite au bûcher, en présence des autorités religieuses et militaires ainsi que d'une foule partagée entre l'aversion, l'indifférence, l'émotion et la contrition. Jusqu'à la dernière extrémité, la captive espère un recours royal, ou papal, voire une insurrection populaire ou même une tentative d'évasion. Il n'en est rien. Par son iniquité, par ses circonstances atroces, le supplice de la « bonne Lorraine » se retournera contre ses exécutants. Le merveilleux de son aventure, mêlé à sa fin tragique, contribue à la grandir, à l'auréoler d'une légende qui ira sans cesse s'amplifiant. Le mépris des évêques et des théologiens y côtoie la haine des Anglais. Le bourreau prend soudain conscience de son erreur et tremble à l'idée d'avoir « brûlé une sainte ».

Dès ce moment, l'occupant va de déboires en déboires. La défaite de Formigny, en 1450, le chasse définitivement de Normandie. Un sort semblable, à Castillon, trois ans plus tard, l'évince de Guyenne. Le rêve continental des souverains anglais s'évanouit. L'Angleterre redevient une île et va désormais chercher l'expansion dans les territoires d'outre-mer. Quant au souvenir de l'héroïne de Domrémy, il préfigure l'annonce de sa réhabilitation par le pape Calixte III en 1456. Ce n'est qu'en 1909, et dans un tout autre contexte, que le pape Benoît XV formule une décision de canonisation. Et, le 9 mai 1920, le parlement français, avide de symboles patriotiques, confère à Jeanne son halo de ferveur populaire et nationaliste en décidant en son honneur la célébration d'une fête nationale le deuxième dimanche de mai.

JEANNE de FRANCE, sainte (?, 1464 – Bourges, 1505)

Reine de France (1498).

Fille de Louis XI et de Charlotte de Savoie, elle est mariée en 1476 à son cousin Louis d'Orléans, qui monte sur le trône, sous le nom de Louis XII, à la mort de Charles VIII en 1498. La même année, elle est répudiée par son mari qui lui décerne le titre de duchesse de Berry. Elle se retire à Bourges où elle pratique l'aumône et soulage les détresses. Saint François de Paule l'incite à fonder un ordre contemplatif. Celui-ci prendra le nom d'Annonciade et sera approuvé en 1504, non sans quelques difficultés, par le pape Alexandre VI. Dans l'exercice de ses fonctions religieuses, Jeanne montre parfois une sévérité excessive. Lorsqu'elle meurt à 41 ans, les Français gardent le souvenir de son renoncement. Louis XII ordonne pour elle des funérailles royales. Il ne demeure rien de sa tombe. Les reliques de Jeanne sont profanées et brûlées en 1562 par les huguenots, tandis que l'ordre qu'elle avait créé prospère jusqu'à la Révolution (il reste aujourd'hui deux couvents de l'Annonciade ou de l'Annonciation en France). Jeanne est béatifiée en 1909 et canonisée par Benoît XV en 1952.

JEANNE-FRANÇOISE FRÉMYOT de CHANTAL, sainte (Dijon, 1572 – Moulins, 1641)

Fondatrice de l'ordre de la Visitation.

Fille d'un président au parlement de Bourgogne, elle épouse en 1592 Christophe de Rabutin, baron de Chantal, dont elle aura six enfants (l'un d'eux, Celse, sera le père de Mme de Sévigné). Veuve dès 1601, elle s'établit à Dijon où elle rencontre François de Sales, en 1604. Celui-ci va jouer un rôle décisif dans sa vie. En 1610, Jeanne de Chantal est à Annecy où elle fonde avec lui une congrégation nouvelle alliant la contemplation avec le service des pauvres et des malades, la congrégation de la Visitation Sainte-Marie. Elle y fait profession de foi avec quelques compagnes en juin 1611. Malgré les difficultés (les Visitandines ne sont pas cloîtrées, ce qui étonne l'opinion), la congrégation prospère : un nouveau monastère est bâti en 1614. L'année suivante, Jeanne de Chantal installe une maison de la Visitation à Lyon, mais l'évêque de la ville exige la clôture pour les religieuses, qui deviennent ainsi des moniales ; en 1619, François de Sales, forcé par les circonstances, érige l'institut en ordre avec clôture et vœux solennels. La visite des malades se trouve ainsi supprimée. Tandis que la fondatrice multiplie les maisons (de 1618 à 1622 Jeanne de Chantal est supérieure de la maison qu'elle a établie à Paris), François de Sales exige le maintien de leur indépendance et refuse de nommer une supérieure générale.

Jeanne de Chantal
Saint François de Sales donnant à sainte Jeanne de Chantal la règle de la Visitation. Huile sur toile de Noël Halle, XVIIIe siècle, Paris, église Saint-Louis en l'Isle.
© *Lauros-Giraudon*

Après la mort de François de Sales en 1623, Jeanne de Chantal, réélue supérieure d'Annecy, rassemble les écrits du fondateur, rédige un coutumier et un commentaire des règles tiré de la pensée du futur saint. Élue en 1626 supérieure de la maison d'Orléans, elle refuse ce poste, préférant rester à Annecy, selon le vœu exprimé autrefois par François de Sales. L'ordre compte bientôt 70 maisons, en France, en Savoie, en Piémont, en Suisse. Sans être supérieure générale, Jeanne de Chantal visite les maisons. Elle meurt à Moulins où elle s'était arrêtée au retour d'une visite à Paris. Son corps est transporté à Annecy où il repose auprès de celui de saint François de Sales.

JEANNE d'ALBRET (Saint-Germain-en-Laye, 1528 – Paris, 1572)

Reine de Navarre (1555-1572).

Fille unique d'Henri Ier d'Albret (Henri II, roi de Navarre) et de Marguerite de Valois-Angoulême, veuve du duc d'Alençon. Son père pense un moment lui faire épouser l'infant Philippe, fils de Charles Quint, ce qui devrait lui permettre de récupérer la Haute-Navarre. Mais François Ier s'oppose à ce projet qui risquerait de faire tomber les Pyrénées du versant septentrional dans l'orbite espagnole, et Jeanne est fiancée en 1540 à un prince des bords du Rhin alors ennemi de l'empire, Jean, duc de Clèves et de Juliers. Le mariage est célébré l'année suivante à Châtellerault. Il est prévu, sinon convenu, que le défaut de consentement de la mariée permettra, le cas échéant, d'annuler cette union de circonstance. De fait, dès 1543, la nullité du mariage non consommé est prononcée. Cinq ans plus tard, Jeanne épouse à Moulins Antoine de Bourbon, duc de Vendôme, dont elle sera fort amoureuse, du moins pendant quelques années. Les époux auront plusieurs enfants dont deux survivront : Henri, futur Henri IV, et Catherine, qui épousera Henri de Lorraine.

En quelques années, Jeanne devient la plus riche princesse de France. Sa mère Marguerite de Valois, duchesse d'Alençon, comtesse d'Armagnac et de Rodez, meurt en 1549 ; son père Henri, duc d'Albret, roi de Navarre, comte de Foix et de Périgord, vicomte de Béarn et de Limoges, meurt à son tour en 1555. Le gouvernement de tous ces États ne s'annonce point aisé pour une femme dont le mari commence déjà à papillonner. Il faut choisir en politique extérieure entre la France et l'Espagne ; en politique intérieure entre le catholicisme et le protestantisme. Malgré les difficultés, la reine de Navarre parvient à maintenir son indépendance entre les Valois et les Habsbourg. Son attitude religieuse revêt des aspects qui pourraient sembler paradoxaux en d'autres temps : originellement fondée sur une tolérance érasmienne mêlée de militantisme calviniste, elle évolue peu à peu vers une sorte d'intolérance systématique, réglée sur l'attitude du camp adverse plus que sur des convictions religieuses intimes (bien que celles-ci existent incontestablement chez Jeanne). En voici les principales étapes : avant 1560, sympathie pour la religion réformée, puis conversion de fait ; en 1560, conversion publique à Pau (mais Jeanne ne peut empêcher son mari de revenir à la religion catholique) ; de 1562, date de la mort d'Antoine de Bourbon, à 1567 : pressions accentuées en faveur des huguenots ; en 1567, interdiction officielle du catholicisme dans les États de la reine de Navarre, malgré les menaces de déposition brandies par le pape.

Jeanne d'Albret

Jeanne d'Albret, reine de Navarre. Huile sur toile de François Clouet, Chantilly, musée Condé. © *Lauros-Giraudon*

En 1568, Jeanne, qui bénéficie du soutien de son fils, intervient directement dans la lutte armée en dirigeant la défense de La Rochelle. L'année suivante, elle relève le courage de ses coreligionnaires privés de chef après la mort de Condé à Jarnac. En 1569, elle repousse une invasion des catholiques. À la conclusion de la paix de Saint-Germain, elle consent, malgré sa méfiance, à unir son fils à Marguerite de France, sœur de Charles IX. C'est précisément au moment où elle est arrivée à Paris pour les préparatifs du mariage qu'elle succombe de phtisie, le 9 juin 1572. La rumeur selon laquelle elle aurait été empoisonnée à l'aide d'une paire de gants par la reine mère ne mérite aucune créance.

JEANNE de BOULOGNE (?, 1326 – ?, 1361)

Reine de France (1350-1361).

Fille de Guillaume d'Auvergne, comte de Boulogne. Comtesse d'Auvergne en 1332, elle épouse en 1338 Philippe de Bourgogne. Après la mort de ce dernier, en 1346, Jeanne est désignée comme régente du duché pendant la minorité de son fils, Philippe de Rouvres. Quatre ans après la mort de son premier mari, elle épouse en secondes noces Jean, duc de Normandie, futur roi de France sous le nom de Jean II le Bon. Jeanne gouverne la Bourgogne pendant la captivité de son époux, fait prisonnier à Poitiers en 1356, jusqu'à la majorité de Philippe de Rouvres, deux ans plus tard.

JEANNE de BOURBON (?, 1338 – ?, 1377)

Reine de France (1364-1377).

Fille du duc Pierre Ier de Bourbon et d'Isabelle de Valois, elle épouse en 1350 le Dauphin de Viennois Charles (Charles V) à qui elle donnera neuf enfants, dont trois seulement survivront : Charles (Charles VI), Louis d'Orléans et Catherine. Elle meurt à la naissance de celle-ci de fièvre puerpérale. Jeanne avait été atteinte en 1372, pendant quelques mois, d'une sorte de psychose accompagnée d'amnésie, ce qui fit penser que son fils aîné tenait d'elle sa démence.

JEANNE de BOURGOGNE (?, 1292 – Roye, 1325 ou 1330)

Reine de France (1316-1322).

Fille d'Otton IV, comte palatin de Bourgogne, et de la comtesse Mahaut d'Artois, elle épouse, en 1307, à Corbeil, un des fils de Philippe le Bel, Philippe le Long, qui deviendra roi de France en 1316. Impliquée en mars 1314 dans le scandale des adultères des brus de Philippe le Bel, elle est enfermée au château de Dourdan. Elle finit toutefois par convaincre son époux de son innocence. Libérée, elle retrouve ses prérogatives royales.

JEANNE de BOURGOGNE (?, 1293 – Paris, 1348)

Reine de France (1328-1348).

Fille du duc de Bourgogne Robert II et d'Agnès de France, elle épouse, en 1313, Philippe de Valois, futur Philippe VI. Peu amène, la reine est surnommée « la male reine » par le peuple qui ne l'aime pas. Elle meurt le 12 septembre 1348, peut-être de la peste, après avoir donné au roi sept enfants.

JEANNE de FLANDRE (? – Angleterre, 1374)

Duchesse de Bretagne.

Fille de Louis Ier, comte de Flandre, de Nevers et de Rethel, elle épouse, en 1329, Jean de Montfort. Elle avait, nous dit Froissart, « courage d'homme et cœur de lion ». Elle stimule son mari dans la lutte qui l'oppose à Charles de Blois pour le duché de Bretagne. Lorsque Jean de Montfort est fait prisonnier en 1341 par les troupes royales, il trouve en elle un champion obstiné de sa cause. Le roi de France Philippe VI ayant rejeté les prétentions de son mari, elle reconnaît Édouard III d'Angleterre comme roi de France, ce qui transforme la lutte pour la succession de Bretagne en un épisode important du vaste conflit engagé depuis peu entre la France et l'Angleterre. Assiégée dans Hennebont en 1342, elle est délivrée par les Anglais. Après la mort de Jean de Montfort, en 1345, elle poursuit la lutte mais perd la raison et meurt en Angleterre.

JEANNE Ire de NAVARRE ou JEANNE de FRANCE (Bar-sur-Seine, 1273 – Vincennes, 1305)

Reine de France (1285-1305).

Fille d'Henri Ier le Gros, roi de Navarre, et de Blanche d'Artois. Elle épouse en 1284 le futur Philippe IV le Bel, à qui elle apporte le royaume de Navarre et les comtés de Brie et de Champagne. Elle est la mère de trois rois, Louis X, Philippe V et Charles IV. On lui doit la fondation du collège de Champagne, dit plus tard de Navarre, à Paris.

JEANNE II de NAVARRE (?, 1311 – Conflans, 1349)

Reine de Navarre (1328-1349).

Petite-fille de Jeanne Ire de Navarre, fille de Louis X et de Marguerite de Bourgogne, elle épouse Philippe d'Évreux et lui donne un fils, Charles II le Mauvais. Jeanne II est reconnue reine de Navarre en 1328 à la mort de son oncle Charles IV le Bel.

JEANNE de NAVARRE : voir JEANNE d'ALBRET

JEANNE de PENTHIÈVRE, dite LA BOITEUSE (?, 1319 – ?, 1384)

Duchesse de Bretagne (1341-1365).

Fille de Gui de Bretagne, comte de Penthièvre, elle est la nièce du duc de Bretagne Jean III, qui la reconnaît en 1337 comme son héritière et la marie au comte Charles de Blois. La mort de Jean III, en 1341, déclenche la guerre de Succession de Bretagne qui oppose Jeanne, soutenue par le roi de France, à Jean de Montfort, frère consanguin de Jean III, soutenu par le roi d'Angleterre. Lorsque Jean de Montfort meurt, en 1345, son épouse, Jeanne de Flandre, poursuit la lutte. Deux ans plus tard, Charles de Blois est fait prisonnier à la bataille de La Roche-Derrien. Jeanne de Penthièvre administre alors le duché et poursuit la guerre de Succession de Bretagne, surnommée guerre « des deux Jeanne », jusqu'à la libération de son mari. Elle reprend la direction de la guerre après la mort de Charles, tué à Auray, mais doit finalement, à la suite du traité de Guérande en 1365, laisser la Bretagne à Jean IV, fils de Jean de Montfort. Jeanne de Penthièvre ne conserve alors que le comté de Penthièvre et la vicomté de Limoges.

JEANNIN PIERRE, dit LE PRÉSIDENT JEANNIN (Autun, 1540 – Paris, 1623)

Magistrat.

De modeste extraction (il serait fils de tanneur), il suit l'enseignement de Cujas, ce qui lui permet d'être nommé conseiller au parlement de Dijon en 1579 puis, deux ans plus tard, président. Il sera désormais pour la postérité le président Jeannin. On le trouve en 1576 à Blois comme député du tiers puis, vers 1590, dans l'entourage du gouverneur de Bourgogne, le duc de Mayenne. C'est alors qu'il adhère à la Ligue, dont il va parfois tempérer les excès. Il intervient brillamment dans les états de Paris en 1593. Deux ans après, il se convertit officiellement à la cause d'Henri IV, qu'il servira dorénavant avec une fidélité totale et une rare intégrité. Plusieurs missions diplomatiques lui sont confiées : les négociations de Vervins en 1598, le traité de Lyon avec la Savoie en 1601, une ambassade en Hollande de 1607 à 1609. À cette occasion, son rôle est déterminant dans la trêve de douze ans conclue entre les Pays-Bas et l'Espagne en 1609. Après la mort du roi et l'éloignement de Sully, Marie de Médicis lui confie la surintendance des Finances (1616). Par la suite, l'ascension des Concini l'incite à se retirer des affaires. La lecture de ses *Négociations*, publiées en 1656 et depuis fréquemment rééditées, sera longtemps considérée comme indispensable à la formation des diplomates.

JEC : voir JEUNESSE ÉTUDIANTE CHRÉTIENNE

JÉHU ou JÉSUS (Compagnons de)

Nom pris par des bandes de royalistes et d'anciens Girondins qui se réunissent dans le midi de la France après la chute de Robespierre, le 9 thermidor an II, et pourchassent les anciens terroristes (anciens complices de la Terreur).

Reconnaissables à la ganse blanche qui orne leur chapeau et à leur coiffure en cadenettes, les Compagnons de Jéhu recherchent les terroristes à Marseille, Tarascon, et jusqu'à Lyon. Ils attaquent leurs proies dans les rues et même dans les prisons : près de 100 terroristes sont ainsi tués dans les prisons lyonnaises dans la nuit du 5 au 6 mai 1795. Le 17 prairial an III, 200 prisonniers sont massacrés à la prison Saint-Jean de Marseille par les Enfants du Soleil, nom pris par la bande de tueurs marseillais. Les autorités locales et les administrateurs des prisons ferment les yeux, quand elles ne facilitent pas la tâche des compagnons. Sous prétexte d'actes politiques, ces derniers ne tardent pas à se livrer au brigandage, attaquant et pillant les diligences et les petites villes. Peu à peu repoussés vers le nord, par des opérations menées notamment par le général Bon, les Compagnons de Jéhu se regroupent en Haute-Loire sous le commandement d'Allier, enfin pris et guillotiné en l'an VI. Ils ne disparaîtront qu'au début du Consulat.

JEMMAPES (bataille de)

Victoire française remportée le 6 novembre 1792, dans le Hainaut, par l'armée de Dumouriez sur les troupes autrichiennes commandées par le duc Albert de Saxe-Teschen, gouverneur des Pays-Bas.

Commencée tôt dans la matinée par un combat d'artillerie resté sans effet stratégique réel, la bataille prend une tout autre tournure lorsque

Dumouriez lance plusieurs charges d'infanterie qui, à la pointe des baïonnettes, forcent les positions ennemies. Malgré une topographie défavorable aux troupes françaises, le courage et l'intelligence d'hommes tels que le général de Beurnonville ou le lieutenant général Égalité (futur Louis-Philippe), permettent aux Français d'avoir raison d'une armée autrichienne numériquement supérieure. Tandis que le village de Jemmapes est pris d'assaut par la division Thouvenot, les Autrichiens, « entièrement consternés par la valeur de nos troupes » (Dumouriez), battent en retraite dans le plus grand désordre, laissant sur le terrain 4 500 morts, 400 prisonniers et une grande partie de leur artillerie. Cette victoire, venant consolider celle de Valmy, devait aboutir à la proclamation d'indépendance de la Belgique, évacuée par les Autrichiens, et affirmer aux yeux de l'Europe monarchique l'efficacité des armes de la République face à celles des puissances coalisées.

JÉRUSALEM (royaume latin de)

Conquis en juillet 1099 par des croisés appartenant au monde féodal occidental, le territoire de Jérusalem est régi par des règles en honneur à l'époque en Occident. C'est ainsi que les chevaliers francs désignent immédiatement Godefroi de Bouillon « avoué du Saint-Sépulcre ».

Ce terme signifie que le chef de la croisade victorieuse se considère seulement comme le vassal du patriarche chrétien de Jérusalem. Mais ce statut est mis en cause dès la mort de Godefroi de Bouillon, le 18 juillet 1100. Auparavant, déjà, Daimbert de Pise, arrivé en Palestine avec une forte escadre pisane, s'était fait élire patriarche de Jérusalem et avait exigé la déclaration de vassalité de Godefroi de Bouillon. Après la mort de celui-ci, les chevaliers redoutent de tomber sous la coupe de Daimbert. Aussi intriguent-ils pour trouver un successeur à Godefroi qui assortirait son titre de celui, plus prestigieux, de roi de Jérusalem, C'est ainsi que Baudouin d'Édesse (fils d'Eustache II, comte de Boulogne) est désigné comme « roi de Jérusalem » le jour de Noël 1100. Le royaume de Jérusalem est né. Il lui reste cependant à prendre consistance du point de vue territorial. Les contre-attaques musulmanes (menées surtout à partir de l'Égypte à travers le Sinaï) vont le lui permettre. Baudouin l'emporte, en effet, à Ramla (1101) et contrôle tout le littoral palestinien en 1105, s'emparant par la suite de Beyrouth et de Sidon en 1110. Vers l'intérieur, il occupe le pays de Moab (dans l'actuelle Cisjordanie) et fait ériger, à 80 km au sud de la mer Morte, en 1115, le krak de Montréal. En 1116, des garnisons chrétiennes s'installent sur les bords de la mer Rouge à Aïla (Élath). À sa mort, Baudouin Ier a véritablement constitué un royaume solide et cohérent, couvrant approximativement le territoire de la Palestine. Il est respecté des musulmans et éclipse les autres principautés chrétiennes d'Antioche, d'Édesse et de Tripoli. À Baudouin Ier succède son cousin Baudouin II, comte d'Édesse. Déjà s'affirme un principe héréditaire que confirmera, en 1131, la transmission du royaume à Foulques V d'Anjou, gendre de Baudouin II. Ce dernier a ajouté Tyr à ses possessions en 1124. Foulques V résiste victorieusement aux attaques des musulmans et laisse pour successeur son fils Baudouin III en 1144.

La faiblesse du royaume de Jérusalem réside toutefois dans sa structure interne, royaume « colonial » constitué par une minorité de chevaliers et de soldats, évoluant au milieu d'une population autochtone occupant tous les postes subalternes. Il n'existe pas de peuplement franc véritable sur ce vaste territoire, à l'exception d'assez cohérentes communautés de marchands dans les ports. Pèlerins et croisés ne s'implantent guère une fois leur vœu achevé, et l'on assiste peu à peu à une orientalisation des nobles, tant par le costume (en raison du climat) que par les mœurs et les coutumes. Traditions de l'Orient et de l'Occident féodal s'interpénètrent donc progressivement pour donner finalement naissance à une société originale qui déroute souvent les pèlerins et les nouveaux croisés. L'Église latine d'Orient, par exemple, rattachée à Rome, se superpose aux différentes Églises orientales chrétiennes (patriarcat orthodoxe de Jérusalem, rites copte, jacobite, arménien, maronite, entre autres).

Amaury Ier, frère de Baudouin III, souverain de 1163 à 1174, parvient à maintenir les conquêtes de ses devanciers malgré la présence d'adversaires de choix, Nur al-Din et Saladin. Son fils Baudouin IV, atteint de la lèpre, parvient, au prix d'un énorme effort de volonté, à maintenir lui aussi le domaine franc. Mais, en fait, le royaume de Jérusalem est miné de l'intérieur. L'héritier désigné, futur Baudouin V (fils de Guillaume de Montferrat) n'a que 4 ans lorsque le « roi lépreux » abdique, en 1183. Son beau-frère, Gui de Lusignan, assure la régence, mais les féodaux profitent de la situation pour intriguer et faire preuve d'insubordination. La mort de Baudouin IV en 1185, suivie de celle de Baudouin V l'année suivante, marque l'agonie du royaume, Saladin reprenant Jérusalem en 1187. Tibériade, Gaza, Ascalon, Jaffa, Sidon, Beyrouth sont successivement perdues. Le royaume latin de Jérusalem est pratiquement détruit. Seule l'arrivée de Conrad de Montferrat à Tyr avec des renforts, le 14 juillet 1187, permet de sauver cet ultime lambeau face à Saladin. Acre et Tyr demeureront le symbole de cette fiction de royaume de Jérusalem, dont le titre subsistera cependant dans la maison de Lusignan.

JÉSUS (Compagnie de)

C'est vers 1534, à Paris, que sont ébauchées les règles d'un ordre de clercs dont le but va consister, au cours du XVIe siècle, à promouvoir le sursaut du catholicisme. Son inspirateur est Ignace de Loyola, un petit noble basque touché par la foi au cours de l'année 1521.

Ayant commencé des études théologiques approfondies, il se trouve à Paris lorsqu'il décide, à Montmartre, le 15 août 1534, avec six autres compagnons, de servir la papauté. Ordonné prêtre en 1537, Loyola constitue cette même année la Compagnie de Jésus, dont il rédige aussitôt les règles. Le pape Paul III les approuve le 27 septembre 1540 dans la bulle *Regimini militantis Ecclesiae*. La Compagnie, entièrement dévouée à la cause catholique, est destinée à servir dans tous les pays. Elle doit intervenir partout où la foi est menacée. Ses membres (60 à l'origine) reçoivent

Royaume latin de Jérusalem
Le Saint-Sépulcre de Jérusalem. *Livre d'Heures de René d'Anjou*. Londres, British Museum. © *Sélection Images*

Serment du Jeu de paume
Le Serment du Jeu de paume. Huile sur toile d'après David, musée de la ville de Paris, musée Carnavalet.

une formation très minutieuse, disciplinée et longue (une dizaine d'années environ). Tout membre, ou jésuite, doit parvenir à une maîtrise totale de lui-même et se considérer comme mobilisé en permanence au service de l'ordre.

Ancien soldat, Loyola confère à celui-ci un caractère quasi militaire quant à l'organisation interne. Lui-même porte à partir d'avril 1541 le titre de général de la Compagnie. Élu à vie, ce général concentre entre ses mains les pouvoirs les plus étendus. Ses décisions sont sans appel. Six assistants forment son Conseil. La Compagnie est divisée en provinces, chacune ayant à sa tête un provincial nommé par le général. Chaque maison a un supérieur, soumis au provincial. Tout membre de la Compagnie est pourvu d'un admoniteur, chargé de le surveiller. À la mort du général, la congrégation élit un successeur et les six assistants. L'ordre est très centralisé et son siège se trouve à Rome ; un serment d'allégeance spécial est prononcé en faveur du pape. En 1543, en raison de l'extension de la Compagnie, le nombre des membres devient illimité. À la mort de son créateur, en 1556, la Compagnie compte plus d'un millier de membres répartis en 101 maisons et 12 provinces. Cinquante ans plus tard, il s'agit de 13 000 membres, 400 maisons et 37 provinces.

À la mission d'évangélisation des terres d'outre-mer, la Compagnie ajoute, en Europe, une vocation pédagogique. L'Allemagne, foyer du protestantisme, est dans ce domaine l'objet d'une attention particulière, surtout la Bavière et la Rhénanie. Moyennant quoi la Réforme est partout contenue, voire en régression dans l'ensemble de l'empire au cours du XVIIe siècle. En Espagne, les Jésuites dirigent l'université de Salamanque. C'est cependant dans les nouveaux territoires découverts par les Espagnols et les Portugais en Amérique que les missionnaires jésuites donnent cours à leur activité, ainsi qu'aux Indes et en Extrême-Orient. François Xavier opère au Brésil ; son exemple est imité par les pères Nobili en Inde et Ricci en Chine.

La Compagnie se préoccupe également de théologie. Le dogme retient l'attention des supérieurs de l'ordre, lesquels adoptent en toute occasion les vues du Vatican. L'influence grandissante des confesseurs jésuites dans la plupart des cours européennes des pays catholiques, les succès de l'organisation et une soumission sans faille à la volonté pontificale entraînent en contrepartie certaines oppositions, en France notamment où une partie du clergé manifeste volontiers des traditions gallicanes. Au XVIIIe siècle, les Jésuites se heurtent aux encyclopédistes et aux progrès du « despotisme éclairé » de la plupart des cours européennes. Les différents monarques entendent, en effet, être maîtres dans leur domaine et se méfient de l'influence d'une organisation d'envergure internationale dont les intérêts et les buts sont différents des leurs. Le marquis de Pombal, Premier ministre portugais, donne le ton en 1759 en expulsant de son royaume les membres de la Compagnie. Cet exemple est suivi par Louis XV sous l'influence de Choiseul (1764), puis par les cours de Naples et de Toscane (1767-1768). Le pape Clément XIV lui-même, cédant à des demandes pressantes des divers souverains, prononce en 1773 la dissolution de l'ordre. Assez paradoxalement, les Jésuites ne trouvent grâce qu'auprès de Frédéric II de Prusse et de Catherine II de Russie.

Cependant, grâce à la protection discrète mais déterminée des papes Pie VI et Pie VII, l'ordre se reforme, prenant par exemple en Italie le nom de Paccanaristes et en Allemagne celui de Pères de la Foi. À la fin des guerres napoléoniennes, en 1814, Pie VII se décide à rétablir la Compagnie de Jésus dans tous ses droits antérieurs, le retour en France s'effectuant l'année suivante. Depuis cette époque, l'ordre poursuit sa mission d'origine, demeurant intransigeant quant aux doctrines ultramontaines et au dogme de l'infaillibilité pontificale, proclamé en 1870. Les travaux du concile de Vatican II sont partiellement consacrés aux problèmes internes de l'ordre, de son action et de l'organisation de la hiérarchie en vue de la modernisation des structures et de leur adaptation au monde actuel.

JÉSUITES : voir JÉSUS (Compagnie de)

JEU DE PAUME (serment du)

Le 17 juin 1789, le tiers état, se proclamant Assemblée nationale, accomplit le grand acte politique de la Révolution française en substituant délibérément à un pouvoir de type monarchique un autre pouvoir à caractère de représentativité nationale : ce nouveau modèle de souveraineté aura pour acte de naissance la prestation du célèbre serment du Jeu de paume, le 20 juin.

Au jour de la proclamation du tiers état en Assemblée nationale, cette initiative n'avait pas reçu, bien évidemment, l'adhésion de la majorité des membres du clergé et de la noblesse. Toutefois, par calcul ou par conviction, les mentalités, au sein du premier et du second ordre, évoluent de façon telle que, très rapidement, le bas clergé et une partie non négligeable de la noblesse accèdent aux principes de souveraineté exprimés par les États généraux du royaume devenus Assemblée nationale. Ces membres « avancés » seront d'ailleurs suivis, le 19 juin, par la majorité des députés du clergé et 80 députés de la noblesse, bien que la fraction réfractaire de ces deux ordres se fasse d'autant plus inflexible qu'elle sent la situation politique évoluer rapidement. Dès lors, l'épreuve de force est engagée. Louis XVI, penchant vers une attitude d'intransigeance (soufflée par son entourage), décide qu'il présidera une « séance royale » au cours de laquelle il fixera les limites qu'il veut voir conservées par les États généraux, en ce qui concerne les changements politico-institutionnels. Cette séance, prévue pour le 22 juin, est reportée au lendemain. Pendant ce temps, les membres de la jeune Assemblée nationale, percevant les risques de dissolution pesant sur eux, décident de se réunir le 20, afin de recevoir solennellement leurs confrères ralliés du clergé et de la noblesse. Toutefois, lorsque le matin de la réunion les « députés de la Nation » se rendent à la salle des Menus-Plaisirs, à Versailles, afin d'y tenir séance, ils trouvent porte close sous le fallacieux prétexte de travaux à effectuer dans le bâtiment. Les députés, non prévenus, ne peuvent se réunir. Cette fermeture, tenue secrète, est ressentie comme le symbole d'un outrageant affront fait par la Cour aux représentants du peuple. La foule présente est exaspérée à cette annonce. Autour des élus, à qui un lieu de réunion est refusé, et dans l'énervement général, chacun cherche un endroit susceptible d'abriter les travaux de l'Assemblée. Certains proposent d'aller à Marly, d'autres à l'intérieur du château de Versailles, situé à quelques pas seulement, mais, en définitive, il est décidé que c'est dans la salle du Jeu de paume, située rue du Vieux-Versailles, que les députés se retrouveront. Aussitôt, les membres de l'Assemblée, escortés par une multitude exaltée, pénètrent dans une salle aux hautes fenêtres, sans aucun aménagement, et dont l'austérité a été exprimée par David dans son célèbre tableau.

Proposé par Mounier, rédigé par Target, le texte du serment – que prêteront tous les députés présents, à l'exception d'un, l'avocat Martin d'Auch qui n'estime pas cet acte conforme au vœu de ses mandants – est lu par Bailly : « L'Assemblée nationale, considérant qu'appelée à fixer la Constitution du royaume, opérer la régénération de l'ordre public et maintenir les vrais principes de la monarchie, rien ne peut empêcher qu'elle continue ses délibérations dans quelque lieu qu'elle soit forcée de s'établir, et qu'enfin, partout où ses membres sont réunis, là est l'Assemblée nationale, arrête que tous les membres de cette Assemblée prêteront, à l'instant, serment solennel de ne jamais se séparer et de se rassembler partout où les circonstances l'exigeront, jusqu'à ce que la Constitution du royaume soit établie et affermie sur des fondements solides ; et que ledit serment étant prêté, tous les membres, et chacun d'eux en particulier, confirmeront par leur signature cette résolution inébranlable. »

La Révolution française venait, par ce serment, de donner au processus d'évolution institutionnel engagé depuis la réunion des États généraux un caractère irréversible. Avec la très importante séance royale du 23 juin et le ralliement progressif des deux autres ordres, l'Assemblée « de droit » des débuts de la Révolution de 1789, la Constituante, devient effectivement viable.

JEUNESSE OUVRIÈRE CHRÉTIENNE (JOC), JEUNESSE AGRICOLE CHRÉTIENNE (JAC), JEUNESSE ÉTUDIANTE CHRÉTIENNE (JEC)

Apparus dans l'entre-deux-guerres, ces trois mouvements de l'Église catholique ont pour but d'encadrer les adolescents et les jeunes adultes afin d'enrayer la déchristianisation du pays.

Fondée à Bruxelles en 1924, la JOC s'implante en France en 1926 avec l'abbé Guérin, vicaire de Clichy. Puis naissent, chez les paysans la JAC en

1929, chez les étudiants la JEC en 1932. Tous ces mouvements cherchent à former un apostolat de laïcs en accord avec leur environnement sous la tutelle de l'Église. Tous composent l'ACJF (Association catholique de la jeunesse française). Mais, tandis que la JOC, concurrencée par le marxisme, veut d'abord évangéliser, la JAC et la JEC s'engagent politiquement. En 1956, l'option de l'évangélisation l'emporte au sein de la hiérarchie. La JEC continuant de s'impliquer politiquement, en 1965, Mgr Veuillot, archevêque de Paris, force de manière autoritaire la branche universitaire du mouvement à se saborder et la remplace en 1966 par la Mission étudiante. Cantonnée aux lycées, la JEC réapparaît néanmoins au cours des années 1980 dans les universités. La déchristianisation de la société a, depuis les années 1960, rendu évidente la nécessité de partager le ministère apostolique de l'Église entre laïcs et clergé.

Jeunesse ouvrière chrétienne
Le dixième anniversaire de la JOC dans le stade du parc des Princes. © *Keystone*

Jeux Floraux

Appellation donnée dans deux villes du Midi (Toulouse et Rodez) à des concours poétiques.

Les premiers jeux Floraux ont été organisés à Toulouse en 1324 sous les auspices du Consistoire du Gai Savoir (*Consistori del Gai Saber*) fondé l'année précédente par sept troubadours. L'intention initiale de cette institution est de ressusciter ou de sauvegarder les traditions du lyrisme courtois de langue d'oc. D'où le titre de « mainteneurs » que prendront par la suite les membres des académies de jeux Floraux. Les lauréats sont récompensés par des fleurs d'orfèvrerie : violettes, églantiers, œillets, alors qu'à Rodez, où des jeux Floraux sont institués en 1675, on préfère les palmes. Au XVIe siècle, les mainteneurs oublient une partie de leur mission en accueillant des œuvres en langue d'oïl qui s'assurent bientôt l'exclusivité au détriment de celles en langue d'oc. Le collège toulousain prend alors le nom de Collège de rhétorique. En 1694, des lettres patentes de Louis XIV érigent cette institution en une académie des jeux Floraux réunissant quarante mainteneurs. Cette académie s'intéresse vivement au romantisme des débuts, notamment en couronnant Hugo et Chateaubriand. Le fulgurant essor du provençal à l'époque du félibrige rappelle aux académiciens leur vocation originelle : en 1895, ils admettent de nouveau les œuvres en langue d'oc. Installés grâce à Ozenne dans le magnifique hôtel d'Assézat, ils peuvent aujourd'hui se targuer de représenter tous les pays de langue d'oc par leur recrutement et d'être, aux yeux des historiens, la plus vieille société littéraire de France.

JOC : voir Jeunesse ouvrière chrétienne

Joffre
Joffre à sa table de travail au Grand Quartier général de Chantilly. © *Sélection Images*

Joffre Jacques Joseph Césaire (Rivesaltes, 1852 – Paris, 1931)

Maréchal de France.

Fils de tonnelier, issu d'une famille de onze enfants, il manifeste tant de goût pour les études que l'inspecteur départemental d'académie l'incite à entrer dans le cycle secondaire. Élève du lycée Charlemagne à Paris, bachelier, Joffre prépare ensuite l'École polytechnique, où il est reçu en 1869, 14e sur 132 candidats. La guerre de 1870 détermine sa vocation militaire. Joffre participe au siège de Paris en qualité de sous-lieutenant d'artillerie. Il sort, en 1873, lieutenant de l'École du génie de Fontainebleau, puis commence sa carrière en Indochine sous les ordres de Courbet. Chef de bataillon en 1889, lieutenant-colonel en 1894 après la prise de Tombouctou, colonel en 1897, il se fait remarquer par Gallieni lors de la campagne de Madagascar et reçoit au retour en métropole, en 1901, ses étoiles de général de brigade. C'est le début d'une élévation dans la hiérarchie de l'armée qui le conduit à la direction du génie au ministère de la Guerre en 1904, à la tête de la 6e division en 1905, puis à celle du 2e corps d'armée en 1908. L'entrée au Conseil supérieur de la guerre en 1910 prélude, l'année suivante, à la nomination à la charge suprême, celle de chef d'état-major général.

C'est à ce poste que Joffre affronte l'invasion d'août et septembre 1914. S'il ne prévoit pas l'envergure de l'attaque allemande en Belgique et se fait surprendre lors de la grande bataille des frontières, il fait preuve aux approches de Paris d'un sang-froid remarquable et mesure d'emblée la valeur de la proposition de Gallieni de contre-attaquer sur l'Ourcq, prélude à la bataille décisive de la Marne. Alors commence la « bataille des tranchées ». Joffre s'y montre moins heureux. Certes, artilleur de formation, il renforce le potentiel des unités avec l'excellent canon de 75. Mais les attaques qu'il ordonne sur l'ensemble du front sont coûteuses. Les communiqués de l'état-major entretiennent l'euphorie en affirmant que l'ennemi est « grignoté ». L'épreuve de Verdun, l'échec relatif de l'offensive sur la Somme, en 1916, font douter de la valeur de la tactique du commandant en chef. À la Chambre des députés, au cours de l'année 1916, le sergent Maginot révèle en commission secrète aux parlementaires étonnés que les pertes françaises sur le seul front de France sont supérieures aux pertes allemandes sur l'ensemble des fronts. Le réquisitoire est tel que Joffre est invité à abandonner ses fonctions, étant, selon l'expression de Poincaré, « embaumé sous les fleurs ». Cet « embaumement » est le maréchalat, titre décerné le 26 décembre 1916. L'année 1917 est celle d'une mission technique aux États-Unis. 1919 est une apothéose avec le défilé triomphal aux côtés de Foch et de Pétain sur les Champs-Élysées à la tête des armées alliées, à l'occasion du 14 Juillet. Dans la troupe et le grand public, le maréchal demeure le « père Joffre », un des artisans de la victoire. Le vainqueur de la Marne est un héros national qui achève sa carrière en écrivant des études sur la campagne de 1914-1915 et des *Mémoires* qui paraîtront à titre posthume en 1932. Il reçoit des funérailles nationales, et la Chambre vote une loi déclarant que « Joseph Joffre, maréchal de France, a bien mérité de la Patrie ». Il avait été élu à l'Académie française en 1918.

Joinville François Ferdinand Philippe d'Orléans, prince de (Neuilly-sur-Seine, 1818 – Paris, 1900)

Amiral.

Troisième fils de Louis-Philippe, il choisit de faire carrière dans la marine. Capitaine de corvette sur *La Créole* en 1838 au cours de l'expédition du Mexique, il participe à l'attaque de Vera Cruz et entre le premier dans la ville, ce qui lui vaut d'être nommé capitaine de vaisseau en 1839. Chef d'état-major de l'amiral Lalande, commandant en chef de l'escadre du Levant, le prince de Joinville navigue sur le *Jupiter*, puis sur *La Belle Poule*. En 1840, il reçoit mission d'aller chercher à Sainte-Hélène les restes de Napoléon et prend la mer avec deux frégates, *La Belle Poule* et *La Favorite*. Deux ans plus tard, il épouse la fille de l'empereur du Brésil, don Pedro Ier. Au mois de mai 1844, il publie une *Note sur les forces navales de la France*, dans laquelle il compare les forces de la France à celles de la Grande-Bretagne, et réclame la construction d'une flotte à vapeur. Contre-amiral la même année, il bombarde Tanger au mois d'octobre, puis Mogador, et s'installe dans cet îlot de Mogador qu'il devra évacuer après la signature de la paix. Bientôt nommé vice-amiral, il se rend populaire en s'opposant à la politique de Guizot à la Chambre des pairs. Avec son frère le duc d'Aumale, le prince de Joinville se trouve à Alger au moment de la révolution de février 1848, et s'embarque aussitôt pour la Grande-Bretagne.

Joinville
Jean de Joinville présentant ses mémoires à Louis X le Hutin. Miniature, XIVe siècle, Paris, Bibliothèque nationale de France. © *Sélection Images*

Il demeure en exil pendant tout le Second Empire, en Angleterre puis aux États-Unis, et se voit refuser par Napoléon III, puis par le gouvernement de la Défense nationale, le droit de participer dans les rangs de l'armée française à la guerre franco-prussienne. En accord avec l'amiral Jaurès et le général Chanzy, il parvient néanmoins à combattre les Prussiens sous le nom de colonel Lutherod mais, arrêté sur l'ordre de Gambetta, il doit regagner l'Angleterre. Élu par la Haute-Marne et par la Somme en février 1871, le prince choisit de représenter le premier département et rentre dans la vie privée en 1876. En 1894 seront publiés, sous le titre *Vieux Souvenirs*, des mémoires illustrés d'aquarelles dues au prince lui-même.

JOINVILLE Jean, sire de (?, v. 1224 – ?, 1317)

Chroniqueur.

Sénéchal de Champagne, il accompagne Saint Louis en Égypte lors de la septième croisade (1248) et combat à Mansourah. Bien que devenu l'ami intime du roi, il refuse de participer en 1270 à l'expédition de Tunis (huitième croisade), au cours de laquelle le roi trouvera la mort. Il était un de ses grands admirateurs et rédige sur ses vieux jours une *Histoire de Saint Louis*, achevée en 1309. Son récit, rédigé dans un style très naturel, avec une bonhomie souriante et une sincérité presque candide, devient passionnant lorsqu'il relate des faits dont il a été témoin, comme l'expédition d'Égypte dont il traite longuement. Il nous a surtout laissé un portrait humain et vivant de Saint Louis.

JONNART Charles Célestin (Fléchin, Pas-de-Calais, 1857 – Paris, 1927)

Homme politique.

Il est député républicain modéré du Pas-de-Calais de 1889 à 1914, puis sénateur de 1914 à 1927. Nommé gouverneur de l'Algérie, poste qu'il occupe de 1900 à 1911 puis de 1918 à 1921, il développe l'agriculture, favorise l'artisanat et surtout fonde l'université d'Alger en 1909. Haut-commissaire allié en Grèce, il provoque l'abdication du roi Constantin Ier en juin 1917 et l'entrée en guerre de son pays aux côtés des Alliés. Il est nommé un court moment ministre des Régions libérées (1918), avant de terminer sa carrière comme ambassadeur à Rome de 1921 à 1924. Il était membre de l'Académie des sciences morales et politiques (1918) et de l'Académie française (1923).

JOSEPH François Joseph LECLERC du TREMBLAY, dit LE PÈRE (Paris, 1577 – Rueil, 1638)

Capucin.

Après un bref séjour dans l'armée (1597) puis à la Cour, il quitte le monde vers 1600 et entre chez les Capucins. Devenu en 1613 provincial de Touraine, il cherche à convertir les calvinistes par la parole, puis prêche en Italie la croisade contre les Turcs. Placé à la tête de l'abbaye des Roches, qui dépend de l'évêché de Luçon, il rencontre Richelieu dès 1614. Les deux hommes se lient et, lorsque l'évêque de Luçon prend la direction des affaires, en 1624, celui que l'on ne tarde pas à appeler le père Joseph devient le confident du ministre, et son conseiller en ce qui concerne les affaires étrangères. Dès 1624, Richelieu l'envoie à Rome, avec mission d'obtenir la dispense nécessaire au mariage d'Henriette de France et de Jacques Ier. Le père Joseph n'oublie cependant pas l'ordre auquel il appartient et, devenu en 1625 préfet des missions, envoie des missionnaires vers l'Amérique du Nord et la Turquie.

Après avoir assisté au siège de La Rochelle, le conseiller de Richelieu négocie à Ratisbonne avec les électeurs catholiques, Maximilien de Bavière notamment, et parvient à empêcher l'élection de Ferdinand III (1630). Privé d'instructions, il signe au mois d'octobre la paix de Ratisbonne, contrairement aux désirs de Richelieu, qui cependant ne le désavoue pas. Le père Joseph, ou l'« Éminence grise », comme on le surnomme, vit dès ce moment au Palais-Cardinal, où il donne des audiences et traite les affaires, sans jamais transgresser les règles de son ordre. En 1636, lorsque les Espagnols pénètrent en Picardie, il dissuade Richelieu d'abandonner les affaires. Deux ans plus tard, Louis XIII obtient pour lui le chapeau de cardinal, que le père Joseph n'a pas sollicité. Mais il meurt avant de l'avoir reçu, et Richelieu s'écrie en apprenant sa mort : « Je perds ma consolation, mon unique secours, mon confident et mon ami. » Réformateur de l'ordre de Fontevrault, le père Joseph a créé celui des religieuses bénédictines du Calvaire.

JOSÉPHINE Marie-Josèphe Rose TASCHER de LA PAGERIE (Trois-Îlets, Martinique, 1763 – Malmaison, 1814)

Impératrice des Français (1804-1809).

Fille de Joseph Gaspard Tascher de La Pagerie, lieutenant d'infanterie de marine d'origine blésoise, elle mène à la Martinique une enfance sans souci. Elle a 15 ans lorsque de France, le marquis de Beauharnais, autrefois gouverneur des Antilles, demande pour son fils Alexandre la main de sa sœur aînée, qui meurt entre-temps de la tuberculose. C'est donc Rose qui s'embarque avec son père pour la France. Le 13 décembre 1773, le curé de Noisy-le-Grand l'unit au vicomte Alexandre de Beauharnais. Deux enfants naissent, Eugène, le futur vice-roi d'Italie, puis Hortense, qui sera par la suite reine de Hollande. Les deux époux ne s'entendent pas et se séparent rapidement. La Révolution éclate : Alexandre, général en chef de l'armée du Rhin en 1793, ne parvient pas à secourir Mayence, et il est bientôt arrêté ; Joséphine subit le même sort. Enfermée aux Carmes, elle tente en vain de secourir Alexandre accusé de trahison, mais ne peut empêcher son exécution.

Joséphine rencontre Hoche dans les geôles de la République et devient sa maîtresse. Libérée après le 9 Thermidor, sans ressources, car les biens des Beauharnais ont été saisis, elle mène une vie misérable. Pour subsister autant que par goût, car l'ancienne captive des Carmes aime les fêtes et les plaisirs, elle se mêle rapidement à la société plus ou moins frelatée qui domine la capitale, devient l'amie de Mme Tallien, et bientôt la maîtresse de Barras, qui l'entretient richement. Aimable, frivole, remarquable par sa grâce et son charme plus que par sa beauté, Joséphine évolue dans les salons parisiens. Chez Mme Tallien, elle rencontre bientôt Bonaparte, général brillant mais fort timide. La jeune femme ne tarde pas à devenir sa maîtresse, et Bonaparte lui demande de l'épouser. Joséphine – ainsi l'appelle-t-il – hésite puis, suivant le conseil de Barras, finit par accepter : le mariage civil est célébré à la mairie du 2e arrondissement le 9 mars 1796. Barras et Tallien sont les témoins des mariés. Quelques jours plus tôt, Joséphine a obtenu que son futur mari soit nommé général en chef de l'armée d'Italie. Bonaparte l'aime passionnément, elle ne l'aime pas, ne l'estime guère, et ne tarde pas à le tromper : Hippolyte Charles, brillant lieutenant de hussards, devient son amant pendant que Bonaparte mène tambour battant la conquête de l'Italie. Charles y accompagne Joséphine lorsque, après avoir tenté de faire croire à son époux

Joséphine
Madame Bonaparte dans son salon. Huile sur toile du baron Gérard, v. 1801, châteaux de Malmaison et Bois-Préau. © *Giraudon*

qu'elle était enceinte pour ne pas le rejoindre, elle se décide enfin à se mettre en route. Pendant la campagne d'Égypte, la vie dissipée qu'elle mène, ses rencontres avec Hippolyte Charles parviennent aux oreilles de Bonaparte qui, de son côté – et en guise de représailles – ne lui est guère fidèle. Le vainqueur des Pyramides regagne Paris avec l'intention de divorcer, mais Joséphine, attirée par la gloire dont il revient paré, le reconquiert. Devenu Premier Consul, puis Empereur, il décide, malgré l'avis de sa famille qui déteste Joséphine, de l'associer à son sacre. La veille de la cérémonie, à la demande du pape, le cardinal Fesch unit religieusement les deux époux (1er décembre 1804).

Pendant quatre ans, malgré sa frivolité et ses dépenses souvent exagérées, l'impératrice tient à merveille son rôle, exerçant sur son époux une certaine influence, en faveur de l'ancienne noblesse notamment. Pourtant elle ne parvient pas à donner à l'Empereur un héritier direct. À Schönbrunn, en octobre 1809, certain qu'il peut procréer puisque Marie Walewska attend un enfant de lui, Napoléon décide de divorcer. Le 30 novembre aux Tuileries, il annonce sa décision à l'impératrice effondrée. Le divorce est prononcé le 16 décembre et, le 12 janvier, leur mariage religieux est annulé par l'officialité de Paris. Joséphine se retire alors à Malmaison, achetée en avril 1799, en l'absence de son époux, et partage sa vie entre cette résidence et le château de Navarre, en Normandie, ne cessant jamais de correspondre avec son ancien mari. Lors de la Première Restauration, elle reçoit à Malmaison les souverains alliés ; le tsar lui promet sa protection. Mais l'ancienne impératrice meurt, à la suite d'une courte maladie, après avoir ordonné que l'on ouvre toutes les volières de Malmaison. Elle est enterrée dans l'église de Rueil.

JOSPIN Lionel (Meudon, 1937 –)

Homme politique, Premier ministre.

L'itinéraire politique de Lionel Jospin est, d'emblée, balisé par trois des questions centrales ayant accaparé la réflexion au milieu du XXe siècle : la guerre, le colonialisme et le communisme. Né dans une famille pacifiste, avec un père militant à la SFIO, et où le christianisme social se pratique au quotidien, Lionel Jospin s'engage sans surprise au PSU, vivier de la lutte contre la guerre d'Algérie et d'une critique contre l'impérialisme capitaliste, menée notamment par des théoriciens chrétiens, tel Michel Rocard. Le premier bémol se produit pendant sa scolarité à l'ENA où il adhère au mouvement trotskiste OCI, fraction dissidente de la VIe Internationale, secte groupusculaire cultivant l'anonymat et la confrontation musclée, tant théorique que physique, avec les concurrents de l'ultra-gauche et le PC. Pour autant, le jeune énarque, en poste au Quai d'Orsay, rompt avec l'anticommunisme hérité car les lambertistes se veulent de stricte obédience communiste et donc en attente d'une révolution anticapitaliste générale. C'est probablement en vertu de cet engagement qu'il ignore le « mouvement bourgeois » lancé en mai 1968, qu'il se met en détachement pour rejoindre un IUT en tant que professeur d'économie et qu'en 1971 il saisit la perche tendue par son collègue du Quai d'Orsay et de l'ENA Pierre Joxe (dont le frère est à l'OCI), pour adhérer au Parti socialiste créé à Épinay cette même année, au nom de l'entrisme prôné par l'OCI.

En dix ans, il connaît une promotion exceptionnelle : entré au secrétariat du PS en 1973, il prend en charge la formation des militants ; en 1975, il s'occupe des relations avec le tiers-monde ; en 1979, il dirige l'ensemble des relations internationales ; de 1979 à 1981, il est l'un des négociateurs principaux avec le PC pour les échéances électorales. On remarquera que ces différents registres recoupent les trois domaines fondateurs évoqués précédemment. Son efficacité incite François Mitterrand, le 24 janvier 1981, à lui confier les clefs du parti qu'il dirige pendant sept ans, sans concurrent et en parvenant à maintenir son unité, au détriment du courant rocardien. Pour autant, il ne s'impose ni comme pilote en second du PS (les ministres s'adressent à l'Élysée, le groupe parlementaire est sous la férule de Pierre Joxe), ni comme chef de file électoral (tête de liste aux européennes de 1984, il regroupe 20,7 % des voix, ce qui ramène le PS à son score de 1973). Concurrencé par Laurent Fabius, il décide d'intégrer le gouvernement Rocard issu des élections de 1988 en prenant soin de laisser le parti à Pierre Mauroy, contre l'avis de l'Élysée. Au ministère de l'Éducation nationale, où il bénéficie de budgets en hausse constante (22 % cumulés sur quatre ans), il lance notamment un plan de modernisation et d'équipement universitaire. Cependant, l'augmentation des recrutements ne règle pas la dégradation des conditions scolaires, ni le problème de l'intégration des enfants de l'immigration (affaires dites du « foulard islamique ») où le ministre se démarque du laïcisme traditionnel de l'Éducation pour adopter, à la suite du Conseil d'État en octobre 1988, une position consensuelle qui ne satisfait personne, ni ne règle la question de la rénovation des contenus pédagogiques, puisqu'au printemps 1992 les lycéens et les étudiants manifestent contre ses projets, offrant un prétexte au président Mitterrand pour l'écarter du nouveau gouvernement Bérégovoy.

Prétexte, car cette disgrâce est due pour l'essentiel à la querelle qui divise le parti depuis 1988 et dans laquelle le courant Jospin essaie à la fois de contrer le courant Fabius, de tisser une alliance fragile avec le courant Rocard et de fédérer les morceaux éparpillés du mitterrandisme ou du delorisme. Le résultat oscille entre le calamiteux congrès de Rennes (1990) et le médiocre congrès de 1992. Lionel Jospin souffre de plusieurs handicaps ; son implantation locale et régionale est faible (député de Paris entre 1981 et 1988, il est élu en Haute-Garonne, mais ne songe pas à conquérir la mairie de Toulouse) ; il est à la fois victime de son long compagnonnage avec François Mitterrand qui le place en gardien de la tradition, donc suspect d'archaïsme à un moment où il n'est question que de moderniser la politique, et paradoxalement soupçonné de « déviationnisme » par l'Élysée pour quelques positions réservées, notamment un « oui critique » à Maastricht en 1992 ; enfin, il n'apparaît pas comme un « présidentiable », en regard de Michel Rocard, Jacques Delors ou Laurent Fabius. Sa défaite aux législatives de mars 1993 semble présager une rupture avec la vie politique, d'autant que son courant s'émancipe lors du congrès de juin 1994 et contribue à la chute de Michel Rocard.

C'est un Lionel Jospin sans influence, hésitant sur sa carrière future, s'exprimant dans l'indifférence générale au congrès de Liévin en novembre 1994, qui va saisir la chance offerte par le renoncement de Jacques Delors à la candidature présidentielle. Candidat le 4 janvier 1995, il recueille, un mois plus tard, les deux tiers des votes des militants, traumatisés par la défaillance de tous leurs présidentiables et ralliés à Jospin pour une candidature de témoignage. Contrairement au pronostic, celui-ci bénéficie de son départ tardif et de la guerre des droites pour réaliser le meilleur score du premier tour avec 23,3 % des voix ; il réussit à capter les reports de gauche et, grâce à une abstention notable à droite, obtient 47,3 % au second tour, résultat inespéré qui le place en leader indiscutable de la gauche. Toutefois, on voit mal comment celle-ci pourrait accéder au pouvoir, même en 1998 au terme prévu de la législature. C'est à un deuxième coup de chance que Lionel Jospin doit son arrivée à Matignon : la dissolution de l'Assemblée nationale d'avril 1997. Celle-ci apparaît peu claire dans ses motivations ; la droite n'a ni programme, ni homme neuf et reste divisée. Le PS n'a pas davantage de programme – sauf les mesures qui apparaissent alors quelque peu utopiques : la réduction à 35 heures du temps de travail hebdomadaire et la création de 700 000 emplois pour les jeunes. Mais il dispose d'un leader qui renvoie une image d'homme

Jospin
Lionel Jospin lors de la discussion parlementaire sur le marché unique, le 21 avril 1998.
© *Bernard Bisson/Sygma*

intègre, réaliste, volontariste sans dogmatisme et qui invente la « gauche plurielle », version moderne d'une gauche unie et diverse (regroupant PS, PC, MRG, MDC, Verts). Lionel Jospin transforme l'enjeu électoral en simili-présidentielle puisqu'il s'agit de choisir pour Matignon entre Alain Juppé et lui. L'impopularité du Premier ministre sortant assure à la gauche 44,5 % des voix, soit quand même dix points de moins qu'en 1981 et quatre de moins qu'en 1988 ; les triangulaires avec le FN font le reste.

Premier socialiste sous la Ve République à entrer à Matignon hors du contexte d'une élection présidentielle, Lionel Jospin, nommé le 2 juin, entame la troisième cohabitation avec un gouvernement restreint de 26 membres dont 14 ministres et 8 femmes, soit le plus petit effectif depuis 1962 et le plus féminisé. Le 6 juin, dans une circulaire adressée à ses ministres, puis le 19, dans sa déclaration de politique générale, le Premier ministre précise la forme de son action – autour d'un mot, la « transparence » – et le fond de sa politique : respecter un « contrat » de législature avec les Français. Celui-ci passe par la mise en œuvre de mesures symboliques d'une gauche au pouvoir : la réduction à 35 heures du travail hebdomadaire à l'horizon 2000, la création de 350 000 emplois-jeunes dans la fonction publique, la mise sous conditions de revenu des allocations familiales. Sur les autres dossiers, la politique suivie s'inscrit dans une continuité infléchie : acceptation de l'euro, poursuite à peine ralentie des privatisations, modification limitée de la fiscalité du capital, adoption des mesures Juppé prévoyant un basculement partiel des cotisations maladies sur la CSG. Même sur la question des immigrés, le refus d'abroger les lois Pasqua et Debré, suivi par une régularisation encadrée des clandestins, atteste d'un volontarisme tempéré.

Les trois premières années du gouvernement permettent à Lionel Jospin de conforter son leadership à gauche, assis sur une popularité durable sans précédent sous la Ve République, et d'afficher un bilan flatteur en pilotant un recul du chômage sous la barre des 10 % grâce à une reprise vigoureuse de la croissance mondiale, aux effets amplifiés en France par une politique de relance de la consommation des ménages. Cette aisance financière lui offre également l'occasion, en 1999-2000, d'introduire plusieurs réformes de société : pacte civil de solidarité, loi contre les exclusions, parité ou couverture maladie universelle (CMU). Cependant, cette même année 2000 est marquée par le retour des divisions au sein de la gauche plurielle et par l'échec de trois réformes majeures qui sont davantage que des incidents de parcours. En effet, l'incapacité de Christian Sauter à réformer le ministère des Finances, celle de Claude Allègre à imposer ses vues à l'Éducation nationale et l'enterrement de la réforme de la Justice, notamment par le président de la République Jacques Chirac, jettent un doute sur le volontarisme affiché du Premier ministre et ouvrent la porte à un procès pour immobilisme. Simultanément, le départ de quatre ministres influents (Dominique Strauss-Kahn, Claude Allègre, puis Jean-Pierre Chevènement et enfin Martine Aubry) laisse Lionel Jospin en première ligne face aux exigences contradictoires de ses alliés, ce dont témoigne la réunion du 7 novembre 2000. Sur le fond, c'est la nature de la République qui est en jeu, ce qu'illustrent les débats sur la proportionnelle et surtout sur le dossier corse. En la circonstance, Lionel Jospin y joue une partie de la crédibilité acquise à Matignon, tout en restant exposé dans ce registre à l'inquiétude de l'opinion devant les effets de la mondialisation, préoccupation sous-jacente tant que la croissance draine emplois et hausse du niveau de vie, mais récurrente lorsque, à compter d'avril 2001, celle-ci fléchit de 15 % en rythme annuel. Son score au premier tour (16,18 % des votants) montre qu'il a échoué dans cette tentative.

JOSQUIN des PRÉS (Beaurevoir, Somme, v. 1440 – Condé-sur-Escaut, 1521)

Musicien.

Maître de chapelle de Louis XII, il est l'un des meilleurs compositeurs de son temps. On lui doit des messes et des chants religieux, mais également des chansons profanes. Il puise dans le répertoire offert par le chant grégorien ou les polyphonies anciennes et introduit pour la première fois dans la musique des sentiments tels que joie, tristesse, amour humain ou divin.

JOSSELIN

Ville du Morbihan. Située à 72 km au sud-ouest de Rennes et à moins d'une quarantaine de kilomètres au nord de Vannes, Josselin est, au Moyen Âge, un lieu de pèlerinage fréquenté et la petite capitale du comté de Porhoët.

Le comte Josselin lui confère son nom au XIe siècle, un château fort érigé sur les bords de l'Oust rehaussant l'importance stratégique du site. C'est à proximité, dans la lande de Mi-Voie, que le capitaine Beaumanoir dirige, en mars 1351, le combat des Trente, entre Français et Bretons d'un côté, Anglais de l'autre. Le château de Josselin passe par la suite au pouvoir du connétable de Clisson dont l'épouse, Marguerite de Rohan, soutient un siège victorieux en 1393 contre le duc de Bretagne. Le ligueur Mercœur connaît un succès semblable en 1589 durant les guerres de Religion, aussi Richelieu, une fois parvenu au pouvoir, s'empresse-t-il de faire démanteler un bastion aussi redoutable. La famille de Rohan fera par la suite restaurer l'édifice dans un style résidentiel, bien que la façade sur la rivière conserve partiellement son aspect féodal. Un musée du costume est installé dans un des pavillons.

JOUARRE

Cette petite localité de la Brie renferme dans son église deux cryptes et des tombeaux réputés comme les plus exceptionnels de l'époque mérovingienne.

Lorsque saint Colomban mène ses campagnes d'évangélisation dans le nord et l'est de la France, il rencontre un des familiers des rois mérovingiens, Authaire, dont le fils fonde vers 630 la première abbaye de Jouarre, réservée aux hommes, rapidement complétée par un monastère de femmes. L'autorité des abbesses de ce dernier, Theodechilde et Agilberte, donne bientôt la prééminence à la communauté féminine. Le frère de l'abbesse Theodechilde, Agilbert, évêque de Paris, fait construire une basilique funéraire destinée à l'inhumation des autorités de l'abbaye et prolongée à la fin du VIIe siècle par une seconde crypte dédiée à l'évêque de Meaux, saint Ebregisile. Les raids normands du IXe siècle détruisent l'abbaye dont les vestiges commencent à être restaurés au XIXe siècle. À l'heure actuelle, la crypte Saint-Paul a retrouvé sa destination d'origine de basilique funéraire : elle est divisée en trois travées par deux rangées de colonnes en marbre de couleur dont les chapiteaux richement sculptés témoignent de l'influence byzantine sur l'art mérovingien. Sept tombeaux sont exposés dans cette crypte, dont le sarcophage de l'évêque Agilbert, sculpté de la représentation du Jugement dernier, et celui de sa sœur Theodechilde, orné de larges coquilles. La petite crypte de Saint-Ebregisile, avec ses colonnes de porphyre vert, a été récemment dégagée, ainsi que le souterrain menant à la basilique souterraine.

JOUBERT Barthélemy Catherine (Pont-de-Vaux, Ain, 1769 – Novi, Italie, 1799)

Général.

Étudiant en droit en 1789, incorporé dans le bataillon des volontaires de l'Ain en 1791, caporal au 3e bataillon, il fait preuve de tant de courage à l'armée du Rhin tout d'abord puis à l'armée d'Italie qu'il gagne rapidement le grade de lieutenant. Son intrépidité à la bataille de Loano (1795) lui vaut une promotion au grade de colonel. Bonaparte apprécie tant sa valeur lors des journées de Montenotte, Mondovi, Lodi, Castiglione et Rivoli qu'il le nomme général de division, le charge de poursuivre les Autrichiens d'Alvinczy jusque dans le Tyrol et lui fait l'honneur de porter au Directoire, à la fin de la campagne de 1796-1797, les drapeaux pris à l'ennemi. Commandant de l'armée de Hollande (1797) puis d'Italie (1798), Joubert est un moment distingué par Sieyès pour mettre fin au Directoire. Mais le général possède un esprit trop droit pour se livrer à toute compromission, la chronique retenant ses vives critiques contre les prévarications et les abus des commissaires aux armées en Italie. Son désir d'action le reprend lorsque les Austro-Russes de Souvarov se font entreprenants dans la plaine lombarde durant l'été de 1799. Il meurt au cours d'un engagement contre eux, le 15 août, près de Novi.

JOUHAUX Léon (Paris, 1879 – Paris, 1954)

Syndicaliste.

Fils d'ouvrier, lui-même ouvrier allumettier, il s'intéresse très tôt à l'action syndicale. Secrétaire de la Fédération nationale des ouvriers allumettiers, délégué au congrès d'Amiens en 1904, il devient secrétaire général de la CGT dès juillet 1909. Collaborateur de *La Bataille syndicaliste*, il se rallie à la thèse de l'Union sacrée en 1914 – c'est lui qui la définit le 4 août sur la tombe de Jaurès – et prend position en 1917 contre la révolution russe. À la fin des hostilités, il est expert à la Conférence de la paix, délégué à la Conférence internationale du travail à Washington (novembre 1919) et membre du Bureau international du travail. Après la scission de la CGTU, de tendance communiste, en décembre 1921, il reste secrétaire général de la CGT majoritaire et, à ce titre, joue un rôle capital dans la promotion ouvrière entre les deux guerres, prônant nationalisations et contrôles ouvriers des entreprises, congés payés et semaine de quarante heures, autant de mesures qui seront en grande partie appliquées sous le Front populaire, coalition pour laquelle il avait accepté dès mars 1936 de reconstituer l'unité syndicale. Il joue un rôle prépondérant lors de la signature des accords Matignon (7 juin 1936). Au début de la guerre, il est mis en résidence surveillée à Vals puis à Évian (novembre 1940), après la dissolution de la CGT par le gouvernement de Vichy. Il n'en poursuit pas moins le combat syndical dans la clandestinité, et les Allemands l'arrêtent et le déportent en avril 1943. Libéré en mai 1945, Jouhaux est élu vice-président de la Fédération syndicale mondiale, devient délégué à l'ONU et président du Conseil économique en avril 1947. Mais, en décembre 1947, avec les majoritaires de la précédente scission, devenus cette fois minoritaires, il démissionne de la CGT pour constituer la CGT-Force ouvrière

Jouhaux
Léon Jouhaux en 1949. © *Keystone/L'Illustration*

(CGT-FO), non communiste, qu'il dirigera jusqu'à sa mort. Vice-président de la Fédération internationale des syndicats libres (décembre 1949) et président du Conseil international du mouvement européen, prix Nobel de la paix en 1951, il fonde en 1952 le mouvement de la Démocratie combattante.

JOURDAN Jean-Baptiste, comte (Limoges, 1762 – Paris, 1833)

Maréchal de France.

Après la guerre d'Amérique, pour laquelle il s'est engagé à l'âge de 16 ans, il s'établit comme mercier à Limoges. Capitaine de la garde nationale en 1789, il reprend du service en 1792 sous les ordres de Dumouriez et combat en Belgique. Nommé général en 1793, Jourdan contribue à la victoire d'Hondschoote (8 septembre), malgré une blessure reçue au cours de la bataille. Il remplace bientôt Houchard à la tête de l'armée du Nord, et bat les Autrichiens à Wattignies le 20 octobre. Destitué peu après pour s'être opposé aux plans du Comité de salut public et avoir refusé de faire campagne en hiver, le vainqueur de Wattignies est rappelé au printemps 1794. Placé à la tête de l'armée de Moselle, puis de celle de Sambre-et-Meuse, vainqueur à Dinant et Charleroi, Jourdan se couvre de gloire à Fleurus le 26 juin. Traversant le Rhin, il s'avance vers Cologne, mais le sort des armes lui est bientôt défavorable : battu à Höchst au mois d'octobre 1795, par Clerfayt, puis à Wurtzbourg au mois de septembre 1796, par l'archiduc Charles, il doit démissionner et céder la place à Hoche. Il retourne alors à Limoges et à sa mercerie.

Représentant de la ville au Conseil des Cinq-Cents (avril 1797), il prépare la loi de conscription qui portera son nom, et la fait voter (septembre 1798). Jourdan reprend ensuite du service, à la tête de l'armée du Danube, mais connaît à nouveau la défaite face à l'archiduc Charles, à Stockach, le 15 mars 1799, si bien que Masséna le remplace. Réélu aux Cinq-Cents et fidèle à ses sentiments républicains, le député de Limoges se montre peu favorable au 18 Brumaire ; il est exclu du Corps législatif. Bonaparte le nomme bientôt ambassadeur en République cisalpine (1801), puis conseiller d'État (1802), mais Jourdan ne reçoit aucun commandement important. Maréchal de France en 1804, gouverneur de Naples deux ans plus tard, il est ensuite attaché à la maison de Joseph Bonaparte. Le frère de l'Empereur le fait venir à Naples, l'emmène ensuite en Espagne, le nommant major général. Jourdan prépare ainsi la bataille de Talavera de la Reina (juillet 1809), mais il est vaincu par Wellington à Vitoria (juin 1813). Il regagne la France avec l'ex-roi d'Espagne et, aigri contre l'Empereur qui ne lui a donné ni titre ni dotation, contribue à sa déchéance. Rallié aux Bourbons, Jourdan est fait comte (1816) et pair (1819), et achève sa carrière comme gouverneur des Invalides (1830). Chargé de présider le tribunal qui devait juger Ney, il avait déclaré ce tribunal incompétent.

JOURDAN Mathieu Jouve, dit JOURDAN COUPE-TÊTE (Saint-Just, près du Puy, 1749 – Paris, 1794)

Révolutionnaire.

Successivement boucher, maréchal-ferrant, soldat, puis cabaretier, il se manifeste dès le début de la Révolution par un extrémisme exalté. Sa participation réelle aux premières journées révolutionnaires est assez mal connue, mais il se vante d'avoir décapité le gouverneur de la Bastille, Launay. En 1791, à la tête des volontaires du Vaucluse, Jourdan combat pour la réunion du Comtat Venaissin à la France et sème la terreur parmi les partisans du pape, détruisant leurs biens et leurs maisons. Dans la nuit du 16 au 17 octobre, il dirige à Avignon le massacre de la Glacière au cours duquel 73 citoyens plus ou moins hostiles à la Révolution sont exterminés. Décrété d'arrestation, il sort de prison grâce à l'amnistie de mars 1792. Il continue à sévir dans la région, de concert avec la commune révolutionnaire d'Orange. Finalement dénoncé en mai 1795 et arrêté, il est condamné à mort et guillotiné le jour même.

JOURNAL DES DÉBATS (Le)

Quotidien fondé par Gaultier de Biauzat, député du tiers aux États généraux, pour rendre compte des débats de l'Assemblée constituante.

La publication en est confiée à l'imprimeur de l'Assemblée, Baudouin, et le premier numéro paraît le 30 août 1789. Après le 18 Brumaire, le journal est acheté par les frères Bertin. Il ne cache pas ses sympathies royalistes et commence en janvier 1800 une campagne contre les idées philosophiques et les institutions républicaines. Néanmoins, grâce à l'habileté de ses propriétaires, il réussit à survivre à tous les régimes. En 1805, il devient *Le Journal de l'Empire*, avec Joseph Fiévée comme rédacteur. En 1811, lors de la sévère concentration de la presse opérée par Napoléon Ier, il fait partie des neuf journaux qui conservent seuls le droit de paraître, mais échappe aux frères Bertin jusqu'en 1814. Sous la Restauration, *Le Journal des débats* adopte une attitude libérale. Chateaubriand y combat Villèle après son renvoi du ministère. Orléaniste en 1830, il est, sous le Second Empire, l'organe d'une opposition discrète qui procède par sous-entendus pour échapper à la stricte censure mise en place par le régime. Il rencontre alors un vif éclat sous la direction d'Édouard Bertin, frère d'Armand Bertin (mort en 1854), qui réunit autour de lui une collaboration très brillante (Saint-Marc Girardin, Sacy, Laboulaye, John Lemoine, Cuvillier-Fleury, Taine, Renan, Prévost-Paradol). Au début de la IIIe République, la tendance favorable à la république conservatrice l'emporte sur les monarchistes, mais le journal ne retrouve pas l'audience ni l'influence qu'il avait sous les Bertin. Son dernier directeur est Étienne de Nalèche, entré au journal en 1895. Replié à Clermont-Ferrand pendant l'Occupation, *Le Journal des débats* cesse de paraître en août 1944.

JOURNAL OFFICIEL DE LA RÉPUBLIQUE FRANÇAISE

Jusqu'en 1848, les publications officielles apparaissent dans Le Moniteur universel. *Le* Journal officiel *succède à ce dernier comme organe de la IIe République, Napoléon III transformant le titre, de 1855 à 1870, en* Journal officiel de l'Empire français, *après la parution, de 1852 à 1855, du* Bulletin des communes.

Le décret du 5 novembre 1870 spécifie que la parution dans le journal des lois et décrets vaut promulgation officielle. Depuis 1880, le *Journal officiel* est exploité en régie sous le contrôle du ministre de l'Intérieur. Le *Journal officiel* se divise en plusieurs parties comportant publication des lois, décrets, actes et documents administratifs, comptes rendus des séances et documents parlementaires du Sénat et de l'Assemblée nationale. Les actes officiels sont exécutables dans le jour qui suit l'arrivée du journal à la préfecture.

JOURNAL DE PARIS (Le)

Premier quotidien publié à Paris à partir du 1er janvier 1777, Le Journal de Paris *connaît immédiatement une grande vogue.*

Bien que n'abordant pas les questions politiques, il est étroitement surveillé par la censure royale qui n'admet pas le moindre écart : c'est ainsi qu'il est supprimé pendant plusieurs semaines en juin 1785 uniquement pour avoir publié une chanson assez moqueuse envers Christine de Saxe. Pendant la Révolution, il est d'abord rédigé par Garat pour les comptes rendus de l'Assemblée. Jugé contre-révolutionnaire, il est suspendu après le 10 août 1792 mais reparaît dès le 1er octobre avec Garat, Condorcet et Roederer. Sous l'Empire, il profite de la concentration de la presse politique opérée en 1811 par Napoléon Ier : il est avec *Le Publiciste* le seul journal favorable aux principes philosophiques qui soit toléré. Il survivra sous des titres divers jusqu'en 1840.

JOURNAL DE TRÉVOUX

De son véritable titre Mémoires pour servir à l'histoire des sciences et des arts.

Revue publiée à partir de 1701 et jusqu'en 1782 à Trévoux dans la Dombes. Traitant de science, de littérature et de critique philosophique, elle est rédigée par des jésuites. Sous la direction du père François Berthier, de 1745 à 1762, elle s'oppose brillamment aux idées des encyclopédistes. L'expulsion de la Compagnie de Jésus en 1764 lui fait grand tort. Elle n'en continue pas moins à paraître et, en 1768, prend le titre de *Journal des sciences et des beaux-arts.*

JOUVENEL des URSINS : voir JUVÉNAL des URSINS

JOUY-EN-JOSAS

Ville des Yvelines, sur la Bièvre, où se trouvait la célèbre manufacture de toiles imprimées, ou indiennes, fondée par Oberkampf.

C'est en 1759 qu'Oberkampf installe sa manufacture à Jouy-en-Josas. De célèbres dessinateurs, comme J.-B. Huet, Demarne, Horace-Vernet, Hippolyte Lebas, etc., travaillent pour la manufacture qui ferme ses portes en 1843.

JOVIN (peut-être Reims, ? – ?, 370)

Général romain.

Lieutenant de Julien l'Apostat, commandant de la cavalerie romaine en Gaule, il refuse la pourpre que les Gaulois lui proposent en 363 à la mort de Julien. En 366, Jovin repousse les Alamans à deux reprises. Il est nommé consul en 368. Il ne faut pas le confondre avec son contemporain l'empereur romain Jovien.

JOVIN (? – Narbonne ou Valence, 413)

Usurpateur gaulois.

Proclamé empereur à Mayence en 411, sous Honorius, avec l'appui des Alains et des Burgondes, il est chassé du pays rhénan par les Francs et se retire dans le Midi. Pris dans Valence, il est livré au préfet Dardanus qui le fait exécuter.

JOYEUSE Anne, vicomte puis duc de (?, 1561 – Coutras, 1587)

Amiral de France.

Fils de Guillaume, vicomte de Joyeuse en Vivarais et futur maréchal de France, qui appartient à la vieille famille de Châteauneuf-Randon, il est d'abord désigné sous le titre de baron d'Arques. Il arrive très jeune à la cour d'Henri III, avec toutes les qualités qu'il faut pour une ascension rapide : origine illustre, esprit éveillé, visage agréable, maintien noble et racé, mœurs douces et polies. Devenu le « premier mignon du roy », sa fortune est assurée. En septembre 1581, il épouse la sœur de la reine, Marguerite de Lorraine-Vaudémont. Les noces magnifiques célébrées à cette occasion seront immortalisées par un tableau fameux. À l'occasion de ce mariage, Joyeuse est créé duc et pair avec la clause qu'il « précédera tous les autres pairs, fors princes issus du sang royal et de maisons souveraines ». Si l'on en croit les mémoires du temps, les autres mignons conçoivent alors à son adresse une vive jalousie. La Valette obtient de passer, dans l'ordre des préséances, juste après Joyeuse, avec le titre de duc d'Épernon, tandis que le marquis d'Ô, qui ne bénéficie pas d'un tel avancement, se sent en disgrâce.

L'année suivante, il est nommé amiral de France. Un peu plus tard, le roi le nomme premier gentilhomme de la chambre et gouverneur de Normandie, puis l'envoie en ambassade à Rome, où le pape lui réservera un très bel accueil sans

Journées de Juillet
Scène de la révolution de 1830 au Louvre. Huile sur toile de J.-L. Bézard, musée de la ville de Paris, musée Carnavalet. © *Lauros-Giraudon*

pour autant accéder à ses demandes (autorisation de lever un nouvel impôt sur le clergé et échange éventuel d'Avignon et du Comtat Venaissin contre le marquisat de Saluces). Les dernières années de Joyeuse seront presque entièrement consacrées à la lutte armée contre les protestants. En Languedoc, son pays, il s'oppose en même temps que son père à Crussol et à Montmorency-Damville qui favorise la cause calviniste pour ses tortueux desseins politiques. En 1586, on le trouve à Marvejols, ville royale du Gévaudan, qu'il ne craint pas de livrer aux flammes en dépit de la capitulation des habitants. Il passe ouvertement à la Ligue, dont il approuve et partage les excès, ce qui lui attire, au profit d'Épernon, la méfiance du roi. Celui-ci néanmoins, en tant que protecteur officiel de cette organisation, ne peut éviter de lui confier une armée pour empêcher la jonction du roi de Navarre (futur Henri IV) avec les reîtres des princes protestants d'Allemagne. La rencontre des deux beaux-frères d'Henri III, Anne de Joyeuse et Henri de Bourbon, se produit à Coutras. Supérieurement commandés, les calvinistes l'emportent. Soldat courageux, Joyeuse se bat aussi longtemps qu'il est possible, puis est obligé de se constituer prisonnier. Mais les huguenots n'oublient pas qu'à Saint-Maixent, la même année, il n'a pas fait de quartier. Il est abattu par-derrière d'un coup de pistolet après avoir vu périr son troisième frère, le tout jeune Saint-Sauveur.

JOYEUSE François de (?, 1562 – Avignon, 1615)

Cardinal.

Frère du précédent. Successivement archevêque de Narbonne en 1582, de Toulouse en 1583 et de Rouen en 1605. Nommé cardinal en 1583, il remplit à Rome diverses missions, notamment celle qui aboutit à la réconciliation d'Henri IV avec le Saint-Siège, mais son nom reste associé à d'autres actes importants. Après avoir présidé l'Assemblée générale du clergé en 1605, il est nommé légat en France, couronne Marie de Médicis à Saint-Denis, puis sacre Louis XIII à Reims et enfin préside les états généraux de 1614.

JOYEUSE Henri, duc de (Paris, 1567 – Rivoli, Italie, 1608)

Homme d'Église et maréchal de France.

Frère des précédents. Dans sa jeunesse, il prend part aux guerres contre les huguenots. La mort de sa femme, Catherine de La Valette, le jette dans la dévotion ; il endosse l'habit de capucin sous le nom de père Ange (1587). En 1592, il prend la tête des armées de la Ligue dans le Languedoc. Il est un des derniers à se rallier à Henri IV, qui lui donne en 1596 le bâton de maréchal et la lieutenance du Languedoc. Enfin, en 1599, après avoir marié sa fille Henriette à Henri de Bourbon-Montpensier, il rentre chez les capucins de Paris. Il meurt au cours d'un pèlerinage en Italie.

JUBLAINS

Le village de Jublains, en Mayenne, est construit à l'emplacement de la cité de Noviodunum, *capitale des Aulerques Diablintes.*

Au Ier siècle de notre ère, 5 000 habitants vivaient dans ce centre important de l'ouest de la Gaule, où les fouilles ont dégagé les monuments caractéristiques de la romanisation des cités gauloises : des thermes de 70 mètres de long, un temple de la Fortune et un théâtre de 68 mètres de diamètre. L'ensemble antique le plus important de Jublains se trouve au sud de la bourgade : couramment appelées le « camp romain », des ruines fortifiées occupent un vaste espace. Une enceinte, dont les murs atteignent 4,70 mètres d'épaisseur, entoure une aire quadrangulaire d'environ 100 mètres de côté et comporte à chaque angle une tour circulaire. À l'intérieur de ces murailles, on trouve un grand édifice pourvu d'un atrium et deux bâtiments de thermes. L'ampleur du système défensif de ce complexe a fait croire pendant longtemps qu'il s'agissait d'un ouvrage militaire. En fait il est probable que le « camp romain » soit un relais de la poste impériale, le *cursus publicus*. On a découvert dans d'autres régions de France des installations comparables, utilisées comme gîtes d'étape par les coursiers impériaux qui y trouvaient à la fois logement et nourriture, des écuries pour leurs montures et des ateliers pour la réparation des pièces endommagées de leurs véhicules. L'importance politique du *cursus publicus*, chargé de transmettre à la fois la correspondance administrative impériale, les vivres et les soldes destinées aux légions cantonnées sur les frontières, justifient le système défensif du « camp romain » de Jublains.

JUDITH de BAVIÈRE (?, v. 800 – Tours, 843)

Impératrice d'Occident.

Louis Ier le Pieux a déjà partagé ses États entre les trois fils que lui a donnés Ermengarde, sa première épouse, quand, en 823, Judith, la fille du comte Welf de Bavière et sa deuxième épouse, lui donne un quatrième héritier, Charles, futur Charles le Chauve ; elle entend bien lui faire attribuer une bonne part de l'empire. Deux clans se forment, l'un pour refuser toute révision du partage initial, l'autre, autour de Judith, pour imposer la révision et même pour exhéréder l'aîné des fils, Lothaire. Il en résulte une guerre civile qui dure au-delà de la mort de l'empereur. Judith est à deux reprises enfermée dans un monastère par ses beaux-fils : en 831-832, puis en 833-834. À cette date, elle obtient de l'empereur restauré un nouveau partage qui donne la Neustrie à son fils.

JUIGNÉ Antoine Éléonore Léon LECLERC de (Paris, 1728 – Paris, 1811)

Archevêque.

Archevêque de Paris au début de la Révolution, il se montre tout d'abord réticent envers le tiers état. Mais, après les événements de juillet 1789 à Paris, il manifeste un net revirement d'opinion pour se révéler même un des plus virulents adversaires des privilèges lors de la séance de la nuit du 4 Août. Les excès de la Révolution l'incitent cependant à émigrer, à Chambéry tout d'abord, puis à Augsbourg, en Allemagne. L'ordre consulaire favorise un rapprochement avec Bonaparte, lequel autorise en 1802 le retour de l'archevêque. Celui-ci, toutefois, n'exercera plus aucune activité jusqu'à sa mort. Mgr Juigné est enterré à Notre-Dame de Paris. Il a publié sous l'Ancien Régime deux ouvrages : *Rituel* (1776) et *Pastoral* (1786).

JUILLET 1830 (journées des 27, 28, 29)

Journées révolutionnaires parisiennes des 27, 28, 29 juillet 1830, appelées les Trois Glorieuses et ayant conduit au renversement de Charles X.

Roi de France en 1824, sacré à Reims en 1825, Charles X, après avoir confié le gouvernement à Villèle puis à Martignac, en remet la responsabilité au mois d'août 1829 au représentant des ultras, le prince Jules de Polignac, fils de la favorite de Marie-Antoinette. Ambassadeur à Londres, Polignac, ardent partisan des conservateurs anglais, s'entoure de membres aussi peu libéraux que lui, La Bourdonnais à l'Intérieur, Bourmont à la Guerre, dont l'inconsistance, les divisions et le coup de force final aboutissent aux Trois Glorieuses de l'été 1830.

Le premier pas vers ces journées révolutionnaires est franchi lors de l'ouverture de la session de la Chambre, au mois de mars 1830. Le roi prononce un discours maladroit, voire menaçant, à l'encontre de l'opposition. Celle-ci réagit immédiatement, le 18 mars, par le biais d'une adresse votée par 221 députés contre 211, d'où son nom « d'adresse des 221 », où elle déplore que « le concours des vues du gouvernement avec les vœux du peuple, condition indispensable de la marche des affaires publiques, n'existe pas ». La riposte du roi ne tarde pas. Une ordonnance de prorogation, puis de dissolution, est prise. C'est le premier acte politique de la révolution de 1830. Le second va se dérouler au début de l'été. L'opinion publique, soucieuse de voir respecter par le roi la charte de 1815, envoie à la Chambre un nombre accru de députés libéraux. L'épreuve de force est donc engagée sur le terrain parlementaire. Le roi, soutenu par Polignac, décide, à la faveur du succès représenté par la prise d'Alger, le 5 juillet, de signer cinq ordonnances qui paraissent dans *Le Moniteur* du 26 juillet. Édictées en dehors du contrôle des Chambres et en vertu de l'article 14 de la Charte, conférant au roi le droit de prendre « des ordonnances nécessaires pour l'exécution des lois et pour la *sûreté de l'État* », elles apparaissent comme un détournement de pouvoir notoire, la sûreté de l'État n'étant pas en cause.

Ces cinq ordonnances « liberticides » prévoyaient une procédure d'autorisation préalable, renouvelable tous les trois mois, en matière de liberté de presse ; la dissolution de la Chambre où siègent maintenant 270 adversaires du ministère Polignac ; la modification du système électoral dans une optique restrictive (suppression des patentes – commerçants, industriels, etc. – dans le calcul du cens électoral) ; la convocation, pour le mois de septembre, des nouveaux collèges électoraux ; le rappel d'hommes favorables à la politique de Martignac. Immédiatement, les journalistes libéraux, Thiers à leur tête, rédigent une protestation où les ordonnances sont qualifiées de « plus éclatante violation des lois ».

Le 27 juillet, première journée des Trois Glorieuses, les journaux d'opposition paraissent malgré l'interdiction. La police reçoit l'ordre de mettre hors d'usage les presses du journal *Le Temps*. Les ouvriers, voyant briser sous leurs yeux leur outil de travail, symbole de la liberté d'expression, se répandent dans Paris, portant cette nouvelle qui fait aussitôt descendre bon nombre de Parisiens dans la rue. Marmont reçoit pour mission de maintenir l'ordre ; mais déjà les cris de « Vive la Charte, à bas les ministres ! » s'élèvent. Des coups de feu éclatent dans l'après-midi, tuant un insurgé. Sans attendre, le cadavre est promené dans les faubourgs de Paris qui commencent à connaître la fièvre des grandes heures de 1792. Dans la soirée, des barricades se dressent et plusieurs drapeaux tricolores sont hissés. Puis la nuit tombe, caniculaire, apportant avec elle un calme apparent. Malgré ces nouvelles, le roi, convaincu par l'intransigeance de Polignac, refuse de revenir sur les ordonnances. Ayant longuement médité sur les causes de la chute de Louis XVI, Charles X décide d'adopter une attitude de fermeté.

Le lendemain, 28 juillet, Paris s'arme dès les premières heures de la journée. Des barricades se lèvent et des combats meurtriers sont livrés dans les rues de Paris. C'est alors que la garde royale et les suisses mènent une répression dictée plus par le devoir que par la conviction, tandis que les troupes de ligne décident, quant à elles, de faire cause commune avec les insurgés. La foule les acclame, et bientôt les trois couleurs flottent en haut de Notre-Dame et de l'Hôtel de Ville. Les combats ayant repris avec intensité, une délégation menée par Lafitte et Casimir-Perier se rend auprès de l'impopulaire maréchal Marmont. Polignac fait savoir qu'il refuse de faire arrêter les engagements des forces de l'ordre, et l'Hôtel de Ville est repris par l'armée. Mais celle-ci, devant l'ampleur de l'insurrection doit finalement battre en retraite en plusieurs endroits de la capitale. Tandis que Charles X, au château de Saint-Cloud, s'enferre dans une attitude de « fermeté », et que l'idée d'un recours au duc d'Orléans commence à imprégner fortement les esprits des journalistes et des députés favorables à Thiers, une nouvelle nuit de fièvre couve sur Paris.

Le 29 juillet, la capitale est couverte de barricades. Marmont, à la suite de nombreuses défections à l'intérieur des troupes de ligne, doit se retrancher aux Tuileries. Les députés nomment une commission qui se tient en permanence à l'Hôtel de Ville, tandis que La Fayette reçoit le commandement de la garde nationale hâtivement ressuscitée. L'émeute est maintenant maîtresse de la capitale. Marmont s'enfuit à Saint-Cloud, tandis que le peuple envahit les Tuileries : Charles X comprend alors, mais trop tard, qu'il doit retirer les ordonnances. Le trône ne peut plus être sauvé, et cela malgré la nomination du nouveau ministère dirigé par Mortemart et destiné à négocier avec les émeutiers. Par ailleurs, Thiers, Laffitte et Casimir-Perier se hâtent de transformer le succès populaire en une victoire de la bourgeoisie, faisant coller sur les murs de la capitale une affiche affirmant que : « La république nous exposerait à d'affreuses divisions » et qu'elle « nous brouillerait avec l'Europe ».

Les 30 et 31 juillet, la propagande pro-orléaniste s'intensifie et, en ce dernier jour de juillet, le fils de Philippe Égalité accepte le titre de lieutenant général du royaume. Ce choix est confirmé par Charles X, le 1er août, le roi abdiquant le lendemain au profit du duc de Bordeaux, Henri V. Cette abdication en faveur de son petit-fils reste lettre morte et, le 7 août, Louis-Philippe est appelé à monter sur le trône sous le nom de Louis-Philippe Ier, roi des Français. Tandis que le souverain déchu quitte la France pour l'Angleterre, s'ouvre la période que l'histoire a retenue sous le nom de monarchie de Juillet, en souvenir des Trois Glorieuses.

Monarchie de Juillet
Louis-Philippe en Gargantua. Caricature d'Honoré Daumier, 1831. © *Sélection Images*

JUILLET (monarchie de)

L'insurrection parisienne des 27, 28 et 29 juillet 1830 ayant entraîné la chute du régime de Charles X, ce terme de monarchie de Juillet désigne le régime qui lui succède, personnalisé par Louis-Philippe Ier, fils aîné du duc d'Orléans Philippe Égalité.

Louis-Philippe n'est plus roi de France mais roi des Français. Le drapeau tricolore se substitue à celui à fleurs de lys. Adepte des idées réformatrices de 1789, le nouveau roi a fait partie, en 1790, du club des Jacobins et de la garde nationale. Il a combattu dans les rangs de l'armée républicaine à Valmy, à Jemmapes et à Neerwinden. Ses séjours aux États-Unis et en Angleterre lui ont montré les vertus des régimes parlementaires. Il compte des libéraux parmi ses proches et ses conseillers. Lorsque, le 7 août 1830, la Chambre lui accorde sa confiance par 219 voix sur 252, Louis-Philippe n'a qu'un programme à offrir au nom de cette « monarchie de Juillet ». Les républicains et les légitimistes lui étant hostiles par principe, il inaugure ce régime par un libéralisme de bon aloi auquel fait cependant suite, à partir de 1832, une attitude plus réservée, dictée par le souci de ne pas mécontenter le monde des affaires, quelque peu inquiet des revendications populaires.

La monarchie de Juillet ne parviendra finalement pas à résoudre cette contradiction d'intérêt entre les classes possédantes, le « pays légal », et les classes populaires ainsi que la petite bourgeoisie, rejetée dans l'opposition par un système électoral classant les électeurs selon leur fortune. Le mécontentement ira grandissant jusqu'à ce que le régime sombre à son tour, à la suite d'émeutes, en février 1848. Il est vrai aussi que le roi supporte très difficilement les entraves constitutionnelles, en particulier la formule chère à Thiers : « Le roi règne et ne gouverne pas. » Aussi paradoxal que cela apparaisse, Louis-Philippe finit par renier le régime dont il est le symbole. Toutes ces contradictions et ces faiblesses sont, en fait, la conséquence d'une époque de transition entre les régimes de pouvoir absolu et les tendances libérales symbolisées, dans le domaine des arts et de la littérature, par l'envolée du mouvement romantique. C'est également l'époque des mutations démographiques que va provoquer le développement des sociétés industrielles, le prodigieux essor de la machine et le fantastique développement urbain du milieu du XIXe siècle.

Face à ses pairs, monarques absolus, Louis-Philippe doit rassurer et, par conséquent, limiter l'emprise des libéraux et combattre les revendications des républicains, ses alliés d'hier. Dans le domaine diplomatique, la France noue, malgré des heurts parfois vifs, des relations suivies avec l'Angleterre, l'ennemie séculaire. Elle ménage les cours européennes tout en favorisant la cause des Belges, des Polonais et des patriotes italiens. Elle s'efforce de rassurer les tenants de la Sainte-Alliance tout en menant vigoureusement des entreprises militaires telles que la conquête de l'Algérie, l'occupation de Nossi-Bé et de Mayotte en 1841 et 1843, l'établissement de protectorats sur Tahiti, les îles Marquises, Wallis, Gambier et Touamotou.

À l'intérieur, la monarchie de Juillet coïncide avec le début de l'essor industriel. À l'industrie familiale et à l'artisanat succède peu à peu la grande industrie, laquelle fait appel aux machines et au charbon comme combustible. Aussi la valeur de la production industrielle, évaluée à 2 milliards de francs à la fin de l'Empire, s'élève-t-elle à 4 milliards sous le règne de Louis-Philippe. Le réseau ferroviaire s'impose progressivement. Les banquiers prennent une part de plus en plus importante à ce développement, qui s'applique également aux routes, aux canaux et aux ports. Les textiles connaissent un essor sans précédent avec la mise en service de métiers à tisser. Un code forestier régit l'exploitation des bois. En agriculture, le cheptel est mieux sélectionné et l'implantation accrue de la betterave à sucre fait passer la production sucrière de 6 000 tonnes en 1830 à 38 000 tonnes cinq ans plus tard. La sériciculture prend une appréciable extension dans la vallée du Rhône et en Ardèche. L'enseignement agricole enfin est réorganisé. Les instituts de Roville, une ferme-école à l'image de celles de Grignon, de Grand-Jouan et des Trois-Croix, près de Rennes, de la Saulsaie, dans la Dombes, sont créés. À l'image de l'Angleterre et de l'Allemagne, la France prépare son entrée dans le concert des grandes puissances économiques européennes du milieu du XIXe siècle.

JUIN 1792 (journée du 20)

Journée révolutionnaire motivée par le refus de Louis XVI de sanctionner deux décrets pris par l'Assemblée législative, les 26 mai et 8 juin 1792, relatifs à la déportation des prêtres réfractaires et à la création d'un casernement de 20 000 gardes nationaux aux abords de la capitale.

Ce double veto royal, après avoir provoqué (dans une lettre adressée à Louis XVI) l'indignation du ministre de l'Intérieur, Roland, aboutit au renvoi du ministère girondin le 13 juin. À l'annonce de cette démission forcée, une vaste manifestation populaire est prévue. Le jour anniversaire du serment du Jeu de paume et de la fuite à Varennes, le peuple des faubourgs de Paris converge vers les Tuileries, mené par Santerre et Saint-Huruge. La foule, exaltée tant par le veto que par l'annonce des revers subis par l'armée, aux frontières, est dans un état de tension extrême. Ainsi, dès le début de la matinée du 20 juin, le peuple de Paris est massé sous les grilles du château. Les « piques » ne rencontrent d'ailleurs aucune résistance, le Brissotin Pétion ayant « négligé » de faire protéger les Tuileries par des troupes sûres ; des émissaires sont envoyés auprès du roi. Ils demandent l'ouverture des grilles afin que les 20 000 personnes pressées non loin de la salle du Manège puissent manifester sous les fenêtres des appartements royaux. Mais avant que le roi ait donné sa réponse, d'ailleurs affirmative, les grilles du château sont jetées à bas. Immédiatement, le peuple s'engouffre dans les jardins, tandis que Santerre exhorte les émeutiers à prendre d'assaut le palais. En quelques minutes la chose est faite : les portes sont démolies, et une foule menaçante se répand dans les Tuileries. Un canon est hissé au premier étage. Puis, après avoir parcouru le palais, les insurgés arrivent auprès du roi et obtiennent de celui-ci qu'il se coiffe du bonnet phrygien et boive à la santé de la nation. Mais le roi maintient son veto apposé au bas des deux décrets.

Impassible et exceptionnellement autoritaire, Louis XVI demande que le peuple sorte immédiatement des Tuileries. L'appel est entendu. La foule passe, impressionnée et haineuse, devant Marie-Antoinette ; cette dernière est bien plus que son mari l'objet d'insultes et de menaces de mort. Certes, celui qui est encore, pour quelques jours, un monarque constitutionnel a résisté à la pression populaire, maintenu les décrets et conservé le nouveau cabinet, partisan d'un pouvoir royal institutionnellement plus affirmé. Mais ce qu'il croit être une victoire politique n'est, en fait, qu'un aveuglement de plus dans l'exercice de son autorité, même si l'humiliation qu'il a subi tourne un moment au profit de sa cause. Pétion est suspendu ; La Fayette abandonne son commandement, se présente à l'Assemblée pour la sommer de dissoudre les Jacobins et de punir les responsables de la manifestation ; les Girondins, eux-mêmes, de peur d'être dépassés par les éléments extrémistes de la capitale (qu'ils avaient pourtant contribué à mobiliser), entrent en négociation secrète avec la Cour. Mais ils ne pourront, faute de représenter les options politiques véritables de la Commune de Paris, éviter la journée du 10 Août, et avec elle la chute du trône.

JUIN 1793 (journée du 2) : voir MAI 1793 (journée du 31)

JUIN 1832 (journées des 5 et 6)

Manifestation d'hostilité au régime de Louis-Philippe.

Député libéral estimé pour la droiture de son caractère, le général Lamarque bénéficie d'une grande popularité parmi les républicains et le menu peuple de Paris. Les opposants au régime de Louis-Philippe décident donc de faire du 5 juin une journée de manifestation à l'occasion des obsèques du général. Une foule nombreuse suit le fourgon mortuaire. L'arrivée de polytechniciens accroît l'effervescence populaire à partir de la rue de la Paix. Un heurt s'étant produit avec le service d'ordre près du pont d'Austerlitz, des groupes de manifestants se répandent alors dans les rues et élèvent des barricades. La réaction du service d'ordre est violente ; les échauffourées se multiplient. On se bat au cours de la nuit du 5 au 6 juin, et, dans la journée du 6, les derniers irréductibles sont réduits autour de l'église Saint-Merri, épisode qui inspirera Victor Hugo dans ses *Misérables*.

JUIN 1848 (journées du 23 au 26)

Journées révolutionnaires opposant le peuple insurgé de Paris aux troupes gouvernementales du général Cavaignac.

À la suite de l'abdication du roi Louis-Philippe et des journées révolutionnaires de février 1848, apparaît un mouvement de mécontentement populaire, essentiellement parisien, qui peut être considéré comme la conséquence directe des élections du mois d'avril 1848, celles-ci ayant porté à l'Assemblée constituante une majorité de tendance conservatrice. Dès le 21 juin 1848, date à laquelle Paris apprend que le gouvernement provisoire a décidé d'envoyer les ouvriers des Ateliers nationaux soit sous les drapeaux, soit en Sologne afin d'y effectuer des travaux de terrassement, l'émeute commence à couver dans la capitale.

Le lendemain, 2 000 ouvriers conduits par un certain Pujol se rendent au palais du Luxembourg afin qu'une délégation y soit reçue par Marie, le ministre du Travail. Ce dernier se contente de répondre que les travailleurs des Ateliers nationaux devront obéir aux ordres du gouvernement avant que celui-ci les y contraigne, ce qui met le feu aux poudres. Le 23 juin, 400 barricades s'érigent dans les rues de Paris avec une rapidité étonnante. Dans la nuit, la fièvre de l'émeute continue à monter. Le 24, l'état de siège est proclamé, Cavaignac est nommé chef du pouvoir exécutif. Celui-ci laisse passer toute possibilité d'apaisement. De fait, l'agitation devient de plus en plus grande au cours des heures, face à une garde nationale impuissante. Le lendemain, la lutte prend un caractère acharné et meurtrier. Les quartiers populaires de Paris sont à feu et à sang. Mgr Affre, archevêque de Paris, est tué dans le faubourg Saint-Antoine alors qu'il tentait d'obtenir le silence des armes, tandis que plusieurs généraux meurent au combat ou sont massacrés. Dans la matinée du 26 juin, les insurgés, qui ont sollicité un armistice mais ne l'ont pas obtenu du fait des exigences de soumission inconditionnelle imposées par Cavaignac, reprennent le combat, pour peu de temps. Les troupes gouvernementales lancent un assaut décisif, aboutissant à la reddition des insurgés.

Le bilan est lourd au terme de ces journées : plus de 1 000 morts du côté des forces de l'ordre ; 4 000 environ du côté des émeutiers. Parmi eux, il faut aussi compter 1 500 fusillés, 25 000 personnes arrêtées, 11 000 incarcérées ou déportées en Algérie. Tel est le prix payé par Paris – la province étant, à de rares exceptions près, restée très légaliste – au régime républicain qui avait fait tirer sur le peuple. Lamartine dénoncera ces épouvantables journées en s'exclamant : « Explosion de guerre servile et non de guerre civile… »

JUIN 1849 (journée du 13)

Mouvement insurrectionnel parisien.

Forte de quelque 500 députés conservateurs, l'Assemblée législative de mai 1849 n'en compte pas moins 80 députés républicains modérés et 180 républicains « avancés » ou montagnards. Ces derniers, stimulés par Ledru-Rollin, manifestent ouvertement leur opposition à l'annonce de l'envoi à Rome d'un corps expéditionnaire destiné à soutenir le pape contre la République romaine. Une manifestation est prévue le 13 juin. Dans leur élan, les protestataires s'emparent du Conservatoire des arts et métiers, y proclamant un gouvernement révolutionnaire. L'intervention de troupes commandées par le général Changarnier met rapidement un terme à la tentative. Une trentaine de députés sont arrêtés, Ledru-Rollin parvenant à s'échapper et à gagner l'Angleterre. À cette occasion, le prince-président prononce la phrase célèbre : « Il est temps que les bons se rassurent et que les méchants tremblent. » Il fait alors voter par l'Assemblée plusieurs lois suspendant le droit de réunion, aggravant les délits de presse et lui conférant la possibilité de proclamer à tout moment l'état de siège.

JUIN 1940 (appel du 18)

Message lancé de Londres aux Français par le général de Gaulle, les invitant à refuser l'arrêt des combats annoncé la veille (17 juin) par le maréchal Pétain et à continuer la lutte.

Cet appel, qui témoigne de la rupture volontaire d'un homme isolé avec le gouvernement régulièrement constitué à Bordeaux le 16 juin, marque le début de la résistance française à l'occupation allemande. Il contient la formule passée à la postérité : « Quoi qu'il arrive, la flamme de la résistance française ne doit pas s'éteindre et ne s'éteindra pas. » En revanche, une autre phrase célèbre : « La France a perdu une bataille ! Mais la France n'a pas perdu la guerre » ne se trouve pas dans l'appel du 18 Juin, mais sur les affiches apposées sur les murs de Londres, quelques jours plus tard, en juillet 1940. Peu entendu le jour même de sa diffusion sur les ondes de la BBC – la voix du général de Gaulle ne commencera vraiment à être écoutée que le 22 juin –, l'Appel n'est même pas enregistré. Il sera néanmoins reproduit par les journaux anglais et certains journaux français et diffusé par les agences, notamment l'agence Havas de Londres. Répété, souvent déformé, il commencera lentement son chemin et son retentissement ne fera que croître avec le temps.

Alphonse Juin
Le général Juin sur le front italien en 1944.
© *Sélection Images*

JUIN Alphonse (Bône, Algérie, 1888 – Paris, 1967)

Maréchal de France.

Fils de gendarme, il sort de Saint-Cyr en 1912, major de la promotion de Fez. Il fait ses premières armes au Maroc, dans une unité de tirailleurs marocains, les tabors, et gagne avec eux le front français. Cinq fois cité, Juin perd l'usage de son bras droit en 1915, à la suite d'une grave blessure reçue lors de l'offensive de Champagne. Retournant alors au Maroc, il devient aide de camp de Lyautey. Après un passage à l'École de guerre (1920-1922), Juin rejoint le Maroc et se distingue pendant la guerre du Rif. Il appartient ensuite à l'état-major du maréchal Lyautey, en France, et regagne encore une fois le Maroc en 1931, comme chef du cabinet militaire du résident général à Rabat. À ce poste, le colonel Juin joue un rôle important dans l'achèvement de la pacification de l'Atlas. Placé à la tête du 3e zouaves en 1935, membre du Conseil supérieur de la guerre en 1937, Juin est nommé général de brigade en 1938 et reçoit à la mobilisation le commandement de la 15e division d'infanterie motorisée. Cette division se bat en Belgique, où elle parvient un moment à arrêter l'avance allemande à Gembloux, mais elle est encerclée à Lille, et ne se rend qu'après avoir épuisé ses munitions. Fait prisonnier, le général Juin est interné dans la forteresse de Kœnigstein.

Libéré en 1941, à la demande du maréchal Pétain, il remplace bientôt Weygand comme commandant en chef des forces d'Afrique du Nord. Après le débarquement anglo-américain en Algérie et au Maroc, le 8 novembre 1942, le général Juin se rallie au général Giraud et reçoit le commandement des forces françaises engagées en Tunisie contre von Arnim et Rommel. En dépit de lourdes pertes, dues à un équipement insuffisant, ces forces contribuent à la victoire alliée en Afrique du Nord. Avec ses hommes, Juin constitue ensuite le corps expéditionnaire français en Italie, quatre divisions qui se couvrent de gloire à Cassino, en s'emparant du Belvédère. Le général Juin sait s'imposer aux Alliés par son énergie et sa clairvoyance, et fait adopter au printemps un audacieux plan de manœuvres. La victoire du Garigliano lui ouvre la route de Rome (juin 1944) et contribue à rétablir le prestige de l'armée française. Rappelé à Alger, Juin assume jusqu'en 1947 les fonctions de chef d'état-major de la Défense nationale. En tant que résident général au Maroc de 1947 à 1951, il pratique une politique « d'ordre et de libéralisme », s'appuie sur le Glaoui, pacha de Marrakech, contre Mohammed V et le parti nationaliste. Commandant en chef du théâtre d'opérations d'Afrique du Nord depuis 1948, maintenu en activité en 1949, il occupe, de 1951 à 1953, les fonctions d'inspecteur général des forces armées françaises. Commandant interallié des forces terrestres atlantiques du secteur Centre-Europe (1951), le général Juin voit en 1953 ses pouvoirs étendus aux forces aériennes et maritimes.

Maréchal de France le 14 juillet 1952, il entre à l'Académie française au mois de novembre et entame une carrière d'écrivain. Sa critique de la Communauté européenne de défense (CED), en mars 1954, lui vaut d'être démis de toutes ses fonctions au sein d'organismes militaires français. Il appuie la même année la politique libérale menée en Algérie par Mendès France, mais désapprouve l'année suivante l'action marocaine d'Edgar Faure. Il accueille avec espoir le retour du général de Gaulle mais, très attaché à la présence française en Algérie, s'oppose ensuite à l'autodétermination. Mis à la retraite en 1962, le maréchal Juin se réconcilie peu avant sa mort avec de Gaulle. Il est enterré aux Invalides.

JUMIÈGES (abbaye de)

Commune de Seine-Maritime, à l'ouest de Rouen. À l'origine de la ville, bâtie sur la rive droite de la Seine, en aval de Rouen, se trouve une abbaye bénédictine fondée en 654 par saint Philibert.

Pillée par les Normands en 841, et abandonnée dix ans plus tard en raison de leurs incursions répétées, l'abbaye est relevée au xe siècle et devient, à ce moment et au siècle suivant, la plus riche de toute la Normandie : ses écoles sont célèbres, et sa générosité envers les miséreux lui vaut d'être surnommée l'« Aumônier ». Les rois de France possèdent à Jumièges un manoir. Charles VII y réside à plusieurs reprises avec Agnès Sorel qui y meurt en 1450 : on peut voir dans la cité normande le monument funéraire renfermant le cœur de la favorite. Ravagée en 1562 par les protestants, restaurée en 1573, l'abbaye entre en 1621 dans la congrégation de Saint-Maur. En décadence depuis le début du xviiie siècle, elle est supprimée en 1790. De ses bâtiments dévastés pendant la période révolutionnaire subsistent d'imposantes ruines, en particulier le portail, avec ses deux tours, une partie de l'église Notre-Dame, quelques murs de l'église Saint-Pierre, la salle des gardes (xie et xve siècles), la salle capitulaire, et la maison abbatiale, du xviie siècle.

L'abbaye renferme encore le tombeau des Énervés de Jumièges. Selon la légende, il s'agirait des fils de Clovis II et de Bathilde qui, révoltés contre cette dernière, auraient été punis par leur père selon le supplice de l'énervation : après avoir fait tonsurer les coupables, le roi aurait ordonné qu'on leur brûlât les nerfs des jambes avant de les placer dans des bateaux, abandonnés au fil de la Seine. Saint Philibert aurait recueilli les suppliciés, et après leur mort les religieux auraient fait élever ce tombeau. Selon une autre tradition, le tombeau serait celui de Tassilon et Théodore, ducs de Bavière, faits prisonniers par Charlemagne et enfermés à Jumièges.

JUNOT Jean Andoche, duc d'Abrantès (Bussy-le-Grand, Bourgogne, 1771 – Montbard, 1813)

Général.

Engagé volontaire en 1792, Junot, dit la Tempête, se fait remarquer l'année suivante par Bonaparte, lors du siège de Toulon. Il restera longtemps son meilleur ami. Devenu bientôt son aide de camp, il l'accompagne en Italie (1796), puis en Égypte où son attitude lui vaut d'être nommé général de brigade (1799). Le 30 août 1800, il épouse Laure Martin de Permon, qui laissera d'intéressants *Mémoires*. Bonaparte la surnomme « Mam'zelle Loulou ». Général de division en 1801, puis commandant de la place de Paris, l'ancien sergent la Tempête est nommé, en 1805, ambassadeur au Portugal. Mais la diplomatie ne lui convient guère, et Junot quitte son poste lorsque les hostilités reprennent avec l'Autriche. Il participe ainsi à la bataille d'Austerlitz. Gouverneur de Paris en 1806, il affiche ouvertement sa liaison avec Caroline Murat, sœur de l'Empereur. Ce dernier lui confie l'année suivante le commandement de l'armée chargée de conquérir le Portugal et, après la victoire d'Abrantès, Junot entre à Lisbonne au mois de novembre 1807. Gouverneur du Portugal, il mène une vie fastueuse et ne manque pas d'accumuler un important butin. Mais les troupes anglaises débarquent au Portugal et Junot, vaincu par Wellesley – plus tard Wellington – à Vimeiro le 21 août 1808, doit signer la capitulation de Cintra (30 août), et quitter le pays avec son armée. Fait duc d'Abrantès, il participe ensuite à la campagne d'Espagne, à la bataille de Saragosse, puis reçoit le commandement de l'armée de réserve en Allemagne (1809). Junot combat de nouveau en Espagne en 1810, prenant Astorga le 20 avril, avant d'être blessé à Rio Mayor (janvier 1811). Déjà, son ardeur s'est considérablement émoussée. Pendant la campagne de Russie, il laisse échapper l'ennemi à Smolensk et reste sans réaction à la bataille de la Moskova. L'Empereur lui confie cependant en 1813 le gouvernement des provinces Illyriennes. Multipliant les extravagances, Junot devient fou et, ramené chez son père, se blesse mortellement en se jetant par une fenêtre.

Fort peu fidèle, comme son époux, la duchesse d'Abrantès avait eu de nombreux amants, parmi lesquels Metternich, Forbin, et surtout Maurice de Balincourt. Pendant plusieurs années, à partir de 1812, une passion orageuse l'unit à ce dernier. Elle lui écrit une lettre de son sang, tente de s'empoisonner lorsqu'il refuse de rompre avec son autre maîtresse, Mme de Flotte. Fort galamment, Balincourt se ruinera en payant les dettes de Junot après sa mort. Cela n'empêchera pas la duchesse d'Abrantès, devenue mémorialiste, de mourir dans la misère.

Junot
Junot, gouverneur de Paris. Dessin de David, musée de Besançon. © *Sélection Images*

JUPPÉ Alain (Mont-de-Marsan, 1945 –)

Homme politique, Premier ministre.

Alain Juppé est, *stricto sensu*, un enfant du baby-boom et de la Libération, autrement dit d'une espérance longtemps attendue, et d'une revanche économique qu'incarne la puissance publique. C'est pour sa génération que les pères se retroussent les manches dans la reconstruction du pays et que les enfants portent les rêves d'ascension sociale par le diplôme. Le parcours éducatif d'Alain Juppé illustre cette méritocratie républicaine : entré à l'École normale supérieure de la rue d'Ulm à 19 ans, agrégé trois ans plus tard, il choisit la haute fonction publique avec la voie royale – Sciences-Po, ENA, inspection des Finances (en 1972). Ses qualités intellectuelles le font distinguer par deux des conseillers du Premier ministre de l'époque, de surcroît entrepreneurs publics, Jacques Friedmann et Jérôme Monod. En juin 1976, Alain Juppé débute comme expert économique auprès de Jacques Chirac, deux mois après la démission fracassante de ce dernier du poste de Premier ministre et alors que la crise économique des années 1970 contraint la France à des réajustements budgétaires plus orthodoxes que volontaristes. Il suit Jacques Chirac et Jérôme Monod dans la double aventure que sont la création du RPR (1976) et la conquête de la mairie de Paris (1977), à chaque fois contre les centristes de la majorité. En 1980, il devient directeur des finances de la capitale. Mais, après un premier échec en 1978, il ne se présente pas aux législatives de 1981, restant fidèle à son rôle d'expert et de conseiller.

La première transformation s'opère entre 1983 et 1985, lorsqu'il conquiert ses deux premiers mandats – conseiller de Paris (1983), député européen (1984) – et prend en charge pour l'essentiel la partie économique du « pacte pour la France », programme du RPR pour les législatives de 1986. Il y inclut plusieurs initiatives, fiscales ou sur la privatisation des entreprises publiques, inspirées par un libéralisme plus proche de celui de la jeune

Matignon, le 5 décembre 1995
Alain Juppé vient de réaffirmer qu'il maintiendra son plan de réforme de la Sécurité sociale, malgré d'importantes manifestations à travers toute la France. © *J.-B. Vernier/Sygma*

droite des années 1925-1935 que du reaganisme ou du thatchérisme et assez fidèle au gaullisme de 1958-1960. Devenu ministre délégué au Budget dans le gouvernement Chirac (1986-1988), il défend, à son habitude, une stratégie plus orthodoxe et défensive que son ministre de tutelle, Édouard Balladur, ce qui handicape les velléités de relance par la demande pour lutter contre le chômage, mais permet à la France de supporter moins mal que ses voisins européens le choc boursier de l'automne 1987.

La deuxième transformation est consécutive à la défaite de 1988 et à la fronde anti-Chirac qui traverse d'abord le RPR, mais aussi la droite. Il est placé en première ligne par ce dernier, au secrétariat général, pour enrayer les critiques de Philippe Séguin et celles qui réclament la fusion des droites en un seul parti conservateur à l'anglaise. Cette défense et l'illustration de la spécificité gaulliste le conduit, en 1989, à faire obstacle au projet de « révolution culturelle » des douze jeunes turcs de la majorité, puis, en 1990, à rompre avec Philippe Séguin et Charles Pasqua qui lancent leur propre mouvement, Demain la France. Cette fois l'enjeu porte sur l'attitude à adopter à l'égard du Front national et de la construction européenne. Entre 1988 et 1994, le secrétaire général parvient à sauvegarder l'unité du RPR, au prix de quelques accommodements sémantiques, et à renouveler son équipe. Cette réussite lui vaut, en 1993, le ministère des Affaires étrangères où son sens de l'organisation se double d'une capacité d'adaptation remarquée, à la fois dans le jeu subtil de la cohabitation et dans le règlement de la crise bosniaque.

Il n'a pas pour autant abandonné son champion, Jacques Chirac, et contribue, dans un attelage baroque mais efficace avec Philippe Séguin, à la victoire de celui-ci à la présidentielle de 1995. Voilà venu le temps de la troisième transformation, puisqu'il cumule les fonctions de Premier ministre, de maire de Bordeaux et de président du RPR. Or, contre les pronostics, Juppé ne paraît en mesure ni de s'affirmer, ni de traduire dans les faits la volonté de rupture à l'égard du double immobilisme prétendu des socialistes et du gouvernement Balladur qui avait nourri la campagne de Jacques Chirac, autour notamment du thème de la « fracture sociale ». Au plan formel, le gouvernement apparaît pléthorique (42 membres, soit le record pour un cabinet de droite) et peu soudé (départ du ministre des Finances, Alain Madelin, dès l'été ; des femmes ministres, en novembre). Au plan personnel, le Premier ministre est affaibli d'emblée par l'affaire de son logement et par un autoritarisme tatillon qui aurait remplacé son sens réputé de l'administration : en novembre 1995, Alain Juppé établit un double record sous la Ve République – celui de renouvellement gouvernemental (7 novembre) et de l'impopularité (23,5 % d'opinions favorables). Sur le fond, l'urgence gestionnaire et l'orthodoxie balaient les ambitions de la campagne : fin du « plan Marshall pour les banlieues », tour de vis fiscal (hausse de la TVA, taxation alourdie des revenus du capital), exclusion de toute autre politique par Jacques Chirac, le 26 octobre, et surtout abandon de la loi annoncée sur le cumul des mandats.

Cas de figure inédit sous la Ve République, les réformes d'un Premier ministre en début de mandat ne parviennent pas à combler le vide politique, puis déclenchent un effet boomerang inattendu contre l'excellence technicienne et les élites forcément autoritaires et distantes. Ainsi la réforme constitutionnelle du 4 août 1995 (session parlementaire unique, extension du champ du référendum, modification des règles de l'inviolabilité parlementaire) est la plus importante intervenue depuis vingt ans ; personne n'y voit la clef d'une nouvelle donne politique, mais le rafistolage d'une Constitution vermoulue. De même, le 15 novembre, le plan de réforme de la Sécurité sociale et des régimes spéciaux de retraite constitue une tentative inédite de briser certains corporatismes et de privilégier le moyen ou long terme sur les ajustements de bric et de broc pratiqués depuis 1978. Là encore, l'opinion refuse la nouvelle donne sociale et soutient les cheminots qui se lancent dans la plus longue grève de leur histoire depuis 1948 (20 novembre-21 décembre), intronisés porte-parole d'une majorité silencieuse (un million de manifestants en France, les 7, 12 et 16 décembre) contre le « plan Juppé ».

Cet échec renforce le sentiment de vide politique, au motif que le Premier ministre est censé protéger le président contre les vicissitudes de la gestion politique, présupposé théorique sans aucun fondement mais ancré d'abord dans la hantise de l'instabilité gouvernementale sous la IVe République, puis sur l'expérience initiale de Gaulle-Debré. L'année 1996 est caractérisée par une sorte d'insatisfaction généralisée : le président ne veut pas renier sa promesse électorale de non-dissolution, la majorité occupe seule le terrain dans l'indifférence, les francs-tireurs se multiplient (Valéry Giscard d'Estaing, Alain Madelin, Philippe Séguin, François Léotard, Pierre Mazeaud) ; l'opinion est désenchantée par les « affaires », les palinodies sur la Corse et par une évolution vers la monnaie unique européenne qu'elle ne comprend guère. Le 12 décembre 1996, le président Chirac fustige le conservatisme national ; le 13, Alain Juppé enfonce le record d'impopularité d'Édith Cresson.

Une des solutions consiste alors à dissoudre à l'improviste l'Assemblée nationale, pour profiter de l'effet d'annonce (comme de Gaulle l'avait fait en 1962 et 1968). En pratique, Jacques Chirac met quatre mois à se séparer d'Alain Juppé, annulant par anticipation l'effet de surprise. De surcroît, Alain Juppé annonce le 27 avril 1997 un programme de 40 jours, ce qui laissait à penser qu'il resterait aux manettes. L'impopularité du Premier ministre outrepasse le réflexe légitimiste majoritaire : le 25 mai, au soir du 1er tour, la majorité obtient 30 % des voix, la « gauche plurielle » 41 %, le Front national 15 %. Le sort du Premier ministre est scellé puisque le FN peut se maintenir dans 133 circonscriptions, ce qui assure la défaite de la droite classique. Le 27 mai, l'annonce de l'éviction éventuelle d'Alain Juppé au profit d'un improbable binôme Madelin-Séguin achève de désorienter l'opinion de droite. Alain Juppé, réélu à Bordeaux, se consacre à sa ville, à la réflexion programmatique par le biais d'un club et à l'écriture, avec une biographie remarquée de Montesquieu.

JURANDES

Métiers ou corporations (à partir du XVIIIe siècle) dont les privilèges ont été stipulés par l'autorité royale et dont les membres prêtent serment.

Les métiers jurés diffèrent en cela des métiers libres ou réglés qui ne dépendent que des autorités locales (maires, consuls, échevinages…). Les artisans de Paris relèvent de la jurande, ceux de Lyon se constituent en métiers réglés ; parfois les deux régimes coexistent dans le même lieu. Les jurandes constituent des oligarchies qui définissent leurs conditions d'admission (chef-d'œuvre…), gèrent leur budget, votent un règlement collectif, font respecter leur monopole par des actions en justice, s'organisent en confréries. Le pouvoir royal tend à favoriser le développement des métiers jurés, notamment par l'édit de Colbert de 1673 qui tente de les généraliser. Mais au XVIIIe siècle, ils apparaissent comme des freins au libéralisme économique et au progrès technique. Turgot tente de les supprimer en 1776, Maurepas les rétablit en bornant leurs prérogatives. La Révolution les supprime définitivement par la loi d'Allarde du 2 mars 1791 qui abolit jurandes, maîtrises et corporations tandis que la loi Le Chapelier du 14 juin 1791 interdit aux ouvriers la grève ainsi que le droit d'association et de coalition.

JUREURS (prêtres)

Nom donné sous la Révolution aux prêtres et aux évêques qui firent par serment acte d'adhésion à la Constitution civile du clergé, votée le 12 juillet 1790 par l'Assemblée constituante, et promulguée le 24 août.

Le 27 novembre suivant, l'Assemblée décide que tous les prêtres devront, dans les huit jours, prêter serment de fidélité « à la nation, à la loi, au roi ». Ceux qui refuseront seront destitués et remplacés. Dès le lendemain, l'abbé Grégoire prête le serment constitutionnel devant l'Assemblée. Une centaine de députés ecclésiastiques le suivent, et deux évêques seulement, Gobel et Talleyrand. Au début de l'année 1791, on estime que la moitié environ du bas clergé a prêté le serment constitutionnel : l'Église de France est coupée en deux. Parmi le haut clergé, 7 évêques seulement sur 160 acceptent de prêter serment. Jureurs et réfractaires se répartissent très inégalement selon les régions, les premiers formant la majorité dans le Sud-Est, les seconds dans l'Ouest. Le 10 mars 1791, puis le 13 avril, deux brefs du pape Pie VI condamnent à la fois les principes de la Révolution, les Droits de l'homme, et la Constitution civile du clergé. Le schisme est consommé, qui se prolongera jusqu'au Concordat de 1801.

JURIEN de LA GRAVIÈRE Jean Edmond (Brest, 1812 – Paris, 1892)

Amiral.

Aspirant en 1828, il navigue sous les ordres du contre-amiral Lalande, puis comme aide de camp de l'amiral Roussin, avant de recevoir le commandement d'une corvette, *La Baïonnette*, avec laquelle il effectue une croisière de quatre ans (1846-1850). Ce voyage donne lieu à la publication de très intéressants *Voyages en Chine*. Capitaine de vaisseau en 1850, Jurien de La Gravière participe activement, comme chef d'état-major de Bruat, à la campagne de la mer Noire menée au cours de la guerre de Crimée (1854). Contre-amiral en 1855, il reçoit en 1861 le commandement en chef des forces envoyées au Mexique et s'empare l'année suivante de Tampico et d'Alvarado. Vice-amiral en 1862, aide de camp de l'empereur en 1864, puis commandant de l'escadre du Levant, l'amiral Jurien de La Gravière protège en 1870 la fuite de l'impératrice Eugénie, et devient, en 1871, directeur des Cartes et Plans de la marine. Membre de l'Académie des sciences (1866) et de l'Académie française (1888), il a publié de nombreux ouvrages historiques.

JURIEN de LA GRAVIÈRE Pierre Roch (Gannat, Bourbonnais, 1772 – Paris, 1849)

Amiral.

Père du précédent. Il connaît un avancement rapide sous la Révolution, puis se distingue en l'an IX lors de la révolte de Port-au-Prince : sa bravoure lui vaut d'être nommé capitaine de vaisseau. Officier de la Légion d'honneur en 1804, il se signale sous l'Empire lors du combat des Sables-d'Olonne, en février 1809 : chargé, avec l'amiral Willaumez, de débloquer Aix, Jurien de La Gravière se trouve face à une escadre anglaise de six navires de guerre, alors que lui-même ne dispose que de trois frégates. Engageant malgré tout le combat, il finit par contraindre l'ennemi à la retraite. En 1814, le vainqueur des Sables-d'Olonne reçoit mission de reprendre possession de l'île Bourbon, rendue à la France par le traité de Paris. Contre-amiral en 1817, créé vicomte par Louis XVIII, il commande en 1821 la station navale du Brésil, puis celle des Antilles. Vice-amiral en 1831, il est nommé pair de France l'année suivante.

JURIEU Pierre (Mer, Orléanais, 1637 – Rotterdam, 1713)

Théologien protestant.

Fils d'un ministre protestant établi à Mer, il poursuit des études de théologie à Sedan, fréquente les universités hollandaises et anglaises, puis succède à son père. Il exerce ensuite son ministère à Vitry-le-François puis, en 1674, enseigne l'hébreu et la théologie à l'université protestante de Sedan. Théologien et controversiste, Jurieu multiplie les écrits contre les catholiques, mais aussi contre ses coreligionnaires. Appelé à Rouen en 1681, lorsque l'université de Sedan est supprimée, il ne peut rejoindre son poste, car la publication de *La Politique du clergé de France* le contraint à se réfugier à Rotterdam. Il y achève sa vie, partageant son temps entre l'enseignement de la théologie et l'église wallonne de Rotterdam, où il exerce les fonctions de pasteur. Depuis la Hollande, Pierre Jurieu poursuit ses controverses avec les catholiques, Maimbourg, Arnauld, et surtout Bossuet, et avec les théologiens protestants comme Pajou ou Bayle, pourtant son ami. D'un esprit pénétrant, mais irritable et exalté, il a publié de nombreux ouvrages, notamment des *Lettres pastorales adressées aux fidèles de France qui gémissent sous la captivité de Babylone* (1686 à 1689). À travers ces lettres, où il attaque la politique de Louis XIV, Jurieu exerce une grande influence sur les protestants français.

JUSTICE DÉLÉGUÉE

C'est la justice du Roi, laquelle tend avec l'absolutisme à concurrencer la justice seigneuriale et surtout les justices ecclésiastiques des officialités ou municipales.

Sous l'Ancien Régime, la notion de justice comprend aussi l'administration du royaume en tant qu'elle attribue à chaque sujet, selon sa place au sein de la société, ordres, privilèges et charges. Quant à dire le droit, si c'est la première fonction régalienne, le roi ne l'exerce pas lui-même, sauf justice retenue, mais la délègue à des magistrats professionnels répartis en « justices » distinctes. La justice « ordinaire » (civile et pénale) comprend quatre degrés de juridiction : parlements et conseils souverains (cours souveraines des provinces récemment annexées), présidiaux, bailliages et sénéchaussées, prévôtés et viguerie (viguiers).

La justice « extraordinaire » (d'attribution, c'est-à-dire spécialisée, en fait administrative et commerciale) est « souveraine » (supérieure) ou non : dans le premier cas se trouvent le Grand Conseil – qui tranche les conflits de juridiction, connaît des bénéfices mais sert aussi à court-circuiter les parlements –, la Cour des comptes, les cours des aides, la Cour des monnaies. En revanche, Chambre du trésor et bureaux de finances, hôtels des monnaies, maîtrises des Eaux et Forêts, tribunaux consulaires (tribunal de commerce), etc. sont des juridictions inférieures susceptibles d'appel.

Ces diverses juridictions s'appuient sur la coutume compilée par l'autorité royale dès la fin du XVe siècle, sur le droit romain dans la France du Sud, sur leur propre jurisprudence et naturellement les ordonnances royales. Au XVIIe siècle, la monarchie tente de rationaliser cet édifice : en 1629, le chancelier Michel de Marillac publie une grande ordonnance de réforme, connue sous le nom de code Michau ; sous Louis XIV, un conseil de réformation de la justice, où Colbert et son oncle Pussort exercent une influence décisive, rédige une série de six codes, dont l'ordonnance civile, ou code Louis, l'ordonnance des Eaux et Forêts, l'ordonnance criminelle, l'ordonnance commerciale. La justice a une grande importance sociale sous l'Ancien Régime. Elle n'est pas gratuite : les juges perçoivent de manière traditionnelle, malgré les prohibitions royales, des « épices », des contributions versées par les justiciables ; elle s'autonomise en de nombreux offices et juge chacun selon sa condition particulière, ce qu'abolit la Révolution française qui pose le principe de l'égalité de tous devant la loi et introduit les jurys d'assises populaires.

JUSTICE RETENUE

Par opposition à la justice déléguée, justice exercée personnellement par le roi dont la première fonction régalienne est de dire le droit.

Au haut Moyen Âge, la justice du roi ou du prince territorial, rendue lors d'assemblées de justice, vise moins l'application d'un droit abstrait, qui supposerait une société désarmée, qu'un arbitrage restaurant la paix entre les parties. Mais cette justice a des limites : seuls les hommes libres y ont recours et beaucoup de conflits se règlent par la voie de fait (la vendetta) ou par le compromis. Par ailleurs, le roi utilise le pouvoir judiciaire pour défendre ses droits et accroître ses biens : l'hériban, amende de 60 sous, sanctionne le refus de participation à la guerre, l'offense à la personne royale peut aboutir à la confiscation du patrimoine du coupable... En faisant bénéficier de sa justice les institutions ecclésiales ou certains pauvres, désarmés et sans seigneur, le roi les rattache spécialement à lui, d'où les notions de « libres du roi » ou, plus durables, d'« églises royales ».

La décomposition de l'empire carolingien à la fin du Xe siècle, puis la dissémination de l'autorité publique au XIe siècle réduit le ressort de la justice du roi à son seul domaine, favorisant l'essor des justices seigneuriales. Au XIIIe siècle, Philippe Auguste et surtout Saint Louis – dont la postérité a retenu l'image d'un souverain rendant la justice sous un chêne à Vincennes – reconstituent une hiérarchie des appels. Le roi a la faculté de connaître une affaire en en désaisissant la juridiction qui en est chargée (droit d'évocation), et de la trancher lui-même ou le plus souvent en son conseil des parties, section juridictionnelle du Conseil du roi. Indirectement, le roi peut aussi désigner une autre juridiction, en général le Parlement, pour juger une affaire délicate (droit de *« committimus »*). Si le Parlement regimbe contre son autorité, le souverain la lui impose par un lit de justice forçant l'enregistrement des édits : ainsi en 1655, lorsque naît la légende de la fameuse sentence « l'État, c'est moi » jamais prononcée par Louis XIV.

Cette justice royale qui casse toutes les jugements antérieurs et inférieurs est très sollicitée, essentiellement par les privilégiés. Le roi peut répondre aux placets qui font appel à sa justice, au pénal par des lettres de grâce (qui sont de réhabilitation, de rémission qui lève la peine, de commutation de peine) ou des lettres de cachet, au civil par des lettres de justice comme les lettres de naturalité. Mais la justice retenue du roi peut aussi s'exercer à distance, notamment au XVIe siècle, à travers les « chevauchées » ou visites d'inspection des commissaires royaux. Au XVIIe siècle, il s'agit plutôt de chambres de justice ou de Grands Jours. La justice retenue est un des instruments majeurs de l'absolutisme : l'évolution inverse, vers la monarchie constitutionnelle, passe en Angleterre par l'*Habeas corpus* (1679) qui découple l'exécutif et le judiciaire.

JUSTICE ROYALE : voir JUSTICE RETENUE

JUSTICE SEIGNEURIALE

Attribut de la puissance banale du seigneur châtelain qui commande, contraint et punit.

Cette justice des sires prend son essor au début du XIe siècle à l'ombre des premiers châteaux, alors que l'autorité des comtes – ou du roi dans son domaine – n'est plus reconnue au niveau local. Parallèlement s'accroît la dépendance des populations dans le cadre de la châtellenie. Dès la fin du XIIe siècle, la justice seigneuriale est à nouveau concurrencée par celle des princes – comtes ou ducs – et par la justice royale, qui superposent leur propre juridiction d'appel, du moins pour les justiciables puissants. Apparaît une culture juridique nouvelle au service des pouvoirs englobants que sont d'abord l'Église, l'État monarchique et princier ensuite. Mais la justice seigneuriale ne s'effrite qu'avec l'absolutisme, qui délègue sa justice à des cours et officiers (offices, justice déléguée) : au XVIIe siècle, la haute justice seigneuriale n'est plus guère vivace qu'en Bretagne... Au XVIIIe siècle, la réaction seigneuriale tente de réactiver ces pouvoirs de justice pour des raisons de prestige, mais aussi parce qu'ils sont sources de profitables amendes. Ils sont cependant de plus en plus mal supportés par les paysans soumis à une surveillance des travaux et des mœurs. La nuit du 4 août 1789, qui respecte la propriété seigneuriale, abolit en revanche droits sur les personnes et pouvoirs de justice.

Le seigneur juge parfois personnellement, notamment s'il doit trancher un litige entre ses vassaux, mais pour les justiciables ordinaires, il se fait représenter par un mayeur ou maire, ou un échevin. La justice seigneuriale s'articule en trois degrés. La haute justice ou « justice de sang », qui connaît des crimes de sang, emprisonne les accusés, les condamne éventuellement à mort et confisque leurs biens. Elle est servie par un appareil répressif – sergents, domestiques armés, carcans, instruments servant à punir et à exposer le coupable, fourches patibulaires, gibets à potences multiples qui symbolisent la haute justice... En principe, cette justice s'applique aussi aux nobles domiciliés dans la seigneurie, le seigneur haut-justicier peut ainsi soustraire ses justiciables à la juridiction royale. La moyenne justice traite des infractions frappées d'une amende lourde, d'un bannissement temporel ou d'une peine de fouet ou de bâton « légère ». La majeure partie des causes civiles en relèvent. La basse justice se limite aux petits délits punissables d'une amende modérée. C'est à elle qu'ont surtout affaire les paysans. S'y ajoute la justice foncière qui juge des contentieux portant sur les diverses redevances dues au seigneur.

JUVÉNAL des URSINS Guillaume (Paris, 1401 – Paris, 1472)

Chancelier.

Frère de Jean II Juvénal des Ursins. Conseiller au parlement de Poitiers en 1423, il abandonne quelque temps la magistrature pour les armes, afin de lutter contre les Anglais. Lieutenant du Dauphiné puis bailli de Sens, il devient chancelier en 1445 et joue, comme son frère, un rôle important auprès de Charles VII. Disgracié par Louis XI à son avènement (1461), il retrouve sa charge en 1465 et ouvre, trois ans plus tard, les états de Tours.

JUVÉNAL des URSINS ou JOUVENEL, Jean Ier (Troyes, 1360 – Poitiers, 1431)

Magistrat.

Issu d'une famille champenoise qui se prétend apparentée aux Orsini de Rome, il vient faire carrière à Paris. Conseiller au Châtelet en 1380, avocat au parlement de Paris en 1384, prévôt des marchands en 1389, enfin avocat du roi au Parlement en 1400, il soutient la cause de Charles VI devant les magistrats et fait attribuer la régence à Isabeau de Bavière en 1408. Jouvenel prend, en 1423, la tête des bourgeois modérés de la capitale contre les cabochiens, et contribue à l'élimination de ces derniers. Favorable à Charles VII et proscrit en 1418 par les Bourguignons, maîtres de la capitale, le magistrat devient l'année suivante président du parlement établi à Poitiers puis, en 1420, du parlement de Toulouse. Les Parisiens lui ayant offert l'hôtel des Ursins en remerciement, Jean Jouvenel a ajouté ce nom au sien.

JUVÉNAL des URSINS, Jean II (Paris, 1388 – Reims, 1473)

Magistrat et archevêque.

Fils du précédent, maître des requêtes en 1418, puis avocat général au parlement de Poitiers (1425), il entre dans les ordres, devenant chapelain de Charles VII, évêque de Beauvais (1432), de Laon (1444), et enfin archevêque de Reims (1449). Il fait partie des conseillers de Charles VII, participe au procès de Jacques Cœur, puis à la révision de celui de Jeanne d'Arc. On lui doit une *Chronique de Charles VI*, rédigée d'après les souvenirs de son père. Comme archevêque de Reims, Jean Juvénal des Ursins sacre Louis XI, mais ne joue pas auprès du nouveau souverain le rôle de conseiller qu'il possédait sous le règne précédent.

K

Kabylie

Région montagneuse de l'Algérie s'étendant à l'est d'Alger que l'on divise en Petite et Grande Kabylie, cette dernière étant ceinturée par le massif du Djurdjura.

Refuge traditionnel des populations sédentaires face aux divers envahisseurs de l'Afrique du Nord, la Kabylie a un peuplement original, principalement berbère, dont la langue, les coutumes et les traditions se sont solidement maintenues jusqu'à nos jours. La forte densité de la population a entraîné un morcellement du sol, à l'origine d'une émigration vers la région algéroise ou l'Europe. Éprise d'indépendance, la Kabylie a toujours été un foyer de résistance, tant lors des conquêtes romaine et arabe des VIIIe et IXe siècles, qu'au cours de l'intervention française. Après une première pacification effectuée par le maréchal Bugeaud, la région se soulève à partir de 1850 sous la conduite d'un ancien forçat se faisant passer pour marabout, Bou-Bagla, contre lequel Napoléon III envoie les généraux Pélissier et Bosquet. La mort du meneur ne met pas fin à la rébellion, qui redouble en 1857, nécessitant l'envoi de renforts aux ordres du général Randon. Celui-ci fait investir le massif du Djurdjura et y implante un fort destiné à la garnison, Fort-Napoléon, qui deviendra par la suite Fort-National. En 1871, le pays se révolte à nouveau, incitant le gouverneur général à tenter un essai de colonisation à l'aide de réfugiés alsaciens-lorrains. Foyer actif de rébellion à partir de 1955, la Kabylie constitue une zone permanente d'insécurité durant la guerre d'Algérie. Des maquis s'y maintiennent même épisodiquement à l'instigation d'opposants au régime d'Alger après l'indépendance.

Karikal

Ville de l'Inde, sur la côte de Coromandel à 250 km au sud de Madras, où se trouvait un établissement français.

Cédée en 1738 aux Français par le nabab de Tanjore, en échange de l'appui que lui accordait Dupleix contre les Mahrattes, la ville est presque aussitôt perdue, et n'est à nouveau acquise à la France qu'en février 1739. Tombée aux mains des Anglais en 1760, Karikal fait partie trois ans plus tard des cinq comptoirs laissés à la France par le traité de Paris. Placé sous la dépendance administrative de Pondichéry, le comptoir est alors géré par un chef de comptoir, aidé de quelques commis. Occupée par les Anglais à deux reprises, en 1778 et de 1803 à 1814, Karikal est restituée à la France par les traités de 1783 et de 1815. Déclarée autonome en 1949, la ville est annexée *de facto* par l'Inde en 1951 et lui est officiellement cédée en 1954.

Kellermann François Étienne Christophe, duc de Valmy (Strasbourg, 1735 – Paris, 1820)

Maréchal de France.

D'une famille originaire de Saxe, établie à Strasbourg au début du XVIIe siècle et enrichie dans le commerce, il est admis comme cadet dans le régiment de Lowendal en 1750. Officier en 1752, il fait la guerre de Sept Ans. En 1765, Louis XV le charge de mission en Pologne où il combat avec les volontaires de Vioménil (1770). Promu maréchal de camp en 1788, il accueille favorablement la Révolution et se voit confier le commandement en Alsace, dès que les émigrés commencent à former des rassemblements menaçants dans la vallée du Rhin. En mars 1792, il reçoit le brevet de lieutenant général. Un mois plus tard, la France déclare la guerre au roi de Hongrie et de Bohême et les circonstances vont faire de lui un soldat universellement célèbre.

Dès le début des hostilités, il est chargé de couvrir l'Alsace avec un petit corps pompeusement dénommé armée de la Sarre. Dans les premiers jours d'août, il réunit à ce commandement celui de l'armée du Rhin, puis, le 28 du même mois, celui de l'armée du Centre : en tout 22 000 hommes. La situation est alors des plus critiques. L'armée de la coalition conduite par le duc de Brunswick arrive sur la Meuse, où il ne se trouve pas un soldat pour lui barrer la route de Paris. C'est alors que Dumouriez, quittant la frontière du Nord, se porte en toute hâte sur l'Argonne dans l'espoir de pouvoir encore y arrêter l'ennemi. Kellermann reçoit l'ordre de le rejoindre. Parti de Metz le 4 septembre, il descend vers Châlons par un long détour, en traversant Bar et Vitry. Enfin, le 19 au soir, il rallie Dumouriez aux environs de Sainte-Ménehould. Il arrive à point nommé ; la bataille est imminente. Le 20 septembre, après une violente canonnade, l'armée prussienne se déploie vers midi devant les hauteurs de Valmy occupées par Kellermann. Elle s'attend à une déroute des Français. Mais, à sa grande surprise, ceux-ci résistent à toutes ses offensives. C'est la victoire de Valmy. Le nom de Kellermann sera désormais inséparable de ce premier succès de la Révolution dont Goethe disait le soir même qu'elle ouvrait « une nouvelle ère dans l'histoire du monde ».

Appelé en décembre 1792 au commandement de l'armée des Alpes, Kellermann réprime l'insurrection de Lyon (août-octobre 1793) et réoccupe la Savoie. Arrêté en octobre pour s'être montré trop indépendant du pouvoir, il subit treize mois de détention avant d'obtenir de passer en jugement. Acquitté (novembre 1794), il est réintégré (janvier 1795) et reprend le commandement de l'armée des Alpes. Mais en 1797, son armée, fondue avec celle d'Italie, passe sous les ordres de Bonaparte. C'est, à 62 ans, la fin de sa carrière active. Inspecteur général de la cavalerie (1798), il entre au Sénat en décembre 1799, après le 18 Brumaire, et sera un des quatre maréchaux honoraires créés par Napoléon lors de la proclamation de l'Empire. En 1805-1806, il commande le troisième corps de réserve ; en août 1807, il reçoit en majorat le domaine de Johannesberg, dans le Brisgau, puis, en 1808, il est enfin fait duc de Valmy. Gouverneur de la principauté de Hanau (1809), il commande en 1813 le corps d'observation du Rhin et organise les renforts destinés aux armées d'Allemagne. En 1814, il se rallie aux Bourbons, devient gouverneur de Strasbourg et fait partie, dès juin 1814, de la Chambre des pairs où il siège parmi les libéraux.

KELLERMANN François Étienne, duc de Valmy (Metz, 1770 – Paris, 1835)

Général.

Fils du précédent. Aide de camp de son père à l'armée des Alpes, arrêté lui aussi (octobre 1793-juillet 1794) puis libéré, il prend part à la campagne d'Italie (1796-1797). Bonaparte le remarque et le fait nommer général de brigade pour sa conduite à la bataille de Tagliamento en 1797. Mais c'est surtout pendant la bataille de Marengo que s'affirme son talent : c'est lui qui, vers le soir, au moment où Desaix entre en ligne, dirige la fameuse charge de cavalerie dont le succès provoque la déroute des Autrichiens. Promu général de division (1800), blessé à Austerlitz, il commande une des divisions du général Junot à l'armée du Portugal (1807) et, chargé de négocier la capitulation de Cintra, est assez habile pour obtenir de Wellington des conditions inespérées (23 août 1808). Puis il sert jusqu'en 1811 en Espagne, livrant notamment le fameux combat de Tormès, grand exploit de cavalerie (28 novembre 1809). Gravement malade, il ne participe pas à la campagne de Russie, mais se bat brillamment en Allemagne (1813), notamment à Lützen et Bautzen, et, pendant la campagne de France (1814), à Mormant et Saint-Dizier.

Rallié aux Bourbons et traité avec faveur par Louis XVIII, il ne reprend pas moins du service pendant les Cent-Jours et reçoit le commandement du 3e corps de cavalerie dans l'armée que l'Empereur conduit en Belgique. Le 16 juin 1815, aux Quatre-Bras, ses cuirassiers accomplissent contre les Anglais une charge restée légendaire, mais qui ne peut être exploitée. Le surlendemain, il est blessé à Waterloo. Disgracié au retour de Louis XVIII, il devient duc et pair à la mort de son père (septembre 1820), mais ne cache pas son hostilité au régime. En 1830, il se rallie à Louis-Philippe, vote à la Chambre des pairs pour la mort des ministres de Charles X, puis est rappelé à l'activité en 1831.

KERGUELEN (îles)

Archipel français de la partie méridionale de l'océan Indien situé à peu près à égale distance entre le cap de Bonne-Espérance et l'Australie.

Découvert en 1772 par Yves Kerguelen de Trémarec, parti à la recherche du continent austral, il s'agit d'un ensemble d'îlots et d'écueils d'origine volcanique. La principale émergence est l'île Kerguelen proprement dite, appelée également île de la Désolation, dénomination significative de cette éminence basaltique, partie supérieure d'un plateau dont le sommet atteint 1 960 mètres. L'océan a découpé dans les roches de la partie orientale des baies profondes, mais la végétation est médiocre, cette île de 3 700 km^2 étant très souvent plongée dans les brumes et la température moyenne annuelle atteignant 3°C seulement. D'innombrables colonies d'oiseaux de mer ont trouvé refuge sur cet archipel qui servit jadis de base aux baleiniers. En 1892, la France affirme officiellement ses droits sur cette terre, ce qui renforce sa présence dans l'océan Indien. Plus tard, trois bases scientifiques y sont construites, dont la plus importante, Port-aux-Français, en 1950.

KERGUELEN de TRÉMAREC Yves Joseph de (Quimper, 1745 – Paris, 1797)

Navigateur et explorateur.

Il donne son nom aux îles des mers australes qu'il a découvertes lors de sa première expédition en 1772. Durant les deux années suivantes, il retourne croiser dans les parages. C'est au cours de cette dernière expédition qu'il lui est reproché d'avoir abandonné une embarcation. Jugé par un conseil militaire, condamné à une peine d'emprisonnement, Kerguelen purge sa peine au château de Saumur, en 1775, et n'est libéré qu'à la faveur de la guerre d'Indépendance américaine, qu'il mène sur un navire corsaire. Réintégré dans son grade sous la Révolution, il est finalement écarté de la marine en raison de ses origines aristocratiques. Il se consacre alors à la rédaction de ses souvenirs de corsaire, publiés en 1796 et intitulés *Relation des combats et des événements de la guerre maritime de 1778 entre la France et l'Angleterre.*

KÉRILLIS Henri de (Vertheuil, Gironde, 1889 – New York, 1958)

Journaliste et homme politique.

Jusque dans la coïncidence chronologique de sa naissance et de sa mort, Kérillis incarne une République de combat : il naît dans une famille de marins au moment où l'affaire Schnaebelé et la popularité du général Boulanger montrent une France prête à la revanche ; il meurt après un exil de dix-huit ans aux États-Unis, un mois avant le retour aux affaires d'un général de Gaulle dont il avait été l'un des rares soutiens en 1940 avant de lui décocher en 1945 un pamphlet, *De Gaulle dictateur*, pour cause, selon lui, de trahison républicaine. Son statut de « vigie » nationaliste de la République tient d'abord à sa réputation de courage militaire. Pendant la Première Guerre mondiale, il fait la bataille de la Marne, puis réalise 250 missions aériennes, est blessé et reçoit six citations plus la Légion d'honneur. S'y ajoute un talent certain de journaliste, d'abord à *L'Écho de Paris* (1925-1937) puis à *L'Époque* (1937-1940), feuilles nationalistes dans lesquelles il s'inquiète de l'isolement diplomatique français (1925-1929), prône un rapprochement stratégique avec l'URSS (1934) malgré son anticommunisme, soutient une entente avec l'Italie (1935) puis, à la suite des événements de 1936, prédit une guerre jugée inévitable (« Français, voici la guerre ») qu'à ses yeux les gouvernements préparent mal et trop lentement. Kérillis use également de la tribune de l'Assemblée (il est député de Neuilly depuis 1936) pour dénoncer les concessions faites à l'Allemagne, sa hantise permanente. Il est ainsi le seul député de droite, le 4 octobre 1938, à refuser d'approuver les accords de Munich, ce qui lui vaudra une réputation de visionnaire lucide après la défaite de mai-juin 1940, alors qu'il se distingue plus par sa fougue imprécatoire que par des idées, très conformes au credo militariste et nationaliste défendu par les Croix-de-Feu (puis PSF). La défaite et l'occupation l'incitent à fuir aux États-Unis où il se fait le propagandiste d'une France combattante sous la houlette anglo-saxonne. À partir de 1942, il participe au journal *Pour la victoire*, à l'origine, par ses positions atlantistes, de sa rupture avec de Gaulle.

KÉROUALLE Louise Renée de, duchesse de Portsmouth, duchesse d'Aubigny (près de Brest, 1649 – Paris, 1734)

Favorite royale.

Elle appartient à la maison d'Henriette, duchesse d'Orléans, et l'accompagne en Angleterre en 1670. Louis XIV a, en effet, décidé d'envoyer sa belle-sœur en ambassade auprès de Charles II d'Angleterre, son frère. Belle, intelligente, Louise de Kéroualle séduit le souverain et reste en Angleterre lorsque Henriette regagne la France, après avoir conclu avec son frère le traité secret de Douvres (décembre 1670). Avec l'appui de l'ambassadeur de France Colbert de Croissy, Louise devient bientôt la maîtresse du roi, exerçant sur lui une influence considérable : elle appuie le ministère dit *Cabal*, dirigé par Buckingham, infléchit la politique extérieure de l'Angleterre dans un sens favorable à la France et, à l'intérieur, pousse le souverain à restreindre les pouvoirs du Parlement. Lorsqu'elle donne à Charles II un fils, alors que la reine reste stérile, le monarque la fait duchesse de Portsmouth, reconnaît l'enfant et le fait duc de Richmond et de Lennox (1673). De son côté, Louis XIV récompense ses services en lui offrant le titre de duchesse d'Aubigny. Fort impopulaire, elle est haïe du Parlement anglais qui tente en vain de l'éloigner, mais Charles II intervient personnellement en sa faveur, et la duchesse de Portsmouth restera aux côtés du duc d'York, devenu roi à la mort de ce dernier en 1685, sous le nom de Jacques II. En 1688, lorsque Guillaume d'Orange, débarqué sur le sol anglais, chasse le souverain de son trône, Louise accompagne le fugitif en France, emmenant avec elle le jeune duc de Richmond. Elle termine ses jours dans son pays natal.

KERSAINT Armand Guy Simon de COETNEMPREN, comte de (Le Havre, 1742 – Paris, 1793)

Amiral et homme politique.

Son père, Guy François de Coetnempren, comte de Kersaint fut nommé chef d'escadre en 1756. Armand de Kersaint entre dans la marine à l'âge de 16 ans. Capitaine de vaisseau en 1782, il se signale la même année en enlevant aux Anglais, par surprise, leurs établissements du Surinam. Favorable au parti philosophique, il publie à la veille de la Révolution, sous le titre *Le Bon Sens*, un opuscule dans lequel il flétrit les ordres privilégiés. Au début de la Révolution, il présente à la Constituante un projet de reconstruction de la marine, les *Institutions navales*, dans lequel il préconise l'utilisation du système anglais de la presse (enrôlement forcé). Député suppléant de Paris à la Législative, Kersaint siège à l'Assemblée à partir du mois de janvier 1792, à la suite de la démission de Monneron, et rejoint les bancs de la Gironde. Élu de la Seine-et-Oise à la Convention, siégeant toujours au sein des Girondins, et nommé vice-amiral, il se spécialise dans les questions navales, tout en contribuant à la création de la légion des Allobroges et du Comité de sûreté générale.

Lors du procès du roi, le député de Seine-et-Oise se prononce en faveur de l'appel au peuple et du sursis puis démissionne lorsque Louis XVI est condamné à mort. Appelé devant la Convention, il comparaît courageusement, mais refuse de réintégrer l'Assemblée, vivant dès lors dans la retraite. La chute et la condamnation des Girondins, le fait aussi qu'un de ses frères ait émigré, provoquent sa perte : arrêté comme suspect et enfermé à l'Abbaye, il est condamné à mort et guillotiné.

KLÉBER Jean-Baptiste (Strasbourg, 1753 – Le Caire, 1800)

Général.

Fils d'un tailleur de pierre, orphelin très jeune, il commence par étudier l'architecture mais doit, faute d'argent, abandonner ses projets. En 1776, il est amené à prendre la défense de deux gentilshommes allemands ; pour exprimer leur reconnaissance, ceux-ci lui offrent l'accès à l'École militaire de Munich, d'où il sort, quelques mois plus tard, avec le grade de sous-lieutenant. Officier dans l'armée autrichienne, Kléber donne sa démission en 1785, toute promotion lui étant interdite du fait de sa modeste origine. Il devient

Jean-Baptiste Kléber
Le général à Saint-Jean d'Acre. Huile sur toile de Géricault, Rouen, musée des Beaux-Arts. © *Lauros-Giraudon*

inspecteur des bâtiments publics en Alsace. On lui doit notamment la construction du château de Grandvillars, de l'hôpital de Thann et de plusieurs autres établissements.

Sous la Révolution, la carrière des armes s'ouvre de nouveau à Kléber. Garde national, lieutenant-colonel en 1792, il prend part à la défense de Mayence en 1793. Promu général de brigade au mois d'août, il est envoyé à l'armée de l'Ouest afin de combattre les insurgés vendéens et se distingue au cours de nombreux engagements. Il est nommé général de division à la fin de cette même année, après avoir remporté les batailles du Mans et de Savenay en décembre 1793. Au mois de juin 1794, il passe à l'armée de Sambre-et-Meuse et contribue largement à plusieurs victoires, dont celles de Charleroi le 16 et de Fleurus le 26, et à la prise de Francfort un mois plus tard ; mais son caractère trop impulsif lui attire l'inimitié de ses compagnons d'armes, dont Jourdan. Cette mésentente le pousse à donner sa démission de l'armée au mois de décembre 1796. Toutefois, il est appelé en 1798 à la tête de l'armée d'Orient. Il suit Bonaparte en Égypte mais, grièvement blessé lors de l'attaque d'Alexandrie, le 2 juillet 1798, demande à regagner la France. Bonaparte le persuade de rester à ses cotés. Le futur Empereur, qui dira un jour de lui : « Rien n'est beau comme Kléber un jour de combat », avait en effet déjà remarqué les qualités de ce soldat.

Pendant l'expédition de Syrie, Kléber se distingue encore, notamment au mont Thabor où, attaqué par les Mamelouks, il remporte une des plus brillantes victoires de la campagne. Puis, lorsque Bonaparte quitte l'Égypte au mois d'août 1799, ce dernier lui confie le commandement en chef de l'armée. Toutefois, malgré sa bravoure, Kléber ne peut que négocier avec les Anglais et les Turcs le repli de ses troupes, et signe, avec Sidney Smith, la convention d'El-Arich (24 janvier 1800). Mais l'amiral Keith refuse de sanctionner l'accord. Après la prise du Caire et la bataille d'Héliopolis (20 mars), la situation redevient favorable à un processus de pacification effective. Alors qu'il se trouve au Caire, Kléber est assassiné par un jeune Turc fanatisé et soldé par le Grand Vizir Youssouf (le vaincu d'Héliopolis). Le corps du général sera d'abord ramené à Marseille, au château d'If, en 1801, avant d'être transféré, en 1818, dans sa ville natale.

KŒLTZ Louis Marie (Besançon, 1884 – Paris, 1970)

Général.

Sorti de l'École de Saint-Cyr, affecté à une unité d'infanterie en 1905, versé à une section d'état-major en 1914, il se spécialise dans l'étude des armées étrangères, ce qui le qualifie pour servir ensuite au 2e Bureau, de 1926 à 1935. De l'état-major de la VIIIe armée, stationnée en Haute-Alsace en 1939, Kœltz passe au Grand-Quartier général en 1940, avant que le régime de l'armistice ne l'affecte en 1941 au commandement du 19e corps d'armée à Alger. Agissant en étroite collaboration avec le général Juin lors du débarquement allié en Afrique du Nord (novembre 1942), il reprend bientôt le combat et conduit ses troupes en Tunisie. À leur tête, il fait la démonstration de ses qualités d'habile tacticien en tenant fermement la « dorsale » montagneuse des djebels, notamment en février 1943, lors de l'offensive de Rommel contre la région de Tebessa. En avril-mai, le 19e corps participe à la capitulation des forces de l'Axe au cap Bon. Chef de la mission militaire en Allemagne en 1945, le général Kœltz couronne sa carrière en représentant la France au Conseil interallié de Berlin de 1945 à 1946. Ses connaissances des armées étrangères, notamment l'armée allemande, lui ont permis d'écrire de très intéressantes études sur le Grand-Quartier général allemand, sur les événements de 1918 vus du côté allemand et sur la préparation de l'offensive à l'Ouest de mai 1940.

KŒNIG Marie Pierre (Caen, 1898 – Neuilly-sur-Seine, 1970)

Maréchal de France.

D'origine alsacienne, engagé volontaire en 1917, il termine la Première Guerre mondiale comme officier, avec trois citations. Entré à Saint-Maixent après la fin du conflit, il rejoint ensuite la Légion étrangère et prend part à la pacification du Rif marocain. Nommé capitaine en 1939, Kœnig participe à l'expédition de Norvège, puis, ramené en Grande-Bretagne, se rallie au général de Gaulle après l'armistice. En septembre 1940, il participe ainsi à l'opération par laquelle de Gaulle tente de débarquer à Dakar. Après l'échec de cette tentative, Kœnig combat au Gabon et en Syrie. Nommé général en juillet 1941, il commande la 1re brigade française libre, engagée contre l'Afrikakorps de Rommel. À la fin du mois de mai 1942, ses hommes arrêtent à Bir Hakeim l'avance de Rommel en Libye. Leur résistance héroïque, qui se poursuit jusqu'au 11 juin, retarde la progression allemande et permet aux Anglais de se replier vers l'Égypte. Commandant en chef des Forces françaises de l'intérieur (1944), le général Kœnig est nommé gouverneur de Paris après la libération de la capitale (août 1944).

Il commande ensuite la zone française d'occupation en Allemagne (1945-1949), puis devient inspecteur général de l'ensemble des forces d'Afrique du Nord (1949-1951). Vice-président du Conseil supérieur de la guerre en 1950, Kœnig abandonne bientôt le service actif pour la politique : député RPF du Bas-Rhin en 1951, réélu en 1956, il occupe à deux reprises le ministère de la Défense nationale, en 1954 et 1955, dans les cabinets Mendès France et Edgar Faure. En 1958, il démissionne pour manifester son opposition à la Communauté européenne de défense (CED), et au retour de Mohammed V sur le trône chérifien. Il restera à l'écart de la vie politique sous la Ve République. Il est fait maréchal de France à titre posthume (1984).

Koufra

Oasis de Libye, dans le sud de la Tripolitaine.

Occupée en 1931 par Graziani au nom du gouvernement italien, Koufra est, pendant la Seconde Guerre mondiale, le théâtre du premier haut fait d'armes des Forces françaises libres. Parti au début de l'année 1941 de Fort-Lamy avec une troupe misérablement équipée, le général Leclerc réussit à franchir 1 600 kilomètres de désert et à faire capituler la garnison italienne du fort (1er mars 1941). C'est alors qu'avec ses hommes il prononce le célèbre « serment de Koufra » : « Nous ne nous arrêterons que quand le drapeau français flottera aussi sur Strasbourg. »

Krach de l'Union générale : voir Union générale (krach de l')

Le général Kœnig
Avec le maréchal Montgomery (à dr.) sur les Champs-Élysées le 25 mai 1945. © *Lapi-Viollet*

L

LA BARRE Antoine LEFEBVRE de (Crépy-en-Valois, 1622 – Paris, 1688)

Administrateur.

Conseiller au Parlement, maître des requêtes, intendant du Bourbonnais et de l'Auvergne, puis de Paris, il abandonne ensuite l'administration pour la marine, où il atteint le grade de capitaine de vaisseau. Gouverneur de la Guyane en 1663, il reprend Cayenne aux Hollandais. Nommé en 1666 lieutenant général, et gouverneur de la Martinique, La Barre contraint les Anglais à lever le blocus de Saint-Christophe. Sous son administration, et après un accord passé avec la Compagnie des Indes, le commerce antillais s'ouvre aux marchands français et étrangers, comme le souhaitaient les colons. En 1682, il remplace Frontenac comme gouverneur de la Nouvelle-France, mais se montre incapable d'assumer sa charge, subissant plusieurs échecs contre les Iroquois. La Barre s'oppose aussi à Cavelier de La Salle, l'accusant de pousser à bout les Iroquois par ses expéditions, et celui-ci le fait rappeler en 1685.

LA BARRE Jean François LEFEBVRE, chevalier de (Abbeville, 1747 – Abbeville, 1766)

Gentilhomme.

Accusé d'avoir mutilé un crucifix et blasphémé en chantant des chansons irreligieuses à la fin d'un repas, il est arrêté en 1765 dans sa ville natale. Sont interpellés en même temps trois jeunes gens suspectés comme lui d'avoir croisé, sans se découvrir, une procession dans laquelle se trouvait le saint sacrement. Le 28 février 1766, le présidial d'Abbeville condamne le chevalier de La Barre et son compagnon d'Étallonde à avoir la langue et la main droite tranchées, avant d'être brûlés vifs. D'Étallonde s'échappe, tandis que La Barre fait appel du jugement devant le parlement de Paris qui, le 5 juin, par mesure de clémence, ordonne qu'il soit décapité avant d'être placé sur le bûcher. Soumis à la question le jeune homme déclare n'avoir pas eu de complice, et meurt après avoir consolé son confesseur. Le bourreau brûle le *Dictionnaire philosophique* de Voltaire en même temps que son corps. Réclamée vainement par Voltaire, la réhabilitation de sa mémoire sera accordée par la Convention le 25 brumaire an II. Le chevalier de La Barre a été considéré au XIXe siècle comme un martyr de la libre pensée.

LABAT Jean-Baptiste (Paris, 1663 – Paris, 1738)

Missionnaire dominicain.

Supérieur de la mission des Antilles (1693), il réside à la Martinique, au fonds Saint-Jacques, où il crée une distillerie modèle, et à la Guadeloupe, où il fonde la ville de Basse-Terre. Là, en 1702, il réunit une troupe de Noirs pour repousser les attaques des Anglais. Labat, rentré en Europe en 1705, publie un assez grand nombre d'ouvrages, dont trois remarquables relations d'après différents voyageurs sur la Guyane, l'Afrique et l'Éthiopie, et surtout son fameux *Voyage aux isles de l'Amérique* (1722), souvent réédité.

LA BÉDOYÈRE Charles Angélique HUCHET, comte de (Paris, 1786 – Paris, 1815)

Général et homme politique.

Ayant embrassé la carrière militaire à l'âge de 20 ans, il participe aux campagnes napoléoniennes de 1806-1807 et devient aide de camp de Lannes. Blessé à Essling le 13 mai 1809, il prend part à la campagne de Russie en 1812, avec le grade de colonel. Puis, avec la première abdication de Napoléon, La Bédoyère, sur les instances de sa famille, semble faire allégeance à la Restauration. Mais, chargé par Marchand d'arrêter l'Empereur exilé au moment du retour de l'île d'Elbe, il se porte au-devant de Napoléon et, à la tête de 1 800 hommes, il se rallie, avec tout son régiment, à la cause impériale. Ce revirement lui vaut d'être considéré comme renégat à la couronne royale ; en revanche, il est promu par Napoléon général de division, puis pair de France en juin 1815. Après avoir participé à la bataille de Waterloo, La Bédoyère siège à la Chambre des pairs et se prononce, sur le problème de la succession de Napoléon, en faveur du roi de Rome. Avec le retour des Bourbons, il doit s'enfuir. Arrêté alors qu'il tentait de gagner la Suisse, jugé devant un conseil de guerre, il est condamné à mort le 15 août 1815. Malgré l'habileté de son avocat, Benjamin Constant, les exhortations de sa famille auprès de Louis XVIII et le pourvoi intenté contre le jugement, il est fusillé, le 19 août, dans la plaine de Grenelle.

LABORDE Jean de (Chantilly, 1878 – Castillon-la-Bataille, 1977)

Amiral.

Après avoir servi dans l'aéronavale durant la Première Guerre mondiale, il demeure dans son arme d'origine en dirigeant le *Béarn*, premier, unique et très modeste porte-avions de la flotte française de l'entre-deux-guerres. Vice-amiral, préfet maritime de Bizerte de 1932 à 1936, amiral en 1938, Laborde reçoit au début de la guerre le commandement d'une escadre. Le régime de l'armistice lui confie le commandement de celle qui a réintégré Toulon après la destruction de la flotte française par les Anglais, le 3 juillet 1940 à Mers el-Kébir. C'est ainsi que l'amiral va se trouver placé dans une situation délicate en novembre 1942, lors du débarquement allié en Afrique du Nord et de l'irruption de la Wehrmacht dans le midi de la France. Les ordres, donnés naguère par Darlan dans une pareille éventualité, consistent à saborder les navires. Cependant, de Vichy, Laborde reçoit du président du Conseil Laval l'instruction de « temporiser ». D'Alger, Darlan ordonne à Laborde d'appareiller et de venir le rejoindre, ce que celui-ci, par anglophobie, refuse de faire. Le 12 novembre, les Allemands se trouvent devant Toulon. Durant quinze jours, la ville demeure l'ultime vestige de la zone non occupée, situation à laquelle les Allemands mettent fin à l'aube du 27 novembre. Aussitôt les ordres de sabordage sont exécutés. Plus de 220 000 tonnes de bâtiments sont ainsi immergés dans la rade, parmi lesquels les cuirassés *Dunkerque*, jusqu'alors en cale sèche, et *Strasbourg*. Seuls cinq sous-marins (dont les commandants ont désobéi) larguent les amarres et prennent le large pour gagner Alger ou l'Espagne. Arrêté en 1945 pour ne pas avoir rallié l'Afrique du Nord avec sa flotte, Laborde est traduit deux ans plus tard devant la Haute Cour de justice qui le condamne à la détention perpétuelle. Il sera amnistié par la suite.

LABORDE Jean Joseph, marquis de (Jaca, Espagne, 1724 – Paris, 1794)

Financier.

Fermier général, il amasse une immense fortune qui fait bientôt de lui le véritable banquier de la Cour. Il prête notamment de l'argent au gouvernement pour financer la guerre de Sept Ans. Devenu marquis, il entreprend à Paris la construction du quartier de la Chaussée d'Antin où une rue porte son nom. Après avoir acquis les terres de Saint-Ouen, de Saint-Leu, de La Ferté-Vidame, il transforme son château de Méréville en une résidence fastueuse où, se piquant de littérature et de musique, il reçoit artistes et écrivains. Traduit en 1793 devant le Tribunal révolutionnaire, Laborde est guillotiné le 18 avril 1794.

LA BOURDONNAIS Bertrand François MAHÉ, comte de (Saint-Malo, 1699 – Paris, 1753)

Marin et administrateur.

Entré en 1718 au service de la Compagnie des Indes, nommé capitaine en 1724, il se distingue l'année suivante à la prise de Mahé, dont il portera le nom. Gouverneur des îles Mascareignes en 1735, La Bourdonnais s'installe à l'île de France. Remarquable administrateur, il entreprend le développement économique de l'île et la construction de Port-Louis. À son retour en France en 1740, il reçoit aussitôt, avec le grade de capitaine de frégate, le commandement d'une escadre de guerre, avec laquelle il gagne les rivages de l'Inde et participe à la guerre franco-anglaise. Appelé à l'aide par Dumas, il délivre à nouveau Mahé en décembre 1741. Cinq ans plus tard, à la demande de Dupleix bloqué dans Pondichéry, La Bourdonnais livre à l'amiral anglais Peyton, au large de Negapattinam, une bataille assez indécise. Déjà, de profondes divergences l'opposent à Dupleix, favorable à la conquête pacifique, alors que lui-même veut utiliser la force. En septembre 1746, La Bourdonnais assiège les Anglais dans Madras et les contraint à capituler. À la grande fureur de Dupleix, qui songe à le faire arrêter, La Bourdonnais n'ordonne pas le démantèlement des fortifications de la ville et, par les termes mêmes de la capitulation, laisse aux Anglais la possibilité de la récupérer moyennant le versement d'une rançon. Quittant l'Inde au mois d'octobre, il regagne son gouvernement de l'île de France, où il trouve à sa place un nouveau gouverneur nommé par Dupleix. Deux ans plus tard, La Bourdonnais regagne la France dans l'intention de se disculper : accusé de mauvaise gestion et de spéculation, il est jeté à la Bastille au mois de mars 1748, et passe deux ans au secret, sans pouvoir se défendre. L'ancien gouverneur des Mascareignes parvient enfin à se faire entendre en 1751 et, acquitté au terme de son procès, recouvre la liberté. Malade et ruiné, il occupe les derniers mois de sa vie à répandre divers mémoires contre Dupleix.

La Bédoyère
Exécution de La Bédoyère dans la plaine de Grenelle. Gravure. © *Sélection Images*

LA BOURDONNAIS François Régis de, comte de La Bretèche (La Brenne, Anjou, 1767 – château de Mésangeau, Maine-et-Loire, 1839)

Homme politique.

Il émigre en 1791 et rejoint comme officier les rangs de l'armée du prince de Condé, puis ceux de l'Armée catholique et royale, en Vendée. L'amnistie d'avril 1802 lui permet de reparaître au grand jour et de devenir maire d'Angers, mais Napoléon lui refuse ensuite une place au Sénat. Député du Maine-et-Loire à la Chambre introuvable de 1815, l'ancien émigré prend place parmi les chefs des ultras et se manifeste par son acharnement contre ceux qu'il appelle les révolutionnaires. À l'occasion de la discussion du projet de loi d'amnistie, notamment, La Bourdonnais réclame « des entraves, des fers, des bourreaux ». En 1818, il combat la loi sur la conscription, dite loi Gouvion Saint-Cyr, notamment l'avancement à l'ancienneté, et s'oppose ensuite à l'entrée à la Chambre de l'abbé Grégoire, qu'il veut poursuivre comme régicide.

En 1827, en revanche, le député ultra combat la loi dite de « Justice et d'Amour », car il est favorable à la liberté de la presse. Après avoir lutté contre le ministère Villèle (1827), puis contre celui que dirige Martignac, La Bourdonnais entre dans le ministère Polignac avec le portefeuille de l'Intérieur (1829). La presse l'attaque alors, rappelant le surnom d'« homme aux catégories » que lui valut, au début de la Restauration, un projet de loi qui tendait à exempter de l'amnistie accordée à la suite du « complot du 20 mars » (appréciation légitimiste désignant le retour de Napoléon de l'île d'Elbe) certaines catégories de condamnés. Démissionnaire en avril 1830, La Bourdonnais devient ministre d'État, le roi le nommant membre du Conseil privé, et pair. Il se consacre à l'organisation de l'École des chartes et abandonne la vie publique après la révolution de 1830. Decazes le surnommait le « Tigre à froid », car son attitude était aussi froide que ses théories véhémentes.

LA BROSSE ou LA BROCE ou LA BROUE Pierre de (? – Montfaucon, 1278)

Chambellan.

Gentilhomme d'origine tourangelle, il est chirurgien et valet de chambre de Saint Louis, avant de devenir son chambellan en 1266 pour l'avoir guéri d'un mal de jambe. Il prend alors un ascendant considérable sur l'esprit du futur roi Philippe III le Hardi qui fait de lui son conseiller préféré, son « compère » dès 1269 et qui, une fois devenu roi, le comble de titres et de dons : La Brosse devient notamment sire de Langeais, de Châtillon-sur-Indre, de Damville. Mais son influence fléchit lorsque le roi épouse, en 1274, Marie de Brabant. Autour de la nouvelle reine, dont Philippe III semble fort épris, se forme bientôt une coterie, dite des Brabançons, à laquelle se rattachent tous ceux qui jalousent le chambellan. Ce parti des Brabançons a finalement raison de lui. Arrêté pour des raisons restées mystérieuses, Pierre de La Brosse est pendu en juin 1278 au gibet de Montfaucon, sans avoir été admis à se défendre.

LA CATHELINIÈRE Louis RIPAULT de (? – Nantes, 1794)

Chef vendéen.

Dans les derniers temps de la Vendée militaire, son autorité s'exerce sur le marais de Retz. Il doit se porter au secours de Charette qui a pris Machecoul en décembre 1793, mais les troupes républicaines s'emparent de la place avant qu'il ait eu le temps d'arriver. Pris dans sa maison de Frossay, près de Paimbœuf, il est condamné à mort et exécuté.

LA CHAISE François D'AIX de, dit LE PÈRE (Aix, Forez, 1624 – Paris, 1709)

Confesseur de Louis XIV.

Petit-neveu de l'ancien confesseur des rois Henri IV et Louis XIII, ce jésuite enseigne tout d'abord dans deux collèges lyonnais avant de prendre rang de provincial de son ordre, auquel il appartient depuis 1649. En 1675, Louis XIV le distingue et le nomme confesseur royal. Durant trente-quatre ans, le père La Chaise remplit cette fonction avec compétence, exerçant une influence indéniable sur le roi. Celui-ci se sépare, par exemple, de Mme de Montespan et se lie à Mme de Maintenon, fervente dévote. Passant aux affaires du royaume, le père La Chaise pousse

Louis XIV à révoquer l'édit de Nantes (1685). En récompense de ses loyaux services, le roi contribue à embellir la maison des jésuites de Paris, domaine qui porte alors le nom de Mont-Louis, où le père La Chaise se retire volontiers pour méditer. Son nom demeure attaché à ce site sur lequel la municipalité parisienne, par la suite, installera le cimetière du Père-Lachaise.

LA CHALOTAIS Louis René de CARADEUC de (Rennes, 1701 – Rennes, 1785)

Magistrat.

Procureur général au parlement de Rennes, ce voltairien éclairé lance contre les Jésuites des *Comptes rendus* qui le rendent célèbre et contribueront à l'abolition de l'ordre en France (1764). Puis, entraînant derrière lui toute la noblesse bretonne dans la défense de ses privilèges locaux, il prend la tête de l'opposition des états de Bretagne et du parlement de Rennes contre le représentant du roi, le gouverneur d'Aiguillon. Impliqué dans une obscure histoire de lettres anonymes adressées à Louis XV, il est interné à Saint-Malo par lettre de cachet (1765). Cette incarcération fait immédiatement de lui le martyr de la Bretagne et de la liberté, victime du despotisme royal. Le roi cède, provisoirement, devant l'ampleur de l'agitation qui gagne Paris et bientôt tout le royaume. S'il tient le 3 mars 1766 un lit de justice dans lequel il fustige sévèrement les magistrats, cet acte d'autorité est sans lendemain. La Chalotais est simplement exilé à Saintes en 1767, et le parlement de Rennes, rétabli dès 1769, réclamera et obtiendra le rétablissement de son procureur général dans ses fonctions.

LACENAIRE Pierre François (Lyon, 1803 – Paris, 1836)

Criminel.

Fils d'un négociant lyonnais, il fait des études bourgeoises classiques avant de se marginaliser au cours d'une vie d'errance. Après plusieurs malversations qui lui valent la prison, il est arrêté en 1834 pour un double assassinat. Au cours de son procès l'année suivante, son sens de la répartie et son esprit de provocation le rendent célèbre, et il reçoit dans sa prison de nombreux visiteurs. Avant son exécution, il a le temps d'écrire des poèmes et surtout ses *Mémoires et Révélations* (publiés expurgés l'année de sa mort) qui achèvent d'assurer sa notoriété. Il a inspiré les écrivains romantiques comme Théophile Gautier et Victor Hugo et, au XXe siècle, Jacques Prévert et Marcel Carné pour *Les Enfants du paradis*.

LACLOS Pierre Ambroise CHODERLOS de (Amiens, 1741 – Tarente, Italie, 1803)

Général et écrivain.

Capitaine d'artillerie en 1778, il se rend célèbre quatre ans plus tard en publiant un roman, *Les Liaisons dangereuses*. Devenu en 1788 secrétaire des commandements du duc d'Orléans, futur Philippe Égalité, sur qui il exerce une grande influence, il joue un rôle important au début de la Révolution, rédigeant des pamphlets pour le chef de la branche cadette et des articles pour *Le Journal des amis de la Constitution*. Avec Brissot, il met ensuite au point la pétition qui provoquera le rassemblement du Champ-de-Mars. Membre du club des Jacobins, commissaire aux armées, il travaille à la réorganisation de l'artillerie, avant d'être nommé chef d'état-major de l'armée des Pyrénées. Compromis et emprisonné après la trahison de Dumouriez, remis en liberté, il est de nouveau emprisonné à la mort de Philippe Égalité et sauvé par le 9 Thermidor. Réintégré dans l'armée par Carnot en 1800, avec le grade de général de brigade, il est inspecteur général de l'artillerie de l'armée de Naples quand il meurt de maladie. Après le succès de son roman, Choderlos de Laclos n'avait guère publié que des ouvrages militaires, comme un *Éloge de Vauban*.

LACORDAIRE Jean-Baptiste Henri (Recey-sur-Ource, Côte-d'Or, 1802 – Sorèze, Tarn, 1861)

Prédicateur.

Inscrit de 1822 à 1824 au barreau de Paris, cet ancien élève du lycée de Dijon possède un don oratoire qui impressionne le grand Berryer lui-même. Mais, en 1824, le jeune Lacordaire abandonne la robe d'avocat pour celle de séminariste. Sorti du collège de Saint-Sulpice en 1827, aumônier au couvent de la Visitation puis au collège Henri-IV, il se lie avec son collègue Lamennais et collabore en 1830 au journal *L'Avenir*. Cependant, les deux hommes rompent leurs relations lorsque Lamennais prend ses distances avec le Vatican. C'est le moment où l'ancien avocat donne la pleine mesure de son talent en tenant avec brio la chaire de Notre-Dame, de 1834 à 1836. Un voyage à Rome prélude alors à sa conversion à l'ordre des Dominicains, dont il prend l'habit au couvent de Minerve (1839). Revenu en France, le père Lacordaire consacre tous ses efforts à la restauration de cet ordre tout en continuant ses brillantes conférences, dans lesquelles on note un lyrisme en accord avec le romantisme de l'époque. Élu député des Bouches-du-Rhône à l'Assemblée nationale de 1848, il se lasse cependant assez vite des jeux de la politique et démissionne deux ans plus tard pour essayer d'obtenir du pape l'instauration de couvents de Dominicains dans la France entière, souhait exaucé entre 1851 et 1854. Nommé provincial, l'ex-prédicateur s'installe à Sorèze, dans le Tarn, où il dirige le collège libre. Il y demeurera jusqu'à sa mort, n'interrompant cette retraite que pour quelques interventions très remarquées à Paris et à Toulouse et une réception à l'Académie française en 1860, en remplacement d'Alexis de Tocqueville.

LAENNEC René (Quimper, 1781 – Kerlouenec, Finistère, 1826)

Médecin.

Médecin à l'hôpital Beaujon (1814), puis à Necker (1816), il occupe à partir de 1822 la chaire de médecine au Collège de France. Il fait faire des progrès décisifs dans la connaissance des maladies du cœur et des poumons en inventant le stéthoscope. Par ailleurs, il se spécialise dans l'étude des tumeurs cancéreuses, principalement la cirrhose atrophique du foie, dite cirrhose de Laennec.

Choderlos de Laclos
Pastel attribué à Joseph Ducreux, châteaux de Versailles et Trianon. © *RMN-Gérard Blot*

LAFARGUE Paul (Santiago de Cuba, 1824 – Draveil, 1911)

Homme politique.

Il adhère à la Ire Internationale et épouse à Londres la fille de Karl Marx. Rentré en France, il devient un des proches collaborateurs de Jules Guesde avec qui il fonde le Parti ouvrier français (1880) et son organe, *Le Socialiste* (1880-1904). Élu député de Lille en 1885, il participe en 1889 à la fondation de la IIe Internationale. Mais son mandat n'est pas renouvelé en 1893 et il se consacre alors à la propagande marxiste, condamnant notamment avec vigueur la participation de Millerand au gouvernement Waldeck-Rousseau (1899). Pour fuir la vieillesse, il se suicide avec sa femme. Il avait notamment écrit un *Cours d'économie socialiste* (1884), *Le Communisme et l'évolution économique* (1892), *Le Socialisme et la conquête des pouvoirs publics* (1899).

LA FAYETTE Gilbert MOTIER de (?, v. 1380 – ?, 1462)

Maréchal de France.

Descendant d'une grande famille d'Auvergne, il est élevé auprès du duc Jean Ier de Bourbon, auquel il restera fidèle sa vie entière. Nommé en 1409 capitaine de Gênes puis, l'année suivante, sénéchal du Bourbonnais, La Fayette se couvre de gloire au cours des guerres menées contre les Anglais et les Bourguignons (siège de Soubise en 1413, de Compiègne et d'Arras en 1414). Son intrépidité le fait nommer, durant la folie de Charles VI, capitaine général du Dauphin dans le Lyonnais et le Mâconnais (1418), et élever à la dignité de maréchal de France deux ans plus tard. Investi de hautes fonctions diplomatiques et militaires, La Fayette remporte sur les Anglais la bataille de Baugé en 1421, mais il est fait prisonnier lors de la bataille de Verneuil, le 17 août 1424. Libéré peu de temps après, il joue un rôle de première importance au Conseil du roi et se distingue encore lors de la défense d'Orléans et des batailles de Rouvray et de Patay (1429). Toutefois, ennemi de La Trémoille, il subit quelques années de disgrâce, de 1429 à 1433, mais, à la chute de celui-ci, recouvre son influence. La Fayette prend part au congrès d'Arras en 1435 et en 1439, et aux états généraux d'Orléans, au cours desquels il propose une modification profonde des conditions de combat contre les troupes anglaises. Fidèle à la cause de la maison de Bourbon, il remplit diverses missions, puis se retire progressivement des affaires. Son corps est inhumé dans la chapelle de La Chaise-Dieu qu'il avait fait édifier.

LA FAYETTE Louise MOTIER de (?, v. 1616 – Paris, 1665)

Visitandine.

Arrivée à la Cour comme fille d'honneur d'Anne d'Autriche à l'âge de 14 ans, elle inspire trois ans plus tard à Louis XIII une inclination qui sera la plus profonde de son existence, et à laquelle elle répondra. Richelieu cherche à l'utiliser pour évincer Mlle de Hautefort, dont il connaît l'hostilité à son égard, et pour se renseigner sur les dispositions secrètes du roi. Mais Louise de La Fayette refuse de servir ses desseins. En même temps, elle craint de trahir la confiance de la reine en prenant trop d'influence sur le roi. Finalement, en mai 1637, elle s'enferme au couvent de la Visitation de la rue Saint-Antoine à Paris. Le roi ira la voir plusieurs fois et correspondra longtemps avec elle. Elle deviendra supérieure des Visitandines de Chaillot en 1657.

LA FAYETTE Marie Paul Joseph Gilbert MOTIER, marquis de (Château de Chavaniac, Auvergne, 1757 – Paris, 1834)

Général et homme politique.

Issu d'une famille noble d'Auvergne, il se retrouve, dès l'âge de 2 ans, orphelin de père, celui-ci, colonel aux grenadiers de France, s'étant fait tuer au cours de la bataille de Minden, en Westphalie, le 1er août 1759. À 11 ans, le jeune homme est envoyé par sa mère au collège du Plessis, à Paris, avant d'entrer en 1771 dans la 2e compagnie de mousquetaires et, deux ans plus tard, au régiment de Noailles, avec le grade de sous-lieutenant. En 1774, La Fayette se marie avec la très jeune Marie de Noailles (seconde fille du duc d'Ayen), ce qui lui permet d'être introduit à la cour de Versailles. Mais la vie de cour ne lui plaît guère ; la possibilité d'étancher sa soif de liberté lui est d'ailleurs offerte en 1775 avec l'annonce, en Europe, du début de la guerre d'Indépendance américaine. Dès lors, tant la cause des *Insurgents* que la possibilité de partir en guerre contre l'Angleterre, ennemie héréditaire de la France, poussent La Fayette à déployer une énergie farouche pour entrer en contact avec Benjamin Franklin, sans éveiller les soupçons de sa famille, hostile à ses projets. Et, malgré les lettres de cachet sollicitées par les siens afin de l'empêcher de se rendre en Amérique, La Fayette parvient à s'embarquer le 26 avril 1777, et arrive à Georgetown le 15 juin.

Après avoir reçu du Congrès américain le grade de major général, il est l'hôte de George Washington le 31 juillet suivant, dont il devient un ami proche. La Fayette participe à la bataille de Brandywine, au cours de laquelle il est blessé puis reçoit, à la fin de l'année 1777, le commandement des troupes de Virginie. Il se distingue encore à la bataille de Monmouth (28 juin 1778) et prend part à plusieurs engagements militaires dont l'heureux dénouement tiendra, en grande partie, à son habileté. Ces brillants succès lui valent les félicitations du Congrès, ainsi qu'un accueil triomphal lors de son retour en France, au printemps 1779.

Dès ce moment, La Fayette œuvre pour que son pays intervienne aux côtés des armées américaines et obtient, en définitive, qu'un corps d'environ 6 000 hommes, commandé par le général Rochambeau, soit envoyé outre-Atlantique. Ayant devancé le corps expéditionnaire français de quelques jours, il prépare le plan des opérations et mène avec Rochambeau une campagne qui oblige Cornwallis, encerclé dans Yorktown, à capituler le 17 octobre 1781. Cette victoire aboutit à l'indépendance des États-Unis.

La Fayette, rentré en France au mois de janvier 1785, apparaît comme l'instigateur de cette liberté conquise de haute lutte. C'est à ce titre que, après avoir parcouru l'Europe entière, rencontrant notamment Frédéric II et Joseph II, il entame avec son ami Washington une correspondance nourrie et passionnante. Puis, ami de Necker, La Fayette siège à l'Assemblée des notables en février 1787 ; mais les idées avancées qu'il y exprime lui valent quelques froideurs de la part des membres influents de l'entourage royal. Il décide alors de reprendre du service et obtient au mois d'octobre 1788 le commandement d'une brigade d'infanterie. Toutefois, pour avoir pris fait et cause contre les édits Lamoignon, il se voit retirer ses lettres de service (15 juillet 1788), mais est élu au mois de mars 1789 député de la noblesse de la sénéchaussée de Riom aux États généraux. Après avoir créé avec Brissot la Société des amis des Noirs, destinée à lutter contre l'esclavage, il présente, le 11 juillet, un projet de Déclaration européenne des Droits de l'homme et du citoyen. Il est nommé, le 13, vice-président de l'Assemblée et, le 15, commandant de la garde nationale de Paris. Comme il veut démissionner de ce poste à l'annonce du meurtre de Foulon et Bertier, on le supplie de rester, et il accepte finalement de continuer à remplir ses fonctions. Le 17 juillet, La Fayette propose à ses troupes le port d'une cocarde tricolore – le bleu et le rouge de la ville de Paris ceignant le blanc de la royauté – en s'exclamant : « Je vous apporte une cocarde qui fera le tour du monde ! »

Mais celui que Mirabeau appelait avec dédain « Gilles César » doit faire face à de terribles difficultés. Après avoir « défendu » le château de Versailles lors des journées d'Octobre 1789, il fonde, le 12 mai 1790, la Société de 1789 et prête, à la fête de la Fédération (14 juillet 1790), serment de fidélité « à la Nation, à la Loi et au Roi ». Toutefois, celui qui était de plus en plus, et sans doute à tort, considéré comme l'homme de la Cour, voit son étoile se ternir et son rêve d'être le Washington français se dissiper. L'estocade politique lui est donnée, malgré ses ordres pour faire arrêter le roi, à l'annonce de la « fuite de Varennes ». Lieutenant général à la fin du mois de juin 1791, il réprime sévèrement la manifestation du Champ-de-Mars (17 juillet), faisant tirer sur le peuple, et devra donner sa démission au moment de la séparation de l'Assemblée constituante (8 octobre 1791). La Fayette, à qui est proposé le fauteuil de maire de Paris, préfère se retirer en Auvergne, mais on lui confie, dès la fin de cette même année, le commandement de l'armée du Centre. Après avoir pris publiquement et avec beaucoup de courage la défense du trône, au lendemain des journées de Juin et d'Août 1792, le général passe la frontière, avec plusieurs membres de son état-major, mais tombe aux mains des puissances ennemies qui, le considérant comme l'un des instigateurs de la Révolution, l'emprisonnent en divers lieux, avant de l'incarcérer à la forteresse d'Olmütz, en Moravie. Il y reste cinq ans, en compagnie de sa femme et de ses deux filles venues partager sa captivité. Ce n'est que par une disposition expresse du traité de Campoformio (1797) qu'il recouvre la liberté.

Ayant parcouru les Pays-Bas durant plusieurs semaines, La Fayette revient en France à l'annonce du coup d'État du 18 Brumaire, refuse le poste d'ambassadeur aux États-Unis et se retire dans son domaine de La Roche-Blesneau en Seine-et-Marne, d'où il assiste, nanti de 6 000 francs de rente, à l'épopée impériale. Le retour de Louis XVIII le plonge de nouveau dans la vie publique. Après l'avoir soutenu lors de la Première Restauration, il épouse la cause de l'Empereur, à l'annonce du retour de l'île d'Elbe. Son ralliement lui vaut un siège de député en Seine-et-Marne, le 10 mai 1815, et celui de vice-président de l'Assemblée. Toutefois, il est de ceux qui contribueront à la déchéance du vaincu de Waterloo, le 22 juin 1815.

Ces revirements ne l'empêchent pas d'obtenir de la part du gouvernement provisoire le poste de commissaire près le quartier général des alliés et de parler, dans l'exercice de ses fonctions, le langage de l'intérêt réel et durable de son pays. Député de la Sarthe en 1818, La Fayette réaffirme à la tribune ses conceptions fondamentales des libertés de l'individu. Membre de la Charbonnerie, il est battu aux élections de 1824 et retourne aux États-Unis où il est reçu avec tous les égards dus à l'homme qui a permis de libérer le pays. Rentré en France durant l'automne 1825, La Fayette est une nouvelle fois élu député de Seine-et-Marne (1827) puis joue un rôle de premier plan au cours de la révolution des Trois Glorieuses : il reçoit le commandement de la garde nationale en introduisant le duc d'Orléans à l'Hôtel de Ville le 31 juillet. Puis il démissionne, peu de temps après, à la suite d'un différend intervenu entre Louis-Philippe et lui. Réélu au mois de décembre 1830 député de Seine-et-Marne, il contribue à défendre les causes dictées par la justice, la liberté et la dignité de l'homme, lors de l'affaire de Pologne notamment. Il meurt à Paris peu après et est inhumé au cimetière de Picpus.

LA FAYETTE Marie-Madeleine PIOCHE de LA VERGNE, comtesse de (Paris, 1634 – Paris, 1693)

Femme de lettres.

Issue d'une famille de petite noblesse, elle passe une partie de son enfance au Havre avant que son père, passionné de littérature, ne s'installe à Paris, peu avant sa mort. Sa mère se remarie avec Renaud de Sévigné, un oncle de la marquise de Sévigné. Celle-ci sera pour Marie-Madeleine une amie fidèle. À 21 ans, la jeune fille épouse le comte de La Fayette, qui se retire dans son château auvergnat et laisse son épouse vivre à Paris où elle fréquente l'Hôtel de Rambouillet. Dans son propre salon de la rue de Vaugirard, elle reçoit son ancien précepteur, le grammairien Gilles Ménage (1613-1692), et se lie avec la princesse Henriette Anne d'Angleterre dont elle écrira la vie. Elle perpétue ainsi la tradition de la haute préciosité d'avant la Fronde. Vers 1665, commence une amitié passionnée, peut-être une liaison, entre la comtesse et l'écrivain La Rochefoucauld : il l'initie au monde littéraire, lui fait rencontrer à la Cour Racine et Boileau. Les premières œuvres de Mme de La Fayette, *La Princesse de Montpensier* (1662) et *Zaïde* (1670) sont dans la veine des romans de son amie Madeleine de Scudéry (1607-1701). En mars 1678, paraît son chef-d'œuvre, *La Princesse de Clèves*, dont le succès est immédiat et considérable malgré la polémique dont le *Mercure Galant* se fait l'écho. La comtesse nie être l'auteur du livre, qui reste « anonyme » jusqu'en 1780 : pour une femme de son rang, un roman d'amour est à l'époque compromettant... En réalité, La Rochefoucauld n'y a contribué que pour quelques retouches de style.

La Fayette
L'Homme à deux faces. Caricature de La Fayette, musée de la ville de Paris, musée Carnavalet.
© Sélection Images

Encore influencée par la préciosité, Mme de La Fayette s'en détache en privilégiant l'analyse psychologique de l'amour : transposant les intrigues amoureuses de la cour contemporaine de Louis XIV au temps du règne de Henri II, elle place son héroïne dans une situation cornélienne où le devoir l'emporte sur les sentiments. Mais elle emprunte aussi à Racine le portrait d'une femme que la passion dévaste. Par la pureté du style autant que par la profondeur de l'introspection, *La Princesse de Clèves* est non seulement le grand roman du classicisme français mais aussi le premier roman moderne. Au-delà de cette activité littéraire, Mme de La Fayette, ancienne dame d'honneur d'Anne Autriche, participe aussi à la vie de cour dont elle laisse une description remarquable dans un texte publié après sa mort en 1731, *Mémoire de la cour de France pour les années 1688 et 1689.* Amie de Madame Royale, duchesse de Savoie, elle exerce une activité diplomatique qui facilite les relations de la France avec la maison de Savoie. À partir de 1686, après la mort de son époux, elle se retire de Versailles et entre en correspondance avec l'abbé de Rancé, réformateur de la Trappe ou le janséniste Du Guet, participant ainsi à l'élan du siècle des Saints. Lorsqu'elle disparaît le 25 mai 1693, des suites d'une maladie de cœur, Boileau la dépeint comme « la femme de France qui avait le plus d'esprit et qui écrivait le mieux ».

LA FERTÉ (abbaye de)

Première des quatres filles de Citeaux.

L'abbaye de La Ferté, fondée en 1113, était située dans ce qui constitue le hameau de Saint-Ambreuil (Saône-et-Loire) sur la rive gauche de la Grosne, à 11 km de Chalon. Elle a été détruite pendant les guerres religieuses du XVIe siècle.

LA FERTÉ-IMBAULT Jacques d'ÉTAMPES, marquis de (?, 1590 – Mauny, près de Rouen, 1668)

Maréchal de France.

Ambassadeur à Londres en 1641, colonel général des Écossais en France en 1643, il est fait maréchal de France en 1651. Il prend brillamment part aux combats de Veillane en 1630, à la bataille de Lens en 1648, enfin à Arras où il aide Turenne à faire lever le siège en 1654.

LA FERTÉ SENNETERRE Henri de SAINT-NECTAIRE ou de SENNETERRE, duc de (Paris, 1600 – La Ferté-Saint-Aubin, 1681)

Maréchal de France.

Maréchal de camp en 1639, lieutenant général en 1648, il est nommé maréchal de France en 1651 et gouverneur de Metz et Verdun en 1667. Il s'est distingué en de nombreuses rencontres et à plusieurs sièges, notamment à La Rochelle, Rocroy, Hesdin et Lens. Il restera loyaliste pendant la Fronde. Fait prisonnier à Valenciennes en 1656, il est racheté par le roi.

LA FEUILLADE François, vicomte d'Aubusson, duc de (?, 1625 – Paris, 1691)

Maréchal de France.

Issu d'une branche de l'illustre famille d'Aubusson, il se distingue à Saint-Gotthard (1664) et lors de la conquête de la Franche-Comté (1674) où il prend Salins et le fort Saint-Étienne qui défend l'accès de Besançon. Le roi le nomme maréchal de France en 1675 et gouverneur du Dauphiné en 1681. Le maréchal, qui sait faire sa cour et aime l'urbanisme, achète à Paris l'hôtel de Senneterre qu'il fait détruire pour aménager la place des Victoires, laquelle est, dès 1686, décorée à ses frais d'une statue de Louis XIV debout, œuvre de Desjardins.

LA FEUILLADE Louis, vicomte d'Aubusson, duc de (?, 1673 – Marly, 1725)

Maréchal de France.

Fils du précédent, gouverneur du Dauphiné comme lui, puis lieutenant général en 1704, il prend Suse mais se fait battre par le prince Eugène à Turin (1706). Il n'en recevra pas moins le bâton de maréchal en 1724.

LAFFEMAS Barthélemy de, sieur de Beausemblant (Beausemblant, Dauphiné, 1545 – Paris, v. 1612)

Économiste.

Protestant de petite naissance, tout d'abord tailleur d'habits, il habille Henri de Navarre, gagne sa confiance et le suit à Paris lorsque celui-ci devient roi sous le nom de Henri IV. Là, il se lance dans les affaires et ne tarde pas à faire fortune. Anobli, nommé premier valet de chambre du roi, il souhaite aider ce dernier à réorganiser l'économie du royaume. En 1596, plusieurs de ses projets sont présentés à l'assemblée des notables de Rouen. L'un concerne les « abus et monopoles » qui sévissent dans le royaume et les moyens d'y remédier, l'autre est un *Règlement général pour redresser les manufactures du royaume*. Ses idées sont ambitieuses : il veut créer pour chaque corps de métier des chambres composées de douze bourgeois et, surtout, uniformiser les règles qui régissent le travail à travers le royaume. Les théories de Laffemas, qui visent à doter la France des productions nécessaires à ses besoins en utilisant toute la main-d'œuvre disponible, sont, déjà avant Colbert, des théories mercantilistes. Selon lui, il faut interdire l'exportation de matières premières, en autoriser en revanche l'importation, de préférence à celle des produits transformés, et exporter surtout les produits de l'industrie. Nommé en 1602 contrôleur général du Commerce, Laffemas obtient la même année la réunion d'un Conseil du commerce, composé de notables, mais où siègent aussi deux commerçants. Infatigable, il anime lui-même ce Conseil, auquel il présente des projets très variés, concernant aussi bien sa grande idée, la plantation de mûriers – qui, avec la création de manufactures, permettra de mettre fin à l'importation des soieries italiennes –, que la réalisation des inventions les plus diverses.

LAFFEMAS Isaac de (Beausemblant, Dauphiné, v. 1587 – Paris, 1657)

Magistrat.

Fils du précédent. Après avoir été avocat au Parlement et conseiller d'État, il est nommé en 1638 lieutenant civil de Paris. Par la suite il devient intendant en Champagne, en Picardie et dans les Trois-Évêchés. Très dévoué à Richelieu, il fait partie de plusieurs missions extraordinaires de justice.

Jacques Laffitte
Gravure, Paris, Bibliothèque nationale de France.
© *Sélection Images*

LAFFITTE Jacques (Bayonne, 1767 – Paris, 1814)

Financier, homme politique, président du Conseil.

Fils d'un modeste charpentier, il vient chercher fortune à Paris, et entre en 1788 comme comptable chez le banquier Perrégaux. Enchanté de ses services, ce dernier le prend comme associé en 1800 et lui laisse à sa mort (1804) la direction de sa banque. Laffitte accumule rapidement une fortune considérable. Régent (1809), puis gouverneur (1814) de la Banque de France, il siège à la Chambre des représentants pendant les Cent-Jours et reçoit des mains de Napoléon, après Waterloo, un dépôt de cinq millions-or qu'il conservera religieusement. Il consent des avances considérables au gouvernement et à la municipalité parisienne. Député de Paris, Laffitte siège à la Chambre des députés à partir d'octobre 1816 et contribue par ses conseils au rétablissement des finances. En 1818, le gouverneur de la Banque de France prête cinq millions à la ville de Paris, qui affronte une nouvelle crise financière.

De tendance libérale, il défend la liberté de la presse et la loi électorale de 1817, et perd sa place à la Banque de France en 1819. À la Chambre, le député de Paris combat le double vote, puis l'expédition d'Espagne, mais soutient en 1824 le projet de conversion des rentes, de 5 à 3 %, présenté par Villèle. Battu la même année aux élections, il retrouve sa place à la Chambre en 1827, comme député de Bayonne, et finance en 1830 la création du journal *Le National*. Réélu en juillet 1830, Laffitte joue un rôle considérable dans l'arrivée au pouvoir de Louis-Philippe. Le 29 juillet, jour de la troisième Glorieuse, les députés d'opposition, réunis chez lui, constituent une commission municipale de gouvernement, qui se rend ensuite à l'Hôtel de Ville. Deux jours plus tard, Laffitte fait partie des députés qui conduisent Louis-Philippe à l'Hôtel de Ville, lui défèrent le titre de lieutenant général du royaume, puis la couronne. Porté le 3 août à la présidence de la Chambre, il reçoit, dans le ministère constitué le 11, un portefeuille de ministre d'État : avec lui, le parti du Mouvement entre au gouvernement. Au mois de novembre enfin, Laffitte devient ministre des Finances et président du Conseil. À l'intérieur, le nouveau président du Conseil conduit une politique démagogique, accorde des subsides aux combattants de Juillet, fait élever la colonne de Juillet et laisse se développer troubles et désordres. Il parvient néanmoins, au mois de décembre, à sauver la vie des cinq ministres de Charles X qui passent en jugement. Sa politique extérieure est des plus aventureuses, il voudrait intervenir aux côtés des révolutionnaires polonais et italiens. Aussi, après le sac de Saint-Germain-l'Auxerrois et de l'Archevêché (février 1831), est-il contraint, le 13 mars, de laisser la place à Casimir Perier. Il reste député et, réélu en 1831, 1834, 1837, 1839 et 1842, siège désormais avec l'opposition de gauche. Pratiquement ruiné, Laffitte n'évite la faillite que grâce à l'intervention du roi, et doit vendre sa banque et son hôtel, ce dernier lui étant rendu en 1836 grâce à une souscription publique. L'année suivante, il fonde une société d'escompte, la Banque sociale, mais il ne retrouvera jamais son ancienne opulence. Bienfaisant et généreux, Laffitte était très populaire, et une foule nombreuse suivit son cercueil en 1844.

Il avait acheté en 1818, à la veuve du maréchal Lannes, le magnifique château de Maisons, chef-d'œuvre de Mansart. En 1833, ses affaires en fort mauvais état, Laffitte lotit le parc du château. L'agglomération née de ce lotissement portera le nom de Maisons-Laffitte.

LA FORCE (maison de CAUMONT de)

Illustre famille de Guyenne dont sont issus les seigneurs de La Force, de Montpouillan, de Castelnau, de Cugnac, de Lauzun, de Puyguilhem, etc. Le prénom de Nompar est traditionnel chez les Caumont.

Aux XVIe et XVIIe siècles, le nom de Caumont de La Force, porté par des huguenots, se trouve souvent associé aux guerres de Religion.

LA FORCE Armand Nompar de CAUMONT de, marquis de Montpouillan (?, 1615 – ?, 1701)

Gentilhomme.

Maréchal de camp en 1651, il suit le Grand Condé dans la Fronde, est emprisonné à Blaye pendant deux ans (1653-1655). La révocation de l'édit de Nantes le pousse à s'exiler et il va servir le prince d'Orange en 1695.

LA FORCE Henri Jacques Nompar de CAUMONT, duc de (?, 1675 – ?, 1726)

Gentilhomme.

Au contraire de ses ancêtres calvinistes, il se convertit au catholicisme et se signale par son zèle à poursuivre ses anciens coreligionnaires, notamment à Bergerac lors des dragonnades de 1701. Reçu à l'Académie française en 1715, membre du Conseil de régence, il contribue à l'adoption du système de Law, dont il profitera pour spéculer sans retenue, ce qui lui vaudra un procès pour accaparement en 1721.

La Force Jacques Nompar de Caumont, duc de (?, 1558 – ?, 1652)

Maréchal de France.

Il échappe par miracle au massacre de la Saint-Barthélemy où son père trouve la mort, et devient un grand ami du roi de Navarre, futur Henri IV, à qui il tient compagnie à Arques (1589) et même dans son carrosse lors de l'attentat de Ravaillac en 1610. Ensuite, participant au soulèvement de Rohan dès 1619, il défend Montauban contre Louis XIII (1621), est condamné à mort, mais obtient, contre sa soumission, sa grâce et le bâton de maréchal (1622). On ne le retrouve pas à La Rochelle, mais dans la guerre de Piémont où il contribue puissamment au succès des armées françaises, notamment à Pignerol, Saluces et Carignan. Enfin, de 1634 à 1638, il prend part à la campagne de Lorraine. Marquis de La Force en 1609, il est fait duc et pair en 1637.

La Galissonnière Roland Barrin, marquis de (?, 1646 – Poitiers, 1736)

Marin.

Chevalier de Malte en 1664, il prend part à l'expédition de Candie en 1669. Nommé capitaine de vaisseau en 1677, La Galissonnière est fait prisonnier au combat de Vigo (1703). Après le traité d'Utrecht, à la préparation duquel il avait travaillé pendant sa captivité à Londres, il est promu chef d'escadre et commande la marine à Rochefort. Nommé lieutenant général en 1720, il abandonne peu après la marine.

La Galissonnière Roland Michel Barrin, marquis de (Rochefort, 1693 – Nemours, 1756)

Marin.

Fils du précédent. Gouverneur du Canada (1747), il en améliore la défense et fonde notamment l'arsenal de Québec. Chef d'escadre, il est nommé directeur du Dépôt des cartes et plans de la marine (1749). Pendant la guerre de Sept Ans, il couvre le débarquement du duc de Richelieu dans l'île de Minorque en contraignant à la retraite l'escadre de l'amiral anglais Byng.

Lagarde Léonce (Lempdes, Puy-de-Dôme, 1860 – Paris, 1936)

Administrateur colonial.

Abandonnant en 1882 la carrière diplomatique pour l'administration coloniale, il effectue un court séjour en Indochine avant d'être nommé en 1883 gouverneur d'Obock. Il conserve ce poste jusqu'en 1895, étend la domination française autour du golfe de Tadjoura, fonde en 1888 le port de Djibouti, et joue un rôle de premier plan dans les rapports établis entre le négus et la France. Grâce à lui, les travaux du chemin de fer Addis-Abeba-Djibouti peuvent débuter en 1896. Ambassadeur de France auprès du négus Ménélik (1897-1907), fait duc d'Entotto par ce dernier, Lagarde regagne la France en 1907 et quitte le service actif en 1910.

Lagos

Ville située sur la côte portugaise à l'est du cap Saint-Vincent.

Devant Lagos ont eu lieu de nombreuses rencontres navales auxquelles ont participé des Français. Les deux plus connues, souvent nommées aussi batailles du cap Saint-Vincent, sont la victoire de Tourville et du comte d'Estrées sur les Anglo-Hollandais de Rooke qui perdent environ 75 bâtiments en juin 1693, et la défaite de l'escadre de Toulon commandée par La Clue devant l'amiral anglais Boscawen en août 1759 ; cet échec ruina les projets de débarquement français en Angleterre.

La Grandière Pierre Paul Marie de (?, 1807 – Quimper, 1876)

Amiral.

Après avoir exploré le Paraná et l'Uruguay, il reçoit le commandement d'une division navale lors de la guerre de Crimée. Plus tard, il participe à l'expédition du Kamtchatka. Nommé vice-amiral en 1865, il est envoyé en Cochinchine avec le statut de gouverneur et s'empare en 1867 de Vinh Long, Châu Doc et Ha Tiên. On le considère comme un des principaux fondateurs de l'Indochine française.

Lagrange Léo (Bourg-sur-Gironde, 1900 – front de l'Aisne, 1940)

Homme politique.

Cet ancien volontaire de 1918, devenu avocat, est élu député SFIO dans une circonscription du département du Nord en 1932. Il est désigné par Léon Blum, en 1936, pour remplir les fonctions nouvellement créées de sous-secrétaire d'État aux Sports et aux Loisirs dans le gouvernement de Front populaire. Léo Lagrange multiplie les activités offertes aux travailleurs qui découvrent les congés payés et la semaine de 40 heures : billets à tarif réduit pour le rail, auberges de jeunesse, stades, bibliothèques itinérantes. Le programme est interrompu par la Seconde Guerre mondiale. Mobilisé à ce moment dans une unité combattante, Léo Lagrange est tué le 8 juin lors de l'offensive allemande au sud de l'Aisne. En hommage à ce novateur, un certain nombre de stades porteront son nom après la Libération.

La Hire Étienne de Vignollès, dit (Vignollès, Gascogne, v. 1390 – Montauban, 1444)

Homme de guerre.

Ralliant les partisans du Dauphin, il combat les Bourguignons dès 1418, au siège de Coucy, et se distingue à Verneuil en 1424. Cinq ans plus tard, La Hire est le seul capitaine de Charles VII, avec Jean d'Alençon, à accepter immédiatement Jeanne d'Arc. À ses côtés, il participe au siège d'Orléans en 1429 et combat à Jargeau et à Patay. Après la capture de Jeanne d'Arc en 1431, La Hire s'approche de Rouen pour tenter de la délivrer, mais se fait prendre par les Anglais. Il parvient à s'échapper un an plus tard et, nommé lieutenant du roi au nord de la Seine, harcèle les Anglais, prenant villes et châteaux, mais échouant toutefois devant Rouen en 1437, puis devant Harfleur en 1440. Le roi, qui l'a nommé bailli de Vermandois après son sacre, lui donne, en 1438, la terre et la seigneurie de Montmorillon. S'il jouit de la faveur royale, La Hire n'en reçoit cependant aucune charge. Il accompagne Charles VII en Guyenne et, mortellement blessé devant Montauban, sous les yeux du roi, succombe peu après. Son surnom de « La Hire » lui venait, en raison de son caractère, d'un vieux mot bourguignon exprimant le grognement d'un chien prêt à mordre. Dans les jeux de cartes, ce surnom a été donné au valet de cœur.

Lahorie Victor Claude Alexandre Fanneau de (Gavron, Maine, 1766 – Paris, 1812)

Général.

Engagé volontaire dans les armées de la République en 1792, il devient général en 1800. Il est alors attaché à l'état-major de Moreau en Allemagne, mais la compromission de son chef avec Pichegru et Cadondal entraîne bientôt son propre exil. Revenu en France en 1808, Lahorie est aussitôt arrêté et incarcéré à la prison de la Force, d'où le tirera le général Malet lors de son complot des 22 et 23 octobre 1812. Arrêté à la suite de la réaction du colonel Doucet, incarcéré à l'Abbaye, Lahorie sera jugé, condamné à mort et fusillé le 29 octobre avec Malet et une douzaine d'autres accusés.

Lahure Louis Joseph, baron (Mons, Belgique, 1767 – Wavrechain-sous-Faux, près de Bouchain, Nord, 1853)

Général.

Réfugié en France après la révolution brabançonne de 1790, et officier des armées de l'an II, il est chargé par Pichegru, en janvier 1795, d'occuper le littoral de la Hollande septentrionale. Mission dont il s'acquitte brillamment, profitant

Léo Lagrange
Il félicite l'équipe anglaise qui affronte le Racing-Club de France, en novembre 1936. © *Keystone*

du fait que la flotte hollandaise, dont il obtient la reddition, est bloquée par les glaces. Colonel à l'armée de Sambre-et-Meuse en 1796, Lahure combat en Allemagne puis en Italie, où il reçoit, trois ans plus tard, une grave blessure au combat de La Trebie. Son infirmité est telle que, nouvellement promu général, il doit renoncer à la carrière des armes. Sa province natale du Hainaut (devenu département de Jemmapes) l'envoie siéger au Corps législatif de 1803 jusqu'en 1814. Napoléon lui décerne un titre de baron d'Empire. Reprenant du service lors de l'invasion de 1814, Lahure assure la défense du département du Nord contre les Anglo-Germano-Suédois de Bernadotte et de Bülow.

LAINÉ Joseph Louis Joachim, vicomte (Bordeaux, 1767 – Paris, 1835)

Homme politique.

Adepte des idées révolutionnaires en 1789, rallié au Consulat puis à l'Empire, récompensé par un poste de député de la Gironde au Corps législatif, il passe pour un caractère indépendant et un esprit critique. Les désastres de la campagne d'Allemagne l'incitent, par exemple, à mentionner les termes « paix » et « liberté » lors d'une intervention le 28 décembre 1813, à la grande fureur de Napoléon, qui le fait passer pour un traître vendu à la cause anglaise. Rallié aux Bourbons en avril 1814, Lainé devient préfet de la Gironde et s'efforce en vain de conserver Bordeaux à Louis XVIII durant les Cent-Jours. Réfugié en Angleterre, l'ancien préfet reçoit à son retour en France le soutien du duc d'Angoulême, qui favorise sa nomination au poste de ministre de l'Intérieur, puis sa désignation en qualité de président de la Chambre des députés. Les excès des ultras l'inquiètent cependant autant que les critiques des libéraux, si bien qu'une première renonciation l'écarte un moment du gouvernement (1818-1820). Membre de l'Académie française depuis 1816, l'ancien protégé du duc d'Angoulême et proche du duc de Richelieu revient au ministère de 1820 à 1821, mais sans portefeuille déterminé. Ses critiques contre l'intervention en Espagne en 1823 et l'attitude à l'encontre du député Manuel, expulsé par la force de la Chambre, lui valent une nouvelle retraite politique, qu'atténuent à peine les titres de pair de France et de vicomte. Critique toujours clairvoyant, Lainé dénonce les fautes du régime de Charles X qui vont mener aux événements parisiens de 1830. Cela justifie, à son avis, un ralliement sans réserve à la monarchie de Juillet. Il meurt cinq ans plus tard dans la pauvreté, son traitement étant en grande partie régulièrement distribué aux pauvres de son département.

LA JONQUIÈRE Pierre Jacques de TAFFANE, marquis de (Château de Lasgraïsses, près de Graulhet, Lauraguais, v. 1680 – Québec, 1752)

Marin.

Il participe en 1711, sous les ordres de Duguay-Trouin, à la prise de Rio de Janeiro, puis, sous les ordres de l'amiral Court, au combat de Toulon (1744). En 1717, il commande la flotte française qui se couvre de gloire au combat du cap Finisterre, affrontant, avec seulement 6 vaisseaux, une flotte anglaise forte de 17 vaisseaux. Sa résistance acharnée permet au convoi qu'il escortait de s'échapper. En récompense, le marquis de La Jonquière est nommé, en 1749, gouverneur du Canada.

LAKANAL Joseph (Serres, Ariège, 1762 – Paris, 1845)

Homme politique.

L'orthographe véritable du nom est Lacanal, celui du domaine familial. Mais ses frères étant demeurés royalistes lors des événements de 1789, Joseph préfère substituer un *k* au *c* d'origine pour se distinguer d'eux. Élu député de l'Ariège à la Convention, siégeant au centre parmi les modérés, Lakanal n'en vote pas moins la mort du roi. Passionné par l'organisation de l'enseignement, il fait transformer le Jardin du roi en Muséum d'histoire naturelle, participe à l'élaboration des décrets sur la propriété littéraire, présente les rapports sur l'organisatlon des écoles normales et de l'École des langues orientales (1794), enfin de l'Institut et du Bureau des longitudes. Député au Conseil des Cinq-Cents, sous l'Empire, il est nommé par Napoléon inspecteur général des Poids et Mesures. La Restauration et la promulgation de la loi sur les régicides en 1816 met un terme à cette activité et entraîne un exil aux États-Unis, où l'université de la Nouvelle-Orléans récompense son hôte illustre par le poste de président. Lakanal y demeurera jusqu'en 1833, date de son retour en France, qui coïncide avec son entrée à l'Académie des sciences morales et politiques.

LALLY Thomas, baron de Tollendal, comte de, dit LALLY-TOLLENDAL (Romans, 1702 – Paris, 1766)

Général.

D'origine irlandaise, il passe au service du roi de France qui l'emploie à des missions secrètes. Mais il s'illustre aussi, brillamment, dans les guerres de Succession de Pologne et d'Autriche. Lorsqu'il est envoyé aux Indes à la tête d'un corps expéditionnaire (2 000 soldats, 9 vaisseaux commandés par d'Aché), il ignore tout du pays et ne cherche d'ailleurs pas à le comprendre. Arrivé à Pondichéry en avril 1758, mal conseillé, il commet toutes sortes de fautes, dont la plus grosse est d'offenser et de violenter les indigènes, « ces misérables Noirs », comme il dit. Il se heurte aussi à ses officiers et commet une autre grave erreur en rappelant du Deccan son second, Bussy, avec qui il ne s'entend guère. Or le Deccan, solidement tenu jusque-là, protégeait les possessions françaises du sud de l'Inde contre les Anglais, devenus maîtres du Bengale.

Avec l'aide de Bussy, il s'empare d'Arcote et fait une tentative sur Madras. Mais il est à court de munitions, sans vivres, sans argent et ses troupes, qu'il ne paie pas, se mutinent. Bientôt, l'apparition d'une flotte anglaise l'oblige à se retirer. Puis il perd successivement Surat (mars 1759) et Masulipatman (avril), et sa situation devient désespérée lorsque la flotte de l'amiral d'Aché, qui ne se sentait pas la force de tenir la mer contre les Anglais, s'éloigne en septembre 1759 pour ne plus revenir. Dans les premiers mois de 1760, les troupes françaises, délabrées, peu sûres, font d'inutiles tentatives sur Arcote et Trichinopoli et se retirent, vaincues, sur Pondichéry. Assiégé par les Anglais dans une ville paralysée par les luttes intestines, Lally-Tollendal doit capituler en janvier 1763 après cinq mois de siège. Rendu responsable du désastre, il refuse de s'enfuir, comme le lui conseillait Choiseul, et demande à comparaître devant un conseil de guerre. Mais c'est le parlement de Paris, absolument ignorant des affaires de l'Inde, qui est chargé du procès. Ce dernier traîne pendant 18 mois sans que Lally-Tollendal soit interrogé. Accusé d'avoir causé la perte de la colonie, il est décapité en place de Grève le 6 mai 1766. À partir de 1773, Voltaire mena une campagne pour sa réhabilitation, partiellement obtenue par son fils auprès de Louis XVI, en 1778.

LALLY-TOLLENDAL Gérard, marquis de (Paris, 1751 – Paris, 1830)

Homme politique.

Fils du précédent. Bailli d'Étampes en 1779, député de la noblesse aux États généraux de 1789, rapporteur avec Mounier du Comité de Constitution, il est le porte-parole de la fraction du parti patriote qui, effrayée par l'insurrection populaire, entend arrêter le cours de la Révolution et fortifier les pouvoirs du roi et de la noblesse. Il se déclare contre le « tyran » Mirabeau, désapprouve les sacrifices consentis par la noblesse lors de la nuit du 4 Août, soutient en vain l'idée d'une Chambre haute et la thèse du veto absolu en faveur du roi. Après les journées d'Octobre, il

Lally-Tollendal
Lally-Tollendal dans sa prison. Gravure, Paris, Bibliothèque nationale de France. © *Giraudon*

émigre en Suisse. Rentré en 1792 pour tenter de faire sortir le roi, Lally-Tollendal est arrêté mais, bientôt relâché, il se réfugie en Angleterre. De retour à Paris sous le Consulat, il se tient à l'écart jusqu'à la Restauration. Comblé d'honneurs, il est nommé pair de France et ministre d'État. Il est accueilli à l'Académie française en 1816.

LA LUZERNE César Guillaume de (Paris, 1738 – Paris, 1821)

Cardinal.

Issu d'une grande famille de Normandie, il a un frère ministre et l'autre ambassadeur. Évêque de Langres en 1770, il prononce en 1774 l'oraison funèbre de Louis XV. Docteur en théologie, il combat la pensée déiste mais s'accorde à la sensibilité de son époque par une approche plus sentimentale de la religion. Dans son diocèse, il attache la plus grande importance à l'éducation et fonde un séminaire et une école. Membre de l'assemblée de notables de 1788, il est l'année suivante député du clergé aux États généraux. Membre de l'Assemblée nationale constituante, il se signale par son opposition à la Déclaration des droits de l'homme et du citoyen du 26 août 1789 ; il démissionne de la Constituante après les journées des 5 et 6 octobre 1789. Il lutte contre l'introduction dans son diocèse de la Constitution civile du clergé du 12 juillet 1790. Refusant le serment à « la Nation, à la Loi et au Roi » imposé par le décret du 27 novembre 1790, classé « réfractaire » par le décret du 18 novembre 1791, La Luzerne part en exil pour 23 ans, de 1791 à 1814, où il circule entre Constance, Vienne et Venise.

Cet itinéraire, qui est celui de la grande majorité du haut clergé, apparaît ainsi à l'opposé de celui des 7 prélats « jureurs » (sur 130 évêques) tels l'évêque de Lyon Adrien Lamourette ou l'évêque de Paris, Gobel, au sort tragique. Sa fidélité est récompensée sous la Restauration : il entre à la Chambre des pairs en 1814 puis Louis XVIII le nomme ministre d'État ; en 1817, il est fait cardinal de Langres. Il publie l'année de sa mort des *Considérations sur la Déclaration de l'assemblée du clergé de France* en 1682, où il défend le gallicanisme.

LA MARCK (maison de)

Seigneurie de Westphalie qui donna son nom à une famille issue des comtes d'Altena.

Le premier comte de La Marck est un fils d'Alphonse IV d'Altena, Englebert Ier, mort en 1251. Les successeurs d'Englebert entrent peu à peu en possession de nombreux domaines : Clèves, Juliers, Berg, Arenberg, Sedan, Fleuranges, etc. Les branches des La Marck se multiplient. On distingue les Clèves-Nevers, les Arenberg (éteints en 1536) et les princes de Sedan, ducs de Bouillon. Ces derniers se fondent à la fin du XVIe siècle dans la maison de La Tour d'Auvergne.

LA MARCK Guillaume de (?, v. 1446 – Maastricht, 1485)

Aventurier connu aussi sous le titre de baron de Lumain.

En 1482, après la mort de Charles le Téméraire, il soulève les Liégeois et fait assassiner leur évêque, Louis de Bourbon (celui-là même qui est la tige des Bourbons de Busset). Il parvient à faire donner à son frère Robert de La Marck le château de Bouillon mais échoue dans sa tentative d'installer son fils sur le trône épiscopal de Liège. Livré à Maximilien d'Autriche, il est décapité.

LA MARCK (Robert Ier, II, III, IV de) : voir BOUILLON

LAMARQUE Maximilien, comte (Saint-Sever, 1770 – Paris, 1832)

Général et homme politique.

Engagé volontaire en 1791, il ne tarde pas à faire la preuve de ses talents militaires, s'emparant, en 1794, avec une poignée d'hommes seulement, de la place de Fontarabie. Il appartient sous le Consulat à l'armée du Rhin, et son attitude à la bataille de Hohenlinden, en 1801, lui vaut d'être nommé général de brigade. Lamarque se distingue ensuite à Austerlitz puis, chef d'état-major à l'armée de Naples, s'empare en 1806 de Gaète, avant de prendre Capri, pourtant réputée imprenable, en octobre 1808. Général de division depuis 1807, Lamarque se distingue encore à Laibach, Wagram, au cours de la campagne de Russie, et de nouveau pendant la campagne de France de 1814. Durant les Cent-Jours, à la tête de l'armée envoyée en Vendée, il étouffe le soulèvement royaliste. Exilé après la Seconde Restauration (1816-1818), le général Lamarque devient en 1828, lorsqu'il est élu député de Montauban, une des figures de l'opposition libérale à Charles X. Il meurt du choléra, en 1832, et ses funérailles, suivies par une foule considérable car il était fort populaire, sont à l'origine des journées insurrectionnelles des 5 et 6 juin.

LAMARTINE Alphonse de (Mâcon, 1790 – Paris, 1869)

Poète et homme politique.

Son père, Pierre de Lamartine, dit le chevalier de Pratz, descend de bourgeois clunisois établis en Mâconnais et depuis anoblis par la judicature. Sa mère, Alix des Roys, chanoinesse de Saint-Martin-de-Salles, est issue d'une famille noble du Velay. Les deux époux auront de nombreux enfants dont un seul fils, l'aîné. Dans un foyer qui a conservé son attachement aux traditions campagnardes et d'Ancien Régime, tout sera sacrifié aux intérêts de Lamartine, qui d'ailleurs héritera plus tard d'oncles assez riches et sans postérité. Lors d'un voyage de deux ans en Italie (1811-1812), il rencontre à Naples celle qui deviendra Graziella. En 1814, il entre aux gardes qu'il quitte l'année suivante contre l'avis de sa mère. Il lui faudra cinq ans pour devenir un véritable poète. Dans l'intervalle, il a fait, à Aix-les-Bains, la connaissance de Mme Charles qu'il a retrouvée à Paris et qui l'a introduit dans les milieux légitimistes. C'est en 1820 que paraissent les *Méditations poétiques*, à tous égards l'événement littéraire du moment. Comme le dit Mme de Lamartine, « ce sont des stances religieuses et des méditations mélancoliques ». En 1820, Lamartine épouse l'Anglaise Marie Anne Birch et part pour Naples comme attaché d'ambassade. L'année

Lamartine
Huile sur toile de F. Gérard, châteaux de Versailles et de Trianon. © *G Dagli Orti*

suivante, il est nommé secrétaire d'ambassade à Florence, ce qui ne l'empêche pas de séjourner fréquemment à Paris où il est adulé. En 1823, il publie *La Mort de Socrate* et les *Nouvelles Méditations poétiques*, en 1825 *Le Dernier Chant du pèlerinage d'Harold* et *Le Chant du Sacre*, en 1830 les *Harmonies poétiques et religieuses* qui sont peut-être, par leur équilibre, son chef-d'œuvre.

L'avènement de Louis-Philippe pousse Lamartine à donner sa démission de diplomate. Après une infructueuse candidature à la députation, il entreprend un long voyage en Orient (1832-1833), dont il donnera une relation deux ans plus tard, et au cours duquel il perd sa fille âgée de 10 ans, Julia. À son retour, il prend possession du siège de Bergues auquel il a été élu pendant son absence. Puis il publie *Jocelyn* en 1836, *La Chute d'un ange* en 1838 et les *Recueillements poétiques* en 1839. En 1838, il a opté pour la circonscription de Mâcon-ville. Désormais, il se désigne publiquement comme un opposant et déclare, à propos du régime orléaniste symbolisé par Guizot : « La France est une nation qui s'ennuie. » S'il a jamais été sincèrement et profondément légitimiste, il ne l'est plus en 1835 et tend vers la gauche. Ce faisant, il prétend garder son indépendance et parle, en 1838, à la fois de « jacobinisme stupide » et de « légitimisme-suicide ». À la même époque, il s'oriente vers la prose et s'installe dans la conviction que le métier de vigneron va lui apporter la fortune. Il s'enfonce par là même dans des ennuis qui feront de sa vieillesse un enfer.

Face à la monarchie de Juillet qu'il condamne, Lamartine reprend les idées qu'il a déjà exprimées en 1831 dans sa brochure intitulée *Sur la politique rationnelle* : liberté de la presse, centralisation administrative, gratuité de l'enseignement, séparation de l'Église et de l'État, suppression de la peine de mort. Ces vues sont généralement accueillies comme des chimères, parce que l'auteur refuse d'adhérer à un programme patronné par un parti (le Parti social, qu'il est censé organiser, n'est en effet, selon lui, « pas encore un parti », mais « bien plus… une idée »). Aussi l'expression parlementaire se révèle-t-elle rapidement un piètre instrument de propagation. La « révolution du mépris » sera préparée par la publication, en 1847, de l'*Histoire des Girondins* en huit volumes, dont le retentissement est considérable. Lorsque la révolution de 1848 éclate, celui qui a prédit et appelé de ses vœux le mécontentement populaire se trouve porté au sommet de la popularité politique. Dans la dernière séance de la Chambre, c'est lui qui demande l'institution d'un gouvernement provisoire, dont il est bientôt nommé membre, avec mission d'en rédiger la première proclamation. Il reçoit en outre le portefeuille des Affaires étrangères. Le 25 février, par sa seule éloquence, il parvient à imposer silence aux extrémistes qui réclament le remplacement du drapeau tricolore par le drapeau rouge. Aux élections d'avril, il recueille plus d'un million et demi de voix et est élu par dix départements. Il est alors nommé à la commission exécutive. Mais l'activité jacobine de Ledru-Rollin, qu'il a tenté un instant de se concilier, lui a fait du tort. L'opinion modérée a commencé à se retourner contre le gouvernement provisoire et contre celui qu'elle considère comme le créateur de cette institution hybride. On formule contre lui toutes sortes de critiques : utopie de son programme, glissement incontrôlé de ses actes et propos vers la gauche ou présomption de l'aristocrate qui prétend « siéger au plafond ».

Les journées de Juin le contraignent, comme d'ailleurs ses collègues, à la démission. La révolution terminée, c'en est fini de sa popularité. S'il reste représentant du peuple, il se fait peu d'illusion sur son avenir. Au scrutin pour la présidence de la République, il obtient 17 910 voix contre près de 5,5 millions à Louis Napoléon Bonaparte. Le coup d'État du 2 Décembre le contraint à renoncer pour toujours à la vie publique. Il se réfugie dans la prose, la réédition de ses œuvres poétiques et la poursuite de ses calamiteuses opérations vinicoles.

Après *Raphaël* et les *Confidences* dont sera détachée *Graziella* (1849), il publie en 1851 les *Nouvelles Confidences*, *Geneviève* et *Le Tailleur de pierres de Saint-Point*. Ses dettes énormes le condamnent à vivre en « forçat de la plume ». Le *Cours familier de littérature* l'occupe entre 1856 et 1869 avec diverses rédactions à caractère historique ou pseudo-historique : *Histoire de la Restauration* (1851-1852), *Histoire des Constituants* (1854), *Histoire de la Turquie* (1854-1855), *Histoire de la Russie* (1855). Après l'échec humiliant de la souscription nationale de 1858, il vend son domaine et sa maison de Milly-la-Forêt, auxquels il est en fait moins attaché qu'à son château de Saint-Point, restauré par ses soins à grands frais. S'il refuse longtemps les offres de subvention du régime, en 1867, très diminué physiquement et surtout mentalement, il accepte enfin la proposition d'une pension qui va lui permettre de passer dans la paix ses deux dernières années. Il meurt à Passy et est inhumé dans la chapelle funéraire de Saint-Point. Sa nièce, Valentine de Cessiat, refusera les funérailles nationales.

LAMBALLE Marie Thérèse Louise de SAVOIE-CARIGNAN, princesse de (Turin, 1749 – Paris, 1792)

Confidente de Marie-Antoinette.

Mariée à 17 ans au prince de Lamballe, veuve dès l'année suivante, elle devient l'amie et la confidente de la reine qui rétablit pour elle la charge de surintendante de sa maison (1774). Enfermée à la prison de la Force en 1792, elle est victime des massacres de Septembre et sa tête, fichée sur une pique, est promenée sous les fenêtres du Temple où Marie-Antoinette est prisonnière.

LA MEILLERAYE Charles de LA PORTE, marquis, puis duc de (Paris, 1602 – Paris, 1664)

Maréchal de France.

Cousin germain du cardinal de Richelieu, il doit à cette parenté et à un incontestable talent de « preneur de places » les nombreux honneurs dont il sera comblé : lieutenant général de Bretagne et gouverneur de Nantes en 1632, grand maître de l'artillerie en 1634, lieutenant général des armées en 1636, maréchal de France en 1637, surintendant des Finances en 1648-1649, duc et pair en 1663. Il avait payé de sa personne au pas de Suse en 1629, à Carignan en 1630 et au siège d'Hesdin ; il avait pris aux Espagnols les trois places d'Aire, de La Bassée et de Bapaume (1641), contribué en 1642 à la conquête du Roussillon. Son fils, Armand, épousa en 1661 Hortense Mancini, nièce de Mazarin, à la condition de prendre le nom de Mazarin, ce qui lui permettait d'hériter de la plus grande partie des biens innombrables du cardinal.

LAMENNAIS ou LA MENNAIS Félicité Robert de (Saint-Malo, 1782 – Paris, 1854)

Penseur et écrivain.

Il appartient à une famille bretonne anoblie par Louis XVI. Imprégné dans l'adolescence des principes de Rousseau, il cherche longtemps sa voie spirituelle et attend l'âge de 22 ans pour faire sa première communion, désireux de peser méthodiquement et mûrement chacune de ses décisions. Ordonné prêtre en 1816, à l'âge de 34 ans, il commence presque aussitôt la rédaction d'un *Essai sur l'indifférence en matière de religion*, qu'il ne terminera qu'en 1823 et dans lequel il dépeint l'Église comme détentrice de la vérité absolue dans tous les domaines. D'autres études et essais suivent jusqu'en 1830, qui assurent sa renommée en tant que penseur et écrivain. Un groupe de jeunes catholiques prend l'habitude de le consulter, en particulier Montalembert, Carné, Salinis, Lacordaire. Le manoir de la Chesnaie sert de lieu de rencontre pour ces séminaires. Le pape Léon XII lui-même manifeste de l'intérêt pour les écrits du journal *L'Avenir*, qui souhaite que l'Église se fasse le porte-parole de la liberté. Mais Grégoire XVI désavoue cette tendance par l'encyclique *Mirari vos*. Lamennais se soumet en 1833 mais réagit l'année suivante et rompt avec le Vatican, publiant par l'intermédiaire de Sainte-Beuve les *Paroles d'un croyant*, que le pape condamne aussitôt.

Cette épreuve est décisive pour Lamennais qui s'écarte progressivement des milieux catholiques et de la monarchie de Juillet pour opter en faveur des socialistes. Il abandonne la particule de son nom et fréquente les milieux anticléricaux. En 1840, son pamphlet antigouvernemental, *Le Pays et le Gouvernement*, lui vaut un an de prison à Sainte-Pélagie. En 1848, Lamennais est élu à l'Assemblée nationale, où il choisit de siéger à gauche. Le journal *Le Peuple constituant* exprime cependant si vivement sa volonté de réformes que l'organe est saisi après les journées d'émeutes de Juin. Après le coup d'État du 2 Décembre, Lamennais tombe dans l'oubli et le dénuement complet. Il est enterré civilement et, à sa demande, mis à la fosse commune.

La princesse de Lamballe
Dessin populaire représentant la princesse de Lamballe, réalisé par l'un de ses assassins. Paris, musée de la préfecture de police. © *Sélection Images*

LAMETH Alexandre, comte de (Paris, 1760 – Paris, 1829)

Général et homme politique.

Aide de camp de Rochambeau pendant la guerre d'Indépendance américaine, colonel en 1785, il est élu député de la noblesse de Péronne aux États généraux de 1789 où il se montre un ardent défenseur des idées nouvelles. Son rôle au sein de l'Assemblée constituante est considérable. Adversaire du veto absolu du roi, il forme à la gauche de l'Assemblée, avec Barnave et Duport, un triumvirat de tendances libérales, violemment hostile à la politique modérée de Mirabeau, dont Lameth soupçonne les relations avec la Cour. Mais lui aussi penche bientôt vers la royauté. Il en devient même le conseiller avec ses amis quand, vers la fin de l'année 1790, l'influence de La Fayette décline. Cette évolution s'accentue après la fuite de Varennes. Alarmé des succès des démocrates et de l'agitation populaire, il entend arrêter les progrès de la Révolution. Nommé général de brigade après la déclaration de guerre à l'Autriche (1792), il est inquiété à la suite de la découverte de l'armoire de fer, mais réussit à passer à l'étranger en même temps que La Fayette (18 août). Il subit alors une dure captivité en Autriche et n'est libéré que trois ans plus tard, par suite d'un échange. Il rejoint ses frères à Hambourg avant de rentrer en France sous le Consulat.

Rallié au nouveau régime, Lameth est successivement préfet des Basses-Alpes (1804), de Rhin-et-Moselle (1805), de la Roer (1806) et du Pô (1809), maître des requêtes (1811), préfet de la Somme et membre de la Chambre des pairs sous les Cent-Jours. Député de la Seine-Inférieure (1820-1824), puis de la Seine-et-Oise (1827) sous la Restauration, il est un des chefs de l'opposition libérale.

LAMETH Charles, comte de (Paris, 1757 – Paris, 1832)

Général et homme politique.

Frère du précédent. Officier en 1774, il prend part, comme ses frères Alexandre et Théodore, à la guerre d'Indépendance américaine et reçoit une blessure à Yorktown en octobre 1781. En 1789, il est colonel de cuirassiers et gentilhomme d'honneur du comte d'Artois (futur Charles X). Député de la noblesse d'Artois aux États généraux, il siège à la gauche de l'Assemblée constituante à côté de son frère Alexandre. Orateur prolixe, Charles de Lameth est alors très populaire. Après la fuite de Varennes, il fait voter des mesures contre le roi, mais son ardeur révolutionnaire se ralentit bientôt. Général de brigade en 1792, il démissionne après le 10 Août, est arrêté, relâché et émigre finalement à Hambourg où il fonde avec ses frères une maison de commerce. Comme eux, Lameth rentre en France après le 18 Brumaire. Sous l'Empire, il vit d'abord dans la retraite, mais sert en Espagne en 1809. Rallié aux Bourbons, il est fait lieutenant général en août 1814. En 1829, il est député de la Seine-et-Oise en remplacement de son frère cadet, mort, et signe l'adresse des 221 en 1830.

LAMETH Théodore, comte de (Paris, 1756 – Busagny, près de Pontoise, 1854)

Général et homme politique.

Frère des deux précédents. Après avoir d'abord servi dans la marine, il passe dans l'armée de terre et, comme ses frères, Charles et Alexandre, il participe à la guerre d'Indépendance américaine. Chargé de l'administration du département du Jura (1790), il est élu député à l'Assemblée législative par ce même département. Il y siège à droite, vote contre la guerre (20 avril 1792) et tente d'intervenir auprès de Danton pour sauver le roi. Général de brigade, il est destitué en février 1793 et se réfugie en Suisse puis à Hambourg. Rentré en France après le 18 Brumaire, Théodore de Lameth ne joue aucun rôle actif sous l'Empire, mais il est député de la Somme pendant les Cent-Jours.

LAMOIGNON Chrétien François de (Paris, 1735 – Basville, 1789)

Magistrat.

Conseiller au Parlement (1755), président à mortier (1758), il partage l'exil du Parlement en 1771 et collabore à la *Correspondance*, satire

Guillaume Ier de Lamoignon
Guillaume de Lamoignon, premier président du parlement de Paris. Pastel de Robert Nanteuil, musée de la ville de Paris, musée Carnavalet. © *Giraudon*

périodique dirigée contre le parlement Maupeou. Mais, lorsqu'il devient garde des Sceaux en 1787 dans le ministère Loménie de Brienne, il tente lui aussi, pour briser l'opposition paralysante des parlements aux réformes, un « coup d'État » à la Maupeou. Les six édits dont le roi impose l'enregistrement par le lit de justice du 8 mai 1788 transforment profondément la justice. Une ordonnance criminelle supprime la question préalable, c'est-à-dire les tortures qui précédaient l'exécution des criminels (la question préparatoire qui accompagnait l'instruction avait été supprimée en 1780). Un grand nombre de juridictions inférieures ou spéciales sont abolies, les présidiaux deviennent tribunaux de première instance ; surtout, les parlements voient leurs attributions diminuées au profit de 45 grands bailliages qui sont des tribunaux d'appel. Enfin le droit d'enregistrement des actes royaux est enlevé aux parlements pour passer à une cour plénière composée essentiellement de la Grand-Chambre du parlement de Paris mais aussi de ducs et pairs. L'aristocratie judiciaire perd ainsi le monopole du contrôle de la législation et des finances royales.

Mais cette réforme vient trop tard. Une formidable opposition se développe. Les parlements et les états provinciaux réussissent à entraîner derrière eux tous les mécontents contre le gouvernement royal et à amplifier à l'échelle nationale le conflit initial qui les opposait au « despotisme ministériel ». En maints endroits l'agitation tourne à l'insurrection. Les événements les plus notables et qui constituent une véritable préface à la Révolution se déroulent en Dauphiné (journée des Tuiles le 7 juin 1788 et réunion de l'assemblée de Vizille le 21 juillet 1788). Devant cette révolte générale de l'aristocratie et son alliance menaçante avec la bourgeoisie du tiers état, Brienne capitule. Le 5 juillet 1788, il promet de réunir les États généraux ; le 8 août, il suspend la Cour plénière et fixe l'ouverture des États généraux au 1er mai 1789. Puis, acculé à la banqueroute, il démissionne, et Necker, que le roi rappelle, achève la capitulation de la royauté en décidant d'abolir la réforme Lamoignon. Désavoué et abandonné de tous, ce dernier meurt peu après d'un accident de chasse. On parlera d'un suicide.

LAMOIGNON Guillaume Ier de (Paris, 1617 – Paris, 1677)

Magistrat.

Avocat au parlement de Paris en 1635, il en devient conseiller l'année suivante, puis maître des requêtes en 1644. Après avoir pris part quelque temps à la Fronde parlementaire, il se rallie à temps et avec éclat au parti du roi à qui il sait plaire par la netteté des rapports qu'il lit au Conseil ; Louis XIV ira jusqu'à dire : « Je n'entends bien que les affaires que M. de Lamoignon rapporte. » Comblé de faveurs, il est nommé premier président du Parlement en 1658. Contraint de présider au procès de Fouquet qui avait été son ami, il inquiète, par son impartialité, Colbert qui le fait remplacer par le chancelier Séguier. Membre de la commission parlementaire chargée de prendre connaissance des ordonnances préparées par le Conseil de justice, il y défend des idées humanitaires et généreuses visant à assurer certaines garanties à l'accusé, contre les tendances autoritaires de Pussort, resté fidèle à la pratique de la question, et partage avec Colbert et d'autres magistrats le mérite de la réforme de la législation (ordonnance civile de 1667 et criminelle de 1670). Il ne cesse enfin de travailler à un vaste dessein : celui d'unifier et de coordonner toutes les lois qui devront régir le royaume. Mais il meurt sans être parvenu au but de son ambition : le titre de chancelier.

LAMOIGNON Guillaume II de, seigneur de Blanc-Mesnil et de Malesherbes (Paris, 1683 – Paris, 1772)

Chancelier.

Avocat général, puis président à mortier au Parlement (1723), il devient en 1746 premier président de la Cour des aides et succède à d'Aguesseau comme chancelier (1750). Homme honnête, mais au caractère faible, Lamoignon se trouve presque toujours dans une fausse position entre l'autorité royale et la magistrature. Il est également en butte à l'hostilité des philosophes parce que ami des Jésuites. Exilé en 1763, il ne donne sa démission qu'en 1768. Son fils est le célèbre Lamoignon de Malesherbes, ministre et défenseur de Louis XVI.

LA MOLE Joseph Boniface de (? – ?, 1574)

Gentilhomme et conspirateur.

Favori de François, duc d'Alençon, et amant de Marguerite de Navarre, il organise avec Coconnat une conspiration visant à remplacer Charles IX par le duc d'Alençon. Le complot découvert, il est arrêté et décapité avec son complice. Comme la duchesse de Nevers, maîtresse de Coconnat, sa maîtresse la reine Margot (Marguerite de Valois) fait enlever et embaumer sa tête. En 1576, la paix de Monsieur réhabilite la mémoire de La Mole. Alexandre Dumas, dans *La Reine Margot*, et Stendhal, dans *Le Rouge et le Noir*, s'inspireront de sa vie.

LAMORICIÈRE Christophe Louis Léon JUCHAULT de (Nantes, 1806 – château de Prouzel, près d'Amiens, 1865)

Général et homme politique.

Polytechnicien, il sert en Algérie en 1830, où il se fait remarquer par son audace et son intelligence de l'art militaire autant que par ses talents d'administrateur, organisant le premier bureau arabe et le premier régiment de zouaves. Il se distingue particulièrement lors de la prise de Constantine en 1837. En 1843, il est promu général de division. Il prend la *smala* d'Abd el-Kader avec le duc d'Aumale et contribue puissamment à la victoire de l'Isly (1844). C'est enfin lui qui reçoit la soumission d'Abd el-Kader en décembre 1847. L'année précédente, Lamoricière avait été élu à la Chambre des députés où il siégeait dans les rangs de la gauche dynastique. Quand éclate la révolution de 1848, il est nommé commandant de la garde nationale et tente en vain de sauver le régime. Il est élu représentant de la Sarthe à l'Assemblée constituante (avril), commande sous Cavaignac une partie des troupes qui ont à réprimer l'insurrection de Juin, entre comme ministre de la Guerre dans le gouvernement que constitue Cavaignac et se retire en même temps que lui en décembre 1848. Adversaire irréductible du prince-président Louis Napoléon, il est arrêté au matin du coup d'État du 2 décembre 1851, empri-

Lamoricière
Dessin de Philippoteaux, 1840, Chantilly, musée Condé. © *Giraudon*

Le château de Langeais
Vue extérieure du château. © *Sélection Images*

sonné au fort de Ham et proscrit peu après jusqu'en 1857. En 1860, par une provocation délibérée, le pape Pie IX fait appel à lui pour défendre ses États contre l'armée piémontaise. Mais ses troupes sont mises en déroute par les Piémontais de Cialdini à Castelfidardo le 18 septembre. Réfugié à Ancône, il doit finalement capituler le 29 septembre 1860.

LA MOTHE-HOUDANCOURT Philippe de, duc de Cardone (?, 1605 – Paris, 1657)

Maréchal de France.

Maréchal de camp en 1637, lieutenant en Bresse en 1639, appelé la même année à la succession de La Valette en Italie, il se signale en Piémont, ce qui lui vaut le titre de lieutenant général des armées en 1641. Envoyé en Catalogne en 1642, La Mothe-Houdancourt écrase les Espagnols à Almenas, Villelongue et Villefranche. Ce qui lui vaut cette fois le bâton de maréchal et la vice-royauté de Catalogne en remplacement de Brézé, avec le titre de duc de Cardone. La même année, il fait lever le siège de Lerida et bat Leganez. Mais en 1644, il ne parvient plus à défendre Lerida contre les Espagnols revenus en force. Dépossédé de sa vice-royauté et accusé de trahison, il est incarcéré à Pierre-Encise où il reste quatre ans, jusqu'au jour où son innocence est reconnue. Après avoir participé à la première Fronde, il se rallie à Mazarin qui lui rend la vice-royauté de Catalogne en 1651. La même année, il s'enferme dans Barcelone qu'il défend avec l'énergie du désespoir jusqu'en octobre 1652.

LA MOTTE Emmanuel Auguste de CADIHEUC, comte du Bois de (Rennes, 1683 – Rennes, 1764)

Amiral.

Il effectue très jeune sa première campagne, en 1698, et participe en 1711 à la prise de Rio de Janeiro sous les ordres de Duguay-Trouin. En novembre 1747, capitaine de vaisseau, La Motte escorte vers la Martinique un convoi qu'il parvient à sauver d'une attaque anglaise. Exploit renouvelé à plusieurs reprises, ce qui lui vaut d'être nommé chef d'escadre, puis gouverneur des îles Sous-le-Vent en 1751, où il montre des qualités d'administrateur. En 1755, à la tête d'une flotte de 14 vaisseaux, il reçoit mission de ravitailler le Canada. Avec le titre de lieutenant général, La Motte effectue deux ans plus tard une mission identique et rencontre au retour une escadre anglaise. À cause d'une tornade, le combat n'a pas lieu, et l'escadre française rentre à Brest très endommagée et atteinte du typhus. En 1758, avec les milices bretonnes, La Motte, malgré son âge, parvient à rejeter à la mer les Anglais débarqués à Saint-Cast. Sa carrière s'achève, en 1762, avec le titre de vice-amiral du Ponant.

LA MOTTE Jeanne de SAINT-REMY, comtesse de (Château de Fontette, Languedoc, 1756 – Londres, 1791)

Aventurière.

Fille du baron de Saint-Remy, elle descend par lui d'Henri de Saint-Remy, dit de Valois, fils naturel d'Henri II et de Nicole de Sauvigny. Intrigante, elle profite de la naïveté du cardinal de Rohan pour monter avec le comte de La Motte, qu'elle a épousé en 1780, la célèbre escroquerie dite affaire du Collier. Arrêtée, jugée, elle est condamnée à être fustigée et marquée sur les deux épaules en place de Grève (juin 1786). Elle réussit à s'enfuir de la Salpêtrière où elle était enfermée, se réfugie à Londres où elle retrouve son mari, condamné par contumace aux galères à perpétuité. Elle y publie des *Mémoires justificatifs* très hostiles à Marie-Antoinette et meurt dans la misère en 1791.

LA MOTTE-PICQUET Toussaint Guillaume, comte de (Rennes, 1720 – Brest, 1791)

Marin.

Il entre dans la marine à l'âge de 17 ans. En 1745, à bord de *La Renommée*, il contribue au dématage de deux frégates anglaises. Chef d'escadre en 1778, durant la guerre d'Indépendance américaine, La Motte-Picquet multiplie les exploits, notamment aux Antilles, où il tient en échec l'amiral Parker. Lieutenant général des forces navales, il couronne sa réussite en 1781 en capturant 26 vaisseaux de l'escadre de l'amiral Rodney, le plus célèbre marin britannique de l'époque.

LAMOURETTE Antoine Adrien (Frévent, Pas-de-Calais, 1742 – Paris, 1794)

Évêque constitutionnel et homme politique.

Prêtre lazariste successivement supérieur du séminaire de Toul, directeur de la maison de Saint-Lazare et vicaire général d'Arras, il se montre favorable aux idées réformatrices en 1789. Mirabeau lui confie la préparation de ses discours politiques concernant les affaires religieuses à l'Assemblée. Rallié en 1790 au principe de la Constitution civile du clergé, Lamourette prête serment l'année suivante en qualité d'évêque du nouveau département de Rhône-et-Loire, réunissant alors les actuels départements du Rhône et de la Loire, qu'il représente à l'Assemblée législative. Après l'envahissement des Tuileries par la foule des faubourgs, le 20 Juin 1792, il se taille un moment de célébrité en conviant ses collègues à se donner une accolade fraternelle en guise d'union autour du trône constitutionnel. En fait, le moment d'euphorie passé, le « baiser Lamourette » n'est qu'une fiction. La violence reprend le dessus avec les massacres de Septembre, et le député-évêque, lors de la dissolution de l'Assemblée, se retire dans son diocèse de Lyon, où l'époque de la Terreur le fera passer pour suspect. Jugé, condamné à mort, Lamourette est exécuté en janvier 1794, montant à l'échafaud sous les lazzis de la foule qui, sans pitié, lui demande d'embrasser le bourreau.

LAMY Francois Joseph (Mougins, 1858 – Kousseri, Tchad, 1900)

Explorateur.

Entré dans l'armée en 1877, il dirige en 1896, en qualité de commandant, la maison militaire du président de la République. Attiré par l'Afrique, il quitte cependant ce poste honorifique pour prendre la direction de diverses missions en Afrique centrale, notamment l'expédition Foureau chargée de reconnaître les pistes entre l'Algérie méridionale et le lac Tchad. Au mois d'avril 1900, Lamy disperse les partisans du chef musulman Rabah et le poursuit au sud du lac Tchad, tombant mortellement blessé lors d'un ultime engagement dans le Baguirmi. En souvenir, les autorités confèrent le nom de Fort-Lamy à la métropole tchadienne (aujourd'hui N'Djamena).

LANCASTRE : voir BEDFORD (duc de)

LANDAU

Ville allemande, dans le Palatinat. À 24 km au nord de Wissembourg, à 45 km au sud de Ludwigshafen, cette place forte occupe un important site stratégique de la plaine rhénane.

Ville impériale dans le dernier quart du XIIIe siècle, la cité lie un moment son sort aux villes libres de la plaine alsacienne. Le rattachement de cette province à la France lors du traité de Westphalie, en 1648, inclut également Landau. Vauban la fortifie ; mesure opportune, car les Impériaux y mettent le siège en 1702, puis en 1704. Le maréchal de Bezons s'en empare en 1713, si bien que les traités de la fin du règne de Louis XIV conservent la place à la royauté. En 1793, les généraux Gilot et Laubadère y résistent six mois aux forces réunies des Autrichiens et des Prussiens, permettant à Hoche, vainqueur au Geisberg, de délivrer la ville. Mais le traité de 1815 remet la place à la Bavière. Aujourd'hui Landau fait partie du land de Rhénanie-Palatinat.

LANDRECIES

À 12 km au nord-est du Cateau, à 27 km au sud-ouest de Maubeuge, à une vingtaine de kilomètres à l'ouest d'Avesnes, Landrecies surveille le cours de la Sambre sur le rebord méridional de la vaste forêt de Mormal.

Française depuis 1659, cette place forte féodale, aménagée ensuite par les Espagnols et les Impériaux, est fortifiée par Vauban. C'est pour débloquer la place que Villars engage la bataille de Denain. De nouveaux sièges sont subis en 1793 et 1815.

LANGEAIS (château de)

Le château actuel, situé en Touraine, dans le département d'Indre-et-Loire, a succédé à une forteresse que Foulques Nerra, comte d'Anjou de 987 à 1040, avait établie sur une hauteur dominant le Val de Loire pour lui servir de point d'appui dans sa conquête de la Touraine.

Seuls subsistent de cette forteresse deux pans de mur du donjon rectangulaire qui marqua une date capitale dans l'architecture militaire puisque c'est le plus ancien donjon de pierre qu'on connaisse en France et qu'il a servi de prototype aux donjons de la période romane, notamment à celui de Loches, construit lui aussi par Foulques Nerra. Au XIIe siècle, la forteresse de Langeais dépend des Plantagenêts, comtes d'Anjou, puis rois d'Angleterre à partir d'Henri II. En 1216, Philippe Auguste la réunit au domaine royal. Mais elle est ruinée pendant la guerre de Cent Ans.

Louis XI entreprend sa reconstruction, au bas de la colline, pour couvrir Tours et sa résidence du Plessis, et confie la réalisation des travaux, de 1450 à 1460, à Jean Bourré, son homme de confiance, créateur du Plessis-Bourré en Anjou. La nouvelle construction, sévère, est dépourvue des agréments qui caractérisent pourtant dès cette époque les demeures du Val de Loire. Les trois corps de logis sont protégés extérieurement par des courtines et des tours à mâchicoulis. Sur la cour, les bâtiments, flanqués de trois tourelles d'escaliers, sont d'un aspect moins rude, mais leur décoration reste parcimonieuse. C'est dans ce cadre peu souriant qu'est célébré, en 1491, par le cardinal Georges d'Amboise, le mariage de Charles VIII et d'Anne de Bretagne. En 1631, Langeais est cédé par Louis XIII à Louise de Lorraine, fille du duc de Guise et veuve du prince de Conti. Mais il est immédiatement racheté par le maréchal d'Effiat et reste dans sa famille pendant plus d'un siècle. En 1766, il passe au duc de Luynes. Il devient enfin, en 1886, la propriété de Jacques Siegfried qui le lègue, en 1904, à l'Institut de France avec l'importante collection d'œuvres d'art du Moyen Âge et de la Renaissance, notamment de splendides tapisseries, qu'il y avait réunie.

LANGLE de CARY Fernand Armand Marie de (Lorient, 1849 – Port-Scorff, 1927)

Général.

Sorti major de la promotion de 1869 de l'École de Saint-Cyr, ayant choisi la cavalerie comme arme, il fait partie l'année suivante de l'état-major du général Trochu. Il participe notamment à la bataille de Buzenval, l'offensive de la dernière chance, au cours de laquelle il est grièvement blessé. Professeur à l'École de guerre durant neuf ans, général de brigade en 1900, il passe trois années en Algérie. En 1912, il rentre au Conseil supérieur de la Guerre. En 1914, bien qu'atteint par la limite d'âge, Joffre lui confie le commandement de la IVe armée, stationnée dans la région de Saint-Dizier. À l'annonce de l'invasion de la Belgique, Langle de Cary lance ses unités dans les Ardennes belges. Sans préparation suffisante, fractionnées, isolées, les diverses unités affrontent dans les pires conditions la masse de la IVe armée allemande du prince de Wurtemberg et connaît une série d'échecs qui entraînent une retraite précipitée sur les bases de départ de la Marne. Mais, le 26 août, il porte le premier coup d'arrêt à la progression allemande en remportant la bataille de la Meuse, succès qu'il ne peut exploiter comme il le souhaiterait, devant rester solidaire des IIIe et V^e^ armées.

En décembre 1915, le général de Langle de Cary prend le commandement du groupe des armées du Centre à laquelle est rattachée, le 1er février 1916, la région fortifiée de Verdun. Dès le lendemain, il constate la faiblesse de l'organisation autour de la ville, mais vingt jours sont insuffisants pour rétablir la situation. Le 21 février, la bataille commence et, le 24 février, il décide, sous sa seule responsabilité, de replier les troupes de la plaine de Woëvre afin de les concentrer en les appuyant sur les Hauts de Meuse, mesure qui permet au front de ne pas être percé et qui, par la suite, sera approuvée par tous les chefs militaires. Il est mis à la retraite en 1917. Il est enterré aux Invalides. Ses *Mémoires* ont été publiés en 1935.

LANGRES

Andematunum. *Ville de la Haute-Marne, située à 67 km au nord de Dijon, au centre d'un plateau calcaire assez boisé, séparant les bassins de la Seine, de la Saône et de la Meuse.*

Langres, ancienne place des Lingons, occupe un emplacement de choix au sommet d'une colline dominant la Marne naissante. Un évêché souligne, dès le IVe siècle, l'importance de ce centre commercial et stratégique sur lequel s'acharnent les Vandales en 407, puis les Huns en 551, après que Constance Chlore, deux siècles auparavant, y eut dispersé, assurent les chroniques, un parti de Germains. Chef-lieu de comté du royaume de Bourgogne, la ville devient duché au Moyen Âge, époque au cours de laquelle une charte communale est accordée (milieu du XIIe siècle). Sous l'Ancien Régime, Langres est choisie comme capitale du bailliage de Bassigny. La Révolution en fait, en 1790, un chef-lieu d'arrondissement du département de la Haute-Marne.

LANGUE FRANÇAISE

Parler du Bassin parisien qui l'emporte peu à peu du XVIe au XIXe siècle sur deux rivaux : le latin, langue des clercs, et les patois provinciaux, langues de la France paysanne.

La suprématie du latin est brisée au XVIe siècle par la conjonction de trois facteurs : l'édit de Villers-Cotterêt impose en 1539 l'usage du français à l'administration et à la justice ; l'humanisme, parallèlement, en voulant restituer le latin césaro-cicéronien dit classique, le fige en tant que langue vivante et l'apologie du français auquel se livre Étienne Pasquier dans ses *Recherches sur la France* (1560) est alors tout à fait singulière ; l'Église enfin, pour répliquer aux protestants qui prônent l'accès direct aux Écritures dans la langue maternelle du croyant, fait quelques concessions au français pour le catéchisme et la prédication. Au XVIIe siècle, se forge un français littéraire et officiel qui s'impose aux dépens des dialectes provinciaux. Le *Discours de la méthode* de Descartes est, en 1637, l'un des premiers ouvrages savants publiés en français. Ce français conquérant est soumis à une triple dynamique de normalisation : la préciosité traque les impropriétés et « dépatoise » la langue, l'Académie française, créée en 1635, se donne pour mission de « nettoyer la langue des ordures qu'elle a contractée... », la Cour enfin diffuse des modèles d'énonciation, des tournures qui distinguent l'honnête homme du rustre déclassé par l'usage d'une langue impure ou teintée d'idiome local.

Des dictionnaires – celui de l'Académie ou celui de Furetière (1690) –, des codes grammaticaux – les *Remarques de Vaugelas* en 1647 ou la *Grammaire de Port-Royal* – constituent autant d'ouvrages de référence qui fixent la langue classique sans la figer. La pénétration du français dans l'enseignement est la dernière condition requise pour son expansion : universités comme collèges jésuitiques emploient exclusivement le latin, véritable *lingua franca* des intellectuels européens jusqu'au XVIIIe siècle. Les jansénistes cependant, à travers leurs Petites Écoles, vont développer un enseignement en français extrêmement novateur qui inspire les Bénédictins du collège de Sorrèze à partir de 1759 ou les frères Tabourins, des laïcs qui, au XVIIIe siècle, créent plusieurs dizaines d'écoles dans la région parisienne imitées de la pédagogie de Port-Royal. Les collèges militaires, qui systématisent en 1776 le modèle de La Flèche, repris aux Jésuites après leur expulsion (1764), dispensent en français un enseignement moderne. Ils préparent à certaines écoles techniques qui excluent elles aussi le latin, telles l'École de chirurgiens de la marine de Rochefort (1722), l'École du génie de Mézières (1748) ou l'École royale militaire (1751)...

Lorsque Rivarol publie en 1784 son *Discours sur l'universalité de la langue française*, celle-ci a remplacé le latin comme langue de l'élite et de toutes les cours européennes. Le rayonnement du classicisme français, le prestige politique et militaire d'une France beaucoup plus peuplée que ses voisins, le Refuge des huguenots dispersés en Europe du Nord et de l'Est ont imposé sa langue. Dès 1689, William Penn propose d'adopter le français comme langue européenne (*Essai pour une paix présente et future en Europe*). Le peuple, lui, manie le français à mesure que s'améliorent la circulation intérieure et l'alphabétisation populaire. Subsiste cependant pour la plupart un bilinguisme de fait avec la persistance des patois : Picards et Provençaux ne se comprennent pas autrement qu'en français. La Révolution impose l'usage du français dans tous les actes publics (décret du 20 juillet 1794) ainsi que dans l'enseignement (décret Lakanal du 17 brumaire an III).

Encouragé par le jacobinisme révolutionnaire, le XIXe siècle se charge d'extirper ces patois à travers l'enseignement public afin de faciliter l'intégration républicaine. Les mouvements favorables aux langues régionales, tel le félibrige (1854) provençal, apparaissent nettement réactionnaires. Le développement des réseaux de chemins de fer, le service militaire universel et la Première Guerre mondiale parachèvent le brassage linguistique. Après 1968, des revendications culturelles (mouvement Diwan en Bretagne), soutenues par des aspirations régionalistes (loi de 1982) ou autonomistes (aux marges de la France) redonnent vigueur à certaines langues régionales que l'Éducation nationale propose parmi ses enseignements de langues vivantes (corse, breton, créole aux Antilles...). Mais cette évolution reste prudente : la loi constitutionnelle du 25 juin 1992 insérée dans l'article 2 de la Constitution précise : « La langue de la République est le français » ; en 1999, la France ne ratifie pas la charte européenne des langues régionales. Le français est certes toujours formellement langue de l'olympisme et des Nations Unies, parlée quotidiennement par quelque 220 millions de locuteurs réunis au sein de la francophonie, organisation internationale de 44 États qui tient depuis 1986 des sommets réguliers. Mais globalement l'usage du français recule, battu en brèche depuis 1945 par l'hégémonie de l'anglais porté par la prolifération des lexiques techniques et la vitalité d'une culture de masse audiovisuelle d'origine massivement anglo-saxonne.

LANG SON

Située sur les confins sino-tonkinois dans la vallée du Song Ki-kong, dans le nord-est du Tonkin, à une vingtaine de kilomètres de la frontière chinoise, cette ville est un traditionnel marché commercial du Haut-Tonkin, surtout depuis la construction d'une voie ferrée menant de Hanoi à la province chinoise de Kouang-Si.

En raison de cette importance, en 1885, le commandement français du Tonkin charge la colonne du général Brière de l'Isle de l'occuper. Le site est investi le 13 février, après plusieurs jours de lutte contre les forces impériales chinoises. Mais un retour offensif de ces dernières, malgré un échec le 23 février à Dong Dang, met en position fâcheuse le détachement du général de Négrier, lui-même grièvement blessé au cours d'un engagement, le 28. Estimant sa position aventurée, son suppléant, le lieutenant colonel Herbinger, décide alors d'évacuer la ville, décision jugée prématurée mais dont l'annonce à Paris entraîne, le 30 mars, la chute du cabinet de Jules Ferry. Réoccupé en 1946 à la suite du retour des troupes françaises au Tonkin, le poste de Lang Son est définitivement perdu en octobre 1950 à la suite de la retraite de Cao Bang.

LANGUEDOC

Ancienne province limitée au nord par le Lyonnais et l'Auvergne, au nord-ouest par la Haute-Guyenne, à l'ouest par la Gascogne, au sud par le Roussillon et la Méditerranée, à l'est par la Provence, le Comtat Venaissin et le Dauphiné.

Elle était divisée en Haut-Languedoc et Bas-Languedoc. Le premier comprenait, outre l'Albigeois, les régions de Toulouse, Rieux, Lavaur, Carcassonne, Alet, Mirepoix, Castres ; le second rassemblait les terroirs de Montpellier, Nîmes, Uzès, Alais ou Alès, Narbonne, Béziers, Saint-Pons, Lodève, Agde auxquels s'ajoutaient les anciens pays gallo-francs du Gévaudan, du Vivarais et du Velay. Actuellement, l'ensemble languedocien est partagé entre les départements du Tarn, du Tarn-et-Garonne (depuis l'Empire), de la Haute-Garonne, de l'Ariège, de l'Hérault, de l'Aude, du Gard, de la Lozère, de l'Ardèche et de la Haute-Loire.

Le Languedoc avant le Languedoc. Le Languedoc correspond à la province romaine de Narbonnaise Première créée au IVe siècle à la suite de la grande réforme administrative de Dioclétien, à ceci près que la Narbonnaise Première englobe le Roussillon, alors que le Gévaudan, le Vivarais et le Velay lui font défaut. Les trois principales villes de la circonscription, dans l'ordre d'importance économique, sont Narbonne (*Narbo Martius*), Nîmes (*Nemausus*), Béziers (*Julia Biterrae*). Toutes sont traversées par la voie domitienne. La Narbonnaise Première participe intensément à la vie de l'Empire. La civilisation romaine la marquera sans doute plus que toute autre circonscription de la Gaule.

C'est au début du IVe siècle que les futurs Languedociens sont envahis par les Vandales et les Suèves, bientôt suivis des Wisigoths qui, eux, s'installent et fixent la première capitale de leur royaume à Toulouse. Vaincus à Vouillé en 507, les Wisigoths doivent évacuer vers le sud. Un grand nombre d'entre eux reste au nord des Pyrénées et occupe la Septimanie, correspondant à peu près au futur Bas-Languedoc et dont les cités les plus importantes sont Narbonne, Béziers, Nîmes, Agde et Carcassonne. La Septimanie est la seule région issue de la Narbonnaise Première qui offre une certaine apparence d'unité politique, et même déjà un aspect féodal, le reste étant ou morcelé à l'extrême, ou soumis à de fréquents changements d'obédience, ou encore attiré dans l'orbite de principautés ou de royaumes voisins.

Vient, au début du VIIIe siècle, l'ère des incursions sarrasines. Après avoir battu les Arabes à Poitiers en 732, Charles Martel conquiert la Septimanie qu'on appelle aussi Gothie, du nom des Wisigoths qui s'y sont maintenus. En 759, toute la Narbonnaise Première est sous domination franque. Contre un éventuel retour des Sarrasins, Charlemagne constitue la Gothie en marche ou marquisat. Avec les derniers Carolingiens, cette marche mène une existence à part. Dès le Xe siècle, il n'est pratiquement plus question que du comté de Toulouse, dont les titulaires s'assurent peu à peu, avec des hauts et des bas, l'hégémonie dans le vaste territoire qu'on appelle actuellement le Languedoc. De fait, l'histoire de ce territoire au temps des Capétiens directs se confond avec celle du comté de Toulouse.

Il est courant, parce que commode, d'appeler Languedoc la somme des fiefs de la dynastie toulousaine jusqu'à son extinction en Jeanne de Toulouse et Alphonse de Poitiers (1271). En réalité, il s'agit là d'une sorte d'abus de langage, car c'est peu après la réunion du comté à la couronne que le mot est régulièrement employé pour désigner parmi les pays de langue d'oc, les seules sénéchaussées issues de l'ancien comté. Pour tenter d'expliquer ce phénomène, on a dit que le comté de Toulouse était le premier grand fief de langue d'oc que nos rois avaient réuni à leur domaine. L'expression garda son acception étroite lorsque les autres fiefs de même langue eurent été agrégés à leur tour.

La province de Languedoc. Après la guerre des Albigeois, le Languedoc panse ses blessures. Il ne retrouvera pas aussitôt son lustre d'antan. Non que la guerre l'ait ruiné à jamais. Au contraire, on reconstruit beaucoup et, dans certaines régions, relativement vite. Les usages, les privilèges, les dialectes locaux sont respectés. C'est beaucoup plus tard que la centralisation administrative les combattra et, dans une certaine mesure, les étouffera. Au XIIIe siècle, maintes coutumes méridionales sont rédigées et codifiées. Si les villes font l'objet d'une surveillance attentive, cette méfiance se manifeste tout autant dans les pays septentrionaux du royaume. Les derniers comtes de Toulouse de la dynastie raymondine ont laissé l'anarchie s'installer un peu partout. La reprise en main s'accompagne de créations de bastides. Les institutions consulaires continuent à s'étendre. La décadence de certaines cités, notamment sur la côte, provient essentiellement de l'interruption de certains contacts avec l'Orient, surtout après l'échec des croisades de Saint Louis, et aussi de la rupture de l'ancien équilibre politique des pays méditerranéens. Mais la crise est le plus souvent surmontée. Montpellier reçoit une école de médecine et une université.

La guerre de Cent Ans amène deux fléaux. L'un dure longtemps, ce sont les ravages routiers, qui ne sont d'ailleurs pas propres à la province. L'autre reste assez limité : il s'agit des pillages du duc Jean de Berry, gouverneur. Or c'est justement au cours de cette époque agitée que se fait la soudure définitive avec la France royale. Au pire moment de sa carrière, la dynastie capétienne n'aura pas de meilleurs soutiens que les pays méridionaux. Le premier, le Languedoc fournit au Dauphin (futur Charles VII) les moyens financiers et militaires de la reconquête Le calme revenu au milieu du XVe siècle, on assiste à une reprise de l'industrie et du commerce, sauf dans les ports qui, après avoir un instant bénéficié de l'activité de Jacques Cœur, pâtissent durement du rattachement de la Provence et de Marseille à la couronne en 1483.

Les guerres de Religion mettent le Languedoc à feu et à sang. Les esprits méridionaux étaient trop portés à l'enthousiasme pour les idées neuves, trop enclins à la critique pour accueillir la Réforme avec indifférence. Très tôt, dès le milieu du XVIe siècle, deux clans s'opposent. Les luttes prennent un caractère politique sous le gouvernement de Montmorency-Damville. Sous le règne d'Henri III, ou plutôt contre l'autorité d'Henri III, Toulouse et Carcassonne, demeurées catholiques, embrassent avec ferveur le parti de la Ligue. Le reste de la province est aux mains des huguenots, surtout les Cévennes, l'Uzège et le pays de Nîmes. Le parlement de Toulouse montrera beaucoup plus de férocité à l'égard des « hérétiques » que les inquisiteurs du XIIIe siècle, si souvent cités pour leur rigueur.

Au début du XVIIe siècle, le Languedoc, comme une partie de la Guyenne, est exploité en tant que base militaire par la révolte féodale. Après la paix de Montpellier (1622), la chute de Privas rasée pour l'exemple (1629) et la paix d'Alais signée la même année, Henri de Montmorency, fils de Damville et son successeur, croit bon de réveiller les instincts guerriers de ses administrés. Il est vaincu à Castelnaudary et exécuté en 1632. Richelieu tirera les leçons des perpétuels soulèvements languedociens. Les gouverneurs ne résideront plus dans la province ; les attributions des états seront limitées ; le pouvoir sera détenu par l'intendant, établi à Montpellier.

Après les troubles qui ont marqué son jeune âge, Louis XIV a résolu d'achever l'unité politique et religieuse de son royaume. Pour lui, le protestantisme est incompatible avec cette unité. À partir de 1680, des dragons sont envoyés en Languedoc ; cinq ans plus tard l'édit de Nantes est révoqué. Cette mesure provoque après un assez long délai la révolte des Camisards dans les Cévennes et une partie du Bas-Languedoc rhodanien. Lorsque ces nouvelles secousses s'apaisent, vers 1704, une partie de la population a émigré, mais il reste encore de nombreux foyers de protestantisme.

Les intendants, qui ont la charge de deux généralités, Montpellier (Bas-Languedoc) et Toulouse (Haut-Languedoc), sont fort actifs. Sous leur impulsion, le pays est reboisé, les industries de la soie, de la dentelle et du drap prospèrent. Comme en Guyenne, comme dans toute la France, le XVIIIe siècle est l'âge d'or du point de vue économique. Avec ses nombreux hôtels, avec ses monuments publics, Montpellier fait peau neuve. Les vignobles s'étendent sans atteindre encore un développement excessif. Les rapports du dernier intendant, l'illustre Ballainvilliers (1786-1790), nous enseignent qu'à la veille de la Révolution, la province est très largement exportatrice. Les Languedociens n'ont donc pas lieu de se plaindre. D'autre part, leur langue et leurs coutumes sont encore respectées. On conçoit dans ces conditions le développement du fédéralisme dans le Midi à l'époque de l'oppression jacobine. Sans aller jusqu'à l'héroïsme vendéen, sauf dans certains cas isolés (Lozère, Ardèche), les départements méridionaux montreront leur attachement aux Bourbons pendant la Révolution. Les Languedociens en garderont un esprit d'opposition qui se manifestera jusqu'à nos jours.

LANGUES VERNACULAIRES MÉDIÉVALES

Langues parlées de l'Occident latin.

Dans l'Antiquité, la langue vernaculaire était celle des esclaves, nés à la maison. Puis *vernaculus* a désigné celui qui était né dans n'importe quelle maison de l'Empire et parlait un latin contaminé par les multiples langues indigènes. Néanmoins, tous les individus se comprenaient encore entre eux. L'apparition de la chrétienté a changé la valeur du latin écrit, car les ecclésiastiques, conscients qu'il fallait être compris du plus grand nombre afin de pouvoir convertir les païens, furent amenés à écrire un latin moins pur. Puis lentement le système éducatif impérial s'est démembré et affaibli. Dans ce contexte, les langues vernaculaires ont perdu leurs points communs et, peu à peu, ont abouti à des langages différents selon les régions. Au VIIIe siècle, l'ancien latin parlé était devenu le protofrançais en Gaule du Nord, le proto-occitan en Gaule du Sud. Dès 813, les prédicateurs devaient traduire leurs sermons s'ils voulaient être compris. Mais c'était déjà une obligation dans les zones non latinisées, comme par exemple en Bretagne où l'on parlait le très vieil anglais.

On passa dès lors à l'écrit de ces langues parlées, pour lesquelles il fallut inventer une orthographe. Mais pour que cette « langue des esclaves » produise une littérature, il a fallu qu'émerge la classe des chevaliers, désireuse de se démarquer des anciennes aristocraties et de l'Église. La langue d'oc accéda la première à la littérature au XIe siècle avec les poèmes du premier troubadour Guillaume IX, la langue d'oïl au XIIe siècle avec la première chanson de geste, dite de Roland. Ces langues nouvelles envahirent progressivement les domaines réservés traditionnellement au latin, coutumes, testaments, chroniques, grammaire… Seuls les arts libéraux, théologie et philosophie, résistaient encore au XVe siècle. Au XVIe siècle, sous l'impulsion de François Ier et du cercle poétique de la Pléïade, la langue d'oïl supplanta définitivement la langue d'oc et devint la langue officielle du royaume de France. La langue française était née.

LANIEL Joseph (Vimoutiers, Orne, 1889 – Paris, 1975)

Homme politique, président du Conseil.

Il appartient au petit nombre des patrons entrés en politique. Cet industriel du textile effectue une brillante guerre de 1914, terminée avec le grade de capitaine, et se lance en 1919 à la conquête de la mairie de Notre-Dame-de-Courson et du conseil général de Lisieux. Héritier industriel, il succède également à son père comme député du Calvados en 1932 (réélu en 1936). Proche de Paul Reynaud, il est membre de l'Alliance démocratique jusqu'aux accords de Munich. Cet adversaire de l'Allemagne entre au Cabinet Reynaud comme sous-secrétaire d'État aux Finances. Après avoir voté les pleins pouvoirs au maréchal Pétain, il est l'un des premiers parlementaires à entrer dans la Résistance, courant 1941. Passé dans la clandestinité l'année suivante, il œuvre à la formation du Conseil national de la Résistance (CNR). Parlementaire inamovible après 1945, il tente de fédérer la droite modérée et, en 1951, se rallie au Centre national des indépendants (CNI). Ministre des gouvernements Pleven et Faure, il accède à Matignon le 26 juin 1953.

Son cabinet, où figurent six anciens présidents du Conseil, se veut une sorte d'union nationale en miniature. En pratique, le gouvernement est écartelé entre des forces concurrentes (des gaullistes jusqu'à l'Union démocratique et socialiste de la Résistance - UDSR) et contraint à un immobilisme d'autant plus mal venu que les problèmes s'accumulent. Sa politique de rigueur salariale et budgétaire l'expose à une critique « antipatronale » et débouche sur la grève de l'été 1953, mobilisant 4 millions de personnes. Dans l'affaire de la Communauté européenne de défense (CED), son hétérogénéité ministérielle empêche toute décision. Au Maroc et en Indochine, il choisit la manière forte dans l'espoir d'accélérer le désengagement de la France, pratiquant ainsi ce que Mauriac stigmatisera comme une « dictature à tête de bœuf » et qui n'est pas sans rappeler la politique de fermeté suivie par Poincaré en 1923. L'échec de Diên Biên Phu en mai 1954 sonne le glas de cette stratégie et du gouvernement Laniel, le 12 juin. Réélu en 1956, celui-ci se retire de la vie politique après avoir accordé sa confiance au général de Gaulle en juin 1958.

LANJUINAIS Jean Denis, comte (Rennes, 175 – Paris, 1827)

Magistrat et homme politique.

Fils d'un avocat au barreau de Rennes, avocat lui-même et conseiller des états de Bretagne, il enseigne aussi le droit ecclésiastique. Après avoir publiquement pris position contre les privilèges de la noblesse, dans les dernières années de l'Ancien Régime, il rédige les cahiers du Tiers et représente l'ordre aux États généraux de 1789. À Versailles, Lanjuinais participe à la fondation du Club breton, futur club des Jacobins. À l'Assemblée, il appartient au Comité ecclésiastique et joue un rôle considérable dans l'élaboration de la Constitution civile du clergé (1790), avant de préparer le décret qui instaure un état civil laïque (1792). Opposé à l'absolutisme, mais de tendance modérée, il se déclare, après son élection à la Convention, « étranger à tous les partis ». Cependant, proche des Girondins, le député de Rennes s'oppose de plus en plus aux Montagnards. Lors du procès de Louis XVI, il vote d'abord pour la réclusion, puis pour le sursis. Lanjuinais combat ensuite la dictature de la Commune parisienne, et s'oppose vainement à la création du Tribunal révolutionnaire.

À la chute des Girondins, il s'enfuit et se cache jusqu'à la mort de Robespierre, retrouvant le 8 mars 1795 son siège à la Convention. Lanjuinais fait alors partie du Comité des onze qui, chargé de mettre en application la Constitution de 1793, établit en fait celle de l'an III. À l'Assemblée, il fait décider la restitution des églises au culte. Populaire en province, Lanjuinais l'est moins dans la capitale, où ses ennemis l'accusent d'être royaliste et d'appartenir au club de Clichy. Réélu au Corps législatif, il siège au Conseil des Anciens jusqu'en 1797, date à laquelle il quitte le Conseil pour enseigner la législation à l'École centrale d'Ille-et-Vilaine. Membre du Sénat conservateur (mars 1800), il vote contre le consulat à vie, puis contre l'Empire, et reste dans l'opposition à Napoléon. Il n'en est pas moins nommé commandeur de la Légion d'honneur, et comte d'Empire en 1808, lui qui avait déclaré : « La noblesse n'est qu'un corps parasite vivant des travaux du peuple en le méprisant. » Membre de l'Institut en 1808, Lanjuinais participe à la création du Comité de législation. Rallié aux Bourbons, il vote la déchéance de Napoléon, est admis à la pairie le 11 juin 1814 puis, élu à la fois par la Seine et la Seine-et-Marne, préside la Chambre pendant les Cent-Jours. Lanjuinais siège à la Chambre des pairs sous la Seconde Restauration et combat les ultras. Au procès du maréchal Ney, il se prononce en faveur de la déportation. Adversaire des cabinets Richelieu et Villèle, il s'oppose à la modification de la loi électorale et à la loi sur le sacrilège.

LANNES Jean, duc de Montebello (Lectoure, Gers, 1769 – Vienne, Autriche, 1809)

Maréchal d'Empire.

Fils de palefrenier, il est apprenti teinturier avant de s'engager, en 1792, dans un bataillon de volontaires du Gers. Sergent-major à l'armée des Pyrénées-Orientales, il se fait rapidement remarquer par son intrépidité et nommer sous la Convention chef de brigade. En 1796, Lannes est envoyé à l'armée d'Italie et se distingue tout particulièrement lors des batailles de Montenotte, le 12 avril, et de Millesimo, le lendemain. Mais c'est à Lodi, le 10 mai, qu'il donne sa mesure en décidant de l'issue des combats grâce à une charge héroïque à la tête de ses hommes. Après avoir contribué à rétablir la paix française en Lombardie et s'être battu avec courage à Arcole, où il est blessé par trois fois (17 novembre 1796), Lannes reçoit, sur proposition de Bonaparte, le grade de général de brigade en 1797. Ayant suivi le futur Empereur en Égypte, il prend part aux batailles des Pyramides, d'Aboukir et de Saint-Jean-d'Acre avec une telle combativité qu'il est promu général de division. Suivant Bonaparte lors de son retour d'Égypte, Lannes participe, à ses côtés, au 18 Brumaire. Cette fidélité est immédiatement récompensée par sa nomination à la tête de la garde consulaire. Lors de la seconde campagne d'Italie, il se bat à Montebello et à Marengo (1800). Ministre plénipotentiaire à Lisbonne l'année suivante, il appartient à la première promotion des maréchaux d'Empire.

Après s'être plusieurs fois distingué lors de la campagne de 1805, en particulier à Austerlitz, Lannes prend part à celles de Prusse et de Pologne (1806-1807), et se trouve aux côtés de Napoléon lors des batailles d'Iéna (14 octobre 1806), d'Eylau (8 février 1807) et de Friedland (14 juin 1807). Fait duc de Montebello en 1808, il combat en Espagne où, après la victoire de Tudela (novembre 1808), il dirige avec succès le siège de Saragosse (décembre 1808 – février 1809). C'est ensuite la guerre contre l'Autriche. Blessé par un boulet de canon à Essling (22 mai 1809), il est amputé des deux jambes et meurt quelques jours plus tard. Son corps, inhumé à Strasbourg, sera ramené l'année suivante à Paris pour être déposé au Panthéon.

LA NOUE François de, dit BRAS DE FER (Nantes, 1531 – Moncontour, 1591)

Homme de guerre huguenot.

Page d'Henri II, il fait son éducation militaire en Piémont sous les ordres du maréchal d'Amville. En 1558, il se convertit au protestantisme sous l'influence d'un ministre envoyé en Bretagne par François de Coligny. Le massacre de Vassy le pousse à suivre Condé et bientôt à prendre la tête des calvinistes en Saintonge et Poitou. À cette occasion, il combat à plusieurs reprises aux côtés de Coligny et s'empare des places d'Orléans et de Saumur (1567). Il est fait prisonnier, relâché sur une intervention du duc d'Anjou, de nouveau fait prisonnier, de nouveau relâché grâce à la protection du duc. Blessé lors de l'assaut de Fontenay-le-Comte, il doit être amputé. Pour qu'il puisse retenir la bride de son cheval, son chirurgien lui confectionne le bras de fer qui lui donnera son surnom. Ses prouesses dans la troisième guerre de Religion lui valent une renommée de grand capitaine. Pendant dix ans, il joue un rôle de première importance, non tant comme chef de parti que comme négociateur et réconciliateur. Ses *Discours politiques et militaires*, rédigés vers 1585, témoignent de sa loyauté et de son ouverture d'esprit, qualités rares à l'époque. En 1572, Charles IX l'envoie négocier la soumission des Rochelais. Tâche ardue, car sa modération le fait passer pour suspect auprès de ses coreligionnaires et pour intéressé ou opportuniste auprès des assiégeants catholiques. En butte à l'hostilité des ministres, il se trouve obligé de quitter la ville avec quelques notables modérés comme lui et trouve bon accueil au camp du duc d'Anjou. Là-dessus est signé l'édit de pacification.

Quand la guerre reprend, La Noue abandonne toute attitude de conciliation. Dès janvier 1574, après avoir pris contact avec Alençon, il exhorte les Rochelais à la lutte armée. Élu chef des huguenots en Guyenne, il guerroie avec des succès divers jusqu'à la paix de Bergerac. Quelques années plus tard, on le retrouve en Flandre où il se fait prendre par les Espagnols. C'est pendant sa captivité à Limbourg qu'il entreprend la rédaction de ses *Discours*. Assez curieusement, sa libération sera l'œuvre de la maison de Lorraine. Dévoué à Henri III contre la Ligue, il reçoit de ce roi la promesse du bâton de maréchal (promesse sans effet, le roi ayant été assassiné peu après). Henri IV lui confie de grandes responsabilités militaires. Arrivé trop tard à Arques, il est envoyé contre Mercœur en Bretagne avec le titre de lieutenant général. Il est blessé par une balle qui le jette au bas d'une échelle alors qu'il fait le siège de Lamballe. Insuffisamment soigné, il meurt deux semaines plus tard. Ses amis et ses adversaires célébreront ses mérites, avec toutefois plus de nuances et moins d'unanimité que l'on aurait tendance à le croire aujourd'hui. Son fils Odet (v. 1560-1618) est surtout connu pour sa participation au siège de Paris aux côtés d'Henri IV et pour son rôle dans les négociations de l'édit de Nantes.

LANREZAC Charles Louis Marie (Pointe-à-Pitre, Guadeloupe, 1852 – Neuilly-sur-Seine, 1925)

Général.

Professeur à l'École de guerre depuis 1905, il est à la tête de la Ve armée en août 1914. Placée à la gauche du dispositif de Joffre, cette unité est appelée à intervenir en Belgique. Elle y livre la malheureuse bataille de Charleroi dans le cadre d'ensemble de la bataille des Frontières, et doit faire retraite brusquement pour éviter une prise en tenaille au sud-ouest de Namur. Entraînant avec lui le détachement britannique de French, engagé à Mons, Lanrezac se replie vers la Somme. Il

Lannes
La Mort du maréchal Lannes. Huile sur toile de Pierre Guérin, Valenciennes, musée des Beaux-Arts.

Laon
Vue de la cathédrale. © *Explorer*

justifie cependant sa réputation de tacticien en contre-attaquant avec succès les Allemands près de Guise le 29 août. Joffre le tient toutefois pour responsable de l'invasion et le remplace au commandement de la Vᵉ armée par Franchet d'Esperey. Estimant cette mesure injuste, le général se justifiera en publiant en 1920 une longue étude sur la campagne du premier mois de guerre.

LANTERNE (La)

Journal hebdomadaire lancé en 1868 par Henri Rochefort, et reprenant un titre utilisé pendant la Révolution de 1789 et celle de 1848.

Henri Rochefort, chassé depuis peu du *Figaro*, profite de la loi du 11 mai 1868, qui a supprimé l'autorisation préalable, pour lancer une feuille satirique, commanditée par Villemessant et Dumont. Sur la couverture rouge de la publication, de petit format, figure une lanterne destinée à « éclairer les honnêtes gens et pendre les malfaiteurs ». Le premier numéro de *La Lanterne*, paru le 30 mai 1868, porte cette phrase liminaire devenue célèbre : « La France compte, dit l'*Almanach impérial*, trente-six millions de sujets, sans compter les sujets de mécontentement. » Rochefort, seul rédacteur, commente l'actualité à sa façon, et condamne le gouvernement de Napoléon III, intitulant sa publication « Mémorial des malpropretés de l'Empire. » Malgré son prix élevé, 40 centimes, *La Lanterne* rencontre immédiatement un succès considérable, tirant dès le troisième numéro à 125 000 exemplaires. Contrairement à ce qu'espéraient les autorités, Rochefort, loin de se calmer, devient de plus en plus violent au fil des semaines. Aussi le numéro 11 est-il saisi. Poursuivi, condamné à un an de prison et 10 000 francs d'amende le 13 août 1868, le publiciste s'enfuit en Belgique, où il fait dorénavant imprimer sa *Lanterne*. 74 numéros paraissent ainsi jusqu'en novembre 1869, certains exemplaires étant introduits clandestinement en France dans des bustes de l'empereur. À son retour au mois de novembre, Rochefort lance, à la place de *La Lanterne*, une feuille quotidienne, *La Marseillaise*. De nouveau exilé sous la IIIᵉ République, il lance, de 1874 à 1876, une nouvelle *Lanterne*, qui ne connaît pas de réel succès et devient quotidienne en 1876. La feuille reflète l'évolution des opinions de Rochefort – successivement boulangiste, puis antidreyfusard – et passe en 1897 sous la direction d'Aristide Briand. De tendance radicale-socialiste et anticléricale, *La Lanterne* cesse de paraître en 1928.

LAON

Laudunum. *Chef-lieu du département de l'Aisne, Laon occupe un emplacement de choix sur une butte dominant d'une centaine de mètres la plaine d'alentour, entre la Thiérache au nord, le Tardenois au sud, le Porcien champenois à l'est et la plaine de Picardie à l'ouest. La route de Paris à Bruxelles s'y croise avec celle de Saint-Quentin à Reims.*

Ce carrefour a donc toujours tenu un rôle prépondérant depuis l'époque des Gaulois Rèmes. Les Romains font de la ville un centre administratif et commercial des plus actifs et qui devient évêché au IVᵉ siècle. Les Francs s'y installent, qu'ils soient mérovingiens ou carolingiens, Louis d'Outremer s'y faisant même couronner roi en 936. Mais, dans la seconde moitié du Xᵉ siècle, les évêques imposent leur souveraineté tout en devant accorder à leurs sujets des franchises communales. La cathédrale Notre-Dame atteste cette époque faste, qui voit l'érection d'un majestueux édifice gothique considéré, au XIIIᵉ siècle, comme le plus réussi d'Occident. Il va d'ailleurs servir de modèle aux constructeurs de cathédrales tant à Reims qu'à Paris et à Chartres. Les démêlés de la population avec l'évêque Gaudri, au XIIᵉ siècle ; les attaques des Anglo-Bourguignons durant la guerre de Cent Ans ; le siège mené par Henri IV contre les ligueurs en 1594 ; les occupations prussiennes de 1814, 1815 et 1870, celles des Allemands de 1914 à 1918 et de 1940 à 1944 représentent les principales épreuves affrontées par les populations de ce carrefour de la Picardie orientale.

LAOS

État de l'Asie du Sud-Est, capitale Vientiane.

Étiré du nord au sud entre la Cordillère annamitique, à l'est, et la vallée du Mékong, à l'ouest, le Laos couvre une superficie de près de 237 000 km² (soit celle de la Roumanie) pour une population de 6,2 millions d'habitants. Confinant à la Chine et à la Birmanie au nord et au nord-ouest, au Vietnam à l'est, au Cambodge au sud, à la Thaïlande (Siam) à l'ouest, le Laos permet la communication entre ces divers pays par l'intermédiaire de la vaste vallée du Mékong, ce qui explique son histoire agitée et sa soumission périodique à la puissance dominante du Sud-Est asiatique. Longtemps affaibli par des féodalités rivales, le territoire laotien ne connaît véritablement un début d'unité que vers le XIIIᵉ siècle, époque au cours de laquelle un souverain du nom de Fa Gnoum crée le royaume de Lan Chang. Le bouddhisme s'impose peu à peu comme religion, et un embryon d'autorité administrative relie les diverses régions de la plaine du Mékong. Mais les invasions birmanes du XVIIᵉ siècle affaiblissent ce pouvoir qui tombe bientôt sous la coupe des entreprenants Siamois. La région de Vientiane est même annexée au Siam en 1828, tandis que celle de Luang Prabang, l'ancienne capitale royale, passe sous tutelle des empereurs de Chine.

Les Français commencent à s'intéresser à cette région sous le règne de Napoléon III, qui a établi son protectorat sur le Cambodge à partir de 1863. Une mission remonte le Mékong sous la conduite des explorateurs Doudard de Lagrée et Francis Garnier. Mais les difficultés pour parvenir en Chine du Sud par cette voie fluviale font négliger le Laos. La conquête du Tonkin (1885), la création de l'Union générale indochinoise deux ans plus tard, les résultats de la mission de l'explorateur Pavie en 1890 attirent cependant à nouveau l'attention du gouvernement français sur cette partie de l'Indochine. Les empiètements siamois incitent d'ailleurs le commandement maritime de Saigon à envoyer en juillet 1893 deux canonnières jusqu'à Bangkok. Le blocus des côtes oblige le roi de Siam à signer en octobre un traité de renonciation à la rive gauche du Mékong. Le Laos est inclus en 1896 dans le gouvernement général de l'Indochine dont le responsable est alors Paul Doumer. Il va le demeurer en fait jusqu'en 1941, date de l'occupation japonaise, et nominalement jusqu'au 27 août 1946, date de la reconnaissance d'une monarchie constitutionnelle accédant à l'autonomie le 19 juillet 1949, puis à l'indépendance le 22 octobre 1953. Mais, dès 1945, se manifestent les insurgés du mouvement Lao-Issarak. Le 13 août 1950, le prince Souphanouvong crée le mouvement du Pathet Lao allié au Viêt-minh, lequel s'implante dans la région de Sam Neua et s'efforce de quadriller la plaine des Jarres. Les royalistes se regroupent autour du prince Boum Oum, et une tendance conciliatrice, neutraliste, tente de donner son équilibre au pays par l'intermédiaire du prince Souvanna Phouma. Les tentatives pour intégrer ces trois tendances en un pouvoir cohérent échouent tour à tour malgré la tenue d'une conférence internationale à Genève en 1962. Les divers tracés de la piste-Hô-Chi-Minh traversent, en effet, la région des hauts plateaux, donnant accès au Sud-Vietnam, ce qui met en jeu trop d'intérêts divergents. Le 2 décembre 1975, le Laos devient communiste. 200 000 personnes environ fuient le régime totalitaire bientôt mis en place par Kaysone, Premier ministre puis président jusqu'à sa mort en 1992.

LA PALICE : voir CHABANNES (Jacques de)

LA PÉROUSE Jean François de GALAUP, comte de (Le Guo, près d'Albi, 1741 – île de Vanikoro, 1788)

Navigateur.

Élève à l'École de marine, il participe ensuite à plusieurs campagnes. Il est grièvement blessé et fait prisonnier à bord du *Formidable*, le 20 novembre 1759, après la retentissante défaite que fait subir l'amiral Hawke au maréchal de Conflans au large de Belle-Isle. Il se distingue comme officier lors de la guerre d'Indépendance américaine ; en 1779, il participe à la bataille des Antilles ; capitaine de vaisseau en 1780 à bord de *L'Astrée*, il capture avec La Touche-Tréville deux bâtiments près de l'île Royale, au cours d'une croisière dans la baie d'Hudson ; en 1782, il s'empare des forts du Prince-de-Galles et d'York qui sont rasés. Après la signature du traité de paix de Versailles en 1783, La Pérouse prend la tête d'une expédition scientifique, préparée dans le plus grand secret par l'entourage de Louis XVI qui en arrête lui-même les plans. Cette expédition s'insère dans la série des explorations du Pacifique (1770-1778), facilitées par la découverte du chronomètre. Après Cook, dont il est le véritable continuateur, et Bougainville, La Pérouse achève de mettre leur technique préparatoire au point : ses bateaux-laboratoires sont dotés d'une salle de cartes, d'une bibliothèque et d'instruments d'observation, et il s'entoure d'une équipe de savants (Louis Mongez, La Martinière, Lesseps, etc.).

Parti de Brest le 1er août 1785 avec deux frégates, *La Boussole* et *L'Astrolabe*, il double le cap Horn puis remonte jusqu'au mont Saint-Hélié, sur la côte nord-ouest de l'Amérique, d'où Cook avait été constamment repoussé par les courants (1756). Cette première reconnaissance sera plus tard complétée par Vancouver. De là, il met le cap sur les îles Sandwich (Hawaï), découvre l'île Necker (5 septembre 1786), gagne Macao puis les Philippines et remonte vers le Japon. Le 2 août 1787, il reconnaît le détroit entre l'île Sakhaline et la Corée. Puis, traversant le canal de la Boussole, le chapelet d'îles qui prolonge l'archipel du Japon jusqu'au Kamtchatka, il parvient le 7 septembre à Petropavlovsk où il apprend sa nomination au grade de chef d'escadre. Il charge alors Jean-Baptiste de Lesseps de porter en France ses journaux de route et ses cartes à travers la Sibérie. De là, il se proposait de reconnaître et de relever les îles Kouriles, mais les vents d'ouest l'obligent à abandonner son projet et, faisant route vers le sud, il gagne l'archipel des Navigateurs (îles Samoa), où le capitaine de *L'Astrolabe*, Floriot de Langle, se fait massacrer, puis les îles des Amis (Tonga). Le 26 janvier 1788, il atteint Botany Bay (en Australie), d'où il expédie une dernière lettre, le 7 février. Puis, après ces trente mois de navigation, c'est le silence, et, pendant quarante ans, le mystère planera sur sa destinée. En 1791, d'Entrecasteaux dirige une expédition de secours. Elle est sans résultat. Le récit du voyage de La Pérouse est publié en 1808-1809. En 1826 enfin, le capitaine anglais Dillon reconnaît, entre les mains d'un insulaire de Ticopia, une garde d'épée gravée aux initiales de La Pérouse et apprend qu'elle provient, ainsi que de nombreux objets, de l'île voisine de Vanikoro (dans les Hébrides). Trois ans plus tard, en 1829, les épaves de *L'Astrolabe*, qui avaient été jetées par la tempête sur des bancs de corail, sont retrouvées par Dumont d'Urville. On suppose que La Pérouse et ses compagnons ont été massacrés par les habitants de Vanikoro après le naufrage.

LAPERRINE d'HAUTPOUL François Henri (Castelnaudary, 1860 – Sahara, 1920)

Général.

La création des unités sahariennes est due en partie à cet officier supérieur placé à la tête du territoire des oasis du sud algérien, de 1902 à 1910. Dirigeant en 1917 l'ensemble des territoires sahariens puis la division d'Alger, Laperrine devait trouver la mort au cours d'un accident aérien lors d'une tentative de liaison entre l'Algérie et l'Afrique noire au-dessus du Sahara.

LAPLACE Pierre Simon, marquis de (Beaumont-en-Auge, 1749 – Paris, 1827)

Astronome, mathématicien et physicien.

D'une origine moins modeste qu'on l'a prétendu, il entre à l'Académie des sciences en 1773 après avoir été remarqué par d'Alembert. Il s'illustre comme astronome en étudiant le mouvement de Saturne et de Jupiter, comme mathématicien en laissant une célèbre équation portant son nom, comme physicien en fondant avec Lavoisier la calorimétrie. Par ailleurs, il joue un rôle important dans la rénovation du système institutionnel scientifique en prenant part à l'organisation de l'École polytechnique, de l'École normale et de l'Institut. Bonaparte lui confie six semaines le ministère de l'Intérieur après le 18 Brumaire et le nomme comte. Sous la Restauration, il est fait pair et marquis. Membre de la Société d'Arcueil, il exerce une grande influence sur le milieu scientifique français. Ses deux principaux ouvrages sont *Exposition du système du monde* (1796), dans lequel il défend la théorie selon laquelle le système solaire proviendrait d'une « nébuleuse primitive », et une *Théorie analytique des probabilités* (1812).

LA PORTE Pierre de (?, 1603 – ?, 1680)

Confident d'Anne d'Autriche.

Issu d'une famille noble ayant dérogé, il est placé dès l'âge de 18 ans, avec le titre de portemanteau ordinaire, auprès d'Anne d'Autriche dont il devient rapidement le confident le plus sûr. Emprisonné en 1637 lors de la découverte de la correspondance d'Espagne à laquelle il a collaboré, il déjoue tous les pièges qui lui sont présentés pour obtenir ses aveux et sauve ainsi la reine de la disgrâce. Devenue régente, Anne le récompense en le nommant valet de chambre de son fils. Mais, trop persuadé que la reine lui doit tout, il ne sait pas conserver la mesure vis-à-vis de Mazarin qu'il jalouse follement. La reine, apprenant un jour qu'il dresse le jeune Louis XIV contre son ministre, le fait exiler (1652). La Porte a laissé des *Mémoires*.

LA RENAUDIE Godefroi de BARRI, seigneur de (? – Amboise, 1560)

Gentilhomme.

Réfugié à Genève pour échapper à une condamnation prononcée par le parlement de Dijon, il se convertit au calvinisme. Il voyage ensuite dans le midi de la France et jusqu'en Alle-

La Pérouse
Louis XVI (assis à dr.) donnant des instructions à La Pérouse pour son voyage d'exploration autour du monde, en présence du marquis de Castries, ministre de la Marine, 29 juin 1785. Huile sur toile de Nicolas André Monsian. Châteaux de Versailles et Trianon. © *Giraudon*

magne pour recruter des partisans. En 1560, La Renaudie est mis à la tête de la conjuration d'Amboise – il s'agit d'enlever François II pour le soustraire à l'influence des Guise – par Condé qui, prudemment, préfère rester dans l'ombre. Trahis, les conjurés sont surpris dans les bois de Château-Renaud avant d'avoir pu réaliser leur plan, et La Renaudie est tué les armes à la main. Son cadavre est ensuite pendu au pont d'Amboise.

LA RÉVELLIÈRE-LÉPEAUX Louis Marie de (Montaigu, Vendée, 1753 – Paris, 1824)

Homme politique.

Fils d'un magistrat, il entame des études de droit, qu'il interrompt pour s'installer à la campagne et s'adonner à la botanique. Député du tiers de la sénéchaussée d'Angers en 1789, il siège à la Constituante et appartient au Comité des pensions. Membre du club des Jacobins, La Révellière-Lépeaux suit, en 1792, la majorité de ses collègues qui quittent le club et fondent celui des Feuillants. Député du Maine-et-Loire à la Convention, il se rapproche des Girondins, se prononce pour la mort du roi et contre le sursis. Il s'oppose à Robespierre dans un retentissant article intitulé « Le cromwellisme » (février 1793), combat ensuite vainement la création du Tribunal révolutionnaire (mars), avant de voter pour la mise en accusation de Marat (avril). La Révellière-Lépeaux continue un moment de siéger à la Convention après le 2 juin et la chute des Girondins, puis déclare qu'il ne siégera plus, ne pouvant se faire entendre, et se cache jusqu'au 9 Thermidor.

Réadmis à la Convention en mars 1795, le député du Maine-et-Loire fait partie du Comité des onze qui, chargé de mettre en application la Constitution de 1793, prépare celle de l'an III. Entré au Comité de salut public, il y siège jusqu'à sa suppression (1795). Réélu au Corps législatif, La Révellière-Lépeaux entre au Conseil des Anciens, qu'il préside ; il est élu au Directoire dès sa création (octobre 1795). Là, il manifeste des sentiments républicains, mais sans excès. Exerçant une influence non négligeable, notamment en matière religieuse, il manifeste un anticléricalisme absolu, tout en soutenant la nécessité d'une forte morale civique. Le directeur est ainsi amené à soutenir la théophilanthropie qu'il souhaiterait substituer au catholicisme. Il prépare le coup d'État du 18 fructidor an V (4 septembre 1797), puis, accusé d'avoir préparé celui du 22 floréal an VI (11 mai 1798), doit démissionner le 30 prairial an VII (18 juin 1799). Son opposition à l'expédition d'Égypte lui vaut l'aversion de Bonaparte. Membre de l'Institut, il refuse en 1804 de prêter le serment exigé par l'Empereur et se retire en Sologne, n'acceptant du nouveau régime, malgré une situation matérielle précaire, ni honneurs ni pension. Resté à l'écart pendant les Cent-Jours, La Révellière-Lépeaux échappe sous la Seconde Restauration à la loi qui poursuit les régicides. Ses *Mémoires* ont été publiés en 1895.

LA REYNIE Gabriel Nicolas de (Limoges, 1625 – Paris, 1709)

Lieutenant de police de Paris.

Issu d'une famille de haute robe, il est maître des requêtes et président du présidial de Bordeaux. Fidèle au roi durant la révolte de l'Ormée, il devient intendant du duc d'Épernon, gouverneur de Guyenne. Remarqué par Mazarin, il devient maître des requêtes en 1661. Après l'avoir associé aux travaux du conseil de réformation de la justice, Colbert le nomme en 1667 comme premier titulaire de la charge de lieutenant de police, nouvellement créée. À la tête de la première véritable police parisienne, La Reynie coiffe ou éclipse les autres services et juridictions comme le lieutenant criminel du Châtelet ou le chevalier du guet. La notion de « police » sous l'Ancien Régime est très large et comprend, outre le maintien de l'ordre, toutes les actions édilitaires visant à assurer la sécurité civile, sanitaire, alimentaire d'une population. La Reynie, qui commande 48 commissaires enquêteurs répartis dans les 17 quartiers de la capitale, s'attaque ainsi à la Cour des miracles, dispersée en 1667. Il dirige en personne la Chambre ardente qui, en 1679-1680, enquête sur l'affaire des Poisons. Dans la pratique ordinaire, relèvent de La Reynie la police des spectacles et des jeux, la lutte contre la débauche ou les sacrilèges, la saisie des œuvres et la poursuite des auteurs interdits par la censure, à quoi s'ajoute à partir de 1685 la traque des protestants. Ces missions sont facilitées par un dense réseau d'indicateurs et de « mouches »...

L'œuvre urbanistique est aussi ample que durable : La Reynie pourvoit à l'éclairage nocturne par un système de lanternes publiques, il organise la lutte contre les incendies – un corps de sapeurs sera créé en 1705 – aussi bien que la distribution de l'eau potable. Un très moderne souci sanitaire se manifeste dans le déplacement des tanneries et boucheries vers le faubourg Saint-Marcel, le pavage obligatoire des rues ou la prophylaxie des épidémies en général. La réussite est plus incertaine s'agissant de la sécurité des approvisionnements : l'hostilité du prévôt des marchands ne permet pas de faire construire de grands entrepôts sûrs pour stocker des grains.

Lorsque La Reynie se retire du service en 1697, sa charge est reprise par le marquis d'Argenson qui l'exercera avec autant d'habileté. En 1738, un proche collaborateur de La Reynie, Nicolas Delamare, publie un *Traité de police* qui synthétise l'expérience acquise depuis 1667. Plus qu'un simple policier, La Reynie a été avant la lettre un préfet de Paris, par l'ampleur de ses attributions comme de ses vues.

LARMINAT René Marie Edgar de (Alès, 1895 – Paris, 1962)

Général.

Engagé volontaire en 1914, capitaine à la fin de la guerre, il sert au Maroc, en Afrique-Occidentale française (A-OF) et en Indochine avant d'être nommé en 1938 chef d'état-major des troupes du Levant. Le 27 juin 1940, il incite les cadres de son armée à passer en Palestine pour continuer la lutte aux côtés des Britanniques ; désavoué par son chef, le général Mittelhauser, il réussit à gagner l'Égypte en avion. Le général de Gaulle le nomme en août gouverneur général et commandant supérieur des troupes de l'Afrique-Équatoriale française (A-ÉF). Puis il est adjoint au commandant en chef du Levant et fait général en mars 1942. Larminat est mis à la tête de la 1re brigade des Forces françaises libres (FFL), puis, en Tripolitaine, des FFL du Western Desert et, en janvier 1943, de la 1re division française libre (DFL). Pendant la campagne de Tunisie, il est nommé général de corps d'armée puis chef d'état-major général des FFL. En Italie, en juin 1944, il dirige la poursuite sur Sienne. Après avoir participé à l'attaque de Toulon, lors du débarquement en Provence (août 1944), il reçoit le commandement des Forces françaises de l'intérieur de l'Ouest, avec lesquelles il constitue le détachement d'armée de l'Atlantique (octobre 1944) et investit les poches allemandes de Lorient, La Rochelle, Rochefort, et de l'embouchure de la Gironde. En avril 1945, il se rend maître de Royan et de l'île d'Oléron. Inspecteur des forces d'outre-mer de 1945 à 1947, puis de 1955 à 1957, le général de Larminat est chargé en 1951 des négociations relatives au projet d'une armée européenne. Choisi comme président de la Cour militaire de justice (juin 1962), il se suicide un mois plus tard.

LA ROCHEFOUCAULD (maison de)

Illustre famille noble dont la tige serait Foucault, sire de La Roche en Angoumois, probablement petit-fils d'Hugues II de Lusignan, et qui vivait au commencement du XIe siècle.

Les La Rochefoucauld donnèrent les comtes de Roye et de Roucy, les princes de Marcillac (titre généralement donné au fils aîné du duc), les ducs de La Roche-Guyon, les marquis d'Estignac et de Guercheville, les seigneurs de Chaumont, de Maumont, etc. À partir de François Ier, sire puis comte de La Rochefoucauld, mort en 1517 (et parrain de François d'Angoulême, futur François Ier), la tradition s'établit de prénommer François les aînés de la dynastie. Les comtes de La Rochefoucauld passent à la Réforme au XVIe siècle. François III, prince de Marcillac, beau-frère de Condé par son second mariage avec Charlotte de Roye, est un des grands capitaines huguenots de son temps. Il périra à la Saint-Barthélemy, ayant décliné l'invitation de Charles IX qui avait voulu le retenir auprès de lui afin de le sauver. Les La Rochefoucauld reviennent au catholicisme sous François V (1588-1650), créé duc et pair par Louis XIII en 1622.

LA ROCHEFOUCAULD François de (Paris, 1558 – Paris, 1645)

Évêque et homme politique.

Évêque de Clermont en 1584, il adhère avec passion à la Ligue, avant de se rallier à Henri IV. Cardinal en 1607, évêque de Senlis en 1617, grand aumônier en 1618, il préside le Conseil du roi de 1622 à 1624. Le reste de son existence sera consacré à la réforme des ordres religieux dans l'esprit du concile de Trente. Il avait un frère, Jean-Louis, généralement désigné sous le nom de comte de Randan, qui fut gouverneur d'Auvergne pour la Ligue et périt à Issoire en 1590.

LA ROCHEFOUCAULD François VI, duc de (Paris, 1613 – Paris, 1680)

Homme de guerre et écrivain.

Jusqu'à la mort de son père en 1650, il porte le titre de prince de Marcillac. Marié à 15 ans à Andrée de Vivonne, il devient dès 1629 maître de camp au régiment d'Auvergne, et prend part l'année suivante à la campagne de Piémont. C'est peu après qu'il arrive à la Cour pour ourdir ses premières intrigues contre Richelieu. Ses relations avec Mme de Chevreuse, qui ne médite rien de moins que d'enlever la reine, et à qui il prête un carrosse pour sa fuite, lui valent un bref séjour à la Bastille suivi de deux années d'exil en son château de Verteuil dans le Poitou. Revenu à la Cour en 1642 après la mort de Richelieu, il retrouve la reine avec joie. Ensuite, lorsqu'il sent que Mazarin s'installe au pouvoir, il balance entre la fidélité à la Cour et l'adhésion à la cabale des Importants. C'est en 1646, année où il prend une part importante à la campagne de Flandre, qu'il se jette finalement dans la révolte. Mazarin ne l'a, en effet, gratifié que de bonnes paroles. En outre, et surtout, le prince de Marcillac est l'amant de Mme de Longueville. Lorsqu'en 1648 les princes prennent la tête de la Fronde, il reçoit le titre de lieutenant général de leur armée. L'année suivante, on le trouve dans les provinces de l'Ouest, notamment à Bordeaux et en Guyenne qu'il tente de soulever mais en vain, à cause du ralliement d'Arpajon. C'est en 1652 que se livre le fameux combat du faubourg Saint-Antoine, où il est blessé d'un coup de mousquet qui le rend aveugle.

Grâce à une opération, La Rochefoucauld va bientôt recouvrer la vue. En 1653, alors que Mazarin a repris toute son autorité, il assure le roi de sa soumission. Sa vie s'écoule paisiblement d'abord à Damvillers en Lorraine, puis à Verteuil où il demeurera jusqu'en 1659. C'est alors qu'il entreprend la rédaction de ses *Mémoires*, dont on connaît de nombreuses éditions, très différentes les unes des autres quant au fond (l'édition dite originale, et désavouée par lui, est publiée en 1662, à Amsterdam). Certes, sa situation n'est pas celle d'un courtisan en faveur, du moins tant que vit Mazarin, mais ce n'est pas non plus la disgrâce la plus noire, ni le véritable exil. Louis XIV lui donne une pension dès 1659. Le salon de Mme de Sablé – ou ce qu'il en reste – puis, à partir de 1665, celui de Mme de La Fayette, lui sont ouverts. C'est grâce à ce milieu raffiné qu'il peut élaborer et patiemment polir les *Réflexions ou sentences et maximes morales* dont la première édition paraît en 1664, peut-être à son insu, à La Haye. Cet ouvrage, aujourd'hui plus connu que les *Mémoires*, témoigne d'une pensée désabusée qui ramène bien souvent les vertus apparentes à des vices déguisés, et qui fait de l'*amour propre*, amour ou respect de soi, le véritable ressort de l'action humaine. Ayant, comme la plupart de ses contemporains, le souci de la forme concise, La Rochefoucauld donne, deux ans avant sa mort, une cinquième édition des *Maximes* qui devra beaucoup de ses nuances d'expression à Mme de La Fayette, devenue pour lui une véritable confidente.

Henri de La Rochejaquelein
Huile sur toile du baron Guérin. Cholet, musée d'Art et d'Histoire. © *Sélection Images*

La Rochefoucauld-Liancourt François Alexandre, duc de (La Roche-Guyon, 1747 – Paris, 1827)

Agronome et philanthrope.

Il s'inspire des réformes anglaises dans sa ferme modèle de Liancourt, en Picardie (prairies artificielles) et fonde, pour les enfants des militaires pauvres, l'École professionnelle des enfants de la Patrie qui est à l'origine de l'école des arts et métiers de Châlons (130 élèves en 1788). En 1789, La Rochefoucauld-Liancourt publie *Finances, crédit national, intérêt politique et de commerce, forces militaires de la France*, dans lequel il réclame une imposition unique, l'impôt territorial, l'égalité de tous devant l'impôt, la périodicité des états fixée par les états eux-mêmes, la liberté de la presse. Député de la noblesse du bailliage de Clermont-en-Beauvaisis aux États généraux, il joue un grand rôle au Comité de mendicité de l'Assemblée nationale, attirant notamment l'attention sur l'état des hôpitaux du royaume. Il milite également en faveur de la liberté de conscience. En 1790, il installe à Liancourt des ateliers de filature de coton. En 1792, il est nommé lieutenant général, mais il émigre après le 10 Août en Angleterre, puis aux États-Unis, et ne rentre en France que sous le Consulat. Le duc se consacre alors à la propagation des nouvelles méthodes agricoles et de la vaccine. Député des Cent-Jours, pair sous la Restauration, il est membre du Conseil des hospices (1816), du Conseil général des manufactures, de la Société de la morale chrétienne où il travaille en faveur de la libération des Noirs, du Conseil des prisons. Il est déchu de ses fonctions en 1825 au début du règne de Charles X, en raison de ses opinions libérales, et se retire à Liancourt où il fonde une caisse d'épargne et fait les premiers essais d'enseignement mutuel. On possède de lui divers *Rapports* sur le problème de la mendicité. Il est également l'auteur de *L'État des pauvres en Angleterre* (1800) et *Le Bonheur du peuple, almanach à l'usage de tout le monde* (1819).

La Rochejaquelein Auguste du Vergier, comte de (Saint-Aubin-de-Baubigné, Deux-Sèvres, 1783 – Saint-Aubin-de-Baubigné, 1868)

Militaire.

Frère de Henri et de Louis de La Rochejaquelein. Émigré comme ses frères pendant la Révolution, il revient sous l'Empire mettre son épée au service de Napoléon, combattant notamment à la Moskova, en 1812, où il est blessé. Il rejoint Louis en Vendée pendant les Cent-Jours et reçoit une blessure à la jambe lors de l'engagement des Mattes au cours duquel son frère est tué. Maréchal de camp, il participe à l'expédition d'Espagne, puis bat les Turcs dans les rangs russes (1828-1829). Sa participation aux menées de la duchesse de Berry, qui tente en 1832 de soulever la Vendée, lui vaut d'être condamné à mort par contumace en 1833. Il est acquitté en 1835.

La Rochejaquelein Henri Auguste du Vergier, marquis de (Château de Cintran, Gironde, 1805 – Château de Cintran, 1867)

Officier et homme politique.

Fils de Louis de La Rochejaquelein. Sorti de Saint-Cyr en 1823, il participe à l'expédition d'Espagne, est nommé pair de France en 1825, et combat les Turcs aux côtés de son oncle Auguste de La Rochejaquelein en 1828-1829. Député du Morbihan en 1842, le marquis de La Rochejaquelein siège à l'extrême droite. Après la révolution de 1848, membre de la Constituante, puis de la Législative, il se montre d'abord favorable à la République. Cependant, après le coup d'État, il ne tarde pas à se rallier à Louis Napoléon qui, devenu empereur, le fait sénateur en 1852.

La Rochejaquelein Henri du Vergier, comte de (Château de la Durbellière, Vendée, 1772 – Nouaillé, près de Cholet, 1794)

Chef chouan.

Frère d'Auguste et de Louis de La Rochejaquelein. Officier dans la garde constitutionnelle du roi, il reçoit le baptême du feu le 10 août 1792, devant les Tuileries. Rentré dans sa province natale, il refuse la conscription, rejoint son cousin Lescure et, à partir d'avril 1793, combat les armées républicaines aux côtés de d'Elbée et de Bonchamp. Devant tous ses compagnons, il prononce les paroles fameuses : « Mes amis, si j'avance, suivez-moi ; si je recule, tuez-moi ; si je meurs, vengez-moi. » À la tête des milliers de paysans vendéens qui le rejoignent et constituent l'armée du Haut-Poitou, La Rochejaquelein remporte sur les Bleus une première victoire le 13 avril, participe le 3 mai à la prise de Bressuire, puis à celles de Thouars (5 mai), de Fontenay (25 mai) et de Saumur (9 juin). Au mois d'août, il sauve à Luçon l'armée vendéenne, battue à trois reprises et menacée de la déroute, puis remporte au mois de septembre la victoire de Chantonnay. Après la défaite de Cholet, le 17 octobre, il est contraint, le lendemain, de franchir la Loire. Le 20 octobre, Henri de La Rochejaquelein est élu généralissime des armées catholiques et royales en remplacement de d'Elbée, grièvement blessé.

Pieux (il se signe avant la bataille), courageux jusqu'à la témérité, mais inexpérimenté, le jeune chef est davantage un officier, un sabreur, qu'un tacticien. À la tête de ses troupes, il dirige la marche vers Granville, prend Avranches le 12 novembre, mais échoue le lendemain devant Granville et fait retraite vers Angers pour repasser la Loire. Poursuivi par Marceau, Kléber et Westermann, battu au Mans le 12 décembre, écrasé le 23 à Savenay, il parvient à franchir la Loire, et quitte son armée. S'enfonçant alors dans le bocage vendéen, en butte aux critiques de ses anciens compagnons, il poursuit la guérilla, et se fait tuer par un soldat républicain le 29 janvier 1794.

La Rochejaquelein Louis du Vergier, marquis de (Saint-Aubin-de-Baubigné, 1777 – Les Mattes, Vendée, 1815)

Chef chouan.

Frère d'Auguste et d'Henri de La Rochejaquelein. Il émigre sous la Révolution, rejoint l'armée des princes, puis combat à Port-au-Prince aux côtés des Anglais. Rentré en France en 1801, La Rochejaquelein épouse l'année suivante la veuve de son cousin Lescure, et refuse de prendre du service sous l'Empire. Au début de 1814, il travaille à soulever la Vendée contre l'Empereur. Accueillant avec enthousiasme la chute de Napoléon, il contribue au mois de mars à faire proclamer à Bordeaux le retour des Bourbons, se mettant aux ordres du duc d'Angoulême, puis du roi. Passé en Angleterre pendant les Cent-Jours, La Rochejaquelein envoie aux insurgés vendéens un convoi de munitions, et débarque quelques jours plus tard sur les côtes de Vendée, devenant général en chef des royalistes. Le 4 juin 1815, lors de l'engagement des Mattes, près des Sables d'Olonne, il est tué par les gendarmes de Napoléon.

La Rocque François, comte de (Lorient, 1885 – Paris, 1946)

Officier et homme politique.

Sorti de Saint-Cyr, il sert d'abord en Afrique du Nord, puis reçoit neuf citations pendant la Première Guerre mondiale. En 1919, La Rocque entre à l'état-major de Foch. Après deux années passées en Pologne (1922-1924), il est envoyé dans le Rif (1925). En 1928, lieutenant colonel, il quitte l'armée pour l'industrie et adhère à une petite association d'anciens combattants. Dès 1931, il en devient président et la transforme en mouvement de masse. Il développe des rameaux qui étendent sur tout le pays un réseau d'associations, comme les Volontaires nationaux, qu'il crée en 1933. En même temps, il fait de l'ancien mouvement, fondé sur le culte du souvenir de la Grande Guerre, un mouvement politique de droite nationaliste. Les Croix-de-Feu connaissent leur plus grand développement après la journée du 6 février 1934, au cours de laquelle ils défilent, mais sans participer à la soirée d'émeute et, lorsque le gouvernement du Front populaire décide la dissolution de toutes les ligues (juin 1936), la mesure frappe au premier chef le Mouvement social français, nouvelle dénomination des organisations depuis octobre 1935.

Le colonel de La Rocque les reconstitue en un parti politique, le Parti social français (PSF) qui renonce à l'antiparlementarisme et se fait une place encore plus grande dans l'opinion. Malgré une condamnation pour reconstitution de ligue en 1937, La Rocque poursuit son action en achetant *Le Petit Journal* qui élargit encore son audience. La défaite de 1940 le voit se ranger derrière Pétain, d'autant plus qu'il est l'inventeur de la devise du régime « Travail, Famille, Patrie ». Il

La Rocque
Le colonel de La Rocque lors d'un rassemblement des Croix-de-Feu vers 1931. © *Sélection Images*

est nommé chargé de mission au cabinet du Maréchal. Son rôle paraît plus honorifique qu'exécutif, hormis la publication d'un livre en 1941. En mars 1943, La Rocque est arrêté par les Allemands et déporté à Eisenberg, en Bohême, sans que l'on puisse savoir si c'est pour faits de résistance ou en raison de la haine que lui vouent les collaborationnistes parisiens. Délivré par les Américains le 6 mai 1945, il est assigné six mois à résidence et meurt peu après.

LA RONCIÈRE : voir CLÉMENT de LA RONCIÈRE

LA RONCIÈRE LE NOURY Camille Adalbert Marie, baron CLÉMENT de (Turin, 1813 – Paris, 1881)

Amiral et homme politique.

Ancien élève de l'École navale, capitaine de vaisseau durant la campagne de Crimée, il alterne les missions de guerre et les expéditions scientifiques, dirigeant notamment en 1858 la station navale de Terre-Neuve après avoir accompagné le prince Napoléon sur les confins arctiques. En 1860, il intervient en Syrie aux côtés du corps expéditionnaire du général d'Hautpoul. Sept ans plus tard, il est chargé d'évacuer du Mexique l'armée de Bazaine. Vice-amiral en 1870, La Roncière est dirigé sur Paris avec ses artilleurs de la marine et un détachement de fusiliers marins pour assurer la défense des forts de la capitale. Commandant le corps d'armée de Saint-Denis, il entreprend une vigoureuse diversion en direction d'Épinay-sur-Seine lors de la bataille de Champigny (30 novembre) et s'empare du Bourget, le 21 décembre, toujours à la tête de ses marins. Élu député de l'Eure à l'Assemblée nationale de 1871, La Roncière siège parmi les sympathisants bonapartistes. Ce sont ces sentiments, ouvertement manifestés en 1876, qui le feront relever de son commandement de l'escadre de Méditerranée. Il terminera sa carrière politique comme sénateur de l'Eure.

LA ROÜERIE (conspiration de)

Complot contre-révolutionnaire organisé dans l'Ouest de la France à partir de 1791.

Après avoir participé à la guerre d'Indépendance américaine, le marquis de La Roüerie (1756-1793) se met en rapport avec le comte d'Artois en émigration et lui propose de fonder une organisation clandestine dont le but serait de préparer un débarquement d'émigrés et de troupes. Cette organisation est soutenue par des nobles, des membres du clergé et des paysans qui constituent des caches d'armes au cours de l'année 1792, provoquant la méfiance des autorités. Le complot découvert et quelques meneurs exécutés, La Roüerie se cache dans un château près de Lamballe, où il meurt en janvier 1793. Quoique rapidement décapitée, cette conspiration eut une influence certaine sur la constitution de la chouannerie.

LARREY Dominique Jean, baron (Baudéan, près de Bagnères-de-Bigorre, 1766 – Lyon, 1842)

Chirurgien militaire.

Après ses études de médecine, il s'embarque en 1788 comme chirurgien sur la frégate *La Vigilante* et accomplit à son bord la campagne de Terre-Neuve. Établi à Paris au début de la Révolution, il est affecté en 1792 comme aide-major à l'armée du Rhin et fait la campagne d'Allemagne. Horrifié par la mauvaise organisation du Service de la santé, Larrey crée à Mayence, en 1793, un cours de perfectionnement destiné à ses collègues. De retour à Paris l'année suivante, il propose la réorganisation du service, imaginant notamment la création d'ambulances volantes qui permettront d'« opérer dans les vingt-quatre heures ». Chirurgien en chef de la XIVe armée, il l'accompagne en Catalogne, puis enseigne aux hôpitaux militaires de Toulon (1796) et du Val-de-Grâce (1797). Chirurgien en chef de l'armée d'Orient en 1798, Larrey participe à la campagne d'Égypte, où il se fait remarquer et apprécier de Bonaparte. S'adaptant aux conditions locales, le chirurgien installe ses ambulances volantes à dos de chameau. En 1800, il embaume le corps de Kléber, assassiné au Caire.

Chirurgien en chef de la garde consulaire, inspecteur général du Service de la santé, chirurgien en chef de la Grande Armée, Larrey suit cette dernière en Allemagne, en Espagne, en Autriche, où il est fait baron sur le champ de bataille de Wagram (1809), et enfin en Russie. Son dévouement et son inlassable activité lui valent le surnom de « Providence des soldats ». L'Empereur, qui l'appelait le plus honnête homme de son siècle, lui léguera 100 000 francs. Blessé et fait prisonnier à Waterloo, sur le point d'être fusillé, le baron Larrey est sauvé par un officier prussien qu'il a jadis soigné. Il sera libéré à la signature de paix.

Inquiété sous la Restauration, il évite de peu l'incarcération et ne conserve que sa fonction de chirurgien en chef de l'hôpital de la garde royale (Gros-Caillou). Il reçoit néanmoins, au mois de novembre 1815, confirmation de son titre de baron. L'année suivante, son poste d'inspecteur général du Service de la santé est supprimé. Membre de l'Académie de médecine lors de sa création (1820), Larrey enseigne de nouveau au Val-de-Grâce en 1829, entre la même année à l'Académie des sciences et devient en août 1830 membre titulaire du Conseil de santé. Il doit alors abandonner son poste à la garde royale. En 1831, il est chargé d'organiser le service de santé de la nouvelle République belge. Chirurgien en chef de l'hôpital des Invalides en décembre 1831, il est mis à la retraite en 1836, et se consacre à sa clientèle privée et à divers travaux littéraires.

LA SALLE Robert René CAVELIER de (Rouen, 1643 – Louisiane, 1687)

Explorateur.

Issu d'une riche famille de négociants normands, il se destine d'abord à l'Église, puis décide de partir chercher fortune au Canada (1667). Il obtient une concession à La Chine, non loin de Montréal et, ayant appris les langues indigènes, explore à partir de 1668 la région des Grands Lacs, tout en se livrant au commerce des fourrures. Protégé par Frontenac, gouverneur du Canada depuis 1672 et que Cavelier de La Salle conseille pour la construction de ses fortins, il est anobli en 1675 et reçoit, trois ans plus tard, l'autorisation d'explorer les territoires situés à l'ouest de la Nouvelle-France. Son intention est d'achever l'exploration du bas Mississippi, entreprise en 1673 par Joliet et Marquette. Dans des conditions difficiles – il doit affronter les Iroquois, ainsi que l'hostilité des jésuites et l'insubordination de ses hommes –, Cavelier de La Salle descend l'Illinois, puis le Mississippi jusqu'à son embouchure dans le golfe du Mexique (1681-1682). Prenant possession de la région au nom du roi de France, il la baptise en avril 1682 du nom de Louisiane. Cependant, il doit affronter l'hostilité de La Barre, nouveau gouverneur du Canada (1682), qui conteste l'exactitude de ses découvertes. Un voyage en France lui permet de plaider sa cause et d'obtenir en 1684 quatre navires et quatre cents colons et soldats, qu'il compte établir en Louisiane. Trompé par l'uniformité de la côte, Cavelier de La Salle ne parvient pas à retrouver l'embouchure du fleuve, et débarque trop à l'ouest. Pendant deux ans, malgré les fièvres et les Iroquois qui déciment les colons, il poursuit la recherche de l'embouchure du Mississippi. Le 19 janvier 1687, alors qu'il partait chercher du secours, il est tué par trois de ses compagnons, lassés de son autorité parfois brutale.

LAS CASES Emmanuel, comte de (Las Cases, près de Revel, 1766 – Passy-sur-Seine, 1842)

Écrivain.

Lieutenant de vaisseau en 1787, il émigre en 1790, fait en 1792 la campagne contre la France, passe en Angleterre et prend part à l'expédition de Quiberon (juin 1795). De retour à Londres, Las Cases est réduit à donner des leçons pour vivre. C'est à cette époque qu'il conçoit le plan de l'*Atlas historique, chronologique, géographique et généalogique* qu'il publiera avec succès en 1802, sous le pseudonyme de Le Sage. La même année, il rentre en France et s'établit à Paris comme libraire. Son atlas attire sur lui l'attention de Napoléon qui le crée baron avant de le nommer en 1809 maître des requêtes au Conseil d'État et de se l'attacher en qualité de chambellan avec le titre de comte d'Empire (1810). En 1814, il refuse de signer l'acte d'adhésion à la déchéance de Napoléon, s'exile volontairement en Angleterre au retour des Bourbons, reprend sa place au Conseil d'État pendant les Cent-Jours et, après Waterloo, obtient de suivre l'Empereur à Sainte-Hélène. C'est avec lui que Napoléon, dans son exil, bavarde le plus volontiers. Las Cases, qu'il traite de « petit Talleyrand », lui donne des leçons d'anglais, lui sert de secrétaire. Chaque soir, avec

Las Cases
L'Empereur Napoléon dictant ses Mémoires à Las Cases à Sainte-Hélène. Lithographie de Nicolas Maurin, 1816, Paris, Bibliothèque nationale de France. © *Giraudon*

l'aide de son fils, il consigne les entretiens qu'il a eus avec l'Empereur et qui lui serviront à composer le célèbre *Mémorial de Sainte-Hélène*, la bible des historiens de l'Empire. Mais le 27 novembre 1816, à la suite d'une lettre qu'il avait adressée à Lucien Bonaparte à l'insu de Hudson Lowe pour se plaindre de la façon dont celui-ci traitait l'Empereur – il semble que ce fut de sa part une sorte de stratagème destiné à lui permettre de quitter Sainte-Hélène sans avoir l'air d'abandonner Napoléon –, il est transféré au cap de Bonne-Espérance, puis assigné à résidence à Francfort-sur-le-Main avant d'être autorisé à s'établir en Belgique. Il ne peut rentrer en France qu'après la mort de Napoléon (1821) et publie dès 1823 le *Mémorial de Sainte-Hélène ou journal où se trouve jour par jour, ce qu'a dit et fait Napoléon pendant dix-huit mois.* Sous le règne de Louis-Philippe, Las Cases est élu député de Saint-Denis en 1831 et 1839 et siège à l'extrême gauche.

Lascaux

La grotte préhistorique de Lascaux, située dans la commune de Montignac (Dordogne, arrondissement de Sarlat), sur le bord d'un plateau qui domine la Vézère, a été découverte par hasard en septembre 1940, la chute d'un arbre déraciné par une bourrasque ayant mis au jour l'ancien orifice de la caverne.

Elle fait aussitôt l'objet d'une communication de l'abbé Breuil à l'Académie des inscriptions et belles-lettres. Il s'agit d'une grotte-couloir, dont la plus grande longueur ne dépasse pas une centaine de mètres, mais qui offre le plus bel et le plus important ensemble d'art préhistorique admirablement conservé. Les compositions figurées se modèlent étroitement sur les formes de la cavité que des coupures naturelles divisent en un certain nombre de salles. La salle principale la plus proche de l'entrée, la Rotonde, est ornée d'une frise de taureaux géants (l'un d'eux mesure plus de 5 mètres de long), de chevaux, de cerfs, de bisons, qui est la plus monumentale de tout l'art paléolithique. De la Rotonde, le Passage, partie de la grotte la plus ancienne et la moins bien conservée, mène à la Nef, sur laquelle s'ouvrent le diverticule des Félins et l'Abside, petite salle ronde aux parois couvertes de gravures. Au fond de l'Abside, un puits aboutit à une galerie inférieure, en partie obstruée par les éboulis, où se trouvent d'autres peintures. Comme à Altamira (Espagne), les couleurs employées proviennent de matières colorantes réduites en poudre, puis liées avec un corps gras mais, pour certains dessins, la pellicule colorée est tellement peu épaisse que la couleur en poudre a sans doute été soufflée au moyen d'un roseau sur la roche préalablement humidifiée. Les peintures de Lascaux s'échelonnent sur plusieurs siècles, entre la seconde moitié du Solutréen et le Magdalénien moyen. L'ensemble de la grotte fait penser à une crypte, ce qui a valu à Lascaux le nom de chapelle Sixtine de la préhistoire.

Latouche-Tréville Louis René Madeleine Le Vassor, comte de (Rochefort, 1745 – Toulon, 1805)

Amiral.

Entré à douze ans dans les gardes de la marine, il choisit ensuite de faire carrière dans la cavalerie, puis revient à la marine. Sur les frégates *L'Hermione* et *L'Aigle*, il combat de 1780 à 1782 le long des côtes d'Amérique, où il a conduit La Fayette venu s'engager aux côtés des *Insurgents* dans le cadre de la guerre d'Indépendance américaine. Fait prisonnier en septembre 1782, libéré après la paix et nommé en 1783 administrateur des ports, Latouche-Tréville contribue trois ans plus tard à la rédaction du code maritime. Capitaine de vaisseau en 1789, député de la noblesse de Montargis aux États généraux, il est nommé contre-amiral en 1792, mais destitué et incarcéré en septembre 1793. Libéré après le 9 Thermidor, Latouche-Tréville ne reçoit aucun commandement jusqu'au Consulat : il est alors nommé commandant de l'escadre de Brest, avant de réunir à Boulogne les éléments de la flotte avec laquelle Bonaparte compte débarquer en Angleterre (1801). Il transporte ensuite des troupes vers Saint-Domingue, s'emparant en 1802 de Port-au-Prince. Vice-amiral en 1803, chef de l'escadre de Toulon, Latouche-Tréville réussit à débloquer la ville, écartant les Anglais, puis est désigné pour commander l'expédition des Antilles.

La Tour d'Auvergne (maison de)

Famille noble qui doit son nom au château de La Tour situé en Auvergne à environ 50 km à l'ouest d'Issoire.

Elle se partage en 1296 en deux branches. La branche aînée, celle des comtes d'Auvergne et de Boulogne depuis Bertrand VI (1437), s'achève en 1501 avec Jean III qui ne laisse d'Anne de Bourbon que deux filles (dont l'une, Madeleine, sera la mère de Catherine de Médicis). La branche puînée, celle des seigneurs d'Oliergues, hérite en 1490 de la vicomté de Turenne, puis en 1594 du duché de Bouillon et de la principauté de Sedan, par la suite échangée contre le duché d'Albret et les comtés d'Auvergne et d'Évreux (1651).

La Tour d'Auvergne Henri Godefroi, prince de (Paris, 1823 – Les Angliers, 1871)

Diplomate.

Il est issu de la branche de Lauraguais. Ambassadeur à Berlin (1860), Rome (1862), Londres (1863-1869), il est ministre des Affaires étrangères de juillet 1869 à janvier 1870, puis ambassadeur à Vienne de janvier à juillet 1870. Dans ce dernier emploi, il s'efforce vainement d'obtenir l'alliance de l'Autriche contre la Prusse. Il reprend le portefeuille des Affaires étrangères la même année, du 10 août au 4 septembre.

La Tour d'Auvergne Théophile Malo Corret de (Carhaix, 1743 – Oberhausen, 1800)

Militaire.

Issu d'un bâtard de la maison de La Tour, il entre en 1767 dans la compagnie des mousquetaires noirs, est nommé la même année sous-lieu-

Lascaux
Un buffle et un cheval. Fresque, grotte de Lascaux II. © *Explorer*

tenant au régiment d'Angoumois et se distingue en 1780 à Port-Mahon, ce qui lui vaut d'être promu capitaine en 1784. À la Révolution, refusant d'émigrer, il obtient de servir en Savoie (1792) puis dans les Pyrénées occidentales (1793-1794). Retiré du service quelques années plus tard, il retourne en Bretagne où il étudie le celtique avec son ami l'archéologue Le Brigant. Apprenant que le dernier fils survivant de celui-ci figure sur la liste des conscrits, il s'engage à sa place, va servir dans l'armée d'Helvétie comme simple grenadier et combat à Zurich (1799). Son abnégation et son courage exceptionnels lui valent d'être appelé l'année suivante par le Premier Consul « premier grenadier de la République ». Il est tué deux mois plus tard, alors qu'il venait à peine de rejoindre l'armée du Rhin, commandée par Moreau. Ses restes ont été transférés en 1889 au Panthéon, mais son cœur est aux Invalides.

La Tour Maubourg Jean Hector de Fay, marquis de (Maubourg, 1674 – Paris, 1764)

Maréchal de France.

Alors qu'il est lieutenant général, il se couvre de gloire durant la guerre de Succession d'Autriche, notamment au cours de la bataille de Dettingen (1743) et au cours de celle de Raucoux en 1745, parfois appelée Rocourt, où il est blessé. Gouverneur de Saint-Malo en 1754, il est nommé maréchal de France trois ans plus tard.

La Tour Maubourg Marie Charles César Florimond de Fay, comte de (Grenoble, 1757 – Paris, 1831)

Général.

Colonel du régiment de Soissonnais, il représente la noblesse du Puy-en-Velay aux États généraux le 2 mai 1789. Adepte des idées nouvelles, il rallie les rangs du troisième ordre. Député à l'Assemblée constituante, il vote l'abolition des privilèges le 4 août 1789. Lorsque Paris apprend la fuite de Louis XVI le 20 juin 1791, ce gentilhomme libéral jure « d'être soumis aux décrets de l'Assemblée », si bien qu'il est, avec Pétion et Barnave, l'un des commissaires que celle-ci envoie escorter la famille royale de Varennes jusqu'à la capitale. Le 19 septembre 1791, La Tour Maubourg approuve l'annexion d'Avignon par la France. Maréchal de camp, commandant l'avant-garde de l'armée du Centre, il est sous les ordres du général de La Fayette mais, ce dernier ayant été décrété d'accusation, il rejoint les troupes de l'empereur François II. Il restera cinq années captif en Autriche. Membre du Corps législatif en 1801, sénateur en 1806, gouverneur militaire de Cherbourg, La Tour Maubourg est fait pair de France pendant la Première Restauration. Il conserve sa pairie lors des Cent-Jours, la perd au second retour de Louis XVIII et la retrouve en 1819.

La Tour Maubourg Marie Victor Nicolas de Fay, vicomte, puis marquis de (La Motte-Galaure, Drôme, 1768 – Farcy-les-Lys, Seine-et-Marne, 1850)

Général.

Issu de l'illustre famille des seigneurs de Fay en Vivarais, cet ancien lieutenant des gardes du roi (à l'égal de son frère Marie Charles César) lie son sort à celui de La Fayette, aux côtés duquel il émigre en 1792. Revenu en France après les événements de Brumaire, La Tour Maubourg réintègre l'armée, accompagne Kléber en Égypte en qualité d'aide de camp, puis participe à la fin des campagnes du Consulat et à celles de l'Empire comme général, que ce soit en Allemagne, en Espagne ou en Russie. Commandant un détachement de la cavalerie de Murat, il prend une part déterminante à la victoire de Dresde. Grièvement blessé à Leipzig (où il faut l'amputer d'une jambe), La Tour Maubourg se rallie en 1814 à la cause de Louis XVIII et ne dévie pas durant les Cent-Jours, attitude que le roi récompense par les titres de pair de France et de marquis. Ambassadeur à Londres en 1819, ministre de la Guerre jusqu'en 1821, gouverneur des Invalides jusqu'à la révolution de Juillet 1830, le général demeure attaché à la dynastie des Bourbons et la suit en exil, ce qui le fait choisir en 1835 comme gouverneur du duc de Bordeaux.

La Tour du Pin (maison de)

Noble famille dauphinoise dont le berceau est le château de La Tour près de la ville de La Tour-du-Pin en Viennois septentrional.

Pendant un peu plus de soixante ans, les barons de La Tour ont régné sur le comté de Viennois. Le premier La Tour, dauphin de Viennois, est Humbert Ier, qui épouse Anne Dauphine, héritière de Viennois, en 1281. Leur fils Jean II règne de 1307 à 1309. Guigues VIII lui succède alors, remplacé en 1333 par Humbert II qui, en 1343 et 1344, cède ses États à Jean de France, duc de Normandie, avant de mourir en 1349.

La Tour du Pin de Gouvernet Jean Frédéric de (Grenoble, 1727 – Paris, 1794)

Homme politique.

Après s'être distingué pendant la guerre de Sept Ans et avoir reçu les commandements de Saintonge et de Poitou, il se fait élire par la noblesse de cette dernière province aux États généraux de 1789. Les idées nouvelles le séduisent un moment. Louis XVI lui confie le ministère de la Guerre, qu'il devra quitter dès 1790. Appelé à témoigner au procès de Marie-Antoinette, il la soutient avec un grand courage, ce qui lui vaut d'être exécuté.

La Tour du Pin de Gouvernet René de (Gouvernet, Dauphiné, 1543 – Die, 1619)

Chef huguenot.

Il est l'un des chefs les plus renommés et les plus courageux du parti calviniste en Dauphiné. Après son avènement, Henri IV le nommera conseiller d'État, maréchal de camp et commandant en Bas-Dauphiné.

La Tour du Pin de La Charce René, marquis de (Arrancy-sur-Crusne, 1834 – Lausanne, 1924)

Sociologue et écrivain.

Fait prisonnier à Metz en 1870, il a pour compagnon de captivité Albert de Mun, avec qui il découvre le catholicisme social allemand. La Commune représente leur second traumatisme social et les décide à fonder, en 1871, les cercles catholiques ouvriers. Prenant acte de ce que l'individualisme de 1789 a suscité l'exploitation des ouvriers par la bourgeoisie au pouvoir, et qu'il est par là même la cause directe de la lutte des classes en France, il s'attache à l'élaboration d'une doctrine sociale originale. La Tour du Pin quitte l'armée en 1881. Peu après, il publie *Les Phases du mouvement social chrétien*. En 1907 paraît son livre le plus connu, *Vers un ordre social chrétien*. Sur le plan économique, il s'agit d'un ordre corporatif reposant sur une organisation professionnelle précise, fondée pour l'intérêt des métiers et non celui des partis. La direction de cette institution, sociale et non politique, est assumée par des conseils mixtes, issus des syndicats ouvriers et patronaux, dont l'État-arbitre devra reconnaître le caractère légal et public.

L'influence de La Tour du Pin est limitée par son monarchisme militant (alors qu'Albert de Mun se rallie à la République), par la déchristianisation ouvrière et par le désaccord définitif avec de Mun. Seule l'Action française lui sert de relais. Avec Mgr Mermillod, La Tour du Pin a été le fondateur de l'union de Fribourg (1884), rassemblement annuel des catholiques sociaux européens, dont les conclusions ont inspiré l'encyclique *Rerum novarum* de 1891.

La Tour du Pin de Montauban Hector de (Die, 1585 – ?, 1630)

Chef huguenot.

Fils de René de La Tour du Pin de Gouvernet. Connu également sous le nom de baron de La Charce, il est le dernier chef des protestants dauphinois insurgés contre Louis XIII. S'étant soumis en 1626, il devient maréchal de camp et gouverneur de Montélimar.

La Tour du Pin de Montauban René de (?, 1620 – ?, 1687)

Militaire.

Fils du précédent. Il est envoyé en 1644 au secours de l'empereur contre les Turcs et se distingue à Saint-Gotthard. Par la suite, il prend une part brillante à la conquête de la Franche-Comté et de la Hollande.

La Trémoille (maison de)

La maison de La Trémoille, qui tire son nom de la terre de La Trémoille, en Poitou, est mentionnée dès le milieu du XIe siècle.

Plusieurs de ses membres figurent dans les rangs des croisés. Mais l'illustration de cette famille date surtout du XVe siècle. Elle possède un grand nombre de fiefs et forme plusieurs branches : celles des comtes de Talmont, des comtes de Laval, d'Olonne, de Joigny, des ducs de Châtellerault et de Taillebourg, des vicomtes de Thouars, des ducs de Noirmoutiers. À partir du XVIe siècle, les La Trémoille s'allient avec plusieurs maisons étrangères, Orange-Nassau, Hesse-Cassel, Saxe-Weimar et, par suite du mariage de l'un d'eux avec l'héritière des rois de Naples, en 1525, ont des prétentions sur ce royaume. Ils se fondent au XVIIe siècle dans la maison de Montmorency.

La Trémoille Georges de (?, 1382, – Sully-sur-Loire, 1446)

Chambellan.

Attaché d'abord au parti bourguignon, chambellan de Jean sans Peur, duc de Bourgogne, il se rapproche peu à peu des Armagnacs et participe à la bataille d'Azincourt (1415) au cours de laquelle il est fait prisonnier. En 1427, la reine de Sicile et le connétable de Richemont le présentent à Charles VII. Nommé chambellan dès l'année suivante, il exerce bientôt sur l'esprit du roi un empire absolu et en use contre Richemont, son ancien protecteur, qu'il fait disgracier. La faveur dont il jouit auprès du roi consolide la fortune de sa famille. Lui-même avait considérablement augmenté ses biens grâce au produit de ses brigandages et, pour les sauver, il n'hésite pas à intriguer avec les Anglais et à s'opposer à l'action de Jeanne d'Arc. Mais un coup de main débarrasse la Cour du favori, en 1433 : La Trémoille est enfermé au château de Montrésor et n'en sort qu'après avoir payé une forte rançon. Il prend part à la Praguerie en 1440, mais meurt sans être revenu au pouvoir. Il avait épousé en premières noces Jeanne II, comtesse d'Auvergne et de Boulogne, veuve du duc de Berry et, en secondes noces, la veuve du sire de Giac.

La Trémoille Louis de, vicomte de Thouars, prince de Talmont (Thouars, 1460 – Pavie, 1525)

Homme de guerre.

Il gagne pour Charles VIII la bataille de Saint-Aubin-du-Cormier qui met fin à la révolte dite de la Guerre folle (1488), puis multiplie les coups d'éclat en Italie. Menant les armées françaises à travers les Apennins, il participe à la victoire de Fornoue (1495). En 1500, il conquiert le duché de Milan au nom de Louis XII. Le royaume de Naples lui échappe en 1503, mais il prend une grande part à la victoire d'Agnadel (1509). En

Louis de La Trémoille
Huile sur toile, château de Beauregard.
© *Giraudon/Patrick Lorette*

1513, il reprend le duché de Milan mais doit s'incliner devant les Suisses à Novare et n'évite leur mainmise sur la Bourgogne que par un traité peu glorieux. Il est encore un des héros de Marignan, défend la Picardie avec une poignée de soldats, en 1522-1523, et meurt à Pavie. On l'avait surnommé le « Chevalier sans reproche ».

LATTRE de TASSIGNY Jean Marie Gabriel de (Mouilleron-en-Pareds, Vendée, 1889 – Paris, 1952)

Maréchal de France.

Ancien élève des Écoles militaires de Saint-Cyr et de Saumur, officier de dragons en 1914, il termine la guerre dans l'infanterie avec le grade de capitaine, quatre blessures et huit citations. Après avoir servi au Maroc jusqu'en 1926 puis être sorti major de sa promotion de l'École de guerre, il appartient à l'état-major de Weygand. Chef d'état-major de la Ve armée, cantonnée en Alsace durant la « drôle de guerre », de Lattre prend en 1940 le commandement de la 14e DI, avec laquelle il combat dans la région de Rethel. Commandant le secteur tunisien en 1941, la région militaire de Montpellier en 1942, il est le seul commandant à s'opposer à la passivité de l'armée d'armistice, en novembre, lors de l'entrée des Allemands en zone sud. Cette insubordination lui vaut d'être jugé par le tribunal militaire de Toulouse, qui lui inflige une peine de dix ans de prison. Quelques mois plus tard, le Comité français de Londres l'aide à s'évader. Passé de Londres à Alger, de Lattre reçoit du général Giraud le commandement d'une armée B en formation en Algérie, embryon de la future Ire armée française. Avec la 9e DIC, il dirige la prise de l'île d'Elbe, du 16 au 18 juin 1944, puis débarque en Provence les 15 et 16 août, menant ses avant-gardes à l'assaut de Toulon puis de Marseille avant de remonter la vallée du Rhône, la Saône et le Jura. Renforcée par les divisions du corps expéditionnaire d'Italie, la Ire armée mène l'offensive de novembre 1944 contre Montbéliard, Belfort et Mulhouse, réduisant, au milieu des pires difficultés, la poche de Colmar, le 9 février 1945. De Lattre dirige ensuite la défense de Strasbourg en janvier 1945 puis ordonne la pénétration dans le Palatinat en mars, prélude au franchissement du Rhin les 30 mars, 1er et 2 avril. Alors débute la campagne de la Forêt-Noire qui mène la Ire armée à Stuttgart, sur le cours supérieur du Danube et au Tyrol, justifiant son nom de Rhin et Danube. Il est désigné par le général de Gaulle pour représenter la France à Berlin, dans la nuit du 8 au 9 mai, lors de la cérémonie interalliée de signature d'armistice.

En 1949, il exerce les responsabilités de commandant en chef des forces terrestres de l'OTAN. L'année suivante, il est nommé haut-commissaire en Indochine, où la situation militaire est préoccupante, en particulier au Tonkin. Nommé commandant en chef, il remonte le moral de la troupe, stimule les cadres et parvient à stabiliser la progression du Viêt-minh sur le pourtour du delta. La mort au combat de son fils Bernard attriste cependant ses derniers mois : miné par un cancer, il est obligé de rentrer en métropole. Le gouvernement lui décerne le bâton de maréchal le jour de son enterrement.

LATUDE Jean Henry de, dit DANRY, ou DANGER, ou MASERS de LATUDE (Montagnac, 1725 – Paris, 1805)

Aventurier.

Élevé en province, il reçoit une éducation militaire, puis rejoint Paris où, pour gagner la reconnaissance et la protection de Mme de Pompadour, il organise contre elle un faux complot : en mai 1749, il se fait recevoir par elle et l'avertit qu'il a vu un homme suspect lui adresser un paquet tout aussi suspect. Bien entendu, lui-même a rempli le paquet d'une poudre inoffensive, que l'on essaie sans résultat sur des animaux. La supercherie ainsi découverte, Mme de Pompadour le fait jeter à la Bastille, puis à Vincennes. Latude s'échappe une première fois, en 1750, mais revient de lui-même quelques jours après son évasion. Évadé à nouveau de la Bastille en 1756, il se réfugie à Amsterdam, où il est arrêté, et regagne sa prison. La mort de la marquise, en 1764, lui fait espérer une libération prochaine. Au contraire, Latude est transféré à Vincennes. À nouveau évadé en novembre 1765, arrêté à la porte de Choiseul, il est jeté dans les cachots de Vincennes. Enfermé à Charenton en 1775, car certains le disent fou, le prisonnier, libéré en 1777, est presque aussitôt arrêté de nouveau et conduit à Bicêtre, d'où il est libéré, définitivement, en 1784.

Sa supercherie, et l'esprit de vengeance de sa victime, lui ont valu trente-cinq ans de prison. Une souscription lui permet de réunir quelques secours, Louis XVI lui offre une pension. Profitant ensuite de la Révolution, il se fait allouer de nouveaux secours, et obtient, en 1793, 60 000 livres de dommages et intérêts, que doivent lui verser les héritiers de la marquise de Pompadour. Il n'en touche que 10 000 et meurt complètement oublié. Ses *Mémoires*, publiés en 1791-1793, inspireront le drame de Pixerécourt et Anicet Bourgeois, *Latude ou trente-cinq ans de captivité* (1834).

LAUNAY ou LAUNEY Bernard JORDAN, marquis de (Paris, 1740 – Paris, 1789)

Gouverneur de la Bastille.

Il succède à son père comme gouverneur de la Bastille en 1776. Lors de l'attaque de celle-ci, le 14 juillet 1789, il a ordre de se défendre mais n'ose pas faire tirer, alors que le simple bruit des canons suffirait à disperser les assaillants. Il ne se résout à faire donner les mousquets qu'après la chute du pont-levis de l'Avancée et l'invasion de la cour du Gouvernement. Parlementant ensuite avec les assiégeants, il menace de faire sauter la forteresse et le quartier si la capitulation qu'il propose n'est pas acceptée. Malgré la protection d'Hulin et de Cholat, Launay est massacré en arrivant à l'Hôtel de Ville, et sa tête promenée au bout d'une pique par un cuisinier ivre nommé Desnots.

LAURAGUAIS ou LAURAGAIS

Pays languedocien qui doit son nom à son ancienne capitale, Laurac (depuis détrônée par Castelnaudary).

Il était divisé en deux parties : le Haut-Lauraguais correspondant au diocèse de Saint-Papoul, le Bas-Lauraguais à celui de Lavaur. Le Lauraguais dépend d'abord des comtes de Carcassonne, puis de ceux de Barcelone et passe ensuite dans les domaines des vicomtes de Béziers. Lieu d'élection de l'hérésie cathare, il est le théâtre de nombreuses luttes pendant la guerre des Albigeois. Saint Louis le réunit au domaine royal au milieu du XIIIe siècle. En 1478, Louis XI l'érige en comté pour Bertrand de La Tour, comte d'Auvergne, moyennant cession par celui-ci du comté de Boulogne. Suivant le sort du comté d'Auvergne, le Lauraguais se transmet par la suite à Catherine de Médicis puis, par donation, au bâtard de Charles IX, Charles de Valois, qui se le fait confisquer en 1606.

LAURISTON Jacques Alexandre Bernard LAW, marquis de (Pondichéry, 1768 – Paris, 1828)

Maréchal de France.

Petit-neveu de John Law. En 1784, il entre à l'école militaire de Brienne et s'y lie avec Bonaparte. Capitaine en second en août 1791, il fait les campagnes de 1792-1795 aux armées du Nord, de la Moselle, de Sambre-et-Meuse, et il est promu

De Lattre de Tassigny
Le général de Lattre (assis à g.) avec le général de Castries (penché à dr.) en Indochine. © *Sélection Images*

Le marquis de Launay
La Journée mémorable du mardi 14 juillet 1789. Gravure. © *Giraudon*

chef de brigade d'artillerie en 1795. Il démissionne en 1796 mais reprend du service en 1800 comme aide de camp de Bonaparte en Italie. Après avoir rempli une mission diplomatique à Copenhague (1801), Lauriston est chargé de porter les préliminaires de paix à Londres où il reçoit un accueil enthousiaste (octobre 1801). Nommé général de brigade, puis de division (1805), il embarque avec Villeneuve pour les Antilles, participe au combat du cap Finisterre (22 juillet 1805) mais quitte l'escadre avant Trafalgar et rejoint la Grande Armée comme aide de camp de l'Empereur. Commissaire impérial en Dalmatie (1806), gouverneur général de Venise (1807), il assiste aux conférences d'Erfurt, est créé comte en 1808, contribue à la victoire de Wagram où il commande l'artillerie de la garde, est enfin chargé d'accompagner en France l'archiduchesse Marie-Louise. Nommé ambassadeur en Russie en février 1811, Lauriston prend part à la campagne de 1812, tente en vain de négocier avec le tsar en octobre et commande l'arrière-garde pendant la retraite. Il fait également la campagne d'Allemagne de 1813 mais, à Leipzig, se trouve encore au-delà de l'Elster quand le pont saute. Il est fait prisonnier le 19 octobre 1813. Interné à Berlin, Lauriston ne rentre en France qu'après la Restauration. Il se rallie alors aux Bourbons et Louis XVIII le nomme capitaine des mousquetaires gris. Durant les Cent-Jours, il suit le roi jusqu'à Béthune, puis se retire dans sa terre de Richemont et, après Waterloo, revient au-devant du roi jusqu'à Cambrai. Créé pair en août 1815, il est nommé commandant de la première division d'infanterie de la garde. Il vote la mort de Ney, est fait marquis en 1817 et devient secrétaire d'État de la Maison du roi dans les cabinets Richelieu et Villèle (1820-1824). Promu maréchal de France en 1823, Lauriston prend Pampelune, lors de l'expédition d'Espagne, et est enfin nommé ministre d'État et grand veneur en 1824.

LAUTREC

Petite ville de l'Albigeois.

Confiée à des vicomtes dès le Xe siècle, Lautrec donne son nom à des rejetons de la maison de Toulouse (branche de Toulouse-Lautrec, issue de Baudouin, frère de Raymond VI), de la maison de Foix et de la maison de Lévis.

LAUTREC Odet de FOIX, vicomte de (?, 1485 – Naples, 1528)

Maréchal de France.

Fils de Jean de Foix, vicomte de Lautrec, il suit Louis XII en Italie et, en 1521, combat à Ravenne où il est couvert de blessures en secourant Gaston de Foix. On le retrouve à Marignan en 1515. L'année suivante, le gouvernement du Milanais lui est confié. Tâche peu faite pour lui : sa brutalité et sa cupidité déclenchent en 1521 une révolte et, après quelques maigres succès, il se fait battre l'année suivante à La Bicoque. Cette défaite entraîne l'évacuation du Milanais. C'est sa sœur, Françoise de Châteaubriant, maîtresse de François Ier, qui lui épargne une disgrâce complète. En 1525, il s'efforce en vain d'empêcher le roi de livrer bataille à Pavie. Deux ans après, en reprenant l'offensive en Milanais, il parvient à s'emparer d'Alexandrie et de Pavie, qu'il livre au pillage par esprit de vengeance. Il meurt de la peste devant Naples.

Lauzun
Huile sur toile de Peter Lely. © *Sélection Images*

LAUZUN Antonin Nompar de CAUMONT, comte, puis duc de (Lauzun, 1633 – Paris, 1723)

Officier et courtisan.

D'abord nommé le marquis de Puyguilhem (à la Cour, on dit « Péguilain »), ce cadet de bonne race (il est Caumont par son père et sa mère) séduit vite le jeune Louis XIV, au point d'être nommé colonel de dragons puis, en 1664, maréchal de camp et, en 1668, après un premier séjour à la Bastille dû à une incartade, colonel général de dragons. Cette charge créée spécialement pour lui ne lui suffit pas. L'année suivante, il se fait promettre par le roi la succession du grand-maître de l'artillerie, La Meilleraye, mais, par suite d'une intrigue de Mme de Montespan, la charge ne lui est pas donnée. Comme il s'en plaint trop violemment au roi, cassant devant lui son épée, il est embastillé pour une courte période. Libéré, il rentre en grâce, devient capitaine de la première compagnie des gardes en 1669, puis lieutenant général en 1670. Entre-temps, Mlle de Montpensier (la Grande Mademoiselle), petite-fille de Henri IV, est tombée amoureuse de lui. D'abord surpris par les avances qui lui sont faites, et, malgré sa hardiesse, presque intimidé, Lauzun s'habitue peu à peu à l'idée d'épouser la cousine du roi, qui est en même temps la femme la plus riche du royaume. Encore faudrait-il l'autorisation de Louis XIV. Sollicité, celui-ci répond avec bienveillance, tandis que la reine se montre hostile à un projet saugrenu qui lèse les intérêts de son fils, le duc d'Anjou. Bientôt les fiançailles sont connues de tout Paris. C'est à cette occasion que Mme de Sévigné écrit à Coulanges, en décembre 1670, une lettre riche en superlatifs, demeurée célèbre. La Grande Mademoiselle aimerait se marier sans délai, mais Lauzun préfère attendre. Madame douairière, Monsieur, Monsieur le prince, puis Mme de Montespan ont ainsi le temps de faire le siège du roi qui finit par capituler. Lauzun ne pourra plus épouser l'héroïne de la Bastille, mais recevra en consolation les grandes entrées et le gouvernement de Berry (1671). Puis il est brutalement disgracié, très vraisemblablement pour avoir insulté Mme de Montespan. Emprisonné à Pignerol, il y restera de 1671 à 1680. Pour le tirer définitivement de captivité, il faut l'intervention de la Grande Mademoiselle, qui accepte de faire don d'une partie de ses terres au duc du Maine, bâtard royal né de Mme de Montespan, laquelle parvient à fléchir le roi.

Revenu à la liberté, Lauzun épouse secrètement la Grande Mademoiselle (1681) qui, bientôt lassée de ses insolences, le prend en aversion. Il lui reste le jeu, qui lui permet des gains fabuleux. Ses efforts pour recouvrer la faveur royale sont longtemps vains. Ils aboutissent cependant, mais pas totalement, lorsque Lauzun ramène de leur pays envahi la reine d'Angleterre et le prince de Galles, à la suite de quoi il se porte au secours des troupes loyalistes en Irlande. Louis XIV autorise son ami de jeunesse à reparaître à la Cour et le fait duc (1692), mais sans lui rendre toute son affection. En 1695, deux ans après la mort de la Grande Mademoiselle, Lauzun épouse Mlle de Durfort de Lorges, belle-sœur de Saint-Simon. Ils mènent ensemble une vie assez digne, avec de fréquentes retraites au couvent de Chaillot, demeure de la reine d'Angleterre, puis aux Petits-Augustins. Après la mort de Lauzun et celle de sa femme, qui ne se remariera pas, la terre de Lauzun redevient une simple baronnie qui passe à la maison de Gontaut. Celle-ci obtiendra ultérieurement la reconstitution du duché en sa faveur.

LAUZUN (Armand Louis de GONTAUT-BIRON, duc de) : voir BIRON (Armand Louis de GONTAUT, duc de LAUZUN puis de)

LAVAL : voir MONTFORT et MONTMORENCY

LAVAL André de MONTFORT de, sire de Lohéac et de Retz (?, 1411 – ?, 1486)

Maréchal de France.

Armé chevalier à 12 ans, il tombe en 1428 aux mains des Anglais, qui le libèrent contre une forte rançon. Il combat ensuite aux côtés de Jeanne d'Arc, à Orléans puis à Patay. Amiral en 1437, il est nommé maréchal de France deux ans plus tard et, de 1440 à 1450, contribue à chasser les Anglais de Normandie et de Guyenne. Lieutenant général du gouvernement de Paris, puis gouverneur et lieutenant général de Picardie, Laval repousse en 1472 Charles le Téméraire, qui tentait de prendre Beauvais.

LAVAL Pierre (Châteldon, Puy-de-Dôme, 1883 – Fresnes, 1945)

Homme politique, président du Conseil.

Son père, cafetier, s'oppose à ce qu'il continue ses études après avoir obtenu son certificat d'études, ce qui conduit le jeune Laval à devenir répétiteur de lycée, afin de subvenir à ses besoins et pour passer sa licence de droit. Il s'inscrit au barreau en 1907 et défend d'abord des syndicalistes socialistes. Très généreux, il acquiert auprès d'eux une véritable notoriété qui le pousse à se présenter aux élections de 1914 à Aubervilliers, sous l'étiquette socialiste, car il est membre de la SFIO depuis 1905. Élu député, il conjugue réussite économique et carrière politique, ce qui fait de lui le type même du parvenu. Le succès de son cabinet d'avocat, un mariage avec la fille d'un notable auvergnat et, enfin, le rachat en 1931 du château de Châteldon lui assurent fortune personnelle et reconnaissance sociale. Son réalisme politique, à vrai dire fortement teinté de cynisme, le conduit en outre à quitter la ligne socialiste pacifiste qu'il avait adoptée pendant la Première Guerre mondiale pour participer d'abord à des gouvernements de centre gauche, comme celui de Painvelé en 1925 où il est ministre des Travaux publics, ou celui de Briand en 1926, où il est ministre de la Justice, puis à des ministères de droite, comme celui de Tardieu en 1930, où il est ministre du Travail. Au début des années 1930, il devient ainsi, avec André Tardieu, l'un des hommes-clefs de la droite, président du Conseil de janvier 1931 à février 1932, de nouveau ministre du Travail en 1932, des Colonies en 1934, des Affaires étrangères en 1934-1935, et de nouveau président du Conseil de juin 1935 à février 1936.

À ce poste, Laval met en œuvre une politique qui se solde par un échec, tant à l'intérieur qu'à l'extérieur. D'une part, en effet, face à la crise économique, il mène une politique de déflation qui provoque le marasme des affaires. D'autre part, si, en matière de politique étrangère, Laval se veut l'héritier spirituel de Briand et rêve d'une alliance avec l'Allemagne, son obsession de la paix le conduit à rechercher frénétiquement des alliances, sans pour autant parvenir à un véritable accord. Il refuse ainsi d'assortir le pacte franco-soviétique signé en mai 1935 de conventions militaires, et lorsqu'il tente de se rapprocher de l'Italie de Mussolini, à qui il laisse « les mains libres » en Éthiopie, il s'attire les foudres des radicaux, qui lui retirent leur soutien et le contraignent à démissionner. Laval est alors écarté du pouvoir jusqu'en 1940.

La débâcle et la signature de l'armistice le 22 juin 1940, auquel il n'a aucune part, sont pour lui l'occasion de prendre une revanche. Les parlementaires, en complet désarroi, subissent l'ascendant de cet ancien président du Conseil, qui prône dans les couloirs du casino de Vichy, au début de juillet, la remise des pouvoirs constitutionnels au maréchal Pétain. Le vote du Parlement en ce sens, le 10 juillet, est en grande partie le résultat de son action. Nommé vice-président du Conseil et successeur désigné de Pétain, Laval n'obtient pourtant pas la première place qu'il espérait. Il tâche néanmoins d'appliquer la seule politique réaliste à ses yeux, consistant à tout mettre en œuvre pour réserver à la France une place de choix dans une Europe nouvelle, qu'il imagine inéluctablement dominée par les forces de l'Axe. Préparant activement l'entrevue de Montoire du 24 octobre 1940, Laval se lance dans la « collaboration », politique faite de concessions de plus en plus importantes à l'égard de l'Allemagne, dont il attend vainement des gages en retour. C'est sans compter cependant les ambitions du maréchal Pétain : bien qu'approuvant entièrement la collaboration, celui-ci est en effet ulcéré d'être relégué au second plan par un Laval méprisant ouvertement sa Révolution nationale. Il décide donc de le faire arrêter le 13 décembre 1940. Libéré par Otto Abetz, Laval attend son heure qui sonne à nouveau en avril 1942, lorsque son successeur, l'amiral Darlan, est soupçonné de double jeu au profit des États-Unis. De retour au pouvoir sous la pression des Allemands, Laval se plie alors à toutes les exigences du Reich, qu'elles concernent les prélèvements sur la production, la livraison de main-d'œuvre par le biais du Service du travail obligatoire (STO), les arrestations de Juifs, ou encore la mainmise des Allemands sur la police et l'administration françaises. Celui qui déclarera plus tard « Je souhaite la victoire de l'Allemagne, car sans elle le bolchevisme s'installerait partout » est cependant contraint de reconnaître que la victoire de l'Allemagne est de plus en plus improbable. Ce qui lui fait vainement solliciter Édouard Herriot, en avril 1944, en vue d'une réunion des Chambres parlementaires pour accueillir les Américains et prendre de vitesse de Gaulle et le Gouvernement provisoire de la République française (GPRF). Mais Laval est bientôt transféré en Allemagne et ne joue plus aucun rôle, astreint à résidence à Sigmaringen. Après un bref passage en Espagne, il est remis par Franco, en avril 1945, à la zone américaine, puis livré aux autorités françaises.

Après avoir témoigné au procès de Pétain, Laval comparaît lui-même devant la Haute Cour de justice le 4 octobre 1945. Il est condamné à mort après un simulacre de procès. Ayant avalé un poison dans la nuit du 14 au 15 octobre, il subit 17 lavages d'estomac afin d'être ramené à la vie et fusillé le 15 octobre, à la prison de Fresnes. On reconnaît là la volonté du GPRF de faire de la mort de Laval une exécution symbolique et exemplaire, d'autant que la condamnation à mort de Pétain avait été commuée en détention perpétuelle. La Résistance accréditait ainsi l'idée qu'avec la mort de Laval, c'était la collaboration d'État qui rendait l'âme.

Laval
Pierre Laval accueillant les prisonniers français rapatriés, à Compiègne, en août 1942. © *Lapi-Viollet*

LA VALETTE : voir ÉPERNON

LA VALETTE Antoine de (Martrin, Rouergue, 1708 – Toulouse, 1767)

Jésuite.

Entré en 1727 dans la Compagnie de Jésus, il est envoyé par ses supérieurs à la Martinique, en 1741, et devient en 1754 supérieur des missions françaises de l'Amérique du Sud. Bientôt, sans en demander l'autorisation aux autorités religieuses, il s'associe à un marchand de la Dominique et fonde une compagnie de commerce. Lorsque plusieurs de ses navires tombent aux mains des Anglais, La Valette déclare sa compagnie en faillite et fait une banqueroute de deux millions de francs, qui entraîne la ruine d'une maison de commerce marseillaise. Les négociants ruinés se retournent alors contre les jésuites, non seulement ceux de la Martinique, mais aussi ceux de la province de Paris : affirmant qu'ils sont solidaires du père La Valette, ils assignent les religieux devant le tribunal de commerce de Paris. Condamnés par les consuls parisiens le 30 janvier 1760, les jésuites, qui ont exclu La Valette, font alors appel devant le parlement de Paris. Depuis longtemps hostiles aux religieux, les magistrats les condamnent le 8 mai 1761 à rembourser les dettes de La Valette et à payer à ses créanciers 50 000 livres de dommages et intérêts. En même temps, les parlementaires exigent d'examiner les constitutions de l'ordre, qu'ils condamnent en 1762 comme contraires aux lois du royaume. L'affaire La Valette est ainsi à l'origine de la campagne parlementaire qui aboutit en 1764 à la suppression de la Compagnie de Jésus en France.

LA VALETTE Antoine Marie Chamans, comte de (Paris, 1769 – Paris, 1830)

Fonctionnaire.

Issu d'une famille de commerçants, il appartient à la garde constitutionnelle de Louis XVI, puis combat avec les armées du Rhin et d'Italie. Aide de camp de Bonaparte, qui lui fait épouser une nièce de Joséphine, Émilie de Beauharnais (1799), La Valette joue un rôle considérable dans le déroulement du coup d'État du 18 Brumaire. Nommé peu après commissaire général des Postes, il conserve cette charge jusqu'à la chute de l'Empire, avec le titre de directeur général, dirigeant notamment le Cabinet noir. Destitué à la Restauration, il réintègre son poste de sa propre autorité à l'annonce de la marche de l'Empereur vers Paris, ce qui lui vaudra d'être condamné à mort après Waterloo (21 novembre 1815). Son épouse, Émilie, multiplie les démarches, obtient du roi une première audience et, après le rejet du pourvoi en cassation, le 15 décembre, réussit à pénétrer une seconde fois aux Tuileries, afin de demander à Louis XVIII la grâce de son mari.

La duchesse de La Vallière
Huile sur toile, École française, château de Versailles.
© *Giraudon*

Devant le refus royal, elle décide de se sacrifier et, le 23 décembre, veille de la date prévue pour l'exécution, prend la place de son époux dans sa cellule. La Valette, en revêtant les vêtements de sa femme, parvient à s'évader de la Conciergerie. Malgré les recherches effectuées dans tout Paris par la police, il réussit à quitter la France et se réfugie en Belgique, puis en Bavière. Lorsque La Valette, gracié par Louis XVIII, regagne la France en 1821, Émilie, devenue folle, s'imagine être traquée par la police, et tous les soins de son époux ne parviendront pas à la guérir. Elle meurt en 1855.

LA VALETTE Louis de NOGARET de LA VALETTE d'ÉPERNON, dit LE CARDINAL de (Angoulême, 1593 – Rivoli, 1639)

Cardinal et militaire.

Dernier fils du duc d'Épernon, il est destiné de bonne heure à l'Église et pourvu d'abbayes lucratives. Archevêque de Toulouse en 1631, il reçoit le chapeau de cardinal huit ans plus tard. Il n'a pas pour autant reçu les ordres majeurs, si bien qu'en 1628 il peut se démettre de son archevêché afin d'embrasser la carrière militaire. On le trouve en Piémont en 1629-1630 ; en Allemagne au côté du duc de Weimar en 1635, puis en Picardie, comme chef des armées françaises, en 1637. Il meurt de la fièvre en Italie l'année suivante. Comme il obéissait en toutes choses à Richelieu, on l'avait surnommé le « cardinal Valet ».

LA VALETTE de PARISOT Jean de (?, 1494 – Malte, 1568)

Grand maître des Hospitaliers de Saint-Jean-de-Jérusalem.

Issu d'une famille possessionnée en Languedoc et en Rouergue, et qui semble s'être d'abord appelée Valette, il est grand prieur de Saint-Gilles quand, en 1557, les chevaliers de Malte l'appellent à la succession du grand maître Claude de La Sengle. La Valette a déjà plusieurs actions d'éclat à son actif. Avec lui, le titre de grand maître ne sera pas un vain mot. Le commandeur de Venise, dont l'obéissance n'est pas la vertu première, doit plier devant lui. Sur son ordre, les Hospitaliers montent une expédition contre Djerba en 1560. Puis, cinq ans plus tard, ils prennent ou détruisent cinquante vaisseaux de Soliman II. Celui-ci riposte en attaquant Malte avec 40 000 hommes placés sous le commandement de Mustapha Pacha. Le 20 mai 1565, l'investissement de la place commence. Celle-ci n'est défendue que par 8 000 hommes, mais La Valette résiste à plus de trois mois de tranchée ouverte et d'attaques presque ininterrompues. Le 13 septembre enfin, le vice-roi de Sicile arrive à son secours. Après avoir subi d'importants dommages, les Turcs sont obligés de rembarquer. Le grand maître relève et double ses fortifications puis, grâce aux dons des États chrétiens, fonde la ville qui prendra son nom.

LA VALLIÈRE Louise de LA BAUME LE BLANC, duchesse de (Tours, 1644 – Paris, 1710)

Favorite royale.

Demoiselle d'honneur d'Henriette d'Angleterre, belle-sœur de Louis XIV, séduite par le roi, elle devient très vite sa maîtresse grâce à la complicité du comte de Saint-Aignan (1661). Blonde, jolie, quoique légèrement boiteuse, elle a surtout de fort beaux yeux qui lui donnent un charme délicieux. Immédiatement, elle aime le roi avec passion et sans aucune ambition personnelle. Lors de sa première grossesse, celui-ci lui offre une maison près du Palais-Royal, l'hôtel de Biron, à l'endroit même où s'élève aujourd'hui la Comédie-Française. Elle lui donnera 4 enfants dont 2 survivront : Marie-Anne de Bourbon (Mlle de Blois, future princesse de Conti) et le duc de Vermandois, amiral de France à 2 ans, et qui devait mourir en atteignant sa seizième année. En 1667, Louis XIV élève sa maîtresse au rang de duchesse de Saint-Christophe et de Vaujours, et sa fille est légitimée. C'est un cadeau de rupture. Quelques jours plus tard, le roi prend une nouvelle maîtresse, Mme de Montespan ; mais il entend que Louise de La Vallière demeure à la Cour pour cacher, cette fois, le scandale de sa nouvelle liaison adultérine. N'en pouvant plus de chagrin et d'humiliation, Louise court se réfugier au couvent de Chaillot (1671). Implacable, le roi envoie Colbert afin de lui ordonner de regagner Versailles. Louise parvient à supporter pendant trois années le traitement mortifiant qu'elle doit subir quotidiennement face à la Cour qui l'observe sans pitié. Mais, en 1674, elle trouve un nouveau refuge au carmel du faubourg Saint-Jacques, où elle se retire définitivement. Elle y vivra trente-six années.

LA VAUGUYON Antoine Paul Jacques de QUÉLEN de CAUSSADE, duc de (Tonneins, 1706 – Versailles, 1772)

Général.

Il se distingue pendant la guerre de Succession d'Autriche, notamment à Fontenoy et Lawfeld, est promu maréchal de camp en 1745, lieutenant général en 1748. En 1758, Louis XV le nomme gouverneur de son petit-fils, le duc de Bourgogne, puis, après la mort de celui-ci (1760), de ses autres petits-fils (les futurs Louis XVI, Louis XVIII et Charles X).

LA VAUGUYON Paul François (Paris, 1746 – Paris, 1828)

Diplomate.

Fils du précédent. Ambassadeur en Espagne de 1784 à 1788, il est ministre des Affaires étrangères en 1789, mais émigre dès juillet pour l'Espagne. Conseiller de Louis XVIII pendant son exil, il est nommé pair de France en 1814.

L'AVERDY Clément Charles François de (Paris, 1723 – Paris, 1793)

Contrôleur général des Finances.

Conseiller au parlement de Paris, il est nommé contrôleur général des Finances en 1763, grâce à la faveur de Mme de Pompadour. À la grande satisfaction des philosophes, il autorise la libre circulation des grains et leur exportation (1764). Mais, s'il ne crée aucune imposition nouvelle, il augmente les anciennes, et son administration contribue à provoquer les graves troubles de Bretagne des années 1763-1770 (affaire La Chalotais). Il est renvoyé par Choiseul en 1768. L'Averdy avait signé en 1765 un contrat appelé soumission L'Averdy avec la société Malisset, chargée d'assurer le ravitaillement en grains, et fut accusé d'avoir contribué à l'établissement du pacte de Famine dont la légende se répand à la suite des crises de subsistances de 1765 à 1774. Arrêté pendant la Terreur, il est guillotiné.

LA VIEUVILLE Charles, duc de (Paris, 1582 – Paris, 1653)

Surintendant des Finances.

Maréchal de camp en 1622, puis surintendant des Finances (1623-1624), il fait entrer Richelieu au Conseil en avril 1624. Évincé par le cardinal dès le mois d'août, et emprisonné à Amboise, il s'évade en 1625 et s'enfuit à l'étranger. Rentré en France en 1628, il conspire contre Richelieu et, condamné à mort par contumace, se réfugie à Bruxelles (1632). La Vieuville ne regagne la France qu'après la mort du cardinal, et obtient à nouveau, en 1649, la direction des Finances avec le titre de duc et pair.

LAVIGERIE Charles Martial (Bayonne, 1825 – Alger, 1892)

Archevêque.

Docteur ès lettres et en théologie de la faculté de Paris, il exerce tout d'abord dans l'enseignement religieux, professant la littérature latine à l'École des carmes, puis, de 1854 à 1861, l'histoire de l'Église, à la Sorbonne. Son attirance pour l'Orient l'incite à s'occuper en même temps de l'enseignement dans les missions du Levant, région où il se rend en 1859 et 1860 à la suite des massacres perpétrés par les Turcs contre les chrétiens du Liban. Auditeur français au tribunal romain de la Rote en 1861, évêque de Nancy deux ans plus tard, Mgr Lavigerie arrive à Alger en 1867 où, en qualité d'archevêque, il va donner la pleine mesure de son activité. Tour à tour, il crée des missions d'évangélisation et des orphelinats pour l'éducation des jeunes Algériens. En 1874, le prélat fonde la mission des Pères Blancs, destinée à évangéliser le Sud algérien et l'Afrique noire. Lorsque le protectorat français est établi sur la Tunisie, il devient métropolitain de Carthage et primat d'Afrique. Ses critiques contre l'esclavage et la traite des Noirs à partir de 1888 lui valent l'estime générale, autant qu'une audience internationale à laquelle s'associe le pape Léon XIII. Mais Mgr Lavigerie n'en néglige pas pour autant les problèmes intérieurs, et c'est lui que le pape sollicite pour rapprocher les vues du Vatican et celles du régime de la IIIe République. L'archevêque s'en acquitte le 12 novembre 1890, à l'occasion d'un banquet donné à Alger en l'honneur de l'escadre de Méditerranée. Le toast qu'il porte en fin de cérémonie mentionne l'adhésion de l'Église au régime républicain, formule aussitôt approuvée par Léon XIII, malgré le scandale qu'elle cause dans certains milieux catholiques.

LAVOISIER Antoine Laurent de (Paris, 1743 – Paris, 1794)

Chimiste et fermier général.

Fils d'un riche commerçant fermier général, il fait des études de droit au collège Mazarin et entre lui aussi dans l'administration de la Ferme générale où il acquiert une participation financière. Mais il est en même temps un disciple assidu de l'astronome La Caille, du chimiste Rouelle et du botaniste Bernard de Jussieu. Il remporte, à 23 ans, un prix de l'Académie des sciences avec son *Mémoire sur le meilleur système d'éclairage de Paris*. En 1768, à 25 ans, l'année où il épouse la fille du directeur de la Compagnie des Indes, Paulze, Lavoisier entre à l'Académie des sciences. Tout en poursuivant ses travaux scientifiques, il prend une part de plus en plus importante dans l'administration de la Ferme, comme adjoint au fermier général Baudon puis, à partir de 1779, comme titulaire d'une place de fermier général. En 1775, il est nommé par Turgot régisseur des poudres et salpêtres ; il en sera un grand administrateur. Député suppléant aux États généraux, en 1789, il devient, en 1790, membre de la commission pour l'établissement d'un nouveau système des poids et mesures. Le savant est également agronome et, nommé en 1791 secrétaire de la Trésorerie, propose pour la perception de l'impôt un plan qu'il développe dans son traité *De la richesse territoriale du royaume de France*. Lorsque, le 24 novembre 1793, la Convention décrète l'arrestation de tous les anciens fermiers généraux, Lavoisier se constitue prisonnier. Condamné, il est guillotiné le jour même, le 19 floréal an II (8 mai 1794).

La Vrillière Louis Phélypeaux, comte de Saint-Florentin, marquis de (Paris, 1672 – Paris, 1725)

Ministre.

Il succède à son père comme ministre des Affaires générales de la religion réformée (1700). Ministre de la Maison du roi en 1715, puis secrétaire du Conseil de régence de Philippe, duc d'Orléans, La Vrillière démissionne de sa charge en 1718.

La Vrillière Louis Phélypeaux, comte de Saint-Florentin, duc de (?, 1705 – ?, 1777)

Ministre.

Fils du précédent. Ministre des Affaires générales de la religion réformée en 1725, ainsi que le furent son grand-père et son père, il devient secrétaire de la Maison du roi en 1761. À la mort de Louis XV, qui lui avait porté une vive affection, Louis Phélypeaux, créé duc en 1770, est remplacé au secrétariat par Lamoignon de Malesherbes, Louis XVI l'appréciant peu.

Lavoisier
Lavoisier et sa femme. Gravure de Georges Profit, d'après le tableau de Jacques-Louis David, Paris, Bibliothèque nationale de France. © *Giraudon*

Law John (Édimbourg, 1671 – Venise, 1729)

Banquier écossais.

Fils d'un orfèvre d'Édimbourg, il dissipe sa fortune à Londres (1691-1695), s'expatrie après un duel meurtrier (1695) et visite l'Europe dont il étudie les systèmes financiers et bancaires. De retour en Écosse, il se fait connaître par la publication, en 1705, de ses *Considéralions sur le numéraire et le commerce*, dans lesquelles il préconise une émission de papier monnaie garantie par les terres du pays. Deux ans plus tard, il précise ses idées dans un mémorandum qu'il adresse au gouvernement français, alors aux prises avec les difficultés dues au financement de la guerre de Succession d'Espagne. Sa théorie achève de prendre corps entre 1707 et 1715, tandis qu'il multiplie les démarches à Turin d'abord, puis à Paris, pour obtenir l'autorisation de créer une banque d'émission. L'Europe est alors en plein marasme économique. La dépression des prix est générale, avec ses conséquences néfastes, l'accroissement de la rente, le recul du profit, l'augmentation du coût du capital. En France, de 1689 à 1697, les dépenses de l'État en valeur nominale ont doublé. Elles doublent à nouveau de 1701 à 1714. Cet accroissement ne peut être couvert que par un ensemble d'expédients et par le recours à l'emprunt. Une série de refontes des espèces monétaires permet l'émission de papier monnaie, sous la forme la plus contestable des billets de monnaie. Inévitablement, ceux-ci, d'abord simples expédients, deviennent vite une constante, et l'État est incapable de maintenir leur valeur.

C'est dans cette conjoncture difficile, caractérisée par un assez large recours au papier monnaie et par le poids très lourd de la dette publique, que Law propose un programme qui s'applique plus particulièrement à la France. Il pense, comme les mercantilistes de son temps, que la fonction de l'État est d'assurer la richesse, mais il se distingue de la plupart de ses contemporains sur le rôle et la nature de la monnaie. Pour lui, la croissance est bloquée par l'insuffisance monétaire. Il faut donc avoir un recours systématique aux multiplicateurs monétaires. Il entend restaurer le crédit de l'État à l'aide d'une institution publique de crédit, en s'inspirant de la Banque d'Angleterre fondée en 1691. De cette initiative, il espère la fin de la pénurie monétaire, grâce à un papier solide, la résorption et la consolidation de la dette publique. Une fois les moyens et les ressources de l'État dégagés, Law préconise une politique de développement du commerce intérieur et extérieur, notamment du grand commerce colonial.

Contre l'hostilité du Conseil de régence lié à Samuel Bernard, Crozat ou Pâris, il réussit à gagner l'estime et l'appui du Régent et présente son *Essai sur un nouveau système de finances*. Le 2 mai 1716, le Régent l'autorise à créer une banque privée d'escompte et d'émission, avec un privilège de vingt ans. Habilitée à émettre des billets au porteur, elle est étroitement liée au pouvoir : 75 % de son capital est en billets d'État, et le paiement des impôts en billets de banque est autorisé le 10 avril 1717. Les débuts sont lents mais le succès finit par venir, et il est considérable. Les billets de la banque Law commencent à se substituer à la lettre de change traditionnelle. Ils font même prime à Amsterdam, siège de la plus vieille institution bancaire de l'Europe maritime. C'est alors que Law entame la deuxième étape de son programme : la création d'une grande compagnie commerciale destinée à mettre en valeur le territoire récemment acquis en Louisiane. Filleule de la banque, la Compagnie d'Occident prend la relève de la compagnie créée en 1712 par le financier Antoine Crozat. Elle reçoit pour vingt-cinq ans la propriété de toutes les terres et mines du Nouveau Monde et le monopole du commerce des peaux de castor au Canada. Le but est de consolider la dette et de fixer dans le grand commerce colonial une partie du capital qui avait contribué à soutenir l'effort de guerre de Succession d'Espagne.

La première faille du système apparaît à la fin de l'année 1717 lorsque, parmi les parlementaires et à l'intérieur du Conseil, s'amorce une tendance à la résistance envers une politique dont la hardiesse déroute. Law poursuit néanmoins sa prodigieuse ascension. Franchissant une nouvelle étape, il obtient, par l'édit du 4 décembre 1718, la transformation de la banque générale en banque royale, avec un réseau de succursales en province. Puis, au cours de l'année 1719, la Compagnie d'Occident s'étend par l'absorption des Compagnies du Sénégal en décembre 1718, des Indes orientales et de la Chine le 13 mai 1719, enfin de la Compagnie d'Afrique. Chaque société est subordonnée à la compagnie mère qui a repris le nom de Compagnie des Indes. Sont émises de nouvelles actions dites mères, filles et petites-filles. Law met aussi la main sur les frappes (juillet 1719), s'attaque au bail des fermes, qui est enlevé en août aux frères Pâris, et au remboursement de la dette publique par une émission continuelle de monnaie fiduciaire. Il met sur pied un projet hardi de réforme fiscale, envisageant de remplacer tous les impôts directs et indirects par un impôt unique sur le capital qui avantagerait le capital actif et lutterait contre toutes les formes de thésaurisation. Son système atteint son apogée en décembre 1719. L'appel au crédit est énorme, l'élan donné aux affaires considérable. La consécration vient lorsque Law accède au contrôle général des Finances le 5 janvier 1720.

Mais une crise cyclique balaie bientôt le fragile château de cartes qu'il avait patiemment édifié.

Elle se conjugue avec un certain nombre d'imprudences : volume excessif des émissions, fureur spéculative – les bousculades de la rue Quincampoix, siège de la banque à Paris, sont restées célèbres – volontairement entretenue dans un pays jusque-là peu familiarisé avec les banques de crédit, pour tenir en haleine les actionnaires et éviter les réalisations par la promesse de gros dividendes. Profitant du pouvoir que lui donne le Contrôle général, Law répond aux premiers signes d'essoufflement du marché par des reports autoritaires d'échéances. Le 22 juin 1720, il décide l'union de la banque et de la Compagnie. Enfin, pour faire affluer le capital, il n'hésite pas à dévaluer. Mais, du même coup, il atteint le billet de banque et, loin de freiner la baisse qui s'était amorcée depuis les sommets incroyables de décembre 1719, il l'accélère. En réalisant brusquement et spectaculairement leurs actions et leurs billets (février 1720), le duc de Bourbon et le prince de Conti lui portent un coup fatal. Les mesures déflationnistes qu'il prend alors dans la précipitation arrivent trop tard et, loin de ramener la confiance, sont considérées comme un aveu d'échec. Les décrets du 10 octobre et du 26 décembre 1720 marquent l'acte de décès du billet et de la banque : Law est contraint par l'émeute à s'enfuir. Ruiné, il s'exile à Bruxelles, puis en Italie où il vit dans la misère tandis que le vieux personnel des Finances de la fin du règne de Louis XIV, qui a retrouvé son influence depuis octobre 1720 (Pâris, Samuel Bernard, Crozat), assure la liquidation du système.

L'expérience de Law avait donné un élan à la colonisation de la Louisiane, malheureusement sans lendemain. Elle avait contribué à une première simplification fiscale, à une relance des affaires, à la réunion des conditions nécessaires à la stabilisation monétaire que devait réussir le duc de Bourbon en 1726. Mais, si la dette sortait allégée, c'était au détriment d'un certain nombre de débiteurs ruinés par l'État. Surtout, les dégâts psychologiques causés par une tentative trop hardie et prématurée devaient être profonds et durables. Les côtés spectaculaires de l'expérience – agiotage dans tous les milieux, ascensions brutales et ruines spectaculaires – avaient choqué profondément une société très attachée à la notion d'ordre et où la mobilité sociale n'était concevable jusque-là qu'au rythme de plusieurs générations. Pour avoir voulu la contraindre à brûler les étapes, Law a ruiné pour longtemps, en France, le crédit et le papier monnaie, pourtant indispensables au progrès, et compromis les chances de développement économique du pays tout au long du XVIIIe siècle.

John Law
Gravure de J. Langlois d'après J. Hubert. © *Sélection Images*

LEBAS Jean-Baptiste (Roubaix, 1878 – Sonnenburg, 1944)

Homme politique.

De 1912 à sa révocation par le gouvernement de Vichy en 1940, il est maire socialiste de Roubaix, où il s'attache à améliorer les conditions de vie des ouvriers. Député du Nord de 1919 à 1928 et de 1932 à 1940, il est ministre du Travail dans le premier cabinet Blum (juin 1936 - juin 1937) et joue un rôle important dans la signature des accords Matignon. Puis il est ministre des PTT dans le troisième cabinet Chautemps (1937-1938) et le second cabinet Blum (1938). Après l'armistice de 1940, Lebas entre en relation avec des agents britanniques et fonde l'un des premiers mouvements de résistance. Dès octobre 1940, il imprime et diffuse clandestinement, avec Augustin Laurent, député de Lille, et Van Wolput, un bulletin d'informations ouvrières intitulé *L'Homme libre*. Arrêté en mai 1941 par la Gestapo, il meurt en déportation.

LE BAS Philippe (Frévent, Pas-de-Calais, 1765 – Paris, 1794)

Homme politique.

Fils d'un notaire, avocat en 1789, il représente le Pas-de-Calais à la Convention. À l'Assemblée, il vote la mort du roi sans sursis, puis la mise en accusation de Marat (avril 1793). C'est un ami de Saint-Just, qu'il accompagne dans ses missions aux armées, et de Robespierre, son compatriote, qui le fait entrer au Comité de sûreté générale en septembre 1793. Marié depuis le mois d'août à Élisabeth Duplay, fille du menuisier Duplay, l'hôte de Robespierre, Le Bas se trouve le plus souvent en mission, à l'armée du Nord, tout d'abord, à l'armée du Rhin au mois d'octobre, puis en Alsace où, avec Saint-Just, il déploie une activité intense, et de nouveau à l'armée du Nord. Président des Jacobins en floréal an II (avril 1794), il est nommé, après une nouvelle mission à l'armée du Nord, administrateur de l'école de Mars, éphémère école militaire (2 juin 1794). Arrêté à sa demande avec Saint-Just et Robespierre le 9 Thermidor, et libéré avec eux une première fois, il les accompagne à l'Hôtel de Ville mais ne peut décider ce dernier à appeler les Parisiens aux armes. Le Bas se suicide d'un coup de pistolet avant que Barras et Léonard Bourdon ne s'emparent de lui, s'évitant ainsi la guillotine.

LE BAS Philippe (Paris, 1794 – Paris, 1867)

Professeur.

Fils du précédent. Né trois mois avant le suicide de son père, il est élevé par sa mère, fille du menuisier Duplay. Il sert sous l'Empire dans la marine, puis dans la garde impériale lors des ultimes campagnes de 1814 et 1815. Devenu fonctionnaire sous la Restauration, mais toujours fidèle à la pensée de son père, et donc républicain, il n'hésite pas à poser sa candidature lorsque la reine Hortense recherche un précepteur pour son fils, Louis Napoléon, futur Napoléon III. De 1820 à 1826, le fils d'un conventionnel régicide est donc le précepteur, à Arenenberg en particulier, du fils de la reine Hortense. Sachant se faire apprécier et respecter de son élève, il ne tarde pas à obtenir des résultats encourageants. Congédié assez brutalement à la fin de 1826, Le Bas a cependant eu le temps d'exercer une influence non négligeable sur son élève, l'initiant au jacobinisme, lui inculquant l'idée de la souveraineté et de la liberté des peuples. Professeur, maître de conférences à l'École normale supérieure en 1830, Le Bas accomplit en 1842 une importante mission archéologique au Proche-Orient. Le récit de cette expédition, *Voyage archéologique en Grèce et en Asie Mineure*, sera publié en 1847. Fidèle à son idéal républicain, il ne pardonnera pas le coup d'État du 2 Décembre à son ancien élève.

LEBEL (fusil)

Arme individuelle mise au point en 1886 par l'officier ingénieur Nicolas Lebel (1838-1891).

Ce fusil de calibre 8 mm, qui se charge par la culasse et comporte un magasin de cartouches dans son fût, peut fournir un tir à répétition. Léger, précis, puissant, il remplace le fusil Chassepot dans l'équipement des armées françaises et est utilisé jusqu'à la fin de la Seconde Guerre mondiale, et parfois au-delà.

LEBŒUF Edmond (Paris, 1809 – château de Moncel près de Trun, Orne, 1888)

Maréchal de France.

Ancien élève de l'École polytechnique, artilleur de formation, il gagne ses galons de général en Crimée, où il dirige l'artillerie durant le siège de Sébastopol. Lors de la campagne d'Italie de 1859, il utilise pour la première fois des canons à tube intérieur rayé, ce qui accroît à la fois la portée et la précision du tir. L'usage qu'il en fait durant la bataille de Solferino contribue au succès de la journée, tout en attirant sur lui l'attention de Napoléon III. Dès ce moment, la carrière de Lebœuf est assurée. L'empereur le nomme aide de camp personnel et le désigne, en 1866 (au lendemain de la guerre austro-italo-prussienne), pour recevoir en son nom la Vénétie, rétrocédée à l'Italie par François-Joseph d'Autriche. Commandant du camp de Châlons en 1868, du 6e corps en 1869, Lebœuf succède au maréchal Niel la même année au ministère de la Guerre. L'empereur lui décerne le bâton de maréchal en mars 1870. Il a le tort d'exagérer la puissance de l'armée française, n'hésitant pas à déclarer, en juillet 1870, au Corps législatif (au moment de la déclaration de guerre à la Prusse) « que la guerre peut durer un an, il ne manquera jamais un bouton de guêtre ». Major général de l'armée du Rhin, il est destitué à la suite des premiers revers et placé à la tête du 3e corps. Lors des combats de Rezonville et de Saint-Privat, il déploie une vive mais vaine énergie. Enfermé dans Metz, le maréchal suit le sort de l'armée de Bazaine. Après les hostilités, il se retire dans l'Orne pour une retraite totale.

LE BON Joseph (Arras, 1765 – Amiens, 1795)

Homme politique.

Oratorien, curé constitutionnel de Neuville-Vitasse, maire d'Arras, député à la Convention, il est envoyé comme représentant en mission en Artois et sauve Cambrai de l'invasion (1793). Mais il laisse dans cette ville ainsi qu'à Arras un souvenir de particulière cruauté. Voulant « détruire le fanatisme », il y applique la Terreur avec une rigueur implacable qui n'épargne même pas ses proches. Responsable de 542 exécutions, il est rappelé par la Convention après le 9 Thermidor, arrête le 15 et condamné à mort par le tribunal criminel de la Somme.

LEBRUN Albert (Mercy-le-Haut, Meurthe-et-Moselle, 1871 – Paris, 1950)

Homme politique, président de la République.

Sorti major de l'École polytechnique, ingénieur des Mines, il débute dans la politique en 1900. Élu conseiller général puis député (gauche

Albert Lebrun
Le président de la République Albert Lebrun (à dr.), en compagnie d'Édouard Herriot. © *Roger-Viollet*

démocratique) de Meurthe-et-Moselle, il représente ce département à la Chambre jusqu'en 1920, puis au Sénat jusqu'en 1932. Ministre des Colonies à trois reprises (du 27 juin 1911 au 18 janvier 1913 dans les ministères Caillaux et Poincaré, puis en 1913-1914 dans le premier ministère Doumergue), il fait partie du Comité de guerre dans le grand ministère Clemenceau (1917-1920) et, de novembre 1917 à novembre 1919, est chargé du ministère des Régions libérées. Président du Sénat en 1931, il occupe cette fonction jusqu'à son élection à la présidence de la République, le 10 mai 1932. Ses qualités de travailleur, sa courtoisie avaient fait l'accord sur son nom. Mais, alors qu'il est porté par tempérament à la modération – il se montrera toujours soucieux de rester dans les limites de ses pouvoirs et fidèle à son rôle d'arbitre –, sa présidence, extrêmement troublée, est marquée par la crise économique mondiale, la crise politique française de 1934, l'effervescence sociale qui précède l'expérience du Front populaire et les menaces de guerre. Réélu le 5 avril 1939, il doit, pour finir, affronter le drame de 1940.

Le 16 juin 1940, persuadé qu'il existe une majorité en faveur de l'armistice, il confie au maréchal Pétain le soin de former un ministère pour remplacer Paul Reynaud, démissionnaire. De Bordeaux, où le gouvernement s'est réfugié, il songe un moment à quitter la France. Mais la prudence de son tempérament et une violente intervention de Laval le font renoncer à cette idée. Le 30 juin, il gagne Vichy où il continue à exercer ses fonctions jusqu'à ce que l'Assemblée nationale, réunie le 10 juillet, donne la plénitude des pouvoirs constituants au gouvernement du maréchal Pétain. Après la promulgation, le lendemain, de l'Acte constitutionnel n° 1, qui attribue au maréchal le titre de chef de l'État et supprime ainsi pratiquement la fonction présidentielle désormais confondue avec celle de chef de gouvernement, il doit s'effacer, mais ne démissionne pas. Retiré à Vizille, près de Grenoble, il est arrêté le 23 août 1943 par la police allemande, transféré à Lyon puis déporté dans le Tyrol bavarois. Rapatrié pour raison de santé après quelques mois de captivité, il s'abstient après la Libération de toute activité politique, se contentant d'apporter son témoignage sur la défaite militaire de 1940 et la chute de la IIIe République.

LEBRUN Charles François, duc de Plaisance (Saint-Sauveur-Landelin, Manche, 1735 – Saint-Mesmes, Seine-et-Marne, 1824)

Homme politique.

Issu d'une famille de riches propriétaires terriens, il fait preuve, très jeune, de capacités intellectuelles exceptionnelles. Esprit curieux et cultivé, il est reçu avocat au parlement de Paris en 1762 et nommé inspecteur général des domaines de la couronne en 1768. Maupeou, devenu chancelier de France, lui propose d'être son secrétaire. Lebrun accomplit remarquablement les lourdes fonctions qui lui sont confiées, ce qui fera dire un jour à Louis XV : « Que ferait Maupeou sans Lebrun ? » Après la disgrâce du chancelier, Lebrun partage le sort de son protecteur et se consacre, durant la période prérévolutionnaire, à la rédaction d'œuvres à caractère politique et littéraire. Élu député du tiers aux États généraux de 1789, il se range dans la fraction modérée de l'Assemblée constituante. Emprisonné au mois d'août 1792, Lebrun est libéré après le 9 Thermidor et entre au Conseil des Anciens au mois d'octobre 1795. Ses compétences en matière de droit public lui font exercer un rôle de plus en plus important dans les affaires de l'État. Ayant su apprécier la valeur de ce « tuteur précieux », selon le mot de Bonaparte, le futur empereur choisit Lebrun comme troisième consul en qualité de représentant de la tendance royaliste et de spécialiste de l'administration des Finances et de la Justice.

Après avoir réorganisé ces deux grands corps de l'État, Lebrun, devenu membre de l'Institut en 1803, est promu l'année suivante architrésorier d'Empire. Il crée alors la Cour des comptes. Élevé à la dignité de duc de Plaisance en 1808, il est envoyé en Hollande comme lieutenant général de ce pays, au lendemain du rattachement des Pays-Bas à l'Empire. Chassé par les troupes russes en novembre 1813, il rentre en France, refusant, au printemps de l'année suivante, de s'associer à la déchéance de Napoléon. Rallié à la Restauration, le duc de Plaisance est nommé pair de France par Louis XVIII. Durant les Cent-Jours, il accepte la dignité de grand maître de l'Université. Exclu de la pairie au début de la Seconde Restauration, Lebrun y est réintégré en 1819.

Charles Lebrun
Huile sur toile de François Gérard, château de Versailles. © *Lauros-Giraudon*

LECANUET Jean (Rouen, 1920 – Neuilly-sur-Seine, 1993)

Homme politique.

Ce fils d'épicier, imprégné d'une éducation catholique, doit à la méritocratie laïque et républicaine son ascension sociale : agrégé de philosophie en 1942, il est nommé à Douai où il s'engage dans le réseau de résistance Marie, avant de finir la guerre au maquis, après une première arrestation. Ayant rejoint le MRP, il commence sa carrière politique comme député de Seine-Maritime (1951-1956) puis, en 1955 comme en 1958, en tant que membre des cabinets de deux présidents du Conseil, Edgar Faure et Pierre Pflimlin. De 1959 à 1988, Lecanuet préside les différents avatars de sa famille politique (MRP, CD, CDS, UDF). Mais c'est lors de la campagne présidentielle de 1965 qu'il impose à la fois une image télévisuelle (la presse parle du « Kennedy français ») et un programme résolument centriste et européen. Son score de 15,6 % contribue de manière décisive à la mise en ballotage du général de Gaulle et l'installe comme leader du centre, écarté du pouvoir jusqu'en 1974 pour cause d'opposition gaulliste. À cette date, il se rallie à Valéry Giscard d'Estaing et se voit nommé garde des Sceaux puis, en 1976, ministre d'État chargé de l'Aménagement du territoire. Jean Lecanuet, maire de Rouen depuis 1968, sénateur depuis 1969, président du conseil général de Seine-Maritime depuis 1974, député européen entre 1979 et 1988, patron de l'UDF, effectue une carrière couverte d'honneurs, digne d'un Édouard Herriot ou d'un Gaston Defferre, mais qui met ce notable de la République en contradiction avec son discours moderniste et européen, expliquant pour une large part la faible postérité de son action.

LE CHAPELIER Isaac René Guy (Rennes, 1754 – Paris, 1794)

Homme politique.

Avocat à Rennes, député du tiers état de la sénéchaussée de cette ville aux États généraux, il se signale immédiatement comme un des principaux porte-parole du tiers, en particulier dans les discussions que suscite la vérification des pouvoirs en commun. Avec Barnave, Le Chapelier rédige le texte du serment du Jeu de paume (20 juin) ; il est un des fondateurs du Club breton, futur club des Jacobins et préside l'Assemblée constituante lors de la nuit du 4 Août. Mais, membre du comité de Constitution, il s'effraie vite des progrès de la Révolution et, en 1791, se rapproche des modérés ; après Varennes, il rejoint les Feuillants et entend restreindre le droit de vote aux seuls propriétaires. Lorsque l'Assemblée constituante se sépare (30 septembre 1791), il croit préférable de passer en Angleterre ; mais il commet l'imprudence de revenir en France lors du décret qui met sous séquestre les biens des absents. Considéré comme émigré, l'ancien avocat est arrêté et condamné à mort le 3 floréal an II (22 avril 1794).

Le Chapelier est surtout connu par la loi qu'il fit voter le 14 juin 1791, alors que la bourgeoisie constituante s'alarmait des revendications et des coalitions ouvrières. Allant à l'encontre du droit d'association et de réunion, cette loi interdisait les coalitions et les grèves. Les compagnonnages et les sociétés ouvrières d'entraide mutuelle étaient donc condamnés. La liberté du travail l'emportait sur la liberté d'association ; mais c'était mettre ouvriers et compagnons, bien que théoriquement leurs égaux, à la discrétion des patrons. Sur le moment, la gauche vit dans cette loi une mesure politique, sans en comprendre la portée sociale. Base du libéralisme, de la libre concurrence, la loi Le Chapelier devait être appliquée jusqu'en 1864 pour le droit de grève, jusqu'en 1884 pour le droit syndical et jusqu'en 1901 pour le droit d'association.

LECLERC Charles Victor Emmanuel (Pontoise, 1772 – Saint-Domingue, 1802)

Général.

Engagé volontaire en 1792, il se distingue l'année suivante au siège de Toulon et se lie à Bonaparte. Il accompagne ce dernier en Italie, épouse sa sœur Pauline en 1797 et participe ensuite à l'expédition d'Égypte. Général de division en août 1799, Leclerc joue un rôle décisif dans le coup d'État du 18 Brumaire, en expulsant de la salle des séances, avec ses grenadiers, les députés des Cinq-Cents qui veulent s'opposer au coup de force. Il sert ensuite sous les ordres de Moreau, en Allemagne (1800) et, après la paix d'Amiens, reçoit le commandement de l'armée envoyée à Saint-Domingue. Debarqué en février 1802, en compagnie de Pauline, il obtient rapidement la soumission du chef des rebelles Toussaint Louverture, mais voit son armée décimée par la fièvre jaune, à laquelle lui-même succombe au mois de novembre.

Le maréchal Leclerc
Dans une rue de Paris au moment de la Libération.
© *Roger-Viollet*

LECLERC Philippe Marie Jacques de HAUTECLOQUE, dit (Belloy-Saint-Léonard, Somme, 1902 – région de Colomb-Béchar, Algérie, 1947)

Maréchal de France.

Sorti des Écoles de Saint-Cyr et de Saumur, il séjourne un temps au Maroc avant d'être affecté à l'École de guerre en 1938. Au début de la Seconde Guerre mondiale, il est capitaine, affecté au 3ᵉ bureau d'une division d'infanterie engagée dans le nord de la France. Blessé et fait prisonnier, il s'évade, parvient en zone non occupée, puis passe en Angleterre où il contacte le mouvement de la France libre. C'est le moment où le général de Gaulle s'efforce de rallier à sa cause l'Afrique-Équatoriale française. Prenant le pseudonyme de Leclerc pour éviter que sa famille demeurée en métropole occupée subisse des représailles, le capitaine s'embarque pour le Cameroun où il n'a pas de mal à s'imposer en tant que gouverneur. Au début de 1941, installé au Tchad, Leclerc, nommé entre-temps colonel par de Gaulle, projette de s'emparer de l'oasis de Koufra, dans le sud-est de la colonie italienne. Sa colonne de tirailleurs s'avance dans le désert et parvient, au prix de mille difficultés, devant Koufra fin avril. Leclerc fait sans cesse déplacer l'unique canon de 75 en sa possession pour faire croire à un encerclement en règle de la garnison. Le colonel italien, qui s'en persuade, capitule le 2 mars. Avec sa canne et son képi à visière cassée, celui qui est devenu général entre dans la légende, d'autant plus qu'il fait alors serment de ne déposer les armes qu'une fois que le drapeau tricolore flottera sur Strasbourg. C'est le serment de Koufra.

Lorsque Montgomery triomphe de Rommel, une colonne surgit des sables au sud de Tripoli, le 23 janvier 1943, pour effectuer sa jonction avec les Britanniques de la VIIᵉ armée. C'est la colonne Leclerc, que Montgomery intègre à son armée sous le nom de force L. Partie un mois auparavant du Tibesti, cette unité de 2 500 hommes a parcouru 2 500 km de désert, traversant la Libye du sud au nord et faisant capituler toutes les garnisons italiennes rencontrées en chemin. À la suite des accords de juin 1943 entre de Gaulle et Giraud, les cadres européens de la colonne quittent la Tripolitaine pour l'Oranie et le Maroc, où le général prend la tête de la 2ᵉ division blindée.

Sitôt débarqué dans le Cotentin, à la fin de juillet 1944, en provenance d'Angleterre, Leclerc s'intègre dans le dispositif allié de Normandie et participe à la fermeture de la poche de Falaise en opérant vers Argentan, Alençon, Trun et Chambois. Puis il fonce sur Paris, anticipant les décisions du commandement interallié. Le 25 août, il obtient la reddition du général von Choltitz, commandant de la garnison. Le 26, le chef de la 2ᵉ DB descend les Champs-Élysées aux côtés du général de Gaulle. Sachant stimuler les cadres et les hommes sous ses ordres, respecté des Alliés, Leclerc court désormais de succès en succès. Le 1ᵉʳ novembre, la 2ᵉ DB s'empare de Baccarat, prélude à la charge sur Strasbourg investie le 23 novembre. Le drapeau est hissé sur la cathédrale par un groupe de spahis : le serment de Koufra est tenu. Le général conduit encore ses hommes victorieux à l'assaut du « nid d'aigle » du Führer à Berchtesgaden, au début du mois de mai.

Ayant fait ses adieux à sa division au mois de juin, nommé en juillet commandant du corps expéditionnaire français en Extrême-Orient, Leclerc appose le 2 septembre sa signature au bas de l'acte de capitulation du Japon sur le pont du cuirassé *Missouri*. Puis c'est le retour à Saigon avec les premiers éléments du corps expéditionnaire, la lente remontée vers Hanoi, atteint le 18 mars 1946. Mais cette guerre des rizières n'a plus rien de commun avec celle d'Europe. Leclerc s'en rend compte à la suite de diverses entrevues avec Hô Chi Minh. Le général est persuadé que la solution ne saurait être militaire, mais politique. Il envoie à Paris des rapports en ce sens, au grand mécontentement des tenants de la manière forte. Devant tant d'opposition et d'hostilité, réprouvant les intrigues qui se nouent entre Saigon et Paris, Leclerc préfère renoncer et sollicite une autre affectation. Elle vient en juillet 1946 sous forme d'un poste d'inspecteur général de l'armée d'Afrique, mais Leclerc meurt peu après dans un accident d'avion, non loin de Colomb-Béchar. Il est nommé maréchal de France à titre posthume, le 11 janvier 1952, en même temps que de Lattre de Tassigny.

LECOMTE Claude Martin (Thionville, 1817 – Paris, 1871)

Général.

Général de l'armée du siège de Paris en 1870-1871, il est investi, après la capitulation, du 2ᵉ secteur de la capitale. C'est à ce titre qu'il est chargé, dans la nuit du 17 au 18 mars, d'enlever les canons de la garde nationale installés sur la butte Montmartre. Mais l'absence d'attelages provoque un contretemps que mettent à profit gardes fédérés et population pour créer de l'effervescence et inciter, avec succès, les soldats du 88ᵉ de ligne à la désobéissance. Lecomte est alors appréhendé et conduit au poste de commandement du bataillon de Montmartre, puis transféré au comité de quartier, installé au n° 6 de la rue des Rosiers (aujourd'hui rue des Roses). Là, un ancien officier garibaldien nommé Kadinski constitue un conseil de guerre sommaire. Mais l'arrivée comme prisonnier du général Clément Thomas, un des responsables des fusillades de 1848, accroît soudain l'excitation de la foule. Kadinski est bientôt débordé par les manifestants qui exigent un châtiment expéditif. Un peloton d'exécution s'improvise spontanément avec des gardes fédérés. Clément Thomas est exécuté dans le jardin, puis Lecomte abattu dans le dos par des soldats qu'il aurait naguère punis. La mort de ces deux généraux marque le début de l'insurrection de la Commune de Paris.

LE COQ Robert (Montdidier, v. 1310 – Calahorra, Vieille-Castille, 1368)

Évêque.

Après avoir suivi une carrière juridique, il entre dans les ordres et devient évêque de Laon en 1351. En 1356 et 1357, alors que Jean II, le Bon est en captivité en Angleterre, il participe aux états généraux. Là, sa rhétorique fait grande impression. Sous son influence, les députés cherchent à limiter les prérogatives royales. En fait, le but de Le Coq est d'installer sur le trône de France Charles le Mauvais, roi de Navarre et comte d'Évreux qui n'a pas de meilleur agent que lui. Il attise la révolution initiée par Étienne Marcel et commande toutes les séditions qui rendent le séjour de Paris impossible au Dauphin (futur Charles V). Étienne Marcel devient vite un pantin entre ses mains. En 1358, chassé par le retour triomphal du Dauphin, Le Coq se réfugie à Melun auprès de Charles le Mauvais. Il n'est pas compris dans l'amnistie prévue par la paix de Calais l'année suivante. Comme il ne peut plus exercer son ministère à Laon, le roi de Navarre le fait transférer en 1362 au siège épiscopal de Calahorra, en Vieille-Castille.

LECOURBE Claude, comte (Besançon, Jura, 1758 – Belfort, 1815)

Général.

Engagé en 1777 au régiment d'Aquitaine, il ne peut dépasser le grade de caporal en raison de ses très modestes origines, mais la Révolution lui permet une fulgurante promotion. Chef du 7ᵉ bataillon du Jura, Lecourbe combat à l'armée de l'Est en 1792, à celle du Nord l'année suivante, et se distingue par sa bravoure à Hondschoote, à Wattignies puis à Fleurus en 1794. Sa conduite à Mayence lui vaut le grade de général de brigade. Divisionnaire en 1796, commandant l'aile droite de l'armée du Danube, il donne la pleine mesure de son sens tactique en 1799 en infligeant à Souvorov un échec dans la région du Saint-Gothard, ce qui facilite le succès de Masséna près de Zurich. Associé à Moreau à la tête de l'armée du Rhin, Lecourbe se couvre encore de gloire à Hohenlinden (1800). Témoin à décharge lors du procès intenté à Moreau, compromis dans le complot de Pichegru et de Cadondal contre le Premier Consul (1804), il encourt la vindicte de ce dernier, lequel, devenu empereur, se prive volontairement de ses services. Confiné à Lons-le-Saunier durant toutes les guerres de l'Empire, Lecourbe ne sort de sa retraite forcée, comme beaucoup de républicains, qu'à la faveur des Cent-Jours. Le camp retranché de Belfort lui est confié, et il conserve la place malgré la supériorité numérique des Austro-Russes. La pairie et un titre de comte récompenseront cet ultime fait d'armes.

LE COZ Claude (Plounévez-Lochrist, Finistère, 1740 – Villevieux, Jura, 1815)

Évêque constitutionnel.

Principal du collège de Quimper, rallié aux idées réformatrices exprimées par une partie du clergé au début de la Révolution, il fait partie de l'Assemblée législative et se rallie à la Constitution civile du clergé. Sacré évêque constitutionnel de Rennes en 1791, Mgr Le Coz est inquiété durant la Terreur et emprisonné un certain temps. Libéré à la faveur des événements du 9 Thermidor, il exerce ses fonctions sous le Directoire et le Consulat. Archevêque de Besançon en 1801, il encourt toutefois l'hostilité de ses pairs et du Saint-Siège après le Concordat et se voit alors reprocher son attitude de soumission au pouvoir révolutionnaire. Il est l'auteur de l'ouvrage *Accord des vrais principes de l'Église*, paru en 1792, dans lequel il explique les principes de la Constitution civile du clergé.

Ledru-Rollin
Huile sur toile de Mangez, 1838, musée de la ville de Paris, musée Carnavalet. © *Giraudon*

LECTOURE

Lactora. *Ville située aux confins de la Lomagne et du comté d'Armagnac, aujourd'hui dans le département du Gers.*

Ancienne capitale de la tribu des Lactorates, colonie romaine au IIIe siècle, la ville a une grande importance à la fin de l'époque romaine et subit aux temps barbares de nombreuses dévastations. Elle est le siège d'un évêché du IVe au VIe siècle et de l'an mil à la Révolution. Des anciens vicomtes de Lomagne, elle passe au début du XIVe siècle aux héritiers de ceux-ci, les comtes d'Armagnac, qui en font sinon leur capitale, tout au moins leur principale place forte. Jean V d'Armagnac y est assiégé par les troupes de Charles VII (1455) puis de Louis XI (1473). Elle est âprement disputée entre catholiques et calvinistes pendant les guerres de Religion. Monluc l'enlève en 1562. Après son avènement, Henri IV la donne comme place de sûreté à ses anciens coreligionnaires.

LE DAIN ou LE DAIM Olivier NECKER, dit (? – Paris, 1484)

Confident de Louis XI.

Originaire de Flandre, il entre en 1469 comme barbier au service de Louis XI dont il devient l'un des proches collaborateurs. Anobli en 1474 sous le nom d'Olivier Le Daim, il laissera un sinistre souvenir : exécuteur des basses besognes du gouvernement, agent provocateur, espion, au besoin bourreau. Il s'enrichit en trafiquant de son crédit, en rançonnant les villes, les abbayes et les particuliers, en volant d'opulentes successions. La plupart de ses méfaits ne furent sans doute pas connus de Louis XI qui était d'ailleurs indulgent pour qui exécutait ses volontés à la lettre et habilement. Ses actions lui valurent toutefois le gibet sous Charles VIII.

LEDRU-ROLLIN Alexandre Auguste LEDRU, dit (Paris, 1807 – Fontenay-aux-Roses, 1874)

Homme politique.

Fils d'un médecin, il s'inscrit comme avocat au barreau de Paris en 1830 et se spécialise sous la monarchie de Juillet dans la défense des inculpés républicains, Caussidière notamment (1835). En même temps, il affirme dans divers articles parus dans la presse ses sentiments républicains. Avocat à la Cour de cassation en 1838, il se rend célèbre en défendant les journalistes poursuivis par le gouvernement. Député du Mans en 1841, à la mort de Garnier-Pagès, réélu en 1842 et 1846, Ledru-Rollin siège avec les radicaux extrémistes, milite en faveur du suffrage universel et ne cesse de s'opposer à Guizot. Un riche mariage lui permet de fonder en 1843 *La Réforme* où, comme lui-même, le socialiste Louis Blanc défend le suffrage universel. En 1846, il publie l'*Appel aux travailleurs*, dans lequel il propose ce mode de scrutin en remède aux maux de la classe ouvrière. Participant ensuite à la campagne des banquets, le député du Mans acquiert une grande popularité en réclamant l'instauration de la république sociale et démocratique et occupe bientôt une place de premier plan au sein du monde politique.

Ministre de l'Intérieur dans le gouvernement provisoire, qu'il a lui-même proposé de constituer (février 1848), Ledru-Rollin remplace les préfets de Louis-Philippe par des commissaires du gouvernement, dont l'attitude excessive et trop zélée ne tarde pas à déconsidérer le nouveau régime. Il organise aussi les premières élections au suffrage universel, qui se déroulent au mois d'avril. Membre de la commission exécutive le 10 mai, le nouveau ministre de l'Intérieur condamne la manifestation socialiste du 15, mais désapprouve la répression qui suit les journées de Juin. Il se rapproche alors de la gauche, des Montagnards et, combattu à la fois par les socialistes et par les modérés, ne recueille que 370 000 voix lors de l'élection présidentielle. À la Législative, où cinq départements l'envoient en mai 1849, il apparaît comme le chef des Montagnards. À la suite de l'expédition menée par Oudinot contre Rome, il dépose à l'Assemblée, le 11 juin, un acte d'accusation contre le ministère, qui est repoussé, et organise ensuite l'insurrection du 13. Contraint de quitter la France après l'échec de cette journée révolutionnaire, Ledru-Rollin se réfugie à Londres où, avec Mazzini et Kossuth, il fonde le Comité de la République universelle. Inculpé faussement en 1857 dans l'affaire Tibaldi, auteur d'une tentative d'assassinat contre l'empereur, il est exclu des amnisties de 1859 et 1869 et ne rentre en France qu'en 1871. Se tenant à l'écart de la Commune, refusant en 1871 de siéger à l'Assemblée nationale, Ledru-Rollin ne regagne cette dernière qu'en 1874, comme député du Vaucluse.

LEFEBVRE François Joseph, duc de Dantzig (Rouffach, Haut-Rhin, 1755 – Paris, 1820)

Maréchal de France.

Clerc de procureur à Colmar, engagé aux gardes françaises en 1773, il est tiré de l'obscurité par la Révolution. Lieutenant dans la garde nationale en 1789, il sert avec éclat à l'armée de la Moselle, puis passe, de septembre 1793 à janvier 1794, du grade de capitaine à celui de général de division. Il commande avec succès l'avant-garde de l'armée de Rhin-et-Moselle, passe bientôt à celle de Sambre-et-Meuse, est l'un des meilleurs lieutenants de Jourdan qu'il seconde brillamment à Fleurus le 26 juin 1794. À la mort de Hoche (septembre 1797), Lefebvre commande provisoirement l'armée de Sambre-et-Meuse, puis est attaché à l'armée du Danube mais, blessé à Stokach (mars 1799), doit rentrer en France où il est mis à la tête de la division militaire de Paris. Ayant apporté tout son soutien à Bonaparte au 18 Brumaire, il est nommé sénateur en avril 1800 et maréchal d'Empire en 1804. Il commande la garde impériale à pied à Iéna (14 octobre 1806) et, après Eylau, est chargé d'assiéger dans Dantzig le maréchal Kalkreuth, qu'il contraint à capituler (14 mai 1807). Ce succès lui vaut le titre de duc de Dantzig (10 septembre 1808). Il combat ensuite en Espagne (1808), contribue en 1809 à la tête des contingents bavarois aux victoires d'Eckmühl et de Wagram et reste pendant toute la campagne de Russie (1812) à la tête de l'infanterie de la Vieille Garde. Il se couvre encore de gloire en 1814 à Montmirail, Arcis-sur-Aube, Champaubert. Ayant voté au Sénat la déchéance de Napoléon, il est fait pair de France par Louis XVIII (juin 1814), mais il se rallie à Napoléon pendant les Cent-Jours. Exclu de la pairie en 1816, il y est réintégré en 1819. Il avait épousé en 1783 une ancienne blanchisseuse aux Gardes françaises, Catherine Hubscher, passée à la postérité sous le nom de Mme Sans-Gêne, grâce à la pièce du même nom de Victorien Sardou (1893).

LEFEBVRE Marcel (Tourcoing, 1905 – Écône, 1991)

Évêque.

Admis au séminaire français de Rome en 1923, ordonné prêtre en 1929, il entre ensuite chez les Pères du Saint-Esprit, part au Gabon, devient directeur du scolasticat de la congrégation. En 1947, le pape Pie XII le nomme vicaire apostolique de Dakar, et il est sacré évêque. Délégué apostolique pour l'Afrique de l'Ouest (1948-1959), il retrouve un modeste siège à Tulle après une décolonisation qu'il réprouve. Élu supérieur général des Spiritains en août 1962, il se signale par une orientation de plus en plus conservatrice tant vis-à-vis de l'Algérie que du concile de Vatican II. Désapprouvé par sa congrégation, il en démissionne en 1968. L'année suivante, Mgr Lefebvre s'autorise à ouvrir un séminaire « illégal » à Écône (Suisse). Il accuse le concile de s'être écarté de l'orthodoxie, juge que Paul VI a trahi sa charge, dénonce un clergé marxiste. Le manifeste du 21 novembre 1974, brûlot contre Vatican II, lui vaut un blâme, puis la suspension *a divinis* en juillet 1976. L'évêque excommunié n'en prêche pas moins le respect vétilleux des usages traditionnels, la stricte observance de l'*ordo missae* de Pie V, la messe en latin. À sa mort, il laisse 250 prêtres, 6 séminaires, des prieurés, des écoles et quelques fidèles, réunis à Saint-Nicolas-du-Chardonnet à Paris.

LEFÈVRE d'ÉTAPLES Jacques (Étaples, v. 1450 – Nérac, 1537)

Théologien et humaniste.

Élève à Paris d'Hermonyme de Sparte qui lui apprend le grec (1475), il passe ensuite en Italie où il rencontre Pic de la Mirandole et s'initie,

Lefèvre d'Étaples
Gravure, XVIe siècle, Paris, Bibliothèque nationale de France. © *Giraudon*

La Légion d'honneur
Première distribution des croix de la Légion d'honneur dans l'église des Invalides, le 14 juillet 1804. Huile sur toile de Jean-Baptiste Debret, châteaux de Versailles et Trianon. © *RMN*

notamment auprès de Barbaro, à l'étude des textes rénovés d'Aristote. Puis il se fixe à Paris où il enseigne la philosophie au collège du cardinal Lemoine. Excellent linguiste, il se rend célèbre par ses traductions de la Bible, dont la souple dialectique paraît révolutionnaire par rapport aux lourdes productions des scolastiques du Moyen Âge. Le savant humaniste se spécialise également dans les traductions d'Aristote, qu'il étudie dans le texte original. Ses commentaires sur la théologie de saint Paul font eux aussi autorité. En 1521, Lefèvre d'Étaples est à Meaux auprès de l'évêque Briçonnet dont il devient le vicaire général. C'est alors que se forme autour de lui le cénacle de Meaux, qui se donne pour but la réforme du clergé et la vulgarisation de l'Écriture à l'usage des fidèles. Mais l'engouement qu'il manifeste avec ses amis pour l'évangélisme le rend suspect de sympathie à l'égard du mouvement réformé (Luther sera d'ailleurs influencé par l'idée de la justification par la foi, telle que l'avait exprimée Lefèvre d'Étaples). En butte à l'hostilité de la Sorbonne et du Parlement, le cénacle de Meaux se disperse en 1525, et Lefèvre doit se réfugier à Strasbourg. Rentré en France, il est nommé, en 1526, précepteur des enfants de François Ier, avant de se retirer à la fin de sa vie auprès de la libérale Marguerite de Navarre à Nérac (1530). Il fut avec Érasme le plus brillant représentant du premier humanisme chrétien.

LEFRANC de POMPIGNAN : voir POMPIGNAN (Jean Georges LEFRANC de)

LÉGENDE DORÉE (la)

Compilation hagiographique achevée vers 1265 par le dominicain italien Jacques de Voragine.

Cette *Légende Dorée* est l'un des plus importants monuments de la culture chrétienne du Moyen Âge. Traduite dans la plupart des langues vernaculaires, elle a connu une diffusion énorme. On compte 97 éditions incunables latines et de nombreuses traductions françaises imprimées jusqu'à notre époque. La *Légende Dorée* a servi en outre de base à de nombreux légendiers locaux grâce à des ajouts. Elle s'inscrit dans un large mouvement de vulgarisation préconisé par les ordres mendiants, offrant aux prédicateurs des sujets à développer dans leurs sermons et aux imagiers des sujets iconographiques. Elle se présente comme un abrégé des biographies de 150 saints présentés selon l'ordre du calendrier, en commençant par l'Avent. Sont intercalés des chapitres consacrés aux fêtes du Christ, de la Vierge. La narration fait une large place aux exposés doctrinaux et aux citations des textes sacrés, le tout mêlé de nombreux éléments empruntés au merveilleux, propres à séduire les fidèles.

LEGENDRE Louis (Versailles, 1752 – Paris, 1797)

Homme politique.

Boucher à Paris dans la rue des Boucheries-Saint-Germain, il prend la tête du rassemblement qui manifeste en faveur de Necker le 13 juillet 1789 au Palais-Royal. Il participe ensuite à la prise de la Bastille et sera un des principaux acteurs des journées d'Octobre. Assidu aux séances du district des Cordeliers, puis de la section du Théâtre-Français, il est un des fondateurs du club des Cordeliers. Craignant que le roi ne s'enfuie, il essaye d'empêcher le départ des tantes de Louis XVI pour Rome, en février 1791, puis celui du roi pour Saint-Cloud, le 17 avril. Après Varennes, Legendre est, avec Danton, Desmoulins, Fabre d'Églantine et Marat, un des principaux instigateurs de la pétition qui demande la déchéance de Louis XVI et aboutit à la tragique fusillade du 17 juillet. Il joue encore un des premiers rôles dans les journées des 20 juin et 10 août 1792. Au 20 Juin, c'est lui qui présente le bonnet rouge à Louis XVI et l'interpelle par le terme « Monsieur ».

Député de Paris à la Convention, membre du Comité de sûreté générale, il contribue à la chute des Girondins. Accusé d'hébertisme et menacé d'exclusion en janvier 1794, il se disculpe en invoquant l'amitié que lui témoignait Marat et parvient à se faire maintenir sur la liste des membres du club des Jacobins. Lorsque Danton, dont il était également l'ami, est inquiété, il prend d'abord sa défense mais, par peur, l'abandonne bientôt. Lié avec Tallien et Fréron, Legendre contribue à la chute de Robespierre le 9 Thermidor et est ensuite un des meneurs de la réaction thermidorienne. Il déploie un zèle fiévreux contre les robespierristes survivants, qu'il qualifie de « terroristes », « buveurs de sang », demande la proscription des anciens membres du gouvernement, va lui-même fermer le club des Jacobins, dirige enfin la répression de la journée populaire du 1er prairial an III (20 mai 1795). Mais, en même temps, effrayé de la marche de la réaction, il se prononce avec violence contre les prêtres et les émigrés. Élu député au Conseil des Anciens, il joue dès lors un rôle effacé, réclamant toutefois, lors de la conjuration de Babeuf, la plus grande sévérité. Ce devait être sa dernière motion.

LÉGER, saint (Neustrie, v. 616 – Sarcinium, aujourd'hui Saint-Léger, Pas-de-Calais, 678)

Évêque.

De haute naissance, il est élevé à la cour du roi Clotaire II et, destiné à l'état ecclésiastique, connaît une rapide ascension. Archidiacre de Poitiers, il devient vers 653 abbé de Saint-Maixent et y introduit la règle bénédictine. Appelé à la Cour par la régente Bathilde, Léger devient son conseiller et, en 663, elle obtient pour lui l'évêché d'Autun. De plus en plus mêlé aux luttes politiques, le prélat devient après la mort de Clotaire III (670) un des chefs de l'opposition aristocrate burgonde qui se dresse contre le maire du palais Ébroïn. Tombé entre les mains de son adversaire, qui le fait torturer, Léger agonise deux ans à Fécamp, les yeux brûlés et la langue arrachée, avant d'être décapité. Réhabilité après l'assassinat d'Ebroïn (680), Léger est bientôt vénéré comme un martyr, et son culte se répand dans toute la France.

LÉGION D'HONNEUR (ordre de la)

Ordre national institué par la loi consulaire du 29 floréal de l'an X (19 mai 1802) en vue de récompenser les services les plus éminents tant dans le domaine civil que militaire.

À l'origine, l'institution se compose d'un grand conseil d'administration formé de sept grands officiers régissant 16 cohortes, elles-mêmes composées de 7 grands officiers, 20 commandants, 30 officiers et 350 légionnaires nommés à vie par le grand conseil. Ceux-ci perçoivent respectivement des traitements annuels de 5 000, 2 000, 1 000 et 250 francs. Chaque cohorte reçoit en outre une dotation annuelle de 200 000 francs. Le Premier Consul est le grand maître de l'ordre qui élit un grand chancelier. Le premier à occuper ce poste est le naturaliste Lacépède, désigné en 1803. Devenu empereur, Napoléon distribue les premières décorations aux Invalides puis au camp de Boulogne. En 1805, le titre le plus élevé devient celui de grand cordon ou de grand aigle. Après Austerlitz, les récipiendaires ou légionnaires prennent la dénomination de chevaliers, qui leur restera. Le 15 décembre 1805, le décret de Schönbrunn décide l'instauration de maisons d'éducation destinées à recevoir les filles des chevaliers. La première est établie en 1807 au château d'Écouen, dont la directrice est alors Mme Campan. En 1809, une maison est installée dans l'ancienne abbaye de Saint-Denis. Une troisième école est créée aux Loges, en forêt de Saint-Germain-en-Laye, en 1811. Sous l'Empire, quelque 48 000 décorations sont décernées, dont plus de 95 % à titre militaire.

La décoration consiste alors en une étoile formée de cinq rayons doubles surmontés d'une couronne de laurier comportant la figure de l'Empereur. Louis XVIII, qui maintient l'institution, substitue en juillet 1814 la tête d'Henri IV à celle de Napoléon. Napoléon III rétablit la décoration dans son aspect premier, tandis que la IIIe République y grave une République ceinte d'une couronne de chêne. Le nombre des titulaires s'accroît dans des proportions notables. Ils sont approximativement 60 000 en 1850, 78 000 en 1870, 205 000 en 1939, 285 000 en 1960 pour atteindre le maximum de 320 000 en 1968. Le chiffre décroît ensuite : 222 000 en 1993, 207 000 en 1995.

Depuis le 3 mai 1804, l'ordre a son siège à Paris, à l'hôtel de Salm (voisin du musée d'Orsay), élégant édifice construit de 1782 à 1789 à l'initiative du prince Frédéric de Salm-Kyrbourg et qu'habita un moment Mme de Staël après les événements de Thermidor. Incendié durant l'insurrection de la Commune, en 1871, l'hôtel de la Légion d'honneur est reconstruit par la suite sous l'égide de l'architecte Mortier à la suite d'une souscription effectuée à l'initiative du général Vinoy, grand chancelier de l'époque.

LÉGION DES VOLONTAIRES FRANÇAIS CONTRE LE BOLCHEVISME (LVF)

Corps de volontaires français incorporé en 1941 dans la Wehrmacht.

Dès l'annonce de l'invasion de l'Union soviétique par la Wehrmacht et ses alliés, des collaborateurs français expriment le souhait de voir une unité française combattre aux côtés des troupes allemandes contre le bolchevisme. Le 18 juillet 1941 est ainsi créée la Légion des volontaires français. À l'automne 1941, les volontaires sont rassemblés en un bataillon de 3 600 hommes confié au général Puaux. La France n'étant pas en guerre contre l'URSS, les volontaires doivent revêtir l'uniforme allemand, n'arborant sur la manche gauche qu'un écusson tricolore pour seul signe distinctif. Mais l'unité peut arborer un fanion tricolore. Par décision de Hitler, le détachement pénètre en Russie selon l'itinéraire suivi par la Grande Armée de 1812. Mais la comparaison s'arrête là, car le comportement médiocre de la légion au cours des premiers engagements incite les Allemands à ramener en arrière la LVF et à lui confier une mission de surveillance des routes et voies ferrées, ainsi que de nombreuses interventions, à titre d'auxiliaire, contre les partisans. Dissoute en novembre 1944, la LVF, devenue en 1942 la Légion tricolore, est versée dans la division Waffen SS « Charlemagne ». Ces troupes d'assaut combattront en Poméranie et autour de Dantzig en mars 1945, où elles subiront de lourdes pertes. Quelques éléments épars se retrouveront à la fin d'avril et au début de mai 1945 dans les ruines de Berlin.

LÉGION ÉTRANGÈRE

Corps de troupe de l'armée française.

À la suite de la conquête de l'Algérie, un certain nombre d'étrangers résidant en France émettent le vœu de servir dans l'armée française. Louis-Philippe entérine ce souhait par l'ordonnance du 10 mars 1831 portant création de la Légion étrangère qui prend en quelque sorte la suite de la garde suisse de l'Ancien Régime. Cette unité possède une structure identique à celle de l'infanterie de ligne, étant divisée en bataillons, dont le nombre varie en fonction des effectifs. En 1835, des éléments de cette unité sont mis au service du roi d'Espagne, en lutte contre le mouvement carliste. Les autres unités participent à toutes les opérations d'importance en Algérie (la Légion est basée à Sidi-bel-Abbès), puis aux campagnes du Second Empire, en Crimée et en Italie. Durant la campagne du Mexique, un détachement de la Légion s'illustre à Camerone le 30 avril 1863. En 1867, la Légion se compose d'un régiment et porte le nom de Régiment étranger. Sous la IIIe République, le nombre des bataillons est porté à 4 en 1884 et à 5 en 1891, la Légion ayant repris entre-temps sa dénomination d'origine. En principe, aucun Français n'est admis à s'engager dans cette unité, si ce n'est à titre exceptionnel, lors de recrutement de personnel d'encadrement. Cependant, les militaires libérés du service actif et qui ne désirent pas se rengager peuvent entrer dans la Légion étrangère, à condition de ne pas se trouver dans une situation ayant entraîné leur exclusion de l'armée. Pour les étrangers, la durée de l'engagement est de cinq ans et l'âge limite varie entre 18 ans et 40 ans.

L'histoire de la Légion est celle des hauts faits d'armes de l'armée française, les détachements de légionnaires étant toujours engagés comme troupes de choc. Ainsi le drapeau de la Légion porte-t-il la mention des campagnes d'Indochine et du Maroc. La Légion déplore 4 000 morts de 1914 à 1918 et le double de 1939 à 1945. C'est assurément une des unités les plus populaires de l'armée avec son fanion vert et rouge et le képi blanc de ses hommes. La période de l'entre-deux-guerres exalte les vertus de ces valeureux combattants par la chanson et des films dont le cadre est le désert saharien. Une légende s'attache à ces hommes au passé souvent trouble, mystérieux, venus oublier ou expier des fautes. L'esprit d'aventure attire les autres. En 1940, la Légion sert à Narvik et beaucoup de ses hommes passent à la France libre en juin. On retrouve la Légion en 1941 en Érythrée, puis l'année suivante à Bir Hakeim, dans le désert de Lybie. Constituée en 13e demi-brigade, la Légion participe à la libération de la métropole au sein de la Ire armée du général de Lattre de Tassigny, de la Provence à l'Alsace. Par la suite, la Légion tiendra un rôle très important durant la guerre d'Indochine puis en Algérie, où sont créés des régiments étrangers de parachutistes. C'est en partie parmi ces unités que les généraux putschistes recruteront leurs éléments de choc lors des tentatives de coup d'État à Alger, notamment en mai 1958, puis en avril 1961. Après ces événements, la Légion ramène sa base de Sidi-bel-Abbès à Aubagne dans les Bouches-du-Rhône. Une partie des effectifs est stationnée en Corse, d'autres détachements servant dans les bases d'outre-mer, en particulier dans le Pacifique. L'encadrement des légionnaires est assuré par des officiers français ; mais des officiers étrangers peuvent servir avec l'équivalence de leur grade d'origine.

La Légion étrangère
Deux légionnaires à Sidi-bel-Abbès (Algérie) avant 1914. © *LL-Viollet*

La Légion des volontaires français
Défilé de légionnaires sur les Champs-Élysées à l'occasion du deuxième anniversaire de la LVF, en août 1943. © *Lapi-Viollet*

LÉGION FRANÇAISE DES COMBATTANTS (LFC)

Mouvement fondé en août 1940 par le maréchal Pétain.

Désireux d'assurer au nouveau régime un appui populaire, le maréchal Pétain se tourne vers les anciens combattants, pour qui il crée le 29 août la Légion française des combattants. Il s'agit d'un rassemblement et non d'un parti unique de type fasciste comme le souhaitait par exemple Marcel Déat ou Jacques Doriot. Celui-ci est dirigé par François Valentin, chef de cabinet de Xavier Vallat, lui-même secrétaire aux Anciens combattants. La légion se veut propagandiste des idées du maréchal, notamment en matière d'organisation (Vallat sera le premier titulaire du Commissariat aux questions juives), de corporatisme ou de politique familiale. Ce comportement autonome irrite les Allemands qui interdisent la Légion en zone occupée. En zone libre, les attributions et le rôle de la Légion posent problème : face aux maréchalistes, certains, comme Joseph Darnand, sont collaborationnistes et militent pour une fascisation du rassemblement. Ces tensions aboutissent à une scission en deux temps, tandis que les effectifs fondent (1,2 million en 1940 ; 320 000 deux ans plus tard). En janvier 1942, Darnand crée le SOL (Service d'ordre légionnaire) chargé du maintien de l'ordre, qui devient la Milice en janvier 1943. De l'autre côté, restent des militants partagés entre maréchalistes orthodoxes, maréchalistes entrés en résistance (François Valentin est à Londres en août 1943) et lavalistes (André Lachal dirige, depuis juin 1942, ce qui reste de la Légion). La confusion précipite la dissolution de la Légion, suivant une ordonnance du Comité français de libération nationale (CFLN) prise dès 1943. Cette disparition confirme l'échec des tentatives autoritaires de réforme de l'État.

LÉGISTES

Au Moyen Âge, gradués en droit civil romain formant une part importante de l'entourage du roi dès le règne de Saint Louis, mais surtout de Philippe le Bel à Charles V.

Ils ont commencé à servir le roi aux côtés des princes du sang et autres grands barons lorsque les rouages de plus en plus complexes de l'administration l'ont exigé. Sous la plume des historiens du XIXe siècle, ils sont devenus un mythe caractérisant le règne de Philippe le Bel : leur présence aurait contribué à sceller l'alliance avec la bourgeoisie pour diminuer l'importance de l'Église et de la noblesse trop turbulente. L'un des plus célèbres légistes fut Guillaume de Nogaret.

LÉGITIMISME

Terme utilisé après la chute de Charles X pour désigner les partisans du retour au pouvoir de la branche aînée de la famille des Bourbons.

Parmi eux se trouvent des modérés et des extrémistes. Ces derniers, issus des ultras de la Restauration, sont partisans d'une ligne dure, sans concessions au dogme de la prérogative royale. Lorsque Charles X abdique en 1830, les légitimistes se rallient à la personne de son petit-fils, le comte de Chambord (qui se fait appeler Henri V à partir de 1843). Des complots se trament contre Louis-Philippe. On y retrouve la duchesse de Berry, mère du comte de Chambord, né quelques mois après l'assassinat de son père et surnommé par Chateaubriand « l'enfant du miracle ». En 1832, celle-ci tente de soulever la Vendée, sans succès. La noblesse légitimiste, très homogène socialement, est soutenue par une presse solide (*La Gazette de France*, *La Quotidienne*, puis *L'Union monarchique*). Elle tente en vain de profiter du fait que des régions entières lui sont restées fidèles pour revenir au pouvoir entre 1830 et 1848, même si une fraction parmi elle, se refusant à tout compromis, se retire sur ses terres, ce qui conduit à la mise en valeur agricole de certaines régions. En revanche, aux élections de février 1871, une vraie chance s'offre aux légitimistes avec près de 200 élus à l'Assemblée nationale. En 1873, la fusion entre légitimistes et orléanistes permet d'envisager le retour de la monarchie. Mais le comte de Chambord restant inébranlable sur le choix du drapeau blanc et de l'Ancien Régime, le projet échoue. Dès lors, les légitimistes se divisent en 80 chevau-légers (selon le nom de l'impasse où ils se retrouvent) totalement fidèles au comte de Chambord et 120 légitimistes libéraux. Ces derniers, tel le comte de Falloux, groupés dans la « Réunion Colbert », affirment leur déférence au comte de Chambord, mais jouent le jeu électoral et reconnaissent le drapeau tricolore. Impuissants à trouver des moyens d'expression, le légitimisme se met peu à peu à incarner le passé. Son champ d'action s'étant rétréci, à partir de 1871, il se tourne vers le catholicisme social. La mort du comte de Chambord en 1883 signe la fin du légitimisme.

LEIPZIG (bataille de)

Défaite, connue sous le nom de bataille des Nations, que firent subir à Napoléon les armées de la sixième coalition, du 16 au 19 octobre 1813.

Lorsque les hostilités, interrompues pendant l'été, reprennent à l'automne 1813, Napoléon doit affronter une vaste coalition qui regroupe l'Angleterre, la Russie, la Prusse et l'Autriche. Trois armées, dites de Bohême, de Silésie et du Nord, sous le commandement de Schwarzenberg, de Blücher et de Bernadotte, lui sont opposées. Mais il a l'avantage de la position sur l'Elbe et réussit à inaugurer la nouvelle campagne par une victoire. Schwarzenberg est repoussé à Dresde et un boulet français blesse mortellement le général Moreau qui était revenu d'Amérique pour aider l'ennemi de ses conseils (27 août). Succès sans lendemain. Surmené et malade, l'Empereur s'en remet pendant quelques jours à ses lieutenants qui se font tous battre : Macdonald recule devant Blücher ; Oudinot, puis Ney, chargés d'entrer en liaison avec Davout par Berlin, sont successivement repoussés par Bernadotte à Gross-Beeren (23 août) et Dennewitz (6 septembre) ; Vandamme, lancé à la poursuite de Schwarzenberg en Bohême et mal soutenu par Gouvion Saint-Cyr, capitule à Kulm (30 août). Autour de Leipzig, le cercle ennemi se resserre peu à peu tandis que la Bavière passe elle aussi à la coalition (8 octobre).

Enfin, Napoléon accepte la bataille finale qui dure trois jours. Le 16, avec 150 000 hommes, il résiste victorieusement à Blücher et Schwarzenberg qui l'attaquaient respectivement par le nord et par le sud. Le 17 n'est marqué que par une canonnade au cours de laquelle arrivent Bernadotte et Bennigsen. Pendant ce temps, Napoléon se concentre autour de la ville. Le 18, les coalisés, au nombre de 300 000, reprennent l'offensive. C'est alors que Napoléon, en pleine action, doit faire face à une nouvelle défection, celle du corps saxon, qui brise son front de défense. Il ne le maintient qu'à grand-peine, grâce à la garde impériale, mais, le soir, est contraint de donner l'ordre de la retraite. Les troupes de Macdonald et de Poniatowski sont chargées de la couvrir. Mais l'unique pont restant sur l'Elster à Lindenau est insuffisant et, dans le désordre provoqué par les attaques, saute prématurément. Macdonald réussit à traverser à la nage, mais Poniatowski se noie (19 octobre). Presque toutes leurs troupes sont faites prisonnières. Les pertes totales sont évaluées à plus de 100 000 hommes, dont 40 000 à 50 000 Français. Après ce dur échec, ce qui reste de l'armée française repasse le Rhin à Mayence.

La bataille de Leipzig est suivie de l'écroulement de la Confédération du Rhin. Une à une, les garnisons laissées en arrière capitulent. Seul Davout résiste à Hambourg. Le Wurtemberg (2 novembre) et Bade (20 novembre), d'autres principautés encore rejoignent la coalition victorieuse. L'Allemagne entière est perdue pour Napoléon.

LE MAÇON Robert (Anjou, v. 1365 – ?, 1443)

Conseiller royal.

Tout d'abord conseiller du roi Louis II de Sicile, il entre ensuite au service de la couronne de France. Tour à tour maître des requêtes après 1401, gouverneur de Guyenne, on le retrouve chancelier de la reine Isabeau de Bavière. Il semble avoir contribué au salut du Dauphin (futur Charles VII) lors des événements du 29 au 30 mai 1418 en lui fournissant son propre cheval, lui permettant ainsi de fuir Paris occupée par les Bourguignons. Ces circonstances lui assurent la reconnaissance de Charles VII devenu roi qui le nomme conseiller en titre. Son épouse, Jeanne de Mortemer, passe pour avoir été chargée de vérifier la virginité de Jeanne d'Arc lors de sa venue à la cour de Chinon.

LEMONNIER André Georges (Guingamp, 1896 – Cherbourg, 1963)

Amiral.

Il participe à la Première Guerre mondiale sur le croiseur-cuirassé *Jeanne d'Arc* (1915), sur le cuirassé *Gaulois* (1916) et à la batterie de marine de l'armée d'Orient. Après avoir rempli diverses fonctions de commandement et d'état-major, Lemonnier est nommé capitaine de vaisseau en 1939 et assume alors le commandement des batteries antiaériennes de marine qui défendent Paris. Commandant des fronts de mer de Dieppe et du Calvados en mai 1940, il commande après l'armistice le croiseur *Georges-Leygues* à Dakar (1940-1941) et sert ensuite à Alger. Promu contre-amiral en 1942, il est appelé en 1943, avec le titre de vice-amiral, au poste de chef d'état-major de la marine et commandant en chef des forces maritimes et aéronavales. Lemonnier occupe cette fonction jusqu'en 1950, date à laquelle il est chargé de la direction de l'Institut des hautes études de défense nationale. De 1951 à 1956, il est adjoint naval au Commandement suprême du SHAPE (Grand Quartier général des forces alliées en Europe) et sera le premier commandant de l'École de défense de l'OTAN à Paris. Il avait reçu en 1952 rang et appellation d'amiral.

LÉMOVICES

Peuple gaulois établi dans l'actuel Limousin.

Leur chef-lieu est *Augustoritum* qui devient plus tard *Lemovices* (Limoges). En 52 av. J.-C., ils envoient des secours à Vercingétorix assiégé dans Alésia. Des textes du Ier siècle apr. J.-C. mentionnent d'autres Lémovices, qui vivaient en Armorique dans le pays de *Ratiatum,* aujourd'hui Retz ou Rais.

LENCLOS Anne, dite NINON de (Paris, 1620 – Paris, 1705)

Dame.

Elle naît de parents nobles. Sa mère est une pieuse dame de l'Orléanais, mais son père, Henri de Lenclos, est un philosophe épicurien dont elle adopte les idées. Orpheline à 15 ans, elle se retrouve maîtresse de ses actions. Elle est belle, mais elle a surtout beaucoup de grâce et d'esprit. En mourant, son père lui a laissé une fortune qui lui permet de mener une vie luxueuse. Elle se veut indépendante, mène une vie libre et fait profession d'être libérée de toute croyance. Parmi ses adorateurs figureront les hommes les plus illustres de son temps : les Sévigné, père et fils, le Grand Condé, le duc de La Rochefoucauld, le maréchal d'Albret, le maréchal d'Estrées, d'Effiat, La Châtre, Brancas, Rambouillet, Jarzé, le marquis de Gersay, le duc d'Enghien, le chevalier de Méré (l'ami de Pascal) et surtout Villarceaux, le seul de ses amants qu'elle aima profondément et avec qui elle vécut loin du monde durant trois ans. Chez elle, dans le Marais, au n° 36 de la rue des Tournelles, se retrouve une société spirituelle autant que joyeuse. Parfois Molière, souvent Des Yvetaux, un poète fou de musique, y paraissent. S'y retrouvent aussi La Fontaine, Bussy-Rabutin. Elle est de ces femmes qui ne vieillissent pas et inspire encore à 79 ans une passion violente à un jeune abbé nommé

Ninon de Lenclos
Huile sur toile attribuée à L. Elle le Vieux, dit Ferdinand, château de Versailles. © *Giraudon*

Gedoyne. Elle avait légué par testament une somme de 2 000 francs au fils de son notaire, un garçon de 12 ans qui lui avait paru gentil et vif, « pour qu'il puisse s'acheter des livres ». Il s'agissait du jeune Voltaire. On a d'elle des *Lettres* et un court écrit, *La Coquette vengée* (1659).

LENDIT (foire du)

Une des plus importantes foires de la région parisienne à l'époque médiévale.

La tradition fait remonter la foire du Lendit, nom issu du latin *indictum* « jour dit », au règne de Dagobert ou aux Carolingiens. En fait, elle ne date guère que du milieu du XIe siècle, lorsque les chanoines de l'abbaye de Saint-Denis reçoivent les reliques de la Passion, parmi lesquelles un morceau de la Vraie Croix. L'exposition de ces reliques donne lieu chaque année, au mois de juin, à une fête religieuse, ou « lendit », qu'accompagne, comme souvent, une foire. Cette dernière, organisée le jour de la Saint-Barnabé, dure d'abord trois jours, puis deux semaines, de la Saint-Barnabé à la Saint-Jean, du 11 au 24 juin.

Au XIIe siècle, Louis VI établit dans la plaine de Saint-Denis une seconde foire qui sera réunie à la première en 1213. Ouverte à tous les commerces, la foire du Lendit est avant tout celle du parchemin. Aussi l'Université et le Parlement se donnent-ils congé pendant sa durée. Le jour de la Saint-Barnabé, les écoliers se rassemblent au pied de la montagne Sainte-Geneviève et se rendent en cortège, précédés du recteur jusqu'à la foire où ils commettent mille désordres. La grande prospérité de la foire du Lendit cesse avec le Moyen Âge. La guerre de Cent Ans contraint les chanoines à la suspendre de 1426 à 1444. Puis, cette même année, elle est transférée à l'intérieur de la ville de Saint-Denis. À cause des désordres qu'ils occasionnent, les écoliers reçoivent interdiction de se rendre en cortège à Saint-Denis, seuls quelques-uns accompagnent le recteur. L'imprimerie, le papier, contribuent ensuite à la décadence des foires en général, qui subsistent cependant, fort modifiées jusqu'à l'époque contemporaine.

La foire du Lendit
Foire du Lendit à Saint-Denis. « Grandes Chroniques de France », fol. 122, XIVe siècle, Castres, musée Goya.
© Giraudon

LE NÔTRE André (Paris, 1613 – Paris, 1700)

Jardinier.

Petit-fils de Pierre Le Nôtre, jardinier des Tuileries en 1592 et fils de Jean, jardinier en chef de Louis XIII, il reçoit dans sa famille la formation de dessinateur de jardins, mais acquiert aussi une culture artistique auprès de Simon Vouet et de François Mansart. En 1637, il est nommé jardinier en chef des Tuileries, en 1638 premier jardinier des jardins du Luxembourg, et son ascension se poursuit après son mariage en 1640 avec la fille de François Langlois, sieur du Hamel, conseiller ordinaire de l'artillerie de France. Il est promu dessinateur des plans en 1641, directeur des jardins du Luxembourg en 1646, enfin contrôleur général des Bâtiments du roi en 1656.

Comme toute l'équipe de Versailles, c'est d'abord à Vaux-le-Vicomte, dont il est chargé par Fouquet de dessiner le parc, que Le Nôtre affirme sa maîtrise. Or, précisément, à Vaux-le-Vicomte, ce qui suscitera spécialement l'admiration et l'envie du jeune Louis XIV, ce n'est pas tellement le château, puisqu'il a déjà le Louvre, mais les jardins. Ceux-ci n'offrent encore qu'une perspective fermée, mais déjà s'y déploie une merveilleuse architecture végétale. Chargé, à partir de 1661, de la transformation des jardins de Versailles et des Tuileries, Le Nôtre y crée cette fois des perspectives ouvertes à l'infini et, confondant volontairement l'art du parc avec l'art de l'architecture, conduit à son sommet de perfection le style du jardin à la française dont il deviendra le symbole. Avec lui, l'harmonie, la fusion entre le jardin et le palais sont totales. Mais, si Versailles reste son œuvre maîtresse, il fait également des parcs de Chantilly et de Sceaux des créations originales, tandis que ses transformations de Fontainebleau, de Saint-Germain-en-Laye, de Saint-Cloud, de Meudon, témoignent de sa faculté de renouveau.

Sur l'invitation du roi d'Angleterre, il se rend à Londres en 1662. Le landgrave de Hesse pour Kassel, les souverains de Suède et de Hollande font également appel à ses conseils. Il se refuse à préparer des plans sans être allé sur le terrain, mais charge souvent certains de ses élèves et collaborateurs, notamment son neveu Desgots, de diriger les travaux. Il fait également un voyage en Italie en 1679. Son goût du classicisme transparaît dans le thème du Grand Canal, qui s'inspire du Canope des jardins de Tibur, et représente l'essentiel de ses compositions. Il fait de ses plans d'eau une source de lumière en se servant avec ingéniosité des lois de l'hydraulique. Les canaux, bassins ou miroirs qu'il introduit partout réfléchissent les rayons lumineux et rehaussent encore la qualité de ses paysages. Enfin, grâce à la découverte des lois de la pression atmosphérique, il donne à ses parcs une allure féerique, par le spectacle d'eaux jaillissantes, tel celui des grandes eaux de Versailles. L'amitié de Louis XIV pour Le Nôtre est restée légendaire : il le couvre d'or et d'honneurs, admettant que « son jardinier » l'embrasse au retour de ses voyages. Il l'anoblit en 1675 et fait dessiner ses armes « de sable à un chevron d'or et trois limaçons d'argent ».

LENS

Ville du Pas-de-Calais, sur la Deûle.

Chef-lieu d'un comté, dotée au XIe siècle de fortifications, Lens appartient alors à Eustache II de Boulogne, père de Godefroi de Bouillon. En 1180, Isabelle de Hainaut l'apporte en dot à Philippe Auguste. Réunie à la couronne en 1192, la ville reçoit en 1209 une charte de commune. La guerre de Cent Ans, puis les guerres de Religion, valent à Lens de nombreux sièges, menés par les Flamands, les Bourguignons, les Français, puis les Espagnols. Au cours de la guerre de Trente Ans, en 1647, le maréchal de Gassion trouve la mort sous les murailles de la ville. L'année suivante, Condé remporte devant Lens une victoire décisive sur les Impériaux commandés par l'archiduc Léopold, qui vient de prendre la ville (20 août). Avec 14 000 hommes, Condé doit affronter les 18 000 soldats de l'archiduc, solidement retranchés dans la forteresse. Pour les contraindre à quitter la ville, Condé feint de se retirer : commandés par Beck, une partie des Impériaux franchissent alors les portes de Lens. Après des combats acharnés au cours desquels la victoire change plusieurs fois de camp, Condé intervient en personne pour rassembler ses troupes qui s'enfuient, tandis que l'archiduc quitte la ville à son tour. À la tête de l'aile droite – Gramont commandant l'aile gauche et le duc de Châtillon le centre –, le prince prononce le mot fameux : « Messieurs il faut vaincre ou mourir. » Au soir de la bataille, Beck est blessé et prisonnier – il mourra peu après –, et les Impériaux sont en déroute. L'archiduc va chercher refuge à Douai. Cette victoire amène la conclusion de la paix de Westphalie.

LEOBEN (préliminaires de)

Préliminaires de paix signés entre la France et l'Autriche le 18 avril 1797.

Au terme de sa fulgurante campagne d'Italie (1796-1797), Bonaparte signe avec l'Autriche, le 18 avril 1797, l'armistice et les préliminaires de paix qui précèdent la conclusion du traité de Campoformio. Ces préliminaires marquent un retour aux pratiques diplomatiques d'Ancien Régime. Bonaparte échange la Lombardie contre la république de Venise. L'Autriche obtient ainsi accès à l'Adriatique, mais cède la Belgique. Enfin le sort de la rive gauche du Rhin est réglé par un congrès, stipulation qui ruine la politique du Directoire dans cette région.

LÉONARD de NOBLAT, saint (? – ?, v. 560)

Ermite.

Selon une chronique tardive, il serait issu d'une famille noble franque et aurait eu Clovis pour parrain. Après avoir séjourné quelque temps en Berry, il passe en Limousin où il fonde, non loin de Limoges, le moutier de Noblat, aujourd'hui Saint-Léonard-de-Noblat. Son culte se répandra très au-delà des limites du Limousin et de l'Aquitaine aux Xe et XIe siècles. Léonard est le patron des prisonniers qu'il a le pouvoir de lier ou délier (jeu de mots à partir de Liénard, doublet populaire de Léonard).

LE PELETIER de SAINT-FARGEAU Ferdinand Louis Félix (Paris, 1767 – Paris, 1837)

Homme politique.

Frère du suivant. Plus connu surtout sous le nom de comte Félix, il est aide de camp du prince de Lambesc, un des plus farouches adversaires de la Révolution, puis il démissionne pour entrer au club des Jacobins, après l'assassinat de son frère, et conspire avec Babeuf, dont il adoptera la fille après son exécution. À la suite de l'attentat de la rue Saint-Nicaise contre Bonaparte (1800), il est interné à l'île de Ré, puis envoyé sous surveillance en Suisse (1803) avant d'être autorisé à rentrer en France en 1805. Élu député de Dieppe à la Chambre des Cent-Jours, il est frappé d'exil en 1816. De retour en France, il meurt dans la retraite.

LE PELETIER de SAINT-FARGEAU Louis Michel (Paris, 1760 – Paris, 1793)

Homme politique.

Président à mortier du parlement de Paris en 1789, député de la noblesse aux États généraux, il ne se réunit aux députés du tiers que le 27 juin, sur l'invitation du roi, mais passe après le 11 juillet au parti patriote et demande le rappel de Necker. Rapporteur du comité de jurisprudence criminelle de l'Assemblée constituante, Le Peletier de Saint-Fargeau propose l'abolition de la peine de mort et fait voter la substitution de la décapitation à la pendaison. Il préside le conseil général de l'Yonne pendant la Législative, puis est élu député de ce département à la Convention où il défend la liberté de la presse (30 octobre 1792). D'abord favorable à la réclusion de Louis XVI, Le Peletier de Saint-Fargeau finit, pour des raisons politiques, par voter la mort et se prononce même en des termes d'une énergie menaçante qui entraînent d'autres hésitants. La veille de l'exécution du roi, il est assassiné, en sortant de dîner chez un restaurateur du Palais-Royal devenu Palais-Égalité, par un certain Pâris, ancien garde de corps du roi, agent du baron de Batz qui se suicidera lorsqu'il se verra sur le point d'être dénoncé. Devenu un martyr de la Révolution, Le Peletier est enterré en grande pompe le 24 janvier, et la Convention lui décerne les honneurs du Panthéon.

La Mort de Le Peletier de Saint-Fargeau est un des plus célèbres tableaux de David, longtemps placé dans la salle de séance de la Convention, en pendant de celui qui représente l'assassinat de Marat. Il en fut retiré après le 9 Thermidor et fut acheté plus tard par la fille de la victime, qui le fit détruire.

LE PELETIER des FORTS Michel, comte de Saint-Fargeau (Paris, 1675 – Paris, 1740)

Contrôleur général des Finances.

Il est le neveu de Claude Le Peletier, prévôt des marchands (1668-1676) puis contrôleur général des Finances à la mort de Colbert (1683-1689). Contrôleur général des Finances de 1726 à 1730 dans le Conseil dirigé par Fleury, Le Peletier des Forts poursuit la liquidation du système de Law et, en juin 1726, stabilise la livre tournois, dont le cours ne variera plus jusqu'en 1792. Après la gestion hasardeuse des frères Pâris, il tente d'établir l'équilibre budgétaire par les procédés traditionnels, notamment en revenant à la pratique des fermes générales. Accusé d'avoir spéculé sur les titres de la Compagnie des Indes, il doit démissionner en mars 1736. Il est alors remplacé par Orry.

LÉPINE Louis (Lyon, 1846 – Paris, 1933)

Préfet de police.

D'abord avocat, il aborde la carrière préfectorale en 1877, devenant en 1885 préfet de l'Indre, puis secrétaire général de la préfecture de police (1888), préfet de la Loire (1891), puis de la Seine-et-Oise (1893), et enfin préfet de police (1893-1897). Nommé en 1897 gouverneur général de l'Algérie, il présente un plan de réformes et de grands travaux, mais doit se démettre en 1899, devant les nombreuses attaques dont il est l'objet. Lépine retrouve peu après son poste à la préfecture de police et poursuit l'œuvre entreprise depuis 1893. Tout en combattant l'agitation née de l'affaire Dreyfus et les menées nationalistes, il organise la refonte de tous les règlements relatifs aux services de la circulation et de la navigation fluviale. On lui doit la création de la brigade fluviale, de nombreuses ordonnances sur la circulation et l'organisation des brigades cyclistes. Préfet de police jusqu'en 1912, puis député (1913-1914), Lépine a laissé un *Répertoire de police* et d'intéressants *Souvenirs* concernant notamment l'agitation boulangiste. Son nom reste aussi attaché au fameux concours Lépine : en 1901, pour soutenir les artisans et inventeurs français contre la concurrence étrangère, Lépine favorise l'organisation d'un concours national de jouets et d'articles de Paris, qui se tient dans la capitale. Ce concours, qui s'étend à d'autres domaines que les jouets, a toujours lieu chaque année et demeure très populaire.

LÈPRE

Maladie endémique incurable jusqu'au XIXe siècle (on découvre le bacille de Hansen en 1873), caractérisée par des taches sur la peau évoluant lentement vers des ulcères purulents, une insensibilité des points touchés et faisant du malade un sujet particulièrement repoussant.

La lèpre apparaît en Gaule aux IIe et IIIe siècles, se manifeste au VIIIe siècle puis au XIIe siècle, cette dernière manifestation étant imputée aux croisades. Elle se raréfie au XVe siècle avant de disparaître de France. Bien que, même au plus fort de sa diffusion, le nombre de lépreux n'ait jamais dépassé 2 à 3 ‰, la lèpre a développé un imaginaire répulsif d'une grande intensité. Pour les uns, elle est symbole d'un châtiment divin puis de l'hérésie et de tout péché grave. Les lépreux ont ainsi déclenché l'hostilité populaire car on les tenait, à l'instar des Juifs, pour responsables des malheurs du temps. Cette vindicte exigeait que le lépreux soit isolé et se signale par un vêtement distinctif et une clochette agitée lorsqu'il se déplaçait. Pour d'autres, la lèpre présentait au contraire le visage de l'humanité déchue offrant sa souffrance comme une rédemption. À l'imitation de Jésus qui n'avait pas craint de toucher un lépreux pour le guérir, l'assistance aux lépreux ouvrait alors la voie de la sainteté à ceux qui la pratiquaient. Ainsi par exemple, Saint Louis pansant les plaies purulentes du moine de l'abbaye de Royaumont, devenait figure emblématique du roi thaumaturge, digne d'être canonisé. À partir du XIXe siècle, l'Europe redécouvrit la vieille maladie dans les colonies africaines. Pendant que la littérature exaltait l'héroïque « baiser au lépreux » (Claudel en 1912 dans *L'Annonce faite à Marie* et Mauriac en 1922 dans *Le Baiser au lépreux*), le docteur Schweitzer fondait au Gabon l'hôpital de Lambaréné.

LE PLAY Pierre Guillaume Frédéric (La Rivière-Saint-Sauveur, Calvados, 1806 – Paris, 1882)

Ingénieur, économiste et sociologue.

Cet ancien élève de l'École polytechnique, devenu ingénieur des Mines, bénéficie sous le Second Empire d'une solide réputation d'organisateur. À ce titre, il est désigné en qualité de commissaire général des expositions universelles de Paris en 1855 et 1867 et comme commissaire du gouvernement à l'exposition de Londres en 1862. Conseiller d'État et sénateur, Le Play va attacher surtout son nom aux sciences sociales grâce à ses recherches dans le domaine de l'économie et de la sociologie. Dans un monde en constante évolution, qui assiste au fantastique développement de l'industrie et à la migration des populations rurales vers les villes, Le Play se livre à de minutieuses analyses à la manière d'un naturaliste. Puis il établit par écrit la synthèse de ses observations. Selon lui, les bases fondamentales de toute société évoluée sont la famille, la propriété et la religion. L'harmonie sociale doit être obtenue par le juste équilibre entre le personnel ouvrier et le patronat, ce dernier devant s'inspirer d'un paternalisme éducateur. Ces conceptions, assez novatrices à l'époque, vont intéresser les tenants d'un catholicisme social, qui assureront la notoriété des principaux ouvrages de l'auteur : *Les Ouvriers européens* (1855), *La Réforme sociale en France* (1864), *La Constitution essentielle de l'humanité* (1881). Dans le dessein de faire appliquer ses principes, Le Play fonde également des Unions de la paix sociale, sortes de syndicats d'entreprises à l'existence plus ou moins durable.

Louis Lépine
Publicité pour le 8e concours Lépine. © *Collection Viollet*

LÉRINS (îles de)

Îles situées au large de Cannes et dont les deux principales sont Sainte-Marguerite, au nord, et Saint-Honorat, au sud.

C'est dans les premières années du Vᵉ siècle que saint Honorat vient s'établir avec un seul compagnon à *Lerina*. Peu à peu, d'autres pieux personnages abordent à leur tour dans l'île, au point que l'ermitage devient un monastère. Celui-ci acquiert dans la seconde moitié du Vᵉ siècle et pendant tout le VIᵉ siècle un lustre singulier en Europe méridionale, grâce à la science de ses moines et à leur rôle pastoral. Pour illustrer l'influence civilisatrice de Lerina, devenue Saint-Honorat dans les temps barbares, on parlera couramment d'école de Lérins. Saint Hilaire d'Arles, saint Vincent de Lérins, saint Césaire d'Arles en seront les plus illustres élèves. La règle de saint Benoît est adoptée par la communauté en 661. Mais aux VIIᵉ et VIIIᵉ siècles, les Sarrasins ruinent le monastère et font régner l'insécurité dans les deux îles. Néanmoins, saint Éleuthère parvient à faire renaître une abbaye qui va bientôt se fortifier sur le cap sud de Saint-Honorat (c'est l'actuel château Saint-Honorat). Vers l'an mil, le monastère est réformé par des moines de Cluny, sans cependant s'attacher très étroitement à l'abbaye bourguignonne. Au XVᵉ siècle, il tombe en commende. Il s'ensuivra une longue décadence, sanctionnée par une sécularisation en 1786. Entre-temps, plusieurs puissances ennemies auront pris pied à Lérins, base stratégique en face de la côte provençale : les Espagnols en 1635 (ils en sont chassés en 1637 par le comte d'Harcourt et l'archevêque de Bordeaux Sourdis), les Austro-Anglais en 1746. En 1869, les Cisterciens de Sénanque rendent vie à Saint-Honorat dont ils reconstruisent les bâtiments. Leur communauté prospère toujours. L'île de *Lero*, aujourd'hui Sainte-Marguerite, possède un château fort orienté vers le cap de la Croisette et qui servit de prison au Masque de fer et, beaucoup plus tard, à Bazaine, lequel s'en évada.

Îles de Lérins
Le monastère Saint-Honorat. © *Jean-Pierre Bouchard-Explorer*

LEROUX Pierre (Bercy, 1797 – Paris, 1871)

Homme politique.

D'origine modeste, il doit abandonner ses études – il préparait l'entrée à l'École polytechnique – à la mort de son père et se mettre au travail. Employé d'agent de change, ouvrier maçon, et enfin typographe, il entre au *Globe* en 1824, et fait bientôt partie de la direction du journal. Membre de la Charbonnerie depuis 1821, Leroux subit ensuite l'influence du saint-simonisme et rallie *Le Globe* au mouvement après la révolution de 1830. Comme Bazard, il rompt avec Enfantin dès 1831, lors de la scission qui divise les saint-simoniens. Leroux rejoint alors les rangs de l'opposition républicaine et, dans les années 1830-1840, élabore sa doctrine, assez vague parfois. Le théoricien présente notamment ses idées dans son traité *De l'humanité*, en 1840. Réformateur modéré, pacifiste, utopiste et parfois fantaisiste, religieux, et même mystique, il est profondément imprégné par l'Évangile, prône la solidarité universelle de l'humanité. Il affirme aussi que l'égalité, dogme sacré proclamé par la Révolution, doit être appliquée sans retard. Dans *De la ploutocratie* (1848), Leroux infirme la thèse selon laquelle la France est une nation de propriétaires, puisque, selon lui, le capital n'appartient qu'à une minorité. Il s'attribue la paternité du mot socialisme, mais n'en donne qu'une définition assez vague, opposant l'association à l'individualisme.

Plus que les milieux ouvriers, la doctrine de Pierre Leroux touche les milieux littéraires : il influence notamment les romans socialistes de son amie George Sand. Pour mettre en application ses théories, il fonde en 1844, à Boussac, dans la Creuse, une imprimerie égalitaire autour de laquelle se groupe une communauté qui comptera jusqu'à 80 membres. Député à la Constituante en 1848, Leroux défend les insurgés de juin. À la Législative, où il est élu l'année suivante et siège à l'extrême gauche, le théoricien devient la cible de la droite, qui attaque ses idées philosophiques et sociales. Après sa protestation publique contre le coup d'État du 2 décembre 1851, il doit quitter la France et s'exile à Londres puis à Jersey, où il fonde une nouvelle communauté, et enfin à Lausanne, ne regagnant la France qu'en 1869. Avant de mourir, Leroux assiste à la naissance de la Commune, dont les membres envoient une délégation à ses obsèques.

LESCURE Louis Marie de SALGUES, marquis de (Paris, 1766 – près de Fougères, 1793)

Chef chouan.

Il est arrêté avec sa famille dans son château de Clisson en août 1792 et enfermé à Bressuire. Délivré par les royalistes, Lescure devient un des chefs de l'armée vendéenne. Il chasse le général républicain Quétineau de Thouars, occupe Fontenay le 25 mai 1793 et, le 10 juin, s'empare de Saumur. Mais il est mortellement blessé lors de la retraite qui suit l'échec de Cathelineau devant Nantes. Sa veuve épouse en secondes noces Louis de La Rochejaquelein.

LESDIGUIÈRES François de BONNE, duc de (Château des Diguières, Saint-Bonnet-en-Champsaur, 1543 – Valence, 1626)

Maréchal de France et connétable.

Issu d'une vieille famille de notaires, il perd à 5 ans son père qui ne lui laisse qu'un patrimoine modeste. Mais son oncle et parrain, Castellane, prend en main son éducation. Il le fait élever au collège d'Avignon puis l'envoie à Paris en 1560 au collège de Navarre pour qu'il y fasse sa philosophie. Après quoi, il lui fait commencer des études de droit, car il le destine au barreau. Mais Lesdiguières préfère s'engager dans la compagnie d'ordonnance de Bertrand de Gordes, lieutenant général du Dauphiné (1562). Il a 19 ans. C'est cette année-là que débutent les guerres de Religion dans cette province. Depuis son séjour à Avignon, il était secrètement acquis à la cause de la Réforme. Il en prend bientôt résolument le parti. Quittant l'armée catholique, il se range sous les ordres d'Antoine Rambaud Furmeyer, son parent, un des chefs du parti calviniste. Pendant douze ans (1562-1574) il prend part à tous les engagements. Il s'y fait remarquer par sa vaillance et sa science de l'art militaire et, lorsque Dupuy-Montbrun meurt sur l'échafaud, il est tout naturellement appelé à commander à son tour les huguenots du Dauphiné (1577). Mais il n'est pas accepté sans difficulté, et il lui faut huit ans de lutte pour conquérir l'adhésion générale et s'assurer le commandement suprême des forces protestantes en Dauphiné. Après la trêve de Fleix (1581-1585), il s'empare d'Embrun et de Gap. Mais les événements l'amènent à se rapprocher de la monarchie. Contre la Ligue qui triomphe à Grenoble, il signe une alliance avec le lieutenant général d'Ornano. Enfin, par un heureux coup de main, il s'empare en 1590 de Grenoble qu'il offre à Henri IV comme don de joyeux avènement.

Dès lors, il dirige tous ses efforts contre la Savoie et son prince, Charles-Emmanuel Iᵉʳ, qui avait rêvé, à la faveur des troubles qui divisaient la France, de reconstruire à son profit un royaume allobroge du Jura à la Méditerranée. Lesdiguières finit par réussir à lui imposer la paix de Lyon (1601). En Dauphiné, dont il était gouverneur depuis 1591, il se révèle aussi bon administrateur qu'il était grand capitaine. Il assure la réconciliation religieuse, fait rétablir les routes, les ponts (construction de celui de Claix), les foires, entoure Grenoble d'une nouvelle enceinte, y achève le palais de justice et édifie le château de Vizille où il attire pour le décorer architectes, sculpteurs et peintres, qui créent en Dauphiné un mouvement artistique d'un certain éclat, mais de courte durée. Il est maître incontesté dans sa province, et ses ennemis, pour le compromettre à la Cour, affectent de l'appeler le vice-roi du Dauphiné. En fait, son dévouement pour Henri IV est sans bornes, comme la confiance que lui témoigne ce dernier. Nommé maréchal de France en 1609, puis duc en 1611, il finit, sous la pression de la Cour qui craint de le voir reprendre la tête du parti protestant, par abjurer le protestantisme, après avoir suivi la prédication de François de Sales (1622). Le lendemain, il reçoit l'ordre du Saint-Esprit et l'épée de connétable qu'il sera le dernier à porter.

L'ESTOILE Pierre LE TAISON de (Paris, 1546 – Paris, 1611)

Bourgeois de Paris et chroniqueur.

Issu d'une bonne famille de robe, gallicane et royaliste, Pierre de l'Estoile, après des études de droit à Bourges, achète en 1569 une charge d'audiencier à la chancellerie. Il essaie de se tenir à l'écart des troubles des guerres de Religion : catholique mais pas hostile aux protestants, il n'admet ni les excès de la Ligue ni l'ingérence espagnole dans les affaires du royaume. Appartenant aux Politiques qui aspirent à une paix de compromis, il est inquiété en 1589 par le comité des Seize. En 1593, peu avant la prise de Paris par Henri IV, il est proche des milieux de robins qui font circuler contre la Ligue la *Satire*

Ménippé. Comme son ami de Thou, l'Estoile laisse une œuvre de mémorialiste à laquelle il travaille de 1574 jusqu'à sa mort, y sacrifiant même son office, résigné en 1601. Il rassemble un cabinet de curiosités et rédige des registres-journaux qui comprennent un volume intitulé *Les Figures et drôleries de la Ligue* et un « livre de raison », beaucoup plus introspectif. Il recueille des écrits du temps collés à même les pages de ses annales. Ces mémoires, d'une valeur inégale, où se mêlent méditation personnelle, grande histoire – ainsi l'assassinat du duc de Guise – et anecdotes, sont une évocation très vivante de Paris au tournant des XVIe et XVIIe siècles.

LESSEPS Ferdinand Marie, comte de (Versailles, 1805 – La Chênaie, Indre, 1894)

Diplomate et administrateur.

Entré dans la carrière en 1825, il est membre du consulat général de Lisbonne. Employé dans les bureaux de la direction commerciale au ministère des Affaires étrangères en 1827, il est nommé, le 19 octobre 1828, élève-consul puis, peu après, attaché au consulat général de Tunisie. Lesseps assiste le maréchal Clauzel lors d'une mission à Constantine en 1830. De 1831 à 1833, il exerce, en Égypte, les fonctions d'élève-consul. Promu, le 21 novembre 1833, consul de deuxième classe au Caire, il gère par deux fois le consulat général d'Alexandrie. En 1836, la croix de la Légion d'honneur récompense le dévouement qu'il a déployé lors de l'épidémie de peste qui a ravagé cette ville (1834-1835). Durant l'occupation de la Syrie par Ibrahim Pacha, le diplomate assure la protection des chrétiens et contribue à la réconciliation du vice-roi égyptien avec le sultan turc. Tour à tour consul de France à Rotterdam (1838), à Malaga (1839), et à Barcelone (1842) au cours de la guerre carliste, il y prend d'excellentes mesures de sauvegarde pour la sûreté des Français qui résident dans la ville. Ministre de France à Madrid (1848), Lesseps désapprouve l'attitude hostile de l'Assemblée législative à l'égard de la République romaine et demande sa mise en disponibilité le 7 janvier 1849. Invité par le vice-roi d'Égypte Mohammed Saïd, il retrouve les bords du Nil au mois d'octobre 1854. Il y conçoit le projet du percement de l'isthme de Suez, et le réalise, malgré les nombreuses difficultés que suscitent l'Angleterre et la Turquie. Les travaux, entrepris sans le concours des banques et grâce à une souscription de 200 millions, se poursuivront de 1859 à 1869. Le 20 novembre 1869, Lesseps est élevé à la dignité de grand-croix de la Légion d'honneur. Une loi spéciale (8 juillet 1868) l'avait autorisé, afin de lui permettre d'achever son œuvre, à émettre des titres d'obligations remboursables avec lots par voie de tirage au sort. Fort de son succès égyptien, le comte – que les journalistes qualifient abusivement de duc de Suez – ambitionne de le renouveler en Amérique centrale : il décide de creuser le canal de Panamá. La Compagnie Interocéanique qu'il fonde, le 23 mars 1881, à partir de capitaux que lui confient les petits épargnants français, fera faillite. De celle-ci naîtra le scandale dit de Panamá. La Cour de cassation, évoquant la prescription, annulera la condamnation de cinq ans de prison et l'amende de 3 000 francs dont avaient été frappés Ferdinand de Lesseps, déjà à demi inconscient, et son fils Charles.

Lesseps
Ferdinand de Lesseps, vice-consul à Alexandrie. 1833, Cie de Suez. © *Sélection Images*

LE TELLIER Louis Charles César, marquis de Courtanvaux (?, 1695 – ?, 1771)

Maréchal de France.

Petit-fils de Louvois. Maréchal en 1757, il commande cette année-là l'armée qui envahit la Westphalie et le Hanovre et bat à Hastenbeck l'armée anglo-hanovrienne du duc de Cumberland.

LE TELLIER Michel, seigneur de Chaville (Paris, 1603 – Paris, 1685)

Homme d'État.

Fils d'un conseiller à la Cour des aides, il doit son ascension à Mazarin. Grand commis de Louis XIV, il est à l'origine d'une des dynasties ministérielles entre lesquelles Louis XIV aimait partager sa confiance. Conseiller au Grand Conseil (1624), procureur du roi au Châtelet (1631), il achète en 1638 une charge de maître des requêtes au Conseil d'État. En cette qualité, il est adjoint au chancelier Séguier lorsque celui-ci va, par ordre de Richelieu, instruire contre les révoltés de Normandie, connus sous le nom de Va-Nu-Pieds (1639). Il doit au zèle qu'il a montré dans cette circonstance la place d'intendant de justice et de police à l'armée du Piémont (1640). En 1643, il succède à Sublet de Noyers comme secrétaire d'État à la Guerre et ministre au Conseil, et son loyalisme pendant la Fronde lui vaut bientôt l'entière confiance de Mazarin et d'Anne d'Autriche. Pendant les deux exils de Mazarin à Brühl, chez l'électeur de Cologne (février-décembre 1651), puis à Bouillon (août 1652-février 1653), il est le principal conseiller de la reine et l'un de ceux qui permettent au cardinal de continuer, de loin, à gouverner la France. Lorsque Mazarin est malade, il le remplace et, de 1659 à 1672, participe aux négociations de politique extérieure autant que le secrétaire d'État des « Étrangers » Hugues de Lionne.

À la mort de Mazarin (1661), Louis XIV le confirme dans ses fonctions de secrétaire d'État à la Guerre, qu'il conservera jusqu'à sa mort. Le Tellier est alors pendant dix ans avec Lionne et Colbert, le troisième homme d'une célèbre « triade » ministérielle. Louis XIV connaît l'« attachement et l'assiduité » de son ministre : « Jamais homme n'a été de meilleur conseil en toutes sortes d'affaires », devait-il déclarer. Le roi manifestera toujours le plus grand respect et la plus grande estime à son égard. Outre la charge de secrétaire d'État à la Guerre, dont il obtient la survivance pour son fils dès 1655, Le Tellier se voit d'ailleurs confier de multiples tâches, surtout d'ordre diplomatique. Mais il est avant tout l'inspirateur de la plupart des réformes de l'administration militaire qui doteront la France d'une armée monarchique moderne. Dans cette œuvre immense, bien des grandes réformes sont de lui, mais il collabore étroitement avec son fils, et une injuste tradition l'a longtemps éclipsé au profit de Louvois, dont l'éclat en imposait à côté de sa prudente réserve et de sa souplesse. Il est, en fait, impossible de bien dégager la part de l'un et de l'autre, véritables coministres étroitement associés, le père guidant le fils, lui passant peu à peu la main, surtout lorsqu'il devient chancelier en 1677. Mais, tandis que Louvois, souvent en chevauchées, est surtout le « grand munitionnaire » et l'administrateur disciplinaire, Le Tellier, à Paris ou à Saint Germain, est le grand législateur : c'est lui qui amorce, en vingt ans, la plupart des grandes « réformations » avant comme après la paix des Pyrénées de 1659.

Son but est de rendre l'armée au roi en créant toute une administration civile (commissaires des guerres, intendants d'armées, inspecteurs aux revues) et en lui subordonnant la noblesse d'épée pour la gestion (justice, police, finances, ravitaillement). L'armée devient plus dépendante du roi par la suppression ou l'honorariat des colonels généraux des diverses armes qui, jusque-là, nommaient les officiers. Par les règlements de 1661 et 1665, la hiérarchie des corps de troupes et celle des grades sont établies en fonction de l'ancienneté, bien avant l'apparition du fameux ordre du Tableau de 1675. La vénalité des charges militaires est progressivement limitée aux grades de colonel et de capitaine. Sont créés des grades non vénaux pour les officiers pauvres, entre ceux de capitaine et de colonel (major et lieutenant colonel) et celui de brigadier au-dessus de colonel. L'amélioration de la discipline, la lutte contre l'absentéisme des officiers et les désertions de soldats, le règlement des conflits de préséance et d'attributions, l'organisation des divers services administratifs font également l'objet des soins vigilants de Le Tellier. Grâce à son action et à celle de Louvois, les bureaux de la Guerre reçoivent des règlements, des services organisés, des traditions.

Nommé chancelier de France en 1677, Le Tellier reste, au Conseil, un actif ministre d'État et, comme chef de la Justice, généralise l'enseignement du droit coutumier français en sus des droits canon et romain (édit d'avril 1679). Il tente en outre d'améliorer, par des règles sévères, la discipline et l'intégrité des magistrats et contrôle étroitement la « librairie ». Sa famille profite de la faveur que lui témoigne le roi. Elle est bientôt aussi riche et aussi puissante que les Colbert, auxquels l'oppose une âpre rivalité. Si son fils aîné Louvois connaît une réussite exceptionnelle, il marie aussi ses deux filles aux ducs de La Roche-Guyon et de Villeroy et fait de son fils cadet

Le Tellier
Michel Le Tellier, chancelier de France. Huile sur toile, École française, XVIIe siècle, musée de Versailles.
© *Giraudon*

Charles Maurice un archevêque de Reims. Mais c'est après la mort de Colbert (1683) que le clan Le Tellier connaît sa plus grande époque. En faisant nommer au Contrôle général Le Peletier, un de leurs parents, les Le Tellier s'assurent la domination du Conseil où ils sont désormais trois contre un seul Colbert, Croissy.

Devenu âgé et malade, Le Tellier reste néanmoins très actif, veillant lui-même à l'application de ses réformes. Il avait contribué aux persécutions contre les protestants et, à la veille de sa mort, trouve encore la force de rédiger le fameux édit de Fontainebleau « portant révocation de l'édit de Nantes » (18 octobre 1685). Ce fut son dernier acte, dont Bossuet le loua dans l'oraison funèbre qu'il prononça à sa mémoire. On devait lui ériger un fastueux mausolée dans l'église Saint-Gervais à Paris.

LE TELLIER Michel (Vire, 1643 – La Flèche, 1719)

Théologien.

Entré en 1661 chez les Jésuites, professeur au collège Louis-le-Grand, il se signale par divers écrits contre le jansénisme. Appelé en 1709 auprès de Louis XIV comme confesseur en remplacement du père La Chaise, il prend une part importante aux mesures qui entraînent la dispersion de la communauté de Port-Royal des Champs, ainsi qu'aux démarches pour l'obtention de la bulle *Unigenitus*. Il assiste le roi dans ses derniers moments. Par la suite, son soutien au duc du Maine, fils légitimé de Louis XIV, lui vaudra d'être exilé par le Régent.

LETTRES DE CACHET

Lettres fermées, scellées du sceau royal, employées sous l'Ancien Régime pour convoquer les corps politiques et judiciaires, ordonner les cérémonies publiques, mais aussi pour donner l'ordre d'incarcération ou d'exil d'un sujet, en application de la justice retenue.

Le roi étant source de toute justice peut, en effet, la rendre lui-même en dehors des tribunaux qui l'exercent normalement en son nom. L'expression « lettres de cachet » s'est spécialement attachée à cette dernière acception du terme. Elles permettent l'arrestation rapide de personnes qui auraient échappé aisément aux juridictions ordinaires et sont également utilisées pour raison d'État ou, à la demande de particuliers, pour protéger les intérêts des familles. Elles ne fonctionnent pas au niveau des humbles et c'est dans les milieux éclairés de la noblesse et de la haute bourgeoisie qu'elles seront ressenties et dénoncées au XVIIIe siècle comme un acte de despotisme et d'arbitraire royal. L'abus découle surtout de l'usage qui ne fixe pas de terme à l'arrestation. Il faut noter, exception faite de l'Angleterre depuis le vote en 1679 du fameux *Habeas Corpus Act*, que l'institution existait partout en Europe sous des noms divers.

LETTRES PATENTES

Dès le XIVe siècle, seront appelés « lettres royaux », tous actes émanés de l'autorité royale.

Toutefois pourront être distinguées deux sortes d'actes royaux : ceux provenant directement du roi (lettres closes, missives, lettres de cachet), visant généralement des personnes ou des cas particuliers, et, par ailleurs, les lettres patentes qui, non cachetées par opposition aux précédentes, contiennent les volontés du roi s'exprimant en qualité de législateur. Si ces lettres patentes, portant un simple repli au bas, sont ouvertes, c'est que, touchant pour l'essentiel à des affaires d'État d'ordre général, elles doivent pouvoir être portées à la connaissance de tous. Toutefois, adressées aux cours de justice, elles sont scellées du grand sceau et contresignées par un secrétaire d'État. Les lettres patentes visant, de façon générale, à réglementer l'exercice « d'actes de gouvernement » n'ont valeur de droit positif qu'après leur enregistrement au Parlement, ce qui explique que les cours souveraines aient toujours préféré celles-ci aux lettres closes qui échappaient à leur autorité.

LEUDES

Terme franc signifiant « fidèles » (équivalent du germanique antitrustions) et désignant une catégorie sociale privilégiée, liée à la personne des rois mérovingiens par un serment de fidélité et relevant du seul tribunal royal.

Le roi s'attache ses leudes (dignitaires de la cour du roi, ecclésiastiques, agents royaux) par de nombreuses donations (terres, or, bijoux) et par l'octroi de hautes fonctions. C'est ainsi que Leudaste, le grand ennemi de Grégoire de Tours, fils d'esclave devenu leude de Charibert Ier, passe de l'humble fonction de marmiton à celle de « comte d'étable » (futur connétable) avant d'être nommé comte de Tours.

LEUQUES OU LEUCES

En latin Leuci. *Ancien peuple celtique de la Gaule établi en Belgique Première, dans les hautes vallées de la Meuse et de la Moselle au sud de la Lorraine actuelle.*

Leur chef-lieu était *Tullum* (Toul), leurs villes principales *Nasium* (Naix ou Nancy), Bar-le-Duc, Fains et Scarponne. Plus tard, les limites de l'évêché de Toul correspondront, dans leurs grandes lignes, à celles de l'installation des Leuques, ce qui représenterait aujourd'hui la plus grande partie des départements de Meurthe-et-Moselle et des Vosges, le sud du département de la Meuse et l'est de la Haute-Marne.

LEVANT (armée française du)

Ce terme de Levant désigne les actuels territoires de la Syrie et du Liban, confiés à l'administration française par la Société des Nations aux termes des accords du 15 septembre 1919 et confirmés par la conférence de San Remo en 1920.

Pour faire respecter ces décisions et donner au premier haut-commissaire de la République, le général Gouraud, les moyens de rétablir l'ordre face aux intrigues de l'émir Fayçal, soutenu par les Britanniques, une armée du Levant est constituée, composée de troupes coloniales. Cette force, formée d'unités d'infanterie de marine, de légionnaires, d'éléments d'artillerie et de spahis, est concentrée autour de Beyrouth. Devant l'intransigeance de Fayçal, un premier heurt se produit dans l'Anti-Liban à la suite de la pénétration d'une colonne aux ordres du général Goybet. Un nouvel engagement, décisif, se produit le 24 juillet 1920 à Khan-Meisseloun, ouvrant le lendemain aux troupes françaises les portes de Damas. Celles-ci occupent ensuite Homs, Hama et Alep, mais de durs combats doivent être soutenus au nord, contre les Turcs, en Cilicie. Redoutant un développement inopportun du conflit, le gouvernement français signe avec le régime de Kemal Atatürk, le 20 octobre 1921, un accord laissant la Cilicie à la Turquie, mais reconnaissant le mandat français sur le port d'Alexandrette.

En 1923, Gouraud cède son commandement au général Weygand, auquel succède Sarrail en 1924. Ce dernier va affronter la plus pénible épreuve de l'entre-deux-guerres, l'insurrection druze, au nom de la fidélité à Fayçal, commencée en juillet 1925 par le soulèvement de Beyrouth et amplifiée par le blocus de la garnison de Soueida, qu'une colonne de secours ne peut dégager. Le mouvement se développe, nécessitant la venue de renforts aux ordres du général Gamelin. Le succès de Tell-i-Hadid, le 21 septembre, permet la délivrance de Soueida. Mais il faut attendre le printemps de 1926 et le résultat favorable du combat de Medjel-el-Chems (3 avril) pour obtenir un net renversement de situation. Les colonnes du général Andréa contrôlent enfin la montagne druze courant juillet. La pacification, menée par Henry de Jouvenel, permet par la suite d'inclure des éléments indigènes dans l'armée du Levant, en particulier des bataillons syriens et des escadrons tcherkesses.

À l'approche de la Seconde Guerre mondiale, ces unités sont renforcées d'éléments de la Légion étrangère et de formations mécanisées. La dotation en aviation est accrue durant l'hiver 1939-1940, des opérations de bombardement contre les puits de pétrole soviétiques de Bakou étant même envisagées très sérieusement dans le cadre d'une assistance à la Finlande. L'armée du Levant est alors commandée par le général Weygand. Rappelé en métropole le 19 mai 1940 pour remplacer Gamelin, celui-ci cède son poste au général Mittelhauser, lequel hésite au mois de juin à se rallier au mouvement de la France libre. Le régime de l'armistice place l'armée du Levant aux ordres du général Dentz. Le gouvernement de Vichy ayant autorisé les Allemands à faire transiter des appareils de la Luftwaffe (destinés à l'Irak) par l'intermédiaire des aérodromes syriens, les Britanniques décident d'intervenir, soutenus par des éléments de la France libre. Le 8 juin 1941, le général Dentz ordonne la résistance, qui se prolonge jusqu'au 14 juillet suivant, date de la conclusion d'un armistice. L'armée du Levant est désormais disloquée, les troupes fidèles au gouvernement de Vichy regagnant la métropole ou l'Oranie, d'autres éléments, notamment les légionnaires, passant en partie dans les rangs gaullistes. Des garnisons françaises demeureront cependant en Syrie et au Liban jusqu'en avril 1946, date de l'accession des deux anciens territoires sous mandat à la pleine indépendance.

LEVANT (Échelles du) : voir ÉCHELLES

LÉVIS (famille de)

Famille noble originaire de Lévis-Saint-Nom près de Dampierre, en Hurepoix.

Le premier membre connu est Philippe, mort vers 1205, qui se croise avec Philippe Auguste et sera garant du traité du Goulet signé en 1200 avec Jean sans Terre. Après lui, la maison de Lévis acquiert ou hérite de nombreux fiefs dont elle s'adjoint souvent le nom : Mirepoix et Léran dans le comté de Foix, Caylus au-dessus de Saint-Affrique en Rouergue, Ventadour en Limousin, etc.

Lévis François Gaston, chevalier, marquis, puis duc de (Ajac, Languedoc, 1720 – Arras, 1787)

Maréchal de France.

Il est demeuré illustre pour avoir dirigé la défense de la Nouvelle-France après la mort de Montcalm en 1759. En avril 1760, il remporte sur le général anglais Murray un beau succès devant Sainte-Foy. Malheureusement il lui est impossible, faute de renforts, de s'assurer de la ville elle-même. Replié à Montréal, il doit capituler le 8 septembre, sur ordre de Vaudreuil, gouverneur. Rentré en Europe, il brille par son courage à Johannisberg en 1762, est nommé gouverneur d'Artois en 1766, maréchal de France en 1783 et duc l'année suivante.

Lévis Gaston, duc de (Paris, 1755 – Paris, 1830)

Homme politique.

Fils du précédent. Député aux États généraux de 1789, proche de Monsieur, futur Louis XVIII, il émigre avec lui en juin 1791, puis prend part à l'expédition de Quiberon où il est blessé. Rentré après le coup d'État de Brumaire, il s'abstient d'activité politique notable jusqu'à la Restauration. Louis XVIII l'appelle en son Conseil privé et lui confère la pairie en 1816. On lui doit plusieurs ouvrages. Certains ont un caractère historique ou une portée générale : *Maximes et Réflexions* (1808), *Souvenirs et Portraits* (1813-1815) ; d'autres abordent des sujets économiques et financiers. Il est élu membre de l'Académie française en 1816. Son fils Gaston (1794-1863) suivit Charles X en exil et fut un des principaux conseillers d'Henri V, comte de Chambord.

Lévis Gui Ier de, dit le Maréchal de la Foi (? – ?, v. 1230)

Homme de guerre.

Il participe avec Simon de Montfort à la croisade contre les albigeois qu'il soutient aux moments les plus difficiles. Ainsi, en 1209, il s'empare de la ville de Mirepoix et reçoit en fief tout le pays qui en dépend. Ce pays, ses descendants sauront le conserver et le faire rattacher directement à la couronne. La « Terre du maréchal » comprenait, outre Mirepoix, les localités de Dun, Léran, Lavelanet, Montferrier, Montségur... Les seigneurs, puis les ducs de Lévis-Mirepoix, issus de Gui de Lévis, porteront à partir de la guerre albigeoise le titre de maréchal de la Foi.

Lévis Henri de, duc de Ventadour (?, 1596 – ?, 1680)

Homme d'Église et administrateur.

Lieutenant général en Languedoc en 1612, puis vice-roi de Nouvelle-France en 1625, il fonde en 1631 la Compagnie du Saint-Sacrement avec Suffren, confesseur du roi, et Condren. C'est en 1641 qu'il reçoit les ordres, cependant que son épouse se fait carmélite. Il assumera la direction des missions d'Amérique et achèvera sa carrière comme chanoine de Paris.

Lévis-Mirepoix Gaston Charles Pierre, marquis puis duc de (Belleville, 1699 – Montpellier, 1757)

Maréchal de France.

Il se distingue en Bohême puis en Italie où il est fait lieutenant général. Nommé ambassadeur à Londres en 1749, il succède à Richelieu dans le gouvernement de Languedoc en 1755. Le bâton de maréchal lui est conféré en 1757.

Leygues Georges (Villeneuve-sur-Lot, 1857 – Saint-Cloud, 1933)

Homme politique, président du Conseil.

Avocat, député républicain du Lot-et-Garonne à partir de 1885, il prend une influence croissante dans le régime de la IIIe République et fait partie, en 1894, du cabinet Dupuy en qualité de ministre de l'Instruction publique. Waldeck-Rousseau lui confie de nouveau ce portefeuille de 1899 à 1902, et Sarrien l'inclut dans son gouvernement, en 1906, pour lui attribuer celui des Colonies. Président de l'Union démocratique à partir de 1904, Leygues est appelé au cabinet de guerre par Clemenceau en 1917 et investi du ministère de la Marine, poste qu'il conserve jusqu'en 1920. C'est d'ailleurs dans cette dernière fonction qu'il va laisser un nom dans l'histoire de la IIIe République, malgré une présidence du Conseil de septembre 1920 à janvier 1921 qui lui permet de renouer des relations avec le Vatican. Ministre de la Marine de 1926 à 1931 puis de 1932 à 1933, année de sa mort, Georges Leygues contribue à la rénovation de la flotte de haute mer qui sera, en 1939, un remarquable outil de combat. En hommage, un des croiseurs mis en chantier portera son nom.

Lezoux

Cette petite ville de la Limagne, dans le Puy-de-Dôme, a possédé d'importants ateliers de poterie qui ont rivalisé avec ceux de La Graufesenque.

Comme dans la localité de l'Aveyron, les Arvernes de Lezoux ont à leur disposition, pour réaliser leurs poteries sigillées, une argile très pure et des réserves d'eau importantes captées par des puits. Les ateliers les plus anciens ont été installés au début du Ier siècle de notre ère et sont en plein essor pendant une cinquantaine d'années avant d'entrer dans une période de récession, due en partie à la concurrence des productions de La Graufesenque. Lezoux retrouve son importance au IIe siècle grâce à l'utilisation de nouvelles techniques et à la diversification de sa production. C'est à cette époque, en effet, que les potiers commencent à utiliser une argile calcaire et un vernis plus brillant. Le répertoire des motifs utilisés pour les vases s'enrichit de façon considérable grâce à de nouveaux poinçons. C'est ainsi qu'un des potiers les plus réputés de Lezoux, Libertus, dispose à lui seul de plus de cent quarante modèles, ce qui est proche du chiffre global des poinçons connus de La Graufesenque. D'autre part, les ateliers de Lezoux se mettent à fabriquer, outre les céramiques sigillées, des médaillons d'applique, des figurines, des éléments de décoration architecturale. Grâce à ces nouveautés, les activités industrielles de Lezoux connaissent leur apogée et exportent leurs productions dans toute la Gaule du Nord et vers les régions du Rhin. Au IIIe siècle, à cause de la crise économique qui touche l'ensemble de l'Empire romain, la production du centre arverne périclite.

L'Herminier Jean de (Fort-de-France, Martinique, 1902 – Paris, 1953)

Officier de marine.

Affecté à l'armée sous-marine, il dirige en 1942 le *Casabianca*, qui fait partie de l'escadre de Toulon. En novembre 1942, lors du coup de force allemand contre l'escadre immobilisée dans la rade de Toulon, il donne à l'équipage l'ordre d'appareiller, de manière à échapper au sabordage. Quatre autres submersibles suivent cet exemple. Le *Casabianca* parvient sain et sauf à Alger, où il reprend la lutte. À son bord, L'Herminier participe à la libération de la Corse à partir du 12 septembre 1943 en transportant à bord un détachement de commandos.

Lhermite ou L'Hermite ou L'Ermite Tristan (XVe siècle)

Conseiller royal.

Destiné au métier des armes, il sert d'abord le connétable de Richemont, dont il est écuyer, puis, investi de la charge de prévôt des maréchaux, dirige l'intendance et la justice militaires du royaume. Conseiller de Charles VII depuis 1453, il demeure aux côtés de Louis XI, avec une autorité et des pouvoirs accrus, qui font qu'il est redouté de tous. En tant que prévôt de l'Hôtel du roi, il peut arrêter et juger les suspects, et dirige les commissions qui instruisent les principaux procès du règne de Louis XI : ceux d'Antoine de Lau, de René des Nobles, de Charles de Melun ou du cardinal Balue. Très proche du roi, qui l'emploie comme agent diplomatique, et même comme espion, grand chambellan, il touche de nombreuses pensions et peut contracter, grâce à Louis XI, un riche mariage avec une héritière poitevine.

L'Hospital Michel de (Aigueperse, Puy-de-Dôme, 1505 ou 1506 – Belesbat, 1573)

Chancelier de France.

Son père, médecin, attaché au connétable de Bourbon, suivra ce prince en exil. Étudiant, puis professeur de droit civil à l'université de Padoue, Michel de L'Hospital devient, grâce à ce séjour en Italie, non seulement un éminent juriste, mais un humaniste distingué. De retour en France, il suit le barreau de Paris et obtient une charge de conseiller au Parlement (1537-1553). Ses talents le font remarquer par le chancelier Olivier qui le désigne comme délégué du roi aux Grands Jours de justice de Moulins (1540), de Riom (1542) et de Tours (1546), avant de l'envoyer comme ambassadeur au concile de Trente (1547). Sensible elle aussi à sa forte personnalité, Marguerite de Valois, sœur d'Henri II, le nomme en 1550 président de son Conseil et chancelier de son duché de Berry. Enfin, sur la recommandation du cardinal de Lorraine, il est nommé, en 1553, maître des requêtes de l'Hôtel du roi. Cette charge, qui l'approche de la Cour, fait sa fortune politique. Devenu premier président de la Chambre des comptes et vite renommé comme tel, pour le contrôle rigoureux de l'administration financière, il entre au Conseil privé à l'avènement de François II grâce à la protection des Guise, puis il est élevé à la dignité de chancelier de France en 1560, à la mort d'Olivier. Chef de ce qu'on a appelé le parti des Politiques, il ne cessera de travailler avec opiniâtreté à l'apaisement des discordes entre les Français. Il se garde pourtant bien de contredire ouvertement les Guise et de leur résister en face. Cet honnête homme est un être habile, très prudent, qui réussit à tromper les ministres sur ses intentions. Mais il a l'illusion de croire que dans le déchaînement de fureur et de fanatisme qui secoue la France, il y a place pour un régime de tolérance, de sagesse et de bon sens. Devant les lenteurs du concile de Trente, il préconise un concile gallican et réunit à Fontainebleau le Conseil privé élargi. Mais les Guise obtiennent la convocation des états généraux et y font adopter une formule de reconnaissance de la foi catholique à laquelle tout sujet doit souscrire sous peine du feu. Lorsque Louis de Condé, l'un des chefs protestants, est condamné à mort, à la suite de la conjuration d'Amboise dont le but était l'enlèvement de François II pour le soustraire à l'influence des Guise, Michel de L'Hospital refuse de signer l'arrêt d'exécution et, lorsque les états généraux se réunissent à Orléans, le 13 décembre 1560, il y prononce un *Discours de tolérance* resté célèbre. Reprenant les idées qu'il avait développées dans son *Traité de la réformation de la justice*, il y condamne certes les séditions protestantes, mais s'élève aussi contre les violences et le fanatisme des catholiques intransigeants : « Qu'il n'y ait que le nom de chrétiens et de Français ! » s'écrie-t-il.

Ce ne sont pas de vaines paroles. Malgré l'opposition du triumvirat (Guise, Saint-André, Montmorency), l'ordonnance d'Orléans, qu'il rend le jour de la clôture des états généraux (31 janvier 1561), arrête les persécutions, sans rompre tout à fait avec le passé d'intolérance, et amorce une vaste réforme de la justice. Le nombre des hommes de loi et des officiers est diminué, la durée des procès réduite et l'exécution des sentences mieux assurée. Un édit d'avril 1561 va même plus loin puisqu'il autorise les réformés à prier en commun, chez eux, à huis clos. Mais le Parlement fait adopter l'édit de

Michel de L'Hospital
Huile sur toile, École française, XVIe siècle, Chantilly, musée Condé. © *Lauros-Giraudon*

Juillet qui restreint la portée du précédent, et le chancelier ne peut que conseiller l'indulgence aux magistrats. Épouvantée par les excès des ultra-catholiques, la régente Catherine de Médicis est entrée résolument à ses côtés dans la voie d'une politique libérale de tolérance et de conciliation. Il réussit à la convertir à son idée d'un concile national, le colloque de Poissy. Michel de L'Hospital y affirme la volonté du roi de rétablir l'ordre et l'unité par la douceur et soutient que, pour le royaume, la discipline est plus importante que le dogme. Il ne réussit qu'à s'attirer la méfiance des deux partis, catholique et protestant. Nullement découragé par cet échec, il convoque les délégués du Parlement à Saint-Germain. Un nouvel édit, de janvier 1562, accorde aux protestants la liberté de culte en dehors des villes closes. Il leur accorde même de tenir des assemblées dans des maisons privées à l'intérieur des villes. Cette reconnaissance presque absolue de la liberté de culte suscite immédiatement une levée de boucliers à travers la France. C'est bientôt le massacre de Wassy qui, en provoquant la révolte des protestants, déclenche le processus de la guerre civile.

Sous la menace de voir détrôner son fils, Catherine de Médicis rejoint alors le camp des catholiques. Elle interdit l'application de l'édit de janvier à Paris, et Michel de L'Hospital, mis dans l'impossibilité de siéger au Conseil, doit se retirer. La mort d'Antoine de Bourbon, de Saint-André, de François de Guise lui permet de retrouver son influence et de reprendre sa place. Il fait alors promulguer par Catherine de Médicis l'édit de tolérance d'Amboise (19 mars 1563) et s'emploie à imposer les prétentions royales aussi bien au Parlement qu'à Rome. Pour tenter de rétablir la situation financière sans créer d'impôts nouveaux, l'aliénation d'une partie des biens du clergé est décrétée (13 mai 1563). Elle s'élève à un capital représentant 100 000 écus de revenus. Cette décision soulève bien des résistances et des mécontentements. Mais elle rapporte 94 millions de livres de 1563 à 1568, améliore la situation de nombreux petits propriétaires et multiplie le nombre des bourgeois possesseurs de terres. Le taux d'intérêt est limité à 5 %, le gaspillage et la prévarication combattus. Pour que la justice soit plus rapide, sont créés des juges consulaires qui sont élus par les négociants. Ils seront à l'origine des tribunaux de commerce. Enfin, de 1564 à 1566, le chancelier parcourt le royaume en compagnie du jeune roi Charles IX pour mettre au point un plan de réformes administratives et judiciaires. Le résultat en est la Grande Ordonnance de Moulins (février 1566) qui souligne les progrès de la puissance royale. Des règles nouvelles sont fixées en matière de preuves ; le droit de remontrance des parlements est restreint ; la justice est unifiée au profit des tribunaux du roi, le droit de grâce des gouverneurs est supprimé et des inspections des maîtres des requêtes de l'hôtel sont organisées dans les provinces.

Mais la retraite de Meaux et la bataille de Saint-Denis (10 novembre 1567) font perdre tout crédit à Michel de L'Hospital. Rendu responsable, par sa politique libérale, de l'humiliation subie par le roi, il se retire dans son château du Vignay, près d'Étampes, son petit *Tibur*, comme il se plaît à l'appeler. Les Sceaux lui sont retirés le 24 mai 1568. Sa disgrâce signifie le début de la réaction catholique. Grand serviteur de l'État monarchique en une période troublée, Michel de L'Hospital est un des plus grands écrivains politiques du XVIe siècle. Outre ses *Poésies latines*, restent de lui son *Traité de la réformation de la justice*, ses *Harangues* et un *Testament politique*.

LIBAN

État du Proche-Orient. Entre le littoral syrien au nord et celui d'Israël au sud, le Liban occupe une frange côtière qui fut jadis celle de la Phénicie.

Les monts du Liban culminent à l'est à plus de 2 000 m d'altitude et le Dohr el-Khodib atteint même la hauteur de 3 089 m, sommet incontesté d'une chaîne à laquelle fait pendant, vers la Syrie, le plateau de l'Anti-Liban, au-delà duquel commence une zone steppique annonçant le désert syrien. C'est dans ce cadre naturel, vivifié entre ces deux chaînes par la plaine fertile de la Bekkaa, que s'est épanoui ce petit État de 10 400 km² peuplé aujourd'hui de 3,6 millions d'habitants. À l'abri de ces remparts naturels se succèdent les populations du Proche-Orient, depuis les premiers sédentaires éleveurs de la préhistoire jusqu'aux Araméens et autres Cananéens qui se fondent dans les civilisations respectives d'Israël et de Phénicie. Le cèdre des montagnes passe pour imputrescible, et les Phéniciens sont aussi habiles charpentiers que négociants avisés. La mer offre ses étendues infinies jusqu'aux Portes d'Hercule et même au-delà, vers cette Grande-Bretagne d'où les plus audacieux d'entre eux rapportent de l'étain. La vocation du pays est désormais établie sur le négoce, même si les Assyriens, les Perses, puis les Gréco-Macédoniens viennent imposer leur loi au cours du premier millénaire av. J.-C. L'ordre romain règne durant plus de cinq siècles, auquel fait suite celui des empereurs byzantins de Constantinople.

La venue des Arabes, dans le second tiers du VIIe siècle, modifie sensiblement l'équilibre ethnique et religieux de la région, car la montagne sert alors de refuge à diverses communautés éprises d'indépendance : maronites chrétiens monothéistes chassés de Syrie par les califes ommeyades, chrétiens de rite grec, Druzes enfin au cours du XIe siècle, époque qui est également celle de la venue des croisés. Durant deux siècles et demi, ceux-ci vont permettre de renouer de fructueuses relations commerciales avec l'Occident, la république de Venise notamment. Les conversions religieuses se multiplient également, si bien que lorsque les Mamelouks puis les Turcs reprennent le contrôle du littoral, au XIIIe siècle, le pays d'entre Méditerranée et montagne comporte une solide minorité chrétienne.

Durant six siècles, cette situation va irriter l'administration turque qui se livrera à de sanglantes répressions, celle de 1860 incitant Napoléon III à envoyer un corps de 6 000 hommes aux ordres du général d'Hautpoul pour rétablir les droits des chrétiens. Ce n'est qu'au printemps 1918 que les Turcs sont définitivement chassés grâce à l'offensive victorieuse des troupes britanniques du général Allenby. En prévision de cette échéance, les accords franco-britanniques passés l'année précédente entre Sykes et Picot prévoyaient la création de deux zones d'influence pour chaque nation, le Liban étant, bien entendu, inclus dans la zone française. Quoique dotée d'un Conseil consultatif à partir de 1922, puis d'une Constitution trois ans plus tard, la République libanaise ne détient aucune autorité de fait, ce qui explique que la révolte des Druzes de l'année 1925 ait également ensanglanté Beyrouth.

Il faut attendre 1941 et l'invasion de ce territoire (demeuré fidèle au gouvernement de Vichy)

Liban
Chrétiens maronites réfugiés à la Quarantaine, près de Beyrouth, pour échapper aux Druzes.
Croquis de M. Lockroy fils, gravure de C. Dodyoni. © *Collection Viollet*

Libération
L'avancée de la 2e DB vers Paris, en août 1944. © *L'Illustration/Sygma*

par les forces anglo-gaullistes, pour entendre à nouveau parler d'autonomie. Un président de la République est désigné, Bechara el-Khoury. Les élections de 1943 donnent une appréciable majorité aux tenants de l'indépendance. Décidée pour le 1er janvier 1944, l'abrogation du mandat français est reportée à 1945, décision unilatérale qui incite les Britanniques à tenter un coup de force au mois de mars. Finalement, les forces françaises évacuent le Liban en novembre 1946, mesure consacrant la pleine indépendance d'un pays admis parmi la Ligue arabe et l'ONU depuis 1945.

LIBÉRALISME

Courant politique né au XIXe siècle, plongeant ses racines dans les Lumières et la Déclaration des droits de l'homme.

Dès 1799, Mme de Staël prône le système représentatif qui doit « clore la Révolution » et permettre à la bourgeoisie de jouir enfin de la liberté qu'elle a conquise, dans le cadre d'un régime censitaire écartant du pouvoir la grande majorité de la population. Benjamin Constant est le grand champion de ce courant d'idées. Hostile à toute démocratie qui permettrait aux masses d'imposer l'égalité, il veut défendre les classes moyennes contre l'État, qui représente une menace permanente contre la liberté individuelle. Le régime représentatif doit permettre à l'individu préservé du despotisme de déléguer sa souveraineté à des législateurs, eux-mêmes à l'abri des excès du pouvoir exécutif. Le régime censitaire doit permettre aux seuls propriétaires de bénéficier du droit de vote et de manifester leur intérêt pour les affaires gouvernementales. De fait, les inégalités sociales sont acceptées. Sous la Restauration, les doctrinaires, Guizot et Royer-Collard, prônent à leur tour l'individualisme bourgeois, tandis que Tocqueville leur oppose un autre libéralisme, conscient des revendications populaires et du caractère inéluctable de la démocratie égalitaire.

Bientôt critiqué, le libéralisme doit ainsi s'adapter aux réalités sociales et à l'action de l'État, garant de la solidarité nationale et de l'épanouissement individuel. En 1869, Charles Renouvier réclame l'instauration d'une république qui, seule, peut permettre de concilier intervention de l'État et exercice des libertés individuelles. La même année, les élections témoignent d'une forte poussée libérale qui amène Émile Ollivier au pouvoir. Pour autant, celui-ci est d'abord un bonapartiste. Cette dépendance partisane marque la trajectoire libérale jusqu'à nos jours, faute d'hommes capables de l'incarner politiquement et de recueillir l'assentiment électoral des citoyens, faute également d'une idéologie qui, en France, ne se place pas au cœur de la société civile, mais se définit contre la doctrine de ses adversaires. Ainsi, en 1877, les libéraux se déclarent-ils d'abord républicains, avant de se diviser sur l'affaire Dreyfus ou sur la question religieuse. Leurs formations politiques – l'Alliance républicaine démocratique (1901) et la Fédération républicaine (1903) – attestent de cette culture de la division.

Après la Première Guerre mondiale et malgré la personnalité de Poincaré, les libéraux constituent une sorte de « marais des modérés », incapables de s'unir, suffisamment nombreux toutefois pour assurer leur présence dans les gouvernements de 1919 à 1936, mais à l'influence modeste, notamment dans le registre économique. La France de Vichy puis la Libération précipitent le retrait des élus et des idées libérales, celles-ci étant stigmatisées par Vichy pour expliquer la défaite et ignorées par la Résistance. Le retour des libéraux à partir de 1951 s'effectue dans le même registre de la division interne (Pinay contre Laniel) et dans l'évacuation de la doctrine libérale au profit d'une continuité gestionnaire. Le changement de république n'offre pas d'occasion inespérée au libéralisme, tant en raison de la domination du parti gaulliste que d'une politique interventionniste et volontariste. En témoigne le ralliement des Républicains indépendants à de Gaulle, double rupture avec la tradition parlementariste du libéralisme et avec son hostilité à la démocratie directe. C'est pourtant la mécanique institutionnelle de la Ve République qui permet, en 1974, l'élection d'un président revendiquant la filiation libérale, Valéry Giscard d'Estaing. Entre 1974 et 1981 se déroule ainsi la seule expérience libérale française, d'abord généralisée de 1974 à 1976 – libéralisation des institutions, réformes de société –, puis seulement économique – libéralisation des prix industriels, politique budgétaire – jusqu'en 1981. Politique largement sous-estimée par l'opinion, critiquée à partir de 1977 par la gauche et les gaullistes, toujours minoritaire à l'Assemblée et jugée décevante face à la crise économique en 1981.

L'échec sonne le glas du libéralisme politique, dès lors que l'UDF ne s'est pas imposée comme fédératrice et que les divisions des leaders (Valéry Giscard d'Estaing, Raymond Barre, François Léotard, puis François Bayrou et Alain Madelin) ont assuré sa fragmentation. Quant au libéralisme économique, il a été récupéré par ses adversaires, les gaullistes l'instrumentalisant en 1986-1988 (Jacques Chirac) et en 1993-1995 (Édouard Balladur) pour imposer une privatisation orchestrée des moyens de production, tandis que la gauche associait retrait de la puissance publique et libéralisme, amalgamant les expériences anglo-saxonnes et les mesures françaises jusqu'à inventer l'idée d'un « néo-libéralisme », formule promise à un grand succès médiatique, appliquée à un pays rétif depuis deux siècles au simple libéralisme et qui achevait de brouiller toute espèce d'identification sur le projet original.

LIBÉRATION (1944-1945)

Ce terme désigne l'ensemble des actions et des opérations militaires ayant abouti à l'évacuation complète du territoire français métropolitain par les forces de la Wehrmacht.

La libération effective de la métropole débute le 9 septembre 1943 par l'insurrection d'Ajaccio, que les troupes d'occupation italiennes viennent d'évacuer à la suite de la conclusion de l'armistice entre les Alliés et le gouvernement de Rome. Le 13, le sous-marin *Casabianca* amène dans le port l'avant-garde du bataillon de choc du colonel Gambiez, venu d'Alger. Deux autres compagnies arrivent peu après à bord des contre-torpilleurs *Fantasque* et *Terrible*. Les renforcent, le 17, le 2e tabors marocain, un détachement de la 4e division marocaine de montagne, des artilleurs, un groupement mécanisé et une escadrille de Spitfires qui s'installent sur l'aérodrome de Campo de Oro. Ces renforts sont les bienvenus, car les Allemands de la 90e division de Panzer repassent de Sardaigne en Corse et remontent vers Bastia. Bonifacio est occupée le 22 septembre. Le 30, les tabors atteignent Saint-Florent et nettoient la zone du cap Corse, les autres forces parvenant à Bastia dans la journée du 4 octobre, ville que viennent d'évacuer les derniers Allemands.

La libération de la Corse prend un caractère d'autant plus symbolique qu'elle vient d'être menée par les seules forces françaises, aidées par les maquisards et les groupes de résistance. Elle préfigure les événements de l'été 1944, planifiés depuis avril 1942 par Eisenhower, mis en chantier à partir de janvier 1943 et qui auraient dû se dérouler (opération *Overlod* en Normandie, *Anvil* en Provence) au même moment. Faute de matériel suffisant, on commence par le débarquement de Normandie, le 6 juin à l'aube. La Résistance entrave les mouvements de l'occupant tandis que les maquisards multiplient les coups de main de la Bretagne aux Alpes, des Pyrénées au Morvan. Les parachutistes du 1er régiment aéroporté du colonel Bourgoin atterrissent dans la lande du Morbihan. Les commandos du groupe Kieffer s'emparent de Ouistreham. Bayeux est la première ville de France métropolitaine libérée dans le secteur britannique de la tête de pont de Normandie. La poussée américaine vers l'ouest porte la vague libératrice à Cherbourg le 26 juin. Mais la violence des combats ne laisse plus que des ruines à Caen le 9 juillet et à Saint-Lô le 25.

Cette date est toutefois celle de la reprise de la guerre de mouvement à la suite de l'effondrement du front allemand dans le secteur du Cotentin. Les blindés américains atteignent Avranches le 31 juillet et se répandent vers Brest, Nantes, Angers et Le Mans, cités atteintes les 10 et 11 août. Les maquis bretons facilitent la progression des Américains vers Brest (que la garnison allemande ne rendra que le 19 septembre) et surtout vers Argentan et Alençon, où la 2e DB du général Leclerc (seule unité française engagée sur le front de Normandie) contribue à fermer la poche de Falaise dans laquelle les Allemands laissent des dizaines de milliers de prisonniers et un matériel considérable. Les Britanniques atteignent Falaise le 16 août, les Américains Chartres et Orléans le 17.

L'avant-veille, l'armée B (la future 1re armée française), aux ordres du général de Lattre de Tassigny, a débarqué sur les côtes de Provence entre Saint-Tropez et Agay dans le sillage du 6e corps américain. La Ire armée allemande, stationnée dans le Sud-Ouest, amorce un lent reflux vers le Morvan, harcelée par les maquisards du Centre et du Sud-Ouest, tandis que la XIXe armée allemande, en Provence, défend désespérément Toulon, libérée le 27 août, et Marseille, atteinte le 28 par la 3e DIA du général de Montsabert. Pendant ce temps, les blindés américains remontent par la route Napoléon et atteignent Grenoble le 21, progression facilitée par l'action des maquisards qui libèrent seuls la Savoie, imités de l'autre côté du Rhône par ceux des Cévennes, du Languedoc, du Vivarais, d'Auvergne, de la région garonnaise, du Poitou et du Limousin.

Au nord de la Loire, l'approche des Alliés provoque l'insurrection parisienne, amorcée le 10 août par la grève des cheminots et confirmée le 15 par celle des agents de police. L'arrivée des avant-gardes américaines à Montereau le 20 et à Mantes le lendemain, incite la Résistance à accentuer une action militaire commencée le 19 à la suite d'une réunion des membres du Conseil national de la Résistance et du Comité parisien de libération, contre l'avis des membres gaullistes. Le 21, la ville en fièvre dresse des barricades. C'est le moment où Leclerc, de son PC normand, ordonne au commandant de Guillebon d'exécuter une reconnaissance vers Rambouillet, au grand courroux du général américain Gerow (commandant du 5e corps d'armée US) qui redoute un nouveau Varsovie. Mais tous les rapports concordent : les Allemands, partout sur la défensive, sont enfermés dans des périmètres bien déterminés qu'il sera aisé de réduire. À 19 heures, Eisenhower donne enfin l'ordre de mouvement. La 2e DB étire ses quelque 4 500 véhicules sur plus de 200 km de routes par deux itinéraires principaux menant vers Rambouillet et Arpajon. Le 23, dans la soirée, les unités sont à pied d'œuvre. De son PC de Rambouillet, Leclerc décide de pousser les groupements tactiques de Langlade, Dio et Billotte à travers la vallée de Chevreuse et le long

La libération de la France

de la RN 20 vers Antony et Fresnes. La journée du 24 est passée à réduire les « bouchons » disposés par les Allemands en arc de cercle sur les principaux axes de pénétration près de Guyancourt, Toussus-le-Noble, Bièvres, Massy-Palaiseau, Wissous et Morangis. Un autre barrage défend la RN 20 à hauteur d'Antony, de la Croix-de-Berny et de Fresnes. C'est là que Leclerc donne ordre dans la soirée au commandant Dronne de s'infiltrer sans hésiter dans Paris et de gagner l'Hôtel de Ville, mission accomplie à 21 h 22 exactement par les équipages des chars *Romilly*, *Champaubert* et *Montmirail*, accompagnés par quelques half-tracks d'infanterie. Les cloches sonnent. La radio libérée annonce la nouvelle aux Parisiens ébahis qui doivent cependant attendre le lendemain et la réduction des derniers îlots de résistance pour laisser éclater leur joie. Pourtant, le reflux allemand au nord de la Seine et du Rhône ne marque nullement la fin de la campagne de libération. Si Dieppe est libérée le 1er septembre, il faut un ultime assaut pour dégager les ruines du Havre le 12. Si Reims et Amiens sont délivrées les 30 et 31 août, si la vague alliée atteint Arras, Sedan et Verdun le 1er septembre, il faut patienter jusqu'au 23 à Boulogne et au 1er octobre à Calais.

Le 12 septembre, les éléments de la 2e DB font leur jonction avec les éléments de l'armée B près de Montbard, en Côte-d'Or. Les armées de Provence rejoignent celles de Normandie, formant désormais une ligne de front unique s'étirant du Jura à la Moselle luxembourgeoise. Le plateau de Langres n'est toutefois dégagé que le 14 septembre, date à laquelle l'armée B prend la dénomination officielle de Ire armée française. À Dompaire, dans les Vosges, entre Mirecourt et Épinal, le groupe tactique de Langlade, de la 2e DB, appuyé par les chasseurs-bombardiers américains, détruit une brigade de Panzer sur le point de contre-attaquer. Cette action symbolise la volonté de résistance de l'occupant, alors que la vague alliée devient étale, dépendant pour son ravitaillement des ports de Marseille et de Cherbourg. Il faut compléter les effectifs après l'euphorie de l'été. La Ire armée va incorporer près de 140 000 FFI et engagés volontaires. Mais la tâche est immense, car il faut aussi garder avec des tabors et des troupes alpines les crêtes savoyardes et dauphinoises, ainsi que les Alpes de Haute-Provence, les Allemands se maintenant en Italie du Nord.

Il faut également garder les poches de l'Atlantique, ces périmètres de Lorient, de Saint-Nazaire, de La Rochelle, de Royan et de la pointe de Grave, vers lesquels se sont repliées les troupes d'occupation qui n'ont pu refluer à travers la Bourgogne dans la première quinzaine de septembre. Dunkerque se trouve dans un cas semblable, la garnison ayant ouvert les écluses dans les moëres. Dans les brumes automnales, la progression se compte désormais en kilomètres. Les Américains de Patton doivent réduire un à un les forts des avancées de Metz. La place ne tombera que le 23 novembre. La 2e DB de Leclerc met plus d'un mois pour aller de Châtel, sur la Moselle, jusqu'à Baccarat, atteinte le 1er novembre, capturant à la cristallerie un service destiné au Reichsmarschall Göring…

Libération
Les Allemands se rendent en masse. © *L'Illustration/Sygma*

Dans le Jura franc-comtois et sur le versant lorrain des Vosges, fantassins, goumiers, tirailleurs et tabors s'accrochent aux pentes déjà couvertes de neige. Les Allemands détruisent Gérardmer et La Bresse avant de repasser le col de la Schlucht. Ils s'apprêtent à hiverner le long de la *Winterstellung*, ligne fortifiée imaginée par Hitler pour défendre la plaine rhénane. Pourtant, sous une tempête de neige, la Ire armée française attaque dans les bois de part et d'autre de Pont-de-Roide à l'aube du 14 novembre. Le 17, la région industrielle de Montbéliard est dégagée. Les chars de la 1re DB du général du Vigier s'infiltrent le long de la frontière suisse et se rabattent vers Mulhouse où ils parviennent le 19 au soir, moment où une batterie du 68e RA envoie par-dessus le Rhin les premiers obus en terre allemande depuis 1939. Le 20 voit la délivrance de Belfort. Et, tandis que le commandement allemand est accaparé par cette offensive en Haute-Alsace, Leclerc, parvenu à Badonviller le 17, démantèle les prédéfenses allemandes de la ligne des Vosges au sud de Sarrebourg. Avec une incroyable audace, il lance ses blindés et ses véhicules chenillés vers la plaine alsacienne par le petit col de Dabo, tandis qu'au nord de Saverne Massu et Minjonnet effectuent un mouvement tournant qui prend à revers les défenses du col de Saverne.

Le 23 novembre 1944, la division investit Strasbourg, où le général Vaterrodt, réfugié au fort Ney, capitule le surlendemain 25 novembre avec les 6 000 hommes qui lui restent de garnison. Dans les jours qui suivent, la 2e DB s'avance jusqu'à Erstein et les Américains du 6e corps progressent vers Benfeld, Sélestat et Ribeauvillé. Mais les Allemands se ressaisissent et s'accrochent à la plaine gelée à hauteur de Guémar, du vignoble et des mines de potasse de la périphérie nord de Mulhouse, constituant cette irritante poche de Colmar qui ne sera finalement réduite que le 9 février 1945 au matin avec la destruction par le génie allemand du pont de Chalampé, sur le Rhin. Il faudra encore contenir une des dernières offensives nazies de la guerre au nord et au sud de Strasbourg, autour de Haguenau et d'Erstein durant tout le mois de janvier, moment terrible qui met en balance le sort de la ville de Strasbourg. Mais pour réaliser le précepte de Turenne, selon lequel « il ne doit pas y avoir d'homme d'armes en repos en France tant qu'il existe un ennemi en deçà du Rhin », il faut encore que la 3e DIA associe son effort à celui de la 14e DB américaine dans la région de Haguenau. Le 15 mars, tirailleurs des 3e RTA et 4e RTT, appuyés par les blindés du 7e régiment des chasseurs d'Afrique, entament la ligne Anne-Marie, la percent, parviennent à Seltz, débordent Bischwiller et Hatten pour parvenir sur la Lauter à Scheibenhard et Lauterbourg. Le 18 mars 1945 au soir, il n'y a plus de soldat allemand en armes en terre alsacienne.

La campagne de libération n'est cependant pas terminée puisqu'il faut monter l'opération Vénérable, avec le concours de la marine, de l'aviation alliée et d'une partie de la 2e DB appuyant les brigades FFI de Gironde et du Médoc, pour venir à bout, entre le 15 et le 20 avril 1945, de la garnison de Royan et de la pointe de Grave. Un débarquement permet la libération de l'île d'Oléron le 1er mai. La signature de l'armistice, le 8 mai, entraîne la reddition des garnisons de La Rochelle et de l'île de Ré, des 25 000 hommes de la poche de Saint-Nazaire et des 26 000 fantassins, artilleurs et marins du périmètre défensif de Lorient, s'étendant de l'Étel à la Laïta par Hennebont et Port-Scorff. Seul se distingue l'amiral Frisius, retranché à Dunkerque avec 15 000 combattants, qui ne cède la cité de Jean Bart que le 9 mai.

Il aura donc fallu près de onze mois, depuis le débarquement de Normandie, pour parvenir à ce résultat. La campagne de libération a coûté 58 000 morts aux forces armées et 24 000 aux FFI et maquisards ; 200 000 civils ont été déportés et 35 000 otages massacrés ou fusillés. Dans le domaine matériel, plus de 2 millions d'immeubles sont détruits ou endommagés du fait de bombardements ou d'opérations militaires, ainsi que 6 500 ponts routiers et ferroviaires.

LIBÉRATION (journal)

Quotidien fondé le 18 avril 1973.

Ce journal, qui reprend le titre de la Résistance dirigé par Emmanuel d'Astier de La Vigerie jusqu'en 1964, est issu des rangs maoïstes de la Gauche prolétarienne qui, après la dissolution du mouvement en mai 1970 et l'abandon d'une stratégie de violence révolutionnaire, se lancent dans un journal d'information « venu du peuple » et d'éducation « pour le peuple ». Autour de Serge July, Jean-Marcel Bouguereau, Marc Kravetz, s'agrègent des militants d'autres courants gauchistes et des intellectuels chargés notamment de servir de contre-feu aux menaces d'interdiction (Jean-Paul Sartre, Michel Foucault, Maurice Clavel). Le premier numéro sort le 18 avril 1973 et, jusqu'en 1980, le journal affiche une diffusion confidentielle (18 000 exemplaires en 1974, 40 000 en 1980). Mais ses engagements contre le nucléaire, au côté du MLF, des prisonniers, des homosexuels et son ton proche du langage parlé où le courrier des lecteurs tient d'un café du commerce modernisé, tranchent avec le reste de la presse. En février 1981, *Libération* suspend sa parution faute de ressources et, lors de sa reparution le 13 mai, se range derrière la gauche victorieuse en adoptant un fonctionnement professionnel classique. En 1983 puis en 1993, des investisseurs capitalistes prennent le contrôle financier du journal qui connaît un succès croissant, atteignant 195 000 exemplaires en 1993-1995, grâce notamment à son rôle-leader en matière de transformation des mœurs qui correspondait aux attentes de la « génération 68 » désormais aux affaires.

LIBÉRATION (ordre de la)

Ordre civil et militaire créé à Brazzaville le 16 novembre 1940 par le chef de la France libre, le général de Gaulle.

Il est destiné à « récompenser les personnes ou les collectivités militaires et civiles qui se seront signalées dans l'œuvre de la libération de la France et de son empire ». Au total, la liste close en 1946 comportera 1 061 compagnons de la Libération, parmi lesquels 5 villes et 18 unités de combat. L'amiral Thierry d'Argenlieu puis le général Ingold et le général Simon en seront les grands chanceliers. Selon la volonté du général de Gaulle, le dernier titulaire sera inhumé au mausolée de la Résistance, au mont Valérien.

LIBÉRATION NORD

Mouvement de résistance fondé dans la zone nord en novembre 1941.

Le 1er décembre 1940 paraît le premier numéro de *Libération Nord,* tiré à sept exemplaires sur une machine portative. Le mouvement qui gravite autour du journal est l'un des principaux de la zone occupée. Sa naissance officielle est annoncée dans le numéro du journal *Libération Nord* daté du 30 novembre 1941. Il est fondé par des militants socialistes et syndicaux : Christian Pineau, secrétaire du conseil économique de la CGT en 1938-1939 et Robert Lacoste, secrétaire de la Fédération des fonctionnaires de la CGT, dès 1931, des responsables de l'ancienne CFTC, Jean Texcier, célèbre pour ses « Conseils à l'occupé ». Contrôlé par les socialistes, il recrute en priorité parmi les fonctionnaires syndiqués. Au début de l'année 1943, le mouvement organise des groupes armés. Représenté au Conseil national de la Résistance (CNR), il refuse cependant d'adhérer au MUR (Mouvement uni de la Résistance).

LIBÉRATION SUD

Mouvement de résistance né spontanément fin 1940 à Clermont-Ferrand.

Il est fondé par un ex-officier de marine devenu essayiste, Emmanuel d'Astier de La Vigerie, épaulé par Jean Cavaillès, universitaire, Raymond Aubrac, ingénieur, Lucie Aubrac, enseignante. Il recrute en priorité parmi les syndicalistes et militants de gauche, notamment socialistes. Second mouvement de résistance de la zone sud (après Combat), en janvier 1943, il fusionne avec Franc-tireur et Combat dans le MUR (Mouvement uni de la Résistance).

LIBERTIN

Forgé par Calvin, le terme revêt au XVIIe siècle le sens de libre-penseur réfractaire aux règles morales du christianisme.

À travers le siècle des saints, les libertins assurent la transition entre l'humanisme de la Renaissance et la philosophie des Lumières. Ces non-conformistes s'affranchissent des religions pour donner à l'existence humaine un sens uniquement terrestre. Leur position est périlleuse en un temps où le christianisme n'est pas une conviction privée mais le fondement du pouvoir politique de droit divin et le cadre obligé de toute vie sociale. Il existe cependant plusieurs libertinages distincts et gradués. Au début du XVIIe siècle, émerge un libertinage mondain et littéraire représenté par des poètes comme Théophile de Viau, Boisrobert ou Saint-Amant et un chroniqueur comme Sorel. Parallèlement, existe un véritable libertinage philosophique qui s'épanouit durant la Fronde et persiste pendant le règne de Louis XIV, se renforçant même à partir de 1680 : le scepticisme de La Mothe Vayer, le sensualisme d'un Gassendi (1592-1655) ou le matérialisme de son disciple Cyrano de Bergerac (1619-1655) inspiré par l'épicurisme, l'athéisme d'un Gabriel Naudé en illustrent la diversité. Le libertinage s'insinue aussi dans les milieux mondains représentés par Condé, le cardinal de Retz, le chevalier de Méré, Bussy-Rabutin, Saint-Évremond et tous les fidèles du salon de Ninon de Lenclos.

Mais les libertins subissent à la fois la répression du pouvoir politique – Richelieu fait arrêter Théophile de Viau en 1625 – et la réfutation intellectuelle des savants du temps comme Mersenne, Descartes et Pascal qui s'attachent à démontrer la faiblesse des esprits forts ou « la misère de l'homme sans Dieu » (Pascal). Il n'en demeure pas moins que le libertinage est d'une singulière modernité qui réfute le rationalisme cartésien et sa raison universelle, à l'image de Dieu. Adeptes d'une connaissance positive et naturaliste, les libertins croient au progrès des sciences et à l'avènement d'une morale séculière reposant sur le consensus. Ce courant nourrit ainsi le mouvement encyclopédiste et reste vigoureux au XVIIIe siècle avec La Mettrie (1709-1751), d'Holbach (1723-1789), Vaucanson, Diderot ou Sade. Ce dernier, à la fois irreligieux et licencieux voire débauché, réunit les deux acceptions actuelles du mot libertin.

Licorne

Animal fabuleux, sorte de petit cheval à longue corne unique.

La licorne est née dans le monde grec où une légende la décrit comme un animal féroce et solitaire qui tue tous les chasseurs qui l'approchent. Elle ne se laisse approcher que par une vierge qui l'allaite pour ensuite la capturer. Cette description est reprise dans le *Physiologus*, le premier bestiaire du monde médiéval. La licorne devient alors symbole de la chasteté, de la Vierge, voire du Christ sorti du sein d'une vierge. Le *Physiologus* ajoute des vertus thérapeutiques à la corne de licorne en lui prêtant un pouvoir de contre-poison. Mais comment se procurer la corne d'un animal légendaire ? Le narval a offert la sienne, ou plutôt son incisive gauche, dont la longueur peut atteindre 2,5 mètres. Bien au-delà du Moyen Âge eut lieu tout un commerce florissant autour de ce mammifère apparenté à la baleine et vivant dans les mers arctiques. La licorne figure parfois dans les meubles héraldiques, et l'une de ses plus belles représentations dans l'art médiéval est incontestablement la série de tapisseries dite *Dame à la licorne* datant de l'extrême fin du XVe siècle, conservée au musée de Cluny à Paris.

Lieutenant du roi

Du latin locum tenens *« tenant lieu ». Personne chargée de faire respecter l'autorité du roi dans une forteresse, une ville d'intérêt stratégique ou une province du domaine royal.*

Au XVIe siècle, le lieutenant de roi est théoriquement subordonné au gouverneur, en fait il le remplace bien souvent, au point que les deux expressions sont parfois employées indifféremment.

Lieutenant général de police

Magistrat créé en 1667 par Louis XIV pour veiller à la sécurité de la capitale.

Le premier titulaire de la charge est La Reynie, de 1667 à 1697. Par la suite, d'autres lieutenances générales de police seront créées dans les grandes villes de province.

Lieutenant général des armées du roi

Officier supérieur. Le titre a été créé en 1460.

Redéfini vers 1620, le grade donnait le pas sur les maréchaux de camp. Initialement considéré comme transitoire, il était, suivant les circonstances, conféré par le roi ou par le général en chef. Après avoir été remplacé en 1793 par le général de division, le lieutenant général réapparaît entre 1815 et 1848.

Lieutenant général du royaume

Titre attribué dans les moments de crise à un haut personnage de l'entourage royal ou de la famille royale.

Les principaux lieutenants généraux du royaume ont été le Dauphin Charles (futur Charles VII), après le désastre de Poitiers (1356), François de Guise, après la bataille de Saint-Quentin et la conjuration d'Amboise, Antoine de Bourbon pendant la minorité de Charles IX, Gaston d'Orléans sous la régence d'Anne d'Autriche, le comte d'Artois lors de la Première Restauration, enfin, durant quelques jours, en 1830, Louis-Philippe (qui refusa de recevoir ce titre du roi Charles X). Le duc de Mayenne ne porta pas régulièrement le titre de lieutenant du royaume, ayant été désigné par les seuls ligueurs (1589). La lieutenance du royaume donnait, en principe, une grande part de l'autorité royale à son détenteur, ce qui pouvait être dangereux. De fait, les régentes au caractère autoritaire, telles que Catherine de Médicis et Anne d'Autriche, s'employèrent avec succès à en limiter l'exercice.

Ligny (bataille de)

Bataille remportée par Napoléon le 16 juin 1815 contre les troupes anglo-prussiennes.

Le 15 juin, les troupes françaises pénètrent en Belgique. L'Empereur s'installe à Charleroi tandis que la première rencontre avec les Prussiens, près de Gilly, tourne à l'avantage de son armée. Le soir, Napoléon ordonne à Ney de prendre position aux Quatre-Bras, sur la route de Bruxelles. Mais le maréchal n'ose pas attaquer ce hameau, pourtant faiblement défendu par les Anglais de Wellington. Le lendemain matin s'engage la bataille de Ligny (ville au nord-ouest de Namur), ou de Fleurus. Dans l'après-midi, Ney, de nouveau sollicité par l'Empereur, commence enfin sa marche vers les Quatre-Bras. Mais Wellington, plus prompt, renforce la position de telle sorte que, malgré ses efforts, le prince de la Moskova ne pourra pas s'en emparer. Pendant ce temps, Napoléon bat les Prussiens à Ligny – qu'il ne peut toutefois écraser comme il le souhaitait, en l'absence de Ney, bloqué devant les Quatre-Bras. Le lendemain, Blücher se replie précipitamment, au point que l'Empereur croit qu'il ne pourra participer à aucun combat avant trois jours, et lance à sa poursuite Grouchy, avec 33 000 hommes. Deux jours plus tard, à Watterloo, ces hommes lui feront cruellement défaut, et Blücher arrivera juste à temps pour secourir Wellington et l'emporter.

Ligue (Sainte Union ou Sainte)

Nom donné à une association formée dans la seconde moitié du XVIe siècle par des catholiques français, sous l'inspiration des princes de la maison de Guise.

Elle est dirigée d'abord contre les protestants, puis contre Henri III, jugé trop conciliant à leur égard. La Ligue commence à s'organiser, non à Paris comme on le dit souvent, mais à Toulouse, dès 1567-1568, en réaction contre les progrès fulgurants des calvinistes dans le Languedoc, alors gouverné par le duc de Montmorency-Damville. C'est en 1576 qu'elle devient vraiment une puissance offensive et nationale, par la prédication incendiaire des prêtres, surtout des jésuites et cordeliers de Paris, qui n'hésitent pas à prôner la désobéissance au roi. Lorsque, conformément aux clauses du traité de Beaulieu (1576), Condé veut prendre possession de Péronne, Charles d'Humières, gouverneur de la place, refuse de lui ouvrir les portes. Quelques mois plus tard, le 12 février 1577, la noblesse picarde confédérée signe l'acte de naissance d'une ligue « pour la deffense de la saincte Église catholique, apostolique et romaine ». Le mouvement fait tache d'huile et se répand dans toutes les provinces. En Poitou, Louis de La Trémoille se montre particulièrement actif contre les huguenots. Les véritables chefs de la Ligue sont Henri de Guise, dont la balafre fait la popularité, et ses deux frères, le cardinal de Lorraine et le duc de Mayenne. Les prédicateurs ne tardent pas à dénoncer Henri III comme complice de l'hérésie. Celui-ci est obligé de s'attribuer officiellement le commandement des catholiques contre les protestants et fait signer à ses proches l'Acte d'union. Cet expédient ne réussit pas longtemps. La mort du duc d'Alençon (frère de Henri III), en 1584, fait du roi de Navarre (futur Henri IV), notoire huguenot, l'héritier présomptif du trône. La situation d'Henri III devient intenable. Les moines guisards réclament sa déchéance à grands cris, faisant le jeu de l'Espagne à qui le duc de Guise s'est allié la même année par le traité secret de Joinville. Après la journée des Barricades (mai 1588), le roi doit se réfugier à Chartres, laissant la capitale au pouvoir des Seize. Cependant, après une période d'indécision, il fait assassiner le duc de Guise à Blois (25 décembre 1588) puis, le lendemain, le cardinal de Lorraine. Le comité des Seize réplique en organisant une dictature à Paris. Quelques mois plus tard, Mayenne fait une entrée triomphale dans la capitale et est nommé par les ligueurs lieutenant général du royaume. Henri III n'a plus d'autre solution que de se rapprocher de Henri de Navarre, ce qu'il fait, mais il est assassiné par un moine ligueur, Jacques Clément (1er août 1589). Dans la foulée, la Ligue proclame le cardinal de Bourbon roi, sous le nom de Charles X.

La Ligue est souvent représentée par les publicistes modérés ou protestants comme une hydre diabolique. À vrai dire, on aurait tort d'en conclure que tous les ligueurs furent des fanatiques, ou des agents de l'Espagne, ou des républicains déguisés. Un grand nombre d'entre eux juge impossible la transmission de la couronne à un prince qui a rompu avec la religion de ses pères. Leur sincérité ne fait pas de doute. Aussi les voit-on flotter entre la fidélité à Mayenne et le ralliement à Henri IV, après la mort du cardinal de Bourbon (1590), lorsqu'ils apprennent que Philippe II et le légat Caetani prétendent imposer sur le trône capétien une infante espagnole. D'ailleurs Mayenne lui-même n'a pas pu s'entendre longtemps avec les Seize. Il n'accepte le soutien des troupes espagnoles que par fidélité à la mémoire de ses frères. Bientôt, chez les ligueurs de bonne foi, le bon sens se réveille. Les Politiques, dont l'opinion est symbolisée par la *Satire Ménippée*, imposent le rapprochement avec l'héritier légitime. Après l'abjuration de celui-ci en 1593, la Ligue n'a plus de raison d'être. Toutefois les ligueurs ne se soumettront que progressivement et l'esprit de la Ligue, dans ce qu'il a de plus violent et de plus fou, inspirera quelques années plus tard l'acte de Ravaillac.

Ligues

Nom donné dans les années 1930 aux groupes d'extrême droite regroupés en un mécontentement commun contre le système parlementaire.

Entre 1924 et 1936, une vague d'agitation ligueuse s'abat sur la France. Nationalistes avant tout, les ligues souhaitent l'établissement d'un État fort et prospèrent sur fonds de crise économique, d'antiparlementarisme et d'anticommunisme. Né en 1924, la première, les Jeunesses Patriotes de Pierre Taittinger, se veut l'héritière de la ligue des Patriotes de Déroulède. Comme nombre de ligues, elle prône la réaction. L'Action française, condamnée par Rome en 1926, incite volontiers ses Camelots du roi à l'affrontement physique. Les Croix-de-Feu, association d'anciens combattants, se transforme avec le colonel de La Rocque en mouvement paramilitaire à partir de 1931 et atteint près de 3 millions d'adhérents. Quelques ligues s'assimilent au fascisme : le Francisme de Marcel Bucard (1933) est calqué sur les Milices fascistes italiennes ; Solidarité française (1933), de Jean Renaud, financée par le parfumeur Coty, arbore chemise bleue et coq gaulois ; le Faisceau de Georges Valois porte bien son nom ; le Parti populaire français (1936) a pour chef Jacques Doriot, ancien communiste passé au fascisme. Cette dérive reste minoritaire. La puissance des ligues étant apparu au grand jour le 6 février 1934, le gouvernement prononce leur dissolution le 18 juin 1936.

LIGUES (saintes)

L'histoire a retenu trois coalitions militaires, toutes dénommées « saintes ligues ».

La première, formée en 1495 par le pape Alexandre VI, avec la sérénissime république de Venise, Ludovic le More, l'Aragon et le roi des Romains, est dirigée contre la France de Charles VIII. Le roi d'Angleterre s'y joint l'année suivante. La deuxième est fondée en 1508 par le pape Jules II avec Maximilien Ier et le roi d'Espagne contre Venise. La troisième est la suite de celle-ci, toujours animée par Jules II mais avec Venise et contre la France de Louis XII. L'Angleterre et les Suisses y adhèrent en 1511.

LIGUGÉ (abbaye de)

Abbaye bénédictine située au sud de Poitiers, sur le Clain.

Sa fondation, qui remonterait à 361, est attribuée à saint Martin de Tours. Les vestiges d'une église mérovingienne ont été mis au jour en 1963. Restaurée en 1853 par dom Guéranger, elle est fermée en 1901 et réoccupée à partir de 1919.

LIGURES

À l'époque de la plus grande expansion celtique, ce peuple habitait sur la côte méditerranéenne, de La Spezia à Marseille ainsi que dans l'arrière-pays.

Leur territoire semble avoir été beaucoup plus étendu auparavant, peut-être même touchait-il le Rhône et le Pô. Les Ligures étaient constitués de nombreuses tribus qui ne s'entendaient pas toujours et qui étaient jalouses de leur autonomie. On ne sait presque rien de leur langue et de leurs mœurs. Ils avaient la réputation d'être très doués pour la navigation, et on leur attribuait la fondation de colonies en Corse et même en Espagne. En Provence, leur mélange avec les Celtes envahisseurs donnera naissance à la confédération des Sallyens. Les Romains ne les neutraliseront qu'après de longues guerres aux IIIe et IIe siècles av. J.-C. Leur soumission effective est l'œuvre d'Auguste en 14 av. J.-C.

LIGURIENNE (République)

État qui remplace la république de Gênes le 14 juin 1797, sous la présidence de l'ancien doge Dandolo.

Imposé par la France et doté pour cette raison d'une Constitution à la française, il cesse d'exister en 1805, lorsque le territoire de Gênes est annexé à l'Empire français.

LILLE

Chef-lieu du département du Nord. Lille tire son nom d'un village de pêcheurs installé vers le Xe siècle sur une île de la Deûle, Insula, *« l'île ».*

La présence d'un château des comtes de Flandre est mentionnée au XIe siècle. Philippe Auguste l'occupe à la suite de la victoire de Bouvines en 1214 et Philippe le Bel récidive en 1296. C'est toutefois aux ducs de Bourgogne que Lille (*Rijsel* en flamand) doit sa prospérité économique, le duc Philippe le Bon y résidant très volontiers. Des franchises communales, le développement des tissages et la convergence des routes ducales favorisent un essor que n'entravent pas l'administration des Habsbourg puis celle de la branche espagnole. Les guerres de l'époque de Louis XIV et l'annexion de 1668, à la suite du traité d'Aix-la-Chapelle, vont modifier la situation de la ville que Vauban fortifie aussitôt. De cité flamande, Lille devient place forte française sur la frontière des Pays-Bas. Ce poste de vigie lui vaut ses premières épreuves avec le siège de 1708, qui voit le vieux maréchal de Boufflers résister durant plus de trois mois aux forces bien supérieures du prince Eugène. En 1792, les 7 000 gardes nationaux animés par le général Ruault et le maire André affrontent victorieusement les 34 000 Autrichiens du duc Albert de Saxe-Teschen, lesquels déversent en vain 60 000 projectiles sur la place avant de lever précipitamment le siège à l'approche de Dumouriez et des vainqueurs de Valmy.

En 1914, durant la course à la mer, Lille n'abrite qu'une garnison de 4 000 territoriaux, sans artillerie. La place capitule le 12 octobre, après deux jours de bombardements. En mai 1940, les forces revenues de Belgique s'y replient et résistent durant quatre jours aux attaques allemandes, favorisant de la sorte le repli des autres corps d'armée vers Dunkerque. Les Allemands rendent les honneurs aux troupes encerclées lors de la cessation des combats. La ville sera libérée le 1er septembre 1944 par les forces britanniques.

LILLEBONNE

Au Ier siècle apr. J.-C., sur le golfe de la rivière Bolbec, est fondée la cité de Juliobona, *destinée à abriter les entrepôts contenant les marchandises circulant entre le Gaule et la Grande-Bretagne.*

Le Bolbec s'étant asséché au cours des siècles, le port antique a disparu et la ville de Lillebonne, édifiée à l'emplacement de *Juliobona*, conserve quelques restes de la cité gallo-romaine, dont le plus spectaculaire est un théâtre construit au IIe siècle de notre ère et pouvant accueillir 10 000 spectateurs. C'est à Lillebonne qu'a été découverte en 1870 la remarquable mosaïque de la chasse au cerf, conservée actuellement au musée des Antiquités de Rouen. Datée du Ve siècle et mesurant 5,80 m sur 5,60 m, ce pavement qui ornait le sol du *triclinium* (salle à manger) d'une maison luxueuse de *Juliobona*,

Lille
La Grande Procession de Lille. Huile sur toile de François Watteau, 1780, Lille, musée de l'Hospice Comtesse. © *G. Dagli-Orti*

comporte en son centre une scène mythologique, une nymphe poursuivie par un dieu. Autour de ce médaillon, chaque côté de la mosaïque représente un épisode d'une chasse d'origine celtique, dénommée « au cerf appelant » ou « au brame ». Sur le premier panneau, les chasseurs offrent un sacrifice à Diane et l'un d'eux tient en laisse le cerf apprivoisé qui va servir d'appât. La deuxième scène représente le départ des chasseurs à cheval, suivis de leurs piqueurs et de leurs chiens. Les deux autres côtés montrent les épisodes de la chasse, pendant laquelle le « cerf appelant » fait sortir des buissons un splendide dix-cors visé par un archer. Outre la beauté artistique du dessin et des couleurs, la mosaïque de Lillebonne est un document très utile pour connaître cette pratique originale des chasseurs gaulois. Elle présente aussi la particularité d'être signée par les deux artistes qui l'ont réalisée, Titus Sennius Felix, habitant de Pouzzoles, et son élève Amor, citoyen des Calètes, c'est-à-dire du Pays de Caux.

LIMOGES

Ville du département de la Haute-Vienne, située sur la rive septentrionale de la Vienne au cœur du Limousin dont elle est la capitale.

Avant de recevoir sous l'Empire romain le nom d'*Augustoritum*, c'était déjà un important bourg celtique, chef-lieu du puissant peuple des Lémovices. Elle reçoit son premier évêque et évangélisateur dès le IIIe siècle en la personne de saint Martial. Sa prospérité ne se dément pas dans les temps mérovingiens et carolingiens, malgré l'insécurité générale de la Gaule aquitaine. Des ateliers monétaires, des offices d'émaillerie et d'orfèvrerie y sont créés, qui resteront actifs longtemps (pour l'émaillerie, jusqu'à nos jours). L'école carolingienne de Tours apprend aux moines limougeauds l'art raffiné de l'enluminure. Deux fois pillée par les Normands, la ville est relevée de ses ruines et fortifiée. Autour de la cathédrale se développe la cité, cependant qu'autour du tombeau du patron des Limousins naît le faubourg de l'abbaye Saint-Martial. Bientôt, les deux agglomérations concurrentes ne constituent plus qu'un ensemble solidement retranché dont le cœur est encore appelé aujourd'hui le Château.

C'est dans ce Château qu'au Moyen Âge réside le vicomte, seigneur de la ville. Le premier vicomte connu est un certain Foucher, sire de Ségur, qui vit à la fin du Xe siècle. On suppose, sans oser l'affirmer, car les textes sont rares ou obscurs, qu'il n'y a pas eu de changement de dynastie jusqu'à Gui VI le Preux (1230-1263), père de Marie, laquelle épousera Artus de Bretagne, comte de Richemont. À cette époque, trois autorités se disputent la ville : le vicomte, l'abbé de Saint-Martial et l'évêque. De leur côté, les consuls, représentants d'une bourgeoisie riche et puissante, estiment avoir leur mot à dire. Il en résulte des conflits prolongés et inextricables. Les querelles entre rejetons de la maison de Bretagne ne sont pas pour simplifier les choses.

La guerre de Cent Ans éprouve durement le Limousin. 1370 est une année terrible dans l'histoire limougeaude. Jeanne de Penthièvre cède la vicomté à Charles V. Mais la ville refuse d'ouvrir ses portes et tient pour les Anglais. Il faut que les ducs de Berry et de Bourbon l'investissent pour qu'elle se résigne à obéir. Peu de temps après, elle tombe au pouvoir du Prince Noir, qui la punit de s'être soumise en la saccageant de fond en comble, en la livrant aux flammes et en déportant la population. Quelques années plus tard, le roi rend la vicomté à son ancienne détentrice. En 1384, c'est l'avènement de la maison de Blois qui se maintiendra jusqu'au milieu du XVe siècle. À cette époque, Françoise de Blois épouse Alain d'Albret. Après la mort de celui-ci en 1522, la vicomté de Limoges suit le sort du duché d'Albret et du royaume de Navarre. Ses derniers seigneurs sont Henri II de Navarre (petit-fils d'Alain), puis Jeanne d'Albret sa fille et enfin Henri III de Navarre qui, devenu roi de France sous le nom d'Henri IV, réunit l'ensemble de ses domaines propres à la couronne au début du XVIIe siècle. Désormais, l'histoire politique de Limoges ne diffère pas de celle du Limousin. Pourvue d'un sénéchal aux temps féodaux, la ville devient, dans les temps modernes, chef-lieu de généralité et siège de présidial. Alors même que le Limousin féodal a été réduit par la constitution de la Marche et que le pape Jean XXII a créé un évêché à Tulle, le diocèse de Limoges garde son rang, un des premiers quant à l'étendue, parmi les suffragants de Bourges ; la Révolution le fera entrer momentanément dans la province de Bordeaux, jusqu'au Concordat.

L'histoire économique de la Limoges moderne est peut-être plus originale. Deux grands faits sont à signaler : la découverte, au XVIIIe siècle, du kaolin de Saint-Yrieix qui est à l'origine de la porcelaine de Limoges ; l'essor de la mégisserie et l'implantation de l'industrie de la chaussure. Toutefois, cette dernière est relativement récente, ne datant que de la fin du XIXe siècle.

LIMOUSIN

Ancienne province située entre la Marche, l'Auvergne, le Quercy, le Périgord et l'Angoumois. Capitale Limoges.

Les limites du Limousin ont considérablement varié au cours de l'histoire. Il est nécessaire de distinguer trois Limousins : le Limousin primitif, dont l'étendue est approximativement celle du diocèse de Limoges avant la création de l'évêché de Tulle en 1317 ; le Limousin féodal, caractérisé par son manque d'unité politique, malgré la suzeraineté du duc d'Aquitaine, et dont le territoire s'est considérablement amenuisé avec la constitution de la Marche ; enfin le Limousin royal ou gouvernement de Limousin, qu'on divise traditionnellement en deux régions géographiques : le Haut-Limousin (capitale Limoges) et le Bas-Limousin (Brive, Tulle).

On pourrait être tenté de faire naître le Limousin primitif avec l'homme de la Chapelle-aux-Saints, frère ou cousin de celui de Neanderthal, mais nous ignorons tout de la densité de peuplement du pays à cette époque. Force est donc, après avoir constaté l'existence de plusieurs migrations néolithiques, qui ont laissé beaucoup de mégalithes, de rejoindre la période historique. Le véritable acte de naissance du Limousin est la fixation du peuple des Lémovices qui lui ont donné son nom. De ces Lémovices, on sait assez peu de chose pour la période antérieure à la conquête de César. Après la prise d'*Uxellodunum* en 51 av. J.-C., tout le Limousin se soumet à Rome. Au Bas-Empire saint Martial réussit à christianiser la capitale, *Augustoritum*, et de là les contrées environnantes. Dioclétien reconnaît à *Augustoritum* le statut de chef-lieu de cité. À la fin de l'Empire, *Augustoritum* n'est plus appelée que *Lemovices*, ce qui donnera Limoges. Ensuite, le *pagus Lemovicum* ou Limousin est particulièrement affecté par les invasions des Wisigoths puis des Francs. Clotaire II et Dagobert Ier parviennent à lui rendre quelque éclat, ainsi que saint Éloi, enfant du pays, qui fonde un moutier à Solignac. Les Carolingiens confient la région de Limoges à un comte. Celui-ci ne fera pas souche. Dans l'ensemble aquitain, l'unité limousine est représentée par un seul personnage : l'évêque de Limoges.

C'est vers le Xe siècle que se forme le Limousin féodal. Six vicomtes se le partagent. Ils ont leurs capitales à Limoges, Aubusson, Comborn, Rochechouart, Bridiers et Turenne. La région de Chambon, jadis peuplée de clients des Lémovices, appartient à la Combraille, bientôt dépendante des comtes d'Auvergne. La Marche se constitue en comté indépendant. Par la suite, dans le courant des XIIe-XIIIe siècles, les grandes vicomtés se réduisent à trois en Limousin proprement dit : Limoges, Ventadour et, bien sûr, Turenne, qui déborde sur le Quercy. Les plus puissants seigneurs limousins tendent à s'affranchir de l'autorité des ducs d'Aquitaine. Théoriquement, ils restent dans la vassalité des Plantagenêts pendant environ deux siècles. Dès cette période, le nord du Limousin se laisse gagner par la langue d'oïl, bien que le Limousin ait vu naître jadis les plus anciennes œuvres littéraires en langue d'oc (*Poème de Boèce* et *Chanson d'Antioche*) et qu'il produise encore, après Bernard de Ventadour, un bon contingent de lyriques, tels que Gaucelm Faidit et les Quatre d'Ussel (début du XIIIe siècle). À la fin du Moyen Âge, le droit coutumier, emboîtant le pas à la langue, se répand peu à peu, en commençant par le pays de Limoges.

Au XIVe siècle, trois papes sont d'origine limousine : Clément XI, Innocent VI et Grégoire XI. Le Limousin resserre ses liens avec la monarchie capétienne. Certes, le traité de Brétigny le livre en 1360 aux Anglais, mais en 1370-1374, Charles V s'en assure la reconquête, au prix d'un effort tenace. Les Limousins connaîtront dorénavant une existence plus paisible, que troubleront néanmoins les exactions des routiers en va-et-vient continuel entre l'Auvergne et la Guyenne, lorsqu'ils ne s'établiront pas à demeure comme Aymerigot Marchès à Chalusset. En 1607, Henri IV réunit la vicomté de Limoges au domaine royal en même temps que ses autres fiefs personnels. Il reste alors en Limousin deux seigneuries qui continueront à jouir de privilèges féodaux : Turenne et Ventadour, dont le siège a été transféré à Ussel au XVIe siècle.

Grâce à l'administration royale, le XVIIe et surtout le XVIIIe siècle sont des périodes heureuses. Les émaux, qui existent depuis le haut Moyen Âge, sont toujours appréciés. Pendant qu'à Felletin et Aubusson, dans la Marche, la tapisserie prospère depuis le XVe et le XVIe siècle, le gouvernement crée à Tulle, en 1690, une manufacture d'armes. Trois grands intendants, Boucher d'Orsay, Tourny et Turgot, adaptent en Limousin deux nouvelles industries : la faïence vers 1740 et, une trentaine d'années plus tard, la porcelaine, qui bénéficie prodigieusement de la découverte d'un excellent kaolin à Saint-Yrieix. Un très gros effort est fourni pour la construction de routes qui permettent au pays de sortir de son relatif isolement. L'agriculture, renonçant à ses routines, se modernise considérablement. En 1790, l'ensemble Limousin-Marche est divisé en trois départements (Creuse, Corrèze, Haute-Vienne). Cependant, quelques terroirs excentriques sont distraits de ces circonscriptions au profit de la Charente et de la Dordogne.

LINDET Jean-Baptiste Robert (Bernay, 1746 – Paris, 1825)

Homme politique.

Avocat, puis procureur du roi à l'élection de Bernay (1776), il devient maire de la ville en février 1790. Membre des Jacobins, député de l'Eure à la Législative, réélu à la Convention, il siège sur les bancs de la Montagne et rédige le *Rapport sur les crimes imputés à Louis Capet*, votant ensuite la mort du roi, sans sursis. Lindet est quelque temps plus tard désigné comme rapporteur du projet de loi concernant la création du Tribunal révolutionnaire et entre en juillet 1793 au Comité de salut public où il s'occupe des finances, des subsistances et de la correspondance. Représentant en mission en Normandie ce même mois de juillet, il réprime, avec modération, des troubles fédéralistes dans l'Eure, puis dans le Calvados. De retour au Comité, au mois d'octobre, il accomplit un énorme travail dans toutes sortes de domaines, agriculture, transports, commerce, luttant contre la famine qui menace Paris. En même temps, s'attachant à améliorer les transports militaires et le ravitaillement des troupes, il joue, avec Carnot, un rôle considérable dans le succès des armées de la République. En mars 1794, le conventionnel refuse de signer le décret d'arrestation de Danton, déclarant : « Je suis ici pour secourir les citoyens, et non pour tuer les patriotes », et fait prévenir le chef des Indulgents.

Lindet préside la Convention du 1er au 16 floréal, ne joue aucun rôle dans le 9 Thermidor, et quitte le Comité de salut public au mois d'octobre 1794. Le soutien qu'il apporte au Comité lui vaut

Lit de justice
Lit de justice du 28 février 1723. Huile sur toile de Nicolas Lancret. © *Giraudon*

d'être attaqué par les thermidoriens. Il est décrété d'arrestation le 12 prairial an III et incarcéré aux Quatre-Nations, malgré l'avis de tous ceux qu'il a sauvés de la guillotine, la municipalité de Conches par exemple. Libéré le 12 thermidor an III, il est élu au Corps législatif, mais écarté car non éligible. Il refuse ensuite les postes que lui propose le Directoire et, compromis dans la conspiration de Babeuf, parvient à se disculper. Nommé en juillet 1799 ministre des Finances, Lindet quitte la vie politique après le coup d'État du 18 Brumaire, retrouvant son métier d'avocat.

LINGONS

Lingones. *Peuple de la Gaule celtique installé sur le plateau de Langres et dans les hautes vallées de la Marne et de la Seine.*

Les Lingons seront de fidèles alliés de César au temps de la conquête de la Gaule. La cité gallo-romaine des Lingons (*civitas Lingonum*) ou cité de Langres (*Andematunum* puis *Lingones*) correspond à l'ancien diocèse du même nom, avant la création de l'évêché de Dijon en 1731.

LIONNE Hugues de, marquis de Berny (Grenoble, 1611 – Paris, 1671)

Diplomate.

Issu d'une famille de robe, neveu par sa mère d'Abel Servien, il commence sa carrière comme commis chez son oncle qui l'initie à la politique. Il conserve sa place lorsque Richelieu disgracie Servien en 1636 et gagne ensuite la confiance de Mazarin, qui lui confie plusieurs missions diplomatiques délicates, notamment la négociation du mariage du futur Louis XIV. Conseiller d'État depuis 1643, Hugues de Lionne parvient, grâce à sa connaissance des affaires italiennes, à réconcilier le pape et le duc de Parme. Le diplomate participe ensuite aux négociations qui précèdent les traités de Westphalie (1648) et des Pyrénées (1659). Ministre d'État en 1659, recommandé à Louis XIV par Mazarin, il continue à servir le roi après la mort de son ministre en 1661 et siège au Conseil d'en haut.

En 1662, Lionne négocie avec l'Angleterre le retour de Dunkerque à la France. L'année suivante, il achète à Brienne la charge de secrétaire d'État aux Affaires extérieures. Dirigeant dorénavant la politique extérieure du royaume, sous l'autorité de Louis XIV, Lionne pousse à la guerre de Dévolution, obtenant contre l'Espagne l'appui du Brandebourg et des princes allemands, et la neutralité de la Bavière (1667), puis de l'empereur. Surtout, par une intense activité diplomatique qui s'étend sur trois années, le secrétaire d'État prépare la guerre de Hollande. Pour rompre la Triple-Alliance de La Haye, et isoler les Provinces-Unies de leurs alliés, il conclut à Douvres, en 1670, un accord avec Charles II d'Angleterre et s'assure, l'année suivante, la neutralité de l'archevêque de Cologne et de l'évêque de Münster, la Bavière étant l'alliée de la France depuis février 1670. À sa mort, survenue le 1er septembre 1671, Pomponne le remplace.

LISIEUX

Noviomagus. *Ville du Calvados, sur la Touques. À l'époque gallo-romaine, Noviomagus est la capitale des Lexoviens, qui donneront plus tard le nom de Lisieux.*

Ravagée et détruite par les Saxons au IVe siècle, la cité, reconstruite après les invasions, devient au VIe siècle le siège d'un évêché. Jouissant de l'autorité temporelle, l'évêque est aussi le comte de la ville. Prise et pillée par les Normands en 887, par les Bretons en 1130, Lisieux subit le même sort en 1141, à la suite d'un siège de trois ans conduit par Geoffroy Plantagenêt. En 1167, le mariage d'Henri II Plantagenêt et d'Aliénor d'Aquitaine y a lieu. Philippe Auguste rattache la ville à la France en 1203. Au cours de la guerre de Cent Ans, en 1415, elle tombe entre les mains des Anglais, et revient en 1448 à Charles VII. Prise par les protestants en 1571, Lisieux prend parti pour la Ligue, et Henri IV doit l'assiéger en 1598 pour la ramener à la raison.

Au XIXe siècle, la future sainte Thérèse de l'Enfant-Jésus, entrée au carmel de Lisieux en 1888, y demeure jusqu'à sa mort survenue en 1897. Sa réputation de sainteté franchit rapidement les murs de la cité normande et Lisieux, qui abrite son tombeau, devient un centre de pèlerinage très fréquenté. Pour accueillir les nombreux pèlerins est élevée, de 1929 à 1952, une basilique de style néo-romano-byzantin.

Aux deux tiers détruite au moment des combats qui suivent le débarquement de juin 1944, la ville est libérée par la IIe armée britannique. Parmi les monuments anciens qui ont résisté aux combats figurent l'ancienne cathédrale Saint-Pierre, des XIIe et XIIIe siècles, et l'église Saint-Jacques, du XVIe siècle.

LIT DE JUSTICE

Sous l'Ancien Régime, séance solennelle d'une cour souveraine en présence du roi.

Cette expression vient du lit sous dais où siège, à l'origine, le roi, dans un angle de la chambre du Parlement, lorsqu'il vient solliciter ses avis. Mais, parallèlement au développement de l'absolutisme royal, le lit de justice se transforme en un acte d'autorité destiné à faire échec au droit de remontrances qu'invoque le Parlement pour refuser l'enregistrement de certains édits. Lorsque les lettres de jussion envoyées par le roi se révèlent insuffisantes à briser l'opposition parlementaire, le roi, entouré de son chancelier, des pairs et des membres de son Conseil, se déplace lui-même pour en ordonner l'enregistrement au Parlement. Mais cette procédure, qui est devenue un des symboles de l'absolutisme, perd de son efficacité dans les années qui précèdent la Révolution, lorsque le Parlement entre en rébellion ouverte contre l'autorité royale. C'est ainsi que, le 7 août 1787, le Parlement annule comme illégal l'enregistrement des édits que Louis XVI lui avait imposé la veille. Trois mois plus tard, le 19 novembre 1787, le roi n'obtient l'enregistrement de l'emprunt de 420 millions proposé par Loménie de Brienne qu'en transformant brusquement une séance royale en un lit de justice. Au duc d'Orléans qui proteste : « Sire, c'est illégal », Louis XVI rétorque : « C'est légal, parce que je le veux. » Réponse digne de Louis XIV mais qui ne correspondait plus à la réalité. C'est encore par un lit de justice que la monarchie tentera d'imposer la réforme judiciaire de Lamoignon destinée précisément à réduire l'opposition parlementaire. Mais le conflit ne s'en trouvera qu'amplifié et élargi.

LIVRE (monnaie de compte)

Unité monétaire à valeur variable d'où découlent les francs actuels.

La livre est née dans l'Empire romain. Elle était le poids-étalon pesant 12 onces, soit 327 grammes. Les pièces de monnaie étaient frappées en fonction du nombre de pièces que l'on pouvait obtenir avec cette unité de mesure : avec une livre on frappe 20 sous, chaque sou étant divisé lui-même en 12 deniers. Or ou argent, pendant tout l'Ancien Régime, on retrouve ces échelles de valeurs et une livre équivaut toujours à 240 deniers. Pendant le Moyen Âge, sa valeur varie selon les ateliers monétaires fabriquant les deniers et les sous. On a ainsi la livre tournois (de Tours), parisis (de Paris), tolzane (de Toulouse), melgorienne (de l'évêque de Maguelonne), provinoise (de Provins)... Par abréviation elle est dite tournois, parisis, etc.

Au XIVe siècle sont créées des pièces représentant la livre, que l'on qualifie successivement, d'après les effigies de leur avers, d'écu (l'écu du chevalier), agnel ou mouton (l'Agneau de Dieu), franc (un combattant à cheval, puis à pied), couronne... Louis XIII crée le *louis d'or*, valant 24 livres. Peu à peu *franc* et *livre* deviennent synonymes. L'appellation officielle change le 18 germinal an II. Si le denier disparaît après l'adoption du système métrique, on continue longtemps d'utiliser le sou dans le langage courant pour désigner la valeur des pièces (20 sous pour désigner la pièce de 1 franc ou 100 sous pour celle de 5 francs).

LO : voir LUTTE OUVRIÈRE

LOCARNO (traités de)

Accords signés à l'issue d'une conférence tenue à Locarno, en Suisse, du 5 au 16 octobre 1925 entre la France (représentée par Aristide Briand), l'Angleterre (Chamberlain), l'Italie (Mussolini), l'Allemagne (Stresemann) et la Belgique (Vandervelde).

Les traités de Locarno sont la confirmation des clauses rhénanes du traité de Versailles. Par ce pacte rhénan, l'Allemagne, la France et la Belgique échangent la promesse de ne se livrer à « aucune attaque ou invasion » et de ne pas recourir entre elles à la guerre, sauf au cas où l'action militaire serait décidée par la Société des Nations (SDN). Ce maintien du *statu quo* entre les trois États s'applique non seulement aux frontières, mais au statut de démilitarisation de la Rhénanie ;

il est placé « individuellement et collectivement » sous la garantie de la Grande-Bretagne et de l'Italie. Toutefois, promesses et garanties visent uniquement les frontières occidentales de l'Allemagne, et non ses frontières méridionales et orientales, le gouvernement allemand ayant refusé tout engagement envers la Tchécoslovaquie et la Pologne.

Le système élaboré à Locarno est la manifestation et le résultat d'une politique de conciliation voulue par Aristide Briand afin de favoriser en Allemagne un désarmement moral. Approuvé par la grande majorité de l'opinion, le gouvernement français abandonne toute idée de recourir à la force pour imposer à l'Allemagne le respect des droits que la France tient du traité de Versailles. En contrepartie, celle-ci obtient un résultat important : la promesse d'une assistance armée de la Grande-Bretagne dans le cas où l'Allemagne tenterait une guerre de revanche. Pour la Belgique, Locarno signifie la disparition officielle de sa neutralité, déjà dénoncée en novembre 1918 par Albert Ier. Quant à l'apport allemand il est constitué par la reconnaissance explicite des frontières établies en 1919 entre l'Allemagne, la France et la Belgique, c'est-à-dire la renonciation à l'Alsace-Lorraine. Pour prix de cette concession, Stresemann a obtenu la promesse d'un siège permanent à la SDN. Mais, à ses yeux, une autre conséquence nécessaire du traité est l'évacuation anticipée des territoires rhénans. L'Allemagne obtient satisfaction. Le retrait des troupes d'occupation de Rhénanie est achevé en juin 1930, cinq ans avant le terme fixé par le traité de Versailles.

Toutefois, l'« esprit de Locarno » ne pourra s'imposer durablement. La réconciliation franco-allemande tant espérée par Aristide Briand deviendra impossible avec la montée en Allemagne du parti nazi, et Hitler rendra caducs les accords de Locarno en envahissant la zone démilitarisée (7 mars 1936). Louis Barthou tentera en 1934 de relancer l'idée d'un « Locarno de l'Est » qui aurait, lui, légalisé les frontières de l'Europe orientale. Mais son projet n'aura pas de suite car seuls Moscou et Prague lui donneront leur adhésion.

Loches

Ville d'Indre-et-Loire, sur l'Indre.

Construite autour d'un monastère fondé au Ve siècle par saint Ours, la ville passe à la fin du Xe siècle entre les mains des comtes d'Anjou, qui entreprennent la construction de son donjon. Loches reste ensuite entre les mains des Plantagenêts, comtes d'Anjou avant de devenir rois d'Angleterre. Disputée entre Capétiens et Plantagenêts, la forteresse est enlevée par Philippe Auguste en 1193, reprise par Richard Cœur de Lion, et définitivement acquise par le roi de France, après un long siège, en 1205. Dès lors, elle appartient au domaine royal.

Cité d'art, Loches compte plusieurs constructions intéressantes. Son château d'abord, construit sur un promontoire naturel qui domine la vallée de l'Indre. À l'intérieur de l'enceinte circulaire, flanquée de tourelles, élevée au XIIe siècle par les Plantagenêts, se trouve un imposant donjon rectangulaire, construit au IXe siècle, haut de 37 m et comportant quatre étages non voûtés. Au XIIIe siècle, trois tours en amande renforcent l'enceinte. Cette dernière entoure encore la collégiale Saint-Ours, construite au XIIe siècle, et le logis royal, construit en deux périodes : le Vieux Logis date du XIVe siècle mais a subi d'importantes transformations par la suite. Il abrite le tombeau d'Agnès Sorel, maîtresse de Charles VII, qui séjourna à Loches. Dans le Logis neuf, construit sous Louis XII à la fin du XVe siècle et d'une architecture plus souriante, se trouve l'oratoire d'Anne de Bretagne. Au XVe siècle, alors que la forteresse devient prison royale, les architectes ajoutent le pavillon d'entrée ou Tour neuve – qui abritera dans les fameuses cages de fer de Louis XI le cardinal Balue –, et le Martelet, qui comporte trois étages de cachots. Au Martelet sera notamment incarcéré de 1504 à 1508 le duc de Milan Ludovic Sforza, fait prisonnier à Novare. Hors de l'enceinte de la forteresse, Loches comporte de nombreuses maisons datant de la Renaissance.

Loches
Vue du donjon. © *Sélection Images*

Locmariaquer

Placé à l'entrée du golfe du Morbihan, le village de Locmariaquer possède un ensemble de mégalithes parmi les plus grands de France.

Couché sur le sol, le « Mané-er-Groah » est un gigantesque menhir, aujourd'hui brisé en quatre morceaux, mesurant plus de 20 mètres de haut et pesant près de 350 tonnes. On s'interroge encore sur la façon dont a pu être transportée et érigée cette pierre considérée comme le plus grand menhir connu. Non loin de là, le dolmen de la « Table des Marchands », datant de la fin du IVe millénaire, est orné de dessins gravés. On a pu déterminer que la dalle de couverture est un morceau réutilisé d'un grand menhir dont l'autre partie se trouve à Gavrinis. Plusieurs tumulus complètent le site de Locmariaquer. Dans l'un d'eux, qui s'est enfoncé dans le sol, on a retrouvé de nombreux ossements humains et animaux, des haches en pierre taillée, des perles de colliers en callaïs, roche verte proche de la turquoise. Il semble que Locmariaquer avait été choisi comme lieu de sépulture pour des princes et des hauts personnages, ce qui justifierait peut-être le gigantisme de ses mégalithes.

Lodi (bataille de)

Bataille remportée par Bonaparte sur les Autrichiens commandés par Beaulieu, le 10 mai 1796.

Entraînées par Berthier, Augereau, Masséna et Lannes, les troupes françaises franchissent sous un déluge de feu le pont de Lodi défendu par les Autrichiens. Après cette victoire, qui ouvre le Milanais à Bonaparte, Lodi entre dans la République cisalpine.

Loire (armées de la)

Armées constituées par Gambetta pour résister aux Prussiens pendant la guerre de 1870-1871.

Installé à Tours le 9 octobre 1870 après son départ de Paris en ballon l'avant-veille, Gambetta cumule à la fois les portefeuilles de l'Intérieur et de la Guerre, que lui abandonne l'amiral Fourichon. Avec les troupes rappelées d'Algérie, celles des dépôts et quelques réserves, il active la constitution d'un 15e corps d'armée qui va être l'embryon de la Ire armée de la Loire. Placé à sa tête, le général de La Motte-Rouge fait franchir la Loire à cette unité, à Orléans, et, dès le 10 octobre, se heurte, à Artenay, aux Bavarois du général von der Thann, chargé de protéger par le sud le siège de Paris. Après cinq heures de combat indécis, La Motte-Rouge préfère rétrograder vers la préfecture du Loiret, ce qui lui vaut une destitution immédiate de la part de Gambetta. Le général d'Aurelle de Paladines le remplace. Ce dernier concentre ses forces au camp de Salbris, en Sologne, où le rejoignent le 16e corps, dirigé par Chanzy, puis le 17e corps, aux ordres du général de Sonis, colonel promu général de brigade par Gambetta. Regroupant 70 000 hommes et 150 canons, ces forces bousculent les Bavarois à Coulmiers le 9 novembre, mais Aurelle de Paladines ne sait pas exploiter ce succès et temporise, permettant l'arrivée des forces du prince Frédéric-Charles, libérées par la capitulation de Metz le 27 octobre.

Pour faire face, Gambetta constitue deux nouveaux corps d'armée, le 18e (général Billot) et le 20e (général Crouzat). Ce nouveau groupement se heurte le 28 novembre au 10e corps prussien à

Beaune-la-Rolande et doit rétrograder à son tour vers Orléans, tandis que peu après, les 1er et 2 décembre, les 16e et 17e corps sont tenus en échec à Villepion puis à Loigny, ce qui entraîne la perte d'Orléans le 4. Il en résulte une séparation des forces françaises que Gambetta met à profit pour opérer un changement de commandement. Les 15e, 18e et 20e corps ramenés à Gien et à Salbris sont retirés à Aurelle de Paladines et confiés à Bourbaki, échappé de Metz, tandis que Chanzy, installé à Beaugency, prend la tête des 16e et 17e corps. L'armée de la Loire est désormais scindée en deux parties. La première, avec Bourbaki, va prendre la dénomination d'armée de l'Est et aura pour mission de débloquer Belfort. La seconde, prenant le nom de IIe armée de la Loire, va continuer la lutte, sur les lieux de sa formation, étant engagée dès les 7 et 8 décembre à Josnes et à Villarceau et tenant tête aux Prussiens qui dénommeront ces combats « bataille de Beaugency ». Cependant, en raison de la supériorité numérique de l'ennemi, Chanzy rétrograde vers l'ouest, livrant combat à Fréteval le 14 décembre puis à Château-du-Loir le 15. Ayant reçu le renfort du camp de Conlie, dans la Sarthe, où s'est formé le 21e corps du général Jaurès (cousin de Jean Jaurès), il décide de défendre la vallée de l'Huisne. Dans la proportion d'un contre deux il livre bataille sur le plateau d'Auvours, au sud-est du Mans, lors des journées des 11 et 12 janvier. La défaillance d'un groupe de mobiles de l'Ouest oblige à un brusque repli au-delà du Mans. Chanzy livre encore d'ultimes combats à Sillé-le-Guillaume le 15 janvier puis à Saint-Mélaine le 18, avant de se retirer derrière la Mayenne où le trouvera l'armistice du 28 janvier 1871.

Lois fondamentales

Limites coutumières apportées à l'autorité souveraine du roi et réglant son rapport avec l'État (« Je m'en vais mais l'État demeurera toujours », Louis XIV, 1715). Élaborées pour certaines par les jurisconsultes du Moyen Âge et lors des sessions des états généraux, ces lois sont aussi en partie une invention tardive, voire rétrospective.

La première loi concerne la dévolution de la couronne. Celle-ci n'est pas héréditaire mais statutaire : le souverain, s'il est roi dès la mort de son prédécesseur, n'en est pas le légataire et ne peut davantage en disposer. Ne peuvent accéder au trône les hérétiques – d'où la conversion de Henri IV –, les bâtards – la règle est confirmée sous la Régence –, ni les femmes ou leurs descendants écartés du trône en 1316, à la mort de Louis X le Hutin. Cette dernière incapacité est appelée « loi salique », d'après les coutumes des Francs saliens mises par écrit sous Clovis (481-511) ; mais il s'agit d'une justification tardive, mobilisée pour la première fois par le chroniqueur Pierre Lescot en 1358. En fait, la loi salique, essentiellement pénale, consacre au droit privé certains développements dont l'article *de alodis* qui exclut les femmes de la succession. Mais ce titre n'évoque pas la succession royale, ce que les juristes français feignent d'ignorer dans le cadre polémique de la guerre de Cent Ans : Jean de Montreuil, dans son *Traité contre les Anglais* (1415-1416), recycle ainsi la loi salique pour affirmer la continuité des règles successorales à travers les trois dynasties montées sur le trône depuis Clovis. En 1593, le parlement de Paris, qui tente de faire échec aux prétentions de Philippe II au trône de France pour sa fille, excipe à nouveau de la « loi salique ».

Deux lois non écrites concernent le domaine : celui-ci est inaliénable tandis que les biens personnels d'un prince appelé au trône tombent dans le domaine royal : ce fut le cas pour la Navarre avec l'accession d'Henri IV au trône. Une dernière loi pose que la puissance temporelle est indépendante de la puissance spirituelle ; mais cette indépendance est ambiguë, comme le roi est « évêque du dehors » et protecteur naturel de l'Église. Par ailleurs, baptisé et oint de l'huile sainte, le roi de droit divin doit obéir aux commandements de Dieu et de l'Église. C'est ce qu'exprime Bossuet dans *La Politique tirée des propres paroles de l'Écriture sainte* (1709), manuel du parfait souverain chrétien.

Lomagne

Pays languedocien et gascon dont les principales villes sont Beaumont, Auvillars, Lavit (et Lectoure si elle n'appartient pas à l'Armagnac).

La Lomagne est d'abord un comté soumis à des seigneurs particuliers. À la fin du XIIIe siècle, elle passe à un Talleyrand-Périgord qui la vend à Philippe le Bel. Celui-ci la donne à Arnaud-Garcie de Goth, frère de Clément V. Les comtes d'Armagnac en héritent au début du XIVe siècle par le mariage de Jean Ier avec Régine de Goth. Elle suivra désormais le sort du comté d'Armagnac. Le fils aîné du comte régnant d'Armagnac sera automatiquement titré vicomte de Lomagne.

Loménie Henri Auguste de, comte de Brienne (Paris, 1594 – Paris, 1666)

Diplomate.

D'une famille limousine originaire du château de Loménie, près de Flavignac, il est le fils d'Antoine de Loménie, qui est secrétaire d'État en 1606 et acquiert en 1623 le comté de Brienne. Loménie reprend la charge de son père qui en avait obtenu la survivance pour lui en 1615. Nommé ambassadeur en Angleterre, il négocie en 1624 le mariage d'Henriette de France et du futur Charles Ier. Puis il devient secrétaire d'État aux Affaires extérieures en 1638. Mais le diplomate devra se démettre en 1663 en faveur de Hugues de Lionne. Il avait vendu au roi pour 4 000 livres la collection de manuscrits commencée par son père, qui forme à la Bibliothèque nationale de France la collection Brienne (360 volumes).

Loménie de Brienne Étienne Charles de (Paris, 1727 – Sens, 1794)

Archevêque et Principal ministre.

Élève du collège d'Harcourt, puis de la Sorbonne, il devient, malgré ses audacieuses thèses de doctorat (1751), évêque de Condom en 1760, puis archevêque de Toulouse en 1763. Prélat éclairé, ami des philosophes, il joue un grand rôle aux états du Languedoc, faisant notamment creuser le canal de Brienne entre la Garonne et le canal du Midi. En 1787, il fait partie de l'Assemblée de notables que convoque Calonne pour approuver ses réformes et se signale au premier rang des adversaires du ministre. C'est pourquoi, lorsque Calonne est contraint de démissionner, il est appelé à lui succéder (avril 1787). Mais, s'il réussit à éviter la banqueroute grâce à divers expédients (impôts nouveaux, quelques économies, surtout un emprunt de 67 millions), le problème financier reste entier et, par la force des choses, il doit reprendre les projets de son prédécesseur. Il dresse à son tour un vaste plan de réformes administratives et fiscales. La liberté du commerce des grains est rétablie ; la corvée est transformée en une contribution en argent ; des assemblées provinciales où le tiers a une représentation égale à celle des deux autres ordres réunis (afin de rompre la coalition de la bourgeoisie avec les privilégiés) sont créées ; enfin la noblesse et le clergé sont soumis à l'impôt foncier de la subvention territoriale.

Mais Loménie de Brienne se heurte lui aussi à la résistance des privilégiés. Ne pouvant rien obtenir des notables qui déclarent ne pas avoir pouvoir pour « consentir l'impôt », il les congédie (25 mai 1787). La résistance des parlements succède alors à celle des notables. Le parlement de Paris, suivi de la Cour des aides et de la Cour des comptes, adresse des remontrances au sujet d'un édit assujettissant au timbre les pétitions, les journaux et les affiches, repousse l'édit sur la subvention territoriale et réclame en même temps la convocation des États généraux, seuls en mesure de consentir de nouveaux impôts. Le 6 août 1787, un lit de justice oblige le Parlement à enregistrer les édits. Mais, le lendemain, le Parlement annule comme illégal l'enregistrement de la veille.

Étienne de Loménie de Brienne
Huile sur toile, École française, 1770, châteaux de Versailles et Trianon. © *Lauros-Giraudon*

Brienne réplique en exilant le Parlement à Troyes (14 août). L'agitation gagne les cours de province et l'ensemble de l'aristocratie. Celui qui est Principal ministre depuis le début du mois d'août doit bientôt capituler. Les édits fiscaux sont retirés et le Parlement, réinstallé, enregistre le 4 septembre le rétablissement des vingtièmes. Il n'est plus question de la subvention territoriale. La réforme fiscale s'est révélée impossible devant la résistance du Parlement, interprète de l'ensemble de l'aristocratie.

Pour subsister, Brienne a de nouveau recours à un emprunt de 420 millions de livres, échelonné sur cinq ans. Mais il ne peut emprunter sans l'assentiment du Parlement qui n'accorde l'enregistrement que sous promesse de la convocation des États généraux. Peu sûr de sa majorité, Brienne, pour couper court à toute discussion, fait imposer l'édit au cours d'une séance royale brusquement transformée en lit de justice (19 novembre 1787). Au duc d'Orléans qui proteste : « Sire, c'est illégal », Louis XVI réplique : « C'est légal, parce que je le veux. » Mais ce nouvel acte d'autorité est sans effet. La querelle s'éternise. Le 14 janvier 1788, le Parlement vote un réquisitoire contre les lettres de cachet et réclame la liberté individuelle comme un droit naturel. Le 3 mai enfin, le Parlement publie une déclaration des lois fondamentales du royaume, dont il se dit le gardien. C'est la négation du pouvoir absolu. Se décidant enfin à imposer ses volontés, Brienne donne l'ordre d'arrêter deux des meneurs de l'opposition parlementaire, Duval d'Éprémesnil et Goislard de Montsabert (6 mai). Puis, le 8 mai, le roi impose l'enregistrement d'autorité des six édits préparés par le garde des Sceaux Lamoignon afin de briser la résistance des magistrats et de réformer la justice. Mais, contre cette réforme, les parlements de province se solidarisent avec celui de Paris et le conflit s'amplifie à l'échelle nationale.

Devant l'alliance du tiers état avec les privilégiés, Brienne est bientôt réduit à l'impuissance. Le pouvoir lui échappe. Les assemblées provinciales, qu'il a pourtant créées et composées à son gré, se montrent peu dociles et refusent les augmentations d'impôts. L'armée, commandée par des nobles hostiles aux réformes, est incertaine. Surtout le Trésor est vide, aucun emprunt ne pouvant être souscrit dans des conditions aussi troubles. Le 5 juillet 1788, Brienne reconnaît sa défaite ; il promet la réunion des États généraux. Le 8 août, il en fixe la date au 1er mai 1789. Mais, la banqueroute menaçant, il démissionne le 24 août 1788 après avoir mis la main sur les fonds des invalides et les souscriptions pour les hôpitaux.

Il était devenu archevêque de Sens et sera créé cardinal en décembre 1788. Il prêtera serment à la Constitution civile du clergé en 1790 et devra envoyer sa démission au pape en mars 1791. Il n'en sera pas moins arrêté en novembre 1793 et mourra en prison. L'Académie française l'avait accueilli en 1770.

LONDRES (pacte de)

Accord diplomatique au sein de la Triple-Entente.

Le 5 septembre 1914, les représentants des gouvernements britannique, français et russe signent dans la capitale britannique un pacte solennel aux termes duquel aucune des puissances contractantes ne conclura de paix séparée avec les empires centraux. La Triple-Entente devient de la sorte une triple alliance. C'est en se référant à ce texte que Kerenski déploiera tous ses efforts pour que son gouvernement poursuive la lutte en 1917. Le gouvernement des Soviets ne se considérera pas lié par cet accord et engagera avec l'Allemagne les négociations de Brest-Litovsk qui aboutiront au traité de paix du 3 mars 1918.

LONDRES (traités de)

La capitale britannique a été le siège, à plusieurs reprises, de réunions diplomatiques de portée internationale.

Le 26 avril 1915, les représentants franco-britanniques signent avec les délégués italiens un traité secret aux termes duquel, en cas d'intervention armée aux côtés de l'Entente et de succès sur le champ de bataille, l'Italie recevra de l'Autriche, au traité de paix, le Trentin et le Haut-Adige, l'Istrie, la Dalmatie, ainsi qu'un territoire d'Asie Mineure prélevé sur l'Empire ottoman.

De février à juin 1948 se déroulent des négociations consacrées au statut des zones d'occupation alliée en Allemagne, à l'éventuelle création d'un État fédéral ouest-allemand, ainsi qu'au statut de la Ruhr.

En novembre 1948, les représentants des États-Unis, de la Grande-Bretagne, de la France et des puissances du Benelux étudient les modalités d'institution d'un contrôle international du bassin de la Ruhr.

Le traité de janvier 1949 concerne la création d'un Conseil de l'Europe.

Le traité du 23 octobre 1954 met fin au régime d'occupation de l'Allemagne de l'Ouest par les trois puissances occidentales et admet la République fédérale au sein de l'OTAN. Cette décision devient effective le 8 mai 1955, trois jours après la reconnaissance par les Alliés de la pleine souveraineté du gouvernement de Bonn.

La duchesse de Longueville
Huile sur toile, École française, XVIIe siècle, châteaux de Versailles et Trianon. © *Giraudon*

LONGPONT (abbaye de)

Abbaye cistercienne située dans l'Aisne, non loin de Villers-Cotterêts, sur la Savières.

Elle est fondée en 1151 par le comte de Crépy, Raoul IV, pour expier un meurtre. Rebâtie sous Saint Louis, l'église abbatiale gothique est aujourd'hui en ruine, mais l'ancien chauffoir se dresse encore, intact, avec sa cheminée centrale reposant sur quatre colonnes, seul exemple cistercien connu en France.

LONGUEVILLE (maison de)

Branche de la maison de France.

Issue de Dunois, bâtard d'Orléans, elle reçoit de Charles VII le comté de Longueville, situé dans la région de Dieppe.

LONGUEVILLE Anne Geneviève de BOURBON-CONDÉ, duchesse de (Vincennes, 1619 – Paris, 1679)

Frondeuse.

Fille d'Henri II, prince de Bourbon-Condé, et de Charlotte de Montmorency, sœur aînée du Grand Condé et du prince de Conti. Elle naît en prison, au château de Vincennes où sa mère a rejoint son père, prisonnier d'État. Elle quitte la forteresse lorsque le prince est libéré, deux mois après sa naissance. Enfant, Anne songe à prendre l'habit religieux, mais Henri de Bourbon s'y oppose et lui fait épouser, après plusieurs vains projets, Henri II d'Orléans, duc de Longueville, veuf et âgé de 47 ans. La jeune femme n'aime pas son mari qui, de son côté, continue d'afficher ouvertement sa liaison avec Mme de Montbazon. Très belle, intelligente, ambitieuse, Mme de Longueville mène une vie fort libre, on lui prête des amants, le duc de Coligny, Miossens, et surtout Marcillac, futur duc de La Rochefoucauld, son grand amour. Ennemie acharnée de Mazarin, elle se jette dans la Fronde parlementaire dont elle ne tarde pas à devenir l'âme, soutenant Gondi (futur cardinal de Retz) et ralliant son frère Armand, prince de Conti.

Avec la duchesse de Bouillon et Conti, Anne de Longueville s'installe à l'Hôtel de Ville lorsque la reine, le très jeune Louis XIV et Mazarin s'enfuient à Saint-Germain, et que commence le siège de Paris. Là, le 21 janvier 1649, elle donne naissance à un fils, Charles Paris, dont la municipalité parisienne réclame l'honneur d'être marraine, et qui ressemble fortement à Marcillac. Ce dernier la pousse ensuite à accepter la paix générale du 16 mars 1649, mais elle se méfie du cardinal et de la reine, et réussit à s'enfuir lorsque son mari et ses frères sont arrêtés (janvier 1650). Gagnant alors la Normandie, dont le duc de Longueville est le gouverneur, elle tente en vain de soulever la province, et finit par s'embarquer au Havre, pour les Pays-Bas.

Magnifiquement reçue par les Espagnols, la duchesse gagne Stenay où elle retrouve Turenne, et persuade ce dernier d'abandonner le parti du roi, et de traiter avec les Espagnols. La paix revenue, et Mazarin enfui outre-Rhin, elle rejoint à Paris les princes libérés. Mais des querelles divisent les frondeurs : jalouse de la duchesse de Chevreuse, ancienne maîtresse de Marcillac, et qui doit épouser Conti, Mme de Longueville empêche le mariage, s'attirant ainsi l'animosité de Retz, qui rapporte à son mari sa liaison avec La Rochefoucauld. Longueville lui ordonne alors de se retirer en Normandie. Elle refuse, tente de ranimer la guerre et, au printemps 1652, gagne Bourges, puis Bordeaux, avec Condé. Là, elle retrouve Conti, et devient la maîtresse du duc de Nemours, ce qui entraîne la fin de sa liaison avec La Rochefoucauld. On l'accuse aussi de relations équivoques avec Conti. Ce dernier abandonne le combat contre Mazarin en juillet 1653. Chassée par les Bordelais, la duchesse de Longueville se réfugie dans un couvent à Blaye. L'autorité de Mazarin définitivement rétablie, l'âme des frondeurs, amnistiée, regagne Paris, où elle se tient à l'écart de la Cour, trouvant un réconfort dans la religion. Profondément atteinte par la mort de son fils Charles Paris (1672), elle partage dès lors sa vie entre le carmel de la rue Saint-Jacques et son hôtel de Port-Royal des Champs, s'intéresse cependant aux persécutions des jansénistes, et distribue sa fortune aux malheureux.

LONGUEVILLE François II d'ORLÉANS, comte de Dunois et de (?, 1470 – ?, 1512)

Chambellan.

Fils de François Ier d'Orléans, comte de Longueville. Grand chambellan et connétable de Normandie, il participe aux campagnes d'Italie de Charles VIII et de Louis XII. Pour lui, le comté de Longueville est érigé en duché en 1505. Son frère Louis Ier d'Orléans, duc de Longueville, puis ses neveux Claude d'Orléans, duc de Longueville, tué à Paris en 1524, et Louis II d'Orléans, grand chambellan, mort en 1537, lui succèdent.

LONGUEVILLE Henri Ier d'ORLÉANS, duc d'Estouteville et de (?, 1568 – ?, 1595)

Gentilhomme.

Fils de Léonor de Longueville et de Marie de Bourbon. Gouverneur de Picardie, il est vainqueur des ligueurs à Senlis, en 1589. De son mariage avec Catherine de Gonzague naît, en 1595, Henri II d'Orléans, duc de Longueville, époux d'Anne de Bourbon-Condé.

LONGUEVILLE Henri II d'ORLÉANS, duc d'Estouteville et de (?, 1595 – Rouen, 1663)

Frondeur.

Filleul d'Henri IV. Gouverneur de Picardie à 18 ans, il s'oppose au maréchal d'Ancre. En 1617, il épouse Louise de Bourbon dont il aura une fille. Gouverneur de Normandie en 1619, le duc de Longueville participe en 1626 à la conspiration organisée contre Richelieu, puis sert le roi pendant la guerre de Trente Ans. Un second mariage l'unit, en 1642, à Anne Geneviève de Bourbon-Condé, fille d'Henri II de Bourbon, et le duc est appelé au Conseil de régence après la mort de Louis XIII (1643). Envoyé au congrès de Münster en 1645, dépité du faible rôle qu'on lui accorde, Longueville devient ensuite, aux côtés de son épouse – et souvent entraîné par elle –, un des plus actifs frondeurs. Arrêté le 18 janvier 1650 sur ordre de Mazarin, en même temps que Condé et Conti, il est emprisonné à Vincennes, puis se retire dans son gouvernement de Normandie en 1651.

LONGWY

Ville de Meurthe-et-Moselle, située près de la frontière belge.

Longwy est divisée en une ville basse (Longwy-Bas) et en une ville haute (Longwy-Haut), cette dernière s'élevant sur un rocher escarpé, fortifié sans doute dès la plus haute Antiquité. Il est probable qu'un château y fut construit au VIIe siècle par un seigneur austrasien pour remplacer le Titelberg, ancien camp romain qui occupait une hauteur 5 km à l'est. Au Moyen Âge, Longwy est d'abord le siège d'un comté indépendant qui passe dans la maison de Luxembourg avant d'appartenir successivement aux comtes de Bar et aux ducs de Lorraine. Louis XIV s'empare de la ville en 1670, la fait fortifier par Vauban et y établit en 1685 un bailliage qui est compris dans la province des Trois-Évêchés.

La place résiste énergiquement aux envahisseurs en 1792 et 1815. Cernée par les Allemands en novembre 1870, elle ne capitule que le 25 janvier 1871 après un long bombardement et une résistance héroïque. En 1914, elle doit de nouveau faire face aux attaques allemandes. En 1939, l'« avancée de Longwy » est une position fortifiée destinée à couvrir au nord le centre métallurgique. Mais elle ne peut contenir l'offensive allemande que du 10 au 14 mai 1940, date à laquelle ses défenseurs doivent se retirer sur la ligne Maginot.

LORIENT

Ville du Morbihan.

La convergence des eaux du Blavet et du Scorff, constituant un estuaire protégé par les îles Saint-Michel et des Errants, à l'entrée du chenal, est à l'origine du choix de Lorient, port créé à partir de 1666 par la Compagnie des Indes en vue de renforcer son trafic maritime avec ses possessions d'Orient, d'où le nom de la nouvelle cité. Une citadelle ayant été installée en 1616 sur la rive gauche de l'estuaire (Port-Louis), la ville nouvelle est établie, à l'opposé, au bord du Scorff. À la suppression de la Compagnie des Indes, en 1769, le gouvernement de Louis XV rachète les installations portuaires et l'arsenal, qui va être à l'origine de la vocation militaire de cette place maritime au XIXe siècle.

Préfecture maritime, sous-préfecture administrative, Lorient est transformée de 1940 à 1944 en importante base sous-marine par les Allemands, qui y replient en septembre 1944 une partie de leurs unités de Bretagne. La garnison, aux ordres du géneral Fahrmbacher, se maintiendra dans cette « poche » jusqu'au 8 mai 1945. Les bombardements ont dévasté le centre de la ville, détruisant la cité d'origine et nécessitant, comme au Havre, une reconstruction presque totale.

LORRAINE

Ancienne province de l'est de la France qui inclut les départements de la Meuse, la Moselle, la Meurthe-et-Moselle et les Vosges.

Une chanson assure que l'on « passe » par cette belle province. Effectivement nul obstacle ne vient perturber cette vocation de terre de liaison, pas même les Vosges, à l'est, aux cols aisément accessibles. Pour le reste, de molles ondulations caractérisent un paysage verdoyant, à dominance de prairies, notamment à l'ouest et au sud, qui se prolonge très naturellement en direction du Luxembourg et de la Sarre d'un côté, vers la Champagne, le plateau de Langres et la Franche-Comté de l'autre. La Moselle, la Meuse et leurs affluents, ceux de la Saône supérieure également, innervent toute la région en une multitude de stries qui sont autant de voies de communications.

L'époque gauloise trouve les Médiomatriques installés de part et d'autre de la Moselle et les Vadicasses établis sur le rebord occidental des Vosges, dans les vallées de la Meurthe et de la Moselle supérieure ainsi que dans ces contrées qui porteront, plus tard, les dénominations de Vermois, de Voge et de Xaintois, c'est-à-dire au sud des sites actuels de Nancy et de Lunéville. Parvenus à la Saône supérieure et au Rhin, les légionnaires romains n'ont aucune peine à soumettre ce pays de prés et de zones forestières à travers lesquelles ils tracent des chaussées reliant Trèves, chef-lieu de la Belgique Première à *Durocortorum* (Reims) puis à Lutecia (Paris). Une autre chaussée descend de *Divodurum* (Metz) vers *Tullum* (Toul) pour rejoindre *Andematunum* (Langres) puis la vallée de la Saône. Par ces voies transitent les marchandises à destination de *Colonia Agrippina* (Cologne) et de la Belgique Seconde. La future Lorraine a trouvé sa vocation, celle de voie de transit qui sera désormais toujours la sienne.

À l'époque du Bas-Empire, preuve de l'importance de la région, Trèves devient une des métropoles d'Occident. Les Burgondes s'établissent dans la plaine de la Saône, à laquelle ils laisseront leur nom. Les Huns d'Attila sèment la dévastation en Lorraine, à l'aller comme au retour au milieu du Ve siècle. La promotion de *Divodurum* (Metz) au rang de métropole d'Austrasie entraîne des heurts entre les descendants de Clovis au cours des VIe et VIIe siècles, époque au cours de laquelle le pays se sépare définitivement de la Neustrie et confie son sort aux entreprenants maires du palais que sont Pépin d'Héristal puis son fils Charles Martel. Le traité de Verdun, en 843, confère à la région sa personnalité, à commencer par son nom. Lothaire en hérite, en effet, et Lotharingie va devenir, plus tard, Lorraine. En fait, cette expression couvre tout d'abord la part du petit-fils de Charlemagne qui s'étend de la Frise néerlandaise à l'Italie. Un tel espace ne peut toutefois qu'aviver les convoitises et provoquer de nouveaux soubresauts. Le traité de Meerssen (870) n'apporte qu'une pause aux convoitises de Charles le Chauve et de Lothaire II. Louis de Saxe, successeur de ce dernier, maintient jalousement l'unité du territoire lorrain, lequel sera inclus en 923 par Henri Ier l'Oiseleur dans l'Empire germanique.

En 959, l'administration impériale apporte une distinction entre les terres du nord et celles du sud. Les premières, qui englobent la Frise, la Zélande, le Brabant, une partie de la Rhénanie et, en règle générale, la région comprise entre Rhin et Escaut, prend le nom de Lothier, ou Basse-Lorraine, puis de Brabant, une ligne approximative allant d'Andernach à Bouillon dans les Ardennes méridionales la séparant de la Lorraine proprement dite, appelée aussi un moment Haute-Lorraine. Celle-ci est gouvernée tout d'abord par Bruno, frère de l'empereur Otton Ier. Parmi ses principaux souverains figurent Frédéric d'Alsace, comte de Bar, Gothelon Ier, Albert de Metz et Gérard d'Alsace, lequel devient, en 1048, premier duc héréditaire. C'est le début d'une lignée qui va se maintenir jusque dans le premier tiers du XVIIIe siècle, soutenue par la maison de Habsbourg. Terre d'empire, la Lorraine excite, en effet, les convoitises en raison de sa situation stratégique. Les rois de France demeurent aux aguets, tout comme les ducs de Bourgogne, au XVe siècle. De surcroît, les seigneurs lorrains manifestent volontiers un certain esprit d'indépendance. La maison de Vaudémont, issue de la lignée des ducs lorrains, redonne à la province son unité après une courte suzeraineté de la famille d'Anjou. Nancy, à partir du XVe siècle, devient résidence ducale.

Possesseur de la Bourgogne, de la Franche-Comté, de l'Alsace et des domaines des Pays-Bas, Charles le Téméraire rêve d'unir cet immense territoire et de reconstituer l'ex-Lotharingie. Il ne lui manque que la Lorraine pour souder l'ensemble. Le duc René II de Vaudémont fait échec au projet. Une opportune alliance avec Louis XI d'un côté, l'appoint des villes libres d'Alsace et la venue de volontaires des cantons suisses de l'autre, permettent de renverser une situation tout d'abord compromise par l'occupation quasi totale du duché par Charles le Téméraire à la fin de 1475. Mais après les succès des confédérés à Grandson puis à Morat, René II contre-attaque. Il revient à Nancy en octobre 1476 et occupe la plupart des autres localités du duché. Le Téméraire accourt pour reprendre la capitale ducale, mais est contraint à un siège en règle qui permet la venue en renfort de contingents suisses et alsaciens, appuyés par des gentilshommes français envoyés par Louis XI. Le 5 janvier 1477, sous les murs de Nancy, les coalisés bousculent les détachements bourguignons et mettent un terme définitif aux ambitions du Téméraire, tué au cours de l'engagement.

Malgré l'influence française grandissante, le duché demeure, deux siècles et demi durant, une sorte de marche occidentale de l'empire. Mais cette position est sérieusement entamée lorsque Henri II obtient, en 1559, la cession des Trois-Évêchés de Verdun, Toul et Metz, vigies avancées d'un royaume de France qui atteint le Rhin en 1648. Onze ans plus tard, au traité des Pyrénées, l'encerclement se précise avec l'acquisition de Montmédy, Longwy et Thionville. Cette fois la suzeraineté impériale est d'autant plus précaire que cette province francophone sert de voie de passage entre la Champagne et l'Alsace. Les troupes de Louis XIV l'occupent en 1670, y demeurent jusqu'en 1697 et reviennent quatre ans plus tard à la faveur de la guerre de Succession d'Espagne. Le mariage du duc François III (futur empereur François Ier) avec l'impératrice Marie-Thérèse d'Autriche pourrait certes renforcer l'appartenance lorraine à l'empire. Il n'en est rien cependant, car la province est bientôt destinée à servir de monnaie d'échange pour dédommager

Maison de LORRAINE

- **GÉRARD d'Alsace** duc de Lorraine (1024-1070) ∞ Edwige de Namur (?-1072) [5 enfants]
  - **THIERRY II** duc de Lorraine (1040-1115) ∞ 1. Edwige de Forbach 2. Gertrude de Flandre
    - **SIMON Ier** (1.) duc de Lorraine (?-1138) ∞ Adélaïde de Saxe [14 enfants]
      - **MATHIEU Ier** duc de Lorraine (1120-1176) ∞ Berthe de Souabe (1126-1195) [9 enfants]
        - **Simon II** duc de Lorraine (1140-1205) ∞ Ide de Vienne (?-1224)
        - **FERRY Ier** duc de Lorraine (1151-1208) ∞ Ludmilla de Pologne (?-1223) [7 enfants]
          - **FERRY II** duc de Lorraine (1170-1213) ∞ Agnès de Bar [6 enfants]
            - **THIBAUT Ier le Beau** duc de Lorraine (?-1220) ∞ Gertrude de Dagsbourg
            - **MATHIEU II** duc de Lorraine (?-1251) ∞ Catherine de Limbourg (?-1255) [5 enfants]
              - **FERRY III** duc de Lorraine (1240-1303) ∞ Marguerite de Navarre-Champagne (?-1310) [11 enfants]
                - **THIBAUT II** duc de Lorraine (?-1312) ∞ Isabelle de Rumigny (?-1322) [8 enfants]
                  - **FERRY IV le Lutteur** duc de Lorraine (1282-1329) ∞ Isabelle d'Autriche (?-1352) [8 enfants]
                    - **RAOUL le Vaillant** duc de Lorraine (1318-1346) ∞ 1. Éléonore de Bar (?-1332) 2. Marie de Blois (?-1363) [4 enfants]
                      - **JEAN Ier**
      - **Robert** duc de Florange (?-1176)
    - **Thierry** (2.) duc de Flandre (v.1099-1168)
      - Maison de LORRAINE-FLANDRE
  - **Gérard Ier** duc de Vaudémont

JEAN Ier (2.)
duc de Lorraine
(1346-1380)
∞ 1. Sophie de Wurtemberg (1343-1369)
2. Marguerite de Chiny (?-1372)

CHARLES II le Hardi
duc de Lorraine
(1364-1431)
∞ Marguerite de Bavière (1376-1434)
[4 enfants]

Isabelle
(1400-1453)
∞ René Ier d'Anjou et de Bar (1409-1480)

Jean II
duc de Lorraine
(1427-1470)
∞ Marie de Bourbon

Nicolas Ier
(1448-1473)

Yolande
(1428-1483)

Ferry V
(?-1415)
∞ Marguerite de Vaudémont
(1354-1417)

Antoine Ier
comte de Vaudémont
(?-1457)
∞ Marie d'Harcourt (1398-1476)

Ferry II
comte de Vaudémont
(1428-1470)

RENÉ II
comte de Vaudémont, puis duc de Lorraine
(1451-1508)
∞ 1. Jeanne d'Harcourt (?-1488)
2. Philippa de Gueldre (?-1547) [6 enfants]

ANTOINE (2.)
duc de Lorraine et de Bar
(1489-1544)
∞ Renée de Bourbon (1494-1539)

Claude Ier (2.)
(1496-1550)

Maison de GUISE

Jean (2.)
cardinal de Lorraine
(1498-1550)

FRANÇOIS Ier
duc de Lorraine
(1517-1545)
∞ Christine de Danemark (1521-1590)
[3 enfants]

CHARLES III
duc de Lorraine et de Bar
(1543-1608)
∞ Claude de France (1547-1575)
[8 enfants]

Anne
(1522-1568)
∞ 1. René d'Orange-Nassau
2. Philippe II de Crôy

Nicolas
duc de Mercœur
(1524-1577)
∞ 1. Marguerite d'Egmont
2. Jeanne de Nemours ; 3. Catherine d'Aumale

Louise (1.)
(1553-1601)
∞ Henri III

HENRI II le Bon
duc de Lorraine et de Bar
(1563-1624)
∞ 1. Catherine de Bourbon (1559-1604)
2. Marguerite de Gonzague (1591-1632)

Nicole (2.)
(1608-1657)
∞ Charles IV [son cousin]

Claude Françoise (2.)
(1612-1648)
∞ Nicolas François [son cousin]

FRANÇOIS II
duc de Lorraine et de Bar
(1571-1632)
∞ Catherine de Salm (1575-1627)
[5 enfants]

CHARLES IV
duc de Lorraine
(1604-1675)
∞ 1. Nicole ; 2. Béatrix de Cusance (1614-1663)
3. Marie-Louise d'Aspremont (1652-1692) [3 enfants]

Charles Henri (2.)
prince de Vaudémont
(1649-1723)
∞ Anne-Elisabeth de Lorraine

NICOLAS FRANÇOIS
duc de Lorraine
(1609-1670)
∞ Claude Françoise
[3 enfants]

FERDINAND
duc de Lorraine
(1639-1659)

CHARLES V
duc de Lorraine
(1643-1690)
∞ Éléonore-Marie d'Autriche
(1653-1697) [4 enfants]

LÉOPOLD
duc de Lorraine et de Bar
(1679-1729)
∞ Elisabeth Charlotte d'Orléans (1676-1744)
[9 enfants]

Charles
Primat de Lorraine
(1680-1716)

FRANÇOIS III STÉPHANE
duc de Lorraine et de Bar
(1708-1765)
∞ Marie-Thérèse d'Autriche

Maison de
HABSBOURG-LORRAINE

Elisabeth Thérèse
(1711-1741)
∞ Charles-Emmanuel III de Savoie
(1701-1773)

Charles Alexandre
prince de Lorraine
(1712-1780)

Stanislas Leszczyński, roi déchu de Pologne et beau-père de Louis XV, à l'issue de la guerre de Succession de Pologne précisement. À la mort du monarque (qui embellit Nancy et établit une cour brillante à Lunéville), la province doit revenir à la couronne, condition remplie en 1766.

Dès lors, tout comme ses voisines alsacienne et champenoise, la province vivra au gré des événements politiques du royaume. La Révolution modifie bailliages et sénéchaussées en quatre départements, Meuse, Moselle, Meurthe et Vosges. C'est en Argonne que Kellermann et Dumouriez arrêtent l'envahisseur de 1792. L'année suivante, Hoche le chasse hors des limites de la République en remportant le succès de Woerth. Une génération durant, la Lorraine participe avec détermination à l'épopée de la Révolution et de l'Empire, apportant à ces deux régimes des soldats de valeur en grand nombre : Drouot, Duroc, Gouvion-Saint-Cyr, Lasalle, Molitor, Oudinot, Victor. L'année 1814 ramène l'envahisseur, mais c'est en Champagne que se déroulent les principaux combats de l'Empire à l'agonie. Le congrès de Vienne se contente d'écorner un lambeau frontalier sarrois au profit de la Prusse. Pour le reste, les quatre départements concourent à la prospérité nationale avec l'essor industriel du XIXe siècle. La province de Nicolas Joseph Cugnot, l'inventeur du fardier, ancêtre à vapeur de l'automobile, s'adonne à l'industrie sous l'impulsion de la famille de Wendel. Aux ressources en sel de la région de Nancy (propices à la chimie), fait pendant l'extraction du charbon de Saint-Avold à Forbach. Le minerai de fer est présent autour de Longwy et de Briey, tandis que les tissages s'imposent dans les vallées vosgiennes, où s'ajoute l'exploitation du bois.

La guerre de 1870 frappe un moment cet essor sans l'entraver. Une fois encore, avec l'Alsace, la Lorraine subit le premier choc. Bazaine se laisse enfermer dans Metz avec l'armée du Rhin après s'être laissé déborder au sud, livrant de glorieux mais vains combats à Borny, Gravelotte, Mars-la-Tour et Saint-Privat. La capitulation d'octobre accroît l'emprise de l'envahisseur, auquel ne résiste plus que Bitche défendue par le lieutenant-colonel Teyssier, lequel sortira de la place le 27 mars 1871 seulement avec les honneurs. Le traité de Francfort ampute la Lorraine de son fleuron industriel, celui de Moselle, et d'une partie de la Meurthe. Bismarck, mal informé, néglige en revanche l'arrondissement de Briey qui va constituer avec Pont-à-Mousson, Nancy et Lunéville, le nouveau département de Meurthe-et-Moselle. C'est désormais une marche frontière dont le symbole, pour deux générations, va être cette « ligne bleue des Vosges » à laquelle selon Déroulède, « chacun doit penser ». Un autre enfant du pays, Maurice Barrès, chante cet ardent patriotisme ; d'autres Lorrains préparent la « revanche » : Jules Ferry et Raymond Poincaré dans le domaine politique, Lyautey et Mangin dans la carrière des armes.

Lorsque l'affrontement se produit, c'est cependant par deux fois autour de Verdun que se décide pratiquement le sort de la guerre à l'ouest. La première fois en septembre 1914, lorsque Sarrail s'arc-boute à la région de Verdun, tenant de ce côté un rôle aussi déterminant que Gallieni au nord-est de Paris. La seconde fois, c'est en 1916, lorsque le kronprinz choisit ce même secteur pour la bataille d'usure décisive. Le département de la Meuse, à vocation agricole, inscrit désormais son nom au long martyrologe des départements de l'Est et le nom de Verdun devient symbole d'héroïsme et de sacrifice pour toute une génération. La crainte du militarisme allemand incite la IIIe République vieillissante à doter la Moselle (retrouvée en 1918) d'un corset de béton qui porte le nom d'un ministre originaire des confins lorrains et champenois, André Maginot. En vain. Cette fois le chemin le plus direct de Francfort à Paris passe par la plaine brabançonne. Pour quatre trop longues années, Metz et la Moselle font retour au grand Reich, mais c'est une croix de Lorraine qu'arbore, symbole de défi à l'occupant, le régime de la France libre. Si Patton enlève de haute lutte les forts de Metz en novembre 1944, c'est le département des Vosges qui a l'honneur des communiqués avec la victoire de Leclerc à Dompaire à la mi-septembre, la prise de Baccarat le jour de la Toussaint et le départ de la « charge » sur Strasbourg par les petites vallées forestières de la Vezouze, de la Sarre blanche et les abords du col de Dabo. Mais plus au sud, en se retirant vers les cols vosgiens, les Allemands en retraite incendient Gérardmer et La Bresse.

LORRAINE (cardinaux et ducs de) : voir GUISE

LORRAINE Charles de, cardinal de Guise, dit LE CARDINAL de (Joinville, Champagne, 1524 – Avignon, 1574)

Cardinal.

Deuxième fils de Claude de Lorraine, premier duc de Guise, et frère de François de Lorraine, duc de Guise. Grâce à la puissance de sa famille, il est archevêque de Reims dès l'âge de 14 ans et coiffe le chapeau de cardinal en 1547. L'administration des finances royales lui est confiée sous le règne de François II. Le concile de Trente trouve en lui un des participants les plus influents, et c'est encore en raison de ce prestige que le cardinal négocie en 1569 le mariage du futur roi Henri III et d'Élisabeth d'Autriche. Il a été l'objet de railleries de la part de ses contemporains pour ses mœurs peu sévères, bien qu'il ait été partisan de l'introduction de l'Inquisition en France en 1658, mais il se heurta alors à la vive opposition de Michel de L'Hospital.

LORRAINE Ferri III, duc de (?, 1240 – ?, 1303)

Duc de Lorraine (1250-1303).

Fils de Matthieu II et de Catherine de Limbourg, il succède à son père à sa mort, en 1250, sous la tutelle de sa mère, régente jusqu'en 1254. Au cours de son long règne, grâce à l'affaiblissement de la puissance royale en France, le duc parvient à regrouper les territoires qui composent le duché, et même à s'installer solidement dans les pays de la Sarre, en s'emparant de la forteresse de Schaumburg. En 1285, comme le comte de Bar, Ferri III entre dans la vassalité du roi de France. À côté de longues années de guerre, en particulier contre ses voisins et rivaux les comtes de Bar, la Lorraine retrouve quelques années de paix, au cours desquelles le duc modifie les institutions et les lois de ses états, accorde franchises et privilèges à de nombreuses communes, tente de développer le commerce et l'instruction, tout en combattant le luxe. Il organise aussi la chevalerie lorraine, créant une sorte de cour suprême de justice qui connaît de toutes les causes importantes, même celles qui concernent le duc. Ferri III avait épousé en 1255 Marguerite de Navarre-Champagne, morte en 1310. À sa mort, son fils Thibaud II lui succède.

LORRAINE Ferri IV, dit LE LUTTEUR, duc de (?, 1282 – ?, 1329)

Duc de Lorraine (1312-1329).

Fils de Thibaud II et d'Isabelle de Rumigny, il succède à son père en 1312 et se rend à Paris, auprès de Philippe le Bel, pour se soumettre à lui et lui promettre la réparation des outrages commis contre certaines villes sous le règne de son père. Son règne est surtout marqué par une grande disette, suivie d'une épidémie de peste, qui dévaste la Lorraine de 1315 à 1317. En 1314, lors de l'élection au trône impérial, Ferri IV se déclare en faveur de Frédéric d'Autriche contre Louis de Bavière. Huit ans plus tard, ce dernier le fait prisonnier à la bataille de Muhldorf. Charles le Bel obtient sa libération et se l'attache. En 1329, celui que sa force et son habileté avaient fait surnommer « le Lutteur » est tué à la bataille de Kassel, où il combattait pour Philippe VI.

LORRAINE François Stéphane, duc de (Nancy, 1708 – Innsbruck, 1765)

Duc de Lorraine (1729-1738).

Fils de Léopold de Lorraine, il devient duc de Lorraine en 1729. Il épouse, en 1736, l'impératrice d'Autriche, Marie-Thérèse, et fonde ainsi la dynastie de Habsbourg-Lorraine. Aux termes du traité de Vienne qui met fin à la guerre de Succession de Pologne (1738), il échange sa province d'origine ainsi que le duché de Bar contre la Toscane, Stanislas Leszczyński lui succédant à Nancy. Reconnu empereur en 1745, François Ier de Habsbourg règne en fait dans le sillage de Marie-Thérèse. Parmi les seize enfants issus de cette union, il convient de citer Joseph II, le successeur de François Stéphane de Lorraine au trône impérial, Marie-Caroline, un jour reine de Sicile et de Naples, et Marie-Antoinette, future épouse de Louis XVI.

LORRAINE (Louise de) : voir LOUISE de LORRAINE

LORRAINE (Marie de) : voir MARIE de LORRAINE

LORRAINE Nicolas d'ANJOU, duc de (?, 1448 – Nancy, 1473)

Duc de Lorraine (1470-1473).

Fils de Jean II de Lorraine et de Marie de Bourbon, il succède à son père en 1470 et poursuit la même politique d'hostilité à l'égard de Louis XI. Il meurt sans postérité, et son héritage est recueilli par la branche ducale de Vaudémont. Mais Yolande d'Anjou, sa nièce, fille de René Ier et femme de Ferri II, comte de Vaudémont, cède en 1473 le duché de Lorraine à son fils René II, tout en s'en réservant l'usufruit.

LORRAINE (René II, duc de) : voir RENÉ II de LORRAINE

LORRIS

Petite ville du Gâtinais située entre Montargis et Sully, dans l'actuel département du Loiret.

Le bourg de Lorris entre dans le domaine royal, en même temps que le Gâtinais, en 1066. Sa position sur la lisière de la forêt d'Orléans détermine les rois à y établir une de leurs résidences. Érigé en châtellenie au XIVe siècle, Lorris devient la propriété des ducs d'Orléans en 1749. Patrie de Guillaume de Lorris, auteur de la première partie du *Roman de la Rose*, Lorris est surtout célèbre par la charte de franchise, connue sous le nom de coutumes de Lorris, que ses habitants obtiennent de Louis VI et que Louis VII confirme et précise en 1155. Cette charte est une des premières à accorder à une collectivité de paysans des libertés assez semblables à celles dont seules bénéficiaient jusque-là les communautés urbaines. Si les habitants n'ont aucune part à l'administration de leur cité, assurée par un prévôt royal, leurs charges sont considérablement limitées. Ils ne sont plus soumis ni à la mainmorte ni à la taille. Une seule corvée subsiste. Ils sont dispensés de guet. Chaque convocation à l'ost est limitée à un jour, ce qui réduit la contrainte à peu de chose. La taille est supprimée, ainsi que l'aide aux quatre cas, le cens réduit à 6 deniers, chiffre faible et fixé *ne varietur*. Les paysans de Lorris bénéficient également de privilèges commerciaux. Ils sont notamment dispensés de tout péage jusqu'à Étampes, Orléans, Milly et Melun et ne paient pas de tonlieu à Ferrières, Château-Landon, Puiseaux et Nibelle. Les droits perçus aux portes d'Orléans sont également limités en leur faveur. Les règles de justice et de procédure subissent aussi d'importantes modifications. Les habitants de Lorris ne sont tenus de répondre que devant le tribunal du prévôt ; et, pour que celui-ci soit saisi, il faut qu'il y ait plainte de la part d'un particulier ; un accord est permis entre les

Lothaire Ier
Lothaire entouré de deux gardes. « Évangéliaire de Lothaire Ier », miniature, IXe siècle, Paris, Bibliothèque nationale de France. © *Sélection Images*

parties après l'engagement du procès ; l'emprisonnement préventif est supprimé dans le cas où l'accusé peut fournir une caution. Si la coutume du Gâtinais reste applicable à la punition des crimes de haute justice, le retrait de tenure n'a lieu que dans le cas de forfait commis contre le roi ou l'un de ses hôtes. Le tarif des amendes est enfin lui aussi considérablement réduit. Cette charte de Lorris devait devenir une sorte de charte type et s'étendre au cours de la seconde moitié du XIIe siècle à un grand nombre de villages de la région de Montargis, Bois-le-Roi, Villeneuve-l'Archevêque (non loin de Sens).

LOTHAIRE Ier (?, 795 – Prüm, 855)

Empereur d'Occident (823-855).

Fils aîné de Louis le Pieux et d'Ermengarde, proclamé roi de Bavière dès 814, il est déclaré seul héritier du trône impérial. Envoyé en Italie en 822, et installé à Pavie, il est couronné empereur l'année suivante par le pape Pascal Ier. Il soumet la papauté à son autorité et rétablit l'ordre dans la péninsule. Son père, veuf d'Ermengarde, a épousé en secondes noces Judith, qui lui donne un fils, le futur Charles le Chauve. Pour doter ce dernier, Louis décide un nouveau partage de ses États. Lothaire, associé au gouvernement de l'empire depuis son retour d'Italie, veut maintenir l'unité des possessions impériales : à deux reprises, en 830 et 833, entraînant ses frères Pépin et Louis, il prend la tête d'une révolte contre son père. Finalement, après l'avoir contraint à abdiquer en 833, le révolté, abandonné de ses partisans, doit en 834 implorer le pardon paternel, et regagne l'Italie. La mort de Pépin entraîne ensuite un nouveau partage. À la mort de Louis le Pieux en 840, Lothaire, à présent seul empereur, prétend placer ses frères sous sa dépendance. Louis le Germanique et Charles le Chauve s'unissent alors contre lui, le battent le 25 juin 841 à Fontenoy-en-Puysaye, se prêtent en 842 le serment de Strasbourg et, à Verdun, l'année suivante, imposent à leur aîné un nouveau partage. Lothaire, qui conserve la dignité impériale, reçoit l'Italie et une bande de territoires allant de la Frise à la Provence, avec les deux capitales, Rome et Aix-la-Chapelle.

Installé à Aix, Lothaire Ier envoie en Italie son fils aîné Louis et son oncle Drogon, qui luttent contre les Sarrasins, tandis que lui-même combat les Normands en Frise. En Italie, le pape Serge II couronne Louis, futur Louis II. Les relations entre Lothaire et ses frères restent précaires, malgré plusieurs conférences. En 854, l'empereur conclut avec Charles le Chauve une alliance solennelle dirigée contre Louis. Peu avant sa mort, il partage ses États entre ses fils : Louis II, avec la dignité impériale, reçoit l'Italie, Charles la Provence jusqu'à Lyon, et Lothaire la région située entre la Frise et le Jura, future Lotharingie. Ce partage achevé, Lothaire Ier se retire à l'abbaye de Prüm où il meurt bientôt.

LOTHAIRE II (?, v. 825 – Plaisance, 869)

Roi de Lotharingie (855-869).

Deuxième fils de Lothaire Ier. À la mort de son père en 855, il reçoit un ensemble assez peu cohérent de territoires allant de la Frise à la Meuse. Prenant le nom de son souverain, cet ensemble devient la Lotharingie. En ces périodes troublées, Lothaire II s'allie successivement à son frère Louis II contre son oncle Charles le Chauve, puis à ce dernier contre Louis. En 863, à la mort de son second frère Charles de Provence, il unit Lyon, Arles et Vienne à la Lotharingie. L'année précédente, le souverain a répudié son épouse Teutberge, fille d'un comte de Valois, qui ne parvenait pas à lui donner d'héritier. Soutenu par deux conciles, Lothaire II épouse ensuite sa concubine Waldrade, qui lui donnera trois fils. Le pape Nicolas Ier s'oppose à cette union, excommunie Waldrade et, en 865, contraint Lothaire Ier à reprendre sa première épouse. Cette dernière ne tarde pas à se plaindre des mauvais traitements que lui inflige son mari, et le nouveau pape, Adrien II, menace d'excommunier Lothaire. Le roi se rend alors à Rome où il tente de fléchir le pontife mais il meurt sur le chemin du retour. Ses oncles, Charles le Chauve et Louis le Germanique, se partagent alors la Lotharingie au traité de Meerssen (870).

LOTHAIRE (Laon, 941 – Compiègne, 986)

Roi de France (954-986).

Fils de Louis IV d'Outremer et de Gerberge, il est sacré à Reims à la mort de son père, en 954. Il subit d'abord la tutelle d'Hugues le Grand, auquel il doit donner l'investiture du duché d'Aquitaine. À la mort de ce dernier, en 956, le gouvernement du royaume passe entre les mains de l'archevêque de Cologne Bruno, oncle du roi, et subit alors l'influence de l'empire. Lothaire épuise les forces de son royaume en guerres incessantes, notamment contre les empereurs germaniques. Alors qu'il convoite la Lorraine, l'empereur Otton II donne en 977 la Basse-Lorraine à son frère Charles : Lothaire se brouille alors avec ce dernier. L'année suivante, Hugues Capet l'aide à repousser une invasion menée par Otton II. Mais Lothaire est bientôt en désaccord avec son allié. Une nouvelle guerre éclate au sujet de la Lorraine : Lothaire réussit à s'emparer de la Haute-Lorraine, mais meurt au moment de commencer la conquête de la Basse-Lorraine. Son fils Louis V, associé au gouvernement depuis 979, lui succède.

LOTHARINGIE

Royaume créé en 855 par Lothaire Ier, pour son fils Lothaire II. Ce dernier donne son nom au Lotharii regnum, *qui devient la Lotharingie.*

Groupant un ensemble de territoires fort disparates, le nouveau royaume s'étend du Jura à la Frise, jusqu'à la mer du Nord. Convoité dès sa création par les oncles de Lothaire II, Charles le Chauve et Louis le Germanique, le royaume est partagé entre eux lorsque Lothaire II meurt, sans héritier légitime. En 869, à la mort de Lothaire, Charles le Chauve se fait couronner roi à Metz, espérant s'emparer de tout le royaume. Il doit finalement accepter le partage, sanctionné en 870 par le traité de Meerssen. À la mort de Louis le Germanique, Charles le Chauve, poursuivant son rêve – la reconstitution à son profit de l'Empire carolingien –, tente de s'emparer de ses États, dépouillant ainsi ses neveux. Ces derniers le battent à Andernach, en 876, et, après sa mort, ses héritiers Louis IV et Carloman devront céder à Louis le Jeune, roi de Germanie, la partie occidentale de la Lotharingie (traité de Verdun-Ribemont, 879).

La Lotharingie ne cesse dès lors d'être disputée entre la France et la Germanie. Après la déposition de Charles le Gros en 887, elle passe entre les mains d'Arnoul de Carinthie, roi de Germanie, un Carolingien. Son fils Zwentibold en est investi en 895. Après l'assassinat de celui-ci, cinq ans plus tard, la Lotharingie est confiée à Louis III l'Enfant (900-911), puis à Charles le Simple (911-923). Henri l'Oiseleur l'annexe à la Germanie en 923, et marie sa fille à Gilbert, fils du comte Rainier de Hainaut, puissant noble lotharingien. En 928, Gilbert devient duc de Lotharingie, et le duché est alors définitivement intégré au royaume de Germanie. Gilbert, tentant de se rendre indépendant, se révolte en vain contre Otton Ier. En 955, ce dernier partage le duché en deux parties : au sud la Haute-Lotharingie, qui va devenir la Lorraine, au nord, entre le Rhin, l'Escaut et la Moselle, la Basse-Lotharingie.

Émile Loubet
Loubet, debout sur le train présidentiel, tenant à la main un panama et portant un chapeau dont le nœud est Dreyfus. Caricature de Mille. © *MT Giraudon*

LOUBET Émile (Marsanne, Drôme, 1838 – Montélimar, 1929)

Homme politique, président de la République.

Avocat, il devient maire de Montélimar en 1870. Conseiller général de la Drôme, il représente ce département à la Chambre des députés en 1876. Loubet y siège parmi les modérés. Sénateur en 1885, il devient ministre des Travaux publics le 12 décembre 1887, puis, le 7 février 1892, président du Conseil. À ce poste, il doit faire face à l'agitation due aux grèves de Carmaux et à celle née des premiers échos de l'affaire de Panamá (novembre 1892). Accusé de complaisance vis-à-vis des « chéquards », il démissionne le 28 novembre 1892. Après avoir été ministre de l'Intérieur, Loubet préside le

Sénat (16 janvier 1896). Le 18 février 1899, il est élu à la présidence de la République, paradoxalement grâce à la gauche. Les nationalistes n'apprécient pas celui qui a été présenté comme favorable à la révision du procès Dreyfus, bien qu'il ne se soit jamais prononcé. Aux courses d'Auteuil, le 4 juin 1899, lendemain du jour où la cour a cassé le jugement de Dreyfus, l'un d'eux, le baron Christiani, d'un coup de canne le décoiffe de son haut-de-forme… Épisode mineur, mais qui entraîne, le 12 juin, la formation du gouvernement de défense républicaine, dirigé par Waldeck-Rousseau. Loubet laisse les présidents du Conseil Pierre Waldeck-Rousseau (1899-1902), Émile Combes (1902-1905) et Maurice Rouvier (janvier 1905-février 1906) mener leurs campagnes anticléricales, bien que ne les approuvant qu'à moitié (lois sur les congrégations, loi de Séparation de l'Église et de l'État, affaire des Fiches). La visite qu'il rend au roi d'Italie rompt les liens de la République avec le Vatican, mais c'est sous sa présidence que l'alliance franco-russe se renforce et que la France se rapproche de l'Angleterre (Entente cordiale, 8 avril 1904).

LOUIS-MARIE GRIGNION de MONTFORT, saint (Montfort-sur-Meu, Ille-et-Vilaine, 1673 – Saint-Laurent-sur-Sèvre, 1716)

Missionnaire.

Élève des Jésuites, il entre ensuite au séminaire de Saint-Sulpice, tout en étudiant la théologie à la Sorbonne. Ordonné prêtre en 1700, il est nommé l'année suivante aumônier de l'hôpital de Poitiers. Là, le père de Montfort fonde dès 1703 une congrégation hospitalière, les filles de la Sagesse. L'année suivante, il entreprend une action de missionnaire itinérant à travers les provinces de l'Ouest – Normandie, Bretagne, Mauges, Poitou et Saintonge. Son éloquence puissante s'appuie sur des méthodes originales : il organise, par exemple, des autodafés de livres condamnables, compose des cantiques à partir d'airs profanes. Le culte de Marie tient dans ses prêches une place essentielle. Critiqué par les catholiques conservateurs et les jansénistes, il n'en joue pas moins un rôle considérable dans la renaissance de l'esprit chrétien dans les provinces de l'Ouest. Pour le seconder dans sa tâche, le père de Montfort organise une société religieuse, la Compagnie de Marie. Parmi les sept frères qui composent cette dernière à la mort du fondateur, un prêtre, le père Mulot, poursuivra l'organisation de la Compagnie, dont les membres portent le nom de pères montfortains. Quatre autre frères seront à la base de la congrégation enseignante des Frères du Saint-Esprit ou de Saint-Gabriel. Après la mort du père de Montfort, les filles de la Sagesse s'installent à Saint-Laurent-sur-Sèvre en Poitou, non loin de son tombeau. Béatifié en 1888, Louis-Marie Grignion de Montfort a été canonisé en 1947.

LOUIS Ier LE PIEUX ou LE DÉBONNAIRE (Chasseneuil ou Casseuil, Poitou, 778 – près d'Ingelheim, 840)

Roi d'Aquitaine (781-840), roi des Francs (814-840), et empereur d'Occident (813-840).

Troisième fils de Charlemagne et d'Hildegarde, il est nommé roi d'Aquitaine par son père à l'âge de 3 ans (781). Parvenu à l'âge adulte, Louis administre son royaume à partir de ses différentes résidences du Poitou et de l'Anjou. Il réunit quelques assemblées à Toulouse, s'entoure de conseillers ecclésiastiques efficaces tel Benoît d'Aniane et représente l'autorité de Charlemagne dans les régions méridionales de l'empire. La mort de ses deux frères, Pépin (810) et Charles (811), avant celle de Charlemagne, le place comme seul héritier du royaume des Francs et de l'empire. En 813, Charlemagne le couronne lui-même empereur à Aix-la-Chapelle. L'année suivante, à la mort de l'empereur, il devient roi des Francs. Louis Ier écarte très vite de sa cour certains conseillers de son père (l'abbé de Corbie Adalard, le comte Wala) et les remplace par ses propres conseillers aquitains. Avec Benoît d'Aniane, il entreprend de réorganiser l'Église impériale. Les conciles d'Aix-la-Chapelle de 816-817 marquent une étape essentielle pour l'Église d'Occident. La règle de saint Benoît, corrigée par Benoît d'Aniane, est adoptée comme principe de base pour tous les monastères d'empire, invités par la même occasion à organiser leur vie commune autour d'un cloître et d'un ensemble de bâtiments répartis selon un même modèle (le plan de Saint-Gall). De même, les chanoines sont tenus de mener une vie communautaire et de suivre une règle unique, rédigée par saint Chrodegang. Couronné officiellement empereur par le pape Étienne IV à Reims en 816, il fait ensuite rédiger pour son successeur, Pascal Ier, un privilège qui reconnaît l'entière souveraineté du pape sur le patrimoine de saint Pierre (823).

Sur le terrain militaire, Louis Ier est beaucoup moins offensif que son père. Il se préoccupe essentiellement d'assurer la défense de l'empire au nord et à l'est. En revanche, il poursuit la mission évangélisatrice de Charlemagne en encourageant la christianisation des Danois (le roi Harald est baptisé à Ingelheim en 826) et en fondant de nouveaux évêchés dans les pays germaniques (Hambourg, Hildesheim, Halberstadt). Ces différentes actions lui valent le surnom de Pieux, mais loin d'une simple marque de piété, il faut voir derrière la politique ecclésiastique de Louis Ier la réalisation d'une politique royale qui ne distingue pas les affaires de l'Église et celles du royaume. Église et *res publica* sont deux notions coextensives au IXe siècle.

Sur le plan économique, Louis le Pieux s'efforce de favoriser le commerce en accordant des exemptions de tonlieu aux marchands d'empire et en favorisant le statut des marchands juifs, leur accordant des privilèges fiscaux, les prenant sous sa protection personnelle. Sur ce plan, il inaugure une politique que poursuivra Charles le Chauve, loin des mesures coercitives prises à partir du XIIe siècle par Philippe Auguste et surtout par ses successeurs tels Saint Louis ou Philippe V. Sur le plan administratif, l'empereur poursuit l'œuvre unificatrice de Charlemagne, précisant les fonctions et les circonscriptions des missi dominici et faisant rédiger par l'abbé de Saint-Wandrille une collection des capitulaires, la première de l'histoire carolingienne.

Une grande partie du règne de Louis le Pieux est marquée par ses préoccupations successorales et les querelles qui s'ensuivent. Dès 817, à la suite d'un accident, il prévoit sa succession. Marié à Ermengarde, il est père de trois fils légitimes, Lothaire, Pépin et Louis. Par l'*Ordinatio imperii* (817), il accorde à l'aîné, Lothaire, le titre impérial et l'autorité sur les deux puînés auxquels reviennent, à Pépin le royaume d'Aquitaine, à Louis le royaume de Bavière. À son neveu Bernard, déjà roi d'Italie, l'empereur conserve son titre tout en le plaçant, comme les autres, sous l'autorité de Lothaire. Arnulf, son fils bâtard, obtient le comté de Sens. Ce partage fait des mécontents et la révolte pointe, dirigée par Bernard d'Italie, soucieux d'un partage équitable entre tous les descendants et non d'une primauté accordée à l'aîné. Bernard est fait prisonnier sous l'ordre de Louis le Pieux, enfermé à Aix puis condamné à mort, avant que sa peine soit commuée par l'empereur en un châtiment corporel. Il a les yeux crevés mais meurt de ses blessures deux jours plus tard (818). Pour éviter d'autres révoltes, Louis fait tonsurer et enfermer dans un monastère tous les fils bâtards de Charlemagne (ses demi-frères), marie ses jeunes fils (Lothaire et Louis) et multiplie les assemblées en Neustrie et en Austrasie, invitant les aristocrates à jurer le respect aux décisions de 817. Vers 820-821, il rappelle à sa cour d'anciens conseillers de Charlemagne, puis accepte, sous la pression des évêques, de prononcer une pénitence publique pour expier ses fautes et la mort de Bernard. Cette pénitence a lieu à l'assemblée d'Attigny, en 822.

Veuf d'Ermengarde en 818, Louis se remarie avec Judith de Bavière. En 823, elle lui donne un fils, Charles, futur Charles le Chauve. La naissance de ce quatrième fils remet rapidement en question le partage de 817. Il convient en effet d'accorder une part de l'héritage au dernier né, ce à quoi s'emploie énergiquement Judith. Le pouvoir croissant de Lothaire, qui se fait couronner empereur par le pape Pascal Ier l'année même de la naissance de Charles, ses nombreuses alliances dans l'aristocratie carolingienne et le danger qu'il voit dans la remise en cause du partage de 817, tout à son avantage, aboutit à la naissance de deux partis rivaux qui s'affrontent ouvertement dès l'année 829. Lothaire et Wala mènent le parti « impérial », largement soutenu par l'épiscopat, soucieux de conserver le partage de 817 et le titre impérial à Lothaire. Par ailleurs, l'impératrice Judith et Bernard de Septimanie, fils du fidèle serviteur de Charlemagne, Guillaume de Gellone, et filleul de l'empereur, souhaitent imposer un partage équitable entre les quatre fils. En 829, à l'assemblée de Worms, Louis le Pieux attribue à Charles un héritage formé de l'Alémanie, de la Rhétie, de l'Alsace et d'une partie de la Bourgogne. La révolte, menée par Lothaire, éclate l'année suivante. Bernard de Septimanie, vaincu, doit se retirer dans ses domaines. Judith est enfermée dans le monastère Sainte-Croix de Poitiers et Lothaire dépose son père pour régner à sa place (830). Rapidement, cependant, Louis le Pieux parvient à se rallier ses deux fils, Pépin et Louis, jaloux du pouvoir exorbitant pris par Lothaire. Lors d'une assemblée réunie à Aix-la-Chapelle en février 831, Louis décide un nouveau partage en trois lots, excluant le dernier né, Charles, et attribuant à chacun des aînés une part à peu près égale. La dévolution du titre impérial n'est pas envisagée. Les trois fils seront rois, soumis à l'autorité de Lothaire jusqu'à la mort de l'empereur, ensuite indépendants. Pépin et Louis restaurent leur père sur le trône et entrent en rébellion ouverte contre leur frère aîné.

Un nouveau retournement se produit, pour des raisons peu claires, en 833. Pépin et Louis rejoignent Lothaire dans sa révolte. Tous trois se coalisent contre leur père et le contraignent à se rendre, le 30 juin 833, au « Champ du mensonge », où la plupart des fidèles de l'empereur rejoignent les fils coalisés. Louis le Pieux est une nouvelle fois destitué et remplacé par Lothaire. Quelques mois plus tard, l'épisode de 831 se reproduit : l'autorité de Lothaire conduit Pépin et Louis à la révolte. Ils parviennent cette fois à chasser Lothaire, qui se retire en Italie et, en février 835, à Metz, restaurent Louis le Pieux sur le trône impérial.

De nouveau, Judith s'efforce d'obtenir pour Charles une part de l'héritage. À l'assemblée d'Aix, en 837, l'empereur lui accorde un vaste territoire compris entre la Frise et la Bourgogne et oblige les grands laïcs et ecclésiastiques à lui jurer fidélité. La mort de Pépin, en 838, change une nouvelle fois les données. L'empereur promet l'Aquitaine à Charles en plus des terres promises l'année précédente. Son fils Louis se révolte à plusieurs reprises contre ces décisions mais échoue à chaque fois. Judith, pour sa part, entreprend de réconcilier son fils Charles avec Lothaire. L'accord, conclu le 30 mai 839 à l'assemblée de Worms, prévoit un partage presque exclusif de l'empire entre Lothaire et Charles, au détriment de Louis.

Louis le Pieux meurt onze mois plus tard, le 20 juin 840, s'apprêtant à affronter son fils Louis de nouveau révolté. Aucune de ses tentatives pour imposer un partage entre ses fils n'aura abouti. Les conflits reprennent de plus belle à la mort de l'empereur. Ils se terminent en 843 par le traité de Verdun, qui divise l'ancien empire en trois royaumes : la Francie occidentale à Charles le Chauve, la Lotharingie à Lothaire et la Germanie à Louis (qui devient le Germanique), le titre impérial revenant à Lothaire. La fin de règne mouvementée de Louis le Pieux, ses maladresses, la révolte de ses fils et son apparente faiblesse face aux désirs de son épouse Judith, lui ont valu une réputation d'homme charitable mais facile-

Louis VI le Gros
Gisant de Louis VI. XIIIe siècle, basilique Saint-Denis.
© *Sélection Images*

ment manipulable, au final responsable des déboires ultérieurs de l'Empire carolingien. Le surnom de Débonnaire que lui ont attribué certains historiens modernes révèle, avec ironie, ce sentiment.

LOUIS II LE BÈGUE (?, 846 – Compiègne, 879)

Roi d'Aquitaine (867-879) et roi de Francie occidentale (877-879).

Fils de Charles le Chauve et d'Ermentrude. Il gouverne l'Aquitaine avec le titre de roi en 867 et se révolte à plusieurs reprises, sans succès, contre son père. À la mort de celui-ci, en 877, sa mauvaise santé, son incapacité à s'exprimer en public lui ôtent toute autorité et l'empêchent de se faire reconnaître le titre d'empereur, que le pape Jean VIII, de fait, lui reconnaît toutefois. C'est déjà avec peine qu'il peut se proclamer roi de Francie occidentale en faisant des concessions aux comtes. Il reçoit l'onction du sacre des mains de Jean VIII en 878. Son bref passage sur le trône n'est signalé par aucune action mémorable. Il meurt au moment de prendre le départ d'une expédition militaire contre Bernard de Septimanie. En 862, il avait épousé Ansgarde qui lui avait donné deux fils : Louis (futur Louis III) et Carloman. Ayant répudié Ansgarde, sur ordre de son père, il se remaria avec une Anglaise, Adélaïde ou Alix, dont il eut, à titre posthume, un fils, le futur Charles III le Simple. Sa succession fut assurée conjointement par Louis III et Carloman.

LOUIS III (?, v. 863 – Saint-Denis, 882)

Roi de Francie occidentale (879-882).

Fils aîné de Louis II et d'Ansgarde, il partage en 879 le royaume avec son frère puîné, Carloman. Sa part personnelle est constituée de la Neustrie et de ses marches ; celle de Carloman, de l'Aquitaine et de la Bourgogne. Leur règne est marqué par la création d'un royaume autonome au sein de la Francie occidentale : le royaume de Provence et de Bourgogne, dont le premier roi est Boson, beau-frère de Charles le Chauve, qui se fait proclamer par six archevêques et sept évêques de Francie réunis à Mantaille, près de Vienne, le 15 octobre 879. Par ailleurs, Louis le Jeune, fils de Louis le Germanique, obtient la Lotharingie occidentale contre menace de guerre. Alors que les raids normands reprennent dès 879 dans la région de l'Escaut, Louis III remporte contre eux une victoire à Saucourt-en-Vimeu (881) mais ne peut empêcher d'autres incursions venues par la Loire ou la Seine. Il meurt subitement de maladie, à peine âgé de 20 ans, le 5 août 882. Carloman lui succède dans tous ses biens comme roi unique des Francs occidentaux.

LOUIS IV d'OUTREMER (?, 921 – Reims, 954)

Roi de Francie occidentale (936-954).

Fils de Charles III le Simple et d'Ogive d'Angleterre, il est élevé chez celle-ci, ce qui lui vaudra plus tard son surnom. Après la mort de Raoul de Bourgogne en 936, Hugues le Grand, qui pense pouvoir mener à sa guise un enfant de 15 ans, le rappelle afin de le faire élire roi des Francs. Mais Louis ne tarde pas a s'émanciper de sa tutelle et montre à la fois une activité débordante et de réelles capacités de gouvernement. Tombé aux mains des Normands en 944, le roi doit, l'année suivante, céder Laon, la vieille cité carolingienne, à Hugues. Dans les années qui suivent, il parvient à recouvrer la plus grande partie de son domaine, dont Laon et Reims. En 948, l'alliance d'Otton Ier lui permet de vaincre Hugues, de nouveau révolté. Beau succès, mais payé de la cession de la Lorraine récupérée depuis peu. D'autre part, dans l'Occident affaibli, aucun monarque, aucun seigneur ne se révèle capable d'interrompre les incursions que les Hongrois viennent accomplir jusqu'en Francie occidentale. De nouvelles principautés territoriales se forment, les anciennes se développent. Louis IV ne peut réagir efficacement contre une évolution commencée sous Louis le Pieux, son trisaïeul. Tout au moins a-t-il réussi à empêcher les sécessions de la Normandie et de l'Aquitaine lorsqu'il meurt, jeune encore, laissant de sa femme, Gerberge de Saxe, déjà veuve du duc de Lorraine, deux enfants mâles, Lothaire, âgé de 13 ans, qui lui succédera, et Charles de Lothier ou de Basse-Lorraine.

LOUIS V LE FAINÉANT (?, v. 967 – Compiègne, 987)

Roi de Francie occidentale (986-987).

Fils de Lothaire III et d'Emma, il est couronné dès 978, du vivant de son père, à qui il succède en 986. Louis V apparaît comme le continuateur de la politique de son père et de son grand-père. Il s'oppose de toutes ses forces aux ingérences de la dynastie ottonienne dans son royaume et intente un procès à Adalbéron de Reims qui en est le principal agent. L'Assemblée des grands vient de se réunir pour instruire la cause de l'archevêque quand le roi meurt, brutalement, d'une chute de cheval au cours d'une chasse. Son règne n'aura duré qu'un an, deux mois et quinze jours. Avec lui finissent les rois carolingiens de Francie occidentale.

LOUIS VI LE GROS ou LE BATAILLEUR (?, v. 1081 – Paris, 1137)

Roi de France (1108-1137).

Fils de Philippe Ier et de Berthe de Hollande. Obèse comme son père, Louis VI, conscient de ses devoirs comme de ses droits, entend exercer son métier de roi. Très actif, combatif, doté du sens des réalités, il veut libérer le domaine royal, c'est-à-dire avant tout le centre de l'Île-de-France, de tous les seigneurs qui bravent l'autorité royale. Une bonne partie de son règne se passe ainsi à combattre son demi-frère Philippe, seigneur de Montlhéry, défait dès 1110, puis Hugues du Puiset, battu en 1111, Hugues de Crécy, et surtout Thomas de Marle, sire de Coucy, que seule la mort, en 1130, empêchera de nuire. Le roi fait détruire leurs forteresses, en particulier celle de Coucy, reconstruite par Thomas de Marle après une première destruction. S'appuyant à la fois sur l'Église et sur le peuple, Louis VI poursuit son œuvre de roi justicier. Par une politique habile, de multiples dons et cessions de privilèges, il sait se concilier les faveurs du clergé, tout en continuant à intervenir dans les élections épiscopales. Beaucoup de ses conseillers sont des ecclésiastiques, comme Étienne de Garlande, et Suger, son ami, l'abbé de Saint-Denis. À l'extérieur, il se montre toujours le défenseur de la papauté contre l'empire. En même temps qu'il affermit son autorité sur le domaine royal, Louis VI entreprend de le mettre en valeur. Pour attirer les paysans, il crée des communes rurales, dont la plus célèbre est celle de Lorris en Gâtinais : sa charte servira de modèle tout au long du XIIe siècle. Pour stimuler l'activité urbaine, et faire rentrer des fonds dans ses coffres, le roi distribue des privilèges aux villes et encourage le mouvement communal, accordant chartes et franchises.

Du vivant de son père, Louis avait été marié à Lucienne de Rochefort, fille de Guy le Rouge et de Gisèle de Bourgogne qui n'était qu'une enfant. Ce mariage avait été cassé pour non-consommation. En 1115, Louis VI suit les conseils d'Yves de Chartres et épouse Alix ou Adélaïde de Savoie, dont il aura sept fils et une fille.

Dès le début de son règne, Louis VI entre en conflit avec Henri Ier Beauclerc, roi d'Angleterre et duc de Normandie. Commencée en 1109, la guerre durera vingt-cinq ans. Après quelques succès, et aussi des défaites, Louis VI est battu à Brémule, non loin des Andelys, son cheval tué sous lui. Contre Henri Ier, le roi de France soutient les prétentions au trône de Robert Courteheuse puis, à partir de 1120, celles de son fils Guillaume Cliton. En 1124, l'empereur d'Allemagne Henri V, gendre et allié d'Henri Ier, envahit la Champagne. Levant solennellement l'oriflamme de Saint-Denis, Louis VI voit accourir en renfort tous ses vassaux : Henri V recule, sans même combattre. « Montjoie-Saint-Denis » restera le cri de ralliement des soldats du roi. En 1127, après l'assassinat du comte de Flandre Charles Le Bon, Louis VI propose de donner la couronne comtale à Guillaume Cliton, époux depuis peu de la sœur de la reine. Mais Guillaume se montre rapidement inférieur à sa tâche, les villes flamandes se révoltent et un nouveau prétendant, Thierry d'Alsace, s'empare du pouvoir comtal et le défend les armes à la main. Blessé au siège d'Alost, en 1128, Guillaume meurt peu après dans un couvent : Louis VI est alors contraint de reconnaître Thierry d'Alsace.

L'année suivante, le fils aîné du roi, Philippe, est sacré à Reims. Mais il meurt dès 1131, d'une chute de cheval. Louis (futur Louis VII), second fils du roi, reçoit alors la couronne en octobre de la même année. De plus en plus obèse, épuisé par une vie de luttes incessantes, Louis VI ne se déplace plus qu'avec peine et croit mourir en 1135. Il vit encore deux ans, préparant le mariage de son fils aîné avec Aliénor, héritière du duché d'Aquitaine. Il meurt quelques jours après ce mariage, célébré à Bordeaux, et auquel il n'a pu assister. Il est inhumé à Saint-Denis, aux côtés de Charles le Chauve.

LOUIS VII LE JEUNE (?, v. 1120 – Paris, 1180)

Roi de France (1137-1180).

Fils et successeur du précédent. Une quinzaine de jours avant la mort de son père, il épouse Aliénor, héritière du duché d'Aquitaine, qui lui apporte en dot la Guyenne, la Gascogne, le Poitou, la Marche, le Limousin, l'Angoumois et le Périgord. Pieux, le roi est tourmenté de scrupules religieux que combat, au début du règne, Aliénor. Cette dernière n'apprécie pas l'influence que possède sur son époux l'abbé de Clairvaux, Bernard, et mène contre lui une sourde lutte. En dépit de ses scrupules religieux, Louis veut intervenir dans l'élection des évêques dont le siège se situe sur le domaine royal. Dès 1141, un violent conflit l'oppose au pape Innocent II et au comte Thibaud de Champagne : l'archevêché de Bourges étant vacant, les clercs ont désigné Pierre de La Châtre, candidat du pape. Mais Louis VII, qui veut imposer son propre candidat, refuse d'entériner cette nomination. Innocent II jette l'interdit sur le diocèse, tandis que l'évêque désigné se réfugie auprès de Thibaud de Champagne. En 1142, Louis VII envahit la Champagne et brûle la petite ville de Vitry, qui s'appellera désormais Vitry-le-Brûlé. Après maints incidents, le roi finit par évacuer la Champagne et, sur l'intervention du pape Célestin II, reconnaît Pierre de La Châtre en 1143. En expiation, le roi annonce à Bourges, à la Noël 1145, son intention de se croiser et de porter secours aux chrétiens de Syrie. Suger désapprouve ce projet, et Bernard de Clairvaux lui-même ne lui est guère favorable. À la demande d'Eugène II, il prêche cependant la croisade le 31 mars 1146, devant l'abbatiale inachevée de Vézelay. Les croisés affluent. Laissant la régence du royaume à Suger, Louis VII quitte Paris le 12 mai 1147, avec Aliénor, et rejoint Metz. Là, le dimanche de la Pentecôte, les croisés français se mettent en route. Après un voyage pénible, le roi arrive à Constantinople le 4 octobre et y séjourne jusqu'à la fin du mois, se mettant ensuite en campagne. Après la défaite de Pisidie, le 6 janvier 1148, Louis VII, Aliénor et les principaux barons arrivent enfin en Syrie au mois de mars. Raymond d'Antioche, oncle d'Aliénor, les accueille avec magnificence. La croisade n'aboutit pas et, à Pâques 1149, les deux époux regagnent la France. Ils sont à Paris au mois de novembre.

Louis VII le Jeune
Sceau à l'effigie de Louis VII. Paris, Archives nationales.
© *Sélection Images*

Avec Suger, le roi reprend en main le gouvernement de ses domaines et observe avec inquiétude la puissance grandissante de Geoffroy Plantagenêt, comte d'Anjou et duc de Normandie. La guerre, qui manque d'éclater en 1151, est évitée grâce à la conciliation de Bernard de Clairvaux. Cependant, à la fin de l'année, Louis VII et Aliénor, qui ne s'entendaient plus depuis plusieurs années, se séparent. Le 21 mars 1152, le concile de Beaugency dissout leur mariage, pour cause de consanguinité. Privé des conseils de Suger, mort l'année précédente, le roi a commis là une grave erreur politique : dès le 18 mai 1152, Aliénor épouse à Poitiers le fils et successeur de Geoffroy Plantagenêt, Henri, comte d'Anjou, du Maine et de Touraine, duc de Normandie, et candidat à la couronne d'Angleterre. Ainsi se trouve constitué, de la Normandie aux Pyrénées, un énorme domaine féodal. Louis VII riposte en pénétrant en Normandie, mais il en est bientôt chassé et doit signer une trêve avec son puissant vassal. Le 19 décembre 1154, Henri Plantagenêt devient roi d'Angleterre sous le nom d'Henri II : une longue période de luttes s'engage entre Capétiens et Plantagenêts, luttes féodales, courtes campagnes entrecoupées de trêves et de réconciliations. Pour affaiblir Henri II, Louis VII soutient contre lui Thomas Becket, puis ses fils révoltés à l'instigation de leur mère. Contre son rival, il trouvera l'alliance du comte de Flandre Philippe d'Alsace, et celle de son beau-frère, le comte de Champagne.

Louis VII s'est remarié avec Constance de Castille. Aliénor lui avait donné deux filles, le roi espère que Constance lui donnera enfin un héritier. Malheureusement, en 1157, Constance met au monde une fille, bientôt promise à Henri, héritier du royaume anglo-angevin. Constance meurt en 1160, et Louis VII épouse en troisièmes noces, quelques semaines plus tard, Adèle de Champagne qui, en 1163, lui donne une quatrième fille. L'héritier tant attendu, le futur Philippe Auguste, naît en 1165.

Dans cette seconde moitié du XIIe siècle, le règne de Louis VII ne se manifeste pas seulement par les querelles avec les Plantagenêts : c'est l'époque des grandes cathédrales, qui s'élèvent à Paris, à Chartres, à Reims, et du rayonnement des ordres monastiques. Poursuivant la politique de son père, le roi favorise le commerce, accorde des chartes de commune et des franchises à Étampes, Orléans, Bourges ou Tournus. Il encourage aussi les communautés de métier et favorise l'immigration d'étrangers dans le domaine royal. Ainsi les villes du domaine grandissent aux dépens parfois de celles qui n'en font pas partie. Comme Louis VII, il s'affirme le ferme soutien de l'Église, à l'intérieur, en protégeant et en dotant évêchés et monastères, à l'extérieur en soutenant le pape Eugène III contre le sénat romain, puis le pape Alexandre III contre Frédéric Barberousse. L'autorité monarchique se renforce encore : sous le règne de Louis VII sont publiées les premières ordonnances.

En 1174, Louis VII et Henri Plantagenêt décident le mariage futur d'Adélaïde, fille du roi de France, et de Richard, dernier fils du roi d'Angleterre. Le 1er novembre 1179, Philippe Auguste est couronné à Reims, en l'absence de son père, malade. En février 1180, il épouse Isabelle de Hainaut, nièce du comte de Flandre. Au mois de septembre, Louis VII meurt à l'abbaye de Saint-Port.

LOUIS VIII LE LION (Paris, 1187 – Montpensier, Auvergne, 1226)

Roi de France (1223-1226).

Fils de Philippe Auguste et d'Isabelle de Hainaut. Louis VIII, héritier de la couronne de France, envisage en 1216 de ceindre également la couronne d'Angleterre, les barons révoltés contre Jean sans Terre lui en ayant fait la promesse. Mais le souverain anglais étant mort sur ces entrefaites, un revirement se produit en faveur de son jeune fils, reconnu sous le nom d'Henri III. Ce sauvetage de la lignée des Plantagenêts est confirmé par la défaite de Louis VIII à Lincoln, en 1217. Ce dernier quitte le sol anglais moyennant cependant, assure-t-on, une solide indemnité pécuniaire. Successeur de son père en 1223, Louis VIII justifie son surnom de Lion en enlevant à son rival anglais le Poitou, la Saintonge, l'Angoumois, le Périgord et une partie du Bordelais. L'hérésie cathare lui permet ensuite d'arrondir son domaine vers le sud en occupant de force le Languedoc. En trois ans de règne, le souverain capétien prolonge sans coup férir ses possessions jusqu'au Rhône et à la Méditerranée, préparant le règne glorieux de son fils Saint Louis (Louis IX), issu de son union avec Blanche de Castille. Il meurt à 39 ans d'une dysenterie foudroyante.

LOUIS IX ou SAINT LOUIS (Poissy, 1214 – Tunis, 1270)

Roi de France (1226-1270).

Fils du précédent et de Blanche de Castille. Roi à 12 ans, après la brusque disparition de son père, il subit fortement l'emprise de sa mère, qui exerce la régence pendant sa minorité jusqu'en 1235. Blanche de Castille est immédiatement mise à l'épreuve par une série de révoltes aristocratiques inspirées essentiellement par Pierre Ier Mauclerc duc de Bretagne, avec l'appui d'Henri III d'Angleterre. Mais elle en vient à bout. Après avoir été contraint de signer une première trêve en 1231, Mauclerc doit se soumettre en 1235, et la même année Henri III accepte lui aussi une nouvelle suspension d'armes valable pour cinq ans. De son côté, le comte Raymond VII de Toulouse, champion de l'independance languedocienne, doit signer dès avril 1229 le traité de Paris qui assure l'extermination de l'hérésie albigeoise dans le Languedoc, prévoit le mariage de sa fille unique Jeanne avec Alphonse de Poitiers, frère du roi, et confirme l'annexion au domaine royal des sénéchaussées de Nîmes-Beaucaire et Béziers-Carcassonne.

Ainsi, lorsque le « bail » de Blanche de Castille prend fin en droit, elle laisse à son fils un royaume pacifié. Les grands vassaux, si menaçants huit ans auparavant, sont réduits à l'obéissance. Outre les sénéchaussées de Beaucaire et Carcassonne, le domaine royal s'est accru de quatre fiefs achetés au comte de Champagne. Le roi d'Angleterre se remet difficilement de deux campagnes malheureuses. Enfin le mariage, en 1234, du jeune roi avec Marguerite, fille du comte de Provence Raymond Bérenger IV, vassal de l'empire, a étendu l'influence de la dynastie dans la vallée du Rhône. Si sa régence prend officiellement fin en 1235, Blanche de Castille restera néanmoins toute-puissante à la Cour jusqu'à sa mort.

La littérature, la sculpture, la miniature ont laissé des portraits de Saint Louis à mi-chemin entre l'idéalisation traditionnelle et le réalisme naissant. Deux de ces documents sont particulièrement instructifs : l'*Histoire de Saint Louis* de Joinville, écrite dans un but d'édification à l'intention de ses successeurs, mais qui nous a laissé un portrait humain et vivant du souverain, et les témoignages rassemblés en vue de sa canonisation par Guillaume de Saint-Pathus, confesseur de la reine Marguerite. À travers ces témoignages, la personnalité de Saint Louis apparaît pleine de contrastes. C'est un roi-chevalier, grand, maigre, blond, d'une santé chancelante, encore aggravée par les pratiques ascétiques. Non seulement il mène une vie très frugale, mais il s'impose quotidiennement les abstinences et les mortifications les plus austères (il porte un cilice). Son désir de conformer ses actes aux enseignements de Dieu, de la religion et de l'Église va bien au-delà de simples pratiques religieuses. Ses préoccupations morales et religieuses sont intenses. Il médite fréquemment sur la doctrine chrétienne et trouve chez les Dominicains et les Franciscains des directeurs de conscience accordés à sa sensibilité religieuse. Il accorde une grande importance aux œuvres de miséricorde, faisant distribuer des vivres aux malades, aux mendiants, aux lépreux, multipliant les fondations hospitalières à Paris et aux environs (les Filles-Dieu pour les prostituées, les Quinze-Vingts pour les aveugles, les hôpitaux de Pontoise, Vernon, Compiègne pour les malades). Dans un esprit ascétique d'humilité, il préfère, parmi les bonnes œuvres, les plus humbles, et s'oblige à laver et à baiser les pieds des mendiants qu'il invite quotidiennement à sa table. Ces pratiques ne sont d'ailleurs pas toujours comprises de ses sujets. Beaucoup lui reprocheront d'être « le roi des moines », et même un jouet entre leurs mains. En fait, il fera au contraire souvent preuve d'une énergie peu commune. S'il est épris de paix, il est décidé à « donner de l'épée dans le ventre » des ennemis irréductibles de la religion : infidèles et Juifs. Enfin, s'il se montre respectueux envers l'Église, il n'en est pas moins très soucieux des prérogatives royales face au clergé et à la papauté. (Mais il ne rédigea jamais la prétendue Pragmatique Sanction de 1269, fabriquée de toutes pièces au XVe siècle en vue de donner à celle de Charles VII un précédent vénérable.) Il cherche en définitive à être un prince chrétien réalisant l'idéal défini par les *Miroirs des princes*, genre très en vogue à l'époque carolingienne – Charlemagne fut un de ses modèles – et qui renaît sous une forme plus « moralisatrice » au XIIIe siècle.

Au lendemain de sa majorité, Saint Louis doit faire face à de nouvelles révoltes des grands barons. Une première tentative, menée par Thibaud de Champagne et Pierre Ier Mauclerc, n'est qu'un feu de paille. Mais plus redoutable s'avère, en 1241, le mouvement déclenché par Hugues de Lusignan et sa femme Isabelle, veuve de Jean sans Terre et mère du roi d'Angleterre. Le soulèvement s'étend très vite à toute la région du Sud-Ouest et du Sud et, lorsque le comte de Toulouse, entrevoyant une revanche de ses humiliations, se jette dans l'aventure, toujours avec le soutien de l'Angleterre, on peut croire à une révolte du Midi tout entier sous sa direction. En réalité, Louis IX vient très rapidement à bout de cette nouvelle coalition. Après avoir envahi les domaines des Lusignan, il bat les Anglais sous les murs de Saintes (juillet 1242). Puis il porte son effort contre le comte de Toulouse, dont les forces sont encore intactes mais qui, bientôt découragé par la défection du comte de Foix, décide de s'en remettre à la clémence du roi. Il obtient la paix à Lorris en janvier 1243, à condition de respecter le traité de 1229 et de s'engager solennellement

Louis IX

Le Siège de Damiette par Saint Louis et ses barons. « Histoire de Saint Louis » par Joinville, miniature, Paris, Bibliothèque nationale de France. © *Sélection Images*

à poursuivre les hérétiques et à les chasser de ses terres. C'est alors que l'Inquisition romaine fait son apparition en France.

L'expédition de 1242 est le dernier acte d'énergie dont la royauté française doit faire preuve au XIIIe siècle contre la haute noblesse des fiefs acquis ou démembrés par Philippe Auguste et Louis VIII. Dès lors, Saint Louis peut se consacrer au gouvernement du royaume. Il le fait avec sagesse et autorité, entendant faire régner partout un « ordre moral ». Des enquêteurs sont envoyés auprès des officiers, des baillis et des sénéchaux pour réparer les injustices royales, et les ordonnances de 1254 et 1256 tracent les devoirs des officiers, afin d'éviter les exactions, les mauvaises coutumes, la corruption. Mais ces mesures ont également pour but de renforcer l'autorité royale et, dans cette entreprise, le prestige dont est entouré le souverain facilite singulièrement sa tâche. En accord avec les prescriptions du quatrième concile de Latran, il abolit le duel judiciaire et la guerre privée (1258), rend d'autres ordonnances contre la prostitution, le jeu, le blasphème. Cette tyrannie moralisatrice n'est cependant pas acceptée sans murmures. Elle soulève dans son entourage même une réprobation attristée. Le roi exalte également la justice qu'il rend volontiers lui-même, assis le plus souvent sous un chêne du parc de Vincennes, image qui deviendra légendaire.

Louis IX n'est pas moins soucieux des finances du royaume. Il fait frapper les premières pièces d'or françaises, les écus d'or, avec la devise : *Christus regnat, Christus vincit, Christus imperat*, et les ordonnances de 1262 et 1265 donnent cours forcé à la monnaie royale dans tout le royaume. La Cour féodale se transforme elle aussi sous son impulsion. Certaines de ses sessions sont bientôt consacrées exclusivement aux affaires judiciaires, d'autres au contrôle de la gestion financière des officiers et à la mise à jour de la comptabilité. Ainsi naissent le Parlement et la Cour des comptes. Le prestige de Saint Louis est encore accru par la prospérité économique que connaît le royaume sous son règne, le rayonnement artistique (art gothique) et intellectuel (éclat de l'université de Paris) qui en émane, auquel lui-même s'intéresse : construction de la Sainte-Chapelle pour abriter la Sainte Épine, conversations avec le savant théologien Robert de Sorbon et avec son lecteur, le dominicain Vincent de Beauvais. Son règne est en définitive un règne heureux, bénéfique, qui laissera le souvenir d'une « belle époque », le « bon temps de Monseigneur Saint Louis ».

À l'extérieur, la paix entre les princes chrétiens est le grand but de sa politique, et il se pose volontiers en arbitre de la chrétienté. Au moment où il prend en main le gouvernement du royaume, la querelle du Sacerdoce et de l'Empire est dans une phase critique et, face à ce problème, il ne se départira jamais de la politique qu'il adopte immédiatement, déférence envers le Saint-Siège, bonne volonté à l'égard de l'empereur, ferme propos de sauvegarder contre les deux belligérants les droits et les intérêts de la couronne de France, mais aussi volonté tenace d'obtenir la pacification par sa médiation. Il doit également s'interposer pour le maintien de la paix entre les prétendants à la succession de Flandre et de Hainaut, les Dampierre et les d'Avesnes. Par un premier arbitrage rendu en 1246, il accorde le comté de Flandre aux premiers et le Hainaut aux seconds. Mais, à son retour de Palestine, il impose à Jean d'Avesnes, qui ne s'était soumis qu'à contrecœur à ses décisions, la restitution à la Flandre d'une partie des appartenances qui lui avaient été concédées avec le Hainaut (dit de Péronne en 1256). D'autres différends attirent encore son attention, tel celui suscité par la succession de Navarre. Mais, de toutes les sentences arbitrales qu'il est amené à prononcer, il n'en est pas qui ait fait autant de bruit que la Mise d'Amiens de 1264, destinée à départager le roi d'Angleterre Henri III et ses barons révoltés.

L'histoire des relations de la France et de l'Angleterre sous son règne est d'ailleurs particulièrement caractéristique de la ligne de conduite qu'il adopte à l'égard de ses voisins. Depuis son échec de 1242, Henri III d'Angleterre se tient coi ou à peu près. Ce n'est ni la paix ni la guerre. Mais Louis IX souhaite qu'un traité définitif intervienne. Aussi quand, en 1254, Henri III lui demande l'autorisation de traverser le royaume de France pour aller de Gascogne en Angleterre, il consent avec empressement, va à la rencontre de son hôte jusqu'à Chartres et ouvre les négociations qui aboutissent au traité de Paris de 1259. Par cet accord, Henri III redevient l'homme lige du roi de France en tant que duc d'Aquitaine. Il renonce à la Normandie, au Maine, à l'Anjou, à la Touraine et au Poitou ; mais Louis IX lui rend tout ce qu'il avait de fiefs ou de domaines dans les diocèses de Limoges, Cahors et Périgueux avec, de plus, l'expectative de la Saintonge, de la Charente et de l'Agenais, au cas où, par suite de la mort du comte Alphonse de Poitiers, frère du roi, qui n'a pas eu d'enfants, ces terres viendraient à échoir à la couronne de France. Traité désapprouvé par l'opinion, très hostile aux Anglais et stupéfaite de voir céder à l'ennemi naguère vaincu ce que l'ennemi vainqueur eût difficilement obtenu, mais qui devait apaiser pendant plusieurs décennies le conflit ouvert par Philippe Auguste et Jean sans Terre. L'argent que Saint Louis s'était engagé par le traité de Paris à verser au roi d'Angleterre et qu'il paie après avoir levé une aide à cet effet était, dans sa pensée, destiné à la croisade. En réalité, Henri III l'emploie à la lutte qui l'oppose à ses barons pour la suppression des Provisions d'Oxford, restreignant l'autorité royale. L'affaire est une fois encore soumise au roi de France qui rend à cette occasion son plus célèbre arbitrage. Par la Mise d'Amiens (1264), il se prononce pour le roi d'Angleterre contre les barons. Mais cette fois, il n'est pas écouté. Le parti condamné n'accepte pas sa sentence. La guerre civile se déchaîne en Angleterre.

Vis-à-vis des rois d'Aragon qui ont eux aussi des prétentions sur plusieurs provinces de France, Louis IX adopte la même politique que celle qu'il mène à l'égard de l'Angleterre. Dans le même esprit est signé un compromis (traité de Corbeil en 1258), par lequel Louis IX renonce à tout droit sur le Roussillon et Barcelone, moyennant l'abandon par l'Aragon de ses prétentions sur la Provence et le Languedoc, à l'exception de Narbonne. Mais le parti pris pacifique du roi est mis à rude épreuve du côté de l'Italie. On ne peut lui attribuer l'erreur aux conséquences incalculables qu'est l'intervention de son frère Charles d'Anjou dans les affaires italiennes. Mais il la laisse commettre et il regrettera vite de voir le zèle des papes et l'élite de sa chevalerie se dépenser dans une guerre où coule, des deux côtés, le sang chrétien.

Lui qui est épris de paix entre les chrétiens est obsédé par l'idée de la croisade et se montre belliqueux dès qu'il s'agit de l'Orient. Malgré Blanche de Castille et tout son entourage, il prend la croix, à la fin de 1244, durant une maladie, et ne la quitte plus. Mais ce n'est qu'en août 1248, après quatre ans de préparatifs, qu'il part du port d'Aigues-Mortes avec une grosse expédition en laissant la régence du royaume à Blanche de Castille. Cette septième croisade est dirigée contre l'Égypte, qui contrôle alors les Lieux saints. Après avoir hiverné à Chypre, la flotte française s'empare de Damiette désertée (juin 1249). Mais les croisés commettent l'erreur de repousser l'offre du sultan qui proposait de rendre Jérusalem en échange de leur départ, et marchent sur Le Caire. Ils réussissent, au prix de durs combats, à passer sur la rive est du Nil à Mansourah. Mais la retraite doit être ordonnée et, minés par une épidémie, harcelés par les Égyptiens, les Français sont contraints de capituler en avril 1250. Cet échec, un des plus graves que les chrétiens aient éprouvé depuis longtemps dans ces régions, ne décourage pas Saint Louis. Ayant obtenu sa libération personnelle en échange de Damiette, il passe quatre ans (de mai 1250 à avril 1254) en Syrie où il fait relever et fortifier à grands frais les villes tenues par les croisés – Acre, Jaffa, Césarée et Sidon. La plupart des captifs sont également rachetés par ses soins. La mort de Blanche de Castille en novembre 1252 le décide à regagner la France, mais contre son gré, avec le dessein de retourner en personne, un jour, à la guerre sainte. Le nouveau projet d'expédition, qu'il formule seulement en mars 1267, suscite cette fois peu d'enthousiasme parmi les seigneurs français. Il le prépare néanmoins avec le plus grand soin mais, au lieu d'attaquer l'Égypte, se laisse convaincre par son frère Charles d'Anjou, roi de Sicile, de faire une démonstration sur Tunis. La huitième croisade, partie d'Aigues-Mortes le 1er juillet 1270, débarque à Carthage dix-sept jours plus tard. Mais, au bout d'un mois, l'armée française a fondu, sans combattre ou peu s'en faut sous un soleil de feu ; et lorsque Charles d'Anjou arrive avec des renforts (25 août), Louis IX vient de succomber à la peste qui décimait son camp. Sa réputation de sainteté s'en trouva encore amplifiée, et Boniface VIII devait proclamer, dès 1297, la canonisation de ce roi chrétien qui avait tant fait pour la défense de l'Église, donnant à la monarchie capétienne un prestige incomparable.

Louis XI
Louis XI en train de créer l'ordre de Saint-Michel. Le tableau du fond, *Saint-Michel terrassant le dragon*, termine le collier que portent le roi et les premiers chevaliers. Miniature, XVe siècle, Paris, Bibliothèque nationale de France.
© Sélection Images

Louis X le Hutin ou le Querelleur (Paris, 1289 – Vincennes, 1316)

Roi de France (1314-1316).

Fils de Philippe IV le Bel. Quand il succède en 1314 à son père, après avoir hérité neuf ans auparavant de la Navarre, Louis X subit l'ascendant des féodaux conduits par son oncle Charles de Valois, lequel s'est juré de se venger du principal conseiller de Philippe le Bel, Enguerrand de Marigny. Louis X donne satisfaction aux seigneurs en faisant exécuter, en 1315, le conseiller de son père. À court de trésorerie, il déconsidère le régime en spoliant banquiers lombards et négociants juifs. Son épouse, Marguerite de Bourgogne, est compromise dans le scandale des frères d'Aulnay. Répudiée en 1314, elle a pour remplaçante Clémence de Hongrie, laquelle donne naissance à un fils posthume, à la suite de la mort brutale du souverain. Mais Jean Ier ne vit lui-même que quatre jours, laissant le trône à son oncle Philippe V le Long, que certains accusent d'ailleurs d'avoir précipité ce décès.

Louis XI (Bourges, 1423 – Plessis-lez-Tours, 1483)

Roi de France (1461-1483).

Fils de Charles VII et de Marie d'Anjou. En 1436, il épouse Marguerite Stuart, fille du roi d'Écosse Jacques Ier. Le Dauphin ne s'entend pas avec son père, auquel il reproche notamment sa liaison avec Agnès Sorel, et l'importance prise par cette dernière dans le gouvernement du royaume. Louis porte à sa mère une vive affection, et ne peut supporter de la voir publiquement humiliée : on le verra souffleter la maîtresse de son père. Le jeune homme reproche aussi au roi, avec quelque injustice, le manque d'énergie de sa politique, son inactivité. Entre le père et le fils, les querelles sont violentes, et fréquentes. En 1440, Louis participe à la Praguerie, révolte des grands du royaume mécontents des réformes instaurées par Charles VII. Les rebelles, menés par Charles de Bourbon, Dunois et le duc d'Alençon, sont aisément maîtrisés. Le Dauphin implore la clémence de son père, qui lui pardonne et lui donne bientôt le gouvernement du Dauphiné. Toujours mécontent, jaloux de l'influence de Pierre de Brézé, Louis organise en 1446, dans l'Agenais, un nouveau complot contre son père. Cette fois, le roi le bannit hors du royaume pour quatre mois et l'envoie dans le Dauphiné. Avec l'aide de ses fidèles conseillers, comme Jean Bourré, Louis se montre un excellent administrateur, rétablissant la situation financière de la province, ce qui ne l'empêche pas de poursuivre ses manœuvres contre l'autorité paternelle. Au début de 1451, le Dauphin, veuf depuis six ans, songe à se remarier ; son choix se fixe sur Charlotte de Savoie, âgée de 11 ans, qui possède une dot de 400 000 écus d'or et appartient à une puissante famille. Louis l'épouse à Chambéry, au début du mois de mars 1451, malgré l'interdiction formelle de son père. Sa seconde épouse lui donnera sept enfants. Louis continue à intriguer, en Normandie, en Italie, et Charles VII se décide à mener campagne contre lui. Le Dauphin se réfugie alors à Dijon, puis à Genappe, auprès du duc de Bourgogne Philippe le Bon. C'est là qu'il apprend, sans aucun chagrin, la mort de son père.

Sacré à Reims en 1461, le nouveau roi fait son entrée à Paris et commence par chasser les serviteurs de son père – Dunois, Brézé, Chabannes, Juvénal des Ursins, etc. L'entourage de Louis XI se compose de ses anciens compagnons d'exil, ou de nouveaux conseillers, gens modestes le plus souvent, rarement de grande naissance : Georges de La Trémoille ou Pierre de Beaujeu, auquel il fera épouser sa fille Anne, sont des exceptions. Parmi les principaux conseillers du roi figureront donc Jean Bourré, Jean Dauvet, Briçonnet, ses médecins Jean Coitier et Pierre Choisnet, Tristan Lhermite et Olivier Le Daim, sans oublier Commynes. Le roi a aussi rappelé d'anciens serviteurs de son père, comme Dunois ou les frères Bureau. Devenu roi, Louis XI continue à vivre sans aucun faste. Lorsqu'il voyage, seule une modeste escorte l'accompagne, n'empruntant que les petites routes, logeant chez les bourgeois. Très actif, le roi est fort curieux, veut tout voir et tout savoir. Méfiant, il entretient de nombreux espions. On le tient pour avare, ce qui n'est pas faux. Mais il a d'énormes besoins, car il estime que tout s'achète, les hommes surtout, et en fait un principe de gouvernement. Esprit réaliste, il n'est nullement obstiné et pour parvenir à ses fins – le bien du royaume et non le sien propre – il n'hésite pas à revenir en arrière lorsqu'il le faut. En revanche, le roi se montre souvent trop impatient de voir le résultat de ses machinations. La légende a fait de lui un roi cruel. S'il a sévèrement châtié ceux qui l'ont trahi, comme Saint-Pol, c'est dans un dessein politique. Dévot, la pratique religieuse, les pèlerinages, sont pour lui un marchandage : il veut obtenir quelque chose en échange.

Dès 1462, Louis XI se tourne vers le Roussillon et la Catalogne, qu'il cherche à disputer à Jean II d'Aragon. La campagne ne remplit pas ses espérances : à la fin de l'année, si le Roussillon est conquis, la Catalogne est perdue. Louis XI s'intéresse aussi aux villes de la Somme, cédées par son père au duc de Bourgogne Philippe le Bon, et finit par les racheter, en septembre 1463, à la grande fureur du comte de Charolais, fils de Philippe. Depuis qu'il est sur le trône, le roi ne cesse de chercher à mettre au pas le clergé et la turbulente noblesse qu'il soutenait autrefois contre son père. En 1464, les grands féodaux rencontrent Charles, duc de Berry, frère du roi, mécontent lui aussi et, sous la direction du duc de Bourbon, organisent contre le roi un premier complot. Ils échouent, mais reçoivent au mois d'août de la même année le renfort de Charles, comte de Charolais. Ce dernier prend la tête de la ligue du Bien public. Après l'indécise bataille de Montlhéry, la guerre s'achève au mois d'octobre 1465 par les traités de Conflans et de Saint-Maur, qui donnent satisfaction aux grands féodaux, mais non aux petits seigneurs. Les villes de la Somme sont à nouveau perdues, et le roi a dû céder la Normandie en apanage à son frère Charles. Toutefois, dès janvier 1466, il réoccupe la province.

Contre le duc de Bourgogne, le roi soutient ceux qui cherchent à se révolter, les habitants de Liège, par exemple. En 1467, cependant, une nouvelle ligue regroupe les grands : Charles de Berry, mécontent d'avoir échangé la Normandie contre le Roussillon, le duc de Bretagne François II, Charles le Téméraire qui succède à son père au mois de juin et Édouard IV d'Angleterre. Louis négocie bientôt avec Charles le Téméraire, abandonnant à leur sort les habitants de Liège, et obtient au mois d'avril 1468 l'assentiment des états généraux convoqués à Tours. Les troupes royales pénètrent en Bretagne au mois de septembre, et François II est contraint de signer la paix à Ancenis. Après ce succès, Louis XI propose au duc de Bourgogne de le rencontrer et, lors de la fameuse entrevue de Péronne, il est victime de ses propres machinations : le duc, apprenant au cours de leurs entretiens que son interlocuteur a suscité la révolte des Liégeois, le garde prisonnier dans le château de Péronne. Balue et le connétable de Saint-Pol parviennent à le tirer de ce mauvais pas, mais Louis XI a dû accepter de rudes conditions : il doit notamment accompagner Charles et assister à la répression qui écrase Liège. Aussitôt libéré, il s'empresse d'affirmer qu'il ne respectera pas des promesses extorquées sous la menace. À Péronne, Louis XI a gagné un nouveau conseiller, Philippe de Commynes, qu'il a détaché du service du duc. En revanche, quelques mois plus tard, il fait enfermer à Loches le cardinal Balue, qu'il accuse de l'avoir trahi à Péronne une première fois, et de nouveau au début de 1469 en se rapprochant de Charles le Téméraire.

Au mois de septembre 1469, le duc de Berry, frère du roi, accepte la Guyenne en apanage et se réconcilie avec Louis XI. Aux yeux de ce dernier, Charles le Téméraire se fait de plus en plus menaçant : duc de Bourgogne, possesseur du comté de Flandre, il rêve de constituer un État d'un seul tenant et de s'emparer de l'Alsace, de la Lorraine, et de la Champagne. En 1469, à la suite d'un traité signé avec le duc d'Autriche Sigismond, Charles met la main sur la Haute-Alsace. En Angleterre, pour contrer Édouard IV, allié du Téméraire, Louis XI décide de soutenir Warwick, chancelier anglais entré en rebellion contre le roi.

Une nouvelle coalition se monte contre le roi au début de 1472. Elle groupe le duc de Berry, Jean V d'Armagnac, Jean II d'Aragon, François II de Bretagne, Jean d'Alençon, Charles le Téméraire et Édouard IV. Le frère du roi meurt au mois de juin, mais le Téméraire pénètre en Picardie, tandis que Jean d'Armagnac ravage la Guyenne. Au mois de juillet, Charles échoue devant Beauvais, secourue par Chabannes, et où se distingue Jeanne Hachette : son armée devra regagner la Flandre au mois d'octobre. La coalition échoue, car Édouard IV n'a pas bougé. Louis XI l'emporte partout, sauf dans le Roussillon, où Jean II d'Aragon a rétabli son autorité. Au début de 1473, Charles le Téméraire annexe le duché de Gueldre, au grand mécontentement des villes et des nobles d'Alsace et de Suisse, qui concluent contre lui une alliance de dix ans. Louis XI soutient et stimule les ennemis du duc. Édouard IV promet en 1474 son accord à ce dernier et, au printemps de 1475, Charles entame une nouvelle campagne. Au mois de juillet, son allié débarque à Calais. Mais Charles ne tient pas ses engagements, et le souverain anglais se trouve bientôt isolé et démuni. Aussi accepte-t-il de signer à Picquigny une trêve, qui ne sera jamais transformée en acte définitif, mais mettra fin à la guerre de Cent Ans. Contre une forte indemnité, le roi repasse la Manche. Louis et Charles signent au mois de septembre la trêve de Souleuvres, et, à la fin du mois, le roi contraint François II à céder à ses exigences.

Louis XI poursuit la lutte contre les grands féodaux : il se débarrasse de la maison d'Armagnac après la mort de Jean V, survenue en 1473, et annexe le comté à la couronne. Vient ensuite le tour de Jean d'Alençon, condamné à mort en 1474, gracié, et qui meurt en prison la même année. En 1475, le connétable de Saint-Pol est exécuté après un bref procès.

Contre les prétentions menaçantes de Charles le Téméraire, Louis XI stimule, discrètement, les villes d'Alsace, l'Autriche, et les Suisses. Ces derniers battent le duc à deux reprises en 1476, à Grandson et à Morat et, l'année suivante, Charles meurt devant Nancy. Aussitôt Louis XI se hâte de démembrer l'État bourguignon, occupe la Bourgogne proprement dite, ainsi que la Picardie et l'Artois. Pour sauver son héritage, Marie, fille du Téméraire, épouse Maximilien de Habsbourg, fils de l'empereur. L'archiduc bat les Français à Guinegatte, en 1479, et les hostilités s'achèvent trois ans plus tard par le traité d'Arras : Louis XI conserve le duché de Bourgogne et les villes de la Somme. L'Artois et la Franche-Comté constitueront la dot de Marguerite, fille de Maximilien et de Marie de Bourgogne, qui doit épouser le Dauphin, futur Charles VIII – mariage qui n'aura pas lieu. Ce qui reste des États de Charles le Téméraire ira à Philippe le Beau, fils de Maximilien et de Marie. La puissance bourguignonne est définitivement démembrée. En outre, par le jeu des testaments, Louis XI a obtenu de son oncle René d'Anjou l'abandon de l'Anjou, tandis que Charles du Maine lui cédait la Provence et le Maine. Le roi apparaît ainsi à la fin de son règne comme l'un des grands artisans de l'unité territoriale de la France.

À l'interieur du royaume, il a travaillé au renforcement de l'autorité royale. Luttant sans cesse contre les velléités d'indépendance de la noblesse, il cherche à imposer sa volonté au clergé, en intervenant notamment dans les élections épiscopales, en supprimant aussi les exemptions d'impôt dont bénéficiaient certains clercs. Le roi ne convoque les états généraux que lorsqu'il est sûr de leur assentiment, retire au parlement de Paris la plupart des grands procès, pour les confier au Grand Conseil. Poursuivant l'œuvre de son père, Louis XI continue la réorganisation de l'armée royale en multipliant les compagnies d'ordonnance et les corps de francs-archers. Pour faciliter les relations avec les provinces et leur imposer le respect des décisions royales, le roi fait tracer de nouvelles routes, crée les premières postes. Toutes ces mesures coûtent cher, aussi augmente-t-il considérablement les impôts, n'hésitant pas à recommander l'usage de la force pour les faire rentrer, ce qui contribue à son impopularité.

Depuis la fin du règne de Charles VII et après les ravages de la guerre de Cent Ans, la reprise économique s'amorce en France comme dans toute l'Europe. Suivant l'exemple de Jacques Cœur, le roi cherche à attirer les marchands et artisans étrangers et leur accorde privilèges et naturalisations. Son but est, comme toujours, de favoriser les bourgeois au détriment de la noblesse. À Lyon, en 1467, il installe des ouvriers italiens, qui fabriqueront la soie sur place, permettant à la France d'échapper à la mainmise du commerce italien dans ce domaine. Mécontent des résultats obtenus, le roi fera une nouvelle tentative à Tours. Il favorise aussi la foire de Lyon, contre celle de Genève, et l'établissement de l'imprimerie en France : c'est sous son règne que la première imprimerie parisienne s'installe à la Sorbonne. Le souverain se montre favorable au système corporatif, et de nombreux règlements de métiers sont publiés sous son règne. Pour favoriser le commerce, il signe des traités avec l'Angleterre, avec la Hanse, crée en 1473 une monnaie forte, l'écu au soleil. Bien que l'agriculture ne l'intéresse guère, il publie plusieurs ordonnances visant à sauvegarder, en cas de saisie, les instruments et les récoltes des paysans, à encourager la culture du blé. Pour repeupler les campagnes désertées à la suite de la guerre, le roi fait venir des paysans d'Italie ou d'Espagne et leur accorde concessions et avantages divers.

À la fin de son règne, le montant des impôts est beaucoup plus élevé que du temps de son père, l'industrie et la vie urbaine sont en pleine activité, l'agriculture continue de se relever, malgré une misère encore persistante. Pourtant, le roi n'est pas aimé, il est même le plus souvent redouté. Inquiet, méfiant, il passe les derniers mois de sa vie cloîtré dans son manoir de Plessis-lez-Tours, transformé en forteresse. Après deux attaques de paralysie, en 1480 et 1481, il souffre d'hydropisie, et meurt au mois d'août 1483. Louis XI est inhumé, après des obsèques très simples, comme il l'avait souhaité, à Notre-Dame-de-Cléry, une des nombreuses églises ayant bénéficié de ses dons.

Des sept enfants que lui avait donnés Charlotte de Savoie, quatre moururent en bas âge. Seuls survécurent Anne, mariée à Pierre de Beaujeu, Jeanne dite la Boiteuse, bientôt mariée au duc d'Orléans, futur Louis XII, et Charles, futur Charles VIII, successeur de son père.

LOUIS XII LE PÈRE DU PEUPLE (Blois, 1462 – Paris, 1515)

Roi de France (1498-1515).

Arrière-petit-fils de Charles V, petit-fils de Louis d'Orléans, assassiné par Jean sans Peur, duc de Bourgogne, et fils du duc-poète Charles d'Orléans et de Marie de Clèves. Sa naissance, survenue alors que son père a dépassé l'âge de 67 ans, est considérée comme un miracle. Trois ans après, il devient duc d'Orléans. Son cousin et parrain Louis XI lui assure une éducation sans douceur. En 1476, le jeune duc est contraint d'épouser Jeanne de France, seconde fille du roi. Le dessein de celui-ci est simple : Jeanne est stérile et handicapée. Comme l'écrit le roi, « les enfants qu'ils auront ensemble ne leur coûteront guère à nourrir ». Les aînés de Valois n'auront pas de rivaux de ce côté-là.

Pendant la minorité de Charles VIII, Louis d'Orléans, premier prince du sang, se trouve naturellement porté à la tête de la réaction féodale contre la régente, Anne de Beaujeu, et se précipite dans la Guerre folle. Cette entreprise mal conduite, qui porte bien son nom, tourne à la confusion le 28 juillet 1488, lors de la bataille de Saint-Aubin-du-Cormier. Alors que son allié le duc de Bretagne bénéficie d'un traitement indulgent, le duc d'Orléans est soumis à un emprisonnement rigoureux. Trois ans après, il est libéré sur ordre de Charles VIII, qui commence à prendre les affaires en main. En excellents termes, oncle et neveu participeront ensemble à la première expédition d'Italie, en 1494-1495.

Charles VIII, en mourant, ne laisse pas d'enfants. Sans qu'aucune contestation ne soit élevée, Louis reçoit la couronne le 8 avril 1498. Il ne prononce peut-être pas la célèbre formule : « Le roi de France ne venge pas les injures du duc d'Orléans. » Tout au moins traduit-elle parfaitement sa pensée. Ses actes le prouvent. Anne de Beaujeu n'est nullement inquiétée, ses agents ou conseillers, même La Trémoille, vainqueur de Saint-Aubin, ne le sont pas davantage. La continuité monarchique est scrupuleusement respectée. Cette continuité exige d'abord l'annulation du mariage avec Jeanne, chose faite en 1499, grâce aux bonnes dispositions du pape Alexandre VI. Louis XII épouse ensuite la veuve de Charles VIII, Anne de Bretagne, ce qui permet de reconduire l'union personnelle du duché et du royaume. Autre point où se manifeste la continuité : la politique italienne. Mais ici Louis XII ajoute aux prétentions du roi, son prédécesseur, sur Naples l'angevine, ses propres droits sur Milan comme duc d'Orléans, petit-fils de Valentine Visconti. La grande aventure du règne commence dès l'été 1499. Trivulce conquiert le duché de Milan, qui est partiellement perdu en février 1500 puis entièrement repris en avril suivant. Du Milanais, il est tentant de descendre sur le royaume de Naples comme l'avait déjà fait Charles VIII. Le sud de l'Italie est conquis pendant l'été 1501 avec l'aide de Ferdinand d'Aragon, conformément au traité de Grenade. Mais les deux alliés ne parviennent plus à s'entendre au moment du partage. Battus par les Espagnols, les Français doivent évacuer Naples en 1504.

À la suite de cet échec, Louis XII signe, avec Maximilien et Ferdinand, les traités de Blois (septembre 1504 et octobre 1505) par lesquels il renonce à une grande partie de ses droits ou prétentions en Italie et donne, outre le Milanais, Gênes, la Bourgogne et la Bretagne à sa fille Claude, fiancée à Charles de Habsbourg, duc d'Autriche (futur Charles Quint), sous réserve qu'il ne naîtra pas de Dauphin. Voilà qui semble peu compatible avec la réputation de sagesse que l'on fait à Louis XII. Heureusement le roi ne tarde pas à se reprendre. Les états réunis à Tours annulent en mai 1506 les clauses concernant le mariage de Claude de France qui va être fiancée à François d'Angoulême (futur François Ier), héritier présomptif du trône. Ainsi la Bourgogne et la Bretagne ne seront pas soustraites à l'unité française.

L'année suivante, un soulèvement des Génois donne à Louis XII une occasion d'intervenir une fois de plus en Italie. Gênes est soumise, et la France adhère à la ligue de Cambrai qui groupe contre les Vénitiens le pape Jules II, l'empereur Maximilien, Ferdinand d'Aragon et les ducs de Ferrare et de Savoie (1508). Dangereuse politique, car Venise avait été jusque-là amie de la France. Si la victoire d'Agnadel (mai 1509) montre l'efficacité des armes françaises, il se révèle bientôt que le pape ne songe qu'à expulser de la péninsule les armées de Louis XII. Alors que Bayard bat les armées pontificales à La Bastide, Louis XII convoque à Pise un concile pour déposer Jules II (1511). Celui-ci conclut alors une nouvelle ligue dans laquelle entrent de nombreuses puissances, dont Venise, l'Espagne, l'Empire et l'Angleterre. Les Français, commandés par Gaston de Foix, remportent sur les Espagnols la victoire de Ravenne (1512). Mais, l'année suivante, l'armée de La Trémoille est écrasée par les Suisses à Novare, et ce désastre entraîne la chute des possessions françaises en

Louis XIII
Huile sur toile, d'après Simon Vouet, château de Versailles. © *Giraudon*

Italie. La France même subit la terreur de l'invasion, les Anglais étant vainqueurs à Guinegatte au mois d'août, tandis que les Suisses menacent la Bourgogne. Heureusement, les alliés n'ont pas tous intérêt à trop affaiblir la France, et la Bourgogne peut être sauvée.

Veuf en janvier 1514, le roi fait d'abord la paix avec le roi d'Angleterre (traité de Londres), puis épouse, en secondes noces, la sœur de celui-ci, Marie. Cette union sera brève. Trois mois plus tard Louis XII meurt, ayant eu de son précédent mariage d'assez nombreux enfants dont seules deux filles survivent : Claude, mariée à François d'Angoulême, cousin de Louis XII et héritier de la couronne, et Renée, qui deviendra duchesse de Ferrare.

Il reste que l'unique représentant royal de la branche aînée des Valois-Orléans était juste, économe, soucieux du bien public, mécène à l'instar de son père. À l'intérieur du royaume, on lui doit des diminutions d'impôts, l'amélioration du fonctionnement de la justice et, conformément au désir exprimé par les états de 1484, la révision des coutumes décidée par l'ordonnance de 1499. Nul doute que de sa personne même il ne se soit dégagé une grande sédution : en 1506, après les traités de Blois, les états généraux, dont c'est pour ainsi dire le métier d'émettre des plaintes, ne crurent pas excessif d'attribuer au roi désireux de réparer ses fautes le titre de Père du peuple.

Louis XIII le Juste (Fontainebleau, 1601 – Saint-Germain, 1643)

Roi de France (1610-1643).

Fils aîné d'Henri IV et de Marie de Médicis. Il n'a que 9 ans lorsque son père est assassiné, le 14 mai 1610. Le sacre lui est conféré à Reims le 17 octobre suivant. Le 25 novembre 1615, il épouse, sur les instances de sa mère, Anne d'Autriche. Jusqu'en 1617, c'est sa mère, régente, qui gouverne en son nom. Pourtant sa minorité légale a pris fin en 1614. Opiniâtre, comme le lui reprochait son père, il a reçu une éducation plus riche en châtiments corporels qu'en enseignement littéraire. Le voisinage imposé des nombreux bâtards de son père a, par réaction, développé en lui le sentiment de sa supériorité d'enfant légitime. Ce sentiment nourrira sa fierté et, pendant toute sa carrière, cette fierté sera en quelque sorte sa sauvegarde, même si elle se manifeste extérieurement par un caractère ombrageux. Marie de Médicis ne l'a pas comblé d'amour maternel. Adolescent, il supporte impatiemment la domination et les insolences de Concini, le favori de sa mère. Un beau jour, il se révolte. Aidé de son premier confident, Luynes, il décide de se débarrasser du parvenu pour enfin régner. En réalité, il est encore trop jeune, et le meurtre de Concini a pour premier effet de remplacer un favori par un autre : Luynes, de plus de vingt ans l'aîné du roi, va maintenant exercer le gouvernement avec le titre de connétable. Sans être catastrophique, l'activité incertaine de Luynes ne produit pas le redressement que l'état de la France exige. Les grands se soulèvent sous prétexte de soutenir Marie de Médicis exilée à Blois. Le rétablissement du catholicisme en Béarn provoque une nouvelle guerre de Religion qui s'achève, après le siège infructueux de Montauban en 1621, par la paix de Montpellier en 1622.

Luynes est mort pendant cette campagne. Les années 1621-1623 sont caractérisées par de nombreux désordres intérieurs, mais aussi par une ligue conclue au sujet de la Valteline avec la Savoie et Venise contre l'Espagne. Peu à peu, le roi achève son apprentissage. Résolu à ne plus se laisser entraîner, il fait défiler ministres et secrétaires d'État. 1624 est une date importante : la reine mère impose au Conseil une de ses créatures, Richelieu. Méfiant, mais sentant son insuffisance à pourvoir à tout, le roi décide de faire l'essai de ce catholique ennemi de la maison d'Autriche comme chef du Conseil. Ainsi commence une collaboration que nul n'avait pu vraiment prévoir et qui ne durera pas moins de dix-huit ans. L'histoire politique du règne de Louis XIII se confond désormais avec celle du ministère de Richelieu. Non pas que le cardinal domine entièrement l'esprit d'un prince incapable, comme l'ont si souvent affirmé les romantiques et leurs émules. Au contraire, Louis XIII, extrêmement jaloux de ses prérogatives, ne s'est jamais, au sens propre, reposé sur son ministre du soin des affaires de l'État. Il a approuvé un grand dessein dont il a voulu contrôler les détails d'exécution. Aucune sympathie personnelle n'a jamais lié les deux hommes, sauf peut-être dans les dernières années passées ensemble. Leur entente fut un contrat de confiance mutuelle pour un but commun imposé par la raison : la grandeur de la France.

C'est pendant les premières années du ministère de Richelieu que se fixe, de manière à peu près définitive, la personnalité du roi. La période des hésitations est terminée. Luynes ne sera pas remplacé : Saint-Simon et Cinq-Mars, objets d'attachements provisoires, n'ayant pas joué un rôle politique profond, ne sauraient être considérés comme de véritables favoris. Même dans ses moments de désespoir, séquelles d'une enfance malheureuse, le roi partage plus qu'il ne donne. Sévère de visage et de mise (ce qui ne va pas sans majesté) ainsi que de mœurs (ses « inclinations » pour Mlles de Hautefort et de La Fayette resteront platoniques, quoique passionnées), il offre à première vue un saisissant contraste avec son père. Toutefois, il ne faut pas attribuer sa froideur à l'égard de la reine Anne à une répugnance physique, sauf pendant les premières années de leur union, à cause d'approches trop précoces, et l'on ne saurait honnêtement passer sous silence l'existence de crises périodiques qui, en soumettant le roi, dans le privé, aux « sentiments des particuliers » qu'il affectait de répudier, parurent parfois mettre en péril la continuité de sa politique. L'important est qu'en définitive, et en dépit d'une santé fort précaire qui pouvait altérer ses dispositions d'esprit, ces crises aient toujours été surmontées, et ce par le roi seul, ou sans que le secours d'autrui ait été déterminant.

À vrai dire, les contemporains comprirent mal les contradictions apparentes de ce « bourreau de soi-même », qui promulguait des édits somptuaires et paraissait s'ennuyer mortellement tout en aimant « furieusement » certains plaisirs comme la chasse, la musique et les ballets (où il brillait). Le drame de Louis XIII a été, pendant longtemps, de ne pas avoir de fils, ce qui explique tous les espoirs de Gaston d'Orléans, son frère, et, partant, tous les complots dans lesquels celui-ci a trempé, sous prétexte de renverser un ministre abhorré avec, la plupart du temps, l'aide d'Anne d'Autriche, hispanophile par naissance. Et voici qu'en 1638, fruit d'un rapprochement avec la reine, naît enfin l'héritier que l'on commençait à ne plus espérer, Louis Dieudonné (futur Louis XIV), suivi deux ans plus tard par Philippe. Dès lors, tout change. Le roi travaille pour sa descendance. Les intrigues n'en continuent pas moins (conspiration dite de Cinq-Mars, 1642) mais elles échouent comme les précédentes, et la reine ne les soutient plus. Lorsque Mazarin succède à Richelieu son protecteur, le roi peut mourir, cinq mois après, usé par la tuberculose, une douloureuse entérite et les médecines du temps. La recherche de la grandeur du pays sera poursuivie après lui, la reine Anne préférant les intérêts de son fils Louis XIV à ceux de son frère le roi d'Espagne.

Louis XIV le Grand (Saint-Germain-en-Laye, 1638 – Versailles, 1715)

Roi de France (1643-1715).

Fils du précédent et d'Anne d'Autriche. Son père meurt alors qu'il n'a que 5 ans et son éducation passe pour très négligée. Les gouvernantes l'abandonnent à leurs femmes de chambre, lesquelles acceptent tous ses caprices. Il est confié au maréchal de Villeroi, qui approuve d'avance les désirs de son royal protégé. Son précepteur, l'abbé Péréfixe de Beaumont, futur archevêque de Paris, est le premier à entrevoir les tâches à venir et compose une *Histoire d'Henri IV* dans laquelle on trouve des exemples d'autorité. Mais peut-être le meilleur éducateur sera-t-il, par la suite, Pierre de La Porte, un des valets de chambre. Il tient volontiers compagnie à l'enfant, lui inculque les premiers rudiments de sa tâche à venir et lui fait la lecture de textes historiques.

Bien peu semblent cependant discerner les qualités du futur souverain, son sens de l'observation et de la réflexion. Les événements de la Fronde le marquent profondément, lui laissant le souvenir douloureux d'un pouvoir en butte aux intrigues. Déclaré majeur en 1651, l'adolescent a finalement la chance de posséder un Premier ministre, le cardinal Mazarin, qui se montre le meilleur des serviteurs. Subtil politicien, il a remarqué les qualités de son protégé. Il lui confie ses observations, le met au courant des affaires de l'État, l'éduque en prenant la réalité pour exemple, l'instruit en le mettant en garde contre les pièges multiples de la Cour.

Lorsque le cardinal meurt, en 1661, la paix des Pyrénées a agrandi le royaume de l'Artois et du Roussillon. Le roi a épousé l'année précédente Marie-Thérèse, fille du roi d'Espagne. Les plaisirs de la cour du Louvre lui sont promis, d'autant que depuis une quarantaine d'années les Premiers ministres font la loi. Et pourtant Mazarin n'aura pas de successeur, si ce n'est le roi lui-même. Pareille décision de la part d'un homme de 23 ans démontre à la fois maturité et personnalité. Le 10 mars 1661, il déclare au chancelier, aux ministres et secrétaires d'État : « Il est temps que je gouverne moi-même ». Cette attitude est l'aboutissement logique de l'évolution naturelle d'une monarchie, cimentée par les Capétiens et les Valois, à laquelle Louis XI, François Ier, Henri III et Henri IV ont montré les bienfaits d'un pouvoir centralisateur. Richelieu a abaissé les grands féodaux. Mazarin vient de déjouer leurs intrigues. La France est alors le pays le plus peuplé d'Europe. Son unité n'a pas été rompue, malgré l'alliance de princes du sang ou de certains nobles avec les bourgeois des villes, le peuple de Paris, l'occupant anglais ou espagnol, leurs collusions avec le fanatisme protestant, l'intransigeance catholique, tandis que fleurissent les intrigues des Jésuites, les manigances des parlements des provinces et le sectarisme des théologiens de l'Université.

Ce sont autant de facteurs qui ont déterminé la décision du jeune roi. Il ne peut y avoir d'autre autorité que la sienne sous peine de voir le royaume replonger dans les mortelles divisions d'antan. En conséquence, le souverain remet en vigueur le vieil adage féodal selon lequel « souveraineté et propriété ne font qu'un », cette souveraineté étant de surcroît, selon lui, d'essence divine. Ainsi naît et se développe cette notion de pouvoir absolu qui va s'imposer à l'Europe entière durant le XVIIe siècle. Ce pouvoir sera désormais délégué par le roi aux ministres, qui deviennent en fait de grands commis de l'État. Le Conseil d'en haut ne se compose plus que de trois ministres : Fouquet, Le Tellier, Hugues de Lionne. Les autres ministres ou grands commis sont de valeur : Colbert, Louvois, entre autres. Ce sera la grande force du régime de posséder des serviteurs aussi compétents, dévoués, actifs, à des postes déterminants. Si l'un d'eux fait preuve d'insubordination, il est brisé. C'est le cas de Fouquet, surintendant des Finances, dont le faste et l'esprit d'indépendance peuvent se comparer aux incartades de certains nobles du temps de Richelieu. Le surintendant a supposé que le roi se lasserait de gouverner, sous-estimant la volonté, la détermination, l'orgueil de ce monarque de 23 ans son cadet.

Sous pareille impulsion, la France devient sans conteste la première puissance économique et militaire du continent. Cet élan est complété par une floraison artistique sans précédent, comme si l'émulation des armes devait avoir pour corollaire celle des arts et des techniques. Le théâtre, la littérature, la peinture, la sculpture, l'architecture connaissent une création sans égale, si bien que le terme de Grand Siècle convient à ce règne. Certes, cette grandeur, ce faste n'apportent pas toujours l'amélioration des conditions de vie des habitants, même si le développement des manufactures et la mise en chantier de grands travaux donne du travail à beaucoup. Des routes sont tracées, des ponts édifiés, de même que des bâtiments publics ou privés. Dans ce domaine, le palais de Versailles est un symbole.

Quittant le Louvre austère de ses parents, Louis XIV abandonne sans regret un Paris qui fut tour à tour bourguignon, ligueur et frondeur. L'acte politique se double d'une autre mesure

Louis XIV
Le Passage du Rhin en 1672. Huile sur toile de Sauveur Le Comte. Chantilly, musée Condé. © *Sélection Images*

tout aussi importante, puisque la turbulente noblesse est invitée désormais à côtoyer le roi. Le rebelle d'hier devient courtisan. Désormais, toutes les affaires de l'État se décideront à Versailles. Les corps constitués (parlements, états généraux) ne jouent pratiquement plus de rôle majeur. Avec l'installation de la Cour dans son nouveau domaine, en 1682, la monarchie absolue prend son véritable visage. C'est aussi l'apogée du règne. Les ambassadeurs de France ont priorité dans les cérémonies officielles sur les diplomates des autres pays, à commencer par ceux d'Espagne. La flotte du roi égale en puissance celle de l'Angleterre. Depuis 1662, les vaisseaux français ne sont plus tenus de saluer les premiers ceux de Charles II. Le pape Alexandre VII fait, en 1664, des excuses pour un incident survenu entre soldats de sa garde et valets de l'ambassadeur de France. Défenseur de la chrétienté, Louis XIV envoie en Hongrie un contingent de volontaires qui prend une part déterminante à la défaite des Turcs le 1er août 1664 à Saint-Gotthard, sur la Raab. En Méditerranée, les pirates barbaresques sont pourchassés. Partout l'emblème royal est synonyme de réussite.

Il ne manque que la gloire militaire. Elle fera l'objet d'entreprises qui se doubleront de préoccupations économiques, la doctrine du colbertisme ne visant à rien d'autre que de faire péricliter le commerce des États voisins concurrents. La mort de Philippe IV d'Espagne est tout d'abord motif à intervention en Flandre, conquise en 1667, puis en Franche-Comté, occupée l'année suivante. Les Hollandais constituent une Triple-Alliance avec l'Angleterre et la Suède. Le traité d'Aix-la-Chapelle, en 1668, invite le roi à restituer aux Espagnols la Franche-Comté, mais lui accorde le Hainaut et la Flandre méridionale. Le résultat est flatteur, puisque les campagnes militaires ont été brillantes et que les alliances nouées par la diplomatie royale se sont révélées solides. Enfin la modération du vainqueur, qui accepte d'évacuer une conquête, rehausse son prestige. Cependant, Louis XIV entend se venger des Hollandais qui ont formé contre lui la Triple-Alliance. Une promesse de pension annuelle détache tout d'abord Charles II d'Angleterre des Hollandais. Un subside tout aussi important suffit ensuite pour obtenir la neutralité suédoise. Les hostilités commencent sitôt acquis ces résultats, c'est-à-dire au printemps de 1672, Charles II renversant même les alliances et joignant finalement ses forces à celles de Louis XIV.

Malgré l'écrasante supériorité des assaillants, les Hollandais relèvent le défi, et Ruyter met à mal la flotte du duc d'York dans la baie de Solvay. Cependant, à terre, le Rhin est franchi sans difficulté. Lors des négociations de paix, les exigences de Louis XIV sont telles (avantages territoriaux, monopole du négoce, rétablissement du culte catholique, médaille commémorative de sa clémence) que les Hollandais reprennent les armes. Ouvrant les digues, ils inondent le bas pays et préservent de l'invasion Amsterdam, Haarlem, Delft et Leyde. Jan de Witt est évincé du pouvoir au profit de Guillaume d'Orange, en faveur de qui est rétabli le *stathoudérat*. Louis XIV n'affrontera pas d'adversaire plus implacable. La cause hollandaise trouve des sympathies en Europe, à commencer par l'Électeur de Brandebourg. Le rejoignent l'empereur d'Allemagne et la reine d'Espagne. L'année 1674 voit la défection anglaise. Il faut évacuer la partie continentale des Provinces-Unies. La guerre revient en Flandre et en Alsace. Condé et Turenne déploient des prodiges de savoir-faire pour enrayer l'invasion. Le second meurt sur le champ de bataille en 1675. La guerre traîne en 1676 et 1677, si bien que les protagonistes finissent par négocier à Nimègue en 1678. La frontière du nord est sauvegardée, et la Franche-Comté acquise définitivement. L'Europe liguée contre Louis XIV a été tenue en échec. Mais la réciproque est vraie si l'on tient compte des revers de la campagne des Pays-Bas.

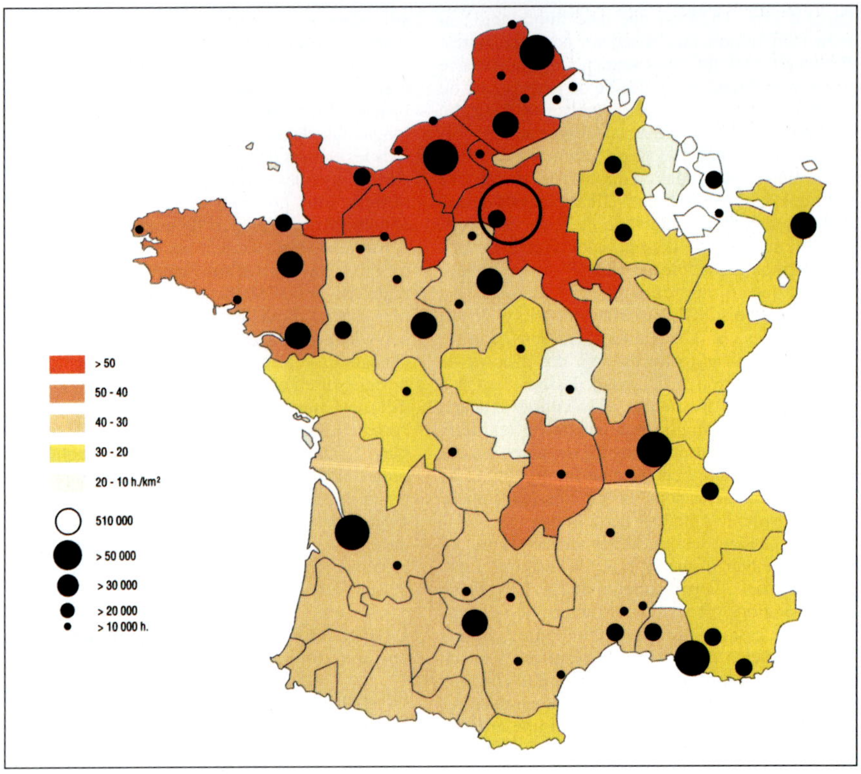

Répartition de la population du royaume vers 1700

Cette fois, la rancœur de Louis XIV s'exerce contre l'Allemagne, qui est venue au secours de la Hollande. Bitche et Hombourg sont occupées en 1679. Deux ans plus tard, Strasbourg est annexée en pleine paix. Des incidents se produisent avec l'Espagne. Gênes est bombardée, ce qui permet de porter préjudice à une puissance commerciale concurrente. Ces événements préludent à une tension diplomatique puis à la guerre de la ligue d'Augsbourg, laquelle se prolonge de 1688 à 1697. Une fois encore, l'Europe se ligue contre Louis XIV. Elle y est incitée par la rancœur des protestants, qui ont fui la France (au nombre de 200 000 au moins) à la suite de la révocation de l'édit de Nantes, en 1685. Luxembourg, Catinat, Tourville, Jean Bart se montrent dignes de leurs aînés, mais nulle part ne se produit le succès décisif. La coalition bénéficie de la présence d'un stratège de première valeur, le prince Eugène de Savoie, que Louis XIV a évincé sous un prétexte futile, le refus d'une faveur. Louvois ravage le Palatinat et incendie le château de Heidelberg. Les victoires de Staffarde et de Fleurus en 1690, de La Marsaille et surtout de Neerwinden en 1693 permettent de contenir la coalition, tant en Piémont qu'en Flandre et en Brabant. Le duc de Savoie se lasse le premier en 1696, incitant les Hollandais à composer à leur tour, prenant comme base de négociation les clauses du traité de Nimègue. La paix se décide à Ryswick en 1697. Ce n'est en fait qu'un armistice de trois ans (qui entérine l'annexion de Strasbourg), puisque dès 1700 s'ouvre la succession au trône d'Espagne.

Le 2 octobre 1700, peu avant sa mort, Charles II d'Espagne se décide, après de longues hésitations, à offrir la couronne au duc d'Anjou, petit-fils de Louis XIV. Pour ce dernier, cette

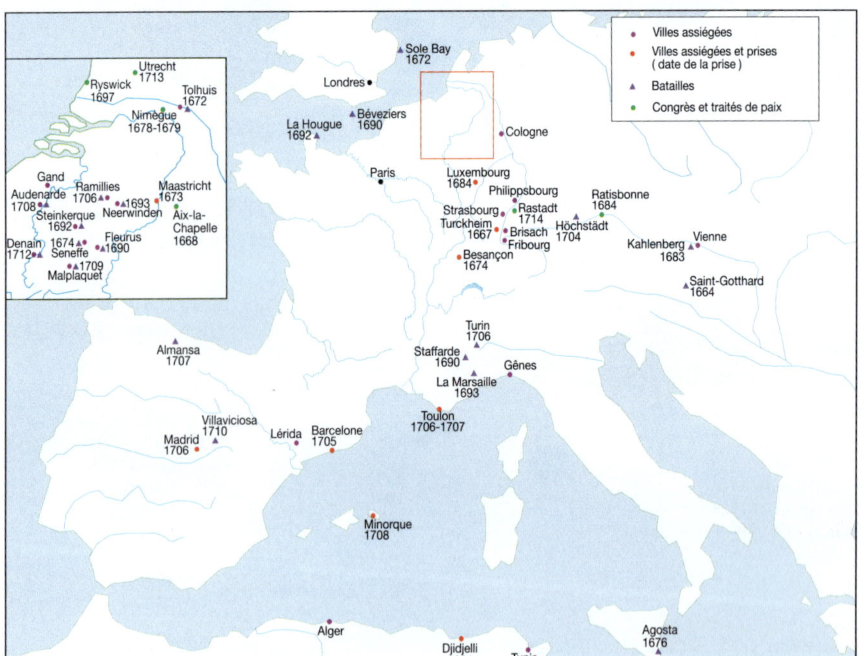

Les guerres de Louis XIV

occasion semble être le moment d'un nouveau « règlement de comptes » avec les ennemis d'hier. Comment expliquer ces sortes de provocations que constituent l'occupation de certains postes frontaliers des Pays-Bas espagnols (l'actuelle Belgique) et surtout l'appui officiel donné sans réserve au prétendant jacobite au trône d'Angleterre, l'adversaire de Guillaume d'Orange, en violation des accords de Ryswick ? Enfin le refus hautain de séparer désormais les successions de France et d'Espagne fait craindre au reste de l'Europe la constitution d'une formidable puissance qui s'étendrait un jour de Dunkerque à Cadix.

Il n'en faut pas plus pour constituer en 1701 une nouvelle coalition dont seules ne font pas partie l'Espagne et la Bavière. Le moment est d'autant plus mal choisi que la France est harassée par les épreuves précédentes. La misère des campagnes est affligeante et les notables sont écrasés d'impôts. Le négoce et l'artisanat périclitent à la suite du départ des protestants et les réformés des Cévennes, du Languedoc et du Vivarais ont tendance à se regrouper pour résister aux exactions des autorités qui veulent les ramener à la foi catholique. Une révolte se prépare de ce côté au moment où les forces royales doivent garder les frontières du nord, de l'est, se battre sur les Alpes et en Piémont tout en intervenant en Espagne pour défendre le trône du duc d'Anjou devenu Philippe V. C'est d'autant plus fâcheux que dans le camp adverse commandent deux remarquables stratèges : le prince Eugène, plus déterminé que jamais à l'abaissement du Roi-Soleil, et le duc de Marlborough. Des récoltes défectueuses, des hivers rigoureux, tel celui de 1709, accroissent encore les épreuves. Le roi lui-même n'est pas épargné. Vieilli, malade, atteint moralement, il se confine dans un Versailles austère sur lequel règne désormais Mme de Maintenon, qu'il a épousée morganatiquement en 1683 et qui entend moraliser la Cour après la période fastueuse des favorites, officielles ou non, qui vit se succéder, entre autres, Mlle de La Vallière et surtout Mme de Montespan.

Las, désabusé, contraint d'envoyer la vaisselle royale à la fonderie pour couvrir symboliquement les frais d'une guerre qui n'en finit pas, Louis XIV se résout à solliciter la paix de ses plus implacables adversaires, les Hollandais. Les rôles sont cette fois renversés et ce sont les plénipotentiaires des Provinces-Unies qui émettent des prétentions exorbitantes, notamment que Louis XIV abandonne son petit-fils Philippe V d'Espagne. Malgré la rancœur des campagnes, les pamphlets souvent injurieux des opposants au régime, l'hostilité des notables, la virulence d'un mouvement janséniste que n'a nullement annihilé la destruction de la communauté de Port-Royal des Champs, la France est animée d'un sursaut patriotique que symbolise, en 1712, la victoire de Villars à Denain. Humiliés, épuisés à leur tour par douze années de lutte, les Hollando-Impériaux finissent par composer. Les premiers redoutent d'ailleurs une possible suprématie des seconds qui, en revenant en Espagne, pourraient reconstituer l'ex-empire de Charles Quint.

À Utrecht, en 1713, à Rastatt, en pays de Bade, l'année suivante, les négociateurs français obtiennent la reconnaissance des frontières de Flandre et d'Alsace, ce qui entérine les conquêtes passées. Les successions de France et d'Espagne sont dissociées. Mais, fait négligé sur le moment et qui aura par la suite de graves conséquences, Louis XIV abandonne à l'Angleterre Terre-Neuve, l'Acadie et la baie d'Hudson, au Canada. C'est le début de la perte de la Nouvelle-France et de la prépondérance britannique dans le continent nord-américain.

Il est temps que les hostilités s'achèvent, car de nouveaux malheurs se sont abattus sur la Cour. Le Grand Dauphin, le successeur au trône, est mort en 1711, bientôt suivi par son fils le duc de Bourgogne, l'année suivante. Le Trésor royal est vide. Le pays est épuisé. La famine règne dans certaines provinces. Le peuple est las. Le renom de la monarchie, qui vient de porter au plus haut en Europe la langue, les arts, en un mot la culture française du Grand Siècle, est lui-même sérieusement terni. Les bâtards issus des liaisons avec les diverses favorites royales sont légitimés ; le duc du Maine est déclaré apte à succéder. Ce régime monté au zénith une trentaine d'années auparavant, finit dans un crépuscule lugubre. Si le pouvoir central est désormais concentré entre quelques mains, un dangereux déséquilibre résulte de l'abaissement des corps constitués. Que ce pouvoir s'affaiblisse et, désormais, c'est le régime tout entier qui risque de vaciller. En portant la monarchie au pinacle, en brisant l'indépendance de la noblesse, en la cantonnant à Versailles, Louis XIV rend la tâche difficile à ses successeurs, car jamais il n'y a eu autant divorce entre le trône d'un côté, les notables et le peuple de l'autre. La noblesse de naissance a perdu sa prédominance (sauf dans l'armée) au profit d'une noblesse de robe, de finance ou encore de roturiers qui dominent l'administration et accaparent le négoce. Le clergé est bridé. Ses meilleurs éléments sympathisent avec la doctrine janséniste. Les membres des parlements provinciaux représentent autant de groupes d'opposition. Au-dessous de ces catégories privilégiées se trouve le gros de la nation, petits notables, peuple des villes, paysans, ce tiers état qui prendra, à la fin du siècle, une influence grandissante. C'est sous Louis XIV que s'assemblent les ferments de 1789.

Louis XIV
Portrait de Louis XIV en armure (détail). Huile sur toile de Hyacinthe Rigaud, 1701, musées de Versailles et Trianon. © *Sélection Images*

En août 1715, Louis XIV, resté jusqu'ici très actif, donne des signes de déclin dû à la gangrène qui attaque une jambe. Depuis une semaine, l'antichambre du duc d'Orléans, régent désigné, ne désemplit pas, sauf lorsque parvient l'annonce d'un léger mieux, conséquence d'une potion apportée par un rebouteux provençal. Par deux fois, le souverain fait ses adieux à la Cour. Le vendredi 30 août, la gangrène atteint la cuisse. L'interminable agonie s'achève enfin le dimanche 1er septembre. Il est 8 heures et quart du matin. Une fenêtre donnant sur la cour de marbre s'ouvre. Un officier portant une plume noire au chapeau annonce à la foule : « Le roi est mort. » Quelques instants plus tard il reparaît arborant cette fois une plume blanche et s'écrie : « Vive le roi Louis XV ! » Cette disparition représente un soulagement pour beaucoup. Les membres du Parlement donnent le ton en cassant immédiatement le testament du défunt, tandis que Philippe d'Orléans s'apprête à conférer à la Régence un faste oublié depuis deux ou trois décennies. Désormais, en France, rien ne sera plus comme avant. Mais une chose ne changera pas. Le roi l'a dit lors de ses adieux ultimes en une formule à sa mesure : « Je m'en vais, Messieurs, mais l'État demeurera toujours ! »

Le bilan du règne de Louis XIV est largement positif. En domestiquant la noblesse – dont l'énergie est réorientée vers les champs de bataille –, en ôtant aux parlements leur pouvoir administratif et politique au profit des officiers royaux, le Roi-Soleil a créé un appareil d'État stable et moderne : la monarchie absolue est un État de finances où la puissance royale, c'est-à-dire publique, se substitue aux féodalités centrifuges. À l'ordre intérieur correspond la sécurité des frontières : celles-ci ont reculé au nord-est de près de 200 kilomètres, mettant Paris à l'abri pour deux siècles grâce aux fortifications de Vauban. Au-delà de ses frontières, la France rayonne sur toute l'Europe par ses monuments, ses lettres et ses arts. De nos jours encore, elle est l'héritière de ce modèle culturel prestigieux. La réussite économique apparaît plus contestable. Le sort des populations est aggravé par des catastrophes climatiques (1693 et 1709) dont le roi ne peut être tenu responsable, même si l'énorme pression fiscale fragilise la paysannerie. Cependant, l'essor du commerce maritime, qui prépare la prospérité atlantique du XVIIIe siècle, les manufactures, ou l'apport des métaux précieux de l'Amérique espagnole à la fin du règne constituent autant de points positifs. Regrettable en revanche apparaît la politique religieuse : la répression contre les jansénistes les pousse à l'alliance avec les milieux parlementaires, si préjudiciable à la monarchie au XVIIIe siècle ; l'abolition de l'édit de Nantes, outre les souffrances qu'elle occasionne, prive la France du cinquième de son élite commerçante ; l'échec enfin de la défense du catholicisme anglais et la défaite des Stuarts en 1688 marque le début d'une troisième guerre de Cent Ans (1688-1715) que la France ne gagnera pas.

LOUIS de FRANCE, dit MONSEIGNEUR, puis LE GRAND DAUPHIN (Fontainebleau, 1661 – Meudon, 1711)

Dauphin de France.

Fils de Louis XIV et de Marie-Thérèse d'Autriche. Il reçoit pour gouverneur le duc de Montausier, et pour précepteur Bossuet. Malgré ces maîtres, le jeune prince reste médiocre, méprisé par son père qui le tient à l'écart des affaires. En mars 1680, Monseigneur épouse la princesse Marie-Anne de Bavière, qui lui donnera trois fils : Louis, duc de Bourgogne, Philippe, duc d'Anjou, futur Philippe V d'Espagne, et Charles, duc de Berry. À sa mort, son fils aîné devient Dauphin de France.

LOUIS de FRANCE, duc de Bourgogne (Versailles, 1682 – Versailles, 1712)

Dauphin de France.

Fils aîné du précédent et de Marie-Anne de Bavière. Petit-fils de Louis XIV et père de Louis XV. Il reçoit comme gouverneur le duc de Beauvillier, et comme précepteur Fénelon, qui, pour son élève de 7 ans, compose ses *Fables* et son *Télémaque*. Ses maîtres lui inculquent des idées de réforme, dans un sens aristocratique et libéral, qu'il aurait sans doute appliquées s'il avait régné. Au mois de décembre 1697, le duc de Bourgogne épouse Marie-Adélaïde de Savoie. Suivant le désir de Louis XIV, le mariage ne sera consommé que deux ans plus tard. Vive, charmante, la jeune duchesse éclaircira par sa présence les dernières années, si sombres, du règne du Roi-Soleil. En août 1704 naît le premier fils du duc et de la duchesse de Bourgogne, Louis, duc de Bretagne. Préférant la politique à l'art militaire, le duc de Bourgogne se montre un médiocre général lors de la campagne de Flandre, en 1708 : son excessive prudence, son indécision et sa mésentente avec le duc de Vendôme sont à l'origine de l'issue catastrophique de la campagne. En février 1710, la duchesse donne naissance au duc d'Anjou, le futur Louis XV. Le 14 février 1711 meurt le Grand Dauphin. À son tour, le duc de Bourgogne, effrayé par la perspective de régner, devient Dauphin. Fénelon, son ancien précepteur, entretient avec lui une active correspondance, par laquelle il établit ce que devront être ses réformes. Le 12 février 1712 meurt la duchesse de Bourgogne. Louis XIV, qui lui portait une vive affection, montre à cette nouvelle le plus grand chagrin. Une semaine plus tard, le Dauphin la suit dans la tombe. On parle d'empoisonnement, on accuse, bien à tort, le duc d'Orléans. Quelques semaines plus tard, le 8 mars, leur fils aîné meurt à son tour, de la même maladie, une sorte de rougeole. Son jeune frère est sauvé par ses gouvernantes qui empêchent les médecins de le saigner.

LOUIS XV LE BIEN-AIMÉ (Versailles, 1710 – Versailles, 1774)

Roi de France (1715-1774).

Troisième fils du duc de Bourgogne et de Marie-Adélaïde de Savoie, il n'était pas appelé à régner, mais la mort de son père et de ses frères aînés lui assure le chemin du trône. Il n'a que 5 ans à la mort de son arrière-grand-père Louis XIV, et le pouvoir est assuré par le Régent, Philippe d'Orléans, qui se voit confirmé par un lit de justice présidé par le petit roi. Majeur à 13 ans (le 15 février 1723), Louis XV demande au Régent de rester en place avec le titre de Principal ministre. À sa mort, en décembre de la même année, le roi confie le pouvoir au duc de Bourbon, arrière-petit-fils du Grand Condé. Celui-ci, inquiet de la mauvaise santé du souverain et afin d'empêcher l'éventuelle accession au trône du fils du Régent, renvoie l'infante Victoria, fiancée à Louis XV depuis le traité de Madrid de 1721, et choisit Marie Leszczyńska, fille de Stanislas Leszczyński, roi de Pologne détrôné. Ce mariage, très décrié car trop modeste pour un roi de France et aux avantages politiques incertains, est célébré le 5 septembre 1725. Marie Leszczyńska, d'une moralité irréprochable, donnera dix enfants au roi. En 1726, celui-ci disgracie le duc de Bourbon qu'il remplace par son ancien précepteur, le cardinal Fleury.

Louis XV

Leçon donnée au jeune Louis XV. Huile sur toile, École française, XVIIIe siècle, musée de la ville de Paris, musée Carnavalet. © *Lauros-Giraudon*

Louis XV a alors 16 ans. Il a été élevé par Mme de Ventadour, par le duc de Villeroy, par Fleury, qui lui a inculqué le sens du devoir, l'amour des affaires publiques, la nécessité du secret, la méfiance envers les courtisans et les Jésuites. Il est bien accueilli par la nation. Le peuple, las des scandales de la Régence, applaudit le nouveau venu lui décernant le titre de Bien-Aimé. Cependant, sous un aspect élégant, racé, Louis XV, malgré une vive intelligence, fait montre d'un caractère instable. Il est indolent, rétif au travail, irrésolu, timide. Il souffre de crises de neurasthénie qui iront s'amplifiant avec l'âge et une méfiance qui favorisera les intrigues dans l'entourage royal. Ses deux passions principales sont la chasse et les femmes. La première le détournera parfois de son métier de roi – il ne gouvernera d'ailleurs jamais directement, déléguant le pouvoir à des ministres –, la seconde le conduira à donner trop d'influence à ses favorites, surtout dans la moitié du règne. Ces travers ont finalement fait de ce roi un des souverains les plus décriés de l'histoire de France.

Fleury, qui gouverne jusqu'à sa mort en 1743, commence par remettre en ordre les finances de l'État et parvient à assurer la stabilisation monétaire : le budget est enfin équilibré, ceux de 1739 et 1740 sont même excédentaires. Sur le plan politique, le cardinal se heurte au Parlement qui, ayant cassé le testament de Louis XIV, avait donné la totalité du pouvoir au Régent, en échange de quoi il avait récupéré son droit de remontrance. Pendant tout le règne, le Parlement sera une force d'opposition résolue, en particulier sur le plan religieux (refus de la bulle *Unigenitus*, défense des jansénistes et attaques contre les jésuites). Pour passer outre à cette opposition, Louis XV décide l'enregistrement forcé de la bulle *Unigenitus* (1730). À l'extérieur, Fleury ne peut pas faire autrement que de soutenir le beau-frère du roi qui s'est porté candidat au trône de Pologne malgré l'opposition de l'Autriche, de la Russie et de la Prusse. Mais il se contente d'envoyer un maigre renfort à Stanislas Leszczyński assiégé dans Dantzig (juin 1734). La guerre de Succession de Pologne s'achève par le traité de Vienne du 18 novembre 1738, avantageux pour la France, puisque Stanislas Leszczyński reçoit en échange de sa renonciation au trône le duché de Lorraine et le comté de Bar qui reviendront à la France à sa mort (1766). En 1740, la France se lance dans la guerre de Succession d'Autriche aux côtés de l'Espagne, des Deux-Siciles et de plusieurs princes allemands, coalition hétéroclite qui conteste à Marie-Thérèse le droit de succéder à son père – décision incohérente, puisque la France avait accepté la Pragmatique Sanction de Charles VI qui avait intronisé Marie-Thérèse. En 1742, Frédéric II de Prusse, ayant annexé la Silésie jusqu'ici autrichienne, se retire du combat, ce qui permet aux Autrichiens, appuyés par les Anglo-Hanovriens, d'entrer en Alsace en juin 1744. Louis XV, à la tête des armées, entre dans Metz où il manque de mourir d'une fièvre, ce qui, à une époque où il est au faîte de sa popularité, cause la consternation à travers tout le royaume. La victoire de Fontenoy remportée par Maurice de Saxe le 11 mai 1745, en présence du roi, permet à la France d'envahir les Pays-Bas autrichiens puis les Provinces-Unies. Toutefois, au traité d'Aix-la-Chapelle du 28 octobre 1748, Louis XV, qui dit ne pas vouloir négocier en « marchand » abandonne ces conquêtes sans contrepartie (d'où l'expression « travailler pour le roi de Prusse »).

À la mort de Fleury en 1743, Louis XV manifeste l'intention de gouverner seul, en confiant le pouvoir non plus à un Principal ministre, mais à des secrétaires d'État, dont les uns appartiennent au parti philosophique défendu par sa favorite, Mme de Pompadour – dont l'influence commence à se faire sentir – et les autres au parti dévot, soutenu par la Cour. Cependant, ce n'est qu'une velléité, d'autant que le roi se montre incapable d'arbitrer les querelles inévitables qui se produisent entre ces deux camps, d'où, dans l'opinion et au Parlement, une impression de désordre. Par ailleurs, Louis XV, jaloux de son autorité, tente de jouer un rôle, surtout en matière de politique extérieure, en prenant des décisions qu'il n'annonce qu'en comité restreint (le fameux Secret du roi) et qui contredisent parfois celles qui ont déjà été prises. Cette lutte des clans apparaît au grand jour en 1749 lorsque le comte d'Argenson à la Guerre (chef du parti dévot) s'oppose à Machault d'Arnouville aux Finances (chef du parti philosophique), celui-ci cherchant à remplacer l'impôt du dixième par celui du vingtième devant frapper tous les revenus, sauf les salaires. Devant les protestations du Parlement et du clergé, Louis XV, influencé par Mme de Pompadour, fait mine de résister pour finir par céder en exemptant le clergé (1751), d'où la fureur des parlementaires. Cette même indécision se montre dans l'affaire des billets de confession exigés des jansénistes par les membres du clergé pour pouvoir leur administrer les sacrements. À l'occasion de cette affaire, le Parlement adresse au roi, en 1753, de grandes remontrantes sur l'exercice de la justice. Louis XV commence par exiler le Parlement avant de le rappeler. Qu'il condamne l'*Encyclopédie* en 1752 mais ne s'oppose pas à sa reparution concourt à le discréditer dans une opinion qui commence à être travaillée par des libelles de plus en plus violents dénonçant un train de vie royal excessif, les dépenses inconsidérées de la Cour, l'influence des trop nombreuses maîtresses (entre autres les sœurs Mailly-Nesle, Mme de Pompadour, Mme du Barry à la fin du règne). À cette époque, l'impopularité croissante du roi se marque par le fait que l'attentat de Damiens contre sa personne (5 janvier 1757) ne suscite aucune émotion.

À partir de 1755, toujours sous l'influence de Mme de Pompadour, Louis XV opère un renversement des alliances, concrétisé par le traité de Fontainebleau du 1er mai 1756, qui voit la France renoncer à l'alliance avec la Prusse (laquelle, du

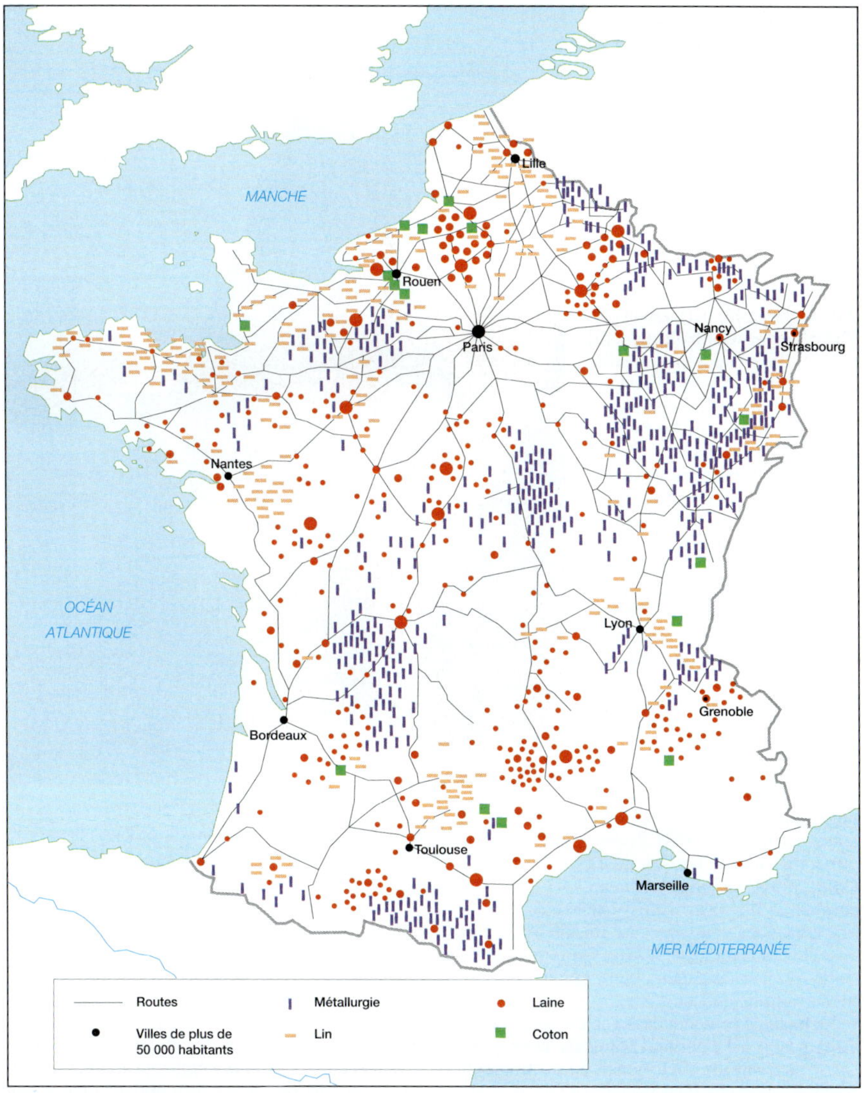

La France « industrielle » de Louis XV

coup, s'allie avec l'Angleterre) en faveur d'un rapprochement avec l'Autriche, l'ennemi traditionnel. L'Autriche attaquée par la Prusse, Louis XV se précipite à son secours, mais la guerre de Sept Ans (1756-1763) tourne à la catastrophe pour la France qui, après les défaites de Rossbach (1757) et de Cassel (1758), doit abandonner à l'Angleterre la presque totalité de son empire colonial (traité de Paris du 10 février 1763). Le maintien de l'alliance avec une Autriche détestée, la conclusion du « pacte de famille » avec l'Espagne (1761) et, plus tard, le partage de la Pologne, alliée traditionnelle de la France, par les États allemands et la Russie (1770) exaspèrent l'opinion et déconsidèrent le régime. C'est dans un contexte où la France, dont le gouvernement n'a plus aucune autorité, se sent humiliée que Choiseul, appelé par Louis XV qui a renvoyé ses ministres, arrive au pouvoir. Pour relancer l'agriculture et le commerce, celui-ci abolit la réglementation sur les grains et autorise leur libre circulation dans le royaume. Devant l'avalanche des critiques qui s'abattent sur le gouvernement accusé de constituer des monopoles, et sur le roi en personne, soupçonné de spéculer (ce qu'on a appelé le « pacte de famine »), Louis XV doit, une fois encore, faire machine arrière, en rétablissant l'ancienne réglementation (1770). Cette nouvelle reculade provoque une véritable guérilla du Parlement, d'autant plus que Choiseul lui est secrètement favorable. C'est ainsi qu'à la suite de l'affaire La Valette – un jésuite compromis dans des transactions douteuses –, le Parlement obtient, contre la volonté de Louis XV, le bannissement de la compagnie de Jésus (1764).

Cet état d'esprit se propage aux autres parlements. En 1764, le parlement de Bretagne, mené par son procureur général, La Chalotais, critique les mesures financières décidées par l'intendant de la province, le duc d'Aiguillon. Louis XV fait arrêter La Chalotais mais, devant l'ampleur des protestations, il doit tenir un lit de justice et, au cours de la séance dite « de la flagellation », rappeler aux parlementaires les principes de la monarchie absolue (3 mars 1766). Le Parlement maintenant son opposition, le roi l'exile, renvoie Choiseul et nomme un triumvirat, le duc d'Aiguillon aux Affaires étrangères, Maupeou à la Justice, l'abbé Terray aux Finances. En 1771, la vénalité des charges est abolie, un nouveau Parlement (le « parlement Maupeou »), dont les membres sont désignés par le roi, est installé, le Grand Conseil est réorganisé pour enregistrer les édits. Ces mesures ne désarment pas l'hostilité croissante du monde de la robe et du parti philosophique à l'absolutisme royal. Louis XV, de plus en plus discrédité, notamment à cause de sa liaison avec Mme du Barry, meurt de petite vérole le 10 mai 1774, dans l'indifférence générale.

On ne peut cependant s'en tenir à la légende noire de la fin du règne. Le bilan de celui-ci doit être nuancé. L'élimination politique des parlements par la « révolution royale » de 1770-1774 aurait pu efficacement réformer l'Ancien Régime si Louis XVI n'avait pas commis l'erreur de rappeler des parlementaires jaloux de leurs privilèges. La perte des colonies au traité de Paris n'a rien d'irréparable : la France conserve son empire sucrier des Antilles, source de richesses, tandis que Choiseul prépare une nouvelle flotte susceptible de renverser l'équilibre des forces. Le renversement des alliances se justifie pleinement par la faiblesse relative de l'Autriche face aux puissances montantes, hostiles à la France, que sont l'Angleterre et la Prusse. L'essor économique occulté par les contemporains est réel : tout un proto-capitalisme marchand se développe en lien avec le littoral atlantique. Mais Louis XV ne sut pas conquérir l'opinion de son temps. Contrairement à Louis XIV, il laissa la bride sur le coup à ses maîtresses, dont le nombre importe moins que l'activisme politique trop voyant. Il s'aliène surtout le monde des Lumières dont il juge sévèrement l'affairisme et la fascination pour les modèles étrangers anglais et prussien (monarchie constitutionnelle et despotisme « éclairé ») : les despotes qu'admirent Voltaire ou Diderot sont infiniment plus autoritaires que Louis XV... Le règne manqua surtout d'un grand ordonnateur, comme Mazarin et Richelieu au siècle précédent, capable de mettre en scène et de relayer la puissance royale en concentrant sur eux les rancœurs.

LOUIS de FRANCE (Versailles, 1729 – Fontainebleau, 1765)

Dauphin de France.

Fils de Louis XV et de Marie Leszczyńska. Marié en février 1745 à l'infante Marie-Thérèse d'Espagne, il participe, au mois de mai de la même année, à la fameuse bataille de Fontenoy. La Dauphine meurt en couches, le 22 juillet 1746 et, pour assurer la continuité de la dynastie, le Dauphin doit épouser en secondes noces, au mois de février 1747, Marie-Josèphe de Saxe. Leur fils aîné, Louis Joseph Xavier, duc de Bourgogne, né en 1751, meurt à l'âge de 10 ans ; mais, après François Xavier, mort au berceau, leurs trois autres fils régneront sur la France : les futurs Louis XVI, Louis XVIII et Charles X. La Dauphine donne aussi naissance à deux filles, Marie-Adélaïde Clotilde, future reine de Sardaigne, et Madame Élisabeth, guillotinée sous la Terreur. Pieux, le Dauphin désapprouve les mœurs de la Cour, en particulier celles de son père. Ce dernier le tient à l'écart des affaires et Louis vit en solitaire, se livrant à l'étude et à la piété.

LOUIS XVI (Versailles, 1754 – Paris, 1793)

Roi de France (1774-1791) puis roi des Français (1791-1792).

Fils du précédent et de Marie-Josèphe de Saxe, il naît duc de Berry, mais la mort de son frère aîné, le duc de Bourgogne (1760), puis celle de son père (1765) font de lui le Dauphin de France. Son éducation est confiée à partir de 1760 au duc de La Vauguyon (déjà précepteur du duc de Bourgogne jusqu'à sa mort). En 1770, il épouse l'archiduchesse Marie-Antoinette, fille de l'empereur d'Autriche François Ier et de l'impératrice Marie-Thérèse. Âgée de presque 15 ans, la future reine est gracieuse et toute à la joie de vivre, mais d'une légèreté qui désespère l'impératrice sa mère. Quant au Dauphin, c'est alors un gros jeune homme débonnaire qui a du bon sens, de la bonne volonté et de l'instruction. Très cultivé en littérature, il maîtrise également plusieurs langues et a des connaissances astronomiques, géographiques et nautiques. Mais son beau-frère, l'empereur Joseph II, le trouve apathique, épais de corps et d'esprit, grossier et parfois brutal de manières. Le couple a quatre enfants : Marie-Thérèse Charlotte, Madame Royale, future duchesse d'Angoulême (1778), un premier Dauphin (1781), le duc de Normandie (1785), Dauphin à la mort de son frère (1789) et futur Louis XVII, Sophie Hélène Béatrice (1786), morte à 11 mois.

Le 10 mai 1774, Louis XVI succède à son grand-père Louis XV. La France fait largement crédit aux vertus et à la piété de son roi de 20 ans. Mais celui-ci, conscient de ses limites personnelles, s'alarme du fardeau gouvernemental. « Nous régnons trop jeunes », aurait-il dit à Marie-Antoinette, à l'annonce de la mort de Louis XV. Sa faiblesse fera la force de son entourage qui, lui, n'aura guère en vue le bien de l'État. Par ses imprudences et sa légèreté, Marie-Antoinette devient vite impopulaire. Le roi ne peut davantage attendre d'appui politique de ses frères, le comte de Provence (futur Louis XVIII), ambitieux, fin lettré, épicurien, dont l'envie jalouse salira la reine par une sourde propagande, et le comte d'Artois (futur Charles X), dont la grâce élégante ne masque ni la futilité ni le gaspillage. Quant au duc d'Orléans (futur Philippe Égalité), il fera figure d'opposant au « despotisme ministériel ».

Dans son inexpérience avouée, le jeune roi cherche un mentor et veut « se barricader d'honnêtes gens ». On croit d'abord au rappel de Choiseul qui avait négocié le mariage avec Marie-Antoinette, ou au retour du vieil et intègre Machault d'Arnouville. Mais Mesdames, les vieilles tantes dévotes de Louis XVI, ne pardonnent pas plus à Machault son essai fiscal contre le clergé qu'à Choiseul l'expulsion des Jésuites. Elles font appeler le comte de Maurepas, sémillant vieillard de 73 ans, destitué en 1749 pour épigrammes contre Mme de Pompadour. Ministre d'État, il guide les premiers pas du roi et, jusqu'en 1781, joue le rôle d'un véritable Premier ministre. Afin de plaire, il entame peu à peu le triumvirat détesté des privilégiés, sacrifie d'abord son gendre d'Aiguillon (2 juin 1774) avant de faire retirer les Sceaux et le Contrôle général à Maupeou et Terray, les deux hommes forts du régime (24 août). Une nouvelle et excellente équipe ministérielle s'installe, non sans tergiversations du roi : le comte de Vergennes est appelé aux Affaires étrangères, le président de Miromesnil devient garde des Sceaux, Turgot accepte le Contrôle général, la Marine revient à Sartine, la Guerre est d'abord attribuée au comte de Muy puis, à sa mort, en 1775, au comte de Saint-Germain qui accomplit une œuvre de réorganisation militaire dont la Révolution recueillera les fruits. Enfin, à la mort de La Vrillière en 1775, la Maison du roi est donnée à Malesherbes, ami des philosophes et de Turgot.

Mais Maurepas, soucieux de flatter la coterie Choiseul, appuyée par la reine, et dépité de n'avoir pas reçu de portefeuille, décide Louis XVI à détruire l'œuvre de Maupeou en rappelant les anciens parlements. Par le lit de justice du 12 novembre 1774, le roi réinstalle l'ancien parlement de Paris, supprime les six conseils supérieurs créés en 1771 par Maupeou et rétablit le Grand Conseil et les Cours des aides. En désavouant ainsi la politique de Louis XV, il croit se rendre populaire. Mais il recrée la noblesse de robe et restaure le pouvoir des privilégiés qui vont reprendre leur opposition systématique à l'autorité royale et, par là, conduire le régime à l'impuissance en interdisant tout essai sérieux de réforme des structures politiques et sociales, tout effort d'adaptation de l'État monarchique aux nécessités économiques et financières. Ce choix, qui se révélera désastreux, est d'ailleurs dicté à Louis XVI par les idées politiques que lui a inculquées le duc de La Vauguyon : conservatisme des « corps intermédiaires », aristocrates et privilégiés, états provinciaux et parlements, incarnant les « lois fondamentales » du royaume. Et s'il appelle Turgot, ami des philosophes, au Contrôle général, c'est, dans sa faiblesse et sa bonne volonté, par souci de faire des concessions à l'esprit public novateur. Mais il crée de ce fait un antagonisme au sein même de son Conseil. Son règne sera jusqu'à la fin une suite de contradictions.

Louis XVI soutient d'abord Turgot, qui apporte au pouvoir une inspiration novatrice héritée des physiocrates et se hâte de tenter d'imposer d'importances réformes de structures. Dès septembre 1774 est établie la libre circulation des grains, applaudie par les philosophes. Mais, la récolte de l'année ayant été mauvaise, des troubles se produisent : c'est la guerre des Farines. Puis, en janvier 1776, Turgot présente au Conseil un projet de six édits : la corvée royale (corvée des routes), qui ne pesait que sur les paysans, est remplacée par une contribution proportionnelle aux vingtièmes ; les jurandes et maîtrises sont supprimées et la liberté de travail établie. Toutefois, Turgot n'a pas le temps d'appliquer ses réformes. Louis XVI, assailli de protestations des privilégiés, l'abandonne et le renvoie en mai 1776. Son successeur Clugny annulera pratiquement en cinq mois les édits qu'il avait eu tant de peine à faire accepter.

Maurepas fait appel à Necker, riche financier genevois réputé très habile, qui est nommé directeur général des Finances, sa double qualité de protestant et d'étranger ne lui permettant pas d'accéder au Contrôle général (1777). Il a néanmoins la réalité du pouvoir. Il se révèle financier habile, ministre de talent, mais sans vues vraiment originales. Soucieux avant tout de sa popularité, il recherche les solutions moyennes, les compromis. Mais les emprunts successifs qu'il émet pour financer la guerre d'Amérique creusent le gouffre, déjà énorme, de la dette publique où tombera l'Ancien Régime, et lorsqu'il manifeste lui aussi son désir de réformes, quoique plus timidement que Turgot, il se heurte à son tour aux privilégiés. La publication en février 1781 de son *Compte rendu au roi*, habile apologie de sa gestion dont il donne un faux bilan, mais qui révèle en même temps au pays le poids disproportionné des dépenses de la Cour, porte sa popularité au comble et lui attire l'hostilité immédiate des courtisans. Le roi, lui aussi indisposé, le congédie (mai 1781). Ce renvoi achève de décourager les espoirs que l'opinion réformatrice avait mis en Louis XVI.

Louis XVI
Louis XVI au Temple. Huile sur toile, musée de la ville de Paris, musée Carnavalet. © *Sélection Images*

Le bilan de ce début de règne est, en revanche, assez positif à l'extérieur. Ruineuse pour le Trésor, l'intervention victorieuse de la monarchie contre l'Angleterre dans la guerre d'Indépendance américaine (1778-1783) rétablit au-dehors le prestige de la France. Le roi a d'ailleurs en la personne de Vergennes un grand ministre des Affaires étrangères, qui essaie de grouper les petits États de l'Europe autour d'une monarchie française pacifique, championne de l'équilibre européen.

L'honnête et courageuse gestion des deux successeurs de Necker, Joly de Fleury et Lefèvre d'Ormesson, est impuissante à rétablir une situation financière rendue de plus en plus critique par l'immobilisme forcé du gouvernement. C'est alors que la reine fait nommer au Contrôle général Calonne, intendant de Lille (1783), qui ne sait rien refuser au clan de la reine et pratique une dangereuse politique de dépenses et de grands travaux, financée par l'emprunt. Le solide optimisme de sa politique de facilité fait d'abord illusion, et il est porté, pendant trois ans, par le vent de confiance et de prospérité qui suit la paix de Versailles. En réalité, la situation ne fait que se dégrader. Elle est encore aggravée par le traité Eden-Rayneval (1786), accord commercial libre-échangiste avec l'Angleterre qui abaisse les droits de douane sur les produits anglais contre achat de produits agricoles français. Ses effets ne sont pas du tout ceux qu'attendait Calonne. Les paysans français, gravement touchés depuis 1778, année où le vent de la prospérité a tourné, ne s'en trouvent pas soulagés alors qu'en même temps les produits britanniques inondent la France, portant à son paroxysme le mécontentement des industriels et des ouvriers, affamés et sans travail. Le malaise est profond. *Le Mariage de Figaro* où l'aristocratie applaudit à sa propre satire et l'affaire du Collier qui éclabousse la reine le rendent particulièrement sensible. Ne trouvant bientôt même plus à emprunter, Calonne, acculé aux « grands partis », fait brusquement volte-face et propose à Louis XVI, dans un mémoire où il avoue 100 millions de déficit, un plan général de réformes audacieuses qui prévoit, en particulier, la création d'un impôt unique, la subvention territoriale, l'abolition de la corvée et des douanes intérieures. Pour tourner l'opposition du Parlement, il convoque une assemblée de notables qu'il espère docile puisque choisie par lui. Mais c'est demander aux privilégiés la suppression de leurs propres privilèges. Il n'obtient rien et doit s'enfuir en avril 1787. Insuffisamment confiante ou éclairée, l'opinion ne l'a pas soutenu.

Loménie de Brienne, qui lui succède, avait été un de ses plus ardents adversaires. Mais, le problème financier restant entier, il est obligé de reprendre les projets de son prédécesseur et de présenter lui aussi un vaste plan de réformes administratives et fiscales (son édit de novembre 1787 accorde un état civil aux protestants). Il se heurte à son tour à la résistance des privilégiés, en particulier des parlements, interprètes de l'ensemble de l'aristocratie, et ne tarde pas à capituler. Il retire ses édits fiscaux. Ce nouvel échec est encore plus grave que celui de Calonne : la réforme fiscale s'est révélée définitivement impossible. Une réforme judiciaire préparée par le garde des Sceaux Lamoignon pour briser le Parlement ne peut davantage être appliquée. Elle provoque un soulèvement général des parlements qui, dans leur lutte contre l'absolutisme royal, reçoivent l'appui du tiers état. En maints endroits l'agitation tourne à l'insurrection. Cependant, les événements les plus notables, et qui constituent une véritable préface à la Révolution, se déroulent en Dauphiné (journée des Tuiles à Grenoble suivie de la réunion, le 21 juillet 1788, de l'Assemblée de Vizille). Brienne cède encore. Il décide en août 1788 de convoquer pour le printemps suivant les états généraux réclamés par les parlements puis, la banqueroute menaçant, se retire. Louis XVI rappelle alors Necker dont la popularité est intacte. L'immense espoir que soulève son retour n'est d'abord pas déçu. Sous son influence, Louis XVI annonce le doublement du tiers aux états généraux (résultat du Conseil du roi tenu à Versailles le 27 décembre 1788). Par cette décision, le roi trouve immédiatement un regain de popularité parmi la bourgeoisie qui porte tous ses espoirs sur les états généraux. Mais les concessions royales s'arrêtent là.

Louis XVI

Fin tragique de Louis XVI. Exécuté le 21 janvier 1793 sur la place de Louis XV, dite place de la Révolution. « Je meurs innocent des crimes dont on m'accuse. Je n'ai jamais désiré que le bonheur de mon peuple, et mes derniers vœux sont que le ciel lui pardonne ma mort. » Gravure coloriée, musée de la ville de Paris, musée Carnavalet.
© *Sélection Images*

Soutien naturel de l'aristocratie, Louis XVI s'engage, sur le conseil de son entourage, dans la voie de la résistance à tout changement. Il ne peut, en effet, répondre aux vœux du tiers sans ruiner l'édifice social de l'Ancien Régime. La désillusion de la bourgeoisie, déjà grande lorsqu'il refuse de se prononcer sur le mode de vote, par ordre ou par tête, est immense après la séance d'ouverture des États généraux (5 mai 1789) où il ne propose aucun programme politique. Mais, loin d'user les députés, l'attitude de temporisation et d'attente adoptée par le roi leur fait prendre au contraire conscience de leur force et de leur unité : le 17 juin, ils se proclament Assemblée nationale. Lors de la séance royale du 23 juin, Louis XVI entend casser leurs décisions et briser leur élan. Il précipite au contraire leur triomphe. Se décidant alors à sanctionner ce qu'il n'a pu empêcher, il invite le clergé et la noblesse à rejoindre l'Assemblée nationale. Concession capitale. Désormais, il n'y a plus d'états généraux. L'autorité du roi est passée sous le contrôle des représentants de la nation qui se proclament, le 9 juillet, Assemblée constituante. La souveraineté nationale s'est substituée à l'absolutisme royal.

Mais la concentration de régiments étrangers autour de Paris et la nouvelle du renvoi de Necker (11 juillet), remplacé par un contre-révolutionnaire notoire, le baron de Breteuil, semblent signifier que le roi, loin de s'être résigné, est décidé à recourir à la force. À ces menaces, le peuple de Paris répond par l'émeute du 14 Juillet. Faisant une nouvelle fois volte-face, Louis XVI rappelle Necker (16 juillet) et se rend à l'Hôtel de Ville de Paris (17 juillet), visiblement très ému des marques d'attachement que lui témoignent les Parisiens. La réconciliation du monarque et de son peuple semble enfin réalisée. Mais de nouveaux malentendus surgissent. Retombé sous l'influence de la faction aristocratique, Louis XVI refuse de sanctionner la Déclaration des droits de l'homme et les décrets de l'Assemblée constituante abolissant le régime féodal.

La colère des Parisiens, déjà attisée par la crise économique dont souffre cruellement le peuple, se réveille alors, et une nouvelle action populaire se prépare : ce sont les journées des 5 et 6 Octobre au terme desquelles le roi est contraint de s'installer avec sa famille à Paris. Il est désormais pratiquement prisonnier des foules révolutionnaires. Il donne des gages de bonne volonté, et beaucoup de révolutionnaires modérés se réjouissent de la concorde qui paraît encore une fois retrouvée autour de lui. La fête de la Fédération (14 juillet 1790) où il prête serment de fidélité à la nation et à la loi et se fait acclamer par les gardes nationaux, délégués de la France entière, montre d'ailleurs que sa popularité est encore très grande. Mais le vote de la Constitution civile du clergé par l'Assemblée le 12 juillet 1790 le pousse à refuser le compromis politique avec la bourgeoisie révolutionnaire, recherché par La Fayette. Malgré les conseils de Mirabeau qui, lui aussi, espère amener l'Assemblée à l'idée d'un pouvoir royal fort, garant de la continuité, il se laisse convaincre qu'il ne pourra rétablir son autorité et la liberté de son Église qu'avec l'aide des souverains étrangers. C'est alors la fuite de la famille royale vers Metz, dans la nuit du 20 au 21 juin 1791, pour se réfugier auprès de l'armée de Bouillé, jugée fidèle, et, de là, gagner peut-être l'armée autrichienne des Pays-Bas pour revenir sur Paris dissoudre l'Assemblée et rétablir son pouvoir. Mais le roi est reconnu et arrêté à Varennes, en Argonne. Le retour de la famille royale à Paris, au milieu d'une foule hostile, est un long calvaire. Les conséquences de cette tentative d'évasion, ressentie comme une trahison, se révèlent irrémédiables pour la cause royale. Louis XVI perd immédiatement tout le crédit qu'il avait pu conserver, et il s'ensuit une poussée du mouvement populaire et démocratique qui réclame sa déchéance. Cependant, prenant peur, la majorité de l'Assemblée crée la fiction de l'enlèvement du roi pour pouvoir le rétablir, car elle voit en lui le garant de l'ordre et de la propriété. Malgré les protestations de Robespierre, elle l'absout après lui avoir fait jurer fidélité à la Constitution (14 septembre 1791). Restauration artificielle. Déconsidéré, réduit à un rôle politique très limité par la Constitution qui lui a retiré tout pouvoir de décision propre (il ne dispose que d'un droit de veto suspensif), Louis XVI se décide alors à pratiquer la politique du pire dans l'espoir de provoquer dans l'opinion un revirement en sa faveur. Profitant de l'exaltation du sentiment national qui a gagné toute la France devant le péril extérieur, il appelle au pouvoir quelques-uns des Jacobins bellicistes les plus notoires (qui recevront plus tard le surnom de Girondins) : Clavière, Roland, Servan et, le 20 avril 1792, propose à l'Assemblée de déclarer la guerre à son neveu François II d'Autriche. Il est persuadé que la France sera vaincue et que lui seul pourra apaiser les souverains victorieux et par là retrouver tout son prestige et son autorité.

Les Prussiens se joignent aux Autrichiens et, effectivement, les premieres défaites ne tardent pas. Mais ces revers militaires et l'attitude des généraux accusés de collusion avec la Cour déclenchent une nouvelle poussée populaire et, sous sa pression, l'Assemblée se raidit et revient à une politique d'intimidation. Trois décrets sont votés coup sur coup, portant déportation de tout prêtre réfractaire dénoncé par vingt citoyens de son département (27 mai), dissolution de la garde du roi formée d'aristocrates (29 mai) et formation sous Paris d'un camp de 20 000 gardes nationaux destinés à couvrir la capitale et résister éventuellement à toute tentative des généraux factieux (8 juin). Louis XVI entérine la dissolution de sa garde personnelle mais, profitant des désaccords entre les généraux et les ministres, refuse de sanctionner les deux autres décrets et renvoie le 13 juin les ministres girondins. Pour venir à bout de sa résistance, les meneurs populaires entraînent le 20 juin les sans-culottes aux Tuileries. Le roi, serré dans l'embrasure d'une fenêtre par les émeutiers, coiffe le bonnet rouge, boit à la santé de la nation, mais ne cède pas.

La tentative de pression pacifique a échoué. Elle renforce même l'opposition et tourne un moment au profit du royalisme. Mais le manifeste de Brunswick qui, au moment de l'entrée de l'ennemi en France, menace Paris de destruction si la famille royale était menacée, provoque une nouvelle explosion de colère chez les révolutionnaires qui voient là une preuve supplémentaire de la collusion du souverain avec l'envahisseur. Une pétition des sections parisiennes réclame la déchéance du roi et, en dépit des Girondins qui craignent d'être débordés par les masses révolutionnaires, les sans-culottes parisiens se mobilisent pour donner, avec le concours des fédérés, l'assaut aux Tuileries et renverser le trône (10 août 1792).

Les émeutiers vainqueurs, la Législative se décide à suspendre le roi qui, confié à la Commune de Paris, est emprisonné au Temple avec sa famille. Enfin, le 21 septembre 1792, la nouvelle Assemblée constituante, la Convention, décide l'abolition de la royauté, après la célèbre intervention de l'abbé Grégoire : « Les rois sont dans l'ordre moral ce que les monstres sont dans l'ordre physique. » Toutefois, la Gironde ne montre aucun empressement à ouvrir le procès du roi réclamé par les Montagnards. Elle sait que, s'il a lieu, elle sera obligée de le déclarer coupable sous peine de condamner, ce qu'elle ne peut faire. Un événement inattendu, la découverte, le 20 novembre, de l'armoire de fer, placard secret pratiqué dans un mur du château des Tuileries sur l'ordre de Louis XVI, et des papiers qu'il contient, compromettants pour le roi, rend pourtant l'ajournement impossible et le procès débute le 11 décembre 1792.

Bien défendu par Malesherbes, son ancien ministre, Louis XVI, qui a été séparé des siens dès le début du procès, impressionne les juges plus par sa dignité que par ses dénégations systématiques. Les Girondins tentent une dernière diversion pour le sauver : l'appel au peuple. Mais celui-ci est rejeté par 426 voix contre 278 et la peine de mort est prononcée par 387 députés contre 334 au cours d'un interminable scrutin par appel nominal qui, commencé le 16 janvier au soir, ne se termine que 24 heures plus tard. Le 18 janvier enfin, le sursis est rejeté par 380 voix contre 310. La Montagne triomphe. Après des adieux à sa famille, Louis XVI monte courageusement à l'échafaud le 21 janvier 1793 à 10 heures 30 sur la place de la Révolution, au milieu d'un grand déploiement de forces et d'une foule considérable. Son exécution est profondément et intensément ressentie dans toute la France, et l'émotion qu'elle suscite montre que le prestige traditionnel et quasi religieux de la royauté est loin d'avoir disparu.

Louis XVII (Versailles, 1785 – Paris, 1795)

Dauphin de France.

Second fils de Louis XVI et de Marie-Antoinette, il reçoit à sa naissance le titre de duc de Normandie, mais devient Dauphin à la mort de son frère aîné (4 juin 1789). Il a d'abord pour gouvernante la duchesse de Polignac qui, après son départ pour l'émigration (juillet 1789), est remplacée par Mme de Tourzel. Les débuts de la Révolution marquent la fin de son enfance heureuse. Enfermé avec sa famille au Luxembourg, puis au Temple, après le 10 août 1792, il est séparé de son père le 11 décembre suivant, lorsque s'ouvre le procès du roi, puis de sa mère le 3 juillet 1793. Il est alors confié à la garde du cordonnier Simon qui n'a peut-être pas été pour lui le bourreau qu'on a souvent dépeint, mais réussit à faire de lui un parfait petit sans-culotte qui lance « des injures affreuses contre Dieu, sa famille et les aristocrates ». Le 5 janvier 1794, Simon abandonne son poste de « précepteur du fils Capet » et, désormais, le Dauphin, confié à la garde de commissaires renouvelés tous les soirs, est soumis à des « mesures de sécurité » renforcées et véritablement inhumaines. Peu après, la détention de l'enfant se fait moins sévère, mais on ne l'autorise cependant pas à voir sa sœur, Madame Royale, qui vit solitaire à l'étage au-dessous. Toutefois, son état de santé – il est atteint de tuberculose –, loin de s'améliorer, empire, et il meurt brusquement le 20 prairial an V (8 juin 1795). Cette fin rapide laissera supposer un empoisonnement, et certains détails étranges dont sera entourée son inhumation au cimetière Sainte-Marguerite ne feront que confirmer les doutes sur son identité, les bruits courant sur une substition de l'enfant ou bien son évasion. Par la suite, de nombreux personnages (on en compte 32) prétendront être le vrai Dauphin, en particulier Hervagault, Bruneau, Richemont et surtout Naundorff. Des analyses d'ADN effectuées en 2000 sur les restes du corps du prince ont permis de conclure que Louis XVII est bien mort au Temple.

Louis XVII
Le Dauphin enlevé à sa famille le 3 juillet 1793. Huile sur toile de Hauer, musée de la ville de Paris, musée Carnavalet. © *Giraudon*

Louis XVIII (Versailles, 1755 – Paris, 1824)

Roi de France (1814-1824).

Petit-fils de Louis XV et frère puîné de Louis XVI, il porte d'abord le titre de comte de Provence. En 1771, il épouse Louise Marie Joséphine de Savoie. En 1774, il se montre hostile au rappel des parlements. C'est en 1787 qu'il entre véritablement en politique, prenant le parti de Brienne contre Calonne lors de la réunion de l'Assemblée des notables. En 1789, on le retrouve dans le clan de la Cour favorable au doublement du tiers. Son adhésion aux « idées nouvelles » est bientôt connue. À la fin de l'année, il tente de se faire nommer lieutenant général du royaume, mais Marie-Antoinette s'y oppose. L'année suivante, Monsieur est compromis dans la conspiration de Favras dirigée contre Louis XVI, et que la rumeur publique l'accuse d'avoir inspirée. Il nie toute participation dans l'affaire, et son ancien officier subit la peine capitale. Cependant la dégradation de la situation l'oblige à s'enfuir de Paris, le même jour que le roi (20 juin 1791). À l'issue d'un voyage fertile en alertes mais sans grave incident (il en laissera un assez bon récit), il arrive à Bruxelles, puis à Coblence où il rejoint son frère, le comte d'Artois, futur Charles X, émigré depuis deux ans.

Celui qui s'est déclaré lieutenant général du royaume exhorte son frère aîné à la résistance. Ses conseils seront mal jugés, comme ceux du comte d'Artois, avec lequel il ne parvient d'ailleurs pas à s'entendre durablement. À la nouvelle de l'exécution de Louis XVI, il prend le titre de régent, que seule Catherine II lui reconnaîtra, et proclame l'avènement de Louis XVII, tandis que la lieutenance du royaume échoit au comte d'Artois. En 1794, fuyant devant de nouveaux périls, le comte de Provence se réfugie à Vérone sous le nom de comte de l'Isle ou de Lille. Son existence matérielle, comme celle de son entourage, devient de plus en plus précaire. À quelques exceptions près, les souverains de la vieille Europe font payer cher à ce Bourbon les avanies qu'ils ont eu à subir de la France, quand ils n'agissent pas simplement sous l'empire de la peur inspirée par la menace révolutionnaire. Les espions jacobins rôdent autour de lui et rapportent aux chefs de la Convention les faits et gestes de ses familiers. Tous ces obstacles n'empêchent pas la constitution du réseau d'Antraigues et l'établissement de relations avec des Vendéens.

Quand la mort de son neveu est annoncée, en juin 1795, le comte de Provence devient, pour les royalistes, Louis XVIII, pour les révolutionnaires et certains gouvernements étrangers, « le prétendant ». Vérone est déjà le siège d'une cour. Un ministère s'y forme. Louis XVIII envoie des proclamations contre-révolutionnaires et s'efforce à la fois de soulever le midi de la France, resté favorable à la cause royale, et de nouer des relations diplomatiques avec toutes les cours d'Europe, cependant que des contacts s'établissent avec Pichegru. Mais en 1796, la sérénissime république de Venise prononce l'expulsion des gêneurs, qui doivent à l'hospitalité de Brunswick la possibilité d'installer leurs quartiers à Blankenburg. Deux ans plus tard, les Français, de nouveau indésirables, croient trouver un asile sûr à Mitau, en Courlande, chez le tsar. De là, des avances sont faites à Barras et à Bonaparte. Sans succès. En outre, Paul Ier est indisposé contre les émigrés par une sombre intrigue. Il faut de nouveau déménager. À Varsovie, où le gouvernement français en quête de légitimité tolère sa présence, le roi de France reçoit à son tour de Bonaparte le conseil d'une sage démission, qu'il refuse. À Calmar, il rédige, d'accord avec son frère, une solennelle proclamation à l'Europe, qui ne sera pas datée pour ne pas compromettre la Suède. Sur ces entrefaites, Alexandre Ier a succédé à Paul Ier et autorise le retour à Mitau.

Louis XVIII
Louis XVIII en costume de Cour. Huile sur toile de Paulin Guérin, musée de Versailles. © *Sélection Images*

En juillet 1807, le tsar ayant signé la paix avec Napoléon, l'Angleterre est le dernier asile possible pour Louis XVIII qui débarque à Yarmouth et, refusant les brumes d'Édimbourg, séjourne à Wanstead avant de s'établir non loin de Londres, à Gosfield et enfin à Hartwell. Pendant de longues années, jusqu'aux premières grandes défaites de l'Empire, il continuera à vivre d'expédients ou d'aumônes. Apprenant l'abdication de Napoléon (6 avril 1814), Louis XVIII s'embarque pour Calais. Ainsi commence la Restauration entre « ancienne » et « nouvelle » France, dont les premiers actes sont la déclaration royale de Saint-Ouen (2 mai) et l'octroi de la charte constitutionnelle (4 juin). Période difficile, pendant laquelle la prudence du roi fait regretter aux uns l'absolutisme du temps passé, aux autres la tyrannie de la liberté ou le despotisme impérial.

Le retour de Napoléon de l'île d'Elbe (1815) contraint le roi à s'installer à Gand où il vit les Cents-Jours (20 mars-22 juin 1815). À la Seconde Restauration, Blacas, qui dirigeait la Maison du roi et qui s'était rendu impopulaire, est sacrifié comme bouc émissaire des fautes supposées ou exagérées de la première. Cette fois, Louis XVIII est visiblement rétabli sur le trône par l'étranger et doit accepter les dures conditions du second traité de Paris (novembre 1815) et même la présence de Fouché dans un gouvernement dirigé par Talleyrand depuis le mois de juillet. Toujours soucieux de réconcilier la nation et la monarchie et de limiter les excès de la Terreur blanche, Louis XVIII s'oppose à la Chambre introuvable où siègent une majorité d'ultras qui préconisent une épuration politique et administrative de grande ampleur. La Chambre ayant obtenu le renvoi de Talleyrand dès le mois de septembre, il appelle au pouvoir un modéré, le duc de Richelieu (1815-1818) dont il soutient la politique. Sous l'influence de Decazes, ministre de la Police et son confident, il dissout la Chambre en septembre 1816. Grâce à une politique financière rigoureuse, le pays est en mesure de rembourser par anticipation les deux dernières années de l'indemnité de guerre due aux Alliés. Le congrès d'Aix-la-Chapelle (septembre 1818) entérine la fin de l'occupation et réintroduit la France dans son rang de grande puissance européenne. Après le départ de Richelieu, Louis XVIII nomme Decazes président du Conseil, lequel se heurte aux ultras, de nouveau majoritaires à la Chambre. Celui-ci étant jugé par ses adversaires responsable de l'assassinat du duc de Berry (13 février 1820), le roi est obligé de s'en séparer et d'accepter un ministère ultra soutenu par le comte d'Artois et dirigé par Villèle (décembre 1821). Diminué par la madadie, tombé sous l'influence d'une nouvelle confidente, Zoé du Cayla, Louis XVIII se détourne progressivement des affaires, laissant en fait son frère gouverner en sous-main.

LOUIS XIX : voir ANGOULÊME (Louis Antoine de BOURBON duc d')

LOUIS Ier d'ANJOU (Vincennes, 1339 – Bisceglie, près de Bari, Italie, 1384)

Comte puis duc d'Anjou (1360-1384), roi de Sicile, comte de Provence et de Forcalquier (1383-1384).

Second fils du roi de France Jean II le Bon et de Bonne de Luxembourg, il reçoit en 1351 le comté d'Anjou qui est élevé, en 1360, au titre de duché-pairie en sa faveur. En 1354, il avait déjà été donné en otage à Charles le Mauvais, roi de Navarre. Après la signature du traité de Calais (1360), il fait encore partie des six princes des fleurs de lys qu'Édouard III détient à Londres en garantie du paiement de la rançon de Jean le Bon. Mais, profitant de son transfert à Calais, il parvient à s'évader (septembre 1363), obligeant moralement son père à se constituer de nouveau prisonnier. Lorsque ce dernier disparaît, il est nommé par son frère, le nouveau roi Charles V, lieutenant général en Languedoc (1364). Il ne laissera pas un bon souvenir dans cette province, qu'il accable d'impôts et à partir de laquelle il organise la conquête de la Guyenne (1369-1377). À la mort de Charles V, qui ne laisse qu'un fils mineur, Charles VI (1380), il devient régent, mais exerce en fait le pouvoir conjointement avec ses autres frères, Jean de Berry et Philippe de Bourgogne. C'est alors qu'il se laisse entraîner dans les aventures italiennes par le pape d'Avignon Clément VII qui lui fait miroiter l'hypothétique royaume d'Adria (Italie centrale) puis la succession de Sicile. Effectivement, la reine Jeanne Ire de Sicile le choisit comme héritier (juin 1380). Mais sa décision est contestée par un autre prétendant, Charles de Duras qui, lui, a le soutien du pape de Rome, Urbain VI. Duras ayant attaqué Naples en juillet 1381 et fait tuer la reine un an plus tard, Louis Ier d'Anjou décide d'intervenir pour faire valoir ses droits. Dans cette vaine entreprise, il dépensera des sommes considérables, tirées des trésors de France et d'Anjou. Après s'être emparé de la Provence, il envahit le royaume de Sicile dont il se proclame roi en août 1383, mais meurt dès l'année suivante. Il avait fait tisser la célèbre tapisserie de l'*Apocalypse* d'Angers.

LOUIS II d'ANJOU (Toulouse, 1377 – Angers, 1417)

Roi de Naples, de Sicile et de Jérusalem, duc d'Anjou, comte du Maine et de Provence (1384-1417).

Fils et héritier du précédent, il dispute la Provence, puis Naples, aux Duras, alors que la France est en proie à la guerre entre Armagnacs et Bourguignons. Lorsqu'il réussit à soumettre la Provence, Nice se donne au comte de Savoie (1388). À la mort de Charles de Duras (1390), ses partisans napolitains se soulèvent en sa faveur, mais il ne peut venir à bout de Ladislas de Duras. En 1400, après dix années de luttes, il épouse Yolande d'Aragon, fille du roi Jean Ier, et prend le titre de roi d'Aragon, à l'extinction de la dynastie catalane (1410). Il tente enfin, en 1410-1411, une nouvelle expédition à Naples, tout aussi inutile que la première. En 1413, il fiance sa fille Marie au futur Charles VII et participe aux luttes des Armagnacs contre les Bourguignons. Il institue le parlement d'Aix en 1415. L'Anjou, dont il organise définitivement la Chambre des comptes, lui doit la restauration ou la construction de plusieurs églises ou châteaux, en particulier à Angers et à Saumur.

LOUIS III d'ANJOU (?, 1403 – Cosenza, 1434)

Roi titulaire d'Aragon, de Naples, de Sicile, de Jérusalem, duc d'Anjou, comte de Provence (1417-1434).

Fils aîné du précédent et de Yolande d'Aragon, il revendique à son tour le trône de Naples et en obtient l'investiture du pape Martin V. Il part alors pour l'Italie (1420) en laissant le gouvernement de l'Anjou à sa mère, réussit à chasser Alphonse d'Aragon qui prétend lui aussi à la succession de Jeanne II de Sicile (1424) et parvient à s'installer en vainqueur à Naples. Ayant regagné la France, il participe aux côtés de Yolande d'Aragon et du connétable de Richemont à la défense de l'Anjou contre les Anglais, mais repart dès 1431 pour l'Italie où il meurt prématurément à 31 ans. Ses domaines en France (Anjou et Provence) ainsi que ses droits sur les royaumes étrangers passent à son frère René d'Anjou.

LOUIS de MALE (Male, près de Bruges, 1330 – Saint-Omer, 1384)

Comte de Flandre, de Rethel et de Nevers.

Fils de Louis Ier de Nevers, il est blessé aux côtés de son père à Crécy. Sous son règne, la Flandre connaît un moment de répit. Mais l'augmentation des impôts consécutive au marasme de l'industrie drapière entraîne de nouveau une révolte des Gantois en 1379, que l'intervention de Charles VI noie dans le sang à Roosebeke trois ans plus tard. Ce succès ne peut cependant rétablir le comte dans ses États. Il meurt à Saint-Omer, laissant son héritage à sa fille Marguerite, épouse de Philippe, duc de Bourgogne – prélude à l'union de ces deux provinces au sein de la maison de Bourgogne.

LOUIS Ier de NEVERS (?, v. 1304 – Crécy, 1346)

Comte de Flandre.

Il succède à son grand-père Robert III de Flandre ou de Béthune en 1322 et voit son héritage immédiatement contesté par son oncle Robert de Cassel. L'hostilité de certaines communes flamandes oblige alors ce souverain, qui porte également les titres de comte de Nevers et de Rethel, à solliciter l'appui de Philippe VI de Valois, lequel bat les milices flamandes à Cassel en 1328. En reconnaissance, Louis Ier de Nevers ordonne la cessation de tout commerce entre la Flandre et l'Angleterre, ce qui entraîne la révolte des Gantois, menée par Jacques van Artevelde. Réfugié en France, il sert dans l'armée royale, n'ayant pu regagner son comté malgré la mort d'Artevelde, et périt avec les chevaliers lors de la bataille de Crécy où son fils, Louis de Male, est également blessé.

LOUIS Joseph Dominique, baron (Toul, 1755 – Bry-sur-Marne, 1837)

Financier et homme politique.

Fils d'un avocat au parlement de Metz, il semble destiné à la carrière ecclésiastique. Abbé sans vocation, conseiller clerc au parlement de Paris à la fin de l'Ancien Régime, il fréquente dans la capitale Calonne, Dupont de Nemours, et Talleyrand, son protecteur depuis 1785. Il l'assistera, en tant que diacre, lors de la fête de la Fédération célébrée le 14 juillet 1790. Favorable aux idées de réforme, Louis prête serment à la Constitution civile du clergé et, bientôt excommunié, abandonne définitivement la soutane. Après la fuite du roi à Varennes, en juin 1791, l'ancien ecclésiastique émigre en Angleterre, où il observe les mécanismes financiers britanniques, puis en Allemagne, exerçant divers métiers – professeur, commis de banque, journaliste –, et se mêlant aux intrigues royalistes. Il ne regagne la France, grâce à la protection de Talleyrand, qu'après le 18 Brumaire. Fonctionnaire au ministère de la Guerre sous le Consulat et au début de l'Empire, Louis devient en 1806 directeur de la caisse de service, au ministère du Trésor. Surveillant le mouvement des fonds dans l'ensemble de l'Empire, il ne tarde pas à faire la preuve de ses capacités administratives et financières, accomplissant avec succès des tâches délicates comme la liquidation des arriérés du ministère de la Guerre, puis le règlement des dettes de la Westphalie et de la Hollande. Succès qui lui valent d'être nommé conseiller d'État, en 1811, et baron d'Empire.

Ministre des Finances et du Trésor dans le gouvernement provisoire constitué en 1814 par Talleyrand, il conserve ce portefeuille lors de la Première Restauration et le retrouve, pour peu de temps, lorsque Louis XVIII regagne la France après les Cent-Jours. Pour rétablir le crédit, le financier reconnaît toutes les dettes de l'Empire, même celles des Cent-Jours : il préconise que l'État doit nécessairement payer ses dettes. Un emprunt extraordinaire lui permet de remplir les caisses. Le baron Louis se montre aussi favorable à la libéralisation de la politique douanière. Grâce à ce travail considérable, la situation des finances est rétablie en quelques mois. Remplacé en 1815 par Corvetto, il retrouve le portefeuille des Finances dans le ministère Decazes, en 1818-1819. Il travaille alors à la simplification de la comptabilité et fait établir dans les départements des livres auxiliaires de la dette publique, ou petits grands-livres. Libéral, favorable au rapprochement avec la gauche, le ministre des Finances démissionne en novembre 1819 lorsque, avec le projet de réforme électorale présenté par Decazes, le régime s'oriente vers la réaction. Délégué aux Finances dans le gouvernement provisoire constitué le 29 juillet 1830 à l'Hôtel de Ville, le baron Louis retrouve une dernière fois le portefeuille des Finances dans le cabinet Casimir-Perier, en 1831-1832. Député de la Meurthe de 1815 à 1824, puis de Paris, de 1827 à 1830, connu pour ses opinions orléanistes et libérales, le baron Louis siège à la Chambre des pairs de 1832 à sa mort.

LOUISE de LORRAINE (Nomeny, 1553 – Moulins, 1601)

Reine de France (1575-1589).

Fille de Nicolas de Lorraine, comte de Vaudémont, et de Marguerite d'Egmont, elle épouse Henri III en 1575. De la part du roi de France et de Pologne, c'est un mariage d'inclination, non d'intérêt. Sans avoir beaucoup d'influence sur les événements politiques, Louise se montre très douce et dévouée. Elle assiste sans plaisir aux sanglants affrontements des maisons de Lorraine et de Valois. La mort de son époux la condamne à un effacement total. Elle meurt avec une grande réputation de piété.

LOUISE de MARILLAC, sainte (Paris, 1591 – Paris, 1660)

Religieuse.

Fille de Louis de Marillac, conseiller au parlement de Paris, Louise, élevée par les dominicaines de Poissy doit, en raison de sa santé délicate, renoncer à la vie religieuse à laquelle elle aspire. Elle épouse donc, en 1613, Antoine Le Gras, secrétaire des commandements de Marie de Médicis. Elle lui donnera un fils, Michel. Extrêmement pieuse, mais sans cesse tourmentée de scrupules religieux, Louise a pour directeur de conscience François de Sales, puis Camus, évêque de Belley, et enfin Vincent de Paul. Devenue veuve en 1625, elle s'installe à proximité du collège des Bons-Enfants, donné depuis peu à son directeur de conscience par Mme de Gondi. Vincent de Paul sait lui faire retrouver la paix intérieure et, en 1627, Louise de Marillac consacre un temps de plus en plus grand aux « charités » organisées par monsieur Vincent. Ce dernier décide quelques années plus tard de compléter son œuvre en faisant appel à des « bonnes filles des champs », issues des milieux les plus modestes. En 1633, Louise de Marillac regroupe autour d'elle quelques-unes de ces filles, qui vont constituer le noyau de la congrégation des Filles de la Charité. La congrégation, dont elle est la première supérieure, se développe rapidement, essaime en province, et s'installe, en 1641, rue Saint-Laurent, à Paris. Infatigable, Louise aide Vincent de Paul dans son œuvre des Enfants-Trouvés et dans son assistance aux galériens. Béatifiée en 1920, Louise de Marillac a été canonisée en 1934.

LOUISE de SAVOIE (Pont-d'Ain, 1476 – Grez-sur-Loing, 1531)

Régente de France.

Mère de François Ier et de Marguerite de Navarre, elle est la fille de Philippe, duc de Savoie, et de Marguerite de Bourbon. Elle est confiée très jeune à Anne de Beaujeu, fille de Louis XI. Lorsque l'enfant atteint 12 ans, Anne la marie à Charles de Valois-Orléans, comte d'Angoulême, qui a 34 ans. Elle vit dès lors à Cognac avec son époux, protégeant artistes et gens de lettres, comme elle le fera pendant toute sa vie. Deux enfants naissent, Marguerite, puis François. Restée veuve à 19 ans, Louise se consacre à l'éducation de ses enfants. Ambitieuse, dotée d'une volonté de fer, la comtesse d'Angoulême rêve, et cela depuis sa naissance, du jour où son fils François montera sur le trône de France. À celui qu'elle appelle à ce moment son « César pacifique », Louise voue une admiration sans borne, que partage Marguerite. À la mort de Charles VIII, dont aucun enfant n'a survécu, François devient l'héritier du trône.

Pour la plus grande joie de Louise, Anne de Bretagne, pour laquelle Louis XII a répudié Jeanne la Boiteuse, ne parvient pas à donner au roi d'héritier mâle, ses deux fils étant morts au berceau. En 1505 sont célébrées les fiançailles de François et de Claude de France, fille de Louis XII. La même année, Louise tombe amoureuse de Charles de Montpensier, futur connétable de Bourbon, âgé de 16 ans, et marié depuis peu à la fille d'Anne de Beaujeu. À la mort de Louis XII, Louise de Savoie voit enfin son rêve réalisé, après quelques inquiétudes, car Marie Tudor, troisième épouse du roi défunt, feint quelque temps d'être enceinte. À peine monté sur le trône, François Ier fait sa mère duchesse d'Angoulême, lui donne le duché d'Anjou et le comté du Maine. Le roi déteste les travaux quotidiens du gouvernement et les abandonne volontiers à sa mère, que l'on appelle à présent Madame, et qui joue ainsi un rôle politique considérable. Son homme de confiance, Duprat, ancien précepteur du roi, devient chancelier. Dès juillet 1515, pendant son expédition en Italie, François confie la régence du royaume à sa mère, et cette dernière fait preuve de ses capacités. Devenu veuf, Charles de Montpensier, le connétable de Bourbon refuse de l'épouser en 1523. Se déchaînant alors contre lui, Louise de Savoie cherche à l'empêcher d'entrer en possession de son héritage. Les contemporains et les historiens accuseront la reine mère d'avoir poussé le connétable à la trahison et à la mort. De même, après avoir dilapidé les fonds destinés au Milanais, elle rejette la responsabilité de ces détournements sur Semblançay, condamné à mort après un simulacre de procès et exécuté.

De nouveau régente lors de la seconde expédition de son fils en Italie, en 1525, expédition qu'elle tente en vain d'empêcher, Louise gouverne le royaume pendant la captivité de François Ier. Elle parvient à imposer silence au Parlement, étouffe dans l'œuf une insurrection des Parisiens mécontents, transforme en soldats réguliers les bandes errantes qui ravagent le royaume. La régente parvient à rapatrier les survivants de l'armée d'Italie, détache Henri VIII de la cause de Charles Quint, négocie enfin la liberté de son fils. À son retour, ce dernier ne se montre pas totalement satisfait du gouvernement de sa mère, notamment en ce qui concerne les promesses faites au Parlement, et écarte Duprat. La guerre ayant repris, Louise négocie avec Marguerite d'Autriche, son amie, la paix de Cambrai, ou paix des Dames, en 1529. Deux ans plus tard, elle meurt de la peste à Grez-sur-Loing sans que son fils, appelé à son chevet, se soit dérangé.

Louise de Savoie
Louise de Savoie (à dr.), son fils François et sa fille Marguerite. *Heures de Marguerite de Savoie*, miniature, Paris, Bibliothèque nationale de France, manuscrits. *© Sélection Images*

LOUISE-MARIE de FRANCE (Versailles, 1737 – Saint Denis, 1787)

Religieuse.

Dernière fille de Louis XV et de Marie Leszczyńska, elle est élevée à l'abbaye de Fontevrault. Espiègle, cavalière passionnée, elle entre pourtant en 1770 au couvent des Carmélites de Saint-Denis, malgré le chagrin de son père, en partie pour expier les fautes de la vie privée de ce dernier. Devenue sœur Thérèse-Augustine, elle continue à exercer une certaine influence sur le roi et, après sa mort en 1774, reste très liée au parti dévot. Elle a été déclarée vénérable en 1873.

LOUISE-MARIE d'ORLÉANS (Palerme, 1812 – Ostende, 1850)

Reine des Belges (1832-1850).

Fille aînée de Louis-Philippe et de Marie-Amélie des Deux-Siciles, elle épouse en 1832 le roi des Belges Léopold Ier. Cette union est destinée à fortifier la bonne entente entre la monarchie de Juillet et la jeune monarchie belge, et constitue le point de départ de la nouvelle dynastie. Léopold et Louise auront trois enfants, le futur Léopold II, le comte de Flandre et la princesse Charlotte, qui deviendra l'impératrice du Mexique. Intelligente, généreuse, Louise est vite très populaire en Belgique, mais meurt prématurément.

LOUISIANE

État du sud des États-Unis, capitale Bâton-Rouge.

Installés en Floride, au Texas, au Nouveau-Mexique et en Californie, les conquérants espagnols négligent l'immense bassin du Mississippi qui rejoint, dans sa partie supérieure, la région des Grands Lacs. Au XVIIe siècle, cette région est parcourue par des navigateurs ou des trappeurs français venus de la vallée du Saint-Laurent et de l'actuel Québec. Ainsi, l'un de ces explorateurs, Cavelier de La Salle, parvient, en 1682, au grand fleuve. Il le descend et atteint le golfe du Mexique, prenant au passage possession de cet immense territoire au nom du roi de France et le dénommant Louisiane en hommage à Louis XIV.

La mise en valeur des terres du delta ne commence véritablement qu'au début du XVIIIe siècle, sous l'impulsion de Le Moyne d'Iberville, de Crozat et surtout de Law, créateur de la Compagnie d'Occident. La Nouvelle-Orléans est fondée en 1718 et devient bientôt la métropole de ce pays de plantations où les premiers colons introduisent de la main-d'œuvre noire. L'échec de la politique coloniale de Louis XV fait passer ce vaste domaine pour partie sous tutelle espagnole (en 1762), et pour une autre partie anglaise (traité de Paris de 1763). Rétrocédée à la France en 1800, la partie espagnole est jugée trop vulnérable par Bonaparte, Premier Consul, lequel s'empresse de la vendre trois ans plus tard à la jeune république des États-Unis pour la somme de 80 millions de francs. Le territoire actuel de la Louisiane (18e État de l'Union) ne représente qu'une faible partie de cette transaction, qui impliquait alors le pays s'étendant jusqu'aux montagnes Rocheuses et aux confins actuels du Canada central.

LOUIS-PHILIPPE Ier (Paris, 1773 – Claremont, 1850)

Roi des Français (1830-1848).

Fils du duc d'Orléans Philippe Égalité et de Louise Marie Adélaïde de Bourbon, descendante de Louis XIV par le comte de Toulouse, il porte successivement les titres de duc de Valois de 1773 à 1785, duc de Chartres jusqu'en 1793 puis duc d'Orléans jusqu'en 1830. Son éducation, assez en avance sur celle de son temps, confiée à Mme de Genlis, le familiarise avec la pensée des encyclopédistes. Aussi, à l'instar de son père, accueille-t-il avec sympathie les événements de 1789, servant dans la Garde nationale puis (sous le nom de général Égalité) dans les armées de la République à Valmy, Jemmapes et Neerwinden, tout en appartenant au club des Jacobins. Mais les excès de la Terreur et ses étroites relations avec Dumouriez (accusé de collusion avec !es coalisés) l'incitent à s'exiler. Les légitimistes cependant le renient, et le jeune duc doit subsister en Suisse des émoluments de professeur, occupation qu'il exerce sous le nom de Chabaud-Latour. De Hambourg, il gagne ensuite les États-Unis, puis passe l'époque impériale en Angleterre, enfin en Sicile, où il épouse, en 1806, la princesse Marie-Amélie, fille du roi Ferdinand IV de Naples. Malgré cette union avec une famille bien considérée par l'Europe de la Sainte-Alliance, le duc d'Orléans, à son retour en France en 1814, est tenu à l'écart par Louis XVIII, qu'il ne rejoint d'ailleurs pas à Gand durant les Cent-Jours, le premier tolérant seulement son retour définitif (1817).

Vivant au Palais-Royal, le duc réunit dans son salon des libéraux et des hommes d'affaires qui financent volontiers l'opposition à Charles X. Lorsque se produisent les événements insurrectionnels de juillet 1830, le sort de la dynastie se décide chez le banquier Laffitte, chez qui se réunissent, entre autres, Thiers et La Fayette. Ceux-ci s'emploient à substituer la « branche cadette à la branche aînée ». Commandant de la Garde nationale, La Fayette envoie le 30 juillet une délégation à Neuilly, où s'est retiré le duc. Le lendemain, celui-ci adresse aux Parisiens une proclamation selon laquelle il accepte le titre de lieutenant général du royaume, terminant son texte par cette phrase : « Les Chambres vont se réunir ; elles aviseront aux moyens d'assurer le règne des lois et le maintien des droits de la nation. La Charte sera désormais une vérité. »

À l'Hôtel de Ville, La Fayette lui présente un drapeau tricolore que Louis-Philippe embrasse au milieu des acclamations de la foule. Le 7 août, la Chambre, où siègent seulement 252 députés sur 406, constate la vacance du pouvoir et conclut, en droit, qu'il est indispensable d'y pourvoir. Il est donc proposé aux députés d'offrir le trône au duc d'Orléans et à ses descendants « à perpétuité, de mâle en mâle, par ordre de primogéniture et à l'exclusion perpétuelle des femmes ». Cette mesure est adoptée par 219 députés, et le surlendemain 9 août, le nouveau souverain vient au Palais-Bourbon prêter serment d'observer la Charte, signant « Louis-Philippe Ier, roi des Français » et non plus « roi de France et de Navarre » comme ses prédécesseurs.

Cette Charte, révisée, limite cependant les concessions libérales, d'où les contradictions d'un régime appelé à remplacer celui trop absolutiste de Charles X et qui va cependant mécontenter tout le monde, pour finir à son tour dans l'émeute de février 1848. Pour rassurer les cours européennes, le roi tient à l'écart les libéraux et réprime durement les insurrections populaires. Mais dans le même temps, il porte secours ou exprime sa sympathie aux Belges, aux patriotes italiens et polonais, en vue de maintenir la tradition des encyclopédistes. Il se veut le roi de tous les Français, mais écarte des listes électorales un grand nombre de modérés qui ne possèdent pas une fortune suffisante pour verser la redevance du cens électoral. L'opposition ne peut s'exprimer que par la violence, ralliant dans ses rangs républicains, bonapartistes et bourgeois modérés sans que pour autant le régime se réconcilie avec les légitimistes, retranchés dans un isolement dédaigneux. Les insurrections armées de Paris et de Lyon en 1831, 1832 et 1834, l'attentat de Fieschi en 1835, les tentatives maladroites du prince Louis Napoléon à Strasbourg en 1836 puis à Boulogne-sur-Mer, quatre ans plus tard, sont autant de preuves de cette mauvaise humeur. Une ébauche d'entente cordiale avec l'Angleterre est contrecarrée par l'antagonisme des deux pays aux colonies, notamment en Océanie et dans le Pacifique. Thiers, l'allié de la première heure, est évincé au profit de Soult, qui est en fait manipulé par Guizot. Les richesses naissantes de la société industrielle demeurent accaparées par une minorité inféodée aux puissances financières, lesquelles entendent tirer un profit exclusif du développement du machinisme et des voies ferrées ainsi que des progrès techniques.

L'impopularité de Guizot va cristalliser le mécontentement populaire contre un régime qui satisfait trop peu de monde pour pouvoir durer, surtout depuis la mort accidentelle, en 1842, du plus capable des héritiers royaux, le duc d'Orléans, libéral sincère. Chansonniers et caricaturistes s'acharnent contre le souverain, raillant son embonpoint ou bien son allure bourgeoise. Lorsque le roi s'avise enfin de l'action rétrograde de son Premier ministre, il est trop tard. L'émeute parisienne, qui l'a porté au pouvoir dix-huit ans auparavant, le chasse sans regrets (février 1848). L'abdication du souverain en faveur de son petit-fils, le comte de Paris, tourne court devant la résolution des républicains, avides de revanche. Non sans mal, le roi et la reine parviennent à gagner l'Angleterre. De leur union (outre le duc d'Orléans) sont issus quatre fils, possibles prétendants au trône : le duc de Nemours, le prince de Joinville, le duc d'Aumale et le duc de Montpensier. Brisé par ces épreuves, le souverain déchu s'éteint le 26 août 1850. Ses *Mémoires* ont été publiés en 1973.

Louis-Philippe Ier
Louis-Philippe à cheval dans les barricades, 31 juillet 1830. Huile sur toile d'Horace Vernet, châteaux de Versailles et Trianon. © *Giraudon*

LOUP de FERRIÈRES (?, v. 800 – Ferrières, 862)

Théologien.

Destiné dès son plus jeune âge à la vie ecclésiastique, il entre dans le monastère de Ferrières (Gâtinais), un des foyers les plus importants de la renaissance culturelle carolingienne. De 828 à 836, il séjourne dans l'abbaye bénédictine de Fulda (Allemagne) où il est le disciple du grand théologien Raban Maur. De retour à Ferrières dont il devient l'abbé en 840, il est considéré comme une des principales autorités ecclésiastiques de l'époque. L'empereur Charles le Chauve, dont il est le protégé, lui confie différentes missions religieuses et diplomatiques à l'occasion des synodes et des conciles. Loup de Ferrières a laissé de nombreuses œuvres érudites, dont le *Livre sur les trois questions* où il se fait le défenseur de l'augustinisme, et une abondante correspondance qui constitue une documentation précieuse sur le règne de Charles le Chauve.

LOUP ou LEU, saint (Toul, v. 383 – Troyes, v. 478)

Évêque.

De noble naissance, il épouse une sœur de saint Hilaire d'Arles dont il se sépare, avec son consentement, après quelques années de mariage. Il se retire alors au monastère de Lérins, puis vend ses biens au profit des pauvres, avant d'être élu évêque de Troyes en 426. Trois ans plus tard, le prélat accompagne en Angleterre saint Germain d'Auxerre, chargé de combattre le développement du pélagianisme. À son retour, Loup se consacre à l'administration de son diocèse. Son nom restera célèbre par la courageuse résistance qu'il oppose en 453 aux Huns d'Attila, sauvant du pillage sa ville épiscopale. À une époque où les chefs religieux, en particulier les évêques, apparaissent le plus souvent comme les uniques défenseurs d'une civilisation qui menace de succomber face aux invasions, l'évêque de Troyes négocie avec Attila. Le chef des Huns le garde quelque temps en otage avant de le libérer, en se recommandant à ses prières. Troyes est sauvée.

LOURDES

Ville des Hautes-Pyrénées sur le gave de Pau.

L'apparition de la Vierge à une enfant, Bernadette Soubirous, le 11 février 1858, a transformé l'existence de cette ancienne résidence des seigneurs de Bigorre. Depuis cette époque, les lieux de l'apparition, où se produisent des guérisons, sont devenus un but de pèlerinage, accueillant actuellement plus de 5 millions de personnes chaque année. Le site a été doté d'une basilique à partir de 1862, d'une église du Rosaire de style néo-byzantin (1889) et d'une basilique souterraine dédiée à saint Pie X, capable d'abriter 20 000 personnes et érigée en 1958 à l'occasion du centenaire des apparitions. Bernadette Soubirous a été canonisée en 1933.

LOUVEL Louis Pierre (Versailles, 1783 – Paris, 1820)

Conspirateur.

Entré à la fin de l'Empire dans un régiment de la garde impériale, il est rapidement réformé à cause de sa faible constitution. À Metz, où il exerce en 1814 son métier d'ouvrier sellier, il assiste à l'humiliation de l'invasion et se jure d'« exterminer tous les Bourbons ». Un moment employé aux selleries de l'île d'Elbe, puis à

Livourne et à Chambéry, Louvel rejoint à Lyon la suite de l'Empereur débarqué à Golfe-Juan, et l'accompagne jusqu'à Waterloo. À Versailles, à la fin de 1815, il se fait engager dans les selleries de Louis XVIII, observe la famille royale, et décide d'assassiner le duc de Berry, neveu du roi, seul capable de perpétuer la dynastie. Ainsi la branche aînée des Bourbons sera-t-elle éteinte. Dans la nuit du 13 au 14 février 1820, le mardi gras, Louvel guette le duc à la sortie de l'Opéra. Alors que celui-ci, sortant par la petite porte, aide son épouse à monter en voiture, Louvel se précipite sur lui et le poignarde au coeur. Le meurtrier, qui s'est enfui, est bientôt arrêté. Au terme d'une agonie de sept heures, le duc de Berry meurt après avoir révélé que la duchesse attend un enfant.

Conduit au ministère de l'Intérieur, puis à la Conciergerie, Louvel ne manifeste aucun remords, mais un grand sang-froid, et conserve cette attitude lors de son procès : malgré les accusations des ultras et de la police, il affirme avoir agi seul. Condamné à mort par la Chambre des pairs érigée en cour de justice, au mois de juin, il monte à l'échafaud avec calme, refusant de se confesser. Cet acte, exploité par les ultras, entraîne la démission de Decazes. « Le pied lui a glissé dans le sang », commente Chateaubriand. La réaction s'amorce.

Louvel
Nuit funeste du 14 février 1820. Dessin, Paris, Bibliothèque nationale de France. © *Giraudon*

LOUVET de COUVRAY Jean-Baptiste (Paris, 1760 – Paris, 1797)

Écrivain et homme politique.

Petit employé de librairie, il écrit, de 1787 à 1789, *Les Amours du chevalier de Faublas*, roman licencieux dont la principale héroïne est inspirée de sa maîtresse, Lodoïska Cholet. Après avoir publié un autre ouvrage, *Émilie de Varmont* (1791), Louvet de Couvray, acquis à la Révolution mais ennemi de la démesure, attaque les extrémistes dans un journal bi-hebdomadaire, *La Sentinelle*, et dans le *Journal des débats*. Ami du ménage Roland et député à la Convention nationale, il attaque violemment Robespierre à la tribune, le 29 octobre 1792. L'année suivante, le 2 juin 1793, l'écrivain est décrété d'accusation avec 21 autres représentants girondins. Il échappe à la mort en se cachant en province, puis en se retirant en Suisse. Louvet de Couvray rentre à la Convention le 18 ventôse an III (5 mars 1795). Il présidera cette assemblée et siégera au Comité de salut public. Élu au Conseil des Cinq-Cents, membre de l'Institut, il meurt alors que le Directoire vient de le nommer consul à Palerme. Louvet de Couvray a laissé des mémoires publiés en 1889, *Quelques notes pour l'histoire et le récit de mes périls depuis le 31 mai 1783*.

LOUVOIS François Michel LE TELLIER, seigneur de Chaville, marquis de (Paris, 1641 – Versailles, 1691)

Homme d'État.

Fils aîné de Michel Le Tellier, dont il est le collaborateur puis le successeur. Il commence son apprentissage de l'administration militaire dès 1655 lorsque son père obtient pour lui la survivance du secrétariat d'État à la Guerre. En 1661, il est membre du Conseil des dépêches, toujours aux côtés de son père. Mais c'est à partir de l'année suivante, quand il lui est associé au secrétariat d'État à la Guerre, qu'il partage vraiment ses responsabilités. Surintendant des Postes en 1668, ministre d'État en 1672 et membre du Conseil d'en haut, il assume seul le secrétariat à la Guerre à partir du moment où son père est nommé chancelier (1677). Son influence sur les affaires de l'État devient très importante après la mort de son grand rival, Colbert (1683). Louvois rachète à d'Ormoy, fils du ministre, la surintendance des Bâtiments, Arts et Manufactures, ce qui lui donne la direction des travaux de Versailles et des Gobelins et la haute main sur l'industrie et le mécénat.

Jusqu'en 1677, il exerce dans le domaine de l'administration militaire un véritable condominium avec son père, et de leur travail commun naîtra une armée royale moderne qui sera la première de l'Europe classique. Dans cet immense effort, il est difficile de distinguer la part de l'un et de l'autre, tant ils sont étroitement associés. Néanmoins, Le Tellier apparaît avant tout comme le grand législateur, tandis que Louvois, souvent en campagne, est surtout le « grand munitionnaire », le grand vivrier et l'administrateur disciplinaire. Grâce à eux, les bureaux de la Guerre reçoivent des règlements, des services organisés. Louvois et Le Tellier s'entourent de collaborateurs compétents : leur cousin, Gilbert de Saint-Pouange, premier commis, le marquis de Chamlay, maréchal général des logis, vrai chef d'état-major général et directeur des étapes, l'inspecteur général de l'infanterie Martinet, inventeur du pas cadencé, l'inspecteur général Fourilles, réformateur de la cavalerie, Surirey de Saint-Remy, qui appliquera à l'artillerie les réformes du duc de Luxembourg, le chevalier de Clerville, commissaire général des fortifications et surtout Vauban, son successeur en 1677, sans qui l'œuvre de Louvois aurait été inconcevable.

Pour rendre l'armée au roi, Le Tellier et Louvois créent toute une administration civile de commissaires des guerres, d'intendants d'armée, d'inspecteurs aux revues, et lui subordonnent la noblesse d'épée pour toutes les questions de justice, police, finances et ravitaillement. Louvois ne peut supprimer la vénalité des grades de colonel et de capitaine : on achète toujours compagnies et régiments. Mais il réprime l'abus des passe-volants, soldats fictifs embauchés par les capitaines pour les revues. Il sévit aussi durement contre l'absentéisme des officiers, réprime le pillage, excusé souvent par l'arriéré de solde dû et l'absence de ravitaillement. Plier les officiers à la discipline est le plus difficile. À cette tâche, Louvois éveille les susceptibilités des grands maréchaux, dont Turenne. Il faut toute la souplesse de son père pour les calmer et ils ne cèdent quelquefois que devant la menace d'une disgrâce royale. L'ordre du Tableau, conçu en 1675, est destiné à fixer la hiérarchie des grades et de l'ancienneté. Des grades non vénaux sont créés pour les officiers pauvres entre ceux de capitaine et de colonel (major et lieutenant-colonel), et celui de brigadier au-dessus de colonel. Viennent ensuite les maréchaux de camp, les lieutenants généraux et les maréchaux de France qui ne « roulent » plus entre eux et obéissent au plus ancien. Dans un but disciplinaire est généralisé le port de l'uniforme par régiment, déjà usité dans la Maison du roi. L'hôtel des Invalides est fondé (1670-1674), avec une taxe levée sur les couvents astreints à la charge des oblats (vétérans estropiés).

La course aux armements, nécessitée par une politique de force, se double d'une course aux effectifs. Toujours assurée par le racolage des sergents-recruteurs – chaque capitaine recrute sa compagnie –, elle est complétée après 1688 par la milice imaginée par Louvois et Chamlay, essai de service obligatoire et national dû par les paroisses avec tirage au sort ou désignation arbitraire des miliciens, et qui fournit jusqu'à trente régiments. Les régiments étrangers mercenaires sont encore nombreux, mais la vieille levée du ban et de l'arrière-ban, qui n'était plus qu'une cohue indisciplinée, est abandonnée. La cavalerie, arme noble, est réorganisée en régiments, armée du sabre au lieu de l'épée, et renforcée des dragons, sorte d'infanterie montée, et de hussards. Mais elle perd peu à peu sa primauté tactique au profit de l'infanterie qui devient la « reine des batailles ». Créé en 1662, le régiment du Roi est un régiment modèle que Louis XIV fait parfois manœuvrer. Apparaissent les grenadiers (1667), les fusiliers (un régiment en 1671), mais le fusil à pierre ne sera généralisé pour tous les fantassins que vers 1700 après l'invention par Vauban de la baïonnette à douille (1687). L'artillerie, jusqu'alors entreprise civile, entre peu à peu dans l'armée. Le génie se développe lui aussi. Enfin Vauban est le créateur des grands ports et d'une frontière militaire de places en profondeur qui restera valable pendant deux siècles. Le triomphe de Louvois est aussi dans la construction de casernes (Paris, Versailles, Lille, Metz), d'arsenaux (Douai, Metz, puis Strasbourg), de magasins à vivres et à fourrage. Grâce à ce long effort, des régiments ordonnés, bien exercés, bien armés, remplacent peu à peu les bandes dépenaillées, pillardes et indisciplinées de la guerre de Trente Ans.

Le rôle de Louvois ne se limite pas là. S'appuyant sur son père, le « fidèle », il acquiert une influence considérable sur Louis XIV dont il flatte la passion de gloire et de puissance. Son long crédit lui permet, au temps de Croissy, d'empiéter sur les Affaires étrangères, d'autant plus qu'il a les provinces frontières, Flandre, Alsace, Franche-Comté, directement dans son département de secrétaire d'État. Il passe même pour « Principal ministre et accepté comme tel » (Contarini, 1676). Partisan d'une politique de force, il contribue au tournant antiprotestant de la politique française au-dehors comme au-dedans. Il repousse par ses exigences les propositions de paix des Provinces-Unies (1672), encourage les « réunions » conquérantes après 1679, dirige lui-même l'occupation de Strasbourg et de Casal (1681) et, avec Chamlay, accentue le caractère agressif de la politique française après le congrès de Ratisbonne (1684). Il ne recule devant rien.

C'est ainsi qu'il pratique sans ménagement la politique de la terre brûlée au Palatinat, qu'il transforme en véritable désert, à l'abri duquel le royaume de France est inaccessible. À l'intérieur, son hostilité à l'égard des protestants n'est pas moins vive et ses méthodes moins dures. Il apporte son soutien à la politique des dragonnades dans les provinces du Sud et du Sud-Ouest, étant avec son père l'un des grands zélateurs de la révocation de l'édit de Nantes (18 octobre 1685). Il est tout-puissant jusqu'en 1689, mais son despotisme et son bellicisme lui valent l'hostilité de Mme de Maintenon qui ruine peu à peu son crédit. Il meurt en fait disgracié, à la suite de la perte de Mayence (1689).

Les mémoires des contemporains sont en général hostiles à celui qui fut considéré comme le « plus grand et le plus brutal des commis ». Mais, si l'on peut faire le procès du politique, l'administrateur est hors de cause. Sa faveur auprès du roi lui permit de s'enrichir considérablement. Il acquit notamment la seigneurie de Louvois, les châteaux de Meudon et d'Ancy-le-Franc, dont il fit des résidences princières, des hôtels somptueux à Paris. Comme son père, il soutint ses proches sans modération, laissa la Guerre à son fils, le marquis de Barbezieux, et les Bâtiments à son cousin Colbert de Villacerf. Néanmoins, la puissance politique du clan Le Tellier disparut avec lui. Le marquis de Barbezieux fut secrétaire d'État à la Guerre sans être ministre. Les Le Tellier ne furent plus représentés au Conseil.

LOUVRE (palais du)

Ancienne résidence royale, à Paris, devenue un des plus importants musées du monde.

Au début du XIIIe siècle, sous le règne de Philippe Auguste, les limites de Paris, sur la rive droite de la Seine, s'arrêtent à l'emplacement du palais actuel. En face se trouve la tour de Nesle. Le roi, ayant décidé de doter sa ville d'une enceinte renforcée, fait de ce Louvre un des principaux bastions d'aval, le terme provenant, assure-t-on, de *lupara* : louverie, lieu où se tenaient des loups. Les chroniques rapportent la forme carrée de ce château fort au milieu duquel s'élève un donjon, ce que des fouilles archéologiques récentes ont confirmé. C'est à la fois une résidence royale, un abri pour le Trésor et aussi une prison. Charles V fait procéder à des agrandissements que François Ier démolit en grande partie, vers 1540, pour faire place à un édifice plus gracieux dont les plans sont confiés à Pierre Lescot, à qui l'on doit une partie de la cour Carrée. Exécutés de 1546 à 1574, les travaux font apparaître un ensemble élégant qu'une galerie relie, en 1608, aux Tuileries de Philibert Delorme grâce à l'œuvre des architectes Dupérac et Métezeau. Durant le Grand Siècle, Colbert apporte de nouveaux aménagements par l'intermédiaire de Lemercier, Le Vau et surtout Claude Perrault, à qui l'on doit la célèbre colonnade du versant est, construite de 1665 à 1670. Percier et Fontaine, durant le Premier Empire, Visconti et Lefuel, sous le Second, parachèvent cette œuvre séculaire en réalisant le long de la rue de Rivoli une aile semblable à celle longeant le quai. C'est également l'époque au cours de laquelle est dégagée la colonnade de Perrault.

La vocation de musée ne date que de la Révolution, mais on peut en attribuer l'idée à François Ier, qui y installe à titre décoratif un grand nombre de bustes et de statues. Colbert y ajoute près de 2 000 peintures. Louis XVI y adjoint les collections de la surintendance de Versailles, incitant en 1775 le comte d'Angiviller à proposer, dans la grande galerie, le rassemblement de tout l'avoir royal en matière artistique. Il appartient cependant à la Révolution de réaliser ce souhait par le décret du 6 mai 1791. Le 14 août 1792, l'Assemblée législative décide d'y rassembler toutes les œuvres d'art encore dispersées dans les différentes possessions royales. En mai 1791, l'Assemblée vote la création d'un Muséum central des arts, devenu Muséum de la République lorsqu'il s'ouvre le 18 novembre 1793. Les victoires napoléoniennes font affluer au Louvre nombre de chefs-d'œuvre de l'Europe occupée. Mais les alliés les reprennent en 1814, même lorsque la cession a été consentie par accord formel. Les régimes successifs ont complété sans cesse la qualité des œuvres exposées, régies depuis le décret du 5 septembre 1888 en six départements de peinture, d'antiquités gréco-romaines, orientales et égyptiennes, sculptures et objets d'art.

Cependant, au XXe siècle, le projet de « Grand Louvre » a introduit des modifications comparables par leur ampleur à celles voulues par Napoléon Ier. Le projet d'extension avait déjà été envisagé par Napoléon III, mais le président Mitterrand y procède d'une manière volontariste – l'annonce en est faite le 24 septembre 1981, cinq mois après son entrée en fonction –, souveraine – le choix de la pyramide réalisée par l'architecte Pei est de son seul fait –, autoritaire – le ministre des Finances est prié de déménager après 110 ans de présence dans les murs – et dispendieuse – la facture des travaux dépasse les 6 milliards de francs. Il s'agit d'exalter la conception jacobine, encyclopédique et unitaire telle qu'elle avait été définie en 1793. Force est de constater que la démesure spatiale du Louvre (dont la taille représente celle de 20 musées moyens européens) a rencontré l'adhésion du public et que la réorganisation des espaces (aile Richelieu en 1993, aile des Antiquités en 1998, pavillon temporaire [?] des Arts premiers en 2000) conjugue effet architectural et fonction muséographique.

LOWENDAL ou LŒWENDAHL Ulrich Frédéric Valdemar, comte de (Hambourg, 1700 – Paris, 1755)

Maréchal de France.

Fils d'un général danois, il s'engage dans les forces impériales dès l'âge de 13 ans, passe l'année suivante dans l'armée danoise avant de servir les Saxons en 1716, puis les Autrichiens en 1717. Dans ces rangs, il lutte contre les Turcs en Valachie, intervient en Sicile et reçoit le grade de général de la part du roi de Pologne et Électeur de Saxe Auguste II, en 1732. L'impératrice Anne de Russie le prend alors à son service, et Lowen-

Le Louvre
Vue de la pyramide du Louvre. © *Explorer A. Wolf*

dal se distingue à nouveau contre les Turcs au siège d'Otchakov en 1736 puis à la bataille de Choczim en 1739, l'année 1743 le trouvant en Finlande face aux Suédois. Maurice de Saxe le sollicite alors pour mettre son épée au service de Louis XV, qui l'agrée. Lowendal se distingue à Fontenoy (1745) avec le rang de lieutenant général et dirige avec succès l'année suivante les sièges d'Audenarde et de Nieuport. La prise de Berg-op-Zoom, aux Pays-Bas, lui vaut, en 1747, le bâton de maréchal, distinction qu'il justifie l'année suivante par la prise de Maastricht. À ses qualités de militaire, le maréchal joint une érudition tout à fait remarquable, qualité qui lui ouvre les portes de l'Académie des sciences.

LUCKNER Nicolas, baron (Cham, Bavière, 1722 – Paris, 1794)

Maréchal de France.

Il fait ses premières armes dans l'armée bavaroise et entre au service de la Hollande, puis du Hanovre (1756) où il se distingue pendant la guerre de Sept Ans. En 1763, après la paix de Paris qui met fin à la guerre de Sept Ans, le gouvernement français se l'attache comme lieutenant général. Il est fait baron en 1788 mais applaudit aux débuts de la Révolution et sera élevé au grade de maréchal de France en 1791. Au début de 1792, il commande un corps d'observation en Alsace puis, ayant succédé à Rochambeau à la tête de l'armée du Nord, remporte quelques succès aux Pays-Bas, mais est bientôt contraint d'opérer une retraite précipitée (juin 1792). Celle-ci le fait d'autant plus soupçonner de trahison qu'avec Rochambeau et La Fayette il avait conseillé au gouvernement la paix immédiate dès le début des hostilités. Luckner remplace néanmoins La Fayette à l'armée du Centre (juillet) et, en août, reçoit le titre de généralissime. Chargé d'organiser autour de Châlons-sur-Marne une armée de réserve, il le fait avec une telle mollesse que les soupçons s'accumulent de nouveau sur lui et qu'il est suspendu dès octobre. La Convention, qui l'a cité à sa barre, semble d'abord vouloir l'épargner. Mais il est arrêté à Metz en octobre 1793. Condamné à mort par le Tribunal révolutionnaire, Luckner est guillotiné.

LUÇON

Ville de Vendée, située à la lisière du Marais poitevin, Luçon s'élève sur l'emplacement d'une bourgade gallo-romaine.

Luçon doit son extension à une abbaye fondée en 682, mais ruinée par les Normands en 877. En 1317, elle devient le siège d'un évêché, le « plus crotté de France » selon Richelieu qui en est titulaire de 1608 à 1624. Le 28 juin 1793, les Vendéens sont mis en déroute devant Luçon par l'armée républicaine et, le 1er octobre de la même année, Charette, d'Elbée et Royrand y subissent eux aussi une sanglante défaite. La cathédrale Notre-Dame est un édifice en grande partie gothique (trois nefs du XIIIe siècle, chœur du XIVe) qui a été doté d'une façade classique au XVIIIe siècle.

LUMIÈRE Louis (Besançon, 1864 – Bandol, 1948)

Inventeur.

Son père est un industriel spécialisé dans la fabrication de matériel photographique. Avec son frère Auguste (1862-1954) – plus attiré par la chimie et la recherche médicale –, il s'occupe de la gestion de l'entreprise familiale. Associé à Auguste, qui reconnaîtra que l'invention proprement dite est le fait de son frère, il crée en 1895 le cinématographe, un appareil capable d'enregistrer, de développer les négatifs et de projeter des films. Le premier film réalisé par les frères Lumière, *La Sortie des usines Lumière*, est projeté à Paris le 28 décembre 1895. Suivront des titres célèbres faisant partie de la préhistoire du cinéma : *L'Arrivée d'un train en gare de La Ciotat*, *L'Arroseur arrosé*, *Le Repas de bébé*. Après avoir produit 800 films de 1896 à 1898, la société Lumière abandonne la production, et Louis Lumière se spécialise dans la recherche photographique et cinématographique.

LUMIÈRES (mouvement des)

Mouvement intellectuel, caractéristique du XVIIIe siècle, qui s'élève contre le dogme et la tradition examinés à la lumière critique de la raison. Il débouche sur une revendication politique et sociale marquant « l'avènement d'un pouvoir spirituel laïque » (P. Bénichou).

Les Lumières s'alimentent à la double révolution religieuse et scientifique des XVIe et XVIIe siècles : celle de la Réforme qui promeut l'individu et l'examen critique des textes, celle des Galilée, Descartes ou Newton qui font émerger les premières lois de la nature par l'usage méthodique de la raison. Au tournant des XVIIe et XVIIIe siècles, la « crise de la conscience européenne » (P. Hazard) marque l'émergence de la sensibilité des Lumières. Celles-ci nourrissent l'idéologie des révolutions politiques du XVIIIe siècle : Indépendance américaine de 1776 et Révolution française de 1789. Version modernisée et sécularisée de l'humanisme, les Lumières combattent pour la tolérance, la liberté de conscience – en y incluant le déisme d'un Voltaire, le théisme d'un Rousseau, l'athéisme d'un Diderot –, la propagation du savoir et contre la superstition ou l'immobilisme.

Au droit divin qui fonde l'autorité politique de l'absolutisme, les Lumières opposent la notion de droit naturel, ensemble de droits universels inhérents à la nature humaine. À la fin du XVIIe siècle, le philosophe John Locke, père de la *Glorious Revolution* de 1688, les décline en trois principes essentiels : liberté, égalité et propriété, triptyque qui sera au fondement de la pensée du libéralisme politique. Le droit naturel inspire fortement les philosophes des Lumières et sert de socle philosophique à la Déclaration universelle des droits de l'homme et du citoyen du 26 août 1789 : il n'existe qu'une seule nature humaine dont la dignité éminente appelle des droits que les diverses législations nationales doivent respecter. À cette enseigne, la nature sert de paradigme aux Lumières pour penser la société à travers les types de l'homme naturel – du Tahitien de Diderot au Huron de Voltaire en passant par le Bon Sauvage de Rousseau –, tous moins crédibles que les cannibales de Montaigne. La nature idéalisée et artificialisée permet de s'affranchir d'institutions perverties et contingentes à travers les droits naturels de l'homme ou la religion naturelle du Vicaire savoyard.

En aval de cette réflexion sur les droits qui oppose aux libertés et privilèges de l'Ancien Régime la Liberté indivisible et abstraite d'une humanité générique, s'établit une théorie politique. Les deux moments forts en sont *L'Esprit des lois* (1748) et le *Contrat social* (1762) : là où Montesquieu établit la nécessité d'une séparation

Les Lumières
Première lecture, chez Mme Geoffrin, en 1755, de L'Horphelin de la Chine, *tragédie de Voltaire.* Huile sur toile de Gabriel Lemonnier, musée de Rouen. © *Giraudon*

La diffusion des Lumières en France et en Europe

des pouvoirs et d'un gouvernement représentatif, Rousseau insiste sur la notion de souveraineté populaire et plaide pour la démocratie directe sans représentation. L'un est un vrai monarchiste libéral qui ne conçoit pas davantage le suffrage universel que la république, l'autre est un républicain convaincu que la Révolution aurait ravie s'il avait pu la connaître. Mais Rousseau est aussi très isolé au sein d'un courant philosophique qui admire le despotisme éclairé et aspire aux réformes plutôt qu'à la révolution.

La justice de l'Ancien Régime concentre les critiques parce que s'y cristallisent la société des privilèges – des lois particulières –, la vénalité des charges de magistrats, aussi bien que la raison d'État qui est souvent aussi celle de l'Église. Au fil des célèbres « affaires » Calas, Sirven, de La Barre, Lally-Tolendal, etc., Voltaire réclame la révision de la procédure, dénonce l'arbitraire et plaide pour la tolérance : *Traité sur la tolérance* (1763), *Dictionnaire philosophique portatif*, (1764). En matière judiciaire comme politique, l'Angleterre est le point de mire des philosophes qui souhaitent l'adoption d'un *habeas corpus*, garantissant les droits des accusés.

Au XVIIIe siècle apparaît la figure de l'écrivain engagé, prototype de l'intellectuel, qui anime les débats d'une opinion publique naissante. Le succès de ceux qu'on appelle les « philosophes » tient aussi au talent et à l'audience de leurs œuvres : satire, conte philosophique, roman, comédie, traité de vulgarisation scientifique ou véritable essai philosophique. Mais les Lumières ne se réduisent pas à une liste de littérateurs célèbres, même élargie aux quelque 250 collaborateurs de l'*Encyclopédie* (1751-1772) : ce mouvement connaît une réelle extension sociale qui reste cependant élitaire : bien davantage que le petit peuple volontiers conservateur, certains ecclésiastiques, beaucoup de nobles – de la robe jusqu'à la Cour –, nombre de grands bourgeois, de simples commerçants et de détenteurs d'offices sont acquis aux idées des Lumières qui les touchent à travers salons, gazettes et académies provinciales.

Les Lumières sont à la confluence de trois courants : pré-révolution industrielle, pré-révolution française et pré-romantisme (A. Dupront). Plus largement et en aval, elles consacrent le passage d'une société d'ordres nourrie de mythes traditionnels – qu'il s'agisse de l'autorité politique ou de la sacralité religieuse – à une société d'individus dont les idéaux essentiellement tournés vers l'avenir s'enracinent dans une transcendance laïque. Cette mutation occupe une large partie du XIXe siècle où la France se cherche un régime et progresse vers la démocratie politique.

LUNÉVILLE

Ville de Meurthe-et-Moselle, au confluent de la Vezouze et de la Meurthe. Son nom latin, Lunae villa, *vient d'un culte jadis rendu à Diane dans les environs.*

Chef-lieu d'un comté indépendant de 973 à 1244, Lunéville est à cette date rattachée à la Lorraine par le duc Mathieu II et fortifiée. Prise par Charles le Téméraire en 1476, elle est reprise la même année par le prince de Vaudémont. Fortifiée plus puissamment encore à la fin du XVIe siècle pour dissuader les protestants allemands de venir à l'aide de leurs coreligionnaires français, la ville est disputée entre Français et Lorrains sous le règne de Louis XIII, et prise par la France en 1638. Ses fortifications sont démantelées en 1678. Au début du XVIIIe siècle, lorsque Louis XIV installe une garnison à Nancy, le duc Léopold décide de tenir sa cour à Lunéville et entreprend, de 1702 à 1706, la construction d'un château que précèdent des jardins à la française. Le roi de Pologne, Stanislas Leszczyński, réside à Lunéville de 1737 à 1766.

LUNÉVILLE (traité de)

Traité conclu le 9 février 1801 entre la France et l'Autriche, renforçant celui de Campoformio et mettant fin à la deuxième coalition.

Dès le 2 janvier, Bonaparte a annoncé au Corps législatif que la « rive gauche du Rhin sera la limite de la République ». Joseph Bonaparte et Cobenzl négocient et signent le traité de Lunéville, qu'a précédé l'armistice de Steyer. « Au nom de l'Empire germanique » – car l'empereur conclut la paix pour lui, souverain de l'Autriche, et pour l'Allemagne, dont il est l'empereur –, l'Autriche reconnaît à la France toute la rive gauche du Rhin. Les princes héréditaires dépossédés seront dédommagés en Allemagne. Les forteresses de la rive droite du Rhin, Philippsburg, Vieux-Brisach, etc. restent à l'Allemagne, mais devront être démantelées. L'empereur cède officiellement à la France les territoires belges. En Italie, l'Autriche, qui conserve la Vénétie jusqu'à l'Adige, renonce à ses prétentions sur les territoires situés à droite du Pô et de l'Adige, mais reçoit en dédommagement l'archevêché de Salzbourg. Le duc de Parme, un Bourbon d'Espagne, vient régner à Florence avec le titre de roi d'Étrurie ; en échange, l'Espagne restitue la Louisiane à la France. Le duc de Modène, lui aussi spolié, recevra le Brisgau. L'Autriche, enfin, reconnaît les « Républiques sœurs », batave, cisalpine, ligurienne et helvétique. L'Italie, jusqu'à Naples, se trouve ainsi soumise à l'autorité ou à l'influence française. Le comte Cobenzl, ambassadeur autrichien en Russie, écrit à Vienne, à propos du traité : « Il est affreux ».

LUSIGNAN (château de)

La fée Mélusine, femme d'Hugues II de Lusignan, construisit le château au xe siècle, prétend la légende. Il s'élevait à Lusignan (Haute-Vienne) sur une colline surplombant la Vonne.

Réuni en 1314 à la couronne, ainsi que le fief s'y rattachant, le roi le donne en apanage, avec l'ensemble du Poitou, à Jean, duc de Berry. Celui-ci le transformera en une fastueuse résidence. Anglais et Français, durant la guerre de Cent Ans, huguenots et catholiques, durant les guerres de Religion, se le disputent. Enlevé aux protestants par le duc de Montpensier, il est rasé en 1575 à l'exception d'une tour dite tour Mélusine, portant, sculpté au-dessus de sa porte, un serpent ailé et doré, symbole de l'épouse mythique d'Hugues II. Cet édifice sera lui-même abattu en 1622.

LUSIGNAN (famille de)

Famille noble du Limousin.

Elle fournit des rois à Jérusalem et à Chypre. La famille de Lusignan a produit les comtes de la Marche de la seconde dynastie.

LUSIGNAN Amaury II de (? – Saint-Jean-d'Acre, 1205)

Roi de Chypre et de Jérusalem.

Fils d'Hugues VIII de Lusignan, comte de la Marche. Il succède à son frère Gui de Lusignan en 1194 sur le trône de Chypre et devient roi de Jérusalem en 1197. Il est la tige des Lusignan d'outre-mer.

LUSIGNAN (Gui de) : voir GUI de LUSIGNAN

LUSIGNAN Henri II de (?, 1271 – ?, 1324)

Roi de Chypre et de Jérusalem.

Fils d'Hugues III de Lusignan. En 1286, il recouvre Acre, dont le roi de Sicile s'était emparé sous le règne de son père, mais la ville tombe, en 1291, au pouvoir du sultan d'Égypte. Ne possédant plus aucun territoire en Terre sainte, il n'en continue pas moins, lui et ses descendants, à porter le titre de roi de Jérusalem.

LUSIGNAN Hugues III de, dit LE GRAND (? – ?, 1284)

Roi de Chypre et de Jérusalem.

Il restaure le titre de roi de Jérusalem en 1269 et se fait couronner à Tyr en cette qualité. Or Marie, fille de Bohémond (ou Raymond IV) d'Antioche, prétend aussi à ce royaume et vend ses droits à Charles Ier d'Anjou, roi de Sicile qui, en 1277, envoie une flotte s'emparer d'Acre. Hugues III combat la flotte angevine puis se retranche derrière les murailles de Tyr (1278), dernière ville qui lui reste acquise.

LUSIGNAN Jacques Ier de (?, 1354 – ?, 1398)

Roi de Chypre et d'Arménie.

Frère de Pierre Ier de Lusignan. Il succède à son neveu Pierre II, fils de Pierre Ier, en 1384, et hérite de son cousin Livon III le titre de roi d'Arménie, titre aussi illusoire que celui de roi de Jérusalem, puisque ce royaume lui aussi est tombé aux mains des Turcs.

LUSIGNAN Jacques II de (? 1440 – ?, 1473)

Roi de Chypre.

Il chasse de Chypre sa demi-sœur Charlotte, souveraine légitime de l'île paternelle, et libère Famagouste de l'occupation génoise. Ayant épousé la vénitienne Catherine Cornaro, Jacques II devra subir, non sans impatience, la loi de la sérénissime république de Venise.

LUSIGNAN Pierre Ier de (? – ?, 1372)

Roi de Chypre.

Neveu d'Henri II de Lusignan. Aussitôt monté sur le trône (1360), il enlève Smyrne aux musulmans. Fort de l'appui des princes chrétiens, il incendie Alexandrie et terrorise la Syrie. Les seigneurs indignés par ses cruautés l'assassineront.

LUTÈCE

Du celtique latinisé Lutecia *ou* Lutetia *(en grec* Loucotecía*). Nom de Paris sous l'Antiquité.*

L'origine de Lutèce est humble. Au Ier siècle av. J.-C., elle n'occupe guère que l'emplacement de l'île de la Cité, peut-être même une partie de cet emplacement. Elle doit sa relative importance économique à la présence d'une station de batellerie utilisée par la corporation des mariniers ou nautes parisiens (*nautae Parisiaci*) ; deux ponts de bois la relient aux rives de la Seine. Labienus, lieutenant de César, s'en assure le contrôle en 52 av. J.-C. Sous l'occupation romaine, elle fait réellement figure de chef-lieu du peuple gaulois des *Parisii*. Dès le Ier siècle, sa prospérité est assez considérable pour que les limites du bourg soient étendues jusqu'à la montagne Sainte-Geneviève sur la rive gauche. C'est dans cette nouvelle Lutèce que, à la fin du IIIe siècle, Constance Chlore fait élever le palais des Thermes (aujourd'hui compris dans l'enceinte du musée de Cluny). Les Parisiens disposent à cette époque de nombreux édifices publics : aqueduc, temples, forum (à l'emplacement actuel de la rue Soufflot), théâtre (voisin des Thermes), « arènes » faisant double usage de théâtre et d'amphithéâtre (à l'emplacement des arènes de Lutèce actuelles mais nettement plus vastes). Après Constance Chlore, Constantin le Grand et ses fils Constantin II et Constance II honorent la ville de leur visite. Puis Julien l'Apostat y réside de 335 à 361. C'est là qu'il est proclamé empereur ; son attachement pour « sa chère Lutèce » est resté célèbre. Lutèce n'est pourtant pas l'une des plus belles localités de la Gaule, même de la Gaule du Nord, tant s'en faut (Reims, en particulier, offre plus de séduction). Ayant subi une invasion destructrice à la fin du IIIe siècle, elle se replie sur l'île de la Cité pour se protéger contre d'éventuels retours des Barbares. Ce n'est donc pas sa superficie, mais son rôle de place militaire qui lui donne une position éminente vis-à-vis d'autres agglomérations plus illustres mais moins sûres.

La résistance, ou plus exactement la survivance des Parisiens face au fléau des Huns entrera dans la légende en 451, grâce à sainte Geneviève. Mais depuis la fin du IVe siècle, la ville ne s'appelle plus seulement Lutèce ; elle tend à prendre le nom de

Lutèce
La Lutèce gallo-romaine vers la fin du IIe siècle. Essai de reconstitution, préfecture de Paris. © *Tallandier*

sa *civitas*, *Parisii*, qui deviendra plus tard *Parisius*, aujourd'hui Paris. Les travaux entrepris dans la capitale mettent régulièrement à découvert des vestiges de l'antique Lutèce. Lors de l'aménagement des anciens entrepôts de Bercy, en 1991, furent mises à jour dans l'ancien lit de la Seine trois pirogues en parfait état de conservation datant de la période chasséenne (v. 4300-3700 av. J.-C.), ce qui en fait les plus anciens bateaux trouvés en Europe. Les terrassements de la ZAC Alésia-Montsouris, en 1996, ont permis de retrouver une partie de l'aqueduc gallo-romain construit au IIe siècle, qui alimentait les habitants de Lutèce avec l'eau venant d'un bassin de Rungis. Sur la montagne Sainte-Geneviève, c'est tout un ensemble de maisons gallo-romaines qui a été récemment mis à jour et qui permet de reconstituer le tracé des rues antiques de ce quartier.

LUTHÉRANISME

Expression du protestantisme découlant de la profession de foi de Luther et codifiée dans la confession d'Augsbourg (1530).

En France, la religion réformée est avant tout d'essence calviniste. L'influence luthérienne ne va se manifester qu'en Alsace et dans le comté de Montbéliard, territoires n'appartenant pas, au XVIe siècle, à la couronne de France. L'Alsace, terre d'Empire, connaît en effet un morcellement territorial extrême. À l'exception de Strasbourg, cité d'humanistes, le calvinisme est nettement minoritaire. Lorsqu'un petit prince ou une localité décide d'adhérer à la Réforme, c'est selon le principe de la confession d'Augsbourg que l'adhésion s'effectue. Dans le pays de Montbéliard, délimité par la Suisse à l'est, Belfort au nord et la Franche-Comté catholique à l'ouest et au sud, la Réforme fait son apparition dans le premier tiers du XVIe siècle, favorisée par le comte de Montbéliard, Ulrich, lui-même vassal du duc de Wurtemberg, lequel adhère à la Réforme luthérienne. Comme en Alsace, en vertu du principe *ejus regio cujus regio*, sujets et notables sont tenus de prendre la religion du prince. Le luthéranisme s'impose donc, encouragé par le successeur d'Ulrich, le comte Fréderic, qui accueille dans le dernier quart du siècle tous les protestants de Lorraine, de Bourgogne et de Franche-Comté, persécutés pour leur foi. Lors du rattachement de ces territoires à la couronne de France (1648 pour l'Alsace, 1681 pour Strasbourg, 1796 pour le comté de Montbéliard), cette implantation luthérienne est solidement établie et constitue toujours, de nos jours, une originalité régionale.

LUTTE OUVRIÈRE (LO)

Parti politique fondé en 1968.

Lutte ouvrière est un des multiples et maigres rameaux issus des querelles entre Staline et Trotski, puis des oukases du PCF dans les années 1930, des attitudes rivales entre trotskistes pendant la Seconde Guerre mondiale, suivies par leurs divisions en 1945-1947. Ce groupuscule d'une petite centaine d'adhérents jusqu'en 1965-1968 compte davantage par les quelques personnalités en herbe qui le traversent au début des années 1960, autour du journal *Voix ouvrière* qui se veut l'émissaire de l'Union communiste internationale, maison-mère de Lutte ouvrière issue d'une énième scission en 1938, lors de la création de la IVe Internationale. Après avoir, durant la guerre, opté pour le pacifisme, elle cultive le secret au point que le véritable nom du parti, Union communiste, est inconnu du public. En 1968, après l'interdiction de *Voix ouvrière* et la dissolution de la ligue, elle renaît sous le nom de Lutte ouvrière, le nom de l'organe de propagande du parti. Recrutant dans le personnel syndiqué (CGT, FO) des grandes entreprises et du secteur public, son porte-parole est Arlette Laguillier, député européen depuis 1999, qui se présente à toutes les élections présidentielles depuis 1974. Ses scores, proches de 2% ont atteint 5% en 1995 et 5,75 % en 2002, grâce au vote d'anciens communistes, de protestataires déçus par la social-démocratisation du PS ou de « touristes » électoraux, exprimant au premier tour, par un vote libertaire « décalé », leur critique à l'égard des partis de gouvernement et des élites. En dépit des nouvelles exclusions de 1997, le parti attire aujourd'hui entre 1 000 et 2 000 militants.

LÜTZEN

Ville d'Allemagne orientale, au sud-ouest de Leipzig, célèbre par deux batailles.

Le 16 novembre 1636, le roi de Suède Gustave-Adolphe bat à Lützen les Impériaux commandés par Wallenstein. Mais le vainqueur trouve la mort au cours de la bataille.

Le 2 mai 1813, au début de la campagne d'Allemagne, Napoléon l'emporte à Lützen sur les Prussiens de Blücher et les Russes de Wittgenstein. Depuis le matin, les alliés se lancent à l'assaut de l'armée française, formée surtout de jeunes recrues inexpérimentées, les Marie-Louise. Voyant que l'armée, dirigée par Ney, risque de reculer, l'Empereur se met à la tête de la Jeune Garde et l'entraîne à l'assaut. Au soir, tandis que brûle le village de Kaïa, pris et repris au cours de la journée, Napoléon peut s'écrier : « La bataille est à nous. » Mais la Grande Armée a perdu 18 000 hommes et, faute de cavalerie, Napoléon ne peut poursuivre l'ennemi, qui se retire vers l'Elbe. Néanmoins, grâce aux Marie-Louise, qui se sont battus « comme des vétérans », la porte de Dresde est ouverte.

LUXEMBOURG (duché du)

Au Xe siècle comté, érigé en duché au XIVe siècle par l'empereur Charles IV.

À la fin du XVe siècle, il passe aux Habsbourg, mais quelques localités (Damvillers, Thionville, Marville, Malmédy, Ivoy, formant le « Luxembourg français ») seront cédées à Louis XIV lors de la conclusion du traité des Pyrénées (1659).

LUXEMBOURG (maisons de)

Famille féodale puis souveraine dont les branches puînées se fondent à des époques diverses dans des maisons nobles françaises.

Parmi les branches cadettes assez nombreuses, citons les plus connues : Luxembourg-Ligny (éteinte en 1475) ; Luxembourg-Saint-Pol ou Saint-Paul (éteinte en 1482), dont les biens passeront par mariage aux Bourbon-Vendôme-Luxembourg-Brienne (éteinte en 1608) ; Luxembourg-Piney, branche qui se fond dans la maison de Montmorency sous Louis XIV.

LUXEMBOURG Charles François Frédéric de MONTMORENCY, duc de (?, 1702 – Paris, 1764)

Maréchal de France.

Petit-fils de François de Luxembourg, le « Tapissier de Notre-Dame », et neveu de Christian Louis (qui s'est distingué à Audenarde, Lille, Malplaquet, Denain et a été créé maréchal de France en 1734). Un long et honnête service aux armées lui vaut en 1757 le bâton de maréchal, si souvent décerné dans sa famille. Mais il est surtout connu pour avoir accueilli Jean-Jacques Rousseau dans son domaine de Montmorency. En 1750, il avait épousé Madeleine Angélique de Neuville, veuve du marquis de Boufflers et généralement connue sous le nom de son premier mari.

LUXEMBOURG François Henri de MONTMORENCY, comte de Bouteville, duc de (Paris, 1628 – Versailles, 1695)

Maréchal de France.

Fils posthume du comte de Bouteville décapité en 1627 pour avoir ouvertement enfreint l'édit contre les duels, il ne porte d'abord que le nom et le titre de son père ; on ne l'appellera duc de Luxembourg qu'après son mariage avec Madeleine de Luxembourg-Piney en 1661. Il fait ses premières armes sous les ordres de Condé, d'abord en Catalogne (1647), puis en France dans les rangs des frondeurs (jusqu'à la paix des Pyrénées), et c'est toujours avec Condé qu'il prend part à la conquête de la Franche-Comté lors de la guerre de Dévolution en 1667-1668. Turenne et Condé ont beau être d'excellents généraux, ils vieillissent et le besoin de relève se fait sentir, à laquelle Luxembourg aspire. Nommé en 1672 commandant de l'armée de Hollande, il bat les armées du *stathouder* à Woerden, ce qui permet la prise de Bodegrave et de Swammerdam. L'année suivante, forcé par l'inondation provoquée des Provinces-Unies d'évacuer le terrain conquis, il réussit à ramener ses troupes d'Utrecht à Charleroi, en présence d'une armée ennemie quatre fois plus importante que la sienne. Récompensé par le bâton de maréchal après la mort de Turenne en 1675, il enlève Valenciennes et brille à Cassel en 1677. L'année suivante lui offre l'occasion d'une éclatante revanche sur Guillaume d'Orange : c'est la bataille de Saint-Denis devant Mons. Revenu à la Cour il est en butte à l'hostilité de Louvois et se trouve impliqué, maladroitement d'ailleurs, dans l'affaire des Poisons (ce qui cause son enfermement pendant quatorze mois à la Bastille). En 1689, le roi, qui n'a plus beaucoup de grands stratèges, lui confie le commandement en chef de l'armée de Flandre. Jusqu'à sa mort, Luxembourg vole de victoire en victoire. Fleurus (1690), Steinkerque (1692), Neerwinden (1693) lui valent une moisson de drapeaux ennemis, ce qui explique qu'on l'ait appelé le « Tapissier de Notre-Dame ». Luxembourg était difforme de corps et dur de caractère. Il n'en fut pas moins l'homme des situations difficiles et le meilleur stratège du XVIIe siècle finissant. Son successeur Villeroy ne le vaudra pas, et de loin.

LUXEMBOURG (Jean de) : voir JEAN de LUXEMBOURG

LUXEMBOURG Jean de, comte de Saint-Pol et de Ligny (?, v. 1391 – Guise, 1441)

Homme de Guerre.

Servant les Anglais aux côtés des Bourguignons, il s'empare en 1414 du gouvernement d'Arras et débloque, en 1418, la ville de Senlis assiégée par le parti armagnac. Nommé la même année gouverneur de Paris par Henri V d'Angleterre, le comte de Saint-Pol dirige plusieurs expéditions en Picardie et jusque dans le Hainaut. En 1429, il participe au siège de Compiègne, au cours duquel le bâtard de Vendôme s'empare de Jeanne d'Arc. Jean de Luxembourg lui achète sa captive et la vend aux Anglais pour 10 000 écus d'or. Refusant en 1435 de signer le traité d'Arras, il reste au service des Anglais.

LUXEMBOURG Louis de, comte de Saint-Pol et de Ligny (?, 1418 – Paris, 1475)

Connétable.

Neveu de Jean de Luxembourg, il sert d'abord les Anglais, mais change de camp en 1441, lorsque les troupes du roi d'Angleterre ravagent ses terres. Il participe alors à la reconquête de la Normandie, notamment au siège de Dieppe, en 1443, montrant un courage tel que le Dauphin Louis (futur Louis XI) l'arme chevalier sur le champ de bataille. Son mariage avec Jeanne de Bar lui permet d'ajouter à ses domaines, situés entre ceux du roi et ceux du duc de Bourgogne, les comtés de Marle et de Soissons. Dès lors, le comte de Saint-Pol déclare mener entre le roi et le duc une politique d'équilibre, qui n'est en fait qu'une suite de trahisons. À l'avènement de Louis XI, il l'aide à récupérer les villes de la Somme, mais ne reçoit pas ensuite la récompense qu'il escomptait. Aussi, malgré ses serments de fidélité au roi, s'engage-t-il dans la guerre du Bien public et commande-t-il à Montlhéry les troupes de Charles le Téméraire. En octobre 1465, le traité de Conflans lui attribue l'épée de connétable.

Un second mariage, avec Louise de Savoie, sœur de la reine, fait de lui le beau-frère du roi. Il accompagne Louis XI à Péronne, en 1468, et figure l'année suivante parmi les dix premiers chevaliers de l'ordre de Saint-Michel, créé par le roi. Poursuivant son double jeu, il promet en 1475 à Édouard VI, allié de Charles le Téméraire, de lui livrer Saint-Quentin, dont il s'est emparé deux ans auparavant au nom du roi, auquel il s'est bien gardé de la remettre. Malgré ses engagements, le connétable accueille les Anglais à coups de canon. Exaspéré, Louis XI décide d'avertir Charles le Téméraire que Saint-Pol les trompe tous les deux et, au moment des négociations de Souleuvres, le sort du connétable est fixé : le duc le livrera à Louis XI. Emprisonné à la Bastille, Louis de Luxembourg est rapidement jugé. Condamné à mort après avoir reconnu ses fautes, il est décapité en place de Grève.

LUXEMBOURG Valéran III, comte de Saint-Pol et de Ligny (Saint-Pol-sur-Ternoise, Artois, 1355 – Ivoy-Carignan, 1415)

Connétable.

Fils de Gui de Luxembourg, il sert tout d'abord Charles V mais est capturé en 1374 durant la lutte contre les Anglais. C'est au cours de cette période qu'il épouse une sœur de Richard II d'Angleterre, Mathilde de Courtenay, et change de camp, ce dont profite Charles V pour lui confisquer ses biens. Protégé du duc de Bourgogne Jean sans Peur, le comte de Saint-Pol devient à partir de 1410 un des principaux chefs parisiens du parti bourguignon. Il reçoit en 1412 la charge de connétable et organise la milice des Écorcheurs, à la tête de laquelle il affronte à plusieurs reprises les Armagnacs.

LUXEMBOURG (conférences de)

Négociations préparatoires au sujet de la Sarre des 16 octobre 1955 et 4 juin 1956.

La conclusion du pacte charbon-acier, en 1950, le retour de l'Allemagne de l'Ouest à la souveraineté politique et l'inclusion de cette nation dans l'OTAN impliquent la normalisation territoriale des rapports franco-allemands. La Sarre, en effet, était incluse depuis 1945 dans la zone d'occupation française en Allemagne, et ce petit territoire bénéficiait d'un statut particulier en raison de l'exploitation de ses ressources charbonnières par la puissance occupante. Une première conférence préparatoire réunit donc à Luxembourg, le 16 octobre 1955, les ministres des Affaires étrangères de France et d'Allemagne fédérale. Cette conférence sera complétée par celle du 4 juin 1956, également tenue à Luxembourg, aux termes de laquelle la France reconnaît l'appartenance de la Sarre à la République fédérale d'Allemagne, d'autant que l'année précédente les Sarrois s'étaient prononcés pour cette solution par référendum, le territoire prenant le statut de *Land*. Au cours de cette même conférence, les ministres déterminent les modalités de réalisation du canal d'Alsace, sur la rive gauche du Rhin, tant pour l'exploitation en commun des ressources hydro-électriques résultant des barrages que des possibilités de navigation jusqu'à Bâle. Cet accord est complété par celui de la canalisation de la Moselle, de Mayence à Thionville, visant à intégrer le bassin sidérurgique lorrain au grand axe industriel rhénan.

LUXEMBOURG (palais du)

Situé sur la rive gauche de la Seine à Paris, le palais du Luxembourg est actuellement le siège du Sénat.

Cet édifice, avec son vaste jardin d'agrément, couvre une superficie de quelque 23 ha dans le VIe arrondissement de Paris, aux limites du Quartier latin. C'est en 1612 que Marie de Médicis acquiert l'hôtel particulier du duc de Luxembourg-Piney, prince de Tingry, qui laissera une partie de son nom au site. La reine, qui s'ennuie au Louvre, va en effet y faire ériger, de 1615 à 1620, un palais résidentiel dont les plans sont confiés à l'architecte Salomon de Brosse. Celui-ci s'inspire en partie du palais Pitti de Florence pour réaliser cette construction grandiose, dont l'intérieur sera décoré par les grands maîtres du moment, auxquels se joindront les peintres Rubens, Poussin et Philippe de Champaigne. De Brosse dessine également le plan de magnifiques jardins (qui s'étendent alors jusqu'à l'actuel boulevard du Montparnasse) qu'agrémenteront des bassins et la fontaine Médicis, dont les eaux seront apportées par l'aqueduc d'Arcueil.

Palais du Luxembourg
Palais du Luxembourg illuminé pour la fête du roy, 1780. Gravure de Maréchal, musée de la ville de Paris, musée Carnavalet. © *Lauros-Giraudon*

La veuve d'Henri IV ne profite guère de ce palais, auquel les Parisiens ne donneront d'ailleurs jamais son nom. Lors du départ de Marie de Médicis pour l'exil, son second fils, Gaston, duc d'Orléans, en prend possession. Sa famille conserve le domaine jusqu'à la Révolutoin. Mlle de Montpensier, Élisabeth de Guise ainsi que le Régent et la duchesse de Berry, sa fille, y séjournent. Le comte de Provence, futur Louis XVIII, y réside jusqu'à sa fuite au mois de juin 1791. Sous la Révolution, le palais abrite des services administratifs puis sert de prison jusqu'à la réaction thermidorienne. Plus de 2 000 personnes, assurent les chroniques, y seront incarcérées, parmi lesquelles Camille Desmoulins, David, Danton, Hérault de Séchelles... Après l'apaisement, le Directoire y tient ses séances, les directeurs demeurant au Petit-Luxembourg, bâtiment annexe où résida un moment le cardinal de Richelieu durant la construction du Palais-Royal.

Après le 18 Brumaire, le palais du Luxembourg devient palais consulaire. Louis XVIII, retrouvant son ancien domaine, l'affecte à la Chambre des pairs. C'est là que seront jugés en 1830 le prince de Polignac et les ministres des ordonnances de juillet. Louis-Philippe agrandit l'ensemble des bâtiments d'un avant-corps de logis et de deux pavillons latéraux. Napoléon III y réinstalle le Sénat d'Empire de 1852 à 1870, la IIIe République perpétuant la tradition en 1879. La IVe République dénomme sa seconde chambre Conseil de la République, le terme Sénat étant rétabli en 1958 par la Constitution de la Ve République.

LUXEUIL

Luxovium. *Ville de Haute-Saône, en bordure des Vosges. Importante station thermale au temps des Romains, détruite par Attila en 450.*

Sur son site encore dévasté, Colomban élève vers 590 l'abbaye de Luxeuil, autour de laquelle se reconstitue la ville. Sous l'autorité du moine irlandais, l'abbaye devient rapidement un grand centre du monachisme et attire de nombreux disciples, au point que Colomban doit créer deux autres établissements, à Lure et à Fontaine. Lorsque ses démêlés avec Brunehaut contraignent Colomban à quitter Luxeuil, en 610, il laisse la direction de l'abbaye à Eustèse, son disciple favori. La renommée des écoles de Luxeuil gagne au VIIe siècle l'Europe entière. Au même moment, sous l'abbatiat de Walbert, est introduite la règle bénédictine. Toujours au VIIe siècle, Ébroïn et Léger, les deux ennemis mortels, sont enfermés à Luxeuil. Dévastée par les Sarrasins vers 725, l'abbaye commence à se relever au milieu du siècle. Charlemagne achève ensuite sa reconstruction. Au Xe siècle, une nouvelle invasion, normande cette fois, provoque la destruction et la ruine de la ville et de l'abbaye. À nouveau relevée, cette dernière prend place au Moyen Âge parmi les centres intellectuels les plus importants. Puissante seigneurie – les abbés sont les souverains de la ville –, Luxeuil doit subir à plusieurs reprises, aux XVIe et XVIIe siècles, le passage des armées. En 1678, le traité de Nimègue la donne à la France. L'abbaye de Luxeuil disparaît à la Révolution.

LUYNES (maison d'ALBERT de)

Famille originaire de Toscane, installée au XVe *siècle dans le Comtat Venaissin, et qui prétendait descendre des fameux Alberti florentins.*

Citons, parmi ses représentants, Tomaso, mort en 1455, qui est viguier de Pont-Saint-Esprit, et son arrière-petit-fils Léon (mort à la bataille de Cérisoles en 1544). Ce dernier francise le nom d'Alberti en Albert, et épouse en 1535 Jeanne de Ségur, qui lui apporte en dot la terre de Luynes.

LUYNES Charles, marquis d'ALBERT, duc de (Pont-Saint-Esprit, 1578 – Longueville, Agenais, 1621)

Connétable et favori de Louis XIII.

Page d'Henri IV, il est ensuite attaché au Dauphin, dont il sait gagner les faveurs grâce à son habileté à dresser les faucons. En peu de temps, il est nommé capitaine du Louvre, conseiller d'État, grand fauconnier de France et maître des oiseaux de la chambre. Lorsque Louis XIII succède à son père, Luynes le pousse à se débarrasser de Concini (avril 1617). Il est l'âme du complot et fait exiler la reine mère avant de pousser la Galigaï, femme de Concini, au bûcher. Tout-puissant, le favori du roi se fait attribuer la fortune des Concini et accumule les titres :

premier gentilhomme de la chambre, capitaine des ordonnances du roi et de la Bastille, lieutenant général de Normandie, duc et pair en 1619, et enfin gouverneur de Picardie. Pour se concilier la noblesse qui, mécontente de l'attitude royale, a rejoint le parti de la reine mère, Luynes accepte le traité d'Angoulême (1619) et, après la bataille des Ponts-de-Cé, celui d'Angers, (1620) : négociés par Richelieu, ces traités réconcilient le roi et sa mère. Se montrant imprudent et maladroit vis-à-vis des protestants, Luynes rétablit de force le catholicisme dans le Béarn récemment réuni au royaume. Aussitôt, en 1620, l'insurrection se répand dans la province. Dans l'espoir de se rendre populaire, car le peuple gronde contre lui, le favori décide de partir en campagne contre les insurgés et, en 1621, se fait nommer connétable. Après avoir pris Saumur et Saint-Jean-d'Angély, il échoue devant Montauban (août-novembre 1621). Cet échec le perd aux yeux du roi. Il meurt d'une fièvre contractée devant Monheurt, au moment où Louis XIII s'apprêtait à le disgracier. Marie de Rohan, qu'il avait épousée en 1617, se remariera avec le duc de Chevreuse.

LUYNES Charles Philippe d'ALBERT, duc de (Paris, 1695 – Dampierre, 1758)

Officier.

Entré dans les mousquetaires du roi, il participe à la campagne de 1713, notamment aux sièges de Landau et de Fribourg. Mestre de camp de la cavalerie en 1717, il prend part à l'expédition d'Espagne. On lui doit de fort intéressants *Mémoires* sur la cour de Louis XV, écrits au jour le jour, de 1735 à 1758.

LUYNES Honoré d'ALBERT de, dit LE CAPITAIN de LUYNES (?, v. 1540 – ?, 1592)

Homme de guerre.

Accusé d'avoir participé à la conspiration de La Mole et Coconnat dans le but de remplacer Charles IX par le duc d'Alençon (1574), il se retire sur ses terres, regagne Paris au bout de deux ans et tue en duel son accusateur. Gouverneur de Beaucaire et de Pont-Saint-Esprit, surintendant général de l'artillerie en Languedoc et en Provence, il se rallie à Henri IV.

LVF : voir LÉGION DES VOLONTAIRES FRANÇAIS

LYAUTEY Louis Hubert (Nancy, 1854 – Thorey, Meurthe-et-Moselle, 1934)

Maréchal de France.

Issu d'une famille de militaires lorrains, il maintient la tradition en entrant à Saint-Cyr en 1873, puis à l'École d'application d'état-major deux ans plus tard, avant de servir en 1877 dans la cavalerie, son arme de prédilection. Les nécessités du service l'obligent cependant à gagner ses grades en Algérie, au Tonkin puis à Madagascar, où Gallieni apprécie les qualités de ce chef d'escadron qui le seconde comme chef d'état-major. Colonel en 1900, général de brigade en 1903, divisionnaire en 1907, Lyautey opère dans le Sud algérien puis sur les confins marocains, où il se signale par son humanité et son grand respect pour les traditions indigènes. Après avoir dirigé le 10e corps à Rennes, le général est désigné pour gouverner, en 1912, le nouveau protectorat du Maroc. Par sa droiture, sa grande expérience des traditions nord-africaines, sa brillante intelligence, sa chaleur communicative, le résident général gagne l'estime du sultan et de son entourage, contribuant à pacifier le pays malgré les intrigues allemandes et développant l'économie d'un territoire encore féodal.

Il est un éphémère ministre de la Guerre (décembre 1916-avril 1917) dans le gouvernement Briand, réintègre son poste de résident du Maroc, avant de recevoir le bâton de maréchal en 1921. La victoire du Cartel des gauches, en 1924, marque le début d'une disgrâce que précipitera, l'année suivante, la révolte d'Abd el-Krim. Le maréchal va dès lors consacrer tous ses efforts à perpétuer la vocation éducatrice de la France aux colonies, le succès de l'exposition de 1931, au bois de Vincennes, représentant pour lui le couronnement de sa carrière. Membre de l'Académie française depuis 1912, Lyautey s'était fait remarquer, entre 1891 et 1900, par ses écrits sur le rôle social de l'officier et sa mission éducatrice dans les territoires d'outre-mer.

Le maréchal Lyautey
Huile sur toile de P.A. de Laszlo, 1920, Paris, musée des Arts d'Afrique et d'Océanie. © *Sélection Images*

LYCÉE

Établissement d'enseignement regroupant les élèves de la seconde à la terminale.

L'expérience fort brève des écoles centrales sous le Directoire (1795-1802) se révélant un échec, la réorganisation du système scolaire perturbé depuis la Révolution devient urgente. La loi du 11 floréal an X (1er mai 1802) crée les lycées. Ce type d'établissement, entretenu aux frais de l'État doit avoir au moins 8 professeurs. Il possède les postes de proviseur, censeur, procureur-gérant, les deux derniers n'existant que si le nombre d'élèves est suffisant. Le latin demeure la base de l'enseignement, mais les mathématiques, la logique et la physique sont moins négligées que dans les collèges de l'Ancien Régime. Deux établissements, le lycée impérial et le lycée Napoléon (Henri IV) accueillent d'emblée des effectifs importants, mais les débuts sont lents. À Toulouse, le lycée ouvre en 1806, à Bordeaux, il n'a que 180 élèves en 1809, à Lyon pas plus de 150 élèves avant 1810. Au nombre de 37 en 1808, les lycées reçoivent des enfants âgés d'au moins 9 ans, sachant lire et écrire. La plupart d'entre eux paient une rétribution scolaire. L'État prévoit de prendre en charge 6 400 pensionnaires. Les boursiers sont recrutés, soit parmi les fils de fonctionnaires ou de militaires, soit parmi les meilleurs élèves des écoles secondaires. Après 5 à 6 années d'études, les lycéens peuvent accéder aux écoles spéciales. Sous le Second Empire, la discipline très stricte contribue à multiplier ces lycées-prisons, où l'enseignement privilégie les humanités. Les filles, qui en sont exclues, entrent dans les établissements privés ou dans les cours secondaires créés par Victor Duruy à partir de 1867. Sous la IIIe République, avec Jules Ferry, se mettent en place deux filières : celle du bon élève issu du peuple avec l'enseignement primaire supérieure qui mène au brevet élémentaire, voire à des concours (dont celui de l'École normale supérieure) ; celle de la bourgeoisie et d'une minorité de boursiers d'origine modeste avec l'enseignement secondaire des lycées et collèges conduisant seule au baccalauréat, lequel permet d'accéder à l'enseignement supérieur. La loi Camille Sée, votée en 1880, permet en outre l'ouverture d'un lycée de jeunes filles. On compte une quarantaine de lycées en 1900 et 80 à la veille de la Seconde Guerre mondiale. Au lendemain de la guerre, le nombre d'élèves des lycées se multiplie, les formations techniques se développent et à partir de 1963 un collège unique accueillant le premier cycle est détaché des lycées. Autre bouleversement, depuis 1970, les lycées sont mixtes. En 1995-1996, on compte 1 476 lycées publics et 841 privés.

LYON

Lugdunum. *Chef-lieu du département du Rhône et métropole administrative, intellectuelle et économique du Centre-Est de la France.*

Le confluent du Rhône et de la Saône explique l'importance deux fois millénaire de cette cité qui est depuis l'Antiquité un véritable carrefour. Les chroniques mentionnent, à l'époque gauloise, la présence des Ségusiaves. En vérité, toutes les ethnies ayant occupé cette partie de la Gaule au cours du premier millénaire avant J.-C. ont transité par la future *Lugdunum* ; son nom, « colline du corbeau », serait d'origine celtique. Le site de *Lugdunum* convient apparemment bien aux légionnaires romains qui y établissent leur camp au Ier siècle av. J.-C. Un lieutenant de César, Lucius Munatius Plancus, discerne le parti qu'offrirait un poste à demeure qui serait situé au bord de la rive droite de la Saône, au pied de la colline de Fourvière. La convergence des voies de communication de l'époque impériale, la navigation sur le Rhône d'aval et la Saône expliquent l'importance croissante de cette cité qui s'honorera bientôt des naissances des futurs empereurs Claude et Caracalla. Les grandes assemblées de la Gaule romaine y tiennent leurs assises. Le christianisme, venu d'Orient, trouve des adeptes dans cette cité cosmopolite, sous l'impulsion de saint Pothin, qui souffre la persécution durant le règne de Marc Aurèle, dans le dernier quart du IIe siècle. Sainte Blandine poursuit avec ses compagnons ce martyrologe, qui voit en 197 l'empereur Septime Sévère punir la place par le feu pour avoir pris parti en faveur de son rival du moment, Albinus. Le coup est rude à supporter, d'autant plus que Vienne et Arles, dans le seul bassin rhodanien, se posent en villes concurrentes.

La dislocation du Bas-Empire et la succession des envahisseurs barbares ne facilitent guère le relèvement. Les Burgondes représentent l'élément dominant à l'époque mérovingienne. Sous les règnes de Charlemagne et de Louis le Pieux, les archevêques Leidrade et surtout Agobard (813-840) font de Lyon une métropole ecclésiastique de première importance, pourvue d'une école capitulaire renommée. Agobard prend part à tous les conciles du règne de Louis le Pieux et intervient dans les différentes querelles théologiques ou politiques qui animent le royaume. Il se présente notamment comme un partisan résolu de l'unité de l'Empire contre les partages envisagés par Louis le Pieux et son épouse Judith. Sous son épiscopat, Lyon devient également une place commerciale de premier plan, peuplée d'une importante communauté juive à laquelle l'empereur adresse de larges privilèges. Après la mort de Louis le Pieux, le traité de Verdun (843) affecte la région au domaine de Lothaire. Un royaume de Burgondie se constitue, puis un second, dit royaume d'Arles, avec le début de la féodalité. La tutelle du Saint Empire est toute nominale et le pouvoir réel incombe bientôt aux archevêques, qui s'efforcent de déjouer les ambitions des comtes du Lyonnais et du Forez.

Le souvenir des assemblées gallo-romaines incite les religieux à tenir à nouveau conseil à Lyon, point de convergence des routes de Bourgogne, d'Auvergne, de Provence, de Savoie et de Suisse. Au XIIIe siècle se tiennent d'importants conciles. Des prêteurs lombards s'installent, de même que des tisserands et des fileurs de soie. Le débarcadère de la Saône prend de l'ampleur. Les bourgeois voient leur influence s'affirmer. Des franchises sont accordées d'autant plus aisément que la cité rhodanienne appartient à la fois au royaume de France et à l'Empire, dont la limite traditionnelle est celle de la Saône. Maître de la Bourgogne, Louis XI confirme ces avantages en 1463. Les foires annuelles prennent dès lors une renommée considérable. Durant les guerres d'Italie, la Cour séjourne à plusieurs reprises à Lyon, dont la vigueur économique s'accroît régulièrement. Banquiers, négociants, tisserands, imprimeurs y sont entreprenants. La cité devient également un centre intellectuel à la faveur des apports d'Italie.

La proximité de Genève favorise la Réforme au XVIe siècle. Protestants et catholiques s'affrontent à plusieurs reprises, ce qui vaut à la place des pillages en règle, en 1562 puis en 1572, contrecoup de la Saint-Barthélemy parisienne. L'annexion par la couronne de la Dombes, du Bugey et du pays de Gex, au début du XVIIe siècle, renforce l'influence lyonnaise sur toute la région rhodanienne. L'isolement du Genevois est plus nette. Cependant, au Grand Siècle, le poids des réformés est toujours important. Le démontre la révocation de l'édit de Nantes (1685) qui voit le départ pour l'exil définitif de maints responsables d'entreprises, de négociants et de notables, ainsi que d'ouvriers des filatures. La perte est sensible pour l'économie locale, sans pour autant atténuer un esprit d'entreprise qui se veut parfois frondeur.

La Révolution, en faisant péricliter les échanges commerciaux avec l'étranger, provoque le marasme. Lyon prête attention aux thèses des Girondins et manifeste une hostilité ouverte à la Convention centralisatrise. Une révolte se développe en mai 1793, à laquelle fait suite une prépondérance royaliste en juillet. La réaction parisienne est vive et donne lieu à un siège en règle qui se prolonge du 8 août au 9 octobre 1793, mené tout d'abord par les gardes nationaux de Dubois-Crancé et les soldats de Kellermann, puis par les volontaires venus d'Auvergne sous la conduite de Couthon. « J'arrive avec mes rochers d'Auvergne », clame ce dernier avant d'adresser un ultimatum aux assiégés. Le 9 octobre, l'appel est entendu, tandis que 1 200 royalistes aux ordres de Précy s'efforcent de fuir, la plupart étant d'ailleurs massacrés. Sur proposition de Barère, la Convention prend un décret affirmant que les « habitants seront jugés militairement et que la ville sera détruite (à l'exception des hôpitaux) et ne pourra plus porter que le nom de Commune affranchie ». Collot d'Herbois et Fouché procèdent aussitôt à la démolition des remparts et instituent des commissions judiciaires. Celles-ci prononcent plusieurs centaines d'exécutions, remplaçant la guillotine, estimée trop lente, par des mitraillades.

La réaction thermidorienne met fin au démantèlement, et Bonaparte favorise le relèvement de la cité des textiles, qui retrouve son essor sous l'Empire. Les souvenirs du siège ne sont cependant pas oubliés en 1815 durant la Terreur blanche, qui voit l'exécution du général Mouton-Duvernet. La paix revenue, un autre malaise apparaît sous forme du progrès technique apporté par les métiers à tisser. Le chômage qui s'ensuit et la diminution des rémunérations soulève les Canuts ou ouvriers tisseurs. En novembre 1831 comme en avril 1834, leur opposition s'exerce aussi bien à l'encontre du machinisme que du patronat et du pouvoir royal. Une fois encore les autorités matent l'insurrection, mais dans le premier cas le maréchal Soult doit intervenir avec ses troupes.

L'arrivée du chemin de fer, au milieu du XIXe siècle, favorise une expansion économique qui ne s'arrêtera plus jusqu'à nos jours. Aux textiles traditionnels s'ajoutent la mécanique, la pétrochimie, les industries alimentaires, sans oublier le considérable développement des services. Durant la IIIe République, le parti radical fait de Lyon un fief solide sous l'impulsion de son maire, Édouard Herriot, en poste de 1905 à 1957 (à l'exception d'une partie des années de guerre). Lyon devient la capitale de la Résistance, sous l'Occupation, après avoir accueilli, de 1940 à novembre 1942, époque de la zone non occupée, nombre de journaux repliés de Paris. L'agglomération sera libérée le 3 septembre 1944 par un de ses anciens résidents, le général Diégo Brosset, chef de la 1re division française libre, une des unités de la 1re armée venue de Provence.

Inauguré en 1975 et dominant le grand théâtre de 10 000 places ainsi que l'odéon voisin de 2 500 places, le remarquable musée de la Civilisation gallo-romaine, incrusté dans la colline de Fourvière, renferme des pièces archéologiques inestimables pour la connaissance de l'histoire de la Gaule romaine. Parmi elles, la Table claudienne en bronze porte le texte du discours prononcé par l'empereur Claude en 48 pour demander au Sénat romain d'accorder aux notables gaulois l'accès aux magistratures romaines. On remarque aussi l'étonnante « mosaïque des jeux du cirque », sur laquelle les quadriges aux couleurs des quatre « factions » ou « écuries » des concurrents (blanc, bleu, rouge, vert) s'affrontent sur la piste. La vigueur du dessin, la précision de chaque détail font de cette mosaïque l'un des documents les plus précieux conservés sur l'organisation des courses de chars.

LYONNAIS

Ancienne province de France limitée par la Bourgogne au nord et au nord-est, le Rhône et le Dauphiné à l'est, le Languedoc au sud et l'Auvergne à l'ouest, qui s'étend du Beaujolais aux monts du Vivarais et inclut le Forez.

Cette ancienne région des Gaulois Ségusiaves, colonisée par les Romains à la fin du Ier siècle av. J.-C., est partiellement occupée par les Burgondes au Ve siècle. À l'époque féodale, elle est en partie contrôlée par les comtes du Forez, qui doivent cependant abandonner Lyon aux archevêques de la ville. Après 1371, une grande partie de ce domaine passera par mariage à la maison de Bourbon, laquelle perdra ses droits en 1523 à la suite de la trahison du connétable de Bourbon vis-à-vis de François Ier. Le régime royal installera par la suite le chef-lieu de gouvernement provincial à Lyon, les chefs-lieux de pays étant Villefranche-sur-Saône pour le Beaujolais et Montbrison pour le Forez. Les autorités de 1790 découperont le Lyonnais en deux départements : le Rhône (chef-lieu Lyon) et la Loire (Montbrison, puis Saint-Étienne).

LYONNAISE

Partie de la Gaule romaine située entre la Belgique au nord, l'Aquitaine et la Narbonnaise au sud.

C'est sous Auguste qu'apparaît, pour désigner la Gaule celtique, l'expression de *provincia Lugdunensis*, due au fait que Lyon en est la capitale. À la fin du IVe siècle, la Lyonnaise est divisée en quatre provinces : la Première Lyonnaise, capitale *Lugdunum* (Lyon) ; la Seconde Lyonnaise, *Rotomagus* (Rouen) ; la Troisième Lyonnaise, *Caesarodunum* (Tours) ; la Quatrième Lyonnaise, *Agedincum* (Sens). Selon certaines sources, la Lyonnaise avait déjà été divisée en deux provinces à la fin du Haut-Empire (Première Lyonnaise administrée à Lyon, Seconde Lyonnaise gouvernée de Rouen ou de Tours).

m

MAASTRICHT ou MAËSTRICHT

Ville forte des Pays-Bas, sur la Meuse. Jusqu'au XVIIIe siècle, Maastricht a eu un rôle stratégique très important.

Assiégée le 5 juin 1673 par Louis XIV, prise le 29, elle est investie le 8 juillet 1676 par Guillaume d'Orange, qui doit lever le siège à la fin du mois d'août. Les Français l'occupent jusqu'en 1678. Au siècle suivant, les maréchaux de Saxe et de Lowendal l'investissent le 10 avril 1748 et en reçoivent la capitulation le 7 mai. La France la restitue au traité d'Aix-la-Chapelle. Kléber s'en empare en 1794. L'année suivante, elle devient le chef-lieu du département français de Meuse-Inférieure. La présence française cessera avec la fin de l'Empire.

MAASTRICHT (traité de)

Réforme la plus importante de la Communauté européenne, depuis l'Acte unique (1er juillet 1987), et avant l'achèvement du marché intérieur (1er janvier 1993).

Les 9 et 10 décembre 1991, le Conseil européen adopte à Maastricht (Pays-Bas) le texte d'un traité qui conclut les deux conférences intergouvernementales sur l'Union politique, économique et monétaire tenues en 1989 et 1990, après le déblocage de ce dossier ouvert en 1969-1971 par les rapports Barre puis Werner, au sommet de Milan en 1986 grâce à l'action conjointe de MM. Craxi, Mitterrand et Kohl. Le Royaume-Uni en refusant le chapitre social, le traité est signé par 11 pays à Maastricht le 7 février 1992. Le 20 septembre de cette même année, le référendum de ratification du traité en France donne une courte victoire au « oui » (51,05 %). Le RPR a laissé la liberté de vote à ses adhérents très partagés. Le camp des antimaastrichtiens rassemble pêle-mêle Philippe Séguin, Charles Pasqua, Jean-Pierre Chevènement, le Front national, le parti communiste, l'extrême gauche, les défenseurs intransigeants de la souveraineté nationale, les agriculteurs craignant la concurrence étrangère…

Le traité entre en vigueur le 1er novembre 1993, avec onze mois de retard en raison notamment de la volonté politique des Onze de s'assurer l'adhésion des Danois qui avaient initialement rejeté le traité. De la sorte, l'Union devient un « bloc continental ». Elle s'engage à instaurer, en pratique à compter du 1er janvier 1999, une monnaie unique, l'euro, de mener une « politique étrangère et de sécurité commune », respecter une « citoyenneté européenne », étendre le « vote majoritaire » au Conseil européen, accroître les « pouvoirs du Parlement européen », réduire les disparités sociales de ses membres, renforcer la coopération en matière de justice et d'affaires intérieures. Le traité de Maastricht marque à ce jour l'apogée de la politique d'« approfondissement » communautaire initiée en 1957.

MABLY Gabriel BONNOT de (Grenoble, 1709 – Paris, 1785)

Philosophe et diplomate.

Issu d'une famille de noblesse parlementaire, demi-frère de Condillac, il poursuit ses études à Lyon chez les Jésuites, avant d'être remarqué pour sa perspicacité en matière de science politique. Sa parente, Mme de Tencin, recommande l'adolescent à son frère, Pierre Guérin de Tencin, qui vient de faire son entrée au ministère. C'est par ce biais, après avoir reçu le sous-diaconat au sortir du séminaire de Saint-Sulpice, que Mably entre dans la vie publique en devenant secrétaire au ministère des Affaires étrangères de Louis XV. À ce poste, il est amené à préparer pour le cardinal de Tencin divers travaux à caractère diplomatique : il est notamment chargé de négocier un traité avec l'ambassadeur de Prusse en vue de la conclusion d'un pacte d'alliance contre l'Autriche (1743).

En 1746, à la suite d'un différend survenu entre le cardinal et lui sur la question de l'intolérance religieuse, Mably renonce à ses fonctions et se consacre à l'étude. Il partage alors le reste de son existence entre la lecture des grands théoriciens politiques et la publication personnelle d'œuvres de réflexion historique parmi lesquelles se détachent *Parallèle des Romains et des Français* (1740), *Observation sur l'histoire de France* (1765) et surtout le *Traité de la législation ou principe des lois* (1776) qui connaîtra un grand succès sous la Révolution. Cet engouement des révolutionnaires de 1789 s'explique par le fait que Mably prône dans ses ouvrages un système politique où le pouvoir législatif se trouve dévolu à une assemblée élue par la nation, tandis qu'au roi revient la stricte tâche d'agent du pouvoir exécutif. Par ailleurs, en désaccord avec les physiocrates, il stigmatise la propriété privée et préconise un système foncier communautaire. Esprit fécond, mais parfois confus, l'abbé Mably vivra sa retraite littéraire dans l'ascétisme, refusant de siéger à l'Académie française afin de pouvoir laisser libre cours à ses opinions politiques.

6 F ● LUNDI 21 SEPTEMBRE 1992 — 3ᵉ EDITION ■ NOUVELLE SERIE N° 3524

Libération

LES RESULTATS COMPLETS

Au soir du scrutin, ville par ville, département par département, région par région, on voit se dessiner la France des pro et des anti-Maastricht. Résultats complets de la page 18 à la page 24.

LE TRAITE DE MAASTRICHT EST RATIFIE A UNE COURTE MAJORITE

OU..i

Du côté du oui: la plupart des grandes villes, l'Alsace, la Bretagne, les employés et cadres; du côté du non: le midi de la France, une majorité d'agriculteurs et d'ouvriers, telles sont les grandes lignes de démarcation d'un vote référendaire qui, hier, a attiré 70% des électeurs. François Mitterrand a estimé que la victoire du oui qui autorise la ratification du traité d'union européenne était «l'un des jours les plus importants de l'histoire de notre pays». Les leaders des grandes formations politiques ont tous souligné la nécessité de la prise en compte des «inquiétudes» qu'avait exprimées le score important du non. Jacques Chirac a lancé un appel «pour que chacun retrouve sa place dans l'opposition», tandis que Charles Pasqua et ses amis réclamaient «un changement de ligne politique» au RPR. Lire page 2.

50,9%

49,1%

La revue des éditoriaux européens

«Libération», associé à «Courrier International» publie les éditoriaux que six grands quotidiens européens consacrent ce matin au référendum français. Tonalité générale: «l'euphorie n'est pas de mise». Lire page 14.

Traité de Maastricht
La Une de *Libération* le 21 septembre 1992 : les résultats du référendum. © *D.R.*

MACDONALD Jacques Étienne Joseph Alexandre, duc de Tarente (Sedan, 1765 – Courcelles, 1840)

Maréchal de France d'origine écossaise.

Entré dans la carrière militaire en 1784, aide de camp de Dumouriez pendant la Révolution, il prend position contre lui en avril 1793. Il se distingue ensuite lors de la campagne des Pays-Bas et atteint en 1795 le grade de général. Trois ans plus tard, le Directoire lui confie le gouvernement des États romains, puis le commandement en chef de l'armée de Naples. Au mois de juin 1799, alors qu'il manœuvre pour rejoindre Moreau, Macdonald rencontre sur la Trébie l'armée russe de Souvorov, deux fois supérieure en nombre. Du 17 au 19 juin, ses troupes résistent avec acharnement, avant de battre en retraite. Macdonald seconde Bonaparte le 18 Brumaire, se distingue en Suisse en 1800, avec l'armée des Grisons, mais son amitié pour le général Moreau, hostile au Premier Consul, lui vaut en 1804 d'être disgracié. Réconcilié avec l'Empereur et réintégré dans l'armée en 1809, il décide au mois de juillet de la victoire de Wagram, en enfonçant le centre autrichien. Dès le lendemain, Napoléon le fait maréchal de France et duc de Tarente sur le champ de bataille. Le maréchal commande ensuite en Catalogne, en 1810-1811, mais échoue en tentant d'y rétablir l'ordre. Il participe à la campagne de Russie, recevant en 1812 mission d'occuper Riga, puis à la campagne d'Allemagne. Battu à la Katzbach par Blücher, le 26 août 1813, il se couvre ensuite de gloire à la bataille de Leipzig. Le 6 avril 1814, à Fontainebleau, Macdonald pousse l'Empereur à abdiquer au profit de son fils. Avec Ney et Caulaincourt, il négocie ensuite avec le tsar Alexandre pour tenter d'obtenir que le roi de Rome succède à son père. Après l'échec de ces tentatives, et l'abdication sans condition de l'Empereur, Macdonald se rallie au gouvernement provisoire, puis à Louis XVIII, refusant tout emploi pendant les Cent-Jours. En 1816, il est nommé grand chancelier de la Légion d'honneur.

MACÉ Jean (Paris, 1815 – Monthiers, Aisne, 1894)

Instituteur.

Rédacteur à *La République*, il préconise des méthodes d'enseignement tellement modernes qu'il doit quitter Paris après le coup d'État du 2 décembre 1851. Il collabore ensuite avec l'éditeur Hetzel à diverses revues pédagogiques. En 1861, il publie *Histoire d'une bouchée de pain*, récit et manuel. En 1864, il fonde le *Magasin d'éducation et de récréation* et, en 1866, la Ligue française de l'enseignement, qui comte 60 000 adhérents en 1877. Cette ligue, dont la devise est « Pour la patrie, par le livre et par l'épée », milite pour une école laïque et gratuite pour tous. Récompensant enfin ses efforts, la IIIᵉ République nomme Macé sénateur à vie (1883).

MACHAULT d'ARNOUVILLE Jean-Baptiste de (Paris, 1701 – Paris, 1794)

Homme politique.

Issu d'une famille de robe, fils d'un lieutenant général de police, il est conseiller au Parlement à 20 ans, maître des requêtes en 1728, intendant du Hainaut en 1743. En mai 1744, il est président du Bureau de commerce et, l'année suivante, est appelé au contrôle général des Finances par Louis XV. Il y demeure neuf ans (1745-1754). Très froid, très rude, et probe, il n'est pas courtisan, mais recherche néanmoins la faveur de Mme de Pompadour. Il a des vues arrêtées et précises, au service desquelles il met une énergie tenace et tranquille. Son objectif principal est la lutte contre les privilèges fiscaux. Devant 100 millions de déficit, le contrôleur général a d'abord recours aux expédients habituels. Mais, après la guerre de Succession d'Autriche, il s'attaque aux réformes de structure : augmenter la quote-part des pays d'états et du clergé, soumettre à des taxes permanentes les ordres privilégiés, s'attaquer aux prévaricateurs. Les édits de Marly de mai 1749 lancent un emprunt de 1 800 000 livres de rentes à 5 % et créent, à la place du dixième, un autre impôt, le vingtième. La grande nouveauté de cette taxe, c'est qu'elle n'est plus un expédient limité à la durée d'une guerre, mais un impôt permanent qui, de plus, pèse sur tous les revenus. Il doit être établi par des contrôleurs royaux d'après les déclarations de tous les contribuables, même dans les pays à assemblées d'états.

Immédiatement, les privilégiés se montrent très hostiles à la réforme. Les parlements, suivis par les états du Languedoc et de Bretagne, protestent violemment, mais le roi brise les résistances. Avec le clergé, que Machault veut imposer davantage, se déclenche une violente polémique où se déchaînent les passions anticléricales. Machault a pour lui les philosophes (Voltaire prend la plume pour le défendre), la marquise de Pompadour et les financiers, les maréchaux de Noailles et Richelieu ; contre lui la famille royale, le comte d'Argenson, le cardinal de Tencin et les prélats. Bientôt, le roi est troublé par la ferveur de l'année jubilaire 1751 qui attire les foules dans les églises et rassemble d'immenses processions, par les sermons du père Griffet à la Cour, par la pression de ses filles et des évêques. Il finit par céder et exempte le clergé du vingtième (23 mars 1751) puis suspend la levée de la contribution supplémentaire (23 décembre 1751) ; il soutient également le clergé contre le Parlement qui a rallumé la querelle janséniste. Abandonné, Machault doit quitter le contrôle général en 1754, mais Louis XV lui laisse les Sceaux, qu'il lui avait confiés en 1751, et le nomme secrétaire d'État à la Marine, poste qu'il occupe jusqu'en 1757. Il est définitivement écarté du pouvoir le 1ᵉʳ février 1757 ayant, après l'attentat de Damiens, commis l'erreur d'engager la marquise de Pompadour à s'éloigner. Machault vit dès lors dans la retraite de son château d'Arnouville. À son avènement en 1774, Louis XVI songe à en faire son conseiller personnel et pense même le rappeler à la veille de la Révolution. Sous la Terreur, Machault est arrêté à Rouen où il s'était réfugié. Il meurt en prison.

MACHINE INFERNALE (attentat de la)

Attentat royaliste commis contre Bonaparte le 3 nivôse an IX (24 décembre 1800).

En cette année 1800, les extrémistes jacobins, aussi appelés Exclusifs, et les extrémistes royalistes, ulcérés de voir que la plupart des anciens révolutionnaires, d'une part, et un grand nombre d'émigrés, d'autre part, se soumettent au Premier Consul, reprennent un vieux projet, l'assassinat de Bonaparte. Au mois de novembre, la police arrête un groupe d'Exclusifs qui projetaient de tuer Bonaparte à l'aide d'une machine infernale, un baril rempli de poudre que l'on aurait fait éclater sur le passage de sa voiture. Deux chouans, Saint-Régent et le chevalier de Limoëlan, décident alors de reprendre ce projet à leur compte. Pour opérer, ils ont choisi le 24 décembre, date à laquelle le Premier Consul doit assister à une soirée à l'Opéra. Après avoir étudié les lieux, Saint-Régent décide de placer rue Saint-Nicaise, entre le Louvre et les Tuileries, une charrette contenant un baril de poudre. Bonaparte somnole dans sa voiture lorsque se produit l'explosion. Son cocher arrête les chevaux rue Saint-Honoré. Ne connais-

L'attentat de la machine infernale
Vue de l'explosion dans la rue Saint-Nicaise, le 3 nivôse an IX. Gravure colorée. © *Lauros-Giraudon*

sant pas l'importance des forces des conjurés, le Consul veut repartir aussitôt, et ordonne d'aller à l'Opéra, sans se préoccuper de Joséphine dont la voiture suit la sienne.

En fait, la machine infernale a éclaté entre le passage des deux voitures, fauchant la fin de l'escorte de Bonaparte. Le spectacle est affreux : une dizaine de morts, 28 blessés, et 46 maisons endommagées, dont certaines devront être démolies. Dans cet attentat, Bonaparte voit la main des Jacobins, alors que le ministre de la Police, Fouché, est le seul à comprendre qu'il s'agit de royalistes. Mais, saisissant l'occasion de se débarrasser d'amis compromettants, il fournit bientôt au Premier Consul une liste de 130 « septembriseurs ». Le 14 nivôse, un arrêté signé de Bonaparte déporte aux Seychelles une centaine d'entre eux.

Cependant, les services de Fouché ont poursuivi leur enquête sur les vrais responsables de l'attentat. Le 18 janvier 1801, Carbon est arrêté à Paris. Il commence par nier, puis dénonce ses complices. Une semaine plus tard, Saint-Régent est arrêté à son tour, par hasard, tandis que Limoëlan parvient à échapper aux recherches. Carbon et Saint-Régent, condamnés à mort par le tribunal militaire, sont exécutés le 20 avril. Leur chef, qui a réussi à quitter Paris, se réfugie aux États-Unis, où il vivra dans le repentir, et sera ordonné prêtre.

MAC MAHON Marie Edme Patrice Maurice comte de, duc de Magenta (Sully, Saône-et-Loire, 1808 – château de La Forest, près de Montargis, 1893)

Maréchal de France, président de la République.

Descendant d'une famille irlandaise immigrée en France sous l'Ancien Régime, il sert tous les régimes politiques depuis 1825 (date de son entrée à l'école militaire de Saint-Cyr) jusqu'au début de la IIIe République. La monarchie de Juillet le trouve en Algérie, où il est blessé au début de la campagne, puis devant Constantine en 1837. En 1845, il est nommé colonel, puis général de brigade sous le Second Empire. Mac Mahon entre dans la légende militaire lorsqu'il donne, le 8 septembre 1855, l'assaut à la tour de Malakoff, pièce maîtresse des défenses russes de Sébastopol, en Crimée. Dès ce moment, la faveur de Napoléon III lui est acquise autant que le respect de l'armée. Les récompenses en sont la grand-croix de la Légion d'honneur, un siège de sénateur en 1856, le commandement de l'armée de Kabylie puis, en 1859, la direction du 2e corps de l'armée d'Italie. À la tête de ce dernier, le général déloge les Autrichiens de Turbigo le 3 juin et prend une part décisive au succès de Magenta, le lendemain, par une attaque frontale déterminante. Le bâton de maréchal et le titre de duc récompensent aussitôt cette intervention. Le prestige de Mac Mahon est tel que l'empereur le désigne pour le représenter au couronnement du roi de Prusse en 1861, puis pour occuper le poste de gouverneur général de l'Algérie, fonction qui entraîne d'ailleurs quelques frictions avec Mgr Lavigerie, archevêque d'Alger.

Rappelé en métropole en 1870 par la déclaration de guerre à la Prusse, le maréchal se voit confier le commandement du 1er corps d'armée stationné en Basse-Alsace. Cette fois, l'adversaire n'est plus la statique armée de l'empereur François-Joseph, mais celle, parfaitement manœuvrière, du général von Moltke. Confiant dans la seule efficacité des fusils Chassepot, Mac Mahon n'hésite pas à livrer bataille dès le 6 août à Woerth, bien qu'il ne dispose que de 40 000 hommes face aux 130 000 combattants du prince royal de Prusse. L'échec qui en résulte entraîne l'isolement de Strasbourg, la perte de l'Alsace et le repli des débris du 1er corps vers le camp de Châlons, où Napoléon III forme une armée destinée à délivrer Bazaine à Metz. L'empereur malade en confie le commandement à Mac Mahon, qui se révèle de nouveau piètre stratège. Timoré, hésitant sur la direction à prendre, songeant même un moment à se replier sur Paris, le vaincu de Woerth accumule les erreurs et choisit l'itinéraire de la Meuse. L'ennemi le surprend en pleine marche dans la cuvette de Sedan, où le désastre est irréparable. Il est blessé et fait prisonnier.

L'insurrection de la Commune hâte la libération du maréchal, que Thiers place à la tête de l'armée versaillaise. Ce légitimiste devient dès lors le symbole de l'ordre dans une France traumatisée par la défaite et qui se raccroche à ses anciennes gloires, même ternies. Thiers a été porté au pouvoir par une majorité royaliste qui entend se servir sur le moment de sa popularité pour rétablir la monarchie. Cette même majorité entend se servir aussi du maréchal. Elle le presse d'accepter ce poste de chef de l'exécutif qui est, dans sa pensée, le prélude indispensable au rétablissement de la royauté. Le « loyal soldat », comme on le désigne désormais, est le meilleur garant de cette transition, à tel point qu'un orléaniste comme le duc de Broglie favorise son élection à la présidence de la République, le 24 mai 1873, persuadé qu'il se retirera dès que les députés et les partis auront réglé le problème du souverain.

Mac Mahon
Portrait du général, commandant du 2e corps de l'armée française en 1859. Gravure colorée, Rome, musée du Risorgimento.
© *G. Dagli Orti*

Malgré son inexpérience politique, le nouveau président fait preuve de bon sens, inspiré, il est vrai, par le véritable dépositaire du pouvoir, le duc de Broglie, désigné dès le 25 mai comme président du Conseil. Ainsi le pouvoir exécutif est-il scindé entre un président aux fonctions représentatives et un chef de gouvernement responsable devant le Parlement de la politique menée. Ce dernier est l'auteur, avec le président de l'Assemblée nationale, Buffet, de la phrase célèbre qui va désigner la vocation du pouvoir : « Nous continuerons ensemble l'œuvre de libération du territoire et le rétablissement de l'ordre moral de notre pays. »

Le duc de Broglie espère toujours une restauration dont les couleurs seraient celles d'un drapeau tricolore. Tant que celle-ci n'a pas lieu, les républicains, Gambetta en tête, conservent espoir, car la notion de République est maintenue. Tout le régime d'ordre moral de Mac Mahon demeurera suspendu à cette équivoque : un système de forme républicaine et d'essence monarchiste. Devant cette contradiction, les plus réalistes estiment qu'il convient désormais d'être... mac mahonien ! C'est, en fait, la solution de Thiers reprise par le duc de Broglie, à savoir « qu'il convient de faire du maréchal un véritable régent sous le nom de président, et de la France, sous le nom de République, une monarchie moins un roi ».

Devant tant de subtilités, la majorité royaliste de l'Assemblée décide donc, le 18 novembre 1873 (toujours à l'initiative du duc de Broglie), de prolonger pour sept années les pouvoirs du maréchal. Ainsi, sans qu'aucune loi ne définisse encore le régime, Mac Mahon reçoit, « à titre personnel », les fonctions de président de la République. La définition est d'importance car, malgré ses convictions royalistes et les pressions dont il est l'objet, le maréchal se montrera loyal républicain. En décembre 1873, par exemple, il élude une tentative de rapprochement du comte de Chambord. Le 30 janvier 1875, l'amendement Wallon spécifie le mode d'élection du président d'un régime qui est celui de la République. Les lois constitutionnelles de 1875 le confirment. En décembre 1876, Mac Mahon nomme au gouvernement Jules Simon, républicain authentique, avec le portefeuille de l'Intérieur. Il est vrai que les succès républicains aux élections justifient semblables options. Est-ce la réconciliation entre le pouvoir et la représentation populaire ? Non, car voici que surgit le litige religieux. Le 16 mai 1877, le maréchal démissionne Jules Simon au profit du duc de Broglie. C'est le second ministère de l'ordre moral dont la formation entraîne, le 22 juin, la protestation de 363 députés républicains. Le 25, Mac Mahon décide la dissolution de l'Assemblée. La campagne électorale est ouverte. Le maréchal s'y jette avec une ardeur passionnée. Il multiplie les messages à la nation tout en entreprenant des voyages en province, destinés à soutenir les candidats du pouvoir. En vain. Les scrutins des 14 et 28 octobre accordent 321 députés aux républicains contre seulement 208 aux partisans de la politique du président de la République. Selon la formule de Gambetta, le maréchal n'a plus « qu'à se soumettre ou à se démettre ». Le président tente en dernier recours d'imposer un de ses compagnons d'armes comme président du Conseil, le général de Rochebouët. Les députés de la majorité refusent de collaborer avec ce dernier, menaçant notamment de ne pas voter le budget tant que le gouvernement n'aura pas leur confiance. Les monarchistes conseillent alors au maréchal un coup d'État. Il est à l'honneur du président de n'y point recourir et de rappeler, au contraire, l'opposant Dufaure, assurant du même coup le succès du « principe de la majorité parlementaire ». Aussitôt les députés républicains exigent l'épuration de l'armée et de l'administration, où le duc de Broglie a placé la plupart de ses partisans. Mac Mahon croit encore pouvoir se maintenir en s'appuyant sur la majorité de centre gauche. Mais les élections sénatoriales de janvier 1879 amènent également à la Chambre haute une majorité républicaine qui soutient les revendications des vainqueurs. De nombreux fonctionnaires et généraux bonapartistes et royalistes sont sommés de se démettre de leurs postes. Plutôt que d'entériner semblables mesures, le maréchal préfère se retirer définitivement, sa démission étant effective le 30 janvier 1879. Le même jour, Mac Mahon est remplacé par Jules Grévy qui exprime dans un message sa volonté de respecter scrupuleusement les institutions parlementaires. Après sa démission, le maréchal rédige ses mémoires. À sa mort, il reçoit des obsèques nationales et est inhumé aux Invalides.

MADAGASCAR (république de)

Île de l'océan Indien d'une superficie de 592 000 km², au sud-est de l'Afrique, séparée de ce continent par le canal de Mozambique, large d'environ 400 km.

À l'échelle terrestre, cette distance apparaît peu importante. En fait, elle suffit à isoler la grande île de l'Afrique et à l'imprégner d'apports asiatiques que l'on décèle aussi bien dans l'aspect physique des habitants que dans leurs dialectes, leurs coutumes ou encore dans la faune et la flore de l'île. Celle-ci serait le reste d'un continent qui aurait jadis relié l'Asie à l'Afrique à travers l'océan Indien actuel. L'île est d'ailleurs soumise au régime des alizés qui ont favorisé, dans le passé, la navigation depuis les côtes indiennes ou du Sud-Est asiatique, régions d'où sont venus les premiers colonisateurs. Ptolémée, dans l'Antiquité, mentionne l'existence de cette vaste terre que les navigateurs arabes, à la recherche des précieuses épices, longent vers l'an Mil.

La reine de Madagascar
Ranavalona III, reine entre 1863 et 1897, en costume d'apparat. © *Harlingue-Viollet*

Il faut cependant attendre l'été 1500 pour voir arriver le Portugais Diaz. Les successeurs de ce dernier préfèrent toutefois continuer leur chemin jusqu'aux Indes, et l'île demeure à l'écart d'une occupation permanente, les Français ne s'établissant qu'en 1643 dans le sud-est pour y fonder le comptoir de Fort-Dauphin. La tentative tourne court, de même que celles effectuées (toujours à l'initiative des Français) en 1750, 1768 et 1786. À l'intérieur, les diverses communautés luttent pour établir leur hégémonie, et l'avantage semble devoir revenir aux Hovas au début du XIXe siècle. C'est l'époque au cours de laquelle les missionnaires anglais s'efforcent d'évangéliser les populations des zones littorales, prélude à la venue d'administrateurs, de militaires, voire de colons, si l'entreprise réussit. Mais la reine Ranavalona, qui règne de 1828 à 1861, fait échouer toutes ces tentatives. Ses successeurs ne sont cependant pas en mesure de maintenir cette intégrité territoriale face aux puissances européennes, la France notamment, qui obtient en 1885 un traité de protectorat. Le non-respect de ses clauses est une aubaine, dix ans plus tard, pour inciter le gouvernement à envoyer dans l'île le corps expéditionnaire du général Duchesne, qui s'empare en moins d'un an de l'ensemble de l'île, malgré des pertes sensibles dues aux fièvres et aux épidémies. La loi du 6 août 1896 déclare Madagascar colonie française. Elle est désormais dirigée par un gouverneur dont le premier en poste est le général Gallieni. L'île est divisée en provinces et territoires militaires auxquels sont rattachées la base de Diégo-Suarez (occupée depuis 1885) et l'île de Nossi-Bé. La reine Ranavalona III est destituée en février 1897 et internée à la Réunion puis en Algérie. Durant près d'un demi-siècle, l'administration française crée des voies ferrées, des routes, des écoles, encourageant, en particulier, la riziculture et l'élevage des bovins.

Lors des événements de juin 1940, le gouverneur décide le respect des clauses d'armistice et, par conséquent, le ralliement au gouvernement de Vichy, circonstance qui incline certains nazis à préconiser la déportation de juifs dans l'île, une fois la victoire obtenue. En fait, l'entrée en guerre du Japon incite les Britanniques à contrôler ce territoire commandant les communications maritimes entre le cap de Bonne-Espérance et l'océan Indien. En mai 1942, les Anglo-Sud-Africains s'emparent de la colonie après une très courte campagne, son administration étant remise au Comité français de Londres au lendemain du débarquement allié en Afrique du Nord afin de diminuer la colère du général de Gaulle, tenu, dans les deux cas, à l'écart des opérations.

La guerre cristallise mécontentements et aspiration au changement. Économiquement, l'île est ruinée après quinze ans de surproduction agricole et minière, combinée à une chute des cours et à une interruption des livraisons de la métropole à partir de l'hiver 1939. Politiquement, la défaite de la France ravive le sentiment indépendantiste promu par les sociétés secrètes créées dans ce but en 1913, par l'action des syndicalistes et des communistes en milieu minier ou cheminot depuis 1936, et par les anciens combattants de 1939, démobilisés en 1946, et « mécontents de la France ». Le MDRM (Mouvement démocratique pour la rénovation malgache), fort de ses 500 000 adhérents, essaie de canaliser le mouvement, sans succès. Dans la nuit du 29 au 30 mars 1947, environ 20 000 hommes, répartis en commandos le long de la voie ferrée entre Manakara et Tamatave, attaquent les militaires, les colons et les maisons. On compte 150 victimes françaises et au moins 40 000, peut-être 60 000 victimes malgaches pendant les six mois de la répression, sous les ordres du général Pellet. Deux des députés de l'île sont condamnés à mort, le troisième au bagne, malgré leur immunité ; en juillet 1948, le procès des leaders, dont le chef Rakotondrabe, clôt la révolte, sans régler le destin politique de l'île et en occultant les excès et les abus de pouvoir commis lors de la répression. Aussi Madagascar vit-elle en état de siège permanent jusqu'à la loi-cadre de 1957 accordant une décentralisation administrative, prélude à une indépendance reconnue par le référendum du 14 octobre 1958. La République malgache est proclamée. Celle-ci accédera au statut de complète indépendance le 26 juin 1960.

MADAME

L'appellation Madame fait son apparition à l'époque de l'amour courtois.

À la cour de France, à partir du XVIIe siècle, toutes les filles du roi et du Dauphin prennent le titre de Madame auquel elles ajoutent leur nom de baptême. Seules la femme de Monsieur, frère du roi, et la fille aînée du roi le portent sans adjonction de nom propre. Marie-Thérèse Charlotte, fille de Louis XVI et de Marie-Antoinette, recevra le surnom de Madame Royale. Napoléon Ier appellera sa mère Madame Mère.

MADELEINE-SOPHIE BARAT, sainte (Joigny, 1779 – Paris, 1865)

Fondatrice de la société des Dames du Sacré-Cœur.

D'origine modeste, mais dotée d'une solide instruction grâce à son frère l'abbé Louis Barat, elle souhaite se consacrer à l'éducation des enfants. À Paris, son confesseur, le père Varin, l'incite à fonder une congrégation enseignante. La société des Dames du Sacré-Cœur s'implante d'abord à Amiens, en 1801, et essaime rapidement, à Grenoble puis à Poitiers. Nommée en 1806 supérieure à vie, Madeleine-Sophie fait, en 1827, adopter les constitutions de sa société par le pape Léon XII. Au milieu du siècle, la société des Dames du Sacré-Cœur compte 65 maisons. Béatifiée en 1908, Madeleine-Sophie Barat sera canonisée en 1925.

MADELEINE de FRANCE (?, 1443 – ?, v. 1495)

Princesse.

Cinquième fille de Charles VII et de Marie d'Anjou, elle épouse en 1462 Gaston de Foix, prince de Viane, à qui elle donne deux enfants, François Phébus et Catherine. Gaston étant mort en 1470, elle devient peu après régente de Foix et de Béarn. Après la mort d'Éléonore, reine de Navarre, en 1479, elle fait reconnaître les droits de son fils à l'héritage. Ce fils étant mort à son tour en 1483, elle assure sa succession à Catherine, qui épouse l'année suivante un Albret.

MADELEINE de FRANCE (?, 1520 – Édimbourg, 1536)

Reine d'Écosse (1536).

Fille de François Ier et de Claude de France, elle épouse le 1er janvier 1536 le roi d'Écosse Jacques V, et meurt six mois après.

MADEMOISELLE

Titre donné, à la cour de France, à partir du XVIIe siècle, à la fille aînée du frère puîné du roi.

Pour se distinguer de Marie-Louise, fille de Philippe d'Orléans, frère de Louis XIV, la duchesse de Montpensier, fille de Gaston d'Orléans, frère de Louis XIII, se fait appeler Grande Mademoiselle, titre qu'elle rendit célèbre.

MADRID (château de)

Château de la région parisienne aujourd'hui détruit.

En 1528, François Ier fait construire au milieu de la forêt de Rouvre, dont il reste aujourd'hui le bois de Boulogne, un château de chasse qui, en souvenir de la captivité du souverain en Espagne, prend le nom de château de Madrid. L'œuvre de Girolamo della Robbia, de Pierre Gadyer et de Philibert de l'Orme est une des réussites architecturales de la Renaissance. Les planches d'Androuet Du Cerceau sont là pour l'attester. L'originalité de ce château tient à ses arcades, ses galeries et surtout les médaillons multicolores de terre cuite émaillée dont Girolamo della Robbia a orné la façade. La reine Margot s'y réfugie après l'annulation de son mariage avec Henri IV. Mais le château sera longtemps délaissé, et la Révolution, le découvrant en ruine en 1792, n'en laissera pas pierre sur pierre. L'avenue de Madrid, à Neuilly-sur-Seine, a été percée à cet emplacement.

MADRID (conférence de)

Réunion tenue à Madrid en 1880 au sujet des échanges commerciaux avec le Maroc.

Les bonnes relations diplomatiques entretenues entre le sultan du Maroc, Hassan Ier (1873-

1894) et la France, dont l'influence est grandissante dans l'Empire chérifien, entraînent, à partir de 1876, date de la venue d'une mission d'instructeurs militaires français, maintes convoitises. Un Britannique, par exemple, Maclean, s'efforce à son tour de gagner la confiance du sultan tout en servant les intérêts de la *City* londonienne. Poursuivant cet avantage, le gouvernement de Sa Majesté obtient, en 1880, la réunion d'une conférence internationale à Madrid, dont les conclusions réaffirment la complète égalité des puissances dans les échanges commerciaux avec l'Empire chérifien. C'est un échec pour la diplomatie française qui ne renoncera cependant pas à ses fins.

MADRID (traité de)

Prisonnier des Impériaux à la suite de la défaite de Pavie (1525), transféré d'Italie en Espagne, François Ier est interné à Madrid, où il se trouve à la merci de Charles Quint, son vainqueur.

Ce dernier spécule sur les ennuis de la captivité d'un souverain habitué aux fastes d'une cour brillante pour hâter la conclusion d'un traité avantageux. Tandis que Louise de Savoie, mère de François Ier, exerce à Paris les fonctions de régente et s'efforce de détacher un à un les alliés de Charles Quint, Marguerite, sœur du roi, vient à Madrid pour tenter de fléchir le vainqueur. En vain, car celui-ci convoite la Bourgogne. En novembre 1525, François Ier finit par céder, tout en prenant soin d'assortir sa décision de réserves, compte tenu de son état de captif. Le 14 janvier 1526, il signe le traité aux termes duquel il cède à l'empereur et à ses héritiers des deux sexes la pleine souveraineté sur la Bourgogne et le Charolais, tout en renonçant à ses droits sur la Flandre, l'Artois, Milan, Gênes et Naples. L'empereur accorde la liberté au captif avant le 10 mars, en échange d'otages destinés à garantir la bonne exécution du traité. Il s'agit soit des deux fils aînés du roi, soit du Dauphin (futur Henri II) accompagné de dix personnalités, hauts dignitaires du royaume. En outre, le connétable de Bourbon, traître à son pays, recouvre l'ensemble de ses terres, confisquées auparavant par François Ier. Celui-ci est même tenu d'y ajouter les revenus perçus depuis le jour de la saisie. Enfin, les deux souverains se lient par une alliance défensive, destinée à faire face à toute menace extérieure. Tous deux fournissent 500 cavaliers et 10 000 fantassins. Charles Quint, de son côté, déclare renoncer à toute prétention sur la Picardie et le Boulonnais, accordant à son nouvel allié la main de sa sœur Éléonore, douairière de Portugal. Quant à la fille de cette dernière, l'infante Marie, elle est promise au Dauphin. L'humiliation est complète et le triomphe impérial total.

Le 6 mars, l'échange s'effectue au milieu de la Bidassoa. Lannoy, le vainqueur de Pavie, accompagne François Ier, lequel y rencontre ses deux fils, François et Henri, âgés de sept et six ans, amenés par Lautrec. Arrivé à Bayonne où la Cour l'attend, François Ier refuse aux plénipotentiaires impériaux qui l'accompagnent de ratifier le traité de Madrid, alléguant qu'il convient auparavant de consulter ses sujets bourguignons. Confirmation est donnée par le chancelier Duprat le 10 mai suivant. Il est vrai que le pape Clément VII, le roi d'Angleterre Henri VIII et les princes italiens prennent ombrage de la puissance impériale. L'heure des hostilités va de nouveau sonner.

MAGENTA (bataille de)

La première grande bataille de la campagne menée en Italie par Napoléon III a lieu le 4 juin 1859, à Magenta, en Lombardie.

Après la rencontre de Palestro (30-31 mai), tandis que les Autrichiens de Gyulai se replient derrière le Tessin, les Français traversent le fleuve et prennent l'offensive en Lombardie. Les deux armées marchent parallèlement, toutes deux mal éclairées, chacune ignorant le voisinage de l'ennemi. Un premier accrochage oppose les Autrichiens aux Français à Turbigo, le 3 juin. Mais c'est le lendemain que les deux armées s'affrontent véritablement. Longtemps, la bataille est confuse et indécise. Les charges se succèdent sans résultat. Les Autrichiens ont leur quartier général à Magenta, derrière un canal ; la garde impériale attaque les ponts, mais elle est réduite à la défensive ; Napoléon III attend en vain Mac Mahon qui se trouve encore vers Caggiano et même plus au nord, du côté d'Inveruno, mais doit marcher au canon sur Magenta. Désespérant de le voir intervenir à temps, il envisage d'ordonner la retraite, tandis que Gyulai, qui se croit vainqueur, envoie ce télégramme à l'empereur François-Joseph : « Après une lutte sanglante, nous restons vainqueurs à Magenta. Il n'y a plus un seul Français sur le sol de Lombardie. »

Peu après, dans l'après-midi, commencent à arriver les premiers renforts français. Mais, pour que la victoire change de camp, il faut attendre l'intervention du corps d'armée de Mac Mahon. Ses zouaves attaquent à 16 heures Magenta qui tombe à 20 heures. Peu après, les bersagliers du général Fanti viennent consolider la position chèrement acquise. Gyulai, qui laisse 10 000 morts sur le terrain, se retire sans être poursuivi sur Mantoue, où il remet son commandement à François-Joseph. La bataille de Magenta ouvre les portes de la Lombardie à l'armée française qui entre triomphalement dans Milan, Napoléon III à sa tête.

MAGINOT André (Paris, 1877 – Paris, 1932)

Homme politique.

Député de la Meuse pour la gauche démocratique en 1910, sous-secrétaire d'État à la Guerre en 1913-1914, il est grièvement blessé pendant la Première Guerre mondiale et devient un héros parmi les Poilus, en même temps que président d'une association de mutilés, ce qui explique son influence après 1918. Ministre des Colonies (1917 et 1928-1929), des Pensions (1920-1924), il détient le portefeuille de la Guerre de 1922 à 1924 et de 1929 à 1932 dans les gouvernements d'union nationale de Raymond Poincaré et André Tardieu. On lui doit l'inhumation du Soldat inconnu sous l'Arc de triomphe, ainsi que les premières liturgies commémoratives autour de cette tombe. Il fait voter la loi du 4 janvier 1930, qui décide la construction d'une ligne fortifiée continue le long de la frontière de l'est, la célèbre ligne Maginot.

Bataille de Magenta
L'intervention des zouaves de Mac Mahon le 4 juin 1859 aux portes de la Lombardie. Prague, Musée militaire. © *Lauros-Giraudon*

MAGINOT (ligne)

Nom donné au système de fortifications construit de 1929 à 1936 sur la frontière française du nord-est et du Rhin, sous l'impulsion d'André Maginot, ministre de la Guerre.

Sa construction est précédée de nombreux atermoiements. L'état-major hésite longtemps sur le choix du système de fortifications et ne sera jamais unanime sur les recommandations à faire au gouvernement. Deux thèses s'affrontent dès la fin de la Première Guerre mondiale : celle du maréchal Joffre qui préconise la création d'une succession de régions fortifiées de Belfort à Dunkerque, sur lesquelles l'armée appuierait ses manœuvres, et celle du maréchal Pétain qui, profondément influencé par les enseignements de la guerre de positions de 1914-1918, propose l'aménagement aux frontières d'un champ de bataille continu dont la structure serait analogue à celle des fronts défensifs de la guerre de tranchés. C'est cette conception défensive, déjà prônée par le ministre Painlevé en 1925, qui triomphe dans la loi du 4 janvier 1930. La création de deux régions fortifiées continues est décidée. Jusqu'en 1936, les travaux colossaux qu'entraîne la construction de la ligne Maginot absorbent la plupart des crédits militaires : 5 milliards et demi lui sont consacrés. Couverts par un obstacle de rails antichars et de barbelés, ses deux tronçons, de 70 kilomètres chacun, comprennent de gros ouvrages type Hochwald, Hackenberg et Rochonvillers, implantés aux points sensibles et reliés par une ligne continue de casemates d'infanterie bétonnées. Les blocs sont reliés par des rameaux souterrains profondément enterrés, sur lesquels se greffent les locaux de service, les magasins, les PC et la machinerie. Des casemates et tourelles de mitrailleuses assurent, avec des lance-grenades, la défense des dessus. La surpression intérieure met à l'abri des gaz de combat. Les garnisons comptent 300 à 400 hommes en moyenne et atteignent 1 000 à 1 200 hommes pour les gros ensembles. Le système fortifié est complété de centraux téléphoniques, de postes de commandement et d'abris pour réserves, sous béton.

L'effort de l'organisation fortifiée s'est porté en Alsace, sur les contreforts est et ouest des Vosges, et en Lorraine, sur l'arc de cercle qui, de Rochonvillers à Faulquemont, couvre Metz. Entre ces deux régions, la trouée de la Sarre (entre Teting et Sarreguemines), dépourvue de gros ouvrages, est barrée par un système artificiel d'inondations. À l'est, les berges du Rhin sont renforcées par une double ligne de casemates. Telle quelle, malgré son manque de profondeur, la ligne Maginot constitue en 1939 un front fortifié moderne et puissamment armé. Les généraux allemands déclareront d'ailleurs à Nuremberg qu'elle avait été jugée inattaquable de front par le grand état-major. Mais au nord, la position fortifiée ne dépasse pas la tête de pont de Montmédy. Au-delà, la frontière belge n'est protégée que par des éléments légers, dispersés et peu efficaces. Or, c'est précisément en Belgique que les Allemands porteront leur attaque en mai 1940, et la ligne Maginot ne pourra pas jouer le rôle escompté. En raison de la puissance de ses ouvrages, en particulier à l'égard des armes atomiques, elle a été intégrée après la guerre dans le dispositif militaire des forces du pacte de l'Atlantique.

Ligne Maginot
Une galerie de cellules à munitions à la veille de la Seconde Guerre mondiale. © *Collection Viollet*

MAGNAN Bernard Pierre (Paris, 1791 – Paris, 1865)

Maréchal de France.

Il s'engage en 1809 dans les armées impériales, combat en Espagne et au Portugal, se distingue ensuite pendant la campagne de France et à Waterloo. Sous la Restauration, il participe avec éclat à l'expédition d'Espagne (1823), puis à celle d'Alger (1830). Mis en disponibilité l'année suivante pour avoir parlementé avec les insurgés lyonnais lors de la révolte des Canuts, Magnan passe au service de la Belgique. Réintégré dans l'armée française en 1839, lieutenant général en 1845, il reçoit en 1848 le commandement de la Corse, puis de la 3e division d'infanterie de l'armée des Alpes, avec laquelle il remonte vers Paris, et participe à la répression de l'insurrection de juin 1848.

L'année suivante, il est mis à la tête de l'armée des Alpes en remplacement de Bugeaud. Il commande ensuite la 4e division militaire à Strasbourg, puis est élu député de Paris, en 1850, avant d'être nommé, le 14 juillet 1851, commandant en chef de l'armée de Paris. À ce poste, il contribue notablement au coup d'État du 2 Décembre, ce qui lui vaut en décembre 1852 le bâton de maréchal, la charge de grand veneur et la grand-croix de la Légion d'honneur. Il achève sa carrière comme commandant supérieur des troupes du nord de la France.

MAGUELONNE ou MAGUELONE

Aujourd'hui simple localité dépendant de la commune de Villeneuve, au sud de Montpellier, entre l'étang de Vic et la Méditerranée.

Maguelonne fut une des plus importantes villes languedociennes. Sa situation sur un îlot volcanique, non loin de la côte, faisait sa prospérité. Siège d'un évêché à la fin du VIe siècle, elle passe au pouvoir des Sarrasins en 719 puis est reprise en 737 par Charles Martel qui la détruit complètement afin qu'elle ne puisse servir de base aux envahisseurs pirates. Elle se relève peu à peu, mais l'essor de Montpellier lui interdit désormais de briller d'un éclat unique dans sa région. Bien qu'ils portent le titre de comte de Maguelonne et de Malgueil (ou Mauguio), les administrateurs carolingiens ne résident jamais dans l'île. Il faut même attendre le milieu du XIe siècle pour assister au retour de l'évêque. C'est alors qu'est édifiée la première cathédrale romane. Maguelonne va servir d'asile à plusieurs papes chassés de Rome. À la fin du XIIe siècle, la reconstruction de la cathédrale est achevée et le site bien fortifié grâce à l'ardeur de quatre remarquables prélats. Au XIVe siècle, les évêques de Maguelonne ne sont plus de la même trempe. La décadence se précipite. Sous François Ier, Guillaume Pellicier obtient le transfert de son siège à Montpellier. Maguelonne redevient un lieu stratégique âprement disputé avec les guerres de Religion. Richelieu ordonne le démantèlement de tout ce qui reste de la ville. En 1633, l'île ensablée ne conserve plus que son ancienne cathédrale.

Mahaut d'Artois : voir Mathilde

Mahé

Ville de l'Inde sur la côte de Malabar. Ancien établissement français.

Entrepôt d'épices acquis par la Compagnie des Indes en 1721, Mahé, attaquée par les Mahrattes, est dégagée en 1725 par Pardailhan. En 1741, l'escadre commandée par La Bourdonnais parvient à secourir la ville, de nouveau assiégée. Prise par les Anglais en 1761, au cours de la guerre de Succession d'Autriche, Mahé est occupée pendant deux ans, jusqu'à sa restitution à la France par le traité de Paris, en 1763. Plusieurs fois réoccupée par les Anglais à la fin de l'Ancien Régime, et encore sous la Révolution et l'Empire, Mahé fait partie des cinq établissements de l'Inde laissés à la France en 1815. Comme les autres comptoirs, elle est rattachée à l'Inde en 1954, *de facto*, et officiellement en 1956.

Mahon

Port et capitale de l'île de Minorque dans l'archipel des Baléares.

Trois des cinq forts qui la défendent sont enlevés d'assaut en 1756 sur les Anglais par le maréchal de Richelieu. Le reste capitule peu après. Rendue aux Anglais avec l'ensemble de Minorque en 1763 par le traité de Paris qui met fin à la guerre de Sept Ans, Mahon leur est de nouveau enlevée en 1782, par le duc de Crillon. La conclusion de la paix la restituera à l'Espagne.

Mai (1er)

Journée de revendication ouvrière puis fête du travail.

C'est un 1er mai 1884 que le Congrès syndical américain réuni à Chicago décide que la durée légale du travail quotidien doit être fixée à 8 heures. Pour obtenir l'application de cette revendication, le 1er mai 1886, 350 000 grévistes paralysent l'usine Mac Cormick de Chicago. Le 3 mai, le conflit dégénère : des milices privées tirent dans la foule ; les grévistes ripostent en tuant des gendarmes. Six militants syndicaux sont condamnés à mort par pendaison. En souvenir, l'Internationale socialiste fait du 1er Mai la fête du travail. En 1889, le Congrès international ouvrier socialiste de Paris scelle le pacte de fraternité entre les travailleurs du monde entier. Désormais, classes ouvrières d'Europe et d'Amérique sont appelées à une journée de revendication sociale chaque 1er mai. La première manifestation organisée (1890) se fait en faveur de la journée de 8 heures et de ses corollaires : l'interdiction du travail de nuit, un jour chômé par semaine. À Vienne (France), en 1890, le déploiement de la force publique ne peut empêcher des bataillons ouvriers de se former, de dresser des barricades. La foule se dirige vers les usines, dévalise un magasin de textile. À Fourmies, vers la fin du mois d'avril 1891, 1 500 ouvriers d'une usine importante, Le Fourneau, font grève, réclamant un supplément de salaire. Les patrons résistent. Le 1er mai, les grévistes tentent de débaucher leurs camarades d'une autre usine, et 500 à 600 grévistes se retrouvent face à un peloton de gendarmerie. La fusillade fait 9 morts et une soixantaine de blessés. En 1906, Paris est encore le théâtre de nombreux et violents affrontements le 1er mai. Le muguet vient remplacer le triangle comme symbole, ce qui n'empêche pas des dizaines de blessés et un mort à Paris, en 1919. En 1947, la fête du travail est devenue légale, chômée, payée. Les défilés de syndicats et de travailleurs ont toujours lieu, mais les manifestations sont beaucoup plus calmes.

31 mai 1793
Hanriot, chef de la garde nationale, vient, à la tête d'une députation de la Convention, réclamer la mise en accusation des Girondins. Gravure de Tassaert d'après Harriet, musée de la ville de Paris, musée Carnavalet.
© *Collection Viollet*

Mai 1793 (journée du 31)

Première journée révolutionnaire organisée par les Montagnards pour éliminer les Girondins.

L'ultime épreuve de force entre les deux factions est déclenchée par la Gironde. Croyant pouvoir triompher définitivement dans le duel qui l'oppose à la Montagne depuis la chute de la monarchie, elle engage la lutte contre la citadelle montagnarde, la Commune de Paris. Le 18 mai, répondant à l'*Histoire des Brissotins* ou *Fragment de l'histoire secrète de la Révolution* de Camille Desmoulins, présentée la veille aux Jacobins, Guadet, un des chefs de la Gironde, propose la cassation immédiate des autorités de Paris, « autorités anarchiques, avides à la fois d'argent et de domination ». Une commission d'enquête de douze membres est aussitôt instituée, qui ne comprend que des Girondins ; elle ordonne le 24 mai l'arrestation d'Hébert, substitut de la Commune, et d'autres meneurs populaires, dont Varlet et Dobsen. Ces mesures de répression déclenchent la crise finale.

Le 25 mai, la Commune réclame la libération d'Hébert. En réponse, le Girondin Isnard, qui préside la Convention, lance contre Paris une diatribe qui va rester célèbre : « Si par ces insurrections toujours renaissantes, il arrivait qu'on portât atteinte à la représentation nationale, je vous le déclare au nom de la France entière, Paris serait anéantie ; bientôt on chercherait sur les rives de la Seine si Paris a existé. » La riposte est immédiate. Le lendemain, aux Jacobins, Robespierre appelle le peuple à l'insurrection et, le 29 mai, les délégués de 33 sections parisiennes forment un comité insurrectionnel de neuf membres, parmi lesquels Varlet – qui en fut sans doute l'animateur – et Dobsen, libérés la veille par ordre de la Convention, la Montagne et la Plaine étant seules restées en séance. Le 31 mai, enfin, l'insurrection se déroule suivant les méthodes déjà appliquées le 10 août 1792. Le tocsin sonne, la générale bat, le canon d'alarme tonne. Les pétitionnaires des sections de la Commune se présentent à la barre de la Convention vers 5 heures du soir, tandis que la foule des manifestants cerne les abords. Ils réclament tout un programme de défense révolutionnaire et de mesures sociales : exclusion des chefs de la Gironde, cassation de la Commission des douze, arrestation des suspects, épuration des administrations, création d'une armée révolutionnaire, attribution du droit de vote aux seuls sans-culottes, fixation du prix du pain à trois sous la livre au moyen d'une taxe sur les riches, distribution de secours publics aux vieillards, aux infirmes et aux parents des défenseurs de la patrie. La Convention ne se laisse pourtant pas intimider. En dépit de l'intervention véhémente de Robespierre qui s'écrie en se tournant vers Vergniaud : « Oui, je vais conclure et contre vous », elle vote seulement la cassation des Douze. L'insurrection a échoué. Mais elle triomphera deux jours plus tard, le 2 juin. Ce jour-là, c'en sera fini de la Gironde.

Mai 1873 (journée du 24)

Journée parlementaire au cours de laquelle la majorité conservatrice de l'Assemblée, conduite par le duc de Broglie, parvient à évincer Thiers de la présidence de la République.

Depuis la fin de l'année 1872, les conservateurs, mécontents de Thiers, se sont regroupés autour du duc de Broglie. Peu à peu, toute la droite, des légitimistes aux bonapartistes, se trouve ainsi rassemblée. Pour empêcher Thiers de manœuvrer à sa guise, l'Assemblée vote le 13 mars 1873 une loi qui interdit au président de la République de prendre la parole sans son autorisation et lui impose de plus un préavis d'un jour. La défaite de Charles de Rémusat, ami de Thiers, battu le 27 avril lors d'une élection partielle par un radical anticlérical et inconnu, rend furieux les conservateurs qui redoutent que le président de la République ne soit débordé par les radicaux. Réunis le 18 mai chez le duc de Broglie, ils cherchent un remplaçant à Thiers. Les légitimistes refusent la désignation du duc d'Aumale et, finalement, on décide de s'adresser au maréchal de Mac Mahon. D'une grande honnêteté, très populaire dans l'armée, le maréchal l'est aussi dans les milieux catholiques, en raison de sa piété. Légitimiste, il a servi la monarchie de Juillet, et Napoléon III l'a fait duc de Magenta. Le maréchal se fait prier, mais finit par accepter. Thiers, qui ne veut pas se rendre sans combattre, remanie son cabinet, dans lequel il fait entrer trois républicains de fraîche date. Lors de la rentrée de l'Assemblée le 20 mai, Buffet, son président, donne lecture d'une demande d'interpellation signée par 300 noms, Broglie en tête, et qui vise à « faire prévaloir dans le gouvernement une politique résolument conservatrice ». La discussion se déroule le 23 mai, devant un public nombreux. Broglie prononce un discours fort habile, dans lequel il insiste sur la nécessité de maintenir l'ordre, l'ordre moral surtout, menacé par les progrès des doctrines radicales. Thiers demande ensuite la parole mais, suivant la loi du 13 mars, ne peut l'obtenir que le lendemain. Toute la nuit, une grande agitation règne à Versailles, où siège l'Assemblée. Le 24 mai, à 9 heures, le président de la République prononce un discours magnifique, rappelant l'œuvre accomplie depuis que l'union s'est faite à Bordeaux sur son nom. Il explique qu'il s'est décidé en faveur de la République, car « il n'y a qu'un trône, et on ne peut l'occuper à trois ! » Suivant la loi, la séance reprend à 14 heures, hors de la présence de Thiers, qui a vainement demandé à y assister. Après avoir entendu une déclaration du légitimiste Ernoul, en faveur d'une politique conservatrice, l'Assemblée vote, dans un grand tumulte, l'ordre du jour de méfiance, par 360 voix contre 344.

Thiers, d'après la loi, n'est pas obligé de démissionner. Mais il suit les conseils de son épouse : « On vous outrage, on pousse l'ingratitude jusqu'à l'insolence, et vous resteriez ? » Le président de la République rédige alors sa lettre de démission et, à 8 heures du soir, Buffet donne lecture de cette lettre à l'Assemblée. Il présente ensuite une motion rédigée par Broglie visant à l'élection immédiate du successeur de Thiers : 368 députés contre 339 acceptent cette proposition. Mac Mahon est élu par 390 voix sur 710 députés présents : toute la gauche s'est abstenue. Avant même l'annonce officielle du résultat du scrutin, il s'est rendu chez Thiers pour l'inviter à revenir sur sa démission, mais s'est heurté à un refus. Mac Mahon charge ensuite Broglie de constituer le cabinet, avec le titre de vice-président du Conseil. Les fonctions de chef de l'État et de chef du gouvernement sont désormais séparées.

MAI 1877 (crise du 16)

Crise politique qui secoua la IIIe République à ses débuts et détruisit l'équilibre des pouvoirs que les lois constitutionnelles de 1875 avaient tenté d'établir.

Le conflit entre la Chambre des députés et le président Mac Mahon est en germe depuis la victoire des républicains aux élections législatives de février-mars 1876. Les premiers militent pour un président du Conseil fort et responsable devant le Parlement, le second défend l'autorité étendue au président de la République. Il ne manque qu'un détonateur à la crise ; la querelle religieuse en fait office. Mac Mahon exploite l'apostrophe de Gambetta : « Le cléricalisme, voilà l'ennemi ! » pour désavouer le président du Conseil Jules Simon et poser la question de la concurrence entre les deux légitimités, celle des élus au suffrage universel et celle du président qui entend rendre des comptes au pays tout entier. La démission de Jules Simon, le 16 mai, laisse le président en première ligne. Celui-ci décide de nommer à la tête du gouvernement le duc de Broglie, donc d'opter pour une politique différente de celle de la Chambre, au nom de ce qu'il estime être les intérêts supérieurs du pays. En réplique à ce coup de force, la majorité des députés rédigent « l'Adresse des 363 » et, le 19 juin, votent un ordre du jour constatant que le nouveau gouvernement est dépourvu de majorité. La dissolution de la Chambre, le 25 juin, constitue le seul moyen de trancher un conflit qui, fait nouveau dans l'histoire républicaine, n'a jamais franchi les bornes de la légalité. Mac Mahon, désavoué par l'élection d'une nouvelle Chambre républicaine en octobre suivant, doit se soumettre et accepter, en rappelant Jules Dufaure comme président du Conseil, de rester président de la République avec un gouvernement dont l'orientation politique est contraire à celle que lui-même a essayé de faire prévaloir quelques mois plus tôt. Il sera même obligé de se démettre au début de 1879 lorsque la majorité du Sénat passera elle aussi aux républicains.

Cet épisode a des conséquences politiques capitales. L'échec de Mac Mahon aboutit à l'abrogation de fait du droit de dissolution de la Chambre par le président de la République et affaiblit de façon décisive la présidence de la République qui, pendant toute la durée de la IIIe République, de la fin 1877 à juillet 1940, n'est plus qu'une magistrature d'apparat et d'apparence, dont le titulaire n'a aucun moyen d'intervenir, ni dans la définition de la politique du gouvernement, ni dans les rapports du gouvernement avec le Parlement.

MAI 1958 (crise du 13)

Insurrection des habitants d'Alger.

Née d'une guerre mondiale, affaiblie par la défaite subie en Indochine, la IVe République est empêtrée depuis 42 mois dans la guerre d'Algérie. Malgré un bilan économique et social honorable, cette impuissance politique suscite, à partir de 1956, des complots civils et militaires contre le régime. Alger rêve de dicter sa loi à Paris. Le 8 février 1958, le bombardement du village tunisien de Sakhiet Sidi Youssef par l'aviation française entraîne un dépôt de plainte à l'ONU et une proposition anglo-américaine de « bons offices » qui laisse entrevoir un règlement diplomatique semblable à celui ayant suivi la chute de Diên Biên Phu. Les Français d'Algérie au grand complet et une majorité de métropolitains refusent cette éventualité, au motif que l'Algérie fait partie du territoire national. C'est la raison de la chute du cabinet Félix Gaillard, le 15 avril, suspect d'être trop sensible aux pressions américaines.

Le 22 avril, désavoué par son propre parti, le MRP, Georges Bidault doit renoncer à former un gouvernement d'union nationale ; le 26 avril, René Pleven connaît le même insuccès, bien qu'il ait consulté le général Salan sur les conditions d'un cessez-le-feu et assuré les manifestants du « comité de vigilance » algérien, le même jour, de ses intentions quant à l'intégrité du territoire. Pleven bute sur l'hostilité de la SFIO, les querelles internes aux radicaux et l'abstentionnisme communiste. Reste la solution Pflimlin, le 8 mai : celle-ci reprend les lignes du projet Bidault avec l'avantage tactique d'écarter un homme contesté par les centristes. La nomination d'André Mutter à l'Algérie et la fixation du débat d'investiture au 13 mai calment les esprits en métropole et laissent présager une sortie de crise. Or, cette hypothèse mécontente à la fois les Français d'Algérie, à commencer par le résident Robert Lacoste, les militaires, notamment les généraux Salan et Jouhaud, qui y décèlent une politique d'abandon et enfin les gaullistes, tel Léon Delbecque, inquiets de voir s'évanouir l'occasion d'un retour aux affaires du Général. Le 9 mai, l'annonce de l'exécution pour crimes de guerre de trois soldats français prisonniers en Tunisie depuis quatorze mois exaspère la tension contre le FLN. Le général Salan annonce une cérémonie en l'honneur des trois soldats pour le 13 mai, jour du débat d'investiture, et propose, le 12, à Pierre Pflimlin de se retirer au profit d'un gouvernement de salut public présidé par le général de Gaulle, « seul garant de l'Algérie française ». Celui-ci encourage ses partisans, notamment Michel Debré et Jacques Soustelle en métropole, ainsi qu'Alain de Sérigny qui publie un appel au Général le 11 mai dans *L'Écho d'Alger*, mais sans se déclarer.

À Alger, un « comité des Sept » (Lefèvre, Baille, Ortiz, Goutallier, Martel, Crespin et Lagaillarde) a prévu de passer à l'action le jour de la manifestation. À son terme, Pierre Lagaillarde, l'un des organisateurs, grimpe sur le piédestal du monument aux morts et invite la foule à se diriger vers le bâtiment du gouvernement général. Celui-ci est facilement occupé, ni le service d'ordre ni l'armée ne réagissant. Au contraire, le général Massu accepte de former un comité de salut public avec l'assentiment de son supérieur, le général Salan. Ce double défi à la légalité, de la foule et des militaires, précipite la large investiture de Pierre Pflimlin avec 274 voix contre 129 et 137 abstentions. En réponse, le général Salan, disposant en Algérie des pleins pouvoirs civils et militaires, officialise les comités de salut public, refuse de transmettre l'appel au calme lancé par Paris et, le 15 mai, renouvelle sa demande d'un gouvernement d'union nationale, en la ponctuant d'un « Vive le général de Gaulle ! ». Ce dernier saisit l'occasion et se déclare « prêt à assumer les pouvoirs de la République ». Entre sa conférence de presse du 19 mai, son voyage en Corse du 24 où il étudie le plan « Résurrection » d'intervention militaire en métropole et ses entretiens du 27 avec Pflimlin, de Gaulle a pris soin de laisser ouvertes toutes les options pour son retour au pouvoir. Le 28 mai (sans être parvenu à s'entendre avec le président du Conseil), il habille d'un habile mensonge politique son retour dans la légalité en déclarant qu'« il a entamé hier le processus régulier nécessaire à l'établissement d'un gouvernement républicain capable d'assurer l'unité et l'indépendance du pays ». Pierre Pflimlin, pris au piège, doit démissionner. Le 29 mai, de Gaulle forme un gouvernement d'union incluant Pflimlin et le socialiste Guy Mollet qui obtient 329 voix contre 224, tandis que la gauche manifeste en vain pour défendre la légitimité républicaine. Les 1er et 2 juin, le Général obtient les pleins pouvoirs, y compris les pouvoirs constituants. Le nouveau régime est sur les rails.

13 mai 1958
Pierre Lagaillarde à la tête de ses hommes, sur les barricades. © *Sélection images*

MAI 1968 (crise de)

La crise de Mai 1968 est à la fois le premier « coup de théâtre » depuis la Commune de Paris et le plus grand mouvement social du siècle, pour la France.

La France de 1968 ne s'ennuie pas, contrairement au titre d'un article de Pierre Vianson-Ponté dans *Le Monde* entré rétrospectivement dans la légende explicative de la crise. Elle travaille – on compte 1,5 % de chômeurs –, elle s'enrichit – le niveau de vie a gagné 4 % en 1966-1967 –, elle dispose d'une majorité infime mais stable après les législatives de 1967. Toutefois, l'afflux des étudiants – 500 000 en l'espace de cinq ans, soit un doublement – déclenche des incidents jugés inévitables, telle l'occupation à l'université de Nanterre, depuis le 22 mars, du bâtiment administratif. Le défi lancé aux professeurs, au gouvernement et, plus généralement, aux formations politiques installées n'émeut pas. À preuve, le préfet de police prend dix jours de vacances en avril, le président du CNPF décide de se faire opérer en mai et les deux têtes de l'exécutif se soucient, l'une de son voyage en Afghanistan (Georges Pompidou), l'autre d'un périple roumain (de Gaulle).

Mai 1968
La cour d'honneur de la Sorbonne à Paris avant son évacuation par les forces de l'ordre.
© *Sipahioglu/Sipa Press*

Il faut donc la coïncidence du hasard, de décisions erronées et de faiblesses dans la chaîne de commandement pour que la fermeture de Nanterre, le 2 mai, suivie par un meeting de protestation à la Sorbonne, provoque l'intervention (inédite depuis 1945) de la police dans une université. Des étudiants jusque-là indifférents aux mots d'ordre gauchistes sont à la fois surpris, apeurés et indignés, notamment par l'arrestation des participants, qualifiée par Édouard Balladur, membre du cabinet de Pompidou, de « simple routine de police ». Les affrontements du 3 mai ont vu s'élever les premières barricades, flamber les premières voitures, arrêter 500 jeunes, devant les fenêtres de leurs parents puisque la bourgeoisie fournit encore 92 % des étudiants. Les condamnations en flagrant délit de 13 meneurs, de surcroît un dimanche, précipitent l'engrenage grève – manifestation – violence – répression : le lundi 6 mai se déroule un combat de rue place Saint-Germain-des-Prés ; le 10 a lieu la première « nuit des barricades », reportée en direct par la radio et qui déclenche le revirement syndical et politique, le parti communiste abandonnant son hostilité aux étudiants.

Malgré la libération des étudiants, le 11 mai, et la réouverture de la Sorbonne par Georges Pompidou, revenu précipitamment d'Afghanistan, la manifestation de soutien du 13 mai trouve un succès inattendu dans 160 villes de France et marque la rencontre, dans le cortège, des étudiants et des ouvriers qui s'ignoraient auparavant. Pour autant, le début des occupations d'usine, le lendemain, à Sud-Aviation de Nantes et la traînée de poudre des grèves, entre le 14 et le 16, surprennent encore. À 3 heures de l'après-midi, la France compte 70 000 grévistes dans l'indifférence quasi-générale ; deux heures plus tard, la flambée est comparable à celle de mai 1936 parce que 25 000 ouvriers de Renault ont voté la grève illimitée et que le mouvement fait tache d'huile, sous l'impulsion des jeunes, des ouvriers qualifiés, souvent non-syndiqués. En une semaine, la France – à l'exception de l'Alsace – compte 7 millions de grévistes ; le mouvement touche des milieux habituellement étrangers aux conflits sociaux : les magasins (à la différence de 1936), les architectes et les médecins, les footballeurs, les journalistes de l'ORTF et les festivaliers de Cannes.

À son retour de Roumanie, le Général tente de reprendre la situation des mains d'un gouvernement qui a pour seul résultat à son actif l'absence de morts, mais qui peut compter encore sur la passivité paysanne et l'hostilité de la CGT aux étudiants. Or, entre le 21 et le 24 mai, se noue la crise politique : le discours de Georges Pompidou pendant le débat sur la motion de censure apparaît « déphasé », voire « irréel » *(Le Monde)* ; les premières actions paysannes sont signalées dans le Finistère, le 21 ; la manifestation du 23 a été extrêmement violente et, pour la première fois, les étudiants gauchistes sont débordés par des « éléments incontrôlés ». On relève 180 blessés, ce qui conduit le préfet Grimaud à avouer que le pouvoir ne peut plus garantir l'ordre ; enfin, le discours télévisé du Général est médiocre dans la forme, banal sur le fond et reçu comme un camouflet par les grévistes. Les combats se poursuivent jusqu'à 2 heures du matin, et la Bourse connaît un début d'incendie.

La question du remplacement de de Gaulle est posée, le 28 mai, par François Mitterrand qui prend acte de l'échec des accords de Grenelle, la veille, et de la manifestation réussie des gauchistes qui remplissent le stade Charléty autour de Pierre Mendès France. Le 29 mai, le Conseil des ministres est annulé, ce que l'on prend pour l'amorce de la chute du président de la République et qui constitue le premier acte de sa reprise en main, théâtralement prolongée l'après-midi par une escapade en Allemagne, si secrète que tout le pays le sait le soir même. Le 30, la crise politique se dénoue avec un discours radiodiffusé suivi par une manifestation « spontanée » à l'Arc de Triomphe réunissant 300 000 personnes : le trône du pouvoir n'est pas vacant et il n'y a pas de majorité révolutionnaire en France. Le 31, la crise sociale se dégonfle avec la hausse du SMIG à 3 francs, le retour de l'essence et l'application en catimini d'accords de Grenelle pourtant refusés. La crise étudiante se règle, après la mort d'un lycéen (le 10 juin à Flins) et l'interdiction des manifestations, suivie par celle des mouvements gauchistes. Le 16 juin, la Sorbonne est évacuée ; le 20 juin, la France s'est remise au travail. Les élections anticipées des 23 et 30 juin voient un triomphe gaulliste : pour la première fois, l'UDR détient la majorité des sièges.

Au total, mai 1968 frappe moins par la paralysie du pays – il y a déjà eu trois grèves générales depuis le début du siècle – que par la contestation individualiste et légaliste de toutes les formes d'autorité, contestation conduite par des jeunes, diplômés ou en passe de l'être, membres de la classe moyenne – trois caractères inédits dans l'histoire sociale du siècle. Ce tremblement de terre anti-institutionnel ne renversa ni l'Université, ni le capitalisme, ni la domination masculine ; il a changé leur statut, pas leur pouvoir.

MAILLARD Stanislas Marie (Gournay-en-Bray, 1763 – Paris, 1794)

Homme politique.

Commis aux écritures chez un huissier au Châtelet, il participe dès le début de la Révolution à l'agitation parisienne, se distinguant tout particulièrement lors de la prise de la Bastille. Bien que miné par la phtisie, il encourage, lors des réunions politiques, les manifestations de mécontentement populaire. Cette réputation de fougueux patriote lui vaut d'ailleurs d'être choisi par les femmes du peuple de Paris, en octobre 1789, pour mener à Versailles une délégation chargée de présenter à l'Assemblée et au roi les doléances de la capitale. Après avoir pris la tête du cortège, Maillard se présente, accompagné de 15 femmes, devant l'Assemblée constituante, exposant à la fois l'état de misère des Parisiens et leur colère à l'annonce de l'attitude adoptée par certains soldats lors d'un banquet, le 1er octobre ; ces derniers avaient, disait-on, foulé aux pieds la cocarde nationale, symbole de la jeune révolution. Engagé l'année suivante dans la garde nationale, Maillard participe, le 10 août 1792, à l'attaque des Tuileries et se retrouve, quelques jours plus tard, parmi les organisateurs des massacres de Septembre. Bien que le rôle de l'ancien commis reste controversé, il semble toutefois qu'après avoir mené un groupe d'hommes, bourreaux improvisés, au couvent des Carmes, le 2 septembre, il ait présidé un « tribunal » n'ayant aucun statut juridique légal, constitué à l'improviste pour rendre un simulacre de jugement sur les personnes détenues à l'Abbaye.

Hébertiste, Maillard est chargé de différentes fonctions avant d'être arrêté en 1794, sous l'inculpation d'actes frauduleux. Libéré quelques semaines plus tard, il modifie son nom de famille, ce qui laisse planer un léger doute sur la date de sa mort. Bien que certains de ses contemporains aient pu affirmer qu'il vivait encore durant les premières années de l'Empire, il semble que Maillard soit mort en 1794 des suites d'une affection pulmonaire.

MAILLÉ Urbain de, marquis de Brézé (Brézé, Anjou, 1597 – Milly, Anjou, 1650)

Maréchal de France.

Capitaine des gardes du roi, ambassadeur en Suède (1631), il est nommé maréchal de France en 1632. Il sert ensuite en Allemagne et en Catalogne, dont il est quelque temps vice-roi. Il avait épousé la sœur de Richelieu. Sa fille Claire Clémence épousa le Grand Condé (Louis II de Condé).

MAILLEBOIS Jean-Baptiste François DESMARETS, marquis de (Paris, 1682 – Paris, 1762)

Maréchal de France.

Petit-neveu de Colbert et fils du contrôleur Nicolas Desmarets, il choisit la carrière des armes. Lieutenant général en 1731, il combat en Italie deux ans plus tard, contraignant en 1731 les Impériaux à prendre la fuite à Guastalla. Nommé en Corse en 1739, il obtient rapidement la pacification de l'île, ce qui lui vaut, en 1741, le bâton de maréchal. En 1742, au cours de la guerre de Succession d'Autriche, Maillebois, alors en Westphalie, est chargé de secourir Belle-Isle et Broglie, bloqués dans Prague, mais il échoue. Un nouveau commandement le conduit en Italie en 1745. Après quelques succès, notamment contre Charles-Emmanuel, le marquis de Maillebois est battu par les Impériaux devant Plaisance, au mois de juin 1746. Contraint de repasser les Alpes, avec quelques milliers d'hommes seulement, le maréchal entraîne à sa poursuite les Autrichiens, qui seront finalement repoussés par Belle-Isle. Sa carrière s'achève par un dernier commandement, en Alsace.

MAILLOTINS

Nom donné aux Parisiens révoltés le 1er mars 1382 à l'annonce de la création d'une nouvelle aide sur les ventes de marchandises.

Les émeutiers, armés de maillols (maillets) de plomb qu'ils ont trouvés à l'arsenal et à l'Hôtel de Ville, poursuivent dans tout Paris les percepteurs, pillent le Châtelet et ne se calment définitivement qu'après de longs mois, sur l'intervention des bourgeois et à la nouvelle du retour des armées royales jusque-là occupées en Flandre.

MAILLY Louise Julie, comtesse de (?, 1710 – Paris, 1751)

Favorite royale.

Fille du marquis de Nesle, elle épouse le comte Louis Alexandre de Mailly et devient dame d'honneur de la reine Marie Leszczyńska. Elle est alors remarquée par Louis XV dont elle devient la maîtresse en 1733, ouvrant ainsi l'ère des favorites. Mais elle ne joue encore qu'un rôle discret. En 1739, le roi s'éprend de sa sœur, Mme de Vintimille, mais lorsque cette dernière meurt en couches deux ans plus tard, Mme de Mailly retrouve toute sa faveur. Elle est néanmoins définitivement évincée en 1743 par son autre sœur, Marie-Anne de La Tournelle, future duchesse de Châteauroux, qui exige son renvoi de Versailles.

MAIN-D'ŒUVRE IMMIGRÉE (MOI)

Section dépendant du Parti communiste français, elle a pour objectif le rapprochement entre travailleurs immigrés et français au sein de « groupes de langue » avant de basculer dans la clandestinité sous l'Occupation.

Devenue une organisation de résistance relevant du Front national, elle pratique alors actions de sabotages et lutte armée au sein d'unités relevant des FTPF (Francs-tireurs et partisans français). Puis, elle devient plus indépendante, le commandement national des FTPF autorisant la mise en place d'instances militaires autonomes d'immigrés. Les FTP de la capitale ayant été décimés par la répression, la MOI accomplit l'essentiel de la résistance armée communiste entre le milieu de 1942 et la fin de 1943. En représaille, cet activisme suscite des arrestations massives de résistants immigrés. Fin 1943, néanmoins, le parti communiste demande à la MOI de redoubler d'activité. Estimant la conjoncture trop dangereuse, Boris Holban, chef du mouvement, refuse d'obéir et est remplacé par Missak Manouchian. Ce dernier, placé à la tête d'une unité qui compte nombre d'Arméniens comme lui, mais aussi d'autres nationalités, intensifie les opérations. Une affiche rouge apposée sur les murs de France dénonce Manouchian et son « armée du crime ». La police fait alors arrêter 68 militants de la MOI, dont Manouchian. Jugé avec 22 de ses camarades à partir du 19 février 1944, il revendique la responsabilité de ses actes et est fusillé au mont Valérien le 21. Au total, la MOI de Manouchian compte à son actif une centaine d'actions contre l'occupant, l'élimination du général von Schaumburg, commandant du Grand Paris, et l'exécution de Julius Ritter, adjoint du gauleiter Sauckel.

Au nord de la France, ce sont des détachements FTPF/MOI à majorité polonaise qui harcèlent les Allemands. En octobre 1942, la destruction d'un « Foyer du Soldat » à Lille fait une cinquantaine de morts et de blessés. En Haute-Garonne, la 35e Brigade FTP/MOI, formée en novembre 1942, possède un recrutement très cosmopolite : Italiens, Roumains, Polonais, Espagnols, Hongrois, Soviétiques, Tchèques, Français... Plus connue sous le nom de Brigade Marcel Langer (du nom de son fondateur condamné à mort et exécuté à Toulouse le 23 juillet 1943), elle exerce une activité quasi quotidienne du deuxième semestre 1943 jusqu'en avril 1944. Également rattaché à la MOI, le Bataillon Liberté, mis sur pied à Grenoble à partir de novembre 1942, compte 20 % de Français, 40 % d'Italiens, 20 % d'Espagnols et de Polonais et enfin 20 % de Hongrois et de Roumains. Comme les autres, il pratique sabotages et attentats. La MOI est, pour les Allemands et les autorités de Vichy, le « Mouvement ouvrier international ».

MAINE

Ancienne province de l'ouest de la France dont la capitale était Le Mans et que la Révolution remplaça, en 1790, par deux départements, la Mayenne et la Sarthe.

Cette distinction correspond aux notions anciennes du Haut-Maine, arrosé par la Sarthe et l'Huisne, son affluent, et du Bas-Maine, que la Mayenne traverse du nord au sud. Le pays manceau est occupé à l'époque celtique par les Gaulois Cénomans et les Aulerques Diablintes. L'occupation romaine favorise l'importance de *Cenomanorum* (Le Mans), carrefour menant vers l'Armorique et la basse Loire. Mais l'essor de la région coïncide surtout avec le règne des Carolingiens qui créent, avec le comté du Mans, une marche aux confins de la Bretagne. En effet, Roland, sous Charlemagne, ainsi que Robert le Fort, sous Charles le Chauve, assurent leurs arrières en constituant de solides bases en pays manceau avant chaque expédition vers l'ouest. Guillaume le Conquérant lui-même, futur roi d'Angleterre, discerne l'importance stratégique de cette région sarthoise dont il s'empare en 1063, avant son expédition victorieuse outre-Manche. Cependant, c'est à l'Anjou que la région va unir un moment son sort à la suite du mariage de la comtesse Eremburge et de Foulques, comte d'Anjou, au début du XIIe siècle. Par la suite, le Maine appartient aux Plantagenêts et passe, par conséquent, sous le sceptre anglais. Cette situation change lorsque le duché d'Anjou est confisqué par Philippe Auguste à Jean sans Terre, en 1203. L'administration, par la suite, en est confiée à Charles, frère de Saint Louis, chef de la deuxième maison d'Anjou à partir de 1216. Charles de Valois hérite du Maine en 1290 et le lègue à ses descendants jusqu'à l'extinction de la branche, en 1481, le pays faisant alors retour à la couronne de France. Sous l'Ancien Régime, le gouvernement militaire du Maine s'étend jusqu'au Perche. Il existe au Mans un évêché suffragant de l'archevêché de Tours, ville dont relève la province au point de vue généralité, mais le présidial résidant au Mans est membre du parlement de Paris.

La réforme administrative de 1790 met un terme à ces chevauchements, créant les deux départements de la Sarthe et de la Mayenne. Mais l'ordre n'y règne guère, car Jean Cottereau, dit Chouan, court les bois de la région de Laval avec ses partisans, et la grande armée catholique pousse vers le Mans, qu'elle occupe le 10 décembre 1793. Le général Marceau l'en chasse trois jours plus tard à la suite d'un sanglant affrontement. Mais le Bas-Maine va demeurer un certain temps fief rebelle, au même titre que la Vendée, le bocage manceau étant assez semblable à celui du sud de la Loire, strié de haies propices aux embuscades et aux fuites rapides. Après Waterloo, le Mans est occupé par les troupes prussiennes et allemandes. Les épreuves mancelles ne reprendront qu'avec l'invasion de 1870-1871, lorsque l'armée de la Loire, dirigée par Chanzy, reflue en direction de la Sarthe. Les 10 et 11 janvier 1871, l'armée allemande du prince Frédéric-Charles attaque les hauteurs dominant l'Huisne et parvient à s'emparer de la ville. L'armistice arrête l'envahisseur aux portes de Laval.

À l'approche de la Seconde Guerre mondiale, les risques de bombardements de la région parisienne incitent les autorités gouvernementales à favoriser une décentralisation industrielle vers Le Mans, jusqu'alors centre commercial d'une région avant tout agricole. Les usines fabriquant des moteurs d'avions s'installent donc à partir de 1936 dans le chef-lieu de la Sarthe, ainsi que des ateliers des usines Renault, spécialisés dans la fabrication de tracteurs et de chars d'assaut. Cet essor se poursuivra, après les hostilités, par la création d'ateliers de mécanique produisant des pièces d'automobiles, des fabriques de matériel électrique et électronique, tels les téléviseurs.

La duchesse du Maine
Portrait d'Anne de Bourbon-Condé. Huile sur toile, école de Rigaud (XVIIIe siècle). © *Sélection Images*

MAINE Anne Louise Bénédicte de BOURBON-CONDÉ, duchesse du (Paris, 1676 – Paris, 1753)

Princesse.

Petite-fille du Grand Condé (Louis II de Condé), elle épouse, le 19 mars 1692, le duc du Maine, fils légitimé de Louis XIV et de la marquise de Montespan. En son château de Sceaux, elle ordonne des fêtes éblouissantes, les « nuits de Sceaux », durant lesquelles la Cour, la ville et les arts sont superbement traités. Elle continuera de danser à ses bals, de monter des comédies, de multiplier les mascarades – sa fantaisie fonde l'ordre de la Mouche-à-Miel – jusqu'à ce que le Parlement casse le testament de Louis XIV (2 septembre 1715). Il n'est laissé au duc du Maine, à qui les dernières volontés de son père donnaient le commandement des troupes de la Maison du roi et la disposition des emplois, charges et bénéfices de l'État, que la surintendance de l'éducation de Louis XV. Cette mesure pousse la duchesse du Maine à fomenter, avec l'ambassadeur d'Espagne, le prince de Cellamare, une conspiration ayant pour but de renverser le Régent, Philippe d'Orléans. La machination découverte (décembre 1718), la duchesse du Maine demeure emprisonnée quinze mois, d'abord à Dijon, puis à Chalon-sur-Saône.

MAINE Louis Auguste de BOURBON, duc du (Saint-Germain-en-Laye, 1670 – Sceaux, 1736)

Deuxième enfant de Louis XIV et de la marquise de Montespan.

Le duc du Maine, légitimé en 1673, reçoit les grades les plus élevés et les charges les plus hautes. À 3 ans, il est colonel général des Suisses et des Grisons, à 12 ans gouverneur du Languedoc, général des galères et chevalier des ordres du roi. Sa mère disgraciée, le jeune Louis Auguste, éduqué par sa gouvernante, Mme de Maintenon, conserve toute son affection à celle-ci, nouvelle maîtresse puis épouse morganatique de son père. Très aimé de Louis XIV, le duc du Maine accède à l'égalité avec les princes du sang (1694), puis est considéré apte à succéder à la couronne (1714). Mais, à la mort du roi en 1715, son testament est cassé, et le duc du Maine n'hérite que du commandement des troupes de la Maison du roi. Ce qui explique qu'il se laisse entraîner par sa femme dans la conspiration de Cellamare visant à renverser le Régent, Philippe d'Orléans (1718), machination qui lui vaudra un an de détention au château de Doullens. Le lit de justice du 2 juillet 1717 place le duc du Maine après les princes du sang, lui déniant le droit de pouvoir accéder au trône. Mme de Maintenon publia en 1679 les lettres enfantines de son élève sous le titre : *Œuvres d'un auteur de sept ans*.

MAINMORTE

Pendant le Moyen Âge et jusqu'à la Révolution, état des serfs (ou mainmortables) qui ne pouvaient transmettre leurs biens qu'en ligne directe.

S'ils n'avaient pas d'enfants, ils étaient privés de la faculté de tester et de disposer de leurs biens, sauf en cas de legs pieux (d'ailleurs soumis à un tarif), si bien que le seigneur était leur seul héritier. Cette disposition, qui faisait partie des incapacités particulières aux serfs, avait pour but d'éviter que leurs biens ne fussent, par héritage, transférés en dehors de la seigneurie. Assez fréquemment, la mainmorte se traduisait en réalité par une taxe payée par les descendants du serf mort sans héritier en ligne directe, moyennant quoi il leur était possible de garder l'héritage. Plus souvent, le seigneur conservait une partie des biens de son serf et abandonnait le reste contre paiement d'un droit de mainmorte. Les biens pouvaient cependant échapper à cette règle. Leur acquisition par des personnes morales, corps ecclésiastiques, soit réguliers soit séculiers, était admise en échange d'une sorte de rachat de la mainmorte, l'« amortissement ». Ces biens, qui n'étaient plus soumis à aucune mutation en raison du renouvellement constant des membres de ces corps, étaient dits à leur tour « de mainmorte ». Ils se multiplièrent rapidement et constituèrent de véritables accaparements, car les communautés ne vendaient jamais. Aussi, du XIIIe au XVIIIe siècle, diverses mesures seront prises pour tenter de limiter ce phénomène : interdiction ou limitation des dons, lettres patentes, autorisation préalable. L'une des plus célèbres est l'édit de Machault d'Arnouville sur les biens de mainmorte (août 1749) qui tente de freiner les dons et legs en faveur de l'Église, tout en autorisant les dons en argent.

MAINTENON Françoise d'AUBIGNÉ, marquise de (Niort, 1635 – Saint-Cyr, 1719)

Épouse morganatique de Louis XIV.

Petite-fille d'Agrippa d'Aubigné, elle est instruite dans le calvinisme par une tante, puis passe plusieurs années aux Antilles avec son père. Revenue en France à la mort de ce dernier, Françoise d'Aubigné est élevée par une marraine catholique qui la confie aux Ursulines et, à 15 ans, elle se convertit au catholicisme. Après cette enfance mouvementée, elle est mariée dès 1652 au poète comique Scarron, grand paralytique dont elle tient dignement la maison et le salon, alors fréquenté par les plus beaux esprits du temps. Tous, de Mmes de Sévigné et de La Fayette à M. d'Albret et de Villarceaux, louent sa beauté, son esprit, sa réserve. À la mort de son époux en 1660, elle conserve ses brillantes relations et continue à fréquenter les hôtels de Richelieu et d'Albret. Ninon de Lenclos est son amie. Sa réputation est telle qu'elle est choisie en 1669 pour élever dignement les bâtards royaux de Mme de Montespan, cousine du maréchal d'Albret. Elle a d'ailleurs une vocation de pédagogue, et l'abbé Gobelin, son directeur de conscience, l'encourage dans cette voie. Louis XIV, qui rend souvent visite à ses enfants, s'intéresse vite à cette jolie veuve, intelligente, réservée et un peu mystérieuse. Il trouve de plus en plus de plaisir à sa conversation solide et sans frivolité. Sous prétexte de la remercier d'élever ses bâtards, il lui offre le marquisat de Maintenon. Puis il légitime ses bâtards, ouvrant ainsi la Cour à Mme de Maintenon qui, en 1670, devient seconde dame d'atours de la nouvelle dauphine. Lorsque la reine Marie-Thérèse meurt en juillet 1683, Louis XIV l'épouse secrètement, peut-être dès le mois de septembre, ou en janvier 1684, mariage béni par l'archevêque de Paris, Harlay de Champvallon. À 45 ans, le roi a définitivement renoncé à ses écarts et se prépare, aux côtés de sa nouvelle femme, à une vieillesse digne, pieuse et familiale, entouré de ses enfants et petits-enfants. La Cour, de libertine, se fait dévote. « Le roi s'imagine que l'on est pieux si l'on s'ennuie bien », écrira la princesse Palatine.

Avec les années, Mme de Maintenon devient assez austère, peu souriante, et apparemment sèche de cœur. Mais, si elle est sobre et économe pour elle-même, elle a toutes les faiblesses pour son frère, l'extravagant comte d'Aubigné. Elle supporte parfois difficilement la vie de Cour qui, à ses yeux, se résume en ceci : « On joue, on bâille, on s'ennuie, on s'envie et on se déchire » ; les fêtes sont pour elle des corvées. Comme Fénelon, elle montre dans ses *Lettres* la part douloureuse qu'elle prend aux misères et aux revers de la France. Mais son rôle politique n'a peut-être pas été aussi considérable qu'on a pu le croire. Si elle œuvre à la conversion des protestants, elle ne semble pas avoir poussé à la révocation de l'édit de Nantes. Il n'en est pas moins vrai que, encouragée par son nouveau directeur, Godet des Marais, évêque de Chartres, elle est une conseillère peut-être discrète et effacée, mais souvent écoutée. Le roi tient conseil dans la chambre où elle fait de la tapisserie et lui demande souvent son avis. Les ministres doivent éviter de lui déplaire : elle pousse ou dessert certains d'entre eux, déteste Louvois qui lui doit sa demi-disgrâce, et soutient au contraire le clan Colbert pour sa piété. Elle a sans doute moins d'influence que les confesseurs de Louis XIV, les pères de La Chaise et Le Tellier, étant d'ailleurs plus préoccupée de son salut et de celui du roi que de la politique terrestre. En 1686, elle avait fondé une institution destinée aux jeunes filles pauvres de la noblesse, la maison de Saint-Cyr, qu'elle dirigeait de près et à laquelle elle avait intéressé le roi. C'était l'œuvre chère de sa vie et c'est là qu'elle décide de se retirer en 1715, après la mort de Louis XIV.

MAIRE DU PALAIS

Sous les Mérovingiens, dignitaire de la Cour.

Probablement successeur, sous un nom voisin, du curopalate (*cura palatii*) de l'empereur romain, le majordomus ou « maire du palais » a, sous les premiers Mérovingiens, la lourde tâche de nourrir et d'entretenir la Cour. Fonction importante qui explique, en partie du moins, que son titulaire soit devenu le personnage le plus considérable et le plus puissant du royaume. Il est même bientôt plus riche que le roi, et son autorité ne fait que croître à la fin du VIe siècle, notamment à la faveur des minorités royales. Un moment stoppé sous le règne de Dagobert Ier, son ascension devient irrésistible à la mort de celuici, et il exerce une véritable tutelle sur les derniers rois mérovingiens. Longtemps, il y avait eu un maire du palais pour chaque royaume (Neustrie, Austrasie, Bourgogne) mais, après sa victoire de Tertry sur les Neustriens en 687, le maire du palais d'Austrasie, Pépin d'Héristal, devient le maître réel des trois royaumes francs, et les rois mérovingiens n'exercent plus qu'un pouvoir nominal. Néanmoins, comme son successeur Charles Martel, il maintient encore la fiction d'une légitimité mérovingienne. Ce n'est qu'en 751 que le fils de Charles Martel, Pépin le Bref, se décide à usurper à son profit le titre royal. Il se fait élire roi des Francs par une assemblée de grands réunie à Soissons et, introduisant dans la monarchie franque un usage wisigothique renouvelé des traditions juives, se fait sacrer avec de l'huile sainte. Son pouvoir illégitime reçoit de ce fait une confirmation spirituelle. La fonction de maire du palais disparaît sous son règne.

La marquise de Maintenon
Portrait par Mignard vers 1694, château de Versailles. © *Giraudon*

Château de Maisons
Chef-d'œuvre de François Mansart. © *Sélection Images*

MAISON Nicolas Joseph, marquis (Épinay-sur-Seine, 1771 – Paris, 1840)

Maréchal de France.

Fils d'un cultivateur de la banlieue de Paris, il rejoint en 1792 les volontaires de la République, sert à l'armée du Nord face aux Autrichiens et gagne ses galons d'officier sur les champs de bataille. Colonel au début de l'Empire, Nicolas Maison est promu général de brigade après Austerlitz et étrenne son grade à Iéna. Il sert en Espagne et en Hollande, mais il faut cependant attendre 1812 pour le voir promu au rang de général de division. La bravoure et l'héroïsme manifestés par Maison durant la campagne d'Allemagne de 1813 incitent Napoléon à lui confier le commandement de l'armée du Nord en 1814. À la fin de la campagne, le général se rallie cependant à Louis XVIII et demeure fidèle au régime royal durant les Cent-Jours, accompagnant même le souverain à Gand. Cette attitude lui vaut les plus grandes faveurs lors de la Seconde Restauration, encore que son attachement aux idées libérales le pousse à refuser de siéger au tribunal chargé de juger le maréchal Ney. Gouverneur de Paris, Maison est élevé à la pairie. En 1817 s'ajoute le titre de marquis. Il est nommé maréchal de France en 1829, au retour de l'expédition de Morée, qui assure l'indépendance de la Grèce. La révolution de 1830 ne met pas fin à sa carrière. Maison, qui n'a jamais renié ses convictions libérales, sert la monarchie de Juillet qui comble ses vœux. Ainsi détient-il un court moment le portefeuille des Affaires étrangères dans le cabinet Laffitte, puis représente la France à Vienne de 1831 à 1833, à Saint-Pétersbourg jusqu'en 1835, avant d'être ministre de la Guerre de 1835 à 1836.

MAISON DU ROI

Sous l'Ancien Régime, services de l'entourage royal.

Avant le règne de Louis XIV, les services de l'entourage royal portent le nom d'Hôtel du roi. Le Roi-Soleil décide de modifier cette dénomination en ajoutant une maison militaire à la maison civile. La Maison du roi est dirigée par un secrétaire d'État puis par un ministre. La maison civile comprend un grand aumônier, un grand maître, un premier maître d'hôtel, un grand chambellan, un grand maître de la garde-robe, un premier médecin, un premier chirurgien, un grand prévôt, un maréchal des logis, un grand-maître des cérémonies, un grand écuyer, un grand veneur et plusieurs gentilshommes de la Chambre. La maison militaire comporte un détachement d'élite destiné à assurer la garde du souverain. En temps de guerre, cette force est augmentée et peut servir de détachement de combat. La maison militaire disparaît définitivement sous la Révolution. La maison civile réapparaît entre 1814 et 1827.

MAISON-DIEU

Ancêtre de l'hôpital moderne.

Jusqu'au XIVe siècle, la maison-Dieu est proprement la maison du pauvre, un établissement charitable où chacun est reçu comme s'il était le Christ. Selon son origine, elle est gérée par un pouvoir civil ou un pouvoir ecclésiastique. En effet, l'assistance aux pauvres est un devoir politique autant que chrétien : le maître d'une seigneurie banale se doit d'entretenir des maisons charitables en tant que responsable politique. À côté de lui, la communauté laïque ou religieuse se doit d'exercer les œuvres de miséricorde prescrites par les Évangiles. La maison-Dieu est donc fondée et gérée par des laïcs ou des ecclésiastiques, souvent en collaboration. Les établissements sont extrêmement nombreux et équipés parfois de façon très modeste. Ils s'échelonnent au long des routes, à l'ombre des églises, des châteaux ou des abbayes. Ils ne sont pas tous médicalisés, mais sont tous un lieu d'accueil pour un temps n'excédant jamais trois jours. À partir du XVe siècle, son nom évolue vers celui d'hôtel-Dieu ou d'hôpital qui est toujours utilisé de nos jours. De cette époque date une certaine concentration des maisons hospitalières, assortie d'un regroupement des revenus. Au XVIIe siècle, l'État développe une pratique de santé et d'ordre publics qui donnera lieu à la création des hôpitaux généraux.

MAISONNEUVE Paul de CHOMEDEY de (Neuville-sur-Vanne, Champagne, 1612 – Paris, 1676)

Explorateur et colonisateur.

Officier de l'armée royale en quête d'action, il trouve en 1640 la mission qui lui convient par l'intermédiaire d'un missionnaire de retour de la Nouvelle-France, le père Gabriel Lalemant. Ce dernier organise la rencontre de l'officier avec deux prêtres désireux de fonder au bord du Saint-Laurent une cité consacrée à la Vierge : le père Olier, curé de Saint-Sulpice à Paris, et Royer de la Dauversière, receveur de la taille à La Flèche. Un groupe de volontaires est réuni et placé sous la direction de Maisonneuve, dont la flottille jette l'ancre devant Québec en août 1641. Le 17 mai 1642, l'expédition accoste dans une île du Saint-Laurent, face à ce qui va devenir Ville-Marie. À Noël, une crue met en danger les maisons construites durant l'été, si bien que Maisonneuve fait le vœu de planter une grande croix au sommet d'une colline dominant la berge, qui deviendra le Mont-Royal (Montréal). Avec l'aide de volontaires, parmi lesquels Dollard des Ormeaux et des Indiens Hurons, Maisonneuve doit souvent défendre la localité contre les Iroquois. Grâce à des renforts qu'il est allé chercher en France, investi du titre de gouverneur, il renforce la place de Montréal et en fait peu à peu un dépôt actif, indispensable aux négociants, notamment pour le commerce des fourrures. Éprouvé par sa vie aventureuse, il rentre en France en 1665 et meurt onze ans plus tard.

MAISONS (château de)

Construit entre 1642 et 1650 par François Mansart, à la demande de René de Longueil, président à mortier au parlement de Paris, le château de Maisons figure au premier rang des chefs-d'œuvre du grand architecte et occupe une place prépondérante dans l'architecture française.

À côté de quelques traits traditionnels, comme les combles à forte pente, Mansart innove en abandonnant définitivement la pierre et la brique, utilisées sous Louis XIII, au profit de la seule pierre de taille. Autre signe d'évolution, la cour d'honneur, réduite à une esplanade, qui s'étend entre deux ailes peu saillantes, plutôt des pavillons, que prolongent deux constructions à un étage. Sur les façades, Mansart utilise les ordres superposés, dorique au rez-de-chaussée, ionique et corinthien à l'étage. Les fenêtres sont rectangulaires. Partout se manifeste un souci de clarté dans la composition et d'équilibre entre les étages. Le château est entouré d'un parc très étendu que précède une vaste avant-cour limitée sur sa gauche par de magnifiques écuries, aujourd'hui détruites. À l'intérieur, un décor fastueux, dû à Mansart, comme le vestibule et le célèbre escalier en pierre et en stuc, mais aussi à Jacques Sarrazin, Van Obstal, Buyster et Gilles Guérin. Au premier étage se trouvent les appartements du roi et de la reine, dont seul le premier subsiste dans l'état originel. Louis XIV et Louis XV séjourneront à plusieurs reprises chez le marquis de Longueil (Maisons a été érigé en marquisat en 1658). La branche aînée des Longueil s'éteint en 1731 avec Jean-René, arrière-petit-fils du constructeur du château, et Maisons passe à une branche collatérale. Assez mal entretenu, le château est acquis en 1777 par le comte d'Artois, futur Charles X, qui fait aussitôt entreprendre d'importants travaux, confiés à l'architecte Bélanger. Son anglomanie l'incite à faire remettre en état les écuries et à faire aménager deux salles à manger. Celle d'été, restée intacte, possède un magnifique décor de pierre et de stuc, un plafond à caissons et des sculptures dues à Houdon, Clodion, Lhuillier, Boizot et Foucou.

Après l'émigration de son propriétaire en 1789, le château est mis sous séquestre par les autorités révolutionnaires, puis vendu avec son mobilier. Le maréchal Lannes achète le domaine en 1804 et fait exécuter quelques travaux, notamment dans l'appartement de la reine. Après la mort du maréchal, tué à Essling, sa veuve conserve Maisons jusqu'en 1818, date à laquelle elle le vend au banquier Laffitte. Ce dernier décide en 1831 le lotissement du parc, et donnera son nom à l'agglomération ainsi constituée, Maisons-Laffitte, dans l'actuel département des Yvelines. Mais il ordonne aussi la démolition des écuries de Mansart, dont il vend les matériaux aux entrepreneurs. Le château lui-même est menacé de démolition au début du XXe siècle, mais son acquisition par l'État, en 1905, le sauve. Restauré, Maisons est devenu une annexe des musées nationaux.

MAISTRE Joseph, comte de (Chambéry, 1753 – Turin, 1821)

Homme politique et écrivain.

Fils aîné d'un haut magistrat d'origine niçoise anobli par le roi de Sardaigne, il fait ses études chez les jésuites de Turin et entre en 1774, comme substitut, au sénat (cour d'appel ou de cassation) de Savoie. En dehors de l'accomplissement de ses fonctions judiciaires qui l'ennuient, il lit des ouvrages sur tous les sujets. S'il se croit d'abord « philosophe », les idées rationalistes le déçoivent bientôt et son esprit passionné éprouve un grand besoin de connaissances mystiques. La franc-maçonnerie chambérienne (rite écossais) et le martinisme emportent son adhésion ; sa pensée en sera marquée pour toujours, même lorsqu'il aura paru répudier ses anciens engagements. Rien de ce qui se passe en France ne le laisse indifférent. La Révolution de 1789 lui apparaît comme un des grands moments de l'histoire du monde. Sujet fidèle de son roi, il fuit à Aoste lors de l'invasion de la Savoie par Montesquiou (1792) et trouve après l'annexion de la Savoie par la France un refuge temporaire à Lausanne (1793). Là, son gouvernement l'emploie comme « correspondant du bureau du ministre des Affaires étrangères de Turin ». Maistre n'a pas pour autant abandonné ses lectures et réflexions. Son premier ouvrage vraiment polémique vient de paraître, les *Lettres d'un royaliste savoisien*, qui révèlent chez leur auteur une pensée résolument monarchiste et déjà une tendance à s'appuyer sur l'enseignement de l'expérience pour combattre les apparences de la raison. Pendant les années 1794-1797, s'élabore une *Étude sur la souveraineté* qui ne sera pas éditée avant 1870. Le grand succès international de Maistre, les *Considérations sur la France* (1796), où la Révolution française est présentée comme un événement à la fois désastreux et providentiel, lui vaut d'être expulsé de Lausanne sur intervention du Directoire. On le retrouve à Turin (1797) puis à Cagliari où il a rejoint Charles-Emmanuel IV qui le met à la tête de la magistrature du royaume sarde (1799). Envoyé extraordinaire à Saint-Pétersbourg en 1802, il reste quinze ans en Russie, faisant la conquête d'Alexandre Ier et de la haute société. L'évolution politique de l'Europe, et en particulier de la France, retient toujours son attention. En 1809, il achève l'*Essai sur le principe générateur des Constitutions politiques* (1814), où il développe dans une perspective d'actualité la critique platonicienne des lois et Constitutions écrites. Dans le même temps, il s'attelle aux *Soirées de Saint-Pétersbourg ou Entretiens sur le gouvernement temporel de la Providence* (1821), qui reprennent en partie les thèmes des *Considérations*. En 1817, ses liens avec les Jésuites provoquent sa disgrâce. Après avoir quitté Saint-Pétersbourg (où restera son frère Xavier), il revient en France et devient régent de la grande chancellerie avec le titre de ministre d'État. Avant de mourir, il a le temps d'écrire une apologie de la théocratie pontificale qui inspirera l'ultramontanisme, *Du Pape* (1819).

Maistre est, avec Louis de Bonald, l'adversaire le plus puissant, le plus inspiré de la Révolution française et des idées dites philosophiques. À l'apriorisme du XVIIIe siècle, il oppose l'expérience, les lois éternelles non écrites, le sens commun plus encore que la foi religieuse. Sa conception de la société comme un être et un tout le fera considérer comme un des fondateurs de la sociologie.

MALAKOFF (bataille de)

Site de la périphérie de Sébastopol. La prise de la tour de Malakoff, le 8 septembre 1855 est un des épisodes les plus meurtriers de la guerre de Crimée.

Protégée vers le nord par sa rade, la base navale de Sébastopol est dominée au sud par des rangées de petites collines étirées d'est en ouest. À l'automne 1854, les défenses qui les parsèment sont embryonnaires, car le commandement russe, avant la campagne de Crimée, n'attend aucune menace de ce côté. Mais le général Canrobert, trop timoré, hésite à attaquer et préfère un siège en règle pour réduire la place. Lord Raglan, commandant britannique, n'est guère plus audacieux, si bien que les Russes ont tout loisir pour fortifier les principaux bastions, celui du Mât-le-Grand, le Petit-Redan et surtout la tour de Malakoff, belvédère dominant la rade, clef de voûte de la défense. L'inconvénient pour les alliés consiste aussi dans la présence, parmi les assiégés, d'un ancien élève de l'école d'ingénieurs de Saint-Pétersbourg, Franz Édouard Ivanovitch Todleben, fort compétent en matière de travaux du génie. Sous son impulsion, les bastions deviennent de véritables forteresses, protégées par une double, voire une triple ligne de retranchements flanqués de postes de tir et d'emplacements de batteries. Le général Pélissier, successeur de Canrobert, s'en aperçoit à ses dépens le 18 juin 1855, lorsqu'il lance à l'assaut de la butte de Malakoff les divisions Brunet, Mayran et d'Autemarre ; 3 000 hommes et les deux premiers généraux restent sur le terrain. Dans le même temps, les Britanniques échouent au Grand-Redan. Tout est à refaire. Après l'échec de l'armée russe de secours, à Traktir, le 16 août, Pélissier réunit des moyens puissants et s'estime prêt, le 8 septembre, pour un assaut décisif. La division de Mac Mahon monte en ligne, soutenue par la brigade Wimpffen. À midi, les zouaves parviennent au sommet et y plantent leur drapeau. De furieux corps-à-corps les laissent maîtres du terrain, où Mac Mahon en personne vient diriger la suite du combat. Le général fait preuve d'autant d'entêtement que de courage en résistant aux contre-attaques russes, et surtout en refusant de quitter le belvédère qui passe pour miné, lançant la fière réponse qui le rendra célèbre : « J'y suis... j'y reste ! » 8 000 assaillants y restent aussi, dont 5 généraux tués ; Bosquet est grièvement blessé. Mais les Russes éprouvent le double de pertes et doivent évacuer Sébastopol le lendemain, 9 septembre. Pélissier gagne le bâton de maréchal et le titre de duc de Malakoff. À Paris, en souvenir de ce succès, un spéculateur foncier confère le nom de Malakoff à un vaste lotissement de la banlieue sud, où il a installé un bal, un restaurant et une tour. Le génie la fera démolir lors des opérations de siège en 1870.

MALE : voir LOUIS de MALE

MALESHERBES Chrétien Guillaume de LAMOIGNON de (Paris, 1721 – Paris, 1794)

Homme politique.

Fils du chancelier Guillaume II de Lamoignon, il est conseiller au Parlement puis premier président de la Cour des aides. En 1750, il est nommé directeur de la Librairie. Dans cette fonction, qu'il exerce jusqu'en 1763, il s'affirme comme le protecteur discret des philosophes, et c'est en grande partie grâce à sa bienveillance que l'*Encyclopédie* pourra être menée à bien. Il intervient même personnellement à plusieurs reprises pour empêcher l'entreprise de sombrer. Comme beaucoup d'autres libéraux, Malesherbes fait alliance avec le libéralisme aristocratique en 1771 contre la réforme Maupeou. Ses remontrances sont même si audacieuses – c'est peut-être lui qui composa celles du 17 février 1771 contre les nouveaux impôts et le nouveau Parlement – qu'il s'attire la colère de Louis XV et doit s'éloigner sur son ordre. En juillet 1775, il accepte, non sans hésitation et sur l'intervention expresse de Turgot, son ami depuis plus de vingt ans, de sortir de sa retraite pour occuper la fonction de ministre de la Maison du roi. Il s'emploie à améliorer le régime des prisons, diminue, sans pouvoir les supprimer, le nombre des lettres de cachet, tente d'imposer des économies sans s'attirer l'hostilité des courtisans. Mais il démissionne dès mai 1776, découragé par son impuissance devant une tâche énorme. C'est néanmoins sous son influence que le problème protestant, qui lui tenait très à cœur, sera résolu : en publiant en 1785 son *Mémoire sur le mariage des protestants*, il contribuera à leur faire restituer un état civil (1787). Un moment

Malesherbes
Buste par Jean-Antoine Houdon, Paris, musée du Louvre. © *Sélection Images*

ministre d'État (1788), il émigre au début de la Révolution mais revient en France en juillet 1792 et assure courageusement la défense de Louis XVI devant la Convention en décembre 1792, puis devant l'opinion dans son *Mémoire pour Louis XVI*. Arrêté comme suspect, il est guillotiné le 22 avril 1794. Outre les ouvrages déjà cités, il a laissé des *Lettres sur la révocation de l'édit de Nantes*, des *Observations sur « l'Histoire naturelle » de Buffon* et surtout des *Mémoires sur la librairie et la liberté de la presse*, publiés en 1809.

MALET Claude François de (Dole, 1754 – Paris, 1812)

Général.

D'une vieille famille noble, il sert sous l'Ancien Régime dans les mousquetaires et se rallie ensuite avec enthousiasme aux idées révolutionnaires. Commandant de la garde nationale de Dole puis capitaine à l'armée du Rhin en 1792, il est nommé général de brigade en 1799. Républicain farouche, Malet se montre hostile au Consulat à vie, et plus encore à l'Empire. Arrêté et emprisonné en 1807, puis en 1808, à la suite d'un complot organisé avec d'anciens Jacobins et découvert par le préfet de police Dubois, il est placé en 1812 dans la maison de santé parisienne du docteur Dubuisson. Il n'oublie pas le projet qui a échoué en 1808, profite de l'absence de Napoléon alors en pleine campagne de Russie pour faire croire à sa mort et proclamer, par de faux sénatus-consultes, l'abolition de l'Empire et la constitution d'un gouvernement provisoire. Dans la nuit du 22 au 23 octobre 1812, Malet quitte la clinique de la rue Saint-Antoine, vêtu de son uniforme de général et accompagné de deux comparses. Tous trois se présentent à la caserne Popincourt et, munis de faux ordres, annoncent aux officiers la mort de Napoléon devant Moscou et la constitution d'un gouvernement provisoire. Le chef des conjurés a prévu, entre autres, la présence dans ce gouvernement de Moreau, Augereau, Garat, Carnot et Volney. Malet et ses compagnons sont reçus sans étonnement et, avec cinq compagnies, Malet gagne ensuite la Force où il fait libérer deux complices malgré eux, les généraux Lahorie et Guidal. La nouvelle de la mort de l'Empereur les tire de prison, et il leur semble tout naturel que le nouveau gouvernement les emploie sans tarder. Tout se déroule ensuite comme prévu : au matin, le préfet de police Pasquier, Savary, le ministre de l'Intérieur, et Desmarets, le chef de la police secrète, sont enfermés à la Force. Le préfet de la Seine, Frochot, a laissé investir l'Hôtel de Ville, et prête de bonne grâce une salle où doit se réunir le gouvernement provisoire. Pendant ce temps, le général Malet adresse aux casernes des Minimes et de la Courtille des ordres leur enjoignant d'occuper le Palais-Royal, la Banque de France, le Sénat, la Trésorerie, etc. Les autres troupes de la capitale devront se réunir place Vendôme.

Ces ordres sont suivis sans discussion : à 9 h 45, au matin du 23 octobre, le général Malet est maître des trois quarts de la capitale. Toutefois, place Vendôme, à l'état-major, le général Hulin et son chef d'état-major, le colonel Doucet, qui connaissent Malet et ses idées républicaines, devinent la machination. Le général est arrêté, ainsi que Lahorie et Guidal. Dans la capitale cependant, les troupes continuent d'obéir aux ordres de Malet, d'où une série de quiproquos. Finalement le chef du complot et ses complices, volontaires et involontaires, sont traduits devant une cour martiale. Au président qui lui demande le nom de ses complices, Malet répond : « La France entière, et vous-même, si j'avais réussi. » Condamné à mort avec Lahorie, Guidal, et onze autres officiers coupables d'avoir oublié l'existence du roi de Rome, Malet est fusillé le 29 octobre dans la plaine de Grenelle. Le naïf préfet Frochot, que l'on s'est contenté de mettre à pied, dira : « Ce diable de roi de Rome : on n'y pense jamais. » Averti le 6 novembre, l'Empereur décide de regagner au plus vite la capitale et mesure la fragilité de son régime, personne n'ayant en effet pensé que son fils devait lui succéder.

MALGRÉ-NOUS (les)

Jeunes alsaciens enrôlés de force dans la Wehrmacht pendant la Seconde Guerre mondiale.

Après l'armistice de 1940, l'Alsace – comme la Lorraine ou les départements du Nord – est placée sous le commandement militaire allemand. Celui-ci a pour ordre de germaniser l'ensemble de la population, puis, selon l'ordonnance du 25 août 1942, d'incorporer les classes en âge de porter les armes sur le front russe. Sur les 130 000 soldats enrôlés de force, qu'on appelle les « malgré-nous », entre 36 000 et 40 000 sont tués ou disparaissent. En 1953, le sort des « malgré-nous » devient un enjeu politique, compliqué par des querelles de mémoire. Le 12 janvier s'ouvre à Bordeaux le procès des rescapés de la division « Das Reich », responsable du massacre d'Oradour-sur-Glane, le 10 juin 1944. Sur les 21 prévenus, 12 sont des « malgré-nous ». À l'issue du verdict, comportant deux condamnations à mort et des peines de travaux forcés, l'Alsace prend fait et cause pour ses fils : on drape les monuments au mort de crêpe. Le président du Conseil, René Mayer, fait passer en urgence une loi d'amnistie afin de préserver le rapprochement européen esquissé avec la RFA. Du coup, les Limougeaux se révoltent contre cette raison d'État, si bien qu'Oradour-sur-Glane compte deux monuments commémoratifs : l'un, officiel, vide ; l'autre, construit à l'initiative de l'Association nationale des familles des martyrs d'Oradour-sur-Glane, contenant les cendres des victimes. La première tentative de rapprochement a lieu lors d'une visite d'une délégation d'élus alsaciens et de descendants de « malgré-nous » en 2000.

MALI (république du)

État d'Afrique occidentale, ancien Soudan français.

Avec une superficie de 1 204 000 km², la république du Mali apparaît comme le plus étendu des États de l'Afrique occidentale. Il confine au nord au Sahara algérien, au nord-ouest à la Mauritanie, à l'ouest au Sénégal et à la Guinée, au sud à la zone steppique de la Côte-d'Ivoire et du Burkina, à l'est à la république du Niger. Mais les quelque 6 millions d'habitants qui y résident (5 habitants au km²) occupent pour la plupart la zone de végétation steppique reliant les bassins supérieurs des fleuves Sénégal et Niger, dénommée Sahel. Les Bambaras, un des groupes ethniques dominants, occupent en grande partie cette zone d'élevage, voisinant avec les Fulanis, les Markas (régions de Kayes et de Nioro), les Songhaïs (nombreux le long du Niger), les Malinkés (établis sur le cours supérieur du Sénégal), les Dogons et les Touareg, éleveurs nomades installés dans toute la zone saharienne, soit la moitié septentrionale du pays. En fait, cette vaste région reliant les bassins du Sénégal et du Niger et la forêt de la zone tropicale aux étendues désertiques du nord, a toujours été un carrefour de caravaniers, d'une importance commerciale accrue par des extractions, jadis, d'or et de minerais. Au IVe siècle s'épanouit un royaume du Ghana qui aura pour successeur, sept siècles plus tard, ce Mali aux richesses connues jusqu'à La Mecque. Les convoitises des Mossis, des Toucouleurs, des Bambaras autant que les querelles internes mettent un terme à cette puissance au XVIIe siècle.

Installés à Dakar, les Français pénètrent progressivement dans ce territoire au cours du dernier tiers du XIXe siècle, faisant de Bamako le chef-lieu d'un Soudan que prétendent également contrôler les chefs indigènes Samory au nord du Niger et Ahmadou au sud. Le capitaine Gallieni et le colonel Borgnis-Desbordes mènent des expéditions de 1880 à 1883 qui préparent les succès définitifs des colonnes Archinard et Joffre de 1890 à 1894. Samory n'est d'ailleurs capturé qu'en 1898 par le capitaine Gouraud. La fédération d'Afrique-occidentale française (A-OF) englobe depuis 1895 le Soudan. Son chef-lieu, Bamako, devient bientôt le point d'aboutissement d'une voie ferrée en provenance de Dakar. L'administration française conférera au territoire des structures qui lui permettront de développer routes, pistes, dépôts, moyens d'irrigation dans la vallée du Niger, où les agronomes implanteront des oléagineux, des cultures vivrières et des rizières. À la suite du référendum du 28 septembre 1958, ce territoire du Soudan français proclame le 28 novembre suivant son autonomie dans le cadre de la Communauté instaurée par le général de Gaulle, puis s'associe avec le Sénégal pour constituer, le 4 avril 1959, la fédération du Mali. Mais la sécession sénégalaise, au mois d'août 1960, fait avorter ce projet de fédération qui envisageait même un moment de s'adjoindre le Niger et la République voltaïque (actuel Burkina). Le gouvernement du président Modibo Keita proclame alors, le 22 septembre 1960, la république du Mali, nom emprunté à celui, prestigieux, d'un royaume ayant atteint son apogée au XIIIe siècle.

MALLET du PAN Jacques (Céligny, Suisse, 1749 – Richmond, Angleterre, 1800)

Publiciste suisse.

Fils d'un pasteur, citoyen de Genève, il suit d'abord des études juridiques. L'histoire et l'économie politique l'intéressent particulièrement. Devenu à Londres le collaborateur de Linguet pour la rédaction des *Annales*, il fonde en 1783 les *Mémoires historiques, politiques et littéraires* qui fusionnent cinq ans plus tard avec le *Mercure de France*. Mallet du Pan est avant tout un observateur et un informateur. Son objectivité d'étranger n'exclut pas la fermeté de ses jugements. À partir de 1785, la France lui offre le spectacle d'étranges bouleversements. Il est partisan des idées constitutionnelles anglaises et hostile à la violence avec laquelle l'esprit nouveau souffle à Paris, menaçant de submerger tout le royaume. « Né républicain mais comme Suisse et pour la Suisse, écrira-t-il en substance, je ne vois pas l'utilité de ce mouvement introduit par des hommes corrompus dans une nation présomptueuse et frivole. » En 1793, Mallet du Pan a quitté la France pour Bruxelles. Inscrit, malgré sa nationalité, dans la liste des émigrés, il joue auprès des princes le rôle d'un excellent conseiller grâce à ses nombreux correspondants. Dur, indépendant, ennemi de la métaphysique politique, il s'aliène une bonne partie de l'émigration. Toutefois, les gouvernements européens clairvoyants écoutent avec intérêt ses prédictions, qui se réalisent presque toujours. En 1798, ayant cru trouver refuge en Suisse, son pays, il en est chassé par les armées du Directoire et doit se réfugier en Angleterre. Là, il fonde le *Mercure britannique* et le gouvernement de Sa Majesté est heureux de recourir à ses services pour les deux ans qu'il lui reste à vivre. « L'oracle de l'Europe » a laissé une œuvre écrite abondante, dont les titres les plus connus sont le traité *Du principe des factions* (1791) et l'essai intitulé *Considérations sur la nature de la Révolution de France et les causes qui en prolongent la durée* (1793). Sa correspondance, publiée en 1851 et 1884, est sans doute plus vivante.

MALMAISON

Anciennement résidence de l'impératrice Joséphine, située dans la banlieue ouest de Paris sur la commune de Rueil-Malmaison.

Le château de Malmaison, construit vers 1622, est acheté en 1799 par Joséphine, épouse du jeune général Bonaparte. Modifiée et agrandie, sur les ordres de la future impératrice, par les architectes Percier et Fontaine, la demeure sera le cadre des plus belles heures de la vie conjugale du Premier Consul. Dès qu'il en a la possibilité, Bonaparte rejoint son épouse en ce lieu où, dira Bourrienne, « nulle part, si ce n'est sur un champ de bataille, je n'ai vu Bonaparte plus heureux que dans ses jardins ». Mais, les années ayant passé, c'est également à Malmaison que Joséphine se retire après

Les « malgré-nous »
Jeunes Alsaciens enrôlés de force dans la Wehrmacht. © *Tallandier*

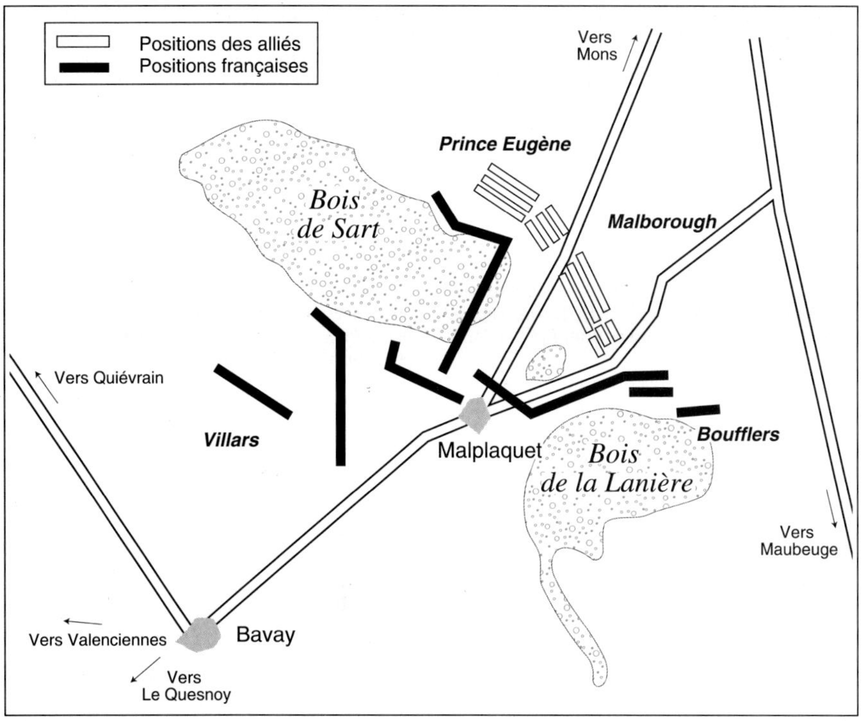

La bataille de Malplaquet

l'annonce de son divorce (1809), et qu'elle meurt au mois de mai 1814. Son corps sera inhumé en l'église de Rueil-Malmaison où reposera également, en 1837, la reine Hortense, sa fille. Au retour de l'île d'Elbe, Napoléon revient au château et, au lendemain de Waterloo, c'est encore là qu'il se retire et qu'il prendra, le 29 juin 1815, la route devant le mener à Rochefort. Pour payer les dettes de leur mère, Hortense et Eugène de Beauharnais devront morceler le domaine. Le château et le jardin actuels sont achetés par un banquier suédois. Malmaison devient, en 1842, la propriété de la reine Marie-Christine d'Espagne, et en 1861 celle de Napoléon III. Elle est ensuite cédée au financier Daniel Osiris, qui en fait don à l'État en 1902. Depuis le début du siècle, le château de Malmaison a été aménagé en musée napoléonien.

MALMAISON (bataille de la)

Engagements militaires ayant permis à l'armée française de s'assurer, durant l'automne 1917, la position clef du fort de la Malmaison (Aisne).

À la suite des mutineries des mois de mai-juin 1917, le général Pétain décide, sans rigueur outrancière, de rétablir l'ordre dans les rangs de l'armée, en permettant, d'une part, d'améliorer les conditions matérielles de vie des soldats et, d'autre part, de mener des offensives limitées quant à leurs objectifs, afin de s'assurer un succès tangible, favorable au moral des troupes. C'est dans cet esprit qu'est exécutée, du 23 au 26 octobre, par la Xe armée, l'offensive de la Malmaison dont le succès permet aux Français de s'assurer la possession de l'ensemble de la position du chemin des Dames.

MALON Benoît (Précieux, Loire, 1841 – Asnières, 1893)

Homme politique.

Fils d'un journalier, il est d'abord berger dans l'Ain, puis ouvrier teinturier à Paris. Autodidacte, il apprend à lire à 20 ans. Converti au socialisme, Malon s'oriente vers la lutte politique, adhère à la Ire Internationale, participe aux congrès de Genève (1866) et de Bâle (1868) et soutient la grève des mineurs du Creusot (1870). Élu député de la Seine le 7 février 1871, il vote contre la paix et démissionne. Puis il fait partie de la trentaine d'« internationaux » qui sont élus au Conseil de la Commune. Mais Malon n'y occupe qu'un poste secondaire, démissionne très vite et se réfugie en Suisse après la Semaine sanglante. De retour en France, il se tient à l'écart des différents mouvements socialistes pour pouvoir garder son indépendance de jugement et d'action. La *Revue socialiste* qu'il met sur pied en 1885 devient un « foyer commun » vers lequel convergent toutes les idées de transformation sociale, chargé de définir une sorte de « socialisme intégral », aboutissement « de toutes les activités progressives de l'humanité, morales et philosophiques, aussi bien que politiques et économiques ». Peu avant sa mort, il publie en 1891 *Le Socialisme intégral*, ouvrage dans lequel il définit un socialisme qui ne serait pas uniquement fondé sur les intérêts de classe, mais sur ceux de l'humanité et qui ne tiendrait pas seulement compte de l'action des facteurs économiques. Ces idées influenceront Jaurès. Avec Jean Allemane, Benoît Malon fut le seul ouvrier authentique qui ait participé au mouvement socialiste français dans la seconde moitié du XIXe siècle.

André Malraux
Dans les coulisses du théâtre Hebertot, un soir de représentation de *La Condition humaine* en décembre 1954.

MALOUET Pierre Victor, baron (Riom, 1740 – Paris, 1814)

Administrateur et homme politique.

Commissaire à Saint-Domingue de 1768 à 1773, puis gouverneur de la Guyane de 1776 à 1778, il tente de mettre en valeur les territoires qui lui sont confiés. Intendant de la Marine à Toulon lorsque éclate la Révolution, il est élu député du tiers état aux États généraux. À l'Assemblée constituante, Malouet siège parmi les Monarchiens, et le roi le consulte à plusieurs reprises. Membre du club Massiac, l'ancien gouverneur de la Guyane défend les intérêts des colons et les siens, car il a acquis des biens aux îles. Émigré en 1792, Malouet regagne la France sous le Consulat, devient commissaire général de la Marine à Anvers, puis conseiller d'État et baron d'Empire en 1810. Disgracié en raison de ses critiques à l'encontre de la campagne de Russie, Malouet est nommé ministre de la Marine sous la Première Restauration, de mai à septembre 1814, et entreprend alors de remettre en vigueur l'ancien système colonial. Ses *Mémoires* ont été publiés en 1868.

MALOUINES (îles)

Archipel de l'Atlantique, situé à environ 500 km à l'est du détroit de Magellan.

On ne sait pas avec certitude qui des Espagnols en 1519 ou des Anglais en 1592 les entrevirent les premiers. Mais il est sûr qu'elles sont occupées pour la première fois le 2 février 1764 par des marins de Saint-Malo commandés par Bougainville. C'est alors qu'elles reçoivent le nom de Malouines. Mais les Espagnols, invoquant le traité de Tordesillas, protestent. En 1767, prenant le départ de son fameux voyage autour du monde, Bougainville est chargé de remettre sa colonie aux mains des Espagnols, ce qu'il ne fera pas sans émotion. Par la suite, les îles Malouines passeront des Espagnols aux Anglais, puis des Anglais aux Espagnols. À partir de 1820, Anglais et Argentins en revendiqueront la possession. Les premiers y rétabliront leur autorité en 1833, et c'est par eux que sera imposé le nom moderne de Falkland.

MALPLAQUET (bataille de)

Bataille entre les troupes françaises du maréchal de Villars et celles du prince Eugène, le 11 septembre 1709.

Pendant la guerre de Succession d'Espagne, les troupes du maréchal de Villars, contraintes à la retraite, infligent le 11 septembre 1709, devant Malplaquet (Nord), de lourdes pertes aux forces du prince Eugène et du duc de Marlborough. L'issue du combat, indécis et particulièrement sanglant, rend confiance aux armées françaises.

MALRAUX André (Paris, 1901 – Créteil, 1976)

Écrivain et homme politique.

André Malraux a pris beaucoup de soin à dissimuler une enfance malheureuse : un père disparu trop tôt, un grand-père suicidé pour des raisons mystérieuses, une mère épicière qui ne peut lui offrir le style de vie dont il rêve et, de surcroît, peu de disposition pour les études. Malraux a pour tout bagage le charme de ses 19 ans et la chance d'arriver, en 1919, dans un monde prêt à se laisser éblouir. Il « bricole » entre les Langues O, la Bibliothèque nationale, la NRF où il rencontre sa première femme, Clara Goldsmith, et la brocante. Un seul leitmotiv : la réussite financière et la reconnaissance intellectuelle. Ses deux premiers ouvrages, *Lunes de papier* (1921) et *Des lapins pneumatiques dans un jardin français* (1922) le lancent dans la catégorie « jeune auteur surréaliste », influencé fortement par la littérature fantastique flamande. En 1923, ruiné par des spéculations boursières, il part « se refaire » en Indochine. Son but : le temple de Banteaï-Sreg au Cambodge, d'où il rapporte des statues et bas-reliefs qu'il compte revendre en Europe. L'administration coloniale, elle, ne l'entend pas de cette oreille. Malraux est arrêté à Phnom Penh, jugé et condamné. Prévenus par sa femme, les milieux parisiens s'émeuvent : Mauriac, Gide, Breton, entre autres, lancent un appel en sa faveur. Malraux obtient un sursis l'année suivante et rentre en France.

Son séjour au Cambodge lui a appris l'Indochine. Il n'a de cesse d'y retourner, et se retrouve à Saigon, où il organise le mouvement Jeune Annam en compagnie de Nguyên Pho, et crée le journal *L'Indochine* puis *L'Indochine enchaînée*, où il prend position contre l'exploitation coloniale et défend l'aspiration des peuples indigènes à la liberté. Miné par la maladie, il doit pourtant quitter Saigon et revenir définitivement à Paris où il donne, en 1926, *La Tentation de l'Occident*, le premier de ses grands livres. Il fait encore paraître quelques œuvres mineures du même genre que les premières, mais en termine le cycle dès 1928 avec *Royaume farfelu*. La même année paraissent *Les Conquérants*, épopée de la grève des coolies chinois de Canton. Le succès est énorme. En quelques mois Malraux devient l'un des porte-parole de l'extrême gauche révolutionnaire. Il ne s'inscrit pas au parti communiste, mais il est un des meilleurs défenseurs de l'expérience soviétique et de la politique du Komintern. Il publie encore *La Voie royale*, inspirée pour partie de sa visite au Cambodge, sillonne le monde des Indes aux États-Unis, polémique publiquement avec Trotski sur *Les Conquérants* et la stratégie révolutionnaire de Moscou, et fait paraître enfin, en 1933, *La Condition humaine* qui lui vaut le prix Goncourt et une réputation internationale.

Dans l'aventure collective, encore qu'elle fasse la part très belle à la volonté des personnes et à leur rage de vivre, Malraux a trouvé une première réponse au défi que lui lance le destin et à l'absurde d'un monde qui a fini de croire en Dieu. Le fascisme, cependant, menace de submerger l'Europe. Il est installé au pouvoir en Allemagne et en Italie. Après avoir cédé au prestige des chimères dans un raid aérien au-dessus du Yémen, à la recherche des vestiges de la capitale de la reine de Saba, Malraux s'engage résolument, non plus dans l'écriture, mais dans l'action politique. Il mène contre Hitler le combat en faveur de la libération de Dimitrov, préside le Comité Thälmann, devient membre du présidium de la Ligue internationale contre la guerre et le fascisme. Ce « compagnon de route » écrit *Le Temps du mépris* (1935), se rend à Moscou au premier congrès des écrivains soviétiques, et prend la parole en public à de multiples occasions afin de défendre en tous lieux la cause de la dignité et de la noblesse de l'homme.

En juillet 1936, éclate la guerre civile espagnole. Malraux se précipite à Madrid et se met au service de la République menacée. Des mois avant la création des Brigades internationales, il organise l'escadrille España, participe aux premières batailles de la guerre, à Medellin, Madrid, Tolède et Teruel. C'est de cette expérience irremplaçable, de sa méditation sur la guerre et le courage qu'il tire en 1937 son roman *L'Espoir*, adapté par ses soins au cinéma en 1939, où il célèbre l'aventure personnelle, l'esprit de résistance, le courage contre une guerre absurde. Autant de thèmes qui font de *L'Espoir* le roman d'une génération. Dans le même temps, il rompt avec le parti communiste : il n'a pas accepté les méthodes staliniennes, ni l'assassinat du leader anarchiste Andreu Nin à Barcelone. Le pacte germano-soviétique de 1939 consacre chez Malraux l'éloignement puis l'hostilité définitive.

Dès le début de la Seconde Guerre mondiale, il s'engage dans une unité de blindés. Fait prisonnier à Sens au mois de juin 1940, il s'évade cinq mois plus tard et gagne aussitôt la zone libre. C'est seulement en avril 1944 que le « colonel Berger » entre dans la Résistance. Jusque-là, André Malraux se consacre à ses travaux littéraires : il prépare un roman, *La Lutte avec l'ange*, dont il ne restera que le début, publié en Suisse en 1943 sous le titre *Les Noyers de l'Altenburg*, et un ouvrage sur T.E. Lawrence, dont seul sortira en 1946 le premier chapitre : *N'était-ce donc que cela ?* Le colonel Berger est actif en Corrèze et en Dordogne, mais il est incapable, en juin, de fédérer les différents maquis sous son autorité. Il est arrêté le 22 juillet par les Allemands. Libéré le 18 août lorsque Toulouse tombe à son tour, il prend le commandement de la brigade « Alsace-Lorraine », rattachée à la 1re DFL, qui combat dans les Vosges et jusqu'à Stuttgart, en mars 1945.

En 1945, Malraux rencontre pour la première fois le général de Gaulle. C'est le coup de foudre réciproque. Malraux se range aux côtés de l'homme du 18 Juin et ne le quittera plus. L'heure de la révolution est passée, celle de la patrie est venue. En même temps se termine la période des romans et commence la réflexion sur l'art, sur le dialogue des cultures, sur les métamorphoses de l'esprit, qui vont dorénavant représenter pour Malraux les réponses les plus hautes aux défis du destin et à l'absurdité de la vie. En quelques années, alors qu'il est successivement ministre du gouvernement provisoire de la République française, puis délégué national à la Propagande du RPF, vont paraître coup sur coup : *La Psychologie de l'art* (1947-1949), *Saturne* (1950) *Les Voix du silence* (1951) et *Le Musée imaginaire de la sculpture mondiale* (1952-1954).

En 1958, la IVe République s'écroule sous le poids des affaires d'Algérie. Le général de Gaulle revient au pouvoir. André Malraux le suit et entre au gouvernement le 9 janvier 1959, où il sera d'abord ministre de l'Information, puis, pendant plus de dix ans, ministre d'État chargé des Affaires culturelles. À ce poste, il déploie une double activité. Comme ministre, il lance la politique des maisons de la culture, inaugure une longue série d'expositions prestigieuses, se rend en Grèce et en Égypte, fait blanchir les monuments de Paris, procéder à l'inventaire du patrimoine français et encourage le théâtre. Comme compagnon du général de Gaulle, il représente la France lors de l'accession à l'indépendance de pays tels que le Tchad ou le Gabon, ou lors de voyages officiels au Mexique ou au Japon. Au nom du gouvernement de la République, il prononce ses discours les plus importants tels que ceux d'Orléans pour la célébration des fêtes de Jeanne d'Arc, du Louvre pour les obsèques de Braque ou de Le Corbusier, ou du Panthéon pour le transfert des cendres de Jean Moulin. Le sens de son action est alors toujours le même : témoigner de la mission de la France dans sa tâche de libération des hommes, face à toutes les oppressions et toutes les aliénations, autant de thèmes et de personnages magnifiés dans la fresque des *Antimémoires*.

En 1969, le général de Gaulle, battu au référendum du 27 avril, quitte dès le lendemain le pouvoir. L'adhésion de Malraux a toujours été de l'ordre de l'allégeance personnelle, c'est pourquoi aussitôt après l'élection de Georges Pompidou à la présidence, il se retire à Verrières-le-Buisson où il va consacrer les dernières années de sa vie à une prodigieuse activité littéraire, après avoir tenté d'intervenir en faveur du Bengale. C'est ainsi que paraissent *Les Chênes qu'on abat*, en 1971 (sa dernière entrevue avec de Gaulle à Colombey), *La Tête d'obsidienne*, sur Picasso, en 1974, *Lazare ou la descente au tombeau*, à la fin de la même année, les deux derniers volumes de *La Métamorphose des dieux* : *L'Irréel* et *L'Intemporel*, en 1974 et 1976, enfin *Hôtes de passage*, en 1975. Détruit par la maladie, par l'épuisement d'une vie qui l'a mené aux quatre coins du monde, il s'éteint le 23 novembre 1976 et est enterré à Verrières-le-Buisson. Son dernier livre, *L'Homme précaire et la littérature*, réflexion sur son art et méditation sur la mort des cultures et l'avènement de l'aléatoire, paraît quelques mois après, dans l'état d'inachèvement où la mort de son auteur l'a laissé.

MALTHUSIANISME

Théorie de limitation volontaire des naissances opposée au populationnisme, et élaborée au XVIIIe *siècle par le pasteur anglais Thomas Robert Malthus (1766-1834).*

Malthus pensait avoir mis en lumière « la tendance constante qui se manifeste dans tous les êtres vivants à accroître leur espèce plus que ne le comporte la quantité de nourriture qui est à leur portée ». De cette « loi naturelle », il concluait au danger de surpopulation du globe et préconisait la limitation des naissances par la restriction des naissances et le recul de l'âge du mariage, voulant notamment éviter la procréation de ceux qui ne peuvent produire. Cette théorie suscita des mouvements de réforme de tous ordres ainsi que des mesures protectionnistes. Si le malthusianisme a influencé l'élaboration du concept de sélection naturelle chez Charles Darwin, il a été vivement critiqué par des économistes, tels Proudhon, Fourier et Marx. Ce dernier notamment rend la surpopulation inhérente au seul régime capitaliste. Le malthusianisme fut largement démenti par les faits. Le progrès technique, le développement des défrichements dans et hors l'Europe, ainsi que les importations de nourriture la rendirent en effet caduque. À l'encontre des prévisions de Malthus, entre 1840 et 1880, la France connaît une amélioration progressive du niveau de vie et jusqu'à cette dernière date, on peut parler, avec Alfred Sauvy, de « prêches malthusiens dans le désert ». Par ailleurs, Malthus voulait restreindre les naissances en Angleterre et dans les classes pauvres ; or c'est en France et dans les classes riches qu'il fut le plus suivi. Apparue sous Louis XV, la tendance à la limitation des naissances se généralise à toutes les classes sociales au XIXe siècle.

Par analogie, on appelle malthusianisme économique les pratiques de restriction volontaire de la production, voire de destruction des richesses produites, en vue de réduire l'offre sur les marchés et de maintenir les prix. Malthusianisme démographique et malthusianisme économique ont en commun l'idée de restriction volontaire. Dans ce sens, l'esprit des Français est resté longtemps malthusien, non seulement au sens démographique strict, mais aussi au sens plus large (crainte du gigantisme et de l'innovation, attachement à la petite entreprise familiale, volonté de protection douanière ou législative, etc.). Il caractérise la France de l'entre-deux-guerres.

MALTÔTE

Taxe extraordinaire établie par Philippe le Bel en 1291 sur la vente (en 1295 sur les stocks) de toutes les marchandises, et qui sera levée de façon épisodique durant quelques décennies.

Cette taxe suppose un contrôle fiscal à domicile et elle est si mal accueillie (elle provoque même une sédition à Rouen) qu'elle reçoit le nom de « maltôte », c'est-à-dire « arrachée à tort injustement ».

MALVY Louis (Figeac, 1875 – Paris, 1949)

Homme politique.

S'étant fait remarquer à la Chambre des députés par ses vives critiques à l'encontre du cabinet Briand, ce député radical-socialiste du Lot entre, le 2 mars 1911, dans le ministère Monis en qualité de sous-secrétaire d'État à la Justice. Il est ensuite ministre du Commerce en 1913 dans le gouvernement Doumergue puis, en mars 1914, ministre de l'Intérieur. René Viviani le confirme à ce poste peu avant la guerre et Aristide Briand le maintient lors de son retour au pouvoir, le 29 octobre 1915, malgré l'hostilité de plusieurs ministres. La position de Malvy devient cependant plus délicate dans le cabinet Ribot, constitué le 20 mars 1917. Des grèves éclatent, des mutineries se produisent dans la troupe. Cet abaissement du moral est attribué aux insuffisances, voire (selon les milieux nationalistes) à une possible trahison du responsable de la place Beauvau. L'accusation est si grave que, le 15 mai, le Sénat est saisi d'une demande d'interpellation. Le

19 juillet, toujours au Sénat, Clemenceau réitère ces attaques en comité secret, si bien que le 31 août Malvy donne sa démission « pour assurer sa défense en toute indépendance ».

Une crise latente se développe, car les radicaux reprochent à Ribot d'« avoir lâché Malvy ». Ce dernier demande aux députés de le mettre en accusation devant le Sénat constitué en Haute Cour, ce qui est décidé. C'est l'époque de l'« espionnite », celle des Mata-Hari, des Bolo Pacha et autres comparses. Mais l'affaire est si grave que la haute assemblée ne se réunit que le 16 juillet 1918 et rend sa sentence le 5 août. L'accusation d'avoir livré aux Allemands le plan d'attaque sur le chemin des Dames n'est pas retenue. Il en est de même de celle d'avoir encouragé les mutineries. En revanche, est relevée la charge d'« avoir, de 1914 à 1917, méconnu, violé et trahi ses devoirs de ministre, fait entraînant un état de forfaiture ». L'ancien ministre est condamné à cinq années de bannissement, qu'il va passer à Saint-Sébastien, en Espagne. Cela pourrait être la fin de sa carrière politique si ses électeurs du Lot ne le renvoyaient siéger à la Chambre en 1924. Briand l'accueille même dans son huitième ministère, le 9 mars 1926, et lui offre, de nouveau, le ministère de l'Intérieur. Mais les parlementaires menés par le général de Saint-Just et Ibarnégaray déclenchent un tel tollé que Malvy est contraint de démissionner le 9 avril suivant. Il siégera néanmoins à la Chambre jusqu'aux événements de 1940.

MANCINI

Famille romaine apparentée au cardinal Mazarin et introduite à la cour de France par ce dernier, au milieu du XVIIe siècle.

Du mariage de Girolama Mazarini, sœur du cardinal, et de Michèle Lorenzo Mancini, naquirent sept enfants : deux fils, Michel-Paul (tué en 1652 au combat du faubourg Saint-Antoine) et Philippe-Julien, futur duc de Nevers ; et cinq filles, les fameuses « Mazarinettes ».

MANCINI Hortense, duchesse de Mazarin (Rome, 1646 – Chelsea, près de Londres, 1699)

Nièce du cardinal Mazarin.

Conduite en France en 1653 avec sa sœur Marie et son frère Philippe, elle séjourne quelque temps à Aix, avant de gagner la capitale où elle reçoit, dans un couvent, l'éducation des jeunes filles du monde. Présentée à la Cour en 1657, elle est bientôt l'objet de plusieurs demandes en mariage car on sait l'affection que lui porte le tout-puissant cardinal : Charles II et le duc de Savoie, entre autres, demandent ainsi vainement sa main. Son oncle choisit pour elle Armand de La Meilleraye, de petite noblesse mais de grande fortune. Aux époux, créés duc et duchesse de Mazarin, le cardinal lègue la plus grande partie de ses biens. Le mariage est célébré en 1661, peu de jours avant sa mort. Avare, dévot, très jaloux, en particulier du roi, Armand de La Meilleraye ne tarde pas à ennuyer son épouse, frivole et légère. Le duc contraint Hortense à le suivre dans tous ses déplacements, des querelles continuelles les opposent, et Hortense finit par le quitter. Elle devient bientôt la maîtresse du chevalier de Rohan, quitte la France en sa compagnie, et rejoint à Rome sa sœur Marie, épouse du prince Colonna. Après un bref séjour en France, au cours duquel Hortense tente vainement d'obtenir une partie de son héritage, que lui dispute son mari, elle regagne Rome. En 1672, la nièce de Mazarin rentre en France avec sa sœur Marie, elle aussi séparée de son mari. Pour échapper au duc de Mazarin, qui a obtenu contre elle un jugement du Parlement et veut la faire arrêter, elle gagne la cour de Savoie et passe plusieurs années auprès de son ancien soupirant, Charles-Emmanuel. À la mort de ce dernier, Hortense se rend à Londres où elle mène bientôt grand train, à la cour de Charles II, puis à celle de Jacques II, et tient un salon littéraire, avec son ami Saint-Évremont. Rejointe par sa sœur Marie-Anne, duchesse de Bouillon, elle parvient à rester en Angleterre après la révolution de 1688 et y achève ses jours. Hortense avait donné à son époux quatre enfants, un fils, Paul-Jules, duc de Mazarin et de La Meilleraye, et trois filles, Marie-Charlotte, Marie-Anne et Marie-Olympe.

MANCINI Laure, duchesse de Mercœur (Rome, 1636 – Paris, 1657)

Nièce du cardinal Mazarin.

Elle épouse en 1651 le duc de Mercœur, Louis de Vendôme, petit-fils d'Henri IV et de Gabrielle d'Estrées. Mercœur est le frère d'un des chefs de la Fronde, le duc de Beaufort, surnommé « le roi de la Halle ». Mère déjà de deux fils, qui deviendront le maréchal de Vendôme et le Grand Prieur, Laure Mancini meurt en couches ayant à peine dépassé sa vingtième année.

MANCINI Marie, princesse Colonna (Rome, 1640 – Pise, vers 1715)

Nièce du cardinal Mazarin.

Enfant, elle quitte le couvent où elle était élevée et gagne la France avec sa mère, sa sœur Hortense et son frère Philippe. Mme de Motteville a dressé d'elle, peu après son arrivée à Paris, un portrait qui n'est guère flatteur et s'achève ainsi : « Hormis les dents, qu'elle avait belles, on la pouvait dire toute laide alors. » Cependant, avec les années, Marie Mancini devient une jeune fille attirante et cultivée. Depuis leur arrivée en France, elle et ses sœurs, les « mazarinettes », vivent auprès de Mazarin, d'Anne d'Autriche et du jeune Louis XIV. Ce dernier, qui semble d'abord préférer Olympe, éprouve en 1658, après la maladie qui fait craindre pour sa vie, une violente passion pour Marie Mancini. Passion réciproque, et chaste, à laquelle le cardinal ne prête tout d'abord guère attention. Marie et Louis ne se quittent pas, à Fontainebleau ou à Lyon, où la Cour se transporte en novembre 1658 lorsqu'il est question de marier le roi à la princesse de Savoie, Marguerite.

Comme le souhaitait Mazarin, ce projet pousse Philippe IV d'Espagne à offrir au roi de France la main de sa fille, Marie-Thérèse, et on ne parle plus du mariage savoyard. Cependant, au mois de juin 1659, de plus en plus épris, Louis XIV demande à Mazarin la main de sa nièce. Le cardinal ne peut accepter un tel mariage qui compromettrait sa politique de rapprochement avec l'Espagne. Louis XIV cède, tout en promettant à Marie qu'il n'épousera pas l'infante, et Mazarin envoie sa nièce à Brouage, en attendant de la marier. Finalement, au mois de septembre 1659, Marie Mancini, d'elle-même, rompt avec le roi, s'inclinant devant la volonté de son oncle. Au mois de juin 1660, Louis XIV épouse Marie-Thérèse. Moins d'un an plus tard, en avril 1661, Marie épouse par procuration le prince Colonna, connétable de Naples. Elle rejoint son mari, connaît auprès de lui quelques années paisibles au cours desquelles elle lui donne plusieurs fils, mais ne tarde pas à s'exaspérer de sa jalousie et le quitte. En 1672, avec sa sœur Hortense, toutes deux déguisées en hommes, la duchesse Colonna quitte l'Italie pour la France, espérant recevoir du roi un bon accueil. Mais Louis XIV lui fait dire de séjourner dans une abbaye et refuse de la recevoir. Marie s'évade et mène dès lors une vie errante, notamment aux Pays-Bas, où son mari la fait arrêter à Anvers. Relâchée, elle gagne Madrid, s'y réfugie quelque temps dans un couvent, puis reprend sa vie errante et misérable. Elle mourra oubliée de tous. Le prince Colonna, qui avait accepté leur séparation en 1684, meurt en 1689.

MANCINI Marie-Anne, duchesse de Bouillon (Rome, 1646 – Paris, 1714)

Nièce du cardinal Mazarin.

Mariée en 1662 au duc de Bouillon, et pourvue seulement d'une petite dot car le cardinal est mort l'année précédente, elle s'intéresse particulièrement aux lettres et aux arts. Amie et protectrice de La Fontaine, elle déteste Racine, contre lequel elle organise en 1677 la cabale de la *Phèdre* de Pradon. Compromise en 1680 dans l'affaire des Poisons, Marie-Anne Mancini tient tête au lieutenant La Reynie et aux juges. Elle se vante d'avoir ridiculisé ceux qui l'interrogeaient, ce qui lui vaut d'être exilée quelque temps à Nérac. Un voyage la conduit ensuite en Angleterre, où réside sa sœur Hortense. Quelque temps plus tard, elle se rend à Rome où se trouve son fils, le prince de Turenne. En 1690 enfin, le roi l'autorise à reparaître à la Cour.

MANCINI Olympe, comtesse de Soissons (Rome, 1639 – Bruxelles, 1708)

Nièce du cardinal Mazarin.

Aimée du jeune Louis XIV, fort chastement car elle refuse de lui céder, elle épouse en 1657 Eugène de Savoie-Carignan, comte de Soissons. Il semble qu'une fois mariée, elle devienne moins farouche avec le roi. Surintendante de la maison de la reine en 1659, la comtesse de Soissons occupe quelque temps une position en vue à la Cour. Mais ses intrigues contre Madame, Hen-

Les sœurs Mancini
Trois des cinq nièces du cardinal Mazarin. Huile sur toile, XVIIe siècle, Paris, musée du Petit-Palais. © *Giraudon*

riette d'Angleterre, et contre Louise de La Vallière la font exiler en 1665. Elle vit dès lors à l'étranger, notamment en Flandre et à la cour de Charles II. La comtesse de Soissons est la mère du prince Eugène.

MANDAT Jean Antoine GAILLOT, marquis de (Paris, 1731 – Paris, 1792)

Officier.

Capitaine aux gardes-françaises au début de la Révolution, il commande la milice nationale lorsque se prépare la journée du 10 août 1792 à Paris. Installé aux Tuileries, il n'inspire pas confiance aux responsables parisiens, qui redoutent qu'il prenne position en faveur de la famille royale. Le matin du 10 Août, Mandat est donc appelé à l'Hôtel de Ville et arrêté dès son arrivée. Un coup de pistolet l'abat alors qu'une escorte le conduit à la prison de l'Abbaye, et son cadavre est jeté dans la Seine.

MANDEL, Georges Louis ROTHSCHILD dit GEORGES (Chatou, 1885 – Fontainebleau, 1944)

Homme politique.

Georges Mandel s'appelle de son vrai nom Louis Rothschild, patronyme qui n'a rien à voir avec les banquiers du même nom. Il choisit pour pseudonyme Mandel, le nom de jeune fille de sa mère, lorsqu'il embrasse la carrière de journaliste. Entré à 18 ans au journal *L'Aurore*, il devient rapidement le bras droit de Clemenceau : lorsque ce dernier accède à la présidence du Conseil en octobre 1906, Mandel appartient à son cabinet et s'occupe des relations avec le Parlement. Puis il surveille l'organisation du *Journal du Var*, fondé par Clemenceau dans sa propre circonscription. Enfin en novembre 1917, lorsque Clemenceau est nommé président du Conseil par Raymond Poincaré, Mandel devient le chef de son cabinet et tient en mains toute la politique intérieure du pays : il contrôle le Parlement et le gouvernement, surveille les préfectures, censure la presse, chasse les défaitistes. Rôle omnipotent qui lui attire bien des inimitiés.

Aussi la retraite anticipée du « Père la Victoire » en 1918 conduit son ancien protégé à essuyer bon nombre de rancunes. Bien qu'élu député de Gironde en 1919, mandat qu'il conserve jusqu'en 1940, à l'exception de la législature 1924-1928, il reste plutôt isolé, et se voit même destitué du poste de président du conseil général de Gironde quelques mois seulement après son entrée en fonction en 1920. Pendant l'entre-deux-guerres, Mandel acquiert une double réputation de fermeté tant à l'extérieur qu'à l'intérieur. Après avoir critiqué dès les années 1920 Briand et Poincaré pour leur politique jugée trop conciliante vis-à-vis de l'Allemagne, il dénonce dans un discours du 9 novembre 1933 le réarmement allemand, incarnant dorénavant une ligne de résistance au nazisme dont il ne déviera plus. Il montre la même fermeté comme ministre des PTT dans le gouvernement d'Union nationale de Pierre-Étienne Flandin, du 8 novembre 1934 au 4 juin 1936, où il entend rentabiliser au maximum son administration : il brise les grèves et révoque à tour de bras au point de se faire haïr par son personnel. En 1936, après avoir dénoncé la remilitarisation de la Rhénanie, il siège sur les bancs de l'opposition au Front Populaire, majorité dont il doute qu'elle saura répondre aux menaces hitlériennes. Enfin, ministre des Colonies dans le gouvernement Daladier d'avril 1938 à mai 1940, il entretient d'étroites relations avec les colonies britanniques, estimant essentielle l'alliance avec le Royaume-Uni en cas de guerre contre l'Allemagne.

Ce parcours de résistant avant l'heure vaut à l'antimunichois Mandel d'être nommé ministre de l'Intérieur dans le gouvernement Paul Reynaud pendant la drôle de guerre. Il y livre sa dernière bataille, pourchassant, un peu tard, les sympathisants fascistes. Résolument opposé à l'armistice de juin 1940, il fait partie des 26 parlementaires qui embarquent le 20 juin à bord du *Massilia* pour le Maroc. Il souhaitait continuer la lutte, mais il est arrêté dès son arrivée au Maroc par la police de Vichy, qui le transfère dans une prison française avant de le livrer aux Allemands en novembre 1942. Interné dans les camps d'Oranienburg puis de Buchenwald, il est finalement remis aux mains de la Milice qui l'assassine en pleine forêt de Fontainebleau le 7 juillet 1944, en représailles de l'attentat perpétré contre Philippe Henriot le 28 juin précédent. Il avait auparavant, en août 1942, envoyé une lettre à de Gaulle où il le reconnaissait comme le chef de la France libre.

Georges Mandel
Ministre de l'Intérieur en mai 1940, il est assassiné par la Milice en juillet 1944. © *Sélection Images*

MANDRIN Louis (Saint-Étienne-de-Saint-Geoirs, près de Romans, 1724 – Valence, 1755)

Brigand.

Issu d'une famille autrefois aisée, il est le fils d'un maquignon qui meurt en 1742. Dès sa jeunesse, Mandrin se montre violent et porté sur la boisson. En octobre 1746, il se prend de querelle avec un marchand de Saint-Étienne, envers lequel il a des dettes, et manque le tuer. Reprenant les affaires de son père, il espère faire fortune en fournissant des mules à l'armée d'Italie. Mais il subit de nombreux déboires et la paix d'Aix-la-Chapelle, en octobre 1748, achève de le ruiner. Dès lors, tous les expédients, et notamment la vente du tabac de contrebande, lui sont bons pour nourrir sa famille. En 1753, deux de ses frères sont proscrits pour avoir tenté de s'emparer du contenu des troncs d'une église. Pour les venger, Mandrin s'en prend aux prêtres et au châtelain du village. La même année, il est condamné, par contumace, à être roué vif à la suite de l'assassinat de deux miliciens qui recherchaient un réfractaire. En 1753 toujours, un de ses frères, Pierre, est pendu comme faux-monnayeur ; lui-même, soupçonné d'avoir été son complice, est condamné à mort par contumace. Contraint cette fois de mener une vie clandestine, Mandrin entre au service d'un contrebandier fameux, Bélissard, qu'il ne tarde pas à supplanter. Ses hommes, organisés militairement, et qui plus tard toucheront une solde régulière, sont deux à trois cents, sévèrement triés, ni voleurs, ni assassins. Le « capitaine des contrebandiers », comme il ne tarde pas à se surnommer, choisit de faire le trafic du tabac et des indiennes, principalement, deux marchandises que l'on peut se procurer en Suisse. De janvier à décembre 1754, six campagnes successives conduisent « Belle Humeur », un autre de ses surnoms, et ses hommes de leurs refuges de Savoie et de Suisse vers la Franche-Comté, la Bourgogne, l'Auvergne, le Forez, le Velay et le Rouergue. Là, Mandrin se livre à son fructueux trafic, attaque et massacre les employés des fermiers généraux chargés de réprimer la contrebande, les gâpions, s'empare des recettes des impôts et aussi de villes importantes, comme Beaune ou Autun. Les fermiers généraux finissent par envoyer contre Mandrin et ses hommes des troupes nombreuses, notamment des volontaires de Flandre et du Dauphiné, célèbres par leurs pillages. Une violente bataille les oppose près d'Autun, mais Mandrin réussit à s'enfuir. Partout, il bénéficie du soutien des petites gens, et de celui de nombreux gentilshommes. Pourtant, en mai 1755, ses poursuivants, dirigés par La Morlière, sont avertis par un prêtre qu'il se cache en Savoie, au château de Rochefort. Aussitôt, La Morlière prépare minutieusement l'enlèvement de Mandrin. Ses hommes pénètrent en territoire savoyard et se saisissent de leur proie, massacrant deux personnes et en blessant plusieurs autres dans les villages environnants, pillés au passage. Condamné à mort – on lui reproche notamment plus de 24 assassinats –, Louis Mandrin est roué vif à Valence et meurt avec un grand courage. La légende, qui subsiste encore dans le Dauphiné et en Savoie, s'empare rapidement de son personnage : Mandrin est présenté comme le martyr des fermiers généraux.

MANÈGE (salle du)

Local situé à Paris à peu près à l'angle des actuelles rues de Rivoli et de Castiglione.

La salle du Manège, construite sous Louis XV, était primitivement affectée, comme son nom l'indique, à un manège où venaient s'exercer de jeunes nobles. Elle est acquise par l'État au début de la Révolution afin d'y installer l'Assemblée constituante qui, à son arrivée à Paris avec le roi à la suite des journées d'Octobre, n'avait trouvé à l'archevêché qu'une salle trop exiguë pour son nombreux personnel. Plus vaste, elle était pourtant elle aussi mal adaptée à la tâche, sa voûte épaisse et sourde absorbant les voix des orateurs et répercutant au contraire le bruit des conversations et des murmures. Dans ces mauvaises conditions siègent successivement la Constituante, à partir du 9 novembre 1789 ; la Législative ; puis, après deux séances aux Tuileries, la Convention, du 21 septembre 1792 au 9 mai

1793 ; enfin le Conseil des Cinq-Cents et le club du Manège, reconstitution éphémère du club des Jacobins, du 10 juillet au 13 août 1799. La salle sera démolie en 1810 pour permettre le percement de la rue de Rivoli.

MANGIN Charles (Sarrebourg, 1866 – Paris, 1925)

Général.

L'infanterie de marine l'accueille en 1888 et lui permet d'accomplir ses premières armes au Soudan. Il parcourt l'Afrique et se retrouve ainsi, dix ans plus tard, membre de la mission du capitaine Marchand qui ralliera le Congo au Nil. Colonel en 1912, Mangin étrenne ses galons durant la conquête du Maroc. Au début de la Première Guerre mondiale, il commande une division d'infanterie comportant des « marsouins », soldats d'élite. Ainsi, au paroxysme de la bataille de Verdun, l'unité du général (la 5e DI) est engagée une première fois en mai dans le secteur de Douaumont. Mangin reprend le fort le 24 octobre avec le régiment d'infanterie coloniale du Maroc. Auréolé par ce succès retentissant, il réoccupe le 15 décembre la côte du Poivre, Louvemont et Hardaumont, ses soldats capturant 11 000 prisonniers.

Moins heureux à la tête de la VIe armée lors de la malheureuse offensive de Nivelle sur l'Aisne, en 1917, disgracié un moment en raison de cet échec, Mangin recouvre un commandement en 1918 à la tête de la Xe armée. Son action déterminée enraye l'offensive allemande sur l'Oise en juin, puis autour de Château-Thierry, après le 18 juillet. Ayant retrouvé tout son prestige à la suite de ces coups de boutoir qui chassent l'Allemand des rives de la Marne puis de celles de l'Aisne, le général se voit confier le commandement en chef de la zone française d'occupation en Rhénanie. Mais les encouragements donnés aux mouvements séparatistes rhénans, ainsi que l'hostilité de la population à l'égard de sa « force noire » accusée de multiples exactions, provoquent une vive réaction des Américains et des Britanniques, et sa mutation dès 1920. La compensation vient sous forme d'une inspection générale des troupes coloniales, l'arme de ses débuts.

MANS (Le)

Ancienne capitale du Maine, actuel chef-lieu du département de la Sarthe, situé au confluent de l'Huisne et de la Sarthe.

La convergence des deux rivières explique l'importance passée de cette localité dont l'essor se confirme à l'époque gallo-romaine. Des fouilles ont permis de noter l'étendue des remparts gallo-romains, surmontés de tours, de la cité des Aulerques Cenomans (*Cenomani*). Le christianisme aurait été introduit par saint Julien, lequel a laissé son nom à la cathédrale gothique érigée au début du Moyen Âge, époque d'un brillant développement commercial en dépit des luttes entre les ducs d'Anjou et de Normandie. Sous l'Ancien Régime, la ville est chef-lieu de gouvernement et de bailliage. Sous la Révolution, l'armée vendéenne s'avance jusque sur les bords de la Sarthe sous la conduite de La Rochejaquelein et s'empare du nouveau chef-lieu de la Sarthe le 10 décembre 1793. Mais le lendemain se produit la vive réaction des troupes de Marceau et de Westermann. Renforcés le 13 par Kléber, les républicains rejettent les assaillants et les contraignent à refluer vers l'Anjou.

Les 10 et 11 janvier 1871, le général Chanzy s'établit à l'est de la ville, sur les hauteurs de la rive gauche de l'Huisne, où vient l'attaquer le prince Frédéric-Charles. Bien que luttant dans la proportion d'un contre deux, les 16e, 17e et 21e corps d'armée, aux ordres respectifs de l'amiral Jauréguibéry, des généraux de Colomb et Jaurès, tiennent durant deux jours les hauteurs de Montfort et le plateau d'Auvours, repris à la baïonnette par une contre-attaque de la division Gougeard, composée des volontaires de l'Ouest et des mobiles bretons. Malheureusement, à la nuit tombante, la brigade défendant la position de La Tuilerie se laisse surprendre par une action brusque du 10e corps prussien et cède le terrain sur la droite du dispositif de Chanzy. Par ce mouvement tournant, l'assaillant parvient au sud du Mans et contraint l'ensemble de l'armée de la Loire à se replier vers l'ouest dans la nuit et à rétrograder vers Laval, où surviendra l'armistice.

Charles Mangin
Le général dans les tranchées en 1915. © *Sélection Images*

MANSOURAH (batailles de)

Le 8 février 1250, Louis IX (Saint Louis), en marche vers Le Caire, se heurte, aux environs de Mansourah, sur les rives nord du Bahr es-Séghir, à l'armée égyptienne.

Dans la matinée de ce jour, l'avant-garde des croisés franchit le canal du Nil. Commandée par le comte d'Artois, frère du roi, elle ravage le camp des musulmans dont le généralissime, l'émir Fakhr ed-Din, est tué d'un coup de lance. Sans attendre le gros des troupes chrétiennes, le prince entraîne ses gens à l'assaut de Mansourah, culbute les défenses de la ville, parvient jusqu'au centre de celle-ci. Alors intervient Baybars l'Arbalétrier qui, ralliant les fuyards égyptiens, contre-attaque à la tête de ses Mamelouks. Le comte d'Artois et ses compagnons, pourchassés de ruelles en souks, sont tous massacrés. Lorsque Saint Louis traverse le Bahr es-Séghir, il est assailli par les musulmans. La bataille dure la journée entière et est finalement remportée par les croisés grâce à l'artillerie du duc de Bourgogne. Les Égyptiens s'enfuient, la première bataille de Mansourah est terminée.

Durant cinquante-cinq jours, les croisés vont piétiner près du Bahr es-Séghir. À cause d'une épidémie de typhus, dont Saint Louis est lui-même atteint, celui-ci ordonne de battre la retraite et de rejoindre Damiette (5 avril 1250). Harcelés par les renforts musulmans envoyés du Caire par le sultan Touran-chah, les chrétiens, épuisés, ne dépasseront pas le village de Mounyat Abou-Abdallah. Beaucoup y périront tandis que le roi, alité, répondra calmement à ses vainqueurs « qu'il était leur prisonnier et qu'ils pouvaient en agir avec lui comme il leur plairait ». La seconde bataille de Mansourah est terminée. Pour recouvrer la liberté des croisés captifs et la sienne, Saint Louis acceptera de verser aux musulmans – ceux-ci assassinent Touran-chah le 2 mai 1250 – une rançon de 500 000 livres tournois et de leur rendre Damiette.

MANUEL Jacques Antoine (Barcelonnette, 1775 – Maisons-Laffitte, 1827)

Homme politique.

Volontaire en 1793, il doit renoncer à l'armée à la suite de graves blessures reçues en Italie et, après des études de droit, s'inscrit au barreau d'Aix. Député de Barcelonnette pendant les Cent-Jours, il est l'homme de Fouché à la Chambre des représentants, puis proteste contre le retour de Louis XVIII, ce qui lui vaut d'être exclu du barreau. Député de la Vendée en 1818, Manuel se fait remarquer à l'Assemblée par ses facultés d'analyse et d'improvisation sur les sujets les plus divers et glorifie la Révolution, s'attirant l'inimitié de la droite. En 1819, il combat le projet d'exclusion de l'abbé Grégoire. Deux ans plus tard, Manuel devient un des dirigeants de la Charbonnerie française. En 1822, le député de la Vendée s'oppose au projet de loi qui vise à réduire encore la liberté de la presse. Mais l'acte le plus éclatant de sa carrière politique se situe en 1823, à l'occasion du vote d'un crédit de 100 millions destinés à l'expédition d'Espagne. Le 26 février, Manuel, répondant à un discours prononcé la veille par Chateaubriand en faveur de l'intervention française en Espagne, qualifie d'« atroce » le gouvernement de Ferdinand VII et déclare que c'est l'invasion étrangère, au cours de la Révolution française, qui a provoqué la mort de Louis XVI. Le tumulte est considérable, les ultras l'interrompent et l'empêchent de se faire entendre lorsque la séance reprend. Le 27, La Bourdonnais dépose un projet d'exclusion, voté le 3 mars malgré les explications de Manuel. Le lendemain, le député exclu et ses collègues, portant l'uniforme officiel des députés, se présentent à l'Assemblée. « Monsieur le président, déclare Manuel, j'ai annoncé hier que je ne céderais qu'à la violence ; aujourd'hui, je viens tenir ma parole. » Nouveau tumulte, le président appelle les vétérans et les gardes nationaux, mais ces derniers refusent d'exécuter l'ordre de leur colonel, et ce sont finalement les gendarmes qui expulsent Manuel. 62 députés de gauche signent le lendemain une protestation et ne paraîtront plus à l'Assemblée jusqu'à la fin de la session, tandis que les élus du centre gauche continueront à siéger, sans participer aux débats. Rentré dans la vie privée, Manuel connaît une grande popularité ; une foule nombreuse assistera à ses obsèques.

MANUEL Louis Pierre (Montargis, 1751 – Paris, 1793)

Homme politique.

Écrivain de médiocre talent, il est l'auteur sous le règne de Louis XVI de divers pamphlets et libelles qui le font embastiller quelques mois en 1783. En 1791, il est élu procureur de la Commune de Paris. Il travaille activement à la préparation de la journée du 20 juin 1792, ce qui lui vaut d'être quelque temps destitué, puis à celle du 10 Août. Élu au mois de septembre à la Convention, Manuel refuse par la suite de voter la mort du roi, se prononçant pour la détention à vie. Accusé de tiédeur, arrêté au mois d'août 1793, il est guillotiné.

MANUFACTURES

Désignant l'entreprise de l'ère pré-industrielle, le terme de manufacture revêt une double définition, économique et industrielle.

Au sens économique, entreprise de l'ère pré-industrielle, distinguée de la grande industrie (machinofacture ou *factory system*) de la révolution industrielle par la quasi-absence de machines : les opérations y sont effectuées manuellement. La technique n'est pas différente de celle employée dans l'artisanat (*domestic system*), mais la manufacture suppose séparation du capital et du travail d'une part, concentration de la main-d'œuvre d'autre part (la manufacture Van Robais compte jusqu'à 1 800 ouvriers, effectif il est vrai exceptionnel). On distingue en effet la manufacture « réunie » – la manufacture au sens propre – de la manufacture « dispersée », typique de la proto-industrialisation. En pratique, la première utilise la sous-traitance de la seconde. La manufacture concerne les activités « industrielles » de l'Ancien Régime : matériel de guerre (navires de guerre – dont les coques et gréements, etc. –, canons, armes individuelles...), produits agro-alimentaires (raffineries de sucre, brasseries), mobilier de luxe (menuiserie, glaces, tapisseries, porcelaine), extraction minière (sel, potasse, charbon), textile (cotonnades, laine...), forges et fonderies.

Au sens juridique, la manufacture est une entreprise privilégiée, suscitée ou reconnue par l'autorité royale. Exemptée de la réglementation des jurandes corporatives, elle est cependant soumise à l'inspection des manufactures. Mais elle bénéficie d'avantages fiscaux, d'un monopole ou privilège qui lui réserve les débouchés, et parfois de commandes du gouvernement. Ces manufactures peuvent être d'État ou privées. La création de manufactures d'État s'insère dans le mercantilisme qu'amplifie Colbert : l'État subventionne les établissements, les installe dans des hôpitaux généraux, attire des spécialistes de l'étranger (maîtresses dentellières de Venise par exemple).

On distingue trois catégories de manufactures. Les « maisons royales » appartiennent à l'État et travaillent surtout pour lui ; en relèvent les arsenaux (Brest, Toulon, Rochefort), les manufactures d'armes (Saint-Étienne), mais aussi la manufacture des tapisseries des Gobelins (1667) ou celle de la Savonnerie, installée dès 1601 sur la colline de Chaillot. Les « manufactures royales » sont des entreprises privées sous le contrôle du roi. Elles bénéficient de privilèges importants. Parmi elles, les manufactures de tapisserie de Beauvais (1664), d'Aubusson (1665), la manufacture Saint-Gobain de glaces et de miroirs installée faubourg Saint-Antoine (1665) ou la fabrique de draps créée à Abbeville par le Hollandais Joseph Van Robais. Les manufactures simplement privilégiées, comme la Compagnie des points de France qui groupe 5 000 dentellières, sont distinctes des manufactures ordinaires qui ne sont des manufactures qu'au sens juridique.

La politique manufacturière de l'État s'essouffle bientôt faute de crédits et du fait des résistances des corporations des métiers. Le dynamisme des grands entrepreneurs privés prend souvent le relais. Ainsi Christophe Philippe Oberkampf établit-il à Jouy-en-Josas la première fabrique de toiles peintes en 1759. Celles-ci étaient auparavant importées des Indes sous le nom d'« indiennes ». Avec un immense bâtiment de plus de cent mètres de long – sans doute alors le plus grand d'Europe –, construit entre 1791 et 1794, la manufacture Oberkampf reste très active jusque vers 1815. Le lien entre manufacture réunie et dispersée s'y montre clairement : Oberkampf fait venir des toiles blanches des campagnes du Beaujolais, de Normandie, de Suisse...

MARAIS (le) ou PLAINE (la)

Nom donné, par dérision, aux députés modérés de la Convention qui se situent au centre, entre la Montagne et la Gironde.

Les plus nombreux, les députés du Marais, siègent dans la partie la moins élevée de la salle où se réunit l'Assemblée, d'où leur surnom. Issus de la bourgeoisie, comme la plupart des conventionnels, partisans de la liberté économique, les hommes du Marais redoutent en fait les classes populaires et les mesures extrêmes qu'elles réclament. Cependant, républicains sincères, ils ne veulent pas rompre, au moins tant que les périls menacent la République, avec ceux qui ont fait 1789 et le 10 Août, et finissent par accepter, temporairement, les mesures qu'ils exigent. Les Montagnards raillent les atermoiements de ceux qu'ils surnomment les « crapauds du Marais ». Pourtant, le succès des motions présentées par la Gironde ou la Montagne dépend de l'appui du Marais. Ce dernier se range d'abord aux côtés de la Gironde puis, devant son incapacité à conjurer les périls, à ceux de la Montagne. Des hommes comme Barère, Cambon, Carnot et Lindet se rallient ainsi à la Montagne et à sa politique de salut public. Les autres constituent à la fin de 1792 le Tiers Parti, qui finira par suivre les directives de la Montagne. Le 9 Thermidor, le Marais se tournera contre Robespierre, contribuant ainsi à sa perte. Ensuite, après la chute des Montagnards et leur effacement progressif, les députés du Marais se joindront à la réaction thermidorienne.

MARAT Jean Paul (Boudry, canton de Neuchâtel, 1743 - Paris, 1793)

Médecin et homme politique.

Fils d'un médecin d'origine sarde établi en Suisse et d'une Genevoise, il étudie la médecine à Bordeaux, puis à Paris, se fixe à Londres en 1765, ensuite à Newcastle. Tout en exerçant la médecine, il se livre à des études scientifiques et philosophiques, publiant aussi bien un essai sur l'âme humaine qu'un autre sur les maladies des yeux, ou des écrits politiques. En 1774, Marat adhère à la franc-maçonnerie. L'année suivante, il obtient le titre de docteur en médecine à la faculté de Saint-Andrews, en Écosse. Fixé à Paris en 1777, il devient médecin des gardes du corps du comte d'Artois. Il continue en même temps ses recherches scientifiques et présente à l'Académie des sciences des mémoires qui y font scandale, le contraignant en 1783 à démissionner. Aussi Marat connaît-il à la veille de la Révolution une situation matérielle peu brillante.

Se tournant résolument vers le journalisme en 1789, Marat lance le 12 septembre le premier numéro du *Publiciste parisien*, devenu dès le 16 septembre *L'Ami du peuple*. Là, employant un ton de plus en plus violent car il est partisan de la liberté illimitée de la presse, le journaliste dénonce sans relâche le complot aristocratique, les trahisons des ministres, les faiblesses et insuffisances de la Constitution. Des thèmes constants apparaissent : l'intérêt qu'il porte aux masses populaires, éléments moteurs de la Révolution, et la dénonciation des membres les plus riches du tiers état qui cherchent à confisquer à leur profit les bénéfices du mouvement révolutionnaire. Marat dénonce aussi les fausses idoles du peuple parisien, Necker, puis Mirabeau, et surtout La Fayette. La violence de ses attaques lui vaut de séjourner en prison du 8 octobre au 5 novembre 1789. À peine libéré, il s'en prend avec virulence à Necker, à la tribune du club des Cordeliers dont il est membre. Devant les réactions suscitées par ses propos, le tribun juge prudent de quitter Paris au mois de janvier 1790, et se réfugie à Londres jusqu'au mois de mai. À son retour, il attaque La Fayette, qu'il accuse de traiter avec les ennemis de la Révolution, et continue de dénoncer les « traîtres » dans *L'Ami du peuple*, faisant sans cesse appel à la vigilance révolutionnaire. Après la fuite du roi à Varennes et la fusillade du Champ-de-Mars (juin et juillet 1791), Marat attaque la monarchie elle-même, le roi, et réclame l'instauration d'une dictature. Propos qui entraînent la suspension de *L'Ami du peuple*, et un nouveau séjour en Angleterre, de décembre 1791 à mai 1792. Les différents procès qui lui ont été intentés, sa compréhension des souffrances du peuple et son désir d'y mettre fin lui valent auprès de la population parisienne une grande popularité. En même temps, sa laideur, aggravée d'une maladie de peau, son aspect débraillé, sa violence verbale, font peur à beaucoup.

De retour à Paris, le journaliste reprend la publication de *L'Ami du peuple* et joue, dans la préparation psychologique de la journée du 10 août 1792, un rôle certain. En récompense, il reçoit une des quatre presses prises dans les dépendances du Louvre, ce qui lui permet d'augmenter le tirage de son journal. Administrateur adjoint au Comité de surveillance de la Commune le 2 septembre 1792, il appelle le peuple à punir de mort les traîtres et porte ainsi une responsabilité certaine dans les massacres de Septembre. Après la proclamation de la République, le 21 septembre, *L'Ami du peuple* devient le *Journal de la République française*.

Député de Paris à la Convention, et devenu un homme politique important, Marat est la cible des Girondins, tandis qu'il inquiète jusqu'aux Montagnards par la violence de ses propos. Sans relâche, il affirme que les lois ne doivent être respectées que dans la mesure où elles sont justes et favorables aux intérêts de la Révolution et du peuple. Contre ceux qui sont hostiles à ses propres vues, le conventionnel exige une politique de terreur. Le 25 septembre 1792, lorsqu'il réclame de nouveau l'instauration d'une dictature, Marat voit se dresser contre lui Danton et Robespierre, aussi bien que les Girondins. Leur attaque échoue, mais l'« Ami du peuple », comme on le surnomme, reste isolé. Il obtient cependant le vote par appel nominal, responsable au mois de janvier 1793 de la condamnation à mort du roi.

Jean-Paul Marat
Déclaré innocent par les Jacobins, il est porté en triomphe par la foule à l'issue de son jugement en avril 1793. © *Lauros-Giraudon*

Pour renforcer la politique terroriste, Marat appuie ensuite la formation du Tribunal révolutionnaire, en mars 1793, comme il avait appuyé celle du Comité de sûreté générale, en octobre 1792. Au printemps 1793, il dénonce avec vigueur les Girondins, réclamant leur arrestation, et appelle les patriotes à soutenir contre eux Paris et sa Commune. Décrété d'arrestation le 12 avril, il se cache quelques jours. Puis, après une manifestation en sa faveur organisée le 23 avril par la Commune et les sections, le journaliste se présente le 24 devant le Tribunal révolutionnaire, qui l'acquitte triomphalement. Aussitôt, et avec encore plus de violence, il reprend la lutte contre les Girondins, obtenant le 27 mai la suppression de la commission des Douze, et jouant un rôle décisif dans l'élimination de ses ennemis, le 30 mai et le 2 juin. Sa réputation « d'homme de sang », son surnom de « pape de l'horrible », les haines justifiées qu'il suscite, celles des Girondins et de leurs amis surtout, entraînent sa perte. Le 13 juillet, l'Ami du peuple est assassiné dans la baignoire d'eau sulfureuse où il soigne sa maladie de peau, par Charlotte Corday, influencée par les récits des Girondins réfugiés dans sa ville. Marat devient aussitôt un martyr de la Révolution. Sa dépouille mortelle, déposée au Panthéon après des funérailles solennelles, est l'objet d'une véritable vénération. Sa fin inspire à David un de ses plus célèbres tableaux, *Marat assassiné*. Vérité, quant à lui, gravera la tête de Marat assassiné d'après son masque mortuaire. L'Ami du peuple continuera à soulever les passions après sa mort, les restes du « Caligula des carrefours », selon le mot de Chateaubriand, seront retirés du Panthéon lors de la réaction thermidorienne, en février 1795. Avec ses excès et son amour du peuple, Marat reste une des principales figures de la Révolution française.

MARBEUF Louis Charles René, comte de (Rennes, 1712 – Bastia, 1786)

Gouverneur militaire de Corse.

Maréchal de camp en 1762, il est envoyé en Corse deux ans plus tard pour assister les Génois, avec lesquels le gouvernement de Louis XV entretient de bons rapports. Après la vente de l'île à la France, Marbeuf doit faire face à un soulèvement fomenté par Pascal Paoli. Assistant le comte de Vaux, il est élevé au grade de lieutenant général et prend le commandement militaire des troupes royales envoyées dans le nouveau territoire de la couronne. Par de judicieuses mesures, le général-comte parvient à apaiser la révolte et à faire cesser en grande partie le banditisme. Lié à la famille Bonaparte, qui l'a considérablement aidé dans sa tâche – certains affirment, sans preuve, qu'il a été l'amant de Letizia, la mère de Napoléon –, le gouverneur militaire fait obtenir à Joseph, l'aîné des enfants, une bourse pour l'école de Metz. Napoléon est reçu à Brienne et Élisa entre à l'institution de jeunes filles de Saint-Cyr. En souvenir de cette aide, Napoléon, devenu Empereur, protégera le fils de Marbeuf, dont la mère est morte durant la Terreur. Marbeuf possédait d'assez vastes étendues de jardins dans l'actuel quartier des Champs-Élysées, où une rue porte toujours son nom.

MARBOT Jean-Baptiste Antoine Marcellin, baron de (La Rivière, près d'Altillac, Corrèze, 1782 – Paris, 1854)

Militaire.

Sorti du collège de Sorèze (Tarn), il s'engage en 1799 au Ier régiment de hussards et suit son père, général, en Italie, participant à ses côtés à l'expédition de Gênes. Il y gagne le grade de sous-lieutenant, tandis que son père trouve la mort, victime d'une épidémie. Aide de camp d'Augereau à Austerlitz et à Iéna, il est capitaine à Eylau. En cette qualité, il assiste Lannes au siège de Saragosse en 1808 puis Masséna à Wagram l'année suivante. La campagne de Russie de 1812 le retrouve colonel du 23e régiment de chasseurs à cheval, unité qui participe également à la campagne d'Allemagne de 1813. Blessé à Leipzig puis à Hanau, lors de la retraite vers le Rhin, le colonel Marbot est affecté à l'armée du Nord en 1814. Un ralliement à Napoléon durant les Cent-Jours et une active participation à la bataille de Waterloo lui valent d'être banni sous la Restauration. La réhabilitation ne viendra qu'en 1830, Louis-Philippe choisissant l'ancien soldat comme précepteur de son fils, le duc d'Orléans. Maréchal de camp, participant au siège d'Anvers puis servant en Algérie, Marbot devient lieutenant général en 1836 et pair de France en 1845. Ses *Mémoires*, publiés en 1891, sont célèbres par leur exaltation de l'épopée napoléonienne. Auparavant, il avait publié *des Remarques critiques sur l'ouvrage de M. le lieutenant général Rogniat* qui intéressèrent tant Napoléon que celui-ci lui légua une somme de 100 000 francs.

MARCEAU François Séverin, dit MARCEAU-DESGRAVIERS (Chartres, 1769 – Altenkirchen, 1796)

Général.

Entré en 1789 dans la garde nationale, bientôt lieutenant-colonel, il participe en 1792 à la défense de Verdun. L'année suivante, il reçoit le commandement en chef de l'armée de l'Ouest, en remplacement de Rossignol. Vainqueur des Chouans au Mans et à Savenay, au mois de décembre 1793, Marceau se signale par son humanité envers les vaincus, attitude fort rare à ce moment. Nommé en 1794 général de division à l'armée de Sambre-et-Meuse, sous les ordres de Jourdan, il commande l'aile droite à la bataille de Fleurus, et décide la victoire. Marceau pénètre ensuite dans Coblence et rejette l'ennemi sur la rive droite du Rhin. Le 18 octobre 1795, il bat les Autrichiens à Neuwied. L'année suivante, le général est chargé de l'administration du pays de Wiesbaden. Il parvient à bloquer Mayence et à assurer la retraite de l'armée de Jourdan, mais il est grièvement blessé par la balle d'un chasseur tyrolien, le 19 septembre. Il meurt deux jours plus tard, après que les chefs autrichiens, et notamment l'archiduc Charles, eurent rendu hommage à sa valeur et à son courage. Ses cendres seront transférées au Panthéon en 1889.

MARCEL Étienne (?, v. 1315 – Paris, 1358)

Prévôt des marchands.

Il appartient à une famille de drapiers parisiens assez anciennement connue et immensément riche. Comme tous ceux de sa caste et sans doute encore plus qu'eux, il aspire au pouvoir politique dans le royaume. Depuis décembre 1355, il est prévôt des marchands de Paris, fonction lui permettant de contrôler le commerce et, en fait, le gouvernement de la capitale. La captivité de Jean II le Bon en Angleterre à la suite de la défaite de Poitiers (19 septembre 1356) va lui permettre de jouer un rôle de premier plan. En effet, du fait de l'absence du roi, le Dauphin Charles (futur Charles V) se retrouve livré à la volonté des contribuables de ses « bonnes villes », ce qui est pour Étienne Marcel une occasion de faire triompher ses vues « réformistes ». Dès l'ouverture des états généraux d'octobre 1356, deux orateurs s'affirment : Étienne Marcel, député du tiers, et Robert Le Coq, évêque de Laon, député du clergé. Ils professent les mêmes opinions : tous les maux du royaume viennent des mauvais conseillers du roi Jean, donc du système monarchique pratiqué sans contrôle ; ce contrôle, c'est au peuple qu'il revient de l'exercer. Dans ces conditions, le Dauphin est obligé de signer l'ordonnance de mars 1357 qui prévoit l'introduction dans le Conseil royal de représentants nommés par les états. L'effet immédiat de cette ordonnance est l'accès d'Étienne Marcel et de ses partisans au pouvoir exécutif. Mais le Dauphin est bien décidé à reconquérir à la première occasion le terrain perdu et les états, dans leur session de novembre 1357, font défection.

Sentant l'hostilité de la noblesse et de toute la province, Étienne Marcel change de politique et décide de soulever Paris. Pour y parvenir, il favorise l'évasion de Charles II le Mauvais, roi de

Étienne Marcel
L'assassinat des maréchaux par les émeutiers qui suivent Étienne Marcel (à gauche). Miniature des *Grandes chroniques de France*, Londres, British Museum.
© *Sélection Images*

Navarre et comte d'Évreux (novembre 1357). Celui-ci, gendre du roi, qui ne cessait de comploter avec les Anglais dans le but de monter sur le trône, avait été enfermé à Château-Gaillard sur ordre de Jean II (1356). Il vient s'installer à Paris où il prononce un discours au Pré-aux-Clercs. Entre les deux Charles qui s'affrontent, Étienne Marcel joue les conciliateurs (décembre 1357). Puis il tient lui-même des réunions et crée une sorte de milice à laquelle il donne le chaperon rouge et bleu comme insigne et qui fournit la main-d'œuvre de violentes émeutes. La résistance du futur Charles V le décide à en venir à des actes à caractère définitif : il envahit les appartements du Dauphin dont il fait assassiner les conseillers, les maréchaux de Champagne et de Normandie, et qu'il coiffe de son chaperon aux couleurs de la ville, « en signe de protection » (22 février 1358).

Ayant obtenu d'entrer au Conseil par cette manœuvre d'intimidation, Étienne Marcel se croit maître des affaires. En réalité, il devient l'instrument du roi de Navarre dont l'alliance lui est de plus en plus indispensable. En effet, le Dauphin, qu'il a fait proclamer régent le 14 mars, s'enfuit bientôt et convoque les états de langue d'oïl à Compiègne : les Parisiens sont isolés. Ensuite les Jacques, appelés à la rescousse par Étienne Marcel, se font massacrer par le Navarrais lui-même, ce qui pousse le premier à demander secours aux communes flamandes, lesquelles refusent. Reste l'obéissance pure et simple à Charles le Mauvais, rappelé à Paris. Or celui-ci tient décidément le parti des Anglais. La bourgeoisie se retourne contre la dictature des deux hommes, cependant que le blocus entrepris par le Dauphin exaspère l'ensemble de la population. Après avoir fait nommer le roi de Navarre capitaine général (15 juin 1358), le prévôt est obligé d'expulser les Anglo-Navarrais. Il tente de les réintroduire de nuit par la porte Saint-Antoine lorsqu'il est interpellé par une troupe que dirige l'échevin Jean Maillard, autre grand bourgeois. N'ayant pu justifier sa présence à cette heure si près des ennemis, le « traître navarrais » est abattu sur-le-champ (31 juillet ou 1er août 1358).

MARCHAIS Georges (La Hoguette, Calvados, 1920 – Paris, 1997)

Homme politique.

Fils de mineur, il devient mécanicien ajusteur. En 1942, travailleur volontaire selon les uns, réquisitionné par le STO (Service du travail obligatoire) selon les autres, il part travailler en

Allemagne. Inscrit à la CGT en 1946, il entre au Parti communiste français en 1947. Remarqué par Maurice Thorez, son ascension y est rapide. Il est membre du bureau politique en 1959. Secrétaire général adjoint en février 1970, lorsque des problèmes de santé obligent Waldeck-Rochet à cesser ses activités, il est à la tête d'un parti qui est une véritable « courroie de transmission » de Moscou. Secrétaire général en 1972, il signe le Programme commun de gouvernement avec le parti socialiste de François Mitterrand et les radicaux de gauche. Élu député du Val-de-Marne en mars 1973, il s'engage aux côtés de Mitterrand, candidat unique de la gauche à la présidentielle de 1974. Ses talents d'orateur et son sens de la formule en font un invité de choix des débats télévisés. Conscient que l'Union de la gauche profite plus au parti socialiste qu'au parti communiste, il la rompt en septembre 1977, puis la reforme pour l'élection présidentielle de 1981. Son faible score (15,34 % des voix), comparé à celui de Jacques Duclos en 1969 (21,5 %), est compensée par l'entrée au gouvernement de quatre ministres communistes (1981-1984), les premiers depuis la Libération. Le déclin du parti communiste s'accélère alors avec l'effondrement des régimes communistes d'Europe de l'Est. Son autorité est de plus en plus contestée. En 1988, André Lajoinie lui succède à la candidature communiste à la présidentielle. En 1994, il cède sa place de secrétaire général du parti à Robert Hue, puis en décembre 1996, il annonce qu'il ne sera pas candidat aux législatives de 1998 dans le Val-de-Marne dont il est député depuis 1973, et quitte le bureau national. La dissolution de l'Assemblée nationale en 1997 marque la fin de sa vie politique. Il a également été membre du conseil régional de l'Île-de-France de 1976 à 1981, et député européen de 1979 à 1989.

MARCHAND Jean-Baptiste (Thoissey, 1863 – Paris, 1934)

Général et explorateur.

Dans l'intention de rallier l'Afrique équatoriale à l'Afrique orientale, le capitaine Marchand, qu'encourage le ministre des Affaires étrangères Gabriel Hanotaux, part de Brazzaville le 10 janvier 1897. 12 Européens et 150 tirailleurs soudanais l'accompagnent. Le 10 juillet 1898, la colonne, après un éprouvant voyage à travers des contrées sauvages, atteint le Nil bleu. Installée à Fachoda (Soudan), elle repousse, le 25 août, une attaque des bandes mahdistes. Commandant une flottille, Herbert Kitchener, sirdar (général) de l'armée égyptienne, se présente au capitaine le 26 septembre 1898 et lui intime l'ordre d'évacuer le village. « Constatez ma prépondérance », dit-il à l'officier français. Marchand rétorque sèchement : « Dans le domaine militaire, la prépondérance se démontre les armes à la main. » Une guerre franco-anglaise risque alors d'éclater. Pour l'éviter, le nouveau ministre des Affaires étrangères, Théophile Delcassé, s'incline devant les représentations du gouvernement de la reine Victoria. Et le 4 novembre 1898, Marchand, nommé entre-temps chef de bataillon, reçoit l'ordre de se retirer des lieux : c'est « l'incident » de Fachoda. Général lors de la Première Guerre mondiale, Jean-Baptiste Marchand se distinguera particulièrement au cours des batailles de Champagne et de la Somme.

MARCHE

Du germanique mark *ou* marca. *Nom donné sous Charlemagne et ses successeurs à des terres de conquête récente, et par suite à des comtés (plus rarement des duchés) situés aux frontières de l'empire ou des royaumes francs.*

Le comte d'une marche était appelé *markgraf*, d'où « margrave » en Allemagne, « marquis » en France. Dans ce dernier pays, les marches les plus connues étaient celles de Bretagne (comté du Maine, confié au fameux Roland) et d'Espagne.

Georges Marchais
Le secrétaire général du Parti communiste français invité sur Antenne 2, le 25 février 1987.
© *Patrice Cotteau/Keystone*

MARCHE

Ancien pays compris entre le Limousin au sens strict, le Berry, l'Auvergne, le Poitou et l'Angoumois.

Divisé en Haute-Marche, capitale Guéret, et Basse-Marche, capitale Bellac, il formait à la fin de l'Ancien Régime, comme le Limousin, un gouvernement particulier. Le comté de la Marche (qu'on pourrait aussi appeler marquisat, puisque le marquis n'est autre que le comte d'une marche) s'est constitué un peu avant le milieu du Xe siècle sous Boson Ier dit le Vieux, qui deviendra comte de Périgord en 975. Longtemps, il relèvera de la suzeraineté des ducs d'Aquitaine. Au Moyen Âge, le ressort des comtes de la Marche recouvre une grande partie de l'ancien territoire des Lémovices (Limousin) ainsi que des morceaux de celui des Bituriges Cubes (Berry) et des Pictons (Poitou). À la fin du XIIe siècle, le fief marchois passe aux Lusignan, également comtes d'Angoulême à partir de 1218. En 1303, à la mort sans enfants d'Hugues XIII de Lusignan qui lui avait engagé ses domaines, Philippe IV le Bel réunit la Marche à la couronne. Pour peu de temps : en 1309, Charles le Bel la reçoit en apanage. Devenu roi, il l'échange en 1327 contre le comté de Clermont-en-Beauvaisis, possession bourbonienne. La Marche reste dans la maison de Bourbon jusqu'en 1435, date à laquelle Louis de Bourbon, comte de Vendôme, l'abandonne. Le bénéficiaire de cet abandon est Bernard d'Armagnac, comte de Pardiac, vicomte de Carlat, fils cadet du connétable Bernard VII et époux d'Éléonore de Bourbon-la-Marche. À Bernard d'Armagnac-Pardiac succède en 1462 son fils aîné Jacques, duc de Nemours, qui sera exécuté pour trahison. Le roi donne une grande partie de ses biens à Pierre de Bourbon-Beaujeu (1477), à la mort duquel la Marche passera à sa fille unique Suzanne, qui la portera à son mari Charles de Bourbon, comte de Montpensier. La Marche sera confisquée en 1527 après la trahison de Charles et définitivement réunie au domaine en 1531, à la mort de Louise de Savoie. À la Révolution, cette province formera la majeure partie du département de la Creuse et une partie de celui de la Haute-Vienne.

MARCHE Hugues X de LUSIGNAN, comte de la, et d'Angoulême (? – ?, 1249)

Petit-fils d'Hugues VIII de Lusignan, comte de la Marche.

Il hérite par sa femme, Isabelle d'Angoulême, veuve du roi d'Angleterre Jean sans Terre, le titre de comte d'Angoulême. En 1242, il se révolte contre son suzerain, le comte de Poitiers, frère de Louis IX, mais il est battu et doit se soumettre. Hugues X suit alors le roi de France en Terre sainte et meurt au retour de la croisade.

MARÉCHAL DE BATAILLE

Grade militaire créé en 1614 et supprimé en 1672.

Le maréchal de bataille a pour principale mission de faire marcher les troupes et de les ranger en bataille selon les instructions du général en chef.

MARÉCHAL DE CAMP

Grade militaire qui apparaît à la fin du Moyen Âge.

À l'origine, le maréchal de camp est spécialement chargé de toutes les questions concernant le campement des troupes. Par la suite, le commandement d'une brigade lui est confié. La Révolution supprimera le terme de maréchal de camp pour le remplacer par celui de général de brigade. Les maréchaux de camp seront rétablis en 1814 et survivront jusqu'en 1848.

Maréchal de France

Dignité militaire créée sous Philippe Auguste.

C'est la plus élevée après celle de connétable de France. Pour cette raison, elle devient la première, en 1627, après la mort de Lesdiguières, dernier connétable. Le nombre des maréchaux de France est d'abord très restreint : un maréchal initialement, puis deux à partir de Saint Louis (qui les emmène en Terre sainte), trois sous François Ier, quatre sous Henri II, six puis sept sous Charles IX, huit puis neuf sous Henri III. À la fin du règne de Louis XIV, on ne comptait pas moins de vingt maréchaux. Louis XV et Louis XVI réduisent cet effectif qui redescend à six en 1791. La Convention supprime la dignité en 1793. Napoléon la rétablit par un décret du 19 mai 1804, en donnant aux nouveaux détenteurs l'appellation de « maréchaux d'Empire ». Ceux-ci sont au nombre de vingt en 1815. Napoléon estimait que le titre de maréchal était honorifique, une dignité de cour en quelque sorte, et qu'il ne conférait aucun droit au commandement des armées. Il faut attendre Louis XVIII pour que les maréchaux puissent reconquérir leurs prérogatives militaires. L'histoire contemporaine apporte peu de changements dans l'histoire du maréchalat sinon dans le nombre des titulaires. Le désastre de 1870 amène une suspension des nominations qui dure jusqu'à la guerre de 1914. Entre 1916 et 1921, huit maréchaux seront créés, dont deux à titre posthume. À la suite de la Seconde Guerre mondiale, la dignité a encore été conférée trois fois, dont deux à titre posthume.

Le premier signe distinctif du maréchal de France est son blason, ou plus exactement ses armoiries. Le bâton n'est d'abord conféré qu'à celui des maréchaux qui a été investi du commandement en chef de l'armée en campagne. C'est après la disparition de la connétablie, en 1627, que tous les maréchaux prennent l'habitude de le réclamer. Toutefois, rares seront ceux qui le porteront sous Louis XIV, sauf bien sûr dans les portraits. Depuis le Premier Empire, le bâton est un cylindre d'un demi-mètre de long, recouvert de velours semé, selon le gouvernement qui l'a accordé, d'aigles, de fleurs de lys ou d'étoiles (depuis Louis-Philippe). Les embouts, en vermeil, sont ornés de l'emblème du régime ou des armes du titulaire.

Sous l'Ancien Régime, à partir de la fin du XVIe siècle, les maréchaux président un tribunal, dénommé tribunal des maréchaux, chargé de régler les conflits sur points d'honneur pouvant donner lieu à des duels entre gens appartenant à l'armée. Le titre exceptionnel de maréchal général de France donnait le pas sur tous les maréchaux de France. Il fut conféré à quatre personnes : Turenne (1660), Villars (1733), Maurice de Saxe (1747) et Soult (1847).

Marengo (bataille de)

Victoire remportée par Bonaparte sur les Autrichiens, le 14 juin 1800, lors de la campagne d'Italie.

En réponse à l'offensive menée en Italie par l'armée autrichienne de Melas au printemps de 1800, Bonaparte, à la tête d'une armée de réserve de 50 000 hommes, renouvelle l'exploit d'Annibal en réussissant à franchir les Alpes au Saint-Bernard du 15 au 23 mai, en dépit de conditions extrêmement difficiles – le col est encore sous la neige et il faut traîner les pièces d'artillerie à bras d'homme, dans des troncs creux. D'Ivrée et Novare, il atteint Milan au début de juin. En faisant ce détour, il menace la ligne de retraite des Autrichiens et mise sur l'effet psychologique produit par son apparition inattendue dans la capitale de la Lombardie. Mais, si Bonaparte est vainqueur au nord, Masséna, qui s'était enfermé dans Gênes, est contraint de capituler (4 juin).

Sachant que seul un succès décisif pourra faire oublier ce revers, le Premier Consul détourne ses divisions vers le sud-ouest et, après avoir occupé Pavie et Stradella, qui commande la route de Mantoue, décide de pousser devant lui à la recherche des Autrichiens. C'est alors que, le 14 juin, son armée (28 000 hommes), trop largement déployée, se laisse surprendre par les 30 000 hommes de Melas à Marengo, dans la banlieue d'Alexandrie. Longtemps la bataille est indécise. Elle semble même perdue pour les Français. Mais la situation se rétablit sur le tard avec l'arrivée des troupes fraîches de Desaix qui trouvera la mort au cours des combats. Leur offensive vigoureuse et une charge de cavalerie dont Kellermann, fils du vainqueur de Valmy, prend l'initiative au moment opportun, transforment ce qui aurait pu être un désastre en un éclatant succès. Le lendemain, les Autrichiens demandent un armistice. Pour la seconde fois, l'Italie est conquise par les Français. La nouvelle de cette victoire est accueillie au milieu d'un véritable délire à Paris. Elle consolide définitivement la position de Bonaparte, qui avait paru un moment menacée par les menées royalistes.

Maret Hugues Bernard, duc de Bassano (Dijon, 1763 – Paris, 1839)

Diplomate, président du Conseil.

Venu à Paris en 1788 pour acheter une charge d'avocat aux Conseils du roi, il se fait connaître comme rédacteur du *Bulletin de l'Assemblée nationale*, puis du *Moniteur universel*. Nommé ambassadeur à Londres en décembre 1792 puis à Naples en juillet 1793, il est fait prisonnier par les Autrichiens avec Sémonville alors qu'il gagnait ce dernier poste. Longtemps détenu en Moravie, il est finalement libéré en 1796 à la suite d'un échange. Il redevient alors journaliste pour un temps, puis participe en 1797 aux conférences de Lille destinées à préparer la paix avec l'Angleterre et s'attache enfin en 1799 à la fortune de Bonaparte. Au lendemain du 18 Brumaire, celui-ci le nomme secrétaire d'État des consuls, chargé de coordonner le travail des ministres et, après la disparition de Bourrienne (1802), il cumule cette fonction avec celle de chef de cabinet de Napoléon qu'il suit dans toutes ses campagnes et dont il devient le collaborateur intime. Sa fidélité un peu passive est récompensée par le titre de comte, puis de duc de Bassano (mai 1809). Napoléon le choisit pour remplacer Champagny aux Affaires étrangères en avril 1811 mais, tiède partisan de la paix, il doit céder son portefeuille à Caulaincourt en novembre 1813. Il reste néanmoins un des proches de l'Empereur, prépare son retour de l'île d'Elbe et reprend sa place de secrétaire d'État pendant les Cent-Jours. Exilé par Louis XVIII (1816-1820), il est appelé à la pairie en 1831 par Louis-Philippe qui, lors de la crise ministérielle de 1834, le charge de former un cabinet. Mais celui-ci ne dure que huit jours (10-18 novembre). Très cultivé, il était entré à l'Institut en 1803. Exclu en 1816, il y est de nouveau admis en 1832 comme membre de l'Académie des sciences morales et politiques.

Mareth (ligne de)

Nom donné, d'après celui d'une petite oasis du Sud tunisien dans le nord de la plaine de la Djeffara, à la position fortifiée, longue de 25 km, construite par la France de 1934 à 1939 sur le cours de l'oued Zigzaou, entre le massif des Matmata et la mer.

La ligne de Mareth est en partie démantelée par les Italiens après l'armistice de juin 1940. C'est néanmoins sur cette position que le maréchal Rommel s'établit en février 1942 pour barrer la route à la VIIIe armée britannique de Montgomery qui l'avait chassé de Libye. Attaqué le 20 mars, il résiste aux assauts de front, mais sa droite est tournée et il doit abandonner la position le 26 mars pour éviter de voir sa retraite coupée par les Britanniques parvenus à El-Hamma.

Marfée (bataille de la)

Bataille livrée le 6 juillet 1641 par le comte de Soissons avec l'appui du duc de Bouillon et des Espagnols, contre une armée royale, commandée par le maréchal de Châtillon.

L'engagement, qui a lieu au bois de la Marfée, sur la rive gauche de la Meuse, non loin de Sedan, se termine par une victoire des conjurés qui aurait eu de graves conséquences pour Louis XIII, si Soissons n'avait reçu dans la tête, tiré à bout portant, un coup de pistolet qui mit un terme à ses complots permanents contre le pouvoir royal.

Marguerite-Marie Alacoque, sainte (Lautecourt, Bourgogne, 1647 – Paray-le-Monial, 1690)

Religieuse visitandine.

Fille d'un notaire royal, orpheline de père à 9 ans, elle connaît une enfance malheureuse. En 1671, obéissant à une vocation très ancienne, combattue jusque-là par sa famille, elle entre au couvent de la Visitation de Paray-le-Monial, devenant la sœur Marguerite-Marie. Le 27 décembre 1673, alors qu'elle est en adoration devant le saint sacrement, elle a une première vision. D'autres suivront, qui l'incitent a déve-

La bataille de Marengo

Victoire de Bonaparte contre les Autrichiens aux portes d'Alessandria (Piémont). Gravure colorée de Tessier, Paris, Bibliothèque nationale de France. © *Giraudon*

lopper le culte du Cœur de Jésus. Son directeur, le père Claude de La Colombière, l'aide dans sa mission, qui consiste notamment à faire instituer une fête en l'honneur du Sacré Cœur de Jésus. Fort mal traitée par les autres visitandines jusqu'à ce qu'une de ses amies devienne supérieure du couvent, attaquée par les jansénistes, Marguerite-Marie n'en poursuit pas moins son but. Le 21 juin 1686 est célébrée pour la première fois la fête du Cœur de Jésus. Après sa mort, et surtout au XIXe siècle, sous la Restauration, le culte du Sacré-Cœur continuera à se répandre, Paray-le-Monial devenant un important centre de pèlerinage. Béatifiée en 1864, Marguerite-Marie Alacoque a été canonisée en 1920.

MARGUERITE d'ALSACE (?, v. 1145 – ?, 1194)

Comtesse de Flandre.

Fille de Thierry d'Alsace, comte de Flandre, veuve de Raoul le Lépreux, elle épouse en secondes noces, en avril 1169, Baudouin V de Hainaut. Leur fille Isabelle ayant épousé à son tour Philippe Auguste, roi de France, un conflit s'élève entre les deux familles lorsque le comté de Flandre revient à Marguerite à la mort de son père. L'hostilité des communes flamandes envers le souverain capétien incite cependant ce dernier à composer, moyennant le versement d'une somme de 5 000 marcs d'argent, assure-t-on, et la cession de Saint-Omer à Louis de France (futur Louis VIII). Ce dernier prend le titre de comte d'Artois à la suite du traité de Péronne (1192). De l'union de Marguerite d'Alsace avec Baudouin de Hainaut naissent sept enfants. L'un d'eux, Baudouin IX, comte de Flandre (ou Baudouin VI de Hainaut), deviendra empereur de Constantinople sous le nom de Baudouin Ier.

Marguerite d'Angoulême
Elle offre ici un de ses livres à Anne de Pisseleu, favorite de son frère, François Ier. Miniature du XVIe siècle, Chantilly, musée Condé. © *Sélection Images*

MARGUERITE d'ANGOULÊME ou de NAVARRE (Angoulême, 1492 – Odos, Bigorre, 1549)

Reine de Navarre (1527-1549).

Fille de Charles d'Orléans-Angoulême et de Louise de Savoie, sœur aînée de François Ier, elle épouse en 1509 le duc Charles d'Alençon. Elle est assurément un des plus brillants fleurons de la cour de son frère, cultivant avec grâce et élégance arts et littérature. En 1525, son frère, fait prisonnier à Pavie, est transféré à Madrid, où Marguerite se rend à la fois pour le réconforter et pour tenter d'obtenir sa grâce de Charles Quint. Cette même année meurt son époux. Remariée deux ans plus tard à Henri d'Albret, roi de Navarre, Marguerite donne le jour à Jeanne (qui sera la mère d'Henri IV). Mais ce second mariage n'est guère heureux et Marguerite s'isole volontiers à Nérac, où elle forme une cour ouverte aux lettrés. Favorable à certaines tendances de la Réforme, elle entretient des relations avec Lefèvre d'Étaples, Calvin, Melanchthon, Briçonnet, des écrivains tels que Bonaventure des Périers et Clément Marot. Rabelais lui dédie son *Tiers Livre* en 1546. La reine de Navarre elle-même tient la plume avec succès. En 1531 paraît *Le Miroir de l'âme pécheresse*. Suivent *La Nativité*, plusieurs poésies et surtout *L'Heptaméron*, achevé en 1546, œuvre maîtresse dans laquelle l'auteur confirme ses qualités de cœur et son élévation d'esprit. *Les Marguerites de la Marguerite des princesses* paraît en 1547, l'année de la mort de son frère, événement qui l'affecte vivement, pesant lourdement sur les derniers mois de son existence. Un recueil des lettres de Marguerite de Navarre a été publié en 1841 et 1842.

MARGUERITE d'ANJOU (Pont-à-Mousson, 1430 – Dampierre, Anjou, 1482)

Reine d'Angleterre (1445-1471).

Fille de René, roi d'Aragon et de Sicile, duc d'Anjou, de Bar et de Lorraine, comte de Provence, elle épouse en 1445 Henri VI d'Angleterre, de la maison de Lancastre. Marguerite d'Anjou fonde le Queen's College de Cambridge et protège le commerce et l'industrie. Pourtant son peuple ne l'aime pas. Les Anglais la surnomment « la Française ». Lorsqu'elle donne à son mari un enfant, Édouard prince de Galles, le 13 octobre 1453, le Parlement lui refuse la régence – le roi est un demi-fou impotent – et nomme protecteur le duc d'York, héritier légitime de la couronne. De 1453 à 1471, Marguerite mène une guerre acharnée contre les partisans des York, leur livrant 12 batailles. Cette guerre, dite des Deux-Roses (rose blanche des York, rose rouge des Lancastre), ne se terminera qu'en 1485.

Henri VI ayant été pris par les yorkistes au combat de Southampton, en 1460, Marguerite d'Anjou remporte la victoire de Wakefield et fait trancher la tête du protecteur. Vaincue à Hekman en 1463, elle se réfugie tour à tour en Écosse, en Flandre, en France. En 1470, grâce aux secours de Louis XI et à l'appui du comte de Warwick, puissant yorkiste rallié à la fortune des Lancastre, Marguerite d'Anjou conquiert le royaume perdu et délivre Henri VI. Le nouveau règne de la rose rouge ne dure pas. Le fils du protecteur, Édouard IV, proclamé roi en 1461, bat avec le soutien de Charles le Téméraire, duc de Bourgogne, l'armée lancastrienne à Twesbury, le 13 août 1471. Il ordonnera d'égorger le prince de Galles et d'emprisonner Henri VI et sa femme. Devenue veuve, et après que Louis XI eut versé à Édouard IV une rançon, elle se retire en Anjou. La reine Marguerite renonce à l'héritage paternel sur la demande du roi de France qui l'entretiendra pauvrement, jusqu'à sa mort.

MARGUERITE de BOURGOGNE (?, 1290 – Château-Gaillard, 1315)

Reine de France (1314-1315).

Fille du duc de Bourgogne Robert II, fiancée en 1295 au fils aîné de Philippe le Bel, Louis, futur Louis X le Hutin, elle épouse ce dernier en 1305. Elle lui donnera une fille, Jeanne, future reine de Navarre et mère de Charles II le Mauvais. Accusée d'adultère avec un des frères d'Aunay, trouvé en possession d'une bourse tissée de ses propres mains, Marguerite est conduite au Petit-Andely au printemps de 1314, et enfermée au Château-Gaillard, avec Blanche, sa belle-sœur, sur laquelle pèsent les mêmes accusations. À la mort de Philippe le Bel, son époux devient roi, mais Marguerite reste dans sa cellule. Elle y meurt au mois d'avril 1315 et Louis peut ainsi épouser Clémence de Hongrie. Marguerite de Bourgogne est l'héroïne, fort imaginaire, du célèbre drame d'Alexandre Dumas, *La Tour de Nesle*.

MARGUERITE de FRANCE (?, 1157 – Acre, v. 1192)

Reine d'Angleterre, puis reine de Hongrie.

Premier enfant de Louis VII et de sa seconde épouse, Constance de Castille, elle est fiancée, dès 1158, au cours de négociations menées du côté anglais par Thomas Becket, à l'héritier du royaume anglo-angevin, Henri le Jeune Plantagenêt. Bientôt remise au roi d'Angleterre, elle reçoit en dot Neauphle, une partie du Vexin, et Gisors. Après la mort d'Henri, survenue en 1183, Marguerite épousera en secondes noces le roi de Hongrie Béla III.

MARGUERITE de FRANCE (?, v. 1282 – ?, 1318)

Reine d'Angleterre (1299-1318).

Fille de Philippe III le Hardi et de Marie de Brabant, elle est la sœur de Philippe le Bel. En 1297, d'après les clauses d'une trêve signée par Philippe le Bel, Gui de Flandre et Édouard Ier d'Angleterre, elle est fiancée à ce dernier. Le mariage sera célébré deux ans plus tard.

MARGUERITE de FRANCE (Saint-Germain-en-Laye, 1523 – Turin, 1574)

Duchesse de Savoie (1559-1574).

Fille de François Ier et de Claude de France, sœur du futur Henri II, elle est élevée par sa tante Marguerite d'Angoulême, reine de Navarre. À la cour tenue par cette dernière à Nérac et à Pau, la jeune fille apprend à apprécier les arts et à protéger écrivains et humanistes. Mariée en 1559 à Emmanuel-Philibert, duc de Savoie, elle vit dès lors à la cour de Turin.

MARGUERITE de FRANCE ou de VALOIS, dite LA REINE MARGOT (Saint-Germain-en-Laye, 1553 – Paris, 1615)

Reine de Navarre (1572-1599).

Troisième fille d'Henri II et de Catherine de Médicis, elle est mariée, par sa mère et son frère Charles IX, à Henri de Navarre (futur Henri IV), malgré la différence de religion (18 août 1572). Cette alliance, officiellement destinée à rapprocher catholiques et protestants, produit rapidement l'effet contraire, si l'on en juge par le fait que la Saint-Barthélemy a lieu moins d'une semaine plus tard. Les époux, contraints à cette union, n'éprouvent guère d'affection réciproque. Marguerite, laissée à la Cour après l'évasion du roi de Navarre, sert à la fois les intérêts de celui-ci et ceux de son dernier frère, le duc d'Alençon. En 1578, elle fait un premier séjour à Nérac. Bientôt elle revient à la Cour, où elle se rend insupportable par son inconduite et surtout par ses intrigues, au point qu'Henri III doit la chasser en 1583. Alors commence un nouveau séjour à Nérac. En 1587, prenant prétexte de l'excommunication du roi de Navarre, elle le quitte, se découvre ligueuse et se rend à Agen qui lui a été donnée en dot. Les Agenais ne tardent pas à la prendre en aversion, et l'arrivée du maréchal de Matignon l'oblige à se réfugier précipitamment à Carlat en Haute-Auvergne. Puis, sortant de cette place où elle ne se croit pas en sûreté, elle est capturée par Canilhac qui a ordre de la conduire au château d'Usson. Son geôlier se laisse facilement séduire. Après s'être débarrassée de lui, Margot mène à Usson, pendant dix-sept ans, une vie plus repliée que pendant sa jeunesse, mais qui reste fort libre pour ne pas dire libertine. En 1599, moyennant d'intéressantes compensations, elle a donné son accord à l'annulation de son mariage avec celui qui est devenu Henri IV. Ayant obtenu l'autorisation de revenir dans la capitale en 1605, elle continuera à faire parler de ses aventures jusqu'à sa mort. La reine Margot, qui se piquait de lettres comme presque tous les Valois de son temps, a laissé des *Poésies* et des *Mémoires* publiés en 1628.

MARGUERITE de LORRAINE (?, 1613 – ?, 1672)

Épouse de Gaston d'Orléans.

Sœur cadette de Charles de Lorraine, elle est distinguée par Gaston d'Orléans, frère de Louis XIII, qui l'épouse en secret en 1632. L'hostilité de Richelieu ayant valu à Gaston d'Orléans d'être exilé aux Pays-Bas, Marguerite s'échappe de Nancy pour gagner Bruxelles, où réside son époux. Un lit de justice déclare le mariage nul. Mais la situation tendue s'apaise après la mort du cardinal, Gaston devenant lieutenant-général du royaume sous la minorité de Louis XIV, et Marguerite retrouvant ses grandes entrées au Louvre.

Marguerite de Valois
Celle qui deviendra la reine Margot en épousant Henri de Navarre. Portrait, XVIe siècle, le Puy-en-Velay, musée Crozatier. © *Giraudon*

MARGUERITE de PROVENCE (?, 1221 – Saint-Marcel, près de Paris, 1295)

Reine de France (1234-1295).

Fille aînée de Raymond Bérenger IV, comte de Provence, elle épouse en 1234, à l'instigation de Blanche de Castille, le jeune Louis IX (Saint Louis). D'après Joinville, la reine provoque la jalousie de Blanche de Castille qui ne supporte pas que son fils reste seul avec Marguerite. Elle accompagne cependant le roi à la croisade, en 1248, et s'installe avec lui à Damiette. Lorsque Saint Louis part en campagne, Marguerite, enceinte, reste à Damiette, où elle se trouve lorsque le roi est fait prisonnier à la bataille de Mansourah, en avril 1250. La reine, après avoir accouché d'un fils prénommé Jean Tristan, qui ne vivra pas, se fait conduire à Saint-Jean-d'Acre où la retrouve bientôt son mari, libéré en mai 1250. Avec lui, Marguerite regagne la France en juillet 1254, la nouvelle de la mort de la régente Blanche de Castille leur étant parvenue. Sous le règne de Saint Louis, Marguerite ne prend aucune part au gouvernement, menant une vie austère. Après la mort du roi, en 1270, elle se retire dans sa résidence du faubourg Saint-Marcel, mais continue de paraître à la cour de son fils, Philippe III. Cherchant à présent à jouer un rôle politique, elle défend les intérêts de son beau-frère, Henri III d'Angleterre, et prend ainsi la tête du parti anglais. Elle s'oppose à Charles d'Anjou qui s'est emparé de la Provence.

Abandonnant la Cour à la mort de son fils, elle se retire, avec sa fille Blanche, au couvent des cordelières de Sainte-Claire qu'elle avait fondé quelques années plus tôt. Elle avait donné à Louis IX douze enfants, dont sept survécurent.

MARGUERITE STUART (?, v. 1424 – Châlons-sur-Marne, 1445)

Dauphine de France.

Fille de Jacques Ier Stuart, roi d'Écosse, elle est fiancée à l'âge de 3 ans au Dauphin Louis, futur Louis XI, qui en a 5. Elle l'épouse en 1436, avec une dispense et malgré les intrigues des Anglais, mécontents de cette union. Marguerite apprend le français, étudie la littérature française, protège les artistes et les écrivains, notamment Alain Chartier. Elle reçoit dans sa chambre les gens de lettres, et un seigneur de la Cour, Jamet du Tillet, répand le bruit que la Dauphine se livre en fait à la débauche. Déjà mal disposé envers son épouse, le Dauphin prête une oreille attentive à ces affirmations. Éprouvée, Marguerite ne tarde pas à tomber malade et se laisse mourir.

MARGUERITE d'YORK (Fotheringay, 1446 – Malines, 1503)

Duchesse de Bourgogne (1468-1503).

Fille de Richard d'York, sœur des rois d'Angleterre Édouard IV et Richard III, elle devient en juillet 1468 l'épouse de Charles le Téméraire, duc de Bourgogne. Veuve en 1477 à la suite du désastre de Nancy, la duchesse se retire dans ses États des Pays-Bas.

MARIANNE

Figure emblématique de la République française depuis 1792.

Figure allégorique, la Marianne au bonnet phrygien, bonnet des esclaves affranchis de la Grèce antique, est d'origine controversée. Pour les uns, ce sobriquet (Marie-Anne) fut donné à la République par les contre-révolutionnaires, pour d'autres, c'est le prénom du modèle du *Départ des volontaires de 1792*, de Rude, sur l'Arc de

Marianne
La Libération de la France ou sa résurrection, affiche de Paul Colin du 17 août 1944. Paris, Bibliothèque nationale de France. © *Giraudon*

triomphe. Selon une troisième hypothèse enfin, il s'agit d'une société secrète fondée par Ledru-Rollin pour renverser l'Empire. Dès 1792, Marianne, vêtue à l'Antique et en armes, symbolise la République combattante. Symbole affaibli sous la monarchie comme sous l'Empire, elle est la figure de ralliement des républicains. Elle représente toujours la liberté, comme en témoigne *La Liberté guidant le peuple* de Delacroix en 1830. Elle figure sur les timbres-postes dès 1849 (année des premiers timbres en France). À l'avènement de la République (1870), la coutume s'instaure d'orner les salles de mairie d'un buste de Marianne. En 1874, lorsque le duc de Broglie menace la France d'une restauration monarchiste, les Marianne sont chassées des mairies. À partir de l'enracinement de la République, désarmée, son bonnet remplacé par une couronne de blé, Marianne est « au pouvoir », puis le bonnet originel réapparaît. Après s'être montrée libérale et la révolutionnaire, elle apparaît patriote et républicaine.

Malmenée lorsque la République est attaquée, Marianne disparaît sous Vichy. On descelle les statues la représentant au fronton des mairies, l'effigie du maréchal Pétain la remplaçant sur les timbres-postes. À la Libération elle reprend aussitôt sa place, incarnant non seulement la République, mais aussi la Liberté, le Peuple, la Nation. Depuis la Ve République, le gaullisme tend à renforcer la symbolique du pouvoir exécutif au détriment de celui de la République. Pour preuve de cette évolution, à partir de 1969, les bustes ont été sculptés à l'effigie d'une femme célèbre : de Brigitte Bardot à Catherine Deneuve et à Lætitia Casta. Marianne s'assimile toujours néanmoins aujourd'hui à la République et à la nation française sur les timbres et les pièces comme sur les cachets officiels.

MARIE André (Honfleur, 1897 – Rouen, 1974)

Homme politique, président du Conseil.

Avocat, député radical-socialiste de Seine-Inférieure à 31 ans, il est sous-secrétaire d'État dans les cabinet Sarraut (1933) puis Daladier (1934), qui lui confient la question épineuse de l'Alsace-Lorraine et le poste de représentant de la France à la Société des Nations (SDN). Déporté à Buchenwald à la fin de la Seconde Guerre mondiale pour ses activités dans la Résistance, André Marie est membre des assemblées constituantes puis ministre de la Justice. Il a la responsabilité des derniers procès en Haute Cour de Justice des collaborateurs (janvier 1947-juillet 1948). Le 26 juillet 1948, il est appelé par le président de la

République Vincent Auriol à remplacer Robert Schuman à la présidence du Conseil. Il forme un gouvernement d'union nationale rassemblant Paul Reynaud aux Finances et Léon Blum à la vice-présidence. Il ne peut cependant mettre les deux hommes d'accord, la classique tentative de remise en ordre financière (rigueur économique et rentrées fiscales) de Paul Reynaud se heurtant aux syndicats et à une reprise des grèves. André Marie démissionne au bout d'un mois, le 27 août. Il reste néanmoins jusqu'en 1954 sur la scène politique française, d'abord en tant que ministre de la Justice dans le premier cabinet Queuille (septembre 1948-octobre 1949), puis, à partir de 1951, dans cinq cabinets successifs, en tant que ministre de l'Éducation nationale. Bien que radical, il fait voter la loi Marie sur l'extension des bourses dans l'enseignement libre, qui relance en 1951 la question de la laïcité. Le MRP ne lui en sera pas reconnaissant et fera échouer en 1953 son retour à la présidence du gouvernement.

MARIE-MADELEINE POSTEL, sainte (Barfleur, 1758 – Saint-Sauveur-le-Vicomte, 1846)

Fondatrice des Filles de la Miséricorde.

Manifestant très jeune un vif esprit de charité, Julie Postel s'intéresse particulièrement à l'instruction des enfants et ouvre à Barfleur, à la fin de l'Ancien Régime, un premier pensionnat. Pendant la tourmente révolutionnaire, elle vient en aide aux prêtres réfractaires. Sous l'Empire, lorsque l'administration entreprend de développer l'enseignement des classes populaires, on fait appel à son expérience. En 1807, elle fonde la congrégation enseignante des Pauvres Filles de la Miséricorde, et prend le prénom de Marie-Madeleine. Elle continue à enseigner après le retour des Bourbons, passe en 1818 le brevet d'enseignement devenu obligatoire et installe en 1832 sa congrégation à Saint-Sauveur-le-Vicomte. En 1837, les Filles de la Miséricorde adoptent les constitutions des Frères des écoles chrétiennes. À sa mort, sa congrégation ne compte pas moins de 37 maisons. Béatifiée en 1908, elle sera canonisée en 1925.

MARIE DE L'INCARNATION, bienheureuse : voir ACARIE Madame

MARIE d'ANGLETERRE (Angleterre, 1497 – Angleterre, 1534)

Reine de France (1414).

Fille d'Henri VII d'Angleterre et d'Élisabeth d'York, sœur d'Henri VIII, elle épouse, le 9 novembre 1514, Louis XII, âgé de 52 ans. Maîtresse de Charles Brandon, duc de Suffolk, elle écoute les propos légers que lui adresse l'héritier présomptif du trône, François, comte d'Angoulême, futur François Ier. Veuve depuis trois mois, et après avoir laissé croire qu'elle était enceinte de Louis XII, afin d'empêcher François Ier d'accéder au trône, Marie d'Angleterre épouse finalement en secondes noces le duc de Suffolk et regagne sa patrie.

MARIE d'ANJOU (?, 1404 – abbaye du Châtelier, Poitou, 1463)

Reine de France (1422-1463).

Fille de Louis II d'Anjou et de Yolande d'Aragon, sœur du roi René, elle épouse à Bourges en 1422 le Dauphin Charles, futur Charles VII, à qui elle est fiancée depuis dix ans. Elle joue un rôle effacé. Elle donnera 13 enfants au roi et souffrira beaucoup de sa liaison avec Agnès Sorel.

MARIE-THÉRÈSE d'AUTRICHE (Madrid, 1638 – Versailles, 1683)

Reine de France (1660-1683).

Fille de Philippe IV d'Espagne et d'Élisabeth de France, son mariage avec Louis XIV, conclu par le traité des Pyrénées, est célébré à Saint-Jean-de-Luz le 9 juin 1660. Si Louis XIV escompte bien un jour faire valoir ses droits à la succession espagnole en exploitant le non-paiement de sa dot de 500 000 écus, la nouvelle reine ne joue aucun rôle politique à la cour de France. Elle est effacée et parle d'ailleurs mal le français. Mais elle est gaie et en adoration devant le roi, auquel elle donne six enfants, morts tous jeunes, sauf le Grand Dauphin (né en 1661). Elle s'était résignée aux nombreux écarts de Louis XIV, qui devait déclarer à sa mort : « Voilà le premier chagrin qu'elle m'ait causé. »

MARIE-ANTOINETTE Joseph Jeanne d'Autriche-Lorraine (Vienne, 1755 – Paris, 1793)

Reine de France (1774-1791) puis reine des Français (1791-1792).

Dernière née des enfants de l'empereur François Ier de Lorraine et de Marie-Thérèse, impératrice d'Autriche, l'archiduchesse Antonia – tel était, en effet, le nom donné durant son enfance à la future reine de France – va, dès son plus jeune âge, porter les espérances d'un mariage symbolisant la fin d'une série de guerres opposant, depuis des siècles, les Bourbons aux Habsbourg. Avec ce mariage, Marie-Thérèse voudrait consacrer une fragile alliance franco-autrichienne ne datant que de 1756 et fortement critiquée dans les deux pays. Du côté français, outre la désapprobation du peuple, hostile à une alliance avec Vienne, les filles de Louis XV essayent d'orienter leur père vers une politique antiautrichienne, pour la raison essentielle que les maîtresses de celui-ci sont favorables à une telle union. Mais ces pressions restent lettre morte. Louis XV et Marie-Thérèse, secondés par leurs ministres, Choiseul et Kaunitz, préparent un mariage entre la petite archiduchesse et le Dauphin Louis Auguste, futur Louis XVI. Le 17 avril 1770, après avoir reçu de sa mère la recommandation de « rester bonne Allemande », Marie-Antoinette accomplit son premier acte politique en formulant sa renonciation à la succession d'Autriche, tandis que le 19 est célébré, à Vienne, son mariage par procuration avec le Dauphin, demeuré à Versailles.

Le 16 mai, le mariage officiel a lieu à Versailles. La jeune Dauphine, par sa grâce juvénile et son inextinguible sourire, conquiert bien vite l'ensemble de la Cour. Mais, et certains y verront plus tard un signe du destin, les fêtes données à l'occasion du mariage coûtent la vie à 132 personnes venues assister au feu d'artifice et étouffées par une foule gigantesque. À Versailles, pourtant, Marie-Antoinette est très rapidement l'objet d'attaques de plus en plus vives. Son esprit frondeur, caustique parfois, et son mépris des règles de l'étiquette vis-à-vis des personnes qu'elle ne tient pas en grâce, lui valent bien vite l'inimitié d'une partie de la « vieille Cour ». La Dauphine sera l'objet de sévères remontrances de la part de son père, de Louis XV et de sa mère informée, grâce à son ambassadeur Mercy, de son attitude peu protocolaire à l'égard de certains membres de l'entourage royal.

Marie-Thérèse d'Autriche
Portrait de Marie-Thérèse. Huile sur toile, musée de la ville de Paris, musée Carnavalet. © *Giraudon*

Marie-Antoinette
Portrait inachevé de la reine par Alexandre Kuchovski, école polonaise du XVIIIe siècle. Pastel, château de Versailles. © *Giraudon*

À la mort de Louis XV en 1774, Marie-Antoinette, anxieuse de devenir reine si jeune, loin de s'imposer dans ses nouvelles fonctions, prend le parti de la légèreté. Accusée d'avoir éclaté de rire au visage de Mmes de Marsan et de Noailles lors des condoléances à la Cour, elle est l'objet de l'hostilité d'une partie accrue de l'entourage royal. Insouciante, elle continue de dépenser des fortunes en une seule soirée, de s'entourer d'un petit cénacle d'amis, dont les plus célèbres sont la princesse de Lamballe ou l'intrigant clan des Polignac, de danser, jouer la comédie, cultiver l'ignorance et les sarcasmes, et se permettre des familiarités du plus mauvais ton avec son beau-frère, le comte d'Artois (futur Charles X). N'ayant pu obtenir le retour à la Cour de Choiseul, congédié par Louis XV, elle se brouille avec les ministres exaspérés par ses folles dépenses et ses libéralités à l'égard des membres de « sa » cour. Cette conduite oblige son frère Joseph II à faire un voyage en France pour sermonner la jeune reine. Rien n'y fait, et bien que Louis XVI, à la suite d'une intervention chirurgicale, lui ait enfin permis d'attendre un enfant, sa légèreté et ses prodigalités s'étalent de plus en plus.

Au mois de décembre 1778, Marie-Antoinette donne le jour à Madame Royale ; le 22 octobre 1781, c'est la naissance du premier Dauphin, qui meurt à la veille de l'ouverture des États généraux, au mois de mai 1789. Puis vient au monde, au printemps 1785, le deuxième Dauphin, futur Louis XVII. L'éducation qu'elle donne à ses enfants est, certes, celle d'« enfants de France », mais aussi d'héritiers d'une tradition absolutiste, sourde aux secousses profondes en passe d'ébranler le vieil édifice monarchique. Elle-même est amenée à prendre une foule d'options à contre-courant, dépensant lorsqu'il aurait fallu être économe, attaquant le duc d'Orléans alors que celui-ci jouit d'un grand prestige dans le peuple, s'immisçant dans les affaires de l'État avec la volonté d'imposer les intérêts autrichiens là où Louis XVI et Maurepas auraient dû pouvoir disposer de toute latitude en matière diplomatique… En un mot, la reine de France est, de plus en plus, regardée comme étrangère à la cause de son pays d'adoption. La tardive paternité de Louis XVI, les familiarités d'Artois, la présence trop fréquente de favoris tels que Lauzun ou le duc de Coigny, le « penchant » pour Axel de Fersen surtout, l'amitié sans bornes manifestée à la princesse de Lamballe, puis à la duchesse de Polignac, le goût des lectures licencieuses, sont autant de sujets susceptibles de brouiller l'image donnée par la reine de France

De mois en mois, le peuple, informé de ces turpitudes présumées, après avoir réservé à sa souveraine un insultant silence lors de ses sorties de Versailles, lance, maintenant, sifflements et injures sur le passage de « Madame Déficit ». La malencontreuse affaire du Collier (1785) achève de rendre odieuse aux Français une reine adulée quelques années plus tôt.

La Révolution advenue, Marie-Antoinette prône l'obscurantisme face aux idées du moment. Peu confiante en Mirabeau, moqueuse à l'égard de La Fayette, elle se coupe de la faction modérée de l'Assemblée et pousse le roi à des maladresses. Favorisant l'émigration, souhaitant que l'Europe monarchique déferle les armes à la main sur la France afin d'anéantir le puissant élan des années 1789-1790, organisant la fuite de Varennes, la reine, par-delà une fermeté d'âme et un courage au-dessus de tout éloge, fait prendre à Louis XVI une série d'options politiques aux conséquences désastreuses. Puis, après l'incarcération au Temple et l'exécution de son mari, Marie-Antoinette est détenue à la Conciergerie et traduite devant le Tribunal révolutionnaire à l'automne 1793. Ayant à répondre de plusieurs accusations, dont la plus grave est celle d'intelligences avec l'ennemi, l'« Autrichienne » subit, avec beaucoup de dignité, un procès au cours duquel les forfaitures les plus odieuses lui sont imputées, comme celle d'avoir entretenu des relations incestueuses avec son fils. Condamnée, au terme du réquisitoire de Fouquier-Tinville, à la peine de mort, Marie-Antoinette est guillotinée le 16 octobre 1793, sur la place de la Révolution.

MARIE-ANNE Christine Victoire de BAVIÈRE (?, 1660 – ?, 1690)

Dauphine de France.

Fille de l'électeur de Bavière Ferdinand-Marie, elle épouse, en 1679, Louis, le Grand Dauphin, fils de Louis XIV. Elle aura 3 enfants : Louis, duc de Bourgogne, qui sera le père de Louis XV, Philippe, duc d'Anjou, futur Philippe V d'Espagne, et Charles, duc de Berry.

MARIE-AMÉLIE de BOURBON (Caserte, Italie, 1782 – Claremont, Angleterre, 1866)

Reine des Français (1830-1848).

Fille de Ferdinand IV des Deux-Siciles et de Marie-Caroline d'Autriche, elle suit le sort de la famille royale napolitaine, qui se réfugie en Sicile en 1799 à la suite de l'invasion du sud de l'Italie par les forces de la Révolution française. C'est à Palerme qu'elle rencontre le futur Louis-Philippe Ier. Leur union est célébrée en 1809. De celle-ci naîtront 10 enfants, auxquels Marie-Amélie se consacrera avec un dévouement exemplaire. Simple, modeste, ne recherchant guère les honneurs, reine des Français à partir de 1830, la souveraine s'efforce d'autant plus de se montrer digne de sa nouvelle tâche qu'elle redoute l'accusation d'usurpation formulée par les légitimistes à l'encontre de son mari. La révolte parisienne de 1848 révélera sa dignité de caractère, tout comme l'exil définitif en Angleterre. Son *Journal* a été réédité en 1981.

MARIE-CAROLINE de BOURBON-SICILE : voir BERRY, duchesse DE

MARIE de BOURGOGNE (Bruxelles, 1457 – Bruges, 1482)

Duchesse de Bourgogne (1477-1482).

Fille unique de Charles le Téméraire et de sa seconde femme Isabelle de Bourbon, elle hérite de l'État bourguignon après la mort tragique de son père devant Nancy (5 janvier 1477). Louis XI profite du désarroi provoqué par la disparition du Téméraire pour tenter de s'approprier l'héritage. Il ne s'arrête qu'un instant à l'idée que soutient Commynes d'un mariage entre le Dauphin Charles (futur Charles VIII) et Marie de Bourgogne. De toute manière, la différence d'âge ruine d'avance le projet : Charles n'a que 7 ans alors que Marie en a 19. Mais, sous prétexte de protéger son illustre « filleule », le roi investit peu à peu la Bourgogne, la Picardie, l'Artois et le Boulonnais : l'État bourguignon est démembré. Devant l'agitation qui gagne alors les villes des Pays-Bas, la jeune duchesse réunit les états généraux à Gand et obtient d'eux les subsides et les contingents nécessaires pour pouvoir résister à l'invasion, en échange de la concession du Grand Privilège (11 février 1477) qui détruit l'œuvre de centralisation opérée par les ducs de Bourgogne.

Marie trouve un protecteur puissant dans l'archiduc Maximilien, fils de l'empereur Frédéric III et lui-même futur empereur, qu'elle épouse le 19 août 1477. Après une guerre indécise, Louis XI obtient avant sa mort l'avantageux traité d'Arras (1482) qui lui laisse l'espoir de souder à la Bourgogne ducale, réunie au royaume, les terres d'outre-Saône, le Dauphin Charles devant épouser Marguerite, fille de Marie de Bourgogne, dont la dot sera précisément la Franche-Comté. Mais l'échec du mariage laissera la frontière de la France fixée à la Saône. Lorsque Marie de Bourgogne meurt prématurément des suites d'une chute de cheval, elle laisse toutes ses possessions, hormis la Bourgogne, au fils qu'elle a eu de Maximilien, Philippe de Habsbourg (né en 1478), qui sera le père de Charles Quint. Elle est inhumée dans l'église Notre-Dame de Bruges.

MARIE de BRABANT (Louvain, 1254 – Murel, près de Meulan, 1321)

Reine de France (1274-1321).

Fille d'Henri III, duc de Brabant, et d'Adélaïde de Bourgogne, elle épouse au mois d'août 1274, à Vincennes, Philippe III le Hardi. La jeune reine doit affronter l'autorité de sa belle-mère, Marguerite de Provence. Elle aime les fêtes, protège les poètes et les écrivains et groupe bientôt autour d'elle le parti angevin. En 1276, l'aîné des fils de Philippe III et d'Isabelle, sa première épouse, meurt subitement. Aussitôt, Pierre de La Brosse, favori du roi et ennemi juré de la reine, répand le bruit que cette dernière a fait empoisonner l'héritier du trône. Marie de Brabant se vengera deux ans plus tard en faisant accuser Pierre de La Brosse de trahison au profit de la Castille. Jugé sommairement, son ancien accusateur sera pendu.

MARIE-LOUISE de HABSBOURG-LORRAINE (Vienne, 1791 – Parme, 1847)

Impératrice des Français (1810-1814).

Fille de l'empereur d'Autriche François II et de Marie-Thérèse de Bourbon-Sicile, elle reçoit, à la cour d'Autriche, une éducation guidée par la haine des événements révolutionnaires français de 1789-1799, ainsi que par une aversion profonde envers celui qui en est considéré comme l'héritier idéologique, l'empereur Napoléon. C'est pourtant au « corsicain » qui, à Austerlitz, à Ulm et à Wagram a mis l'Autriche à genoux, que la jeune fille est promise au lendemain de la bataille de Wagram (juillet 1809). La stérilité de Joséphine compromettant la survie de l'Empire à la mort de son fondateur, l'Empereur veut en effet contracter un autre mariage. L'objectif en est double. Il faut, d'une part, « épouser un ventre », comme il le dit lui-même, et d'autre part consacrer une union permettant une prolongation de la paix entre Vienne et Paris. Des conversations sont entamées et vite menées dès 1809, entre Berthier, prince de Wagram, et le ministre autrichien Metternich, afin de préparer la demande officielle en mariage. Celle-ci est formulée par Napoléon au début de l'année 1810. Le mariage a lieu, par procuration, le 11 mars 1810, et c'est le 16 du même mois que s'effectue, à Braunau, la remise officielle de l'archiduchesse. Le 27 mars, non loin de Soissons, a lieu la première rencontre entre Marie-Louise et Napoléon. Celui-ci, fou d'impatience à l'idée que ce mariage lui permet de se donner « des ancêtres », exprime dès l'abord un vif attachement à une épouse qui semble très sincèrement lui rendre ce sentiment. Reçue avec force manifestations d'enthousiasme populaire, Marie-Louise devient officiellement impératrice le 2 avril 1810 à Notre-Dame de Paris. Moins d'un an après, le 20 mars 1811, elle met au monde l'héritier tant attendu. À la naissance de ce garçon qui portera le titre de roi de Rome et qu'on

Marie de Bourgogne
La fille unique de Charles le Téméraire épouse Maximilien Ier d'Autriche en août 1477. © *Lauros-Giraudon*

Marie-Louise de Habsbourg
L'Impératrice et le roi de Rome. Huile sur toile de Joseph Franque, début XIXe siècle, château de Versailles. © *G. Dagli Orti*

appellera l'Aiglon, Napoléon et la nation entière exultent. Après avoir épousé la nièce de Marie-Antoinette, l'Empereur peut maintenant croire qu'il se survivra en cet enfant, et se louer du choix qui l'a porté vers cette épouse.

Mais l'heure des revers politiques va sonner. Marie-Louise, restée fondamentalement autrichienne, adopte durant les années 1813-1814 une attitude de passivité politique. Ayant reçu, au début de la campagne de 1814, la régence de l'Empire, elle se désintéresse totalement des affaires de l'État et se laisse mener au gré des influences d'un entourage souvent déloyal. À l'approche des troupes coalisées, elle quitte précipitamment Paris. Puis, guidée certainement plus par l'inconstance de son caractère que par la volonté de trahir les intérêts de la France, apprenant la déchéance et l'abdication de son mari, elle se résigne – non sans tristesse toutefois – à rejoindre son père. Arrivée à Vienne au mois de mai 1814, Marie-Louise oublie progressivement l'exilé de l'île d'Elbe, malgré les nombreuses exhortations de celui-ci pour qu'elle vienne le voir avec son fils. Après Waterloo, la souveraineté viagère des duchés de Plaisance, de Guastalla et de Parme lui est dévolue, tandis qu'elle emmène avec elle le comte de Neipperg, officier autrichien, ancien ambassadeur de Vienne à Stockholm, qui deviendra son époux morganatique trois mois seulement après la mort de Napoléon (1821). L'absence de son fils, devenu duc de Reichstadt, qu'elle a abandonné à Vienne ne lui causera, semble-t-il, aucun manque affectif profond. Entièrement inféodée aux intérêts autrichiens, elle voit toujours en cet enfant l'héritier du vainqueur d'Austerlitz plus que le témoignage vivant de son mariage.

En 1831, parce que trop liée aux seules exigences de la politique autrichienne, Marie-Louise est chassée du duché de Parme par ses sujets révoltés. Très rapidement rétablie grâce aux armées de son père, elle assiste l'année suivante à la mort de l'ex-roi de Rome. Veuve de Neipperg depuis 1829 (il lui a laissé deux enfants), elle se remarie en 1834 avec le comte de Bombelles, gentilhomme d'origine française. Installée en Italie, l'ancienne impératrice mène une existence obscure, entrecoupée de voyages, et meurt en 1847 des suites d'une pneumonie.

MARIE LESZCZYŃSKA (Breslau, Silésie autrichienne, 1703 – Versailles, 1768)

Reine de France (1725-1768).

Fille du roi de Pologne Stanislas Leszczyński et de Catherine Opalinska, elle connaît une enfance et une adolescence troublées à la suite de l'éviction de son père du trône de Pologne. Réfugié à Wissembourg, le monarque déchu sort de sa retraite en raison de la distinction dont sa fille est l'objet de la part de Mme de Prie et du duc de Bourbon. Ceux-ci pensent en effet maintenir leur crédit à la Cour en mariant le jeune Louis XV à cette princesse douce et effacée, étrangère à tout point de vue aux intrigues de la Cour. La tradition fait dire que Stanislas entra, au reçu de cette nouvelle, dans la chambre où se tenaient sa fille et son épouse en déclarant : « Mettons-nous à genoux et remercions Dieu. » Et Marie de s'exclamer : « Vous êtes rappelé au trône de Pologne, mon père ? – Non, ma fille. Le ciel nous est plus favorable… Vous êtes reine de France ! » Marie vient d'être choisie parmi quelque 17 prétendantes, assure-t-on. Elle n'est pas la plus jolie, ni la plus brillante, encore qu'un tableau de Van Loo la présente presque gracieuse en habits d'apparat. Effacée et timide, elle est sincèrement éprise du jeune souverain qui justifie alors pleinement son surnom de « Bien-Aimé ». De six ans l'aînée de Louis XV, la nouvelle souveraine conservera toujours cette physionomie grave et ce regard lointain qu'a parfaitement rapportés Nattier dans un portrait. Elle apprécie les arts, la lecture, parle plusieurs langues et se montre hôtesse enjouée en petit comité. Le roi lui témoigne de l'affection, de l'estime, de l'attachement, mais l'épuise en grossesses trop fréquentes, puis se lasse. Avec dignité, Marie s'efface, donne au Dauphin Louis (le Grand Dauphin) et à ses filles une éducation soignée. Elle se confine dans une piété stricte et une grande réserve officielle, se consacrant à un cercle très restreint de relations parmi lesquelles figurent le président Hénault, Maurepas, Tressan, le comte d'Argenson, le duc et la duchesse de Luynes.

MARIE de LORRAINE (Bar, 1515 – Édimbourg, 1560)

Reine d'Écosse (1538-1542).

Fille de Claude de Lorraine, premier duc de Guise, et d'Antoinette de Bourbon, elle est mariée en 1534 à Louis II d'Orléans qui meurt l'année suivante. Marie épouse en secondes noces, en 1538, Jacques V d'Écosse, lui même veuf de Madeleine de France. Mais celui-ci meurt en 1542, laissant le trône d'Écosse à leur fille de sept jours, Marie Stuart. La régence est alors confiée à Marie de Lorraine.

MARIE de LUXEMBOURG (? – Issoudun, 1324)

Reine de France (1322-1324).

Fille de l'empereur Henri VII, elle épouse en 1322 le nouveau roi de France Charles IV le Bel, qui a fait annuler son union avec Blanche de Bourgogne. Elle donne à son époux deux enfants : Louis, qui mourra en 1324 et, à titre posthume, Blanche, qui épousera Philippe de Valois, cinquième fils de Philippe VI.

MARIE de MÉDICIS (Florence, 1573 – Cologne, 1642)

Reine de France (1600-1610).

Fille de François Ier, grand-duc de Toscane, et de Jeanne, archiduchesse d'Autriche, elle épouse Henri IV par procuration, à Florence, le 5 octobre 1600, puis le rejoint à Lyon le 9 décembre. Les raisons de cette union sont purement financières : la France a besoin d'argent et le grand-duc offre une belle dot. Malgré la naissance du Dauphin Louis en septembre suivant (futur Louis XIII), la concorde ne règne pas dans le ménage. La reine subit l'emprise de deux aventuriers italiens qu'elle a amenés dans ses bagages, Concini et Leonora Galigaï ; prenant en tout le contre-pied du roi, elle affiche des opinions, sinon hispanophiles, tout au moins favorables à la paix avec la maison d'Autriche lorsque la guerre est décidée. Ulcérée de ne pas recevoir à la Cour tous les égards qui lui sont dus, supportant mal d'être traitée de « grosse banquière » par la maîtresse du roi, Henriette d'Entragues, elle se met dans la tête de faire reconnaître solennellement sa qualité royale par un couronnement. Henri IV ayant cédé à ses exigences, la cérémonie a lieu le 13 mai 1610. Deux jours plus tard, Henri IV meurt assassiné. Dès lors, la France va se rapprocher de l'Espagne. Dès le 16 mai, Marie se fait octroyer la régence grâce à l'appui d'Épernon ; bientôt, les ministres et conseillers du roi défunt sont plus ou moins brutalement congédiés (Sully en janvier 1611). Maîtres de tout, les Concini puisent à pleines mains dans le Trésor. Contre leur gestion déplorable, leurs façons de nouveaux riches, les grands se révoltent : belle occasion qu'une régence désordonnée pour ressusciter la féodalité ! Les états généraux de 1614, le traité de Loudun de 1616 marquent la revanche de cette classe contre la monarchie. Le 25 avril 1617, Louis XIII, jusqu'ici tenu à l'écart de toutes les décisions, fait assassiner Concini. C'en est fini du pouvoir de Marie de Médicis, exilée à Blois, pendant que son fils gouverne avec Luynes.

Marie de Médicis
Couronnement de la seconde épouse d'Henri IV, le 13 mai 1610 à Saint-Denis (détail). Huile sur toile de Rubens, 1621-1625, Paris, musée du Louvre. © *Lauros-Giraudon*

Elle ne se résigne pas. Délivrée par l'éternel duc d'Épernon, elle se jette dans une sorte de guerre folle contre son fils mais est battue en août 1620 aux Ponts-de-Cé. Deux ans plus tard, réconciliée par l'entremise de Richelieu, elle rentre au Conseil. Mais l'ascension de Richelieu l'irrite. Soutenue par le cardinal de Bérulle, favorable à l'alliance espagnole, puis par le garde des Sceaux Marillac, elle jure de faire renvoyer le cardinal qui mène une politique hostile à la maison d'Autriche. La maladie du roi est mise à profit lors de la journée des Dupes (10 novembre 1630) qui tourne à la confusion de ses auteurs : Richelieu en sort renforcé, tandis que la reine mère est désavouée. Marie de Médicis n'a plus guère de partisans qu'en prison. Force lui est de s'enfuir à l'étranger, dans les Pays-Bas espagnols d'où elle passera en Hollande puis en Angleterre, et enfin à Cologne où elle mourra sans avoir cessé de conspirer contre la France. L'œuvre monumentale la plus connue de Marie de Médicis est le palais du Luxembourg, à Paris, qu'elle fit décorer, par Rubens et son atelier, de célèbres peintures aujourd'hui au Louvre.

Marie-Louise d'Orléans (Paris, 1662 – palais de l'Escurial, Espagne, 1689)

Reine d'Espagne (1679-1689).

Fille de Philippe, duc d'Orléans (frère de Louis XIV), et d'Henriette d'Angleterre, elle épouse Charles II d'Espagne en 1679, bien qu'un tendre sentiment l'unisse au Dauphin. Persécutée par sa belle-mère Marie-Anne d'Autriche, suspecte au Conseil d'Espagne qui pense qu'elle entretient des intelligences avec la cour de France, Marie-Louise d'Orléans mène une existence terne et isolée. Mariée depuis dix ans, elle meurt après avoir bu une tasse de thé, probablement empoisonné, que lui a servie la comtesse de Soissons (Olympe Mancini).

Marie-Adélaïde de Savoie (Turin, 1685 – Versailles, 1712)

Dauphine de France.

Fille de Victor-Amédée II, duc de Savoie, et d'Anne-Marie d'Orléans, elle est amenée en 1696 à la cour de Versailles en vue de son éducation, phase préparatoire à son futur mariage avec Louis de France, duc de Bourgogne, petit-fils de Louis XIV et héritier désigné de la couronne, qu'elle épouse effectivement le 7 décembre 1697. Saint-Simon la déclare « régulièrement laide », mais lui reconnaît une taille magnifique, un port vif et « une démarche de déesse sur les nues ». Marie-Adélaïde s'adapte fort bien à l'existence de la Cour, se complaisant dans les fêtes, le jeu et les plaisirs, des échos lui prêtant même une idylle avec le marquis de Nangis, puis avec le marquis de Maulévrier. Portant le titre officiel de Dauphine en 1711, la princesse meurt dix mois plus tard des suites d'une rougeole pourprée, précédant de quelques jours son époux, deuils successifs qui affligent profondément Louis XIV aux prises, à l'extérieur, avec une coalition européenne.

Marie-Josèphe de Saxe (Dresde, Saxe, 1731 – Versailles, 1767)

Dauphine de France.

Fille d'Auguste III, Électeur de Saxe et roi de Pologne, elle épouse en 1747 le Dauphin Louis, fils de Louis XV. L'union n'est guère heureuse à son début, car le jeune prince garde la nostalgie de son précédent mariage avec Marie-Thérèse d'Espagne. Mais, par sa droiture, son intelligence et sa bonté, la Dauphine réussit aussi bien à gagner la confiance de la Cour que l'estime de son mari, à qui elle donne 8 enfants, dont les futurs rois Louis XVI, Louis XVIII et Charles X. La mort assez brusque du Dauphin, en 1765, conséquence d'un mal de poitrine, la laisse désemparée et elle succombe à son tour, quinze mois plus tard, de la même affection.

Marie Ire Stuart (Linlithgow, 1542 – Fotheringay, 1587)

Reine d'Écosse (1542-1567) et reine de France (1559-1560).

Fille de Jacques V Stuart et de Marie de Lorraine, elle naît moins d'une semaine avant la mort de son père et devient reine d'Écosse sous la régence de sa mère. Cette dernière gouverne en s'appuyant sur le parti antianglais et, en 1548, déjouant les projets d'Henri VIII d'Angleterre qui souhaitait unir la jeune Marie à son propre fils Édouard, annonce les fiançailles de sa fille avec le Dauphin de France (futur François II). Aussitôt envoyée en France, la jeune reine d'Écosse est confiée à ses oncles, frères de sa mère, les Guises, fort influents à la cour de France. Elle reçoit une éducation soignée, affectionne en particulier les lettres, composera même des poésies. Par son charme et sa culture, Marie devient rapidement l'un des plus beaux ornements de la Cour.

En avril 1558, au milieu de grandes réjouissances organisées par les Guises, est célébré le mariage de Marie Stuart et du Dauphin François. Ce dernier, plus jeune que son épouse de deux années, apparaît comme un être instable, mais qui

Marie Ire Stuart
Portrait de la veuve du roi de France à son retour en Écosse en 1561. Dessin, Chantilly, musée Condé. © *Giraudon*

voue bientôt à sa femme une grande passion. Marie, pour sa part, ne s'entend guère avec sa belle-mère, Catherine de Médicis, qu'elle traite de grosse marchande italienne. En 1559, la mort d'Henri II donne la couronne de France à François II et à Marie. La reine mère est écartée, les Guises gouvernent. L'année suivante, au terme d'un règne qui a duré moins de 18 mois, François II meurt à son tour. Veuve à 18 ans, Marie doit regagner l'Écosse, et s'embarque au mois d'août 1561.

La situation intérieure de son royaume s'est considérablement modifiée depuis 1548 en raison de l'influence prise, en particulier, par les doctrines réformées. En 1560, un parlement réuni à Édimbourg a imposé la reconnaissance de ces doctrines. Bien accueillie pourtant par ses sujets, Marie Stuart gouverne d'abord avec prudence, ménage les réformés, promet de respecter leur religion. Mais la reine est jeune, inexpérimentée, autoritaire aussi, et enfin profondément catholique. Bientôt John Knox, chef des extrémistes réformés se déchaîne contre elle. On lui reproche d'aimer le luxe, les fêtes, et de faire célébrer la messe dans son palais. La noblesse écossaise s'agite elle aussi, estimant dangereuse la politique de la souveraine vis-à-vis de l'Angleterre, alors que la France, éloignée, ne pourrait apporter qu'un soutien aléatoire. De plus, alors qu'elle est sollicitée par plusieurs prétendants européens, Marie décide en 1565 d'épouser son cousin Henry Stuart, lord Darnley, un Écossais, catholique comme elle-même. Élisabeth Ire d'Angleterre désapprouve formellement cette union et le fait savoir à sa cousine, mais rien n'arrête Marie et le mariage est célébré au mois de juillet. Faible, Darnley n'a pour lui que sa beauté, et se révèle bientôt très ambitieux : non content d'avoir reçu le titre de roi, il exige que la couronne lui soit personnellement assurée. Marie refuse, provoquant la fureur de son époux qui l'injurie en public et rejoint secrètement les rangs de ses ennemis, les réformés et les nobles. La révolte est réprimée, mais les conjurés font tuer devant la reine son favori David Rizzio, un agent du pape. Marie contraint son mari à dénoncer ses complices, qui le dénoncent à leur tour. Elle semble ensuite se réconcilier avec Darnley, auquel elle donne un fils, le futur Jacques VI, mais se lie bientôt avec un noble écossais, le comte Bothwell. Au mois de février 1567, les ennemis écossais de Darnley, conduits par Bothwell, probablement, l'assassinent à Édimbourg. La rumeur publique ne tarde pas à accuser Marie et son favori de ce meurtre, et la reine fait disculper Bothwell par des juges à l'impartialité douteuse. Son impopularité en est accrue et devient générale lorsque, trois mois après la mort de Darnley, Bothwell enlève la reine d'Écosse et l'épouse. Le royaume se soulève alors contre sa souveraine qui, battue à Carberry Hill, en juin 1567, doit abdiquer en faveur de son fils. Enfermée à Lochleven, elle parvient à s'évader et reprend la lutte, subissant à Langside, en 1568, une défaite irrémédiable. Abandonnée, poursuivie, Marie se réfugie en Angleterre où, au mois de mai 1568, elle se place sous la protection de sa rivale Élisabeth.

Cette dernière l'accueille tout d'abord avec égards mais ne tarde pas à être gagnée par une profonde méfiance : une forte minorité de catholiques subsiste dans son royaume, et la reine craint les menées de sa cousine qui, toujours belle, sait se rallier de nombreux partisans. Fort légèrement, Marie se laisse entraîner dans plusieurs complots visant à détrôner la reine. En même temps, les puritains britanniques se montrent de farouches adversaires de l'ancienne reine d'Écosse. Après un ultime complot, organisé en 1586 par Babington, et démasqué, Élisabeth Ire se décide à faire comparaître Marie devant des juges qui, sur la foi de témoignages douteux, la condamnent à mort le 25 octobre 1586. Après plusieurs mois d'hésitations, Élisabeth ordonne, au début de l'année 1587, l'exécution de sa captive. Marie Stuart monte à l'échafaud avec un grand courage, refusant jusqu'à sa mort de renoncer à sa foi catholique. Enterrés d'abord à Peterborough, ses restes seront transférés à Westminster en 1612. De très nombreux portraits, dont des crayons attribués à François Clouet, ont transmis les traits de Marie Stuart et plusieurs écrivains s'inspirèrent de sa vie.

Marie-Galante (île de)

Petite île des Antilles françaises.

Faisant partie du département d'outre-mer de la Guadeloupe, l'île de Marie-Galante s'étend sur une superficie de 150 km^2 et abrite une population d'environ 16 000 habitants. Découverte en 1493 par Christophe Colomb qui lui donne le nom de Maria Galanda, l'île dépend administrativement de la préfecture de Pointe-à-Pitre dont elle n'est séparée que par une dizaine de milles marins (environ 20 kilomètres). Marie-Galante trouve ses ressources dans la culture de la canne à sucre, celle du coton, la fabrication du rhum et la pratique de certaines activités d'élevage.

Marignan (bataille de)

Victoire remportée par François Ier sur les Suisses, lors de sa campagne d'Italie, les 13 et 14 septembre 1515.

L'armée de la Confédération helvétique s'étant portée au débouché des Alpes, à Suse et Pignerol, face aux deux seuls passages considérés jusque-là comme accessibles, de façon à barrer la route du Milanais à François Ier, ce dernier, contre l'attente de ses adversaires, gagne l'Italie par le col de l'Argentière, pourtant jugé à peine praticable, même pour les piétons. À la nouvelle du passage de l'armée française, les Suisses se replient sur Milan, suivis de près par les Français qui se portent sur Marignan. En même temps, d'actives négociations se poursuivent entre les belligérants. Elles aboutissent même le 8 septembre 1515 à un projet de traité qui semble mettre fin à la campagne. Mais le cardinal de Sion, Schiner, profite des désaccords entre les soldats de la Confédération et les délégués des cantons. Prévenant la ratification du traité, il rassemble les troupes de la garnison de Milan et les décide à marcher contre les Français. Il joue la partie sur un coup de surprise car les Vénitiens, alliés de François Ier, campent à Lodi, à quelques lieues de Marignan.

La poussière que soulèvent les Confédérés révèle de loin aux Français l'approche de l'ennemi. La bataille qui s'engage alors est très simple et n'ajoute rien à la tactique militaire. Mais elle est héroïque des deux côtés. Le meilleur récit qu'on en ait – parce qu'il nous en donne une physionomie assez exacte et révèle l'âme du roi dans sa jeunesse – est celui qu'en fit François Ier dans la lettre qu'il écrivit à sa mère le soir de la bataille, lettre confuse, toute chaude encore du feu de l'action. Le jeune roi de France y apparaît avec sa conception chevaleresque de la guerre, mais aussi avec un instinct militaire, capable de décisions rapides. Il laisse en même temps libre cours à sa joie presque enfantine de parler de lui et de raconter, pour sa mère et pour les dames, ses belles prouesses.

Le combat se livre dans une plaine sans relief, mais coupée de rivières, de canaux et de fossés, impraticable à la cavalerie, excepté sur quelques larges chaussées en ligne droite. La distribution de l'armée française, où figure toute la noblesse du royaume, est traditionnelle : le roi commande le corps de bataille, le connétable de Bourbon l'avant-garde, le duc d'Alençon l'arrière-garde. Les Suisses tentent d'abord – sans succès – de s'emparer de l'artillerie française, et le combat continue, confus et incertain, jusqu'à une heure avancée. Il ne cesse que lorsque les adversaires ne parviennent plus à se reconnaître dans la nuit. Les deux armées campent alors sur place, à moitié confondues. Lorsque la bataille reprend, aux premières lueurs du jour, le roi, au centre, a le connétable à sa droite et le duc d'Alençon à sa gauche. Les Suisses, qui semblent avoir pris le parti de tourner les Français, notamment par leur aile gauche, réussissent à enfoncer le duc d'Alençon. C'est alors qu'apparaissent (vers 8 heures du matin) les premiers Vénitiens, 300 hommes d'armes, que François Ier a appelés à la rescousse. Ils rétablissent la situation sur l'aile gauche et, lorsque l'infanterie vénitienne se montre à son tour (vers 11 heures), les Suisses, déjà déconcertés par la résistance du roi et du connétable de Bourbon, se mettent en retraite, puis bientôt en fuite. La cavalerie française en fait un carnage. Le soir, le calme revenu sur le champ de bataille, François Ier se fait armer chevalier des mains de Bayard dont la conduite a été particulièrement héroïque pendant les combats. Cette bataille, qui avait été rude à remporter, comme le reconnut le roi lui-même, ouvrait aux Français le Milanais.

MARIGNY Abel François POISSON, marquis de (Paris, 1727 – Paris, 1781)

Administrateur.

Il est introduit à la Cour par sa sœur, la marquise de Pompadour, sous le nom de marquis de Vandières, ce qui lui vaut le surnom de « marquis d'avant-hier ». Il est ensuite nommé à la direction générale des Bâtiments royaux où il succède à Le Normand de Tournhem (1749). Après être allé compléter son éducation artistique en Italie en compagnie de Soufflot, Cochin et Le Blanc, le nouveau directeur général, qui a pris le nom de marquis de Marigny par l'acquisition qu'avait faite son père de la terre de Marigny, se consacre à sa fonction dont il s'acquittera fort bien. Il encourage la peinture d'histoire, accorde, sur le conseil de Cochin, son appui à Chardin, Doyen, Vien, Joseph Vernet, Pigalle, fait reprendre les travaux du Louvre et donne une impulsion nouvelle à la manufacture des Gobelins. Il démissionnera en 1773 et prendra, sur la fin de sa vie, le nom de marquis de Ménars.

MARIGNY Enguerrand de (Lyons-la-Forêt, v. 1260 – Paris, 1315)

Conseiller de Philippe IV le Bel.

Venu très jeune à la Cour, cultivé, intelligent, il sait s'attirer les bonnes grâces de Philippe IV le Bel. L'épouse de ce dernier, Jeanne de Navarre, dont il a été nommé panetier, lui fait épouser sa filleule Jeanne de Saint-Martin. Le roi le nomme chambellan, comte de Longueville et châtelain du Louvre. Successivement homme de guerre et négociateur, Enguerrand de Marigny devient un des principaux conseillers du roi, notamment en ce qui concerne les finances : il est favorable aux altérations de monnaie opérées par le roi, mais prévoit aussi l'organisation d'un budget. Le peuple le déteste, lui reproche l'augmentation des impôts, tandis que sa faveur et sa fortune lui attirent à la Cour de nombreuses inimitiés, notamment celle de Charles de Valois, frère du roi. Aussi, après la mort de ce dernier, en 1314, est-il accusé, entre autres méfaits, d'avoir altéré les monnaies et trahi le roi au profit des Flamands. Le nouveau souverain, Louis X, l'abandonne à la fureur de ses barons lorsque est prononcée une nouvelle accusation, celle de sorcellerie. Enfermé au Temple, l'ancien garde du Trésor comparaît devant une assemblée de prélats qui, sans l'avoir entendu, le condamnent à mort. Enguerrand de Marigny est pendu au gibet de Montfaucon. Plus tard, Louis X léguera une forte somme à la veuve et aux enfants du supplicié.

MARIGNY Philippe de (?, v. 1250 – ?, v. 1320)

Archevêque.

Frère du précédent, il partage avec lui les faveurs de Philippe IV le Bel. Successivement évêque de Cambrai (1311) et archevêque de Sens (1312), il se signale surtout par l'acharnement avec lequel il poursuit les Templiers. En 1314, Philippe de Marigny fait partie de la commission qui juge Jacques de Molay et les dignitaires de l'ordre. Il partagera la disgrâce de son frère, mais pas son châtiment.

Marignan
La victoire de François Ier sur les Suisses en Lombardie le 14 septembre 1515. Huile sur toile d'Alexandre-Evariste Fragonard, 1836, château de Versailles.

MARILLAC Charles de (Riom, v. 1510 – Melun, 1560)

Diplomate et archevêque.

Issu d'une famille de Basse-Auvergne, fils d'un secrétaire de Charles de Bourbon-Montpensier, il fait ses débuts comme avocat au parlement de Paris. Bientôt ses qualités de négociateur le font désigner comme ambassadeur, d'abord à Constantinople, puis à Londres et enfin auprès de Charles Quint. Il se montre particulièrement heureux en faisant admettre le point de vue de la France auprès des princes de l'empire, ce qui lui vaut l'évêché de Vannes (1550), puis l'archevêché de Vienne (1557). Il meurt peu après avoir siégé à l'Assemblée des notables, en semi-disgrâce à cause de sa complaisance apparente pour les idées de la Réforme.

MARILLAC Louis de (?, 1573 – Paris, 1632)

Maréchal de France.

Demi-frère puîné du précédent, il embrasse très jeune l'état militaire. De 1611 à 1626, il remplit de nombreuses missions diplomatiques en Italie, en Lorraine et dans le Saint Empire. C'est en 1628 qu'il acquiert une véritable renommée dans le métier des armes, luttant contre les huguenots soulevés dans le midi de la France. Le bâton de maréchal lui est conféré en 1629. Il est déjà investi du commandement suprême des armées d'Italie lorsque Louis XIII le fait arrêter par Schomberg, le 21 novembre 1630, après la journée des Dupes. On comprend cette mesure si l'on songe qu'il faisait partie, comme son demi-frère, de l'opposition à Richelieu, et qu'il pouvait être dangereux par sa position à la tête d'une armée. Moins justifiable paraît son procès pour trahison, concussion et malversations, procès instruit avec acharnement par Isaac de Laffemas, et mené sans respect des formes sous la surveillance étroite de Richelieu. Louis de Marillac est décapité en place de Grève le 10 mai 1632.

MARILLAC Michel de (Paris, 1563 – Châteaudun, 1632)

Magistrat.

Neveu de Charles de Marillac, il reçoit, comme lui, une formation de juriste. Avocat ligueur, conseiller au parlement de Paris, maître des requêtes (1595), conseiller d'État rallié à Henri IV, il est nommé en 1624 surintendant des Finances et deux ans plus tard garde des Sceaux. C'est sous son autorité qu'est promulguée, en 1629, la grande ordonnance de réforme connue sous le nom de code Michau, qui se heurte aussitôt à l'hostilité des parlements. Très attaché à Marie de Médicis, chef de l'opposition ministérielle et interne à Richelieu, il compte bien devenir Principal ministre lors de la journée des Dupes (10 novembre 1630). Mais ses espoirs sont déçus : il est arrêté, conduit à Lisieux puis à Caen, puis de nouveau à Lisieux et enfin placé en résidence très surveillée à Châteaudun où il ne tardera guère à mourir.

MARINE ROYALE

Sous l'Ancien Régime, flotte de guerre composée de vaisseaux de ligne et de galères, instrument privilégié de l'absolutisme royal.

La marine médiévale est dominée par la technologie italienne ou flamande : galères et galéasses (grosses galères portant de l'artillerie) vénitiennes, caraques (grosses nefs hautes sur l'eau) gênoises, hourques (bâtiments de transport) des Flandres. L'absence ou la faible portée des pièces d'artillerie laisse peu de place au combat naval proprement dit : il s'agit d'immobiliser l'adversaire – au besoin en l'éperonnant – puis de lancer l'infanterie embarquée à l'abordage. Bien souvent la marine ne sert que de transport de troupes. Au haut Moyen Âge, c'est souvent de la mer que vient le danger : invasions normandes au nord, raids sarrasins au sud... Alors que la grande puissance sur mer est Byzance, le rôle de la marine du roi est anecdotique avant le XIIIe siècle et le « clos des Galées » de Rouen, qu'inaugure Philippe IV le Bel. Deux adversaires et deux théâtres principaux se dégagent : les Anglais dans la Manche et l'Atlantique d'une part, les Musulmans en Méditerranée d'autre part.

Dès 1294, Philippe IV le Bel, après l'échec d'une tentative d'invasion des îles Britanniques, essaie en vain d'imposer un blocus naval. Lors de la bataille de l'Écluse le 24 juin 1340, la flotte française aligne 200 nefs et barges armées par 20 000 hommes. Le désastre qui s'ensuit (166 navires perdus) ouvre la porte à l'invasion anglaise terrestre, victorieuse à Crécy en 1346. Charles V est plus heureux grâce au sens tactique de l'amiral Jean de Vienne : Douvres est prise en 1377, tandis que se multiplient les expéditions vers les îles Britanniques, notamment pour donner la main aux Écossais, alliés du roi de France. Parallèlement se développe une guerre de course – « l'escumerie » – dont Harfleur est le foyer.

Mais la marine est aussi l'instrument des croisades du XIe au XIIIe siècle, puis de la guerre contre l'islam, arabe et turc, en Méditerranée. Dès 1097, Guinimer de Boulogne conduit une flotte normande et flamande de Boulogne à Tarse en Cilicie pour soutenir Godefroy de Bouillon. Au XIVe siècle, l'Empire byzantin, harcelé par les Turcs, appelle les souverains chrétiens à l'aide : ainsi en 1399, le maréchal Boucicaut, aidé par une flotte génoise et vénitienne, délivre Constantinople assiégée. Un siècle plus tard, le front a avancé jusqu'à l'Adriatique : le roi de France, qui s'intitule aussi roi de Jérusalem, y dépêche une flotte de 22 navires pour soutenir à Navarin, le 18 août 1499, les Vénitiens contre les Turcs. Au tournant des XVe-XVIe siècles, les guerres d'Italie vont donner à la France, avec l'Espagne, un nouvel adversaire sur mer. Le conflit s'ouvre avec la bataille de Rapallo que le duc d'Orléans, futur Louis XII, remporte sur la flotte aragonaise. François Ier développe l'infrastructure portuaire en inaugurant en 1517 le nouvel établissement de Franciscopolis, futur Le Havre. Mais la France manque surtout de grands marins : l'amiral génois Doria, qui commandait la flotte française, passe au service de l'Espagne en 1528. L'alliance de Henri VIII et de Charles Quint donne lieu à une tentative de débarquement français en Angleterre en 1545.

Marine royale
Le *Royal-Louis*, vaisseau construit en 1668, fait partie de la flotte de guerre du roi, la Royale. Dessin, Paris, Bibliothèque nationale de France.
© *Sélection Images*

Avec plus de succès, François Ier envoie le Malouin Jacques Cartier à la découverte de ce qui sera la Nouvelle-France. En revanche, sous Henri II, les tentatives de colonisation protestante du Brésil par Villegagnon, encouragées par l'amiral Coligny, sont un échec. Coligny réoriente les efforts vers la Floride, mais l'expédition qui y est tentée en 1562 est rejetée à la mer par les Espagnols. Ceux-ci font enfin obstacle à la dernière grande tentative de colonisation française : en 1582, Philippe Strozzi, cousin de la reine, appareille à la tête de 75 navires, cinglant vers le Brésil dont il a été nommé vice-roi par Henri III. Mais le 25 juillet 1582, près des Açores, les Espagnols de l'amiral Santa Cruz anéantissent l'escadre française. Les guerres de Religion vont éloigner durablement la France de l'aventure maritime.

Richelieu, nommé grand maître de la navigation en 1626, la fait renaître : « quiconque est maître de la mer a un grand pouvoir sur la mer. » (*Testament politique*, 1635-1640). L'alliance hollandaise permet d'affronter l'Espagne maîtresse des mers : l'amiral Tromp sera ainsi anobli par Louis XIII pour avoir écrasé les Espagnols lors de la bataille des Dunes (1639). Les marins français reprennent les îles de Lérins (1637) et l'emportent à Fontarabie (1638) où l'amiral-évêque de Sourdis détruit la flotte espagnole. Laissé à l'abandon durant la Fronde, le noyau de 18 navires voulus par Richelieu, premier théoricien du *Sea power*, est préservé par le surintendant Fouquet. Mais c'est Colbert, nommé secrétaire d'État à la Marine en 1668, qui va faire de la marine l'instrument privilégié du mercantilisme et de l'expansion française. La disparition du duc de Beaufort en 1669 laisse vacante la charge de grand maître de la navigation, qui ne sera plus attribuée : la marine est désormais directement dans la main du roi, d'où l'appellation courante – la Royale – pour la marine de guerre. Celle-ci a pour objectif de protéger le commerce maritime dans la lutte que Colbert veut engager pour le ravir aux Hollandais, qui jouissent d'un quasi-monopole sur les mers. De la guerre commerciale naît la guerre maritime, ponctuée de victoires françaises, comme celle remportée par Abraham Duquesne à Agosta en 1676. En 1685, sous Seignelay, fils et continuateur de Colbert, la France aligne la première force navale du monde, avec près de 120 navires ; elle qui montre sa valeur contre les Anglais à Béveziers en 1690. Mais la suprématie française est battue en brèche par la montée en puissance britannique ; la défaite – même limitée et sans conséquence – de Tourville à La Hougue (1692) induit un changement de stratégie sous les Pontchartrain : coûteuse et aléatoire, la guerre d'escadre fait place à la guerre de course qui fait la fortune de ports comme Saint-Malo ou Dunkerque. Même affaiblie, la marine permet à la France de maintenir de fructueux trafics avec l'Amérique espagnole durant la guerre de Succession d'Espagne.

À partir de 1715, la marine est sacrifiée par le Régent à l'alliance anglaise. Les quelques crédits permettent l'expérimentation de navires à la pointe de la modernité qui évoluent vers la standardisation dans la seconde moitié du

XVIIIe siècle, notamment avec le fameux vaisseau de 74 canons. La Royale protège les relations avec les colonies où s'illustrent de grands marins comme Dupleix. Vaincue durant la guerre de Sept Ans, la marine, restaurée par les réformes de Choiseul, connaît une nouvelle heure de gloire durant la guerre d'Indépendance américaine, où son budget dépasse celui de l'armée.

Arme savante, qui mobilise des scientifiques comme l'ingénieur Sané (1740-1831) et les plus grands établissements industriels du siècle, telle la corderie de Rochefort, la marine est aussi d'une étonnante modernité institutionnelle : ses marins sont recrutés par le système des classes (1669) – sorte de service national avant la lettre – et ses cadres, qui échappent à la vénalité des offices, bénéficient d'une formation scientifique unique en Europe. Bougainville et La Pérouse, auteurs d'une série d'explorations dans le Pacifique entre 1767 et 1778, sont les types de ces officiers savants du Grand Corps. Il manque cependant à la Royale une amirauté et le soutien d'une volonté politique ferme.

La Révolution française, qui se méfie d'un grand corps massivement royaliste – mais l'anglophobie l'emporte parfois, comme l'atteste le cas d'un Villaret de Joyeuse –, brise un outil que le blocus anglais sous Napoléon achève de paralyser, malgré une intense activité de constructions. Aboukir et Trafalgar sanctionnent l'impréparation navale et autorisent la résistance des îles Britanniques.

Château de Marly
Vue générale du château et des jardins construits entre 1677 et 1688. Huile sur toile de Pierre Denis Martin, 1724, château de Versailles. © *RMN – D. Arnaudet/G.B.*

MARLY

Commune de l'actuel département des Yvelines, sur la rive gauche de la Seine, célèbre par sa résidence royale et sa machine hydraulique.

En vue d'alimenter en eau le château de Versailles (distant d'une dizaine de kilomètres), Louis XIV fait établir les plans d'une machine élévatrice par le chevalier de Ville, l'exécution en étant confiée au charpentier liégeois René Sualem, dit Rennequin. La machine comporte 14 roues mues par le courant de la Seine, lesquelles mettent en mouvement 221 pompes étagées à flanc de colline, sur une dénivellation de 162 m, jusqu'à l'aqueduc de Louveciennes. Cette installation se perpétue de 1682 à 1804. En 1812, les services impériaux lui substituent un système de pompes à feu. Une machine hydraulique est construite par l'ingénieur Dufrayer entre 1855 et 1859. Elle se composait de 6 grandes roues à palette. La capacité annuelle d'eau élevée atteignait environ 8 millions de mètres cubes.

Le château de plaisance de Marly-le-Roi, construit par Jules Hardouin-Mansart de 1677 à 1688 pour Louis XIV, comportait un pavillon royal à l'emblème du soleil et douze plus petits pavillons figurant les signes du zodiaque, qui étaient destinés aux invités. Le tout fut démoli à la Révolution. Il subsiste néanmoins une partie des communs. L'abreuvoir, également conservé, était orné de deux chevaux sculptés par Coustou. Ils sont placés depuis 1794 à l'entrée des Champs-Élysées.

MARMONT Auguste Louis Frédéric VIESSE de, duc de Raguse (Châtillon-sur-Seine, Côte-d'Or, 1774 – Venise, 1852)

Maréchal de France.

La famille Viesse est originaire des Pays-Bas et s'installe en Bourgogne au XVIe siècle. Fils d'un capitaine du régiment de Hainaut, le jeune Viesse de Marmont choisit à son tour le métier des armes et suit les cours de l'École d'application d'artillerie de Metz. Sous-lieutenant, sa première affectation est Toulon, où le général Bonaparte mène le siège. C'est à cette occasion que ce dernier remarque le sang-froid et le savoir de ce jeune officier qu'il décide de s'attacher. Capitaine en Italie, Marmont devient colonel au 2e régiment d'artillerie l'année suivante puis étrenne son grade de général de brigade à l'armée d'Égypte. Le 18 Brumaire le voit prendre une part active au succès du Premier Consul, lequel le fait divisionnaire après Marengo et lui confie en 1802 l'inspection générale de l'artillerie. Une action décisive devant Ulm et une brillante conduite à Austerlitz sont récompensées, après le traité de Presbourg, par le poste de gouverneur général des provinces Illyriennes. Marmont y donne la mesure de ses qualités, ouvrant des centaines de kilomètres de routes et faisant construire de nombreux ouvrages d'art. Le commerce et l'artisanat sont développés. Des écoles sont créées et l'usage de la langue croate encouragé. Les ports de Raguse, de Zara et de Sebenik sont agrandis. La récompense de cet effort méritoire vient en 1808 sous forme du titre de duc de Raguse. Mais la postérité lui sera également reconnaissante. Désormais, Dalmates et habitants des provinces Illyriennes vouent gratitude à la France et au gouverneur général, que Napoléon rappelle l'année suivante pour qu'il le seconde durant sa campagne du Danube.

Maréchal de France, Marmont remplace Masséna en Espagne en 1811, débloque Badajoz, mais subit en 1812 un net échec aux Arapiles où il est sérieusement blessé. Placé à la tête du 6e corps durant la campagne de 1813, le maréchal se dépense sans compter à Lützen et à Bautzen, puis à Leipzig, avant de disputer la vallée de la Marne à Blücher durant la campagne de France. De La Rothière à Montmirail et à Vauchamps, de La Ferté-Champenoise à Sézanne et à Brie-Comte-Robert, Marmont, assisté de Mortier, se montre digne de la confiance qui lui a été témoignée. Mais, le 30 mars, l'envahisseur atteint les hauteurs de Romainville. Le baroud d'honneur s'achève, sur ordre du roi Joseph, frère de l'Empereur, par une capitulation.

Marmont devait replier ses troupes sur l'Essonne, afin de couvrir Napoléon, revenu à Fontainebleau. Circonvenu par Talleyrand, il met bas les armes et se replie vers l'ouest, décision qui le fera accuser de trahison, d'où l'expression « ragusade ». Jamais le maréchal ne se remettra de cette accusation, d'autant plus qu'il se tient à l'écart durant les Cent-Jours, exerce des fonctions officielles sous Louis XVIII et commet l'erreur de diriger l'armée royale lors des Trois Glorieuses de juillet 1830. Il cherchera l'oubli en voyageant à travers l'Europe et en composant des *Mémoires*. Ceux-ci paraîtront en 1856, précédés, une dizaine d'années auparavant, de *L'Esprit des institutions militaires*.

MARMOUSETS (les)

Littéralement : marmot, figurine grotesque. Nom donné, par dérision, aux anciens conseillers de Charles V écartés du gouvernement à sa mort, et rappelés plus tard par Charles VI.

Après la mort de Charles V en 1380, ses frères, les ducs d'Anjou, de Bourgogne et de Berry, écartent les conseillers du roi ou les réduisent au silence. Ils gouvernent alors la France au nom de leur neveu Charles, âgé de 12 ans. Cependant, en octobre 1388, Charles VI annonce à ses oncles qu'il a décidé de se passer de leur tutelle et de gouverner seul. Dès le début de l'année suivante réapparaissent les anciens conseillers de son père, Bureau de La Rivière et Jean Le Mercier notamment, qui s'occupent particulièrement de la diplomatie et des finances. Un nouveau venu, Jean de Montagu, participe lui aussi à l'administration des finances. Parmi les Marmousets figurent aussi des militaires, les maréchaux de Blainville et de Sancerre, et des ecclésiastiques, les évêques de Bayeux, de Noyon et d'Auxerre, ainsi que deux nouveaux venus, Le Bègue de Vilaines et Enguerrand d'Eudin. La plupart sont issus de la bourgeoisie ou de la petite noblesse, d'où leur surnom de « Marmousets », donné par les grands et les oncles du roi, dépités d'avoir été chassés du pouvoir. Les conseillers de Charles VI ne refusent pas ce qualificatif et, conscients que leur cohésion est indispensable à la bonne marche des affaires de l'État, prennent entre eux l'engagement de poursuivre la même politique et de se soutenir mutuellement. Ils bénéficient du soutien du puissant connétable de Clisson et de celui de Louis d'Orléans, frère du roi.

Les Marmousets écartent les créatures des oncles, notamment le chancelier Pierre de Giac, renouvellent les officiers de la Chambre des comptes et des cours souveraines. Cinq réformateurs sont nommés, qui doivent traquer les abus à travers le royaume. Les conseillers du roi poursuivent aussi la série des grandes ordonnances mises au point sous le règne précédent : de février à mai 1389, de nouvelles ordonnances réorganisent la justice ordinaire, les aides et la justice des aides, l'administration du domaine, des comptes, des eaux et forêts. Les textes soulignent aussi le principe de l'élection à tous les offices de justice. Dès le mois de janvier 1389, pour donner satisfaction aux Parisiens, les Marmousets ont rétabli la charge de prévôt des marchands, supprimée par les oncles du roi six ans auparavant. Mais ils ont pris soin de diminuer ses pouvoirs (et de supprimer les échevins), modifiant même son titre qui devient garde de la prévôté des marchands. Le gouvernement des Marmousets est de courte durée puisque dès 1392, la folie du roi permettra à ses oncles de reprendre en main le pouvoir.

Sous le règne de Louis XV, on appelle conjuration des Marmousets le complot préparé en 1730 par quelques grands seigneurs, dont le duc d'Épernon et le duc de Gesvres, pour ôter le pouvoir au cardinal de Fleury.

MARMOUTIER (abbaye de)

Située sur le territoire de la commune de Sainte-Radegonde, à quelques kilomètres de Tours.

Le monastère de Marmoutier ne conserve plus aujourd'hui que le portail de la Crosse, remontant à 1220, et la tour des Cloches, datant du XIIe siècle. L'abbaye d'origine, fondée vers 372 par saint Martin, adopta par la suite les règles de l'ordre des Chartreux. Supprimé en 1791, démantelé en 1818, le domaine a été racheté par les religieuses du Sacré-Cœur.

MARNE (bataille de la)

Bataille entre Allemands et Français en septembre 1914.

Dès le début des hostilités, la vague allemande a tout balayé. Elle a franchi la frontière franco-belge, contraignant les forces franco-britanniques à une retraite précipitée. Sur les routes, les réfugiés des Ardennes, de Flandre, d'Artois et de Picardie fuient devant l'envahisseur. Quatre armées allemandes déferlent de la Meuse à l'Oise ; deux des meilleures (la Ire armée du général von Kluck et la IIe armée du général von Bülow), constituent le « fer de lance » de cette ruée. La première de ces forces a mis une semaine à traverser Aix-la-Chapelle et les environs de Liège en progressant de manière ininterrompue sur trois files de fantassins, jour et nuit. Et derrière suivent les convois des services et de l'intendance. C'est l'« aile marchante » du plan Schlieffen, établi dès 1905 par le chef d'état-major impérial, pour qui le chemin le plus court de Francfort à Paris passe par Liège, Namur, Saint-Quentin et Senlis. Son successeur, von Moltke, applique les préceptes de son prédécesseur. Et, après quatre semaines d'application, tout semble aller, même si le chef d'état-major à Coblence est un peu loin du front, et si les services de liaison entre les unités en marche apparaissent déficients. En face, l'enthousiasme des premiers jours de guerre a masqué quelque temps l'incohérence et l'improvisation. Il faut faire face à l'armée du Kaiser dont le but consiste à acculer les forces françaises à la frontière suisse comme ce fut le cas pour l'armée de l'Est, confiée à Bourbaki, en 1871. Manœuvre que le généralissime Joffre s'efforce d'éviter par la retraite en bon ordre. À défaut de génie, ce dernier fait preuve de bon sens.

Certes l'ampleur de la manœuvre allemande l'a surpris, étonné. Il y a fait face en lançant Lanrezac et sa Ve armée vers Dinant et Charleroi, tandis que la IVe armée de Langle de Cary s'enfonçait dans les Ardennes. Le GQG a dû être transporté de Vitry-le-François à Bar-sur-Aube. Sur ce qui tient lieu de « front », la situation est si mauvaise que le général French, chef du corps expéditionnaire britannique (dont les troupes sont exténuées), a câblé à Londres, les 30 et 31 août, son pessimisme et indiqué un probable repli des divisions au sud de la Seine puis un infléchissement de toute l'armée britannique au sud-ouest de Paris en vue d'éviter l'encerclement. Si bien que lord Kitchener, ministre de la Guerre, n'hésite pas à venir de toute urgence conférer avec le chef du corps expéditionnaire et à l'inciter à plus de circonspection.

Joffre attend l'heure d'une éventuelle contre-attaque. Cette réaction, le généralissime y songe depuis qu'Alexandre Millerand, nouveau ministre de la Guerre, est venu conférer avec lui quelques jours auparavant au GQG. Il a tout d'abord envisagé une manœuvre selon une ligne Amiens-Laon-Verdun, mais la vigueur de l'élan adverse l'a obligé à y surseoir, autant que l'état de fatigue de la troupe et le délabrement matériel des unités en retraite. Bientôt, tout nouveau recul semble impossible, puisque ce serait livrer pratiquement Paris sans défendre la position. Les informations ne mentionnent-elles pas la présence d'uhlans à Asnières-sur-Oise et à Viarmes, au sud-ouest et au sud de Chantilly ? D'autres cavaliers allemands ont été aperçus non loin de Marines et d'Auvers-sur-Oise, au nord et au nord-ouest de Pontoise, un groupe motorisé s'étant même enhardi à saboter la voie ferrée de Paris à Dieppe.

La bataille de la Marne
Vue par Hansi, le 18 novembre 1914. © *Illustration/Sygma*

La détermination de Joffre s'explique aussi par le fait que, pour la première fois sans doute depuis le début des hostilités (et vraisemblablement en raison du rétrécissement de la ligne de front), ses armées apparaissent mieux soudées. À l'éparpillement du mois d'août fait suite maintenant un resserrement du dispositif. À gauche, la VIe armée de Maunoury (nouvellement constituée) s'établit le long de la Marne dans la région de Lagny. À sa droite, les Britanniques de French soufflent quelque peu après leur longue marche en retraite de Mons au sud de Meaux. De Château-Thierry à Épernay se déploient les divisions de Franchet d'Esperey, le nouveau commandant de la Ve armée, relié vers Châlons à un autre chef nouveau, Foch, et sa Xe armée ; puis la IVe armée s'articule de part et d'autre de Sainte-Ménehould, gardant les défilés boisés de l'Argonne. Cette conjoncture est d'autant plus favorable que les deux extrémités de ce dispositif sont soudées à des « môles » de choix. À l'est, la position de Verdun, tenue par la IIIe armée de Sarrail, et à l'ouest la place de Paris elle-même, où un homme de valeur vient également de prendre son poste quelques jours auparavant, Gallieni.

1er septembre 1914. Le 1er septembre, Joffre a fait parvenir l'instruction générale n° 4 prévoyant une possible contre-attaque des unités du centre de ce dispositif. Il convient de noter que, dans l'esprit du commandant en chef, Britanniques et armée de Paris n'ont qu'une mission secondaire de flanc-garde, l'action principale étant dévolue tant à Franchet d'Esperey qu'à Foch. Ce sera le grand mérite de Gallieni (dont le PC est installé au lycée Victor-Duruy) d'inverser les facteurs et de confier le soin du coup de boutoir à la VIe armée de Maunoury, manœuvre brillante qui prendra l'envahisseur au dépourvu. Ce dernier continue sa progression, encore que von Moltke se soit écarté de la pensée de Schlieffen, glissant à l'est de Paris, négligeant la place pour franchir la Marne et dévaler en direction de la Seine, du Morvan puis de la Saône, de la Bourgogne et du Jura, point final d'un gigantesque « coup de faux » sous lequel l'armée française sera anéantie pour longtemps.

En vérité, cet infléchissement du mouvement des armées allemandes (en particulier, celle de von Kluck), a été décelé dès le 31 août. Ce jour-là, une reconnaissance de cavaliers du 5e chasseurs, dirigé par le capitaine Lepic, a noté avec surprise que les colonnes allemandes bifurquaient à hauteur d'Estrées-Saint-Denis, abandonnant la RN 17 (menant vers Paris) au profit de la direction de Compiègne par Ressons. Durant trois longues heures, le capitaine a vu défiler l'aile droite du dispositif allemand (en l'occurrence le 2e corps poméranien). Pourtant, l'observation du capitaine n'est pas prise au sérieux par l'état-major, même si des reconnaissances aériennes britanniques confirment cette information. Improvisation, manque de liaisons efficaces, idées préconçues caractérisent les divers échelons de l'armée française. Il faut attendre le 3 septembre pour que le mouvement de l'armée de von Kluck soit enfin admis aux divers échelons de commandement. Avec lucidité, Gallieni discerne aussitôt le parti qui peut être tiré d'une attaque de flanc contre ces colonnes en marche, encore qu'un doute l'effleure : « Je n'ose pas y croire, dit-il ; ce serait trop beau… »

4 septembre 1914. Ce jour-là, plusieurs reconnaissances aériennes indiquent que, si Senlis est occupée, la route de Paris est vide d'Allemands. Constatation aussi étonnante que significative, d'autres unités adverses négligent Nanteuil-le-Haudouin et Crépy-en-Valois. Tout le gros des forces de l'armée de von Kluck dévale entre Marne et Morin. Fort de ces constatations, Gallieni fait dresser le plan d'attaque de la VIe armée et confère avec Maunoury. Pendant ce temps, à Bar-sur-Aube, l'entourage de Joffre a également noté la direction prise par l'assaillant. Le moment tant attendu depuis l'abandon des lignes de la Somme et de l'Aisne est enfin arrivé. Lorsque la proposition de Gallieni lui parvient, il l'agrée.

5 septembre 1914. À minuit 05, l'ordre n° 6 est envoyé aux diverses armées du front, texte entièrement rédigé à la main par le chef du 3ᵉ Bureau. Le sort en est jeté. Joffre peut rédiger l'ordre du jour célèbre qui sera lu seulement le lendemain aux troupes : « Au moment où s'engage une bataille dont dépend le sort du pays, il importe de rappeler à tous que le moment n'est plus de regarder en arrière ; tous les efforts doivent être employés à attaquer et à refouler l'ennemi. Une troupe qui ne peut plus avancer devra, coûte que coûte, garder le terrain conquis et se faire tuer sur place plutôt que de reculer. Dans les circonstances actuelles, aucune défaillance ne peut être tolérée. » En fait, cet ordre est exécuté avant la lettre dans le secteur de la VIᵉ armée. C'est la conséquence des directives claires et précises données la nuit précédente par Gallieni à Maunoury. Dès 11 heures du matin, le commandant de l'armée de Paris a engagé le combat. Entre Monthyon et Iverny, sur le plateau couvert de champs de blé s'étendant entre Dammartin-en-Goële et Meaux, les 14ᵉ, 45ᵉ, 55ᵉ et 63ᵉ divisions d'infanterie sont passées à l'action. En fait, cette offensive relève d'une rencontre fortuite entre des unités effectuant des mouvements perpendiculaires l'un à l'autre. Mais l'intervention des détachements précurseurs de Maunoury frappe de flanc le 4ᵉ corps prussien de réserve qui descend vers Meaux. Son chef, le général von Gronau, un vétéran des batailles sous Metz en 1870, fait front immédiatement. De part et d'autre, les pertes sont lourdes, symbolisées par la mort du lieutenant Charles Péguy non loin de Villeroy, à une dizaine de kilomètres au nord-ouest de Meaux.

Au soir, Gronau abandonne le champ de bataille, de Chauconin à Saint-Soupplets, c'est-à-dire tout le terrain situé au nord de Meaux, conscient qu'il ne s'agit pas là d'une simple escarmouche, mais bien du prélude à un mouvement offensif de plus grande ampleur, qui ne laisse rien préjuger de bon pour le lendemain. Les avant-gardes de von Kluck sont, en effet, engagées loin vers le sud-est à travers les coupures du Grand et du Petit Morin, à la poursuite d'un adversaire en retraite qu'il estime à bout de forces. Avec une bonne journée de marche d'avance sur son voisin de gauche (la IIᵉ armée de von Bülow), von Kluck lance tous ses détachements en direction du sud-est, où ils dépassent Coulommiers et Esternay.

6 septembre 1914. Ce jour-là à l'aube, l'armée de Paris repart à l'attaque, tandis que sur le reste du front, jusqu'aux abords de Verdun, les unités en retraite depuis trois semaines et plus se cabrent. Progressivement, une ligne de feu continue s'ébauche des deux Morins à la Meuse, surprenant les chefs des diverses unités allemandes de poursuite tout en en réjouissant quelques-uns : « Enfin, nous les tenons ! exulte le colonel von Tappen, de l'entourage de von Moltke. Maintenant on va s'empoigner et on est à deux de jeux. C'est la force qui va parler. Nos braves troupes régleront vite l'affaire !... » Cette réaction se conçoit si l'on songe qu'un des buts de tous les *Kriegspiel* passés consiste à anéantir l'ennemi par un encerclement, comme ce fut le cas naguère à Metz et à Sedan. Or, depuis le début des hostilités, des replis successifs ont permis aux forces de Joffre de se dérober à semblables manœuvres. Après trois semaines de ce « jeu », les Allemands estiment que cet affrontement sera décisif et que leur supériorité en nombre, en cohésion et en armement leur apportera le succès final. Bien peu, sur le moment, s'inquiètent de l'état de fatigue des troupes qui viennent de parcourir des centaines de kilomètres à travers la Belgique, la Champagne ou la Picardie, forçant les étapes après de multiples engagements qui ont quand même entraîné des pertes. Le ravitaillement ne suit pas toujours. Plus inquiétantes, cependant, apparaissent les lacunes de l'armée allemande : conformisme des cadres, incapacité des unités sans chefs de prendre des initiatives sur le lieu du combat et surtout insuffisances des services de transmissions, ce qui explique en partie la surprise de la journée du 5 septembre, alors que tous les rapports indiquent que l'adversaire est sur le point de s'écrouler. Enfin, il y a l'éloignement du haut commandement, qui est seulement passé le 26 août de Coblence à Luxembourg, à plus de 200 km du champ de bataille.

Il est vrai qu'un des préceptes de von Moltke consiste à laisser l'initiative aux chefs de première ligne, ceux qui sont le mieux à même de juger la situation sur le terrain et de prendre des mesures appropriées. Dans le cas de von Kluck, l'homme est un lutteur en même temps qu'un tacticien de grande valeur. Passant de la surprise à la perplexité, à la lecture des premiers rapports des combats au nord-ouest de Meaux, il décide aussitôt de faire face et de livrer sa propre bataille. Ce sera celle de l'Ourcq, que mèneront à partir des 6 et 7 septembre le 2ᵉ corps poméranien puis le 4ᵉ corps d'active, lancés au secours du 4ᵉ corps de réserve de Gronau, arc-bouté le long du petit sillon de la Thérouanne.

7 septembre 1914. Gallieni envoie à Maunoury les 25ᵉ, 62ᵉ et 71ᵉ divisions puis la 7ᵉ DI et une partie du 4ᵉ corps d'armée, rameuté de Lorraine. Pour que certains détachements parviennent plus rapidement sur place, le gouverneur de Paris n'hésite pas à réquisitionner les taxis parisiens dans la nuit du 7 au 8 septembre. Quelque 700 taxis entrent dans l'histoire en constituant la première unité motorisée, passant à la postérité sous la dénomination de « taxis de la Marne ». Les effectifs ainsi acheminés jusqu'à Nanteuil-le-Haudouin (4 000 fantassins) représentent un seul gros régiment. L'événement ne peut donc guère infléchir le sort de la bataille en cours. Mais il est révélateur de la détermination et de l'esprit d'initiative d'un commandement français animé d'une farouche volonté de résister, donc de vaincre, selon les termes de la proclamation de Joffre.

Sur tout le reste du front, les 200 km de ligne de feu s'étirant de Meaux à Verdun, 2,5 millions d'hommes s'affrontent dans l'une des plus grandes batailles de l'histoire. Au centre de ce dispositif, légèrement incurvé vers le sud, les troupes de Franchet d'Esperey et de Foch font face aux assauts de celles de Bülow et de Hausen, tandis que le kronprinz impérial piétine de part et d'autre de Verdun, où les deux corps d'armée de Sarrail s'arc-boutent avec détermination, prenant ainsi une part déterminante dans le succès final. En effet, si les combats font rage de part et d'autre d'Esternay, de Sézanne et de Fère-Champenoise, où l'assaillant croit pouvoir emporter la décision, le sort de la lutte se dessine un peu plus sur la gauche. Conscient de l'enjeu du combat sur le plateau du Multien, von Kluck y dirige toutes ses disponibilités, réclamant même le 7 septembre les deux corps d'armée de son aile gauche, laissés provisoirement à son voisin von Bülow pour continuer sa progression. Il s'agit du 3ᵉ corps brandebourgeois et du 9ᵉ corps du Schleswig. Ainsi le coup de boutoir de Maunoury au nord de Meaux aspire progressivement toutes les disponibilités de la Iʳᵉ armée allemande. Conséquence très grave pour cette dernière, non seulement l'avance de son aile droite est définitivement stoppée, mais encore la belle ordonnance du « rouleau compresseur » est brisée. En effet, à hauteur de Coulommiers, une brèche s'ouvre dans le dispositif allemand, séparant la Iʳᵉ de la IIᵉ armée. Pour comble, le haut commandement allemand n'a plus d'unités en réserve, ayant dû en envoyer vers Anvers pour surveiller l'armée belge et prélever le 26 août deux corps d'armée sur l'armée d'invasion de la France pour les diriger vers la Prusse-Orientale, où les Russes se font menaçants et prennent ainsi une part décisive au succès futur de leurs alliés.

Dès ce moment, l'armée allemande est virtuellement en danger, car seules des unités éparses de cavalerie sont engouffrées dans la faille pour tenter de la colmater. Par chance pour l'assaillant, ce secteur est celui de l'armée britannique. Toujours circonspect quant à la valeur de l'armée française (dont il a partagé avec angoisse la retraite), le général French ne souhaite guère prendre d'initiative. En vain le GQG de Joffre et les émissaires de Franchet d'Esperey pressent-ils le chef du corps expéditionnaire de se lancer en avant. Avec une désespérante lenteur, celui-ci esquisse de timides mouvements vers le nord dans la journée du 7 septembre.

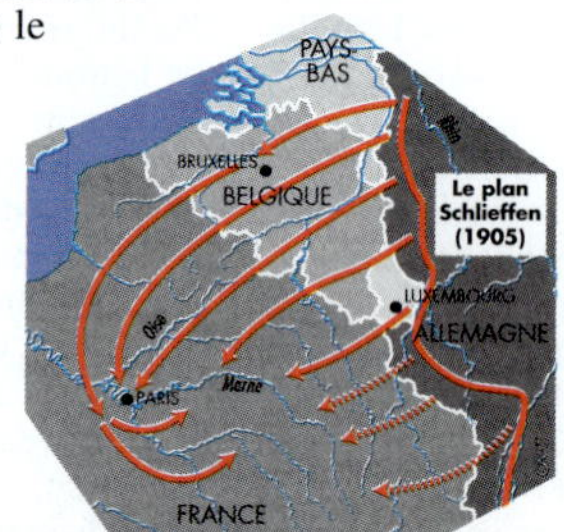

◄ LA THÉORIE

▼ LA RÉALITÉ

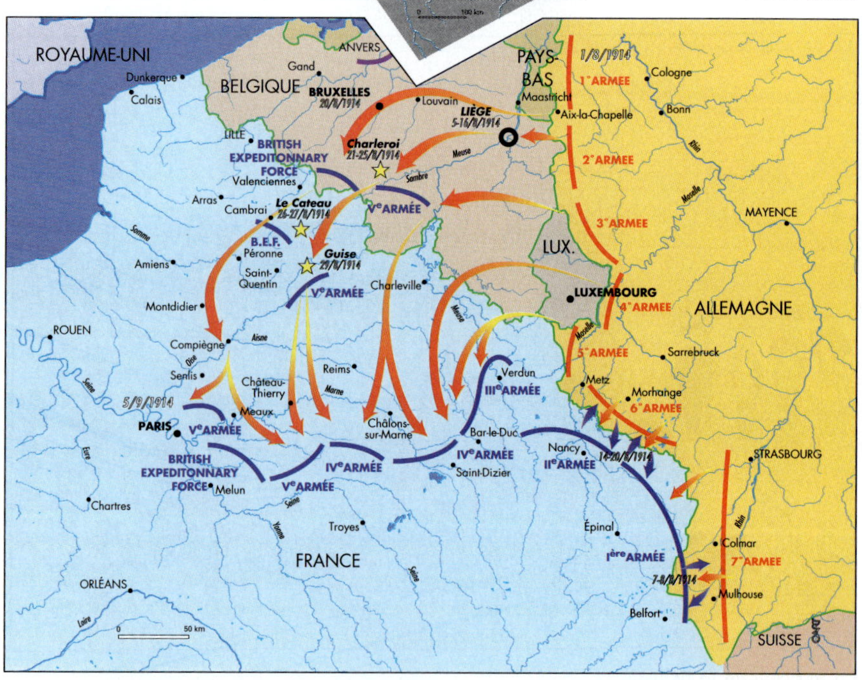

Le plan Schlieffen et la bataille de la Marne

8 septembre 1914. Le 8, le mouvement s'amplifie quelque peu ; le 1er corps britannique du général Douglas Haig franchit le Grand puis le Petit Morin avant de déboucher dans la vallée de la Marne dans la journée du 9 à hauteur de La Ferté-sous-Jouarre. Cette fois, le « coin est enfoncé ». L'aurait-il été deux jours plus tôt, au début de la bataille de l'Ourcq, c'est toute l'armée de von Kluck qui risquait l'encerclement. Pressentant le danger et mettant à profit les atermoiements de ses vis-à-vis, le commandant de la Ire armée allemande replie prudemment son PC de Vendrest à La Ferté-Milon, où le général connaît d'ailleurs une très vive émotion à la suite d'un raid de la cavalerie française aux lisières de la cité. Dans le même temps, privé des 3e et 9e corps tant réclamés par von Kluck, von Bülow évacue la région de Montmirail, car la brèche d'une trentaine de kilomètres qui le sépare de son voisin de droite s'agrandit. En fait, une inquiétude similaire est ressentie à Luxembourg, avec cette différence que, la distance aidant, les mauvaises nouvelles provenant du front (malgré l'optimisme de von Kluck) y sont amplifiées. Elles tombent sur un von Moltke qui perd soudain confiance. De surcroît, ce chef militaire ne possède pas les qualités de stratège de son illustre parent, le vainqueur de 1864, 1866 et 1870. Pis, von Moltke est entouré de collaborateurs à la volonté aussi vacillante, à l'exemple du lieutenant-colonel Hentsch, chef du service de Renseignement de l'état-major, lui-même handicapé par une affection hépatique.

C'est cependant à ce collaborateur, avec lequel il est depuis de longues années en harmonie de conceptions, que von Moltke confie la mission d'aller s'informer sur place et de prendre toutes décisions utiles. Cette délégation de pouvoirs sera par la suite sévèrement critiquée en Allemagne et explique le limogeage du chef d'état-major. Toujours est-il que le périple effectué les 8 et 9 septembre par le lieutenant-colonel sur les arrières des Ire et IIe armées allemandes a de quoi inquiéter. Aux convois de blessés se mêlent des unités de transport en proie à la plus vive panique. Des rumeurs font état de l'avance de la cavalerie britannique vers la Marne, ce que confirment bientôt des rapports de reconnaissances aériennes. Des unités de services se replient précipitamment à l'annonce de l'évacuation de Montmirail devant la poussée alliée. Von Bülow lui-même (atteint d'artériosclérose), vacille, et c'est son chef d'état-major, von Linsingen, qui exerce en fait la direction de la IIe armée. Un soudain pessimisme étreint donc la plupart des responsables des armées de l'aile droite allemande.

9 et 10 septembre 1914. Le 9, après une ultime réunion au PC de von Bülow, Hentsch approuve l'ordre général de repli. Pourtant, sur le terrain, les épreuves ne s'achèvent pas d'emblée. Dans la région de Mondement, au nord de Sézanne, les fantassins allemands se livrent à une ultime poussée. Mais à Mondement même, le 77e RI s'empare du château, tandis que la 42e DI du général Grossetti oblige les Saxons à évacuer Fère-Champenoise. Le repli de la IIe armée de von Bülow entraîne celle de von Hausen, sur sa gauche, et desserre la pression des forces du kronprinz à l'ouest de Verdun. Commencée à l'ouest de l'Ourcq, à travers le plateau du Multien, la bataille y prolonge ses derniers feux. Conscient de sa position menacée vers le sud, von Kluck s'efforce de parer à la menace de Maunoury en assénant ses derniers coups. Il occupe Nanteuil-le-Haudouin, et la nuit du 9 au 10 septembre se passe même dans l'angoisse au PC de la VIe armée. La plupart des chefs d'unités rapportent que les troupes de première ligne sont épuisées et qu'une nouvelle journée de combat leur paraît aléatoire. Déjà la 55e DI, aux effectifs réduits de moitié, a dû être évacuée. Mais ce 10 septembre n'apporte plus d'autres épreuves, puisque l'ennemi fait le vide, conséquence du franchissement de la Marne par les Britanniques et des forces de Franchet d'Esperey, qui note l'enthousiasme des soldats à l'annonce de leur succès. Chariots, attelages, armes, canons, débris divers parsèment les routes de la retraite des Ire et IIe armées. De Château-Thierry à Épernay et à Châlons, le spectacle est identique devant les divisions de la IXe armée de Foch, qui a toutefois particulièrement souffert de la pression ennemie et se trouve en retrait au nord des marais de Saint-Gond. L'ampleur de la retraite s'étend cependant au-delà de l'Aisne, et il faut la venue hâtive de renforts pour qu'un rétablissement du vaincu s'opère sur les hauteurs du chemin des Dames et au nord de Reims.

11 septembre 1914. « La bataille de la Marne s'achève en victoire incontestable », télégraphie Joffre au gouvernement, à Bordeaux. « Au moment de rédiger ce télégramme, indiquera-t-il par la suite, une question se posa : comment dénommer la bataille que nous venions de remporter ? Autrefois les batailles tiraient leur nom du lieu auprès duquel elles avaient été livrées ou du lieu qui avait vu se dérouler l'action décisive. La bataille moderne, avec ses fronts immenses sur lesquels de multiples actions également importantes s'engagent simultanément, ne peut plus se caractériser par le nom d'une localité… La bataille que les forces alliées venaient de livrer de Verdun aux abords de Paris s'était déroulée dans la vallée de la Marne et de ses affluents : Ourcq, Grand et Petit Morin, Saulx et Ornain. C'est le nom de la Marne qui évoquait à la fois l'idée d'un front et d'une région étendue. » À ces hommes exténués, Joffre adresse l'expression de sa satisfaction : « Tous, officiers et soldats, écrit-il, vous avez répondu à mon appel. Vous avez bien mérité de la patrie. » Cependant, le meilleur hommage rendu à tous ces hommes l'a été par le général von Kluck en personne : « Que des hommes ayant reculé pendant quinze jours, écrira-t-il dans ses *Mémoires*, que des hommes couchés par terre et à demi morts de fatigue puissent reprendre le fusil et attaquer au son du clairon, c'est une chose avec laquelle nous autres Allemands n'avions jamais appris à compter ; c'est là une possibilité dont il n'a jamais été question dans nos écoles de guerre… » Le « miracle de la Marne » tient en ces quelques mots.

MARNE (bataille de la)

Bataille entre Allemands et Français en juillet 1918.

Dans le cadre de l'offensive de la dernière chance sur le front de l'Ouest, Ludendorff décide, après les attaques en Picardie et en Flandre, de frapper le front français en Champagne. Le 15 juillet, trois armées se trouvent aux ordres du kronprinz, venu spécialement de son PC de Charleville, en vue de mener l'« assaut pour la paix ». Les préparatifs, nombreux, sont décelés par le commandement français, qui fait évacuer les premières lignes et concentre ses forces sur des positions mieux protégées. Le 15 juillet à 4 h 40, les Allemands s'élancent après quatre heures de tir d'artillerie. Devant la IVe armée (Gouraud), l'attaque est enrayée dès le départ à la suite d'une contre-batterie de gaz toxiques. En revanche, la Ve armée (Berthelot) cède du terrain à l'ouest de Reims et une « poche » est creusée dans le front de la VIe armée (Degoutte) au sud de Château-Thierry. Nulle part cependant le front n'est percé et Ludendorff arrête les opérations dès le 16 en vue d'un assaut ultérieur.

C'est ignorer que Foch, sous le couvert de la forêt de Villers-Cotterêts, prépare une contre-attaque de flanc visant à réduire par l'ouest la hernie de Château-Thierry. L'opération, prévue pour le 18 juillet, est confiée au général Fayolle, disposant des armées de Mangin, de Degoutte et de détachements de chars. Surpris entre la Marne et l'Aisne, les Allemands refluent d'une dizaine de kilomètres et laissent plus de 10 000 prisonniers. L'avance atteint la région d'Oulchy-le-Château. Le 20 juillet, la Ve armée s'ébranle à son tour et attaque le flanc est, menaçant les forces du kronprinz de débordement, voire d'encerclement. Ludendorff se résigne à un premier repli sur la ligne Soissons – Fère-en-Tardenois – Ville-en-Tardenois. Il y résiste du 28 au 31 juillet, mais ne peut se maintenir et ramène son front sur l'Aisne et la Vesle, atteinte par les avant-gardes de Fayolle le 3 août. La « poche » de Château-Thierry est résorbée. L'assaillant y abandonne plus de 30 000 prisonniers, 600 canons de tous calibres et 3 000 mitrailleuses. Le succès est dû autant à l'audace de Foch, qui contre-attaque deux jours après un combat défensif, surprenant complètement l'assaillant, qu'à l'usage en nombre de chars. Ce succès contribue au prestige du généralissime allié, qui est promu quatre jours plus tard maréchal de France. En raison du site et de l'objectif de l'attaquant, cette bataille est alors dénommée seconde victoire de la Marne.

MAROC

État d'Afrique du Nord adossé à l'océan Atlantique et à la mer Méditerranée, protégé au nord par la chaîne du Rif et à l'est par la barrière du Haut Atlas.

Les populations montagnardes sont d'origine berbère, et leur présence est bien antérieure à la venue des marins phéniciens et grecs qui commercent sur ces rivages plus d'un millier d'années avant J.-C. Les Romains incluent le littoral dans leur province de Mauritanie Tingitane, mais les légionnaires ne s'aventurent pas vers l'intérieur. Tingi, Lixus, Volubilis sont les fleurons urbains d'une façade maritime que les Vandales ravagent vers 430. Les Byzantins rétablissent l'ordre, mais doivent céder la place, à partir de 705, aux conquérants arabes venus d'Égypte par la Tunisie et l'Algérie. Ceux-ci apportent leur langue, leur religion, leurs coutumes sans pour autant entamer un bastion berbère qui symbolise à merveille la vocation du pays : celle de l'indépendance. Quelle que soit la puissance du pouvoir établi à Bagdad, à Damas, au Caire, voire à Tunis, les habitants de ce Maghreb occidental demeurent toujours réticents, hostiles à toute suzeraineté.

Ainsi prennent leur essor, à l'époque du Moyen Âge européen, les dynasties locales Idrissides, qui fondent Fès au début du IXe siècle, et surtout les Almoravides, guerriers farouches, dont Marrakech est la capitale. Ils sont les premiers à réaliser l'unité politique de cette vaste région, aussi étendue que la Suède et l'Espagne d'aujourd'hui. C'est d'ailleurs vers l'Espagne relativement proche que se développe, au milieu du XIe siècle, une conquête qui s'étend à l'Andalousie puis à une partie du Levant et à la Castille. Empire éphémère toutefois que supplantent un siècle plus tard les Almohades, dynastie berbère qui s'impose à son tour à partir de 1147.

La victoire espagnole de Las Navas de Tolosa, en 1212, annonce cependant une décadence qui va s'amplifiant et favorise d'autres ambitions, telle celle des Mérinides au pouvoir en 1269. La venue des Portugais sur le littoral atlantique, le reflux des réfugiés maures chassés d'Espagne par la reconquête des Rois Catholiques, les ambitions des sultans de Constantinople, désireux de contrôler tout le Maghreb, favorisent au XVIe siècle les menées d'une dynastie alaouite qui fournit au pays ses plus grands monarques. Moulay Ismaïl prend volontiers exemple sur Louis XIV, son contemporain. Le XVIIIe siècle voit le développement des relations commerciales avec les Européens ; mais l'installation des Français en Algérie à partir de 1830 provoque une vive réaction du sultan Moulay Abd al-Rahman, auprès duquel Abd el-Kader cherche refuge.

Le maréchal Bugeaud, victorieux sur l'Isly, non loin d'Oujda (1844), met en déroute l'armée chérifienne, arrêtant toute autre velléité d'intervention et surtout révélant une infériorité qui encourage les ambitions des puissances européennes. En effet, si les Portugais ont perdu depuis 1578 leurs bases du littoral, les Espagnols sont solidement installés à Melilla depuis 1496 et à Ceuta à partir de 1580. Ils s'emparent de Tétouan en 1860, mais les Britanniques, intéressés au négoce sur le littoral, les obligent à restitution. En 1880, la diplomatie française s'efforce de faire reconnaître certains droits sur le littoral tangérois. Les Britanniques, une fois encore, interviennent et font proclamer lors de la conférence internationale de Madrid le principe de l'égalité économique des nations dans l'Empire chérifien. Les maladresses, la xénophobie, l'esprit fantasque et la faiblesse du sultan Moulay Abd el-Aziz (1894-1908) excitent de nouvelles convoitises. Théophile Delcassé, ministre français des Affaires étrangères, propose un partage du pays à l'Espagne, laquelle refuse pour ne pas mécontenter le *Foreign Office*. Mais tout s'apaise grâce à des concessions françaises en Égypte. Il en est de même pour les Italiens, qui s'inquiétaient de leur côté de leurs ressortissants en Tunisie. Seule l'Allemagne n'a pas été consultée et, de dépit, l'empereur Guillaume débarque à Tanger le 25 mars 1905 pour faire proclamer ses droits. La tension monte.

La conférence d'Algésiras (8 avril 1906) confirme l'indépendance de l'Empire chérifien, mais la France et l'Espagne bénéficient de clauses privilégiées. Aussi le moindre incident est-il exploité par chacune des puissances. L'assassinat d'un médecin français justifie, par exemple, le débarquement de troupes dans la plaine de la Chaouïa à partir d'août 1907 et l'occupation d'Oujda. Une révolte contre le sultan Moulay-Hafid, à Fès en 1911, permet d'envoyer sur place la colonne du général Moinier qui profite de l'aubaine pour occuper Meknès et Rabat, au grand dépit, à nouveau, de l'empereur d'Allemagne, lequel envoie un vaisseau de guerre devant le port d'Agadir. La fièvre monte encore une fois. À tout moment une conflagration franco-allemande peut résulter de l'incident, et il faut toute l'habileté diplomatique de Joseph Caillaux pour aplanir la crise. L'accord du 4 novembre 1911 réaffirme l'égalité économique des puissances mais autorise la France « à maintenir l'ordre dans l'Empire chérifien », l'Allemagne recevant des compensations territoriales au Cameroun.

À l'annonce de cet accord, une explosion de xénophobie ensanglante une fois encore Fès, du 17 au 20 avril 1912. Pour rétablir la situation, le gouvernement français nomme un résident général de grande valeur, le général Lyautey, diplomate autant que militaire, excellent administrateur de surcroît, lequel restaure l'autorité du sultan tout en faisant admettre le protectorat français par les élites. Un Maroc moderne s'ébauche avec le développement des ports, de l'industrie, l'exploitation des mines de phosphates et la mise en valeur de la plaine de la Chaouïa, propice aux céréales et aux plantations d'agrumes. Ce n'est cependant pas sans heurts. La terrible révolte d'Abd el-Krim, commencée au Maroc espagnol en 1921, s'étend au nord du protectorat français à partir d'avril 1925 ; il faut l'envoi de puissants renforts, coordonnés par le maréchal Pétain, pour rétablir une situation un moment compromise dans la région de Fès. En vérité, cet apaisement n'est qu'apparent, car le sentiment national demeure vif en dépit des ethnies arabes et berbères. En témoigne l'effervescence consécutive à la publication du *dahir* berbère du 16 mai 1930 prévoyant la séparation administrative des communautés. Un plan de réformes est soumis en vain en 1934 aux autorités françaises par un groupe de jeunes intellectuels. Ce rejet favorise l'action du professeur Allal el-Fassi, lequel crée un bloc d'action nationale trois ans plus tard.

Le sultan Mohammed V, au pouvoir depuis 1927, observe cette évolution avec autant d'intérêt que de prudence. Sans réticence, il accepte la participation de contingents marocains à la campagne de France, mais la défaite de juin 1940 lui révèle la faiblesse soudaine de la nation protectrice. Le débarquement américain de novembre 1942 et les promesses faites par le président Roosevelt lors de sa venue en 1943 pour la conférence interalliée de Casablanca font cette fois entrevoir au souverain une possible émancipation. L'armée marocaine, composée de deux divisions et d'un groupe de tabors, prend néanmoins une part héroïque aux campagnes d'Italie, de France et d'Allemagne. Après les hostilités, les régiments de tirailleurs interviennent en Indochine au sein du corps expéditionnaire français. Mais, au Maroc même, le processus émancipateur est engagé.

Maroc
Le sultan du Maroc Mohammed V et son fils, le futur Hassan II, reçus à La Celle-Saint-Cloud les 6 et 7 novembre 1955 par le ministre des Affaires étrangères, Antoine Pinay. © *Roger-Viollet*

Dès 1943, Ahmed Balafrej a fondé le parti nationaliste de l'Istiqlal. En 1947, à Tanger, le sultan prononce un discours dont les termes n'ont pas été soumis préalablement au résident général. Le problème de l'émancipation est posé avec netteté. En réponse, deux militaires se succèdent à la résidence du protectorat : les généraux Juin et Guillaume. En sous-main, le gouvernement de Joseph Laniel favorise les intrigues du Glaoui, pacha de Marrakech, lequel fait évincer le sultan le 20 août 1953 à la faveur d'une manifestation de populations berbères. Il lui substitue un souverain sans consistance, Mohammed ben Arafa. La mesure, habile d'apparence, se révèle à terme négative, car le souverain déchu, exilé en Corse puis à Madagascar, voit son prestige grandir auprès des nationalistes, tandis que l'insécurité s'étend aux villes et aux campagnes. Si bien que le président du Conseil Edgar Faure se résoud à traiter avec Mohammed V, qui est reçu en novembre 1955 par Antoine Pinay à La Celle-Saint-Cloud. Revenu dans son pays dans l'enthousiasme populaire, ayant humilié le Glaoui par une exigence de soumission à sa personne, le sultan obtient successivement la reconnaissance de l'indépendance du Maroc par le gouvernement français, le 2 mars 1956, puis le 7 avril par le régime espagnol (à l'exception de Ceuta et de Melilla), le statut international de Tanger étant aboli le 21 octobre suivant. L'année suivante, Mohammed V change son titre de sultan pour celui de roi du Maroc.

MAROT Clément (Cahors, 1496 – Turin, 1544)

Poète.

Il est le fils d'un poète de la cour d'Anne de Bretagne. Après de médiocres études, il obtient une place modeste à la chancellerie des finances. Ses premières œuvres le montrent prisonnier de la tradition des rhétoriqueurs du XVe siècle. C'est dans l'emploi de valet de chambre de Marguerite d'Angoulême, sœur du roi et future reine de Navarre, qu'il rencontre des humanistes et découvre avec les idées évangéliques un avant-goût de la Réforme protestante. Loin d'être un libertin, Marot commet cependant des imprudences : il est emprisonné pour s'être vanté d'avoir consommé du lard durant le carême… Son séjour de quelques mois au Châtelet lui inspire *L'Enfer*, une satire du monde judiciaire. Ses protections le font élargir et il obtient dès 1527 la charge de valet de chambre du roi. Il est surtout le chroniqueur mondain de la cour de François Ier. Un premier recueil de vers – inspiré par la tradition médiévale davantage que par l'esprit renaissance – paraît en 1532 sous le titre *L'Adolescence clémentine*.

Mais pour avoir à de multiples reprises bravé les autorités ecclésiastiques, Marot est visé par la vague de répression qui s'abat sur la Cour après l'affaire des Placards. Il s'enfuit à Ferrare, en Italie, où il rencontre Calvin, lui aussi exilé, qui lui

Clément Marot
Portrait présumé du poète par Corneille de Lyon, XVIe siècle. Huile sur toile, Paris, musée du Louvre. © *RMN – Gérard Blot*

inspire une traduction des Psaumes. En 1537, il obtient son rappel, au prix d'une abjuration. Mais si ses psaumes en vers français lui valent l'estime de François Ier et même de Charles Quint, son *Sermon du bon pasteur et du mauvais* (1539), véritable profession de foi protestante, lui vaut de nouvelles persécutions qu'il fuit à Genève en 1542. Là, sa conception de la religion paraît trop libérale aux sévères calvinistes. Il lui faut repartir pour Chambéry – où il exprime dans *La Complainte d'un pastoureau chrétien* sa lassitude des polémiques religieuses – puis pour Turin où il meurt dans la solitude. Son œuvre très variée, mais dispersée en épigrammes, balades, élégies, etc., est d'abord méprisée par la Pléiade puis célébrée par les classiques partisans des modernes comme Boileau ou La Fontaine.

La Marseillaise
Citoyens chantant l'hymne : « Aux armes citoyens ! » Figurines des Lesueur, musée de la ville de Paris, musée Carnavalet. © *Lauros-Giraudon*

MARQUETTE Jacques (Laon, 1637 – lac Michigan, 1675)

Missionnaire jésuite et explorateur.

Arrivé au Canada vers 1666, le père Marquette, accompagné d'un jésuite de Québec, Louis Jolliet, décide d'effectuer en 1673 un grand voyage d'évangélisation vers l'intérieur à partir du lac Huron. Embarqués avec cinq autres compagnons sur deux canots, les missionnaires longent le lac Michigan puis, par portages successifs et au prix de difficultés sans nombre, parviennent à la rivière Wisconsin et gagnent de là le cours du Mississippi. D'après leurs comptes rendus, ils auraient atteint le confluent de l'Arkansas. Ils souhaitent descendre jusqu'à la mer. Mais la présence en aval de tribus hostiles les incite à renoncer à leur projet et à remonter vers le nord pour reconnaître la vallée de l'Illinois. Le père Marquette est l'auteur de la *Découverte de quelques pays et nations d'Amérique septentrionale*, ouvrage publié en 1682, soit sept ans après sa mort.

MARQUIS

À l'origine, c'est-à-dire à la fin des temps mérovingiens et aux temps carolingiens, le marquis est un officier royal ou impérial chargé de garder une marche.

Ses pouvoirs et ses devoirs ne se distinguent guère de ceux des comtes ou des ducs, ce qui explique que bien souvent on ne l'appelle pas différemment de ceux-ci. En France, il n'existe pas de marquisat héréditaire et territorial avant le XVIe siècle. Le premier auquel on puisse donner ces épithètes serait celui de Trans, qui date de 1505 ; le marquisat de Nesle n'est pas antérieur à 1545. Dans les premiers temps, le titre de marquis est assez rare pour paraître supérieur à celui de comte. Puis, dès la fin du XVIIe siècle, on assiste à une dépréciation générale qui s'accentue au XVIIIe siècle. Le marquisat, qui s'obtient alors par lettres patentes, devient purement honorifique. L'Empire ne fera pas de marquis.

MARQUISES (îles)

Archipel de la Polynésie française, en Océanie.

À environ 1 200 km au nord-est de Tahiti, l'archipel des Marquises s'étire sur une longueur de 350 km. Cette douzaine d'îles, d'îlots et d'atolls d'origine volcanique couvre une superficie de quelque 1 300 km^2. La zone passe pour avoir été découverte par le navigateur espagnol Mendaña qui leur attribua la dénomination de *marquesas* en hommage au vice-roi du Pérou, le marquis de Mendoza. Reconnu par Cook dans le dernier quart du XVIIIe siècle, l'archipel est occupé au nom de la France par l'amiral Dupetit-Thouars en 1842. Son isolement le fera choisir un moment comme pénitencier avant la désignation de la Nouvelle-Calédonie à cet usage.

MARRAST Armand (Saint-Gaudens, 1801 – Paris, 1852)

Homme politique.

Ancien élève du collège d'Orthez, il devient ensuite professeur à Saint-Sever. Marrast manifeste une telle opposition au régime de la Restauration que le général Lamarque l'incite à venir s'installer à Paris, où les républicains apprécient autant son talent oratoire que le mordant de sa plume. L'occasion lui est notamment fournie lors des obsèques de l'avocat Manuel en 1827. Les événements de juillet 1830 comblent les souhaits de ce fervent républicain, devenu entre-temps professeur de philosophie, qui va diriger de 1832 à 1835 le journal *La Tribune*. Après un exil en Angleterre, conséquence de ses critiques contre la monarchie de Juillet, Marrast se retrouve à la tête du *National* en février 1848. Les honneurs s'accumulent : membre du gouvernement provisoire, maire de Paris, député de la Haute-Garonne à l'Assemblée constituante, vice-président, puis président de l'Assemblée, enfin ministre des Finances. Un brillant avenir semble lui être assuré lorsque éclate la révolte de mai et de juin, au cours de laquelle Marrast s'oppose aux émeutiers. Ses amis républicains lui reprochent notamment les poursuites intentées contre Louis Blanc. Si bien que le député de la Haute-Garonne n'est pas réélu à l'Assemblée législative et que, la tendance du prince Louis Napoléon l'emportant, sa carrière prend fin avec l'évolution du régime.

MARSA (traité de La)

La résidence du bey, aux environs de Tunis, sert de lieu de négociation à la suite de la campagne victorieuse menée dans les djebels et les territoires du Sud par le corps expéditionnaire du général Saussier et la flotte de l'amiral Garnault.

Signé le 8 juin 1883, le traité de La Marsa complète le traité du Bardo, conclu deux ans auparavant, et confirme le protectorat de la France sur l'ensemble du territoire beylical. Le souverain tunisien accepte de prendre pour ministre de la Guerre un général français. Il autorise la présence d'administrateurs français auprès des caïds et abandonne tout droit de juridiction sur les nationaux français.

MARSEILLAISE (La)

Hymne national du peuple français.

Selon les chroniques strasbourgeoises, le maire de la ville, Dietrich, organise le 24 avril 1792 une fête patriotique à l'annonce de la déclaration de guerre aux Austro-Prussiens. Cette cérémonie se termine par une réception à l'hôtel de la Chancellerie, à laquelle est convié un jeune capitaine du génie, originaire de Lons-le-Saunier, Claude Joseph Rouget de Lisle, connu pour ses dons poétiques et musicaux. Au cours de la conversation, Dietrich propose à l'officier de composer une chanson pour animer la marche des jeunes volontaires de l'armée du Rhin. Rouget de Lisle s'inspire pour les paroles du texte d'une affiche placardée sur les murs de la ville par la Société des amis de la Constitution et dont le texte commence par : « *Aux armes, citoyens ! L'étendard de la guerre est déployé...* » Le lendemain matin, l'œuvre est prête. Le compositeur fait entendre sa création à un de ses amis, présent la veille chez Dietrich, le lieutenant Masclet, lequel, enthousiasmé, apporte les dernières retouches. Rouget de Lisle se rend ensuite chez le maire où l'accueil est tout aussi chaleureux, si bien qu'une invitation est lancée, pour le soir même, à plusieurs personnalités. Au dîner, accompagné par l'auteur au violon et par une des dames au clavecin, Dietrich chante pour la première fois en public le *Chant de guerre pour l'armée du Rhin*. La composition produit une forte impression sur l'auditoire. Le 29 avril, la garde nationale joue l'œuvre sur la place d'Armes pour accueillir les volontaires du département de Rhône-et-Loire.

Des voyageurs répandent bientôt cet air entraînant et ces paroles exaltantes dans les autres régions de France. Un Languedocien du nom de Mireur les chante, en juin, lors d'une réunion patriotique à laquelle assistent de nombreux Marseillais. L'enthousiasme est tel que le *Journal des départements méridionaux* en publie le texte le lendemain. C'est le jour du départ des volontaires marseillais pour Paris. Les feuillets leur sont distribués. Tout le long de la route, les conscrits chantent l'œuvre de Rouget de Lisle, qui obtient partout un accueil enthousiaste. Il en est de même à Paris, où la population adopte l'air à son tour et en fait la chanson des révolutionnaires. Les armées de la République la colportent sur tous les champs de bataille. Rouget de Lisle mesure le succès de son œuvre lorsque le poète allemand Klopstock lui confie : « Vous êtes un homme terrible, vous nous avez tué 50 000 braves Allemands ! », confirmant l'adage que *La Marseillaise* « vaut une armée ». Au lendemain de Valmy, Kellermann ayant proposé à Servan, ministre de la Guerre, de célébrer la victoire par un *Te Deum*, celui-ci lui répond : « L'hymne des Marseillais sera le parfait *Te Deum* de la République !... »

La réaction thermidorienne met à l'index le chant officiel de la Révolution. L'armée d'Italie, en 1796-1797, le remet un moment à l'honneur, mais le Consulat le dédaigne. L'Empire préfère, entre autres, *La Marche consulaire*, sauf après le retour de l'île d'Elbe, qui voit l'armée monter vers Ligny et les Quatre-Bras aux accents de *La Marseillaise*. C'est la conséquence du soutien des républicains au nouveau régime. La Seconde Restauration replonge le chant des sans-culottes dans l'opprobre. Aussi n'est-il pas étonnant qu'il réapparaisse en juillet 1830 sur les barricades. Le nouveau roi Louis Philippe l'entonne même du haut d'un balcon des Tuileries. C'est un geste de circonstance, car six ans plus tard, lorsque Rouget de Lisle meurt, son œuvre est jugée séditieuse, et il faut la venue d'ouvriers travaillant dans le cimetière de Choisy-le-Roi, lieu de l'inhumation, pour que la cérémonie prenne une note émouvante aux sourds accents du chant des révolutionnaires, la plus belle des consécrations en l'occurrence.

Mais ce chant des révolutionnaires est devenu celui de tous les peuples opprimés. On le clame sur les barricades de Bruxelles en 1830 comme en Romagne, à Milan ou à Rome en 1848. Les Viennois soulevés contre Metternich le chantent à leur tour, imités par les Polonais en 1863. On retrouve *La Marseillaise* en Amérique du Sud et chez les révolutionnaires russes. En France, elle a reparu sur les barricades de 1848 et de 1871. La IIIe République l'adopte enfin comme hymne national. On lui ajoute à titre officiel un septième couplet, « appelé couplet des enfants » : « *Nous entrerons dans la carrière…* », tout d'abord attribué à Marie-Joseph Chénier et revendiqué ensuite par Louis du Bois et l'abbé Antoine Pessonneaux. En 1887, le général Boulanger, alors ministre de la Guerre, à la suite d'une proposition faite par une commission présidée par Ambroise Thomas, fait légèrement modifier la partition. Entre 1976 et 1981, le président Giscard d'Estaing impose un ralentissement du tempo musical, mais cet essai de transformer le chant en mélodie solennelle tourne court.

MARSEILLE

Massilia. *Chef-lieu du département des Bouches-du-Rhône, sur la côte méditerranéenne, et traditionnelle capitale de la Provence.*

Une échancrure du littoral, dominée par une colline, attire l'attention de marins phocéens en quête d'établissement à demeure vers le VIIIe siècle avant J.-C. *Massilia* est ainsi contemporaine de Rome. Mais son essor commercial est limité, en raison d'un arrière-pays occupé par de turbulentes populations celtibères dont il faut se protéger. Les bonnes relations entretenues avec Rome permettent à la ville de se développer surtout à partir du Ier siècle avant J.-C. et de la domination des légions sur la Narbonnaise et le pourtour méditerranéen. Le christianisme s'impose peut-être dès le IIIe siècle mais le premier évêque de Marseille est attesté au début du IVe siècle. Au siècle suivant, Jean Cassien fonde deux communautés monastiques dans la cité phocéenne : Saint-Sauveur, vers 413, puis Saint-Victor, en 415, qui deviendra aux Xe et XIe siècles l'abbaye-mère d'une importante congrégation comptant de nombreuses maisons en Provence et en Catalogne. Le Ve siècle est également l'époque où Marseille connaît l'occupation successive des Wisigoths, qui s'installent en 477, puis des Burgondes, avant d'entrer au siècle suivant sous la domination franque (534). La vocation commerciale du port de Marseille, résolument tourné vers la Méditerranée et l'Orient, se poursuit pendant cette période jusqu'aux invasions sarrasines des VIIIe et IXe siècles qui le réduisent presque à néant.

C'est au IXe siècle, semble-t-il, que Marseille devient le siège d'un comté carolingien. Il est transformé en vicomté au Xe siècle et subit alors les vicissitudes des partages des royaumes carolingiens, particulièrement nombreux et fréquents dans le sud de l'ancien empire. La création du royaume d'Arles fait de Marseille la « porte sur le large » de ce royaume rhodanien qui sera par la suite inclus, tout au moins nominativement, dans le Saint Empire. La vicomté de Marseille passe à la famille des Baux dès le Xe siècle mais subit la concurrence croissante des bourgeois de la ville, qui forment une commune et s'efforcent d'obtenir l'essentiel du gouvernement vicomtal. Ils y parviennent en grande partie au début du XIIIe siècle, achetant vingt parts sur vingt-quatre de la vicomté. La ville basse obtient une charte et se voit gouvernée par un podestat assisté par un Conseil. La maison d'Anjou, prépondérante en Provence à partir de 1252, maintient ces avantages et accroît même l'essor urbain en favorisant le négoce. Les notables, notamment les armateurs et les banquiers, bénéficient d'une influence grandissante, surtout après le rattachement au royaume par Louis XI en 1481. Leur prospérité ne se démentira guère, malgré des incursions aragonaises, barbaresques, celles des Impériaux de Charles Quint au XVIe siècle, enfin la venue des ligueurs durant les guerres de Religion. Chaque fois, la cité provençale relève ses ruines, car nul autre site ne lui est comparable, au débouché naturel du sillon rhodanien. Toutes les marchandises à destination de Lyon, de la Bourgogne, de la Suisse transitent par Marseille. Gênes et Barcelone sont trop éloignées pour être des concurrentes directes. Colbert aménage le port et fait agrandir magasins, entrepôts et manufactures.

Marseille
La construction de la ville. Miniature du XVe siècle, Londres, British Library. © *Bridgeman-Giraudon*

La peste de 1720 tue 40 000 des 100 000 habitants de l'époque. Mais la cité surmonte finalement cette terrible épreuve. La Révolution est accueillie avec ferveur, et un détachement de volontaires de la ville contribue à populariser le chant créé à Strasbourg par Rouget de Lisle, qui deviendra *La Marseillaise*. Tour à tour girondine et montagnarde, la place accueille la réaction thermidorienne avec soulagement. Mais les guerres du Consulat et de l'Empire font péricliter le négoce, si bien que la Terreur blanche s'exerce en 1815 à l'encontre des bonapartistes. La Restauration y est accueillie avec faveur. Après la conquête d'Alger, Marseille devient, mieux que Bordeaux et Nantes, le grand port de la France d'outre-mer. La création de colonies en Afrique, en Extrême-Orient et en Océanie stimule chantiers et entrepôts locaux. Marseille devient non seulement un grand port d'escale mais encore une cité industrielle spécialisée dans la transformation des matières premières (huileries, savonneries) et des produits alimentaires (cacao, riz, dattes). Les cimenteries ajoutent par la suite leurs productions, faisant de la métropole provençale le siège de nombreuses entreprises de travaux publics. Enfin les compagnies de navigation s'installent dans la ville, point de départ de lignes régulières vers l'Afrique du Nord, l'Afrique noire, le Levant et l'Extrême-Orient par le canal de Suez. Moyennant quoi Marseille se hisse au deuxième rang des villes de France. Volontiers frondeuse, sa population est en majorité légitimiste sous la monarchie de Juillet, républicaine sous le Second Empire. Elle constitue une commune insurrectionnelle en 1871 puis redevient républicaine, mais élit députés d'anciens communards.

Jusqu'en 1942, la Seconde Guerre mondiale n'a pas beaucoup d'influence sur l'activité du port, qui assure toujours, malgré les événements, les relations avec l'Afrique du Nord et le Sénégal. De nombreuses entreprises réfugiées de zone nord stimulent le commerce local et régional. Mais l'occupation allemande du 11 novembre 1942 entraîne le marasme. L'occupant détruit une partie du quartier du Vieux-Port sous prétexte qu'il sert de refuge aux déserteurs de la Wehrmacht. La Résistance est active, la ville étant le siège de sa région R2. En août 1944, à la suite du débarquement de l'armée d'Afrique sur le littoral des Maures et à la chute de Toulon, les FFI locaux déclenchent une insurrection qui facilite l'intervention du 2e corps d'armée du général de Montsabert. Le 28 août, la garnison allemande dépose les armes.

Depuis 1927, des fouilles entreprises dans le quartier de la Bourse à Marseille ont permis de retrouver les vestiges des remparts grecs construits au IIIe siècle avant J.-C., ainsi que le tracé du port antique de la cité phocéenne où ont été repêchées les épaves de bateaux et leurs cargaisons. La découverte la plus exceptionnelle a été celle d'un navire de commerce romain datant du IIe siècle après J.-C. et enfoui tout entier dans une gangue de vase. Grâce au procédé moderne de lyophilisation, on a pu préserver ce bateau en éliminant l'eau gorgeant le bois. Ce navire est maintenant la pièce maîtresse du nouveau musée historique de Marseille dans lequel il constitue le symbole vivant de la puissance maritime de la cité antique.

MARSIN ou MARCHIN Ferdinand, comte de (Huy, 1601 – Spa, 1673)

Homme de guerre.

Originaire du Liégeois, il entre au service de la France, qu'il sert fidèlement jusqu'en 1647. Il suit alors le parti de Condé et, après avoir commandé en Catalogne en 1648, passe ouvertement dans le camp espagnol en entraînant à sa suite une partie de ses troupes en 1651. Il restera au service de l'Espagne après le traité des Pyrénées (1659).

MARSIN ou MARCHIN Ferdinand, comte de (Malines, 1656 – Turin, 1706)

Maréchal de France.

Fils du précédent, il entre dans l'armée française en 1673. Lieutenant général en 1701, ambassadeur en Espagne peu après, maréchal de France en 1703, il se fait battre en 1704 avec Tallard à Höchstädt.

MARTIAL, saint

Apôtre et premier évêque de Limoges.

Ces titres ont été décernés à Martial par les conciles de Limoges de 1028 et 1031 et confirmés en 1854 par le pape Pie IX. Selon une première thèse, Martial, envoyé de Rome en Gaule au IIIe siècle, aurait converti l'Aquitaine et fondé le siège épiscopal de Limoges. Selon une autre version, moins vraisemblable, il aurait vécu au Ier siècle et aurait été un des disciples de Jésus. Puis il serait parti pour l'Occident prêcher la foi nouvelle.

MARTIGNAC Jean-Baptiste Sylvère GAY, vicomte de (Bordeaux, 1778 – Paris, 1832)

Homme politique.

Issu d'une vieille famille de la bourgeoisie bordelaise, il s'inscrit au barreau en 1798 et devient secrétaire de Sieyès. En mars 1814, il soutient le mouvement royaliste qui se développe dans sa ville natale. Pendant les Cent-Jours, il protège la fuite de la duchesse d'Angoulême, attitude qui favorise sa carrière sous la Seconde Restauration. Avocat général à Bordeaux en 1815, procureur à Limoges en 1819, Martignac est élu deux ans plus tard député de Marmande, et conservera ce siège jusqu'à sa mort. Siégeant au centre droit, le député de Marmande, dont les talents d'orateur sont réputés, s'affirme comme un des soutiens de Villèle. Conseiller d'État en 1822, commissaire civil auprès du duc d'Angoulême lors de l'expédition d'Espagne, qu'il avait approuvée, Martignac est à son retour nommé ministre d'État et anobli par le roi. À la Chambre, il soutient l'élection septennale, vote le milliard des émigrés, mais s'inquiète des outrances des ultras. Les élections de novembre 1827 entraînent la chute de Villèle qui ne parvient pas à constituer le nouveau gouvernement. Le 5 janvier suivant, Martignac devient ministre de l'Intérieur dans le cabinet réuni par le roi. Le nouveau gouvernement ne comporte pas de président du Conseil, Charles X se réservant la direction de la politique. Aussi Martignac, en raison de son éloquence et de sa souplesse, apparaît-il comme le premier personnage de ce ministère, auquel il donne son nom. Libéral, souple, conciliant, le ministre de l'Intérieur manque cependant de prestige et d'autorité. Le roi, qui considère cette combinaison ministérielle comme provisoire, n'estime guère son chef, qui n'est pour lui « qu'un bel organe ».

Martignac s'efforce, pour la dernière fois, de réconcilier la dynastie et la bourgeoisie progressiste. Il prend quelques mesures libérales, comme la réouverture, à la Sorbonne, des cours de Guizot, Villemain et Cousin, et la création d'un ministère de l'Instruction publique, confié à un magistrat et non à un ecclésiastique. Au mois de juin, une nouvelle loi sur la presse supprime l'autorisation préalable et les procès de tendance, mais étend le cautionnement et augmente la responsabilité des gérants. Une ordonnance, signée le 16 juin par Portalis, limite l'enseignement religieux. Cependant, les ouvertures libérales de Martignac déplaisent à Charles X, tandis que les extrémistes, de droite comme de gauche, condamnent sa politique. Écarté par le roi au profit de Polignac, au début du mois d'août 1829, à la faveur de l'échec de son projet de loi municipale à la Chambre des députés, Martignac continue à siéger à la Chambre après la révolution de 1830, et accepte, en décembre de la même année, de défendre Polignac lors du procès des anciens ministres de Charles X.

MARTIN, saint (Sabaria, Pannonie, v. 316 – Candes, Touraine, 397)

Évêque.

La Vie de saint Martin, écrite par son disciple Sulpice Sévère, est, une fois débarrassée des auréoles de la légende, la source la plus sûre de sa biographie. À travers elle, saint Martin apparaît comme le père du monachisme français et l'introducteur du christianisme en Gaule. Fils d'un tribun militaire, enrôlé lui-même à 15 ans, il sert dans la garde de l'empereur. C'est à Amiens, où il est cantonné un moment, que la tradition veut qu'il ait partagé son manteau avec un pauvre et que, la nuit suivante, le Christ lui soit apparu portant la moitié du manteau. Cette vision décide de sa conversion au christianisme. Il a 18 ans. Il se rend alors à Poitiers, attiré par le renom de l'évêque saint Hilaire qui l'ordonne exorciste. Lorsque saint Hilaire est exilé en Orient (356), lui-même retourne en Pannonie où il convertit sa mère et combat l'arianisme. Puis, après un séjour malheureux en Italie, il regagne Poitiers où saint Hilaire, lui aussi de retour, lui accorde tout son appui lorsqu'il décide de créer une institution monastique à Ligugé, la première dans la Gaule centrale. Il ne s'agit pas encore de vie claustrale à proprement parler, mais de gens pieux qui se retirent à l'écart de la ville, mettent en commun leur fortune et pratiquent des mortifications. Ses disciples se font de plus en plus nombreux, et sa renommée se répand à travers la Gaule. En 371, il est élu évêque de Tours et entreprend alors son œuvre de conversion qui touchera tout l'ouest de la Gaule. Ses tournées missionnaires aboutissent à l'organisation des premières paroisses rurales et à la création de nombreuses autres institutions monastiques. La plus célèbre, Marmoutier, près de Tours, dont il fera sa résidence ordinaire, sera une pépinière de missionnaires. Lorsqu'il meurt, son tombeau, à Tours, est immédiatement un centre de pèlerinage. Martin devient le saint le plus populaire de la Gaule : il a donné son nom à 485 bourgs ou villages et 3 667 paroisses. Son œuvre sera poursuivie avec succès par ses disciples au Ve siècle. Les Mérovingiens le révéreront entre tous.

Saint Martin
Le riche cavalier partageant son manteau avec un pauvre (Aragon, fin XVe siècle). Bayonne, musée Bonnat. © *Sélection Images*

MARTIN IV, SIMON de BRION ou de BRIE (?, v. 1210 – Pérouse, 1285)

Pape.

Il est d'abord chanoine et trésorier de l'église Saint-Martin-de-Tours, ce qui l'engagera, dit-on, à prendre le nom de Martin quand il sera élu pape. Garde du sceau de Saint Louis (1260), cardinal (1261), plusieurs fois légat en France où il s'occupe notamment des affaires de l'Université, il succède à Nicolas III, après une vacance de six mois du siège pontifical, grâce à l'appui de Charles d'Anjou (Viterbe, 22 février 1281). Mais, inféodé aux intérêts angevins, il voit son autorité gravement compromise lorsque la puissance de Charles d'Anjou subit le terrible coup des Vêpres siciliennes (30 mars 1282). C'est en vain qu'il excommunie Pierre d'Aragon comme auteur du massacre et qu'ensuite il le dépose et fait prêcher une croisade contre lui. Charles d'Anjou ne peut reconquérir la Sicile, et les troubles qui agitent alors Rome contraignent Martin IV à se retirer en Toscane où il passe le reste de son pontificat, ne conservant les apparences du pouvoir sur la Ville éternelle que moyennant de larges concessions.

MARTINIQUE (île de la)

Île du versant atlantique de l'Amérique centrale, située au centre de l'arc de cercle formé par l'archipel des Petites Antilles.

Découverte par Christophe Colomb lors de sa quatrième expédition, cette terre d'origine volcanique est alors habitée par une population caraïbe qui sera terrassée par la maladie, l'alcoolisme et les durs labeurs exigés par les Espagnols. Les Français s'y installent à partir de 1635, encouragés par le cardinal de Richelieu puis par Colbert. Les Britanniques l'occupent lors des conflits du XVIIIe siècle, de la Révolution et de l'Empire. La présence anglaise est notée de 1762 à 1763, de 1794 à 1802 puis de 1809 à 1814. Le congrès de Vienne confirme le retour de l'île à la France qui y a officiellement supprimé l'esclavage en 1794, le gouvernement de la Restauration le rétablissant en 1822, mesure définitivement abolie en 1848 par les gouvernants de la IIe République. L'île connaît le 8 mai 1902 une terrible éruption volcanique, celle de la montagne Pelée, qui détruit partiellement la ville de Saint-Pierre. Depuis 1946, la Martinique constitue un département d'outre-mer (chef-lieu Fort-de-France). Une croissance démographique continue et la limitation des ressources locales (cultures tropicales et tourisme) posent de nos jours un délicat problème économique, l'industrie étant inexistante, à l'exception de conserveries.

MARTY André (Perpignan, 1886 – Toulouse, 1956)

Homme politique.

Militant socialiste avant la Première Guerre mondiale, mobilisé dans la marine en 1914, technicien de bord, il fait partie de l'escadre envoyée en 1919 en mer Noire pour appuyer les armées tsaristes dans leur lutte contre les Bolchéviques. C'est au cours de ce séjour, en avril, qu'il déclenche une mutinerie à bord de son bâtiment, inspiré par l'exemple des révolutionnaires russes. Condamné par un tribunal maritime, à vingt ans de travaux forcés, il est amnistié en 1923 après une vive campagne des communistes qui l'élisent systématiquement à chaque cantonale ou municipale (42 au total). Celui que l'on dénomme désormais le « mutin de la mer Noire » rejoint le parti communiste. Il est élu député dès l'année suivante, à la faveur du succès électoral de la gauche. Il se distingue par ses campagnes dans *L'Humanité* contre la guerre du Rif puis, après 1934, contre l'alliance avec les socialistes. Personnalité importante de la IIIe Internationale, Marty se rend en Espagne en 1936 et prend rang de commissaire des Brigades internationales. Accusé d'avoir ordonné des exécutions sommaires à Albacete, il quitte la France en 1939 à la suite de l'interdiction du parti communiste par le président Daladier et se réfugie en URSS. En 1943, après la fin de l'Internationale, il est envoyé à Alger et siège à l'Assemblée consultative où il se pose en rival de Thorez, toujours en URSS. Réélu député en 1945, le vieux militant est taxé

André Marty
Le « mutin de la mer Noire » sortant de prison (1923).
© *Sélection Images*

de déviationnisme et, en conséquence, exclu du parti en 1953, en même temps que Charles Tillon. L'affaire Tillon-Marty s'inscrit dans les luttes de pouvoir entourant la succession de Thorez, malade, et celle de Staline.

MASCAREIGNE

Ancien nom de l'île de la Réunion avant son appellation d'île Bourbon (XVIIe siècle).

Par extension, les Mascareignes désignent l'archipel formé principalement de l'île Bourbon et de l'île de France.

MASQUE DE FER (l'homme au)

Personnage à l'identité mystérieuse, incarcéré à Pignerol (Piémont) de 1680 à 1687, à la forteresse de l'île Sainte-Marguerite (îles de Lérins) de 1687 à 1698 et enfin à la Bastille, de 1698 au mois de novembre 1703, date de sa mort.

Maintes hypothèses ont été échafaudées au sujet de ce singulier personnage appelé le Masque de fer à cause d'une pièce de velours noir à articulations supposées métalliques qu'il portait en certaines occasions, à l'instar de nombreux prisonniers de l'époque. On a cherché à examiner les motifs qui avaient poussé Louis XIV à s'opposer si farouchement à la libération du prisonnier et à lui imposer ce strict anonymat, même si ses conditions de détention demeuraient, semble-t-il, moins austères qu'à l'accoutumée. Plusieurs thèses ont été formulées : le roi aurait assouvi un sentiment de vengeance envers un personnage qui lui aurait porté ombrage ; le prisonnier aurait eu à expier une faute particulièrement lourde ; Louis XIV aurait voulu mettre au secret un homme trop renseigné sur des affaires d'État ou touchant de façon directe l'entourage royal ; enfin, l'homme au masque de fer aurait eu des prétentions au trône de France.

Aucun document ne permettant d'opter de manière absolue pour l'une ou l'autre de ces hypothèses, on ne saurait qu'énumérer les personnages ayant pu être le mystérieux prisonnier. Toutefois, il convient d'indiquer que la question de son identité n'est devenue un véritable sujet de recherches qu'à partir de 1735, avec Voltaire notamment. Parmi les personnes susceptibles de se cacher derrière le Masque de fer, il en est pour qui cette hypothèse semble particulièrement erronée ou fantaisiste. C'est le cas de Nicolas Fouquet, du chevalier de Rohan, du cardinal de Retz, de l'abbé de La Cloche, fils naturel de Charles II d'Angleterre, qui aurait eu connaissance de certains secrets diplomatiques relatifs au traité de Douvres de 1670, du duc de Berwick, fils naturel de Jacques II, du duc de Monmouth, ou de Richard Cromwell, fils d'Olivier Cromwell. On a même parlé de Molière qui, pris de malaise sur scène, n'aurait pas été ramené chez lui pour mourir, mais emprisonné à la demande de ses ennemis, de hauts personnages se reconnaissant dans ses pièces. Des hypothèses plus sérieuses ont permis de citer Louis de Bourbon, comte de Vermandois, fils naturel de Louis XIV et de la favorite de ses années de jeunesse, Louise de La Vallière, ou encore un frère jumeau ou plutôt un demi-frère adultérin du Roi-Soleil mis au monde par Anne d'Autriche et dont le père aurait pu être Mazarin ou le duc de Buckingham. Cette hypothèse, formulée par Voltaire et reprise par Alexandre Dumas dans *Le Vicomte de Bragelonne*, a séduit longtemps les esprits, comme la candidature du duc de Beaufort, neveu de Jacques II.

Toutefois, parmi les prétendants à retenir en l'état actuel de la question, deux noms s'imposent encore : celui du comte Ercole Matthioli et celui d'Eustache Dauger. Le premier avait mené d'obscures négociations entre le duc de Mantoue dont il était le ministre, et Louis XIV. Au terme d'un traité secret mettant en cause de lourds intérêts d'argent, il avait révélé aux cours européennes ce mystérieux accord, ce qui lui avait coûté la liberté. L'ayant enlevé, au mépris des principes du droit des gens, en territoire étranger, Louis XIV aurait voulu dissimuler sa captivité. Cette thèse cède le pas, de nos jours, à celle qui fait d'Eustache Dauger le Masque de fer. Celui-ci, un « valet », selon Louvois, aurait connu des secrets capitaux, et il aurait fallu pour ce seul motif le retirer du monde. Attaché à la personne du surintendant Fouquet, il serait devenu, à ce titre, dépositaire de très importantes révélations. De fait, Saint-Mars recevra de Louvois l'ordre d'exécuter le prisonnier « s'il ouvre la bouche pour parler d'autre chose que de ses nécessités ». Que Dauger fût, comme certains ont pu l'affirmer, plus qu'un valet, un très proche parent de Fouquet, cela reste à démontrer de manière irréfutable ; qu'il ait été le Masque de fer, cela retient l'attention de la majorité des historiens. Mais nul n'a pu découvrir à ce jour quel était le crime ou la personnalité véritable de Dauger, identifié par certains au chevalier Dauger de Cavoye. Il semble toutefois que cette idée doive être rejetée. En définitive, s'il reste probable que Dauger fut le Masque de fer, à la question de savoir pourquoi il y eut un tel personnage, l'histoire est actuellement incapable de répondre.

Seuls restent certains les détails relatifs à la mort de l'homme au masque de fer, et aux faits qui l'ont suivi. Il est vrai, en effet, que le décès de l'énigmatique personnage a eu lieu à la Bastille le 19 novembre 1703, et qu'il a été enterré au cimetière Saint-Paul sous le nom de Marchiali. Il reste également certain qu'immédiatement tous les objets lui ayant appartenu ont été détruits, les murs de son cachot poncés, le carrelage de sa cellule défoncé afin qu'il ne subsiste aucun message, aucune marque rappelant la détention de cet homme au masque de velours noir. Aucune trace ne survivra à cet homme dont le duc de Saint-Simon écrira que son mystère fut révélé par Louis XIV, à son lit de mort, à Philippe d'Orléans, futur Régent. Ce dernier disparaîtra sans avoir livré la clef d'une énigme dont l'épilogue reste, à ce jour, plus que controversé.

MASSÉNA André, duc de Rivoli, prince d'Essling (Nice, 1758 – Paris, 1817)

Maréchal de France.

Engagé en 1775, mais congédié par ancienneté en septembre 1789, il reprend du service lors de la déclaration de guerre d'avril 1792. Sa participation au siège de Toulon lui vaut le grade de général de division provisoire (décembre 1793), qui lui est confirmé en 1794. En 1796, il est le principal lieutenant de Bonaparte et contribue au succès de la prestigieuse campagne d'Italie. Son nom reste particulièrement attaché à la bataille de Rivoli, à la suite de laquelle Bonaparte, impressionné par ses dons militaires, le surnomme « l'Enfant chéri de la victoire ». En novembre 1798, il est à l'armée d'Helvétie sous les ordres de Jourdan, qu'il remplace en avril 1799, et mène une admirable campagne qui se termine par la victoire décisive de Zurich (25-26 septembre). Il est moins heureux en Italie où il est nommé général en chef après le 18 Brumaire. Ne pouvant résister, avec ses 35 000 hommes mal équipés, aux 120 000 hommes du général autrichien Melas, il s'enferme dans Gênes. Toutefois, bloqué également du côté de la mer par la flotte anglaise de l'amiral Keith, il doit capituler le 4 juin 1800.

André Masséna
Portrait du duc de Rivoli, prince d'Essling, maréchal de France. © *Tallandier*

Remplacé par Brune après Marengo, Masséna regagne Paris et devient en juillet 1803 député de la Seine au Corps législatif. Nommé maréchal d'Empire en mai 1804, il est rappelé au commandement de l'armée d'Italie en 1805 et s'empare du royaume de Naples (janvier-février 1806). Napoléon le crée également duc de Rivoli en 1808. Les victoires d'Essling et de Wagram, où il commande la gauche de l'armée, doivent encore beaucoup à sa présence, et il reçoit enfin en janvier 1810 le titre de prince d'Essling. Mais, alors qu'il est appelé trois mois plus tard au commandement de l'armée du Portugal, sa fortune l'abandonne face à Wellington. Il échoue contre les lignes de Torres Vedras (octobre) et, après la bataille indécise de Fuentes de Oñoro (mai 1811), est remplacé par le général Marmont. Rentré en

France, le prince d'Essling reste en disponibilité jusqu'en avril 1813 où il est nommé gouverneur de Toulon. En novembre 1814, Louis XVIII le fait commandeur de l'ordre de Saint-Louis. Il reste à l'écart pendant les Cent-Jours mais Napoléon le nomme néanmoins pair de France le 2 juin 1815. Deux ans plus tard, il succombe à une maladie de poitrine dont il souffrait depuis longtemps. Ses *Mémoires* ont été publiés en 1849-1850.

MASSILIA (le)

Nom d'un transatlantique de luxe à bord duquel quelques députés français font la traversée de la Méditerranée, de Marseille à Casablanca, en juin 1940, au lendemain de la signature de l'armistice entre le maréchal Pétain et le gouvernement allemand d'Adolf Hitler.

Le 21 juin 1940, le *Massilia* quitte Marseille avec à bord 596 personnes, dont 26 députés (notamment Édouard Daladier, Paul Reynaud, Georges Mandel, Jean Zay, Pierre Mendès France) et un sénateur. Il atteint Casablanca le 24 juin mais, sur l'ordre du général Noguès, commandant des forces d'Afrique du Nord, les parlementaires sont retenus à bord et il leur est interdit de rencontrer les émissaires du gouvernement britannique. Pendant ce temps, à l'instigation de l'amiral Darlan, qui a pourtant mis lui-même le bateau à disposition, la presse lance une campagne contre les « fuyards ». L'affaire du *Massilia* sert en fait à « déshonorer » le Parlement et à consigner au Maroc des gêneurs. La majorité de ces parlementaires, en effet, ne pourront pas être à Vichy lors du vote du 10 juillet 1940, qui met fin à la République et donne les pleins pouvoirs à Pétain. Quatre élus mobilisés, dont Jean Zay et Pierre Mendès France, sont inculpés de désertion. Condamné à la détention perpétuelle, Zay ne sera extrait de son cachot en 1944 par la Milice que pour être assassiné. Mendès France, lui, évadé de la prison de Clermont, rejoint Londres.

MASSILLON Jean-Baptiste (Hyères, 1663 – Beauregard-l'Évêque, Auvergne, 1742)

Évêque et prédicateur.

Auteur de nombreux sermons panégyriques et oraisons funèbres, Massillon semble appartenir à l'histoire des lettres plus qu'à l'histoire politique. Son influence morale et humaine n'en est pas moins considérable. Ce Provençal, entré à l'Oratoire et nommé évêque de Clermont en 1717, sait se faire apprécier dans son diocèse tant par sa charité à l'égard de tous ses administrés que par sa douceur à l'endroit des jansénistes, ce qui n'empêche pas la rigueur de son orthodoxie. Fait assez exceptionnel à l'époque, il ne s'absente pratiquement pas de son diocèse, au point qu'il ne paraît à l'Académie française que le jour de sa réception.

MATA HARI, Margareta Gertruida ZELLE, dite (Leeuvarden, Pays-Bas, 1876 – fort de Vincennes, 1917)

Danseuse et espionne néerlandaise.

Elle s'initie à la danse orientale au cours d'un voyage en Indonésie où elle a accompagné son mari. Séparée de ce dernier, elle revient en Europe où elle se fait connaître dans différents pays sous le nom de Mata Hari (« œil du ciel » en malais), à la fois comme danseuse et demi-mondaine. Installée à Paris en 1908, elle défraye la chronique avant de tomber dans l'oubli. Au début de la Première Guerre mondiale, elle est enrôlée par les services secrets allemands, ce qui ne l'empêche pas de proposer sa collaboration au 2e Bureau français. Arrêtée en juillet 1917, elle est jugée par un tribunal de guerre qui, malgré l'absence de preuves – son rôle d'espionne a, semble-t-il, été tout à fait mineur – la fait fusiller en octobre suivant au fort de Vincennes. À l'époque, cette affaire eut un grand retentissement et Mata Hari, dont la vie a été popularisée par le cinéma, est passée à la postérité comme le type de la femme fatale et aventurière.

MATHILDE ou MAHAUT d'ARTOIS (? – ?, 1329)

Comtesse d'Artois.

Fille du comte Robert II d'Artois, épouse du comte palatin de Bourgogne, elle succède en 1302 à son père, mais se heurte aux prétentions de son neveu, Robert d'Artois. Ce dernier refuse d'admettre que, la coutume d'Artois excluant toute représentation successorale, même en ligne directe, il n'hérite pas du comté. L'influence dont jouit Mahaut lui permet de faire valoir ses droits : en 1309, elle est confirmée dans la possession de l'Artois par un jugement des pairs. Robert, ne s'avouant pas vaincu, fomente une révolte des nobles contre sa tante qui est obligée de s'exiler pendant deux ans. Les villes d'Artois, qui voient dans ce conflit un moyen de se donner des gages auprès du gouvernement du comté, restent généralement fidèles à leur souveraine, et Mahaut rentre triomphalement à Arras le 14 juillet 1319. Robert imagine alors autre chose : il prétend bientôt rouvrir le procès, affirmant que la comtesse a soustrait un testament de Robert II en sa faveur. Les pièces alléguées sont en fait des faux ; Jeanne de Divion, arrêtée, avoue leur confection. Quatre jours plus tard (27 novembre 1329), Mahaut meurt brusquement. Le bruit court qu'elle a été empoisonnée. Se voyant soupçonné, Robert d'Artois se réfugie en Angleterre auprès d'Édouard III qu'il encouragera dans ses visées sur la couronne de France. Par son mécénat, Mahaut d'Artois, qui partageait son temps entre le château d'Hesdin et Paris, a exercé une influence non négligeable sur l'art français du XIVe siècle. Elle a eu comme gendres deux rois de France : Philippe V et Charles IV.

MATHILDE ou MAHAUT de FLANDRE (? – ?, 1083)

Reine d'Angleterre (1066-1083).

Fille du comte de Flandre Baudouin V, elle épouse en 1053 Guillaume II le Bâtard, duc de Normandie. Selon la chronique, la jeune fille avait protesté « qu'elle ne prendrait jamais un bâtard pour mari ». Mais entrant de force dans ses appartements, Guillaume l'avait convaincue du contraire. Mathilde donnera à son époux, bientôt Guillaume le Conquérant et roi d'Angleterre, onze enfants parmi lesquels Robert Courteheuse, Guillaume II le Roux, et Henri Ier Beauclerc. La reine est la fondatrice de l'abbaye aux Dames de Caen, et on lui a attribué à tort la célèbre broderie dite tapisserie de Bayeux, dont elle fut peut-être l'inspiratrice.

MATIGNON Jacques de GOYON de (Lonlay, Normandie, 1525 – Lesparre, 1597)

Maréchal de France.

Lieutenant du roi en Basse-Normandie (1559), il se distingue à Jarnac et Moncontour (1569) et, après avoir reconquis son pays sur les huguenots, enferme Montgomery dans Domfront en 1574. Créé comte de Thorigny en 1565, puis maréchal de France en 1579, il reçoit en 1584 le titre de lieutenant général de Guyenne. Son humanité à l'égard des calvinistes de cette province est restée célèbre. Ennemi de la Ligue, il rendra de grands services à Henri IV qu'il aura néanmoins battu à Nérac en 1588.

MATIGNON (accords de)

Nom donné aux accords conclus le 7 juin 1936, à l'hôtel Matignon, sous la présidence de Léon Blum, alors président du Conseil, entre les représentants de la Confédération générale du travail (CGT), du côté ouvrier, et la Fédération de la production française, du côté patronal.

Ces accords, négociés à la demande du patronat, portaient sur trois points : la généralisation des conventions collectives, jusque-là très peu répandues en dépit de la loi de 1919 qui leur avait donné un statut juridique ; l'élection dans les entreprises de délégués du personnel ; enfin une augmentation moyenne des salaires de 12 %. Ils seront complétés pendant ce même mois de juin 1936 par trois lois dont la portée sociale est non moins importante. La première modifie la législation des conventions collectives dans un sens interventionniste, la seconde établit la semaine de 40 heures, la troisième les congés payés.

MATINES DE BRUGES

Nom donné, par allusion aux Vêpres siciliennes, au massacre de 3 000 soldats français par les Flamands de Bruges, à l'aube du 18 mai 1302.

Chassé de Bruges l'année précédente par les habitants de la ville, le gouverneur Jacques de Châtillon y pénètre de nouveau le 17 mai 1302, avec de nombreuses troupes. Mais il commet l'erreur d'autoriser les révoltés à quitter Bruges avec leurs armes, laisse quelques gardes aux portes et fait reposer ses hommes. Dans la nuit, les révoltés pénètrent sans difficulté dans la cité, dont Châtillon lui-même, l'année précédente, a fait combler les fossés et démanteler les murailles. La population tend des chaînes en travers des rues et, aux cris de « Vive la commune » et « mort aux Français », ces derniers sont massacrés.

MATRAE, MATRES ou MATRONES

Déesses gauloises personnifiant la fécondité et l'abondance.

Les variantes de leur dénomination correspondent à des latinisations du nom celtique de ces déesses-mères, dont le culte est attesté dès l'époque néolithique. Représentées le plus souvent en groupe de deux ou de trois, elles sont assises, portant des corbeilles de fruits et des cornes d'abondance. Parfois l'une d'elles allaite un enfant. Très populaires dans toute la Gaule, elles sont souvent dotées d'épithètes qui en font les protectrices d'un groupe humain particulier. Ainsi à Nîmes (*Nemausus*), où elles sont dénommées *Matres Namausiae*, et à *Glanum*, *Matres Glanicae*.

MAUBUISSON (abbaye de)

Cette abbaye, aujourd'hui détruite, était située à quelques kilomètres de Pontoise.

En 1236, Blanche de Castille y décide la construction d'une abbaye destinée à l'ordre cistercien, dans laquelle elle souhaite par la suite être inhumée. L'édifice sert de lieu d'incarcération aux trois belles-filles de Philippe le Bel. Les opérations de la guerre de Cent Ans et des guerres de Religion endommagent considérablement les bâtiments. Les révolutionnaires de 1789 abattent l'église. Il ne subsiste de nos jours que quelques vestiges dans un parc et des souterrains datant du XIIIe siècle.

MAUDHUY Louis Ernest de (Metz, 1857 – Paris, 1921)

Général.

Ayant fait ses débuts militaires dans les chasseurs à pied, il est placé en 1914 à la tête de la 16e division, puis du 18e corps d'armée avec lequel il prend part à la bataille de la Marne. Le 2 octobre suivant, Maudhuy est investi du commandement de la Xe armée et entre avec elle dans ce qu'on appellera la course à la mer. En 1915, le sort de la VIIe armée, qui opère dans les Vosges, lui est confié. Mais son désaccord avec Dubail lui vaut une mise en congé de quelques mois. Il reprend de l'activité en 1916 à la tête des 11e et 15e corps d'armée. Mis dans le cadre de réserve au milieu de 1918, Maudhuy devient peu après gouverneur de Metz.

MAUNOURY Joseph (Maintenon, 1847 – près d'Artenay, Loiret, 1923)

Maréchal de France.

En 1912, il est nommé gouverneur militaire de Paris. À la fin du mois d'août 1914, Joffre lui

Joseph Maunoury
Portrait du vainqueur de la bataille de la Marne, blessé le 12 mars 1915. Paris, musée de l'Armée.
© *Sélection Images*

confie le commandement de l'armée de Paris, devenue VIe armée, avec première mission de couvrir la retraite au sud d'Amiens. Mais l'avance de von Kluck au sud-est de Paris incite Gallieni, avec l'approbation de Joffre, à lancer un coup de boutoir dans le flanc droit de l'aile marchante allemande. C'est à Maunoury qu'est confiée cette délicate mais décisive opération. Installé à son PC de Saint-Soupplets, au nord-ouest de Meaux, le général, bien que disposant d'unités disparates rameutées à la hâte, oblige von Kluck à accomplir une volte-face qui le sépare de von Bülow, son voisin de gauche, et crée la faille qui sera à l'origine du repli allemand. Du 5 au 9 septembre, Maunoury s'arc-boute au plateau du Multien et déjoue une tentative de débordement de sa gauche autour de Nanteuil-le-Haudouin et de la région d'Ermenonville. Par cette action déterminée il joue un rôle capital dans la victoire de la Marne, son entente avec Gallieni ayant été parfaite. Le 10 septembre, à la confirmation de la première victoire de l'armée française sur le sol national depuis la sombre journée de Sedan, le général épingle sur sa vareuse la médaille de la guerre de 1870-1871, gagnée sur les champs de bataille de l'époque et qu'il n'a cependant jamais encore voulu porter. Il est nommé maréchal à titre posthume.

MAUPEOU René Nicolas Charles Augustin de (Paris, 1714 – Thuit, près des Andelys, 1792)

Homme politique.

D'une vieille famille de robe, il est le fils de René Charles de Maupeou, premier président du parlement de Paris puis chancelier et garde des Sceaux. Il suit les traces de son père en entamant à son tour une brillante carrière parlementaire. Conseiller puis président à mortier (1743), enfin premier président (1763), il lui succède en 1768 comme chancelier. Grand travailleur et très ambitieux, Maupeou a une poigne de fer et se révélera capable de dompter la magistrature que son père et lui avaient si longtemps dirigée, mais dont il réprouve l'opposition systématique à la couronne, même aux édits fiscaux les plus justifiés. C'est d'ailleurs peut-être lui qui rédigea le « Discours de la flagellation » du 3 mars 1766 dans lequel, par une sévère mise au point, Louis XV avait cinglé les prétentions politiques des magistrats. Il fait nommer en 1769 au Contrôle général un conseil-clerc au Parlement, l'abbé de Terray, et tous deux attisent la colère de Louis XV, humilié par les « grandes robes » à la suite de l'affaire La Chalotais. Ils soutiennent également la nouvelle favorite, Mme du Barry, contre Choiseul auquel ils font grief de ses dépenses et de ses complaisances envers les magistrats. L'occasion de se débarrasser de l'encombrant ministre se présente lorsque ce dernier prétend soutenir militairement l'Espagne, en conflit avec l'Angleterre aux îles Malouines. Louis XV se laisse convaincre par Terray et Maupeou qui lui font remarquer le danger d'un conflit avec un trésor vide et des parlements révoltés. Choiseul est destitué le 24 décembre 1770 et se retire à Chanteloup, tandis que ses deux adversaires se font adjoindre aux Affaires étrangères le duc d'Aiguillon. Les trois hommes vont dominer le gouvernement, formant un triumvirat antiparlementaire et hostile à Choiseul.

La mise au pas du Parlement entre alors dans une phase décisive. Pour protester contre un édit du 28 novembre 1770 condamnant la prétendue « unité » des parlements, et dont le roi avait imposé l'enregistrement par un lit de justice (7 décembre), le Parlement s'était mis en grève. Le roi et Maupeou ripostent par un « coup de majesté ». Dans la nuit du 19 janvier 1771, chaque magistrat reçoit de deux mousquetaires la sommation d'avoir à répondre par oui ou non à la fin de la grève. La plupart refusent. 130 magistrats sont alors arrêtés et exilés en province, malgré les protestations des partisans de Choiseul et des princes du sang. Puis Maupeou, par l'édit du 23 février 1771, amorce une profonde réforme judiciaire : abolition de la vénalité des charges, donc de la robe héréditaire ; gratuité de la justice par suppression des « épices » ; création d'un nouveau Parlement formé de juges appointés et révocables ; simplification de la procédure ; subdivision du vaste ressort du parlement de Paris en cinq Conseils supérieurs à Blois, Châlons, Clermont-Ferrand, Lyon, Poitiers ; vraies cours d'appel (sans pouvoir politique ni administratif), pour rapprocher la justice des justiciables ; extension de la réforme aux cours provinciales ; les Conseils d'Artois, les parlements de Douai et de Rouen sont transformés en Conseils supérieurs ; deux autres Conseils sont créés : Bayeux aux dépens de Rouen, Nîmes aux dépens de Toulouse.

La Cour des aides présente dès le 24 février de grandes remontrances contre la réforme. Elle est supprimée ainsi que les autres cours souveraines de Paris et de province : cours des aides, des comptes, des monnaies, amirauté, table de marbre… La « révolution » opérée par Maupeou n'est pas seulement judiciaire. Elle est politique par suppression d'une opposition paralysante, sociale par l'abolition de la caste nobiliaire de la robe. Elle suscite immédiatement un énorme mouvement de protestation parmi les privilégiés. Une violente campagne de pamphlets, soutenue par les partisans de Choiseul et la haute société, accable Maupeou, « laid petit homme noir », scélérat, bon à « écarteler » qui reste, lui, impavide au milieu de cette agitation. Beaumarchais, plaideur malheureux, ridiculise lui aussi le « parlement Maupeou » dans ses *Mémoires*. Mais la réforme est acceptée par l'opinion, applaudie par les philosophes, acclamée par Voltaire dans sa tragédie *Les Lois de Minos* (1773). Certes, Maupeou a d'abord du mal à composer ses nouveaux tribunaux, mais il y parvient, pare d'abord au plus pressé à Paris en faisant siéger au palais des conseillers d'État, et trouve de nouveaux conseillers chez les membres des cours abolies ou parmi les magistrats ralliés, surtout en province. Assez vite, la nouvelle justice fonctionne au mieux des intérêts du public et du roi. Maupeou a réussi là où Machault d'Arnouville, qui avait eu contre lui le clergé en bloc, avait échoué. Le vieux roi excédé et son chancelier ont prouvé qu'un peu d'énergie suffisait à imposer un essai de « despotisme éclairé et modernisateur ». Infatigable, Maupeou se lance alors dans une nouvelle tâche de longue haleine : la mise au point d'un code unique du royaume.

Mais en août 1774, le jeune Louis XVI, vite circonvenu par Maurepas et la reine, renvoie Terray et Maupeou et réinstalle triomphalement les anciens parlements. Il croit se rendre populaire en restaurant ainsi l'aristocratie de robe. En réalité, en répudiant l'œuvre étatique de Louis XV, il se désarme face à une opposition aristocratique qui reprendra avec d'autant plus de force, et engage gravement son propre avenir. Maupeou tire ainsi la leçon : « J'avais fait gagner au roi un procès qui durait depuis trois siècles. S'il veut le perdre encore, il est bien le maître. » Désabusé, il choisit la Normandie pour retraite définitive.

MAUREPAS Jean Frédéric PHÉLYPEAUX, comte de (Versailles, 1701 – Versailles, 1781)

Homme politique.

Petit-fils du chancelier de Pontchartrain, il est le fils de Jérôme de Pontchartrain, secrétaire d'État à la Maison du roi et à la Marine. Survivancier de son père mort en 1715, il lui succède en 1718 dans sa charge de secrétaire d'État à la Maison du roi, charge importante qui lui donne la haute main sur l'administration de Paris et sur la police. Maurepas s'intéressera particulièrement à l'embellissement de la capitale et tentera de faire fermer les maisons de jeu. En 1723, il succède à son père à la tête du ministère de la Marine. Maurepas, qui rêve d'égaler la marine anglaise, parvient à obtenir l'augmentation du budget de son département. Il peut ainsi améliorer les installations portuaires de Toulon, Bayonne, Brest, Cherbourg et accélérer les constructions navales. En 1748, il supprime l'armée des galères. En même temps, le secrétaire d'État encourage les expéditions scientifiques de Maupertuis, La Condamine et Jussieu. Il tente d'améliorer la formation scientifique des officiers et réforme l'administration de la Marine.

Ennemi déclaré des maîtresses du roi, Maurepas est disgracié en 1749 par Louis XV, qui le soupçonne d'être l'auteur d'une épigramme contre Mme de Pompadour, une « poissonnade ». Exilé à Bourges puis sur ses terres de Pontchartrain, il déclare à ses amis : « Le premier jour, j'étais piqué, le second j'étais consolé. » Pendant plus de vingt ans, l'ancien secrétaire d'État reste écarté des affaires. En 1774, sur le conseil de ses tantes, filles de Louis XV, Louis XVI le rappelle et le choisit comme conseiller, le nommant ministre d'État et chef du Conseil royal des Finances. Fort frivole en son temps, homme d'esprit plus connu pour ses bons mots que pour ses capacités à gouverner, Maurepas n'a pas été mûri par ses années d'éloignement. Dès 1774, il fait écarter Maupeou et rappeler les parlements. Plus tard, il favorisera l'intervention de la France dans la guerre d'Indépendance américaine. Il sait choisir de bons ministres, Turgot, Malesherbes, Vergennes, Sartine et Necker, mais ne peut supporter qu'ils prennent sur le gouvernement une trop grande influence : Maurepas les abandonne alors aux intrigues de la Cour, quand il ne favorise pas leur chute, comme celle de Necker.

MAURIAC François (Bordeaux, 1885 – Paris, 1970)

Écrivain.

Issu d'une famille de la bourgeoisie girondine au catholicisme rigoriste, origines qui influenceront profondément son œuvre, François Mauriac quitte en 1909 l'École des chartes de Paris pour se consacrer aux lettres. Abordant la littérature par la poésie (*Les Mains jointes*, 1909), il se tourne ensuite vers le roman avec *L'Enfant chargé de chaînes* (1913). *Le Baiser au lépreux*, en 1922, constitue son premier succès littéraire. Ses œuvres de romancier, d'essayiste, de critique,

François Mauriac
Membre du jury d'un prix littéraire vers 1935. © *Keystone*

de mémorialiste (*Journal*, *Commencement d'une vie*), de penseur catholique (*Dieu et Mammon*, *Souffrance et bonheur du chrétien*) le conduisent en 1933 à l'Académie française. François Mauriac aborde aussi le journalisme, dans des chroniques dont le fond devient, sous la pression des événements, essentiellement politique. Jamais cependant il n'adhérera à un parti. De 1932 à 1934, il collabore à *L'Écho de Paris* d'Henri de Kérillis, porte-parole des nationalistes, adversaire du régime parlementaire, partisan d'une droite « forte ». Ses chroniques témoignent aussi de son exaspération contre les intellectuels de la NRF, comme André Gide, et ceux de la revue *Esprit*. Son évolution politique se dessine cependant à partir de 1934, lorsqu'il apporte sa collaboration au *Figaro* de Pierre Brisson, de tendance centre libéral. Son nom apparaît aussi dans les colonnes de *Sept*, hebdomadaire lancé par des dominicains, et du très conservateur *Journal*. Admirateur de Mussolini, Mauriac dénonce cependant les excès du nationalisme et la montée du nazisme. Favorable aux franquistes au début de la guerre civile espagnole, il change d'opinion à la fin de 1936, comme Bernanos, mais plus lentement, retenu par son anticommunisme. Lorsque le Vatican décide la suppression de *Sept*, Mauriac participe à la constitution de *Temps présent,* hebdomadaire résolument antifasciste. Appelant en juin 1940 à la dignité face à la défaite, mais aussi à la prise de conscience de cette dernière, l'écrivain approuve la conduite de Pétain, puis condamne Churchill après Mers el-Kébir. Il rejoint ensuite la résistance littéraire, entre en 1942 au comité national des écrivains, publie sous le pseudonyme de Forez son *Cahier noir*. Après la Libération, il condamne les excès de l'épuration.

Prix Nobel de littérature en 1952, François Mauriac se tourne de plus en plus résolument vers le journalisme politique, dans ses *Bloc-Notes* du *Figaro littéraire*, puis de *L'Express*. Partisan de la décolonisation en Indochine, président de l'association France-Maghreb, il approuve ensuite la politique de De Gaulle en Algérie et, à l'intérieur, le référendum de 1962. S'il n'exerce guère d'influence sur la jeune littérature, il poursuit son œuvre de mémorialiste avec les *Mémoires intérieurs* (1959) et les *Nouveaux mémoires intérieurs* (1965) et publie en 1969 un dernier roman, *Un adolescent d'autrefois*.

MAURICE (île)

Île de l'océan Indien, ancienne île de France, appartenant à l'archipel des Mascareignes. Capitale : Port-Louis.

Découverte en 1505 par le navigateur portugais Pedro de Mascarenhas, l'île est baptisée Mauritius en hommage à Maurice de Nassau, par les Hollandais, ceux-ci s'y étant installés de 1598 à 1710. Les Français, à leur tour, occupent l'île et la nomment île de France, en en faisant l'une des plus puissantes bases du royaume dans l'océan Indien. Colonisée dès 1721, cette île dévolue au domaine royal a, de 1735 à 1746, La Bourdonnais pour gouverneur, et devient, outre ses splendides plantations de canne à sucre, un véritable grenier destiné aux richesses rapportées des Indes. En 1810, les Anglais conquièrent l'île de France qui leur sera définitivement acquise par le traité de Paris de 1814. Colonie anglaise jusqu'au début du XXe siècle, ce territoire obtient une autonomie de plus en plus affirmée, devant aboutir, au mois de mars 1968, à sa reconnaissance en tant qu'État indépendant. Essentiellement tournée vers la culture de la canne à sucre, l'île Maurice a gardé de la présence française l'usage du français qui se juxtapose, de nos jours encore, avec l'anglais, resté langue officielle.

MAURICE de SULLY (Sully-sur-Loire, v. 1120 – Paris, 1196)

Évêque.

De naissance obscure, il doit mendier pour poursuivre ses études, dans sa province d'abord puis, vers 1137, à Paris. Il enseigne ensuite la théologie dans la capitale, dont il ne tarde pas à devenir un des prédicateurs les plus écoutés. Chanoine à la cathédrale de Bourges puis à Paris, il devient diacre, puis archidiacre en 1159. L'année suivante meurt Pierre Lombard, évêque de la capitale, auquel l'ont opposé de fréquentes discussions théologiques. Au mois d'octobre, Maurice de Sully succède à son ancien adversaire. Dès son accession au siège épiscopal, le nouveau prélat décide la construction de la cathédrale Notre-Dame. Ses projets sont grandioses et nécessitent des capitaux considérables. Aussi, pendant trois ans, méthodiquement, Maurice de Sully cherche-t-il à obtenir le meilleur rapport des biens du riche évêché parisien. En même temps, il fait appel aux dons volontaires. En 1163, le pape Alexandre III bénit la première pierre de la future cathédrale. Peu à peu s'élèvent l'abside, le chœur, puis la nef, achevée, sauf la toiture, l'année même de la mort de l'évêque. Son successeur, Eudes de Sully, poursuivra les travaux. La statue de Maurice de Sully se trouve sur le portail Sainte-Anne de la cathédrale de Paris.

MAURITANIE

État de l'Afrique occidentale. Depuis l'Antiquité, le nom de Maurétanie ou de Mauritanie désigne de manière générale le littoral de l'Afrique du nord-ouest puis, à partir de 1904, date de l'occupation française, une entité administrative de l'Afrique-Occidentale française (A-OF).

Il s'agit en fait d'une portion du Sahara occidentale limitée au sud par le fleuve Sénégal, à l'ouest par la côte atlantique, au nord par le Sahara espagnol (ou Rio de Oro) et les confins algériens de la zone de Tindouf, à l'est enfin par le Soudan. Selon ce découpage, il s'agit d'un territoire désertique de plus d'un million de kilomètres carrés, peuplé d'environ 1 400 000 habitants dont la moitié est constituée de nomades. Les Maures musulmans représentent plus des trois quarts de cette population, occupant en majorité le nord et le centre, alors que l'élément noir devient dominant à l'approche du cours du Sénégal. Cette région ne prend véritablement importance et cohésion qu'à partir du Xe siècle, date à laquelle la puissante communauté des Almohades étend ses conquêtes vers l'est, mettant à mal le royaume noir du Ghana, et surtout vers le nord, avec pour conséquence la conquête du Maroc puis de l'Andalousie. Après cette courte épopée, la région retombe dans ses divisions tribales, et les souverains chérifiens ne parviennent pas à lui imposer leur domination. C'est, par excellence, une zone de transit pour les caravaniers apportant sel et objets d'artisanat du Maroc et d'Oranie en vue de les échanger, au sud du Sénégal, contre des peaux, de l'ivoire et de l'or. Le long de la côte, les Portugais font leur apparition et se livrent également à de fructueuses opérations commerciales.

Il faut attendre la seconde moitié du XIXe siècle et l'implantation française au Sénégal pour voir s'imposer une puissance étrangère. Le pays est en effet occupé par des unités sahariennes françaises afin de relier les confins du Sud algérien à la colonie du Sénégal tout en renforçant l'implantation du Soudan. En 1904, cette occupation est effective, en dépit de certaines zones d'insécurité, et bientôt la Mauritanie est incluse dans le gouvernement général de l'A-OF. Elle le demeurera jusqu'en 1958, date de la constitution d'une République autonome, laquelle devient, le 28 novembre 1960, la République islamique de Mauritanie. Sa capitale est fixée à Nouakchott, ville créée en 1957 sur la côte, à mi-distance de Port-Étienne et du Sénégal. Un très vaste gisement de fer détecté dans la région de Fort-Gouraud assure l'équilibre économique de ce jeune État dirigé de 1960 à 1978 par le président Moktar Ould Daddah.

MAUROY Pierre (Cartignies, Nord, 1928 –)

Homme politique, Premier ministre.

Diplômé de l'École nationale d'apprentissage de Cachan, il est d'abord enseignant. Militant dans les jeunesses socialistes dès 1944, il adhère en 1946 à la SFIO. Fondateur du club Léo-Lagrange (1951), il est secrétaire général adjoint de la SFIO en 1966. Député du Nord et maire de Lille en 1973, il devient Premier ministre en 1981. Son gouvernement est constitué de socialistes, de radicaux et de quatre ministres communistes. Bénéficiant de « l'état de grâce », il met en œuvre le programme socialiste : nationalisations, relance du pouvoir d'achat, investissement public. Toutefois, après l'euphorie des grandes réformes, le

Pierre Mauroy
Reçu par Valéry Giscard d'Estaing en 1981.
© *Roger-Viollet*

déficit commercial se creuse, le chômage augmente, l'inflation se développe, le franc est attaqué. Premier ministre de trois dévaluations, Pierre Mauroy est contraint d'adopter à partir de 1983 une politique de rigueur plus en phase avec la conjoncture internationale. En 1984, il démissionne après le succès de la manifestation en faveur de l'école libre, hostile à la loi Savary. Il laisse en héritage d'importantes réformes : loi de décentralisation, semaine de 39 heures, 5e semaine de congés payés, retraite à 60 ans, abolition de la peine de mort, remboursement de l'interruption volontaire de grossesse (IVG), autorisation des radios libres, création de l'impôt sur les grandes fortunes (ISF). Maire de Lille jusqu'en 2000, sénateur du Nord en 1992, il accède en 1994 à la présidence de l'Internationale socialiste.

MAURRAS Charles (Martigues, 1868 – Saint-Symphorien, 1952)

Écrivain et homme politique.

Issu d'un milieu provençal, traditionnel et catholique, il est élève à l'École du Sacré-Cœur d'Aix-en-Provence, où, dès l'âge de 14 ans, il est frappé d'une crise de surdité. Il bénéficie alors de la protection de nombreux prêtres, comme l'abbé Jean-Baptiste Penon, futur évêque de Moulins, avec qui il entretient une correspondance suivie. Cette éducation profondément catholique marque la vie et l'œuvre de Maurras. Titulaire d'un baccalauréat de lettres et de philosophie, le jeune homme part pour Paris, où il commence une carrière de critique littéraire et de journaliste. Il se noue ainsi d'amitié avec Anatole France, puis il rencontre Barrès au moment de la crise boulangiste et participe avec lui à la rédaction du journal *La Cocarde*, de 1894 à 1895. On a coutume de dater des jeux Olympiques de 1896 à Athènes, où il avait été envoyé comme correspondant du journal *La Gazette de France*, la soudaine prise de conscience par Maurras de la décadence française. Ses idées politiques se cristallisent ensuite au moment de l'affaire Dreyfus, au cours de laquelle, farouchement anti-dreyfusard, il loue la dévotion à l'État dont a fait preuve le colonel Henry. À *L'Action française*, où il écrit quotidiennement à partir de 1899, il trouve une tribune lui permettant d'exercer une influence considérable sur la jeune génération intellectuelle.

Posant en hypothèse la décadence française entamée depuis 1789, Maurras l'attribue à la démocratie égalitaire, qui nie le principe universel de sélection naturelle et qui, par l'individualisme qu'elle implique, a remis en cause les corps intermédiaires traditionnels que sont la famille ou la corporation. Pour conjurer cette déchéance, Maurras propose de conjuguer le principe monarchique, sans attachement à la personne du roi, qui doit garantir le retour à la stabilité institutionnelle, avec le principe hiérarchique catholique, qui doit permettre de redonner à la France ordre et cohésion. Un « nationalisme intégral », reposant sur la croyance en la supériorité française, héritière des humanités gréco-latines, est ainsi nécessaire pour combattre l'« Anti-France », formée par les « Quatre États confédérés » : les juifs, les protestants, les francs-maçons et les métèques. La pensée de Maurras connaît un vif succès au lendemain de la Première Guerre mondiale, alors qu'il condamne le traité de Versailles et la politique de conciliation avec l'Allemagne menée par Briand. Néanmoins, la condamnation de l'Action française par Pie XI en 1926 porte un premier coup au prestige de Maurras, qui se trouve peu à peu marginalisé. Se détache de lui en effet la jeune génération des Brasillach, Rebatet et Darnand, fascinés par le nazisme, tandis que Maurras, qui expose ses théories en 1937 dans *Mes idées politiques*, et est élu en 1938 à l'Académie française, reste foncièrement germanophobe. Plus hostile cependant au communisme qu'au nazisme, il approuve les accords de Munich, et salue « la divine surprise » que constitue l'arrivée au pouvoir de Pétain en 1940, qui met fin à la République tant honnie, « la gueuse ». Pendant la guerre, son nationalisme intégral n'épargne personne, juifs, résistants, ou Allemands, tous ennemis de « La Seule France » (1941). Condamné à la réclusion à perpétuité ainsi qu'à la dégradation nationale en 1945, où il déclare alors « C'est la revanche de Dreyfus », il est gracié pour raison de santé en 1952.

Charles Maurras
En habit d'académicien en 1939. © *Sélection Images*

MAURY Jean Siffrein (Valréas, 1746 – Rome, 1817)

Cardinal et homme politique.

Fils d'un cordonnier, il reçoit les ordres en 1771. Son éloquence lui ouvrira les portes de l'Académie française en 1784. Élu député du clergé de Péronne aux États généraux, l'abbé Maury, hostile à la Révolution, devient un des chefs du parti des aristocrates. Émigré à Rome en 1791, il est nommé par le pape archevêque *in partibus*, évêque de Montefiascone, puis cardinal en 1794. Il représente Louis XVIII, émigré, auprès du Vatican. Malgré ses antécédents, Maury se rallie à Napoléon en 1806. Tête de proue du gallicanisme, il soutient l'Empereur contre Pie VII. Napoléon le fera sénateur, premier aumônier du prince Jérôme et, au mois d'octobre 1810, archevêque de Paris. Conséquence de ses prises de position politiques et de l'acceptation du pallium, le prélat encourt la condamnation du Saint-Père et, la royauté restaurée, il doit abandonner son siège épiscopal (1814). Parti pour l'Italie, le cardinal Maury sera quelque temps emprisonné à Rome, au château Saint-Ange, avant de retrouver la confiance du pape.

MAXIMUM

Taux au-dessus duquel, pendant la Révolution, il était défendu de vendre une marchandise.

Courante sous l'Ancien Régime, cette pratique s'inscrivait dans le système général de réglementation et de taxation. Sous la Révolution, on a également recours à ce palliatif à diverses reprises pour satisfaire les masses populaires. Le 4 mai 1793, alors que s'accentue la lutte entre la Gironde et la Montagne, est institué, sous la pression des Parisiens excédés par la cherté des vivres, un maximum départemental des grains et des farines, les districts étant chargés de procéder à leur recensement et à leur réquisition afin d'approvisionner les marchés, hors desquels tout commerce est interdit. Mais la mesure n'est pas appliquée et, dès juillet, la Convention, reconnaissant sa faillite, permet aux départements et aux représentants en mission de la suspendre. Les conventionnels, même Montagnards, répugnent d'ailleurs à porter atteinte à la liberté économique. Mais, la crise des subsistances s'accentuant et s'aggravant du fait de la dévaluation catastrophique de l'assignat, les masses populaires les contraignent bientôt à instaurer un véritable régime d'économie dirigée. Après avoir obtenu, à la suite des journées populaires des 4 et 5 septembre, l'institution du maximum général, les sans-culottes arrachent à la Convention, le 11 septembre, le maximum national des grains et des farines puis, celui-ci ayant été jugé insuffisant, le 29 septembre, le maximum des denrées de première nécessité et des salaires. Les denrées de première nécessité sont taxées dans les districts au prix moyen de 1790 augmenté d'un tiers, le maximum des salaires, quant à lui, est fixé dans les communes au taux de 1790 majoré de moitié.

Pour mettre en route la nouvelle législation et surveiller son application, la Convention crée, le 6 brumaire an II (27 octobre 1793), une Commission des subsistances sous l'autorité du Comité de salut public. Les difficultés d'application de la loi sont néanmoins énormes. Très variable selon les lieux et très arbitraire, le maximum ne tient compte ni des marges ni du transport. De plus, sa mise en vigueur exige une rigueur accrue, une centralisation plus stricte ; elle entraîne un progrès décisif de la Terreur et de la dictature. Enfin ses résultats sont décevants : la taxation et la direction autoritaire de l'économie se révèlent incapables d'assurer un ravitaillement satisfaisant de la population. Devant les nouvelles menaces de troubles, la Commission des subsistances entreprend un vaste travail de régularisation et, le 20 février 1794, est présenté un tarif maximum national au lieu de production. Chaque district doit ajouter au prix les frais de transport, le bénéfice du grossiste (5 %) et celui du détaillant (10 %). En imposant désormais les marges bénéficiaires, le maximum limite donc la liberté du profit.

Toutefois, dès le mois de mars, tandis que s'affirme le divorce entre le gouvernement révolutionnaire et le mouvement populaire, le Comité de salut public, sensible aux aspirations des classes moyennes, fait marche arrière, rassurant les commerçants, assouplissant les contrôles et la législation dirigiste. Le mouvement s'accentue après le 9 Thermidor et, du fait de l'abandon de toute répression, les prix ne sont bientôt plus respectés, bien que les maximums aient été officiellement prorogés le 21 fructidor an II (7 septembre 1794) pour la durée de l'an III. D'autant qu'au mécontentement des paysans accablés par les réquisitions et des commerçants irrités par les taxes, s'ajoute celui des ouvriers qui ressentent durement le maximum des salaires appliqué strictement dans les manufactures d'État, s'il ne l'est pas ailleurs. L'agitation s'amplifie lorsque la Commune de Paris publie le 5 thermidor (23 juillet) un maximum des salaires qui correspond, en fait, pour bien des corps de métiers, à une baisse autoritaire du prix des journées. L'offensive contre le maximum se généralise vers la fin de l'automne, et la campagne des partisans de la liberté économique finit par aboutir. Le décret du 4 nivôse an III (24 décembre 1794) porte suppression du maximum et de la réglementation. Toutefois, ce retour à la liberté entraîne une crise effroyable. L'abandon du maximum a pour conséquence immédiate l'effondrement de l'assignat et la hausse vertigineuse des denrées de première nécessité qu'aggrave la disette, car les paysans ne ravitaillent plus les marchés de peur d'être payés en assignats. Les masses populaires, à qui le maximum assurait au moins le pain, sombrent alors dans une complète misère.

MAYENCE

Ville d'Allemagne au confluent du Rhin et du Main.

Dotée au milieu du VIIIe siècle d'un archevêché, dont le premier titulaire est saint Boniface, Mayence joue dès ce moment un rôle politique et religieux considérable. Au cours de la guerre de Trente Ans, les Français s'en emparent en 1644. Des troupes françaises y pénètrent de nouveau en 1688. L'année suivante, Charles de Lorraine, à la tête des Impériaux, vient mettre le siège devant Mayence, défendue par une faible garnison que commande le marquis d'Uxelles. Après sept semaines d'une défense acharnée, les assiégés doivent se rendre, mais le marquis parvient à obtenir de bonnes conditions à cette capitulation. Louis XIV l'accueillera en ces termes : « Marquis, vous avez défendu la place en homme de cœur et vous avez capitulé en homme d'esprit. » Prise par Custine en octobre 1792, Mayence subit l'année suivante un siège terrible, d'avril à juillet. La garnison, commandée par Kléber, se défend héroïquement, et obtient, lors de la capitulation, l'autorisation de rentrer en France, à condition de ne pas porter les armes contre la Prusse pendant un an. Bloquée en 1795 par Pichegru et Jourdan, à la tête des armées du Rhin et de Sambre-et-Meuse, la ville est dégagée au mois d'octobre par Clerfayt. Acquise par la France en novembre 1797 à la suite du traité de Campoformio, Mayence devient le chef-lieu du département du Mont-Tonnerre, et le restera jusqu'en 1814. L'Électeur est supprimé par le recez de 1803, qui sécularise l'archevêché. Sous l'administration impériale sont entrepris de nombreux travaux d'urbanisme, notamment par Jean Bon Saint-André. On prévoit une route Paris-Mayence.

À la suite de la Première Guerre mondiale, les traités de 1919 prévoient que la France occupera pendant trente ans la ville de Mayence. En fait, les Français l'évacueront en 1930. Après la Seconde Guerre mondiale la ville sera comprise dans la zone d'occupation française.

Duc de Mayenne
Portrait de Charles de Lorraine, chef de la Ligue. Huile sur toile, XVIe siècle, château de Versailles. © *RMN-El Meliani*

MAYENNE Charles de LORRAINE de GUISE, duc de (Alençon, 1554 – Soissons, 1611)

Homme politique.

Deuxième fils de François, duc de Guise, et par conséquent frère cadet d'Henri de Guise le Balafré, le duc de Mayenne reçoit en 1573 le gouvernement de la Bourgogne, puis rejoint les rangs de la Ligue constituée en 1576. Après le meurtre de son frère, assassiné à Blois en décembre 1588, Charles de Lorraine fait à Paris, en février 1589, sous les acclamations des ligueurs, une entrée solennelle. Élu chef de guerre par le Conseil des Seize, en remplacement de son frère, Mayenne obtient la création d'un conseil général de l'Union, où siègent des représentants des ligueurs, de la haute bourgeoisie, de la magistrature et du peuple. Dans la capitale assiégée, il est ensuite nommé lieutenant général du royaume pour la Ligue. Après l'assassinat d'Henri III, Charles de Lorraine fait proclamer roi, sous le nom de Charles X, le vieux cardinal de Bourbon, alors emprisonné à Chinon, puis sort de Paris pour marcher à la rencontre d'Henri IV. Plusieurs engagements opposent les deux armées près d'Arques en septembre-octobre 1589 et, vaincu, le chef militaire de la Ligue parvient à regagner Paris. Cherchant en vain à desserrer l'étau constitué par le roi autour de la capitale, Mayenne est une nouvelle fois battu lors de la fameuse bataille d'Ivry, le 14 mars 1590. Laissant alors le commandement de la capitale à son demi-frère, le duc de Nemours, le lieutenant général des ligueurs va chercher secours auprès des Espagnols. De tendance plus modérée que le Conseil des Seize, il s'oppose à ses excès, et notamment à l'assassinat du président Brisson et de deux de ses collègues, le 15 novembre 1591. Condamnant cet acte, Mayenne marche sur Paris à la fin de l'année et brise le pouvoir des Seize. En janvier 1593, il réunit à Paris les états généraux du royaume, chargés de désigner, à la place d'Henri IV, un nouveau souverain. Cependant, la reddition de la capitale, au mois de mars 1594, les défaites de ses troupes, des autres chefs de la Ligue, et des Espagnols, incitent Mayenne à entrer en pourparlers avec Henri IV, en octobre 1595. Le 24 janvier 1596, avec Joyeuse, il reconnaît Henri IV comme roi de France. Toute la punition de ce dernier consistera à faire marcher à vive allure, à ses côtés, son ancien adversaire, gros et goutteux. Mayenne reçoit ensuite le gouvernement de l'Île-de-France. Après la mort d'Henri IV, il siégera au Conseil intime de Marie de Médicis.

MAYER René (Paris, 1895 – Paris, 1972)

Homme politique, président du Conseil.

La Première Guerre mondiale, ses combats et ses contraintes d'organisation jouent un rôle décisif dans la carrière de ce brillant étudiant en philosophie et en droit. Mobilisé dans l'artillerie, deux fois cité, il est détaché au cabinet du ministre du Commerce. Reçu au Conseil d'État (1920), il entame une carrière de haut fonctionnaire : il est secrétaire général du Conseil supérieur des chemins de fer, et expert auprès de la SDN. Recruté par la banque Rothschild en 1928, il devient administrateur de la Compagnie de chemin de fer du Nord, intervient dans les affaires du groupe d'Ernest Mercier et contribue à la création d'Air France. En 1943-1944, il fait partie du Comité français de libération nationale à Alger, tendance giraudiste. Après avoir été ministre des Travaux publics dans le Gouvernement provisoire de la République française (GPRF), il devient ministre des Finances (décembre 1947-juillet 1948) et organise le volet financier du lancement du Ier plan, marqué par une dévaluation du franc, une ponction fiscale, une amorce de retour à l'équilibre budgétaire, un emprunt à long terme qui assainissent avec retard, mais pour la première fois depuis 1939, la situation économique du pays. Ministre de la Justice (1949-1951), puis à nouveau aux Finances (août 1951-janvier 1952) pour organiser la fin du plan Marshall, le député radical de Constantine (1946-1956) devient président du Conseil (8 janvier-21 mai 1953) grâce au soutien du RPF. Sous la pression du MRP, il dépose le projet de ratification de la CED contre l'avis du RPF qui le fait tomber sur la question des crédits accordés à l'Indochine. Européen convaincu, Mayer succède, en juin 1955, à Jean Monnet comme président de la haute autorité de la CECA. En 1956, il abandonne la vie politique pour retourner dans le privé, à la tête de la société Le Nickel.

MAYEUL, MAIEUL ou MAYOL, saint (v. 906 – Souvigny, Bourbonnais, 994)

Quatrième abbé de Cluny.

Il est issu d'une famille noble provençale implantée à Valensole et apparentée aux comtes de Mâcon. Après des études à l'école épiscopale de Saint-Vincent de Mâcon, il reçoit le plus clair de sa formation cléricale au monastère de l'Île Barbe, près de Lyon (v. 920-930) puis revient à Mâcon où il devient diacre. Refusant une carrière dans l'Église séculière (on lui propose l'archevêché de Besançon en 930), il entre au monastère de Cluny, vers 943-948, devient coadjuteur de l'abbé Aymard lorsque celui-ci est atteint de cécité (954), puis lui succède officiellement à sa mort en 963.

Mayeul est le premier abbé de Cluny à nouer des relations étroites avec les empereurs germaniques, les rois de Bourgogne et de Francie occidentale qu'il conseille, obtenant en échange de nombreux bienfaits et la responsabilité de réformer les abbayes de leurs domaines. Otton Ier et l'impératrice Adélaïde lui confient la réforme des monastères Saint-Apollinare-in-Classe de Ravenne, Saint-Sauveur et Saint-Pierre-au-ciel-d'or de Pavie. Ses relations avec l'aristocratie provençale lui permettent d'étendre également le réseau clunisien dans cette province (réforme de Saint-Honorat de Lérins, fondations de Ganagobie, Saint-André de Rosans, Pont-Saint-Esprit). C'est lors d'un retour d'Italie, via la Provence, qu'il se fait capturer par les Sarrasins installés à La Garde-Freinet, en juillet 972. Il est libéré contre une forte rançon, mais la capture d'un si puissant personnage suscite la réaction de l'aristocratie provençale qui, menée par Guillaume II le Libérateur, parvient à chasser définitivement les Sarrasins de Provence en 973.

Après l'assassinat du pape Benoît XI en 974, l'empereur Otton II fait appel à Mayeul pour lui succéder. Refusant la tiare, Mayeul poursuit son œuvre à la tête de l'abbaye bourguignonne. Ses contacts étroits avec les souverains francs et bourguignons le conduisent en Bourgogne et en Île-de-France où il réforme plusieurs abbayes bénédictines prestigieuses : Saint-Germain d'Auxerre, Flavigny, Saint-Bénigne de Dijon, Saint-Maur-des-Fossés, Marmoutier (près de Tours). Appelé par Hugues Capet pour réformer l'abbaye de Saint-Denis en 994, il meurt en chemin, dans le monastère clunisien de Souvigny, près de Moulins. C'est là qu'il est enseveli. Mayeul est le premier abbé de Cluny officiellement reconnu saint, très vite après sa mort, entre 995 et 998.

MAYOTTE

Archipel situé dans l'océan Indien, entre l'Afrique et Madagascar, à l'est des Comores.

Reconnu vers 1530 par le navigateur portugais Ribeiro, l'archipel se donne à la France sous le roi Souli en 1841. L'installation effective des autorités françaises se fait deux ans après. Lors du plébiscite pour l'indépendance des Comores en décembre 1974, les habitants de Mayotte manifestent à une très large majorité leur attachement à la France. En 1976, Mayotte est érigée en collectivité territoriale de la République française. Le peuple mahorais a longtemps réclamé la départementalisation de son territoire et a élu son premier député le 13 mars 1977 en la personne de M. Younoussa Bamana.

MAZAGRAN

Localité d'Algérie (Oranie), située dans l'arrondissement de Mostaganem et dont le nom reste attaché à un épisode de la conquête de l'Algérie.

À l'approche de plusieurs milliers d'Arabes aux ordres de Mustapha ben Tami, second d'Abd el-Kader, le 3 février 1840, le capitaine Lelièvre et le lieutenant Magnien décident d'y replier les 123 soldats qui composent leur détachement. Le poste consiste alors en une *casbah* de terre. Malgré le tir de deux petits canons, dont les projectiles martèlent les murs de terre et de pierres sèches, une première attaque est repoussée. Il en est de même le lendemain 4 février, certains assaillants tentant d'ébranler l'obstacle à l'aide de béliers tout en s'efforçant d'enfumer les assiégés par des feux de broussailles. Les journées du 5 et du 6 février sont passées à repousser de nouveaux assauts allant parfois jusqu'au corps à corps. Décimés par les feux de salve successifs, les assiégeants se retirent au cours de cette même journée du 6 février à l'approche d'une colonne de secours venue de Mostaganem, et dirigée par le commandant du Barail. Ben Tami laisse plus de 600 hommes sur le terrain. Les « lapins » du capitaine Lelièvre (comme on les appellera désormais) ne déplorent que 3 tués et 16 blessés.

MAZARIN Armand Charles de LA PORTE, marquis de La Meilleraye puis duc de (?, 1632 – La Meilleraye, 1713)

Militaire.

Fils du maréchal de La Meilleraye, il devient grand maître de l'artillerie en 1648 et lieutenant général en 1654. En 1661, il épouse Hortense Mancini, qui passe pour être la plus belle des nièces de Mazarin, et qui est à coup sûr la préférée du cardinal. Un immense héritage lui est promis à condition qu'il abandonne son nom et son titre pour porter celui de duc de Mazarin. Le gouvernement d'Alsace lui est donné en 1661. Mais il se montre peu diplomate avec ses administrés et le dérèglement croissant de sa santé mentale lui fait commettre des bizarreries qui l'exposent aux railleries de la Cour. Bientôt sa femme, qui n'est d'ailleurs pas non plus sans reproche, est obligée de se séparer de lui ; elle se réfugie en Savoie en 1672. Avec leur petit-fils, Guy, s'éteindra en 1738 la lignée des ducs de Mazarin.

MAZARIN Hortense MANCINI, duchesse de : voir MANCINI

MAZARIN Jules (Pescina, Abruzzes, 1602 – Vincennes, 1661)

Cardinal et homme d'État.

Le cardinal Mazarin
Portrait de Philippe de Champaigne, XVIIe siècle. Huile sur toile, Chantilly, musée Condé. © *RMN-Harry Bréjat*

Fils aîné de Pietro Mazzarino ou Mazzarini, Sicilien passé au service des Colonna comme intendant ou homme d'affaires, et d'Ortensia Buffalini, qui est issue d'une famille authentiquement noble. Vers sa septième année, ses parents l'envoient au Collège romain, où il côtoie chaque jour le fils du connétable Colonna. Entre eux s'établit une véritable intimité, en dépit de la différence sociale. À 18 ans, il suit le jeune Colonna en Espagne à titre de compagnon de chambre (*camerata*) et non de valet de chambre (*cameriere*) comme l'affirmeront beaucoup de contemporains malveillants ou mal renseignés. À l'université d'Alcala, il étudie le droit canon comme son ami d'enfance, qui se destine à l'Église. Mais il séjourne aussi à Madrid, foyer d'intrigues sans nombre : son apprentissage diplomatique et politique commence.

C'est précisément une intrigue amoureuse qui l'oblige à quitter l'Espagne : le jeune Colonna, qui s'inquiète de le voir s'adonner au jeu et s'amouracher un peu vite d'une séduisante Espagnole, le renvoie sous un prétexte bénin à Rome. Là, le connétable Colonna, dûment informé de la conduite de son protégé, sermonne l'adolescent dissipé et lui interdit de repartir. Mazarin se remet au travail et devient docteur *in utroque jure*. Sa soumission aura sa récompense. Comme il aime l'aventure, on lui donne une compagnie d'infanterie dans les troupes du prince de Palestrina. Il a alors 21 ans. C'est le début d'une irrésistible ascension. Parlant très bien l'espagnol et convenablement le français, il sait se rendre indispensable dans les négociations engagées à l'occasion des deux grands conflits internationaux du temps : celui de la Valteline et celui de la succession de Mantoue et du Montferrat. Les légats le prennent pour secrétaire, le pape Urbain VIII le remarque. Bientôt le général espagnol Gonzalve de Cordoue succombe à son tour au charme. Bref le jeune capitaine se fait apprécier de toutes les parties, à l'exception des Français qu'il ne connaît pas encore vraiment. Cette lacune est comblée dès 1630 : il est alors reçu par Richelieu à Lyon (janvier) puis par Louis XIII à Grenoble (mai). On le voit glisser progressivement vers les intérêts français, qui s'accordent d'ailleurs en l'occurrence avec ceux de la papauté. Il impose, au péril de sa vie, la paix devant Casal, en octobre de la même année. Enfin, c'est grâce à lui qu'est signée, en 1631, la paix de Cherasco qui reconnaît à la France la possession de Pignerol et assure au duc de Mantoue celle de Casal.

L'activité de Mazarin va se déplacer sur un autre théâtre. Vice-légat d'Avignon en 1634 et nonce extraordinaire à Paris de 1634 à 1636, il achève la conquête de Richelieu et de Louis XIII qui décide de lui faire parrainer le Dauphin (futur Louis XIV). Cependant l'Espagne s'irrite de son attitude nettement profrançaise. Le moment est venu de franchir le pas. En 1639, il demande sa naturalisation qui lui est aussitôt accordée. Dans l'ombre de Richelieu, Mazarin travaille à réconcilier durablement, si c'est possible, la France et la Savoie. Il succède au père Joseph comme premier confident de Richelieu. Le chapeau de cardinal lui est accordé en 1641.

Ministre d'État par la volonté royale, il prend la direction du Conseil à la mort de Richelieu (décembre 1642) et, exposé aux regards de la Cour, s'efforce de paraître insignifiant. Toutefois, derrière cette façade se cachent une ambition et même une résolution peu communes. Mazarin sait, comme tout le monde, que Louis XIII n'en a plus pour longtemps à vivre. Il passe alors dans le camp d'Anne d'Autriche et s'impose à l'avènement de la régence. Le jour de la cassation du testament de Louis XIII, la cabale des princes attend la curée. Or le soir même, Anne d'Autriche confirme Mazarin dans sa position. La surprise est totale.

Dès cette époque prend corps la rumeur d'une liaison intime entre la reine et son Principal ministre. Rumeur fondée, car certaines lettres de celle-ci au cardinal témoignent d'une tendresse qu'une princesse n'éprouve généralement pas pour un administrateur indifférent. Il est même possible que les correspondants aient été unis par un mariage secret, car on n'a jamais pu prouver que Mazarin avait reçu les ordres majeurs. Quoi qu'il en soit, il faut admettre le penchant de la reine pour le ministre, et peut-être même celui du ministre pour la reine. Ainsi s'explique le fait que Mazarin fut beaucoup plus maître de la conduite d'Anne d'Autriche que Richelieu ne le fut jamais des décisions de Louis XIII. Si bien que, nonobstant ses louvoiements forcés ou naturels, malgré ses deux exils, il restera véritablement à la tête des affaires de France jusqu'à sa mort.

Les premiers opposants à sa politique sont les anciens amis de la reine persécutés par Richelieu, ceux qui croient avoir des droits sur le gouvernement maintenant que le cardinal est mort. Ces

« Importants » poussent leur candidat, Châteauneuf, vers le poste de chancelier ou de surintendant des Finances. Mazarin se garde bien de contrarier ouvertement leurs désirs. Châteauneuf étant un proespagnol notoire, il informe les ambassadeurs des puissances protestantes de ce qui se trame. Ceux-ci font pression sur la reine qui reçoit d'un autre côté l'avis que Mazarin se retirera si Châteauneuf entre au gouvernement. Ainsi Mazarin est vainqueur, mais les Importants jurent de se venger. Beaufort monte plusieurs tentatives d'assassinat qui échouent, et se fait enfermer au donjon de Vincennes sans avoir pu trouver un mot pour protester. Dès lors, il n'y a plus de résistance notable, du moins pour quelques années, ce qui permet de prolonger le succès de Rocroi (1643) par celui de Nordlingen (1645).

La troisième grande victoire des Français, celle de Lens (1645), contemporaine des débuts de la Fronde, entraîne la conclusion du traité de Münster la même année. Malheureusement, l'intensification des efforts militaires engagés pour contraindre l'empire à la paix, puis pour compenser le retrait des alliés hollandais dans la lutte qui continue contre l'Espagne, a obligé le surintendant Particelli d'Émery à créer des taxes nouvelles. Ces mesures viennent de provoquer une première explosion de fureur populaire à Paris et dans certaines villes de province. La guerre extérieure se trouve donc limitée en étendue, mais non en durée, car l'autorité dont dispose le gouvernement diminue considérablement.

C'est pendant cette période, celle de la Fronde, que Mazarin donne toute la mesure d'un esprit fertile en ruses. À vrai dire, sa réussite n'est pas exempte d'incidents de parcours. Après avoir apaisé la première Fronde parlementaire, le cardinal saura merveilleusement en dresser les auteurs contre Condé. Mais il acquerra en peu de temps une réputation de « faquin » qui lui portera tort. Les pamphlets écrits à son sujet, ou « mazarinades », le compareront à Concini. Son obséquiosité poussée à l'extrême lui attirera le dédain des grands, en particulier de Gaston d'Orléans et de Condé, surtout lorsqu'il sera obligé de libérer celui-ci. Il aura le tort de promettre un peu trop facilement avec l'intention bien arrêtée de ne pas tenir ses engagements : c'est ainsi que Gondi, furieux d'attendre encore le chapeau de cardinal, relancera l'agitation au moment de la coalition des deux frondes, en 1651. D'autre part, sa rapacité trop voyante sera unanimement critiquée. Peu importe, en effet, aux contemporains qu'une bonne partie de ses gains trouve un noble emploi (ses collections d'objets d'art et sa bibliothèque seront pillées à deux reprises par les émeutiers) et qu'il recherche la grandeur de la France à l'extérieur : arbitrage de la guerre du Nord en 1645, traités de Westphalie en 1648.

C'est précisément quand on le croit définitivement condamné qu'il rétablit sa carrière. Deux fois exilé (à Brühl en février-décembre 1651 puis à Bouillon d'août 1652 à février 1653), il continue à gouverner par l'intermédiaire de la reine et de ses émissaires. Il attend maintenant la lassitude des Français, et sa politique se révèle, à terme, payante. Lorsque les opérations de Turenne contre Condé s'achèvent, le cardinal reprend le chemin de Paris, où il fait une entrée triomphale aux côtés du roi, majeur depuis 1651. Il est plus que jamais le maître de la France. En effet, le jeune Louis XIV a été élevé par sa mère dans l'estime du Premier ministre. Sous leur influence conjuguée, il a reçu une éducation politique pratique. On lui a appris qu'un grand roi n'expose pas ses cas de conscience sur la place publique et décide de tout par lui-même. Mazarin ne suivra pas le sort de Concini ; jusqu'à sa mort, qui surviendra dix ans après la majorité royale, il pourra exercer la totalité du pouvoir sans être inquiété et, en même temps, il montrera à son élève comment diriger une monarchie absolue, notamment en choisissant des collaborateurs hors-pair. Outre les trois grands secrétaires que sont Lionne, Servien et Le Tellier, on trouve Fouquet aux recettes financières et Colbert comme intendant particulier du cardinal. Le parlement de Paris reçoit deux présidents dévoués au roi : Pomponne de Bellièvre puis Guillaume de Lamoignon. Le conflit du pouvoir avec Port-Royal commence à ce moment, car les jansénistes ont pris la défense des frondeurs qui n'ont pu rentrer en grâce (la duchesse de Longueville et le cardinal de Retz).

Le cardinal oublie moins que jamais ses intérêts. Outre ses émoluments de ministre, de chef du Conseil, de cardinal, de surintendant de l'éducation du roi, il perçoit une indemnité personnelle de 100 000 livres ; il détient aussi les revenus de l'évêché de Metz et de 29 abbayes, dont Saint-Germain d'Auxerre, Saint-Denis et Cluny. De plus, les gouvernements d'Alsace, d'Aunis et Brouage, de Provence, d'Auvergne, de La Rochelle sont entre ses mains, ainsi que les duchés de Rethelois et de Nivernais. Enfin Mazarin est armateur et actionnaire de nombreuses compagnies de navigation. Impressionnés par cette extraordinaire fortune, les contemporains ont fait courir le bruit de son avarice, démentie par les faits, comme le prouvent ses constructions (palais Mazarin, collège des Quatre-Nations, pavillons classiques de Vincennes...), sa collection de statues et de tableaux reconstituée après la Fronde, sa bibliothèque également reconstituée et libéralement ouverte (origine de la Mazarine), sans oublier les pensions qu'il servait aux auteurs et artistes (Ménage, Lully, etc.).

À l'extérieur, Mazarin reprit intégralement à son compte la politique impopulaire de Richelieu. Comme lui, il poursuivit obstinément, au milieu des complots, l'abaissement de la maison d'Autriche jusqu'à obtention de paix avantageuses. Après avoir mené à terme les dures négociations de Westphalie, il songea quelque temps à pousser Louis XIV vers l'empire contre l'archiduc Léopold (1657), ne craignit pas de s'allier au régicide Cromwell (1657), organisa la ligue du Rhin contre l'empereur (1658) et, après avoir monté la « comédie de Lyon » en simulant un projet d'union entre Louis XIV et Marguerite de Savoie, réussit enfin à conclure le traité des Pyrénées (7 novembre 1659).

En 1660, sa santé déclinant rapidement, il put encore assister à la réalisation de deux vœux chers à son cœur : le mariage du roi avec l'infante Marie-Thérèse – couronnement du traité des Pyrénées – et celui de Philippe d'Orléans avec Henriette d'Angleterre, sœur de Charles II. La France semblait en paix avec tous ses voisins : de fait, la presque totalité de son territoire sera à l'abri des invasions pendant plus d'un siècle et demi.

MAZEL Abraham (Saint-Jean-du-Gard, 1675 – près d'Uzès, 1710)

Chef camisard.

En 1702, il déclenche la révolte des calvinistes cévenols en dirigeant l'expédition du Pont-de-Montvert contre l'abbé du Chayla. Emprisonné à Aigues-Mortes en 1705, il s'en évade. Après s'être réfugié quelque temps aux Pays-Bas, il revient dans les Cévennes et tente de soulever le Vivarais (1709). Mais la majeure partie de ses coreligionnaires, lasse de la lutte, le considère comme un exalté dangereux et l'abandonne. Ayant gagné l'Uzège, il s'y fait tuer.

MEAUX

Meldæ. *Ville de Seine-et-Marne. Située non loin du confluent de la Marne et de l'Ourcq, animée par les routes de Champagne vers Paris et celles de la Brie vers le Multien et le Valois, la cité meldoise fait remonter ses origines à l'époque gauloise.*

La région est alors le domaine des Meldes. Le négoce gallo-romain trouve à *Meldæ* un marché parfait, au débouché des terres à céréales de Brie et de la Marne navigable. Le IVe siècle y ajoute un évêché, et la période mérovingienne une abbaye bénédictine qui va faire de la cité un centre religieux de première importance, lieu d'accueil de plusieurs conciles. Au cours de celui réuni au milieu du IXe siècle par Charles le Chauve, sont réaffirmées les règles de la résidence épiscopale et l'interdiction de porter les armes pour un clerc. D'autres conciles s'y tiennent en 1080, 1082, 1204, 1229 et 1240. À partir de 1179, les participants découvrent chaque fois une cité plus prospère, fière de la charte communale qui lui a été octroyée. À une cinquantaine de kilomètres à l'est de Paris, Meaux prend l'aspect d'une véritable petite capitale régionale. Dès le Xe siècle, les comtes de Vermandois portent également les titres de comtes de Troyes et de Meaux. L'appartenance au comté de Champagne entraîne le rattachement de Meaux à la couronne en 1284. Mais la cathédrale Saint-Étienne atteste par son ampleur et les apports architecturaux qui se succèdent (du XIIe au XVIe siècle) l'importance politique et religieuse d'une cité active et prospère, endeuillée cependant en 1358 par le massacre des Jacques et, en 1572, par un prolongement de la Saint-Barthélemy parisienne. En compensation, la cité s'honore de la présence en ses murs, de 1516 à 1534, de Guillaume Briçonnet, évêque humaniste qui réunit autour de lui un certain nombre de lettrés à une époque où la Réforme s'esquisse et, à la fin du XVIIe siècle, de Bossuet, surnommé « L'Aigle de Meaux ».

MEAUX (journées de)

Mouvement insurrectionnel faisant suite à la révolte de la bourgeoisie parisienne, menée par Étienne Marcel, prévôt des marchands de Paris.

Excédés par les pillages des brigands venus avec l'invasion anglaise, écrasés d'impositions perçues par une noblesse déconsidérée, les paysans (les Jacques) d'Île-de-France déclenchent en 1358 une terrible révolte, brûlant et pillant à leur tour les châteaux. La Jacquerie s'étend bientôt à la Picardie et à la Champagne et prend des proportions telles que les seigneurs, qu'ils soient d'Île-de-France, de Bourgogne ou de Navarre, concluent malgré leurs divergences politiques une alliance d'intérêt, n'hésitant pas à pactiser avec l'envahisseur anglais. Il est vrai que la révolte prend un caractère politique et social en raison du soutien donné aux paysans par la bourgeoisie parisienne, toujours à l'instigation d'Étienne Marcel. Pour enrayer le mouvement et en finir, Français, Navarrais et Anglais unissent leurs forces et pourchassent les Jacques, les traquent, rencontrent le gros de leur troupe sous les murs de Meaux et finissent par les exterminer au terme d'un massacre poursuivi (les miniatures de l'époque en faisant foi) jusque sur les bords de la Marne, dans laquelle sont précipités cadavres, blessés et prisonniers.

MEAUX-PARIS (traité de)

Traité conclu en 1229 entre le roi de France Saint Louis et le comte de Toulouse Raymond VII.

C'est à Meaux qu'eurent lieu les délibérations, en décembre 1228 et janvier 1229, et que Raymond VII ratifia les préliminaires et approuva le texte définitif. L'assemblée se rendit ensuite à Paris, où le roi donna à son tour son approbation. L'accord fut solennellement proclamé le jeudi saint 12 avril. En dépit de la participation des deux parties à la rédaction, ce traité se présente comme un acte personnel de Raymond VII qui s'engage sur 20 points que l'on peut résumer en 8 grandes promesses : lutte contre les hérétiques et fauteurs de troubles ; mariage de la fille et héritière du comte avec un des frères du roi ; cession à l'Église des domaines du comte situés en terre d'Empire ; renonciation au duché de Narbonne (dont la dynastie raymondine n'avait à vrai dire jamais pu prendre possession) ; confirmation de la saisie par le roi des seigneuries « trencavelliennes » de Carcassonne, de Béziers, d'Albi et du Razès ; abandon de Cahors ; rétablissement dans leurs biens des habitants qui en ont été chassés, à moins qu'ils ne soient des hérétiques condamnés ; destruction des remparts de Toulouse. Raymond violera ouvertement le traité en 1242 mais la défection de certains de ses vassaux, notamment de Roger IV de Foix, l'obligera à faire amende honorable à Lorris.

Médaillons d'appliques

C'est dans la vallée du Rhône qu'aux II*e et* III*e siècles se développe un artisanat très original, celui de médaillons en terre cuite, de forme circulaire, destinés à être appliqués sur le flanc des vases pour les décorer.*

Pendant longtemps, on a pensé que ces médaillons étaient fabriqués à Lyon et à Vienne, car on en a retrouvé des centaines dans ces deux villes. Mais la découverte récente d'un atelier à Saint-Péray, dans l'Ardèche, tend à prouver que les lieux de production des médaillons d'appliques se situaient dans la vallée du Rhône, au sud de Vienne. De diamètre réduit (5 à 17 centimètres), les médaillons ont des sujets variés dont on a répertorié à peu près quatre cents types différents : divinités, combats de gladiateurs, courses de chars, et surtout scènes érotiques, qui sont majoritaires. Certains des artistes auteurs de ces petites œuvres sont connus par leur estampille, les plus talentueux étant Felix, spécialiste des scènes mythologiques, et Amator, dont le répertoire est plus réaliste. La diffusion de ces médaillons a été importante, puisqu'on en retrouve aussi bien en Allemagne qu'en Égypte. Comme les figurines de l'Allier, les médaillons d'applique constituent une production originale de la céramique gallo-romaine.

Saint Médard
Sainte Geneviève reçoit une palme de saint Médard, le dimanche des Rameaux. Huile sur toile de Michel Corneille, XVIIe siècle, Nantes, musée des Beaux-Arts.
© *Giraudon*

Médard, saint (Salency, près de Noyon, v. 457 – Tournai, milieu du VIe siècle)

Évêque.

Nommé évêque de Vermand en Picardie, il transporte vers 530 son siège épiscopal à Noyon. Quelque temps plus tard, Clotaire Ier lui confie le diocèse de Tournai, et ses successeurs conserveront jusqu'au XIIe siècle l'administration de ces deux charges. Après la mort de Médard, le roi fait transférer ses restes dans son domaine de Crouy, aux abords de Soissons, là même où s'élèvera plus tard une abbaye.

Medef : voir Mouvements des entreprises de France

Médiomatriques ou Médiomatrices

Mediomatricii. *Peuple gaulois de la Belgique Première, établi sur les deux rives de la Moselle moyenne.*

Le territoire des Médiomatriques, dont la ville principale était *Divodorum*, aujourd'hui Metz, correspond actuellement à la partie nord de la Lorraine et de l'Alsace.

Meldes

Meldi. *Peuple gaulois établi aux confins de la Celtique et de la Belgique, sur les rives de la* Matrona *(Marne).*

Compris dans la Celtique à l'époque d'Auguste, puis dans la Lyonnaise Quatrième au Bas-Empire, les Meldes ont pour ville principale *Meldæ*, aujourd'hui Meaux. Leur pays formera ensuite le diocèse de Meaux et le pays dit Meldois, Multien ou Mussien.

Méline Félix Jules (Remiremont, 1838 – Paris, 1925)

Homme politique, président du Conseil.

Avocat, il manifeste à la fin du Second Empire son opposition au régime par des articles publiés dans divers journaux républicains. Adjoint au maire du Ier arrondissement de Paris pendant le siège de 1870-1871, il est élu membre de la Commune. Mais ce modéré en réprouve les excès et démissionne. Député de Remiremont en 1872, Méline restera fidèle à sa circonscription. Ministre de l'Agriculture en février 1883, il attache son nom à la création du Mérite agricole. Président de la Chambre des députés, antiboulangiste notoire, Méline établit sa notoriété, en 1892, avec le double tarif, protectionniste censé protéger l'agriculture française. Il devient président du Conseil le 29 avril 1896 et tente de pratiquer une politique de juste milieu selon sa formule « ni révolution ni réaction ». Mais l'époque – en pleine affaire Dreyfus – ne s'y prête pas : Méline démissionne le 15 juin 1898 et ne reviendra au gouvernement qu'en 1915.

Melun

Melodunum. *Chef-lieu de la Seine-et-Marne.*

Une île située au milieu de la Seine a favorisé le site de *Melodunum* dès l'Antiquité celtique. Les bateliers y trouvent un excellent point de relâche et les marchands possèdent des entrepôts et autres magasins bien approvisionnés, aux confins de la Brie céréalière et du Gâtinais. Aussi les légionnaires romains transforment-ils cette place marchande en solide *oppidum* dès le milieu du Ier siècle av. J.-C. Le remplace un château fort au Moyen Âge. Le site est si favorable que les premiers souverains capétiens s'installent à demeure, faisant de Melun une véritable résidence royale. Robert Ier et Philippe Ier y achèvent même leur existence. Durant la guerre de Cent Ans, les Anglais transforment les défenses de la cité en un point d'appui dont Du Guesclin parvient cependant à les chasser en 1359. Mais la place ne sera définitivement libérée qu'en 1430, à la faveur de l'épopée victorieuse de Jeanne d'Arc. En 1590, c'est Henri IV qui en expulse les ligueurs, ce qui lui permet de menacer en permanence Paris, distante de 45 km en aval. Sous le règne de Louis XIV, le duché-pairie de Melun est donné au maréchal de Villars.

Mélusine

Fée d'origine anglaise née de l'union d'une fée et d'un roi d'Écosse.

À la suite d'une mésentente avec sa mère, Mélusine est condamnée à se transformer en serpent tous les samedis. La malédiction ne pourra cesser que si elle épouse un homme qui, ignorant de tout, acceptera de ne jamais la voir le samedi, autrement dit de ne jamais connaître la vérité. En pays poitevin, elle rencontre Raimondin, un chevalier pauvre et ambitieux qui accepte ses conditions. Elle lui apporte richesse, prospérité, force et santé. Le couple vit heureux dans son château de Lusignan, entouré de ses nombreux enfants, tous exceptionnels mais porteurs d'une tare. Ce bonheur cesse brutalement lorsque l'époux transgresse l'interdit et voit sa femme s'envoler sous forme d'un serpent ailé. Elle ne revient que la nuit, secrètement, pour s'occuper de ses deux plus jeunes enfants, se signalant aux nourrices par un lugubre hululement, « les cris de la fée ». Raimondin, désespéré, se fait ermite à Montserrat.

En fait, les Lusignan ont accaparé un conte populaire et l'ont fait recomposer par des conteurs savants afin de donner, comme il était d'usage, des origines fabuleuses à leur modeste dynastie de chevaliers. Puis en 1308, la famille s'est éteinte et son domaine revint au roi. En 1393, le duc Jean de Berry le reçut en apanage et, commanda à Jean d'Arras « l'histoire de la belle Mélusine » qui en rédigea une forme achevée et très littéraire, l'un des premiers livres à avoir été imprimé à la fin du XVe siècle, preuve du succès remporté dans le public.

Mende

Mimatum *ou* Viculus Mimatensis. *Ville située sur la rive gauche du Lot, au pied du causse de Mende, prolongement du grand causse de Sauveterre.*

Aujourd'hui chef-lieu du département de la Lozère, Mende est une des capitales historiques de l'ancien pays de Gévaudan. À l'époque gauloise et sous la paix romaine, elle n'est qu'une petite bourgade. C'est après la destruction de Javols, capitale des Gabales, qu'elle prend son essor. Devenue siège d'un évêché à une date incertaine (Ve ou VIIIe siècle), elle bénéficie dès le haut Moyen Âge de la faveur des pèlerins qui viennent se recueillir sur la tombe de l'un des premiers titulaires de l'épiscopat gabalitain, saint Privat, dont certaines traditions relatent le martyre par les Alamans (ou les Vandales).

Au XIIe siècle, Mende prend une importance particulière car ses évêques deviennent les seigneurs temporels du pays gévaudanais. Au XIIIe siècle, époque qui voit l'effondrement définitif des dynasties comtale et vicomtale, les évêques de Mende sont princes-évêques, à l'image de leurs homologues de Cahors. Au début du XIVe siècle, Philippe le Bel leur reconnaît la cosuzeraineté du Gévaudan en leur abandonnant le titre de comtes ; cela permet au roi d'avoir un droit de regard dans la ville, mais, comme il s'y sent malgré tout isolé, il renonce à établir là sa capitale administrative. La liste des évêques de Mende est riche en grandes figures. Certains nous intéressent par leur seul mérite, comme Guillaume Durant, éminent juriste, l'un des hommes les plus cultivés du XIIIe siècle. D'autres sont représentatifs de l'introduction des clercs italiens dans le Midi français : tel est le cas des fameux della Rovere, en français de La Rovère ou du Roure, qui donnèrent à Mende trois évêques : Julien (futur pape Jules II), Clément puis François, constructeur du grand clocher de la cathédrale (orgueil des Mendois avec sa cloche gigantesque, la Non-Pareille). Enfin, les premières familles gévaudanaises ont fourni un fort contingent de leurs fils à l'épiscopat du pays : les Peyre viennent nettement en tête. Sans être à proprement parler évêque, Guillaume de Grimoard, pape sous le nom d'Urbain V, a gouverné un temps son diocèse natal par des vicaires : c'est lui qui a fait commencer en 1369 la construction de la cathédrale gothique. Cette cathédrale a été très durement endommagée au XVIe siècle par les bandes huguenotes du capitaine Merle ; elle n'a été entièrement restaurée qu'au siècle suivant. D'une façon générale, les guerres de Religion, qu'elles appartiennent au XVIe, au XVIIe ou au XVIIIe siècle, ont été des périodes de dévastations ou tout au moins de terreur pour les habitants du diocèse de Mende. La ville n'a jamais complètement retrouvé sa prospérité du Moyen Âge.

Pierre Mendès France
Durant son exposé le 5 octobre 1956, lors du 52e congrès national du Parti républicain radical et radical-socialiste.
© *Keystone*

MENDÈS FRANCE Pierre (Paris, 1907 – Paris, 1982)

Homme politique, président du Conseil.

Issu d'une famille de commerçants du Sentier, il est élevé dans un milieu dreyfusard et républicain. Excellent élève, il est bachelier à 16 ans et avocat à 19. Il connaît une jeunesse mouvementée : militant, puisqu'il est membre de la Ligue d'action universitaire républicaine et socialiste (LAURS), il s'intéresse de près non seulement à la politique, en adhérant très tôt au parti radical, mais aussi à l'économie, puisqu'il choisit de rédiger sa thèse en 1928 sur le redressement des finances françaises par Raymond Poincaré, à chaud donc. Il se trouve, dès 1932, un ancrage politique local, puisqu'il est élu député de l'Eure ; en 1935, il devient maire de Louviers. Mais l'homme ne se fait pas oublier sur le plan national : il participe en effet au mouvement Jeunes Turcs, aux côtés de Kayser, Coty, Bergery, Zay et Monnerville. En promouvant « l'économique et le social d'abord », les Jeunes Turcs cherchent à renouveler un parti radical jugé vieillissant et trop à droite. C'est dans cette même logique que Pierre Mendès France soutient activement le Front populaire en 1936, et qu'il participe de mars à avril 1938 comme sous-secrétaire d'État au Trésor à l'éphémère deuxième gouvernement Blum, où il a juste eu le temps de proposer un plan de relance de type keynésien. L'*Anschluss* sonne le glas de ses initiatives.

Au début de la guerre, il fait partie des rares parlementaires qui, refusant l'armistice, choisissent de s'embarquer à bord du *Massilia* pour poursuivre les combats en Afrique du Nord. Arrêté pour « désertion » le 30 août 1940, il est jugé à Clermont-Ferrand, condamné en mai 1941 à six ans de réclusion et, dans le même temps, déchu de ses mandats parce que juif. Il parvient à s'évader en juin 1941, gagne Londres en mars 1942, puis retrouve son escadrille « Lorraine » en 1943, avec laquelle il participe à des combats dans la Ruhr et dans le nord de la France. Il termine la guerre à Alger, où de Gaulle l'a appelé en 1943 pour être commissaire aux Finances du Comité français de libération nationale. À partir de septembre 1944, il est ministre de l'Économie nationale du gouvernement provisoire. Ce moment constitue un tournant dans la carrière de Mendès. Il élabore un plan de rigueur destiné à combattre l'inflation, mais qui présuppose une série de mesures drastiques, alliant un blocage général des comptes bancaires à un contrôle des prix et des salaires. De Gaulle juge ces restrictions trop difficiles à imposer à une population déjà frustrée par la guerre et choisit l'option de René Pleven, qui propose une relance par la fiscalité et par l'emprunt. Après avoir donné sa démission, Mendès France participe à quelques missions pour des organisations internationales comme le Fonds monétaire international ou les Nations unies. Mais il ne sort pas réellement du champ politique : il prône des solutions négociées aux colonies, s'engage fermement en faveur de la construction européenne tout en rejetant le projet de la CED. C'est l'époque du « mendésisme », où « PMF », comme l'a baptisé le magazine *L'Express*, apparaît comme une véritable alternative politique. Le choc que constitue la chute de Diên Biên Phu cristallise bientôt les espoirs autour de sa personne, et il est investi président du Conseil le 18 juin 1954.

Mendès France ne reste au pouvoir que sept mois et dix-sept jours, mais parvient pendant ce court laps de temps à donner une nouvelle image de la politique : à l'extérieur, il règle la crise indochinoise lors de la conférence de Genève en juillet 1954, engage la Tunisie sur la voie de l'autonomie et règle définitivement la question de la CED. À l'intérieur, il adopte un style nouveau : il travaille avec une équipe réduite et soigne son image en parlant chaque samedi à la radio lors des « Causeries au coin du feu ». Cet homme de médias déplaît cependant au Parlement, qui se sent en partie dépossédé de son pouvoir et court-circuité par le mendésisme : ébranlé par le début de la guerre d'Algérie, le gouvernement Mendès France tombe le 6 février 1955. Il reprend alors la tête du parti radical, puis revient en janvier 1956 au pouvoir comme ministre d'État du gouvernement de Guy Mollet, mais, désapprouvant la politique algérienne de celui-ci, il démissionne le 23 mai suivant.

Dès lors, il s'isole, condamnant le retour de de Gaulle au pouvoir et l'instauration de la Ve République, perdant successivement tous ses mandats électoraux entre 1958 et 1962, soutenant enfin, sous forme d'un « ticket » à l'américaine, la candidature présidentielle d'un Gaston Defferre, qui, cuisante humiliation, ne recueille que 5,1 % des voix. À la fin de sa vie, « PMF » s'est transformé en « statue du commandeur » d'une gauche morale et moderniste, instrumentalisée avec brio par François Mitterrand en 1981 et dont l'héritage a été recueilli partiellement par Michel Rocard en 1988.

MENDIANTS (ordres)

L'apparition et le développement de ces ordres remontent XIIIe siècle, en réponse aux vives critiques des rigoristes vaudois et cathares envers l'Église.

Les principaux ordres mendiants sont alors les Franciscains, les Carmes, les Dominicains et les Augustins. Leur nombre augmente par la suite avec la venue des Trinitaires, des Servites, des Hiéronymites, des Jésuites, des Hospitaliers de Saint-Jean-de-Dieu et des religieux de la Merci, tous astreints à ne disposer d'aucun revenu régulier et contraints de subsister de charité. Le concile de Trente, entre 1545 et 1563, va cependant atténuer cette rigueur en permettant la disposition de revenus, tout en maintenant les règles strictes d'aumône, de simplicité intérieure et en limitant les bénéfices ecclésiastiques.

MÉNÉTRIERS

Au Moyen Âge, instrumentistes jouant de la musique de danse lors des grandes fêtes urbaines.

Ils se sont progressivement distingués des jongleurs nomades, à la fois acrobates, danseurs, poètes et musiciens. En effet, au XIVe siècle, ils sont retenus au service de princes, de seigneurs ou de villes afin de constituer des corps de musiciens attachés à une maison à titre d'emblème. D'où leur nom, dérivant de *ministri*, domestiques. Ils pratiquent une musique instrumentale qui se différencie de l'art choral et qui se destine bientôt à la danse. Les ménétriers ont atteint leur apogée au XVIIe siècle, puis ont décliné irrémédiablement au profit des musiciens « savants », leur répertoire étant jugé trop léger et incitatif à la débauche.

Le ménétrier
Huile sur toile de Jan Steen, XVIIe siècle. Lille, musée des Beaux-Arts.
© *RMN – Ojeda/Le Mage*

MENOU Jacques François, baron de (Boussay, Touraine, 1750 – Venise, 1810)

Général.

Entré dans l'armée en 1770, colonel en 1788, il est élu député de la noblesse du bailliage de Touraine aux États généraux, où il affiche immédiatement des idées libérales. Promu maréchal de camp en 1792, Menou sert en Vendée en 1793 et devient général de division. Le 1er prairial an III (20 mai 1795), il est chargé de réprimer l'émeute du faubourg Saint-Antoine. Nommé général en chef de l'armée de l'Intérieur en juillet de la même année, mais convaincu de complicité dans l'insurrection royaliste du 13 vendémiaire an IV (5 octobre 1795), il est destitué au profit de Bonaparte. Mis à la tête d'une division de l'armée d'Égypte (mai 1798), Menou se convertit à l'islamisme après son mariage avec une riche

Égyptienne et prend le nom d'Abd Allah. Après l'assassinat de Kléber (14 juin 1800), il reçoit le commandement de l'armée en sa qualité de plus ancien divisionnaire. Il se fait battre par les Anglais à Canope (21 mars 1801), tente néanmoins de résister, car il aime l'Égypte et sait combien il est important pour la France de s'y maintenir pour les négociations de paix avec l'Angleterre. Mais ses soldats n'ont presque unanimement d'autre désir que de regagner la France. Ne recevant aucun secours, il négocie la capitulation d'Alexandrie (31 août), par laquelle il obtient le rapatriement de l'armée française. Membre du Tribunat (1802), administrateur général du Piémont (1803), commandant général des départements au-delà des Alpes (1805), il devient général gouverneur de la Toscane en 1808, puis de Venise en 1809.

MENTANA (bataille de)

Le 3 novembre 1867, à Mentana, bourg situé dans le Latium, à 15 km au nord-est de Rome, 6 000 soldats franco-pontificaux affrontent 12 000 Chemises rouges que commandent Giuseppe Garibaldi et son fils Menotti.

Le général Kanzler est à la tête des troupes vaticanes. Outre la brigade du général de Polhès, effectif détaché du corps expéditionnaire français du général de Failly, l'armée du pape comprend le fameux régiment des zouaves pontificaux. Celui-ci, sous les ordres du colonel Allet et du lieutenant-colonel de Charette, se distingue singulièrement au cours de l'action. Dans la matinée du 4 novembre, les soldats de Pie IX enlèvent Mentana. Le général de Failly termine par cette phrase le bulletin de victoire qu'il adresse à Napoléon III : « Nos fusils Chassepot ont fait merveille. »

MERCANTILISME

Doctrine visant à préserver l'économie nationale de la concurrence pour donner au roi les moyens financiers de la puissance militaire. En vigueur du Moyen Âge au milieu du XIXe siècle, le mercantilisme accompagne l'affirmation du pouvoir royal, constituant le pendant économique de l'absolutisme politique.

Nationaliste, le mercantilisme prône un commerce extérieur excédentaire – d'où un protectionnisme douanier rempart de la guerre économique qui suppose le développement de la marine chargée de défendre le monopole de pavillon, des compagnies à charte ainsi que des colonies, sources de matières premières et marchés captifs. Populationniste, le mercantilisme fait l'apologie d'un marché du travail abondant, où les enfants travailleraient très tôt. Dirigiste, il confie à l'État la création de manufacture à monopole, mais le cadre économique d'ensemble reste capitaliste : « Les marchands sont plus qu'utiles en l'État et leur souci de profit, qui s'exerce dans le travail et l'industrie, fait et cause une bonne part du bien public », écrit en 1615 Antoine de Montchrestien (1575-1621), inventeur du terme, dans son *Traité de l'économie politique*.

Si la politique de Louis XI présente des aspects mercantilistes, le XVIe siècle en voit une première théorisation à travers Claude de Seyssel (*La Grande Monarchie de France*, 1515) ou Jean Bodin (*La République*, 1577). Des produits étrangers sont prohibés et, en 1581, Henri III impose un tarif général aux frontières du royaume. C'est au XVIIe siècle, cependant, que le mercantilisme connaît son plein essor, favorisé par les écrits d'Antoine de Montchrestien (1575-1621) ou la pratique de Barthélemy de Laffemas (*Remontrance au peuple sur le luxe des soies, clinquants en habits, ruine générale*, 1601) et de Richelieu. Colbert en donne l'expression la plus évoluée et systématique. Persuadé qu'il ne peut y avoir enrichissement qu'aux dépens des autres nations, il pousse la logique de la guerre économique jusqu'au conflit militaire (guerre de Hollande). De grandes compagnies de commerce, des manufactures (Les Gobelins, Saint-Gobain...) sont créées ; la première marine de guerre du monde est censée protéger un armement commercial très fragile. Mais les résultats sont médiocres à cause des dépenses militaires et de la faible culture économique des élites du royaume.

Le XVIIIe siècle reste globalement marqué par le mercantilisme, hormis les brèves impulsions libérales de Nicolas Desmarets, Law ou Turgot. Mais il est critiqué par les milieux d'affaires, les partisans du libre-échange tel Pierre de Boisguilbert, les physiocrates, enfin les libéraux comme Jean-Baptiste Say, qui reprennent l'argument d'Adam Smith : « Dans le système que je combats, l'intérêt du consommateur est à peu près constamment sacrifié à celui du producteur. » La suppression des corporations en 1791 par la loi Le Chapelier ouvre une première brèche, agrandie un siècle plus tard par l'épisode libre-échangiste, du traité de commerce franco-britannique de 1860 à la loi Méline de 1892. Mais le mercantilisme est le terreau nourricier de la première vague d'industrialisation qui se réalise au début du XIXe siècle dans un cadre « agraro-mercantiliste » (F. Crouzet).

MERCIER Auguste (Arras, 1833 – Paris, 1921)

Général et homme politique.

Ancien élève de l'École polytechnique, le futur protagoniste de l'affaire Dreyfus sert dans l'artillerie au Mexique puis dans l'armée de Bazaine à Metz en 1870. Général de brigade en 1884, directeur des services administratifs du ministère de la Guerre en 1888, divisionnaire l'année suivante, commandant le 18e corps en 1893, il reçoit le portefeuille de la Guerre dans le cabinet Casimir-Perier en 1893-1894 et le conserve l'année suivante dans le gouvernement Dupuy. C'est à ce poste qu'il se fait véritablement remarquer, se déclarant fermement convaincu de la culpabilité du capitaine Dreyfus et ne négligeant rien pour que la condamnation soit confirmée. Tout se passe donc comme si son avancement dépendait des aveux du prétendu traître. Le journal *L'Autorité* du 10 décembre 1894 résume la situation en ces lignes : « Cette affaire Dreyfus est collée au dos du général Mercier comme la tunique du Centaure aux épaules d'Hercule. Si Dreyfus est acquitté, le ministre saute, cela ne fait pas de doute. Si Dreyfus est condamné sévèrement, s'il est démontré qu'il n'est qu'un traître, voici Mercier qui grandit et qui, bénéficiant du procès, passe immédiatement pour le sauveur de la patrie. » Passé dans le cadre de réserve en 1900, élu sénateur de la Loire-Inférieure, le général achèvera sa carrière politique au Sénat. Édouard Herriot, alors jeune parlementaire, le côtoie et écrira plus tard, dans ses souvenirs, qu'il apparaissait « comme une répugnante canaille, enveloppé du mépris général comme d'un suaire ».

MERCIER Louis-Sébastien (Paris, 1740 – Paris, 1814)

Dramaturge, écrivain et essayiste.

Professeur de rhétorique à Bordeaux, il abandonne vite l'enseignement pour se consacrer à la littérature. Il publie notamment une des premières œuvres d'anticipation, *L'An 2440, rêve s'il en fut jamais* (1771). Devant l'échec de ses premiers drames historiques (*Le Déserteur*, 1770), il publie un pamphlet intransigeant, *Du théâtre ou Nouvel essai sur l'art dramatique* (1773). S'attaquant au classicisme, il se réclame des théories de Diderot – non sans les forcer – et défend une veine réaliste passant par la peinture des classes populaires. Il incarne sa doctrine dans une série de drames, dont le plus connu est *La Brouette du vinaigrier* (1775). Brouillé avec les comédiens du Français, il crée ses pièces en province, à Bordeaux et Lyon ; le succès est tel que le Théâtre des Italiens le sollicite (*L'Habitant de la Guadeloupe*, 1786), puis à nouveau la Comédie-Française qui représente en 1787 *La Maison de Molière* – refusée en 1776, mais qui lui vaut à présent une pension et la protection de Marie-Antoinette. Parallèlement, il continue à rédiger des essais de théorie littéraire.

La gloire lui vient cependant de son *Tableau de Paris* dont la publication commence en 1781. C'est un extraordinaire documentaire sociologique sur l'époque, qui oblige son auteur à fuir en Suisse. Réfugié à Neufchâtel, Mercier amplifie son ouvrage qui compte 12 volumes en 1788 et rencontre un succès européen. Il revient d'exil à la Révolution qu'il se flatte d'avoir prédit dans son *An 2440*. Son activité se déploie alors dans toutes les directions : théâtre avec de nombreuses pièces de Boulevard, journalisme à *La Tribune des hommes libres*, politique surtout puisqu'il est député de la Seine-et-Oise à la Convention. Arrêté comme Girondin, il échappe de peu à la guillotine grâce au 9 Thermidor. Sous le Directoire, où il est député et professeur d'histoire à l'École centrale, il passe pour un original inclassable, aux options politiques assez confuses, proposant ainsi de rétablir la loterie dont il avait voulu l'abolition sous l'Ancien Régime. Il reste néanmoins fermement républicain sous l'Empire, ce qui lui vaut de vivre dangereusement. Dramaturge, Mercier est un véritable touche-à-tout : éditeur – des œuvres de Rousseau notamment –, historien (*Histoire de France*, 1800), lexicographe (*Néologie ou Vocabulaire des mots nouveaux*, 1801), il se définit comme « le plus grand libriers de France ». De fait, ce polygraphe est l'auteur de près de cent titres. Homme des Lumières, il déborde aussi son siècle. Son œuvre est presque plus connue à l'étranger, particulièrement en Allemagne, qu'en France.

MERCIER Pierre, dit LA VENDÉE (Le Lion-d'Angers, 1774 – La Motte, près de Loudéac, 1800)

Chef chouan.

Fils d'un maître d'hôtel, il se joint en 1793 aux insurgés vendéens et, remarqué pour son courage et son audace, prend bientôt la tête d'une troupe. Après la défaite du Mans, le 12 décembre 1793, Mercier, compagnon de Cadoudal, tente avec ce dernier de soulever le Morbihan. Arrêté avec lui, il s'évade de Brest en sa compagnie et reprend les armes, devenant un des chefs de la chouannerie. « Mercier-la-Vendée », comme on le surnomme, participe aux conférences tenues en 1795 pour le rétablissement de la paix, mais ne signe pas la pacification, reprenant bientôt la tête de ses troupes. En septembre 1795, il rejoint le comte d'Artois débarqué à l'île d'Yeu et tente en vain de le persuader de gagner la Vendée et de prendre la tête des insurgés. Nommé en 1797 maréchal de camp et chevalier de Saint-Louis par le comte d'Artois, Mercier passe deux ans plus tard en Angleterre. Il espérait persuader les Bourbons de partir à la reconquête du trône de France, et n'obtient que quelques subsides, grâce auxquels il tente, en 1800, un coup de main sur Saint-Brieuc. Il prend la ville dans la nuit du 25 au 26 octobre mais doit bientôt l'évacuer, et meurt peu après au combat.

MERCŒUR Louis de Vendôme, duc de : voir VENDÔME

MERCŒUR Philippe Emmanuel de VAUDÉMONT, duc de Penthièvre et de (Nomeny, Lorraine, 1558 – Nuremberg, 1602)

Homme de guerre.

Cousin des Guises, il devient le beau-frère d'Henri III lorsque celui-ci épouse Louise de Vaudémont. Il se rattache également à la famille de Penthièvre par sa femme. Le roi le nomme gouverneur de Bretagne en 1582. Il est profondément catholique mais, sous ce couvert et en accord avec sa femme, nourrit peut-être le rêve de reconstituer l'ancien duché de Bretagne, à la faveur des troubles des guerres de Religion. Tant que rien d'irréparable n'intervient entre le roi et la Ligue, il se tient dans le loyalisme. Mais le meurtre des Guises, en décembre 1588, l'ébranle, et sa révocation, en avril 1589, le jette dans la révolte ouverte. L'arrivée sur le trône d'un protestant rallie à sa cause la plus grande partie de la Bretagne, à l'exception de Rennes et de Brest qui gardent leur fidélité à Henri IV. Il se tourne alors vers les Espagnols qui lui envoient en 1590 un corps expéditionnaire de 7 000 hommes et, avec leur aide, bat les troupes royales à Craon, en Anjou (mars 1592). La cause royale semble très compromise. Mais l'entente est loin de régner entre Mercœur et Philippe II d'Espagne, et la conversion d'Henri IV arrive à point nommé pour faire changer de camp bien des ligueurs. De plus, le nouveau lieutenant général, le maréchal d'Aumont, fait subir aux Espagnols échec sur échec. Néanmoins, les hostilités traînent. Mercœur louvoie entre Henri IV et Philippe II, et il faut attendre la chute de Dinan (février 1598) pour qu'il se décide à faire sa complète soumission à l'entrevue des Ponts-de-Cé. Il renonce à la Bretagne contre 50 000 livres, et il est convenu que sa fille épousera un bâtard du roi, César de Vendôme. À la fin de sa vie, il servira l'empereur en Hongrie et enlèvera aux Turcs Albe Royale (Székesfehervar) en 1601. Saint François de Sales prononcera son oraison funèbre.

MERCURE DE FRANCE

Journal périodique fondé en 1672 par Donneau de Visé, sous le nom de Mercure Galant.

Cette publication hebdomadaire offrant à ses lecteurs des rubriques politiques, littéraires, historiques sera, à la mort de son fondateur, reprise par Rivière Dufresny en 1710, Lefèvre de Fontenay quatre ans plus tard, et l'abbé Buchet en 1717. Parmi les grands noms qui, à la fin du XVIIIe siècle, collaborent à la rédaction de ce journal, il faut mentionner, pour ne citer que les plus célèbres : Voltaire, l'abbé Raynal, Marmontel et La Harpe... Racheté par Panckoucke en 1773, le *Mercure de France* devient, sous la Révolution, le *Mercure français*, et a pour responsable de la rubrique politique l'illustre contre-révolutionnaire Malet du Pan. En 1825, le *Mercure* cesse une première fois de paraître. Toutefois, le titre de *Mercure de France* sera repris en 1889 par Alfred Vallette, pour un nouveau journal littéraire. Ouvert, dès son origine, à des artistes de l'école symboliste, ses colonnes seront, peu à peu, accessibles à des hommes de lettres appartenant à diverses obédiences intellectuelles. Dirigé par Georges Duhamel, le *Mercure de France* est interdit au mois de juin 1940, et ne reparaît qu'en 1946. Fondée en même temps que la revue, une maison d'édition, le Mercure de France, est créée par Alfred Vallette. Toutefois, la revue, après avoir accueilli des signatures aussi célèbres que celles d'Albert Samain, Jean Moréas, Charles Cros ou Rémy de Gourmont, cessera, quant à elle, de paraître en 1965.

Le duc de Mercœur
Portrait du pair de France et gouverneur de Bretagne par Jérôme Wierix, XVIe siècle. Paris, Bibliothèque nationale de France. © *Lauros-Giraudon*

MERDA Charles André, baron, dit aussi MÉDA (Paris, 1775 – Borodino, 1812)

Militaire.

Engagé dans la garde nationale de Paris au mois de septembre 1789, il se trouve être, en qualité de gendarme, parmi les hommes conduits par Léonard Bourdon, à l'hôtel de ville de Paris dans la nuit du 9 au 10 Thermidor. Là, il aurait sorti son pistolet et tiré à bout portant sur Robespierre, lui brisant la mâchoire inférieure. C'est ainsi que, se prévalant de cet acte, bien que l'hypothèse d'une tentative de suicide de la part de Robespierre ne puisse être écartée, Merda recevra les félicitations de la Convention. Officier de la Grande Armée, l'ancien gendarme sera nommé baron d'Empire par Napoléon, avant de mourir lors de la campagne de Russie, au cours de la bataille de la Moskova (7 septembre 1812).

MÉRIMÉE Prosper (Paris, 1803 – Cannes, 1870)

Écrivain.

Fils d'un peintre parisien, il fait ses études au lycée Henri-IV avant de faire son droit, bien qu'il s'intéresse très jeune aux lettres. Fonctionnaire au ministère du Commerce à 21 ans, Mérimée fréquente néanmoins les salons parisiens et se lie à Stendhal, dont il partage la vie mondaine et les vues littéraires. Dès 1825, il publie deux ouvrages, *Le Théâtre de Clara Gazul*, censé avoir été écrit par une comédienne espagnole, pièce au style alerte et insolent, puis *La Guzla* (anagramme de Gazul) *ou Choix de poésies illyriques* en 1827. Trois ans plus tard, Mérimée s'attelle au roman de cape et d'épée en publiant une « esquisse historique », *La Chronique du règne de Charles IX* dont l'action se déroule durant les guerres de Religion. Devenu chef de cabinet dans plusieurs ministères sous la monarchie de Juillet, il voyage dans les pays méditerranéens, notamment en Espagne où il devient l'intime de la comtesse de Montijo, mère de la future impératrice Eugénie. Nommé en 1834 inspecteur général des monuments historiques, Mérimée sillonne toute la France accompagné du jeune Viollet-le-Duc, sauvant de la ruine une bonne part de l'héritage roman et gothique de la France. Il publie alors de nombreux recueils de notes de voyage, des ouvrages d'érudition historique et, chose nouvelle à cette époque, des traductions de russe. Deux courts romans tragiques paraissent durant cette période : *Colomba* (1840) et *Carmen* (1845), source d'inspiration pour les librettistes Meilhac et Halévy, et pour le compositeur Georges Bizet dont l'opéra-comique créé en 1875 devient rapidement une célébrité. Grand ami d'Eugénie, Mérimée obtient le rang de sénateur et fréquente la cour de Napoléon III avec assiduité : pour distraire le couple impérial, il compose notamment la célèbre dictée en 1857 où, d'après les *Souvenirs* de la princesse de Metternich, Napoléon III aurait fait 75 fautes, l'impératrice 62, Alexandre Dumas 24, Octave Feuillet 19 et Metternich, l'ambassadeur d'Autriche, seulement 3... À partir de 1856, atteint d'asthme, il séjourne à Cannes où il meurt quinze ans plus tard, de chagrin, semble-t-il, en apprenant le désastre de Sedan.

MERLE Matthieu (Uzès, 1548 – Uzès, 1590)

Chef de guerre protestant.

Né d'une noble famille aux ressources modestes, il se signale très jeune par sa bravoure au combat et son attachement au protestantisme. À l'annonce de la Saint-Barthélemy, Merle décide de venger ses coreligionnaires. Avec une poignée d'hommes, il s'empare ainsi, en 1573, de la place du Malzieu, dans le Gévaudan, puis d'Issoire, dont il rançonne les habitants. Le « capitaine Merle », comme on le surnomme, dépose les armes au moment de la paix de Monsieur, mais les reprend bientôt, s'emparant à nouveau du Malzieu, puis d'Ambert. Il échoue ensuite devant Marsac et Saint-Flour, mais s'empare de Mende dans la nuit de Noël 1579. Le roi de Navarre (futur Henri IV), qui l'avait déjà nommé gentilhomme de la chambre, lui donne en 1580 le gouvernement de Mende, que Merle rend en 1582 aux catholiques, après le traité de Fleix. Il participera encore à la bataille de Coutras et deviendra baron de Salavas (en Vivarais).

Prosper Mérimée
Portrait de l'auteur en 1852 par Simon Rochart. Musée de la ville de Paris, musée Carnavalet. © *Tallandier*

MERLIN de DOUAI Philippe Antoine, comte Merlin, dit (Arleux, Nord, 1754 – Paris, 1838)

Homme politique.

Avocat au parlement de Flandre, il est élu en 1789 député du tiers état du bailliage de Douai. Éminent juriste, cet ancien conseiller du duc d'Orléans siège dans de nombreux comités de l'Assemblée constituante et s'occupe, plus spécialement, du problème des biens nationaux. Merlin de Douai fait ensuite partie de la Convention où il vote la mort du roi sans sursis, et propose au Comité de législation le texte de la loi sur les suspects, au mois de septembre 1793. Ardent Montagnard et corresponsable de la création du Tribunal révolutionnaire, il se rallie, après la chute de Robespierre, à la réaction thermidorienne. Nommé membre de l'Institut en 1795, l'ancien avocat est ministre de la Justice la même année et membre du Directoire exécutif, après le

18 Fructidor, en remplacement de Barthélemy. Mais, après avoir déployé une énergie farouche dans sa lutte contre les royalistes, Merlin de Douai, à l'instar de La Révellière-Lépeaux, doit donner sa démission au mois de juin 1799. Procureur général à la Cour de cassation de 1801 à 1815, il est fait comte d'Empire et conseiller d'État durant l'année 1810. Sous la Restauration, l'ancien ministre est banni comme régicide mais recouvre ses fonctions lors des Cent-Jours. Avec le second retour de Louis XVIII sur le trône, Merlin de Douai se réfugie à Bruxelles et ne rentre en France qu'au lendemain de la révolution de 1830.

MERLIN de THIONVILLE Antoine Christophe MERLIN dit (Thionville, 1762 – Paris, 1833)

Homme politique.

Né dans une famille bourgeoise, destiné à l'état ecclésiastique, il étudie finalement le droit et s'inscrit comme avocat au barreau de Metz en 1786. Accueillant avec enthousiasme la naissance de la Révolution, il ne tarde pas à devenir commandant de la garde nationale de sa ville natale. Élu par la Moselle à l'Assemblée législative, où il siège à l'extrême gauche, l'avocat s'inscrit immédiatement au club des Jacobins et se lie à Chabot et Basire. En novembre 1791, il propose la mise en accusation des frères du roi. Au printemps suivant, le député de la Moselle vote le séquestre des biens des émigrés, puis leur confiscation. Il propose également la déportation en Amérique des prêtres non jureurs puis soutient, avec son ami Chabot, l'existence du comité autrichien, dirigé par la reine. Le 10 Août, Merlin de Thionville est l'un des premiers à pénétrer aux Tuileries. Le 23, il suggère que les femmes et les enfants des émigrés soient considérés comme des otages, ce que l'Assemblée refuse. Réélu à la Convention, il réclame l'exécution du roi et de ses partisans mais, envoyé en mission à Mayence, n'assiste pas au procès de Louis XVI. Sa conduite courageuse aux armées lui vaut, de la part de l'ennemi, le surnom de « *Feuerteufel* », « Diable de feu ». Cependant, Merlin ne parvient pas à empêcher la chute de Mayence. À Paris, certains, comme Robespierre, le soupçonnent de s'être laissé acheter par l'ennemi. Soutenu par ses amis, le représentant en mission parvient à se disculper devant la Convention, rejette la responsabilité sur le général Custine, et accompagne ses troupes en Vendée. Bientôt rappelé par la Convention, où ses collègues s'étonnent de l'accroissement rapide de sa fortune, Merlin de Thionville fait ensuite partie du Comité de la guerre. Il se range parmi les opposants à Robespierre le 9 Thermidor et prend place, ensuite, au sein des thermidoriens, poursuivant ses anciens amis, les Jacobins. Il siège au Comité de sûreté générale après Thermidor et se mêle à la jeunesse dorée de la capitale, aux Muscadins. Réélu aux Cinq-Cents, il n'exerce aucune influence, devient en 1798 directeur des Postes, et rentre dans la vie privée sous le Consulat et l'Empire. Son absence de la Convention, lors du procès de Louis XVI, lui permet d'échapper à la loi d'amnistie votée en janvier 1816.

MERMOZ Jean (Aubenton, Aisne, 1901 – Atlantique Sud, 1936)

Aviateur.

Passionné très jeune par l'aviation, il s'engage dès 1920 dans l'armée de l'Air, puis est envoyé à la base d'Istres. Pilote breveté l'année suivante, il est dépêché en Syrie où, durant un an et demi, son courage et sa grande maîtrise de l'air vont lui valoir plusieurs citations. Après sa démobilisation intervenue en 1924, Mermoz contracte un engagement en qualité de navigant avec la société Latécoère, dont le directeur est Didier Daurat. Affecté à la ligne Toulouse – Barcelone – Alicante, il volera en 1925 sur Casablanca – Dakar et pour la première fois, le 10 mai 1927, sur Toulouse – Saint-Louis du Sénégal sans escale, en compagnie de Négrin. Cette même année est créée la compagnie générale Aéropostale, et Mermoz est chargé, en Amérique du Sud, de la liaison Buenos-Aires – Rio de Janeiro. Le 1er mars 1928, ce premier voyage est effectué, puis commence l'ère des vols de nuit, afin de réduire la durée d'acheminement du courrier ; ce seront ensuite les premiers survols de la cordillère des Andes au printemps de 1929.

Après avoir ouvert, avec Guillaumet, la ligne Rio de Janeiro – Santiago du Chili, Mermoz rentre en France afin d'étudier les possibilités de vol transatlantique sud sans escale. Le 12 mai 1930, sur un hydravion « Laté 28 », baptisé *Le Comte de La Vaulx*, est réalisée pour la première fois et en une vingtaine d'heures la liaison aéropostale France-Amérique du Sud, avec à bord, outre Mermoz, Dabry et Simié. Puis ce seront, à partir de 1933, les vols réguliers transatlantiques à bord du légendaire trimoteur conçu par l'ingénieur aéronautique français René Couzinet, *L'Arc-en-ciel*. Devenu chef pilote puis inspecteur général à la jeune compagnie Air France, Mermoz continue à développer les liaisons vers l'Amérique du Sud mais, au cours de sa 24e traversée, le 7 décembre 1936, il trouve la mort aux commandes de la *Croix-du-Sud*, à environ 800 km de Dakar d'où il avait décollé. Disparu en pleine mer avec quatre autres membres d'équipage, Mermoz semble avoir été victime d'une panne de moteur, bien que les circonstances exactes de l'accident n'aient jamais pu être clairement expliquées.

Jean Mermoz
Portrait du héros de l'Aéropostale. © *Sélection Images*

MÉROVÉE ou MEROWIG (milieu du Ve siècle)

Chef ou roi franc.

Sa vie n'est connue que par le récit postérieur de Grégoire de Tours (*Histoire des Francs*), qui fait de lui le fils de Clodion et le père de Childéric Ier. Son authenticité historique est douteuse, et les historiens actuels s'accordent pour voir en lui davantage un personnage mythique en qui les rois mérovingiens du VIe siècle – et tous leurs successeurs – ont vu le père fondateur de leur dynastie, vainqueur des Huns aux champs Catalauniques. Le premier roi historique des Francs saliens, appelés ensuite Mérovingiens, est Childéric Ier, qui accède à la royauté en 457.

MÉROVÉE ou MEROVECH (? – ?, 577)

Prince mérovingien.

Fils de Chilpéric Ier, roi de Neustrie, et d'Audovère, sa première épouse. En 576, il tombe amoureux de sa tante Brunehaut, exilée à Rouen, et décide de l'épouser. L'évêque Prétextat bénit leur union. Rendu furieux par ce mariage, Chilpéric envoie Brunehaut en Austrasie, et contraint son fils à se faire prêtre. Mérovée tente malgré tout de rejoindre sa femme, mais doit s'enfuir et mène quelque temps une existence errante, avant d'être assassiné sur l'ordre de Frédégonde.

Les Mérovingiens
Mérovée sous sa tente, miniature des *Grandes Chroniques de France* (XIVe siècle). Chantilly, musée Condé. © *Lauros-Giraudon*

MÉROVINGIENS

Terme désignant la première lignée des rois Francs ayant régné à partir du Ve siècle.

Le terme provient de Mérovée, personnage incertain ayant peut-être été roi d'une communauté franque au milieu du Ve siècle. C'est seulement avec l'emprise de Clovis, entre 481 et 511, que prend consistance ce pouvoir dynastique, lequel réunifie le pays gallo-romain. Les Alamans sont mis en échec en 496, les Burgondes en 500, et les Wisigoths en 507. La conversion de Clovis apporte le soutien du clergé, liant pouvoir temporel et pouvoir religieux ou spirituel. Les Germains s'intègrent à la société gallo-romaine dans laquelle ils évoluent. Cependant, l'unité du premier royaume franc ne vaut qu'en fonction de la personnalité du monarque. Que celui-ci soit faible ou déconsidéré, et les traditions germaniques d'indépendance supplantent la notion de centralisme impérial d'essence gallo-romaine. C'est ce qui se produit après la mort de Clovis, lorsque les divers héritiers s'efforcent d'accaparer le pouvoir à leur profit. Soissons, Metz, Paris et Orléans deviennent les capitales de petits royaumes dont les souverains plus ou moins stables ignorent la notion d'État au sens gallo-romain du terme. Ils considèrent leur héritage propre comme un bien de famille, ce qui implique dans l'avenir, par le jeu des héritages successifs, de nouveaux morcellements assortis de luttes fratricides. À l'échelon inférieur, les traditions germaniques, extrêmement vivaces, incitent les leudes à rechercher à leur tour une certaine indépendance.

Après la mort de Clovis, le règne des Mérovingiens peut approximativement se diviser en deux parties très caractéristiques de l'histoire de France. Tout d'abord, de 511 à 638, date de la mort de Dagobert Ier : les quatre fils de Clovis, Thierry (Metz), Clotaire (Soissons), Clodomir (Orléans) et Childebert (Paris) régentent leurs domaines respectifs. En 558, Clotaire reconstitue un court moment l'unité franque sous son sceptre, mais celle-ci se disloque à nouveau trois ans plus tard. Le royaume de Soissons devient par la suite royaume de Neustrie et celui de Metz royaume d'Austrasie. La prédominance gallo-romaine est encore notable dans le premier, alors que le second, par sa situation géographique, est à prédominance germanique. La rivalité entre ces deux puissances atteint son paroxysme lorsque se mêlent à la lutte Frédégonde et Brunehaut, laquelle, épouse de Sigebert d'Austrasie, intrigue pour redonner unité au domaine franc. Dagobert (Ier au VIe siècle) réalise ce souhait, mais ses

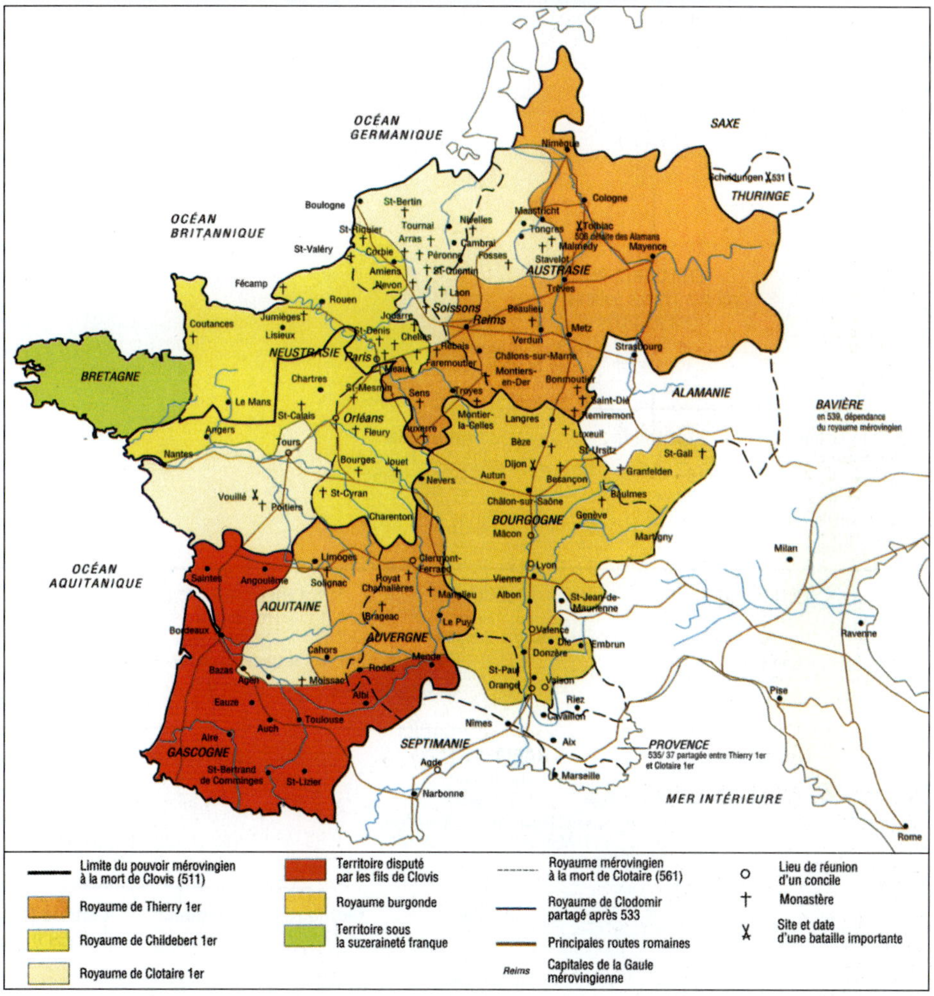

Le royaume mérovingien

successeurs relancent par leurs rivalités l'opposition entre Neustrie et Austrasie, tandis que l'Aquitaine et la Bourgogne se détachent de toute tutelle.

C'est le commencement d'une lente mais irrémédiable décadence attestée par la présence sur les trônes de princes faibles, malades, débiles, corrompus, qui laisseront dans l'histoire le triste renom de « rois fainéants ». Bientôt, les intendants ou maires du palais profitent de leurs prérogatives pour diriger les principautés à leur guise. L'aristocratie s'insurge à son tour. Il en résulte de sanglantes répressions, telle celle menée en Neustrie par Ébroïn, un maire du palais. En Austrasie, la dynastie des Pippinides s'impose à son tour. Pépin d'Héristal, maire du palais d'Austrasie, prend le pouvoir à partir de 680, préparant sur les ruines mérovingiennes le prodigieux essor des Carolingiens.

Mers el-Kébir

Localité de la périphérie d'Oran (Algérie) transformée en base navale par les autorités françaises sous la IIIe République.

En juin 1940, l'escadre de haute mer y a trouvé refuge, conduite par les cuirassés *Dunkerque* et *Strasbourg*. L'article 8 de la convention d'armistice passée avec l'Allemagne prévoyant le retour éventuel de ces unités dans leurs bases du temps de paix, afin d'y être désarmées, le gouvernement britannique s'inquiète, car il voit dans cette clause une possible mainmise germano-italienne sur une partie de la flotte française. Malgré les assurances données à la fin du mois de juin par l'amiral Darlan à l'amirauté britannique, Churchill décide l'opération *Catapult*, c'est-à-dire le ralliement de cette escadre à la cause alliée, ou bien son départ vers les Antilles. En dernier lieu, en cas de refus, est prévue sa destruction dans la rade de Mers el-Kébir. Le 3 juillet 1940, l'amiral Somerville, venu de Gibraltar, croisant au large avec la force H composée des cuirassés *Hood*, *Valiant*, *Resolution*, le porte-avions *Ark Royal*, 2 croiseurs et 11 destroyers, adresse à l'amiral Gensoul un ultimatum. L'amiral français répond qu'en aucun cas les navires ne tomberont au pouvoir des forces de l'Axe, mais cette réponse est jugée insuffisante par l'amirauté. De Londres, un message est envoyé à Somerville, spécifiant : « Les navires français doivent accepter nos conditions, ou se saborder ou être coulés avant la nuit. » À 17 h 54, Somerville fait ouvrir le feu sur une escadre à quai. Le *Bretagne* et le *Provence* coulent. Le *Dunkerque* s'échoue. Seul le *Strasbourg* parvient à sortir de la passe et gagne la haute mer en dépit des attaques des avions torpilleurs partis de l'*Ark Royal*. Au soir de cette tragédie, plus de 1 300 marins sont morts. L'émotion en France est à son comble. Les Allemands exultent et, à Londres, le général de Gaulle voit soudain tarir les engagements dans les forces de la France libre. Ce même 3 juillet, les vaisseaux français se trouvant en Grande-Bretagne sont saisis de force. À Alexandrie, en Égypte, l'escadre de l'amiral Godefroy est internée à la suite d'un accord entre les deux chefs responsables, ce qui évite un nouveau drame.

Mers el-Kébir
Incendie du cuirassé le *Bretagne* le 3 juillet 1940. © *Sélection Images*

Merveilles (vallée des)

Située à quatre-vingts kilomètres de Nice, au pied du mont Bego, la vallée des Merveilles est un des sites les plus surprenants de la France préhistorique.

Dans un paysage chaotique émaillé de lacs glaciaires, ce défilé, dans lequel plus de 100 000 gravures à ciel ouvert, tracées sur des dalles de schiste, ont été répertoriées, constitue un lieu sacré exceptionnel datant de l'âge de bronze (entre 1800 et 1500 av. J.-C.). Pendant des siècles, compte tenu de l'isolement du lieu, ces figures mystérieuses, obtenues par piquetage de la roche à l'aide de pierres taillées, sont restées ignorées, et les rares voyageurs qui s'aventurent dans cette vallée interprètent ces gravures comme des dessins faits par des bergers. Ce n'est qu'à la fin du XIXe siècle que le Français Émile Rivière et l'Anglais Clarence Bicknell commencent à faire un relevé des gravures dans lesquelles ils discernent des œuvres préhistoriques. Depuis 1967, des chercheurs dirigés par le professeur Henry de Lumley ont entrepris de fouiller systématiquement le vaste territoire de la vallée des Merveilles. Véritables hiéroglyphes, ces représentations stylisées d'animaux, d'êtres humains, d'outils, d'armes, dont la taille va de quelques centimètres à plusieurs mètres, sont minutieusement recensées, datées et comparées avec celles du même type découvertes dans le Val Camonica en Italie et dans le Valais. On dénombre de très nombreux bovins, figurés par des parallélépipèdes pourvus de cornes volumineuses et dont certains sont attelés par deux à des sortes d'araires. Des gravures anthropomorphiques, malgré leur tracé rudimentaire, reproduisent avec vigueur des personnages fantastiques auxquels les archéologues ont donné des surnoms : le

LES MÉROVINGIENS

- **MÉROVÉE** (?-v.457)
  - **CHILDÉRIC Ier** roi des Francs saliens (v.436-481) ∞ Basine [6 enfants]
    - **CLOVIS Ier le Grand** roi des Francs (v. 466-511) ∞ 2. sainte Clotilde (v.470-548) [6 enfants]
      - **THIERRY Ier** (1.) roi d'Austrasie (v.485-534) ∞ 1. Eustère (499-521) 2. Suavégote (504-554)
        - **THÉODEBERT Ier** (1.) roi d'Asutrasie (504-548) ∞ 1. Déstéria 2. Wisigardis (?-533)
          - **THÉODEBALD** roi d'Austrasie (535-555) ∞ Wultrade
            - **Théodelinde** (?-627) ∞ 1. Antharis 2. Agilulphe, roi des Lombards
        - **sainte Théodechilde** (2.) (523-600) ∞ 1. Hermegisèle 2. Radiger
      - **Ingomer** (2.) (?-493)
      - **CLODOMIR** (2.) roi d'Orléans (495-524) ∞ Gondioque (?-532) [3 enfants]
        - **saint Cloud** (522-560)
      - **Clotilde** (2.) ∞ Amalric, roi des Wisigoths
      - **CHILDEBERT Ier** (2.) roi de Paris (v.495-558) ∞ Ultragothe (497-?) [2 enfants]
      - **CHARIBERT Ier** (3.) roi de Paris (520-567) ∞ 1. Ingoberge ; 2. Méroflède 3. Marcovefa ; 4. Théodichilde
        - **Berthe** (?-612) ∞ Ethelbert, roi de Kent [2 enfants]
          - **Ethelburge** ∞ Edwin, roi de Northumbrie
      - **saint GONTRAN** (3.) roi de Bourgogne et d'Orléans (v.545-592) ∞ 1. Vénérande ; 2. Marcatrude 3. Anstréchilde (?-580) ; 4. Théodechilde
        - **Clothaire** (3.) (?-577)
        - **Clodomir** (3.) (?-576)
        - **Clotilde** (3.) (?-595)
    - **Lanthilde**
    - **Adolflède** ∞ Théodoric le grand, roi des Ostrogoths

- **CLOTAIRE Ier le Vieux** (2.)
  roi des Francs
  (497-561)
  ∞ 1. Gondieuque (490-532) ; 2. sainte radegonde (513-587)
  3. Ingonde (510-546) ; 4. Arégonde (515-573) ; 5. Gonsinde
  [7 enfants]
  - **SIGEBERT Ier** (3.)
    roi d'Austrasie
    (535-575)
    ∞ Brunehaut (543-613)
    - **Ingonde**
      (567-586)
      ∞ saint Hermé-négilde
      (?-585)
    - **Clodosinde**
      (569-?)
    - **CHILDEBERT II**
      roi d'Austrasie
      (v.570-596)
      ∞ Faileube
      (?-596)
      - **Theutrade**
      - **THÉODEBERT II**
        roi d'Austrasie
        (586-612)
        ∞ 1. Bélichilde
        2. Théodechilde
        [3 enfants]
      - **THIERRY II**
        roi de Bourgogne
        et d'Austrasie
        (v.587-613)
        ∞ Ermenberge
        - **SIGEBERT II**
          roi d'Austrasie
          (v.601-613)
        - **Childebert**
          (603-613)
        - **Chramne**
          (604-613)
        - **Mérovée**
          (607-?)
  - **CHILPÉRIC Ier** (4.)
    roi des Francs
    (539-584)
    ∞ 1. Audovère (533-580)
    2. Galswinthe (540-568)
    3. Frédégonde (543-597)
    - **Théodebert** (1.)
      (556-575)
    - **Mérovée** (1.)
      (558-577)
      ∞ Brunehaut
      [veuve de Sigebert Ier]
    - **Basine** (1.)
      (565-?)
    - **Régonde** (3.)
      (569-?)
      ∞ Récarède Ier,
      roi des Wisigoths
    - **CLOTHAIRE II** (3.)
      roi des Francs
      (584-629)
      ∞ 1. Hadeltrude (580-602)
      2. Bertrade (582-618) ; 3. Sichilde (590-?)
      [3 enfants]
      - **DAGOBERT Ier** (2.)
        roi des Francs
        (v.604-639)
        ∞ 1. Gomatrude (598-630)
        2. Nanthilde (610-642)
        3. [ill.] Ragnétrude
        - **saint SIGEBERT III (3.)**
          roi d'Austrasie
          (631-656)
          ∞ Himnétilde
          (625-670)
          - **Childebert II l'Adopté**
            roi d'Austrasie
          - **DAGOBERT II**
            roi d'Austrasie
            (v.652-v.679)
            ∞ 1. Mathilde
            2. Gisèle
            [5 enfants]
          - **Blitilde**
            (654-673)
        - **CLOVIS II** (2.)
          roi de Neustrie et de Bourgogne
          (635-657)
          ∞ saint Bathilde (626-680)
          [4 enfants]
          - **CHILDÉRIC II**
            roi d'Austrasie et de Neustrie
            (v.650-675)
            ∞ Blitilde
            - **CHILPÉRIC II**
              roi des Francs
              (670-721)
              - **CHILDÉRIC III**
                (v.714-754)
                ∞ Gisèle
          - **CLOTHAIRE III**
            roi de Neustrie et de Bourgogne
            (v.652-673)
            [2 enfants]
            - **Clovis III**
              (?-676)
          - **THIERRY III**
            roi de Neustrie et de Bourgogne
            (651-691)
            ∞ Clotilde
            - **Clovis IV**
              (682-711)
            - **CHILBEBERT III**
              (v.683-711)
              ∞ Ermenehilde
              - **DAGOBERT III**
                roi de Neustrie
                (v.699-715)
                - **THIERRY IV**
                  (v.713-737)
            - **CLOTHAIRE IV**
              roi d'Austrasie
              (684-719)
      - **CHARIBERT II** (3.)
        (606-632)
        ∞ Fulberte
        [3 enfants]
  - Chramne (5.)
    (?-v.560)
    ∞ Willacharie,
    fille du comte d'Aquitaine

« Sorcier », à l'inquiétant visage rectangulaire, dresse en l'air ses deux mains tenant chacune un poignard ; un couteau est fiché dans la tête du « Chef de tribu » longiligne ; le « Christ » porte sur la tête une sorte de couronne d'épines. On peut voir aussi des tracés rectangulaires ou circulaires, divisés en compartiments, qui sont peut-être des relevés cadastraux. La vallée des Merveilles se présente donc comme un vaste sanctuaire en plein air, dédié à une divinité cosmique, représentée peut-être par le mont Bego, d'où partent toujours des orages imprévisibles et terrifiants. Les archéologues tentent de trouver le fil conducteur entre toutes ces figures énigmatiques qui, à plus de deux mille mètres d'altitude, témoignent d'une société disparue. Cependant, la magie sacrée de la vallée des Merveilles est menacée par les promeneurs qui n'hésitent pas à surcharger de graffitis les tracés rupestres ou à dérober certaines pierres gravées. Aussi les chercheurs s'emploient-ils à préserver ce site étrange. C'est ainsi que, en 1988, la stèle où se trouve le « Chef de tribu » a été enlevée par hélicoptère pour être transportée dans le musée consacré à la vallée des Merveilles, et qu'un moulage très fidèle a été déposé à la place de l'original. Pour mettre fin au vandalisme, les aires de promenades sont maintenant limitées. Le site de la vallée des Merveilles est désormais accessible aux seuls archéologues qui s'emploient à ordonner les pièces déconcertantes de ce puzzle préhistorique.

MERVEILLEUSES

Sous la Convention thermidorienne et au début du Directoire, jeunes femmes de la jeunesse dorée qui, par réaction contre l'austérité républicaine, adoptent des manières et une tenue particulièrement excentriques et recherchées, à l'instar des jeunes élégants masculins, les Incroyables.

C'est essentiellement Mme Tallien, « Notre-Dame-de-Thermidor » pour ses admirateurs, qui, de sa chaumière du Cours-la-Reine, leur donne le ton en lançant la mode des grands chapeaux à brides et de la robe grecque courte à ceinture très haute et à demi transparente ; on les appelle pour cette raison les « beautés sans chemise ». Mmes Hamelin, Récamier, Laharpe, Rovère furent elles aussi de célèbres Merveilleuses.

Les Merveilleuses
L'excentricité vestimentaire sous la Convention. © *Giraudon*

MESMES Henri de (?, 1531 – ?, 1596)

Diplomate.

Issu d'une vieille famille béarnaise, Henri Ier de Mesmes, sieur de Roissi et de Malassise, est podestat de Sienne en 1556 puis conseiller d'État, chancelier du royaume de Navarre et surintendant de la maison de la reine de France Louise de Lorraine-Vaudémont. Après avoir été chargé de diverses missions en Italie, il conclut en 1570 avec les protestants la paix de Saint-Germain, dite « malassise » à cause d'une de ses terres, ou encore « boiteuse » à cause de son cosignataire Biron, qui était boiteux. De nombreux membres de la famille de Mesmes se sont illustrés dans les parlements et dans la diplomatie, parfois sous le nom d'Avaux.

MESSALI HADJ Ahmed (Tlemcen, 1898 – Paris, 1974)

Homme politique algérien.

Combattant de la Première Guerre mondiale, il reste en France après l'armistice. En 1925, après la guerre du Rif, il entre au parti communiste, puis fonde l'Étoile nord-africaine (1926), mouvement nationaliste qui rassemble la communauté maghrébine immigrée en France. Il réclame déjà l'indépendance de l'Algérie, ce qui lui vaudra de nombreuses condamnations. Panarabiste, en 1936, il fonde le Parti du peuple algérien (PPA). Banni par Vichy, il est en 1943 aux côtés de Ferhat Abbas, mais fonde seul en 1946 le Mouvement pour le triomphe des libertés démocratiques (MTLD). Cette organisation se dote en 1947 d'un bras armé, l'Organisation spéciale. Exilé en France à partir de 1952, placé en résidence surveillée, Messali Hadj assiste aux luttes intestines qui déchirent le MTLD dissous en 1954 et remplacé par le Mouvement national algérien (MNA). Exclu des négociations qui préparent les accords d'Évian (1962), il se retire dans la région parisienne jusqu'à sa mort.

MESSMER Pierre (Vincennes, 1916 –)

Homme politique, Premier ministre.

Docteur en droit, élève de l'École nationale des colonies, il commence son service militaire en 1937 et ne lâchera plus les armes avant 1945. À Londres, en effet, il rejoint les troupes de la France libre et intègre la 13e brigade de la Légion étrangère. Il combat en Afrique, en Érythrée contre les Italiens, en Syrie, en Libye, où il participe à la victoire de Bir Hakeim. Il commande les Forces françaises libres en Grande-Bretagne ainsi que les FFI. Devenu capitaine, il entre avec la 2e DB dans Paris, mais ne tarde guère à repartir pour s'occuper du retour de la France en Indochine. Parachuté au Tonkin, emprisonné par le Viêt-minh, il s'enfuit et est enfin démobilisé en 1946. Compagnon de la Libération, fidèle du général de Gaulle, il est nommé gouverneur de l'A-OF. Ministre des Armées (1960-1969), il préside au lancement du programme nucléaire français et participe au règlement du conflit algérien et de ses suites. Maire de Sarrebourg, il est aussi député UDR de la Moselle (1968). Il est ministre des DOM-TOM (1971-1972), avant que Georges Pompidou fasse de lui son Premier ministre (juillet 1972-avril 1974). Attaché à la poursuite de l'effort de modernisation industrielle, il doit affronter le premier choc énergétique et lance un programme de grands travaux nucléaires. Sur le plan politique, il incarne la ligne conservatrice du mouvement gaulliste. Député RPR, président de ce groupe à l'Assemblée nationale (1986-1988), membre de l'Institut, il dirige, depuis 1995, l'institut Charles-de-Gaulle.

Pierre Messmer
Premier ministre de Georges Pompidou entre 1972 et 1974. © *Roger-Viollet*

MÉTIERS

Au Moyen Âge, organisation professionnelle regroupant dans chaque ville des commerçants ou artisans ayant une même activité.

Au haut Moyen Âge, les métiers apparaissent comme des groupements informels qui se structurent peu à peu en se dotant de règles. Ils se développent en même temps que les villes, les premiers perceptibles étant, au XIe siècle, des marchands de Verdun, Metz, Arras ou Douai groupés en guildes, hanses ou confréries. Au XIIe siècle, ils sont suffisamment soudés pour se poser en interlocuteurs valables vis-à-vis du pouvoir politique, qu'il soit seigneurial ou royal. Ils revendiquent alors une part de ce pouvoir, en particulier celui de gérer les affaires de leur ville. Pourtant l'Église se méfie de ces « communes » liées par une *co-juratio*, autrement dit un serment mutuel pris en dehors des clercs. Mais s'affirment très vite les bienfaits professionnels de tels organismes, qui luttent en particulier contre les mauvaises concurrences et améliorent la qualité du travail en obligeant à respecter des règles strictes. À partir de la fin du XIIIe siècle, les métiers sont de plus en plus contrôlés par le roi qui s'y intéresse à titre économique. Louis IX commande au prévôt de Paris Étienne Boileau un recueil des règlements de tous les métiers exercés dans le royaume, le *Livre des métiers*. Il perçoit une taxe sur les maîtrises et devient juge de l'organisation du travail en confirmant les statuts, en donnant éventuellement des privilèges, en fixant un maximum des salaires.

Chaque métier comprend des maîtres, des compagnons et des apprentis. À leur tête, des jurés, élus par les maîtres. Les conditions d'accès aux grades supérieurs sont soumises à des règles strictes de durée et de compétence. Elles incluent la réalisation du fameux chef-d'œuvre qui devient de plus en plus contraignant au fur et à mesure que les métiers se ferment, à partir du XVe siècle. Les statuts comportent une réglementation garantissant la qualité des produits par des dispositions minutieuses. Ils comprennent des clauses sociales d'assistance mutuelle en cas d'incapacité de travail, définissent les modalités d'assistance aux cérémonies religieuses, règlent l'ordre des défilés lors des grandes manifestations urbaines et incluent la définition des devoirs des confrères à l'heure de la mort de l'un des membres.

MÈTRE

Unité de mesure.

Jusqu'à la fin du XVIIIe siècle, mesurer est une opération peu scientifique, les unités variant selon les régions. En 1790, l'unification commence. Lavoisier et Condorcet conçoivent un système où la longueur se mesure en mètres. Delambre et Méchain, partis l'un de Dunkerque, l'autre de Barcelone, déterminent qu'un mètre égale la dix millionième partie du quart du méridien terrestre. Un mètre étalon d'1 kg est fabriqué et installé au pavillon de Sèvres. En 1960, le système MKSA fixe le mètre égal à 1 650 763,73 fois la longueur d'ondes d'une radiation émise par le krypton 86. En 1983, il devient la longueur du trajet parcouru dans le vide par la lumière pendant 1/299 792 458 secondes.

Métiers
Un métier parmi d'autres : les tailleurs. Miniature, Paris, Bibliothèque nationale de France. © *Sélection Images*

MÉTROPOLITAIN DE PARIS

Mode de transport urbain.

Alors que de nombreuses villes du monde se dotent d'un réseau métropolitain dès les années 1860, Paris avance un premier projet officiel en 1883, mais il est refusé par l'État. Il faut attendre 1898 et la perspective de l'Exposition universelle pour que la ville impose enfin la nécessité d'un métro sur six lignes de 65 kilomètres. La réalisation des travaux est confiée à Fulgence Bienvenüe. La ligne Maillot-Vincennes est la première à être mise en service (juillet 1900), suivie des lignes Dauphine-Nation (1903) et Étoile-Nation (1905). Le percement de certaines stations pose des problèmes considérables, en particulier sous l'île de la Cité. Au moment de la Première Guerre mondiale, le métro est déjà fréquenté par 500 millions de passagers par an. En 1939, le réseau couvre près de 160 kilomètres et compte 332 stations. Au lendemain de la Seconde Guerre mondiale, le trafic est à son apogée avec 1,6 milliard de voyageurs par an. Les travaux du Réseau express régional (RER), destiné à relier la capitale à sa banlieue, débutent en 1961 et donnent ainsi une énorme ampleur au réseau de transport parisien. En 1996, le métro dispose d'un réseau de 200 km contre 470 km pour le RER.

METZ

Divodurum. *Chef-lieu du département de la Moselle.*

Le franchissement aisé de la Moselle est à l'origine de cette cité du pays des Gaulois Médiomatriques qui devient *Divodurum* à l'époque gallo-romaine. Couloir naturel des invasions barbares à partir du Ve siècle, la vallée mosellane donne passage à tous les envahisseurs de l'Empire romain : Vandales, Suèves, Burgondes, Alamans, Francs, Huns. Seuls les Francs y demeurent, *Mettis* devenant à partir de 511 capitale de l'Austrasie. Dès ce moment, la place connaît une importance commerciale, politique et religieuse qui en fait une des principales villes des royaumes mérovingiens puis de l'Empire carolingien. Le traité de Verdun la fait passer, en 843, dans la part de Lothaire. En 870, le traité de Meerssen l'inclut dans le domaine germanique. La cité jouit alors d'un prestige incontesté ; ses évêques sont princes d'empire. Au XIIIe siècle, des franchises lui sont accordées. L'empereur Charles IV y tient une diète en 1356. Aussi Henri II marque-t-il un appréciable avantage lorsqu'il s'empare de la place en avril 1552. Charles Quint ne s'y trompe pas et tente en vain, en octobre, de reprendre la position, habilement défendue par le duc François de Guise, qui se bat à un contre six. Dirigeant par la ruse les troupes du duc d'Albe vers les points les plus solides des retranchements, Guise épuise l'assaillant. Découragé, Charles Quint lève le siège dans les premiers jours de 1553, laissant ce bastion au roi de France, sans toutefois lui en reconnaître officiellement la possession. Il faut attendre la conclusion du traité de Westphalie, en 1648, pour voir cette cession entérinée, Metz suivant le sort des deux autres évêchés de Toul et de Verdun. Jusqu'en 1789, cependant, les habitants de Metz conservent un statut particulier et ne sont nullement inclus dans la Lorraine, portant la dénomination aujourd'hui insolite d'Évêchins. La réforme administrative de 1790 modifie cette situation et érige Metz en chef-lieu du nouveau département de la Moselle. Sous l'Ancien Régime, Metz est à la fois chef-lieu d'intendance, siège de parlement et d'évêché.

Les fortifications aménagées par Vauban résistent aux alliés en 1814 et en 1815, ce qui vaut à la place son surnom de « pucelle ». En 1870, Bazaine s'y attarde, alors qu'il devrait rétrograder en direction de Verdun selon le souhait de Napoléon III. Il livre un combat retardateur à Borny, sur la rive droite de la Moselle, tandis que les Allemands franchissent la rivière au sud de la ville et livrent, les 16, 17 et 18 août, les batailles de Gravelotte, Rezonville, Mars-la-Tour et Saint-Privat, qui rejettent l'armée du Rhin sur son point de départ. Résigné, le maréchal ne tente aucune sortie sérieuse et attache l'opprobre à son nom en capitulant le 27 octobre, livrant à l'assiégeant une armée de 173 000 hommes, plus d'un millier de canons et 53 drapeaux.

Le traité de Francfort entérine la cession de la ville et de la région à l'Empire allemand. Les Allemands érigent alors une ceinture de forts autour de la place, construisent des casernes et créent de nouveaux quartiers. Cette occupation dure jusqu'en 1918 et se renouvelle de juin 1940 à novembre 1944, date de la libération par la IIIe armée américaine de Patton.

MEUDON

Château d'Île-de-France.

Ayant acquis sous le règne de François Ier le site de Meudon, cédé par la duchesse d'Étampes, le cardinal de Lorraine charge l'architecte Philibert Delorme d'y ériger une construction de plaisance. Sous Louis XIV, le château devient résidence du Grand Dauphin. Mais celui-ci ne s'y plaît guère et sollicite Mansart en 1695 pour la construction d'un autre édifice, le Château-Neuf. Durant la Régence, la duchesse de Berry, fille du Régent, y séjourne, imitée ensuite par le roi Stanislas Leszczyński de Pologne, par diverses personnalités sous la Révolution, le Consulat et l'Empire, parmi lesquelles le maréchal Soult et l'impératrice Marie-Louise, enfin le prince Jérôme. Le château de Philibert Delorme est démoli à partir de 1804 ; celui de Mansart incendié durant le siège de Paris en 1870-1871, les Prussiens se servant de la magnifique terrasse pour bombarder les quartiers de la rive gauche. Le pavillon central, restauré, abrite depuis 1876 un observatoire d'astronomie physique.

MEUSE (bataille de la)

Bataille entre Français et Allemands en mai 1940, aboutissant à la rupture du front et à l'invasion de la France.

Persuadé de l'inviolabilité de la ligne Maginot (qui se termine dans la région de Montmédy), le général Gamelin se préoccupe essentiellement, à partir de septembre 1939, d'une possible invasion de la Belgique. Au mois d'octobre, il envisage l'hypothèse E (Escaut), c'est-à-dire un simple pivotement de l'aile gauche de son dispositif pour s'aligner le long de l'Escaut en vue d'interdire à l'armée allemande l'accès du littoral flamand, d'où des attaques pourraient être dirigées contre l'Angleterre. Mais, en novembre, le président du Conseil Daladier souhaite voir arrêter un éventuel assaut allemand assez loin de la zone industrielle de Lille - Roubaix - Tourcoing, si bien que le généralissime substitue au plan E l'hypothèse Dyle, du nom de la petite rivière du Brabant belge s'écoulant à l'est de Bruxelles. De la sorte, la ligne d'arrêt se situerait de Namur à Anvers, position que doivent tenir du sud au nord la Ire armée française (Blanchard), les Britanniques (Gort) et l'armée belge, regroupée à l'est et au sud-est d'Anvers. Toujours dans l'intention de protéger la côte et en cas d'invasion des Pays-Bas, le commandant en chef intercale en décembre la VIIe armée (Giraud), avec mission d'assurer la liaison entre Belges et Hollandais de part et d'autre de Breda.

Ainsi articulé, le front défensif allié se compose (dans l'esprit du général) d'une solide et impénétrable ligne continue que le sillon de la Meuse, de Namur à la région de Montmédy, doit relier de manière idéale à la ligne Maginot. L'objectif fondamental consistant à interdire aux Allemands de menacer l'Angleterre à partir du littoral est atteint. L'inconvénient, c'est que, en face, Hitler désire une décision foudroyante, semblable à celle de la campagne de Pologne. La notion de front continu est pour lui exclue, et la décision doit être obtenue par une ruée de chars soutenus par une vaste couverture aérienne. Où doit porter l'impact ? Deux régions de Belgique sont exclues par le Führer : la Flandre fangeuse, où il a combattu durant la guerre précédente, et la zone de Liège, où les Belges ont érigé une ceinture de forts. Une première étude prévoit de contourner Liège par le nord en envahissant le Limbourg hollandais. Le chancelier fait alors ajouter une variante par le sud de Liège, ce qui implique une pénétration dans les Ardennes. Mais elle se limite à la région de Sedan-Mézières, action qui a d'ailleurs un simple rôle de couverture.

Cependant, sur l'intervention du général von Manstein, chef d'état-major de von Rundstedt, le commandant du groupe d'armées A stationné en Rhénanie, Hitler décide dans la seconde quinzaine de février 1940 de porter le coup de boutoir à travers les Ardennes en vue de parvenir à la Manche, entre l'embouchure de la Somme et Boulogne, et de prendre à revers le gros des forces alliées de Belgique. À la manière d'un trident, trois groupes sont constitués : le 15ᵉ corps (Hoth) foncera vers Dinant avec la 5ᵉ (Hartlieb) et 7ᵉ Panzer (Rommel). Le 41ᵉ corps (Reinhardt), composé de la 6ᵉ (Kempf) et de la 8ᵉ Panzer a Monthermé pour objectif. Plus au sud, le 19ᵉ corps (Guderian) dispose des 1ʳᵉ, 2ᵉ et 10ᵉ Panzer (Kirchner, Veiel, Schaal) pour franchir la Meuse autour de Sedan. Avec le 14ᵉ corps motorisé du général von Wietersheim, les 19ᵉ et 41ᵉ corps forment le groupement blindé Kleist, lequel a pris son commandement le 7 mars 1940. Cinq jours auparavant, von Rundstedt lui a notifié sa mission : « constituer le fer de lance des 45 divisions du groupe d'armées A de manière à obtenir la rupture décisive sur la Meuse ».

Du côté français, ce secteur de la Meuse est confié à la IIᵉ armée (Huntziger) jusqu'au canal des Ardennes (à l'ouest de Sedan) puis à la IXᵉ armée (Corap) jusqu'à Givet. Au-delà, vers Namur, cette même IXᵉ armée devra faire pivoter son aile gauche pour s'articuler le long de la Meuse jusqu'au sud de Namur, où se trouve le 7ᵉ corps belge. Corap redoute cette manœuvre (impliquant un déplacement d'une centaine de kilomètres) et ne le cache pas à son entourage. Mais il existe un adage dans l'armée française : « Dans les Ardennes, la Meuse se défend toute seule. » Le massif passe, en effet, pour dense, touffu, presque impénétrable. Corap n'a donc rien à craindre, lui rétorque-t-on, d'autant plus que des unités légères de cavalerie doivent s'avancer à travers le massif pour détecter une éventuelle pénétration adverse, évaluer sa puissance et indiquer sa direction. De plus, les règles classiques de franchissement de rivière fixent la concentration de l'assaillant à une huitaine de jours au moins pour amener à pied d'œuvre artillerie, infanterie, détachements du génie et ravitaillement. Il faut en outre trois à quatre jours de préparation d'artillerie, si bien que, d'après les estimations de l'état-major français, une quelconque menace ne peut s'esquisser au pire qu'à partir de J + 12. D'ici là, il sera possible d'aviser.

En vérité le millier de blindés de Kleist et les quelque 500 chars de Hoth parviennent à la Meuse au soir du 12 mai. Le 13, à partir de 11 heures du matin, l'aviation allemande pilonne la rive gauche de la Meuse. Le carrousel aérien dure jusque vers 15 h 30 à Sedan, où, par une incompréhensible aberration, le commandement français a placé la 55ᵉ DI du général Lafontaine, une division de série B, c'est-à-dire de seconde catégorie. Traumatisés par le bombardement, fantassins, artilleurs, services refluent vers l'arrière, se dispersent, ne laissant sur le terrain que des groupes épars de fusiliers-voltigeurs du 147ᵉ RIF qui sont bien vite annihilés par les fantassins allemands, passés sur des bateaux pneumatiques. À Monthermé, les « marsouins » de la 42ᵉ demi-brigade stoppent l'avance des fusiliers allemands de la 6ᵉ Panzer sur les hauteurs du bois de la Roma. Mais au nord de Dinant, Rommel constitue une dangereuse tête de pont dès l'aube. Dans la soirée, au QG de Vincennes, parvient une mention du secteur de la Meuse. Le général Gamelin se montre très surpris.

Dans la nuit du 13 au 14 mai, ponts et portières permettent le passage des chars. Dans la matinée du 14 mai, ces blindés se répandent sur la rive gauche. À l'ouest de Dinant et au sud de Sedan, de timides contre-attaques sont brisées. Le 14 mai, dans l'après-midi, les Panzer commencent leur progression vers l'ouest. Le 15 au matin, leurs pointes avancées dépassent les régions de Philippeville et de Mézières. La IXᵉ armée est bousculée, tronçonnée, désarticulée par des éléments mécaniques qui sèment la confusion sur ses arrières. Prises à revers, les défenses de Monthermé cèdent à leur tour. La notion de front continu est irréalisable pour des unités éparpillées, démunies de moyens de transport et de liaisons radiophoniques. Le désarroi est complet, et le général Corap se trouve soudain dans l'impossibilité de rétablir un front cohérent. Les 15 et 16 mai, les divisions de Panzer dépassent déjà les zones de repli envisagées. Les 1ʳᵉ et 2ᵉ divisions cuirassées, inaptes aux déplacements rapides, sont volatilisées en quelques heures. Un trou béant s'ouvre entre la Sambre et l'Aisne, dans lequel s'engouffre le flot motorisé.

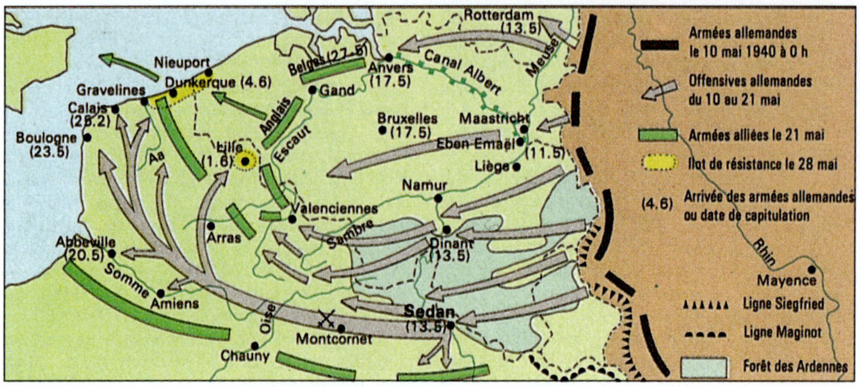

La bataille de la Meuse (la percée des Ardennes, mai 1940)

Bataille de la Meuse
Une colonne de chars français dans les Ardennes en mai 1940. © *Sélection Images*

Mexique (expédition du)

Intervention militaire française outre-Atlantique.

Le Premier Empire a commencé son déclin avec la malheureuse et inutile expédition d'Espagne. Le Second va commettre semblable bévue en entreprenant l'expédition du Mexique. L'affaire débute en 1860 lorsque le président conservateur Miramon est renversé par son adversaire Benito Juarez, dont la politique anticléricale offusque d'autant plus les catholiques espagnols et français qu'une série de crimes et de spoliations ont porté un grave préjudice aux ressortissants des deux nations ainsi qu'aux négociants britanniques. La cour de Madrid prône une intervention militaire, tandis que des émigrés mexicains s'efforcent d'obtenir le concours français par l'intermédiaire de l'impératrice Eugénie. Napoléon III apparaît d'autant plus facile à convaincre que l'appui britannique semble garantir le succès de l'opération. Morny, intéressé de son côté par la récupération d'une créance du banquier suisse Jecker, fait pression à son tour. Enfin, la guerre de Sécession américaine constitue une aubaine pour réaliser la « grande pensée du règne », selon l'expression de Rouher : constituer entre le Rio Grande et le Yucatan un empire latin catholique qui contrebalancerait la prépondérance anglo-saxonne et protestante du Nord.

Saligny, ambassadeur français au Mexique, ne détrompe pas Napoléon III. Au contraire, ses rapports concluent à l'opportunité de renverser Juarez. Aussi, après le bombardement de Veracruz par la flotte franco-hispano-britannique en décembre 1861 et la venue à composition de Juarez (qui donne satisfaction aux créanciers par la convention de La Soledad, le 9 février 1862),

Expédition du Mexique
Exécution de Maximilien d'Autriche (à dr.) le 19 juin 1867. Odilon Rios, 1960, Mexico, musée national d'Histoire. © *Giraudon*

l'escadre de l'amiral de La Gravière demeure-t-elle à l'ancre, attendant l'arrivée de renforts destinés à étoffer le corps expéditionnaire. Il s'agit d'un détachement de 6 000 hommes aux ordres du général de Lorencez qu'amenuise cependant, dans la traversée des terres chaudes, l'affection de paludisme ou *vomito negro*. Mexico est son objectif. Mais la route du plateau passe par Puebla, qui sera son « Saragosse ». Une vaine tentative d'assaut des deux forts qui dominent la ville, opération coûteuse, oblige à une difficile retraite vers Orizaba. De surcroît, les communications avec Veracruz sont précaires, mal organisées et troublées par l'action incessante des partisans de Juarez, qui se livrent à la guérilla.

Le limogeage de Lorencez qui s'ensuit, en septembre, laisse le commandement au général Forey, à la tête d'une armée de 30 000 hommes. Cela permet de monter un siège en règle devant Puebla en mars 1863. Pendant ce temps, les réguliers mexicains s'évertuent à dresser des embuscades au cours desquelles la Légion étrangère se couvre de gloire. Le 30 avril, avec les 62 soldats du capitaine Danjou, elle tient tête à 2 000 adversaires durant neuf heures à Camerone. Enfin, la place de Puebla capitule le 7 mai, et Forey peut savourer son entrée à Mexico le 7 juin. Saligny s'empresse de constituer une junte qui proclame l'empire du Mexique en attendant la venue de son titulaire, Maximilien d'Autriche, frère de l'empereur François-Joseph. Non sans quelques hésitations, mais poussé par sa femme Charlotte, fille de Léopold Ier, Maximilien finira par accepter de s'asseoir sur ce trône guère plus solide qu'un nuage de fumée, car chacun, à Mexico, se prend pour un nouveau Cortez. Napoléon III réagit cependant. Forey reçoit le bâton de maréchal et cède la place à un de ses divisionnaires, Bazaine, qui, lui aussi, se met à rêver. Il imagine tout, y compris bientôt sa propre élévation aux charges suprêmes. Arrivé au Mexique, Maximilien commet l'erreur de gouverner en s'appuyant sur les libéraux et en dédaignant les conservateurs qui l'ont appelé au trône. C'est bientôt un effroyable chaos.

Retiré dans le nord du pays, Juarez poursuit la lutte avec acharnement. Il en a les moyens avec ses troupes de partisans qui sèment la perturbation le long des voies de communication malgré la rude et habile contre-guérilla du colonel Dupin. Dès lors, cette ruineuse entreprise draine les meilleurs cadres de l'armée française et le principal de son matériel pour un résultat pratiquement nul, car les Mexicains boudent le « grand rêve ». Bazaine au surplus ne s'entend guère avec Maximilien. La fin de la guerre de Sécession incite bientôt les Américains à se montrer hostiles. En témoignent de substantielles fournitures d'armes à Juarez, provenant des surplus mêmes de la guerre de Sécession.

En France, l'opinion est lasse d'une campagne qui n'en finit pas. Napoléon III lui-même se laisse gagner par le doute. La défaite de l'Autriche devant la Prusse à Sadowa lui révèle un autre danger, bien plus angoissant. Il décide de retirer ses troupes du Mexique et délègue à Maximilien son aide de camp, le général Castelnau, pour lui conseiller d'abdiquer. Maximilien tergiverse. Il espère que Charlotte, partie pour la France, parviendra à convaincre Napoléon III de l'aider encore. À Saint-Cloud, l'entrevue est pathétique. L'empereur refuse : « Pas un homme, pas un écu de plus. » Désespérée, Charlotte va en perdre la raison et tomber à jamais dans les ténèbres. En apprenant ces nouvelles, la volonté de Maximilien se cristallise. Il tiendra seul avec ses maigres troupes. Car cette fois, en janvier 1867, pressé par le gouvernement de Washington, Napoléon III décide de hâter le rappel de l'armée. Bazaine s'embarque le 23 mars, laissant à leur inéluctable sort Maximilien et ses rares partisans, parmi lesquels Miramon et le général Mejia. Maximilien et ses ultimes compagnons d'armes se portent à la rencontre des juaristes et commettent l'erreur de se laisser enfermer dans Queretaro. Après leur reddition, Juarez réunit le 13 juin une cour martiale. Le 19, la sentence suprême est prononcée. L'empereur déchu intercède auprès de Juarez pour sauver Miramon et Mejia. En vain. Il est fusillé avec eux au Cerro de las Campanas, une butte qui domine Queretaro, et meurt en murmurant : « Pauvre Charlotte. » Jamais l'armée impériale française ne se remettra de cette saignée de plus de 6 000 hommes et de ce temps perdu qui nuit à son indispensable modernisation. L'erreur, du moins en partie, va se payer trois ans plus tard au prix d'un autre trône.

MÉZIÈRES

Ville du département des Ardennes, réunie à Charleville pour former l'agglomération de Charleville-Mézières.

Une forteresse implantée sur les bords de la Meuse à la fin du IXe siècle est à l'origine d'un hameau qui ne connaît un véritable essor que lorsqu'il devient commune, au milieu du Moyen Âge. En 1233, le comte Hugues de Rethel accorde une charte à la ville, qui se développe considérablement tout au long de son histoire médiévale. Assiégée en 1521 par le prince de Nassau, pour le compte de Charles Quint, Mézières est héroïquement défendue et sauvée par Bayard. Vauban fera, plus tard, compléter la construction des fortifications commencée à la demande de François Ier. Louis XV implante dans la ville une école de génie militaire, transférée par la suite à Metz. En 1815, durant la campagne de Belgique, Mézières est victime d'un siège entrepris par l'armée prussienne de Blücher. Ce siège, considéré comme un des épisodes les plus glorieux de la fin des Cent-Jours, durera 42 jours, avant que la ville exsangue rende les armes. Assaillie et bombardée durant trois jours lors de la guerre de 1870, Mézières devient, lors de la guerre de 1914-1918, le quartier général du kronprinz.

MICHEL Louise (Vroncourt-la-Côte, Haute-Marne, 1830 – Marseille, 1905)

Femme politique.

Fille naturelle d'une femme de chambre et du fils des châtelains de Vroncourt, selon toute probabilité, elle est élevée par ses grands-parents. À la mort de ces derniers, en 1850, Louise Michel quitte le château avec sa mère et, après quelques mois d'étude, obtient un diplôme d'institutrice. En 1851, la jeune fille rencontre Victor Hugo, auquel elle a déjà adressé lettres et poèmes, et pour lequel elle éprouve une admiration sans bornes. En Haute-Marne, elle ouvre successivement deux écoles libres, dans lesquelles elle dispense un enseignement tout à fait nouveau. Installée ensuite à Paris, elle enseigne dans une pension, rue du Château-d'Eau, puis ouvre un nouveau cours libre, rue Oudot. Partout, elle est estimée de ses élèves.

Louise Michel se lance en même temps dans l'action politique, envoie des articles aux journaux d'opposition, fréquente les cours d'éducation populaire donnés par des républicains comme Jules Favre ou Eugène Pelletan, rencontre Eudes, Rigault, Vallès ou Ferré, un jeune blanquiste qui sera son unique et chaste amour. Défenseur zélé des droits de la femme, elle milite à la fin du Second Empire à la Société de revendication du droit des femmes et à la Société

Louise Michel
La « Vierge rouge » parlant aux communards. Huile sur toile de Jules Girardet, Saint-Denis, musée d'Art et d'Histoire. © *Lauros-Giraudon*

démocratique de moralisation. Sur la tombe de Victor Noir, elle jure « de porter le deuil de la victime jusqu'à ce que justice soit faite ». Favorable à la guerre à outrance lorsque, pendant la guerre franco-prussienne, le sort des armes tourne contre la France, Louise Michel appuie ensuite la formation de la Commune de Paris. Très populaire dans le XVIIIe arrondissement, le quartier de Montmartre, celle que l'on surnommera la « Vierge rouge de la Commune » est élue présidente du comité de vigilance de l'arrondissement. D'abord infirmière, aux côtés des communards, elle se mêle bientôt à eux, le fusil à la main ; on la trouvera sur les barricades jusqu'aux dernières heures de la Semaine sanglante. À demi assommée à la fin des combats et laissée pour morte, Louise Michel parvient à s'échapper, mais se livre aux autorités versaillaises en constatant que sa mère a été arrêtée à sa place. Emprisonnée à Satory, puis à Versailles et à Arras, elle est présentée en décembre 1871 devant le 6e conseil de guerre et refuse d'être défendue : « J'appartiens tout entière à la révolution sociale, dit-elle, et je déclare accepter la responsabilité de tous mes actes. »

Condamnée le 11 décembre à la déportation, elle est emprisonnée à Auberive puis, au mois d'août suivant, embarquée pour la Nouvelle-Calédonie. Là, infatigable et généreuse, elle cherche à éduquer les Canaques et applaudit à leur révolte. Amnistiée en 1880, Louise Michel regagne la France au mois de novembre et reçoit à la gare Saint-Lazare un accueil triomphal. Aussitôt, l'ancienne institutrice reprend la lutte pour la révolution sociale. Elle la mènera pendant vingt-cinq ans, prononçant des milliers de conférences, rédigeant livres et articles, mais aussi des poèmes, comme *À travers la vie* (1894), des *Contes et Légendes* (1884), des *Mémoires* (1886), et *La Commune, histoire et souvenirs* (1898). Ses activités pendant cette période lui valent trois nouveaux séjours en prison. Elle meurt à Marseille, au cours d'une série de conférences. À Paris, des milliers de personnes suivent son cortège funèbre, de la gare de Lyon au cimetière de Levallois.

MICHELET Edmond (Paris, 1899 – Marcillac-la-Croze, Corrèze, 1970)

Homme politique.

Adepte du mouvement catholique social, fondateur à Brive, en 1932, des Équipes sociales du Limousin, il s'engage avec autant d'enthousiasme dans la Résistance. Animant tout d'abord le mouvement Libertés, Edmond Michelet passe ensuite à Combat après la réunion de ces organismes, stimulant toujours les réseaux limousins. Arrêté par la Gestapo en février 1943, déporté au camp de Dachau, il déploie une activité qui réconforte ses compagnons d'infortune. À la fin de la guerre, une fois rentré en France, le général de Gaulle, président du Conseil, fait appel à lui pour diriger le ministère des Armées. Lorsque le Rassemblement du peuple français (RPF) se constitue en 1947, Edmond Michelet en est un des piliers. À ce titre, il multiplie les conférences contre la création d'une armée européenne. En 1958, le retour au pouvoir du général de Gaulle et le succès de l'Union pour la nouvelle république (UNR) lui valent le portefeuille des Anciens Combattants puis, de 1959 à 1961, celui de la Justice.

MICHELET Jules (Paris, 1798 – Hyères, 1874)

Historien et écrivain.

Issu d'un milieu très modeste, agrégé de lettres réputé, il est professeur de la fille de la duchesse de Berry, puis de la troisième fille de Louis-Philippe. La révolution porte au pouvoir ses anciens maîtres. Il remplace Guizot, lors de son entrée au gouvernement, au cours d'histoire de la faculté des lettres. Chef de la section historique aux Archives nationales (1831), il entreprend la volumineuse *Histoire de France*, qui sera achevée en 1869. Cette véritable épopée se veut une entreprise de « résurrection intégrale du passé ». Six volumes paraissent entre 1833 et 1844. À partir de 1838, il remplace Daunou au Collège de France. Dans ses cours très prisés, il diffuse ardemment ses idées démocratiques. Meneur d'une génération qui participe pleine d'espoir aux journées de 1848, il perd sa chaire du Collège de France pour avoir refusé de prêter serment à Napoléon III. Destitué, après 1851, de toutes ses fonctions officielles, il se consacre aussi à l'*Histoire de la Révolution* (1852-1853). Veuf en 1849, il se remarie avec la jeune Athénaïs Mialaret, qui l'influence largement. Il chante les femmes, l'amour de la nature, la Bible. Il meurt comme il avait vécu, en travaillant. Son *Histoire du XIXe siècle* (trois volumes de 1872 à 1875) est inachevée. Son style lyrique en fait l'un des maîtres du romantisme. Il est aussi reconnu par nombre de ses contemporains à travers l'Europe comme un militant de l'indépendance nationale.

Jules Michelet
Portrait par Thomas Couture. Musée de la ville de Paris, musée Carnavalet. © *Giraudon*

MICHELIN André (Paris, 1853 – Paris, 1931)

Industriel

Ingénieur de l'École centrale de Paris (1877), il entre aux Beaux-Arts, travaille au service de la carte de France au ministère de l'Intérieur, puis crée une entreprise de charpente métallique à Paris. Les déboires de la fabrique de son grand-père, spécialisée dans le caoutchouc et les machines agricoles, l'appelle alors à Clermont-Ferrand. Il pare au plus pressé, puis délègue l'affaire à son frère cadet Édouard. En 1891, ce dernier dépose un brevet de pneu démontable de bicyclette, grâce auquel Charles Terront remporte la course Paris-Brest, avec 8 heures d'avance. André, enthousiasmé, se fixe, lui aussi, à Clermont. À Édouard est confiée la recherche, à André la commercialisation et la communication. Accompagnant l'essor de la bicyclette, puis la naissance de l'automobile, le chiffre d'affaires de l'entreprise grimpe de 460 000 à 6 millions de francs entre 1891 et 1900. Véritable génie de la publicité, André Michelin invente la notion de campagne publicitaire, les coups d'éclat, la mascotte Bibendum et, fort de son expérience au ministère, le Guide Michelin (1900). Dans les années 1930, Michelin prend le contrôle de Citroën, en faillite, afin de compléter son intégration industrielle de la matière première au produit de consommation. Sur le modèle de Volkswagen en Allemagne ou de Fiat en Italie, qui lancent des « voitures populaires », Édouard et André définissent le cahier des charges de la future 2 CV, un « parapluie monté sur roues », qui voit le jour après-guerre. Parallèlement, par souci de diversification, la manufacture construit aussi un train, la « micheline ». En 1931, André Citroën organise la Croisière jaune qu'il ne pourra suivre jusqu'au bout puisqu'il meurt le 4 avril.

MIGNONS

Favoris du roi Henri III.

D'après le chroniqueur Pierre de L'Estoile, c'est à partir de 1576 que ce terme circule dans le menu peuple de Paris pour désigner, avec un sens péjoratif, les gentilshommes composant l'entourage du souverain et constituant, en fait, sa garde personnelle. « Ils sont fort odieux, écrit-il, tant par leurs façons de faire, badines et hautaines, que par leurs accoustrements efféminés et les dons immenses que leur faisoit le roy. » Ainsi, le duc de Joyeuse est créé pair et amiral de France. Lorsqu'il épouse Marguerite de Lorraine-Vaudémont, sœur de la reine, Henri III n'hésite pas à verser 1 200 000 livres pour la cérémonie. La famille de Guise se complaît à rapporter ces faits pour que le peuple murmure et se fâche. Parfois, cet antagonisme tourne au drame. Le 27 avril 1578 à l'aube, au parc de Courcelles, Caylus, Maugiron et Livarot, mignons de l'entourage royal, se battent en duel avec les tenants du parti de Guise, d'Entragues, Ribérac et Schomberg. Ce dernier et Maugiron meurent le jour même, Ribérac le lendemain et Caylus un mois plus tard. Au mois de juin, Saint-Mégrin, autre familier de la Cour qui passe pour être l'amant de la duchesse de Guise, épouse du Balafré, est assassiné à la sortie du Louvre. Paris jase, car chaque fois Henri III honore la mémoire des défunts par de somptueuses et coûteuses obsèques. Un superbe mausolée est même édifié pour chacun d'eux dans l'église Saint-Paul (toujours aux frais du Trésor), monument que le peuple de Paris détruira lors des journées des Barricades.

MILAN (décrets de)

Décrets pris par Napoléon Ier les 23 novembre et 17 décembre 1807 pour compléter et renforcer le Blocus continental contre l'Angleterre.

L'Empereur entend notamment répondre au bombardement du port de Copenhague (1er-5 septembre 1807) par une escadre britannique, et aux nouveaux règlements anglais du 11 novembre 1807 enjoignant aux bâtiments neutres de toucher barre en Angleterre avant d'aborder sur le continent. Le premier décret renouvelle les stipulations de celui de Fontainebleau (13 octobre 1807) en déclarant anglais les produits coloniaux et quelques autres produits, sauf présentation du certificat d'origine, et en ordonnant la confiscation de tout navire ayant touché en Angleterre. Le second déclare que tout bâtiment, de quelque nation qu'il soit, qui aura subi la visite anglaise ou aura pénétré dans un port anglais, sera considéré comme anglais, c'est-à-dire ennemi. Désormais aucune puissance ne peut rester neutre. Le blocus commercial est étendu au continent entier qui, économiquement, doit se suffire à lui-même. Ce système commercial développe et renforce le système fédératif politique de l'Europe napoléonienne. Mais il sera vite remis en question, avec les premiers revers de Napoléon en Espagne.

MILICE DE VICHY

Service d'ordre de l'État français.

Associée aux heures les plus sombres du régime de Vichy, la Milice naît le 30 janvier 1943. L'histoire de sa création doit être ramenée d'une part au climat ligueux de l'extrême droite d'avant-guerre, qui affectionne les groupuscules paramilitaires, d'autre part et surtout à la personne de Joseph Darnand, ancien membre de l'Action française, des Camelots du roi, des Croix-de-Feu, de la Cagoule et du PPF de Doriot. Maréchaliste, Darnand est chargé par Vichy du

La Milice
Vichy, mai 1944 : une garde d'honneur devant la stèle des miliciens morts en 1943. © *Lapi-Viollet*

secrétariat niçois de la Légion des combattants, organisme sous la houlette de Pétain. Il désire cependant élargir les compétences de la Légion, qu'il juge trop limitées, et crée à cette fin en 1941 le Service d'ordre légionnaire ou SOL, sorte de groupement paramilitaire de la Légion, d'inspiration à la fois antilibérale et antisémite. La transformation du SOL en Milice en janvier 1943 s'explique dans un contexte de rivalités de pouvoir, d'une part entre Laval et Pétain, d'autre part entre Laval et des fascistes comme Doriot. D'un côté en effet, Laval, retourné aux affaires depuis avril 1942, a tout mis en œuvre pour dégager l'ancien SOL de l'autorité de Pétain afin de placer la nouvelle milice sous la sienne propre. D'un autre côté, l'aile fasciste française et les Allemands font pression sur lui pour réprimer les activités résistantes et restaurer l'ordre.

Créée à des fins politiques par Laval, la direction de la Milice est confiée à Darnand qui, après avoir sans succès contacté la Résistance, devient un serviteur du Reich de plus en plus zélé, comme l'atteste le serment de fidélité qu'il prête à Hitler l'été 1943. Les conditions d'adhésion à la Milice sont précises : il faut être Français de naissance, ni juif, ni franc-maçon. La Milice recrute parmi les cadres, ingénieurs, médecins, parmi les nationalistes de l'armée, mais elle compte aussi un bon nombre de marginaux. Uniforme et béret bleus, insigne en forme de gamma de l'alphabet grec, la Milice est organisée sur le modèle des corps-francs de 1939, avec constitution de groupements légers ou « dizaines », de demi-sections, de sections réunies éventuellement en une compagnie. Avec son collaborateur Francis Bout de l'An, Darnand, aux ordres de la SS, fait de la Milice un véritable État dans l'État à des fins propagandistes, policières et surtout répressives. La Franc-Garde, émanation armée de la Milice, créée en juin 1943, se veut le fer de lance de ces méthodes. Au total, on estime les adhérents de la Milice au nombre de 30 000.

En décembre 1943, Darnand devient secrétaire général au Maintien de l'Ordre et fait intervenir la Milice comme appoint aux troupes allemandes, notamment lors de l'investissement du plateau des Glières, en mars 1944, même si, en règle générale, les Allemands répugnent à armer les Français, même favorables à leur cause. La Milice chasse les résistants dans le maquis et organise à leur encontre cours martiales, tortures et actes de terrorisme. On lui doit entre autres les assassinats de Maurice Sarraut, de Victor Basch, de Jean Zay et de Georges Mandel. Après la débâcle de l'été 1944, les autorités allemandes, Himmler en tête, font pression pour que les miliciens les plus valides soient incorporés dans les Waffen-SS : 2 500 hommes sélectionnés intègrent ainsi la division Charlemagne, tandis que Darnand, désavoué par Pétain, puis en fuite à Sigmaringen, est arrêté, condamné à mort et exécuté le 10 octobre 1945.

Milices

Corps d'auxiliaires, de volontaires ou de requis.

Les chroniques anciennes font état de milices communales, bourgeoises, urbaines, et ce dès l'époque mérovingienne. Ce n'est cependant qu'à partir du XIIe siècle, avec le développement des franchises urbaines, que ces organismes prennent de l'importance. Placés sous l'autorité du bourgmestre, ces corps se composent de notables et de volontaires en état de porter les armes. Leur mission est double : tout d'abord protéger l'ordre de la cité et la défendre contre toute intrusion étrangère, ensuite, aux termes de la hiérarchie féodale, assurer en faveur du seigneur et du roi un service défini par les franchises. Mais, à mesure que la bourgeoisie urbaine prend de l'importance, on note un soutien de plus en plus marqué en faveur de la cause royale par rapport à celle du seigneur. Parfois même, lorsqu'il y a conflit entre ce dernier et le roi, la préférence communale va à celui-ci. À partir du XIIIe siècle, cet appoint à la cause royale se renforce, symbolisé, entre autres, par une participation à la bataille de Bouvines (1214), au cours de laquelle l'intervention des milices communales se révèle déterminante pour Philippe Auguste. Ces mêmes milices deviennent peu à peu de véritables institutions avec leurs règles, leur discipline, leur hiérarchie. À Paris, cette garde bourgeoise prend le nom de « guet », véritable force de police pouvant parfois se muer en garde armée. C'est le cas dans de nombreuses villes de province au cours des XIVe et XVe siècles. À Rouen, par exemple, est constituée une compagnie d'archers qui prend une part déterminante à la défense de la ville, face aux Anglais, en 1418. On note également un moment la constitution de milices paroissiales, levées par le clergé, dont les membres ont des occupations fort variées de convoyeurs, boutefeux ou de simple garde.

Cependant, à mesure que l'autorité royale tend à centraliser les pouvoirs sous sa propre administration, les milices communales deviennent plus une entrave qu'un appoint local. Aussi ne faut-il pas s'étonner si Louis XIV modifie la réglementation de ces organismes, leur conférant un caractère à la fois régional et paramilitaire. Ainsi, à partir de 1688, lors de la guerre de la ligue d'Augsbourg, les milices régionales ou provinciales fournissent environ 25 000 combattants répartis en 30 régiments. Ceux-ci sont licenciés à la conclusion de la paix de Ryswick, en 1697. Mais, quelques années plus tard, les aléas de la guerre de Succession d'Espagne nécessitent une nouvelle levée portant sur les hommes âgés de 20 à 40 ans. Une ordonnance du 12 novembre 1733 procède de même durant la guerre de Succession de Pologne. Cette mesure prend par la suite un caractère obligatoire en raison d'un grand besoin d'effectifs. Ainsi les intendants de provinces ont compétence pour organiser les levées dans les villages, lesquelles portent tout d'abord sur les célibataires de 16 à 40 ans. La mesure peut ensuite s'étendre aux hommes mariés. Bientôt la notion de tirage au sort désigne les hommes appelés à servir durant cinq années. De la sorte, le corps des milices compte 80 000 combattants en 1740 et 90 000 en 1762. Les événements de 1789 leur substitueront la garde nationale, si bien qu'un décret du 4 mars 1791 supprimera les milices provinciales.

Millénarisme

Doctrine élaborée d'après plusieurs textes de la Bible qui se répandit dans l'Église chrétienne dès ses origines : l'Ancien Testament prédit la défaite de Jérusalem (Za 9-14), la terre dévastée pour plusieurs générations (Jl 2-4) et l'arrivée de quatre bêtes monstrueuses surgies de la mer (Dn 7-12), cataclysmes précédant la victoire du Seigneur dans un temps qui n'est cependant pas encore fixé.

Dans l'Apocalypse de Jean, il est précisé que le monde finira « quand les mille ans seront accomplis ». Puis le ciel s'ouvrira pour le retour du Christ et les morts ressusciteront dans un nouvel univers de gloire. Dès le début du Ve siècle, saint Augustin (*Cité de Dieu* XX, 7) réfute le millénarisme qu'il interprète comme une allégorie où « mille » signifie un grand nombre. En 431, le concile d'Éphèse condamne la conception littérale du *millenium*. Au tournant de l'An mil, quelques rares documents semblent néanmoins témoigner de la renaissance d'un sentiment d'attente : en 954, un moine champenois promet qu'il n'y aura pas de fin du monde avant la fin de l'empire de Charlemagne. Vers 975 à Paris, un prédicateur annonce aux fidèles que « l'Antéchrist viendrait à la fin de l'An mil et que le Jugement dernier suivrait de peu ». Des signes soigneusement rassemblés soutiennent manifestement un discours apocalyptique émanant de certains clercs. Mais ils n'ont pas fait l'unanimité. Entre l'An mil et la fin du Moyen Âge, nombreux furent les mouvements messianiques rêvant d'un *millenium* libérateur et triomphant, la plupart exprimant une révolte contre la société, surtout la société ecclésiastique. Ainsi au XIIe siècle le moine Joachim de Flore, au XIIIe siècle les franciscains spirituels, au XVe siècle les taborites de Bohême, au XVIe siècle les anabaptistes. Tous ces mouvements furent combattus comme hérétiques.

Au moment de la Révolution française, le thème est repris avec une grande vigueur afin de justifier la nationalisation des biens d'Église : celle-ci avait propagé cette idée afin de s'enrichir aux dépens des naïfs et d'imposer sa domination à des populations crédules et grossières. Cette même accusation est développée pendant tout le XIXe siècle par les anticléricaux militants de la gauche républicaine. Non seulement elle discréditait l'Église, mais s'opposait à la littérature diffusée par la Restauration présentant une paysannerie bucolique vivant sous la houlette de bons moines. L'argument servit encore à justifier, en 1905, la suppression des congrégations et la loi de Séparation de l'Église et de l'État.

Millerand Alexandre (Paris, 1859 – Versailles, 1943)

Homme politique, président du Conseil, président de la République.

Inscrit au barreau de Paris à partir de 1881, conseiller municipal de Paris (1884), député de la

Alexandre Millerand
Président de la République entre 1920 et 1924.
© *Collection Viollet*

Seine (1885) soutenu par Poincaré, ce jeune juriste, issu d'un milieu bourgeois, affiche d'emblée des sympathies radicales et manifeste son soutien à la cause ouvrière à la suite d'affaires qu'il doit plaider et dans lesquelles la répression des autorités est disproportionnée. Telle apparaît par exemple la manifestation pacifique de Fourmies, dans le Nord, le 1er mai 1891, qui voit la troupe tirer sur la foule. Millerand clame si fort son indignation qu'il est lui-même traîné devant le tribunal pour offense. L'événement suffit pour le rapprocher des socialistes, dont il est bientôt un des porte-parole les plus écoutés, bien que n'appartenant à aucune des quatre principales tendances qui sollicitent alors le monde ouvrier. Il est vrai que, socialiste indépendant, manifestant un penchant pour l'autorité, il ne partage nullement les doctrines très arrêtées des grands chefs socialistes du moment. Seul Jaurès lui manifeste de la compréhension, un socialisme idéaliste et humaniste rapprochant les deux hommes.

En 1896, après le succès des socialistes aux élections municipales, Millerand propose l'unification des différentes familles socialistes selon un programme qui sera connu du public sous la dénomination de « programme de Saint-Mandé ». C'est une tentative de conciliation entre la tradition réformatrice issue de la Révolution de 1789 et les buts du socialisme visant à transformer la société de la fin du XIXe siècle. En fait, ce programme ne sera jamais réalisé car Millerand se voit proposer un portefeuille dans le cabinet Waldeck-Rousseau en 1899. Ce serait une distinction pour lui en même temps qu'une consécration pour la cause socialiste si, dans cette formation gouvernementale, ne figurait le général de Galliffet, honni par la gauche pour son action en 1871. Millerand ne partage pas cette hostilité. Il est vrai que l'événement marque l'accentuation de son individualisme politique. Ses votes à la Chambre se séparent de plus en plus de ceux de ses collègues socialistes. Il commence une carrière de député « non inscrit » mais toujours « ministrable », qui le conduit vers le centre puis vers la droite de l'Assemblée. Par dépit, les socialistes inventent le terme de « millerandisme » qui est pour eux synonyme d'« arrivisme ». En 1904, c'est l'exclusion du mouvement. Le réprouvé s'en console aisément en appartenant successivement aux ministères Briand, Poincaré, et Viviani durant la guerre, occasion pour lui de soutenir Joffre face aux critiques des députés.

En 1919, Millerand prend la tête du Bloc national, dont le programme se résume ainsi : maintien de l'Union sacrée, vigilance envers l'Allemagne et respect du droit de propriété. Les élections lui apportent la consécration. Président du Conseil, il peut donner libre cours à son dynamisme, à son besoin d'action. Soudain le président de la République, Paul Deschanel, manifeste une déchéance mentale qui implique son remplacement. Les proches du chef du gouvernement le poussent à briguer le poste. Millerand les refrène, car les responsabilités élyséennes sont en grande partie celles de l'apparat et cela ne convient pas à son tempérament. Ou bien il conviendra, comme il le demande depuis longtemps, de rendre au président de la République un certain nombre de pouvoirs, à commencer par celui de dissoudre la Chambre des députés. Mais pour cela il faut élargir l'électorat afin que l'élu ne soit plus l'otage des députés.

Malgré ces conceptions audacieuses pour l'époque, Millerand, cédant aux sollicitations de ses amis, se présente. Il est élu le 23 septembre 1920 par 695 voix contre seulement 69 au socialiste Delory. Décidé à faire prévaloir ses vues, le nouveau président continue à régenter les affaires comme s'il était toujours à l'hôtel Matignon. L'antagonisme avec Aristide Briand, président du Conseil, aboutit à la démission de ce dernier en janvier 1922, le chef de l'État s'occupant aussi des affaires diplomatiques. Il souhaite également réduire le rôle du Parlement. Mais les élections de mai 1924 voient un renversement de majorité avec le succès du Cartel des gauches. Herriot, chef de la majorité, pressenti, refuse de constituer le ministère, de même que Painlevé, Steeg et Poincaré. C'est l'échec, sans issue possible si ce n'est celle de la démission. Le président s'y résoud le 11 juin 1924, dénonçant le lendemain au public les risques d'instabilité politique entraînés par un exécutif faible. Réélu sénateur en 1925, Millerand ne jouera plus aucun rôle au Parlement. Ses idées seront en partie reprises par la Constitution de la Ve République.

MINERVE FRANÇAISE (La)

Hebdomadaire politique fondé en 1818.

Comme les autres journaux fondés par l'infatigable Benjamin Constant, *La Minerve française* exprime l'importance de la pensée libérale du temps. Ce journal lutte pour le respect des libertés individuelles dans le cadre de la Charte, et contre les exigences ultraroyalistes sous Louis XVIII. Il disparaît en mars 1820 après le rétablissement de la censure dû à l'assassinat du duc de Berry. Stendhal prétendait que si Voltaire était revenu à la vie, il y aurait collaboré.

MIQUELON (île de)

Île du golfe du Saint-Laurent, non loin de Terre-Neuve.

Elle comprend deux parties : la Grande Miquelon, au nord, la Petite Miquelon ou Langlade, au sud. Les deux îles sont reliées par un isthme depuis la fin du XVIIIe siècle. Miquelon est française depuis 1763. Elle forme aujourd'hui un territoire français d'outre-mer avec Saint-Pierre.

MIRABEAU André Boniface Louis RIQUETI, vicomte de, dit MIRABEAU-TONNEAU (Paris, 1754 – Fribourg-en-Brisgau, 1792)

Homme politique.

Frère puîné d'Honoré de Mirabeau. Son embonpoint lui vaut le surnom de « Mirabeau-Tonneau ». Comme son frère, il est député aux États généraux de 1789, mais il suit le parti de la Cour, siège à l'Assemblée constituante à l'extrême droite, parmi les aristocrates foncièrement hostiles à la Révolution, et collabore aux *Actes des apôtres* de Rivarol. Émigré en 1790, Mirabeau-Tonneau lève une légion de « hussards de la mort » contre les armées révolutionnaires, mais Condé le destitue à cause de son intempérance, et il meurt d'apoplexie peu après.

MIRABEAU Honoré Gabriel RIQUETI, comte de (Le Bignon, Gâtinais, 1749 – Paris, 1791)

Homme politique.

Cinquième enfant et deuxième fils de Victor Riqueti, marquis de Mirabeau, et de Marie Geneviève de Vassan. Il naît boiteux. À trois ans, il est atteint d'une petite vérole confluente qui, par suite de l'application imprudente d'un collyre, laisse de profondes cicatrices sur son visage et augmente encore sa laideur naturelle. « Ton neveu est laid comme celui de Satan », écrit le marquis de Mirabeau à son frère. C'est un enfant turbulent, indiscipliné, mais très intelligent et doué d'une mémoire prodigieuse. Son père le dénigre et le vante tour à tour. Il lui reconnaît des capacités, mais prétend qu'il a l'esprit enclin au mal. Il lui reproche surtout de tenir du côté maternel et reporte bientôt sur lui la haine qu'il a contre la mère : « Ma véritable croix, dit-il, est mon fils qui s'élève. » En 1767, il le fait incorporer dans l'armée, mais refuse de lui acheter une charge. Le jeune Mirabeau se conduit d'abord correctement mais, bientôt entraîné par son tempérament, il fait des dettes et s'éprend de la jeune fille courtisée par son colonel. En juillet 1768, il quitte secrètement sa garnison et se réfugie à Paris. Cette fugue lui vaut une première incarcération à la citadelle de l'île de Ré. Il est libéré lorsqu'il demande à faire partie de l'expédition de Corse où il se distingue. À son retour, il se réconcilie avec son père (octobre 1770) et, en 1771, est reçu à la Cour. Rapprochement éphémère. Une nouvelle brouille l'oppose à l'« Ami des hommes » (son père) qui lui interdit tout séjour à Versailles et entend le forcer à travailler. C'est alors qu'il épouse une riche héritière, Émilie de Marignane (1772), sans toucher un sou de dot. Harcelé par les créanciers, il se réfugie au château de Mirabeau mais, son père ayant fait une demande d'interdiction contre lui, il est écroué au château d'If. En mai 1775, Mirabeau est transféré au fort de Joux où la surveillance est beaucoup moins sévère. Le comte de Saint-Mauris, gouverneur de Pontarlier, lui permet même de fréquenter les salons de la ville. Il est ainsi reçu chez le marquis de Monnier, septuagénaire marié en secondes noces avec Marie-Thérèse Richard de Ruffey, fille d'un président à la Chambre des comptes de Bourgogne. Jolie, spirituelle, d'un tempérament ardent, cette dernière s'éprend du prisonnier. Alors commencent les amours de Mirabeau avec celle qu'il a immortalisée sous le nom de Sophie. Mais, lorsque est dévoilé l'anonymat de l'*Essai sur le despotisme* que Mirabeau fait publier à Neuchâtel fin 1775, le comte de Saint-Mauris renonce à son attitude débonnaire et somme Mirabeau de rentrer à Joux. Ce dernier s'enfuit alors en Suisse. Poursuivi par un nouvel ordre d'arrestation de son père, il gagne finalement la Hollande avec Mme de Monnier qui a pu le rejoindre.

Le répit des deux amants est de courte durée. Ils sont arrêtés à Amsterdam, en mai 1770, à la suite d'un jugement du bailliage de Pontarlier qui, déclarant Mirabeau « atteint et convaincu du crime de séduction », le condamne à avoir la tête tranchée. Tandis que Sophie est enfermée dans une maison de discipline, lui-même est écroué au château de Vincennes (7 juin 1777), d'où il écrira les fameuses *Lettres à Sophie* (publiées par Manuel en 1792). Il se console de son incarcération par un travail acharné, rédige de nombreux ouvrages, dont son fameux livre *Les Lettres de cachet*. Deux deuils successifs viennent encore assombrir sa détention : en 1778, il perd le fils qu'il avait eu de sa femme en 1773, puis, en 1780, la fille née de ses amours avec Sophie.

Enfin libéré en 1780, après trois ans et demi de détention, il fait de nouveau scandale par une série de procès, qu'il finit par perdre. La sentence portée contre lui est annulée, mais Sophie, contrainte de renoncer à tous les avantages du contrat de mariage, est condamnée à résider dans un couvent (1782) tandis qu'Émilie obtient de

Le comte de Mirabeau
Portrait d'Honoré Riqueti par François Lonsing, vers 1790. Bordeaux, musée des Beaux-Arts. © *Giraudon*

son côté la séparation de corps et de biens d'avec son mari (1783). Mirabeau en est alors réduit à vendre sa plume ou son nom à Clavière pour des libelles destinés à influencer les spéculateurs. Puis il tente d'entamer une carrière diplomatique. En 1785, il se rend en Prusse où Frédéric II le reçoit; en 1786, il fournit à Vergennes un *Mémoire sur la situation actuelle de l'Europe*, avant de retourner à Berlin, chargé d'une mission secrète. C'est au terme de ce voyage qu'il écrira l'anonyme et scandaleuse *Histoire secrète de la cour de Prusse*, publiée en 1789. À son retour, il reprend sa plume de pamphlétaire pour attaquer violemment l'administration de Necker. Enfin, d'un dernier voyage en Prusse (fin 1787), il rapporte le manuscrit de son ouvrage *De la monarchie prussienne sous Frédéric le Grand* (1788) qui asseoit sa réputation et le réconcilie avec son père, à qui il l'avait dédié.

Sa personnalité prend toute son ampleur avec les débuts de la Révolution. Dès l'annonce de la réunion des États généraux, il entame en Provence une lutte violente contre les privilèges des aristocrates et, bien que noble – mais sa classe le rejette –, se fait élire triomphalement comme représentant du tiers aux sénéchaussées d'Aix et de Marseille (il choisit le siège d'Aix). Il fonde en même temps un journal qui prendra le nom de *Courrier de Provence*. Lié avec le duc d'Orléans, membre de la Société des amis des Noirs et de la Société des Trente, il s'impose aux États généraux par son talent exceptionnel d'orateur qui fait oublier sa « laideur grandiose et fulgurante ». La détermination dont il fait preuve lors de la séance royale du 23 juin 1789 assure sa popularité. Au maître des cérémonies, le marquis de Dreux-Brézé, venu rappeler aux députés l'ordre donné par le roi d'avoir à se séparer, il réplique par l'apostrophe fameuse dont nous connaissons le sens général, sinon les termes exacts, diversement rapportés par Mirabeau lui-même et par Bailly : « Allez dire au roi que nous sommes ici par la volonté du peuple et que nous n'en sortirons que par la force des baïonnettes. » Puis il fait adopter le principe de l'inviolabilité des députés.

Devenu l'idole des foules, il entretient l'agitation par une armée de publicistes, joue un grand rôle lors de l'élaboration de la Déclaration des droits de l'homme et du citoyen et fait voter, le 19 septembre, la contribution patriotique du quart des revenus. On a prétendu qu'il avait organisé, pour le compte du duc d'Orléans, la marche sur Versailles, lors des journées des 5 et 6 octobre 1789. Il contribue encore au vote de la mise à la disposition de la nation des biens du clergé (2 novembre 1789). Mirabeau apparaît déjà comme l'homme capable de réaliser la politique de réconciliation entre le roi, l'aristocratie et la Révolution souhaitée par La Fayette. Il ne cesse d'ailleurs d'intriguer pour accéder au ministère. Mais, s'il subjugue l'Assemblée par son éloquence, il la scandalise par sa vie privée et l'inquiète par ses ambitions politiques. Pour l'écarter, l'Assemblée décrète, le 7 novembre 1789, qu'un député ne pourra « obtenir aucune place de ministre pendant la session de l'Assemblée actuelle ».

Se désolidarisant alors de la Révolution, Mirabeau se vend à la Cour et passe à son service. Son premier mémoire au roi, daté du 10 mai 1790, se termine par ces mots : « Je promets au roi loyauté, zèle, activité, énergie et un courage dont peut-être on est loin d'avoir une idée. » Il fait passer à Louis XVI, par le comte de La Marck, des notes sur l'organisation de la contre-révolution, s'efforce avec La Fayette, qu'il déteste pourtant, de lui faire accorder en mai 1790 le droit de paix et de guerre dans la nouvelle Constitution. Il lui conseille enfin un vaste plan de propagande et de corruption : il s'agit de créer un parti, puis le roi quitterait Paris, dissoudrait l'Assemblée et ferait appel à la nation. Mais Louis XVI n'a pas plus confiance en lui qu'en La Fayette. En même temps, Mirabeau donne le change devant l'Assemblée en reprenant ses attaques contre la noblesse et en défendant les principes révolutionnaires dans l'affaire des princes possessionnés. Son double jeu n'échappe pas à certains patriotes, et il est même accusé de trahison à la suite d'une entrevue secrète avec la reine (3 juillet 1790). « Quant à Riqueti l'aîné, il ne lui manque qu'un cœur honnête pour faire un patriote illustre », écrit Marat dans *L'Ami du peuple* du 10 août 1790. Il a néanmoins retrouvé toute sa popularité lorsqu'il meurt brusquement le 2 avril 1791. Il venait d'être nommé membre du directoire du département de Paris et président de l'Assemblée (mars 1791). Avec lui disparaît de la scène révolutionnaire un de ses principaux acteurs et son plus puissant orateur.

L'émotion est intense à Paris et dans toute la France. L'Assemblée lui décerne les honneurs du Panthéon où il est enterré le 5 avril en grande pompe. Le département et la municipalité prennent le deuil. Le 16, Olympe de Gouge fait représenter au Théâtre-Italien une pièce intitulée : *Mirabeau aux Champs-Élysées*. Mais la découverte de l'armoire de fer, qui dévoile ses relations avec la Cour et les sommes qu'il en avait reçues, change tout. Le 27 novembre 1793, la Convention, sur un rapport de Marie-Joseph de Chénier, décide de retirer son corps du Panthéon et de le remplacer par celui de Marat, ce qui ne sera fait que le 21 septembre 1794. Ses restes seront alors déposés au cimetière Sainte-Catherine dans le faubourg Saint-Marcel. Il n'avait pas eu le temps de voir échouer sa politique, qui avait été reprise par le triumvirat Barnave, Du Port et Lameth.

MIRABEAU Victor RIQUETI, marquis de (Pertuis, Vaucluse, 1715 – Argenteuil, 1789)

Économiste.

Il se distingue comme officier pendant la guerre de Succession de Pologne et celle de Succession d'Autriche, avant de se passionner pour l'étude des sciences économiques et de devenir un disciple enthousiaste de Quesnay et de l'école physiocratique. La publication de *L'Ami des hommes ou Traité de la population* (1756-1758), où il soutient que la France se dépeuple par la prépondérance de la grande propriété, par le luxe, la fiscalité et la décadence de l'agriculture, le rend célèbre. Mais c'est en 1760 qu'il publie sa première œuvre vraiment personnelle, la *Théorie de l'impôt*. Il y développe les principes de l'école physiocratique et, avec un franc-parler qui lui vaut quelques jours d'emprisonnement, s'attaque aux fermiers généraux et au système fiscal alors en vigueur. De 1760 également datent ses *Lettres sur les corvées*. Puis ce sont la *Philosophie rurale ou Économie générale et politique de l'agriculture* (1763) et les *Lettres sur le commerce des grains* (1765), plaidoyer en faveur d'une liberté totale du commerce des grains et de l'abolition de tout monopole. En 1769 enfin, dans les *Économiques*, celui qu'on n'appelle plus que l'« Ami des hommes », du titre de son premier ouvrage, se propose de donner différentes méthodes d'instruction économique aux diverses catégories sociales. Mais les dernières années de sa vie sont assombries par ses démêlés avec sa femme, qu'il a quittée en 1762 et contre laquelle il a entamé un procès scandaleux, qui durera vingt ans, et avec son fils, le comte de Mirabeau, le futur orateur de l'Assemblée constituante, qu'il fait enfermer pour dettes à plusieurs reprises.

MIREPOIX

Petite ville du Haut-Languedoc.

À la fin du XIIe siècle, Mirepoix devient un foyer d'hérésie albigeoise. Prise par Guy de Lévis en 1209, elle lui est attribuée par Simon de Montfort. Elle entre désormais dans ce qu'on appellera la terre du Maréchal, vaste fief rattaché directement à la couronne en 1229 par le traité de Meaux-Paris. Un demi-siècle plus tard, la rupture des digues du lac de Puivert provoque un cataclysme qui la détruit. Jean de Lévis la fait reconstruire sur l'autre rive de l'Hers. En 1317, Jean XXII y crée un évêché qui sera supprimé en 1790.

MIREPOIX : voir LEVIS-MIREPOIX

MIROMESNIL Armand Thomas HUE de (Orléanais, 1723 – Miromesnil, Normandie, 1796)

Magistrat.

Premier président du parlement de Rouen en 1757, il déclare illégal, en août 1763, l'enregistrement des édits financiers de Bertin et, malgré les injonctions du gouverneur d'Harcourt, refuse cet enregistrement. Il proteste ensuite contre les réformes de Maupeou, et son attitude lui vaut, en 1771, d'être exilé comme les autres parlementaires. Au château de Pontchartrain, Miromesnil rencontre Maurepas, éloigné de la Cour depuis de longues années. Les deux hommes se lient et, lorsque Maurepas est rappelé par Louis XVI, il fait nommer Miromesnil garde des Sceaux. Celui-ci contribue au rappel des parlements et combat ensuite les projets de Turgot, faisant préparer par ses bureaux une ébauche de code du commerce. En 1780, Miromesnil inspire et rédige la déclaration du 24 août relative à l'abolition de la question préparatoire. Il combat ensuite la politique de Necker, avant d'être disgracié et remplacé par Lamoignon, en avril 1787. Calonne, responsable direct de cette disgrâce, l'accusait de conspirer contre lui avec les parlements.

MIRON François (Paris, 1560 – ?, 1609)

Magistrat.

Conseiller au parlement de Paris en 1585, puis maître des requêtes, il devient lieutenant civil en 1596, et enfin prévôt des marchands de Paris, de 1604 à 1606. La capitale lui doit de nombreux travaux d'embellissement, des quais, des places, des fontaines, la façade de l'Hôtel de Ville. François Miron est surtout célèbre pour l'opposition qu'il manifeste à Henri IV et à Sully lorsque ces derniers décident de réduire les rentes sur l'Hôtel de Ville. Étant parvenu à détourner le roi et son ministre de ce projet, il sera surnommé le « Père du peuple ».

MIRON Robert (Paris, 1569 – ?, 1641)

Magistrat.

Frère du précédent, il commence sa carrière de façon identique, devenant en 1595 conseiller au parlement. Conseiller d'État en 1604, Robert Miron devient à son tour prévôt des marchands en 1616 et, la même année, préside le tiers aux états généraux convoqués par Marie de Médicis. Ambassadeur en Suisse de 1617 à 1624, il achèvera sa carrière comme intendant du Languedoc, entre 1631 et 1640.

MISSI DOMINICI

Agents spéciaux de l'autorité royale à l'époque carolingienne, les missi dominici *sont, comme leur nom l'indique, des « envoyés en mission du maître ».*

C'est à la fin du VIIIe siècle, sous le règne de Pépin le Bref, qu'ils commencent à être envoyés en tournées générales, régulières, périodiques, avec mission d'inspecter les agents territoriaux du pouvoir et de réprimer les abus. Charlemagne, par un capitulaire de 802, régularise l'institution qui devient un des rouages essentiels de son administration. Les *missi* vont deux à deux : un évêque et un comte. La circonscription qui leur est confiée (*messatica* ou *legationes*) englobe plusieurs *pagi*, plusieurs ressorts de comte. Là, au nom du roi, ils enquêtent, jugent avec pleins pouvoirs et, à leur retour au palais, sont tenus de faire un rapport au souverain. Cependant, leur action perd beaucoup de son efficacité dès le règne de Louis le Pieux (814-840). Peut-être à cause de l'insécurité qui règne sur les routes avec l'apparition des Normands, ils ne sont plus choisis parmi les agents du palais, mais parmi les notables locaux. De ce fait, ils sont bientôt moins les hommes du roi que ceux d'une région. Aussi leurs tournées deviennent-elles plus rares. Dès le milieu du IXe siècle, elles ne sont plus régulières et, s'il y a encore des inspections générales dans tout le royaume, elles sont de moins en moins nombreuses. Passé 864, elles deviennent très rares et ont toujours un objectif précis. L'institution disparaît à la fin du IXe siècle.

Missi Dominici
Charlemagne et ses envoyés. Miniature des *Chroniques de Chateauroux*, Paris, Bibliothèque nationale de France.
© *Artephot/ADPL*

MITTELHAUSER Eugène Désiré (Tourcoing, 1873 – Paris, 1949)

Général.

Sorti de Saint-Cyr en 1894, il se distingue au Maroc de 1908 à 1914, et commande pendant la Première Guerre mondiale un régiment, puis une brigade de la division marocaine. Deux fois blessé, Mittelhauser termine la guerre à la tête de la 36e division d'infanterie. En 1919, il est affecté à la mission militaire française en Tchécoslovaquie et devient chef d'état-major général de l'armée tchécoslovaque qu'il organise. En 1926, il est promu général de division et rentre en France. Il commande le 20e corps à Nancy en 1930, entre au Conseil supérieur de la guerre en 1931 et passe dans le cadre de réserve en 1938. Lorsque la guerre éclate, le gouvernement le rappelle en activité pour le charger de missions, d'abord en Pologne, en septembre 1939, puis, en mai 1940, en Hollande qu'il tente vainement de rejoindre dans un char d'avant-garde de l'armée Giraud. Le général Mittelhauser succède enfin à Weygand, le 24 mai, dans les fonctions de commandant en chef du théâtre d'opérations de la Méditerranée orientale, à Beyrouth, et désavoue son chef d'état-major, le général de Larminat, lorsque ce dernier décide, après l'armistice, de continuer le combat aux côtés des Britanniques. Peu après, il est replacé dans le cadre de réserve.

MITTERRAND François (Jarnac, 1916 – Paris, 1996)

Homme politique, président de la République.

Fils d'un entrepreneur vinaigrier, patriote et catholique, il effectue sa scolarité au collège Saint-Paul d'Angoulême. Monté à Paris en 1934 pour faire Sciences-Po et passer une licence de droit, il s'installe chez les pères maristes au 104, rue de Vaugirard et devient l'un des animateurs de la conférence Saint-Vincent-de-Paul. Paris est alors en pleine agitation ligueuse. En tant que Croix-de-Feu, il fréquente la droite nationale et manifeste contre le Front populaire. Il devient avocat. Mobilisé en 1939, blessé et fait prisonnier (1940), Mitterrand s'évade d'Allemagne en décembre 1941. En avril 1942, il travaille au Commissariat au reclassement des prisonniers de guerre du gouvernement de Vichy tout en apportant, à partir de 1943, son aide à des réseaux d'évadés. En novembre 1943, il se rend à Londres, puis à Alger, pour rencontrer de Gaulle, mais refuse de réunir son mouvement à d'autres. Il reste sur une ligne giraudiste. En décembre 1943, il reçoit la Francisque, illustration d'un parcours complexe que l'on qualifiera, faute de mieux, de « vichysto-résistant ». En février-mars 1944, il fusionne sous sa houlette les différents mouvements de prisonniers, ce qui lui assure une position de pouvoir pour l'après-guerre.

À la Libération, membre du gouvernement provisoire, Mitterrand est secrétaire général aux Prisonniers de guerre. Élu député Action et Unité républicaine de la Nièvre en novembre 1946 après un échec à Neuilly, il rejoint l'Union démocratique et socialiste de la Résistance (UDSR) au centre droit. En 1947-1948, il est nommé ministre des Anciens Combattants. Dix ans durant, il occupe divers postes ministériels : secrétaire d'État à l'Information (1948), ministre de la France d'Outre-Mer (1950-1951), ministre d'État sans portefeuille (début 1952). En 1953, il prend la direction de l'UDSR, puis se rapproche du mendésisme. Ministre de l'Intérieur de Mendès France, il affronte le début de l'insurrection en Algérie et, le 1er novembre 1954, déclare à l'Assemblée nationale : « l'Algérie, c'est la France », ce qui ne l'empêche pas de prôner des réformes.

Le retour du général de Gaulle jette Mitterrand pour longtemps dans l'opposition. En novembre 1958, il perd son siège de député. Maire de

François Mitterrand
Photo officielle du président de la République.
© *Documentation française/Gisèle Freund*

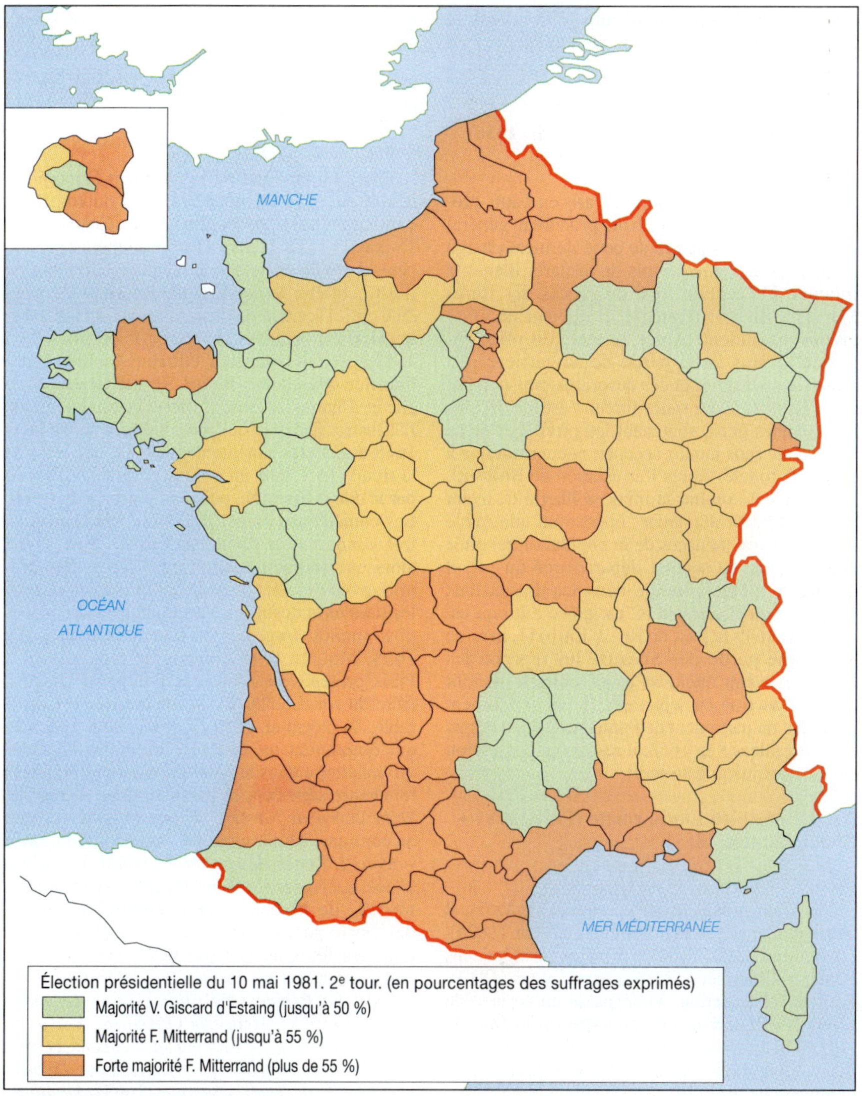

La France de gauche en 1981

Château-Chinon (1959-1962), sénateur de la Nièvre (1959-1962), il paraît pourtant discrédité après l'attentat de l'Observatoire, le 16 octobre 1959, tentative d'attentat contre sa personne montée de toute pièce. Cependant, dès 1964, avec la publication du *Coup d'État permanent*, Mitterrand s'impose comme le premier adversaire du gaullisme, et sa démarche solitaire fédère des oppositions de gauche plutôt concurrentes. À l'élection présidentielle de 1965, après avoir mis de Gaulle en ballottage, il recueille 44,8 % des voix. Chef de l'opposition de gauche, il prend la présidence de la Fédération de la gauche démocrate et socialiste (FGDS), créée en septembre 1965 pour soutenir sa candidature présidentielle. Mai 68 lui ouvre la voie vers le pouvoir, pense-t-il, et il annonce sa candidature à une éventuelle élection présidentielle anticipée. Cette erreur tactique ne l'empêche pas d'être réélu député en juin 1968. En 1971, il se fait élire premier secrétaire du nouveau parti socialiste au Congrès d'Épinay, réussissant le tour de force d'y adhérer et, le même jour, de déboulonner Alain Savary, représentant du courant mollestiste. Puis il signe avec le parti communiste un programme commun de gouvernement (1972-1977), sur le principe d'un rééquilibrage des forces de gauche, préalable à un transfert des voix vers les socialistes. Candidat de l'Union de la gauche à la présidentielle de 1974, il remporte 49,19 % des voix et n'est donc battu que d'extrême justesse par Valéry Giscard d'Estaing. En septembre 1977, les communistes décident de rompre l'Union de la gauche, qui perd les élections législatives en mars 1978. À la suite de ce nouvel échec, l'autorité de François Mitterrand est contestée et, face à la coalition des courants Mauroy et Rocard au congrès de Metz, il ne doit de conserver son poste de Premier secrétaire qu'à l'appui du CERES de Jean-Pierre Chevènement. Enfin, le 10 mai 1981, avec 51,75 % des voix, François Mitterrand est élu président de la République. Malgré ses précédentes critiques constitutionnelles, il se coule aussitôt dans les institutions et en adopte jusqu'aux aspects les plus monarchiques, précipitant la présidentialisation du régime. Les traits caractéristiques de ses deux présidences (il est réélu en 1988 avec plus de 54 % des voix) sont marqués par une urgence initiale de « changement » (1981) ou de « réforme » (1988), au besoin contre l'évidence économique, à laquelle succède une stratégie de défense politique grâce à une extrême habileté tacticienne, illustrée notamment par l'instrumentalisation de l'extrême droite. Aussi le rythme politique des présidences s'organise-t-il sur un mode ternaire. Deux « états de grâce » (mai 1981-février 1983 ; mai 1988-juin 1990) voient l'adoption de décisions majeures : abolition de la peine de mort, cinquième semaine de congés payés, retraite à 60 ans (1981) ; règlement du contentieux calédonien, adoption du Revenu minimum d'insertion (RMI) et de la Contribution sociale généralisée (CSG) en 1988. Les mécomptes économiques entraînent, à chaque fois, une inversion des priorités (lutte contre l'inflation et restructurations industrielles en 1983-1986 ; alignement budgétaire et financier sur les contraintes européennes, abandon forcé de la primauté économique de l'État en 1991-1993) qui s'accompagne d'une impopularité record pour un président, l'atmosphère du second septennat étant alourdie par des scandales affairistes touchant à l'entourage du chef de l'État. Au cours des deux présidences, la sanction politique est la victoire de l'opposition aux élections législatives (1986 et 1993), ouvrant un chapitre inédit, celui de la cohabitation. En dépit d'un cancer dont il aurait été atteint dès son arrivée à l'Élysée et dont on mesure encore mal les conséquences sur la prise de décision politique, François Mitterrand achève son second mandat et meurt à Paris le 8 janvier 1996.

MLN : voir Mouvement de Libération nationale

Moch Jules (Paris, 1893 – Paris, 1984)

Homme politique.

Polytechnicien, il dirige en Allemagne, au lendemain de la Première Guerre mondiale, les services de restitution industrielle et agricole. Inscrit au parti socialiste, député de la Drôme de 1928 à 1936, puis de l'Hérault, il figure pour la première fois au gouvernement en 1937, avec un poste de sous-secrétaire d'État. L'année suivante, Jules Moch est nommé ministre des Travaux publics, un portefeuille qu'il retrouvera après la guerre. En 1943, il rejoint le général de Gaulle et les forces navales de la France libre. Membre de l'Assemblée consultative d'Alger, député aux deux Assemblées constituantes, il est réélu après la guerre, dans l'Hérault. Ensuite, il dirige plusieurs ministères dans les gouvernements de la IVe République : Travaux publics et Transports, Économie nationale et Reconstruction, Intérieur, Défense. Il sera le représentant permanent de la France à la commission du désarmement de l'ONU jusqu'en 1961. Jules Moch se retire ensuite de la vie publique, démissionnant du parti socialiste en 1974.

MOI : voir Main-d'œuvre immigrée

Moissac

Ville du Bas-Quercy, sur le Tarn. Moissac semble avoir bénéficié d'une fondation bénédictine dès le milieu du VIIe siècle.

L'abbaye primitive est dévastée à deux reprises par les Sarrasins. Relevée de ses ruines et dotée par Charlemagne et surtout Louis le Pieux, elle devient au XIe siècle l'enjeu de luttes féodales. Néanmoins, affiliée à Cluny, elle recouvre son ancienne activité et l'étend même considérablement (XIe-XIIe siècles). Le premier abbé clunisien de Moissac, Durand de Bredon, cousin de saint Odilon, est demeuré célèbre pour ses hautes qualités spirituelles. La renommée de Moissac lui doit beaucoup. L'un de ses successeurs, Hunaud (1072-1085), se lance dans les grands travaux qui aboutissent, au siècle suivant, à l'édification de l'abbatiale telle que nous pouvons encore l'admirer (mais le chœur est du XVe siècle). Le portail sud, sculpté vers 1130, concilie une architecture puissante et une décoration savante et originale (orientale pour le trumeau). Le cloître remonte au début du XIIe siècle mais a été reconstruit au XIIIe ; les chapiteaux, très évasés à la base, sont d'une grande richesse. Moissac a durement souffert pendant la guerre des Albigeois, la guerre de Cent Ans et les guerres de Religion. Mazarin en fut abbé. L'abbaye fut livrée au vandalisme de 1793 à 1850.

Molay Jacques de (Molay, Franche-Comté, v. 1243 – Paris, 1314)

Dernier grand maître de l'ordre des Templiers.

De petite noblesse, il entre dans l'ordre des Templiers vers 1265, et sert en Palestine. En 1298, alors que les Templiers viennent de s'installer à Chypre, il est élu grand maître de l'ordre. Poussé par Philippe le Bel, le pape Clément V demande bientôt à Jacques de Molay d'accepter la fusion de son ordre avec celui des Hospitaliers, le nouvel ordre prenant le nom de Chevaliers de Jérusalem. Il se heurte à un refus. En France, si

Jacques de Molay
Le maître du Temple condamné au bûcher en 1314. Manuscrit du XIVe siècle, Londres, British Library. © *Bridgeman-Giraudon*

le roi n'est pas encore décidé, Guillaume de Nogaret a juré la perte des Templiers considérés comme trop riches et trop puissants. Bientôt éclate une violente campagne de calomnie, qui renforce encore l'impopularité de l'ordre. Appelé en France par Clément V, Jacques de Molay débarque en grande pompe, rencontre le pape et le roi, qui le pressent en vain de consentir à la fusion des deux ordres. Tenace, le grand maître persiste dans son refus et demande à Clément V d'ordonner une enquête, afin de mettre un terme à la campagne de calomnie.

Mais Philippe le Bel a décidé de suivre les conseils de Nogaret et, le 13 octobre 1307, Jacques de Molay est arrêté, comme la presque totalité des chevaliers du Temple. L'effet de surprise est considérable. Presque aussitôt, et sans que, semble-t-il, la torture lui ait été appliquée, le grand maître avoue aux inquisiteurs les erreurs de l'ordre en matière de foi et de morale, et ses propres fautes. À sa demande, les autres Templiers l'imitent. En août 1309, lorsque se réunit à Paris la commission pontificale désignée par Clément V et qui instruit le second procès des Templiers, Jacques de Molay renouvelle ses aveux et refuse de collaborer avec la commission, ne voulant défendre son ordre que devant le pape. Pendant quatre ans, alors que la plupart des Templiers montent sur le bûcher, leur grand maître ne comparaît plus. Le 18 mars 1314 enfin, avec trois autres dignitaires, il est conduit sur le parvis de Notre-Dame où doit lui être signifiée la sentence rendue par les cardinaux désignés par le pape pour les juger. Puisqu'ils ont avoué leurs crimes, les quatre hommes sont condamnés à la prison à vie. À ce moment, Jacques de Molay et le précepteur de Normandie, Geoffroi de Charnay, se tournent vers le peuple et affirment que toutes les accusations lancées contre leur ordre étaient fausses. Le soir même, alors que les cardinaux se sont donné la nuit pour réfléchir, les gens du roi saisissent les quatre dignitaires et les conduisent à l'îlot aux Juifs, à la pointe de l'île de la Cité, où ils sont brûlés comme relaps. On raconte, d'après une tradition postérieure, que, sur le bûcher, le grand maître aurait assigné Clément V et Philippe le Bel à « comparaître, dans quarante jours, devant le tribunal de Dieu ». Le pape et le roi mourront avant la fin de l'année (1314).

MOLÉ Édouard (Paris, 1558 – Paris, 1614)

Magistrat.

Issu d'une famille originaire de Champagne, il est, pendant la Ligue, conseiller au parlement de Paris. Les Parisiens l'investissent en 1589 de la charge de procureur général, ce qui l'oblige à faire allégeance à la Ligue. Il n'en entretient pas moins une correspondance suivie avec le roi. L'arrêt du Parlement qui en juin 1593 interdit la transmission de la couronne à un étranger, est en grande partie son œuvre. Il deviendra président à mortier en 1602.

MOLÉ Mathieu (Paris, 1584 – Paris, 1656)

Magistrat.

Conseiller au parlement de Paris en 1606, président aux enquêtes en 1610, procureur général en 1614, il est suspendu de cette dernière charge en 1631 pour s'être permis de déclarer illégal le tribunal d'exception saisi du procès des frères Marillac. Bientôt réintégré, il devient en 1641 premier président. Après la mort du roi commence la plus belle partie de sa carrière. Au milieu des intrigues et des désordres sans nombre de la Fronde, Molé saura forcer l'estime de tous les honnêtes gens, soutenant les privilèges de sa compagnie sans jamais accepter aucune atteinte à l'autorité royale. Après l'arrestation de Broussel, il demande à la reine sa mise en liberté et, ayant échoué dans sa démarche, oppose un admirable sang-froid aux menaces de la population révoltée (1648). Lors du second départ forcé du roi, il montre le même courage dans les discussions houleuses du Parlement. C'est grâce à lui qu'est signée en 1649 la paix de Rueil. En 1651, la reine le nomme garde des Sceaux, lui reprend les Sceaux pendant quelques jours, enfin le rétablit dans sa fonction en septembre. Il est un moment président du parlement de Pontoise. S'étant démis de sa présidence en 1653, il restera en possession des Sceaux jusqu'à sa mort.

MOLÉ Mathieu Louis, comte (Paris, 1781 – Champlâtreux, 1855)

Homme politique.

Fils d'un président au parlement de Paris, il entre au Conseil d'État comme auditeur (1806), est nommé préfet (1807), directeur général des Ponts et Chaussées (1809), grand juge (1813). Sous la Restauration, Molé passe au service de Louis XVIII qui le fait ministre de la Marine (1817-1818). Mais l'arrivée de Villèle au pouvoir le fait adhérer à l'opposition, où il restera jusqu'à la monarchie de Juillet, sauf pendant le ministère Martignac. Pris aux Affaires étrangères en août 1830, il s'en retire en novembre, y revient en septembre 1836, puis démissionne de nouveau en mars 1839 à cause des violentes attaques de Guizot. Ce dernier ayant à son tour donné sa démission en février 1848, Molé est rappelé par Louis-Philippe pour former le gouvernement. Mais il ne parvient pas à s'imposer et doit céder la place à Thiers. Désormais, son rôle politique est pratiquement achevé. Député de 1848 à 1851, il blâme le coup d'État du 2 Décembre et abandonne peu après toute attitude d'opposition active. Molé était entré à l'Académie française en 1840. Il a laissé des *Mémoires* parmi les plus pertinents sur le Consulat et sur Napoléon.

MOLESMES

Localité de la Côte-d'Or, aux confins de l'Aube, située à une vingtaine de kilomètres au nord-ouest de Châtillon-sur-Seine.

Un ermitage établi sur les bords de la Laignes, entre les forêts de Maulnes et de l'Hôpital, est à l'origine, au Xe siècle, d'un monastère mi-érémitique mi-cénobitique. Réformée au XIe siècle par Guillaume de Volpiano, abbé de Dijon, la communauté adopte en 1075 la règle bénédictine sous l'influence de l'abbé Robert de Saint-Michel. À la différence de Cluny, la réglementation intérieure à l'abbaye interdit à ses membres la moindre possession de biens matériels. On y applique intégralement les règles de la pauvreté, du jeûne, de la prière et de l'obéissance. Il n'y a pas de serviteurs. Les moines produisent selon leurs besoins et dédaignent l'épargne. Cette rigueur entraîne cependant des oppositions, et l'abbé Robert quittera la communauté pour aller créer un autre établissement qui sera à l'origine de l'abbaye de Cîteaux. Il reviendra néanmoins à Molesmes et y mourra en 1111. À ce moment, le monastère est en pleine décadence et personne, par la suite, ne cherchera à le restaurer.

MOLIÈRE, Jean-Baptiste POQUELIN dit (Paris, 1622 – Paris, 1673)

Auteur dramatique et acteur.

Fils d'un tapissier de la rue Saint-Honoré qui devint en 1631 tapissier ordinaire du roi, il est baptisé à Paris, en l'église Saint-Eustache, le 15 janvier 1622. D'abord formé au métier par son père, il étudie ensuite au collège de Clermont où il est peut-être le condisciple du prince Armand de Conti. Licencié en droit, il refuse d'embrasser la carrière à laquelle sa famille le destine et, en 1642, il se fait comédien, entraîné semble-t-il par l'actrice Madeleine Béjart, sa maîtresse. Avec elle et d'autres acteurs, il forme la compagnie de L'Illustre Théâtre, qui joue à Paris en 1644 et 1645 et échoue lamentablement. Ce qui reste de la troupe part donc en province, protégé d'abord par le duc d'Épernon, puis par le prince de Conti. Les comédiens courent le Poitou, le Languedoc, le Lyonnais et y réussissent assez bien. C'est alors que Molière commence d'écrire. Ses premières œuvres sont de courtes farces inspirées par les Italiens et destinées à accompagner des pièces plus amples, tragédies ou hautes comédies. En 1658, Molière et sa compagnie reparaissent à Paris, protégés par Monsieur, Philippe d'Orléans, frère du roi. Louis XIV lui-même leur est favorable. Ils créent en 1659 *Les Précieuses ridicules* qui obtiennent un véritable triomphe. L'acteur qu'on admire dans le comique n'est pas bon dans le « genre sérieux », ni le poète, dont la tragédie *Dom Garcie de Navarre* échoue en 1661. Revenu au comique, Molière réussit – en dépit de l'envie – avec *L'École des femmes* (1662). La même année, il épouse Armande Béjard – sœur ou plutôt fille de Madeleine. La célébrité venant, il devient le poète attitré du roi, chargé de fournir pour les fêtes de la Cour des divertissements comiques et parfois fastueux : *Le Mariage forcé* (1664), *La Princesse d'Élide* (1664), *L'Amour médecin* (1665), *Mélicerte* (1666), *La Pastorale comique* (1667), *Le Silicien ou l'Amour peintre* (1667), *Amphitryon* (1668), *Georges Dandin* (1668), *M. de Pourceaugnac* (1669), *Le Bourgeois gentilhomme* (1670), *Les Fourberies de Scapin* (1671).

Parallèlement à ces œuvres souvent légères et plus poétiques que profondes, Molière s'attache à de grandes pièces, plus ambitieuses, comme *Tartuffe* (1664) que Louis XIV, contraint par les dévots, doit interdire. La pièce n'est publiquement jouée qu'en 1669, avec de sensibles remaniements, qui en atténuent l'audace ; elle obtient alors le plus grand succès. Dans l'intervalle, Molière a donné ses œuvres les plus célèbres, *Don Juan* (1665), *Le Misanthrope* (1666), *Le Médecin malgré lui* (1666), *L'Avare* (1668). Sa carrière s'achève avec *Les Femmes savantes* (1672) et *Le Malade imaginaire* (1673), où farce, ballet et comédie de caractère se mêlent. Le 17 février 1673, Molière, qui était malade depuis longtemps, est pris sur scène d'une défaillance et meurt quelques heures plus tard. Considéré par ses contemporains comme un acteur génial, il est demeuré la plus grande gloire du théâtre français. Créateur de figures qui paraissent immortelles – Tartuffe, don Juan, Alceste –, créateur surtout d'un comique qui touche tous les publics, il fut également l'organisateur de spectacles délicieux, où la musique, la danse et la poésie se fondaient en un tout. Protégé par le roi dont il servit souvent les desseins, il fut à la fin de sa vie éclipsé par Lully, qui créait un nouveau genre et appelait à d'autres ivresses. Il n'est en fait aucune pièce de Molière qu'on puisse juger sans intérêt, et toutes ses œuvres (sauf *Dom Garcie de Navarre*) sont régulièrement reprises.

MOLITOR Gabriel Jean Joseph, comte (Hayange, Moselle, 1770 – Paris, 1849)

Maréchal de France.

La bravoure dont il fait preuve au sein des armées du Nord puis du Rhin lui permet de s'élever au grade de capitaine. Mais il est gravement blessé au siège de Mayence. Général de brigade en 1799, Molitor seconde Masséna en Suisse puis Moreau à l'armée du Rhin, gagnant une promotion de divisionnaire pour de nouveaux succès au Tyrol et dans les Grisons. En 1805, il bat l'archiduc Charles à Caldiero, en Italie. L'année suivante, la Dalmatie est occupée. La campagne de 1807 le mène cette fois à l'opposé, en Poméranie, où la prise de la ville de Stralsund est récompensée du titre de comte. Napoléon apprécie ce soldat loyal, courageux, bon exécutant, qui se distingue encore à Essling et à Wagram, lors du conflit de 1809. La paix revenue le trouve au gouvernement des villes hanséatiques puis, de 1811 à 1813, à celui de Hollande. Son ralliement à Louis XVIII, à la fin de la campagne de 1814, ne l'empêche pas de commander la garde nationale d'Alsace durant les Cent-Jours, ce qui lui vaut d'être mis à l'écart jusqu'en 1818. Par la suite, sa participation active à la campagne d'Espagne de 1823 est récompensée par le bâton de maréchal de France et le titre de pair. Louis-Philippe va ajouter le rang de gouverneur des Invalides et les fonctions de grand chancelier de la Légion d'honneur en 1847 et 1848, digne couronnement de ses loyaux services.

MOLLET Guy (Flers, 1905 – Paris, 1975)

Homme politique, président du Conseil.

Fils d'un ouvrier tisserand, il devient pupille de la nation à la mort de son père, peu après la fin de la Première Guerre mondiale. Dès 1923, il adhère au parti socialiste SFIO, mais son activité essentielle reste pendant longtemps d'ordre syndical. Maître d'internat à Caen, il apporte son soutien à la constitution d'une fédération unique des syndicats de l'enseignement, la Fédération générale de l'enseignement, ce qui lui vaut d'être déplacé à Lisieux, où il ne reste que quelques jours pour avoir adressé au maire, le sénateur Chéron, en outre ministre des Finances, une carte de visite l'assurant de « son plus parfait mépris ». Il finit par échouer à Arras en novembre 1925 comme répétiteur d'anglais. Il ne pense pas rester plus de trois mois dans cette ville. En réalité il ne la quittera plus qu'épisodiquement et deviendra une de ses gloires. Fait prisonnier au Touquet lors de la débâcle, Guy Mollet est rapatrié en France le 28 juin 1941, grâce à une fausse attestation sanitaire. De retour à Arras, il participe à la Résistance, occupe à partir de 1942 les fonctions de responsable du renseignement de l'Organisation civile et militaire (OCM) du colonel Touny pour le Pas-de-Calais. Au moment du Débarquement, il s'engage dans les Forces françaises de l'intérieur. Puis, devenu président du comité local de libération, il abandonne totalement le syndicalisme pour commencer une carrière politique qui sera mêlée étroitement à l'histoire de la IVe République.

Élu conseiller général du Pas-de-Calais et maire d'Arras en 1945, il est successivement membre des deux Assemblées constituantes. Il fait alors figure d'opposant « de gauche » au sein de la SFIO et mène campagne contre Léon Blum et Daniel Mayer, accusés de vouloir constituer un vaste parti travailliste. Ses thèses finissent par triompher. En septembre 1946, il est porté au secrétariat général de son parti, sur lequel il régnera désormais en maître. En novembre 1946, il est élu à l'Assemblée nationale. Il se prononce alors en faveur d'un rassemblement comprenant le PCF, la SFIO, les syndicalistes et les éléments progressistes du MRP. Mais, ministre d'État dans le cabinet Blum (décembre 1946-janvier 1947), il siège dans divers gouvernements après le départ des ministres communistes le 5 mai 1947. À partir de la rupture avec les communistes, Mollet s'efforce de sauver la IVe République contre la double menace des gaullistes et des communistes. Il est tour à tour ministre d'État chargé du Conseil de l'Europe dans le cabinet Pleven (juillet 1950 - mars 1951), et vice-président dans le cabinet Queuille (mars-juillet 1951). Farouchement partisan de l'intégration politique de l'Europe, il est favorable à la Communauté européenne de

Guy Mollet
Le secrétaire général du parti socialiste SFIO à la sortie d'une entrevue avec Pierre Mendès France en 1956.
© *Keystone*

défense (CED) qui divise profondément sa propre formation.

La coalition, qu'il a mise sur pied avec Mendès France sous la bannière du Front républicain (socialistes, gaullistes, radicaux, centre gauche) et sur le thème de la paix en Algérie, triomphe aux élections du 2 janvier 1956. Il est alors chargé de diriger le premier gouvernement de cette législature (février 1956 - mai 1957), avec Mendès France, Mitterrand et Chaban-Delmas comme ministres d'État, et avec le soutien des communistes et du MRP. L'action du gouvernement se manifeste dans le secteur social (la 3e semaine de congés payés est notamment votée), dans le domaine diplomatique (signature du traité de Rome le 25 mars 1957), dans l'administration des colonies (loi-cadre de Gaston Defferre modifiant le statut des territoires d'outre-mer le 23 juin 1956). Mais, comme ses prédécesseurs, Guy Mollet se heurte au problème algérien. L'une de ses premières mesures avait été de nommer le général Catroux, réputé libéral, comme ministre résident en Algérie en remplacement du gouverneur général Jacques Soustelle. Cette initiative est très mal accueillie par les Français d'Algérie. Guy Mollet décide néanmoins de se rendre à Alger le 6 février. Mais il se heurte à une puissante opposition de la population européenne. Ces pressions le troublent, et un nouveau ministre résident, Robert Lacoste, est nommé, avec une tâche toute différente de celle qui avait été promise aux électeurs : gagner la guerre. En mars, le Front républicain obtient, avec les voix communistes, le vote des pouvoirs spéciaux. En fait, Mollet apparaît écartelé, donc inefficace, entre les revendications des ultras (Robert Lacoste) et des opposants à la guerre (Alain Savary, Gaston Defferre), ces derniers obtenant toutefois la mise sur pied d'une commission d'enquête sur la torture. Le 23 mai, Mendès France démissionne pour ne pas cautionner plus longtemps une politique algérienne qu'il n'approuve pas, et, le 31 octobre, Alain Savary, secrétaire d'État chargé des affaires marocaines et tunisiennes, quitte lui aussi le gouvernement pour protester contre l'arraisonnement de l'avion qui transportait Ben Bella.

Entre-temps, en réponse à la nationalisation du canal de Suez annoncée par le colonel Nasser le 26 juillet 1956, la France et l'Angleterre lancent l'expédition de Port-Saïd. Guy Mollet, largement suivi par l'Assemblée sur ce terrain, voit en effet dans le raïs l'homme à abattre pour mettre un terme à la guerre d'Algérie. Mais la réaction du président Eisenhower contre cette « mauvaise solution » et l'attitude menaçante de Moscou contraignent Anglais et Français à renoncer à poursuivre leur offensive. Guy Mollet, mis en minorité sur l'adoption d'un projet d'impôts nouveaux, rendu nécessaire par la guerre, préfère remettre sa démission, bien que constitutionnellement la confiance de l'Assemblée ne lui ait pas été refusée. Revenu à son rôle de secrétaire général de la SFIO, il soutient dans les dernières heures de la IVe République les tentatives de René Pleven et Pierre Pflimlin, dont il est le vice-président du Conseil (mai 1958). Mais, après le 13 mai, il accepte la constitution d'un gouvernement de Gaulle, y participe même comme ministre d'État (juin 1958) et se prononce pour le « oui » au référendum constitutionnel de septembre 1958.

La minorité de son parti ne le suit pas. Déjà troublé par le recul enregistré par la SFIO aux élections de novembre 1958, Guy Mollet quitte le gouvernement en janvier 1959 et, revenu dans l'opposition, cherche à regrouper sur la base de la « défense des institutions républicaines » tous les adversaires de la politique du général de Gaulle. Mais le sévère échec enregistré par la SFIO aux élections de 1962 accentue le dépérissement de son parti et, lorsque la SFIO se fond en juillet 1969 avec divers autres clubs socialistes, Alain Savary est désigné pour succéder à Guy Mollet à la tête de la formation socialiste. Le député d'Arras escompte diriger le parti dans la coulisse, mais il est balayé par François Mitterrand aux congrès d'Épinay (1971) et de Grenoble (1973).

MOLLIEN François Nicolas, comte (Rouen, 1758 – Paris 1850)

Financier.

Entré en 1778 dans les bureaux du contrôleur général des Finances Taboureau des Réaux, il est chargé en 1781 de la surveillance de la Ferme générale. Il participe ensuite à l'élaboration des nouvelles barrières d'octroi de la capitale, puis à la préparation du traité de commerce franco-anglais signé en 1786. Mollien reste dans l'administration des Finances au début de la Révolution, dont les autorités l'envoient en 1791 dans le Lot et dans l'Eure, en tant que directeur des Domaines et de l'Enregistrement. Destitué et incarcéré sous la Terreur, le financier gagne en 1794 l'Angleterre où, pendant cinq années, il étudie les institutions financières britanniques. À son retour en France, après le coup d'État de Brumaire, Mollien devient, en novembre 1799, directeur de la Caisse d'amortissement. À ce poste, il soutient la rente et devient le conseiller de Bonaparte en matière de finances. Conseiller d'État en 1804, Mollien succède en janvier 1806 à Barbé-Marbois comme ministre du Trésor. S'acquittant de sa tâche avec conscience et compétence, il tente de mettre de l'ordre dans les finances impériales, de plus en plus compliquées, et institue la Caisse de service, chargée de surveiller les mouvements des fonds. Le ministre surveille aussi les opérations de la Banque de France et diminue les créances des fournisseurs de l'État. Soucieux de ne pas dilapider les fonds publics, il s'oppose fréquemment aux subventions accordées aux industriels. Napoléon, qui l'avait fait comte d'Empire, le rappelle au ministère des Finances pendant les Cent-Jours. Sous la Seconde Restauration, Mollien refuse en 1818 le portefeuille des Finances, mais accepte l'année suivante d'être élevé à la pairie. il a laissé d'intéressants mémoires publiés en 1845 sous le titre de : *Mémoires d'un ministre du Trésor public*.

MONACO

État souverain enclavé dans le département des Alpes-Maritimes, le long du littoral méditerranéen.

Le site est propice au mouillage en raison d'une baie bien protégée par des élévations de terrain. Les Phéniciens passent pour s'y être installés dans l'Antiquité, imités par les Ligures, puis par les Romains, qui confèrent au petit port le nom de *Portus Herculis*. Les Sarrasins s'y installent à leur tour lors de la dislocation de l'Empire carolingien. Puis l'empereur germanique remet le territoire aux Génois, circonstance qui permet à la famille de Grimaldi, chassée de Gênes au XIIIe siècle, de s'y établir. Le maintien de la dynastie est assuré par une habile politique de bascule entre la République de Gênes (qui domine le littoral), le duché de Savoie, dont dépend le comté de Nice, et le royaume de France, qui contrôle la Provence. Annexée à la France révolutionnaire et impériale de 1792 à 1814, la principauté est placée par les congressistes de Vienne, en 1815, sous la protection du roi de Sardaigne. Menton et Roquebrune se détachent cependant de la principauté en 1848 et deviennent françaises en 1860 lors du rattachement du comté de Nice.

Dans le dernier tiers du XIXe siècle, l'essor touristique de la Côte d'Azur attire vers cette partie du littoral un monde fortuné, qui fait du casino de Monte-Carlo un lieu de rencontre tel que les citoyens monégasques en sont dispensés d'impôts. À partir de 1911, la Constitution tend vers un régime politique plus libéral par l'instauration d'un Conseil princier. En 1918, un accord diplomatique prévoit que le territoire reviendra à la France en cas d'extinction de la famille régnante. Mais cette succession est assurée par Albert Ier (1889-1922), Louis II (1922-1949) puis Rainier III (depuis 1949), fils de la princesse Charlotte et du prince Pierre de Polignac. La principauté est rattachée au système monétaire français, la monnaie monégasque étant à parité avec celle de France. Le gouvernement français entretient en permanence un délégué dans la principauté.

MONARCHIENS

Nom donné, sous la Constituante, aux partisans d'une monarchie constitutionnelle à l'anglaise, d'où leur surnom d'« Anglomanes ».

Guidés par Mounier, Malouet, Bergasse et le comte de Clermont-Tonnerre, ils se situent entre les aristocrates, à l'extrême-droite, et les constitutionnels, au centre, et se réunissent au club des Amis de la Constitution monarchique. Pour enrayer les progrès de la Révolution, dont ils s'effraient très vite, ils se font, lors de la discussion de la Constitution de 1791, les défenseurs d'un pouvoir royal fort, préconisant un droit de veto absolu pour le roi, la création, à l'imitation de l'Angleterre, d'une Chambre haute composée de membres désignés par le roi, à titre héréditaire. Ils encouragent également le roi dans sa velléité de résistance aux premières mesures révolutionnaires et, après les journées d'Octobre, entrent dans l'opposition contre-révolutionnaire.

MONCEY Bon Adrien Jeannot de, duc de Conegliano (Palise, près de Besançon, 1754 – Paris, 1842)

Maréchal de France.

Fils d'un avocat de Besançon, il abandonne ses études dès l'âge de 15 ans pour s'engager dans l'armée. Capitaine en 1791, il se distingue en 1793-1794 dans les Pyrénées, à la tête de la légion des chasseurs cantabres, puis en 1794-1795, comme général en chef de l'armée des Pyrénées-Occidentales : occupant la Navarre, il contraint l'Espagne à demander la paix au mois de juillet 1795. Dénoncé comme royaliste après le coup d'État du 18 fructidor an V (4 septembre 1797), car on le suspecte de relations avec Pichegru, Moncey est destitué en octobre 1797. Mais la République a besoin de ses généraux, et il est réintégré deux ans plus tard. Il appuie le coup d'État du 18 Brumaire, ce qui lui vaut la confiance de Bonaparte. Après avoir participé en 1800 à la campagne d'Italie, le général est nommé en 1802 inspecteur général de la gendarmerie. Constituant ses services en une sorte de second ministère de la Police, il déjoue les machinations contre Bonaparte, notamment celles des chouans. En récompense, l'Empereur nomme le « Premier gendarme de France » maréchal d'Empire en mai 1804. En Espagne, où il commande en 1808 le 3e corps, Moncey prend Valence la même année, et Saragosse l'année suivante. L'Empereur l'a fait duc de Conegliano en 1808. En 1814, commandant en second de la garde nationale, Moncey participe à la défense de Paris, se signalant, le 30 mars, par l'héroïsme avec lequel il affronte les Prussiens à la barrière de Clichy. Rallié aux Bourbons, fait pair de France par Louis XVIII, il est destitué et incarcéré quelque temps à Ham pour avoir refusé la présidence du conseil de guerre chargé de juger le maréchal Ney. Réintégré dès 1816, il prend part quelques années plus tard à l'expédition d'Espagne et occupe Barcelone en 1823. Louis-Philippe le nommera en 1833 gouverneur des Invalides, où il accueillera les cendres de l'Empereur en 1840.

MONDE (Le)

Journal né le 19 décembre 1944 sur les décombres du Temps *d'avant-guerre, par la volonté du général de Gaulle et des ministres (surtout démocrates-chrétiens) du gouvernement provisoire de la République française.*

Quotidien, il est d'abord dirigé par Hubert Beuve-Méry, antimunichois convaincu. Ce dernier s'entoure de démocrates-chrétiens et de proches tels André Latreille, Jean Lacroix, Étienne Gilson, Maurice Duverger ou Pierre Emmanuel. Informant les élites et les chancelleries, le journal n'est cependant l'organe officieux ni du Quai d'Orsay ni d'un quelconque groupe d'intérêts (le Comité des Forges possédait *Le Temps* en 1931). Tous ceux qui comptent dans les cercles de la philosophie, de la sociologie, de l'histoire y trouvent une tribune. Il devient un journal de référence pour la classe politique, du monde des affaires, des étudiants… Le tirage moyen double de 1945 (100 000 exemplaires) à 1958. Jacques Fauvet remplace Hubert Beuve-Méry à son départ, fin 1969. À l'automne 1973, le journal atteint les 500 000 exemplaires. Le 1er juillet 1982, André Laurens est élu à la succession de Jacques Fauvet, *Le Monde* ayant connu des difficultés financières au début des années 1980. En 1982, le journal ne tire plus qu'à moins de 370 000 exemplaires. À partir de janvier 1985, André Fontaine, qui remplace André Laurens, met en place un plan de redressement qui permet de relancer certains projets : supplément, service télématique. Dès 1987, la diffusion remonte. Elle s'appuye sur une modernisation de l'imprimerie du journal. Jacques Lesourne, qui succède en 1991 à André Fontaine, poursuit le programme de modernisation, qui s'accélère encore à l'arrivée à la tête du journal de Jean-Marie Colombani. En janvier 1995, un « nouveau » *Monde* voit le jour. Rajeunissement de la présentation, mise en valeur des sujets de société (pages Horizons et Débats), documents photographiques, cette nouvelle formule tire à 500 000 exemplaires et jouit toujours d'une crédibilité internationale.

Le Monde

La France et l'U.R.S.S. ont conclu un traité d'alliance et d'assistance mutuelle

prévu pour une durée de vingt ans

A NOS LECTEURS

L'ALLIANCE franco-soviétique

AU CONSEIL DES MINISTRES

LA CRISE GRECQUE

TEXTE DU PACTE

LA WEHRMACHT CONTRE-ATTAQUE aux confins belgo-luxembourgeois

La vie littéraire

LE GENERAL DE GAULLE ET SES TEMOINS

par Emile Henriot

Le Monde
Première parution du quotidien le 19 décembre 1944. © *Leemage/SELVA*

MONDOVI (bataille de)

Bataille livrée par Bonaparte durant la première campagne d'Italie, le 21 avril 1796, contre les troupes piémontaises commandées par Colli.

Quelques jours après la décisive victoire de Montenotte, Bonaparte donne l'ordre à son armée de se diriger vers le Piémont, afin de continuer à repousser les troupes de Colli. Le 20 avril, le futur Empereur des Français rejoint ses ennemis devant Mondovi. En ce lieu, « environné de deux rivières profondes et torrentueuses, l'ennemi avait coupé tous les ponts et garni leurs bords de fortes batteries », ainsi que le décrira plus tard Bonaparte, et les Français donnent l'assaut au matin du 21 avril. Après plusieurs heures de combats acharnés, la place est enlevée, et les troupes françaises entrent en triomphatrices dans Mondovi, dont les habitants accueillent les soldats aux cris de « Vive la République ! ». Cette victoire française, qui a coûté à l'ennemi, outre la position, près de 9 000 morts, 1 300 prisonniers, 11 drapeaux et 8 pièces de canon, devait aboutir à l'armistice de Cherasco, signé le 28 avril 1796.

MONGE Gaspard, comte de Péluse (Beaune, 1746 – Paris, 1818)

Mathématicien et homme politique.

D'abord professeur à l'école du génie de Mézières, puis élu à l'Académie des sciences en 1783, il devient ministre de la Marine en 1792 et travaille à la fondation de l'École polytechnique.

Professeur à l'École normale, il participe à la campagne d'Italie avant d'être élu membre du Conseil des Cinq-Cents en 1798. Placé à la tête des travaux scientifiques conduits lors de l'expédition d'Égypte, Monge devient sénateur, président de l'École polytechnique en 1802 et enfin membre de l'Institut. Il est l'auteur de nombreux travaux de géométrie, de physique et d'algèbre.

MONIS Ernest Antoine Emmanuel (Châteauneuf, Charente, 1846 – Châteauneuf, 1929)

Homme politique, président du Conseil.

Avocat de formation, il débute sa carrière politique en étant garde des Sceaux dans le cabinet Waldeck Rousseau au début du siècle. Il s'attaque aux ligueurs, Déroulède notamment, fait comparaître Dreyfus devant la justice militaire à Rennes puis fait voter la loi d'amnistie concernant ce dernier. Dans le gouvernement orienté à gauche qu'il forme le 2 mars 1911, il conserve l'Intérieur et les Cultes et crée le sous-secrétariat à la Justice. Sur le plan social, il doit faire face aux révoltes viticoles dues à la délimitation du territoire de production de champagne, et a du mal à imposer aux compagnies de chemin de fer la réintégration des ouvriers révoqués. En avril 1911, il fait occuper Fez, en violation de l'accord d'Algésiras sur la neutralité du Maroc. Il se maintient au pouvoir jusqu'au 26 juin 1911. Après quoi, il sera ministre de la Marine dans la première moitié de l'année 1914.

MONITEUR UNIVERSEL (Le)

Appelé aussi Gazette nationale, *ce journal, fondé à Paris par Panckoucke, le 5 mai 1789, publie quotidiennement, à partir du 24 novembre 1789, les débats se déroulant à l'Assemblée constituante.*

Le 28 décembre 1799, *Le Moniteur* devient l'organe officiel d'information écrite du gouvernement, mais reste, malgré cela, la propriété de la famille Panckoucke. Transformé en *Journal officiel de la République française* en 1848, et en *Journal officiel de l'Empire français*, à partir du 2 décembre 1852, le journal doit affronter un conflit entre ses propriétaires et le gouvernement. Il aboutira, en 1868, à la résiliation du contrat passé entre l'État et Panckoucke-Dalloz. À partir du 1er janvier 1869, le *Journal officiel de l'Empire français* est placé sous le contrôle direct de l'État, bien que *Le Moniteur universel*, journal « conservateur », ait continué à paraître jusqu'à l'été 1901. Il faut mentionner que, excellent témoignage sur la période de la Révolution de 1789-1799, *Le Moniteur* n'en reste pas moins, durant ce laps de temps, toujours progouvernemental, ce qui explique que ses colonnes ne rapportent pas systématiquement des faits aussi importants que les revers subis par l'armée républicaine en Vendée, par exemple. Parmi les grandes signatures du *Moniteur*, il faut citer Marcilly, Guéméné, Jourdan et La Harpe.

MONLUC Blaise de LASSERAN MASSENCÔME, seigneur de (Saint-Puy, Gascogne, v. 1500 – Estillac, Agenais, 1577)

Maréchal de France et mémorialiste.

Il est issu d'une branche cadette de la maison de Montesquiou. À peine adolescent, il est accepté comme page chez le duc Antoine de Lorraine, ce qui constitue une ouverture vers la carrière militaire. Il fait ses premières armes dans une atmosphère de défaite, sous Lautrec, en Italie. Il est à Pavie (1525) où sa bravoure s'affirme. La gloire commence avec la victoire de Cérisoles (1544) où, si on l'en croit, il joue un rôle déterminant. Malheureusement, l'avancement est lent, et Monluc, lorsqu'il regagne la Cour, ne se montre pas toujours bon diplomate. Toutefois, le siège héroïque de Sienne (1554-1555) lui permet d'atteindre à la renommée. En effet, grâce à sa fermeté, et malgré l'absence de tout secours extérieur, la résistance de la ville amie de la France n'a pas duré moins de huit mois. Les guerres

Blaise de Monluc
Le maréchal de France portant le collier de l'ordre de Saint-Michel, par Henry Scheffer, XIXe siècle. Musée de Versailles.
© RMN – Gérard Blot

d'Italie touchent cependant à leur fin, et Monluc va devoir employer ses talents dans les guerres civiles qui se déclenchent en France sous prétexte de religion.

Pour lui, la lutte commence en 1561 en Guyenne et Gascogne, sa province d'origine. Après avoir peut-être hésité entre les deux religions, et avoir assurément tenté un instant la modération, il se jette dans le parti catholique, parti de l'ordre, car il obéit au sentiment que les huguenots tendent à renverser les pouvoirs établis. Lieutenant du roi avec le faible Burie, puis seul (1564), il se heurte à plusieurs chefs calvinistes, tels que Duras et Crussol d'Acier, mais ne peut empêcher la grande chevauchée de Montgomery. Son activité est aussi caractérisée par un grand nombre d'atrocités. Toutefois celles-ci n'ont rien d'exceptionnel pour l'époque : Duras et beaucoup de ses coreligionnaires agissent de même ; le baron des Adrets et Merle raffinent encore. Monluc, quant à lui, recherche l'effet psychologique de la terreur plus que la satisfaction d'une cruauté naturelle. La fin de sa lieutenance lui apporte de nombreux déboires. En butte à l'hostilité de Montmorency-Damville, il devient suspect à la Cour (où on le soupçonne d'être en relation avec l'Espagne). En 1570, au siège de Rabastens-de-Bigorre, il reçoit une arquebusade qui lui enlève une partie du nez et des joues. L'avènement d'Henri III lui permet de rentrer en grâce et de recevoir enfin le bâton de maréchal de France (1574). Depuis 1571, il a entrepris de dicter ses souvenirs. Ses dernières années, paisiblement écoulées à Estillac, héritage de sa femme, sont consacrées à l'achèvement d'impérissables mémoires intitulés, à l'imitation de César, *Commentaires* (la première édition paraîtra en 1592).

MONLUC Jean de LASSERAN MASSENCÔME de (Condom, v. 1508 – Toulouse, 1579)

Évêque et diplomate.

Frère du précédent. D'abord dominicain, puis aumônier de Marguerite de Navarre, il est chargé par François Ier de missions diplomatiques à Constantinople et à Venise. Évêque de Valence en 1553, il manifeste pour la Réforme une sympathie qui lui vaudra plusieurs accusations d'hérésie, notamment après le colloque de Poissy où il joue un rôle important. Néanmoins « M. de Valence », très adroit, sera bien en cour sous la régence de Catherine de Médicis, ce qui lui permettra de venir en aide à son frère souvent menacé des pires disgrâces. Sa plus grande œuvre sera la préparation de l'élection du duc d'Anjou au trône de Pologne (1572).

MONNERVILLE Gaston (Cayenne, 1897 – Paris, 1991)

Homme politique.

Il est toute sa vie un avocat : de profession d'abord, puisqu'il endosse la robe en décembre 1918 au barreau de Toulouse ; de conviction dès qu'il s'agit de défendre ses amis de Guyane française – où il est né –, les ressortissants des colonies qu'il estime souvent injustement traités – l'affaire Galmot le fait connaître dès 1928. Ses talents d'avocat et surtout l'envergure volontaire qu'il donne à ses plaidoiries, évoquant les idéaux républicains à chaque occasion, lui valent une popularité puis une élection aisée, en mai 1932, comme député de la Martinique, terre d'origine de son père. Monnerville s'est affilié au parti radical-socialiste, à la fois par admiration pour Clemenceau – il lui consacre un livre – et en raison de sa formation toulousaine, cœur du radicalisme. En 1937 et 1938, il est sous-secrétaire d'État au Colonies dans les cabinets Chautemps.

En 1939, il s'engage dans la marine et ne vote pas lors de l'attribution des pleins pouvoirs au maréchal Pétain puisqu'il est à Toulon. Dès 1940, il entre dans le mouvement Combat, sous le nom de Saint-Just. En 1944, il est le seul ancien parlementaire colonial à siéger aux deux Assemblées constituantes. C'est à son initiative qu'en 1946 les quatre colonies les plus anciennes (Guadeloupe, Guyane, Martinique, Réunion) sont transformées en départements français. Le 14 mars 1947, à la tête du Conseil de la République (futur Sénat) – il est le premier homme de couleur à le présider –, il milite pour l'intégration des colonies à la France, ce qui explique son soutien à de Gaulle en 1958. La rupture entre eux s'opère en deux temps : lors de l'utilisation de l'article 16 au moment du putsch des généraux (1961) que Monnerville juge antirépublicaine ; puis, pour les mêmes raisons, quand de Gaulle annonce l'élection du président de la République au suffrage universel. Le 29 septembre 1962, le président du Sénat accuse le Général d'avoir commis une « forfaiture » constitutionnelle. La rupture se prolonge jusqu'en 1968, lorsque le projet de réforme du Sénat imaginé par le chef de l'État incite Monnerville à démissionner de la présidence, le 27 septembre 1968, afin de faire campagne pour le « non ». Il est nommé par son successeur, Alain Poher, au Conseil constitutionnel (1974-1983).

MONNET Jean (Cognac, 1888 – Houjarray, près de Montfort-L'Amaury, 1979)

Homme politique.

Jean Monnet correspond à une figure rarissime dans le paysage politique français : l'*outsider*, parvenu au faîte de l'influence et de la notoriété sans représenter une force partisane. Ce fils de négociant en cognac entre dans la vie publique à la faveur de la Première Guerre mondiale. Réformé pour santé fragile, il vante auprès du président du Conseil Viviani les relations qu'il s'est faites dans le monde anglo-saxon des spiritueux.

Jean Monnet
Lors de la signature du traité de la CECA en avril 1951.
© *Collection Viollet*

Cela lui vaut une mission à Londres pour négocier l'indispensable achat de céréales et de barbelés, au moment où la guerre de positions s'installe. Ce premier succès lui gagne la confiance de Clementel, ministre du Commerce, qui le charge d'organiser une partie des approvisionnements alliés en provenance des États-Unis. Son efficacité entre 1915 et 1919 explique qu'il obtienne le poste de secrétaire général adjoint de la SDN, à l'été 1919.

La tentative fait long feu, mais incite Monnet à abandonner le cognac pour la finance internationale où, entre 1927 et 1930, il est associé aux reconstructions monétaires d'Europe centrale, aux placements américains en Europe et en Chine. À l'automne 1938, à la demande de Daladier, il est chargé d'acheter des avions de chasse américains ; l'affaire traîne en longueur, et Monnet se retrouve, au début des hostilités, dans la même position qu'à Londres en 1915. En juin 1940, il fait le voyage de Bordeaux pour tenter, sans succès, de convaincre le gouvernement Pétain de continuer la guerre en Afrique du Nord avec les approvisionnements anglo-saxons. Cette prééminence accordée aux Alliés le met en opposition durable avec le général de Gaulle.

Incorporé à titre exceptionnel dans la fonction publique britannique, Monnet organise les approvisionnements depuis Washington, ce qui ne l'empêche pas de jouer la carte Giraud, avant de se rallier à de Gaulle à l'été 1943. De septembre 1943 à avril 1945, il est l'artisan des accords de crédit et de prêt-bail entre les Américains et la France libre pour un montant d'un milliard de dollars. Son expérience le désigne, le 21 décembre 1945, pour être le commissaire général du premier plan de modernisation et d'équipement français. Ses objectifs : rétablir en quatre ans la production nationale au niveau d'avant la crise de 1929 ; ses moyens : une planification indicative qui optimise les effets du plan Marshall. Le plan, réalisé en partie avec retard, est insuffisant pour sortir la France de son marasme, surtout dans un contexte de guerre froide. Marqué par son échec à la SDN, Monnet souhaite une union européenne fondée sur des objectifs concrets : assurer l'intégration de l'Allemagne fédérale dans le camp occidental par un partenariat avec les pays rhénans visant à développer la production de charbon et d'acier. Tel est le sens de la note Monnet du 3 mai 1950, devenue le 9 le plan Schuman. Le 18 avril 1951 naît la CECA, dont le premier président est Jean Monnet. Malgré l'échec de la Communauté européenne de défense (CED) dont il est l'un des promoteurs, celui-ci milite dès 1955 pour la création d'une Communauté européenne, puis d'un Conseil européen et du premier projet d'Union monétaire au début des années 1970. Jean Monnet a publié des *Mémoires*.

Mons

Ville de Belgique, capitale du Hainaut.

Le croisement des chaussées menant du Cambrésis vers le Brabant avec celles conduisant vers l'Escaut ou la vallée de la Sambre explique l'essor de ce chef-lieu du Hainaut en même temps que son histoire mouvementée. Le nom de la ville rappelle la légère élévation qui fait déjà distinguer ce site par César. Un camp de légionnaires y est établi, auquel fera suite un monastère au milieu du VIIe siècle. La petite cité qui prend son essor à proximité est jugée digne de recevoir la résidence des comtes du Hainaut, lesquels apportent par la suite leur domaine aux maisons de Flandre, puis de Brabant. Tous les maîtres successifs des Pays-Bas y établissent de solides garnisons, prélude à la longue suite de sièges et de combats qui vont amener sous ces murs les belligérants de chaque époque troublée. Le duc de Nassau chasse les Espagnols en 1572 au moment de l'émancipation des Provinces-Unies. Puis apparaissent les Français. Les armées de Louis XIV occupent Mons en 1691 et 1701, celles de Louis XV en 1745, lors du succès de Fontenoy. Les sans-culottes s'imposent à leur tour au lendemain de la brillante victoire de Jemmapes. La production de charbon provenant du bassin du Borinage tout proche explique le considérable essor de la ville au XIXe siècle, de surcroît centre administratif et commercial d'importance. Symbole de son essor, le beffroi Renaissance est visible à des kilomètres à la ronde. C'est ce repère que découvrent les 23 et 24 août 1914 les soldats allemands qui y affrontent avec succès les Britanniques du général French lors de la bataille des frontières, prélude à une retraite qui ne s'arrêtera que sur la Marne et les deux Morins.

Mons-en-Pévèle

Commune du département du Nord, au sud de Lille.

Le 18 août 1304, après des combats acharnés, Philippe IV le Bel bat à Mons les milices communales de Flandre commandées par Jean de Bruges et Guillaume de Juliers. Le roi de France poursuivra ensuite sa marche vers Lille.

Monsabert ou Montsabert Anne Louis Marie François Goilard, comte de Richebourg et de (Angers, 1763 – Paris, 1814)

Magistrat.

Il est, avec d'Éprémesnil, un des meneurs de l'opposition parlementaire à Loménie de Brienne. La déclaration du 4 janvier 1788 demandant l'abolition des lettres de cachet et réclamant la liberté individuelle comme un droit naturel est en grande partie rédigée sous son influence. Il est également un des inspirateurs de la déclaration des lois fondamentales, véritable négation du pouvoir absolu, que le Parlement publie le 3 mai. Brienne décide de le faire arrêter, ainsi que d'Éprémesnil, mais lorsqu'il veut interpeller les deux magistrats en plein Parlement, où ils se sont réfugiés, les parlementaires déclarent leurs collègues « sous la protection de la loi » et s'écrient : « Nous sommes tous d'Éprémesnil et Monsabert. » Rien ne pourra être obtenu au cours de cette séance dramatique qui ne durera pas moins de 30 heures. Mais, le lendemain, les deux magistrats se livreront. Emprisonné, Monsabert sera libéré à la Révolution.

Monseigneur

Titre donné sous l'Ancien Régime au Dauphin de France et aux frères cadets du roi.

Monsieur

Titre donné sous l'Ancien Régime, à partir du XVIe siècle, au frère puîné du roi.

Monsieur (paix de, ou paix de Beaulieu)

Au cours des guerres de Religion, traité signé entre les catholiques et les protestants à Étigny, près de Sens, et confirmé, le 7 mai 1576, par un édit de pacification promulgué à Beaulieu-lès-Loches.

On donne à ce traité le nom de paix de Monsieur car François d'Alençon, frère d'Henri III, impose en fait ses conditions à Catherine de Médicis. Le duc reçoit un immense apanage constitué par l'Anjou, le Maine, la Touraine et le Berry. Le gouvernement de la Guyenne est concédé à Henri de Navarre, celui de la Picardie à Condé. L'édit de pacification rétablit la liberté du culte protestant, sauf à Paris et dans les villes closes, et condamne la Saint-Barthélemy. Les protestants reçoivent huit places fortes, tandis que sont créées des chambres de justice mi-parties. Enfin, Coligny, Montgomery et La Mole sont réhabilités. Cette paix de Monsieur, favorable aux protestants, ne tarde pas à soulever l'indignation des catholiques, entraînant la constitution de la Ligue.

Montagnards

Pendant la Révolution, nom donné aux députés de la Montagne siégeant, à la Convention, sur les bancs les plus élevés de la salle du Manège, à l'extrême gauche, face à la Gironde. Sous la IIe République, le jour où l'Assemblée constituante se réunit pour la première fois, le 4 mai 1848, certains députés de gauche prennent, par romantisme, le surnom de « Montagnards ».

À la Convention, élue au début du mois de septembre 1792, et réunie pour la première fois le 21 de ce mois, les Montagnards ne sont tout d'abord pas très nombreux, un peu plus d'une centaine de députés. Ils seront environ 300 au printemps suivant. Loin de constituer un parti politique, les députés de la Montagne ont des tendances diverses – on y trouve des idéalistes et des aventuriers – et des origines assez semblables à celles des Girondins : ils sont issus de la bourgeoisie, avocats, gens de loi, membres des professions libérales. Parmi les membres les plus célèbres de la Montagne figurent Collot d'Herbois, Billaud-Varenne, Fabre d'Églantine, Legendre, Le Bas, Saint-Just, Desmoulins et Couthon. À leur tête, ceux que l'on appelle parfois les triumvirs : Marat, Danton et Robespierre, tous trois élus de Paris. Malgré leurs divergences d'opinions, ils ont en commun leur hostilité à la Gironde et à la monarchie.

Députés de Paris et des grandes villes, membres des Jacobins ou des Cordeliers, les Montagnards connaissent et comprennent les problèmes de la moyenne bourgeoisie et des classes populaires, des artisans, des boutiquiers, tous ceux qui souffrent de la guerre et de ses conséquences. Réalistes, énergiques, ils comprennent aussi la nécessité de s'appuyer sur le peuple, sur ceux qui ont permis la réalisation de la journée du 14 Juillet et celle du 10 Août, sur les sans-culottes, les sections et la Commune. Pour obtenir l'appui des classes populaires, selon eux, il ne faut pas reculer devant des mesures extraordinaires. Les Montagnards sont donc prêts, dans l'intérêt du peuple, à limiter la liberté individuelle et la propriété privée. Connaissant le rôle joué par le peuple parisien dans les journées révolutionnaires, ils refusent de réduire Paris « à 1/83e d'influence, comme chacun des autres départements », ainsi que le réclame Lasource le 25 septembre. Position qui les oppose encore aux Girondins, de tendance fédéraliste. La moyenne bourgeoisie jacobine, incarnée par Robespierre,

Montagnards
Les Derniers Montagnards, huile sur toile de Charles Ronot, 1882. Vizille, musée de la Révolution française. © *G. Dagli Orti*

sera l'élément moteur de la Montagne, et bientôt de la Convention, imposant à cette dernière une politique de défense contre les périls intérieurs et extérieurs.

À l'automne 1792, les Girondins dominent la Convention, où ils bénéficient de l'appui du Marais. Les Montagnards tentent d'abord de s'entendre avec eux : unanimes, les députés désavouent la loi agraire et la dictature, proclament l'abolition de la royauté, remplacée par la République « une et indivisible ». Le procès du roi exacerbe ensuite les divergences entre les deux groupes. Déjà, la Gironde s'en est prise aux triumvirs, accusant Marat de dictature, écartant Danton du ministère de la Justice, accusant ensuite Robespierre d'ambition et de dictature. En vain, car ce dernier apparaît bientôt comme le chef de la Montagne. Le procès du roi, au cours duquel les Montagnards refusent l'appel au peuple et votent la mort sans sursis, consacre la rupture entre Gironde et Montagne.

Au début de l'année 1793, les autorités révolutionnaires doivent faire face à une situation intérieure qui, à Paris surtout, ne cesse de s'aggraver : crise financière, crise des subsistances, crise sociale, et propagande des Enragés, que combattent Montagnards et Girondins, pour une fois presque unanimes. La situation s'aggrave encore au début du mois de mars avec le désastre de Belgique, la perte de la rive gauche du Rhin, enfin la trahison de Dumouriez. Les Girondins sont de plus en plus attaqués pour leur mauvaise conduite de la guerre. À l'intérieur des frontières, la guerre de Vendée provoque l'exaspération des républicains, les conduisant à s'écarter des Girondins et à se rapprocher des Montagnards, partisans d'une politique de salut public. Pour s'assurer le soutien des masses populaires, les Montagnards imposent, d'abord grâce à l'appui de la Plaine qui abandonne les Girondins, la création du Tribunal révolutionnaire, le 10 mars, puis, après la défaite de Neerwinden, celle des comités de surveillance, le 21 mars. Les Girondins ne peuvent ensuite empêcher l'aggravation des lois contre les émigrés, le 28 mars, la création du Comité de salut public, le 6 avril, le cours forcé de l'assignat, le 11, le maximum des grains, le 4 mai, ni l'emprunt forcé d'un milliard sur les riches, le 11. L'insurrection des sans-culottes, le 31 mai et le 2 juin, élimine bientôt les Girondins, les Montagnards étant dès lors pratiquement libres d'appliquer leur politique de salut public.

Ils n'entendent pas se laisser dominer par les sans-culottes, et veulent maintenant rassurer les possédants et les paysans. Pour donner satisfaction à ces derniers sont votées les lois des 3 et 10 juin, puis du 17 juillet. Les Montagnards hâtent le vote de la Constitution, au mois de juin. Ils doivent faire face à l'agitation royaliste et aux révoltes fédéralistes, tandis qu'à l'extérieur les défaites continuent : les armées républicaines, mal commandées, refluent partout. Face à tous ces périls, les Montagnards sont divisés : à l'extrême gauche, certains veulent donner satisfaction aux Enragés d'Hébert, qui pratiquent une politique de surenchère. D'autres, au contraire, comme Danton, qui domine d'abord le Comité de salut public, semblent assez favorables au mouvement fédéraliste et aux tentatives girondines. Danton écarté du Comité, le 10 juillet, Marat assassiné, le 13, les Montagnards semblent se regrouper autour de Robespierre. Bientôt, autour de ce dernier, se constitue au Comité de salut public un noyau montagnard qui, bien que réunissant des hommes de tendances diverses – Carnot, Prieur de la Côte-d'Or, Prieur de la Marne, Saint-Just, Collot d'Herbois, Couthon, Jean Bon Saint-André et Billaud-Varenne, auxquels se rallient deux hommes du Marais, Barère et Lindet –, maintiendra sa cohésion jusqu'à la victoire. Les Montagnards peuvent à présent imposer le « despotisme de la liberté », sur le plan économique, avec la loi sur l'accaparement, le 26 juillet, suivie le 29 septembre du maximum général des prix et des salaires. Sur le plan politique, la Terreur est mise à l'ordre du jour le 4 septembre et, trois mois plus tard, est constitué le gouvernement révolutionnaire concentrant le pouvoir réel entre les mains des Comités de salut public et de sûreté générale. La loi des suspects est votée le 17 septembre, le Tribunal révolutionnaire est renforcé le 28, tandis que s'accélère la déchristianisation. Les périls intérieurs et extérieurs relativement écartés – les frontières sont dégagées dès la fin de 1793 –, l'unité de la Montagne est compromise par deux affaires, la conspiration de l'étranger, dénoncée par Fabre d'Églantine, puis l'affaire de la Compagnie des Indes. Deux factions tentent d'imposer leurs vues, les Indulgents de Danton, et les Exagérés d'Hébert. En mars-avril 1794, Robespierre triomphe successivement des hébertistes puis des dantonistes, et peut croire qu'il va imposer ses vues, une démocratie égalitaire fondée sur la vertu, en instaurant la « grande terreur ». Cependant, quelques Montagnards corrompus, comme Fouché ou Barras, s'inquiètent des théories de l'« Incorruptible », tandis que d'autres, modérés, se lassent d'une Terreur qui ne leur semble plus s'imposer. En même temps, Robespierre et ses amis se coupent chaque jour davantage des sans-culottes parisiens. L'appui de la Plaine permet aux ennemis de Robespierre de se débarrasser de lui et de ses partisans, le 9 Thermidor (27 juillet 1794).

La réaction thermidorienne s'organise, les Montagnards, pourchassés, perdent toute influence à la Convention : au début de 1795 ne subsiste plus à l'Assemblée qu'un petit groupe de députés montagnards, les Crétois. Les insurrections manquées des 12 Germinal (1er avril) et 1er prairial an III (20 mai 1795) permettent aux thermidoriens de se débarrasser de la plupart des Crétois. Déclarés inéligibles sous le Directoire, les survivants de la Montagne réapparaissent après le coup d'État du 18 fructidor an V (4 septembre 1797), qui les réhabilite, mais disparaissent de la vie politique après le 22 floréal an VI (11 mai 1798).

Sous la IIe République. Dès la première séance de l'Assemblée constituante (4 mai 1848), Barbès décide de siéger sur les bancs les plus élevés de l'extrême gauche. Le 8 novembre, 56 députés d'extrême gauche constituent un groupe politique qui prend officiellement le nom de Montagne. Ses chefs sont Félix Pyat, Delescluze et Ledru-Rollin. Lors de la campagne électorale qui précède l'élection de l'Assemblée législative, au printemps 1849, les Montagnards choisissent pour principal cheval de bataille le droit au travail. Le 13 mai, 180 Montagnards environ, parmi lesquels Ledru-Rollin, sont élus à la Législative. Au mois de juin, les députés montagnards critiquent l'expédition de Rome soutenue par la majorité de l'Assemblée. Le 11 juin, Ledru-Rollin propose la mise en accusation du prince-président et de ses ministres, pour avoir violé l'article 5 de la Constitution. Proposition repoussée le lendemain. Le 13 juin, les Montagnards publient un manifeste condamnant l'expédition de Rome et le gouvernement, et organisent une manifestation de la garde nationale, assez peu suivie à Paris, davantage en province. Louis Napoléon en profite pour se débarrasser de cette minorité gênante. Un certain nombre de députés sont traduits en haute cour et seront déchus, le 8 février 1850. En même temps, le gouvernement ordonne la suspension d'une soixantaine de journaux et expédie en Algérie les militaires soupçonnés de sympathies pour la Montagne. 31 sièges étant soumis à réélection, 21 Montagnards sont élus le 10 mars 1850. La Montagne a donc perdu 10 sièges, mais continue à inquiéter les conservateurs. Pour se débarrasser de cette opposition, le parti de l'Ordre vote successivement la loi du 31 mars 1850, qui restreint le suffrage universel, et celle du 8 juin, qui limite la liberté de la presse en rétablissant notamment le cautionnement. La Montagne se trouve ainsi paralysée, privée des moyens de se faire entendre, et bientôt contrainte à se regrouper dans des sociétés secrètes, favorisant ainsi l'inquiétude des modérés et leur ralliement à Louis Napoléon.

MONTAGU ou MONTAIGU Jean de (?, v. 1349 – Paris, 1409)

Conseiller.

Secrétaire de Charles V, qui l'apprécie beaucoup, Jean de Montagu, au début du règne de Charles VI, fait partie de l'équipe des Marmousets, célèbres conseillers du roi. Grand maître de l'hôtel en 1401, ami du duc d'Orléans, il s'attire la haine du duc de Bourgogne, Jean sans Peur. Ce dernier, profitant d'une crise de folie du roi, fait arrêter son conseiller qui, accusé de sortilège et de malversations, est décapité aux Halles.

MONTAIGNE Michel EYQUEM, seigneur de (château de Montaigne, Dordogne, 1533 – Bordeaux, 1592)

Écrivain et philosophe.

La seigneurie de Montaigne avait été acquise par le grand-père de Michel Eyquem, enrichi dans l'exportation de vins et de poissons salés. Le père du futur écrivain, Pierre Eyquem, après avoir pris part aux guerres d'Italie, devient maire de Bordeaux. Sa mère est issue d'une famille de marranes portugais. Confié dès 2 ans à un pédagogue qui ne lui parle qu'en latin, Montaigne apprendra le français comme une langue étrangère. À 6 ans, il entre au prestigieux collège de Guyenne. À 10 ans, il sait aussi le grec, ce qui est, à l'époque où cette langue est réintroduite par l'humanisme, la marque d'une éducation exceptionnelle. Après des études de droit à Toulouse, il est nommé à 21 ans conseiller à la Cour des aides de Périgueux

Michel de Montaigne
Portrait du XVIe siècle, Chantilly, musée Condé. © *Lauros-Giraudon*

puis, trois ans plus tard, au parlement de Bordeaux. Il y rencontre Étienne de La Boétie, avec lequel il noue une très vive amitié. En 1559, le parlement l'envoie à la Cour pour y régler des affaires. La disparition précoce de La Boétie en 1563, puis celle de son propre père, cinq ans plus tard, l'affectent profondément. Il perdra, de la même façon, quatre de ses cinq enfants après son riche mariage. En 1571, lassé des affaires, il démissionne du parlement et se retire dans la « librairie » – la bibliothèque – du château dont il vient d'hériter, pour se consacrer à l'étude et aux lettres. Mais le début des guerres de Religion le contraint à servir de messager, de 1572 à 1574, pour le compte de l'armée catholique du duc de Montpensier. C'est cependant en 1572 qu'il commence ses *Essais*, entouré de ses auteurs de chevet : Plutarque, Sextus Empiricus, César, Sénèque, Lucrèce… La première édition paraîtra à Bordeaux en 1580. Pour mieux se livrer à l'écriture, il abandonne la charge de gentilhomme de la chambre du roi de Navarre, futur Henri IV. Il ne renonce pas en revanche à un long périple en Allemagne et en Italie lors des années 1579-1581, peut-être pour fuir les violences du temps, mais surtout pour « prendre les eaux » car il souffre de calculs urinaires, de rhumatisme et de goutte.

Élu maire de Bordeaux par les notables de la ville, Montaigne revient en 1581 exercer cette fonction et publier la version définitive de la *Théologie naturelle* de Raymond de Sebonde. Sa politique est des plus sages : de Thou le décrit très informé des affaires de la province ; il défend Bordeaux contre l'influence extrémiste de la Ligue et travaille à un rapprochement entre Henri de Navarre, qu'il reçoit en son château, et Henri III. Mais en 1585, durant l'épidémie de peste, il préfère quitter sa mairie et s'éloigner. À la fin des années 1580, il compose le livre III des *Essais,* nourri de sa lecture des historiens – Tacite ou Philippe de Commyne (1447-1511) – et de sa correspondance avec le Flamand Juste Lipse (1547-1606), un des derniers grands humanistes. Une quatrième édition des *Essais* paraît en 1588 à Paris, où Montaigne est reçu par Mlle de Gournay, une disciple devenue sa « fille d'alliance », qui veillera à la publication de son œuvre après sa disparition. Il rend visite à Henri III et assiste, en simple témoin, aux états généraux de 1588 à Blois. De retour chez lui, il lit saint Augustin, Aristote et des récits de voyages. Ses annotations en marge de ses *Essais* accentuent leur tour autobiographique et intimiste. En 1590, il écrit à Henri IV pour lui exposer ses idées politiques. Séduit, le roi de France l'appelle auprès de lui. Montaigne, jaloux de sa tranquillité, décline l'offre. Il disparaît le 13 septembre 1592 à 59 ans. Trois ans plus tard, Mlle de Gournay publie et préface une cinquième édition augmentée des *Essais.*

Les *Essais* sont éclipsés au XVIIe siècle, notamment parce que les jansénistes disqualifient les convictions religieuses, trop tièdes à leurs yeux, qui s'y déploient. Le XVIIIe siècle, épris de religion naturelle, les redécouvre en même temps qu'est mis au jour *Le Journal de voyage en Suisse et en Italie par la Suisse et l'Allemagne*. L'engouement s'accentue au XIXe siècle grâce à Sainte-Beuve. Plus qu'une véritable autobiographie, les *Essais* sont un carnet de bord qui dessine l'itinéraire intellectuel et moral d'un homme libre. Montaigne, s'il souligne les contradictions de sa propre nature, débouche sur l'impuissance de l'homme à saisir une autre vérité que relative et fugace. D'où son attirance pour un christianisme mesuré, teinté de stoïcisme antique, et son dégoût des fanatismes rivaux qui ensanglantent son époque. Ses pérégrinations – littéraires, à travers ses livres aimés ou géographiques, à travers l'Europe – le confirment dans la relativité des croyances et des mœurs. Loin de livrer une doctrine, les *Essais* déclinent des préceptes pour « jouir loyalement de son être » : fuir la tentation du pouvoir ou de l'idéologie, cultiver des amitiés choisies, se connaître et connaître autrui parce que « chaque homme porte la forme entière de l'humaine condition ». À ce compte, la vie de Montaigne est un fidèle reflet de son programme.

MONTALEMBERT Charles FORBES, comte de (Londres, 1810 – Paris, 1870)

Homme politique.

Fils d'un diplomate émigré en Angleterre, arrivé à Paris dans sa dixième année, il poursuit ses études dans la capitale, où il se lie avec Lacordaire, puis avec Lamennais. En leur compagnie, il participe en 1830 à la fondation de *L'Avenir*, dans lequel il défend avec passion la cause des Polonais, et celle des Irlandais qu'il a appris à connaître quelques années auparavant au cours d'un voyage. Avec Lacordaire, et sans autorisation, Montalembert ouvre à Paris en 1831 une école libre catholique, ce qui lui vaut d'être poursuivi. Son père, membre de la Chambre des pairs, étant mort, Montalembert demande à être jugé par cette Chambre et prononce devant elle un retentissant discours sur la liberté de l'enseignement. En 1834, il rompt avec Lamennais qu'il a vainement tenté de détourner de sa révolte contre la papauté. À la pairie, où il siège depuis 1835, Montalembert apparaît bientôt comme le chef des catholiques libéraux et de l'opposition à la monarchie de Juillet. Il prononce d'éloquents discours sur la liberté religieuse, celle de l'enseignement, les catholiques suisses, l'indépendance de la Pologne, etc. Pour réaliser sa grande idée, la liberté de l'enseignement, il préconise la création d'un parti « catholique avant tout » et participe en 1844 à la constitution d'un comité directeur pour la défense de la liberté religieuse, dont l'organe est *L'Univers*. Rallié en 1848 à la République, député du Doubs à l'Assemblée constituante, Montalembert évolue vers la droite après les journées de Juin, dont il approuve la répression. Le député du Doubs vote cependant contre le projet de loi rétablissant le cautionnement et contre la mise en accusation de Louis Blanc.

En octobre 1848, avec Falloux et l'abbé Dupanloup, il fonde une nouvelle feuille, *L'Ami de la religion*, par laquelle il veut lutter contre le socialisme chrétien. Réélu à l'Assemblée législative en mai 1849, Montalembert soutient le prince-président, approuve l'expédition de Rome et vote la loi Falloux. Il apporte ensuite son appui au coup d'État de Louis Napoléon, mais ne tarde pas à revenir à l'opposition. Non réélu en 1857, il vit dès lors dans la retraite, se consacrant à la préparation de ses travaux historiques et à ses articles du *Correspondant*, dans lesquels il condamne les théories ultramontaines de *L'Univers*. Face à Louis Veuillot, chef des ultramontains, Montalembert redevient le chef des catholiques libéraux. Au congrès de Malines, en 1863, il réclame dans un discours fameux l'« Église libre dans l'État libre », ce qui lui vaut d'être blâmé par Pie IX. Affligé en 1864 par la publication du *Syllabus*, le chef des catholiques libéraux se prononce ensuite, lors du concile du Vatican (1869-1870), contre l'infaillibilité pontificale. Membre de l'Académie française depuis 1851, Montalembert a publié de nombreux ouvrages, d'histoire médiévale notamment, comme l'*Histoire de sainte Élisabeth* (1836) et *Les Moines d'Occident depuis saint Benoît jusqu'à saint Bernard* (1860-1877).

MONTALEMBERT Marc René, marquis de (Angoulême, 1714 – Paris, 1800)

Général.

Entré dans l'armée en 1732, il se signale pendant la guerre de Succession d'Autriche et devient en 1742 capitaine des gardes du prince de Conti. Pendant ses loisirs, il étudie les sciences militaires et, en particulier, l'art des fortifications. En 1750, il fait construire près d'Angoulême, sur ses terres de Ruelle, d'importantes forges qui fournissent bientôt à la marine canons et projectiles. Attaché pendant la guerre de Sept Ans aux états-majors suédois et russe, Montalembert dirige notamment les opérations menées en Poméranie. Maréchal de camp en 1761, il sert ensuite en Bretagne, prépare son ouvrage sur les fortifications, et applique son système, dit per-

Charles de Montalembert
Portrait du comte par A. Pichon, XIXe siècle. © *Lauros-Giraudon*

pendiculaire, à la fortification de l'île de Ré. En 1779, le marquis défend avec succès l'île d'Aix contre les attaques anglaises. Lorsque éclate la Révolution, il en adopte, avec modération, les idées de réforme, mais ne peut, en 1790, obtenir de l'Assemblée constituante le paiement de six millions dus par la marine à laquelle il a cédé ses forges de Ruelle. Montalembert émigre alors quelque temps en Angleterre, puis regagne la France, prodiguant à plusieurs reprises ses conseils à Carnot et au comité militaire. Son ouvrage capital, *La Fortification perpendiculaire*, comprend onze volumes édités de 1776 à 1794. L'auteur y apparaît comme un précurseur de la fortification moderne, faisant progresser un art qui n'avait guère évolué depuis Vauban. Adaptant la fortification à l'évolution de l'armement, il préconise d'éloigner autant que possible la zone des combats de l'enceinte. Bien que repoussées par les ingénieurs français, ses théories seront adoptées dans toute l'Europe.

MONTALIVET Jean Pierre BACHASSON, comte de (Sarreguemines, 1766 – Lagrange, près de Pouilly-sur-Loire, 1823)

Homme politique.

Ancien officier de dragons de l'armée royale, il exerce à Valence le métier d'avocat lorsque y séjourne Bonaparte, nouvellement promu. Conseiller au parlement de Grenoble, ce juriste se rallie à la Révolution et rejoint les armées de la République en Italie. Nommé maire de Valence, Montalivet accomplit une fulgurante carrière à la faveur de la réussite de Bonaparte. Préfet de la Manche en 1801, de Seine-et-Oise en 1804, conseiller d'État en 1805, directeur général des Ponts et Chaussées en 1806, comte en 1808, il couronne sa réussite par le portefeuille de l'Intérieur de 1809 à 1814. Rallié à Napoléon durant les Cent-Jours, nommé intendant de la couronne, l'ancien ministre est néanmoins traité avec mansuétude par Louis XVIII qui lui accorde la pairie en 1819.

MONTALIVET Marthe Camille BACHASSON, comte de (Valence, 1801 – Paris, 1880)

Homme politique.

Fils du précédent. Sorti de l'École polytechnique en 1820, il occupe à son tour le siège laissé vacant par son père à la Chambre haute en 1823. Sa réussite dépendra cependant de la monarchie de Juillet et de la protection de la famille d'Orléans. Ministre de l'Intérieur en novembre 1830, Montalivet réoccupe ce poste en 1832 dans le cabinet Casimir-Perier puis dans celui de Molé (1837-1839), après un court passage à l'Instruction publique en 1831. Exerçant en outre les fonctions d'intendant général de la liste civile, le comte de Montalivet, membre de l'Académie des beaux-arts depuis 1840, supervise le département des musées royaux, aménageant le Louvre et Fontainebleau et surtout transformant à son tour le château de Versailles en musée. Après les événements de 1848, l'ancien ministre veille sur les biens de la maison d'Orléans en exil, défend la mémoire de Louis-Philippe et ne sort de son isolement que sous la IIIe République, acceptant en 1879 un siège de sénateur.

MONTAUBAN

Mons Albanus. *Ville du Bas-Quercy, chef-lieu du département de Tarn-et-Garonne depuis le Premier Empire.*

On attribue la fondation de *Mons Albanus* à Alphonse Jourdain, comte de Toulouse, en 1144. Cinq ans après, les moines de l'abbaye voisine de Saint-Théodard font reconnaître leurs droits sur la cité par le moyen d'un pariage. Rapidement, Montauban se développe au point de devenir en 1317 le siège d'un évêché et plus tard d'une Cour des aides. Livrés aux Anglais en 1360 par le traité de Brétigny, les Montalbanais refusent d'abord, comme les Cadurciens, de se soumettre. Puis ils cèdent. Mais, avec Rodez, Montauban sera l'une des premières villes de Guyenne à chasser l'occupant. Montauban joue un rôle important durant les guerres de Religion. En 1560, l'évêque Jean de Lettes se convertit au calvinisme, imité bientôt par la quasi-totalité de la population. Monluc puis Terride attaquent vainement la place qui, en 1570, à la suite de la conclusion du traité de Saint-Germain, est laissée aux protestants pour leur sûreté. De fait, ceux-ci s'y retranchent si bien que, dans les premières années du XVIIe siècle, Montauban reste la capitale des huguenots de Guyenne. Avec Henri de Rohan, l'ardeur religieuse des protestants sert de support à une ample rébellion féodale qui appelle une réaction immédiate de Louis XIII. Mais le siège royal de 1621 ne vient pas à bout de la résistance montalbanaise. Le roi obtient sa revanche plus tard et, en 1629, Richelieu fait raser les remparts. Sous Louis XIV, les dragonnades puis la peste portent un coup très dur à la prospérité de Montauban, devenue depuis 1635 chef-lieu de la généralité de Haute-Guyenne. Supprimé en 1790, l'évêché a été rétabli en 1822 comme suffragant de Toulouse.

MONTAUBAN Jean de (?, 1412 – Tours, 1466)

Amiral de France.

Fils d'un officier d'Isabeau de Bavière, il devient chambellan et conseiller de Charles VII. Maréchal de Bretagne, il sert sous les ordres du connétable de Richemont. Jean de Montauban participe ensuite avec éclat à la reconquête de la Normandie, obtenant en récompense, en 1450, le titre de bailli du Cotentin. Trois ans plus tard, il se distingue à la bataille de Castillon. Devenu un des favoris du Dauphin, le futur Louis XI, il est nommé par ce dernier, à son avènement, grand maître des Eaux et Forêts, et bientôt amiral de France.

MONTAUSIER Charles de SAINTE-MAURE, marquis puis duc de (?, 1610 – Paris, 1690)

Homme de guerre.

Il combat bravement à Casal (Italie) en 1630, et au siège de Brisach en 1636, ce qui lui vaut le grade de maréchal de camp. Pour séduire la fille de Mme de Rambouillet, Julie d'Angennes, dont il est tombé amoureux, il compose une anthologie poétique, *La Guirlande de Julie* (1641). Reparti sous les drapeaux, Montausier est prisonnier des Impériaux pendant la déroute de Dilligen (1643). Deux ans plus tard, il épouse Julie d'Angennes et, en même temps, abjure le protestantisme. Durant la Fronde, il demeure fidèle à la Cour. Affrontant les rebelles dans le Midi et dans l'Ouest, il est blessé au cours de la bataille de Montancier (1652). Chevalier des ordres du roi (1662), gouverneur de Normandie (1663), duc et pair (1664), Montausier atteint le sommet de sa carrière lorsque Louis XIV lui confie l'éducation du Dauphin (1668). Bien que d'abord revêche et d'humeur hypocondriaque – il inspira peut-être à Molière l'Alceste du *Misanthrope* –, Montausier n'aura jamais cessé de protéger les écrivains. Valentin Conrart, premier secrétaire perpétuel à l'Académie française, Guez de Balzac, Gilles Ménage et Jean Chapelain furent ses amis. On doit au duc de Montausier les publications revues et corrigées des auteurs latins classiques, publications dites *ad usum Delphini*, et un *Recueil de maximes morales et politiques*.

MONTBÉLIARD

Ville du département du Doubs située sur le canal du Rhône au Rhin, à 66 km au nord de Besançon et à 18 km au sud de Belfort.

La cité doit son origine à un château médiéval lui-même érigé sur l'emplacement d'un ancien *castrum* romain. Cette éminence est le *mons Beliardus*, qui passe dans les chroniques locales pour avoir donné son nom à la localité. Érigée en commune en 1283, celle-ci devient par la suite le chef-lieu d'un comté inféodé aux ducs de Wurtemberg.

MONTBÉLIARD (comté de)

Ancien comté délimité par la Suisse à l'est (région de Porrentruy), la région de Belfort au nord, la Franche-Comté à l'ouest (région de Lure) et au sud (régions de Pont-de-Roide et de l'Isle-sur-le-Doubs). Il comprenait les seigneuries de Blamont, de Chatelot, de Montbéliard, d'Héricourt et d'Étobon.

Situé entre la chaîne du Jura et les Vosges méridionales, aux confins de l'Alsace et de la Bourgogne, ce petit territoire voit défiler dans l'Antiquité et au Moyen Âge tous les envahisseurs transitant par le seuil de Bourgogne ou trouée de Belfort : Celtes, Gaulois Séquanes, légionnaires romains, Burgondes. À la fin de l'ordre carolingien, de petits seigneurs locaux font la loi, appartenant successivement aux familles de Mousson (1024-1162), de Chalon (1162-1332), de Montfaucon. Ces derniers prennent le titre de comte et relèvent du Saint Empire romain germanique. En 1407, le mariage d'Henriette d'Orbe et d'Éberhard de Wurtemberg fait passer ce domaine dans les possessions de la maison de Wurtemberg. Celle-ci conserve le comté jusqu'en 1796, y implantant, au XVIe siècle, le luthéranisme. Cela vaut au petit territoire maintes invasions menées à partir de Besançon, de Lorraine ou de Belfort par les ducs de Guise, les troupes de Louis XIII et de Louis XIV. Le traité de Ryswick rend, en 1697, le pays de Montbéliard à la dynastie wurtembergeoise. Les contingents de Louis XV y reviennent en 1734 puis de 1740 à 1748, l'évacuation étant obtenue en échange d'un hommage rendu au roi de France par Charles-Eugène de Wurtemberg.

L'annonce des événements de 1789 en France incite les paysans du comté à demander la fin des servitudes. Charles-Eugène se réfugie à Stuttgart. Au mois de septembre 1792, des arbres de la liberté sont plantés, et les habitants réclament au duc de Wurtemberg l'abolition des privilèges seigneuriaux. Le 10 avril 1793, sur ordre de Custine, 200 soldats de l'armée du Rhin occupent Montbéliard. Mais il faut attendre le 7 août 1796 et la signature d'une convention entre le général Moreau et le duc de Wurtemberg (dont les troupes ont été battues en tentant d'interdire l'entrée de la Forêt-Noire) pour voir consacrer officiellement une situation de fait. Le territoire est rattaché aux départements de la Haute-Saône et du Mont-Terrible en 1797, puis du Doubs à la chute de l'Empire, en 1814. À cette époque, se souvenant que sa mère, l'impératrice Marie Feodorovna (Sophie-Dorothée de Wurtemberg) est elle-même duchesse de Wurtemberg par naissance, et par conséquent comtesse de Montbéliard, le tsar Alexandre Ier, venu de Bâle avec ses contingents austro-russes, ordonne à ses lieutenants de protéger l'ancien comté de toute exaction et même de ravitailler la population, mesure appréciée des habitants en ce rude hiver de janvier 1814. De même, le souverain russe intervient auprès des alliés pour qu'une des clauses du premier traité de Paris (30 mai 1814) confirme le rattachement de l'ancien comté à la France.

En janvier 1871, l'armée de Bourbaki s'efforçant de délivrer Belfort donne en vain l'assaut contre les défenses allemandes de la Lisaine, près d'Héricourt. En septembre 1944, les Allemands en retraite s'accrocheront aux limites de l'ancien comté, qui ne sera libéré par l'offensive de la Ire armée du général de Lattre de Tassigny, en direction de Belfort, qu'à la mi-novembre.

MONTCALM de SAINT-VÉRAN Louis Joseph, marquis de (château de Candiac, près de Nîmes, 1712 – Québec, 1759)

Général.

Entré dans l'armée à l'âge de 15 ans, capitaine en 1729, colonel en 1743, Montcalm se distingue au cours de la guerre de Succession d'Autriche, recevant notamment trois blessures à la bataille de Plaisance, en 1746. Passé dans la cavalerie, il y obtient le grade de brigadier. Maréchal de camp en 1756, il reçoit, après la capture du baron Dieskau, le commandement des troupes du Canada. Malgré l'infériorité numérique de ses hommes face aux Anglais, Montcalm parvient, grâce à son courage et à son habileté, à s'emparer du fort d'Oswego, en août 1756, et, un an plus tard, du fort William Henry. En 1758, abandonné par le ministère qui ne lui envoie ni vivres ni renforts, il parvient, au prix d'une héroïque défense, à contenir les Anglais d'Abercromby, près de Fort-Carillon. Mais il ne peut ensuite empêcher l'ennemi de s'emparer de plusieurs places importantes, comme Louisbourg. En 1759 débarquent d'importants renforts anglais commandés par le général Wolfe. En désaccord avec le gouverneur Vaudreuil qui aurait souhaité rencontrer l'ennemi loin de Québec, mal fortifié, Montcalm attaque les troupes anglaises, débarquées à proximité dans les plaines d'Abraham : au terme d'une sanglante bataille, ses troupes sont vaincues et en déroute. Lui-même, blessé, mourra le lendemain. Son adversaire, le général Wolfe, connaîtra le même sort. Québec capitulera peu après.

MONTEBELLO (bataille de)

Bataille livrée le 9 juin 1800 durant la campagne d'Italie, par le général Lannes, contre les Autrichiens du général Ott.

Après une résistance opiniâtre, les soldats autrichiens se replient sur Alexandrie, abandonnant à l'avant-garde de l'armée française 3 000 morts, 5 000 prisonniers, 6 pièces de canons et de nombreux drapeaux : « Ce fut chaud, dira Lannes, les os de nos grenadiers craquaient sous les balles autrichiennes comme un vitrage sous la grêle. » Précédant de quelques jours la victoire décisive de Marengo (14 juin), cette bataille vaudra à Lannes le titre de duc de Montebello.

MONTENEUF (site de)

Non loin de la ville de Guer, dans le Morbihan, le site mégalithique de Monteneuf, appelé les « Pierres Droites », a récemment retrouvé son aspect d'origine.

Jusqu'en 1989, seuls trois menhirs se dressaient encore sur la lande. C'est à cette date que, sous la direction d'Yves Leclerc, les travaux de redressement des pierres couchées et les fouilles ont révélé le grand intérêt du site. Près de quatre cents pierres ont été recensées sur une superficie d'environ sept hectares. Les menhirs s'organisent selon six files parallèles d'est en ouest. L'originalité de ces alignements vient du fait que certaines pierres ont été plantées volontairement hors de la ligne, ce qui permettra sans doute de revenir sur les thèses astrales avancées à propos de la disposition des monolithes. L'autre intérêt de Monteneuf est de posséder des sites d'extraction des pierres. En 1995, une grande carrière de cinquante mètres de long et trois mètres de profondeur a été systématiquement fouillée. On peut y constater comment, lors de la dernière glaciation (IIe millénaire), des blocs schisteux se sont détachés de leur couche géologique, et comment les hommes du Néolithique ont tiré parti de ce phénomène naturel pour détacher de grandes pierres avec des outils en grès. Ensuite ils façonnaient les monolithes et les traînaient jusqu'à l'endroit où ils les dressaient. Des traces laissées sur le sol montrent le trajet suivi pour déplacer ces énormes blocs.

MONTEREAU

Ville de Seine-et-Marne située au confluent de la Seine et de l'Yonne, ce qui explique l'appellation courante, pour la désigner, de Montereau-Fault-Yonne.

L'origine en est un monastère (*Monasterium Senonum*) fondé au VIIIe siècle. Les comtes de Sens y construisirent une forteresse au XIe siècle. Par la suite, le nom de Montereau sera associé à d'importants événements : meurtre du duc de Bourgogne Jean sans Peur sur le pont fortifié par des palissades en 1419 ; prise par les Anglo-Bourguignons en 1420, reprise par les Français en 1437 ; enfin victoire de Napoléon sur les Autrichiens de Schwarzenberg le 18 février 1814.

MONTESPAN Françoise Athénaïs de ROCHECHOUART de MORTEMART, marquise de (Lussac-les-Châteaux, 1640 – Bourbon-l'Archambault, 1707)

Favorite royale.

La marquise de Montespan
Portrait de la favorite de Louis XIV. Huile sur toile, école française du XVIIe siècle, musée de Versailles. © *CFL-Giraudon*

Fille de Gabriel de Rochechouart, prince de Tonnay-Charente, duc de Mortemart. On l'appelle, à la Cour, Mlle de Tonnay-Charente. En 1663, elle épouse Louis de Pardaillan, marquis de Montespan. Blonde beauté épanouie, elle supplante bientôt, dans le cœur de Louis XIV, Louise de La Vallière, dont elle avait gagné l'amitié. Elle mettra néanmoins sept ans à devenir la seule maîtresse royale officielle (1674). L'avidité, l'orgueil, l'esprit mordant des Mortemart expliquent qu'elle ait de nombreux ennemis : la Grande Mademoiselle, le duc de Lauzun, ou encore Bossuet ne la ménagent guère. Elle donnera huit enfants à Louis XIV. Deux mourront en bas âge, les six autres seront légitimés : le duc du Maine, le comte de Vexin, Mlle de Nantes, Mlle de Tours, Mlle de Blois (qui épousera Philippe d'Orléans, le futur Régent), enfin le comte de Toulouse. Louis XIV délaissera la marquise de Montespan pour Marie Angélique de Scorraille de Roussille, créée duchesse de Fontanges.

Cette dernière morte en couches (1681), Mme de Montespan ne rentre pas en grâce, étant gravement compromise par l'affaire des Poisons qui a déjà éclaboussé la duchesse de Soissons, Mme de Vivonne, Mme de La Mothe, Mme des Œillets. La fille de l'empoisonneuse Mauvoisin, dite la Voisin, Marguerite, avoue au lieutenant de police La Reynie, le lendemain de l'exécution de sa mère, que celle-ci a souvent reçu la visite de la marquise de Montespan, que cette dernière a participé activement à trois messes noires assorties d'assassinats de nouveau-nés, et qu'elle a même réclamé de la « poudre de succession » afin de se débarrasser du roi. Les sorciers Lesage et Mariette, complices de la Voisin, corroborent ces dires. Louis XIV renoncera aux poursuites judiciaires, mais se détachera de sa maîtresse et n'aura plus avec elle que des relations officielles. La marquise de Montespan a laissé d'intéressants *Mémoires*.

MONTESQUIEU Charles de SECONDAT, baron de La Brède et de (château de La Brède, près de Bordeaux, 1689 – Paris, 1755)

Écrivain et philosophe.

Né d'un père capitaine des chevau-légers, il passe sa première enfance au château de La Brède, avant d'être élève des oratoriens de Juilly, près de Meaux (1700-1705). Puis il étudie le droit à Bordeaux où il est reçu avocat en 1708. Au cours d'un séjour de quatre ans à Paris, il parfait ses connaissances, notamment en histoire. Après la mort de son père en 1713, il est reçu, en 1714, conseiller au parlement de Bordeaux puis, deux ans plus tard, en 1716, hérite de la charge de son oncle, président à mortier. S'il remplit consciencieusement ses fonctions de magistrat, son activité embrasse bien d'autres domaines. En 1716, il entre à l'académie de Bordeaux, fondée depuis peu, et lui réserve ses premiers écrits. De nature politique, économique mais aussi scientifique, ceux-ci révèlent une personnalité équilibrée, curieuse de tout, mais très intellectuelle, qui croit à la valeur des méthodes expérimentales dans tous les domaines de la connaissance. Ce souci d'analyse critique, Montesquieu l'applique aux phénomènes sociologiques dans les piquantes *Lettres persanes* qu'il publie en 1721 à Amsterdam et dont l'anonymat ne trompe personne. Le retentissement de cet ouvrage, qui frise le scandale, est énorme. Outré, le cardinal de Fleury refuse son agrément à la candidature de l'écrivain à l'Académie française. Mais les salons parisiens lui ouvrent leurs portes et, de 1722 à 1725, Montesquieu mène une vie mondaine, fréquente le club de l'Entresol et publie *Le Temple de Cnide* (1725). Il mène en même temps l'administration de son domaine, notamment de ses vignobles. Mais, pour mieux se consacrer à son œuvre littéraire, il vend sa charge en 1726 et afferme ses terres si habilement qu'il en tire 30 000 livres de rentes, grâce à quoi, après son élection à l'Académie française en 1727, il entreprend de parcourir l'Europe. En 1728-1729, Montesquieu voyage en Italie, en Allemagne, en Autriche, en Suisse, en Hollande puis, de 1729 à 1731,

Charles de Montesquieu
Portrait anonyme. © *Lauros-Giraudon*

séjourne en Angleterre dont il étudie le régime parlementaire. Après quoi il se réfugie à La Brède où il tire de l'énorme documentation qu'il a accumulée un essai de nature philosophique, *Considérations sur les causes de la grandeur des Romains et de leur décadence* (1734). De 1735 à 1748, il vit tantôt à La Brède, tantôt à Paris, continue de fréquenter les salons, mais prépare surtout ce qui sera son grand œuvre, *De l'esprit des lois*, qui paraît à Genève en 1748, encore une fois sans nom d'auteur. Le succès est là aussi considérable. Vingt-deux éditions s'enlèvent en deux ans. Mais jésuites et jansénistes se réconcilient contre lui. Montesquieu réplique en 1750 par la *Défense de l'Esprit des lois*, ce qui n'empêchera pas que l'ouvrage, déjà condamné par la Sorbonne, soit mis à l'index par l'Église (1751).

Armé d'hypothèses de travail (ses « principes »), mais dépourvu de tout fanatisme, Montesquieu élabore une théorie du droit public et privé ainsi qu'une analyse sociologique qui vont dominer le siècle des Lumières et inspirer Chateaubriand dans l'*Essai sur les révolutions*, Talleyrand au congrès de Vienne, Benjamin Constant, Mme de Staël, ou encore Tocqueville. Selon lui, chaque civilisation forme un tout original où interfèrent la géographie, les mœurs et la religion, la vie économique et les institutions politiques. Du jeu de ces différentes séries de causes résulte un « esprit général » propre à chaque nation aux diverses époques de son histoire. L'historien doit avoir présents à l'esprit ces différents rapports s'il veut juger sainement des mœurs, des coutumes et des institutions : ils constituent précisément l'« esprit des lois ».

Montesquieu consacre les dernières années de sa vie à plusieurs voyages entre Bordeaux et Paris et, malgré la quasi-cécité qui le gagne, à la rédaction d'œuvres plus proprement littéraires. En 1754, à la demande de Diderot, il rédige l'article « Goût » de l'*Encyclopédie*. Les relations entre les deux hommes ne vont toutefois pas plus loin. Il meurt sans avoir eu le temps de mettre en forme une grande partie de son œuvre, notamment ses *Notes de voyage* et ses *Lettres*, dont certaines ne seront publiées qu'en 1941. Mais ce sont ses *Pensées*, publiées elles aussi pour la première fois en 1899, qui révèlent le mieux sa personnalité : sans biaiser avec aucune censure, car il les avait écrites pour lui seul de 1740 à sa mort, il y consigne son dernier mot sur toutes choses, et y paraît sous un jour plus humain, masquant sous les dehors d'une raison un peu froide des ressources insoupçonnées de sensibilité et de tendresse. Par son intuition, par sa méthode qui se voulait dialectique, Montesquieu a beaucoup apporté à la pensée moderne et mérite, de ce fait, de figurer parmi les plus grands noms du XVIIIe siècle. Certaines de ses idées, comme la nécessité de séparer les trois pouvoirs, inspirèrent les constituants de 1791, et il contribua à fixer la définition des libertés fondamentales que devait défendre le XIXe siècle.

MONTESQUIOU Pierre de, comte d'Artagnan : voir ARTAGNAN

MONTESQUIOU-FEZENSAC Anne Pierre, marquis de (Paris, 1739 – Paris, 1798)

Général.

Appartenant au corps des mousquetaires, colonel en 1761, maréchal de camp en 1780, il est accueilli à l'Académie française en 1784 en remplacement de Jean-Gilles Coëtlosquet, évêque de Limoges et précepteur des enfants royaux sous Louis XV. Les États généraux de 1789 le trouvent parmi les représentants de la noblesse. Attaché à la cause royale, Montesquiou n'en manifeste pas moins de la sympathie pour la Révolution et prend une part déterminante à la conquête de la Savoie, où il pénètre le 21 septembre 1792 à la tête de l'armée des Alpes, renforcée par la légion des Allobroges. Cependant, son origine et son passé font planer un doute sur sa sincérité républicaine, et un décret d'accusation est même établi. Prévenu à temps, le commandant de l'armée de Savoie passe en Suisse et ne rentre en France que sous le Directoire. Le marquis de Montesquiou a laissé des pièces de théâtre.

MONTESQUIOU-FEZENSAC François-Xavier Marc Antoine de (Château de Marsan, Armagnac, 1756 – Château de Cirey, près de Troyes, 1832)

Homme politique.

Abbé de Beaulieu en 1782, agent général du clergé en 1785, député aux États généraux, il prend une grande part, à la suite de Talleyrand, aux travaux concernant les questions religieuses et s'oppose à la Constitution civile du clergé. Émigré en Angleterre en 1792, il rentre trois ans plus tard à Paris pour se joindre au Comité royaliste. Représentant des Bourbons, il porte à Bonaparte la célèbre lettre dans laquelle Louis XVIII adjure le Premier Consul de restaurer la dynastie légitime (juin 1800). Cette insolence lui vaut d'être exilé à Menton. Louis XVIII n'oubliera pas ses services. Avec le titre de commissaire du roi, l'abbé de Montesquiou sera l'un des rédacteurs de la Charte et, de mai 1814 à mars 1815, ministre de l'Intérieur. À la Seconde Restauration, il sera créé ministre d'État, comte puis duc et pair. L'Académie française reconstituée l'admettra parmi ses membres en 1816.

MONTESSON Charlotte Jeanne BÉRAUD de LA HAIE de RIOU, marquise de (Paris, 1738 – Paris, 1806)

Duchesse d'Orléans.

Mariée à 16 ans au marquis de Montesson, tante par alliance de Mme de Genlis, elle perd son mari en 1769. Quatre ans plus tard, la marquise de Montesson épouse secrètement le duc Louis Philippe d'Orléans dit le Gros, petit-fils du Régent et père du futur Philippe Égalité. Le duc était veuf de Louise-Henriette de Bourbon-Conti depuis 1759. Avec lui, Charlotte tient au château de Bagnolet une cour brillante. Après avoir échappé à la mort sous la Terreur, la marquise obtiendra sous l'Empire, grâce à la protection de Joséphine, la restitution de ses biens.

MONTFAUCON

Bourg du département de la Meuse, à une quarantaine de kilomètres au nord-ouest de Verdun.

La butte de Montfaucon constitue un parfait observatoire entre les vallées de l'Aire et de la Meuse. Après s'en être emparés durant leur avance d'août 1914, les Allemands transforment le site en véritable forteresse, car la vue porte sur toute la région de Verdun et en particulier sur les collines de la rive gauche de la Meuse. Les installations de défense et d'observation sont si remarquables que le kronprinz prend l'habitude de faire visiter le lieu à tout invité de marque. Durant la bataille de Verdun, les indications fournies par les observateurs d'artillerie permettent de régler les tirs lors des farouches combats autour du Mort-Homme et de la cote 304. Au mois de septembre 1918, le secteur de l'Argonne incombe aux forces américaines du général Ligget. Le 26, ces troupes franchissent la vallée de l'Aire et partent à l'assaut des hauteurs. Au cours de l'action, le 3e corps a l'honneur de s'emparer de l'observatoire de Montfaucon dans la journée du 27, malgré une résistance acharnée de la garnison allemande. Depuis cette date, Montfaucon demeure, avec le bois Belleau et divers sites de l'Aisne et de l'Argonne, un des hauts lieux d'héroïsme du corps expéditionnaire de Pershing.

MONTFAUCON (gibet de)

Le gibet de Montfaucon était édifié dans un lieu-dit situé au nord-est de Paris, entre les faubourgs Saint-Martin et du Temple, dans l'actuel XIXe arrondissement.

Au XIIIe siècle sont dressés à Montfaucon, sur une butte naturelle, seize piliers de pierre réunis par des poutres de bois, sur trois étages. Aux chaînes suspendues à ces poutres sont accrochés les corps des suppliciés, qu'on laisse pourrir à la vue de tous. Inutilisé depuis le XVIIe siècle, démoli en 1761, le gibet est alors reconstruit à La Villette et utilisé, jusqu'à la Révolution, pour l'exposition des coupables. Parmi les plus célèbres suppliciés de Montfaucon figurent Pierre de La Brosse, Enguerrand de Marigny – dont le corps restera exposé un an –, Olivier Le Dain, et Semblançay. François Villon a consacré au gibet de Montfaucon une de ses œuvres les plus connues, la *Ballade des pendus*.

MONTFORT Amaury VII, comte de (?, 1192 – Otrante, 1241)

Homme de guerre.

Fils de Simon IV, il lui succède dans ses possessions languedociennes en 1218. Moins doué que son père, ayant à affronter des obstacles qui ne cessent de grandir, il est forcé de lever le siège de Toulouse entrepris par son père qui y a trouvé la mort, ce qui provoque la défection rapide de toutes les places du comté. Il quitte définitivement le pays et cède tous ses droits au roi Louis VIII en 1224. Nommé connétable en 1230, il partira pour la Palestine en 1239.

MONTFORT Guy de (? – Varilhes, près de Pamiers, 1228)

Homme de guerre.

Frère cadet de Simon IV, il est seigneur de La Ferté-Alais, de Sidon et de Castres. En de nombreuses rencontres, à partir de 1211, date de son retour de Terre sainte, il soutient l'action de son frère en Languedoc ou vient à son secours. Après le deuxième siège de Toulouse (1217-1218), il seconde les efforts d'Amaury, son neveu. Son fils Philippe gagnera la Terre sainte et sera l'un des grands défenseurs du royaume de Jérusalem jusqu'à sa mort en 1270.

MONTFORT Jean de, duc de Bretagne : voir JEAN de MONTFORT

MONTFORT Simon IV dit LE FORT, seigneur de (?, apr. 1158 – Toulouse, 1218)

Homme de guerre.

Comte de Leicester par sa mère Amicie, fils de Simon III et frère puîné d'Amaury V, comte de Montfort, Simon IV de Montfort fut incontestablement l'un des plus remarquables capitaines de son temps. Il participe d'abord à la quatrième croisade où il se distingue en refusant de s'associer à l'entreprise de Zara. C'est en 1209 que, revenu de Palestine, il se joint aux croisés de la guerre albigeoise. Le courage qu'il déploie au siège de Carcassonne (1er-15 août 1209) le met en évidence. Les grands barons s'étant récusés, il accepte du légat pontifical le titre de vicomte de Béziers et de Carcassonne avec l'immense tâche de conquête que cela implique. La soumission des places du bas pays est relativement aisée. Beaucoup plus difficile s'annonce la réduction des nids d'aigle où se sont retranchés les hérétiques les plus tenaces, et qui ont nom Minerve et Termes. Bien qu'il dispose d'effectifs limités, Simon remporte succès sur succès. En 1211, un renfort lui permet d'obtenir la reddition de Cabaret et de prendre Lavaur. L'activité débordante du nouveau venu porte ombrage à Raymond VI de Toulouse, qui favorise en sous-main les hérétiques. Le conflit inévitable éclate en 1211. Cette fois Simon commet

Simon de Montfort
Sceau « de chasse » du comte de Leicester.
© *Sélection Images*

l'erreur d'attaquer Toulouse, qui se défend. Il va alors faire reconnaître son autorité en Quercy, en Rouergue, en Albigeois et à Pamiers. Ni à Castelnaudary, ni à Muret les croisés ne pourront être vaincus par les barons languedociens coalisés avec le roi d'Aragon. La levée du siège de Muret grâce au renfort de Simon de Montfort constitue pour lui un véritable triomphe. Triomphe dont les effets durent un peu moins de deux ans. Sur le moment, tout le Languedoc est soumis, y compris Toulouse. En 1215, Simon reçoit du concile de Latran et de Philippe Auguste l'investiture du comté arraché à Raymond VI. Et soudain, au milieu de l'an 1216, la Provence se soulève, Beaucaire résiste au siège qu'on lui inflige, Toulouse se révolte. Simon met une seconde fois le siège devant la capitale du Languedoc (octobre 1217). C'est à cette occasion qu'il trouve la mort, frappé à la tempe par une pierre.

MONTFORT de LAVAL André de, sire de Lohéac et de Retz (?, 1411 – ?, 1486)

Maréchal de France.

Armé chevalier à 12 ans, il tombe en 1428 aux mains des Anglais, qui le libèrent contre une forte rançon. Il combat ensuite aux côtés de Jeanne d'Arc, à Orléans puis à Patay. Amiral de France en 1437, Montfort de Laval est nommé maréchal de France deux ans plus tard et, de 1440 à 1450, contribue à chasser les Anglais de Normandie et de Guyenne. Lieutenant général du gouvernement de Paris, puis gouverneur et lieutenant général de Picardie, il repousse, en 1472, Charles le Téméraire qui tentait de prendre Beauvais.

MONTGOLFIER Joseph et Étienne de (Joseph, Vidalon-lès-Annonay, Vivarais, 1740 – Balaruc-les-Bains, Hérault, 1810 ; Étienne, Vidalon-lès-Annonay, 1745 – Serrières, Ardèche, 1799)

Inventeurs.

Fils d'un fabricant de papier d'Annonay réputé dans toute l'Europe pour la perfection de ses produits, ils sont ensemble les inventeurs du ballon à air chaud auquel on a donné leur nom (1783), ainsi que de la machine servant à élever l'eau et appelée bélier hydraulique (1792). Alors que Joseph fait des études peu suivies, Étienne étudie l'architecture avec Soufflot. Tous deux prendront ensuite la succession de l'affaire paternelle. Esprit inventif, Étienne rénove la technique française de la papeterie, adoptant notamment les procédés hollandais et introduisant en France la fabrication du papier vélin. Mais sa curiosité scientifique s'applique bientôt à un tout autre domaine. En lisant l'ouvrage où Priestley décrit plusieurs gaz nouveaux, les deux frères ont l'idée de tenter de s'élever dans l'atmosphère en renfermant dans une enveloppe d'un faible poids un gaz plus léger que l'air : l'appareil s'élèverait jusqu'à ce qu'il rencontre à une certaine hauteur des couches dont la pesanteur spécifique le maintiendrait en équilibre. Après un premier essai parfaitement réussi, fait avec un parallélépipède de soie qu'ils ont rempli d'air chaud obtenu en brûlant un mélange de paille mouillée et de laine, ils réussissent à faire élever dans l'air un ballon d'une vingtaine de mètres cubes. Leur première grande expérience a lieu à Annonay le 4 juin 1783 devant les députés de la province du Vivarais : un aérostat de 12 m de diamètre en toile doublée de papier, dont l'air est lui aussi échauffé avec de la paille enflammée, s'élève jusqu'à 500 m d'altitude.

Le retentissement de cette expérience, qui réalise un des plus vieux rêves de l'humanité, est immédiat. L'Académie des sciences de Paris la fait répéter au Champ-de-Mars, le 27 août 1783, par le professeur Charles, avec un ballon gonflé à l'hydrogène, devant une foule enthousiaste de 300 000 personnes ; et le roi, entouré de toute la Cour, honore de sa présence, le 19 septembre, à Versailles, une deuxième expérience des frères Montgolfier, aussi réussie que la première : leur ballon à air chaud, auquel est suspendue une cage d'osier contenant un mouton, un coq et un canard, est lancé avec succès, et les animaux supportent parfaitement le voyage. Dès lors, les expériences se multiplient. Bientôt, Pilâtre de Rozier et le marquis d'Arlandes sont les premiers hommes à s'envoler (19 novembre 1783). Joseph de Montgolfier effectuera lui aussi une ascension. Partout, dans toute la France, des sociétés d'amateurs se créent, chaque jour une montgolfière s'élève. Chapeaux, rubans, robes, assiettes, carrosses, sont « à la Montgolfier », « au ballon », « à la Charles et Robert », et le délire gagne toute l'Europe. Dès 1784, l'utilisation des aérostats à des fins militaires est envisagée. Le ballon sera employé par l'armée française à partir de 1794, donnant à la France la toute première maîtrise de l'air. Mais Napoléon abandonnera l'invention qui ne sera réutilisée que bien plus tard. Joseph de Montgolfier devait être l'un des trois directeurs du Conservatoire des arts et métiers. Il a été reçu à l'Académie des sciences en 1807. Étienne l'avait été en 1796.

Les frères Montgolfier
Inventeurs du ballon à air chaud. Gravure de Desrais, Paris, Bibliothèque nationale de France. © *Giraudon*

MONTGOMERY Gabriel, sire de Lorges, comte de (?, v. 1530 – Paris, 1574)

Homme de guerre.

Capitaine de la garde écossaise, il a le malheur de blesser mortellement Henri II en tournoi, le 26 juin 1559, ce qui lui attire l'inimitié de la reine Catherine de Médicis. Après avoir passé quelque temps en Angleterre, il revient en France où il se joint, par dépit, aux chefs protestants dont il adopte la religion. Son premier haut fait de guerre civile est la vaillante défense de Rouen contre les armées royales commandées par Antoine de Bourbon (1562) ; il parvient à s'échapper avant la prise de la ville. En 1567, à la faveur des hostilités reprises, il s'empare d'Étampes. La troisième guerre de Religion lui offre l'occasion d'une nouvelle carrière, celle de chef de bandes : en 1569, sous sa conduite, des Languedociens renforcés de Dauphinois et de Gascons se portent sur le Béarn où, sous prétexte de religion, ils massacrent force prêtres et gentilshommes, pillent villes et couvents, avant de faire leur jonction avec Coligny au nord. Cette audacieuse campagne, rapidement menée, a complètement surpris les troupes royales qui sont désorganisées par les hésitations de Charles IX. Quatre ans plus tard, on retrouve Montgomery en Angleterre, réunissant une flottille pour le secours des Rochelois. L'année suivante, il est à Jersey et à Guernesey où s'organise une expédition contre la Normandie. Après avoir débarqué en mars, il s'enferme dans Domfront assiégée par Matignon. Peu après, la capitulation de la place est signée, aux termes de laquelle la vie sauve lui est garantie. Mais l'époque de la chevalerie est révolue. La régente n'a rien oublié de sa haine, et le parlement de Paris condamne le révolté à la décapitation en place de Grève.

MONTHOLON Charles Tristan, comte de (Paris, 1783 – Paris, 1853)

Général.

D'une vieille famille de noblesse de robe, il entre très jeune dans les armées de la Révolution, et sert ensuite dans celles de l'Empire. Officier de cavalerie, il se distingue à Austerlitz, Iéna, Friedland, et surtout à Wagram où il reçoit cinq blessures. Chambellan en 1809, bientôt élevé au grade de général, Montholon est nommé en 1811 ministre plénipotentiaire auprès du grand-duc de Wurtzbourg. Aide de camp de Napoléon pendant les Cent-Jours, il reste ensuite fidèle à l'Empereur déchu et, avec sa femme Albine et ses enfants, l'accompagne à Sainte-Hélène. Albine (peut-être devenue la maîtresse de Napoléon) accouche en 1817 d'une fille que l'on prénomme Napoléone et regagne peu après la France avec ses enfants. Montholon, devenu le confident de Napoléon après le départ de Las Cases, reste auprès de lui jusqu'à sa mort. L'Empereur, qui l'a désigné comme son premier exécuteur testamentaire, lui léguera deux millions de francs-or. Revenu en France, le comte de Montholon publie avec Gourgaud, de 1822 à 1825, les *Mémoires pour servir à l'histoire de France sous Napoléon, par les généraux qui ont partagé sa captivité*. En 1840, il prépare avec Louis Napoléon, en Angleterre, la désastreuse expédition de Boulogne, et, par conséquent, n'accompagne pas les familiers de l'Empereur survivants dans leur voyage vers Sainte-Hélène. Condamné comme Louis Napoléon après l'échec de Boulogne, Montholon partage sa captivité au fort de Ham, où il reste enfermé jusqu'en 1847. Deux ans plus tard, il publie des *Récits de la captivité de Napoléon*. Député à l'Assemblée législative en 1849, il reste à l'écart du coup d'État de 1851, et meurt dans la disgrâce. Il n'est, en effet, pas impossible – Napoléon III le crut – qu'à la veille du débarquement de Louis Napoléon à Boulogne, il ait prévenu le gouvernement de Louis-Philippe du projet du prétendant.

MONTLHÉRY

Ville de l'Essonne située à une vingtaine de kilomètres au sud de Paris. Une butte explique l'importance passée du site de Montlhéry.

Le château fort dominant la colline permet, en effet, de surveiller la route de Paris à Orléans. Les seigneurs du lieu étendent progressivement leurs conquêtes, contrôlant, par exemple, plus de 300 localités dans la seconde moitié du XIe siècle et se livrant à une mise en coupe réglée du trafic commercial entre la Seine et la Loire. Cette situation devient intolérable pour Louis VI le Gros, soucieux de contrôler lui-même le commerce et les échanges. Il réprime sévèrement les seigneurs de Monthléry et finit par faire raser le château au début du XIIe siècle. Il ne va plus subsister de cette forteresse qu'une tour qui s'est perpétuée jusqu'à l'époque présente, considérablement restaurée. C'est en contrebas, sur le plateau descendant vers Longjumeau, que Louis XI livra le 16 juillet 1465 aux Bourguignons et aux membres de la ligue du Bien public un combat indécis au terme duquel il put, néanmoins, interdire à ses adversaires l'accès de Paris.

MONTLOSIER François Dominique de REYNAUD, comte de (Clermont-Ferrand, 1755 – Clermont-Ferrand, 1838)

Homme politique et écrivain.

Ancien élève du collège des jésuites clermontois, il se distingue, avant la Révolution, par une *Étude sur les volcans d'Auvergne* (1789). Représentant de la noblesse aux États généraux, Montlosier s'y fait remarquer cette fois par son acharnement à défendre les privilèges, si bien que l'évolution des événements l'oblige à l'exil, à Coblence tout d'abord, en 1791, puis à Londres, où l'ancien député dirige *Le Courrier de Londres*, une des publications de l'immigration. Revenu en France sous le Consulat, Montlosier est sollicité par Bonaparte pour écrire cette fois dans *Le Bulletin de Paris* des articles anglophobes. Fonctionnaire au ministère des Affaires étrangères, il demeure cependant royaliste de cœur et se rallie en 1814 et 1815 à Louis XVIII. Cela lui permet enfin de publier une *Histoire de la monarchie française*, interdite par le précédent régime, et dans laquelle il vante les vertus de l'esprit féodal autant que celles des peuplades germaniques. Sous le règne de Charles X, il critique les ultras qu'il qualifie de « parti prêtre ». Reprenant la plume, il persifle cette fois ses anciens maîtres jésuites dans l'opuscule *Mémoire à consulter*, pour la plus grande satisfaction des libéraux. Un ralliement à la monarchie de Juillet lui vaut rang de conseiller général du Puy-de-Dôme, Louis-Philippe ajoutant en 1832 l'entrée à la Chambre des pairs. Seuls lui seront refusés, à l'ultime moment de sa vie, les sacrements d'un clergé qui n'oublie pas les dures critiques prononcées à son encontre et que le comte n'a pas voulu rétracter.

MONTMAJOUR (abbaye de)

Abbaye bénédictine du diocèse d'Arles. La légende veut qu'elle ait été fondée sous le patronage de saint Trophime, de Childebert et de Charlemagne.

En fait, l'existence d'un statut régulier n'est pas constatée avant le Xe siècle. Au XIe siècle, l'abbaye bénéficie de la libéralité des comtes de Provence qui s'y font inhumer. Une grande église abbatiale est élevée dans la seconde moitié du XIIe siècle. À la fin du même siècle, l'ensemble du monastère a déjà pris l'aspect que nous lui connaissons : une église inférieure rupestre (Saint-Pierre), la grande église (Notre-Dame), le cloître, les bâtiments conventuels et, à l'extérieur de l'abbaye proprement dite, la chapelle Sainte-Croix, de plan quadrilobé. C'est au XIVe siècle qu'est construit le donjon quadrangulaire et que les papes mettent Montmajour en commende. Aux XVIe et XVIIe siècles, la décadence est telle que l'archevêque d'Arles charge la communauté de Saint-Maur de reprendre en main le monastère. Idée heureuse, tant du point de vue spirituel que matériel. L'abbaye est totalement restaurée quand le cardinal de Rohan en prend possession peu avant la Révolution. Des calamités sans nombre s'abattent alors sur elle : sécularisation, dispersion progressive des occupants, mise en vente comme bien national, pillage, trafic des meubles et des pierres. Heureusement, quelques Arlésiens peuvent racheter soit des bâtiments, soit des chapiteaux. La reconstitution de l'ancienne abbaye commencera dès le règne de Louis XVIII. Aujourd'hui, grâce aux efforts de la ville d'Arles, puis de l'État, Montmajour constitue un des plus beaux ensembles monumentaux que l'on puisse voir.

La colline de Montmartre

Vue générale à la fin du XIXe siècle, avec le Moulin de la Galette et, à l'arrière-plan, le Sacré-Cœur en construction. © *L'Illustration/Keystone*

MONTMARTRE

Colline du XVIIIe arrondissement de Paris.

À 104 m d'altitude, la butte Montmartre constitue un parfait belvédère permettant de découvrir un immense panorama tant vers Paris qu'en direction du nord. Aussi est-il normal que les différents occupants du site de Lutèce se soient installés sur cette éminence tout en lui vouant un culte quasi religieux. L'origine du nom lui-même est entourée de mystère, les uns l'expliquant par *mons Martis*, ce qui serait un hommage rendu au dieu Mars, d'autres préférant honorer Mercure (*mons Mercuri*) ou encore saint Denis et ses compagnons Éleuthère et Rustique, qui auraient été martyrisés là (*mons Martyrum*). Quoi qu'il en soit, ce site bucolique est voué à la méditation avec l'abbaye bénédictine qu'y fonde Louis VI le Gros en 1133. Ignace de Loyola et ses compagnons y prononcent leurs vœux le 15 août 1534, prélude à la fondation de la Compagnie de Jésus.

Lors de l'effondrement du Premier Empire, les habitants (meuniers en tête), mêlés aux soldats de ligne et aux élèves des grandes écoles, défendent héroïquement la butte contre les Russes et les Prussiens (29 mars 1814). Lors du siège de 1870-1871, les généraux Lecomte et Thomas sont fusillés sur la butte Montmartre, le 18 mars, signe précurseur de la Commune. Édifiée dans le climat d'expiation qui suit la défaite de 1871 et la Commune, une basilique inspirée du style romano-byzantin s'élève à son sommet à partir de 1875.

MONTMAURIN (villa de)

C'est au IVe siècle qu'a été élevée à Montmaurin (Haute-Garonne), à l'emplacement d'une villa gallo-romaine du Ier siècle, une résidence somptueuse.

À cette époque, en Gaule où la sécurité dans les villes est menacée par les invasions des barbares, les patriciens prennent le parti de se réfugier à la campagne dans des « villas » que leur fortune considérable permet de transformer en palais. On ne connaît pas le nom du propriétaire de Montmaurin, cet ensemble unique dont les constructions à elles seules couvrent dix-huit hectares et comportent environ deux cents pièces. Quant au domaine agricole qui s'étend tout autour, il représente au minimum 1 500 hectares. Outre son ampleur inusitée, la villa de Montmaurin est construite selon un plan tout à fait remarquable, dont la photographie aérienne montre l'harmonie. Le visiteur entre tout d'abord dans une vaste cour d'honneur en hémicycle de 53 mètres de large et 31 mètres de profondeur, entourée d'un portique à colonnes de marbre et contenant sur la droite un petit sanctuaire de forme hexagonale. On arrive ensuite dans une seconde cour carrée de 600 m², elle aussi pourvue d'un portique, autour de laquelle s'ordonnent de nombreuses pièces destinées à l'habitation ou aux diverses activités du domaine. Enfin une troisième cour abrite les appartements privés du maître du lieu au milieu de jardins où jaillissent des fontaines. Sur un des côtés du vaste quadrilatère occupé par les cours et les bâtiments, se trouvent de grands thermes au centre desquels un nymphée à portique reproduit celui de la villa de l'empereur Hadrien à Tivoli. La villa dispose des installations les plus raffinées : chauffage à hypocauste, arrivée d'eau courante venant d'un château d'eau, fenêtres munies de vitres en verre de couleur jaune-vert, glacière pour conserver les aliments au frais grâce à des blocs de glace amenés des Pyrénées. Il ne subsiste plus grand-chose de la décoration des appartements réservés à la famille du maître, mais les quelques éléments retrouvés permettent d'imaginer qu'elle était princière : panneaux de marbres de couleurs variées, fragments de décors architecturaux, mosaïques, une statue de Vénus, copie d'un original de Phidias, une danseuse en ivoire délicatement travaillé. On connaît même les goûts alimentaires des habitants de la villa, car on a retrouvé en quantité des écailles d'huîtres et des coquilles d'au moins vingt-deux espèces différentes de fruits de mer. Les habitants de Montmaurin peuvent vivre en parfaite autarcie, car tous les métiers artisanaux sont effectués sur place. Maçons, charpentiers, forgerons, tisserands, cordonniers, vanniers font partie des nombreux travailleurs du domaine. En comptant les serviteurs chargés des travaux domestiques, les cultivateurs, les vignerons, les jardiniers, les éleveurs d'animaux domestiques, etc., ce sont plus de cinq cents travailleurs, hommes libres ou esclaves, qui contribuent à la vie de Montmaurin. Au Ve siècle, un incendie détruit cette magnifique résidence, très représentative de la vie aristocratique à la fin de l'Empire romain. À l'époque mérovingienne, ses ruines servent de cimetière.

MONTMÉDY

Ville de la Meuse située dans la vallée de la Chiers à l'est de Sedan et à une quarantaine de kilomètres au nord de Verdun.

Cette petite place forte, surveillant la trouée de Virton, au sud-est des Ardennes belges, appartient successivement aux comtes de Chiny puis aux ducs de Luxembourg durant le Moyen Âge. Incluse dans les Pays-Bas espagnols, la cité est cédée à la France aux termes du traité des Pyrénées (1659). Vauban la fortifie, ce qui vaut à la place forte des sièges en 1815 et 1870, puis un assaut en règle des Allemands en août 1914. En 1939, Montmédy constitue le terme de la ligne Maginot, le dernier ouvrage d'importance, le fort de La Ferté, se trouvant à une dizaine de kilomètres au nord-ouest.

MONTMIRAIL (bataille de)

Bataille remportée par Napoléon sur les alliés le 11 février 1814.

Au cours de la campagne de France, le 11 février 1814, Napoléon, avec 14 000 hommes, bat à Montmirail, au sud-est d'Épernay, les 30 000 hommes de l'armée de Silésie commandés par le général Sacken et le duc d'York. Cette armée, l'avant-garde de l'armée alliée, laisse 4 000 hommes sur le champ de bataille. L'Empereur distribue 1 750 croix de la Légion d'honneur et, le lendemain, se lance à la poursuite de l'ennemi vers Château-Thierry.

MONTMORENCY

Ville du Val-d'Oise située à une quinzaine de kilomètres au nord-ouest de Paris.

Au Moyen Âge, les seigneurs de Montmorency dominent toute la région, y compris celle de Saint-Denis. Le fondateur de cette véritable dynastie est Bouchard Ier, contemporain de Hugues Capet. Au XIIIe siècle, la maison de Montmorency se divise en deux branches. La cadette se perpétuera jusqu'en 1878, ses membres portant également les titres de comtes puis ducs de Laval. L'aînée se scinde à son tour en trois branches à la suite de la succession de Jean II, mort en 1477. De Jean de Nivelle descendent les comtes de Hornes, qui se distingueront aux Pays-Bas espagnols au XVIe siècle. De Louis sont issues les familles de Fosseux, de Thury et de Luxembourg (dont le célèbre maréchal de Louis XIV). De Guillaume proviennent enfin les ducs de Montmorency, qui héritent du titre aux dépens des enfants du premier lit. Cette branche s'éteindra en 1632 avec l'exécution d'Henri II de Montmorency, ennemi du cardinal de Richelieu.

MONTMORENCY Anne, duc de (Chantilly, 1493 – Paris, 1567)

Maréchal de France et connétable.

Fils de Guillaume, baron de Montmorency, il fait ses premières armes durant l'expédition de

Anne de Montmorency
Portrait du connétable d'après François Clouet. Chantilly, musée Condé. © *Giraudon*

Louis XII en Italie et se distingue à Ravenne en 1512, puis gagne l'estime de François Ier à Marignan. Dès lors, il n'est guère d'événement important du règne auquel ne soit attaché le nom d'Anne de Montmorency, compagnon de Bayard lors du siège de Mézières en 1521, et fait maréchal de France à la bataille de La Bicoque. Capturé à Pavie avec le roi, il obtient sa libération et devient un des négociateurs du traité de Madrid. François Ier le fait gouverneur du Languedoc puis grand maître de France, ce qui équivaut aux plus hautes charges du royaume. Lors de l'irruption des Impériaux en Provence, en 1536, opposant à Charles Quint la tactique de la terre brûlée, Montmorency contraint l'envahisseur à se replier, succès que récompense le titre de connétable. La fin du règne de François Ier est pourtant synonyme de disgrâce. De 1541 à 1547, Montmorency réside sur ses terres de Chantilly et n'en sort qu'avec l'avènement d'Henri II. Duc en 1551, de nouveau très influent, le connétable livre aux Espagnols la malheureuse bataille de Saint-Quentin (1557) au cours de laquelle il est capturé. Sous le règne de Charles IX, Montmorency fait surtout preuve d'intransigeance à l'égard des réformés et constitue avec la famille de Guise et le maréchal de Saint-André une sorte de triumvirat qui s'oppose aux tendances modératrices de Catherine de Médicis. Capturé à Dreux par ses adversaires (1562), il incite ses partisans à traiter avec les huguenots la paix d'Amboise, puis, ayant recouvré la liberté, il délivre Le Havre des Anglais. Il meurt peu après au cours d'un combat. En hommage à ce grand serviteur de la royauté, la famille de Montmorency a fait placer à l'entrée du château de Chantilly la statue équestre du connétable, coulée en bronze par le sculpteur Paul Dubois.

MONTMORENCY Charles, baron de (? – ?, 1381)

Maréchal de France.

Fils de Jean Ier de Montmorency, il seconde Charles de Blois, duc de Bretagne, et est fait maréchal en 1343. Chambellan en 1346, il échappe au désastre de Crécy et devient capitaine général en Flandre en battant les milices flamandes au Quesnoy, en 1348. Échappant encore au désastre de Poitiers, Montmorency devient un des conseillers les plus écoutés du Dauphin Charles (futur Charles V), qui le charge notamment de discuter les conditions du traité de Brétigny en 1360.

MONTMORENCY François, duc de (?, 1530 – ?, 1579)

Maréchal de France.

Fils aîné du connétable Anne de Montmorency et d'Henriette de Savoie, il remporte plusieurs succès en Piémont, contre les Impériaux, à partir de 1551. Il renouvelle ses exploits deux ans plus tard en défendant jusqu'à l'extrême limite de ses forces la place de Thérouanne, en Artois. Maréchal de France, époux de Diane de France, fille légitimée d'Henri II, le duc ne partage pas les sympathies de son père envers la famille de Guise. Il figure ainsi sur la liste des personnes à exécuter lors de la nuit de la Saint-Barthélemy et n'échappe que de justesse au massacre. Des intrigues fomentées contre le pouvoir le font jeter à la Bastille en 1571, et seule l'intervention de Catherine de Médicis le tirera de ce mauvais pas un an plus tard.

MONTMORENCY Henri Ier, duc de, dit MONTMORENCY-DAMVILLE (Chantilly, 1531 – Agde, 1614)

Maréchal de France et connétable.

Dernier connétable de sa maison. On l'appelle comte de Damville jusqu'à la mort de son frère aîné François en 1579.

Il sert en Piémont sous Brissac, est fait prisonnier avec son père à Saint-Quentin (1557), accompagne Marie Stuart en Écosse (1561) et, en 1563, reçoit le gouvernement de Languedoc par démission de son père. En 1567, il est nommé maréchal de France. Dans sa province, il suit une politique très personnelle qui l'amène du catholicisme intransigeant à la modération, et de la modération à une véritable complaisance à l'égard des huguenots les plus subversifs. Son dessein, transformer le Languedoc en principauté autonome, sera mal compris par la Cour, mais n'échappera pas à la clairvoyance de Blaise de Monluc avec qui il entretiendra des rapports de plus en plus tendus. En 1575, il conclut avec les huguenots et les Politiques une ligue contre la Cour. La paix de Monsieur ne change pas son attitude, et il ne daigne traiter avec la Cour qu'en 1577. En 1585, il prend les armes contre Henri III avec le roi de Navarre (futur Henri IV). Dans les années suivantes, on le trouve naturellement combattant contre la Ligue et contre le duc de Joyeuse qui partage avec lui la lieutenance du Languedoc. Peu après son avènement, en 1593, Henri IV le nommera connétable de France afin de le détacher de son gouvernement.

MONTMORENCY Henri II, duc de (Chantilly, 1595 – Toulouse, 1632)

Amiral de France.

Dernier représentant de la branche aînée des Montmorency. Fils du précédent et filleul d'Henri IV, il est nommé successivement amiral de France et de Bretagne, vice-roi de Nouvelle-France et gouverneur de Languedoc après la démission de son père (1613). Il participe activement aux guerres civiles de 1621 et 1625, battant la flotte de Soubise devant La Rochelle cette dernière année. Plusieurs succès en Piémont lui valent le bâton de maréchal en 1630. L'année suivante, Gaston d'Orléans, le frère de Louis XIII, le persuade de soulever le Languedoc. Fait prisonnier par Schomberg à Castelnaudary en 1632, abandonné par Gaston d'Orléans, Montmorency est traduit devant le parlement de Toulouse, condamné à mort et décapité.

MONTMORENCY Mathieu II, baron de (?, v. 1174 – ?, 1230)

Connétable de France.

Il se signale à Château-Gaillard en 1204, à Bouvines en 1218, année où il est créé conné-

L'entrevue de Montoire
Le maréchal Pétain et le chancelier Hitler avec, au centre, le ministre des Affaires étrangères von Ribbentrop.
© *Roger-Viollet*

table, et participe l'année suivante à la campagne du Dauphin Louis (futur Louis VIII) contre les Albigeois.

MONTMORENCY-BOUTEVILLE François, comte de (?, 1600 – Paris, 1627)

Gentilhomme.

Passionné de duels, il tue en combat singulier le marquis des Portes et le comte de Thorigny, en 1624, ce qui met au comble l'exaspération du cardinal de Richelieu, qui a défendu le duel. Contraint de se réfugier à Bruxelles, Montmorency-Bouteville fait intervenir l'archiduchesse gouvernante des Pays-Bas pour obtenir le pardon de Louis XIII. En vain. Par défi, il décide en 1627 de ferrailler à nouveau en pleine place Royale, contre le marquis de Beuvron, gageure qu'il exécute le 12 mai. Pris par le guet lors de sa fuite, Montmorency-Bouteville est aussitôt déféré devant une juridiction dont la sentence est celle souhaitée par le cardinal : la peine capitale. Il laisse un fils posthume qui deviendra célèbre sous le nom de maréchal de Luxembourg.

MONTMORENCY-LAVAL François de, bienheureux (Montigny-sur-Avre, 1623 – Québec, 1708)

Évêque.

Ordonné en 1647, il est nommé vicaire apostolique de Nouvelle-France en 1658 et s'embarque l'année suivante. Pendant cinquante ans, il va se dévouer aux Indiens et aux colons, créant cures et séminaires, installant de nombreuses congrégations ou leur venant en aide (notamment les Jésuites, dont certains seront martyrisés par les Iroquois). Soucieux de veiller à l'accomplissement de ses volontés dans son immense vicariat, il laissera le souvenir d'un infatigable voyageur. Évêque de Québec en 1674, il démissionne en 1688 sans pour autant quitter l'Amérique. Sa béatification a été prononcée en 1960.

MONTMORENCY-LAVAL Mathieu Félicité, duc de (Paris, 1767 – Paris, 1826)

Homme politique.

Entré dans la carrière des armes, officier en 1782, il représente la noblesse de Montfort-l'Amaury aux États généraux de 1789. Il se joint bientôt au tiers et, dans la nuit du 4 Août, est un des premiers à demander à la noblesse de renoncer à ses privilèges et à ses titres. Émigré en 1792, il se lie en Suisse avec Mme de Staël, regagne la France après le 9 Thermidor, puis, en, opposition à la politique de Napoléon à l'égard du pape Pie VII, fonde et dirige, avec les frères Bertier de Sauvigny, l'organisation secrète des Chevaliers de la foi, dans les dernières années de l'Empire. Pair en 1815, Montmorency-Laval compte, sous la Seconde Restauration, parmi les ultras, et devient aide de camp du comte d'Artois (futur Charles X). Ministre des Affaires étrangères dans le gouvernement constitué en décembre 1821 par ce dernier, il représente la France au congrès de Vérone où, malgré Villèle, il se montre favorable à l'intervention française en Espagne. Pour ne pas se priver des services de ce dernier, le roi renvoie en décembre 1822 son ministre des Affaires étrangères et le remplace par Chateaubriand. En 1826, peu avant sa mort, le duc de Montmorency-Laval est nommé gouverneur du duc de Bordeaux (futur comte de Chambord).

MONTMORIN de SAINT-HÉREM Armand Marc, comte de (?, 1730 – Paris, 1793)

Diplomate.

Fils d'un compagnon d'armes du maréchal de Saxe devenu gouverneur de Belle-Isle, ce noble d'origine auvergnate fait un moment partie à Versailles de l'entourage du Dauphin, avant de recevoir le rang d'ambassadeur à Madrid. Membre de l'Assemblée des notables de Bretagne, ministre des Affaires étrangères au début de la Révolution, le comte de Montmorin déplaît par sa modération vis-à-vis des ennemis de l'extérieur et se voit arrêté et incarcéré au lendemain des événements du 10 août 1792. Il sera victime des massacres de Septembre.

MONTOIRE (entrevue de)

Rencontre entre le maréchal Pétain et Hitler, le 24 octobre 1940, à Montoire-sur-le-Loir.

Alors qu'Hitler doit s'entretenir avec le général Franco à Hendaye, il accepte la proposition d'une entrevue avec le maréchal Pétain. Préparée lors d'un entretien entre Laval et Hitler à Tours, le 22 octobre, l'entrevue se déroule à Montoire, le 24 octobre 1940. Le chef-lieu de canton de Loir-et-Cher a été choisi parce qu'il se situe sur le trajet ferroviaire Paris-Irun, à proximité d'un tunnel en cas – peu probable – d'une attaque de la Royal Air Force, et en zone occupée, ce qui offrait au maréchal l'opportunité de témoigner sa sollicitude à ses habitants. Les Français se déclarent prêts à collaborer avec l'Allemagne, en contrepartie d'un traité de paix qui leur donnerait des assurances. À cet effet, ils acceptent le principe de combattre contre les gaullistes dans les colonies et contre les Britanniques, sans leur déclarer la guerre. Ces propositions, confirmées par Pétain le 30 octobre et annonçant qu'il « entre dans la voie de la collaboration », suffisent à Hitler dont le souci est d'éviter l'ouverture d'un nouveau front au Maghreb, alors qu'il s'intéresse aux Balkans. Aussi ne donne-t-il aucune assurance aux Français. La rencontre serait restée secondaire s'il n'y avait eu la « poignée de mains » entre le maréchal Pétain et le chancelier Hitler. La photo, soigneusement retouchée par la propagande car l'originale ne cadre pas les mains, est utilisée par les Allemands comme le signe d'une réconciliation contrainte, par les collaborationnistes de Paris comme le signal d'une entente à venir prometteuse, et enfin par Vichy comme la marque de la souveraineté récupérée. Or, contrairement à ces attentes, l'opinion française y voit la trace d'une allégeance consternante qui, ajoutée à l'absence de résultats tangibles, crée un premier hiatus entre Vichy et les Français.

MONTPELLIER

Ville du Bas-Languedoc, aujourd'hui chef-lieu du département de l'Hérault.

Elle est d'abord formée de deux villages, Montpellier et Montpelliéret, le tout appartenant au temporel de l'évêché de Maguelonne. En 975, l'évêque Ricuin l'inféode à un certain Gui ou Guillaume. Ainsi se constitue une seigneurie laïque qui s'accroît bientôt d'un territoire périphérique assez important. En 1204, la ville entre par mariage dans la famille d'Aragon. Les Montpelliérains, jaloux de leur autonomie, se révoltent et expulsent Pierre II, lequel ne peut rentrer qu'après l'intervention du légat Pierre de Castelnau. C'est peu après que Montpellier reçoit une charte. Elle ne reste pas longtemps dans les domaines aragonais. Après le siège de Muret (1213) qui voit la fin des ambitions aragonaises dans la région, elle retombe au pouvoir de seigneurs particuliers. Saint Louis la couvre de privilèges qui développent son commerce. En 1221, une école de médecine y est fondée ; en 1289, une université. Montpellier ne rejoindra définitivement le domaine royal qu'à la fin du XIVe siècle par achat et après avoir été un instant l'objet d'un échange entre Charles V et Charles II le Mauvais, roi de Navarre et comte d'Évreux. L'évêché de Maguelonne est transféré à Montpellier en 1536. Au XVIe siècle, les Montpelliérains subissent durement les effets de l'envasement des lacs côtiers et de la concurrence de Marseille, réunie au royaume à la fin du siècle précédent. Peu à peu, la ville s'oriente vers des activités intellectuelles et scientifiques : ses facultés attirent beaucoup de monde, même des étrangers. Puis les luttes entre catholiques et calvinistes y font rage, et elle devient en 1567 un bastion de huguenots. En 1622, Louis XIII s'en empare et y signe une paix qui, en rétablissant les anciens édits de pacification, met fin à la guerre civile en Languedoc et Guyenne. Elle est alors érigée en chef-lieu de la généralité de Bas-Languedoc. Plusieurs conciles se sont tenus à Montpellier aux XIIe et XIIIe siècles.

MONTPENSIER

Importante seigneurie de Basse-Auvergne qui avait sa capitale à Montpensier même (où il ne reste rien de l'ancien château) puis, à partir de 1539, à Aigueperse.

Elle a appartenu successivement aux sires de Beaujeu, de Dreux, de Ventadour, à la maison de Valois et enfin à celle de Bourbon. Érigée en comté en 1330, elle est acquise en 1384 par Jean de Berry dont les deux fils porteront le titre de comte de Montpensier. Ceux-ci étant morts jeunes, leur sœur Marie hérite, après le décès de son père, du comté qu'elle porte à son mari, Jean Ier, duc de Bourbon. Dorénavant le comté puis duché de Montpensier appartient aux Bourbons. Trois branches de Bourbon-Montpensier vont se succéder. La première comprend Louis Ier le Bon, comte de Montpensier, second fils du duc de Bourbon Jean Ier ; Gilbert, fils de Louis Ier ; Louis II, fils aîné de Gilbert ; Charles, frère de Louis II, et qui devient duc de Bourbon en 1503 (c'est le célèbre connétable). À la mort du connétable en 1532, le comté est réuni à la couronne. Mais six ans plus tard, Louise de Bourbon, sœur du connétable, en obtient la restitution à son profit. Louise est veuve de Louis de Bourbon-Vendôme, prince de La Roche. Elle a un fils, prénommé lui aussi Louis, qui réunit officiellement le comté de Montpensier au Dauphiné d'Auvergne et fait ériger le tout en duché sous le nom de Montpensier en 1539. Après lui, la maison ducale de Montpensier comprend François (1582-1592), Henri (1592-1608), Marie (1608-1627), et Anne Marie (1627-1693). Marie est la première femme de Gaston d'Orléans. Anne Marie, leur fille, n'est autre que la Grande Mademoiselle qui, à sa mort, lègue le duché à son cousin Philippe d'Orléans. Désormais, l'histoire de Montpensier se confond avec celle de la seconde maison de Bourbon-Orléans. Le dernier prince à porter le titre de duc de Montpensier sera le petit-neveu de Louis-Philippe, Ferdinand.

MONTPENSIER Anne Marie Louise d'ORLÉANS, duchesse de, dite MADEMOISELLE ou LA GRANDE MADEMOISELLE (Paris, 1627 – Paris, 1693)

Princesse.

Fille de Gaston d'Orléans, cousine de Louis XIV, elle hérite dès son plus jeune âge de la première fortune du royaume, et conçoit pour son établissement les plus hautes ambitions. Malheureusement pour elle, Anne d'Autriche et Mazarin ne considèrent pas ses chimères comme inoffensives et montrent peu d'empressement à favoriser l'exécution de ses désirs. Irritée, Mademoiselle se jette dans la Fronde en 1651. Commence alors une période exaltante pour un tempérament fier et romanesque. Puisque son père, Gaston, hésite sans cesse entre la révolte et la soumission hypocrite, Mademoiselle sera l'homme de la famille d'Orléans. En 1652, elle entre solennellement dans la capitale du fief paternel et décide Louis II de Condé (le Grand Condé) à livrer bataille à Bléneau. Revenue dans Paris révolté, elle fait tirer le canon de la Bastille afin de sauver Condé que Turenne est en train d'écraser à la porte Saint-Antoine (2 juillet 1652). Ses *Mémoires* conservent le récit de cette héroïque aventure. Lorsque Louis XIV reprend possession de la capitale, elle doit se retirer dans sa terre de Saint-Fargeau où elle restera jusqu'en 1657. Revenue à la Cour, elle se prend d'une folle passion pour le duc de Lauzun. Pour l'épouser, elle doit obtenir le consentement du roi qui le lui donne le 15 décembre avant de se rétracter trois jours plus tard sous la pression de son frère et de Mme de Montespan. Peu après, Lauzun est arrêté et envoyé à Pignerol pour avoir insulté cette dernière. Pour obtenir sa grâce, Mademoiselle accepte de donner le comté d'Eu, le duché d'Aumale, la principauté des Dombes au duc du Maine, fils légitimé du roi. C'est vraisemblablement en 1681 qu'elle épouse enfin Lauzun, secrètement ; mais elle ne tardera pas à s'en séparer.

La duchesse de Montpensier
Portrait de la Grande Mademoiselle. Huile sur toile, école de Pierre Mignard, XVIIe siècle, musée de Versailles. © *Lauros-Giraudon*

MONTPENSIER Antoine Marie Philippe Louis d'ORLÉANS, duc de (Neuilly-sur-Seine, 1824 – Sanlucar, près de Séville, 1890)

Militaire et homme politique.

Cinquième et dernier fils de Louis-Philippe. Entré dans l'armée à la fin de ses études, il sert d'abord en Afrique du Nord. Sa conduite lors de la campagne de 1844, sous les ordres du maréchal Bugeaud, lui vaut d'être nommé chef d'escadron. Après un voyage en Angleterre où il accompagne son père, le jeune duc sert en Algérie, en 1845, puis entreprend un voyage d'étude dans le Levant. Colonel, puis maréchal de camp, il reçoit en septembre 1846 le commandement de l'artillerie de Vincennes. À Madrid, au mois d'octobre, il épouse Marie-Louise de Bourbon, sœur de la reine Isabelle II d'Espagne. En février 1848, il pousse son père à renvoyer Guizot et lui conseille ensuite l'abdication. Quittant la France, Montpensier gagne l'Angleterre, puis la Hollande, et enfin l'Espagne où il se fixe à Séville. Sa belle-sœur lui offre bientôt la nationalité espagnole, le titre d'infant d'Espagne et, en 1859, le grade de capitaine général des armées d'Espagne. Accusé en 1868 de conspirer avec les libéraux, il est exilé quelque temps au Portugal, puis regagne l'Espagne après la révolution de septembre 1868 et la chute d'Isabelle. En mars 1870, un duel l'oppose à Henri de Bourbon, frère de l'ex-roi d'Espagne et auteur d'un pamphlet intitulé *Aux montpensierristes*. Le duc tue son adversaire. Après avoir vainement posé sa candidature à la succession d'Isabelle, il est exilé aux Baléares à l'avènement d'Amédée de Savoie, en 1871. Au mois d'octobre, il est élu député de Cadix. En 1874, il parviendra à faire donner la couronne espagnole à son neveu Alphonse XII, époux de sa fille Maria de Las Mercedes. Le duc avait eu six enfants, et une autre de ses filles avait épousé en 1867 le comte de Paris.

MONTPENSIER Catherine Marie de LORRAINE de GUISE, duchesse de (?, 1552 – ?, 1596)

Ligueuse.

Sœur d'Henri Ier, Charles et Louis II de Lorraine-Guise ; seconde femme de Louis de Bourbon, duc de Montpensier. Elle collabore activement à toutes les entreprises de ses frères et anime la résistance des ligueurs parisiens contre l'armée royale. Elle incite probablement le moine jacobin Jacques Clément à l'assassinat d'Henri III, mais elle meurt réconciliée avec Henri IV.

MONTPENSIER Charles de BOURBON, comte de : voir BOURBON Charles, connétable de

MONTPENSIER François de BOURBON, duc de (?, v. 1540 – Lisieux, 1592)

Homme de guerre.

Fils du premier duc de Montpensier, il se fait confier de nombreux gouvernements : Orléans, Touraine, Maine au début des guerres de Religion, puis Dauphiné de Viennois en 1574 et enfin Normandie en 1589. D'abord ligueur comme son père et sa belle-mère Catherine de Lorraine, duchesse de Montpensier, il se rallie très tôt à son cousin Henri IV.

MONTPENSIER Gilbert de BOURBON, comte de Montpensier et dauphin d'Auvergne (?, 1443 – Pouzzoles, 1496)

Vice-roi de Naples.

Fils du duc Louis Ier de Bourbon. Il bat Charles le Téméraire à Cluny en 1471. Charles VIII le nomme lieutenant général en Poitou puis gouverneur d'Île-de-France. Dans les campagnes d'Italie, il est capitaine général puis vice-roi de Naples. C'est en remplissant les fonctions attachées à ce titre qu'il doit se rendre à Ferdinand d'Aragon en 1495.

MONTPENSIER Henri de BOURBON, duc de (Mézières, 1573 – ?, 1608)

Prince de la Dombes.

Fils de François de Montpensier et de Renée d'Anjou, marquise de Mézières. Gouverneur de Normandie, il se montre fidèle à Henri IV. De son mariage avec Henriette Catherine de Joyeuse, il ne laisse qu'une fille, Marie, née en 1605, qui épousera en 1626 son lointain cousin Gaston d'Orléans, frère de Louis XIII. Marie mourra de ses couches dans sa vingt-deuxième année, laissant un enfant unique, Anne Marie, duchesse de Montpensier (la Grande Mademoiselle).

MONTPENSIER Louis de BOURBON, prince de La Roche, dauphin d'Auvergne et duc de (?, 1513 – Champigny, 1582)

Homme de guerre.

Duc et pair en 1539, gouverneur de l'Anjou, du Maine et de la Touraine en 1561, il se fait connaître pendant les guerres de Religion par sa férocité contre les calvinistes. Sa vie a été racontée par Brantôme. En 1570, il avait épousé en secondes noces Catherine de Lorraine-Guise, célèbre elle-même par son engagement aux côtés des ligueurs.

MONTRÉAL

Ville du Canada dans la province de Québec.

Située au confluent du fleuve Saint-Laurent et de la rivière des Prairies, Montréal est la première agglomération urbaine du pays, devançant ainsi sa rivale anglaise, Toronto. Ayant pour origine un village indien construit sur une île et visité par Jacques Cartier en 1535 (Hochelaga), la future Montréal reçoit, en 1611, la visite de Champlain, puis celle d'une poignée de colons menés par Paul Chomedey de Maisonneuve (1642). Jacques Cartier ayant appelé la montagne dominant le site « Mont-Royal », Maisonneuve baptisera ce qui n'est encore qu'une bourgade Montréal. Dans un premier temps, la ville connaît un développement difficile – malgré le prospère commerce de la fourrure – du fait de l'insécurité que font régner les Iroquois dans la région. Puis, fortifiée en 1725, terre anglaise de 1760 à 1775, Montréal sera occupée par les *Insurgents* américains en 1776-1777. À partir de cette date, avec la pacification de cette région à la fin du XVIIIe siècle, Montréal connaît

Mont-Saint-Michel
Enluminure des *Très Riches Heures du duc de Berry*, XVe siècle. Chantilly, musée Condé. © *Giraudon*

un essor extrêmement rapide. Aujourd'hui, elle est dite « deuxième ville francophone du monde ».

MONT-SAINT-MICHEL

Îlot rocheux relié à la côte par une digue, dans le département de la Manche.

Un rocher ancré au milieu de l'ample baie sablonneuse des confins de la Normandie et de la Bretagne est à l'origine de cette abbaye dont la vue arrachait à Hugo le qualificatif de « Pyramide des mers ». Saint Aubert, évêque d'Avranches, y établit un oratoire à la suite de l'apparition de l'archange vers 708. Par la suite, dans la seconde moitié du Xe siècle, le duc de Normandie Richard Ier fait ériger une abbaye que sert l'ordre des Bénédictins. Au XIIe siècle, ce lieu de pèlerinage fait place à une forteresse dont l'enceinte fortifiée ceinture la base du rocher. Une petite cité se blottit à l'intérieur de ces défenses, si bien aménagées que la garnison résiste victorieusement à un assaut en règle des Anglais en 1423. La partie sommitale de la colline porte à 78 m de haut la plate-forme de l'église abbatiale, au splendide chœur de style gothique flamboyant réalisé entre 1450 et 1521. L'édifice est lui-même adossé à la Merveille, construction médiévale située sur le versant nord, construite de 1202 à 1228, dont les pièces les plus remarquables sont la salle des Hôtes, la salle des Chevaliers et le cloître. La flèche surmontant l'ensemble s'élève à 152 m de hauteur, couronnée par saint Michel. Prison d'État au XIXe siècle, où Blanqui et Barbès furent incarcérés, cette merveille architecturale a trouvé sa vocation de musée, les fêtes du millénaire s'y déroulant avec somptuosité en 1966. À l'ouest du Mont s'écoule le Couesnon, cours d'eau côtier qui « dans sa folie, mit le Mont en Normandie », assure un dicton.

MONTS Pierre du GUA, sieur de (Saintonge, v. 1560 – ?, v. 1630)

Explorateur et colonisateur.

Issu d'une famille catholique originaire d'Italie, c'est un protestant tout dévoué à Henri IV. En 1600, il effectue un premier voyage le long du littoral du Canada. Trois ans plus tard, Pierre de Monts succède à Aymar de Chastes, devenant vice-amiral et lieutenant général en Acadie, avec le monopole de la traite. Il prend ainsi la direction de la Compagnie française du Canada, créée pour l'exploration et l'exploitation de ces terres lointaines. Il réussit à armer plusieurs vaisseaux et, avec ses lieutenants, Champlain, Poutrincourt, Biencourt et du Pont-Gravé, arrive au Canada en avril 1604. Une centaine de colons ont accompagné l'expédition, et Monts fonde bientôt le premier établissement français d'Acadie, Port-Royal. Il regagne la France à la fin de l'année, mais doit lutter pour défendre son privilège, attaqué par les marchands pelletiers. Vaincu, et spolié, Monts doit en 1607 rapatrier les colons survivants. L'année suivante, cependant, Henri IV lui concède le renouvellement de son privilège, et le navigateur peut armer plusieurs vaisseaux, dirigés sur le Saint-Laurent, et commandés en particulier par Champlain. Il s'enrichit quelque temps dans le commerce des peaux, mais l'assassinat du roi entraîne la ruine de ses entreprises.

MONTSÉGUR (château de)

Château situé sur un piton détaché du massif du Saint-Barthélemy en Haut-Languedoc.

Pendant la guerre albigeoise, Raymond-Roger de Foix s'en empare contre les droits de Gui de Lévis à qui il avait été donné en fief en même temps que Mirepoix. C'est dans ces conditions qu'il devient un nid de cathares. Après le massacre des inquisiteurs à Avignonet, on y trouve de nombreux faidits (seigneurs favorables au catharisme), comme Pierre-Roger, coseigneur de Mirepoix, ennemi juré des croisés ; mais il y a aussi des hérétiques qui n'abjureront pas, comme Bertrand Marty. L'expédition des croisés contre l'inaccessible forteresse commence en mars 1243. L'établissement de machines de guerre demande des efforts considérables, et l'investissement n'est pas absolument efficace, du moins dans les premiers temps. À bout de vivres, Raymond de Pereille négocie la reddition de la place en mars 1244. La garnison a la vie sauve mais les hérétiques qui refusent de se convertir sont brûlés. C'est-à-dire en fait la quasi-totalité, que le chroniqueur Guillaume de Puylaurens évalue à quelque 200 personnes. Contrairement à une opinion assez répandue, Montségur ne fut pas le dernier refuge des cathares. En outre, à l'époque, le siège et la chute de cette place n'ont guère eu de retentissement, sinon localement. Il en est autrement aujourd'hui.

MONTSOREAU

Commune du Maine-et-Loire, au sud-est de Saumur.

Montsoreau était le chef-lieu d'une baronnie, érigée en comté au XVIe siècle. Le comte de Montsoreau, chargé d'appliquer la Saint-Barthélemy dans la province, se signale par l'ardeur avec laquelle il remplit cette tâche. Mais il est surtout fameux pour la vengeance qu'il tire de sa femme et de l'amant de celle-ci, Bussy d'Amboise : attiré dans un guet-apens, ce dernier est poignardé sous les yeux de sa maîtresse. Ces aventures ont inspiré à Alexandre Dumas un roman, *La Dame de Monsoreau*, paru en 1846, adapté seize ans plus tard en un drame en cinq actes, par l'auteur, en collaboration avec Auguste Maquet.

MONT VALÉRIEN : voir VALÉRIEN (mont)

MÔQUET Guy (Paris, 1924 – Châteaubriant, 1941)

Militant politique.

Fils du député communiste Prosper Môquet, Guy Môquet est élève au lycée Carnot en 1939 quand son père est arrêté et emprisonné au Puy. Il s'engage alors dans les Jeunesses communistes du 17e arrondissement de Paris. Arrêté à son tour le 13 octobre 1940, il est torturé, jugé, acquitté mais interné à Fresnes, puis à la Santé et à Clairvaux pour être finalement transféré au camp d'otages de Châteaubriant près de Nantes. Il fait partie des 48 fusillés qui doivent venger la mort du *Feldkommandant* Hotz. C'est le début pour l'occupant nazi de la politique de représailles vis-à-vis d'otages choisis de préférence dans l'extrême gauche et la Résistance.

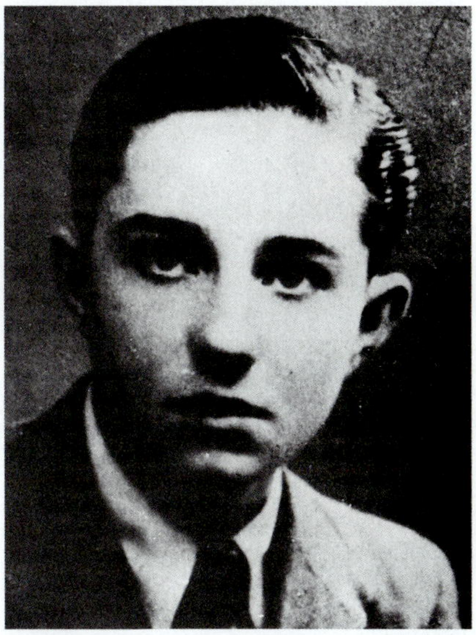

Guy Môquet
Fusillé par représailles à 17 ans, le 22 octobre 1941.
© *Tallandier, D.R.*

MORAT

Ville de Suisse, sur le lac du même nom.

Elle appartient au canton de Fribourg et porte le nom de *Murten* en langue alémanique. Cet emplacement de camp romain (*curtis Muratum*, dont le lac était alors confondu avec celui de Neuchâtel) possède une enceinte fortifiée dès le Xe siècle. Le site appartient successivement aux empereurs d'Allemagne puis aux ducs de Savoie. Au XVe siècle, une alliance avec les Bernois et les Fribourgeois permet l'installation d'une garnison que Charles le Téméraire, duc de Bourgogne, défait par les Suisses à Grandson, s'efforce de réduire à partir du 9 juin 1476. Mais une armée confédérée apparaît le 22 juin et bouscule l'armée bourguignonne, qui se disperse, entraînant dans sa déroute Charles le Téméraire, lequel s'enfuit vers Payerne accompagné seulement de quelques cavaliers.

MOREAU Jean Victor (Morlaix, 1763 – Lahn, Bohême, 1813)

Général.

Fils d'avocat, il étudie le droit à la faculté de Rennes avant de former, au début de la Révolution, une compagnie de canonniers dans la garde nationale de cette ville. Puis, à la tête d'un bataillon de volontaires bretons, il est envoyé à l'armée du Nord avec le grade de lieutenant-colonel. Placé sous les ordres de Dumouriez en 1792, il est promu général l'année suivante et commence, en Belgique, à se faire apprécier pour ses qualités militaires. C'est alors que Moreau est chargé par Pichegru de commander un corps d'armée destiné à opérer en Flandre. À ce poste, et après avoir été nommé général de division au mois d'août 1794, il mène une campagne victorieuse dont l'aboutissement est la conquête de la Hollande. Moreau est ensuite, durant l'hiver de cette année, en charge de l'aile droite de l'armée du Nord et se voit promu, en mars 1795, commandant en chef de cette armée, en remplacement de Pichegru, puis général en chef de l'armée de

Jean Victor Moreau
Portrait du général par François Gérard, fin XVIIIe siècle. Château de Versailles. © *Lauros-Giraudon*

Rhin-et-Moselle, au moment du retrait de ce dernier. À ce poste, il dirige avec un génie stratégique remarquable la campagne de 1796. Après avoir repoussé Wurmser vers le centre de l'Allemagne, il franchit le Rhin non loin de Strasbourg, livre bataille avec succès aux troupes de l'archiduc Charles à Ettlingen (9 juillet 1796), faisant reculer les Autrichiens jusqu'au Danube. Mais, apprenant que les armées de Sambre-et-Meuse ne peuvent le rejoindre, il ordonne une retraite habile qui permettra aux Français, se repliant sur le Rhin le 20 avril 1797, de passer le fleuve avec un trophée de guerre riche de 5 000 prisonniers environ, et de 20 pièces d'artillerie. L'année suivante, le général franchit de nouveau le Rhin, prend Kehl, mais voit son offensive entravée par les négociations de Leoben (27 avril 1797).

C'est à partir de cette date que Moreau intercepte une correspondance de Pichegru contenant, de façon non ambiguë, les opinions politiques de son ancien chef. Ayant dénoncé, mais trop tardivement, la trahison de celui-ci, il entre en disgrâce puis est amené à demander sa retraite. Celle-ci sera de courte durée. La République ayant besoin d'hommes valeureux, Moreau est rappelé au mois d'avril 1799 et rejoint l'armée d'Italie. Là, malgré la défaite de ses troupes, le 27 avril à Cassano, il mène à bien, une fois de plus, une retraite honorable, évitant ainsi un sévère revers militaire. Moreau fait alors la connaissance de Bonaparte auquel il apporte son soutien lors du 18 Brumaire. Cet attachement lui permet de retrouver le commandement de l'armée du Rhin en 1800, à la tête de laquelle il remporte sur les Autrichiens, le 3 décembre, la décisive victoire de Hohenlinden. Espérant alors aller jusqu'à Vienne, Moreau est frustré de cette perspective par la paix de Lunéville (9 février 1801), et rentre en France amer, bien qu'auréolé de gloire. Ambitieux et nourrissant quelque jalousie à l'encontre du futur Napoléon, Moreau se met à nouer des rapports réguliers avec Pichegru et Cadoudal. Sans participer à leur complot, il ne fait rien pour les en dissuader. Il sera condamné le 20 juin 1804 à deux ans de détention. Napoléon commuera cette peine d'emprisonnement en une autre beaucoup plus lourde : l'exil. Moreau s'embarque alors pour les États-Unis. Là, il est contacté en 1813 par le tsar Alexandre Ier qui lui propose de reprendre les armes aux côtés des puissances coalisées. L'ancien chef de guerre de la Révolution accepte, mais, après avoir élaboré avec Bernadotte les plans de la campagne de 1813-1814, est blessé durant la bataille de Dresde (27 août 1813) par un boulet tiré des lignes françaises. Amputé des deux jambes, il mourra des suites de ses blessures.

MORÉE (expédition de)

Le terme de Morée désigne, depuis l'époque médiévale, le Péloponnèse de l'Antiquité.

C'est dans le nord-ouest de cette région très vallonnée que le mouvement émancipateur hellénique se développe à partir de mars 1821. C'est donc dans ce secteur que les Turcs d'Ibrahim Pacha font porter leur effort répressif en 1825, avant de contraindre à la capitulation les garnisons de Missolonghi, au nord du détroit de Corinthe, en 1826, et enfin d'Athènes l'année suivante. Les massacres qui s'ensuivent incitent Britanniques, Russes et Français à intervenir. Les deux premières nations ne fournissent que des escadres. Les Français sont présents sur mer et sur terre, où le corps expéditionnaire du général Maison débarque à la suite de la victoire navale alliée à Navarin, le 20 octobre 1827. C'est encore une fois la Morée qui est choisie pour l'opération, car la maîtrise maritime y garantit la régularité des approvisionnements. De plus, les troupes mises à terre sont assurées du soutien immédiat des patriotes grecs. En quelques semaines, Maison mène l'entreprise à bien et Charles X le récompensera par le bâton de maréchal.

MORHANGE (bataille de)

Commune du département de la Moselle où se déroulèrent des combats en août 1914.

Située dans la zone des étangs au nord-ouest de Sarrebourg, cette localité fait partie, en 1914, de la Lorraine annexée à l'Empire allemand. Compte tenu de la proximité de la frontière, le commandement impérial a truffé la région de positions fortifiées fort bien préparées. Malgré ces caractéristiques, Joffre a prévu dans son plan opérationnel de lancer la IIe armée du général de Castelnau à l'assaut de ce bastion. Les 15e et 20e corps s'emparent, dès le 18 août, des villages frontaliers, mais viennent buter les 19 et 20 contre ces lignes farouchement gardées par les détachements du prince Ruprecht de Bavière. Le 15e corps reflue après avoir éprouvé des pertes sensibles, découvrant le 20e corps qui repousse tous les assauts allemands avant de décrocher à son tour. La bataille de Morhange est donc un échec, les Allemands ne l'ayant livrée que pour fixer d'importantes forces françaises dans cette partie orientale du front, alors que l'effort principal de l'envahisseur est porté en Belgique.

MORIMOND (abbaye de)

Abbaye cistercienne située en Champagne dans le diocèse de Langres.

L'abbaye de Morimond, l'une des « quatre filles de Cîteaux », est fondée en 1115 par un seigneur de Choiseul. Elle a un temps sous sa dépendance plus de 100 monastères et les cinq ordres militaires d'Espagne et de Portugal : ceux de Calatrava, d'Alcantara, de Montesa, d'Avis et du Christ. Il n'en reste que quelques ruines, près d'un bel étang.

MORIN (Grand et Petit)

Affluents de la Marne.

Né près de Sézanne, le Grand Morin arrose La Ferté-Gaucher, Coulommiers, Crécy-en-Brie et Esbly, où il rejoint la Marne après un parcours de 112 km, au milieu d'une agreste et sinueuse vallée. Le Petit Morin traverse la région des marais de Saint-Gond avant de passer par Montmirail et d'atteindre à son tour la Marne à La Ferté-sous-Jouarre. C'est sur les rives du Petit Morin, non loin de Montmirail, que Napoléon écrase les Prussiens de Sacken le 11 février 1814. Du 6 au 10 septembre 1914, la Ve armée de Franchet d'Esperey et le corps expéditionnaire britannique arrêtent dans ce secteur des deux Morins l'avance de la IIe armée allemande de von Bülow.

MORINS

Morini. *Du celtique* mors, *« la mer ». Peuple de la Gaule Belgique fixé dans la région de Boulogne-sur-Mer et de Saint-Omer.*

Difficilement soumis une première fois par César en 56-55 av. J.-C., ils n'acceptent définitivement la domination romaine qu'après une révolte qui sera durement réprimée. Peuple de marins, ils sont spécialisés dans le tissage des voiles de lin. Vers la fin du Haut-Empire leur cité (*civitas Morinorum*) est partagée entre Thérouanne, leur ancienne capitale, et *Portus Itius* (Boulogne). Au Bas-Empire, elle ne correspond plus qu'au territoire qui forme le Ternois.

MORNAY Philippe de, seigneur du Plessis-Marly, appelé DUPLESSIS-MORNAY (Buhy, Vexin, 1549 – La Forêt-sur-Sèvre, Poitou, 1623)

Juriste et diplomate.

Son père, catholique, le destine à l'état ecclésiastique, mais sa mère lui inculque secrètement les principes de la Réforme, à laquelle il adhère dès la mort de son père. Désireux de se consacrer à la défense de ses coreligionnaires, Duplessis-Mornay étudie le droit à Genève, puis à Heidelberg, enfin à Padoue. Juriste diplomate, il aborde aussi la controverse théologique. Ami de Coligny, il échappe de justesse à la Saint- Barthélemy et se réfugie quelque temps en Angleterre. De retour en France, il se marie, puis songe à rejoindre l'armée protestante conduite par Henri Ier de Condé, lorsque Henri de Navarre l'appelle à ses côtés en 1576. Le futur Henri IV, qui lui accorde bientôt une confiance illimitée, lui confiera de très nombreuses missions, notamment en Angleterre à plusieurs reprises, en Flandre et auprès du roi de France. Favorable à la réconciliation de son maître et d'Henri III, Duplessis-Mornay consacre à cette entreprise tous ses talents de diplomate. En 1589, le gouvernement de Saumur le récompense de ses efforts et du succès obtenu. Il participe ensuite au siège de Paris, au combat d'Ivry. La conversion d'Henri de Navarre, en 1593, le désespère, mais il reste à ses côtés, ne cessant d'intervenir en faveur des anciens coreligionnaires du roi. L'influence intellectuelle considérable qu'il exerce sur ces derniers lui vaut bientôt le surnom de « Pape des huguenots ». À la suite de la publication en 1598 de *L'Institution de l'Eucharistie*, dans laquelle il attaque notamment la messe, une controverse l'oppose deux ans plus tard, à Fontainebleau, au cardinal Du Perron. Ce dernier l'emporte. Duplessis-Mornay, abandonné par le roi, discrédité, se retire à Saumur. Réconcilié en 1607 avec Henri IV, il ne jouera plus sous son règne aucun rôle politique, et pas davantage sous le règne de Louis XIII. Cependant, jusqu'à sa mort, il usera de son autorité morale pour prêcher la modération aux protestants. En 1611, Duplessis-Mornay intervient à l'assemblée de Saumur, réunie par les protestants, pour apaiser les conflits entre ces derniers et la reine Catherine de Médicis. En 1621, à l'assemblée de La Rochelle, il tente vainement d'empêcher ses coreligionnaires de prendre les armes contre Louis XIII. Duplessis-Mornay est l'auteur de plusieurs ouvrages théologiques et politiques, et aussi de *Mémoires* concernant les années 1572 à 1620.

MORNAY Pierre de (château de Mornay, Nivernais – château de Régennes, Appoigny, 1303)

Évêque et diplomate.

Chanoine d'Orléans et archidiacre de Sologne, en 1281, il devient clerc et conseiller du roi sous le règne de Philippe le Bel. Doyen de Saint-Germain-l'Auxerrois, évêque d'Orléans en 1288, Pierre de Mornay accomplit plusieurs missions diplomatiques, négocie en 1295 un traité de paix avec le roi d'Aragon puis, trois ans plus tard, une trêve entre Philippe le Bel et le roi d'Angleterre. Ambassadeur du roi de France auprès du pape, il joue un grand rôle dans la querelle qui oppose Philippe le Bel à Boniface VIII. En 1304, le roi le nomme chancelier de France.

Charles de Morny
Portrait du duc en 1865. Huile sur toile de Gabriel Passot, XIXe siècle, collection particulière. © *Tallandier*

MORNY Charles, duc de (Saint-Maurice-en-Valais, 1811 – Paris, 1865)

Homme politique.

Fils naturel de la reine Hortense, belle-fille de Napoléon, et du général de Flahaut, il est, de ce fait, demi-frère de Napoléon III. Élevé sous le nom de Demorny, qui est aussi celui de son père « officiel », il décide de s'appeler comte de Morny, devient officier en 1830, sert en Algérie jusqu'en 1838 puis, de retour en France, se lance avec succès dans les affaires, notamment dans l'industrie sucrière. Ami du duc de Chartres, dandy, arbitre des élégances, Parisien acharné, il vit princièrement, notamment grâce à la générosité de sa maîtresse, l'ambassadrice de Belgique, Mme Le Hon. Il s'intéresse à la politique, est élu député du Puy-de-Dôme (1842-1848 et 1849). La révolution de 1848 compromet cette existence dorée. C'est alors qu'il se rapproche de son demi-frère, devenu président de la République le 10 décembre 1848. Les premiers contacts (janvier 1849) sont décevants mais, peu à peu, l'affection et l'intérêt lient les deux hommes. Morny encourage Louis Napoléon au coup d'État et joue un rôle essentiel dans sa préparation. « Je crois pouvoir déclarer que, sans moi, le coup d'État n'aurait jamais eu lieu », déclarera-t-il un jour. Le soir du 1er décembre, il reçoit le décret qui le nomme ministre de l'Intérieur et met au point le système des candidatures officielles pour les élections de 1852. Lui-même démissionne de son poste pour entrer au Corps législatif dont il sera le président de 1854 à 1865, sachant séduire les députés par ses manières affables et évitant de leur faire sentir l'autorité souvent pesante du gouvernement qu'il représente. En 1858, Napoléon III le nomme membre du Conseil privé, éventuel Conseil de régence, qu'il crée après l'attentat d'Orsini. Morny apparaît alors comme l'éminence grise du régime. Il appuie son évolution libérale, favorise la création des établissements de crédit, fonde Deauville. Parce qu'il était intéressé au remboursement du banquier Jecker, il sera longtemps accusé d'avoir contribué à lancer la France dans la désastreuse expédition du Mexique alors qu'en réalité, si une spéculation à laquelle il n'était pas étranger vint effectivement se greffer sur l'expédition, elle ne fut pas déterminante dans la décision prise par Napoléon III d'intervenir au Mexique.

MORTAIN (bataille de) : voir NORMANDIE (bataille de)

MORTEMART Casimir Louis Victurnien de ROCHECHOUART, prince de Tonnay-Charente, duc de (Paris, 1787 – Neauphle, 1875)

Général et diplomate.

Rentré d'émigration en 1802 – son éducation s'est faite en Angleterre –, il prend du service auprès du Premier Consul en 1803. Sous-lieutenant de dragons en 1806, il combat en Pologne et en Prusse. Blessé à la bataille de Friedland le 16 janvier 1807, il est tour à tour lieutenant, capitaine, officier d'ordonnance de l'Empereur. Mortemart participe ensuite à la campagne de Russie, au cours de laquelle Napoléon le crée baron d'Empire. La croix de la Légion d'honneur récompense sa belle conduite contre les Austro-Bavarois, et c'est lui qui dépose aux pieds de l'impératrice Marie-Louise les drapeaux pris à l'ennemi pendant les batailles de Champaubert le 10 janvier 1814 et de Montereau, le 18. Rallié à Louis XVIII, il est nommé colonel des Cent-Suisses et pair de France. L'ancien émigré suivra son nouveau maître à Gand durant les Cent-Jours. L'Empereur définitivement vaincu, le duc deviendra major-général de la garde nationale de Paris et maréchal de camp en 1815, ambassadeur en Russie en 1828, lieutenant général en 1830. Le 29 juillet 1830, à la demande de Charles X, le duc de Mortemart forme un cabinet de tendance libérale et prend des mesures destinées à sauver le régime : abrogation des ordonnances, convocation des Chambres, rétablissement de la garde nationale. Il ne renonce à servir ni Louis-Philippe, ni la IIe République, ni Napoléon III. Il sera en effet ambassadeur en Russie (1831-1833), ensuite commandant de la 19e division militaire et, enfin, sénateur (1852).

MORTIER Édouard Adolphe Casimir Joseph, duc de Trévise (Le Cateau-Cambrésis, 1768 – Paris, 1835)

Maréchal de France.

Fils d'un député du tiers aux États généraux, engagé volontaire en 1791, il participe avec éclat aux guerres de la Révolution, sous les ordres de Kléber et de Marceau. Général de division en 1799, il appuie le coup d'État du 18 Brumaire. Après avoir conquis le Hanovre en 1803, Mortier fait partie de la grande promotion des maréchaux d'Empire l'année suivante. Au cours de la campagne de 1806, il s'empare de Cassel, Hambourg et Stettin, puis soumet l'Allemagne du Nord au pillage. Duc de Trévise après Friedland en 1807, le maréchal commande ensuite en Espagne où il seconde Soult et remporte en 1809 la victoire d'Ocaña. Commandant de la Jeune Garde en Russie, le duc de Trévise quitte Moscou le dernier, au mois d'octobre 1812, après avoir, sur l'ordre de l'Empereur, incendié et fait sauter le Kremlin. Il se bat ensuite avec énergie en Allemagne, puis en France, tentant en vain, le 30 mars 1814, à la barrière de Saint-Denis, de défendre Paris. Mortier, qui a amassé au cours de ses campagnes une fortune considérable, se rallie sans hésiter aux Bourbons, conseillant à Louis XVIII, à l'annonce du débarquement de Golfe-Juan, de résister à Napoléon. Il reste cependant en France pendant les Cent-Jours, rejoint l'Empereur et son armée, mais ne se manifeste guère à Waterloo. Louis XVIII, après l'avoir nommé pair, le destitue en 1815 à la suite de son refus de juger le maréchal Ney. Député du Nord de 1816 à 1818, Mortier siège de nouveau à la Chambre des pairs à partir de 1819, et se voit comblé d'honneurs par la Restauration. Ambassadeur en Russie sous la monarchie de Juillet en 1830-1831, grand chancelier de la Légion d'honneur en 1831, président du Conseil et ministre de Louis-Philippe en 1834, le maréchal Mortier trouve la mort lors de l'attentat de Fieschi.

MORVAN

Région du centre de la France partagée entre les départements de l'Yonne, de la Côte-d'Or, de la Nièvre et de la Saône-et-Loire.

La rudesse du climat s'explique par des élévations variant entre 300 m et 900 m d'altitude. Les ressources de cette pittoresque région reposent sur le bois et sur l'élevage, le terme *morvan* signifiant le « mont noir ». Autun, Avallon, Saulieu, Clamecy et Château-Chinon sont les principales localités de cette région aujourd'hui touristique et gastronomique, occupée dans l'Antiquité par les Gaulois Éduens, réputés pour leur vocation commerciale. Bibracte, sur le mont Beuvray, est leur capitale. Les excellentes relations nouées avec les Romains favorisent l'implantation des légions au cours du Ier siècle avant J.-C. *Augustodunum* (Autun) deviendra le centre administratif et commercial de cette région, qui fera ensuite partie de la Bourgogne. En 1569, durant les guerres de Religion, l'amiral de Coligny remporte un succès à Arnay-le-Duc. Mais le Morvan n'est pas un lieu de passage et demeure à l'écart des grands événements historiques.

Durant la Seconde Guerre mondiale, le mouvement Ceux de la Résistance connaît là une appréciable implantation, les maquis trouvant refuge dans les zones boisées. Ils participeront notamment à la libération de vive force d'Autun, les 8 et 9 septembre 1944.

MORVILLIERS Jean de (Blois, 1506 – Tours, 1577)

Évêque et diplomate.

Conseiller au Grand Conseil, maître des requêtes en 1547, il est ensuite chargé d'une ambassade à Venise. Entré dans les ordres à son retour en France, il reçoit en 1552 l'évêché d'Orléans, qu'il conserve jusqu'en 1564. Le prélat, dont les talents de diplomate sont reconnus, assiste notamment au colloque de Poissy en 1561 et au concile de Trente l'année suivante. En 1563, il négocie le traité conclu entre Charles IX et Élisabeth d'Angleterre. Lorsque Michel de L'Hospital se démet de sa fonction de garde des Sceaux en 1568, Morvilliers est appelé à lui succéder. Il conserve les Sceaux jusqu'en 1570, s'affirmant, en cette période d'intolérance, un fervent partisan de la paix et de la tolérance envers les protestants. Membre du Conseil privé jusqu'à sa mort, l'ancien chancelier restera fidèle à ses principes, ne cessant de prêcher l'apaisement.

MOSKOVA (bataille de la)

Bataille ayant opposé, le 7 septembre 1812, l'armée française de Napoléon à l'armée russe commandée par le général Koutouzov non loin du village de Borodino situé à une centaine de kilomètres à l'ouest de Moscou.

Entamée au début de l'été 1812, la campagne de Russie prend très rapidement l'aspect d'une poursuite-dérobade. En effet, tandis que les troupes russes attirent les Français vers l'est, tout en évitant à chaque fois l'engagement décisif, la Grande Armée trouve devant elle un pays volontairement dévasté par ses habitants. Mais au début du mois de septembre 1812, Napoléon peut tout de même fixer l'armée russe et lui livrer bataille. Si, pour le général Koutouzov, « Moscou n'est pas toute la Russie », celui-ci a malgré tout conscience qu'il ne peut abandonner la ville aux Français, et décide de se battre afin d'enrayer leur progression. Les Russes disposent de 120 000 hommes et 640 canons, Napoléon peut aligner 127 000 soldats et 580 canons. Le 6 septembre, tandis que les Russes coupent la route de Moscou aux Français, sur un front de 4 kilomètres, ces derniers prennent la redoute de Schwardino, où l'Empereur installe immédiatement son poste de commandement. Le 7, après que l'armée d'Italie du prince Eugène eut pris Borodino, le maréchal Ney et le maréchal Davout, au centre du champ de bataille, déferlent sur la Grande Redoute et y prennent position. Instantanément les Russes contre-attaquent et reprennent celle-ci. Tandis que Poniatowski charge les Russes sur la droite française et enlève les flèches du prince Bagration, la majeure partie des troupes de Napoléon se bat à nouveau sur la Grande Redoute et les fortifications de Semenovskoïa, hameau situé au centre du dispositif, reprenant ces points stratégiques. Napoléon refuse, à ce moment de faire donner sa Vieille Garde, qui pourtant aurait pu transformer cette bataille incertaine en un succès militaire décisif. Redoutant l'anéantissement de son aile gauche – Bagration a été mortellement frappé –, Koutouzov décide d'ordonner à ses troupes le repli, puis la retraite. La bataille, qui a duré douze heures, laisse les Français maîtres du terrain, leur ouvre le chemin de Moscou, où ils entreront le 14 septembre, mais cette victoire incomplète a coûté à la Grande Armée 30 000 hommes. Bien que les Russes aient subi le double de pertes en vies humaines, ils estimeront avoir remporté cette bataille qu'ils appellent bataille de Borodino.

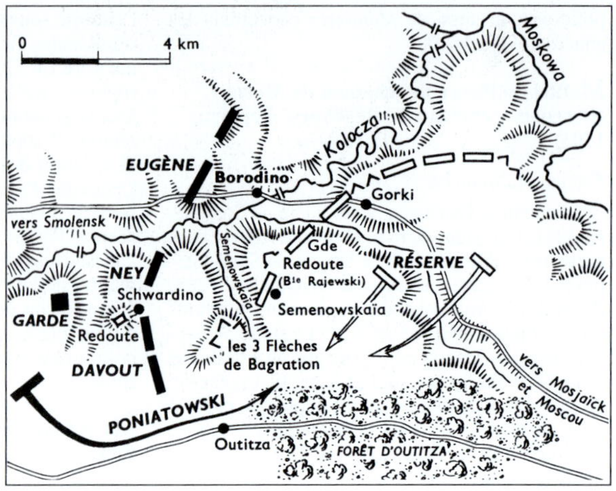

La bataille de la Moskova

MOTTEVILLE Françoise BERTAUT de (Paris, v. 1621 – Paris, 1689)

Mémorialiste.

Nièce du poète Bertaut, fille d'un gentilhomme de la chambre du roi, elle épouse en 1639 Nicolas Langlois, seigneur de Motteville, premier président de la Chambre des comptes de Rouen. Femme de chambre d'Anne d'Autriche de 1643 à 1666, Mme de Motteville devient la confidente de la régente. Ses *Mémoires pour servir à l'histoire d'Anne d'Autriche de 1615 à 1666*, qui seront publiés en 1723, constituent un témoignage de première importance sur la vie à la cour de France pendant la minorité de Louis XIV, et notamment sur la Fronde.

MOUCHET (mont)

Éminence des monts de la Margeride située à 1465 m d'altitude, à la limite des départements de la Haute-Loire, du Cantal et de la Lozère, entre Saint-Flour et Saugues.

Cette région austère du Massif central est choisie, au printemps 1944, par des envoyés de la Résistance, dans le dessein de déterminer des zones de parachutages. Depuis 1943, elle abrite en effet de petits maquis locaux, constitués à la fois d'habitants du pays et de réfractaires au STO (Service du travail obligatoire). Le premier parachutage a lieu le 18 mars 1944. D'autres opérations se succèdent jusqu'au 10 juin, car le Comité français d'Alger envisage de constituer un embryon de zone libérée dans laquelle pourrait s'installer une délégation du gouvernement provisoire. Aux mois d'avril et de mai, le commandement de la région R 6 alerte les corps francs disponibles, qui font mouvement vers le mont Mouchet. Le 20 mai, les responsables régionaux de la Résistance décident une véritable mobilisation. Les réfractaires arrivent du Puy-de-Dôme,

Bataille de la Moskova
Le champ de bataille le 7 septembre 1812. Huile sur toile de Louis François Lejeune, 1822, musée de Versailles. © *Giraudon*

Jean Moulin
Avec sa sœur Laure, près de sa bastide d'Eygalières, Bouches-du-Rhône, qui deviendra son refuge clandestin.
© *Keystone*

de la Haute-Loire, du Cantal, de l'Ardèche. Ces mouvements ne passent pas inaperçus, et les Allemands effectuent une première reconnaissance dans la journée du 2 juin. Elle est repoussée. Le 6 juin, on dénombre plus de 3 000 maquisards, appartenant aussi bien aux MUR (Mouvements unis de la Résistance) qu'aux FTP (Francs-tireurs et partisans).

À la mi-juin, les effectifs sont tels que les armes manquent, et il faut demander aux jeunes réfractaires, non instruits aux maniements les plus élémentaires, de regagner leur point de départ respectif. Les Allemands, assistés de miliciens, tentent diverses actions répressives dans le courant des mois de juin et de juillet. En vain, car le périmètre défensif est trop vaste pour être débordé par de trop faibles unités venues du Puy ou d'Issoire. Des détachements de Cosaques et d'Ukrainiens sont également utilisés par l'occupant, sans plus de succès. Mais les moyens de l'assaillant ne sont pas comparables à ceux utilisés dans le massif des Glières ou dans le Vercors. Ce succès défensif incitera les autorités à choisir le mont Mouchet pour recevoir le monument national de la Résistance, bel ensemble aux lignes sobres dans lequel l'artiste a ciselé la silhouette de maquisards indomptés.

MOUCHY Philippe de NOAILLES, duc de (Paris, 1715 – Paris, 1794)

Maréchal de France.

Fils du maréchal de Noailles, il entreprend une carrière militaire, sert en Italie et en Allemagne, sous les ordres de son père, puis en Bavière où, en 1742, il se distingue par son audace et son habileté. Gouverneur de Versailles depuis 1740, maréchal de camp en 1744, Noailles sert aux côtés de Louis XV pendant la campagne de Flandre, en tant qu'aide de camp, et se distingue en 1745 à Fontenoy. L'année suivante, il accompagne au-delà des Pyrénées son père, nommé ambassadeur en Espagne, et reçoit le titre de grand d'Espagne. De retour en France, devenu en 1746 duc de Mouchy, il participe aux batailles de Berg-op-Zoom et de Maastricht, et devient en 1748 lieutenant général. Nommé en 1775 maréchal de France, il prend le titre de maréchal-duc de Mouchy. Gouverneur de Guyenne la même année, le duc de Mouchy se démet de son commandement en 1786, abandonne en même temps son gouvernement de Versailles et vit quelque temps dans la retraite. Membre en 1787-1788 de l'Assemblée des notables, il ne participe pas aux événements révolutionnaires et se retire dans son château de Mouchy après le 10 Août. Arrêté en 1793 pour avoir donné asile à des prêtres réfractaires, il est incarcéré à La Force, puis au Luxembourg, avant d'être jugé par le Tribunal révolutionnaire, condamné à mort, et guillotiné. Sa femme, Anne Claude Louise d'Arpajon, autrefois dame d'honneur de Marie Leszczyńska puis de Marie-Antoinette qui l'appelait Madame l'Étiquette, partagera son sort.

MOUILLARD Louis (Lyon, 1834 – Le Caire, 1897)

Ingénieur en aéronautique.

Passionné d'aviation dès son plus jeune âge, il étudie le vol des oiseaux afin d'envisager des possibilités de « vol mécanique ». Puis il conçoit et réalise plusieurs types de planeurs. Avec l'un d'eux, il accomplit, en 1865, un vol rasant de 45 mètres, mais devra abandonner ses travaux faute de moyens financiers suffisants. Rédigeant plusieurs ouvrages essentiels sur les lois de l'aérodynamique, dont l'intérêt, non perçu de son vivant, n'échappera pas à la perspicacité de ses successeurs dans la conquête de l'air, Mouillard est considéré comme l'un des grands noms de l'histoire de l'aéronautique. On peut citer parmi ses travaux : *L'Empire de l'air*, écrit en 1881, et le *Vol sans battement*, ouvrage dans lequel il développe la technique dite du « gauchissement des ailes » reprise quelque temps plus tard par les aviateurs américains, les frères Wright.

MOULIN Jean François Auguste, baron (Caen, 1752 – Pierrefitte, 1810)

Général et homme politique.

Ce fils d'épicier contracte un engagement en 1768 au régiment de Royal-Bretagne avant de servir dans les Ponts et Chaussées jusqu'à la Révolution. Membre de la garde nationale de Paris en 1789, adjudant en 1793, Moulin gagne son grade de général de brigade en Vendée, où son frère cadet Jean-Baptiste, également général, se suicide devant Stofflet au combat de Cholet en 1794. Le général Moulin commande l'année suivante l'armée des Côtes-de-Brest avant d'intervenir avec succès dans les Alpes face aux Piémontais. Après le coup d'État du 18 Brumaire, Bonaparte, qui l'en a tenu à l'écart, se défie de ce membre du Directoire et le met en disponibilité, ne le rappelant qu'en 1804 au service actif. C'est au cours de la progression de l'armée du Danube vers l'Autriche, en 1809, que le général contracte la maladie qui l'emportera l'année suivante.

MOULIN Jean (Béziers, 1899 – région de Metz, juillet 1943)

Résistant.

Il est issu d'une famille républicaine et radicale du Midi. Après des études de droit à Montpellier, il devient le plus jeune sous-préfet de France en octobre 1925, à Albertville, puis dans le Finistère (1930-1933). Ami du député de Savoie Pierre Cot, il est en 1936 chef de son cabinet civil au ministère de l'Air, et participe ainsi à l'aide plus ou moins clandestine apportée par le Front populaire aux républicains espagnols. En 1937, ce jacobin antifasciste est le plus jeune préfet de France, d'abord dans l'Aveyron, puis en Eure-et-Loir (janvier 1939), à Chartres, où il se trouve lors de l'armistice de juin 1940. Dès le début de l'Occupation, Jean Moulin se démarque de la ligne politique de Vichy en refusant de signer en 1940 un communiqué présenté par les Nazis, accusant des troupes sénégalaises d'exactions commises en réalité par les Allemands dans le département. Bientôt révoqué par Vichy en novembre 1940 pour appartenance à la franc-maçonnerie, conformément à la loi d'épuration politique de juillet 1940, Jean Moulin part en zone libre, y fait la connaissance des principaux chefs des mouvements de résistance, Henry Frenay, Emmanuel d'Astier de La Vigerie, François de Menthon, mais on ne trouve pas de trace d'un activisme résistant. Il doit à ses talents de diplomate, entre des responsables qui ne s'apprécient guère, le fait de partir pour Londres, porteur d'un message de la Résistance-sud à la France libre où il est surtout question d'armes.

En octobre 1941, il rencontre de Gaulle qui le « retourne » à son service, l'intronise chargé de liaison le 5 novembre et représentant le Comité national français (CNF), le 6 décembre. Il doit rallier les différents mouvements de zone sud à la France libre, séparer leurs forces militaires de leurs organisations politiques et unifier les différents mouvements de résistance. À cette fin, Moulin, alias « Max », « Régis » ou « Rex », est parachuté près des Alpilles dans la nuit du 1er au 2 janvier 1942 ; il est doté de moyens financiers devant lui permettre de réaliser sa tâche. L'allégeance à la France libre des trois principaux mouvements de résistance, Combat, Libération et Franc-Tireur, est obtenue en mars 1942 au prix de bien des difficultés, compte tenu des rivalités jalouses entretenues entre les différents réseaux. Les forces militaires sont rassemblées au sein de l'Armée secrète (AS), tandis que l'unification totale des mouvements de zone sud a lieu en janvier 1943, avec la construction des MUR (Mouvements unis de Résistance). À peine cette mission est-elle réalisée que le délégué général de la France libre doit se mettre à nouveau à pied d'œuvre : de Gaulle le charge en effet d'asseoir la légitimité politique de la France libre face au général Giraud, en la faisant reconnaître par les partis politiques d'avant-guerre. C'est à cette fin que Jean Moulin constitue le CNR ou Conseil national de la Résistance, qui fait allégeance à de Gaulle en le reconnaissant comme chef d'un gouvernement provisoire. Mais le 21 juin 1943, à la suite d'une trahison, Jean Moulin est arrêté à Caluire par la Gestapo. Identifié puis torturé par le chef de la section IV du SD de Lyon, Klaus Barbie, il meurt probablement pendant son transfert en Allemagne.

Moulin devient un des enjeux majeurs de la mémoire résistante à partir du moment où les gaullistes sont au pouvoir. Son transfert au Panthéon, le 19 décembre 1964, vise à célébrer le mythe d'une Résistance unie ; à l'inverse, les livres polémistes écrits depuis trente ans transforment Moulin en agent double au service de l'URSS (H. Frenay) ou en « James Bond » peu politique (P. Péan). Ces controverses mettent en évidence les réalités qui ont présidé aux relations entre les héros de l'« armée des ombres », sujet encore tabou de l'histoire de la Résistance.

MOULINS

Chef-lieu du département de l'Allier.

La ville s'étale en majeure partie sur la rive droite de la rivière du même nom, au milieu d'une plaine fertile, propice à l'élevage et aux cultures de céréales. C'est à cette circonstance que la cité doit son nom, de nombreux moulins à eau parsemant jadis les berges de l'Allier. La ville elle-même ne semble pas remonter au-delà du Xe siècle, bien que des écrits mentionnent le terme latin de *Boia Gergovia*. L'essor est suffisant en 1232 pour justifier son affranchissement et, en 1368, pour y recevoir la résidence ducale de la famille de Bourbon. Mais la trahison du connétable de Bourbon, en 1523, entraîne le rattachement de tout le Bourbonnais à la couronne royale par François Ier. Moulins va servir de cadre, sous l'Ancien Régime, à la réunion de magistrats décidée en 1566 par Catherine de Médicis pour codifier la vie judiciaire du royaume. L'ordonnance de Moulins demeure en usage jusqu'en 1790.

MOULINS (ordonnance de)

Ordonnance rendue en 1566 à Moulins, lors d'un long voyage effectué à travers les provinces par Catherine de Médicis et Charles IX.

La reine mère et le chancelier Michel de L'Hospital ont convoqué à Moulins une assemblée de notables où l'on trouve les princes du sang, les grands officiers de la couronne et les premiers présidents des parlements d'Aix, Dijon, Grenoble, Bordeaux, Toulouse et Paris. Michel de L'Hospital a apporté le plus grand soin à la préparation de ce texte, mis au point à Moulins avec le concours des magistrats et des notables. Il dénonce dans un discours la mauvaise administration de la justice, la multiplicité des juges et des juridictions et affirme la nécessité d'une autorité royale forte. L'ordonnance de Moulins, promulguée le 12 février, qui ne compte pas moins de 86 articles, réglera une grande partie de la vie judiciaire française jusqu'à la Révolution. Elle déclare le domaine royal inaliénable, sauf consentement des états généraux. Un des aspects les plus importants du texte concerne la réglementation du droit de remontrance des parlements. Ces derniers sont autorisés à présenter des remontrances sur les édits et ordonnances mais, si ces remontrances sont rejetées, les magistrats ont l'obligation d'enregistrer le texte royal. Ils pourront présenter d'autres remontrances après l'enregistrement. Pour simplifier l'organisation de la justice, et aussi renforcer l'autorité royale, les Grands Jours seront réorganisés et se tiendront périodiquement. En attendant, des maîtres des requêtes de l'hôtel accompliront des chevauchées dans les provinces, afin de contrôler l'exercice de la justice. Les villes qui possédaient le droit de juger au criminel conservent ce droit, celles qui ne l'avaient pas sont dotées d'une juridiction de simple police. Mais l'ordonnance enlève aux villes, au profit des officiers du roi, leur juridiction civile. Les pouvoirs des gouverneurs sont réduits. Entre autres mesures, ils ne peuvent plus signer de lettres de grâce, de rémission, de pardon, ni de légitimation, ni lever des deniers de leur propre autorité. L'ordonnance de Moulins organise aussi la hiérarchie judiciaire, les nominations, les examens, et les gages des juges. Elle uniformise les procédures. Les parlements n'accueillent pas sans réticence ce texte qui renforce l'autorité royale. Le parlement de Paris multiplie ainsi les remontrances, mais doit finalement s'incliner et enregistrer l'ordonnance le 23 décembre 1566.

MOUNIER Emmanuel (Grenoble, 1905 – Châtenay-Malabry, 1950)

Philosophe.

Agrégé de philosophie, admirateur de Charles Péguy, il cherche une réponse à la crise de la civilisation du côté des démocrates-chrétiens. Le monde bourgeois individualiste et conformiste lui répugne mais, catholique fervent, il ne croit pas aux solutions de gauche. Fondée en 1932, sa revue *Esprit* expose sa doctrine : un humanisme dont l'axe serait la personne, d'où le terme de personnalisme. Ce courant, qui cherche une troisième voie entre le capitalisme et la révolution, tente d'opérer une synthèse du christianisme et du socialisme. Il préfère aux spéculations une pensée tournée vers l'action. Le personnalisme influencera toute une génération et contribuera à la rénovation du catholicisme. Antimunichois, Mounier est mobilisé et fait prisonnier au camp de Surgères. Ancien disciple de Jacques Chevalier, il dispose d'appuis à Vichy, mais apparaît néanmoins vite suspect. En juillet 1941, il est chassé de l'école d'Uriage et, en août, la publication d'*Esprit* est suspendue. Le 15 janvier 1942, Mounier est arrêté et emprisonné en tant que résistant. Il dirige *Esprit*, qui reparaît en décembre 1944, jusqu'à sa mort, poursuivant sa lutte contre les totalitarismes et les colonialismes.

MOUNIER Jean Joseph (Grenoble, 1758 – Paris, 1806)

Magistrat.

Juge royal à Grenoble, il est, avec Barnave, un des principaux instigateurs de cette véritable préface à la Révolution qu'est l'Assemblée de Vizille (21 juillet 1788). Élu député du tiers aux États généraux, il est encore à l'origine du fameux serment du Jeu de paume (20 juin 1789). Comme rapporteur du Comité de Constitution, il développe, le 9 juillet, les principes qui devront présider à l'élaboration de la Constitution et proclame la nécessité de la faire précéder d'une Déclaration des droits de l'homme. Mais, très vite, il s'inquiète des progrès de la Révolution et rassemble autour de lui les partisans d'un pouvoir royal fort qui recevront le nom de Monarchiens. Mounier encourage Louis XVI dans sa volonté de s'opposer aux premières mesures révolutionnaires et, le 6 octobre, à Versailles, lui conseille la résistance. Après les journées d'Octobre, il quitte l'Assemblée nationale et démissionne le 15 novembre 1789. Réfugié en Suisse en 1790, il publie un *Appel au tribunal de l'opinion publique*, puis professe le droit à Weimar (1797). À son retour en France (1801), il est nommé préfet d'Ille-et-Vilaine (1802) et conseiller d'État (1805).

MOUTON-DUVERNET Régis Barthélemy, baron (Le Puy-en-Velay, 1769 – Lyon, 1816)

Général.

Après s'être distingué au siège de Toulon en 1793, il participe aux guerres de la Révolution et de l'Empire, parvenant en 1811 au grade de général. Fait prisonnier à Dresde, en 1813, Mouton-Duvernet ne regagne la France qu'après la chute de l'Empire. Rallié aux Bourbons et gouverneur de Valence pendant la Première Restauration, il rejoint Napoléon pendant les Cent-Jours. Député à la Chambre des représentants, il propose, après Waterloo, la reconnaissance du roi de Rome en tant que Napoléon II. Accusé de trahison, Mouton-Duvernet reste ensuite caché près d'un an puis, croyant les passions apaisées, se présente devant un tribunal. Condamné à mort, il est fusillé.

MOUVANCE

Au Moyen Âge et jusqu'à la Révolution, la mouvance désignait l'état de dépendance d'un fief à l'égard d'un autre, ou d'une censive à l'égard d'une seigneurie.

Les fiefs appartenant à des vassaux, et les tenures roturières (censives) attribuées à des paysans censitaires constituaient le « domaine utile » ou « mouvance » de la seigneurie. Le détenteur d'un fief noble était astreint à tous les devoirs vassaliques envers le seigneur ; le détenteur d'une tenure devait au seigneur le paiement d'un cens recognitif de la seigneurie et divers droits féodaux et seigneuriaux. Mais, noble ou roturier, il n'avait du domaine octroyé qu'une propriété imparfaite et incomplète. Le seigneur conservait, en effet, la propriété « éminente » de tous ses domaines. On disait qu'il possédait la directe. Parmi les mouvances nobles, on distinguait les mouvances immédiates, désignant les domaines qui relevaient d'un seigneur direct, et les mouvances médiates dont la dépendance n'existait que par l'intermédiaire d'un autre fief. Au sommet de la hiérarchie, la mouvance de la couronne, ou mouvance française, était l'ensemble des territoires où l'hommage, direct ou non, était dû au roi. Les alleux, où le roi n'était pas suzerain, mais seulement souverain, en étaient exclus.

MOUVEMENT DE LIBÉRATION NATIONALE

Mouvement de résistance fondé en zone sud par Henri Frenay à l'été 1940.

À l'origine, ce mouvement est animé par Henri Frenay et Berthie Albrecht, autour desquels se réunit un petit groupe essentiellement composé de militaires. Le capitaine Robert Guédon est bientôt chargé d'étendre en zone occupée le mouvement. La rencontre d'Henri Frenay avec François de Menthon, animateur de Liberté, où militent les démocrates-chrétiens, est décisive. Devenu un temps Vérité, le Mouvement de libération nationale fusionne avec Liberté, et *Combat* est son journal. Mouvement à part entière à partir de novembre 1941, Combat sera l'un des plus importants de la Résistance en zone sud.

MOUVEMENT DES ENTREPRISES DE FRANCE (Medef) : voir CONFÉDÉRATION GÉNÉRALE DU PATRONAT FRANÇAIS

MOUVEMENT DU MUSÉE DE L'HOMME

Réseau de la Résistance né au musée de l'Homme.

Dirigé par l'ethnologue Boris Vildé, puis par Anatole Lewitzky (après le départ de Boris Vildé à Toulouse), il rassemble jeunes savants, professeurs, écrivains. Son journal, *Résistance*, paraît à partir de décembre 1940. Paul Rivet, Jean Cassou, Jean Paulhan y écrivent. Le 11 février 1941, le palais de Chaillot est perquisitionné, la bibliothécaire Yvonne Oddon et Lewitzky sont arrêtés. Le mouvement est décimé une première fois (2 exécutions), une deuxième en juillet 1941 (7 exécutions), et encore, en novembre 1942 avec 10 condamnations à mort, dont 3 sont commuées en peine de prison en Allemagne. Les dirigeants, Lewitzky, Walter et Vildé, sont fusillés au mont Valérien. Le reste du mouvement s'agrège soit à

MRP
Le congrès national du 22 mai 1953 : discours de Pierre Pflimlin. © *Keystone*

Résistance soit à Ceux de la résistance. À la Libération, Albert Gaveau, qui a livré le réseau, est condamné à la prison à perpétuité.

Mouvement républicain populaire (MRP)

Parti politique fondé en 1944.

Très active avant la Seconde Guerre mondiale, la démocratie chrétienne participe à la Résistance et aspire à jouer un rôle politique important dans la France libérée. Outre Francisque Gay, fondateur du journal *L'Aube*, le mouvement compte dans ses rangs Maurice Schumann, porte-parole de la France libre au micro de la BBC à Londres, et surtout Georges Bidault, successeur de Jean Moulin, en 1943, à la tête du Conseil national de la Résistance (CNR). Aussi, dès novembre 1944, le mouvement démocrate-chrétien donne-t-il naissance au Mouvement républicain populaire (MRP), dont le siège est établi à Paris. En choisissant d'être un mouvement plutôt qu'un parti, le MRP affiche son intention de rénover une république désormais librement choisie et non plus ralliée comme entre 1893 et 1914. Le MRP s'inspire des enseignements de l'Église, mais se refuse à être un parti confessionnel, à la différence de ses homologues allemand ou italien. Il ne reçoit aucun soutien officiel de l'épiscopat et, à partir de 1948, recueille une minorité des votes catholiques. Aux élections d'octobre 1945, le MRP obtient 151 députés et devient le deuxième parti de France. Son succès s'explique par la jeunesse de ses dirigeants, signe de renouveau politique, et par l'alliance apparente avec le catholique de Gaulle. Cependant, dès 1946, la rupture est consommée avec ce dernier à l'occasion du vote de la Constitution. Le MRP, premier parti de France en juin 1946 avec 159 sièges, participe au tripartisme avec la SFIO et le PC. Se positionnant au centre gauche, il est favorable aux nationalisations en même temps qu'aux « communautés intermédiaires », ciment de la démocratie : la famille, le syndicalisme libre…

La guerre froide d'abord, qui entraîne la fin du tripartisme, la décolonisation ensuite, le glissement de son électorat vers la droite enfin provoquent un repositionnement du mouvement. Désormais, le MRP se veut chef de file d'une troisième force, entre gaullistes et communistes, avec les ministères Schuman (novembre 1947-juillet 1948) puis Bidault (octobre 1949-juin 1950). Mais l'effritement de cette troisième force entraîne un premier recul en 1951, le parti ne comptant plus que 95 sièges. Il reste une composante-clef des majorités jusqu'en 1958, avec 170 postes ministériels en douze ans, acteur principal de la construction européenne, mais se vidant de ses militants (40 000 en 1958, soit six fois moins qu'en 1946). Le ralliement forcé à de Gaulle en 1958 ne règle pas les contentieux sur l'Europe, la politique sociale et surtout la présidentialisation du régime. De surcroît, la participation aux gouvernements Debré et Pompidou (jusqu'en mai 1962) n'enraye pas le déclin du parti qui tombe à 36 députés. Victime du scrutin majoritaire, de l'hégémonie gaulliste à droite et du rapprochement entre socialistes et communistes à gauche, le MRP trouve une bouffée d'oxygène avec la candidature de son président, Jean Lecanuet, à l'élection présidentielle de 1965. Son score, 15,8 %, permet une transformation en douceur du MRP en « Centre démocrate » regroupant MRP, radicaux et indépendants (Convention de Lyon, 24 avril 1966). Dès lors, les troupes du MRP se ventilent soit vers la majorité (Centre progrès et démocratie de Jacques Duhamel), soit vers la gauche socialiste (Robert Buron), voire le PSU.

Mouvements unis de Résistance (MUR)

Regroupement de mouvements clandestins de la zone sud.

Dans la partie du territoire non occupée par les Allemands, des mouvements spontanés de résistance apparaissent dès l'été 1940. À cette date et jusqu'en 1942, ces mouvements de faible importance et d'impact géographique limité se cantonnent pour l'essentiel à la propagande antiallemande, la plupart tablant sur un retour de la France de Vichy dans le conflit contre l'envahisseur. Après l'occupation de la zone libre en novembre 1942 et devant le collaborationnisme de Vichy, les principaux mouvements radicalisent leurs positions. Combat, Libération et Franc-Tireur acceptent l'idée que la résistance est aussi une guerre civile. Cette évolution est exploitée par Jean Moulin qui, au nom de la France libre, réalise l'unification des réseaux début 1943. Le résultat est décevant, d'abord parce que les communistes du Front national restent en dehors de l'accord, ensuite parce que les mouvements récusent la main-mise gaulliste et qu'ils se divisent entre « activistes » et « attentistes ». En dépit de la constitution du Conseil national de la Résistance (CNR), le 27 mai 1943, les modalités de l'unification en zone sud sont chaotiques. En témoignent les échecs du Comité central de la Résistance (CCR), lancé en juillet 1943, destiné à coordonner les services techniques, et du Mouvement de libération nationale (MLN), janvier 1944, le support politique des mouvements.

Moyen Congo : voir Congo

MRP : voir Mouvement Républicain Populaire

Mulhouse

Ville du Haut-Rhin, sur l'Ill.

Le contrôle d'un passage de l'Ill au débouché de la forêt de Hart et de la plaine de Haute-Alsace explique l'importance grandissante d'une cité dont les chroniques remontent au moins au VIIIe siècle. La place supporte avec peine la suzeraineté de turbulents seigneurs du Sundgau dont elle s'émancipe en acceptant le statut impérial en 1261, en devenant ville libre impériale une douzaine d'années plus tard, enfin en adhérant à l'organisation de la Décapole alsacienne au milieu du XIVe siècle. Des relations commerciales de plus en plus suivies avec les cantons helvétiques, en particulier ceux de Bâle, de Soleure et de Berne, favorisent les progrès de la Réforme autant que la conclusion d'une alliance politique qui va pratiquement se perpétuer jusqu'en 1798 malgré le rattachement de l'Alsace à la couronne (1648) et les événements révolutionnaires de 1789. C'est d'ailleurs à cette circonstance que Colmar, dont la population est moins nombreuse, doit son rang de préfecture, la réforme administrative datant de 1790.

L'annexion de 1871 à l'Empire allemand freine le développement de l'industrie textile sans toutefois l'entraver, une partie des industriels et de la population préférant s'installer au-delà de la frontière, dans la région de Belfort. L'exploitation des gisements de potasse, au début du XXe siècle, l'implantation d'industries mécaniques, après la Seconde Guerre mondiale (laquelle entraîne une nouvelle annexion de juin 1940 jusqu'au 19 novembre 1944) sont à l'origine du considérable développement urbain actuel de cette très active place commerciale. En effet, Mulhouse est au carrefour de trois pays, la France, la Suisse et l'Allemagne. Elle développe ses activités en concurrence ou en bonne entente avec sa voisine Bâle selon les cas. Ainsi, l'aéroport de Bâle-Mulhouse accueille 2 millions de passagers par an. Les emplois tertiaires l'emportent désormais sur les emplois de fabrication du secteur secondaire et les chercheurs sont de plus en plus nombreux dans les domaines de la chimie (Rhône-Poulenc) ou de l'électromécanique.

Mun Adrien Marie Albert, comte de (Lumigny, Seine-et-Marne, 1841 – Bordeaux, 1914)

Homme politique.

Après la guerre de 1870, il se consacre à l'action chrétienne et sociale, effectuant des tournées de conférences et créant des cercles catholiques ouvriers, par l'entremise desquels il souhaite parvenir à la concorde syndicale. Député de Pontivy à partir de 1876, Albert de Mun est toutefois désavoué par le Saint-Siège cinq ans plus tard pour avoir voulu fonder le groupe de l'Alliance catholique. Monarchiste de conviction, il est attiré par le boulangisme lors de la crise de 1888-1889, mais il se rallie à la République après la publication de l'encyclique de Léon XIII en 1892, qui conseille le ralliement au régime. Réélu député du Finistère à partir de 1894, accueilli à l'Académie française trois ans plus tard, il consacre dès lors son activité aux problèmes sociaux. Il obtient l'interdiction du travail des enfants de moins de 13 ans, soutient la création des retraites ouvrières et le corporatisme comme troisième voie entre libéralisme et socialisme. Il contribue à la défense du catholicisme, prise de position qui lui donne l'occasion de montrer son talent d'orateur, de conférencier et de pamphlétaire lors de la promulgation des lois anticléricales du président Combes. Son ouvrage principal, publié en 1908, résume l'idéal de sa vie : *Ma vocation sociale*.

MUNICH (conférence de)

Réunion tenue dans la métropole bavaroise du 28 au 30 septembre 1938, entre les quatre chefs d'État ou de gouvernement de la France, de la Grande-Bretagne, de l'Allemagne et de l'Italie.

Après la remilitarisation de la Rhénanie en 1936 et la réalisation de l'*Anschluss* en mars 1938 (annexion de l'Autriche), Hitler poursuit sa politique d'expansion pangermaniste en mai de la même année par la revendication des Sudètes, région située en Tchécoslovaquie et comprenant 3,2 millions d'Allemands. Konrad Henlein, chef du parti pro-nazi nationaliste allemand, ne cesse de réclamer l'allégeance des Sudètes à l'Allemagne, dans une Tchécoslovaquie très centralisée malgré le grand nombre de minorités qu'elle abrite, et qui jusqu'ici jouit d'une grande stabilité politique sous la houlette d'hommes comme Masaryk et Beneš. Le dépeçage de la Tchécoslovaquie revêt d'abord pour Hitler une importance stratégique : d'une part, il donne à l'Allemagne un accès vers l'Europe centrale, d'autre part il met en pièce tout le système d'alliances de cette région, soigneusement élaboré sous le parrainage de la France, qui visait à encercler l'Allemagne et qui avait trouvé son apogée lors de la signature d'un traité entre la Tchécoslovaquie et la France, le 25 janvier 1924. D'un point de vue politique, l'annexion des Sudètes par l'Allemagne nazie signifie aussi aux yeux de Hitler l'anéantissement de l'Europe du traité de Versailles, qu'il n'a cessé de dénoncer depuis 1920. D'un point de vue tactique enfin, Hitler cherche à tester, en vue d'une guerre future, la capacité de résistance de la France et de l'Angleterre. L'idée d'une conférence destinée à sauver la paix réunissant la France, l'Angleterre, l'Allemagne et l'Italie est proposée par Mussolini, qui s'inquiète de la poussée allemande dans la sphère d'influence supposée de l'Italie et qui sait son pays peu préparé à une guerre européenne.

La conférence se déroule à Munich du 29 au 30 septembre 1938, dans un contexte de tensions très fortes : la Tchécoslovaquie a procédé les 20 et 23 septembre à des mobilisations partielles, l'Allemagne a annoncé une mobilisation générale de la Wehrmacht à laquelle Hitler a accepté de surseoir le 27 septembre, la France a commencé à rappeler ses réservistes, et la Royal Navy est en état d'alerte. Dès l'ouverture de la conférence, le Premier ministre britannique Neville Chamberlain, champion de la *Realpolitik*, poursuit sa politique d'*appeasement* à l'égard des exigences hitlériennes et semble prêt à n'importe quelle concession pour sauver la paix. Si le président du Conseil français, Édouard Daladier, est plus réticent face à Hitler, il n'en suit pas moins la « gouvernante anglaise » et se soumet aux revendications nazies en autorisant l'annexion des Sudètes par l'Allemagne. Le sort de la Tchécoslovaquie semblait néanmoins déjà scellé par le seul fait que la délégation tchécoslovaque, intéressée au premier chef par la conférence, faisait purement et simplement antichambre à Munich, en compagnie de la délégation soviétique.

Les conséquences stratégiques de Munich sont immédiates : l'annexion des Sudètes par l'Allemagne est faite en 10 jours à partir du 1er octobre 1938, ouvrant ainsi la voie au dépècement de la Tchécoslovaquie, entrepris notamment par la Pologne et la Hongrie. À cet égard, Munich a bien été un « club des charcutiers ». Parallèlement, l'échec des démocraties occidentales conduit l'URSS à se défier de la France et de l'Angleterre, tandis qu'il renforce les ambitions hitlériennes. Politiquement ensuite, l'après-Munich voit se dessiner en France un clivage très net entre « munichois » et « antimunichois », les premiers étant partisans de l'accord et se montrant prêts à toutes les concessions possibles pour éviter la guerre, les seconds dénonçant l'accord et se disant fermement résolus à résister à toute nouvelle agression de Hitler. On trouve dans le premier camp, largement majoritaire (537 voix à la Chambre contre 75), des hommes de droite, des radicaux et une bonne partie de la gauche pacifiste, comme Paul Faure. Le second camp abrite des communistes, des socialistes comme Léon Blum, assez peu de radicaux, mais aussi quelques hommes de droite comme Henri de Kérillis, Paul Reynaud ou Georges Mandel. Leur maigre poids s'explique par la hantise de la guerre dans l'opinion, par l'illusion que Munich permet de gagner du temps pour s'y préparer et par la sous estimation du danger nazi qui paraît moins menaçant qu'un fascisme intérieur fantasmatique ou qu'une alliance de circonstance avec les communistes. Ce clivage entre munichois et antimunichois se révèle déterminant, car il se superpose peu ou prou, après la débâcle de 1940, au clivage entre collaborateurs et résistants.

Joachim Murat
Portrait équestre par J. Franque. Huile sur toile, château de Malmaison. © *Lauros-Giraudon*

MÜNSTER (traité de) : voir WESTPHALIE

MUR : voir MOUVEMENTS UNIS DE RÉSISTANCE

MURAT Joachim (Labastide-Fortunière, Quercy, aujourd'hui Labastide-Murat, 1767 – Pisso, Calabre, 1815)

Maréchal de France, roi de Naples.

Fils d'un aubergiste, il est élevé comme boursier au collège de Cahors. Alors que sa famille le destine à la prêtrise, il s'engage dans l'armée à Toulouse. Mais son insubordination le fait renvoyer au bout de deux ans (1789), et il devient commis épicier à Saint-Céré. En 1791, grâce à la protection de Jean-Baptiste Cavaignac (le futur conventionnel), son compatriote, il entre dans la garde constitutionnelle de Louis XVI. Puis il est versé en mai 1792, comme sous-lieutenant, dans le 21e régiment de chasseurs à cheval et fait la campagne de l'Argonne avant d'être envoyé dans les Pyrénées orientales. Destitué après le 9 Thermidor pour cause de jacobinisme – on se rappela qu'en 1793, après l'assassinat de l'« Ami du peuple », il avait demandé à changer son nom en celui de Marat –, il reste quelque temps sans emploi. Mais le 13 Vendémiaire (5 octobre 1795), où il aide Bonaparte à amener les canons des Sablons aux Tuileries, donne un nouvel essor à sa fortune.

Aide de camp de Bonaparte en Italie, il se montre particulièrement intrépide sur les champs de bataille, participe à toutes les victoires, est nommé général de brigade (1796) puis, en Égypte, général de division (1799). C'est lui qui, le 19 Brumaire, à la tête de 60 grenadiers, envahit la salle du Conseil des Cinq-Cents à l'orangerie de Saint-Cloud et disperse les députés. Ce coup de force lui vaut la main de Caroline Bonaparte (juin 1800) et le commandement de la garde consulaire. Attaché à la nouvelle armée d'Italie, il contribue avec éclat à la victoire de Marengo (14 juin 1800) et chasse de Rome les Napolitains à qui il impose le traité de Florence (1801). En 1803, il entre au Corps législatif par la volonté de son beau-frère mais, peu fait pour cette fonction, il ne l'assumera jamais. Nommé gouverneur de Paris en janvier 1804, il constitue à ce titre la commission militaire qui fait fusiller le duc d'Enghien (20 mars). Il en est récompensé lors de la constitution de l'Empire par le bâton de maréchal (mai 1804), mais aussi par le titre de prince d'Empire et de grand amiral (février 1805). Pendant la campagne de 1805, il commande la réserve de cavalerie de la Grande Armée et ouvre la route de Vienne à l'Empereur (13 novembre). Grand duc de Berg et de Clèves (mars 1806 - juillet 1808), il y introduit les institutions françaises. Mais, dès septembre 1806, il reprend son commandement à la Grande Armée, capture, après Iéna, le prince de Hohenlohe à Prenzlau (28 octobre 1806), oblige Blücher à capituler à Lübeck (7 novembre) et entre à Varsovie (28 novembre). Murat décide également de la victoire à Eylau (8 février 1807) et s'empare de Königsberg (16 juin). Nommé commandant en chef de l'armée d'Espagne (février 1808), il s'empare de Madrid (25 mars) dont il réprime l'insurrection (2 mai). Il se berce de l'espoir de devenir roi d'Espagne et, très dépité que la couronne soit attribuée à Joseph Bonaparte, se fait mettre en congé (juin 1808).

Murat accepte néanmoins de monter sur le trône de Naples que Napoléon lui offre en compensation (juillet 1808), et prend le nom de Joachim Napoléon. Mais il montre peu de reconnaissance envers l'Empereur qui peut très vite suspecter sa fidélité. S'il ne parvient pas à déloger les Anglais de Sicile, il s'empare de Capri dès son arrivée dans son royaume et met sur pied d'importantes réformes : allégements fiscaux, travaux publics, abolition de la féodalité, mise en chantier des fouilles d'Herculanum, création d'une armée puissante et même d'une marine. Mais sa répugnance à appliquer le Blocus continental et son goût immodéré du panache et du clinquant – il arbore des uniformes extravagants, s'entoure d'une cour fastueuse, fait mine d'instituer une nouvelle noblesse, de créer des maréchaux, toutes choses que Napoléon qualifie de « singeries » – mécontentent l'Empereur, et il a, de plus, la maladresse de conspirer avec Talleyrand et Fouché (1809). Il échappe à la disgrâce mais, appelé à Paris, prend position contre le mariage autrichien (1810). Sous l'influence de son préfet de police Maghella, qui le rallie à son projet de réaliser l'unité de l'Italie dans l'indépendance, il demande bientôt le rappel de toutes les troupes françaises de Naples et entend obliger les étrangers, essentiellement des Français, à se faire naturaliser Napolitains. Napoléon annihile la mesure en donnant aux Français la double nationalité. Les rapports entre les deux hommes sont de plus en plus tendus. Murat met une mauvaise grâce manifeste à célébrer la fête du roi de Rome et affecte de ne plus porter les insignes de la Légion d'honneur.

Il ne croit pourtant pas pouvoir refuser à Napoléon encore tout-puissant les contingents qu'il réclame pour la campagne de Russie, ni décliner l'honneur de commander comme autrefois la cavalerie de la Grande Armée. De son côté, Napoléon, connaissant la valeur incomparable de Murat comme capitaine de cavalerie, tient là aussi un moyen de l'éloigner des intrigues. Murat se distingue à la Moskova, mais Koutouzov lui fait subir à Vinkovo (18 octobre) un sanglant échec qui oblige Napoléon à reprendre précipitamment la route de Smolensk. Pendant la retraite, il commande l'Escadron sacré, chargé de la protection de l'Empereur qui, à son départ pour Paris, lui confère le commandement en chef de l'armée (5 décembre 1812). Mais Murat, uniquement préoccupé de ses intérêts dynastiques, abandonne brusquement son poste (janvier 1813) au prince Eugène, pour regagner Naples où il entame des négociations secrètes avec l'Autriche, sans rompre encore ouvertement avec Napoléon, puisqu'il le rejoint même en Allemagne et le seconde brillamment à Dresde et Leipzig. Mais le jugeant perdu après cette dernière bataille, il n'hésite pas à le trahir et, de retour à Naples, signe avec Vienne et Londres un traité par lequel il s'engage à fournir 30 000 hommes contre la garantie de ses États (11 janvier 1814). De fait, il oblige Eugène à se retirer au-delà de l'Adige en mars 1814. Mais, après la chute de Napoléon, ses alliés ne tiennent pas leurs engagements. Vivement sollicité par Louis XVIII de détrôner Murat et de restaurer les Bourbons à Naples, le congrès de Vienne ne se montre pas favorable à son maintien sur le trône de Naples. Murat rentre alors en contact avec Napoléon, prisonnier à l'île d'Elbe, et se prépare à la guerre, avec la folle présomption d'appeler l'Italie entière aux armes pour la conquête de son indépendance. Craignant peut-être, après l'annonce du retour de Napoléon à Paris, que ce dernier, s'il retrouvait sa puissance, ne contrarie ses projets, Murat se hâte de marcher avec la plus imprudente précipitation vers la Haute-Italie, occupe Rome et Bologne, lance de Rimini une proclamation aux Italiens (30 mars 1815), mais doit bientôt battre en retraite devant l'armée autrichienne et, après l'échec de Ferrare (12 avril), est entièrement défait à Tolentino (2 mai).

Il rejoint alors la France tandis que le roi Ferdinand est rétabli à Naples. Napoléon récuse ses services, ce qu'il regrettera plus tard, disant qu'un général de cavalerie comme Murat lui aurait peut-être fait gagner la bataille de Waterloo. Après la Seconde Restauration, Murat se cache un moment près de Toulon. Puis il gagne la Corse (25 août) devant le déchaînement de la Terreur blanche. Il se laisse alors convaincre de tenter de là un coup de main sur son ancien royaume et s'embarque en direction de la Calabre avec 6 petits navires et 250 hommes. Mais 4 de ses bateaux sont séparés de lui par la tempête, le cinquième l'abandonne en vue de Pizzo et le sixième, qu'il monte, regagne la haute mer après l'avoir débarqué avec 30 compagnons fidèles (8 octobre). L'issue est inévitable. Après un court engagement, il est fait prisonnier, jugé et fusillé le jour même (13 octobre).

MURET

Ville proche de Toulouse, et de fait appartenant aujourd'hui à la Haute-Garonne, Muret n'en faisait pas moins partie de l'ancien comté féodal de Comminges.

Elle est restée célèbre pour le siège qu'elle a subi en septembre 1213, lors de la guerre des Albigeois, et par la bataille à laquelle ce siège a donné lieu. Les forces en présence étaient, à l'intérieur de la ville, les croisés ; du côté des assiégeants, les forces liguées des comtes de Toulouse, de Foix et de Comminges, du vicomte de Béarn et du roi d'Aragon, Pierre II. Deux jours après l'investissement, Simon de Montfort arrive au secours de la place et met en déroute les coalisés mal commandés. Pierre II meurt dans la bataille qui, de ce fait, sonne le glas des possessions et ambitions aragonaises dans le midi de la France.

MUSCADINS

Dénomination créée par le député Chabot pour désigner les jeunes Lyonnais hostiles à la Convention.

Elle est élargie à l'ensemble de la « jeunesse dorée » qui, conduite par Fréron au lendemain du 9 Thermidor, affiche ostensiblement des opinions antijacobines. Les Muscadins veulent contraster, jusque dans leur habillement, avec la mise des sans-culottes. Poudrant leur chevelure au parfum de musc, d'où leur surnom, ils portent lorgnon, cravate verte, pantalon près du corps et redingote aux larges revers, tout en arborant parfois un énorme gourdin, leur « pouvoir exécutif », destiné à rosser le Jacobin.

MUSELIER Émile (Marseille, 1882 – Toulon, 1965)

Amiral.

Après avoir gravi les échelons de la hiérarchie dans la marine de l'entre-deux-guerres, cet officier supérieur se trouve à la retraite au printemps de 1940, avec le grade de contre-amiral, mesure prise par l'amiral Darlan qui voue à ce subordonné une inimitié tenace. L'appui d'un des frères Laniel lui permet de voyager pour le compte d'une entreprise industrielle. C'est ainsi que, se trouvant à Marseille le 22 juin, l'ancien marin embarque sur le *Cydonia*, n'acceptant pas la défaite et désirant continuer la lutte contre l'envahisseur. Parvenu à Londres, ayant repris son grade, Muselier y trouve un mouvement de la France libre en cours de formation. Ses objectifs sont les siens. Il y adhère, suggérant l'adoption de l'emblème de la croix de Lorraine pour distinguer les Français continuant la lutte de ceux du gouvernement de Vichy. De Gaulle fait de l'amiral un commissaire à la Défense, chargé de la direction des forces armées. Mais, en fait, tout sépare les deux hommes. Pour le marin – persuadé en cela par son chef d'état-major, le commandant Moullec –, le Général est un tenant du pouvoir personnel. Muselier, au contraire, affecte de prôner les idées chères au régime effacé par Vichy, une sorte de radicalisme qui répugnerait même à attaquer le maréchal Pétain, étant donné que la France n'aurait pas trop de toutes ses forces pour rétablir son autorité. Ainsi se côtoient dans ce Comité de Londres deux hommes animés par une foi identique en la victoire, stimulés par un patriotisme sincère, mais que leurs convictions séparent. Le chef de la France libre prend ombrage des critiques prononcées à son encontre, surtout après l'échec de l'entreprise de Dakar. Il réprouve ces intrigues qui visent parfois, avec le concours des Alliés, à l'évincer ou tout au moins à lui conférer un rôle d'apparat.

L'amiral, avec une demi-douzaine de corvettes, libère Saint-Pierre-et-Miquelon le 25 décembre 1941 mais refuse, en mars, comme le général de Gaulle le lui demande, de tenter quoi que ce soit contre Madagascar, car il se défie des réactions alliées, américaines notamment, hostiles à la France libre. La faille s'élargit entre les deux hommes. Au printemps, Muselier n'est plus chargé que de la responsabilité de la Marine au sein du Comité national, le commissariat à la Guerre étant désormais confié au général Legentilhomme. La rupture intervient à l'automne, lorsque se constitue en Afrique du Nord un autre comité français. Début 1943, Muselier se rend à Alger où il se rallie au général Giraud qui lui confie la direction générale de la Sûreté. Mais cette fonction prendra fin avec la venue de de Gaulle, quelques mois plus tard, époque qui marquera le terme de l'activité de l'amiral.

MUTINERIES DE 1917 (les)

Mouvements de rebellion sporadiques ayant affecté l'armée française durant l'année 1917.

Le moral de l'armée française connaît des fluctuations importantes dès le début de la guerre, si bien que le 10 août 1914, un décret autorise les militaires à faire usage de la peine de mort contre les mutins, les fuyards et les pillards. D'août 1914 à janvier 1917, on compte en moyenne 212 condamnations à mort par mois, pour des motifs variés. Fin 1916, l'enlisement du conflit puis, début 1917, l'échec des offensives Nivelle créent une sorte d'état dépressionnaire dans les premières lignes. Le 17 avril 1917, 17 soldats abandonnent leur poste devant l'ennemi ; le 29 avril, des hommes du 20e RI se mutinent ; 15 jours plus tard, ce sont 250 mutineries affectant 65 divisions d'infanterie et 3 divisions d'infanterie coloniale qui se sont produites, pour l'essentiel entre Soissons et Reims jusqu'au 15 mai, jusqu'à l'Argonne, Verdun, voire la Lorraine pendant la fin du mois. Il n'existe aucun critère démographique (les célibataires sont seulement majoritaires), régional, politique (il y a autant de mutinés de droite que de gauche), ou social (beaucoup de paysans, d'artisans, de commerçants) pour expliquer ces mouvements. Quant à ce qui a été avancé sur l'origine des mutineries, il convient d'écarter l'hypothèse, soutenue par l'état-major et l'extrême gauche, d'un soulèvement organisé, soit par l'espionnage allemand, soit par des révolutionnaires en mal de grand soir. La lassitude, le sentiment d'inutilité des opérations, les promesses non tenues pour des combattants revenus épuisés des premières lignes, expliquent la spontanéité de mouvements, certes nombreux, mais affectant des groupes plutôt restreints de 100 à 200 hommes, pour un total maximum de 40 000 personnes.

Après sa nomination au grade de général en chef le 15 mai 1917, Pétain a compris l'origine des mutineries et réagi en deux temps. Dès le 19 mai, il ordonne l'arrêt des attaques ; le 16 juin, il précise dans une « note relative à la discipline » ses deux priorités : une répression limitée et l'amélioration du moral des troupes. Sur les 629 condamnations à mort prononcées, 75 sont exécutées, dont 27 portent précisément sur des mutineries ; 1 381 soldats sont condamnés à une peine de prison supérieure à 5 ans ; 1 492 à des peines inférieures. Quant à l'amélioration du moral des troupes, elle passe par un aménagement du régime des permissions, portées à une semaine tous les quatre mois, par un meilleur confort des cantonnements, une meilleure nourriture, par un effort de propagande, une surveillance des activités antimilitaristes et l'instauration d'un suivi psychologique. Grâce à ces mesures, l'apaisement rapide des mutineries contribua à la cristallisation du « pouvoir charismatique » de Pétain sur l'opinion publique.

Mutineries de 1917
Exécution d'un mutin. © *Tallandier*

MYSTÈRES

Drames liturgiques apparus en France dès le Xe siècle et mettant en scène des personnages bibliques pour un public d'abord ecclésiastique puis laïc.

Ces cérémonies au cours desquelles se mêlent étroitement le profane et le sacré sont d'abord mimées puis parlées. Les premiers écrits sont de simples commentaires de l'Évangile assortis d'indications scéniques. Peu à peu on passe à des enchaînements et des épisodes dramatiques mêlés de scènes comiques. Dès le XIIIe siècle, le mystère s'ouvre à l'histoire et à la vie du monde contemporain, voire aux préoccupations politiques. Au XVe siècle, une représentation peut s'échelonner sur plusieurs jours et nécessite un très grand nombre d'acteurs groupés parfois en confréries. La ville entière est investie, églises, rues et places. Partout rivalisent dans le faste des représentations, la splendeur des mises en scène, des costumes et des décors, ce qui attire des milliers de spectateurs. En 1450, le *Mystère de la Passion* d'Arnoul Gréban, organiste de Notre-Dame de Paris, représente le triomphe du genre. En 1548, le parlement de Paris interdit ces représentations en raison d'accusations de sacrilège formulées par les protestants. Toutefois, l'usage des représentations populaires ne disparaît pas totalement. La *Passion* de Gréban fut encore jouée à Paris en 1952, et la confrérie du Saint-Sang à Perpignan perpétue l'usage jusqu'à nos jours.

n

Nadar Gaspard, Félix Tournachon, dit (Paris, 1820 – Paris, 1910)

Photographe, écrivain et aéronaute.

D'abord nouvelliste, il réalise ses premières photographies en 1854. Indifférent aux personnalités politiques et mondaines du Second Empire, il préfère exécuter les portraits d'écrivains, de peintres et de musiciens, tels Delacroix, Alexandre Dumas ou Berlioz, ainsi que de nombreux portraits de femmes, qu'il rassemble dans le *Panthéon Nadar*. Il exécute également des photographies souterraines et aériennes, faisant construire un ballon baptisé *Le Géant*. C'est dans son atelier que se tient la première exposition impressionniste en 1874.

Najac

Agglomération située sur un éperon dominant une boucle de l'Aveyron, dans la basse marche du Rouergue.

Par sa position stratégique sur la route menant de la Guyenne anglaise aux fiefs septentrionaux du comte de Toulouse, Najac a joué un rôle militaire important pendant de longs siècles. Le château existe déjà vers 1100, sous Raymond IV dit de Saint-Gilles, comte de Rouergue et de Toulouse. En 1182, Philippe Auguste le rend ou le donne à Raymond V mais, peu après, les Anglais s'en emparent ; selon une certaine tradition, Richard, fils d'Henri II d'Angleterre, y rencontre en 1185 Alphonse d'Aragon avec qui il s'allie contre le comte de Toulouse. Par la suite, les Raymond (Raymond VI et Raymond VII) en reprennent possession. À la paix de Lorris, en 1243, il est remis à Saint Louis pour une période de cinq ans par Raymond VII et, à la mort de ce dernier, Alphonse de Poitiers, comte de Toulouse par sa femme Jeanne, en hérite.

Mais la place ne lui paraît pas assez sûre. En effet, le pays, tout juste sorti de la guerre albigeoise, n'est pas tranquille ; des révoltes s'y produisent, et le bourg de Najac est qualifié de « nid d'hérétiques » par le sénéchal du Rouergue. Par ailleurs, Alphonse entend se prémunir contre les incursions des Anglais. C'est alors que sont décidés les travaux qui donneront au château son aspect définitif (avant sa ruine aux XVIIIe et XIXe siècles) par la surélévation du donjon carré et des courtines, et par l'édification complète de cinq tours rondes. L'une d'entre elles, masse aux proportions imposantes, caractérisée par des archères d'une hauteur unique en France (6,80 m) et d'une hardiesse de construction singulière, fera office de donjon. Deux enceintes extérieures renforceront le château, la plus grande étant entièrement nouvelle. Après la mort sans enfants d'Alphonse et de Jeanne, Najac devient forteresse royale. La place sera encore âprement disputée par la suite au cours des guerres, entre Anglais et Français, entre routiers et membres de la population, entre catholiques et huguenots, entre royalistes et ligueurs ; elle s'illustrera une dernière fois en 1643 lors de la révolte des Croquants. Outre son château ruiné et des maisons pittoresques, Najac possède une belle église du début du XIIIe siècle, premier édifice gothique du Rouergue.

Namnètes

Peuple armoricain établi dans le pays de Condivicnum *ou* Condevincum *(Nantes).*

Les Namnètes se joignirent à la grande révolte des Vénètes contre César.

Nancy

Capitale de la Lorraine et chef-lieu du département de Meurthe-et-Moselle.

Un point de franchissement de la Meurthe est à l'origine de l'essor de Nancy dès le IXe siècle. Un château fort y est érigé, que les ducs de Lorraine adoptent comme résidence à partir du XIIe siècle. La petite cité est peu à peu entourée de murailles, défenses qui se révèlent efficaces en 1476, lorsque le duc de Bourgogne, Charles le Téméraire, prétend s'emparer des états. Le jeune duc René ne s'enferme cependant pas dans la place et va quérir des renforts auprès de Louis XI, des Alsaciens et surtout des Suisses, qui ne ménagent pas leur assistance. Lorsque le Téméraire revient pour livrer bataille sous les murs de la ville, le 5 janvier 1477, il est pris entre la garnison et l'armée de secours et périt dans la débandade de ses troupes. Les troupes de Louis XIII et de Louis XIV occupent Nancy à plusieurs reprises, ce dernier ordonnant même le démantèlement des remparts. Le destin de la capitale lorraine est, en effet, commercial, administratif et intellectuel. Le roi Stanislas Leszczyński le confirme en érigeant la magnifique place qui porte son nom. La ville devient chef-lieu du département de la Meurthe, créé en 1790. Les invasions de 1814 et de 1870 y entraînent l'occupation prussienne. Mais, en 1914, les défenses du Grand-Couronné mettent la place à l'abri d'une nouvelle épreuve. Nancy est devenue entre-temps (en 1871), chef-lieu du nouveau département de Meurthe-et-Moselle. De nombreux

Alsaciens se sont installés en ville et dans les faubourgs, contribuant à une expansion industrielle importante. À la fin de la Seconde Guerre mondiale, la ville est libérée au début de septembre 1944 par la IIIe armée américaine du général Patton.

NANTES

Chef-lieu du département de Loire-Atlantique, sur la rive droite de la Loire.

Port de mer dans l'estuaire de la Loire, au confluent de la Sèvre Nantaise, de l'Erdre, de la Chézine et du Sail, Nantes est une des villes les plus anciennes de la vieille Armorique. Capitale du peuple gaulois des Namnètes, elle portait à l'origine les noms de *Condivicnum* et de *Namnès*. La cité est florissante sous la domination romaine. Le christianisme y pénètre très tôt. Mais les pieuses traditions qui placent au Ier siècle l'épiscopat de saint Clair n'ont pas résisté à l'examen critique. En revanche, il n'est pas impossible qu'il faille faire remonter jusqu'au règne de l'empereur Dèce (249-251) le martyre des deux frères Donatien et Rogatien, suppliciés dans cette ville au plus tard sous Dioclétien. Les évêques de Nantes acquièrent très vite une grande influence qui contrebalancera longtemps l'autorité des ducs dans le gouvernement de la ville. L'histoire de Nantes, pendant le haut Moyen Âge, reste obscure. Au IVe siècle, après avoir chassé les magistrats romains, Conan Mériadech, chef des Bretons, fait de Nantes sa capitale. Clovis tente en vain de s'en emparer. Les Saxons en font eux aussi le siège sans succès (490). Les Bretons insulaires en sont les maîtres en 504, mais le roi franc Clotaire reprend la ville et y installe un évêque, saint Félix (568), à qui il remet le gouvernement et qui y effectuera d'importants travaux. Comme toute la Bretagne, Nantes est annexée par Charlemagne à son empire. Mais Nominoe, à qui Louis le Pieux avait accordé la dignité de duc de Bretagne, réussit à se rendre indépendant de Charles le Chauve (bataille de Ballon en 845). Allié au comte de Nantes Lambert, il s'empare alors de Rennes et de Nantes. Deux ans plus tôt, Nantes avait été saccagée par les Normands qui renouvelleront leurs assauts à quatre reprises. Chassés par Alain le Grand en 888, ils reviennent à sa mort et livrent une dernière fois la ville aux flammes. Alain Barbetorte réussit à les chasser définitivement. Il les bat à Nantes même avant de remporter une victoire décisive à Trans, près de Cancale, en 939. Mais sa mort prématurée ouvre un âpre conflit entre Nantes et Rennes. Foulques le Bon, comte d'Anjou, mari de la veuve d'Alain et tuteur du fils qu'il a laissé, Dreu, soutient successivement, après la mort du jeune prince, les deux bâtards d'Alain, Hoël et Guérec, comtes de Nantes, contre les prétentions de Conan le Tort, comte de Rennes. Conan finit pourtant par l'emporter. Il se rend maître de Nantes (990), où il construit au confluent de la Loire et de l'Erdre le château dit plus tard du Bouffay. Ses successeurs sauront maintenir la prépondérance de la maison de Rennes jusqu'à ce qu'une nouvelle dynastie, celle de Cornouaille, la remplace. Au même moment, Guillaume duc de Normandie, en conquérant l'Angleterre, vient de placer la Bretagne entre deux puissances rivales, l'Angleterre et la France, qui vont s'en disputer la possession effective, même si la fiction de l'indépendance ducale subsiste.

Pierre de Dreux, surnommé un siècle plus tard Mauclerc, à qui Philippe Auguste confie le gouvernement du duché (1213) après l'avoir fiancé à son héritière Alix, choisit Nantes comme capitale. Il l'agrandit et la défend en 1214 contre Jean sans Terre. Certes, Nantes partagera toujours avec Rennes et Vannes les attributions administratives (la Cour des comptes seule y siège), mais elle deviendra, surtout au XVe siècle, la résidence habituelle des ducs de Bretagne. Après plus d'un siècle de tranquillité sous les successeurs de Pierre de Dreux, elle se trouve de nouveau plongée au cœur d'une guerre, celle de Succession de Bretagne. Jean de Montfort s'en empare et s'y fait reconnaître comme duc en 1341. Mais le roi Philippe VI la reprend pour le compte de Charles de Blois, et elle reste au pouvoir de ce dernier jusqu'au traité de Guérande, en 1365, qui consacre le triomphe des Montfort. En 1369, elle tombe entre les mains de Du Guesclin au nom de Charles V dont les Bretons eux-mêmes, inquiets de l'attitude anglophile de leur duc Jean IV, avaient sollicité l'intervention. Mais la ville ouvre ses portes à Jean IV lorsqu'il aborde en Bretagne, rappelé par ses sujets en 1379. En raison des besoins nés de la guerre, les ducs se trouvent dans l'obligation d'appeler les bourgeois à prendre part à l'administration, dans de nombreuses villes. À Nantes notamment, dont la fonction commerciale s'est de plus considérablement développée – elle dessert la vallée de la Loire, exporte le sel de Bourgneuf et les toiles bretonnes contre l'huile de Bordeaux et les draps flamands –, les premiers linéaments d'une organisation municipale apparaissent en 1348 et en 1411, la ville ayant reçu du duc Jean des privilèges étendus. Par ailleurs, dans l'espoir d'écarter les clercs bretons des universités d'Angers et de Paris, foyers du gallicanisme, le pape accorde en 1460 au duc François II la création d'une université. C'est sous le règne de ce dernier et sous celui de sa fille Anne de Bretagne qu'est achevé en grande partie le château ducal. Son aspect extérieur reste celui de la forteresse qu'il était à

Nancy
La place de la Carrière apparaît au XVIe siècle. Le roi Stanislas offrira son épanouissement architectural à Nancy au milieu du XVIIIe siècle. Gravure de Collin, Paris, Bibliothèque nationale de France. © *Sélection Images*

Édit de Nantes

Premières lignes de l'édit promulgué le 13 avril 1598 par Henri IV. Musée de la ville de Paris, musée Carnavalet. © *Lauros-Giraudon*

Révocation de l'édit de Nantes

Louis XIV révoque l'édit de Nantes moins d'un siècle après sa promulgation, le 22 octobre 1685. Gravure de la fin du XVIIe siècle de Jan Luiken, Bibliothèque nationale de France. © *Giraudon*

l'origine, mais un logis neuf et élégant lui est adjoint sur la cour intérieure. La nef et la façade de la cathédrale attestent elles aussi la maîtrise des artisans de la ville. En 1485, le fameux Pierre Landais, trésorier de Bretagne et favori de François II, est pendu à Nantes. Deux ans plus tard, en 1487, l'armée royale envoyée par Charles VIII échoue sous ses murs, mais la victoire qu'elle remporte à Saint-Aubin-du-Cormier en 1488 est décisive, et Charles VIII peut entrer dans Nantes qui verra le mariage, si lourd de conséquences, de l'héritière du duché, Anne de Bretagne, avec Louis XII, le 8 janvier 1499.

Nantes est, au XVIe siècle, le reflet de la prospérité du duché. Le cabotage avec le reste de la Bretagne en est l'activité dominante (vins de Loire contre céréales, sardines, etc.). Son trafic s'étend toutefois à l'Espagne, à l'Angleterre, à la Baltique. Les Hollandais viennent y chercher les vins de Loire, qui sont de plus en plus appréciés. Elle est en relation particulièrement étroite avec Bilbao, où des traités assurent à ses marchands d'appréciables privilèges. Elle lui fournit des toiles, des alcools et des produits fabriqués contre de l'argent, des laines, des cuirs et des aciers. Pour ménager la susceptibilité des Nantais, le gouvernement royal décide que, sur les deux « séances » ou sessions du nouveau parlement créé en mars 1554, l'une se tiendrait à Nantes, l'autre à Rennes. Mais, en dépit de l'insistance des Nantais qui, jusqu'en 1580, ne se découragent pas de protester, la résidence unique du parlement est définitivement fixée à Rennes en 1561.

Comme le reste de la Bretagne, Nantes est peu touchée par le calvinisme. En revanche, elle prend part à la Ligue derrière son gouverneur, le duc de Mercœur, qui y constitue un parlement à sa dévotion. C'est précisément dans cette grande ville qui lui avait été si violemment hostile qu'Henri IV, après avoir obtenu sa soumission, signe le fameux édit de tolérance qui fait de la France la seule nation d'Europe où est admise la liberté de conscience (1598). La sagesse et l'autorité bienveillante d'Henri IV calment peu à peu les esprits. Aussi le duc de Vendôme ne peut-il réunir qu'à grand-peine autour de lui quelques épaves du vieux parti ultra-ligueur pour soutenir la conjuration des princes soulevés contre la régente Marie de Médicis. Lorsque Louis XIII préside à Nantes, en août 1614, la séance d'ouverture des états, ceux-ci observent une docilité respectueuse, et, en 1626, c'est une commission composée de magistrats en majorité bretons qui condamne à mort le marquis de Chalais, coupable d'intrigues contraires aux vues de Richelieu.

Louis XIV y fait arrêter Nicolas Fouquet en septembre 1661, au milieu de l'indifférence générale. En revanche, en 1675, Nantes, comme toute la Bretagne, prend une part importante à la révolte du papier timbré. En cette fin du XVIIe siècle, son développement économique, désormais étroitement lié au commerce extérieur, est considérable. Son port devient premier de France entre 1700 et 1730. Cette prospérité, Nantes la doit en grande partie à la traite des Noirs (le « bois d'ébène ») que la Compagnie du Sénégal pratique dans toute l'Afrique occidentale depuis 1691. Vers 1750, le port devient même la « ville des négriers » par excellence (on en compte plus d'une centaine vers 1774, dont les plus célèbres sont les Bouteiller et leurs parents, les Montaudouin, les Desseigne et les Drouin). Elle assure plus du tiers de la traite française. Ce trafic entraîne la fabrication de pacotilles (toiles légères, eaux-de-vie, etc.). Par ailleurs, Nantes étend son commerce aux colonies, notamment aux Antilles, et ses manufactures traitent les produits bruts que le régime de l'exclusif réserve à la métropole : sucre (une raffinerie s'y est installée en 1670), coton, huiles, produits tinctoriaux (garance, indigo, bois rouge), etc. Ces produits sont vendus dans le royaume ou réexportés (sucre et café) vers la Hollande. Cette expansion se poursuit jusqu'en 1790, à l'exception des périodes de crise consécutives à la guerre de Sept Ans (1756-1763) et à la guerre d'Indépendance américaine (1776-1782). Nantes compte alors plus de 200 armateurs. C'est une grande ville qui s'aménage et s'embellit selon les principes du jour. Mais la capitale administrative de la Bretagne reste Rennes.

La Révolution y est accueillie avec enthousiasme. Résolument républicaine, Nantes reste insensible aux appels de la Chouannerie, et c'est en vain que le 29 juin 1793 les Vendéens, commandés par Cathelineau (qui y tombe mortellement blessé) et Charette (qui devait y être fusillé le 29 mars 1796), tentent de s'en emparer. Mais, comme toute la Bretagne, elle penche vers le fédéralisme des Girondins. Cette attitude lui vaut d'être une des victimes les plus maltraitées de la Terreur. Carrier, qui y séjourne d'octobre 1793 à février 1794, s'y livre à une véritable frénésie de meurtres. Ses « noyades » et ses « mariages républicains » dans les flots de la Loire laisseront une impression d'épouvante et finiront par inquiéter Robespierre. Mais la prospérité se ressent durement de la Révolution, qui a plus ou moins interrompu les relations coloniales, et de la Chouannerie qui a désorganisé les marchés. Aussi l'Empire est-il facilement accepté, et lorsque Napoléon s'arrête à Nantes en 1808, à son retour d'Espagne, l'accueil qu'il reçoit prouve combien sa popularité est grande. Cet enthousiasme ne dure pas. L'aggravation continue des charges de la conscription jointe à la gêne économique résultant du Blocus continental, dont Nantes souffre plus que toute autre ville, suscitent un mécontentement de plus en plus vif. Après 1815, le commerce ne reprend que faiblement. L'abolition de la traite (15 avril 1818), rendue effective avec le droit de visite des navires (1833), lui porte en effet un nouveau coup. Nantes, où est découverte et arrêtée la duchesse de Berry en 1832, retrouve néanmoins une sérieuse activité commerciale sous le Second Empire et surtout sous la IIIe République à partir de 1892. Elle connaît dès lors une expansion continue qui fait d'elle une grande métropole de l'Ouest de la France. Mais cet essor ne va pas sans difficulté et la contestation sociale y est particulièrement vive.

Pendant la Seconde Guerre mondiale, Nantes subit d'importantes destructions du fait des bombardements alliés puis de la vive résistance qu'y opposent les Allemands lors de la Libération. Le 24 octobre 1941, elle avait connu un des épisodes les plus dramatiques de la Résistance. Ce jour-là, cinquante otages avaient été exécutés à Nantes et Chateaubriant par les Allemands, à la suite de l'assassinat par des résistants du chef de la Kommandantur.

NANTES (édit de)

Promulgué par Henri IV le 13 avril 1598, cet édit clôt officiellement les guerres de Religion, terminées de fait depuis la conversion du roi à la religion catholique.

L'édit de Nantes, inspiré en partie de l'édit de Poitiers qu'avait signé Henri III au lendemain de la paix de Bergerac (1577), accorde à la minorité protestante six libertés : l'exercice du culte réformé dans une ville par bailliage, sauf Paris ; l'admission des huguenots dans les écoles ; leur admission dans la fonction publique ; la réunion d'assemblées ; la représentation d'une chambre mi-partie dans les parlements ; la tenue d'une centaine de places de sûreté, dont La Rochelle, pour huit ans. Bien que la religion romaine soit officiellement rétablie là où elle avait été interdite, certains murmurent contre le libéralisme d'Henri IV. Celui-ci répliquera aux mécontents : « J'ai fait un édit, je veux être obéi ! »

NANTES (révocation de l'édit de)

Édit signé par Louis XIV le 22 octobre 1685 supprimant tous les avantages accordés aux protestants par Henri IV.

Louis XIV s'est laissé persuader que le nombre de réformés diminuait et que l'abolition de l'édit de Nantes précipiterait la conversion des plus opiniâtres. Conseillée au roi par Louvois et le père Lachaise – sans compter l'influence de Mme de Maintenon –, la Révocation a été très populaire auprès de ses sujets catholiques. Cette décision est l'aboutissement d'une série de mesures coercitives prises à l'égard des protestants depuis 1661. S'adressant roi, Bossuet s'écriera dans l'un de ses sermons : « Par vous l'hérésie n'est plus ! » La révocation de l'édit de Nantes s'accompagne des dispositions suivantes : suppression des temples et des écoles confessionnelles ; interdiction des prêches, publics ou privés ; bannissement des pasteurs refusant de se soumettre ; baptême et éducation catholiques rendus obligatoires pour les enfants de huguenots, création de la caisse des conversions, confiée à Pellisson. Les religionnaires résidant à l'étranger doivent, dans les quatre mois, regagner le royaume, faute de quoi leurs propriétés demeureront confisquées. Ceux restés sur le sol national ne peuvent franchir les frontières, sous peine de galère pour les hommes, et d'emprisonnement et de saisie des biens pour les femmes. Près de 200 000 Français réformés s'expatrieront à la suite de ces mesures, 1 % de la population du royaume mais 20 % peut-être de l'élite commerçante. Ils iront au Refuge, c'est-à-dire à l'étranger : en Angleterre, aux Provinces-Unies – 700 officiers français rejoignent l'armée de Guillaume d'Orange, à l'instar du comte de Schomberg –, et passent en Prusse où Frédéric Guillaume les attire par un régime fiscal privilégié. Ils animent dans toute l'Europe une active propagande hostile à Louis XIV mais répandent aussi l'usage de la langue française.

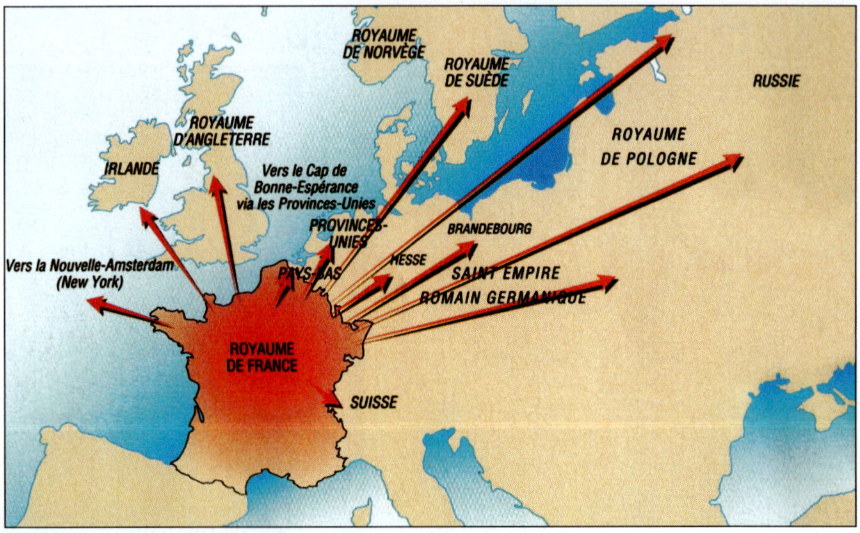

L'exode des protestants après la révocation de l'édit de Nantes

NAPLES (campagne de)

Expédition militaire française à l'époque du Directoire.

Depuis la proclamation de la République romaine le 15 février 1798 et l'annexion du Piémont le 9 décembre suivant, la position française dans la péninsule italienne est prépondérante. Seule échappe au contrôle du Directoire la partie méridionale du royaume. Les sentiments d'hostilité de Ferdinand IV étant renforcés par ceux de son épouse Marie-Caroline, sœur de Marie-Antoinette, le général Championnet décide, à la fin de décembre 1798, d'envahir ce fief des Bourbons, en dépit du peu de forces dont il dispose. Les nouvelles qui lui parviennent de Naples lui laissent en effet espérer le concours des libéraux et des républicains. Le général autrichien Mack, commandant des forces royales, est refoulé derrière le Volturno ; mais Championnet ne dispose pas de suffisamment d'effectifs pour le déloger de Capoue. La situation est même un moment compromise par le soulèvement des paysans des environs, et seule l'arrivée opportune de la colonne du général Duhesme permet de redresser la situation. Le 10 janvier 1799, Mack sollicite une suspension d'armes, entérinée par l'accord de Teano. Mais Ferdinand IV ayant désavoué son commandant en chef, Championnet met à profit cette rupture pour avancer jusqu'aux faubourgs de Naples, où les républicains lui livrent le fort Saint-Elme. Le 23 janvier, la capitale de Ferdinand est occupée après un ultime engagement avec les *lazzaroni*. Le lendemain 24, la République parthénopéenne est proclamée. Ferdinand IV se réfugie en Sicile, sous la protection de la flotte anglaise.

Ce dernier est servi par un prélat dévoué et entreprenant, le cardinal Ruffo, qui revient en Calabre à la tête des troupes de la Sainte-Foi. Macdonald maintient tant bien que mal l'ordre dans les Pouilles, mais manque de troupes pour endiguer une hostilité paysanne avivée par l'action des partisans du roi. La flotte anglaise, installée à Ischia et à Capri, bloque le port de Naples, où libéraux et républicains voient leur pouvoir contesté. Championnet lui-même, en butte à l'hostilité du commissaire des guerres Favypoult, est rappelé en France. En juin 1799, la situation est si compromise qu'il faut évacuer Naples, où les partisans de Ferdinand IV, conduits par l'irréductible Ruffo, se livrent à une sévère répression contre les républicains, partout débordés. Il faudra attendre 1805 et les désastres austro-russes pour voir Ferdinand IV, associé à la troisième coalition, de nouveau chassé de son royaume. Le décret de Schönbrunn du 27 décembre 1805 confie en effet ses terres à Joseph Bonaparte, lequel les remettra en 1808 à Murat. Cette fois, l'exil du monarque durera sept ans.

NAPOLÉON Ier Napoléon BONAPARTE (Ajaccio, 1769 – île de Sainte-Hélène, 1821)

Empereur des Français (1804-1815).

Issu d'une famille de petite noblesse corse d'origine toscane, il voit le jour à Ajaccio le 15 août 1769, un an seulement après le rattachement de l'île génoise à la couronne de France. Son père, Charles Bonaparte, notable local, ami puis opposant de Paoli, et sa mère, Letizia Ramolino, ont huit enfants vivants dont Napoléon est le deuxième. Élevé essentiellement par une mère courageuse, sachant économiser les maigres revenus de la famille, Napoléon, appelé Nabulione ou Nabulio par les siens, fait preuve très jeune d'un caractère fougueux et querelleur. Il est confié, à l'âge de 9 ans, à une école de jésuites, et ses premières études sont plutôt médiocres. En 1779, son père, après s'être fait reconnaître de noblesse « prouvée au-delà de deux cents années », obtient pour ce cadet de famille une bourse d'enseignement au collège d'Autun. Isolé de son milieu d'origine, tant sur le plan affectif que linguistique – il parlait à peine français en arrivant sur le continent –, Bonaparte y reste quelques mois, avant de rejoindre l'école militaire de Brienne afin de devenir officier.

Les premiers temps passés à Brienne sont très difficiles pour le jeune garçon âgé tout juste de 10 ans. Son origine modeste, ses maigres ressources, son accent sont autant de sujets à rires et à brimades de la part de ces fils de grandes familles de l'ancienne France, qui se plaisent à railler « Napoléone », alias « la paille au nez ». Mais rapidement, la dignité et la fermeté de cet élève devenu appliqué et studieux soulèvent l'estime de ses maîtres et de ses camarades. Ayant mené l'attaque d'un bastion de neige dans la cour de l'école, il affirme peu à peu son goût du commandement. Toutefois, Bonaparte ne se fera qu'un ami véritable à Brienne, son futur secrétaire Bourrienne, et cela grâce à des affinités communes pour les sciences exactes. Bonaparte reste à Brienne jusqu'en 1784 puis, nourri de culture générale et de technique du maniement des troupes, il entre à l'École militaire de Paris, en qualité de cadet-gentilhomme, dans l'artillerie. Au Champ-de-Mars, les conditions d'existence sont plus enviables qu'à Brienne, et le jeune officier s'attache à compléter une éducation rendue plus précaire encore par une orthographe d'une incertitude devenue légendaire. De l'année passée à l'École militaire, il ne garde pas un souve-

Caricature de Napoléon
Un seul homme à la tête d'un empire qui s'étend d'Hambourg à Rome. Paris, Bibliothèque nationale de France.
© *Lauros-Giraudon*

nir agréable. Indépendant de caractère, il ne se lie vraiment qu'avec Desmazis, bien que favorablement remarqué par certains de ses instructeurs. C'est là également qu'il apprend la mort de son père et qu'il sent aussitôt peser sur lui le poids des responsabilités d'un chef de famille, estimant en effet le faible Joseph, son frère aîné, inapte à remplir ce rôle.

En 1785, il est affecté à la garnison de Valence. Il y consacre ses heures d'études à reprendre méthodiquement les bases de sa culture générale, lisant et annotant Voltaire, Rousseau, Mably, Buffon, Raynal, mais aussi Machiavel et Montesquieu. Il se lance même dans l'ébauche d'une histoire de la Corse, empreinte de francophobie. À l'époque, il nourrit en effet l'ambition de mener à bien la tentative émancipatrice de Paoli. Dans les années suivantes, au gré de ses affectations, il se retrouve à Lyon (1786), à Douai (1787), à Auxonne, à Valence (1791), non sans passer de longs séjours en Corse, où il doit prendre en main les affaires de la famille laissées en piteux état par son père, et s'occuper du sort de ses frères et sœurs. Après avoir assisté à la journée du 10 août 1792 qui voit la chute de la monarchie, il retourne en Corse, se fait nommer lieutenant de la garde nationale, mais se heurte violemment aux paolistes. Acquis au fond de l'âme à la cause du chef corse, il se trouve devoir le combattre au nom de la patrie et, ayant tenté d'investir la citadelle d'Ajaccio, il échoue dans son entreprise. Recherché par ses ennemis, il doit s'embarquer pour le continent, le 11 juin 1793, ainsi que toute la famille Bonaparte, dont la maison a été mise à sac par les partisans du « libérateur de la Corse ».

Après avoir rédigé, au mois de juillet de la même année, un écrit jacobin, *Le Souper de Beaucaire*, Bonaparte est envoyé, en qualité de commandant de l'artillerie, à Toulon, tombée aux mains des Anglais. Sous les ordres de Dugommier, chef de bataillon, il fait preuve d'une perspicacité et d'une intrépidité vite remarquées. Aux premières lignes du combat, partageant la rude vie des hommes de la troupe, il mène à bien la prise de la ville et peut, le 18 décembre, aller trouver Dugommier, en s'exclamant : « Allez vous coucher, nous venons de prendre Toulon. » Immédiatement, il apparaît sans ambiguïté comme le maître d'œuvre de ce succès, ce qui lui vaut d'être nommé le lendemain général de brigade par les représentants en mission. Puis, Augustin Robespierre, frère de l'Incorruptible, lui propose le commandement de l'armée de Paris. Cependant, conscient des aléas d'un tel poste, Bonaparte lui préfère celui, moins flatteur mais plus stable, d'inspecteur des côtes, ce qui lui permet d'appeler sa famille auprès de lui et de lui apporter toute l'aide nécessaire. Il se trouve incarcéré quelques jours comme suspect à la cause jacobine, puis est envoyé en Italie, avant d'être rappelé à Paris. Dénué de tout, mis en congé après avoir refusé de servir en Vendée, il est sollicité par Barras pour réprimer les soulèvements royalistes de Vendémiaire (5 octobre 1795).

Le futur directeur lui propose le commandement de l'armée de l'Intérieur. Bonaparte, peu acquis à la cause des thermidoriens, hésite, puis franchit finalement ce pas décisif en acceptant de réprimer l'insurrection : il voit sans aucun doute, en cette action, un service rendu à la France plus qu'à la Convention. À ce titre, il accepte de mater l'émeute, fort vigoureusement d'ailleurs ; mais avant de donner son accord, il prononce ces mots célèbres : « J'accepte, mais je vous préviens que l'épée hors du fourreau, je ne l'y remettrai qu'après avoir rétabli l'ordre. » « L'ordre rétabli », il ne reste plus à la Convention qu'à gratifier les vainqueurs : Barras est nommé directeur et Bonaparte commandant en chef de l'armée de l'Intérieur : il n'a que 26 ans. À ce poste, il sera chargé notamment de faire fermer les clubs des Jacobins. Au cours de cette période, il a une idylle avec une créole, Joséphine de Beauharnais, qu'il a rencontrée dans le salon de Mme Tallien. Malgré les réticences de Joséphine, le mariage est célébré le 19 mars 1796, en même temps que Bonaparte est nommé général en chef de l'armée d'Italie. À ce poste, il propose à Carnot un plan de guerre, modèle de clarté et d'intelligence, qui est adopté comme base stratégique. En concentrant beaucoup de troupes en un point précis, une victoire ponctuelle est assurée, dont l'effet psychologique ne peut manquer de stimuler les Français et de désarçonner l'ennemi.

Après être passé par Marseille rendre visite à sa famille, Bonaparte arrive à Nice. L'accueil que lui réservent les chefs militaires de l'armée d'Italie est plus que distant. Regardé comme un général ayant obtenu ce commandement par une intrigue de salon, il va devoir s'imposer immédiatement, au risque de compromettre sa mission. De fait, sur l'instant, le magnétisme de Bonaparte « écrase » (l'expression est d'Augereau) l'état-major et galvanise les troupes. Se révélant un militaire hors pair, il mène avec dextérité cette campagne d'Italie immortalisée par les victoires de Lodi, Rivoli ou Arcole, pour ne citer que les plus célèbres. Ces succès lui permettent de livrer au Directoire désargenté des sommes considérables prises sur les territoires occupés. Cependant, à l'inquiétude du pouvoir en place, Bonaparte a tendance à sortir de son rôle purement militaire, recevant les ambassadeurs, traitant au nom du gouvernement, créant en Italie une République cisalpine, et dictant de façon unilatérale les clauses du traité de Campoformio (18 octobre 1797). Pendant ce temps, la situation intérieure de la France est particulièrement trouble, et la gestion des finances publiques confine à la faillite. Bonaparte, commençant à ambitionner un rôle politique de premier plan, laisse la situation se dégrader afin d'apparaître, le moment venu, comme le seul recours politique possible. Après avoir débusqué, à Venise, les trames du « réseau d'Antraigues », il se contente de représenter la France au congrès de Rastatt (novembre 1797) puis accepte de prendre la tête de l'armée d'Angleterre. Il part ensuite pour l'Égypte afin de couper la route des Indes aux marchands britanniques. Après avoir quitté Toulon, le 19 mai 1798, il se trouve à Alexandrie le 1er juillet, bat les Mamelouks à la bataille des Pyramides trois semaines plus tard, mais voit sa flotte détruite à Aboukir le 1er août. Le général n'abandonne pas pour autant cette campagne visant à atteindre au cœur les intérêts anglais. Poursuivant une entreprise de conquête à la fois armée et civilisatrice, d'où le rôle primordial des savants ayant accompagné les troupes, il se lance dans la conquête de la Syrie. La victoire du Mont-Thabor, suivie par le désastre du siège de Saint-Jean-d'Acre, donne à cette expédition un caractère d'enlisement dont les dangers n'échappent pas au futur Empereur. Fin politique autant que génial stratège, il acquiert la certitude que les Anglais devront être battus en Europe et non au Proche-Orient, si l'on veut les écraser de manière irréversible. Pendant ce temps, les nouvelles intérieures françaises sont des plus sombres. Aux dissensions internes et à la proche banqueroute viennent s'ajouter des revers militaires face aux Austro-Russes, ce qui pousse Bonaparte à rentrer en France.

Débarqué à Fréjus le 8 octobre 1799, il arrive quelques jours plus tard dans une capitale démoralisée et s'impose comme homme providentiel auprès de certains hommes politiques comme Sieyès, Talleyrand, Fouché et Roger Ducos, qui craignent autant le retour des Bourbons que les outrances jacobines. Estimant pouvoir s'appuyer sur une bourgeoisie de négoce et de finance appelant de ses vœux un régime stable ouvert aux conquêtes des années 1789-1790, Bonaparte estime propice le moment d'une action de force. Soutenu par son frère Lucien, président du Conseil des Cinq-Cents, il se fait nommer le 18 brumaire an VIII (9 novembre 1799) commandant des troupes de Paris par les Anciens qui, transplantés à Saint-Cloud sous un motif mensonger de complot anarchiste, réservent le lendemain au futur Empereur un accueil extrêmement houleux. Mais, aux Cinq-Cents, le climat sera plus lourd encore. Dénonçant les visées du « nouveau Cromwell », les représentants de ce Conseil vont jusqu'à menacer de mort un général Bonaparte livide, maladroit et au bord de l'évanouissement. Il faudra la fermeté de Lucien et la détermination des troupes du général Leclerc, pour retourner la situation. Après quelques moments d'incertitude, le coup d'État reprend l'avantage et la « légitimité » directoriale se désagrège. La nuit venue, une poignée de députés favorables au complot donnent une apparence légaliste au « coup de Brumaire » en confiant par une cinquantaine de voix le pouvoir à un triumvirat dont les membres sont Bonaparte, Sieyès et Roger Ducos. Dès le 13 décembre est publiée la Constitution de l'an VIII. Bonaparte s'y voit confier les fonctions de Premier Consul, dotées de pouvoirs exorbitants. En poste pour dix ans, selon les nouvelles dispositions institutionnelles, il est investi d'une autorité comparable, voire supérieure, à celle du monarque constitutionnel des années 1789-1790. Alliant très rapidement ses qualités déjà révélées d'homme d'État et de chef de guerre, Bonaparte s'intéresse tout à la fois au redressement de la monnaie, à la reconstruction des digues, à l'uniforme des hommes de troupe et au développement de l'industrie. Compétent et omniprésent, il s'attache à républicaniser un régime fondamentalement autocratique. En effet, Sieyès, l'instigateur du 18 Brumaire et son acolyte, Roger Ducos, ne sont dotés que d'une voix consultative face au « sabre », Napoléon Bonaparte. En quelques semaines, d'ailleurs, l'autorité du Premier Consul permet un redressement du pays redevenu calme et prospère. Toutefois, il reste à conforter la position diplomatique de la France. Début mai 1800, Bonaparte franchit les Alpes et fond sur les Autrichiens. Le choc décisif a lieu à Marengo le 14 juin suivant, et le Premier Consul obtient par le traité de Lunéville un

Napoléon Ier en habit de sacre
Portrait de l'empereur le 2 décembre 1804. Huile sur toile du baron Gérard, château de Versailles.
© *Lauros-Giraudon*

affermissement de celui de Campoformio. Réorganisant durant la même période les administrations locales de la justice et des finances, il prépare activement les bases sur lesquelles la France continue de vivre. Le texte fondamental des nouvelles structures institutionnelles du pays reste la grande loi du 28 pluviôse an VIII (17 février 1800), portant création, entre autres, de l'administration préfectorale dont le schéma est parvenu intact jusqu'à nous.

Le silence des armes – chacun croit pouvoir l'espérer à la paix d'Amiens du 27 mars 1802 – conduit la France et l'Angleterre à la détente diplomatique. Le problème majeur pour Bonaparte, qui se fait plébisciter le 29 juillet 1802 en vue d'obtenir le consulat à vie, reste de réconcilier la France avec elle-même, et plus précisément de tenter le ralliement des royalistes. Après avoir obtenu la pacification de la Vendée, décrété l'amnistie de nombreux prisonniers royalistes et prêtres réfractaires, il est amené à s'allier à de grands noms de l'ancienne France, tout en maintenant son refus face aux propositions jugées « déplacées » du comte de Provence (futur Louis XVIII) de revenir au milieu du peuple français. Afin de créer un consensus autour de la troisième voie que représentent les institutions consulaires, et malgré des accidents tels que l'attentat de la rue Saint-Nicaise (1800) ou, plus tard, le complot de Cadoudal (1804) et l'exécution du duc d'Enghien (1804), Bonaparte va donner des gages aux tendances extrêmes qui déchiraient encore, quelques mois auparavant, le pays. Le concordat conclu avec le pape Pie VII le 16 juillet 1801, l'élaboration d'un ensemble de textes législatifs devant codifier le droit des personnes (code civil ou Code Napoléon, de 1804) et la création par la loi de pluviôse an VIII de la Banque de France et d'une nouvelle unité monétaire, le franc germinal, sont autant de mesures tendant à démarquer la France de l'immobilisme de l'ancienne monarchie aussi bien que du chaos révolutionnaire. Pour mener à bien ce pari, le Premier Consul doit infléchir son gouvernement dans un sens autocratique et « liberticide » que les Jacobins, traqués par la puissante organisation policière de Fouché, ne cesseront de dénoncer.

Après avoir reçu le titre de président de la République italienne en 1802, et face à la reprise des hostilités avec les Anglais, Bonaparte est amené à franchir un nouveau pas dans l'étendue de son autorité. En effet, par-delà l'affirmation sans cesse croissante d'un pouvoir fort, les cours de la vieille Europe monarchique continuent à voir en lui l'héritier idéologique de la Révolution et souhaitent une restauration de l'Ancien Régime. Comprenant le risque de guerre et de complot représenté par la politique anglaise ou l'affaire Cadoudal, le Premier Consul, voulant éviter de compromettre le redressement économique de la France et de retomber dans les errances politiques du Directoire, propose, le 27 mars 1804, la constitution d'une forme de gouvernement à transmission héréditaire. Et le 18 mai 1804, un sénatus-consulte confie le gouvernement de la République au Premier Consul avec le titre d'Empereur des Français. Largement plébiscitée, cette proposition aboutit, le 2 décembre 1804, au sacre de Napoléon Ier et de l'impératrice Joséphine par le pape Pie VII. Puis une nouvelle société de cour, savamment organisée et contrôlée, est élaborée, une noblesse d'Empire est constituée, et la Légion d'honneur créée sous le Consulat institue une échelle du mérite tout à fait étonnante quant à son rôle de stabilisation des grands serviteurs de l'État. Toutefois, la question de la pérennité du régime obsède très tôt Napoléon. Si la Constitution de l'an IX a prévu que le titre d'Empereur est transmissible à sa descendance naturelle, légitime ou adoptive, ou, à défaut, à ses frères, Joseph et Louis, encore faut-il que Napoléon ait un fils et que ce fils soit, le jour venu, reconnu comme nouveau souverain. Ce souci de Napoléon, tout à fait justifié, se confirmera quelques années plus tard lorsque, à la suite du complot du général Malet (1812), nul ne songera à la survie de l'Empire par dévolution de la couronne au fils de Napoléon.

Après avoir été proclamé roi d'Italie, à Milan, le 26 mai 1805, Napoléon entame la lutte à la fois contre l'ennemi de l'intérieur et les puissances coalisées contre la France. De 1805 à 1810, cet affrontement tourne à l'avantage de la France : Austerlitz (1805), Iéna (1806), Friedland (1807) sont autant de victoires qui portent la France au faîte de sa puissance politique. Avec la création de la confédération du Rhin (1806), la remise du royaume de Naples à Joseph (remplacé en 1808 par Murat) et celui de Hollande à Louis, également en 1806, s'organise une redistribution de la carte de l'Europe qui ne peut laisser indifférentes les grandes puissances menacées. Par le décret de Berlin, Napoléon instaure le Blocus continental contre l'Angleterre (27 octobre 1806) puis, après Eylau et Friedland, tente à Tilsitt (9 juillet 1807) un rapprochement avec la Russie, facilité par les affinités qui lient les deux souverains. Puis, tandis que Napoléon donne à la politique interieure française une tournure de plus en plus autoritaire, il installe son frère Jérôme en Westphalie (18 août 1807) et, l'année suivante, Joseph en Espagne.

À la fin de cette année 1807, l'ordre napoléonien semble régner de façon inébranlable sur le continent européen. Ces visées hégémoniques sont affermies par un exercice quasiment solitaire du pouvoir : disparition du Tribunat, droit reconnu à Napoléon d'interpréter les lois, contrôle très strict de l'État sur l'université impériale et sur tous les modes d'expression écrite ou parlée. Napoléon sait tout, veille à tout, organise depuis son quartier général d'Autriche ou de Pologne les plus petits détails de la vie intérieure française. Bien qu'avec la campagne d'Espagne commencent les premières désillusions, Napoléon, Empereur désormais d'un pays s'étendant, en 130 départements, de Hambourg à Rome, décide de régler le problème de sa succession. Sachant alors que Joséphine est stérile, ce qui n'est pas son cas puisqu'il a donné un fils, Alexandre, à sa maîtresse polonaise, Marie Walewska, en 1810, il se résout au divorce. Après avoir envisagé d'épouser la sœur du tsar Alexandre Ier, il jette son dévolu sur Marie-Louise d'Autriche en avril 1810. Par ce mariage à la fois politique et de raison, Napoléon cherche, comme il le dira, à « épouser un ventre » et à apporter à l'Empire une souveraineté « légitimée ». Le 20 mars 1811 lui naît un fils : le roi de Rome. Cette naissance marque l'apogée de l'Empire, qui commence à connaître de sérieuses difficultés économiques dues aux conséquences du Blocus continental. En outre, l'alliance russe est en passe de se dissoudre, tandis que se fomente un nouvel assaut des coalisés contre la France. Ainsi la politique de fuite en avant adoptée par Napoléon lors de la campagne de Russie (1812), les multiples trahisons parmi ses proches, la pression de plus en plus grande de nations en proie à des révoltes nationalistes les opposant à l'occupant français, enfin la lassitude d'un peuple qui voit mourir ses fils sur les champs de bataille de l'Europe entière vont, peu à peu, créer un climat de défiance qui emportera l'Empire. Les campagnes héroïques de 1813-1814 ne peuvent empêcher l'Europe coalisée d'abattre « le gendre de Habsbourg ». Déjà malade, le moral atteint par les premiers abandons, l'Empereur doit finalement consentir à abdiquer (6 avril 1814) et accepter la souveraineté de l'île d'Elbe. Mais, après dix mois d'administration, d'ailleurs prospère, de son « carré de légumes », ainsi que Chateaubriand appellera la petite île, Napoléon s'enfuit, débarque à Golfe-Juan le 1er mars 1815 et commence son « vol de clocher en clocher jusqu'aux tours de Notre-Dame ».

Après une cascade de ralliements tout au long d'un voyage rempli de marques d'attachement populaire contrastant avec l'éprouvante descente de la vallée du Rhône, moins d'un an auparavant, Napoléon arrive aux Tuileries et, après avoir souhaité donner de lui une image plus marquée d'héritier de la Révolution, se trouve devoir protéger l'intégrité d'une France à nouveau menacée. Abandonné par Marie-Louise qui a entraîné avec elle son fils à Vienne, Napoléon, seul et diminué, tente de battre à nouveau ses ennemis, mais la défaite de Waterloo vient sonner le glas de l'Empire (18 juin 1815). La période des Cent-Jours se solde par une seconde abdication de Napoléon en faveur de son fils, formulation dont il pressent d'ailleurs l'inutilité et, après avoir souhaité s'embarquer pour les États-Unis, il se confie « au plus généreux de ses ennemis », le peuple britannique. L'Empereur est alors relégué à Sainte-Hélène, îlot austère de l'Atlantique Sud, où il devra subir, en plus d'un climat détestable, les basses et inutiles vexations du gouverneur anglais, Hudson Lowe. Entouré, dans sa résidence de Longwood, de Bertrand, Gourgaud, Montholon et Las Cases, Napoléon vivra les dernières années de sa vie dans la solitude et un dénuement moral extrême. Il meurt le 5 mai 1821 d'un cancer de l'estomac. Inhumé à Sainte-Hélène, puis ramené en France sous le règne de Louis-Philippe, le corps de Napoléon Ier sera déposé dans la crypte des Invalides le 31 mars 1861.

NAPOLÉON II François Charles Joseph BONAPARTE, prince de Parme, duc de Reichstadt (Paris, 1811 – château de Schönbrunn, Autriche, 1832)

Roi de Rome.

Fils du précédent et de Marie-Louise. Il est proclamé roi de Rome par son père dès sa naissance. Il est élevé par Mme de Montesquiou, « maman Quiou », gouvernante des enfants de France. Le 25 janvier 1814, Napoléon le voit pour la dernière fois ; peu de temps après, Marie-Louise quitte Paris pour Rambouillet, gagne ensuite la Loire. Le 4 avril, l'Empereur signe une abdication conditionnelle en faveur de son fils. Les alliés, le tsar en particulier, se disent prêts à accepter Napoléon II, lorsque la trahison de Marmont, circonvenu par Talleyrand, le 5 avril, enlève au roi de Rome toute possibilité de succéder à son père. L'empereur François, le vaincu d'Austerlitz, emmène en Autriche sa fille et son petit-fils. L'héritier de l'Empire n'est plus, provisoirement, que le prince de Parme, principauté dont il héritera à la mort de sa mère, du moins le dit-on à Marie-Louise. Le 22 avril 1815, au terme des Cent-Jours, Napoléon abdique à nouveau en faveur de son fils, reconnu le lendemain par les Chambres – reconnaissance qui restera sans effet. Marie-Louise, qui ne s'occupe guère de son fils, ne tarde pas à gagner son duché de Parme avec son amant, Neipperg. Plus de deux ans passeront avant qu'elle ne le revoie. À Schönbrunn, l'enfant est élevé à l'autrichienne aux côtés de son grand-père, François II d'Autriche, qui lui porte une vive affection, et sous l'autorité de son gouverneur, le comte Dietrichstein. Nommé duc de Reichstadt en 1818, il devient bientôt un prince autrichien, oubliant le français qu'il devra réapprendre plus tard. De Napoléon il tient, dès son plus jeune âge, le goût des armes et de la chose militaire. Metternich, qui fait espionner ses moindres gestes, aurait voulu qu'il perde tout souvenir de son père mais, dès son arrivée en Autriche, le fils de l'Empereur résiste à tous ceux qui dénigrent Napoléon en sa présence. Intelligent, sensible, très orgueilleux mais attachant, il est aimé de tous.

En France, après la mort de l'Empereur, les passions napoléoniennes se cristallisent autour de son fils, l'Aiglon, le « petit roi », prisonnier à Vienne. Une véritable légende s'empare bientôt de lui. En 1829, l'œuvre du poète Barthélemy, *Le Fils de l'Homme*, fait découvrir à beaucoup de Français le roi de Rome. L'année suivante, lors du mouvement révolutionnaire qui secoue l'Europe, le nom de Napoléon II est acclamé à plusieurs reprises. Cependant Metternich et Gentz veillent, les principes de la Sainte-Alliance ne seront pas remis en question, le fils de l'Empereur vaincu ne montera sur aucun trône. En novembre 1830, l'empereur François nomme son petit-fils lieutenant-colonel d'un régiment d'infanterie cantonné à Brünn (auj. Brno). Depuis

Napoléon II
Portrait du duc de Reichstadt. Gravure de Léopold Bucher, châteaux de Malmaison et de Bois-Prés. © *RMN-Arnaudet*

plusieurs années, son état de santé est mauvais, l'hiver surtout. Son aspect, sa pâleur commencent à inquiéter certains de ceux qui l'approchent. Au mois de janvier 1831, il rencontre le maréchal Marmont, qui va lui faire découvrir la gloire et le génie de son père. Sa santé, de plus en plus chancelante, inquiète son gouverneur Dietrichstein, mais pas le médecin qui lui est attaché, le docteur Malfetti, un accoucheur, qui le soigne pour une affection du foie. Metternich, que la seule présence du duc embarrasse de plus en plus, refuse de le laisser quitter l'Autriche. Lorsqu'il donnera enfin l'autorisation, il sera trop tard. À vrai dire, Metternich ne pouvait laisser partir le fils de Napoléon pour l'Italie. À la suite d'une insurrection éclatée à Modène, Napoléon II avait été déclaré roi d'Italie. Peu à peu, les autres principautés du nord de l'Italie avaient suivi, affirmant leur désir de secouer le joug autrichien et d'être gouvernées par le fils de Napoléon Ier. Marie-Louise, qui s'est enfin laissée persuader de quitter Parme, retrouve au mois de juin 1832 son fils mourant, à peine reconnaissable. Un mois plus tard, le duc de Reichstadt meurt à Schönbrunn. Il sera enterré à Vienne, au couvent des Capucins, parmi les Habsbourg. Ses cendres, vainement réclamées par Napoléon III, seront rendues à la France par Hitler et déposées aux Invalides le 15 décembre 1940. Sa vie a inspiré à Edmond Rostand un drame célèbre, *L'Aiglon*.

NAPOLÉON III Charles Louis Napoléon BONAPARTE (Paris, 1808 – Chislehurst, Angleterre, 1873)

Empereur des Français (1852-1870).

Troisième fils de Louis Bonaparte et d'Hortense de Beauharnais. À la chute de l'Empire, séparée de son mari retiré à Florence, la reine Hortense, sous le nom de duchesse de Saint-Leu, se réfugie à Genève, puis au château d'Arenenberg, sur la rive suisse du lac de Constance. Là, le neveu de Napoléon Ier a pour précepteur Philippe Le Bas, fils du conventionnel, ardent partisan des idées révolutionnaires, et Vieillard, qui plus tard se voudra le disciple d'Auguste Comte. L'influence de tels maîtres sur l'esprit du jeune adolescent n'est pas douteuse. Puis le futur empereur suit des cours à Augsbourg et à l'école militaire de Thoune, où il acquiert le grade d'officier d'artillerie. En 1831, lors d'un voyage en Italie, il est amené, par conviction, à fréquenter les milieux des *carbonari* et, fermement acquis à leur cause, à participer aux insurrections de Menotti, en Romagne. L'année suivante, la mort du duc de Reichstadt, le fils de Napoléon Ier, le propulse au rang de prétendant au trône impérial. Brûlant de forcer le passage à la troisième voie politique représentée à ses yeux – comme à ceux d'ailleurs d'une grande partie des Français de l'époque – par l'Empire, il tente, au mois d'octobre 1836, un soulèvement de la garnison de Strasbourg, qui se solde par un échec total.

Cet acte de sédition est sanctionné par l'exil en Amérique du Sud où Louis Napoléon arrive au printemps 1837. Mais il ne peut y débarquer et repart vers les États-Unis. Là, recevant une lettre de sa mère lui annonçant qu'elle est gravement malade, il quitte le Nouveau Monde, rentre dans un premier temps en Angleterre afin de préparer son voyage vers la Suisse, voyage auquel le gouvernement de Louis-Philippe s'oppose immédiatement, ce qui l'oblige à circuler sous une fausse identité. Enfin il arrive à Arenenberg, pour assister à la mort de sa mère, le 5 octobre 1837. Après quelque temps passé en Suisse, le prétendant au trône impérial regagne Londres et se consacre à la rédaction d'un ouvrage de réflexion politique, *Les Idées napoléoniennes*, où il développe ses conceptions du pouvoir. Dans le même temps, il prépare un coup de force sur Boulogne. Effectuée le 6 août 1840 et mal préparée, l'entreprise échoue, et celui qui avait juré : « Je ne m'arrêterai que lorsque j'aurai repris l'épée d'Austerlitz, remis les aigles sur nos drapeaux et le peuple dans ses droits », sera, comme à Strasbourg, arrêté et condamné, cette fois par la Cour des pairs, à la prison à vie.

Incarcéré au fort de Ham, il consacre son temps à écrire un nouvel essai politique, inspiré par les idées sociales du temps auxquelles il est très favorable, *L'Extinction du paupérisme*. Puis il réussit à s'évader sous l'habit d'un maçon, un certain Pinguet, surnommé « Badinguet », sobriquet dont l'opposition l'affublera pendant tout l'Empire. Parvenu en Angleterre, Louis Napoléon fait la connaissance d'une femme pour qui il nourrit les sentiments les plus vifs, Miss Howard, qui en retour lui témoigne passion et confiance, tout en lui apportant une aide financière soutenue. Miss Howard est d'ailleurs à ses côtés lorsque, au lendemain de la Révolution de 1848, Louis Napoléon rentre en France. Au cours de l'été 1848, il se fait élire député à l'Assemblée constituante par plusieurs départements. Dès lors, apparaissant rapidement comme l'homme de la réconciliation, Louis Napoléon Bonaparte est soutenu à la fois par les notables et par l'immense majorité du peuple qui voit en ce neveu de Napoléon Ier le symbole d'une renaissance de la glorieuse épopée, face aux humiliations des années 1814-1815. Soutenu par le parti de l'Ordre, Louis Napoléon est très largement élu président de la République, le 10 décembre 1848, avec plus de 6 millions de suffrages. Louis Napoléon adopte immédiatement une politique de fermeté, tant intérieure qu'extérieure, s'exprimant par un césarisme lié aux intérêts de la bourgeoisie catholique et conforme à la réhabilitation d'une forme de gouvernement de type impérial. Toutefois, en homme prudent, réservé et échaudé par ses années d'ostracisme, le futur empereur, entouré de personnes aussi fidèles que son demi-frère le duc de Morny, ne réalisera son coup de force contre l'Assemblée que le 2 décembre 1851, date anniversaire du sacre de Napoléon ainsi que de la bataille d'Austerlitz, renouant ainsi avec le double symbole d'une gloire française s'exprimant sur le plan institutionnel aussi bien que militaire. Le coup d'État, suivi les 21 et 22 décembre par un plébiscite largement majoritaire, confère un pouvoir autocratique très étendu au « prince-président » élu pour dix ans. Immédiatement, les grandes options gouvernementales, au lendemain de la promulgation de la Constitution du 14 janvier 1852, s'orientent vers une mise en condition de l'opinion publique et aboutissent, le 2 décembre 1852, à la proclamation de l'Empire.

En 1853, Napoléon III épouse Eugénie de Montijo, qui lui donnera en 1856 un unique héritier, Eugène Louis Napoléon, le prince impérial. Devenu empereur, Napoléon III peut mettre en pratique ses conceptions de l'exercice du pouvoir : la France a besoin, pour s'assurer grandeur, prospérité économique et paix sociale, de disposer d'un exécutif qui s'exprime grâce à des plébiscites réguliers. Cet exécutif devra maîtriser suffisamment les assemblées pour pouvoir imposer, le cas échéant, des prises de position satisfaisant à la loi de la richesse née de la libre entreprise naissante et répondant également à un souci sincère d'aide aux « classes souffrantes ». Avec l'exigence d'un serment de la part des fonctionnaires, les tracasseries diverses de la police secrète rappelant les services de Fouché, le contrôle de la presse et la loi de sûreté générale promulguée au mois de février 1858 en riposte à l'attentat d'Orsini, irrésistiblement, et jusque dans ses plus minimes détails du protocole, le régime s'identifie au Premier Empire. Cette volonté farouche de résurrection historique ainsi que la pression de son entourage poussent progressivement Napoléon III vers une politique hégémoniste et coloniale, quitte à contredire les principes libéraux qu'il affirmait dans sa jeunesse, ou encore les propos qu'il tenait dans son fameux discours de Bordeaux d'octobre 1852 : « l'Empire, c'est la paix. » Toutefois, délibérément européen, Napoléon III souhaite, par la guerre de Crimée ou l'alliance avec l'Angleterre contre la Russie, séparer les deux puissances, Autriche et Russie, et reconquérir pour la France, avec la liberté de ses alliances, la liberté de son action au-dehors. De fait, le traité de Paris de 1856 pose la France en véritable arbitre de la politique européenne.

À l'apogée des années 1860 succèdent les premières erreurs de la politique impériale. Bien que victorieuse, la campagne d'Italie de 1859, du fait de son caractère anti-pontifical, mécontente les catholiques français ; une autre faute du règne est la politique libérale suivie en Algérie par l'empereur des Français qui se veut également celui « des Arabes », ce qui mécontente, cette fois, les colons ; 1862 voit ensuite l'inutile et désastreuse expédition du Mexique, dictée en grande partie par l'impératrice Eugénie. Pendant ce temps, le traité de commerce franco-anglais du 23 janvier 1860, par le libre-échange qu'il instaure, porte la confusion dans les milieux d'affaires, tandis que l'opposition monarchique, effarouchée par les concessions impériales en matière de politique sociale, se mobilise autour des légitimistes. Ainsi, malgré des intentions généreuses, et très progressistes pour l'époque, dictées par une perspicacité politique aiguë, Napoléon III devient petit à petit l'ennemi d'une part croissante de la nation. Fatigué et souffrant de la maladie de la pierre, l'empereur est amené à se laisser porter par des événements de plus en plus difficiles à contrôler ainsi que par un entourage parfois divisé ou peu lucide.

Las de la guerre, Napoléon III avalise la politique anti-autrichienne menée par la Prusse qui se solde, au mois de juillet 1866, par la défaite de

Sadowa. Extrêmement diminué, l'empereur voit grandir le péril prussien sans mener une action effective tendant à juguler ou maîtriser une guerre que beaucoup pressentent comme imminente. Conforté par le plébiscite du 8 mai 1870, conséquence de l'enrichissement général de la société française (7 336 000 « oui » contre seulement 1 560 000 « non »), il n'en devra pas moins, lors de l'invasion prussienne, capituler à Sedan le 2 septembre 1870, tandis que, à l'instar du régime créé de toutes pièces par son oncle, le sien disparaît également d'un trait de plume, ne sachant survivre à son fondateur. Le 4 septembre, Napoléon III apprend en effet le vote de sa déchéance. Il est emprisonné à Wilhelmshöhe, près de Kassel, en Westphalie, après avoir envoyé ce télégramme à Eugénie : « L'armée est défaite. N'ayant pu me faire tuer au milieu de mes soldats, j'ai dû me constituer prisonnier pour sauver l'armée. Napoléon. » Quelque temps plus tard, l'empereur déchu se retire en Angleterre, à Camden Place, propriété située à Chislehurst, dans le Kent. Il meurt le 9 janvier 1873, des suites d'une intervention chirurgicale.

NARBONNAISE

Narbonensis provincia *ou* Narbonensis Gallia. *Circonscription de la Gaule romaine créée en 27 av. J.-C. par Auguste pour remplacer la* Provincia romana *ou* Provincia *(Gaule transalpine conquise par Rome à la fin du IIe siècle av. J.-C.).*

Elle doit son nom à sa métropole, *Narbo* ou *Narbo Martius* (Narbonne), dont la colonie a été fondée en 118. Après le règne de Dioclétien, elle est divisée en trois provinces : Narbonnaise Première, Viennoise et Narbonnaise Seconde. La Narbonnaise Première se situe à l'ouest du Rhône. Réunissant les cités de Narbonne, Béziers, Nîmes, Lodève, Uzès et Toulouse, elle correspond au Haut-Languedoc moins l'Albigeois et à la partie littorale du Bas-Languedoc. Isolée de la précédente par la Viennoise, la Narbonnaise Seconde, dont le chef-lieu est *Aquae Sextiae* (Aix), doit son nom à Narbonne. Rassemblant les cités d'Aix, d'Apt, de Riez, de Fréjus, de Gap, de Sisteron et d'Antibes, elle correspond au cœur du comté de Provence et au sud-est du Dauphiné de Viennois.

NARBONNE

Narbo *ou* Narbo Martius. *Ville située sur le canal de la Robine, en Bas-Languedoc. Chef-lieu d'arrondissement de l'Aude.*

L'emplacement de Narbonne est déjà occupé au temps de l'indépendance des Volques Tectosages, mais c'est en 118 av. J.-C. que commence à s'y développer une cité au sens moderne du terme. *Narbo Martius* est la première colonie gallo-romaine dont la fondation soit officiellement attestée. Son essor, qui coïncide avec l'effacement d'Ensérune, s'explique d'abord par l'importance de son port. Car les caractères physiques du pays narbonnais ne sont pas ceux d'aujourd'hui : les lacs côtiers restent modérément ensablés ; par ailleurs, l'Aude ne suit pas son cours actuel et assure véritablement la liaison de la ville avec la mer. Dans ces conditions, Narbonne ne tarde pas à occuper, derrière Marseille, le second rang en Gaule méridionale pour le trafic maritime. La conquête de la Gaule par les Romains (58-51 av. J.-C.) et l'annexion de Marseille (49 av. J.-C.) ne portent aucun tort à la prospérité narbonnaise. Au contraire, Narbonne bénéficie d'un nouvel apport de colons grâce à la fixation sur son sol de vétérans ayant appartenu à la Xe légion de César. Sous Auguste, elle devient la capitale de la province de Narbonnaise ainsi que la deuxième agglomération de la Gaule pour la population. En 413, les Wisigoths s'en emparent, la perdent puis la reconquièrent en 462. En 719, les Arabes l'investissent après sept ans de siège. Pépin le Bref la leur reprend en 759. Sous ses successeurs, elle devient capitale du marquisat ou duché de Gothie.

Au Moyen Âge, théoriquement chef-lieu d'un duché (que les comtes de Toulouse mentionnent dans leurs titres), Narbonne obéit à deux seigneurs particuliers : le vicomte (d'abord amovible, puis héréditaire), prépondérant dans le bourg, et l'archevêque, maître de la Cité, qui comprend la cathédrale et l'archevêché. Il existe aussi une Ville neuve autonome, dont la jouissance est laissée aux Juifs jusqu'au début du XIVe siècle, époque de leur expulsion. L'ancienne lignée vicomtale, après avoir fourni un grand nombre de titulaires prénommés Aymar (ou Aymeri), s'achève en 1447 avec Pierre de Tinières, dit Guillaume III. Celui-ci vend ses droits à Gaston IV, comte de Foix. En 1507, le petit-fils de ce dernier, vicomte de Narbonne sous le nom de Gaston II, échange son fief avec le roi Louis XII contre le duché de Nemours. Ainsi Narbonne entre définitivement dans le domaine royal. L'archevêché de Narbonne, remontant au IVe siècle, s'est illustré par de nombreux prélats, dont les plus connus sont Arnaud-Amaury, ancien légat de la croisade albigeoise, Gui Foulques, Georges d'Amboise, et Jules de Médicis (futur pape Clément VII). Narbonne a été réduite au rang d'évêché suffragant de Toulouse en 1790, puis purement et simplement supprimée en tant qu'évêché en 1802. De nombreux conciles s'y sont tenus du VIe au XVIe siècle, ceux de 1211 et de 1227 concernant l'hérésie albigeoise.

Outre des vestiges gallo-romains, Narbonne a conservé de nombreux monuments, dont le palais fortifié des archevêques (XIIe-XIIIe-XIVe siècles) et la cathédrale Saint-Just, commencée en 1272 sous Clément IV et réduite à un chœur gothique d'inspiration septentrionale. La hauteur des voûtes du chœur, 41 mètres, n'est dépassée qu'à Beauvais et à Amiens.

NARVIK (bataille de)

Bataille ayant opposé troupes allemandes et alliées en avril-mai 1940 à Narvik, port de Norvège septentrionale.

Narvik est, en 1940, la tête de ligne du chemin de fer électrique qui sert de principal débouché aux mines de fer suédoises de Kiruna et de Galivare et offre de ce fait, aux yeux des belligérants, une importance stratégique de premier ordre, sur-

Napoléon III
Avec sa maison militaire à la bataille de Solférino, le 24 juin 1859. Huile sur toile d'A.L. Janet-Lange, 1861, Rennes, musée des Beaux-Arts. © *RMN*

Narvik
Vue d'ensemble de la bataille, fin mai 1940. © *Sélection Images*

tout dans la perspective d'un conflit de longue durée, coûteux en matières premières. Le 9 avril 1940, lors de l'invasion allemande de la Norvège et du Danemark, 10 contre-torpilleurs allemands y débarquent 2 000 hommes de troupes qui s'emparent de la ville. Mais, du 10 au 13 avril, une vigoureuse contre-attaque de bâtiments anglais coule la flottille allemande. Privés de leur soutien naval, les Allemands ne peuvent résister à une offensive alliée qui commence le 16 avril par le débarquement de 3 bataillons de *guards* britanniques, bientôt renforcés par une division norvégienne reconstituée à effectifs réduits, puis, le 28 avril, par la 24e demi-brigade de chasseurs français sous les ordres du général Béthouart. Après de durs et brillants combats, celui-ci réussit à s'emparer de Narvik le 28 mai. L'ennemi ne peut désormais éviter d'être pris ou rejeté en Suède. Mais la rupture du front français rend cette victoire inutile. Elle contraint le haut-commandement allié à ordonner l'évacuation totale de la Norvège, et les troupes alliées se rembarquent pour l'Angleterre du 3 au 7 juin. L'Allemagne reste maîtresse de toute la Norvège. Elle a néanmoins perdu dans la bataille une partie de sa flotte (3 croiseurs, 10 contre-torpilleurs, 2 torpilleurs, 1 sous-marin).

Natalité

Rapport entre le nombre des naissances en une période de temps déterminée et l'effectif de la population déterminée.

La France du Moyen Âge et de l'Ancien Régime connaît une situation démographique caractérisée par une mortalité et une natalité très élevées : jusqu'aux environs de 1750, le taux de natalité dépasse 40 ‰, même si l'on relève de fortes variations selon les régions et les périodes de l'année. Les pratiques contraceptives sont très peu répandues et presque toutes les naissances sont issues du mariage. Le nombre de garçons est légèrement supérieur à celui des filles. L'âge au premier mariage est assez tardif et un intervalle de deux ans et demi sépare en moyenne chaque naissance. Au XVIIIe siècle, cette forte natalité se conjugue à un net recul de la mortalité, contribuant ainsi à l'accroissement de la population française, qui passe de 21 à 28 millions d'habitants. Au début de la Révolution, le nombre des naissances reste important malgré une baisse du taux de natalité aux alentours de 37 ‰ depuis les années 1780. À partir du Directoire cependant, la natalité amorce une diminution durable et régulière qui va marquer l'ensemble du XIXe siècle. Si les chiffres bruts annuels restent importants – ainsi pendant le Second Empire, sous l'effet de la prospérité économique –, ils ne sont pas proportionnels à l'augmentation de la population. C'est ainsi que, vers 1870, le taux de natalité n'est plus que de 25 ‰. À la veille de la Première Guerre mondiale, le nombre annuel de naissances est inférieur à 800 000. Conséquence du conflit, le déficit n'est que légèrement compensé par la hausse de la natalité des années 1920. En 1940, le taux de natalité n'est plus que de 14,5 ‰. Mais la Seconde Guerre mondiale est suivie du « baby-boom » : jusqu'en 1950, on enregistre un nombre annuel moyen de naissances de 860 000, correspondant à un taux de natalité de 21 ‰. Le retour des rapatriés d'Algérie et la croissance économique favorisent un nouvel élan démographique dans les années 1960. Mais la chute du taux de natalité se poursuit, parallèlement à celle du taux de fécondité : en 1976, il n'est plus que de 13,6 ‰. Malgré une timide embellie au début des années 1980, puis au tournant du XXIe siècle, il se stabilise depuis aux environs de 14 ‰, avec un nombre annuel moyen de naissances de 770 000.

Nation

La nation est l'ensemble du peuple et son territoire.

À la Révolution française, le mot « nation », qui désignait jusqu'alors les habitants d'un pays, prend un nouveau sens, désignant désormais l'ensemble politique formé par les citoyens d'un pays. L'article 3 de la Déclaration des droits de l'homme et du citoyen proclame : « Le principe de toute souveraineté réside essentiellement dans la nation. » Ensemble de citoyens, la nation exprime sa souveraineté par la loi que fait exécuter le roi, d'où la devise « La nation, la loi, le roi ». Elle a pour emblème la cocarde tricolore. La nation, communauté définie par un territoire et un pouvoir politique, est investie d'un fort potentiel affectif collectif qui s'exprime dans les symboles : le drapeau national (tricolore), la fête nationale (14 Juillet célébré dès 1790 à la place de la Saint-Louis, fête du roi) ou l'hymne national (*La Marseillaise,* créée en 1792 et chant national en 1795). La Révolution française exporte dans le monde, en Italie et en Allemagne notamment, l'idée de nation, donnant naissance à un modèle d'unité. Il s'agit donc à l'origine d'un terme attaché à l'idéologie de gauche et impliquant un système démocratique. La pensée politique libérale du XIXe siècle est dominée par la conviction qu'il est possible de regrouper sous l'idée de nation les différentes catégories de la population, quels que soient leurs intérêts, leur niveau de vie et leurs aspirations. Parallèlement, l'école obligatoire à partir de 1884 donne à la conscience nationale des outils : une langue unifiée, des valeurs communes, une culture qui s'appuie sur des textes littéraires et quelques connaissances mathématiques. La conscription vient consolider la scolarité ainsi que le renforcement de l'école historique française qui donne aux citoyens une certaine idée de leur passé commun, dont l'élément majeur est le renversement de la monarchie. Peu à peu, et avec l'avènement durable de la République, le terme « nation » glisse insensiblement vers la droite. Le sentiment national, aiguisé par l'isolement français face à la Triple Alliance en 1882, se retrouve canalisé par la ligue des Patriotes créée la même année. La Première Guerre mondiale rend le terme populaire chez les royalistes (Maurice Barrès, Charles Maurras) comme dans la droite traditionnelle (Raymond Poincaré, Charles Péguy). Le succès du Bloc national en 1918 apparaît comme une victoire de la droite qui oppose son nationalisme à l'internationalisme de la gauche. Le Bloc est la nation. L'Union sera nationale chaque fois que la droite y adhérera : en 1926 avec Poincaré, en 1934 avec Doumergue, en 1938 avec Daladier. Le pétainisme et la Révolution nationale s'enracinent de même dans la nation. La nation finit par s'attacher à l'idée de nationalisme exclusif de tout mélange avec des éléments étrangers : l'extrême droite prône un nationalisme replié sur le territoire, excluant le cosmopolitisme, et des relations avec les pays étrangers qui doivent par comparaison révéler la supériorité de la France.

Nationalisations

Transformation de sociétés privées en entreprises publiques ou semi-publiques.

C'est en 1937 qu'a lieu la première nationalisation : le Front populaire décide de rassembler les sociétés privées d'exploitation des lignes de chemin de fer en un seul organisme géré par l'État, la Société nationale des chemins de fer français (SNCF). Mais la première grande vague de nationalisations se situe au lendemain de la Seconde Guerre mondiale. Le pays est dévasté et, pour mener à bien la reconstruction, le gouvernement provisoire de la République française estime nécessaire de contrôler les outils économiques de l'industrie lourde. Par ailleurs, l'influence du parti communiste, présent au gouvernement jusqu'en 1947, est sensible, autant que les expériences similaires entreprises en Angleterre, Italie ou au Bénélux. L'État est réputé capable de produire mieux, en plus grand et dans l'intérêt général. Il nationalise la production et la distribution d'électricité et de gaz de ville (EDF-GDF), certaines banques (Société Générale), certaines compagnies d'assurances, la production de charbon et d'acier, la nationalisation-confiscation de Renault et Berliet est une sanction prise à l'encontre des dirigeants de ces entreprises qui ont collaboré avec l'occupant. Les propriétaires ou leurs héritiers sont néanmoins indemnisés pour la perte de leur entreprise. En 1967, dans le cadre du rapport Nora, une politique de contractualisation des rapports entre État et entreprises du secteur public est lancée pour normaliser leur relations. Des contrats sont ainsi signés avec la SNCF, EDF, l'ORTF, Air France entre autres, afin de garantir une certaine liberté des directions de ces entreprises et d'éviter qu'elles ne deviennent des « appendices de l'administration ». En 1982, une deuxième vague de nationalisations accompagne l'élection de François Mitterrand à la présidence de la République ; elle concerne cinq groupes industriels jugés décisifs pour l'orientation économique du pays (CGE, Saint-Gobain PUK, Rhône-Poulenc, Thomson-Brandt) et de 38 établissements financiers pesant 95 % des dépôts nationaux. Le prix payé pour l'indemni-

Charles Naundorff
Sur son lit de mort. Son inscription funéraire porte le nom de Charles-Louis de Bourbon, duc de Normandie, Louis XVII. © *Roger-Viollet*

sation légitime des actionnaires handicape lourdement le budget sans se traduire par un sursaut de la croissance. Ces lourdeurs incitent, en 1986, le gouvernement Chirac à prendre le contrepied des stratégies nationalisatrices : la loi de juillet prévoit 65 privatisations sur cinq ans, ce qui suppose de s'attaquer à tout le secteur. Malgré un ralentissement dû à la crise boursière de 1987, puis une pause décidée par le gouvernement Rocard en 1988, le programme est achevé en 1995 et s'étend par étapes, aux joyaux nationaux – France-Telecom – et cela indépendamment des majorités politiques, voire de la nationalité des actionnaires.

NAUNDORFF ou NAUNDORF Charles Guillaume (? – Delft, Pays-Bas, 1845)

Aventurier.

Horloger à Spandau, en Prusse, il prend en 1824 le titre de duc de Normandie. Incarcéré sous l'inculpation de fausse monnaie, il est libéré en 1828, s'installe alors à Crossen et publie les *Mémoires du duc de Normandie* (1831) et les *Révélations sur l'existence de Louis XVII* (1832), où il affirme qu'après Thermidor, Barras et Fouché lui ont substitué un enfant qui est mort et a été inhumé sous son nom, alors que lui-même, le vrai Dauphin (Louis XVII), était libéré. Appelé par l'un de ses partisans, il gagne Paris en 1833 et, l'année suivante, intervient dans le procès intenté à un autre prétendant, le duc de Richemont. Il parle mal français, passe pour demi-fou, mais ses révélations sont néanmoins troublantes. Lui qui ne sait pas de quelle façon il est sorti du Temple – la version qu'il donne est une plaisanterie –, qui ignore comment il a vécu de 1795 à 1810, se souvient parfaitement de certains détails de la petite enfance du Dauphin. Malgré ses demandes réitérées, Madame Royale, la sœur du Dauphin, en exil à Prague, refuse de le recevoir. Il l'assigne alors à comparaître ainsi que le duc d'Angoulême et Charles X devant le tribunal de la Seine (juin 1836). Deux jours plus tard, il est arrêté, puis expulsé de France et embarqué de force pour l'Angleterre (juillet) où il se livre à des travaux pyrotechniques. Jeté en prison pour dettes en 1841, il se fixe à Delft, en Hollande, à sa libération, et le gouvernement néerlandais lui achète même ses inventions connues sous le nom de bombe Bourbon. Lorsqu'il meurt brutalement en 1845, son acte de décès et son inscription funéraire sont libellés au nom de Charles-Louis de Bourbon, duc de Normandie, Louis XVII.

Ses héritiers saisissent à deux reprises la justice française. Une nouvelle fois assignée à comparaître, en compagnie de son neveu le comte de Chambord et de la duchesse de Parme, Madame Royale refuse encore de se faire représenter au procès (1851). Déboutés, les appelants interjettent appel du jugement de 1851 et assignent une dernière fois le comte de Chambord à comparaître. Mais, cette fois encore, ils ne peuvent obtenir satisfaction (1872). Un nouvel appel introduit en 1954 devant la cour d'appel de Paris, par les descendants de Naundorff – qui portent légalement le nom de Bourbon – n'aura pas plus de succès.

NAUTES (Pilier des)

Monument élevé par la corporation des bateliers (« nautes ») de Lutèce en l'honneur de Jupiter sous le règne de l'empereur Tibère (14-37 apr. J.-C.), comme l'atteste une inscription gravée sur son socle.

Il en reste cinq blocs ornés de reliefs sur chaque côté, qui ont été retrouvés près de Notre-Dame de Paris et sont maintenant conservés dans la grande salle des Thermes du musée de Cluny. Ce pilier, haut à l'origine d'à peu près six mètres et qui devait porter à son sommet une statue de Jupiter, offre l'intérêt de représenter à la fois des divinités gauloises et romaines, identifiables par leur nom inscrit au-dessus d'elles, dans une sorte d'« œcuménisme » caractérisant la religion des Gaulois au début de l'occupation romaine (la même constatation peut être faite à propos d'un autre pilier à peu près contemporain trouvé à Mavilly en Côte-d'Or). On peut reconnaître sur le Pilier des Nautes Jupiter, Vulcain, Mars, Vénus, à côté d'Esus, de Cernunnos, de Smertios tuant un serpent, du taureau aux trois grues, de divinités féminines. Sur deux des panneaux, trois hommes barbus et trois hommes imberbes, armés d'une lance, représentent sans doute les nautes, jeunes et vieux, qui ont dédié le monument. Les archéologues estiment que ces piliers-colonnes du début de la période romaine annoncent les monuments similaires élevés pendant l'Empire en Gaule et qui supportent généralement la statue du « dieu à l'anguipède », c'est-à-dire un Jupiter cavalier terrassant un monstre à corps humain et à queue de dragon.

NAVARIN (bataille de)

Victoire remportée le 20 octobre 1827 par les flottes alliées – française, anglaise et russe – sur la flotte turco-égyptienne.

Au traité de Londres signé le 6 juillet 1827, les trois puissances se sont entendues pour imposer leur médiation dans l'affaire grecque. Elles décident, afin d'intimider le sultan, d'envoyer trois escadres croiser au large de la Grèce, ce qui n'empêche pas le sultan de poursuivre les massacres en Morée. Les trois amiraux alliés, Codrington, Heyden et Rigny, décident alors de se livrer à une démonstration de force, devant Navarin, ville située sur la côte occidentale du Péloponnèse, afin de contraindre les flottes ennemies à regagner leurs bases. Alors que la flotte alliée manœuvre pour bloquer la rade de Navarin, un officier britannique est tué sur son navire, tandis qu'un boulet turc atteint le vaisseau amiral français. L'amiral de Rigny riposte aussitôt, engageant la bataille. En moins de trois heures, les 26 vaisseaux alliés l'emportent sur les 64 vaisseaux ennemis. Les Turco-Égyptiens d'Ibrahim ont perdu 6 000 hommes, les Alliés 177 seulement, dont 43 Français. 15 000 Français occupent bientôt la Morée. Mais cette victoire reste sans lendemain, car le sultan se refuse à tout accommodement. Par ailleurs, le gouvernement britannique désapprouve l'engagement, craignant que la Russie ne profite de cette victoire pour étendre son influence au Proche-Orient.

NAVARRE

Ancien royaume s'étendant au nord et au sud des cols pyrénéens occidentaux.

Il est aujourd'hui partagé entre deux pays : la France au nord, pour la Basse-Navarre, de beaucoup la plus petite partie (capitale Saint-Jean-Pied-de-Port), l'Espagne au sud, pour la Haute-Navarre (capitale Pampelune). Les origines de la Navarre sont assez obscures. On s'accorde à reconnaître que les Navarrais sont des Vascons, et plus précisément des Vascons refoulés dans les montagnes pyrénéennes entre le Ve et le Xe siècle par les Wisigoths à l'ouest et les Maures au sud. Mais on ignore l'étendue exacte de leur territoire. Le premier roi historique des Navarrais se nomme Sanche Ier Garcès ; son règne de vingt ans (905-925) est consacré à la lutte contre les Sarrasins. Son arrière-arrière-petit-fils Sanche III Garcie, dit le Grand (1000-1035), règne sur les Haute- et Basse-Navarre, le Guipuzcoa, la Biscaye et même la Castille (de 1028 à 1035 sous le nom de Sanche Ier). Après la mort de Sanche le Grand, ses quatre fils se partagent son héritage. Deux d'entre eux, Garcie V, roi de Navarre, et Ferdinand Ier, roi de Castille, entrent en lutte. Il en résulte un amoindrissement de la Navarre, qui se trouve repoussée au nord de l'Èbre. Bientôt une révolution de palais amène les Navarrais à se donner un roi aragonais. Au XIIe siècle, l'indépendance du royaume est restaurée. Mais son expansion est à jamais condamnée. Il est entouré d'autres royaumes chrétiens. Son souverain, Sanche VII, doit renoncer non seulement à la vallée de l'Èbre, mais également à la façade atlantique, de Saint-Sébastien à Santander. Les limites de la Navarre moderne sont fixées pour l'essentiel lorsque, à Sanche VII, succède en 1234 son neveu le comte de Champagne Thibaud IV, Thibaud Ier pour ses nouveaux sujets.

Désormais, sauf pendant une génération, celle de Charles et d'Éléonore d'Aragon, le royaume de Navarre appartient en titre à des princes français, ce qui ne signifie pas qu'il soit purement et simplement annexé par la France. Ces princes sont issus de quatre maisons : Champagne, France (branche aînée puis branche d'Évreux), Foix, Albret, enfin de nouveau France (branche de Bourbon). Le fait le plus marquant de l'administration champenoise est la concession aux Navarrais, par Thibaud Ier, de nouvelles franchises (appelées *fueros* au sud des Pyrénées, *fors* au nord et dans les pays gascons). Au bout de trois générations, la maison de Champagne disparaît au profit du roi de France Philippe le Bel, dont les trois fils et successeurs parviendront à sauvegarder l'union personnelle des deux royaumes en faisant jouer le principe de masculinité. Faute de postérité mâle chez les Capétiens directs, Philippe de Valois réussit à se faire reconnaître comme roi de France mais rencontre des résistances du côté de la Navarre. En effet, l'application du principe de masculinité en faveur d'un simple cousin du roi défunt (précédemment il s'agissait de frères) exige une remontée de génération qui peut sembler trop compliquée dans un royaume où la couronne s'est plusieurs fois transmise par les femmes. En outre, la légitimité de Philippe VI pourrait être contestée en France : Louis le Hutin a laissé une fille, Jeanne. Il importe de la désintéresser. Ainsi s'explique que Jeanne monte sur le trône de Navarre, et qu'elle y succède, non à son père mort en 1316, ni même à Jean le Posthume, mais à son oncle Charles le Bel (1322-1328), lui-même successeur de Philippe le Long (1316-1322). Philippe d'Évreux, époux de la nouvelle reine, sera lui-même proclamé roi par les Navarrais. En échange de quoi la maison d'Évreux n'élèvera aucune prétention sur la couronne de France.

Philippe est bien accepté des Navarrais et loyal envers ses cousins Valois. Tout change avec son fils Charles II, qui se livre dès les premiers temps de son règne à des exactions et cruautés de toutes sortes, très comparables à celles de son contem-

Navarre
Naissance d'Henri IV, futur roi de France, brandi par son grand-père, Henri d'Albret, roi de Navarre. Huile sur toile d'Eugène Déveria, 1827, musée du Louvre. © *Giraudon*

porain Pierre de Castille. Les Navarrais l'appellent *el Malo* avant que les Français s'avisent de lui donner le surnom de Mauvais. En Navarre, il épuise les ressources de ses sujets dans le dessein de conquérir le royaume de France. Sa politique louvoyante entre Castille et Aragon met ses États méridionaux au bord de la ruine. Son fils Charles III le Noble saura reconquérir le cœur de ses sujets en même temps que la confiance de Charles V de France. La Navarre connaîtra une période paisible jusqu'aux luttes domestiques opposant Jean II d'Aragon, gendre de Charles III, à son propre fils Charles de Viane (1461).

À la mort de Jean II en 1479, la Navarre passe à Éléonore, sa seconde fille qui meurt aussitôt, puis à un petit-fils d'Éléonore, François Phébus. Celui-ci étant mort quatre ans après, la couronne échoit à sa sœur Catherine de Foix (1483), laquelle épouse l'année suivante Jean d'Albret. Toutefois, en 1485, Ferdinand II d'Aragon occupe Pampelune et toute la Haute-Navarre, ne laissant à la dynastie légitime que la Basse-Navarre. Les Navarrais « espagnols » semblent accepter facilement la domination castillane. L'annexion est prononcée en 1512. Plusieurs tentatives sont faites par les Albret afin de reconquérir le pays perdu, notamment en 1521 ; aucune n'aboutira. La diplomatie ne donnera pas de meilleurs effets. Henri II (Henri Ier d'Albret) songera un moment à marier sa fille et héritière Jeanne au prince Philippe, fils de Charles Quint, mais François Ier s'opposera de toutes ses forces à ce projet. Rois d'un minuscule royaume, les Albret sont en même temps les plus puissants seigneurs du Midi français : par le biais navarrais, les descendants de Charles Quint pourraient bien s'installer au nord des Pyrénées. Henri II s'incline donc. Néanmoins, ni lui ni sa fille ne renonceront au royaume de Navarre. Henri de Bourbon, son petit-fils, restera Henri III, roi de Navarre après son accession au trône de France sous le nom d'Henri IV (1589). Aux XVIIe et XVIIIe siècles, la Basse-Navarre sera incluse dans le gouvernement de Béarn, ses états particuliers se réunissant à Pau ; l'expression « parlement de Navarre » se maintiendra jusqu'à la fin de l'Ancien Régime. Tous les rois Bourbons jusqu'à Charles X porteront le titre de roi de Navarre. La Basse-Navarre fait aujourd'hui partie du département des Pyrénées-Atlantiques.

NECKER Jacques (Genève, 1732 – Coppet, près de Genève, 1804)

Financier genevois.

D'une famille d'origine anglaise établie à Genève, fils d'un régent de collège, il débute à Paris en 1747 comme commis dans la banque fondée à Paris par le Genevois Vernet. Sa carrière dans la finance est rapide. Grâce à de judicieuses opérations lors de la signature de la paix de 1763 qui met fin à la guerre de Sept Ans et à d'habiles spéculations sur la Compagnie des Indes, il amasse une grande fortune qui lui permet de créer, en 1765, sa propre banque à Paris, rue de Cléry. Sa femme, Suzanne Curchod, qu'il avait épousée en 1764, tient bientôt un salon célèbre fréquenté par les écrivains et les philosophes, et elle le pousse à se faire une place dans la vie publique. Devenu en 1772 ministre de Genève à Paris, Necker publie en 1773 son premier ouvrage, un *Éloge de Jean-Baptiste Colbert* que couronne l'Académie française. À travers son deuxième livre, *Sur la législation du commerce des grains* où il critique certaines des idées de Turgot et des économistes, qu'il juge trop libérales, il apparaît comme un homme du « juste milieu », des compromis, et non un doctrinaire. Il ne croit pas aux lois naturelles et procède par des règlements positifs, admettant que la liberté constitue un idéal, mais doutant qu'une harmonie satisfaisante pour tous puisse découler du libre jeu des intérêts particuliers. À la chute de Turgot, Necker est tout désigné pour lui succéder, et Maurepas fait effectivement appel à lui comme directeur général du Trésor royal (1776) puis directeur général des Finances (1777), sa double qualité de protestant et d'étranger ne lui permettant pas d'accéder au Contrôle général. Mais il a tout pouvoir à côté du contrôleur général Taboureau des Réaux. Financier habile, le banquier se révèle ministre de talent. Mais il n'a pas de vues originales ou réellement réformatrices. Très opportuniste, soucieux avant tout de sa popularité, il préfère l'emprunt à l'impôt pour financer la guerre d'Amérique. « Il a fait la guerre sans impôt : c'est un dieu », dira Mirabeau. Mais les 530 millions qu'il tire de sept emprunts successifs (1777-1781), émis d'abord à 8 % puis 10 %, creusent le gouffre de la dette publique où tombera l'Ancien Régime. En juin 1777, il prend une initiative durable, en créant un comité de conseillers d'État et de maîtres des requêtes pour examiner la masse des affaires contentieuses. Sa philanthropie sert sa renommée : il fonde rue de Sèvres un hopital modèle géré par sa femme, réforme l'hygiène des hôpitaux, étudie le problème de la mendicité, prépare un plan d'assistance publique, adoucit la procédure criminelle (projet Malesherbes) en abolissant la question préparatoire (1780), supprime toute servitude personnelle sur les domaines royaux (1779) et crée un mont-de-piété (1777). Mais, bientôt acculé aux économies, Necker rogne sur les budgets ministériels, malgré l'opposition de Vergennes qui a besoin de fonds pour l'aide aux Américains et de Sartine qui veut moderniser la marine, et tente de supprimer certaines charges et de réduire les abus dans la distribution des pensions. En vain. Il ne peut notamment refuser les 800 000 livres que réclame la reine pour doter la fille de son amie, la duchesse de Polignac. Comme la situation se dégrade, il en vient à certaines idées de Turgot, s'inspire de son projet de réforme de l'assiette de l'impôt lorsqu'il décide que désormais elle ne sera plus répartie par les intendants, mais par des municipalités élues. D'où un essai d'assemblées provinciales : assemblées du Berry (1778), de Haute-Guyenne (1779) et du Dauphiné (1780). Tout en maintenant les privilèges et les immunités, Necker améliore la répartition et la levée des tailles, met en régie les aides et domaines ôtés à la Ferme générale, qui garde toutefois les traites, gabelles, tabacs et octroi de Paris.

Bien que plus timides que ceux de Turgot, ses projets et ses mesures inquiètent les parlements et, comme son prédécesseur, Necker se heurte à l'opposition des privilégiés qui trouvent encore une fois en Maurepas un allié. Contre eux, il se défend habilement, flatte la reine et le parti de Choiseul en faisant nommer ministres leurs protégés, les maréchaux de Ségur et de Castries, qui à la Guerre, qui à la Marine (1780). Puis il frappe un grand coup par la publication, en février 1781, de son *Compte rendu au roi*, apologie de sa gestion dont il donne un faux bilan, mais qui révèle en même temps au pays le poids disproportionné des dépenses de la Cour. Le public s'arrache les 100 000 exemplaires de ce « conte bleu » (Maurepas), et Necker voit sa popularité portée à son comble. Mais la détermination de ses adversaires, parmi lesquels la reine, les princes, Maurepas, Castries, Vergennes, les parlements, les états provinciaux et les intendants, n'en est que plus forte. Monsieur, comte de Provence (futur Louis XVIII), ayant fait dérober et diffuser le *Mémoire au roi sur les assemblées provinciales* dans lequel Necker suggérait de leur confier toute l'administration et l'enregistrement des édits, le Parlement refuse d'entériner la création d'une nouvelle assemblée en Bourbonnais (avril 1781). Necker tente alors une épreuve de force. Il réclame au roi la mise au pas des magistrats et son entrée au Conseil d'en haut avec le titre de ministre d'État. Maurepas riposte en lui demandant de se convertir et il n'a pas de mal à convaincre Louis XVI, qui avait été lui aussi indisposé par le *Compte rendu*, de le renvoyer (19 mai 1781).

Regretté de la bourgeoisie, Necker se retire dans son domaine de Saint-Ouen. Mais sa retraite est mondaine et active. Il ne se prive pas de critiquer ses successeurs, notamment Calonne, et publie en 1784 une analyse apologétique, *De l'administration des finances de la France*. Sa popularité est intacte. Après son départ, la crise financière et la crise d'autorité ne font que s'aggraver, et à la chute de Loménie de Brienne, en août 1788, il paraît le seul homme capable de sauver une situation désespérée et d'éviter la banqueroute. Son rappel comme directeur général des Finances (26 août) et principal ministre d'État (27 août) est acclamé par tous, même par Marie-Antoinette. On attend de lui des miracles. Mais Necker n'a pas de programme précis. Il ne se rend surtout pas compte de l'ampleur de la crise politique et sociale et ne prête pas une attention suffisante à la crise économique, notamment agricole, qui soulèvera les campagnes. Il se contente de quelques mesures financières. Soutenu par la Caisse d'escompte et le crédit public, il fait reprendre, le 14 septembre, les paiements en numéraire qui avaient été interrompus le 16 août. Il interdit le libre commerce des grains par peur de la disette, avance au roi 2 millions de sa fortune personnelle et réussit à emprunter 80 millions. Il croit pouvoir encore gouverner par la popularité et, pour satisfaire les privilégiés, achève la capitulation de la monarchie devant la robe : la réforme judiciaire de Lamoignon qui, en déclenchant la révolte des parlements, avait provoqué la chute de Loménie de Brienne, est abolie ; les parlements sont rétablis dans leurs prérogatives et les États généraux convoqués à la date fixée par Brienne, le 1er mai 1789. Porté par l'irrésistible courant d'opinion qui mobilise la bourgeoisie, il se rallie, contre le vœu des privilégiés, au principe du doublement du tiers (résultat du Conseil du roi tenu à Versailles le 27 décembre 1788), décision qui soulève un grand espoir. Mais il ne tranche pas la question décisive du vote par tête ou par ordre.

Cette question électorale n'est, en fait, pour lui qu'un corollaire du problème financier. Le directeur des Finances attend seulement des députés le vote enfin consenti d'impôts et d'emprunts qui rétabliront la situation financière. C'est ce qui apparaît lors de la séance d'ouverture des États généraux le 5 mai 1789 : dans un discours de trois heures, il se borne à traiter des questions financières et se contente de proposer l'égalité fiscale, provoquant une énorme déception parmi les députés du tiers. Néanmoins, après l'échec de la séance royale du 23 juin, il incite le roi à ordonner lui-même aux trois ordres de délibérer en commun (27 juin). Cette politique toute d'incertitude et d'attentisme n'en est pas moins suffisante pour que la Cour l'accuse d'avoir déclenché la Révolution, et le roi, poussé par son entourage, le congédie brusquement, le 11 juillet, pour le remplacer par un contre-révolutionnaire notoire, le baron de Breteuil. La nouvelle, connue le lendemain, fait l'effet d'une bombe dans Paris surexcitée. Elle déclenche la chute des cours en Bourse, déchaîne la colère populaire, est à l'origine immédiate de la prise de la Bastille (14 juillet 1789). Entérinant le succès de l'insurrection, Louis XVI le rappelle dès le 16 juillet, à la demande de l'Assemblée. Mais c'est une nouvelle victoire sur la monarchie plus qu'un succès personnel pour Necker qui se révèle incapable, pendant son nouveau ministériat, de dominer la situation et a de moins en moins de prise sur les événements. Après son départ définitif, en septembre 1790, il vit à Coppet avec sa fille, Mme de Staël, et publie en 1791 l'histoire de son ministère, *Sur l'administration de M. Necker par lui-même*, œuvre d'autosatisfaction.

Jacques Necker
Il rend visite, avec sa femme, à l'hôpital de la charité. Huile sur toile, v. 1780, Paris, musée de l'Assistance publique.
© *Giraudon*

NEERWINDEN ou NERWINDE (batailles de)

Batailles ayant opposé en Belgique, en 1693 Français et Anglais, en 1793 Français et Allemands.

La première, le 29 juillet 1693, est particulièrement sanglante. Commandée par le maréchal de Luxembourg, l'armée française résiste à un bombardement effroyable, provoquant dans la bouche de Guillaume III d'Orange, roi d'Angleterre, un cri fameux : « Ah ! l'insolente nation ! » Le champ de bataille reste aux Français. En tête de la cavalerie, Philippe, duc de Chartres, fils de Monsieur et futur Régent, se signale par son courage. C'est en pensant à lui que Luxembourg écrira au roi : « Les princes de votre sang se sont surpassés. » La seconde bataille de Neerwinden oppose, le 18 mars 1793, Dumouriez à Frédéric de Saxe. Dumouriez doit céder devant des forces supérieures en nombre et évacuer la Belgique.

NÉGRIER François Marie Casimir de (Le Mans, 1788 – Paris, 1848)

Général.

Engagé en 1805, il participe aux campagnes de l'Empire jusqu'aux Cent-Jours. Grièvement blessé à Waterloo, il continue à servir sous la Restauration, parvenant en 1825 au grade de lieutenant-colonel. Nommé en 1836 maréchal de camp, Négrier passe à l'armée d'Afrique où il affronte les Kabyles. Gouverneur de l'Algérie par intérim, en 1837, ce brillant officier organise plusieurs expéditions et regagne la France en 1842. Il reçoit alors le commandement de la 16e division militaire et occupe ce poste jusqu'à la révolution de 1848. Député du Nord à l'Assemblée constituante, Négrier reprend du service au mois de juin 1848, contre les insurgés parisiens. Il meurt au cours de ces journées, alors qu'il se trouvait à l'entrée du faubourg Saint-Antoine.

NÉGRIER François Oscar de (Belfort, 1839 – côtes de Norvège, 1913)

Genéral.

Neveu du précédent, il entre dans la carrière militaire sous le Second Empire, se distingue au début de la guerre de 1870, notamment à Saint-Privat le 18 août. Bloqué dans Metz avec Bazaine, il parvient à s'échapper et rejoint Faidherbe qui tente de résister à l'invasion dans le nord de la France. Nommé en 1879 dans le Sud oranais, Négrier, à la tête de la Légion étrangère, réprime le soulèvement de 1881. Trois ans plus tard, avec le grade de général de brigade, il est envoyé en Indochine où il organise plusieurs expéditions et parvient en 1885 à s'emparer de Bac Ninh, de Kep et de Lang Son. Se portant ensuite à la rencontre de l'armée chinoise, ses troupes sont arrêtées le 24 mars à Bang Bo, et doivent se replier. Grièvement blessé le 28 alors qu'il était parvenu à repousser l'ennemi, Négrier doit remettre le commandement au lieutenant-colonel Herbinger qui décide l'évacuation de Lang Son, abandonnant tout le matériel. Ce fameux incident de Lang Son amène deux jours plus tard la chute du cabinet Ferry. Membre du Conseil supérieur de la guerre en 1886, le général de Négrier, nommé ensuite inspecteur de l'armée, se fait le champion de la tactique offensive, publiant sur ce sujet plusieurs traités fort discutés.

NÉMÈTES

Peuple gaulois installé dans la région de Noviomagus *(Spire), sur la rive gauche du Rhin.*

Après avoir fait partie de la Gaule Belgique, les Némètes seront intégrés à la circonscription de Germanie Supérieure au Bas-Empire.

NEMOURS

Ville du Gâtinais, sur le Loing, dans le département de Seine-et-Marne.

Le château de Nemours, comme la seigneurie, remonte au XIIe siècle. Réunie à la couronne au XIIIe siècle, brûlée en 1358 par Charles le Mauvais, attribuée quelques années plus tard à Jean de Grailly avec le titre de comté, Nemours est érigée en duché en 1404 pour Charles III le Noble, roi de Navarre, en échange du comté d'Évreux.

Les Anglais s'emparent de la ville en 1420. En 1425, le duché fait retour à la couronne. En 1462, Louis XI l'accorde à Jacques d'Armagnac-Pardiac. En 1505, Gaston de Foix l'obtient de Louis XII en échange de la vicomté de Narbonne. Nouveau changement de dynastie en 1528 : cette fois Nemours devient possession de la maison de Savoie. Elle le restera jusqu'en 1659, date à laquelle Louis XIV en fait un supplément d'apanage pour son frère Philippe d'Orléans, dans la lignée duquel elle demeurera jusqu'à la Révolution. Le deuxième fils de Louis-Philippe sera titré duc de Nemours.

NEMOURS (traité de)

Traité conclu le 7 juillet 1585 à Nemours entre le roi Henri III et les chefs de la Ligue, en la personne d'Henri de Guise.

Abandonnant toute résistance, le roi cède aux exigences des ligueurs, exigences considérables malgré les efforts de Catherine de Médicis. La reine, pendant trois semaines, a vainement tenté d'amener les Guises à plus de modération. Le roi reconnaît la Ligue, à laquelle il adhère, et interdit « tout autre culte que le culte catholique ». Les troupes de la Ligue, dissoutes, seront soldées par le roi avec les armées royales, Henri III prenant la tête de la lutte contre les protestants. Le roi donne aux ligueurs des places de sûreté, divers avantages, et révoque les édits de tolérance promulgués précédemment en faveur des huguenots. La guerre civile est inévitable, et Henri de Navarre, futur Henri IV, confiera plus tard au duc de La Force : « Pensant à tout cela profondément, et tenant la tête appuyée sur ma main, l'appréhension des maux que je ressentis pour mon pays fut telle qu'elle me blanchit la moitié de la moustache. »

NEMOURS Gaston de FOIX, duc de (?, 1489 – Ravenne, 1512)

Homme de guerre.

Petit-fils de Gaston IV de Foix et d'Éléonore d'Aragon, reine de Navarre. Fils de Jean de Foix, vicomte de Narbonne, et de Marie de Valois-Orléans, sœur de Louis XII. En 1505, ce dernier lui donne, en échange de ses droits sur Narbonne, le duché-pairie de Nemours. En 1511, Gaston est envoyé dans le Milanais pour commander les troupes françaises. Bientôt, les Suisses doivent renoncer à prendre Milan, Bologne est délivrée du siège que les Espagnols lui infligent, Brescia est dégagée, le général vénitien Baglione est défait à l'Isola della Scala. Gaston de Foix gagnera à ces exploits le surnom de « Foudre d'Italie ». Il lui restera, pour couronner sa gloire, à battre l'armée de la Ligue, le 11 avril 1512, à Ravenne où il mourra en chargeant avec quelques cavaliers une troupe d'infanterie qui se retirait en bon ordre. Sa mort fera perdre à la France tout le bénéfice de ses exploits.

NEMOURS Henri Ier de SAVOIE, marquis de SAINT-SORLIN, duc de (Paris, 1572 – Paris, 1632)

Homme de guerre.

Il conquiert en 1588 le marquisat de Saluces pour le duc de Savoie, est créé gouverneur du Dauphiné pour la Ligue, se rallie à Henri IV en 1596 et se distingue au siège d'Amiens l'année suivante.

NEMOURS Jacques d'ARMAGNAC, comte de La Marche et de Castres, duc de (Paris, 1433 – Paris, 1477)

Homme de guerre.

Sa mère est Éléonore de Bourbon, fille de Jacques, comte de La Marche et de Castres. Son père Bernard d'Armagnac, comte de Pardiac, vicomte de Carlat et de Murat. Jacques de Nemours, créé duc en 1462, conserve Perpignan et le Roussillon à Louis XI en 1465 grâce à une intervention militaire vigoureuse. Mais par la suite, et malgré les bienfaits royaux, il entre, avec son cousin germain le comte Jean V d'Armagnac, dans la ligue du Bien public. Pour l'apaiser, après avoir signé le traité de Conflans, le roi lui donne le gouvernement de l'Île-de-France. Mais Nemours reprend bientôt ses conspirations (1471). Averti de la trahison, le roi décide sa perte. Il est fait prisonnier par Pierre de Bourbon dans son château fort de Carlat, en Haute-Auvergne, puis conduit à la Bastille. On le soumet au jugement d'un parlement « dégarni de pairs » qui l'envoie aux halles où il est décapité. Une tradition probablement tardive rapporte que ses trois fils en bas âge « furent placés sous l'échafaud afin que le sang de leur père ruisselât sur leurs têtes ». Jacques de Nemours avait épousé Louise d'Anjou, fille de Charles d'Anjou, en 1462. Ainsi, leurs enfants descendaient du roi Jean.

Jacques de Savoie, duc de Nemours
Portrait anonyme du XVIe siècle. Châteaux de Versailles et Trianon. © *RMN*

NEMOURS Jacques de SAVOIE, comte de Genevois, marquis de Saint-Sorlin, duc de (Vauluisant, Champagne, 1531 – Annecy, 1585)

Homme de guerre.

Après s'être distingué au siège de Metz en 1552, au combat de Renty en 1554 et en Piémont, il reçoit la charge de colonel général de la cavalerie légère en 1558, et s'engage aux côtés du parti des Guises dans les guerres de Religion qui commencent alors. En 1566, il épouse Anne d'Este, veuve du duc François de Guise. Il se retirera plus tard de la lutte et sera investi du gouvernement de Lyonnais, Forez et Beaujolais.

NEMOURS Louis d'ARMAGNAC, comte de Guise, duc de (?, v. 1472 – Cérignole, 1503)

Homme de guerre.

Troisième fils de Jacques de Nemours, enfermé à la Bastille avec lui, libéré en 1488 à l'avènement de Charles VIII, il porte le titre de comte de Guise après la mort de son père et de son premier frère, Jacques. Son second frère, Jean, étant mort à son tour, il se fait reconnaître la possession du duché de Nemours. Il contribue à la conquête de Naples, dont il est nommé vice-roi en 1501. Ensuite ses imprudences favorisent l'installation des Espagnols. Il est tué lors de la bataille de Cérisole. Dernier mâle légitime de la maison d'Armagnac, il venait d'entreprendre une procédure pour récupérer à son profit les biens confisqués par la couronne à son oncle le comte Jean V. Il n'avait pas d'enfants.

NEMOURS Louis Charles Philippe d'ORLÉANS, duc de (Paris, 1814 – Versailles, 1896)

Deuxième fils de Louis-Philippe Ier et de Marie-Amélie de Bourbon.

En 1826, il est nommé colonel du premier régiment de chasseurs, dénommé alors chasseurs de Nemours. Il est très aimé du vieux roi Charles X, et le bruit court qu'il est destiné à devenir l'époux de Mademoiselle, fille du duc de Berry. Mais la Révolution de 1830 modifie ces projets et, le 3 août, il fait son entrée dans Paris à la tête de son régiment. En février 1831, Nemours est élu roi par le Congrès belge, mais son père Louis-Philippe décline l'offre pour ménager l'Angleterre. Il prend part au siège d'Anvers en novembre 1832 et sert en Algérie de 1834 à 1842. Il participe notamment à la première expédition de Constantine (novembre-décembre 1836) et, l'année suivante, à la prise de cette ville où le général Damremont est tué à ses côtés (13 octobre 1837). Peu après, le 11 novembre, il est nommé lieutenant général. Membre de la Chambre des pairs, le duc de Nemours est désigné comme régent éventuel par la loi du 30 août 1842. Mais, le 24 février 1848, conscient de son impopularité, il ne cherche pas à faire valoir ses droits et accompagne seulement la duchesse d'Orléans et son fils à la Chambre des députés avant de rejoindre, le 27, sa famille en Angleterre. Il y vit jusqu'à son retour en France en 1871. Réintégré dans l'armée, Nemours se rend en septembre 1873 à Frohsdorf aider à la fusion des royalistes, passe en 1879 dans le cadre de réserve comme général de division, mais en est rayé par la loi de juin 1886. Il avait épousé en 1840 Victoria de Saxe-Cobourg-Gotha-Kohary et en avait eu plusieurs enfants, dont deux fils : Gaston, comte d'Eu (1842-1922), marié en 1864 à Isabelle, fille de Pierre II, empereur du Brésil ; et Ferdinand, duc d'Alençon (1844-1910) marié en 1868 à Sophie Augustine de Bavière, sœur d'Élisabeth, impératrice d'Autriche.

Louis d'Orléans, duc de Nemours
Aux côtés du maréchal Gérard lors du siège d'Anvers en 1832. Huile sur toile d'Amédée Faure, musée de Versailles. © *Sélection Images*

NEMOURS Philippe de SAVOIE, duc de (?, 1490 – ?, 1533)

Homme de guerre.

Troisième fils de Philippe, duc de Savoie, il est nommé à 5 ans à l'évêché de Genève dont il se démet en 1510. Par la suite, ayant combattu à Agnadel avec Louis XII, il s'attache un instant à Charles Quint, puis revient au parti de François Ier qui lui donne en 1528 le duché de Nemours.

NÉRAC

Ville située sur la Baïse aux confins de l'Agenais et du Condomois, dans le département du Lot-et-Garonne.

Au début du XIVe siècle, elle entre dans les possessions des sires d'Albret qui en font leur résidence principale. Au temps de Marguerite d'Angoulême, reine de Navarre, elle devient le foyer le plus actif de la doctrine calviniste en Guyenne et Gascogne. La longue résidence de la fille de Marguerite, Jeanne d'Albret (1555-1572), n'est pas faite pour renverser cette tendance. Le propre fils de Jeanne, Henri III de Navarre, futur Henri IV, y réunit sa cour à plusieurs reprises. La reine Margot (Marguerite de Valois) y fait des séjours et tente une fois, sans succès, de gagner la ville au parti de la Ligue. Nérac est réunie à la couronne en 1607 en même temps que le Béarn. En 1621, les Néracais s'étant révoltés, Louis XIII fait démanteler leurs fortifications.

NÉRUSIENS ou NÉRUSES

Peuple d'origine ligure, faisant partie de la confédération des Sallyens.

Établi dans les Alpes provençales autour de *Vincium* (Vence), entre le Var et le Loup, il est incorporé à la province des Alpes maritimes sous Auguste et dépend de la préfecture des Gaules à partir du règne de Dioclétien.

NERVIENS

En latin Nervii. *Peuple de la Gaule Belgique qui occupait les territoires situés entre la Sambre et l'Escaut, correspondant au Hainaut, au Cambrésis et au Brabant belge.*

Leurs villes principales sont *Bavacus* (Bavay), *Camaracum* (Cambrai) et *Turnacum* (Tournai). Très puissants avant l'arrivée des troupes romaines, ils dominent plusieurs autres peuples. César, dans ses *Commentaires*, les désigne comme le plus farouche des peuples belges. Les Nerviens lui tiennent tête avec succès, l'arrêtent sur la Sambre, avant d'être vaincus près de Cambrai en 57 av. J.-C. Vaincus mais non soumis, ils se soulèvent à plusieurs reprises, rejoignant, en particulier, les troupes de Vercingétorix. Sous Auguste, les Nerviens constituent l'une des dix-huit cités de la Belgique.

NESLE Raoul de (?-Courtrai, 1302)

Connétable de France.

Il guerroie en Aragon, en Aquitaine et en Languedoc. Nommé connétable en 1285, il défait les Flamands à Comines (1299). Il meurt lors de la bataille de Courtrai.

NESLE (tour de)

Ancienne tour parisienne célèbre par sa légende sanglante.

Appelée d'abord tour Hamelin puis tour de Nesle en raison de la proximité de l'hôtel de Nesle, elle fait partie des quatre grandes tours de l'enceinte construite par Philippe Auguste pour protéger Paris. Bâtie sur la rive gauche de la Seine, ronde et massive, haute de 25 mètres environ, elle se dresse face à la tour du Louvre. Un pan de mur et une porte, flanquée de deux tours rondes et précédée d'un pont-levis, séparent la tour du célèbre hôtel de Nesle. Une légende datant du XVe siècle, et que ne corrobore aucun témoignage contemporain, est attachée à la tour de Nesle. Elle affirme que jadis une reine de France, dont le nom n'est pas précisé, se serait livrée là à la débauche, faisant ensuite jeter ses amants dans la Seine. Un professeur d'université nommé Buridan serait parvenu à échapper à cette fin tragique en se laissant tomber dans un bateau de foin, amené au bon moment par ses étudiants. Certains ont avancé – sans preuves – qu'il s'agissait de Jeanne de Bourgogne, une des brus de Philippe le Bel, compromise dans l'affaire d'adultère des frères d'Aulnay et lavée de toute accusation. Elle devient reine de France lorsque son mari monte sur le trône sous le nom de Philippe V. Ce dernier lui donne en 1319 la tour et l'hôtel de Nesle, dans lequel elle résidera après la mort du roi. Jeanne demandera dans son testament que l'hôtel de Nesle soit vendu et devienne un collège. D'autres ont situé dans la tour de Nesle les débauches des autres brus de Philippe le Bel, Marguerite et Blanche. Alexandre Dumas et Gaillardet ont publié en 1832, sous le titre *La Tour de Nesle*, un drame historique en cinq actes qui met en scène Marguerite de Bourgogne, Buridan et les frères d'Aulnay.

NEUSTRIE

Province du nord-ouest de la Gaule franque, comprenant les pays axés sur la Seine entre la mer du Nord et la Manche, la Meuse inférieure et la Loire moyenne (Rouen, Tournai, Soissons, Paris, Chartres, Orléans, Tours).

La Neustrie est constituée en royaume par suite du partage, en 561, de l'État franc entre les fils de Clotaire Ier, et revient finalement à Chilpéric. Le caractère plus romanisé de cet État et les ambitions de ses rois l'opposent au royaume d'Austrasie ou régions de l'Est, et le partage initial devient vite une scission durable. Clientèles rivales, dépendant de rois ennemis, s'y affrontent (Chilpéric contre Sigebert, Frédégonde contre Brunehaut). Dagobert Ier (mort en 639) réussit à rassembler sous son autorité les deux royaumes ennemis et à refaire ainsi l'unité du royaume franc. Provisoirement seulement. Dès sa mort, les forces de dissolution l'emportent, et les deux royaumes, où désormais les maires du palais ont le pouvoir effectif, sont de nouveau en proie aux plus âpres rivalités. Dans cette lutte sans merci, les maires du palais d'Austrasie, les Pépinides, finissent par l'emporter. Par sa victoire de Tertry en 687, Pépin d'Héristal dispose de la Neustrie et réalise l'unité effective des deux royaumes (il conserve en Neustrie un maire du palais, mais il lui est entièrement soumis) bien avant que Pépin le Bref n'usurpe la couronne royale à son profit. À l'époque carolingienne, la Neustrie est réduite à la Normandie et à la région entre Seine et Loire, puis amputée de la Normandie après le traité de Saint-Clair-sur-Epte en 911. Elle ne désigne plus alors que les pays situés entre la Seine et la Loire de Paris à Angers, et constitue le duché, marche ou marquisat de Neustrie ou duché de France.

NEUVY-EN-SULLIAS (trésor de)

C'est en 1861 que, dans une sablière du village de Neuvy-en-Sullias, situé sur la rive gauche de la Loire en face de Saint-Benoît-sur-Loire, on déterre un trésor composé de statues de bronze, conservées actuellement au musée archéologique d'Orléans.

Cet ensemble de statuettes votives vient d'un sanctuaire des Carnutes probablement voué au dieu Rudiobos, dont le nom se trouve inscrit sur le socle d'une des pièces, et a dû être enfoui dans une « cache » au IIIe siècle. La maîtrise sculpturale de ces ex-voto de taille réduite (allant de 13 centimètres à un mètre) fait du trésor de Neuvy-en-Sullias une œuvre majeure de l'art gaulois. Un cheval en bronze battu pourvu d'une crinière et d'une queue amovibles en bronze fondu, trois sangliers en bronze chaudronné, un élégant petit cerf à la tête expressive rappellent l'importance des représentations animales dans l'art celtique. Les figurines humaines (quatre femmes et cinq hommes) sont d'une facture étonnante : l'élongation exagérée de leurs corps, qui se rapproche de l'esthétique d'un Modigliani ou d'un Calder, la distorsion volontaire des formes, les mouvements élégants esquissés par leurs bras et leurs jambes leur ont valu le surnom de « danseurs ». Longtemps méprisés comme étant de facture trop « barbare », les danseurs de Neuvy-en-Sullias sont admirés maintenant comme étant l'expression d'un art original, refusant la représentation fidèle du corps au profit d'une vision surréaliste et fascinante.

NEVERS

Nevirnum *ou* Nivernum. *Ville située au confluent de la Nièvre et de la Loire. Capitale historique du Nivernais. Chef-lieu du département de la Nièvre.*

Il semble bien que Nevers corresponde à la ville antique de *Noviodunum* (à moins que ce ne soit Neuvy-sur-Barangeon) qui eut son heure de gloire en 52 av. J.-C., lors de la grande révolte de la Gaule. En tout cas, Nevers est en territoire éduen, et c'est à partir de l'ancien peuple des Éduens que s'est constituée la cité de *Nevirnum* ou *Nivernum*, puis le *pagus Nivernensis* qui a donné naissance au Nivernais. Évêché au début du VIe siècle, la ville devient la capitale administrative d'un comté particulier vers la fin du IXe siècle sous Landri Ier, dont les descendants sont également comtes d'Auxerre et de Tonnerre. À la fin du XIIe siècle, elle échoit par mariage à Pierre II de Courtenay, qui lui donne une charte que Saint Louis confirmera. À Mahaut de Courtenay, fille de Pierre, succéderont de nombreuses maisons : Donzy,

Nevers
La cathédrale Saint-Cyr-et-Sainte-Julitte avec ses deux absides opposées. © *Hémisphères/P. Wysocki-S. Frances*

Le maréchal Ney
La Redoute de Kovno en 1812. Huile sur bois de Denis-Auguste-Marie Raffet, Paris, musée du Louvre. © *RMN*

Châtillon, Bourbon, Bourgogne, Flandre. Louis Ier, fils de Robert de Béthune-Flandre, réunit sous sa possession les comtés de Nevers et de Rethel. Cette association durera jusqu'au XVIIe siècle. Après Louis III de Male, Nevers, Rethel, Flandre, Artois et Brabant passent à sa fille Marguerite (morte en 1405), laquelle épouse en secondes noces Philippe le Hardi, duc de Bourgogne. Jean sans Peur portera quelque temps le titre de comte de Nevers, mais c'est en définitive son frère cadet, Philippe, qui recueillera la succession de Nevers et de Rethel. Sa descendante Élisabeth épousera Jean, duc de Clèves, dont la maison régnera sur Nevers pendant quatre générations ; c'est sous l'avant-dernière que Nevers sera érigée en duché-pairie, en 1538, en faveur de François Ier, époux d'une Bourbon-Vendôme.

En 1565, Nevers change de nouveau de dynastie par le mariage d'Henriette, fille de François Ier, avec Louis de Gonzague. Le fils de celui-ci, Charles Ier, devient en 1627, grâce à l'appui du gouvernement français, duc de Mantoue par succession d'un lointain cousin. Les Gonzague sont amenés à se désintéresser progressivement de leurs fiefs français. Louise, duchesse de Nevers de 1637 à 1645, épouse successivement deux rois de Pologne. Son neveu Charles, duc de Mantoue, récupère un instant les terres de Nevers, Rethel et Donzy, puis vend en 1659 ses possessions françaises à Mazarin. Celui-ci lègue en mourant le duché de Nevers à son neveu Philippe Julien Mancini, auteur de la dernière lignée des ducs de Nevers qui s'éteint en 1798 avec Louis Jules, titré duc de Nivernais.

Chef-lieu d'un riche pays, bien située d'un point de vue commercial, Nevers a été très tôt ornée de constructions intéressantes. Parmi celles-ci subsistent la cathédrale Saint-Cyr-et-Sainte-Julitte à deux absides (l'une romane, l'autre gothique), endommagée en 1944 ; l'église Saint-Étienne, très bel édifice influencé à la fois par l'Auvergne et la Bourgogne (fin XIe siècle) ; le palais ducal (1475-fin XVe siècle) qui sert aujourd'hui de palais de justice ; la chapelle de la Visitation ; la célèbre porte du Croux (XIVe siècle) ; le beffroi (milieu du XVe siècle). L'ancien évêché du XVIIIe siècle abrite un musée de la céramique et de la faïence. C'est à Louis de Gonzague que l'on doit l'adaptation à Nevers de cette technique, qui sera portée à sa perfection au milieu du XVIIe siècle et dont la qualité sera maintenue au siècle suivant.

NEVERS François Ier de CLÈVES, comte puis duc de (Cussy-sur-Loire, 1516 – Nevers, 1562)

Homme de guerre.

Il est le premier duc de Nevers (1538). Il se distingue dans les guerres d'Henri II, d'abord à la défense de Metz, puis en Picardie (1553), en Flandre (1554) et, l'année suivante, en Champagne d'où il chasse le prince d'Orange. À Saint-Quentin, il empêche la déroute totale des Français. Enfin, c'est lui qui avertit le roi de la conjuration d'Amboise.

NEVERS Louis de GONZAGUE, duc de (?, 1539 – Nesle, 1595)

Homme de guerre.

Fils de Frédéric II, duc de Mantoue, il est élevé à la cour de France. En 1565, il épouse Henriette de Clèves, héritière de Nevers, ce qui a pour effet de le rendre entièrement français. Après avoir hésité à se convertir au protestantisme, il se prononce résolument pour le catholicisme et, pourvu des gouvernements de Piémont, de Picardie et de Champagne, se découvre une inclination pour la Ligue. Néanmoins Henri IV ne tarde pas à le gagner à sa cause. Louis de Nevers combat à Ivry et fait partie de ceux qui négocient l'accommodement du roi avec le pape en 1593. La surintendance des Finances lui est confiée en 1594.

NEVERS Philippe Julien MANCINI, duc de (Rome, v. 1640 – Paris, 1707)

Courtisan.

Neveu par sa mère du cardinal de Mazarin qui lui a laissé ses domaines de Nevers et de Donzy, il reçoit les gouvernements d'Aunis et Brouage, puis de Nivernais, et la charge de capitaine des mousquetaires. Épicurien célèbre, le duc de Nevers fait partie de la cabale contre la *Phèdre* de Racine et soutient Fénelon dans l'affaire du quiétisme.

NEY Michel, duc d'Elchingen, prince de la Moskova (Sarrelouis, 1769 – Paris, 1815)

Maréchal de France.

Fils d'un tonnelier, petit employé chez un notaire, il s'engage dans l'armée en 1788. Les campagnes de la Révolution, son intrépidité et son audace, parfois exagérées, car il ignore le danger, lui ouvrent une brillante carrière. Lieutenant en 1792, capitaine en 1794, il se distingue pendant les campagnes de 1794-1795, puis au cours de la campagne d'Allemagne, en 1796, atteignant le grade de général de brigade. Placé, par intérim, à la tête de l'armée du Rhin en 1799, Ney s'empare par surprise de Mannheim, le 28 mars, ce qui lui vaut d'être nommé général de division. Très simple, partageant l'existence quotidienne de ses soldats qui l'adorent et apprécient son impétuosité, celui qu'ils ont d'abord surnommé « le Rouquin » ne tarde pas à mériter le surnom de « Brave des braves ». Rallié à Bonaparte après le coup d'État du 18 Brumaire, le général Ney se distingue le 3 décembre 1800 à Hohenlinden, sous les ordres de Moreau. Deux ans plus tard, une mission diplomatique le conduit auprès des dirigeants de la République helvétique, qu'il amène à signer l'acte de Médiation. En 1802, il épouse Aglaé Auguié, fille d'une femme de chambre de Marie-Antoinette et grande amie d'Hortense de Beauharnais. Nommé maréchal lors de la grande promotion de 1804, bien qu'il n'ait point encore, malgré sa réputation, exercé de commandement important, Ney se distingue pendant la campagne de 1805 : il prend Elchingen le 14 octobre, contraignant ainsi Moltke à capituler à Ulm le 20, et s'empare ensuite du Tyrol. Pendant deux ans, sous les ordres de l'Empereur, le Brave des braves prend place parmi les plus valeureux chefs militaires de Napoléon. Il combat à Iéna, puis joue dans la victoire de Friedland un rôle décisif. En 1808, le titre de duc d'Elchingen récompense ses qualités de bravoure et d'entraîneur d'hommes. Hardi, téméraire parfois, le maréchal se montre cependant moins habile lorsqu'il doit décider de la manœuvre. Un nouveau commandement le conduit en 1808 en Espagne où, en Galicie notamment, il mène la lutte contre les guérilleros. Ce combat l'aigrit, aggrave son caractère envieux et emporté et provoque en lui une certaine lassitude de la guerre. Des scènes violentes l'opposent à Masséna, sous les ordres duquel il se trouve, et l'Empereur le rappelle en 1811.

L'année suivante, la campagne de Russie lui donne l'occasion de se couvrir de gloire. Investi, en effet, du commandement du 3e corps de la Grande Armée, Ney bat les Russes à Ostrovno, les 25 et 26 juillet. Le 17 août, il pénètre dans Smolensk abandonnée par ses défenseurs, avant de contribuer, le 7 septembre, à la difficile victoire de la Moskova qui ouvre à Napoléon les portes de Moscou. La désastreuse retraite de Russie lui permet ensuite de faire la preuve de ses grandes capacités : nommé à la tête de l'arrière-garde de la Grande Armée, le maréchal, par son opiniâtreté et son courage, parvient à sauver bien des vies humaines, assurant notamment le passage de la Berezina, ce qui lui vaut, dès son retour en France, le titre de prince de la Moskova. Ney participe ensuite à la campagne d'Allemagne, où il se distingue à Lützen et à Bautzen avant d'être battu par Bülow à Dennewitz, le 6 septembre 1813. La campagne de France achève ensuite de le lasser de la guerre et, à Fontainebleau, le 4 avril 1814, il est de ceux qui poussent le plus fermement l'Empereur à abdiquer. Le lendemain, avec Caulaincourt, Macdonald et Marmont, il rencontre le tsar Alexandre, que les maréchaux tentent vainement de persuader d'accepter Napoléon II.

Après l'abdication sans condition, le prince de la Moskova se rallie à Louis XVIII qui le couvre d'honneurs et le fait pair de France. À l'annonce du débarquement de Napoléon à Golfe-Juan, en mars 1815, le roi lui confie le commandement du principal corps chargé d'arrêter la marche de l'Empereur vers Paris. Le maréchal promet à Louis XVIII de lui ramener le captif évadé de l'île d'Elbe « dans une cage de fer ». Malgré cette promesse, entraîné par le bonapartisme de ses hommes, il tombe à Auxerre dans les bras de Napoléon, déclarant à ses troupes, le 14 mars :

Ngô Dinh Diêm
Il devient président du Vietnam du Sud en octobre 1955.
© *Collection Viollet*

« Officiers, sous-officiers, soldats, la cause des Bourbons est à jamais perdue ! » Sa conduite au cours des ultimes combats est assez incohérente. Trop lent à suivre les ordres de Napoléon, il n'en sera pas moins héroïque aux Quatre-Bras où il commande l'aile gauche, le 16 juin 1815. Mais à Waterloo il ne cherche pas à manœuvrer et épuise sa cavalerie en charges inutiles. Se sachant perdu, il cherche vainement la mort sur le champ de bataille.

La Seconde Restauration au pouvoir, le maréchal Ney, proscrit, pense quitter la France, se cache finalement dans le Lot, tandis que les royalistes accusent de trahison « ce héros sans cervelle ». Arrêté près d'Aurillac au mois d'août 1815, Ney est traduit en novembre devant un conseil de guerre dont le maréchal Moncey refuse la présidence, qu'accepte ensuite le maréchal Jourdan. Le conseil de guerre s'étant déclaré incompétent, le prince de la Moskova est traduit devant la Chambre des pairs qui, malgré les plaidoiries de ses avocats, Berryer et Dupin, le condamne à mort le 6 décembre 1815 par 129 voix sur 161 votants. Au sein de cette Chambre ultraroyaliste, 17 pairs ont voté la déportation, parmi lesquels Gouvion-Saint-Cyr et Lanjuinais, et 5 se sont abstenus. À l'énoncé du jugement, Ney interrompt l'énumération de ses titres : « Passez, dites Michel Ney et un peu de poussière. » La sentence doit être exécutée le lendemain ; le condamné sera fusillé non dans la plaine de Grenelle mais près de l'Observatoire. Le vainqueur de la Moskova refuse qu'on lui bande les yeux et lance avant de mourir : « Je proteste devant Dieu et la patrie contre le jugement qui me condamne. J'en appelle aux hommes, à la postérité, à Dieu. Vive la France ! » Louis-Philippe accordera une pension à sa veuve. En 1853, un monument dû à Rude sera érigé presque à l'endroit où le maréchal a été fusillé. Ney avait eu quatre fils.

NEY Michel, duc d'Elchingen (Paris, 1804 – Gallipoli, 1854)

Général.

Fils du précédent, il commence sa carrière militaire en Suède, comme son frère Napoléon Joseph. Il regagne la France sous la monarchie de Juillet et devient aide de camp du duc de Nemours. Nommé général en 1850, il meurt du choléra lors de la campagne d'Orient.

NEY Napoléon Edgar, prince de la Moskova (Paris, 1812 – Paris, 1882)

Général.

Frère du précédent, il participe en 1849 à l'expédition de Rome et à la restauration du pape Pie IX. Sous le Second Empire, promu général de brigade, il prend part à la campagne d'Italie et atteint en 1865 le grade de général de division.

NEY Napoléon Joseph, prince de la Moskova (Paris, 1803 – Saint-Germain-en-Laye, 1857)

Général.

Frère des deux précédents. Après avoir commencé sa carrière militaire dans l'armée suédoise, il épouse en 1827 la fille du banquier Laffitte et sert en Algérie sous la monarchie de Juillet. Entré au Sénat en 1852, il atteint l'année suivante le grade de général de brigade. Officier, mais aussi compositeur de musique, il a laissé une messe et deux opéras-comiques.

NGÔ DINH DIÊM (Quang Binh, région de Huê, 1901 – Saigon, 1963)

Homme politique vietnamien.

Fils de mandarin annamite, catholique et lettré, ce jeune notable fait partie de l'administration provinciale française à partir de 1929 et se voit même nommé à un poste de responsabilité aux Affaires intérieures en 1932. Mais ses tendances nationalistes l'écartent de ces fonctions assez rapidement. Il milite ensuite dans les formations autonomistes, mais son anticommunisme le rend hostile au Viêt-minh. Il fonde le Front d'union nationale qui prône un Vietnam totalement indépendant de la France comme des maquisards communistes. Expulsé d'Indochine en 1950 par les autorités françaises, Diêm se rend tout d'abord en Europe puis, en 1953, aux États-Unis. Il s'y livre à une virulente campagne antifrançaise et, au lendemain des accords de Genève, regagne son pays (juillet 1954), puis est nommé président du Conseil du Vietnam du Sud par Bao Dai. Un référendum organisé à son initiative évince en avril 1955 l'empereur Bao-Dai ; le président Diêm exerce alors une dictature, en s'appuyant non seulement sur les Américains, mais également sur une minorité catholique, erreur dans un pays à majorité bouddhiste. Une junte militaire le renverse et l'exécute le 1er novembre 1963.

NIAUX (grotte de)

Comme celle de Lascaux, la grotte de Niaux, proche de Tarascon-sur-Ariège, contient des fresques rupestres de grande qualité, datant du magdalénien moyen (entre 14000 et 9000 av. J.-C.).

Il faut s'enfoncer à plus de six cents mètres sous terre pour parvenir à la partie la plus spectaculaire de la grotte, le « Salon noir » ou la « Rotonde », vaste salle circulaire dont les panneaux portent des peintures en noir de bisons, de chevaux, de bouquetins, de cervidés, de félins, dont la vigueur du dessin et l'éclat sombre de la couleur confèrent une force mystérieuse à la salle. Certains bisons portent sur les flancs des traits qui sont interprétés comme la figuration de blessures. De même que les autres sites paléolithiques comparables, la grotte de Niaux pose de nombreuses énigmes : quelle signification donner à ces scènes ? Pourquoi a-t-il fallu chercher des sites aussi profonds pour réaliser ces ensembles artistiques ? Les découvertes récentes remettent en cause les interprétations religieuses données aux peintures rupestres. Sur le sol du « Salon noir », on a retrouvé quelques instruments utilisés par les artistes : de petites lampes contenant de la graisse animale, des bâtons d'oxyde de manganèse permettant d'obtenir le noir profond du dessin, des lames de pierre, des mélanges de couleurs dans des récipients rudimentaires.

NICE (ville et comté de)

Ville des Alpes-Maritimes, sur la Côte d'Azur, à l'embouchure du Paillon.

Le nom de cette cité a été décerné par ses fondateurs grecs : *Nikaia* (victoire), sans doute à la suite d'un succès remporté sur les populations du littoral au Ve siècle avant J.-C. Les Romains distinguent dès le IIe siècle avant J.-C. la qualité de son port, bien que les autorités préfèrent la résidence de *Cemenelium* (Cimiez), sur les collines de l'intérieur. Le second tiers du Xe siècle voit l'essor d'un comté de Provence qui étend son emprise jusqu'au-delà du Var. Cela ne va pas sans mal ; le comte Bérenger vient assiéger la place en 1166. Rétive, Nice exige l'octroi de franchises communales dès la seconde moitié du XIIe siècle et conserve ces avantages sous la coupe de la maison d'Anjou, qui donne en gage ville et comté en 1388 pour rembourser une dette importante contractée envers Amédée VI de Savoie, dit le Comte vert. Trois ans plus tard, la sage administration savoyarde entraîne l'adhésion populaire ; un serment d'allégeance place le comté tout entier sous le sceptre des ducs. Du même coup, ceux-ci s'ouvrent la route de la Méditerranée par l'intermédiaire de leurs possessions piémontaises. Économiquement, la mesure se révèle judicieuse, puisque transitent par le port de Nice (protégé par la forteresse juchée sur la colline le dominant) les marchandises à destination de la plaine du Pô et des vallées d'outre-monts. Gênes en conçoit un certain dépit. François Ier également, depuis qu'il est maître de la Provence. Allié aux Turcs, le roi de France n'hésite pas à encourager ses partenaires à mettre le siège devant la place en 1543. Le duc Charles de Guise revient assiéger Nice en 1600, puis Catinat en 1691, enfin Berwick en 1707, qui saisit l'occasion pour démanteler les défenses.

La Révolution conquérante réalise le rêve des rois, puisque le souverain de Sardaigne commet l'imprudence de manifester ses sympathies à la coalition austro-prussienne de 1792. À la tête d'un groupe de volontaires, le général Anselme franchit le Var sans coup férir dans la seconde moitié de septembre. La flottille de Truguet vient jeter l'ancre devant le port. Le 29 septembre, les édiles ouvrent les portes de la ville, tandis qu'un simple détachement de cavalerie suffit pour faire capituler les forts de Mont-Alban et de Villefranche. Quelques semaines plus tard est proclamé le rattachement du comté à la République « une et indivisible », décision que reconnaît Victor-Amédée III le 15 mai 1796. La chute de l'Empire ramène l'administration sarde en 1814. La concurrence de Gênes est alors d'autant plus vivement ressentie que le port de Nice ne dessert plus qu'un arrière-pays adossé à la chaîne des Alpes méridionales. Un indéniable marasme en résulte, et maints regards se tournent vers le royaume de France, où Marseille est trop éloignée pour accaparer le trafic régional. Dès lors, l'hostilité à l'encontre de l'administration sarde s'accroît, tandis qu'un mouvement sécessionniste ne cache pas ses aspirations. Napoléon III tient compte de cette situation lors de ses conversations avec Cavour en 1858 et durant les ultimes marchandages précédant l'intervention armée dans la plaine du Pô. Le traité de Turin, le 24 mars, reconnaît cette rétrocession, qu'entérine, les 15 et 16 avril suivants, un plébiscite donnant 25 743 « oui » contre 160 « non ».

NICOLE ou NICOLLE Pierre (Chartres, 1625 – Paris, 1695)

Théologien et moraliste.

Fils d'un avocat au parlement de Paris, élève au collège d'Harcourt, il fait preuve de dons remarquables, apprenant à la fois le grec, l'hébreu, et s'adonnant aux lettres et à l'étude de diverses doctrines religieuses. C'est dans ce dernier domaine qu'il manifeste de vives dispositions, et son besoin de méditation l'incite à se retirer à Port-Royal, où il est bientôt chargé d'enseignement dans les Petites Écoles. Racine y sera un de ses élèves. Sa passion pour la théologie le lie à Antoine Arnauld ; il coopère avec Pascal et inspire Le Maistre de Sacy. Le ressentiment du pouvoir à l'encontre de Port-Royal et les attaques des jésuites l'incitent à s'éloigner à partir de 1658, et même à s'exiler aux Pays-Bas. L'intercession de l'archevêque de Paris, Harlay de Champvallon, lui permet certes de regagner la France en 1683, mais cette mansuétude ne le fait pas se soumettre. De nouvelles polémiques s'engagent avec des théologiens de tous bords, que ce soit Fénelon, Saint-Sorlin, Mme Guyon, Jurieu ou les jésuites. D'où une production littéraire féconde et variée : traduction des *Provinciales* en latin, traités, essais de morale, en particulier la *Morale*, œuvre à succès que Mme de Sévigné qualifia « de la mesme etoffe que Pascal ».

NICOT Jean, seigneur de Villemain (Nîmes, v. 1530 – Paris, 1600)

Diplomate.

Secrétaire d'Henri II, il est ambassadeur de François II au Portugal entre 1559 et 1561. Au cours de sa mission à Lisbonne, il entre en contact avec un marchand flamand qui lui offre des graines de pétun – nom du plant de tabac – issues d'Amérique. Nicot les adresse à la veuve d'Henri II, la régente Catherine de Médicis, pour l'aider à soulager ses migraines. Le tabac est en effet utilisé par les Indiens comme une panacée. Au retour de Nicot, le tabac est connu sous le nom de « nicotine ». L'engouement pour le tabac est d'abord pharmaceutique : un des guides pratiques les plus lus de l'époque, *Agriculture et maison rustique*, du médecin Jean Liebault, en loue les vertus « quasi divines ». Le tabac est même regardé comme un remède souverain contre les affections du système respiratoire, de la bronchite à l'asthme. Cette illusion se dissipe au XVIIe siècle ; Fagon, médecin de Louis XIV, publie en 1699 une thèse sur ce sujet polémique : *L'Abus du tabac abrège-t-il la vie ?* Mais l'État a en quelque sorte déjà tranché en faisant dès 1674 du tabac un monopole fiscal qui s'avère jusqu'à nos jours extrêmement fructueux. Les modes de consommation varient selon les catégories sociales. Le commun fume à l'aide de petites pipes en terre qu'utiliseront encore les « poilus » de la Grande Guerre ; les gens de qualité préfèrent priser, c'est-à-dire aspirer une petite quantité de poudre de tabac déposée sur le dos de la main. La consommation fait un bond lorsque, à la fin du XVIIIe siècle, un soldat turc réinvente sans le savoir la cigarette déjà connue des Indiens mais dont l'usage n'était jamais parvenu en Europe. Quelques années plus tard, c'est le cigare, venu des Pays-Bas, qui s'impose comme la manière bourgeoise de fumer. Nicot est aussi l'auteur du premier dictionnaire de français, *Le Trésor de la langue française tant ancienne que moderne*, particulièrement riche en termes de métier et publié à titre posthume en 1606.

NIEL Adolphe (Muret, 1802 – Paris, 1869)

Maréchal de France.

Sorti de Polytechnique dans le génie, capitaine en 1833, il fait campagne en Algérie et prend une part brillante à la prise de Constantine où il conduit une des colonnes d'assaut. Colonel en 1846, chef d'état-major du général Vaillant au siège de Rome en 1849, général de division en 1853, il est sous les ordres de Baraguay d'Hilliers dans la mer Baltique, en 1854, où il dirige le siège de la citadelle russe de Bomarsund qui capitule le 13 août. Nommé à son retour aide de camp de Napoléon III, Niel part peu après pour la Crimée où, en avril 1855, il succède à Bizot à la tête du génie des forces françaises. La guerre d'Italie marque enfin le couronnement de sa carrière militaire. Appelé au commandement du 4e corps, le général Niel partage avec Mac Mahon l'honneur de la victoire de Magenta, le 9 juin, et se couvre également de gloire à Solferino, le 24 juin. Le lendemain, il est nommé maréchal de France. Ayant remplacé Randon au ministère de la Guerre le 19 janvier 1867, il se consacre à la réorganisation de l'armée, fait adopter le fusil Chassepot et, malgré l'opposition du Corps législatif et d'une partie de l'armée, fait rendre le décret du 1er février 1868 qui crée la garde nationale mobile, destinée au renforcement des forces mobilisées.

Adolphe Niel
Il est nommé maréchal au lendemain de Solferino (juin 1859). Huile sur toile de C.P. Larivière, 1860, château de Versailles. © *Lauros-Giraudon*

NIEPCE Nicéphore (Chalon-sur-Saône, 1765 – Chalon-sur-Saône, 1833)

Inventeur.

Dès 1813, s'intéressant à la lithographie, il pressent une première découverte : employer pour la reproduction des gravures un vernis qui puisse servir de réserve contre l'action de l'acide, puis faire agir la lumière sur ce vernis à travers la gravure à copier. Grâce à une chambre noire, dont il règle à volonté l'ouverture par un « diaphragme », ancêtre du « diaphragme à iris » promis à un bel avenir, Niepce transpose des gravures sur le papier, sur le verre et sur l'étain émulsionné. Vers 1816, il fixe la réalité ellemême, avec « l'aide directe de la lumière », mettant au point un vernis. En 1822, ce procédé donne la première photographie du monde : une « nature morte ». Associé à Daguerre, il se fait subrepticement voler ses découvertes par ce dernier. Il faudra attendre 1972 avec l'ouverture à Chalon du musée Nicéphore-Niepce pour que justice soit rendue. Nadar, perspicace, a écrit : « Le daguerréotype, qui devrait légitimement s'appeler niepcéotype… »

NIGER (république du)

Le fleuve qui donne son nom à ce jeune État africain effleure tout juste la partie sud-occidentale du pays, enserré entre le Mali et la Libye au nord, le Tchad à l'est et la Nigeria au sud.

Le désert du Ténéré et les prolongements sahariens occupent donc la majeure partie de cette république de 1 267 000 km², peuplée d'habitants répartis en ethnies diverses : Touareg, Toubous, Fulanes, Haoussas et Songhaïs, entre autres. Aussi loin que l'on remonte dans l'histoire, on note l'établissement de relations commerciales traditionnelles des Touareg et des nomades du Nord avec les caravaniers venus d'Afrique du Nord ou de Libye. L'islam pénètre la région par leur intermédiaire, tandis que les royaumes du Mali, du Ghana et des Songhaïs incluent un moment ce pays quasi désertique dans la partie orientale de leurs vastes domaines. Les chroniques rapportent également une sanglante hostilité entre Fulanes et Haoussas au début du XXe siècle. La pénétration française se confirme à partir de 1895 à la faveur de l'occupation de la région du lac Tchad. Mais les zones d'insécurité tenues par les Touareg ne seront réellement contrôlées que vers 1922, date de la création du territoire du Niger, partie intégrante de l'A-OF. Le 28 septembre 1958, le corps électoral approuve la Constitution de la Ve République, et le 19 décembre suivant, l'Assemblée territoriale se prononce pour l'autonomie, mesure qui aboutit à la pleine indépendance le 3 août 1960. Cette évolution est à mettre au crédit d'un député du parlement français, secrétaire du Rassemblement démocratique africain (RDA), Hamani Diori. Celui-ci devient président de la République la même année et établit son autorité par l'intermédiaire d'un parti unique, le Parti progressiste du Niger.

NIMÈGUE (traités de)

Conclus en 1678, les traités de Nimègue mettent fin à la guerre de Hollande.

Le premier est signé le 10 août 1678 entre la France et les Provinces-Unies qui recouvrent toutes leurs places et obtiennent surtout de Colbert l'abrogation du tarif douanier prohibitif de 1667. Le second, le 17 septembre 1678, est conclu avec l'Espagne, la grande perdante, qui récupère certes Gand, Oudenarde, Charleroi, trop avancées, mais cède à la France la Franche-Comté et la ligne Cambrai-Bouchain-Valenciennes-Condé-Maubeuge, renforcée par Saint-Omer, Cassel et Ypres. Enfin, par un troisième traité, le 5 février 1679, Louis XIV rend Philipsbourg à l'empereur, mais garde Fribourg-en-Brisgau, rend la Lorraine à son duc Charles V mais conserve Nancy, Longwy et quatre routes stratégiques vers l'Alsace. Devant le refus du duc, l'occupation française se maintiendra en Lorraine. Ces traités marquent l'apogée du règne de Louis XIV qui reçoit alors le titre de Louis le Grand. Il est l'arbitre de l'Europe, avec un bilan largement positif : il a certes renoncé aux Pays-Bas, mais les frontières nord et est du royaume sont fortement consolidées.

NÎMES

Ville du Bas-Languedoc devenue chef-lieu du département du Gard, elle doit son existence à la fontaine Nemausus, *qui lui donna son nom.*

Capitale des Volques Arécomiques, elle passe sous la domination romaine vers 120 av. J.-C., lors de la conquête de la *Provincia* (future Narbonnaise). En 19 av. J.-C., Agrippa y établit une colonie de vétérans. Elle a droit désormais à tous les soins des Romains. En témoignent de nombreux monuments restés célèbres : Maison carrée, tour Magne, amphithéâtre pouvant contenir près de 25 000 spectateurs (les arènes actuelles). Ayant connu son apogée sous les Antonins, incluse dans la Narbonnaise Première au Bas-

Empire, Nîmes subira de nombreuses invasions souvent dévastatrices : Vandales en 407, Wisigoths en 465, Francs en 507, Ostrogoths en 509, Sarrasins en 725, Normands au milieu du IXe siècle. Par la suite, le territoire nîmois se constitue en vicomté dépendant du marquisat de Gothie, puis du comté de Toulouse.

Au début de la guerre albigeoise, les Nîmois se montrent fidèles à l'orthodoxie. Mais bientôt, les Raymond (Raymond VI et Raymond VII, comtes de Toulouse) reprenant l'avantage, ils s'opposent à la croisade. Louis VIII doit assiéger la place en 1226. Nîmes est réunie à la couronne trois ans plus tard. Les guerres de Religion proprement dites marqueront davantage l'histoire nîmoise. Dès 1533, Pierre de Lavau introduit les idées de la Réforme dans le pays. Deux clans irréductiblement opposés se forment. En 1567, lors de la Michelade, près de cent catholiques sont impitoyablement massacrés. Par la suite, l'autorité royale reprend le contrôle de la ville. Grâce à l'humanité du gouverneur de la place, la Saint-Barthélemy ne provoque aucun événement sanglant. Mais les passions sont loin d'être définitivement apaisées. En 1621, les Nîmois soutiennent avec ardeur le soulèvement du Languedoc. Il faut attendre 1629 pour qu'ils se soumettent à Louis XIII. La guerre des Camisards remet les esprits en effervescence, mais la présence d'une solide garnison royale incite à la résignation. Les haines religieuses se réveilleront à l'occasion des grands bouleversements politiques de 1791 et 1814-1815.

Fondé à la fin du IVe siècle, l'évêché de Nîmes est suffragant de Narbonne jusqu'en 1790. Il a alors Aix pour métropole. Supprimé après le Concordat, il est rétabli en 1822 et incorporé dans la province d'Avignon sous le titre de Nîmes, Alais et Uzès.

NIORT

Chef-lieu du département des Deux-Sèvres.

Dans l'Antiquité, la mer constituait un assez vaste golfe dont l'extrémité orientale atteignait l'emplacement actuel de Niort. Le retrait progressif des eaux explique l'essor du site, point de convergence des routes du Haut-Poitou vers l'Aunis et le pays saintongeais. Le terrain laissé par le Marais poitevin demeurant relativement meublé et quadrillé de nombreux canaux, Niort apparaît au début du Moyen Âge comme un lieu de passage idéal, et la cité s'agrandit à partir du VIe siècle. Les pillards normands y sèment la dévastation trois siècles plus tard. Un château, édifié par Henri II Plantagenêt au milieu du XIIe siècle, confère enfin à la place ses lettres de noblesse. La cité devient un centre commercial de première importance, autant qu'un cantonnement pourvu d'une solide garnison. Le château figurant dans ses armes confirme cette prétention. Charles VIII s'en empare cependant en 1226 et Du Guesclin fait de même au siècle suivant. Le calvinisme y gagne des adeptes au XVIe siècle, comme dans le reste du Poitou d'ailleurs, et les guerres de Religion y sont durement supportées. La révocation de l'édit de Nantes ajoute à la fin du XVIIe siècle les méfaits d'une émigration de notables et d'artisans. Il en résulte un déclin qui sera compensé au XIXe siècle par un renouveau dû à l'industrie de la peausserie, de la ganterie, ainsi qu'aux industries alimentaires et de petite mécanique.

NITIOBRIGES

*Peuple gaulois établi dans la région d'*Aginnum *(Agen).*

Après avoir fait partie de la Gaule celtique, les Nitiobriges sont transférés sous Auguste dans l'Aquitaine. Au IVe siècle, on les retrouve groupés dans la *civitas Agennensium*, origine de l'Agenais médiéval et moderne.

NIVELLE Georges Robert (Tulle, 1858 – Paris, 1924)

Général.

Ayant choisi de servir dans l'artillerie, cet officier polytechnicien participe à l'expédition de Chine en 1900, puis tient garnison en Afrique. Le 7 septembre 1914, durant la bataille de l'Ourcq, non loin de Fosse-Martin, dans le Multien, la 63e DI étant sérieusement accrochée par une contre-attaque du 4e corps de l'armée de von Kluck, le colonel Nivelle n'hésite pas à porter en avant, devant l'infanterie elle-même, deux groupes de canons de 75, et fait ouvrir le feu sur l'assaillant à moins de 2 000 mètres, clouant net sur place les velléités adverses. Ce fait d'armes signe le début d'une carrière rapide qui se concrétise par un grade de divisionnaire en 1915 et la direction du 3e corps d'armée au début de 1916, enfin celle de la IIe armée au mois de mai, au plus fort de la bataille de Verdun. Endiguant l'assaut adverse, Nivelle, assisté par Mangin, parvient à reprendre les forts de Douaumont et de Vaux, le Mort-Homme et la côte 304, sur la rive gauche de la Meuse. L'ascension de Nivelle coïncide avec la disgrâce de Joffre, accusé de mener depuis deux ans et demi des offensives coûteuses et inefficaces. Nivelle apparaît au contraire comme un chef imaginatif, efficace, capable d'emporter enfin la décision. Lui-même se déclare convaincu de pouvoir rompre le front ennemi. En décembre 1916, le commandement en chef des armées françaises lui est confié. Dès ce moment, il se prépare à frapper. Un repli allemand sur l'Aisne fait reporter en avril ce coup de boutoir qu'il clame décisif. Mais si les Anglo-Canadiens s'emparent effectivement de Vimy entre le 9 et le 14 avril, l'offensive française du 16 avril, sur le chemin des Dames, n'enregistre que des succès très partiels. Le 20, les pertes sont si lourdes qu'il est même décidé de ne pas pousser plus avant. L'effet de découragement parmi la troupe entraîne un abaissement du moral, lequel se traduit, à la fin de mai, par les premières mutineries dans l'armée. Pressentant ce malaise et répondant aux critiques formulées par les adversaires de Nivelle, le gouvernement prend la décision de faire appel au général Pétain, qui se montre au contraire soucieux de ménager la troupe. Traduit devant un conseil d'enquête, Nivelle en sort innocenté, aucune faute n'ayant été relevée à son encontre, malgré une préparation défectueuse de son offensive. Des critiques durables l'incitent cependant à ne pas accepter de nouveau commandement sur le front et à terminer sa carrière à la tête des forces d'Algérie.

Nîmes
Vue aérienne actuelle de la ville. © *Hémisphères/P. Guignard*

Adrien Maurice de Noailles
Huile sur toile de Éloi Firmin Feron, châteaux de Versailles et Trianon. © *RMN/Gérard Blot*

NIVERNAIS Louis Jules Barbon MANCINI-MAZARINI, duc de (Paris, 1716 – Paris, 1798)

Diplomate et homme de lettres.

Après avoir épousé en 1731 une Phélypeaux de Pontchartrain, il fait une brillante carrière d'ambassadeur à Rome (1748-1752), Berlin (1756) et Londres (1762-1763) où il négocie la paix de 1763 qui met fin à la guerre de Sept Ans. Il se fait remarquer ensuite par son opposition au parlement Maupeou. Ministre d'État en 1787 dans le cabinet Necker, il refuse d'émigrer et se fait incarcérer en 1793. Ses œuvres littéraires consistent en poésies faciles dans le goût du temps, en fables, en essais comme ses *Réflexions sur Horace, Despréaux et Jean-Baptiste Rousseau* et en imitations ou traductions versifiées de poètes anciens ou modernes. Ses *Œuvres posthumes*, publiées en 1807, contiennent une correspondance non dénuée d'intérêt.

NOAILLES Adrien Maurice, comte d'Ayen et duc de (Paris, 1678 – Paris, 1766)

Maréchal de France et diplomate.

Fils d'Anne Jules de Noailles. Entré à 14 ans dans la carrière militaire, il fait ses premières armes en Catalogne sous les ordres de son père, puis sous le duc de Vendôme. Son mariage avec Françoise d'Aubigné, nièce de Mme de Maintenon, en 1698, facilite beaucoup son ascension. La guerre de Succession d'Espagne lui donne bientôt l'occasion de se distinguer. Nommé lieutenant général, Noailles commande l'armée de Catalogne jusqu'en 1712, réprime en 1710 le soulèvement de l'Aragon et prend Gérone en 1712. La même année, le titre de grand d'Espagne récompense ses succès. Rappelé en France, il n'exerce plus de commandement jusqu'à la mort de Louis XVI. Il aide le Régent, son ami, à casser le testament du roi et devient président du Conseil des Finances. À ce poste, Noailles tente de rétablir les finances du royaume, crée une chambre de justice chargée de faire rendre gorge aux traitants concussionnaires, réduit les rentes, ordonne la refonte des monnaies, réduit aussi les charges, tente enfin de réformer la fiscalité. Ces mesures se révèlent insuffisantes et il doit emprunter au financier Samuel Bernard.

Son opposition au système de Law, l'hostilité du futur cardinal Dubois, dont il désapprouve l'élévation, le font écarter des affaires en même temps que d'Aguesseau, en 1718. Il ne réapparaît qu'en 1723, sous le ministère Fleury. Reprenant du service en 1733, Noailles est attaché à l'armée d'Allemagne sous les ordres de Berwick, auquel il succède en 1734 lors du siège de Philipsbourg. Le succès de cette entreprise lui vaut le bâton de maréchal. Envoyé en Italie en 1735 au cours de la guerre de Succession de Pologne, le maréchal négocie les préliminaires de paix avec le roi de Sardaigne et Frédéric II. Ministre d'État en 1743, il engage le roi à se mettre à la tête de ses armées, et fait accepter les services de Maurice de Saxe qui reçoit bientôt le commandement de l'armée de Hollande. Noailles reçoit ensuite le commandement des troupes d'Allemagne, mais il est battu à Dettingen par Frédéric II, en juin 1743. Il abandonne les armes. Ministre des Affaires étrangères en 1744-1745, il conclut l'alliance prussienne, mais est rapidement remplacé par d'Argenson. Sa carrière s'achève en 1746 par une ambassade extraordinaire en Espagne, au cours de laquelle il apaise Philippe V, mécontent de l'alliance de la France et de la Sardaigne. Ses *Mémoires* ont été publiés en 1777, sa *Correspondance* en 1865.

NOAILLES Anne Jules, comte d'Ayen et duc de (Paris, 1650 – Versailles, 1708)

Maréchal de France.

Capitaine des gardes du roi en 1661, il participe en 1672 à la guerre de Hollande, où il sert en tant qu'aide de camp de Louis XIV. Gouverneur du Roussillon en 1678, puis du Languedoc de 1682 à 1689, Noailles, après la révocation de l'édit de Nantes, reçoit mission de détruire le calvinisme dans sa province. S'acquittant d'abord de sa tâche avec modération, il applique ensuite avec rigueur les ordres de Louvois, livrant sa province aux dragonnades. Le roi lui donne en 1689 le commandement de l'armée d'Espagne et, au mois de septembre, il pénètre en Catalogne, s'emparant notamment de Roses et de Gérone. Maréchal de France en 1693, il remporte l'année suivante la bataille du Ter et regagne la France en 1696. En 1700, Noailles accompagne à Madrid le duc d'Anjou, petit-fils de Louis XIV et futur roi d'Espagne sous le nom de Philippe V. Courtisan assidu, sa plus grande crainte était de mécontenter le roi.

NOAILLES Louis Antoine de (près d'Aurillac, 1651 – Paris, 1729)

Cardinal.

Frère du précédent. Évêque de Cahors en 1679 et de Châlons-sur-Marne l'année suivante, il prend part en 1682 à l'assemblée du clergé qui publie la fameuse *Déclaration des Quatre Articles*, d'inspiration nettement gallicane. Sa science théologique, sa modération, son esprit de conciliation sont reconnus de tous et, en 1694, Louis XIV le désigne pour participer aux conversations d'Issy, qui doivent traiter du problème quiétiste. L'année suivante, Noailles est appelé à succéder à Harlay de Champvallon au siège archiépiscopal de Paris. Il sera nommé cardinal en 1700. Le prélat se trouve étroitement mêlé aux querelles religieuses qui agitent la fin du règne de Louis XIV, en particulier la querelle quiétiste, qui oppose Fénelon, favorable aux doctrines de Molinos transmises par Mme Guyon, à Bossuet qui les condamne. Noailles, plutôt favorable à Fénelon au moment des conversations d'Issy, tente ensuite de jouer un rôle de conciliation entre les deux adversaires, puis finit par condamner le quiétisme en 1697.

Dans la querelle janséniste, son amitié pour Pasquier Quesnel, chef du mouvement depuis la mort du grand Arnauld et auteur des fameuses *Réflexions morales*, le conduit à adopter une attitude indécise, nuisible à l'unité de l'Église et de la France. Sa modération, qui atteint l'irrésolution, finira par dresser contre lui les jésuites, les jansénistes et le roi. Après avoir assuré de son soutien les religieuses de Port-Royal, Noailles signe en 1709 le décret qui les expulse de leur abbaye. En 1713, il refuse d'accepter la bulle *Unigenitus* qui condamne les gallicans, les partisans des jansénistes ainsi que les *Réflexions morales* de Quesnel. Il demande des explications à Rome, qui les lui refuse. Exilé en février 1714, il poursuit la lutte et interdit la publication de la bulle dans le diocèse de Paris. Président sous la Régence du Conseil de conscience, Noailles démissionne au mois de septembre 1717. Le Conseil est bientôt supprimé. En 1728, sur l'intervention de son ami le pape Benoît XIII, il finit par signer la bulle *Unigenitus*.

NOAILLES Louis Marie, chevalier d'Arpajon, vicomte de (Paris, 1756 – La Havane, 1804)

Général.

Avec son beau-frère La Fayette, il prend part à la guerre d'Indépendance américaine. Membre de l'Assemblée des notables en 1787, puis député de la noblesse du bailliage de Nemours aux États généraux, il se rend célèbre en proposant, dans la nuit du 4 Août, l'abolition des privilèges et des droits seigneuriaux, l'égalité devant l'impôt, la suppression des corvées et servitudes. En 1790, un duel l'oppose à un autre député, Barnave. En décembre de la même année, Noailles fait décider par le comité militaire la création de la gendarmerie nationale. Maréchal de camp en 1791, il commande la place de Sedan, puis les avant-postes de Valenciennes, avant d'émigrer aux États-Unis en 1792. À la fin de 1802, avec le grade de général de brigade, Noailles part pour Saint-Domingue, afin de seconder Rochambeau, successeur de Leclerc. Il parvient en novembre 1803 à évacuer la garnison du môle Saint-Nicolas mais, grièvement blessé lors d'un combat naval, il meurt de ses blessures en arrivant à Cuba.

NOBLESSE

Second ordre de la société d'Ancien Régime représentant 9 000 familles, soit de 120 000 à 150 000 personnes à la fin du XVIIe siècle (de 0,6 à 0,7 % de la population), la noblesse est un groupe extrêmement diversifié et hiérarchisé.

La *nobilitas* romaine n'est initialement ni une noblesse de sang ni une institution juridique, mais le cercle très restreint des familles dont l'un des membres a exercé le consulat et ainsi gouverné des provinces. Elle s'élargit au fil du temps en une aristocratie sénatoriale largement provincialisée sous l'Empire. Ainsi certains Gallo-romains peuvent être qualifiés de nobles par leurs fonctions d'apparat, leur immense fortune foncière que matérialisent les grandes *villae*, leur prétention à incarner les valeurs culturelles comme politiques de la romanité. Au moment des invasions, cette noblesse cohabite avec l'élite franque – ou, selon les régions, burgonde ou wisigothique – qui incarne un modèle aristocratique essentiellement militaire : le chef de guerre est censé descendre des dieux païens et s'entoure d'une aristocratie de naissance ou de valeur à qui il distribue terres, prisonniers et biens conquis. Au VIIe siècle, les deux aristocraties, barbare et gallo-romaine, fusionnent, par mariage mais aussi à travers un même accès aux fonctions palatiales. D'une part, le roi s'entoure de techniciens du droit et des finances issus de l'ancienne élite gallo-romaine qui accaparent les fonctions ecclésiastiques ; d'autre part, il délègue localement leur autorité à des comtes qui, en particulier dans le sud de la Gaule, sont fréquemment issus des anciennes familles sénatoriales.

Le délitement de l'autorité carolingienne et l'émiettement des grandes principautés territoriales aux Xe-XIe siècles modifient le sens du terme « noblesse » : elle est désormais moins liée à l'exercice de fonctions de gouvernement qu'à l'exercice d'une force militaire locale. Celle-ci suppose la possession d'armes et de chevaux, le contrôle d'une motte fortifiée, la capacité à entretenir et fidéliser une troupe de *milites*. Mais le groupe des nobles est alors plus large que celui des chevaliers, dont tous les fils n'accèdent pas à la chevalerie : ceux qui ne sont ni chevaliers ni écuyers sont appelés « nobles hommes ». Par ailleurs, la noblesse est indépendante de la seigneurie : dès la fin du XIIIe siècle l'acquisition de fiefs ou de seigneuries ne suffit plus à anoblir, même si les nouveaux nobles s'empressent de s'en procurer. À partir du XIIe siècle, rois et princes territoriaux anoblissaient par lettres patentes. Seul le roi conserve ce pouvoir au XIVe siècle où la noblesse devient héréditaire : elle se transmet par le père (sauf en Champagne où elle est matrilinéaire) ou par l'époux. La guerre de Cent Ans provoque une hécatombe parmi la haute aristocratie militaire et contribue, à la faveur des troubles, à un vaste renouvellement de la noblesse. Jusqu'aux Bourbons, beaucoup de bourgeois habiles peuvent encore se fondre dans la noblesse par imitation du genre de vie noble. Au XVIIe siècle, les grandes enquêtes en usurpation de Colbert, en 1666 puis 1696, se contenteront d'une preuve centenaire portant sur quatre générations (ou degrés) pour établir la noblesse d'extraction. À l'inverse, 5 000 ou 6 000 nobles « chevaleresques » – les grands officiers de cour, des familles ducales comme les Montmorency – le sont de manière immémoriale, c'est-à-dire depuis le XIVe siècle au plus tard, avant les premiers anoblissements en nombre ; les nobles qui ne peuvent prouver leur qualité avant le XVe siècle sont dits simplement d'ancienne extraction. Cette vieille noblesse est parfois appelée « d'épée » en référence à la fonction aristocratique par excellence : le service des armes.

Si la noblesse s'hérite, elle s'acquiert aussi. Le roi a le pouvoir discrétionnaire d'anoblir qui bon lui semble par lettres patentes ; la famille Corneille ou le marin Jean Bart en bénéficieront. Louis XIV vend même, 6 600 livres pièce, des lettres de noblesse pour renflouer ses finances. Mais le recrutement principal de la noblesse s'effectue par l'exercice de charges qui confèrent soit la noblesse héréditaire immédiate (secrétaire du roi – sinécure qualifiée de « savonnette à vilains » –, maître des requêtes…), soit la noblesse graduelle (conseillers des cours souveraines), définitive après deux générations et vingt ans d'exercice par génération au moins (ou la mort de l'impétrant en charge). Les fonctions municipales de certaines villes (Paris, Lyon, Angers, Toulouse) confèrent également une noblesse de cloche ou échevinale. Cette noblesse de service civil est dite de robe, d'après le nom de la toge des magistrats. Le port de la particule n'est pas réservé aux nobles, de même que les armoiries ; les titres – sauf ceux d'écuyer et de chevalier – qualifient une terre, non un homme : la noblesse possède environ 20 % de la propriété foncière du royaume. La noblesse confère un certain nombre de privilèges d'ordre privé (régime matrimonial et successoral particulier) et surtout public : droit de chasse, droit de porter des armes, procédure judiciaire privilégiée (les nobles relèvent au civil du bailli et au criminel du Parlement ; s'ils sont condamnés à mort on ne peut que les décapiter), fiscalité dérogatoire (les nobles sont exemptés de la taille personnelle et d'autres impôts roturiers). Théoriquement, l'homme « de condition » est censé vivre de ses rentes, et la noblesse se perd par dérogeance lorsqu'il y a exercice d'activités « ignobles ». Toutefois des édits royaux (notamment ceux de 1669, 1701, 1767) lui ouvrent les portes du commerce maritime et du commerce en gros. Cependant, l'idée d'une « noblesse marchande » reste polémique jusqu'à la Révolution.

Noblesse
De noblesse bretonne, Bertrand Du Guesclin se mit au service du roi Jean II le Bon vers 1350. Paris, Bibliothèque Sainte-Geneviève. © *Giraudon*

Le Grand Siècle s'affirme paradoxal pour le second ordre, déjà victime des fratricides guerres de Religion. Les grands feudataires perdent leur indépendance après avoir excipé en vain d'un devoir de révolte face à l'absolutisme. L'échec de la Fronde amorce le processus de leur domestication au sein de la société de cour. La monarchie administrative louis-quatorzienne rogne certains privilèges fiscaux et s'appuie sur de grands commis issus du tiers état comme Colbert. La bourgeoisie achète massivement des seigneuries. Cependant, la noblesse est flattée par le roi qui inscrit nombre d'aristocrates sur le grand livre rouge des pensions (6 % du budget de l'État) ; ses salons donnent le ton à la Cour et à la ville et diffusent l'archétype socio-culturel de l'honnête homme. Le XVIIIe siècle amplifie l'hétérogénéité du monde nobiliaire, partagé entre une aristocratie souvent acquise aux idées des Lumières – Montesquieu ou Condorcet sont nobles – jusque parmi les princes du sang (le duc d'Orléans), des nobles provinciaux épris de progrès et d'expériences agronomiques et une noblesse campagnarde poussée par l'effritement de ses rentes et la concurrence des bougeoisies à durcir ses prétentions ; d'où une réaction nobiliaire qui traduit les difficultés d'adaptation de la noblesse en tant qu'ordre aux mutations économiques du premier capitalisme, mais masque le dynamisme de beaucoup de ses membres. Après l'abolition des privilèges lors de la nuit du 4 août 1789 – les droits féodaux personnels sont supprimés, les redevances foncières déclarées rachetables –, la noblesse héréditaire elle-même est abolie le 19 juin 1790, avec ses titres et armoiries, par l'Assemblée constituante.

Napoléon confirme l'abolition de la noblesse et de ses titres. Mais, en mars 1808, l'Empereur crée une noblesse d'Empire et anoblit au cours de son règne près de 3 600 familles pour services rendus à l'État ; elles ne bénéficient d'aucun privilège ou exemption fiscale. Le titre se transmet sous réserve de la constitution d'un majorat, un bien inaliénable attaché au titre. Durant les Cent-Jours sont créés des pairs héréditaires destinés à siéger à la Chambre des pairs. Celle-ci est maintenue par Louis XVIII et ses successeurs, qui créent 434 pairies dont 125 à titre viager. En 1832, l'hérédité de la pairie est abolie. Désormais la noblesse n'est plus un état mais une simple distinction. La loi de la République ne la reconnaît pas et considère les titres comme des « accessoires de nom ». Louis-Pierre d'Hozier (1685-1767) et son fils Antoine-Marie ont publié un *Armorial général de la France ou Registre de la noblesse de France* (1736-1768).

Noblesse d'Empire

Ensemble des familles dotées d'un titre nobiliaire par les empereurs Napoléon Ier et Napoléon III.

L'institution d'une nouvelle noblesse coïncide avec l'établissement du régime impérial, dès mai 1804. Les membres de la famille Bonaparte reçoivent ainsi le titre de prince et l'appellation d'altesse impériale. S'y ajoutent les grands dignitaires, réputés prince et altesse sérénissime. En mars 1806 sont créés 22 duchés fiefs de l'Empire à l'extérieur du territoire français, progressivement attribués à des personnalités civiles et militaires de premier plan : principauté de Bénévent pour Talleyrand, duché d'Otrante pour Fouché, de Dalmatie pour Soult, de Bassano pour Maret, de Vicence pour Caulaincourt, de Feltre pour Clarke, de Conegliano pour Moncey, etc. Quelques mois plus tard, l'Empereur se fait accorder par le Sénat la faculté de créer à sa convenance des titres héréditaires « soit pour récompenser de grands services, soit pour exciter une utile émulation, soit pour concourir à l'éclat du trône ». Le premier bénéficiaire de cette disposition est le maréchal Lefebvre, titré duc de Dantzig en mai 1807, sans qu'aucun territoire ou possession soit attaché à cette distinction. La noblesse d'Empire reçoit son organisation définitive par les statuts de mars 1808. La hiérarchie des titres est déclinée en prince, duc, comte, baron et chevalier. L'exercice d'une fonction entraîne la possession d'un titre. Ainsi, les archevêques et les sénateurs sont comtes. La noblesse d'Empire est transmissible à l'aîné des descendants mâles sous réserve de la constitution d'un majorat, c'est-à-dire de revenus suffisants pour maintenir le titre. Le développement de cette nouvelle noblesse était destiné à la fois à ralier à l'Empire l'ancienne aristocratie elle-même reconnue dans ses titres, à lui attirer de nouveaux talents et à brasser l'ensemble. Napoléon décerne ainsi 3 600 titres environ, pour la plupart sans appellation territoriale, dont 42 princes et ducs, majoritairement militaires, et 500 comtes. Rétablissant en janvier 1852 les titres de noblesse supprimés en 1848 par la République, Napoléon III y ajoute 134 nouveaux noms, dont le moins pitoresque n'est pas celui de comte de Palikao, décerné au général Cousin-Montauban.

NOGARET Guillaume de (Saint-Félix-de-Caraman, près de Toulouse, seconde moitié du XIIIe siècle – ?, 1313)

Juriste.

Professeur de droit à Montpellier, et en même temps juge-mage de la sénéchaussée de Beaucaire et de Nîmes, il a plusieurs fois l'occasion de se signaler par son zèle envers la couronne de France. En 1296, il est appelé au Conseil du roi par le chancelier Pierre Flotte. La même année, il s'acquitte avec succès d'une enquête qu'il mène en Champagne sur les immunités ecclésiastiques. Nogaret devient rapidement un des conseillers les plus capables et les plus influents de l'entourage de Philippe le Bel. Siégeant au Parlement à partir de 1298, chevalier de l'Hôtel du roi en 1300, il exerce son activité dans les domaines les plus divers : finances, administration, etc. En 1300, Philippe le Bel l'envoie à Rome aux côtés du pape Boniface VIII. Le 12 mars 1303, devant une assemblée des grands du royaume, Nogaret accuse Boniface VIII de tous les péchés, le traite de criminel, et propose de le mettre sous bonne garde, avant de le faire juger par un concile général. Averti, le pape menace d'excommunier le roi, puis se réfugie à Anagni. Nogaret décide alors d'enlever le pontife, afin de le conduire de force à Lyon devant un concile. L'attentat est préparé avec le soutien des Colonna, ennemis de Boniface. Le 7 septembre 1303, avec Sciarro Colonna et 300 hommes d'armes, Nogaret penètre de force à Anagni et s'empare du pape. Le 9 mars cependant, la population se soulève et, avec l'aide de cavaliers romains appelés au secours par les cardinaux, contraint les ravisseurs à la fuite, libérant Boniface VIII qui mourra le 11 octobre. Son successeur, Benoît XI, donne en 1304 l'absolution à tous les participants à l'enlèvement, sauf à Nogaret, qu'il cite à comparaître. Mais le nouveau pontife meurt peu après. Clément V, qui lui succède, finira par absoudre le légiste contre la promesse d'un pèlerinage, jamais effectué.

Suivant les ordres de Philippe le Bel, Nogaret s'attaque ensuite aux Templiers. À partir d'accusations que certains disent forgées de toutes pièces, le légiste, investi des Sceaux au mois de septembre 1307, organise le procès des templiers arrêtés au mois d'octobre. Il persuade le roi de confier les interrogatoires aux inquisiteurs et aux évêques. En 1308, il menace le pape Clément V, qui estime que les accusés ne sont peut-être pas coupables et voudrait mettre fin aux poursuites. Il n'a pas le temps d'aller jusqu'au bout de sa tâche, puisque Jacques de Molay et trois autres dignitaires de l'ordre sont toujours en prison lorsqu'il meurt, en avril 1313.

Charles Noguès
Résident général au Maroc en 1940. Ici avec les deux princes du Maroc. © *Collection Viollet*

NOGARET de LA VALETTE Bernard de : voir ÉPERNON

NOGUÈS Charles Auguste Paul (Monléon-Magnoac, Hautes-Pyrénées, 1876 – Paris, 1971)

Général.

Sorti de Polytechnique dans l'artillerie en 1897, il accomplit la plus grande partie de sa carrière en Afrique du Nord. Dès 1912, il est affecté au cabinet de Lyautey, auprès duquel il servira à diverses reprises. Sauf pendant le bref passage de ce dernier au ministère de la Guerre (1917), il est au front pendant toute la Première Guerre mondiale, qu'il termine à la tête d'un régiment d'artillerie. En 1919, il fait partie du cabinet formé par Millerand puis, de 1921 à 1923, de sa maison militaire après son accession à la présidence de la République. Colonel en 1924, il retourne au Maroc et prend une part active à la campagne du Rif. Général en 1926, il devient directeur des Affaires indigènes à Rabat. Après avoir commandé une division en France, puis le 19e corps d'armée à Alger (1933), il est enfin nommé résident général au Maroc, poste dans lequel s'affirment ses qualités d'administrateur.

À la mobilisation de 1939, Noguès est placé à la tête du théâtre d'opérations d'Afrique du Nord. Lors de la conclusion de l'armistice, il se conforme, après quelques jours d'hésitation, aux ordres du gouvernement de Vichy, suspend les hostilités, fait arrêter les parlementaires arrivés sur le *Massilia*, s'oppose à toutes les tentatives de dissidence au Maroc et, le 8 novembre 1942, prescrit, conformément aux ordres qu'il a reçus, la résistance au débarquement allié, jusqu'à la conclusion le 11 novembre d'un armistice général. Rallié à l'amiral Darlan et au général Giraud, il est d'abord maintenu en fonction à Rabat. Mais son attitude jusqu'en novembre 1942 rend sa position difficile après l'arrivée du général de Gaulle en Afrique du Nord. En juin 1943, il remet sa démission de résident général et se retire au Portugal. Le 28 novembre 1947, la Haute Cour de justice le condamne par contumace à vingt ans de travaux forcés. Rentré en France en 1954, il se constitue prisonnier, mais est aussitôt mis en liberté provisoire. Il retourne au Portugal où, en 1955, sur la demande du gouvernement Edgar Faure, il sert d'intermédiaire pour régler le délicat problème du retour au Maroc du sultan Mohammed V. Condamné à l'indignité nationale par un nouveau jugement rendu à Paris, il est immédiatement relevé de sa peine.

NOIR Yvan Salmon, dit VICTOR (Attigny, Vosges, 1848 – Paris, 1870)

Journaliste.

En dépit de ses opinions républicaines et du ressentiment qu'il gardait à son oncle Napoléon III de l'avoir toujours soigneusement tenu à l'écart, Pierre Bonaparte, outré de la violente campagne menée par la presse républicaine contre la famille impériale, s'en fait le défenseur dans *L'Avenir de la Corse*. Mais, en qualifiant les ennemis de son cousin de traîtres, il s'attire une réplique cinglante et insultante du journal républicain corse *La Revanche*, et la polémique est bientôt reprise par *La Marseillaise*, le journal d'Henri Rochefort qui a succédé à *La Lanterne*. Pierre Bonaparte, qui a le pistolet facile, décide alors de se battre avec Rochefort, qu'il considère, non sans raison, comme l'âme de la campagne. Mais, à sa surprise, ce sont Victor Noir et Ulric de Fonvielle, deux témoins de Paschal Grousset, rédacteur à *La Revanche*, qui se présentent chez lui le 10 janvier 1870 pour lui demander réparation. Irrité de cette signature qui lui est inconnue, il leur répond qu'il se battra avec Rochefort, non pas « avec un de ses manœuvres », et lève le bras. Se croyant menacé, Victor Noir lui donne un soufflet ressemblant à un coup de poing. Le prince, très violent et toujours armé d'un revolver, fait alors feu et tue le journaliste. Dès le lendemain, la presse républicaine se déchaîne : « J'ai eu la faiblesse de croire qu'un Bonaparte pouvait être autre chose qu'un assassin… », écrit Henri Rochefort dans *La Marseillaise*. Craignant un

Victor Noir
Son tombeau sculpté par Jules Dalou, au cimetière du Père-Lachaise. © *G. Dagli Orti*

mouvement révolutionnaire, le gouvernement refuse de laisser enterrer Victor Noir au Père-Lachaise. Les obsèques, qui ont lieu à Neuilly le 12 janvier, rassemblent effectivement une foule énorme, évaluée à 100 000 personnes par la police, à 200 000 par de nombreux témoins. Après avoir descendu les Champs-Élysées, le cortège se disperse sans incident. Mais cette manifestation silencieuse n'en a pas moins été un sérieux avertissement pour le parti de l'Ordre. Les restes de Victor Noir devaient être transférés au Père-Lachaise où son tombeau est un chef-d'œuvre du sculpteur Jules Dalou.

NOIRLAC (abbaye de)

Abbaye cistercienne située près de Saint-Amand-Montrond, sur les bords du Cher.

Elle est fondée vers 1136 par un certain Robert, que la tradition identifie avec un cousin de saint Bernard. Les débuts de la nouvelle abbaye sont difficiles : la communauté est pauvre, une épidémie la frappe vers 1175. La prospérité ne vient qu'à la fin du XIIe siècle. C'est alors que sont achevés les premiers bâtiments, qui subsistent encore aujourd'hui. Le nom de Noirlac, dû à la proximité d'un marécage, apparaît dans l'usage courant à la fin du XIIIe siècle. L'abbaye souffre durement de la guerre de Cent Ans, à la fois matériellement et spirituellement. Au XVe siècle, l'abbé ne tient plus ses moines, dont certains se révoltent ouvertement contre leur règle. Au début du XVIe siècle, Noirlac semble à bout de souffle. La mise en commende est décidée en 1510. En 1562, les huguenots envahissent les bâtiments qu'ils pillent, brûlent et mutilent. Au milieu du siècle suivant, les religieux ne sont plus que quatre. La Révolution entraîne la dispersion du domaine. Au début du XIXe siècle, des porcelainiers installent leurs fours dans l'église. Depuis 1949, les Monuments historiques ont entrepris un vaste programme de restauration. Avec son église très dépouillée à chevet plat qui suit un plan typiquement cistercien (datant des XIIe et XIIIe siècles), son cloître beaucoup plus orné et tardif (seconde moitié du XIIIe siècle et début du XVe), sa salle capitulaire (milieu du XIIe siècle), sa salle des moines, son dortoir, son réfectoire et son cellier, Noirlac constitue l'un des plus beaux ensembles monastiques qu'on puisse voir en France.

NOMINOÉ (?, fin du VIIIe siècle – Anjou, 851)

Duc de Bretagne (824-851).

Comte de Vannes, il semble accepter la domination franque et reçoit de Louis le Pieux la dignité de duc pour la Bretagne entière en 824. Tant que vit Louis le Pieux, il observe un loyalisme parfait. Mais, quand il a affaire à ses fils, dressés les uns contre les autres, il tente d'acquérir son indépendance. Bien que le traité de Verdun de 843 ait laissé la Bretagne dans le lot de Charles le Chauve, il se prononce pour Lothaire, héritier du titre impérial, souverain lointain et peu gênant. À Ballon (au nord-est de Redon), le 22 novembre 845, il bat Charles le Chauve qui essayait de le retenir dans l'obéissance, puis, prenant l'offensive à son tour, conquiert Rennes et Nantes, envahit l'Anjou, le Maine et jusqu'au Vendômois. Il s'était également préoccupé de réorganiser l'Église de son duché, d'une part en la soustrayant à l'obédience de l'archevêque de Tours, qui la dominait depuis Charlemagne, d'autre part en achevant l'organisation et la délimitation des évêchés de la Domnonée. Si son évêché ne fut pas érigé officiellement en archevêché, l'évêque de Dol put néanmoins se comporter désormais en métropolitain. Nominoé usait d'un sceau, ce qui était alors une prérogative de la souveraineté, mais ne porta pas la couronne royale, et nous ignorons de quel titre il se parait. Le titre royal devait être octroyé par Charles le Chauve à son fils Érispoé.

Raoul Nordling
Consul de Suède à Paris en 1944, il persuada le commandant militaire allemand de ne pas détruire la ville.
© *Roger-Viollet*

NORDLING Raoul (Paris, 1882 – Paris, 1962)

Diplomate suédois.

Consul général de Suède à Paris de 1926 à 1959, il profite de sa qualité de représentant d'une puissance neutre sous l'occupation allemande pour intercéder en faveur de prisonniers et de résistants. Mais c'est surtout aux approches de la Libération que son action devient déterminante. La fébrilité de l'occupant aux abois risque en effet d'entraîner les pires représailles alors que Paris gronde. Lorsque l'insurrection éclate, Nordling intervient auprès du général von Choltitz, commandant militaire de Paris, pour modérer ses réactions. Entre le 19 et le 21 août 1944, une trêve est conclue sous les auspices du représentant suédois, lequel obtient l'élargissement d'internés et empêche le départ de captifs vers les camps de déportation. Profitant de ce gain de temps, Nordling envoie son frère Rolf auprès des autorités alliées, mission qui active la progression de la 2e DB du général Leclerc vers la capitale. En hommage à ces éminents services, le consul a été fait citoyen d'honneur de Paris en 1958. Il a reçu en outre la grande médaille d'or de la ville, la grand-croix de la Légion d'honneur, ainsi que la croix de guerre 1939-1945 avec palmes.

NORMANDES (invasions)

Le terme s'applique aux Nortmanni *ou* Nordman, *ou* Northmen, *ces hommes du Nord dénommés également Vikings et dont certains ont cru expliquer l'origine par le terme* vik *(anse).*

Quelle que soit la bonne définition, ces Scandinaves proviennent en partie du littoral de la Norvège actuelle, où la terre est pauvre. Au début du IXe siècle, les techniques de navigation permettent de s'aventurer assez loin des côtes. Les vestiges d'embarcations retrouvés dans les sépultures princières révèlent, en effet, des barques très bien équilibrées possédant un calfatage efficace et une voilure renforcée. Le tirant d'eau permet une navigation aussi bien fluviale que maritime, et le profilage dénote une maniabilité certaine. Les rivages de la Frise, de l'Angleterre actuelle, l'embouchure de la Meuse puis de l'Escaut sont reconnus dans le premier tiers du IXe siècle. S'enhardissant, les navigateurs scandinaves abordent en Irlande, atteignent la Manche vers 820, contournent l'Armorique et finissent par atteindre l'embouchure de la Loire, de la Garonne, enfin les côtes lusitaniennes. Cette dernière vague migratoire des peuples germaniques coïncide avec un net affaiblissement du pouvoir établi en Occident. Scindé en trois parties principales, l'Empire carolingien part en morceaux. Les richesses accumulées dans les abbayes, les somptueux domaines et les cités sans défense excitent la convoitise de ces guerriers hardis auxquels rien ne semble pouvoir résister. Leurs embarcations très maniables leur permettent de remonter sans difficulté particulière très loin vers l'amont. Les chroniques mentionnent ces Normands sur la Seine en 841. Ils remontent jusqu'à Saint-Denis. Désormais, chaque année, les expéditions se succèdent. En 843, un groupe s'établit à demeure dans l'île de Noirmoutier. La plupart des îles du littoral atlantique sont d'ailleurs utilisées comme bases. Là s'entasse le produit des pillages. Robert le Fort, premier duc de France, a beau déployer des prodiges de valeur contre les Normands, il succombe au combat de Brissarthe en Maine-et-Loire, en 866. C'est à peu près à cette époque qu'un redoublement des invasions met à mal les royaumes saxons de Grande-Bretagne. En 885, le cours de la Seine semble un domaine normand. Paris est assiégée par Siegfried avec tant de guerriers qu'aux dires d'un contemporain la « Seine était couverte de barques ». L'évêque Gozlin et le comte Eudes, fils de Robert le Fort, stimulent la défense. Pour éloigner les Normands, Charles le Gros est obligé de payer rançon. Il détourne ainsi le flot dévastateur en direction de la Bourgogne. D'autres bandes remontent la Maine et ses affluents, la Loire et la Garonne.

En fait, seule la sédentarisation des envahisseurs, séduits par l'appropriation de belles terres, peut mettre un terme à ces dévastations. Eudes se résoud à traiter pour dégager l'aval de Paris. Son frère Robert Ier agit de même en concluant avec Rollon, chef normand, le traité de Saint-Clair-sur-Epte, en 911, acte reconnaissant la possession aux envahisseurs de ce qui va devenir la Normandie. Partout où ils se sédentarisent, en particulier entre le pays de Caux et le Cotentin et le long de l'Escaut, les Normands s'adaptent sans peine à un monde nouveau, prenant les coutumes des populations locales et se convertissant au christianisme. Le duché de Normandie devient à son tour une puissance conquérante. En 1066, Guillaume le Bâtard débarque en Angleterre, alors qu'au même moment d'autres entreprises, également couronnées de succès, mènent des Normands sur les rivages de Sicile et de la région de Naples. Jamais la fortune n'a autant souri à ces audacieux auxquels on attribuera même la découverte de l'Amérique quatre siècles avant Christophe Colomb… En Normandie, les Normands ont créé de nombreuses localités. On retrouve dans les noms de lieux des termes scandinaves, par exemple, Bourg-Théroulde, dans lequel apparaît le nom de Thor, dieu vénéré par les Vikings.

NORMANDIE

Point de rencontre des terrains secondaires et tertiaires du Bassin parisien et des terrains primaires du Massif armoricain, la Normandie se divise géographiquement entre ces deux régions, de part et d'autre d'une ligne allant de Valognes à Alençon. La Seine qui la traverse constitue une frontière matérielle et morale très nette entre Haute- et Basse-Normandie.

Les origines. Dès l'époque préhistorique s'affirment des relations étroites avec l'Angleterre, qui seront un des traits caractéristiques de l'histoire normande. Peuplé de Celtes et de Belges à l'est, de Ligures et d'Ibères à l'ouest, le pays est conquis en 56 av. J.-C. par un lieutenant de César, Titurius Sabinus. Non sans résistance : quatre ans plus tard, Vercingétorix peut encore compter sur le soutien de la tribu des Aulerques d'Évreux. Englobées par Auguste (16-13 av. J.-C.) dans la province lyonnaise, les régions normandes, dont les deux principales villes, reliées par un beau réseau de routes, sont Rouen (*Rotomagus*) et Lillebonne (*Juliobona*), connaissent une grande prospérité, et les populations, jouissant d'une certaine autonomie, gardant leur religion – leur dieu Belus voisine dans les temples avec les divinités gréco-latines –, s'accommodent aisément de la domination romaine. Enfin, en créant une Lyonnaise Seconde qui correspond exactement à la Normandie, la réorganisation de l'Empire opérée au IVe siècle par Gratien installe la province dans ses frontières historiques, et les *civitates* que l'on y distingue désormais (Rouen, Évreux, Lisieux, Sées, Coutances et Avranches) en établissent à jamais les grandes divisions. Le christianisme s'y implante très tôt, dès le IIIe siècle sans doute dans le Cotentin et la région de Rouen, dont le premier évêque, d'après la tradition, aurait été saint Nicaise, qui devait être martyrisé plus tard à Gasny, sur les bords de l'Epte.

Dès la fin du IIe siècle, les côtes de la Manche, et notamment l'estuaire de la Seine, avaient connu les incursions germaniques, primitivement des Saxons, qui avaient amené l'Empire à organiser un « front de mer germanique », le *littus saxonicum*. Cette organisation ne peut toutefois empêcher l'occupation du pays, au Ve siècle, par les Francs. Mais les nouveaux maîtres, très clairsemés dans un pays éloigné des grandes voies d'invasion, se fondent rapidement dans la masse de la population. La christianisation, qui se poursuit activement, contribue encore à leur assimilation. L'époque franque est celle de la fondation de grands monastères, dus notamment aux palatins du roi Dagobert. Rouen voit ainsi s'élever au VIIe siècle, par les soins d'un ministre de Dagobert, saint Ouen, un monastère qui reçoit le nom de saint Pierre avant de prendre celui de son fondateur. Également célèbres seront les monastères de Saint-Wandrille (649), Jumièges, Fécamp et du Mont-Saint-Michel (709). L'histoire civile du pays à la même époque est beaucoup moins connue. On sait néanmoins que les Francs gardèrent les circonscriptions gallo-romaines avec un fonctionnaire, le comte, à la tête du *pagus* qui remplaça la *civitas*.

C'est vers l'an 800 qu'apparaissent sur les côtes de la Manche les premières incursions scandinaves. Il ne s'agit au début que de courses fugitives. Mais, avec le règne de Louis le Pieux, commence pour les envahisseurs l'ère de l'établissement temporaire dans l'estuaire des fleuves, qu'ils remontent pour piller les agglomérations et les abbayes riveraines. En 841, Rouen est ravagée une première fois, les grandes abbayes voisines saccagées, comme Jumièges, ou contraintes de payer rançon, comme Saint-Wandrille. Malgré les efforts de Charles le Chauve, secondé par Robert le Fort, premier duc de France, dont les services ainsi rendus seront, pour sa famille, le commencement d'une popularité qui la portera au trône, une nouvelle grande armée d'invasion se jette en 879 sur le continent et, après s'être de nouveau emparée de Rouen (juillet 885), remonte la Seine pour aller mettre le siège devant Paris (novembre 885). Charles le Gros, venu à son secours, n'en éloigne momentanément les assiégeants qu'en leur promettant un tribut et en leur livrant la Bourgogne (novembre 886). Les pillards, peu à peu, commencent à songer à un établissement durable, et leur chef Rollon se range à l'idée d'un accommodement. Il finit par conclure un accord avec Charles le Simple, à l'automne 911, à Saint-Clair-sur-Epte, à la limite des terres qu'il occupe. Par ce traité, ceux que l'on appellera désormais les Normands se voient céder les diocèses de Rouen, Évreux et Lisieux (pas complètement d'ailleurs), en échange de la reconnaissance de la suzeraineté du roi de France.

Le duché indépendant. Rollon avait promis fidélité et paisible possession du pays concédé. Il tient parole, y trouvant directement son intérêt, et reste étranger aux coalitions et révoltes des ducs de France Robert et Raoul de Bourgogne contre Charles le Simple. Mais lorsque ce dernier tombe au pouvoir de Raoul, Rollon reconnaît le nouveau roi et en est récompensé par l'octroi de la région de Vernon, entre Seine et Eure, ainsi que des diocèses de Bayeux, du Mans et implicitement, comme enclavé entre les précédents, de celui de Sées. Sur les terres de son autorité, il s'attache désormais à faire régner un ordre et une paix devenus célèbres, et si le baptême qu'il a reçu en 912 n'en a guère fait un bon chrétien, lui et ses successeurs s'assimilent néanmoins très vite au pays conquis.

Son fils, Guillaume Longue-Épée, marié à une fille du comte de Vermandois, beau-frère du comte de Poitou, est déjà gallicisé. Il s'empare en 933 du Cotentin et de l'Avranchin que le roi Raoul lui a inféodés, mais les Normands de ces régions, dirigés par un certain Rioulf, se soulèvent et viennent l'assaillir jusque sous les murs de Rouen, sa capitale. Guillaume les défait au Pré-de-la-Bataille en 935. Les mécontents trouvent alors aide dans la jalousie du comte de Flandre, et il est assassiné lors d'une entrevue avec ce dernier en 942. Le fils qu'il laisse – Richard Ier (943-996) – n'étant encore qu'un enfant, le roi Louis IV d'Outremer tente d'en profiter pour reprendre la Normandie. Mais les Normands obtiennent l'aide de la flotte du roi du Danemark Harold, qui vient accoster dans la Dive et le défait à Vareville. Cette entreprise malheureuse et la revanche qu'il essaie de prendre en 946 en allant attaquer Rouen avec le roi de Germanie et le comte de Flandre font passer Richard dans la clientèle du duc de France Hugues le Grand, compétiteur des derniers Carolingiens, dont il devient le gendre en 960. Une dernière tentative carolingienne échoue en 965. C'est à Richard Ier qu'Hugues le Grand mourant confiera son jeune fils Hugues Capet.

Il appuie effectivement celui-ci après son élection, et la bonne entente avec les Capétiens dont hérite son fils Richard II (996-1027) sera, jusqu'à Guillaume le Conquérant, une constante de la politique normande. Elle est notamment celle de Robert le Diable (1027-1035) qui soutient le roi Henri Ier contre une révolte suscitée par la reine douairière Constance, et reçoit en remerciement le Vexin français, entre Epte et Oise avec Pontoise d'où il surveille Paris (1031). Malgré sa brièveté, son règne concourt encore à l'affermissement de l'autorité ducale. Les révoltes sont énergiquement domptées, et le duc reçoit le surnom de « Robert le Magnifique ». Dès cette époque, les Normands essaiment. Ils bataillent dans l'Italie méridionale et, profitant des luttes entre indigènes, Grecs, Lombards, Empire et papauté, s'y taillent des principautés. En 1043, un des fils de Tancrède de Hauteville devient duc des Pouilles. Robert Guiscard qui lui succède est bientôt maître de l'Italie méridionale, et son frère, le grand duc Roger, inflige à l'Islam son premier grand revers en lui enlevant la Sicile, au terme d'une lutte de trente ans (1061-1091).

Robert le Magnifique lui-même trouve la mort au cours d'un pèlerinage en Terre sainte. Son héritier est un bâtard de 8 ans, le futur Guillaume le Conquérant, qu'il a eu d'Arlette, fille d'un peaussier de Falaise. L'enfant, desservi par sa condition de bâtard, voit son autorité bafouée par les barons normands. Le roi de France Henri Ier, après avoir tenté de profiter de sa minorité pour reprendre la Normandie, se décide finalement à remplir ses devoirs de seigneur, et, grâce à son aide, Guillaume est vainqueur des rebelles au Val-des-Dunes, en 1047. Le jeune duc peut dès lors rétablir son autorité et consacre l'essentiel de son activité, jusqu'en 1060, à l'implantation en Normandie d'un régime féodal strict qui lui laisse une autorité étendue et réelle. Mais sa politique dynamique vise également à élargir ses frontières et il se heurte dans son mouvement d'expansion au comte d'Anjou Geoffroi Martel. Ses ambitions trouvent bientôt un bien plus vaste champ d'action, dans la conquête de l'Angleterre que lui assure la bataille de Hastings contre le prétendant Harold (14 octobre 1066). Désormais, Guillaume est beaucoup plus roi d'Angleterre que duc de Normandie. Il revient rarement dans sa province natale après le voyage triomphal qu'il y effectue en 1067, et la laisse sous la régence de sa femme, Mathilde de Flandre. Lorsque cette dernière meurt en 1083, elle est ensevelie dans l'abbaye de la Trinité de Caen qu'elle avait fondée en 1059 – en même temps que Guillaume celle de Saint-Étienne – en rachat de leur mariage consanguin célébré sans dispense pontificale. Sa fin avait été assombrie par le dissentiment de son mari et de leur fils aîné Robert Courteheuse. Ne pouvant se faire accorder une part du pouvoir, ce prince finit par se retirer auprès du roi Philippe Ier, hostile à Guillaume depuis que sa conquête de l'Angleterre a considérablement augmenté sa puissance.

La mort de ce dernier (1087) ouvre une période de troubles. La Normandie échoit à Robert Courteheuse, tandis que son cadet Guillaume le Roux s'assure du trône anglais et que leur puîné Henri doit se contenter d'une somme d'argent. Mais le jeune duc engage tout son héritage à Guillaume le Roux pour pouvoir prendre part à la première croisade où il se conduit brillamment. À son retour, il trouve l'Angleterre aux mains d'Henri qui s'en est emparé après la mort de Guillaume le Roux (1100). Refusant d'entériner le fait accompli, il revendique le trône anglais et entre en guerre contre son frère. Mais il se fait battre à Tinchebray (1106) et finira ses jours prisonnier en Angleterre, tandis que la Normandie se trouve de nouveau unie à l'Angleterre sous le long règne d'Henri (surnommé « Le Lion » pour sa valeur, « Beauclerc » pour sa culture).

La reconstitution de l'empire anglo-normand éveille l'hostilité du roi de France Louis VI le Gros qui soutient les prétentions d'un fils de Robert, Guillaume Cliton, réfugié à la cour de France. Un premier conflit (1113) aboutit à un traité, signé à Gisors, par lequel Louis VI est contraint de reconnaître à Henri le Maine et la Bretagne. Six ans plus tard, le roi envahit le Vexin normand, mais il est défait à Brémule (1119). En 1120, les deux fils d'Henri Ier meurent dans le naufrage de la *Blanche-Nef*, au cours d'une traversée de Barfleur en Angleterre. Reste une fille, Mathilde qui, veuve de l'empereur Henri V, se remariera au comte d'Anjou Geoffroy Plantagenêt. Mais, à la mort d'Henri Ier, les barons anglo-normands lui préfèrent un neveu du défunt, le comte Étienne de Blois. Une longue guerre s'ensuit, au cours de laquelle Geoffroi Plantagenêt s'empare de la Normandie, dont il se fait couronner duc à Rouen (1144). Quatre ans plus tard, il la cède au fils, Henri, qu'il a eu de Mathilde. À la mort de son père (1151), ce dernier se trouve en outre investi de l'Anjou, du Maine et de la Touraine. Enfin, son mariage avec Aliénor d'Aquitaine (1152) lui vaut les comtés d'Aquitaine et de Poitou, c'est-à-dire les côtes des Pyrénées à la Loire, avec l'arrière-pays. Il avait été appelé dès 1149 en Angleterre et y menait la guerre contre Étienne de Blois. Mais ce dernier, ayant perdu son fils unique (1153), finit par le désigner pour son héritier et, l'année suivante, sa mort fait d'Henri II le roi incontesté de toute l'Angleterre et le plus puissant monarque de la chrétienté puisqu'il est également le maître de la Normandie, de l'Anjou, du Poitou et de l'Aquitaine. Il ne semble pas qu'Henri II se soit particulièrement occupé de la Normandie, bien que l'on puisse citer de lui quelques mesures intéressantes, comme la charte confirmant les privilèges de la gilde des marchands de Rouen (1149). Situation toute à l'avantage de la Normandie qui conserve une quasi-autonomie tout en bénéficiant du rattachement à l'État le plus puissant de l'Europe et des qualités d'administrateur d'Henri II.

L'administration. Le droit public normand, qui n'était pas fixé jusqu'à Guillaume le Conquérant, atteint son plus haut degré de perfection à partir de son règne jusqu'à celui d'Henri II. Le régime de la Normandie est alors celui d'une principauté territoriale. Contrairement à ce qui se passe partout ailleurs en Europe (à l'exception de la Flandre), ses ducs parviennent à maintenir leurs droits face aux forces de dissociation et d'éclatement de l'autorité publique qui caractérisent la société féodale. Menacée un moment vers 1040, au temps de la minorité de Guillaume le Conquérant, la souveraineté ducale est rapidement restaurée. Le duc ne perd à aucun moment son pouvoir direct sur ses arrière-vassaux et garde notamment l'exercice exclusif de la haute justice. La féodalité est certes puissante. Elle est à la base de l'organisation militaire et territoriale : les possessions nobles sont évaluées en « fiefs de haubert » pouvant et devant fournir un chevalier au service militaire ; les barons gardent pour leur service personnel plus de chevaliers qu'ils n'en doivent à l'ost ducal. Mais le duc reçoit du sacre qui lui est conféré à Rouen un caractère à demi ecclésiastique, le mettant déjà hors et au-dessus de la féodalité. L'Église qui le lui confère est pour lui une alliée puissante, d'autant plus fidèle qu'il dispose de la plupart des évêchés et des monastères qui sont sa propriété par droit et fondation. Richard II, notamment, introduit en Normandie la réforme clunisienne à Fécamp, Jumièges, Saint-Ouen de Rouen, Bernay. Robert le Magnifique fonde l'abbaye de Cerisy ; Guillaume le Conquérant celle de Saint-Étienne et sa femme Mathilde celle de la Trinité, à Caen. En coopérant ainsi à l'action réformatrice de la papauté, ils s'assurent son appui. Enfin, par sa dignité et ses ressources comme roi d'Angleterre, Guillaume le Conquérant accroît considérablement la souveraineté ducale. Chef militaire, il a droit non seulement au service de ses barons, minutieusement réglé, mais à l'arrière-ban qui lui permet de convoquer tous ses sujets. Il se voit par là assuré d'une force militaire importante, alors qu'il limite celle de ses barons en soumettant la construction des châteaux à son autorisation et en se réservant le droit d'y mettre garnison et d'y prendre otage. Il réglemente les guerres privées et finit même par en prononcer l'interdiction.

Il est aidé dans son œuvre de centralisation par une administration remarquable. Au centre, l'accompagnant, sa cour, qui dirige et légifère, même en matière ecclésiastique car les conciles, convoqués et présidés par lui, ne sont qu'une forme des « parlements » qui réunissent périodiquement ses barons autour de lui. Henri II s'affranchit de ceux-ci et gouverne par des assises de quelques conseillers spécialisés. Comme tous les princes de ce temps, le duc a auprès de lui des grands officiers, sénéchal, bouteiller, chambrier, trésorier, connétable, chancelier, mais les offices de chambrier et de chancelier sont seuls inféodés, les autres étant remplis par des fonctionnaires. Le plus important est le sénéchal, chef de la justice ducale. Une cour administrative réunit, en sessions périodiques distinctes, tantôt les juristes sous la présidence du sénéchal, tantôt les spécialistes des questions financières rassemblés autour du chambrier et du trésorier. On lui donne, à partir de 1130 au moins, le nom célèbre d'Échiquier, qu'elle tire de la table à damier servant à ses comptes lors de ses réunions. Le territoire, jadis divisé en « centaines », l'est dès le début du XIe siècle en vicomtés, circonscriptions militaires, financières et judiciaires. À leur tête se trouvent les vicomtes, primitivement possesseurs de leur fief en office, mais qui sont devenus des fonctionnaires. De plus, à partir d'Henri II, quelques officiers locaux supérieurs, les baillis, viennent contrôler et coordonner leur activité.

Le pouvoir ducal bénéficie enfin du renouveau économique. Très sensible à partir du milieu du XIe siècle, il se traduit par le développement du commerce, une renaissance des villes et la réapparition de la monnaie. Dans les villes, une classe de bourgeois, notables citadins ou ruraux, fait son apparition. Ces bourgeois se réunissent très tôt en *communiones* ou ligues. Ils ne songent d'abord qu'à défendre la paix de leur localité. Mais, bientôt, des privilèges s'étendant à la vie publique leur sont accordés par les lois de Cormeilles, de Breteuil (Guillaume le Conquérant), puis de Verneuil et de Pontorson (Henri Ier). S'il n'y a pas encore de magistrats élus, du moins la ville forme-t-elle désormais une circonscription administrative, et les habitants ont-ils obtenu d'importants avantages du point de vue judiciaire, financier, militaire et commercial. Enfin, durant la seconde partie du XIIe siècle, paraissent quelques communes du type « seigneuries collectives », se comportant en tout comme un fief : commune d'Eu, surtout commune de Rouen dont on ne sait si les Établissements (vers 1170) sont une charte concédée par le duc ou un code de lois municipales émanant de la ville elle-même. Par la suite, Jean sans Terre multipliera les communes de type rouennais (Évreux, Bayeux, Alençon, Fécamp, etc.), en vue surtout d'obtenir l'appui de leurs milices bourgeoises.

Les relations avec le roi de France. Louis VI le Gros, après la réconciliation d'Étienne de Blois avec Henri II, avait dû se contenter de l'hommage pour l'Aquitaine et le Poitou, comme pour la Normandie (1154). Mais la guerre, toujours menaçante, reprend à l'occasion de l'asile accordé par Louis VII, en 1164, à l'archevêque de Cantorbéry, Thomas Becket, avec lequel Henri II s'est brouillé. Le duc-roi s'assure alors la Bretagne par le mariage de son fils puîné Geoffroi avec la fille du duc de Bretagne, Conan (1166), qui abdique peu après. Mais sa situation est profondément ébranlée par l'assassinat de Thomas Becket par les chevaliers normands de sa cour, et par l'amende honorable qu'il est obligé de faire à la porte de la cathédrale d'Avranches (1172). Enfin, en refusant de leur donner le moindre pouvoir effectif, il jette ses quatre fils dans une révolte que soutient leur mère, la reine Aliénor, et qui les fait se réfugier à la cour de France (1173). D'où une dernière lutte où Louis VII assiège en vain Verneuil et qui se termine, sans avantage pour le roi de France, par la réconciliation d'Henri II et de ses fils (1174).

La situation change complètement avec l'arrivée sur le trône de France de Philippe Auguste, qui attise les dissensions entre Henri II et ses fils et soutient Richard Cœur de Lion dans sa révolte contre son père. Traqué dans ses domaines de la Loire par son fils rebelle et par Philippe, Henri II doit capituler à l'entrevue d'Azay-le-Rideau. Sur la révélation que son fils préféré Jean l'a aussi trahi, une attaque l'abat. Il meurt le 6 juillet 1189. Richard Cœur de Lion est couronné duc de Normandie à Rouen le 20 juillet et roi d'Angleterre à Londres le 3 septembre. Mais son entente avec Philippe Auguste ne dure pas. Les deux rois se brouillent au cours de la deuxième croisade à laquelle ils prennent part, et, pendant la captivité de Richard en Autriche, Philippe songe à reprendre la Normandie. Le retour de Richard contrarie ces projets. Philippe se fait battre à Fréteval, près de Vendôme (1194), et à Courcelles, près de Gisors (1198). La mort de Richard (1199) met fin, pour le roi de France, à cette série de revers. Il profite de plaintes portées à sa cour par Hugues de Lusignan, comte de la Marche, contre Jean sans Terre, successeur de Richard. Cité à en répondre devant lui, Jean s'y refuse, et un jugement de la Cour le condamne pour ce défaut à la perte de ses biens français (1202). Le roi fait aussitôt exécuter la décision. Il entre en campagne et s'empare de la Normandie, du Maine et de l'Anjou (1204).

Sa conquête de la Normandie est facilitée par la passivité des populations. Il confirme les privilèges municipaux et autres et multiplie les promesses, mais commet la faute – ces avances étant restées sans effet – de passer à l'intimidation. Aussi la Normandie ne lui prête-t-elle aucun appui lorsqu'il envoie son fils Louis tenter la conquête de l'Angleterre (mai 1216), et participe-t-elle à la révolte féodale qui marque la minorité de Louis IX en prenant les armes au nom du duc de Normandie, roi d'Angleterre, Henri III. Mais le nouveau roi de France s'attache les Normands par ses vertus et la conception qu'il a de sa mission et, soucieux d'établir une paix durable, signe avec Henri III d'Angleterre, dont il était devenu le beau-frère, le fameux traité de Paris (1259). Par celui-ci, il renonce aux domaines anglais sis au sud de la Charente et en Auvergne contre l'hommage du roi d'Angleterre pour ces biens et sa renonciation à la Normandie, à l'Anjou, au Maine, à la Touraine et au Poitou. C'est à partir de ce traité qu'il n'y a plus en droit de duc de Normandie anglais et que la Normandie devient sans conteste française à la réserve des îles (Jersey, etc.) qui avaient échappé à Philippe Auguste.

L'assimilation de la Normandie est facilitée par ce qu'on a appelé la paix française et qui, plus encore que l'absence de guerres, est le respect des institutions locales et la prospérité générale. Intégrée à la France, la Normandie n'en reste pas moins une unité politique et administrative. Les organes de l'administration centrale sont modifiés, non supprimés – sauf la charge de sénéchal. L'Échiquier, notamment, est conservé comme délégation de la cour du roi. Le groupement des vicomtés en bailliages, esquissé à la fin du régime Plantagenêt, est définitivement organisé par Philippe Auguste sur le type alors général des domaines royaux. Dans l'ensemble, les rois de France ne font que prendre la suite de leurs prédécesseurs. C'est ainsi que la justice royale, comme la justice ducale, est rendue d'après le droit coutumier. Celui-ci est codifié au début du XIIIe siècle dans le *Très ancien coutumier* (reconnu par Louis IX sous la forme du *Grand Coutumier* en 1266). L'organisation ecclésiastique enfin n'est pas touchée par le changement d'obédience politique. La monarchie française laisse même se développer l'autorite ecclésiastique à son détriment, notamment par le passage de la nomination ducale à l'élection canoniale des évêques et par l'extension des officialités. Mais, sous une acceptation apparente, la résistance provinciale ne meurt pas. Elle se manifeste contre Philippe le Bel, si nettement que celui-ci cherche à satisfaire les Normands peu avant sa mort, par une ordonnance de mai 1314. Les troubles qui suivent sa disparition décident enfin son fils Louis X le Hutin à accorder le 22 juillet 1315 la charte aux Normands (confirmée en 1339) qui fixe les « libertés » provinciales et qui sera renouvelée à chaque règne jusqu'au XVIIe siècle. C'est d'elle que sortiront les états provinciaux.

La Normandie, enjeu principal de la guerre de Cent Ans. Après avoir joui pendant plus d'un siècle de la paix française, la Normandie, aux XIVe et XVe siècles, est l'enjeu principal et l'un des théâtres privilégiés de l'interminable conflit qui oppose la France à l'Angleterre. La province est brutalement jetée dans la guerre par le débarquement à Saint-Vaast-la-Hougue d'Édouard III d'Angleterre (juillet 1346), débarquement suscité par Geoffroi d'Harcourt, en conflit avec le roi Philippe VI. Lorsque Jean II le Bon succède à Philippe VI (1350), il trouve en Normandie une situation qui a encore empiré du fait qu'aux intrigues de Geoffroi d'Harcourt, momentanément rentré en grâce, se sont jointes celles d'un prince du sang, sourdement prétendant, lui aussi, au trône de France, le comte d'Évreux et roi de Navarre, Charles le Mauvais. Jean le Bon croit trancher leurs menées en allant procéder à Rouen (avril 1356) à l'arrestation de Charles le Mauvais dans un banquet offert par le Dauphin et en faisant exécuter aussitot quelques-uns de ses partisans, dont un neveu de Geoffroi d'Harcourt. Il ne réussit qu'à provoquer le soulèvement de ce baron et du frère de Charles le Mauvais, Philippe d'Évreux, et une double invasion anglaise de la Normandie.

Désormais déchirée entre Français, Anglais et Navarrais (Étienne Marcel obtient la libération de Charles le Mauvais qui sait s'acquérir la faveur de Rouen), cette dernière est en proie à une guérilla incessante. Elle manque de tomber dans l'obédience anglaise, mais les succès remportés par les milices communales permettent au Dauphin de repousser le traité de Londres (mars 1359) auquel Jean le Bon, captif depuis la bataille de Poitiers (1356), avait consenti pour libérer les prisonniers et se délivrer lui-même. Bientôt le traité de Brétigny (avril-octobre 1360) vient donner raison aux partisans de la résistance par la renonciation d'Édouard III à ses prétentions sur la couronne de France et la Normandie, contre la reconnaissance de sa souveraineté en Guyenne, Gascogne, Poitou, Saintonge et la possession des îles normandes. La Normandie est alors progressivement reconquise par Du Guesclin sur les Navarrais qu'il bat à Cocherel, le 16 mai 1364, et par l'amiral Jean de Vienne, qui s'empare de la principale base d'opérations tenue par les Anglais, Saint-Sauveur-le-Vicomte, le 3 juillet 1375, et les oblige à se rembarquer. Mais la province est, comme une grande partie de la France, dans un état très précaire qui explique, avec les exigences d'un Trésor épuisé et les querelles de la Cour, des troubles comme ceux de la Harelle à Rouen (1382). Charles VI les mate durement, et la province retrouve la paix tandis que Cherbourg, dernière place que détenaient les Anglais, leur est rachetée en 1394.

La guerre reprend en 1415, et Henri V d'Angleterre, après avoir débarqué à l'embouchure de la Touques (août 1417), s'empare de Rouen au terme d'un siège héroïque (19 janvier 1419) et soumet de nouveau toute la Normandie. Seul le Mont-Saint-Michel lui échappe. Pour s'assurer la soumission des populations, lui et ses successeurs se montrent respectueux des « libertés normandes » et s'efforcent de développer la vie économique. D'anciennes charges ou organismes que le régime français avait supprimés sont même rétablis, d'abord le sénéchal, chef de la justice, dès 1418, et surtout l'Échiquier des comptes qui tient de nouveau ses séances, comme au XIIe siècle, à Caen (1436), tandis que l'Échiquier des causes se réunit à Rouen. En 1432, Bedford, régent au nom du jeune roi Henri VI, fait enfin à la Normandie un don vraiment royal en créant à Caen l'université qui lui manquait (1432, droit canon et droit civil ; 1437, théologie ; 1438, médecine).

Le rattachement définitif à la France. Les irréductibles sont néanmoins nombreux, surtout dans la noblesse et dans le peuple, et l'apparition de Jeanne d'Arc leur rend espoir. Mais la Normandie ne la connaîtra que prisonnière au donjon de Rouen et martyre sur la place du Vieux-Marché. Toutefois, son exemple étend l'esprit de résistance hors du Cotentin, du Perche et du Bocage où il était jusque-là cantonné, et la reconquête française, cette fois définitive (1436-1450) trouvera le soutien des populations rurales et sera également facilitée par de nombreux soulèvements urbains (Cherbourg, 1429 ; Caen avec Cantepie, 1434). Charles VII ménage la transition en confirmant la charte aux Normands (1458) et en faisant bon accueil aux « reniés ». Mais l'autoritarisme de Louis XI mécontente la noblesse qui participe en masse à la ligue du Bien public. Après avoir réduit la révolte et réoccupé la Normandie, Louis XI peut faire déclarer par les états généraux de Tours que la province ne pourra être distraite du domaine royal (1468) et faire briser l'anneau ducal en séance de l'Échiquier le 9 novembre 1469. Il n'y a plus de duché de Normandie, et la monarchie proclame ainsi la pleine assimilation de la province. Elle donne toutefois certaines satisfactions aux Normands, notamment en faisant de l'Échiquier judiciaire une cour permanente (1499) qui deviendra sous François Ier le parlement de Rouen (1515) avec les privilèges de celui de Paris (1518). Une Cour des aides est également créée à Rouen (1463) pour les litiges financiers. La Normandie se trouve dotée des mêmes institutions que le reste du pays mais elle garde son unité administrative et les organes nécessaires à son autonomie.

La pacification de la province est aidée par les aventures profitables que l'ère des grandes découvertes permet aux plus hardis de ses navigateurs. La guerre anglaise avait déjà poussé sur les routes maritimes le célèbre Jean de Béthencourt, chambellan de Charles VI, et, la paix revenue, les Normands, particulièrement les Honfleurais et les Dieppois, multiplient les expéditions. Ils sont activement soutenus par François Ier qui fait occuper Terre-Neuve (1524) et charge le Malouin Jacques Cartier, avec des équipages où les Normands sont nombreux, de pousser la découverte du Canada (1534-1536). C'est aussi François Ier qui, pour parer à l'insuffisance des ports de la Seine, fait construire (1517-1520) le port primitif du Havre (Bassin du roi).

Les guerres de Religion. La Réforme est très vite influente et touche aussi bien universitaires, magistrats, ouvriers, que nobles ou paysans. Tout le pays est également atteint, et c'est la persécution qui groupera les huguenots dans certaines régions plus propices à la défense ou à la dissimulation. Face à cette persécution (bûcher de Lecourt en 1533, exécutions de 1555 et 1559), les huguenots normands « dressent » partout des églises (1551-1561) et, après le massacre de Wassy (1562), entrent en guerre contre les catholiques. Sous la direction du comte de Montgomery, qui devient leur chef, ils prennent le pouvoir dans toutes les villes importantes (1562), avec l'aide anglaise. Charles IX et Catherine de Médicis réussissent à reprendre Rouen sur Montgomery, et les calvinistes se font également battre à Dreux. Mais une marche hardie de Coligny, parti d'Orléans, leur reconquiert Caen et toute la Basse-Normandie. La paix d'Amboise, en 1563, met fin à cette première lutte en accordant aux réformés l'exercice de leur culte dans quelques villes. En mars 1574, la guerre civile reprend de l'ampleur en Basse-Normandie avec le débarquement, sur la côte du Cotentin, de Montgomery, qui s'était réfugié dans les possessions anglaises. Capturé, ce dernier est exécuté à Paris en place de Grève le 26 juin 1574 et la paix de Monsieur (mai 1576) rétablit le calme.

Pour quelques années seulement. La formation de la Ligue et l'alliance entre Henri III et Henri de Navarre ravivent la guerre. Les protestants soutenant le nouveau roi Henri de Navarre, devenu Henri IV (1589), c'est maintenant aux catholiques d'entrer en dissidence derrière Mayenne. Henri IV remporte deux brillantes victoires à Arques (21 septembre 1589) et à Ivry (14 mars 1590), mais il échoue à reprendre Rouen et doit acheter fort cher la soumission de son gouverneur. La paix n'est enfin définitivement rétablie qu'avec l'édit de Nantes (avril 1598). La province retrouve aussitôt la prospérité. La sage administration de Sully y fait merveille, mais il n'aime guère la colonisation, et c'est Henri IV, plus audacieux, qui y encourage les Normands. Les expéditions de l'armateur dieppois Samuel Champlain vers la Nouvelle-France partent notamment du Havre (1604) et de Honfleur (1608).

Les XVIIe et XVIIIe siècles. La Normandie est atteinte par les troubles qui marquent la minorité de Louis XIII, et l'accroissement des impôts y provoque en 1639 la révolte des Va-Nu-Pieds, sévèrement réprimée par le chancelier Séguier. Enfin la Fronde offre l'occasion de nouvelles agitations, fomentées par le duc de Longueville et sa femme, la célèbre sœur du Grand Condé. La fatigue et la misère provoquées par ces luttes expliquent la facilité avec laquelle s'établissent l'absolutisme et la centralisation sous Louis XIV. Les états de Normandie tiennent leur dernière réunion en 1654 et sont abolis en 1666. Le parlement de Rouen est réduit, comme les autres cours souveraines, à un rôle judiciaire. Enfin la province a désormais trois intendants, à Rouen, Caen et Alençon, ce qui détruit la Normandie comme unité administrative plus d'un siècle avant que ne soient créés les départements révolutionnaires. La province connaît en revanche un remarquable développement économique, grâce notamment aux soins apportés par Colbert (fils d'un marchand rouennais) à son économie et à sa marine. Les industries textiles (à Rouen, Elbeuf et dans le Cotentin) se développent, mais aussi les faïenceries (Rouen), les forges (Bocage), la grande pêche qui concourt à l'accroissement de la marine normande. Celle-ci fournit à Louis XIV quelques-uns de ses plus illustres marins, Duquesne et Tourville notamment. Colbert pousse également aux constructions maritimes et, en 1686, Vauban fait commencer les travaux du port militaire de Cherbourg. Enfin, la Normandie continue à essaimer dans le Nouveau Monde. De nombreuses familles s'installent au Canada et c'est le Rouennais Cavelier de La Salle qui découvre et descend le Mississippi et prend possession de la Louisiane en 1682 avant d'aller mourir au Texas en 1687.

La révocation de l'édit de Nantes porte un rude coup à ce dynamisme, car les protestants, à la fois voués au commerce par l'exclusion des carrières libérales et des offices, et favorisés dans leurs affaires avec leurs coreligionnaires d'Angleterre et de Hollande, ont été pour beaucoup dans la prospérité générale. Celle-ci renaît pourtant dès que la liberté du règne de Louis XV recrée des conditions favorables. Si l'industrie textile se relève mal, l'initiative privée, redevenue libre et excitée par l'esprit de spéculation de l'époque de Law, multiplie les entreprises les plus diverses, en même temps que la paix avec les puissances maritimes redonne sa raison d'être au commerce normand. Une importante bourgeoisie d'affaires se développe (les Feray au Havre, les Houël à Caen). Le particularisme normand reprend vie, et l'abolition des parlements par Maupeou (1771), qui supprime avec la cour de Rouen, héritière de l'Échiquier, le dernier vestige administratif de la

Baptême de Rollon
Grandes chroniques de France, XIVe siècle. Paris, Bibliothèque nationale de France. © *Sélection Images*

Normandie indépendante, porte l'agitation à son comble. Le retour des parlements, à l'avènement de Louis XVI qui montre par ailleurs son intérêt pour la Normandie en rétablissant le titre ducal au bénéfice de son second fils – celui qui sera Louis XVII (1785) –, ramène le calme mais donne une nouvelle vigueur aux revendications du régionalisme qui apparaissent nettement dans les cahiers de doléances de 1789.

La Révolution et la période contemporaine. Ces revendications sont sacrifiées à la Révolution qui est accueillie avec faveur par l'ensemble de la population. Mais les excès des clubs parisiens et leurs menaces contre la liberté et la propriété heurtent nombre de Normands, ennemis du désordre, individualistes et attachés à leurs biens. Ils envoient à la Convention une majorité de Girondins et, lorsque l'émeute parisienne des 31 mai et 2 juin 1793 chasse ces derniers de la Convention, leurs principaux chefs trouvent refuge à Caen où ils tentent de former un gouvernement fédéraliste. Initiative sans lendemain. Contraints de quitter la Normandie, les Girondins vont mourir, Buzot en Gironde – où l'on retrouvera son corps (à côté de celui de Pétion) dans un champ, à demi mangé par les loups –, Fauchet et Cussy sous la guillotine, Valaze de sa propre main, lors de la lecture de sa condamnation. Autrement sanglantes sont les luttes du soulèvement royaliste et de la Chouannerie, qui naissent dans l'ouest de la Normandie, sous la direction de Louis de Frotté.

Plus que lasse des agitations politiques de la période révolutionnaire, la Normandie accueille avec faveur le Consulat et prospère pendant les premières années de l'Empire. Mais les guerres continuelles la détachent peu à peu du régime. Sous la Restauration et la monarchie de Juillet, le retour à la paix, facilitant les relations avec la Grande-Bretagne, permet enfin un essor industriel continu. La révolution de 1848 suscite un grand enthousiasme et provoque une véritable résurrection des mouvements fédéralistes. Mais le souci d'un gouvernement efficace prévaut très vite et amène un éclatant succès de Louis Napoléon Bonaparte qui, devenu empereur, conservera toujours en Normandie des majorités écrasantes. Cette popularité du régime impérial doit beaucoup à l'essor économique qui contraste tellement avec le marasme des années 1846-1852. Mais seule la vallée de la Seine bénéficie réellement de l'essor industriel, tandis que les régions rurales, en particulier celles où les progrès de l'élevage et la disparition de l'industrie artisanale rurale rendent plus difficile l'existence des ouvriers agricoles, commencent à se dépeupler. L'effondrement du Second Empire amène, comme après Waterloo, une seconde invasion de la Normandie par les armées allemandes. Des combats sérieux ont lieu dans la Seine-Inférieure et dans l'Eure, tandis que le Perche est le théâtre de plusieurs escarmouches contre les éléments de la seconde armée de la Loire reculant vers le Mans.

Au début de la IIIe République, en 1875, sont concédées les premières mines de fer du Bocage, dont l'exploitation devient intensive dans les premières années du XXe siècle, donnant naissance à une métallurgie moderne en Basse-Normandie tout en alimentant une exportation qui contribue puissamment aux progrès du port de Caen. L'industrie textile, de son côté, se développe à la suite du repli dans la région rouennaise d'un certain nombre d'entreprises alsaciennes dont les dirigeants ont opté pour la France après le traité de Francfort. Rouen, Le Havre mais aussi Cherbourg, grâce à son arsenal achevé en 1858, connaissent un développement spectaculaire. Cette prospérité exceptionnelle, la Normandie la retrouve dans les années qui suivent la Première Guerre mondiale. Le Havre affirme sa vocation de marché international, Cherbourg devient le port d'escale des grands transatlantiques de tous les pays. Mais cette place privilégiée de la Normandie dans les échanges internationaux la rend encore plus sensible aux répercussions de la crise de 1929.

Pendant la Seconde Guerre mondiale, la Normandie est occupée par les Allemands avec une densité exceptionnelle, sans précédent, et ses charges s'alourdissent encore avec les travaux de fortification côtière entrepris par les occupants. Choisie comme théâtre du débarquement allié de juin 1944, elle est profondément éprouvée par les combats de la bataille de Normandie. Elle est entièrement libérée en septembre 1944, après la chute du Havre, mais ce n'est alors qu'un pays dévasté, dont bien des villes sont sérieusement endommagées, telles Rouen, Lisieux et Caen, certaines même complètement rasées. Il faudra plus de vingt ans pour faire disparaître les traces de ces combats meurtriers.

NORMANDIE (bataille de)

Bataille ayant opposé les Alliés aux Allemands juste après le débarquement du 6 juin 1944.

Après le succès du Débarquement, la prise de Bayeux sans combat, la jonction des éléments britanniques et américains les 7 et 8 juin permettent de constituer à partir du 9 un front cohérent s'étirant des approches de Cabourg et de Troarn, à l'est, jusqu'à la base du Cotentin à l'ouest. La bataille de la tête de pont est remportée, celle de Normandie commence. Cette bataille sera celle des haies, qui délimitent tous les pâturages et que les Allemands mettent à profit pour établir un front défensif cohérent à l'aide des renforts rameutés à la hâte de Bretagne, du sud de la Loire et de la région parisienne. Les détachements sont acheminés principalement de nuit pour échapper aux raids dévastateurs des chasseurs-bombardiers alliés qui surveillent en permanence l'arrière du champ de bataille. Car, pour les Alliés, le seul impératif consiste à amener suffisamment de divisions et de matériel pour passer au plus vite à l'offensive, percer le front allemand et se répandre entre Seine et Loire. Deux ports artificiels sont en service pour amener à terre troupes, matériel et approvisionnements : celui d'Arromanches, dans la zone britannique, et celui de Saint-Laurent-sur-Mer, non loin d'Omaha Beach,

Bataille de Normandie
La « guerre des haies » dure un long mois aux alentours de Caen. © *Keystone*

dans le secteur américain. Jour et nuit, sous la protection d'une formidable DCA, d'un dense réseau de ballons reliés par des filins et d'une aviation de chasse aux patrouilles constantes, l'intendance alliée renforce la tête de pont avec une régularité de métronome, même si le 19 juin une violente tempête endommage le port artificiel de Saint-Laurent au point de le rendre inutilisable pour les convois lourds.

Une dizaine de jours après le Débarquement, le général Eisenhower dispose d'assez de forces pour entreprendre une première poussée vers l'ouest. Elle se situe au-delà de Carentan et atteint le littoral occidental du Cotentin le 18 juin à l'ouest de La Haie-du-Puits. Ensuite, la Ire armée américaine (Hodges) oblique vers le nord, déloge les Allemands de Valognes et parvient devant Cherbourg le 25, deux journées suffisant pour réduire une garnison accrochée aux forts, aux casernes, à l'arsenal et dont les éléments du génie ont truffé le port de mines. La chute de Cherbourg clôture la première phase de la bataille de Normandie en fournissant aux Alliés le grand port destiné à recevoir les navires de haute mer, une fois quais, darses et bassins débarrassés de tous les obstacles qui les parsèment, tâche à laquelle le génie américain se consacre avec détermination. La chute de la place constitue en outre, pour le commandement allié, un succès de prestige. Pourtant, dans le Bocage, de la vallée de l'Orne à celle de la Vire, la lutte continue encore un long mois, les progrès se comptant en centaines de mètres dans ce paysage cloisonné par les arbres et les haies à travers lesquels les Allemands, contraints partout à la défensive, se montrent résistants. Effectivement, si les Britanniques « grignotent » la plaine autour de Caen, ils pénètrent le 9 juillet dans un chef-lieu du Calvados en ruine.

Pourtant, derrière cette apparente stabilisation, la zone de la tête de pont est une véritable ruche. Un matériel fantastique s'amoncelle dans les prés, dans les clairières, le long des plages. Aux 14 divisions anglo-canadiennes, renforcées par la division blindée polonaise du général Maczek, les Américains ajoutent celles de la Ire armée, sur la brèche depuis le 6 juin, et maintenant la IIIe armée du général Patton, soit une quinzaine de nouvelles divisions (dont 4 blindées), au total quelque 42 divisions soutenues par des milliers de chasseurs et de chasseurs-bombardiers dont les pistes d'envol ne se situent plus en Angleterre mais parfois en Normandie même. Saint-Lô tombe peu après la mi-juillet. L'ennemi se cramponne à la ligne Troarn-Caumont-Lessayau au prix de lourdes pertes. Le maréchal Rommel lui-même échappe de peu à un chasseur-bombardier allié le 17 juillet près de Sainte-Foy-de-Montgomery, dans le Calvados, au cours d'un déplacement routier. Le 25 juillet, au nord de Saint-Lô, des milliers de forteresses volantes B 24, chargées de bombes, approchent des lignes. Les positions allemandes sont broyées. Lorsque les chars de la Ire armée américaine s'engouffrent dans la brèche, le 26 juillet, la résistance est sporadique. Les avant-gardes américaines parviennent à Coutances le 28 et atteignent Avranches le 30. Patton lance un corps d'armée (le 8e) vers le nord de la Bretagne, tandis que le gros des forces américaines infléchit son mouvement vers l'est, l'Anjou et la Basse-Loire. Nantes est atteinte le 4 août, Le Mans le 9. Hitler, qui a maintenu la XVe armée dans le Nord et en Belgique (croyant à un débarquement principal dans le Pas-de-Calais) s'aperçoit de son erreur et lance cette force vers la Normandie, mais il est déjà trop tard. Du 7 au 11 août, sous un essaim de chasseurs-bombardiers alliés, les *Panzer* avancent néanmoins vers Domfront et au-delà. C'est la contre-attaque de Mortain, qui vise à couper les lignes alliées à la hauteur d'Avranches. Un bataillon d'infanterie américain s'accroche à une colline au-dessus de Mortain et s'y arc-boute quatre jours durant. Il y gagnera le surnom de « Bataillon perdu », mais brisera l'élan des *Panzer*, tout comme les unités voisines à l'est d'Avranches. Le 11 août, le maréchal von Kluge ordonne le repli. Il est temps, car Patton approche d'Alençon. En fer de lance de sa IIIe armée se trouve le général Leclerc et sa 2e DB, débarquée le 31 juillet à Utah Beach et lancée aussitôt dans le corridor d'Avranches.

Pressés au nord par les Anglais, les Polonais et les Canadiens, les Allemands sont menacés au sud. Leclerc dépasse Alençon et fonce résolument vers Argentan et Sées. Dans la forêt d'Écouves, la 2e DB malmène les unités allemandes. Et le 18 août, près de Chambois, les hommes du Tchad opèrent leur jonction avec les Polonais et les Canadiens venus de Falaise. La poche du même nom s'est refermée. À l'intérieur, la Wehrmacht laisse plus de 200 000 prisonniers, blessés, morts, des centaines de chars détruits par les avions alliés, des milliers de canons, de camions et d'attelages hippomobiles. Par endroits, aux approches de Falaise, c'est un véritable charnier que l'on découvre, tant les pertes ont été lourdes. Von Kluge est limogé dès le 15 août, alors que toute l'armée allemande reflue vers la vallée de la Seine, les avant-gardes alliées aux trousses. Au total, cette bataille a coûté plus de 500 000 combattants à la Wehrmacht depuis le 6 juin.

NORMANDIE-NIÉMEN (escadrille)

Groupe de chasse dénommé Normandie, puis Normandie-Niémen, constitué au printemps 1942 par le Comité français de Londres à partir d'éléments réunis d'une part en Angleterre, d'autre part en Irak.

Renforcée par de nouveaux apports, cette unité devient un régiment, aux ordres des colonels Tulasne et Littolf. Après accord passé entre le général de Gaulle et le commandement soviétique, cette formation aérienne est affectée au front russe au mois de septembre, au moment où l'Union soviétique doit faire face à la ruée allemande vers la Volga et le Caucase. Elle est intégrée à la 303e division aérienne soviétique. De cette époque à mai 1945, l'escadrille Normandie va participer aux principales opérations sur le front central de Smolensk à Minsk, combattant notamment en Biélorussie en 1944 puis en Prusse orientale lors de l'invasion du Reich en 1945. C'est à cette occasion que la dénomination de Niémen sera ajoutée à son nom d'origine. Après la mort des colonels Tulasne et Littolf, l'escadrille est dirigée par le colonel Pouyade. Les plus hautes décorations françaises et soviétiques lui seront décernées, tant pour le remarquable esprit combatif des équipages et le dévouement des hommes d'entretien que pour la constitution d'un ensemble cohérent, efficace, symbole de la fraternité d'armes de deux nations alliées.

NOSTRADAMUS Michel de NOSTREDAME, dit (Saint-Rémy-de-Provence, 1503 – Salon, 1566)

Médecin et astrologue.

Il fait des études de médecine à Avignon et Montpellier avant de devenir docteur en médecine en 1529. Il s'illustre lors de la peste de Lyon l'année suivante, grâce à l'efficacité de ses traitements. Mais il devient célèbre dès la publication de ses *Prophéties* (1555, 1558), ensemble de quatrains groupés par centaines et appelés « centuries ». À la demande de Catherine de Médicis, il rédige les horoscopes de ses fils, tandis qu'en 1564, Charles IX lui demande d'être son médecin ordinaire. Le caractère énigmatique de ses prophéties, que chacun peut interpréter à sa guise, explique le succès de son œuvre, qui ne s'est pas démenti depuis.

NOTITIA GALLIARUM

Liste des évêques de Gaule établie à la fin du IVe siècle par l'administration romaine et augmentée plus tard par des ajouts francs.

Reprenant le classement de la *Notitia Dignitatum* (document officiel recensant les fonctionnaires de l'Empire romain), la *Notitia Galliarum* fait l'inventaire des dix-sept provinces ecclésiastiques gauloises et de leurs villes. Dans la capitale de chaque province résident les métropolites, et dans chaque circonscription de la province se trouve un évêque. Seules les provinces ecclésiastiques des Alpes Grées (région du lac de Genève) et de la Grande Séquanaise n'ont pas de métropolites et dépendent de Vienne pour la première, de Mayence pour la seconde. La *Notitia Galliarum* permet de constater que, dès l'époque de sa première rédaction, les menaces d'invasions contraignent certains évêques à posséder des domaines-refuges fortifiés. Au Ve siècle, les bouleversements que connaît la Gaule entraînent l'abandon de nombreux sièges épiscopaux, et seules les circonscriptions chrétiennes du centre du pays restent intactes. L'établissement des Francs en Gaule permet le retour aux structures de l'Église présentées dans la première *Notitia Galliarum*.

NOTRE-DAME DE PARIS

Siège de l'évêché de Paris, au cœur de la Cité.

Dès son élection en 1160, l'évêque de Paris Maurice de Sully projette de remplacer la cathédrale romane par un monument beaucoup plus grand, à l'image de ceux qui étaient déjà en chantier au nord de la Loire. Dimensions prévues : 130 mètres de longueur, 50 mètres de largeur et 35 mètres de hauteur, avec un chœur très profond, un déambulatoire et un transept. Grâce à l'énergie mise par l'évêque à rassembler des fonds, les travaux avancent rapidement, en commençant par le chœur : le grand autel est consacré en 1182. Dès 1190 commence la démolition de la cathédrale romane, désormais inutile. En 1196, à la mort de Maurice de Sully, le transept est prêt à recevoir sa toiture. Lorsque meurt son successeur en 1219, la nef atteint, en façade, la hauteur de la galerie des rois. En 1225, on aménage les chapelles latérales. La façade, achevée en 1250, est soutenue par des contreforts reliés à l'horizontale par la galerie des rois et, plus haut, par une galerie ajourée courant à la base des deux tours (hautes de 69 mètres) qui l'encadrent. Au centre, la grande rosace de 10 mètres de diamètre, prouesse architecturale longtemps inégalée, compte 16 rayons occupés par 80 figures de l'Ancien Testament ordonnées autour de l'oculus central représentant la Vierge et l'Enfant.

Entre 1235 et 1267 sont agrandies les fenêtres hautes de la nef et du chœur, ce qui pousse les architectes à créer les arcs-boutants, non prévus à l'origine et remplacés à leur tour au XIVe siècle par ceux qui y sont encore aujourd'hui. Louis XIV met le chœur au goût du jour sous la direction des architectes François Mansart (1598-1666) et Robert de Cotte (1656-1735) qui démantèlent le jubé, les stalles, les bas-reliefs et le maître-autel du XIIIe siècle. En 1771, Germain Soufflot (1713-1780), l'architecte du Panthéon, abat le Beau Dieu du trumeau et le tympan du portail central pour mieux faire passer la chaise à porteurs du roi. La Révolution achève le travail et jette à bas les statues, notamment les 28 statues royales de la galerie des rois. La flèche surmontant la croisée du transept est détruite. Napoléon Ier fait raser toutes les maisons qui, à son goût, étouffaient la façade. Louis-Philippe confie les travaux de restauration à Viollet-le-Duc et à Lassus. En 1864, la cathédrale est de nouveau consacrée. Parmi les 12 apôtres occupant les côtés de la nouvelle flèche, le visage de saint Thomas est celui de Viollet-le-Duc. Il est représenté en patron des architectes, portant des instruments de mesures.

NOUVELLE-CALÉDONIE

Territoire français d'outre-mer situé dans l'océan Pacifique, un peu au nord du tropique du Capricorne, à environ 20 000 km de la France, et à 1 400 km à l'est de l'Australie.

Le territoire, dont le chef-lieu est Nouméa, se compose de la Grande-Terre, île montagneuse aux formes assez rondes, qui culmine à moins de 1 700 mètres, de l'île des Pins, et des îles Loyauté. Le climat de la Nouvelle-Calédonie est semitropical, mais salubre. Sa superficie dépasse 16 000 km², 19 000 km² avec les îles Loyauté. En 1774, le navigateur anglais Cook découvre l'île, alors peuplée de Mélanésiens appelés Canaques, et lui donne son nom. Pendant la Révolution française, le navigateur français d'Entrecasteaux, à la recherche de l'expédition de La Pérouse, aborde dans plusieurs îles voisines (1792-1793). En 1827, Dumont d'Urville visite les îles Loyauté. La Nouvelle-Calédonie suit ensuite le développement de la colonisation de l'Australie : le bois de santal, dont elle est riche, la nacre, le trépang attirent les marchands, les pêcheurs, et enfin des colons et des missionnaires. Des missionnaires protestants, d'origine anglaise, débarquent en 1840, suivis trois ans plus tard de missionnaires catholiques. Les indigènes n'apprécient guère les excès des marchands et se révoltent à plusieurs reprises, massacrant notamment les marins français de l'*Alcmène* en novembre 1850. En 1853, le gouvernement impérial envoie en Nouvelle-Calédonie une expédition dirigée par l'amiral Febvrier-Despointes, qui prend officiellement possession de l'île et de l'île des Pins. Les autres îles seront annexées à partir de 1860. En 1854 est fondée dans la rade de Nouméa la ville de Port-de-France, qui prend douze ans plus tard le nom canaque de Nouméa.

Nouvelle-Calédonie
Un envoyé français distribue des présents à des chefs indigènes. Dessin d'Alphonse de Neuville (XIXe siècle) d'après une photographie, Paris, musée des Arts décoratifs. © *Sélection Images*

Rattachée depuis 1853 aux Établissements français de l'Océanie, la Nouvelle-Calédonie devient en 1860 une colonie distincte, administrée par la marine. En 1864, elle devient colonie pénitentiaire : un bagne est installé dans l'île Nou. L'île reçoit des condamnés de droit commun, les transportés et, après la Commune, les insurgés parisiens condamnés à la déportation. Au 1er juillet 1875, plus de 3 800 condamnés auront ainsi effectué le terrible voyage vers la Nouvelle-Calédonie – plus de cinq mois de traversée –, avant d'être conduits vers le bagne de l'île Nou, la presqu'île Ducos ou l'île des Pins. Leurs affreuses conditions de vie parviennent aux oreilles de la métropole en 1874, après l'évasion réussie, la seule, de Rochefort, Grousset, et quatre de leurs compagnons. La plupart des condamnés, comme Louise Michel, regagneront la France après l'amnistie partielle de 1879, ou l'amnistie totale de 1880. Dans l'île, les forçats sont employés à la création de voies de communications ou aux établissements appartenant au pénitencier, puis utilisés par des entreprises privées. Les Canaques continuent cependant à se révolter contre l'administration française, et 200 Français sont tués au cours de la révolte la plus importante, en 1878. En 1884, une administration civile remplace l'administration militaire des marins. La présence du bagne constitue cependant un frein au développement de la colonisation libre. Aussi, à la demande des colons, le gouvernement français renonce-t-il en 1896 au transport des condamnés dans l'île. Les forçats constituent à ce moment la moitié de la population blanche.

À côté d'une agriculture traditionnelle peu évoluée, la principale richesse de la colonie provient de ses minerais : or, cuivre, chrome, et surtout nickel, découvert au début de la IIIe République. En 1880, la banque Rothschild fonde pour son exploitation la société Le Nickel. L'île, qui manque de main-d'œuvre, doit faire appel à des Asiatiques, et compte en 1914 plus de 50 000 habitants. L'activité économique souffre de la Première Guerre mondiale, mais reprend après 1918. Les communications sont améliorées. Ralliée à la France libre dès 1940, la Nouvelle-Calédonie joue bientôt un rôle de premier plan dans la guerre du Pacifique, participe à la formation du bataillon du Pacifique, devient en 1942 une des plus importantes bases américaines.

L'île devient territoire français d'outre-mer en 1947, bénéficie de la loi-cadre Defferre de 1956 et d'une loi complémentaire en 1963. Un haut-commissaire représente le gouvernement français, préside le Conseil de gouvernement et dirige les services territoriaux. Le Conseil de gouvernement, qui compte 5 membres, assiste le gouverneur et arrête tous les projets qui seront soumis à l'Assemblée territoriale. Cette dernière, composée de 35 membres élus au suffrage universel, possède des pouvoirs délibérants, vote le budget du territoire et élit le Conseil de gouvernement. Deux députés et un sénateur représentent le territoire au Parlement. La Nouvelle-Calédonie est peuplée en 1983 d'environ 150 000 habitants qui se répartissent ainsi : 43 % de Mélanésiens, les Canaques ; 37 % d'Européens, les Caldoches, auxquels s'ajoutent des Wallisiens, des Indonésiens et des Tahitiens. Nouméa, capitale administrative de la Nouvelle-Calédonie, compte environ 60 000 habitants. L'agriculture – tubercules, caféiers et gros élevage – ne joue qu'un faible rôle dans l'économie, dominée par l'exploitation des minerais et le commerce. La Nouvelle-Calédonie est le troisième producteur mondial de nickel, sur lequel repose la plus grande partie de son économie, fort sensible donc à l'évolution du marché mondial.

L'intérêt stratégique et économique du minerai explique la précocité des tensions politiques. Dès 1969, les Foulards rouges, des jeunes indépendantistes, appellent à l'émancipation sur le

Nouvelle-Calédonie
Jean-Marie Tjibaou, leader du FLNKS, en conférence de presse, après une déclaration de Laurent Fabius en 1985. © *Keystone*

modèle des archipels voisins ; en 1977 naît le Front indépendantiste auquel répond, en 1978, le RPCR (Rassemblement pour la Calédonie dans la République) dirigé par Jacques Lafleur. En 1979, le Forum des États du Pacifique Sud soutient l'idée d'indépendance, à l'initiative des Australiens et des Néo-Zélandais, hostiles à la présence française et utilisant ce biais pour critiquer les expériences nucléaires dans le Pacifique. En 1982, dans le cadre de la nouvelle loi Defferre, la Nouvelle-Calédonie obtient une délégation législative partielle, ainsi que la mise en œuvre d'une politique de rachat des terres, redistribuées aux Mélanésiens en vertu du principe du « premier occupant ». L'opération porte sur 50 000 hectares et accentue encore les tensions, ce qui aboutit, après la conférence de Nainville-les-Roches (juillet 1983) à l'échec de l'autodétermination et à la sécession partielle du territoire, sous l'autorité du FLNKS (Front de libération nationale kanake et socialiste) en septembre 1984.

Entre 1984 et 1988, les gouvernements français proposent tour à tour l'indépendance-association (E. Pisani), l'autodétermination et la division en quatre régions (L. Fabius), un congrès du Territoire (B. Pons), sans calmer la violence qui culmine avec la prise d'otages dans l'île d'Ouvéa (avril-mai 1988) qui fait 21 victimes. Le Premier ministre Michel Rocard profite du choc causé par l'épisode pour inciter les deux leaders, Jacques Lafleur et Jean-Marie Tjibaou, à négocier. Le 26 juin, ils acceptent le report à 10 ans du scrutin d'autodétermination, la division en trois provinces dirigées par une assemblée et un exécutif élus par des électeurs installés depuis 10 ans au moins. Les accords sont ratifiés en métropole par référendum le 6 novembre 1988 (37 % de votants avec 9,9 millions de « oui » et 2,47 millions de « non »). Ce scrutin marque un retour au calme durable, que ne trouble pas l'assassinat de Jean-Marie Tjibaou par un membre du FNLKS, le 4 mai 1989, ni le report, en 1998, du scrutin d'autodétermination.

NOUVELLE-FRANCE

Partie orientale de l'actuel Canada, ainsi dénommée de 1524 à 1763 lorsqu'elle était placée sous autorité française.

C'est sans aucun doute dès le XIe siècle que les Vikings accostent en divers endroits sur le littoral canadien. Toutefois, on ne peut parler véritablement, à cette époque, de processus colonial, mais plutôt d'approches territoriales plus ou moins poussées. Bien que les marins du vieux continent aient connu, dès le début du XVe siècle, semble-t-il, les bancs de poissons se trouvant au large de

Terre-Neuve, il faut attendre 1497 pour voir, avec Jean Cabot, le premier explorateur sur le sol canadien. À partir de 1500, plusieurs navigateurs, parmi lesquels le Portugais Gaspar Corte-Real, le Florentin Verrazano ou l'Espagnol Gomez, poussent plus systématiquement leurs investigations sur les côtes de Terre-Neuve d'abord, puis en Nouvelle-Écosse. En 1534 et 1535-1536, au cours de deux voyages, Jacques Cartier remonte la baie du Saint-Laurent et découvre le site de Montréal où se trouvait déjà, à l'époque, un village indigène. Puis, pendant plusieurs années, les expéditions officielles, telle celle de Roberval, se raréfient, seuls quelques pêcheurs pratiquent avec les Indiens le commerce des peaux. Cette lucrative activité ne tarde pas à capter l'intérêt du roi de France qui décide, en 1582, de fonder au Canada une colonie permanente. Tentée par le marquis de La Roche et Pierre Chauvin en 1584 et 1599, cette implantation échoue faute d'organisation suffisante. Il faut attendre les expéditions de Samuel Champlain pour que la colonisation de ce territoire devienne effective. En effet, espérant percer la route de la Chine par le Pacifique, Champlain porte d'abord ses efforts sur l'Acadie et la Nouvelle-Écosse, et c'est en 1604 que les premiers colons s'installent sur le site de Port-Royal (Annapolis-Royal). La colonisation s'étend ensuite à la vallée du Saint-Laurent et, malgré de nombreuses difficultés d'implantation, Champlain réussit, grâce à sa farouche détermination, à maintenir le développement de la présence française. Québec est fondée en 1608 et, progressivement, les colons s'installent sur les rives du Saint-Laurent. Malgré ces succès, plusieurs années seront encore nécessaires pour que l'essor démographique de la colonie s'affirme réellement.

En 1627, Richelieu constitue une Compagnie de la Nouvelle-France ou Compagnie des Cent-Associés, chargée de favoriser l'explosion démographique de la colonie en organisant une immigration soutenue, tant d'hommes que de « filles du roy » devant permettre de faire passer le nombre de familles implantées à 4 000 âmes entre 1627 et 1643. En retour, la compagnie se voit accorder le monopole d'exploitation du commerce de la fourrure et d'importantes prérogatives d'administration publique. Mais, bientôt, les dissensions entre la France et l'Angleterre aboutissent, avec la chute de Québec en 1629, à l'anéantissement presque complet des efforts d'implantation entrepris par la France. Jusqu'en 1632, date à laquelle la France recouvre sa colonie au terme du traité de Saint-Germain, la situation reste extrêmement précaire pour les quelques Français restés outre-Atlantique.

Avec Colbert, un nouvel essor est donné à la colonie. Le ministre crée effectivement un gouvernement royal en Nouvelle-France, dotant ainsi ce territoire d'un statut provincial de droit commun. Au sein de celui-ci, les principaux responsables seront, au poste de gouverneur le comte de Frontenac, à celui d'intendant Jean Talon, au siège épiscopal Mgr François de Montmorency-Laval. Immédiatement, avec une régularité encourageante, la Nouvelle-France se dote de structures stables et d'une population bien établie, entamant systématiquement la pacification d'un territoire rendu dangereux par les Iroquois. En 1701 enfin, le territoire de la Nouvelle-France retrouve, avec la pacification, un épanouissement complet. De nombreuses seigneuries sont créées le long des rives du Saint-Laurent, bien que les zones d'implantation demeurent longtemps diffuses et que ne puissent être dénombrées comme lieux proprement ramassés que Québec, le Cap (Tourmente), les Trois-Rivières, la ville de Montréal et quelques villages à la vue de Québec. Toutefois, avec Vaudreuil de Cavagnal, au début du XVIIIe siècle, les agglomérations se développent au point que, à la veille de la conquête anglaise, de Québec à Montréal, on peut voir une étendue pratiquement ininterrompue de terres exploitées. Mais si les bords du Saint-Laurent se peuplent avec rapidité, l'arrière-pays n'en est pas moins exploré grâce aux expéditions de Louis Jolliet, Cavelier de La Salle (qui découvrira la Louisiane en 1682) et Du Lhut, notamment.

Puis, troublée par les tensions entre la France et la Grande-Bretagne, la Nouvelle-France retrouve au lendemain de la paix d'Utrecht (1713) un calme relatif, la couronne ayant dû céder aux Anglais l'Acadie, Terre-Neuve et la baie d'Hudson. Ces lourdes pertes territoriales se trouvent compensées par une maîtrise de plus en plus totale de l'intérieur du pays, et bien que la cause, tant de l'exploitation de la Nouvelle-France que des Français expatriés outre-Atlantique, n'ait pas véritablement sensibilisé la métropole, le Canada continue à connaître une activité économique prospère. Mais l'essor démographique du début du XVIIe siècle se ralentit constamment tout au long de ce siècle. Les colonies anglaises voisines se peuplent d'environ 1 500 000 âmes alors que la Nouvelle-France n'en compte à la même époque que 70 000. Vers les années 1720, les Britanniques, forts de leur supériorité numérique, se mettent à convoiter de manière précise la province française. La guerre de Sept Ans leur permet de se rendre maîtres rapidement de la Nouvelle-France. Les années passant, et malgré la trêve du traité d'Aix-la-Chapelle (1748), les offensives anglaises reprennent. Les Français résistent avec acharnement – ainsi Montcalm à Fort-Carillon en 1758 –, mais la flotte de Sounders et les soldats de Wolfe finissent par avoir raison des Français. En 1759, l'armée française est irrémédiablement battue au lieu-dit des Plaines d'Abraham et, en dépit d'une victoire toute symbolique sur les soldats britanniques l'année suivante, la province doit capituler au mois de septembre 1760, date à laquelle la Nouvelle-France devient, dans les faits, terre anglaise, avant d'être rattachée définitivement à la couronne d'Angleterre par le traité de Paris de 1763. Pour Choiseul, l'essentiel est d'avoir réussi à conserver Saint-Domingue, « l'île à sucre », tandis que le Canada ne fournit encore que quelques pelleteries.

NOUVELLE-ORLÉANS (La)

Ville des États-Unis, dans l'État de Louisiane, sur le Mississippi.

Fondée en 1718 par Jean-Baptiste Le Moyne de Bienville pour le compte de la Compagnie d'Occident, La Nouvelle-Orléans est ainsi baptisée en l'honneur du Régent. La ville, fondée par Bienville, se trouve sur la rive gauche du Mississippi, non loin du lac Pontchartrain, à plus de 100 km de la côte du golfe du Mexique. La Nouvelle-Orléans ne tarde pas à devenir un port actif et, dès 1723, remplace Mobile comme capitale de la Louisiane. Le gouverneur et l'archevêque y résident, le gouvernement envoie des jeunes filles et des colons, les Français élèvent ce qui constitue aujourd'hui le noyau ancien de la ville, le Vieux Carré, d'architecture française. Cependant, dès les années 1730, la France oublie la Louisiane et sa capitale. Après sa cession à l'Espagne par le traité de Fontainebleau, en 1762, La Nouvelle-Orléans, qui se soulève en vain contre cette décision, devient une ville espagnole. Restituée à la France en 1800, vendue aux États-Unis trois ans plus tard avec la Louisiane, la ville, débouché du Mississippi, se développe rapidement, concurrençant New York jusqu'à la guerre de Sécession. L'influence créole française y reste considérable, par l'architecture, les traditions ou la langue parlée encore par certains.

NOUVELLES-HÉBRIDES

Condominium franco-anglais situé dans l'océan Pacifique, au nord-est de la Nouvelle-Calédonie.

Archipel d'environ 80 îles et îlots au relief montagneux et volcanique, les Nouvelles-Hébrides, qui s'étendent sur 14 700 km², ont un climat équatorial très humide, beaucoup moins salubre que celui de la Nouvelle-Calédonie. La population autochtone est de race mélanésienne, mais les îles orientales ont subi l'influence polynésienne. Port-Vila, dans l'île Vaté, est le chef-lieu du condominium. En 1606, le navigateur portugais Queiros aborde l'île d'Espiritu Santo. Croyant avoir découvert le continent austral, il nomme cette terre Terra Australia del Espiritu Santo. Bougainville, qui redécouvre les îles en 1768, les appelle Grandes Cyclades, puis l'Anglais Cook, en 1774, leur donne leur nom définitif. Les Européens commencent l'exploration de l'archipel au XIXe siècle, recherchent le bois de santal, le coprah ou la main-d'œuvre, tandis que les baleiniers relâchent sur les côtes. Leurs excès provoquent de nombreuses révoltes, l'hostilité des Mélanésiens grandit. Après plusieurs vaines tentatives, entreprises dès 1824, des missionnaires protestants s'installent dans l'archipel en 1829. Des catholiques les suivent au milieu du siècle. Dans le dernier quart du siècle s'installent des colons français, anglais et australiens. En 1878, la France et l'Angleterre proclament la neutralité de l'archipel. Pour encourager la colonisation française, le gouvernement crée en 1882 la Compagnie calédonienne des Nouvelles-Hébrides, et annexe quelques îles. Mais l'Australie s'oppose à cette politique, fait intervenir le gouvernement de Londres et, en octobre 1887, un traité franco-anglais établit la domination conjointe des deux signataires sur les Nouvelles-Hébrides, administrées par une commission navale mixte. L'accord du 8 avril 1904, sanctionné en 1906 par la convention de Londres, établit d'une façon définitive le condominium franco-britannique. Deux commissaires résidents, un Anglais et un Français, remplacent la commission navale. Les Nouvelles-Hébrides n'envoient pas de représentant à Paris et ne possèdent pas d'assemblée locale. Le commissaire résident français est placé sous l'autorité du haut-commissaire de la République dans l'océan Pacifique, qui réside à Nouméa. Chaque métropole est pleinement responsable de ses ressortissants, qui sont égaux en droit. Quant aux autochtones, un accord signé en 1922 ménage leurs intérêts, notamment en ce qui concerne la main-d'œuvre. Cela n'empêche pas la population indigène de décroître entre les deux guerres.

Délaissées par les Japonais au cours de la Seconde Guerre mondiale, les Nouvelles-Hébrides constituent une importante base alliée. Aux populations mélanésiennes et papoues sont venus s'ajouter des Polynésiens et des Européens. L'ensemble atteint 84 000 personnes en 1970, dont environ 3 000 Européens, commerçants, planteurs et fonctionnaires. La plupart résident à Port-Vila, seule véritable ville de l'archipel avec 8 000 habitants. Les populations de l'intérieur restent extrêmement primitives, abandonnent le christianisme pour une religion messianique qui annonce l'avènement d'une sorte d'Eden indigène, ou pour le *Cargo cult*, l'attente d'un cargo qui leur apporte les produits de la civilisation. Les indigènes qui habitent les côtes sont plus évolués, pratiquent les cultures commerciales, l'élevage bovin ou la pêche. L'essentiel des ressources de l'archipel vient du coprah, l'industrie est insignifiante. Les exportations s'opèrent en grande partie vers la France, alors que la plupart des importations viennent d'Australie.

NOVARE

Ville d'Italie située dans le Piémont, sur l'Agogna.

En avril 1500, au cours des guerres d'Italie, l'armée française commandée par La Trémoille capture près de Novare, sans combattre, Ludovic Sforza, dit le More. En effet, les mercenaires suisses présents dans l'armée du duc n'ont pas voulu affronter leurs compatriotes de l'armée française, et se sont engagés à laisser prendre Ludovic si les Français le découvraient parmi eux. Au cours d'une nouvelle campagne, le 6 juin 1513, les Suisses de Maximilien Sforza, fils de Ludovic, battent à Novare, après seulement une heure de combat, les troupes françaises commandées par La Trémoille et Trivulce. Faute de cavalerie, les vainqueurs ne peuvent poursuivre les Français. Annexée à la République cisalpine en 1800, Novare sera, sous le Consulat et l'Empire, le chef-lieu du département de l'Agogna.

NOVEMPOPULANIE

Novempopulania *ou* provincia Novempopulana, *« province des neuf peuples ».*

Circonscription gallo-romaine créée vers la fin du IIe siècle et correspondant à peu de chose près à l'Aquitaine celtibérique de la Gaule indépendante. On lui a souvent donné l'appellation d'Aquitaine Troisième pour l'opposer à deux provinces gallo-romaines d'origine celtique : l'Aquitaine Première et l'Aquitaine Seconde. Les « neuf peuples » qui la composaient semblent avoir été les Boïens ou Boïates (Buch), les Vasates (Bazas), les Élusates (Eauze), les Tarbelles peut-être réunis aux Beneharnenses (Dax et peut-être Lescar), les Ausques (Auch), les Lactorates (Lectoure), les Convènes (Comminges), les Consoranes (Saint-Lizier en Couserans), les Bigerrions (Tarbes en Bigorre). Au Bas-Empire, la Novempopulanie avait sa métropole civile et ecclésiastique à Eauze et rassemblait douze cités, dont les noms correspondaient aux chefs-lieux mentionnés ci-dessus, plus Aire et Oloron. Dans l'ensemble, les anciennes limites de la Novempopulanie ont été reprises par la Gascogne féodale et royale, à condition d'y comprendre le Béarn.

Charles Nungesser
À bord de L'*Oiseau blanc* au départ de sa tentative de traversée de l'Atlantique, le 8 mai 1927. © *Collection Viollet*

NOYON

Noviomagus. *Ville du département de l'Oise, à une vingtaine de kilomètres au nord-est de Compiègne.*

Ancien site gallo-romain, Noyon est, durant le haut Moyen Âge, un centre d'activités extrêmement développé. Ville épiscopale sous l'impulsion de saint Médard, puis de saint Éloi depuis le début du VIe siècle, Noyon voit, en 768, le couronnement de Charlemagne et, en 987, celui de Hugues Capet au trône de France. Le 13 août 1516, François Ier signe à Noyon, avec Charles Quint, un traite d'alliance qui ne sera jamais respecté. Puis la ville connaît, au cours des siècles, un important développement, avant d'avoir à subir les désastres de la Première Guerre mondiale. Occupée par les Allemands en 1914, Noyon se trouve au centre des opérations menées par Ludendorff au printemps de 1917, et sera terriblement endommagée, avant d'être définitivement libérée durant l'été de 1918.

NUNGESSER Charles (Paris, 1882 – Atlantique Nord, 1927)

Aviateur.

Ancien as de l'aviation de chasse durant la Première Guerre mondiale avec 43 victoires homologuées, il décide en mai 1927 de tenter la traversée de l'Atlantique sans escale. Associé à son coéquipier Coli, il dirige un biplan, *L'Oiseau blanc*, qui décolle du Bourget le 8 mai au petit jour. Le lendemain, 9 mai, une fausse information incite le journal *La Presse* à annoncer la réussite de l'entreprise. En fait, *L'Oiseau blanc* a disparu en mer corps et biens.

O

O François, marquis d' (Paris, vers 1535 – Paris, 1594)

Financier.

D'une vieille famille normande, il est le fils de Jean d'O, capitaine de la garde écossaise du roi. Choisissant tout d'abord la carrière des armes, il prend part en 1572 au massacre de la Saint-Barthélemy. L'année suivante, il épouse Charlotte de Villequier, fille d'un conseiller du roi. La même année, il se lie au frère de ce dernier, Henri, alors duc d'Anjou. Lorsque Henri monte sur le trône, en 1574, devenant Henri III, François d'O fait partie de ses mignons. Il ne tarde pas à abandonner les armes pour les affaires et, en particulier, les finances. En 1578, le roi nomme son favori surintendant des Finances. D'un caractère emporté, dur, avide, celui-ci doit faire face à une situation financière catastrophique et se rend rapidement impopulaire par les mesures qu'il impose : doublement de la taille, augmentation des aides et des péages, création d'offices, etc. Henri III, qui lui conserve toute sa confiance, le nomme gentilhomme de la chambre, lieutenant général de Normandie en 1580, puis gouverneur de Paris et de l'Île-de-France en 1585. En tant que gouverneur de Paris, il tente vainement de rétablir l'ordre lors de la journée des Barricades qui voit, le 15 mai 1588, Paris se soulever contre Henri III à l'instigation du duc de Guise et des Seize. Ensuite, il quitte la ville en compagnie du roi. Au mois de juin, la toute-puissante municipalité parisienne obtient du souverain sa révocation. Aux états généraux de Blois, qui se tiennent au mois de septembre de la même année, le surintendant provoque de nouveau le mécontentement des députés, ceux du tiers notamment, en proposant d'augmenter les dépenses, et donc les impôts. Maintenu dans ses fonctions par Henri IV, le marquis d'O pousse le roi à abjurer et prépare, en 1593, les circonstances de sa conversion. L'année suivante, il participe au siège de Paris dont le roi le nomme à nouveau gouverneur. Dernier représentant de sa famille, il meurt peu après, ruiné. Tous ses biens sont partagés entre ses créanciers.

OAS : voir ORGANISATION DE L'ARMÉE SECRÈTE

OBERKAMPF Christophe Philippe (Weissenbach, 1738 – Jouy, 1815)

Entrepreneur.

Originaire d'une famille de teinturiers – spécialiste de la teinte des textiles – du Wurtemberg, Oberkampf travaille comme graveur chez Dollfuss à Mulhouse, alors ville d'Empire, avant d'émigrer à Paris. Il s'installe bientôt à son compte à Jouy, près de la Bièvre, où il fonde une manufacture de toiles peintes. Au XVIIe siècle, les cotonnades aux couleurs chatoyantes importées d'Asie sous le nom d'indiennes connaissent un grand succès. Lancée par les couches supérieures de la société, la mode est adoptée par le peuple des villes et une partie de la paysannerie, créant un des premiers marchés uniformes de l'ère préindustrielle. Mais les marchands de laine et de lin – tissus plus traditionnels –, qui se sentent menacés, obtiennent en 1686 l'interdiction des importations comme de l'impression dans le royaume des pièces de coton. Cette prohibition mercantiliste, qui connaît de multiples dérogations – Marseille, grâce à une franchise, devient ainsi le foyer de l'indiennage français avec la maison Wetter –, est en outre peu respectée. En 1759, elle est définitivement levée, permettant l'essor des manufactures comme celle de Jouy : on y colore les toiles qui sont tissées par les paysannes travaillant à domicile.

La manufacture d'Oberkampf connaît une croissance spectaculaire entre 1765 et 1770, année où l'entrepreneur rachète la fabrique de Corbeil. Ce succès est dû à l'adoption des techniques les plus avancées – impression à la planche de cuivre, teintures comme le bleu anglais à base d'indigo ou la garance alsacienne –, mais aussi à une politique de qualité : Oberkampf recrute des techniciens suisses, se procure les meilleures cotons, tissés en Beaujolais ou en Normandie, à partir de fibres achetées auprès des Compagnies des Indes française ou anglaise. Les dessins, qui sont notamment l'œuvre de Jean-Baptiste Huet au début des années 1780, reprennent des thèmes mythologiques mais empruntent aussi à l'actualité littéraire avec *Le Mariage de Figaro*. La Révolution n'arrête pas l'expansion : Oberkampf joue la carte politique et jacobine en multipliant dons et augmentations de salaires. Entre 1791 et 1794 est construit à Jouy ce qui est probablement alors le plus grand bâtiment industriel d'Europe : un ensemble de 4 étages et de 111 mètres sur 14. Il abrite à l'apogée de l'activité, durant la première décennie du XIXe siècle, plus d'un millier d'ouvriers.

Mais la fin de l'Empire, qui voit les marchés étrangers se fermer, est fatal aux affaires ; Oberkampf décède à la fin de 1815. La société, partagée entre ses héritiers, ne fait alors que survivre jusqu'à sa liquidation en 1843 : le choix d'Oberkampf d'intégrer toute la production d'amont en aval, du tissage jusqu'à la commercialisation, s'est avéré intenable car trop rigide pour s'adapter aux fluctuations de la demande. Oberkampf illustre un capitalisme des Lumières précédant l'ère industrielle proprement dite, à la différence d'un Guillaume Ternaux (1763-1833) qui, à la génération suivante, réalise dans la laine la première intégration industrielle française.

OCCUPATION (1940-1944)

Le 10 mai 1940 marque la fin de la « drôle de guerre » et le début de l'invasion de la France par l'armée allemande. Face à l'effondrement de l'armée, l'armistice est signé le 22 juin. La France est désormais occupée par les Allemands.

Bombardements. Les Alliés ont accordé une importance décisive à la frappe aérienne. Elle vise à détruire les points stratégiques (grands ports de la Manche ou de l'Atlantique, nœuds de communication) et les usines travaillant pour le Reich. Renault sert plusieurs fois de cible (3 mars 1942, 4 avril 1943, 15 septembre 1943…). Mais, les bombardements tuent en même temps des civils : le raid du 3 mars 1942 sur Boulogne-Billancourt fait 623 morts ; celui sur Nantes, le 16 septembre 1943, 1 190 morts ; celui sur Rouen, la nuit du 18 avril 1944, 900 ; celui sur Lyon, les 26 et 27 mai 1944, 600 morts et 500 blessés. Paris, Saint-Nazaire, Marseille, Bordeaux, Saint-Étienne, Grenoble, Nice, Chambéry, Amiens, Avignon, Nîmes sont également touchées. Dans les régions les plus exposées, telle la côte normande, on évacue les populations vulnérables. Les bombardements entrent ainsi avec fracas dans la vie quotidienne des Français. Ils impliquent de calfeutrer les lumières le soir pour rendre la tâche plus difficile aux aviateurs, de se réfugier aux abris lorsque les sirènes retentissent. Les raids sèment la terreur et endeuillent les villes. Vichy tente d'exploiter l'exaspération de l'opinion française victime de ces bombardements, mais dans l'ensemble cette contrainte de la guerre moderne est relativement bien acceptée par les Français : la population s'efforce de soustraire à l'occupant les équipages anglo-saxons rescapés et fleurit les tombes des aviateurs morts. Au total, les bombardements alliés ont causé en France quelque 65 000 morts et 75 000 blessés entre 1940 et 1944.

Coût. La France a été le pays le plus systématiquement exploité de l'Europe occupée. Une réévaluation arbitraire du mark (surestimation de 60 %) permet aux Allemands de payer en monnaie de singe (le *Reichskreditkassenmark*) tout ce qui leur convient en France. Ce pillage déguisé leur permet de se procurer 15 % de la production française de blé, 20 % de la viande, 40 % de la fonte, la quasi-totalité des fabrications mécaniques, des avions, de l'aluminium. La France est de tous les pays occupés le premier fournisseur de matières premières, de produits manufacturés, de produits alimentaires. Un réseau de bureaux d'achats officiels et officieux draine métaux, cuir, textiles, machines-outils et les expédie outre-Rhin. Les Allemands multiplient les spoliations : bateaux de commerce pour usage militaire, brevets. Suivent les réquisitions en territoires occupés. Les frais d'occupation payés par les Français sont considérables : au total, il en coûtera 630 milliards de francs au Trésor. La résistance farouche de l'Angleterre puis la guerre à l'Est font qu'au fil du temps les exigences de l'ennemi s'accroissent. Autre coût économique : le prélèvement de main-d'œuvre, systématique avec l'instauration du Service du travail obligatoire (STO), affaiblit dangereusement l'économie française. Le bilan global de l'Occupation est très négatif pour l'économie française : l'indice de la production industrielle chute à 54 en 1943 (pour une base de 100 en 1939), celui du revenu national tombe à 59.

Opinion publique. Sous l'Occupation, l'opinion publique se partage en différents courants. Le

Occupation
Paris bombardé : une rue du XVIIe arrondissement. © *Photo ADP / Keystone*

maréchalisme, enraciné dans le culte du vainqueur de Verdun, rassemble des notables aussi bien que des gens modestes. Ces inconditionnels distingueront jusqu'au bout le maréchal, homme intègre, de son gouvernement chargé de tous les maux. Le pétainisme est traversé de différents courants. Il y a ceux qui ont vu en Pétain l'homme providentiel (la « divine surprise » de Maurras), ceux qui s'engagent dans la collaboration, ceux qui soutiennent la Révolution nationale. Face à eux, existe un noyau – maigre jusqu'en 1943 – de gens persuadés qu'il convient de s'opposer à la fois au gouvernement de Vichy et à la collaboration avec le Reich, soit par le soutien direct des actions de la France libre ou des Britanniques, soit par une intervention dans, ou contre, les rouages de l'administration vichyste. Enfin, reste la majorité des Français, obnubilés par le quotidien, versatiles au rythme des nouvelles des fronts et prompts à se chercher des sauveurs. Rares sont les Français à ne pas pâtir de la guerre : défaite, exode, prisonniers de guerre, rationnement, froid, couvre-feu, STO, bombardements. La sujétion à l'occupant est lourde. Les civils de la zone nord sont obligés de s'aligner sur le fuseau horaire de Berlin, les villes sont pavoisées de croix gammées et couvertes de panneaux indicateurs en allemand. Les soldats de la Wehrmacht réquisitionnent en masse immeubles civils, bâtiments administratifs, logent chez les particuliers. Aussi dès l'automne 1940, l'opinion publique commence-t-elle à se détacher du régime. À partir de 1942, le rejet se mue en une franche hostilité. La population, dans sa grande majorité, rejette la collaboration, ne supporte pas l'Occupation et souhaite la victoire des Alliés. Cependant, le maréchal conserve une incontestable popularité. Ainsi Pétain est ovationné à la sortie d'une messe à Notre-Dame de Paris le 26 avril 1944. Pour ceux qui souffrent ou craignent la reprise de la guerre, il incarne encore un recours. À côté d'une minorité collaborationniste, d'une autre résistante, la majorité des Français reste donc largement attentiste.

Occupation
Une carte de rationnement. © *Keystone*

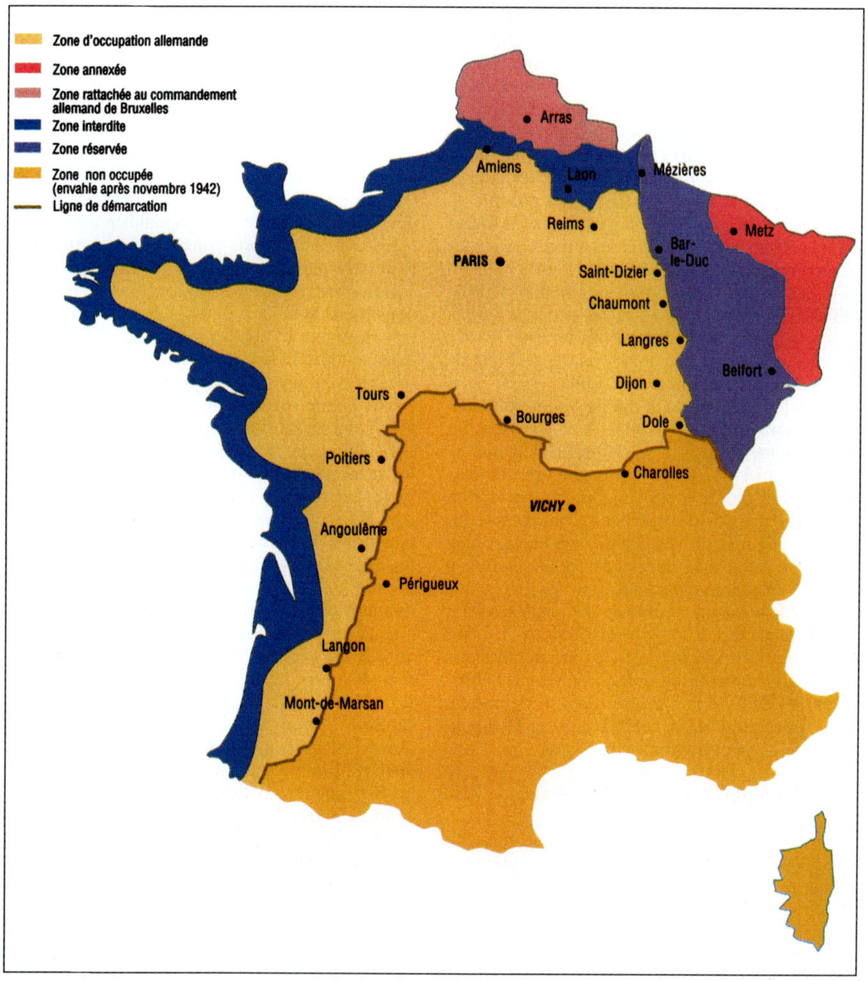

La France occupée

Rationnement. L'Occupation impose vite le rationnement. Le 31 juillet 1940, une loi interdit de manger le pain frais – pour limiter la consommation – et, le 23 septembre, Vichy instaure cartes et tickets d'alimentation. Les Français sont classés en une dizaine de catégories selon leur âge, leur activité ou leur situation (femmes allaitantes, malades, personnes âgées, enfants, etc.). Le gouvernement invoque le blocus des Britanniques, mais, en réalité, le rationnement est largement la conséquence des ponctions des Allemands et de l'auto-consommation paysanne. En septembre 1940, les adultes de 12 à 70 ans n'ont droit qu'à 350 grammes de pain par jour, 300 grammes de viande – avec os – par semaine, 50 grammes de riz par mois. Tabac, savon, caoutchouc, cuir et charbon, surtout pendant le glacial hiver 1940-1941, manquent. Faute d'essence, les voitures ne roulent plus. Les ménagères usent d'ersatz et les Français recourent au « système D ». Les files d'attente s'allongent devant les magasins. Pour donner un côté moral au rationnement, le gouvernement institue des « jours avec » et des « jours sans » (alcool, café, etc.). À partir de 1943, la situation devient très difficile. Le régime n'arrive pas à assurer le minimum vital, les rations officielles n'apportent que 1 200 calories journalières aux adultes au lieu des 3 000 nécessaires. Le rationnement souligne la coupure ville/campagne. Les villes souffrent, pas les campagnes, surtout en terre de polyculture (le Languedoc, par exemple, connaît des difficultés). Pour les citadins, récoltes des jardins familiaux et colis des cousins de campagne deviennent vitaux. En Seine-et-Oise, les rations sont réduites à 120 grammes par jour en 1943, voire à 60 en janvier 1944. Une autre ligne de partage range du côté des « repus » les paysans, les commerçants (bouchers, crémiers) et autres intermédiaires de l'alimentation qui profitent souvent du « marché noir » ; du côté des affamés les vieillards, les faibles, les personnes isolées. Les Français garderont souvent comme souvenir de l'Occupation, quatre années de rutabagas.

Zones. Le régime d'Occupation résulte d'un accord entre belligérants, à la suite de l'armistice du 22 juin 1940. Il est censé être temporaire. L'Alsace et la Moselle sont annexées, le reste de la France divisée en trois zones : la zone interdite, la zone occupée et la zone libre. La zone interdite concerne diverses régions soumises à l'Occupation allemande dans des conditions particulières et vers lesquelles les mouvements des personnes sont généralement frappés d'interdiction systématique. Ainsi des départements du Nord et du Pas-de-Calais, rattachés directement à l'administration militaire allemande de Bruxelles. En mars 1943, Pierre Laval, président du Conseil à Vichy, obtiendra leur rattachement à la zone occupée – la zone nord – en contrepartie de l'institution du Service du travail obligatoire (STO). Il en va de même pour la partie de la zone occupée qui touche la frontière espagnole, et pour diverses zones militaires, notamment les zones côtières où s'édifie le mur de l'Atlantique. Une ligne de démarcation sépare zone occupée et zone libre. Environ les trois cinquièmes du territoire français sont ainsi soumis à l'Occupation, les deux cinquièmes restants étant, au même titre que les colonies, les protectorats et les départements d'outre-mer, administrée par le gouvernement français de Vichy. Après le débarquement anglo-américain en Afrique du Nord, la zone dite libre est envahie par l'armée allemande, le 11 novembre 1942, d'où l'occupation totale du territoire métropolitain français. Toutefois, l'ex-zone libre, qui prend le nom de zone sud pour la différencier de la zone nord, conserve le privilège d'une administration, d'une presse, d'une radiodiffusion et d'une économie moins directement contrôlées par les Allemands.

OCÉANIE (Établissements français d') : voir POLYNÉSIE FRANÇAISE

OCTOBRE 1789 (journées des 5 et 6)

Journées révolutionnaires qui obligent Louis XVI et sa famille à quitter Versailles pour s'installer à Paris.

Les causes profondes de ces journées sont à rechercher dans la crise politique et économique qui secoue la France depuis le début du mois de septembre 1789. Les difficultés financières demeurent : Necker, qui a repris possession de son ministère dans une atmosphère de triomphe, se montre incapable de dominer la situation. Les difficultés politiques s'aggravent : le roi oppose à l'Assemblée une résistance passive en refusant de sanctionner les décrets pris à la suite de la nuit du 4 Août et de la Déclaration des droits de l'homme et du citoyen. Il est encouragé dans cette attitude par l'opposition qui se dessine nettement, chez les patriotes, lorsque commence la discussion sur la Constitution, entre partisans d'un pouvoir royal fort, ceux qu'on appelle les monarchiens, et ceux qui y sont résolument hostiles. Les rumeurs se font alarmantes – on parle d'un transfert de l'Assemblée en province –, et le roi entretient l'inquiétude en concentrant de nouveau des troupes à Versailles. À Paris, l'opinion est en alerte, et l'agitation est entretenue par les journaux patriotes qui se multiplient (*L'Ami du peuple* de Marat, lancé en septembre, *Les Révolutions de Paris* de Loustalot). Pour sauver la Révolution qui semble en danger, un plan se fait alors jour parmi les patriotes : soustraire le roi à l'influence néfaste des aristocrates en le ramenant à Paris. Il suffit d'un incident pour faire naître l'émeute, à savoir le banquet que les officiers des gardes du corps offrent le 1er octobre 1789 pour fêter l'arrivée du régiment des Flandres au château de Versailles, au cours duquel soldats et gardes du corps se livrent à des manifestations pro-royalistes. Devant la famille royale, la cocarde tricolore aurait été, selon certains, foulée aux pieds, la cocarde noire, celle de la reine, arborée. La nouvelle parvient à Paris deux jours plus tard. Le peuple s'en indigne, et des attroupements se forment dès le 4. Le lendemain, des groupes de femmes, parties du faubourg Saint-Antoine et du quartier des Halles, s'assemblent devant l'Hôtel de Ville, réclamant du pain. Puis elles prennent la route de Versailles, au nombre de 6 000 à 7 000, sous la conduite d'un huissier, Maillard, un des « vainqueurs de la Bastille ». Vers midi, le tocsin sonne, les districts s'assemblent, la garde nationale afflue place de Grève aux cris de : « à Versailles ! » et La Fayette est contraint d'en prendre le commandement. Enfin, vers 5 heures, 20 000 hommes environ s'ébranlent à leur tour. Le mouvement n'a pas été entièrement spontané. On a la preuve que, dans la nuit, des agents du duc d'Orléans, endoctrinés non par le prince mais par son secrétaire Choderlos de Laclos, ont parcouru Paris et préparé la journée du lendemain. Arrivées les premières à Versailles, les femmes envahissent l'Assemblée et députent au roi une délégation conduite par Louison Chabry. Louis XVI leur promet du blé et du pain et, pensant désarmer ses adversaires, notifie à l'Assemblée son acceptation de la Déclaration des droits de l'homme et du citoyen et des décrets d'août.

Mais la foule reste sur place, et le lendemain, 6 octobre, à l'aube, des manifestants s'introduisent dans le château, tuent deux gardes du corps qui en défendaient l'entrée et pénètrent jusqu'à l'antichambre des appartements de la reine, qui s'enfuit chez Louis XVI. La garde nationale vient sans hâte mettre fin au combat et fait évacuer le château. Sur les instances de La Fayette, le roi, accompagné de la reine et du Dauphin (Louis XVII), consent alors à se montrer au balcon du château où la foule, d'abord indécise, finit par les acclamer, mais en mêlant à ses ovations le mot d'ordre impératif d'une installation à Paris de la famille royale. Le roi cède, et à une heure, au son du canon, se reforme un immense cortège pour ramener à Paris « le boulanger, la boulangère et le petit mitron ». Entourant, précédant ou suivant la famille royale, sur laquelle veille La Fayette

Sainte Odile
École du Haut-Rhin, Huile sur toile, XVIe siècle, musée de Dijon. © *Giraudon*

– protecteur non souhaité –, défilent les troupes de la garde nationale, le cortège des femmes porteuses de branchages, les piques surmontées d'une miche de pain… ou de la tête d'un garde du corps. À 10 heures, le roi fait son entrée aux Tuileries, nullement préparées à recevoir la Cour. Louis XVI à Paris, l'Assemblée ne tarde pas à l'y suivre. Le 12, elle vient siéger à l'archevêché, pendant qu'on achève de préparer la salle du Manège qui lui est destinée. La famille royale est désormais prisonnière du peuple parisien, et la reprise en main de la situation par le roi devient très aléatoire. Les monarchiens le sentent qui se retirent, tels Malouet et Mounier, et viennent grossir le flot de la seconde émigration.

Octroi

Taxes concédées (octroyées) par le pouvoir royal aux villes, ainsi autorisées à prélever un droit sur les marchandises de consommation courante pénétrant dans leur enceinte.

Les sommes récoltées doivent théoriquement servir à financer les charges municipales. Il faut distinguer les octrois des traites, qui sont les douanes établies entre les provinces et aux frontières du royaume. Les octrois pèsent notamment sur le vin, le bois, la chandelle, le suif, etc. ; parfois aussi, comme c'est le cas en Provence sous le nom de « pestes » ou « piquets », sur les céréales et farines. Cette fiscalité locale revêt un triple intérêt : il s'agit comme tout impôt indirect d'un prélèvement bien toléré car indolore et qui favorise les bourgeoisies locales ; celles-ci bénéficient de franchises pour faire entrer en ville les produits de leurs domaines ruraux – notamment viticoles –, d'où un fructueux commerce de revente au sein des cabarets bourgeois. Cependant, comme le faisait déjà remarquer Turgot, les octrois frappent d'abord les marchandises que les pauvres consomment… Mais l'État utilise aussi cette ressource à son profit : en 1647, les octrois sont doublés et le roi s'attribue le produit de l'augmentation ; en 1683, les octrois sont inclus dans la ferme générale des aides qui se charge des reversements aux municipalités ; en 1710, un nouveau doublement vient augmenter la part dévolue à l'État. Le montant des octrois est ainsi toujours lié aux finances publiques. En 1789, le produit des octrois est d'environ 70 millions de livres dont 46 millions pour l'État.

Paris fournit près de la moitié des octrois malgré les nombreuses immunités dont jouissent les communautés religieuses et une fraude importante. En 1784, Calonne fait construire une barrière autour de Paris pour faciliter la perception des droits d'octroi et empêcher la contrebande des produits : le mur dit des Fermiers généraux, haut de trois mètres, long de vingt-trois kilomètres et ponctué de quarante bureaux – comme la rotonde de la Villette encore visible de nos jours – édifiés par l'architecte Claude-Nicolas Ledoux. L'institution est très impopulaire : « le mur murant Paris rend Paris murmurant » chantonnent les Parisiens ; au-delà de la barrière d'octroi fleurissent des guinguettes, tel le célèbre cabaret Ramponneau, où on peut boire un vin détaxé.

Odile, sainte (?, v. 660 – Hohenburg, v. 720)

Abbesse.

Sa *Vie*, écrite peu avant 950 par un auteur anonyme, présente de nombreuses invraisemblances et relève en grande partie de la légende. Fille d'Adalric, duc d'Alsace, Odile serait née aveugle. Pour la soustraire à la colère de son père qui voulait la tuer, sa mère l'aurait confiée à une domestique qui l'aurait nourrie pendant un an avant de la porter au couvent de Palma (Baume-les-Dames, en Franche-Comté). Elle y aurait retrouvé la vue en recevant le baptême de l'évêque de la Bavière, Ehard. Par la suite, sainte Odile devait gouverner le monastère que son père avait fondé à sa demande à Hohenburg (mont Sainte-Odile) en Alsace, près d'Obernai, puis fonder elle-même, à mi-pente, celui de Niedermünster, plus accessible. Très vite, sainte Odile fut vénérée comme la patronne de l'Alsace. Son culte y est resté très vivace, et le mont Sainte-Odile, où reposent ses reliques, reste un des hauts lieux de cette région.

Odilon, saint (Mercœur, 962 – Souvigny, 1048)

Abbé de Cluny.

D'une puissante famille auvergnate, il est porté en 994 à la tête du monastère de Cluny – dont il était moine depuis 991 – et se trouve ainsi responsable de l'importante congrégation clunisienne dans toute l'Europe occidentale. Il consolide les résultats acquis par ses quatre prédécesseurs et continue la politique de Mayeul. À une époque où la papauté semble être emportée par l'anarchie romaine, il prend figure de véritable chef de la chrétienté, et on a pu dire de lui qu'il avait marqué le XIe siècle chrétien comme Bernard de Clairvaux devait le faire pour le XIIe siècle. La célèbre trêve de Dieu est en partie son œuvre. Son nom reste attaché à l'expansion méthodique du réseau monastique clunisien. Enfin, les dons qui affluent sous son abbatiat permettent à Cluny d'animer la vie intellectuelle et artistique en Occident. Odilon meurt le 31 décembre 1048 à Souvigny où il était venu se recueillir, âgé et malade, sur la tombe de son prédécesseur Mayeul. Il est enseveli à ses côtés. En 1063, leurs corps sont transférés dans la nouvelle église du prieuré bourbonnais. C'est cette translation qui inaugure le culte de saint Odilon, deuxième abbé de Cluny compté au nombre des saints. On lui doit l'institution de la fête des Morts (2 novembre).

Odon, saint (dans le Maine, v. 879 – Tours, 942)

Abbé de Cluny.

De famille noble, chanoine de Saint-Martin-de-Tours (898), prêtre (908), il embrasse la vie monastique en devenant abbé du monastère de Baume-les-Messieurs (924) avant de succéder, en 927, au premier abbé de Cluny, Bernon. Soutien dévoué et permanent de la papauté en péril, Odon entretient des rapports constants et courtois avec toutes les autorités temporelles du temps, particulièrement les empereurs germaniques. Il est non moins soucieux de régénérer l'Église dans son ensemble et appuie sans réserve la papauté dans son œuvre de réforme. Le vaste champ de ses interventions ne l'empêche pas de consacrer l'essentiel de son activité à la vie de son monastère, dont il sait assurer la fortune. En 931, il obtient du pape Jean XI un privilège essentiel qui lui reconnaît le droit d'accueillir à Cluny tout moine soucieux de parfaire son itinéraire spirituel quel que soit le monastère dont il est issu. Le pape place ainsi implicitement Cluny au-dessus de tous les autres monastères. En outre, il concède l'immunité à l'abbaye de Cluny, interdisant par là même à quiconque, sous peine d'anathème, de s'emparer de ses biens et de ses hommes. Cette concession capitale vaut à Odon le titre de second fondateur de Cluny. Tout au long de son abbatiat, il multiplie les fondations clunisiennes ou réforme d'anciens monastères tombés en décadence en leur apportant les coutumes clunisiennes. L'aire principale de son activité se situe en Bourgogne, en Aquitaine, dans la vallée de la Loire. Mais on l'appelle aussi en Italie. Toutes les abbayes qui se réclament de lui observent la règle de saint Benoît, en innovant toutefois sur deux points : collation du sacerdoce à tous les moines qui en sont capables, quasi-suppression du travail manuel en faveur de l'office divin, qui occupe pratiquement toute la journée, ou des activités intellectuelles. À sa mort, le noyau de l'empire monastique que devaient développer ses successeurs est solidement constitué. Odon est canonisé un siècle et demi après sa mort, vers 1090, au terme d'un remaniement complet de son dossier hagiographique sous la direction de l'abbé Hugues de Semur. Odon devient ainsi le troisième abbé de Cluny compté au nombre des saints, après Mayeul et Odilon.

L'Œuvre

Quotidien parisien.

Le titre apparaît en 1902 sur une petite feuille créée par Gustave Théry, professeur révoqué pour ses activités politiques. En 1915, il se transforme en quotidien de gauche, devenant l'organe des milieux radicaux et socialistes indépendants. Replié à Clermont-Ferrand en juillet 1940, le journal reparaît à Paris le 21 septembre 1941. Fernand Bouisson, président de son conseil d'administration, est un ami de Pierre Laval. Avec l'accord de ce dernier, il confie la direction du journal à Marcel Déat, chef de file des collaborationnistes, célèbre pour avoir publié dans le numéro du 4 mai 1939 l'article « Faut-il mourir pour Dantzig ? ». Le titre est contrôlé et financé par l'ambassade allemande d'Otto Abbetz, duquel dépend, directement ou par participation au capital, une dizaine de quotidiens. Dès 1941, *L'Œuvre* lance de violentes diatribes contre le régime de Vichy, accusé de mollesse et de timidité. Le dernier numéro paraît le 17 août 1944. Le tirage, estimé à 196 000 exemplaires au début, se stabilise ensuite entre 120 000 et 140 000 exemplaires.

Offices

Sous l'Ancien Régime, fonctions publiques qui sont la propriété de leurs détenteurs, à la différence de celles, les moins nombreuses mais les plus importantes (secrétairies d'État, intendances), qui sont exercées temporairement, par simple commission ou nomination royale.

À l'origine, l'office est une fonction que le roi confie à ses serviteurs pour la gestion de son domaine, puis la charge devient inamovible. À l'inamovibilité des officiers, reconnue par Louis XI en 1467, s'ajoute ensuite la pratique de la vénalité des offices. Les énormes besoins financiers de l'État le contraignent en effet à transformer ses meilleurs serviteurs, jusque-là souvent « commissaires », en officiers qui achètent leur charge et la revendent. À l'exemple de ce qui avait lieu pour les bénéfices ecclésiastiques, la résignation d'un office en faveur d'un tiers est admise, moyennant le paiement d'un droit. L'acte n'est toutefois valable que si la mort du titulaire n'intervient pas avant quarante jours à partir de sa résignation. Ces transactions ne touchent d'abord, et avec l'accord du roi, que les offices subalternes mais, dès le XVe siècle, la tolérance est étendue aux charges des prévôtés, des bailliages et même des cours souveraines. Sous Louis XII, la vente des offices devient pour le Trésor public une importante source de revenus, et François Ier crée même à cet effet un bureau des parties casuelles.

La vénalité des offices ouvre la voie à leur hérédité, qui entre dans les faits bien avant d'être admise par le pouvoir royal. Un édit de 1568, en supprimant contre redevance la règle des quarante jours, constitue un premier pas dans cette évolution. Mais c'est en 1604 que l'hérédité est officiellement instituée, moyennant un droit à payer au roi chaque année, l'« annuel », qui s'élève au soixantième de la valeur d'achat de l'office et dont le nom d'un financier, qui afferma ce droit, devait faire la paulette. C'est alors la ruée des bourgeois enrichis par le négoce vers les offices, petits ou grands, de justice, de police ou de finance, qui exemptent de la taille et confèrent autorité et prestige. Établie temporairement, la paulette est en principe renouvelable tous les neuf ans. Les officiers ne cessent de réclamer sa fixation définitive et sa suspension en 1648 sera une des causes de la Fronde parlementaire. Devenus matière imposable, les offices se multiplient. Le gouvernement royal, avide de ressources, en vient même à les « dédoubler », les tripler, voir les quadrupler et, pour éviter de voir s'installer un nouvel officier dont la présence amoindrirait sa dignité, ses attributions et ses profits, le titulaire est pratiquement contraint d'acquérir les « dédoublements ». Mais le nombre toujours plus élevé des offices finit, à la longue, par faire baisser leur valeur, et ce renversement de tendance, qui se fait sentir dès le règne de Louis XIV, se confirme et s'accentue constamment jusqu'à la fin de l'Ancien Régime.

S'il est source de confortables profits, le système des offices n'est pas sans inconvénients pour la monarchie. Il constitue une grave atteinte à son pouvoir souverain, d'autant plus sensible que les officiers se constituent en compagnies structurées, solidaires, pratiquement indépendantes d'elle. Aussi tend-elle, à partir du XVIIe siècle, à les déposséder de leurs attributions et de leurs profits, confiés à de nouveaux agents du pouvoir central, commissaires départis, puis intendants. La vénalité des offices est abolie lors de la nuit du 4 août 1789, et les offices eux-mêmes disparaissent avec la nouvelle organisation administrative de la France élaborée par l'Assemblée constituante.

Official

Clerc juriste désigné par l'évêque pour exercer la justice ordinaire de l'Église au nom de celui-ci.

Sa compétence est définie par un privilège appelé *privilège du for* : il juge les causes pénales dans lesquelles sont impliqués des clercs ou les causes civiles touchant les clercs dans leurs personnes ou dans leurs biens. Sont exclues du ressort de l'official les affaires criminelles passibles d'une peine de sang, lesquelles reviennent au bras séculier.

Officiers de Cour

Officiers au service de la Maison du roi et des maisons royales. Ils constituent l'élite des commensaux de la Cour. Ces offices sont immédiatement anoblissants et donnent accès aux honneurs de la Cour.

Les maires du palais sont historiquement les premiers de ces officiers de Cour. Administrant la cour itinérante des souverains mérovingiens, ils finissent par prendre leur place lorsque les Pippinides fondent leur propre dynastie. Les grands officiers de l'époque médiévale (bouteiller – ou maître échanson –, sénéchal – chef de la domesticité royale, notamment chargé de présenter les plats à la table royale –, chambrier, connétable) sont des fidèles du roi, souvent apparentés à sa famille et membres de sa *curia* d'où dérivent au XIIIe siècle le Conseil du roi, le Parlement et la Chambre des comptes. Les attributions de ces grands officiers sont donc très larges, comme l'attestent les multiples rôles du sénéchal sous les Carolingiens et les premiers Capétiens, et excèdent la stricte définition de leurs fonctions.

À l'époque moderne, les grands officiers sont plus nombreux et ainsi plus spécialisés : ils exercent des fonctions de gouvernement – ainsi le chancelier (le premier des grands officiers) et son suppléant le Garde des sceaux, les secrétaires d'État quant à eux assimilés aux grands officiers –, des fonctions militaires – c'est le cas du connétable de France, des maréchaux de France subordonnés au connétable, de l'amiral de France (dignité militaire initialement sans rapport avec la marine), du grand maître de l'artillerie, du grand écuyer de France –, et, pour le grand maître de la Maison du roi comme pour le grand chambellan, des fonctions palatiales. Celles-ci relèvent pour l'essentiel des grands dignitaires de la Cour qui ne se distinguent guère des grands officiers. On compte ainsi le grand-maître de la garde-robe, le grand échanson, le grand pannetier, le grand écuyer tranchant, le grand prévôt de l'Hôtel, le grand maréchal des Logis, le grand-maître des cérémonies de France. Trois dignitaires sont spécifiquement chargés de la chasse, passe-temps favori des grands : le grand veneur, le grand fauconnier, le grand louvetier de France. Ces grands dignitaires sont à séparer nettement des dignitaires de second ordre, domesticité d'élite attachée principalement à la chambre du roi.

Oise (trouée de l')

Extrémité de la Thiérache, aux confins de la Belgique (province de Hainaut), des départements de l'Aisne et du Nord.

Née en Belgique au sud-est de Chimay, l'Oise pénètre en France près de Macquenoise, à une douzaine de kilomètres au nord d'Hirson. Elle s'écoule au milieu d'une contrée de prairies vallonnées et de petits bois à laquelle on a donné la dénomination de trouée de l'Oise, terme exagéré car les élévations de terrain aux alentours sont très faibles. La route de Chimay à Hirson et à Vervins étant cependant une voie de pénétration possible, l'ancienne monarchie s'est toujours efforcée de disputer les positions de Chimay, de Mariembourg, de Philippeville, aux Pays-Bas espagnols puis autrichiens. Lors du second traité de Paris en novembre 1815, les alliés s'empressent de rattacher ces places au nouveau royaume des Pays-Bas, alors que le premier traité (celui de mai 1814) les avait laissées à la France.

Olier Jean-Jacques (Paris, 1608 – Paris, 1657)

Prêtre.

Il naît l'année même de la publication de l'*Introduction à la vie dévote* de François de Sales. Issu d'une bonne famille de robe – son père est maître des requêtes, intendant –, pourvu de substantiels bénéfices ecclésiastiques (abbaye de Pébrac, canonicat de Brioude, etc.), il s'agrège, après ses études de théologie à la Sorbonne et au collège d'Harcourt, au groupe de jeunes prêtres que réunit à Saint-Lazare Vincent de Paul, fondateur en 1625 de la Société des Prêtres de la Mission (lazaristes). Olier est aussi disciple d'un autre maître de la Contre-Réforme catholique, Pierre de Bérulle qui, avec la congrégation de l'Oratoire, entend perfectionner la formation des prêtres. Membre de la Congrégation du Saint-Sacrement, Jean-Jacques Olier apporte une contribution décisive au siècle des saints. Ordonné prêtre en 1633, il multiplie les missions en Auvergne et en Velay comme le fait son contemporain Jean Eudes en Normandie. Devant la misère morale du clergé rural, et en application des canons du concile de Trente, il fonde en 1641 le séminaire de Vaugirard, transféré en 1642 à Saint-Sulpice, paroisse dont il reçoit alors la cure. Il obtient en 1646 à la fois la construction d'une église et celle de bâtiments pour le séminaire. Son activité de curé de Saint-Sulpice est considérable : il organise des œuvres de charité et d'aumône, fonde des orphelinats, crée une société de gentilshommes de la paroisse qui s'engagent à renoncer au duel. Mais c'est en tant que supérieur du séminaire que son rayonnement est le plus remarquable. Il s'en occupe exclusivement après avoir résigné sa cure en 1652. Dans son *Traité des saints ordres*, Olier exalte le sacerdoce et l'ordinand, « image du Christ souverain et prêtre ». Contre le protestantisme, la Réforme catholique réaffirme le rôle éminent du prêtre qui célèbre la messe, réalise la transsubstantiation, absout les fautes... La congrégation des prêtres de Saint-Sulpice essaime à Viviers, au Puy, à Bourg-Saint-Andéol, à Clermont-Ferrand et même à Montréal. Elle diffuse un idéal ascétique et intellectuel inspiré de l'Italien Charles Borromée. À la veille de la Révolution, la congrégation compte cinq maisons à Paris et une douzaine en province. L'œuvre d'Olier s'inscrit dans un mouvement séculaire de consolidation du clergé de base. Celle-ci passe par les célèbres séminaires fondés à Saint-Sulpice ou à Saint-Lazare, mais aussi par l'action des évêques comme François de la Rochefoucauld à Clermont et à Senlis, Henri de Gondi à Paris ou Alain de Solminihac à Cahors qui instruisent et encadrent rigoureusement les prêtres de leur diocèse.

Ollivier Émile (Marseille, 1825 – Saint-Gervais-les-Bains, 1913)

Homme politique.

Fils du républicain Démosthène Ollivier, député des Bouches-du-Rhône à l'Assemblée de 1848, proscrit à la suite du coup d'État du 2 décembre 1851. Avocat, commissaire de la République à Marseille après la révolution de février 1848, Émile Ollivier est nommé préfet de Marseille, puis de Chaumont en 1849. Il continue d'exercer sa profession d'avocat sous le Second Empire, tout en militant dans l'opposition. En 1857, Ollivier est l'un des cinq jeunes républicains élus au Corps législatif. Député de Paris, il continue de combattre l'Empire autoritaire, notamment la loi de sûreté générale votée en 1858. Sous l'influence de Morny, demi-frère de l'empereur, et de Walewski, fils naturel de Napoléon Ier, et devant la tournure libérale que semble prendre l'Empire à partir de novembre 1860, Ollivier se rapproche peu à peu de Napoléon III. D'un esprit brillant et sérieux, le député républicain est, en effet, dépourvu de ce sectarisme qui anime tant de ses collègues. Réélu en 1863, il accepte l'année suivante, au grand scandale de ses amis, d'être le rapporteur de la loi sur le droit de grève. À côté des deux partis traditionnels d'opposition à l'empire – républicains et monarchistes – se constitue en 1863-1864 un troisième parti, le Tiers Parti, qui regroupe à la fois des opposants inconditionnels à l'empire et des hommes prêts à collaborer avec lui. Rallié au Tiers Parti, Ollivier ne tarde pas à prendre la direction de cette seconde tendance. Jouant chaque jour un rôle plus important dans la vie politique, le député de Paris apparaît, en 1866, comme le rival de Rouher qui occupe des fonctions analogues à celles d'un président du Conseil. Dès le mois de janvier 1867, l'empereur lui fait proposer un portefeuille, par l'intermédiaire de Walewski. Après quelques jours d'hésitation, Ollivier refuse. Lors d'une rencontre avec Napoléon III, il conseille à l'empereur de libéraliser le régime. Après les élections de mai 1869, il signe le 28 juin la fameuse interpellation des 116 et réclame l'instauration d'un régime parlementaire. Au mois d'octobre, Chasseloup-Laubat et Magne, émissaires de l'empereur, demandent au chef du Tiers Parti d'entrer dans le gouvernement. Il accepte de rencontrer l'empereur, mais leur entrevue n'aboutit à rien de précis, Napoléon III hésitant encore à s'engager dans la voie souhaitée par Ollivier. Le 27 décembre enfin, il lui demande de constituer le nouveau cabinet, présenté le 2 janvier 1870. À la demande du centre gauche, qui accepte à cette condition d'entrer dans le ministère, Ollivier n'a pas le titre de chef du gouvernement, mais celui de garde des Sceaux dans ce qu'on appellera le « ministère des bonnes volontés ». Il destitue Haussmann, entreprend la réforme de l'administration, écartant les bonapartistes outranciers, rompt avec les candidatures officielles, prépare la liberté de l'enseignement supérieur, diminue la centralisation.

Cependant, ses anciens amis républicains, qui le traitent de « sentinelle du pouvoir personnel », rompent avec lui. Au début du mois d'avril, à l'annonce du plébiscite, les deux ministres du centre gauche, Buffet et Daru, quittent le ministère. Ils ne seront pas remplacés, Ollivier se chargeant jusqu'au 8 mai des Affaires étrangères. À la fin du mois d'avril un sénatus-consulte retire au Sénat son pouvoir constituant, l'évolution vers un régime libéral se poursuit. Le plébiscite du 8 mai est un succès pour l'empereur, un échec pour les républicains. Mais pendant la crise franco-prussienne du mois de juillet, Ollivier, pourtant hostile à la guerre, n'ose pas prendre de position ferme face aux maladresses de Napoléon III, et laisse l'ambassadeur Benedetti sans instructions précises. Le 15 juillet, il prononce devant le Corps législatif la phrase fameuse, et fatale, selon laquelle il accepte « d'un cœur léger » la responsabilité de la guerre. Le conflit éclate, les désastres militaires ne tardent pas et, dès le 9 août, le ministère tombe. « On ne le renversa pas, on le mit à la porte », dira Maxime du Camp. Assez injustement, l'opinion publique rend l'ancien ministre responsable de la guerre, puis de la défaite. Aussi Émile Ollivier, réfugié en Italie, ne regagne-t-il la France qu'en 1873. La politique lui étant désormais interdite, il se consacre à son œuvre historique, dans laquelle il tente de se justifier. *Le Ministère du 2 janvier* paraît en 1875, *L'Empire libéral* de 1894 à 1902. Depuis 1870, Émile Ollivier siégeait à l'Académie française.

OLRY René Henri (Lille, 1880 – Angoulême, 1944)

Général.

Sorti de l'École polytechnique, il accomplit dans l'artillerie la première partie de sa carrière militaire et s'y distingue pendant la Première Guerre mondiale. En 1932, il est promu général de brigade et remplit au Conseil supérieur de la guerre les fonctions de chef d'état-major de Mittelhauser. Général de division en 1935, il est mis, en février 1940, à la tête de l'armée des Alpes où, avec des moyens très réduits, il réussit à la fois à s'opposer victorieusement à l'offensive italienne de juin et à contenir la poussée des Allemands sur ses arrières. Il maintient ainsi fermée la route de Nice et sauve de la capitulation les 190 000 hommes de son armée. Après l'armistice, il commande le premier groupe de divisions militaires à Avignon, jusqu'en juin 1942, date à laquelle il passe dans le cadre de réserve.

OMER, saint (? – ?, v. 670)

Évêque.

Natif probablement de Normandie, il est moine à Luxeuil (vers 615) avant que Dagobert, sur les conseils d'Achaire, évêque de Noyon-Tournai, ne lui confie entre 637 et 642 le siège épiscopal de Thérouanne, chez les Morins, qui avaient largement renoué avec les coutumes païennes. Avec l'aide de trois missionnaires venus de Normandie, dont saint Bertin, il donne un nouvel élan au christianisme dans cette région. Son principal foyer d'évangélisation était Sithiu, sur l'Aa, future ville de Saint-Omer, qui allait se développer autour de la célèbre abbaye Saint-Bertin où il fut inhumé.

OPPIDA

Terme latin signifiant « places fortes » utilisé pour désigner les villes fortifiées gauloises bâties sur des hauteurs.

Il s'agit d'agglomérations couvrant une grande superficie (de l'ordre d'une centaine d'hectares) enfermées dans de puissants remparts en blocs de pierre soutenus par des poutres perpendiculaires. Cet assemblage, caractéristique des fortifications gauloises, a reçu des Romains le nom de *murus gallicus*. À l'intérieur des murailles, se trouvent des habitations, souvent rudimentaires, des ateliers d'artisans, des places de marché. Les *oppida* sont des centres à la fois politiques et économiques. Dans la *Guerre des Gaules*, Jules César cite une trentaine d'*oppida* et consacre un long développement à celui d'*Avaricum* (Bourges), où pouvaient s'enfermer 40 000 personnes.

ORA : voir ORGANISATION DE RÉSISTANCE DE L'ARMÉE

ORADOUR-SUR-GLANE

Commune de la Haute-Vienne, au nord-ouest de Limoges.

À la suite du débarquement allié du 6 juin 1944, la division Panzer SS « Das Reich », basée dans le Sud-Ouest, est envoyée en renfort en Normandie, avec pour mission d'éliminer les bandes de « terroristes », c'est-à-dire de résistants, qu'elle croiserait sur son chemin. Depuis le début de l'année en effet, la chasse aux maquisards s'est intensifiée, du plateau des Glières dans les Alpes jusqu'au Vercors. Dès le 9 juin 1944, la division

Oradour-sur-Glane
Les ruines du village en juin 1944. © *Keystone*

Oran
Vue générale de la ville prise de Santa Cruz. © *Roger-Viollet*

« Das Reich » s'illustre à Tulle, où 99 personnes sont passées par les armes. Le lendemain, elle récidive à Oradour-sur-Glane : sous les ordres du général Heinz Lammerding, les femmes et les enfants du village sont enfermés et brûlés vifs dans l'église, tandis que les hommes, parqués dans des garages ou dans des granges, sont fusillés. Au total, 642 personnes, dont 442 femmes et enfants, ont trouvé la mort.

Oradour est resté le symbole de la barbarie nazie : les 80 survivants de la tragédie ont fait reconstruire le village en contrebas après la guerre, tout en laissant intactes les ruines de l'ancien village, témoin des crimes nazis. Mais, dès 1953, Oradour devenait l'enjeu d'un conflit de mémoires : à l'occasion du procès de 21 rescapés de la division « Das Reich », comparaissent en effet 14 Français dont 12 « malgré-nous », ces jeunes Alsaciens incorporés de force dans la Wehrmacht à partir de 1942. Le procès ayant donné lieu à des condamnations à mort, à des peines de prison et de travaux forcés, l'Alsace se révolte, drapant de noir ses monuments aux morts. Face à cette situation, le président du Conseil René Mayer préfère amnistier et libérer les « malgré-nous » le 21 février 1954. La décision est alors perçue comme une insulte à la mémoire des morts d'Oradour : l'Association nationale des familles des martyrs d'Oradour-sur-Glane rompt toute relation avec l'État, ignorant le monument aux morts édifié par la République pour en faire construire un autre, où reposent les cendres des victimes. La première tentative de rapprochement a lieu lors d'une visite d'une délégation d'élus alsaciens et de descendants de « malgré-nous » en 2000.

ORAN

Ville et port d'Algérie occidentale.

La rade de Mers el-Kébir, protégée des lames d'ouest par le djebel Santon, constitue un excellent mouillage. Elle fut distinguée dans l'Antiquité par les Phéniciens puis par les Romains, qui y installent la petite colonie de *Portus Divinus*. Mais le site prend de l'extension à partir du Xe siècle, lorsque des marins andalous arabes fondent Ouahran. Durant le Moyen Âge, la place devient un repaire de pirates, si bien que les Espagnols se livrent à une expédition punitive en 1505, puis s'installent à Oran quatre ans plus tard. La ville est agrandie et fortifiée. Une importante colonie ibérique la fait fructifier, malgré le retour des deys d'Alger de 1708 à 1732 puis de 1792 à 1831. La conquête française fait d'Oran un chef-lieu de département et la métropole de l'Ouest algérien, au débouché d'un territoire mis en valeur et produisant des primeurs, des céréales et surtout du vin. La colonie espagnole demeure très importante, si bien que la ville est considérée comme « une cité ibérique ». Les Alliés y débarquent le 8 novembre 1942 mais rencontrent une vive résistance de la part des troupes à terre (en grande partie rapatriées de Syrie en 1941) et des petites unités de la marine, basées à Mers el-Kébir et qui se souviennent de l'attaque britannique de juillet 1940 qui vit la destruction de la flotte française. Deux corvettes chargées de commandos américains sont détruites, et le cuirassé *Rodney* doit intervenir. Mais la résistance ne cessera que le 10 novembre sur injonction de l'amiral Darlan. En 1961 et 1962, l'OAS fera d'Oran un de ses bastions. Après l'accord de cessez-le-feu, une partie de la population se réfugiera en Espagne.

ORANGE

Arausio. *Située sur la rive droite de l'Eygues, la ville d'Orange fut longtemps chef-lieu d'un fief renommé, qualifié comté puis principauté. Elle est maintenant comprise dans le département du Vaucluse.*

Le plus ancien nom connu d'Orange, *Arausio*, est antérieur à l'occupation romaine, vraisemblablement préceltique. À l'époque des Cavares, qui sont des Gaulois, l'*oppidum* d'*Arausio*, commandant l'entrée de ce qui sera le Comtat-Venaissin, joue un rôle militaire important. C'est sous ses murs qu'en 105 av. J.-C. une brillante armée romaine, placée sous les ordres du consul C. Mallius et du proconsul Q. Servilius Caepio (Cépion), se fait écraser par une horde de Cimbres. Si l'on en croit Tite-Live, 80 000 soldats et 40 000 valets d'armée périssent dans ce désastre. Progressivement romanisée, *Arausio* reçoit des vétérans de la IIe légion d'Octave et devient officiellement la *Colonia Julia Secundanorum*, appelée à une rapide expansion qu'illustreront de nombreux monuments (théâtre et arc de triomphe, encore bien conservés, temples, forum, capitole aujourd'hui détruits). Au Bas-Empire, la cité, qui devient siège d'un évêché dès le début du IVe siècle, subit plusieurs incursions ou invasions barbares (Alamans, Burgondes, Wisigoths) qui la détruisent peu ou prou. Deux conciles s'y tiennent aux Ve et VIe siècles : le plus célèbre, celui de 529, condamne le semi-pélagianisme de Fauste de Riez en s'inspirant de la doctrine de saint Augustin sur la Grâce.

Au Moyen Âge, les comtes d'Orange se retranchent sur la colline Saint-Eutrope où ils élèvent un puissant château. À cet effet, les maçons utilisent les ouvrages antiques comme carrières. Cette pratique est encore à l'honneur au début du XVIIe siècle, sous Maurice de Nassau, qui ne laisse en place que l'arc triomphal et le théâtre. Par la suite, à l'occasion du conflit qui l'oppose aux Pays-Bas et au prince d'Orange, Louis XIV s'empare de la ville et en fait raser les murs extérieurs et le château. La Constituante supprime l'évêché arausien, suffragant d'Arles. En juillet 1794, 32 religieuses appartenant à des ordres différents sont guillotinées ; sous le nom de martyres d'Orange, elles seront béatifiées en 1925.

ORANGE (comté et principauté d')

Seigneurie enclavée dans le comtat de Venisse ou Venaissin et comprenant la ville d'Orange et ses environs.

Elle a joué un rôle historique assez remarquable à cause de son indépendance, ou tout au moins de sa très large autonomie, qui s'est prolongée jusqu'à la fin du XVIIe siècle. La tradition attribue à Charlemagne la nomination du premier comte particulier d'Orange. Mais l'établissement à Orange d'une maison féodale héréditaire ne semble pas antérieur au IXe siècle, ce qui n'est d'ailleurs pas particulièrement tardif. Le premier comte héréditaire arausien connu est Giraud d'Adhémar. Après la mort de Raimbaud II vers 1121, le comté d'Orange passe à Tiburge ou Tiberge Ire, sa fille, qui épouse Guillaume de Montpellier, seigneur d'Omelas. À leur descendance appartient le fameux Raimbaud III, comte d'Orange (en réalité coseigneur), que l'on considère comme le plus ancien des troubadours provençaux. À la fin du XIIe siècle, Bertrand des Baux (Bertrand III) s'introduit dans le comté d'Orange par mariage avec une autre Tiburge, sœur de Raimbaud III. Leur descendance parviendra à réunifier le fief qui sera qualifié principauté, peut-être plus par usage que par mesure officielle (aux temps féodaux, principauté est souvent synonyme de fief ou baronnie). À la maison des Baux succède à la fin du XIVe siècle, toujours par mariage, celle de Bourgogne-Chalon-Arlay, dont l'héritage passe en 1530 à la famille de Nassau.

Guillaume de Nassau-Dillembourg, dit le Taciturne, stathouder de Hollande et prince d'Orange sous le nom de Guillaume VIII, la transmet à son fils Maurice (1618-1625), qui fortifie considérablement la ville, ce qui inquiète Louis XIII. En 1660, la principauté appartient à Guillaume Henri (Guillaume III d'Angleterre), lorsque Louis XIV confie à Grignan la prise de la place qui sera démantelée et confisquée treize ans plus tard. Après la reconnaissance de Neuchâtel au roi de Prusse, le traité d'Utrecht (1713) admet la réunion du haut domaine arausien à la couronne ainsi que les droits du prince de Conti sur le domaine utile comme héritier des Longueville et par là des Chalon. Jean Guillaume de Nassau-Dietz n'en continuera pas moins à porter le titre de prince d'Orange. Il sera imité par ses successeurs les rois de Hollande.

ORANGE Philibert de CHALON, prince d' (?, 1502 – Florence, 1530)

Homme de guerre.

Fils de Jean II, prince d'Orange. François Ier ayant décidé la réunion de sa principauté à la couronne, Philibert d'Orange entre au service de Charles Quint. Après s'être distingué à Fontarabie en 1523, il est fait prisonnier en 1525 et doit sa libération au traité de Madrid, l'année suivante. Successeur en Italie du connétable de Bourbon, à qui il ressemble par bien des traits, il mène à terme la prise de Rome et couvre de son autorité le fameux sac imposé à cette ville. Lorsqu'il deviendra vice-roi de Naples en 1528, les Napolitains fidèles au roi de France ne seront pas mieux traités que les Romains. Il meurt en assiégeant Florence.

ORATOIRE DE FRANCE ou ORATOIRE DE JÉSUS ET DE MARIE IMMACULÉE

Congrégation religieuse créée en 1611.

Élaborée, dans sa philosophie, par le cardinal Pierre de Bérulle, cette société sacerdotale, bien qu'inspirée de la congrégation italienne de l'Oratoire de Philippe Neri, ne reçoit pas, lors de sa création, le soutien d'hommes d'Église aussi célèbres que François de Salles ou César de Bus. Toutefois, animé par le même idéal de perfection dans l'exercice du ministère du culte, l'Oratoire, fondé à Paris le 11 novembre 1611, fort de son attachement à l'esprit de la Contre-Réforme, est approuvé dès 1614 par le pape Paul V. D'organisation interne plus centralisée que celle de sa consœur italienne, la congrégation de l'Oratoire est dotée, durant les années 1629-1641, d'une véritable constitution, sous l'impulsion du père de Condren. D'inspiration libérale, l'Oratoire, dont la règle d'existence est une communauté de vie exempte de vœux préalables, se consacre, tout au long du XVIIe siècle, à la formation des prêtres. Bossuet affirmera : « À l'Oratoire, on obéit sans dépendre, on gouverne sans commander, toute l'autorité est dans la douceur, et le respect s'entretient sans le secours de la crainte. » Ayant fondé une vingtaine de collèges dès le milieu du XVIIe siècle, les Oratoriens accueillent des théologiens ou des philosophes tels que Massillon ou Malebranche et sont très rapidement l'objet d'attaques acerbes de la part des Jésuites. Acquis au jansénisme, certains esprits liés à l'Oratoire tels Quesnel ou La Tour vont jouer pourtant un rôle de premier ordre dans l'évolution des idées à l'époque classique. Supprimé durant la Révolution (1792), l'Oratoire est rétabli en 1852 à l'initiative des pères Pététot et Gratry puis, victime de l'anticléricalisme de la IIIe République, dissous en 1880 et 1903, mais rétabli en 1920 par le père Courcoux. Animée, de nos jours encore, d'une vocation spirituelle libérale, la congrégation de l'Oratoire possède une véritable structure de gouvernement dont le siège est à Paris et dont les éléments sont une assemblée générale, un Conseil et un supérieur général élu pour dix ans.

Ordonnance

Texte à caractère législatif émanant, sous l'Ancien Régime, de l'autorité royale et, de nos jours, du gouvernement, par délégation spéciale et obligatoire du Parlement.

Dans l'ancienne France, les ordonnances apparaissent comme des lois, promulguées par le monarque afin d'être respectées dans l'ensemble du royaume. L'ordonnance vise à réglementer une grande variété d'actes de gouvernement, parmi lesquels la justice, la police, l'administration fiscale, la douane, les affaires ecclésiastiques ou universitaires, etc. Avec la multiplication et la complexité des affaires de l'État, l'ordonnance n'émane plus directement du seul souverain et, au cours des siècles, est de plus en plus souvent rédigée par le Conseil privé, ou Conseil d'État, s'assimilant de ce fait à un texte à caractère réglementaire, échappant au contrôle de l'enregistrement. À l'instar des édits, les ordonnances étaient datées des seuls mois et années et scellées du grand sceau. Les ordonnances essentielles de l'histoire de France sont celles de Villers-Cotterêts (substitution du latin au français dans les actes officiels et institution de l'état civil, 1539), de Moulins (organisation de la justice en France, 1566), de Blois (1579), enfin l'ordonnance de 1629, dite code Michau (ordonnance de réformation inspirée des doléances des états de 1614 et des assemblées de notables de 1617 et 1627). Durant les XVIIe et XVIIIe siècles, les ordonnances ne traitant souvent plus que d'un problème d'administration publique très précis s'étoffent considérablement, et certaines d'entre elles se composent de plus de 450 articles. En outre, les grandes ordonnances de Colbert sur l'administration des eaux et forêts (1669), la justice criminelle (1670), le droit maritime (1672) ou le commerce (1673) donnent à la France de l'Ancien Régime le fondement de ses structures administratives. Employée jusqu'à la Révolution, la procédure des ordonnances réapparaît avec la Restauration.

Réintroduites dans la Constitution de la Ve République, les ordonnances visent actuellement les compétences juridictionnelles des décrets-lois des IIIe et IVe Républiques. Selon nos institutions, en effet, les ordonnances (figurant à l'article 38 de la loi constitutionnelle de 1958) donnent au pouvoir exécutif le droit de légiférer à la place du Parlement, mais pour une période déterminée et après que les assemblées ont habilité le gouvernement à le faire, puis ratifié explicitement ou tacitement les dispositions édictées lors de la mise en application de cette procédure tout à fait exceptionnelle.

Ordonnances de juillet 1830

Ensemble des textes promulgués le 25 juillet 1830 par Charles X, et ayant eu pour conséquence la révolution des Trois Glorieuses.

À l'issue des élections du 23 juin 1830, consécutives à l'adresse des 221 (18 mars) et à la dissolution de la Chambre (16 mai), l'opposition se voit confortée, avec 141 sièges, tandis que le cabinet Polignac n'en obtient que 57. Immédiatement après avoir refusé la démission du gouvernement, et se fondant sur une interprétation de l'article 14 de la charte constitutionnelle octroyée le 4 juin 1814 (stipulant qu'au monarque revient « le droit de faire toutes les ordonnances nécessaires pour la sûreté de l'État »), Charles X décide de promulguer cinq ordonnances, publiées au *Moniteur universel* le 26 juillet. La première soumet la presse au régime de l'autorisation préalable et à la censure gouvernementale ; la seconde dissout la nouvelle Chambre élue ; la troisième énonce une refonte du système électoral visant à élever le cens (du fait de l'exclusion de la patente), afin de retirer à une bonne partie de la bourgeoisie, jugée responsable du résultat des élections de juin 1830, son droit de vote ; la quatrième convoque pour le mois de septembre les nouveaux collèges électoraux, tandis que la cinquième rappelle aux affaires des hommes favorables à la politique de Martignac. L'annonce de ces ordonnances incite immédiatement Adolphe Thiers à rédiger un manifeste que signent des personnalités telles qu'Armand Carrel, Pierre Leroux et Charles de Rémusat, tandis que Paris, ulcéré par les dispositions « liberticides » du roi, déclenche, dans les heures suivantes, la révolution qui emportera la monarchie légitimiste.

Ordre (parti de l')

Nom de l'alliance des partis de droite, orléaniste, légitimiste et bonapartiste, majoritaire à l'Assemblée législative après les élections de mai 1849.

Pour dresser la liste des candidats du parti de l'Ordre, le comité de la rue de Poitiers, qui dirige le parti, a créé, à Paris, l'Union électorale et des comités locaux dans chaque département. Parmi les membres de ce comité, appelés les Burgraves, figurent Odilon Barrot, Falloux, Montalembert, Berryer, Molé et Thiers. Les candidats, qui ne réclament pas ouvertement le rétablissement de la monarchie, mais se présentent comme les alliés du prince-président, défendent l'ordre, la propriété, la famille et la religion. Ils attaquent les républicains qu'ils accusent d'avoir ébranlé l'ordre social de la France et son économie. Pour soutenir sa campagne, le comité a ouvert une souscription et distribue des brochures de propagande signées, entre autres, par le maréchal Bugeaud ou Wallon. Au soir du 13 mai 1849, le parti de l'Ordre, avec 450 élus, possède à l'Assemblée une majorité de 53 %. Dupin, qui présidait la Chambre sous Louis-Philippe, est élu président de la nouvelle assemblée. Odilon Barrot conserve la présidence du Conseil et fait entrer dans son ministère Tocqueville et Dufaure. Le cabinet, soutenu par la majorité de l'Assemblée, entreprend alors la réalisation de son programme, rétablissement du pouvoir temporel du pape, défense de l'ordre, de la religion, de la famille. Au mois de juin, l'expédition de Rome, dirigée par Oudinot, permet à Pie IX de retrouver le trône pontifical. Grâce à l'expédition, la majorité conservatrice musèle la minorité de gauche, la Montagne, conduite par Ledru-Rollin. Au mois de juin également, Falloux présente son projet de réforme de l'enseignement, qui sera voté en mars 1850. Le 31 octobre, alors que la question romaine a rendu plus aigu le conflit entre le président et ses ministres, Louis Napoléon demande à ces derniers leur démission et constitue ce que la majorité appelle un « ministère de commis ». Le président en prend la direction effective. Au début de 1850, les élections partielles destinées à remplacer les députés montagnards invalidés donnent 21 sièges à la Montagne, qui en perd 10 au profit du parti de l'Ordre. Effrayé néanmoins, ce dernier réclame une révision de la loi électorale, adoptée le 31 mai : 3 millions d'électeurs se trouvent écartés des urnes. Le 8 juin est votée la loi sur la presse qui rétablit le cautionnement. Louis Napoléon laisse ainsi l'Assemblée se déconsidérer par son conservatisme, alors que lui-même cherche à donner la preuve de ses idées

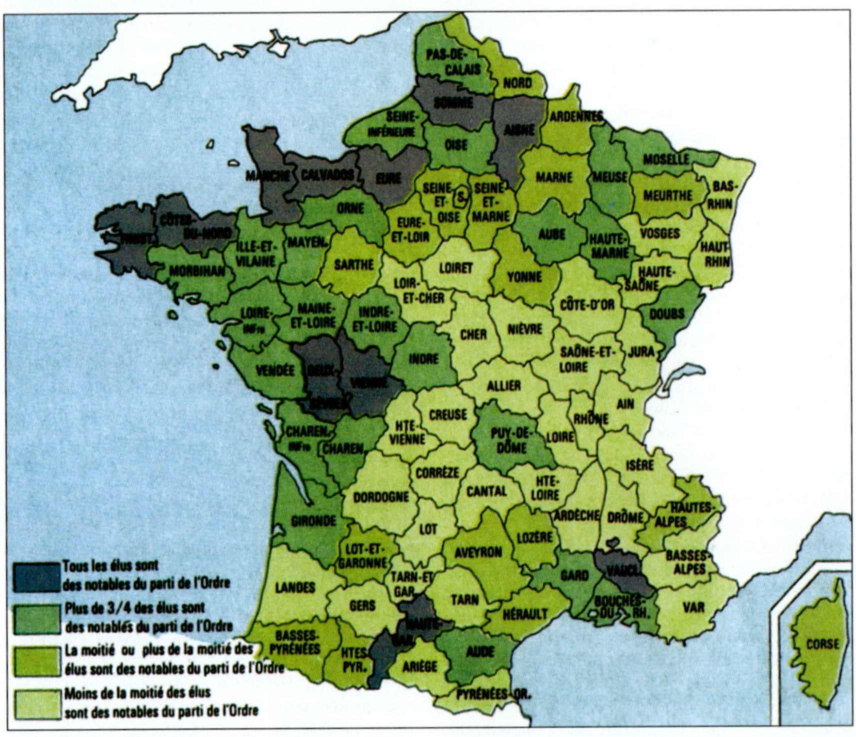

Le parti de l'Ordre aux élections législatives de 1849

libérales, socialisantes même. C'est ainsi qu'il a gracié, au mois de novembre 1849, la plupart des insurgés de juin.

Le 4 janvier, l'arrestation du général Changarnier, qui avait protesté contre un éventuel coup d'État, provoque une crise au sein du ministère, qui démissionne. La rupture entre l'Élysée et l'Assemblée éclate le 20 janvier 1851, lorsque cette dernière déclare refuser sa confiance au nouveau ministère. Celui-ci démissionne à son tour, et Louis Napoléon constitue à la hâte le « petit ministère », renvoyé le 11 avril au profit des démissionnaires de janvier. L'aveuglement du parti de l'Ordre, habilement manœuvré par le prince-président, qui parvient à rendre impopulaire la majorité de l'Assemblée, facilite finalement le coup d'État du 2 Décembre. Louis Napoléon veut faire réviser la Constitution, projet rejeté au mois de juillet par l'Assemblée. Le président suscite alors une campagne de pétitions visant à obtenir la prorogation de ses pouvoirs et, dans ses discours, dénonce la majorité de l'Assemblée. Cette dernière s'inquiète, au mois d'octobre, lorsque Louis Napoléon propose d'abroger la loi électorale du 31 mai. Les ministres se retirent. Le 13 novembre, l'Assemblée rejette le projet d'abrogation. Louis Napoléon peut se poser en champion du suffrage universel. Trois semaines plus tard est déclenché le coup d'État, les députés sont arrêtés, le parti de l'Ordre, composé d'une majorité de royalistes, va aboutir au rétablissement de l'Empire.

Ordre moral

Nom donné à la politique conservatrice et cléricale définie dans le message présidentiel du 26 mai 1873, et appliquée notamment sous les deux ministères de Broglie, de mai 1873 à mai 1874, puis de mai à novembre 1877.

La crise de mai 1873 a permis aux conservateurs, menés par le duc de Broglie, d'écarter l'encombrant Thiers, remplacé par Mac Mahon à la présidence de la République. Au cours des débats qui précèdent la chute de Thiers, les conservateurs insistent sur la nécessité de rétablir l'ordre moral. Devenu vice-président du Conseil et ministre des Affaires étrangères, Broglie rédige la déclaration du 26 mai : « Avec l'aide de Dieu, le dévouement de l'armée, qui sera toujours l'armée de la loi, et l'appui des honnêtes gens, nous continuerons ensemble l'œuvre de libération du territoire et le rétablissement de l'ordre moral de notre pays. » Conservatisme social et respect de la religion caractérisent l'ordre moral. Une cinquantaine de députés assistent au grand pèlerinage à Notre-Dame de Chartres, les 27 et 28 mai, d'autres se rendent à Lourdes, à La Salette et à Paray-le-Monial. Le 20 juin, des députés se vouent au Sacré-Cœur de Jésus. Le mois suivant, l'Assemblée vote l'érection de la basilique du Sacré-Cœur à Montmartre. Toutes ces manifestations indignent la bourgeoisie voltairienne et les intellectuels.

La majorité de droite cherche à gagner du temps en attendant de réaliser ses projets de rétablissement de la monarchie. Elle entreprend de surveiller les journaux et d'épurer l'administration, d'éviter le vote d'une Constitution républicaine, de dissocier le mandat du président de la République – qui doit être allongé – de la durée de l'Assemblée, et enfin de créer une Chambre haute solide. Maintenant que l'obstacle à la restauration que constituait Thiers a disparu, il s'agit d'effacer les dissensions entre la branche aînée et la branche cadette. Or la tentative de restauration échoue. Les monarchistes, partisans de l'ordre moral, n'ont plus qu'à se rallier à Mac Mahon et au plan du duc de Broglie, à consolider le régime en attendant une autre possibilité de restauration. La loi du septennat est votée dans la nuit du 19 au 20 novembre 1873. Le 26, après la démission de trois ministres légitimistes, Broglie remanie son cabinet. Le vice-président du Conseil prend l'Intérieur et donne les Affaires étrangères à Decazes, fils du conseiller de Louis XVIII. Un ancien bonapartiste, Fourtou, devient ministre de l'Instruction publique, et devra faire régner l'ordre moral à l'école. Combattu à gauche, suspect à l'extrême droite, Broglie doit mener une politique prudente. Son but essentiel est d'empêcher la montée du radicalisme. Le gouvernement présente donc à l'Assemblée un projet visant à faire nommer les maires par le pouvoir central. La loi, votée le 20 janvier 1874, permet aux préfets de remplacer les maires républicains par des hommes d'ordre, ce qui entraîne de nombreuses difficultés au niveau local. Cette loi et la limitation des libertés de réunion et de la presse n'empêchent pas les républicains de progresser lors des élections partielles.

Au mois de décembre 1873 a été constituée une commission composée en majorité de membres de la droite modérée et du centre droit, commission chargée de préparer les lois constitutionnelles. En attendant, le vice-président du Conseil tente, le 15 mai 1874, d'imposer son projet de Grand Conseil, qui n'est en fait qu'un retour aux assemblées de notables. De nombreux députés de gauche, mais aussi des conservateurs, protestent contre ce projet, et Broglie, comprenant que la partie est perdue, cherche une occasion de quitter dignement la scène. Le 16 mai, il pose la question de confiance sur une priorité à donner à la discussion d'un projet de loi électorale. L'Assemblée lui refuse la confiance par 381 voix contre 317, le cabinet d'ordre moral tombe. Cissey, qui succède à Broglie, mène jusqu'au 11 mars 1875 un cabinet de « temporisation ». Pendant cette période est voté le fameux amendement Wallon qui, le 30 janvier, crée la République. Les lois constitutionnelles des 24 et 25 février, et celle du 16 juillet, compléteront cet amendement. Louis Buffet, successeur de Cissey, conduit ensuite une politique résolument conservatrice. Le 12 juillet est votée une loi chère au cœur des catholiques, la liberté de l'enseignement supérieur. L'Assemblée se sépare le 31 décembre 1875.

Aux élections des 20 février et 5 mars 1876, les républicains l'emportent avec 360 sièges contre 135 aux monarchistes. Armand Dufaure, homme du centre gauche, ancien ministre et ami de Thiers, possédant de nombreuses sympathies à gauche, succède à Buffet. Mais, face à un Sénat conservateur, à un président de la République monarchiste, il parvient de plus en plus difficilement à concilier les positions de la Chambre républicaine et du Sénat. Aussi démissionne-t-il au mois d'octobre. Jules Simon le remplace et mène jusqu'au 16 mai 1877 une difficile politique d'équilibre entre les conservateurs et la gauche. Le 16 mai, Mac Mahon charge Broglie de constituer un nouveau cabinet d'ordre moral, dans lequel Fourtou reçoit l'Intérieur. Après la dissolution de la Chambre par Mac Mahon, le 25 juin, une fiévreuse campagne électorale s'engage pendant l'été. Le président de la République lui-même porte son soutien à certains candidats, déclarant : « La lutte est entre l'ordre et le désordre. » Fourtou, quant à lui, organise une surveillance administrative rigoureuse. Aux élections d'octobre, les républicains l'emportent avec une majorité moins importante qu'ils ne l'espéraient. Broglie tente de poursuivre sa politique d'ordre moral, mais, se sentant peu soutenu par le Sénat et Mac Mahon, il démissionne le 23 novembre 1877. Dufaure lui succède, la politique d'ordre moral est définitivement abandonnée.

Ordres (société d')

Stratification sociale de l'Ancien Régime distinguant ceux qui prient, – le clergé qui forme le premier ordre –, ceux qui combattent – la noblesse – et ceux qui travaillent – le tiers état.

Implicite depuis le Moyen Âge, cette division juridique, fondée sur la naissance et l'état, aurait été formalisée au XVIIe siècle par des jurisconsultes comme Loyseau (*Droit des offices*, 1609). Mais elle est trop sommaire pour servir de grille d'analyse de la société française. Chaque ordre juxtapose des situations protocolaires, des niveaux de fortune incomparables : du cardinal au curé de campagne, du prince de sang au hobereau de province ou à l'anobli de fraîche date, du manouvrier au financier, un gouffre s'ouvre. Beaucoup plus révélateur, le tarif de la capitation de 1695 classe les fonctions en 22 rangs décroissants qui mêlent des critères de dignité à ceux du pouvoir et de la fortune : les fermiers généraux y passent les ducs et pairs ! Diversifiés, les ordres sont en outre beaucoup moins cloisonnés en France que dans d'autres pays d'Europe. Au XVIe siècle encore, il est possible de s'agréger à la noblesse en vivant noblement ; au XVIIe, des charges anoblissantes ou la faveur royale conduisent au second ordre même si la pleine assimilation exige trois générations. Mais cette mobilité sociale, réelle, est lente ; l'endogamie reste la règle tandis qu'à partir de 1750 les possibilités de promotion se ralentissent considérablement. À la veille de la Révolution, la notion d'ordre retrouve ainsi une actualité avec la convocation d'états généraux, les derniers remontant à 1614.

Organisation civile et militaire (OCM)

Mouvement de Résistance.

L'OCM est constituée par la réunion de deux groupes, d'une part la Confédération des travailleurs intellectuels qui gravite autour de Maxime Blocq-Mascart et d'un ancien professeur des Arts et Métiers, Sainte-Lagüe, d'autre part d'un petit groupe implanté au sein du ministère des Travaux publics autour de deux fonctionnaires, Georges et Raymonde Ricroch. Composée au départ d'officiers et de cadres, l'OCM noyaute les administrations et se spécialise dans le renseignement.

Organisation de l'armée secrète (OAS)

Organisme clandestin constitué à la fin de la guerre d'Algérie par les tenants du principe de l'Algérie française.

L'OAS est fondée à Madrid, début 1961, par Pierre Lagaillarde et Jean-Jacques Susini, réfugiés en Espagne après l'épisode des barricades. Elle se manifeste pour la première fois à Alger le 6 mars 1961 et soutient, en avril, le putsch des généraux. Après l'échec de celui-ci, les activistes militaires rejoignent les civils dans la clandestinité et transforment les structures comme les méthodes du mouvement. L'OAS, dirigée par le général Salan, compte trois branches : un service opération commandé par le colonel Godard et Jean-Claude Perez ; un service d'organisation des masses (colonel Gardes) ; un service de propagande (Jean-Jacques Susini, général Gardy). Au total, ce sont 1 000 hommes armés et, au plus, 3 000 militants en Algérie, surtout à Alger et à Oran, quelques centaines en métropole. Les méthodes s'inspirent de la guerre révolutionnaire : récolte des fonds par cotisation, impôt forcé ou hold-up, distribution de tracts, émissions de radio pirates, concerts de klaxons, manifestations, élimination des « traîtres » gaullistes, des militants FLN, voire attentats aveugles. Les mobiles évoluent dans le temps. À l'origine, on retrouve les déçus du gaullisme de 1958 qu'ils avaient contribué a instaurer et qui assimilent les négociations en cours pour l'indépendance à une trahison ; s'y ajoutent des officiers frustrés d'une défaite politique qui succède à un échec indochinois, ceux qui estiment que la République s'est reniée en abandonnant le principe de l'intégrité du territoire, ceux qui veulent combattre contre la menace que représenterait la victoire du FNL, ceux, enfin, les moins nombreux, qui trouvent là l'occasion d'une revanche espérée contre la France de 1945 qui les a condamnés, eux ou leur idéologie. Il s'agit alors d'empêcher l'application du cessez-le-feu par tous les moyens (directive Salan du 23 février 1962). En fait, la campagne d'attentats en métropole, lancée dès l'hiver 1961, est désavouée par l'opinion publique (obsèques des manifestants anti-OAS tués au métro Charonne le 8 février 1962) ; en Algérie elle aboutit

Organisation de l'armée secrète
Une rue d'Alger en mars 1962, peu avant le cessez-le-feu. © *Keystone*

au ratissage de Bab-el-Oued, à la fusillade de la rue d'Isly (26 mars) et à l'échec du maquis implanté dans l'Ouarsenis.

Au moment où le général Salan est arrêté, le 20 avril 1962, l'OAS a perdu la bataille politique, idéologique et militaire. Elle choisit alors la stratégie de la « terre brûlée », insurrection du désespoir selon ses partisans et reniement de ses idéaux nationaux affichés selon ses adversaires. Cette stratégie se prolonge jusqu'au 27 juin à Oran et laisse les Français d'Algérie exposés aux représailles, en même temps qu'elle précipite leur exode. En métropole, la nouvelle direction (Georges Bidault, colonel Argoud, général Gardy) concentre ses efforts sur l'élimination du général de Gaulle, dans l'espoir que sa mort permettrait au moins le départ des gaullistes du pouvoir. Au contraire, l'échec de l'attentat du Petit-Clamart (22 août 1962) aboutit à consolider le régime. L'arrestation du colonel Argoud, enlevé à Munich par les services secrets en février 1963, sonne le signal de la débandade. Réfugiés au Portugal et en Afrique du Sud pour la plupart, les anciens de l'OAS sont amnistiés en juin 1968, non comme ils l'ont prétendu parce que la hiérarchie militaire l'avait exigé en échange de sa fidélité à de Gaulle, mais parce qu'ils ne représentaient plus rien dans une France qui avait tourné la page algérienne.

Organisation de résistance de l'armée (ORA)

Mouvement de résistance.

Organisation créée par des officiers, dont la première action clandestine est de cacher des armes en vue d'une reprise des hostilités à partir de juin 1940. Étoffée par la dissolution de l'armée régulière (novembre 1942), elle recrute surtout parmi les officiers de carrière, éventuellement pétainistes mais viscéralement antiallemands. Son ossature est le 2ᵉ Bureau camouflé : le contre-espionnage devient « Travaux Ruraux ». Les Allemands redoutent beaucoup l'ORA. Autre contribution essentielle, elle fait passer en Afrique du Nord, par l'Espagne, des cadres pour former la nouvelle armée française. Au printemps 1944, l'ORA (de tendance giraudiste), l'Armée secrète, et les Francs-tireurs et partisans s'unissent progressivement. Au moment du débarquement de Normandie (6 juin 1944), le mouvement rassemble 68 000 hommes, soit 36 000 en zone sud et 32 000 en zone nord.

Orgétorix (? – ?, v. 58 av. J.-C.)

Chef gaulois.

Si l'on en croit César, qui est le seul à le mentionner, Orgétorix est « le plus noble et le plus riche des Helvètes ». Un beau jour, il décide ses compatriotes, à l'étroit dans leurs vallées suisses, d'émigrer vers la province romaine (future Narbonnaise), et peut-être de là jusqu'en Saintonge. Nourrissant en même temps un dessein de restauration monarchique à son profit, il s'allie secrètement au Séquane Casticos et à l'Éduen Dumnorix, auquel il donne sa fille en mariage. Mais ses rivaux sont avertis de ce qui se trame par une dénonciation. Mis en jugement, Orgétorix se dispense de plaider sa cause. Peu après, on apprend sa mort. Le bruit court qu'il s'est suicidé. La disparition d'Orgétorix n'empêchera pas les Helvètes de donner suite à leur projet d'émigration massive.

Orient (Compagnie d') : voir Compagnies commerciales

Orléanisme

Mouvement partisan de l'arrivée puis du maintien de la famille d'Orléans au trône de France.

À la mort de Louis XIV en 1715, son arrière-petit-fils, le futur Louis XV, n'a que 5 ans. La régence est donc confiée au cousin du roi, Philippe d'Orléans, fils du frère du Roi-Soleil. C'est la première fois qu'un Orléans exerce le pouvoir en France. Son arrière-petit-fils, surnommé Philippe Égalité, vote la mort du roi en 1792 mais est guillotiné à son tour peu après, abandonné des royalistes comme des Montagnards. Il a cependant pris part aux débuts des événements, et sa famille en tire une popularité qui fait de son descendant Louis-Philippe un remplaçant idéal à Charles X en 1830, à la suite des Trois Glorieuses. L'orléanisme devient alors le courant d'opinion qui soutient le gouvernement face aux légitimistes attachés à la branche des Bourbons. Il se divise en deux branches : le parti de la résistance dirigé par François Guizot et celui du mouvement entraîné par Odilon Barrot. La révolution de 1848 et le Second Empire les rejettent dans l'opposition. En 1871, ils se rallient à Adolphe Thiers pour faire prévaloir l'idée d'une nouvelle monarchie parlementaire. Mais ce dernier est devenu républicain. Le duc de Broglie fait naître l'entente de tous les monarchistes – orléanistes et légitimistes – en soutenant le comte de Chambord, héritier des Bourbons. Cependant, l'intransigeance de Chambord sur le partage du pouvoir sépare de nouveau les deux camps qui n'ont su par la suite, ni l'un ni l'autre, regagner une opinion publique de plus en plus éloignée de l'idée de monarchie. Peu à peu, tandis que les légitimistes fondent des mouvements monarchistes proches de l'extrême droite, les orléanistes profitent de la politique de ralliement prônée par le pape pour accepter eux aussi la République.

Orléans

Chef-lieu du département du Loiret, à 120 km au sud de Paris, sur les bords de la Loire.

C'est l'antique *Cenabum* des Gaulois Carnutes qui dominent les territoires compris entre les vallées de l'Eure et de la Loire. Sous l'Empire romain, la cité devient *Aurelianum*. Les invasions barbares du vᵉ siècle attirent vers ce point de passage du Val de Loire la plupart des envahisseurs. Les plus redoutables, les Huns, apparaissent

Orléans
Jeanne d'Arc obtenant des Anglais la levée du siège de la ville. Miniature, Paris, Bibliothèque nationale de France. © *Sélection Images*

en 451. Mais l'évêque Aignan stimule la défense et concourt à l'échec final d'Attila, qui recule jusqu'en Champagne. Maîtres du Bassin parisien, les Francs étendent bientôt leur emprise jusqu'à la Loire. De petits royaumes mérovingiens se constituent autour d'Orléans de 511 à 558, puis de 561 à 613. Le premier est créé en faveur de Clodomir, fils de Clovis. Le second est fondé par Gontran, fils de Clotaire, qui exerce son autorité jusqu'à la Saône, si bien que le nom de royaume de Bourgogne est parfois donné à ce domaine. L'art roman y fleurit, encore attesté aujourd'hui par les vestiges de Saint-Benoît-sur-Loire et de Germigny-des-Prés. Dans la seconde moitié du IXe siècle, cette partie du Val de Loire excite les convoitises des Normands, qui remontent le fleuve à maintes reprises. Au Xe siècle, les souverains capétiens imposent leur domination de ce côté, car l'Orléanais est un prolongement naturel de l'Île-de-France. La fleur de lys capétienne apparaît d'ailleurs sur les armes de ce duché d'Orléans, créé au XIVe siècle par Philippe de Valois, dont le destin sera désormais celui de la dynastie royale.

Entre Paris, le Berry et le Limousin d'un côté, le Nivernais et la Touraine de l'autre, ce lieu de franchissement de la Loire devient un important marché commercial. L'université y est réputée, surtout pour la qualité de ses juristes. Pendant la guerre de Cent Ans, Orléans devient un des objectifs des Anglais. C'est donc lui porter un coup sensible que de leur faire lever le siège de la ville, ce que réalise Jeanne d'Arc en 1429.

Les occupations de 1814, 1815 et 1870 amènent à nouveau l'envahisseur vers ces terres de l'Orléanais sur lesquelles l'armée de la Loire, elle aussi symbolique de l'effort du gouvernement de la Défense nationale, dispute le terrain pied à pied. Prussiens et Bavarois, qui sont entrés dans Orléans le 11 octobre 1870, en sont chassés le 9 novembre suivant à la suite du succès français de Coulmiers. Mais ils reviennent au début de décembre, au lendemain des combats décisifs de Loigny et de Patay, puis de Beaugency, qui obligent l'armée de Chanzy à refluer sur le Loir et la Maine. Il en sera de même en juin 1940 et août 1944, le sort de la région étant celui du pays tout entier.

ORLÉANS (premier concile d')

Premier concile général du royaume des Francs tenu à Orléans en 511 sur l'initiative de Clovis.

De nombreuses dispositions y sont arrêtées. Les plus importantes sont celles qui affermissent le pouvoir épiscopal sur le clergé séculier et régulier, qui interdisent aux clercs d'aller à la Cour solliciter des bénéfices sans l'aveu des évêques, à ceux-ci de considérer comme personnelles les donations royales faites à leurs églises. Il est également légiféré sur le droit d'asile et sur la répartition des offrandes aux églises rurales entre l'évêque et le prêtre. Le clergé arien reçoit enfin la faculté de se convertir en conservant le même rang dans la hiérarchie catholique. Bien que la moitié seulement des évêques des États de Clovis (32 sur 64) ait pu ou voulu s'y rendre, ce concile devait se révéler par la suite de la plus grande importance. Dernier grand acte du règne de Clovis, il avait en effet scellé la nouvelle alliance du trône et de l'autel qui allait caractériser l'histoire de la monarchie française.

ORLÉANS (maisons d')

Nom donné à quatre maisons capétiennes ayant possédé en apanage le duché d'Orléans. Les deux premières appartiennent à la lignée des Valois, les deux autres à celle des Bourbons.

La première maison d'Orléans est représentée par un seul membre, Philippe, cinquième fils de Philippe VI de Valois. En 1344, Philippe reçoit en apanage le comté de Valois et le duché d'Orléans. Il mourra en 1375 sans avoir laissé d'enfants de sa femme Blanche, fille de Charles IV le Bel. Ses biens retourneront à la couronne. La deuxième maison d'Orléans a pour chef Louis Ier, second fils du roi Charles V et frère puîné de Charles VI. Louis Ier est créé duc d'Orléans en 1392. Il est l'ancêtre commun de tous les rois Valois ayant régné après la mort de Charles VIII. Deux branches sont issues de lui : celle des Valois-Orléans proprement dits, dont la tige est Charles, père de Louis II (Louis XII) ; celle des Valois-Orléans-Angoulême, dont la tige est Jean, comte d'Angoulême, grand-père de François qui montera sur le trône sous le nom de François Ier. Le deuxième fils de François Ier, Henri, est titré duc d'Orléans dès sa naissance en 1529 ; il transmettra son titre à son frère Charles en 1536 et ceindra la couronne sous le nom d'Henri II en 1547. Charles meurt en 1545 sans alliance. Après lui, le duché d'Orléans passe à trois fils d'Henri II : Louis, de sa naissance (1549) à sa mort (1550), Charles (Charles IX) de sa naissance (1550) à 1560, Alexandre (Henri III) de 1560 à sa nomination comme duc d'Anjou (1565).

La troisième maison d'Orléans est représentée par le seul Gaston, frère de Louis XIII, titré duc d'Anjou avant d'être investi de l'apanage orléanais en 1626. Il est à noter qu'il avait été précédé par un autre frère, Nicolas, duc d'Orléans dès sa naissance à Fontainebleau en 1607, mort à Saint-Germain en 1611. Gaston n'eut pas d'héritier direct pour ses biens propres, les apanages restant théoriquement propriété de la couronne et ne pouvant pour cette raison se transmettre en ligne féminine. Sa fille, la Grande Mademoiselle, hérita donc de sa mère Marie de Montpensier et fut appelée duchesse de Montpensier. À sa mort, la succession des Montpensier passa à la nouvelle maison d'Orléans. La quatrième et dernière maison d'Orléans est issue du frère de Louis XIV, Philippe, titré d'abord duc d'Anjou puis, à la mort de son oncle Gaston, duc d'Orléans. Cette maison d'Orléans a été longtemps assez pauvre en garçons, alors que la branche aînée des Bourbons en semblait largement pourvue. Elle a pris sa revanche à partir de la génération de Louis-Philippe. Aujourd'hui, toutes les dynasties princières dignes de ce nom ont une ou plusieurs alliances avec les Orléans.

On donne souvent le nom d'Orléans non assorti de titre à la branche bâtarde fondée par Jean, comte de Dunois, dont les descendants s'instituèrent comtes puis ducs de Longueville. Jean était le demi-frère illégitime de Charles, duc d'Orléans, et de Jean, comte d'Angoulême tiges des deux branches royales de Valois-Orléans. La lignée d'Orléans Longueville s'éteignit en 1694 en la personne de Jean Louis Charles, dit l'abbé d'Orléans.

ORLÉANS Charles duc d' (Paris, 1391 – Amboise, 1465)

Poète.

Fils de Louis Ier d'Orléans et de Valentine Visconti, il est le filleul de Charles VI et le père de Louis II d'Orléans (futur Louis XII). Très tôt, il manifeste des dons pour le latin et se montre bon rimeur et « langagier ». En 1406, on le fiance à Isabelle, veuve de Richard II d'Angleterre. Lorsque son père, duc d'Orléans et chef des Armagnacs, est assassiné par Jean sans Peur, duc de Bourgogne et chef des Bourguignons, en 1407, sa mère en meurt de chagrin l'année suivante. Charles a 17 ans. Ses débuts politiques ne sont pas encourageants : il doit se laisser réconcilier avec l'assassin de son père. Mais bientôt ses plus fidèles serviteurs l'incitent à prendre sa revanche. Une alliance est signée entre le comte d'Armagnac Bernard VII et lui. À Riom, en 1410, Charles épouse Bonne, fille du comte. Une réaction se dessine. Les orléanistes obtiennent condamnation de l'impudente apologie de Jean sans Peur qui avait hautement revendiqué l'assassinat du duc d'Orléans. Lors de la bataille d'Azincourt en 1415, retrouvé au milieu des cadavres, le duc d'Orléans est emmené captif en Angleterre. Il y reste vingt-cinq ans, au cours desquels il écrit des ballades et des rondeaux qui expriment les douleurs de l'exil (*En regardant vers le pays de France*), de la solitude (*En la forêt d'ennuyeuse tristesse*), les beautés de la nature (*En regardant ces belles fleurs*). En 1440, il regagne la France, sur l'intercession de la duchesse de Bourgogne et moyennant une forte rançon. En gage de réconciliation, il doit épouser une nièce de Philippe le Bon, Marie de Clèves, sa femme étant morte entre-temps. Il vit surtout à Blois où il constitue une cour fréquentée par tous les poètes du temps. Il s'efforce de se montrer bon Bourguignon, ce qui lui attire la méfiance de Charles VII. En 1447, afin de récupérer son héritage d'Asti, il monte en Italie une expédition qui se termine par un échec. Il meurt à Amboise, laissant le souvenir d'un prince mécène, désireux de « sagesse », mais mal à l'aise dans les méandres de la politique. Charles d'Orléans est le plus grand poète français du XVe siècle avec Villon, qu'il protégea.

Charles d'Orléans
Le Duc d'Orléans écrivant ses poèmes dans la tour de Londres pendant sa captivité. Miniature, XVe siècle, Londres, British Museum. © *Sélection Images*

ORLÉANS Ferdinand Philippe Louis, duc d' (Palerme, 1810 – Neuilly-sur-Seine, 1842)

Général.

Fils aîné de Louis-Philippe et de Marie-Amélie. Il porte d'abord le titre de duc de Chartres. Colonel du Ier régiment de hussards depuis 1825, il participe en juillet 1830 au mouvement révolutionnaire et fait arborer à ses hommes la cocarde tricolore. Son père devenu roi par l'abdication de Charles X, le duc de Chartres prend le titre de duc d'Orléans. Nommé général en 1831, il passe au mois d'août la frontière de la Belgique avec son frère Nemours, et repousse les Hollandais jusqu'à Anvers. Puis, sous les ordres du maréchal Soult, il participe au mois de décembre à la répression de l'insurrection des Canuts lyonnais. L'année suivante, la frontière belge une nouvelle fois franchie, il assiste au siège d'Anvers. Après avoir pris part à la répression de l'émeute parisienne d'avril 1834, le jeune duc, avec le titre de lieutenant général, sert en Algérie à partir de 1835. L'année suivante, il crée le corps des chasseurs à pied, dits chasseurs d'Orléans. Il participe brillamment aux combats de Mascara, des Portes de Fer, à l'expédition de Médéa puis au combat de Mouzaïa. En 1836, l'héritier du trône a demandé en vain la main de l'archiduchesse d'Autriche. L'année suivante, il épouse Hélène Louise de Mecklembourg qui lui donnera deux fils, Philippe, comte de Paris, et Robert, duc de Chartres. Le 13 juillet, sur la route de la Révolte, près de l'actuelle porte Maillot, alors que le duc se rend à Neuilly, les chevaux qui tirent sa calèche s'emballent et, à la suite de circonstances mal définies, son occupant se brise le crâne sur le pavé. Cet accident tragique est une catastrophe pour le régime : d'opinions libérales, le duc d'Orléans était le plus populaire des fils de Louis-Philippe, et le nouvel héritier du

Maison de BOURBON-ORLÉANS

LOUIS XIII
(1601-1643)
∞ Anne d'Autriche
(1601-1666)

LOUIS XIV le Grand
(1638-1715)

Maison de BOURBON

PHILIPPE II
duc d'Anjou, puis d'Orléans
(1640-1701)
∞ 1. Henriette d'Angleterre

Marie-Louise
(1662-1689)
∞ Charles II,
roi d'Espagne

Anne
(1669-1728)
∞ Victor-Amédée II
duc de Savoie, roi de Sardaigne

Mlle de Valois
(1693-1694)

Elisabeth
(1695-1728)
∞ Charles, duc de Berry

Adélaïde
(Mlle de Chartres)
(1698-1743)
abbesse de Chelles

Ferdinand
duc d'Orléans
(1810-1842)
∞ Hélène de Mecklembourg

Louise
(1812-1850)
∞ Léopold Ier,
roi des Belges

Marie
(1813-1839)
∞ Alexandre,
duc de Würtemberg

Clémentine
(1817-1907)
∞ Auguste de Saxe-Cobourg
et Gotha

Philippe IV
comte de Paris
(1838-1894)
∞ Isabelle de Bourbon-Orléans

Robert
duc de Chartres
(1840-1910)
∞ Françoise d'Orléans-Joinville

Amélie
(1865-1951)
∞ Charles,
roi de Portugal

Philippe V
duc d'Orléans
(1869-1926)
∞ Dorothée de Habsbourg

Hélène
(1874-1951)
∞ Emmanuel,
duc d'Aoste

Isabelle
(1878-1961)
∞ Jean,
duc de Guise

Louise
(1882-1958)
infante
d'Espagne

Ferdinand
duc de Montpensier
(1884-1924)

Robert

Marie
(1865-1907)
∞ Valdemar
de Danemark

Henri
(1867-1901)

Marguerite
(1869-1940)
∞ Patrice de Mac-Mahon,
duc de Magenta

Jean
duc de Guise
(1874-1940)
∞ Isabelle de France

Isabelle
(1900-1983)
∞ 1. Bruno d'Harcourt
2. Pierre Murat

Françoise
(1902-1953)
∞ Christophe de Grèce

Anne
(1906-1986)
∞ Amédée, duc d'Aoste

Henri
comte de Paris
(1908-1999)
∞ Isabelle d'Orléans-Bragance

Isabelle
(1932-)
∞ Frédéric de
Schonburg-Buchheim

Henri
comte de Clermont
(1933-)
∞ Marie-Thérèse
de Würtemberg

Hélène
(1934-)
∞ Evrard de
Limbourg-Stirum

François
duc d'Orléans
(1935-1960)

Anne
(1938-)
∞ Charles,
duc de Calabre

Diane
(1940-)
∞ Charles
de Wurtemberg

Jacques
(1941-)
∞ Gersande
de Sabran-Pontevès

Michel
(1941-)
∞ Béatrice
de Franclieu

Claude
(1943-)
∞ Amédée,
duc d'Aoste

Chantal
(1946-)
∞ François-Xavier
de Sorgue

Thibaut
(1948-1983)
∞ Marion
Gordon Orr

Marie
(1959-)
∞ Gondakar
de Liechtenstein

François
(1961-)

Blanche
(1962-)

Jean
(1965-)

Eudes
(1968-)
∞ Marie Liesse
de Rohan-Chabot

Thérèse
(2001-)

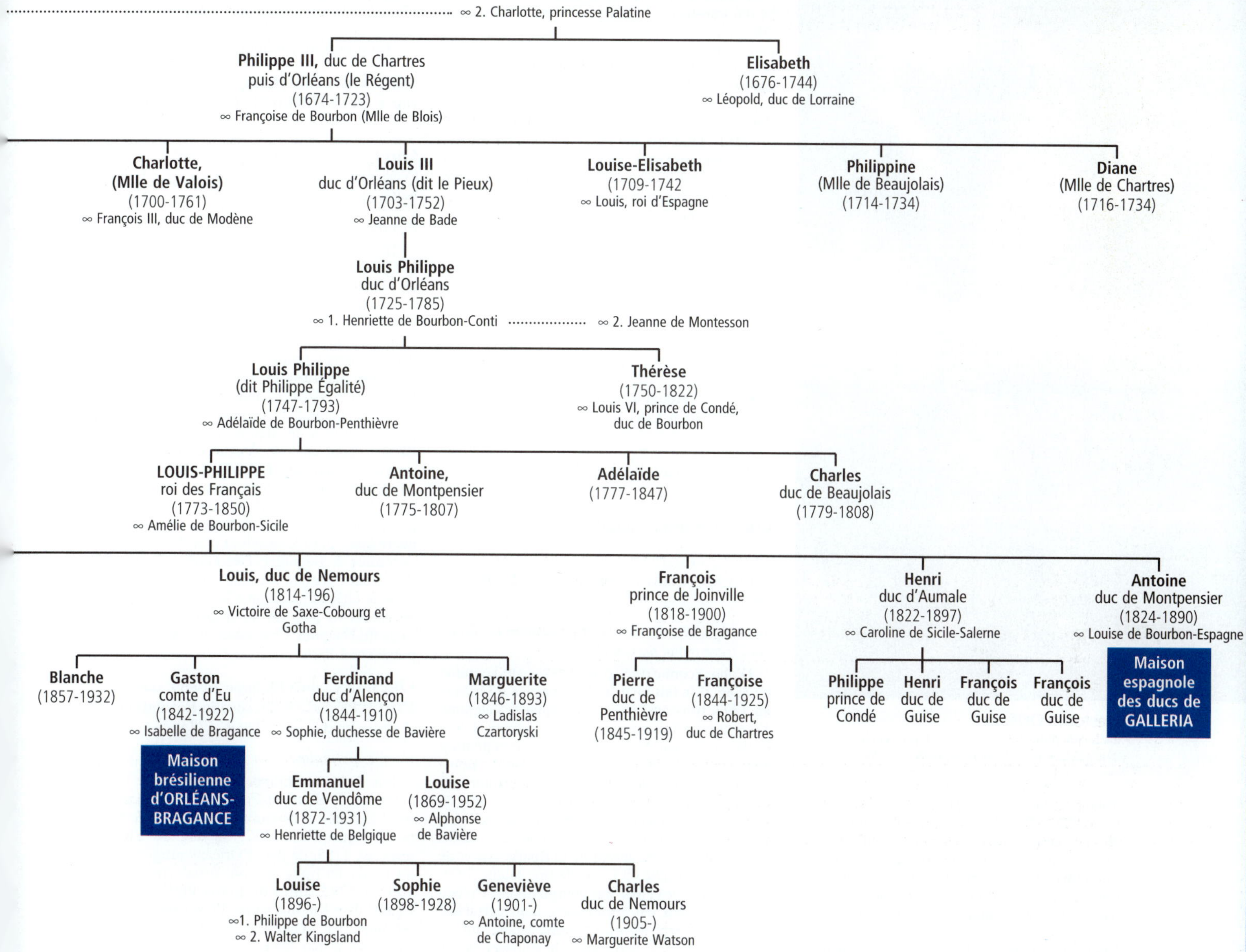
∞ 2. Charlotte, princesse Palatine
Philippe III, duc de Chartres puis d'Orléans (le Régent) (1674-1723) ∞ Françoise de Bourbon (Mlle de Blois)
Elisabeth (1676-1744) ∞ Léopold, duc de Lorraine
Charlotte, (Mlle de Valois) (1700-1761) ∞ François III, duc de Modène
Louis III duc d'Orléans (dit le Pieux) (1703-1752) ∞ Jeanne de Bade
Louise-Elisabeth (1709-1742 ∞ Louis, roi d'Espagne
Philippine (Mlle de Beaujolais) (1714-1734)
Diane (Mlle de Chartres) (1716-1734)
Louis Philippe duc d'Orléans (1725-1785) ∞ 1. Henriette de Bourbon-Conti
∞ 2. Jeanne de Montesson
Louis Philippe (dit Philippe Égalité) (1747-1793) ∞ Adélaïde de Bourbon-Penthièvre
Thérèse (1750-1822) ∞ Louis VI, prince de Condé, duc de Bourbon
LOUIS-PHILIPPE roi des Français (1773-1850) ∞ Amélie de Bourbon-Sicile
Antoine, duc de Montpensier (1775-1807)
Adélaïde (1777-1847)
Charles duc de Beaujolais (1779-1808)
Louis, duc de Nemours (1814-196) ∞ Victoire de Saxe-Cobourg et Gotha
François prince de Joinville (1818-1900) ∞ Françoise de Bragance
Henri duc d'Aumale (1822-1897) ∞ Caroline de Sicile-Salerne
Antoine duc de Montpensier (1824-1890) ∞ Louise de Bourbon-Espagne
Maison espagnole des ducs de GALLERIA
Blanche (1857-1932)
Gaston comte d'Eu (1842-1922) ∞ Isabelle de Bragance
Maison brésilienne d'ORLÉANS-BRAGANCE
Ferdinand duc d'Alençon (1844-1910) ∞ Sophie, duchesse de Bavière
Marguerite (1846-1893) ∞ Ladislas Czartoryski
Pierre duc de Penthièvre (1845-1919)
Françoise (1844-1925) ∞ Robert, duc de Chartres
Philippe prince de Condé
Henri duc de Guise
François duc de Guise
François duc de Guise
Emmanuel duc de Vendôme (1872-1931) ∞ Henriette de Belgique
Louise (1869-1952) ∞ Alphonse de Bavière
Louise (1896-) ∞1. Philippe de Bourbon ∞ 2. Walter Kingsland
Sophie (1898-1928)
Geneviève (1901-) ∞ Antoine, comte de Chaponay
Charles duc de Nemours (1905-) ∞ Marguerite Watson

Gaston d'Orléans
Huile sur toile d'Antoine Van Dyck, école flamande, XVIIe siècle, Chantilly, musée Condé. © *Sélection Images*

trône n'a que 4 ans. Une régence, à la mort de Louis-Philippe, est donc inévitable. Le roi achètera l'épicerie voisine du lieu de l'accident et à sa place fera édifier une chapelle de style néobyzantin dédiée a Notre-Dame de la Compassion. Cette chapelle, déplacée d'une bonne centaine de mètres, se trouve aujourd'hui porte des Ternes.

ORLÉANS Gaston, duc d' (Fontainebleau, 1608 – Blois, 1660)

Troisième fils d'Henri IV et de Marie de Médicis, frère de Louis XIII.

Il est prénommé Gaston en souvenir de ses ancêtres béarnais. Son premier titre est duc d'Anjou. Il devient Monsieur à la mort de son plus jeune frère en 1611. Le titre de duc d'Orléans, qu'avait également porté ce frère, ne lui est conféré qu'en 1626, en même temps que ceux de duc de Chartres et de comte de Blois : c'est la récompense de ses dénonciations dans le complot de Chalais contre Richelieu. Gaston devrait être satisfait de cette année 1626 qui lui apporte un autre avantage, bien qu'il se fasse contre son gré : en effet, suivant le dessein du roi et de Richelieu, il épouse sa cousine Marie de Montpensier, très riche héritière, qui lui donnera une fille, Anne Marie Louise, la future Grande Mademoiselle, avant de mourir dès 1627. Sa vie se passe en innombrables complots qui presque tous échouent par sa faute ; il n'hésite pas à sacrifier ses meilleurs serviteurs. Richelieu dira de lui : « Il entra dans toutes les affaires parce qu'il n'avoit pas la force de résister à ceux qui l'y entraînoient ; il en sortit toujours avec honte parce qu'il n'avoit pas le courage de les soutenir. » En 1631, Monsieur, mécontent de Richelieu, s'exile en Lorraine, chez Charles IV, ennemi de la France, dont il épouse secrètement la sœur Marguerite. Mais les succès des armées de Louis XIII le forcent bientôt à signer la convention de Vic (1632) et à se retirer à Bruxelles. Peu après, la même année, on le retrouve en France aux côtés de Montmorency révolté, au combat de Castelnaudary, où il manifeste son habituelle irrésolution, ce qui transforme l'engagement en déroute ; son allié, qui avait cru à la parole d'un prince du sang, paiera de sa vie sa naïveté. Gaston s'abouche directement avec les Espagnols et, en 1636, monte avec le comte de Soissons, contre Richelieu, un nouveau complot qui lui est encore pardonné. Il participe à la conspiration de Cinq-Mars (1642) et, celle-ci ayant été découverte par Richelieu, il livre, par peur, tous ses complices. Sous la régence, il est investi de la lieutenance générale du royaume. Il participe aux opérations militaires de Flandre en 1645 et 1646. Ensuite, ses tergiversations et ses atermoiements décourageront les frondeurs les moins prudents et il ne pourra même plus servir de caution aux agités. Après le retour définitif de Louis XIV à Paris en 1652, Gaston reçoit l'ordre de s'exiler à Blois, où il meurt dans l'indifférence générale. Les *Mémoires du duc d'Orléans*, édités en 1683, ne sont pas de lui, mais probablement d'un certain Algay de Martignac.

ORLÉANS Henri d', comte de Paris : voir HENRI D'ORLÉANS, comte de Paris

ORLÉANS Jean d' : voir ANGOULÊME

ORLÉANS Jean, bâtard d' : voir DUNOIS

ORLÉANS Louis Ier, duc d' (?, 1372 – Paris, 1407)

Second fils de Charles V et de Jeanne de Bourbon, frère puîné de Charles VI.

D'abord comte de Valois, puis duc de Touraine en 1386, il se fait investir de l'apanage d'Orléans en 1392, trois ans après avoir épousé Valentine Visconti, qui lui apporte en dot le comté d'Asti et des droits sur Milan. Il entre en compétition avec son oncle Philippe le Hardi, duc de Bourgogne, pour le gouvernement du royaume qui échappe progressivement à Charles VI, frappé de folie. Ses fiefs s'accroissent rapidement mais sans former l'équivalent des deux solides ensembles réunis par son rival autour de la Bourgogne et de la Flandre. Installé en Luxembourg, le duc d'Orléans menace les Pays-Bas bourguignons. Un peu partout, il bâtit des forteresses, dont certaines, comme la Ferté-Milon et Pierrefonds, ont un aspect somptueux. Son cousin, le nouveau duc de Bourgogne, Jean sans Peur, le fait assassiner le 23 novembre 1407, en plein Paris, rue Vieille-du-Temple. Hautement revendiqué par son instigateur, publiquement appuyé sur les sophismes de l'orateur Jean Petit, ce crime déclenche la guerre des Armagnacs et des Bourguignons qui, en mettant la France et les fiefs de la maison d'Orléans au bord de la ruine, profitera finalement à la maison de Bourgogne.

ORLÉANS Louis II, duc d' : voir LOUIS XII

ORLÉANS Louis, duc d' (Versailles, 1703 – Paris, 1752)

Fils unique du Régent, Philippe d'Orléans.

Son père l'introduit au Conseil de régence en 1718, le nomme gouverneur du Dauphiné en 1719 et colonel général de l'infanterie française en 1721. Mais, peu brillant, il ne saura pas, bien que premier prince du sang, prendre la succession politique de son père. Après une liaison passagère avec une célèbre actrice, Mlle Quinault, et des attentions remarquées pour Mlle de La Roche-sur-Yon, sœur du prince de Conti, il épouse en 1724 Augusta Marie Jeanne, princesse de Bade. Celle-ci lui donne en 1725 un fils, Louis Philippe (qui sera le père du futur Philippe Égalité), mais meurt l'année suivante, quelques jours après la naissance de leur second enfant. Il éprouvait envers elle un amour passionné, et cette disparition l'affecte profondément. Dès lors, il fait des retraites de plus en plus fréquentes à l'abbaye Sainte-Geneviève où il se fixe définitivement en 1742. On le surnomme le « Génovéfain ». Passionné de sciences, il avait constitué un riche cabinet d'histoire naturelle.

ORLÉANS Louis-Philippe d' : voir LOUIS-PHILIPPE Ier

ORLÉANS Louis Philippe, duc d' (Versailles, 1725 – Sainte-Assise, Seine-et-Marne, 1785)

Fils du précédent.

Titré duc de Chartres à sa naissance, il ne prend le titre de duc d'Orléans qu'à la mort de son père en 1752. Colonel du régiment de Chartres (1737), il commande la cavalerie pendant la campagne de Flandre de 1742. L'année suivante, il épouse Louise Henriette de Bourbon-Conti dont il aura deux enfants : Louis Philippe Joseph (le futur Philippe Égalité) et Louise Marie Thérèse Bathilde (1750-1822), femme du dernier duc de Bourbon. Lieutenant général en 1744, il prend part aux sièges de Menin, Ypres, Fribourg-en-Brisgau, puis, en 1745, à celui de Tournai et à la bataille de Fontenoy. En 1747, il est enfin nommé gouverneur du Dauphiné en survivance de son père. Veuf en 1759, il se remarie secrètement (1773) avec Mme de Montesson et ne vit plus guère que « pour le plaisir et pour l'amitié » dans sa retraite de Bagnolet. Très aimé de Louis XVI, il consentit, malgré son fils, à lui vendre pour la reine le château de Saint-Cloud (1784), jugé par les médecins plus favorable que Versailles à la santé du Dauphin. Charitable, affable, il était très populaire à Paris.

ORLÉANS Louis Philippe Joseph, duc d', PHILIPPE ÉGALITÉ sous la Révolution (Saint-Cloud, 1747 – Paris, 1793)

Homme politique.

Fils de Louis Philippe d'Orléans et de Louise Henriette de Bourbon-Conti, il porte successivement les titres et dénominations de duc de Montpensier jusqu'en 1752, de duc de Chartres jusqu'en 1785, de duc d'Orléans jusqu'en 1792, de Louis Philippe Joseph, prince français, de 1791 à 1792, enfin de Louis Philippe Joseph Égalité dans l'ultime partie d'une existence qui se terminera sur l'échafaud, renié à la fois par les royalistes et par les tenants du pouvoir révolutionnaire. Pareilles métamorphoses sont révélatrices de la personnalité de ce descendant de Louis XIII et du Régent, qui fut opposant toléré sous l'Ancien Régime et serviteur d'une Révolution qui finalement l'immola sur l'autel de la guillotine. Toute la vie de ce prince tient dans cette contradiction. De l'Ancien Régime finissant, il apprécie le libertinage. Bel homme, quoique de corpulence certaine, il séduit par des traits agréables et réguliers. Esprit vif et curieux, il possède une grande faculté d'assimilation. Comme son arrière-grand-père le Régent, il a une attirance pour les arts et manifeste du bon goût pour tout ce qu'une existence facilitée par la fortune peut offrir. Mais un esprit de contradiction le pousse à prendre le contre-pied des habitudes et des convenances de la Cour. Celle-ci le critique et le méprise, ce qui accroît le divorce entre le personnage et le monde décadent de Versailles. Son charme lui vaut une grande popularité. Démagogue habile, Orléans dénonce volontiers le

« despotisme ministériel ». Le réformiste Maupeou subit ses vives critiques, ce qui est à l'origine de son exil de 1771 à 1772. L'avènement de Louis XVI est l'occasion d'une rentrée en grâce que symbolise une charge de grand amiral, propriété de son grand-père. Le duc de Chartres étrenne ce titre au feu, le 27 juillet 1778, lorsqu'il participe au combat d'Ouessant sous les ordres du comte d'Orvilliers. Mais la défaveur royale reprend, surtout de la part de Marie-Antoinette. Dans ses charges de l'armée de terre, il n'est guère plus heureux, puisque seul lui est accordé un rang de colonel des hussards, arme alors très négligée. Cette fausse récompense accroît le ressentiment du duc à l'encontre du pouvoir. Dès lors, il ne paraît presque plus à la Cour et passe à l'opposition ouverte. Endetté, quoique très riche, il a l'idée d'une spéculation inouïe de la part d'un prince du sang : convertir en boutiques à louer tous les alentours du jardin de sa résidence du Palais-Royal, dont il a reçu l'usufruit lors de son mariage. Les travaux de transformation, confiés à l'architecte Louis, sont achevés en 1784. Le Palais-Royal, dont le jardin était déjà ouvert au public, devient alors une espèce de foire perpétuelle – le « palais marchand » comme le surnomme avec sarcasme la Cour – ainsi que le quartier général des militants politiques et le centre privilégié de l'opposition au régime. Le duc d'Orléans accroît encore son influence politique en se faisant recevoir grand maître de la franc-maçonnerie à la mort du comte de Clermont, en 1786.

La fronde parlementaire trouve en lui un de ses meilleurs soutiens. Il se prononce ouvertement contre le pouvoir royal lors de la réunion de l'Assemblée des notables et, suivant le sort des conseillers Freteau et Sabatier, est exilé pour avoir qualifié publiquement d'illégaux les édits financiers préparés par Loménie de Brienne (19 novembre 1787). Le rappel de Necker est le signal de son retour, qui est triomphal. Lors des élections aux États généraux, il fait répandre dans ses domaines une *Instruction donnée... à ses représentants aux bailliages*, dont la rédaction, très hardie, fut attribuée à l'abbé Sieyès, et se prononce non seulement pour le doublement du tiers état mais aussi pour le vote par tête. Il entretient sa popularité par des actes de bienfaisance pendant le rigoureux hiver 1788-1789, et la Cour, certainement à tort, le rendra responsable de l'émeute des ouvriers de la manufacture Réveillon (28 avril 1789).

Élu député de la noblesse par le bailliage de Crépy sans s'être personnellement présenté, il prend le 25 juin la tête des 47 députés minoritaires de la noblesse qui viennent, d'eux-mêmes, se joindre aux délibérations du tiers. Le 3 juillet, l'Assemblée nationale le choisit comme président, mais il recule devant un honneur trop significatif qui revient finalement à l'archevêque de Vienne, Le Franc de Pompignan. Après le renvoi de Necker, c'est en grande partie dans son Palais-Royal que se prépare la prise de la Bastille. Son buste et celui de Necker y sont promenés en triomphe. Il y avait alors, sinon dans le peuple, au moins parmi les meneurs politiques, un parti d'Orléans qui le désignait d'avance comme régent ou lieutenant général du royaume si Louis XVI, de gré ou de force, abdiquait devant la Révolution. L'émeute des 5 et 6 octobre est elle aussi attribuée, du moins en partie, à ses agissements. La Fayette obtient alors son éloignement sous prétexte d'une mission en Angleterre. Mais il sollicite de l'Assemblée l'autorisation de rentrer en France (juillet 1790) pour prendre part à la fête de la Fédération. Après Varennes, on devait encore lui imputer la pétition de déchéance qui entraîna la sanglante fusillade du 17 juillet 1791. Il adopte en tout cas une attitude de plus en plus radicale, rompt avec les Feuillants et se montre assidu aux séances du club des Jacobins, tout en recevant également à sa table Danton et des membres éminents du club des Cordeliers. Symbole de sa rupture définitive avec l'Ancien Régime, Louis Philippe Joseph, « prince français », reçoit le 15 septembre 1792 de la Commune de Paris le nom d'« Égalité ». Trois jours plus tard,

Louis Philippe d'Orléans
Portrait en pied de Philippe Égalité, par L.L. Boilly, huile sur toile, Lyon, musée des Beaux-Arts. © *Giraudon*

le voici élu vingtième et dernier député de Paris à la Convention. « Quand on a 400 000 livres de rente, dit de lui Saint-Fargeau, il faut être à Coblence ou sur le faîte de la montagne. » Le « Prince rouge » choisit donc la Montagne. Et voilà le citoyen Égalité siégeant aux côtés de Robespierre, de Marat, de Saint-Just et du boucher Legendre. Il vote l'abolition de la royauté et applaudit Danton lors de ses virulentes interventions contre les tyrans. Lors du procès de Louis XVI, il vote la mort, ce qui surprend les plus virulents des Montagnards eux-mêmes.

Logique dans son attitude, Philippe Égalité vote, le 10 mars 1793, la création du Tribunal révolutionnaire. Toutefois, la trahison de Dumouriez, qui entraîne dans son sillage le fils du duc (le futur Louis-Philippe), le rend suspect. Sa défaveur prend tout d'abord l'aspect d'une mesure d'éloignement qui le conduit avec d'autres suspects à Marseille où le tribunal criminel des Bouches-du-Rhône le lave de tout soupçon (mai 1793). En novembre cependant, le Comité de salut public le décrète d'accusation par-devant le Tribunal révolutionnaire de Paris, cette fois, qui le condamne à mort (6 novembre) comme complice de conspiration contre l'unité et l'indivisibilité de la République. Philippe Égalité part pour l'échafaud habillé, poudré et coiffé avec recherche et, selon les témoins, ne se départ de son attitude de fierté méprisante que lorsque la charrette passe devant son palais sur la façade duquel on peut lire en gros caractères : « propriété nationale ». Les excès mêmes de son patriotisme révolutionnaire ont passé pour le témoignage d'une ambition profonde et d'une hypocrisie consommée.

De son mariage avec Adélaïde de Penthièvre, qui l'avait quitté en avril 1791 pour se retirer auprès de son père, il laissait cinq enfants : Louis-Philippe, futur roi des Français, Antoine Philippe, duc de Montpensier (1775-1807), Louis Charles, comte de Beaujolais (1779-1808), et deux filles jumelles, Mademoiselle de Chartres et Adélaïde.

ORLÉANS Louise d' (Palerme, 1812 – Ostende, 1850)

Reine des Belges (1832-1850).

Fille aînée de Louis-Philippe et de Marie-Amélie. Au mois d'août 1832, elle est mariée à Compiègne à Léopold de Saxe-Cobourg, roi des Belges depuis l'année précédente sous le nom de Léopold Ier. La jeune fille n'est guère enthousiaste à l'idée d'épouser ce veuf d'aspect sévère, plus âgé qu'elle de vingt-deux ans et de religion luthérienne, mais elle s'incline devant la raison d'État. Les noces n'en sont pas moins assez moroses. Au mois de juillet 1833 naît un premier héritier au trône, le duc de Brabant. La dynastie belge est définitivement établie. Le deuxième enfant du couple royal belge sera le comte de Flandre, père du futur Albert Ier, et le troisième la princesse Charlotte, qui deviendra l'impératrice du Mexique après son mariage avec Maximilien d'Autriche.

ORLÉANS Philippe II, duc d'Anjou, puis d' (Saint-Germain-en-Laye, 1640 – Saint-Cloud, 1701)

Prince du sang.

Second fils de Louis XIII et d'Anne d'Autriche. La personnalité de son frère aîné, Louis XIV, l'écrase d'autant plus qu'il donne prise, dès son adolescence, à la raillerie de ses détracteurs en raison de ses tendances équivoques. Il est d'ailleurs possible que le roi lui-même et son entourage aient encouragé ce travers de manière à accentuer la défaveur du cadet. Louis XIV, marqué à jamais par la Fronde, n'est pas mécontent, en effet, d'abaisser ce possible rival au cas où un parti de courtisans viendrait à comploter, ce qui ne se produira jamais étant donné la loyauté de Philippe. Pour le reste, il est vrai qu'il ne fait rien pour éviter la critique. Parfumé, fardé, portant bijoux et talons hauts, le duc d'Orléans s'entoure de favoris qui font de son domaine de Saint-Cloud un lieu de dédain pour la cour de Versailles. Sa seconde épouse, la princesse Palatine, dresse un portrait sans complaisance de ce mari petit et rondelet, aux cheveux et aux sourcils noirs, au visage long, mince, desservi par un long nez et une bouche trop petite, garnie de vilaines dents : « Tandis que le roi aimait la chasse, la musique et la comédie, écrit-elle, mon époux n'aimait que le jeu, la table et la parure. Assurément, il dansait bien, mais à la manière des femmes ; il ne pouvait danser comme un homme à cause de ses souliers à talons hauts. »

Pourtant, en dépit de ces critiques, Monsieur est loin d'être dénué de qualités. Il lui arrive même de recevoir des responsabilités militaires et de bien les assumer, à preuve le succès qu'il remporte à Cassel en 1677, action brillante qui est toutefois à l'origine d'une nouvelle défaveur, tant Louis XIV en prend ombrage. Jamais plus Monsieur ne recevra de commandement. Il se complaira dans l'oisiveté pernicieuse de sa cour de Saint-Cloud. Les derniers moments de sa vie de soumission permanente sont l'occasion d'une nouvelle humiliation, le testament de Charles II d'Espagne le privant pour sa lignée des droits découlant de sa mère, Anne d'Autriche, au profit de Philippe V. Le 8 juin 1701, une violente altercation dresse les deux frères l'un contre l'autre, à Marly. Pour une fois, Monsieur tient tête mais regagne Saint-Cloud épuisé. Une attaque d'apoplexie le terrasse dans la soirée et, le lendemain 9 juin, à midi, il succombe après avoir reçu une ultime visite du roi, sincèrement navré de l'incident.

De son premier mariage il avait eu quatre enfants, dont deux seulement survécurent. La princesse Palatine lui en avait donné deux autres : Philippe, le futur Régent, et Élisabeth Charlotte (1676-1744).

ORLÉANS Philippe, duc de Chartres, puis d' (Saint-Cloud, 1674 – Versailles, 1723)

Régent de France (1715-1723).

Fils du précédent et de la princesse Palatine. Neveu de Louis XIV. En 1692, on l'oblige à épouser Mlle de Blois, une des filles légitimées du roi et de Mme de Montespan. Il se distingue comme général à Neerwinden (1693), en Italie (1706) et en Espagne (1707-1708). Dans son testament, Louis XIV, qui a pour lui une grande affection, lui donne la présidence du Conseil de régence. Mais il se méfie de son attitude ouvertement antiespagnole et, pour contrebalancer son influence, confie au duc du Maine, fils légitimé qu'il a eu de Mme de Montespan, l'éducation du jeune roi Louis XV et la direction de sa maison militaire. Derrière les deux hommes, deux clans s'affrontent. Le duc d'Orléans a le soutien des ducs de Noailles, d'Antin, de Saint-Simon, du maréchal de Villars, mais rencontre l'hostilité de la vieille Cour, du parti dévot de Mme de Maintenon, qui est également celui des princes légitimés (le duc du Maine mais aussi le comte de Toulouse) et des jésuites.

Or dès le lendemain de la mort de Louis XIV, le duc d'Orléans, encouragé par son entourage à prendre tous les pouvoirs, fait casser le testament par le parlement de Paris (2 septembre 1715). Le 12, un lit de justice lui donne les pleins pouvoirs et la garde du roi. La victoire du clan Orléans sur les princes légitimés n'a toutefois été obtenue que contre une importante concession : un édit du 15 septembre 1715 rend au Parlement son plein droit de remontrances, véritable pouvoir de contrôle politique que Mazarin avait aboli et dont le rétablissement allait paralyser la monarchie jusqu'en 1789. Versailles, dont l'air est jugé malsain, est abandonné pour Paris, et le Régent, de son Palais-Royal, surveille de près le petit roi installé d'abord à Vincennes puis aux Tuileries.

À 41 ans Philippe d'Orléans est un bel homme, intelligent, courageux et généreux. Très instruit, il est capable de discuter en connaisseur politique et finance, musique et peinture, médecine, mécanique ou chimie (son cabinet de chimie le fera même accuser de sorcellerie et d'empoisonnement). Mais il est souvent insouciant, indolent et débauché. Libertin spirituel, « fanfaron de vices », a-t-on dit, il est ennemi de l'étiquette et de l'hypocrisie. Derrière lui, le Palais-Royal réagit contre l'austérité de la fin du règne de Louis XIV par une vie joyeuse et licencieuse, invente les bals masqués et costumés de l'Opéra, met à la mode des « soupers » qui tournent souvent à l'orgie. L'entourage du duc comprend sa fille, la duchesse de Berry, installée au Luxembourg, ses maîtresses (Mmes de Parabère, de Sabran, de Falari), ses compagnons de plaisir, les roués, de grandes dames peu austères (Mmes de Gesvres, du Deffand, de Mouchy), des filles d'Opéra (la Desmares). Cette réaction contre la morale, caractéristique de l'esprit Régence, aura un prolongement durable dans l'irréligiosité du siècle.

Si le Régent a de grandes capacités politiques, il tend à gouverner au jour le jour. Contre le parti du duc du Maine, lié aux jésuites et à l'Espagne, il donne champ libre au gallicanisme jansénisant du cardinal de Noailles. Pour donner satisfaction à l'opinion, très hostile aux financiers, il crée (mars 1716 à mars 1717) une Chambre de justice, destinée à faire rendre gorge aux fermiers généraux. Sous la pression de la haute noblesse, il remplace les secrétaires d'État par un système de huit conseils aristocratiques, inspirés des plans de Fénelon, ce que l'on a appelé la polysynodie. Peuplés de grands seigneurs, ils rendent à la haute noblesse la réalité du pouvoir d'administration. En politique étrangère, enfin, on assiste à un renversement des alliances. Pour faire échec au duc du Maine et à Philippe V d'Espagne, qui n'a pas renoncé à la couronne de France, le Régent, conseillé par l'abbé Dubois, s'allie au roi d'Angleterre Georges Ier de Hanovre, lui aussi dans une position mal assurée face au prétendant Stuart (triple-alliance de La Haye, avec l'Angleterre et les Provinces-Unies, 1717).

À la mort de Louis XIV, la situation des finances était catastrophique. La dette s'élevait à 3 milliards et demi de livres, les recettes de 1716 à 1717 étaient déjà absorbées par anticipation. Le Régent, non sans hésitation, décide alors de faire confiance aux vues audacieuses de l'Écossais John Law. Le système qu'élabore ce dernier allège la dette, contribue à une première simplification fiscale, à une relance des affaires, à la réunion des conditions nécessaires à la stabilisation monétaire que devait réussir le duc de Bourbon en 1726. Mais son effondrement en 1720 provoque la ruine de nombreux particuliers et condamne pour longtemps en France le crédit et le papier-monnaie, pourtant indispensables au progrès. Les chances de développement économique de la France s'en trouveront compromises tout au long du XVIIIe siècle. Après ce temps des innovations, c'est, à partir de 1720, le retour dans tous les domaines aux vieilles méthodes de Louis XIV. L'expérience de Law est liquidée par des procédés colbertistes draconiens. Les Conseils, dont l'échec était évident, sont peu à peu supprimés, et on revient au « despotisme ministériel » des secrétaires d'État (seuls le Conseil de régence et le Conseil de marine subsistent jusqu'en 1723). Sur le plan religieux, la déclaration royale du 4 août 1720 annonce le retour de la persécution des jansénistes en imposant la bulle *Unigenitus* comme loi du royaume.

La politique extérieure se fait également plus souple vis-à-vis de l'Espagne. En 1719, à la suite d'un puéril complot espagnol, la conspiration de Cellamare, qui avait tenté de renverser le Régent, la France avait mené une petite guerre démonstrative contre Philippe V. Ce dernier, impressionné par la triple-alliance, devenue quadruple depuis l'adhésion de l'Autriche aux côtés de l'Angleterre, des Provinces-Unies et de la France, accepte de traiter en 1721 et revient à l'alliance française. Enfin la Cour se réinstalle à Versailles en juin 1722, et les idées et les mœurs débridées qui avaient marqué les premières années de la Régence évoluent elles aussi vers un idéal de liberté. Lorsque Louis XV est déclaré majeur, le 16 février 1723, après avoir été sacré à Reims, le 25 octobre 1722, le Conseil d'en haut est rétabli, mais le duc d'Orléans n'en continue pas moins à diriger les affaires, indirectement, par Dubois, qui a été nommé Premier ministre d'État le 22 août 1722, puis seul avec le même titre, à la mort de ce dernier. Il est emporté par une attaque d'apoplexie le 2 décembre 1723, à 49 ans.

Philippe d'Orléans
Le Régent en 1723 avec son fils le duc de Chartres. Huile sur toile, château de Versailles. © *G. Dagli Orti*

ORLÉANS Philippe Albert d', comte de Paris (Paris, 1838 – Twickenham, 1894)

Homme politique.

Petit-fils de Louis-Philippe, fils du duc Ferdinand d'Orléans et de la princesse Hélène de Mecklembourg-Schwerin. C'est en sa faveur que le roi, qui a rétabli pour lui le titre de comte de Paris, abdique au cours de la journée d'émeute du 24 février 1848. Prenant alors ses deux enfants avec elle, la duchesse d'Orléans se rend aussitôt à la Chambre des députés pour tenter, en vain, d'émouvoir les insurgés et de faire proclamer roi (sous sa propre régence) cet enfant de dix ans. Exilé – en Allemagne puis en Angleterre, aux États-Unis ensuite –, le comte de Paris assiste aux péripéties de la guerre de Sécession en qualité d'aide de camp du général nordiste Mac Clellan. Cet épisode lui permettra d'écrire, à partir de 1875, l'*Histoire de la guerre civile en Amérique*. Revenu en France en 1871, il adopte une attitude prudente et réservée. Mais la chute de Thiers l'incite à participer à la vie politique du pays. Il prend l'initiative de se rendre à Frohsdorf, en Autriche, où réside le comte de Chambord, qu'il reconnaît, le 5 août 1873, comme chef de la maison de France. À la mort de ce dernier, en 1883, il notifie officiellement le décès aux autres cours européennes, se posant comme seul prétendant à la couronne. L'organisation du parti monarchique est sa première préoccupation, ce qui émeut les députés républicains. Le 23 juin 1886, les Chambres votent une loi interdisant la présence sur le territoire national des chefs des familles ayant régné sur la France. Tout en protestant vivement contre cette mesure, le comte part pour l'Angleterre, d'où il se livre à de vives attaques contre la IIIe République. La campagne menée par le général Boulanger est pour lui une occasion de donner la mesure de son ressentiment. Outre de nombreux articles publiés dans la *Revue des Deux Mondes*, le comte de Paris est l'auteur d'ouvrages d'études géographiques (*Damas et le Liban*, 1861) et surtout à caractère social : *Les Trade-Unions en Angleterre* (1869), *De la situation des ouvriers en Angleterre* (1873) et *Le Droit d'association* (1893).

ORLÉANS Philippe, duc d' (Twickenham, 1869 – Palerme, 1926)

Fils du précédent.

Né en Angleterre, et porteur d'un immense espoir car le comte de Chambord n'a pas d'enfants, Philippe, à la suite de l'abrogation de la loi d'exil, le 8 juin 1871, est élevé en France, au château d'Eu. Peu studieux et batailleur, l'enfant aime la nature et acquiert des notions de botanique et de zoologie, sciences qui tiendront une grande place dans sa vie. En 1880, son père lui confère le titre de duc d'Orléans. La loi d'exil du 23 juin 1886 contraignant les Orléans à regagner l'Angleterre, Philippe entre à l'école militaire de Sandhurst, mais continue à préférer les sciences naturelles. À sa sortie de Sandhurst en 1887, le jeune homme demande à être envoyé dans l'Himalaya, où il occupe ses loisirs en organisant chasses et expéditions. En 1890, il entre secrètement en France, se présente au bureau de recrutement et, arrêté, est incarcéré, fort convenablement, à la Conciergerie. La presse ayant publié les menus délicats qui lui sont proposés, le duc écrit à Luynes : « Je ne demande que la gamelle. » Phrase qui lui vaudra jusqu'à la fin de sa vie le surnom de « prince Gamelle ». Condamné à deux ans de prison et enfermé à Clairvaux, il est gracié au mois de juin 1890 et expulsé. Le prince continue ensuite à se passionner pour les chasses et les expéditions lointaines et se livre en Andalousie, où sa famille passe l'hiver, à des études d'ornithologie. La mort de son père, en 1894, fait de lui le prétendant. Deux ans plus tard, le prince épouse Marie-Dorothée d'Autriche. Philippe d'Orléans s'intéresse de plus en plus aux explorations ; il en entreprend une notamment dans l'océan Arctique à bord du *Belgica* mais reste en relation avec les monarchistes français et la vie politique de son pays. Il prend ainsi parti contre Dreyfus en 1898 et s'oppose, deux ans plus tard, à la loi sur les congrégations. Puis il demande vainement, en 1914, à prendre du service. N'ayant pas eu d'enfant, le prince transmet à sa mort ses droits à son cousin Jean, duc de Guise.

ORLÉANS-ANGOULÊME Charles d' : voir ANGOULÊME

ORLÉANS-ANGOULÊME François d' : voir FRANÇOIS Ier

ORMÉE (L')

Faction révolutionnaire qui sévit à Bordeaux entre la fin de l'année 1651 et le milieu de l'année 1653 à la faveur de la Fronde.

Elle doit son nom au fait que ses membres se réunissaient près du fort du Hâ sur une promenade plantée d'ormes. Issus de la petite et moyenne bourgeoisie des métiers et des offices, les ormistes s'organisent en confrérie, se dotant d'un symbole (une cocarde de paille) et d'une devise (*Vox populi, vox dei*). Leur programme formule des revendications d'inspiration démocratique et égalitaire dirigées à la fois contre Mazarin et ses représentants et l'oligarchie de la ville. Lorsque le Parlement veut interdire leurs réunions, les ormistes s'emparent du pouvoir avec la complicité des agents de Condé (juin 1652). L'Ormée tente alors de mettre en place un pouvoir original et décide de mesures hostiles aux notables accusés de complicité avec Mazarin. Privé de l'appui de Condé qui, après avoir comploté dans la Fronde, se rapproche du pouvoir à l'été 1653, la révolte est rapidement matée et son chef exécuté.

Olivier III Lefèvre d'Ormesson
Huile sur toile de Philippe de Champaigne, coll. particulière. © *Giraudon*

ORMESSON Marie François de PAULE LEFÈVRE, marquis d' (?, 1710 – ?, 1775)

Magistrat.

Conseiller au parlement de Paris dès 1731, maître des requêtes deux ans plus tard, il est nommé président du Grand Conseil en 1738. Intendant des Finances en 1756, il devient conseiller d'État en 1758. La même année, la propriété familiale d'Amboille est érigée à son profit en marquisat. Aux Finances, d'Ormesson apporte son soutien à L'Averdy, contrôleur général de 1763 à 1768, et inspire la déclaration sur l'amélioration de la perception de la taille, le 7 février 1768. Conseiller écouté de Louis XV, il apporte son soutien au roi lors de la réforme de Maupeou, en 1770.

ORMESSON Olivier III LEFÈVRE d' (?, 1617 – Paris, 1686)

Magistrat.

Intendant d'Amiens, puis de Soissons, maître des requêtes, il est surtout célèbre pour sa participation au procès de Nicolas Fouquet. Nommé rapporteur lors du procès de ce dernier, en 1664, il se signale par son impartialité et résiste avec fermeté à toutes les pressions, d'aussi haut qu'elles viennent, ce qui explique sa disgrâce par Louis XIV. Contraint de vendre sa charge de maître des requêtes, il se retire en son château d'Amboille, à l'est de Paris. Il chargera Le Nôtre d'aménager le parc du château. Il a laissé un *Journal* intéressant, concernant notamment le procès de Fouquet.

ORNANO Jean-Baptiste d', dit LE COMTE de MONTLAUR (Sisteron, 1581 – Vincennes, 1626)

Maréchal de France.

Fils du maréchal Alphonse d'Ornano, il obtient la survivance de la charge de colonel général des Corses en 1597, puis la surintendance de l'éducation de Gaston, duc d'Anjou, frère de Louis XIII, en remplacement du comte du Lude, en 1619. Dans l'accomplissement de cette fonction, il affecte la sévérité et pousse peut-être le jeune prince vers les conspirations qui joueront un si grand rôle dans sa vie. Pour se l'attacher et amadouer le frère du roi, Richelieu lui fait accorder le bâton de maréchal en 1626. Cette faveur ne produit pas l'effet attendu. Impliqué dans la conspiration de Chalais contre Richelieu, Ornano est enfermé à Vincennes où il meurt peu après « non sans soupçon de mort violente », disent les *Mémoires du duc d'Orléans*.

ORNANO Philippe Antoine, comte d' (Ajaccio, 1784 – Paris, 1863)

Maréchal de France.

Officier en 1800, il accompagne le général Leclerc à Saint-Domingue, de 1801 à 1803, puis devient aide de camp de Berthier. Il participe ensuite aux campagnes de l'Empire, reçoit en 1813 le commandement de la cavalerie de la Vieille Garde et, l'année suivante, lors de la campagne de France, celui des dépôts de la garde. Il se comporte brillamment au cours des ultimes combats puis, après l'abdication, accompagne l'Empereur déchu jusqu'à l'embarquement pour l'île d'Elbe. Il doit ensuite s'exiler. Revenu en France en 1817, Ornano ne reprend du service que onze ans plus tard. Au début de la monarchie de Juillet, il combat dans l'Ouest l'agitation légitimiste. Louis-Philippe le fait pair en 1832. Député en 1849, il se rallie à Louis Napoléon et appuie le coup d'État. Sénateur et grand chancelier de la Légion d'honneur en 1852, gouverneur des Invalides en 1853, Ornano est fait maréchal de France en 1860. Il avait épousé Marie Walewska, ancienne maîtresse de Napoléon, dont il eut un fils (1817-1865) qui deviendra préfet et député de l'Yonne.

ORRY Philibert, comte de Vignory (Troyes, 1689 – La Chapelle, près de Nogent-sur-Seine, 1747)

Financier.

Après avoir servi dans l'armée, il est successivement conseiller au Parlement (1713), maître des requêtes (1715), intendant à Soissons (1722) puis en Roussillon (1727) et à Lille (1730). Cette même année, il succède à Le Pelletier des Forts au contrôle général des Finances. Grand, lourd, il fait à la Cour l'effet d'« un bœuf échappé dans le parc de Versailles ». Il est entêté dans la routine et, malgré ses airs rigides, se montre souple envers le roi et ses maîtresses, pour lesquelles il n'épargne pas l'argent. Mais il est probe, exact au travail, et il aime l'État. Aussi Fleury remercie-t-il Dieu de lui avoir « réservé » un tel homme. Bon administrateur, il rencontre des succès, d'autant plus que la France travaille et s'enrichit. En 1738, il met le budget en équilibre, fait unique du siècle. Il emploie les procédés courants, émissions d'emprunts en rentes viagères, loteries royales, augmentation des tailles. Mais il porte aussi le bail des fermes de 80 à 99 millions en 1738 et réussit même à hausser le don gratuit du clergé de 2 millions à 3,5 millions. Le rétablissement du dixième est la grande affaire de son administration. Impôt provisoire de crise en 1710, il est supprimé en 1717. Sa perception est de nouveau ordonnée quand la guerre éclate en 1733, et il est perçu jusqu'en 1737. Rétabli pour la guerre de Succession d'Autriche en 1741, il sera aboli en 1749. Bien conçu, il porte en principe sur tous les revenus de toutes les classes sociales, sur déclaration des contribuables contrôlée par les intendants. Mais Orry n'en tire pratiquement que 30 millions par an, car il autorise bien des rachats ou abonnements, ferme les yeux sur les revenus commerciaux, ce qui transforme l'impôt en un surcroît de taille et de capitation pour les masses roturières. Pour développer le commerce intérieur, le financier Crozat fait achever le canal de Picardie en 1738. De nombreux péages sont supprimés ou diminués, tandis qu'est développé le grand réseau des routes royales. Le corps des Ponts et Chaussées, depuis 1717, est une élite technicienne dirigée d'abord par Dubois, frère du cardinal Fleury, de 1723 à 1736, puis par l'intendant des Finances d'Ormesson, enfin par Trudaine qui crée, en 1747, l'École des ponts et chaussées. Orry régularise en 1738 la corvée royale dont le régime était jusque-là arbitraire et irrégulier. Désormais, les paysans de 16 à 70 ans y sont astreints dans chaque paroisse riveraine qui forme un atelier sous la haute direction de l'intendant de la province.

En matière d'industrie et de commerce extérieur, l'administration d'Orry se caractérise par un dirigisme étroit, une réglementation ultra-colbertiste. Il multiplie les inspecteurs de manufactures et fixe par le menu tous les détails de la fabrication, paralyse toute innovation, défend aux ouvriers d'émigrer, de se coaliser. Sa politique se heurte parfois à des grèves insurrectionnelles. La plus importante est celle de la soierie de Lyon en 1744, par laquelle les maîtres ouvriers tentent d'échapper à la tutelle des maîtres marchands, fournisseurs de travail, qui imposent leurs tarifs. Elle est durement réprimée. Par goût du règlement, Orry va jusqu'à fixer à la Saint-Jean la tonte des moutons dans toute la France, décision sur laquelle il doit revenir devant les observations des intendants. Par ailleurs, l'arrêt du Conseil du 14 janvier 1744 préfigure la législation minière des concessions d'État, le roi étant propriétaire du sous-sol.

Sous son œil vigilant, mais sous la direction réelle du Bureau du commerce, le commerce extérieur profite de l'impulsion extraordinaire que lui avait donnée Law avant sa chute. Orry met, certes, des droits excessifs sur les objets de fabrication étrangère ou même leur oppose la prohibition pure et simple : ainsi les tissus d'Angleterre et de Hollande sont prohibés ou soumis à des droits considérables, les toiles peintes et les produits de Chine purement proscrits. Mais les produits coloniaux font fureur, et le trafic extérieur officiel passe de 80 à 308 millions de 1716 à 1743. Ce commerce colonial, qui se développe surtout avec le Canada et l'Inde, se fait par l'intermédiaire de compagnies et de ports privilégiés et se révèle très fructueux grâce au régime de l'exclusif (que double néanmoins une active contrebande). La Compagnie des Indes notamment, qui ne garde en Amérique que le commerce des peaux de castor du Saint-Laurent et du café antillais, mais conserve son monopole de l'océan Indien, connaît alors sa plus grande prospérité. Grâce à cet enrichissement, Orry peut aménager et embellir les villes françaises. Versailles profite de cette prospérité : une aile est ajoutée au chateau.

Toutefois, en dépit des progrès du commerce, du développement des manufactures et d'une amélioration sensible de l'agriculture, la misère demeure grande dans la masse de la population. D'Argenson ira jusqu'à dire que, de 1738 à 1740, années de mauvaises récoltes, il était mort de misère plus de Français que n'en avaient tué toutes les guerres de Louis XIV. En mai 1740, le peuple se soulève dans les marchés de Paris. Orry, qui se sait pourtant « en exécration par tout le royaume », s'alarme mais ordonne quand même de presser la levée des impôts, avec ses habituelles rigueurs, et se fait traiter de « bourreau ». Il tombe en 1745, victime de la défaveur de Mme de Pompadour.

Philibert Orry
Philibert Orry, contrôleur général des Finances. Huile sur toile d'après Rigaud, château de Versailles. © *Giraudon*

ORSINI Felice (Meldola, près de Forli, 1819 – Paris, 1858)

Conspirateur italien.

Membre dès l'âge de 18 ans de la société secrète Jeune Italie fondée en 1831 par Mazzini, il participe en 1844 au soulèvement de la Romagne. Emprisonné, il est gracié deux ans plus tard par le pape Pie IX. Devenu le principal agent de Mazzini en Italie, Orsini prend part en 1848 au soulèvement de la Vénétie puis, élu député de la République romaine, défend Rome en 1849 contre les troupes françaises. Réfugié à Gênes, puis à Nice, il continue à conspirer, organise en Italie plusieurs soulèvements. Arrêté en 1854 par les Autrichiens, condamné à mort l'année suivante, il s'évade et gagne Londres où il publiera, en 1857, ses *Mémoires politiques*. Là, le conspirateur se brouille avec Mazzini, son ancien chef. Surtout, dès la fin de 1857, il prépare avec le plus grand soin un attentat contre Napoléon III, traître selon lui à la cause italienne et obstacle à l'unité de l'Italie. Ses complices, Rudio, Gomez et Pieri, le rejoignent à Paris à la fin de l'année. Le 14 janvier 1858 au soir, alors que le cortège impérial arrive à l'Opéra par la rue Le Pelletier, les conspirateurs lancent trois bombes qu'ils ont fabriquées. 8 personnes sont tuées, 150 environ atteintes plus ou moins gravement, mais le couple impérial est indemne. Aussitôt, spontanément, les Boulevards s'illuminent, tandis qu'une foule énorme acclame les souverains. Après Gomez, pris à la terrasse d'un café, tous les auteurs de l'attentat sont arrêtés. Le gouvernement profite de l'émotion soulevée par le geste d'Orsini pour proposer, le 1er février, une loi de sûreté générale qui renforce l'arbitraire, tandis que la presse attaque l'Angleterre, « repaire d'assassins ». Le 11 février, sur le conseil de son avocat Jules Favre, Orsini écrit à Napoléon III une lettre où on lit notamment : « Que Votre Majesté ne repousse pas le vœu suprême d'un patriote sur les marches de l'échafaud, qu'Elle délivre ma patrie, et les bénédictions de 25 millions de citoyens la suivront dans la postérité [...]. Tant que l'Italie ne sera pas indépendante, la tranquillité de l'Europe et celle de Votre Majesté ne seront qu'une chimère. » L'empereur fait publier le message d'Orsini dans le *Moniteur*, puis l'envoie à Cavour afin qu'il soit aussi publié au Piémont. Le procès d'Orsini, qui fait figure de vedette, s'ouvre le 25 février. Condamné à mort, ainsi que Pieri, Orsini est exécuté le 13 mars et monte à l'échafaud après avoir hurlé : « Vive l'Italie ! Vive la France ! » L'année suivante, après Solferino, Napoléon III libère la Lombardie, cédée au Piémont : l'unité italienne est en marche.

Felice Orsini
Orsini peu avant son exécution.
Photo Appert, coll. G. Sirot. © *Sélection Images*

Osismiens ou Ossismes ou Ossismiens

Peuple armoricain de la Gaule celtique établi dans le Finistère et l'ouest des Côtes d'Armor.

La cité gallo-romaine des Osismiens ou cité de Carhaix aurait été fractionnée au ve siècle en deux *civitates*, avec comme centres Quimper et Le Yaudet, soit, approximativement, les pays de Cornouaille et de Léon.

Osnabrück (traité d') : voir Westphalie

Ossat Arnaud d' (Laroque-Magnoac, Gascogne, 1537 – Rome, 1604)

Cardinal et diplomate.

Fils d'un maréchal-ferrant de village, orphelin, il est recueilli, adolescent, par un notable, Thomas de Marca, qui le fait profiter de l'instruction de ses propres enfants et l'envoie ensuite étudier, comme eux, au collège d'Auch, ville dans laquelle Ossat est ordonné prêtre. Élève de Ramus à Paris puis de Cujas à Bourges, le jeune homme se fait inscrire au barreau du parlement de Paris, circonstance qui lui permet de rencontrer Paul de Foix, archevêque de Toulouse, lequel, nommé ambassadeur, l'emmène en mission à Rome en 1573. Là, Ossat se lie avec plusieurs personnalités du Vatican, en particulier le cardinal d'Este puis le cardinal de Joyeuse. Maintenant des relations constantes avec la cour du Louvre, il est bien placé pour entamer les négociations préparant l'abjuration d'Henri de Navarre (futur Henri IV). Il obtient ensuite l'absolution de ce dernier (1595), l'approbation papale à l'édit de Nantes, enfin l'annulation de son mariage avec Marguerite de Valois. Récompensé par l'évêché de Rennes en 1596, puis par des postes d'ambassadeur à Florence et à Venise, Ossat reçoit la consécration avec le chapeau de cardinal en 1599. Mais il demeure modeste, vit pauvrement et se retire a Bayeux, de 1600 à 1603, avant de retourner à Rome. Ses *Lettres*, publiées à Paris en 1624, sont considérées comme un recueil classique de diplomatie.

Ost

Principale forme d'aide militaire, à côté de la chevauchée (réquisition pour un court raid) et de la garde du château seigneurial que les vassaux doivent au Moyen Âge.

À l'origine, l'ost est gratuit et illimité dans le temps et l'espace mais, à partir du XIe siècle, son importance tend à devenir proportionnelle à l'importance du fief concédé par le seigneur à son vassal. C'est ainsi qu'au XIIe siècle on distingue toute une échelle de fiefs. Il y a d'abord, au degré mineur, les fiefs de chevaliers ou fiefs de haubert, ainsi nommés parce que le chevalier arrive seul avec son armure ou haubert. Puis les fiefs de châtelains, de barons, de vicomtes, de comtes, dont les titulaires sont tenus de venir, non plus seuls, mais avec un nombre de vassaux qui croît avec la dignité. C'est par ces catégories que s'établira peu à peu une sorte de hiérarchie de dignités nobiliaires qui durera jusqu'à la Révolution. Enfin, au XIIe siècle également, une règle coutumière finit par prévaloir, d'après laquelle l'« ost et chevauchée » ne saurait excéder 40 jours de suite. Évolution favorisée par l'Église et la royauté, également soucieuses d'ordre et hostiles aux guerres seigneuriales. Le remplacement ou le rachat est même autorisé de plus en plus fréquemment et, au XIIIe siècle, l'ost n'a plus qu'un rôle défensif et ne s'applique que dans les limites de la seigneurie.

Ostrogoths : voir Goths

Otages (loi des)

Texte législatif visant à assurer le maintien de l'ordre public et promulgué le 12 juillet 1799.

Le 24 messidor an VII, les assemblées du Directoire décident de poursuivre leur politique de pacification intérieure en votant une loi énonçant qu'en cas d'assassinat de « patriote », l'administration centrale des départements aurait le droit de choisir, à titre de représailles, des otages indéterminés, mais réputés être parents d'émigrés ou aristocrates. Ainsi, toutes les communes situées dans un département connu pour de fréquentes menées contre-révolutionnaires doivent dresser une liste où seront choisis en cas d'attentat politique meurtrier, quatre otages condamnés à la déportation ; en cas de pillage de perception ou d'attaque de diligence, les débiteurs d'une lourde pénalité forfaitaire. Notoirement arbitraire et « néo-jacobine », cette loi allait être réexaminée par le Conseil des Cinq-Cents peu après le coup d'État du 18 Brumaire. Elle fut abrogée dès l'instauration des institutions consulaires.

OTAN : voir Atlantique Nord, (Organisation du traité de l')

Otrante (duc d') : voir Fouché

Oubangui-Chari : voir République Centrafricaine

Oudenaarde ou Audenarde

Ville de Belgique, en Flandre orientale, sur l'Escaut, prise et perdue à plusieurs reprises au cours des siècles par les armées françaises.

En 1659, à la suite du traité des Pyrénées, la France restitue aux Pays-Bas espagnols la place d'Oudenaarde, prise par Turenne un an auparavant. À l'automne 1674, après un siège de plusieurs semaines, les troupes françaises commandées par Condé s'emparent à nouveau d'Oudenaarde et résistent ensuite aux coalisés qui tentent de reprendre la ville. La France rendra cette dernière à l'Espagne par une clause du traité de Nimègue, en 1678. Le 11 juillet 1708, les armées françaises commandées par Vendôme et le duc de Bourgogne, petit-fils de Louis XIV, sont battues à Oudenaarde par les Autrichiens du prince Eugène et de Marlborough. L'excessive prudence du duc de Bourgogne qui, au soir d'une journée assez indécise, ordonne la retraite, alors que Vendôme aurait souhaité attendre le lendemain, est cause du désastre de cette rencontre : les Français comptent 3 000 morts, 4 000 blessés, autant de prisonniers, et 300 déserteurs. Le 15 juillet 1745, le comte de Lowendal s'empare d'Oudenaarde. Le 3 juin 1794, le général Pichegru pénètre dans la place à la tête des troupes républicaines.

Oudinot Nicolas Charles, duc de Reggio (Bar-le-Duc, 1767 – Paris, 1847)

Maréchal de France.

Fils d'un brasseur lorrain, il s'engage en 1784 dans le régiment de Médoc-Infanterie. Les guerres de la Révolution vont lui donner l'occasion d'atteindre les plus hauts grades. Lieutenant-colonel des volontaires de la Meuse en 1792, il

Nicolas Charles Oudinot
Huile sur toile de Robert Lefevre, 1811, château de Versailles. © *RMN-Gérard Blot*

défend Bitche en 1793 et se signale l'année suivante par sa bravoure et son audace à Kaiserslautern. Blessé et fait prisonnier en 1795, libéré quelque temps plus tard, Oudinot participe en 1799 à la campagne d'Italie et parvient au grade de général de division. L'audace et la bravoure de celui que l'on appellera « l'homme aux 32 blessures » sont déjà fameuses. Chef d'état-major de Masséna lors de la défense de Gênes, en 1800, il prend part ensuite aux campagnes de l'Empire. Grand entraîneur d'hommes, le général communique à ses troupes son mépris du danger, et les grenadiers d'Oudinot ne vont pas tarder à se rendre célèbres sur les champs de bataille. Artisan de la victoire d'Austerlitz en 1805, Oudinot est grièvement blessé sur le champ de bataille. Vainqueur à Ostrolenko, en 1807, il se couvre de gloire à Friedland, et surtout a Wagram où il décide de la victoire, ce qui lui vaut le bâton de maréchal et le titre de duc de Reggio. Napoléon, qui admire son courage et son audace, le présente comme un nouveau Bayard. Commandant du 2e corps lors de la campagne de Russie, Oudinot se montre tout aussi valeureux que lors des campagnes précédentes, notamment au passage de la Berezina. Il participe en 1813 à la campagne d'Allemagne et, après Bautzen, ne peut éviter d'être battu par Bernadotte à Gross-Beeren. Atteint par le typhus, le maréchal se rétablit et prend part en 1814 à la campagne de France, à la tête de la Jeune Garde. À Fontainebleau, lors de la réunion du 4 avril 1814, il se prononce en faveur de l'abdication de Napoléon. Rallié ensuite à Louis XVIII, qui le fait pair de France et lui donne un commandement, Oudinot refuse de rejoindre l'Empereur pendant les Cent-Jours, malgré les prières de ses hommes. Il participe en 1823 à l'expédition d'Espagne, devient en 1839 grand chancelier de la Légion d'honneur et achève sa carrière comme gouverneur des Invalides, en 1842.

OUDINOT Nicolas Charles Victor (Bar-le-Duc, 1791 – Paris, 1883)

Général.

Fils du précédent. Très jeune, il sert sous les ordres de Masséna au Portugal, avant de se distinguer au cours des campagnes d'Allemagne et de France à la fin de l'Empire. Rallié aux Bourbons comme son père, Oudinot démissionne en 1830, puis reprend du service cinq ans plus tard en Algérie. En 1849, il commande en Italie le corps expéditionnaire, envoyé par Napoléon III, et s'empare de Rome. Son opposition au coup d'État du 2 décembre 1851 lui vaut d'être quelque temps incarcéré.

OUEN, saint (Sancy, Soissonnais, v. 600 – Rouen, 684)

Évêque.

Après avoir reçu une éducation soignée, il entre à la cour de Clotaire II puis devient référendaire de Dagobert Ier dont il est, avec son ami saint Éloi, un des principaux conseillers. Mais, en 640, le peuple de Rouen l'invite à prendre la succession de son évêque, Romain, et désormais il se consacre surtout à l'évangélisation de la population de son évêché et à la lutte contre la simonie. La vie monastique semblant lui être d'un concours précieux dans son effort de moralisation, il avait déjà fondé l'abbaye de Rebais et fait édifier à Rouen l'abbaye de Saint-Pierre, future abbaye Saint-Ouen. Il consacre aussi les églises abbatiales de Fontenelle (créée par saint Wandrille) et de Jumièges (créée par saint Philibert). Il n'en demeure pas moins le conseiller écouté des Mérovingiens, de sainte Bathilde notamment, et rétablit la paix entre l'Austrasie et la Neustrie. Il assiste enfin à de nombreux conciles provinciaux, meurt sur le territoire de Clichy, là où s'élève la ville de Saint-Ouen, mais il sera inhumé à Rouen dans son monastère. De son vivant, il paraît avoir été plus connu sous le nom de Dadon.

OUESSANT (île d')

Île du Finistère, à une vingtaine de kilomètres de la côte bretonne.

Le 27 juillet 1778, au début de la guerre d'Indépendance américaine, un combat naval oppose devant Ouessant la flotte française commandée par l'amiral d'Orvilliers à la flotte anglaise de l'amiral Keppel. Les deux adversaires sont de force à peu près égale, une trentaine de vaisseaux. Après plusieurs jours d'observation, d'Orvilliers, qui a sous ses ordres du Chaffaut et le duc de Chartres, attaque la flotte ennemie. Au terme d'un engagement très vif, mais indécis, Keppel se retire à la faveur de la nuit. La bataille d'Ouessant, au cours de laquelle le futur Philippe Égalité ne s'est guère illustré, ne sera pas considérée comme une grande victoire.

Trois ans plus tard, le 12 décembre 1781, un convoi français escorté par l'amiral de Guichen, attaqué au large d'Ouessant par l'amiral anglais Kempenfeld, tombe en grande partie aux mains de l'ennemi. À la fin du mois de mai 1794, un immense convoi de blé, escorté par l'amiral Villaret de Joyeuse, s'approche des côtes françaises. Venu d'Amérique, il doit ravitailler la France. Le 1er juin, au large d'Ouessant, l'escadre anglaise de l'amiral Howe tente d'intercepter ce convoi. Au terme d'un furieux combat, de nombreux vaisseaux français sont coulés, mais les navires marchands parviennent à gagner Brest. L'exploit du *Vengeur-du-Peuple*, qui sombre lentement tandis que ses matelots, agitant les couleurs de la République, crient « Vive la nation ! Vive la République ! », est resté célèbre.

Au cours de la Seconde Guerre mondiale, la plupart des hommes d'Ouessant quittent l'île dès le mois de juin 1940 pour rejoindre en Angleterre le général de Gaulle et la France libre.

OURCQ (bataille de l')

On donne le nom de bataille de l'Ourcq, affluent de la Marne, aux combats livrés du 5 au 9 septembre 1914, au cours de la première bataille de la Marne.

Dès le 5 septembre, Joffre lance la VIe armée française de Maunoury contre l'aile droite allemande commandée par von Kluck. La VIe armée attaque sur un front Lizy – Mareuil-sur-Ourcq. Von Kluck combat sur l'Ourcq et tente de s'aligner sur la IIe armée allemande de von Bülow. Malgré ses efforts, le fossé qui sépare les deux armées ne cesse de s'élargir. L'armée anglaise et la Ve armée française, commandée par Franchet d'Esperey, tentent de s'engouffrer dans ce fossé. Le 7 septembre, von Kluck fait retraite vers l'Ourcq et entreprend de se renforcer. Gallieni lance alors dans la bataille les troupes françaises amenées par les fameux taxis de la Marne. Von Bülow se porte sur la IXe armée de Foch, le kronprinz attaque en vain Verdun, von Kluck se maintient sur l'Ourcq et lance même, les 8 et 9 septembre, une contre-attaque qui lui permet de s'emparer de Nanteuil-le-Haudouin. Succès sans lendemain, car le colonel Hentsch, envoyé par Moltke, après avoir rencontré von Bülow qui redoute la dislocation des Ire et IIe armées allemandes, donne l'ordre de la retraite. Le 9 septembre au soir, les armées allemandes font retraite sur l'Aisne, reculant de 60 km.

OUVRARD Gabriel Julien (près de Clisson, Loire-Atlantique, 1770 – Londres, 1846)

Financier.

Il est issu d'une famille de papetiers. Avec la Révolution, Ouvrard fait prospérer rapidement ses biens personnels en raison de l'usage massif de papier utilisé soudainement. Il décide alors d'agioter sur les denrées coloniales, ce qui ne tarde pas à le rendre suspect et à le faire arrêter, à Nantes, sous l'inculpation d'accaparement, en 1793. Après avoir miraculeusement échappé aux massacres menés par Carrier, il se consacre, avec beaucoup de fermeté, au salut de ses compatriotes nantais, décimés par les excès du proconsul de la République. Au lendemain du 9 Thermidor, Ouvrard, devenu l'ami de Barras, se livre à des opérations financières troubles et devient, en 1797, munitionnaire général de la marine. À ce poste, il réalise, à titre personnel, un bénéfice d'environ 15 millions de francs, tandis que le Directoire, auquel il prête une dizaine de millions, s'enlise dans une irrémédiable crise financière. Le coup d'État du 18 Brumaire est pour lui une occasion supplémentaire de s'enrichir. Arrêté en 1800, sur ordre de Bonaparte, du fait de malversations notoires, Ouvrard n'en devient pas moins le banquier du Consulat, peu de temps après, grâce notamment à l'intervention de Joséphine. Écarté momentanément des affaires de l'État, Ouvrard est de nouveau emprisonné, de 1810 à 1813, tant pour ses indélicatesses que pour ses infidélités à l'Empire. Cette déloyauté ne l'empêche pas de reprendre du service durant les Cent-Jours. À la Restauration, il retrouve honneurs et fortune et propose au duc de Richelieu un plan financier habile permettant, grâce à des emprunts souscrits auprès des banques britanniques, de régler dans des conditions satisfaisantes l'indemnité de guerre due à l'Europe des coalisés. Nommé en 1823 munitionnaire général de l'armée d'Espagne, Ouvrard est compromis dans un lourd scandale financier et, une fois de plus, emprisonné (1825). Relâché, il se retire finalement à Londres où il meurt en 1846, après avoir publié ses *Mémoires* (1826).

OXYBIENS

Peuple ligure ou celtico-ligure établi autour de Glandève dans la région du Var.

Ils étaient alliés aux Décéates contre Marseille lorsque la grande colonie grecque appela Rome à son secours. Vers 154, leur principale ville, *Aegitna*, fut prise et ses habitants réduits en esclavage.

OZANAM Frédéric (Milan, 1813 – Marseille, 1853)

Historien et écrivain.

Après ses classes secondaires à Lyon, il poursuit ses études à Paris, où il est l'hôte d'Ampère et étudie le droit. Il rencontre Chateaubriand et surtout Lamennais, Montalembert, Lacordaire. Il enseigne à Lyon, puis à la Sorbonne. Artisan du catholicisme libéral, il partage sa vie entre ses recherches juridiques, puis historiques, et l'action sociale et religieuse. En 1833, il crée la Société de Saint-Vincent-de-Paul, groupe de catholiques démocrates ou conservateurs qui œuvre pour la diffusion de la foi et de la charité. Cette société, forte de 2 000 membres à sa mort, est un organisme d'assistance important jusqu'au milieu du XXe siècle. En avril 1848, Ozanam participe à la fondation de *L'Ère nouvelle*. Le quotidien propose enquêtes sur la classe ouvrière, revendications en faveur du droit au travail, comptes rendus de l'activité des sociétés ouvrières, etc. « Apôtre de la charité », fils, époux, père et ami modèle, Ozanam a été béatifié par le pape Jean-Paul II le 22 août 1997.

P

PACHE Jean Nicolas (Paris, 1746 – Thin-le-Moutier, Ardennes, 1823)

Homme politique.

Fils d'un citoyen helvète, concierge du maréchal de Castries, il devient, protégé par ce dernier, secrétaire du ministre de la Marine puis, successivement, intendant de la Marine à Toulon, munitionnaire général des vivres de la Marine, contrôleur des dépenses de la Maison du roi. En Suisse, où il s'est retiré, Pache accueille avec enthousiasme l'annonce de la Révolution. Veuf, il revient alors à Paris et, ami de Roland, travaille un temps au ministère de l'Intérieur avant de recevoir le portefeuille de la Guerre (18 octobre 1792). Ayant abandonné le parti girondin pour la Montagne, Pache perd, le 2 janvier 1793, son poste ministériel. Maire de Paris, homme de la Commune, c'est lui qui ordonnera de peindre sur les monuments publics la fameuse devise d'Antoine François Momoro : « Liberté, Égalité, Fraternité ». Bien qu'il soit proche de Chaumette et d'Hébert, la mise hors la loi des hébertistes l'épargne. Compromis dans la conspiration des Égaux de Gracchus Babeuf, il évitera, de nouveau, les rigueurs de la justice révolutionnaire. Il a laissé des mémoires traitant de l'époque de la Terreur.

PAGUS

Ancienne circonscription de la Gaule romaine, le pagus *devait subsister jusqu'à la fin du* X*e siècle, mais en désignant au cours des siècles des réalités différentes.* Pagus *a donné en français* païs *et* pays.

À l'époque gallo-romaine, il représente une subdivision de la cité romaine (*civitas*) et correspond à des groupes ethniques répartis dans cette cité. Il peut donc être d'étendue assez variable. Mais, sous les Mérovingiens, il perd cette signification pour remplacer le terme de *civitas*. Ces nouveaux *pagi* ne correspondent toutefois pas complètement en nombre et en étendue aux anciennes *civitates* : les territoires de certaines d'entre elles ont été morcelés, d'autres ont disparu et des *pagi* d'origine gallo-romaine ont été élevés au rang de *civitates*. À la tête du *pagus*, se trouve alors un fonctionnaire royal, le comte (*comes*), qui est investi de toute la puissance militaire et judiciaire du souverain et chargé essentiellement de transmettre au palais, après en avoir retenu une part pour son salaire, le produit des tonlieux et des amendes. Sous les Carolingiens, l'unité administrative reste la circonscription que dirige le *comes*, mais peu à peu le terme de *pagus* disparaît à son tour pour être remplacé parfois par celui de *comitatus* (comté).

PAINLEVÉ Paul (Paris, 1863 – Paris, 1933)

Mathématicien, homme politique, président du Conseil.

Professeur à la faculté des sciences de Lille en 1886, il achève sa carrière à l'École polytechnique, en 1905. Ses recherches mathématiques portent principalement sur les équations différentielles mais, un des premiers en son temps, et au milieu de l'incrédulité générale, il apparaît bientôt comme un des grands théoriciens de l'aviation. Painlevé sera en 1908 le premier passager de l'Américain Wilbur Wright, puis celui d'Henri Farman. En 1909, le mathématicien crée le cours de mécanique de l'avion à l'École aéronautique. Sa passion pour l'aéronautique le mène peu à peu à la politique. En 1910, après l'avoir consulté, le Parlement vote les premiers crédits destinés à l'aviation. La même année, Painlevé est élu député de la Seine ; il le restera jusqu'en 1928. À la Chambre, où il siège parmi les républicains socialistes, il se montre un grand travailleur, mais un médiocre orateur. En octobre 1915, Painlevé entre dans le cabinet constitué par son ami Briand comme ministre de l'Instruction publique, poste qui comporte la responsabilité des « inventions concernant la défense nationale ». Jusqu'à la chute du cabinet, en décembre 1916, il organise une véritable mobilisation des savants et des usines au service des fabrications de guerre. Le 20 mars 1917, Painlevé devient ministre de la Guerre dans le cabinet Ribot et le premier civil à occuper le poste depuis le début des hostilités. Sans approuver les projets d'offensive de Nivelle, comme on le lui reprochera plus tard, il fait décider la conférence de Compiègne, tenue le 6 avril. Après l'échec de Nivelle, il nomme Pétain commandant en chef et Foch chef d'état-major général. Au moment de la chute du cabinet Ribot, en septembre 1917, Painlevé, qui conserve la Guerre, devient président du Conseil. Trop faible et irrésolu, notamment en ce qui concerne les campagnes pacifistes, il est renversé dès le 13 novembre. Pendant plusieurs années, il vivra à l'écart du pouvoir.

En 1924, Painlevé contribue à la formation du Cartel des gauches. Candidat de ce cartel à la présidence de la République, il est battu au mois de juin par Doumergue, qui recueille 515 voix (contre 309 seulement à Painlevé). Il doit se contenter de la présidence de la Chambre. Le 17 avril 1925, il revient cependant à la présidence du Conseil, avec le portefeuille de la Guerre. Son

Paul Painlevé
Painlevé en septembre 1917. © *L'Illustration/Sygma*

ministère se caractérise par l'abandon de la politique de laïcisation et la venue de Caillaux aux Finances. Démissionnaire le 27 octobre, Painlevé reçoit immédiatement, du président Doumergue, mission de constituer le nouveau gouvernement, dans lequel il prend les Finances. Un mois plus tard, à la suite de la présentation de son plan de redressement financier, le troisième cabinet Painlevé est renversé. L'ancien président du Conseil conserve la Guerre dans le gouvernement que constitue alors Briand. Il occupera la rue Saint-Dominique, presque sans interruption, jusqu'en 1929, accomplissant plusieurs réformes militaires importantes. C'est ainsi qu'en 1928 le service militaire est réduit à un an. Painlevé prend aussi les premières décisions gouvernementales concernant la ligne Maginot, qui sera réalisée sous son successeur. En 1928, il est élu député de l'Ain. Ministre de l'Air dans le cabinet Steeg, de décembre 1930 à janvier 1931, il retrouve ce portefeuille dans le troisième cabinet Herriot et le cabinet Paul-Boncour, de juin 1932 à janvier 1933. Il est terrassé par une crise cardiaque alors qu'il prononçait un discours devant la Chambre. La République lui fait des obsèques nationales et le fait inhumer au Panthéon.

Pair

Du latin par, paris. *Le mot s'écrit per jusqu'à la fin du* XV*e* *siècle. Étymologiquement, il signifie « égal en dignité ».*

C'est en ce sens qu'on parle de « jugement par les pairs » : dans les temps les plus anciens de la féodalité, le justiciable est jugé en présence de son seigneur par une cour composée d'hommes de sa condition. Cet usage persiste longtemps dans le nord de la France où le roturier est soumis au jugement d'autres roturiers présidés par leur seigneur. C'est au cours du XVIe siècle que l'idée d'égalité, inhérente à la pairie, tend à devenir un souvenir dans l'esprit des peuples ; l'institution officielle des pairs de France, considérés de plus en plus comme des privilégiés, des personnages situés au-dessus du commun des mortels, y contribue. L'origine des pairs de France, qui occupent une place importante dans la *Curia regis*, est incertaine. Il ne semble pas possible de les faire remonter à Charlemagne comme le voudraient les chansons de geste. Le premier texte sûr qui en fasse mention est le procès intenté à Jean sans Terre devant la cour de Philippe Auguste en 1202. L'ordonnance de Philippe III concernant les francs fiefs donne en 1275 la liste des douze pairs. Ceux-ci sont traditionnellement divisés en pairs laïques (ducs d'Aquitaine, de Bourgogne et de Normandie, comtes de Toulouse, de Champagne et de Flandre) et pairs ecclésiastiques (ducs de Reims, de Laon et de Langres, comtes de Beauvais, de Noyon et de Châlons). Tous les pairs ecclésiastiques sont évêques de leur cité, celui de Reims à titre d'archevêque. Les pairies ecclésiastiques subsistent dans leur état originel jusqu'à la Révolution. En revanche, le roi crée de nombreuses pairies laïques supplémentaires afin de satisfaire les réclamations des grands féodaux tels que le duc de Bretagne, les comtes d'Anjou, d'Artois, de Poitou, de la Marche, etc. Les princes du sang sont considérés comme pairs *nés*. Aux temps modernes, la pairie est conférée à titre de récompense à des seigneurs beaucoup plus modestes. On comptera 38 pairs laïques à la fin de l'Ancien Régime. Mais à cette époque la pairie n'est plus qu'une institution honorifique. Le jugement des pairs échappe aux pairs depuis longtemps. Il faut attendre 1814 pour que les pairs ressuscités retrouvent de véritables attributions juridiques dans la Cour des pairs, émanation juridictionnelle d'une institution politique, la Chambre des pairs.

Paix de Dieu

Mouvement initié par l'Église à la fin du X*e* *siècle.*

La paix de Dieu vise à arrêter – ou du moins limiter – les guerres seigneuriales en faisant jurer aux seigneurs laïcs réunis dans une église, en présence des principaux dignitaires ecclésiastiques de leur région et de corps saints (reliques), de respecter les lieux consacrés (églises, cimetières), les personnes et les biens d'Église, la circulation des hommes et des marchandises (paix pour les marchands et les pèlerins) et le peuple (cultivateurs, femmes, enfants, pauvres). Toute infraction aux serments de paix est punie par l'anathème. On considère généralement le synode réuni sous la direction de l'évêque du Puy, Gui d'Anjou, à Saint-Germain-Laprade en 987, comme la première assemblée ayant proclamé la paix de Dieu. Elle fut rapidement suivie par de nombreuses autres, particulièrement dans la moitié sud et le centre de la France : Charroux, près de Poitiers (989), Narbonne (990), Anse (994), Le Puy (994), Limoges (997), Saint-Gilles (1003), Poitiers (1011-1014), Verdun-sur-le-Doubs (1021-1022)... À partir des années 1020, les évêques qui réunissent des conciles de Paix se montrent plus exigeants et font jurer aux seigneurs assemblés de s'abstenir de tout combat certains jours de la semaine et de l'année liés aux temps forts du calendrier liturgique. On parle alors de la trêve de Dieu.

Même s'il se manifeste essentiellement sur le plan local, le mouvement de la paix de Dieu touche aux fondements de la société occidentale autour de l'an mil. La paix est une notion essentielle du discours ecclésiastique médiéval. Sous la plume des hommes d'Église, paix (*pax*) rime avec unité (*unitas*), concorde (*concordia*) et religion (*religio*). La paix est l'ordre du monde voulu par Dieu, l'harmonie entre Dieu, les saints, les ecclésiastiques et les laïcs. Tout ce qui tend à briser cette harmonie est une atteinte à la paix, à l'unité du monde voulue par Dieu et garantie par les hommes d'Église. Cette conception sous-tend toute la construction de l'Église romaine depuis l'Antiquité tardive. Elle s'impose avec une vigueur plus importante au tournant de l'an mil, particulièrement dans le royaume des Francs, pour plusieurs raisons. D'une part, la monarchie carolingienne finissante et les premiers rois capétiens n'ont guère les moyens de faire régner la paix compte tenu de l'émiettement des pouvoirs et de l'étendue restreinte de leur domination directe. D'autre part, l'Église amorce au Xe siècle une transformation radicale qui fait d'elle, dès la fin du XIe siècle, une institution puissante, hiérarchisée, appuyée sur un réseau d'hommes et de lieux consacrés répartis dans tout l'Occident, à partir desquels elle entend ordonner le monde. La paix puis la trêve de Dieu comptent parmi les premières manifestations éclatantes de ce mouvement. Ses plus ardents propagateurs sont les hommes d'Église les plus influents du moment, à savoir les moines de Cluny menés par l'abbé Odilon (994-1048) et quelques évêques suffisamment liés à un réseau aristocratique local pour pouvoir imposer à leurs pairs laïcs les serments de paix (évêques de Bordeaux, du Puy, de Lyon, de Besançon...).

Paix perpétuelle

Traité signé à Fribourg le 29 novembre 1516 entre François Ier et les treize cantons suisses.

Le roi de France, qui se montre fort généreux, s'engage à verser aux Suisses un million d'écus à titre de dédommagement pour une campagne non effectuée, et en paiement de divers territoires : Lugano, Locarno et la vallée de la Valteline. À cette somme s'ajoute une pension annuelle promise à chaque canton. En échange, les Suisses s'engagent à ne jamais lutter contre le royaume, ni contre le Milanais. Le roi lèvera parmi les cantons les contingents de mercenaires indispensables aux armées. Cette paix perpétuelle durera autant que la monarchie. Au XIXe siècle, sous le règne de Louis-Philippe, le dernier contingent de la garde suisse royale constituera l'embryon de la Légion étrangère.

Palais-Royal

Ensemble de bâtiments et de jardins situés à Paris, rue Saint-Honoré, face au palais du Louvre.

En 1624, le cardinal de Richelieu achète plusieurs constructions qui se trouvaient à cet emplacement, dont les hôtels de Mercœur et de Rambouillet, et charge l'architecte Lemercier de lui aménager un hôtel. Après de nouvelles acquisitions, la construction de ce qui devait être le Palais-Cardinal est entreprise en 1633. Terminé en 1636, il comprend, en arrière d'une longue façade sur la rue Saint-Honoré, un corps de logis isolé entre deux cours prolongées par des jardins. Corneille peut déclarer dans *Le Menteur* (1643) que « l'univers entier ne peut rien voir d'égal aux superbes dehors du Palais-Cardinal ». Louis XIII en hérite en vertu du testament de son ministre. Le palais devient réellement Palais-Royal par le choix qu'en fait pour sa résidence habituelle la régente Anne d'Autriche, mère de Louis XIV (1643). Après les troubles de la Fronde, il est quelque temps l'asile d'Henriette de France, veuve de Charles Ier d'Angleterre, puis Louis XIV l'attribue en 1661 comme résidence à son frère, Philippe d'Orléans, qui vient d'épouser Henriette d'Angleterre. Celui-ci l'agrandit, le décore et en devient propriétaire en février 1692 par lettres patentes du roi. À sa mort (1701), il le laisse à son fils qui, devenu Régent, y fait procéder à de nouveaux embellissements. Il y organise une vie joyeuse et licencieuse, met à la mode les « soupers » qui tournent souvent à l'orgie, invente les bals masqués et costumés de l'Opéra, attenant au Palais, et y constitue une célèbre galerie de tableaux qui, expurgée, dit-on, par Louis d'Orléans, son fils (1703-1752), prendra sous Louis-Philippe les proportions d'un véritable musée.

En 1763, l'Opéra, où Molière et sa troupe avaient joué, où avaient été représentées les œuvres de Lully et de Rameau, est victime d'un incendie. Les bâtiments du palais ayant été eux aussi endommagés, d'importants travaux de reconstruction, conduits par Contant d'Ivry, modifient la façade de la rue Saint-Honoré et celles du logis central. En 1769, lors de son mariage avec la fille du duc de Penthièvre, le duc de Chartres, futur Philippe Égalité, reçoit le palais en usufruit. Il décide d'en ouvrir le jardin au public et met sur pied une fructueuse opération immobilière : édifier autour de ce jardin des immeubles à arcades où seraient installées des boutiques. L'architecte Louis est chargé d'exécuter les façades et, au printemps de 1793, le gros œuvre est presque terminé. Entre-temps, un second incendie de l'Opéra, survenu en 1781, a donné l'occasion de construire, à l'ouest du palais, une nouvelle salle de théâtre qui abrite aujourd'hui la Comédie-Française. L'entreprise

Le Palais-Royal
Le jardin du Palais-Royal. Lithographie de Lespinasse, 1791, Paris, musée de la ville de Paris, musée Carnavalet.

est une réussite. Les boutiques sont rapidement louées. Le jardin sert aux promeneurs, aux joueurs, mais aussi aux agioteurs, aux galants et aux filles qui déambulent sous les arcades. C'est là que le comte de La Motte découvrira Nicole Legay qui jouera dans l'affaire du Collier le rôle de la reine. Mais, lieu de rendez-vous à la mode, le Palais-Royal devient, avec l'accord tacite de son propriétaire, le quartier général, le lieu privilégié de l'agitation politique et le centre et le foyer des premières journées révolutionnaires. C'est là que Camille Desmoulins improvise le 12 juillet 1789 une manifestation qui prélude à la prise de la Bastille. C'est également là, en partie, que se préparent les journées d'octobre 1789.

Décrété bien national lors de l'arrestation de Philippe Égalité (avril 1793), le Palais-Royal devient en 1799 le siège du Tribunat puis, après sa suppression, celui du tribunal de commerce et de la Bourse (1809). Lors de la Restauration, Louis XVIII le rend au fils de Philippe Égalité, le futur Louis-Philippe, qui le fait restaurer par Fontaine, y ajoutant notamment la galerie vitrée dite d'Orléans, séparée des jardins par un double portique dorique. C'est dans ce palais qu'il accepte, après les journées de Juillet, le titre de roi des Français. Mais il cesse de l'habiter le 1er octobre 1831. Sa galerie de tableaux est saccagée lors de la Révolution de 1848 et le palais, confisqué par un décret présidentiel du 23 janvier 1849, devient, sous le Second Empire, la résidence du prince Jérôme, puis de son fils le prince Napoléon. Un nouvel incendie, le 23 mai 1871, endommage le pavillon central et l'aile gauche. Restauré, le Palais-Royal est aujourd'hui affecté au Conseil d'État (depuis 1875), au Conseil constitutionnel et à divers services de l'administration des Beaux-Arts. Les trois ailes qui entourent le jardin forment des locaux d'habitation et des boutiques.

PALATINAT (guerres du)

Intervention militaire française en Palatinat à la fin du XVIIe siècle.

Louis XIV estimant avoir des droits sur la succession de la province rhénane – le duc d'Orléans ayant épousé une princesse palatine, sœur du dernier Électeur –, les troupes françaises de Louvois envahissent le Palatinat en 1688. Le maréchal de Tessé, sur ordre de Louvois, ravage Mannheim, Heidelberg, Spire, Worms, etc. Trèves même devait être brûlée mais Louis XIV, furieux du zèle de Louvois, le lui interdit et va jusqu'à le frapper d'un coup de pincettes. L'opération visait à empêcher les armées impériales de vivre sur le pays et de menacer l'Est du royaume alors que la France se préparait à attaquer l'Angleterre. Les exactions des troupes françaises ne vont pas tarder à dresser l'Europe entière contre la France qui, au terme de la guerre de la ligue d'Augsbourg (1689-1697) est contrainte, par le traité de Ryswick (1697), de taire ses aspirations hégémoniques sur ce territoire.

PALATINE, princesse : voir CHARLOTTE ÉLISABETH de BAVIÈRE et GONZAGUE ANNE de

PALÉOLOGUE Georges Maurice (Paris, 1859 – Paris, 1944)

Diplomate et écrivain.

Maurice Paléologue est le parfait témoin de l'histoire de la IIIe République, à laquelle il est mêlé du début à la fin de sa carrière diplomatique. Celle-ci débute par un poste de secrétaire d'ambassade. En 1893, il entre au Quai d'Orsay avec rang de chef adjoint du cabinet du ministre des Affaires étrangères. Attaché par la suite à la direction du ministère, il détient le bureau du chiffre. C'est à ce titre qu'il est délégué par Delcassé, en 1899, pour déposer devant la Cour de cassation lors du procès Dreyfus, puis devant le conseil de guerre de Rennes. Paléologue occupe ensuite les postes de directeur des Affaires politiques au Quai d'Orsay de 1912 à 1914 et d'ambassadeur à Saint-Pétersbourg de 1911 à 1917. Ces diverses fonctions feront l'objet de mémoires fort documentés ; le premier livre est publié en 1921 sous le titre *La Russie des tsars pendant la guerre* ; le second ne paraît qu'en 1955 sous la dénomination de *Journal*, ouvrage de souvenirs dans lequel sont rapportées l'affaire Dreyfus et des conversations avec l'impératrice Eugénie. Outre ses chroniques régulières de la *Revue des Deux Mondes* et divers travaux d'érudition, Maurice Paléologue est l'auteur d'études sur Alfred de Vigny et Vauvenargues ainsi que de plusieurs romans. Il était entré à l'Académie française en 1928.

PALIKAO Charles Guillaume Cousin-Montauban, comte de : voir COUSIN-MONTAUBAN

PALISSY Bernard (Agen, v. 1510 – Paris, 1590)

Céramiste et savant.

Peintre verrier à Saintes, il découvre, après des années de recherche – au cours desquelles il est allé jusqu'à brûler les meubles de sa maison pour entretenir son four –, la technique permettant de composer des émaux. Célèbre du jour au lendemain, il devient le protégé du connétable de Montmorency qui lui commande une grotte pour son château d'Écouen et qui interviendra en 1559 pour le sortir de prison où il avait été jeté en tant que protestant. Palissy vient ensuite à Paris, est présenté à Catherine de Médicis et réalise, de 1566 à 1571, une grotte en poterie vernissée pour le château des Tuileries. Un an avant sa mort, il est embastillé pour avoir refusé d'abjurer. Il a donné des conférences, publiées sous le titre *Discours admirables de la nature des eaux et des fontaines tant naturelles qu'artificielles.*

PAMIERS

Ville du comté de Foix, aujourd'hui chef-lieu d'arrondissement de l'Ariège.

Elle doit de naître à la présence, près du village de *Fredelacum*, d'une abbaye dédiée à saint Antonin. Roger II, comte de Foix, y construit un château dont le nom, *Apamia*, inspiré d'Apamée en Orient, se transmet à la ville (les habitants sont toujours nommés les Apaméens). Pamiers est le théâtre d'événements importants au Moyen Âge. Simon de Montfort y promulgue en 1212 un ensemble de dispositions juridiques imité des Assises de Jérusalem. Les Statuts de Pamiers réorganisent profondément le Midi conquis, dans un dessein de soumission à l'Église et de centralisation féodale. Les hérétiques et la petite noblesse locale, que Simon n'a pu se concilier, font les frais de l'opération, qui s'annonce au contraire bénéfique pour le menu peuple et les clercs. Dans certains domaines, le droit coutumier, propre au Nord, se substitue au droit romain, cher au Midi. En 1295, l'abbaye de Saint-Antonin est érigée en évêché suffragant de Narbonne. Le premier titulaire, Bernard Saisset, ne sera nommé que deux ans plus tard. C'est à propos de son arrestation que se déchaîne le conflit entre Philippe le Bel et Boniface VIII. En 1317, Pamiers devient suffragant de Toulouse ; elle le restera jusqu'à nos jours, exception faite de la période 1802-1822 pendant laquelle l'évêché apaméen sera supprimé. La ville subit diverses épreuves aux temps modernes, notamment les ravages de la peste en 1553 et ceux des bandes commandées par Henri de Condé sous Louis XIII. De 1644 à 1680, le siège épiscopal est occupé par François Étienne de Caulet, qui s'oppose violemment à Louis XIV dans l'affaire de la régale.

PANAMÁ (scandale de)

Scandale de la IIIe République, qui éclate au mois de septembre 1892.

À la suite du succès du canal de Suez, Ferdinand de Lesseps, alors âgé de 84 ans, se voit confier en mai 1889 le projet de percement de l'isthme de Panamá. À cette fin, il crée une compagnie qui rencontre de nombreuses difficultés, notamment matérielles, dans la réalisation de son projet. Très vite les premiers fonds sont engloutis, et Lesseps doit trouver une nouvelle manne financière pour mener son projet à bien. Il lance alors un emprunt auprès des petits épargnants et, pour en assurer le succès, s'emploie à corrompre ceux qui organisent le placement, les règles et la publicité de l'emprunt. D'abord, il confie les fonds qu'il a recoltés à des personnages douteux du monde de la finance, le baron de Reinach,

Le scandale de Panamá
Panama et Panas. Caricature de Charles Vernier, v. 1885.

Cornelius Herz et Lévy-Crémieu ; ensuite, il se concilie les faveurs de la presse en versant des sommes à certains journaux, comme *La Justice* de Clemenceau, dont il attend en retour des articles élogieux sur la compagnie du canal de Panamá ; enfin, devant recourir à un nouvel emprunt qui nécessite le vote d'une loi à l'Assemblée, il achète un certain nombre de députés, les « chéquards », qui font effectivement passer le projet en juin 1888. Peu de temps après, cependant, les petits épargnants sont ruinés ; mais ce n'est que deux ans plus tard, en juin 1891, qu'une plainte est déposée contre Lesseps, et il faut attendre septembre 1892 pour que le scandale éclate : un tel retard met en évidence le jeu des diverses corruptions, politiques, économiques et médiatiques, qui ont tant bien que mal tenté d'étouffer l'affaire jusqu'au bout. Par-delà l'aspect rocambolesque de l'affaire, avec un Reinach retrouvé mort à son domicile et un Herz en fuite livrant le nom de 140 députés compromis, le scandale a des répercussions profondes sur la IIIe République. Le climat moral tout d'abord s'en ressent : l'image des parlementaires, qui ont pourtant en majorité résisté aux avances de Lesseps, est associée à celle de la corruption, elle-même rattachée, sur fond d'antisémitisme, aux banquiers ayant financé l'entreprise. Politiquement, le scandale de Panamá précipite un renouvellement des députés et, avec l'éviction des figures notamment radicales (ainsi Clemenceau), on voit arriver une génération de droite républicaine (Poincaré, Barthou).

PAOLI Hyacinthe ou Giacinto (Morosaglia, 1690 – Naples, 1768)

Homme politique.

En novembre 1733, il donne le signal des hostilités contre la domination génoise dans le Rostino, en mettant en fuite les Génois venus l'arrêter. Sous sa direction et celle de Jean-Jacques Ambrosi, la rébellion fait tache d'huile et gagne une partie du Delà-des-Monts. Paoli en devient le généralissime et offre le protectorat de la Corse au pape, puis à l'Espagne. En vain. Il se rallie alors au roi Théodore. Après l'échec de ce dernier, il lutte contre le corps expéditionnaire français de Maillebois intervenu à la demande de Gênes, mais, vaincu en moins de deux mois, doit s'enfuir avec les autres chefs corses à Naples (juillet 1739) où il devient lieutenant-colonel du régiment corse au service du roi Charles III.

PAOLI Pascal ou Pasquali (Morosaglia, 1725 – Londres, 1807)

Homme politique.

Fils cadet du précédent. À peine âgé de 14 ans, il suit son père dans son exil à Naples. Il y reçoit une éducation soignée, bénéficie des leçons du philosophe et économiste Genovesi, s'initie aux doctrines du despotisme éclairé, appliquées précisément à Naples par le ministre réformateur Tanucci, lit Montesquieu et Rollin aussi bien que Thucydide et Plutarque. Sous-lieutenant en 1749, il se morfond dans la vie de garnison, souhaite une carrière militaire plus brillante et plus rapide et songe à se mettre au service de la France (1753). Cette année-là, il décide de tenter personnellement la grande aventure dans sa patrie, la Corse, et d'essayer, dans son intérêt, « de remettre les choses en quelque autre système ». Mais il ne s'impose pas en Corse sans difficulté. Le 14 juillet 1755, la « Consulte Suprême générale du Royaume de Corse » l'élit général de la nation. Mais sa jeunesse – il n'a que 30 ans – est un handicap sérieux, et nombreux sont les rivaux, notamment Emmanuel Matra, chef d'un clan important, contre qui il doit lutter pendant deux ans. Il parvient néanmoins à se faire reconnaître, et les Génois, bientôt contenus sur le littoral, ne gardent plus que les *présides*, c'est-à-dire Bastia, Calvi et Algajola, Saint-Florent, Ajaccio et Bonifacio, villes ceintes de murailles.

Pascal Paoli
Gravure de Novellini, 1872, Paris, Bibliothèque nationale de France. © *Giraudon*

La réussite de Paoli va au-delà de cette pacification, de cette unification de la Corse sous son autorité. Son œuvre est vaste, variée, intelligente. C'est d'abord la Constitution qu'il fait voter à Corte dès novembre 1755. Elle se veut démocratique, avec l'élection au suffrage universel à deux degrés d'une assemblée à qui est confié le pouvoir législatif. Paoli n'en conserve pas moins la réalité du pouvoir. Il encourage les cultures, notamment, avant Parmentier, celle de la pomme de terre, ce qui lui vaudra le surnom de « *Generale delle patate* », entreprend l'assèchement des marais, construit routes et ponts, prospecte les mines et les carrières et, pour éviter l'asphyxie économique qui n'aurait pas manqué puisque les ports sont aux mains des Génois, crée un port nouveau, L'Île-Rousse, destiné à concurrencer Calvi et Algajola. Il met sur pied une petite flottille nationale, organise une armée permanente de 800 hommes et fonde à Corte, dont il a fait la capitale de la Corse, une université, inaugurée en janvier 1785, où des maîtres éminents dispensent un enseignement gratuit à des étudiants boursiers. Une imprimerie nationale est établie à Oletta d'abord, puis successivement à Cervione et Corte. Enfin une *zecca*, hôtel de la monnaie, à Murato puis à Corte, frappe des pièces d'argent et de bronze, signe intangible de l'indépendance conquise.

Alors que tout paraît lui sourire et que l'Europe le regarde avec une surprise admirative, Paoli voit en peu de temps s'écrouler son rêve. La guerre de Sept Ans terminée (1763) et la France en sortant diminuée (le Canada et l'Inde lui sont enlevés), il apparaît à Choiseul qu'il serait possible et facile de trouver une compensation politique et économique dans une occupation durable de tout ou partie de la Corse, dont la position stratégique contrebalancerait la prépondérance anglaise en Méditerranée. Malgré les protestations de Paoli, la France fournit son appui militaire à Gênes, ce qui lui permet de reprendre pied en Corse. Le second traité de Compiègne (6 août 1764), stipule notamment l'occupation par la France, pendant quatre années, des cinq places d'Ajaccio, Bastia, Calvi, Saint-Florent et Algajola. Contre cette ingérence, Paoli, exigeant l'indépendance de son pays et le droit de parler aux Génois d'égal à égal, déclare n'être disposé qu'à accepter « la haute protection de la France », mais les négociations menées à Versailles pour le compte de Paoli par Buttafuoco sont finalement rompues le 2 mai 1768. Choiseul ne cache plus son désir d'installation exclusive dans les principales places de la Corse, et Gênes, ne pouvant désormais compter sur aucun secours, accepte de signer le traité de Versailles (15 mai 1768) par lequel elle cède « provisoirement », en réalité définitivement, au roi de France ses droits de souveraineté sur l'île.

La réponse de Paoli est immédiate et catégorique : « Plutôt mourir en combattant ! La patrie est en danger. » Une levée en masse des hommes de 16 à 60 ans est proclamée. Les erreurs du premier commandant de l'expédition française envoyée par Versailles, le marquis de Chauvelin, permettent à Paoli de remporter des succès en 1768 (600 Français prisonniers au combat de Borgo, près de Bastia). Mais l'arrivée du comte de Vaux avec des renforts – 24 000 hommes au total alors que les Corses ne peuvent en aligner que 12 000 – change rapidement la situation. La bataille de Pontenuovo livrée le 8 mai 1769 voit la déroute des Corses et conduit à la fin des hostilités. Le découragement s'empare des partisans de Paoli, tandis que les partisans français, détachant les Corses d'une résistance sans espoir, montrant au contraire les avantages d'une soumission au roi de France, gagnent du terrain. Ne trouvant plus partout que résignation, Paoli décide de quitter la Corse, avec 300 partisans. Après avoir traversé l'Europe, auréolé de la gloire que lui vaut sa lutte pour l'indépendance de son peuple, il arrive enfin à Londres où commence son premier exil.

À la suite de l'amnistie votée en 1790 par l'Assemblée constituante sur la proposition de Mirabeau, Paoli, qui en 1776 avait refusé de rentrer en France pour se mettre au service du roi, retourne en Corse après avoir, par une lettre adressée à l'Assemblée, exprimé « sa joie bien vive » et affirmé que les exilés rendus à leur pays défendraient la Constitution « jusqu'à la dernière goutte de leur sang ». En janvier 1790, il écrit : « Je préfère de beaucoup la fusion de la Corse avec les autres provinces françaises à une indépendance proprement dite. Ou bien on nous en priverait ou bien quelqu'un la vendrait ou s'en rendrait le tyran. » Le 3 avril 1790, il est à Paris, et c'est au milieu des acclamations qu'il paraît à l'Assemblée dont le président salue en lui « le héros et le martyr de la liberté ». Le 17 juillet, il arrive enfin à Bastia où il est reçu à l'égal d'un souverain. Élu président du Conseil départemental et chef de la garde nationale, il incarne l'union entre la vieille Corse souffrant et luttant pour la liberté et la jeune Corse communiant avec les autres Français pour fêter la liberté récemment conquise. Parmi ses plus fervents admirateurs se trouve le jeune Bonaparte.

Cette unanimité autour du vieux chef est sans lendemain. L'application de la Constitution civile du clergé donne lieu à Bastia, les 2 et 3 juin 1791, à de graves incidents que Paoli doit réprimer en sa qualité de commandant des gardes nationales. Son prestige s'en trouve sérieusement atteint. Puis certaines mesures de la Législative, poursuites contre les prêtres réfractaires, vente de biens nationaux, suppression de la noblesse, précipitent la formation de deux clans dont l'un, soutenant Paoli, condamne la Révolution tout en restant fidèle aux réformes, tandis que l'autre, conduit par Arena, député à l'Assemblée, introduit en Corse les opinions les plus avancées. L'affaire de Sardaigne fournit à Arena l'occasion de perdre Paoli. L'échec de l'expédition (janvier-février 1793) est imputé à ce dernier qui en avait reçu le commandement et dont l'attitude en cette occasion put être jugée « étrange et énigmatique ». Accusé de complicité avec l'ennemi, humilié par l'envoi d'une commission d'enquête, Paoli, qui passe désormais pour l'un de ces fédéralistes que les Montagnards veulent abattre, fait sécession. Tandis que de nombreux Corses dont le futur Napoléon, jusque-là dévoué à sa personne, refusent de suivre cette voie et fuient l'île, il se fait de nouveau proclamer généralissime, rappelle les prêtres réfractaires, forme des milices, enfin demande secours à l'amiral anglais Hood qui bloque alors le port de Toulon. L'Angleterre, depuis longtemps intéressée par l'atout stratégique que représente la Corse, ne laisse pas passer une si belle occasion d'intervenir, et les troupes républicaines ne résistent pas longtemps à Hood qui, en février 1794, s'empare de Saint-Florent, contraint Bastia à capituler en mai et soumet Calvi en août, après une résistance désespérée. Avant même ce dernier succès, Paoli a

La révolte du Papier timbré

Allégorie de la révolte du Papier timbré. Huile sur toile de Chalette, Rennes, musée des Beaux-Arts. © *Giraudon*

réuni à Corte une *consulte* qui a déclaré rompus les liens unissant la Corse à la France et voté une Constitution en vertu de laquelle l'île appartient désormais au roi d'Angleterre George III. Mais Paoli se voit préférer l'Anglais sir Eliot comme vice-roi, et c'est le chef d'une faction rivale, Pozzo di Borgo, qui est désigné comme secrétaire d'État du vice-roi. L'amertume du peuple corse est aussi grande que la sienne et, devant les incidents qui se multiplient, le vice-roi obtient l'éloignement de Paoli qui doit se retirer à Londres (octobre 1795) où il mourra deux ans plus tard. Le « Père de la patrie » corse eut l'honneur d'un monument dans la cathédrale de Westminster mais, le 3 septembre 1889, ses restes furent solennellement ramenés en Corse et ensevelis dans une pièce de sa maison natale, transformée en chapelle à Morosaglia. Discutée à cause de la seconde partie de sa vie, la figure de Paoli n'en demeure pas moins une des plus marquantes de l'histoire corse.

PAPIER TIMBRÉ (révolte du)

Nom donné aux émeutes qui éclatèrent principalement à Rennes et en Basse-Bretagne d'avril à août 1675 pour protester contre l'introduction en Bretagne des taxes sur le papier timbré, le tabac et la vaisselle d'étain que le gouvernement royal, pressé par des besoins d'argent, venait d'établir.

Les nouveaux impôts avaient également provoqué un soulèvement en Guyenne, à Bordeaux en mars 1675, à Bergerac en mai, mais c'est la Bretagne qui est le théâtre des événements les plus graves. Des troubles surgis à Rennes le 3 avril dégénèrent le 18 en une émeute sanglante. Les bureaux des aides sont détruits. À Nantes aussi la violence éclate. Le gouverneur de Bretagne, le duc de Chaulnes, réussit à rétablir le calme, mais la Basse-Bretagne (Poher et pays de Pont-l'Abbé) se soulève à son tour en juin, et les désordres tournent à l'agitation sociale. La colère des Bonnets rouges, rassemblés autour d'un chef, Le Balp, de Kergloff, se retourne contre les droits seigneuriaux dont la suppression est réclamée. Mais les mesures militaires prises par le gouverneur rétablissent l'ordre, et la répression est impitoyable. Dans les campagnes, les paysans sont sommairement jugés et pendus, les cloches des églises qui avaient appelé à l'émeute descendues et les flèches abattues. À Rennes, un tiers du quartier de la rue Haute est démoli, et le parlement, accusé de faiblesse envers les rebelles, est exilé à Vannes pendant près de quinze ans.

PÂQUES VÉRONAISES

Nom donné au soulèvement des Véronais contre les Français qui occupaient les provinces vénitiennes, en 1797.

Ce soulèvement se manifesta par un massacre qui commença le 17 avril, deuxième jour des fêtes pascales, pour s'achever quelques jours après.

PARACLET (le)

Abbaye fondée par Abélard en 1129 dans l'actuelle commune de Saint-Aubin, près de Troyes.

Érigée canoniquement le 1er novembre 1147 par le pape Eugène III, elle a Héloïse pour première abbesse. On y observe la règle de saint Benoît, mais avec quelques coutumes particulières, établies par Abélard et Héloïse. Placé avec tous ses biens sous la protection du Saint-Siège, le Paraclet lui paye une redevance. L'abbaye a sous sa dépendance celle de la Pommeraye, fondée en 1142, et plusieurs prieurés. Mais son temporel périclite à partir de la seconde moitié du XIIIe siècle. Il ne reste de l'abbaye que la crypte où les corps d'Abélard et Héloïse furent réunis en 1497 et reposèrent côte à côte jusqu'à la vente de l'abbaye en 1792.

PARAY-LE-MONIAL

Localité de la Saône-et-Loire située sur le canal du Centre, à 13 km à l'ouest de Charolles.

Vers 970-980, le comte de Chalon fonde au lieu-dit le Val d'Or un petit monastère que son fils, en 999, rattache explicitement à l'abbaye de Cluny dont il deviendra l'un des principaux prieurés. L'église priorale Notre-Dame de Paray, reconstruite au début du XIIe siècle, reproduit en modèle réduit les articulations et les décors de la grande église abbatiale de Cluny. Place forte à la Renaissance (qui dote la ville d'un très élégant hôtel de ville), Paray-le-Monial devient un moment un haut lieu de la Réforme. Mais cette tendance est bientôt enrayée. Le couvent de la Visitation est célèbre au XVIIe siècle, lorsque Marguerite Marie Alacoque (1617-1690) est l'objet de révélations. Son couvent devient alors lieu de dévotion au Sacré-Cœur. Dans la deuxième moitié du XIXe siècle, l'essor de ce culte fait de Paray-le-Monial l'un des principaux lieux de pèlerinage. L'ancienne église priorale Notre-Dame bénéficie de cette affluence. Elle est érigée en 1875 au titre de basilique.

PARÉ Ambroise (Laval, 1509 – Paris, 1590)

Chirurgien.

Il devient aide-chirurgien barbier de l'Hôtel-Dieu puis maître-chirurgien en 1536. Cette profession, alors assimilée à un artisanat, est méprisée par les médecins, qui sont, eux, issus de l'Université. Libre par rapport à la tradition, Paré n'hésite pas à innover. À la bataille du Pas de Suse, il pratique la première désarticulation du coude. Parce qu'il n'a plus d'huile – que l'on répandait, bouillante, sur les blessures par armes à feu ! –, il nettoie les plaies avec un mélange à base de térébenthine à l'action antiseptique. Ses patients sont ainsi plus nombreux à survivre. Il transpose ces techniques dans sa boutique parisienne, rue de l'Hirondelle, où il se livre aux opérations de la taille vésicale, de la cataracte ou à la réduction des fractures avec une grande économie de moyens et de souffrance pour le patient. En août 1545, il obtient le privilège du roi pour publier une méthode de traitement des plaies par armes à feu. L'Université, scandalisée, l'accuse de n'avoir pas lu Galien. Paré ne le nie pas mais n'en a cure. En 1552, au siège de Danvillier, il pratique une amputation et, au lieu de cautériser le moignon au fer rouge selon le procédé en vigueur, il pratique une ligature artérielle. Antoine de Bourbon, le père du futur Henri IV, le recommande à Henri II. Le roi, dont il est le chirurgien ordinaire (personnel), l'appuie pour obtenir le grade de docteur en chirurgie en le faisant dispenser d'examen en latin : fait inédit, Paré rédige sa thèse en français. En 1559, il est toutefois impuissant face à la blessure mortelle d'Henri II, qui a l'œil perforé par un coup de lance lors d'un tournoi.

Confirmé dans ses fonctions par François II puis Charles IX, il publie en 1562 sa *Méthode curative des plaies et fractures de la tête.* Les guerres de Religion le voient se porter indifféremment au secours des catholiques et des protestants. Officiellement catholique, il aurait secrètement incliné pour le protestantisme. En 1564, les *Dix livres de la chirurgie avec le magasin des instruments nécessaires à icelle* décrivent des outils encore couramment utilisés de nos jours. Mais en 1568, lorsque, dans un traité sur la peste, la petite vérole et la rougeole, il met en avant la notion de contagion et de prophylaxie, la Faculté, inquiète de cette incursion hors du domaine proprement « manuel », exige l'autodafé de l'œuvre : le roi passe outre. Henri III s'attache naturellement les services de celui dont la réputation s'étend à toute l'Europe. Paré insiste sur la connaissance de l'anatomie humaine que les artistes possédaient souvent mieux à l'époque que les chirurgiens, simples exécutants sans formation théorique. À travers une œuvre qui touche à l'ophtalmologie aussi bien qu'à l'urologie ou la pédiatrie, il donne à la chirurgie un statut moderne en rompant avec les dogmes hérités de l'Antiquité : face à un monde médical cuistre et sclérosé, il valorise la pratique concrète et le geste salvateur. Ce n'est cependant qu'en 1743 que Louis XV reconnaît la chirurgie comme un art savant à égalité avec la médecine. Mais la modernité de Paré tient aussi à son exigence éthique au milieu des fanatismes de son temps.

PARIAGE

On appelait ainsi, à l'époque féodale, une convention de partage de seigneurie.

Elle se concluait entre un seigneur puissant, comte, prince ou roi, qui offrait sa protection à un autre, assez généralement ecclésiastique, tel un évêque qui, en contrepartie, cédait la moitié des revenus de la seigneurie donnée, désormais indivise. Les rois se servirent fréquemment de cette pratique pour étendre leur domination et leur influence. Il subsiste encore aujourd'hui un statut politique dérivant d'un pariage : celui du Val d'Andorre dont sont coprinces l'évêque d'Urgel et le président de la République française, héritier des anciens droits du comte de Foix, puis du roi de France.

PARIS

Au cours du IVe siècle, comme ailleurs en Gaule, la ville prend le nom de son peuple et Lutecia Parisiorum *(Lutèce) devient Paris.*

Au Ve siècle, l'Empire romain s'étant écroulé, la région de Paris forme un État gallo-romain conquis par les Francs en 486. Clovis, délaissant Soissons, adopte Paris, plus centrale, par rapport à ses conquêtes méridionales. Il y installe sa résidence et y fonde des abbayes, ainsi que ses successeurs : Saint-Germain-l'Auxerrois, Saint-Germain-des-Prés, Sainte-Geneviève. Puis, à l'occasion des partages, la ville perd de son importance, et Charlemagne prend pour capitale Aix-la-Chapelle. Mais Paris reste au centre des domaines d'Île-de-France dont le « palais » itinérant du roi tire une bonne partie de ses ressources. Paris reste aussi le siège d'abbayes importantes par leur rayonnement spirituel et intellectuel, riches en possessions aux alentours. Au temps des invasions normandes, la ville subit plusieurs raids et incendies puis résiste victorieusement, sous l'autorité de son évêque Gozlin et du comte Eudes, lors du siège de 885-886. Avec l'avènement de la dynastie capétienne en 987, Paris redevient la capitale du royaume et le restera. Elle se développe concentriquement et sous plusieurs aspects complémentaires. Philippe Auguste élève une enceinte qui protège la ville face à Richard Cœur de Lion dont les possessions s'avancent jusqu'à Gisors. Cette enceinte englobe trois éléments : l'île de la Cité, la rive droite de la Seine, la rive gauche.

L'île de la Cité contient le palais du roi avec son trésor, ses archives et sa cour de justice ou parlement, et l'église cathédrale ; l'actuelle Notre-Dame est commencée en 1163. L'accès de l'île est défendu par deux châtelets dont le principal est celui de la rive droite, les joailliers et monnayeurs étant sur le Pont-au-Change sous sa protection. La rive droite est le domaine du commerce, avec le port de Grève sur la Seine – la voie d'eau est alors la principale voie de transport des marchandises – et les halles, fixées aux Champeaux depuis Louis VI et qui y demeureront jusqu'en 1969, date à laquelle elles seront transférées à Rungis. Sur la rive gauche se trouvent les abbayes de Saint-Germain-des-Prés et de Saint-Victor ainsi que l'université des maîtres et des étudiants, qui s'est créée en 1215, se dégageant de l'autorité de l'évêque et du prévôt, fondée par le roi et reconnue par le pape. Elle est constituée de quatre facultés : arts, droit, médecine et théologie. La faculté des arts est divisée en plusieurs nations car son rayonnement est international. Paris est, au XIIIe siècle, la première ville de l'Occident chrétien, comptant sans doute 100 000 habitants. Le réseau des routes de France rayonne maintenant autour de Paris, alors qu'à la fin de l'Antiquité et au haut Moyen Âge il avait Lyon pour centre. L'administration de la ville revient au prévôt de la corporation des « marchands de l'eau » – origine des armes de la ville portant une nef – assisté des échevins. Louis IX nomme parallèlement un prévôt royal résidant au Châtelet. La ville atteint un certain sommet sous Philippe le Bel : développement des industries de luxe et des finances avec la présence de banquiers italiens, rayonnement intellectuel des légistes et des humanistes. Puis s'ouvre une période de troubles et de récession : peste, guerre et dissensions. Le prévôt des marchands, Étienne Marcel, ose une tentative de coup d'État sur le Dauphin Charles (futur Charles V). Ensuite, Paris est disputée entre Armagnacs et Bourguignons. La ville est occupée par les Anglais et assiégée en vain par Jeanne d'Arc. La population a baissé, le commerce stagne. Le roi réside en bordure de la ville, à l'hôtel Saint-Pol, ou à l'extérieur, à Vincennes et sur la Loire.

La ville retrouve une ère de prospérité sous François Ier qui en fait une grande capitale économique et intellectuelle, construisant le Louvre et l'église Saint-Eustache, fondant le Collège de France. Au moment des guerres de Religion, Paris, qui voit le massacre de la Saint-Barthélemy en 1572, est catholique et tombe sous la domination de la Ligue. Henri III est assassiné alors qu'il fait le siège de Paris. Henri IV abjure et entre dans la ville. Sous Henri IV et Louis XIII commence une nouvelle ère de croissance. Le roi réside au Louvre, le Marais et l'île Saint-Louis se développent. Les troubles économiques et politiques réapparaissent avec la Fronde. Louis XIV en garde une grande défiance vis-à-vis de Paris et installe à Versailles sa capitale administrative à partir de 1682. Les cours de justice, les académies restent néanmoins dans la capitale. Paris devient ville ouverte, et les remparts des boulevards plantés d'arbres. Sous Louis XV, la ville continue de croître, avec la construction des faubourgs Saint-Honoré et Saint-Germain. Son rayonnement artistique et scientifique atteint toute l'Europe. Elle compte, en 1789, 650 000 habitants et est alors

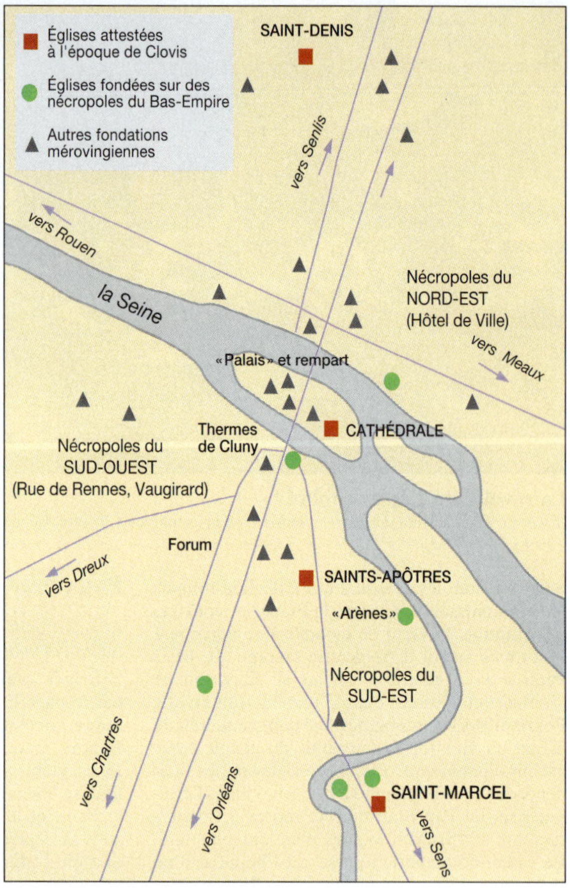

Le Paris religieux au temps de Clovis

Paris
La place Royale et le Carrousel en 1612. Paris, musée de la ville de Paris, musée Carnavalet. © *Giraudon*

délimitée par la nouvelle enceinte des fermiers généraux qui permet de prélever l'octroi. Après les troubles révolutionnaires, l'Empire ramène la prospérité, entreprend des travaux d'assainissement et d'équipement, qui se poursuivront sous la Restauration et la monarchie de Juillet, mais de façon insuffisante. La capitale ne pourra pas accueillir comme il conviendrait les masses de travailleurs attirés par les emplois de l'industrialisation naissante et les espoirs de promotion sociale. La population double en cinquante ans et s'entasse dans les quartiers anciens. La misère urbaine et les émeutes provoquent les insurrections de 1830 et de 1848. Le choléra sévit en 1832. Napoléon III bouleverse la ville avec le préfet Haussmann qui y ouvre de grandes percées, assisté de Belgrand pour l'adduction d'eau et les égouts, et d'Alphand pour la création de parcs et de promenades. En 1870-1871, Paris est assiégée par les Prussiens avant de vivre les événements de la Commune. Elle continue de croître avec l'ère du chemin de fer, les Expositions universelles de 1878, 1889 et 1900. Le métro est entrepris en 1900. Les vingt arrondissements actuels ont été fixés en 1860.

Le statut de Paris a été modifié par la loi du 31 décembre 1975, créant deux collectivités territoriales : la commune de Paris et le département. La première est gérée par un conseil municipal, un maire élu, 18 adjoints au maire et des commissions d'arrondissement. En 1977, Jacques Chirac (réélu en 1983 et en 1989) est le premier maire élu depuis la Commune. La loi de décentralisation (2 mars 1982) modifie les pouvoirs du maire. Quant au département, le Conseil de Paris possède les attributions des conseils généraux. Le préfet (plus tard commissaire de la République) de la région Île-de-France est aussi celui de Paris.

PARIS (bataille de 1814)

Combats livrés entre des troupes françaises et les armées coalisées, les 28, 29 et 30 mars 1814, et qui aboutissent à la reddition de la capitale.

Au terme de la campagne de France, le tsar de Russie, le roi de Prusse, Schwarzenberg et Blücher décident, le 24 mars, de fondre sur Paris. Dès le lendemain, les troupes coalisées se trouvant, en grande partie, au nord-est de la capitale, commencent leur manœuvre. Le 28, les armées ennemies arrivent en trois colonnes, s'étendant de Charonne à Clichy, aux portes de Paris. La ville, ne disposant que de la garde nationale et de ce qui reste des troupes de Mortier et de Marmont, est mal préparée à un assaut. En outre, Napoléon absent (il se trouve alors sur le front de l'Est), le Conseil de régence se préoccupe plus de la fuite de la cour impériale que de la défense de Paris, encore tout à fait possible, à tout le moins durant les quelques jours nécessaires à l'Empereur pour se replier sur la capitale à la tête de ses troupes. Le 29 mars, tandis que l'impératrice, le roi de Rome et les grands dignitaires partent « en direction de la Loire », la situation à Paris devient critique. Dès le lendemain, en effet, Blücher occupe les hauteurs de Montmartre, bombarde la ville, tandis qu'à la barrière de Clichy Moncey soutient une résistance opiniâtre. Quelques heures plus tard, malgré l'héroïsme des troupes fidèles à la cause impériale, la capitulation de Paris est signée par Marmont. Le 31, tandis que Napoléon se replie sur Fontainebleau, les souverains alliés entrent dans Paris, ouvrant la voie à la Restauration.

PARIS, comte de : voir HENRI d'ORLÉANS, comte de Paris

PARIS (conférences de)

En raison de l'antagonisme grandissant entre les puissances anglo-saxonnes et l'Union soviétique, Paris est choisie à plusieurs reprises, après la Seconde Guerre mondiale, pour accueillir des conférences diplomatiques entre représentants des nations auparavant alliées.

Ce choix répond à la volonté des gouvernements de la IVe République et du Quai d'Orsay de voir Paris recouvrer un prestige entamé par les événements de la guerre.

Conférence du 9 novembre au 21 décembre 1945. Son objet est de déterminer les réparations qui seront exigées de l'Allemagne. Les travaux aboutissent à la mise sur pied de l'Agence internationale des réparations.

Conférence du 29 juillet au 15 octobre 1946. Les représentants de 21 nations confèrent afin de préparer les traités de paix destinés à mettre fin à l'état de belligérance entre les Nations unies et les cinq alliés européens de l'Allemagne : l'Italie, la Bulgarie, la Roumanie, la Hongrie et la Finlande. Les traités sont signés le 10 février 1947. La France n'est directement intéressée que par le premier de ces accords : l'Italie cède des parcelles de terrain autour de Brigue et de Tende (Alpes-Maritimes). Il s'agit des anciens territoires de chasse du roi Victor-Emmanuel II que Napoléon III avait laissés à son possesseur en 1860, lors du rattachement du comté de Nice. Il est opéré, en outre, diverses rectifications du tracé de la frontière plus au nord : acquisition par la France du fort du Chaberton (Hautes-Alpes) au nord du col du Mont-Genève, du mont Thabor (Hautes-Alpes) au nord de la vallée de Névache et du col du Mont-Cenis.

Conférence du 27 juin au 2 juillet 1947. Elle réunit les ministres des Affaires étrangères de France, de Grande-Bretagne, des États-Unis et d'Union soviétique afin de déterminer les modalités de coopération économique entre les États-Unis et les nations européennes. Il s'agit d'allouer des crédits en vertu du plan Marshall, du nom du ministre américain des Affaires étrangères. Le représentant soviétique, Molotov, déclare que son gouvernement rejette cette aide et contraint la Pologne et la Tchécoslovaquie à faire de même. La conférence tourne court, l'aide américaine se limitant dès lors aux États de l'Europe occidentale. Les délégués de seize pays bénéficiaires (Autriche, Belgique, Danemark, France, Grande-Bretagne, Grèce, Irlande, Islande, Italie, Luxembourg, Norvège, Pays-Bas, Portugal, Suède, Suisse, Turquie) se réunissent du 12 juillet au 22 septembre 1947 pour mettre au point les modalités de répartition de cette aide financière.

PARIS (congrès de 1856)

Congrès réuni dans la capitale à l'issue de la guerre de Crimée, à partir du 25 février 1856.

Après la prise de Sébastopol, le 10 septembre 1855, le conflit n'a plus de raison de se poursuivre. L'opinion, le monde des affaires, réclament la paix. Après maintes difficultés, les alliés parviennent à se mettre d'accord et proposent au tsar Alexandre II d'ouvrir des négociations de paix. Au mois de janvier 1856, les puissances belligérantes décident que le congrès se tiendra à Paris. Le 25 février s'ouvre donc le congrès de Paris, sous la présidence de Walewski. Clarendon représente l'Angleterre, Cavour le Piémont, le prince Orlov la Russie, Ali Pacha la Turquie. Le comte de Buol et le baron Hübner représentent l'Autriche, puissance médiatrice. Un armistice est signé le jour même et, trois jours plus tard, les diplomates invitent la Prusse à les rejoindre. Le traité de Paris, signé le 30 mars, comporte 34 articles, un article additionnel, et trois conventions concernant les Détroits, la mer Noire et les îles Aïland. Le congrès neutralise la mer Noire : aucune marine de guerre ne pourra y naviguer, les ports russes seront détruits. Les puissances garantissent l'intégrité de l'Empire ottoman. Le sultan publie un édit accordant aux chrétiens les mêmes droits qu'aux musulmans. Autrichiens et Turcs repoussent la proposition présentée par la France, la Russie et l'Angleterre, qui auraient voulu réunir en un seul État la Moldavie et la Valachie : elles seront donc organisées en deux principautés, placées sous la garantie des puissances. La Russie cédera à la Moldavie le sud de la Bessarabie et perdra les bouches du Danube. La libre circulation sur le fleuve n'est pas réglée par les puissances, qui prévoient seulement la réunion d'une commission chargée d'examiner ce problème.

Le traité signé, les membres du congrès ne se séparent pas, mais continuent de siéger jusqu'au 16 avril. Plusieurs problèmes d'intérêt commun sont abordés, notamment en ce qui concerne le droit maritime international : la guerre de course est interdite, les marchandises neutres doivent être respectées. Napoléon III aurait souhaité qu'on examinât les « problèmes de mauvais gouvernement dans certains États italiens ». Le 8 avril, Cavour commente un mémorandum concernant la révision du statut de l'Italie. Contrairement à ses vœux et à ceux de l'empereur, qui espérait faire progresser la question italienne, le congrès se contente, dans son protocole final, d'émettre des souhaits. Le 15 avril, l'Angleterre, la France et l'Autriche signent une convention secrète selon laquelle toute attaque contre l'Empire turc serait un *casus belli*. Napoléon III révèle le contenu du texte à l'ambassadeur russe mais le tsar se montre furieux. Finalement, le principal bénéficiaire du congrès de Paris est l'empereur, dont le prestige se trouve rehaussé.

PARIS (libération de)

Mouvement insurrectionnel par lequel les Parisiens se libèrent des Allemands, du 19 au 25 août 1944.

Au moment où les Alliés convergent vers Paris, tous les facteurs de l'insurrection sont réunis : pénurie alimentaire, mouvements de grève (les cheminots le 12 août, la police le 15). Le 18 août, les affiches du colonel Rol-Tanguy, chef des FFI de la région parisienne, encouragent les Parisiens à agir. La grève devient générale. Bâtiments administratifs et usines sont occupés, tandis que les Allemands commettent leurs dernières exécutions. Le 19 août, les FFI tirent sur les Allemands. Le CNR (Conseil national de la Résistance) et le CPL (Comité parisien de libération) appellent à l'insurrection. Très vite, une trêve est négociée. Les Français craignent que von Choltitz, général commandant les forces allemandes du Grand Paris, ne détruise la capitale selon l'ordre d'Hitler. Le 22 août, le colonel Rol-Tanguy signe une proclamation pour que les Parisiens élèvent des barricades. Du 22 au soir au 24 août, Paris livre le combat. Le 24, appelées en renfort, quelques unités de la 2e DB entrent dans la ville, tandis que les Américains sont aux portes

La libération de Paris
FFI tirant sur des francs-tireurs allemands embusqués sur les toits.
© Collection Viollet

de la capitale. Le 25, à 15 h 30, von Choltitz signe l'acte de capitulation. Le général Leclerc et le colonel Rol-Tanguy y apposent leur signature. À 16 h 15, le général de Gaulle arrive à Paris. À 19 h, il fait une allocution improvisée : « Paris libéré ! libéré par lui-même »... L'insurrection parisienne du 19 au 25 août 1944 provoque à elle seule 3 000 tués et 7 000 blessés parmi les Forces françaises de l'intérieur (FFI) et la population civile.

PARIS (siège de 885)

Siège soutenu pendant onze mois contre les Normands.

Les Parisiens, que commandent Eudes, comte de Paris, fils de Robert le Fort, duc de France et comte d'Anjou, et l'évêque Gozlin, défendent héroïquement leur ville. Eudes, voyant les siens à bout de force, perce les lignes ennemies, rejoint l'empereur Charles le Gros, demande à celui-ci des renforts puis revient s'enfermer derrière les murailles de la cité. Bientôt le souverain apparaît à la tête de 40 000 hommes d'armes mais ne livre aucun combat, préférant négocier à prix d'or la retraite des Normands et leur abandonner la Bourgogne. À la mort de Charles le Gros, Eudes est élu roi des Francs par les grands et les évêques, en reconnaissance de sa vaillance (29 février 888).

Paris au siège de 1589
Henri IV devant Paris. Huile sur toile, École française, premier quart du XVIIe siècle, château de Pau.
© RMN-R.G. Ojeda

PARIS (siège de 1589)

Depuis la journée des Barricades, le 12 mai 1588, les ligueurs sont maîtres de la capitale, d'où Henri III a dû s'enfuir.

Au début de 1589, la Ligue semble victorieuse dans presque tout le royaume. Aussi, au mois d'avril, Henri III se décide-t-il à se réconcilier avec Henri de Navarre (futur Henri IV). Battues à plusieurs reprises par les armées royales au mois de mai, les troupes des ligueurs, commandées par Mayenne, doivent reculer vers Paris. L'armée du roi et d'Henri de Navarre se rapproche peu à peu de la capitale, occupe l'Île-de-France au mois de juillet. À la fin du mois, 30 000 hommes entreprennent le siège de Paris. Le roi s'installe à Saint-Cloud, Henri de Navarre à Meudon. C'est à Saint-Cloud que, le 1er août, le moine Jacques Clément assassine Henri III. Henri de Navarre, désigné par le mourant, devient ainsi roi de France. À Paris cependant, le 8 août, Mayenne fait proclamer roi le vieux cardinal de Bourbon. Le même jour, Henri IV lève le siège de la capitale et accompagne à Compiègne la dépouille de son beau-frère. Le roi installe à Tours les organes de son gouvernement, partage son armée en trois corps, lui-même se dirigeant vers la Normandie d'où Mayenne tente de le déloger : ce sont, en septembre-octobre 1589, les engagements d'Arques. Tandis que Mayenne se retire vers la Picardie, le roi se dirige vers Paris pour en entreprendre le siège avant le retour du lieutenant général de la Ligue. Mais Mayenne parvient à rentrer dans la capitale et, le 7 novembre, Henri IV abandonne le siège.

Il entreprend pendant l'hiver la reconquête systématique de la Touraine, du Maine et de la Normandie. Après la célèbre bataille d'Ivry, le 14 mars 1590, le roi ne se dirige pas tout de suite vers Paris, mais fait reposer ses troupes avant d'entreprendre l'encerclement de la capitale, au mois d'avril. Le 7 mai, Henri IV établit son artillerie sur les hauteurs de Montmartre et de Montfaucon, tandis que ses troupes campent dans les villages de Saint-Ouen, La Chapelle, Aubervilliers, Le Bourget, Pantin, Gonesse et Louvres. Mayenne, parti pour la Flandre chercher secours auprès des Espagnols, a laissé le commandement des troupes de la capitale à Nemours. Le roi a l'intention de venir à bout des Parisiens par la famine. Le ravitaillement commence à manquer au mois de juin, quelques émeutes en faveur de la reddition, vite réprimées, éclatent à la fin du mois. Le roi prend Saint-Denis le 9 juillet, lance en vain des appels à la population de la capitale qui, bien que la nourriture se réduise aux chiens et aux rats, refuse de se rendre. À la fin du mois, Henri IV laisse sortir 3 000 « bouches inutiles ». Le 27 juillet, il donne l'assaut général, mais les ligueurs restent maîtres de la situation. Pour calmer l'impatience de la population, les Seize annoncent l'arrivée prochaine de Mayenne et de secours espagnols, et entament à l'abbaye Notre-Dame-des-Champs, le 6 août, des négociations avec le roi. Mayenne refuse les propositions de paix de ce dernier et, le 22 août, fait sa jonction près de Meaux avec l'armée espagnole de Farnèse. Le roi, hésitant à lever un siège conduit depuis cinq mois, voudrait cependant se porter à la rencontre de l'adversaire. Le 5 août, il se décide à lever le siège. Farnèse parvient à s'emparer de Lagny le 7 septembre, puis de Corbeil, le 16 octobre, après trois semaines de siège : les voies d'eau vers Paris sont rouvertes, le blocus de Paris rompu, les ligueurs sauvés. Henri IV devra attendre le mois de mars 1594 pour pénétrer dans la capitale.

PARIS (siège de 1649)

Siège contemporain de la Fronde parlementaire.

La régente Anne d'Autriche, qui vient de s'échapper de la capitale, fait assiéger celle-ci par le prince de Condé et le duc d'Orléans. Paris est alors aux mains du Parlement et de quelques grands personnages mécontents du gouvernement ou poussés par l'ambition : Beaufort, Conti, Bouillon, d'Elbeuf. La résistance dure plus longtemps que ne l'imaginait la reine. Les grands, dont Bouillon est le plus entreprenant, négocient avec les Espagnols. Finalement, le loyalisme l'emporte chez ces « Messieurs du Parlement », qui cherchent un accommodement avec le gouvernement. Le siège s'achève par la paix de Rueil signée au mois de mars.

PARIS (siège de 1870)

Résistance de la capitale aux Prussiens sous l'égide du gouvernement de la Défense nationale.

À la suite de l'investissement de Metz et de la capitulation de Sedan, la France ne dispose plus, comme forces régulières de réserve, que de sept régiments d'infanterie, de dix régiments de cavalerie et d'un corps d'armée, le 13e corps, qui est parvenu à échapper au piège de Sedan et rétrograde en bon ordre vers la capitale. Le général Trochu, gouverneur militaire, s'empresse de renforcer la garnison en rameutant le maximum d'effectifs. Des marins, venus de Cherbourg et de Brest, serviront l'artillerie des forts, dont la construction a été décidée sous Louis-Philippe par la loi du 3 avril 1841. Cette enceinte, qui se développe sur un périmètre de 33 km, se compose de 94 ouvrages, constitués d'une courtine et d'une demi-lune, au nombre de 26 sur la rive gauche et 68 sur la rive droite. Elle est protégée par une ceinture d'avant-postes au nombre de 16, bastions situés en moyenne à 3 km en avant, tels les forts de Charenton, de Romainville, d'Aubervilliers, du mont Valérien, d'Issy, de Vanves, de Montrouge, de Bicêtre et d'Ivry. Selon les promoteurs de l'époque, en particulier Thiers, le périmètre à garder est tel qu'un éventuel assaillant devrait rassembler une armée d'au moins 600 000 hommes pour tout investir, effectif énorme pour l'époque, qu'une intendance, même bien organisée, serait incapable de ravitailler.

Au lendemain de Sedan, Moltke dirige les IIIe et IVe armées vers Paris en une marche aussi méthodique que prudente. Ces troupes, parties des Ardennes le 3 septembre, s'avancent à une moyenne assez lente de 17 km par jour. Le 15 septembre, des éléments de cavalerie sont signalés aux approches de la capitale. Le surlendemain 17, plus aucun train ne peut circuler. Le 18, les fantassins exécutent le plan d'investissement et, le 19, l'étau est refermé. Mais Trochu a eu le temps de faire rentrer des approvisionnements. Ayant placé son quartier général à Versailles, Moltke fait ériger des travaux défensifs, tant pour repousser une éventuelle sortie des assiégés que pour se garantir contre l'intervention de forces de secours. C'est une nouvelle « affaire d'Alésia » à l'échelle du XIXe siècle et, après les hostilités, il faudra, par exemple, plusieurs semaines de travail continu pour araser les retranchements édifiés par les fantassins et les artilleurs allemands. Pour faire face à ces quelque 400 000 assaillants, Trochu a rappelé des douaniers, des gardes forestiers, des gendarmes, des marins et divers isolés au nombre de 12 000, avec lesquels il constitue un 14e corps, aux ordres du général Renault. Les 15 000 marins, arrivés en hâte de Brest et de Cherbourg à la faveur de la lente progression allemande, disposent d'environ 200 pièces de gros calibre. À ces effectifs s'ajoutent 135 000 gardes nationaux mobiles et 330 000 gardes sédentaires, le tout constituant 260 bataillons, dont 248 sont armés.

Paris au siège de 1870
Combat à Villejuif le 19 septembre 1870. Huile sur toile d'Édouard Detaille, musée de la ville de Paris, musée Carnavalet (conservé au musée d'Orsay). © *Lauros-Giraudon*

Depuis le 13 septembre, il est alloué à chaque garde national une indemnité journalière de 1,50 franc. Mais en fait d'élément combatif, cette troupe représente une cohue souvent indisciplinée et bien mal entraînée au combat. En prévision d'un siège, l'ancien chef du gouvernement impérial, le comte de Palikao, a fait constituer d'importantes réserves de vivres. De nombreuses têtes de bétail, amenées en hâte du pourtour du département de la Seine et de la Seine-et-Oise, sont parquées au bois de Boulogne ou à Vincennes. Mais l'avance prussienne a fait refluer aussi vers la capitale environ 150 000 habitants des localités de banlieue, bouches supplémentaires à nourrir qui vont, à la longue, grever les stocks. À de rares exceptions près, jamais les tentatives de sortie ne seront menées de manière méthodique et efficace ni surtout avec des moyens appropriés. Le premier essai, tenté dès le 19 septembre sur le plateau de Châtillon, se termine en débandade. C'est le moment précis où Jules Favre négocie en vain, à Ferrières, avec Bismarck. Le 23, la brigade Carey de Bellemare est plus heureuse à Pierrefitte, au nord de Saint-Denis, mais ne peut se maintenir, faute d'artillerie et de cavalerie. Il en est de même le 30 à Chevilly et à Thiais, le 13 octobre à Bagneux. Le 21 octobre, Ducrot ne dispose que de 10 000 hommes et de 23 canons pour tenter de percer à Malmaison. Le 29 octobre, faute d'artillerie, les fusiliers marins doivent évacuer Le Bourget, conquis la veille.

Devant tant d'échecs, les gardes nationaux grondent. Le Comité central des vingt arrondissements, qui a voté la guerre à outrance, réclame la constitution d'une Commune de Paris. Le 5 octobre, Flourens est descendu avec ses bataillons sur la place de l'Hôtel de Ville. Le 31, ils ont même envahi l'édifice municipal, qui a dû être dégagé par les détachements réguliers demeurés fidèles au gouvernement provisoire. Les membres de celui-ci, animés par Jules Ferry, ont jusqu'alors écarté toute idée d'élections, désirant éviter les luttes intérieures face à l'ennemi. Mais, à la suite des événements du 31 octobre, pour couper court au reproche d'être un pouvoir insurrectionnel, les délégués du gouvernement provisoire décident de procéder à une consultation de la population. Le 3 novembre, 557 996 voix font confiance au nouveau régime contre 66 638. À la suite de l'élection des maires des arrondissements et de leurs adjoints, Jules Ferry s'installe à l'Hôtel de Ville avec les fonctions de maire de Paris et de préfet.

Dès ce moment, la lutte prend un caractère farouche. Inexistant au début du siège, le rationnement des vivres devient indispensable. Les prix montent ; beaucoup de denrées deviennent rares. L'espoir d'une délivrance incite cependant à tous les sacrifices. L'action de Gambetta à Tours pousse Trochu à tenter de nouvelles sorties en force. C'est tout d'abord celle de Champigny, du 30 novembre au 2 décembre, que complètent des tentatives de diversion de Vinoy en direction de Choisy et du vice-amiral de La Roncière à Épinay-sur-Seine. C'est ensuite la seconde sortie du Bourget, tout aussi infructueuse que la première, le 21 décembre. Il est vrai que, par une incompréhensible aberration administrative, l'état de siège n'a pas été proclamé. La censure de la presse n'existe pas, et il suffit à l'assiégeant de se procurer une des nombreuses feuilles qui paraissent pour savoir d'avance le lieu de l'attaque, sans oublier le zèle des nombreux espions entretenus par Moltke dans la ville assiégée. Aux épreuves du combat, aux restrictions alimentaires s'ajoute maintenant le froid. Le thermomètre descend à moins 12°, parfois moins 15°. À cela, il faut ajouter les bombardements. Lors de la construction des forts, l'artillerie de siège avait une portée maximum de 1 600 mètres environ. Trente ans plus tard, avec l'adoption de tubes rayés en acier, cette portée a augmenté considérablement. Impatient d'en finir avec ce siège alors que les armées de la Loire manifestent une grande activité sous l'égide de Chanzy, Moltke fait venir des pièces de fort calibre qu'il installe sur la terrasse de Meudon. Le 27 décembre, 76 pièces ouvrent également le feu sur le plateau d'Avron, qu'il faut évacuer. Les tirs se concentrent sur les forts de Noisy, de Rosny et de Nogent. Au début de janvier 1871, le pilonnage s'étend aux ouvrages de Montreuil et de Bondy ainsi qu'à tout l'est. Le 5 janvier, 275 pièces battent Châtillon, Bagneux, Meudon, et bientôt les tirs atteignent Issy, Vanves et Montrouge. De la terrasse de Meudon, des projectiles s'abattent sur les quartiers parisiens de la rive gauche.

Pendant ce temps les vivres s'épuisent. Un œuf coûte un franc et une livre de beurre 5 francs. Un chat vaut 8 francs et des restaurateurs paient 30 francs un kilo d'éléphant du Jardin des Plantes. Le « pain de siège » inclut nombre d'ingrédients insolites, et l'huile de machine passe pour comestible. Ambulances et hôpitaux regorgent de malades et de blessés. Les membres du gouvernement provisoire ne se font plus guère d'illusions depuis l'évidence de l'échec de l'armée de la Loire. Les chefs militaires opinent pour un armistice, mais redoutent à juste titre les irréductibles de la garde nationale. Une ultime tentative de sortie est donc décidée, dans la direction précise où les retranchements allemands sont les plus denses : le plateau de Saint-Cloud, la redoute de Montretout, Buzenval et les bois de Saint-Cucufa. Soutenus par l'artillerie du mont Valérien, 90 000 hommes s'élancent vers les positions de l'assaillant dans la journée du 19 janvier. Les premières lignes sont emportées d'assaut, mais le combat tourne rapidement à la confusion, faute d'esprit de manœuvre et de soutien en artillerie. Secoués, les Allemands se ressaisissent et se rétablissent sur les positions de départ. C'est le reflux, que ponctue bientôt l'émeute. Trochu abandonne ses fonctions de gouverneur au profit de Vinoy. Mais la situation est sans issue. Les vivres manquent. Lorsque Jules Favre, délégué du gouvernement, se présente à Bismarck, le 23 janvier à Versailles, le chancelier, très informé de la situation des assiégés, l'accueille par ces mots : « Je vous attendais… » L'armistice entre en vigueur le 28 janvier 1871, mettant un terme à quatre mois et dix jours de siège sans espoir.

PARIS (traité de 1229) : voir MEAUX-PARIS (traité de)

PARIS (traités de)

La capitale a été choisie à plusieurs reprises pour servir de lieu de conclusion de traités internationaux.

Le 4 décembre 1259. Louis IX conclut avec Henri III d'Angleterre un accord mettant un terme à un conflit commencé entre Philippe Auguste et Jean sans Terre. Le roi de France restitue au souverain anglais le Limousin, le Quercy, le Périgord, l'Agenais, la partie de la Saintonge située au sud de la Charente. En contrepartie, Henri III renonce à tous droits sur la Normandie, l'Anjou, le Maine, la Touraine, le Poitou, promettant l'hommage-lige pour toutes ces provinces ainsi que pour la Guyenne. L'interprétation de ce texte, différente selon que l'on se trouve de part ou d'autre de la Manche, sera en partie à l'origine de la guerre de Cent Ans.

Le 20 mai 1303. Philippe IV le Bel et Édouard Ier se mettent d'accord pour la restitution par le premier au second du duché d'Aquitaine, en échange de la reconnaissance d'un hommage du roi d'Angleterre au souverain français.

Le 10 février 1763. Ce traité met fin à la guerre de Sept Ans. C'est un des traités les plus désastreux conclus par la diplomatie royale, et il contribuera à jeter le discrédit sur le régime de Louis XV. La France cède en effet à l'Angleterre le Canada, les Indes (sauf cinq comptoirs) ainsi que des îles des Antilles (Grenade, Grenadines). La France remet, en outre, la Louisiane à l'Espagne en compensation de la perte de la Floride. Elle recouvre, en revanche, la Guadeloupe, la Martinique et quelques postes en Afrique occidentale, tel Gorée au Sénégal.

Le 15 mai 1796. À la suite des victoires de Bonaparte et de ses lieutenants à Montenotte, Millesimo, Dego, Ceva et Mondovi, le roi de Sardaigne Victor-Amédée III signe l'armistice de Cherasco le 28 avril. Cet accord est suivi, moins de trois semaines plus tard, par le traité de Paris qui entérine la cession de la Savoie et du comté de Nice à la France.

Le 6 janvier 1810. La Suède adhère au Blocus continental en échange d'une partie de la Poméranie.

Le 30 mai 1814. Faisant suite à la capitulation de Paris, le 30 mars, à l'abdication de Napoléon Ier, au traité de Fontainebleau et au retour de Louis XVIII, le traité du 30 mai entérine la renonciation de la France à une partie des conquêtes de la République. Autriche, Angleterre, Prusse et Russie sont les cosignataires de ce texte qui ramène les limites de la France à celles de 1792, exception faite des territoires de Mulhouse, de Montbéliard, du Comtat Venaissin et de l'arrondissement de Chambéry, ainsi que des places de Chimay et de Mariembourg dans la trouée de l'Oise, et de Sarrelouis, en Sarre. La France recouvre, en outre, ses anciennes colonies des Antilles (sauf Tobago et Sainte-Lucie) et d'Afrique (sauf l'île de France-Maurice, Rodrigue et les Seychelles). Elle conserve les cinq comptoirs des Indes et recouvre le droit de pêche à Terre-Neuve et à l'embouchure du Saint-Laurent.

Le 20 novembre 1815. Le retour de l'île d'Elbe, Waterloo, la seconde abdication de l'Empereur, la seconde capitulation de Paris, incitent les alliés à dicter des conditions de paix plus dures que celles de 1814. La France perd Chambéry, Sarrelouis, Mariembourg, quelques villages du Genevois et du Pays de Gex, et doit démanteler nombre de places fortes, dont celle d'Huningue en Alsace. Une indemnité de guerre de 700 millions de francs est réclamée, le trésor devra entretenir une armée d'occupation de 150 000 hommes durant trois ans au moins et cinq ans au plus.

Le 10 décembre 1898. Traité de paix conclu entre les États-Unis et l'Espagne sous l'égide de la diplomatie française. L'indépendance de Cuba y est notamment reconnue.

PÂRIS François de, dit LE DIACRE PÂRIS (Paris, 1690 – Paris, 1727)

Théologien.

Fils d'un conseiller au parlement de Paris, il entre au séminaire Saint-Magloire, adhère avec fougue au jansénisme, refuse d'être ordonné prêtre et devient diacre catéchiste. Son austérité et son humilité – il distribue sa fortune et se fait tisserand pour vivre –, son opposition à la bulle *Unigenitus* lui valent, dans les milieux jansénistes, une grande réputation de sainteté. Après sa mort, le cimetière de Saint-Médard, où il a été enterré, devient le théâtre d'étranges spectacles : des excités, se prétendant inspirés par ses vertus thaumaturgiques, se livrent autour de sa tombe à des transports de folie (janvier 1732). On les appellera les convulsionnaires.

PÂRIS Joseph dit PÂRIS-DUVERNEY (Moirans, 1684 – Paris, 1770)

Financier.

Fils d'un aubergiste de Moirans, près de Grenoble. Ses trois frères : Antoine (1668-1733), Claude, dit la Montagne (1670-1745) et Jean, dit de Montmartel (1690-1766) furent étroitement liés à ses affaires. Quittant le Dauphiné, Antoine et Claude Pâris s'installent au début du XVIIIe siècle dans la capitale, où les rejoignent bientôt leurs cadets. Rapidement enrichis – ils se sont établis ravitailleurs aux armées –, les frères Pâris prêtent de l'argent à Louis XIV, et jouissent à la fin de son règne d'une bonne réputation qui leur permet d'échapper aux poursuites de la chambre de justice créée en 1716. Joseph, que l'on appelle Pâris-Duverney, n'a pas tardé à prendre la tête de leurs affaires. Au début de la Régence, Joseph et ses frères prennent à bail les fermes générales. Pâris-Duverney devient le conseiller du duc de Noailles en matière de finances. Évincé au profit de Law, il combat violemment son système et la Compagnie d'Occident, attitude qui lui vaut en 1720 quelques mois d'exil dans sa province natale. Rappelé, comme ses frères, après la chute de son ennemi, Pâris-Duverney dirige la liquidation de ses affaires et préside en 1721 la commission du visa. Son action, l'examen de tous les papiers émis par Law, permet à l'État de refuser de rembourser un certain nombre de créanciers. Les frères Pâris ont cependant soin d'épargner quelques gros créanciers ou profiteurs influents, comme le duc de Bourbon, qui leur en sera fort reconnaissant. Le cardinal Dubois les protège et son successeur, le duc de Bourbon, en souvenir des services passés et sous l'influence de sa maîtresse, Mme de Prie, leur accorde toute sa confiance. Avec le titre de secrétaire des commandements du duc, Pâris-Duverney, sous l'autorité nominale du contrôleur Dodun, dirige en fait les finances du royaume de 1723 à 1726. Face à la situation catastrophique des finances, et de la France en général, il se montre favorable aux remèdes les plus orthodoxes, et commence par abaisser la valeur nominale des espèces. Contrairement à ce que le financier espérait, les prix continuent à monter. Pâris tente ensuite de taxer produits et salaires, mais cette taxation n'est guère respectée que pour le pain et le vin. Le mécontentement croît. Pâris-Duverney décide alors, en juin 1725, de créer un impôt d'un cinquantième, payable en nature, sur le revenu des biens fonciers. Il espère obtenir la baisse des prix des produits ainsi mis sur le marché, ce qui provoque le mécontentement des paysans.

L'action de Pâris-Duverney s'étend sur les domaines les plus variés. Il contribue, par exemple, à la conclusion du mariage de Louis XV et de Marie Leszczyńska. Lorsque Philippe V d'Espagne s'allie avec l'Autriche, en février 1726, il fait décider la création de milices qui seront soumises à un service temporaire. La situation du royaume reste très mauvaise, les mécontents accusent le financier et Mme de Prie de spéculer, contribuant ainsi à la misère générale. Le roi se décide alors à renvoyer le duc de Bourbon. Hostiles à son successeur le cardinal Fleury, les frères Pâris intriguent contre lui. Pâris-Duverney est même quelque temps embastillé, accusé de pratiques concussionnaires, puis relaxé. Il n'en est pas moins de nouveau exilé, avec ses frères, de 1726 à 1729. De retour à Paris, les quatre frères retrouvent leurs affaires et la notoriété. Voltaire fait leur éloge dans le *Panégyrique de Louis XV*. Pâris-Duverney est par ailleurs l'ami de Beaumarchais, qu'il associe à ses affaires. Après la disparition de Fleury, en 1743, il retrouve toute son influence et provoque notamment, deux ans plus tard, la chute d'Orry, contrôleur général des Finances. Le couronnement de la carrière de ce financier entreprenant est la création de l'École militaire, dont il devient en 1751 le premier intendant. Sous le règne de Louis XV, Mme de Pompadour et Pâris de Montmartel (frère cadet de Pâris-Duverney), fait marquis par le roi et nommé garde du Trésor royal, favorisent l'ascension de cet homme, fort critiqué et détesté, mais parfois utile à la monarchie.

PARISIENS ou PARISII

Peuple gaulois établi autour de Lutèce, et dont le territoire était limité par les forêts de Saint-Germain-en-Laye, Marly, Trappes, Chevreuse, Verrières, Sénart, Armainvilliers, Bondy et Montmorency.

Avant la conquête romaine, les Parisii étaient unis aux Sénons dont ils dépendaient peut-être. Ils entrèrent dans la lutte contre César, non en 53 av. J.-C. comme leurs alliés, mais un an plus tard. En 28 av. J.-C., Auguste les réunit à la province de Lyonnaise sous le nom de *civitas Parisiorum* ou *Parisiaca*. Leur *pagus* est l'origine du Parisis.

PARISIS

Région de l'Île-de-France s'étendant au nord de Paris entre la vallée de l'Oise et la Goële, c'est-à-dire approximativement sur la moitié orientale de l'actuel département du Val d'Oise.

Le Parisis, riche terre agricole, fut tout d'abord un comté puis une subdivision du diocèse de Paris. Ce pays médiéval (*pagus Parisiacus*) a donné son nom à une monnaie frappée à Paris et utilisée par les premiers souverains capétiens. Ce fut aussi une mesure de terre équivalant en production à un sou parisis. Le sou parisis devint par la suite monnaie royale et eut une valeur supérieure d'un cinquième à celui de Tours ou tournois.

PARLEMENT DE PARIS

Cour souveraine possédant, outre les compétences ordinaires des douze autres parlements en matière de justice, l'enregistrement des textes à valeur législative, les édits et les ordonnances.

Les édits royaux ne deviennent exécutoires qu'après leur enregistrement par le Parlement qui a en quelque sorte le pouvoir de les promulguer. Le Parlement peut refuser, ou plutôt retarder, cet enregistrement en opposant au souverain des lettres de remontrances. Le roi y réplique par des lettres de jussion, ordonnant l'enregistrement. Le Parlement peut encore s'y dérober par d'itératives remontrances. Le bras de fer se clôt à l'avantage du roi s'il vient en personne au Parlement tenir un lit de justice, qui rappelle que celle-ci n'émane que de lui. Au XVIe siècle et dans le premier XVIIe siècle encore, des guerres de Religion à la Fronde, le Parlement s'affirme comme une source d'opposition au souverain, revendiquant une participation effective au gouvernement. Louis XIV musèle les parlements en 1673, imposant une monarchie absolue déliée des pouvoirs intermédiaires. Mais l'institution reprend l'offensive au XVIIIe siècle. En 1753, le parlement de Paris se proclame défenseur des lois fondamentales du royaume, manière de contrecarrer l'absolutisme monarchique. Lié aux milieux jansénistes, foyer de gallicanisme, le Parlement contribue à l'expulsion des jésuites en 1762. Soutenant le parti philosophique, les parlementaires rêvent d'une évolution à l'anglaise leur conférant un véritable pouvoir de contrôle de la monarchie. En fait, ils en bloquent les plus utiles réformes, notamment fiscales (généralisation du vingtième en 1749, subventions territoriales de Turgot en 1776...) qui les auraient désavantagés : beaucoup de parlementaires sont en effet de gros propriétaires fonciers.

Louis XV, face à cette obstruction systématique, procède à un véritable « coup de majesté ». Le chancelier Maupeou est chargé, en 1771, de démanteler les parlements en les remplaçant par six cours supérieures réduites à des fonctions de cour d'appel. Non seulement le rôle politique des parlements est supprimé, mais les parlementaires eux-mêmes sont transformés en « fonctionnaires », tandis que la vénalité des offices est remise en cause. C'est une véritable « révolution royale ». Mal conseillé par Maurepas, Louis XVI rétablit en 1774 les parlements, compromettant ainsi les chances de réforme de la monarchie. En 1787-1788, les parlements s'allient avec l'opposition aristocratique en un processus qui ruine le crédit de la monarchie et précipite la Révolution. L'exil de quelques magistrats provoque en mai 1788 une journée d'émeutes à Vizille près de Grenoble (« journée des Tuiles »). Le Parlement réclame avec insistance la convocation des états généraux.

Parisii
Statère des Parisii (monnaie gauloise). Or, première moitié du Ier siècle av. J.-C., Saint-Germain-en-Laye, musée des Antiquités nationales. © *RMN-Gérard Blot*

Parlements provinciaux

Jusqu'au XVe siècle, il n'existe qu'un parlement en France, celui qui a son siège régulier à Paris. Mais dès le XIIIe siècle, il se révèle que le Parlement est surchargé de tâches. L'extension du domaine royal, celle des compétences de la cour du roi, la multiplication des affaires et des cas, la longueur croissante des procédures, l'éloignement des parties semblent rendre nécessaire la création de nouvelles cours.

Celles-ci ne verront le jour, sous une forme permanente et sous le nom de parlements, qu'à partir du milieu du XVe siècle. On serait tenté d'attribuer l'antériorité au parlement de Poitiers, qui se tient entre 1418 et 1436. En fait, il ne s'agit là que d'une émanation du parlement de Paris : la capitale est alors au pouvoir des Anglais. Quant au parlement de Toulouse, il serait excessif de le faire remonter au temps d'Alphonse de Poitiers : le conseil réuni par ce prince a toujours été itinérant, siégeant même la plupart du temps à Paris. En revanche, Philippe le Bel semble bien avoir constitué un conseil « souverain » qui s'est tenu à Toulouse. Mais ce conseil n'a jamais été, comme le parlement de Poitiers, qu'une extrapolation du parlement de Paris. En outre son existence a connu des éclipses.

C'est pourtant bien le parlement de Toulouse qui vient en tête dans l'ordre chronologique des parlements provinciaux. Son organisation, comme organe permanent, date de 1453. Ses statuts seront confirmés en 1461, 1610 et 1705. De leur ancienneté, les parlementaires toulousains concevront une grande fierté, si grande qu'ils en auront parfois la tête tournée. Dans les milieux de robe, la prétention de Toulouse à s'ériger en capitale de tous les pays de langue d'oc se donnera libre carrière, même et surtout après l'érection des parlements de Bordeaux et d'Aix. La création du parlement de Toulouse a été faite, en quelque sorte, de toutes pièces pour soulager celui de Paris. Ce n'est plus vraiment le cas, en 1453 ou 1455, pour le parlement de Grenoble. Celui-ci est l'héritier du Conseil delphinal institué par Humbert II de Viennois en 1337. Les magistrats dauphinois se battront à plusieurs reprises pour faire reconnaître leur préséance sur ceux de Bordeaux et obtiendront gain de cause auprès du Conseil d'État par décisions datées de 1566, 1617 et 1624. L'institution du parlement de Bordeaux est généralement datée de 1462. On s'accorde à lui donner le troisième rang des parlements provinciaux. Il a subi de très nombreux transferts, notamment au XVIe et au XVIIe siècle. Son ressort comprenait la Guyenne, la Saintonge, l'Angoumois, le Limousin, le Condomois, l'Armagnac et, tout au moins dans les premières années, le Quercy.

Les autres parlements sont moins prestigieux. Certains se présentent, à l'exemple de Grenoble, comme des avatars d'anciennes cours féodales : c'est le cas du parlement de Dijon, qui remplace les Grands Jours de Beaune ou de Bourgogne (1477) ; du parlement d'Aix, qui se substitue au Conseil éminent de Provence (1501) ; du parlement de Rouen, qui perpétue l'Échiquier de Normandie (1515) ; du parlement de Rennes, qui prend la suite du Grand Conseil de Bretagne (1554). Les dernières créations résultent d'annexions au domaine royal ou à la France ; elles consistent en parlements proprement dits (Pau en 1620, Metz en 1633, Tournai en 1668 – transféré à Douai en 1709 –, Besançon en 1676, enfin Nancy en 1775) et en conseils souverains pourvus d'attributions analogues (Artois en 1641, Alsace en 1657, Roussillon en 1660, Corse en 1768).

Les fonctions des parlements de province ne diffèrent pas sensiblement de celles du parlement de Paris. Comme lui, ceux-ci rendent des décisions souveraines, ou qualifiées telles, et produisent des arrêts de règlement applicables à leur ressort géographique ; comme lui, ils enregistrent les actes royaux et peuvent en *remontrer*. Le parlement de Paris s'est longtemps refusé à considérer les parlements provinciaux comme des égaux. Il a toujours rappelé qu'historiquement ceux-ci n'étaient qu'une émanation du grand Parlement royal. Lui seul pouvait, en se « garnissant de pairs », juger les causes de pairie. C'est tout juste si les magistrats parisiens n'ont pas dénié à leurs collègues le droit de rendre des décisions de justice. En quoi ces éminents juristes oubliaient que la justice était prérogative royale et que le roi était maître de déléguer ses pouvoirs à qui il voulait. Et, de fait, les monarques n'ont jamais cessé de traiter les cours dites souveraines sur le même pied. Ayant échoué dans ses tentatives hiérarchiques, le parlement de Paris s'avise, au XVIIIe siècle, de regrouper ses confrères sur un mode égalitaire. Car l'ennemi, maintenant, est extérieur à la profession : c'est le pouvoir royal qui, ne parvenant pas à modérer les prétentions des magistrats, médite des réformes. C'est dans ces conditions que s'élabore dans les milieux parlementaires la théorie des classes : s'il existe plusieurs parlements, ceux-ci ne sont que des classes d'un même corps. À ce corps est confiée la garde des lois fondamentales du royaume, dont le respect s'impose à tous, même au roi. Les classes sont solidaires par définition.

Cette théorie passera dans les faits : en 1770, les parlementaires de Paris et de Rouen font grève pour soutenir la lutte de leurs confrères de Rennes. Louis XV, prenant acte de cette déclaration de guerre, tient en décembre un lit de justice au cours duquel il fait défense aux parlements, en termes formels, de se servir des expressions d'union, classes et autres. Les magistrats refusent d'obéir. Alors est appliquée la réforme du chancelier Maupeou qui prévoit une réduction considérable du ressort géographique du parlement de Paris, cependant que les parlements provinciaux, dissous et renouvelés, sont confinés dans leurs attributions judiciaires originelles.

Parmentier Antoine Augustin (Montdidier, 1737 – Paris, 1813)

Pharmacien.

Orphelin, issue d'une famille pauvre, il suit des études d'apothicaire. Faute de pouvoir acheter une officine, il entre dans l'armée. Il commence dans la carrière comme sous aide-major durant la guerre de Sept Ans, participe à la guerre d'Indépendance américaine comme aux conflits de la Révolution et de l'Empire. Il gravit tous les échelons jusqu'au grade de premier pharmacien des armées et d'apothicaire en chef des Invalides (1766). Comme Coste, Desgenettes, Heurtaloup, Lancey et Percy, Parmentier est, sous l'Empire, inspecteur du service de santé des armées (1803). Avec Bayen, son maître et ami, il fonde la pharmacie moderne. Son œuvre est sanitaire – il fait généraliser les caisses à médicaments au sein des unités, travaille à la salubrité des cantonnements, impose la vaccination jennérienne antivariolique –, mais d'abord essentiellement alimentaire : « pharmacien agronome », Parmentier lutte contre les famines et disettes en améliorant la culture du blé, du maïs, de la châtaigne ou du topinambour, il fonde l'école de la boulangerie et promeut les techniques de conservation de la viande par le froid ou la substitution du sucre par le sirop de raisin…

Alors qu'il est prisonnier en Prusse, Parmentier découvre les vertus de la pomme de terre. Connu en France depuis 1540, ce tubercule est très décrié : Diderot écrit en 1765 dans l'*Encyclopédie* que la pomme de terre communique la gale ; de fait, les paysans répugnent à consommer cette « racine satanique » qui pousse sous terre… Parmentier orchestre une véritable campagne publicitaire en faveur de cet aliment riche en glucides : les plus influentes personnalités du temps comme Franklin, Lavoisier ou l'intendant de Paris, Bertier de Savigny, sont mobilisées. Louis XVI, lui-même, porte une fleur de pomme de terre à la boutonnière ; une plantation modèle de « parmentières » dans la plaine des Sablons est gardée par la troupe qui a ordre de fermer les yeux sur les chapardages. Parmentier incarne le savant des Lumières aux préoccupations philanthropiques, aux recherches essentiellement pratiques mêlant diététique, économie et médecine préventive. Il est honoré par tous les pouvoirs qu'il sert sans considération politique (il a échappé à la Terreur malgré ses liens avec l'Ancien Régime). Parmentier s'inscrit dans un courant d'hygiénistes qui comptent au XVIIIe siècle des représentants comme le médecin Duhamel du Montceau ou le pharmacien Vauquelin (1763-1829).

Parthenay

Capitale de la Gâtine, située au confluent du Thouet et du Palais.

Si une agglomération existait déjà à cet emplacement sous les Francs, c'est un monastère sur la route de Saint-Jacques-de-Compostelle qui est à l'origine de Parthenay-le-Vieux. Mais une nouvelle ville se développe également autour du château seigneurial qui, à 2 km de là, dans une boucle du Thouet, est le centre et le symbole de la puissante seigneurie qui se constitue au XIe siècle au profit d'un puîné des Lusignan, Josselin Larchevêque. Parthenay est alors à son âge d'or : en témoignent aujourd'hui de nombreux vestiges médiévaux, notamment les ruines de l'orgueilleuse forteresse et les vieilles maisons de la rue de la Vaux-Saint-Jacques qui virent passer la multitude des pèlerins en route vers Saint-Jacques-de-Compostelle. En 1419, le dernier des Larchevêque vend sa baronnie au roi de France. En 1425, celui-ci la donne à Arthur de Richemont, comte de Bretagne, puis, à la mort de ce dernier, au comte de Dunois et de Longueville, père de François d'Orléans. En se révoltant contre l'autorité royale, pendant la régence d'Anne de Beaujeu, celui-ci amène Charles VIII à s'emparer de Parthenay en 1487 et à ordonner le démantèlement de ses fortifications (mais l'ordre ne fut sans doute pas exécuté). Restée catholique, Parthenay est ravagée à plusieurs reprises par les protestants pendant les guerres de Religion. En 1641, le maréchal de La Meilleraye achète la baronnie qui est érigée en duché-pairie à son profit en 1663. Le comte d'Artois (frère de Louis XVI et futur Charles X) en fait à son tour l'acquisition en 1776. Occupée en mai 1793 par l'armée vendéenne de Lescure, Parthenay est reprise par les républicains commandés par Westermann dès le mois de juin.

Parthénopéenne (République)

Régime républicain ayant remplacé un court moment, sous le Directoire, le royaume de Naples.

En janvier 1799, le général Championnet, avec une poignée de soldats, envahit le royaume de Naples, bouscule l'armée royale dirigée par l'Autrichien Mack sur le Volturno, et parvient à Naples. L'insurrection des républicains napolitains livre le port aux Français le 23 janvier. Le lendemain, Championnet proclame la république Parthénopéenne, reprenant en l'occurrence l'ancienne dénomination de la ville : *Parthénopé*. Cet État éphémère succombe en juin 1799 sous les assauts conjugués des royalistes napolitains, des membres de la Sainte Foi et des paysans de Campanie, menés par le cardinal Ruffo, que seconde sur mer la flotte anglaise de l'amiral Nelson. Les libéraux, admirateurs de la Révolution française, sont aussitôt dispersés, traqués et souvent exécutés.

Parti communiste français

Nom porté depuis 1943 par l'ancienne section française de l'Internationale communiste (SFIC).

Le parti naît de la scission qui s'opère au sein de l'ancienne SFIO lors de son congrès de Tours, en décembre 1920, entre les délégués partisans de l'adhésion à la IIIe Internationale ou Komintern, fondée par Lénine à Moscou le 2 mars 1919, et ceux qui ne se sentent pas suffisamment proches de l'idéologie bolchevique pour accepter les 21 conditions mises à cette adhésion. Le 29 décembre 1920, la motion Cachin-Frossard, favorable à l'adhésion, obtient 3 028 suffrages contre 1 022 à la motion Longuet-Paul Faure qui maintient que certaines des 21 conditions sont « contraires à l'intérêt autant qu'à la tradition du mouvement ouvrier français ». Léon Blum avait préconisé l'abstention. Ce sont donc 70 % des délégués qui font sécession et constituent le parti communiste, section française de l'Internationale communiste ou SFIC. La révolution bolchevique jouissait d'un immense prestige aux yeux des masses et pouvait laisser présager de vastes prolongements européens. Mais il avait fallu d'autres événements pour susciter une évolution sensible de la majorité de la SFIO. La dénonciation de la guerre, la révolte contre des chefs socialistes comme Guesde ou Sembat, ou des chefs syndicalistes comme Léon Jouhaux, qui s'étaient ralliés à la politique d'Union sacrée, avaient été déterminantes. L'échec relatif du parti socialiste de novembre 1919 avait également persuadé beaucoup de socialistes que le réformisme n'était pas rentable, et les avait d'autant plus incités à regarder vers la Russie, même s'ils n'étaient pas entièrement conquis par l'idéal bolchevique. Ils avaient été encouragés dans cette voie par l'échec de la grève générale des chemins de fer de 1920. La propagande de Marcel Cachin et Ludovic Frossard, qui avaient assisté en juillet 1920 au deuxième congrès de la IIIe Internationale, et en étaient revenus animés d'un enthousiasme presque romantique, avait fait le reste.

Les effectifs et le poids de ce nouveau parti communiste sont alors considérables (110 000 adhérents), face à l'ancien parti socialiste (40 000) ; et l'influence de l'extrême gauche paraît d'autant plus grande qu'une scission syndicale s'est produite parallèlement au sein de la CGT et que la minorité, après la condamnation dont elle a été l'objet de la part du congrès de Lille (juillet 1921), s'est constituée en Confédération générale du travail unitaire (CGTU), de tendance communiste. Le nouveau parti se structure et s'organise : constitution de cellules de 3 à 30 membres destinées à former des militants et à diffuser par l'intermédiaire des sections et des fédérations départementales les mots d'ordre du Bureau politique, organe exécutif du Comité central, qu'élit le Congrès national, rarement réuni. La jeunesse est encadrée par la formation des Jeunesses communistes. Un important effort de propagande est fait pour élargir l'audience du parti, notamment par la constitution d'une presse communiste, avec pour organe principal *L'Humanité*, ancien journal de Jaurès, dont le parti s'assure le contrôle grâce à son directeur Marcel Cachin, et surtout grâce aux actions détenues dans le journal par un ancien membre de la Commune, Camélinat. Mais c'est véritablement à partir de 1924 qu'on assiste à une « bolchevisation » des structures selon les directives de la IIIe Internationale, et à la transformation du parti en une organisation rigide. Le secrétaire notamment, jusque-là assez dépourvu de prestige politique, prend le titre de secrétaire général et devient la clef de voûte d'un appareil politique permanent, étoffé, hiérarchisé et centralisé.

À cette organisation rigide correspond une doctrine rigoureuse. C'est pour le parti communiste l'époque de l'ouvriérisme, du dogmatisme et, par voie de conséquence, de l'isolement. Adoptant fidèlement la tactique classe contre classe alors définie par l'Internationale communiste, il lance des attaques constantes contre la SFIO, accusée d'être le principal soutien de la bourgeoisie. C'est également l'époque des grandes campagnes antimilitaristes et anticolonialistes, à propos de l'occupation de la Ruhr par Poincaré en 1923, puis à propos de l'expédition du Rif en 1925-1926. Son implantation en milieu ouvrier s'élargit suffisamment pour que la multiplication des cellules d'entreprise soit ouvertement dénoncée, et c'est encore l'époque des poursuites judiciaires, des condamnations et de la semi-clandestinité. Cette phase de dogmatisme est enfin une phase de sectarisme. Si, durant cette période, certains intellectuels adhèrent au parti, notamment le groupe des surréalistes en 1927 (André Breton, Louis Aragon, Paul Éluard, Benjamin Péret) et de jeunes philosophes en 1928-1929 (Paul Lefebvre, Paul Nizan), d'autres s'en éloignent ou en sont exclus. C'est le cas des intellectuels trotskistes, comme Pierre Naville ou Boris Souvarine. Ce dernier est à l'origine de la première crise qui secoue le parti, dès 1922, lorsque, avec Vaillant-Couturier, il s'oppose aux centristes (Cachin, etc.). Le conflit est directement résolu par le quatrième congrès de la IIIe Internationale, qui impose la coexistence de deux secrétaires, Frossard et Treint (novembre 1922). Mais Souvarine est finalement exclu en 1924, lorsqu'est lancée la campagne de bolchevisation, dont l'un des objectifs est précisément de réduire l'hétérogénéité du communisme français.

Le parti communiste est alors en plein déclin. Ses effectifs ne cessent de s'abaisser jusqu'à descendre à moins de 25 000 membres en 1932, et ce déclin constant correspond à une remontée régulière du parti socialiste. La crise se traduit de manière spectaculaire lors des élections législatives. Le parti obtient encore 26 sièges en 1924. Mais, en 1928, il n'a que 12 élus. Les suffrages qu'il a obtenus ont pourtant atteint le million, mais les modérés ont, au second tour, bloqué leurs voix sur le candidat de droite le mieux placé face au candidat communiste. En 1932, la régression est encore plus nette. Les candidats communistes ne recueillent que 790 000 voix et n'obtiennent que 11 sièges. Cette désaffection de l'électorat s'explique par les difficultés internes que connaît le parti (il traverse une nouvelle crise profonde en 1931), et qui sont le contrecoup des luttes de tendance opposant, en URSS et au sein même du Komintern, Trotski (exilé en 1929), Rykov et Boukharine (éliminés la même année) à Staline. Ces difficultés sont encore aggravées par le départ de la CGTU de certains militants ouvriers qui, fidèles à la vieille tradition syndicaliste française, refusent de confondre politique et syndicalisme.

En 1934, renonçant à une attitude d'opposition systématique, le parti amorce un tournant décisif vers sa réintégration dans la collectivité nationale. Cette politique correspond à la nouvelle stratégie adoptée par la IIIe Internationale en 1935, elle-même conséquence de la nouvelle situation internationale créée par la perception du danger hitlérien. À cela s'ajoutent des facteurs proprement français. La crise économique, avec ses conséquences sociales désastreuses, le mécontentement contre la politique de déflation adoptée par les gouvernements Doumergue et Laval et l'impopularité des décrets-lois offrent aux communistes l'occasion inespérée de réaliser un front commun avec les socialistes et les radicaux-socialistes. Le nouveau secrétaire général, Maurice Thorez, est l'homme de cette politique qui fait appel aux intérêts matériels de toutes les classes sociales touchées par la crise. Elle débouche sur la constitution du Front populaire. En écho à cette nouvelle solidarité, la CGT, sous la pression d'une sorte de mystique de l'unité, décide sa réunification (mars 1936).

Le parti communiste
Affiche de propagande en faveur du parti communiste, 1933. Paris, Bibliothèque nationale de France, Estampes. © *Sélection Images*

Et c'est la victoire du Front populaire aux élections de mai 1936. Si les socialistes triomphent avec 146 députés, les communistes rallient de leur côté 1 502 000 voix, ce qui leur donne 72 députés. Ils dépassent ainsi pour la première fois, avec 12,7 % des voix, le niveau fatidique des 10 % d'inscrits du corps électoral. Mais ils refusent de participer au gouvernement Léon Blum et se contentent d'une politique de soutien à la Chambre. Avant même la constitution du cabinet Blum, s'est déclenché un mouvement de grèves spontanées avec occupations d'usines. Les communistes seront accusés d'avoir poussé à ces grèves, par le truchement de la CGT réunifiée, pour obtenir le succès rapide d'une partie de leurs revendications sociales. Quoi qu'il en soit, les instigateurs du mouvement sont rapidement débordés par les événements et, après la signature des accords Matignon (7 juin 1936), Maurice Thorez devra lui-même intervenir pour faire évacuer les usines. En politique extérieure, les communistes dénoncent la politique de non-intervention en Espagne adoptée par Léon Blum. Ils sont enfin le seul groupe parlementaire à voter contre les accords de Munich en 1938.

La stratégie adoptée par le parti communiste avait considérablement gonflé non seulement le nombre de ses électeurs, mais aussi celui de ses adhérents. En trois ans, de 1934 à 1937, ses effectifs étaient passés de moins de 30 000 à plus de 350 000 adhérents. C'est donc un parti en plein essor que vient frapper, en août 1939, le pacte germano-soviétique. Après quelques semaines d'incertitude, il s'aligne sur les positions de Moscou pour justifier le pacte, dénonce la guerre impérialiste et se prononce pour la paix immédiate. Cette prise de position ne va pas sans remous profonds. Nombre de ses adhérents sont ébranlés. Sur les 75 parlementaires (73 députés et 2 sénateurs), 22 se désolidarisent du parti qui est mis au ban de la nation. Le 26 septembre, le parti est dissous par le gouvernement, ses effectifs sont en chute libre (10 000 membres fin 1939). La défaite de 1940 lui donne l'occasion de condamner les impérialistes. À l'initiative de Jacques Duclos, il prend contact avec les Allemands en vue d'obtenir la reparution de *L'Humanité*. Mais l'entrée en guerre de l'URSS, en juin 1941, le fait passer définitivement dans la Résistance. Il se rallie au général de Gaulle (1943), se fait représenter au Conseil national de la Résistance, joue un rôle prédominant dans sa commission d'action (Comac) et dans les Comités départementaux de libération ; en avril 1944, deux communistes, Billoux et Grenier, entrent dans le Comité français de libération nationale. C'est la première fois en France que des communistes entrent au gouvernement.

L'apport du parti communiste à la Résistance est considérable. Au sein des organisations nationales de la Résistance, il crée des organismes qui lui sont propres : politiques (Front national), militaires (Organisation spéciale et Francs-tireurs et partisans – les FTP) ou syndicaux (CGT clandestinement reconstituée). Sa presse clandestine (*L'Humanité* et de nombreux autres journaux) mène une propagande active, préconisant la plus large union et une action immédiate incessante par les sabotages, les attentats, les revendications populaires et les manifestations de masses, les grèves, la guérilla. Il comptera de nombreuses victimes, au premier rang desquelles Gabriel Péri qui, avant de mourir, devait écrire sa lettre fameuse sur « les lendemains qui chantent ».

Cette large part prise à la Résistance fait entrer le parti communiste, vis-à-vis de l'opinion, dans le « cercle des partis avouables et nationaux ». À la Libération, il continue d'ailleurs à préconiser l'union nationale la plus vaste possible. Il dissout ses groupes de combat – les Milices patriotiques – et invite la classe ouvrière à apporter son soutien au gouvernement et à travailler pour reconstruire le pays (discours de Maurice Thorez du 21 janvier 1945). Ce dernier devient ministre d'État dans le gouvernement de Gaulle, tandis que d'importants ministères économiques sont donnés à d'autres responsables communistes : Économie nationale, Travail, Armement. Aux élections de novembre 1946, le PCF devient le premier parti de France avec 28 % des suffrages et 152 députés. Il compte alors 820 000 militants.

Mais, avec le début de la guerre froide, le parti entre de nouveau dans une période d'isolement. En mai 1947, à la suite de la condamnation du plan Marshall par l'URSS, à laquelle ils se sont ralliés, les ministres communistes sont écartés du gouvernement par le président du Conseil Paul Ramadier. Mis à l'écart de la vie politique française, les communistes se lancent alors dans la lutte avec ardeur et violence. Ce sont les grèves multiples de novembre 1947 soutenues par la CGT, dont les éléments les plus modérés sont exclus en décembre de la même année. C'est la campagne contre la « sale guerre » d'Indochine. C'est en mars 1950 l'appel de Stockholm contre la guerre atomique. Ce sont les campagnes anti-américaines qui culminent en 1952, contre les bases militaires, contre la guerre de Corée. C'est enfin la campagne contre la CED, contre les « revanchards » allemands, aux côtés des gaullistes, mais pour des raisons très différentes. Sur le plan idéologique, cette période est caractérisée par un extrême dogmatisme. C'est la période du stalinisme intellectuel, avec les graves crises internes qui en sont la conséquence (exclusion de Marty et Lecœur en 1952).

Ce retournement politique du parti communiste ne change pas considérablement le comportement de l'électorat à son égard. Les voix communistes restent stables, même si l'on observe un léger déclin (26,9 % des voix en juin 1951 et 25,6 % en janvier 1956), qui se répercute proportionnellement davantage dans le nombre des sièges qu'obtient le parti en 1951 (103 sièges), du fait des apparentements. En revanche, ses effectifs diminuent spectaculairement, passant de 800 000 à 400 000 au plus. Les événements de Pologne (octobre 1956) et la sanglante répression de la révolte hongroise (novembre 1956), à laquelle il applaudit bruyamment, n'y sont pas étrangers. Le PCF n'en demeure pas moins, sous la direction de son secrétaire général Maurice Thorez et du président de son groupe parlementaire, Jacques Duclos, un parti puissant.

Pendant la guerre d'Algérie, il adopte une position beaucoup plus modérée. Certes, il fait campagne pour l'indépendance de l'Algérie, mais sa propagande est très mesurée, très prudente, différente de celle qu'il avait menée pour l'Indochine. Les députés communistes votent les pouvoirs spéciaux au gouvernement Guy Mollet en 1956 et, plus tard, condamnent l'insoumission, le sabotage, la désertion. Mais les élections de 1958 sont pour lui un grave échec. Il n'obtient que 18,9 % des voix et ne remonte que légèrement lors des élections de 1962 (21,9 %). C'est vers cette époque que les dirigeants du parti, réticents à l'égard de Khrouchtchev, s'engagent dans la voie d'une déstalinisation mesurée et que s'amorce une certaine évolution idéologique et un rapprochement avec les socialistes. Ce changement, qui se confirme après l'élection de Waldeck Rochet au secrétariat national, à la suite de la mort de Maurice Thorez (1964), est notable dans tout ce qui concerne les conditions mêmes d'une unité d'action avec les socialistes. Tout en restant fidèle à ces concepts de révolution et de dictature du prolétariat, le parti s'efforce d'expliquer qu'ils n'ont plus le même sens qu'autrefois. La même évolution se manifeste à propos du Marché commun, que le PCF accepte désormais de considérer « comme une réalité ». Elle se concrétise enfin lors des élections de 1967. L'entente du parti avec la Fédération de gauche radicale et socialiste fait jouer les désistements au profit des candidats les mieux placés et, à ces élections, le PCF, sans retrouver les chiffres de la IVe République, regagne un million de voix avec 22,5 % des suffrages exprimés.

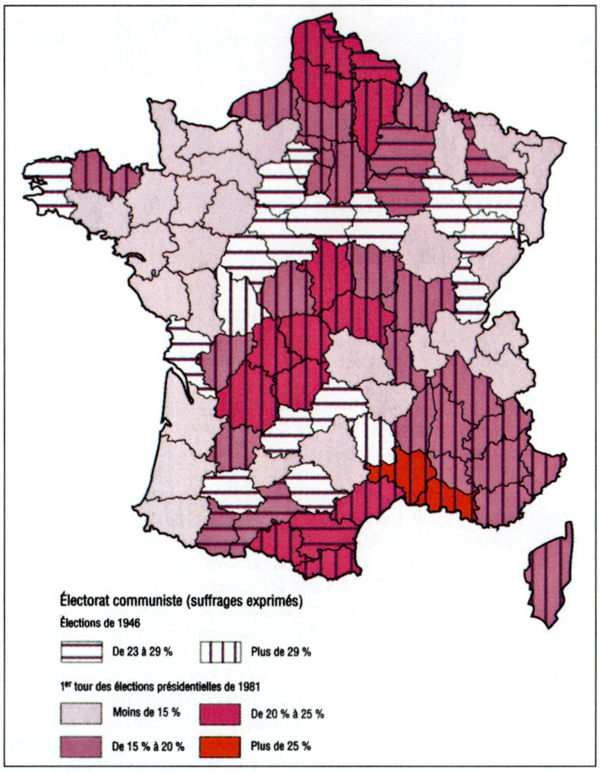

Le vote communiste en 1946 et 1981

Les élections législatives de 1968 marquent un coup d'arrêt à ce rétablissement : les communistes ne rassemblent que 20 % des voix, ce qui leur donne 34 députés au lieu de 73. Amorçant alors une nouvelle évolution, le parti se dote dès 1968 d'un nouveau programme qui préconise la marche vers le socialisme par l'accession à une « démocratie avancée ». Mais son attitude lors de l'invasion de la Tchécoslovaquie – il la désapprouve mais ne proteste pas publiquement quand s'ouvrent les premiers procès politiques – accroît les réticences des socialistes à son égard. Sa réputation est également atteinte par la polémique qu'il engage avec Roger Garaudy (exclu en mai 1970). Ses divergences avec les socialistes sont mises en évidence par l'élection présidentielle de juin 1969. Alors qu'en 1965 il s'était rallié à la candidature de François Mitterrand, il présente cette fois un candidat distinct, Jacques Duclos, qui obtient 21,27 % des suffrages et se prononce pour l'abstention au deuxième tour, tandis que le candidat socialiste Gaston Defferre se désiste en faveur d'Alain Poher.

La formation d'un nouveau parti socialiste à Issy-les-Moulineaux, en juillet 1969, permet la reprise du dialogue avec les communistes et les prises de contact, dirigées du côté communiste par Georges Marchais, secrétaire général adjoint depuis février 1970 et secrétaire général en décembre 1972 en remplacement de Waldeck Rochet, débouchent sur la signature, le 27 juin 1972, d'un Programme commun de gouvernement, auquel se rallieront les radicaux de gauche. Il prévoit une réforme des institutions ainsi que des nationalisations. La fin de la guerre froide, l'instauration d'une nouvelle politique de « coexistence pacifique » entre l'URSS et les pays occidentaux ont facilité ce rapprochement qui répond à une nouvelle sensibilité de l'opinion publique et que le parti communiste facilite par de nouvelles concessions doctrinales (abandon du concept de dictature du prolétariat, réserves à l'égard de l'URSS). Mais, si le parti communiste retrouve aux élections législatives de 1973 ses positions de 1967 avec 21,4 % des suffrages (plus de 5 millions de voix) et 73 sièges à l'Assemblée, la politique d'union semble surtout profiter à ses partenaires socialistes, et il apparaît que le PCF n'est plus que la deuxième force électorale de la gauche.

Tout en précisant leurs divergences, les communistes n'en continuent pas moins à affirmer leur solidarité avec les socialistes. Ils font bloc derrière François Mitterrand à l'élection présidentielle de 1974. Mais le congrès communiste extraordinaire d'octobre 1974 qui, tout en insistant sur la nécessité de consolider l'union de la gauche, marque le début d'une vigoureuse polémique avec le parti socialiste, s'achève par la rupture avec celui-ci lors de la réactualisation du Programme commun, en septembre 1977. L'échec des législatives de 1978 entraîne un réalignement sur les positions de l'URSS, Georges Marchais approuvant même l'intervention soviétique en Afghanistan, ainsi qu'une critique sévère des socialistes. Le résultat politique est médiocre puisque, à la présidentielle de 1981, Georges Marchais obtient seulement 15 % des suffrages. Cet échec ouvre la voie à un déclin rapide, tant aux présidentielles de 1988 et 1995 (7 % des voix) qu'aux législatives où le parti se stabilise autour de 9 % des voix. Il s'explique par la contradiction entre une volonté de participation au pouvoir (1981-1984 et 1997-2002) dans un rôle marginal et le maintien d'une action protestataire, limitée par le souci de l'intérêt électoral, ce qui l'expose à être débordé sur sa gauche. Plus fondamentalement, le PCF ne parvient pas à combiner l'héritage d'une identité révolutionnaire et les aspirations de la société française, ce qu'illustre, à l'élection présidentielle de 2002, le score obtenu par Robert Hue (3,37 % des voix). À nouveau, la question de la pérennité du PCF en tant que force politique organisée est posée.

Parti ouvrier français (POF)

Premier parti socialiste français de conception marxiste orthodoxe, constitué par Jules Guesde au congrès socialiste de Roanne, en 1882.

En 1879, Jules Guesde avait inspiré les travaux du congrès ouvrier de Marseille, auquel avaient participé à ses côtés un très grand nombre d'anarchistes et de blanquistes et d'où était sortie la Fédération du parti des travailleurs de France. Contrairement à ses espoirs, l'unité du mouvement socialiste français était loin d'être réalisée. Dès le congrès du Havre (1880), les éléments anarchistes font dissidence. À la suite des élections de 1881, un certain nombre d'éléments possibilistes, autour de Paul Brousse, font de même. Au congrès de Saint-Étienne (1882), ils ne laissent autour de Guesde qu'une minorité qui se constitue en Parti ouvrier de France. Guesde a du marxisme une conception sommaire dont il tire une politique non moins sommaire, fondée sur la conviction qu'aucun problème ne pourra être abordé avant la prise du pouvoir par le prolétariat. D'où, dans son parti, la persistance d'un certain dogmatisme trop rigide pour les conditions spécifiques françaises. Cependant, cet homme obstiné, qui se considère volontiers comme le « détenteur du véritable Évangile », sait grouper autour de lui des partisans convaincus. Longtemps, son parti n'a qu'une très faible emprise sur les masses, car il ne voit dans le mouvement syndical qu'un instrument pour l'action politique et limite son action à la propagande politique. Mais son rôle dans la formation de la IIe Internationale et dans l'organisation de la première grève générale du 1er mai 1890 lui acquiert un certain prestige. Orateur incisif, excellent organisateur, Guesde, avec l'appui de Dormoy et de Lafargue, met alors sur pied, sur le modèle de la social-démocratie allemande, un parti structuré, discipliné et centralisé qui commence à enregistrer quelques succès. En 1889, 4 députés guesdistes entrent au Parlement ; en 1893, Guesde lui-même est élu député de Roubaix ; en 1898, le parti recueille 331 000 voix et compte 14 élus.

Malgré tout, le guesdisme constitue un parti de dimensions encore très réduites, et son organe principal, *Le Socialiste*, a un caractère confidentiel. Ses assises les plus stables se trouvent dans les régions industrielles : Nord, Pas-de-Calais, Aube, Loire et Rhône. Mais ses bases paysannes sont également solides dans l'Allier et dans le Midi viticole où il se confond d'ailleurs avec le radicalisme. Devant l'agitation nationaliste suscitée par l'affaire Dreyfus, le POF prend l'initiative d'un rapprochement des diverses tendances socialistes (fin 1898). Mais la participation de Millerand au cabinet ravive les querelles entre socialistes, et lorsque se réunit à Lyon, en mai 1901, le troisième congrès des organisations socialistes, seuls les blanquistes acceptent de constituer avec lui un Parti socialiste de France (PSDF) tandis qu'une coalition opposée, le Parti socialiste français (PSF), regroupe les « indépendants », les broussistes et les allemanistes. L'unification socialiste imposée aux divers partis par la IIe Internationale à la suite de son congrès d'Amsterdam (août 1904) semble pourtant devoir lui être favorable, puisque ce congrès condamne le révisionnisme. L'influence du guesdisme n'en décline pas moins au profit de Jaurès auquel le congrès de Toulouse, en 1908, confiera la direction du nouveau parti unique, la Section française de l'Internationale ouvrière (SFIO).

Parti populaire français (PPF)

Organisation politique fasciste fondée en juin 1936 par Jacques Doriot.

Membre du parti communiste, Jacques Doriot en est exclu pour indiscipline en 1934 pour avoir organisé de son propre chef un comité antifasciste réunissant des communistes, des socialistes, des membres de la CGT et de la CGTU. Doriot est ulcéré d'être ainsi évincé, d'autant qu'au même moment l'Internationale suit la voie qu'il a lui-même prônée en abandonnant la tactique « classe contre classe » dirigée contre le parti socialiste pour, au contraire, rechercher un rapprochement avec celui-ci. Il fonde alors le Parti populaire français, seule organisation véritablement fasciste qu'ait connue la France pendant l'entre-deux-guerres et qui compte 60 000 cotisants. Le serment d'adhésion au parti évoque à lui seul les objectifs poursuivis par Doriot : « Au nom du peuple et de la patrie, je jure fidélité et dévouement au PPF, à son idéal, à son chef. Je jure de consacrer toutes mes forces à la lutte contre le communisme et l'égoïsme social. » On y ajoutera l'antiparlementarisme et l'antisémitisme. Sous

Le Parti populaire français
Affiche de Michel Jacquot pour le PPF. © *Keystone*

l'Occupation, la notoriété du PPF connaît un rebond inattendu, alors qu'elle était en chute libre depuis Munich : le parti de Doriot est en effet doté de deux journaux, *Le Cri du peuple* et *L'Émancipation nationale*, contrôle *Le Petit Parisien* et est soutenu par *Je suis partout*. Le parti, qui compte 7 000 à 8 000 adhérents, est partisan de la collaboration avec l'Allemagne. Au moment de l'invasion de L'URSS par les Allemands en juin 1941, Doriot propose la création de la Légion des volontaires français (LVF) regroupant ceux qui désirent lutter contre le communisme. Lui-même s'y engage de 1941 à 1943. À la Libération, certains membres du PPF se réfugient en Allemagne, dont Doriot qui y trouve la mort.

Parti radical et radical-socialiste

Parti politique ayant connu son apogée sous le régime de la IIIe République.

Républicains, les radicaux le sont intimement, depuis leur origine, d'autant plus que c'est pour cet idéal que les plus déterminés d'entre eux militent à l'époque du règne de Louis-Philippe. Ces républicains, menés par Ledru-Rollin, sont décidés au renversement de la monarchie. Les événements de 1848 comblent leurs vœux, mais le prince-président Louis Napoléon accapare le pouvoir, si bien que l'empereur ne trouvera pas d'adversaires plus déterminés à sa perte. Les radicaux réclament le suffrage universel, la liberté d'entreprise et un pouvoir laïque, programme énoncé en 1869 dans un discours de Gambetta à Belleville. Ce dernier, à la fin du Second Empire, est avec Camille Pelletan et Jules Simon un des représentants les plus en vue de cette tendance ; il accède aux responsabilités en septembre 1870. La IIIe République naissante n'a donc pas de plus fermes soutiens que ces hommes entreprenants, qui compensent leur petit nombre (une quarantaine d'élus vers 1880) par une activité incessante. Georges Clemenceau et Léon Bourgeois sont alors les personnalités les plus en vue d'un groupe qui, possédant de solides attaches avec le monde de l'enseignement laïque et la Ligue des droits de l'homme, affiche son hostilité au clergé, voire à l'armée. L'affaire Dreyfus est l'occasion d'exprimer et de réaffirmer des prises de position morales qui sont, à cette époque, les fondements du radicalisme. Le besoin de les matérialiser par la création d'une formation politique devient évident, et le Parti radical et radical-socialiste voit le jour le 23 juin 1901 lors d'un congrès qui se tient à Paris à la grande salle des Sociétés savantes. D'emblée, le radicalisme évacue l'idée d'une transformation révolutionnaire de la société et s'attache à limiter les effets du capitalisme par l'entremise de ce qu'il appelle des « filets de sécurité » et qu'on peut considérer comme l'embryon du principe d'État providence. C'est pourquoi, avec Joseph Caillaux, il est favorable à l'impôt progressif sur le revenu, condition liminaire de la redistribution.

Dès lors, l'histoire du parti radical s'identifie à celle de la IIIe République. Anticlérical sous l'impulsion du président Combes, il est farouchement patriote durant la Première Guerre mondiale, à l'exemple de Clemenceau. Un électorat rural dans le Midi et le Sud-Ouest et dans l'Est, une clientèle de petits notables solidement implantés dans leurs régions assurent aux radicaux une influence grandissante. En 1914, ils comptent 200 000 adhérents. Pourtant la guerre, et surtout la crise de 1917, atteint les radicaux, si bien qu'aux élections de 1919 ils perdent leur position dominante (86 élus) et se trouvent contraints de rechercher des alliances autant avec la droite qu'avec la gauche. Sur 42 gouvernements qui se succèdent de 1920 à 1940, 13 sont dirigés par des radicaux, qui figurent en bonne place dans les 29 autres. Le nombre des députés est de 139 en 1924, 125 en 1928, 160 en 1932 et 110 en 1936 lors de la constitution du Front populaire, auquel les radicaux adhèrent. Camille Chautemps et Édouard Daladier sont, avec Édouard Herriot et les frères Sarraut, les principaux dirigeants d'une formation politique à laquelle la défaite de 1940 porte un coup très sensible. Chautemps s'exile en Amérique, Herriot et Daladier sont internés en zone sud puis en Allemagne. Même si le mouvement figure au sein du Conseil national de la Résistance, animé par Jean Moulin (un de ses membres les plus dynamiques), même si des personnalités rejoignent à Alger le général de Gaulle, le vieux parti ne parvient pas, en 1945 et lors des élections de 1946, à surmonter le discrédit résultant de la défaite. Sa représentation est dérisoire à cette époque avec seulement 39 députés, soit trois fois moins qu'aux plus mauvaises époques de l'avant-guerre.

Mais, à un moment où les restrictions sont encore durement ressenties par la population, les radicaux, fidèles à leurs tendances libérales, prônent la fin du dirigisme économique et des contraintes de guerre. Les notables régionaux, dans le Midi et le Sud-Ouest en particulier, séduisent toujours un électorat vieillissant, rural, masculin, cessant du coup d'incarner les classes moyennes, sa spécificité d'origine. En pratique, le radicalisme doit son influence à quelques ténors de la jeune génération qui constituent la vitrine moderniste d'un parti de plus en plus ambivalent. Gaston Monnerville préside le Conseil de la République en 1947, année où Édouard Herriot retrouve son fauteuil de président de l'Assemblée nationale. En 1951, Albert Sarraut préside l'Assemblée de l'Union française, et Émile Roche le Conseil économique. Entre-temps, André Marie (en 1948) et Henri Queuille par deux fois (de 1948 à 1949 puis en 1951) dirigent le gouvernement, bientôt imités par Edgar Faure (1952), René Mayer (1953), Pierre Mendès France (1954-1955), à nouveau Edgar Faure (1955-1956), enfin Félix Gaillard (1957-1958) et Maurice Bourgès-Maunoury (1958), deux jeunes membres du vieux parti, lequel, de 1948 à 1958, maintient une moyenne de 2,2 millions de voix à chaque consultation. Ce rétablissement, incontestable, n'est pas durable, car des querelles internes affaiblissent la direction politique des « valoisiens » (le parti radical a son siège rue de Valois, à Paris). Mendès France s'oppose tour à tour à Martinaud-Déplat, président administratif, puis à Edgar Faure, qui propose de coopérer avec les républicains populaires et les indépendants. Il est lui-même exclu en 1958. Ces divisions internes se traduisent par un effacement des radicaux, qui ont prôné le « non » au référendum du 28 septembre 1958, lequel consacre l'avènement de la Ve République. Aux élections du 23 novembre suivant, les radicaux ne recueillent que 8 % des suffrages et ne comptent que 13 représentants à la nouvelle assemblée.

Le parti radical
Albert Sarrault (au centre) vient de remettre la démission de son gouvernement au président de la République Albert Lebrun dans la nuit du 24 novembre 1933. © *Sélection Images*

L'opposition au gaullisme, menée par une nouvelle équipe dirigeante, stimulée par René Billières, ministre de l'Éducation nationale de 1956 à 1958, permet la survie de cette formation politique qui s'allie avec le MRP pour former, après 1962, le Centre démocrate, puis avec les clubs de gauche et avec les socialistes SFIO pour constituer la Fédération de la gauche démocrate et socialiste (FGDS) qui devient bientôt le principal organisme d'opposition au régime. Maurice Faure, élu président en 1969, puis Jean-Jacques Servan-Schreiber, nommé secrétaire général en octobre 1969, revigorent la formation qui rassemble toujours les notables du Midi et du Sud-Ouest opposés à la Vᵉ République. Mais une cassure se produit à nouveau après l'adhésion du parti radical au Mouvement réformateur, le 3 novembre 1971. Presque aussitôt se constitue un groupe d'étude et d'action radical-socialiste (GEARS) réunissant les parlementaires hostiles à Jean-Jacques Servan-Schreiber. Ce groupe, animé par Robert Fabre, député de l'Aveyron, refuse de participer au congrès national radical de juin 1972, et son représentant signe le 6 juillet un accord électoral avec le parti socialiste et adhère le 12 juillet au Programme commun. Le groupe prend bientôt la dénomination de Mouvement des radicaux de gauche (MRG).

Miche Crépeau, qui remplace Robert Fabre en 1978, contribue, en 1981, à l'accession de la gauche au pouvoir et fait élire 14 députés. À compter de cette date, le parti radical est politiquement vassalisé par les socialistes afin d'élargir une offre en contrepartie de laquelle il conserve une poignée d'élus, tandis qu'idéologiquement le radicalisme n'a plus ni image, ni projet, ayant, en quelque sorte, achevé son programme initial et irrigué les autres formations politiques, PS comme UDF.

Parti républicain (PR)

Parti politique fondé le 19 mai 1977 à Fréjus, en réaction à la création du Rassemblement pour la République (RPR).

Il regroupe diverses branches de la famille giscardienne : la Fédération nationale des Républicains indépendants (FNRI), créée en 1966 par Valéry Giscard d'Estaing; Génération sociale et libérale, réunissant les jeunes giscardiens; Agir pour l'avenir, un club recréé en juin 1975; des comités de soutien à la candidature, puis à l'action de Valéry Giscard d'Estaing. Son secrétaire général, Jean-Pierre Soisson (puis Jacques Blanc) entend en faire un parti du président sur un modèle mixte, mi-parti conservateur britannique, mi-parti républicain américain. À un an des législatives, le président de la République a besoin d'un instrument qui lui permette de contrer l'expansion du parti socialiste, d'équilibrer l'activisme du RPR lancé l'année précédente et de diffuser les thèmes du « libéralisme avancé » qu'il a définis dans *Démocratie française* (1978). Aux législatives de 1978, le Parti républicain s'allie au Centre des démocrates sociaux (CDS), au parti radical, aux clubs Perspectives et Réalités et au petit Mouvement démocrate socialiste de France pour affronter les électeurs sous l'étiquette de l'UDF (Union pour la Démocratie française), fondée le 1ᵉʳ février 1978. Au sein du parti, le pouvoir appartient au bureau politique et au secrétaire général élu par le congrès, mais en réalité choisi par l'Élysée. Le PR revendique 142 000 membres et prétend donc former la moitié de l'UDF. Il a une revue, *L'Économie* (15 000 exemplaires). La défaite de 1981 voit l'arrivée d'une nouvelle génération autour de Gérard Longuet, Alain Madelin, Charles Millon et François Léotard, président du Parti républicain à partir de 1980 et ministre (1986-1988). Son libéralisme se renforce et propose un « État minimum » sur le modèle anglais ; en revanche, l'unanimité européenne des débuts se fissure avec l'émergence du courant villiériste, l'exclusion de ce dernier contribuant à affaiblir le parti, ainsi que les déboires de ses chefs de file. C'est pourquoi, en juin 1997, Alain Madelin remplace à la tête du parti François Léotard qui souhaite se retirer de la vie politique. Le parti constitue toujours la principale composante de l'UDF et est rebaptisé « Démocratie libérale, républicains indépendants et républicains ».

Parti socialiste (SFIO puis PS)

Parti politique fondé le 23 avril 1905 dans la salle du Globe, boulevard de Strasbourg, à Paris.

Cette création est l'aboutissement d'une longue évolution qui a fait « coïncider la théorie et la pratique », c'est-à-dire converger les théories socialistes avec les intérêts du monde ouvrier. Dès le moment où ces deux forces se sont réunies, alliées, fondues en un ensemble cohérent, le mouvement socialiste est né. Les recherches des théoriciens de la seconde moitié du XVIIIᵉ siècle, ceux du XIXᵉ siècle (qui est celui de l'industrialisation) ont donné naissance à une multitude de mouvements qui ont tous tendu vers l'unité au sein des nations européennes. Sous l'influence de l'Internationale ouvrière, Lassalle crée par exemple en Allemagne, à Leipzig, en 1863, l'Association générale des travailleurs. Le mouvement s'étend à la Scandinavie et à l'Europe industrielle. En France, en 1881, Jules Guesde et Paul Lafargue fondent le Parti ouvrier français. En 1884, Paul Brousse et les possibilistes jettent les bases d'une Fédération des travailleurs socialistes, de laquelle se détache en 1890, à l'instigation de Jean Allemane, le Parti ouvrier socialiste révolutionnaire. En 1898, Édouard Vaillant forme le Parti socialiste révolutionnaire.

Dans le domaine politique, les élections de 1885 donnent 70 000 suffrages aux mouvements socialistes. Un groupe parlementaire se forme à la Chambre des députés. Il s'étoffe en 1889, 175 000 suffrages portant à la députation une douzaine d'élus. Sous l'impulsion de Jean Jaurès, député du Tarn, les tendances unificatrices se confirment. Le congrès international d'Amsterdam (14-20 août 1904) incite enfin les socialistes français à s'unir au sein d'un même organisme. Une motion indique en effet que « tous les militants et toutes les factions ou organisations qui se réclament du socialisme ont le plus impérieux devoir de travailler de toutes leurs forces à la réalisation de l'unité socialiste sur la base des principes établis par les congrès internationaux dans l'intérêt du prolétariat international, vis-à-vis de qui ils sont responsables des conséquences funestes de la continuation de leurs divisions ».

Le 30 août 1904, au lendemain de ce congrès décisif, le Parti socialiste de France (constitué à Ivry-sur-Seine le 3 novembre 1901 par l'union des tendances blanquistes et guesdistes) se déclare prêt à réaliser l'unité sur les bases retenues à Amsterdam. En octobre, une commission d'unification est constituée qui réunit les représentants du Parti socialiste révolutionnaire, du Parti socialiste de France, du Parti socialiste français et ceux des fédérations autonomes. Les résultats des travaux sont soumis au congrès d'unification des forces socialistes françaises qui se tient le 23 avril 1905 dans la grande salle du Globe, boulevard de Strasbourg, à Paris. Les 286 délégués entérinent la création du parti socialiste qui prend le nom de Parti socialiste unifié (PSU), lequel, pour confirmer son alignement sur les décisions prises par le congrès international d'Amsterdam, ajoute à sa dénomination le sigle SFIO (Section française de l'Internationale ouvrière).

Le nouveau parti compte alors 35 000 adhérents. Aux élections législatives du 6 mai 1906, il recueille 878 000 suffrages et compte 51 élus, dont seulement 30 acceptent l'unification ; en avril 1910, les suffrages atteignent 1 106 000 voix, et la représentation parlementaire s'élève à 76 députés. À cette date, le parti compte 90 000 adhérents et autant de lecteurs pour son journal, *L'Humanité*, que lisent davantage les cadres du parti (avocats, enseignants, journalistes) que les électeurs (ouvriers, employés). Guesde, Jaurès et Vaillant représentent les trois principales personnalités d'une organisation qui se veut humaniste, désire améliorer le sort des travailleurs tout en étendant son influence aux intellectuels et aux ruraux. Ce parti est d'inspiration marxiste. La lutte des classes l'inspire, et la collectivisation des moyens de production représente un de ses objectifs. Il s'oppose donc à la politique coloniale au Maroc et se montre très réticent au sujet des votes de crédits militaires. L'union avec le syndicalisme et la position à prendre en cas de conflit international sont d'autres problèmes à débattre dans ce monde inquiet des premières années du XXᵉ siècle. L'attitude négative des sociaux-démocrates allemands face au péril de la guerre, l'assassinat de Jaurès, le 31 juillet 1914, au café du Croissant, constituent de nouveaux cas de conscience. Les socialistes français participent finalement à l'effort de guerre et se rallient au principe de l'Union sacrée. L'un d'eux, Marcel Cachin, intervient même auprès de Mussolini, alors leader du parti socialiste italien, pour obtenir l'entrée en guerre de l'Italie aux côtés des puissances de l'Entente. Jules Guesde, Marcel Sembat et Albert Thomas acceptent par la suite des portefeuilles de ministre.

Les tractations de paix de 1916-1917, la révolution russe éveillent un vif intérêt parmi les socialistes, dont beaucoup prônent le retour aux conceptions anticapitalistes d'avant-guerre. Dès la fin des hostilités éclatent des manifestations et des grèves revendicatives. Le 23 avril 1919, au terme de l'une d'elles, Clemenceau accorde la journée de 8 heures. Mais les élections législatives de novembre 1919 marquent un échec (68 élus seulement contre 100 en 1914), bien que le nombre des suffrages passe de 1 400 000 à 1 700 000. La droite l'emporte, emmenée par le bloc national d'Alexandre Millerand, ancien député socialiste. Devant l'échec des grèves de 1920, nombre de militants estiment que l'on ne peut rien attendre des formes légalistes et qu'il convient de se tourner vers le bolchevisme et les tenants de la IIIe Internationale. Marcel Cachin et Ludovic Frossard, envoyés à Moscou en observateurs, en reviennent convaincus et adhèrent à la IIIe Internationale, proposant cette solution aux congressistes du congrès de Tours, qui se réunit en décembre 1920. Réprouvent cette position les partisans de l'Union sacrée, les antisoviétiques et ceux qui, à l'exemple de Léon Blum, se déclarent respectueux de la pensée de Jaurès et désirent concilier patriotisme et socialisme. Ces thèses sont si solidement ancrées et si contraires que la scission est inévitable. Elle est consommée le 30 décembre 1920, à 2 h 30 du matin, lorsque les tendances divergentes se séparent dans un moment d'émotion intense. Non seulement l'unité de 1905 est rompue, mais elle l'est de manière durable. Un profond antagonisme sépare désormais les deux factions. La « vieille maison », elle s'organise, coordonnée par Léon Blum qu'assistent, entre autres, Marcel Sembat, Paul Faure et Jean Longuet, le journal *Le Populaire* devenant son organe officiel. Mais cette situation est inconfortable, car la scission politique se double d'une scission syndicale, la CGTU (Confédération générale du travail unitaire) s'alliant au parti communiste alors que la CGT traditionnelle demeure proche des socialistes. Le recrutement des adhérents révèle cette coupure. Les travailleurs rejoignent en majorité la CGTU alors que le parti socialiste, qui compte moins d'ouvriers dans ses rangs, reçoit l'appoint de petits fonctionnaires et d'intellectuels.

Le travail de reconstruction de la SFIO s'organise autour des élus nationaux et locaux ; il bénéficie des crises successives qui touchent le PCF, si bien que, en 1924, la SFIO compte à nouveau 72 000 adhérents et 137 000 en 1932, essentiellement recrutés dans les classes moyennes, même si le pari se revendique ouvrier. Dès 1924 également, la SFIO retrouve une audience électorale avec 101 députés, puis 131 en 1932 et 20,5 % des voix. Pour autant, ce redressement ne règle pas le problème de dyarchie, patent depuis 1920, entre l'appareil aux mains de Paul Faure et le groupe parlementaire dirigé par Léon Blum. Aux fins de préserver l'unité du parti, celui-ci propose, en janvier 1926, un subtil distinguo entre la conquête et l'exercice du pouvoir, manière de contenter les militants hostiles à toute participation ministérielle et les élus, harcelés de demandes d'alliance par les radicaux. En 1932, devant l'effondrement de la social-démocratie allemande face au nazisme, la question de la participation s'impose en urgence et provoque le départ des « néo-socialistes » autour de Déat, de Marquet et de 30 députés. Deux ans plus tard, le changement tactique du PCF l'incite à signer, le 27 juillet, un pacte d'unité d'action, clef de la victoire du Front populaire en 1936. Pour autant, le succès électoral qui s'accompagne d'une poussée record des adhésions (240 000) ne règle pas la question majeure de l'attitude à adopter face aux puissances fascistes. Blum est partisan d'une position mesurée (d'où sa non-intervention dans la guerre civile espagnole), avec des limites claires sur les concessions acceptables, tandis que les pacifistes autour de Marceau Pivert et de Paul Faure veulent éviter la guerre à tout prix. Déjà, lors du débat sur les accords de Munich, Léon Blum parvient à sauvegarder l'unité du parti au prix d'un discours lyrique et contradictoire où il évoque sa « joie » puis sa « douleur » face aux accords. Mais, en décembre 1938, la fracture est patente, deux tiers des mandants se rangeant derrière Blum et le reste derrière Faure.

Aussi la SFIO aborde-t-elle le conflit en état de déliquescence. Le 10 juillet 1940, 36 des 132 parlementaires votent les pleins pouvoirs à Pétain, tandis qu'au même moment Pierre Laval fait interdire *Le Populaire* puis, en septembre, interner Léon Blum, considéré comme un des responsables de la défaite. Il faut attendre 1941 pour que la SFIO, sous l'impulsion de Daniel Mayer, fonde le CAS (Comité d'action socialiste), prélude à une action résistante. Dans l'intervalle, certaines initiatives individuelles ont marqué l'entrée en résistance de socialistes. À Toulouse, à Lyon, à Marseille, à Clermont-Ferrand et à Saint-Étienne pour la zone non occupée, à Paris, au musée de l'Homme et à Roubaix se constituent des groupes clandestins de résistance servis par des socialistes. Pierre Brossolette relève le flambeau, crée un réseau et prend en charge la publication de *Résistance*, tandis qu'à Roubaix Jean Lebas, ancien député-maire, publie *L'Homme libre*. Libération-Nord est un autre mouvement important qui diffuse à l'aide d'un journal la pensée socialiste. Cependant, aucun organisme centralisateur n'existe, contrairement à ce qui se passe chez les communistes. Ainsi, on trouve des socialistes dans les réseaux les plus divers : chez les Britanniques, à Londres, dans l'Armée secrète (AS) ou même dans des groupements dits de droite comme l'Organisation civile et militaire (OCM). Mais Pierre Brossolette contribue finalement à rallier les principaux membres de la SFIO à la cause de la France libre.

Le procès de Riom, intenté par le gouvernement de Vichy aux personnalités de la IIIe République, tourne à la confusion de ses promoteurs, Léon Blum trouvant là une tribune appropriée à la défense d'une cause solide. Les Allemands, une fois la zone sud occupée, l'emprisonnent en Allemagne. Cependant, le parti socialiste rassemble ses forces, participe à la première réunion du Conseil national de la Résistance qui se tient à Paris le 27 mai 1943 dans un immeuble situé 48, rue du Four. Le mois suivant se constitue, toujours à Paris, un Comité exécutif national qui consacre la résurrection de la SFIO. À Alger, le Comité de la France combattante, sous l'égide du général de Gaulle, confie à André Le Troquer la responsabilité des territoires libérés. Un autre socialiste, André Philip, est chargé d'assurer la liaison entre ce Comité de libération nationale et l'Assemblée consultative, que préside Félix Gouin.

Aussi, lorsque la Libération est effective et la victoire assurée, le parti socialiste bénéficie-t-il d'une réputation flatteuse. Ne compte-t-il pas 335 705 adhérents en 1945 ? *Le Populaire*, *Le Provençal*, *Nord-Matin*, *Le Libre Artois* contribuent à la diffusion du point de vue socialiste. Cinq socialistes figurent dans le cabinet constitué en 1944-1945 par le général de Gaulle. Lorsque celui-ci se retire, le 21 janvier 1946, Félix Gouin est chargé de prendre la suite. Il en sera de même pour Léon Blum à la fin de 1946 et pour Paul Ramadier en 1947. La même année, un autre socialiste, Vincent Auriol, est élu premier président de la IVe Republique. Revenu de captivité, Léon Blum redonne un souffle nouveau à la « vieille maison », où il entend perpétuer le réformisme de Jaurès. Un moment, socialistes, communistes et républicains populaires assurent la direction des gouvernements. Mais la cassure entre Alliés de l'Ouest et de l'Est d'une part, et l'inféodation du parti communiste aux directives strictes de Staline d'autre part, séparent de nouveau les deux partis de la gauche française. Les 4 et 5 mai 1947, le président du Conseil Ramadier évince les ministres communistes. Désormais triomphe la politique de la troisième force qui voit l'influence grandissante des républicains populaires, des républicains indépendants et des radicaux. Mais, à la suite de pertes sensibles de suffrages aux élections législatives de 1951, la SFIO invoque la continuation de la guerre d'Indochine et les problèmes de l'école libre pour renoncer à toute participation. La constitution du Front républicain avec les radicaux de Pierre Mendès France est l'occasion d'un retour à la vie politique gouvernementale au lendemain des élections législatives de 1956. Pendant deux ans, Guy Mollet, secrétaire général de la SFIO, exerce la présidence du Conseil mais tombe sur la questions algérienne. Pour éviter la dictature militaire des chefs de l'armée d'Afrique, Guy Mollet accepte le retour au pouvoir du général de Gaulle.

Revenue dans l'opposition dès 1959, la SFIO entame un long déclin qui voit le nombre de ses adhérents tomber autour de 60 000, tandis que se crée le PSU hostile à la stratégie de Guy Mollet. Le score flatteur de François Mitterrand à la présidentielle de 1965 et la formation de la FGDS (Fédération de la gauche démocratique et socialiste) ne sont que des feux de paille, avant que la déroute de Gaston Defferre à l'élection présidentielle de 1969 (5 % des voix) montre le vide idéologique du parti. Aussi, au congrès d'Issy-les-Moulineaux (14-15 juillet 1969), la SFIO disparaît-elle au profit du Parti socialiste, dirigé par Alain Savary avec le soutien actif de Guy Mollet. Ce parrainage est trop encombrant pour susciter un réveil, et c'est avec l'élection de François Mitterrand au poste de secrétaire général, lors du congrès d'Épinay (13 juin 1971), que la SFIO s'efface devant le PS. Au lendemain du congrès d'Épinay, dans une logique d'union de la gauche, commence une stratégie de reconquête grâce à l'arrivée de nouveaux adhérents, plus jeunes, souvent syndiqués, fréquemment chrétiens, ce qui modifie l'enracinement culturel d'un parti marqué par l'anticléricalisme. Dès 1973, le parti compte 100 000 adhérents et retrouve des gros bataillons dans les fédérations du Nord et des Bouches-du-Rhône. Aux élections législatives de cette année, grâce au désistement automatique entre PS et PCF, le premier obtient 20,7 % des voix, ce qui dégage la route pour la candidature unique de François Mitterrand à la présidentielle de 1974. Mais sitôt la campagne achevée, le PS se trouve en butte aux critiques externes du PCF, inquiet de sa montée, à ses dépens, et internes du CERES (Centre d'études, de recherches et d'éducation socialistes) et de Michel Rocard. Pour autant, ces querelles n'affectent pas la performance du parti aux cantonales (1976) et aux municipales (1977), puisque la gauche dépasse pour la première fois sous la Ve République les 50 % de voix. La déception des législatives de 1978 où, malgré 24,2 % des suffrages, le PS et la gauche échouent à conquérir le pouvoir, ravive la contestation interne. Michel Rocard, soutenu par Pierre Mauroy, dénonce l'archaïsme de la direction. Il faut le ralliement du CERES à François Mitterrand, sur la base d'une « rupture avec le capitalisme », pour que celui-ci l'emporte sur Michel Rocard au congrès de Metz (avril 1979).

La double victoire, présidentielle et législative, de 1981 transforme en profondeur le PS. Devenu majoritaire à l'Assemblée nationale, le parti enregistre un sommet d'adhérents (180 000) et de voix (32 %), mais l'ensemble de sa hiérarchie se voit confier des responsabilités ministérielles ou patronales, dans les entreprises nationalisées. C'est donc un parti sans leaders, à l'exception du nouveau premier secrétaire Lionel Jospin, qui entre en léthargie idéologique (congrès de Valence, de Bourg-en-Bresse et de Toulouse, 1981, 1983, 1985), tandis que le nombre des adhérents stagne, contrairement à ce qui s'était passé en 1936. En fait, sous le vocable général de « modernisation », le parti s'aligne sur la stratégie gouvernementale et accepte le passage à la rigueur, en même temps que l'abandon d'un service public unique de l'Éducation. À partir de 1986, et malgré un score flatteur de 32 % des voix, le PS se transforme en « parti godillot » du président. Les tensions internes ne sont pas apaisées par la réélection de François Mitterrand : Pierre Mauroy est intronisé premier secrétaire pour débloquer la querelle opposant Lionel Jospin, soutenu par les militants, et Laurent Fabius, patronné par le président. Au congrès de Rennes en mars 1990, l'affrontement entre candidats putatifs est à son comble, et le parti met deux ans à trouver une solution sous la forme d'un partage des rôles entre Laurent Fabius,

Le parti socialiste
Le congrès de Tours (1920) marque la naissance de la section française de l'Internationale ouvrière (SFIO), l'ancêtre du parti socialiste. © *Keystone*

premier secrétaire, et Michel Rocard, candidat présidentiel officiel (9 janvier 1992). Cette lutte abaisse encore la qualité du débat idéologique, d'autant que la judiciarisation de plusieurs affaires impliquant des responsables du PS précipite la désaffection de l'opinion. Reste une gestion pragmatique de la crise où des leitmotive socialistes comme la planification, l'intervention de l'État, l'autogestion et la participation passent à la trappe. Cet aggiornamento n'empêche pas la déroute électorale de 1993, où le PS tombe à 19 % des suffrages. S'ouvre alors une période de chaos à la tête du parti où se succèdent Michel Rocard puis Henri Emmanuelli.

C'est la campagne-éclair de Lionel Jospin à l'élection présidentielle de 1995 qui remet le PS en ordre de marche. Dévoilant son projet le 7 mars, six semaines avant le scrutin, il le structure autour de deux mesures-choc, le passage au quinquennat et la semaine des 35 heures. Parallèlement, il dit vouloir évacuer les scories du second septennat Mitterrand en réclamant un « droit d'inventaire » qui choque nombre de militants mais satisfait l'opinion de gauche. À l'issue du premier tour et à la surprise générale, Lionel Jospin est en tête avec 23 % des suffrages contre 8,7 % à Robert Hue et 3,3 % à Dominique Voynet. Son score au second tour (47 %) confirme l'ascendant retrouvé du PS sur la gauche, confirmé par les municipales de juin où le PS conserve 68 des 70 villes de plus de 30 000 habitants qu'il détenait. Il n'empêche que le PS apparaît alors comme un parti convalescent, au nombre d'adhérents réduit (70 000), sans projet alternatif à celui du RPR. Il faut le coup de théâtre de la dissolution du 21 avril 1997 et la victoire longtemps imprévue du PS pour changer la donne. La droite, en effet, n'a d'autre programme que celui de continuer à l'identique et de dénoncer l'irréalisme des propositions socialistes. C'est trop peu pour convaincre les électeurs, plus intéressés par le passage aux 35 heures et surtout par l'annonce de la création de 700 000 emplois pour les jeunes. Leur financement apparaît hypothétique, mais l'opinion en retient le renouvellement d'un PS conduit par un homme intègre, à un moment où les affaires atteignent également la droite. Avec 23,5 % au premier tour et 241 élus, le PS reconquiert ses bastions d'Auvergne, du Sud-Ouest et ses conquêtes de 1981 en Bretagne ; il séduit des électeurs plus jeunes, cadres, membres de professions libérales, achevant ainsi sa mue sociologique. Au congrès de Brest (21-23 novembre 1997), François Hollande devient premier secrétaire du PS, tandis que se confirme la marginalisation de l'opposition interne de gauche (Gauche socialiste de Julien Dray, 10 % des votes ; courant popereniste, 5,4 %). En revanche, l'exercice du pouvoir et la course présidentielle avivent les oppositions de gauche extérieures au PS (MRG, MDC, Verts, trois partis trotskistes) ; leur convergence, au premier tour de l'élection présidentielle de 2002, prive le candidat du PS, Lionel Jospin (16,18 % des voix), d'une accession au deuxième tour.

Pour le Parti socialiste, les élections législatives des 9 et 16 juin 2002 ressemblent étonnamment à celles de 1997 : avec 24,1 % des voix au premier tour, le PS améliore d'un point son score de 1997 ; au second tour, avec 35 % et 138 députés, le PS confirme son ascendant sur la gauche. Or c'est précisément l'une des principales causes de sa défaite électorale : le résultat « honorable » (F. Hollande) s'opère au détriment du NDC, du PC et des Verts dans une logique de repli, alors que la victoire de 1997 reposait sur la résistance des alliés et les divisions du camp adverse. La défaite révèle également un double clivage, générationnel et régional : les terres de l'Est, de Garonne, du Languedoc et des Bouches-du-Rhône sont en déshérence d'hommes et de voix (défaites de J.-M. Bockel, G. Frêche, G. Mitterrand) ; la « génération Jospin » (M. Aubry, V. Peillon) est laminée, tandis que le bastion du Nord (J. Lang, M. Dolez) et, fait nouveau, Paris s'ancrent à gauche. Ces disparités laissent entrevoir un délicat aggiornamento entre les rescapés du suffrage et leurs leaders putatifs.

PARTI SOCIALISTE UNIFIÉ (PSU)

Parti politique créé le 3 avril 1960 et qui reprend la dénomination du parti socialiste en 1905.

Le PSU naît des déceptions causées par la stratégie de Guy Mollet à la tête de la SFIO, par la timide et insuffisante déstalinisation du PCF, par la gestion à gauche, d'abord, puis chez les gaullistes, de la question algérienne. Le PSU devient une sorte d'auberge espagnole où se rencontrent les tenants de l'UGS (Union de la gauche socialiste, Claude Bourdet, Gilles Martinet), du PSA (Parti socialiste autonome, Édouard Depreux, André Philip, Michel Rocard), des CAS (Comités d'action socialistes nés pendant la guerre avec des responsables comme Viénot), des TC (Tribune du communisme, Jean Poperen), des syndicalistes de la CFTC, de la FEN, des transfuges de la SFIO et du PC, des trotskistes et des chrétiens. Tous sont en quête de visibilité politique, en même temps qu'ils croient aux vertus de la mobilisation sur le terrain pour imposer leur idée d'un « socialisme réaliste ». Jusqu'aux accords d'Évian (1962), leur principal combat, mené par les étudiants et les professeurs qui forment 30 % des militants, vise à obtenir la paix en Algérie. Après un an de flottement, le congrès de 1963 met en évidence le clivage entre les partisans d'une ligne autonomiste (Bourdet, Poperen) et ceux d'une union de la gauche (Rocard, Martinet). Le PSU soutient François Mitterrand en 1965, sans enthousiasme, et aux élections législatives de 1967 stagne à 2,2 % et 4 élus, malgré le renfort en principe appréciable de Pierre Mendès France. Les événements de 1968, le meeting de Charléty avec la présence muette et tutélaire de ce dernier augmentent l'audience du PSU (4 % des voix aux législatives de 1958 ; 3,7 % des voix pour Michel Rocard à la présidentielle de 1969), mais le parti reste une roue de secours pour une hypothétique coalition de gauche.

La situation se dégrade encore avec le ralliement des leaders verts au PS de l'après-Épinay et l'impossible décollage électoral (2 % des voix aux élections de 1973), alors que le thème de l'autogestion bénéficie d'une vogue inattendue. Après le ralliement de Michel Rocard au PS (1974), l'arrivée d'Huguette Bouchardeau coïncide avec la multiplication des fronts contestataires (antiatomique, féministe, régionaliste, écologique, anti-discrimination sexuelle), sans modifier d'un pouce l'atonie générale du parti : en 1978 comme en 1981, il reste collé à la barre du 1 %, alors que son rival gauchiste, Lutte ouvrière, fait le double des voix. De surcroît, la victoire de François Mitterrand à la présidentielle de 1981 précipite un ultime exode vers le PS. En 1988, il doit à peine rester un millier de militants au PSU qui se saborde au congrès d'Angers, le 18 décembre.

PARTICELLI d'ÉMERY Michel (Lyon, v. 1595 – Paris, 1650)

Contrôleur général des Finances.

D'origine italienne, entré dans la carrière comme intendant des Finances, ambassadeur de France à Turin en 1640, il prend, entre 1643 et 1648, la tête de l'administration des finances royales, d'abord comme contrôleur général, puis à partir de 1647 comme surintendant. Sous la régence d'Anne d'Autriche, les exigences de la lutte contre l'Espagne, difficilement satisfaites par un Trésor en piètre état, le contraignent à mener une politique d'expédients qui, se manifestant par la création d'impôts nouveaux, lui attire une solide impopularité. Certaines de ses mesures, telles l'édit du toisé, sont à l'origine de la Fronde. Anne d'Autriche le renvoie en 1648. Il n'en sera pas moins rétabli dans sa fonction l'année suivante.

PASCAL Blaise (Clermont-Ferrand, 1623 – Paris, 1662)

Mathématicien, philosophe et mystique.

Blaise Pascal, « effrayant génie » selon Chateaubriand, fait preuve d'une exceptionnelle précocité scientifique : la légende lui prête d'avoir, à 12 ans, redécouvert par lui-même les principes d'Euclide. À 16 ans, il rédige un traité sur les

Pascal
Huile sur toile, École française du XVIIe siècle.
© *Giraudon*

coniques. Il est vrai que sa famille n'est pas médiocre : une de ses sœurs, Jacqueline, écrit des poèmes avant de devenir une mystique ; Gilberte, son autre sœur, se fera son biographe ; son père, président à la cour des aides d'Auvergne, est passionné par les sciences. Installé à Paris à partir de 1631, il s'occupe personnellement de l'éducation de son fils. Des savants comme Roberval ou Mersenne fréquentent la maison… En 1632, le jeune prodige invente une machine à calculer mécanique afin d'aider son père, chargé de calculer la répartition des impôts de la généralité de Rouen. À 23 ans, Pascal connaît une première conversion : deux gentilhommes en visite lui prêtent les ouvrages de Saint-Cyran et l'initient au jansénisme. Pascal, séduit, entreprend de convertir toute sa famille. Les sciences cependant le tiennent : il organise des expériences sur la pression de l'air en haut de la tour Saint-Jacques à Paris et au sommet du Puy-de-Dôme ; contre Descartes, il établit l'existence du vide et formule les principes de l'hydrostatique (*Traité du vide*, 1647). Les salons le happent : Pascal fréquente ceux de Mme d'Aiguillon – nièce de Richelieu – ou de Mme de Sablé et croise les milieux libertins. L'art de plaire pour convaincre le sert dans toutes ses entreprises : de la polémique religieuse aux tracts commerciaux pour sa machine. Ses conversations avec le chevalier de Méré – joueur invétéré mais type achevé de l'honnête homme – lui donnent en 1653 l'idée des calculs de probabilité. Ni la science, ni les autres « divertissements » ne le contentent pourtant : en 1654, alors qu'il rend visite à Jacqueline, retirée au monastère de Port-Royal-des-Champs, un « vif dégoût du monde » le saisit. Dans la nuit du 23 novembre 1654, il est traversé d'une illumination qu'il note fiévreusement dans le *Mémorial*, document intime qu'on retrouvera à sa mort, cousu dans la doublure de son manteau : « Renonciation totale et douce » en sont les derniers mots.

Une retraite à Port-Royal lui permet de rencontrer en Sylvestre de Sacy, neveu d'Antoine Arnauld, un directeur de conscience philosophe et géomètre : l'*Entretien avec monsieur de Sacy sur Épictète et Montaigne* préfigure en 1655 la thèse de l'*Apologie de la religion chrétienne* : la misère de l'homme sans Dieu et sa grandeur avec Dieu. Dès lors, Pascal se donne tout entier à la cause janséniste. À travers un mode de vie ascétique mais aussi par sa plume caustique, au service d'Arnauld que la Sorbonne s'apprête à condamner solennellement. Entre 1656 et 1657, Pascal, sous couvert d'un pseudonyme, publie pour la défense du maître dix-huit pamphlets intitulés *Lettres écrites par Louis de Montalte à un provincial de ses amis et aux révérends pères jésuites*, connus aujourd'hui sous le nom de *Provinciales*. Leur succès est inouï. L'Église met le brûlot à l'Index, et Pascal passe quelques mois dans la clandestinité. Intraitable dans l'affaire du formulaire que le pape exige des religieuses de Port-Royal, il s'opposera en 1661 à ses amis partisans d'une acceptation formelle.

Il n'en poursuit pas moins d'actives recherches mathématiques : il jette un défi à l'Europe savante et donne au problème de la cycloïde une solution où Leibnitz puise une inspiration pour sa propre découverte du calcul infinitésimal. Ces réflexions lui suggèrent peut-être l'idée de la discontinuité des ordres en une spirale ascendante, du corps à l'esprit, de l'esprit à la charité – c'est-à-dire l'amour de Dieu. C'est à celui-ci qu'il consacre le reste de sa vie, rédigeant l'ébauche d'une *Apologie de la religion chrétienne*, que la postérité connaît sous le nom de *Pensées*. Mais il est sans cesse interrompu par la maladie : depuis sa jeunesse, il souffre en effet d'affections multiples qui lui causent de grandes souffrances (maux de tête et d'estomac) : il les offre en expiation comme en témoigne sa *Prière pour demander à Dieu le bon usage des maladies* (1659). Sa dernière entreprise, en 1661, paraît très prosaïque mais révèle l'extrême variété de son génie : il lance à Paris avec son ami le duc de Roannez le premier système de transport en commun urbain, les « carosses à cinq sols », d'une surprenante modernité. Les bénéfices qui lui reviennent sont destinés aux malheureux de la région de Blois, victimes de la famine. Ses derniers mois, Pascal les passe retiré de toutes polémiques religieuses afin de ne pas se séparer de l'Église. Il se perfectionne dans la vie chrétienne, avec beaucoup d'humilité, et meurt le 19 août 1662.

La courte de vie de Blaise Pascal parcourt en une « multiplication des Moi » (Éric Lundwall) les trois ordres qu'il a distingués. Loin d'être un « solitaire », Pascal s'est engagé dans les affaires, y compris au sens mercantile du terme. C'est l'ordre des corps. Mathématicien presque aussi novateur que Descartes – mais aussi grand savant et peut-être plus technicien –, il appartient à l'ordre de l'esprit. Quant à l'ordre de la charité, il l'atteint dans une expérience mystique qui excède le seul courant janséniste. Ces trois ordres, que sa sœur Gilberte – et avec elle toute une historiographie – restitue comme successifs, sont en réalité simultanés, toujours immédiatement présents les uns aux autres.

PASQUIER Étienne (Paris, 1529 – Paris, 1615)

Jurisconsulte et écrivain.

Avocat au parlement de Paris en 1549, il devient célèbre seize ans plus tard, en plaidant pour l'Université contre les Jésuites, à l'occasion de la fondation du collège de Clermont. Adversaire résolu des disciples de Loyola, il publiera contre eux, en 1602, un ouvrage polémique, le *Catéchisme des Jésuites*. Avocat général à la Chambre des comptes en 1585, Pasquier, qui s'oppose à la Ligue, suit en 1588 Henri III, contraint de quitter la capitale après la journée des Barricades. Député aux états généraux de Blois, la même année, il devient conseiller du roi et reste celui de son successeur, contre la Ligue. Il ne regagne la capitale qu'avec Henri IV, en 1594. En 1603, il transmet sa charge à son fils pour se consacrer désormais à ses travaux littéraires. Dans la seconde moitié du XVIe siècle, Pasquier avait publié des recueils poétiques, un traité sur l'amour intitulé le *Monophile* (1554), des ouvrages politiques comme *Pour parler du prince* (1560), des ouvrages de droit également. Mais son œuvre essentielle reste les *Recherches sur la France*, ouvrage encyclopédique édité de 1560 à 1621, et remanié à plusieurs reprises. Œuvre savante et touffue, elle est originale car, à une époque où les humanistes glorifient les auteurs antiques aux dépens des auteurs français, Pasquier fait l'apologie de la France, de ses écrivains et de sa langue. Il défend aussi les mérites de son Église, car il est gallican, et de son pouvoir politique. L'auteur cherche aussi à prouver que la Renaissance littéraire n'est pas née de rien, subitement, mais trouve ses racines dans les formes poétiques du Moyen Âge. Étienne Pasquier, qui correspondait avec l'élite intellectuelle de toute l'Europe, a laissé vingt-deux recueils de *Lettres* d'un grand intérêt pour la connaissance de cette période.

PASQUIER Étienne Denis, baron puis duc (Paris, 1767 – Paris, 1862)

Homme politique.

Appartenant à une influente famille de magistrats du parlement de Paris, lui-même fils d'un conseiller guillotiné sous la Terreur, emprisonné à son tour et sauvé par la réaction thermidorienne, Étienne Pasquier suit la tradition familiale, son expérience personnelle lui enseignant qu'il est toujours dangereux d'aller à contre-courant du pouvoir établi. Commence pour lui une carrière au service de l'État, successivement récompensée par les postes de conseiller d'État en 1806, de préfet de police de 1810 à 1814 (bien qu'il se soit montré au-dessous de sa tâche en 1812 lors du complot du général Malet, lequel l'a fait incarcérer à la prison de la Force), de directeur général des Ponts et Chaussées sous la Première Restauration, de garde des Sceaux, de ministre de l'Intérieur par intérim de juillet à septembre 1815, de président de la Chambre (1816), à nouveau de garde des Sceaux (1817-1818), de ministre des Affaires étrangères (1819). Pair de France en 1821, Pasquier se défie cependant du régime autoritaire de Charles X et accorde en 1830 son appui à la famille d'Orléans, attitude aussitôt récompensée par la présidence de la Chambre des pairs. Son autorité le fait désigner par la suite pour présider les tribunaux chargés de juger tour à tour les anciens ministres de Charles X, les opposants républicains et le prince Louis Napoléon Bonaparte. Chancelier de France en 1837, académicien en 1842, duc deux ans plus tard, Étienne Pasquier rédigera des *Mémoires* qui ne seront publiés par son neveu, le duc d'Audiffret-Pasquier, qu'en 1893.

PASSY, André DEWAVRIN, dit LE COLONEL (Paris, 1911 – Paris, 1998)

Résistant.

Polytechnicien, il est en 1938-1939 professeur adjoint de fortification à Saint-Cyr. Officier français rapatrié de Norvège, il gagne l'Angleterre le 21 juin 1940. De Gaulle lui confie le 1er juillet 1940 les 2e et 3e Bureaux de son état-major. Il est condamné à mort par contumace en 1941, puis déchu de la nationalité française par le gouvernement de Vichy. Sous le pseudonyme de Passy, il organise alors un service de renseignements en France occupée, le BCRA (Bureau central de renseignement et d'action), qui voit le jour en janvier 1942 et dont il est le chef. Il effectue personnellement la mission « Arquebuse » en France du 26 février au 16 avril 1943, s'employant à regrouper ses réseaux autour de deux centrales de transmission et à coordonner les mouvements de zone nord. En août 1944, il participe en Bretagne à l'offensive des troupes de Patton et des Forces françaises de l'intérieur (FFI). Comptant parmi les plus fidèles compagnons du général de Gaulle, le colonel Passy devient en 1946 le chef de la Direction générale des études et recherches (DGER), qui succède à Paris au BCRA. Puis il quitte l'armée (1947) et écrit ses mémoires.

PASTEUR Louis (Dole, 1822 – Villeneuve-l'Étang, 1895)

Chimiste et biologiste.

Entré en 1843 à l'École normale supérieure, il se consacre à la recherche dans le domaine de la chimie et devient professeur à l'université de Strasbourg. C'est en 1854, en tant que doyen de l'université de Lille, qu'il commence ses recherches sur les fermentations. Il met en évidence l'existence de différents types de levures et invente, pour l'industrie agro-alimentaire, la

Pasteur
Louis Pasteur dans son laboratoire. Huile sur toile d'Albert Edelfelt, 1885, musée d'Orsay. © *Lauros-Giraudon*

pasteurisation qui permet de stopper la fermentation des levures indésirables par un chauffage rapide. Par ces recherches, il met fin à la croyance en la génération spontanée et est amené à penser que les maladies humaines sont peut-être dues, elles aussi, à des organismes microscopiques. À partir de 1877, il entreprend d'étudier les maladies contagieuses des animaux vers l'homme, charbon et rage tout particulièrement. Il révèle l'importance du monde des microbes comme responsable d'affections touchant l'homme et préconise l'asepsie des instruments chirurgicaux, des pansements et des biberons. Pour lutter contre ce fléau, il met au point des vaccins dont le premier testé sur l'homme est le vaccin antirabique, en 1885. Ses découvertes ont changé la vie de l'homme mais également la démographie de l'humanité en limitant la mortalité, notamment chez les enfants. L'Institut Pasteur, fondé à Paris en 1888 au lendemain de ses découvertes sur la rage, est une fondation privée reconnue d'utilité publique dont les recherches en biologie fondamentale débouchent à la fois sur un enseignement post-universitaire et un centre de référence dans la production pharmaceutique spécialisée (allergènes, vaccins, sérums).

Pastoureaux

Nom donné à des bandes de paysans insurgés et de vagabonds qui se constituèrent après la défaite de Saint-Louis à Mansourah (1250).

Vers Pâques 1251, des bandes d'hommes et de femmes commencent à se rassembler « pour aller porter secours au roi » Saint Louis, toujours en Terre sainte. Leur chef est un moine du nom de Jacob ou Job, qui se fait appeler le Maître de Hongrie et prétend être l'« envoyé de la Vierge Marie pour prêcher la croisade aux bergers ». Certains ont soutenu que cet homme avait été payé par le sultan pour fomenter des troubles dans le royaume et contraindre le roi à regagner la France. Entraînés par sa parole, des foules de citadins et de paysans, que l'on appelle bientôt les Pastoureaux, quittent leurs villes ou leurs villages du Brabant, de Flandre et de Picardie. Il semble que leur croisade soit dirigée contre les clercs, trop riches et trop avides, contre les bourgeois égoïstes, contre les nobles qui refusent de porter secours au roi en Terre sainte, contre les Juifs enfin. Derrière le Maître de Hongrie, les Pastoureaux pénètrent, au mois de mai 1251, dans Amiens, qu'ils pillent. Blanche de Castille, régente du royaume, accepte alors de recevoir leur chef à l'abbaye de Maubuisson. Elle décide pour le moment de ne pas entraver le mouvement des Pastoureaux. Ceux-ci se dirigent à la fin du mois de mai vers Paris, qu'ils soumettent au même sort qu'Amiens. Le Maître de Hongrie, du haut de la chaire de l'église Saint-Eustache, tonne contre le clergé. Dans les rues, les clercs sont pourchassés et massacrés. Les

Les pastoureaux
Pastourelle gardant son troupeau. Miniature, XVᵉ siècle, Londres, British Museum. © *Sélection Images*

Pastoureaux étant de plus en plus nombreux, leur chef doit les diviser en plusieurs bandes. L'une se dirige vers Rouen, livrée à son tour au pillage, l'autre gagne Orléans. Blanche de Castille décide alors d'intervenir, proclame que le Maître n'est qu'un imposteur, ordonne aux baillis et sénéchaux de le combattre. Orléans résiste aux Pastoureaux qui, poursuivis par les milices communales, se scindent en deux groupes, l'un marchant vers Tours, l'autre vers Bourges. Le Maître de Hongrie, qui se trouve parmi cette seconde bande, est tué le 11 juin, lors d'un violent engagement près de Villeneuve-sur-Cher. Privés de leur chef, les Pastoureaux ne tardent pas à se disperser.

Patay

Ville du Loiret, au nord-ouest d'Orléans.

Après ses succès à Jargeau, le 12 juin 1429, puis à Beaugency, le 17, Jeanne d'Arc écrase le lendemain, à Patay, l'armée anglaise commandée par Talbot, fait prisonnier à l'issue des combats. L'armée ennemie est dispersée, la route de Reims libre. Au cours de la guerre franco-prussienne, du 2 au 4 décembre 1870, l'armée prussienne bat à Patay la Iʳᵉ armée de la Loire commandée par Aurelle de Paladines.

Patrie française (ligue de la)

Association nationaliste fondée en décembre 1898 pour répondre à la constitution de la Ligue des droits de l'homme par les « intellectuels » dreyfusards.

Le but de cette association, qui réunit plus de 100 000 membres dont Dausset, Vaugeois, Syveton, Barrès, Lemaître et Coppée, est la défense de la patrie et de l'armée. Issue des circonstances, dépourvue d'unité de pensée et de détermination, elle déçoit rapidement les nationalistes les plus convaincus qui, dès 1899, passent pour la plupart à l'Action française.

Patriotes (ligue des)

Ligue fondée en 1882 par Paul Déroulède en vue de la préparation morale et militaire de la revanche contre l'Allemagne.

Avec pour devise « Qui vive ? France ! » et pour organe *Le Drapeau*, la ligue des Patriotes mène jusqu'en 1889 le combat pour la restitution de l'Alsace-Lorraine, l'abrogation des lois constitutionnelles de 1875, l'élection du président de la République au suffrage universel. Cette période est celle de sa plus grande activité. L'association, qui regroupe jusqu'à 200 000 adhérents, est présidée successivement par Henri Martin (1882), Anatole de La Forge (1883), Déroulède (1885), Sansbœuf (1887), et enfin par Féry d'Esclande (1888). En 1888, son fondateur engage la ligue des Patriotes aux côtés de son ami le général Boulanger. L'échec de ce dernier vaut à celle-ci d'être dissoute en 1889. Déroulède reconstitue en 1895 son association sous le nom de Ligue patriotique des intérêts français, mais elle ne retrouve pas son influence d'antan. Sa principale activité consiste à combattre les partisans de Dreyfus et à organiser des manifestations en l'honneur de l'Alsace-Lorraine, en particulier des pèlerinages à la statue de la ville de Strasbourg, place de la Concorde. Barrès succède à Déroulède, mort en 1914, à la tête de la ligue, que le général de Castelnau dirigera en 1923. Perdant toute influence, elle disparaît entre les deux guerres.

Pau

Chef-lieu du département des Pyrénées-Atlantiques, situé sur la rive droite du gave de Pau, et dernière capitale du Béarn.

Un château fort, érigé au XIᵉ siècle par les vicomtes de Béarn, est à l'origine de cette cité qui s'étage à flanc de coteau au-dessus du gave. La riche plaine de Jurançon assure l'essor commercial de la place au Moyen Âge, époque qui est, cependant, celle de la suprématie d'Orthez comme capitale béarnaise. Durant la guerre de Cent Ans, les Palois prennent parti pour les Armagnacs et luttent contre les Anglais. Dans le dernier quart du XVᵉ siècle, les comtes de Foix, vicomtes de Béarn, deviennent rois de Navarre. Pau obtient le rang de capitale, et Gaston Phoébus fait construire par l'architecte Sicard de Lordat le célèbre château, où le futur Henri IV naîtra en 1553. À partir de la Restauration, l'aristocratie britannique distingue la ville comme site climatique. Grâce à son air salubre, son excellente exposition face à la chaîne des Pyrénées occidentales et son ensoleillement, Pau devient à la fois cité administrative, ville résidentielle et centre touristique de première importance.

PAU Paul Marie César (Montélimar, 1848 – Paris, 1932)

Général.

Sorti de l'École de Saint-Cyr en 1869, il participe à la bataille de Frœschwiller, où il est blessé. Après une série de promotions, il entre en 1909 au Conseil supérieur de la guerre. Rappelé à l'activité en août 1914, il est chargé par Joffre de reprendre, à la tête des deux corps d'armée de l'armée d'Alsace, l'offensive contre Mulhouse, que vient d'abandonner le petit détachement du général Bonneau. Soldat valeureux mais excessivement prudent, Pau parvient avec ses troupes à Mulhouse, le 19 août, son aile gauche s'emparant de Munster le 17 et de Guebwiller le surlendemain, mais il ne parvient pas à déboucher vers Colmar, le front se stabilisant sur les crêtes du versant oriental des Vosges. Par la suite, Joffre lui confiera diverses missions à l'étranger avant une mise à la retraite définitive.

PAUL-BONCOUR Joseph (Saint-Aignan, 1873 – Paris, 1972)

Homme politique, président du Conseil.

Comme avocat, il défend les syndicalistes. À la Chambre, député du Loir-et-Cher (1909-1914), de la Seine (1919-1924) et du Tarn (1924-1931), il représente ensuite au Sénat le premier de ces départements dont il est natif. Après avoir été directeur du cabinet Waldeck-Rousseau (22 juin 1899-4 juin 1902), Paul-Boncour reçoit le portefeuille du Travail et de la Prévoyance sociale dans le cabinet Monis (2 mars-23 juin 1911). Il sera également directeur des cabinets Viviani (13 juin 1914-26 août 1914 et 26 août 1914-29 octobre 1915), mais il passe l'essentiel de la guerre sur le front, ce qui explique son souci pacifiste ultérieur. De 1924 à 1926, Paul-Boncour est délégué adjoint à la Société des nations. À la mort d'Aristide Briand, il y siège comme délégué permanent (1932-1936). Ayant quitté le parti socialiste en 1931, Paul-Boncour fonde l'Union socialiste républicaine. L'année suivante, Édouard Herriot le nomme ministre de la Guerre dans son troisième cabinet (3 juin-4 décembre 1932). Le 18 décembre 1932, il préside le Conseil et assume la responsabilité de ministre des Affaires étrangères, mais, le 28 janvier 1933, les socialistes le mettent en minorité. Sa carrière ne s'en poursuit pas moins. Ministre de la Guerre (4-7 février 1934), ministre d'État (24 janvier-4 juin 1936), ministre des Affaires étrangères (13 mars-8 avril 1938), il essaye de multiplier les alliances contre l'Allemagne nazie et compte parmi les 80 parlementaires qui, le 10 juillet 1940, refusent de transmettre la délégation des pouvoirs au maréchal Pétain. Après la Libération, il signera pour la France la charte des Nations unies. Paul-Boncour est à l'origine du conseil juridique des Bourses du travail. On lui doit des mémoires riches en anecdotes sur la IIIᵉ République, *Entre deux guerres* (3 vol.).

PAULETTE

Mesure financière et administrative prise en forme d'édit, en décembre 1604, par Henri IV à l'instigation d'un secrétaire au parlement, Charles Paulet.

La paulette confère aux officiers le droit de transmettre leurs charges à leurs héritiers, moyennant versement d'une taxe annuelle égale au soixantième de la valeur de cette charge. Simple expédient dans l'esprit de ses créateurs, elle connaît aussitôt un succès qui ne va pas sans inquiéter le pouvoir central, dont elle restreint la liberté d'action. Les nombreuses tentatives engagées pour la supprimer se solderont par des échecs, notamment en 1615 et en 1648, au début de la Fronde parlementaire. Sous Louis XV et Louis XVI, l'attachement des officiers à leurs privilèges et l'affaiblissement progressif des finances royales paralyseront encore tout essai de réformes pouvant mettre fin à la paulette qui, de ce fait, se maintiendra jusqu'à la Révolution.

PAUME (jeu de)

Loisir consistant à se lancer une balle de chiffon, auquel se livraient déjà les Grecs et les Aztèques.

Les règles se fixent peu à peu : un terrain est délimité sur lequel est tendu un fil de séparation ; on renvoie la balle avec la paume pour accélérer l'échange, on allonge le bras en tenant une raquette (XVIᵉ siècle). Selon le lieu où il se pratique, le jeu se nomme *longue paume* (en milieu ouvert) ou *courte paume* (en lieu clos, couvert ou non). À Paris au XIXᵉ siècle, on joue encore à la longue paume à l'emplacement actuel du Petit Palais. Les lieux clos sont très variés. Moines et chanoines jouent à la courte paume dans leurs cloîtres, voire dans les églises ! Mais il existe pour les laïcs des lieux spéciaux appelés *tripots* (de triper = sauter, trépigner). Ce jeu passionne toutes les couches de la société malgré les interdictions de l'Église qui refuse les paris engagés sur les joueurs. Puis il commence de décliner au XVIIᵉ siècle, lorsque Louis XIV lui préfère le billard. Les tripots deviennent salles de jeux ou salles de théâtres. Passé par l'Angleterre, le tennis prend le relais au XIXᵉ siècle, dérivé de la longue paume et joué sur l'ancien *court* de la courte paume.

PAVIE Auguste (Dinan, 1847 – Thourie, Ille-et-Vilaine, 1925)

Explorateur et administrateur.

Militaire en Cochinchine à la fin du Second Empire, il entre, sous la IIIᵉ République, dans l'administration coloniale des postes et télégraphes et, à ce titre, regagne la Cochinchine en 1875. Il dirige, quatre ans plus tard, la construction de la ligne télégraphique Phnom Penh-Bangkok, puis, en 1882, celle de la ligne Saigon-Bangkok. Dès son retour en Extrême-Orient, Pavie s'est montré fort intéressé par les langues et les mœurs, en particulier celles de la civilisation khmère. Vice-consul de France à Luang Prabang de 1886 à 1892, il combat les ambitions du Siam sur le Laos et obtient le ralliement du roi à la France. Plusieurs missions d'exploration lui permettent d'établir, par la rivière Noire, la jonction avec le Tonkin. Ses qualités de diplomate, sa connaissance et sa compréhension des civilisations lui permettent d'obtenir la reconnaissance du protectorat français sur les Thaïs et les Méos du Haut-Laos. Consul général de France à Bangkok en 1892-1893, Pavie négocie le traité par lequel le Siam, après plusieurs incidents et une démonstration navale devant Bangkok, abandonne ses prétentions sur la rive gauche du Mékong, et reconnaît le protectorat français sur le Laos. Commissaire général au Laos de 1893 à 1895, il achève d'explorer les régions nouvellement acquises, entreprend de les organiser et de fixer leurs frontières avec la Chine et la Birmanie. Il regagne la France en 1895. Il est l'auteur de *La Mission Pavie* (10 vol., 1894-1919). Une carte de l'Indochine, établie par ses soins, a été publiée en 1903.

PAVIE (bataille de)

Défaite subie par François Iᵉʳ, devant les Impériaux, en Italie du Nord, le 24 février 1525.

Après avoir chassé de Provence le connétable de Bourbon et investi Milan (octobre 1524), l'armée française met aussitôt le siège devant Pavie, défendue par le capitaine espagnol Antonio de Leyva. Le siège se prolonge quatre mois, et la résistance de la ville, dénuée de toute ressource, ne se soutient plus que par un effort d'héroïsme lorsqu'arrive, sous la conduite de Lannoy, vice-roi de Naples, une armée impériale de secours. François Iᵉʳ se trouve en quelque sorte assiégé à son tour. Il se retranche alors à l'est de la ville. Ses vieux capitaines, La Trémoille et La Palice, lui conseillent la prudence, car son armée, mal payée, est peu sûre. Mais Bonnivet et Montmorency, qui veulent « faire la guerre à belles enseignes découvertes » comme il convient, dit ce dernier, quand on a « pour général un si vaillant roi », le convainquent de livrer bataille. Entrés dans le parc de Mirabello, les Impériaux sont écrasés par l'artillerie de Galiot de Genouillac, mais le roi, en chargeant avec sa cavalerie, empêche l'artillerie française de continuer son feu. Les Impériaux reprennent alors l'offensive, enveloppent la cavalerie française, tandis que la fuite des Suisses et du duc d'Alençon parachève

Pavie
François Iᵉʳ désarmé lors de la bataille de Pavie. Miniature d'un manuscrit espagnol du XVIᵉ siècle. Londres, British Library. © *Sélection Images*

le désastre. François Ier s'obstine néanmoins à lutter ; Bonnivet, La Trémoille et La Palice meurent à ses côtés. Légèrement blessé lui-même, il refuse de se livrer au connétable de Bourbon mais finit par accepter de rendre son épée à Lannoy. Sur 26 000 hommes, l'armée française a 10 000 tués. Le roi annonce lui-même « son malheur » à sa mère, Louise de Savoie, qu'il avait instituée régente : « De toutes choses, ne m'est demeuré que l'honneur et la vie qui est sauve ». Emmené prisonnier à Madrid, il sera contraint de signer le traité éponyme par lequel il cédera la Bourgogne à Charles Quint.

PAVILLON Nicolas (Paris, 1597 – Alet, 1677)

Évêque.

Ami de saint Vincent de Paul, entré dans les ordres en 1627, il est nommé à l'évêché d'Alet en 1639. Ses administrés louent sa charité et la rigueur de ses mœurs. Il est surtout connu pour son rôle dans l'affaire de la régale. Ses opinions jansénistes l'amènent à faire partie des quatre évêques qui rejettent le formulaire de 1661. En 1668, le pape Clément IX condamne un rituel qu'il avait composé pour son diocèse.

PCF : voir PARTI COMMUNISTE FRANÇAIS

PÉAGE

Droit, le plus souvent en argent, levé par les seigneurs au Moyen Âge et sous l'Ancien Régime sur les personnes ou le bétail, les denrées ou les marchandises, à certains points privilégiés des routes terrestres et fluviales qui traversent leurs seigneuries (cols, ponts, bacs, lieux de rupture de charge, étapes importantes).

En principe destinés à assurer l'entretien de la voie publique, les péages se multiplient avec la féodalité. Au Moyen Âge, de nombreux établissements ecclésiastiques obtiennent de la part du pape, des rois et des seigneurs laïcs des exemptions de péage pour les hommes se rendant vers le sanctuaire ou en revenant, soit pour apporter l'approvisionnement nécessaire aux religieux (dans le cas des monastères), soit pour protéger l'essor d'une foire établie à leurs portes. Véritables barrières douanières, leur trop grand nombre grève lourdement le commerce médiéval. La monarchie absolue parvient à en réglementer la perception (1663-1669) et s'attache à restreindre ceux qui sont particulièrement préjudiciables au commerce. En 1779, Necker institue une commission pour le rachat des péages seigneuriaux et, en 1789, la plupart d'entre eux ont disparu. Ils sont enfin totalement abolis par la Convention en 1793. De 1817 à 1880, la construction de ponts à péage devait être couramment autorisée, et la pratique des péages a été reprise de nos jours pour certaines constructions particulièrement importantes et coûteuses : pont de Tancarville, tunnel routier du mont Blanc, autoroutes, en dehors de celles qui sont destinées à dégager le trafic des grandes villes.

PECH-MERLE (grotte de)

Grotte préhistorique, située dans le Lot, découverte en 1922.

Sur près de deux kilomètres, on peut visiter des galeries interrompues par des salles souterraines décorées de fresques exécutées à différentes époques du Magdalénien (entre 14000 et 9000 av. J.-C.). Dans la Galerie des peintures, soutenue par trois colonnes de stalagmites, de curieux chevaux couleur ocre, au ventre arrondi et au pelage tacheté de larges points sombres, sont cernés par des mains « négatives » et des signes cabalistiques. La Salle de la colonne brisée est entourée d'une frise, haute de trois mètres et longue de sept mètres, où évoluent des mammouths et des bisons peints en noir. Sur la voûte de la Salle des Hiéroglyphes, un artiste a tracé dans l'argile avec son doigt des ébauches de figures féminines. Ailleurs, une petite silhouette humaine porte sur la tête une sorte de ramure. Une autre, privée de tête, a le corps transpercé par des sagaies. L'étrangeté de ces décors rupestres est accentuée par le décor naturel formé par les concrétions minérales : des « perles », des protubérances baroques, de minces piliers, dont les couleurs varient du blanc au rouge, semblent servir de cadres aux œuvres d'art magdaléniennes. Dans la région du Quercy où se situe Pech-Merle, ont été retrouvées d'autres grottes de moindre importance offrant aussi des décors rupestres énigmatiques datant du Paléolithique.

PÉGUY Charles (Orléans, 1873 – Villeroy, 1914)

Écrivain.

Né dans un milieu très modeste, orphelin de père des suites de la guerre de 1870, il mène l'itinéraire classique d'un boursier de la IIIe République. Entré à l'École normale supérieure en 1894, il affirme ses convictions socialistes sous l'influence du bibliothécaire de l'École, Lucien Herr. En congé à Orléans pendant l'année universitaire 1895-1896, Péguy commence une *Jeanne d'Arc*. De retour à Paris, il collabore à la *Revue socialiste* à partir de 1897 et fonde une librairie socialiste (1898). Lorsqu'éclate l'affaire Dreyfus, il s'engage passionnément aux côtés de Zola et Jaurès. Au congrès des organisations socialistes de décembre 1899, Péguy conteste le contrôle de la presse du mouvement. De là date son éloignement du socialisme, doctrine qui lui paraît trop matérialiste et athéiste. Dès 1900, il lance sa propre revue, les *Cahiers de la quinzaine*. Bien que d'audience réduite, la revue a une influence considérable sur les intellectuels de la Belle Époque. En dépit de difficultés financières importantes, il continue à publier des textes de Daniel Halévy, Romain Rolland et ses propres œuvres. L'affaire de Tanger (1905), opposant la France à l'Allemagne dans la conquête d'intérêts coloniaux au Maroc, crée un déclic nationaliste chez Péguy. Il écrit *Notre Patrie,* où il tente de mobiliser les Français face à la menace allemande. Il participe ainsi au sursaut nationaliste, sans jamais accepter d'être récupéré par la droite et l'extrême droite royaliste. Parallèlement, il redécouvre le christianisme. En 1911, *Le Mystère de la charité de Jeanne d'Arc* atteste son retour à la foi catholique. Cette conversion influence sa production poétique (*Tapisseries*, 1912), mais Ernest Lavisse lui barre l'entrée à l'Académie française. Mobilisé en 1914, lieutenant au 276e RI, il tombe au front à Villeroy le 5 septembre 1914, à 41 ans.

PEINE DE MORT (abolition de la)

Mesure interdisant la peine de mort, votée par l'Assemblée nationale et le Sénat en septembre 1981.

Le débat sur l'opportunité de la peine de mort est lancé par les philosophes des Lumières après la publication, en 1764, du livre de l'Italien Beccaria, *Des délits et des peines*. Le châtiment apparaît

JEUDI 17 SEPTEMBRE 1981 — Nlle Série
N°107, 3F50

BELGIQUE 24 F • SUISSE 1,50 FS • PORTUGAL 40 Esc • PAYS BAS [illegible] FL • ITALIE [illegible] • ESPAGNE 70Ptas • CANADA 1,10 Dollars • TUNISIE [illegible]

Libération

Pas d'aide militaire pour le Tchad

Reçu à l'Elysée aujourd'hui, Goukouni, le chef de l'Etat tchadien, souhaite l'appui de la France. Lire page 19.

L'abolition devant le parlement

PEINE DE MORT POUR LA GUILLOTINE

C'est à 15 heures aujourd'hui que s'ouvre le débat sur le projet de loi présenté par Robert Badinter visant à l'abolition pure et simple de la peine de mort.

190 ans après le premier débat de l'Assemblée nationale constituante sur l'abolition de cette survivance de la loi du talion, l'invention du docteur Guillotin est, cette fois, promise à la trappe. Même les députés de l'opposition, au-delà des discours, ont décidé de se battre pour une peine de détention incompressible de vingt ans. la « veuve » va laisser pourtant beaucoup d'orphelins, si l'on en croit le sondage que publie aujourd'hui le Figaro *et selon lequel 62 % des Français resteraient favorables au maintien de la peine de mort. Sans nulle doute qu'ils auront beaucoup de peine. Il est heureux pour une fois qu'un gouvernement ne goùverne pas avec des sondages.*

Lire notre dossier pages 2 à 7.

L'abolition de la peine de mort
Une du journal *Libération*, le 17 septembre 1981. © *Libération*

« barbare », donc contraire à l'idéal rationnel, et inefficace parce que son exemplarité est douteuse. Les révolutionnaires se montrent peu sensibles à ces arguments, à l'exception de Condorcet et de Robespierre qui, en 1791, incitent les parlementaires à voter la réduction du nombre de crimes passibles du châtiment suprême – 32 contre 115 sous l'Ancien Régime. Jusqu'aux années 1970, les tentatives abolitionnistes se cantonnent à des plaidoyers aussi brillants qu'inefficaces, tel celui de Victor Hugo en 1848 devant l'Assemblée constituante, qui obtient pour quelques mois la suppression de la peine de mort pour faits politiques. En fait, un seul projet de loi, déposé le 5 novembre 1906 et prévoyant l'instauration de la perpétuité, est discuté pendant deux ans. Malgré le talent de Jaurès qui évoque une « peine contraire à l'esprit du christianisme et à l'esprit de la Révolution », la peine de mort est maintenue. Seule modification notable : le 29 juin 1939 a lieu la fin des exécutions publiques, signe que l'exemplarité de la peine est de moins en moins évidente. Il faut attendre 1978 et un amendement déposé par le député RPR Pierre Bas, pour que le sujet devienne d'actualité, la France demeurant alors le seul pays de la CEE à pratiquer la peine de mort, avec le soutien constant d'une opinion favorable à 60 %. Pourtant, le candidat François Mitterrand déclare son hostilité à ce châtiment et, sitôt élu président de la République, charge Robert Badinter de mener le combat abolitionniste. En septembre 1981, par 363 voix (dont 37 de droite), l'Assemblée vote l'abolition, suivie par le Sénat (160 voix contre 126). Le 28 avril 1983, le gouvernement signe le protocole de la Convention européenne des droits de l'homme interdisant le rétablissement, avec pour conséquence un délai de 5 ans avant tout retour en arrière. Cependant, l'opinion ne se range pas derrière ses élus et, jusqu'en 1993, on compte une proposition de loi par an en faveur du rétablissement. La question est tranchée en septembre 1993 par l'instauration de la « perpétuité réelle » assortie d'une peine de sûreté de trente ans.

PÈLERINAGE

Voyage vers un lieu sacralisé par l'accomplissement de miracles ou par des apparitions, accompli par des hommes en quête de miracles, de sacré, de bienfaits spirituels, de prophètes ou de thaumaturges.

Dans le monde païen, ces lieux hantés par les dieux impliquaient la présence d'eau (sources), de pierres (dolmens, menhirs ou montagnes) ou de feu (soleil couchant sur certaines côtes de l'Océan). Dès les origines, ces endroits sont de surcroît des lieux de rassemblement, des facteurs de stabilité dans un monde encore à la limite du nomadisme. C'est pourquoi s'y mêlent inextricablement piété, fête et commerce. L'Église chrétienne a compris très tôt qu'elle avait avantage à christianiser ces anciens sanctuaires plutôt qu'à chercher à les détruire. Elles les a alors authentifiés, organisés, disciplinés autant qu'il était possible. C'est ainsi que les déesses-mères vénérées depuis la nuit des temps au Puy, Rocamadour ou Chartres ont été remplacées par la Vierge Marie et que l'antique mont Tombe a été christianisé par saint Michel. Par ailleurs, le christianisme a créé ses propres sanctuaires sur les tombeaux des saints martyrs ou sur des reliques de ces saints, attirant ainsi des foules aussi généreuses qu'avides de miracles de toutes sortes. Les lieux de pèlerinage se multiplient à partir du VIIIe siècle, lorsqu'est autorisée l'exhumation des restes des martyrs, ainsi que le morcellement des corps. Les plus riches sont l'objet de convoitises et le vol des reliques alimentent des trafics fructueux. Si nécessaire, des saints peuvent posséder plusieurs têtes, voire plusieurs corps. Ainsi, un saint apôtre aussi célèbre que saint Jacques avait, outre son tombeau à Compostelle, un corps dans un tombeau à Angers, un autre à Toulouse, un autre encore près de Grenoble, le tout complété par une tête à Arras ainsi que des ossements de tailles diverses disséminés dans de nombreux Trésors d'églises. Pour les fidèles en effet, chaque saint était à la fois un et multiple, et jamais avant la fin du XVe siècle un pèlerin ne s'étonnait de rencontrer sur son chemin plusieurs corps du même personnage, complétés par quelques reliques éparses. Et pourtant l'Église, dès le XIIIe siècle, s'efforce de plaquer plusieurs identités sous chaque nom (par exemple saint Jacques le Majeur, le Mineur...).

Malgré l'Église ou avec son accord, le pèlerinage médiéval reste un lieu de rencontres, de fêtes et de commerce. À Paris, par exemple, la célèbre foire du Lendit est née autour du tombeau de saint Denis, à l'abbaye de Saint-Denis. Des industries se sont créées, ainsi celle du travail du bois à Saint-Claude dans le Jura, autour du tombeau de saint Claude, les artisans fabriquant à l'origine des chapelets et autres objets pieux. On danse beaucoup jusque dans les églises, on boit, on se livre à la prostitution sans que personne n'arrive à réglementer vraiment ces activités. Pendant tout le Moyen Âge, la pratique du pèlerinage est commune à l'ensemble des fidèles, variable seulement selon la distance parcourue. Les déplacements s'effectuent de façon courante dans des rayons allant d'une dizaine de kilomètres à une centaine, ce qui n'exige que des absences assez courtes du domicile. Contrairement à une idée répandue, les pèlerinages lointains sont en revanche beaucoup plus rares, exigeant des sommes d'énergie, de temps et d'argent difficilement compatibles avec les contingences de l'époque.

Le temps de la Contre-Réforme, à partir du XVIe siècle, change l'esprit du pèlerinage, les protestants condamnant l'importance accordée aux reliques, la vénération de fausses reliques, la conception quasi-magique de leur influence. Pour répondre à ces critiques, l'Église modifie sa position en supprimant la quasi-totalité des sanctuaires locaux anciens, ce qui a pour conséquence de pousser les pèlerins vers les sanctuaires plus lointains, Rome et Compostelle en particulier. Puis, peut-être pour combler les vides, de nouveaux sanctuaires locaux apparaissent, dans lesquels on peut vénérer de nouveaux saints, tels saint François de Sales ou sainte Jeanne de Chantal, fondateurs de la congrégation de la Visitation. Se créent aussi de nouveaux sanctuaires : entre 1673 et 1689 à Paray-le-Monial, une simple religieuse visitandine, Marguerite Alacoque, a ainsi le privilège de voir plusieurs fois le Christ lui demandant de répandre la dévotion au Sacré-Cœur.

Passé la Révolution française et la vague de déchristianisation, le besoin de sanctuaires locaux se fait à nouveau fortement sentir. La Vierge prend alors le relais. Elle apparaît en 1830 à Catherine Labouré, religieuse au couvent des Filles de la charité, rue du Bac à Paris, puis en 1846 à deux bergers de la Salette, dans les Alpes, et encore en 1858 à Bernadette Soubirous, bergère de Lourdes, un peu plus tard à Pontmain ou à Pellevoisin... Dans le même temps, en 1854, le pape Pie IX proclame le dogme de l'Immaculée Conception qui divisait les théologiens depuis le Moyen Âge. Désormais, il devient obligatoire pour tout catholique de croire que Marie fut elle-même conçue sans la tache du péché originel. Du curé d'Ars à sainte Thérèse de Lisieux fleurissent toujours de nouveaux saints, et de nouveaux sanctuaires s'imposent.

Aujourd'hui, les pèlerinages connaissent le même succès que par le passé. Pour certains, ils répondent toujours à une soif de culture religieuse, à un désir d'union des hommes dans la paix, même s'ils ne semblent plus, pour d'autres, que simples manifestations de culture religieuse. 6 millions de personnes viennent à Lourdes chaque année et la chapelle de la maison-mère de la Communauté des filles de la Charité, en reçoit 2 à 3 millions. De nouveaux sanctuaires se créent presque spontanément, tel celui de Porcaro dans le Morbihan où chaque année 7 000 motards en tenue de parade viennent le 15 août faire bénir leur engin par la Vierge de Fatima. D'autres reprennent vie, à l'instigation des fidèles, ainsi le pèlerinage en hommage à saint Jacques célébré le 25 juillet à Locquirec (Finistère), avec présentation de la relique conservée au Trésor de l'église (une parcelle de sang de saint Jacques), messe, procession s'achevant par une bénédiction des bateaux. De Rocamadour à Sainte-Anne d'Auray, de Paray-le-Monial au Puy, les grands sanctuaires français se concurrencent où s'organisent en chaînes de tourisme religieux pour attirer les pèlerins. Aujourd'hui comme hier, tout en rêvant profit, ils espèrent en même temps pouvoir répondre à une demande toujours plus forte d'écoute, de dialogue ou d'approche des exclus.

PÉLISSIER Aimable Jean Jacques, duc de Malakoff (Maromme, Seine-Inférieure, 1794 – Alger, 1864)

Maréchal de France.

Après avoir servi dans l'armée d'Alsace en 1815, cet ancien élève du Prytanée militaire gagne ses galons d'officier lors des expéditions d'Espagne (1823) et de Grèce (1828). Lieutenant-colonel en 1839, il se distingue en Algérie par sa bravoure et son esprit d'initiative, qualités qui l'élèvent successivement aux rangs de colonel en 1842, puis de général de brigade quatre ans plus tard. La IIe République lui confie le commandement de la région d'Oran, puis le prince-président Louis Napoléon le charge de l'intérim pour l'Algérie tout entière. Son adhésion sans réserve au coup d'État du 2 Décembre lui assure de nouvelles promotions. Napoléon III donne au vainqueur de Laghouat, dans le Sud algérien, le commandement du Ier corps d'armée du contingent destiné en 1854 à la Crimée. Les hésitations continuelles de Canrobert, premier commandant en chef des opérations de siège de Sébastopol, incitent l'empereur à confier au printemps de 1855 ce commandement à Pélissier. Celui-ci donne effectivement aux opérations une impulsion nouvelle, que ponctuent un bombardement intense du port en avril, la prise du Mamelon-Vert le 9 juin, la victoire de Traktir le 16 août, bilan assombri cependant par l'échec d'un assaut le 18 juin contre la tour de Malakoff. Il faut monter une opération en règle qui est couronnée de succès le 8 septembre, résultat qui entraîne le départ des Russes et vaut au général le titre de maréchal de France. Nommé duc de Malakoff en juin 1856, il devient vice-président du Sénat en décembre suivant, puis ambassadeur à Londres (1858). Il reprend du service l'année suivante, l'empereur lui confiant, durant la campagne d'Italie, le commandement de l'armée de Lorraine, destinée à surveiller la Prusse. Le maréchal termine sa carrière en qualité de gouverneur général de l'Algérie.

PELLETAN Camille (Paris, 1846 – Paris, 1915)

Journaliste et homme politique.

Fils d'Eugène Pelletan. Diplômé de l'École des chartes en 1869, il ne tarde pas à abandonner les archives pour le journalisme. Ses articles, publiés dans *La Tribune* et *Le Rappel*, lui valent un mois de prison. Correspondant du *Rappel* pendant la guerre franco-prussienne, Pelletan continue à collaborer à ce journal au début de la IIIe République. Ses idées politiques le rapprochent de plus en plus de l'extrême gauche. C'est ainsi qu'en 1880, sur la proposition de Clemenceau, il devient rédacteur en chef de *La Justice*. Candidat radical aux élections de 1881, il est élu à la fois à Paris et dans les Bouches-du-Rhône et choisit de représenter le département méditerranéen. Il sera député d'Aix-en-Provence jusqu'en 1912. À la Chambre, le nouvel élu s'oppose en particulier à la politique coloniale. Rapporteur de la commission chargée d'étudier le vote de crédits extraordinaires destinés au Tonkin et à Madagascar, Pelletan réclame à la tribune l'abandon de la politique coloniale menée précédemment et le rejet des crédits. Ces derniers ne sont votés qu'à une faible majorité, et le ministère Buisson tombe. Pelletan continue à s'opposer à ses successeurs, Rouvier en particulier. Cependant, devant le développement du danger boulangiste, il rejoint les autres républicains. Ardent dreyfusard, le député des Bouches-du-

Rhône apporte son soutien à Waldeck-Rousseau. En 1901, il est le rapporteur du premier congrès radical-socialiste. L'année suivante, Combes lui offre le portefeuille de la Marine.

Intelligent, érudit, plein d'humour, le nouveau ministre veut démocratiser la Marine. Il refuse, par exemple, de recevoir les amiraux, alors qu'il accueille les grévistes, ouvriers et marins et les défend contre leurs supérieurs. Les nouveaux cuirassés sont baptisés *Liberté* ou *Égalité*. La construction de ces cuirassés est du reste ralentie sur ordre du ministre. La droite critique véhémentement ce dernier, que les républicains ne soutiennent guère. Combes doit même accepter la création d'une commission chargée d'examiner la gestion de son ministère. S'il a réussi à imposer quelques réformes, Pelletan a scandalisé la Marine, de traditions monarchistes et d'esprit conservateur. Son attitude contribue finalement à la chute du ministère Combes. L'ancien ministre favorise ensuite le rapprochement de son parti et des socialistes, et, anticlérical féroce, contribue à la séparation de l'Église et de l'État. Sénateur des Bouches-du-Rhône en 1912, il s'oppose à la loi portant à trois ans le service militaire. Camille Pelletan est l'auteur des *Associations ouvrières dans le passé* (1874) et du *Comité central et la Commune* (1879).

PELLETAN Eugène (Saint-Palais-sur-Mer, 1813 – Paris, 1884)

Homme politique.

Il collabore à *La Presse* de Girardin en 1837. Élu député en 1863, il s'inscrit parmi les plus violents opposants à l'Empire et devient, en 1868, rédacteur en chef de *La Tribune*. Après la chute de l'Empire et la proclamation de la République, le 4 septembre 1870, Pelletan entre dans le gouvernement de la Défense nationale avec le portefeuille de l'Instruction publique. Député des Bouches-du-Rhône à l'Assemblée nationale élue le 8 février 1871, il appartient au groupe de l'Union républicaine. Sénateur des Bouches-du-Rhône en 1876, il combat la politique du 16 Mai, réclame la liberté de la presse, tout en s'opposant au cléricalisme. La Chambre dissoute en 1877, Pelletan se présente à nouveau dans les Bouches-du-Rhône. De nombreux incidents dus à son exubérance et à sa virulence marquent sa campagne électorale, en particulier à Marseille. Réélu vice-président du Sénat en 1879, il appuie avec vigueur, l'année suivante, le fameux article 7 sur les congrégations religieuses. Élu sénateur inamovible en 1884, il meurt peu après. Parmi ses ouvrages figurent la *Profession de foi du XIXe siècle* (1852), *Les Droits de l'homme* (1859), *La Femme au XIXe siècle* (1869) et *Dieu est-il mort ?* (1883).

PELLOUTIER Fernand (Paris, 1867 – Sèvres, Hauts-de-Seine, 1901)

Syndicaliste.

Ancien élève du petit séminaire de Guérande, il est successivement guesdiste, puis anarchiste, avant de s'éloigner des vieux partis pour promouvoir au sein de la Fédération des Bourses du travail l'idéologie anarcho-syndicaliste selon laquelle les syndicats sont les cellules de la société de l'avenir, et la grève générale le moyen de destruction du monde capitaliste (*De la révolution par la grève générale*, 1892). Secrétaire adjoint de la fédération en 1894, il fait voter avec l'aide de son ami Aristide Briand, au congrès de la Fédération nationale des syndicats, à Nantes (septembre 1894), contre les guesdistes, un texte qui reconnaît la grève générale comme le plus efficace des moyens révolutionnaires. Dès lors, derrière lui, la masse des militants syndicaux, secouant la subordination de l'économique au politique, s'éloignent du guesdisme qui ne parviendra plus jamais à rétablir son autorité sur le monde ouvrier. Pelloutier est l'auteur d'une *Histoire des Bourses du travail* où il précise sa conception de l'action syndicale, hors de toute influence politique et fondée sur l'unité fédérative des forces ouvrières et sur une « éducation morale », administrative et technique, « nécessaire pour rendre viable une société d'hommes frères et libres ».

PENSION

Allocation versée sous l'Ancien Régime de manière discrétionnaire par le pouvoir royal au bénéfice de personnes titulaires le plus souvent – mais pas obligatoirement – de fonctions publiques.

Fort prisées à toutes les époques de la monarchie française, les pensions sont souvent des gratifications personnelles dénuées de toute contrepartie de services rendus au pays, et uniquement motivées par l'appartenance à telle ou telle coterie. Ce caractère laxiste fera que les grandes assemblées du royaume demanderont régulièrement un assainissement de cette pratique. Le code Michau, en 1629, tente d'agréger à la remise des pensions des règles budgétaires élémentaires, tant en ce qui concerne le montant des sommes prévues à cette destination que le contrôle du volume d'argent effectivement versé. Toutefois, bien que de nombreuses dispositions aient tenté de normaliser le procédé (déclaration de 1717, de 1725, édit de 1759, déclaration de 1770), aucun de ces textes n'a eu d'application sensible ou durable. Souvent aussi, les pensions versées par le Trésor royal viennent récompenser ou aider des personnes notoirement méritantes et auxquelles le pays peut, à juste titre, être reconnaissant. De même, il arrive que les pensions servent à rembourser l'abandon volontaire d'un bénéfice ecclésiastique par son titulaire. D'après le célèbre *Compte rendu au roi de Monsieur Necker* de 1781, le montant des pensions en France, à cette époque, aurait avoisiné 28 millions, chiffre double du montant moyen des pensions versées dans l'ensemble des autres pays occidentaux. Et tandis que l'État s'appauvrit, les pensions vont, elles, augmentant : si le *Livre rouge* des contrôleurs généraux indique, pour les années prérévolutionnaires, un chiffre légèrement supérieur à 2 millions, le montant réel des pensions à la fin de l'Ancien Régime se situait, selon les estimations les plus crédibles, entre 30 et 33 millions.

PENTHIÈVRE Jeanne de : voir JEANNE de PENTHIÈVRE

PENTHIÈVRE Louis Jean Marie de BOURBON, duc de (Rambouillet, 1725 – Château de Bizy, près de Vernon, 1793)

Amiral de France.

Fils du comte de Toulouse (lui-même fils naturel légitimé de Louis XIV et de Mme de Montespan) et de Marie de Noailles. Dernier héritier des fils légitimés de Louis XIV et peut-être, de ce fait, possesseur de la plus grosse fortune du royaume. Amiral de France en 1734 – c'est-à-dire à 9 ans, sans avoir, bien sûr, jamais navigué –, il succède trois ans plus tard à son père dans ses charges de grand veneur et de gouverneur de Bretagne. Penthièvre combat à Dunkerque et à Fontenoy, sous les ordres du duc de Noailles, défend ensuite la Bretagne contre les Anglais. Inclinant davantage vers la réflexion et une vie paisible que vers les combats, bien qu'il se soit conduit avec éclat à Fontenoy, il décide d'abandonner la carrière militaire. Pieux, généreux, désintéressé, le duc de Penthièvre distribue sans compter son énorme fortune. Mécène, il accueille en son château de Sceaux, dont il fait embellir le parc et les bâtiments, les artistes et gens de lettres, en particulier Florian. La mort de son épouse Marie-Thérèse d'Este, en 1754, celle de son fils Louis Alexandre, prince de Lamballe, en 1768, l'affectent profondément. Bien qu'il se tienne à l'écart de la vie politique, Penthièvre fait partie, en 1787, de la première Assemblée de notables. Le 14 juillet 1789, il donne asile au prince de Conti. Très aimé de la population des environs de Vernon, il ne souffre pas personnellement de la tourmente révolutionnaire. Mais la mort tragique de sa belle-fille, la princesse de Lamballe, amie de Marie-Antoinette, tuée au cours des massacres de Septembre, assombrit ses derniers jours. Sa fille Louise Marie Adélaïde avait épousé en 1769 le duc de Chartres, futur Philippe Égalité. À sa mort, ses biens allèrent aux Orléans.

PÉPIN Ier d'AQUITAINE (?, 803 – Poitiers, 838)

Roi d'Aquitaine (817-838).

Deuxième fils de Louis le Pieux et d'Ermengarde, il administre déjà l'Aquitaine quand il est nommé officiellement roi de ce pays. Comme ses frères Lothaire et Louis, il se révolte à plusieurs reprises contre son père, notamment en 830, 831 et 833. Il y gagne un agrandissement de ses États du côté de la Bourgogne. Le partage de 837 lui donne encore le pays entre Loire et Seine, ainsi qu'un important territoire au nord de ce dernier fleuve. Sa mort, l'année suivante, met son jeune fils Pépin II en fâcheuse posture.

PÉPIN II d'AQUITAINE (?, v. 823 – Senlis, apr. 864)

Roi d'Aquitaine (837-864).

Fils du précédent, il éprouve les plus grandes difficultés à faire respecter ses droits. Si les Aquitains le reconnaissent comme leur souverain, son grand-père Louis le Pieux dispose à sa guise de ses États, qu'il donne à son dernier fils Charles (Charles le Chauve). De longs conflits en résulteront. Allié à Lothaire, Pépin est battu en même temps que lui à Fontenoy en 841. Le traité de Verdun, en 843, continue à ignorer son existence. En 845, à Fleury-sur-Loire, Pépin veut bien se déclarer vassal de son oncle, à condition que celui-ci le laisse jouir en paix de son royaume. Mais, dès 848, Charles entre en guerre contre lui. Toulouse est prise en 849. Trahi par le duc de Gascogne, Pépin est capturé en 852. Il s'évade bientôt, rallie quelque temps ses sujets qui, finalement, l'abandonnent en 856. Il est pris une seconde fois en 864 et condamné à mort. Gracié, il est enfermé dans un monastère de Senlis où il finit ses jours à une date inconnue.

PÉPIN LE BREF (Japille, v. 715 – Saint-Denis, 768)

Maire du palais puis roi des Francs (751-768).

Fils cadet de Charles Martel et de Rothrude, il reçoit à la mort de son père le gouvernement de la Bourgogne, de la Neustrie et de la Provence, tandis que son frère aîné Carloman hérite de

Pépin le Bref
Détail de son tombeau : tête du gisant, de profil, XIIIe siècle. Saint-Denis, basilique. © *Lauros-Giraudon*

l'Austrasie, de l'Alamannie et de la Thuringe. Les deux frères exercent le pouvoir conjointement pendant six ans, après avoir emprisonné leur demi-frère Griffon, que Charles Martel avait eu d'une concubine, Swanehilde. Ils doivent faire face à une révolte générale de toutes les parties excentriques du royaume mérovingien, dont ils triomphent. Leurs expéditions contre les Saxons, le duc de Bavière Odilon, le duc d'Aquitaine Hunaud et surtout les Alamans (742, 744, 746) sont couronnées de succès. Mais les dangers courus les convainquent de la nécessité d'abriter leur pouvoir derrière la royauté et, dès 743, ils rétablissent sur le trône un Mérovingien, Childéric III, sans que leur autorité en soit diminuée. Conscients également, comme leur père, de l'importance que représente pour le développement de leur autorité l'évangélisation de la Germanie, ils accordent leur appui à saint Boniface et lui assurent en 746 le siège épiscopal de Mayence. Ils le chargent également de réformer le clergé franc (742-744) et, sous son influence, restituent partiellement à l'Église les biens que leur père lui avait confisqués, mais ne lui permettent pas de restaurer une autorité métropolitaine directement rattachée à la royauté.

Carloman ayant abdiqué en 747 pour se retirer au mont Cassin, Pépin est dès lors seul maire du palais. Il triomphe d'une nouvelle insurrection en Bavière (748-749), suscitée par Griffon, qu'il avait libéré, et la Bavière lui restera soumise jusqu'à la majorité de son duc Tassilon (763). Il se trouve alors dans les conditions les plus favorables pour réaliser à son profit un changement de dynastie. Afin d'écarter les résistances qui auraient pu trouver dans une atteinte à la légitimité une justification ou un prétexte, il sollicite l'avis de Rome et, sur la réponse favorable du pape Zacharie, dépose Childéric III, puis se fait élire roi des Francs par l'Assemblée des grands et, introduisant dans la monarchie franque un usage renouvelé des traditions juives et wisigothiques, se fait sacrer par les évêques présents, dont saint Boniface (754). Élu non seulement de son peuple, mais aussi de Dieu, il légitime ainsi son usurpation par le sacre. La dynastie des Carolingiens est fondée.

Menacé par le roi des Lombards Aistolf, le pape Étienne II vient bientôt à Ponthierry solliciter son intervention (754). En échange de sa promesse de soutien, Pépin obtient une confirmation éclatante de son accession au pouvoir : le pape le sacre une seconde fois de ses propres mains, ainsi que ses deux fils (754). Puis, conformément à sa promesse, il entre en campagne contre Aistolf et l'oblige par deux fois à « rendre à saint Pierre » l'exarchat de Ravenne dont ce dernier s'était emparé (756). Après ce succès, le roi des Francs se tourne vers la Septimanie qu'il enlève aux musulmans (752-759). Enfin, au terme d'une longue lutte contre le duc Waifre (760-768), il annexe l'Aquitaine à son royaume. Il mène également deux expéditions victorieuses contre les Saxons (753 et 758), mais ne peut éviter que le duc de Bavière Tassilon se rende indépendant. Devenu roi, il reste fidèle à la politique qu'il avait menée jusque-là à l'égard de l'Église franque et rend obligatoire le paiement de la dîme dans le dessein d'indemniser l'Église de la spoliation dont elle avait été victime sous Charles Martel (peu avant 765). C'est enfin lui qui, en 756, a déplacé l'époque de l'assemblée des guerriers en armes du mois de mars au mois de mai. Au retour de sa dernière campagne d'Aquitaine, malade et sentant venir la mort, Pépin partage, comme son père, son royaume entre ses deux fils, l'aîné Carloman et le cadet Charles, le futur Charlemagne.

PÉPIN d'HÉRISTAL ou de HERSTAL, PÉPIN LE JEUNE, dit (?, v. 640 – Jupille, 714)

Maire du palais d'Austrasie.

Fils d'Ansegisel (lui-même fils de saint Arnoul) et de Begga ou Bige (fille de Pépin de Landen), il profite de la mort de Dagobert II, en 679, pour ressaisir la mairie d'Austrasie qu'avait perdue son oncle Grimoald, et rend ainsi la guerre inévitable avec la Neustrie. Plusieurs fois vaincu, notamment à Leucofao, près de Laon, en 680, il finit par triompher à Tertry en 687, et cette seule bataille lui permet de s'imposer définitivement à ses adversaires. Désormais maître effectif des trois royaumes francs – Austrasie, Neustrie et Bourgogne –, il maintient la royauté en la personne du Mérovingien Thierry III. Pour ménager l'amour-propre des Neustriens et des Bourguignons, il leur conserve également un maire du palais. Il choisit Norbert, qu'il remplace à sa mort (vers 700) par son propre fils Grimoald. Après plusieurs années de luttes, il réussit à refouler les Frisons, dont les incursions devenaient menaçantes, au nord du Rhin (689-695), relève Utrecht et y installe comme évêque le missionnaire anglais Willibrord (695 ou 696). Puis il rétablit l'hégémonie des Francs sur les Alamans, détrône leur duc Willehari et le remplace par Théobald (712). Son fils Grimoald II ayant été assassiné (714), il fait désigner par la cour royale comme maire du palais des trois royaumes un fils naturel de ce dernier, Théodoald, âgé de 6 ans. Mais sa veuve, Plectrude, qui gouvernait au nom de l'enfant, ne peut faire face à une révolte des Neustriens, et c'est un fils bâtard de Pépin et de sa concubine, Alpaïde, Charles Martel qui réussit à s'emparer du pouvoir.

PÉPIN de LANDEN, PÉPIN L'ANCIEN, dit (?, v. 580 – ?, 640)

Maire du palais d'Austrasie.

Son nom apparaît lors de la révolte de l'aristocratie austrasienne contre Brunehaut. Pépin de Landen dirige le mouvement avec Arnoul, évêque de Metz (613). Nommé maire du palais par Clotaire II, il se voit confier le gouvernement de son fils aîné, le futur Dagobert Ier. Sous le règne de ce dernier, il continue à occuper les fonctions de maire du palais, conjointement avec saint Arnoul puis, à partir de 631, avec Chunibert qui sera, lui aussi, canonisé. Dagobert le retient auprès de lui en 634, mais il reprend le gouvernement de l'Austrasie à la mort du roi (639). Lorsque lui-même disparaît, le pouvoir de sa maison est déjà fortement enraciné. Dans certains diocèses, il est honoré comme bienheureux, le 21 février.

PÉPINIDES ou PIPPINIDES

Famille franque d'Austrasie dont descend la dynastie des Carolingiens.

Elle est le produit de l'alliance de deux grands propriétaires particulièrement influents dans les pays rhénans et mosellans : saint Arnoul, évêque de Metz, et Pépin l'Ancien ou de Landen, maire du palais d'Austrasie, qui marient leurs enfants, Ansegisel et Begga. De cette union naît Pépin d'Héristal, qui devient maire du palais d'Austrasie en 679 et ne tarde pas à instaurer son autorité sur l'ensemble des Francs. Après avoir perdu deux fils, Pépin désigne comme héritier son petit-fils Théodoald. Mais, à la mort de Pépin (714), sa veuve Plectrude, régente, est victime d'un soulèvement des Neustriens et des Austrasiens. C'est un bâtard de Pépin d'Héristal qui l'emporte finalement, Charles Martel. Celui-ci exerce la plénitude du pouvoir à partir de 714, année où la royauté devient vacante. Après sa mort en 741, ses fils Carloman et Pépin le Bref rétablissent le Mérovingien Childeric III. Seul maire après l'abdication de son frère en 747, Pépin se décide à déposer Childéric et à se faire élire roi à sa place (751). Pépin partagera ses États entre ses fils Carloman (mort en 771) et Charles (Charlemagne), chef de la lignée carolingienne au sens strict.

PERDIGUIER Agricol (Morières-lès-Avignon, 1805 – Paris, 1875)

Compagnon et homme politique.

Ouvrier menuisier, compagnon du Devoir de liberté sous le nom d'Avignonnais-la-Vertu, il accomplit son tour de France de 1824 à 1828. À Paris, de 1829 à 1831, Perdiguier perfectionne son instruction et la connaissance de son métier. Définitivement établi dans la capitale en 1832, il acquiert bientôt une certaine célébrité, se lie avec George Sand, qui écrira en 1841 le *Compagnon du tour de France*, et avec la comtesse d'Agoult. En 1839, Perdiguier publie *Le Livre du compagnon*. Il ouvre ensuite, faubourg Saint-Antoine, une école de dessin à l'intention des ouvriers. Député de la Constituante en 1848, puis de la Législative, il siège au sein de la gauche modérée et combat pour la limitation de la durée de la journée de travail. Son opposition au coup d'État du 2 Décembre lui vaut d'être incarcéré, puis proscrit. L'ancien menuisier se réfugie alors en Belgique, puis à Genève où il publie en 1854 les *Mémoires d'un compagnon*. De retour à Paris, en 1856, Perdiguier ouvre une petite librairie, dans le même local qu'un débit de vin. Ses affaires ne sont guère florissantes, et il mourra presque oublié. Le compagnonnage, même renouvelé, ne pouvait sans doute pas améliorer la condition des ouvriers. Le combat d'Agricol Perdiguier, ses tentatives, n'en sont pas moins symboliques d'un certain courant populaire du milieu du XIXe siècle.

PÈRE DUCHESNE ou DUCHÊNE (Le)

Personnage popularisé par la farce et le théâtre et qui, bien avant la Révolution, avait servi de titre à des pamphlets.

Le Père Duchesne réapparaît en 1789, et deux hommes s'en disputent la paternité ; elle semble revenir à Lemaire, auteur des *Lettres bougrement patriotiques du véritable père Duchesne*, mais la postérité n'a retenu que la feuille d'Hébert. En 1790, sous le pseudonyme du père Duchesne, le révolutionnaire fait paraître une trentaine de feuillets, sans numéro ni titre générique, dont le premier est probablement *Je suis le véritable père Duchesne, foutre*. Une deuxième série portant le titre du *Père Duchesne* et numérotée de 1 à 355, paraît de 1791 à 1794, date de l'exécution d'Hébert. Dans un langage cru, sinon ordurier, ce dernier dénonce tout ce qui lui paraît dirigé contre le peuple et exprime les propos les plus violemment révolutionnaires. Toujours pendant la Révolution, un autre *Père Duchesne* paraît à Lyon ou plutôt Commune-Affranchie. Le titre réapparaît à diverses reprises, en 1848-1849, et pendant la Commune, avec le *Père Duchêne* d'Eugène Vermersch. Beaucoup d'autres publications portant le même titre, de simples feuilles le plus souvent, paraissent en même temps. On a noté aussi, pendant la Révolution en particulier, des *Mère Duchesne* et *Fils Duchesne*.

PÉRÉFIXE Hardouin de BEAUMONT de (Beaumont, près de Châtellerault, 1605 – Paris, 1670)

Archevêque.

Précepteur de Louis XIV en 1644, il l'incite à suivre les traces de son grand-père Henri IV dont il écrira une biographie en 1661. Évêque de Rodez en 1648, archevêque de Paris en 1662, il se heurte aux jansénistes. En 1664, les religieuses de Port-Royal refusent de signer le formulaire du pape Alexandre VII que Péréfixe leur présente, si bien que douze d'entre elles sont dispersées dans divers couvents, les autres faisant l'objet d'une étroite surveillance dans l'enceinte de Port-Royal des Champs. Dans cette opération, Péréfixe s'est acquis une telle réputation de dureté que la paix de l'Église de 1669 qui voit les droits des jansénistes préservés se fera sans lui. Il avait été élu à l'Académie en 1654.

PEREIRE Jacob Émile (Bordeaux, 1800 – Paris, 1875)

Financier et homme d'affaires.

Petit-fils de Jacob Rodrigues Pereira, dit Pereire (1715-1780), qui introduisit en France la première méthode d'instruction des sourds-muets. Après de solides études à Bordeaux, Pereire gagne la capitale en 1822 où le rejoint bientôt son frère Isaac (1806-1880). Courtier d'agent de change, le jeune homme entre en relation avec les saint-simoniens, dont les idées l'enthousiasment, colla-

Le père Duchesne
La grande joie et la grande colère du père Duchesne, Journal révolutionnaire. © *Lauros-Giraudon*

bore au *Globe*, puis au *National* de Carrel, entre autres feuilles où écrivent les esprits avancés de ce temps. Pereire, comme son frère, abandonne les disciples de Saint-Simon lors de la scission du mouvement, en 1831. Les deux frères resteront cependant fidèles aux théories saint-simoniennes. Portant au chemin de fer un intérêt passionné, Pereire souhaite construire une ligne reliant Paris à Saint-Germain et recherche capitaux et concessions. Il réussit à obtenir la participation de James de Rothschild, puis d'autres banquiers, et reçoit en 1835 une concession. La ligne Paris-Le Pecq est inaugurée le 24 août 1837, à une époque où bien peu de gens croient à l'avenir du chemin de fer. Pereire, directeur de la société dans laquelle il détient 2 000 actions, en achève l'organisation, puis crée la Compagnie des chemins de fer du Nord. Il devient en 1846 administrateur du chemin de fer Paris-Lyon, puis, en 1852, obtient la concession de celui du Midi, entre Bordeaux et Sète. La même année, un décret en date du 18 novembre autorise les frères Pereire et d'autres gens de finance, comme Achille Fould, à créer le Crédit mobilier. Banque d'affaires au capital de 60 millions, spécialisée dans les prêts à long terme aux industriels, le Crédit mobilier jouera un grand rôle dans le développement des chemins de fer et de l'industrie. Sa fondation provoque cependant une rupture entre les frères Pereire et Rothschild qui engagera bientôt contre ses anciens associés une lutte sans merci, en France comme à l'étranger. Car, avec le soutien de Napoléon III, les affaires des frères Pereire prennent une extension énorme. En France, ils contrôlent la Compagnie générale maritime, devenue la Compagnie générale transatlantique. Jacob Émile fait construire l'hôtel du Louvre, participe par l'intermédiaire de sa compagnie immobilière à toutes les opérations financières et immobilières qui accompagnent la transformation de la capitale. En rivalité constante avec les Rothschild, les frères Pereire, par l'intermédiaire du Crédit mobilier, prêtent à l'État pour le financement des guerres de Crimée et d'Italie, participent à la fondation du chemin de fer et du Crédit mobilier espagnols, des chemins de fer autrichien, russe, etc. L'Empereur les fait officiers de la Légion d'honneur. Pereire est élu député de la Gironde en 1863, mais, médiocre orateur, il n'interviendra guère à la tribune du Corps législatif. La même année, son frère est élu député des Pyrénées-Orientales. Il abandonnera la carrière politique en 1869.

Cependant, le Crédit mobilier ne peut résister à la crise de 1867 et doit être mis en liquidation l'année suivante, comme la Compagnie immobilière. Les deux frères sont alors poursuivis par les actionnaires, auxquels les opposeront de nombreux procès sous la IIIe République. Napoléon III, qui avait fait des frères Pereire ses conseillers, les abandonne à leurs ennemis. Jacob, qui interrompt sa carrière politique en 1869, se trouve à la fin du Second Empire moins riche et moins influent qu'auparavant mais non point ruiné, car il avait su se montrer prudent. Après sa mort, son frère Isaac prend la tête des affaires, auxquelles il avait toujours été associé.

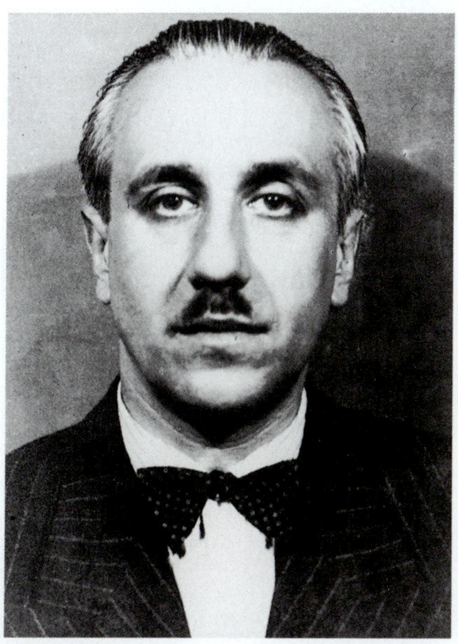

Gabriel Péri
Gabriel Péri au début de la guerre. © *Lapi-Viollet*

PÉRI Gabriel (Toulon, 1902 – Paris, 1941)

Homme politique.

Issu d'une famille de la petite bourgeoisie, il adhère au parti socialiste dès la fin de la Première Guerre mondiale et voue dès lors sa vie à la défense des idées d'extrême gauche. Secrétaire des Jeunesses communistes en 1922, Péri fait ses premières armes de journaliste dans *L'Avant-Garde*, journal de la fédération. Dès l'année précédente, ses prises de position lui ont valu un premier séjour en prison. Il y retournera en 1923, puis en 1929. Collaborateur de *Clarté*, le journal d'Henri Barbusse, il prend en 1924 la direction du service de politique étrangère de *L'Humanité*. De 1925 à 1939, Péri assiste ainsi, en tant que journaliste diplomatique, aux grandes conférences internationales. En France, il apparaît comme le porte-parole du parti communiste en matière de politique étrangère. En 1932, Péri est élu député de Seine-et-Oise. Son action devient particulièrement intense avec l'avènement d'Hitler, l'année suivante. À la Chambre ou dans les colonnes de *L'Humanité*, il ne cesse de dénoncer la montée du nazisme, les ambitions allemandes, affirme qu'il faut organiser la sécurité collective, s'allier à l'URSS et résister à l'oppression. Vice-président de la commission des Affaires étrangères de la Chambre en 1936, le député de Seine-et-Oise flétrit la « non-intervention » de la France dans la guerre civile espagnole, position qui aboutit, dit-il, à soutenir Franco. Il stigmatise ensuite Munich, un « Sedan diplomatique ».

Lorsque la guerre éclate, le parti communiste est interdit (26 septembre 1939), et Péri est déchu comme les autres élus communistes. Avec ces derniers, il participe à la constitution du groupe Ouvrier et Paysan. Puis, lorsque les poursuites sont engagées contre les communistes, l'ancien député rejoint la clandestinité, continuant à faire connaître ses positions par des écrits dans lesquels il dénonce Déat, Laval et Brinon. Il collabore ainsi aux *Cahiers* clandestins du parti. En avril 1941, il rédige contre le nazisme une brochure intitulée *Non, le nazisme n'est pas le socialisme*, dans laquelle il dénonce les nazis allemands et les « nazillons » français. Le 18 mai 1941, Péri est arrêté par la police de Vichy. Livré aux Allemands par Pierre Pucheu, ministre de l'Intérieur, enfermé à la Santé, il rédige son autobiographie. Le 5 décembre, un émissaire allemand lui propose la liberté s'il renie le parti. Péri refuse et, le 14 décembre au soir, apprend qu'il sera exécuté le lendemain. Dans la nuit, il rédige une lettre d'adieu demeurée célèbre, dans laquelle on lit notamment : « Que mes compatriotes sachent que je vais mourir pour que vive la France [...] Je vais préparer tout à l'heure les lendemains qui chantent... » Le lendemain, il est fusillé au mont Valérien avec d'autres otages.

PERIER Casimir (Grenoble, 1777 – Paris, 1832)

Homme politique.

Quatrième fils de Claude Perier, il est élu en 1817 député de Paris. Réunissant chez lui ses collègues libéraux, il devient l'une des premières figures de l'opposition parlementaire à Villèle, puis à Polignac. En 1830, à ses yeux, la révolution ne semble pas pouvoir réussir. Il se rallie néanmoins, comme à un moindre mal, au duc d'Orléans. Nommé président de la Chambre, c'est lui qui présente à Louis-Philippe la Charte révisée. Prônant la « résistance », il s'oppose à la politique, ou à l'absence de politique, de Laffitte. C'est que lui-même est en quelque sorte l'antithèse du bourgeois louis-philippard, uniquement préoccupé du sort de ses actions. Au « tout s'arrangera » de Laffitte, il répond par des actes énergiques dès que la formation du cabinet lui est confiée, en même temps que le portefeuille de l'Intérieur (13 mars 1831). Tout en se déclarant hostile aux interventions internationales de grande envergure, il fait entrer les troupes françaises en Belgique et à Ancône. À l'intérieur, une grande partie de son activité est consacrée à la restauration de l'ordre. Sous son autorité a lieu la répression de l'insurrection des canuts de Lyon, en novembre 1831. Mais les mesures policières qu'il se croit obligé de prendre, et qu'on lui imputera à crime, ne constituent pas l'essentiel de ses préoccupations. Dans une Chambre caractérisée par sa veulerie, il s'attache à restaurer un esprit de salut public. Ses apparences despotiques, qui terrorisent d'abord le roi, cachent une âme scrupuleuse, pleine de franchise et de conviction,

Casimir Perier
Huile sur toile de Louise Adélaïde Desnos, 1832, châteaux de Versailles et Trianon. © *RMN-Gérard Blot*

d'une moralité élevée. Il meurt du choléra qu'il a contracté lors d'une visite à l'Hôtel-Dieu. Il est permis de penser que, sans ce « maniaque énergique », le régime de Louis-Philippe, enferré dans ses contradictions, n'aurait jamais pu s'installer pour dix-huit ans. Celui dont Charles X avait dit : « Il est né, cet homme-là », avait même forcé l'admiration du républicain Carrel.

PERIER Claude (Grenoble, 1742 – Paris, 1801)

Financier.

Fabriquant de toile à Vizille et à Grenoble, il se trouve aux prises avec de graves difficultés financières lorsque la Révolution éclate. L'achat de biens nationaux lui permet alors de relever sa fortune. La mine d'Anzin, que l'on reprochera tant à son arrière-petit-fils Jean, fait partie de ses biens. Se sentant menacé par le pourrissement du Directoire, il entre avec d'autres gens d'affaires dans les conciliabules qui aboutiront au coup d'État du 18 Brumaire. La réussite de celui-ci lui vaut un rôle éminent dans la création de la Banque de France.

PÉRIGNON Dominique Catherine, comte puis marquis de (Grenade, 1754 – Paris, 1818)

Maréchal de France.

Officier en 1780, il abandonne trois ans plus tard la carrière militaire. Député à la Législative en 1791, il ne s'intéresse guère à la politique et, lorsque la Convention succède à la Législative, il rejoint les armées de la République. Commandant de la légion des Pyrénées, général en 1793, il se distingue en novembre de la même année à la Montagne Noire. En 1794, l'ancien député remplace Dugommier à la tête de l'armée des Pyrénées. Député aux Cinq-Cents en 1795, ambassadeur à Madrid la même année, après la paix de Bâle, il négocie habilement le traité d'alliance signé en 1796 par l'Espagne et la France. Pérignon rejoint ensuite les troupes qui prennent part à la campagne d'Italie, au cours de laquelle il est blessé et fait prisonnier. L'Empereur, qui apprécie sa prudence et son caractère amène, le fait maréchal de France en 1804, malgré sa carrière militaire assez limitée. Gouverneur de Parme et de Plaisance en 1806, Pérignon est placé deux ans plus tard à la tête de l'armée d'occupation de Naples. En 1811, Napoléon le fait comte d'Empire. Rallié aux Bourbons en 1814, pair de France la même année, il est fait marquis en 1817.

PÉRIGORD

Pays aquitain borné par l'Agenais, la Guyenne au sens étroit, la Saintonge, l'Angoumois, le Limousin et le Quercy.

Il doit son nom au *Petrocoricus* ou *Petragoricus pagus*, pays gallo-franc qu'habitaient les Pétrocores ou Pétrocoriens. Géographiquement, il correspond pour l'essentiel à l'actuel département de la Dordogne, se composant du Haut-Périgord (Périgueux) et du Bas-Périgord (Sarlat), desquels on peut distinguer le Nontronnais, au nord, et peut-être le Bergeracois, à l'ouest. Historiquement, il est bien loin de constituer une unité. Les comtes de Périgord, qui apparaissent sous les Mérovingiens, sont amovibles. Par la suite, l'ensemble du Périgord fait partie du duché d'Aquitaine. Au Xe siècle, il partage le sort de l'Angoumois et de la Marche. Ses premiers seigneurs héréditaires propres ont beau porter le titre de comtes de Périgord, ils ne possèdent en fait que Périgueux et quelques places. La lignée a pour tige Boson Ier le Vieux, d'abord comte de la Marche, puis comte de la Marche et de Périgord, mort à la fin du Xe siècle. Boson a pour fils Élie ou Hélie Ier et pour petit-fils Aldebert ou Adalbert, également premier du nom, et resté célèbre pour la réponse (« Qui t'a fait roi ? ») que, selon la légende, il aurait faite à Hugues Capet qui le rappelait à l'obéissance (« Qui t'a fait comte ? »). Après lui, les comtes de Périgord s'appellent tantôt Boson, tantôt Élie, tantôt Aldebert, et ce jusqu'au fils d'Élie V, Archambaud Ier, qui aura beaucoup d'homonymes dans sa descendance, en particulier Archambaud VI, dernier représentant de la branche aînée.

Il semble que les anciens comtes de Périgord, à la différence de beaucoup de féodaux, n'aient pas su profiter de la rivalité franco-anglaise pour s'affirmer dans leurs possessions. Voulant se conduire en princes indépendants, ils n'ont pas hésité à trahir sans scrupules leurs suzerains. Mais leur puissance n'était pas telle qu'on mît leur alliance à très haut prix. Pendant la guerre de Cent Ans, Archambaud V et Archambaud VI seront l'un et l'autre dépossédés par Charles VI. Le premier, fait prisonnier en 1394, ira mourir en Angleterre en 1399. Le roi restituera le comté, sauf Périgueux, au second, qui se rendra alors coupable d'un rapt et sera à son tour banni en 1399. La confiscation du fief profite à Louis d'Orléans. En 1430 ou 1438, le fils de celui-ci, Charles, vend ses droits à Jean de Blois-Penthièvre, également vicomte de Limoges, et dont la nièce et héritière, Françoise, épouse Alain d'Albret. Ainsi, en 1470, les sires d'Albret ajoutent un nouveau titre à ceux, fort nombreux, qu'ils possédaient déjà. Par leur descendant, Henri IV, le comté sera réuni à la couronne. Après avoir durement souffert des guerres de Religion, l'ensemble des pays périgourdins sera incorporé au gouvernement de Guyenne. Des anciens comtes de Périgord s'est détachée, au XIIe siècle, une branche qui a compté, sous le nom de Talleyrand, plusieurs hommes remarquables.

PÉRIGUEUX

Ville située sur l'Isle, au centre du pays de Périgord, dont elle est la capitale historique (aujourd'hui chef-lieu du département de la Dordogne).

Le site de Périgueux est occupé dès les temps préceltiques. Ce sont vraisemblablement les Gaulois Pétrocores qui lui donnent le nom de *Vesunna* (Vésone). La paix romaine permet la transformation de la bourgade en véritable cité. Non tant par l'augmentation de la superficie (qui restera assez modeste jusqu'à l'époque moderne) que par la construction de nombreux monuments que le monde romain considère comme indispensables à la vie policée : thermes, basiliques, aqueduc, temples (dont le temple de Vésone, dédié à la déesse tutélaire de la ville : il en reste la *cella* circulaire, qualifiée tour de Vésone), arènes (du IIIe siècle, les plus vastes de la Gaule selon certaines sources). Au IVe siècle, selon une tendance commune à toute la Gaule, *Vesunna-Petrocorios* se resserre entre des remparts qui se révéleront inefficaces face aux dévastations des Barbares. Il faut attendre le Xe siècle pour qu'elle retrouve un rôle politique véritable, quoique modeste, comme capitale du comté de Périgord. Aux XIe et XIIe siècles se crée, à côté de la cité, le faubourg de Puy-Saint-Front, où s'élève une imposante église abbatiale à coupoles, dédiée au premier évêque des Pétrocores, saint Front, qui vivait au début du IVe siècle. Après une période d'âpres rivalités, la cité et Saint-Front se réunissent en une seule communauté consulaire. Les conflits entre Capétiens et Plantagenêts soumettent les habitants de Périgueux à de longues tribulations : possession d'Aliénor d'Aquitaine, la capitale périgourdine est prise et confisquée par Philippe Auguste ; Saint Louis la rend aux Anglais ; puis Philippe le Bel en reprend le contrôle ; le traité de Brétigny la donne de nouveau aux Anglais qui

Périgueux
La cathédrale Saint-Front. © *Scope Jean-Luc Barde*

en seront chassés à diverses reprises jusqu'à la victoire définitive de la monarchie capétienne sous Charles VII.

Les guerres de Religion n'épargnent pas Périgueux, que le calviniste Langoiran prend par surprise en 1575. L'année suivante, Henri de Navarre, comte de Périgord, obtient que sa bonne ville soit laissée à ses coreligionnaires comme place de sûreté. Cela n'empêche pas les catholiques de tenter un coup de main en 1578. Par la suite, les Pétrocoriens connaîtront une existence plus paisible, troublée par le seul séjour des frondeurs aux ordres de Condé en 1651-1653. L'évêché de Périgueux, suffragant de Bordeaux, cessera d'exister entre 1791 et 1821.

PÉRONNE

Petrona. *Ville de la Somme, sur la Somme.*

D'origine romaine, *Petrona*, résidence des souverains mérovingiens, devient ensuite la capitale des comtes de Vermandois. En 923, le comte Herbert II enferme dans son château Charles III le Simple, qui y mourra six ans plus tard. Baudouin IX, comte de Flandre, s'empare de Péronne en 1097. Il appartiendra à Philippe Auguste de réunir la cité au royaume. En janvier 1200, celui-ci signe avec le comte de Flandre le traité de Péronne, par lequel il abandonne Douai, Aire, Saint-Omer et Béthune, mais conserve Arras, Bapaume, Lens et Hesdin. En 1207, la ville reçoit une charte de commune. D'un grand intérêt stratégique, Péronne est, au XVe siècle, avec les autres villes de la Somme, disputée entre les rois de France et les ducs de Bourgogne. Par le traité d'Arras, en 1435, Charles VII cède la place au duc de Bourgogne Philippe le Bon. Cession provisoire, le roi se réservant le droit de racheter les villes de la Somme. En 1463, Louis XI rachète donc Péronne et les autres cités à Philippe, pour peu de temps. En effet, le traité de Conflans, signé en 1465 par Louis XI et les chefs de la ligue du Bien public, dont Charles le Téméraire, en confirme la possession au duc de Bourgogne.

L'entrevue de Péronne, en octobre 1468, réunit Louis XI et Charles le Téméraire. Le premier veut persuader le second de renoncer à la guerre. Accompagné de sa garde écossaise et d'une faible escorte, 300 hommes, le roi arrive à Péronne le 9 octobre et s'installe au château, sous la protection de son hôte. Pendant deux jours, les négociations se déroulent paisiblement. Mais, le 11 octobre, arrive la nouvelle que Liège s'est soulevée contre le duc, avec l'appui de Louis XI. Ce dernier espérait à tort que les Liégeois attendraient la fin de ses négociations pour agir. Furieux, le Téméraire ordonne de fermer les portes de la ville, retenant le roi. Charles songe à emprisonner son adversaire, mais son entourage, couvert d'or par les conseillers du roi Balue et Saint-Pol, le presse de le libérer, moyennant des conditions rigoureuses. Le duc accepte et, le 14 octobre, présente au roi les clauses du traité de Péronne. Louis XI les accepte toutes, jure sur un morceau de la Vraie Croix de les respecter. Confirmant le traité de Conflans, il abandonne les villes de la Somme, les plaçant hors de la juridiction du parlement de Paris. Le roi promet aussi de donner en apanage à son frère la Champagne et la Brie, s'engage enfin à participer au châtiment des Liégeois. Deux ans plus tard, au cours d'une assemblée de grands et de prélats, Louis XI se fera délier des engagements contractés à Péronne. En 1477, à la mort du Téméraire, le roi reprend la ville. Assiégée en 1536 par les Impériaux commandés par Henri de Nassau, Péronne leur oppose pendant un mois une résistance victorieuse à laquelle prend part l'héroïque Marie Fourée. La paix de Monsieur, en 1576, donne au protestant Henri de Condé le gouvernement de la Picardie et d'un certain nombre de places, parmi lesquelles Péronne. Refusant d'obéir à des protestants, les catholiques de la province se groupent en une ligue, dite de Picardie, origine de la Sainte Ligue.

Prise par les Anglais durant les Cent-Jours (1815), puis par les Prussiens en janvier 1871, la ville souffrira beaucoup de la Première Guerre mondiale. Occupée par les Allemands à la fin du mois d'août 1914, évacuée en mars 1917, réoccupée de mars à septembre 1918, Péronne est alors presque entièrement détruite.

PERPIGNAN

Chef-lieu du département des Pyrénées-Orientales.

Située au bord de la Têt, à une douzaine de kilomètres du littoral, au milieu d'une plaine fertile et bien irriguée du Roussillon, Perpignan est, au Xe siècle, un domaine des comtes établi non loin de l'emplacement de l'antique cité de *Ruscino.* Autour de la forteresse, surveillant le passage de la rivière, prend alors forme une ville qui arbore au Moyen Âge, sur ses armes, deux tours crénelées, symbole de sa vocation. Les rois d'Aragon s'y installent au XIIIe siècle puis les rois de Majorque, lesquels édifient un important château. Alors commence l'âge d'or du Roussillon qui commerce avec Venise et l'Orient. Drapiers et teinturiers sont réputés. Un tribunal de mer siège en ville, confirmation de son importance commerciale, tandis qu'une université atteste son renom littéraire, artistique et scientifique. En 1462, la cité passe sous administration française, Jean II d'Aragon ayant remis la place à Louis XI en gage d'une dette. Charles VIII la restitue en 1493 à Ferdinand d'Aragon. Par deux fois, les troupes françaises reviennent devant la ville, en 1542 puis en 1597. Il faut attendre 1642 pour que Louis XIII et Richelieu parviennent à leurs fins, les Perpignanais rejetant alors la tutelle espagnole. Le traité des Pyrénées consacre, en 1659, le rattachement du Roussillon à la couronne de France. La Révolution fera de Perpignan un chef-lieu de préfecture mais supprimera l'université.

PERSIGNY Jean Gilbert Victor FIALIN, duc de (Saint-Germain-l'Espinasse, Loire, 1808 – Nice, 1872)

Homme politique.

Passé par l'école de Saumur, engagé à 17 ans, sous-officier à la fin de la Restauration, il est cassé en 1831 pour ses opinions républicaines. Bientôt, la lecture du *Mémorial de Sainte-Hélène* lui fait découvrir le bonapartisme, auquel il adhère avec passion. Dès 1834, Persigny rencontre Louis Napoléon, auquel l'attache bientôt un dévouement sans limites. Poussant le neveu de Napoléon à agir, Persigny prépare en 1836 le coup de main de Strasbourg. Réfugié en Angleterre après l'échec de cette entreprise, il prend part en 1840 à la tentative de Boulogne, qui connaît la même issue. Condamné à vingt ans de prison, le compagnon de Louis Napoléon est enfermé à Doullens, d'où il sera libéré pour maladie. Ses moments de loisirs forcés sont employés à la rédaction d'un curieux ouvrage, un mémoire sur l'*Utilité des pyramides d'Égypte,* publié en 1844. Après la révolution de février 1848, Persigny devient un des personnages essentiels de l'entourage de Louis Napoléon, son principal agent électoral lors de la préparation des élections présidentielles. Député de la Loire à la Législative, en 1849, il organise l'année suivante le parti de l'Élysée et pousse Louis Napoléon, toujours hésitant, à opérer le coup d'État du 2 Décembre. Lui-même y participe activement, menant un régiment contre l'Assemblée. Le 22 janvier 1852, Persigny remplace à l'Intérieur Morny, démissionnaire. Il sera nommé sénateur quatre jours plus tard. Le nouveau ministre organise avec le plus grand soin les élections au Corps législatif, retirant aux opposants tout moyen de faire campagne. Aussi, le 29 février, ne compte-t-on que cinq opposants élus. Au ministère de l'Intérieur, qu'il occupe jusqu'en 1854, Persigny continue de servir fidèlement Louis Napoléon, qu'il pousse à faire proclamer l'Empire. En 1852, il épouse la petite-fille du maréchal Ney, qui sera plus tard une des personnalités marquantes des Tuileries et de Compiègne.

Dès 1853, au sujet de la question turque, Persigny conseille à l'Empereur de soutenir l'Angleterre. Deux ans plus tard, Napoléon III le désigne pour occuper la délicate ambassade de Londres. Au début de 1858, craignant que le rapprochement franco-russe ne nuise à l'alliance franco-anglaise, Persigny propose à la reine une rencontre avec Napoléon III. L'entrevue aura lieu au mois de juillet. Démissionnaire en mars 1858, lorsque l'attentat d'Orsini met à nouveau en danger les relations franco-anglaises, Persigny est remplacé par Pélissier. Il retrouve son poste d'ambassadeur à Londres de 1859 à 1860 et tente en vain d'obtenir la médiation britannique dans l'affaire italienne. Nommé encore une fois ministre de l'Intérieur en novembre 1860, Persigny, loin de suivre l'évolution libérale du régime, reprend, en particulier lors de la préparation des élections, le procédé de la candidature officielle. Ses pressions exagérées et maladroites, ses attaques contre Thiers, aboutissent à l'opposé du but recherché : les élections du 31 mai 1860 sont un échec pour le gouvernement, à Paris surtout et dans les grandes villes. Aussi Napoléon III décide-t-il d'éloigner son fidèle mais encombrant serviteur, trop attaché aux méthodes autoritaires. Persigny abandonne le ministère au mois de juin. Fait duc, il reste dorénavant à l'écart de la vie politique. Ses *Mémoires* seront publiés en 1896.

PESTE NOIRE

Épidémie qui ravage l'Europe, en particulier la France, de 1347 à 1351.

Dès l'Antiquité, on donne le nom de pestes à toutes les épidémies qui font un grand nombre de victimes, sans que l'on puisse savoir aujourd'hui s'il s'agissait véritablement de la peste. Mais, en 1347, c'est bien la peste qui apparaît en Europe. Partie d'Asie centrale, elle a gagné la Chine et l'Inde avant d'atteindre les bords de la Méditerranée. En 1347, des Tatars venus du lac Baïkal, et porteurs des germes de la maladie, assiègent un port de Crimée. Plutôt que d'utiliser des boulets, ils expédient leurs morts en guise de projectiles. Des marchands italiens qui parviennent à s'enfuir de la ville assiégée ramènent ainsi la maladie en Europe. Transmis essentiellement par la puce du rat, le bacille est celui de la peste bubonique, qui se caractérise par l'apparition de bubons à l'aine, aux aisselles et au cou. Son développement est extrêmement rapide, 50 à 70 % des personnes atteintes meurent moins de cinq jours après la contamination.

En France, les premiers cas de peste noire, que l'on appelle aussi parfois peste de Florence, apparaissent dans le Midi, au printemps 1347. Marseille est atteinte au mois de novembre, puis le Languedoc, Avignon, la Bourgogne, Paris, l'Île-de-France, la Normandie, la Bretagne, le nord de la France enfin. En 1349, l'épidémie gagne l'Angleterre et l'Allemagne, l'Europe centrale est atteinte à son tour. La terreur s'abat sur l'Europe, qui n'a jamais connu un tel fléau. On estime le nombre de morts à 25 millions. En France, certaines provinces perdent les deux tiers de leur population. Le chroniqueur Froissart affirme que 16 000 personnes sont mortes à Marseille, 30 000 à Avignon, 45 000 à Lyon, 80 000 à Paris. La médecine est impuissante à enrayer l'épidémie. Pourtant, dès l'apparition de la maladie, Philippe VI demande à la Faculté de rechercher les remèdes susceptibles de combattre la « pestilence ». Médecins et astronomes remettent bientôt au roi un traité qui recommande d'allumer des feux de bois odoriférants, de se baigner dans l'eau chaude, de ne pas trop manger ; les viandes seront de préférence rôties ou accompagnées d'épices si elles sont bouillies. L'eau doit être distillée ou bouillie. Les médecins recommandent enfin de « faire abstinence de femme… » Quant aux remèdes, ils se limitent aux laxatifs et aux saignées qui aboutissent, en fait, à affaiblir le patient, plus réceptif encore à la maladie. Le clergé organise des processions solennelles, tandis qu'apparaissent, dans le nord de la France, les flagellants, avec tous leurs excès, finalement condamnés par l'Église.

En fait, les populations luttent essentiellement contre l'épidémie par la fuite, gagnent les campagnes et les forêts où elles se réfugient dans des cabanes. Ceux qui ne s'enfuient pas s'enferment dans leur maison, comme l'imposent bientôt les autorités. Si la peste pénètre dans la maison, ces dernières font clouer portes et fenêtres. Seule une fenêtre reste entrouverte, pour que l'on puisse ravitailler les habitants de la maison, à moins qu'on ne les oublie. Lorsque les morts deviennent trop nombreux, on se contente souvent de les jeter dans les rues où les ramassent les membres des confréries. Les cadavres, entassés dans des charrettes, sont ensuite hâtivement enfouis dans des fosses communes, hors des agglomérations. Cette terrifiante épidémie s'accompagne de nombreux excès. Les survivants, angoissés, craignant de n'avoir que quelques jours à vivre, dilapident leur fortune. Comme souvent, on s'en prend aux Juifs, accusés de répandre volontairement la peste : des bûchers s'allument à Narbonne, à Carcassonne. Semis et récoltes ne peuvent être effectués en 1348. Aussi, quand l'épidémie s'éloigne, la famine lui succède-t-elle. La plus grande partie des impôts ne peut être recouvrée : les finances royales, déjà mal en point du fait de la guerre, en sont encore amoindries. Le manque de main-d'œuvre entraînant une considérable hausse des salaires, les autorités, à la demande des maîtres, interviennent pour les fixer. Cette peste noire réapparaît dans la seconde moitié du siècle, en 1379 notamment, provoquant de nouvelles paniques.

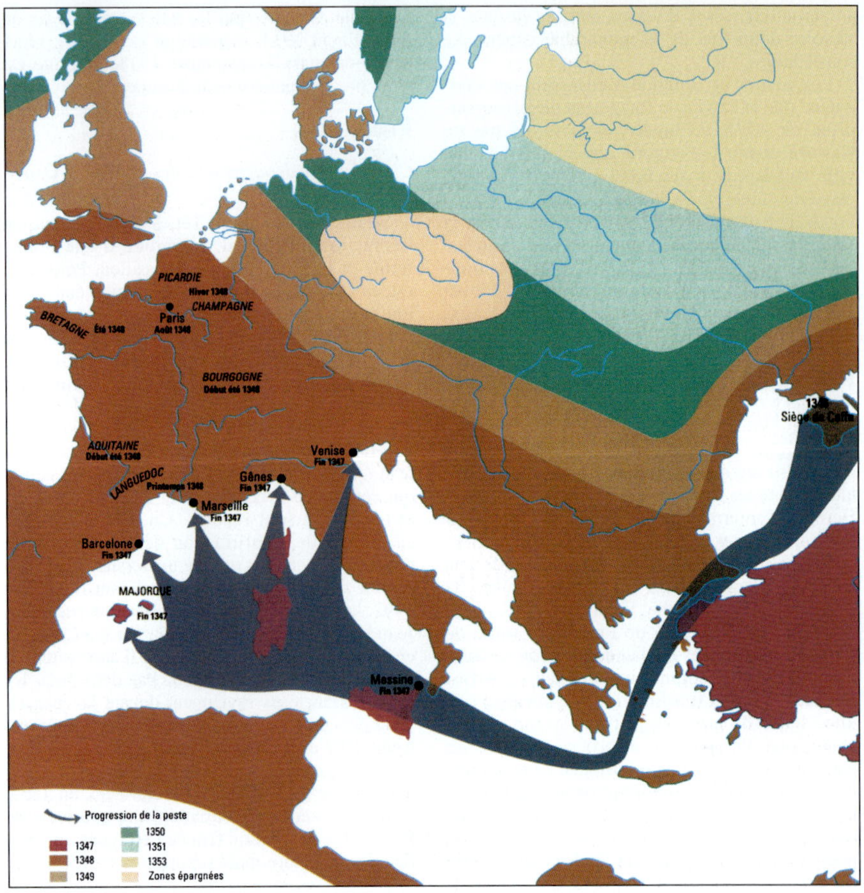

La propagation de la peste en Europe

PESTES ET FIÈVRES

« Peste » est le nom générique donné sous l'Ancien Régime à toutes les maladies infectieuses et épidémiques, en référence à la maladie due au bacille de Yersin qui frappe l'Europe et la France de manière dramatique en 1347. La désignation de « fièvre » se rapporte au symptôme principal de l'infection : fièvre « ponctuée » pour le typhus exanthématique, fièvre « pourpre » pour la rougeole, fièvres « tierces » ou « quartes » selon la fréquence des crises...

La peste noire qui tue un Français sur trois au milieu du XIVe siècle remplace dans l'imaginaire phobique la lèpre qui se raréfie ou le « mal des Ardents » qui disparaît. Devenue endémique, la peste frappe durement à la fin du XVIe siècle et au début du XVIIe siècle (1629, 1636), en particulier l'est du royaume. Elle s'atténue sous le règne de Louis XIV, où des mesures prophylaxiques sont prises (Colbert fait garder les frontières et creuser des fossés lors des épidémies), et ne resurgit, pour la dernière fois en France, qu'en 1720 à Marseille où un tiers des 100 000 habitants disparaît : la maladie fait 100 000 victimes dans toute la Provence mais ne gagne pas le reste du royaume. Spectaculaire mais sporadique, la peste n'est pas la maladie la plus meurtrière : la variole (petite vérole) l'est davantage qui emporte un enfant sur quatre avant l'âge d'un an. D'autres pathologies, pas spécifiquement infantiles à l'époque, comme la scarlatine ou la rougeole, font de tels ravages qu'il faut deux enfants pour faire un homme. Davantage favorisés par une mauvaise hygiène, typhus (« fièvre des prisons ») et typhoïde (suette militaire) sont virulents, notamment dans les collectivités (collèges, armées dont celles du Premier Empire...) ; la dysenterie est également redoutable, qui fauche 175 000 personnes dans l'ouest de la France durant l'été 1779, au cours de la plus grave épidémie de la fin de l'Ancien Régime. Le paludisme est omniprésent dans les régions marécageuses (Saintonge, Languedoc, Dombes...). À côté de ces grandes affections, grippes, pneumonie et tuberculose sont également mortifères.

Les maladies sont rarement des fléaux isolés mais voyagent avec les troupes et sont amplifiées par les crises frumentaires que la guerre souvent provoque. Les traitements proposés – diètes et purges... – semblent dérisoires quand ils n'aggravent pas l'état du patient (saignées). Cependant, l'usage de la quinquina ou le développement de l'aléatoire immunisation par inoculation variolique à partir de 1720, plus encore l'amélioration des ressources alimentaires et la pratique des cordons sanitaires tendent à limiter la mortalité au XVIIIe siècle. Mais il n'est pas de vraie amélioration avant le XIXe siècle où la vaccination jennérienne fait reculer la variole de façon spectaculaire, où l'asepsie pasteurienne réduit les infections accidentelles, où un embryon de politique de santé publique améliore l'état sanitaire global de la population (hygiène, éducation, urbanisme...). Après les ravages du typhus exanthématique en 1814 (100 000 morts parmi les seuls civils), le choléra – venu d'Asie – provoque l'une des dernières grandes vagues d'épidémies : frappant massivement Paris en 1832, toute la France entre 1832 et 1837 (100 000 morts), la maladie reparaît en 1848-1849 (110 000 morts) puis en 1851-1854 (150 000 morts) ; subsistent aussi des endémies séculaires comme la phtisie (tuberculose) – liée à l'entassement du prolétariat urbain mais qui tue aussi bien Chopin et Laënnec – ou la syphilis.

Le XIXe siècle, avec la révolution de la microbiologie (Davaine, Pasteur, Koch...), change la nomenclature : on désigne les maladies infectieuses en distinguant leur agent pathogène (bacille tuberculique, vibrion cholérique, plasmodium du paludisme...) et non plus par leurs symptômes. Il n'est cependant encore guère de thérapeutiques efficaces. Celles-ci n'apparaissent qu'au XXe siècle, qui s'ouvre pourtant par la terrible épidémie de grippe espagnole qui fait près de 400 000 morts en France en 1918-1919. Après la Seconde Guerre mondiale, les antibiotiques, dont la streptomycine victorieuse de la tuberculose, sont une véritable révolution qui laisse espérer un temps la complète banalisation des maladies infectieuses, par ailleurs systématiquement prévenues par la vaccination (BCG, 1921 ; antipoliomyélitique, 1954 ; anti-hépatite B, 1976 ; etc.). Mais le sida et les hépatites dans les années 1980, le retour de certaines maladies opportunistes liées à la nouvelle pauvreté (tuberculose) ou l'apparition d'affections encore inconnues (maladies de Creutzfeld-Jacob dans les années 1990, fièvres exotiques demain, Ebola, Marburg...) détrompent cette illusion et appellent l'attention des pouvoirs publics sur la gestion des établissements de transfusion sanguine ou le contrôle de la filière agro-alimentaire.

PÉTAIN Philippe (Cauchy-à-la-Tour, Pas-de-Calais, 1856 – île d'Yeu, 1951)

Maréchal de France, président du Conseil, chef de l'État français.

Philippe Pétain, issu d'une famille paysanne aisée de l'Artois, suit des études au collège de Jésuites Saint-Bertin, à Saint-Omer et, contrairement à une légende forgée dans les années 1930, ne manifeste aucun souhait particulier d'entrer dans les ordres. Il prépare le concours de Saint-Cyr chez les Dominicains et est reçu, dans les derniers, en juillet 1876 ; il en sort deux ans plus tard 229e sur 336, ce qui n'augure pas d'une carrière météorique, d'autant que celle-ci – fait rare à l'époque – est exclusivement métropolitaine. À cela s'ajoutent un caractère réputé rugueux et – en raison de son parcours scolaire – un estampillage catholique peu propice à un avancement rapide, alors que le général André fiche les pratiques des officiers supérieurs. Pétain se fait remarquer par sa capacité de travail à l'École de guerre (1888-1890), puis par la précision de ses cours de tactique dans la même école (1901-1907). Il est l'un des rares à tirer les leçons de la guerre des Boers et du conflit russo-japonais de 1904-1905, ce qui le rend critique à propos de l'attaque « à tout va », credo stratégique de l'état-major. Pour autant, il ne se montre jamais partisan de la défensive. Au début de 1914, il attend une retraite imminente au grade de colonel, commandant le 33e régiment d'infanterie d'Arras.

Le déclenchement des hostilités est le premier coup de pouce du destin, parce qu'il lui offre aussitôt l'occasion d'étaler ses qualités de tacticien. Général de brigade le 31 août, il reçoit le commandement d'une division le 14 septembre en raison de sa conduite pendant la bataille de la

Marne ; en octobre, il assume la direction du corps d'armée qui sera engagé en Artois lors de l'offensive de mai 1915, à la suite de quoi – le 21 juin – il prend la tête de la IIe armée qui participe, en octobre suivant, à l'offensive de Champagne. C'est à la tête de cette IIe armée qu'il subit l'attaque lancée par l'armée allemande sur Verdun. Nommé le 24 février par Joffre responsable de la défense, Pétain y gagne la réputation de « vainqueur de Verdun » alors qu'il ne commande que pendant les deux premiers mois de la bataille. Mais il a tenu une triple gageure : contenir l'avance ennemie, organiser les approvisionnements en hommes et en matériel par la mise en place de la « Voie sacrée », soutenir le moral des soldats par une propagande dépourvue de l'enflure oratoire pratiquée depuis 1914 et dont témoigne le célèbre ordre du jour du 10 avril 1916 : « On les aura ! ».

De manière imprévue, les résultats obtenus à Verdun débouchent sur une promotion-mise à l'écart qui servira, ultérieurement, la réputation d'un Pétain économe de la vie de ses soldats. Le 1er mai 1916 en effet, Pétain se retrouve à la tête du groupe d'armées du Centre, mais c'est le général Nivelle qui conduit désormais la bataille de Verdun. Ce changement est dû à Joffre qui répugnait à fournir les hommes réclamés par Pétain pour la défense de Verdun et préférait les engager dans l'offensive, par exemple sur la Somme. L'échec de cette tentative, puis celui des offensives Nivelle consolident a contrario la popularité d'un général « humain », partisan d'opérations limitées. Le 15 mai 1917, il est nommé général en chef par le gouvernement Ribot et s'emploie d'abord à réduire les mutineries avec le minimum de sanctions, puis à organiser la vie matérielle du combattant (permissions et rations alimentaires), enfin à reprendre en main la stratégie, en tablant sur l'arrivée massive, à long terme, des Américains et des chars. Aussi est-il hostile à la contre-offensive de Foch, en juillet 1918, tout autant d'ailleurs qu'à la signature, jugée prématurée, de l'armistice. Le 19 novembre, Philippe Pétain devient le troisième maréchal de France après Joffre et Foch.

À 63 ans, Pétain est non seulement le chef de l'armée française (en janvier 1920, il est nommé vice-président du Conseil supérieur de la guerre, poste réservé au généralissime français), mais celui qui va décider de ses besoins, de son équipement, de sa stratégie (en 1922, il est inspecteur général de l'armée). Et cela pour une décennie puisqu'il ne se démet de ses fonctions qu'en 1931. Cette position considérable tient au prestige du maréchal et à des options en accord avec les souhaits des politiques (diminuer le coût des efforts militaires) et de l'opinion (intéressée par l'aviation comme arme spectaculaire, mais de complément, et favorable aux fortifications). C'est lui qui, en 1927, pousse à la construction de la ligne Maginot, qui recommande de laisser les Ardennes sans cette ligne de défense puisqu'elles sont « infranchissables par les chars » et qui exclut le prolongement en Belgique, terrain choisi pour l'offensive française. À vrai dire, personne ne dispose de la légitimité suffisante pour critiquer ces choix, hormis ses pairs. Or, Pétain se révèle habile manœuvrier politique : son adversaire le plus dangereux, Foch, est tenu en lisière des positions influentes, tandis que Lyautey voit sa politique marocaine désavouée par Pétain qui, en 1925-1926, réduit la rébellion d'Abd el-Krim. En 1931, Foch et Joffre morts, Lyautey en disgrâce, Pétain quitte le Conseil de guerre en laissant ses hommes et ses idées en place.

S'offre alors une carrière imprévue : la politique. Pétain a la réputation d'un officier « républicain », autrement dit il n'a pas appelé au renversement du régime. Or, celui-ci est contesté jusque dans la rue ; après le 6 février 1934, Gaston Doumergue convainc Pétain d'accepter le poste de ministre de la Guerre. Celui-ci, dans un passage-éclair de six mois, a le temps d'appeler au « redressement moral » du pays, à la reprise en main de la jeunesse et de l'enseignement, si bien qu'en 1935-1936 une partie des pacifistes, autour de Gustave Hervé ou des républicains de droite de Wladimir d'Ormesson, réclame une « solution Pétain ». La victoire du Front populaire change la donne et, lorsque Pétain est nommé ambassadeur auprès du gouvernement du général Franco en mars 1939, c'est le prestige du maréchal que Daladier compte utiliser dans une situation franco-espagnole dominée par le remords de la non-intervention et le problème des réfugiés. Contrairement encore à la légende, Franco accueille fort mal Pétain qui, lui-même, trouve peu d'intérêt à sa mission et ne songe qu'à rentrer.

Pour Pétain, la déroute militaire de mai 1940 représente un second coup de pouce du destin. Le 18 mai 1940, il est vice-président du Conseil, au moment où, devant l'avance allemande, la question de la poursuite de la guerre en Afrique du Nord est évoquée, notamment par Paul Reynaud, président du Conseil. Pétain et Weygand (généralissime) sont persuadés que cette solution est vouée à l'échec, faute de réserves en armes, en matériel et en hommes. Le 13 juin, le maréchal annonce qu'« il est impossible, sans déserter, d'abandonner le territoire national [...]. Je déclare en ce qui me concerne que, hors du gouvernement s'il le faut, je me refuserai à quitter le sol métropolitain. Je resterai parmi le peuple français pour partager ses peines et ses misères ». Avec le poids de son prestige, Pétain rompt la solidarité gouvernementale, annonce son choix en faveur de l'armistice (de peur de voir son armée capituler) et oublie l'alliance britannique. Paul Reynaud n'a plus les forces pour parer ces coups et, le 16 juin, démissionne en désignant Pétain comme meilleur successeur. Celui-ci est confirmé par le président Lebrun, le choix ratifié par les deux assemblées pendant que les troupes allemandes franchissent la Loire. Le 22 juin, l'armistice est signé ; la France reste un État souverain avec, à sa tête, un gouvernement légal, dirigé par Philippe Pétain, cas unique dans l'Europe allemande.

Le maréchal Pétain
Pétain (au centre) en visite dans un cantonnement, le 23 juin 1917. © *L'Illustration-Sygma*

Le Pétain politique déploie alors une intense activité. Le 23 juin, il fait entrer Laval dans son gouvernement et, au titre de vice-président du Conseil, le laisse organiser une réforme constitutionnelle, clef du « redressement moral et intellectuel » évoqué le 25 juin. Le 10 juillet, 569 députés et sénateurs contre 80, 20 abstentions et 176 « manquants » (morts au combat, déchus comme les communistes, en exil pour continuer le combat) votent les pleins pouvoirs à Philippe Pétain, incarnation du « sauveur » pour un peuple en déroute. Ce dernier attend du maréchal une protection contre une guerre qui va se jouer désormais ailleurs, contre les rigueurs de l'occupation allemande, en même temps qu'une action contre les responsables supposés ou réels de la défaite. Ainsi naît le « maréchalisme », acte de foi et de ferveur envers une icône militaire chargée de rassurer presque paternellement. Dans le même temps, à compter du 11 juillet, lorsque sont votés les premiers actes constitutionnels, se met en place un régime autoritaire dont le chef, Philippe Pétain, détient les pouvoirs exécutif et législatif, puisque les Chambres sont suspendues. Dès cette date, les partisans du maréchal ont invoqué *a posteriori* l'hypothèse d'un vieillard entraîné par son entourage à des actions qu'il aurait réprouvées. Or, tout au contraire, la création de l'État français et le programme de la « Révolutrion nationale » l'accompagnant sont justifiés et promus par ses soins. On retrouve d'abord une volonté de rupture et d'épuration qui reflète l'influence prévisible des conceptions militaires du maréchal et celle du courant maurrassien, familière à un fidèle lecteur de *L'Action française* comme l'est Pétain. La rupture vise certes la République, mais autant la démocratie individualiste qui doit s'effacer devant des corps organiques hiérarchisés – depuis la cellule de base familiale, la profession, jusqu'à la Nation – d'où l'adoption d'une nouvelle devise « Travail, Famille, Patrie ». L'épuration vise ceux qui sont jugés par le maréchal responsables de l'effondrement de 1940, soit directement (certains parlementaires, officiers ou préfets), soit par leur « laxisme » antérieur (magistrats, policiers), soit enfin par leur action corrosive sur le génie national, catégorie fourre-tout où Pétain règle à la fois de vieux comptes (les francs-maçons depuis l'affaire des Fiches), reprend les leitmotive maurrassiens enrichis par la xénophobie récente de la droite libérale ou du PSF contre les Juifs, les étrangers, les naturalisés de fraîche date. À cela s'ajoute un mélange original d'archaïsme revendiqué (« le retour à la terre », le culte des provinces) et de modernisme accepté, notamment parce que les technocrates proches de Darlan modifient le fonctionnement de l'État dans un sens quasi militaire et s'intéressent à la famille, au sport, à la culture, bref à beaucoup de ferments de cette « renaissance » que le maréchal espérait.

C'est donc un chef d'État assuré de ses choix – le thème du « naufrage », lancé par les gaullistes, est purement propagandiste – qui se lance dans la collaboration, le 24 octobre 1940, ignorant la contradiction insoluble – pour son régime comme pour ses concitoyens – entre le lancement d'une « renaissance » nationale et le contrôle obligatoire de cette stratégie par l'ennemi. De ce point de vue, l'explication, souvent proposée par les maréchalistes, d'une victoire prochaine de l'Allemagne sur l'Angleterre permettant la mise en œuvre de la Révolution nationale dans une Europe pacifiée, ne convient pas : en toute hypothèse, Vichy exerce sa souveraineté sur un tiers du pays et ne peut donc escompter lancer un quelconque programme sans collaborer avec l'Allemagne. Le rendez-vous de Montoire entre Hitler et Pétain ne relève ni de la ruse ni du double-jeu, mais de l'allégeance obligée à un vainqueur-suzerain. Aussi les changements de président du Conseil puis l'occupation de la totalité du territoire (11 novembre 1942) ne peuvent-ils amener un quelconque revirement chez Pétain. La France est devenue un satellite de l'Allemagne, et celle-ci peut autant imposer le rappel de Laval au gouvernement que l'entrée de collaborateurs philogermaniques, Déat ou Henriot. Englué dans la logique de la collaboration, Pétain couvre tout, y compris le pire, comme la création de la Milice en janvier 1943. Pour autant, les Français conservent à l'égard du maréchal l'essentiel de leur vénération initiale, comme en témoigne par exemple la foule parisienne lors de son voyage d'avril 1944. On a proposé de distinguer entre le maréchalisme (explicable par le charisme de l'homme) et le pétainisme (*corpus* de la doctrine et action politique), mais cette différenciation semble un moyen commode d'évacuer la fascination trouble d'une majorité de Français pour les propos et les thèmes défendus par Philippe Pétain, qui se considère jusqu'au bout comme le « seul chef légitime » de la France.

Le 20 août 1944, les Allemands contraignent Pétain à un repli, d'abord à Belfort puis à Sigmaringen, où s'établit l'ultime cercle des vichystes. En avril 1945, Pétain obtient d'Hitler l'autorisation de revenir en France, via la Suisse. Arrêté aussitôt, son procès se déroule du 23 juillet au 15 août et n'apporte aucun éclaircissement sur les raisons de son comportement entre 1940 et 1945. Condamné à mort, gracié par le général de Gaulle en raison de son grand âge, il finit ses jours en prison, à l'île d'Yeu.

Pétion de Villeneuve
J. Pétion de Villeneuve député du département d'Eure-et-Loir. Gravure de Vérité. Paris, musée de la ville de Paris, musée Carnavalet. © *Lauros-Giraudon*

PÉTION de VILLENEUVE Jérôme (Chartres, 1756 – Saint-Émilion, 1794)

Homme politique.

Avocat dans sa ville natale à la fin de l'Ancien Régime, il représente le tiers aux États généraux de 1789 et se rallie avec ardeur aux idées révolutionnaires et bientôt républicaines. Excellent orateur à la parole facile et à l'éloquence prenante, il ne tarde pas à se distinguer à l'Assemblée, en particulier par ses attaques contre Mirabeau. Lié à Robespierre, membre du club des Jacobins – où on le surnomme « Pétion le Vertueux » – et de la Société des amis des Noirs, au sein de laquelle il se montre particulièrement actif, Pétion devient président du tribunal criminel de Paris. Lors de la fuite du roi et de la famille royale à Varennes, au mois de juin 1791, investi avec Barnave et Latour-Maubourg du titre de commissaire de l'Assemblée, il reçoit mission de ramener les fugitifs à Paris. Pétion, qui a pris place dans la berline royale avec Barnave, s'imagine avoir séduit Madame Élisabeth et s'en vantera dans ses *Mémoires*. Le 30 septembre, quittant la salle où vient de se tenir la dernière séance d'une Assemblée législative fort déconsidérée aux yeux des Parisiens, il paraît au bras de son ami Robespierre. Les deux hommes sont acclamés par la foule. Pétion est élu maire de Paris le 14 novembre. Le 19 juin 1792, alors que s'annonce une journée populaire contre le veto royal, et sous prétexte de « légaliser le mouvement », il n'ordonne aucune mesure de protection en faveur des Tuileries. Inaction qui favorise l'invasion du château par les émeutiers, le lendemain. Arrivé aux Tuileries bien après la foule, qui assiège le roi dans l'Œil-de-Bœuf et veut le contraindre à retirer son veto, Pétion affirme à Louis XVI qu'il vient seulement d'être averti des événements. Haranguant ensuite les Parisiens, il les persuade d'évacuer les Tuileries. Suspendu le 7 juillet de ses fonctions de maire par le directeur du département, il les recouvre le 13, par décision de l'Assemblée. À la fin du mois, lorsque les sections réclament un bureau permanent à l'Hôtel de Ville, le maire agrée leur demande. Cette décision permettra la constitution de la Commune insurrectionnelle.

Le 3 août, au nom des sections, il réclame à l'Assemblée la déchéance du roi. Pétion porte donc aussi une responsabilité dans la journée du 10 Août. Son incurie, son inaction contribuent ensuite aux massacres de Septembre. Élu à la Convention par l'Eure-et-Loir, il est le premier président de la nouvelle assemblée. Cependant, le procès de Louis XVI contribue à l'éloigner de Robespierre et des Montagnards, en le rapprochant des Girondins. Avec Brissot et Gensonné, Pétion, à la barre de l'Assemblée, se prononce en effet en faveur de l'appel au peuple et du sursis. Suspect dès ce moment aux Montagnards, le député de l'Eure-et-Loir le devient encore plus le 10 avril lorsque, à la Convention, il dénonce les attaques conduites depuis deux jours à la tribune contre les Girondins. Accusé par son ancien ami Robespierre de complicité avec Dumouriez, il est proscrit avec les Girondins, le 2 juin. Parvenant comme certains de ses collègues à quitter la capitale, Pétion se réfugie à Caen. Avec Buzot et Barbaroux, il tente vainement de soulever la Normandie, parvient néanmoins à lever un corps de troupes puis, après l'échec de Vernon, se réfugie dans le Bordelais. Pendant plusieurs mois, l'ancien maire de Paris vit caché dans la région de Saint-Émilion. Dénoncé et traqué, il se suicidera dans un champ, en même temps que Buzot. Leurs corps seront retrouvés à moitié dévorés par les bêtes. Les *Mémoires inédits* de Pétion ont été publiés en 1866.

PETIOT Marcel, dit LE DOCTEUR (Auxerre, 1897 – Paris, 1946)

Criminel.

Après la Première Guerre mondiale où il est blessé, il fait des études de médecine et s'installe à Villeneuve-sur-Yonne, dont il devient maire. Réformé en 1939, il s'installe à Paris et développe sa clientèle. Devant l'intensification des persécutions raciales, il propose à certains de ses clients de les aider à quitter la France. En réalité, il les assassine, les vole et brûle leurs corps dans l'immeuble de la rue Le Sueur qu'il a acquis en 1941. Des ossements découverts chez lui à la suite d'un début d'incendie en mars 1944 le font suspecter, mais il parvient à se disculper en invoquant de prétendues actions de résistance. Il disparaît momentanément pour être arrêté en octobre 1944. À son procès, il ne reconnaît qu'une faible partie des 27 assassinats dont on l'accuse, continuant à se justifier en prétendant qu'il s'agissait d'Allemands ou de collaborateurs. Il est condamné à mort et exécuté le 25 mai 1946.

PÉTROCORES ou PÉTROCORIENS

Peuple gaulois occupant le territoire entre Isle et Dordogne.

Leur nom celtique semble avoir signifié « quatre armées » ou « quatre enseignes » (de *petro*, quatre, et *corii*, armées ou enseignes). Sans doute est-ce pour cela qu'ils passaient pour batailleurs. Leur capitale, *Vesunna* (Vésone) deviendra au Bas-Empire *Petrocorios* et ultérieurement Périgueux. Leur pays, le *Petrocoricus* puis *Petragoricus pagus*, donnera naissance au Périgord.

PEUGEOT Armand (Valentigney, Doubs, 1849 – Neuilly-sur-Seine, 1915)

Industriel.

L'esprit d'entreprise des Peugeot date du XVIIIe siècle. À partir de la fabrique de Montbéliard, cette famille protestante a bâti un empire industriel, dont le lion est l'emblème depuis 1858. Armand Peugeot est le principal représentant de la dynastie. Jeune ingénieur de l'École centrale, il sut innover, à la différence de son cousin cantonné dans les productions classiques de la maison : machines à coudre et moulins à café. Enthousiasmé par l'apparition du cycle, Peugeot présente dès l'Exposition universelle de 1889 un tricycle à vapeur. Son fonctionnement harassant en fait un échec. En 1890, conquis par le moteur à explosion, Peugeot commercialise les premières voitures Daimler. Ses « pétroleuses » font beaucoup de bruit et sentent mauvais, mais elles roulent. En 1891, Peugeot construit 5 voitures, 29 en 1892, 72 en 1894. Cette même année, la première course de voitures sans chevaux est remportée à égalité par Peugeot et Panhard-Levassor. En 1895, l'entreprise gagne la première course automobile chronométrée : Paris-Bordeaux-Paris. L'activité des Peugeot se répartit alors entre les fils de Peugeot Frères, la maison-mère, et la Société anonyme des automobiles Peugeot fondée par Armand en 1896 à Audincourt. En 1897, ce dernier adopte les 2 cylindres horizontaux à l'arrière, caractéristiques des voitures modernes. L'année suivante, il installe à Paris une agence de location de voitures de livraison ; le succès est immédiat, mais les réparations trop coûteuses. Si, en 1905, deux stands Peugeot présentent encore des automobiles, en 1910 les deux sociétés familiales fusionnent dans la société anonyme des automobiles et cycles Peugeot. Celle-ci sort la Torpedo type 127 (70 km/h) et ouvre en 1912 à Sochaux une usine réputée pour sa politique sociale. À la mort d'Armand Peugeot, l'entreprise est mobilisée pour l'effort de guerre, mais dotée de bases solides.

PEYRONNET Charles Ignace, comte de (Bordeaux, 1778 – Montferrand, Gironde, 1854)

Avocat et homme politique.

Fils d'un secrétaire de Louis XVI guillotiné sous la Révolution, il suit des études de droit, s'inscrit au barreau de Bordeaux et se fait remarquer tant par son esprit caustique et persifleur que par son opposition intransigeante à l'Empire. La Première Restauration le voit donc accueillir le duc d'Angoulême à Bordeaux, en 1814, puis accompagner, lors des Cent-Jours, la duchesse d'Angoulême à son embarcadère. La Seconde Restauration le comble d'honneurs, le nomme tour à tour président de tribunal et procureur général, puis facilite son élection à la Chambre. Siégeant parmi les ultras, Peyronnet obtient le portefeuille de la Justice en 1821. On lui doit de très rigoureuses lois sur la presse, sur le sacrilège, sur la liberté de tester et sur le droit d'aînesse. Son zèle est tel que les députés finissent par repousser cette modification du droit d'aînesse et que Martignac l'écarte de son ministère. Polignac fait de nouveau appel à lui en mai 1830 pour lui confier, cette fois, le portefeuille de l'Intérieur. La promulgation des ordonnances sur la presse est en grande partie son œuvre. Par conséquent, sa responsabilité est engagée dans les événements de juillet et la révolution de 1830. Accusé par la Cour des pairs de haute trahison, l'ancien ministre est condamné à la prison perpétuelle et à la dégradation civique. Mais Louis-Philippe le graciera quatre ans plus tard. Contestant la légalité de sa condamnation, le comte de Peyronnet a publié *Pensées d'un prisonnier* l'année de sa libération. Il est également l'auteur d'une *Histoire des Francs* publiée entre 1835 et 1846.

PFLIMLIN Pierre (Roubaix, 1907 – Strasbourg, 2000)

Homme politique, président du Conseil.

Avocat, député MRP du Bas-Rhin de 1946 à 1967, plusieurs fois ministre, il est investi président du Conseil dans la nuit du 13 au 14 mai 1958, en pleine crise algérienne. Il organise ensuite le retour légal du général de Gaulle au pouvoir. Ministre d'État en 1958-1959, il participe à la rédaction de la nouvelle Constitution. En désaccord sur la question européenne, il entre dans l'opposition en 1962. Président de la Commission européenne (1963), maire de Strasbourg (1959-1983), farouche partisan de la construction européenne, il est président du parlement européen de 1984 à 1987.

PHARAMOND

Ce personnage a été très longtemps considéré comme l'ancêtre des Mérovingiens.

Mentionné au VIIIe siècle, il figure encore dans tous les ouvrages historiques sérieux du XVIIIe siècle qui le citent comme le premier de nos princes. Pour certains, il descend du roi Priam. Ce n'est qu'assez récemment que des doutes sont émis sur son existence même. À la fin du XIXe siècle, son prestige agit encore sur les rédacteurs de manuels scolaires. En témoigne la formule bien connue qu'on leur attribue non sans malice : « Nul ne sait si Pharamond exista ; toujours est-il que son petit-fils Mérovée régna sur les Francs. »

PHILIBERT, saint (?, Gascogne – Noirmoutier, 684)

Moine franc.

Fils d'un haut fonctionnaire de Dagobert, il est élevé à la cour des rois mérovingiens. Vers sa vingtième année, il décide de se retirer au monastère de Rebais, dans la Brie. Moine puis abbé de Rebais, Philibert impose aux moines, comme à lui-même, une discipline d'une rigueur telle qu'il est contraint de quitter l'établissement. La reine Bathilde lui offre bientôt un terrain, situé dans le diocèse de Rouen, sur lequel Philibert fonde vers 654 l'abbaye de Jumièges, promise à un grand avenir. Des démêlés avec le maire du palais, Ébroïn, le contraignent, une vingtaine d'années plus tard, à se réfugier à Poitiers, puis dans l'île de Noirmoutier où, avec des moines venus de Jumièges, il fonde un nouveau monastère. Au début du IXe siècle, les religieux, fuyant devant les raids normands, quittent Noirmoutiers en emportant les reliques de leur fondateur pour s'installer à Déas (Loire-Atlantique), qui devient l'abbaye Saint-Philibert-de-Grandlieu. Chassés de nouveau, les moines fuient plus avant vers l'est et arrivent, au terme d'une épopée jalonnée de plusieurs étapes, sur les bords de la Saône, à Tournus, dans le petit monastère construit autour des reliques de saint Valérien qui devient l'abbaye Saint-Philibert.

PHILIPPE Ier (?, 1052 – Melun, 1108)

Roi de France (1060-1108).

Fils d'Henri Ier et d'Anne de Kiev. Son prénom, jusqu'alors fort rare en Occident, lui est donné par sa mère qui prétend se rattacher à la dynastie macédonienne par une aïeule byzantine. En mai 1059, Philippe est associé à son père qui le fait couronner à Reims. Quand il devient seul roi à l'âge de 7 ans, quatorze mois plus tard, la régence est confiée à son oncle Baudouin V, comte de Flandre, qui s'acquitte très honorablement de sa tâche. Dès sa majorité, proclamée en 1066, Philippe Ier prend conscience des périls auxquels les premiers Capétiens ont exposé le royaume en distribuant des fiefs. Tout son règne est dominé par le souci d'y remédier. Il s'attache en priorité à développer le domaine royal. Le duc de Normandie, Guillaume le Bâtard, s'étant emparé de l'Angleterre (1066), Philippe Ier n'est plus seul roi en France. Il importe donc de conjurer le danger. Bientôt une alliance est conclue avec les comtes d'Anjou et de Flandre. En 1068, une partie du Vermandois et le Gâtinais est annexée au domaine. En 1077, c'est le tour du Vexin que l'on appellera français. L'an 1101 est marqué par l'acquisition de la vicomté de Bourges et de la seigneurie de Dun.

Le roi ne se désintéresse pas des querelles qui divisent les familles de ses vassaux. En Flandre, il se fait battre par Robert le Frison contre qui il soutient la candidature d'Arnoul III. Toutefois, cet échec est vite réparé par une bonne alliance entre les anciens ennemis. Robert donne sa nièce Berthe de Hollande en mariage au roi, en 1072. En Normandie, Philippe Ier pousse Robert Courteheuse contre son père Guillaume le Conquérant dès 1078, puis contre son frère Guillaume le Roux, dont l'autorité s'exerce sur la seule Angleterre. Le Vexin français ayant été envahi en 1087, il le sauve de justesse, aidé par la mort du Conquérant. Philippe Ier ne montre guère de respect pour les biens du clergé. On l'accusera formellement de simonie. D'autre part, alors que Berthe de Hollande lui a déjà donné plusieurs enfants, dont des fils, il prétend la répudier pour cause de parenté à un degré prohibé. Son dessein est d'épouser Bertrade de Montfort, elle aussi mariée. Le pape Urbain II lance contre lui, en 1095, une sentence d'excommunication. Le roi est relevé de la sentence en 1097, puis de nouveau excommunié, refait amende honorable et reçoit une absolution définitive en 1104. Pendant ses dix dernières années, Philippe Ier laissa une grande partie des affaires au prince Louis (futur Louis VI le Gros), associé à la couronne en 1098.

PHILIPPE DE FRANCE (?, 1116 – ?, 1131)

Prince capétien.

Fils aîné de Louis VI et d'Adélaïde de Savoie, il est associé à son père et couronné à Reims en 1129. Il meurt des suites d'une chute de cheval.

PHILIPPE II AUGUSTE ou LE CONQUÉRANT (Paris, 1165 – Mantes, 1223)

Roi de France (1180-1223).

Fils longtemps attendu et unique de Louis VII et d'Adèle de Champagne, il reçoit d'abord le surnom de « Dieudonné ». Jusqu'à la fin du Moyen Âge, on le surnommera le plus souvent « le Conquérant ». L'appellation qui s'est imposée depuis, Auguste, est due au principal biographe du roi, Rigord ; elle pourrait venir du fait que Philippe est né au mois d'août, ou plus vraisemblablement être destinée à rappeler ses prétentions d'héritier des empereurs carolingiens. Associé à la couronne en mai 1179, Philippe Auguste en devient seul détenteur par la mort de son père en 1180. Les frères de la reine Adèle, le comte de Champagne, le comte de Blois, le comte de Sancerre et l'archevêque de Reims ne peuvent instaurer leur tutelle sur le jeune roi. Pour s'émanciper, celui-ci prend avis auprès de Robert Clément, maréchal du palais, et de Radulf, comte de Clermont. Il conclut un pacte avec Philippe d'Alsace, comte de Flandre. De ce pacte sort un mariage dont la décision a été longtemps tenue secrète : Philippe Auguste épouse une nièce de son nouvel allié, Isabelle de Hainaut, qui doit lui apporter des droits sur l'héritage à venir de sa tante Isabelle de Vermandois, comtesse de Flandre. La dot est constituée par le pays que l'on commence à appeler l'Artois.

À son avènement donc, le « jeune roi », devenu « le roi », joue la carte flamande. Mais Philippe d'Alsace refuse de transmettre les droits de sa femme décédée à sa nièce. La brouille s'installe entre lui et le roi. Celui-ci a désormais beaucoup d'ennemis. Mais, s'appuyant sur l'amitié des Plantagenêts Henri II et surtout Henri au Court Mantel, qu'il a gagnés à sa cause, il se sent sûr de sa force. Tout d'abord, il parvient à repousser une offensive redoutable qui a conduit le comte de Flandre à neuf lieues de Paris ; ensuite, par une chevauchée opportune, marquée de prises de places, il ramène à l'obéissance Eudes III de Bourgogne qui avait manqué aux traditions loyalistes de sa maison ; bientôt les comtes de Blois et de Sancerre, l'archevêque de Reims doivent plier à leur tour. À l'issue de ces succès, un accommodement est conclu avec le comte de Champagne. Isolé, Philippe d'Alsace comprend que la partie est perdue pour lui. Après la signature de l'accord d'Amiens, en juillet 1185, les seigneuries d'Amiens, Montdidier, Roye ont été annexées au domaine. Âgé de 20 ans à peine, Philippe Auguste jouit d'une flatteuse réputation de chef de guerre.

La grande affaire de son règne est la lutte sans merci contre l'empire des Plantagenêts. Le roi de France s'y prépare habilement en soutenant les révoltes des fils d'Henri II contre leur père, d'abord celle d'Henri au Court Mantel, puis celle de Geoffroy. Philippe organise dès 1187 les manœuvres de coulisse pour les interventions au grand jour : une expédition dans la Champagne berrichonne lui permet d'annexer quelques seigneuries, de médiocre importance certes, mais précieuses pour une guerre d'usure (traité de Châteauroux, 1187). Ensuite, c'est au tour de Richard, futur Cœur de Lion, de se laisser débaucher. Quelques jours avant de mourir, en 1189, Henri II doit signer la capitulation de Ballan ou d'Azay, par laquelle il renonce au comté d'Auvergne, jusque-là mouvant de l'Aquitaine, ainsi qu'à la possession des chatellenies de Graçay, Issoudun, Châteauroux. Les données du jeu changent quand Richard accède au pouvoir. On peut s'attendre à une reprise des hostilités mais la troisième croisade réunit les deux rois.

Le rôle de Philippe Auguste en Terre sainte a fait couler beaucoup d'encre. On a opposé, on oppose encore, non sans quelque apparence de vérité, le comportement chevaleresque de Richard Cœur de Lion aux faux-fuyants de Philippe Auguste. Au point d'oublier parfois que Saint-Jean-d'Acre a été pris grâce à des travaux commandés par ce dernier, arrivé le premier en avril 1191. Débarqué en juin, Richard Cœur de Lion n'a su qu'irriter son compagnon. Bientôt le roi de France rembarque. Avec la complicité de Jean sans Terre, le Vexin normand, les comtés d'Aumale et d'Eu sont occupés. Inquiet, Richard Cœur de Lion abandonne les opérations d'Orient et se fait intercepter au retour par le duc d'Autriche, qu'il a offensé à la croisade. Fortement encouragé par Jean sans Terre et Philippe Auguste, le duc garde sa proie, puis la remet à l'empereur germanique Henri VI qui ne la lâche qu'en 1194 contre rançon. À peine libéré, le roi d'Angleterre engage les hostilités et bat Philippe

Auguste à Freteval (1194) puis à Courcelles près de Gisors (1198), mais il meurt en avril 1199, devant Châlus.

Depuis 1196, le roi de France assure la garde du jeune Arthur de Bretagne, fils de Geoffroy. Selon le droit féodal, Arthur, appartenant à une branche antérieure à celle de Jean, doit hériter, sinon du royaume d'Angleterre, tout au moins d'une importante partie de l'empire des Plantagenêts. Or le nouveau roi d'Angleterre, Jean sans Peur, se montre peu disposé à donner à son neveu ce qui lui revient. Contre le dernier fils d'Henri II, Philippe Auguste défend la légitimité d'Arthur. Après l'invasion de la Normandie, Jean sans Terre ne peut se faire reconnaître comme roi qu'en échange de la cession du Vexin normand, de l'Évrecin et du Berry occidental. Le traité du Goulet, qui en décide en 1200, prévoit aussi le mariage du prince Louis de France (futur Louis VIII) avec une nièce de Jean sans Terre, fille d'Alphonse VIII et d'une Plantagenêt, Blanche de Castille. Ce traité prélude à des conquêtes de grande envergure. Jean n'a nulle intention de tenir ses promesses. De son côté, Philippe Auguste ne songe qu'à le prendre en faute. Il n'a pas à attendre longtemps. L'année même du traité, le Plantagenêt enlève et épouse la fiancée d'Hugues de Lusignan, fils du comte de la Marche. Cité devant la cour du roi de France, il néglige de comparaître. Alors la Cour prononce la commise de ses fiefs dont une partie est confirmée ou cédée à Arthur (Bretagne, Maine, Anjou, Touraine), contre prestation d'hommage naturellement (1202). Après la capture (août 1202) et l'assassinat (avril 1203) de son protégé, Philippe Auguste s'empare, en exécution de la sentence, de Château-Gaillard, de Rouen, du Maine, de la Touraine, de l'Anjou et de presque tout le Poitou. Il semble bien que vienne le tour de l'Angleterre elle-même quand le pape excommunie Jean sans Terre et fait mine d'accorder sa succession au roi de France (1213). Mais, au prix d'un serment de vassalité au Saint-Siège, bientôt suivi d'une capitulation devant les grands, le roi d'Angleterre se maintient sur son trône.

Entre-temps, il a pu susciter contre son rival une formidable coalition dans laquelle sont entrés des princes inquiets des progrès fulgurants du roi de France ou mécontents de ses procédés : l'empereur Otton de Brunswick, le comte de Flandre Ferrand de Portugal, le comte de Boulogne Renaud de Dammartin. Mais les Anglais sont défaits à La Roche-aux-Moines (2 juillet 1214) par le prince Louis, tandis que leurs alliés se font écraser à Bouvines (27 juillet) par le roi en personne, assisté de ses milices. Fort de ces succès, Philippe Auguste se lance en 1216 dans une nouvelle entreprise, visant à la conquête de l'Angleterre. Mettant à profit une révolte des barons anglais contre Jean sans Terre, le prince Louis débarque et se fait couronner par les barons. C'est alors que Jean sans Peur meurt, et la haine amassée contre lui ne joue plus contre son fils ; Louis doit rembarquer. Néanmoins, Philippe Auguste reste en possession du terrain conquis sur le continent. Outre les régions démembrées du comté de Flandre et les pays annexés à l'occasion de campagnes menées directement contre les Plantagenêts, il a mis la main sur la plus grande partie du comté d'Auvergne (constitution de la Terre d'Auvergne), qu'il a définitivement morcelé et séparé de la mouvance aquitaine. Il a consolidé le noyau du domaine royal par des acquisitions utiles, notamment en Gâtinais (Montargis) et dans le pays de la Loire moyenne (Gien). De plus, sans pour autant prononcer d'annexion, il a instauré un contrôle administratif, donc établi son influence politique, sur d'assez nombreux fiefs : c'est le cas de la Champagne où il a exercé sa tutelle sous la minorité de Thibaud IV, et du comté de Boulogne saisi en 1212 et rendu en 1224 à la fille de Renaud, Mahaut, femme de Philippe Hurepel. Enfin un certain nombre de terres méridionales sont entrées directement dans la mouvance royale sous son règne (Tournon, Valentinois, Cahors, Gourdon, etc.). Il est une région où il n'a pu s'aventurer : le Languedoc. Simon de Montfort a entrepris le travail, non tant en s'appropriant momentanément les biens du comte de Toulouse (ce qui inquiétait Philippe Auguste) qu'en éliminant le danger aragonais à Muret.

Isabelle de Hainaut étant morte en mars 1189, ne laissant qu'un fils, Louis, les ambassadeurs royaux se mettent en quête d'une nouvelle épouse qu'ils trouvent en la personne d'Ingeburge ou Isambour, sœur de Knud IV de Danemark. Mais dès le lendemain de la cérémonie de mariage, le roi décide de se séparer d'elle. Une assemblée de prélats prononce l'annulation du mariage, non pas pour incompatibilité physique et défaut de consommation (ce qui semblait le cas), mais pour parenté à un degré prohibé (ce qui n'était qu'un sophisme). Peu après, Agnès de Méran ou de Méranie devient la troisième femme de Philippe Auguste, à qui elle donnera plusieurs enfants. Or la cour de Danemark, avertie par Ingeburge qui n'admet pas la sentence, fait appel à Rome. Si le pape Célestin III se contente d'admonestations, Innocent III, son successeur, lance l'interdit sur le royaume en janvier 1200. Après avoir longtemps résisté, Philippe Auguste se soumet et renvoie Agnès. Son sacrifice n'ira pas jusqu'à reprendre réellement Ingeburge, à qui il ne pardonnera pas son entêtement. Celle-ci sera maintenue en résidence surveillée, du moins jusqu'en 1213, date à laquelle on lui rendra ses prérogatives de reine. Finalement, les enfants que lui donna Agnès sont légitimés par la cour de Rome ; l'autorité royale sort indemne de l'épreuve.

Le règne de Philippe Auguste est marqué par une politique administrative déterminée. Avec beaucoup d'habileté, il a soutenu les communes, accordé des chartes de franchise à l'exemple de son grand-père Louis VI, principalement hors du domaine, donc aux dépens, non du pouvoir royal, mais des seigneurs. Les clercs n'ont pas eu à se plaindre d'ingérences abusives du pouvoir laïque dans les affaires de l'Église. Les ordres religieux ont bénéficié des largesses royales qui ont aussi profité à l'université de Paris, pourvue en 1215 de statuts. C'est sous son règne que le centre de gravité du domaine royal et de l'administration monarchique s'est déplacé de l'Orléanais à Paris, ville désormais sûre et très embellie par des transformations de toutes sortes (Notre-Dame, le Louvre, la grande enceinte dite de Philippe Auguste). C'est sous son gouvernement et plus précisément dans les premières années de ce gouvernement qu'a commencé l'essor des baillifs ou baillis et la conversion des sénéchaux locaux, d'agents féodaux qu'ils étaient, en agents royaux. L'administration des revenus domaniaux a fait l'objet de soins attentifs, ce qui a permis à la monarchie de s'appuyer sur une trésorerie saine. Enfin, depuis la surprise de Fréteval, où Richard s'était emparé des bagages de son ennemi, Philippe Auguste a compris le danger de transporter toujours avec soi le Sceau et les chartes. Les archives royales seront désormais établies en lieu sûr : c'est l'origine du Trésor des chartes. En mourant, le roi laisse à son fils aîné un royaume solide, à l'intérieur duquel la superficie du domaine de la couronne a été multipliée par quatre. La dynastie est assez sûre de son enracinement pour se dispenser d'associer les princes héritiers à leurs pères. Louis VIII, descendant du dernier Carolingien par sa mère, succède sans difficulté à Philippe II.

Philippe III le Hardi

Le Couronnement de Philippe III, « Grandes Chroniques de France », v. 1400. Miniature, Paris, Bibliothèque nationale de France. © *Lauros-Giraudon*

PHILIPPE III LE HARDI (Poissy, 1245 – Perpignan, 1285)

Roi de France (1270-1285).

Fils de Saint Louis et de Marguerite de Provence. Il est proclamé roi de France à Tunis, le jour de la mort de son père qu'il avait accompagné (25 août 1270). Son surnom lui vient de son physique solide, de son amour de la chasse et des tournois, de sa bravoure au combat. Malade, il laisse son oncle Charles d'Anjou négocier avec le soudan de Tunis une paix plus qu'honorable pour les croisés. Le retour de ces derniers, embarqués au mois de novembre 1270, s'effectue dans de déplorables conditions. Une tempête noie des centaines d'hommes au large de Trapani, en

Sicile. Dans ce port meurent ensuite le roi et la reine de Sicile. Et surtout, non loin de Cosenza, la jeune reine Isabelle d'Aragon, enceinte, est jetée à bas de sa monture. Elle meurt en arrivant à Cosenza. Lorsque Philippe entre dans Paris, le 20 mai, six cercueils suivent son cortège. Le 15 août, Philippe III est sacré roi par l'évêque de Soissons, le siège de Reims étant vacant. Au mois d'octobre, la mort de son oncle Alphonse de Poitiers, qui ne laisse pas d'enfants, lui apporte en héritage le Poitou, l'Auvergne, le nord de la Saintonge, l'Aunis, l'Agenais et le comté de Toulouse. Prenant de vitesse le roi d'Angleterre Henri III, autre prétendant à l'héritage, Philippe III rattache la succession au domaine et persuade par les armes les récalcitrants de s'incliner. Au mois d'août 1274, contre l'avis de sa mère, Marguerite de Provence, et de son propre favori Pierre de La Brosse, il épouse en secondes noces, à Vincennes, Marie de Brabant. Entourée de trouvères, comme le célèbre Adenet, et de nobles lettrés, la jeune reine donne à la Cour une brillante apparence. Les Brabançons, comme on les appelle, jurent la perte du favori royal et l'obtiennent en 1278. Deux ans auparavant, le fils aîné du roi, Louis, était mort brusquement. Les Brabançons n'avaient pas manqué d'insinuer que La Brosse l'avait fait empoisonner, ce qui le conduit finalement à Montfaucon au mois de juin 1278. Mathieu de Vendôme, qui avait eu la confiance de Louis IX, retrouve alors sa place auprès de Philippe. Sous le règne de Philippe III, le domaine royal s'agrandit non seulement de l'héritage de son oncle Alphonse de Poitiers, mais aussi du comté de Nemours acheté en 1274, du Perche et du comté d'Alençon, hérité de Pierre, frère du roi, mort en 1283. En revanche, en 1274, à la suite du concile de Lyon, Philippe III cède au pape Grégoire X la moitié du Comtat Venaissin. À l'intérieur du royaume, il poursuit la sage administration de son père, sa politique de réforme.

Au mois d'août 1274, la reine Blanche de France, veuve d'Henri Ier de Navarre, ne pouvant régler la succession de son mari, vient chercher refuge auprès de son cousin Philippe III. L'année suivante, le roi devient tuteur de la petite Jeanne, fille de Blanche. L'enfant est fiancée au deuxième fils du roi, le futur Philippe le Bel. Au mois d'août 1275 se pose un nouveau problème de succession, celle de la Castille. La politique du roi de France aboutit finalement, en 1280, à l'union de la Castille et de l'Aragon contre lui. En Sicile, où il soutient les prétentions de son oncle Charles d'Anjou contre Pierre III d'Aragon, se déroulent, le 28 avril 1280, les fameuses Vêpres siciliennes qui contraignent les troupes de Philippe III et de Charles à évacuer l'île, bientôt envahie par Pierre III, qui se fait proclamer roi. Le pape Martin IV, suzerain de la Sicile, lance l'anathème contre le roi d'Aragon, le dépouille de toutes ses possessions et donne son royaume à Philippe, fils du roi de France. Au début de 1284, Philippe III se prépare donc à conquérir l'Aragon. Il réunit au mois de fevrier une assemblée de nobles et de prélats qui désignent finalement Charles de Valois, troisième fils du roi, comme souverain de l'Aragon. Les préparatifs se poursuivent tout au long de l'année et, en mars 1285, Philippe le Hardi brandit l'étendard de la croisade contre l'Aragon. Traversant à grand-peine le Roussillon, au mois de mai, les Français arrivent le 27 juin devant Gérone. Pendant plus de deux mois, le roi s'obstine devant la ville, perdant des milliers d'hommes. Le 4 septembre, la flotte française est détruite par l'ennemi. Depuis quelques semaines le paludisme affaiblit l'armée qui, le 10 septembre, fait retraite vers les Pyrénées. Au milieu du mois, le roi est atteint à son tour. Le 5 octobre, les Pyrénées repassées avec difficulté, le fils de Saint Louis meurt à Perpignan. Sa chair et ses entrailles sont ensevelies dans la cathédrale de Narbonne, tandis que les survivants apportent à Paris les os et le cœur du défunt, remis aux frères prêcheurs, selon la promesse du roi. Le gisant de Philippe III le Hardi, qui se trouve à Saint-Denis, est la plus ancienne des effigies royales funéraires. Sa première femme Isabelle d'Aragon avait donné au roi trois fils, dont le futur Philippe IV le Bel.

PHILIPPE IV LE BEL (Fontainebleau, 1268 – Fontainebleau, 1314)

Roi de France (1285-1314).

Fils de Philippe III le Hardi et d'Isabelle d'Aragon. Lorsque son père meurt dans le château du roi de Majorque, à Perpignan, Philippe le Bel est âgé de 17 ans. Beau – on le surnomme le « biau roi » –, d'une force qui étonne ceux qui l'approchent, il n'a qu'une passion, hormis les affaires : la chasse. Il épouse Jeanne de Navarre en 1284, qui lui donne trois fils, Louis, Philippe et Charles, et trois filles dont une seule, Isabelle, atteindra l'âge adulte. Le roi, parcimonieux pour lui-même, dépense sans compter pour rehausser l'éclat de la Cour ou de la monarchie, par des constructions et des cours plénières en particulier. S'il réside volontiers à Fontainebleau, où il est né et voudra mourir, si nombre de ses décisions naissent dans la retraite de l'abbaye de Maubuisson, Philippe le Bel entreprend des travaux considérables au palais de la Cité, à Paris. Une grande partie des bâtiments, sauf la Sainte-Chapelle, est reconstruite au début du XIVe siècle. La nouvelle construction sera la résidence principale du roi et de sa famille à la fin du règne.

Habile politique, Philippe le Bel sait s'entourer de conseillers compétents. Ceux que l'on appelle les légistes, hommes de petite noblesse ou bourgeois, souvent officiers de justice ou de finance avant de rejoindre l'entourage du roi, ont été formés au droit romain. Ils en retirent l'idée, à la fois ancienne et moderne, que l'État est une puissance indépendante et inaliénable. Conception qui s'oppose à l'idée de la théocratie pontificale défendue par les papes du XIIIe siècle, puis par Boniface VIII. Ces conseillers prêtent au roi un serment, rédigé par Philippe lui-même, dans lequel ils lui promettent fidélité, ainsi qu'à son fils aîné. Parmi les plus connus figure Pierre Flotte, détenteur des Sceaux jusqu'à sa mort à la bataille de Courtrai, en 1302. Guillaume de

Philippe IV le Bel

Philippe le Bel et sa famille, « Livre de Dina et Kalila ». Miniature, 1313, Paris, Bibliothèque nationale de France. © *Lauros-Giraudon*

Nogaret, qui lui succède, sera un des serviteurs les plus zélés du roi, dans l'affaire du pape comme dans celle des Templiers. Enguerrand de Marigny, de modeste naissance, entame sa carrière comme secrétaire du chambellan du roi, Bouville, avant de réunir entre ses mains les plus hautes charges. Tout-puissant, avec Nogaret, après la mort de Pierre Flotte, âpre au gain, dur, il participe à toutes les opérations financières et fiscales du début du XIVe siècle, s'attirant, avec l'inimitié et l'envie des nobles, la haine du peuple. Pierre de Latilly, Michel de Bordenai, Raoul de Presle figurent aussi parmi les légistes.

À l'extérieur, Philippe le Bel veut dégager la France de la désastreuse affaire d'Aragon. Neveu d'Alphonse III d'Aragon, il lui impose la paix en 1291. Soucieux d'étendre l'influence de la France vers le nord-est, le roi soutient le riche patriciat urbain de Flandre contre le comte Gui de Dampierre, allié du roi d'Angleterre Édouard Ier. Dès 1286, ce dernier prête hommage au nouveau roi de France pour ses possessions aquitaines. Cependant, à partir de 1296, pour des problèmes de pêche, apparaissent de nouvelles difficultés. De véritables batailles navales opposent les marins normands – la Normandie n'est plus terre anglaise – à leurs confrères gascons et anglais. Au début de 1293, Philippe le Bel cite Édouard Ier à comparaître devant lui. Trop occupé par les affaires écossaises, le roi d'Angleterre délègue en France son propre frère, accepte les conditions imposées par son suzerain – l'occupation de la Guyenne notamment – mais se rebelle au mois de mai lorsque Philippe le Bel le cite de nouveau à comparaître. Les deux royaumes se préparent à la guerre, cherchent alliés et subsides. En 1294, le roi d'Angleterre envoie un corps de troupes en Guyenne, occupée depuis l'année précédente par le connétable de Nesle. Le conflit s'éternise. En 1297, le comte de Flandre Gui de Dampierre, dénonçant l'hommage dû au roi de France pour ses possessions, signe une alliance avec Édouard Ier. Après la victoire de Furnes, remportée le 13 août 1298 par Robert d'Artois contre les Flamands, suivie de la capitulation de Lille, l'arbitrage du pape permet la conclusion d'un traité signé au mois de juin 1298 par Édouard Ier, Philippe le Bel et le comte de Flandre. Le traité de Montreuil sanctionne, en juin 1299, les dispositions prises l'année précédente : le roi d'Angleterre recouvre la Guyenne, sauf Bordeaux ; il épousera Marguerite, sœur de Philippe le Bel, tandis que son fils, déjà promis à Philippine de Flandre, est fiancé à Isabelle de France ; enfin le jeune Édouard II, avant d'épouser Isabelle, viendra en 1304 prêter hommage au roi de France. Le traité de Montreuil isole ainsi Gui de Dampierre, privé de l'appui de son puissant allié. Au mois de janvier 1300 le comte se rend donc à la merci du roi, qui lui ordonne de résider dorénavant à Compiègne. La Flandre est administrée par des officiers royaux venus de France. À leur tête, un gouverneur, Gui de Châtillon. Mais, dans la nuit du 18 mai 1302, la population de Bruges se soulève, massacrant la garnison française : ce sont les Matines de Bruges. Philippe IV envoie alors, pour venger ces morts, une armée qui se fait tailler en pièces par les milices flamandes à Courtrai, le 11 juillet. Le roi, conduisant en personne son armée, prend sa revanche deux ans plus tard, le 10 août 1304, à Mons-en-Pevèle. La guerre se poursuit cependant, risque de durer et, à l'automne, les adversaires entament des négociations de paix. Les conversations aboutissent le 23 juin 1305 au traité d'Athis-sur-Orge. Gui de Flandre étant mort, son fils Robert de Béthune devient comte de Flandre et pair de France. Les murailles des principales villes fortes devront être démantelées, une forte indemnité versée, et plusieurs villes flamandes occupées, jusqu'à l'exécution du traité. Ces mesures sont trop rigoureuses, et le traité d'Athis-sur-Orge, modifié cependant en 1309, n'est pas appliqué. Après les stériles conférences de Tournai, en septembre-octobre 1310, un arrangement, dit Transport de Flandre, est conclu à Pontoise. Le roi, qui détenait en gage Lille, Douai et Béthune, les conserve à titre définitif. Cependant, le comte se refuse toujours à démolir les fortifications de ses villes. Une nouvelle guerre se prépare à l'été 1313, et, à la mort de Philippe le Bel, le problème ne sera toujours pas réglé.

Philippe le Bel a connu plus de succès dans d'autres affaires. Après 1284, date de son mariage avec Jeanne de Navarre, il administre la Champagne et la Navarre au nom de son épouse, et porte le titre de roi de Navarre, comte de Champagne. Devenu roi de France l'année suivante, Philippe le Bel conserve le premier, abandonne le second mais se réserve l'administration du comté, y achevant la pénétration de la royauté. Après la mort de Jeanne de Navarre, le 4 avril 1305, le fils aîné du couple royal, Louis, prend le titre de comte de Champagne, mais Philippe le Bel en conserve l'administration. Un autre vassal du roi, Henri III, comte de Bar, allié au roi d'Angleterre et fait prisonnier en 1297 doit, pour obtenir la liberté, signer en 1301 le traité de Bruges par lequel il abandonne à Philippe le Bel ses possessions de la rive gauche de la Meuse, devenues le Barrois mouvant. Alors que Valenciennes s'était, dès 1292, placée sous la suzeraineté royale, la châtellenie de Tournai, confisquée en 1313, est elle aussi rattachée au domaine. Plus au sud, Lyon, où les prédécesseurs de Philippe le Bel sont intervenus à plusieurs reprises depuis le XIIe siècle, rejoint elle aussi la suzeraineté royale après les accords de 1307, ou philippines, et ceux de 1312. Autres acquisitions du roi : le comté de Chartres, cédé en 1286 ; la mouvance de Montpellier, achetée en 1293 ; la seigneurie de Beaugency ; les droits des sœurs et héritières d'Hugues XIII de Lusignan sur les comtés de la Marche et d'Angoulême ; la vicomté de Soule et de Mauléon, cédée en 1306 ; le comté de Bigorre, séquestré en 1292, et divers territoires dépendant de l'évêque de Viviers.

En revanche, suivant la coutume, Philippe le Bel constitue des apanages en faveur de ses frères et de ses fils. Son frère Charles, possesseur des comtés d'Anjou et du Maine, et déjà doté par son père du comté de Valois, reçoit en 1293 les comtés de Chartres, d'Alençon et du Perche, les châtellenies de Senonches et de Thimerais. Louis, fils de Philippe III et de Marie de Brabant, reçoit en 1298 le comté d'Évreux, les seigneuries de Beaumont-le-Roger, Meulan, Étampes, Dourdan et La Ferté-Alais. Philippe, deuxième fils du roi, et futur Philippe V, reçoit en 1313 une partie du comté de Poitiers. Charles, futur Charles IV, auquel sa mère a donné en 1293 le comté de Bigorre, reçoit en apanage le comté de la Marche.

Un des grands soucis de Philippe le Bel, la grande affaire de son règne, est le conflit avec le Saint-Siège. Le premier incident éclate en 1296. Au mois de janvier, le roi, toujours à court d'argent, obtient de l'Assemblée du clergé la levée d'un décime, d'où les protestations du clergé qui s'estime lésé. Le 24 février, le pape Boniface VIII promulgue la bulle *Clericis laicos*, qui interdit toute levée d'argent sur le clergé sans autorisation du pape et affirme que le pouvoir temporel ne demande des contributions au clergé que pour le réduire « à son pouvoir et à sa domination ». Avant même la publication de cette bulle le 18 août, Philippe le Bel signe la veille une ordonnance interdisant toute sortie d'or ou d'argent du royaume. Mesure destinée à faciliter la politique financière de dévaluation menée par le roi, mais qui gênerait considérablement la papauté. Furieux, Boniface VIII crie à la tyrannie et promulgue au mois de septembre la bulle *Ineffabilis Amor*. Cependant, le conflit s'apaise, provisoirement. La bulle *Romano Mater Ecclesia,* en février 1297, annule la bulle *Clericis laicos*. Le 31 juillet, un nouveau texte, *Etsi de statu*, autorise le clergé à consentir la levée d'une nouvelle décime. Autre preuve de bonne volonté du pape, la clôture du procès de canonisation de Louis IX (Saint Louis). À la fin de 1299 cependant, lorsque Boniface propose à Philippe d'arbitrer le nouveau conflit franco-anglais, né de l'alliance du Capétien avec Albert d'Autriche, le roi répond avec superbe « que le gouvernement du royaume appartient à lui et à lui seul », et qu'il ne connaît « pas de supérieur ».

Un conflit beaucoup plus grave éclate en 1301 lorsque, au mois de juillet, Philippe le Bel fait arrêter l'évêque de Pamiers, Bernard Saisset, ami de Boniface VIII, que certains accusent d'avoir injurié le roi. Finalement accusé « d'hérésie, de trahison, de sédition et d'autres méfaits », Saisset comparaît, à Senlis, devant le roi et ses conseillers. Un mémoire, préparé par Pierre Flotte, avertit le pape. Ce dernier, par la bulle *Ausculta fili*, au mois de décembre, affirme la supériorité du Saint-Siège sur tous les autres pouvoirs, convoque à Rome un concile, et critique le gouvernement intérieur de Philippe le Bel. En guise de riposte, le roi interdit toute relation, toute correspondance avec le Saint-Siège, et convoque pour le jour des Rameaux les états du royaume. Pierre Flotte rédige, à sa manière, un résumé de la bulle qui subordonne le roi au pape. Les états, barons, prélats et représentants des villes réunis à Notre-Dame le 10 avril 1302, affirment la supériorité temporelle du roi et interdisent aux évêques de se rendre au concile. Malgré l'interdiction, de nombreux prélats se rendent à Rome au mois de novembre. Boniface VIII, par la bulle *Unam sanctam*, affirme l'existence « de deux glaives, le spirituel et le temporel », et la supériorité du premier ; affirme aussi « qu'il est absolument nécessaire à toute créature humaine d'être soumise au pontife romain pour arriver au salut ». Comme les autres chrétiens qui empêcheraient les prélats de répondre à l'appel du pape, Philippe le Bel est menacé d'excommunication. En mars 1303, le roi réunit au Louvre une nouvelle assemblée devant laquelle Nogaret réclame la déposition du pape et la convocation d'un concile général. Le conflit s'envenime, le pape semble de plus en plus décidé à excommunier Philippe le Bel, et ce dernier à le faire déposer. Nogaret obtient l'appui des Colonna, ennemis des Orsini, parents de Boniface VIII. Le 7 septembre, avec leur aide, il tente d'enlever le pape réfugié à Anagni. Le pontife mourra un mois plus tard.

Son successeur, Benoît XI, absout Philippe le Bel et ses barons pour le crime commis contre son prédécesseur, mais pas Nogaret qu'il cite en mai 1304 à comparaître devant lui. Dès le mois de juillet, fort opportunément, au point que certains accusent Philippe de l'avoir fait empoisonner, Benoît XI rend l'âme. La vacance du trône pontifical se prolonge pendant plus d'un an. Le 14 novembre 1305 seulement, les cardinaux élisent Bertrand de Goth, archevêque de Bordeaux, qui devient pape sous le nom de Clément V. Ce dernier nomme bientôt neuf cardinaux français, à la grande fureur des Italiens, à présent minoritaires. Puis il fixe sa résidence, en 1309, à Avignon ; ce que les Italiens appellent la « captivité de Babylone » durera jusqu'en 1378. En 1311, le pontife casse toutes les décisions prises par Boniface VIII à l'encontre de Philippe le Bel. Les théories du roi, l'absolutisme royal, l'emportent définitivement sur l'idéal de Boniface, la suprématie papale.

À l'intérieur du royaume, le roi, conseillé par ses légistes, veut renforcer de la même manière l'autorité monarchique. Enguerrand de Marigny, chef de l'administration royale, travaille à étendre l'autorité de son maître. Se considérant comme placé « naturellement » au sommet de la pyramide féodale, Philippe le Bel estime que son autorité doit descendre jusqu'au dernier de ses vassaux. Le roi doit porter intérêt à tous les étages de cette pyramide, pour protéger éventuellement les vassaux contre leur seigneur direct. Il n'hésite pas à envoyer ses officiers lorsque se produit un conflit entre seigneur et vassal. Par la grande ordonnance de mars 1303, Philippe accepte cependant de ne plus rien acquérir dans les fiefs et arrière-fiefs sans l'assentiment des prélats et seigneurs concernés. Le roi et les légistes, poursuivant l'œuvre de Saint Louis, s'attachent aussi au perfectionnement des institutions centrales. L'ancienne *Curia regis* est divisée en trois chambres plus spécialisées, le Grand Conseil, le Parlement et la Chambre des comptes. Cette transformation sera achevée sous Philippe V. Par diverses ordonnances, celle de 1291, la grande ordonnance de 1303, celle de 1307, est réglé le fonctionnement du Parlement, lui aussi divisé en trois chambres : la Grand-Chambre et deux Chambres des requêtes, une de langue d'oïl, l'autre de langue d'oc. La chancellerie se développe ainsi que l'hôtel du roi, qui fournit à Philippe nombre de conseillers. L'Assemblée du royaume, constituée de prélats, barons, représentants des villes, convoquée en avril 1302 contre le pape, le sera de nouveau par la suite.

Dans un souci de meilleur rendement, car le problème des ressources financières est pour lui essentiel, Philippe IV, avec l'aide de Nogaret, entreprend de réformer l'administration financière, par l'ordonnance de 1303 notamment. Marigny, l'année même de la mort du roi, prépare une grande réforme financière, fiscale surtout, pour l'étude de laquelle les états sont convoqués au mois d'août. Depuis son accession au trône, Philippe le Bel a dû faire face à des problèmes financiers considérables. Le roi commence par suivre la politique parfois plus que discutable de ses prédécesseurs. Les Juifs, qui possèdent des créances considérables, sont persécutés, menacés d'expulsion s'ils n'abandonnent pas au roi leurs « profits usuraires », ou même brûlés. En 1306, tous les Juifs du royaume sont bannis, leurs bien saisis, leurs créances « mises sous la main du roi ». En fait, la plupart des bannis se rachètent et demeurent en France. Les Lombards connaissent un sort à peine plus doux. Seuls Mouchet et Barbet, qui prêtent au roi des sommes considérables, sont à l'abri des persécutions. Ces diverses mesures se révèlent insuffisantes face aux besoins croissants de la monarchie. Dès 1294 sont levés des « subsides », centièmes et cinquantièmes, sortes d'impôts sur les revenus. Opération répétée en 1296 « pour la défense du royaume ». Le roi limite le droit qu'ont certains barons de battre monnaie ou de posséder de la vaisselle d'or. En janvier 1296, il obtient de l'Assemblée du clergé la levée d'une décime qui, on l'a vu, inaugure le conflit avec Boniface VIII. En 1293, Philippe le Bel a opéré les premières manipulations financières, frappant une nouvelle monnaie inférieure par l'aloi à celle émise par ses prédécesseurs. Au lendemain du désastre de Flandre sont frappées de nouvelles pièces d'or, des écus, valant 72 sols 6 deniers, alors que l'écu d'or frappé sous Saint Louis valait 21 sols 6 deniers. De même, le gros tournois d'argent ne possède plus qu'un tiers de sa valeur en 1306, mesure profitant aux débiteurs, qui rembourseront en monnaie faible ce qu'ils ont emprunté en monnaie forte, ou aux détenteurs de numéraire. À Paris, lorsque, à la suite de l'édit de 1306, les propriétaires décident une hausse des loyers, le menu peuple se soulève, pille la maison d'Étienne Barbette, qui dirige la Monnaie, et assiège le roi dans le donjon du Temple, où il reste bloqué pendant deux jours. 28 émeutiers seront pendus le 5 janvier 1307. Cela n'empêchera pas le roi de poursuivre ses altérations financières : l'agnel d'or, créé en 1311 au cours de 15 sols tournois, en vaudra 20 l'année suivante.

Parce qu'il ne pouvait supporter l'énorme puissance représentée par les Templiers, détenteurs de biens mobiliers et immobiliers considérables, Philippe le Bel se rend en 1307 aux arguments de Guillaume de Nogaret, qui voue à l'ordre une haine féroce. Les templiers du royaume sont arrêtés le 13 octobre, leurs biens saisis. La plupart avouent immédiatement, à l'exemple de leur grand maître Jacques de Molay, tout ce qu'on veut leur faire avouer. Clément V adresse au roi, le 27 octobre, une lettre de protestation, mais ordonne, le mois suivant, l'arrestation de tous les templiers d'Europe. À la fin de l'année, Philippe accepte de remettre au pape les prisonniers, mais se garde bien de s'exécuter. Changeant d'attitude, le pape ordonne au début de 1308 de suspendre la procédure et déclare que l'affaire devra être évoquée devant lui. Menacé par le roi et Nogaret, Clément V se soumet. Pour sauver les apparences, les prisonniers seront remis au pape, qui les remettra immédiatement aux officiers du roi. Interrogés par les évêques diocésains et les inquisiteurs, les templiers continuent à avouer. Le grand-maître et les dignitaires doivent comparaître devant le pape, un concile étant prévu en 1310 pour régler le sort de l'ordre. Après le second procès, un premier groupe d'accusés monte sur le bûcher en 1309. D'autres suivront. Un certain nombre de templiers reviennent cependant sur leurs aveux, dès 1310. L'ordre est supprimé par Clément V le 3 avril 1312 et, le 18 mars 1314, le grand maître et quatre dignitaires sont à leur tour conduits au bûcher, pour être revenus sur leurs aveux.

Le 24 novembre, alors que Philippe le Bel chasse en forêt de Pont-Sainte-Maxence, il est frappé d'une sorte de paralysie qui le rend incapable de parler. Ramené à Poissy, il se fait transporter à Fontainebleau. À son fils et successeur Louis, bientôt Louis X le Hutin, qui assiste le 29 novembre à ses derniers instants, le roi parvient à adresser ses ultimes recommandations concernant le gouvernement : « Pesez, Louis, pesez ce que c'est que d'être roi de France. »

PHILIPPE V LE LONG (?, 1293 – Longchamp, 1322)

Régent (1316) puis roi de France (1317-1322).

Deuxième fils de Philippe le Bel et de Jeanne de Navarre. Marié en 1307 à Jeanne de Bourgogne, devenu de ce fait comte palatin de Bourgogne, il est fait par son père comte de Poitiers en 1311. Trois ans plus tard, Jeanne est impliquée dans le fameux scandale des brus de Philippe le Bel et des frères d'Aulnay. Le roi lui accorde le droit de se défendre devant le Parlement, qui l'acquitte. Sagement, peut-être pour ne pas perdre les bénéfices territoriaux de son mariage, Philippe décide de pardonner à son épouse sa complicité éventuelle dans l'adultère de ses belles-sœurs.

Le 5 juin 1316, Louis X le Hutin meurt à Vincennes, laissant son épouse Clémence enceinte de cinq mois. Philippe, qui se trouve à Lyon où il surveille le conclave chargé depuis deux ans d'élire le successeur du pape Clément V, se fait reconnaître comme régent par les barons de la région. Pour hâter son retour à Paris, et assurer la régence, il fait murer les issues de la salle où se réunit le conclave. Les cardinaux élisent alors, le 28 juin, Jacques Duèze, qui devient Jean XXII. Le 16 juillet, malgré les tentatives d'opposition de son oncle Charles de Valois, les barons du royaume le reconnaissent comme régent. Philippe, dès lors, attend avec impatience la délivrance de sa belle-sœur qui, dans la nuit du 13 au 14 novembre, met au monde un fils, Jean Ier. L'enfant ne vit que quelques jours. Philippe se fait alors proclamer roi. Aux partisans de Jeanne, ses légistes déclarent que « Femme ne succède pas au royaume de France ». Affirmation que ne corrobore aucune loi du royaume. Contrairement à ce que l'on croit généralement, la fameuse loi salique n'est à aucun moment évoquée. Philippe V le Long est donc sacré à Reims au mois de janvier. Le nouveau roi, grand et mince, ce qui lui vaut son surnom, est de santé fragile. Il déploie cependant une grande activité. Affirmant vouloir prendre l'avis du peuple, il convoque dès le mois de mars les procureurs de 65 villes de langue d'oïl à Paris puis, à Bourges, ceux de 100 villes de langue d'oc. Ces réunions, opérées avant tout pour procurer au roi des subsides supplémentaires, se renouvelleront mais ne semblent pas avoir eu de grands résultats. Elles préfigurent toutefois la réunion des états généraux.

Apaisant ensuite la réaction seigneuriale née sous le règne précédent, Philippe le Long règle en 1318 le différend qui l'oppose au duc de Bourgogne Philippe, à propos des droits de Jeanne de Navarre : cette dernière renonce à ses droits sur la couronne de France et épouse Philippe d'Évreux, cousin du roi. Philippe V tente aussi de mettre fin à l'impopulaire guerre de Flandre. En 1320, le comte de Flandre accepte de renoncer aux conditions exorbitantes qu'il mettait à la fin de la guerre, si bien que la paix peut être conclue à Paris. Au mois de juin, sur l'intervention du pape, le roi d'Angleterre Édouard II accepte de prêter hommage à Philippe V pour le duché d'Aquitaine et le Ponthieu. Jean XXII donne volontiers au roi, qui l'écoute, des conseils paternels.

À l'intérieur du royaume, où la paix n'est troublée que par une révolte de pastoureaux en 1320, Philippe V déploie une grande activité. Dès 1317, pour fortifier notamment le pouvoir royal contre les barons rebelles, il ordonne la création de milices urbaines réunies dans l'ensemble du royaume. Il tente aussi de régler la circulation des monnaies, comme il tente, quelques mois avant sa mort, d'uniformiser les poids et mesures. En vain. Il améliore aussi l'organisation de l'administration centrale, celle du Parlement. Philippe V, toujours pressé par les besoins d'argent, s'en prend à plusieurs reprises aux Juifs et aux Lombards usuriers. En 1321, il visite le Poitou où la population prétend que les lépreux empoisonnent les puits. Interrogés, torturés, certains avouent les crimes qu'on leur reproche et périssent sur le bûcher. Le roi prend alors des mesures extrêmement rigoureuses contre la circulation des lépreux. Au mois d'août 1321, revenant d'un voyage qui l'avait conduit à Crécy, auprès de son frère Charles, il tombe soudain malade. À Longchamp, pendant cinq mois, il lutte contre la dysenterie qui l'emportera. Voulant quitter la terre l'âme en repos, Philippe V distribue alors de très nombreuses lettres de rémission, d'affranchissement ou de grâce, avant de s'éteindre, le 2 janvier 1322. Le 8, son cercueil est solennellement déposé dans la crypte de Saint-Denis. De sa femme Jeanne de Bourgogne, Philippe V n'avait eu que des filles. Imitant son exemple, son frère Charles évince ses nièces, devenant Charles IV le Bel.

PHILIPPE VI de VALOIS (?, 1293 – Nogent-le-Roi, 1350)

Régent (1328) puis roi de France (1328-1350).

Fils de Marguerite de Sicile et de Charles de Valois – lui-même frère de Philippe le Bel –, et petit-fils de Philippe III le Hardi. Le 31 janvier 1328 meurt Charles IV le Bel, dernier des fils de Philippe IV, dernier représentant des Capétiens directs. De nouveau se pose le problème de la succession au trône. En attendant la délivrance de la reine Jeanne, veuve de Charles IV, les barons, dès le 1er février, confient la régence à Philippe, comte de Valois, du Maine, d'Anjou, de Chartres et d'Alençon. Le 1er avril, Jeanne met au monde une fille, Blanche : la succession de Charles IV est ouverte et trois candidats prétendent au trône : Philippe, comte d'Évreux, petit-fils de Philippe le Hardi, époux de la fille de Louis X, Jeanne, réclame la couronne du chef de sa femme ; Édouard III d'Angleterre argue que son père a épousé Isabelle, fille de Philippe le Bel, et donc sœur des trois derniers rois. Le dernier compétiteur est Philippe de Valois. Réunis le 8 avril, les barons décident que, les femmes ne pouvant régner en France ni transmettre leurs droits, Philippe devient roi sous le nom de Philippe VI. À aucun moment n'est évoquée la loi salique, dont on ne parlera que beaucoup plus tard. Pour dédommager Philippe d'Évreux et son épouse, le nouveau roi leur abandonne la Navarre. Ils renoncent en échange à leurs droits sur la Champagne.

Sacré à Reims à la fin du mois de mai, Philippe VI reçoit l'hommage de ses barons. Ces derniers, qui l'ont choisi surtout en tant que prince français, espèrent bien tirer des avantages de leur décision, en entrant, par exemple, dans les Conseils du roi. La Cour, en raison des difficultés intérieures et extérieures, ne tarde pas à se diviser en coteries adverses. Dès le mois de juin 1328, Louis de Nevers, comte de Flandre, demande l'aide du roi contre les bourgeois flamands révoltés qui n'hésitent pas à solliciter contre lui Édouard III. L'ost est convoqué pour le 22 juillet. Un mois plus tard, Philippe et ses barons passent en Flandre. Les rebelles, groupés sur le mont Cassel, narguent le « roi trouvé », mais l'armée royale les écrase le 23 août, après avoir failli se laisser surprendre. Victoire éclatante qui ramène, pour l'instant, les bourgeois flamands dans l'obéissance.

Après ce succès, d'autres problèmes assaillent Philippe VI, et avant tout celui que lui pose son rival le roi d'Angleterre. Ce dernier ne semble, en effet, pas décidé à prêter hommage au roi de France pour ses possessions françaises. Avant de saisir, en représailles, les revenus de la Guyenne, Philippe invite Édouard III à le rencontrer à Amiens, au mois de juin 1329, en présence des barons et de nobles alliés comme Jean de Luxembourg, roi de Bohême. Les pourparlers d'Amiens n'aboutissent pas, et Édouard refuse de prêter à Philippe l'hommage lige. Il ne s'inclinera de mauvaise grâce qu'en mars 1331, prêtant l'hommage exigé, mais refusant de reconnaître les droits et prérogatives du roi de France sur la Guyenne.

En 1331, Philippe VI annonce son intention de se croiser. Cette croisade ne soulève guère l'enthousiasme des barons. Les préparatifs se poursuivent néanmoins jusqu'en 1336. Constatant alors, à Marseille, l'insuffisance de sa flotte, le roi ajourne l'expédition. Les affaires anglaises attirent à ce moment toute son attention. En Guyenne, ses agents multiplient les tracasseries contre l'administration anglaise, tandis que les vassaux d'Édouard font appel à lui lorsqu'éclate la moindre difficulté. Le problème de l'Écosse, où Philippe VI soutient David Bruce contre le prétendant protégé de l'Angleterre, aggrave encore les difficultés. S'en prenant indirectement à Philippe VI, par l'intermédiaire de son allié le comte de Nevers, Édouard III interdit, le 12 août 1336, la vente et l'expédition des laines anglaises en Flandre. L'économie flamande risque la ruine. Aussitôt, tandis que Louis de Nevers fait arrêter les marchands anglais qui se trouvent en Flandre, Philippe VI ordonne à la flotte réunie à Marseille de se diriger vers la mer du Nord. Les représailles se succèdent dans chaque camp. À la fin de l'année arrive à la cour d'Angleterre Robert d'Artois, venu apporter son soutien à Édouard III. L'instruction du procès de la succession d'Artois, en effet, a été rouverte en juin 1329, à partir de fausses affirmations et de faux documents présentés par Robert d'Artois. Leur mauvaise foi découverte, Robert et ses complices ont été condamnés, et Robert doit se réfugier à l'étranger.

La guerre semblant inévitable, les deux rois préparent leurs armements et cherchent des alliés. En mai 1337, Philippe VI prononce la saisie de la Guyenne. Le pape s'entremet, les deux rois hésitent à déclarer la guerre. Finalement, après une réunion de ses barons, des évêques et des députés des bonnes villes à Westminster, en septembre 1337, Édouard III fait porter à Philippe VI ses lettres de défi. Il le qualifie bientôt de « soi-disant roi de France ». La guerre ne se solde en 1337 que par quelques brèves incursions chez l'ennemi. En 1338, souffrant des mesures prises contre eux par l'Angleterre, les Flamands, influencés par les agents d'Édouard III, tournent chaque jour davantage les yeux de l'autre côté de la mer. Jacques Artevelde, un drapier gantois, prend la tête du mouvement. En septembre, l'empereur apporte solennellement son aide au roi d'Angleterre, qui reçoit le titre de vicaire de l'empire. En 1339, tandis que ses alliés restent inactifs, Édouard III ravage la Thiérache. Les troupes françaises effectuent quelques opérations en Guyenne, mais les deux armées ne se rencontrent pas. Au mois de janvier 1340, Édouard III substitue sur son sceau les armes de France à celles d'Angleterre et décide de dater dorénavant ses actes de la première année de son règne en France. Puis il réunit une flotte destinée à conduire en France une armée d'invasion. Philippe, qui a rassemblé depuis quelques années une flotte importante, en Méditerranée puis dans la mer du Nord, lui donne mission d'arrêter l'ennemi. Et c'est, au mouillage, le désastreux combat de l'Écluse, le 24 juin 1340. Le roi d'Angleterre et Robert d'Artois débarquent en France, mais leurs opérations militaires ne sont pas couronnées de succès. Une trêve d'un an est donc conclue à Esplechin, au mois de septembre.

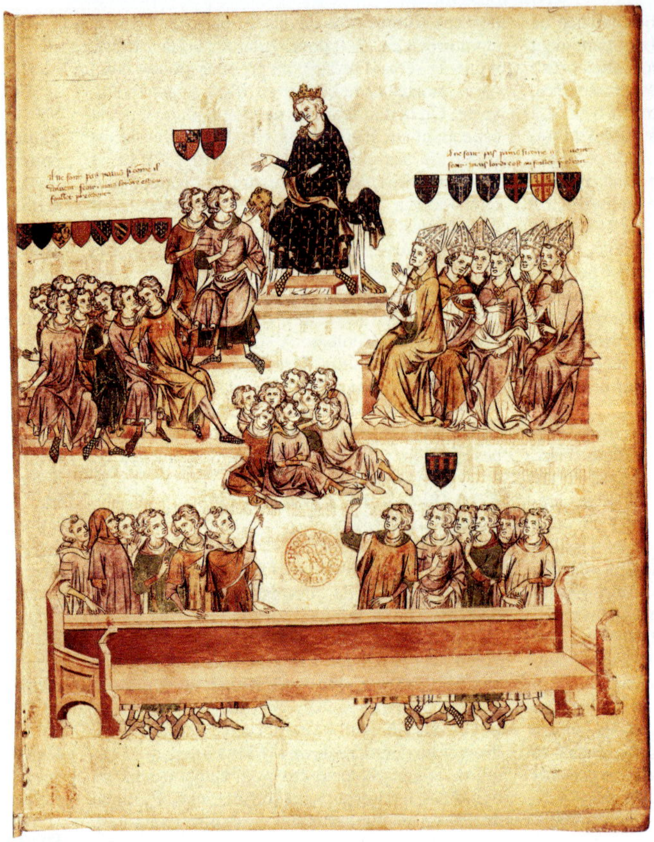

Philippe VI de Valois
Le roi (en haut) préside une séance de la Cour des pairs au procès de la succession d'Artois en 1332. Miniature, XIVᵉ siècle, Paris, Bibliothèque nationale de France.
© *Sélection Images*

Au début de l'année suivante, Louis de Bavière, suivi d'autres souverains, abandonne Édouard III pour Philippe VI. On peut à ce moment envisager la paix, mais l'affaire de la succession de Bretagne fait naître un nouveau conflit : à la mort de Jean II, duc de Bretagne, le 30 avril, son demi-frère Jean de Montfort dispute la succession à la nièce du duc, Jeanne de Penthièvre, épouse de Charles de Blois, neveu du roi de France. Philippe VI soutiendra Jeanne de Penthièvre et son époux, le roi d'Angleterre appuyant Jean de Montfort, époux de Jeanne de Flandre. Les opérations militaires, en 1341, sont favorables à Charles de Blois, auquel les pairs de France, réunis à Blois, attribuent le duché au mois de septembre. Charles parvient à s'emparer de son adversaire à Nantes. Mais Jeanne de Flandre et les partisans du captif continuent le combat. La trêve d'Esplechin, renouvelée en 1341, ne l'est pas en 1342, et Édouard III décide de porter la guerre en Bretagne. Mais il échoue devant Vannes, où a été tué peu de temps auparavant Robert d'Artois. Mécontent, il ne tarde pas à rembarquer. En janvier 1343, sur l'intervention du pape, est conclue la trêve de Malestroit. Jean de Montfort est alors libéré mais, en fait, rien n'est réglé.

On le voit dès le mois d'août, lorsque Philippe VI fait décapiter Olivier de Clisson et une douzaine de gentilshommes bretons qu'il soupçonne de relations avec son adversaire. La guerre reprend bientôt en Bretagne entre les partisans des deux camps. Des gentilshommes normands, suspectés des mêmes méfaits qu'Olivier de Clisson, sont exécutés à leur tour au mois d'avril sur ordre du roi, ce qui n'améliore guère sa popularité en Normandie. Au mois de mai 1345, malgré l'intervention du pape, Édouard III renouvelle son défi à Philippe VI : la guerre de Cent Ans s'engage vraiment. Les combats se déroulent sur deux fronts, en Flandre et en Guyenne. Mais Artevelde, devenu impopulaire, est massacré à Gand au mois de juillet : Édouard décide de rembarquer, tandis que la guerre se poursuit en Guyenne et tourne au désavantage des Français. En juillet 1346, Édouard et ses troupes débarquent à Saint-Vaast-la-Hougue, prennent Caen. Philippe VI, dont une partie de l'armée est occupée au siège d'Aiguillon, se prépare à la bataille. Son adversaire parvient à passer la Somme le 23 août, s'installe solidement près de la forêt de Crécy. Le 26 août s'engage la bataille éponyme, remportée par les Anglais sur les chevaliers français et les arbalétriers génois grâce à l'artillerie, utilisée pour la première fois dans une bataille.

Après ce succès, Édouard III vient mettre le siège devant Calais. En 1347, tandis que ce siège se poursuit, les Anglais débarquent en Bretagne au mois de mai et taillent en pièces l'armée de Charles de Blois, le 20 juin. L'ost français marche au secours de Calais mais, le 2 août, Philippe lève le camp : Calais est perdue. En septembre, les deux adversaires signent une trêve d'un an, renouvelée l'année suivante. Les deux royaumes sont épuisés, la France, en particulier, ruinée et dévastée par la peste noire qui sévit depuis 1347. À l'extérieur, en Flandre comme en Bretagne, le règne de Philippe VI ne se solde donc par aucun succès.

À l'intérieur, la situation n'a cessé de se dégrader. Le royaume prospère trouvé par Philippe VI en 1328 ne survit pas à de mauvaises récoltes, à la guerre et aux manipulations financières et fiscales qu'elle entraîne, à la peste noire enfin. Dès 1335, pour préparer la croisade qui n'aura pas lieu, Philippe doit lever des aides exceptionnelles. Après plusieurs années d'expédients, il décide en 1341 de lever sur tout le royaume un impôt sur le sel, la gabelle, promise à un bel avenir. Deux ans plus tard, le roi est contraint de dévaluer la monnaie. Aussitôt les produits, le ravitaillement, deviennent rares et chers. À partir de 1345, pour payer ses hommes d'armes, il doit emprunter au pape des sommes considérables. L'année suivante, pour obtenir le concours des bonnes villes et des seigneurs, Philippe VI réunit à Notre-Dame-des-Champs, au mois de février, les états de langue d'oïl. Innovation qui pèsera lourd sur la conduite des affaires dans les années qui suivent : les états n'ont accordé des subsides qu'à la condition que le roi pratique des économies. Il s'y engage le 15 février, et réduira en effet, à la fin de l'année, le nombre des magistrats. En même temps, à Toulouse, le duc de Normandie réunit les états de langue d'oc. De nouveau convoqués en novembre 1347, les états adressent au roi de sévères remontrances sur l'utilisation désastreuse de leurs subsides. Ils finissent par lui accorder leur soutien mais exigent que les états provinciaux ratifient le vote des aides. Philippe VI devra néanmoins abaisser le titre de la monnaie et faire frapper de nouvelles pièces en mai 1349. Mesures très impopulaires.

Le grand fléau du règne est la peste noire de 1347-1348, qui remonte du sud au nord, causant des dizaines de milliers de morts, provoquant une effroyable famine en 1349, aucune récolte n'ayant pu être préparée. Le règne de Philippe VI s'achève donc d'une manière tragique. Cependant, ce dernier a su écarter les limites du royaume. Dès 1333, à l'appel de l'archevêque de Vienne, il prend pied dans le Dauphiné, possession d'Humbert II, dauphin de Viennois. Humbert tente de lutter mais, en versant force pensions, Philippe VI obtient l'appui de plusieurs seigneurs locaux. Un premier accord est signé en février 1343, un traité au mois de juillet. En échange du paiement de ses dettes et du versement d'une indemnité, Humbert II accepte qu'à sa mort le Dauphiné revienne au second fils du roi. En avril 1344, un nouvel accord stipule que le Dauphiné reviendra au fils aîné de Philippe, avec le titre de dauphin de Viennois. Humbert, pressé par ses créanciers, aliénera en 1349 les derniers droits qu'il possède sur le Dauphiné en faveur de l'aîné des petits-fils de Philippe, le futur Charles V. Le Dauphiné appartient désormais à la couronne. Autre acquisition, Montpellier, dont Philippe le Bel a acquis une portion dès 1293. En 1349, le roi de Majorque don Jaime, poussé par la nécessité, vend Montpellier au roi de France pour 120 000 écus d'or.

Marié à Jeanne de Bourgogne, qui lui donne deux fils, le futur Jean II le Bon et Philippe duc d'Orléans, Philippe VI perd sa femme en septembre 1348. Trois mois plus tard, il se remarie avec Blanche, fille du roi de Navarre, sa cousine. Lui-même meurt à l'abbaye de Coulomb, près de Nogent-le-Roi, le 22 août 1350.

PHILIPPE d'ALSACE (?, v. 1143 – Saint-Jean-d'Acre, 1191)

Comte de Flandre et de Boulogne (1168-1191).

Fils et successeur de Thierry d'Alsace, il s'oppose en 1173 au roi de France Louis VII, en s'alliant à Henri Plantagenêt. Quatre ans plus tard, il effectue un premier voyage en Terre sainte. Oncle et tuteur du jeune Philippe Auguste, il assiste en 1179 à son couronnement. Ce dernier, qui souhaite s'émanciper de sa mère Adèle de Champagne et de ses oncles champenois, accepte peu après d'épouser la nièce de Philippe d'Alsace, Isabelle, fille de Baudouin V de Hainaut. La jeune fille apportera en dot l'Artois avec Arras, Saint-Omer, Hesdin et Aire. Le mariage est célébré le 28 avril 1180 mais, au mois de juin, à l'entrevue de Gisors le roi de France conclut avec son adversaire Plantagenêt une alliance offensive et défensive. Furieux, Philippe d'Alsace se rapproche de la mère et des oncles du jeune roi et constitue contre lui une ligue. Avec ses troupes, le comte parvient jusqu'à quatre lieues de la capitale, avant d'être repoussé. Philippe Auguste l'emporte, peu après, sur ses ennemis. En 1185, le comte de Flandre pénètre de nouveau dans le domaine royal, échoue devant Corbie. Ses armées et celles du roi s'observent près d'Amiens, puis les deux Philippe décident de conclure une trêve, celle de Boves, favorable au roi. Philippe d'Alsace lui promet de nouveau l'Artois, auquel s'ajoutent le Vermandois et Amiens. Philippe d'Alsace meurt de la peste au cours de la troisième croisade.

PHILIPPE Ier de ROUVRES (Rouvres, 1346 – Rouvres, 1361)

Duc de Bourgogne (1349-1361).

Fils posthume de Philippe Monsieur, il hérite, en 1349, le duché et le comté de Bourgogne, ainsi que l'Artois, de ses grands-parents Eudes IV et Jeanne de Bourgogne. Il n'a que 3 ans et sa tutelle est assurée par Jean le Bon, second mari de sa mère Jeanne de Boulogne. En 1357, il fait un mariage plein de promesses en épousant Marguerite, fille du comte de Flandre Louis de Male. En 1360, Jeanne de Boulogne, en mourant, lui laisse les comtés de Boulogne et d'Auvergne. Mais l'année suivante, le jeune duc meurt prématurément de la peste, sans héritier direct. S'ouvre alors une crise de succession qui aboutit au démembrement provisoire de ses domaines. Écartant Charles le Mauvais, héritier plus direct, Jean le Bon s'empare du duché de Bourgogne qu'il donne à son quatrième fils Philippe le Hardi ; l'Artois et le comté de Bourgogne vont à Marguerite de Flandre, l'Auvergne et le Boulonnais à Jean de Boulogne, comte de Montfort.

Philippe II le Hardi
Huile sur bois, École française, XVIe siècle, châteaux de Versailles et Trianon. © *RMN - Gérard Blot*

PHILIPPE II LE HARDI (Pontoise, 1342 – Hal, Brabant, 1404)

Duc de Bourgogne (1364-1404).

Quatrième fils de Jean II le Bon et de Bonne de Luxembourg, il gagne son surnom à la bataille de Poitiers (1356) où il est fait prisonnier avec son père, dont il partage la captivité. De retour en France, il reçoit en apanage la Touraine (1360) puis devient gouverneur, avec promesse d'apanage, du duché de Bourgogne dont Jean le Bon s'est emparé en novembre 1361. En lui confirmant la promesse le 2 juin 1364, le nouveau roi de France Charles V établit à son profit la dynastie des Valois de Bourgogne. Philippe épouse, le 19 juin 1369, Marguerite de Flandre, héritière du duc de Flandre Louis de Male. Ce dernier a donné son consentement moyennant la cession des châtellenies de Lille, Douai et Orchies mais, à sa mort (1384), Philippe et sa femme héritent des comtés de Flandre, de Rethel, de Nevers, de Bourgogne (Franche-Comté) et d'Artois. Pour défendre ces domaines, Philippe le Hardi consacre un immense effort de guerre et de diplomatie. Pour assurer la cohésion de ses États septentrionaux, il crée à Lille une Chambre qui a compétence à la fois en matière financière et judiciaire et à laquelle il impose 20 séances journalières ; mais il est non moins soucieux de préserver les intérêts économiques de ses sujets flamands. Charles V s'étant ménagé le droit de lever des impôts dans le vieux duché de Bourgogne, il s'emploie à éloigner les collecteurs royaux par souci de ses propres finances mais aussi de l'aisance de ses sujets. Actif et vigilant, il vient, entre deux guerres, tenir le parlement de Beaune et fait sentir partout son autorité. S'il demande de l'argent, c'est avec prudence. Mais ses besoins sont grands, et il vit avec un budget continuellement déficitaire. Il faudra même emprunter 6 000 écus sur la vaisselle d'or et d'argent pour payer les frais de ses funérailles.

Après le décès de Charles V (1380), il partage avec ses frères Louis d'Anjou et Jean de Berry, assistés de Louis de Bourbon, la garde du jeune Charles VI, et dirige avec eux la politique du royaume de France. Pour le plus grand profit de sa politique personnelle qu'il ne perd jamais de vue : lorsqu'éclate la révolte flamande de 1340, qui menace certes la France d'une nouvelle invasion anglaise mais compromet avant tout gravement son autorité personnelle, une armée française écrase les milices gantoises à Roosebeke le 27 novembre 1382, expulse l'évêque de Norwich (1383), reprend Damme et amène Gand à se soumettre (paix de Tournai, 1385).

En même temps, d'habiles mariages préparent l'expansion de la dynastie bourguignonne aux Pays-Bas. Philippe marie sa fille Marguerite à Guillaume de Bavière, héritier du Hainaut et de la Hollande, et son fils aîné Jean à Marguerite, sœur de Guillaume (1385). Plus tard, il donne en mariage sa fille Catherine à Léopold IV d'Autriche et son autre fille Marie au comte de Savoie Amédée VIII (1393). Enfin la duchesse Jeanne de Brabant, ayant reçu l'aide de l'armée française contre le duc de Gueldre (1388), lui promet sa succession (1390), qu'il remet à son fils Antoine en 1393. Ratifiés par les états de Brabant en 1403, ces accords seront appliqués à la mort de la duchesse (1406).

Écarté un moment du pouvoir lorsque Charles VI décide, en novembre 1388, de gouverner sans la tutelle de ses oncles, Philippe le Hardi retrouve la position qu'il avait perdue dès le premier accès de folie du roi en 1392. Mais il a désormais en face de lui un rival dangereux en la personne de son neveu, Louis d'Orléans, frère du roi. Une lutte feutrée oppose bientôt les deux hommes, qu'il s'agisse de la trêve avec l'Angleterre (1396), de Gênes (1396), de la soustraction d'obédience, des prétendants à la couronne impériale, du duché de Luxembourg (1402). S'il laisse à ses successeurs, Jean sans Peur et Philippe le Bon, un duché en plein essor, il leur lègue également ce conflit, prélude à la lutte acharnée que se livreront Armagnacs et Bourguignons. Philippe le Hardi fut enseveli à la Chartreuse de Champmol dont il avait fait le sanctuaire ducal.

PHILIPPE III LE BON (Dijon, 1396 – Bruges, 1467)

Duc de Bourgogne (1419-1467).

Fils aîné du duc Jean sans Peur et de Marguerite de Bavière, il succède à l'âge de 23 ans, en Flandre et dans les deux Bourgognes, à son père, assassiné au pont de Montereau par un fidèle du Dauphin, le futur Charles VII. Cette même année 1419, il avait épousé Michelle de France, fille de Charles VI, qui lui apporte les villes de la Somme, le Boulonnais et la majeure partie de la Picardie. Après sa disparition en 1422, il se remariera successivement avec Bonne d'Artois (1424) et Isabelle de Portugal (1429-1430). Dès son avènement, le nouveau duc mène une grande politique, avec l'aide de serviteurs « saiges et loyaulx ». Il rompt brutalement avec le Dauphin en négociant le traité de Troyes (21 mai 1420) qui fait d'Henri V d'Angleterre l'héritier du trône de France et, à la mort de Charles VI (1422), reconnaît Henri VI comme roi de France et d'Angleterre. Cette politique lui est surtout dictée par la volonté de venger son père. Il aspire aussi à accroître son rôle dans le royaume plus qu'à acquérir l'autonomie complète de ses domaines et, ne pouvant devenir lui-même héritier du trône, accepte la double monarchie comme un moindre mal, préférable au rattachement pur et simple à l'Angleterre. Cette solution lui permet de conserver une influence dans le gouvernement et prévient un accord, toujours possible, entre le Dauphin et Henri V. À l'expérience, il trouve le traité de Troyes moins avantageux qu'il ne l'avait escompté. S'il administre seul la Champagne et si ses fidèles occupent presque toutes les places à Paris, les décisions majeures reviennent à Henri VI. Le régent anglais Bedford tente bien de raviver l'alliance anglo-bourguignonne en épousant Anne, sa sœur (1423), et en lui cédant Tournai (1423), les comtés de Mâcon et d'Auxerre, la châtellenie de Bar-sur-Seine (1424), mais ce regain de solidarité est éphémère. Philippe le Bon n'a, en effet, plus d'intérêt immédiat à poursuivre la guerre contre Charles VII, car tous les territoires gagnés sur ce dernier depuis 1422 reviennent exclusivement à Henri VI. L'essentiel de son activité diplomatique et militaire se déploie alors dans les Pays-Bas où, précisément, il se heurte au duc de Gloucester, oncle de Bedford. En 1428, il prend possession du comté de Namur, acheté en 1421 ; surtout, il se consacre au règlement de la succession de Jacqueline de Bavière (Hainaut, Zélande et Frise) qu'il finit par capter aux dépens du duc de Gloucester (1433). En 1430, il hérite également le Brabant et le Limbourg de son cousin germain Philippe de Saint-Pol. En France, il cherche surtout à protéger ses frontières occidentales, le long de la Loire, en amont de Cosne, et à conserver les portions du domaine royal dont il a l'administration temporaire : la Picardie et la Champagne. S'il livre Jeanne d'Arc aux Anglais, il apporte à Bedford une aide bien mince par rapport à ses possibilités réelles et songe de plus en plus à une réconciliation avec Charles VII, à laquelle le poussent ses conseillers profrançais – notamment Nicolas Rolin – et ses sujets flamands, en rivalité économique avec l'Angleterre depuis plusieurs années. Cette grande réconciliation se réalise par le traité d'Arras de septembre 1435. Philippe le Bon reconnaît Charles VII comme roi légitime mais il gagne les domaines que lui avaient cédés Charles VI et Bedford, les comtés de Mâcon et d'Auxerre, les châtellenies de Bar-sur-Seine, Péronne, Montdidier et Roye, les villes de la Somme et le comté de Ponthieu (seuls susceptibles de rachat par le roi de France). Il obtient également de Charles VII le désaveu et la promesse de réparation du meurtre de Montereau. Enfin lui-même est dispensé de faire hommage au roi. Concession viagère, mais significative.

Sa défection est accueillie avec fureur par l'opinion anglaise qui dénonce en lui le « créateur de nouvelle trahison », « capitaine de couardise », « reproche vivant pour toute la chevalerie », et il est acculé à se battre contre ses anciens alliés. Mais, bientôt, les intérêts économiques reprennent le dessus. Il conclut des trêves avec les Anglais en 1438 et, dès lors, n'apporte plus guère son concours à Charles VII mais tente d'amener Anglais et Français à des négociations de paix (conférences de Gravelines, juillet 1439). Il poursuit en même temps son expansion aux Pays-Bas, achetant le Luxembourg (1441) dont il prend possession en 1443, étendant sa protection aux évêques de Thérouanne et de Tournai, de Cambrai (son demi-frère Jean, 1440-1479), de Liège (son neveu Louis de Bourbon, 1456-1482) et d'Utrecht (son fils bâtard David, 1456-1496), aux duchés de Gueldre et de Clèves. Des révoltes éclatent à Bruges (1436-1438) et à Gand (1449-1453), mais son autorité est bientôt incontestée en Flandre après la soumission brutale des villes rebelles et, lorsque la guerre de Cent Ans s'achève, ses vastes possessions s'étendent désormais de la Picardie au Zuyderzee et de la Loire au Jura suisse. Philippe se trouve à la tête d'un véritable « Empire bourguignon » auquel il ne manque que la continuité, la Champagne échappant en fait à son autorité en dépit du don qui lui en avait été fait par Henri VI d'Angleterre en 1430. On s'agenouille devant son trône. Il est « duc par la grâce de Dieu », s'entoure d'une cour fastueuse et raffinée. Il est le protecteur éclairé de Jan Van Eyck et de Rogier Van der Weyden. L'ordre de la Toison d'or, qu'il a créé en 1429, est envié, et les grands personnages de la chrétienté se disputent l'honneur de participer à ses brillants « chapitres ».

Avec la paix, la prospérité revient dans ses domaines qui connaissent un véritable âge d'or. La Bourgogne notamment retrouve son privilège de passage entre le foyer lyonnais et la Champagne, étape vers les Flandres. En même temps, l'administration ducale s'organise et, tout en respectant les diverses traditions de territoires rassemblés par les hasards de l'histoire, tend à s'unifier. L'ensemble des territoires est découpé en bailliages. Comme dans toute seigneurie, le duc veille à sa justice, moyen de conquête pacifique. Elle se répartit entre les Jours généraux de Beaune et de Dijon, le parlement de Dole, le Conseil des Flandres, la cour de Brabant et la cour de Hollande. Dans le vieux duché s'affirme de plus en plus la « coutume du duché de Bourgogne » qui essaie d'unifier les vieux « usaiges » et à laquelle la rédaction de 1459 donne autorité définitive. Le duc, pour gouverner, se déplace de Dijon à Bruges, Gand, Hesdin ou Lille. Le Grand Conseil de Bourgogne, d'abord limité au duché, est régularisé en 1446, et sa compétence est étendue à l'ensemble des domaines bourguignons. Cinq grands officiers entourent le duc : le maréchal de Bourgogne, l'amiral de Flandre, le chambellan, le grand écuyer et surtout le chancelier, seul maître de la justice et de la politique générale. Cette haute dignité est occupée de 1422 à 1462 par Nicolas Rolin. Unifiée, savamment hiérarchisée et spécialisée, l'administration financière reçoit un soin justifié par les énormes dépenses de la Cour. Un réseau de « receveurs » dépend du « receveur de toutes les finances » ; un « trésorier-gouverneur » surveille la comptabilité. Les revenus procurés par les domaines et les impôts sont enfin complétés par des emprunts contractés auprès de « banquiers » italiens, tels que Dino Rapondi et Thomas Portinari. La Chambre des comptes de Dijon (pour les deux Bourgogne), à la fois organe de contrôle fiscal et de gestion du domaine, devient une institution modèle. Deux autres Chambres des comptes existent, l'une à Bruges pour le Brabant et les Pays-Bas, l'autre à Lille pour les Flandres. Enfin le duché bourguignon dispose, à l'imitation du royaume de France, d'une armée régulière de 32 compagnies d'ordonnance, complétée par les contingents féodaux et les levées de mercenaires. Poursuivant cet immense effort, Philippe le Bon crée en 1422 l'université de Dole.

La fin de son règne marque toutefois un certain déclin. Ses rapports avec Charles VII s'aigrissent et deviennent franchement mauvais. Philippe le Bon est en fait surtout préoccupé de la croisade à laquelle il s'est engagé lors du fameux banquet du Faisan (1454). Le nouveau roi Louis XI, qu'il avait pourtant recueilli alors que, Dauphin, il fuyait la colère paternelle (1461), ne lui montre guère de reconnaissance et se révélera au contraire un adversaire redoutable, obstiné et retors, décidé à abattre sa puissance. Mené par les Croÿ, qui travaillent pour ce dernier, Philippe le Bon accepte le rachat des villes de la Somme en 1463. Mais son fils, Charles le Téméraire, alors comte de Charolais, chasse les Croÿ (avril 1465), et c'est sous son gouvernement effectif que se termine le règne de Philippe le Bon qui, par son action unificatrice dans les Flandres, devait mériter le titre de fondateur de la Belgique.

Philippe Égalité : voir Orléans Philippe, duc de

Philippe d'Évreux ou Philippe III de Navarre dit le Bon (?, 1301 – Xérès, 1343)

Prince capétien.

Petit-fils du roi Philippe III le Hardi et fils de Louis de France, comte d'Évreux, il hérite de l'apanage de celui-ci puis, en 1317, épouse Jeanne de France, fille de Louis X le Hutin. Moyennant la renonciation de celle-ci à toute prétention sur le royaume de France, il obtient pour sa femme et pour lui la royauté de Navarre, vacante par la mort de Charles le Bel, dernier fils de Louis le Hutin. Sa nouvelle position est officiellement consacrée par un couronnement à Pampelune en 1329. Philippe VI de Valois trouvera en lui un allié loyal et utile contre les Anglais. Le fils de Philippe III et de Jeanne II de Navarre est Charles III, dit le Mauvais, roi de Navarre.

Philippe Hurepel ou Philippe de France (?, v. 1201 – ?, 1234)

Prince capétien.

Fils de Philippe II Auguste et d'Agnès de Méran ou de Méranie. Considéré d'abord comme bâtard par le pape qui n'admet pas le troisième mariage du roi, il finit par faire admettre sa légitimité. En 1223, lui est constitué un apanage qui comprend les comtés de Boulogne et de Clermont ainsi que les seigneuries de Domfront, Mortain et Aumale. Il prend part, sans beaucoup de résolution, aux manigances des grands, lors de la régence de Blanche de Castille.

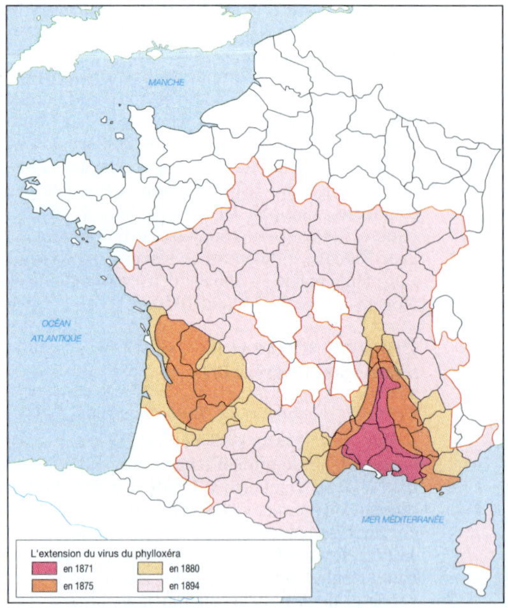

L'extension du phylloxéra entre 1871 et 1894

Phylloxéra (crise du)

Crise frappant le vignoble au XIXe siècle.

Phylloxera vastatrix, ce puceron d'origine américaine, interrompt brutalement l'âge d'or de la France viticole. C'est une affaire nationale puisqu'en 1874, 72 départements sur 84 cultivent au moins 500 hectares de vignes. Nombre de producteurs du Midi, de l'Hérault, des Pyrénées, de l'Aude, du Gard ont choisi, en effet, d'abandonner leurs cultures traditionnelles pour se consacrer à la vigne grâce à la plus large diffusion du vin, *via* le rail. Les exportations de vin sont au deuxième rang derrière le textile. L'État tire des produits de la viticulture le sixième de ses recettes. C'est alors que s'abat la maladie. Apparue d'abord dans le Gard en 1865, elle se propage surtout à partir de 1880 dans le Charolais, les Charentes, puis dans l'est des départements du Midi. Les conséquences sont terribles : la production chute à 23 millions d'hectolitres en 1889, et le vignoble perd 1 million d'hectares. Pour éviter de détourner définitivement les consommateurs du vin par pénurie, l'État finance jusqu'en 1891 l'importation de fortes quantités. Grâce aux porte-greffes américains, en 1891, le vignoble est reconstitué, mais il faut attendre 1900 pour que le chiffre normal de production soit à nouveau atteint avec 67 millions d'hectolitres. Le vignoble français sort de la crise appauvri, mais son exploitation plus moderne et plus technique présente les traits essentiels du vignoble d'aujourd'hui.

Physiocratie

Philosophie et doctrine politique du XVIIIe siècle qui fait de la terre la seule vraie source de richesses, en réaction contre le mercantilisme, et qui trouve chez Vauban et Boiguilbert (1646-1714) certains précurseurs.

Les physiocrates tiennent que la société a un ordre naturel instauré par Dieu et que l'État doit maintenir. Dans cet ordre, les agriculteurs constituent la classe « productive », les détenteurs d'offices, les travailleurs de l'industrie ou les commerçants la classe « stérile »... Seule la terre en effet rend plus qu'on ne lui apporte. Si l'agriculture constitue la puissance des États, le commerce, qui est indispensable, ne doit cependant subir aucune entrave : l'impôt repose sur la seule propriété agricole. En ce sens, la physiocratie s'oppose à l'interventionnisme étatique hérité de Colbert, d'où la fameuse maxime « laissez faire, laissez passer » due à Jacques Vincent de Gournay, intendant du commerce sous Louis XV. Elle est inspirée par des Encyclopédistes comme le médecin François Quesnay, son maître à penser, protégé de Mme de Pompadour et auteur du *Tableau économique* (1758) ; par des théoriciens comme Le Mercier de La Rivière, le marquis de Mirabeau, père du révolutionnaire, ou l'inspecteur général des manufactures Dupont de Nemours qui donne au mouvement son nom avec *La Physiocratie ou la constitution essentielle du gouvernement le plus avantageux au genre humain* (1768). Dupont de Nemours est le collaborateur de Turgot – son « premier commis » – et lui suggère l'édit de la liberté du commerce des grains du 13 septembre 1774. Les physiocrates influencent aussi la tentative de suppression des corporations de 1776 aussi bien que l'idée de l'impôt territorial unique que préconise en vain Calonne en 1786. Néanmoins, cette pensée agrarienne est assez vite périmée, notamment par l'apport du libéralisme d'Adam Smith – les *Recherches sur la nature et les causes de la richesse des nations* de 1776 est traduit dès 1779 – que l'économiste Jean-Baptiste Say vulgarisera en France.

PIBRAC Guy du FAUR de (Pibrac, 1529 – Paris, 1584)

Magistrat, diplomate et poète.

Conseiller au parlement de Toulouse puis de Paris, représentant du roi de France au concile de Trente, avocat général au parlement de Paris (1565), conseiller d'État (1570), il accompagne le duc d'Anjou élu roi de Pologne en 1573. En 1576, il négocie avec les huguenots la paix de Beaulieu. Marguerite de Valois fait de lui son chancelier en 1581. Sa réputation littéraire est due pour l'essentiel à ses *Quatrains moraux,* publiés en 1574. Mais il est aussi l'auteur des *Plaisirs de la vie rustique* (1576), poème inachevé, intéressant par son réalisme et le vif sentiment de la nature que l'auteur y manifeste.

PICARDIE

Région de l'ancienne France s'étendant de part et d'autre de la Somme, entre le littoral de la Manche et les confins ardennais et champenois.

Le terme « picard » ne semble pas remonter au-delà du XIIIe siècle, et son origine est incertaine. La vallée de la Somme constitue un des plus anciens témoignages de l'occupation humaine en Europe. C'est, de plus, en Picardie qu'est née au XIXe siècle la science préhistorique, avec Boucher de Perthes. Après l'invasion celtique du premier millénaire, les principales peuplades qui occupent la région au Ier siècle avant J.-C. sont les Morins, les Suessiones, les Bellovaques et, dans la vallée de la Somme, les Ambiens et les Véromandiens. Les légions romaines de César conquièrent la région en 57 av. J.-C. La Picardie est rattachée à la Belgique Seconde et, pour trois siècles, bénéficie de la paix romaine. De cette période datent un grand essor agricole, la création d'un important réseau routier, vers la mer et le Rhin, et la naissance de villes comme la future Amiens. Les invasions barbares déferlent sur le pays dès le IIIe siècle et, deux siècles plus tard, les Francs s'y installent en force. Les souverains mérovingiens feront de la région de Soissons un de leurs centres d'élection. Le christianisme, introduit dès le IIIe siècle, ne se répand qu'assez lentement, les campagnes ne seront entièrement évangélisées qu'au IXe siècle. Parmi les principaux évangélisateurs figurent les saints Crépin, Crépinien, Waast, et Lucien, premier évêque d'Amiens, décapité au IIIe siècle. C'est à Amiens que saint Martin, alors militaire, partage son manteau avec un pauvre et reçoit la vision qui décide de sa vocation.

La période carolingienne est particulièrement brillante, avec le développement des abbayes de Saint-Valery, Saint-Riquier ou Saint-Pierre-de-Corbie, créées au VIIe siècle. Les Capétiens succèdent aux Carolingiens et, au XIe siècle, la région participe au renouveau économique général. De nombreux Flamands s'y installent, créant notamment l'industrie drapière de la vallée de la Somme. Cette industrie, la fabrication de draps de qualité avec la laine anglaise, fera la renommée de la Picardie. De nouvelles terres sont mises en culture, les échanges se multiplient, en particulier par Abbeville et la baie de la Somme. On exporte les grains, la guède ou les étoffes. Les villes se peuplent, se développent, s'enrichissent. Aussi, dès le XIIe siècle, les bourgeois obtiennent-ils la concession de chartes. Ainsi à Amiens, en 1117, Saint-Riquier, 1128, puis à Abbeville, Corbie et Saint-Quentin. Les beffrois symboliseront cette émancipation. L'art gothique, précoce et particulièrement brillant, donne un de ses chefs-d'œuvre, la cathédrale d'Amiens. L'architecture civile, les arts en général, la littérature, portent eux aussi témoignage de l'éclat de cette période.

Conscients de sa richesse, les Capétiens s'intéressent à cette région, où domine l'influence flamande. C'est ainsi que, en 1185, Philippe Auguste s'empare du Vermandois et de l'Amiénois, arrachés au comte de Flandre Philippe d'Alsace. Le roi institue peu après les bailliages d'Amiens et de Vermandois. À côté de comtés comme le Ponthieu, le Vermandois ou le Boulonnais, la région que l'on appellera bientôt Picardie comporte divers territoires comme le Vimeu, l'Amiénois, le Soissonnais, le Santerre, la Thiérache, le Marquenterre, le Cambraisis et le Beauvaisis. Ils sont peu à peu réunis au domaine royal, entre le XIIe et le XVe siècles. Le Ponthieu toutefois, acheté en 1275 par Édouard II d'Angleterre, échappe pour longtemps aux Capétiens. La Picardie souffre considérablement de la guerre de Cent Ans : la défaite de Crécy, en 1346, se situe en terre picarde, non loin d'Abbeville, et la région sera disputée entre les rois de France et d'Angleterre, puis entre les premiers et les ducs de Bourgogne lorsque, en 1435, au traité d'Arras, les Anglais cèdent la Picardie aux Bourguignons. Le traité de Brétigny, en 1360, donne Abbeville aux Anglais. Au XVe siècle, un des principaux événements de la guerre se situe dans la région : prise à Compiègne, Jeanne d'Arc est livrée aux Anglais au Crotoy, petit port de l'embouchure de la Somme. De là, un bateau la conduit jusqu'à Saint-Valery qu'elle quittera, par la route, pour Rouen et son destin tragique.

Le rattachement définitif de la Picardie au royaume de France date de 1463, sous le règne de Louis XI. Deux scènes importantes de ce règne se situent dans la région : l'entrevue de Péronne, en 1468, puis la paix de Picquigny, signée en 1475 avec le roi d'Angleterre. Deux ans plus tard, à la mort de Charles le Téméraire, les villes de la Somme reviennent définitivement à la France. Au traité d'Arras, en 1482, Maximilien, époux de la fille de Charles le Téméraire, reconnaît cette appartenance. Mais Louis XI n'a pu conquérir l'Artois, et la Picardie conserve la position délicate de région frontière, subissant au XVIe siècle de nombreuses incursions espagnoles. En 1520, sous le règne de François Ier, c'est en terre picarde que se déroule, entre Guines et Ardres, la fameuse entrevue du camp du Drap d'or. Quelques années plus tard, en 1536, les troupes impériales de Charles Quint, venues mettre le siège devant Péronne, sont tenues en échec par une émule de Jeanne Hachette, Marie Fourée.

L'activité économique est particulièrement florissante en ce XVIe siècle ; les blés du Santerre et du Vermandois sont expédiés vers Paris, tandis que se développe la sayetterie amiénoise. Bien que tardivement imprégnée de culture médiévale, la Picardie, avec Lefèvre d'Étaples, participe à la naissance de l'humanisme. Elle ne s'ouvre que lentement aux idées nouvelles : si les premiers protestants apparaissent vers 1525, il faut attendre la seconde moitié du siècle pour trouver de véritables groupes de réformés. La Picardie reste à l'écart des guerres de Religion mais la noblesse picarde, en 1576, est à l'origine de la constitution de la fameuse Ligue catholique. Les villes ne s'y rallient qu'en 1588, mais Amiens sera une des dernières villes de France à reconnaître Henri IV. Après les incursions espagnoles de 1557 et 1595, la région reste disputée entre l'Espagne et la France et, en 1636, c'est à Corbie que Louis XIII arrête l'invasion espagnole. En 1637, à Abbeville, le roi voue son royaume à la Vierge. Sous le règne suivant, en 1659, la conquête de l'Artois recule la dangereuse frontière avec l'Espagne.

Les Picards sont depuis longtemps, au moins depuis Bouvines où ils jouèrent un rôle essentiel dans le succès du roi, réputés pour leurs qualités au combat, et Henri II constitue en 1558 le régiment de Picardie. Après le gouvernement militaire de Picardie, créé au début du XVIe siècle, la région est, au point de vue administratif et financier, partagée entre les généralités d'Amiens et de Soissons. Au point de vue religieux, le territoire est réparti entre les évêchés d'Amiens, de Boulogne et de Noyon. Sous le règne de Louis XIV, grâce aux progrès de l'administration, à l'action des intendants, l'activité industrielle, textile en particulier, se rétablit à Amiens, Abbeville et Saint-Quentin. Tandis que se développent la culture du chanvre, du lin, des céréales, l'élevage et le commerce, Colbert crée la célèbre manufacture de Saint-Gobain. La région, toutefois, souffre de la crise générale qui affecte le royaume à la fin du règne, en particulier de la disette de 1709-1710. Un nouvel essor économique se produit sous le règne de Louis XV, avec l'implantation à Amiens de l'industrie du velours. À la fin du règne suivant, au contraire, croît le paupérisme urbain et rural. La population diminue.

La Révolution divise la Picardie entre les départements de la Somme, de l'Aisne, de l'Oise et du Pas-de-Calais, pour partie, ce dernier incluant le Boulonnais. Sous le Consulat, Joseph Bonaparte et Cornwallis signent en 1802 la fameuse, et éphémère, paix d'Amiens. Deux ans plus tard, le Premier Consul entreprend de réunir au camp de Boulogne une armée destinée à l'invasion de l'Angleterre. Le Blocus continental constitue pour la Picardie une étape importante puisque, en raison de l'impossibilité de se procurer de la canne à sucre, la betterave est implantée dans la région, avec, dans l'avenir, un grand succès. L'élevage, les industries alimentaires, la mécanique dans le Vimeu (serrurerie) et le long de la vallée de l'Oise animent l'économie picarde au cours du XIXe siècle, période qui voit le retour des épreuves.

C'est en effet en Picardie que l'armée du Nord, réunie et dirigée par Faidherbe, harcèle les Prussiens et les affronte, à la fin de 1870 et au début de 1871, à Pont-Noyelles, Bapaume et Saint-Quentin. En 1914, les mêmes épreuves se renouvellent, mais durent cette fois quatre ans, le front se stabilisant dans les lourdes terres à blé et à betterave du Santerre, du Vermandois et sur le plateau crayeux du chemin des Dames. Lorsque la guerre éclate, la Ire et la IIe armées allemandes se précipitent vers Paris, les villes picardes s'ouvrent aux envahisseurs. Puis, lorsque les forces allemandes sont contraintes de refluer, le front se stabilise au centre de la Picardie, les hommes s'enterrent dans les tranchées, dressant devant leurs positions des réseaux de fils de fer barbelés. Évacuée par les Allemands le 11 septembre 1914, Amiens subit de nombreux bombardements. De juin à novembre 1916, le commandement allié choisit le secteur de la Somme pour faire diversion à l'offensive allemande sur Verdun. Avec un certain succès : l'indécise bataille de la Somme permet de dégager Verdun. Le 6 avril 1917, les combats se raniment dans la région du chemin des Dames. En mars 1918, c'est encore cette région aux vastes étendues planes que choisit le haut commandement allemand pour porter le coup de boutoir décisif. Ce secteur est occupé par les Britanniques, dont le front est rompu en ce mois de mars. Mais, d'Albert à Villers-Bretonneux et à Montdidier, Australiens et renforts français s'accrochent au sol, entravant cette offensive de la dernière chance. C'est en terre picarde, à Rethondes, que l'armistice est signé le 11 novembre. Au lendemain de la guerre, de nombreuses villes, comme Albert ou Noyon, sont complètement détruites, d'autres le sont partiellement.

En mai 1940, après la percée des Ardennes, les Allemands atteignent la Picardie, soumise à de nouveaux bombardements. Comme les réfugiés belges, qui commencent à affluer le 14, les civils s'enfuient sur les routes. Le 17 mai, le général Touchon, qui remplace Giraud à la tête de la VIIe armée, tente en vain de rétablir un front défensif sur l'Aisne et sur l'Ailette. Deux jours plus tard, alors que Gamelin, à son tour, s'est efforcé de regrouper l'aile droite française, qui se trouve dans l'Aisne et la Somme, pour former un front continu, les Allemands atteignent Abbeville, Amiens et Péronne. En avant, les 18 et 19 mai, le colonel de Gaulle, à la tête de la 4e division cuirassée, harcèle les Allemands à Montcornet et Laon, avant d'être ramené vers Abbeville. Weygand, qui a remplacé Gamelin, essaye d'arrêter l'avance allemande sur la Somme, en organisant une ligne de défense de la Somme à l'Aisne. Du 6 au 9 juin, de très violents combats se déroulent au sud d'Amiens et à proximité d'Abbeville, mais le commandement français, privé de l'aide anglaise, n'a pu établir de front continu : les positions françaises sont percées sur la Somme le 6, sur l'Aisne le 7. Rommel et sa division franchissent la Somme près d'Hangest-sur-Somme et se dirigent vers le sud, prélude à l'irrémédiable repli des défenseurs vers la Seine. Après l'armistice, signé une nouvelle fois à Rethondes, l'occupant refait un moment de la Picardie une marche frontière, puisqu'il rattache les départements du Pas-de-Calais et du Nord à son administration de Bruxelles, en zone interdite. À la Libération, la Picardie fait partie de l'objectif de l'aile gauche du dispositif allié. Les forces anglo-américaines libèrent les villes les unes après les autres, dans les premiers jours de septembre. Mais Amiens est en grande partie détruite, Beauvais est rasée, Abbeville et Laon en majeure partie ruinées, les ponts, les voies de communication sont ravagés.

PICASSO Pablo (Malaga, Espagne, 1881 – Mougins, 1973)

Peintre espagnol.

D'un point de vue historique, Picasso est l'homme d'un engagement : l'antifascisme,

Pichegru
Huile sur toile d'Alexandre Caminade, château de Versailles. © *Lauros-Giraudon*

d'abord contre l'Espagne franquiste puis en faveur d'une solidarité populaire aux côtés du parti communiste après guerre. La guerre d'Espagne, et notamment le bombardement de Guernica en 1937 par l'aviation allemande, nourrit une thématique pacifiste. La libération de la France l'incite, le 5 octobre 1944, à adhérer au parti communiste qui lui semble le mieux à même de redonner le souffle de la vie à un pays meurtri par l'Occupation. Son rôle de peintre engagé est vite contesté, dès qu'en 1946 le PCF impose à ses artistes de se ranger sous la bannière du réalisme socialiste. Picasso ignore ces directives et, lorsqu'en 1951 il renoue avec la veine pacifiste dans *Massacres en Corée*, son œuvre est décriée. Les communistes lui préfèrent sa « colombe pour la paix », symbole plus explicitement exploitable dans le contexte de la guerre froide. En fait, jusqu'en 1952, le PCF profite de la notoriété de Picasso sans parvenir à canaliser son œuvre, ce qui aboutit à sa mise à l'écart au profit du peintre André Fougeron, chantre du réalisme socialiste. L'épisode du portrait de *Staline jeune*, en 1953, concrétise la rupture, l'œuvre étant considérée comme un crime de lèse-majesté stalinienne. Pour autant, Picasso conserve sa carte du parti et demeure silencieux sur tous les éléments intervenus dans les démocraties populaires, ce qui permet au PCF d'entretenir la fiction d'un compagnonnage entre le hérault de l'avant-garde picturale et un parti qui se dit à l'avant-garde politique de la nation.

PICHEGRU Charles (Les Planches-près-Arbois, 1761 – Paris, 1804)

Général.

Fils d'un paysan, il participe comme soldat d'artillerie à la guerre d'Indépendance américaine. Sergent en 1789, il est élu commandant par un bataillon de volontaires et préside bientôt les Jacobins de Besançon. La protection des membres du club facilitera son ascension. Pichegru rejoint en 1793 l'armée du Rhin, au sein de laquelle sa brillante conduite lui vaut, cette même année, d'être nommé général. Placé au mois d'octobre à la tête de l'armée du Rhin, avec Hoche et Desaix, il entreprend de la réorganiser, et ne tarde pas à la conduire à la victoire, prenant, avec Hoche, le Geisberg, le 26 décembre. En février 1794, il succède à Hoche à la tête de l'armée du Nord. Menant méthodiquement la conquête de la Belgique, il pénètre à Ostende le 1er juillet, à Bruxelles le 10, avec Jourdan, puis à Liège. La conquête de la Belgique achevée à la fin du mois de juillet, Pichegru et Jourdan pénètrent sans difficulté en Hollande, dont ils seront maîtres en février 1795. Le 23 janvier, au Texel, la cavalerie française s'est couverte de gloire en s'emparant de la flotte hollandaise bloquée par les glaces.

De passage à Paris, Pichegru réprime, à la demande de la Convention, l'insurrection du 12 Germinal (1er avril), puis reçoit le commandement de la garde nationale, qu'il est chargé de réorganiser. En septembre, face aux Autrichiens, il commande l'armée de Rhin-et-Moselle, Jourdan étant placé à la tête de l'armée de Sambre-et-Meuse. Tandis que ce dernier remonte le Rhin vers Mayence, Pichegru, au lieu de le rejoindre, s'attarde à prendre Mannheim, à la fin du mois de septembre. Pendant l'été, Fauche-Borel, espion travaillant pour les princes, lui remet les alléchantes propositions du prince de Condé. Attiré par les offres royalistes, et désireux de jouer un rôle politique, il se rallie à la cause des Bourbons. Par son inertie, il laisse les Autrichiens de Clerfayt menacer Jourdan, bientôt contraint de repasser le Rhin près de Düsseldorf. Lui-même évacue Mannheim fin octobre. Le général Moreau, qui a découvert dans les bagages d'un prisonnier autrichien des lettres révélant sa correspondance avec l'ennemi, ne les transmet pas aux autorités françaises. Cependant, le Directoire ne tarde pas à soupçonner la trahison et, au mois de mars 1796, contraint Pichegru à démissionner.

Un moment ambassadeur en Suède, le général se fait élire, en 1797, député au Conseil des Cinq-

Picasso
Guernica. Huile sur toile de Picasso, 1937, Madrid, Centro de Arte Reina Sofia. © *Lauros-Giraudon*

Cents, où il ne tarde pas à prendre la tête de l'opposition royaliste. Cette dernière, majoritaire, l'élit à la présidence de l'Assemblée au mois de mai. Le 17 fructidor, des proclamations répandues dans la capitale accusent l'ancien commandant en chef de l'armée de Rhin-et-Moselle de trahison. Le lendemain, à la suite du coup d'État du 18 Fructidor, Pichegru est arrêté. Proscrit, transféré à La Rochelle, le général est déporté en Guyane, d'où il parvient à s'évader en juin 1798. Gagnant alors Londres, l'évadé offre ses services au gouvernement britannique. Celui-ci les accepte et les rétribue d'une pension. Cadoudal, qui, sous le Consulat, prépare à Londres une conspiration contre Bonaparte, propose à Pichegru de se joindre à lui. En janvier 1804, les deux complices gagnent secrètement Paris où ils rencontrent Moreau. Mais les conspirateurs sont trahis. Arrêté le 28 février dans sa cachette et enfermé au Temple, Pichegru est trouvé mort dans sa cellule, le 6 avril, étranglé par sa cravate, sans que l'on puisse conclure à un suicide ou à un assassinat. Certains n'hésiteront pas à accuser Bonaparte de l'avoir fait supprimer.

PICQUART Georges (Strasbourg, 1854 – Amiens, 1914)

Général.

Après avoir servi en Algérie, au Tonkin et en Annam, il est nommé en 1897 chef du Service de contre-espionnage et joue, à ce titre, un rôle important dans l'affaire Dreyfus. Ayant acquis la conviction qu'Esterházy est le vrai coupable de l'affaire du bordereau et non Dreyfus, il tente de faire rouvrir le dossier et encourt de ce fait, à deux reprises, la disgrâce de ses chefs. Mais Dreyfus réhabilité, Picquart est nommé général (1906) et devient, cette même année, ministre de la Guerre dans le cabinet Clemenceau (1906-1909).

PICQUIGNY Jean de (milieu du XIVe siècle)

Gentilhomme.

Il est resté connu pour avoir été l'un des principaux lieutenants de Charles le Mauvais, roi de Navarre. Après avoir participé aux états généraux de 1357, il attise les séditions contre le Dauphin Charles, futur Charles V et, en 1358, prend Creil au nom du roi de Navarre afin de menacer la capitale retombée entre-temps au pouvoir du régent.

PICQUIGNY (traité de)

Traité signé le 29 août 1475 entre Louis XI et Édouard IV d'Angleterre à Picquigny, non loin d'Amiens.

Au terme de ce traité, le roi d'Angleterre accepte d'évacuer la Picardie moyennant versement de 75 000 écus comptant et une rente annuelle de 50 000 écus. Revendiquant la Normandie et la Guyenne avec l'appui du duc de Bourgogne, Édouard IV a débarqué en effet à Calais au mois de juillet précédent. Mais il ne souhaite guère se livrer à des opérations d'envergure, et lorsque Louis XI lui transmet des offres de négociations, le souverain anglais s'empresse d'accepter. Le traité prévoit également une trêve entre les deux pays et mentionne un mariage entre le Dauphin Charles (futur Charles VIII) et Élisabeth, fille du souverain anglais. Cet accord bouleverse les plans de Charles le Téméraire, lequel se tourne alors contre les Suisses et les Lorrains.

PICTONS ou PICTAVES

En latin Pictones, Pictavi. *Peuple de la Gaule celtique établi dans le Poitou, au sud de la basse Loire, de la Vienne à l'Océan.*

Comprise dans la Celtique, puis dans l'Aquitaine Seconde, la cité gallo-romaine des Pictons, dont le chef-lieu est *Limonum*, appelé ensuite *Pictavi* (Poitiers), couvre le diocèse du même nom. Un peu plus vaste que l'ancienne province du Poitou, le territoire des Pictons correspond aux actuels départements de la Vienne, des Deux-Sèvres et de la Vendée, au sud-ouest du Maine-et-Loire, et au sud de la Loire-Atlantique. Le golfe des Pictons, ou des Pictaves, est un ancien golfe de la côte atlantique, allant du sud du Poitou jusqu'à Niort. Son comblement a donné naissance au marais poitevin.

PIEDS-NOIRS

Surnom donné, uniquement en métropole, aux Alsaciens-Lorrains installés en Algérie après la défaite de 1870-1871, parce qu'ils venaient de très loin.

Même dans son édition de 1932, le dictionnaire encyclopédique Larousse ne reconnaît qu'une catégorie de pieds-noirs : les Indiens du grand Nord canadien auquel l'ouvrage attribue une « humeur belliqueuse ». Hormis ce trait d'humour involontaire, force est de constater que les 841 000 colons installés un siècle après la conquête de l'Algérie sont ignorés de la métropole. Cette situation découle largement des conditions du peuplement colonial en Algérie. Jusqu'en 1869, les colons sont des émigrés de la misère rurale méditerranéenne, venus pour les quatre-cinquièmes du sud de la Loire, pour le dixième de la péninsule Ibérique, le reste se partageant entre Salonique, Beyrouth ou Alexandrie. Ils comptaient trouver des terres à bas prix, mais la tentative de « royaume arabe » esquissée par Napoléon III les prive d'accès à la terre. Au demeurant, avec 6 à 7 % de la population, ils représentent une goutte d'eau.

La défaite de 1870-1871 leur donne une chance historique paradoxale. L'annexion de l'Alsace-Lorraine par les Allemands crée un choc migratoire de paysans ou artisans qui refluent, pour l'essentiel, vers Paris et Lyon. Au même moment, l'octroi du droit de vote et donc de la nationalité française aux 37 000 Juifs d'Algérie par le décret Crémieux excite les rancœurs religieuses. Il suffit d'une mauvaise récolte et d'un problème de soudure alimentaire pour qu'en mai 1871, Sidi Mokrani déclenche depuis la Kabylie une révolte anticoloniale. Après un an de combats militaires pour mater la rébellion, les colons récupèrent 420 000 hectares de terres indigènes qui suscitent un appel d'air pour ces Alsaciens-Lorrains qu'on commence à surnommer « pieds-noirs ». Dès 1872, avec 250 000 personnes – soit 12 % d'une population musulmane décimée par la maladie, la faim et les conflits –, les colons pèsent sur toutes les dimensions de la question algérienne. Entre 1873 et 1887, ils profitent de la loi Warnier pour accélérer le démembrement des terres à leur usage ; en 1881, le code de l'indigénat assure une inégalité fiscale, scolaire et pénale ; autour de 1895-1890, la crise du phylloxéra en France et la paupérisation des paysans espagnols, italiens ou maltais, entraînent une nouvelle vague migratoire de 145 000 à 160 000 individus, souvent marginaux et illettrés, prompts à s'engager dans des combats extrêmes, comme l'antijudaïsme au temps de l'affaire Dreyfus, avec l'élection de Max Régis à la mairie d'Alger en 1897 et l'envoi de 4 députés antisémites sur 6 aux législatives de 1898. Au total, l'Algérie de 1914 compte 750 000 colons et représente une sorte de « nouvelle frontière » pour ses habitants venus d'Europe.

La participation des musulmans à la Première Guerre mondiale et leurs 24 000 morts ont créé chez eux une attente de droits, maigrement satisfaite en 1919 par l'abolition des impots indigènes et bloquée en 1925 comme en 1936 (projet Blum-Violette) par l'opposition des pieds-noirs à l'octroi du droit de vote pour 21 000 musulmans (0,7 % de la population totale, 2,5 % de la population coloniale !). Cette crispation s'explique par le glissement socio-professionnel intervenu après 1918 et par les conséquences de la crise paysanne de l'entre-deux-guerres. D'une part, les 900 000 Européens sont à 80 % des citadins – artisans, fonctionnaires, commerçants et à 10 % seulement ouvriers – qui profitent peu du boom des années 1920 (leur niveau de vie est inférieur de 15 % en moyenne à celui de la métropole) et découvrent le chômage de 1929 à 1945. D'autre part, les cultivateurs sont balayés au profit de grandes propriétés qui détiennent, dès 1940, 10 % de la surface cultivable pour 6 000 propriétaires. Cet effondrement de l'eldorado algérien pour le petit propriétaire précipite la cristallisation d'une mentalité de « petits Blancs », prompts à s'estimer assiégés lorsqu'ils ne détiennent plus que 1 % des terres coloniales (1939).

À nouveau, c'est une défaite, celle de 1940, qui précipite le mouvement. En février 1943, *Le Manifeste du peuple algérien* de Fehrat Abbas jette les bases d'une réforme agraire, scolaire et politique. Celle-ci fait long feu, malgré le soutien américain, parce que la France de Vichy comme de la Libération ne sait ni proposer ni imposer une politique d'assimilation claire et admise par tous. En mai 1945, sept villes d'Algérie sont le théâtre d'émeutes faisant 124 morts et 143 blessés chez les pieds-noirs ; la répression, conduite par le général Duval avec l'appui de milices civiles, cause au moins 6 000 morts, et probablement 8 000. Le statut de septembre 1947, censé apaiser les esprits, donne le sentiment aux pieds-noirs d'avoir été floués, surtout après le départ, en novembre, du gouvernement Chataigneau. S'y ajoute la persistance du malaise économique, l'Algérie étant placée sous perfusion financière pour un montant atteignant 50 milliards de francs par an dès 1949.

Ces mécomptes permettent de comprendre l'extrême sensibilité des pieds-noirs aux événements qui débutent en novembre 1954. Ils se sentent menacés dans leurs biens, puis dans leurs vies, se croient manipulés par Paris, considèrent que leur départ et surtout l'abandon de l'Algérie signeraient le déclin de la France comme puissance de rang mondial. Dès mars 1955, les colons réclament l'état de siège, autrement dit la guerre ; le gouvernement Favre vote l'état d'urgence, une réponse ambiguë puisque limitée en principe à une région, et dans le temps d'une législature. En pratique, le gouvernement Mollet, formé en janvier 1956, entre à reculons dans une guerre qui creuse davantage le fossé entre pieds-noirs et musulmans, crée une incompréhension durable entre ces mêmes pieds-noirs et la métropole, en même temps que les attentats exaspèrent l'angoisse de ces gens et, partant, leur versatilité politique : ils acclament Jacques Soustelle le 2 février 1956 alors que sa stratégie – « répression d'abord, réformes ensuite » – a échoué ; ils conspuent Guy Mollet le 6 février (journée dite des tomates) alors que celui-ci s'aligne sur la position Soustelle avec son triptyque « cessez-le-feu, élections, négociations » ; ils rêvent d'un sauveur : début mai 1958, Salan ou Massu pour Martel, Ortiz et Lagaillarde, les enfants de l'Algérie pied-noir ; de Gaulle faute de mieux, les 16 et 17 mai, à coup sûr après le « Je vous ai compris » du 4 juin, mais il est conspué le 9 décembre 1960 ; Salan, l'espace de 72 heures en avril 1961, dans un baroud inutile qui consacre la défaite politique des pieds-noirs.

S'ouvre alors le temps de la violence, alimentée par un préjugé simple : toute négociation avec le FLN constitue pour les pieds-noirs une trahison ; tout accord une duperie signée par un État complice ou naïf. Or, dès le 20 mai 1961, les négociations débutent à Évian. Aussitôt, les attentats redoublent. Leur conclusion, dix mois plus tard, confirme leurs plus sombres pronostics : les pieds-noirs ont trois ans pour choisir la nationalité algérienne ou le statut d'étranger. Les accords d'Évian déclenchent l'exode : 200 000 par mois entre mars et mai, 356 000 en juin, 42 000 par mois de juillet à septembre. Au total, l'Algérie indépendante s'est vidée en 6 mois de 850 000 personnes, auxquelles on ajoutera les 92 000 partis entre 1955 et 1961 et les 1 500 disparus entre mars et septembre 1962. Au 1er janvier 1963, 92 % de la population pied-noire recensée en 1954 a quitté l'Algérie.

Reste à trouver une terre d'accueil. Un dixième des pieds-noirs se répartit entre l'Espagne, Israël, le Liban, l'Argentine et le Canada. L'essentiel tente de se faire une place dans le midi de la France ; Marseille en accueille 200 000 en quatre mois, Montpellier 125 000, dans une impréparation radicale, doublée d'une défiance qui tourne parfois à l'hostilité : Gaston Defferre conseille aux pieds-noirs « d'aller se réadapter ailleurs » ; Robert Boulin, leur ministre pourtant, parle de « blousons noirs » au sujet des jeunes et Louis Joxe leur suggère d'aller « s'installer en Argentine, au Brésil ou en Australie ». Cependant, en une génération, les pieds-noirs ont cicatrisé leur « nostalgérie » (mot-valise forgé par Henry de Montherlant), ils ont réveillé l'économie, souvent léthargique, du Midi ; même leur vote, antigaulliste et d'extrême droite de 1965 à 1993, se banalise depuis la présidentielle de 1995.

PIERRE Ier MAUCLERC (? – ?, 1250)

Comte de Dreux, duc de Bretagne (1213-1237).

Fils de Robert II de Dreux, arrière-petit-fils de Louis VI le Gros, Pierre de Dreux, surnommé un siècle plus tard « Mauclerc », se voit confier, en 1213, le gouvernement de la Bretagne par Philippe Auguste, qui en est le maître effectif, mais prend la précaution de marier Pierre à l'héritière du duché, Alix, fille de Guy de Thouars. D'une fidélité irréprochable envers Philippe Auguste et Louis VIII, il s'engage néanmoins dans la coalition montée par le comte de la Marche, Hugues de Lusignan, contre la régente Blanche de Castille et, après plusieurs campagnes, doit faire sa soumission en 1234. Il n'est en réalité que bailliste de son fils, Jean le Roux, et doit lui céder la place lorsque celui-ci se trouve majeur, en 1237. Devenu simplement Pierre de Braine, chevalier, il accompagne alors Saint Louis en Égypte, accomplit les plus beaux exploits, et meurt en mer au retour de la Terre sainte. C'est lui qui, portant un quartier d'hermine dans ses armoiries personnelles, introduisit en Bretagne ce motif héraldique.

PIERRE II de BRETAGNE (?, 1418 – Nantes, 1457)

Duc de Bretagne (1450-1457).

Deuxième fils de Jean V, il succède en 1450 à son frère aîné François Ier et, comme lui, s'acharne à défendre ses droits contre Charles VII. Mais il se consacre également à la législation et à la réforme ecclésiastique. Il meurt sans héritier et sa succession échoit à son oncle Arthur de Richemont.

PIERRE L'ERMITE (Amiens, v. 1050 – Neufmoutier, Belgique, 1115)

Prédicateur.

On l'appelle parfois Pierre d'Achères ou Pierre d'Amiens. Il aurait entrepris vers 1093 un pèlerinage à Jérusalem, mais ne serait pas parvenu en Terre sainte. Au mois de novembre 1095, au terme du concile de Clermont, le pape Urbain II proclame la croisade. Aussitôt, et sans aucune commission papale, Pierre l'Ermite commence à prêcher la croisade. Parti du centre de la France, il traverse le Berry, la Champagne, et descend la vallée de la Moselle jusqu'à Cologne, où il arrive au mois d'avril 1096. Dès ses premiers prêches, son éloquence jette sur les routes des milliers de petites gens, hommes, femmes et enfants, qui abandonnent tout pour le suivre. Au mois d'avril, monté sur un âne, Pierre l'Ermite prend la tête de cette croisade des pauvres gens, en route vers Constantinople. Dépourvus de tout, les voyageurs se livrent au pillage pour subsister. Le 1er août, enfin, Pierre l'Ermite et ses nombreux compagnons atteignent Constantinople. Alexis Comnène se montre inquiet de cette troupe hétéroclite, et fort satisfait lorsque, quelques jours plus tard, les pauvres gens prennent la route de Nicomédie. Mais Pierre l'Ermite ne peut maintenir la discipline parmi ses compagnons. Au mois de septembre, les croisés remportent néanmoins une première victoire, en s'emparant du château de Xerigordon. Les Turcs les assiègent à leur tour, la situation est périlleuse. Leur chef décide alors de retourner chercher du secours à Constantinople. C'est là qu'il apprend que, le 21 octobre, la plupart de ses compagnons ont été massacrés par les Turcs.

Le prédicateur décide de rester à Constantinople où, à partir de décembre 1096, commencent à arriver les barons. Lorsque ces derniers partent en campagne, au mois de mai suivant, il les accompagne à travers l'Anatolie. Avec eux, il prend part au pénible siège d'Antioche et pénètre enfin dans la ville le 2 juin 1097. Dès le lendemain, le bruit court parmi les croisés qu'une forte armée arrive au secours des Turcs vaincus. Découragés, Pierre l'Ermite et quelques-uns de ses compagnons tentent de s'enfuir. Le prédicateur est rattrapé et combattra avec une grande énergie pour faire oublier cet instant de faiblesse. Au printemps de 1099, tandis que les croisés marchent vers Jérusalem, il est nommé aumônier de l'armée chrétienne. Peu avant le sac de la ville, le 15 juillet, Pierre l'Ermite prononce un sermon sur le mont des Oliviers. Revenu en Europe en 1100, le chef de la croisade des pauvres gens fonde le monastère de Huy, en Belgique, et achève ses jours comme prieur de l'établissement.

PIERRE LE VÉNÉRABLE (Montboissier, Auvergne, v. 1092 – Cluny, 1156)

Abbé de Cluny.

D'une grande famille auvergnate, Pierre de Montboissier entre comme oblat, à la mort de son père, au monastère clunisien de Sauxillanges et, après avoir fait profession, est envoyé comme prieur à Vézelay où il reste dix ans et acquiert une vaste culture, religieuse comme profane. En 1120, il fonde le prieuré de Domène, près de Grenoble. Deux ans plus tard, en 1122, il est élu neuvième abbé de Cluny. Les premières années de son abbatiat sont difficiles. Son prédécesseur, Hugues II, n'a dirigé l'abbaye bourguignonne que quelques mois et n'a pu résoudre la grave crise ouverte à la fin de l'abbatiat de Pons de Melgueil (démissionnaire en avril 1122). En 1126, profitant d'un voyage de Pierre le Vénérable en Aquitaine, Pons se réinstalle de force à la tête de l'abbaye de Cluny avec le soutien de plusieurs laïcs des environs et d'une partie de la communauté monastique. Pierre requiert l'intervention du pape Honorius II qui condamne Pons et les siens, l'ancien abbé de Cluny mourant en captivité à Rome au début de l'année 1127.

Le long abbatiat de Pierre le Vénérable est tout entier marqué par ses efforts pour éviter le renouvellement d'un tel schisme, panser ces plaies et restaurer la concorde au sein de l'abbaye bourguignonne. Son action se situe notamment sur le plan administratif (rédaction des premiers statuts clunisiens corrigeant certains excès antérieurs, organisation du premier chapitre général, tentatives de conjurer les menaces de sécession de la part d'abbayes soumises au joug clunisien) et économique (réorganisation du domaine abbatial). Pierre le Vénérable se fait également le défenseur véhément et opiniâtre de Cluny contre les attaques de saint Bernard de Clairvaux avec qui, malgré le caractère acharné de leur polémique, il entretient une correspondance amicale. À saint Bernard qui reproche à Cluny le luxe de sa nourriture, de ses costumes et de ses églises, il répond en admettant la nécessité de corriger les excès mais refuse les principes de l'austérité cistercienne. Toutes les affaires religieuses importantes du moment portent la marque de son intervention et, pour promouvoir la paix entre les princes, il effectue de nombreux voyages, notamment à Rome, en Angleterre et en Espagne. D'une grande générosité, il recueille Abélard dans sa vieillesse solitaire, s'emploie à le réconcilier avec saint Bernard et à faire lever la sentence d'excommunication qui pèse sur lui.

L'œuvre écrite de Pierre le Vénérable, importante, s'inscrit dans un contexte de luttes ecclésiales, tant sur le plan de l'Église universelle qu'à l'intérieur du réseau monastique de Cluny (*Ecclesia Cluniacensis*). L'abbé de Cluny est de tous les combats. Il se préoccupe particulièrement de ce qui menace l'intégrité de l'Église et s'applique à composer des traités polémiques pour combattre ses ennemis : *Contre les Juifs*, *Contre les hérétiques Pétrobrusiens* (hérésie qui s'étend en Provence dans le deuxième quart du XIIe siècle), *Contre les Sarrasins*. Pour rédiger ces traités, Pierre fait preuve d'un réel souci documentaire, se faisant traduire des passages du Coran et du Talmud pour pouvoir mieux les réfuter. Les traductions et commentaires sur le Coran qu'il fait rédiger à Tolède au milieu du XIIe siècle resteront jusqu'au XVIe siècle l'une des principales sources de la connaissance des textes musulmans en Occident. D'autre part, et comme le pendant positif de ces traités, Pierre rédige une collection de miracles (*De miraculis*) tout à l'apologie de l'Église romaine et de l'abbaye de Cluny. Ses lettres, qu'il a lui-même rassemblées en collection, constituent la partie de son œuvre la plus connue, en particulier ses échanges avec Bernard de Clairvaux, Louis VII ou le pape Eugène III. Il faut également citer plusieurs sermons et des hymnes liturgiques.

À sa mort en 1156, Pierre le Vénérable a restauré la paix à l'intérieur de son monastère, et

Pierre l'Ermite
L'empereur latin d'Orient, Alexis Comnène, reçoit à Constantinople Pierre l'Ermite venu l'exhorter à la croisade, en août 1096. Huile sur toile de Gillot Saint-Èvre, 1839, Versailles, salle des croisades du musée. © *RMN*

Pierrefonds
Le château avant et après sa restauration par Viollet-le-Duc. © *Roger-Viollet*

c'est sur les bases qu'il a établies que l'ordre de Cluny poursuit sa réorganisation à la fin du XIIe et au XIIIe siècle. Pierre passe souvent pour le « dernier des grands abbés de Cluny », l'abbaye sombrant après lui dans un long déclin et une lente décadence. Certes, les abbés de Cluny qui lui succèdent ne joueront jamais le rôle tenus par Mayeul, Odilon ou Hugues de Semur auprès des papes et des souverains laïcs. Les Cisterciens, puis bientôt les Dominicains et les Franciscains auront les faveurs des aristocrates qui leur donneront plus volontiers une part de leur patrimoine aux dépens des vieux clunisiens. Mais Cluny ne meurt pas avec Pierre le Vénérable, elle ne cesse de se restructurer aux XIIIe et XIVe siècles pour s'adapter aux mutations de la société, et demeure une abbaye puissante jusqu'aux guerres de Religion.

PIERREFONDS

Château bâti à quelques kilomètres de Compiègne, dans le département de l'Oise.

Le frère de Charles VI, Louis, duc d'Orléans, dont l'un des apanages est le Valois, en ordonne la construction en 1392, face à la forêt de Compiègne. Forteresse, mais aussi splendide résidence, le château de Pierrefonds présente la forme d'un pentagone. Huit tours le ceinturent, l'une servant de chapelle. Comme les courtines, elles portent, en surplomb des mâchicoulis du chemin de ronde, un étage en retrait. Un second chemin de ronde, crénelé, court autour de celui-ci. Des statues de guerriers et de guerrières ornent des niches creusées dans les tours. Et, s'accolant à l'une des courtines, le logis érige son imposant donjon carré. Point de ralliement des ligueurs, le château de Pierrefonds est pris par l'armée d'Henri IV (1592). Sous Louis XIII, les Mécontents s'y retranchent et y tiennent tête au souverain. Assiégée en 1616, puis conquise, la place forte sera finalement démantelée. Pour obéir à Napoléon III, Viollet-le-Duc restaure le château de Pierrefonds en 1857. Il y élève une magnifique construction néo-gothique où la fantaisie archéologique n'est pas exclue, surtout en ce qui touche le style des bâtiments de la cour et des intérieurs. Alexandre Dumas père, dans *Vingt Ans après*, fait de Porthos le seigneur de Pierrefonds.

PIGNEROL

Ville du Piémont.

Située à un point stratégique, cette place forte, longtemps partagée entre la Savoie et la France, appartient à cette dernière de 1536 à 1574, de 1631 à 1696 et de 1801 à 1814. Pignerol abritait un château qui servit, sous l'Ancien Régime, de prison d'État. Lauzun, Fouquet, le Masque de fer comptent parmi les plus illustres détenus.

PILÂTRE de ROZIER François (Metz, 1756 – Wimereux, Pas-de-Calais, 1785)

Physicien et aéronaute.

Après avoir d'abord étudié la chirurgie, il est placé chez un apothicaire où il apprend un peu de chimie et, venu à Paris, suit des cours de mathématiques, de physique et de chimie, en même temps que, pour vivre, il répète au Marais, devant un auditoire assez nombreux, les expériences de Franklin sur l'électricité. Nommé professeur de physique et de chimie à Reims, il réussit à mettre au point divers produits chimiques, dont un pyrophore, étudie les gaz, invente un masque respiratoire et rédige un *Mémoire sur les gaz*. Il devient alors secrétaire du cabinet de Madame Royale et bénéficie de la protection du comte de Provence (futur Louis XVIII), grâce auquel il fonde, en 1781, le musée de Paris, qui offre aux savants du temps un vaste laboratoire où ils peuvent se rencontrer. Dès les premières expériences des frères Montgolfier, Pilâtre de Rozier s'enthousiasme pour la navigation aérienne et, alors que jusque-là seuls des animaux avaient volé, annonce qu'il montera lui-même dans la nacelle. C'est ce qu'il fait le 10 octobre 1783. Le ballon était encore captif mais, un mois plus tard, le 21 novembre, il effectue, en compagnie du marquis d'Arlandes, la première ascension libre au moyen d'un aérostat construit à Paris. Partis du château de la Muette, les deux aéronautes planent près de 25 minutes au-dessus de Paris à plus de 1 000 mètres d'altitude avant de se poser près de la Butte-aux-Cailles. Pilâtre de Rozier répète l'expérience plusieurs fois l'année suivante, à Lyon et Versailles. À l'instar de Blanchard et Gefferies, il projette une tentative de traversée du Pas-de-Calais, mais commet l'imprudence de vouloir combiner le procédé de Montgolfier avec celui du professeur Charles, en plaçant l'un au-dessous de l'autre deux ballons, le plus élevé gonflé d'hydrogène, l'autre qu'il alimente d'air dilaté par la chaleur. C'était, suivant l'expression de Charles, « placer un réchaud sous un baril de poudre ». Le 15 juin 1785, à 7 h 30 du matin, il monte dans cet appareil avec son aide Romain mais, lorsque le ballon atteint une altitude de 400 mètres, l'engin s'enflamme spontanément à la suite d'une déchirure et va s'écraser près de la tour de Croÿ (Wimereux), à environ cinq kilomètres de Boulogne-sur-Mer. Précipités à terre, Romain vit quelques minutes, Pilâtre meurt sur le coup.

PILLNITZ (déclaration de)

Déclaration par laquelle la Prusse et l'Autriche menacent la France d'une intervention militaire (25-27 août 1791).

L'échec de la fuite de Louis XVI à Varennes, au mois de juin, et l'arrestation de la famille royale ont suscité dans l'Europe monarchique une vive émotion. L'empereur Léopold II propose alors une réunion des différents monarques européens, afin que soient étudiés les moyens de venir en aide à Louis XVI. Mais seules l'appuient la Russie, la Prusse et la Suède. Par ailleurs, l'attitude des Feuillants rassure l'empereur sur le sort de Louis XVI et de Marie-Antoinette, sa sœur. Aussi se contente-t-il de recevoir à Pillnitz le roi de Prusse Frédéric-Guillaume II, du 25 au 27 août. Au terme de cette entrevue est publiée la fameuse déclaration de Pillnitz qui, en fait, ne menace la Révolution française que d'une intervention européenne au conditionnel. Les deux souverains se déclarent prêts à « agir promptement, d'un mutuel accord, avec les forces nécessaires », mais seulement au cas où les autres puissances auraient décidé d'intervenir avec eux, condition impossible à réaliser. Cette déclaration ne peut aboutir à aucune intervention réelle.

Antoine Pinay
Pinay au cours d'une conférence de presse où il annonce le lancement d'un nouvel emprunt de consolidation. © *Keystone*

Cependant, l'opinion révolutionnaire réagit vigoureusement à cette ingérence étrangère qui renforce le sentiment national.

PINAY Antoine (Saint-Symphorien-sur-Coise, 1891 – Paris, 1994)

Homme politique, président du Conseil.

Industriel, blessé au cours de la Grande Guerre, il est élu député radical indépendant (1936), puis sénateur de la Loire (1938). Il vote les pleins pouvoirs au maréchal Pétain, entre au Conseil national en 1941, mais est relevé de son inéligibilité en 1945 pour son soutien à la Résistance. En mars 1952, il devient président du Conseil et ministre des Finances. Pendant ses neuf mois d'exercice, il lance son premier emprunt national (de 3,5 % au capital indexé sur l'or et exonéré des droits de succession). Le fameux « emprunt Pinay » remporte un grand succès. Pinay parvient à restaurer le franc, réduire les dépenses publiques et endiguer l'inflation. Mais son ministère, qui voit l'entrée en vigueur de la Communauté européenne du charbon et de l'acier (CECA) et l'aggravation de la situation militaire en Indochine, est mis en minorité par le Mouvement républicain populaire (MRP) et renversé. Membre de plusieurs gouvernements, Pinay redevient en 1958 ministre des Finances et lance le Plan Pinay-Rueff. Ce dernier permet le rétablissement de la situation financière de la France, fortement dégradée, et la création du nouveau franc en 1960. Le mythe de « l'homme au chapeau rond », symbole du bon sens économique est né. En désaccord avec de Gaulle sur la question européenne et son attachement à l'Algérie française, il démissionne en 1960. Président d'honneur du Centre national des indépendants (CNI), médiateur de la République en 1973-1974, Pinay est resté longtemps consulté par des dirigeants politiques de droite comme de gauche, succédant ainsi à Raymond Poincaré comme incarnation du « recours » financier.

PLACARDS (affaire des)

L'affichage de placards protestants dans la nuit du 17 au 18 octobre 1534 pousse François Ier à ordonner des mesures rigoureuses contre les protestants.

Dans la nuit du 17 au 18 octobre 1534 sont affichés, à Paris et dans plusieurs villes de province, des placards protestants, intitulés *Articles véritables sur les horribles, grands et insupportables abus de la messe papale*. Leur auteur est un pasteur français réfugié à Neufchâtel, Antoine de Marcourt. Le roi, qui séjourne à Amboise, trouve un de ces placards sur la porte de sa chambre. Les intentions de leur auteur sont claires. Marcourt s'en prend à la messe : « On ne doit pas réitérer le sacrifice du Christ » ; à l'eucharistie : « Il ne peut se faire qu'un homme de vingt ou trente ans soit caché en un morceau de pâte » ; au clergé, aux rites. Ses propos sont si violents et injurieux que nombre de protestants les désapprouvent. La réaction de François Ier est très rigoureuse. On proclame à tous les carrefours que 200 écus seront versés à quiconque dénoncera les auteurs de l'attentat. Ceux-ci et leurs complices encourent le bûcher. Aussitôt, la répression s'abat sur les protestants, les prisons se remplissent, sept condamnations à mort sont prononcées le 7 novembre, six personnes brûlées le 15. Au mois de janvier 1535, mesure extrême, un édit royal prohibe l'imprimerie et ordonne la fermeture des librairies. Le 21 janvier se déroule à Paris, en présence du roi, une grande procession expiatoire. Le soir même, devant les notables, François Ier prononce un discours fameux où il déclare notamment : « Si mon bras était infecté de telle pourriture, je le voudrais séparer de mon corps. » La répression continue. Cette attitude à l'égard des huguenots a pour effet d'éloigner les princes allemands de François Ier. Aussi, la politique extérieure aidant, les poursuites se ralentissent-elles au milieu de l'année 1535. Elles n'ont pas empêché, au contraire, l'extension du calvinisme en France.

PLAID

Assemblée de notables convoquée, dès le VIe siècle, par les souverains francs.

Composés des grands dignitaires du royaume, les plaids deviennent, à l'époque carolingienne, de véritables organes institutionnels tranchant sur les grandes affaires de l'État. Le plaid dit d'automne réunit les plus hauts personnages du royaume et, constitué en Conseil restreint, prépare les mesures devant être prises par le plaid dit de mai ou plaid général, assemblée de dignitaires laïques et ecclésiastiques ayant un caractère strictement consultatif mais au rôle institutionnel éminent. Entièrement libre de ses décisions au début de l'ère carolingienne, le souverain devra, à la fin de celle-ci, respecter les grandes lignes de la politique du royaume, fixées très précisément par ces plaids qui peuvent, à cet égard, être considérés comme les lointains ancêtres des parlements. Le terme de plaid (*placitum*) est aussi employé dès l'époque carolingienne pour désigner le tribunal du comte. Par extension, à partir du Xe siècle, on désigne plaid la cour de justice seigneuriale composée de vassaux conseillant le seigneur et jugeant les seuls hommes libres.

PLAINE (la) : voir MARAIS

PLANIFICATION ÉCONOMIQUE

Intervention de l'État dans l'économie au moyen du plan.

En France, avant la Seconde Guerre mondiale, il n'existait pas de plan digne de ce nom, le « plan Marquet », n'étant qu'un programme de grands travaux. Le 21 décembre 1945, en revanche, est créé un Commissariat au Plan et en janvier 1947 Jean Monnet lance le Ier Plan. Dit de « modernisation et d'équipement », il donne la priorité à l'énergie, aux transports et aux industries de base. Il se fixe pour objectif de retrouver en 1948 le niveau de production de 1929 et de le dépasser de 25 % en 1950. Les difficultés de la reconstruction obligent à le prolonger jusqu'en 1952 pour atteindre les objectifs. Né de la nécessaire modernisation, le plan est respectueux des principes de l'économie capitaliste et de la libre entreprise. Il est indicatif et non pas impératif comme c'était le cas en Union soviétique. Les objectifs sont limités, le soin de les réaliser spontanément étant laissé aux agents économiques. Il est incitatif car, bien qu'excluant toute obligation légale, il est soutenu par des stimulations financières. Les IIe (1952-1957) et IIIe Plans (1958-1961) privilégient quelques secteurs protégés par l'État : énergie, construction et biens d'équipement. « Ardente obligation » pour de Gaulle, les plans élaborés sous la Ve République – IVe Plan (1962-1965) et Ve Plan (1966-1970) – rendent prioritaires la recherche, l'aménagement du territoire, la modernisation agricole. La crise de mai 1968 porte un coup sévère à la réalisation du Ve Plan et le gouvernement crée un plan intérimaire pour 1969, 1970, 1971. Le VIe Plan (1971-1975) insiste sur l'innovation, la productivité et la compétitivité industrielle et se situe dans un cadre de plus en plus européen. Mais la crise internationale et les deux chocs pétroliers (1973, 1979) le rendent peu pertinent. Face aux grands bouleversements économiques, le plan semble de plus en plus superfétatoire. Le VIIIe Plan, publié en 1980, ne peut être voté, de surcroît, avec le changement de majorité politique à l'Assemblée nationale.

Dans les années 1980, les socialistes, après un plan intermédiaire (1982-1983) tentent avec le IXe Plan (1984-1988) de relancer la planification. La commission de réforme de la planification installée en janvier 1982 opte pour une planification « démocratique, contractuelle et décentralisée », indissociable de la régionalisation et de la contractualisation. Le plan fera désormais l'objet de deux lois (29 juillet 1982). La première fixe pour cinq ans les objectifs. La seconde définit les moyens d'exécution pour atteindre les objectifs. La planification n'en connaît pas pour autant un regain marquant. Depuis le Xe Plan (1989-1993), plus qu'une estimation chiffrée des objectifs à moyen et long terme, le plan indique une stratégie et des priorités : amener 80 % d'une classe d'âge au niveau du baccalauréat, améliorer l'efficacité de l'administration, etc. Il dépasse le cadre quinquennal classique en se fixant des objectifs plus lointains et s'inscrit de plus en plus en accord avec les schémas directeurs européens. Depuis 1999-2000, la planification s'inscrit dans la régulation d'une économie mondialisée, caractéristique de la stratégie française.

PLANTAGENÊT

Surnom donné au comte d'Anjou Geoffroy V le Bel.

Attribué également à son fils Henri II, il finit par être employé pour désigner toute leur descendance, c'est-à-dire toute la lignée des rois d'Angleterre, de 1154 (avènement d'Henri II) à 1485 (mort de Richard III). À la branche aînée de la maison d'Anjou, qui s'éteignit avec la mort, en 1400, de Richard II, déposé en 1399, s'ajoutèrent de nombreuses branches collatérales dont les deux plus importantes, les maisons de Lancastre et d'York, rivales acharnées, fournirent successivement les derniers rois de cette famille.

PLATON Charles (Pujols, Gironde, 1886 – Valojoulx, Dordogne, 1944)

Amiral et homme politique.

Il se distingue pendant la Première Guerre mondiale comme commandant de sous-marin et devient contre-amiral au terme d'une brillante carrière. En 1939, il reçoit le commandement des secteurs de Dunkerque et de Boulogne. En mai 1940, la lourde tâche d'assurer l'évacuation de la tête de pont de Dunkerque lui revient. Réfugié lui-même en Angleterre mais très hostile aux Anglais, il reste fidèle au gouvernement de Vichy. Après l'armistice, il effectue en Afrique noire une mission pour y expliquer la politique du maréchal Pétain dont il devient secrétaire d'État aux Colonies en septembre 1940, avec mission d'empêcher les ralliements au général de Gaulle. À son retour au pouvoir en avril 1942, Laval le nomme secrétaire d'État à la présidence du gouvernement, avec Brinon et Benoist-Méchin et, au moment du débarquement allié en Afrique du Nord (novembre 1942), l'envoie à Tunis pour convaincre Esteva de se conformer aux ordres de résistance de Vichy. Bien qu'il ait réussi dans sa mission, il quitte le gouvernement quelques mois plus tard (mars 1943). Arrêté chez lui en Dordogne, en juillet 1944, il est exécuté après un simulacre de jugement.

PLÉBISCITE

Consultation électorale sur un sujet déterminé.

Le terme provient du latin *plebiscitum*, de *plebs* (peuple) et *sciscere* (décréter). Dans l'Antiquité romaine, le plébiscite est une décision votée par l'Assemblée de la plèbe ou *comices tributes*. S'appliquant tout d'abord aux seules couches populaires de la cité, ce principe s'étend, par la suite, à l'ensemble des citoyens et prend, par conséquent, un caractère de loi. Copiant les coutumes romaines, la Révolution française reprend la notion de plébiscite, et la Convention envisage un moment de consulter le peuple au sujet du sort de Louis XVI. Mais le projet demeure sans suite. Bonaparte adopte l'idée après les Constitutions de l'an I et de l'an III, soumises à approbation en juillet 1793 et septembre 1795, la première n'étant d'ailleurs jamais entrée en vigueur. En janvier 1800 est ainsi proposée la Constitution de l'an VIII, qui instaure le Consulat, en mai 1802 celle de l'an X, qui crée le Consulat à vie en novembre 1804, celle de l'an XII, qui proclame l'Empire. De même est soumis à plébiscite, après le retour de l'île d'Elbe, en 1815, l'Acte additionnel aux Constitutions de l'Empire. À la suite du coup d'État du 2 décembre 1851, le prince Louis Napoléon restaure le principe en faisant approuver la mesure prise, le 21 décembre suivant. Il emploie le même procédé, le 21 novembre 1852, pour faire approuver cette fois le rétablissement de l'Empire. Un plébiscite, limité à la Savoie et au comté de Nice, décide, en 1860, du rattachement de ces territoires à la France. Le 8 mai 1870, les électeurs sont conviés à se prononcer sur les mesures de libéralisation du régime énoncées dans le sénatus-consulte du 20 avril précédent. Enfin, le 3 novembre 1870, le gouvernement de la Défense nationale consulte la population parisienne (la ville étant assiégée) pour faire approuver son action.

PLESSIS-LEZ-TOURS (château de)

Château situé dans la banlieue sud de Tours en Indre-et-Loire.

Au XVe siècle, la famille de Maillé fait élever dans sa propriété, entre Loire et Cher, un château appelé les Montils. En 1463, Louis XI achète aux Maillé leur domaine, qui devient le Plessis-du-Parc et sera bientôt la résidence favorite du roi. Toujours soucieux de se protéger, il fait construire autour du domaine une double enceinte. Une chapelle dédiée à Notre-Dame-de-Cléry et un couvent destiné aux minimes de saint François de Paule sont élevés sur ordre du roi. La construction, très simple, se compose du logis royal et de deux ailes en retour. La brique s'oppose à la pierre blanche des encadrements de fenêtres, les toits sont couverts en ardoise. Louis XI passe au Plessis-du-Parc les dernières années de sa vie, dans un isolement presque total car il est devenu extrêmement méfiant. Il y meurt en 1483. Son fils Charles VIII et sa jeune épouse Anne de Bretagne résident au Plessis après leur mariage, en 1491. Sous Louis XII, qui embellit la façade intérieure du logis, le domaine devient rendez-vous de chasse. Dans la grande salle se tiennent en 1506 les états généraux qui donnent au roi le titre de Père du peuple. En 1508, François de Paule achève ses jours au couvent des minimes.

Au mois de septembre 1580, Monsieur, frère d'Henri III, signe au Plessis, avec les ambassadeurs des Pays-Bas, un traité d'alliance qui doit lui permettre de s'installer en Hollande. Catherine de Médicis, redoutant une guerre avec l'Espagne, peut-être même avec l'Angleterre, persuade son fils de renoncer à ce projet. Le 30 avril 1589 se déroule dans le parc du château l'entrevue décisive qui marque la réconciliation du roi et d'Henri de Navarre (futur Henri IV). Chassé de Paris par la Ligue, le roi a accepté les suggestions de ce dernier et s'est résolu à lui envoyer un négociateur. Lentes et difficiles, les conversations aboutissent à cette entrevue où les deux Henri, aux applaudissements du peuple, mêlent leurs larmes en s'embrassant. L'union des protestants et des catholiques s'est faite contre les ennemis du roi.

Le château du Plessis est ensuite laissé à l'abandon. Vendu sous la Révolution comme bien national, acheté en 1797 par un juge de Tours, il est en grande partie démoli. Ne subsiste aujourd'hui qu'une partie du logis royal, acquis et restauré en 1932 par la ville de Tours. La municipalité a installé dans le bâtiment un musée de la soierie tourangelle, industrie à laquelle Louis XI s'est particulièrement intéressé.

PLESWITZ (armistice de)

Armistice signé le 4 juin 1813 entre Napoléon Ier et les alliés, à Pleswitz, village de Silésie, près de Breslau.

Négocié par Caulaincourt, il doit durer jusqu'au 20 juillet et sera, en fait, prolongé jusqu'au 10 août. Les intentions des signataires sont contraires. L'Empereur, qui vient de remporter sur l'ennemi les victoires de Lützen et Bautzen, souhaite recevoir le renfort de la cavalerie impériale qui se trouve en Espagne. Pour Metternich, comme le ministre l'écrira dans ses *Mémoires*, il s'agit « d'arrêter ce Napoléon dans sa marche » et de préparer l'entrée en guerre de l'Autriche. Le ministre autrichien rencontre Napoléon le 26 juin, mais l'entrevue n'aboutit à rien. Un prétendu congrès, auquel participe Caulaincourt, se tient à Prague à la fin du mois de juillet. En fait, l'armistice de Pleswitz permet aux adversaires de se préparer à de nouveaux combats ; les pourparlers sont rompus le 11 août. Napoléon propose en vain d'abandonner plusieurs portions de ses territoires. Les alliés, renforcés des troupes autrichiennes et suédoises, sont décidés à l'écraser.

PLEVEN René (Rennes, 1901 – Paris, 1993)

Homme politique, président du Conseil.

Après des études de droit et un passage à l'Action française, il est, à Londres, directeur général pour l'Europe de la firme américaine Automatic Telephone Company (1929-1939), grâce à Jean Monnet qui l'initie à l'idée européenne. En juillet 1940, il est l'un des premiers à se rallier à de Gaulle qui lui confie le service des affaires extérieures et coloniales, puis l'envoie aux États-Unis afin d'améliorer les relations de la France libre avec le gouvernement américain. En juin 1943, au sein du Comité français de libération nationale (CFLN), il devient commissaire aux Colonies. En janvier 1944, Pleven organise la conférence de Brazzaville qui ouvre aux colonies françaises d'Afrique une évolution libérale et progressiste. Député des Côtes-du-Nord en 1945, fondateur avec François Mitterrand d'un petit parti de centre-gauche, l'Union démocratique socialiste de la Résistance (UDSR), ministre des Finances en novembre 1944, il s'oppose à Pierre Mendès France dont il réfute le projet d'économie planifiée : le succès de l'emprunt de la Libération qu'il lance à ce moment, et le ralliement de de Gaulle à sa politique de laissez-faire monétaire (pas de blocage sur l'échange des billets) amènent Mendès France à démissionner et Pleven à le remplacer au ministère de l'Économie nationale et des Finances (avril 1945). Avec le départ du Général en janvier 1946, il quitte le gouvernement pour n'y revenir qu'en 1949, en tant que ministre de la Défense nationale. Il y élabore un projet d'armée européenne qu'il présente, devenu président du Conseil, devant l'Assemblée nationale le 24 octobre 1950 : la Communauté européenne de défense (CED), qui déchirera l'Assemblée jusqu'à son échec, le 30 août 1954. De nouveau président du Conseil en 1951, il fait adopter la loi Barangé sur l'école libre (septembre 1951) et ratifier le traité de Communauté européenne du charbon et de l'acier (CECA) élaborée par Jean Monnet, dont il est resté proche. Ministre de la Défense nationale lors de la défaite de Diên Biên Phu, Pleven revient sur le devant de la scène politique, quelques jours en mai 1958, comme ministre des Affaires étrangères du cabinet Pflimlin. Député, il est appelé par Jacques Chaban-Delmas, en 1969, au poste de garde des Sceaux dont il démissionne en 1973 à la suite de son échec aux élections législatives. Il se consacre alors à son journal *Le Petit Bleu des Côtes-du-Nord* et à son ouvrage *Avenir de la Bretagne* où s'illustre son attachement à sa région d'origine.

PLOMBIÈRES (entrevue de)

Rencontre secrète qu'eurent le 21 juillet 1858 Napoléon III et Cavour, chef du gouvernement du royaume de Sardaigne. Elle décida de la guerre d'Italie.

Résolu à intervenir en Italie mais se défiant de ses ministres, Napoléon III envoie en secret son médecin, le docteur Conneau, à Turin, pour inviter Cavour à se rendre à Plombières, station thermale des Vosges où il prend les eaux et qui, avant lui, avait déjà accueilli bien des curistes célèbres : Voltaire, le roi Stanislas, Mesdames Adélaïde et Louise de France, filles de Louis XV. Le secret de l'entrevue a été si bien gardé qu'au cours des conversations Napoléon III recevra une dépêche de son ministre des Affaires étrangères l'informant que Cavour a été vu en France. Ce dernier est arrivé en quémandeur, persuadé qu'il va devoir livrer un véritable siège, mais il trouve en face de lui un interlocuteur qui lui annonce immédiatement sa résolution de le soutenir dans une guerre contre l'Autriche. Les deux hommes se mettent d'accord sur la formule : « l'Italie jusqu'à l'Adriatique. » La création immédiate de l'unité italienne paraissant difficile, Napoléon III suggère de prévoir la division de la péninsule en quatre États : le Piémont, accru de la Lombardie, de la Vénétie, du duché de Parme et des légations ; la Toscane qui, avec l'Ombrie, formerait un royaume d'Italie centrale susceptible d'être donné à la maison de Parme ; l'État pontifical où le pape conserverait Rome mais perdrait les légations, enfin, le royaume des Deux-Siciles. En échange des sacrifices qui lui seraient imposés, le pape prendrait le titre de président de la Confédération italienne. Quant à la France, elle réclamerait comme compensation pour son concours armé Nice et la Savoie. Craignant d'irriter les gouvernements européens en paraissant soutenir une révolution, Napoléon III veut une guerre qui puisse se colorer d'un prétexte plausible auprès de la diplomatie. Il est décidé que la propagande piémontaise pourra faire naître l'étincelle libératrice dans le duché de Modène, où elle est déjà très active. Enfin Napoléon III, après cette longue conversation – elle s'est prolongée durant quatre heures –, exprime le souhait de voir son cousin, Jérôme Napoléon, épouser la princesse Clotilde, fille du roi Victor-Emmanuel.

La venue de Cavour à Plombières est vite connue. Elle suscite bien des remous, et l'ambassadeur d'Autriche à Paris, Hübner, note dans son journal : « Ce qu'ils projettent n'est pas seulement un attentat contre le repos, mais contre les conditions du repos européen. C'est un attentat contre les traités auxquels l'Europe doit les bienfaits de la stabilité et de la sécurité publique. En préparant leur coup, en marchandant et fixant d'avance la part du butin de chacun, si butin il y a, ils nomment les choses crûment par leur nom. C'est plus court, c'est plus clair et par conséquent plus sûr. Car, dans de semblables entreprises, les partenaires s'inspirent réciproquement une médiocre confiance. » Les projets de Napoléon III et de Cavour à Plombières devaient prendre corps avec le traité franco-sarde de Turin (26-28 janvier 1859), prélude à la guerre d'Italie.

POF : voir PARTI OUVRIER FRANÇAIS

POHER Alain (Ablon-sur-Seine, 1909 – Paris, 1996)

Homme politique, président de la République par intérim.

Étudiant démocrate-chrétien issu de l'École des mines, il est administrateur civil au ministère des Finances lorsque la guerre éclate. Il entre dans la Résistance puis adhère au MRP après la Libération. Artisan de la construction européenne aux côtés de Jean Monnet dont il est proche, et de Robert Schuman dont il est quelques mois secrétaire d'État au Budget (septembre-novembre 1948), Alain Poher dirige plusieurs organismes liés à la Communauté européenne entre 1958 et 1966 avant d'être successivement représentant du groupe démocrate-chrétien puis président du parlement européen (1966-1969). Élu président du Sénat en 1968 à la suite de Gaston Monnerville, après y avoir siégé de 1946 à 1948 puis de 1952 à 1958, il ne dissimule pas son opposition à de Gaulle. En avril 1969, il s'engage dans la bataille du référendum sur la régionalisation et la réduction des pouvoirs du Sénat. Il contribue à la victoire du « non » et au départ du chef de l'État le 28 avril. Poher devient président de la République par intérim, mais perd l'élection présidentielle de juin 1969 face à Georges Pompidou, « dauphin » officiel du Général, avec 41,78 % des voix contre 57,5 %. À la mort de ce dernier en avril 1974, il assure à nouveau la présidence de la République par intérim. À la tête du Sénat jusqu'en 1992, Alain Poher est le seul sénateur à avoir occupé un mandat ininterrompu à ce poste durant les quatre premières présidences de la Vᵉ République. Il est intervenu dans les grands débats de la vie politique comme représentant du centre droit (contre la loi sur l'enseignement privé du gouvernement Mauroy en juillet 1984 par exemple).

Alain Poher
À son bureau de l'Élysée en mai 1969. © *Sygma*

POINCARÉ Raymond (Bar-le-Duc, 1860 – Paris, 1934)

Homme politique, président du Conseil, président de la République.

Fils d'un ingénieur des Ponts et Chaussées lorrain, fort impressionné dans son enfance par l'occupation de sa ville natale par les troupes prussiennes, il est élevé dans le culte de la patrie, de la république et de la laïcité. En classe, où il se révèle un élève brillant, son caractère et son attitude lui valent le surnom de « Poinpointu ». Après ses études de droit, à 20 ans, le jeune homme s'inscrit au barreau de Paris. Ses qualités essentielles sont une mémoire sans défaut, la logique, une grande capacité de travail ; ses défauts, la froideur et le manque d'imagination. Abordant la politique en même temps que le barreau, il prend place d'abord parmi les membres de l'Union des gauches, devient conseiller général de la Meuse puis, en 1887, député de ce département. Le nouvel élu s'intéresse particulièrement aux questions techniques, aux finances. En 1892, il est désigné comme rapporteur du budget. Le scandale de Panamà, qui éclabousse nombre d'hommes politiques, favorise son ascension. En 1893, à 33 ans, le député de la Meuse entre comme ministre de l'Instruction publique dans le cabinet Charles Dupuy. Ministre des Finances dans le deuxième et le troisième cabinet de ce dernier, de mai 1894 à janvier 1895, Poincaré retrouve le portefeuille de l'Instruction publique dans le troisième cabinet Ribot, constitué à la fin du mois de janvier. Là, avec Louis Liard, il prépare le projet de loi qui rendra aux groupes de faculté leur nom d'universités. La loi Poincaré sera votée le 10 juillet 1896.

Après la chute du cabinet Ribot, et pendant plusieurs années, le député de la Meuse se consacre au barreau où il acquiert une grande notoriété. En novembre 1898, il s'affiche dreyfusard mais refuse toute participation à un ministère et acquiert une réputation de modération, d'autant qu'il se tient à l'écart des luttes anticléricales, s'oppose en 1901 à la loi sur les congrégations, tout en affirmant son attachement à la laïcité. Son nationalisme lorrain et son opposition aux projets de Caillaux, concernant l'impôt sur le revenu, rassurent la droite. Sénateur de la Meuse de 1903 à 1913, Poincaré revient au premier plan de la politique en 1906, lorsqu'il entre comme ministre des Finances dans le cabinet Sarrien, de mai à octobre. Et surtout, en janvier 1912, il succède à Caillaux à la présidence du Conseil. Mécontente de l'attitude des gouvernements précédents, l'opinion réclame un gouvernement stable et fort, espère que ce Lorrain solide sera l'homme de la situation. Patriote, il ne veut pas la guerre, mais souhaite préparer la France à la soutenir. Habitué aux Finances, il veut un budget en équilibre, prêt dans les limites fixées. Des députés du centre et des radicaux entrent dans le ministère où, pour montrer l'importance qu'il attache à la diplomatie, Poincaré prend les Affaires étrangères. Rompant avec le pacifisme de Caillaux, il engage une politique de fermeté, utilise un langage patriotique, et n'hésite pas à fortifier la position de la France au Maroc : la convention du 30 mars impose le protectorat français. Face à la menace allemande grandissante, Poincaré resserre les alliances avec la Russie comme avec l'Angleterre. La Triple Entente est renforcée. En août 1912, un premier voyage en Russie le conduit à Saint-Pétersbourg.

À l'intérieur, le président du Conseil s'efforce de renforcer l'armée et la marine sans qu'il soit possible de distinguer entre le souci patriote qui l'a toujours animé et l'excitation nationaliste, marque de ces années 1910-1914. Cela lui vaut une popularité inattendue ; on mentionne son nom comme celui d'un prochain président de la République. Armand Fallières arrive, en effet, au terme de son mandat. Le président du Conseil pose donc sa candidature. Les nombreux ennemis qu'il compte au Parlement, au sein même de la gauche, comme Clemenceau et Caillaux, suscitent contre lui la candidature de son propre ministre de l'Agriculture, Pams. Cependant, le 17 janvier 1913, Poincaré est élu par 483 voix sur 870 votants.

Face aux lourdes responsabilités qui pèsent sur ses épaules, il ne tarde pas à souffrir du principe de l'irresponsabilité du président de la République posé par les lois constitutionnelles de 1875 qui ont, en revanche, établi la responsabilité des ministres. Poincaré veut user autant que possible du pouvoir que lui donnent les textes et tourner au besoin ces derniers si cela est indispensable. Pour la foule qui l'acclame après son élection, il est le garant de la fermeté face à l'Allemagne. Son message aux Chambres affirme : « Nos paroles de paix et d'humanité auront d'autant plus de chances d'être écoutées qu'on nous saura mieux armés et résolus. » C'est ainsi qu'il soutient la loi de trois ans, préparée par son ami Barthou, président du Conseil en mars 1913 après la chute de Briand, loi combattue par les radicaux-socialistes. Le texte est voté le 19 juillet. La politique étrangère, le renforcement des alliances continuent de le préoccuper particulièrement : un premier voyage le conduit à Londres en juin 1913, la visite sera rendue par George V en avril 1914. Au mois de juillet 1914, deux semaines après l'attentat de Sarajevo, le président de la République part pour la Russie avec le président du Conseil, Viviani. Les événements européens, l'ultimatum autrichien à la Serbie le contraignent à regagner précipitamment la France. Le rôle tenu exactement par Poincaré, au cours de ces journées décisives pour la paix, a été très controversé. Il n'a pu exercer qu'une influence oblique, car c'est Viviani qui, en tant que président du Conseil, détermine la politique de la France. Mais sa position connue en faveur du respect des alliances et l'absence prolongée de Paris des deux hommes pendant la crise (ils voyagent en bateau entre Saint-Pétersbourg et Le Havre) n'ont pas contribué à une solution diplomatique.

Le conflit éclate, et l'ennemi menaçant Paris, Poincaré quitte à regret la capitale pour Bordeaux. On le voit cependant à plusieurs reprises, sur les champs de bataille, en civil. Il souffre de ne pouvoir participer aux combats. On le voit aussi dans les tranchées mais, loin de le rendre populaire, ces visites lui sont défavorables : il ne trouve pas le contact avec les soldats. En décembre 1914, il peut regagner l'Élysée. L'impuissance relative à laquelle le condamnent les textes à un moment où les partis continuent de se déchirer, le fait de plus en plus souffrir. Entièrement préoccupé de la lutte contre l'Allemagne, le président de la République participe aux conférences et négociations en cours et préside le Comité de la guerre. En novembre 1917, devant la persistance de la crise intérieure, et sous la pression de l'opinion publique, Poincaré, malgré ses griefs personnels, appelle à la présidence du Conseil son ennemi Clemenceau. Celui-ci, qui veut gouverner sans l'intervention du président de la République, relègue ce dernier à l'Élysée et réprouve ses interventions devant les ministres. Poincaré s'incline, soutient son président du Conseil lorsqu'il fait donner le commandement des forces françaises à Foch, s'oppose cependant, en octobre 1918, à un armistice qu'il juge prématuré. Clemenceau, menaçant de démissionner, le contraint à retirer une lettre où il l'adjurait de ne pas « couper les jarrets » aux soldats français.

L'établissement des traités donne lieu à un nouveau conflit entre les deux hommes. Poincaré aurait voulu obtenir pour la France l'occupation définitive de la rive gauche du Rhin. Or, pour ne pas isoler la France des Alliés, Clemenceau croit devoir y renoncer. Le président de la République prend aussi ombrage de l'immense popularité de son ministre auquel, avec les grands chefs militaires, on attribue la victoire, sans penser au travail que lui-même a accompli. Le 7 décembre, il part pour sa province libérée, où la population lui réserve un accueil enthousiaste. À l'expiration de son mandat, Poincaré refuse de se porter candidat une seconde fois. Après son départ, en janvier 1920, la Chambre vote que « le président Poincaré a bien mérité de la patrie ». Aussitôt l'Élysée quitté, l'ancien président de la République revient à la politique. Réélu sénateur de la Meuse en janvier 1920, il préside de février à mai la Commission des réparations dont il démissionne lorsqu'elle refuse la notion de réparation intégrale. Poincaré entend faire appliquer en totalité les traités de Versailles dont, pendant deux ans, au Sénat et dans divers articles, il dénonce les faiblesses. Il condamne aussi la politique de conciliation de Briand à l'égard de l'Allemagne. Condamnation qui, en janvier 1922, au retour de la conférence de Cannes, entraîne la chute de Briand. Chargé de constituer le nouveau gouvernement, Poincaré entend contraindre l'Allemagne à payer. Son intransigeance, après l'échec des conférences de Londres (août et décembre 1922) et de Paris (janvier 1923), ouvre une période de tension avec les Anglo-Saxons, sans que l'on aille jusqu'à la rupture. En proie à l'inflation, l'Allemagne est incapable de faire face aux réparations. Soutenu par la Chambre, le président du Conseil décide alors de « prendre le gage » de la Ruhr où, le 11 janvier 1923, pénètrent des troupes françaises. Poincaré, qui encourage les mouvements séparatistes de la Ruhr, se heurte à la résistance passive des Allemands et à la vive opposition des Anglais. L'Allemagne finit par céder, Stresemann remplace Cuno à la tête de la diplomatie allemande, la résistance passive disparaît, le gouvernement accepte l'occupation de la Ruhr en septembre 1923.

Pour autant, la France n'a pas les moyens financiers de sa politique étrangère, d'autant que Londres et New York spéculent contre le franc. Aussi Poincaré, renonçant à sa politique des gages, accepte-t-il l'internationalisation du problème des réparations, examiné en 1924 par le plan Dawes. Le franc a perdu 50 % de sa valeur en 1923 et continue de baisser au début de 1924, contraignant le président du Conseil à de rigoureuses mesures financières. Par l'intermédiaire des décrets-lois, ce qui fait crier à la dictature, les impôts sont, au mois de mars, augmentés de 2 %, tandis que le contrôle fiscal est renforcé. À deux mois des élections législatives, ces mesures ne peuvent rendre populaire le président du Conseil. Certes, la France obtient une avance des banquiers britanniques et de la banque Morgan, mais elle doit passer sous leurs fourches caudines. Le 26 mars, à la suite d'un incident mineur, le gouvernement Poincaré est mis en minorité. Chargé par Millerand de constituer le nouveau cabinet, Poincaré renouvelle en grande partie les hommes de son gouvernement, appelant, en particulier, Loucheur au Commerce. Après les élections législatives de mai, qui sont un triomphe pour ses adversaires du Cartel des gauches, il doit démissionner le 1er juin. En juillet 1926, il revient aux affaires pour sauver le franc et rétablir les finances publiques, grâce à sa réputation de rigueur et d'honnêteté. Poincaré constitue alors un cabinet d'union nationale où l'on trouve les deux chefs du Cartel, Painlevé et Herriot, le modéré Louis Marin, les centristes Barthou et Tardieu, Briand aux Affaires étrangères, le président du Conseil se réservant cette fois les Finances. Investi à nouveau de pouvoirs spéciaux – l'autorisation de légiférer par décrets-lois –, Poincaré, soutenu par les milieux d'affaires et les banques qui lui avancent les fonds refusés à son prédécesseur Herriot, rétablit peu à peu la situation en pratiquant une politique économique orthodoxe. De nouveaux impôts, des économies, comme la suppression d'une centaine de sous-préfectures, la création au mois d'août 1926 de la Caisse d'amortissement, permettent la stabilisation du franc, le retour des capitaux et la reprise de l'économie. Après le triomphe des élections législatives d'avril 1928, Poincaré fait voter la loi du 25 juin, dévaluant le franc à un cinquième de sa valeur de 1914, mais assurant aussi la stabilité du « franc Poincaré » à l'origine de sa réputation de « recours », pourtant fondée sur un constat d'échec monétaire. Cependant, l'« union nationale » ne survit pas à cette stabilisation. À l'automne, les radicaux reprennent leur politique anticléricale, et, le 6 novembre, au lendemain du congrès d'Angers, après un vote surprise concernant les congrégations, Herriot et les autres ministres radicaux démissionnent. Poincaré organise alors, sans eux, un ministère de replâtrage constitué le 11 novembre. Dans ce ministère, davantage orienté vers le centre et la droite, Chéron reçoit les Finances. Depuis 1926, le président du Conseil, uniquement préoccupé des Finances, a laissé Briand mener les Affaires étrangères. Après l'entrevue de Thoiry, en septembre 1926, et la signature du pacte Briand-Kellogg, en août 1928, le plan Young est élaboré à Paris au début de 1929. Ce plan, qui doit permettre de réduire de 70 % les réparations dues par l'Allemagne, est adopté le 31 mai. Le 27 juillet, les Français apprennent brusquement que le président du Conseil démissionne, en raison de sa santé.

Poincaré, après avoir dominé, et souvent dirigé la politique française pendant vingt ans, vit désormais dans la retraite complète. Il refusera en février 1930 de constituer un gouvernement. Élu en 1931 bâtonnier de l'ordre des avocats, il achève la mise au point de ses mémoires, *Au service de la France*, en dix volumes publiés de 1926 à 1934.

Poincaré
Le président de la République Raymond Poincaré en 1913 entouré des membres de son cabinet. © *Boyer-Viollet*

POISONS (affaire des)

Célèbre affaire d'empoisonnement et d'envoûtement qui, sous le règne de Louis XIV, entraîna la constitution d'une chambre ardente, finalement close par le roi parce qu'elle mettait en cause des personnes trop proches de lui.

Le poison, comme la sorcellerie, est fort à la mode sous le règne de Louis XIV. On en parle, on l'évoque dès qu'une mort apparaît suspecte, ou seulement inattendue. Certains n'hésitent pas à en user. Divers procès font grand bruit au début du règne personnel du roi en particulier celui de la marquise de Brinvilliers qui, arrêtée en mars 1675 par La Reynie, lieutenant de police, est décapitée au mois de juillet. Les enquêteurs, qui poursuivent leur travail après l'exécution de la marquise, découvrent tout un monde de tireuses de cartes, de magiciennes, de sorcières, d'avorteuses, d'empoisonneuses, auxquelles s'ajoutent sorciers et prêtres défroqués suspects. Tout ce monde trafique et vend philtres et poisons à des acheteurs issus de toutes les classes de la société, de la noblesse de cour au menu peuple. Une tireuse de cartes, Marie Bosse, qui s'est imprudemment vantée de faire fortune en pratiquant des empoisonnements, tombe dans un piège tendu par la police, qui l'arrête. Suivent la dame Vigouroux, qui se livre au même trafic, puis la femme Monvoisin, la célèbre Voisin, et des dizaines d'autres magiciens, empoisonneurs ou prêtres. Devant l'ampleur prise par cette affaire, le roi décide en 1679 la création d'une commission spéciale, une chambre ardente, qui se réunit en janvier 1680 à l'Arsenal, sous la présidence du lieutenant de police La Reynie. 367 personnes doivent lui être présentées. Leurs interrogatoires aboutissent rapidement à la mise en cause de personnalités de plus en plus proches du roi et de Mme de Montespan, en particulier deux suivantes de cette dernière, Mlles des Œillets et Cato. Le sorcier Lesage accuse la Voisin de s'être rendue à la cour de Saint-Germain pour leur remettre drogues et placets. La Voisin, principale accusée, est soupçonnée d'empoisonnements, d'avortements, de participation à des messes noires. Elle fournissait des enfants à l'abbé Guibourg, sinistre célébrant de ces messes noires. Soumise à la question ordinaire, elle avoue tout, mais se refuse à parler de Mme de Montespan. Le 22 février 1680, elle est brûlée en place de Grève.

Les interrogatoires se poursuivent. Au mois d'août, la fille de la Voisin dénonce à La Reynie la participation de Mme de Montespan à une messe noire célébrée par l'abbé Guibourg. Ce dernier avoue avoir prononcé le nom du roi et celui de la favorite lors de la consécration d'une de ces messes. Mme de Montespan demandait l'amitié du roi et du Dauphin, le renvoi de Mlle de La Vallière, la stérilité et la répudiation de la reine, ce qui lui permettrait d'épouser Louis XIV. Pour s'attirer l'amour de celui-ci, elle s'était procuré un philtre fabriqué avec le sang de l'enfant sacrifié lors de la messe noire, et divers produits aussi malsains que prétendument magiques, qu'elle aurait fait absorber au roi à son insu, ce qui explique peut-être les malaises de ce dernier. Ces vœux, remontant à quelques années avant le procès, furent en partie exaucés, le roi se détacha de Mlle de La Vallière, et commença de faire des enfants à sa nouvelle favorite. La fille de la Voisin accuse enfin Mme de Montespan d'avoir voulu empoisonner une de ses rivales, Mme de Fontanges, et le roi lui-même.

Quel crédit peut-on accorder à ces accusations ? Une autre empoisonneuse, qui avait elle aussi accusé Mme de Montespan, se rétracte au moment de monter sur le bûcher. Il est certain que, pour échapper à la mort, par arrêt des poursuites, les accusés avaient tout intérêt à mettre en cause de très hautes personnalités : la duchesse de Bouillon, la comtesse de Soissons, toutes deux nièces de Mazarin, le maréchal de Luxembourg, la vicomtesse de Polignac, Racine et, bien sûr, la maîtresse du roi. Cette dernière, observe cependant La Reynie, a été mêlée en 1668 à un procès intenté à deux futurs accusés de l'affaire des Poisons, l'abbé Mariette et le sorcier Lesage. Déjà, on avait parlé de poudres. Le lieutenant de police et le roi inclinent donc à croire à une culpabilité partielle de Mme de Montespan. Le 30 septembre, Louis XIV ordonne l'interruption de l'instruction. La Reynie est déçu : alors que la chambre ardente a prononcé 36 peines capitales, dont 34 ont été exécutées, 147 personnes sont encore retenues à la Bastille ou à Vincennes. Deux d'entre elles, prises au hasard, et parmi les comparses, sont brûlées. Les principaux accusés sont transférés dans diverses forteresses où, sur ordre de Louvois, ils seront attachés à une chaîne de fer, scellée au mur. Les enchaînés, à raison de six par cachot, attendront la mort dans cette position, certains vivront ainsi quarante ans. Quant à la culpabilité de Mme de Montespan, les accusations d'empoisonnements ne reposent sur aucune preuve véritablement formelle. En revanche, il est probable qu'elle ait fait célébrer des messes noires et certain qu'elle était en relation avec la Voisin, qui lui procurait des philtres dits « poudres pour l'amour ».

Le colloque de Poissy

Le Colloque de Poissy en 1561. Huile sur toile de Joseph Robert-Fleury, 1840, Paris, Bibliothèque de l'histoire du protestantisme. © *Lauros-Giraudon*

POISSY

Piscianum. *Ville des Yvelines.*

Située sur la rive gauche de la Seine à environ sept km de Saint-Germain-en-Laye, Poissy, connue dès l'époque gallo-romaine, voit en 868 Charles le Chauve y tenir une assemblée des grands du royaume. Devenue résidence royale sous les premiers Capétiens, c'est à Poissy qu'a lieu le baptême du futur roi Saint Louis qui, par amour pour ce lieu, signait souvent « Louis de Poissy ». Puis, faisant embellir le château et la ville, le roi décide de construire un pont et d'aménager en port les berges de la Seine, afin que la ville puisse recevoir les denrées venues de Normandie. Saint Louis est suivi dans son œuvre par son fils, Philippe le Hardi, qui fonde un couvent et fait construire une église qui sera terminée sous Philippe VI. Cet édifice ayant eu pour fondations une église du XIIe siècle sera restauré par Viollet-le-Duc.

POISSY (colloque de)

Assemblée de théologiens catholiques et protestants, convoquée en septembre-octobre 1561 par Catherine de Médicis et Michel de L'Hospital afin d'étudier les possibilités de rapprochement entre les catholiques et les disciples de Calvin.

Rendu impossible du fait de l'intransigeance de Théodore de Bèze, l'accord ne peut être conclu. En effet, tandis que les théologiens catholiques, représentés par le cardinal de Lorraine et le général des Jésuites Lainez, œuvrent pour une ouverture vers la Réforme, les calvinistes Théodore de Bèze et Pierre Martyr repoussent cette main tendue. Toutefois un accord est conclu sur la reconnaissance des Jésuites en tant que société relevant de l'autorité épiscopale. Un autre pacte, négocié sur le problème de l'eucharistie, est sanctionné peu de temps après par la Sorbonne. Le colloque de Poissy n'est pas resté, malgré tout, lettre morte, puisqu'il a permis à un édit de tolérance, l'édit de janvier 1562, de voir le jour l'année suivante, à Saint-Germain-en-Laye.

POITIERS

Ancienne capitale du Poitou, aujourd'hui chef-lieu du département de la Vienne.

Poitiers, dont le passé est chargé d'histoire, occupe une situation pittoresque. Construite en éperon sur les deux rivières du Clain et de la Boivre, elle a la forme d'une presqu'île que relie au reste du pays un isthme étroit, la Tranchée. Connue à l'époque gallo-romaine sous le nom de *Limonum*, elle devient la cité du peuple gaulois des Pictons, dont elle prend le nom au IIIe siècle ap. J.-C. Elle est alors une des villes les plus importantes de la Gaule. Mais il reste peu de vestiges des monuments qui témoignaient de sa prospérité. C'est ainsi que seuls quelques pans de mur subsistent de l'amphithéâtre qui y avait été élevé, le plus grand peut-être de la Gaule (156 m sur 139,50 m). Précocement acquise au christianisme, siège d'un évêché renommé qu'illustrent saint Hilaire (mort vers 367) et Fortunat (mort vers 600), Poitiers devient un des grands centres religieux de la Gaule. Les églises, notamment le baptistère Saint-Jean, l'édifice chrétien préroman le plus ancien de France, et les monastères s'y multiplient. Attaquée par les Arabes en 732 et 733, elle est pillée à plusieurs reprises par les Normands au cours du Xe siècle. La paix revenue, son évêque et le comte de Poitou s'en disputent la possession. L'art roman y est très richement représenté, principalement par les églises Saint-Hilaire-le-Grand et Notre-Dame-la-Grande, véritables joyaux du Poitou. Plus tard, en 1162, est entreprise la construction de la cathédrale Saint-Pierre qui réussit à accorder les principes romans à un nouveau style gothique angevin. Entre 1173 et 1178, Poitiers reçoit d'Henri II Plantagenêt une charte de commune, du type des Établissements de Rouen, que Philippe Auguste lui confirme, après son entrée victorieuse en août 1204. C'est entre les vastes murs de son palais des comtes-ducs, qui devait être restauré au XVe siècle par ordre du duc Jean de Berry, qu'Hugues de Lusignan, en révolte contre l'autorité royale, clame avec insolence au frère de Saint Louis, Alphonse de Poitiers, comte de Poitou : « Pardieu, comte, ne te dois rien, ne te dois nul hommage, à toi ni à aucun fils de Blanche, n'es qu'un usurpateur, ne suis sujet que d'Henri III d'Angleterre. »

Cédée à l'Angleterre en 1360, Poitiers est reprise par Du Guesclin en 1372 et devient en

1417, pendant quatorze ans, la capitale du Dauphin Charles (futur Charles VII), chassé de Paris par les Bourguignons. Il y transfère son parlement (1423-1436), devant lequel il soumet Jeanne d'Arc à un sévère examen après l'entrevue de Chinon (mars-avril 1429). Il y tient des états généraux en 1424 et 1425 et y installe en 1431 une université. Assiégée en vain par l'amiral de Coligny en 1569, Poitiers devient en 1654 le siège de l'intendance du Poitou et joue dès lors le rôle de capitale provinciale. Mais la Révolution, en morcelant le Poitou en trois départements, lui fait perdre une partie de son importance administrative.

POITIERS (bataille de 732)

Victoire remportée par Charles Martel sur les musulmans d'Espagne, le 25 octobre 732.

Pour enrayer l'avance de ces derniers, qui ravageaient ses terres sous la direction de leur gouverneur Abd al-Rahman ibn Abd Allah, le duc d'Aquitaine Eudes n'a d'autre ressource que d'aller implorer le secours du maire du palais Charles Martel. Les musulmans viennent de brûler Saint-Hilaire-de-Poitiers et se préparent à enlever Tours, où la riche abbaye de Saint-Martin les attire, lorsqu'ils se heurtent à l'armée franque aux environs de Poitiers. Toutes leurs attaques se brisent contre la résistance de Charles Martel, et Abd al-Rahman reste parmi les morts. Les forces sarrasines évacuent alors l'Aquitaine sans être sérieusement inquiétées, mais leur offensive en Occident est brisée. Cette victoire spectaculaire renforce le prestige et l'autorité de Charles Martel et a pour effet de lui assurer la subordination effective du duc Eudes, qu'il avait en vain tenté d'obtenir jusque-là.

POITIERS (bataille de 1356)

Victoire remportée par le Prince Noir (Édouard, prince de Galles) sur l'armée de Jean II le Bon, le 19 septembre 1356.

Ayant quitté Bordeaux à la tête d'une armée anglo-gasconne pour une chevauchée en direction du nord, le Prince Noir s'avance jusqu'à Romorantin, oblique vers Tours et franchit un instant la Loire avant de revenir en arrière pour tenter d'échapper aux forces beaucoup plus importantes que Jean le Bon a rassemblées. Rattrapé par ce dernier et contraint de livrer bataille, il réussit, à la faveur d'une trêve (18 septembre), à s'installer dans une position stratégique avantageuse, à huit km au sud de Poitiers, sur le plateau de Maupertuis, à peu près inaccessible à la cavalerie. Le 19 septembre, les trois « batailles » de l'armée française se lancent successivement à l'assaut du plateau, mais les chevaliers français, qui ont dû mettre pied à terre, se trouvent en état d'infériorité face à des adversaires plus mobiles car armés plus légèrement. Décimés par les archers anglais, ils sont achevés par les coutiliers sans que le poids énorme de leurs armures leur ait permis de se défendre. Les Anglais passent alors à l'offensive, et leur victoire est complète puisque, parmi les nombreux prisonniers, se trouvent le roi de France et son fils Philippe le Hardi, qui ont refusé de fuir. Ce désastre, qu'aggrave la captivité du roi, a de lourdes conséquences. Il est suivi de l'amputation territoriale du royaume. Le Dauphin doit, en outre, faire face à de graves troubles, l'autorité royale étant gravement contestée et la noblesse accusée d'impéritie.

POITIERS Diane de : voir DIANE de POITIERS

POITIERS (édit de)

Édit royal publié lors de la signature du traité de Bergerac (17 septembre 1577).

Il restreint considérablement les libertés que l'édit de Beaulieu de 1576 avait accordées aux protestants. Ceux-ci ne sont plus autorisés à pratiquer leur culte que dans les faubourgs d'une ville par bailliage et dans les villes et bourgs qui jouissaient de ce droit « avant la dernière reprise des armes » et qu'ils occupent encore. Le libre exercice leur est interdit dans les possessions françaises d'outremonts ; la zone d'exclusion autour de Paris est élargie. Ils perdent enfin la moitié des chambres mi-parties et ne conservent que le tiers des sièges dans celles qui sont maintenues. Mais ils obtiennent de garder encore six ans leurs huit places de sûreté.

POITIERS-VALENTINOIS

Illustre maison féodale du Dauphiné, dont les représentants sont désignés, tantôt sous le nom de Poitiers, tantôt sous le titre de comtes de Valentinois.

La tige de la maison est Aymar Ier de Poitiers, premier comte particulier de Valentinois et fils naturel de Guillaume VII de Poitiers (Guillaume IX d'Aquitaine). À sa descendance appartient Diane de Poitiers, créée duchesse de Valentinois par Henri II.

POITOU

Ancienne province ayant constitué lors de la Révolution les départements de la Vienne, des Deux-Sèvres et de la Vendée.

C'est l'ancien domaine des Pictons ou Pictaves, que l'administration romaine inclut dans l'Aquitaine Seconde. Les Wisigoths s'installent en nombre, au Ve siècle, dans cette région légèrement vallonnée, propice à l'élevage dans laquelle l'Océan s'enfonce beaucoup plus profondément qu'aujourd'hui, puisque la zone littorale se situe alors à la hauteur de Niort et que les eaux recouvrent entièrement l'emplacement de l'actuel marais poitevin. Les Francs arrivent à leur tour au début du VIe siècle et remportent sur les Wisigoths d'Alaric II la victoire de Vouillé. L'Aquitaine devient alors une des parts majeures des royaumes mérovingiens et carolingiens qui se succèdent durant des siècles, période au cours de laquelle Charles Martel arrête la progression des Sarrasins à Poitiers en 732. À partir du IXe siècle, le démembrement de l'Empire carolingien aidant, la région se scinde en de multiples comtés. Comtes de Poitiers, familles de Talmont, de Lusignan, de La Trémoille figurent parmi les dignitaires les plus influents d'une région qui passe, au XIIe siècle, à Aliénor d'Aquitaine avant de repasser par le remariage de la reine avec Henri II Plantagenêt, en 1152, sous la domination anglaise. En 1203, Philippe Auguste confisque ce domaine à Jean sans Terre. Saint Louis bat Henri III Plantagenêt à Taillebourg et obtient de ce dernier la renonciation à ses droits.

La guerre de Cent Ans fait du Poitou un des objectifs du Prince Noir (Édouard, prince de Galles), lequel prend l'avantage sur Jean II le Bon à Poitiers en 1356. Quatre ans plus tard, le traité de Brétigny entérine le retour de la province dans la mouvance anglaise. Du Guesclin la reprend de 1369 à 1372 ; mais ces avantages sont annulés par les dramatiques désordres du régime de Charles VI. Il faut attendre le reflux anglais du règne suivant pour voir l'emprise anglaise se desserrer, la menace ne s'effaçant d'ailleurs qu'au milieu du XVe siècle, alors que les forces royales s'apprêtent à reprendre la Guyenne. La fin de ces épreuves coïncide avec un renouveau économique qui fait la part belle aux cultures, à l'élevage et aux tissages.

Au siècle suivant, la Réforme rencontre des adeptes en Poitou et la guerre revient. L'amiral de Coligny est mis en échec par l'armée royale à Moncontour, au sud de Loudun, en 1569. La révocation de l'édit de Nantes porte un coup sensible à l'artisanat poitevin et niortais, qui s'en remettra difficilement. Aux temps modernes, la

La bataille de Poitiers
Bataille de Poitiers, le 25 octobre 732. Huile sur toile de Charles Steuben, 1837, château de Versailles. © *Giraudon*

généralité comprend un bailliage principal à Poitiers, ville qui est également chef-lieu de gouvernement et d'évêché. Des chefs-lieux de pays se trouvent à Fontenay-le-Comte et à Luçon, mais le Poitou dépend du parlement de Paris. Des sièges d'élection et de subdivision sont installés à Confolens, Châtellerault, Saint-Maixent, Niort, Fontenay-le-Comte, Châtillon, Thouars et Les Sables-d'Olonne.

L'époque révolutionnaire ajoute les méfaits de la guerre civile en Vendée. En 1792, l'application de la Constitution civile du clergé et les excès du centralisme parisien provoquent de l'effervescence parmi les populations rurales, alors qu'en général les villes demeurent circonspectes ou font preuve d'attachement aux lois républicaines. La noblesse poitevine fournit des cadres aux insurgés. Ceux-ci s'emparent de Thouars le 5 mai 1793. Le 9 mai, d'Elbée occupe Parthenay ; le 16, il attaque Fontenay-le-Comte avec Lescure, en vain, et ne réussit à s'emparer de la place que le 25. Après le désastre des Vendéens à Savenay (décembre 1793), Charette se replie dans le Bas-Poitou où il perpétuera le combat d'embuscades jusqu'en 1796.

POL de LÉON, saint (Angleterre, v. 480 – île de Batz, v. 573)

Évangélisateur.

Avec Corentin, Brieuc, Malo, Samson, Patern et Tugdual, Pol Aurélien appartient au groupe des sept initiateurs de la christianisation de la Bretagne. Originaire probablement de Cornouailles, il fait ses études dans le monastère gallois de Llan Iltut, où se sont formés les plus grands évangélisateurs du VIe siècle. Avec plusieurs compagnons, Pol traverse la Manche et aborde à Ouessant d'où il passe sur le continent armoricain. Il parcourt une partie du Finistère avant de se fixer dans l'île de Batz et d'y fonder un monastère. C'est alors que le comte de Léon, Withur, lui aussi venu de Grande-Bretagne et vassal du roi des Francs Childebert Ier, lui demande de devenir l'évêque de la région. Malgré ses protestations, le moine est contraint par Childebert Ier d'accepter la charge et se fixe près de Roscoff, dans un lieu qui deviendra Saint-Pol-de-Léon. Il consacre le reste de sa vie à l'évangélisation de la région et à la fondation de paroisses.

POLIGNAC

Illustre famille du Velay.

Connue depuis le haut Moyen Âge, elle a pour berceau un puissant château situé magnifiquement sur une plate-forme basaltique, tout près du Puy. Polignac devrait son nom à un temple d'Apollon réputé pour ses oracles. On l'a aussi mis en rapport avec le domaine de Sidoine Apollinaire, *Apolliniacum*. Longtemps, les seigneurs de Polignac, qualifiés vicomtes, se contentent d'agir sur le théâtre local. Ils s'opposent fréquemment à leurs voisins, les évêques du Puy (quand ceux-ci ne sont pas eux-mêmes des Polignac). Vers 1420, les Polignac se fondent par alliance avec les Chalençon.

POLIGNAC Armand Jules Marie Héraclius, duc de (Paris, 1771 – Saint-Germain, 1847)

Homme politique.

Fils aîné du prince Jules François de Polignac, il le suit en Russie. Dévoué à la cause monarchiste, il rentre en France pour se concerter avec Cadoudal, ce qui lui vaut d'être condamné à mort. L'intervention de Joséphine lui permet d'échapper à l'exécution de la sentence, qui est commuée en une peine de prison perpétuelle au fort de Ham. En 1813, il parvient à s'évader. Aide de camp du comte d'Artois, député en 1815, il devient duc et pair à la mort de son père. Son opposition au régime de Louis-Philippe est sanctionnée dès 1830 par son exclusion de la Chambre des pairs. Il se retire alors de la vie publique.

POLIGNAC Charles Marie, prince de (Londres, 1827 – Bouzaréa, Algérie, 1904)

Administrateur.

Fils du prince Jules Auguste de Polignac, il se signale par d'importants services rendus à la cause française en Afrique. Sorti de Polytechnique, officier des bureaux arabes en Algérie, il négocie en 1862 avec les Touareg un traité qui ouvre à la France la route du Soudan. En 1881, on le trouve participant à la campagne de Tunisie. Ses dernières années seront consacrées à l'organisation des territoires du Sud algérien.

POLIGNAC Jules Auguste Armand Marie, prince de (Versailles, 1780 – Paris, 1847)

Homme politique, président du Conseil.

Frère d'Armand de Polignac. Émigré de la première heure, il a 9 ans lorsqu'il quitte la France avec sa famille. Passionnément attaché à la cause des Bourbons, il se lie en Angleterre avec le comte d'Artois (futur Charles X) et organise avec lui la conspiration de Cadoudal, à laquelle il participe avec son frère. Bien que sa peine, à la suite de l'échec de cette conspiration, ne doive pas excéder deux ans de prison, il est maintenu arbitrairement sous les verrous en compagnie de son frère, condamné à vie. Tous deux s'évadent du fort de Ham en 1813. Rejoignant en 1814 le comte d'Artois, à Vesoul, Polignac rentre à Paris en sa compagnie puis, devenu son ami intime, l'accompagne à Gand pendant les Cent-Jours. À la Seconde Restauration, on le retrouve dans le groupe du pavillon de Marsan, autrement dit dans l'entourage ultra de Monsieur. Dès cette époque, une solide impopularité s'attache à lui. Nommé pair de France, Polignac répugne tout d'abord, en raison de ses convictions religieuses, à prêter serment à la Charte. Chargé par le gouvernement d'une mission à Rome en 1820, il reçoit du pape Pie VII le titre de prince romain. Le fait est immédiatement relevé et critiqué par les libéraux. Pourtant, Polignac s'acquitte très honnêtement de ses tâches diplomatiques. Que le mérite en revienne à la monarchie, à Villèle ou à lui-même, son ambassade à Londres, de 1823 à 1829, a d'heureux résultats. Le 6 juillet 1827, il signe le traité qui aboutit à la médiation de la France, de la Grande-Bretagne et de la Russie dans la question grecque.

Charles X, cependant, insatisfait du ministère Martignac qui ne lui a même pas apporté les bonnes grâces des libéraux, songe à faire appel à son ami de toujours. Il lui a pourtant dit un jour : « Comment ! Jules, toi aussi, tu te mêles de politique ? Tu n'y entends rien. » Dès le mois de janvier 1829, le roi fait venir son ambassadeur de Londres afin de le faire entrer dans le ministère. Mais tous les ministres refusent cette éventualité, et Polignac doit regagner son poste. Le 8 août cependant, il est nommé ministre des Affaires étrangères, avec la première place dans le nouveau ministère. L'arrivée à ce poste de celui que certains nomment « milord Polignac » est interprétée comme l'annonce d'un changement de politique. Pour le *Journal des débats*, « le cabinet français est livré pieds et poings liés à l'Angleterre ». Calomnie, l'avenir le prouvera. En fréquentant les Anglais, Polignac a appris qu'il fallait éviter de se placer à leur remorque. Ainsi est élaboré un vaste plan de réédification de l'Europe sur les ruines de l'Empire ottoman, plan dont l'idée a été émise par un libéral, Richemont. Le projet, qui prévoit notamment le retour de la Belgique à la France, doit être abandonné du fait, en particulier, de l'opposition de la Prusse. C'est alors que le prince de Polignac et Charles X organisent l'expédition d'Alger, qui brouillera la France avec l'Angleterre. L'expédition est un modèle de préparation diplomatique et militaire qui fait honneur à d'Haussez, ministre de la Marine, mais aussi à Polignac.

Depuis le 17 novembre 1829, le prince est président du Conseil. Son impopularité, loin de diminuer, s'est accrue lorsqu'ont été connus les noms de ses collaborateurs. Bien qu'il ait affirmé sa volonté de respecter la Charte, on le soupçonne de desseins perfides à son encontre. À tort sans doute : comme le roi, Polignac a fini par l'accepter. Néanmoins, toujours comme lui, il entend bien user des pouvoirs qu'elle reconnaît à l'exécutif. En fait, il reste fidèle à ses théories sur le pouvoir royal et sur les droits de la nation, théories que renforce une piété mystique qui se croit inspirée par le Ciel. Il prétend que la Vierge lui apparaît chaque matin et guide ses actes. « Un Jean d'Arc manqué pour sauver la Monarchie », commente M. de Sémonville. En fait, peu souple, entêté à l'extrême, d'un immense aveuglement, étranger aux réalités quotidiennes, trop confiant dans ses propres capacités, le grand ami du roi n'est absolument pas l'homme de la situation. S'il ne semble pas avoir eu les intentions liberticides qu'on lui a généralement attribuées – des travaux modernes ont prouvé qu'il était en fait partisan d'une monarchie constitutionnelle à l'anglaise –, il ne néglige rien pour accréditer les thèmes des journaux d'opposition. S'intéressant essentiellement à la politique extérieure, il semble n'avoir aucun plan en ce qui concerne la politique intérieure. « M. de Polignac est très résolu, lit-on dans *Le Globe*, mais il ne sait pas à quoi. » De plus, quoi qu'il fasse, ses actes dressent contre lui la quasi-totalité de l'opinion. Acculé dans une impasse par suite de son désaccord persistant avec la Chambre, qui vote en mars 1830 la fameuse adresse des 221, le gouvernement de Polignac passe six mois dans l'inertie, décourageant ses rares partisans, préparant l'opinion à un coup d'État qui ne viendra pas, du moins sous la forme militaire que l'on peut imaginer. Enfin, le 6 juillet 1830, le ministre de l'Intérieur Peyronnet fait approuver par le roi et par Polignac les trois mesures qui lui semblent propres à tirer le gouvernement de l'impasse : dissolution de la Chambre aussitôt après les nouvelles élections (que l'on prévoit catastrophiques), élection d'une autre assemblée suivant un nouveau système électoral, suspension du régime libéral de la presse. Ces mesures sont reprises par les quatre ordonnances, œuvres de Peyronnet et de Polignac, que le roi signe le 25 juillet en invoquant l'article XIV de la Charte.

Ayant refusé la soumission, Polignac a-t-il opté pour un véritable coup d'État ? A-t-il, dans cette intention, renforcé le dispositif militaire de la capitale, comme le préconisait d'Haussez, l'homme compétent du gouvernement ? Non, car il est persuadé que le succès d'Alger a rendu la monarchie invulnérable. Aveuglement fatal à la monarchie. Démissionnaire le 29 juillet alors que, la veille encore, lorsqu'on lui annonçait que la troupe fraternisait avec la foule, il aurait dit : « Eh bien, il faut tirer sur la troupe », Polignac est arrêté à Granville le 15 août, alors qu'il cherche à gagner l'Angleterre. Traduit devant la Chambre des pairs, il sera condamné le 21 décembre 1830 à la détention perpétuelle et à la mort civile. Interné au fort de Ham, il bénéficiera en 1836 d'une mesure d'amnistie.

POLIGNAC Jules François, comte puis duc de (Claye, 1743 – Saint-Pétersbourg, 1817)

Gentilhomme.

Petit-neveu du cardinal Melchior de Polignac, il doit sa fortune politique et son titre de duc à l'influence que sa femme Yolande exerce sur Marie-Antoinette. Émigré dès 1789, il représente les comtes de Provence et d'Artois à Vienne avant de s'établir en Ukraine, grâce à la protection de Catherine II. Il ne rentrera pas en France à la Restauration.

POLIGNAC Melchior de (Le Puy, 1661 – Paris, 1742)

Cardinal et diplomate.

Après avoir reçu les ordres, il est envoyé à Rome où il parvient à calmer les appréhensions provoquées par la Déclaration des Quatre Articles de 1682. Ce succès lui vaut d'être nommé ambassadeur en Pologne en 1693. Dans cette tâche, il se montre heureux lors de l'élection au trône de François Louis de Conti comme successeur de

Yolande de Polignac
Huile sur toile d'Élisabeth Vigée-Lebrun, coll. particulière. © *Lauros-Giraudon*

Jean Sobieski. Néanmoins, Conti arrive trop tard, et Louis XIV rend son représentant responsable de cet échec. Il s'ensuit une disgrâce qui durera cinq ans. Auditeur de la rote, en 1706, Polignac peut négocier la paix d'Utrecht entre 1710 et 1712. Récompensé par le chapeau de cardinal, il retombe en disgrâce sous la Régence à cause de ses rapports avec le duc et la duchesse du Maine. Compromis dans la conspiration de Cellamare, il est exilé pendant trois ans. L'archevêché d'Auch lui est confié en 1726, après qu'il eut contribué à faire élire Benoît XIII. On a de lui un grand poème latin inachevé, l'*Anti-Lucrèce* (1745). En 1704, il avait remplacé Bossuet à l'Académie française.

POLIGNAC Yolande, duchesse de (?, 1749 – Vienne, 1793)

Gouvernante des Enfants de France.

Née Polastron, elle est la femme du duc Jules François de Polignac et dispose d'un ascendant considérable sur l'esprit de Marie-Antoinette. Les faveurs qu'elle reçoit de cette dernière font jaser et la Cour et le menu peuple, qu'excitent les factions hostiles à la reine. Parfaitement consciente de son impopularité, la duchesse de Polignac se joint, au lendemain de la prise de la Bastille, à la première vague de l'émigration avec son mari, se mettant ainsi à l'abri des haines qui poursuivront la reine, en grande partie par sa faute.

POLITIQUES (parti des)

Au cours des guerres de Religion, parti constitué, parmi les catholiques, au lendemain de la Saint-Barthélemy.

Ces catholiques sincères et lucides, indignés par le massacre des protestants, craignent à la fois pour le trône et pour le royaume. Leurs chefs sont le duc d'Alençon, frère de Charles IX, et les Montmorency. L'édit de Beaulieu, promulgué en 1576, est leur première grande victoire. On sait que, du côté des catholiques extrémistes, la constitution de la Ligue répond à cet édit de tolérance, dit aussi paix de Monsieur. Les Politiques s'opposent rapidement aux excès des ligueurs, refusent un gouvernement soumis à l'influence espagnole, sont favorables au rétablissement de l'unité française autour du roi. Sous le règne d'Henri III, le gouverneur du Languedoc, Montmorency-Damville, les soutient fermement. L'avènement d'Henri IV, qu'ils ont favorisé, leur donne une importance grandissante. Ils l'emportent bientôt sur les catholiques intransigeants. Soutenant le roi, les Politiques s'opposent à la fois à l'alliance espagnole élaborée par les ligueurs, et aux prétentions des protestants. La *Satire Ménippée* apparaît, en 1593, comme leur manifeste.

POLTROT de MÉRÉ Jean (Angoumois, v. 1535 – Paris, 1563)

Gentilhomme.

Huguenot, il suit les deux chefs de son parti, Condé puis Coligny. C'est, selon certains témoignages, à l'instigation de celui-ci qu'il se met en tête d'assassiner François de Guise, chef du parti catholique. Après l'avoir manqué au siège de Rouen en octobre 1562, il parvient à le blesser à mort d'un coup d'arquebuse devant Orléans, le 18 février 1563. Il avait chargé son arme de trois balles dont deux se trouvaient déchiquetées, ramées et liées ensemble par deux fils de métal. Mis à la question, il déclare avoir agi selon les instructions de Coligny. Dès ce jour, et malgré ses dénégations énergiques, l'amiral sera en butte à la haine des Guise qui ne rêveront que de vengeance. Quant à Poltrot de Méré, il sera écartelé sur arrêt du parlement de Paris.

POLYNÉSIE FRANÇAISE

Ensemble des archipels d'Océanie constituant un territoire d'outre-mer.

Il se compose des îles Marquises (dont le traité de protectorat est signé par l'amiral Dupetit-Thouars en 1842), de Tahiti et des autres îles de la Société (colonies à partir de 1880), des îles Gambier (protectorat transformé en colonie en 1881), Tubuaï (1900), Touamotou et de l'atoll inhabité de Clipperton, acquis par Napoléon III en 1858. Ralliés en 1940 à la cause de la France libre, ces territoires constitueront une unité combattante, le bataillon du Pacifique. Affectée à la 1re brigade française libre du général Kœnig, cette unité combat à Bir Hakeim en 1942. Faisant ensuite partie de la 1re division française libre (général Brosset), elle participe à la campagne d'Italie, au débarquement de Provence, à la Libération dans la Ire armée française. En 1946, les établissements d'Océanie reçoivent le statut de territoires d'outre-mer ; les habitants se voient accorder le droit de vote. Ces territoires prennent, en 1957, la dénomination de Polynésie française.

POMPADOUR Jeanne Antoinette POISSON, dame LE NORMANT d'ÉTIOLES, marquise de (Paris, 1721 – Versailles, 1764)

Favorite royale.

Son père, François Poisson, avait débuté comme conducteur dans le service des vivres. Remarqué par les frères Pâris, il avait rendu de grands services en Provence, au moment de la peste, mais, chargé comme commissaire aux vivres du ravitaillement de Paris pendant la disette de 1725, avait été accusé de faux marchés et contraint de s'exiler pendant huit ans avant d'être réhabilité en 1739. Pendant son éloignement, sa femme Madeleine de La Motte, avait eu, entre autres amants, le fermier général Le Normant de Tournehem, célibataire et amateur d'art. Celui-ci, après avoir veillé à l'éducation des deux enfants de sa maîtresse, Jeanne et Abel, fit épouser à la première, dès qu'elle eut 20 ans, son neveu Charles Guillaume Le Normant d'Étioles, fermier général lui aussi, auquel il donna le château d'Étioles.

La jeune dame d'Étioles, sûre de son pouvoir de séduction, entreprend de se faire remarquer par Louis XV et de devenir sa maîtresse. Ses espoirs se réalisent après la mort de Mme de Châteauroux, lors du mariage du Dauphin, en mars 1745, et elle est officiellement présentée à la Cour en septembre. La famille royale et nombre de courtisans, fâchés que la fonction de favorite soit enlevée à la noblesse et tombe dans la roture financière, lui sont immédiatement hostiles et, à Versailles comme à Paris, on chante des chansons qu'on appelle des « poissonnades ». Mais c'est justement une des puissances de la nouvelle favorite que d'être une ambitieuse fille de la Finance régnante. Soutenue par Pâris-Duverney, elle se fait donner le marquisat de Pompadour et se révèle habile à distraire ce perpétuel ennuyé qu'est le roi, à égayer sa maison et ses réunions. Elle n'est sa maîtresse que jusqu'en 1750. Tuberculeuse, l'harassante vie de cour ruinant sa santé et gâtant son visage, elle a la sagesse de s'écarter pour rester la confidente, l'amie dévouée, l'animatrice des plaisirs de Louis XV, dont elle favorise même les passades amoureuses. Moyennant quoi, elle « règne » pendant vingt et un ans.

L'opinion lui reproche son milieu, ses dépenses, qui sont énormes. Avec elle gouvernent, véritables ministres occultes, outre Pâris-Duverney, le frère de celui-ci, Montmartel, dont les avances sont nécessaires à la guerre, à la diplomatie et à la Cour, les Tencin frère et sœur et le maréchal de Richelieu. Elle fait et défait ministres, généraux et ambassadeurs. Elle provoque en 1745 la disgrâce d'Orry, contrôleur général des Finances, hostile aux Pâris, en 1749 celle de Maurepas, coupable d'avoir touché quelques mots au roi de son rôle politique et d'avoir dirigé contre elle une campagne de libelles. Elle lie partie avec le successeur d'Orry au Contrôle général, Machault d'Arnouville, le soutient contre le clergé et pousse au pouvoir Bernis, Choiseul, le prince de Soubise et bien d'autres. Elle joue un rôle important dans le renversement des alliances de 1756 contre Frédéric II de Prusse et prépare, aidée de la Dauphine, de Bernis et de Choiseul-Stainville, ambassadeur à Rome, le traité de Versailles avec Marie-Thérèse d'Autriche, qui sait la flatter. Ennemie de l'Église, qui lui tient rigueur, elle prend parti pour la magistrature contre le clergé,

La marquise de Pompadour
Mme de Pompadour en Diane. Huile sur toile de Jean-Marc Nattier, 1748, Saint-Omer, musée de l'hôtel Sandelin. © *Lauros-Giraudon*

pour les philosophes et les jansénistes contre les Jésuites.

Sensible à son impopularité, elle punit d'embastillement, au besoin, la raillerie, mais cherche en même temps à gagner l'opinion en flattant les gens de lettres et en se liant aux écrivains. Elle reçoit ainsi Quesnay, Crébillon, Duclos, Marmontel, Montesquieu, Rousseau (dont elle fait représenter *Le Devin du village* à la cour de Fontainebleau et à Bellevue où elle joue un rôle), d'Alembert et Voltaire qui, grâce à elle et malgré les préventions de Louis XV, devient historiographe du roi, académicien, gentilhomme de la chambre. Elle s'emploie enfin à amortir les coups portés par la justice et le clergé contre l'*Encyclopédie*. Voltaire devait écrire après sa mort : « Elle pensait comme il faut, personne ne le sait mieux que moi » et il ajoutait : « Je lui avais obligation, je la pleure par reconnaissance. » Femme de goût, elle n'a peut-être pas eu sur les arts l'influence qu'on lui a quelquefois attribuée. Le style Pompadour était en plein épanouissement avant qu'elle devînt la maîtresse du roi. Mais elle exerce un véritable mécénat par de nombreuses commandes à Gabriel, à Boucher, à La Tour, au graveur Cochin, à l'ébéniste Œben. Les artistes ont multiplié ses portraits : Boucher, Nattier, Carle Van Loo, Drouais, La Tour, Lemoyne, Pigalle. Elle conseille au roi de devenir le principal actionnaire de la manufacture de Sèvres et, en 1746, fait donner la survivance de la Direction des bâtiments qu'avait son oncle Tournehem à son frère Abel Poisson, marquis de Marigny. Ce dernier, formé par Soufflot et Cochin, se révèle actif et digne d'éloges, contribuant à la réaction néo-antique contre le rococo et faisant aménager à Paris la place Louis XV (Concorde), les Champs-Élysées, les boulevards. Elle-même dépense des millions de livres en bâtiments, qu'elle achète ou fait construire, et qui reviendront au roi : son hôtel de la rue Neuve-des-Petits-Champs (ancien hôtel Pontchartrain), l'hôtel d'Évreux (l'Élysée), Crécy (près d'Évreux), Champs (sur la Marne), Sèvres, La Celle-Saint-Cloud et son préféré Bellevue, cadeau du roi, où elle donne des fêtes raffinées et joue la comédie dans son brimborion de théâtre décoré à la chinoise.

Conseillère omnipotente, elle ne craint pas auprès du roi l'emprise des « pensionnaires », filles vénales de souche modeste, de la garçonnière du roi qu'est le Parc-aux-Cerfs de Versailles, mais elle doit se défendre contre d'audacieuses grandes dames, passades royales qui rêvent de lui prendre le roi : Mmes d'Esparbès, de Gramont, de Forcalquier, de Choiseul-Romanet, de Coislin, Mlle de Romans – d'un milieu plus modeste, celle-ci – et bien d'autres. Encore toute-puissante, elle meurt à 42 ans d'une fluxion de poitrine, après avoir montré durant sa maladie beaucoup de courage et de piété. Elle sera enterrée au couvent des Capucines non loin de la place Vendôme. Contrairement à la légende, le roi la pleura. Elle laissait à son frère plus d'objets que d'argent liquide.

POMPIDOU Georges (Montboudif, Cantal, 1911 – Paris, 1974)

Homme politique, Premier ministre, président de la République.

Professeur de lettres, cet universitaire demeure à l'écart de toute activité autre que l'enseignement jusqu'en 1945, époque à laquelle il est chargé de mission au cabinet du général de Gaulle. L'effacement politique de ce dernier, l'année suivante, dirige alors Georges Pompidou vers le monde des affaires, principalement la banque Rothschild, dont il deviendra directeur général en 1954. Quatre ans plus tard, avec le changement de régime, le nom de Pompidou est de plus en plus prononcé dans l'entourage du général de Gaulle. Mais il n'est pas connu du grand public. Directeur du cabinet du chef de l'État en 1958 et 1959, membre du Conseil constitutionnel, il est soudain appelé à diriger le gouvernement, le 14 avril 1962, en remplacement

Georges Pompidou
Le président de la République devant le Concorde (1973). © *Keystone*

de Michel Debré. Beaucoup se montrent surpris de cette promotion. L'opposition croit pouvoir profiter de l'apparente faiblesse du gouvernement pour se montrer virulente, et saisit le débat sur l'élection du président de la République au suffrage universel pour renverser le gouvernement. Une motion de censure est votée par l'Assemblée nationale le 4 octobre 1962 après que de nombreux députés (dont Paul Reynaud) eurent fustigé le Premier ministre. Les élections de novembre sont, autre surprise, un net succès pour le pouvoir, et le président de la République s'empresse de confirmer le chef du gouvernement dans ses fonctions. « Faites-vous connaître », lui recommande-t-il. Le conseil est suivi. Prenant de l'assurance, de l'autorité, le Premier ministre s'impose à ses détracteurs. Il se révèle habile manœuvrier. Il fait preuve d'une volonté ferme sous un dehors patelin.

Son mandat de Premier ministre est marqué par un souci important de modernisation, tâche à laquelle il s'attelle en compagnie d'Olivier Guichard, ministre de l'Aménagement du territoire, et de Philippe Lamour. Dès 1966, apparaissent cependant des tensions entre l'Élysée et Matignon, notamment au sujet de la « participation », réforme sociale souhaitée par de Gaulle mais dont Pompidou ne veut pas entendre parler. Le différend entre les deux têtes de l'exécutif éclate au lendemain des événements de Mai 68, alors même que Pompidou a montré une habileté tactique dans la gestion quotidienne de la crise étudiante puis sociale et qu'il est pour beaucoup responsable du triomphe de l'UDR aux élections de juin. Dès juillet en effet, Pompidou est mis en « réserve de la République », selon les mots du Général, qui le remplace par Maurice Couve de Murville. Redevenu simple député du Cantal, Pompidou n'hésite plus à critiquer de Gaulle et fait savoir qu'il se tient prêt à le remplacer, le 15 janvier 1969, au moment voulu : après une adhésion totale à la personne du chef de l'État, évoquée dans son livre posthume *Pour rétablir une vérité*, le divorce avec le père spirituel est consommé.

C'est effectivement après la démission de de Gaulle à la suite de l'échec du référendum d'avril 1969 sur la réforme du Sénat et la régionalisation, que Pompidou est élu à la présidence de la République, le 15 juin 1969, face au centriste Alain Poher, avec 10,6 millions de suffrages contre 7,8 millions. Son mandat est marqué sur le plan intérieur par la poursuite de la politique de modernisation qu'il avait commencée à Matignon, notamment dans les domaines de l'informatique, de l'aéronautique, du nucléaire et des télécommunications. Il se montre également favorable aux projets de concentration industrielle, concernant par exemple Saint-Gobain-Pont-à-Mousson ou Péchiney-Ugine-Kuhlman de même qu'il favorise « l'automobilisation » de la société française (plan autoroutier, aménagement de voies rapides dans les métropoles). À cette stratégie continue, on opposera la volte-face de sa politique sociale, calquée en fait sur l'effritement de son assise majoritaire et sur l'accentuation du clivage gauche-droite après l'élaboration du Programme commun (PS, PC, RG). Jusqu'en 1972, le Premier ministre, Jacques Chaban-Delmas peut mener une politique d'adaptations sociales à la nouvelle donne issue de Mai 68 dans les domaines de l'autorité (patronale, scolaire, policière) et d'une croissance tirée par la hausse des revenus. Son successeur, Pierre Messmer, revient à une politique d'encadrement et de conservation des acquis sociaux.

Sur le plan extérieur, la politique pompidolienne se situe dans le droit chemin de la politique d'indépendance nationale gaullienne, comme en témoigne son hostilité aux blocs. Mais comme il ne bénéficie ni de l'aura historique ni de la marge de manœuvre du Général dans un contexte à nouveau tendu, Pompidou se pose en porte-parole de l'Europe entre les Grands, comme en décembre 1971 aux Açores avec Richard Nixon. Il soutient, dans cette logique, l'entrée des Britanniques dans la CEE, concrétisée par l'accord de mai 1971 avec Edward Heath. Rongé par la maladie, Pompidou meurt le 2 avril 1974. Peu de temps auparavant, les prix du pétrole se sont envolés, l'inflation s'est accélérée. *A posteriori*, la présidence Pompidou, pendant laquelle le niveau de vie a connu une forte hausse et le rythme de croissance a avoisiné les 6 % par an, apparaît comme l'apogée des Trente Glorieuses ; c'est d'ailleurs la seule période d'après-guerre constamment reconnue (sondages au moins égaux à 60 % de la population) comme « favorable » par les Français. Auteur d'une *Anthologie de la poésie française*, Pompidou a également laissé *Le Nœud gordien*, ouvrage inachevé de réflexions politiques (1974).

POMPIGNAN Jean Georges LEFRANC de (Montauban, 1715 – Paris, 1790)

Archevêque.

Évêque du Puy (1743), archevêque de Vienne en Dauphiné (1774), député aux États généraux (1789), il prend le 22 juin la tête des 149 membres du clergé qui viennent spontanément se réunir au tiers état, ce qui lui vaut l'honneur d'être le premier président de l'Assemblée nationale. Ministre d'État le 5 août 1789, il sera rendu responsable de la Constitution civile du clergé (12 juillet 1790). En réalité, son rôle fut sans doute moins important que ses contemporains ne le crurent. Il était déjà gravement malade à cette date et mourut quelques mois plus tard.

POMPONNE Simon Arnauld, marquis de (Paris, 1618 – Fontainebleau, 1699)

Diplomate.

Fils de Robert Arnauld d'Andilly et neveu du grand Arnauld, il commence sa carrière de grand commis de l'État en devenant intendant des armées françaises en Italie, dès 1642, mais tombe en disgrâce à la suite de l'arrestation du surintendant Nicolas Fouquet, son ami. S'étant de nouveau rapproché de la Cour vers les années 1660-1665, Pomponne est nommé par Louis XIV ambassadeur à Stockholm (1665) et à La Haye jusqu'en 1671. Habile diplomate, il réussit à renouer des accords privilégiés entre la Suède et la France, mais est rappelé par le roi afin de remplacer Hugues de Lionne au cabinet des Affaires étrangères. Secrétaire d'État, puis ministre d'État jusqu'en 1679, il continue à remplir avec intelligence et perspicacité de délicates négociations lors de la guerre de Hollande, puis conclut la paix de Nimègue en 1679. Malgré ses hautes qualités d'homme d'État, Pomponne deviendra l'objet de suspicions de la part de Louis XIV qui, influencé par Louvois, reprochera à son ministre d'être lié avec le jansénisme. Renvoyé du ministère au mois de novembre 1679, il recouvre sa place au Conseil durant l'été 1691, à la mort de Louvois. Surintendant des Postes six ans plus tard, Pomponne continue à éclairer de ses compétences son gendre Colbert de Torcy, nommé depuis secrétaire d'État. Homme d'expérience, doté d'une intégrité et d'une droiture dignes d'éloges, diplomate de grande envergure en relation avec les beaux esprits du siècle, le marquis de Pomponne a laissé des *Mémoires* d'un grand intérêt historique.

PONCHARTRAIN Louis PHÉLYPEAUX, comte de (Paris, 1643 – Pontchartrain, 1727)

Chancelier de France.

Fils de Louis, sieur de La Vrillière, petit-fils de Paul Phélypeaux, Pontchartrain devient conseiller au parlement de Paris dès l'âge de 18 ans. Six ans plus tard, il acquiert la charge de président du parlement de Bretagne. Le contrôleur général des Finances, Le Peletier, le rappelle à Paris et le pourvoit d'une charge d'intendant des Finances, prélude à l'accession au rang de contrôleur général des Finances, en 1689. C'est la consécration, puisque s'ajoute ensuite le poste de secrétaire d'État à la Marine. Également secrétaire de la Maison du roi, Pontchartrain doit réaliser des prodiges d'imagination pour couvrir les dépenses entraînées par la guerre de la ligue d'Augsbourg. Des expédients plus ou moins discutables servent à ces fins, comme la vente de charges et de titres ainsi que l'instauration de l'impôt de la capitation, injustement établi d'après le rang social. Protecteur des lettrés, ami de Boileau en particulier, inspirateur de l'Église gallicane, Pontchartrain couronne sa carrière par le titre de chancelier de France jusqu'en 1714, date de son départ volontaire des affaires.

PONCHARTRAIN Paul PHÉLYPEAUX, comte de (Blois, 1569 – Castelsarrasin, 1621)

Ministre.

Fondateur de la brillante lignée des Pontchartrain, Paul Phélypeaux exerce sous le règne d'Henri IV les fonctions de secrétaire des commandements de la reine Marie de Médicis. Secrétaire d'État en 1610, il lie sa réussite à l'ascension du jeune Louis XIII, un moment en conflit avec sa mère. C'est en accompagnant le roi au siège de Montauban que le conseiller du souverain contracte la maladie qui le terrassera. Ses *Mémoires* ont été publiés pour la première fois à La Haye, en 1720.

Ponchartrain
Louis Phélypeaux, comte de Ponchartrain. Huile sur toile attribuée à Robert Le Vrac, dit Tournières, château de Versailles. © *Lauros-Giraudon*

PONDICHÉRY

Ville de l'Inde située sur le littoral du golfe du Bengale.

Acquis en 1673 par la Compagnie des Indes orientales, la cité et son territoire avoisinant sont occupés la même année par les Hollandais puis restitués en 1699. Lally-Tollendal y capitule face aux Anglais en 1761 à la suite d'une brillante résistance, mais la place est restituée aux termes du traité de Paris, deux ans plus tard, et devient un des cinq comptoirs français des Indes. Les Britanniques s'y installent à nouveau de 1778 à 1783 lors de la guerre d'Indépendance américaine, et encore une fois de 1793 à 1816. Patrie du général Lauriston, Pondichéry s'est ralliée à la France libre en 1940 en même temps que les autres comptoirs français. Le territoire, composé de plusieurs communes et de diverses enclaves, mesurait 291 km². Il a été cédé en 1954 à la République indienne.

PONIATOWSKI Józef ou Joseph, prince (Vienne, 1763 – Leipzig, 1813)

Maréchal d'Empire.

Fils d'Andrzej Poniatowski et neveu du dernier roi de Pologne, Stanislas II Auguste Poniatowski. Entré au service de l'Autriche comme lieutenant, en 1778, il devient colonel de dragons et aide de camp de l'empereur Joseph II (1787) et fait campagne contre les Turcs. La Diète constituante de 1789 le rappelle en Pologne, où il devient major général en chef de l'armée du Midi. Avec seulement 20 000 hommes, Poniatowski repousse 60 000 Russes à Polonne et Zielence, mais le faible roi Stanislas lui ordonne de déposer les armes et il doit s'exiler (1792). En 1794, il rejoint Kosciuszko, devenu dictateur, défend le nord de Varsovie contre les Prussiens avec une division et, à la reddition de la ville, huit mois plus tard, se retire à l'étranger.

Après l'effondrement de la Prusse, Napoléon le nomme général de division et ministre de la Guerre du grand duché de Varsovie dont il s'emploie à organiser l'armée (1807). Il obtient de l'Empereur que cette armée reste une armée nationale, avec ses couleurs historiques. Poniatowski la commande en chef contre l'Autriche en 1809 ; après une héroïque résistance à Raszyn, il repousse l'archiduc Ferdinand au-delà de la Vistule, se porte alors sur ses arrières et soulève Lublin et la Galicie. Commandant les contingents polonais (5 corps) pendant la campagne de Russie, il se distingue à Smolensk, à la bataille de la Moskova et à Malo-Jaroslawetz, avant d'être ramené blessé à Varsovie (décembre 1812). Quand les Russes occupent la ville, Poniatowski se replie sur Cracovie (février 1813) et refuse d'abandonner la cause de Napoléon à qui il continue à fournir des renforts (12 000 fantassins et 800 cavaliers polonais). À Leipzig, il commande le 8e corps et l'aile droite française et défend si brillamment Connewitz contre les Autrichiens que Napoléon le nomme maréchal d'Empire (16 octobre 1813). Mais, chargé de couvrir la retraite de l'Empereur, il se noie le 19 octobre en tentant, une fois sa mission accomplie, de franchir à la nage l'Elster dont le pont avait prématurément sauté. Son corps devait être enseveli en 1816 dans le caveau des rois de Pologne à Cracovie.

Joseph Poniatowski
Joseph prince Poniatowski, maréchal d'Empire, 1809-1813. Huile sur toile d'Alexander Ossipovitch Orlowski, Paris, coll. particulière. © *Lauros-Giraudon*

PONTARLIER

Du latin Pons Aelii *et* Pontarlum. *Ville du Doubs, située sur la rivière du même nom, à 55 km de Besançon.*

Au Ier siècle, elle est une étape sur la voie romaine reliant les Gaules à l'Italie. L'évêque de Clermont, Sidoine Apollinaire, y élève au Ve siècle une église dédiée à saint Bénigne et y établit un prieuré. Les Sarrasins pillent Pontarlier en 731. Bien que relevant des rois, puis des ducs de Bourgogne, la cité obtient des franchises pendant le Moyen Âge. Des protecteurs, les sires de Salins et les sires de Joux, assistés d'une magistrature élue, la régissent. En 1336, les barons bourguignons, soulevés contre leur suzerain, Eudes IV, ruinent Pontarlier. Les Suisses, alliés de Louis XI dans la lutte qui l'oppose à Charles le Téméraire, les imiteront en 1474. La petite-fille de ce dernier, Marguerite d'Autriche, apporte la ville, avec l'ensemble de la Franche-Comté, à la maison de Habsbourg, en 1482. Au cours de la guerre de Trente Ans, le duc Albert de Weimar l'enlève à son gouverneur, le comte de Saint-Maur, représentant de Philippe IV d'Espagne (1638). Le traité de Nimègue, en 1678, réunira définitivement Pontarlier à la France.

PONTHIEU

Pagus Ponticus. *Région de Picardie s'étendant entre la Canche et la Somme.*

C'est vers le Xe siècle que le Ponthieu est érigé en comté héréditaire, passant tour à tour de la maison d'Alençon au XIIe siècle à celle de Dammartin puis, au milieu du XIIIe siècle, dans le domaine des souverains de Castille. Le mariage d'Éléonore de Castille avec le roi d'Angleterre Édouard Ier transporte le territoire en 1272 dans l'héritage anglais. Philippe VI de Valois le reprend en 1336, mais les succès anglais du début de la guerre de Cent Ans règlent le problème de possession, le traité de Brétigny, en 1360, officialisant cette annexion. Repris en 1369 à la suite des succès de Charles V, le Ponthieu redevient anglais puis bourguignon aux termes du traité d'Arras en 1435. Charles VII porta d'abord le titre de comte de Ponthieu. La mort de Charles le Téméraire, en 1477, est l'occasion pour Louis XI de régler la question de la souveraineté sur cette riche région agricole d'importance stratégique.

PONTOISE

Chef-lieu du département du Val-d'Oise.

Une colline de la rive droite de l'Oise inférieure est à l'origine d'un *oppidum* romain qui céda la place, au Moyen Âge, à un château fort, lequel figure, avec le pont sur l'Oise, en bonne place sur les armes de la ville. Pontoise devient métropole du Vexin français que Philippe Ier réunit à la couronne capétienne au XIe siècle. Les souverains capétiens se plaisent à résider dans cette ville à laquelle est accordée, à la fin du XIIe siècle, une charte communale. Bourguignons et Armagnacs y concluent en 1413 une trêve toute symbolique. Mais elle marque le début d'une vocation d'accueil, puisque la cité sert de lieu de réunion aux états généraux, en 1561, reçoit le jeune Louis XIV durant les événements de la Fronde et que le parlement de Paris y trouve refuge en 1652, 1720 et 1753. Chef-lieu d'arrondissement de l'ancien département de Seine-et-Oise, Pontoise est devenue chef-lieu du nouveau département du Val-d'Oise après la réforme administrative de 1964.

PONTS-DE-CÉ (Les)

Localité du département du Maine-et-Loire située au sud d'Angers.

Le bourg s'étire sur une longueur de 3 km de part et d'autre de la grand-rue centrale, qui franchit tour à tour l'Authion, la Loire et le Louet. Semblable configuration explique l'importance économique et stratégique de ce site exceptionnel, qui commande le passage de la Loire au cœur de l'Anjou. Symboliques sont les statues de chefs gaulois se dressant sur le parapet du pont de la Loire. Dès l'Antiquité en effet, ces rives du fleuve sont très fréquentées. Au moment des grandes invasions, Vandales, Suèves, Wisigoths puis Francs y séjournent plus ou moins longuement. Au Moyen Âge, un château surveille le passage. Le roi René d'Anjou en fait une de ses résidences. Plus tard, des armées s'y affrontent : forces royales et troupes de Marie de Médicis en 1620, Républicains et Vendéens en 1793. En juin 1940, les troupes françaises en retraite défendent les ponts les 18 et 19 juin, au moment même où les cadets de Saumur se distinguent plus à l'est. Au printemps 1944, en prévision du Débarquement, l'aviation alliée détruit systématiquement les ponts de la Loire, endommageant gravement la localité.

PONTS ET CHAUSSÉES

Administration royale en charge de l'entretien des routes, mise en place par étapes depuis le début du XVIIe siècle.

Après la suppression en 1626 de la charge de grand voyer de France dont le premier titulaire avait été Sully, Colbert délègue aux intendants provinciaux l'entretien des chemins. Mais une administration spécialisée ne naît qu'en 1716 avec la nomination, sous les ordres directs du contrôleur général des Finances, d'un intendant des ponts et chaussées, poste occupé par les Trudaine, père et fils, de 1743 à 1777. L'intendant coiffe des inspecteurs qui encadrent à leur tour des ingénieurs plus ou moins gradés ; à partir de 1747, ceux-ci sont formés au sein de l'École des ponts et chaussées créée par Daniel Trudaine, la première des grandes écoles françaises. L'écrivain Bernardin de Saint-Pierre (1737-1814) ou le mathématicien Augustin Cauchy (1789-1857) en sont notamment issus. Cette administration des Lumières modernise le réseau routier, le plus dense d'Europe en 1789. Mais si elle s'étend au pavé de Paris, aux bâtiments administratifs, à la navigation intérieure ou aux ports de commerce, elle n'exerce pas son autorité dans les pays d'état (Languedoc, Bretagne, Bourgogne, Provence...). Sous la Restauration, Legrand, auteur de la fameuse étoile ferroviaire française, est le digne successeur de Trudaine : chargé de l'administration des Ponts et Chaussées et des Mines, puis sous-secrétaire d'État aux Travaux publics, il applique la loi de 1833 qui achève le réseau de routes royales et celle de 1836 qui généralise les chemins vicinaux. Au XXe siècle, l'administration des Ponts et Chaussées est un des grands corps de l'État, auquel appartiennent notamment beaucoup de polytechniciens. Ses ingénieurs opèrent dans des entreprises du secteur public mais aussi au sein, voire à la tête, de nombreuses sociétés industrielles privées.

LUNDI 15 JUILLET 1935

LE POPULAIRE

Organe du Parti Socialiste (S. F. I. O.)

Le numéro : 30 centimes

ÉDITION DE PARIS

RÉDACTION ET ADMINISTRATION 9, rue Victor-Massé, 9 — Paris (9e)

Directeur Politique : LÉON BLUM

Administrateur-Délégué : JEAN LEBAS

UNE JOURNÉE HISTORIQUE !

Le peuple de France s'est levé à l'appel du Front Populaire

A Paris, le cortège de la Bastille a groupé plus de cinq cent mille manifestants qui furent frénétiquement acclamés par la foule massée faubourg Saint-Antoine, place de la Nation et Cours de Vincennes

Dans toute la province des millions de socialistes, de communistes et de républicains ont participé aux grands rassemblements

LE FASCISME NE PASSERA PAS !

Place de la Bastille, tandis que s'opère le rassemblement.

La place de la Bastille fourmille de monde.

LE SERMENT

Au nom de tous les partis et groupements de liberté et des organisations ouvrières et paysannes,

Au nom du peuple de France rassemblé aujourd'hui sur toute l'étendue du territoire,

Nous, représentants mandatés ou membres du Rassemblement populaire du 14 juillet 1935,

Animés par la même volonté de donner du pain aux travailleurs, du travail à la jeunesse et la paix au Monde,

Nous faisons le serment solennel de rester unis pour désarmer et dissoudre les ligues factieuses, pour défendre et développer les libertés démocratiques et pour assurer la paix humaine.

Les Assises de la Liberté et de la Paix se sont tenues hier matin au stade Buffalo

(Lire le compte rendu en 4e page)

UN ROMAN HISTORIQUE

Le "Populaire" commencera prochainement la publication en feuilleton d'une grande œuvre de la Révolution.

Le Populaire

Les prémices du Front populaire (une du 15 juillet 1935). © *Roger-Viollet*

POPULAIRE (Le)

Journal hebdomadaire fondé à Limoges en 1916 par Paul Faure.

Transféré à Paris par Jean Longuet, il devient en 1918, sous le nom de *Populaire de Paris*, l'organe quotidien et officiel du parti socialiste SFIO. Léon Blum en est directeur politique à partir de 1921 et en fait un des grands journaux d'opinion français. En 1940, *Le Populaire* se replie en zone sud, tente de reparaître, mais voit son premier numéro saisi par la police, avant d'être interdit. Daniel Mayer, qui était en 1939 chef du service social du journal, publie à Marseille *Le Populaire du Sud*, ronéotypé, puis imprimé, avant de prendre, lorsqu'il devient secrétaire général du parti socialiste pour les deux zones (18 juin 1943), la rédaction en chef du *Populaire* clandestin national. C'est enfin le 22 août 1944 que *Le Populaire* reparaît au grand jour, portant en première page le nom de son directeur politique, Léon Blum, alors détenu en Allemagne. Il reçoit la collaboration de Vincent Auriol, André Philip, Félix Gouin, Daniel Mayer, Jean Guéhenno, etc., tire à 235 000 exemplaires mais n'en connaît pas moins de grandes difficultés financières qui l'amènent à modifier à plusieurs reprises sa périodicité avant de disparaître définitivement en 1970.

PORTALIS Jean Étienne Marie (Le Beausset, Provence, 1747 – Paris, 1807)

Jurisconsulte et homme politique.

Avocat au parlement d'Aix en 1765, il se distingue par la simplicité de son éloquence, éloignée de l'emphase habituelle de ses confrères. Connu pour son respect des religions, il étudie, à la demande de Choiseul, la situation des protestants et soutient en 1771 la validité de leurs mariages. Particulièrement intéressé par la littérature – il avait publié ses premiers essais à 17 ans –, il continue à écrire. De 1778 à 1782, avec le titre d'assesseur de Provence, il participe à l'administration de sa province natale, tente d'élaborer quelques réformes, notamment dans le domaine des impôts. À Aix, Portalis défend la comtesse de Mirabeau contre son mari, qui plaide lui-même, et l'emporte sur le futur grand tribun de la Révolution. Il avait auparavant plaidé contre Beaumarchais. En 1788, il proteste contre les édits qui concernent les parlements. Peu favorable à la Révolution, et craignant pour sa liberté, il se rend à Lyon, à Villefranche et enfin à Paris, où il est arrêté en 1793. Libéré après le 9 Thermidor, il devient avocat dans la capitale, qui l'élit bientôt au Conseil des Anciens. Portalis, qui préside le Conseil en juin 1796, intervient à plusieurs reprises dans les débats, parle en faveur de la liberté de la presse, contre la création du ministère de la Police, fait rejeter une résolution des Cinq-Cents condamnant les prêtres réfractaires. Proscrit au 18 Fructidor, il se réfugie en Suisse, puis en Hollande, et regagne la France après le 18 Brumaire. Nommé conseiller d'État, Portalis fait partie de la commission d'étude qui prépare le code civil et prend une part active à sa rédaction. Directeur des cultes en octobre 1801, il participe à l'élaboration du Concordat, rédige notamment les articles organiques, d'inspiration gallicane. Ministre des Cultes en 1804, catholique sincère, l'ancien avocat se montre particulièrement tolérant dans l'application du Concordat. Devenu presque aveugle en 1807, cet homme modéré, profondément croyant, meurt des suites d'une opération de la cataracte. Il sera enterré au Panthéon. Il avait été élu membre de l'Académie française en 1803.

Portalis

Le Comte Jean Étienne Marie Portalis. Huile sur toile de Pierre Gautherot, 1806, château de Versailles. © *Lauros-Giraudon*

PORTALIS Joseph Marie, comte (Aix-en-Provence, 1778 – Passy, 1858)

Homme politique.

Fils du précédent. Entré dans la diplomatie en 1800, il assiste au congrès de Lunéville, accomplit ensuite une mission à Liège, accompagne en 1801 Joseph Bonaparte à Amiens, avant d'occuper plusieurs postes diplomatiques à Londres, Berlin et Ratisbonne. Rappelé à Paris par son père en 1805, il devient secrétaire général des Cultes, puis maître des requêtes. Ministre par intérim à la mort de son père, en 1807, conseiller d'État l'année suivante, comte en 1809, Portalis devient en 1810 directeur général de l'Imprimerie et de la Librairie. L'année suivante, il encourt la colère impériale pour avoir négligé d'avertir la police de l'existence d'un bref du pape blâmant le cardinal Maury d'avoir accepté l'évêché de Paris. Destitué et disgracié, l'ancien directeur général se retire à Lyon, puis en Provence.

Nommé par Louis XVIII conseiller à la Cour de cassation, en 1815, puis conseiller d'État, il participe à Rome aux négociations qui aboutissent au concordat de 1817. Deux ans plus tard, Portalis accède à la pairie. Sous-secrétaire d'État au ministère de la Justice, en 1821, il entre comme ministre de la Justice dans le ministère Martignac, en janvier 1828. Croyant mais gallican comme son père, son premier but est de régler le problème des Jésuites. L'ordonnance du 16 juin 1829 leur interdira l'enseignement. Il collabore à la préparation des projets de loi concernant la presse, la censure, la réorganisation du Conseil d'État. En mai 1829, Portalis quitte la Justice pour les Affaires étrangères, portefeuille qu'il détient jusqu'à la chute de Martignac, au mois d'août. Devenu premier président de la Cour de cassation, l'ancien ministre se rallie après la révolution de 1830 au nouveau régime, devient en 1834 vice-président de la Chambre des pairs. Il conserve après la révolution de 1848 sa place à la Cour de cassation. Louis Napoléon le met à la retraite en 1851, mais lui offre une place au Sénat.

PORT-NAVALO (bataille de)

Bataille navale remportée par César sur les Vénètes en 56 av. J.-C., dans la presque-île de Port-Navalo (Morbihan).

Averti de la coalition des peuples armoricains de la région de Vannes, César mène contre eux une opération terrestre et maritime. Pendant que lui-même prend la tête de l'armée de terre qui vient de ses campements des bords de la Loire, son lieutenant Brutus fait remonter les côtes de l'Armorique à la flotte romaine, renforcée des bateaux fournis par les alliés Pictons et Santons. La rencontre entre les Romains et les Vénètes a lieu en septembre. Les Vénètes disposent de 220 navires. Ce sont des vaisseaux massifs, longs de 20 à 30 mètres, naviguant à la voile et pourvus d'une carène plate, d'une proue et d'une poupe très élevées qui les empêchent d'être submergés par les vagues. Outre les compétences des Vénètes dans le domaine des conditions météorologiques et du régime des marées, ces bateaux, adaptés à l'océan, ne permettent pas aux Romains de les attaquer selon leur tactique habituelle. Pendant toute la matinée de la bataille, les marins de Brutus sont incapables de prendre le dessus : les Vénètes ont le vent pour eux et les armes de trait lancées par les légionnaires sont inefficaces, car le niveau des galères romaines est beaucoup plus bas que celui des navires vénètes. La situation se retourne pendant l'après-midi : le vent tombe et les navires vénètes sont immobilisés, ce qui permet aux galères, en se déplaçant à la rame, de les aborder. Les légionnaires peuvent alors couper les vergues des bateaux ennemis avec de longues perches armées de faux et monter à l'abordage. La victoire romaine est complète et le châtiment des Vénètes terrible. On montre encore à Tumiac un tumulus, la « butte de César », d'où l'imperator romain aurait assisté à cette rencontre navale qui mit fin à la coalition des peuples armoricains.

PORT-ROYAL DES CHAMPS

Ancienne communauté religieuse établie sur le territoire de la commune de Magny-les-Hameaux, entre Trappes et Chevreuse (Yvelines) à une dizaine de kilomètres au sud-ouest de Versailles.

Une abbaye y est fondée au début du XIIIe siècle par Mahaut de Garlande ; elle est destinée à recevoir des religieuses. L'origine du nom est controversée. Selon certains, ce terme proviendrait d'un texte du pape Honorius III qui aurait désigné le site en latin : *Portu Regio*. Pour d'autres, au contraire, cette dénomination aurait pour origine le roi Philippe Auguste qui s'y serait reposé au cours d'une chasse. Toujours est-il que l'ordre de

Port-Royal des Champs

Deux religieuses (dont la mère Angélique Arnauld) devant le paysage de Port-Royal. Huile sur toile de Philippe de Champaigne, coll. particulière. © *Lauros-Giraudon*

Cîteaux régente cette communauté où ne se produit aucun fait notable jusque dans le premier quart du XVIIe siècle. En 1609, l'abbesse Angélique Arnauld décide de renforcer la discipline de l'institution. Le succès qui en résulte est tel que le nombre des novices et des pensionnaires s'accroît considérablement et qu'il convient d'établir une seconde communauté à Paris même. Mais l'hostilité de Louis XIV et de l'Église, qui prennent ombrage de l'indépendance d'esprit de la communauté, condamnent à terme Port-Royal, par ailleurs foyer du jansénisme. Certes, un accord, la paix de l'Église, est obtenu en 1668, mais l'affaire rebondit. La communauté n'a plus l'autorisation d'accueillir des novices à partir de 1706. L'année suivante, les sacrements lui sont refusés. Une bulle du pape Clément XI décide, en 1708, la suppression de Port-Royal des Champs. Les religieuses sont dispersées en 1709, et les bâtiments détruits en 1710, de même que le cimetière, dont les corps sont transférés au cimetière de Saint-Lambert et jetés à la fosse commune. Il demeure aujourd'hui un colombier, quelques fragments de bâtiments et un petit musée où sont recueillis divers souvenirs.

PORT-ROYAL DE PARIS

Communauté religieuse dont l'établissement se trouvait, au XVIIe siècle, rue de la Bourbe, au faubourg Saint-Jacques, aux limites des actuels XIVe et VIe arrondissements de Paris.

L'abbaye de Port-Royal est fondée, au début du XIIIe siècle, près de Chevreuse. En 1625, à la suite des réformes entreprises par l'abbesse Angélique Arnauld, la communauté s'accroît considérablement et doit s'installer dans ces bâtiments de la rue de la Bourbe qui relèvent alors de l'ordre cistercien. Mgr Zamet, évêque de Langres, dirige la communauté. Il désigne en 1635 un confesseur, Duvergier de Hauranne, abbé de Saint-Cyran, acquis aux thèses de Jansénius. Ainsi la communauté de Port-Royal devient, sous son influence, un centre de propagation des idées jansénistes. C'est le début d'une période faste où s'installent à proximité de l'abbaye Singlin, Lemaistre de Sacy, Séricourt, Arnauld d'Andilly, Lancelot et le grand Arnauld. Le succès est tel que le cardinal de Richelieu prend ombrage des activités de ces penseurs et s'efforce d'empêcher leurs idées de se propager. Une partie de la communauté se replie donc sur Port-Royal des Champs, dans la vallée de Chevreuse. Sous le règne de Louis XIV, les mesures coercitives se succèdent. Les novices sont chassées, des religieuses sont expulsées, choisies parmi les plus rebelles. Seules demeurent à Port-Royal les plus soumises. En 1665, les deux communautés sont scindées, Port-Royal de Paris passant sous l'emprise des Jésuites. L'esprit de Port-Royal se perpétue à Port-Royal des Champs.

PORT-ROYAL (Petites Écoles de)

Centres d'enseignement fondés par les jansénistes.

On attribue à Duvergier de Hauranne, abbé de Saint-Cyran, l'idée de créer ces écoles. À l'aide de ses neveux, il passe pour avoir tout d'abord donné des cours à des enfants parisiens. Le succès de cet enseignement est tel qu'à partir de 1638 ces écoles fonctionnent avec une organisation bien structurée à Port-Royal des Champs. Les principaux enseignants en sont Nicole, Lancelot, Guyot, Courtel, Bascle, Selles. En 1647, une école est ouverte à Paris même, rue Saint-Dominique-d'Enfer, avec Walon de Beaupuis pour directeur. Racine est élève de l'école des Granges dans la vallée de Chevreuse. D'autres établissements sont créés aux Trous, chez M. de Bagnols, et au Chesnay, chez M. de Bernières, où l'on retrouve Walon de Beaupuis comme directeur. Les maîtres des Petites Écoles de Port-Royal ne se contentent pas de dispenser un enseignement, ils composent également des livres destinés à le divulguer. Entre autres titres, on peut relever : *Les Méthodes pour apprendre le grec, le latin, l'italien, l'espagnol* ; *La Logique de Port-Royal*, *La Grammaire de Port-Royal*, *Le Jardin des racines grecques*. L'esprit de cet enseignement est rationnel et cartésien, il s'efforce de favoriser la réflexion personnelle de l'élève tout en développant sa morale et sa culture intellectuelle ; il tend à rapprocher le maître de l'élève. Les classes ne comptent qu'une dizaine d'enfants, et une Petite École ne rassemble pas plus d'une cinquantaine d'élèves. Les cours se font principalement en français et non en latin ; le grec est à l'honneur ; versions et explications orales tiennent une large part dans ces cours qui excluent rigueur et châtiments. L'élève est considéré comme un être majeur, qui ne doit pas être soumis aux contraintes classiques. Cet enseignement nouveau déplaît cependant aux tenants de la tradition, et le refus des jansénistes de signer un *Formulaire de foi* rédigé en mars 1657 par l'Assemblée du clergé sert de prétexte à la fermeture de ces Petites Écoles dès l'année suivante. L'école du Chesnay se maintient seule jusqu'en 1660.

PORT-SAÏD

Ville d'Égypte située entre la Méditerranée et le lac Menzaleh, à l'entrée septentrionale du canal de Suez.

Cette cité, créée en avril 1859, doit son origine et sa croissance à l'activité du canal de Suez creusé par Ferdinand de Lesseps. Elle prend le nom du vice-roi d'Égypte de l'époque, Saïd Pacha. Cet emplacement stratégique est un des premiers objectifs des parachutistes français et britanniques lors de l'intervention alliée du 6 novembre 1956. Par la suite, Port-Saïd est occupée par les casques bleus de l'ONU.

PORTION CONGRUE

Littéralement « part convenable » : fraction de la dîme reversée par le décimateur – le percepteur de l'impôt ecclésiastique – aux curés des différentes paroisses.

La portion congrue est prélevée sur les grosses dîmes assises sur les revenus les plus importants du froment, du seigle, de l'orge et du vin. Fixée par le roi, elle offre aux curés et à leurs éventuels vicaires un revenu plus que décent au XVIIe siècle (300 livres annuelles en 1686) qui tend à se dégrader au XVIIIe siècle devant la hausse des prix alimentaires. D'où le sens actuel que revêt alors l'expression « portion congrue » d'un revenu à peine suffisant pour vivre. Mais tous les curés n'y sont pas réduits : certaines cures bénéficient de la perception de droits supplémentaires, comme les dîmes novales perçues sur les terres nouvellement défrichées, en plus du casuel – honoraires à l'acte pour chaque cérémonie ou sacrements –, fréquents dans les paroisses urbaines.

PORTSMOUTH, Louise de Kéroualle, duchesse de : voir KÉROUALLE Louise de, duchesse de Porstmouth

POSITIVISME

Méthode de recherche fondée sur l'expérimentation et la raison, qui concerne surtout les sciences humaines.

Même si les positivistes ne croient pas que l'objectivité puisse réellement être atteinte, ils tentent de trouver leur voie entre la passivité de l'objet et la volonté du sujet. La société et l'homme obéissent à des lois qui, sans être absolues, ont valeur de référence. Il convient de les révéler et de s'en servir pour comprendre les comportements humains. La sociologie est la science qui a le plus bénéficié de cette méthode de travail. Auguste Comte et Saint-Simon ont été les plus ardents propagateurs de cette philosophie au cours du XIXe siècle. Ils recommandent de s'en tenir avant tout à l'énonciation des faits avant d'entreprendre une quelconque interprétation. Il faut donc renoncer à tout *a priori*. Ernest Renan et Hippolyte Taine ont parfois appliqué cette méthode dans leurs recherches et leurs écrits. Leurs épigones l'ont poussée jusqu'à la caricature en prônant le scientisme.

POSTUMUS, Marcus Cassianus Latinius Postumus (IIIe siècle)

Empereur des Gaules de 260 à 269.

Commandant militaire en Gaule sous le règne de Valérien, Postumus doit à ses mérites d'être chargé par l'empereur Gallien de la garde de son fils Salonin, résidant à Cologne. À la suite d'une querelle l'opposant à l'autre protecteur du jeune prince, Silvanus, Postumus fait le siège de Cologne, dont la garnison se rallie à lui, et fait mettre à mort Salonin et Silvanus. Proclamé empereur par les légions de Gaule, puis par celles de Grande-Bretagne et d'Espagne, Postumus a pour principal souci, pendant ses neuf années de règne, d'organiser la défense de la Gaule en consolidant les frontières du Rhin, ce qui lui vaut le titre de *Restitutor Galliarum* (« Restaurateur des Gaules »). À deux reprises, l'empereur Gallien tente de reprendre possession des Gaules, mais sans succès. Postumus doit aussi faire face aux révoltes d'Aureolus et de Lollianus, dont les troupes sont concentrées autour de Mayence. Postumus met en fuite cet usurpateur, mais, ayant interdit à ses soldats de piller Mayence, il est assassiné par eux en 269. L'Empire gaulois, qui subsiste sous les règnes de Victorinus et de Tetricus, ne constitue pas exactement une sécession par rapport au pouvoir central, mais une tentative pour organiser la défense des provinces occidentales de l'Empire romain contre les invasions des barbares.

POT Philippe, seigneur de LA ROCHE, plus tard LA ROCHEPOT (?, 1428 – ?, 1494)

Chambellan.

Filleul et protégé de Philippe le Bon, il est élevé à la cour du duc de Bourgogne qui l'arme chevalier avant de lui conférer la Toison d'or. Premier chambellan de Philippe, puis gouverneur de Flandre, il accomplit avec succès plusieurs missions diplomatiques, notamment la négociation des trois mariages successifs de Charles le Téméraire. Lorsque meurt son protecteur, Philippe Pot conserve ses charges et sa faveur. À la mort du Téméraire, cependant, Marie de Bourgogne, fille du duc, montre à son endroit la plus grande méfiance, et lui retire ses charges. Toujours soucieux d'attirer à lui les hommes de talent, Louis XI l'appelle à ses côtés et ne tarde pas à le combler de faveurs. Philippe Pot, qui facilite l'intégration de sa province natale au royaume, est nommé grand sénéchal de Bourgogne, puis gouverneur du Dauphin, futur Charles VIII. En 1484, il siège comme député de la noblesse de Bourgogne aux états généraux réunis à la suite de la mort de Louis XI. Deux questions principales se posent à l'Assemblée du royaume. Il s'agit de décider s'il y aura une régence, le fils de Louis XI étant mineur, et quelle sera la composition du Conseil. Le 9 février, Pot prononce devant ses collègues un discours resté célèbre. Avec une éloquence qui lui vaudra le surnom de « Bouche de Cicéron », il démontre qu'il appartient aux états de nommer les membres du Conseil de régence, affirmant notamment : « N'avez-vous pas lu souvent que l'État est la chose du peuple ? C'est lui qui l'a confié aux rois. » D'après Pot, le peuple, c'est « les hommes de tous les états et même les princes ». Les députés applaudissent, mais n'osant pas nommer eux-mêmes les membres du Conseil, les Beaujeu restent les maîtres. L'orateur n'encourt cependant aucune disgrâce. Charles VIII le nommera gouverneur de Bourgogne et lui confiera l'éducation de son fils Charles Orland. Philippe Pot s'est fait élever de son vivant, entre 1477 et 1483, dans l'église abbatiale de Cîteaux, un magnifique mausolée, aujourd'hui au Louvre, un des plus beaux exemples de la sculpture funéraire, réaliste, de la seconde moitié du siècle.

Pozzo di Borgo
Charles André, comte Pozzo di Borgo. Huile sur toile de François Gérard, 1824, château de Versailles. © *Lauros-Giraudon*

POUJADISME

Courant politique qui emprunte son appellation au nom de son fondateur, Pierre Poujade, né en 1920.

Poujade, petit papetier de Saint-Céré, prend la tête d'une résistance spontanée aux contrôles fiscaux en fondant en décembre 1953 l'Union de défense des commerçants et artisans (UDCA). Mouvement antifiscal à l'origine, le poujadisme s'inscrit dans une longue tradition de résistance à l'impôt, des Croquants à la Fédération des contribuables de Lemaigre-Dubreuil dans les années 1930. Il défend les « petits » – les artisans, les commerçants – contre les « gros » – les fonctionnaires et les élites. Il exprime la crainte du changement, la haine des technocrates, du pouvoir central, lointain et insatiable. Mais bientôt, s'enracinant dans un vieux fonds populiste autoritaire et nationaliste, le mouvement plutôt né à gauche passe à droite. Bon orateur, Poujade passe de la défense corporatiste à des combats plus diversifiés. Il célèbre le vin contre le Coca-Cola, dénonce en Mendès France le bradeur de l'Empire colonial... L'UDCA engendre l'Union et fraternité française (UFF) qui fait campagne aux législatives de 1956 sur le thème « Tous pourris », « Sortez les sortants ». À la surprise générale, la liste obtient près de 12 % des voix et 53 élus, parmi lesquels Jean-Marie Le Pen à Paris. Après cette poussée poujadiste de 1953 à 1956, le mouvement décline, dérapant vers une mythologie par trop anti-industrialiste, xénophobe et antiparlementaire. On qualifie depuis de poujadiste les mouvements antifiscaux et l'extrême droite populiste.

POYET Guillaume (Les Granges, Anjou, 1474 – Paris, 1548)

Chancelier.

Fils d'un juriste d'Angers, avocat lui-même, inscrit au barreau de Paris, il assure sa réussite en plaidant l'affaire de la succession du connétable de Bourbon pour le compte de Louise de Savoie, mère de François Ier. Le prestige qu'il en retire fait de lui, à partir de 1530, l'avocat du roi puis, quatre ans plus tard, un président du Parlement. Le titre de chancelier lui est décerné en 1538 en récompense de diverses missions diplomatiques. L'année suivante, il prend une part déterminante à la rédaction de l'ordonnance de Villers-Cotterêts qui réglemente la tenue des actes administratifs. Poyet croit alors habile de lier sa réussite à celle du connétable de Montmorency (à qui il doit son poste de chancelier), lequel voue à l'amiral de Chabot une haine tenace. Ce dernier est poursuivi pour malversations, mais Montmorency tombe à son tour en disgrâce sous les attaques de Marguerite de Navarre et surtout de la duchesse d'Étampes. Poyet n'est pas épargné, d'autant plus que l'amiral de Chabot réclame non seulement la révision de son procès, mais encore la condamnation de ses juges. Comparaissant devant le Parlement sous l'accusation d'abus de fonction et – à son tour – de malversations, Poyet est destitué en 1545 et privé de toutes ses charges.

POZZO di BORGO Charles André, comte (Alata, Corse, 1764 – Paris, 1842)

Général et diplomate.

Issu d'une famille de petite noblesse corse, il devient secrétaire de Paoli avant d'être élu député de la Corse à l'Assemblée législative (octobre 1791), où il affichera très nettement des sentiments favorables à la cause du roi. Procureur général de l'île, il devient paoliste actif et, après avoir livré la Corse aux Anglais, est nommé secrétaire d'État du vice-roi Eliot. En 1796, lors de la reprise de l'île par la France, Pozzo di Borgo doit s'enfuir en Grande-Bretagne. Il rejoint deux ans plus tard la capitale autrichienne, avant d'entrer, en 1803, au service du tsar Alexandre Ier. À la cour de Russie, Pozzo di Borgo va mener avec un acharnement farouche une implacable lutte contre la politique napoléonienne. Il élabore un plan d'action contre la France dont les ambitions, contenues par les espoirs de la troisième coalition, aboutissent, au lendemain de la bataille d'Austerlitz, au traité de Presbourg (décembre 1805), véritable anéantissement diplomatique des prétentions austro-russes. Écarté de la cour du tsar à la demande de Napoléon, lors de l'entrevue de Tilsit, en 1807, Pozzo di Borgo gagne l'Angleterre où son hostilité vis-à-vis de la France impériale le pousse à négocier puis obtenir le ralliement de Bernadotte à la cause des puissances coalisées. Rentré en grâce auprès d'Alexandre Ier en 1813, il est nommé général, avant d'être promu envoyé spécial du tsar auprès de Louis XVIII, à la première abdication de Napoléon. Ayant conseillé au roi d'accepter la Charte, il est ensuite dépêché au congrès de Vienne, puis devient ambassadeur de Russie en France de 1814 à 1834. À ce poste, le diplomate œuvre pour un rapprochement entre la Russie et la France, mène une action plutôt hostile aux ultras et aux exigences de Metternich, puis est nommé en 1834 ambassadeur du tsar à Londres. En Angleterre, où il restera jusqu'en 1839, Pozzo di Borgo continue à défendre fermement les intérêts de son pays d'adoption mais revient, au terme de sa carrière diplomatique, à Paris, où il meurt en 1842. Il a laissé une intéressante *Correspondance* sur la vie diplomatique de son époque.

PPF : voir PARTI POPULAIRE FRANÇAIS

PRAGMATIQUE SANCTION DE BOURGES

Décision rendue par Charles VII le 7 juillet 1438.

Cette mesure est destinée à limiter les prérogatives papales en réaffirmant la suprématie des conciles, en particulier ceux de Constance et de Bâle, qui ont clairement délimité les pouvoirs du Saint-Siège. Dans un avant-propos, le roi dénonce les excès des pontifes et stipule qu'il souhaite appliquer au royaume de France les recommandations des pères conciliaires. Les règles d'élection des évêques et des abbés sont assouplies, de même que certaines contraintes hiérarchiques, les appels en cour de Rome étant considérablement restreints, ainsi que les conséquences des excommunications et des interdits. Le clergé de France et la plupart des parlements se montrent aussitôt favorables à cette Sanction. Mais ses termes sont rejetés en Bretagne et en Bourgogne et, bien sûr, à Rome. Son application intégrale dans le reste du royaume est effective jusqu'au concordat passé en 1516 sous le règne de François Ier, bien que Louis XI en ait atténué certaines mesures, dans un souci de conciliation.

PRAGMATIQUE SANCTION DE SAINT LOUIS

Texte attribué à Saint Louis par les gallicans au XVIIe siècle.

D'après ces tenants de la primauté de l'Église de France, Louis IX aurait publié cette Pragmatique Sanction vers 1268 dans le dessein de déterminer de manière plus précise la nature des relations entre la royauté et la papauté. Selon ce texte, le roi y aurait spécifié la primauté divine sur celle du Saint-Siège, affirmant le droit d'élire les évêques et la nécessité de réduire les prérogatives pontificales dans le domaine financier. C'est lors des assemblées de l'Église, tenues à Chartres en 1450, puis à Bourges en 1452, que ce texte est communiqué. Sa teneur passe pour avoir été inspirée par des juristes de l'époque ; ils auraient invoqué le nom de Louis IX par opportunité et pour conférer au texte une lointaine et sainte origine. Toujours est-il que la tendance gallicane de l'Église de France fera, à de fréquentes reprises, état de ce document sous l'Ancien Régime.

PRAGUE (congrès de)

Congrès qui, du 4 juin au 10 août 1813, réunit à Prague, après la signature de l'armistice de Pleswitz, les représentants de la France, de la Prusse, de la Russie et de l'Autriche, sur l'initiative de Metternich qui avait offert sa médiation.

Les pourparlers sont précédés de longues entrevues, difficiles, entre Napoléon et Metternich à Dresde (28 et 30 juin). Napoléon semble compromettre ses chances militaires, après les succès qu'il vient de remporter en Allemagne, notamment à Lützen et Bautzen, en acceptant de négocier. Mais il espère retenir l'Autriche, donner la preuve de sa modération et, en même temps, profiter de ce répit pour renforcer son armée. Metternich, lui, veut gagner du temps, ne rompre qu'à coup sûr et rejeter les responsabilités sur son adversaire de demain. Le congrès s'enlise. Le 9 août enfin, Napoléon reçoit de Caulaincourt les propositions alliées qui le rejettent derrière le Rhin et lui imposent l'abandon de la plus grande partie de l'Italie. Il répond par des contre-propositions. Mais celles-ci n'atteignent Prague que le 11 au matin. Or, dès l'expiration de l'armistice (10 août à minuit), Metternich a prononcé la clôture du congrès et rompu les pourparlers. Napoléon apprend la nouvelle le 11 et envoie à Caulaincourt d'autres propositions. Il accepte cette fois pratiquement toutes les conditions des alliés, se déclare prêt à abandonner la Confédération du Rhin, l'Illyrie, sauf Trieste, et le nord de l'Allemagne, sauf Hambourg et Lübeck. Mais Metternich, qui refuse même la communication de la note, a déjà déclaré la guerre à la France (12 août), conformément aux accords qu'il a conclus avec la Prusse et la Russie à Reichenbach (27 juin) en prévision d'un échec des négociations.

PRAGUERIE (la)

Nom donné à la révolte, en 1440, d'un certain nombre de seigneurs contre l'autorité de Charles VII.

On l'appelle Praguerie par référence à la grande révolte des hussites à Prague, qui s'est produite en 1419. À l'origine de la Praguerie, il faut invoquer l'ordonnance d'Orléans, publiée au début du mois de novembre 1439. Depuis plusieurs années, excédé du désordre qui entoure les gens de guerre, Charles VII a décidé d'y mettre un terme. Le texte d'Orléans est la première grande ordonnance relative à la réorganisation de l'armée. Mais les seigneurs et la noblesse, qui souvent ne vivent que de la guerre, accueillent fort mal l'ordonnance royale. Son principe est en effet extrêmement simple : seul le roi a le droit de lever des troupes. Les seigneurs, qui entretiennent des garnisons, ne peuvent plus les employer à leur gré. Dès la fin de l'année 1439, les nobles mécontents se regroupent autour d'Alexandre, bâtard de Bourbon. Avec ce dernier, les chefs de la révolte sont Charles et Louis de Bourbon, La Trémoille, Jean d'Alençon, et Dunois. Parmi ces hommes, certains, La Trémoille surtout, sont jaloux de l'influence exercée sur le roi par le connétable de Richemont.

Le Dauphin Louis (futur Louis XI) rejoint bientôt leurs rangs. Quittant la Cour réunie à Angers, les révoltés gagnent Blois où ils décident d'enlever le roi et de lui substituer son fils. Averti, Charles se rend à Amboise où il appelle le connétable. Tandis que ses envoyés reçoivent auprès des conjurés un fort mauvais accueil, Charles VII apprend que Richemont arrive à son secours, traversant Blois sans être inquiété. Battus dans le Poitou, les révoltés gagnent la Marche et l'Auvergne, où les poursuivent les fidèles du roi. En fait, mal organisés, privés de l'aide des bandes de routiers, alléchés par des sommes d'argent supérieures offertes par le roi, les participants à la Praguerie ne tardent pas à faire leur soumission. Charles VII use envers eux d'une sage clémence ; la plupart, à la suite de la paix de Cusset conclue au mois de juillet, obtiennent leur pardon. Seul Alexandre, bâtard de Bourbon, capturé par les hommes du roi, est cousu dans un sac et noyé dans l'Aube. Quant au Dauphin, privé de ses charges, il est envoyé dans le Dauphiné, où il fera la preuve de ses talents d'administrateur.

PRAIRIAL AN II (loi du 22)

Loi révolutionnaire du 10 juin 1794 qui organise la Grande Terreur.

Elle peut s'expliquer par les circonstances du moment, une tentative d'assassinat contre Collot d'Herbois, des menaces contre Robespierre qui, en affirmant la permanence de la contre-révolution, font renaître la crainte du complot aristocratique, à la veille de l'entrée en campagne. Tandis qu'une vague terroriste soulève une nouvelle fois les sections parisiennes, Couthon, membre du Comité de salut public, prépare et rapporte la loi du 22 prairial qui simplifie et renforce la Terreur. La définition des ennemis de la Révolution est considérablement élargie, notamment à tous ceux qui auront cherché à égarer l'opinion. « Il s'agit moins de les punir que de les anéantir. » La défense et l'interrogatoire préalable des accusés sont supprimés. Les jurés, pour rendre leur jugement, ne sont pas tenus d'entendre les témoins et peuvent se contenter de preuves morales. Enfin le tribunal n'a le choix qu'entre l'acquittement et la mort. À la suite de cette loi meurtrière, la pratique de l'amalgame est généralisée : la notion élargie de complot aristocratique permet, en effet, d'inculper dans le même procès des accusés jugés solidaires dans leurs menées contre la nation. Trois fournées en juin, sept en juillet, tirées des principales maisons de détention de Paris, font 1 376 victimes jusqu'au 9 Thermidor. « Les têtes tombaient comme des ardoises », selon l'expression de Fouquier-Tinville, accusateur public du Tribunal révolutionnaire.

PRAIRIAL AN III (journée du 1er)

Journée révolutionnaire du 20 mai 1795 au cours de laquelle les sans-culottes sont vaincus.

La colère populaire, exacerbée par la répression qui a suivi les journées des 1er et 12 germinal et par une nouvelle aggravation de la disette, débouche, le 1er prairial, sur une nouvelle insurrection des faubourgs Saint-Antoine et Saint-Marceau. La foule, qui s'est rassemblée depuis l'aube, réussit à envahir la Convention au milieu de l'après-midi, massacrant le député Féraud dont la tête, fichée au bout d'une pique, est saluée par le président Boissy d'Anglas. Les députés montagnards prennent alors la direction du mouvement. Duroy et Romme font voter la permanence des sections et la libération des patriotes incarcérés, Soubrany la destitution du Comité de sûreté générale et son remplacement par une commission provisoire. Mais les insurgés ne font rien pour s'emparer des Comités de gouvernement qui ont tout loisir de préparer la contre-attaque. Dans la soirée, la garde nationale des quartiers bourgeois, lancée contre la salle de la Convention avec à sa tête Raffet et Legendre, refoule les manifestants qui s'enfuient bientôt, tandis que sont décrétés d'arrestation les 14 députés qui s'étaient compromis. Néanmoins, le lendemain, l'insurrection se reforme au faubourg Saint-Antoine. Les émeutiers parviennent à s'emparer de l'Hôtel de Ville et, formant une colonne menaçante, marchent une nouvelle fois sur la Convention contre laquelle ils braquent leurs pièces. La situation paraît désespérée pour les députés – la gendarmerie et les canonniers des sections modérées ont fait défection – et Legendre les invite à attendre la mort à leurs bancs. Mais les sans-culottes hésitent et acceptent finalement de se retirer, après avoir envoyé à la Convention une délégation qui, conduite par Saint-Giez, réitère leurs exigences.

La Convention n'en réagit pas moins immédiatement. Le général Menou, avec 20 000 hommes, occupe les faubourgs, qui capitulent sans combattre, et les désarme. La répression est sévère. 30 insurgés sont condamnés à mort ainsi que 6 députés montagnards qui avaient appuyé l'insurrection. Ces derniers se poignardent au sortir du tribunal. Duquesnoy, Goujon et Romme tombent morts. Bourbotte, Duroy et Soubrany seront achevés par la guillotine : ce seront les Martyrs de prairial. Enfin, la garde nationale est épurée, les sociétés populaires et les clubs sont fermés. Pour la première fois depuis 1789, l'insurrection populaire a été brisée par des troupes. Elle ne s'en remettra pas.

PRAIRIAL AN VII (journée du 30)

Journée du 18 juin 1799 au cours de laquelle les Conseils s'emparent du pouvoir des directeurs.

À la suite des élections de l'an VII, qui se sont déroulées dans un climat de mécontentement dû au marasme économique, à l'aggravation de la fiscalité et à l'instauration de la conscription, la minorité jacobine des Conseils s'est trouvée renforcée. Le discrédit gouvernemental est bientôt encore accentué par les défaites militaires. Le hasard enfin vient lui aussi servir l'opposition : le 20 floréal (9 mai 1799), le sort désigne comme sortant le plus énergique des directeurs, Rewbell. Il est remplacé par Sieyès, qui n'avait jamais caché son opposition à la Constitution et inspire l'offensive des Conseils contre ses collègues. Le 28 prairial (15 juin), les Conseils se déclarent « en permanence » et, le soir même, cassent l'élection de Treilhard comme contraire à la Constitution qui exige un délai d'un an entre la sortie du Corps législatif et l'accession au Directoire. Le lendemain, Treilhard est remplacé par Gohier, personnage de second plan. Enfin, le 30 prairial (18 juin), les Conseils réclament la démission de deux directeurs en place, La Révellière-Lépeaux et Merlin de Douai qui, abandonnés de leurs collègues, finissent par céder. Roger Ducos, ancien conventionnel régicide, et le général Moulin leur sont substitués. Cette revanche des Conseils sur l'humiliation que leur avait fait subir l'exécutif l'année précédente, le 22 floréal an VI, est suivie d'un renouvellement du personnel gouvernemental. Des républicains affirmés réapparaissent : le général Bernadotte à la Guerre, Cambacérès à la Justice, Fouché à la Police, Robert Lindet aux Finances, ancien membre du Comité de salut public de l'an II. Mais si un effort commun de toutes les oppositions a entraîné la chute des hommes au pouvoir, les vainqueurs ne tardent pas à se diviser en prairialistes de droite et de gauche. Une fois ces derniers éliminés, la voie sera libre pour les entreprises d'un général ambitieux, Bonaparte.

PRASLIN César Gabriel de CHOISEUL-CHEVIGNY, duc de (Paris, 1712 – Paris, 1785)

Militaire et homme politique.

Fils d'Hubert, marquis de Choiseul-Chevigny, il est le cousin du duc de Choiseul-Stainville, parent fort utile à sa carrière. Lieutenant-colonel de cavalerie en 1731, celui qui n'est alors que comte de Choiseul prend part aux sièges de Kehl et de Philipsbourg, aux campagnes de Bohême et d'Italie. Maréchal de camp en 1744, il combat à Raucoux et Lawfeld. En 1748, alors qu'il vient d'être nommé lieutenant général, il abandonne la carrière des armes. Dix ans plus tard, il succède à son cousin le comte de Stainville comme ambassadeur extraordinaire à Vienne. Entré au Conseil après son retour à Paris, en 1760, il reçoit en octobre 1761, à la suite de son cousin qui vient d'être nommé à la Marine, le portefeuille des Affaires étrangères. À ce titre, il prend une part active à la préparation du traité de Paris, qu'il signera en 1763. Son puissant cousin conserve toutefois la haute main sur la diplomatie. Fait duc et pair en 1762, il porte à partir de ce moment le titre de duc de Praslin. En 1766, de nouveau, Praslin succède à Choiseul, à la Marine cette fois. Poursuivant l'œuvre de redressement amorcée par son prédécesseur, il s'intéresse à l'instruction des officiers, à l'aménagement des ports, celui de Brest en particulier, à l'établissement de cartes, et crée en 1769 le corps royal de l'infanterie et de l'artillerie de marine. C'est lui enfin qui, décidant l'organisation d'un nouveau voyage autour du monde, en confie le commandement à Bougainville. En 1770, le duc de Praslin partage la disgrâce de Choiseul, victime, au mois de décembre du soutien implicite qu'il apporte aux parlementaires contre le roi.

PRÉ-AUX-CLERCS

Vaste prairie située au Moyen Âge sur la rive gauche de la Seine, à l'ouest de l'abbaye de Saint-Germain-des-Prés.

En fait, on distingue à ce moment deux Prés-aux-Clercs, séparés par un large fossé, un canal qui porte le nom de Petite-Seine et joint les fossés de l'abbaye à la Seine. Au nord de l'abbaye, entre ses murs, la Seine et la Petite-Seine, s'étend le petit Pré-aux-Clercs, propriété des moines jusqu'à Charles V. À l'ouest, le long de la Seine, le grand Pré-aux-Clercs, propriété de l'université depuis 1215, s'étend en largeur décroissante jusqu'à l'actuel Palais-Bourbon. Les clercs, les étudiants, préfèrent se promener et s'ébattre sur le petit Pré-aux-Clercs, sur lequel l'université ne possède qu'un droit d'usage. D'innombrables procès, et même des rixes sanglantes, opposent les écoliers aux moines ou aux sergents de la prévôté. Dès le XIIe siècle, le concile de Tours, en 1163, ordonne aux écoliers de respecter les possessions de l'abbaye. En vain. Un conflit plus grave éclate en 1278 lorsque l'abbé Gérard de Moret bâtit une tourelle sur le chemin qui conduit au petit Pré. Protestations furieuses des étudiants, des rixes éclatent, l'abbé fait appel aux habitants des environs contre ses adversaires. Plusieurs étudiants sont alors tués ou blessés. Philippe le Hardi prend parti contre les moines qui sont sanctionnés, tandis que le légat du pape condamne le prévôt de l'abbaye. Philippe le Bel fera reprendre l'affaire, punissant encore plus sévèrement les moines, condamnés, en particulier, à fonder deux chapellenies. Finalement, en 1378, le Pré deviendra propriété de l'université. Aux XIVe et XVe siècles, le Pré-aux-Clercs est un lieu très fréquenté. Le matin s'y rencontrent les duellistes, l'après-midi les promeneurs, parmi lesquels nobles et bourgeois se mêlent aux écoliers. Au XVIe siècle, sous le règne d'Henri II, les huguenots s'y réunissent la nuit. Sous le règne d'Henri IV, les constructions commencent à s'élever sur le Pré. À ce moment sont tracées les actuelles rues des Beaux-Arts, Jacob, Bonaparte et des Saints-Pères. La reine Margot, installée en 1606 au bord du fleuve, ouvre au public son jardin, qu'on appelle alors le cours de la reine Margot. Loti après sa mort, construit au début du règne de Louis XIV, le grand Pré deviendra le faubourg Saint-Germain.

PRÉBENDE

Au Moyen Âge et sous l'Ancien Régime, revenu lié à une fonction ecclésiastique, particulièrement à une chanoinie.

Sous les Carolingiens, le patrimoine des églises majeures épiscopales et monastiques s'était scindé en deux parts : l'une réservée à l'évêque ou à l'abbé, l'autre affectée aux chanoines – ou aux moines. Chacune de ces parts avait reçu le nom de « mense », du latin *mensa* (table), par allusion aux biens nécessaires à la subsistance. Il y avait ainsi, dans l'église épiscopale, la mense épiscopale, part de biens réservée à l'évêque, et la mense capitulaire, part de biens réservée au chapitre des chanoines. De même, dans les monastères, existaient la mense abbatiale, celle de l'abbé, et la mense conventuelle, celle des moines. Par la suite, la mense capitulaire est partagée en autant de parts qu'il y a de chanoines, notamment au XIIe siècle où les chanoines cessent de vivre en commun : c'est l'origine de la prébende. Ordinairement unie au canonicat, la prébende pourra toutefois en être détachée au profit de souverains ou de seigneurs. Les prébendes sont supprimées en 1789, et le Concordat établit le principe de l'appointement des chanoines. Cependant, au XIXe siècle, à la suite de fondations faites en certains diocèses, leurs chanoines sont quelquefois improprement qualifiés de « prébendés ».

PRÉCAIRE

*Le terme « précaire » désigne, au Moyen Âge, des terres données volontairement par des hommes libres, le plus souvent petits propriétaires, à un grand propriétaire ou à un sanctuaire, par exemple un monastère, qui peut les leur rétrocéder, moyennant le paiement d'un cens, à leur prière (*precaria*), d'où le nom de précaire.*

L'institution, qui remonte à l'époque impériale romaine, est reprise au haut Moyen Âge et se développe, notamment aux temps carolingiens. Il s'agit à l'origine de simples conventions octroyant une terre à titre révocable, sans durée précise. Mais, à partir du VIIe siècle, la concession est déterminée dans le temps et devient viagère, en fait, puis en droit. Le plus souvent, le demandeur recourt à ce système pour obtenir la protection d'un puissant voisin, et certaines églises font, elles aussi, des concessions de ce type dans le même dessein. Mais les motivations sont souvent autres, et les contrats de précaire, de ce fait, très divers. On fait don d'une terre à l'Église par souci religieux, « pour son âme », ou l'on voit là un moyen d'agrandir son exploitation, le bénéficiaire de la donation laissant l'usufruit des biens, augmentés d'autres terres en précaire. Mais, en aucun cas, contrairement au bénéfice, la précaire n'implique de liens personnels ou d'obligations militaires.

PRÉCIOSITÉ

Mouvement littéraire et social du premier XVIIe siècle baroque – jusque vers 1660 – porté par de grandes dames, les précieuses, qui réforment la langue, raffinent les mœurs nobiliaires et s'essaient à l'introspection psychologique.

En réaction contre la rusticité de la cour d'Henri IV, la préciosité est une démarche puriste, élitaire et idéaliste qui légifère sur la langue et rejette la vulgarité du quotidien auquel est préféré un univers héroïque. Elle est influencée par le gongorisme espagnol et l'euphuisme de l'Angleterre élisabethaine. Son acte fondateur est ainsi la publication, entre 1607 et 1628, de l'*Astrée*, le roman-fleuve d'Honoré d'Urfé (1567-1625). La préciosité est aussi une sociabilité nouvelle, plus féminine et moins hiérarchisée. Certes, dès le XVIe siècle se tiennent des « académies de femmes », et au début du XVIIe siècle le salon de la reine Margot, épouse divorcée d'Henri IV, réunit tous les beaux esprits de la capitale. Mais dans les années 1640, Catherine de Vivonne, marquise de Rambouillet, innove en réunissant dans son Hôtel de Rambouillet, rue Saint-Thomas-du-Louvre des artistes (Corneille, Scarron, Guez de Balzac, Ménage, Vaugelas...) comme des aristocrates (le duc de Buckingham, Condé, La Rochefoucauld...) : en tout autre lieu que dans la « Chambre bleue » de l'hôtesse, l'amalgame serait inconcevable. L'Hôtel de Rambouillet se disperse au moment de la Fronde. Il est relayé par le salon de Mme de Sablé (1599-1678) qui reçoit Pascal, puis à partir de 1652, par les « samedis de Sapho » de Mlle de Scudéry (1607-1701). Celle-ci est l'auteur d'*Artamène ou le Grand Cyrus*, roman-fleuve de 15 000 pages qui fait notamment le portrait de Cléomire, modèle de la précieuse inspiré par Mme de Rambouillet. Mlle de Scudéry est également l'auteur de la fameuse « Carte du Tendre » – insérée dans le premier tome de son roman *La Clélie* (1654) –, véritable manifeste d'un nouvel amour courtois.

La préciosité de la seconde moitié du siècle, notamment en province, tend vers un jeu pédant et une affectation que caricaturent Molière (*Les Précieuses ridicules*, 1659 puis *Les Femmes savantes*, 1672) ou la veine burlesque de Scarron. Des expressions comme « se délabyrinther les cheveux » (se peigner) ou « Inutile, ôtez le superflu de cet ardent » (Laquais, mouchez la chandelle) offre en effet prise à la satire de « l'inintelligible et du subtil » (La Bruyère). Ces excès ne doivent pas dissimuler de nombreux tours figurés aujourd'hui parfaitement courants : « faire figure », « être aux antipodes de », « perdre son sérieux », « conditionné », « un procédé », « la portée de la voix », « un demeuré », etc. Au-delà de ses excès mondains, la préciosité exerce une double influence linguistique et sociale : elle enrichit le français d'acceptions nouvelles et en épure les règles – le grammairien Vaugelas (1585-1685) est un fidèle de l'hôtel de Rambouillet –, mais elle offre surtout une médiation entre l'éthique aristocratique et l'univers bourgeois, ce qui permet aux grands seigneurs de côtoyer, dans la « ruelle » – le périmètre autour du lit des dames –, des roturiers comme Voiture, fils d'un marchand de vin : la préciosité prépare l'honnête homme. Elle promeut enfin la condition des femmes, devenues éducatrices du goût, par une floraison d'essais sur

Préciosité
Julie d'Angennes en costume d'Astrée. Huile sur toile de Claude Deruet, Strasbourg, musée des Beaux-Arts.

l'instruction des filles ou l'égalité conjugale. Les précieuses sont à l'avant-garde d'un classicisme qui répudie l'imitation servile de l'Antiquité ou l'hermétisme de la Renaissance pour civiliser – et d'abord, il est vrai, féminiser – les lettres et la société.

PRÉFET

Représentant direct du gouvernement dans les départements.

Institué le 28 pluviôse an VIII (17 février 1800), le préfet succède à l'intendant de l'Ancien Régime. Il assure dans chaque département l'administration et la police. Bonaparte concentre ainsi toute l'administration entre les mains du gouvernement aux moyens d'agents nommés par lui et dépendant entièrement de lui. Véritable délégué du pouvoir central dans chaque département, principal agent de la centralisation, le « préfet ne connaît que le ministre » selon Chaptal, rapporteur de la loi, et « il ne discute pas, il applique ». Napoléon lui-même les appelle les « empereurs au petit pied ». Les premiers préfets sont nommés en 1800. Chaque changement de régime, désormais, s'accompagne d'une « chasse » au préfet. En 1830, par exemple, Louis-Philippe n'en conserve que quatre ; le gouvernement provisoire et républicain de 1848 aucun. Ledru-Rollin, ministre de l'Intérieur, les remplace brièvement par des commissaires de la République. En octobre 1848, Dufaure (ancien ministre de Louis-Philippe) devenant ministre de l'Intérieur, la tradition reprend son cours. Les préfets, dont 36 % avaient été nommés dès 1849, soutiennent le coup d'État à quelques exceptions près. Sous le Second Empire, ils établissent les budgets départementaux, veillent à leur exécution, réorganisent la garde nationale et sont de précieux informateurs. Avec la loi du 10 août 1871, le préfet est à la fois le représentant de l'État dans le département, circonscription administrative de l'État, et le représentant du département, collectivité locale. En 1964, une réforme crée dans chaque région un préfet de région. Enfin, la loi du 2 mars 1982 sur la décentralisation retire au préfet (redevenu quelque temps commissaire de la République) la fonction d'exécutif départemental pour l'attribuer au président du conseil général. Paradoxalement, dans la pratique, cette dernière mesure a renforcé les pouvoirs du préfet, notamment dans ses missions de coordination des services de l'État.

PREMIER MAI : voir MAI (1er)

PREMIERS MINISTRES

Premiers ministres en exercice sous la Ve République.

Michel Debré : 9 janvier 1959 - 14 avril 1962.
Georges Pompidou (1er ministère) : 14 avril - 28 novembre 1962.
Georges Pompidou (2e ministère) : 28 novembre 1962 - 8 janvier 1966.
Georges Pompidou (3e ministère) : 8 janvier 1966 - 6 avril 1967.
Georges Pompidou (4e ministère) : 6 avril 1967 - 10 juillet 1968.
Maurice Couve de Murville : 10 juillet 1968 - 21 juin 1969.
Jacques Chaban-Delmas : 21 juin 1969 - 5 juillet 1972.
Pierre Messmer (1er ministère) : 5 juillet 1972 - 5 avril 1973.
Pierre Messmer (2e ministère) : 2 avril 1973 - 1er mars 1974.
Pierre Messmer (3e ministère) : 1er mars - 27 mai 1974.
Jacques Chirac (1er ministère) : 27 mai 1974 - 25 août 1976.
Raymond Barre (1er ministère) : 25 août 1976 - 29 mars 1977.
Raymond Barre (2e ministère) : 31 mars 1977 - 4 avril 1978.
Raymond Barre (3e ministère) : 4 avril 1978 - 21 mai 1981.
Pierre Mauroy (1er ministère) : 21 mai - 22 juin 1981.
Pierre Mauroy (2e ministère) : 22 juin 1981 - 22 mars 1983.
Pierre Mauroy (3e ministère) : 22 mars 1983 - 17 juillet 1984.
Laurent Fabius : 17 juillet 1984 - 20 mars 1986.
Jacques Chirac (2e ministère) : 20 mars 1986 - 9 mai 1988.
Michel Rocard (1er ministère) : 9 mai - 23 juin 1988.
Michel Rocard (2e ministère) : 23 juin 1988 - 15 mai 1991.
Edith Cresson : 15 mai 1991 - 2 avril 1992.
Pierre Bérégovoy : 2 avril 1992 - 29 mars 1993.
Edouard Balladur : 29 mars 1993 - 18 mai 1995.
Alain Juppé (1er ministère) : 18 mai - 7 novembre 1995.
Alain Juppé (2e ministère) : 7 novembre 1995 - 4 juin 1997.
Lionel Jospin : 4 juin 1997 - 6 mai 2002.
Jean-Pierre Raffarin (1er ministère) : 6 mai 2002 - 17 juin 2002
Jean-Pierre Raffarin (2e ministère) : 17 juin 2002 -

PRÉMONTRÉS

Ordre religieux créé au début du XIIe siècle.

C'est en forêt de Coucy, dans la région de Soissons, que Norbert fonde cet ordre dont la vocation est de concilier la vie monastique avec celle de la paroisse classique. Le pape Honorius II en codifie les règles en 1126, celles de saint Augustin tout d'abord, puis des Cisterciens. Par la suite, Norbert fonde une communauté féminine. Outre l'abbaye chef d'ordre située dans l'Aisne, une vingtaine d'établissements prémontrés ont été fondés en France au Moyen Âge, presque uniquement dans la moitié nord (Metz, Laon, Verdun, Braine, Clairfontaine, Dommartin...). Mais c'est surtout en Allemagne et en Europe centrale que l'ordre des moines-prêtres s'est développé entre le XIIe et le XVe siècle. Dispersée à la révolution de 1789, la section monastique sera reconstituée en 1856 et le groupe des chanoinesses en 1871.

PRESBOURG (traité de)

Traité conclu à Presbourg (auj. Bratislava, Slovaquie), le 26 décembre 1805, entre l'empereur François II d'Autriche et Napoléon Ier, à la suite de la victoire remportée par ce dernier à Austerlitz, le 2 décembre 1805.

Négocié entre Talleyrand, Gyulai et Liechtenstein, il impose à l'Autriche de lourds sacrifices. Celle-ci cède à la France la Vénétie, qui sera annexée au royaume d'Italie, une partie de l'Istrie et la Dalmatie. Elle abandonne également à la Bavière le Tyrol, le Vorarlberg et le Trentin ; au Wurtemberg les territoires autrichiens de Souabe. Seule compensation pour l'Autriche, la principauté de Salzbourg, cédée par Ferdinand de Toscane qui reçoit en échange Wurtzbourg, ancienne possession de la Bavière. Ce dur traité l'exclut donc de l'Italie et, pratiquement, de l'Allemagne, d'autant plus que l'électeur de Bavière devient roi et, comme le duc de Wurtemberg et le grand-duc de Bade, est désormais délié de toute vassalité à son égard.

PRÉSIDENTS DE LA RÉPUBLIQUE

Les présidents de la République en exercice.

IIe République
(24 février 1848 - 2 décembre 1852)
Louis-Napoléon Bonaparte : 28 décembre 1848 - 2 décembre 1852.
IIIe République
(4 septembre 1870 - 10 juillet 1940)
Adolphe Thiers : 28 août 1871 - 24 mai 1873.
Patrice de Mac Mahon : 24 mai 1873 - 30 janvier 1879.
Jules Grévy (1er mandat) : 30 janvier 1879 - 28 décembre 1885.
Jules Grévy (2e mandat) : 28 décembre 1885 - décembre 1887.
Sadi Carnot : 3 décembre 1887 - 24 juin 1894.
Jean Casimir-Perier : 27 juin 1894 - 15 janvier 1895.
Félix Faure : 17 janvier 1895 - 16 février 1899.
Emile Loubet : 18 février 1899 - 17 janvier 1906.
Armand Fallières : 17 janvier 1906 - 17 janvier 1913.
Raymond Poincaré : 17 janvier 1913 - janvier 1920.
Paul Deschanel : 17 janvier - 21 septembre 1920.
Alexandre Millerand : 25 septembre 1920 - 11 juin 1924.
Gaston Doumergue : 13 juin 1924 - 13 mai 1931.
Paul Doumer : 13 mai 1931 - 6 mai 1932.
Albert Lebrun (1er mandat) : 10 mai 1932 - 5 avril 1939
Albert Lebrun (2e mandat) : 5 avril 1939 - 11 juillet 1940.
IVe République
(13 octobre 1946 - 28 septembre 1958)
Vincent Auriol : 16 janvier 1947 - 16 janvier 1954.
René Coty : 16 janvier 1954 - 21 décembre 1958.
Ve République
(28 septembre 1958 –)
Charles de Gaulle (1er mandat) : 21 décembre 1958 - 19 décembre 1965.
Charles de Gaulle (2e mandat) : 19 décembre 1965 - 27 avril 1969.
Alain Poher (par intérim) : 28 avril - 15 juin 1969.
Georges Pompidou : 15 juin 1969 - 2 avril 1974.
Alain Poher (par intérim) : 2 avril - 19 mai 1974.
Valéry Giscard d'Estaing : 19 mai 1974 - 10 mai 1981.
François Mitterrand (1er mandat) : 10 mai 1981 - 8 mai 1988.
François Mitterrand (2e mandat) : 8 mai 1988 - 7 mai 1995.
Jacques Chirac (1er mandat) : 7 mai 1995 - 5 mai 2002.
Jacques Chirac (2e mandat) : 5 mai 2002 -

PRÉSIDENTS DU CONSEIL

Les présidents du Conseil (et assimilés) en exercice. Pour respecter le principe de la continuité républicaine, les vacances des ministères, pendant lesquelles le démissionnaire expédie les affaires courantes, ne sont pas indiquées. Lorsque la continuité n'est pas assurée, cela signifie que le poste a été supprimé pendant une durée déterminée.

Seconde Restauration
(8 juillet 1815 - 2 août 1830)
Charles Maurice de Talleyrand-Périgord, prince de Bénévent : 9 juillet - 26 septembre 1815.
Armand du Plessis, duc de Richelieu (1er ministère) : 26 septembre 1815 - 29 décembre 1818.
Jean Dessolles, marquis : 29 décembre 1818 - 20 novembre 1819.
Elie Decazes, duc : 20 novembre 1819 - 20 février 1820.
Armand du Plessis, duc de Richelieu (2e ministère) : 20 février 1820 - 14 décembre 1821.
Jean de Villèle, comte : 4 septembre 1822 - 4 janvier 1828.
Jules de Polignac, prince : 17 novembre 1829 - 29 juillet 1830.
Monarchie de Juillet
(9 août 1830 - 24 février 1848)
Jacques Laffitte : 2 novembre 1830 - 13 mars 1831.
Casimir Perier : 13 mars 1831 - 16 mai 1832.
Jean de Dieu Soult, duc de Dalmatie (1er ministère) : 11 octobre 1832 - 18 juillet 1834.
Etienne Gérard, comte : 18 juillet - 10 novembre 1834.
Hugues Maret, duc de Bassano : 10-18 novembre 1834.
Edouard Mortier, duc de Trévise : 18 novembre 1834 - 12 mars 1835.
Victor de Broglie, duc : 12 mars 1835 - 22 février 1836.
Adolphe Thiers (1er ministère) : 22 février - 6 septembre 1836.
Mathieu Molé, comte : 6 septembre 1836 - 31 mars 1939.
Jean de Dieu Soult, duc de Dalmatie (2e ministère) : 12 mai 1839 - 1er mars 1840.

Adolphe Thiers (2e ministère) :
1er mars - 29 octobre 1840.
Jean de Dieu Soult, duc de Dalmatie (3e ministère) : 29 octobre 1840 - 19 septembre 1847.
François Guizot :
19 septembre 1847 - 23 février 1848.

IIe République
(24 février 1848 - 2 décembre 1852)

Jacques Dupont dit Dupont de l'Eure :
24 février - 10 mai 1848.
Louis Cavaignac : 28 juin - 20 décembre 1848.
Odilon Barrot :
20 décembre 1848 - 31 octobre 1849.

IIIe République
(4 septembre 1870 - 10 juillet 1940)

Armand Dufaure (vice-président du Conseil, 1er ministère) : 2 septembre 1871 - 24 mai 1873.
Albert de Broglie, duc et prince (vice-président du Conseil, 1er ministère) :
25 mai - 25 novembre 1873.
Albert de Broglie, duc et prince (vice-président du Conseil, 2e ministère) :
26 novembre 1873 - 22 mai 1874.
Ernest de Cissey (vice-président du Conseil) :
22 mai 1874 - 9 mars 1875.
Louis Buffet (vice-président du Conseil) :
10 mars 1875 - 23 février 1876.
Armand Dufaure (vice-président du Conseil, 2e ministère) : 23 février - 9 mars 1876.
Armand Dufaure (3e ministère) :
9 mars - 13 décembre 1876.
Jules Simon : 13 décembre 1876 - 16 mai 1877.
Albert de Broglie, duc et prince (3e ministère, dit du 16 Mai) : 17 mai - 23 novembre 1877.
Gaëtan de Grimaudet de Rocheboüet, vicomte :
23 novembre - 14 décembre 1877.
Armand Dufaure (4e ministère) :
14 décembre 1877 - 4 février 1879.
William Waddington :
4 février - 28 décembre 1879.
Charles de Saulces de Freycinet (1er ministère) :
28 décembre 1879 - 23 septembre 1880.
Jules Ferry (1er ministère) :
23 septembre 1880 - 14 novembre 1881.
Léon Gambetta :
14 novembre 1881 - 30 janvier 1882.
Charles de Saulces de Freycinet (2e ministère) :
30 janvier - 7 août 1882.
Charles Duclerc : 7 août 1882 - 29 janvier 1883.
Armand Fallières : 29 janvier - 21 février 1883.
Jules Ferry (2e ministère) :
21 février - 6 avril 1885.
Henri Brisson (1er ministère) :
6 avril 1885 - 7 janvier 1886.
Charles de Saulces de Freycinet (3e ministère) :
7 janvier - 11 décembre 1886.
René Goblet : 11 décembre 1886 - 30 mai 1887.
Maurice Rouvier (1er ministère) :
30 mai - 12 décembre 1887.
Pierre Tirard (1er ministère) :
12 décembre 1887 - 3 avril 1888.
Charles Floquet : 3 avril 1888 - 22 février 1889.
Pierre Tirard (2e ministère) :
22 février 1889 - 17 mars 1890.
Charles de Saulces de Freycinet (4e ministère) :
17 mars 1890 - 27 février 1892.
Emile Loubet : 27 février - 6 décembre 1892.
Alexandre Ribot (1er ministère) :
6 décembre 1892 - 11 janvier 1893.
Alexandre Ribot (2e ministère) :
11 janvier - 4 avril 1893.
Charles Dupuy (1er ministère) :
4 avril - 3 décembre 1893.
Jean Casimir-Perier :
3 décembre 1893 - 30 mai 1894.
Charles Dupuy (2e ministère) :
30 mai - 1er juillet 1894.
Charles Dupuy (3e ministère) :
1er juillet 1894 - 26 janvier 1895.
Alexandre Ribot (3e ministère) :
26 janvier - 1er novembre 1895.
Léon Bourgeois :
1er novembre 1895 - 29 avril 1896.
Jules Méline : 29 avril 1896 - 28 juin 1898.
Henri Brisson (2e ministère) :
28 juin - 1er novembre 1898.
Charles Dupuy (4e ministère) :
1er novembre 1898 - 18 février 1899.
Charles Dupuy (5e ministère) :
18 février - 22 juin 1899.
Pierre Waldeck-Rousseau :
22 juin 1899 - 7 juin 1902.
Emile Combes : 7 juin 1902 - 24 janvier 1905.
Maurice Rouvier (2e ministère) :
24 janvier 1905 - 19 février 1906.
Maurice Rouvier (3e ministère) :
19 février - 14 mars 1906.
Ferdinand Sarrien : 14 mars - 25 octobre 1906.
Georges Clemenceau (1er ministère) :
25 octobre 1906 - 24 juillet 1909.
Aristide Briand (1er ministère) :
24 juillet 1909 - 3 novembre 1910.
Aristide Briand (2e ministère) :
3 novembre 1910 - 2 mars 1911.
Ernest Monis : 2 mars - 27 juin 1911.
Joseph Caillaux : 27 juin 1911 - 14 janvier 1912.
Raymond Poincaré (1er ministère) :
14 janvier 1912 - 21 janvier 1913.
Aristide Briand (3e ministère) :
21 janvier - 18 février 1913.
Aristide Briand (4e ministère) :
18 février - 22 mars 1913.
Louis Barthou : 22 mars - 9 décembre 1913.
Gaston Doumergue (1er ministère) :
9 décembre 1913 - 9 juin 1914.
Alexandre Ribot (4e ministère) :
9 - 13 juin 1914.
René Viviani (1er ministère) :
13 juin - 26 août 1914.
René Viviani (2e ministère) :
26 août 1914 - 29 octobre 1915.
Aristide Briand (5e ministère) :
29 octobre 1915 - 12 décembre 1916.
Aristide Briand (6e ministère) :
12 décembre 1916 - 20 mars 1917.
Alexandre Ribot (5e ministère) :
20 mars - 12 septembre 1917.
Paul Painlevé (1er ministère) :
12 septembre - 16 novembre 1917.
Georges Clemenceau (2e ministère) :
16 novembre 1917 - 20 janvier 1920.
Alexandre Millerand (1er ministère) :
20 janvier - 18 février 1920.
Alexandre Millerand (2e ministère) :
18 février -24 septembre 1920.
Georges Leygues :
24 septembre 1920 - 16 janvier 1921.
Aristide Briand (7e ministère) :
16 janvier 1921 - 15 janvier 1922.
Raymond Poincaré (2e ministère) :
15 janvier 1922 - 29 mars 1924.
Raymond Poincaré (3e ministère) :
29 mars - 9 juin 1924.
Frédéric François-Marsal : 9 - 14 juin 1924.
Edouard Herriot (1er ministère) :
14 juin 1924 - 17 avril 1925.
Paul Painlevé (2e ministère) :
17 avril - 29 octobre 1925.
Paul Painlevé (3e ministère) :
29 octobre - 28 novembre 1925.
Aristide Briand (8e ministère) :
28 novembre 1925 - 9 mars 1926.
Aristide Briand (9e ministère) :
9 mars - 23 juin 1926.
Aristide Briand (10e ministère) :
23 juin - 19 juillet 1926.
Edouard Herriot (2e ministère) :
19 - 23 juillet 1926.
Raymond Poincaré (4e ministère) :
23 juillet 1926 - 11 novembre 1928.
Raymond Poincaré (5e ministère) :
11 novembre 1928 - 29 juillet 1929.
Aristide Briand (11e ministère) :
29 juillet - 3 novembre 1929.
André Tardieu (1er ministère) :
3 novembre 1929 - 21 février 1930.
Camille Chautemps (1er ministère) :
21 février - 2 mars 1930.
André Tardieu (2e ministère) :
2 mars - 13 décembre 1930.
Théodore Steeg :
13 décembre 1930 - 27 janvier 1931.
Pierre Laval (1er ministère) :
27 janvier - 13 juin 1931.
Pierre Laval (2e ministère) :
13 juin 1931 - 14 janvier 1932.
Pierre Laval (3e ministère) :
14 janvier - 20 février 1932.
André Tardieu (3e ministère) :
20 février - 3 juin 1932.
Edouard Herriot (3e ministère) :
3 juin - 18 décembre 1932.
Joseph Paul-Boncour :
18 décembre 1932 - 31 janvier 1933.
Edouard Daladier (1er ministère) :
31 janvier - 26 octobre 1933.
Albert Sarraut (1er ministère) :
26 octobre - 26 novembre 1933.
Camille Chautemps (2e ministère) :
26 novembre 1933 - 30 janvier 1934.
Edouard Daladier (2e ministère) :
30 janvier - 9 février 1934.
Gaston Doumergue (2e ministère) :
9 février - 8 novembre 1934.
Pierre-Etienne Flandin :
8 novembre 1934 - 1er juin 1935.
Ferdinand Bouisson : 1er - 7 juin 1935.
Pierre Laval (4e ministère) :
7 juin 1935 - 24 janvier 1936.
Albert Sarraut (2e ministère) :
24 janvier - 4 juin 1936.
Léon Blum (1er ministère) :
4 juin 1936 - 22 juin 1937.
Camille Chautemps (3e ministère) :
22 juin 1937 - 18 janvier 1938.
Camille Chautemps (4e ministère) :
18 janvier 1938 - 14 mars 1938.
Léon Blum (2e ministère) :
14 mars - 10 avril 1938.
Edouard Daladier (3e ministère) :
10 avril 1938 - 21 mars 1940.
Edouard Daladier (4e ministère) :
14 septembre 1939 - 21 mars 1940.
Paul Reynaud : 21 mars - 16 juin 1940.
Philippe Pétain : 16 juin - 10 juillet 1940.

État français
(10 juillet 1940 - 20 août 1944)

Pierre Laval (vice-président du Conseil) :
12 juillet - 13 décembre 1940.
Pierre Etienne Flandin (vice-président du Conseil) :
13 décembre 1940 - 9 février 1941.
François Darlan (vice-président du Conseil) :
23 février 1941 - 18 avril 1942.
Pierre Laval (chef du gouvernement de l'Etat français) : 18 avril 1942 - 17 août 1944.

Gouvernement provisoire de la République française (GPRF, 3 juin 1944 - 13 octobre 1946)

Charles de Gaulle (président du GPRF) :
3 juin - 10 septembre 1944.
Charles de Gaulle (président du Conseil) :
10 septembre 1944 - 20 novembre 1945.
Charles de Gaulle (président du GPRF, 2e cabinet) :
21 novembre 1945 - 26 janvier 1946.
Félix Gouin (président du GPRF) :
26 janvier - 24 juin 1946.
Georges Bidault (1er cabinet) :
24 juin - 16 décembre 1946.

IVe République
(13 octobre 1946 - 28 septembre 1958)

Léon Blum (président du GPRF) :
16 décembre 1946 - 22 janvier 1947.
Paul Ramadier : 22 janvier - 24 novembre 1947.
Robert Schuman (1er cabinet) :
24 novembre 1947 - 26 juillet 1948.
André Marie : 26 juillet - 5 septembre 1948.
Robert Schuman (2e cabinet) :
5 - 11 septembre 1948.
Henri Queuille (1er cabinet) :
11 septembre 1948 - 28 octobre 1949.
Georges Bidault (2e cabinet) :
28 - 29 octobre 1949 - 2 juillet 1950.
Henri Queuille (2e cabinet) :
2 - 12 juillet 1950.
René Pleven (1er cabinet) :
12 juillet 1950 - 10 mars 1951.
Henri Queuille (3e cabinet) :
10 mars - 11 août 1951.
René Pleven (2e cabinet) :
11 août 1951 - 20 janvier 1952.
Edgar Faure (1er cabinet) : 20 janvier - 8 mars 1952.
Antoine Pinay : 8 mars 1952 - 8 janvier 1953.

René Mayer : 8 janvier - 28 juin 1953.
Joseph Laniel : 28 juin 1953 - 19 juin 1954.
Pierre Mendès France :
19 juin 1954 - 23 février 1955.
Edgar Faure (2e cabinet) :
23 février 1955 - 1er février 1956.
Guy Mollet : 1er février 1956 - 13 juin 1957.
Maurice Bourgès-Maunoury :
13 juin - 6 novembre 1957.
Félix Gaillard : 6 novembre 1957 - 14 mai 1958.
Pierre Pflimlin : 14 mai - 1er juin 1958.
Charles de Gaulle (3e cabinet) :
1er juin - 21 décembre 1958.

PRÉSIDIAL

Ancien tribunal. À l'origine, il juge, en appel, les arrêts qu'ont rendus les justices provinciales et seigneuriales.

Par un édit de janvier 1551, Henri II institue des présidiaux qui déchargent les différentes cours souveraines du royaume des affaires de moyenne et petite importance. Neuf magistrats au maximum, sept au minimum, siègent à chaque présidial. Celui-ci, tribunal de première instance, tranche sans appel les litiges d'ordre financier ne dépassant pas 250 livres de capital ou 10 livres de rente (le premier chef du délit). Les litiges touchant une somme supérieure peuvent être débattus, en appel, devant les parlements (le second chef du délit). Les présidiaux possèdent une juridiction criminelle. Des édits d'ampliation aménagent l'édit de 1551. Ils créent des présidiaux dans tous les parlements et dans toutes les villes, y compris dans les villes dépourvues de sénéchaussée et de bailliage. Enfin, l'édit de Moulins (1556) décide qu'il n'existera qu'un présidial d'assemblée dans la capitale des sénéchaussées et des bailliages. Les juges de la présidialité ne formeront alors qu'une même compagnie avec celle des juges de ces dernières juridictions. Les présidiaux, après les édits de 1774, de 1777 et de 1778, ne peuvent recevoir que les procès débattant sur des sommes inférieures à 12 000 livres. Ils disparaîtront en 1792.

PRESSE (La)

Quotidien fondé par Émile de Girardin, par souscription publique, le 1er juillet 1836.

Son prix d'abonnement annuel est de 40 francs, soit moitié moins que celui de ses concurrents. *La Presse* est la deuxième publication, après le *Journal général de France*, de Léonce de Lavergne, à insérer de la publicité payante dans ses colonnes. *La Presse* mène campagne pour l'élection de Louis Napoléon Bonaparte à la présidence de la République. Émile de Girardin écrira plus de cinquante articles en faveur du neveu de l'Empereur. Cette prise de position n'empêche pas le journal, en 1849, d'accuser un déficit de 426 000 francs et de tomber à un tirage de 20 000 exemplaires. Girardin le met en liquidation, le rachète et le réorganise : l'abonnement augmente de 8 francs, le tirage de 43 000 exemplaires. Son fondateur étant exilé à l'avènement de Napoléon III pour avoir combattu le pouvoir personnel, *La Presse*, feuille d'opposition, est dirigée politiquement par Auguste Nefftzer. Alphonse Peyrat assure la rédaction en chef. Un de ses principaux collaborateurs, Alfred Darimon, sera député de Paris au Corps législatif. Acheteur de 40 actions de *La Presse*, Moïse Millaud cogère le journal (1856) et le fait paraître, également, en Belgique, sous le titre *La Presse belge*. Le 21 mars 1871, *La Presse* proteste, avec 28 autres périodiques, contre les élections qu'organise, le 22 mars, le Comité central de la garde nationale. En 1914, dirigé par Émile Massard, le journal défendra les idées nationalistes. *La Presse*, dont le député parisien André Payen a pris en main les destinées, se discréditera en annonçant faussement la traversée de l'Atlantique par Nungesser et Coli (1928). Et ce sera l'existence d'un journal agonisant qu'Alexis Caille tentera de prolonger de 1934 à 1935.

PRESSENSÉ Francis DEHAULT de (Paris, 1853 – Paris, 1914)

Homme politique.

Fils d'Edmond de Pressensé, pasteur et homme politique. Après des études de lettres, il entre, en 1879, au ministère des Affaires étrangères. Secrétaire d'ambassade à Constantinople, puis à Washington, il abandonne ensuite la diplomatie pour le journalisme. Collaborateur du *Temps* de 1885 à 1905, il fait partie des ardents défenseurs de Dreyfus et des fondateurs de la Ligue des droits de l'homme, qu'il présidera de 1904 à 1914. Député socialiste de 1902 à 1910, Pressensé participe aux travaux qui préparent l'unification de la SFIO, en 1905. À l'Assemblée, il s'intéresse particulièrement à la préparation de la loi de Séparation de l'Église et de l'État et s'attache à défendre la liberté de conscience. Francis de Pressensé est l'auteur de plusieurs ouvrages historiques, dont *L'Irlande et l'Angleterre* (1889) et *Le Cardinal Manning* (1896).

PRÉTELAT André Gaston (Wassy, 1874 – Paris, 1969)

Général.

Sorti de Saint-Cyr en 1896, il sert à Madagascar et en Afrique du Nord. Chef d'état-major de la IVe armée (Gouraud) en 1917-1918, il acquiert une grande réputation en concevant la nouvelle tactique défensive qui fait échouer en Champagne, le 15 juillet 1918, l'ultime offensive allemande. Général de division en 1927, il commande en 1930 la deuxième région militaire, puis la région de Paris. Il entre enfin au Conseil supérieur de la guerre en 1934. Placé à la tête du groupe d'armées de l'Est en 1939-1940, il préconise immédiatement une retraite stratégique après l'attaque allemande de mai 1940, mais en reçoit l'autorisation trop tard pour pouvoir la mener à bien et, pris à revers et encerclé par les Allemands, doit mettre bas les armes peu avant l'armistice. Placé dans le cadre de réserve en juillet 1940, il est arrêté par la Gestapo en mai 1944, mais libéré peu après en raison de son état de santé. Il a publié, après la guerre, une étude des événements de 1940, sous le titre : *Le Destin tragique de la ligne Maginot.*

PRÉTEXTAT, saint (? – Rouen, 586)

Évêque.

Évêque de Rouen vers 555, il marie en 576 le deuxième fils de Chilpéric Ier, Mérovée, à Brunehaut, ce qui lui vaut d'être accusé de trahison par le père du marié et traduit devant le concile de Paris (577). Exilé à Jersey, il peut, en 584, à la mort de Chilpéric, reprendre possession de sa cathédrale où il périra assassiné à l'instigation de Frédégonde.

PRÊTRES OUVRIERS

Prêtres catholiques qui revendiquent leur action auprès des catégories les plus pauvres des salariés par leur insertion dans le monde du travail.

Comme en témoigne la carte établie par le chanoine Boulard (1947), les lendemains de guerre accélèrent une déchristianisation entamée soixante ans auparavant. Pour contrer cette désaffection, l'Église tente de rétablir le contact avec les masses. Dès 1941, un dominicain, le père Lœw, travaille comme docker pour mieux convertir les ouvriers. En janvier 1944, le cardinal Suhard autorise la création d'un corps de missionnaires spécialisés, la Mission de Paris, et en 1953, une centaine de prêtres-ouvriers sont à l'œuvre. Emmanuel Mounier et François Mauriac célèbrent ces nouveaux chrétiens-ouvriers. L'intégration dans le monde du travail entraîne nombre de prêtres à s'engager politiquement. Certains adhèrent à la CGT ou font campagne avec le Mouvement de la paix. Deux d'entre eux sont arrêtés lors de la manifestation organisée par les communistes le 28 mai 1952 contre la venue à Paris du général américain Ridgway, rendu responsable d'une guerre bactériologique – une accusation qui se révéla sans fondements. En 1953, le pape Pie XII condamne leur action, qui semble par trop en phase avec celle des communistes. Les journaux *Rivarol* et *Aspects de la France* attisent la querelle en dénonçant les « chrétiens staliniens ». En janvier 1954, l'engagement syndical et politique est vivement déconseillé aux prêtres. Les prêtres-ouvriers ne peuvent plus travailler en usine que trois heures par jour. Seule une quarantaine d'entre eux acceptent ces nouvelles conditions. En 1959, le pape Jean XXIII confirme la condamnation du mouvement. Après le concile de Vatican II (1962), il connaît, en revanche, un nouvel essor, avant de s'affaiblir à nouveau avec moins de 600 prêtres-ouvriers à la fin du siècle.

PRÉVOST-PARADOL Lucien Anatole (Paris, 1829 – Washington, 1870)

Journaliste.

En dépit de ses notes insuffisantes, la grande qualité de sa composition française le fait admettre hors classement à l'École normale supérieure (1849). Afin de remplacer John Lemoine à la rédaction du *Journal des débats*, Prévost-Paradol abandonne, en 1856, sa chaire de professeur de littérature à la faculté d'Aix-en-Provence. La teneur de son billet politique le range vite parmi les adversaires du Second Empire. Collaborateur éphémère à *La Presse* (1860), il réintègre le *Journal des débats*, écrit également dans *Le Courrier du dimanche*, journal plus tard interdit (2 août 1866) à la suite de la publication de l'une de ses lettres. La mise en vente de sa brochure, *Les Anciens Partis*, lui vaut un mois de prison et 1 000 francs d'amende. Battu aux élections de 1863, Prévost-Paradol se voit préféré à Jules Janin, le 7 avril 1865, pour occuper le fauteuil de l'historien Jean-Jacques Ampère à l'Académie française. Après un nouvel échec électoral à Nantes, rallié à l'Empire libéral, il est nommé ministre plénipotentiaire aux États-Unis le 11 juin 1870. À peine débarqué outre-Atlantique, Prévost-Paradol apprend la déclaration de guerre de la France à la Prusse. Les Américains ne voudront pas admettre qu'il l'ignorait et se moqueront cruellement de lui. Il leur répondra en se logeant une balle dans la poitrine, face au miroir de sa chambre d'hôtel. Prévost-Paradol a laissé de nombreux essais politiques vifs, spirituels et mordants.

PRÉVÔT DES MARCHANDS

Sous l'Ancien Régime, magistrat municipal de Paris et de Lyon jouissant d'une autorité sur les bourgeois de ces villes.

Au XIIe et au XIIIe siècle, il fixe le prix des marchandises, aide à déterminer le montant des impôts qui taxent celles-ci, veille au bon état des ponts, des remparts et des fontaines publiques de la cité. Jusqu'au XVIe siècle, le prévôt des marchands présidera la juridiction commerciale. Élu par les bourgeois, il ne cesse d'accroître sa puissance. Le rôle que tient Étienne Marcel, de 1356 à 1358, dans les révoltes troublant la régence du Dauphin Charles, futur Charles V, incite la couronne à supprimer cette charge en 1382. Rétablie en 1388, elle est vidée peu à peu de sa substance. L'élection du prévôt des marchands n'est plus alors que symbolique : les votants nomment pour deux ans, et généralement à trois reprises successives, le candidat qu'a désigné le souverain. À Paris, les principaux prévôts des marchands furent Étienne Marcel (mort en 1358), Jean Juvénal des Ursins (1360-1431) et Jacques de Flesselles (1721-1789).

PRÉVÔT DES MARÉCHAUX

Sous l'Ancien Régime, juge militaire chargé essentiellement de statuer sur le sort des gens de guerre pour les exactions, actes de brigandage ou abus de toutes sortes qu'ils pouvaient commettre.

Établi sous François Ier, le prévôt des maréchaux juge sans appel sur les crimes et délits perpétrés également par toute personne, à condition que celle-ci ne soit ni ecclésiastique, ni noble, ni investie d'une quelconque charge de judicature. Détenant également le droit de rendre la justice dans les « cas prevôtaux » ou crimes de grand chemin, chaque prévôt des maréchaux se trouve à la tête d'une compagnie de maréchaussée ; l'un d'eux, qui commande l'importante compagnie de l'Île-de-France, est plus connu sous le nom de prévôt de l'Île. Ayant subi, sous Henri II, des modifications d'ordre juridictionnel, l'exercice de la charge de prévôt des maréchaux sera, en raison de son caractère parfois arbitraire, très rapidement impopulaire dans le royaume. Certains de ces officiers de police militaire vont, en effet, jusqu'au chantage ou au faux témoignage pour aider tel malfaiteur, ou pour rançonner tel honnête sujet. À en croire Colbert de Croissy, « les prévôts des maréchaux [...] ne prennent connaissance des affaires que pour y commettre des concussions [...] (et apporter) tous les jours de grandes confusions dans les procès criminels et des conflits de juridiction qui causent l'impunité des crimes ».

PRÉVÔT DE LA MARINE

Nom donné, sous l'Ancien Régime, à un magistrat chargé de rendre la justice dans les conflits pouvant survenir chez les gens de mer.

Appelé, à partir de 1627, prévôt de la marine et des armées navales, ce magistrat militaire est secondé par un prévôt marinier faisant, quant à lui, respecter la police sur les bâtiments de la marine.

PRÉVÔTÉ

Dignité, juridiction, et, par extension, circonscription territoriale à l'intérieur de laquelle s'exerce l'autorité d'un prévôt.

Apparue au XIe siècle, la prévôté reçoit de nombreuses modifications statutaires avant de disparaître progressivement au cours du XVIIIe siècle. Toutefois, la prevôté de Paris, plus connue par le nom de l'endroit où se tenait son tribunal, le Châtelet, subsistera jusqu'à la fin de l'Ancien Régime. Si le terme de prévôté reste attaché à l'exercice des compétences juridictionnelles dévolues aux prévôts, la prévôté de Nantes, exception unique en France, était plus spécifiquement chargée du recouvrement des droits de douane dont étaient frappées les denrées d'outremer transitant par le port breton.

PRIEUR Pierre Louis, dit PRIEUR de LA MARNE (Sommesous, Marne, 1756 – Bruxelles, 1827)

Homme politique.

Avocat au Parlement, il est inscrit au barreau de Châlons-sur-Marne lorsqu'il est élu dans ce bailliage, au mois de mars 1789, député du tiers état aux États généraux. Ardent révolutionnaire, il ne tarde pas à siéger à la gauche de l'Assemblée, au sein de laquelle il s'occupe plus particulièrement des réformes administratives et judiciaires. Député vertueux – on dira : « probe comme Prieur » –, c'est, confirme Thibaudeau, « un bon et honnête homme ». Après avoir réclamé, en 1791, de vigoureuses sanctions contre les émigrés, il souhaite, au lendemain de Varennes, que le roi soit jugé par une convention, tout en affirmant : « Je ne suis pas un factieux. Je ne suis pas non plus républicain si un républicain est celui qui veut changer la Constitution. » Élu président du club des Jacobins au printemps 1791 et substitut du président au tribunal criminel de Paris, Prieur est envoyé en mission aux armées et revient à Paris pour assister au procès de Louis XVI. À la Convention, il vote contre l'appel au peuple, pour la mort et contre le sursis, puis est l'inspirateur du décret sur la levée de 300 000 hommes (24 février 1793). Membre des Comités de défense générale (26 mars 1793) et de salut public (10 juillet 1793), il part dans les départements de l'est et de Bretagne où, chargé de raviver la « fougue révolutionnaire », il fait preuve d'humanité et d'équité.

Envoyé à Brest le 10 mai 1794 afin de remplacer Jean Bon Saint-André, il se voit confier l'organisation maritime du plus grand port de la jeune République quand éclate le 9 Thermidor. Hostile aux thermidoriens et ayant participé à la journée du 12 germinal an III, Prieur de la Marne aurait été mis en accusation et emprisonné, au lendemain de Prairial an III. Il réussit toutefois à s'échapper, et bénéficiera de la loi d'amnistie du 4 brumaire an IV (26 octobre 1795). Dès lors, se retirant de la vie publique, Prieur de la Marne s'inscrit au barreau de Paris. Il est nommé, en 1799, administrateur des hospices civils et du Mont-de-Piété et reprend, l'année suivante, ses activités d'homme de loi. En marge de toute activité politique sous l'Empire, il est touché en 1816 par la loi sur les régicides et, refugié à Bruxelles, y meurt dans un état voisin de l'indigence. Auteur de *Mémoires*, Prieur de la Marne a été peint par David en 1792.

PRIEUR-DUVERNOY Claude Antoine, comte, dit PRIEUR de LA CÔTE-D'OR (Auxonne, 1763 – Dijon, 1832)

Homme politique.

Fils d'un collecteur d'impôts, officier du génie à la fin de l'Ancien Régime, il représente la Côte-d'Or à la Législative, puis à la Convention. À l'Assemblée, il vote la mort du roi sans appel ni sursis. Chargé de plusieurs missions auprès des armées, le député bourguignon se lie à cette occasion avec Carnot. Membre du Comité de salut public d'août 1793 à octobre 1794 – lorsqu'est constitué le Grand Comité de l'an II –, il s'occupe en particulier de la fabrication des armements, des hôpitaux et fonde à Meudon un centre d'expérimentation des inventions de guerre. En décembre 1793, lorsque le salpêtre vient à manquer, Prieur de la Côte-d'Or fait accepter un projet qui organise la récolte du salpêtre par les citoyens, chez eux. Avec Carnot et Lindet, il prend place parmi les organisateurs de la victoire. Infatigable, entièrement dévoué au salut de la patrie, il consacre toute son énergie à l'organisation des armements. Après la chute de Robespierre le 9 Thermidor, sa défense de Barère et de Collot d'Herbois le rend suspect aux thermidoriens, mais sa réputation de savant lui permet d'éviter la prison. Il collabore ainsi à la révision des poids et mesures, à l'adoption du système métrique, à la fondation de l'Institut, de l'École centrale des travaux publics, future École polytechnique, et à celle du Bureau des longitudes. Membre du Conseil des Cinq-Cents de 1795 à 1798, il abandonne alors la vie politique et rejoint l'administration du génie militaire. Bien que faisant partie des régicides, Prieur de la Côte-d'Or n'est pas inquiété par la loi de 1816, car il n'a pas adhéré pendant les Cent-Jours à l'Acte additionnel. Il est l'auteur de plusieurs ouvrages scientifiques, notamment *L'Art du militaire* (1793) et *Nouvelle Instruction sur les poids et mesures et sur le calcul décimal* (1795).

PRINCE Albert (Chatenois, France, 1883 – La Combe-aux-Fées, près de Dijon, 1934)

Magistrat.

Chef de la section financière du parquet de la Seine, puis conseiller à la Cour des comptes, il a eu connaissance des rapports de la préfecture prouvant les escroqueries d'Alexandre Stavisky et portant le nom de certains complices de celui-ci. La veille du jour de sa comparution devant une commission d'enquête administrative et judiciaire, l'appel téléphonique d'un médecin dijonnais l'avertit que sa mère est mourante. Aussitôt, Prince prend le train pour Dijon où sa mère vit dans une maison de retraite. Au lieu-dit la Combe-aux-Fées, le 20 février 1934, deux employés de la SNCF découvrent, la cheville droite attachée à un rail de la voie ferrée, le corps déchiqueté et décapité d'Albert Prince. La police constatera que la santé de Mme Prince ne présentait aucun sujet d'inquiétude et qu'aucun praticien n'a prévenu son fils. L'opinion publique considère qu'il y a eu crime, et le fameux inspecteur Bony arrête, le 29 mars 1934, trois gangsters connus : Paul Carbone, Gaston de Lussats et Spirito. Toutefois, les preuves de leur culpabilité faisant défaut, un non-lieu élargit les suspects. Le commissaire divisionnaire Guillaume, officiellement chargé de l'affaire, conclura finalement à un suicide. Les documents que Prince aurait eus en sa possession ne seront jamais retrouvés.

PRINCIPAL MINISTRE

Titre accordé six fois sous l'Ancien Régime et désignant un véritable Premier ministre.

Seuls Richelieu et Mazarin, les deux premiers titulaires entre 1629 et 1661, exercèrent un pouvoir considérable, construisant l'absolutisme royal et incarnant aux yeux des Grands un despotisme inacceptable. Louis XIV décide de rompre avec cette pratique, « rien n'étant plus indigne que de voir d'un côté toutes les fonctions, et de l'autre le seul titre de Roi » (*Instructions au Dauphin*). Colbert, même s'il cumule les charges normalement dévolues à plusieurs secrétaires d'État, n'aura jamais ni le titre, ni la latitude des deux cardinaux. Sous Louis XV, le Principal ministre réapparaît successivement en la personne du cardinal Dubois (de 1722 à 1723), de l'ex-Régent, le duc d'Orléans, et de Louis Henri de Bourbon-Condé, Monsieur le Duc (de 1723 à 1726). Le cardinal Fleury, ensuite, ne bénéficie pas du titre malgré l'étendue des pouvoirs qu'il exerce. Loménie de Brienne fut le dernier et très éphémère Principal ministre de l'Ancien Régime, d'août 1787 à août 1788. Par la suite, la fonction de Principal ministre peut être assimilée à celle de président du Conseil des ministres. Le premier d'entre eux sera Talleyrand durant l'été 1815, sous Louis XVIII ; de février 1820 à décembre 1821, le duc de Richelieu sera le premier président du Conseil sans portefeuille.

PRINCIPAUTÉS TERRITORIALES

Entre les IXe et XIIe siècles, entités politiques reconnaissant le roi de France mais jouissant de la totalité du pouvoir de ban faisant d'elle un territoire parfaitement autonome.

Les principautés territoriales sont issues de l'émiettement de l'Empire carolingien. Les comtés de Flandre, de Champagne, les duchés de Bourgogne, de Normandie, d'Aquitaine furent ainsi créés grâce à l'action d'aristocrates énergiques, capables de gouverner des régions restreintes correspondant à des configurations ethniques traditionnelles en un temps où les caractéristiques économiques et sociales l'exigeaient. À partir du règne de Philippe-Auguste, la tendance s'inverse et les principautés sont réunies une à une au domaine royal. Toutefois, au XIVe siècle, se créent les apanages, domaines concédés aux puînés de la famille royale : les ducs de Bourgogne ou de Bretagne cherchent alors à exercer une souveraineté quasi absolue sur leurs territoires respectifs.

PRISONNIERS (camps de)

Pendant la Seconde Guerre mondiale, la France n'a connu qu'un seul camp de concentration – le Struthof en Alsace –, mais plusieurs camps de prisonniers.

Sous Vichy, les camps, ouverts par le gouvernement Daladier en 1939, accueillent non plus seulement des républicains espagnols réfugiés avec le début de la guerre d'Espagne (1937), mais aussi des juifs, des immigrés et des opposants, et se multiplient. À côté de ceux du Loiret (Pithiviers, Beaune-la-Rolande), il existe, à l'automne 1940, les camps répressifs du Vernet et de Rieucros (réservé l'un aux hommes, l'autre aux femmes), le camp semi-répressif de Gurs (abritant notamment la communauté juive de Bade), les camps dits d'hébergement de Bram, Argelès, Saint-Cyprien et le camp de transitaires des Milles. Au début de 1941, trois nouveaux camps sont créés : Rivesaltes, « centre de regroupement familial », Noé et Récébédou, destinés aux vieillards et infirmes. Insalubrité, sous-alimentation, travail forcé furent le lot des internés.

PRIVAS

Ville du Vivarais, chef-lieu du département de l'Ardèche.

Important foyer du calvinisme, elle résiste en 1574 aux entreprises du duc de Montpensier. En 1612 s'y tient un synode des églises protestantes de France. En août 1629, Louis XIII vient en personne l'assiéger, et Privas doit se rendre. Pour l'exemple, la garnison est pendue, le feu est mis aux maisons et les remparts sont rasés.

PRIVILÈGES

Littéralement « loi privée », c'est-à-dire prérogative, exemption s'appliquant à un individu, une catégorie ou une communauté donnés dans le cadre de la société d'ordres de l'Ancien Régime. En matière économique, le privilège royal désigne un monopole concédé par le roi à une manufacture ou à un libraire.

Outre les ordres privilégiés que sont le clergé et la noblesse, dont les membres sont entre autres dispensées de la taille et n'encourent pas de peines infamantes, de nombreuses corporations, des communautés, certaines villes, des roturiers sont nantis de privilèges. La plupart de ces privilèges sont de nature fiscale, d'autres sont des fonctions honorifiques comme celles des commensaux attachés à la Maison du roi, des grands officiers de cour aux simples valets de chambre ou huissiers... Le terme ne revêt aucune connotation péjorative tant il semble naturel que le roi distingue les mérites et les récompense selon les limites propres à la naissance de chacun. Sieyès contribue au basculement sémantique du mot avec son célèbre *Essai sur les privilégiés* de 1788. Le privilège d'Ancien Régime s'oppose à la loi républicaine qui ne vise aucun groupe particulier mais s'applique à tous les citoyens, supposés égaux devant la loi. La nuit du 4 août 1789, dite de « l'abolition des privilèges », ne les efface pas tous cependant, puisque la Constitution de 1791 réserve le droit de scrutin aux classes aisées dans le cadre de la monarchie censitaire. Le suffrage universel n'est établi qu'en 1848. Le terme de privilèges aujourd'hui est volontiers utilisé de manière extensive et relative pour décrire des avantages statutaires constituant *de facto* des privilèges : emploi à vie, systèmes de retraites avantageux, signes extérieurs de pouvoir, accès aux filières éducatives élitaires, voire détention de stock-options...

PROSTITUTION

Acte par lequel une personne fait profession de son corps.

Au Moyen Âge, la prostitution est différente selon qu'elle s'exerce en ville ou à la campagne. En milieu urbain, elle se situe à quatre niveaux dont le premier est très officiellement entretenu par les autorités publiques, princières ou municipales : la « maison lupanarde » ou bordel, ou maison des fillettes... Le but de ces maisons est de contenir ce phénomène incontournable. Au second niveau se situent les étuves, où l'on trouve de nombreuses chambres à côté des bains. Les propriétaires de ces étuves sont très souvent de hauts personnages incluant des dignitaires ecclésiastiques, évêques ou abbés. Au troisième niveau, des petits bordelages privés regroupant deux ou trois filles, tenus par des maquerelles. Enfin au quatrième niveau se situent les indépendantes. Dans les trois premiers cas, les prostituées sont soumises à une autorité directe. Les maisons fonctionnent un peu sous le système du monastère, dirigée par une personne portant souvent le titre d'abbesse. Elles ne sont pas closes, les pensionnaires sortent pour recruter le client mais ont pour obligation de le ramener pour dîner. Seules les indépendantes ne sont soumises à aucune autorité, mais restent en revanche vulnérables, avec un statut comparable à celui des filles vagabondes qui arpentent les campagnes. Celles-ci adaptent leur itinéraire au calendrier des foires et des marchés, des pèlerinages ou des gros travaux agricoles et se louent pour quelques semaines aux ouvriers agricoles ou aux marchands en convoi, en échange de leur nourriture et de leur entretien.

Durant certaines périodes, la présence des prostituées est plus ou moins bien ressentie. Lorsqu'en 1254 le très pieux Saint Louis veut les expulser du royaume, il fait rire les jeunes mais cet ordre oblige néanmoins les filles à porter un signe distinctif (une aiguillette colorée tombant de l'épaule) et à se soumettre à une juridiction infamante, celle du bourreau, chargé également de juger les Juifs et les lépreux. Un siècle plus tard ces contraintes ont disparu, le parlement de Paris réinstalle dans le quartier des Halles les filles qui en avaient été expulsées à la demande du curé de Saint-Merri. Au XVe siècle, la prostitution est pratiquement réhabilitée, considérée comme une valeur centrale de l'éthique urbaine. Échevins et curés reçoivent des cadeaux des prostituées, considérant que l'argent du péché devient celui de la pénitence. Les femmes légères sont même invitées aux fêtes familiales. Au XVIe siècle, les coutumes changent sous la double pression de la vérole rapportée d'Italie et du protestantisme qui ferme les maisons. Henri IV redonne aux filles le droit d'exercer, sous la bonne raison qu'elles vont éviter que les goûts du roi Henri III ne se répandent dans la jeunesse. Après lui, l'interdiction est rétablie, mais avec une tolérance de fait. C'est alors qu'apparaît le souteneur, souvent un sergent du guet ou un truand. En 1648, dans la grande vague d'enfermement des marginaux, une loi prévoit l'internement des prostituées dans les nouveaux hôpitaux généraux, ce qui entraîne le départ des plus belles vers l'Amérique qui offrait un marché très porteur. Le marché français ne meurt pas pour autant car, dans la seconde moitié du XVIIIe siècle, on estime que 13 % des Parisiennes s'adonnent au métier, ce qui constitue un record jamais égalé. Le Palais-Royal est le lieu de toutes les dépravations. On y vend le *Livre des beautés*, annuaire des prostituées avec toutes leurs spécialités et la description de leurs avantages physiques. L'une des maisons les plus courues est l'« Abbaye », rue Croix-des-Petits-Champs, dans laquelle les filles reçoivent une éducation religieuse et amoureuse à partir de 14 ans, après avoir fait vœux d'obéissance et de pauvreté ! Bien que Louis XVI fasse interdire le racolage dans la capitale, la coopération avec la police continue. L'essentiel des revenus revient toutefois aux tenancières. En outre, les filles se choisissent des amants de cœur, les « greluchons », qui sont parfois de riches ecclésiastiques dont Voltaire se moque...

Le déclin des grandes maisons commence après 1770 pour s'accélérer avec la Révolution. Les prostituées ont payé un lourd tribut à l'épuration de la Terreur. Puis elles réapparaissent sous un nouveau statut, encadrées solidement (on dit « soumises ») par la police et par les souteneurs devenus les maîtres du jeu. Les maisons se multiplient autour des garnisons de Vincennes et de l'École militaire. Existent également des brasseries de femmes, tenues par la police. À la fin du XIXe siècle s'organisent des circuits de placiers qui recrutent pour les Halles, la porte Saint-Denis ou Pigalle. Les maisons retrouvent alors leurs lettres de noblesse grâce aux artistes qui y trouvent l'inspiration, tels Toulouse-Lautrec, rue des Moulins, ou Van Gogh dans son « lupanar d'Arles ». Les bordels sont fréquentés par les écrivains comme Gustave Flaubert, Edmond de Goncourt, Guy de Maupassant (*La Maison Tellier*), Joris-Karl Huysmans, Émile Zola, Georges Courteline, Pierre Mac Orlan ou Francis Carco. Mais la réalité est tout autre. En 1945, Marthe Richard, héroïne de la Première Guerre mondiale, puis résistante, élue conseillère municipale de Paris, visite la Petite-Roquette et reçoit des confidences des détenues. Elle visite alors Saint-Lazare, pire que la Roquette, ce qui l'incite à lancer une enquête sur les maisons closes. Elle recueille des révélations stupéfiantes, montrant que les tauliers ont été protégés par Vichy. Dès le 13 avril 1946, elle obtient la fermeture officielle des maisons.

PROTECTION SOCIALE

Ensemble de mesures qui permettent aux personnes de se prémunir face aux risques liés à la maladie, au chômage, à la vieillesse, à la famille.

La protection sociale repose à la fois sur un système d'assurance financé par le versement de cotisations donnant droit à des prestations, et un système d'assistance financé par l'administration à partir des ressources de l'impôt. Dès la fin du XIXe siècle, les bouleversements sociaux provoqués par la révolution industrielle nourrissent une réflexion sur la nécessaire mise en place d'une certaine solidarité. Mais sa réalisation est d'abord lente et limitée. La loi sur les accidents du travail n'est votée qu'en 1898 ; le système de retraites date de 1910. La Grande Dépression accroît l'exigence d'un développement de la législation sociale. En 1930 est adoptée la loi sur les assurances sociales, qui couvrent les risques maladie, maternité, vieillesse, invalidité et décès pour les seuls ouvriers. En 1932 sont créées les allocations familiales. Au lendemain de la Seconde Guerre mondiale, comme dans tous les pays, y compris les plus fidèles au libéralisme, la France a fait intervenir l'État plus largement dans l'économie et le social. Il réglemente la couverture de risques divers (maternité, maladie, accidents du travail, vieillesse, chômage) dans le cadre du système de sécurité sociale et d'allocations familiales. Dans la lignée des travaux de Beveridge en Grande-Bretagne (1942) et de la mise en place d'un *Welfare State* (État providence), la protection sociale est renforcée. Instituée les 4 et 19 octobre 1945, la Sécurité sociale est conçue, non pas comme le système des assurances sociales sous la forme d'assurance individuelle, mais comme une forme de redistribution du revenu national. Ce revenu social donne aux Français une protection supérieure à ce qu'ils connaissaient jusqu'alors. La part des prestations fiscales dans les revenus des ménages passe de 2 % en 1939 à 16 % en 1958. De nombreuses mesures contribueront à renforcer cette protection. On peut citer entre autres la création du SMIG en 1950, devenu le SMIC en 1969 ; deux semaines de congés payés adoptées sous le Front populaire (1936), l'adoption de la troisième semaine de congés payés en 1956, puis d'une quatrième dans le sillage de mai 1968 et d'une cinquième après la victoire des socialistes à l'élection présidentielle (1982). À partir de 1958, une assurance-chômage des salariés est instaurée par les Assedic (Association pour l'emploi dans l'industrie et le commerce), fédérées par l'Unedic (Union nationale pour l'emploi dans l'industrie et le commerce). L'ANPE (1967) et le système d'assurance chômage sont créés sous le gouvernement de Georges Pompidou, le RMI – Revenu minimum d'insertion – par le gouvernement de Michel Rocard (1988), la CMU (Couverture médicale universelle) à l'intention des plus démunis, par le gouvernement de Lionel Jospin (2000). Ainsi en France, la quasi-totalité de la population bénéficie maintenant d'une protection obligatoire de la famille contre la vieillesse, la maladie, le chômage. Le poids du chômage et des retraites pose, en contrepartie, depuis le début des années 1990 un problème de financement.

PROTO-INDUSTRIALISATION

Au XVIIIe siècle, développement des industries rurales qui, face à la relative stagnation de l'industrie urbaine, induisent une première phase de croissance économique préalable à la Révolution industrielle.

La proto-industrialisation (F. Mendels) ou « fabrique » présente trois caractéristiques : la vente sur des marchés nationaux et même internationaux, la symbiose entre artisanats urbain et rural, la synergie avec l'essor de l'agriculture commercialisée. À côté des formes traditionnelles d'organisation de la production – artisanat indépendant (*domestic system*), métiers urbains ou manufacture, se développe l'industrie rurale ou *putting out system* : un entrepreneur urbain livre la matière première à des travailleurs ruraux à domicile qui la lui restituent transformée en

Proudhon
Caricature sur Proudhon et la destruction de la propriété. Lithographie, 1848. © *Roger-Viollet*

objet manufacturé pour d'éventuelles opérations de finissage en ville. Les tâches peuvent être effectuées à l'aide de « jouets mécaniques » (E. Labrouste), machines entraînées par les multiples moulins à eau disséminés dans les campagnes. Cette « manufacture dispersée » est très importante pour le textile (filature) et la petite métallurgie ; ses fabrications sont vendues en dehors de la région de production, en particulier sur les marchés des colonies : tout le secteur du lin dépend ainsi du commerce atlantique avec les *bretañas* de la région de Saint-Brieuc qui servent à faire des sacs pour le café ou des vêtements pour les esclaves. Des dynasties d'entrepreneurs émergent, tels les Véron de Forbonnais au Mans ou les Motte en Beauvaisis.

La manufacture dispersée joue sur les temps morts du calendrier rural ; elle ne touche pas les régions viticoles (Anjou, Beaujolais, Languedoc...) où la vigne exige une main-d'œuvre nombreuse, mais plutôt les régions pauvres et surpeuplées où la condition des paysans au XVIIIe siècle se dégrade. Les femmes, les enfants sont mis à contribution pour ce précieux revenu d'appoint : en amortissant les crises de subsistance, en procurant un peu d'aisance, la proto-industrialisation abaisse l'âge du mariage et accroît la natalité, ce qui contribue à l'expansion démographique du XVIIIe siècle (de 22 à 28 millions de Français). Les entrepreneurs apprécient une main-d'œuvre qu'ils paient d'autant plus faiblement qu'elle dispose d'un revenu principal. La manufacture dispersée prépare à la généralisation de la manufacture réunie puis du *factory system,* qui permet l'utilisation de machines à vapeur et un meilleur encadrement des ouvriers (cadence, coulage...). Néanmoins, en France, elle ne disparaît pas aussi vite qu'en Angleterre ou en Hollande ; dans la région lyonnaise, la proto-industrialisation connaît même son apogée dans la première moitié du XIXe siècle : la soie est travaillée en ville par les canuts, mais les tissus plus communs sont fabriqués dans la campagne alentour. La disparition progressive du système de la « fabrique », après 1850 et surtout après la crise économique de 1873, alimente l'exode rural. Dans certaines régions cependant, il perdure jusqu'à la veille de la Seconde Guerre mondiale (lin sarthois, mouchoirs du Choletais, bonneterie de Troyes...).

PROUDHON Pierre Joseph (Besançon, 1809 – Paris, 1865)

Théoricien socialiste.

D'origine modeste – son père, tonnelier, achète par la suite une petite brasserie –, il poursuit, grâce à une bourse, de brillantes études secondaires au collège royal de Besançon. Contraint d'abandonner le collège en 1826, à la suite de la ruine de l'entreprise paternelle, le jeune homme devient apprenti typographe, puis correcteur, ce qui lui donne l'occasion de découvrir Fourier et Gustave Fallot. En 1836, après avoir achevé son tour de France de compagnon imprimeur, Proudhon achète, avec deux amis, une petite imprimerie. Son premier ouvrage, sans nom d'auteur, paraît en 1837. Cependant, l'imprimerie n'est guère prospère. Aussi, en 1838, après avoir passé son baccalauréat et obtenu une seconde bourse, Proudhon gagne-t-il la capitale où il compte poursuivre des études supérieures, auxquelles il renonce bientôt. Sa culture sera celle d'un autodidacte, vaste mais désordonnée.

À Paris, Proudhon entre en relation avec les socialistes, Marx en particulier, qui lui proposera d'être son correspondant en France. C'est en 1840 que paraît son premier ouvrage signé, intitulé *Qu'est-ce que la propriété ?* On trouve, dès la première page, la réponse de l'auteur à cette question : « La propriété c'est le vol. » Le scandale est immédiat, voici Proudhon célèbre. Toute sa vie, ses phrases fougueuses, violentes, ne cesseront de lui attirer des ennemis. À la suite de cette retentissante publication, les autorités de la monarchie de Juillet le poursuivent pour la première fois. L'année suivante, sa *Lettre à M. Blanqui* – Adolphe, le frère du révolutionnaire, qui l'avait défendu en 1840 – provoque un nouveau scandale. En 1842 paraît l'*Avertissement aux propriétaires*, bientôt saisi. Poursuivi devant les assises de Besançon, Proudhon est triomphalement acquitté. Son imprimerie liquidée, le théoricien socialiste devient commis batelier à Lyon, sur la Saône et le Rhône. Il continue cependant à publier articles et ouvrages, reste en relation avec Martin Nadaud, Bakounine et Marx, qui lui proposera plus tard d'être son correspondant à Paris. En 1846, la publication de la *Philosophie de la misère* le brouille avec ce dernier qui, l'année suivante, lui répond par la *Misère de la philosophie*. Les deux hommes deviennent des adversaires, Marx qualifie le Français de « petit bourgeois constamment ballotté entre le capital et le travail, entre l'économie politique et le communisme ». Proudhon restera isolé au milieu des autres théoriciens, critiquant les saint-simoniens, les fouriéristes, Louis Blanc et, bien sûr, Marx. Son influence s'exerce surtout sur les ouvriers et les intellectuels.

En 1847, Proudhon s'installe définitivement à Paris. Après la révolution de Février, dans laquelle il ne joue qu'un faible rôle, il collabore au *Représentant du peuple*. Rapidement populaire, l'ancien imprimeur de Besançon devient député de Paris à l'Assemblée constituante, à la suite des élections complémentaires du 4 juin 1848. En juillet, son journal est suspendu pour le soutien apporté aux insurgés de juin. Une nouvelle publication, *Le Peuple*, le remplace au mois de septembre. En janvier suivant, désireux de prouver le bien-fondé d'une de ses affirmations, la possibilité pratique du crédit gratuit grâce à une banque d'échange, Proudhon fonde la Banque du peuple qui ne correspond pas exactement à ses théories. Il a dû, par exemple, accepter l'instauration d'un intérêt de 2 %, et non le crédit gratuit. Le capital souscrit – autre différence avec la banque d'échange, qui ne devait pas comporter de capital – ne dépasse pas 18 000 francs. La Banque du peuple ne verra pas le jour.

Lors d'une visite à Louis Napoléon, Proudhon a jugé le neveu de l'Empereur « bien intentionné ». Affirmation qui ne l'empêche pas de publier dans *Le Peuple*, en janvier 1849, deux articles contre le prince-président. Le 18 mars, la cour d'assises de la Seine le condamne à trois ans de prison et 3 000 francs d'amende. Le journaliste s'enfuit quelque temps en Belgique puis, revenu à Paris, se fait prendre au mois de juin. Incarcéré à Sainte-Pélagie, il continue à donner des articles au *Peuple*, devenu *La Voix du Peuple,* publie les *Confessions d'un révolutionnaire,* et au mois de décembre 1849 épouse Euphrasie Piégeard, une ouvrière passementière. Elle lui donnera quatre filles. En avril 1850, le prisonnier est transféré à Doullens, où il rédige l'*Idée générale de la révolution au XIXe siècle*, ouvrage publié en 1851. Libéré en juin 1852, Proudhon poursuit ses recherches théoriques et ses réflexions, abandonnant quelque peu l'économie pour les problèmes politiques et sociaux. À la fin des années 1850, sa vie privée se révèle particulièrement malheureuse : sa santé empire chaque jour, et deux de ses filles meurent. La publication, en 1858, d'un nouvel ouvrage, *De la justice dans la révolution et dans l'Église* – dont 6 000 exemplaires sont vendus en quelques jours, avant la saisie –, lui vaut une nouvelle condamnation à trois ans de prison. Réfugié en Belgique, où il demeure à Bruxelles jusqu'en 1862, Proudhon publie *La Guerre et la Paix*, en 1860, puis la *Théorie de l'impôt*, en 1861. Amnistié en 1862, il regagne la France au mois de septembre. De plus en plus malade, épuisé par le travail, démoralisé car il s'estime incompris, il prépare ce qu'il appelle son testament, *De la capacité politique des classes ouvrières* qui, de même que sa *Théorie de la propriété*, paraîtra quelques mois après sa mort.

Les maîtres de cet « aventurier de la pensée » comme il s'est lui-même qualifié, « sont au nombre de trois : la Bible d'abord, Adam Smith ensuite, et enfin Hegel ». Proudhon considère que l'économie politique est une science exacte, la plus importante, étroitement liée à la morale car « le problème de la répartition des biens, ou, plus généralement le problème économique, relève de la justice ». C'est pourquoi, dès son premier ouvrage, en 1840, il condamne la propriété. Sa phrase fameuse, « la propriété, c'est le vol », ne résume cependant pas exactement sa pensée en ce domaine, une pensée qu'il ne cessera du reste de nuancer jusqu'à sa mort pour aboutir à l'ouvrage publié en 1865. Proudhon, en effet, ne condamne pas la propriéte originelle, l'appropriation en tant que telle, mais la propriété actuelle, moderne, qui, réservée à quelques-uns, leur permet de réduire les autres en esclavage. Cette propriété permet au propriétaire de voler au travailleur une partie du fruit de son travail. D'après Proudhon, en effet, seul le travail est productif, et « le propriétaire qui exige une aubaine pour prix du service de son instrument, de la force productive de sa terre, suppose un fait radicalement faux, savoir que les capitaux produisent par eux-mêmes quelque chose et, en faisant payer ce produit imaginaire, il reçoit à la lettre quelque chose pour rien ». Quelques années plus tard, il écrira dans *Le Peuple* : « Nous voulons la propriété pour tout le monde. » S'il veut que chacun possède quelque chose, il est en revanche hostile à la propriété collective, au communisme en général, « absurdité antédiluvienne ». Selon une théorie qu'il n'a pas clairement explicitée, chacun aurait droit à une possession mutuelle.

Les inégalités sociales scandalisent cet homme imprégné de la Bible. Pour y mettre un terme, il estime que le profit capitaliste doit disparaître, grâce, en particulier, au crédit gratuit de sa fameuse Banque du peuple. Ainsi seront supprimés la monnaie métallique et, bien sûr, l'escompte. La suppression du bénéfice doit permettre la fusion des classes. Au point de vue économique et social, Proudhon prône le mutuellisme, fondé sur le principe du service rétribué au prix juste, et sur celui de la réciprocité. On parviendra ainsi, sans révolution brutale, par des réformes successives, à une société où des individus autonomes composeront des groupes eux aussi autonomes, ayant entre eux des rapports de réciprocité et d'échange définis par des contrats. Le contrat est, en effet, « le seul lien moral que puissent accepter des êtres moraux et libres ». Les producteurs échangeront entre eux biens et services au prix de revient. Avec la propriété, l'État est une des grandes cibles de Proudhon, si bien que certains ont vu en lui un précurseur de l'anarchisme : « Être gouverné, c'est être gardé à vue, inspecté, espionné, dirigé, légiféré, réglementé, parqué, endoctriné, contrôlé, censuré, commandé par des êtres qui n'ont ni le titre, ni la science, ni la vertu… » Il admet cependant qu'on ne pourra pas supprimer entièrement l'État, mais parvenir à une société où autorité et liberté s'équilibreront. Le fédéralisme doit remplacer l'État centralisé et despotique.

Sa formation petite-bourgeoise a profondément imprégné Proudhon, entraînant des contradictions entre son désir de liberté totale et certaines de ses théories morales. Cet homme, qui prône la liberté dans tous les domaines, se montre, dans sa conception de la famille, conservateur, farouche adversaire de l'émancipation de la femme. Proudhon, en fait, a de l'homme une conception optimiste, croit qu'il aspire à la justice. Cette confiance en l'homme est un des principaux reproches de Marx. Les communards, en revanche, retiendront cette idée. Rapidement supplantée au sein du mouvement socialiste par celle de son adversaire Marx, l'influence de Proudhon sera néanmoins non négligeable, sur les communards, puis sur certains socialistes comme Jaurès ou Sorel. Les anarchistes russes et français reprendront, en les élargissant, ses tendances libertaires. Parmi les nombreux écrits de cet homme qui, finalement, s'est opposé à tous les socialistes de son époque, demeurant un solitaire, figure encore une importante correspondance.

PROUVOST Jean (Roubaix, 1885 – Ivoy-le-Marron, Loir-et-Cher, 1978)

Homme de presse.

Dès 1924, il possède le journal *Paris-Midi* et en 1930 *Paris-Soir*. Il tente l'aventure radiophonique en rachetant une radio basée à Béziers, Radio Midi, et surtout en créant en 1937 la dernière radio privée d'avant-guerre, Radio 37. Haut Commissaire à l'information (6 juin-10 juillet 1940), il est frappé d'indignité nationale, mais bénéficie en 1947 d'un non-lieu de la Haute Cour de justice. En 1949, il relance *Paris-Match*, puis participe au *Figaro*, à *Marie-Claire* et fonde *Télé 7 Jours*. Devenu le principal actionnaire du *Figaro* (1964) et de Radio Luxembourg (1966), qu'il transforme en RTL, il s'en sépare respectivement en 1975 et 1978.

PROVENCE

Ancienne province de France bordée par la mer Méditerranée au sud, le bas Rhône à l'ouest, le Var à l'est, le Comtat Venaissin et le Dauphiné au nord.

La capitale, Marseille, est l'antique *Massilia* des Phocéens dont la fondation est presque contemporaine de celle de Rome. Mais les Grecs ne se contentent pas de ce premier établissement et fondent tour à tour *Olbia* (Hyères), *Kitharista* (La Ciotat), *Athenopolis* (Saint-Tropez), autant d'excellents mouillages qui leur permettent de débarquer leurs marchandises et d'y acheminer, en contrepartie, les minerais recueillis à l'intérieur des terres, pays vallonné habité par les Ligures, et qui ressemble à s'y méprendre à maintes régions de l'Hellade. Il faut cependant attendre le IIe siècle av. J.-C. et le début de la pénétration romaine pour que l'essor économique ne se limite plus au littoral. Les légionnaires romains, au contraire des Grecs, défrichent les terres de l'intérieur, tracent des chaussées empierrées. *Aquae Sextiae* (Aix-en-Provence) égale bientôt en lustre et en importance *Massilia* et devient une des principales cités de cette *Provincia romana* par laquelle les Romains étendent leur emprise vers la vallée du Rhône, l'Aquitaine puis la Gaule tout entière sous l'impulsion de César. La *via domitia* relie la Province à la Narbonnaise et à l'Ibérie par-delà les Pyrénées. D'autres routes remontent vers le nord. À l'époque impériale, les légionnaires démobilisés s'installent sur les bonnes terres des sites actuels d'Arles, d'Avignon et de la basse Durance, d'Apt, de Carpentras, de Cavaillon, de Toulon, d'Hyères et de Fréjus, port de très grande importance à l'époque et qui honore le souvenir de Jules César par sa dénomination : *Forum Julii.*

La vigne, l'olivier, les arbres fruitiers, les céréales, les troupeaux de moutons rappellent aux nouveaux venus les paysages transalpins. La loi romaine, la langue romaine, les divinités romaines, tout concourt à souder cette province à la puissance tutélaire. C'est en Arles que se réfugient les préfets des Gaules lors des grandes invasions, refuge précaire, car le Rhône est bientôt traversé par les Wisigoths, tandis que des Burgondes descendent du nord au Ve siècle. Malgré ces perturbations, la province demeure homogène et conserve sa personnalité, acquise au cours de sept siècles d'ordre romain. Au traité de Verdun, en 843, elle échoit à Lothaire, qui la transmet par la suite à son fils Charles. Boson, son beau-frère, y ajoute le Lyonnais et la Bourgogne pour constituer un royaume imposant, à la fin du IXe siècle, lequel couvre les bassins de la Saône et du Rhône. Son fils, Louis l'Aveugle, transmet ce vaste domaine à Rodolphe II de Bourgogne qui fait de ce royaume de Bourgogne-Provence le célèbre royaume d'Arles. Il surpasse alors le domaine capétien et peut se comparer aux plus grands royaumes de l'époque. Ses barons rejettent les invasions des Sarrasins et protègent cette partie du continent du sort qui sera celui de la Sicile ou de l'Andalousie. Les comtes d'Arles et d'Avignon se livrent à une sage administration, la réunion au Saint Empire romain germanique, à partir de 1032, n'impliquant aucune modification intérieure.

Au début du XIIe siècle, l'extinction de la lignée des Boson et l'union de Douce, comtesse d'Arles, à Raymond Bérenger III, comte de Barcelone, fait passer la Provence sous la tutelle des comtes catalans. Ceux-ci vont gouverner le pays jusqu'en 1245, date à laquelle Béatrice, héritière du dernier comte catalan, épouse Charles d'Anjou, frère de Saint Louis. Les entreprises de la maison d'Anjou s'étendent au royaume de Naples et à la Sicile. Mais c'est aussi l'occasion pour les négociants et marins marseillais d'assurer entre ces deux domaines maritimes de fructueuses liaisons. Le négoce est prospère, tout comme les activités bancaires, l'artisanat, les lettres et les arts. Les cités bénéficient de franchises. Aix retrouve son lustre passé sous l'égide du roi René, qui y réside le plus possible, embellissant la cité et y attirant une cour fastueuse. Mais Charles III, neveu et héritier du souverain, n'a pas l'envergure pour perpétuer cette autonomie, et Louis XI s'empresse de faire occuper la Provence au début de 1482. Un traité d'union, signé en 1487, intègre officiellement le pays provençal aux terres de la couronne. Le roi s'engage à respecter les coutumes régionales. En fait, l'administration royale ne respecte guère le texte, d'où une suite de conflits qu'avive la diminution des pouvoirs régionaux et locaux. L'édit de Joinville de 1535 réglemente dans un sens restrictif les pouvoirs des états de Provence. Quatre ans plus tard, l'ordonnance de Villers-Cotterêts impose l'usage de la langue française dans les actes administratifs aux dépens d'une langue provençale qui est celle des troubadours et des lettrés.

Les régimes centralisateurs du XVIIe siècle avivent les rancœurs, et la Fronde trouve au-delà de la Durance un écho très favorable. Les Canivets, favorables à la couronne, s'opposent aux Sabreurs, qui s'insurgent contre elle. Les intendants royaux sont chargés de mettre de l'ordre ; Colbert accorde, en compensation, des avantages économiques, Marseille recevant le quasi-monopole du négoce avec le Levant. Peut-être cet avantage appréciable explique-t-il les réticences provençales à l'égard du nouveau régime révolutionnaire. Certes, un détachement de volontaires marseillais donne son nom à l'hymne de la République proposé par Rouget de Lisle, mais les notables des villes et des campagnes se montrent réservés. Marseille s'agite en 1790, se montre favorable aux Girondins les années suivantes. Le département des Bouches-du-Rhône est représenté à la Convention par une personnalité de ce mouvement, Barbaroux, alors que le Var délègue Barras. Sous la Terreur, le mouvement fédéraliste provençal est actif. À Aix, Marseille, Arles, Toulon se lèvent des forces armées qui marchent vers le nord pour se joindre aux Lyonnais lors de l'insurrection de l'été de 1793. C'est en rencontrant les républicains sur les bords de la Durance que le jeune républicain Viala trouve une mort héroïque. Au mois d'août, les royalistes, maîtres de la municipalité de Toulon, livrent la place à l'amiral britannique Hood. Il faut un siège en règle pour venir à bout des assiégés en décembre. Après la réaction thermidorienne, la Provence subit la Terreur blanche qui fait suite à celle des révolutionnaires. À Tarascon, les 24 et 25 mai 1795, les prisonniers sont précipités dans le Rhône. À Aix, une semaine auparavant, à Marseille le 9 juin, ont lieu des scènes identiques. L'ordre napoléonien, avec son faste et sa gloire, serait mieux accueilli s'il n'impliquait, à partir de 1806, le rigoureux Blocus continental. Marseille, Toulon et les autres ports du littoral périclitent. La Restauration de 1814 y est accueillie avec tant de faveur qu'au retour de l'île d'Elbe, en mars 1815, Napoléon préfère suivre la route de Grenoble plutôt que celle de la vallée du Rhône. À la Seconde Restauration, la Terreur blanche reprend de plus belle. Des bonapartistes et des Mamelouks sont massacrés à Marseille. Le maréchal Brune est assassiné à Avignon.

Cette réticence envers le pouvoir centralisateur s'efface bientôt avec le XIXe siècle expansionniste. Charles X intervient en Grèce, en 1827, et en Algérie, trois ans plus tard. Marseille tire bénéfice de ces entreprises qui se poursuivent sous la monarchie de Juillet, le Second Empire et la IIIe République. La création d'un empire colonial sur lequel, pourrait-on dire, le « soleil ne se couche jamais », stimule l'économie marseillaise et provençale. Le canal de Suez permet de gagner aisément l'Extrême-Orient. Le grand port étend sa superficie par la création de nouveaux bassins. L'industrie s'y installe. Les constructions navales gagnent La Seyne et La Ciotat. Toulon redevient base navale de première importance. Marseille est la « fenêtre » idéale d'un arrière-pays qui s'étend à la région lyonnaise, aux Alpes du Nord, à la Suisse et à la Bourgogne. Le XXe siècle ajoute les ressources du charbon, du lignite, de la bauxite et surtout du pétrole d'Irak au lendemain de la Première Guerre mondiale.

Les épreuves de la Seconde Guerre mondiale sont moins ressenties ici qu'ailleurs, car le statut de zone non occupée laisse à Marseille et à la Provence son activité d'antan. Bien mieux, nombre d'entreprises de la zone nord se sont repliées dans le Midi. Malgré la guerre en Méditerranée, Marseille maintient des relations assez suivies avec l'Afrique du Nord. Créations artistiques et littéraires connaissent un succès sans précédent. C'est le triomphe de Marcel Pagnol et de l'incomparable phalange d'artistes cinématographiques que sont Raimu et Fernandel, entre autres. Les paysages provençaux servent de cadre naturel à des classiques du cinéma comme *Naïs* et *La Femme du boulanger*. La guerre ne semble pas avoir prise sur cette Provence enchanteresse, terre de civilisation, qui perpétue le souvenir créateur de Mistral, de Roumanille et d'Aubanel, initiateurs au siècle dernier du Félibrige. Toutefois, le débarquement allié du 8 novembre 1942 en Afrique du Nord incite Allemands et Italiens à envahir la zone sud trois jours plus tard. Le 27 novembre, en rade de Toulon, la flotte de haute mer se saborde. La « fenêtre sur le large » se referme comme aux heures les plus sombres du Blocus continental. Mais ce blocus ne dure qu'un an et demi. Le 15 août 1944, les forces franco-américaines apparaissent au large de la côte des Maures. Les 27 et 28 août, les garnisons allemandes de Toulon et de Marseille déposent les armes, livrant plus de 40 000 prisonniers et un matériel considérable à la Ire armée française, qui s'élance de là vers Avignon, Valence et Lyon, commençant sa brillante épopée vers le Rhin et le Danube. Dans le sillage de ces troupes victorieuses, l'intendance et le génie américains déroulent les tuyaux d'un pipe-line destiné à ravitailler les forces alliées d'Alsace et de Lorraine. Les routes sont chargées de camions de ravitaillement.

L'après-guerre confirme le rôle prépondérant du port de Marseille, d'autant plus qu'au pétrole d'Irak s'ajoute maintenant celui d'Algérie (à partir de 1958) puis de Libye, d'Iran et d'Arabie Saoudite. Le pipe-line atteint Strasbourg et Francfort. Les installations de raffinage se multiplient près de l'étang de Berre. Lavera, Martigues, La Mède sont synonymes de pactole noir. La pétrochimie ajoute ses ressources à celles, traditionnelles, des industries alimentaires et de travaux publics. L'industrie lourde apparaît autour de Fos. La bauxite alimente une industrie de l'aluminium qui tire ses sources énergétiques de l'aménagement hydro-électrique de la basse Durance. La riziculture de Camargue, développée durant la guerre, couvre une partie des besoins de la métropole en riz. Le tourisme anime le littoral de Bandol jusqu'au littoral de l'Estérel. En revanche, l'intérieur, terre des oliviers, des céréales et des moutons transhumants, se dépeuple. Marseille, Toulon (nouvelle préfecture du Var aux dépens de Draguignan) et les cités du littoral attirent les ruraux en quête d'emplois.

PROVENCE, comte de : voir LOUIS XVIII

PROVENCE (maison de)

Le mariage de Béatrice, héritière du comté de Provence, en 1246, avec Charles d'Anjou, frère de Saint Louis, marque le début de la maison de Provence.

À Charles Ier d'Anjou (1246-1285) succèdent Charles II (1285-1309), Robert d'Anjou (1309-1343), Jeanne (1343-1382) et surtout le bon roi René (1434-1480), qui fait d'Aix une cité des arts et des lettres. Son successeur et neveu, Charles III, ne peut résister à Louis XI qui s'empresse d'annexer le pays en janvier 1482.

PROVINCE

Le mot province s'entend dans deux sens bien délimités dans le temps, en Gaule et en France : le sens ancien et romain qui est celui d'une circonscription administrative précise ; le sens moderne et français, qui, sauf lorsque le mot de province était employé comme synonyme de gouvernement, a toujours été vague (région, pays se distinguant de ses voisins par son passé et ses usages). Aussi est-il impossible d'écrire une histoire générale de la province française, à moins d'écrire une histoire de France.

L'étymologie du terme latin *provincia* alimente encore aujourd'hui la controverse. Ce qui n'est pas douteux, c'est qu'à l'origine on ne saurait dissocier *provincia* et *imperium*, ce dernier mot s'appliquant au commandement militaire d'un consul ou d'un préteur (parfois d'un proconsul ou d'un propréteur). Bientôt, avec l'extension de la puissance romaine hors de la péninsule italique, la *provincia* se définit comme l'espace géographique où s'exerce l'*imperium*. Les premières provinces territoriales sont, en 240-230 av. J.-C., la Sicile et l'ensemble Sardaigne-Corse, suivies en 197 par les deux Espagnes. Les statuts provinciaux subissent de nombreuses modifications au cours du Ier siècle avant J.-C. En 27, Octavien-Auguste distingue les provinces sénatoriales, pays pacifiés, et les provinces impériales, pays à pacifier et exigeant pour cette raison la présence de fortes troupes. C'est dans la première catégorie qu'entre d'emblée la *Provincia romana* ou *Provincia* tout court, ou encore *Narbonnaise* qui est la Gaule du Sud-Est, conquise en 121-118 av. J.-C. puis, sous César, réunie au grand gouvernement de la Gaule. En revanche, la Gaule chevelue, conquise par César seulement, va former sous son fils adoptif trois provinces impériales, d'où le nom de *Tres Galliae* (Lyonnaise, Aquitaine et Belgique).

Au cours des IIIe et IVe siècles de notre ère, d'importants changements affectent les provinces, tant du point de vue des règles de leur administration que du découpage géographique. Après la réforme de Dioclétien, on compte dans l'ensemble de l'Empire près de 100 provinces ; le pouvoir civil et le pouvoir militaire sont séparés ; les provinces sénatoriales sont supprimées, l'empereur désignant désormais la totalité des proconsuls. La fin de l'empire d'Occident est caractérisée par une accentuation de la tendance au morcellement provincial. La *Notitia dignitatum utriusque imperii* mentionne en Gaule 6 provinces consulaires (les deux Belgiques, les deux Germanies, la Lyonnaise Première et la Viennoise) confiées à des proconsuls ou à leurs substituts, et 11 provinces présidiales (Lyonnaises Deuxième, Troisième et Quatrième, Grande Séquanaise, les deux Aquitaines, la Novempopulanie, les deux Narbonnaises, les Alpes Grées et Pénines, les Alpes Maritimes) administrées par des présidents. Au haut Moyen Âge, les pouvoirs provinciaux passent aux comtes et aux ducs. Sans jamais avoir été complètement oublié, le terme de province revient à la mode sous Charles VII pour désigner tantôt les grands fiefs dotés d'une forte personnalité juridique, tantôt de façon assez confuse les circonscriptions du royaume, qu'elles soient judiciaires et financières ou surtout militaires (gouvernements).

À côté des provinces civiles et militaires se sont développées dès le Bas-Empire des provinces ecclésiastiques. Ces circonscriptions reprennent à peu de choses près les limites des anciennes provinces romaines. À l'époque mérovingienne, la Gaule en compte 12. Sous les Carolingiens, le nombre monte à 17 grâce au rétablissement de Cologne, Mayence, Besançon, Moutiers en Tarentaise, Embrun. Ce cadre ecclésiastique subsistera presque intact jusqu'à la fin de l'Ancien Régime, malgré les bouleversements politiques de l'Europe et les changements nombreux intervenus dans le nombre et la répartition des évêchés et métropoles. En 1790, la création des départements s'accompagne d'une révision de la liste des évêchés et, partant, d'un nouveau découpage des provinces, réduites au nombre de 10 sous la qualification d'arrondissements. Le concordat de 1801 restaure le titre de province. En 1822, certaines anciennes provinces sont reconstituées. D'autres entièrement nouvelles seront créées par la suite.

PROVINCE ROMAINE ou PROVINCE

Nom donné à une vaste région de la Gaule transalpine passée sous le contrôle des Romains en 121-118 av. J.-C., à la suite de plusieurs campagnes militaires.

Elle est peuplée de Celtes, de Ligures (Alpes, Provence), d'Ibères (Roussillon) et de quelques Grecs (Agde, Antibes, etc.). On l'appelle parfois *Provincia ulterior* ou *Gallia bracata* (Gaule en braies). Elle perd son individualité administrative en 51 av. J.-C, lorsque la conquête de la *Gallia comata* (Gaule chevelue) est achevée par César et ses lieutenants : la *Provincia romana* recouvre alors l'ensemble de la Gaule transalpine. Il faut attendre 27 pour qu'elle ressuscite avec ses anciennes limites, sous le nom de Narbonnaise.

PROVINS

Ville de Seine-et-Marne située au cœur du pays briard, à 85 km au sud-est de Paris.

Un promontoire, dominant le cours de la Voulzie, passe pour avoir porté dans l'Antiquité un *oppidum* romain. Mais c'est au Moyen Âge que le site prend de l'importance, aux confins de la Champagne et de l'Île-de-France. Les comtes de Champagne y succèdent aux comtes de Vermandois. La proximité de Troyes, cité aux foires actives, les routes menant vers Paris et vers Montereau expliquent le développement d'un négoce local puis régional qui atteint un développement considérable au XIIIe siècle. Drapiers, corroyeurs, marchands de céréales tiennent une place prépondérante lors des foires célèbres qui ont une importance européenne. Le rattachement du comté de Champagne à la couronne, au XIIIe siècle, marque le début d'un déclin qui ira s'accentuant avec les conséquences de la guerre de Cent Ans, époque qui voit l'occupation anglaise. De son passé prestigieux, la cité a conservé divers monuments et édifices, parmi lesquels une partie des remparts et un donjon, la célèbre tour de César, commencée au XIIe siècle.

PRUD'HOMMES

Conseil paritaire chargé de trancher les litiges entre employeurs et salariés.

La Révolution ayant supprimé les corporations, les juridictions de métiers ont également disparu. À la demande des soyeux de Lyon, Napoléon établit donc la juridiction des prud'hommes. Cet organisme mixte est institué par une loi de 1806, modifiée par les lois de 1853, 1880, 1884, 1958, 1979 et 1982. Les membres sont recrutés en nombre égal parmi les listes patronales et salariales et élus pour six ans avec renouvellement de moitié tous les trois ans. Il existe au moins un conseil de prud'hommes par tribunal de grande instance. Le minimum de juges est de quatre, y compris le président ou le vice-président. Les candidats au conseil de prud'hommes doivent être âgés de 21 ans et remplir les conditions légales pour être électeurs. Les élections ont lieu à la représentation proportionnelle, à la plus forte moyenne. On peut être électeur à 16 ans. Depuis la réforme de 1958, les conseils de prud'hommes sont compétents pour connaître des litiges professionnels de toutes catégories de métiers. La loi de 1979 oblige tous les salariés, y compris les cadres, qui pouvaient auparavant porter leurs différends devant le tribunal d'instance ou de commerce, à s'adresser obligatoirement aux prud'hommes. Les conseils de prud'hommes ont également compétence pour faire respecter les règlements professionnels et faire appliquer les lois concernant le code du travail. Ils ont enfin un rôle d'informateur auprès des pouvoirs publics sur les problèmes commerciaux et industriels.

PS : voir PARTI SOCIALISTE

PSAUTIER

Recueil de 150 poèmes lyriques – ou psaumes – composés entre le Xe et le IIIe siècle av. J.-C. et inclus dans l'Ancien Testament. L'auteur supposé en est David.

Dès le haut Moyen Âge on distingue le psautier biblique du psautier liturgique, le premier étant divisé en cinq livres, le second en sept, correspondant aux jours de la semaine. Le psautier est utilisé par les moines pour célébrer l'office, mais également par les laïcs dès le XIIe siècle. Abondamment illustré, il sert à l'apprentissage de la lecture. Il est peu à peu supplanté par les livres d'Heures.

PSU : voir PARTI SOCIALISTE UNIFIÉ

PUCHEU Pierre (Beaumont-sur-Oise, Seine-et-Oise, 1899 – Hussein-Dey, Algérie, 1944)

Homme politique.

Issu d'un milieu modeste, cet ancien élève de l'École normale supérieure préfère le monde de l'industrie à celui de l'enseignement où il devient administrateur de la société Japy. Dans le même temps, il prête un intérêt soutenu aux ligues antiparlementaires qui foisonnent dans les années trente, adhérant au lendemain du 6 février 1934 à la ligue des Croix-de-Feu du colonel de La Rocque, puis au PPF de Doriot en 1936. Son heure sonne avec l'arrivée de Darlan à Vichy en février 1941 : Pucheu appartient en effet à ces jeunes technocrates, polytechniciens, managers avides de modernisation qui, avec François Lehideux, Jacques Barnaud et Jean Bichelonne, forment l'équipe dite des « jeunes cyclistes ». Nommé pour quelques mois au poste de secrétaire d'État à la Production industrielle, Pucheu pense que le gouvernement de Vichy est en mesure de réaliser les transformations économiques qu'il juge essentielles pour la France, passant notamment par la nationalisation de l'économie. Il ne reste cependant pas longtemps en poste puisque, dès le 18 juillet 1941, il est nommé par Darlan ministre de l'Intérieur. Or, l'invasion de l'URSS par l'Allemagne en juin 1941 voit de nombreux communistes rejoindre les rangs de la Résistance et les attentats se multiplier : le Service d'ordre français, sous la direction de Pucheu, entend donc montrer aux Allemands qu'il peut et sait remettre de l'ordre dans le pays. À cette fin, Pucheu se livre simultanément à diverses opérations de répression. Non seulement les polices, autrefois municipales, sont étatisées à partir du 23 avril 1941, ce qui renforce le contrôle de celles-ci par le ministère de l'Intérieur, mais encore celui-ci multiplie-t-il la création de polices parallèles : le Service de police anticommuniste (SPAC), la Police aux questions juives (PQJ), les Groupes mobiles de réserve (GMR) chargés de traquer les maquisards, enfin le Service des sociétés secrètes. Par ailleurs, Pucheu se fait le grand organisateur de la tactique des représailles et exécute les otages à tour de mains, notamment les communistes. Il quitte le pouvoir au retour de Laval en avril 1942, ce dernier incarnant à ses yeux le type même du représentant d'une tradition politique honnie. Occupant un moment l'ambassade de Berne, Pucheu gagne l'Espagne après les événements de novembre 1942 en Afrique du Nord. Sentant le vent tourner, il prend des contacts avec le général Giraud, qui lui signe un passeport pour l'Algérie. C'est là que l'ancien ministre de l'Intérieur est arrêté en 1943, jugé du 4 au 9 mars 1944, condamné à mort et exécuté le 20 mars, première victime officielle de l'épuration politique. En guise de représailles, la Milice fait assassiner l'ancien ministre du Front populaire, Jean Zay.

PUISAY Joseph Geneviève, comte de (Mortagne, 1755 – Hammersmith, 1827)

Général.

Député de la noblesse du Perche aux États généraux, il se montre, à l'Assemblée, favorable aux idées nouvelles. Commandant de la garde nationale d'Évreux, maréchal de camp en 1791, il change d'opinion en 1793 lorsque, à la Convention, les Montagnards l'emportent sur les Girondins. Au mois de juin, quelques députés girondins, Pétion, Brissot, Lanjuinais, Buzot, se réfugient à Caen où ils tentent d'organiser un soulèvement fédéraliste. Sous les ordres du général Wimpffen, Puisaye dirige la petite armée levée par les Girondins, et composée essentiellement de Bre-

Pierre Pucheu
Pucheu (au centre) lors de son procès en mars 1944. © *Sélection Images*

tons. Le comte prend la tête des troupes qui marchent vers Paris, mais se fait battre le 13 juillet à Pacy-sur-Eure par des bataillons de gardes nationaux. Il se replie alors vers Caen, puis s'embarque à destination de l'Angleterre. Là, en 1795, le comte d'Artois (futur Charles X) le charge de préparer le débarquement de Quiberon. Avec d'Hervilly et Sombreuil, Puisaye commande les troupes émigrées qui débarquent à Quiberon le 27 juin. Les chefs s'entendent mal, des querelles de préséance opposent d'Hervilly à Puisaye. Au mois de juillet, lorsque les émigrés vaincus refluent vers la mer, poursuivis par les soldats de Hoche, Puisaye supplie en vain le commandement britannique d'intervenir. Il fait partie des rares émigrés qui parviennent à échapper au désastre et à regagner l'Angleterre. Ses démêlés avec quelques-uns de ses compagnons, qui l'accusent de trahison, le conduisent à émigrer au Canada où il séjourne de 1798 à 1801. De retour en Grande-Bretagne, il se fait naturaliser Britannique. On lui doit des *Mémoires pour servir à l'histoire du parti royaliste* (6 vol., 1808).

PUY (Le)

Ancienne capitale du Velay, située sur un affluent de la Loire, la Borne. Le rocher Corneille, d'origine volcanique, qui la domine, confère à son site un caractère exceptionnel.

Podium Aniciense (le mont d'Anis est à l'origine de l'ancienne ville) est longtemps un simple centre religieux pour les Vellaves. Le culte de saint Michel y remplace un culte païen, sans doute celui de Mercure Teutatès, vers le milieu du Vᵉ siècle, avant de faire place lui-même à celui de la Vierge. Au nord de la ville se dresse toujours, sur un piton de 85 m de hauteur, la petite église romane de Saint-Michel d'Aiguilhe. La ville prend vraiment de l'importance au VIᵉ siècle lorsque l'évêché des Vellaves y est transféré. Très tôt, la légende chrétienne s'en empare, avec l'épiscopat prétendu de saint Georges, l'apparition de la Vierge, les guérisons miraculeuses, le cerf qui trace sur le sol l'enceinte de la future église, la haie d'aubépines plantée sur cette trace et qui fleurit le lendemain, si bien que les pèlerins affluent à Notre-Dame-du-Puy. Charlemagne lui-même y serait venu à deux reprises. Avant le concile de Clermont (1095), c'est l'évêque du Puy Adhémar de Monteuil qu'Urbain II désigne comme légat pour diriger la première croisade. Au XIIᵉ siècle, les évêques, désormais comtes du Velay, sont les maîtres de la ville mais, en 1307, Philippe le Bel devient avec eux coseigneur du Velay. Les états particuliers du Velay s'y constituent vers 1381. Très catholique, Le Puy repousse toutes les attaques des huguenots cévenols pendant les guerres de Religion, adhère à la Sainte Ligue et sera l'une des dernières villes de France à reconnaître Henri IV.

PYAT Félix Aimé (Vierzon 1810 – Saint-Gratien, 1889)

Journaliste, écrivain et homme politique.

Fils d'un avocat, il suit l'exemple paternel et entreprend des études de droit. En 1830, il prend part à la révolution de Juillet. Avocat, inscrit au barreau de Paris l'année suivante, Pyat ne tarde pas à abandonner sa profession pour se lancer dans le journalisme et la littérature. Il collabore à plusieurs journaux, *Le Figaro*, *Le Charivari*, dirige *La Revue britannique*, participe à la fondation de la Société des gens de lettres. En littérature, Pyat combat le romantisme, qu'il considère comme réactionnaire. Lui-même publie diverses pièces d'inspiration socialiste, des drames, *Le Brigand et le Philosophe* (1834), *Les Deux Serruriers* (1841) et surtout *Le Chiffonnier de Paris* (1847), joué par Frédérick Lemaître. Ces œuvres connaissent un réel succès. Félix Pyat prend part au mouvement révolutionnaire de février 1848, est envoyé en mission dans le département du Cher par le gouvernement provisoire, avant d'être élu à la Constituante, puis à la Législative. Siégeant à l'extrême gauche, parmi les Montagnards, il défend le droit au travail avec son ami Louis Blanc et apparaît à ce moment comme un des dirigeants du socialisme. Certains se méfient toutefois de ses origines bourgeoises, comme Proudhon qui le traite « d'aristocrate de la démocratie », et l'affronte dans un duel fameux. Compromis dans l'insurrection du 13 juin 1849, Pyat s'enfuit en Suisse, puis en Belgique, et enfin à Londres où il anime bientôt le parti révolutionnaire en exil et continue de s'intéresser à la vie politique française, expédiant sur le continent libelles et proclamations, assez peu réalistes parfois. En 1858, il n'hésite pas à rendre publique une apologie d'Orsini, auteur d'un attentat contre Napoléon III. En 1864, il adhère à la section française de l'Internationale.

Amnistié en 1869, le révolutionnaire regagne Paris, où il collabore au *Rappel*. Ses menées en faveur du communisme révolutionnaire, les nombreux délits de presse dont il est l'auteur, le contraignent à gagner de nouveau l'Angleterre. Rentré à Paris après le 4 septembre 1870 et la chute de l'Empire, Pyat fonde dès le 16 septembre sa propre feuille, *Le Combat*, qui annonce la capitulation de Bazaine. Sa participation à la journée du 31 octobre lui vaut un séjour en prison. Élu député de la Seine le 8 février 1871, il démissionne le 3 mars. En février, il a fondé une nouvelle feuille, *Le Vengeur*, bientôt supprimée, mais qui réapparaît sous la Commune. Élu au Conseil de la Commune par le Xᵉ arrondissement, Pyat, qui se signale par la véhémence de ses interventions, fait partie de la Commission exécutive, de la Commission des finances, et du premier Comité de salut public. Il disparaît à la veille de la Semaine sanglante, pour réapparaître à Londres au début du mois de juin. L'amnistie de 1880 lui permet de regagner la France. Député de Marseille en 1888, il siège à l'extrême gauche et, malgré son âge, se signale encore par la violence de ses attaques contre le général Boulanger.

PYRAMIDES (bataille des)

Victoire remportée le 21 juillet 1798 par Bonaparte, au cours de la campagne d'Égypte.

Dans son avance sur Le Caire, l'armée française de Bonaparte se heurte, au pied des pyramides de Guizeh, à la cavalerie des Mamelouks (6 000 hommes), sous un soleil torride. Mais les assauts furieux des Mamelouks, qui ne disposent d'aucun canon, se brisent contre l'infanterie française, formée en carré avec l'artillerie placée aux angles. Passant alors à son tour à l'offensive, Bonaparte s'empare d'Embabeh. Faute de troupes montées, il ne peut poursuivre l'ennemi en débandade mais, le surlendemain 23 juillet, fait une entrée triomphale au Caire. C'est peu avant la bataille, alors que les Mamelouks s'apprêtaient à charger, qu'il aurait prononcé la célèbre phrase : « Soldats, du haut de ces pyramides, quarante siècles vous contemplent... »

PYRÉNÉES (paix des)

Signée le 7 novembre 1659, cette paix met fin à la guerre franco-espagnole.

Des premières négociations, entamées à Madrid dès 1656 par Lionne, avaient échoué, mais l'Espagne, au bord de l'épuisement, se

La bataille des Pyramides
Bataille des Pyramides, le 21 juillet 1798. Huile sur toile de Louis Lejeune, 1806, château de Versailles. © *Lauros-Giraudon*

décide à la conciliation après la victoire française des Dunes (juin 1658) et la prise de Dunkerque par Cromwell. Les deux gouvernements se rencontrent sur la Bidassoa et, dans l'île des Faisans, Mazarin et don Luis de Haro négocient âprement, la grosse difficulté étant le problème de l'amnistie du prince de Condé, avec restitution de ses biens et dignités. Celle-ci est finalement accordée lors de la signature du traité. Mais l'Espagne cède à la France d'importants territoires : le Roussillon, une partie de la Cerdagne, l'Artois (moins Aire et Saint-Omer) et l'amorce d'une ligne de places au Nord : Gravelines et Bourbourg en Flandre ; Le Quesnoy, Landrecies, Avesnes en Hainaut ; Philippeville et Mariembourg dans l'évêché de Liège ; Ivoy, Montmédy, Damvillers, Thionville dans le duché de Luxembourg ; le Barrois, le Clermontois, Dun, Stenay, Jametz et une route stratégique d'une demi-lieue de large vers Metz et l'Alsace dans le duché de Lorraine qui, pour le reste, est restitué à son duc, Charles IV.

C'est pour la France l'ébauche d'une frontière militaire, avec places avancées, vers ces Pays-Bas dont Mazarin rêve comme d'un « boulevard inexpugnable ». Mais la Lorraine reste fief impérial et, en Alsace, le roi de France n'a qu'une vague suzeraineté héritée de l'empereur, sur le Sundgau et Brisach, le landgraviat de Haute- et Basse-Alsace et la préfecture de la Décapole. Strasbourg, ville libre impériale, et Mulhouse, alliée perpétuelle du canton de Bâle, restent républiques indépendantes. Enfin les Anglais sont à Dunkerque et les Espagnols tiennent encore Saint-Omer, Lille, Cambrai, Douai, Valenciennes, Maubeuge, Luxembourg, Vesoul, Dole et Besançon. Avec la paix, Philippe IV d'Espagne offre également au jeune roi Louis XIV la main de sa fille l'infante Marie-Thérèse. Non sans hésitation. Mazarin a dû forcer la décision en simulant un projet de mariage entre Louis XIV et sa cousine Marguerite de Savoie. La dot de l'infante se monte à 500 000 écus d'or et son non-paiement intégral permettra plus tard à Louis XIV de faire valoir « les droits de la reine » à la succession espagnole, conformément à la clause que Mazarin, connaissant la médiocre situation financière de Philippe IV, avait habilement introduite dans le traité.

La paix des Pyrénées
Allégorie de la paix des Pyrénées. Huile sur toile de Théodore Van Thulden, Paris, musée du Louvre.

q

QUATRE-ARTICLES (déclaration des) : voir DÉCLARATION DU CLERGÉ

QUATRE-BRAS (bataille des)

Bataille entre Français et Anglais, livrée le 16 juin 1815 dans un hameau du Brabant (Belgique), dont le nom vient de sa position d'intersection entre les routes de Charleroi à Bruxelles et de Nivelles à Namur.

Au terme des manœuvres françaises tendant à endiguer le flot de la septième coalition, Napoléon arrive à Charleroi le 15 juin. Son but est d'empêcher la jonction des troupes anglaises commandées par Wellington et les troupes prussiennes dirigées par Blücher pour, ensuite, les battre séparément. Aussi ordonne-t-il au maréchal Ney de se porter immédiatement au devant des premières en prenant position aux Quatre-Bras. Ney, constatant que le hameau est occupé par l'ennemi, n'ose pas l'attaquer. Le lendemain, dès l'aube, Napoléon réitère ses ordres, mais le maréchal, n'ayant pas réalisé qu'il dispose d'une supériorité numérique importante (12 000 soldats contre 7 500) reste inactif toute la matinée, attendant des renforts qui ne viendront jamais. Pendant ce temps, à quelques kilomètres de là, l'Empereur engage avec succès la bataille de Ligny contre Blücher. Cependant, pour que l'armée prussienne soit anéantie, il faut impérativement que Ney s'empare de la position pour pouvoir ensuite tomber sur le flanc droit de l'ennemi. Poussé par des ordres répétés, Ney se décide enfin à l'offensive en début d'après-midi, à un moment où Wellington, comprenant à retardement l'enjeu de la situation, est en train de renforcer les Quatre-Bras. Progressivement, le rapport des forces s'inverse et, malgré les assauts furieux du prince de la Moskova au prix de très lourdes pertes, celui-ci, le soir, doit s'avouer vaincu. Le 17 au matin, les Prussiens, défaits mais moins atteints que ne le pense Napoléon, se replient en bon ordre, tandis que les Anglais, abandonnant les Quatre-Bras, s'installent sur le plateau du mont Saint-Jean. La jonction des deux armées est ainsi imminente, et la défaite de Ney se révèle comme l'une des causes de celle de Waterloo, le lendemain.

QUATRE-NATIONS (collège des)

Collège parisien fondé par le cardinal Mazarin.

À la suite de la réunion au royaume de France du Roussillon, de Pignerol, de l'Alsace et de l'Artois, conséquence des traités de Westphalie et des Pyrénées, Mazarin décide en 1661 de fonder un établissement d'enseignement destiné à recevoir des élèves de modeste origine provenant de ces régions nouvellement acquises. Ce collège fonctionnera jusqu'à la Révolution. En 1806, Napoléon en affectera les bâtiments à l'Institut de France.

QUÉBEC

Capitale de la province de Québec.

Ayant pour origine un village indien, Stadacona, visité par Jacques Cartier en 1535, Québec devient, moins d'un siècle plus tard, un important centre de pénétration française en Nouvelle-France, avec la création par Champlain, en 1608, d'une « habitation », véritable plaque tournante d'échanges commerciaux. Prise par les Anglais en 1629, la ville est restituée à la France en 1632. Un évêché, confié à François de Montmorency-Laval, y est institué en 1674. Assiégée de nouveau mais sans succès par les Britanniques en 1690 et 1711, Québec devient finalement anglaise par le traité de Paris de 1763. Devenue en 1791 capitale du Bas-Canada puis des Haut- et Bas-Canada de 1851 à 1855 et de 1859 à 1865, Québec recouvre, à la suite de l'établissement de la Confédération (Acte de l'Amérique du Nord, 1867), sa place à la tête de la nouvelle province.

QUÉLEN Hyacinthe Louis, comte de (Paris, 1778 – Paris, 1839)

Archevêque.

Originaire d'une noble famille bretonne remontant à un compagnon de Du Guesclin, Quélen reçoit la tonsure dès 1790 et, après la signature du concordat de 1801, est l'un des premiers élèves du séminaire de Saint-Sulpice réorganisé. Ordonné prêtre en 1807, il devient bientôt secrétaire du cardinal Fesch, dont il partagera la disgrâce en 1812. Après l'éloge funèbre de Louis XVI, en juin 1814, il prononce l'année suivante celui de Madame Élisabeth. Vicaire général de la grande aumônerie en 1815, il bénéficie sous la Restauration de la protection de Mgr de Talleyrand-Périgord qui, devenu archevêque de Paris en 1817, le choisit comme auxiliaire. La même année, Quélen participe aux négociations du concordat. Coadjuteur de l'archevêché de Paris en 1819, archevêque de la capitale deux ans plus tard, il est nommé pair de France en 1822. Deux ans plus tard, il entre à l'Académie française.

De tendances réactionnaires, l'archevêque de Paris combat le mouvement libéral qui se déve-

Bataille des Quatre-Bras
Le Prince d'Orange aux Quatre-Bras, 16 juin 1815. Huile sur toile de M.I. Van Bree, Bruxelles, Musée royal de l'Armée. © *Lorette-Giraudon*

loppe à la fin du règne de Charles X, s'oppose à Lamennais, proteste en 1828 contre l'expulsion des jésuites, puis, en 1830, félicite le roi pour la prise d'Alger, en des termes louangeurs qui achèvent de le rendre impopulaire. Pendant la révolution de Juillet, Quélen doit abandonner son diocèse pour échapper à ses adversaires. À son retour en janvier 1831, il se montre réservé vis-à-vis du nouveau régime. Le 3 février, un service à la mémoire du duc de Berry, célébré à Saint-Germain-l'Auxerrois avec son autorisation, provoque le sac de l'église. Le lendemain, l'archevêché est ravagé à son tour. Après la mort de l'abbé Grégoire le 28 mai, Quélen se fait de nouveaux ennemis en lui refusant une sépulture chrétienne, comme il lui avait refusé les derniers sacrements, l'abbé Grégoire n'ayant pas voulu renier le serment constitutionnel prêté en 1791. L'année suivante, il se dévoue envers les victimes de l'épidémie de choléra, transformant en hôpitaux le château de Conflans et le séminaire de Saint-Sulpice, créant l'œuvre des orphelins du choléra. Quelque temps avant sa mort, il se retire au couvent des dames du Sacré-Cœur, où il achève ses jours.

Quercy

Ancien pays qui faisait partie de la généralité de Haute-Guyenne et était borné par le Limousin, l'Auvergne, le Rouergue, le Languedoc, l'Agenais et le Périgord.

Il doit son nom au pagus *Cadurcensis* ou *Caturcinus* (pays des Cadurques) dont il est issu, et non, comme le veut une certaine légende, au chêne (en latin *quercus*), qui n'y est pas beaucoup plus fréquent qu'ailleurs. Géographiquement, le vaste pays quercynois se compose de deux parties : le Haut-Quercy, qui comprend d'une part la Châtaigneraie et le Ségala (dont la délimitation précise n'est pas aisée), d'autre part les trois causses de Martel, de Gramat et de Limogne, séparés par les vallées de la Dordogne et du Lot ; le Bas-Quercy, dans lequel se rencontrent Aveyron, Tarn et Garonne, et dont les deux premières villes sont Montauban et Moissac.

Historiquement, le Quercy possède une assez forte individualité. En témoigne le fait que les paysans qui l'habitent aiment encore à se dire Quercynois. Pourtant il est impossible de parler d'unité politique quercynoise. Celle-ci a peut-être été une réalité au temps des anciens Cadurques : la puissance de ce peuple celtique, sa résistance devant César et ses lieutenants, sa richesse pendant la paix romaine sont bien connues. Mais elle fait totalement défaut pendant le Moyen Âge. L'autorité des comtes de Toulouse, établie vers 850, n'a jamais été que de principe. Il n'y a pas un Quercy féodal, mais des Quercy féodaux : aux Xe et XIe siècles, la dynastie toulousaine crée ou reconnaît des comtés et des vicomtés qui se développent à ses dépens, notamment à Caussade et à Cahors. Cahors est la ville épiscopale des Cadurques. L'évêque de Cahors jouit d'un grand

Le collège des Quatre-Nations
Vue et perspective. Collège des Quatre-Nations. Dessin de F. Silvestre, Paris, musée du Louvre, cabinet des dessins. © *Lauros-Giraudon*

prestige non seulement spirituel mais temporel. Ce prélat est traditionnellement qualifié comte, tout au moins à partir de 1088, mais son autorité ne s'exerce directement que sur le Cahorsin et dans certaines seigneuries isolées. Ailleurs, le pouvoir réel appartient à des seigneurs particuliers, dont les capitales militaires, sinon administratives, s'appellent Turenne, Gourdon, Cardalhac, Castelnau (de Bretenoux). Le château de Turenne est en Limousin, mais ses vicomtes règnent sur le causse jusqu'à Saint-Céré. Les seigneurs de Gourdon interviennent dans le Périgord dont ils sont voisins. Castelnau et Cardalhac (qui est une coseigneurie) entretiennent des relations étroites avec le Rouergue. Les maisons féodales quercynoises placent un grand nombre de leurs rejetons sur le trône épiscopal de Cahors. Ce sont les Cardalhac qui viennent en tête avec quatre évêques. L'un d'entre eux, Guillaume, joue un rôle important pendant la guerre albigeoise : à maintes reprises, il soutient vigoureusement Simon de Montfort contre Raymond VI, ce qui lui permet de consolider ses droits comtaux et même d'arracher définitivement Cahors à la mouvance toulousaine. Une politique analogue est suivie par son parent Bertrand, seigneur ou coseigneur de Cardalhac, ainsi que par les Gourdon et les Turenne. Aussi le haut pays est-il relativement épargné par la tourmente qui s'abat sur le comté de Toulouse. Il en va différemment en Bas-Quercy, où les populations sont divisées, où les fiefs sont moins étendus ou moins solides : Bruniquel, Montpezat, Mondenard, etc. Les villes, Moissac et Montauban, subiront pleinement les flux et reflux des antagonistes.

L'administration centralisatrice d'Alphonse de Poitiers, frère de Saint Louis, n'amène pas la fin des inquiétudes. Déjà le Quercy avait appartenu à Henri II Plantagenêt. En 1259, le traité de Paris reconnaît aux Anglais une partie du pays. Si, en 1286, Édouard Ier renonce à toutes ses prétentions, les défaites des premiers Valois ont pour effet de livrer la Guyenne au roi d'Angleterre. Lors de l'exécution du traité de Brétigny (1360), certains seigneurs s'accommodent parfaitement de la domination anglaise et font bon accueil au capitaine anglais Jean Chandos. Ce n'est pas le cas des Cadurciens. D'une manière générale, les bourgeois et le menu peuple se lassent vite des exactions des routiers qui travaillent parfois avec les Anglais. Non sans avoir durement souffert, l'ensemble du pays réintègre la France une première fois en 1369, puis définitivement au milieu du XVe siècle.

La période qui suit est, au point de vue économique et artistique, une sorte d'âge d'or que viennent clore les guerres de Religion. Le Bas-Quercy, en particulier Montauban, constitué en évêché depuis 1317 mais converti par son évêque même, se prend de passion pour la cause protestante. La grosse majorité de la population du Haut-Quercy reste quant à elle farouchement catholique, alors que certains seigneurs (les La Tour à Turenne, les Crussol à Acier et Capdenac) passent au calvinisme pour des raisons politiques. De violents conflits surgissent, qui rebondissent sous Louis XIII, du moins dans le bas pays. Richelieu calme l'ardeur des Montalbanais en faisant raser leurs remparts. En même temps, sans doute pour mieux les surveiller, il choisit leur ville comme résidence de l'intendant de la généralité de Haute-Guyenne. De ce choix, les Montalbanais concevront, à la longue, une grande fierté, qui explique leur mécontentement devant la création autoritaire, en 1790, pour prendre la suite du Quercy, d'un département du Lot dominé par Cahors. Désirant apaiser les rancœurs, l'Empire créera en 1808 un nouveau département, le Tarn-et-Garonne, ayant Montauban pour chef-lieu et constitué en majeure partie par le Bas-Quercy.

QUESNAY François (Méré, Île-de-France, 1694 – Versailles, 1774)

Médecin et économiste.

Fils d'un avocat au Parlement, il devient, après de brillantes études de médecine à Paris, chirurgien-chef de l'hôtel-Dieu de Mantes. Sa réputation de chirurgien et d'accoucheur est vite très grande, et il est l'auteur de livres médicaux qui font beaucoup de bruit : *Observations sur les effets de la saignée* (1730), où il réfute les thèses jusque-là admises en la matière, et *Essai sur l'économie animale* (1736). Secrétaire perpétuel de l'Académie de chirurgie en 1737, il donne des cours sur les médicaments chirurgicaux. Médecin de Mme de Pompadour (1749), chirurgien du roi (1752), il est anobli. Sur le tard, il s'intéresse également à la philosophie et à l'économie. Son appartement, au château de Versailles, devient alors le rendez-vous des hommes de la Cour soucieux des problèmes économiques : Diderot, Turgot, le marquis de Mirabeau, Dupont de Nemours, etc. Lui-même devient le principal représentant de l'école physiocratique. Il écrit dans l'*Encyclopédie* les articles *Fermiers* (1756) et *Grains* (1757), où les grands thèmes de la doctrine sont rassemblés, et développe ses idées dans trois ouvrages essentiels : *Analyse du tableau économique* (1758), *Maximes générales du gouvernement économique d'un royaume agricole* (1760) et *Physiocratie ou Constitution naturelle du gouvernement le plus avantageux au genre humain* (1768).

Dans le *Tableau économique*, il entreprend d'expliquer la circulation des richesses dans le corps social, qu'il compare à celle du sang dans le corps humain. Selon lui, il y a dans l'ordre économique des lois naturelles que le législateur doit éviter de contrarier. Toute intervention du pouvoir dans la production et les échanges est néfaste ; d'où la fameuse maxime : « Laissez faire, laissez passer. » L'agriculture est seule vraiment productrice. C'est elle qui fait renaître par la culture du terroir « les richesses naturelles de la nation » et qui entretient « la classe des propriétaires » par le revenu qu'elle lui distribue. Quant à « la classe stérile », elle est « formée de tous les citoyens occupés à d'autres services et à d'autres travaux que ceux de l'agriculture et dont les dépenses sont payées par la classe productive et par la classe des propriétaires, qui eux-mêmes tirent leur revenu de la classe productive ». Or, constate Quesnay, tout le mouvement économique du pays est au service de la Cour, de la noblesse, des prélats, de la grande bourgeoisie. Étrangers à toute activité productrice, ces privilégiés vivent en parasites sur le corps

Québec
Vue de la basse ville de Québec. Gravure coloriée, Allemagne, XVIIIe siècle, Paris, Bibliothèque nationale de France. © *Lauros-Giraudon*

social. Commerce extérieur et industrie manufacturière leur fournissent surtout l'occasion de consommer et de gaspiller. Dans cette limite, le développement industriel trop unilatéral apparaît à Quesnay comme un danger, la priorité à l'agriculture comme un moyen de défense de l'économie à base foncière. Enfin, en consommant au lieu d'investir, les bénéficiaires de la rente foncière font obstacle au développement économique. D'où l'idée que la transformation capitaliste de l'agriculture exige l'abolition de la féodalité et du privilège.

QUESNEL Pasquier (Paris, 1634 – Amsterdam, 1719)

Prêtre et théologien.

Après avoir étudié la théologie à la Sorbonne, il entre en 1657 dans la congrégation de l'Oratoire. Ordonné prêtre en 1659, il se lie avec Antoine Arnauld au séminaire de Saint-Magloire, dont il est le deuxième directeur, et publie dès ce moment divers ouvrages de piété. En 1671 paraît le *Nouveau Testament en français avec des réflexions morales*, que l'on désigne habituellement sous le nom de *Réflexions morales*. L'ouvrage, destiné à l'origine aux jeunes oratoriens, porte déjà la marque de l'influence janséniste. Son auteur prépare ensuite une édition des œuvres du pape Léon le Grand qui, publiée en 1675, est mise à l'index en raison du jansénisme contenu dans les notes. Comme le directeur de l'Oratoire, le père de Sainte-Marthe, favorable lui aussi aux théories de Jansénius et exilé par l'archevêque de Paris, Quesnel doit quitter la capitale pour Orléans, en 1681. Il refuse ensuite de signer un formulaire antijanséniste, comme le lui demandent ses supérieurs. Aussi, en 1684, doit-il se réfugier en Belgique, à Mons puis à Bruxelles, où il retrouve le grand Arnauld. Poursuivant ses travaux, Quesnel rédige ses *Réflexions morales sur les Actes et les Épîtres des Apôtres*, qui paraissent en 1693-1694, suscitant de nouvelles querelles. À la mort d'Arnauld en 1694, Quesnel apparaît comme son successeur a la tête du mouvement janséniste, et entreprend d'étendre son influence. En 1701, il fait rééditer l'*Abrégé de la morale*, ce qui provoque le réveil de la querelle janséniste. Deux ans plus tard, à la suite des polémiques suscitées par son *Cas de conscience*, le théologien est arrêté sur l'ordre de Philippe V d'Espagne. Incarcéré à Malines, il réussit à s'échapper quelque temps plus tard, et passe en Hollande, où il achèvera ses jours, travaillant sans relâche à justifier les positions d'Arnauld et les siennes. En vain. Après le bref *Universi* qui, en 1708, condamne ses *Réflexions morales*, la bulle *Unigenitus* condamne en 1713 cent une propositions issues de l'ouvrage. Quesnel ne recevra même pas, sous la Régence, l'autorisation de rentrer en France.

QUESNOY (Le)

Ville du département du Nord, à la limite du Hainaut et du Cambrésis.

Située sur une éminence, fortifiée au XIIe siècle, Le Quesnoy a constitué au cours des siècles une des principales places fortes du nord de la France et a subi de nombreux sièges. En 1477, la ville oppose une très vive résistance à Louis XI, qui finit par s'en rendre maître. De nouveau assiégée au cours des guerres de Religion, en 1568, la place change ensuite plusieurs fois de mains au cours des guerres du règne de Louis XIV. Turenne s'en empare pour le roi en septembre 1654, mais Condé, avec les Espagnols, vient l'assiéger l'année suivante. Turenne réussit à secourir Le Quesnoy, qui résiste victorieusement. Le traité des Pyrénées, en 1659, en reconnaît la possession à la France. Vauban dote bientôt la ville de fortifications qui subsistent encore aujourd'hui. En juillet 1712, après un siège de près d'un mois, le prince Eugène, à la tête des Impériaux, réussit à pénétrer dans la place, en garde la garnison prisonnière, et s'y retranche puissamment.

La question
Une salle de torture. *Livre de Valerius Maximus*, France, XVe siècle, Londres, British Museum. © *Sélection Images*

Dès le mois d'octobre cependant, après la victoire de Denain, Villars pénètre dans Le Quesnoy, libérée comme les autres places du Nord. Les guerres de la Révolution conduisent de nouveau les armées ennemies sous les murs de la place forte. En août 1793, après s'être emparé de Condé le mois précédent, Cobourg, à la tête des Autrichiens, arrive devant Le Quesnoy. Non secourue, la ville doit capituler au mois de septembre. Elle est reprise en août 1794 par le général Scherer.

QUESTION (la)

Dans l'ancien droit criminel français, et dans celui de la plupart des pays européens, torture que l'on fait subir aux accusés et aux condamnés pour leur arracher des aveux.

L'utilisation de la torture par la justice est très ancienne. Les Grecs déjà la pratiquent, puis les Romains, mais elle ne s'applique à l'origine qu'aux esclaves. En France, l'Église en condamne l'utilisation dès le IVe siècle. Elle reste néanmoins appliquée aux esclaves. Les Germains ignorant la torture, elle n'est guère utilisée au cours des premiers siècles du Moyen Âge, où la désignation du coupable est confiée à la main de Dieu, par l'ordalie. Avec le développement du droit romain, au XIIIe siècle, l'utilisation de la torture se répand, elle est à présent applicable aux hommes libres, aux accusés qui risquent la peine de mort. Le développement de l'Inquisition contribue en même temps à son extension. Après la bulle d'Innocent IV qui, en 1252, autorise son utilisation contre les hérétiques, une ordonnance de Saint Louis, deux ans plus tard, la légalise tout en la limitant. Les ordonnances de Blois, en 1499, puis de Villers-Cotterêts, en 1539, achèvent d'introduire la torture dans la procédure criminelle. Diverses ordonnances en réglementeront par la suite les formalités.

Le droit français distingue la question préparatoire et la question préalable. La première peut être utilisée par le juge si, au cours de l'instruction, l'accusé n'avoue pas son crime, malgré son serment de dire la vérité. Ordinairement, les prêtres, les femmes enceintes, les enfants, les nobles et les magistrats en sont exempts. Mais cette restriction n'est pas toujours observée. À l'intérieur même de la question préparatoire, on distingue la question ordinaire et la question extraordinaire, encore plus terrible. Autre aspect de la procédure, le juge peut décider d'appliquer la question sans réserve. Dans ce cas, l'accusé qui subit le supplice sans avouer est réputé innocent et libéré, s'il n'y a pas d'autre preuve. Il a le droit de demander dédommagement du préjudice subi. Les magistrats, cependant, constatant qu'un accusé peut résister, non pas parce qu'il est innocent, mais grâce à sa volonté ou à sa condition physique, ont tendance à pousser la question jusqu'aux aveux. Le juge peut aussi décider d'appliquer la question avec réserve de preuves. Dans ce cas, ou si des preuves ont été apportées après l'application de la torture, l'accusé peut être condamné, même s'il n'a pas avoué. Mais il ne peut être condamné à mort. Quant à la question préalable, elle est infligée au condamné à mort, juste avant l'exécution de la sentence, afin de lui faire avouer le nom d'éventuels complices. Les tortures employées pour l'application de la question sont variables selon les pays d'Europe et, en France, selon les parlements. Les tourmenteurs-jurés, ainsi appelle-t-on les bourreaux, ont le choix entre l'eau, le feu, les brodequins, l'estrapade, etc. Le feu est utilisé en Bretagne, l'huile bouillante en Bourgogne, l'eau et les brodequins à Paris, le chevalet en divers endroits, comme à Montauban. Dans la capitale, la question ordinaire correspond à neuf litres d'eau, la question extraordinaire à dix-huit litres. En 1610, le Parlement délibère gravement des tortures à infliger à Ravaillac, le meurtrier d'Henri IV.

Dès le XVIe siècle, en France comme dans le reste de l'Europe, certains s'élèvent contre l'utilisation de la torture. Robert Estienne, constatant que les accusés forts et coupables résistent mieux que les accusés faibles et innocents, est un des premiers à la critiquer, au nom surtout de l'efficacité et de la logique. Montaigne la condamne dans le livre II des *Essais*, par esprit d'humanité. Toutefois, personne ne se dresse vraiment contre elle sous le règne de Louis XIV, où elle est appliquée souvent, et avec une particulière rigueur. Elle est d'ailleurs codifiée par diverses ordonnances dont la grande ordonnance criminelle de Colbert en 1670, même si des hommes de loi comme Guillaume Ier de Lamoignon ou des moralistes la réprouvent : « La question est une invention merveilleuse et tout à fait sûre pour perdre un innocent qui a la complexion faible et sauver un coupable qui est né robuste » (La Bruyère). Les critiques sont beaucoup plus vives au XVIIIe siècle, qu'elles émanent de Montesquieu, dans *L'Esprit des lois*, ou de Voltaire. À partir de 1750, les parlements renoncent peu à peu à appliquer la question. De retentissantes erreurs judiciaires, comme l'affaire Calas où intervient Voltaire, achèvent de discréditer la torture. Ce dernier, avec Diderot, commente et fait connaître le fameux traité de l'Italien Beccaria, *Des délits et des peines*, paru en 1764, et qui déclenche en Europe un grand mouvement en faveur de l'abolition de la torture. C'est seulement en 1780, le 24 août, que la question préparatoire est abolie, par une déclaration royale signée de Louis XVI. La question préalable ne sera supprimée que par l'édit du 8 mai 1788. Ce texte, à la suite du conflit entre le roi et les parlements, n'est pas appliqué. Réclamée par de nombreux cahiers de doléances, l'abolition de la question est définitivement établie par le décret du 9 octobre 1789.

QUEUILLE Henri (Neuvic d'Ussel, Corrèze, 1884 – Paris, 1970)

Homme politique, président du Conseil.

Inscrit au parti radical, élu député de la Corrèze à partir de 1914, ce médecin, que l'on retrouve sur le front de Verdun, est une des personnalités les plus en vue de la IIIe République. De 1924 à 1940, il occupe à cinq reprises le ministère de l'Agriculture, outre les portefeuilles des PTT (1932) et des Travaux publics (1937-1938). Sénateur depuis 1935, Queuille désapprouve en juin 1940 la demande d'armistice. Au cours de la séance du 10 juillet au casino de Vichy, il s'abstient lors du vote des pleins pouvoirs au maréchal Pétain. Passé en Angleterre en 1943, il rejoint le général de Gaulle, qui le nomme commissaire d'État chargé de mission. Député aux diverses assemblées provisoires, homme de conciliation, retrouvant toute son influence passée sous la IVe République, Henri Queuille devient l'élément prépondérant du nouveau régime. Il préside le gouvernement dit de « Trosième force » en 1948-1949 et bat le score de longévité de la législature, en écartant les hypothèques gaullistes et communistes, ainsi qu'en menant la lutte contre l'inflation. Ses autres séjours à Matignon, en 1950 et 1951, sont sans trace notable. Il seconde Antoine Pinay, René Mayer et Joseph Laniel de 1952 à 1953, lesquels lui confient, dans leur formation respective, un portefeuille de ministre d'État. C'est la confirmation du renouveau du parti radical auquel il a consacré tous ses efforts.

QUIBERON (bataille de)

Défaite navale française face aux Anglais, le 9 novembre 1759.

Située sur la côte méridionale de la Bretagne, la baie de Quiberon est, le 9 novembre 1759, le théâtre d'une bataille navale désastreuse pour la France. La flotte française de Brest, commandée par Conflans, s'étant dirigée vers Quiberon pour y embarquer les troupes du duc d'Aiguillon, se trouve inopinément en présence de l'escadre anglaise de l'amiral Hawke. N'osant le combattre, Conflans se retire vers la baie, où il se heurte aux récifs des Cardinaux, et où en outre il est attaqué par Hawke. Des vingt et un vaisseaux français, deux sont coulés, deux brûlés, deux jetés à la côte. En réduisant à l'impuissance sa flotte de l'Atlantique, cette défaite contraint la France à abandonner ses projets de débarquement en Angleterre.

QUIBERON (débarquement de)

Débarquement anglais dans la baie de Quiberon le 27 juin 1795.

Après avoir refoulé sur Brest la flotte de Villaret, une escadre anglaise débarque deux divisions d'émigrés sous le commandement de d'Hervilly et de Sombreuil. Le débarquement a été préparé par Puisaye à la demande de Pitt et du comte d'Artois. Le gouvernement anglais a fourni l'argent et les navires chargés du transport des troupes, mais aucun renfort britannique ne participe à l'opération et, si quelques bandes de Chouans prennent les armes sous la direction de Cadoudal, la masse de la population reste passive. De plus, la discorde opposant d'Hervilly et Puisaye paralyse le commandement royaliste. Alertée bien avant le débarquement, la Convention a eu le temps de concentrer des troupes sous le commandement de Hoche. Après avoir pris Auray, ce dernier fait bloquer l'armée des émigrés par le général Humbert. Refoulés dans la presqu'île, les royalistes tentent deux sorties, le 19 messidor (7 juillet) puis le 28 messidor. Ce sont deux échecs sanglants. Les troupes républicaines donnent alors l'assaut dans la nuit du 2 au 3 thermidor (21-22 juillet 1795) et acculent les émigrés à l'extrémité de la presqu'île, dans le fort Penthièvre. Puisaye peut regagner l'escadre anglaise ; Sombreuil se rend, car Humbert lui a promis, à lui et à ses hommes, la vie sauve. Mais Hoche, obéissant aux ordres de la Convention, applique la loi contre les émigrés : 748 d'entre eux, pris les armes à la main sous l'uniforme britannique, sont fusillés près d'Auray comme auxiliaires de la coalition et traîtres à leur patrie. Ce débarquement manqué accroît encore dans tout le pays la haine de l'Angleterre. Il consolide la République, au moment même où la coalition se dissociait définitivement.

QUIERZY

Village situé près de Laon dans la vallée de l'Oise.

Carisiacum est une des résidences préférées des Pépinides et des Carolingiens. Charles Martel y meurt en 741. Étienne II y rencontre Pépin le Bref en 754. Il s'y tient quatre conciles en 849, 853, 857, 858. En juin 877, prenant le départ d'une expédition en Italie, Charles le Chauve promulgue à Quierzy un capitulaire organisant le gouvernement de la France en son absence, et consacrant l'hérédité des bénéfices pour les possesseurs de fiefs.

QUIÉTISME

Doctrine mystique pronée à la fin du XVIIe siècle. Le terme provient du latin quietus *(paisible).*

Cette doctrine vise à atteindre la perfection et le salut par un désintéressement total. On en trouve les premiers éléments dans des écrits de saint Jérôme. Au Moyen Âge, les hésychastes grecs (moines contemplatifs du mont Athos) y font souvent allusion. Mais sa propagation dans la seconde moitié du XVIIe siècle est due au moine espagnol Molinos, qui s'efforce d'en codifier les règles dans un *Guide spirituel*. Cet état de perfection veut que l'âme s'unisse à Dieu dans une parfaite communion. Cette âme n'a alors plus à se soucier de son propre salut ; elle peut recevoir des impressions sans risque de se trouver en situation de péché. La doctrine est tellement contraire à l'enseignement de l'Église que le pape Innocent XI la condamne dans une bulle en novembre 1687. C'est à ce moment que le quiétisme trouve en Mme Guyon une adepte zélée, qui s'efforce de le répandre à Paris. Amie de Mmes de Béthune et de Chevreuse, parvenue dans l'entourage de Mme de Maintenon, Mme Guyon introduit la doctrine à Saint-Cyr, ce qui entraîne une réaction de Godet des Marais, évêque de Chartres, et de Mgr de Harlay, archevêque de Paris. Sur leurs conseils, Louis XIV fait examiner la doctrine par un collège d'ecclésiastiques. Fénelon se montre intéressé et le confirme en écrivant les *Maximes des saints*. C'est le début d'un affrontement verbal, épistolaire et livresque entre l'archevêque de Cambrai et Bossuet, qui défend le dogme. L'accord entre les deux adversaires est obtenu à la suite d'une réunion à Issy en 1695. Mais il ne dure pas. En mars 1699, le pape Innocent XII condamne vingt-trois propositions tirées de la *Maxime des saints*, obligeant Fénelon à composer, sans toutefois renier sa conviction intime. Quant à Mme Guyon, la sanction officielle est la prison puis l'expulsion en province. La doctrine du quiétisme ne survivra guère à cette vigoureuse répression.

QUIMPER

Aujourd'hui chef-lieu du Finistère, Quimper a longtemps été considérée comme étant l'ancienne civitas Coriosolitum *gallo-romaine, que mentionne la* Notice des provinces*, rédigée sous le règne d'Honorius.*

Il a été établi que la *Notice* fait erreur. Cette *civitas* n'avait pas sa capitale à Quimper mais à *Fanum Martis*, aujourd'hui Corseul. Quimper reçoit comme évêque à la fin du IVe siècle un saint anachorète, Corentin, et prend après sa mort le nom de Quimper-Corentin. Capitale du comté de Cornouaille, elle est réunie à la Bretagne par Conan II, duc de Bretagne, en 1066. Corentin avait été son premier évêque-seigneur et, sous ses successeurs et pendant tout le Moyen Âge, l'autorité théocratique ne fait que grandir. Au XIIIe siècle, la juridiction des ducs de Bretagne ne s'exerce que sur l'espace restreint situé sur la rive droite du Steir, qui a conservé le nom de Terre-au-Duc. En 1209, Guy de Thouars entreprend la construction de fortifications mais, sur réclama-

Quimper
Vue de la cathédrale. © *Scope/Bernard Galerou*

tions de l'évêque, il doit les détruire, et c'est son successeur Pierre de Dreux qui en reprend et achève l'édification. Quimper est prise d'assaut par Charles de Blois et livrée au pillage en 1344, lors de la guerre de Succession de Bretagne, mais elle doit capituler vingt ans plus tard devant Jean IV, duc de Bretagne. Ligueuse comme la plus grande partie de la province, elle doit se soumettre au maréchal d'Aumont en octobre 1594. Pendant la Révolution, elle penche vers les Girondins, dont quelques-uns viennent se réfugier dans ses environs, et subit de ce fait de sanglantes représailles opérées notamment par Hérault de Seychelles. Elle avait reçu le nom de Montagne-sur-Odet, du nom de la rivière qui la baigne.

QUINCAMPOIX (rue)

Rue de Paris située entre la rue des Lombards et la rue aux Ours, dans le IIe arrondissement.

Elle connaît une certaine animation à partir du Moyen Âge, lorsque s'y installent merciers et orfèvres. Mais sa période de gloire, très éphémère, se situe sous la Régence. En 1716, en effet, le célèbre Law établit sa banque rue Quincampoix, dans des locaux assez sordides situés à l'angle de la rue Rambuteau. À partir de l'année suivante, devant l'énorme succès de l'entreprise, on y délivre des actions de la Compagnie du Mississippi. C'est ainsi que toute la rue devient le domaine des agioteurs et des spéculateurs, et que l'effervescence y est permanente. C'est dans un cabaret de cette rue que, au mois de mars 1720, le comte de Hornes fait assassiner, pour le voler, un nommé Lacroix qui vient d'acheter des actions et qui lui devait, paraît-il, de l'argent. Bien qu'apparenté au Régent, Hornes est condamné à mort et exécuté. En 1720, lorsque baisse la valeur des actions émises par Law, une foule tout aussi avide, de vendre cette fois, se dirige vers la rue Quincampoix où se déroulent des scènes déchirantes. Après la faillite du système de Law et le départ des agioteurs, la rue Quincampoix redevient triste et déserte.

QUINET Edgar (Bourg-en-Bresse, 1803 – Versailles, 1875)

Historien et homme politique.

Élève de Victor Cousin et condisciple de Michelet, il fait de brillantes études à Paris – il est admissible à l'École polytechnique – avant de les poursuivre à Heidelberg en 1826-1827. Il y découvre l'œuvre de Herder, dont il traduit l'année suivante les *Idées sur la philosophie de l'histoire de l'humanité*. Après plusieurs voyages en Europe, il rentre en France en 1836, est nommé trois ans plus tard professeur de littérature étrangère à l'université de Lyon, puis devient titulaire de la chaire de langues et littératures du sud de l'Europe au Collège de France (1842). Avec Michelet, il mène une virulente campagne anticléricale par ses œuvres : *Des jésuites* (1843), *L'Ultramontanisme* (1844), *Le Christianisme et la Révolution française* (1845), ce qui lui vaut d'être démis de sa chaire en 1846. Représentant de l'Ain aux Assemblées constituante et législative (1848 et 1849), il siège à l'extrême gauche, parmi les Montagnards, milite contre l'expédition de Rome, pour la séparation de l'Église et de l'État et la laïcité de l'école. Proscrit à la suite du coup d'État du 2 décembre 1851, il se réfugie en Suisse puis en Belgique, où il écrit deux livres d'histoire majeurs, *Les Révolutions d'Italie* (1852) et *La Révolution* (1859) ainsi que son autobiographie, *Histoire de mes idées* (1860). Il rentre en France après l'effondrement de l'Empire et se fait élire député républicain à l'Assemblée nationale (1871).

Rue Quincampoix
Rassemblement dans la rue Quincampoix. Dessin de Félix Philippoteaux, XIXe siècle, châteaux de Malmaison et Bois-Préau. © *RMN-Gérard Blot.*

QUINETTE Nicolas Marie, baron de Rochemont (Soissons, 1762 – Bruxelles, 1821)

Homme politique.

Notaire dans sa ville natale au début de la Révolution, il accueille le mouvement avec enthousiasme et se met au service des nouvelles autorités. Administrateur, puis député de l'Aisne à la Législative, en 1791, Quinette se signale à l'Assemblée en réclamant le séquestre des biens des émigrés puis, le 20 avril 1792, la guerre contre l'Autriche. Le 29 mai, il approuve la mise en accusation du duc de Brissac. Le député de l'Aisne accomplit ensuite une mission auprès de l'armée de La Fayette. Élu à la Convention, il affirme à Collot d'Herbois qui, le 21 septembre, propose l'abolition de la royauté, « que c'est au peuple seul qu'appartient le droit de choisir entre l'ancien gouvernement et la république ». Cela ne l'empêche pas de se rallier à cette proposition, ensuite de voter la mort du roi. Membre du Comité de sûreté générale, Quinette fait partie des quatre commissaires envoyés par la Convention, avec Beurnonville, pour arrêter La Fayette. Le 1er avril 1793, ce dernier les livre aux Autrichiens. Ils seront incarcérés au Spielberg jusqu'à leur échange avec Madame Royale, le 25 décembre 1795. Membre de droit du Corps législatif, comme ses compagnons, Quinette entre à son retour au Conseil des Cinq-Cents. Secrétaire du Conseil en janvier 1796, il le préside au mois de novembre, et en sort en mai 1797. Deux ans plus tard, après le coup d'État du 30 prairial an VII (18 juin 1799) et le renouvellement du Directoire, Quinette devient ministre de l'Intérieur. Rallié à Bonaparte après le 18 Brumaire, préfet de la Somme en 1800, l'ancien notaire, fait baron de Rochemont en 1809, devient en 1810 conseiller d'État, directeur général de la comptabilité des hospices et communes. Il adhère en 1814 à la déchéance de Napoléon, mais se rallie à lui pendant les Cent-Jours, au cours desquels il est fait pair et nommé commissaire extraordinaire dans la Somme et la Seine-Inférieure. Après la seconde abdication, en 1815, Quinette fait partie du gouvernement provisoire. Proscrit comme régicide à la suite de la loi de 1816, il passe deux ans aux États-Unis puis s'installe à Bruxelles où il achève ses jours.

QUINTAINE

Au Moyen Âge, jeu au cours duquel un chevalier lancé au galop de son cheval doit abattre d'un coup de lance un pivot lourdement chargé d'un mannequin (armure, tête d'homme ou de bélier, bouclier, château...).

Si le joueur rate sa manœuvre, le but se disloque brutalement et les pièces viennent frapper le maladroit, au point de causer parfois sa mort. Pratiquée à titre d'entraînement militaire par la jeunesse aristocratique, la quintaine est également prisée par l'ensemble de la jeunesse masculine qui copie le jeu, montée sur des chevaux de labour et armée de longs bâtons servant de lances. Les seigneurs ne dédaignent pas d'assister à ces quintaines rustiques où sont parodiés leurs exercices favoris. Elles sont souvent organisées à l'occasion de fêtes religieuses. Deux d'entre elles ont lieu encore aujourd'hui, l'une à Champagné (Sarthe) le dimanche des Rameaux, l'autre à Saint-Léonard-de-Noblat (Vienne) le 6 novembre, jour de la fête du saint patron de la ville.

QUINZE-VINGTS (hospice des)

Établissement hospitalier parisien fondé en 1254 à l'instigation de Saint Louis et destiné à recueillir 300 chevaliers (quinze fois vingt), auxquels les Sarrasins avaient crevé les yeux lors d'une croisade en Terre sainte.

Édifié au faubourg Saint-Honoré par Eudes de Montreuil, l'hôpital continue à accueillir au cours des siècles les aveugles indigents de la capitale. En 1779, le cardinal de Rohan, grand aumônier de France et administrateur de l'hospice, fait transférer les Quinze-Vingts à l'ancien hôtel des Mousquetaires noirs, 28, rue de Charenton. En 1880, une clinique ophtalmologique sera adjointe à l'établissement. De nos jours encore, le séculaire hospice des Quinze-Vingts a conservé sa renommée en matière de traitement des maladies oculaires.

r

Rabelais François (Chinon, v. 1483 – Chinon, 1553)

Écrivain.

Né à Chinon d'une famille d'avocats issus de la riche paysannerie, il apprend le latin et suit le cursus de la philosophie scolastique. Il entre en 1520 au couvent de Fontenay-le-Comte, chez les Cordeliers franciscains, excellents prédicateurs. Mais le jeune moine est avide de savoir. Afin d'apprendre le grec, il quitte en 1524 son ordre pour celui des Bénédictins de Maillezais, plus libéraux. Le grec est alors une langue presque oubliée que remettent au goût du jour des humanistes comme Guillaume Budé, avec lequel Rabelais correspond. Rompant avec la vie cénobitique, il entre en 1527 au service de l'évêque de Maillezais qui lui laisse beaucoup de libertés : il rédige des vers et suit les cours de droit à l'université de Poitiers. Ses livres moqueront le monde étroit et cuistre de la chicane.

En 1530, il s'installe à Montpellier pour s'inscrire à la faculté de médecine. Il s'y distingue en commentant dans le texte Hippocrate et Galien – alors l'alpha et l'oméga de l'enseignement. Puis, à partir de 1532, il occupe les fonctions de médecin de l'Hôtel-Dieu à Lyon. C'est dans cette ville, qui a alors plus de rayonnement que Paris, qu'il publie sous le pseudonyme anagrammatique d'Alcofribas Nasier *Les Horribles et Épouvantables Faits et Prouesses du très renommé Pantagruel, roi des Dipsodes, fils du grand géant Gargantua, lors de la foire de l'automne 1532*. L'année suivante, la Sorbonne condamne l'œuvre comme obscène. D'où le départ de son auteur pour l'Italie, en 1534, en qualité de médecin personnel de l'archevêque de Paris, Jean du Bellay, humaniste et diplomate. À Rome, Rabelais étudie l'architecture antique mais aussi l'art nouveau de la Renaissance. De retour à Lyon en mai 1534, il publie *La Vie inestimable du grand Gargantua, père de Pantagruel*, parodie des romans de chevalerie plus aboutie et complexe que son premier ouvrage. Cette publication, coïncidant avec l'affaire des Placards, première manifestation des protestants contre le pouvoir de François Ier, l'incite à repartir en compagnie de son protecteur pour Rome puis Ferrare où il rencontre Clément Marot, avant le retour à Paris. Il exerce désormais la médecine au couvent des bénédictins de Saint-Maur, dont son protecteur est abbé. En 1537, il soutient sa thèse de doctorat. Mais les temps sont troublés : les humanistes sont accusés de favoriser l'hérésie protestante et, malgré les corrections que Rabelais apporte à *Gargantua* et *Pantagruel*, l'œuvre est à nouveau condamnée par la Sorbonne lors de sa réédition. Rabelais reprend ses pérégrinations transalpines jusqu'en Piémont où il est en 1540 le médecin personnel du gouverneur de la province, Guillaume du Bellay, le frère de l'archevêque. Il reparaît en France vers 1545 nanti d'un bénéfice ecclésiastique – la cure de Meudon – grâce à la protection de Jean du Bellay. Un privilège royal pour l'édition du *Tiers Livre des faicts et dicts héroïques du noble Pantagruel*, dédié à Marguerite de Navarre, sœur de François Ier, en 1546, ne lui épargne pas les poursuites qu'il fuit à Metz, ville libre d'Empire. Durant cet exil de deux ans, il rédige *Le Quart Livre*, condamné dès sa parution en février 1552 par la Sorbonne et le parlement de Paris : Rabelais y pourfend les intransigeants de toutes les orthodoxies religieuses. Cette fois, Jean du Bellay, en disgrâce depuis l'avènement d'Henri II, ne peut rien pour lui, si bien que Rabelais perd au début de 1553 ses deux cures de Meudon et de Saint-Christophe-du-Jambet dans l'évêché du Mans. On pense qu'il meurt la même année, sans doute dans une grande détresse matérielle. Un *Cinquième Livre*, publié comme une œuvre posthume en 1563, n'est sans doute pas de sa main. Son œuvre sera en partie éditée par le libraire Étienne Dolet qui fut un temps son ami.

L'épopée burlesque de Rabelais peut se lire comme une satire de la société de son temps où défilent « cagots » et « sorbonnicoles ». Comme Montaigne, Rabelais est héritier d'un certain scepticisme chrétien. Mais loin de la mesure du Bordelais, la truculence de ses personnages « hénaurmes » traduit aussi une nouvelle conception de l'existence où la sensualité est indissociable de l'appétit de savoir. Les géants de Rabelais, c'est l'homme nouveau de la Renaissance appelé à s'approprier l'univers. Les promesses illimitées de l'encyclopédisme s'incarnent dans l'utopie de l'abbaye de Thélème. Là où ses devanciers et successeurs imaginent des sociétés à l'ordre aussi idéal qu'inquiétant, Rabelais propose un monde de chair joyeuse et de fantaisie individuelle où la conscience éthique remplace les dogmes et les normes. La langue rabelaisienne, véritable tohu-bohu verbal, traduit dans sa vitalité exubérante et déjà baroque la puissance comique comme l'élan intellectuel de celui qui est proprement un amoureux de la sagesse – le premier des philosophes –, mais aussi un sage amoureux du monde.

Rachat : voir Relief

Rabelais
Huile sur bois, XVIe siècle. © *Sélection Images*

RACINE Jean (La Ferté-Milon, Aisne, 1639 – Paris, 1699)

Tragédien.

Tôt orphelin, il est élevé par sa grand-mère maternelle. Les sympathies jansénistes de sa famille le conduisent aux Petites Écoles des Granges de Port-Royal entre 10 et 14 ans. Puis, après deux années de collège à Beauvais, il rejoint sa grand-mère retirée à Port-Royal. Il y pratique, grâce à l'helléniste Lancelot, les lettres grecques et les tragédies d'Euripide ou de Sophocle. Une année de logique au collège d'Harcourt en 1659 couronne des études de grande qualité. Puis, la vie mondaine le happe ; il fréquente les théâtres en compagnie de La Fontaine. Une ode célébrant le mariage de Louis XIV le fait remarquer par le poète officiel Chapelain. Sa famille, pour l'éloigner, l'envoie à Uzès auprès d'un de ses oncles vicaire afin de briguer un bénéfice ecclésiastique qui lui assurerait une indépendance matérielle.

La tentation du théâtre l'emporte : au bout de deux ans, il revient à Paris. Une *Ode sur la convalescence du Roi* lui permet d'obtenir en 1664 une pension qu'il conservera toute sa vie. La même année, il parvient à faire accepter une première tragédie, *La Thébaïde*, par la troupe de Molière. Médiocre, la pièce est un échec. Ce n'est pas le cas de la suivante, *Alexandre le Grand* (1665). Ambitieux, Racine n'hésite pas à transférer la pièce à la troupe plus prestigieuse de l'Hôtel de Bourgogne, sans même prévenir Molière, qui ne le lui pardonnera jamais. Autre rupture en 1666 : Racine attaque dans une lettre rendue publique ses anciens maîtres de Port-Royal, où le moraliste Nicole avait réitéré la condamnation traditionnelle formulée contre les gens de théâtre. Mais Racine n'en a cure. Son *Andromaque*, en 1667, est un immense succès qui éclipse un Corneille déclinant. Racine multiplie les liaisons avec ses interprètes féminines : Thérèse du Parc, transfuge de la troupe de Molière, puis, à la mort de celle-ci, en 1668, la Champmeslé, d'autres encore. Sa rivalité avec Corneille prend l'aspect d'un duel de dramaturges qui partage la Cour et la Ville. Toutefois, après le succès de la comédie des *Plaideurs*, *Britannicus* est un demi-échec. Dans la préface, Racine attaque vivement Corneille ; il le défie, en 1670, avec *Bérénice,* une pièce sur le même sujet que la cornélienne *Tite et Bérénice*. Les coups de théâtre disparaissent au profit d'une tension tout intérieure : la pièce est jouée – fait alors exceptionnel – plus de trente fois. *Bajazet*, en 1672, revient à un théâtre plus mouvementé, suivant la mode des turqueries. *Mithridate*, plébiscité par le roi en 1673, coïncide avec l'échec de l'avant-dernière tragédie de Corneille, *Pulchérie*. *Iphigénie en Aulide* est donné en 1674, lors d'une somptueuse fête à Versailles. C'est le couronnement de Racine, anobli, reçu à l'Académie française (1673), protégé par tout ce qui compte : prince de sang avec Condé, favorite royale en la personne de Mme de Montespan, Colbert enfin qui lui procure une charge fictive quoique très lucrative de trésorier de France.

En janvier 1677, *Phèdre* doit affronter la concurrence d'une création de Pradon, soutenue par tous les ennemis de Racine coalisés par la duchesse de Bouillon et le duc de Nevers. La cabale dégénère en polémique et ébranle Racine, toujours avide de respectabilité. À 37 ans, il change de vie, cesse d'écrire pour le théâtre et accepte en 1677 les fonctions d'historiographe du roi partagées avec son ami Boileau. Accompagnant Louis XIV dans ses campagnes, il vit dans son intimité. Racine se range, se marie et élève ses sept enfants. En 1689, sur les instances de Mme de Maintenon, il écrit deux tragédies, *Esther* (1689) et *Athalie* (1691), à l'intention des jeunes filles de l'institut de Saint-Cyr. Assagi, il se réconcilie en 1690 avec ses anciens maîtres au moment où le pouvoir royal frappe le jansénisme ; à côté de cantiques religieux, il publie un *Abrégé de l'histoire de Port-Royal*, où il demande à être inhumé. Il disparaît le 21 avril 1699 des suites d'un abcès au foie. Après la destruction du monastère en 1710, ses restes seront transportés avec ceux de Pascal à l'église Saint-Étienne-du-Mont.

Les neuf grandes tragédies de Racine constituent l'apogée du théâtre classique que codifie Boileau. Elles servent un art dépouillé et rigoureux : respect de la règle des trois unités, huis-clos des passions où se débattent des hommes ordinaires loin des héros de Corneille, densité d'une langue économe de mots. La modernité des tragédies raciniennes tient aux contradictions inextricables qui crucifient les personnages. Là où Corneille refuse la fatalité, Racine y plonge les protagonistes de ses drames, mais leur destin contraire n'est pas un caprice divin : elle naît de l'intérieur même du pouvoir ou de l'amour dont Racine, en émule de Pascal, aiguise la violence intrinsèque.

RADEGONDE, sainte (Thuringe, v. 520 – Poitiers, 587)

Reine des Francs.

Fille de Berthaire, roi de Thuringe assassiné par son oncle avec l'aide des rois francs Thierry et Clotaire Ier, elle figure dans le butin de ce dernier qui lui fait donner une éducation soignée, la fait baptiser et finit par l'épouser (538). À la Cour, elle montre l'exemple des plus solides vertus chrétiennes et, lorsque Clotaire, en 555, fait assassiner son frère, elle quitte la Cour, se fait consacrer à Dieu par l'évêque de Noyon, saint Médard, puis se retire dans la villa royale de Saix, aux confins du Poitou et de la Touraine. Plus tard, elle fonde à Poitiers un monastère où elle introduit la règle de saint Césaire d'Arles. Il prendra le nom de Sainte-Croix après que l'empereur byzantin Justin aura envoyé à Radegonde un fragment de la Croix du Christ. Sainte Radegonde fut entourée de la vénération publique. Sa *Vie* fut écrite par son ami et confesseur Venance Fortunat et continuée par une religieuse de Sainte-Croix.

RADIO

Réseau de communication radiophonique établi en monopole d'État jusqu'aux années 1980.

Avant la Seconde Guerre mondiale, si l'État contrôle les ondes radiophoniques diffusées par trois postes importants (Tour Eiffel, Paris PTT et Radio-Paris) ayant leurs relais en province, il existe sur l'ensemble du territoire un certain nombre de stations privées : en province (Toulouse, Lyon, Bordeaux), et surtout à Paris où elles sont fréquemment subventionnées par de grands quotidiens (Radio Cité par *L'Intransigeant*, Poste Parisien par *Le Petit Parisien*, Radio 37 par *Paris-Soir*, entre autres). Sous l'Occupation, avec l'aval du ministère de l'Information, le régime de Vichy et l'Allemagne se répartissent le monopole radiophonique entre leurs deux zones respectives, sud et nord (Radio Paris). En 1945, le général de Gaulle ayant interdit aux anciennes stations privées la reprise de leurs programmes, deux ordonnances confirment le monopole d'État : la Radiodiffusion française (RDF) est née. À la suite du lancement officiel de la télévision, cette dernière devient en 1949 la Radiodiffusion-Télévi-

Sainte Radegonde
Radegonde est conduite au roi Clotaire. Miniature de la « Vie de sainte Radegonde », XIe siècle, Poitiers, Bibliothèque municipale. © *Giraudon*

sion française (RTF) sous la direction de Wladimir Porché. Les programmes de radios nationaux sont alors diffusés sur quatre « chaînes » : Paris Inter (France I), France II (régional), France III (culturel national) et France IV (haute-fidélité). En 1964, tandis que la télévision lance sa deuxième chaîne – les journaux d'information, les magazines, les feuilletons et les documentaires connaissent un succès grandissant –, la radio change de profil : le 27 juin, la RTF devient l'ORTF (Office de radiodiffusion-télévision française), placé sous tutelle – et non plus sous l'autorité – du ministère de l'Information, et visant à donner plus d'autonomie financière aux responsables (qui sont nommés par le gouvernement).

Radio France, qui naît en août 1974 de la scission de l'ORTF, répartit ses programmes entre trois stations : France-Inter, France-Musique et France-Culture. La concurrence des stations périphériques et, à partir de 1981, la libéralisation de la bande FM par le président François Mitterrand et le ministre de la Communication du gouvernement Mauroy François Fillioud, obligent Radio France à se diversifier pour conserver des auditeurs, qui jusque-là n'avaient le choix qu'entre cette dernière et les stations périphériques (Europe 1, RTL, Radio Monte-Carlo...). 39 stations régionales sont créées ainsi qu'une chaîne d'information en continu, France-Info, et une radio destinée aux plus de cinquante ans, Radio Bleue.

Jean-Pierre Raffarin
Le nouveau Premier ministre dans son bureau à Matignon, le 8 mai 2002.
© *Matthieu Alexandre/Corbis Sygma*

RAFFARIN Jean-Pierre (Poitiers, 1948 –)

Homme politique, Premier ministre.

Son père fut secrétaire d'État à l'Agriculture dans le gouvernement Mendès France (1954-1955). L'originalité de la carrière de Jean-Pierre Raffarin tient à des allers et retours constants entre le privé et le public et même, parfois, à des chevauchements entre ces deux domaines. Il commence en effet à travailler au sein de la direction marketing de Jacques Vabre (1973-1976) avant d'être le secrétaire général des jeunes giscardiens et d'entrer à l'état-major du Parti républicain, devenu Démocratie libérale (DL) en 1977. De 1976 à 1981, il est membre de plusieurs cabinets ministériels : Travail (Lionel Stoléru), Jeunesse et Sports (Jean-Pierre Soisson), Agriculture (Jacques Blanc). De 1981 à 1988, il est directeur général de Bernard Krief Communication, tout en étant maître de conférences à l'Institut d'études politiques de Paris (depuis 1979). 1988 est l'année de son retour au public puisqu'il est élu président de la région Poitou-Charentes, plus jeune titulaire d'une telle fonction en France (il a 40 ans). Réélu en 1992 et 1998, il cumule en même temps les fonctions de délégué général de l'Institut Euro-92 (1988-1992) et de député européen (1989-1995). À l'élection présidentielle de 1995, alors qu'il est porte-parole de l'UDF, il prend parti pour Jacques Chirac dès le premier tour, à contre-courant de sa formation qui a opté en faveur d'Édouard Balladur. Ce ralliement lui vaut le poste de ministre des PME du Commerce et de l'Artisanat dans le gouvernement Juppé jusqu'en 1997. La même année, il est réélu sénateur de la Vienne, poste où il avait été élu deux ans auparavant et dont il avait démissionné pour se consacrer à ses activités ministérielles. Après l'échec de la dissolution de l'Assemblée nationale en 1997 et l'isolement du chef de l'État qui s'en suit, Jean-Pierre Raffarin, devenu vice-président de DL, entreprend de lancer une structure interpartis de droite qui serait le pendant des « transcourants » lancés à gauche après la défaite électorale de 1986 en fondant, en 1999, avec deux anciens ministres RPR (Michel Barnier et Dominique Perben) et un UDF (Jacques Barrot), les clubs Dialogue et Initiative. À cet inconnu du grand public au parcours atypique, manque d'avoir été élu au suffrage universel : battu aux élections législatives de 1978 par le maire socialiste de Poitiers, il ne s'est jamais représenté. Dès le lendemain de la réélection du président de la République, il est nommé Premier ministre (6 mai 2002) et confirmé, le 17 juin, après le succès de l'UMP aux législatives.

RAINFROI ou RAGENFRIED (? – Angers, 731)

Maire du palais.

À la mort de Pépin d'Héristal, il soulève la Neustrie, que Pépin avait rattachée à l'Austrasie, bat les Austrasiens dans la forêt de Guise (Compiègne) et se fait nommer maire du palais. Puis, à la mort de Dagobert III, il tire du cloître le fils réel ou prétendu de Childéric II, le fait proclamer roi sous le nom de Chilpéric II et fait alliance avec le duc des Frisons. Mais Charles Martel le bat à plusieurs reprises. Réfugié à Angers, il résiste encore quelque temps et finit par se soumettre à son vainqueur qui lui laisse à titre viager le comté d'Angers.

RAIS ou RETZ Gilles de (Château de Champtocé, Anjou, 1404 – Nantes, 1440)

Maréchal de France.

Vaillant compagnon de Jeanne d'Arc, il devint par la suite, en raison de ses crimes, un des personnages les plus effrayants et les plus mythiques de l'histoire de France. Arrière-petit-neveu de Du Guesclin, descendant des familles de Montmorency-Laval et de Craon, héritier de la maison de Rais, à la condition qu'il en porte le nom, Gilles de Rais est apparenté à trois familles nobles parmi les plus riches et les plus puissantes du royaume. Il possède d'immenses terres et de nombreux châteaux dans l'ouest de la France, Champtocé, Machecoul, Tiffauges, entre autres. Orphelin dès l'âge de 11 ans, l'enfant est élevé par son grand-père Jean de Craon. En 1420, en accord avec ce dernier, il enlève une riche héritière, Catherine de Thouars, dont les domaines sont voisins des siens, et l'épouse avant de la reléguer, quelques années plus tard, dans un château éloigné. En 1427, Gilles de Rais rejoint Charles VII dans sa lutte contre les Anglais. Sa première campagne est un succès, Jeanne d'Arc l'appelle auprès d'elle. Il joue un rôle essentiel, à ses côtés, dans la délivrance d'Orléans. Magnifique chef de guerre, il est poussé en avant par l'ambitieux Georges de La Trémoille, favori du roi. À Reims, il assiste au sacre de ce dernier qui, en récompense de ses services, le fait maréchal de France le jour même. La capture de Jeanne d'Arc met fin à son ascension. En 1432, le maréchal confirme cependant sa réputation de vaillance à la bataille de Lagny. À la fin de l'année, Jean de Craon meurt. Selon les aveux de Gilles lors de son procès, c'est de cette époque que datent ses premiers crimes d'enfants. En 1433, l'éloignement de La Trémoille entraîne celui de Gilles de Rais.

Dans les deux années qui suivent, le maréchal prend encore à plusieurs reprises les armes pour le roi. Mais, à partir de 1435, il se retire le plus souvent dans ses domaines, menant une vie de débauche et de folle prodigalité. Il achète les meubles les plus luxueux, des œuvres d'art, se constitue une chapelle de chantres qui l'accompagne dans tous ses déplacements et dilapide rapidement sa fortune. Dès ce moment, il doit vendre des objets précieux. Par ailleurs, comme les princes de son temps, il s'entoure d'astrologues et d'alchimistes qui prétendent fabriquer de l'or. Effrayée par ses prodigalités, sa famille obtient contre lui, en 1435, l'interdiction royale de vendre des domaines. La rumeur publique, cependant, commence à évoquer ses crimes. On parle de rapts d'enfants, notamment masculins, de sortilèges pratiqués derrière les murailles des châteaux de Tiffauges et de Machecoul, de crimes sexuels pratiqués sur de jeunes garçons et filles, enfin d'assassinats. En novembre 1437, sa famille découvre deux squelettes d'enfants à Machecoul. Seule la protection de Jean V, duc de Bretagne, empêche encore la mise en accusation du maréchal. Beaucoup de gens de toutes conditions sont à présent convaincus des crimes qui lui sont reprochés. Le 15 mai 1440, Gilles de Rais et ses hommes violent le droit d'asile de l'église de Saint-Étienne de Mermorte en entrant en armes et à cheval dans le sanctuaire. Jean V le frappe d'une forte amende et fait diligenter une enquête ecclésiastique qui fait connaître à la fin du mois de juillet certains des crimes qui lui sont reprochés. Arrêté le 15 septembre, abandonné par le duc, Gilles de Rais doit comparaître le 28 devant la cour séculière de Nantes. Après avoir refusé de répondre et traité leurs accusateurs avec mépris, Gilles de Rais et plusieurs de ses compagnons avouent, devant les inquisiteurs et leurs notaires, les crimes abominables qu'on leur prête. Le 22 octobre, Gilles implore le pardon. Le 25 octobre, il est déclaré doublement coupable par la cour ecclésiastique – pour l'évocation des démons et pour les crimes envers les enfants – et excommunié. Le même jour, la cour séculière le condamne à être pendu et brûlé. Le lendemain, Gilles de Rais est exécuté devant une foule en larmes, émue par le repentir manifesté par le maréchal. Dans l'ouest de la France, l'imagination populaire a souvent identifié Gilles de Rais à Barbe-Bleue.

RALLIEMENT

Attitude politique conseillée aux catholiques français par le pape Léon XIII afin d'accepter l'existence du régime républicain né contre la monarchie absolue et contre l'Église.

En effet, la papauté redoute alors la compromission avec des forces politiques monarchistes ou populistes proches de l'extrême droite (Action française, boulangisme). De plus, le mouvement du catholicisme social pèse en faveur de cette attitude d'ouverture. Enfin, le gouvernement de la IIIe République est de moins en moins conciliant avec l'Église de France – décret sur les congrégations en 1880, lois scolaires de 1882 – et s'achemine peu à peu vers une rupture concrétisée en 1905. Le concordat est fragile, et Léon XIII entend préserver les intérêts du Saint-Siège. Le Ralliement consiste à accepter la Constitution pour pouvoir combattre par les moyens légaux la législation défavorable à l'Église. Si la hiérarchie obéit au pape, les catholiques français sont très partagés : certains se rapprochent des royalistes, d'autres mettent en place les mouvements de démocratie chrétienne.

RAMADIER Paul (La Rochelle, 1888 – Rodez, 1961)

Homme politique, président du Conseil.

Cet avocat, issu d'une famille de notables catholiques, est marqué par sa rencontre avec Albert Thomas : il s'engage dans le mouvement socialiste, participe au développement du mouvement coopératif et adhère à la franc-maçonnerie. En 1916, après avoir été blessé au front, il

Ramadier
Paul Ramadier, président du Conseil, en 1947.
© *Martinie-Viollet*

rejoint Albert Thomas à l'Armement. Celui-ci l'engage à se lancer dans la carrière politique. Ramadier est élu maire de Decazeville (1919), puis député socialiste du Villefranchois (1928). Sous-secrétaire d'État aux Travaux publics dans les gouvernements Blum puis Chautemps (juin 1936 - janvier 1938), ministre du Travail dans le quatrième ministère Chautemps (janvier - mars 1938) et le troisième ministère Daladier (avril - août 1938), il donne sa démission quand il estime que la loi des quarante heures est remise en question. En juillet 1940, il vote contre la délégation de pouvoirs au maréchal Pétain.

Réélu maire et député dans son Rouergue en 1944, il reçoit, dans le premier ministère de Gaulle (novembre 1944 - mai 1945), la lourde charge du ministère du Ravitaillement. Les Sceaux lui sont donnés dans le gouvernement Blum de décembre 1946. Appelé à la présidence du Conseil le mois suivant, il tente de maintenir la coalition MRP-SFIO-PC puis, acceptant l'aide du plan Marshall, exclut avec l'accord de Vincent Auriol les communistes qui viennent de voter contre le gouvernement (mai 1947). Il défend l'Union française sans concessions (répression de l'insurrection malgache, soutien à Bao Dai). Le 19 novembre, il est contraint à la démission à la suite des grèves de l'automne et du coût jugé excessif de la politique anti-inflationniste. Il sera par la suite ministre de la Défense dans le gouvernement Queuille (septembre 1948-octobre 1949) et ministre des Affaires économiques dans le gouvernement Mollet (février 1956 - mai 1957). C'est dans ce dernier emploi qu'il crée la taxe différentielle sur les véhicules de service (appelée « vignette automobile »), théoriquement destinée à alimenter le fonds de solidarité nationale en faveur des vieillards.

RAMBOUILLET

Ville du département des Yvelines (anciennement Seine-et-Oise) située à une trentaine de kilomètres au sud-ouest de Versailles, ancienne seigneurie d'Île-de-France.

Le site voit au XIVe siècle l'érection, par la famille d'Angennes, d'un château fort qui surveille la route de la Beauce. Les vastes forêts des alentours, très giboyeuses, attirent la Cour en ces lieux sous François Ier, dont Jacques d'Angennes, capitaine des gardes, est un familier. C'est d'ailleurs à Rambouillet que meurt le souverain, le 31 mars 1547. De ce château ne demeurent plus aujourd'hui que quelques vestiges, comme la grosse tour ronde, car au XVIIIe siècle le comte de Toulouse, fils de Louis XIV et de Mme de Montespan, fait ériger une demeure de plaisance. Celle-ci appartient successivement à son fils, le duc de Penthièvre puis, à partir de 1783, à Louis XVI qui, cédant à l'engouement bucolique de l'époque, y crée un élevage de moutons. Sous l'Empire, Napoléon y fait installer des mérinos amenés d'Espagne. L'Empereur se plaît dans ce domaine où l'on peut encore visiter aujourd'hui la chambre qui porte son nom. Charles X éprouve à son tour la même attirance. Amateur de chasses, le souverain fait de fréquents séjours au château. C'est d'ailleurs là qu'il y signera son abdication le 2 août 1830, avant de partir en exil le lendemain. Propriété de l'État depuis la IIIe République, un moment centre d'enseignement de la Bergerie, le domaine est aujourd'hui une résidence des présidents de la République qui y organisent des chasses, y reçoivent des chefs d'État étrangers en visite officielle et y tiennent des Conseils des ministres.

RAMBUTEAU Claude Philibert BARTHELOT, comte de (Mâcon, 1781 – Champgrenon, près de Charnay-lès-Mâcon, 1869)

Administrateur.

Issu d'une noble famille bourguignonne, chambellan de Napoléon en 1809, il a épousé un an auparavant la fille du comte de Narbonne. En 1811, l'Empereur, qui l'estime, confie à son chambellan une mission en Westphalie, puis le nomme préfet du Simplon. Là, Rambuteau surveille personnellement les travaux de la route du Simplon qui, achevée en 1812, rejoint Brigue à Domodossola. Ses talents d'organisateur facilitent ensuite la retraite de l'armée d'Italie. Nommé en janvier 1814 préfet de la Loire, il constitue quelques jours après sa nomination quatre bataillons de la garde nationale qu'il conduit à Augereau, fait activer l'ouvrage à la fabrique d'armes de Saint-Étienne puis, jusqu'à la capitulation de Roanne, le 11 avril, organise dans son département la résistance à l'invasion. La Première Restauration le maintient dans ses fonctions. Rallié à l'Empereur pendant les Cent-Jours, successivement préfet de l'Allier, de l'Aude, puis du Tarn-et-Garonne, il réprime, à Montpellier, le mouvement royaliste. Destitué sous la Seconde Restauration, il se retire sur sa terre de Charnay. L'ancien préfet de Napoléon ne revient à la vie publique qu'en 1827. Élu à ce moment député de Mâcon, il siège parmi l'opposition libérale. Le 16 mars 1830, il vote la fameuse « adresse des 221 », par laquelle la majorité de la Chambre, répondant au discours du trône, établit les droits de la Chambre et de la nation, et demande le renvoi du ministre Polignac. Dévoué à Louis-Philippe, Rambuteau est nommé préfet de la Seine en 1833. Il restera en place jusqu'à la chute de la monarchie de Juillet. Sous son administration, d'immenses travaux transforment la capitale. Les vieilles rues sont remises en état, de nouvelles voies percées, comme celle qui porte son nom. Des fontaines, des égouts, des urinoirs – qui prendront le nom de Rambuteau – améliorent l'hygiène de la capitale. Des arbres sont plantés sur les quais ; la place de la Concorde, comme celle de la Bastille, est aménagée. L'éclairage au gaz améliore la sécurité des Parisiens. Plus de 4 000 maisons s'élèvent dans la capitale sous l'administration de Rambuteau, tandis que sont achevés l'Arc de triomphe et l'église de la Madeleine. Pair de France en 1835, il entre à l'Académie des beaux-arts en 1843. L'année suivante, Louis-Philippe le fait grand officier de la Légion d'honneur.

RAMILLIES (bataille de)

Défaite des Français par les Anglais, le 23 mai 1706.

Le maréchal de Villeroi s'apprête à assiéger Léau et à affronter aux Pays-Bas les détachements de l'Électeur de Bavière lorsqu'il se trouve en présence, le 23 mai 1706, de l'ensemble de l'armée du duc de Marlborough. Ayant établi ses forces à l'arrière d'une zone marécageuse, Villeroi se croit à l'abri et ne prend pas garde à sa droite, qui est débordée par un mouvement tournant de l'infanterie de Marlborough. Cette situation se transforme en déroute lorsque le duc fait charger les fuyards par sa cavalerie. Cet échec entraîne l'évacuation complète des Pays-Bas. Louis XIV envoie Vendôme et Vauban, alors successeurs de Villeroi, protéger en hâte les frontières septentrionales du royaume.

Rancé
Gravure de Giffart, Paris, Bibliothèque nationale de France. © *Sélection Images*

RANCÉ Armand Jean LE BOUTHILLIER de (Paris, 1626 – Soligny, près de Mortagne, 1700)

Moine trappiste.

Second fils de Denis Le Bouthillier, secrétaire de Marie de Médicis, il est le filleul de Richelieu. Sa famille le destine à l'ordre de Malte mais, à la mort de son frère aîné, abbé commendataire de La Trappe, il hérite de l'abbaye. Tonsuré dès 1635, chanoine de Notre-Dame de Paris en 1638, abbé commendataire de plusieurs abbayes, Le Val, Saint-Symphorien de Beauvais et La Trappe, prieur de Boulogne et de Saint-Clément, fort riche, Rancé mène une vie mondaine et dissipée. La mort de son père, en 1650, augmente encore sa fortune. L'ordination sacerdotale, reçue en 1651, le titre de docteur en Sorbonne, qu'il obtient l'année suivante, ne changent rien à son genre de vie. Archidiacre de Tours, député à l'assemblée du clergé en 1655, Rancé devient aumônier de Gaston d'Orléans. À la fin des années 1650, pour des raisons mal définies, se produit sa conversion. Il semble qu'il ait été très frappé par la mort de son amie la duchesse de Montbazon, survenue en 1657, et surtout par celle de Gaston d'Orléans en 1660. Renonçant brusquement à la vie brillante qu'il menait jusqu'alors, Rancé se retire pendant deux ans chez les Oratoriens. Renonçant à tous ses bénéfices ecclésiastiques, sauf au prieuré de Boulogne et à l'abbaye de La Trappe, il fait distribuer ses biens aux pauvres, ne conservant qu'une rente, et se retire à La Trappe en 1663. Dans cette abbaye normande où ne vivent guère qu'une dizaine de moines, la règle est depuis longtemps oubliée. Abbé régulier en 1664, Rancé introduit, non sans difficulté, une réforme extrêmement rigoureuse : priorité donnée à la pénitence, obligation du travail manuel, suppression de l'étude – les moines se contenteront de lire l'Écriture sainte et des livres de morale –, allongement de la prière liturgique, silence complet. Cette règle sera adoptée par tous les cisterciens de la stricte observance, dits trappistes. Rancé aurait souhaité l'appliquer à l'ensemble de l'ordre de Cîteaux, mais le pape refuse cette proposition. Les théories de l'abbé de La Trappe sur l'incompatibilité entre l'étude et la vie monastique, exprimées en 1683 dans le *Traité de la sainteté et des devoirs de la vie monastique*, sont l'occasion d'une vive controverse entre l'auteur et les Bénédictins, Mabillon en particulier. Par la suite, une autre controverse l'oppose à Arnauld. Sous la direction de l'abbé de Rancé qui, malade et usé, se démet de ses fonctions en 1695, La Trappe acquiert un renom considérable. À sa mort, plus de 300 moines y suivent la règle qu'il a imposée. Rancé, dont l'influence sur la spiritualité de son temps est considérable, a laissé de nombreux ouvrages de piété et des *Lettres* publiées en 1701-1702.

RAOUL (? – Auxerre, 936)

Roi de France (923-936).

Fils et successeur de Richard le Justicier, duc de Bourgogne (mort en 921), il a pour épouse Emma, fille du roi Robert Ier et sœur d'Hugues le Grand. À la mort de Robert, il est élu roi à Soissons. Nul, en effet, parmi les grands, ne semble plus apte à repousser les Lorrains qui soutiennent la querelle de Charles le Simple. La couronne lui est imposée à Saint-Médard par Gautier, archevêque de Sens, qui avait déjà couronné Eudes et Robert. Raoul montre beaucoup d'autorité, sans pour autant réussir dans toutes ses entreprises. Après s'être opposé aux Normands, il doit conclure avec eux, en 924, une paix assez humiliante qu'ils ne respecteront guère ; il ne vient à bout de leur résistance qu'en 930, après avoir entre-temps refoulé des incursions hongroises (926-927). Les comtes d'Auvergne, de Rouergue et de Toulouse se décident alors à lui prêter hommage. Bientôt, c'est au tour d'Herbert de Vermandois de s'incliner. Toutefois, en 926 Raoul n'a pas pu empêcher Henri de Germanie d'envahir et de soumettre la Lorraine. À sa mort, il est sans enfant, ce qui remet son œuvre en cause. Son frère Hugues le Noir ne peut à aucun titre lui succéder comme roi ; déjà possessionné en Lorraine, il hérite du duché de Bourgogne.

RAOUL de CAMBRAI (?, v. 925 – ?, v. 945)

Comte de Cambrésis.

Fils posthume de Raoul de Gouy et d'Alais, sœur de Louis IV, il entre en lutte avec les fils d'Herbert de Vermandois dont il conteste l'héritage, et est tué par eux. Il a inspiré une chanson de geste du XIIe siècle.

RAPALLO (conférence de)

Conférence qui réunit à Rapallo, en Ligurie, les 6 et 7 novembre 1917, après le désastre subi par l'Italie à Caporetto, les ministres et les généraux français, britanniques et italiens.

Les plénipotentiaires décident la création d'un Conseil supérieur de la guerre, composé de deux membres de chaque gouvernement et assisté d'un état-major siégeant à Versailles, afin de coordonner les plans des différents commandants en chef qui demeurent seuls responsables.

RAPP Jean, comte (Colmar, 1772 – Rheinweiler, Bade, 1821)

Général.

Fils d'un bourgeois négociant, il devient aide de camp de Desaix en Égypte, puis de Bonaparte au lendemain de Marengo. Commandant des grenadiers à cheval de la garde, il contribue largement à la victoire d'Austerlitz en culbutant la garde impériale russe, tout en faisant prisonnier le prince Repnine. Rapp se couvre de gloire lors des campagnes de Prusse et de Russie et sera, du seul fait de son intrépidité, le général le plus souvent blessé pendant l'épopée impériale : il est atteint, pour la 22e fois, lors de la bataille de la Moskova (1812). Chargé de la défense de Dantzig, il soutient un siège d'un an (janvier 1813 - janvier 1814) mais, finalement, doit se résoudre à une capitulation honorable devant l'armée russe. Incarcéré à Kiev puis libéré, il est chargé, pendant les Cent-Jours, de la défense de Strasbourg. Après un exil en Suisse, Rapp se rallie, en 1817, à la cause des Bourbons. Louis XVIII le fera pair de France.

Raspail
Huile sur toile de Denis Bonnet, 1849, Carpentras, musée. © *Giraudon*

RASPAIL François Vincent (Carpentras, 1794 – Arcueil, 1878)

Savant et homme politique.

D'origine modeste, mais remarqué par un prêtre qui recommande son entrée au séminaire d'Avignon, il devient, dès 1812, professeur suppléant de théologie. Pourtant, le jeune séminariste n'a pas la vocation et, en 1816, il vient à Paris étudier le droit et les sciences naturelles. Le résultat de ses travaux, qui portent aussi bien sur la chimie que sur l'hygiène ou la médecine, et sont donc accueillis sans considération par les milieux scientifiques officiels, est publié à partir de 1824. Alors qu'il avait manifesté à la fin de l'Empire son attirance pour le bonapartisme, Raspail ne tarde pas, sous la Restauration, à gagner les rangs républicains, ce qui lui vaut de perdre ses postes d'enseignant aux collèges Stanislas et Sainte-Barbe. Dès lors, il se consacre aux sciences et à la politique. Blessé au cours de la révolution de 1830, lors de l'assaut de la caserne Babylone, décoré après l'avènement de Louis-Philippe, Raspail refuse toutes les charges et les faveurs que lui propose le roi, rejoignant au contraire les rangs de l'opposition républicaine, militant parmi les clubs. Membre de la Société des amis du peuple, qu'il préside bientôt, il milite aussi à la Société des droits de l'homme. Arrêté en 1832 avec les autres chefs républicains, il est enfermé à Sainte-Pélagie, première incarcération qui sera suivie de beaucoup d'autres et de nombreuses années d'exil. Inculpé l'année suivante d'activités hostiles au régime, avec les autres membres de la Société des droits de l'homme, il est acquitté, comme ses camarades. Abandonnant la conspiration pour la lutte politique, le jeune chef républicain fonde en 1834 un journal intitulé *Le Réformateur*. En même temps, Raspail poursuit des travaux scientifiques. Ses ouvrages de vulgarisation, *Le Médecin des familles*, l'*Histoire naturelle de la santé* (1843), et le *Manuel annuaire de la santé* (à partir de 1845), lui valent une grande notoriété.

Il prend une part active à la révolution de février 1848 et, le premier, proclame la république à l'Hôtel de Ville. Fort entreprenant, il fonde un nouveau journal, *L'Ami du Peuple*, et un club, le club Raspail. Aux côtés des ouvriers, il critique le gouvernement provisoire pour sa timidité en matière sociale et joue un rôle mal défini dans l'organisation des manifestations du 17 mars, au cours desquelles les ouvriers réclament l'éloignement des troupes, et du 16 avril, où ils tentent d'obtenir le report des élections. Avec Blanqui et Barbès, Raspail est aussi l'un des organisateurs de la journée du 15 mai, où il vient lire à la tribune de l'Assemblée, envahie par la foule, une pétition en faveur des insurgés polonais. Arrêté le jour même, emprisonné, il ne peut siéger à l'Assemblée, à laquelle il est élu au mois de septembre 1848. Candidat des socialistes révolutionnaires à l'élection présidentielle, au mois de décembre, Raspail n'obtient que très peu de voix et reste en prison. Au mois d'avril suivant, la Haute Cour de Bourges, devant laquelle il comparaît avec les autres accusés du 15 mai, le condamne à six ans de détention, peine commuée en bannissement. Raspail se retire en Belgique, où il apprend en 1859 son amnistie et regagne la France en 1863. Élu député, il s'oppose à la guerre contre la Prusse. L'Empire renversé, il ne prend aucune part à la Commune, mais condamne au début de la IIIe République l'attitude des tribunaux versaillais. De même, il commémore dans son *Almanach et calendrier météorologique* de 1873 la mort de Delescluze. Ces prises de position lui valent, à 80 ans, d'être condamné à deux ans de prison. Incarcéré dans une maison de santé, sa peine réduite à un an, il reprend la lutte dès sa sortie. Député des Bouches-du-Rhône de 1876 à 1878, il siège à l'extrême gauche, se battant jusqu'à sa mort pour l'amnistie des condamnés de la Commune.

RASSEMBLEMENT DU PEUPLE FRANÇAIS (RPF)

Mouvement politique fondé par le général de Gaulle en vue de maintenir l'unité nationale et de restaurer l'autorité de l'État.

Ayant mis un terme à sa retraite politique le 16 juin 1946, à l'occasion d'une cérémonie de la Résistance, à Bayeux (Calvados), première ville de Normandie libérée, de Gaulle y définit ses conceptions au sujet des institutions et du gouvernement de la France. Le 30 mars 1947, c'est à Bruneval (Seine-Maritime), lieu où débarquait un commando allié cinq ans auparavant, que le Général réaffirme ses conceptions et ajoute : « Le jour va venir où, rejetant les jeux stériles et réformant le cadre mal bâti où s'égare la nation et se disqualifie l'État, la masse immense des Français se rassemblera avec la France. » Le dimanche suivant, 7 avril, l'ancien chef de la France libre se trouve à Strasbourg où sont célébrées les cérémonies du deuxième anniversaire de la libération de l'Alsace. C'est à cette occasion qu'il annonce : « Il est temps que se forme et s'organise le Rassemblement du peuple français qui, dans le cadre des lois, va promouvoir et faire triompher, pardessus les différences des opinions, le grand effort de salut commun et de réforme profonde de l'État. » Aux yeux de son promoteur, ce mouvement, créé le 14 avril, ne doit pas être un nouveau parti politique mais le rassemblement, autour de sa personne, des bonnes volontés, des patriotes et surtout des mécontents du régime, désireux de restaurer les institutions et l'autorité de l'État. Le Rassemblement du peuple français, ou RPF, est donc destiné à former un lien entre la nation et le Général, qui se déclare prêt a assumer toute responsabilité qui pourrait lui être conférée par la volonté nationale.

Jacques Soustelle devient le secrétaire général du mouvement qui reçoit d'emblée l'appoint d'anciens résistants animés par le colonel Rémy, et de notables qui servent de cadres régionaux et départementaux. L'implantation en métropole et en Afrique du Nord est immédiate. Lors des élections municipales d'octobre 1947, le RPF recueille 35 % des suffrages exprimés et conquiert 13 des 25 plus grandes villes, ainsi qu'un tiers des villes de plus de 30 000 habitants. À cette date, le parti compte environ 600 000 adhérents et, lors de son meeting de campagne à Vincennes, le Général a rassemblé un demi-million de personnes. L'époque est celle de la guerre froide, et ce dernier n'a pas ménagé ses critiques à l'égard des communistes, qu'il a qualifiés de « séparatistes ». Dans le domaine social, le chef du Rassemblement préconise le principe du capital-travail prévoyant d'intéresser les salariés à la marche de l'entreprise. Au lendemain du second tour de scrutin (le 27 octobre), les partisans de de Gaulle clament leur triomphe et assurent que le retour au pouvoir de celui-ci n'est plus qu'une question de

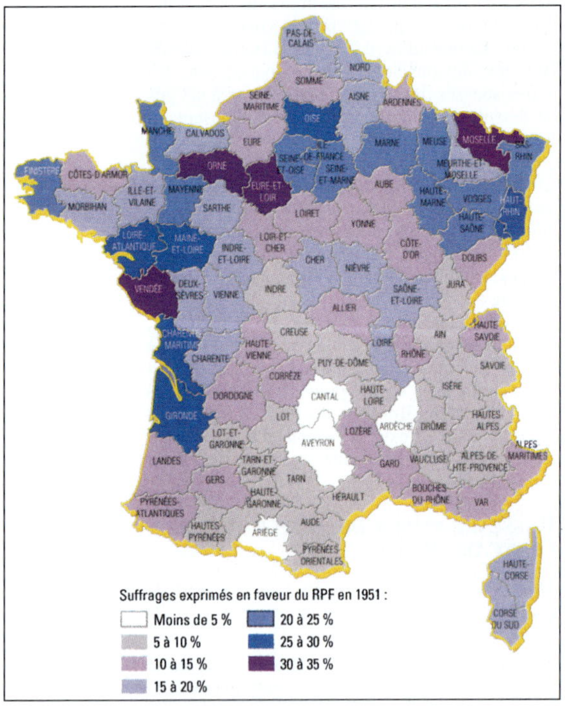

Le vote RPF en 1951

temps. Et de réclamer la dissolution de l'Assemblée nationale et de nouvelles élections. L'erreur tactique est évidente, car cette prétention effraye maints députés, inquiets au sujet du renouvellement de leur mandat, et contribue au soutien du cabinet Ramadier et au rejet de toute dissolution.

Le RPF n'en continue pas moins à maintenir ses critiques à l'égard du pouvoir et prend activement parti contre toute notion d'armée européenne qui signifierait, selon de Gaulle, la fin de la souveraineté française dans le cadre de la communauté européenne de défense (CED). La double crainte des communistes et du RPF incite les tenants de la Troisième force à imposer, pour les élections législatives de juin 1951, le principe des apparentements. Ainsi le RPF ne compte-t-il que 119 députés, alors qu'avec la loi de 1946 il aurait pu en avoir 144. Dans ce cas, en joignant ses voix à celles des communistes, le RPF aurait pu bloquer le régime d'assemblée. La scission du groupe parlementaire RPF, en mars 1952, à l'occasion de l'investiture d'Antoine Pinay, sonne le glas du mouvement. Celui-ci mène un ultime combat contre la CED. Le 6 mai 1953, de Gaulle rend leur liberté aux députés RPF, met le mouvement en sommeil le 13 septembre et déclare « se désintéresser » de la suite, alors qu'il a consacré au RPF 13 conférences de presse et 43 discours.

Rassemblement pour la République (RPR)

Parti politique issu de l'UDR et regroupant pour l'essentiel la famille gaulliste, fondé le 5 décembre 1976 par Jacques Chirac.

Jacques Chirac fonde le RPR après avoir démissionné du poste de Premier ministre le 25 août 1976. Il entend créer un parti aux principes gaullistes : appel au peuple, État fort, souveraineté nationale. En rupture avec le président de la République Valéry Giscard d'Estaing, Chirac a pour but de faire du RPR le parti leader de la droite, face à la coalition centriste soutenue par Giscard. Les élections confirment dans un premier temps la stratégie de Jacques Chirac : aux municipales de mars 1977, il remporte la mairie de Paris face au candidat de Valéry Giscard d'Estaing, Michel d'Ornano ; de même, aux législatives de mars 1978, le RPR remporte « la majorité de la majorité », recueillant 22,7 % des voix face à l'UDF, parti de Valéry Giscard d'Estaing créé en février 1978, qui compte 20,2 % des voix. Encore faut-il, sous le régime de la Ve République, qu'un parti incarne une vision de la modernité et porte en son sein un présidentiable. Ce n'est pas encore le cas. Dans l'appel de Cochin, lancé le 6 décembre 1978 de l'hôpital où il est immobilisé à la suite d'un accident de voiture, Jacques Chirac dénonce le « parti de l'étranger », c'est-à-dire l'UDF, qu'il accuse de vouloir brader la France au profit d'une Europe aux contours flous. Mais, au soir des élections européennes du 10 juin 1979, le RPR est seulement au quatrième rang, derrière l'UDF emmenée par Simone Veil, largement en tête, le parti socialiste et le parti communiste. La rivalité du RPR et de l'UDF devient désormais une constante à droite et se traduit par la présence de Valéry Giscard d'Estaing et de Jacques Chirac à l'élection présidentielle de 1981. Même si ce dernier est évincé dès le premier tour, certains lui imputent la défaite du président sortant au second tour.

Après cinq ans passés dans l'opposition, le RPR revient en force aux législatives de 1986. Avec 27,2 % des voix, il surclasse l'UDF et c'est à Jacques Chirac qu'il revient d'inaugurer la première cohabitation avec François Mitterrand. Premier ministre, il s'attache à renouveler l'équipe gaulliste et forme un gouvernement de fidèles, avec des ministres comme Édouard Balladur, Charles Pasqua, Philippe Séguin, Alain Juppé. Il applique une politique de droite visant à pendre le contre-pied de la politique menée au début du septennat de François Mitterrand par Pierre Mauroy. Les privatisations et les déréglementations doivent montrer la supériorité des choix libéraux sur les méthodes administrées ; la réforme du code de la nationalité doit régler la question de l'intégration des immigrés ; enfin la réforme des universités doit combiner sélection et modernisation. En réalité, le décalage entre l'attente de l'opinion et les résultats ruinent la stratégie du RPR. Attentats terroristes en 1986, krach de 1987, grèves de la SNCF et crise étudiante sont de trop, surtout avec un président socialiste pugnace. Sans cesse tiraillé entre ses fonctions de Premier ministre et ses ambitions présidentielles, Jacques Chirac ne parvient pas à convaincre les électeurs et est battu pour la deuxième fois à l'élection présidentielle de 1988, au second tour face à François Mitterrand. À partir de cette date s'amorce une nouvelle crise au RPR, qui cette fois conteste la prééminence de Jacques Chirac sur le parti. Cette rébellion prend corps en trois temps, après le signal avertisseur du 21 juin 1988, où Philippe Séguin est battu seulement d'une voix pour le poste de président du RPR à l'Assemblée, élection qui porte en germe bien des rivalités. La contestation est lancée le 6 avril 1989 par douze « rénovateurs » du RPR et de l'UDF, parmi lesquels Philippe Séguin, voulant renouveler la vieille garde politique en vue des Européennes de juin. Cette première tentative de rébellion se révèle un échec au vu du succès de la liste Giscard-Juppé, soutenue par Chirac, qui gagne 28,8 % des voix, tandis que la liste des rénovateurs conduite par Simone Veil recueillait seulement 8,4 %. La deuxième contestation de la légitimité de Jacques Chirac sur le mouvement gaulliste est emmenée par Philippe Séguin et Charles Pasqua. Le 9 janvier 1990, aux Assises RPR du Bourget, les deux hommes plaident en effet « pour un nouveau Rassemblement », ce qui conduit Jacques Chirac à remettre son mandat de président en jeu le 11 février suivant. Mais celui-ci parvient encore une fois à conserver sa prééminence sur le mouvement gaulliste, sa motion de synthèse, élaborée par Alain Juppé, recueillant 68,2 % des voix. C'est cependant à l'occasion du référendum concernant le traité de Maastricht, qui a lieu le 20 septembre 1992, que non seulement la légitimité du RPR, mais plus profondément l'unité même du parti est menacée. En effet, pendant que Charles Pasqua et Philippe Séguin font tous deux campagne pour le « non » à l'Europe de Maastricht, que l'UDF prend la tête des partisans du « oui », Jacques Chirac préconise un « oui » du bout des lèvres afin de ménager son avenir présidentiel, tout en laissant la liberté de vote aux adhérents et électeurs du RPR : les résultats ambigus du scrutin, qui donnent la victoire au « oui », mais seulement à 51 % des suffrages, sauvent la prééminence de Chirac sans pour autant affaiblir le poids de ses adversaires Pasqua et Séguin.

Les élections législatives de mars 1993, marquées par une écrasante victoire de la coalition RPR-UDF sur la gauche, ouvrent la voie à la deuxième cohabitation de l'histoire de la Ve République. C'est cette fois Édouard Balladur qui devient Premier ministre, candidat soutenu par un Jacques Chirac plus soucieux de préparer l'élection présidentielle de 1995 que de renouveler l'expérience peu concluante de sa première cohabitation. Très vite cependant, la popularité dont jouit Édouard Balladur aiguise ses ambitions présidentielles, et c'est un RPR déchiré qui entre en lice aux élections de 1995, puisque Jacques Chirac et Édouard Balladur sont tous deux candidats. La victoire de Jacques Chirac au second tour, face à Lionel Jospin, contribue à entretenir des haines tenaces dans la maison gaulliste, dans la mesure où la composition du gouvernement est le lieu d'une véritable distribution des prix, gratifiant d'un ministère ceux qui avaient pris le parti de Chirac, tels Alain Juppé, Premier ministre, ou Jacques Toubon, promu garde des Sceaux, et excluant les partisans d'Édouard Balladur, tels Nicolas Sarkozy ou Charles Pasqua. De 1993 à

Rassemblement pour la République
Un congrès du RPR. De g. à dr. : Michel Noir, Roger Frey, Claude Labbé, Jacques Chirac, Bernard Pons.
© *M. Philippot-Sygma*

1995, le gouvernement Juppé mène une politique de rigueur et se trouve confronté en décembre 1995 à un vaste mouvement de grèves qui paralyse tout le pays. L'impopularité de son Premier ministre pousse Jacques Chirac, encouragé par le secrétaire général de l'Élysée Dominique de Villepin, à dissoudre l'Assemblée nationale et à provoquer des élections législatives anticipées. Parti aux sons de cloche d'« un nouvel élan » à donner à la majorité de droite, Jacques Chirac perd son pari et se voit obligé de nommer Premier ministre Lionel Jospin, le leader de la gauche plurielle, donnant ainsi le jour à la troisième période de cohabitation. Cette autodissolution lamine le parti gaulliste, qui semble depuis indécis sur le sens à donner à son action : le RPR doit-il être le parti du président, c'est-à-dire plus ou moins un club de supporters dont la seule vocation est de soutenir Jacques Chirac ? Analyse partagée par Alain Juppé, Bernard Pons et Nicolas Sarkozy. Le RPR doit-il au contraire, et c'est l'avis de Philippe Séguin, devenu président du parti après la dissolution et jusqu'en avril 1999, se dégager de l'ombre tutélaire de Jacques Chirac et proposer un projet politique qui reposerait non plus sur la fidélité à un homme, fût-il le fondateur du parti, mais sur les principes gaullistes qui ont présidé à sa création ? Ou encore, le RPR peut-il choisir un « chemin personnel », alors que le Front national, sur sa droite, lui a fait perdre près de 50 triangulaires et la majorité à l'Assemblée, tandis que l'UDF, un temps au bord de l'implosion, s'est réorganisée autour d'un François Bayrou qui ne manque pas d'ambitions présidentielles, s'affiche moderniste et joue cavalier seul aux Européennes de 1999 ? De difficile, la situation du RPR devient ingérable avec la scission organisée par Charles Pasqua, au nom des valeurs gaullistes, et dans un axe politique parallèle (donc concurrent) au rapprochement RPR-DL, avec le ticket Pasqua-de Villiers. Dans ce contexte, la démission de Philippe Séguin et les acrimonies soulevées par le retour de Nicolas Sarkozy à la tête du mouvement sont anecdotiques. Avec les résultats du 13 juin, 12 % des voix exprimées, et une troisième place derrière le PS et Pasqua, c'est l'existence même du mouvement qui est en cause. Problème d'identité, concurrence dans le registre des valeurs, décalage croissant avec les demandes de l'électorat : le RPR se trouve dans une situation qui rappelle, toutes choses égales par ailleurs, celle des monarchistes après le 16 mai 1877 ou des radicaux après 1936. La double campagne de 2002 (présidentielle plus législatives) confirme l'analyse : d'abord hésitante sur la nécessité d'un grand parti des droites, l'Union en mouvement (UEM), prôné par le président Chirac, la direction du RPR – conduit par Michèle Alliot-Marie depuis décembre 1999 – se range à l'UMP, version modifiée de l'UEM, imposée par l'Élysée devant l'atomisation des votes de droite et l'apparition de trois blocs politiques concurrents.

RASTATT ou RASTADT (traité et congrès de)

Le traité de Rastatt, ville d'Allemagne dans le Bade Wurtemberg, conclu le 6 mars 1714 entre le maréchal de Villars et le prince Eugène, met un terme définitif à la guerre de Succession d'Espagne. Le congrès de Rastatt, le 9 décembre 1797, ne parvient pas à concilier l'Autriche et la France quant au sort à réserver à l'Italie.

Le traité de Rastatt. Seul des souverains belligérants, l'empereur d'Autriche Charles VI a refusé, en 1713, de reconnaître la victoire de Louis XIV et de signer les traités d'Utrecht. Une nouvelle campagne, menée par le maréchal de Villars, est donc inévitable. Après les succès du maréchal à Landau, au mois d'août 1713, puis à Fribourg au mois d'octobre, l'empereur doit se résoudre à la paix. Le prince Eugène, nanti des pleins pouvoirs, et Villars, qui représente le roi, mènent donc à partir du 26 décembre les négociations de paix au château de Rastatt. Signé le 6 mars suivant par les chefs des deux délégations, le traité sera confirmé par la Diète le 7 septembre. L'empereur reconnaît et accepte les traités de Westphalie, de Nimègue et de Ryswick. Louis XIV conserve l'Alsace, avec Strasbourg et Landau, ancienne ville alsacienne enclavée dans le Palatinat. La France restitue les places qu'elle tient sur la rive droite du Rhin, comme Vieux-Brisach, Kehl et Fribourg, s'engage à détruire les forts qui se trouvent dans les îles du Rhin, mais conserve les places de la rive gauche du fleuve. La navigation sera libre sur ce dernier. L'empereur rétablit dans leurs possessions et dignités les princes allemands alliés de la France, c'est-à-dire l'Électeur de Trèves, l'Électeur palatin, ceux de Bade et de Bavière, les évêques de Worms et de Spire, etc. Le traité lui reconnaît en revanche la possession des Pays-Bas espagnols et des possessions italiennes de l'Espagne, sauf la Sicile : Naples, le Milanais, les présides de Toscane et la Sardaigne, pourtant promise à Utrecht à l'Électeur de Bavière, passent sous l'autorité impériale. Louis XIV s'engage à ne pas contester à l'empereur ses possessions des Pays-Bas et d'Italie. Les deux souverains insistent sur la nécessité de respecter la paix italienne. À Rastatt, pour la première fois, un traité conclu entre l'empire et la France n'est pas rédigé en latin, mais en français, reconnu comme langue diplomatique.

Le congrès de Rastatt. Bonaparte, conduisant la délégation des représentants du Directoire, arrive dans la petite ville allemande le 26 novembre, Metternich et les Autrichiens trois jours plus tard, pour ouvrir un congrès prévu par le traité de Campoformio (18 octobre 1797). Très vite, les négociations s'enlisent et c'est l'impasse. Bonaparte ne tarde pas à repartir. La France ayant réclamé la totalité de la rive gauche du Rhin, région de Cologne comprise, la Diète germanique donne son accord de principe le 9 mars 1798. L'Autriche demande alors des compensations en Italie. Mais Bonaparte, qui ne veut pas la voir pénétrer de nouveau dans la péninsule – qu'il considère comme son domaine réservé – les lui refuse. Cette intransigeance amène l'Autriche à se rapprocher des adversaires de la France et à former avec l'Angleterre et la Russie la deuxième coalition. Le Directoire ayant rappelé ses plénipotentiaires, ceux-ci sont alors victimes d'un attentat dans la nuit du 28 avril 1799, aux portes de Rastatt, alors qu'ils quittaient le congrès. Attaqués par des hussards autrichiens, deux d'entre eux, Bonnier et Roberjot, périssent ; le troisième, Debry, grièvement blessé, peut regagner Rastatt. L'Autriche espérait sans doute par cet attentat saisir des papiers sur les tractations entre la France et la Prusse, et ses hussards montrèrent peut-être plus de zèle qu'il ne leur en avait été demandé. L'émotion et l'indignation sont en tout cas considérables en France. Beaucoup croient, comme Sieyès, que « le tocsin de l'extermination française » a sonné dans les capitales monarchiques, et le Directoire n'a pas de peine à soulever l'opinion contre l'étranger.

RATISBONNE

Ville de Bavière (en allemand Regensburg*), située sur le Danube, à une centaine de kilomètres au nord-est de Munich.*

Emmeram, évêque de Poitiers, passe pour y avoir prêché le christianisme au VIIe siècle. Ancienne capitale de Louis le Germanique au IXe siècle, ville d'Empire au Moyen Âge, la cité est choisie en 1630 par l'empereur Ferdinand II pour la réunion d'une diète destinée à liguer les États allemands contre la politique de Richelieu. À la mi-avril 1809, la région est le lieu de concentration des troupes de Napoléon lors des opérations de la cinquième coalition contre l'Autriche. Le 23, l'Empereur fait donner l'assaut de Ratisbonne et reçoit à cette occasion l'unique blessure de sa carrière, une estafilade au pied droit.

RAURAQUES

Peuple gaulois occupant la région du haut Rhin à l'arrivée des Romains.

Leur nom semblerait indiquer qu'ils venaient de la Ruhr. César les mentionne comme clients des Helvètes. Nous ne connaissons les noms de leurs deux principaux *oppidums* que sous leur forme latine. Il s'agit d'*Augusta Rauracorum* (Augst) et de *Basileia* ou *Basilea* (Bâle). Sous la domination romaine, les Rauraques formaient une cité dont les chefs-lieux furent successivement *Augusta* et *Basileia*.

Ravachol
L'Arrestation de Ravachol. Gravure de H. Meyer, 1892. © *Lauros-Giraudon*

RAVACHOL François Claudius KŒNIGSTEIN, dit (Saint-Chamond, 1859 – Montbrison, 1892)

Anarchiste.

Légitimé en 1862 par son père naturel, d'origine germano-néerlandaise, il travaille très jeune pour subvenir aux besoins de sa famille, son père ayant quitté le domicile familial. Il travaille ainsi pendant trois ans comme ouvrier teinturier. Ses opinions politiques – il adhère au collectivisme puis à l'anarchisme – entraînent son renvoi. Dès lors, pour faire vivre sa famille et sa maîtresse, le jeune homme commet des larcins de plus en plus importants. L'année 1892 est troublée par de nombreux attentats. Le 11 mars, une bombe éclate dans un immeuble du boulevard Saint-Germain habité notamment par le président Benoît, qui a dirigé l'année précédente le procès de plusieurs anarchistes. Le 27 mars, un nouvel attentat est perpétré rue de Clichy, dans un immeuble habité par le substitut Bulot, qui a participé au même procès. La police ne tarde pas à apprendre que Ravachol est l'auteur du premier attentat et diffuse son signalement. Le 29 mars, dénoncé par le garçon du restaurant *Véry*, il est arrêté pendant son repas, non sans difficulté car il est d'une force herculéenne. L'instruction est rapidement menée et, le 26 avril, Ravachol comparaît devant la cour d'assises de la Seine en compagnie de trois complices. La veille, une bombe a explosé au restaurant *Véry*, tuant deux personnes. Les jurés et les juges ont reçu des lettres de menaces. Les débats se déroulent dans le calme, Ravachol revendique toutes les responsabilités, affirme que ses coaccusés ne sont que des comparses et qu'il voulait venger ses amis condamnés l'année précédente. La cour condamne l'ancien ouvrier teinturier et un de ses coaccusés, nommé Simon, à la détention perpétuelle. Mais Ravachol n'en a pas fini avec la justice : accusé de plusieurs meurtres, il doit comparaître devant la cour d'assises de la Loire. Le 21 juin, son procès s'ouvre à Montbrison, au milieu d'un grand déploiement de forces de police. Selon l'accusation, Ravachol aurait commis, depuis 1886, cinq meurtres et une violation de sépulture, le vol étant le mobile de tous ces crimes. L'accusé ne reconnaît qu'un des meurtres, celui d'un vieillard appelé l'ermite de Chambles, et la violation de sépulture. Il dit voler pour subvenir à ses besoins, et aussi pour la cause.

Les seuls témoins favorables sont son frère et sa sœur qui rappellent qu'autrefois il leur a servi de père. À l'annonce du verdict, la mort, Ravachol reste très calme et crie : « Vive l'anarchie ! » Le 11 juillet, il est conduit à l'échafaud. Alors que certains anarchistes l'avaient un moment considéré comme un agent provocateur, son procès et sa mort font de lui un martyr. Son nom donne naissance à un verbe, ravacholiser, supprimer ses ennemis, et à une chanson, la *Ravachole* qui, sur l'air de la *Carmagnole*, célèbre ses mérites.

RAVAILLAC François (Touvre, près d'Angoulême, 1578 – Paris, 1610)

Régicide.

D'origine très modeste, élevé au prix de nombreuses difficultés par sa mère, il reçoit cependant une certaine instruction. Valet de chambre, puis clerc de procureur, il exerce quelque temps la profession de maître d'école dans sa région natale, mais sa vie reste assez misérable. Il passe un an en prison pour dettes. Sa mère, femme très pieuse, l'a élevé dans les plus sévères principes de la religion, et sa foi restera très profonde. Souhaitant devenir religieux, il entre dans une congrégation de feuillants. Il n'y reste qu'un mois à peine, effrayant les religieux par ses excentricités et ses excès ; il affirme notamment avoir des visions. Diverses autres tentatives n'auront pas plus de succès. Depuis longtemps, Ravaillac, qui apparaît à l'âge adulte comme un homme de haute taille, aux cheveux roux, a des visions, des obsessions. L'une d'elle concerne Henri IV auquel il reproche sa politique favorable aux huguenots ainsi que son attitude vis-à-vis du pape. Ravaillac envisage d'abord de parler au roi, afin de lui expliquer que sa politique est mauvaise. Il vient à Paris, mais ne peut l'approcher. Aussi ne tarde-t-il pas à concevoir d'autres projets. Partout en France, des libelles, reprenant les théories exprimées au moment des guerres de Religion, exaltent et justifient le régicide. À Angoulême, ville proche du lieu de naissance de Ravaillac, bastion du catholicisme placé sous l'autorité du duc d'Épernon, le fanatisme religieux est aussi fort qu'au moment des guerres de Religion. En 1609, semble-t-il, Ravaillac décide de sauver la France et le catholicisme en tuant le roi. Fort pauvre, il effectue une partie du voyage à pied et vole dans une auberge le couteau qui doit lui permettre d'accomplir son geste. Une première fois, à Noël 1609, puis une seconde, à Pâques 1610, son projet échoue. Entre-temps, il a confessé son intention à divers religieux, qui ne s'en sont pas inquiétés. L'un d'eux, un jésuite célèbre nommé d'Aubigny, s'est contenté de le conseiller en ces termes : « Ôtez tout cela de votre esprit. Dites des chapelets, mangez des potages, et priez Dieu. »

Le 14 mai 1610, lendemain du sacre de la reine, une nouvelle occasion se présente. Le roi, après avoir hésité, décide d'aller rendre visite à Sully, qui se trouve à l'Arsenal, et monte dans un carrosse avec quelques gentilshommes. Assis à ses côtés, d'Épernon lui donne lecture d'une lettre. Arrivé rue de la Ferronnerie, devant l'auberge du *Cœur couronné percé d'une flèche*, un encombrement bloque le carrosse royal, que n'accompagne aucune escorte. Saisissant l'occasion, Ravaillac bondit sur le roi et lui porte à la poitrine deux violents coups de couteau qui le tuent presque instantanément. Son geste accompli, il ne cherche pas à s'enfuir. Arrêté, il est conduit à l'hôtel de Retz, où on le garde enfermé quelques jours, puis à la Conciergerie. Le président du Parlement, Achille de Harlay, dirige son interrogatoire. Sans relâche, et malgré l'application de la question, Ravaillac affirme avoir agi seul. Il reconnaît avoir commis une faute, mais pense que Dieu lui accordera son pardon, car il a agi dans une bonne intention. L'arrêt le condamnant à mort est rendu le 27 mai : il doit être conduit place de Grève pour y être « tenaillé aux membres, bras, cuisses et gras de jambes, sa main dextre y tenant

Ravaillac
Le Supplice de Ravaillac en place de Grève. Gravure, Paris, Bibliothèque nationale de France. © *Collection Viollet*

le couteau duquel a commis ledit parricide ards et bruslez de feu de soulphre et sur les endroits où il sera tenaillé, jetté du plomb fondu, de l'huille bouillante, de la poix raisine bruslante, de la cire et soulphre fondus ensembles. Ce fait son corps tiré et desmembré à quatre chevaux, ses membres et corps consommez au feu, réduits en cendres, jettés au vent ». Le condamné devra faire amende honorable devant Notre-Dame. L'arrêt rendu, et toujours dans l'espoir de lui faire avouer le nom de ses complices, on applique au régicide la question préalable, le supplice des brodequins qui lui broient les jambes. En vain. Il est ensuite conduit sur le lieu du supplice, au milieu d'une foule dense et fort hostile, qui a réclamé pour lui les supplices les plus raffinés. Après une dernière confession au terme de laquelle il obtient l'absolution « à condition », c'est-à-dire qu'il ira en enfer s'il a menti, commence l'horrible supplice, qui dure plusieurs heures. La foule, se saisissant des morceaux du corps martyrisé, empêche le bourreau d'appliquer jusqu'au bout la sentence.

Les contemporains, puis certains historiens, ont estimé que Ravaillac n'avait pu agir seul. Une enquête officielle, ordonnée dès la mort du roi, reconnaît que la rumeur de son assassinat avait couru avant même le 14 mai, que diverses personnes étaient certainement au courant, qu'un complot, dirigé par l'Autriche et l'Espagne, avait été ourdi. Diverses rumeurs courent, on accuse la reine, les jésuites, les Concini, et surtout Henriette d'Entragues, ancienne favorite du roi, le duc d'Épernon, favorable à l'alliance espagnole et hostile à Henri IV, et enfin Mme du Tillet, maîtresse du duc. Certains historiens estiment que d'Épernon, gouverneur d'Angoulême, aurait rencontré Ravaillac et inspiré son geste. D'autres pensent que le duc n'a pas rencontré le futur assassin, mais l'a indirectement poussé à agir. D'autres enfin que Ravaillac a agi de sa propre initiative. L'enquête officielle sera ajournée « vu la qualité des accusés ». Tous les dossiers officiels concernant cette affaire seront brûlés en 1618, lors d'un incendie dont la rumeur publique rendra responsable le duc d'Épernon.

RAYMOND Ier de TOULOUSE (? – ?, v. 864)

Comte de Quercy, puis de Rouergue et de Toulouse.

Fils de Fulcoald ou Foucauld, comte de Rouergue. Il gouverne le Quercy lorsque la mort de son frère Frédelon, en 852, fait de lui un comte de Rouergue et de Toulouse. De violents démêlés l'opposent à Humfrid, marquis de Septimanie ou de Gothie, qui, en 863, lui prend Toulouse où il se maintient quelques mois. Les historiens lui donnent parfois le titre de duc d'Aquitaine. Il eut deux fils qui lui succédèrent : Bernard (864-875) et Eudes (875-919). De celui-ci descendent tous les comtes de Toulouse, de Rouergue et de Gévaudan.

RAYMOND II de TOULOUSE (?, v. 860 – ?, v. 923)

Comte d'Albi et de Nîmes, puis de Toulouse.

Fils d'Eudes et son successeur pour la majeure partie de ses fiefs, il figure parmi les grands qui se montrent fidèles à Charles le Simple. Son secours est précieux contre les Normands et les Hongrois qui menacent la *Francia occidentalis*. Il ne doit pas être confondu avec son neveu Raymond II, comte de Rouergue et, par indivis, de Quercy et d'Albigeois, marquis de Gothie, assassiné sur le chemin de Compostelle en 961 (Raymond II de Rouergue était fils d'Ermengaud de Rouergue-Gévaudan, lui-même deuxième fils d'Eudes).

RAYMOND III PONS (?, v. 900 – ?, v. 950)

Comte de Toulouse et duc d'Aquitaine.

Fils et successeur de Raymond II, il chasse en 924 les Hongrois de la Provence et du Languedoc. En récompense, le roi Raoul lui confère le duché d'Aquitaine et le comté d'Auvergne, revendiqués par Guillaume III Tête d'Étoupe, de la maison de Poitiers. Raymond III Pons est assez souvent confondu, à tort, avec son neveu Raymond III, comte de Rouergue et marquis de Gothie, qui remporta en 985 sur les Sarrasins, dans le comté de Barcelone, une brillante victoire, et mourut en 1010 au cours d'un voyage en Terre sainte (ce Raymond III était fils de Raymond II de Rouergue).

RAYMOND IV dit de SAINT-GILLES (Toulouse, 1042 – Tripoli, 1105)

Comte de Rouergue et de Toulouse.

Initialement titré comte de Saint-Gilles, il hérite successivement de sa cousine Berthe (petite-fille de Raymond III de Rouergue) et de son frère aîné Guillaume IV de Toulouse (qui déshérite sa propre fille). Ses biens sont immenses : comtés de Rouergue, de Nîmes et de Narbonne, marquisat de Gothie, seigneuries ou principautés de Gévaudan, d'Agde, de Béziers et d'Uzès, enfin comté de Toulouse proprement dit.

Raymond IV est ainsi le fondateur de ce qu'on peut appeler le « grand comté de Toulouse ». Après avoir monté une expédition contre les Maures en Espagne, Raymond répond parmi les premiers à l'appel d'Urbain II en faveur de la croisade (1095). Puis il fait vœu de quitter à jamais l'Occident. Laissant l'administration de ses fiefs à son fils Bertrand et engageant une partie du Rouergue à Richard de Milhau-Gévaudan (c'est l'origine du comté de Rodez), il s'embarque en Provence. Presque tous ses vassaux et arrière-vassaux le suivent. L'armée méridionale gagne Constantinople par la Dalmatie et la Macédoine. Contrairement à un grand nombre de ses compagnons, Raymond IV refuse le serment d'allégeance que réclame l'empereur Alexis Ier. Son ardeur guerrière fait merveille à Nicée (1097), Dorylée (même année), Antioche (1098). Un conflit avec Bohémond de Tarente l'amène à se réconcilier avec l'empereur d'Orient. En 1098 et 1099, il multiplie les assauts contre l'émir de Tripoli. Mais les croisés s'impatientent pour la délivrance de Jérusalem. Il doit les suivre et, après la prise de cette ville, se voit préférer Godefroi de Bouillon pour la défense du Saint-Sépulcre. Par dépit, il fait échouer les sièges d'Ascalon et d'Arsouf. On le retrouve à la tête d'une armée de secours, levée en Italie, qui essuie bientôt une lourde défaite près d'Ancyre (1101). Dans les années qui suivent, il peut s'emparer de deux places importantes, Tortose en 1102 et Gibelet en 1104, et fonder le comté de Tripoli (on l'appelle Raymond Ier de Tripoli). Toutefois, il meurt sans avoir pu s'emparer de cette ville. Son œuvre sera achevée par son fils aîné Bertrand, chef de la branche des comtes de Tripoli.

Raymond V de Toulouse (?, 1134 – Nîmes, 1194)

Comte de Toulouse, duc de Narbonne et marquis de Provence.

Petit-fils de Raymond IV de Saint-Gilles et fils d'Alphonse Jourdain, il reste en France pour gouverner ses nombreux fiefs. Contre ses vassaux, Raymond V s'appuie sur la bourgeoisie, notamment celle de Toulouse qui devient ville de consulat (chartes de 1152 et 1175). Les Trencavel ayant tenté de s'émanciper du comté en prêtant hommage au comte de Barcelone, il les oblige à reconnaître sa suzeraineté pour la majorité de leurs terres. Il contraint également Montpellier à l'obéissance. En 1159, il appelle Louis VII au secours contre Henri II Plantagenêt qui menace Toulouse. Cet appel est entendu : par sa seule présence, presque sans troupes, le roi de France fait reculer le roi d'Angleterre, son vassal. En 1173, le comte de Toulouse prête hommage lige à ce dernier (avec réserve pour le roi de France toutefois). La raison de cette attitude est que Raymond V s'est brouillé avec son épouse Constance, sœur du roi, et que celle-ci a dû se réfugier auprès de son frère. À l'inverse de son fils, il fit tous ses efforts pour arrêter les progrès de l'hérésie albigeoise.

Raymond VI de Toulouse (?, 1156 – Toulouse, 1222)

Comte de Toulouse, duc de Narbonne et marquis de Provence.

Fils aîné du précédent dont il est le successeur. Les deux premières années de son gouvernement sont occupées par la lutte contre les Plantagenêts. Il doit finalement reconnaître la suzeraineté anglaise sur l'Agenais et le Quercy, dot de sa quatrième femme, Jeanne, fille d'Henri II (1196). Il poursuit la politique de libertés communales de son père octroyant le consulat aux Nîmois en 1198. Cependant l'hérésie fait des progrès foudroyants dans ses domaines. Ses vassaux en profitent pour s'émanciper : il s'agit essentiellement des Trencavel, sincèrement acquis à la cause cathare, et des comtes de Foix, prêts à favoriser tous les désordres par besoin de turbulence et par calcul politique. Dans tout le Midi, le serment de vassalité tend à devenir une clause de style. Raymond VI, qui ne réagit pas, croit bon par ailleurs de suivre l'évolution des mœurs et de soutenir le catharisme, bien qu'il n'y adhère pas lui-même. À plusieurs reprises il promet à Innocent III de réprimer l'hérésie, mais se garde bien d'agir. Cette attitude lui vaut une excommunication qui déclenche en riposte l'assassinat du légat Pierre de Castelnau (janvier 1208). La responsabilité exacte de Raymond VI dans cet acte n'a pas été éclaircie. En tout cas, le signal de la croisade est donné. Pour conjurer la menace, le comte de Toulouse fait soumission entière à Saint-Gilles. Il laisse ainsi seul face aux croisés son vassal Raymond-Roger Trencavel.

La défaite de Trencavel installe Simon de Montfort dans les vicomtés. Raymond VI trouve dans le nouveau venu un rival beaucoup plus dangereux que Raymond-Roger, si bien qu'il soutient les hérétiques et les comtes de Foix et de Comminges, adversaires résolus de la croisade. Cette attitude lui vaut une nouvelle excommunication en janvier 1211. Deux ans après, il croit saisir l'occasion de la revanche contre Montfort à Muret. Mais les coalisés méridionaux se font battre à cause de l'inertie de Raymond VI, et le roi d'Aragon Pierre II (ennemi héréditaire de la dynastie raymondine, devenu son protecteur pour la circonstance, moyennant hommage) est tué dans la bataille. Cette défaite entraîne la chute de Toulouse au bout de deux ans de siège. Ses fiefs ayant été attribués au vainqueur, Raymond VI se retire en Angleterre, ce qui ne l'empêche pas de multiplier les démarches pour faire revoir son procès par le pape. En 1215, le concile de Latran lui substitue purement et simplement Simon de Montfort. Cependant le comte de Toulouse bénéficie de la fidélité des Provençaux. Bientôt, les Toulousains s'étant soulevés à leur tour, il recouvre sa capitale (1217), contre laquelle les assauts furieux et répétés de Simon de Montfort ne peuvent rien. La mort de ce dernier (1218), les échecs de son fils Amaury et du prince Louis permettent au vieux comte de récupérer en peu de temps la majeure partie de ses terres. Toutefois, les espoirs et les hommages méridionaux viennent maintenant à son fils, le futur Raymond VII.

Raymond VII de Toulouse (Beaucaire, 1197 – Millau, 1249)

Comte de Toulouse.

Fils du précédent et de Jeanne d'Angleterre. Raymond VI se sait déconsidéré auprès du pape et peu admiré de ses sujets, c'est donc à son fils d'exploiter les dernières chances de sa maison. Au concile de Latran IV qui dépouille Raymond VI, Raymond le Jeune produit bonne impression sur le pape, assure la *Chanson de la croisade*, si bien qu'Innocent III envisage de lui réserver quelques terres, notamment le Comtat Venaissin et le marquisat de Provence. Mais le jeune comte refuse tout arrangement qui semblerait sanctionner la dépossession de son père. Cela ne l'empêche pas de préparer la revanche à partir de ses terres rhodaniennes. Le soulèvement des cités provençales, puis du Languedoc toulousain, se fait en son nom beaucoup plus qu'au nom de son père. Favorisant au grand jour les cathares, s'appuyant franchement sur le comte de Foix, il parvient à chasser Amaury de Montfort de Carcassonne en 1224, deux ans après la mort de Raymond VI. Le Midi semble revenu à la situation d'avant la croisade. Raymond VII, en acceptant l'aide de ses sujets cathares, a rendu à l'hérésie sa force conquérante. Honorius VIII ne tarde pas à s'en apercevoir. Les conséquences en sont une nouvelle excommunication et une nouvelle croisade dont Louis VIII prend la direction. Après la capitulation d'Avignon en septembre 1226, Provence et Languedoc doivent se soumettre au roi, sauf Toulouse. Les vicomtés des Trencavel, les parties orientales et septentrionales de l'État raymondin sont réunies à la couronne. La mort du roi à Montpensier semble tout remettre en question. Mais la régente Blanche de Castille n'entend pas revenir sur les avantages acquis. Elle compte même les accroître. Non sans s'être débattu, Raymond VII doit, au traité de Meaux-Paris (1229), promettre de poursuivre les hérétiques et de donner la main de sa fille et héritière unique, Jeanne, à un frère de Louis IX, Alphonse de Poitiers. Il tente par la suite d'échapper à l'exécution des clauses de ce traité avec l'aide d'Henri III d'Angleterre et du comte de la Marche. Mais ses efforts sont vains, et le traité de Lorris (1243) lui impose de poursuivre les cathares en échange de la paix.

Raymond II Trencavel
Sceau du vicomte de Béziers, 1211. Archives nationales.
© *Sélection Images*

Raymond Ier Trencavel (? – Béziers, 1167)

Vicomte de Carcassonne, de Béziers et d'Albi.

Contre son suzerain légitime, Raymond IV de Toulouse, il prête hommage pour Carcassonne et diverses autres terres à Raymond-Bérenger IV de Barcelone. Son nom reste associé à l'histoire des troubles sociaux qui déchirent plusieurs villes du Midi au XIIe siècle. Des bourgeois de Béziers s'estimant opprimés par lui, peut-être soutenus par le comte de Toulouse, l'égorgent avec plusieurs hommes de sa suite à l'occasion d'un différend judiciaire opposant un bourgeois à un chevalier. Deux ans plus tard, le 22 juillet 1169, son fils Roger II le vengera d'une manière éclatante. Sur son ordre, des Aragonais s'infiltrent progressivement dans la ville rebelle. Quand ils s'estiment assez nombreux, ils massacrent toute la population mâle, à l'exception des juifs. Geoffroy de Vigeois ajoute que la ville n'en fut pas dépeuplée, les veuves ayant décidé de se remarier avec les meurtriers de leurs époux !

Raymond II Trencavel (?, 1201 – ?, 1263)

Vicomte de Carcassonne, de Béziers, d'Albi et du Razès.

Fils unique de Raymond-Roger et d'Agnès de Montpellier. Emmené de Carcassonne par sa mère avant l'arrivée des croisés, puis confié au comte de Foix, il ne peut rentrer en possession de ses fiefs à la mort de son père que les croisés ont dépossédé (1209). Il obtient sa revanche après les échecs d'Amaury de Montfort en 1224. Mais, peu après, l'intervention de Louis VIII l'oblige à quitter de nouveau ses domaines. Il renonce définitivement à ceux-ci au profit de la couronne, en 1247, et obtient l'amnistie de ses sujets à condition d'accompagner le roi en Terre sainte.

Raymond-Bérenger Ier (?, v. 1082 – ?, 1131)

Comte de Barcelone, comte de Provence.

En 1096, il succède au comte de Barcelone Bérenger-Raymond II, son oncle. Le jeune comte assure son autorité sur ses domaines, repousse en 1114 une attaque almoravide contre Barcelone, puis s'empare dans les années qui suivent d'Ibiza et de Majorque. Il étend ses possessions en direction des Pyrénées en annexant les comtés de

Besalu, de Cerdagne et d'Ampurdan. En 1112, Raymond-Bérenger Ier épouse Douce, fille de Gerberge, comtesse de Provence et vicomtesse de Gévaudan. Sa femme lui abandonnant ses droits, il ajoute en 1113 à ses titres ceux de comte de Provence et de Milhau-Gévaudan. Faisant suite à la lignée des Boson, Raymond-Bérenger Ier est ainsi le premier comte catalan de Provence. Mais ses possessions provençales lui sont contestées par le comte de Toulouse, Alphonse Jourdain. Après une longue guerre, dont le principal épisode est le siège d'Orange, Raymond-Bérenger Ier doit accepter en septembre 1125 le partage de la Provence avec son compétiteur : ce dernier reçoit les territoires situés entre l'Isère et la Durance et, sur la rive droite du Rhône, les châteaux de Valabrègue et de Beaucaire qui, avec la terre d'Argence, constituent le marquisat de Provence. Les territoires conservés par Raymond-Bérenger Ier, entre le Rhône, la Durance, les Alpes et la mer gardent le titre de comté de Provence. Son fils Bérenger lui succède à sa mort.

RAYMOND-BÉRENGER II LE VIEUX (?, v. 1115 – Borgo San Dalmazzo, Piémont, 1162)

Comte de Barcelone, prince d'Aragon.

La conclusion en 1137 de son mariage avec Pétronille d'Aragon, fille de Ramire le Moine, lui permet, lors de la retraite de ce dernier, la même année, de gouverner ses États avec le titre de prince d'Aragon. Après s'être emparé de Tortose et de Lérida, il chasse en 1154 les derniers musulmans de Catalogne. À la mort de son frère Bérenger-Raymond, comte de Provence, Raymond-Bérenger gouverne ce dernier comté comme tuteur de son neveu Raymond-Bérenger III. Pendant vingt longues années, de 1142 à 1162, il doit mener contre les seigneurs des Baux les fameuses « guerres baussenques » qui s'achèvent, après de multiples épisodes, par la défaite de ses adversaires.

RAYMOND-BÉRENGER III (? – Nice, 1166)

Comte de Provence.

La plus grande partie de son règne se passe en fait sous la tutelle de son oncle, Raymond-Bérenger II le Vieux. Au cours des « guerres baussenques », qui agitent le comté pendant toute cette période, l'empereur soutient tour à tour la maison des Baux et celle de Barcelone. Pour mettre un terme à ces changements de politique et assurer l'appui impérial à la maison de Barcelone, Raymond-Bérenger III est fiancé à Richilde, fille de Frédéric Barberousse. Il obtient ainsi de ce dernier, en 1163, l'investiture du comté de Provence. Sous le règne de Raymond-Bérenger III sont convoqués pour la première fois les trois états de Provence. Ces derniers ayant déclaré la guerre à Nice, qui n'a pas envoyé de délégués à l'assemblée, le comte se met en campagne. Il sera blessé mortellement en assiégeant la ville récalcitrante.

RAYMOND-BÉRENGER IV ou V (?, 1198 – Aix-en-Provence, 1245)

Comte de Provence.

Fils d'Alphonse Ier (Alphonse II d'Aragon) et de Garsande de Sabran. À la mort de son père, il est conduit en Catalogne auprès de son tuteur, Pierre II d'Aragon. Ce dernier confie son éducation à des maîtres renommés, notamment Guillaume de Montredon, grand maître des Templiers. Les troubles qui suivent la mort de Pierre II, en 1213, valent au jeune Raymond-Bérenger de passer trois années en prison. Évadé en 1216, il rejoint son comté, dont il prend en main le gouvernement en 1219. Aidé de sages conseillers, dont le plus renommé est Romée de Villeneuve, futur bailli de Provence, Raymond-Bérenger IV mène une lutte victorieuse contre les ambitions des nobles, d'une part, et contre les prétentions des villes, de l'autre. Il parviendra même, en 1243, à imposer sa suzeraineté nominale à Marseille, qui s'était pourtant donnée au comte de Toulouse. La Provence est dotée, sous ce règne énergique, d'une solide structure administrative. Le comte crée vers 1235 de nouvelles circonscriptions, les « baillies », dirigées par les baillis, qui n'étaient jusque-là que de simples intendants de ses domaines. Des juges ordinaires sont chargés de l'exercice de la justice, tandis que des claviaires, à la fin du règne, reçoivent la recette des droits domaniaux.

En 1120, Raymond-Bérenger IV a épousé Béatrix, fille du comte de Savoie Thomas. La cour d'Aix vit à ce moment une période particulièrement brillante, la comtesse protège les artistes et les poètes, le comte lui-même s'adonne à la poésie. En politique, il recherche l'appui du pape, prenant notamment position contre les albigeois. Preuve de la place importante tenue par Raymond-Bérenger IV dans cette première partie du XIIIe siècle, ses quatre filles, Marguerite, Éléonore, Sanche et Béatrice épouseront respectivement Louis IX, Henri III d'Angleterre, le duc de Cornouailles, frère du précédent, et Charles d'Anjou, frère de Saint Louis. À sa mort, en effet, le comte de Provence laisse son comté à sa quatrième fille Béatrice, à laquelle Blanche de Castille fait épouser en 1246 Charles d'Anjou, nouveau comte de Provence.

RAYMOND-ROGER de FOIX (? – ?, 1223)

Comte de Foix.

Fils unique de Roger-Bernard de Foix, il lui succède en 1188 et accompagne Philippe Auguste en Terre sainte en 1190. Il est surtout connu pour la résistance dont il fit preuve lors de la croisade contre les albigeois, tantôt soutenant ouvertement les cathares, tantôt faisant mine de se soumettre au Saint-Siège. Son principal souci fut de se rendre indépendant des maisons de Toulouse et de Barcelone-Aragon, auxquelles il prêtait hommage concurremment et qu'il trahissait tour à tour. Poursuivant sa politique, mais avec plus de souplesse, son fils aîné Roger-Bernard II devait transformer le comté de Foix, agrandi, en principauté territoriale.

RAYMOND-ROGER TRENCAVEL (? – Carcassonne, 1209)

Vicomte de Carcassonne, de Béziers et d'Albi, seigneur du Razès.

Il refuse en 1208 le projet de défense commune contre la croisade que lui propose son oncle Raymond VI de Toulouse. Celui-ci ayant ensuite fait amende honorable, il aura à subir tout le poids de l'attaque des croisés. La prise de Béziers en juillet 1209 l'oblige à mettre Carcassonne, son autre grande place, en défense. La ville prise, il est dépossédé de ses fiefs et emprisonné dans une tour de son palais où il meurt le 10 novembre, officiellement de la dysenterie (mais les ennemis de Simon de Montfort parleront d'empoisonnement).

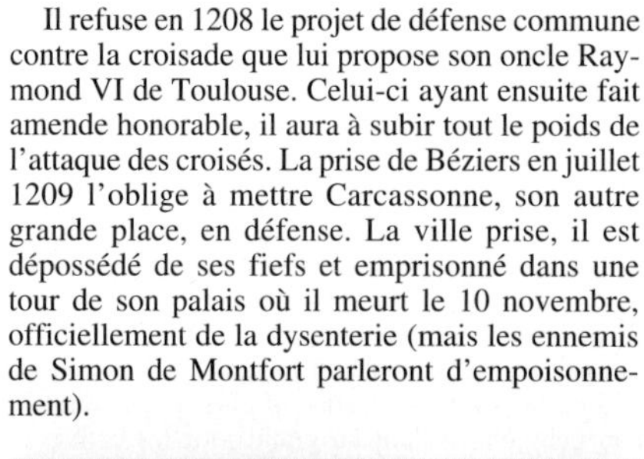

L'abbé Raynal
Gravure de N. de Lannay. Paris, Bibliothèque nationale de France. © *Sélection Images*

RAYNAL Guillaume Thomas François (Saint-Geniez, Rouergue, 1713 – Paris, 1796)

Historien et philosophe.

Ancien élève du collège des jésuites de Pézenas, il est ordonné prêtre et dessert un moment l'église Saint-Sulpice (1747). C'est au cours de cette existence parisienne qu'il se lie à nombre de personnalités des arts et des lettres. Il devient ainsi rédacteur au *Mercure de France* et fréquente les salons de Mme Geoffrin, d'Helvétius et d'Holbach. Ses écrits sont très appréciés et lui valent une grande notoriété. Il s'agit pour la plupart de considérations morales et historiques sur la politique des principaux États européens. Son *Histoire philosophique et politique des établissements et du commerce des Européens dans les deux Indes* (1781) a un succès retentissant. Il s'agit d'une sévère critique contre le clergé et son action dans les territoires d'outre-mer. La réaction des autorités royales est vive, et le parlement de Paris ordonne la saisie de l'ouvrage qui sera brûlé en place publique. L'auteur lui-même est décrété d'arrestation, et ses biens sont saisis. Il a cependant le temps de s'enfuir et se réfugie en Prusse puis en Russie. Revenu en France en 1787, l'abbé Raynal se retire à Toulon, où l'accueille l'intendant Malouet. C'est en faveur de ce dernier qu'il cède son siège de représentant aux États généraux, auquel il est élu en 1789. Le 31 mai 1791, le vieux philosophe adresse à l'Assemblée nationale une lettre dans laquelle il rétracte ses écrits de jeunesse. Le régime du Directoire couronnera sa carrière en lui confiant la chaire d'histoire de l'Institut.

RAZILLY François de (?, 1578 – Montpellier, 1622)

Colonisateur.

En 1612, grâce à la protection de Marie de Médicis, il s'embarque pour le Brésil avec trois vaisseaux, en compagnie de La Ravardière. Au mois de juin, il fonde Saint-Louis do Maranhao. Remontant ensuite la côte, l'expédition atteint l'estuaire de l'Amazone. Cependant, en 1615, les Portugais s'emparent de Saint-Louis, contraignant Razilly et ses compagnons à regagner la France. Ambassadeur en Savoie puis, en 1621, chef de la flotte envoyée pour réduire La Rochelle, François de Razilly, nommé maréchal de camp, trouvera la mort au siège de Montpellier.

RAZILLY Isaac de (près de Chinon, 1587 – La Hève, Acadie, 1635)

Colonisateur.

Frère du précédent. Commandeur de l'ordre de Malte, il reçoit mission de négocier avec les pirates de Salé, sur la côte marocaine, la libération des prisonniers chrétiens devenus esclaves. Capturé à son tour en 1624, puis libéré, il organise en 1629-1630, avec le soutien de Richelieu, une expédition qui persuade les Marocains de reconnaître la liberté du commerce et du culte. Le cardinal, intéressé par les terres lointaines, écoute d'une oreille favorable ses suggestions concernant la fondation d'une « compagnie de commerce sur tous les océans ». En 1632, le traité de Saint-Germain-en-Laye restitue l'Acadie à la France. Nommé gouverneur de la colonie retrouvée, Razilly peut enfin appliquer ses vues et, pour favoriser le peuplement de l'Acadie, contribue à la fondation de la Compagnie de la Nouvelle-France. Il développe la colonisation jusqu'aux rives du Saint-Laurent. Les régions reconnues sont divisées en seigneuries, et celles-ci en fermes d'une trentaine d'hectares. Razilly est aussi le fondateur du port de La Hève.

RÉ (île de)

Île des côtes atlantiques. Située à une vingtaine de kilomètres de La Rochelle, elle a joué un rôle stratégique important.

À partir de 1568, catholiques et protestants s'en disputent âprement la possession. Le

22 juillet 1627, Buckingham, venant au secours de La Rochelle, débarque dans l'île de Ré où il assiège Saint-Martin. La citadelle est défendue héroïquement pendant plus de trois mois par Toiras. Au mois de novembre, des troupes envoyées par Louis XIII font enfin lever le blocus. Les Anglais subissent des pertes importantes.

RÉACTION NOBILIAIRE

Tentative de la noblesse pour maintenir ou reconquérir ses positions dans la société du XVIIIe siècle.

Au moment où les bourgeoisies s'élargissent en un début de classe moyenne et où une opinion publique émerge, la noblesse en tant qu'ordre se crispe sur ses privilèges, encouragée par Louis XV et Louis XVI. Elle monopolise ainsi les principaux bénéfices d'Église – Louis XVI ne nomme qu'un seul évêque roturier – ou même les charges anoblissantes, comme les offices du parlement de Paris. La réaction s'amplifie dans la seconde moitié du siècle : en 1759, seuls sont admis aux honneurs de la Cour les gentilhommes dont la noblesse remonte à 1400. Dans l'armée, priorité est accordée aux nobles dans l'avancement avant que les grades d'officiers ne leur soient en théorie réservés (édits des « quatre quartiers », 1751). À l'échelon local, les seigneurs dont les rentes terriennes avaient été converties en argent au XVIe siècle et dévaluées depuis lors, tentent d'imposer un retour au paiement en nature ; ils font procéder à la révision des terriers c'est-à-dire à l'inventaire minutieux des droits et devoirs des tenanciers, les paysans, chez qui les rancœurs s'accumulent.

RÉAL Pierre François, comte (Chatou, 1757 – Paris, 1834)

Homme politique.

D'une famille originaire des Pays-Bas, fils d'un garde-chasse, il est procureur au Châtelet depuis 1783 quand éclate la Révolution. Orateur applaudi du Club des amis de la Constitution, plus tard du club des Jacobins, très lié avec Camille Desmoulins et Danton, il est, avec Hébert, un des deux substituts de Chaumette, le procureur de la Commune, et sera accusateur public au tribunal du 17 août 1792 créé pour rechercher tout ce qui se rattache à la journée du 10 Août. C'est lui qui mène à la Convention une délégation pour réclamer l'envoi aux frontières de « la masse terrible des sans-culottes », intervention à l'origine du décret du 23 août 1793 sur la levée en masse. Après la liquidation des Indulgents et la mort de Danton, il est emprisonné au Luxembourg (avril - juillet 1794). Libéré après le 9 Thermidor, il dirige alors avec Méhée une feuille modérée, le *Journal des patriotes de 1789* (18 août 1795 - 17 juillet 1796). Candidat malheureux aux élections de 1798, par suite de l'hostilité du directeur Merlin de Douai à son égard, il voit sa carrière politique se rouvrir après la journée du 30 Prairial (18 juin 1799). S'étant associé au 18 Brumaire, il est nommé conseiller d'État en 1800, puis est adjoint à Fouché en février 1804. Il contribue à déjouer la conspiration de Cadoudal, dont il instruit le procès. Chargé par Bonaparte d'interroger le duc d'Enghien à Vincennes, il n'arrive qu'après son exécution, ce que les royalistes ne lui pardonneront pas. Comte d'Empire en 1808, il rentre dans la vie privée en 1814 mais reparaît aux Cent-Jours comme préfet de police. Contraint de s'exiler après la Seconde Restauration, il trouve refuge en Belgique, puis en Hollande, enfin aux États-Unis. Mais il peut rentrer en France dès 1818 grâce à la protection de Decazes et, dès lors, ne se mêle plus de politique. Son adhésion à la révolution de 1830 ne le ramène pas aux affaires. Une partie de ses mémoires a été publiée par Musnier-Desclozeaux, sous le titre *Indiscrétions... tirées du portefeuille d'un fonctionnaire de l'Empire* (1835).

RÉCAMIER Jeanne Françoise Julie Adélaïde, dite MADAME (Lyon, 1777 – Paris, 1849)

Dame.

Fille d'un notaire royal de Lyon devenu receveur des finances à Paris, M. Bernard, surnommée « Juliette », elle épouse en 1792 le banquier Jacques Récamier qui fait fortune sous le Directoire et le Consulat. Liée à Joséphine de Beauharnais, à Mme Tallien, à la comtesse de Boigne, elle tient un salon brillant et renommé, fréquenté notamment par les libéraux, dont Benjamin Constant et Mme de Staël avec qui elle noue une amitié durable. Elle est exilée en 1811 à cause de ses opinions trop libérales. À son retour, en 1814, les difficultés financières de son mari ne l'empêchent pas de recevoir les plus grandes personnalités du monde littéraire et artistique. En 1819, elle transporte son salon à l'Abbaye-aux-Bois à Paris, où elle est devenue pensionnaire à la suite de difficultés financières. Sa beauté éblouissante inscrit au nombre de ses amoureux transis Lucien Bonaparte, Auguste de Prusse, Benjamin Constant et enfin Chateaubriand, avec lequel elle vit un grand amour partagé à partir de 1817. À partir de 1834, celui-ci lira dans son salon ses *Mémoires d'outre-tombe* au fur et à mesure de leur rédaction.

Élisée Reclus
Les cinq frères Reclus. Paris, Bibliothèque nationale de France. © *Sélection Images*

RECLUS Élisée Jean Jacques (Sainte-Foy-la-Grande, 1830 – Torhout, Belgique, 1905)

Géographe et homme politique.

Fils d'un pasteur, il suit les cours de la faculté protestante de Montauban, perd la foi et va étudier la géographie à Berlin, puis le droit à Paris. Reclus, qui milite au sein des groupes républicains, doit s'exiler à la suite du coup d'État du 2 décembre 1851. Pendant sept ans, il voyage en Europe, parcourant en particulier les îles Britanniques, puis gagne les États-Unis. De retour à Paris, il se fait rapidement connaître par ses travaux de géographie, *La Terre, description des phénomènes de la vie du globe* (2 vol., 1867-1868). Il retrouve aussi ses amis, collabore aux entreprises sociétaires dont s'occupe son frère Élie et, lié avec Bakounine, participe à la fondation de l'Alliance internationale de la démocratie sociale, admise en juillet 1869 au sein de l'Internationale. Après avoir combattu pendant le siège de Paris, Élisée Reclus gagne les rangs de la Commune et prend part aux combats contre les Versaillais comme simple fédéré. Fait prisonnier à Châtillon, il est interné à Satory, puis sur un ponton, et condamné à la déportation simple. Grâce à deux pétitions signées de savants européens, sa peine est commuée en dix ans de bannissement. Installé en Suisse, il vient en aide aux exilés de la Commune, milite au sein de la fédération jurassienne, collabore aux publications anarchistes et poursuit ses travaux de géographe. Son œuvre la plus importante, la monumentale *Géographie universelle*, est publiée de 1875 à 1894. À partir de 1892, Élisée Reclus enseigne la géographie à l'université libre de Bruxelles. Parmi ses œuvres figurent encore *L'Afrique australe* (1901), *L'Empire du milieu* (1902). Son frère Onésime (1837-1916), lui aussi géographe et voyageur, a laissé plusieurs ouvrages et collaboré aux travaux d'Élisée. Un autre de ses frères, Armand (1843-1927) a publié le récit de ses explorations en Amérique centrale.

RECLUS Jean-Pierre Michel dit ÉLIE (Sainte-Foy-la-Grande, 1827 – Bruxelles, 1904)

Publiciste.

Frère des précédents. Pasteur comme son père, il ne tarde pas à abandonner son ministère pour faire connaître les théories fouriéristes. Il participe au mouvement révolutionnaire de 1848, puis doit, comme son frère Élisée, quitter la France après le coup d'État du 2 décembre 1851. Continuant de militer au sein des organisations sociétaires, il collabore au journal *L'Association* et à d'autres feuilles, comme la *Rive gauche*, journal que les exilés français publient à Bruxelles, puis à Londres. Revenu en France à la fin de l'Empire, Reclus ne participe pas les armes à la main aux combats de la Commune mais, le 29 avril 1871, est nommé directeur de la Bibliothèque nationale. Il parvient ensuite à prendre la fuite avant la victoire des Versaillais, et c'est par contumace que les juges le condamnent à la déportation. Réfugié en Italie, en Suisse, puis à Bruxelles à partir de 1894, Élie Reclus professe, à l'université libre de la ville, un cours sur les religions et l'ethnographie. À côté de son *Journal de la Commune*, témoignage fort intéressant sur cette période troublée, il a participé aux travaux de son frère Élisée et publié divers ouvrages d'ethnographie.

RÉCOLLETS

Ordre religieux réformé, chez les Augustins et les Frères mineurs.

Branche des ermites de Saint-Augustin, l'ordre des Récollets augustins a été créé en Espagne à la fin du XVIe siècle et forme, depuis 1912, l'ordre des Ermites récollets. Les Récollets franciscains, eux, constituent un ordre réformé des Franciscains de l'observance qui, ayant vu le jour en

France, en Allemagne et en Hollande à la fin du XVIe siècle, sont regroupés, depuis 1897, au sein de l'Observance.

RÉFÉRENDUM

Vote de l'ensemble des citoyens pour approuver ou rejeter une mesure proposée par le pouvoir exécutif.

Le référendum entre presque par effraction dans la vie politique nationale au lendemain du traumatisme de la Seconde Guerre mondiale. Son frère jumeau du XIXe siècle, le plébiscite bonapartiste, avait laissé de si mauvais souvenirs que l'appel au peuple avait paru incompatible avec le régime représentatif. De surcroît, ce parrainage du général de Gaulle semblait suspect, tant les idées de ce dernier paraissaient au mieux critiques à l'égard de la République. En définitive, le souvenir du vote honteux du 10 juillet 1940 à Vichy fit pencher la balance en faveur d'une légitimité populaire et non plus parlementaire. Le 13 octobre 1946, la Constitution entérine la procédure (art. 3), mais il faut attendre le retour du général de Gaulle pour que l'article 3 de la Constitution de 1958 étende le champ du référendum au-delà de la révision (art. 89) au sujet des pouvoirs publics et des traités à incidence constitutionnelle. En pratique, le général de Gaulle use des référendums comme autant de « questions de confiance », ce qui suppose l'engagement de sa propre responsabilité et entraîne l'assimilation référendum-plébiscite : le 28 septembre 1958, pour l'approbation de la nouvelle Constitution (82 % de « oui ») ; le 8 janvier 1961 sur l'autodétermination de l'Algérie (72 % de « oui ») ; le 8 avril 1962 sur les accords d'Évian (91 % de « oui ») ; le 28 octobre 1962 sur l'élection du président au suffrage universel (62 % de « oui ») ; le 27 avril 1969 sur la régionalisation et la « rénovation » du Sénat (52,5 % de « non »). L'échec du Général entraîna un retour au distinguo entre référendum et plébiscite, le premier ne mettant plus en cause la responsabilité de son promoteur. La pratique se raréfia, faute de question cruciale aux yeux de l'opinion et de partisan actif de la méthode. Le 23 avril 1972, Georges Pompidou valide ainsi l'élargissement de la CEE (68 % de « oui » et 40 % d'abstentions) ; le 5 juillet 1984 sur l'enseignent privé et le 19 juin 1985 sur le mode de scrutin proportionnel, les deux tentatives font long feu ; le 6 novembre 1988, les accords Matignon sur la Nouvelle-Calédonie sont ratifiés (80,5 % de « oui » et 63 % d'abstentions) ; le 20 septembre 1992, les accords de Maastricht sont soumis à référendum, François Mitterrand précisant, en accord avec l'opposition, que sa responsabilité ne serait pas engagée (51 % de « oui » et 30 % d'abstention) ; le 24 septembre 2000, la réduction du mandat présidentiel à cinq ans est adoptée (61 % de « oui » et 70 % d'abstention).

RÉFORME (la)

Mouvement religieux né dans l'Empire germanique au début du XVIe siècle et qui, en quelques décennies, soustrait une partie de l'Europe à l'autorité du pape. Rapidement et profondément touchée, la France reste, en tant qu'État, fidèle au catholicisme.

Historiquement, la Réforme apparaît d'abord en Allemagne, en 1517, quand Luther procède à l'affichage de ses fameuses thèses contre les indulgences. Deux ans plus tard, il se révolte contre le pape. Érasme, et aussi de nombreux jeunes théologiens imprégnés d'humanisme, comme Melanchthon, soutiennent son action. En 1520, Luther expose sa doctrine. La protection de l'Électeur de Saxe, puis celle des princes allemands qu'intéresse la sécularisation des biens ecclésiastiques prônée par Luther, permettent à ce dernier d'imposer sa doctrine, le luthéranisme. Bientôt, la Réforme se répand hors des frontières de l'Empire, à Bruxelles, en Suède, en Norvège, au Danemark, en Angleterre et en France. Elle ne parviendra pas à conserver son unité, se divisant en trois grands mouvements : le luthéranisme, le calvinisme, ou zwinglo-calvinisme, et l'anglicanisme. Mouvements qui seront parfois en désaccord, ou même en lutte, mais s'accordent sur les points essentiels de leur doctrine : recours à la personne du Christ rédempteur, toute-puissance de la grâce, rejet de l'autorité papale et épiscopale, du culte de la Vierge et des saints. L'Église devient l'assemblée des croyants.

La Réforme
Portrait de Luther. Huile sur toile, atelier de Lucas Cranach, v. 1532, Dresde, Gemäldegalerie. © *AKG*

La France semble destinée à s'ouvrir à la Réforme. Les ouvrages de Luther, en effet, y sont connus et vendus depuis 1519, ceux du réformateur suisse Zwingli commencent à se répandre. Les troubles qui agitent la conscience des fidèles, leurs aspirations, les abus dont souffre l'Église, sont identiques à ce qui apparaît dans les pays voisins. Quelques hommes, individuellement, ont tenté au XVe siècle d'organiser une réforme de l'Église. Et surtout, dès les premières années du XVIe siècle, s'est développé en France l'humanisme chrétien, avec Guillaume Fichet, dont les disciples se réunissent à la montagne Sainte-Geneviève, avec surtout Lefèvre d'Étaples. Parmi ceux qui éprouvent à ce moment la nécessité d'une réforme de l'Église figurent, en effet, un certain nombre d'universitaires. Sans contester les dogmes qui sont à la base de l'enseignement de l'Église, ils veulent tenter de mêler humanisme et christianisme. Des hommes comme Guillaume Fichet ou Lefèvre d'Étaples ont accompli le voyage en Italie pour étudier sur place et traduire les textes anciens. Chez Lefèvre se rencontrent la plupart des idées fondamentales de la première Réforme française. « C'est dans l'Écriture sainte, écrit-il, que se trouve la doctrine du Christ. » Il affirme, avant Luther, le salut par la foi et la grâce : « La grâce de Dieu est l'unique moyen de salut, les œuvres n'étant que des manifestations extérieures et secondaires. » Un certain nombre de disciples, parmi lesquels Budé, Vatable, Roussel, Farel, Clichtove ou Cop, se groupent autour de lui.

Les idées de ces humanistes se répandent dans toutes les classes de la société, car elles correspondent aux aspirations des fidèles. En 1521, Briçonnet, évêque de Meaux, demande à Lefèvre d'Étaples de collaborer à la réforme de son diocèse. Ainsi se constitue le fameux cénacle de Meaux, protégé de Marguerite d'Angoulême, sœur de François Ier. À Meaux, Lefèvre tente d'appliquer l'idée d'une réforme française, non luthérienne. S'il partage l'aversion des réformés pour la scolastique et le monachisme ainsi que leur volonté d'une interprétation vivante de la Bible, il refuse – et cette différence est fondamentale – de croire à la corruption de l'homme. L'humaniste, qui a entrepris la traduction française du Nouveau Testament, se montre partisan d'une simplification du culte. Certains de ses disciples, cependant, ne se satisfont pas des conceptions du réformateur de Meaux, et rejoignent les rangs des réformés. Au début des années 1520, de petits groupes de réformés, sans liaison entre eux, apparaissent ainsi dans différentes villes où ils se livrent à l'étude du message de Luther. La Sorbonne mène la lutte contre le luthéranisme, qu'elle condamne dès 1521. L'année suivante, elle s'en prend à Briçonnet, contraint de se séparer de Guillaume Farel. Toutefois, François Ier, influencé par sa sœur, ne se montre pas favorable à la répression, d'autant plus qu'il a besoin du soutien des princes luthériens allemands dans sa lutte contre Charles Quint. Le désastre de Pavie (1525), que suit la captivité du roi, marque le terme de la tranquillité relative des protestants français. Marguerite, leur soutien, mariée au roi de Navarre, rejoint la cour de celui-ci à Nérac. À Paris, le Parlement s'unit à la Sorbonne contre la Réforme et pousse la régente Louise de Savoie à la répression. Une juridiction spéciale est créée contre les « mal pensants de la foi ». Les membres du cénacle de Meaux doivent s'enfuir à Strasbourg, puis à Nérac, après le mariage de leur protectrice. Nombre d'humanistes rejoignent alors les rangs réformés. Un prêtre, en 1526, puis l'humaniste Berquin, trois ans plus tard, périssent par le glaive du pouvoir séculier.

Malgré la répression, les noyaux de réformés se multiplient. Vers 1530, on en trouve à Paris, Meaux, Noyon, Alençon, dans les villes universitaires, à Lyon, proche de la frontière suisse, dans le Languedoc, la Navarre. Plusieurs catégories sociales sont touchées : les gens d'Église, les moines en particulier, futurs pasteurs ou prédicateurs ; les intellectuels et artistes qui, en cas de danger, courent se réfugier à Nérac ; et surtout les catégories inférieures de la société urbaine, où la Réforme prend souvent un aspect social : artisans, commerçants. Gentilshommes et bourgeois ne sont pas encore concernés, sauf la bourgeoisie du Midi. Les paysans, souvent illettrés, restent attachés à la religion traditionnelle. Les réformés français sont encore peu organisés. En 1524 cependant, Guillaume Farel a présenté une première ébauche d'organisation, avec une *Confession de foi* et une nouvelle liturgie reposant sur la récitation du *Pater* et du symbole de Nicée, et sur le commentaire de la Bible. Les pasteurs sont élus. Comme les autres théoriciens de la Réforme, Farel ne conserve que deux sacrements, simples commémorations, la cène et le baptême.

Lorsque François Ier rentre de captivité, l'Église de France semble vouloir lutter contre la Réforme. Le chancelier Duprat, archevêque de Sens, et les membres du haut clergé posent les bases d'une réforme épiscopale, tandis que des conciles provinciaux réclament des mesures sévères contre les protestants. Un nouveau tournant se dessine en 1534 avec l'affaire des Placards, textes écrits par un pasteur contre la religion catholique et que l'on trouve jusque sur la porte de la chambre du roi, ce qui pousse celui-ci à se rapprocher du pape Clément VII. Des bûchers se dressent un peu partout, les imprimeries, fermées pendant plusieurs mois, ne sont rouvertes qu'en petit nombre. Cette répression, toutefois, est interrompue au bout de quelques mois pour des motifs politiques : un nouveau rapprochement avec les princes allemands. Les édits de Coucy, en 1535, puis de Lyon, l'année suivante, contiennent des mesures de conciliation.

Avec l'apparition de Calvin – dont l'*Institution*, publiée en mars 1536, est le « point de départ et le *credo* de la Réforme française » –, celle-ci gagne du terrain et des adeptes. Calvin pose pour principe que l'Évangile est la seule source du « Vrai », définit la grâce et la prédestination, rejette la notion de sacrement, affirme la nécessité d'une Église gardienne à la fois du dogme et de l'autorité civile. Rapidement, à partir de 1540, le luthéranisme va être supplanté en France par le calvinisme. Il ne demeurera guère implanté qu'en Alsace, à ce moment terre d'Empire. Calvin, qui désapprouve l'inorganisation des réformés français, prend en main, à partir de son installation définitive à Genève en 1541, l'organisation de l'Église réformée de France, sur le modèle gene-

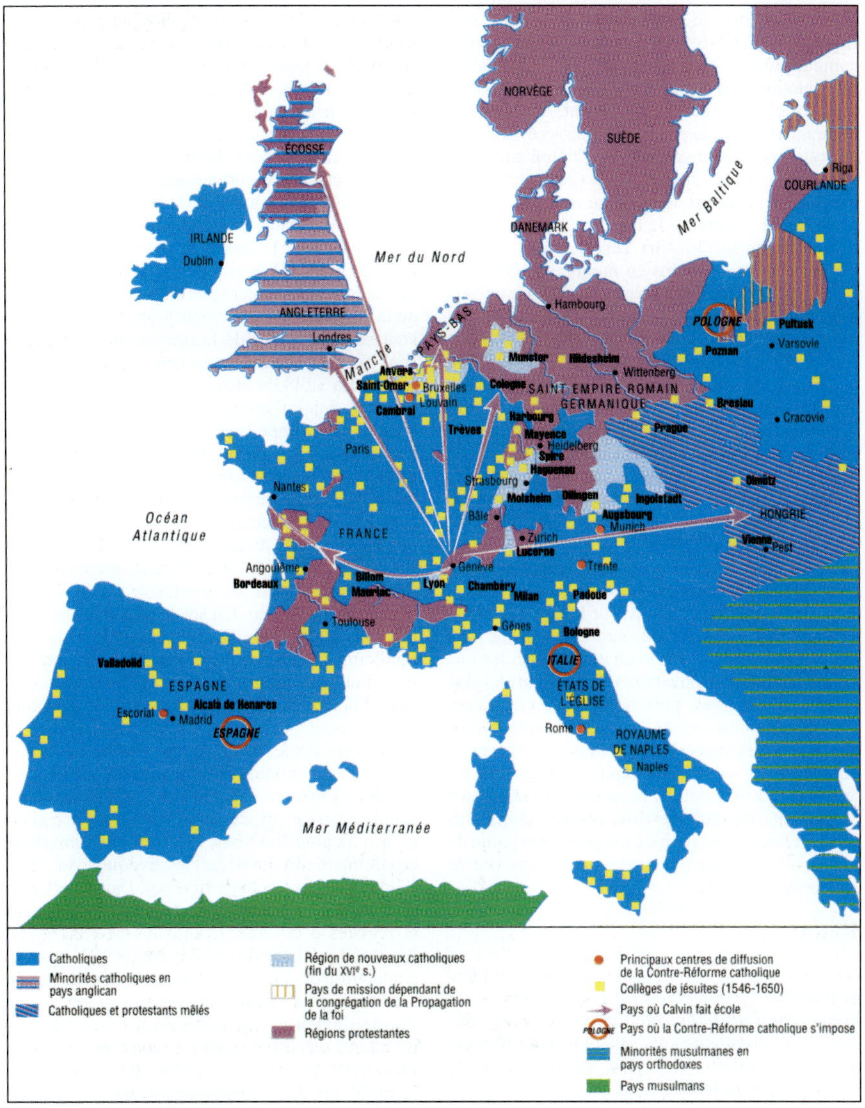

La Réforme en Europe

vois. Condamnant dans deux textes importants le « nicodémisme » des protestants français, qui n'ont pas toujours rompu officiellement avec l'Église catholique et ses sacrements, il affirme la nécessité de l'autorité, de l'encadrement. De nombreux pasteurs, formés à Genève, s'installent en France. À Paris, en 1555, puis à Meaux, Angers, Poitiers, Loudun, des églises sont constituées sur les conseils du réformateur genevois. Peu à peu, les groupes inorganisés se transforment en assemblées animées par un consistoire, et dotées d'un ministre de la parole. Les prédicants envoyés par Calvin, ses instructions écrites, jouent un rôle essentiel dans la fondation des églises réformées de France. Le mouvement est si rapide que Calvin s'inquiète de son ampleur et des risques qu'entraîne son succès dans les classes populaires. Tous les protestants français, cependant, n'acceptent pas l'autorité du réformateur genevois. En 1559, un synode général, le premier, se réunit à Paris sans son avis. Furieux, Calvin envoie des émissaires qui, arrivés trop tard, ne peuvent empêcher l'adoption d'une *Discipline* et d'une *Confession de foi* empreintes d'un certain nicodémisme. La lutte entre les deux tendances, soumission absolue à Calvin ou non, se poursuivra longtemps, la Saint-Barthélemy, en 1572, réunissant enfin l'ensemble des réformés.

La répression, pendant cette période, ne cesse de s'accentuer. Le roi, pour faire oublier aux catholiques européens ses alliances avec les princes protestants et les Turcs, a choisi la sévérité. Dès 1540, l'édit de Fontainebleau instaure contre les protestants une législation rigoureuse. Une soixantaine de réformés seront brûlés sous le règne de François Ier, près de cent sous celui d'Henri II. Ce dernier, en effet, a choisi de défendre l'Église catholique contre la Réforme. Après avoir créé une chambre ardente dans le ressort du parlement de Paris, le roi publie en 1551 l'édit de Châteaubriant qui prévoit la peine de mort pour les détenteurs de livres prohibés et pour ceux qui entretiennent des rapports avec Genève. Henri II, qui rencontre le pape Paul IV en 1555, autorise les Jésuites à s'installer en France et accepte l'établissement de l'Inquisition. Surtout, il publie en 1559 l'édit d'Écouen, qui invite les tribunaux à ne prononcer contre les hérétiques d'autre peine que la mort. Anne Du Bourg paiera ainsi de sa vie sa protestation contre l'édit d'Écouen. La même année, l'Index, créé en 1543, publie une liste de livres interdits.

Les persécutions n'empêchent pas l'extension du calvinisme sous le règne d'Henri II. Dans les villes, qui restent les plus touchées, gens d'Église, bourgeois, artisans, érudits, comme Guillaume Budé, artistes, comme Ligier Richier ou Jean Goujon, écrivains, artisans, ouvriers, rejoignent ses rangs. Les femmes jouent alors un rôle non négligeable, exerçant leur influence dans le sens d'un ralliement au calvinisme. C'est ainsi que Jeanne d'Albret a entraîné la décision de son mari Henri de Navarre, comme le fit l'épouse de Louis de Condé. Fait essentiel, les nobles, à partir de 1555-1560, après maintes hésitations, adhèrent aux théories de Calvin. On estime que, vers 1570, un tiers environ de la noblesse française, dans des intentions qui ne sont pas toujours religieuses, adhère au calvinisme. Le mouvement, déjà religieux, parfois social, prend une tournure politique. Les réformés ont tendance à se placer derrière des protecteurs de haut rang, ainsi les neveux du connétable de Montmorency. L'un d'eux, François d'Andelot, introduit la Réforme en Bretagne vers 1558. La Savoie, la Picardie, la Provence, l'est de la France, ont été tôt touchés. À Paris, l'Église réformée survit aux persécutions. Au mois de septembre 1557, 300 à 400 personnes, réunies au faubourg Saint-Jacques, sont dénoncées, assaillies, arrêtées ou molestées. Peu après cependant, 4 000 personnes, encadrées d'hommes d'armes, défilent au Pré-aux-Clercs en chantant des psaumes, en présence du roi de Navarre.

Au mois d'avril 1559, par la paix du Cateau-Cambrésis, Henri II se réconcilie avec l'Espagne. Il veut utiliser toute son énergie à la lutte contre la Réforme. L'édit d'Écouen ne laisse aux protestants d'autre possibilité que la fuite ou la révolte. Seule la mort du roi retarde le début des guerres de Religion. Ni la mort de Luther, en 1546, ni même la Contre-Réforme, ou réforme catholique n'ont pu mettre un frein aux progrès du protestantisme. En 1561, on compte en France environ 670 églises réformées, plus d'un quart de la population étant touché. Le régime synodal assure la cohésion entre les églises. Certains esprits continuent d'espérer la réconciliation entre protestants et catholiques. C'est dans cette intention que Catherine de Médicis et Michel de L'Hospital réunissent en 1561 le colloque de Poissy. Théologiens protestants et catholiques ne parviennent pas à se mettre d'accord, mais préparent l'édit de tolérance de Saint-Germain, accordé par la reine mère le 17 janvier 1562. Édit qui semble aux catholiques bien trop favorable aux protestants. Les flottements de la politique royale, les ambitions politiques – beaucoup de grands seigneurs n'ont rejoint les rangs réformés que pour combattre l'autorité royale –, le déchaînement des passions, le fait que les soldats ont été libérés par la paix de 1559, conduisent aux guerres de Religion, dont le point de départ est le massacre de Wassy, le 1er mars 1562. Pendant plus de trente ans, catholiques et protestants vont se déchirer. Devenus une sorte de parti politique, les réformés s'appuient sur une fraction de la haute noblesse et sur certains princes du sang. Ils continuent d'organiser leurs églises, créant dans le royaume un véritable État dans l'État, aux limites certes fluctuantes, mais doté d'une force militaire, d'une ébauche d'administration, d'assemblées générales ou provinciales. À l'échelon du pouvoir royal, tolérance et intolérance se succèdent : après les édits de pacification d'Amboise, en 1563, de Longjumeau, en 1568, de Saint-Germain, en 1570, c'est le massacre de la Saint-Barthélemy, en 1572. La ligue catholique se constitue, avec ses excès et ses déchaînements, les guerres continuent jusqu'en 1598, date à laquelle Henri IV impose la tolérance aux catholiques et aux protestants par l'édit de Nantes. Le catholicisme reste seule religion d'État, mais le roi reconnaît aux protestants des places de sûreté, comme La Rochelle, des assemblées politiques, qui élisent de véritables ambassadeurs auprès de la monarchie, et des tribunaux particuliers.

Les protestants peuvent alors espérer que ces concessions seront suivies d'autres reconnaissances, d'autres progrès. Mais la majorité de l'opinion catholique, qui a souffert des déchirements provoqués par les guerres de Religion, aspire à l'unité. Elle appuie la politique de Louis XIII et de Louis XIV, leur volonté de réduire au maximum les concessions accordées aux réformés par l'édit de Nantes. Peu à peu, ceux-ci vont se trouver placés à l'écart de la communauté nationale. Si certains, dignitaires, officiers ou notables parisiens, sont, comme Sully, prêts au compromis – on les appelle parfois les « prudents » –, d'autres, qui constituent la majorité, les « fermes », c'est-à-dire une partie de la haute noblesse, la plus grande partie de la petite, les paysans, les pasteurs, sont favorables à la résistance. Malgré l'appui de l'Angleterre, la chute de La Rochelle, en octobre 1628, marque leur écrasement. Avec la paix d'Alais, en 1629, on semble en revenir à la tolérance. Mais l'opinion catholique, dans son ensemble, n'y est pas favorable, et Louis XIV peut, avec son soutien, utiliser la force contre la « religion prétendue réformée » (RPR). Aux moyens de séduction les plus simplistes, comme la « caisse de conversions » de Pellisson, succèdent les dragonnades de Marillac et de Louvois, les brimades. La révocation de l'édit de Nantes, en 1685, vaut au roi des louanges presque unanimes.

Mais les protestants ne sont pas vaincus. Beaucoup émigrent, causant à l'économie française une perte irréparable, d'autres décident de résister par la force, d'où la guerre des Cévennes, menée par les camisards. Au début du XVIIIe siècle, les églises se réorganisent, avec les « assemblées du désert » réunies dans le Midi par Antoine Court. Mais les persécutions ne cessent pas, les fidèles et leurs ministres sont arrêtés, envoyés en prison, aux galères, ou exécutés. Au moins jusqu'au milieu du siècle : après 1750, sous l'influence des philosophes, Voltaire en particulier, avec l'affaire Calas, on tend à laisser de côté une répression excessive. Toutefois l'état civil restant entre les mains de l'Église, les protestants ne peuvent légitimer ni mariages ni naissances ni testaments. En 1787 seulement, un édit de tolérance de Louis XVI rend leur état civil aux protestants. Bientôt, la Révolution leur reconnaîtra la liberté complète.

RÉFRACTAIRES, INSERMENTÉS ou NON-JUREURS (prêtres)

Prêtres ayant refusé, lors de la Révolution française, de prêter serment de fidélité aux principes fondamentaux de la Constitution civile du clergé.

L'Assemblée constituante, en votant le 12 juillet 1790 la Constitution civile du clergé, assortit ce texte gallican d'un serment de fidélité, que devront prêter les membres de la nouvelle Église : « Je jure de veiller avec soin sur les fidèles du diocèse (ou de la cure) qui m'est confié, d'être fidèle à la nation, à la loi et au roi et de maintenir de tout mon pouvoir la Constitution décrétée par la Constituante et acceptée par le roi. » L'acceptation de ce serment ou le refus d'y adhérer provoque une scission profonde au sein du clergé de l'Église de France. De fait, le chiffre approximatif de 50 à 60 % de prêtres réfractaires semble proche de la vérité. Une répartition géographique des prêtres « jureurs » et « non jureurs » a pu être établie avec précision. Tandis que dans les départements de l'est de la France et de la Vendée le nombre des réfractaires oscille entre 80 et 90 %, d'autres régions, le Sud-Est notamment, n'ont guère compté plus de 20 % d'insermentés. Par ailleurs, 30 % environ des ecclésiastiques composant l'Assemblée constituante prête serment, et la cassure séparant le haut clergé du bas clergé est révélée par cet engagement solennel de fidélité aux idées révolutionnaires, puisque très rares seront les évêques (au nombre desquels se retrouve Talleyrand) qui répondront « Je le jure » au texte considéré. En outre, le sort réservé aux prêtres réfractaires est de moins en moins enviable. Dès l'été 1791, des mesures de représailles sont prises à leur encontre, et l'Assemblée législative, au mois de novembre de la même année, prévoit que les prêtres réfractaires seront privés de la pension qui leur a été allouée en réparation du préjudice subi lors de la vente des biens du clergé ; il est également envisagé leur assignation à résidence. Non contresigné par le roi, ce décret, à l'instar de celui de mai 1792, prévoyant la déportation des prêtres réfractaires sur simple dénonciation de 20 citoyens, aboutit à la journée parisienne du 20 Juin. Le peuple, voyant en ce clergé insermenté un foyer de propagation contre-révolutionnaire – ce qui n'est d'ailleurs pas inexact –, va faire pression, par des manifestations, sur le pouvoir royal, espérant que l'Assemblée, inquiète, réglera sans délai ce problème. Avec la chute du trône, les lois visant les prêtres réfractaires deviennent de plus en plus rigoureuses, puisque la seule alternative n'est bientôt plus que la déportation ou la guillotine. La loi des suspects (septembre 1793) achève de décimer le clergé non jureur. Il faut attendre le 24 août 1797, date à laquelle le Conseil des Cinq-Cents rapporte les lois pénales contre les prêtres réfractaires, pour que le problème perde de son acuité. Il sera définitivement réglé par le concordat de 1801.

RÉGALE

Au Moyen Âge et sous l'Ancien Régime, droit que la tradition reconnaissait au roi à la mort d'un évêque ou d'un abbé, sur l'administration temporelle et éventuellement spirituelle du diocèse (ou de l'abbaye) pendant la vacance du siège épiscopal (ou abbatial).

On distinguait la régale temporelle, droit de percevoir les revenus des bénéfices majeurs, évêchés et abbayes, pendant la vacance, et la régale spirituelle, droit de nommer aux bénéfices dont le titulaire n'avait pas soin de la conduite des âmes. La régale temporelle se rencontre en France dès les premiers Capétiens (Robert le Pieux, Philippe Ier, Louis VII). Dans l'ordonnance de 1190 qui règle le gouvernement du royaume avant le départ de Philippe Auguste pour la croisade, elle est encore signalée comme faisant partie des droits du roi ; mais nombre de féodaux l'exercent eux aussi dans leurs domaines. À l'époque de Saint Louis, la coutume l'admet comme faisant partie des prérogatives de la couronne, mais ce n'est que plus tard, essentiellement au XIVe siècle, que les légistes la fixent en droit et en déterminent les limites. Les papes voient évidemment en elle une atteinte à leurs prérogatives et ne cessent de la combattre, d'autant plus que les monarques sont souvent tentés de laisser vacants les sièges sans titulaires, afin de la percevoir plus longtemps. En 1278, le pape Nicolas III condamne le principe des collations royales en régale. Mais c'est sous Philippe le Bel que le conflit est particulièrement aigu. Le problème de la régale est, en effet, au cœur de la violente querelle qui oppose le roi de France au pape Boniface VIII. La bulle *Ausculta fili* (5 décembre 1301) reprend les thèses de Nicolas III. Elles sont réfutées par les conseillers du roi et, en 1334, une ordonnance de Philippe VI étend, au contraire, la notion de vacance de bénéfice. Un siècle plus tard, la Pragmatique sanction de Bourges de 1438 reconnaît incidemment au roi la régale. Mais les prélats continuent à dénoncer les abus auxquels elle donne lieu ainsi que la pratique de son abandon à des tiers.

Au XVIIe siècle, la monarchie absolutiste considère la régale comme une intangible prérogative royale et s'efforce d'en étendre l'application à un nombre croissant de diocèses. Mais l'Église résiste à ces prétentions, l'exemption étant principalement alléguée par les évêques du Midi (Guyenne, Languedoc, Provence, Dauphiné). Les discussions se poursuivent entre parlementaires et légistes d'un côté, canonistes de l'autre, et, lorsque le 10 février 1673, Louis XIV, par la déclaration de Saint-Germain, pose le principe de son droit à la régale universelle, c'est-à-dire décide l'extension de la régale à l'ensemble du royaume, un grave conflit s'ouvre de nouveau. Dans cette querelle, qui soulève une fois de plus le problème du gallicanisme, le roi est soutenu par les Jésuites, le Parlement et la Sorbonne. Mais il a contre lui une partie de l'épiscopat janséniste. En fait, seuls deux évêques, ceux de Pamiers et d'Alet, Caulet et Pavillon, lui résistent ouvertement, avec le soutien du pape Innocent XI. Pavillon meurt en 1677, mais la lutte se poursuit autour de Caulet. Au *Traité sur l'autorité du roi touchant l'administration de l'Église* qui justifie la régale, Innocent XI répond par deux brefs du 12 mai et du 21 septembre 1678, qui condamnent le roi. La succession de Caulet, en 1680, envenime encore le conflit. Celui-ci atteint son paroxysme lorsque l'Assemblée du clergé de France de 1681-1682 accepte de souscrire à la Déclaration des Quatre Articles rédigée par Bossuet (19 mars 1682), qui proclame l'indépendance absolue des rois au point de vue temporel, la supériorité du concile sur le pape et l'existence des libertés de l'Église gallicane. Innocent XI ayant refusé d'investir les évêques qui l'acceptent, 35 sièges épiscopaux sont sans titulaires en 1688. La France est au bord du schisme. Mais le conflit est finalement réglé par un compromis en 1693 : acceptation par le pape de l'extension de la régale temporelle, renonciation par le roi à l'extension de la régale spirituelle et abandon des thèses de la Déclaration des Quatre Articles. En 1769, la régale devait être étendue à la Corse. Supprimé par la Révolution, le droit de régale fut rétabli pour peu de temps par Napoléon Ier par un texte tardif (décret du 6 novembre 1813) qui resta pratiquement sans application.

RÉGENCE (la) : voir DUBOIS Guillaume, LAW John, ORLÉANS Philippe (duc d')

Réfractaires
Gravure populaire de propagande, 1790, Paris, Bibliothèque nationale de France. © *Collection Viollet*

RÉGENT (le) : voir ORLÉANS Philippe (duc d')

REGGANE

Bordj du Sahara algérien, sur la piste du Niger.

Centre d'expérimentation d'armes nucléaires où explose, le 13 février 1960, la première bombe atomique française. L'opposition dénonce cette arme coûteuse et inutile, face aux engins que possèdent les États-Unis et l'Union soviétique. Protestant officiellement contre cette expérimentation, le gouvernement du Maroc dénonce l'accord diplomatique franco-marocain de 1957.

RÉGIONS

Circonscriptions administratives créées en 1955.

Le découpage de la France en départements en 1790 avait permis de rattacher directement au pouvoir central des circonscriptions assez petites (6 000 km^2 en moyenne). Il est critiqué à partir de 1947 à la fois pour cette trop grande vassalité mais aussi pour son cadre trop étroit qui empêche de mener des actions d'envergure. L'idée de décentralisation est avancée par Jean-François Gravier dans son livre *Paris et le désert français* publié la même année. L'unité territoriale et idéologique de la nation étant désormais achevée, on peut envisager de donner davantage de pouvoir aux acteurs locaux. Les velléités d'indépendance ne semblent plus à craindre, hormis en Corse où elles se traduisent par de violents attentats. C'est ainsi qu'en 1955 sont créées 21 régions de programme regroupant chacune 2 à 8 départements et comprenant une capitale régionale. La Corse sera ensuite détachée de Provence-Alpes-Côte d'Azur pour former une 22e région.

Ces décisions sont l'occasion de rivalités importantes entre les villes qui espéraient alors gagner en prestige et en subventions. La taxe d'habitation, la redevance sur les bureaux, des dotations de l'État contribuent à l'alimentation des budgets régionaux. Des préfets de région sont nommés et les régions fonctionnent réellement depuis 1972. En 1982, l'étape suivante est franchie avec la loi de décentralisation complétée en 1986 par l'élection au suffrage universel des conseils régionaux qui deviennent autonomes, élisent leur président et gèrent librement leur budget. Le mode de scrutin choisi pour cette désignation soulève cependant certains débats : il s'agit d'un scrutin de liste proportionnel à un tour. Cet élément est une cause de difficulté de l'élection, par ces élus, de leur président. En effet, le candidat désigné n'est pas toujours le reflet de l'opinion de la majorité de la population comme le montrent les élections régionales de 1998, où l'extrême droite permet l'élection ou non de présidents de région de droite selon qu'elle leur donne ses voix ou qu'elle décide de s'abstenir. Parallèlement à l'existence d'un président de conseil régional, le préfet de région dirige les services déconcentrés de l'État. Les chambres régionales des comptes ont pour mission de contrôler le budget des régions qui s'établit grâce à diverses sources de revenus telles que les impôts locaux, et est moins conséquent que celui des départements. La région est compétente en matière d'environnement, d'enseignement dans les lycées (depuis 1986), de formation professionnelle, de voirie, de transports, d'entretien sanitaire. Un débat s'est engagé sur la taille des régions qui semblent parfois petites dans le cadre européen et face aux *Länder* allemands par exemple.

REGNAULT ou REGNAUD de SAINT-JEAN-d'ANGÉLY Auguste Étienne, comte (Paris, 1794 – Nice, 1870)

Maréchal de France

Fils de Michel Regnault de Saint-Jean-d'Angély. Dès sa sortie de l'école militaire de Saint-Germain, en 1812, il participe à la campagne de Russie. L'année suivante, il se distingue à la bataille de Leipzig, puis, en 1814, prend part à la campagne de France. Rallié à Napoléon pendant les Cent-Jours et devenu son aide de camp, il combat à Waterloo. Rayé des cadres en 1815, il accompagne son père en exil puis, rentré en France, ne rejoint pas l'armée. En 1825, il se met au service de la cause grecque et, sous les ordres du colonel Fabvier, organise un corps de cavalerie. Trois ans plus tard, il s'engage dans la campagne de Morée. En 1829, il est réintégré dans l'armée française, la monarchie ne lui reconnaissant toutefois que le grade de capitaine. Après avoir participé à la révolution de 1830, il retrouve enfin, au début du règne de Louis-Philippe, son grade de chef d'escadron, puis, nommé colonel, participe à la campagne de Belgique. Genéral de brigade en 1841, il commande, lors de la révolution de février 1848, une brigade de cavalerie cantonnée à Paris. Général de division en juillet de la même année, il participe en 1849 à la prise de Rome. Député de la Charente à l'Assemblée constituante, puis à la Législative, Regnault de Saint-Jean-d'Angély occupe pendant quinze jours, en janvier 1851, le portefeuille de la Guerre. Son acte essentiel consiste à destituer Changarnier, commandant de l'armée de Paris, hostile à Louis Napoléon. Membre du Sénat dès sa formation en 1852, et vice-président de cette assemblée, il est chargé deux ans plus tard d'organiser la garde impériale dont il reçoit le commandement. Le fidèle serviteur de Napoléon III conduira la garde sur les champs de bataille de Crimée et d'Italie, recevant au lendemain de Magenta, en récompense de son attitude, la dignité de maréchal de France, le même jour que Mac Mahon (1859). L'année précédente, il avait été fait grand-croix de la Légion d'honneur. En 1869, sa santé le contraint à abandonner le commandement de la garde impériale confié à Bazaine.

REGNAULT ou REGNAUD de SAINT-JEAN-d'ANGÉLY Michel Louis Étienne, comte (Saint-Fargeau, 1761 – Paris, 1819)

Homme politique.

Père du précédent. Venu à Paris pour y étudier le droit, dans l'intention de devenir avocat, Regnault de Saint-Jean d'Angély, poussé par des nécessités familiales devient, à la fin de l'Ancien Régime, lieutenant de la prévotée de la marine à Rochefort. Chargé en 1789 de rédiger les cahiers du tiers de la sénéchaussée de Saint-Jean-d'Angély, il représente l'Aunis aux États généraux. À l'Assemblée, où il siège parmi les monarchiens, partisans de la monarchie constitutionnelle, Regnault de Saint-Jean d'Angély se montre favorable aux idées nouvelles, s'oppose à Mirabeau, et se signale, au mois de mai 1791, en faisant voter une motion qui ordonne le transfert des cendres de Voltaire au Panthéon. À la suite de la fuite du roi à Varennes, au mois de juin, le député de l'Aunis fait prendre les mesures qu'il estime nécessaires mais, loin de se rallier à la république, reste plutôt favorable à la monarchie constitutionnelle. Ce modéré collabore au *Journal de Paris* d'André Chénier et rédige avec Du Quesnoy *L'Ami des patriotes*. Resté à l'écart de la vie politique après le 10 Août, il se cache quelque temps, mais il est finalement découvert et emprisonné, à Douai puis à Paris. Évadé, il se cache jusqu'au 9 Thermidor puis, en 1796, devient administrateur des hôpitaux de l'armée d'Italie. Là, il rencontre Bonaparte, auquel s'attachent désormais sa carrière et sa vie. Regnault de Saint-Jean-d'Angély part pour l'Égypte avec le général corse mais, tombé malade en arrivant à Malte, reste dans l'île avec le titre de commissaire du Directoire. Il regagne la France lorsque les Anglais entreprennent de bloquer Malte et, rejoignant Bonaparte, contribue au coup d'État du 18 Brumaire. Conseiller d'État en 1799, Regnault de Saint-Jean-d'Angély préside trois ans plus tard la section de l'Intérieur. En 1803, il entre à l'Académie française. L'Empereur, qui le tient en estime, le charge de présenter au Sénat la plupart de ses projets importants. Secrétaire d'État auprès de la famille impériale en 1807, il est fait comte d'Empire en 1808. Nommé en janvier 1814 commandant d'une légion de la garde nationale, il sort de la capitale à la rencontre de l'ennemi, le 30 mars, puis rejoint à Blois l'impératrice Marie-Louise. Il se rallie à Napoléon pendant les Cent-Jours. Député de la Charente-Inférieure, puis ministre d'État, il pousse l'Empereur à abdiquer en faveur de son fils. Éloigné lors de la Seconde Restauration, exclu de l'Académie française, Regnault de Saint-Jean-d'Angély passe une année aux États-Unis puis, revenu en Europe, tente en vain d'obtenir l'autorisation de rentrer en France. En 1819 enfin, les autorités lui donnent satisfaction. Arrivé chez lui le 10 mars, malade et éprouvé, il meurt la nuit même de son retour.

Michel Regnaud de Saint-Jean d'Angély
Huile sur toile de François Gérard, château de Versailles.

RÉGNIER Claude, duc de Massa (Blamont, Lorraine, 1736 – Paris, 1814)

Homme politique.

Avocat à Nancy, député aux États généraux, il adhère aux idées des constitutionnels et se fait oublier pendant la Convention. Membre du Conseil des Anciens qu'il préside un instant, il favorise le coup d'État de Brumaire. Bonaparte le nomme conseiller d'État (1800), puis ministre de la Justice et grand juge (1802-1813), avant de le pousser à la présidence du Corps législatif (1813-1814). Régnier a été créé duc de Massa en 1809.

REICHSHOFFEN (charge de)

Célèbre fait d'armes de la guerre de 1870.

Le 6 août 1870, l'armée du kronprinz Frédéric-Guillaume de Prusse surprend à Froeschwiller, entre Sarre et Rhin, dans le Bas-Rhin, l'armée du maréchal de Mac Mahon. Les Français alignent 40 000 hommes, les Prussiens le double. Malgré une défense que le prince Frédéric-Guillaume qualifiera lui-même d'admirable, les soldats du maréchal doivent reculer. Deux régiments de cuirassiers et deux escadrons de lanciers tentent en vain de forcer le passage. L'ennemi les décime devant les barricades de Morsbronn. Mac Mahon demande alors le renfort des quatre premiers régiments de cuirassiers. Ceux-ci s'engagent au galop, sabre pointé, à travers les hautes perches des champs de houblon de la commune de Reichshoffen. La tuerie est effroyable. Le colonel Lafustun de Lascarre, décapité par un obus, mais non désarçonné, charge toujours. Mac Mahon parviendra finalement à repasser les Vosges, mais l'Alsace est perdue pour la France.

La charge de Reichshoffen
La Charge de Reichshoffen. Huile sur toile, musée de la ville de Paris, musée Carnavalet. © *G. Dagli Orti*

REICHSTADT (duc de) : voir NAPOLÉON II

REILLE Honoré Charles, comte (Antibes, 1775 – Paris, 1860)

Maréchal de France.

Engagé en 1791, aide de camp de Masséna en 1793, capitaine en 1796, il fait la campagne d'Italie et se distingue à Arcole. Puis il sert dans l'état-major de Masséna en Suisse, et Bonaparte, qui a la plus grande confiance en lui, le charge volontiers de missions délicates. Reille prend part à l'expédition de Murat à Naples, est nommé général de brigade en 1803, combat à Iéna et à Friedland où il accomplit des prodiges de bravoure. Chef d'état-major de Lannes, aide de camp de l'Empereur (1807), il est créé comte d'Empire en 1808. Commissaire extraordinaire en Toscane (1808), Reille est ensuite envoyé en Espagne où il prend Rosas, puis revient en Allemagne et se distingue à Essling et Wagram. Il reçoit alors la mission d'aller surveiller à Anvers les menées de Bernadotte (août-novembre 1809). Gouverneur de la Navarre (1810), de l'Aragon (1812), commandant l'armée du Portugal (novembre 1812), il passe ensuite sous les ordres de Soult, et sa bravoure fait encore des merveilles à Vitoria (juin 1813). Reille se rallie à la royauté en 1814, mais Napoléon, lors des Cent-Jours, ne lui en tient pas rigueur et lui confie le commandement d'un corps d'infanterie à Waterloo. Lors de la Seconde Restauration, il est mis en demi-solde. Sa disgrâce ne dure pas longtemps. En 1819, il est créé pair de France et, en 1820, devient gentilhomme de la chambre du roi. Louis-Philippe le nomme maréchal de France en 1847. Favorable au coup d'État du 2 décembre 1851, il entre au Sénat impérial en 1852, terminant ainsi une carrière au cours de laquelle il a servi tous les régimes depuis la monarchie jusqu'au Second Empire.

REIMS

Ville du département de la Marne, située sur la Vesle.

Quand Rome conquiert la Gaule, elle nomme Reims, alliée du peuple romain, *Durocortorum*. L'*Urbs* aidera son développement. Capitale des Rèmes, *Durocortorum* en adopte le nom au Bas-Empire. En 406, Reims est prise par les Vandales qui massacrent saint Nicaise sur le parvis de la cathédrale primitive. Attila détruit la ville. Reconstruite, Clovis y reçoit le baptême des mains de saint Remi, évêque, dans la nouvelle église (498 ou 499). Le roi franc mariera sa nièce Scrariberge, avec Arnoul, comte de Reims et parent du prélat. À Reims, archevêché depuis 768, le pape Léon III rencontre Charlemagne en 804 ; le pape Étienne IV couronne Louis Ier le Débonnaire et l'archevêque Foulques fait proclamer Charles III le Simple roi de France. En 1138, Louis VII accorde des lettres de franchises à la ville. Gouvernée par son archevêque, Jean de Vienne, Reims soutient victorieusement, en 1359, un siège de 37 jours contre les Anglais. Aux mains de ces derniers, à la suite du traité de Troyes, en 1420, elle ouvre ses portes à Charles VII le 16 juillet 1429. Fidèle à la couronne jusqu'à l'exécution d'Henri, duc de Guise, Reims se donne aux ligueurs après sa mort et rentre dans l'obéissance en 1595. Le maréchal de Plessis-Praslin y repousse les Espagnols en 1650. La cité ne connaîtra pas toujours une chance identique. Le 16 février 1814, 14 000 Russes s'en emparent. Le 5 mars, le général Corbineau la reprend, puis la reperd. Le 13 du même mois, l'Empereur chasse l'armée d'Alexandre Ier de la vieille ville métropolitaine. Les troupes allemandes occupent Reims plus qu'à moitié rasée, du 4 au 12 septembre 1914. Le 7 mai 1945, les Alliés y recevront leur reddition. C'est dans la cathédrale de Reims, commencée en 1211 et achevée en 1481, que les rois de France ont tous été oints, d'Henri Ier à Charles X, exception faite d'Henri IV et de Louis XVIII. Construite au IIe siècle de notre ère, l'impressionnante porte de Mars, avec ses trois arcades décorées de sculptures, est avec l'arc d'Orange, l'un des plus beaux exemples de ce type de monument triomphal en Gaule.

REINACH Jacques, baron de (Francfort-sur-le-Main, 1840 – Paris, 1892)

Financier.

Habitué des milieux républicains, il se trouve mêlé au scandale né de l'émission des valeurs à lots de la Compagnie interocéanique de Panamá : certains l'accusent d'avoir offert des pots-de-vin à d'influents hommes politiques. La veille du jour où doit s'ouvrir son procès, le baron de Reinach est découvert mort, probablement suicidé.

REINACH Joseph (Paris, 1856 – Paris, 1921)

Homme politique.

Neveu et gendre du précédent. Avocat, il préfère vite le journalisme au barreau. Il écrit dans *La Revue bleue* quand Léon Gambetta le remarque et lui propose d'entrer à la rédaction du journal qu'il dirige, *La République française*. En 1877, Reinach rédige une brochure de propagande en faveur de la réélection des 363 députés opposés au 16 Mai. À la mort de Léon Gambetta, dont il a été le chef de cabinet (1881-1884), Reinach le remplace à la tête de *La République française*. Il y polémiquera contre Georges Clemenceau et contre le radicalisme. Démissionnaire de la ligue des Patriotes, lorsqu'elle rallie le nationalisme, il se montre l'ennemi déterminé de la droite. Deux duels le mettront face à face avec Paul Déroulède. Député de Digne (1889), il contribue à la création du ministère des Colonies. Éclaboussé par le scandale de Panamá, il conserve cependant son siège à la Chambre (1893). Ses prises de position lors de l'affaire Dreyfus le lui feront perdre. Dreyfusard inconditionnel, il intervient auprès du président de la République afin que le procès du capitaine accusé de trahison ne se déroule pas à huis clos (1894). De 1897 à 1906, il milite pour la révision du jugement. Il contribue à la fondation de la Ligue des droits de l'homme et, dans les colonnes du *Siècle*, dénonce le colonel Henry comme faussaire. La veuve de ce dernier le poursuit en justice, si bien qu'en 1898, il est rayé du cadre des officiers de réserve. Réélu député de Digne en 1906, Reinach combat la peine de mort et l'alcoolisme. Il compte parmi les auteurs de la loi dite des trois ans qui organise la conscription. Battu aux élections de 1914, Reinach, qui a retrouvé son grade de capitaine d'état-major, relève, pendant la Première Guerre mondiale, du gouvernement militaire de Paris et donne au *Figaro* des articles quotidiens : « Les Commentaires de Polybe ». Il a laissé une *Histoire de l'affaire Dreyfus* en sept volumes.

RELIEF

Ou rachat. En terme féodal, droit perçu par le seigneur lors de certaines mutations, autrement qu'en ligne directe ou par vente.

Il était ainsi nommé parce que le vassal, par le paiement de ce droit, « relevait » le fief. Le relief se montait en général à une année de revenus du fief ou à une somme égale en argent. Il était également perçu sur les terres tenues en censives.

RELIGION (guerres de)

Nom générique des huit conflits civils d'origine religieuse qui ensanglantèrent la France de 1562 à 1598.

Première guerre de Religion. En 1562, à Wassy, une querelle oppose le duc François de Guise et son escorte à des protestants rassemblés au prêche. Le duc est blessé, 60 protestants sont tués et 200 blessés. À la suite de cette affaire, les réformés, commandés par le prince de Condé, soutenus par les princes allemands et par l'Angleterre à laquelle ils livrent Le Havre, s'arment dans tout le royaume. Les huguenots perdent Rouen et sont battus près de Dreux. En 1563, le duc de Guise, qui assiège Orléans aux mains des réformés, succombe sous les balles de Poltrot de Meré. La régente, Catherine de Médicis, signe avec les rebelles la paix d'Amboise en mars 1563. Orléans se soumet, tandis que l'armée royale chasse les Anglais du Havre.

Deuxième guerre de Religion. À Meaux en 1567, les protestants tentent d'enlever Charles IX. Leur projet échoue mais les hostilités reprennent. Le connétable de Montmorency remporte contre les protestants la bataille de Saint-Denis, mais il y est grièvement blessé et meurt à l'issue de l'engagement. De nouveau, Catherine de Médicis signe la paix, à Longjumeau, en 1568.

Troisième guerre de Religion. La disgrâce du chancelier Michel de L'Hospital, favorable à une politique de conciliation vis-à-vis des huguenots, provoque le soulèvement de ces derniers. Les réformés sont battus par le duc d'Anjou, futur Henri III, à Jarnac, le 13 mars 1569, et à Moncontour le 1er octobre de la même année. Les

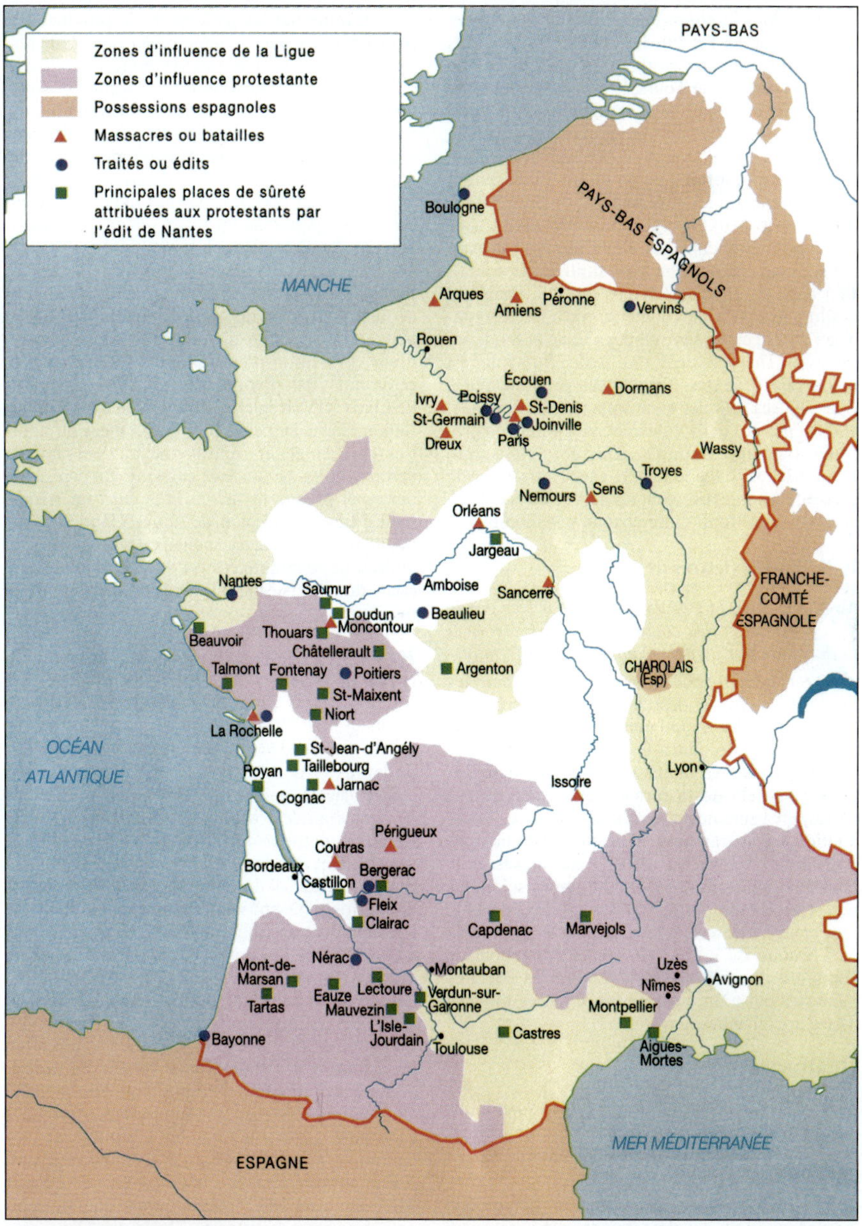

Les guerres de Religion

Les guerres de Religion
L'Assassinat de Coligny, le 24 août 1572. Gravure allemande, XVIIe siècle. © *Lauros-Giraudon*

catholiques subissent une défaite à La Roche-Abeille. L'amiral de Coligny cristallise autour de sa personne la résistance protestante. Cependant, les huguenots ont pour chef officiel Henri de Navarre, futur Henri IV. La paix de Saint-Germain (1570) admettra les réformés à la fonction publique et leur accordera comme places de sûreté La Rochelle, La Charité, Montauban et Cognac. Marguerite de Valois, sœur de Charles IX, épouse Henri de Navarre.

Quatrième guerre de Religion. Le massacre de la Saint-Barthélemy (24 août 1572) déclenche l'insurrection protestante. Les catholiques assiègent vainement Sancerre et La Rochelle, ville où est conclue la paix de 1573.

Cinquième guerre de Religion. Le duc Henri de Guise écrase les protestants à Dormans et y reçoit au visage la blessure qui lui vaudra le surnom de « Balafré ». La paix de Beaulieu ou de Loches, dite aussi de Monsieur, reconnaît, en 1576, à la religion calviniste des droits dont s'indigneront les catholiques. Les plus exaltés d'entre eux formeront la Ligue (1576), mouvement que dirigeront, en fait, le duc de Guise et ses frères, le cardinal de Lorraine et le duc de Mayenne.

Sixième guerre de Religion. Les huguenots la déclenchent arguant de la violation des clauses de la paix de Beaulieu. Ils sont vaincus à La Charité et à Issoire. Le traité de paix de Bergerac ou de Poitiers, signé en 1577, inspirera l'édit de Nantes.

Septième guerre de Religion. Henri de Navarre s'empare de Cahors, et les catholiques de La Fère. La paix est signée au Fleix en 1580.

Huitième guerre de Religion. Dite des Trois Henri (Henri III, roi de France ; Henri, roi de Navarre ; Henri, duc de Guise). En 1585, Henri III retire aux protestants les avantages qu'ils ont acquis. Toutefois, si le monarque s'affirme ennemi déclaré de la Réforme, il désigne le roi de Navarre comme héritier légitime de la couronne. La Ligue refuse l'éventualité d'un souverain hérétique régnant sur la France et appuie l'ambition d'Henri de Guise. Par le traité de Joinville, signé le 31 décembre 1584, Philippe II d'Espagne s'était engagé à porter aide et assistance au duc. Malgré sa volonté, Henri III, que domine la Ligue, combat l'armée du roi de Navarre. Les troupes catholiques de l'amiral Anne de Joyeuse se débandent, le 20 octobre 1587, à Coutras, mais les Suisses et les Allemands huguenots sont anéantis à Montargis et à Auneau. Après la journée des Barricades du 12 mai 1588, au cours de laquelle les Parisiens, menés par le Conseil communal ligueur des Seize, imposent à Henri III la présence d'Henri de Guise, le souverain quitte Paris et réunit les états généraux à Blois. Dans cette ville, il ordonnera l'exécution du duc et de son frère le cardinal de Lorraine. Le duc de Mayenne demeure seul à la tête du mouvement. Fixé à Tours (1589), Henri III s'allie avec Henri de Navarre. Royaux et protestants réunis assiègent Paris lorsque, le 31 juillet 1589, à Saint-Cloud, un moine dominicain, Jacques Clément, poignarde mortellement le roi. Abandonné par une partie des nobles catholiques, Henri de Navarre – Henri IV à présent – bat en retraite. Les ligueurs proclament roi son oncle, le cardinal de Bourbon, sous le nom de Charles X. Mais Henri IV défait le duc de Mayenne aux batailles d'Arques (21 septembre 1589) et d'Ivry (14 mars 1590), investit une nouvelle fois Paris et repousse le duc de Savoie hors du Dauphiné et de la Provence (1591). Finalement, considérant que l'unique obstacle lui interdisant l'accession indiscutable au trône réside en son appartenance à la religion réformée, il abjure le protestantisme (juillet 1593) et se fait sacrer à Chartres en 1594. La plupart des ligueurs se rallieront alors et l'édit de Nantes mettra un point final aux guerres de Religion, le 13 avril 1598.

Ce cycle de guerres confondues sous la même appellation mêle des conflits de nature différente. L'antagonisme religieux est à vif et pousse les belligérants à des cruautés inouïes envers les populations de l'autre bord, fussent-elles compo-

Saint Remi
Épisodes de la vie de saint Remi. Tapisserie, Reims, musée d'Histoire et d'Archéologie. © *Giraudon*

sées de femmes et d'enfants : les fanatiques protestants ou catholiques croient sincèrement contribuer à leur salut, voire à celui de leurs victimes, en éventrant les femmes enceintes ou en rôtissant des prêtres ou des ministres réformés. *Les Tragiques* d'Agrippa d'Aubigné donne un reflet allégorique de la violence du temps. Cependant, il faut noter que la religion sert aussi de prétexte aux ambitions des factions aristocratiques – celle des Guise catholiques mais aussi celles des Condé ou des Bourbon-Navarre protestants – soutenus par l'étranger, même si le poids de l'Espagne pèse davantage du côté de la Ligue que les faibles appuis du comte palatin ou de l'Angleterre du côté réformé. Enfin, le dernier épisode du conflit est clairement une compétition pour le trône entre trois prétendants : Henri de Navarre et Henri III parviennent en 1589 à un compromis, mais l'assassinat de ce dernier retarde la fin des hostilités de 10 ans. Le célèbre édit de tolérance qui donne en 1598 à la population du royaume une alternative religieuse exceptionnelle dans l'Europe d'alors a été préparé par de nombreux textes antérieurs tels l'édit d'Amboise de 1563, la paix de Longjumeau de 1568, la paix de Saint-Germain de 1570 ou la paix de Fleix de 1580.

RÈMES

Remi *ou* Rhemi. *Peuple de la Gaule Belgique ayant sa capitale à* Durocortorum *(Reims) et un de ses principaux* oppidums *à* Laudunum *(Laon).*

Selon César, les Rèmes se disaient « frères consanguins » des Suessions. Seuls ou presque parmi les Belges, ils refusent de prendre part au soulèvement gaulois de 57 av. J.-C. Se voulant « amis et parents du peuple romain », ils servent les intérêts du proconsul aussi bien que les Lingons et encore mieux que les Éduens. Cette attitude leur vaut, sous l'Empire, un traitement de faveur symbolisé par l'octroi du titre de *fédérés*, autrement dit d'alliés du peuple romain. Ils donneront leur nom à leur chef-lieu de cité au Bas-Empire. Le Rémois ne correspond qu'à une partie du territoire dont ils disposaient avant l'époque franque.

REMI ou REMY, saint (Laon, v. 437 – Reims, v. 533)

Évêque.

Les détails manquent sur sa vie et sur son très long épiscopat, à Reims, qui commence en 459. Ce qui est certain, c'est qu'il fut de son vivant la personnalité ecclésiastique la plus célèbre de la Gaule du Nord, qu'il était « d'une grande science et versé dans la rhétorique », et l'on peut tenir pour sûr que ce fut lui qui baptisa Clovis, sans doute à Reims le 25 décembre 496 ou 498. Si l'on en croit Grégoire de Tours, le roi franc, sentant la victoire lui échapper au cours de la bataille décisive contre les Alamans, aurait invoqué le dieu de son épouse Clotilde, qui le pressait de se faire chrétien et aurait fait vœu de se faire baptiser s'il était vainqueur. La légende est suspecte, mais Clovis, victorieux des Alamans, est instruit dans la religion chrétienne par Remi et reçoit le baptême de ses mains. Plusieurs milliers de soldats sont baptisés en même temps que lui. Remi est dès lors le conseiller écouté du roi franc. Il organise l'Église chrétienne en pays franc et fonde les sièges de Thérouanne, Laon, Arras. Son culte est très ancien à Reims. Transférées par Hincmar à Épernay, ses reliques sont rapportées à Reims en 1049 et placées dans l'abbaye Saint-Remi, en présence du pape Léon IX. Dès lors, la sainte Ampoule, utilisée dans le sacre des rois de France, est soigneusement conservée dans le tombeau de saint Remi entre chaque cérémonie.

RÉMISSION (lettres de)

Au Moyen Âge, lettres de grâce accordées par le roi de France à des condamnés qui en faisaient la demande par l'intermédiaire de leur famille.

53 800 lettres sont ainsi consignées dans les registres du Trésor des chartes entre les années 1304 et 1568. Le roi qui octroie son pardon arrête ainsi le cours de toutes les justices et rétablit le condamné dans sa bonne renommée et dans ses biens. Au-delà de la forme stéréotypée de ces lettres, s'y lisent des tableaux savoureux de la vie quotidienne au travers de récits restés très proches de l'oralité. Certes, la vérité y est biaisée et le récit tend à blanchir le coupable, mais selon des règles acceptées par les parties civiles et par le juge chargé d'entériner la rémission. Bien au-delà de l'histoire du crime, ces lettres permettent de connaître les mentalités de catégories sociales modestes qui n'auraient pas eu d'autres moyens d'être appréhendées.

REMONTRANCES

Sous l'Ancien Régime, observations juridiques que le Parlement formulait pour attirer l'attention du roi sur les inconvénients éventuels d'un édit ou d'une ordonnance.

Ce droit de remontrances existait depuis que les ordonnances royales étaient enregistrées en parlement, c'est-à-dire depuis le XIVe siècle. Le parlement de Paris, issu du Conseil du roi, comme un rejet de juges qu'on en aurait détaché, avait été le premier habilité à en disposer. Mais il avait été bientôt imité par les parlements de province qui pouvaient eux aussi « remontrer » dans leur ressort propre. Les parlements prétendaient que c'était là un droit historique ; la royauté affirmait que ce n'était qu'une concession du pouvoir royal, plus tacite que formelle. En réalité, ces droits s'étaient formés par la coutume, et par voie d'empiétements, avec la tolérance du pouvoir royal. Ils n'en constituaient pas moins une limitation des pouvoirs du roi. Cependant celui-ci pouvait passer outre aux remontrances. Pour le signifier, il avait recours soit à des « lettres de jussion » ordonnant l'enregistrement, soit à un lit de justice au cours duquel il donnait ordre « de sa bouche » au greffier d'enregistrer. Manifestation d'une opposition presque toujours respectueuse, ce droit devient pratiquement inefficace au temps de Louis XIV. Réglementées en 1667 et 1673, les remontrances ne peuvent être formulées qu'après l'enregistrement et exclusivement à l'encontre de certains édits, ce qui leur enlève toute espèce de portée et plonge les parlements dans un silence total. Mais, dès la mort de Louis XIV, les parlements retrouvent leurs anciennes prérogatives, et le droit de remontrances est dans leurs mains, au cours du XVIIIe siècle, une arme efficace contre la monarchie absolue.

Charles de Rémusat
Coll. A. de Rémusat. © *Sélection Images*

RÉMUSAT Charles François Marie, comte de (Paris, 1797 – Paris, 1875)

Écrivain et homme politique.

Dès son jeune âge, la fréquentation des hommes de lettres et des célébrités politiques qu'il rencontre dans les salons de sa mère, dame du palais de l'impératrice Joséphine et femme d'Augustin Rémusat, premier chambellan de l'Empereur et surintendant des Théâtres impériaux, éduque son esprit. À 16 ans, il découvre la philosophie, et c'est en philosophe souvent sceptique qu'il va se conduire dans les actes importants de sa vie. Grâce à Guizot, avec qui il est lié intimement, il débute dans le journalisme. En 1824, il entre au *Globe*, devient un des rédacteurs les plus influents aux côtés de Thiers, Jouffroy, Sainte-Beuve. Le 26 juillet 1830, il rédige dans *Le Globe* la célèbre protestation des journalistes contre les ordonnances du ministère Polignac, qui violaient la Charte. Les électeurs de Muret (Haute-Garonne) l'envoient siéger à la Chambre après les journées de Juillet. En 1836, Rémusat est sous-secrétaire d'État au ministère de l'Intérieur dans le cabinet Molé. En mars 1840, Thiers, devenu chef du cabinet, le nomme ministre de l'Intérieur. C'est sous son ministère que fut menée à bien avec l'Angleterre la négociation du transfert des cendres de l'Empereur aux Invalides. Après la chute du cabinet, Rémusat redevient homme de lettres. De 1842 à 1847, se succèdent divers ouvrages de philosophie (*Essais de philosophie*, *De la philosophie allemande*), et des ouvrages dramatiques (*Abélard*, *La Saint-Barthélemy*). Élu en 1842 membre de l'Académie des sciences morales et politiques, en 1846 membre de l'Académie française au fauteuil de Royer-Collard, grand leader du parti libéral, il siège en 1848 comme député de la Haute-Garonne. Après avoir signé la déclaration de déchéance de Louis Napoléon Bonaparte comme président de la République, il est exilé le 9 janvier 1852.

Après un voyage à Bruxelles, il s'installe à Londres où il a de nombreux contacts avec les princes d'Orléans. Il écrit beaucoup (*L'Angleterre au XVIIIe siècle*, *Bacon*, *Histoire de la philosophie en Angleterre*, *Politique libérale*), rencontre Cavour avec qui il discute des problèmes intéressant toute l'Europe. Le 25 février 1871, il est nommé ambassadeur à Vienne mais ne rejoint pas son poste. C'est à l'appel impérieux de Thiers qu'il accepte le 3 août 1871, à 74 ans, la charge des Affaires étrangères. Il signera avec l'Allemagne la libération du territoire. Il meurt le 6 juin 1875. Rémusat a laissé, selon Charles Pouthas, avec les *Mémoires de ma vie*, « un des plus beaux documents sur la vie française du XIXe siècle. Un des plus complets d'ailleurs puisque, débutant au Consulat, ils s'arrêtent en 1875. Installé au cœur des événements, il posséda un don remarquable d'observation et de clairvoyance ».

RÉMY Gilbert RENAULT dit (Vannes, 1904 – Guingamp, 1984)

Colonel et résistant.

Aîné d'une famille de dix enfants, il devient soutien de famille après la mort de son père en 1924. Après différents métiers, il fonde en 1936, avec des associés anglais, une société de production de films qui, après plusieurs succès, fait faillite. En juin 1940, sans avoir entendu l'Appel, il s'embarque pour Londres. Il y rencontre de Gaulle, s'engage dans les Forces françaises libres (FFL), contacte le capitaine Dewavrin (futur colonel Passy) qui dirige le 2e Bureau, et devient agent des Services secrets de la France libre, futur Bureau central de renseignement et d'action (BCRA). À partir de novembre 1940, il crée progressivement le plus important réseau de renseignements de la France libre, la Confrérie Notre-Dame (CND). Ce réseau fournira aux alliés de précieux renseignements, concernant notamment le mur de l'Atlantique, des plans de bases sous-marines, les mouvements des navires allemands. Aux yeux des Anglais, Rémy devient l'agent secret n°1 de la France libre. Principal artisan du rapprochement entre les communistes et cette dernière, il présente à de Gaulle Fernand Grenier, délégué désigné par le PCF (11 janvier 1943). Après la guerre, il participe à la fondation du Rassemblement du peuple français (RPF), dont il est membre du comité directeur. Mais le 11 avril 1950, dans un article retentissant, « La justice et l'opprobre », il défend l'attitude du maréchal Pétain pendant la guerre et tend la main à ceux qui l'ont suivi de bonne foi. Il s'éloigne alors du Général et démissionne du RPF. Sa rupture avec ce dernier devient définitive lorsqu'il prend position en faveur de l'Algérie française. Chantre incontesté de la Résistance, il a écrit une œuvre très abondante. Ses *Mémoires d'un agent secret de la France libre* ont eu un succès considérable.

RENAN Ernest (Tréguier, 1923 – Paris, 1892)

Penseur et moraliste.

Séminariste à Saint-Nicolas-du-Chardonnet puis à Saint-Sulpice, il découvre par l'étude des textes la fragilité des bases de la religion chrétienne telle qu'elle est pratiquée dans la France du XIXe siècle. Il renonce donc à une carrière ecclésiastique pour partir en 1849 en Italie, chargé de mission archéologique par l'Institut. Il poursuit tout au long de sa vie sa formation intellectuelle. Ses premiers articles paraissent dans *La Revue des Deux Mondes* et *Le Journal des débats*. Grâce à ses amitiés politiques et à la réputation de penseur hors normes qu'il a acquises, il devient professeur au Collège de France en 1862. Cependant, sa leçon inaugurale heurte déjà les conservateurs : il y parle de Jésus comme d'un « homme incomparable ». La parution de son livre *Vie de Jésus*, l'année suivante, entérine son opposition au dogme de l'Église et sa volonté de concilier religion et logique. Son œuvre lui crée de puissantes inimitiés : en 1864, il est révoqué de sa chaire par Napoléon III. Dès lors, la nouvelle république le prend sous sa protection. Il entre à l'Académie française en 1878. Il continue son œuvre d'historien des premiers temps de l'Église dans l'*Histoire du peuple d'Israël* écrite entre 1887 et 1893, tout en mettant en application les méthodes positivistes. La hiérarchie catholique a voulu donner de lui l'image de l'Antéchrist. Dans son « Discours sur l'Acropole » tiré de ses *Souvenirs d'enfance et de jeunesse* publiés en 1883, il tisse un lien entre la spiritualité de la Grèce antique et celle des hommes modernes.

RENAUDOT Théophraste (Loudun, 1586 – Paris, 1653)

Médecin, publiciste et philanthrope.

Installé à Paris en 1612, il est nommé médecin du roi grâce à la protection du père Joseph. Plein d'imagination, d'astuce, mais aussi généreux, il se préoccupe du sort des déshérités et, grâce cette fois à la protection de Richelieu, obtient l'office de commissaire général des pauvres du royaume. En 1630, il ouvre à Paris un Bureau d'adresses qui est à la fois un bureau de renseignements et de placement, et un centre de soins. Ce philanthrope imaginatif crée aussi le premier bureau d'assistance publique, le premier mont-de-piété, à l'exemple du *monte-di-pieta* italien. On y prête sur gages, à 3 % d'intérêts seulement, pour les frais. Pourtant, la jalousie et l'envie contraindront Théophraste Renaudot à y renoncer. En dépit de l'intérêt de ces créations, c'est le journalisme qui le fait passer à la postérité. Il publie en effet une *Feuille du bureau d'adresses*, mère, sans contestation possible, de la publicité commerciale et des petites annonces. De cette feuille d'annonces naît, le 30 mai 1631, *La Gazette de France*, hebdomadaire de quatre ou huit pages où l'on trouve les nouvelles politiques et le récit des principaux événements parisiens. Richelieu, comprenant l'importance de cette *Gazette*, l'alimente en nouvelles de toutes sortes. Louis XIII lui-même ne dédaigne pas de lui fournir des articles. Avec la *Gazette*, Renaudot a longtemps été considéré comme le fondateur de la presse française. En fait, on sait maintenant que le véritable fondateur en fut un certain Louys Vendosme qui a publié, quelques mois avant la sortie de la *Gazette*, un hebdomadaire intitulé *Nouvelles ordinaires de certains endroits*. Pour se débarrasser de son concurrent, Renaudot n'hésite pas à publier au mois de novembre 1631 un second journal, *Nouvelles ordinaires de certains endroits*. Vendosme, dont l'original est bien inférieur au plagiat, tente de lutter, mais doit finalemenl s'effacer. Renaudot, cependant, continue d'exercer la médecine, dans son centre de soins charitables en particulier. Mais la Faculté, menée par Guy Patin, l'accuse d'employer des méthodes dangereuses. Après la mort de Richelieu, l'exercice de la médecine lui sera interdit à Paris. Théophraste Renaudot continue alors de diriger la *Gazette*, et aussi *Le Mercure français*, dont il a pris la direction en 1635.

RENAULT

Firme automobile.

Son fondateur, Louis Renault (1877-1944) construit sa première voiture en 1898. Elle est dotée de deux inventions nouvelles : la boîte de vitesse à prise directe et la transmission par arbre. Son frère Marcel le convainc de développer sa propre production au lieu de vendre le brevet. Le premier atelier est situé sur l'île de Billancourt. La marque est d'abord lancée par des succès dans des courses automobiles. Mais, en 1930, Marcel meurt dans la course Paris-Madrid. Fernand, le troisième frère, le remplace aux côtés de Louis à la direction de l'usine, même si le véritable chef demeure toujours Louis. La production s'accroît alors et se diversifie. Pendant la Première Guerre mondiale, l'usine se reconvertit dans la fabrication d'armement pour l'armée française et met au point le char Renault FT. Le conflit terminé, Louis se rallie aux principes de Ford : des comités d'études font le voyage d'Amérique pour en ramener des méthodes de travail adaptées au contexte français. En 1939, 50000 employés travaillent pour Renault.

Après l'armistice de 1940, Louis Renault se lance dans la collaboration avec l'Allemagne, notamment sur les chantiers du mur de l'Atlantique. Accusé à la Libération, il meurt en prison et ses usines sont nationalisées le 16 janvier 1945, la société anonyme des Usines Renault devenant Régie après confiscation-sanction des parts détenues par Louis Renault et indemnisation des autres héritiers. Socialement, la Régie doit devenir le lieu exemplaire d'application de la « démocratie économique et sociale » définie par le CNR, notamment par la négociation d'entreprise (accords sur la troisième semaine de congés payés dès 1955). Mais Renault est aussi une vitrine pour les conflits sociaux (grèves de 1947, coup d'envoi aux mouvements insurrectionnels de novembre-décembre). Sur le plan économique, en absorbant les camions Berliet dont les établissements sont situés à Lyon-Vénissieux, Renault doit participer activement à la reconstruction, en diversifiant sa gamme de véhicules de tourisme de manière à rendre accessible au plus grand nombre la possession d'une voiture, être un des fleurons de l'exportation française et de la rationalisation prônée par le Plan. La Régie conduit alors une stratégie de diversification géographique, accompagnant les choix politiques de déconcentration industrielle hors de Paris : Flins (1952), Cléon (1958), Sandouville (1965), Douai (1970) sont des usines modernes employant une main-d'œuvre peu qualifiée, les deux facteurs permettant de produire des voitures à prix compétitifs (Dauphine, 4L, R8). Elle mène également une stratégie de concentration verticale afin de réduire ses coûts et fabrique des aciers fins, des machines-outils, des matériels de transport et de l'ingénierie. En 1970, Renault est la première entreprise de France, emploie 207 000 personnes et contrôle environ la moitié du marché. Mais, la hausse des coûts et des prix dans les années 1970, l'échec des implantations hors d'Europe, la concurrence étrangère fragilisent la situation de la Régie au moment où celle-ci, avec 600 salariés affectés à son comité d'entreprise, est une sorte de baromètre social des relations du travail. À compter de 1984, puis sous l'impulsion de Georges Besse et de Maurice Lévy, la Régie abandonne ses choix antérieurs. Pari économique réussi (succès de la Clio, de l'Espace, de la Mégane), mais les ambitions sociales de l'entreprise sont laissées de côté : les licenciements ont été nombreux et l'automatisation des tâches est devenue la règle. La privatisation est alors progressivement mise en route par l'ouverture du capital aux salariés et surtout à des investisseurs autres que l'État. Signe de cette métamorphose, la fermeture du site historique de Billancourt (1994). Par ailleurs, certains sites en difficulté sont fermés comme celui de Vilvoorde en Belgique en 1997, non sans provoquer un fort mouvement de grève au sein des ouvriers belges et français. En même temps, Renault développe ses implantations à l'étranger en rachetant, en 1999, la firme japonaise Nissan alors en perdition. Deux ans plus tard, le redressement de Nissan est tellement spectaculaire que c'est à son tour d'entrer dans le capital de Renault, devenue une entreprise multinationale.

RENÉ Ier d'ANJOU dit LE BON ROI RENÉ (Angers, 1409 – Aix-en-Provence, 1480)

Duc d'Anjou, comte de Provence (1434-1480), duc de Bar (1430-1480), duc de Lorraine (1431-1453), roi effectif de Naples (1438-1442) et titulaire de Sicile (1434-1480), roi nominal de Jérusalem.

Deuxième fils de Louis II d'Anjou, roi de Sicile, et de Yolande d'Aragon. Frère cadet du chimérique Louis III, il naît le 16 janvier 1409 au château d'Angers, devant lequel on voit aujourd'hui sa statue, élevée au XIXe siècle et œuvre de David d'Angers. Orphelin à 9 ans, il est marié à Isabelle, fille et héritière du duc Charles II de Lorraine, le 24 octobre 1420. Élevé par son oncle, le cardinal Louis de Bar qui l'a adopté, et par son beau-père, il succède au premier en 1430 et au second en 1431. Fidèle au roi Charles VII, qui a épousé sa sœur Marie, il assiste, en 1429, au sacre de Reims et s'attire par là l'animosité du duc de Bourgogne, Philippe le Bon. Celui-ci suscite alors contre lui un rival en Lorraine, Antoine de Vaudémont. Battu et fait prisonnier à Bulgnéville (juillet 1431), René, captif des Bourguignons, est libéré contre ses fils Jean et Louis, retenus comme otages. Son titre de duc de Lorraine lui est confirmé à Bâle en 1434 par l'empereur Sigismond de Luxembourg. Mais cette décision est contestée par Philippe le Bon qui l'emprisonne à nouveau (1435) et ne le libère contre rançon qu'en 1437. Trois ans plus tôt, en 1434, la mort de son frère Louis III avait fait passer sur sa tête l'Anjou et la Provence, mais aussi des droits sur le royaume de Naples. Une fois libéré, il

René Iᵉʳ d'Anjou
Huile sur toile, triptyque du Buisson ardent de Nicolas Froment, Aix-en-Provence, cathédrale Saint-Sauveur.
© *Giraudon*

s'épuise pendant trois ans à tenter de s'imposer à Naples où il s'est installé dès 1438. Mais, attaqué par Alphonse d'Aragon, assiégé plusieurs mois dans sa capitale (1441), il finit par renoncer à la lutte et rentre en France, ne gardant de son royaume que le titre (1442).

Ami de toujours de Charles VII, il contribue à l'arrêt des luttes franco-anglaises, en jouant un rôle actif lors des négociations de Tours et en mariant sa fille Marguerite à Henri VI d'Angleterre en 1445, puis il participe aux côtés du roi à la reconquête des provinces perdues. Après la mort de sa femme, Isabelle de Lorraine, il tente encore une fois, mais vainement, de faire valoir ses droits sur le royaume de Naples, transmet le duché de Lorraine à Jean de Calabre (1453) et confie l'administration du duché de Bar à son gendre Ferry II de Lorraine-Vaudémont (1456). Remarié à Jeanne de Laval, il renonce alors à la grande politique et partage désormais sa vie entre les provinces qui lui restent, l'Anjou et la Provence, voyageant de l'une à l'autre comme on le faisait couramment à l'époque, c'est-à-dire par la Loire et le Rhône, la jonction s'effectuant par route de Roanne à Lyon. Il s'attache à restaurer leur prospérité économique et se consacre à la réforme de leur administration. En Provence notamment, sont créés, dans le domaine financier, un général des Finances (1442), un receveur général des Finances (1445-1453), un grand président de la Chambre des comptes (1460) et, pour tirer le meilleur profit du développement économique, un maître des ports (1471), percevant une taxe sur les blés, les peaux, etc., ainsi qu'un général des Monnaies (1479). Dans ses différentes résidences – en Anjou, son château des Ponts-de-Cé et le manoir bâti par lui à Chanzé, aux portes d'Angers –, il se livre à l'étude et à la pratique des lettres, des arts et des sciences. Mécène éclairé, il protège les artistes, comme Nicolas Froment, l'auteur du *Buisson ardent*, tryptique de la cathédrale d'Aix. Son neveu, Louis XI, intervenant constamment en Anjou, il se retire en Provence en 1471. Mais le roi fait saisir ses duchés de Bar et d'Anjou, et il ne peut les récupérer qu'en promettant de choisir pour héritier, non le duc de Lorraine René II, mais son neveu Charles du Maine (1474), lequel, à sa mort, sera contraint de les abandonner à Louis XI. René Iᵉʳ d'Anjou devait laisser le souvenir d'un prince aimable et débonnaire qui sut ramener la prospérité dans ses domaines et dont la mémoire resta longtemps populaire. Il avait lui-même composé plusieurs ouvrages admirablement ornés de miniatures, comme le *Mortifiement de vaine plaisance* et le *Cœur d'amour épris*. Il est enterré à la cathédrale d'Angers.

RENÉ II de LORRAINE (?, 1451 – Fains, 1508)

Duc de Lorraine (1473-1508) et de Bar (1480-1508).

Fils de Ferry II de Lorraine et de Yolande d'Anjou, elle-même fille de René Iᵉʳ. En 1473, il succède à son cousin Nicolas, duc de Lorraine. Mais Charles le Téméraire, duc de Bourgogne, dont le rêve est de reconstituer l'ancienne Lotharingie, s'efforce de s'emparer de la Lorraine. Pénétrant dans le duché, il contraint René II à signer à Nancy, le 15 octobre 1473, un traité par lequel il lui cède des places fortes et le droit de passage à travers la Lorraine pour ses armées. René II rejoint alors le camp des adversaires du Téméraire, adhère en août 1474 à l'union de Constance. Il doit cependant, au mois de novembre 1475, abandonner Nancy au duc de Bourgogne. En juin 1476, ses troupes aident les cantons suisses à battre Charles le Téméraire à Morat. René entreprend ensuite la reconquête de son duché, s'empare de Lunéville pendant l'été, avec l'aide des Suisses et des Alsaciens, et surtout de Nancy, le 7 octobre. Loin de s'avouer vaincu, Charles le Téméraire tente au mois de janvier 1477 de s'emparer à nouveau de la capitale de la Lorraine et trouve la mort devant la ville. Cette fin tragique permet à la Lorraine ducale de retrouver son intégrité.

En 1480, à la mort de son grand-père René Iᵉʳ, le duc de Lorraine hérite du duché de Bar. Du fait de l'attitude de Louis XI, furieux de n'avoir hérité d'aucune des possessions du roi René, René II devra attendre la mort du roi de France pour prendre effectivement possession dudit duché. En même temps, il conteste, en vain, l'héritage de la Provence à Charles du Maine. En 1483, René II mène campagne en Italie pour soutenir les Vénitiens contre le duc de Ferrare, qu'il bat à Adria. Deux ans plus tard, intervenant dans les problèmes posés par la succession de Louis XI, il prend parti contre les Beaujeu au cours de la Guerre folle. René II se consacre ensuite à l'administration de ses duchés, menant une politique d'équilibre entre ses puissants voisins, la France et l'Empire. Le duc avait épousé en 1471 Jeanne d'Harcourt, puis, cette première union annulée en 1485, Philippa de Gueldre. Cette dernière lui donna cinq fils, parmi lesquels Antoine le Bon, duc de Lorraine, Claude Iᵉʳ, duc de Guise, et Jean, cardinal de Lorraine.

RENÉE de FRANCE (Blois, 1510 – Montargis, 1575)

Duchesse de Ferrare.

Seconde fille de Louis XII et d'Anne de Bretagne. Fiancée dès l'âge de 4 ans à l'archiduc d'Autriche Charles, futur Charles Quint, promise ensuite, en 1517, au margrave de Brandebourg, puis à Henry VIII d'Angleterre, elle épouse finalement, en 1528, Hercule d'Este, fils d'Alphonse Iᵉʳ, duc de Ferrare. Hercule succède à son père en 1534 sous le nom d'Hercule II. À Ferrare, la jeune duchesse tient une cour brillante. Lettrée, élève de Lefèvre d'Étaples, elle accueille et protège les écrivains, les humanistes, les évangélistes, puis les réformés qui ne tardent pas à tenir à ses côtés une place essentielle. Sa gouvernante, Michèle de Soubise, puis Clément Marot, réfugié à Ferrare en 1535 à la suite de l'affaire des Placards, et enfin Calvin, arrivé l'année suivante, la gagnent peu à peu à la Réforme. À la demande du pape cependant, Hercule II la contraint d'accepter l'expulsion de Calvin, puis celles de Marot et de Michèle de Soubise. Vers 1540, à la grande fureur de son mari, la duchesse est définitivement gagnée à la Réforme. En 1550, Hercule chasse de son duché tous les protestants. Le pape Paul III, qui protégeait Renée, est mort en 1549. Décidé à obtenir par tous les moyens le retour de son épouse au catholicisme, le duc de Ferrare fait alors appel au chef de l'Inquisition en France, Ory. Ce dernier obtient en 1554 la condamnation de la duchesse, qui passe même quelques jours en prison. L'année suivante, ses derniers amis sont expulsés de Ferrare. Les persécutions n'empêchent pas Renée de France de rester en relation avec les réformés, Calvin en particulier. Avant la mort de son mari, survenue en 1559, elle lui jure cependant de renoncer à l'hérésie. Craignant ensuite l'hostilité de son fils, devenu le duc Alphonse II, la duchesse regagne la France en 1660. Installée à Montargis, déliée de son serment par Calvin, elle fait de sa demeure un centre de propagande de la Réforme. L'appui qu'elle apporte aux protestants, au cours des guerres de Religion, vaut à son château de subir à plusieurs reprises l'assaut des catholiques. Jusqu'à sa mort cependant, Renée de France reste fidèle au calvinisme.

Renée de France
Portrait présumé de Renée de France. Huile sur toile, atelier franco-lombard, Chantilly, musée Condé.
© *Lauros-Giraudon*

RENNES

Chef-lieu de l'Ille-et-Vilaine.

Capitale du peuple gaulois des *Redones* ou Redons, Rennes devait son ancien nom, *Condate* (mot celtique qui signifie « confluent »), qu'elle conserva jusqu'au Bas-Empire, à son site naturel, remarquable par la convergence des voies naturelles. Crassus, lieutenant de César, en fait la conquête. Elle reste en dehors de la zone des invasions barbares, et les Francs, comme les rois mérovingiens et plus tard les empereurs carolingiens, ne parviennent jamais à la soumettre complètement. Nominoé l'enlève à Charles le Chauve contre lequel il s'était révolté (vers 845-851). Au siècle suivant, Conan (comte de Rennes de 970 à 992) s'assure la domination de la Bretagne en l'emportant sur les comtes de Nantes (990), et son fils Geoffroi Iᵉʳ (992-1008) réussit à maintenir la prépondérance de la maison de Rennes et se fait reconnaître duc. Mais, en 1066, une nouvelle dynastie, celle de Cornouaille, remplace celle de Rennes. Un des fils du roi d'Angleterre Henri II,

Geoffroy Plantagenêt, se fait couronner duc à Rennes en 1169, après avoir épousé la fille de Conan IV, Constance. Les états provinciaux de Bretagne, qui s'organisent au XIIIe siècle, s'y réunissent en 1315. Mais l'événement le plus important du Moyen Âge pour Rennes est le siège qu'elle a à soutenir pendant la guerre de Succession de Bretagne. Tenant pour le parti de Charles de Blois et du roi de France, elle est assiégée par le duc de Lancastre du 30 octobre 1356 au 5 juillet 1357. Après avoir repoussé plusieurs attaques, elle est délivrée par Du Guesclin. L'histoire de ce siège mémorable a été racontée en grand détail par le poète Cuvelier, avec tous ses épisodes plus ou moins légendaires, dans la *Chronique rimée de Bertrand Du Guesclin*. C'est à cette époque que remonte le culte de Notre-Dame-des-Miracles. Rennes s'agrandit au XVe siècle, d'autant plus que, pendant la guerre de Cent Ans, nombre de marchands de Normandie et de drapiers des Flandres s'y sont repliés et y ont apporté leur industrie.

En 1491, Anne de Bretagne se réfugie à Rennes pour échapper à l'armée royale, mais Charles VIII investit la ville et la duchesse accepte d'épouser le roi. Après la réunion de la Bretagne à la France, et à la faveur des troubles du XVIe siècle, le gouvernement municipal de Rennes acquiert une indépendance relative (tous les officiers municipaux sont nommés par les bourgeois de la ville). Jusqu'en 1561, les sessions du parlement royal de Bretagne (institué en 1554) se tiennent alternativement à Rennes et à Nantes mais, à partir de cette date, le parlement est fixé définitivement à Rennes, malgré les protestations de Nantes. La ville abrite également une Cour des aides, un hôtel des monnaies et elle est le siège d'une généralité et de l'intendance de Bretagne. Bien que très catholique, c'est malgré elle qu'elle est entraînée dans les guerres civiles de la Ligue lorsque le duc de Mercœur s'en empare en 1589, et elle sera une des dernières villes à se soumettre à Henri IV qui y fera une entrée solennelle en 1598. Avec la monarchie absolue, elle perd l'autonomie dont elle avait joui jusque-là. Les premiers troubles de la révolte du Papier timbré s'y produisent le 3 avril 1675, et elle subit de sévères représailles : un tiers de son quartier de la rue Haute est démoli, et son parlement, accusé de faiblesse à l'égard des rebelles, est transféré à Vannes jusqu'en 1690. La peste sévit à plusieurs reprises aux XVIe et XVIIe siècles et, en 1720, un grand incendie, qui dure une semaine entière, détruit la plus grande partie de la ville. L'opposition frondeuse de son parlement se réveille au XVIIIe siècle, notamment en 1765 lorsqu'éclate le conflit qui oppose le procureur La Chalotais au duc d'Aiguillon, gouverneur de Bretagne. En 1789, elle est le théâtre d'une véritable émeute à laquelle participent des étudiants, des avocats, des gentilshommes, et où figure le général Moreau. Pendant la guerre contre les chouans, Rennes reste fidèle au gouvernement et devient le centre des opérations de l'armée républicaine. En 1899, c'est entre ses murs que siège la Haute Cour de justice militaire chargée de réviser le procès d'Alfred Dreyfus. Au cours de la Seconde Guerre mondiale, la ville a subi de violents bombardements qui ont fait de nombreuses victimes.

Renversement des alliances

On donne ce nom au renversement de politique extérieure qu'opéra Louis XV au milieu de son règne, en 1756, en acceptant de s'allier avec l'Autriche, jusque-là adversaire traditionnel de la France.

Pour la première fois depuis 1498, la France est alliée à la maison d'Autriche. En 1743, encore, à Dettingen, cette dernière avait infligé une défaite aux armées françaises engagées dans la guerre de Succession d'Autriche (1740-1748). Les mobiles de ce renversement sont coloniaux : la rivalité entre Londres et Paris en Amérique du Nord et en Inde s'exacerbe. Depuis 1754, les Anglais harcèlent les colons français de la vallée de l'Ohio ; en 1755, la Royal Navy arraisonne sans déclaration de guerre des dizaines de navires français. Il faut à Louis XV un allié continental. Par ailleurs, avec un Bourbon régnant à Madrid, la traditionnelle tenaille Habsbourg sur le royaume de France n'a plus son efficacité.

L'initiative vient de la cour de Vienne. Déçue du peu de concours que lui a apporté l'Angleterre pendant la guerre de Succession d'Autriche, l'impératrice Marie-Thérèse se laisse persuader par son principal conseiller, Kaunitz, que la seule ennemie réelle de l'Autriche est la Prusse et que, pour reprendre la Silésie, le concours de la France est indispensable. Louis XV, lui aussi fortement encouragé dans la voie de la réconciliation avec l'Autriche par Bernis et la marquise de Pompadour, est pourtant plus difficile à convaincre. Mais, en signant un traité d'alliance défensive avec l'Angleterre, en janvier 1756, Frédéric II de Prusse le décide à prêter l'oreille aux propositions de Kaunitz. Il se résout même, non seulement à faire la paix avec l'Autriche, mais aussi à s'allier avec elle contre la Prusse et, le 1er mai 1756, signe à Jouy-en-Josas le traité connu sous le nom de premier traité de Versailles, qui concrétise ce renversement des alliances. La guerre de Sept Ans va en être la conséquence.

Après s'être tant battues l'une contre l'autre, la France et l'Autriche vont se battre l'une avec l'autre. Mais, chaque fois, la France sera la dupe. Elle a sacrifié, durant sept années (guerre de Succession d'Autriche, 1740-1748), pour aider Frédéric II à arracher la Silésie à Marie-Thérèse, autant d'hommes et d'argent qu'elle en déboursera pendant sept autres années pour essayer – mais en vain ! – de la lui rendre. Selon l'expression consacrée, Louis XV a bien travaillé pour le roi de Prusse. Le bilan de la guerre de Sept Ans est en effet un double échec. À court terme, la France est vaincue par l'Angleterre – l'Amérique du Nord sera anglo-saxonne –, à long terme, la Prusse, qui réchappe de la coalition européenne formée contre elle, se renforce. Le traité d'Hubertsbourg, signé en 1763, en même temps que le traité de Paris, la pose comme la cinquième grande puissance européenne. Au XIXe siècle, la France fera les frais de l'unification allemande emmenée par la Prusse.

Réparations

Au lendemain de la Première Guerre mondiale, le traité de Versailles (juin 1919), rendant l'Allemagne vaincue responsable du déclenchement de la guerre et des dommages causés dans les régions envahies, lui impose le paiement de dommages.

Les réparations seront versées aux États concernés par l'intermédiaire d'une Commission des réparations, et leur montant devra être fixé avant mai 1921. La répartition de ces réparations et le calcul de leur montant donnent lieu à de nombreuses difficultés entre les pays vainqueurs. Les Anglais, surtout, trouvent excessives les prétentions françaises au regard des disponibilités allemandes. La France, en effet, qui a subi les dommages les plus importants, a décidé de se montrer intransigeante et présente même un budget en partie financé par les recettes allemandes à venir, au nom du slogan « L'Allemagne paiera ». La conférence de Spa, en juillet 1920, fixe la répartition des versements : 52 % pour la France, 22 % pour l'Angleterre, 10 % pour l'Italie. Les Anglais, avec Lloyd George, sont favorables à un règlement forfaitaire. Poincaré, opposé à cette solution, quitte la présidence de la Commission des réparations. Briand, qui le remplace, accepte les propositions anglaises. La conférence de Paris, du 25 au 29 janvier 1921, celle de Londres, en février-mars, fixent le montant des réparations à environ 226 milliards de marks-or, payables en 42 annuités. L'Allemagne affirme qu'elle ne pourra pas payer. Au mois de mars, des troupes françaises, belges et anglaises occupent Düsseldorf, Ruhrort et Duisburg. Les opinions respectives de la France et de l'Angleterre, cependant, continuent de diverger. La seconde souhaite plus que jamais un relèvement rapide de l'Allemagne, marché plein de promesses. Le 27 avril, la Commission des réparations rabaisse le montant des réparations à 132 milliards de marks-or, payables en annuités. Après que Briand, le 30 avril, à la seconde conférence de Londres, aura vainement réclamé l'occupation de la Ruhr, le chancelier allemand Wirth se décide le 5 mai à accepter de verser les sommes prévues.

Dans l'été, Louis Loucheur, le ministre des Régions libérées, et Walther Rathenau, ministre allemand de la Reconstruction, mènent des négociations qui aboutissent aux accords de Wiesbaden. Ils ont prévu que des fournitures de main-d'œuvre et de matériel pourraient remplacer les paiements en marks. Mais l'opposition des industriels français et anglais fait échouer cet accord. L'Allemagne procède à un premier versement, mais sa situation intérieure est de plus en plus critique, la chute vertigineuse du mark ayant commencé. Dès la fin de l'année, elle doit demander un moratoire des paiements. L'Angleterre s'inquiète et redoute une révolution communiste en Allemagne. Le principe d'une nouvelle conférence, à Gênes, est décidé. À Cannes, au mois de janvier 1922, la conférence préparatoire réunit Lloyd George, Briand et l'Italien Bonomi. Les

Réparations
Occupation française de la Ruhr (1923) : une usine d'Essen occupée par une batterie de 75. © *Harlingue-Viollet*

deux premiers tombent d'accord pour consentir à l'Allemagne des délais de paiement, en échange de quoi l'Angleterre offre à la France une alliance qui garantit sa sécurité. Mais Millerand, président de la République, et Poincaré, président de la commission des Affaires étrangères du Sénat, ne sont pas d'accord. L'opinion, partageant leur point de vue, accuse Briand de faiblesse. L'attitude de Millerand, son intervention, contraignent Briand à démissionner. Poincaré le remplace à la présidence du Conseil, avec le portefeuille des Affaires étrangères. À la conférence de Gênes, au mois d'avril 1922, il se montre intransigeant.

Les Allemands, cependant, refusent de s'exécuter. Le mark continue de tomber, et Rathenau, ministre des Affaires étrangères, est assassiné par les pangermanistes (juin). Cuno remplace bientôt Wirth à la Chancellerie (novembre), mais l'attitude allemande ne change pas. L'Angleterre se refusant à prendre des sanctions, Poincaré, suivant une violente campagne antiallemande, décide de « prendre des gages ». Le 11 janvier 1923, à la tête de deux divisions françaises, le général Degoutte pénètre dans la Ruhr, bientôt occupée. Les Allemands répondent par la résistance passive et le sabotage. La chute du mark, toutefois, s'accentue, des troubles se produisent, des mouvements séparatistes ou communistes naissent dans certaines provinces. Stresemann succède à Cuno, démissionnaire, et parvient à mater une partie des révoltes. L'Allemagne renonce bientôt à la résistance passive. Poincaré, qui n'a vu dans l'occupation de la Ruhr qu'un moyen de pression pour contraindre l'Allemagne à respecter ses engagements, refuse de suivre Millerand et de former, face à l'Angleterre, une alliance charbon-acier entre la Ruhr et la sidérurgie lorraine. Le président du Conseil, incapable de résister à la spéculation lancée contre le franc par les banques anglo-saxonnes et devant le coût de l'opération dans la Ruhr, doit accepter le nouveau plan des réparations proposé par le financier américain Dawes qui est adopté à la conférence de Londres, en juillet - août 1924. Il limite les paiements allemands à des annuités qui devront passer, en cinq ans, de un à deux milliards et demi. Ils seront effectués en partie grâce à des prêts de l'étranger. Le plan Young, en juin 1929, réduit ensuite les réparations et prévoit des annuités qui s'échelonnent jusqu'à 1988. En 1931, à la suite de la crise de 1929, qui a particulièrement touché le principal prêteur, les États-Unis, et l'Allemagne, tous les paiements sont arrêtés. Le moratoire Hoover, proposé en juin 1931, est accueilli favorablement par l'Angleterre. La France finit par l'accepter et, après la conférence de Lausanne (juin - juillet 1932), les réparations sont définitivement annulées. La France proteste, car les dettes qu'elle a contractées pendant la guerre auprès des Alliés n'ont pas été réduites. Le 14 décembre 1932, le cabinet Herriot, favorable à la poursuite des remboursements français, est renversé. Avec l'avènement d'Hitler, le problème des réparations est définitivement enterré.

Entre 1919 et le moratoire Hoover, l'Allemagne a payé un peu plus de 36 milliards de marks-or tandis qu'elle recevait de ses anciens adversaires 33 milliards de prêts. Le règlement des réparations supposait un flux réciproque continu entre les États-Unis, les Anglo-Français et enfin les États-Unis. Ce schéma ingénieux ne pouvait supporter une crise des finances comme celle de 1929. Les effets moraux et politiques des réparations ont été beaucoup plus graves que leurs conséquences financières. Les adversaires nationalistes du régime de Weimar n'ont pas manqué d'exploiter ce qui – le souvenir de la guerre s'éloignant – apparaissait comme une mesure vexatoire. Au point de vue de la politique internationale, le problème des réparations a nui au rapprochement franco-allemand souhaité par Briand, et a isolé la France de ses alliés de la veille. Ses effets sur le peuple français, longtemps persuadé que « l'Allemagne paierait », ont été également désastreux.

RÉPUBLICAINS

Courant politique de la IIIe République formé des opportunistes et des radicaux.

Les républicains, unis dans la lutte au lendemain de la chute de Napoléon III, se divisent après leur victoire. Les plus nombreux sont les « opportunistes ». Modérés, ils s'accommodent de la Constitution de 1875, sont attachés à l'ordre, hostiles à l'influence politique et scolaire de l'Église, fidèles au libéralisme économique et social. Hommes de gouvernement, ils sont soucieux de ne réaliser les grands principes et les articles du programme républicain, défini sous le Second Empire, que par étapes, en tenant compte des possibilités, de l'opportunité, d'où leur surnom. Ils s'appuient sur la bourgeoisie et les classes moyennes. Les plus célèbres sont Gambetta (qui a oublié son programme), Ferry, Grévy, Waddington, Say, Freycinet, Méline. Jusqu'en 1885, les opportunistes se succèdent au pouvoir avec une confortable majorité. Les républicains radicaux, en revanche, restent fidèles à l'application « radicale » du programme républicain de Belleville par Gambetta, repris et étendu en 1881 à Montmartre par Clemenceau (révision de la Constitution de 1875 avec suppression du Sénat, épuration administrative, impôt sur le revenu, séparation de l'Église et de l'État, droit de divorce, limitation de la journée de travail, remplacement de l'armée par des milices nationales). Outre Clemenceau, les plus célèbres républicains radicaux sont Floquet, Naquet et Pelletan.

RÉPUBLICAINS INDÉPENDANTS (RI)

Parti politique de la Ve République.

Les Républicains indépendants constituent un parti éphémère, né du déclin du Centre national des indépendants (CNI), de sa division, puis identifié à l'ascension politique de Valéry Giscard d'Estaing. Lors des élections de novembre 1958, les Indépendants et les « divers droite » recueillent à peine 4 millions de voix, dont 2,914 millions pour les seuls Indépendants et Paysans. En novembre 1962, ces chiffres s'abaissent à 3 millions de voix seulement. Se détachent alors les tenants de la Constitution de la Ve République, avec Louis Jacquinot, Louis Mondon, Raymond Marcellin et Valéry Giscard d'Estaing, qui, avec 40 élus, créent en juin 1962 un groupe d'études et décident d'aller seuls à la bataille électorale. Ils recueillent 798 000 voix et ont 36 députés, ce qui leur permet de constituer un groupe parlementaire en décembre. S'ils sont les héritiers idéologiques du CNI, ils ont saisi la bipolarisation et la présidentialisation du régime, si bien qu'ils agissent en support libéral de la majorité gaulliste, conservant de la sorte une indépendance de décision. Lorsque Valéry Giscard d'Estaing se trouve écarté du gouvernement en 1965, les Républicains indépendants sautent le pas et créent un parti, le 3 juin 1966. Ils adoptent une politique de soutien critique à la majorité, illustré par la formule « oui, mais » lancée en janvier 1967 par leur président Giscard d'Estaing. De même, si celui-ci se prononce contre le référendum de 1969, 80 % des députés l'approuvent. Après l'élection de Georges Pompidou à la présidence de la République, le parti se met en ordre de bataille au service de la future campagne de Valéry Giscard d'Estaing, sous la houlette de Michel d'Ornano, Michel Poniatowski, Jean-Pierre Soisson et Roger Chinaud. La victoire de son candidat en 1974 pose un problème de taille critique au parti, pourvu de 62 députés. C'est pourquoi les Républicains indépendants se fondent le 20 mai 1977 dans le Parti républicain, lui-même une des composantes de la future UDF créée en février 1978.

RÉPUBLIQUE (Ire)

Régime politique de la France du 22 septembre 1792 au 18 mai 1804.

À la suite de la journée insurrectionnelle du 10 août 1792, les pouvoirs du roi ont été suspendus et l'exécutif confié à un comité provisoire jusqu'à l'élection d'une nouvelle Assemblée constituante, la Convention, qui se réunit le 20 septembre 1792. Dès le lendemain, celle-ci est unanime pour abolir la royauté, sur proposition de Collot d'Herbois, soutenu par l'abbé Grégoire. Le 22 septembre, Billaud-Varenne obtient que les actes publics soient désormais datés de l'an I de la République, jetant par là les bases du futur calendrier révolutionnaire qui, par une volonté délibérée, devait faire disparaître, jusque dans la vie quotidienne, toute trace de l'Ancien Régime. Pour la première fois, la France connaît un régime républicain, mais aussi une démocratie politique puisque, pour la première fois également, la nouvelle Assemblée a été élue au suffrage universel.

Mais si, selon la célèbre formule, la République est proclamée « une et indivisible », elle est loin d'être unie. La première année de son existence est marquée par l'âpre rivalité qui oppose les Girondins, représentants de la bourgeoisie possédante, commerçante et industrielle, qui entendent défendre la propriété et la liberté économique et prônent la décentralisation politique, aux Montagnards, porte-parole de la bourgeoisie moyenne et des classes populaires, qui lient parti avec les sans-culottes pour tenter d'imposer les solutions extraordinaires que rend nécessaires, selon eux, la situation critique de la France. Après l'élimination des Girondins (31 mai - 2 juin 1793), les Montagnards, sous la pression du mouvement populaire, instaurent d'importantes mesures de salut public. Un gouvernement révolutionnaire, où domine le Comité de salut public, s'organise pièce par pièce de juillet à décembre 1793 et, pour s'assurer l'obéissance de tous, met la Terreur à l'ordre du jour. Le gouvernement révolutionnaire n'avait d'autre but que l'écrasement de la contre-révolution intérieure et la lutte contre le péril extérieur (l'invasion austro-prussienne qu'appuyaient les Anglais, les Piémontais et les Espagnols). Grâce à son immense effort, la victoire s'affirme dès l'automne 1793. L'insurrection fédéraliste et la révolte vendéenne sont écrasées et, après avoir reculé sur tous les fronts, les armées de la République reprennent l'offensive. Mais l'autorité du gouvernement révolutionnaire est contestée à la fois par les Indulgents, qui souhaitent l'abandon des mesures révolutionnaires les plus dures, et par l'opposition des Exagérés qui réclament au contraire l'accélération de la Terreur et le renforcement de l'économie dirigée en vue de l'instauration d'une véritable démocratie sociale. La brusque aggravation de la crise des subsistances pendant l'hiver 1793-1794 mobilise en faveur de ces derniers la masse menaçante des sans-culottes et, pour leur donner en partie satisfaction, le gouvernement révolutionnaire rend les décrets de ventôse an II. Mais, en même temps, il prépare la liquidation des Exagérés (13-14 mars 1794) et celle des Indulgents (29-30 mars). Dès lors, la dictature du gouvernement révolutionnaire n'est plus contestée. Sous sa direction, la centralisation se renforce, la Terreur se fait plus dure. Mais il connaît de nouvelles difficultés dès la fin du printemps 1794. Tandis que son divorce avec le mouvement populaire s'accentue, une opposition se reforme au sein de la Convention. Enfin, si les problèmes économiques croissants font que la Terreur est toujours nécessaire au régime, la victoire enfin obtenue sur les monarchies d'Europe la rend plus difficile à légitimer et à supporter. Miné par ces contradictions, le gouvernement révolutionnaire tombe en même temps que Robespierre, le 9 thermidor an II (27 juillet 1794).

La réaction s'accélère alors rapidement sous la Convention thermidorienne. L'échec des journées de Prairial an III (mai 1795) marque la défaite définitive des sans-culottes parisiens et le triomphe de la République bourgeoise qui, à l'extérieur, mène désormais une guerre de conquête et de propagande face aux monarchies étrangères qui lui restent foncièrement hostiles. La République devient conservatrice sous le Directoire qui affirme sa volonté de stabilisation, d'équilibre et de justice et entend « remettre l'ordre social à la place du chaos inséparable des révolutions ». Mais, restreinte de nouveau aux cadres étroits

Ire République
Tables de l'Acte constitutionnel de 1793 agréées par la Convention nationale. Gravure, musée de la ville de Paris, musée Carnavalet. © *Giraudon*

d'une république censitaire, excluant les masses populaires comme l'aristocratie, elle demeure d'autant plus vouée à l'instabilité que la pratique libérale se révèle inefficace. Pour protéger la France à la fois du royalisme et des aventures du gouvernement révolutionnaire, la Constitution de l'an III a, en effet, multiplié les précautions contre la toute-puissance de l'État. Mais le savant équilibre qu'elle a échafaudé ne laisse d'autre alternative que l'impuissance gouvernementale ou le coup de force, alors qu'en même temps la guerre, en se perpétuant, porte par une nécessité inéluctable au renforcement de l'exécutif. De coup d'État en coup d'État, la voie se libérera pour les entreprises d'un général ambitieux, Napoléon Bonaparte, qui s'empare du pouvoir par le coup d'État du 18-19 brumaire an VIII (9-10 novembre 1799). Le régime qu'il instaure, le Consulat, est, en fait, une dictature personnelle. Mais il reste républicain en droit et l'évolution irrésistible vers un régime monarchique ne viendra à terme qu'en 1804, avec le sénatus-consulte du 28 floréal an XII (18 mai 1804) qui confiera « le gouvernement de la République » à un empereur héréditaire. Toutefois, l'essentiel de l'œuvre de la Révolution sera maintenu, et la fiction républicaine, sauvegardée par le calendrier républicain jusqu'au 10 nivôse an XIV ou 31 décembre 1805 inclus, ne disparaîtra qu'en 1808, lorsque, à l'inscription gravée sur les monnaies, « République française, Napoléon empereur » se substituera celle d'« Empire français, Napoléon empereur ».

RÉPUBLIQUE (IIe)

Régime politique de la France du 24 février 1848 au 2 décembre 1852.

Issue directement de la révolution des 22, 23 et 24 février 1848, la IIe République est proclamée par le gouvernement provisoire dans la soirée du 24, et sous réserve de ratification populaire. Très rapidement en butte à la pression du peuple avide de changements, le nouveau régime est amené à prendre dès son installation un ensemble de mesures telles que l'ouverture à tous les citoyens âgés de 21 à 55 ans de la garde nationale ; l'élection au suffrage universel masculin d'une Assemblée constituante ; la garantie de la liberté de presse et de réunion ; la suppression de la peine de mort en matière politique ; l'abolition de l'esclavage dans les colonies françaises et l'affirmation du principe du « droit au travail », dont l'application sera confiée à une Commission de gouvernement pour les travailleurs, siégeant à Paris au palais du Luxembourg, et présidée par Louis Blanc.

Le 23 avril 1848, a lieu l'élection de l'Assemblée nationale constituante au suffrage universel direct. Mais ce mode de scrutin n'est pas du goût des partis « avancés », les « rouges » ou « partageux », ainsi que l'on commence à les appeler. Ceux-ci craignent le vote conservateur des paysans, en raison de leur légitimisme politique, quel que soit le pouvoir nouveau, de leur hostilité à Paris et de leurs inquiétudes après la crise frumentaire de 1846. De fait, 8 millions de votants (sur 9 millions appelés aux urnes) enverront à l'Assemblée constituante 450 députés modérés, 200 orléanistes et seulement 200 républicains avancés ou démocrates socialistes. Ainsi Lamartine, républicain modéré, recueillera 260 000 suffrages, tandis que Louis Blanc n'en obtiendra que 121 000 ; seuls 26 députés issus des classes populaires seront mandatés à la Chambre.

Durant la période précédant cette consultation nationale, le gouvernement provisoire de février 1848 tente, derrière Louis Blanc notamment, d'apporter une solution à la « question sociale » en

IIe République
Vive la République. Gravure coloriée, Paris, Bibliothèque nationale de France. © *Lauros-Giraudon*

organisant des ateliers nationaux, à la gestion d'inspiration socialiste de type autogestionnaire. Mais l'agitation, attisée par le résultat des élections du mois d'avril, débouche sur des journées insurrectionnelles dont les plus violentes se déroulent à Paris au mois de juin 1848. Ces émeutes sont durement réprimées par les troupes du général Cavaignac, ministre de la Guerre, à qui l'Assemblée affolée a conféré les pleins pouvoirs. Elles ont pour conséquence directe la fermeture des ateliers nationaux employant à Paris environ 100 000 chômeurs. Toutefois, lors de ces journées de juin, se dessine une conscience de classe, celle du prolétariat estimant devoir se battre pour déjouer les récupérations trompeuses du « politique », si intensément décrites par Alexis de Tocqueville.

C'est à compter de la IIe République, en effet, que s'opère de façon nette une scission profonde au sein de la société française entre la bourgeoisie et la classe ouvrière. Augurant des grands courants de pensée de la fin du XIXe siècle, cette cassure connaîtra sa formulation effective au mois de novembre 1848 avec l'adoption d'une Constitution aux mécanismes institutionnels hérités de 1789 mais également de la hantise de l'autocratie jacobine ; ainsi, aux termes de cette loi constitutionnelle, est établie une assemblée unique appelée Assemblée législative, élue au suffrage universel direct, dont le mandat de député d'une durée de trois ans est incompatible avec un emploi dans l'administration. Le pouvoir exécutif, quant à lui, est représenté par un président de la République élu pour quatre ans, non rééligible en fin de mandat, mais élu au suffrage universel.

Le 20 décembre 1848, l'Assemblée proclame les résultats de l'élection du président de la République : Louis Napoléon Bonaparte obtient 5,5 millions de voix, soit 74,2 % des suffrages ; le général Cavaignac, moins de 20 % ; Ledru-Rollin, 5 % ; Lamartine et Raspail, 1 %. Louis Napoléon Bonaparte, candidat du parti de l'Ordre, est donc élu président de la République, regroupant sur sa tête non seulement les voix conservatrices, mais également les voix populaires, drainées par les nostalgiques de l'épopée napoléonienne. Le jour même, le futur Napoléon III prête serment et s'installe au palais de l'Élysée. Immédiatement, commence la fièvre électorale de la campagne qui permettra, au mois de mai 1849, l'élection de la nouvelle Assemblée législative. Le 13, a lieu le scrutin. Les résultats de cette consultation sont, une nouvelle fois, écrasants : le parti de l'Ordre obtient 500 sièges, les Montagnards 180, les républicains modérés 75. L'abaissement du rôle politique de ces derniers, ainsi que la poussée des rouges, aura pour conséquence directe d'amener le gouvernement à prendre des mesures de fermeté à l'égard de l'opposition de gauche ; Thiers résumera d'ailleurs fort opportunément la situation en déclarant qu'il s'agissait désormais d'organiser « la République sans les républicains ». Le 13 juin, une nouvelle journée insurrectionnelle éclate, à l'instigation des républicains avancés et à propos de l'intervention française à Rome. Une sévère répression vient juguler l'émeute, et le prince-président annonce : « Il est temps que les bons se rassurent et que les méchants tremblent. »

À compter de cette date, le régime opte pour un exercice du pouvoir de plus en plus autoritaire. Ainsi, le gouvernement, solidement appuyé sur un large consensus national et conforté par le parti de l'Ordre, fait adopter la réforme de l'enseignement préparée par le comte de Falloux, ministre de l'Instruction publique (15 mars 1850). Sous prétexte d'utiliser le prêtre comme pilier de l'ordre social face à l'instituteur suspect de vouloir le saper, l'Assemblée ouvre une guerre scolaire séculaire. Puis le même parti obtient, par la loi du 31 mai 1850, une réforme du droit de vote apportant des restrictions au principe du suffrage universel (écartant notamment des urnes toute personne ne pouvant justifier d'un domicile fixe d'une durée minimum de trois ans, ce qui, dans une période de grande mobilité de la main-d'œuvre, revient à supprimer le droit de vote à environ 30 % du corps électoral). Enfin, le 16 juillet, est adopté un texte législatif restreignant sérieusement la liberté de la presse.

Fort de ces acquis le prince-président entame une campagne pour la révision constitutionnelle qui n'autorisait qu'un seul mandat présidentiel. Le 19 juillet, l'échec de la tentative de révision à l'Assemblée ouvre la porte aux rumeurs de restauration monarchique autoritaire ou de coup d'État, accréditées notamment par le renvoi du général Changarnier, commandant de Paris et réputé républicain. En effet, le prince-président prépare un coup d'État avec ses amis du parti de l'Élysée : son demi-frère le duc de Morny, le général de Saint-Arnaud, le général Magnan, Maupas, préfet de police, et Persigny son homme de confiance. Tandis qu'une série d'erreurs politiques de la part du Parlement continuent de discréditer ce dernier aux yeux de la nation, Louis Napoléon fixe pour le 2 décembre 1851 la date de son coup d'État, soit la date anniversaire du sacre de Napoléon Ier et de la victoire d'Austerlitz. Dans la nuit du 1er au 2 décembre se déroule l'opération Rubicon, et Paris apprend en même temps, le lendemain matin, le coup de force du président, la dissolution de l'Assemblée et l'abrogation de la loi du 31 mai 1850. Les mouvements de résistance sont à la fois masqués par la propagande napoléonienne – elle évoque des « agissements de malfaiteurs » –, réprimés au besoin dans le sang par les 25 000 hommes quadrillant Paris et couvrant la capitale d'affiches annonçant la dissolution de l'Assemblée, le rétablissement du suffrage universel et la mise en chantier d'une nouvelle Constitution. Le lendemain 3 décembre, le faubourg Saint-Antoine tente en vain de déclencher l'insurrection et, à cette occasion, le député de l'Ain Alphonse Baudin entre dans la légende républicaine en se faisant tuer sur une barricade après avoir déclaré aux ouvriers : « Vous allez voir, citoyens, comment on meurt pour 25 francs par jour. » Paris reste abasourdi mais calme, tandis que le Centre et le Midi réagissent avec vigueur pendant une semaine. Dans le Var, l'Hérault, le Gers ou la Nièvre, des marcheurs spontanés viennent défier l'ordre bonapartiste au pied des préfectures. Le sursaut démocratique se solde par 25 000 emprisonnements et une centaine de morts. Les 20 et 21 décembre, le score du plébiscite (7 145 000 « oui » contre 592 000 « non ») enterre la IIe République sous un pouvoir césarien, confirmé le 14 janvier 1852 par la nouvelle Constitution. L'année qui commence est une marche à l'empire, proclamé le 2 décembre.

IIIe République
Le neuvième ministère Briand (mars-juin 1926). © *Harlingue-Viollet*

RÉPUBLIQUE (IIIe)

Régime politique de la France du 4 septembre 1870 au 10 juillet 1940.

Le 30 juin 1875, Henri Wallon propose à l'Assemblée constituante un amendement aux lois constitutionnelles alors en discussion : « Le président de la République est élu à la majorité des suffrages par le Sénat et la Chambre des députés réunis en une Assemblée nationale. Il est rééligible. » Adopté par 353 voix contre 352, l'amendement Wallon fondait la République, troisième du nom. Dans la foulée, trois lois constitutionnelles définissent la mécanique des pouvoirs : celle du 24 février 1875 organise le Sénat, celle du 25 février précise l'organisation des pouvoirs publics, celle du 14 juillet détermine les rapports entre pouvoirs. Cette révolution pacifique découle du drame de la défaite en 1871 et des péripéties intervenues entre l'élection de l'Assemblée monarchiste du 8 février 1871 et l'adoption *in extremis* d'une république, faute de mieux, en janvier 1875. En effet, si la chambre de 1871 est monarchiste et pacifiste, elle ne doit cette coloration qu'au traumatisme de la débâcle : les premières élections partielles, le 2 juillet suivant, voient le succès de 99 républicains sur 113 sièges vacants ; entre janvier 1872 et mai 1873, les partielles donnent 31 sièges sur 41 aux républicains. Une telle bascule doit certes à l'intransigeance du comte de Chambord, le prétendant royaliste, qui refuse d'abandonner le drapeau blanc et ses convictions religieuses, même pour un trône. Elle tient surtout à l'habileté manœuvrière d'Adolphe Thiers qui réussit, le 31 août 1871, à se faire nommer « président de la République », responsable devant l'Assemblée d'un régime « provisoire ». En novembre 1872, il saute une étape en déclarant : « La République existe, elle est le gouvernement légal du pays. » La chute de Thiers, le 24 mai 1873, enracine paradoxalement la République : l'élection de Mac Mahon est considérée par les monarchistes comme une sorte de régence, mais la prolongation de son mandat à sept ans, le 20 novembre 1873, pérennise le régime dans l'attente d'une restauration de plus en plus hypothétique qui suppose la mort du comte de Chambord et l'acceptation du comte de Paris par l'Assemblée. La chute du Premier ministre, de Broglie, et le réveil du parti bonapartiste en mai 1874 précipitent les choses. Le centre-droit orléaniste et la gauche républicaine décident de se rapprocher pour tenter l'expérience, selon les termes d'Henri Wallon : « Si la république ne convient pas à la

France, le meilleur moyen d'en finir avec elle, c'est de la faire. »

Dans cette configuration, le président élu par les deux assemblées devient politiquement irresponsable et ses actes sont contresignés par un ministre. Les deux Chambres sont les poutres du dispositif : leurs sessions sont communes, elles ont les mêmes pouvoirs d'initiative, de vote et de contrôle des lois comme du gouvernement, notamment par les questions et les interpellations. Les députés, âgés de 25 ans au moins, sont élus au suffrage universel masculin tous les quatre ans ; les sénateurs, âgés de 40 ans au moins, comptent 75 « inamovibles » et 225 élus pour neuf ans avec renouvellement triennal au suffrage indirect. Les républicains, sous la houlette notamment de Gambetta, vont s'attacher à « républicaniser » le régime, en même temps qu'à le « parlementariser ». Dès 1876, ils gagnent 92 sièges au Sénat et 340 sièges sur 500 à l'Assemblée ; la crise du 16 mai 1877 leur permet de marginaliser le rôle du président, notamment en poussant à la mise en veilleuse du droit de dissolution ; les réformes de 1884 permettent la fin des sénateurs inamovibles et l'affirmation du caractère intangible de la République. Celle-ci est autant capable de résister à la crise boulangiste (1888-1889), qu'au scandale de Panamá (1892) ou au choc de l'affaire Dreyfus (1894-1898). Elle installe même un « ordre républicain » organisé autour de libertés jugées indispensables à l'affirmation de la démocratie : lois sur la liberté de réunion publique (30 juin 1881), sur la liberté de la presse (29 juillet 1881), sur la gratuité de l'enseignement primaire puis l'obligation scolaire jusqu'à 13 ans (16 juin 1881 et 28 mars 1882), sur l'élection du maire – sauf à Paris – (1882), sur la liberté syndicale (21 mars 1884) et le divorce (27 juillet 1884), sur la laïcisation de l'enseignement (30 octobre 1886). Cette profusion législative explique que la IIIe République ait résisté à une instabilité ministérielle endémique (52 gouvernements de 1875 à 1914 et 59 de 1914 à 1940), aux propositions de réforme sur l'élection du président, le mode de scrutin, les pratiques parlementaires (notamment en 1900, 1919, 1926, 1936).

En ce sens, la victoire de 1918 confirme la capacité de résistance de la République et le mot d'ordre de l'après-guerre est bel et bien : « Unis comme au front », autant pour l'ensemble des droites désormais ralliées au régime que pour la gauche radicale et socialiste. La lutte pour la défense de la république parlementaire et pour une démocratie de petits propriétaires, tels sont les objectifs des politiques qui entendent incarner « la France républicaine profonde ». Pour autant, la guerre a également entraîné une modification des pratiques gouvernementales, en même temps que le contexte international et national – révolution russe de 1917, irruption du fascisme en Italie, scandales politico-financiers – favorise le retour d'un antiparlementarisme virulent. Après la « dictature légale » de Clemenceau, l'heure est au renforcement de l'exécutif : les soubresauts financiers et politiques de 1923-1926 entraînent le recours aux décrets-lois, ce qui accrédite l'idée que le gouvernement et les experts sont plus efficaces que le Parlement. La crise des années trente précipite le mouvement : les « Jeunes Turcs » du parti radical, les néo-socialistes, la droite moderniste autour d'André Tardieu, les ligues réclament à la fois le renforcement de l'exécutif, le vote des femmes, la proportionnelle électorale, la représentation des intérêts économiques. La crise du 6 février 1934 déclenche une stratégie de défense républicaine à gauche, en même temps qu'en septembre le gouvernement Doumergue propose les premières mesures de rénovation. Ces initiatives aboutissent à un triple affaiblissement du parlementarisme : par le recours régulier à des « sauveurs » républicains (Doumergue, Pétain) ; par l'usage systématique des décrets-lois en 1934-1935 et 1937-1939 ; par l'appel à des ministres non-parlementaires épaulés par des équipes de techniciens, laissant aux députés le rôle de chambre d'enregistrement. De ce point de vue, la « dictature » de Daladier en 1938-1940 puis la remise de pleins pouvoirs à Philippe Pétain, le 10 juillet 1940 – lequel fonde l'État français sur les ruines de la IIIe République – illustrent l'incapacité des institutions républicaines du moment à résister autant au danger de guerre qu'à l'appropriation du pouvoir par un homme.

RÉPUBLIQUE (IVe)

Régime politique de la France du 13 octobre 1946 au 28 septembre 1958.

La IVe République naît sous le signe d'une double contradiction : d'un côté, la responsabilité de la défaite est imputée largement à la IIIe République, mais l'épisode de Vichy a redonné du corps à la conception républicaine traditionnelle selon laquelle un exécutif fort est dangereux pour la démocratie ; de l'autre, les partis marxistes, le MRP et les gaullistes ont des conceptions institutionnelles antagonistes. Tous sont d'accord pour fonder une nouvelle République – le vote des femmes, pour la première fois, aux élections municipales du 29 avril 1945 en témoigne – mais personne ne s'entend sur le contenu. Lors du référendum du 21 octobre 1945, 96 % des Français approuvent l'idée de rédiger une nouvelle Constitution. Mais une majorité de gauche souhaite un contrôle parlementaire sur le gouvernement, tandis que de Gaulle et le MRP restent partisans d'un exécutif fort, notamment pour éviter, selon eux, la transformation de la France en démocratie populaire. Cette première crise aboutit au départ du Général, le 20 janvier 1946. Le PCF et la SFIO tentent alors d'imposer une Constitution qui conférait tous les pouvoirs à une assemblée unique, élue pour cinq ans, chargée d'élire le président de la République et le président du Conseil, dans le droit fil de l'héritage révolutionnaire. Cette Constitution est rejetée lors du référendum du 3 mai 1946 par 53 % des voix.

IVe République
Un bureau de vote lors du référendum du 21 octobre 1945. © *Keystone*

L'échec entraîne l'élection d'une autre Constituante, le 2 juin, où le MRP devient le premier parti de France, ce qui conduit Paul Coste-Fleuret à être le rapporteur du nouveau projet. Celui-ci conserve la primauté de l'Assemblée, mais réintroduit une deuxième chambre, le Conseil de la République, prévoit l'élection par les deux Assemblées d'un président élu pour sept ans qui garde le pouvoir de nommer le président du Conseil. En dépit de l'opposition des gaullistes (discours de Bayeux, 16 juin, et d'Épinal, 22 septembre) et des réticences communistes, la Constitution est adoptée, le 13 octobre, par 53,5 % des votants. Cependant, on compte 31 % d'abstentions : autrement dit, la IVe République s'installe avec le soutien explicite de 31 % des Français. Certes, elle avait le mérite de clore une parenthèse de 63 mois, mais elle semblait d'entrée fragile et de « constitution défectueuse ». La Constitution, longue de 106 articles, compte toutefois plusieurs innovations : le préambule inspiré par la Déclaration des droits de l'homme de 1789 organise l'affirmation de droits électoraux, syndicaux ou sociaux, la nationalisation d'entreprises à caractère de services publics. En pratique, la souveraineté populaire est exercée par le Parlement, mais dans un rapport inégalitaire au profit des députés : ceux-ci sont élus pour cinq ans, ont l'initiative des lois, sont maîtres de l'ordre du jour, juges de la validité des élections. Le Conseil de la République est quant à lui élu au suffrage indirect pour six ans et renouvelable par moitié tous les trois ans ; ses avis sont consultatifs et il ne peut proposer de révision constitutionnelle.

Ces dispositions renforcent le pouvoir des partis, surtout dans un contexte de guerre idéologique européenne. De plus, la pratique de la double investiture (une pour le président du Conseil, une pour le gouvernement), le recours systématique à la question de confiance, l'habitude prise par les gouvernements de démissionner même en cas de majorité relative hostile, tout cela accentue l'instabilité ministérielle : on compte 25 gouvernements de 1946 à 1958. De la sorte, le vote des lois échappe aux députés puisque, comme sous la IIIe République, les gouvernements recourent aux lois-cadres, aux pleins pouvoirs, aux délégations. La paralysie progressive du régime entraîne le retour de l'antiparlementarisme qui stigmatise l'immobilisme de gouvernements d'abord soucieux de prolonger des coalitions hétéroclites. Outre les gaullistes – hostiles dès l'origine –, les communistes – aux critiques épisodiques (1947, 1954, 1958 notamment) –, les poujadistes expriment à partir de 1956 un rejet virulent. Pourtant, la IVe République n'est pas dépourvue d'hommes politiques de talent – Antoine Pinay, Pierre Mendès France, Edgar Faure, Félix Gaillard, Robert Schuman – qui proposent, sans succès, des révisions constitutionnelles dans le sens d'un rééquilibrage des pouvoirs. Seul Mendès France parvient, le 7 décembre 1954, à réglementer la durée des sessions, à étendre les pouvoirs du Conseil de la République et à octroyer l'investiture à la majorité simple. Les succès que la République obtient (fin de la guerre d'Indochine, création de la CECA et de la CEE, lancement du SMIG...)

pèsent moins que son incapacité à paraître efficace et moderne. En 1958, les initiatives de Félix Gaillard et de Pierre Pflimlin pour assouplir le fonctionnement de la machine parlementaire restent sans suite. Il faut l'inquiétude soulevée par le retour au pouvoir du général de Gaulle dans des conditions fort peu républicaines pour qu'en mai 1958 le régime mobilise des partisans. Mais cette dénonciation du « coup d'État » gaulliste se heurte à l'indifférence de l'opinion, soucieuse une nouvelle fois de trouver un sauveur pour la sortir du bourbier algérien. Le 1er juin 1958, la nomination de Charles de Gaulle au poste de président du Conseil entérine en fait l'acte de décès de la IVe République.

République (Ve)

Régime politique de la France à partir du 28 septembre 1958.

En trois jours, la nouvelle République est mise sur les rails : le 1er juin 1958, le général de Gaulle est investi président du Conseil par 329 voix contre 224 ; le 2, les députés votent les pleins pouvoirs du gouvernement et se mettent en vacances ; le 3, de Gaulle obtient le vote d'une loi constitutionnelle, à charge pour lui d'en établir les termes. Trois mois plus tard, le texte est adopté en Conseil des ministres ; le lendemain, 4 septembre, date symbolique renvoyant à la proclamation de la République après la défaite de Sedan, le général de Gaulle présente son texte aux Français dans un discours tenu place de la République. Enfin, le 28 septembre, 80 % des citoyens approuvent la Constitution, promulguée le 5 octobre. L'opération frappe les contemporains par la rapidité de sa mise en œuvre autant que par le contenu « réactionnaire au sens étymologique du terme » (Raymond Aron) de la Constitution. Celle-ci reprend en effet bien des propositions avancées par les « néos » des années 1930 et contenues dans le discours de Bayeux du 16 juin 1946. En premier lieu, le rôle du président est renforcé puisqu'il lui revient d'assurer la continuité de l'État, l'indépendance nationale, l'intégrité du territoire (art. 5) et qu'il dispose d'une palette de moyens : nomination du Premier ministre sans passer par l'investiture de l'Assemblée (art. 8), référendum (art. 11), droit de dissolution (art. 12), pouvoirs spéciaux en cas de crise (art. 16), saisine du Conseil constitutionnel (art. 54 et 61). En deuxième lieu, les pouvoirs du Premier ministre sont étendus afin qu'il joue un rôle de chef de la majorité sur le modèle anglo-saxon : priorité pour l'ordre du jour (art. 48), limitation du domaine de la loi au profit du règlement (art. 34 et 37), réduction de la durée des sessions (art. 28 et 29). Enfin, la création du Conseil constitutionnel s'inscrivait dans la logique de 1946 et l'article 49-3, permettant de faire passer sans vote – sauf motion de censure – un texte sur lequel le gouvernement engage sa responsabilité, s'inspirait à la fois de la réforme Pflimlin avortée de 1958 et des projets Tardieu. En effet, le principe de la séparation des pouvoirs avait pour conséquence de restaurer l'autorité du gouvernement et donc du président qui en choisissait le chef, vieille préoccupation des « modernistes » des années 1930. Ce faisant, la Constitution rétablissait le risque d'une crise du type de mai 1877, puisque le président ne procédait pas du suffrage universel. De Gaulle contourna la difficulté jusqu'en 1962 par des recours fréquents au référendum. La fin de la guerre d'Algérie conduit le Général et le Parlement à sortir de l'ambiguïté, celui-ci voulant mettre un terme à sa mise en tutelle par l'exécutif et le premier voulant pérenniser ce qui tenait aux circonstances. La décision d'élire le président au suffrage universel, suivie par le succès au référendum du 28 octobre 1962 et aux législatives, tranche le débat. La défaite de la « République des députés » ouvre la voie à la suprématie du Conseil constitutionnel sur le législateur. C'est un régime dualiste, ayant pour source unique de légitimité le suffrage universel, qui s'installe.

En pratique, ce rééquilibrage profite au moins autant au Premier ministre qu'au président. Car c'est bien Matignon qui détient les clefs de l'action politique pratique, qui dispose du pouvoir réglementaire – avec l'aval de l'Élysée –, qui dirige la machine administrative et sert d'interlocuteur au Parlement. C'est pourquoi, si le risque de dyarchie a toujours été évité par la règle tacite selon laquelle le Premier ministre remet sa démission quand le président la lui demande et pour peu qu'ils soient de la même couleur politique (Pompidou 1968, Chaban 1972, Mauroy 1984, Cresson 1992, Juppé 1997), la cohabitation entre les deux têtes de l'exécutif soutenues par des légitimités contraires est non seulement possible, mais encouragée par les textes. Les articles 13 et 21 offrent un droit de veto présidentiel au pouvoir réglementaire ; les articles 15 et 21 sont contrebalancés par le rôle du Premier ministre dans la défense nationale. La pratique constitutionnelle a, au contraire, solidifié la chaîne de commandement entre l'Élysée, Matignon et les grands emplois publics, depuis la fixation de l'ordre du jour à l'Élysée jusqu'aux discussions sur les nominations. Il n'y a donc pas partage de compétences entre les deux fonctions, même sur l'article 5 qui assure la prééminence, mais non l'exclusive présidentielle, en matière de défense et de diplomatie. Tout est affaire de rapports de force et du zèle, variable, du Premier ministre. Dans cette logique, l'existence d'une majorité politique disciplinée est, bien entendu, décisive, même si celle-ci n'est que relative (1988-1993). Or, dès 1962, cette discipline est exploitée par les gouvernements : le Premier ministre ne croit plus nécessaire de solliciter obligatoirement l'approbation de sa majorité, l'exercice relevant désormais de l'opportunisme politique (Chaban-Delmas en 1969, mais pas Mesmer en 1972 ; Chirac en 1974, mais pas Barre en 1976 ; Mauroy et Fabius en 1981-1984, mais ni Rocard, ni Cresson, ni Bérégovoy en 1988-1993). Les avantages du gouvernement se sont notablement accrus, à partir de 1976, avec le recours systématique au vote bloqué prévu par l'article 49-3, avec le contrôle du droit d'amendement, si bien que le Conseil constitutionnel s'est vu contraint, en 1987, de sanctionner l'exécutif, ou encore avec la mise à l'écart – jusqu'à la révision constitutionnelle du 25 juin 1992 – du Parlement dans l'adoption des procédures communautaires.

Cette domination gouvernementale, exacerbée par le fait majoritaire, explique largement la montée en puissance du Conseil constitutionnel, qui fonctionne comme un garde-fou, le plus souvent au service de la minorité. À partir de 1971, le Conseil décide d'élargir ses attributions en contrôlant la conformité des lois avec les préambules de 1789 et de 1946 ; la réforme du 29 octobre 1974 autorisant la saisine du Conseil à 60 parlementaires au lieu des seuls chefs de l'exécutif ou du Parlement, en fait une sorte d'arbitre politique, ce qui a ouvert la voie à la critique de ce « gouvernement des juges ». En pratique, les admonestations sont restées verbales, sauf en une occasion, les accords de Schengen, où le gouvernement décida, le 25 novembre 1993, de modifier la Constitution à seule fin de faire passer une loi censurée par le Conseil. Hormis cet épisode, force est de constater que le régime n'est plus ni contesté, ni exposé à des secousses susceptibles de le faire tomber. On s'attache donc à des réformes de « confort ». Ainsi, le rythme déséquilibré des travaux parlementaires et l'abondance des sessions extraordinaires depuis 1981 ont incité, en 1996, Philippe Séguin, alors président de l'Assemblée, à proposer une session unique où les parlementaires siégeraient trois jours par semaine. De même, la question de l'incompatibilité entre mandats parlementaire, municipal et fonction ministérielle est posée depuis 1974, dans l'idée de limiter les charges de travail et d'éviter des élections partielles à répétition. En dépit des annonces répétées – Chirac, 1974 ; Rocard, 1988 ; Jospin, 1997 –, il faut attendre mars 2001 pour que l'incompatibilité entre les fonctions de ministre et de maire entre en vigueur. Enfin, la durée du mandat présidentiel est mise en cause dès 1973 par Georges Pompidou, au motif qu'il souhaitait le couplage des majorités, présidentielle et parlementaire. Or, son projet de quinquennat se heurte à l'hostilité de sa majorité gaulliste qui redoutait une confusion des rôles entre président et Premier ministre. La versatilité des électeurs après 1981 a longtemps confirmé ce premier constat puisque ceux-ci se sont évertués, jusqu'en 1997 inclus, à évincer du pouvoir la majorité sortante. Plutôt qu'une subtile manœuvre des électeurs soucieux de doser les responsabilités du pouvoir, on y verra une expression – constante dans l'histoire contemporaine nationale – de l'allergie française à l'autorité, doublée d'un fort penchant conservateur. Aussi est-ce pour des raisons tactiques – habillées sous les dehors seyants du modernisme – que Lionel Jospin, soutenu par Valéry Giscard d'Estaing, et rejoint contre son gré par Jacques Chirac, propose la réduction du mandat à cinq ans, acceptée par référendum le 24 septembre 2000 par 18, 5% des inscrits, minorité de faveur qui fragilise l'institution présidentielle, à défaut de déstabiliser le régime.

Ve République
Michel Debré présentant son gouvernement au général de Gaulle le 10 janvier 1959. © *Keystone*

Requêtes de l'hôtel

Tribunal se tenant à la Cour, et dont les magistrats étaient maîtres des requêtes.

Elles étaient compétentes pour connaître, en première instance, des conflits opposant les personnes attachées au service du roi. Les jugements

Histoire de la Résistance
Affiche de propagande gaulliste.
© *Keystone/L'Illustration*

des Requêtes de l'hôtel étaient « souverains en cette partie », mais susceptibles d'appel devant le Parlement.

REQUÊTES DU PALAIS

Instance juridictionnelle de l'Ancien Régime, dont le siège était la cour souveraine territorialement compétente.

La particularité des Chambres des requêtes était la connaissance d'affaires dont les justiciables bénéficiaient du privilège de *committimus* (évocation, devant une haute juridiction, d'une cause touchant un dignitaire de l'État et, de façon générale, les nobles).

RÉSERVE

Dans le système féodal, part du domaine seigneurial exploitée directement par le maître, par opposition à celle qu'il concède à des tenanciers moyennant redevances et corvées.

Cette réserve ou *mansus indominicatus* consiste généralement en un château avec ses dépendances – bois, landes, étangs et une certaine quantité de terres cultivées. Celles-ci sont groupées en grandes parcelles, contrairement aux tenures des tenanciers, mais elles sont souvent réparties entre les soles du terroir, dans les pays où est en usage la rotation des cultures. La réserve seigneuriale devait diminuer et tendre à disparaître dès le XIe siècle, le seigneur cessant progressivement d'exploiter lui-même sa réserve et préférant l'accenser (donner à cens) en « cours » ou « coutures », expressions qui se retrouvent encore aujourd'hui dans la toponymie.

RÉSISTANCE (histoire de la)

Pendant la Seconde Guerre mondiale, la Résistance naît d'un refus spontané – celui de la défaite et de l'armistice – et d'un constat navré devant la faillite, la lâcheté ou, au mieux, la défaillance des élites.

Ces conditions liminaires expliquent pour partie l'enracinement local de résistants qui se regroupent par quartiers, par affinité sociale, intellectuelle ou professionnelle. Le cloisonnement initial voit ses effets accentués par la coupure de la France en deux, par les zones multiples créées par l'occupant allemand, puis par les conceptions hétérogènes du patriotisme. Jusqu'à l'été 1941, les résistants sont peu nombreux, isolés, peu efficaces dans une France maréchaliste ou attentiste. Ainsi le réseau du musée de l'Homme est-il décapité en quelques mois. Leur ciment demeure l'antigermanisme, raison pour laquelle se côtoient royalistes et socialistes, chrétiens et francs-maçons, lecteurs de l'*Action française* et apolitiques. Contrairement à la vulgate gaullo-communiste répandue entre 1945 et les années 1980, gaullistes et communistes pèsent peu dans la Résistance des origines. Les communistes demeurent fidèles aux consignes de Moscou, dénoncent la guerre impérialiste et le gouvernement de Vichy, ce qui ne les empêche pas de maintenir la fiction de l'alliance avec l'ennemi allemand, ratifiée en août 1939. Ce sont donc des communistes militants du combat antifasciste – tels Gabriel Péri ou Marcel Paul – qui donnent le signal d'une action individuelle. Et la création du Front national, en mai 1941, ne vise à l'origine qu'à fédérer les opposants à Vichy. Il faut l'invasion de l'URSS, le mois suivant, pour que cet organisme devienne le creuset d'une résistance communiste.

Du côté des gaullistes, force est de reconnaître que l'appel du 18 juin, fondé sur une logique militaire, reçoit peu d'échos : les politiques sont rares (Pierre Cot), les militaires peu nombreux – surtout après Mers-El-Kébir – (Leclerc, Kœnig, Catroux ou Muselier) et l'Empire colonial hostile, à l'exception de Félix Eboué. Aussi, le Général a beau se présenter comme le dépositaire de la vraie légitimité nationale, il recrute surtout des individus critiques des partis et des institutions républicaines. Cependant, cohérent avec sa vision initiale, de Gaulle ambitionne de transformer la France libre en gouvernement provisoire (ordonnance du 24 septembre 1941), ce qui lui permet, au premier semestre 1942, de nouer des liens forts avec la Résistance intérieure et, dans son message du 14 juin, de se poser en fédérateur des démocrates. À cette époque – été 1942 –, la Résistance intérieure s'est suffisamment étoffée pour qu'on en distingue les lignes de forces. En zone nord, la priorité est à la lutte contre l'occupant allemand, les options politiques des mouvements demeurent encore confuses : Ceux de la Résistance et Ceux de la Libération se déclarent apolitiques, l'OCM (Organisation civile et militaire) est conservatrice dans son recrutement social mais peu politisée, le Front national est certes dominé par les communistes mais se veut pluraliste, enfin Libération-Nord a beau être sous la houlette du socialiste Christian Pineau, il accueille chrétiens, syndicalistes ou non-conformistes. En zone sud, l'objectif premier est d'organiser la propagande antivichyste, les mouvements étant à la fois hétéroclites dans leur recrutement et versatiles dans leurs orientations politiques. Ainsi Combat glisse-t-il d'un pôle démocrate-chrétien à un ancrage socialiste humaniste, sous l'influence notamment de Claude Bourdet ; de son côté, Franc-Tireur se veut patriotique, jacobin et révolutionnaire. À l'instar des vichystes, ces résistants éprouvent un rejet profond de la IIIe République, mais leurs solutions diffèrent et surtout ils refusent la collaboration avec l'Allemagne, avec son train de mesures antisémites et répressives. Le patriotisme incite les uns à lâcher le maréchal Pétain, d'autres acceptent de combattre contre des Français pour faire triompher leur cause.

Après l'invasion de la zone libre par les Allemands en novembre 1942, l'unification de la Résistance est envisageable, en même temps que sort des limbes une pensée de la résistance, proche de l'idéal révolutionnaire de 1789 et dont rend mal compte la charte du Conseil national de la Résistance (CNR), catalogue peu convaincant publié en mars 1944 où les replâtrages des compromis sont apparents. En effet, l'unification intérieure et extérieure se révèle délicate. Les premiers refusent de se soumettre à Londres, craignent l'entrisme du PC et des gaullistes et entendent diriger la lutte politique. Les seconds se divisent entre partisans de Giraud et de De Gaulle, entre patriotes intransigeants et anglophiles, entre sectateurs des partis et adeptes d'un compromis sous la gouverne gaulliste. En 1942, Jean Moulin réussit une première unification en zone sud avec les MUR (Mouvements unis de résistance) ; puis, il élabore la mouture du CNR dont la première réunion a lieu le 27 mai 1943 et qui consacre le retour des partis politiques ainsi que l'autorité du Général, même si l'on évite d'utiliser le mot parti et si un halo idéologique entoure le futur rôle du CNR. Ces tensions politiques ont leur traduction sur le terrain : les « activistes » des mouvements privilégient la lutte contre les Allemands, les « attentistes » gaullistes ou socialistes préfèrent réserver leurs forces pour accompagner le débarquement libérateur. Ce climat précipite un changement de stratégie des mouvements, à l'été 1943. L'arrestation de Jean Moulin n'a pas empêché la mainmise gaulliste sur la résistance intérieure ; la relève puis le STO ont entraîné un gonflement des effectifs résistants qui profite notamment aux communistes, suspectés de vouloir noyauter la Résistance. En juillet 1943, le Comité central de la Résistance (CCR) vise à coordonner les services techniques des mouvements hors de l'influence du CNR. En janvier 1944, le MLN (Mouvement de libération nationale) se veut le parti des résistants, adepte d'une voie réformiste entre gaullistes et communistes. Les deux initiatives se soldent par des échecs, chaque composante retrouvant sa famille d'origine – socialiste ou démocrate-chrétienne –, si bien que les candidats des mouvements sont marginalisés aux élections municipales d'avril 1945. Seule l'Union démocratique et socialiste de la Résistance (UDSR), lancée en juin 1945, atteste de l'ambition des résistants, mais ses troupes comme ses élus sont maigres bien qu'ils tiennent un rôle d'appoint non négligeable dans les combinaisons ministérielles. En définitive, l'échec politique de la Résistance était inscrit dans le faible nombre de ses recrues – au mieux 2 % des Français –, chiffre à l'évidence insuffisant pour bousculer les habitudes politiques de leurs concitoyens, une fois la paix revenue.

RÉSISTANCE (mémoire de la)

La diversité des courants ayant traversé la Résistance pendant la Seconde Guerre mondiale explique qu'elle ait été diversement commémorée après guerre.

À ses débuts, l'histoire de la Résistance ne quitte guère les rivages de l'épopée commémorative unissant dans une même gloire les divers combattants. La guerre froide fait voler cette unanimité. Les commémorations cessent d'être unitaires et deux mémoires s'enracinent en s'opposant : la mémoire communiste et la mémoire gaulliste. La première exalte l'entrée en Résistance immédiate de la classe ouvrière et le « parti des fusillés » ; l'autre trouve sa légitimité dans l'idée de la France véhiculée par l'homme du 18 juin. Le retour de de Gaulle au pouvoir en 1958 renforce la prééminence de la seconde, symbolisée par l'entrée au Panthéon des restes de Jean Moulin le 19 décembre 1964. La Résistance a son chef, de Gaulle, son martyr, Jean Moulin, son hymne, *Le Chant des partisans*, ses poètes (Aragon, Éluard, René Char...). Pour une majorité de Français, la Résistance joue un rôle dans la construction de leur identité nationale. Or, comme les meilleurs sont morts, de travestissements pieux en récits édifiants, on est arrivé à ce qu'André Malraux a appelé « un monde de limbes où la légende se mêle à l'organisation », tandis que Jean Cassou évoquait la « vie inventée » du résistant. Une politique de la mémoire ne pouvant que reposer sur une œuvre de vérité, les historiens tentent d'appliquer aujourd'hui toute la rigueur de la méthode historique à l'« armée des ombres ». En 1971, la diffusion du film *Le Chagrin et la Pitié* de Marcel Ophuls inaugure une relecture plus nuancée des événements et met à mal le mythe d'une France tout entière dressée contre l'envahisseur. Des ouvrages importants, ni communistes ni gaullistes, paraissent : *La Nuit finira* d'Henri Frenay, *L'Aventure incertaine* de Claude Bourdet. Grande aventure collective, la Résistance n'a rien à gagner aux captations. Le vrai et seul travail de mémoire consiste à reconstituer patiemment la chaîne de vérité. C'est ce à quoi s'attachent les lieux de mémoire de la Résistance : musée ou mémorial du Vercors, Centre d'histoire à Lyon, mémorial de Caen, musée de la Résistance à Besançon.

Répression de la Résistance
Opération du Groupe mobile de réserve contre les maquisards de Haute-Savoie (1944). © *Collection Viollet*

RÉSISTANCE (répression de la)

Ensemble des mesures prises par les Allemands et les Français de Vichy contre la Résistance pendant la Seconde Guerre mondiale.

Avec la Gestapo et la Wehrmacht, l'Abwehr (le service de contre-espionnage), puis le SD (le service de sécurité du Reich) démantèlent les premiers mouvements de Résistance, pourchassent les réseaux de renseignements et surveillent l'armée d'armistice. Les arrêtés sont plus souvent fusillés qu'emprisonnés et volontiers torturés. Pour échapper à ses bourreaux, Jacques Bingen avale une capsule de cyanure et Pierre Brossolette se défenestre. Dès 1941, l'attentat de Barbès-Rochechouart, qui tue un soldat allemand, inaugure le cycle attentat/représailles. Après l'attentat de Nantes, les Allemands fusillent 48 otages. En même temps, d'innombrables polices parallèles françaises, tels le Service de police anticommunisme ou les Groupes mobiles de réserve aident les Allemands dans leur besogne. Les accords Bousquet-Oberg (juillet 1942) prétendent distinguer la résistance politique (relevant des Français) des actes commis contre les troupes du Reich (réprimés par les Allemands). Mais, dans la pratique, forces françaises et allemandes se confondent et s'épaulent. À partir de 1943, le développement des maquis et la multiplication des sabotages provoquent l'intensification de la répression. En janvier 1943 naît la Milice française et, au début de 1944, la lutte contre la Résistance devient militaire. Le Reich, secondé par Vichy, tente de réduire le maquis. En janvier 1944, l'État français installe des cours martiales chargées de juger les terroristes, généralement fusillés sur-le-champ. En février 1944, les troupes allemandes secondées par la Milice se lancent à l'assaut du maquis des Glières, puis de ceux du Vercors, tandis que la division « Das Reich » remonte vers le front ouest. Le 9 juin 1944, les SS pendent 99 otages à Tulle, le lendemain, ils brûlent vifs 642 habitants d'Oradour-sur-Glane. La Milice, de son côté, tue 11 résistants à Saint-Victurnien le 27 juin 1944 et massacre 25 personnes à Magnac-Laval le 8 juillet suivant. Au total, 30 000 résistants sont condamnés à mort et 60 000 déportés.

RESTAURATION (Première)

Période pendant laquelle Louis XVIII rétablit une première fois la royauté (avril 1814-mars 1815).

La Première Restauration naît avec l'effondrement du Premier Empire. Mais elle ne s'est pas faite d'un coup. Elle a été préparée de l'intérieur, par une minorité certes, mais résolue, surtout dans le Midi et l'Ouest. En dépit de la légende *a posteriori* des « fourgons de l'étranger », l'intervention des alliés a brisé le régime napoléonien, elle n'a pas pour autant restauré les Bourbons qui ont dû lutter pour faire reconnaître par les puissances étrangères et par les Français de l'intérieur leurs droits et leur utilité. Le 6 avril 1814, le Sénat impérial vote, sous le nom de « constitution », une loi rappelant en France, pour y occuper le trône, « Louis Stanislas Xavier, frère du dernier roi ». Ce texte précise : « La présente constitution sera soumise à l'acceptation du peuple français dans la forme qui sera réglée. Louis Stanislas Xavier sera proclamé roi des Français aussitôt qu'il aura juré et signé un acte portant : J'accepte la constitution ; je jure de l'observer et de la faire observer. » Apparemment, les sénateurs estiment agir librement, puisqu'ils commencent par subordonner la restauration à l'acceptation, par le « prétendant », d'un certain nombre de conditions. Louis XVIII envoie son frère le comte d'Artois en France avec le titre de lieutenant général du royaume. Reçu triomphalement par les Parisiens le 12 avril, le futur Charles X gouverne jusqu'à l'arrivée du roi. Sous son autorité, des mesures urgentes sont prises : maintien des impôts existants, nomination d'une commission pour le contrôle des fonctionnaires, convention d'armistice prévoyant l'échange des prisonniers et cédant aux alliés les places conservées par les troupes françaises au-delà des limites de janvier 1792.

On a beaucoup blâmé cet acte dont on impute la responsabilité au comte d'Artois. Peut-être serait-on plus indulgent si on le rendait à son seul auteur, Talleyrand. Venant d'Hartwell par Douvres, Louis XVIII débarque le 24 avril à Calais. Le 2 mai, il est à Saint-Ouen, où il reçoit les représentants du Sénat. Dans la nuit, Blacas, Vitrolles et La Maisonfort mettent la dernière main à la déclaration royale qui est affichée à 7 heures du matin sur les murs de Paris. Louis XVIII accepte un gouvernement constitutionnel mais rejette le projet du Sénat dans la mesure où celui-ci prétend lui dicter sa conduite, comme s'il était la seule source de la souveraineté. Installé aux Tuileries le 3 mai 1814, le roi réunit son premier cabinet dix jours après avec des membres du gouvernement provisoire (Louis, Malouet, Dupont), d'anciens républicains et bonapartistes (Beugnot, Talleyrand) et des royalistes éprouvés (Blacas, Montesquiou, Ferrand). Deux grandes tâches prioritaires attendent le monarque et son gouvernement : faire la paix (ce sera le premier traité de Paris négocié par Talleyrand et conclu le 30 mai 1814) et rédiger la Constitution (ce sera la Charte, rédigée en un temps très court sous la surveillance du roi et « octroyée » par lui le 4 juin 1814). Le changement de régime s'est fait dans le calme. Les populations étaient lasses de la guerre. Les hauts fonctionnaires impériaux se sont découvert des sentiments ardemment royalistes. Louis XVIII s'est montré bon prince : à la Chambre des pairs, le personnel de la Révolution et de l'Empire est très largement majoritaire, les sénateurs révoqués gardent leur traitement de 36 000 francs. Nul ne songe à nier le libéralisme du régime, le souvenir de la période impériale n'étant pas encore perdu. Le traité de Paris est certes un rappel douloureux à la réalité de la défaite, mais la France reste en définitive plus étendue qu'avant la Révolution ; on lui rend une partie des territoires d'outre-mer que l'Angleterre lui avait pris ; les Français n'auront pas à payer d'indemnité de guerre (alors qu'ils en avaient réclamé aux autres peuples à l'occasion de leurs conquêtes). Les deux grands problèmes, paix et Constitution, semblent résolus.

Première Restauration
Louis XVIII et sa famille passant en revue les corps royaux au Champ-de-Mars, le 20 juin 1814. Gravure coloriée, musée de la ville de Paris, musée Carnavalet. © *Lauros-Giraudon*

Ce sont les problèmes économiques – notamment l'emploi – qui vont provoquer le mécontentement. En effet, la chute du vaste édifice impérial a fait refluer sur la France une multitude de fonctionnaires qui estiment naturel de retrouver des situations équivalentes à celles qu'ils ont dû quitter. De leur côté, les émigrés rentrés avec les Bourbons voudraient qu'on leur fasse une place dans leur pays ; souvent, ils ont tout abandonné par dévouement pour leurs princes et ne disposent d'aucun moyen de subsistance. Pour satisfaire tant de monde, il faudrait créer des emplois nouveaux, mais les finances sont si lourdement obérées que le baron Louis a dû supprimer plus de 10 000 emplois civils. Une seule solution : renvoyer les anciens jacobins et les bonapartistes notoires. Mais Louis XVIII met son point d'honneur à ne pas faire d'épuration massive : « Union et oubli. » L'armée ne bénéficie pas du même traitement que l'administration. Comment conserver plus d'un demi-million d'hommes en armes quand on vient de signer la paix ? Au gouvernement, chacun admet que des restrictions s'imposent. Malheureusement, le général Dupont procède hâtivement et sans psychologie. Il fait des économies en réduisant la solde de moitié, d'où l'apparition du terme « demi-solde », sans réduire à l'impuissance les corps qu'il a blessés dans leur fierté (conversion et dispersion en plusieurs garnisons de la garde impériale). Il réintègre dans l'armée, avec des grades parfois élevés, des officiers d'Ancien Régime que les combattants de l'Empire considèrent sans aménité.

L'impression d'un retour à la situation d'avant 1790, que Louis XVIII s'était appliqué à atténuer, apparaît aussi dans le domaine religieux et dans certains titres donnés à des institutions ou à des dignités. Ceux qui n'avaient pas connu l'Ancien Régime en sont froissés. Le retour des fameuses « perruques poudrées » (d'ailleurs assez rares et en voie d'abandon) a pu alimenter la caricature. Il est douteux qu'il ait suscité la haine du régime. En revanche, le manquement à la promesse de supprimer les droits réunis a produit un mécontentement très vif. À vrai dire, l'effet de toutes ces fautes, évitables ou non, était destiné à s'atténuer à mesure que le temps passait. En 1815, le relèvement financier était en vue, ce qui devait permettre de recréer ultérieurement des emplois. En cohabitant, les deux Frances apprendraient à mieux se comprendre, leurs préjugés disparaîtraient. Sur le moment, malgré la naissance d'une opposition, rançon d'un libéralisme nouveau, la situation n'était pas révolutionnaire. Ce qui perdit la Première Restauration, ce fut le retour de Napoléon de l'Île d'Elbe.

RESTAURATION (Seconde)

Période pendant laquelle eurent lieu le second règne effectif de Louis XVIII et le règne effectif de Charles X.

Une situation difficile (1815). Après Waterloo (18 juin 1815) et la seconde abdication de Napoléon qui termine les Cent-Jours, l'œuvre de la Première Restauration semble entièrement ruinée. Les alliés sont bien décidés à se venger sur la France des frayeurs que Napoléon leur a causées. Puisque les Bourbons n'ont pas su se faire respecter de leurs sujets, les souverains étrangers assureront l'ordre à leur place. Ainsi s'explique que Louis XVIII apparaisse, plus qu'en 1814 où il bénéficiait du ralliement sincère des populations, comme le roi de la défaite. Certes, l'Autriche et surtout la Prusse se montrent peu disposées à le soutenir. Il n'empêche que toutes les apparences font croire à un gouvernement imposé par l'étranger, notamment le fait que l'occupation prend une forme brutale et se prolonge. En outre, le temps est passé où l'on disait qu'il n'y avait « ni vainqueurs ni vaincus ». Les vainqueurs, qui sont revenus avec le roi, réclament des sanctions ; les vaincus, qui ont lâché le roi pour Napoléon, ne pardonneront pas au nouveau régime de les avoir pris en flagrant délit d'infidélité. Pour eux, les Bourbons de la branche aînée sont « comme un reproche vivant », selon l'expression de Bainville. La France est coupée en deux camps hostiles. Cette calamité initiale porte en germe la chute de la Restauration en 1830. C'est donc dans des conditions périlleuses que Louis XVIII, ayant promis l'amnistie pour tous ceux qui n'ont pas été les complices directs de Napoléon, rentre à Paris le 8 juillet 1815. Dans le domaine international, la situation s'est considérablement aggravée par rapport à 1814. L'ultimatum des alliés porte que, sauf les enclaves (Montbéliard, Mulhouse, Avignon), la France perdra tout ce que le premier traité de Paris lui avait laissé hors des limites de 1792 ; de plus, de nombreuses places fortes (Condé, Sarrelouis, etc.) devront être démantelées ; l'indemnité de guerre est fixée à 800 millions, l'occupation militaire à sept ans. Non sans emphase, Louis XVIII écrit au tsar : « Si la France n'a plus à espérer la révocation de l'arrêt qui a pour but de la dégrader, je descendrai du trône plutôt que de ternir son antique splendeur. » Mais le roi sait qu'il risque d'être pris au mot. C'est alors qu'il appelle Richelieu, l'ami du tsar, à la succession de Talleyrand, chef du gouvernement.

Le temps des expériences : de Richelieu à Richelieu (1815-1821). Le ministère qui réunissait derrière Talleyrand des « sénatoriaux » comme Fouché (Police), Gouvion-Saint-Cyr (Guerre), Pasquier (Justice et Intérieur), Louis (Finances), Jaucourt (Marine) ne pouvait être prolongé. Il éliminait totalement les royalistes purs, qui s'indignaient. Les Cent-Jours n'avaient-ils pas prouvé le danger de laisser l'administration aux mains d'anciens jacobins et d'impérialistes mal convertis ? Le choix de Richelieu n'était pas seulement imposé par la politique étrangère. L'homme était connu pour sa fidélité. Son accession au pouvoir consacrait la revanche de la moralité sur l'expérience supposée des opportunistes. Le petit-fils du grand maréchal ne s'était jamais mêlé aux luttes des partis et n'avait pas d'ennemis. Dans les rapports avec les Chambres instituées par la Charte, il ferait figure d'arbitre. Enfin on pouvait espérer que, esprit pondéré, autorité respectée, il mettrait fin aux excès de la Terreur blanche qui s'était déclenchée dans le Midi en représailles des excès commis lors des Cent-Jours par les jacobins et les bonapartistes réunis. L'assemblée élue après les Cent-Jours est si royaliste que Louis XVIII n'avait jamais pensé pouvoir en trouver une pareille. Il lui en restera le qualificatif d'« introuvable ». On dira d'elle qu'elle est plus royaliste que le roi, parce qu'elle veut dicter sa politique au gouvernement. Le roi entend rester seul juge des mesures de réaction, qu'elles soient punitives ou préventives. Il importe de rétablir le crédit public ruiné par deux invasions. Cela suppose que l'on rassure les possesseurs de biens nationaux. Telle n'est pas l'opinion de la Chambre, bien que celle-ci ne soit pas composée, comme on l'a trop souvent prétendu, d'une majorité de nobles et d'émigrés (35 % d'anciens nobles, 90 émigrés sur 380 à la première session). On voit des gens comme Decazes préconiser l'emprisonnement sans jugement des suspects. La loi du 27 décembre institue des cours prévôtales. Il ne s'agit pas d'une nouveauté : de telles juridictions avaient été employées sous l'Ancien Régime et sous l'Empire. La « Terreur blanche légale » (infime par rapport à la vraie Terreur blanche, malgré l'aspect spectaculaire de condamnations comme celle de Ney) est terminée en 1816. Mais le roi se souvient que les députés de la majorité ont crié : « Vive le roi quand même ! ». Chateaubriand, dans *La Monarchie selon la Charte*, vient de réclamer le régime parlementaire complet avec le droit pour les assemblées de renverser les ministres. Il y a là paradoxalement un ultra-libéralisme qui montre la voie à la gauche. Louis XVIII en prend conscience. Le 5 septembre 1816, la Chambre s'obstinant à combattre Richelieu, il la dissout.

Aux élections conduites par Decazes, favori du roi, le centre ministériel, qui deviendra le parti constitutionnel, triomphe avec l'appui de la gauche, dite plus tard libérale. Celle-ci n'abandonne pas pour autant ses sentiments antimonarchistes. Ne sachant aucun gré à Louis XVIII de ses ouvertures, qu'elle attribue à sa roublardise, elle se dérobe lorsque le centre croit pouvoir faire une politique constructive avec elle. Elle se regroupera au milieu de 1817 dans le parti dit des Indépendants. Le gouvernement ne va pas tarder à s'apercevoir qu'à jouer de la gauche pour battre la droite, il s'est aliéné les deux. Spécialiste des questions de tactique et des manœuvres de couloir, Decazes s'est offert pour trouver une issue. La pleine confiance du roi lui a donné toute latitude. Malheureusement, ce ministre de la Police a une préférence marquée pour les procédés tortueux. Son cabinet noir relève les écarts de langage des correspondances entre ultras pour les faire passer devant les yeux du roi. Ses bureaux font publier à Londres, en sous-main, des articles tendant à faire croire que l'entourage de Monsieur souhaite une prolongation indéfinie de l'occupation alliée afin de mater les réactions de la gauche. Ce machiavélisme sommaire entretient le mécontentement des ultras contre le gouvernement sans attirer à celui-ci la sympathie de personne.

Pendant ce temps, ce « grand honnête homme » de Richelieu exploite son crédit auprès d'Alexandre. Assisté du baron Louis (1815) et de

Seconde Restauration
Retour de Louis XVIII à Paris, le 8 juillet 1815. Gravure coloriée, musée de la ville de Paris, musée Carnavalet.

Corvetto (1815-1818), il a pu emprunter à l'étranger et rembourser les indemnités de guerre. Dès la conclusion du congrès d'Aix-la-Chapelle en novembre 1818, les alliés évacuent le pays. « La France rendue à elle-même rentrera dans la communauté européenne », avait écrit le chef du gouvernement en partant pour Aix. À sa rentrée à Paris, Richelieu retrouve son ministère en pleine crise. Son ministre de l'Intérieur, Lainé, qui avait pris des mesures libérales en 1817, est effrayé des progrès de l'opposition de gauche aux dernières élections. Il persuade sans peine son chef de donner un coup de barre à droite. Richelieu voudrait faire des ouvertures aux représentants les plus compréhensifs de l'ultra-royalisme. Mais Decazes, qui s'est brouillé avec la droite, ne peut accepter ce changement sans perdre sa place. Il refuse. Ne se sentant pas de taille à lutter avec le favori du roi, jugeant par ailleurs sa mission de restauration accomplie, Richelieu se retire (décembre 1818).

Il est remplacé à la tête du cabinet par le général Dessolles, investi des Affaires étrangères mais faible personnalité. En fait, c'est Decazes, ministre de l'Intérieur et de la Police, qui dirige. Louis revient aux Finances, Gouvion-Saint-Cyr conserve la Guerre. Deux hommes nouveaux font leur apparition : Portal (Marine) et le comte de Serre (Justice). Le programme du nouveau ministère ? « Rassurer la nation en lui prodiguant toutes les garanties qu'elle réclame », dit Gouvion. Ce que Decazes traduit par une formule séduisante par sa symétrie mais dangereuse par son ambiguïté : « Royaliser la nation, nationaliser le royalisme. » Les premières mesures sont destinées à satisfaire la gauche. Decazes remplace d'un coup 16 préfets et 40 sous-préfets (Barante parlera d'un « abattis de préfets »), épure le Conseil d'État, rappelle en France 52 régicides. Pour obtenir la majorité de son gouvernement dans la Chambre haute, Louis XVIII fait une fournée de 59 pairs, tous choisis parmi les amis de son favori. Grave décision, qui crée un précédent et confirme les oppositions dans leur impression que le pouvoir ne joue pas le jeu. Les résultats ne se font pas attendre : les Indépendants gagnent du terrain aux élections partielles ; l'abbé Grégoire, ancien conventionnel, est élu contre le candidat gouvernemental avec l'appoint de voix royalistes. Decazes tire les leçons des événements. Son idée de créer un tiers parti à sa dévotion n'a réussi qu'à exaspérer les divisions. Il tente de se rapprocher de la droite quand se produit une catastrophe imprévisible, l'assassinat du duc de Berry, espoir de la dynastie (13 février 1820). La responsabilité en est rejetée sur sa politique. Dès lors, son maintien au pouvoir n'est plus possible, bien que Louis XVIII ne veuille pas se séparer de son « cher fils ». Monsieur trouve la solution en la personne décidément providentielle de Richelieu qu'il tire de son splendide isolement en lui promettant l'appui de tous ses amis. Decazes démissionne le 20 février.

Richelieu va essayer de mener une politique de centre droite en s'appuyant sur les droites, mais son ministère est caractérisé par la détérioration de l'équilibre gouvernement - Chambre. Aussi apparaît-il comme transitoire, malgré une durée de 22 mois. Une nouvelle loi électorale, votée en juin 1820, instaure le double vote qui assure la prépondérance des grands propriétaires. La première application de ce texte est un triomphe pour l'extrême droite, donc indirectement pour le gouvernement qu'elle est censée soutenir. D'ailleurs la monarchie semble avoir le vent en poupe. La naissance du duc de Bordeaux, en rassurant les populations sur le sort de la dynastie, soulève une joie générale qui vient fort à propos pour effacer les rancunes. La session de 1821 est un modèle de calme parlementaire jusqu'à la veille de sa clôture. Ce jour-là, l'extrême droite refuse avec violence la prolongation du régime de la censure que demande le gouvernement. Villèle et Corbière se retirent. Chateaubriand les appuie en abandonnant son ambassade.

L'agitation révolutionnaire de l'Europe, née en 1820-1821, a rendu délicate la situation internationale de la France. Entre la Sainte-Alliance et le soutien aux peuples contre les pouvoirs, Richelieu cherche une voie moyenne. Dans cette quête difficile et peut-être impossible, il mécontente les deux extrêmes qui en profitent pour relancer leurs attaques. Libéraux et ultras ne répugnent pas à voter en commun une adresse blessante pour le roi. Richelieu pourrait dissoudre la Chambre. Il n'ose pas. Fatigué, le roi ne se sent plus le cœur de lutter. Il accepte sans aucune difficulté la démission du cabinet (12 décembre 1821).

La stabilité apparente : Villèle (1822-1828). Préparé d'assez longue main par Monsieur et son entourage, ayant reçu l'agrément du roi après quelques retouches, le nouveau ministère réunit essentiellement des personnalités de droite telles que Villèle (Finances), Corbière (Intérieur), Peyronnet (Justice), et de centre droit comme Victor (Guerre) et Clermont-Tonnerre (Marine). On le considère souvent comme un ministère ultra-royaliste à cause des circonstances de sa naissance et parce que Villèle, qui le domine en réalité, est l'ancien chef parlementaire des ultras. De fait, l'agitation révolutionnaire qui se développe dans le royaume (entrée en scène de la Charbonnerie avec les conspirations de Colmar, La Rochelle, Belfort) et la violence des attaques de la presse entraînent un durcissement du gouvernement longtemps paternel de Louis XVIII (punition des complots, définition des délits de presse etc.). La religion et les prêtres semblent bénéficier d'un traitement de faveur (le Panthéon est rendu au culte, une vingtaine de prélats est élevée à la pairie, Mgr Frayssinous est nommé grand maître de l'Université en 1822). Mais Villèle lui-même n'est pas l'homme des mesures extrêmes. L'eût-il été que la pratique du pouvoir l'eût incité à résister aux pressions des membres les plus exaltés de sa tendance. Ceux-ci, les « pointus », réclament un retour à un ancien régime clérical et ultramontain qui n'a jamais existé que dans leur imagination. Il y a quelque chose de romantique dans leur inspiration, de même que dans l'attitude de Chateaubriand qui s'irrite de la prudence du gouvernement en politique internationale. Villèle est un administrateur de premier ordre, mais son refus de toute intervention à l'extérieur, sa déférence excessive aux désirs de l'Angleterre peuvent passer et passent en effet auprès de beaucoup de ses contemporains pour des démissions de la France. C'est en lui forçant la main que Chateaubriand, présent au congrès de Vérone en 1822, engage la France à voler au secours du roi Bourbon d'Espagne en 1823. Le succès de l'expédition, symbolisé par la prise du Trocadero, rejaillit sur le roi Bourbon de France malgré l'ingratitude de Ferdinand VII et en dépit de la fureur des libéraux qui, eux, souhaitant une intervention en sens inverse, avaient ouvertement exhorté l'armée à la désertion (« Braves soldats, demi-tour », dit une chanson de Béranger).

Louis XVIII meurt le 16 septembre 1824. L'avènement de son frère Charles X ne change rien, en apparence, au gouvernement. Le nouveau roi prend une série de mesures généreuses telles que l'abolition de la censure et une très large amnistie des condamnés politiques. Pendant quelques mois, le royaume bénéficie d'une accalmie. Après quoi, les oppositions s'avisent que si le changement de roi est une bonne chose, le maintien de Villèle est intolérable. Elles se déchaînent de nouveau avec des exigences contraires. Charles X et son gouvernement se trouvent confrontés à des problèmes que le passage de Louis XVIII sur le trône ne semble pas avoir résolus. D'abord, sacrera-t-on le roi comme il était d'usage sous l'Ancien Régime ? Louis XVIII n'avait pas reçu l'onction, mais il avait annoncé primitivement son intention de la recevoir, et s'il avait dû finalement renoncer, c'était à cause de son impotence physique. Charles X décide donc de se faire sacrer. Sur le moment, peu de gens songent à s'en scandaliser. La cérémonie aura lieu en mai 1825 avec toute la pompe traditionnelle. C'est *a posteriori* que l'opposition libérale s'emparera de cet événement pour le critiquer et s'en faire une arme contre le gouvernement. Il en va différemment de deux projets de « normalisation religieuse » que Villèle introduit devant la Chambre des pairs pour satisfaire les exigences de ses partisans : le projet sur le régime légal des congrégations et celui sur le sacrilège. Le premier doit être considérablement amendé pour passer, la gauche s'inquiétant d'un retour en force des Jésuites. Le second est accepté avec une seule modification, demandée par Bonald. Il représente le type même de la mesure inopérante, étant donné le nombre des conditions dont est assortie la constatation du sacrilège. Il est donc, en fait, sans danger pour les populations. Mais l'opposition libérale y voit comme la résurrection de l'Inquisition. Pour deux lois inutiles, le gouvernement a réveillé l'anticléricalisme qui trouve une confirmation de ses soupçons dans le spectacle des prédications, missions, processions religieuses qui se multiplient partout. En resserrant les liens des paysans avec le trône, le gouvernement s'aliène la bourgeoisie voltairienne qui voit dans toutes ses interventions des provocations.

Le plus important des problèmes laissés par Louis XVIII est l'indemnisation des émigrés spoliés. Il n'avait pas été réglé jusque-là parce que les finances n'étaient pas assez fortes. Deux catégories de Français étaient intéressées à ce qu'une décision fût prise. Il y avait bien sûr les émigrés eux-mêmes (du moins ceux qui ne s'étaient pas arrangés à l'amiable avec les « occupants »), mais aussi les détenteurs de biens nationaux qui s'inquiétaient que leur possession ne fût pas officiellement transformée en propriété. Fort de sa remarquable habileté financière, Villèle trouve un compromis. Par la loi du 28 avril 1825, c'est un capital réel de 630 ou 635 millions de francs qui est attribué aux émigrés. Le dernier obstacle matériel à la réconciliation des deux Frances tombe. Mais la discussion de la loi a libéré des torrents d'éloquence passionnée. Les bénéficiaires sont déçus pour la plupart, l'opposition de gauche plaint les petits rentiers dépouillés par les nobles et inscrit dans l'histoire le « milliard des émigrés ». L'année 1826 ne sera pas plus heureuse pour Villèle. L'esprit public continue à se dégrader, le thème de la Congrégation envahissant la presse qui fait alors, plus que jamais, l'opinion. Mais c'est peut-être sur le terrain parlementaire que le gouvernement essuie ses plus graves échecs. Chateaubriand et La Bourdonnais se joignent aux concerts de la gauche. Poussé par sa majorité de la Chambre des députés qui désire freiner le morcellement des propriétés foncières, Villèle obtient auprès de la Chambre basse le rétablissement de l'inégalité comme régime légal (mais non obligatoire) pour les successions payant plus de 300 francs d'impôt direct. Mais la Chambre haute rejette le projet que la presse confond avec le rétablissement du droit d'aînesse et qualifie d'antisocial. Molé, Pasquier, Roy, Barante, Broglie prennent la tête de l'opposition libérale. Peu désireux d'avoir des rivaux autour de lui, Villèle s'est choisi des collaborateurs médiocres. Présentant en décembre 1826 un projet de loi destiné à museler les publications (journaux et pamphlets) hostiles au gouvernement, le garde des Sceaux Peyronnet déchaîne les protestations de Chateaubriand qui parle de « loi vandale ». Lui-même a un mot malheureux en défendant son projet qu'il qualifie de « loi de justice et d'amour ». Parfois Villèle commet seul ses erreurs : c'est le cas en avril 1827, lors de la dissolution de la garde nationale de Paris coupable d'avoir hué les ministres à une revue, tout en acclamant le roi.

Il est difficile de gouverner longtemps avec des moyens ordinaires contre l'opinion. La censure est rétablie le 24 juin 1827. Mais les oppositions de droite et de gauche s'organisent fort bien pour se passer de journaux officiels. Alors, la même année, *Le Moniteur* du 6 novembre publie trois ordonnances. La première nomme 76 nouveaux pairs, la seconde dissout la Chambre des députés, la troisième supprime la censure comme il est de règle en période électorale. Mais les oppositions présentent des listes communes et des associations comme la société « Aide-toi et le Ciel t'aidera » ne perdent pas leur temps. Les élections sont une catastrophe pour Villèle qui démissionne le 3 janvier 1828.

Le temps des impatiences : Martignac et Polignac (1828-1830). L'équipe qui se réunit au début de 1828 ne possède aucune homogénéité. On y trouve deux membres du gouvernement précédent, Frayssinous et Chabrol, deux membres de l'ancienne opposition, Roy et Portalis. Les autres ministres sont des techniciens sans couleur politique. Martignac, ministre de l'Intérieur, fait partie de ceux-ci. Il donnera son nom à ce ministère que le roi avait voulu de transition et qui le fut en fait indépendamment de la volonté royale, à cause de l'obstruction conjuguée de la droite et de la gauche. Cette dernière surtout pratique la politique du pire, votant contre un projet de loi prévoyant une libéralisation du régime de la presse. La seule réforme libérale – si l'on peut dire – qui passe est obtenue par voie d'ordonnances : il s'agit de la restauration du monopole de l'Université au détriment des Jésuites, dont les collèges sont interdits. La gauche n'en sait naturellement aucun gré à Martignac, « un homme qui parle, non un homme de parole », dit *Le Figaro*.

Charles X estime s'être prouvé à lui-même l'inutilité des concessions. Dès lors, pourquoi ne pas faire appel à un homme selon son cœur ? Le 8 août 1829, la direction du gouvernement est confiée à Jules de Polignac, revenu de son ambassade de Londres. Malheureusement le personnage est particulièrement impopulaire. Deux de ses collaborateurs ne le sont pas moins : La Bourdonnais, ministre de l'Intérieur, et Bourmont, ministre de la Guerre. Les autres sont soit médiocres et connus pour leur médiocrité, soit compétents et à ce moment-là inconnus, comme d'Haussez. La publication des noms des ministres déchaîne une tempête dans la presse. On plaint le roi avant de l'attaquer. Des manifestations s'organisent où l'on retrouve la main de La Fayette. Chateaubriand, un moment favorable à l'idée d'un ministère dirigé par Polignac, donne finalement sa démission d'ambassadeur à Rome. Cette défection en entraîne d'autres dans un milieu dont l'appui eût été indispensable au maintien du gouvernement. « Le ministère est très décidé, déclare *Le Globe*, mais il ne sait pas à quoi. » À l'intérieur, en effet, Polignac n'agit pas. Mais à l'extérieur, reprenant la politique d'intervention inaugurée du temps de Martignac par le débarquement de Morée, il prépare l'expédition d'Alger. Après avoir proclamé que Polignac est inféodé au gouvernement anglais, les feuilles libérales se mettent à critiquer les préparatifs militaires. Une campagne défaitiste d'une rare ampleur se développe dans la presse qui prédit un désastre et s'acharne sur le « traître Bourmont », chef de l'expédition. Alger est prise le 5 juillet 1830. Mais l'opposition ne désarme pas.

Elle est, en effet, tout occupée par la lutte intérieure. Dans une adresse rédigée en réponse au discours du trône du 2 mars, 220 députés avaient exprimé leur méfiance envers Polignac. Le roi avait pris fait et cause pour son ministre. La Chambre avait été dissoute. Le cabinet avait fait l'objet d'un replâtrage. Les élections de juin-juillet donnent 274 sièges aux opposants contre 143 aux ministériels et 11 indécis. À cause de l'imprudence du roi, le coup atteint non seulement le ministre responsable, mais le trône. Pendant ce temps, la situation économique s'est encore dégradée, provoquant un accroissement du nombre des chômeurs. Godefroy Cavaignac et les rédacteurs du journal *La Tribune* ont constitué un parti républicain. Certains songent au duc d'Orléans : parmi eux se trouvent les fondateurs du *National*, Thiers, Mignet et Carrel. Le succès de la prise d'Alger a eu un effet fâcheux sur le roi. En juillet 1830, Charles X est persuadé de bénéficier du soutien populaire contre la fronde parlementaire. Il tente donc une sorte de coup d'État par voie réglementaire. Le 25, invoquant l'article 14 de la Charte, il signe les trois ordonnances dont les points principaux sont : dissolution de la Chambre des députés qui ne s'est pas encore réunie ; modification de la loi électorale dans un sens restreignant le collège des électeurs ; suspension du régime libéral de la presse. La riposte ne tarde pas avec les trois journées des 27, 28 et 29 juillet, au terme desquelles Charles X, pris au dépourvu, n'ayant pris aucune mesure militaire sérieuse pour la défense du trône, tente en vain de revenir en arrière et abdique finalement en faveur de son petit-fils le duc de Bordeaux (2 août). Mais la branche aînée des Bourbons sera condamnée à l'exil avec lui et, selon l'expression de Semonville, la couronne sera « ramassée » par Louis-Philippe, duc d'Orléans.

RETHEL

Ville du département des Ardennes située sur l'Aisne.

D'origine romaine, Rethel appartient au début du VIIe siècle à l'évêque de Metz Arnoul, ancêtre de la dynastie carolingienne. Le prélat offre la ville à l'église Saint-Remi de Reims, à laquelle le comte de Château-Porcien l'arrache au Xe siècle. Après trois siècles de luttes, Rethel est érigée en comté. En 1581, Henri III érige le comté en duché et l'offre à Charles de Gonzague, duc de Nevers. Au siècle suivant, Mazarin achète le duché, qui prend le nom de Rethel-Mazarin. À sa mort, celui-ci passe à Charles de La Meilleraye, époux de la nièce préférée du cardinal, Hortense Mancini. Par héritage, il passera ensuite à la maison Grimaldi-Monaco. En 1617, alors que Nevers, révolté, a refusé de se soumettre au roi, une armée dirigée par le duc de Guise s'empare de Rethel pour le compte de Louis XIII. En 1650, au cours de la Fronde, Turenne, passé pour un temps dans le camp des frondeurs, et l'archiduc Léopold prennent la place que leur reprend, en écrasant leurs troupes, le maréchal du Plessis-Praslin, le 15 décembre de la même année. La Fronde terminée, Condé, toujours révolté et allié aux Espagnols, s'empare de Rethel en 1655. Il en sera chassé peu après par Turenne, revenu au service du roi. Au cours de la bataille de l'Aisne, en juin 1940, Rethel est le théâtre de violents combats qui opposent aux Allemands la 14e division d'infanterie du général de Lattre de Tassigny. La ville subit alors d'importants dommages. L'église Saint-Nicolas, en particulier, datant des XIIIe et XIVe siècles, et qui se singularise par ses deux nefs juxtaposées, est détruite au cours des combats.

RETHONDES (armistices de)

Armistices signés entre Français et Allemands, en 1918 et 1940, dans ce site de la forêt de Compiègne, à 6 km à l'est de cette ville.

L'armistice de 1918. Le 7 novembre 1918, le maréchal Foch quitte son quartier général de Senlis dans un train spécial et installe son poste de commandement dans un wagon-restaurant de la Compagnie des wagons-lits, dans lequel une table centrale a été placée. Le wagon a été garé sur un embranchement de la voie ferrée menant de Compiègne à Soissons. Depuis le 4 novembre, le généralissime a reçu le texte des conditions

Armistices de Rethondes

Armistice de 1918. De dr. à g. : le général Weygand, le maréchal Foch, Sir R. Wemyss, Sir Hope, le capitaine Marriot, le général Winterfeldt, Oberndorff, Vanselow. © *Collection Viollet*

Armistice de 1940. Hitler et ses généraux, dont Goering et Keitel, dans le wagon de l'armistice, le 21 juin 1940. © *Collection Viollet*

d'armistice qui ont été établies à Versailles par les membres du Conseil supérieur de la guerre. C'est là que le 8 novembre à 7 heures du matin vient s'arrêter le train de la délégation allemande d'armistice mandatée par le chancelier Gröner. Elle se compose du président Erzberger, du comte Oberndorff, du général von Winterfeldt, du capitaine de vaisseau Vanselow, des capitaines Meyer et von Helldorf, ce dernier intervenant en qualité d'interprète. Foch est assisté de Weygand, des membres de son état-major et d'une délégation britannique. Outre Weygand, figurent à ses côtés le commandant Riedinger, le capitaine de Mierry, l'interprète Laperche et deux officiers d'ordonnance, les capitaines Boutal et Pupier. La délégation britannique comprend l'amiral Wemyss, chef de délégation, l'amiral Hope, le capitaine de vaisseau Mariott et l'interprète Baggot. Lecture est donnée aux représentants allemands des conditions d'armistice à 9 heures. Les délégués allemands sont bouleversés par l'annonce de l'occupation des régions de Coblence et de Cologne. Le gouvernement du chancelier Gröner a un délai de 72 heures pour prendre une décision, c'est-à-dire accepter en bloc ou rejeter ces propositions. Le président Ebert ayant donné son approbation aux conditions le 10 novembre, la délégation revient à Rethondes le 11. Elle est reçue par Foch à 2 heures du matin. L'armistice est signé à 5 heures 10. À 11 heures, le cessez-le-feu entre en vigueur sur l'ensemble du front de l'Ouest, de la frontière suisse à la frontière belgo-néerlandaise. En souvenir de cet armistice, le wagon du maréchal, portant le numéro 2419D, est laissé dans la clairière où sont érigées sa statue ainsi que celle du général Mangin. Sur une plaque sont gravés ces mots : « Ici succomba le 11 novembre 1918, le criminel orgueil de l'Empire allemand, vaincu par les peuples libres qu'il voulait asservir. »

L'armistice de 1940. En juin 1940, lorsque le gouvernement du maréchal Pétain sollicite à son tour l'armistice, c'est Rethondes que choisit Hitler pour mettre en scène la revanche allemande : le monument commémoratif a été recouvert d'un drapeau nazi et la plaque est voilée. Le 21, la délégation française arrive. Elle se compose du général Huntziger, chef de délégation, de l'amiral Le Luc, du général d'aviation Bergeret et de Léon Noël, ancien ambassadeur à Varsovie. Hitler se trouve déjà à l'intérieur du wagon, entouré de Goering, de Rudolf Hess, de Ribbentrop, de l'amiral Raeder et du général Keitel qui commence par lire un « préambule », justification rétrospective des motifs ayant conduit le Reich à la guerre « par la faute des Français ». L'interprète Paul Schmidt traduit. La lecture achevée, Hitler et son entourage se lèvent, laissant Keitel poursuivre l'entrevue seul et détailler les conditions de l'armistice. Après une laborieuse conversation téléphonique, d'ailleurs écoutée par Schmidt, avec Weygand replié à Bordeaux, les Français essaient, pendant la journée du 22, d'obtenir quelques amendements. À 18 h 50, heure allemande, Huntziger reçoit l'ordre de céder au diktat et de ratifier la convention d'armistice. Contrairement aux critiques ultérieures lui repochant d'avoir négligé l'Afrique du Nord, Hitler a atteint tous ses objectifs à Rethondes : la France est à la fois humiliée militairement et symboliquement.

Après la signature de l'armistice, les Allemands transportent vers l'Allemagne le wagon, les dalles et le monument de l'armée française, ces derniers en pièces détachées. Dans l'idée du Führer, ces trophées doivent servir, après la victoire finale, à l'érection d'un mémorial à la gloire du IIIe Reich. Dans la clairière de Rethondes, tous les bâtiments rappelant l'armistice de 1918 sont rasés, la statue du général Mangin est détruite. Le sol de la clairière, labouré, est symboliquement ensemencé de blé. Seule demeure, dominant la clairière, la statue du maréchal Foch. Le 11 novembre 1945, une cérémonie se déroule, en présence du général Kœnig et du président Jeanneney dans la « clairière de l'armistice », remise en état au lendemain de la guerre. Les dalles et le monument à l'armée française, par la route et la voie ferrée, ont regagné leur emplacement. Quant au wagon de l'armistice, arrivé à Berlin le 8 juillet 1940, il a été détruit pendant la guerre par un raid de bombardement allié. Le 11 novembre 1950, un wagon du même type est replacé, sous abri, dans la clairière de Rethondes.

RETZ ou RAIS

Pagus Ratiatensis, *petit pays breton situé au sud de la Loire.*

La première capitale, *Ratiatum* (Rézé), est détruite au IXe siècle et remplacée par Machecoul. Après avoir appartenu aux maisons de Chabot, de Laval et d'Annebault avec le titre de baronnie puis de comté, la seigneurie de Retz entre à la fin du XVIe siècle dans la famille de Gondi pour laquelle elle est érigée en duché-pairie en 1581.

RETZ Albert de GONDI, duc de (Florence, 1522 – Paris, 1602)

Maréchal de France.

Fils aîné d'Antoine Gondi, il dispose de toute la confiance de Catherine de Médicis, ce qui explique, avec un don pour l'intrigue qui se perpétuera dans sa famille, sa foudroyante ascension à la Cour. Il participe aux guerres de Religion et passe pour avoir été l'un des principaux instigateurs de la Saint-Barthélemy. Il remplit plusieurs missions diplomatiques, notamment en Angleterre. Henri III, qu'il a suivi en Pologne, le nomme chevalier du Saint-Esprit, général des galères et enfin duc et pair. La dignité de maréchal de France lui avait été conférée en 1573.

RETZ Henri de GONDI, cardinal de (Paris, 1572 – Béziers, 1622)

Cardinal.

Fils d'Albert de Gondi, duc de Retz. Coadjuteur de son oncle Pierre de Gondi, à Paris, il lui succède en 1598 et devient, en 1618, le premier cardinal de Retz.

Le cardinal de Retz
Paul de Gondi, cardinal de Retz. Huile sur toile, coll. particulière. © *Sélection Images*

RETZ Jean-François Paul de GONDI, cardinal de (Montmirail, 1613 – Paris, 1679)

Cardinal et écrivain.

Fils de Philippe Emmanuel de Gondi, général des galères, il est destiné au clergé par ses parents qui entendent lui réserver la succession de son oncle Jean François, archevêque de Paris. C'est pourquoi, encore enfant, il est déjà deux fois abbé. En 1631, il soutient fort brillamment ses thèses de théologie en Sorbonne. Cependant son humeur mondaine, la dissipation de ses mœurs, ses mauvaises fréquentations ne semblent pas lui ouvrir le chemin de la sainteté. En 1636, il écrit une *Conjuration du comte Jean Louis de Fiesque* qui révèle un goût immodéré de l'intrigue à l'italienne. Il ne tarde pas à passer aux actes et prend part à la conspiration de Soissons. Richelieu dit de lui : « Voilà un dangereux esprit. » Ordonné prêtre et nommé coadjuteur de son oncle avec le titre d'évêque *in partibus* de Corinthe (1643), il convoite le chapeau de cardinal, moyen ordinaire d'accéder au gouvernement au XVIIe siècle. La Fronde va lui fournir des occasions superbes. Les Gondi ont toujours grandi dans des époques de désordre. Le coadjuteur se rend populaire par ses charités publiques et par la piété qu'il affecte. Son verbe facile en impose. Il devient rapidement la boîte aux lettres des conspirateurs parisiens. Tous les partis s'adressent à lui. Il les sert tous l'un après l'autre. Au début de la Fronde, en août 1648, il veut se poser en médiateur entre la reine et les partisans de Broussel, mais ses avances sont rejetées. Après la fuite de Saint-Germain (janvier 1649), il entretient l'excitation parisienne et enrôle le clergé dans une petite troupe qui rappelle celles des moines ligueurs et qu'on appellera les Corinthiens ou encore le régiment de Corinthe. Après la paix de Rueil (mars 1649) qu'il n'a pu empêcher, il négocie avec Mazarin mais, déçu dans son attente du chapeau, se rallie à Condé : c'est l'union des deux frondes. Gondi ne peut s'entendre durablement avec les princes. À force de chantage, il est enfin nommé cardinal en 1652. Cela ne l'empêche pas de poursuivre ses intrigues. Malheureusement pour lui, les Parisiens sont maintenant édifiés sur ses vrais sentiments. Le roi peut se permettre de le faire arrêter au Louvre (décembre 1652) et conduire à Vincennes puis à Nantes. À la mort de son oncle (mars 1654), les amis qu'il a su conserver obtiennent son installation canonique. Mais le roi n'admet pas le fait accompli. À Nantes, Retz parvient à s'évader. Pendant huit ans, il mènera une vie errante qui lui fera traverser tous les pays de l'Europe occidentale. Cet exil est meublé par de nouvelles intrigues, en particulier par la rédaction de lettres pleines de vertueuses protestations adressées au clergé et au bon peuple de Paris. Après la mort de Mazarin, Retz peut revoir très brièvement Louis XIV mais doit renoncer à ses prétentions archiépiscopales. Il est vrai qu'il y gagne quelques bénéfices non négligeables comme celui de Saint-Denis. Le roi, qui ne l'aime guère, ne dédaigne pas de l'employer dans diverses missions diplomatiques. Retz prend part au règlement de l'affaire de la garde corse ainsi qu'à trois conclaves (1667, 1670, 1676). En 1675, il se crée un nouveau personnage dont il est difficile d'être dupe, celui du converti qui renonce aux biens de ce monde, paie ses dettes et consacre ses dernières années à la bienfaisance. Tout au moins doit-on reconnaître qu'il joue ce rôle avec un art consommé. Ambitieux frustré, éternel proscrit, Retz est en revanche un styliste exceptionnel : il est avec Pascal et Saint-Simon parmi les « trois plus grands styles de France » (Suarez). Ses *Mémoires,* rédigés entre 1670 et 1675 et publiés en 1717, offrent un quadruple intérêt littéraire : une restitution pittoresque de certains épisodes de la Fronde, une galerie de portraits d'une inégalable causticité, des essais de philosophie de l'histoire, enfin une grande ampleur de vue. Si sa prose est d'un somptueux classicisme, son personnage en clair-obscur apparaît comme une vivante allégorie du baroque.

RÉUNION (île de la)

Île de l'archipel des Mascareignes, dans l'océan Indien, située à 800 km environ à l'est de Madagascar, et constituant depuis 1946 un département français d'outre-mer.

Couvrant 2 511 km², la Réunion est une île d'origine volcanique au relief montagneux : son point culminant, le piton des Neiges, atteint 3 069 mètres. Sur les pentes des hauteurs volcaniques s'ouvrent des cirques ravinés, dominant de hautes plaines et les basses terres alluviales qui bordent les côtes. Ces dernières, plates, sont dépourvues de rades naturelles. Le climat de l'île, située à 21° de latitude sud, est chaud, plus humide sur la côte sud-est, grâce à l'alizé, que sur la côte nord-ouest. Des cyclones la ravagent périodiquement. Ce sont les Portugais qui, en 1513, avec Pedro de Mascarenhos, découvrent cette île éloignée que l'on appelle Santa Apolonia Diva Morgabin, puis Mascareigne. Déserte à ce moment, et couverte par la forêt, l'île reste abandonnée jusqu'en 1638, date à laquelle la Compagnie d'Orient en prend possession pour la France, théoriquement. En fait, l'installation française ne date que de 1646, lorsque Pronis, gouverneur de Madagascar, déporte à Mascareigne une douzaine de colons rebelles. Ces derniers, émerveillés par le climat, la végétation et la tranquillité de l'île, ne tardent pas à considérer qu'on les a envoyés au paradis terrestre. En 1649, l'île Mascareigne devient l'île Bourbon. En 1664, elle est concédée à la Compagnie des Indes orientales, qui y établit une escale. Son peuplement est très lent. Anciens colons de Madagascar, Français, venus surtout des provinces de l'Ouest, Anglais et Portugais sont ses premiers habitants. La traite, l'esclavage, la piraterie constituent, à côté des cultures vivrières, l'essentiel des activités des habitants de l'île Bourbon.

Depuis l'installation des déportés, les colons se sont rendu compte que cette terre lointaine n'est pas un paradis terrestre : des cyclones la ravagent périodiquement, beaucoup de terres ne sont pas cultivables, l'absence de rades naturelles rend difficile l'accostage des bateaux. Aussi l'île Bourbon compte-t-elle moins de 1 500 habitants lorsque, en 1715, est introduite la culture du café. Cette dernière se développe rapidement, aux dépens des autres cultures. Mahé de La Bourdonnais, gouverneur de 1735 à 1746, encourage la plantation de caféiers. Pour lutter contre la concurrence anglaise, il pousse à la colonisation de l'île Maurice, où il crée Port-Louis, et organise la mise en défense de l'île Bourbon. En 1767, le privilège de la Compagnie étant supprimé, son administration est réorganisée, un intendant remplace le gouverneur. Pierre Poivre, qui occupe ce poste de 1767 à 1773, tente de lutter contre la monoculture du café, favorise le développement des cultures vivrières et des épices. L'île Bourbon compte à la veille de la Révolution française 46 000 habitants, dont 35 000 esclaves importés pour la culture du café.

Le mouvement révolutionnaire a quelques échos dans l'île, qui prend en 1793 le nom d'île de la Réunion pour rappeler la « réunion » des Marseillais et des gardes nationaux, le 10 août 1792. L'abolition de l'esclavage, décrétée en France en février 1794, provoque de nouveaux troubles et n'est guère respectée. Sous l'Empire, le général Decaen utilise l'île de la Réunion, devenue île Bonaparte, comme une des bases de la guerre de course menée contre les Anglais. Elle souffre beaucoup pendant cette période : après trois cyclones, les inondations de 1806-1807 achèvent de ruiner la culture du café. Les Anglais, maîtres de l'île de France, redevenue île Maurice, occupent l'île Bonaparte de 1810 à 1815. Cependant, la canne à sucre est introduite dans l'île, redevenue île Bourbon à la Restauration. La culture de la canne se développe rapidement, malgré la concurrence des Antilles et celle de la betterave. Elle occupe bientôt la plupart des bonnes terres de l'île, proches de la côte. Des esclaves cultivent la canne dans de grandes plantations appartenant aux créoles. Lorsque l'esclavage est définitivement aboli, en 1848, l'île Bourbon compte environ 110 000 habitants, 50 000 créoles et 60 000 esclaves. Pour faire face à leurs besoins de main-d'œuvre, les planteurs font appel à des « engagés », Cafres, Malgaches ou Malabars venus de la côte de l'Inde, puis, à la fin du siècle, à une main-d'œuvre libre composée essentiellement de Chinois. Tout cela entraîne une forte poussée démographique, que n'accompagne pas le développement de l'économie : de 1870 à 1946, l'île, redevenue île de la Réunion, connaît une longue période de stagnation, due à la concurrence de la betterave, au percement du canal de Suez, qui détourne les navires, et à l'isolement. Le niveau de vie de la plupart des habitants reste très bas.

Au lendemain de la Seconde Guerre mondiale, la loi du 19 mars 1946 fait de l'île de la Réunion un département français d'outre-mer. Son administration est modifiée, elle est dirigée par un préfet et un Conseil général de 36 membres, tandis que trois députés et deux sénateurs la représentent au Parlement. Elle compte aujourd'hui 600 000 habitants.

RÉUNIONS (politique des)

Politique d'expansion territoriale pratiquée en période de paix sur les frontières de l'Est par Louis XIV après le traité de Nimègue (1678).

On ne sait exactement quel fut l'instigateur de cette politique, dirigée par Louvois, mise au point par Colbert de Croissy, mais vue d'un très bon œil par Louis XIV. Il s'agit, en exploitant le vague des traités qui cèdent des « territoires avec leurs dépendances », d'opérer des annexions en pays étranger sous le prétexte de réunir en un seul tenant les territoires conquis. Le régime féodal, extrêmement complexe dans ces régions frontières de l'Est, permet d'élever des prétentions de toutes sortes. Le juriste Colbert de Croissy, secrétaire d'État aux Affaires étrangères à partir de 1679, est chargé de mener à bien cette politique des réunions, en étudiant et respectant soigneusement les formes juridiques. C'est ainsi qu'une des Chambres du parlement de Besançon, une de celles du parlement de Metz, et le Conseil souverain de Brisach, les « Chambres de réunion », sont chargés de rechercher en Franche-Comté, en Lorraine et en Alsace, les droits et territoires attachés aux provinces annexées depuis 1648. Les Chambres devront prononcer, par arrêt de justice, leur rattachement à la couronne.

Le parlement de Besançon réunit d'abord, en septembre 1679 et août 1680, le comté et la ville de Montbéliard, appartenant au duc de Wurtemberg, à la Franche-Comté. Dès le mois d'octobre 1679, l'empereur saisit la Diète des plaintes formulées contre la politique française. En Alsace, les détenteurs de fiefs dépendant de la Décapole et de la préfecture de Wissembourg sont contraints en 1680 de prêter hommage à Louis XIV. Le 8 août, le Conseil souverain de Brisach proclame la souveraineté du roi de France sur ces fiefs. Strasbourg, essayant d'échapper à cette mainmise, tente de se faire proclamer ville neutre. Louvois, avec trois régiments de dragons, obtiendra la capitulation de la ville, le 30 septembre 1681, et sa réunion à la France. En Italie, d'après un traité secret avec Charles III de Gonzague, duc de Mantoue (juillet 1681), Louis XIV obtient la cession de Casal, place forte de première importance.

En Alsace, à la demande (« conseillée » par Louis XIV) des évêques des Trois-Évêchés, la Chambre de réunion de Metz ordonne la réunion de biens ayant fait autrefois partie du temporel des Évêchés : des fiefs du bailliage de Pont-à-Mousson, la principauté de Salm, les villes et comtés de Sarrebourg, Sarrelouis, Sarrebrück, etc., sont réunis au royaume et forment une nouvelle généralité dont la ville principale est Huningue, protégée par un certain nombre de forteresses. En avril 1681, la Chambre de Metz prononce encore la réunion du comté de Chiny, occupé par les Espagnols, qui devront en être chassés par les armes. Les troupes françaises pénètrent dans le Luxembourg qui dépend en grande partie de ce comté et contraignent les Espagnols à l'évacuer.

En Europe, cependant, l'inquiétude monte face aux prétentions de Louis XIV. Les princes allemands et italiens manifestent leur préoccupation, tandis que le roi de Suède Charles XI, héritier du duché des Deux-Ponts, lui aussi réuni, refuse de prêter serment au roi. Dès la fin de 1681, la Suède et les Provinces-Unies signent à La Haye une alliance visant au maintien de la paix de Nimègue. L'empereur, puis l'Espagne, se joignent au début de 1682 à cette ligue destinée à retirer à la France ses dernières conquêtes. Le 10 juin est constituée, contre les réunions, la célèbre ligue d'Augsbourg. Le 26 octobre 1683, l'Espagne déclare la guerre à la France. Guillaume d'Orange, ennemi acharné de Louis XIV, soutient les Espagnols, mais les bourgeois des villes des Provinces-Unies se déclarent contre la guerre. Cette dernière est rapidement menée. Le maréchal d'Humières et Vauban prennent Courtrai et Dixmude, Luxembourg est bombardée, les régions de Bruxelles et de Bruges ravagées sur ordre de Louvois. Luxembourg tombe le 4 juin 1684. Alors, les États-Généraux signent une convention avec la France, et contraignent l'Espagne à s'incliner. L'empereur, bloqué par la menace turque devant Vienne, ne peut intervenir, et les négociations s'engagent à Ratisbonne le 8 août. Le 15 sont signés les traités de Ratisbonne, qui prévoient une trêve de vingt ans et laissent à la France la possession des places occupées avant le 1er août 1681, plus Strasbourg, Kehl, Luxembourg, Beaumont et Chimay. Après la guerre de la ligue d'Augsbourg, sanctionnée en 1697 par le traité de Ryswick, Louis XIV perdra toutes ses « réunions » sauf l'Alsace, la vallée de la Sarre et Strasbourg. Si elle est loin d'avoir réussi, sa politique a permis au Roi-Soleil de consolider sa frontière sur le Rhin.

RÉVEILLON (affaire)

La plus spectaculaire des émotions populaires qui se multiplient en France dans les premiers mois de 1789, en raison du chômage et de la menace de disette.

Le 28 avril 1789, les ouvriers d'une fabrique de papier peint du faubourg Saint-Antoine appartenant à un ancien artisan enrichi, Réveillon, se révoltent, pillent et incendient les magasins de la fabrique. D'origine sociale, cette insurrection n'en a pas moins une coloration politique : Réveillon avait été dénoncé par l'abbé Roy, ancien secrétaire du comte d'Artois (futur Charles X), comme partisan de la Cour, et le bruit courut que le duc d'Orléans n'était pas étranger à ces incidents. La répression brutale des troupes de Besenval devait faire 200 morts et 300 blessés.

RÉVOLTES NOBILIAIRES

Rébellions de nobles dirigées contre l'autorité monarchique. Le prototype en est au XVIIe siècle la Fronde dite des princes (1650-1653).

Les révoltes sont particulièrement nombreuses durant le premier millénaire où l'autorité royale se cherche à travers les changements dynastiques. Certaines révoltes sont à l'origine de dynasties nouvelles : le triomphe de la maison carolingienne avec Charles Martel, Pépin et Charlemagne, résulte des soulèvements de grandes familles aristocratiques – parmi lesquelles les Pépinides – contre la royauté mérovingienne. Le pouvoir souverain se délite face aux grands dès la fin du IXe siècle et pour trois siècles : au synode de Quierzy en 877, Charles le Chauve rend héréditaires les bénéfices accordés aux comtes comme rétribution de leurs fonctions. Plus que la cause, c'est la conséquence de l'impuissance du pouvoir central. Désormais, les fonctionnaires royaux deviennent des princes territoriaux qui ne rendent plus de compte à une monarchie tenue pour quantité négligeable. Quand la monarchie se raffermit au XIIe siècle, elle doit affronter les défis de ses grands vassaux, souvent mieux dotés en territoires que le roi de France. Ainsi Henri Plantagenêt épouse-t-il en 1152 la femme répudiée de Louis VII, Aliénor d'Aquitaine, sans l'aval de celui-ci qui est pourtant son seigneur. Devenu roi d'Angleterre en 1154, Henri II, à la tête d'une vaste principauté anglo-normande, ne peut plus dès lors être traité comme un simple noble en révolte. À l'inverse, quand elle est en position de force, la monarchie n'hésite pas à monter de vastes opérations punitives contre les fiefs rebelles : Philippe le Bel en use à diverses reprises, notamment contre la Guyenne entre 1294 et 1296.

La Guerre de Cent Ans commence au XIVe siècle comme un conflit entre le duc de Guyenne, Édouard III, et son suzerain Philippe VI de Valois, mais elle se prolonge et s'achève comme un affrontement national. Elle donne toutefois lieu à des révoltes nobiliaires internes au royaume de France : ainsi Charles II de Navarre, dit le Mauvais, profite-t-il de la régence qui suit la captivité

Révoltes nobiliaires
Combat de la porte Saint-Martin livré par le prince de Condé, le 2 juillet 1652. Gravure, Paris, Bibliothèque nationale de France. © *Lauros-Giraudon*

de Jean II le Bon pour tenter de s'emparer de la réalité du pouvoir, quitte à attiser la révolte urbaine des bourgeois parisiens emmenée par Étienne Marcel. Au début du XVe siècle, la faiblesse de Charles VI donne lieu à une surenchère qui débouche sur la guerre civile entre les partisans Armagnac de Louis et Charles d'Orléans, frère et neveu du roi, et les Bourguignons qu'animent les ducs de Bourgogne, Philippe le Hardi, Jean Sans Peur et Philippe le Bon, alliés aux Anglais. À Paris, les Bourguignons forment la faction radicale de la Caboche. C'est en s'appuyant sur le parti Armagnac que Charles VII parvient à restaurer son autorité sur le royaume et à chasser les Anglais. La seconde moitié du XVe siècle est marquée par des révoltes nobiliaires quasiment internes à la famille royale. En 1440 le Dauphin Louis (futur Louis XI) se place à la tête de la Praguerie dirigée contre son père Charles VII. À son tour, Louis XI doit affronter les ambitions de son frère, le duc de Berry, qui a à nouveau recours à l'alliance bourguignonne en la personne du comte du Charolais, futur Charles le Téméraire : les grands seigneurs révoltés (Dunois, Chabanes, les ducs d'Alençon et de Bourbon…) se coalisent en une ligue du Bien public. En 1485, le duc d'Orléans, futur Louis XII, allié à François II de Bretagne, prend les armes contre la régente et sœur de Charles VIII, Anne de Beaujeu : c'est la Guerre folle.

Au XVIe siècle, en un schéma qui préfigure déjà les révoltes du siècle suivant, le connétable Charles de Bourbon se révolte au nom de l'honneur – François Ier lui refuse le commandement de l'avant-garde de l'armée royale – et pour faire valoir ses droits à l'héritage de sa femme. Il n'hésite pas à passer au service de Charles Quint et à favoriser une tentative d'invasion anglaise. Ses possessions – Beaujolais, Bourbonnais, Auvergne et Forez – sont confisquées et, en 1531, annexées à la couronne. Les guerres de Religion comportent une dimension de révolte nobiliaire à travers les ambitions des familles de Guise ou de Condé : Henri de Condé tente d'enlever le jeune François II lors de la conjuration d'Amboise, Henri de Guise, chef de la Ligue, envisage de remplacer sur le trône Henri III qu'il chasse de Paris lors de la journée des Barricades…

Mais c'est au XVIIe siècle que la noblesse voit son rapport avec le pouvoir monarchique s'altérer : les relations de clientèle personnelle des nobles entre eux mais aussi des grands féodaux avec le roi cèdent le pas aux conceptions de l'absolutisme ; les nobles sont concurrencés par les officiers du roi, qui depuis 1604 peuvent transmettre leur office, et par la pratique du ministériat qui les subordonne à un Richelieu ou à un Mazarin, ce qu'ils jugent contraire à leur honneur. Après 1614, les états généraux, où s'exprimaient les doléances du second ordre, ne sont plus réunis et la noblesse est réduite à des conjurations. Le « devoir de révolte » met souvent en scène les princes du sang qui se savent intouchables et entraînent derrière eux leur clientèle au nom du service féodal ; il peut s'agir d'intrigues de cour, telle la journée des Dupes, pour obtenir la disgrâce du Principal ministre ou de véritables prises d'armes autour d'un grand qui conduisent à un affrontement direct avec les troupes royales, comme c'est le cas à La Marfée en 1641. Parfois, les factieux font appel à l'étranger, notamment à l'Espagne comme Cinq-Mars et de Thou, exécutés en 1642, ou le Grand Condé, passé au service de Madrid durant la Fronde. Les principaux protagonistes des révoltes nobiliaires du premier XVIIe siècle sont les Rohan, qui représentent le parti protestant au début du règne de Louis XIII ; Gaston d'Orléans, frère du roi et lieutenant général du royaume pendant la régence d'Anne d'Autriche qui complote avec Chalais et correspond avec son frère Philippe IV ; les duchesses de Chevreuse, de Longueville et de Conti, très actives durant la Fronde. Certains y perdent la liberté, tel le maréchal de Bassompierre embastillé de 1631 à 1643 ou le duc de Beaufort emprisonné de 1644 à 1649, voire la vie comme le chancelier de Marillac, Henri II de Montmorency, tous deux exécutés en 1632, ou le comte de Soisson, tué en 1641. Mais d'autres sont assez habiles, comme le duc de Bouillon, ou puissants – c'est le cas de Gaston d'Orléans – pour ne pas être inquiétés.

Les successions royales favorisent les projets séditieux. La mort de Richelieu, suivie quelques mois après de celle de Louis XIII, déchaîne contre Mazarin la cabale des Importants puis la Fronde. Bien plus tard et dans un contexte très différent, en 1718, sous une autre régence, celle de Philippe d'Orléans, le duc et la duchesse de Maine, le duc de Richelieu se prêtent aux intrigues de l'ambassadeur de Madrid Cellamare. Le pouvoir royal répond par la répression en n'hésitant pas à faire décapiter les chefs, comme Cinq-Mars, en désarmant la noblesse – Louis XIII fait raser nombre de châteaux forts (édits de 1623 et 1626) – et en lui imposant le recours à sa justice par l'interdiction du duel (1627). Durant la Fronde des princes, la fidélité des Condé, La Rochefoucauld, Tavannes, etc. s'acquiert ou se reconquiert, comme savait le faire Henri IV, par un savant dosage de menaces militaires et de séductions pécuniaires ou honorifiques. Assuré de son pouvoir, Louis XIV se fait le protecteur de « sa » noblesse, dont il renforce la cohésion en ordonnant une chasse aux faux nobles et qu'il satellise peu à peu autour de lui, à Versailles, par les rituels de la Cour et la dispense des grands emplois.

Révoltes paysannes

Soulèvements des campagnes, nombreux au Moyen Âge et qui se réactivent au XVIIe siècle, devant l'accroissement de la pression fiscale.

Certaines « émotions » locales se cristallisent en révoltes armées qui durent d'une journée à toute la

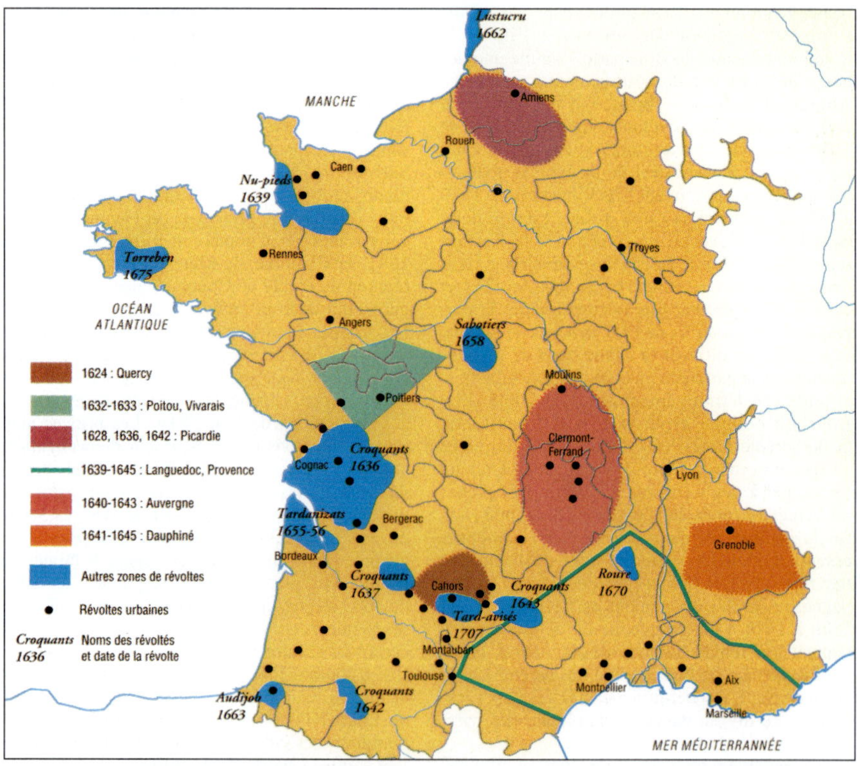

Les révoltes paysannes au XVIIe siècle

belle saison. Elles sont suscitées par de nouvelles mesures administratives ou fiscales : ainsi la révolte des Pitauts en 1548 dans le Périgord, le nord de l'Aquitaine et le Limousin est-elle motivée par la volonté royale d'y introduire la gabelle. Avec l'alourdissement de l'impôt sous Richelieu puis Mazarin, les révoltes flambent au XVIIe siècle ; on en dénombre une quinzaine de 1624 à 1707 : Croquants dans le Quercy (1624), Sabotiers en Sologne (1639), Lustucrus en Boulonais (1662). Parfois l'émeute gagne la ville : c'est le cas pour les Nus-Pieds de Normandie en 1639. Une dimension sociale peut être aussi présente : lutte contre les « plus apparents » en Provence (Cascaveous, 1630), réaction antiseigneuriale lors de la révolte du Papier timbré en Bretagne (Bonnets-Rouges, 1675). Mais toute notion de lutte des classes serait anachronique : il existe aussi une collusion entre paysans et petits seigneurs, voire clergé (Croquants de l'Angoumois en 1636), entre révoltés et parlementaires de la province (Lanturlus de Bourgogne en 1630). Les révoltés en veulent « aux mauvais conseillers » du roi, aux collecteurs d'impôts, aux soldats pilleurs... Les séditions s'épanouissent plutôt dans les régions isolées à faible taux d'alphabétisation, pourvues d'institutions anciennes et de dialectes vigoureux : l'Ouest, le Midi et le Centre. Jusque vers 1660, la répression, qui passe par l'envoi de gens de guerre que la population doit loger, s'apaise vite et les franchises locales supprimées sont en un second temps rétablies par des « abolitions ». Mais, à partir du règne personnel de Louis XIV, la révolte n'est plus admise par le pouvoir central : les troupes royales du duc de Chaulnes exercent en Bretagne une répression féroce qui fait plusieurs centaines de morts et des milliers de condamnés aux galères. La révolte des camisards, à dimension de croisades, débouche à partir de 1702 sur une guérilla qui rappelle les atrocités des guerres de Religion. Au XVIIIe siècle, les révoltes semblent se tarir pour ne reprendre qu'avec les grandes peurs révolutionnaires et les soulèvements royalistes des provinces de l'ouest.

RÉVOLUTION AGRICOLE

Période de mutation des structures, des techniques et des paysages agricoles. Le terme désigne couramment, mais de façon sans doute abusive car transposée de la rapide évolution britannique (mouvement des enclosures*), les progrès de l'agriculture au XVIIIe siècle par analogie avec la révolution industrielle ; il paraît en revanche plus approprié pour la période 1860-1880 et surtout 1950-1970.*

À partir de 1750 un réel essor agricole se fait jour par l'accumulation de microprogrès plutôt que par une hausse sensible des rendements : ceux-ci tournent autour de cinq à six grains récoltés pour un semé. Les ouvrages agronomiques se multiplient et Voltaire ironise : « Vers 1750, la nation [...] se mit enfin à raisonner sur les blés. [...] On écrivit des choses utiles sur l'agriculture ; tout le monde les lut, excepté les laboureurs. On supposa au sortir de l'opération que la France avait prodigieusement de blé à vendre » (*Dictionnaire philosophique*). La jachère recule – surtout dans la France du Nord – par abandon de l'assolement triennal au profit du quadriennal. Des prairies artificielles couchées en trèfles ou en luzerne permettent d'accroître l'élevage, donc les fumures disponibles. Elles alternent avec des légumineuses (pois, haricots...) qui fixent l'azote dans le sol. Les cultures implantées au XVIe siècle progressent, notamment le maïs et la pomme de terre, toujours considérées par les populations comme des expédients, même s'ils régularisent la conjoncture céréalière et limitent les disettes. Le développement des cultures maraîchères et de la viticulture entraîne un début de spécialisation régionale. Celle-ci est notamment visible avec les cultures destinées à la proto-industrialisation comme le lin ou le chanvre. La sériciculture et la culture du mûrier, très rémunératrices car liées au marché de luxe de la soie, s'étendent dans le Sud-Est et gagnent le Sud-Ouest.

Ces progrès agricoles autorisent, de 1715 à 1789, le passage de la population française de 22 à 28 millions d'habitants à l'abri des famines. Selon certains auteurs (Chambers), cette augmentation est la cause des progrès agricoles enregistrés. La poussée démographique tire les prix vers le haut : sur le XVIIIe siècle, le produit agricole s'accroît de 20 à 40 % au profit des propriétaires mais au détriment des petits paysans et des journaliers contraints de compenser la hausse des prix alimentaires par le recours au travail à façon (manufacture dispersée). Malgré les reculs des communaux – ces champs de pâture collective dont profitent les paysans pauvres –, les structures agraires changent peu ; la suppression du droit d'aînesse par le code civil napoléonien contribue à l'atomisation de la propriété foncière. Les campagnes restent surpeuplées. L'antériorité de la « révolution » agricole sur la première révolution industrielle est ainsi fort discutée.

S'il y a révolution agricole, elle semble contemporaine de l'aube de la deuxième révolution industrielle, vers 1870-1880. Certes, sous la monarchie de Juillet, la productivité fait un bond et un début d'exode rural a lieu lors de la crise de 1846. Mais celui-ci ne devient massif qu'à l'occasion de la Grande Dépression des années 1873-1896. L'apparition d'un marché national grâce au chemin de fer permet une véritable spécialisation régionale, les rendements sont accrus par les débuts de la chimie et de la mécanisation, plus lentes cependant en France que dans les pays neufs ou certains pays du nord de l'Europe ; l'élevage surtout progresse grâce au développement de plantes fourragères comme la luzerne. La disette a définitivement disparu. Le surplus de main-d'œuvre rurale se déverse vers l'industrie. La troisième étape est la transformation de la France en pays exportateur net de produits agricoles (premier excédent agricole en 1959) grâce à la formidable modernisation des années 1950-1970 où se multiplient les transformations : concentration des exploitations dont le nombre est divisé par trois, remembrement, mécanisation et usage massif d'engrais et de pesticides, création de filières agro-alimentaires, politique agricole commune (PAC, 1962), surtout, qui finance la mutation. Les conséquences en sont doubles : d'une part, la France devient la deuxième puissance mondiale exportatrice de produits agricoles (« L'agriculture est le pétrole vert de la France », V. Giscard d'Estaing, 1978), même si à partir des années 1980 la logique productiviste s'enraye, conduisant à une réforme de la PAC et à la mise en place de primes à la jachère « verte » (1992). Il en résulte d'autre part, durant les Trente Glorieuses, une deuxième vague d'exode rural qui s'achève avec l'urbanisation (80 %) en 1975. Se réalise ainsi la prophétie d'une « agriculture sans paysans » (H. Mendras, 1968) : non seulement les paysans sont devenus une part marginale de la population active (5 %), mais ils sont même devenus minoritaires dans les campagnes (un rural sur dix !). Celles-ci sont redevenues polyfonctionnelles, associant trois types d'espaces : des « campagnes » rurbaines ou périurbaines profondément transformées par le mitage d'un habitat pavillonnaire en nappe et la présence de surfaces de grande distribution à proximité des échangeurs autoroutiers ou à la périphérie des communes ; des campagnes agro-industrielles de grandes cultures spécialisées, d'élevages hors sol avec une forte intégration à un complexe agro-alimentaire : y sont concentrés les 20 % des exploitations qui assurent 80 % de la production agricole totale ; des campagnes relevant enfin d'un rural profond (quatre communes rurales sur dix), parfois en danger de déprime économique et humaine, mais localement revitalisé par le tourisme vert, la construction de résidences secondaires ou l'agriculture biologique.

RÉVOLUTION FRANÇAISE

Période qui, de l'ouverture des États généraux de 1789 à la proclamation du Directoire, en 1795, est, par ses fondements, son ampleur, sa diversité et ses conséquences, un des éléments historiquement essentiels de la vie politique française.

La société d'Ancien Régime. L'ancienne France est soumise à un système économique à prépondérance agricole. L'immense majorité des 25 millions d'habitants que compte le royaume de Louis XVI vit de la terre. Or, cette France paysanne a une économie de subsistance d'une productivité faible liée aux aléas du climat et de la démographie familiale. Ces éléments ne sont pas seuls à rendre précaires les moyens d'existence des Français. Survivance de l'époque féodale où le seigneur protégeait les hommes de sa mouvance en cas de péril grave – en contre-partie de quoi on devait au château des droits seigneuriaux prélevés sur le produit de la terre –, le XVIIIe siècle ne connaît plus la protection, mais a conservé les droits seigneuriaux. La dîme due au clergé et l'exemption de taille dont bénéficient les nobles viennent accentuer la distorsion économique entre le tiers état (environ 98 % de la population), et les deux autres ordres. Certes, la moitié des terres du royaume est détenue par une multitude de roturiers, il n'empêche que pour être propriétaire, le petit paysan n'en doit pas moins une infinité d'impôts à son seigneur qui est le maître du domaine. La notion actuelle détention-gestion est une préoccupation d'économie libérale qui n'apparaîtra que plus tard. L'immense majorité des Français estime que cet ordre des choses est indiscutable puisque soumis à l'organisation globale d'une société issue du droit divin. Ainsi, tout raisonnement rationnel sur l'égalitarisme économique passera longtemps pour une subversion pécheresse, donc non recevable. Le peuple, au cours des siècles, se soulèvera non contre les fondements du système mais contre les abus dans leur mode d'application. Par ailleurs, la pyramide sociale converge par des dédales administratifs complexes vers son faîte, le monarque, qui détient de Dieu son trône, et sa cour. Le roi, à la fois, règne sur le pays, en qualité de maître incontesté, et se trouve, en tant que « seigneur des seigneurs », aux prises avec une noblesse turbulente plus ou moins domestiquée depuis Louis XIV.

Où et comment voit-on apparaître les points de rupture du vieil édifice monarchique, à la fin du XVIIIe siècle ? Aussi paradoxal que cela puisse paraître de prime abord, 1789 clôt un siècle relativement riche. Les dernières années de l'Ancien Régime ont connu des récoltes satisfaisantes à l'exception de celle de 1788, une démographie meilleure, la guerre portée hors des frontières. En un mot, une certaine prospérité voit le jour. Toutefois, favorisant le commerce et la rente foncière, elle pénalise, du fait de l'inflation qu'elle induit, les classes laborieuses essentiellement rurales. La richesse des villes, due au développement des échanges commerciaux, entraîne avec elle une bourgeoisie qui, considérant pouvoir traiter d'égale à égale avec la noblesse terrienne, n'admet pas, par exemple, d'être exclue des hauts grades de l'armée. Ainsi se produit le processus de réaction aristocratique. La noblesse, politiquement bâillonnée sous Louis XIV, veut prendre une revanche face à une immobilité sociale de plus en plus mal supportée. Et le mouvement philosophique, prônant la consécration du droit naturel, vient épandre sur un peuple, de plus en plus ouvert aux Lumières, les réflexes d'égalité sociale. Une suite de tentatives infructueuses de restructuration des organes institutionnels, une crise financière endémique, un discrédit croissant de la société de cour, un roi vite dépassé par les événements, une noblesse figée et partagée, un haut clergé sectaire et une bourgeoisie mécontente, permettent la rencontre d'une société – tout à la fois déliquescente et imprégnée de l'esprit du siècle – et du peuple, groupe numériquement écrasant, accablé d'impôts et inquiet de son avenir. Face à ces multiples éléments, Louis XVI, perdu entre les tensions et les aspirations contradictoires des différents éléments du corps social, opte, faute de savoir imposer sa loi, pour la fuite en avant que constitue la réunion des États généraux.

Les États généraux (Versailles, 5 mai 1789). Convoqués pour résoudre la crise financière, les États généraux vont se placer, dès l'abord, sur un terrain conflictuel. Un discours inconsistant de

Necker, d'inutiles vexations protocolaires à l'égard du tiers état, l'attitude ambiguë de la Cour face aux problèmes du vote par ordre ou par tête ; le silence sur l'élaboration d'une éventuelle Constitution, tant souhaitée par la nation, sont autant de faits qui placent les députés dans une position difficile, quelle que soit leur appartenance. Immédiatement, ainsi que l'écrira l'un d'eux, « la bataille est engagée ». Procédant à la vérification des pouvoirs, les « députés des communes » (ou tiers état) vont, au cours des jours, voir leurs rangs se grossir par des représentants du bas clergé et même de la noblesse. Le 17 juin, face à l'attitude de la faction intransigeante des deux premiers ordres, le tiers franchit le premier le grand pas de la Révolution : il se proclame, sur proposition de Sieyès, Assemblée nationale, et décrète que « tout impôt perçu sans son consentement sera illégal ». Le premier transfert de souveraineté vient d'avoir lieu. Trois jours plus tard, la jeune Assemblée nationale, de plus en plus fournie, décide de se réunir à la salle des Menus-Plaisirs. Les députés trouvent porte close. Sous le spécieux argument de travaux, le pouvoir royal tente d'exprimer ainsi son mécontentement. Cette manœuvre est immédiatement ressentie comme une insulte à la « nation assemblée », et les députés, conduits par Bailly, se rendent à la salle du Jeu de paume. Là, ils jurent de ne « jamais se séparer et de se rassembler partout où les circonstances l'exigeraient jusqu'à ce que la Constitution du royaume soit établie et affermie sur des fondements solides ». Le 23 juin, les représentants des trois ordres sont convoqués pour entendre un discours du roi. Nouveau rendez-vous manqué. Le monarque, mal conseillé, semble minimiser l'ampleur du processus engagé et, lors d'une maladroite « séance royale », fixe les limites, jugées insuffisantes par l'Assemblée nationale, des réformes qu'il est disposé à admettre. Il confirme la séparation des trois ordres et demande aux députés de se séparer pour délibérer. Le tiers refuse de quitter la salle. Le roi cède ; il donne lui-même l'ordre à l'ensemble de la noblesse et du clergé de rejoindre les « dissidents » du 17 juin. Désormais, ainsi que le dira Bailly, « la famille est complète ». Le 9 juillet, l'Assemblée nationale devient constituante.

L'Assemblée constituante (9 juillet 1789-30 septembre 1791). 12 juillet 1789 : Paris apprend le renvoi de Necker. Le peuple, excédé par la cherté de la vie, la présence de troupes importantes aux portes de la capitale, et attiré par les orateurs du Palais-Royal – d'où la rumeur d'un complot orléaniste –, décide de se rendre aux arsenaux pour s'armer contre les « brigands » et les « ennemis de la nation ». Deux jours plus tard, un millier de Parisiens convergent vers la Bastille, avec l'intention de se procurer des armes. Après un siège violent, la vieille prison tombe aux mains des insurgés. Sept prisonniers sont libérés. Le gouverneur Launay et les soldats de la Bastille sont massacrés, ainsi que Flesselles, le prévôt des marchands de Paris. L'événement, pour peu grandiose qu'il soit, acquiert la force d'un symbole, celui du peuple souverain, victorieux de l'absolutisme royal. En outre, la prise de la Bastille fait entrer la Révolution française dans une ère nouvelle, celle du rôle de Paris, de son peuple, de sa municipalité (avec à sa tête Bailly), de sa garde nationale (avec son commandant, le populaire marquis de La Fayette). Le 17 juillet, Necker ayant été rappelé, Louis XVI se rend à l'Hôtel de Ville ; il est acclamé par une foule nombreuse sous les yeux de laquelle il reçoit des mains de Bailly la cocarde bleue et rouge de la capitale : les trois couleurs, le blanc étant celle du roi, sont nées. Dans tout le royaume, le mouvement communal s'amplifie, mais de nouveaux périls planent sur la France. Durant l'été 1789, une véritable psychose collective s'empare des campagnes, propagée par le vagabondage dû à la disette et à une angoisse entretenue, dira-t-on, par l'étranger. Les populations s'arment et commettent des exactions à l'encontre des nobles, les massacrent souvent et détruisent les titres féodaux. Cette flambée insurrectionnelle est connue sous le nom de Grande Peur. Elle a une répercussion directe sur l'Assemblée nationale constituante : l'abolition des privilèges, offerte dans la nuit du 4 août à l'instigation du vicomte de Noailles sur « l'autel de la patrie », tandis que Louis XVI est proclamé « Restaurateur de la liberté française ». Un nouvel échelon vient encore d'être franchi dans le processus d'égalitarisation, même si les modalités d'application des mesures prises dans l'enthousiasme du 4 août restent à définir puis à rendre viables. Le 26 du même mois, dans le même élan de généreux affranchissement, est adoptée la Déclaration des droits de l'homme et du citoyen.

Les journées d'octobre. La Révolution française ayant pris, dès l'été 1789, une tournure à laquelle la plupart des personnes de l'entourage royal ne s'attendaient pas, une première vague d'émigration de cour se forme, contribuant à amplifier les réflexes de peur de représailles. Dès lors, s'entame une surenchère inextricable dans les actes de subversion-répression, devant aboutir à un état de tension sociale savamment entretenu par les partisans d'une révolution intégrale et non uniquement constitutionnelle. Ainsi, le prétexte d'un banquet qui a lieu à Versailles, et durant lequel un régiment de soldats proroyalistes aurait, selon certains, foulé la cocarde tricolore, suffit à mettre, une nouvelle fois, le feu aux poudres. Le 5 octobre, un grand nombre de femmes se rendent à Versailles pour demander du pain et le retour de la famille royale à Paris. Le lendemain, craignant l'émeute, le roi cède et, escorté d'environ 1 000 personnes, arrive dans l'après-midi du 6 aux Tuileries. Immédiatement, l'Assemblée décide de suivre la famille royale : ainsi s'ouvre l'ère parisienne de la Révolution.

La fête de la Fédération. Louis XVI et la Constituante dans la capitale, le « despotisme ministériel » enrayé et les bases du droit naturel énoncées et reconnues par les représentants du peuple français, la Révolution semble pouvoir s'apaiser et évoluer vers un système de monarchie constitutionnelle. Toutefois, les événements ne vont pas tourner en ce sens. Tandis que l'Assemblée se débat dans les insolubles difficultés nées des décisions prises le 4 août, le pays va, peu à peu, subir un clivage idéologique allant en s'amplifiant. Le

Révolution française
La Prise de la Bastille. Arrestation du gouverneur, le marquis de Launay. Huile sur toile, École française, XVIIIe siècle, châteaux de Versailles et Trianon. © *RMN*

Révolution française
À Versailles, à Versailles. Marche des femmes sur Versailles, le 5 octobre 1789. Gravure coloriée, musée de la ville de Paris, musée Carnavalet. © *Giraudon*

Révolution française
Retour de la famille royale à Paris le 25 juin 1791. Le cortège traversant la place Louis XV (future place de la Concorde). Eau forte coloriée, musée de la ville de Paris, musée Carnavalet. © *Giraudon*

roi, désespérément indécis, oscille entre des avis aussi variés que pernicieux. Une grande partie de l'armée, gagnée à la cause populaire, veut, à l'instar du petit peuple, pousser la Révolution vers des limites beaucoup plus radicales. Bon nombre de nobles, et avec eux la majorité de la France, traditionnellement favorable au roi et à la religion, commencent également à se soulever. C'est ainsi que, pour affermir les conquêtes de l'été 1789, se créent dans tout le pays des fédérations de communes et de provinces, chargées de représenter et de maintenir l'esprit des États généraux. Ce vaste mouvement aboutit, le 14 juillet 1790 (date anniversaire de la prise de la Bastille), à la grande fête de la Fédération nationale qui se déroule, dans l'allégresse générale et en présence de la famille royale, sur le Champ-de-Mars, à Paris. Talleyrand y célèbre la messe, et le mariage mystique entre le roi et la nation semble une nouvelle fois renoué. Simple illusion. Deux jours avant la fête de la Fédération, l'Assemblée constituante a adopté un texte qui, une fois encore, précipitera le cours des événements, la Constitution civile du clergé.

La fuite à Varennes et la fin de la Constituante. Inconcevable pour un clergé qui se voyait aliéné à un processus politique qu'il réprouvait en grande partie, condamnée par le pape et inacceptable pour un roi fermement attaché aux dogmes de la monarchie de droit divin, la Constitution civile du clergé est le révélateur du quiproquo instauré entre le roi et l'Assemblée dès le début de la Révolution. Faible et velléitaire, Louis XVI va sanctionner, le 26 décembre 1790, cette Constitution civile du clergé. Toutefois, acquis aux idées des réfractaires, il se met à jouer, avec le concours actif de Marie-Antoinette, un double jeu. Semblant se soumettre à la Constituante, il ourdit en secret la perte de la Révolution. C'est ainsi que, s'étant vu refuser l'accès au château de Saint-Cloud durant les fêtes de Pâques 1791, le roi décide de se rendre aux frontières de l'Est pour tenter de rétablir la situation intérieure. Parti, en compagnie des siens, dans la nuit du 20 juin, il est arrêté le soir même à Varennes-en-Argonne, après avoir répugné à utiliser la force pour continuer sa route. Le 25 juin, le « corbillard de la monarchie » rentre à Paris au milieu d'une foule menaçante et furieuse d'avoir été trahie par son souverain. Malgré les explications approximatives et rassurantes des députés monarchiens, le peuple de Paris a conscience d'avoir été trompé. La rupture est décisive entre la France favorable aux idées de 1789, mais attachée à son roi, et ce monarque qui s'apprêtait à pactiser avec les puissances ennemies.

À Paris, en pleine effervescence, naissent une quantité de clubs où se retrouvent les députés de la Constituante. Bientôt, la politique de la France se fait plus dans la salle des Cordeliers ou des Jacobins qu'au sein d'une assemblée qui a hésité à condamner Louis XVI pour sa tentative de fuite. Devant cette mansuétude, la municipalité de Paris organise au Champ-de-Mars, le 17 juillet, une grande manifestation au cours de laquelle le peuple de la capitale est invité à venir signer une pétition réclamant la déchéance du roi. Très vite, des heurts importants ont lieu à l'endroit même où, un an auparavant, avait été acclamée la famille royale ; puis tout à coup l'irréparable se produit. La garde nationale tire sur la foule : Bailly et La Fayette, symboles de la Révolution victorieuse, viennent de se couvrir les mains du sang du peuple. Un degré supplémentaire dans l'escalade révolutionnaire vient d'être gravi. Quelques semaines plus tard, l'Assemblée constituante se sépare ; elle a achevé ses travaux en vue de l'élaboration d'une nouvelle Constitution. Le 14 septembre, Louis XVI prête serment de fidélité aux lois constitutionnelles adoptées, après qu'il eut été décidé que les membres de la nouvelle assemblée ne pourraient être pris parmi ceux de la Constituante.

L'Assemblée législative et la chute de la royauté (octobre 1791-septembre 1792). Assemblée le 1er octobre, la Législative, élue au suffrage universel censitaire dans l'indifférence générale, reflète assez bien les tendances politiques exprimées au sein de la Constituante : 264 Feuillants, 350 Impartiaux, 136 Jacobins (Girondins plus Montagnards). Mais, au moment où l'Assemblée législative se réunit, la France est en butte à des tensions internes extrêmement fortes. Royalistes et révolutionnaires fourbissent leurs armes, et l'émigration, recrudescente depuis Varennes, entretient un climat d'insécurité, exploité par les partisans de la Révolution à outrance. Dès le mois d'octobre 1791, Louis XVI va devoir former un cabinet. Ce ministère, de tendance feuillantine, ne tardera pas à se trouver en décalage vis-à-vis de l'Assemblée, étroitement surveillée par la municipalité prête à la moindre alerte à déclencher une émeute populaire. Dans le courant du mois de novembre, la Législative adopte néanmoins un certain nombre de mesures dont les plus célèbres restent la loi sur les émigrés (ceux-ci étant sommés de regagner la France avant le 1er janvier 1792, au risque de se voir confisquer tous leurs biens), et la loi sur les prêtres réfractaires, selon laquelle tout homme d'Église doit prêter dans les huit jours un serment civique, sous peine de voir sa pension supprimée et de se retrouver suspect aux yeux des autorités. Louis XVI oppose sans attendre son veto à ces deux décisions. Irritée par ce refus et par le renvoi de Narbonne, la Législative se fait menaçante et met en accusation Lessart, ministre par intérim des Affaires étrangères, obligeant le roi à se séparer de ses ministres feuillants et à former un cabinet d'inspiration girondine.

Aussitôt, le ministère nouvellement constitué s'engage dans le processus de déclaration de guerre à la vieille Europe monarchique. Ce conflit, il ne faut pas l'oublier, était souhaité, en premier lieu, par Louis XVI. Le roi, misant sur une défaite française, pensait ainsi obtenir un repli de la Révolution. Mais la guerre était également voulue par des hommes tels que La Fayette et ses amis politiques, jeunes officiers pour la plupart, spéculant, eux, sur une victoire française qui aurait permis d'enrayer le dérapage révolutionnaire de l'année 1792. En revanche, parmi les opposants au conflit, se trouvent des hommes de l'aile gauche, comme Robespierre qui, percevant les visées royales, préférerait combattre les « ennemis de l'intérieur » avant ceux des frontières. Les premiers engagements sont désastreux. Mal préparées, les troupes républicaines subissent des échecs cuisants, notamment à la frontière belge. Comprenant les espoirs secrets du roi, l'Assemblée décide, au printemps 1792, d'adopter trois nouveaux décrets prévoyant d'une part la déportation des prêtres réfractaires, d'autre part le renvoi de la garde constitutionnelle du roi, et enfin la création, à Paris, d'un camp de 20 000 fédérés. Bien évidemment, le roi ne contresignera que la deuxième disposition, et le ministère girondin démissionnera, aussitôt remplacé par un cabinet d'obédience feuillantine. Le 20 juin 1792, sous le prétexte de célébrer l'anniversaire du serment du Jeu de paume et de porter une pétition à l'Assemblée, est organisée une vaste manifestation populaire dont le but réel est d'intimider le roi, afin qu'il revienne sur le veto apposé au bas des décrets relatifs aux prêtres refractaires et à la garnison de fédérés. La manifestation ne tarde pas à tourner à l'émeute. Une foule surexcitée envahit les Tuileries, mais après une journée de troubles extrêmement violents, Louis XVI n'a pas cédé malgré l'impressionnante épreuve de forces engagée. Ulcérée par cet échec, la Commune de Paris ne tarde pas à ambitionner un nouvel assaut. L'occasion lui en est offerte, quelque temps plus tard, à propos de deux événements de première importance. Le premier est le décret pris par la Législative, proclamant la « patrie en danger » (11 juillet 1792) ; le second est le manifeste de Brunswick, véritable ultimatum mettant Paris en demeure de cesser toute violence de quelque nature qu'elle soit à l'encontre de la famille royale. Cette proclamation, émanant de l'étranger mais inspirée, dira-t-on, par les Tuileries, ne tarde pas à mettre le feu aux poudres. Les faubourgs parisiens, débordant une fois de plus l'Assemblée, se préparent, avec une volonté farouche, à donner le coup de grâce à la royauté.

La journée du 10 août 1792. Marquée par la prise des Tuileries et le massacre de sa garnison de suisses, la journée du 10 août apparaît essentiellement comme la dernière phase de la révolution monarchique. Pressée par le peuple de Paris, la Législative, devant une émeute qu'elle craint de ne pouvoir juguler, décide de suspendre le roi, de l'incarcérer avec sa famille au Temple et de confier le gouvernement à un Conseil exécutif provisoire chargé de régler les affaires courantes. Il est adopté, en outre, de faire élire, au suffrage universel au deuxième degré, une Convention nationale devant se substituer à la Législative : la chute du trône est irrémédiablement consommée. Forte de son succès, la Commune de Paris va, sinon organiser, tout au moins avaliser les massacres de Septembre, au cours desquels, au début du mois, des groupuscules de « justiciers » à la solde de la populace assassineront, sans discernement, plus d'un millier de suspects, hommes et femmes dans les prisons et édifices religieux. Dictés, dira-t-on, par le désir de rendre la Révolution irréversible et la crainte, pour les hommes devant partir aux frontières, de laisser leurs familles dans une capitale « gorgée d'aristocrates », ces massacres aboutissent à une scission politique définitive entre les Girondins et les Montagnards. Quelques jours plus tard, tandis que les troupes françaises remportent la victoire décisive de Valmy (20 septembre), la Législative se sépare, emportant avec elle les dernières possibilités de compromis constitutionnel entre le roi et la Révolution.

La révolution républicaine. La mort du roi. Réunie le 21 septembre, la Convention décide, d'abord, d'entériner l'abolition de la royauté avant de proclamer, dès le lendemain, la naissance de la République française, première du nom. Mais, pour la nouvelle assemblée, la décision majeure reste le sort du roi. La Convention, qui vient de prendre connaissance des documents de l'armoire de fer, décide de préparer immédiatement le procès de Louis XVI, s'étant elle-même chargée, au mépris de la règle fondamentale de séparation des pouvoirs, de juger le roi. Commencé au mois de décembre 1792, le procès de Louis XVI se termine au mois de janvier de l'année suivante sur un verdict de mort. Le 21 janvier 1793 le roi monte à l'échafaud. Cet acte, aux conséquences énormes, entraîne dans l'immédiat deux nouvelles difficultés pour la jeune République : d'une part, la formation de la première coalition, d'autre part, le début de graves soulèvements dans les départements de l'Ouest, principalement. En outre la trahison de Dumouriez, avec les risques d'invasion inhérents à celle-ci, et les dissensions nées entre Girondins et Montagnards mettent la République en réel péril. Excédés par les outrances des sections parisiennes, les Girondins obtiennent la mise en arrestation de Marat et la création, le 18 mai, d'une commission des Douze, chargée de contrôler les actes de la Commune. Le résultat ne tarde pas : Marat est réhabilité, la commission des Douze est supprimée moins de dix jours après sa création et les Girondins se trouvent eux-mêmes menacés. Après avoir obtenu la réinstallation de la Commission pour quelques jours, 29 Brissotins, faction modérée des Girondins, sont menés à l'échafaud : l'autocratie montagnarde commence sa carrière.

Le gouvernement révolutionnaire. Aussitôt connue la chute des Girondins, la province, dans un vaste mouvement de protestation, se dresse contre l'hégémonie croissante des Montagnards et de Paris. Les députés girondins qui ont pu s'échapper déclenchent dans de nombreux départements l'insurrection fédéraliste. L'assassinat de Marat par Charlotte Corday, influencée par des députés réfugiés à Caen, sera l'une des manifestations de ce mouvement. Face à une situation intérieure de plus en plus houleuse et à une perpétuelle menace d'invasion, s'instaure peu à peu un gouvernement de type révolutionnaire, au sens le plus rigoureux du terme. Dès le 6 avril, au lendemain de la trahison de Dumouriez, a été constitué un Comité de salut public de neuf membres, parmi lesquels Danton joue le rôle essentiel. On y trouve notamment Robert Lindet, Barère et Cambon. Élu en principe pour un mois, au sein de la Convention, il sera reconduit en mai et juin. Cinq représentants, chargés d'aider à la préparation de la Constitution, s'y ajoutent au mois de mai. Lors du renouvellement de juillet, Danton est éliminé. Peu à peu, au cours de l'été, se constitue le grand comité de l'an II où siègent Robespierre, Carnot, Prieur de la Côte d'Or, Billaud-Varenne, Collot d'Herbois, Barère, Gasparin, Lindet, Couthon, Saint-Just et Jean Bon Saint-André. Jusqu'au 9 Thermidor, animé par une seule volonté, sauver la République, ce comité accomplit une tâche écrasante, le rétablissement de la situation intérieure et extérieure.

Antérieur au Comité de salut public, le Comité de sûreté générale a été créé le 2 octobre 1792. Chargé de la police générale, de la surveillance des prisons, de l'arrestation des suspects, il créera en fait les conditions de l'exercice de la Terreur. Parmi ses membres, des révolutionnaires acharnés comme Vadier ou Amar, des modérés comme

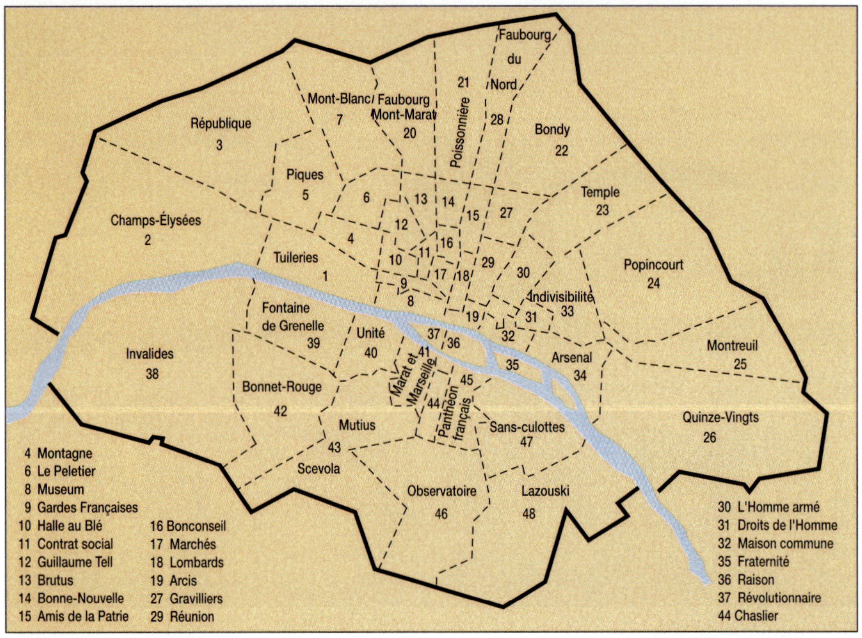

Révolution française
Les sections parisiennes sous la Révolution.

Bayle. Devant les périls extérieurs, les défaites de Belgique, des sections ont demandé la création d'un tribunal d'exception. Danton appuie cette proposition et, le 10 mars, malgré les protestations des Girondins, est crée le Tribunal révolutionnaire. Son accusateur public, Fouquier-Tinville, ne tardera pas à acquérir une sinistre réputation. Le 21 mars, après la défaite de Neerwinden, sont décrétés les comités de surveillance. Chargés d'abord de la surveillance des étrangers, ils le seront, le 17 septembre, de celle des suspects et joueront un rôle considérable dans le développement de la Terreur. Autres instruments du gouvernement révolutionnaire, les représentants en

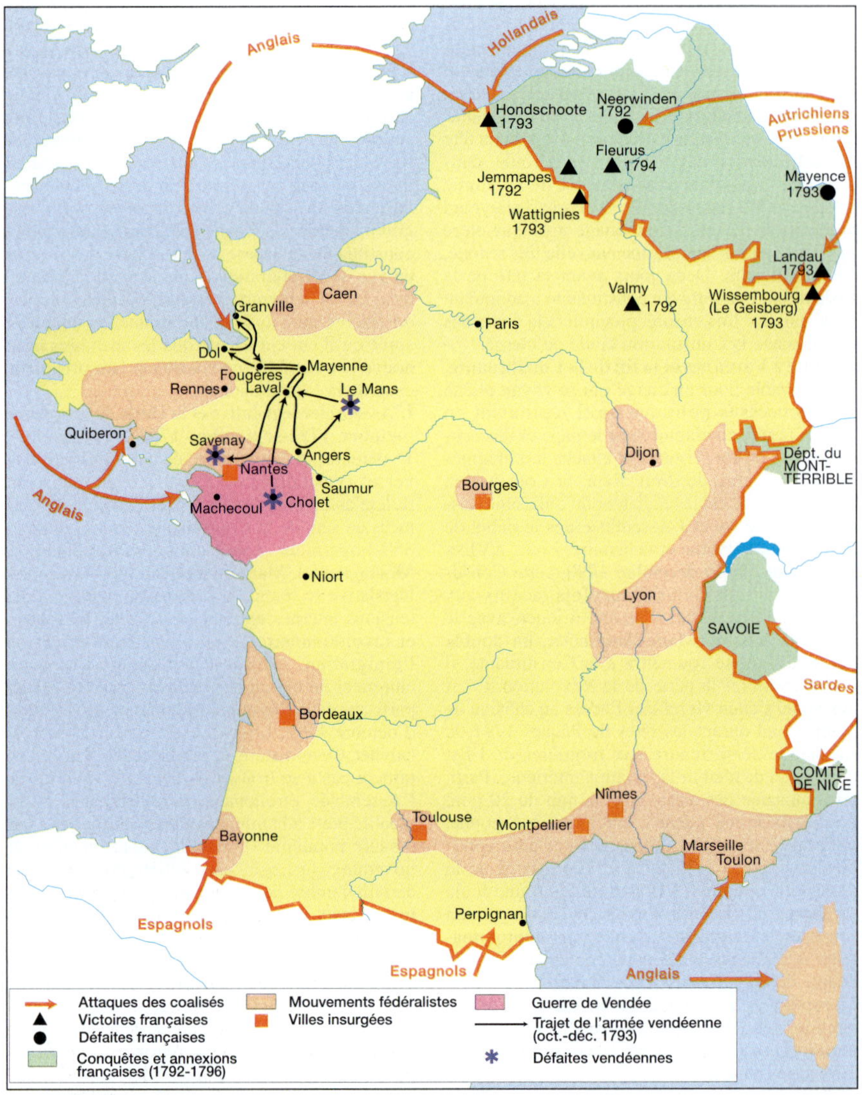

La France assiégée pendant la Révolution

mission, dans les départements ou aux armées. Eux aussi – Saint-Just en est resté le symbole – accomplissent un travail considérable.

Vainqueurs des Girondins après les journées du 30 mai et du 2 juin, les Montagnards s'appliquent d'abord à ne pas se laisser déborder par les sans-culottes et les sections, à ne pas s'aliéner la bourgeoisie favorable au mouvement révolutionnaire, à ne pas favoriser par des excès l'insurrection fédéraliste. Protégeant la propriété, la Montagne s'efforce aussi de donner satisfaction aux revendications paysannes par les lois sur la vente des biens des émigrés (3 juin), le partage des biens communaux (10 juin) et la ruine définitive du régime féodal (17 juillet). Pour éloigner le spectre de la dictature et rassurer les départements, la Convention discute et vote rapidement la Constitution dite de 1793, le 24 juin. Préparée en particulier par Hérault de Séchelles, elle ne sera jamais appliquée. Les périls cependant paraissent plus menaçants que jamais. La révolte fédéraliste, combattue pendant l'été, ne sera écrasée qu'à la fin de l'année, tandis que persiste l'insurrection vendéenne. L'invasion étrangère est plus menaçante que jamais : Anglais et Autrichiens menacent la frontière du nord, les Prussiens s'emparent de Mayence, sur le Rhin, les Piémontais se font pressants dans les Alpes, la Savoie est envahie. Au sud-ouest, les Espagnols franchissent les Pyrénées. Partout, mal commandées, mal organisées, découragées, indisciplinées, les troupes républicaines reculent. À l'intérieur, la crise des subsistances, des denrées de première nécessité demeure la cause essentielle du mécontentement populaire, tandis que la crise de l'assignat et l'inflation contribuent à la hausse des prix. Les Enragés de Jacques Roux utilisent cette situation contre la Convention, réclament des lois contre l'accaparement. La Convention leur donnera satisfaction le 26 juillet.

C'est donc en pleine période de crise que commence, au mois de juillet, le renouvellement du Comité de salut public. Peu à peu, sous l'influence de Robespierre, ce comité va imposer ses vues à la Convention et aux Jacobins, mais son pouvoir restera fragile, soumis à la pression populaire. S'il veut donner une impulsion nouvelle à la défense des frontières, étroitement liée au succès du mouvement révolutionnaire, le Comité n'entend pas se laisser déborder par les extrémistes, enragés ou modérés. Il doit cependant, sous la poussée populaire, accepter la levée en masse le 23 août, le cours forcé des assignats puis, après les journées populaires des 4 et 5 septembre, la création d'une armée révolutionnaire, le maximum des grains et des farines, et enfin le maximum général, le 29 septembre. Sous la pression des sans-culottes – « il faut mettre la Terreur à l'ordre du jour » –, la Convention décrète aussi l'arrestation des suspects et l'épuration des comités de surveillance. Ainsi, tandis que s'organise peu à peu la concentration gouvernementale dont le Comité de salut public, investi de la prééminence sur les autres comités, devient le centre et le moteur, les revendications terroristes s'amplifient. On parle de nouveaux massacres, comme l'année précédente. La loi des suspects, votée le 17 septembre, inaugure véritablement le règne de la Terreur. Elle permet au Tribunal révolutionnaire, dont Fouquier-Tinville reste l'accusateur public, mais que préside Hermann, tout dévoué à Robespierre, d'envoyer à la guillotine des centaines de suspects : la reine, Manon Roland, Bailly, le duc d'Orléans, Mme du Barry, Custine, Barnave périront à ce moment. En quelques mois, jusqu'au 9 Thermidor, le nombre des condamnations prononcées par le Tribunal atteindra environ 2 600. La Terreur, sous l'impulsion des représentants en mission, gagne aussi la province, la guillotine s'installant sur les places. Fusillades de Lyon, où l'insurrection fédéraliste est écrasée et noyée dans le sang, noyades de Nantes font des centaines de victimes. Le zèle excessif de certains représentants en mission, comme Carrier, Barras ou Fréron, n'est pas apprécié de Robespierre qui fera ordonner leur rappel.

Autre manifestation de la poussée populaire, la déchristianisation et le culte des martyrs de la liberté. Après la renonciation au culte catholique et la célébration à Notre-Dame de Paris d'une fête de la Liberté le 10 novembre, la Commune décide le 23 novembre la fermeture des églises. Le mouvement sera enrayé au mois de décembre, Robespierre percevant les dangers d'une déchristianisation à laquelle il est, de plus, personnellement hostile. Renforçant cependant son autorité, le Comité de salut public se débarrasse des Enragés – Jacques Roux, arrêté le 5 septembre, se suicidera en prison – puis impose sa volonté à la Convention qui, le 10 octobre, déclare le gouvernement « révolutionnaire jusqu'à la paix ». Le décret du 4 décembre constitue le gouvernement révolutionnaire, rétablit la centralisation. Pour s'imposer, ce gouvernement doit arrêter le recul des armées aux frontières, chasser l'ennemi. Carnot, Lindet, Prieur de la Côte d'Or, suivis des autres membres du Comité, sont les grands animateurs, avec Saint-Just, du redressement de l'armée. On sollicite les savants, on organise les fabrications de guerre puis, au mois de décembre, l'exploitation révolutionnaire du salpêtre. Aux armées, les représentants en mission organisent le ravitaillement, épurent le commandement, rétablissent la discipline. Dès l'automne, les premières victoires marquent le succès de cet énorme effort. Lyon est reprise par les troupes républicaines, puis Toulon, tandis que la Vendée est écrasée. Sur les frontières, Dunkerque est libérée, Houchard remporte la victoire de Hondschoote, puis c'est la libération de Maubeuge, celle de Landau. À la fin de l'année, l'invasion recule partout.

L'unité de la Montagne, cependant, n'existe plus en cette fin d'année 1793. Deux affaires, la conspiration de l'étranger et l'affaire de la Compagnie des Indes, l'ont ruinée, révélant la corruption de certains membres de la Convention, leur collusion avec des étrangers ou des hommes d'affaires. Le Comité de salut public, par ailleurs, doit faire face à une double opposition : celle des modérés qui, comme Danton, veulent mettre un terme à la Terreur, et celle des hébertistes qui veulent au contraire l'accentuer. Le problème des subsistances et du ravitaillement demeure, le mécontentement populaire s'exaspère. Après le vote de secours, puis un nouveau maximum général, le 21 février, les décrets de ventôse ont pour but d'apaiser les sans-culottes. Saint-Just, leur instigateur, fait décréter le séquestre des biens des suspects et prévoit l'indemnisation des patriotes indigents. Malgré les intentions du rapporteur, ces mesures, longues à appliquer, ne satisfont pas les patriotes, dont le mécontentement, exploité par les Exagérés, persiste. Robespierre s'en prend alors aux factions. Hébert et ses amis sont les premiers touchés, le 24 mars, puis Danton et les Indulgents, le 5 avril. Soutenu par Saint-Just et Couthon, l'« Incorruptible », à la tête du Comité de salut public, semble pouvoir imposer ses vues, la dictature du gouvernement révolutionnaire n'est plus contestée. Il entreprend de canaliser le mouvement populaire : l'armée révolutionnaire est licenciée le 27 mars, les commissaires aux accaparements supprimés le 1er avril, la Commune épurée, les sociétés populaires dissoutes. En procédant ainsi, le Comité de salut public s'isole de la base, perd peu à peu sa confiance, son appui, on le verra au 9 Thermidor. Si la Convention demeure « le centre unique de l'impulsion du gouvernement », elle est, en fait, de plus en plus subordonnée au pouvoir exécutif, aux comités de gouvernement. Un homme symbolise la force de ce pouvoir exécutif, c'est Robespierre. Débarrassé des hébertistes et des Indulgents, il semble tout-puissant. Au lendemain de la liquidation des factions, la centralisation de la Terreur est renforcée, les terroristes notoires rappelés. Le décret du 16 avril établit que tous les accusés seront jugés à Paris. La loi du 22 prairial an II (10 juin 1794), inaugure ce qu'on appellera la Grande Terreur. Loi de circonstance, votée contre la persistance du complot aristocratique et des menées de l'étranger, elle retire toute garantie aux accusés traduits devant le Tribunal révolutionnaire, tandis que la notion d'ennemis de la République est élargie. Les prétendues conspirations des prisons permettent d'envoyer à la guillotine – car le tribunal n'a le choix qu'entre la mort et l'acquittement – de véritables fournées de condamnés. Du 22 prairial au 9 Thermidor, 1 376 personnes seront guillotinées.

Deux jours avant le vote de cette loi a été célébrée la fête de l'Être suprême. Robespierre, très influencé par Rousseau, et ennemi de l'athéisme, a souhaité créer une nouvelle religion, celle de l'Être suprême. La célébration grandiose de cette fête peut lui apparaître comme son triomphe. Mais, d'une part, elle ne rencontre que peu d'échos parmi la population, venue surtout par curiosité, et, d'autre part, elle contribue à cristalliser l'hostilité de ceux qui à la Convention ou dans les comités, sont las de l'autorité et de la toute-puissance de l'« Incorruptible ». Certains estiment, avec une partie grandissante de l'opinion, que le renforcement de la Terreur n'est plus justifié, puisque les victoires ont succédé aux défaites. D'autres, comme Carnot, sont jaloux de l'autorité de Robespierre, d'autres enfin la craignent, redoutent les effets de la vertu prônée par ce dernier. Regroupés autour de Tallien, Barras, Fréron et Vadier, chef du Comité de sûreté générale, qui ne pardonne pas à Robespierre d'avoir placé le Comité de salut public au premier rang et a vainement tenté de le compromettre par l'affaire Catherine Théot, les mécontents, avec l'aide du Marais, l'emportent à la Convention sur Robespierre et ses amis, le 9 Thermidor (27 juillet). Dès le lendemain, l'« Incorruptible » et un certain nombre de ses partisans sont guillotinés. La Terreur s'achève et, avec la Convention thermidorienne, s'ouvre une nouvelle période de la Révolution.

La Convention thermidorienne. La mort de Robespierre, par-delà le vaste mouvement de soulèvement populaire, représentait la fin de la dictature des sans-culottes. Une Convention, certes moins vertueuse, mais libre de dire ce qu'elle pense, sert d'alibi aux hommes du jour, opportunistes et agioteurs pour beaucoup d'entre eux. Mais, avec le 9 Thermidor, apparaît un nouvel état d'esprit ; certes, ce n'est pas le retour à la vie d'Ancien Régime, mais la jeunesse dorée se plaît à exalter une existence facile, de mœurs douteuses, où l'argent et la mise ne rendent plus suspects. Pour que le « démon révolutionnaire » soit totalement exorcisé, il faut défaire la trame mise en place par la Terreur. C'est ainsi que pour briser le rôle du Comité de salut public, on le cantonne dans les affaires de guerre et de diplomatie. La police, quant à elle, est confiée au Comité de sûreté générale, tandis que treize autres comités sont chargés de l'ensemble de l'administration. Le système politique est donc fondamentalement remanié, puisque l'Assemblée seule gouverne, voulant éviter ainsi que la prépondérance d'hommes habiles puisse à nouveau s'exercer au sein de comités omnipotents. La loi des suspects, celles du 22 prairial, du maximum, sont abrogées. Afin de satisfaire une opinion publique voulant se persuader que l'ère de la Terreur est close, les grands exécutants, sinon les grands meneurs des années 1794-1795, sont mis en accusation. C'est ainsi que Carrier, Lebon, Fouquier-Tinville sont traduits devant le Tribunal révolutionnaire et exécutés. Les prisons pleines des suspects de la Terreur ouvrent leurs portes, tandis que les salons, tels ceux de Mme de Staël et de Mme Tallien, abritent, de nouveau, l'élite intellectuelle.

Toutefois, la disette continue à faire rage et de nouveaux troubles populaires ne vont pas tarder à éclater. C'est ainsi que le 12 germinal an III (1er avril 1795), la Convention est envahie par une marée d'indigents qui réclament du pain et du travail. Maîtrisée, l'émeute n'aboutit qu'à l'arrestation et à la déportation à Cayenne d'anciens Jacobins, tels Barère, Collot d'Herbois et Billaud-Varenne. Le 1er prairial (20 mai) éclate une seconde insurrection, beaucoup plus violente que la précédente ; elle n'est réprimée qu'après plusieurs heures de combats et aboutit, à son tour, à l'arrestation et à la condamnation de six anciens

Jacobins. Le cortège des désordres n'est pas clos pour autant. Après avoir terriblement souffert de la Terreur, les royalistes du Sud-Est vont se livrer à une contre-révolution dont les outrances et les horreurs n'auront rien à envier à celles de septembre 1792. Paris n'échappe pas à ce que l'on a appelé la Terreur blanche. Le 26 octobre 1795, la Convention thermidorienne se sépare après avoir voté au mois d'août la Constitution de l'an III qui donnait naissance au Directoire. Malgré une sévère crise économique et financière, la spéculation effrénée d'un nombre important de politiciens indélicats, le difficile équilibre qu'elle avait dû conserver entre les mesures antijacobines (fermeture de leurs clubs, disparition des sociétés populaires ; transformation des structures du mouvement révolutionnaire) et les menaces royalistes (repoussées tant sur le parvis de Saint-Roch que dans la presqu'île de Quiberon), la Convention thermidorienne lègue au Directoire un héritage intellectuel et social non négligeable.

RÉVOLUTION DE 1830 : voir JUILLET 1830 (journées des 27, 28, 29)

RÉVOLUTION DE 1848

Mouvement révolutionnaire parisien, au cours des 22, 23 et 24 février 1848, ayant abouti à la chute de la monarchie de Juillet et à la proclamation de la IIe République.

Le gouvernement Guizot se refusant à satisfaire une exigence remontant à 1830, relative à la réforme électorale – il s'agissait d'élargir grâce à un abaissement du cens, le corps électoral –, les partisans de ce changement décident de s'adresser au pays par voie de banquets-conférences. L'organisation de l'un d'eux, préparé par les officiers de la 12e légion de la garde nationale, va être l'événement déclenchant le conflit. Exaspéré par cette campagne des banquets, le gouvernement décide de mettre un frein à une propagande hostile à ses desseins et fait savoir que le banquet prévu est interdit. Immédiatement, l'opposition républicaine s'insurge contre cette entrave à la liberté de réunion, « dernier lambeau de nos libertés », selon Ledru-Rollin. Mais, par la voie de son ministre de l'Intérieur, Duchâtel, le gouvernement affirme qu'il ne cédera pas : l'épreuve de force est engagée. Fermement décidés eux aussi à ne pas se rétracter, les organisateurs du banquet décident de maintenir leur réunion prévue pour le 22 février. Toutefois, dès le 19, une mission de bons offices a lieu entre les représentants du gouvernement et ceux de l'opposition, au terme de laquelle un compromis se dessine ; le banquet est autorisé si les organisateurs acceptent qu'il ait lieu non dans un quartier populaire (afin d'éviter les affrontements) mais aux Champs-Élysées, en un endroit isolé. Cet « agrément » n'est pas du goût d'hommes tels que Louis Blanc ou Ledru-Rollin qui, immédiatement, rejettent la proposition, décident d'organiser une manifestation populaire, et même d'en appeler à la garde nationale. Figés maintenant dans leurs positions, les deux camps se trouvent face à face, sans qu'aucun accommodement ne puisse être envisagé. Le gouvernement, sûr de lui, estime que ce mouvement sera bien vite réprimé, et, tout à fait serein, Louis-Philippe déclare : « Ils voulaient un banquet. Ils n'en auront pas même les miettes. »

Dans les faubourgs, le feu couve. Dès le matin du 22 février, les Parisiens se rendent en masse au lieu de rendez-vous fixé pour la réunion. Dans le quartier de la Madeleine, des groupes se forment, et quelques personnes se mettent à entonner *La Marseillaise*. Vers midi, une foule immense envahit déjà la place de la Concorde : il fait froid, des feux de camp sont allumés çà et là, et quelques affrontements, encore mineurs, commencent à opposer manifestants et forces de l'ordre. Mais, c'est dans l'après-midi que la fièvre commence véritablement à monter. Comme en 1789, les grilles de l'église Saint-Roch sont descellées, les pavés arrachés, et les premières barricades élevées. Puis la nuit tombe. Pour bon nombre de Parisiens, la journée de manifestation est terminée, ce qui n'est pas l'opinion de ses organisateurs. Profitant de la soirée, plusieurs d'entre eux se rendent aux barrières de Paris, s'arment et tentent de rallier à leur cause un maximum de personnes, jusques et y compris au sein de la garde nationale. Pendant ce temps, Louis-Philippe dort. Thiers estime que « tout [c'est-à-dire l'émeute] est fini ». Seul Guizot est inquiet. Dès l'aube du 23 février, dans la capitale baignée par la pluie, les barricades ont poussé un peu partout, et les premiers coups de feu claquent. Quelques heures plus tard, tout Paris, du bourgeois à l'ouvrier, se retrouve dans la rue. Puis la grande nouvelle éclate : la garde nationale vient de se ranger du côté des émeutiers.

Le roi, aussitôt prévenu, décide de limoger Guizot et de le remplacer par Molé. À cette annonce, Paris exulte : le choix de Molé est tout de même un progrès vers la réforme. Il semble à cet instant que l'insurrection soit écartée, et qu'on aille vers l'apaisement populaire. Toutefois, déçus que cette « journée parisienne » se termine de façon « légaliste », quelques émeutiers décident de raviver l'ardeur révolutionnaire de leurs camarades et se portent, dès le début de la nuit, vers le quartier des Capucines. Là, trouvant une rue barrée par le 14e de ligne, un des meneurs s'avance, une torche à la main, et menace un officier ; c'est alors que, croyant son lieutenant en danger, un sergent met en joue et tire. La foule entend un « bruit pareil au craquement de soie qu'on déchire », dira Flaubert : l'homme s'écroule ; le feu vient d'être mis aux poudres. C'est ainsi que, croyant à un signal, la troupe se met à mitrailler, laissant 52 morts. À l'annonce de cette tragédie, Louis-Philippe semble profondément bouleversé. Il décide sur-le-champ, lourde faute psychologique, de confier le commandement des troupes à l'impopulaire maréchal Bugeaud, tandis que Molé, véritablement dépassé par les événements, décide de démissionner du poste que lui a confié la veille le roi des Français. Ce dernier, face à ce nouvel imprévu, se résigne, sans enthousiasme, à appeler Thiers pour former le nouveau gouvernement. Lorsque le jour du 24 février se lève sur la capitale, l'émeute s'est transformée en révolution. Malgré les consignes de fermeté dictées par Bugeaud, la troupe fraternise de plus en plus avec la population qui, de son côté, apporte son concours actif – du moins dans les quartiers populaires de Paris – à « l'armée » des révolutionnaires.

Louis-Philippe, apparemment calme, ne semble plus savoir que faire ; le peuple de Paris, lui, le sait pertinemment. Il pense en silence ce qu'Arago a hurlé tout à l'heure à la face d'Odilon Barrot : « L'abdication avant midi… sinon la révolution ». Mais le roi continue de tergiverser sur les mesures à prendre. Thiers, exalté pour la circonstance, préconise que le gouvernement se retire à Saint-Cloud et que l'armée reprenne Paris par les armes. Louis-Philippe refuse. Il préfère, comme au 10 août 1792, montrer à ses troupes fidèles que le roi leur accorde toute sa confiance. Mais la revue des soldats du château ne tarde pas, elle non plus, à tourner à l'émeute. Une bonne partie de la garde nationale, apercevant le monarque, n'hésite pas a lui exprimer, et avec vehémence, ses sentiments oppositionnels. Épuisé, le roi retourne au château, tandis que les émeutiers se rapprochent des Tuileries. Là, pressé par ses proches, Louis-Philippe se résigne à rédiger ces quelques lignes : « J'abdique cette couronne, que la voix nationale m'avait appelé à porter, en faveur de mon petit-fils le comte de Paris. Puisse-t-il réussir dans la grande tâche qui lui échoit aujourd'hui. » L'insurrection est main-

Révolution de 1848
Lamartine rejetant le drapeau rouge en 1848. Huile sur toile de Félix Philippoteaux, musée de la ville de Paris, musée du Petit-Palais. © *Giraudon*

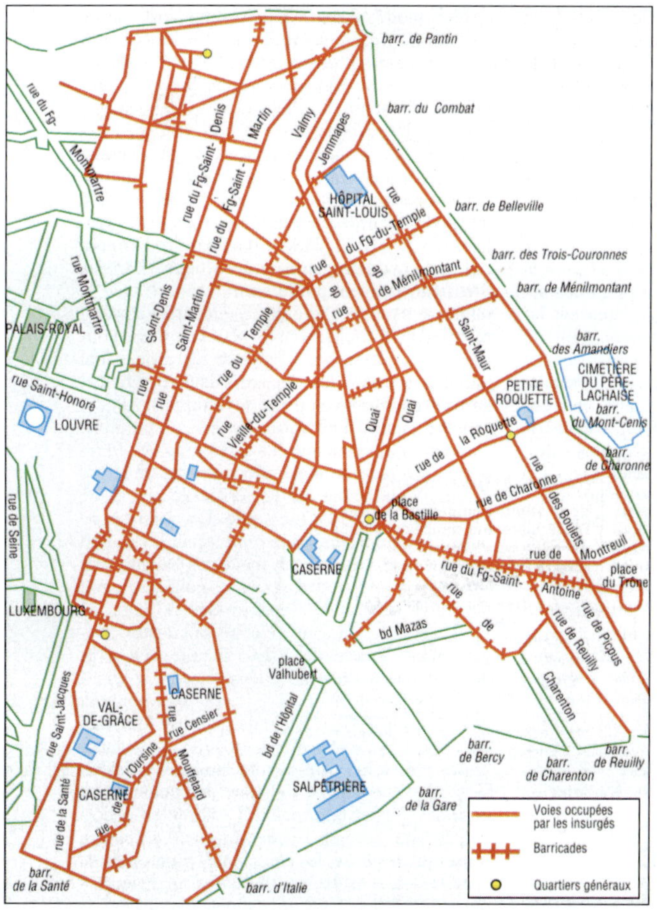

Les journées de juin 1848 à Paris

tenant aux grilles du palais. Louis-Philippe se décide enfin à partir pour Dreux. La France vient de vivre les derniers instants de son histoire monarchique. Le roi n'a pas dépassé la barrière de Passy que les Tuileries sont envahies. Pendant ce temps, la duchesse d'Orléans accompagnée par ses fils Robert, duc de Chartres, et le petit comte de Paris, Philippe, se rend à l'Assemblée. Il y règne une atmosphère survoltée ; c'est au sein d'un hémicyle en pleine effervescence qu'elle commence à lire, dans l'indifférence générale, le message suivant : « Mon fils et moi voulons recevoir le pouvoir de la volonté nationale. Nous attendons avec confiance, moi, veuve du duc d'Orléans, et mon fils orphelin, la résolution qui va être prise. Ce qui est certain, c'est que, quoi qu'il arrive, j'élèverai mon fils dans l'amour de ce pays et le respect de la liberté. »

Négligeant de répondre à la duchesse d'Orléans, Lamartine s'élance à la tribune et demande que soit constitué un gouvernement provisoire « qui ne préjugera ni de nos droits, ni de nos sentiments, ni de nos sympathies, ni du droit du sang qui coule, du droit de ce peuple affamé par ce glorieux travail qu'il accomplit depuis trois jours… » Il n'a pas le temps d'achever. Les insurgés font, à grands bruits, leur entrée dans l'Assemblée. Ils réclament les noms des membres du gouvernement provisoire. Abasourdis par la précipitation des événements, les députés décident alors, sur proposition de Lamartine, de se rendre à l'Hôtel de Ville. Là, le gouvernement provisoire ne tarde pas à être constitué. Dupont de l'Eure en est nommé président ; le ministère des Affaires étrangères revient à Lamartine ; Ledru-Rollin reçoit celui de l'Intérieur ; Arago celui de la Marine ; Marie, celui des Travaux publics et Subervie celui de la Guerre. Mais soudain, vers 20 heures, se produit un nouveau coup de théâtre ; un autre gouvernement vient d'être formé, à l'insu du premier, où l'on retrouve Louis Blanc, Marrast, Flocon et l'ouvrier Albert. Passé la première stupéfaction, les choses finissent par s'arranger, puisque la plupart de ces derniers, faisant contre mauvaise fortune bon cœur, se contentent de postes de secrétaires d'État dans le gouvernement provisoire, tandis que Louis Blanc reçoit la présidence de la Commission de gouvernement pour les travailleurs, dite Commission du Luxembourg. Lamartine demande que soit proclamée sans attendre la République et dicte le texte suivant : « Le gouvernement provisoire déclare que le gouvernement provisoire de la France est le gouvernement républicain et que la nation sera immédiatement appelée à ratifier la résolution du gouvernement provisoire et du peuple de Paris. » « Trois fois provisoire, dit alors, avec raison, Ledru-Rollin, c'est deux fois de trop ! » L'un des « provisoires » est remplacé dans l'instant par un « actuel » et, ainsi conçu, se trouve rédigé l'acte de naissance de la République. Le 25 février, tôt le matin, le gouvernement provisoire décide de prendre plusieurs mesures destinées à réorganiser les structures de l'État. Mais, malgré la générosité et la compétence d'hommes tels que ceux composant la Commission du Luxembourg – chargée de jouer un rôle de réflexion et de médiation au sein du nouveau gouvernement –, le manque de moyens financiers et les nombreuses embûches semées sur le chemin de la jeune République ne tarderont pas à compromettre sérieusement son avenir. Faite par le peuple et guidée par une élite intellectuelle redoutant de voir le drapeau rouge substitué aux trois couleurs, la révolution de 1848 devait porter en elle les ambiguïtés fondamentales qui caractériseront les errements de la IIe République.

RÉVOLUTION INDUSTRIELLE

Développement des activités du secteur secondaire et ses conséquences.

C'est au XVIIIe siècle en Angleterre, à la suite du mouvement des *enclosures,* que naît la première révolution industrielle dans le monde. Le mouvement touche la France dès le XVIIIe siècle sous la forme d'une proto-industrialisation : le pays est couvert de nombreux petits ateliers. La présence artisanale est dense mais elle n'égale pas encore la puissance industrielle britannique. La Révolution française stoppe net toute possibilité d'expansion et le mouvement de développement industriel ne reprend que vers 1830. Comme en Angleterre, le textile est le laboratoire du développement d'ateliers qui remplacent peu à peu la fabrication à domicile. Dans ces ateliers, la main-d'œuvre se concentre et atteint parfois plusieurs centaines d'ouvriers. Les méthodes de fabrication se modernisent grâce à l'utilisation de la machine à vapeur pour la production de l'énergie, mais aussi grâce à l'invention de diverses mécaniques : métier à tisser Jacquard et plus tard machine à coudre Singer, par exemple. La production de coton est multipliée par deux entre 1825 et 1875, celle de soie par trois. Le charbon et la métallurgie lourde sont les deux autres secteurs pilotes de cette révolution technologique et sociale. Les banques sont les fondements indispensables à l'élargissement des initiatives industrielles, même si les entrepreneurs français leur préfèrent généralement l'autofinancement. La puissance des machines à vapeur installées dans les usines est multipliée par 750 en un siècle. Les étapes de fabrication sont rationalisées, la cadence s'accélère, les horaires de travail sont réglementés. Peu à peu, un système d'encadrement des ouvriers se met en place, notamment dans les unités les plus importantes

Révolution industrielle
Intérieur de la grande forge de Fourchambault. Huile sur toile d'Ignace Bonhomme, Fourchambault, hôtel de ville. © *Lauros-Giraudon*

(pointage, contrôle, hiérarchie des employés, qualification selon la tâche à accomplir).

Parallèlement, les conditions de vie de cette nouvelle main-d'œuvre fraîchement arrivée de la campagne évoluent : toute la famille travaille à l'usine où les enfants et l'épouse gagnent des salaires d'appoint non négligeables. Le logement est précaire, petit, sale. La journée de travail peut dépasser quinze heures. Les conséquences sont la misère, l'alcoolisme, l'analphabétisme, la prostitution. Des mouvements apparaissent pour améliorer la condition ouvrière : au milieu du siècle, les premières organisations politiques et syndicales entendent faire augmenter les revenus des ouvriers ; des œuvres charitables apportent une aide ponctuelle aux plus pauvres ; certains patrons prennent des initiatives paternalistes en prenant en charge le logement des ouvriers et la formation de leurs enfants en contrepartie d'un contrôle accru de leur comportement en dehors de l'usine et d'un engagement de familles entières au service de l'entreprise. Après 1880, des mesures sont prises par le gouvernement : limitation du temps de travail des femmes et des enfants, droit de se syndiquer et de faire la grève (loi Waldeck-Rousseau du 21 mars 1884), autorisation des premières caisses coopératives. Entre-temps, l'économie française a connu un essor formidable, entravé cependant par la médiocre qualité et l'éparpillement des gisements de charbon nécessaires au fonctionnement des machines à vapeur. Sous le Second Empire, l'industrie chimique et mécanique a permis l'amélioration des techniques agricoles, les transports ont facilité les échanges entre les régions, les banques ont financé cette dynamique d'ensemble. À partir de 1880, de nouvelles inventions viennent soutenir cette évolution : le moteur à explosion, les télécommunications (téléphone, télégraphe), et bientôt l'électricité. Si la concentration industrielle existe (Saint-Gobain, Renault), l'éparpillement en petites et moyennes entreprises caractérise l'industrie française jusqu'après la Seconde Guerre mondiale. L'industrie automobile est le lieu d'expérimentation des méthodes tayloristes copiées sur les États-Unis, dont Renault étudie les mécanismes *in situ*. La recherche fondamentale est un bon terreau pour les industries nouvelles : télécommunications, informatique, parachimie, aéronautique. Après la reconstruction, les industries lourdes sont délaissées au profit des industries légères et de haute technologie. C'est l'époque des révolutions technologiques. À partir des années 1970, les industries de main-d'œuvre (hormis le textile déjà en difficulté dans l'entre-deux-guerres) sont concurrencées par les pays émergents du tiers monde et la population active du secteur secondaire se stabilise à environ 30 % de la main-d'œuvre totale. La France construit des alliances en Europe autour de projets industriels perfectionnés dont la conception l'emporte sur la simple fabrication (Airbus, Ariane en aérospatiale, le TGV dans le secteur des chemins de fer). L'industrie du bâtiment a été au cours du siècle un des fleurons des exportations industrielles françaises.

RÉVOLUTION NATIONALE

Idéologie à la base du nouveau régime – l'État français – fondé par le maréchal Pétain en juin 1940.

Annoncée par le message du maréchal Pétain daté du 10 octobre 1940, la Révolution nationale veut « fonder un régime hiérarchique et social ». Le grand dessein du maréchal est de remodeler la France après ce qu'il considère comme des décennies d'erreurs : « l'esprit de jouissance l'a emporté sur l'esprit de sacrifice ». La Révolution est baptisée « nationale » – expression empruntée au vocabulaire de l'extrême droite des années 1930 –, Pétain aurait préféré qu'on parlât de « redressement » ou de « rénovation ». S'inspirant de vieilles traditions (celles de l'ordre moral, de la droite maurassienne et du catholicisme social de Le Play et La Tour du Pin), son idéologie se résume en partie dans la nouvelle devise de l'État français : « Travail, Famille, Patrie ». Elle commence par l'étouffement de la démocratie et la concentration du pouvoir dans les mains du chef de l'État. Le nouveau régime pourchasse ses adversaires : soutiens du Front populaire, francs-maçons, communistes, juifs. Il s'élève contre le libéralisme, l'égalitarisme et la pédagogie « intellectualiste » et appelle à un rassemblement national. Il instaure un nouvel État national, autoritaire et hiérarchique. Les libertés individuelles sont pratiquement supprimées, le délit d'opinion reparaît, des municipalités nommées remplacent les conseils municipaux, l'enseignement primaire laïc est démantelé. La société est réorganisée sur le modèle corporatiste : les professions libérales (création de l'ordre des médecins), aussi bien que l'agriculture (Corporation paysanne), l'industrie (Charte du travail), les cadres (école des cadres) ou la jeunesse (Chantiers de jeunesse). On redonne place aux communautés « naturelles » que sont la famille, la profession, la patrie. La propagande glorifie la femme au foyer et un code de la famille est promulgué en juillet 1940. La République a été déviée par un parti pris ouvriériste et urbain, aussi la Révolution nationale doit-elle restituer la communauté paysanne, la terre « qui, elle, ne ment pas » et l'artisanat (la francisque gallique est le symbole du régime). Radicalisation du régime, alourdissement des exigences de l'Occupant, régime idéologique sans doctrine unifiée, régime autoritaire sans parti unique, tout cela explique que, dès 1941, l'opinion publique se détache de la Révolution nationale.

RÉVOLUTION SCIENTIFIQUE

Mutation intellectuelle au XVIIe siècle qui s'essaie à laïciser et mathématiser l'Univers. La France y participe notamment par le cartésianisme. Elle prépare la révolution des Lumières qui la diffusera.

René Descartes fait sienne la phrase de Galilée qui résume la révolution scientifique : « La nature est écrite en langage mathématique. » Son apport est d'abord philosophique : tout est révocable en doute... sauf la certitude de douter. S'ouvre ainsi la perspective rationaliste qui prescrit de douter jusqu'à buter sur un fait indubitable, de n'admettre pour telles que les idées « claires et distinctes », de procéder en décomposant de manière analytique la difficulté en parties simples. De cette méthode, Descartes tire une théorie scientifique, le mécanisme, qui assimile l'Univers à une mécanique aux lois déterministes. L'animal comme le corps humain sont envisagés comme des machines, ce qui ouvre la porte à la médecine moderne technicienne. Mais l'homme conserve une âme éternelle : le rationalisme cartésien est d'essence spiritualiste au contraire de l'empirisme matérialiste newtonien. Les idées de Descartes suscitent maintes polémiques – certains libertins comme Gassendi les critiquent –, la condamnation de la Sorbonne ou de l'Église mais, en un siècle, elles conquièrent l'opinion éclairée et les collèges où les Jésuites au XVIIIe siècle finissent par les enseigner. Descartes trouve dans le père Marin Mersenne (1588-1648), son correspondant et celui de nombreux autres savants dans toute l'Europe, un ardent propagandiste. C'est que la révolution scientifique n'est pas agnostique : elle se contente d'installer Dieu dans une transcendance au-delà de la nature et de la science ; la Bible n'est plus un livre de physique. Cette révolution scientifique a d'énormes conséquences : l'opinion éclairée se passionne pour les découvertes, en premier lieu celles de l'astronomie, la science phare d'un siècle qui est celui de Galilée et Newton. Louis XIV crée une chaire d'astronomie au Collège royal, futur Collège de France, et fonde l'Observatoire de Paris en 1667 grâce à Jean Picard qui effectuera la première mesure de la distance Terre-Soleil. En 1676, à Paris, le danois Olaüs Römer (1644-1710) effectue la première mesure approchée de la vitesse de la lumière.

Plus modestement, mais de manière encore plus révélatrice, Colbert commence à tracer des emplois du temps précis, en tableau, à l'usage de Louis XIV. Grâce aux découvertes du savant hollandais Christian Huyghens (1629-1695), la précision des horloges passe d'une demi-heure à cinq minutes en quelques années, ce qui nécessite l'apparition de la petite aiguille. La science devient quantitative. Grâce à elle, se développent les modes de pensée économique (calcul des probabilités dû à Blaise Pascal et à Pierre de Fermat), militaire (hydrographie et poliorcétique – l'art des fortifications) ou quotidienne (rapport avec le temps, la monnaie, le corps...), préparant ainsi les révolutions techniques mais peut-être aussi politiques du XVIIIe siècle. Sciences et techniques sont popularisées par l'*Encyclopédie* de d'Alembert et surtout par l'encyclopédie technique de Panckoucke. Toute une école de mathématiciens s'adonne à l'astronomie et à la géographie : Maupertuis qui mesure le méridien terrestre en Laponie, La Condamine qui le vérifie au niveau de l'équateur, l'abbé de La Caille. Les sciences de la nature complètent voire remplacent les mathématiques avec Buffon, les médecins Duhamel du Monteau ou Vicq d'Azir, le paléontologue Cuvier, le naturaliste Geoffroy Saint-Hilaire, ou la dynastie des Jussieu, célèbres botanistes, successeurs de Tournefort. L'État se dote d'un corps de techniciens avec des établissements spécialisés dans leur formation : l'École des ponts et chaussées en 1747, l'École du génie de Mézières en 1748, l'École des mines en 1788. La technocratie s'enracine dans les mécanismes de décision : lorsque Turgot constitue une commission pour développer les canaux, il y nomme Condorcet, d'Alembert ou l'abbé Bossut. La science n'est plus la chose des clercs mais d'un corps de spécialistes – médecins, militaires, ingénieurs – qui s'intéressent à ses utilisations appliquées.

RÉVOLUTIONS DE FRANCE ET DE BRABANT (les)

Journal hebdomadaire publié par Camille Desmoulins de novembre 1789 à juillet 1791.

Le choix de ce titre est dû au fait que Camille Desmoulins a voulu différencier son journal de celui de Loustallot, *Les Révolutions de Paris*, et s'est enthousiasmé pour la révolution qui a éclaté à Liège au mois d'août 1789, suivie au mois d'octobre par la révolution brabançonne. Le journaliste estime que ce mouvement est le signe que la Révolution française s'étendra à d'autres pays. Ce journal, dont le premier numéro paraît le 20 novembre 1789, se présente comme une brochure grise de 18 pages, paraissant tous les samedis. Le journaliste a choisi comme épigraphe *Quid novi* ? (Quoi de nouveau ?). À partir du troisième numéro, l'éditeur ajoute à chaque édition une estampe, qui n'est pas toujours du goût de Desmoulins. Comme ce dernier l'annonce dans le premier numéro, son journal est divisé en trois parties : France, Brabant « et autres royaumes arborant la cocarde », et Variétés. Les deux premières parties sont essentiellement une causerie, un commentaire politique, la troisième est une chronique des livres, du théâtre. Camille Desmoulins, qui rédige la plupart des articles, fait parfois appel à Fréron et à Carra. Ces *Révolutions*, qui se présentent plus comme un pamphlet que comme un journal, tranchent sur les brochures concurrentes par la culture littéraire de leur directeur, qui émaille ses articles de citations. Plus que de profondes théories, elles reflètent souvent l'opinion du peuple sur les événements.

La diffusion des *Révolutions de France et de Brabant*, qui coûtent 10 sous à Paris et 12 en province et auxquelles on peut s'abonner trimestriellement, rencontre un succès immédiat. Camille Desmoulins fait partie des personnalités les plus connues de ces débuts de la Révolution à la suite de son rôle dans les événements du 11 au 14 juillet et de la publication de ses brochures, la célèbre *Lanterne* en particulier. Très vite, il attaque dans les *Révolutions* la monarchie et ses serviteurs, ne tarde pas à affirmer que la démocratie et la république constituent son idéal.

Le journaliste est bientôt condamné à 1 200 livres d'amende pour injures envers le lieutenant civil Talon. Pour déconsidérer ses adversaires, il n'hésite pas à les affubler de surnoms, Mirabeau le Jeune devient Mirabeau-Tonneau, la reine « la femme du roi », Mallet du Pan « Mallet-Pendu », etc. Peu à peu, son ton devient plus agressif : Desmoulins ne s'accorde aucune retenue, exploite sans limites la liberté de la presse. De nombreux procès lui sont intentés. Après les événements qui se déroulent le 17 juillet 1791 au Champ de Mars, paraît le 86e et dernier numéro des *Révolutions*, devenues depuis le numéro 73, à la mi-avril 1791, les *Révolutions de France et des royaumes qui, demandant une assemblée nationale et arborant la cocarde, mériteront une place dans ces fastes de la liberté*. Associé à son ami Merlin de Thionville, Desmoulins fait, en octobre 1792, renaître les *Révolutions*, qui deviennent un quotidien. De mauvaise facture, cette nouvelle série disparaît dès le mois de décembre, au 52e numéro.

REWBELL ou REUBELL Jean-François (Colmar, 1747 – Colmar, 1807)

Homme politique.

Bâtonnier des avocats de Colmar, il est élu député du tiers aux États généraux par le baillage de Colmar et Sélestat. Cet homme énergique, qui a du talent, de l'audace, une grande science juridique, une certaine rigidité d'allure, gagne vite de l'influence au sein de l'Assemblée constituante dont il est élu président en 1791. Procureur-syndic du Haut-Rhin, il est réélu à la Convention le 3 septembre 1792. Représentant en mission, Rewbell participe à la défense de Mayence (1793) et ne peut, de ce fait, déposer son vote lors du procès de Louis XVI, mais adhère à la condamnation à mort par une lettre rendue publique. Rappelé à Paris pour se justifier d'une accusation d'exaction et d'agiotage, il n'est cependant pas inquiété car on ne peut fournir de preuves contre lui. Thermidorien, il réclame la fermeture du club des Jacobins ; entré aux Comités de sûreté générale et de salut public, où il s'occupe surtout de politique extérieure et se fait l'avocat de la politique d'annexion, il fait également voter la loi de juin 1795 sur l'échelle mobile de la dépréciation monétaire proportionnelle au chiffre de l'émission. Son attitude modérée lui vaut d'être élu au Conseil des Cinq-Cents par 17 départements et d'en devenir le président. Élu au Directoire le 1er novembre 1795, il s'y spécialise dans les questions de justice, de finances et de relations extérieures. Lorsque la menace royaliste se précise après les élections de l'an V, Rewbell forme avec Barras et La Révellière-Lepeaux un triumvirat qui prépare contre les Conseils dominés par les royalistes le coup d'État du 18 fructidor an V (4 septembre 1797). Il encourage Bonaparte à réclamer la rive gauche du Rhin au congrès de Rastatt, participe à la rédaction de la Constitution de la République helvétique et envoie Sieyès à Berlin en vue d'une alliance. Le 9 mai 1799, le sort le désigne comme directeur sortant, et il est remplacé par Sieyès. Il entre alors au Conseil des Anciens et se tient en dehors de la politique après le 18 Brumaire.

REYNAUD Paul (Barcelonnette, 1878 – Paris, 1966)

Homme politique, président du Conseil.

Avocat, gendre d'un bâtonnier, il se lance dans la vie politique en 1913 quand il est élu conseiller général, mais échoue comme candidat modéré à Gap lors des législatives de 1914. En novembre 1919, il est élu député des Basses-Alpes et se fait remarquer par une position proche de Keynes sur le paiement des réparations, tablant d'abord sur le relèvement économique allemand et sur le financement de la reconstruction française par les capitaux allemands. Battu en 1924 lors du succès du Cartel des gauches, il tente sa chance dans le IIe arrondissement de Paris et, quatre ans plus tard, emporte le siège sous l'étiquette modérée ; il représentera cette circonscription jusqu'en 1940. Considéré comme un spécialiste des questions économiques et financières, bien introduit

Paul Reynaud
Le président du Conseil au pied de l'Élysée. © *AFP*

dans les milieux d'affaires, ami de Tardieu, l'homme politique en vue des années trente, le député parisien accède bientôt aux honneurs, en l'occurrence un portefeuille des Finances dans le second cabinet Tardieu.

Le choix du président du Conseil est judicieux, car son protégé est un homme réaliste et d'expérience. Ainsi, Reynaud annonce un risque de récession économique aux États-Unis bien avant les professionnels de l'information. En 1934, il préconise la dévaluation du franc, alors que Pierre Laval croit résoudre le marasme en appliquant la stérile et dangereuse méthode de la déflation. À la même époque, il rencontre Charles de Gaulle et est l'un des premiers à s'intéresser à ses thèses concernant l'emploi de l'arme blindée. En 1935, il dénonce la politique de faiblesse de Laval face à Mussolini, soutient une alliance renforcée avec l'Angleterre, ce qui entraîne sa rupture avec Tardieu et lui vaut le sobriquet de « Reynaud-la-guerre ». À nouveau ministre des Finances, en 1938, Paul Reynaud prône et applique une stricte politique de couverture des dépenses publiques par l'impôt, et une gestion très surveillée des divers postes ministériels. Les décrets-lois qu'il fait passer le 13 novembre 1938 et qui doivent beaucoup aux jeunes techniciens à ses côtés – Couve de Murville, Sauvy, Leca et Debré – entraînent un tour de vis fiscal et une remise en cause des quarante heures, décisions qui pèseront lourd dans le déclenchement de la grève générale du 30 novembre. Son attitude ferme à l'égard des régimes totalitaires de l'Axe suit une évolution semblable à celle de Winston Churchill en Angleterre. Homme de droite, Reynaud se désolidarise d'un entourage politique qui a accueilli Munich avec ferveur et souhaite voir le Reich diriger ses ambitions vers l'Est européen. Une fois la guerre déclarée, à la suite de l'invasion de la Pologne, il déplore que les opérations militaires ne soient pas menées avec plus de vigueur. Ses critiques s'avivent à l'encontre d'Édouard Daladier, qui se complaît dans l'immobilisme de la « drôle de guerre ». Si bien que la crise qui s'ensuit, en mars 1940, est résolue par l'accession de l'ancien ministre des Finances à la présidence du Conseil, le 21 mars, grâce à une voix de majorité.

Une de ses premières initiatives consiste à signer à Londres avec le gouvernement britannique un traité de solidarité excluant toute paix séparée avec l'Allemagne. Partisan des initiatives, le nouveau président du Conseil se montre favorable au renforcement du blocus naval, en particulier par la pose de mines à l'entrée du fjord menant à Narvik, port norvégien par lequel le minerai de fer suédois est acheminé, en hiver, vers le Reich. Ce projet, connu du haut commandement allemand, provoque le 9 avril 1940 l'intervention de la Wehrmacht au Danemark et en Norvège. La pénétration de la flotte britannique vers Narvik incite Paul Reynaud à prononcer une des phrases célèbres qui tourneront par la suite à sa confusion : « La route du fer est coupée. » Un mois plus tard, lorsque l'offensive allemande de l'ouest révèle l'incapacité du commandement français à renverser la situation, il contraint Daladier à démissionner et prend en charge la Guerre et la Défense nationale. Il rappelle Pétain comme vice-président du Conseil et, le 22 mai, limoge le généralissime Gamelin pour le remplacer par Weygand, second du maréchal Foch en 1918. Le 5 juin, le général de Gaulle, partisan de l'arme blindée, entre au cabinet en qualité de sous-secrétaire d'État à la Guerre. Le 14 juin, Reynaud appelle à l'aide les Américains, mais le 16, il est mis en minorité au gouvernement, replié à Bordeaux, par Chautemps, Laval, Pétain et Weygand, partisans de l'armistice alors que Reynaud entend continuer la lutte en Afrique du Nord. Mais, victime d'un accident de la route, il est hospitalisé. Le 10 juillet, il est à Vichy, ne participe pas au vote et laisse la consigne de voter contre Laval.

Au sortir de sa convalescence, il est en butte à l'hostilité du gouvernement de Vichy qui décide une mesure d'arrestation le 6 septembre. Au cours de l'instruction du procès de Riom qui doit juger plusieurs personnalités politiques de la IIIe République, aucun chef d'inculpation au titre de « responsabilité de la défaite » n'est retenu contre lui, mais sa détention dans une enceinte fortifiée est finalement décidée par le gouvernement. Paul Reynaud est conduit au fort du Portalet en octobre 1941. Un an plus tard, l'occupation de la zone sud par les Allemands transforme cette incarcération en déportation au camp d'Oranienburg. Libéré en 1945, l'ancien président du Conseil témoigne au procès du maréchal Pétain, puis reprend ses activités l'année suivante. Député du Nord de 1946 à 1962, il recouvre même un portefeuille des Finances en 1948. Il approuve la constitution de la CECA et se montre très favorable à la cause de l'unité européenne. Le 27 mai 1953, il est désigné par le président Auriol pour conduire le gouvernement mais ne reçoit pas l'investiture après un discours intitulé « Allons-nous désembourber la politique française ? ». Le retour du général de Gaulle au pouvoir reçoit son approbation, et la présidence du Conseil constitutionnel semble entériner le ralliement du parlementaire au régime de la Ve République. Mais, à partir de 1960, Paul Reynaud déplore la fin de l'alliance atlantique et les entraves apportées par le nouveau régime à la cause européenne. Aussi passe-t-il à une opposition de plus en plus active qui se manifeste, à l'automne 1962, par de violentes attaques contre le gouvernement. Les élections qui suivent aussitôt lui sont défavorables, et Paul Reynaud se retire de la vie politique. Il achève ses mémoires, ultime série d'écrits destinés avant tout à justifier son action passée : *La France a sauvé l'Europe* (1947) et *Au cœur de la mêlée* (1951).

RHÉNAN (pacte) : voir LOCARNO (traités de)

RHIN (ligue du)

Alliance conclue en 1658 entre la France et les princes rhénans.

À la suite de l'élection de l'empereur Léopold Ier, les princes électeurs de Trèves, de Mayence et de Coblence, ainsi que l'évêque de Münster redoutent l'emprise de la cour de Vienne sur leurs possessions, ainsi que la remise en cause des traités de Westphalie. Mazarin tire aussitôt parti de cette situation en proposant la conclusion d'une alliance, laquelle est signée le 15 août 1658 à Mayence. La Suède, le Danemark, la Hesse, la Bavière et le duché de Brunswick paraphent également l'acte, qui assure à la France une influence prépondérante dans l'ouest de l'Allemagne. Louis XIV, portant le titre de protecteur et de médiateur, profite de ces circonstances pour se servir de la ligue, en particulier lors de ses entreprises contre la Hollande. La ligue servira par la suite de modèle à Napoléon Ier pour créer la Confédération du Rhin au début du XIXe siècle.

Rhin-et-Danube

Terme symbolisant l'action de la Ire armée française dans la série de ses opérations offensives menées de 1944 à 1945.

Ce terme est employé pour la première fois dans l'ordre du jour n° 8 que le général de Lattre de Tassigny adresse à ses troupes le 24 avril 1945. C'est, commentera le général, l'alliance des deux grands fleuves successivement franchis par la Ire armée au cours du dernier mois de la guerre en terre allemande. « Cette jeune noblesse d'épée, ajoutera-t-il, avait droit à des armes. Comme en aucune circonstance elle ne s'était aussi unanimement liguée que pour libérer le centre de l'Alsace, nul écu mieux que celui de Colmar n'était désigné pour résumer l'essentiel de ses titres et de ses vertus ; au surplus, un hasard préparé par les siècles, n'avait-il pas voulu cet écu rouge et vert, aux couleurs de notre croix de guerre, et rehaussé d'une masse d'armes singulièrement parlante ? De part et d'autre de sa pointe, trois traits d'azur où ondulent les flots des fleuves, leurs noms accouplés : le blason de Rhin-et-Danube était né. » Ce terme dénommera, une fois la guerre terminée, l'association des Anciens de la Ire armée française.

RI : voir Républicains indépendants

Ribault Jean de (Dieppe, vers 1520 – Floride, 1565)

Marin et colonisateur.

En 1562, il est choisi par l'amiral Coligny pour prendre la tête de l'expédition projetée en Floride. Il s'agit de fonder une colonie qui serait le pendant méridional de la Nouvelle-France explorée par Jacques Cartier au nord. L'objectif est aussi de permettre l'installation des protestants français de la même façon que l'Angleterre éloigne en Amérique ses dissidents religieux. Mais ce sont les Espagnols qui, en 1513, ont découvert la Floride… Sept ans auparavant, le Brésil portugais a déjà été le théâtre d'une tentative infructueuse de colonisation protestante. Calviniste lui-même – et dieppois, comme son concitoyen le richissime navigateur Jean Ango –, Ribault quitte son port natal le 18 février 1562 à la tête de deux roberges, sortes de caravelles, et en compagnie de René de Goulaine de Laudunnière. Il atteint la Floride le 1er mai 1562, à la hauteur de l'actuelle Saint James River. Après avoir construit une redoute – fort Caroline – sur une île à l'embouchure d'un cours d'eau et laissé une garnison, les deux capitaines retournent en France en 1563 pour réunir une force plus puissante. Tandis que Ribault prend part à la guerre civile, une seconde expédition commandée par Laudunnière en 1564 se révèle un échec : les colons se mutinent et la nourriture manque. Coligny renvoie Rigault l'année suivante avec une flottille mieux équipée de sept navires. Mais, le 3 septembre 1565, une escadre espagnole se présente devant fort Caroline pour empêcher le renforcement français. Ces navires s'esquivent devant les tirs de la garnison à terre. Ribault refuse d'écouter Laudunnière et d'attendre le retour de l'ennemi : il se lance à sa poursuite. Mais la tempête précipite les bâtiments français sur les rochers, près du cap Canaveral. Les cinq cents survivants, dont Ribault lui-même, sont massacrés par les Espagnols comme hérétiques. Laudunnière revient en France avec quelques rescapés, après avoir acheté un vaisseau aux Anglais. La France ne montre dans ces tentatives d'implantation que peu de persévérance. C'est à titre privé que le Gascon Dominique de Gourgues s'en va en 1568 venger Ribault. La Floride cependant sera colonisée par l'Espagne qui la cédera en 1819 aux États-Unis.

Ribemont-sur-Ancre

C'est la technique de la photographie aérienne qui a permis de repérer à Ribemont-sur-Ancre, près d'Amiens, les traces d'un vaste sanctuaire gaulois et d'un ensemble monumental gallo-romain qui offrent la particularité d'être situés en pleine campagne, et non dans une zone d'habitat.

La structure du sanctuaire, datant du IIe ou du IIIe siècle av. J.-C., est très complexe, couvrant une superficie de vingt-cinq hectares divisée en enclos. Le temple lui-même, comportant un autel, est entouré d'une grande clôture circulaire. On a mis au jour une grande fosse dans laquelle s'entassent les ossements de plusieurs centaines d'hommes qui présentent la particularité d'être privés de leur tête. De plus, des piles d'ossements sont disposés autour d'un poteau. Cette découverte, confirmée par les fouilles menées par Jean-Louis Brunaux à Gournay-sur-Aronde, près de Compiègne, qui ont aussi révélé un sanctuaire avec un fossé de clôture contenant des restes humains mutilés et des armes, pose la question de savoir si les Gaulois pratiquaient des sacrifices humains, comme l'ont rapporté certains historiens anciens. Pour certains archéologues, ces corps amputés seraient ceux de prisonniers immolés et décapités après une victoire. Pour d'autres, il s'agirait au contraire d'un traitement rituel réservé à l'héroïsation des ancêtres. La poursuite des fouilles à Ribemont-sur-Acre et à Gournay-sur-Aronde permettra peut-être de trancher définitivement sur le problème des « sacrifices humains » chez les Gaulois. À l'époque gallo-romaine, le sanctuaire de Ribemont-sur-Ancre continue d'être fréquenté, mais le site se « romanise » avec la construction d'un théâtre au Ier siècle et de thermes au IIe siècle.

Ribot Alexandre (Saint-Omer, 1842 – Paris, 1923)

Homme politique, président du Conseil.

Protestant austère, il est, à la fin du Second Empire, substitut près le tribunal de la Seine. En 1876, le président du Conseil, Jules Dufaure, lui confie la direction des affaires criminelles et des grâces. Membre du Comité de résistance légale au lendemain du 16 Mai, Ribot rédige le mémoire contre le délai de convocation du corps électoral (1877). Député du Pas-de-Calais de 1878 à 1885 et de 1887 à 1909, il siégera ensuite au Sénat de 1909 à 1925. D'opinion modérée, il combat l'anticléricalisme et le colonialisme de Jules Ferry ainsi que le boulangisme. Avec Georges Clemenceau, il sera l'un des « tombeurs » du père de l'école laïque (1885). Successivement ministre des Affaires étrangères du quatrième cabinet Freycinet (17 mars 1890-19 février 1892), du cabinet Loubet (27 février-28 novembre 1892) et de son propre cabinet (6 décembre 1892-10 janvier 1893), Ribot est le promoteur de l'alliance franco-russe. Quand éclate le scandale de Panamá, l'ancien magistrat ordonne l'arrestation de deux administrateurs de la Compagnie interocéanique et demande la levée de l'immunité parlementaire de cinq députés et de cinq sénateurs. Pendant son deuxième ministère (11 janvier-30 mars 1893), il juge trop faible Émile Loubet et le remplace lui-même à l'Intérieur. L'affaire de Panamá le contraindra cependant à démissionner. Le 26 janvier 1895, Ribot, se réservant le portefeuille des Finances, forme son troisième cabinet. Il doit s'opposer à la fois aux catholiques, à propos de la taxe fixe d'abonnement sur les biens des congrégations (16 avril 1895), et aux socialistes à propos des grèves de Carmaux. Un nouveau scandale financier, celui des chemins de fer du Sud (en Provence), l'oblige à démissionner. Le radical Léon Bourgeois lui succède le 28 octobre 1895. Ribot, qui refuse la politique religieuse de Pierre Waldeck-Rousseau et d'Émile Combes, fait partie de l'opposition de 1901 à 1905. Le 10 avril 1908, le Parlement vote la loi qu'il propose et qui permet l'accès à la petite propriété par le développement du crédit mobilier. Après avoir constitué un éphémère quatrième cabinet (9-13 juin 1914), Ribot, nommé ministre des Finances (26 août 1914-18 mars 1917), émet des bons et des obligations de la Défense nationale et réalise, en 1915 et en 1916, de grands emprunts. De nouveau président du Conseil et ministre des Affaires étrangères le 20 mars 1917, il repousse l'offre de paix séparée de l'Autriche et obtient l'abdication de Constantin Ier de Grèce. Ribot abandonne la présidence du Conseil le 7 septembre 1917, à la suite des accusations de trahison portées contre le ministre de l'Intérieur Louis Malvy. Il conservera néanmoins son poste dans le premier cabinet Painlevé.

Richard Ier (?, v. 932 – Fécamp, 996)

Duc de Normandie.

Fils du duc Guillaume Longue-Épée, il n'est qu'un enfant lorsqu'il lui succède, et le Carolingien Louis d'Outremer tente d'en profiter pour reprendre la Normandie. En vain. Les troupes royales sont battues à trois reprises et font passer Richard Ier dans la clientèle du duc Hugues le Grand, dont il devient le gendre en 960. Richard Ier, que la faveur populaire transformera en une sorte de héros de chanson de geste, se voit même confier par Hugues le Grand son jeune fils Hugues Capet. C'est sous sa protection que celui-ci instaure définitivement la dynastie capétienne. Sous son règne ont été bâties ou agrandies églises et abbayes (la cathédrale de Rouen, les abbayes de Saint-Ouen, de Fécamp, du Mont-Saint-Michel).

Richard II (? – ?, 1027)

Duc de Normandie.

Fils du précédent, il doit faire face à une révolte de paysans qui avaient élu une assemblée révolutionnaire et prétendaient obtenir de nouvelles lois sur l'exploitation des forêts et des bois. Mais les insurgés sont aisément dispersés. Continuant alors la politique de son père, Richard II appuie lui aussi la maison capétienne, notamment en aidant Robert le Pieux à conquérir la Bourgogne (1002). Il fait appel aux Scandinaves contre un voisin incommode, Eudes, comte de Chartres, et repousse victorieusement près de Coutances l'expédition menée contre le Cotentin par le roi anglo-saxon Ethelred, qui avait épousé sa sœur Emma mais s'était brouillé avec elle. Ces campagnes successives ne l'ont pas empêché de s'intéresser à la réforme des monastères normands.

Richard III (? – ?, 1027)

Duc de Normandie.

Fils aîné du précédent. En butte dès son avènement, en 1027, à la révolte de son frère cadet Robert, qu'il doit assiéger dans Falaise, il meurt peu après, peut-être empoisonné.

Richard-Lenoir, François Richard dit (Épinay-sur-Odon, 1765 – Paris, 1839)

Manufacturier.

Fils d'un simple fermier normand, il spécule avec succès sur les étoffes de coton anglaises et les biens nationaux après avoir occupé divers emplois (commis, garçon limonadier). En 1797, associé à Jean Lenoir-Dufresne, il introduit en France de nouvelles machines à filer et à tisser, notamment la Mull-Jenny, et fonde un empire industriel protégé de la concurrence anglaise par la guerre. Richard-Lenoir possède 39 établissements à Paris, en Normandie et en Picardie, emploie 15 000 ouvriers en 1812. Très attaché à Napoléon, commandant de légion de la garde nationale, il défend la capitale en 1814 et entre au Conseil général de la Seine pendant les Cent-Jours. À cause du changement des tarifs douaniers et de la dépression économique de 1817, Richard-Lenoir se retrouve ruiné et meurt dans la misère.

Le cardinal de Richelieu

Richelieu sur la digue de La Rochelle. Huile sur toile de Paul Motte, XIXe siècle, La Rochelle, musée d'Orlagny-Bernon. © *G. Dagli Orti*

Richelieu

Seigneurie située aux confins de la Touraine et du Poitou.

Elle appartenait à la famille du Plessis. Dès 1624, le cardinal-évêque de Luçon, Armand du Plessis de Richelieu, songe à remplacer le manoir de ses pères par un château plus vaste et plus moderne. Le projet prend corps en 1631, lors de l'érection en duché du domaine augmenté de terres du voisinage. Les plans sont confiés à Jacques Lemercier, architecte du Palais-Cardinal, du collège de la Sorbonne et du château de Rueil. Richelieu annonçait Versailles par ses gigantesques proportions. On y trouvait une entrée monumentale, de nombreux corps de logis et, partant, de nombreuses cours et avant-cours. Entre les fenêtres, des niches abritaient des statues, notamment les célèbres *Esclaves* de Michel-Ange, enlevés d'Écouen. À l'intérieur, toute la décoration était à la gloire du cardinal-ministre. Malheureusement, les héritiers de celui-ci devaient laisser cette trop grande demeure à l'abandon. Beaucoup d'œuvres d'art quittèrent Richelieu que la Révolution mit à sac. En 1805, un récupérateur de matériaux de construction sévit à son tour. De cette œuvre orgueilleuse, que son créateur, trop occupé, n'avait même pas pu voir achevée, il ne reste que la porte d'entrée et le pavillon central d'une aile de la seconde avant-cour. Le cardinal avait voulu compléter son château par une ville nouvelle tracée au cordeau. Celle-ci est restée presque intacte. Formant un quadrilatère de 700 mètres sur 500, défendue par des remparts, des douves et des pont-levis, elle n'a jamais réuni beaucoup d'habitants (elle est aujourd'hui chef-lieu de canton dans l'Indre-et-Loire). La Fontaine l'appelait « le plus beau village de l'Univers ».

Richelieu Armand Emmanuel de Vignerot du Plessis, duc de (Paris, 1766 – Paris, 1822)

Homme politique, président du Conseil.

Petit-fils du maréchal de Richelieu, il est connu jusqu'en 1791 sous les titres de comte de Chinon et de duc de Fronsac. La Révolution le contraint, en 1790, à émigrer en Russie où il se distingue dans la guerre contre les Turcs. Son sérieux, sa droiture et son courage retiennent l'attention de Catherine II et d'Alexandre Ier. Après avoir refusé des offres alléchantes de Bonaparte, il est nommé, par la faveur d'Alexandre, gouverneur d'Odessa (1803). C'est à son remarquable talent d'administrateur que cette ville doit son développement. Rentré en France en 1814, il succède en septembre 1815 à Talleyrand comme président du Conseil et ministre des Affaires étrangères. Il doit signer le second traité de Paris au mois de novembre 1815 mais, grâce à son crédit auprès du tsar, obtient un sensible allègement des conditions d'occupation. Dès le congrès d'Aix-la-Chapelle (1818), les troupes étrangères évacuent totalement le royaume, la France étant admise dans la Quintuple Alliance. Peu après, en désaccord avec Decazes sur les questions électorales, Richelieu, qui ne s'accroche nullement au pouvoir, donne sa démission (décembre 1818). Louis XVIII le rappelle à la tête du ministère après l'assassinat du duc de Berry et le départ de Decazes (février 1820). Refusant à la fois la réaction à outrance et la capitulation devant les exigences des ennemis de la monarchie, Richelieu édicte des mesures modérées, comme le double vote et l'autorisation préalable pour la presse. L'opposition aveugle des ultras et des libéraux l'oblige à démissionner en décembre 1821. D'un désintéressement absolu, Richelieu fut incontestablement l'une des plus nobles figures de la Restauration. On pourrait lui reprocher un certain manque de réalisme en matière parlementaire.

Richelieu Armand Jean du Plessis, cardinal de (Paris, 1585 – Paris, 1642)

Homme politique, Principal ministre.

Troisième fils de François du Plessis de Richelieu, grand prévôt et capitaine des gardes d'Henri III et d'Henri IV, et de Suzanne de La Porte, il tient à la fois du noble et du bourgeois. Sa noblesse, il l'a reçue de son ascendance paternelle, en particulier de sa grand-mère Françoise de Rochechouart, qui lui a légué sa fierté. Les La Porte, bourgeois robins dont on disait méchamment qu'ils devaient leur nom au fait que l'auteur de la lignée était portier d'un conseiller au Parlement, ont pu lui transmettre la soif d'honneurs et l'esprit retors si répandus dans leur classe ; ils passaient pour ne pas manquer de bien alors que les Richelieu étaient quasi ruinés, ce qui expliquait la mésalliance. Redorer son blason ne paraît pas suffisant à M. de Richelieu qui s'est assuré auprès d'Henri IV que les bénéfices de l'évêché de Luçon seraient dévolus à son deuxième fils, Alphonse. Voilà que celui-ci, qu'on appelle couramment l'évêque de Luçon depuis l'âge de 12 ans, fait une crise de mysticisme. Il refuse la dignité épiscopale et entre chez les Chartreux. Aussitôt sa mère, seule survivante du ménage, décide de transférer ses bénéfices sur la tête d'Armand, primitivement destiné à l'épée sous le nom de marquis de Chillou, maintenant invité à suivre un enseignement théologique. Enseignement accéléré pourrait-on dire, car les chanoines luçonnais s'irritent de l'interminable vacance de leur évêché. Grâce à des passe-droits que semble justifier une intelligence au-dessus de la norme, le jeune Richelieu grimpe quatre à quatre les degrés canoniques. En 1606, il se rend à Rome pour obtenir personnellement de Paul V la dispense nécessaire à son accession rapide à l'épiscopat. Ce faisant, si l'on suit une tradition assez communément admise, il n'hésite pas à antidater d'un an son acte de baptême. Le 17 avril, il est sacré par le cardinal de Givry. Entre-temps, il aurait avoué sa supercherie au pape qui, paraît-il, ne s'en serait pas trop offensé mais aurait déclaré : « Ce garçon sera un grand fourbe. »

Richelieu se donne d'abord tout entier à l'administration de son diocèse trop longtemps orphelin. Travaillant nuit et jour avec une sorte de fébrilité à la fois physique et intellectuelle qui ne le quittera guère désormais, il obtient en peu de temps des améliorations sensibles. En un siècle où beaucoup de prélats délaissent d'opulents diocèses, il se contraint, en dépit d'une complexion fragile, à vivre dans le froid, l'humidité, la boue des marécages d'une contrée déshéritée. Il encourage les missions des oratoriens et des capucins, soulage les misères, s'efforce de convertir les protestants par la douceur, donnant à ses administrés l'image du bon pasteur. Image qui risque d'induire en erreur. En fait, la petite ville de Luçon lui est insupportable. L'ambition mondaine ne l'a jamais quitté. La popularité acquise en Poitou doit lui permettre de se faire remarquer à la Cour. Il guette les occasions. La première est l'assemblée générale du clergé qui se tient à Paris en 1610. Le très jeune évêque – il n'a que 24 ans – se rend à Bordeaux afin de convaincre l'archevêque Sourdis de soutenir sa candidature de représentant de leur province commune. Comme on pouvait s'y attendre, Sourdis se présente, est élu. Cette aventure révèle un trait souvent oublié du personnage : en dépit de son génie, il est parfois trop pressé, surtout à ses débuts. Sans briser sa carrière – il a assez de sens pour se rendre compte de ses fautes et assez de ressources pour les réparer –, sa précipitation lui jouera des tours. Pour l'heure, il répète son rôle en s'écrivant à lui-même un mémoire au titre révélateur : *Instructions et maximes que je me suis données pour me conduire à la Cour.* La deuxième occasion est la mort d'Henri IV la même année. La proclamation de la régence de Marie de Médicis donne libre cours à toutes les intrigues. Sans perdre un instant, Richelieu écrit à l'intention de la reine une lettre pleine d'éloges démesurés que son porteur, Henri de Richelieu, aura la bonne idée de ne pas remettre à sa destinataire. Puis il arrive dans la capitale pour inspecter les portes du pouvoir et trouve celles-ci closes sur Sully, non encore disgracié, et les Concini dont l'étoile monte. On lui permet de faire antichambre. Il parvient même à améliorer sa réputation en donnant un tour décent à ses offres de service. Grâce à son frère Henri et au fidèle Bouthillier, il peut retourner à son prieuré de Coussay, en Poitou, sans cesser d'être informé. Connaissant les idées ultramontaines de la régente, il affiche un antigallicanisme outrancier dont les « ultra-catholiques » prennent bonne note. Ce jeune homme sérieux est tenu dans une bienveillante expectative. Pour accélérer son ascension, il décide de choisir Concini contre les conseillers d'Henri IV.

Disposant d'amitiés dans la place, soutenu par une coterie puissante, Richelieu peut apprendre très tôt la convocation des états généraux et se préparer à s'y faire élire. Nommé en août 1614 député de Poitiers, Luçon et Maillezais, il est chargé par son ordre d'obtenir l'appui de la noblesse. Il y réussit. Marie de Médicis obtient sa désignation comme orateur du clergé à la séance de clôture. C'est l'occasion d'un beau discours qui comble la régente en satisfaisant tout le monde, protestants compris. Richelieu va bientôt apparaître comme l'homme fort du parti au pouvoir. On utilise ses services dans les négociations avec Condé. Celui-ci enfermé à la Bastille, on le récompense en le faisant membre du Conseil, aumônier de la jeune reine, secrétaire des commandements de la reine mère, enfin secrétaire d'État à la Guerre et aux Affaires étrangères (novembre 1616). Il a 30 ans.

Dès cette époque, le salut de la France lui paraît exiger une reprise de l'alliance avec les princes protestants contre l'empire. Mais il ne laisse rien transpirer de ses convictions et affecte une pleine soumission à la politique pro-habsbourgeoise de la régente. Le temps n'est pas encore venu de contrarier une femme sans qui il ne serait qu'un petit prélat provincial. Selon sa propre expression, Richelieu « gagne le but en lui tournant le dos comme les rameurs ». Malgré cette prudence, le jeune ministre pèche encore par présomption en politique extérieure. Dans l'épineux conflit de l'Italie du Nord et de la Valteline, il a le tort de se mettre d'emblée au premier plan alors qu'il pourrait aisément manœuvrer dans la coulisse. D'où un échec retentissant: la France est brouillée avec Venise, son meilleur allié jusque-là. Trop imbu de sa supériorité, l'évêque de Luçon a sous-estimé l'adversaire. L'expérience ne sera pas perdue. Il lui reste à expier une faute antérieure beaucoup plus lourde, qui est aussi, paradoxalement, la condition première de son ascension. Il a oublié Louis XIII. En 1617, Concini est assassiné. Naturellement, tout le gouvernement sombre dans le naufrage, Richelieu le premier. Ce dernier hésite entre suivre Marie de Médicis exilée à Blois et se rendre indispensable aux négociations qui vont fatalement s'engager pour la réconciliation de la mère et du fils. Il croit pouvoir profiter de ce qu'il a quitté Luynes en bons termes. Dans les premiers temps, son double jeu trop grossier provoque le mépris du roi qu'une rumeur transforme en colère, si bien qu'il se réfugie dans son évêché. Il y écrit un ouvrage de controverse contre les protestants, les *Principaux points de la Foy de l'Église catholique* et dédié à Louis XIII. Ce livre a immédiatement un succès qui effraye Luynes. Sous prétexte de complot, le trop adroit polémiste est exilé à Avignon.

C'est dans cette ville étrangère au royaume que la fortune, guidée par les frères du Tremblay, lui tend de nouveau la main. En mars 1619, Richelieu reçoit une lettre du roi lui ordonnant de rejoindre la reine mère à Angoulême. À peine arrivé à destination, il retrouve, en dépit des envieux, tout son empire sur elle. Ses sages conseils et sa ténacité permettent à celle-ci d'obtenir des conditions plus qu'indulgentes dans la paix d'Angoulême (1619) et dans celle d'Angers (1620) qui la confirme. Pour prix de ses services, Richelieu reçoit promesse du chapeau de cardinal. Pendant deux ans (1620-1622), il patiente dans l'ombre de la reine mère. Marie de Médicis s'agitant pour son conseiller avec une fureur grandissante, les préventions du roi à son égard s'en trouvent confirmées. Il n'y a donc d'espoir que dans le camp des ultra-catholiques et des pro-espagnols. Richelieu joue si bien la comédie que le pape Grégoire XV en est dupe : c'est par là que vient la nomination tant attendue. Le 5 septembre 1622, Armand du Plessis devient le cardinal de Richelieu.

La Cour ne doute plus qu'un jour ou l'autre le petit noble poitevin n'accède à une très haute fonction. Mais elle se leurre sur la politique qui l'amènera au pouvoir. Dès sa nomination au cardinalat, Richelieu a préconisé un compromis avec les protestants, condition d'une intervention efficace contre les Habsbourg en Valteline, mais il semble que cet acte ait échappé à l'attention de la plupart des gens, en particulier de Marie de Médicis, toujours grisée par les louanges de son protégé. Certes, Richelieu ne jette pas complètement le masque. Tirant parti d'une situation compliquée, il s'allie avec les ministres du moment pour mieux les discréditer, il laisse agir pour lui les champions de l'ultra-catholicisme : la reine mère, le mystique Joseph du Tremblay, qui sera son *alter ego*, et le dévot Bérulle, qui montre en l'occurrence une cécité affligeante ; en même temps, des auxiliaires discrets tout à sa dévotion mènent un travail de sape qui ébranle la faible autorité de Sillery, garde des Sceaux, et de Puisieux, ministre de la Guerre et des Affaires étrangères, fils du précédent. Au début de 1624, pour obtenir le renvoi des deux hommes, le surintendant La Vieuville s'allie avec la reine mère et Richelieu. Mais celui-ci n'entre pas pour autant au Conseil. Un nouveau ministère de médiocres est formé, cependant qu'il est question de nommer le cardinal ambassadeur à Rome ou à Madrid. Marie de Médicis proteste. Richelieu déchaîne Fancan et ses libellistes. La violence de ces oppositions vient à bout de la résistance du roi. Le 29 avril 1624, Louis XIII annonce l'admission du cardinal au Conseil. Cette mesure ne tarde pas à causer la chute du surintendant. À peine installé dans la place, Richelieu ranime les pamphlets. Cherchant à échapper aux reproches, La Vieuville commet des maladresses. Le roi perd le peu de confiance qu'il avait en lui, le fait arrêter (13 août 1624). Richelieu triomphe : ce coup fait de lui le chef du Conseil.

On se tromperait en ne retenant que l'aspect négatif des événements qui ont précédé l'accession de Richelieu au pouvoir. Le roi a senti dans la créature de sa mère le plus doué des candidats aux responsabilités suprêmes, et il s'est résolu à surmonter ses aversions personnelles si « l'ordre du royaume » était à ce prix. De son côté, le cardinal a reconnu dans Louis XIII une âme stoïcienne insensible aux flatteries, un véritable « esclave du devoir monarchique ». Ces deux hommes complémentaires se sont préparés à signer un contrat de confiance mutuelle dont le but devait être le relèvement de la France. L'entreprise sera longue, et il ne faudra jamais perdre de vue que le roi peut à chaque instant résilier le contrat (ce sont les fameux « pieds carrés du cabinet du roi » qu'il faut conquérir tous les jours) si le ministre ne lui donne pas satisfaction. Aussi Richelieu, qui se souvient de Concini, ne devra-t-il jamais donner l'impression de sacrifier en quoi que ce soit la « gloire » chère au plus exigeant des monarques.

Jusqu'alors, on avait cédé à la catholique maison d'Autriche à l'extérieur pour résister aux protestants à l'intérieur ; ou bien l'on avait laissé la bride aux protestants pour tenter de résister à la maison d'Autriche, ou bien encore, par faiblesse ou maladresse on avait dû reculer des deux côtés. Le résultat de ces démissions était que l'empire reconstituait son unité pendant que les protestants français fortifiaient l'État dans l'État que leur avait donné l'édit de Nantes (ils disposaient d'une centaine de villes leur permettant d'échapper totalement à l'autorité royale). Chaque atermoiement avait terni la « gloire » du roi. Le maintien de Richelieu exige donc que l'on se batte sur les deux fronts. Tâche difficile certes, car il faut aller contre l'opinion de l'immense majorité des contemporains. Les Français, dont l'état d'esprit est resté fidèle à l'idéal unitaire du Moyen Âge, ne conçoivent pas la distinction entre politique intérieure et politique extérieure, ils estimeraient monstrueux le divorce de la politique nationale et de la politique religieuse. La « synthèse des contraires » que va tenter Richelieu leur semble irréalisable. Le premier mérite du cardinal est d'avoir repoussé les idées reçues en satisfaisant l'ambition royale. Le second, qui n'est pas le moindre, consistera à se montrer à la hauteur de l'œuvre entreprise.

Lorsqu'il parvient au pouvoir après quatorze ans d'anarchie, le déclin du royaume est sensible à l'extérieur comme à l'intérieur. Luynes avait tenté de réagir dans les deux domaines sans avoir l'envergure nécessaire. Ce que Richelieu apporte de nouveau, c'est lui-même, c'est-à-dire le génie de l'exécution, une volonté inflexible n'excluant pas la souplesse dans certains cas, enfin une puissance de travail fantastique. La première circonstance qui détermine la politique de Richelieu est le rebondissement du conflit de la Valteline. Cette vallée des Alpes italiennes, peuplée de catholiques mais placée sous la suzeraineté des Grisons protestants, a longtemps empêché la jonction entre les possessions espagnoles d'Italie d'une part, l'empire et les Pays-Bas d'autre part. En 1620, l'Espagne s'en est emparée. Par la suite, la garde en a été confiée au pape, mais surtout pour la forme. Les « bons Français » estiment que le barrage n'est pas étanche, ils réclament une intervention. Par sa campagne de libelles, Richelieu a contraint La Vieuville à envoyer en Suisse le marquis de Cœuvres qui a ordre d'enrôler et de commander plus de 3 000 protestants. Ayant supplanté son rival, il ne peut que poursuivre l'expédition qu'il a déclenchée et décider l'entrée en Valteline. Le pays est bientôt « neutralisé ». Violemment attaqué par les « bons catholiques », le gouvernement justifie son action : il ne lutte pas contre les catholiques mais contre les Habsbourg qui financent le parti protestant en France. D'ailleurs les Valtelins n'ont-ils pas gardé leur liberté de conscience ?

Une argumentation analogue justifie la conclusion laborieuse du mariage d'Henriette de France avec Charles Ier d'Angleterre, qui est d'abord une précaution contre les Habsbourg, mais que Richelieu, par ses représentants auprès du pape et par la presse à sa solde, présente comme une aide aux catholiques de Grande-Bretagne (1625). Simultanément, des subsides sont alloués au duc de Savoie et aux ennemis traditionnels de la maison d'Autriche et du pape : Hollandais, protestants d'Allemagne (aide à Mansfeld et à l'Électeur palatin) ; mais le gouvernement s'efforce de garder le secret sur ces activités « immorales ». L'opposition bérulliste est déjà trop forte en France où l'on commence à appeler Richelieu le « patriarche des hérétiques ». D'autre part, il n'entre absolument pas dans les intentions du cardinal de provoquer par des interventions trop spectaculaires un conflit prématuré avec la maison d'Autriche, beaucoup mieux préparée militairement que la France à cette époque. Au début du ministériat de Richelieu, la France a bénéficié d'une accalmie. Au cours des années 1626-1627, cruciales pour l'histoire de l'Europe, les cartes se brouillent. Avec l'appui espagnol, Rohan et son frère Soubise soulèvent les huguenots du Sud-Ouest et du Midi, ce qui est ressenti par Richelieu comme un coup de poignard dans le dos. Les rapports s'aigrissent avec l'Angleterre où Buckingham commet mille folies. Richelieu acquiert la conviction qu'il va falloir d'abord régler le compte des grands et des huguenots en arrondissant provisoirement les angles avec la maison d'Autriche. Il envoie Toiras contre Soubise qui doit signer la paix le 5 février 1626. Pendant ce temps, dépassant ses instructions et soutenu par la reine mère, l'ambassadeur français à Madrid, Fargis, signe avec Olivarès, à Monçon, au sujet de la Valteline, un traité relativement favorable aux intérêts espagnols. Richelieu, malgré son irritation, se garde de désavouer cet accord et se contente d'amendements pour conclure le traité de Monçon (mars 1626). Il se vantera dans ses *Mémoires* d'avoir mené là un subtil jeu de bascule : « Par une conduite pleine d'une industrie inaccoutumée, on porta les huguenots à consentir la paix de peur de celle de l'Espagne et les Espagnols à faire la paix de peur de celle des huguenots. »

Cependant, les huguenots de l'intérieur n'ont pas désarmé. S'effrayant ou feignant de s'effrayer du traité de Monçon, leurs chefs ouvrent à l'Angleterre la région située entre La Rochelle, Ré et Oléron. Richelieu se trouve obligé d'organiser sans délai une vaste expédition terrestre et maritime. Ce sera la première grande victoire du règne. Buckingham chassé des abords de Ré (novembre 1627), La Rochelle peut être investie de toutes parts, ce qui contraint les huguenots à la reddition (octobre 1628). Poursuivant leur avantage, les troupes royales chassent Rohan jusque dans les Cévennes. L'anéantissement du parti huguenot est consommé par la prise de Privas (mai 1629) et consacré par l'édit de grâce d'Alais (juin 1629), œuvre d'autorité mais aussi de justice et de tolérance qui permettra aux catholiques et aux réformés de travailler ensemble à la grandeur de la France pendant plus d'un demi-siècle. Il s'agit en fait d'un second édit de Nantes duquel on aurait ôté les clauses relatives aux privilèges militaires des protestants.

Pendant le règlement de l'affaire huguenote, les événements se sont précipités. Reprenant une vieille habitude, les grands ont profité de la guerre religieuse. La haute noblesse s'agite, bravant les édits (exécution de Montmorency-Bouteville en 1627 en vertu de l'interdiction des duels l'année précédente), fomentant des révoltes dans les provinces (d'où l'édit de 1626 sur la destruction des châteaux jugés inutiles à la défense du territoire), ou conspirant contre le pouvoir ou la vie du cardinal-ministre (commencement des innombrables intrigues auxquelles est mêlé Gaston d'Orléans : complot d'Ornano, conspiration de Chalais, punie de mort en 1626). L'assemblée des notables réunie en 1626-1627 tente la voie des réformes pour venir à bout de l'anarchie générale. Peine perdue. On énonce de grands principes mais la volonté d'aboutir ne semble pas le fort de tous ces beaux parleurs. S'étant persuadé de l'inutilité des consultations publiques, Richelieu ne comptera plus désormais que sur ses propres lumières et celles de ses plus proches collaborateurs, comme le père Joseph du Tremblay. D'ailleurs la poursuite de sa politique étrangère exige que le ministériat devienne dictature.

En effet, une menace comparable à celle de la Valteline a surgi en 1627 en Italie du Nord. Il s'agit de l'affaire de la succession du Montferrat et du Mantouan. La chute de La Rochelle ayant rendu disponible une bonne partie de l'armée, Richelieu appuie contre les Espagnols la candidature de Charles de Gonzague, duc de Nevers, né Français. Mais Michel de Marillac, garde des Sceaux, et Bérulle, favorables à l'Espagne, soutenus par la reine mère, sont hostiles à l'intervention armée. Pour surmonter leur opposition, Richelieu invoque l'honneur du roi. L'expédition est décidée. Louis XIII comble son désir de gloire au pas de Suse, où il force en payant de sa personne (6 mars 1629). Casal est ravitaillée (18 mars 1629). Pignerol et Saluces tombent (mars-juillet 1630). Ces succès ont d'abord consolidé l'entente entre Louis XIII et celui qui est devenu son Principal ministre. Ensuite ils ont contribué à faciliter la tâche du père Joseph, engagé dans de difficiles négociations tant avec le roi de Suède qu'avec l'Électeur de Bavière, et délégué par Richelieu à la diète de Ratisbonne où l'hérédité impériale est refusée à Ferdinand d'Autriche (1630).

La réussite même du cardinal a fait croître l'opposition. Celle-ci s'est trouvé un chef nominal en la personne de Marie de Médicis qui s'est enfin aperçue que l'attitude antiespagnole de son protégé n'était pas une diversion. L'« ingrat », le « valet » triomphe à la journée des Dupes (11 novembre 1630), mais Gaston d'Orléans et Anne d'Autriche, relayant en quelque sorte la reine mère, servent de cautions à de nouvelles cabales. Les révoltes nobiliaires déclenchées au nom de Monsieur avec l'appui du duc de Lorraine et du gouverneur du Languedoc, Henri II de Montmorency, sont rapidement domptées en 1631 et 1632. L'hydre de la conspiration ne disparaît pas pour autant. Le cardinal incite le roi (et les tribunaux) à faire des exemples frappants : c'est ainsi qu'au cours de la même année 1632 sont décidées et exécutées les condamnations à mort de Montmorency et du maréchal de Marillac, qui avaient comploté contre Louis XIII, dans lesquelles les contemporains voient des vengeances privées du tout-puissant ministre plus que des sacrifices nécessaires à la raison d'État. Jusqu'à la fin, il faudra déjouer les intrigues, écraser les rébellions (complot de Soissons de 1636 à 1641, conspiration de Cinq-Mars en 1642).

Néanmoins, vers 1635, l'ordre intérieur du royaume est dans l'ensemble rétabli. On se demande ce qui serait advenu si l'anarchie s'était prolongée. Car, après la mort de Gustave Adolphe (1632), celle de Wallenstein (1634) et la défaite de la ligue protestante à Nordlingen la même année, il devient impossible de différer l'entrée de la France dans la guerre de Trente Ans. Au début, les hostilités sont engagées contre la seule Espagne (19 mai 1635), et la France bénéficie de l'appui des hommes du duc de Saxe-Weimar. Le sort n'en est pas moins contraire aux Français lors de la prise de Corbie (août 1636) qui provoquerait la panique à Paris sans la résolution du roi et de son ministre. L'armée française ne prend le dessus qu'à partir de 1638, année où Brisach est occupée. De nouveaux succès sont remportés à Casal et Ivrée (1640), puis les alliés d'Allemagne écrasent les Impériaux à Kempen (1642). Les difficultés intérieures de l'Espagne, manifestées en 1640 par le soulèvement de la Catalogne, livrent à la France deux ans plus tard, et pour toujours, les clefs du Roussillon : « Sire, vos armes sont dans Perpignan et vos ennemis ont péri », peut annoncer le cardinal-ministre.

Lorsque Richelieu meurt, le 4 décembre 1642, la France occupe une partie des pays que lui céderont les traités de Westphalie en 1648. Mais la guerre se poursuit, les ennemis n'ayant pas encore épuisé leurs ressources. Du côté français, l'effort entrepris a coûté très cher. Le grand plan de réformes institué par le code Michau est resté à l'état de projet. La pratique des expédients financiers (aliénation du domaine, recours aux emprunts forcés, augmentation de la taille) a provoqué le mécontentement des officiers locaux et surtout des officiers de justice. De nombreuses jacqueries ont éclaté (Croquants de Guyenne, de Limousin et de Poitou en 1635-1636, Va-nu-pieds de Normandie en 1639). Ces désordres ne sont pas entièrement imputables à la politique belliciste du gouvernement. Des causes conjoncturelles ont joué, notamment les crises de l'agriculture autour de 1630. Il semble que, contrairement à ce qui a été longtemps affirmé, le Principal ministre, loin d'avoir été une mécanique mue par un dessein de grandeur inhumaine, se soit intéressé à la condition du peuple qu'il gouvernait. Richelieu, en combattant l'Espagne, n'avait cessé de négocier avec elle. Il agit de même avec l'empire. Peu avant de mourir, il recommanda au roi trois de ses « secrétaires », Chavigny, Sublet de Noyers, Mazarin. Le choix de celui-ci comme grand responsable des négociations attestait une préférence pour les victoires diplomatiques.

Le souci du bien public, mêlé à un incontestable désir d'accroître sa renommée personnelle, se retrouve chez le Richelieu organisateur. En dix-huit ans d'un pouvoir quasi illimité, ce travailleur acharné, tourmenté de toutes les douleurs physiques et qui ne dormait jamais plus de quatre heures par nuit, intervint dans tous les domaines. Ses principaux collaborateurs, Châteauneuf, Bullion, Sublet de Noyers, Servien, Charnacé et même le père Joseph, durent lui rendre étroitement compte de leurs actes. Sa principale préoccupation fut la marine, militaire et marchande, sur laquelle il se donna à lui-même la haute main en prenant le titre de grand maître et surintendant général de la Navigation et du Commerce (1626). En matière civile, cette réforme entraîna la création de compagnies de navigation, telles que la Compagnie du Morbihan (1626), celle des Cent Associés de la Nouvelle-France (1627), la Compagnie royale du Levant, la Compagnie du Sénégal et de Gambie, la Compagnie de Saint-Christophe ou des Indes occidentales (muée en 1635 en Compagnie des Isles d'Amérique). Il n'est point de commerce maritime sans industries nationales. Aussi Richelieu encouragea-t-il les manufactures, notamment dans la soierie et la tapisserie. La prospérité économique du royaume n'est qu'un leurre si l'État ne dispose pas d'une bonne « police ». Le cardinal en eut conscience. Il développa considérablement les intendants qui n'eurent probablement jamais autant de pouvoir que sous son ministère, mais force est de constater son échec en matière purement financière : il légua à ses successeurs un trésor exsangue, ce qui ne l'empêcha pas de transmettre à ses héritiers des biens considérables, car il n'oublia jamais, pas plus que Mazarin, ses intérêts privés. Son besoin d'ordre était universel : c'est ainsi qu'il soutint *La Gazette de France* de Renaudot, créée en 1631, pour régler la presse, et qu'il joua un rôle déterminant dans la fondation de l'Académie française en 1635 pour bien marquer l'intérêt que l'État prenait à la discipline du langage. Ses constructions mêmes (Sorbonne, Palais-Cardinal, château et ville de Richelieu) procédaient d'un esprit normatif.

Richelieu a construit l'État moderne en imposant l'absolutisme monarchique : aux grands, aux parlementaires (suppression en 1641 du droit de remontrance publique), aux réformés (démantèlement de leur organisation militaire après 1629). S'il n'a réalisé aucune annexion, il a desserré l'étreinte Habsbourg sur la France (sécession du Portugal, annexion temporaire de la Catalogne) quitte à s'allier, en partisan de la *realpolitik*, avec des princes protestants comme le suédois Gustave-Adolphe. Son influence sur les arts et les lettres et de façon générale sur le « goût » français est considérable : il a légué à la couronne les nombreuses œuvres d'art qu'il avait soigneusement fait rechercher en Italie. Mais son héritage le plus précieux fut son secrétaire particulier Jules Mazarin, qui continua son œuvre.

RICHELIEU Louis François Armand de VIGNEROT du PLESSIS, maréchal de (Paris, 1696 – Paris, 1788)

Maréchal de France.

Petit-neveu du cardinal de Richelieu et fils d'Armand Jean de Vignerot qui fut général des galères, il porte d'abord le titre de duc de Fronsac. Dès son adolescence, il se rend célèbre par sa galanterie et par des frasques qui le font mettre une première fois à la Bastille en 1711. Libéré par l'intercession de Mme de Maintenon, il sert en 1716 sous Villars, est encore embastillé deux fois, en 1716 pour un duel, en 1719 pour avoir trempé dans la conspiration de Cellamare contre le Régent. La fin de la Régence lui permet de rentrer en grâce. Après avoir été nommé gouverneur de Cognac puis ambassadeur à Vienne (1725-1729), il participe avec bonheur à la guerre de Succession de Pologne, brille aux sièges de Kehl et de Philippsbourg et reçoit sa nomination de maréchal de camp (1738). La faveur de Louis XV hâte son ascension, en même temps que d'incontestables dons militaires. Sa contribution à la victoire de Fontenoy (1745) et son succès dans l'expédition de Gênes, deux ans plus tard, lui valent le bâton de maréchal en 1748. Pendant la guerre de Sept Ans, il dirige l'expédition de Minorque et prend Port-Mahon, place considérable (1756). L'année suivante, il bat Cumberland, conquiert le Brunswick et le Hanovre, impose à l'ennemi la « capitulation » de Closterseven (1757) mais se laisse aller à des brigandages qui lui valent le surnom de « Père la Maraude ». Madame de Pompadour ayant obtenu son rappel, il rentre dans la vie privée et consacre désormais le plus clair de son temps à des activités de libertinage, pour le bonheur des rédacteurs de chroniques amoureuses et mondaines. Remarié en 1734 avec Marie Sophie de Lorraine, il convole une troisième fois à l'âge de 84 ans. Il mourra huit ans après, « en bonne santé » ou presque. L'Académie lui avait ouvert ses portes en 1720 quoiqu'il passât pour ignorer l'orthographe. Sans doute sa parenté avec le premier protecteur de cette institution lui servit-elle d'introduction. Ses *Mémoires*, écrits par Soulavie, sont sujets à caution.

RICHEMONT Arthur (connétable de) : voir ARTHUR III de BRETAGNE

RIEUX Jean de, sire de Rochefort (Rochefort-en-Terre, 1342 – Rochefort-en-Terre, 1417)

Maréchal de France.

En 1367, il accompagne en Castille le prince de Galles qui marche au secours du roi Pierre de Castille. Il combat ensuite aux côtés de Du Guesclin, portant sa réputation de vaillant capitaine au service de Charles V, puis de Charles VI. En 1382, Jean de Rieux figure ainsi parmi les chefs de l'armée envoyée par le roi de France au secours du comte de Flandre contre les Gantois révoltés, et joue un grand rôle dans la victoire de Roosebeke. Il intervient aussi en tant que diplomate, dans les difficiles affaires de Bretagne, négociant par exemple la libération de Clisson. En 1392, il se trouve aux côtés de Charles VI lors de sa première crise de folie. Maréchal de France en 1399, il bat en 1404 les Anglais sur les côtes de Bretagne puis passe en Angleterre dans l'intention de soutenir les droits de Louis, duc d'Orléans. Malade, il abandonne sa charge peu avant sa mort.

RIEUX Jean IV de (?, 1447 – ?, 1518)

Homme de guerre.

Petit-neveu de Pierre de Rieux, maréchal de Rochefort, il assiste le duc de Bretagne François II lors de la ligue du Bien public en 1465. Lieutenant général du duché et capitaine de la ville de Rennes, il combat les troupes royales à Saint-Aubin-du-Cormier en 1488. Tuteur de la jeune duchesse Anne, il veut d'abord la marier de force au sire d'Albret, facilite ensuite le mariage de la princesse avec le roi de France Charles VIII. Comblé d'honneurs à la cour de France, il reçoit, en particulier, le commandement d'une armée royale chargée sous Louis XII d'intervenir en Roussillon.

RIEUX Pierre de (Ancenis, Bretagne, 1389 – Nesle, Picardie, 1439)

Maréchal de France.

Fils de Jean de Rieux, sire de Rochefort, il est également connu sous le nom de maréchal de Rochefort, distinction qu'il reçoit en 1417 à la mort de son père. Hostile au parti bourguignon, il seconde le dauphin Charles (futur Charles VII). Capturé par les Anglais au Mans, en 1425, il doit sa liberté au versement d'une rançon. Dès lors, il reprend la lutte avec acharnement, secondant le connétable de Richemont, à la famille duquel il est allié. On le trouve aux côtés de Jeanne d'Arc lors de sa marche victorieuse vers Reims, puis à Saint-Denis, qu'il défend contre les Anglais. Rieux leur reprend Dieppe en 1435 et les chasse de la région de Honfleur deux ans plus tard. Les Bourguignons prennent leur revanche peu après en le capturant dans la région de Compiègne. Le gouverneur de la place, Guillaume de Flavy, se montre particulièrement dur pour son captif, transporté de geôle en geôle dans les pires conditions, traitement qui entraînera finalement sa mort.

RIEZ

Sur le plateau de Valensoles, au confluent du Colostre et de l'Auvestre, dans les Alpes de Haute-Provence, la petite cité de Riez garde des vestiges d'un passé glorieux.

À l'emplacement de la cité gauloise d'origine, les Romains fondent au Ier siècle de notre ère la colonie de *Julia Augusta Apollinaris Reiorum*. Il subsiste de cette période quatre colonnes de granit aux chapiteaux de marbre blanc qui appartiennent à un temple, probablement consacré à Apollon, patron de la colonie. La prospérité de la colonie est telle que, vers 400, on y fonde un évêché. Saint Fauste, un moine d'origine britannique, qui a été auparavant abbé du monastère des îles de Lérins, devient évêque de Riez en 457. Il s'y illustre par son autorité, sa résistance contre le chef goth Euric, qui l'envoie en exil pendant quelques années, et ses traités de théologie dirigés contre l'hérésie de l'arianisme. L'importance religieuse de Riez explique la construction au Ve siècle d'une basilique et d'un baptistère. En effet, à l'époque paléochrétienne, on sépare le sanctuaire réservé à la célébration du culte, ouvert aux seuls fidèles baptisés, et le bâtiment destiné à célébrer des baptêmes collectifs d'adultes. Le baptistère mérovingien de Riez est un des rares en France à être encore debout et présente un plan comparable à celui de Fréjus. La construction extérieure de plan carré enferme une salle octogonale, dont les côtés sont séparés par huit colonnes, provenant du temple antique. Au centre, on voit encore les restes de la cuve baptismale où les catéchumènes devaient s'immerger complètement. La coupole de ce baptistère a été refaite au XIIe siècle. Non loin de cet édifice, subsistent les vestiges de la basilique mérovingienne. Les guerres de Religion mettent fin à la grandeur de Riez et l'évêché disparaît en 1790.

RIF

Région montagneuse du Maroc septentrional, en bordure de la Méditerranée, entre Tanger et l'embouchure de la Moulaya.

Depuis l'installation de l'islam dans cette zone de l'Afrique, le Rif, chaîne de montagnes aux altitudes moyennes, est apparu comme le centre des résistances aux chrétiens. Bien que les Espagnols occupent Melilla depuis 1497, la pénétration européenne s'y révèle beaucoup plus difficile et tardive que dans d'autres zones du Maroc. Au prix de bien des difficultés, internationales en particulier, Espagnols et Français réussissent à s'installer plus ou moins durablement au Maroc au début du XXe siècle, mais, solidement établi dans les montagnes rifaines, Abd el-Krim résiste à leur progression. Emprisonné par les Espagnols à la demande de Lyautey, libéré au bout de onze mois, il prêche la guerre sainte contre les Français et les Espagnols, regroupe, avec l'aide de conseillers turcs et allemands, plusieurs tribus, en particulier celle des Beni Ourriaghel, et se retranche à Ajdir. Le gouvernement espagnol envoie alors, afin de réprimer le mouvement, une armée de 20 000 hommes commandée par le général Silvestre. Mais ce dernier subit à Anoual, le 21 juillet 1921, une terrible défaite. Malgré l'envoi de renforts considérables, 140 000 hommes, l'Espagne devra renoncer à s'imposer dans le Rif, reculer devant Abd el-Krim et se replier sur Tétouan.

Lyautey, le résident général au Maroc, disposant d'effectifs insuffisants, ne peut que renforcer les avant-postes. Au mois d'avril 1925, Abd el-Krim lance une puissante offensive d'Ouezzane à Taza. Les troupes françaises, sous les ordres du général Daugan, ont bien du mal à contenir l'assaut des Rifains. L'énergie de Lyautey permet de sauver Fez et Taza. En juillet-août, le général Naulin et le lieutenant-colonel Catroux parviennent à stopper les Rifains. À Paris cependant, le gouvernement s'impatiente de cette lente guerre d'usure qui sert de prétexte au jeune parti communiste pour condamner la colonisation. En juillet, le maréchal Pétain, chargé d'une mission d'observation, est arrivé au Maroc. Entrant ensuite en contact avec le dictateur espagnol Primo de Rivera, il parvient à mettre sur pied une action concertée franco-espagnole. Le 3 septembre, le maréchal est chargé de la direction des opérations, que mène le général Naulin, avec des renforts considérables. Se sentant désavoué, Lyautey démissionne de ses fonctions de résident et est remplacé par Théodore Steeg (le 11 octobre). Le 8 septembre, Primo de Rivera dirige en personne le débarquement espagnol d'Alhucemas. Le 2 octobre, ses troupes s'emparent d'Ajdir. Malgré les renforts, les Français ne peuvent venir à bout des Rifains avant l'hiver. D'autant que, pour gagner du temps, Abd el-Krim a demandé l'ouverture de négociations. Tenues à Oujda, elles n'avancent guère. L'offensive française, confiée par Pétain au général Boichut, ne commence donc qu'au mois d'avril 1926, en accord avec les troupes espagnoles du général Sanjurjo. Pétain, fidèle à sa technique de la puissance du feu, a rassemblé de considérables moyens d'artillerie, qui soutiennent l'action des troupes traditionnelles d'Afrique du Nord. Le 27 mai enfin, encerclé près de Targuist, où les troupes françaises du général Ibos ont pénétré le 23, Abd el-Krim se rend aux Français. Il sera déporté à la Réunion. En 1947, s'échappant du bateau qui le ramenait en France, il se réfugiera au Caire. Les combats d'arrière-garde se poursuivront dans le Rif pendant un an, et la pacification complète sera longue.

RIGAULT Raoul Georges Adolphe (Paris, 1846 – Paris, 1871)

Journaliste et homme politique.

Fils d'un conseiller à la préfecture de la Seine, il prépare l'École polytechnique mais, vers 1865, s'intéresse beaucoup plus aux mouvements blanquistes qu'à ses études. Son ambition est d'assurer la liaison entre ouvriers et étudiants. Le jeune homme collabore à plusieurs journaux républicains avant de lancer, en décembre 1868, une feuille athée intitulée *Le Démocrite*. Interdite, cette publication lui vaut trois mois de prison. Rigault passe ainsi une dizaine de mois sous les verrous, entre 1868 et 1870, et profite de ces occasions pour étudier le fonctionnement de la police. En 1869, avec Varlin et Flourens, il collabore à la rédaction de *La Marseillaise* de Rochefort. *Le Père Duchesne*, dont il connaît par cœur des passages entiers et imite volontiers le style et le vocabulaire, est son modèle favori. Le jour des obsèques de Victor Noir, journaliste tué en duel par Pierre Bonaparte, cousin de Napoléon III, Rigault tente en vain, à la tête des étudiants blanquistes, d'entraîner les manifestants à l'insurrection. La publication, en juillet 1870, d'une brochure intitulée *Le Grand Complot* lui vaut d'être condamné à quatre mois de prison.

Libéré par le 4 Septembre, il devient, au lendemain de la proclamation de la République,

La guerre du Rif
Tirailleurs de la Légion étrangère au cours des actions engagées entre Tétouan et la zone de Tanger.
© *L'Illustration/Sygma*

commissaire de la police politique. Hostile au gouvernement de la Défense nationale, Rigault prend part aux insurrections du 31 octobre et du 22 janvier 1871, avant d'être nommé, par le comité central, délégué à la préfecture de police, le 20 mars. Six jours plus tard, le VIIe arrondissement l'envoie siéger au Conseil de la Commune. Le 29 mars enfin, le délégué à la préfecture de police, qui conserve cette charge, est nommé à la Commission de la sûreté générale. C'est lui qui fait procéder à l'arrestation de Mgr Darboy, du président Bonjean, et des autres otages. Fort rigoureux, intransigeant même, outré dans son anticléricalisme, et bientôt en désaccord avec le Conseil de la Commune, il est remplacé le 24 avril par Protot et nommé deux jours plus tard procureur de la Commune, avec mission d'enquêter sur les atrocités versaillaises. Le 22 mai au soir, Rigault donne l'ordre de transférer une partie des otages de Mazas à la Roquette. L'ancien journaliste avait affirmé : « J'aimerais mieux laisser échapper dix coupables que de frapper un seul innocent. » Le 23 mai, il commande l'exécution de l'ancien adjoint au maire de Paris, Chaudey, qu'il rend responsable de la mort de son ami Sapia. Pendant la Semaine sanglante, Rigault combat sur les barricades, en uniforme de commandant des Fédérés. C'est ainsi qu'il est reconnu le 24 mai au matin, au moment où il pénètre dans l'hôtel Gay-Lussac, et arrêté. Alors que les soldats le conduisent vers Versailles, un officier, lui appliquant un pistolet sur la tempe, lui intime de crier : « Vive l'armée de Versailles ! » Au contraire, Rigault s'écrie : « Vive la Commune ! À bas les assassins ! » avant de tomber foudroyé. Son cadavre, abandonné, restera plus de vingt-quatre heures à la même place.

RIGNY Henri Daniel Gaultier, comte de (Toul, 1782 – Paris, 1835)

Vice-amiral et homme politique.

Après avoir gagné ses grades dans la marine lors de la Révolution, il obtient en 1804 le commandement de la corvette *La Triomphante* au camp de Boulogne. Napoléon ayant constitué pour la campagne continentale un corps des « marins de la garde », Rigny y est inclus et participe ainsi aux campagnes de Prusse en 1806 puis de Pologne l'année suivante. Aide de camp de Bessières, il passe par la suite en Espagne. Neveu du baron Louis, Rigny obtient de Louis XVIII le grade de capitaine de vaisseau et reçoit notamment, en 1822, la direction de l'escadre du Levant. Contre-amiral en 1825, il dirige l'escadre française à la bataille de Navarin, deux ans plus tard. Ce succès lui vaut le rang de vice-amiral et le poste de préfet maritime de Toulon. La monarchie de Juillet le comble d'honneurs avec le portefeuille de la Marine de 1831 à 1834 puis celui des Affaires étrangères de 1834 à 1835. Ministre d'État, le comte de Rigny représente à la Chambre, sous la monarchie de Juillet, les départements de la Moselle puis du Pas-de-Calais.

RIOM

Chef-lieu d'arrondissement du Puy-de-Dôme situé à 15 km au nord de Clermont-Ferrand, dans la plaine fertile de la Limagne, au pied de la chaîne des Dômes.

La cité fut, au Moyen Âge, capitale du duché d'Auvergne. Au XIVe siècle, Jean de Berry fait construire dans le haut de la ville un magnifique château, aujourd'hui totalement détruit. C'est là que le poète Charles d'Orléans épouse, en 1410, Bonne d'Armagnac. Supplantée par Clermont-Ferrand, Riom est demeurée sous l'Ancien Régime chef-lieu de généralité, siège de cour de justice, distinction qui demeurera après les réformes administratives de 1790. La ville est toujours aujourd'hui siège de cour d'appel, bien que la préfecture soit à Clermont-Ferrand, métropole régionale. Ce riche passé explique la présence de beaux logis et hôtels de l'époque de la Renaissance, tels les hôtels Amoux de Maison-Rouge, Juimoneau et de Chabrol-Volvic, devenu musée d'art.

RIOM (procès de)

Procès qui se déroule à Riom, à partir du 19 février 1942, devant la Cour suprême de justice créée le 30 juillet 1940 par l'acte constitutionnel n° 5.

Le maréchal Pétain décide de traduire devant une cour de justice particulière des hommes politiques tenus pour responsables de la défaite, tandis que les Allemands les tiennent pour responsables du conflit. Deux hypothèses baroques puisque dans le premier cas il faudrait inclure Pétain parmi les inculpés et dans le second oublier que l'invasion de la Pologne par les Allemands était un *casus belli* signé par la France et l'Angleterre depuis vingt ans. L'accusation propose donc une formule mixte : les accusés sont poursuivis pour avoir « trahi les devoirs de leur charge dans les actes qui ont concouru au passage de l'état de paix à l'état de guerre ». Après la publication de l'acte constitutionnel n° 5 sont successivement arrêtés Guy La Chambre, ministre de l'Air sous le gouvernement Daladier, Édouard Daladier et le général Gamelin, Léon Blum, le 15 septembre, Paul Reynaud, Georges Mandel, puis l'intendant général Jacomet. Blum, dont les avocats sont Mes Le Troquer, Spanien et Félix Gouin, contre-attaque rapidement et dénonce d'une part les violations faites aux droits de la défense, d'autre part la responsabilité écrasante, dans la préparation et la conduite de la guerre, des chefs militaires comme le général Weygand. L'instruction est trop lente aux yeux de Pétain ainsi que pour les Allemands qui ont réclamé un châtiment exemplaire. Le 12 août 1941, le chef de l'État français annonce qu'il châtiera lui-même les « coupables » après l'avis d'un Conseil de justice politique donc avant tout procès ! Sur la proposition des huit hommes, choisis par ses soins, qui composent ce Conseil, le maréchal condamne le 16 octobre Blum, Daladier, Gamelin, Reynaud et Mandel à la peine la plus sévère, la détention à vie dans une enceinte fortifiée. Il affirme qu'« un jugement différé eût été pour le pays un jugement manqué ». Mais il ne renonce pas au procès. Enfermés au château de Chazeron, près de Châtel-Guyon, les accusés ont été conduits à Bourrassol, près de Riom, puis, au mois de novembre 1941, en application de la sentence du 16 octobre, au fort du Portalet. Blum et Daladier n'y resteront que quelques semaines, tandis que le général Gamelin, souffrant, se trouve à l'hôpital. Paul Reynaud et Georges Mandel resteront au fort jusqu'au jour ou ils seront livrés aux Allemands.

L'information enfin achevée, alors que Blum réclame depuis longtemps l'ouverture du procès que les autorités de Vichy ne sont plus aussi pressées de voir se produire, Léon Blum, Daladier, le général Gamelin, Jacomet et Guy La Chambre comparaissent devant leurs juges à partir du 10 février 1942. Les juges ont pour instructions de ne considérer que la période 1936 – mai 1940, afin de ne pas avoir à incriminer Pétain, ministre de la Guerre en 1934, et d'exclure des débats toute mise en cause des chefs militaires. Dès l'ouverture, Blum riposte en affirmant que « le procès actuel n'est pas le procès de la France mais, s'il reste ce qu'il est, il sera fatalement le procès de la République. Un débat sur les responsabilités de la guerre d'où toutes les responsabilités militaires ont été exclues de parti pris devient, par la force des choses, en même temps qu'un attentat volontaire à la vérité, une prise à partie du régime républicain ». Le procès tourne rapidement au duel entre Léon Blum et ses juges, le premier faisant le procès des seconds, du régime et de son chef. Les autres accusés, sauf Daladier, n'interviennent guère. L'accusation envisage des responsabilités politiques et morales qui, selon elle, retombent en grande partie sur Léon Blum. On lui reproche d'avoir laissé compromettre le rendement des usines de guerre et ainsi empêché la préparation de la France, par les lois sociales, comme la semaine de 40 heures, par sa tolérance des grèves et des occupations d'usines, par la nationalisation des usines d'armement. Blum, quant à lui, insiste sur l'illégalité de l'acte constitutionnel n° 5 par lequel le maréchal a constitué la cour : les textes constitutionnels n'ayant pas été ratifiés par le peuple, ceux de 1875 restent en vigueur, le maréchal aurait dû réunir la Haute Cour, c'est-à-dire le Sénat. Les avocats de Blum ne manquent pas de souligner que tous les faits reprochés aux accusés sont antérieurs au 30 juillet 1940, date de la loi qui les qualifie de crimes. La comparution des accusés est donc contraire à la Déclaration des droits de l'homme et du citoyen, au principe de la non-rétroactivité.

Au long des 24 audiences, les accusés se font les juges de ceux qui les accusent, dénoncent les responsabilités de Darlan, de Laval et du maréchal Pétain, qui a notamment présidé les travaux du Conseil supérieur de la guerre. La censure règne en France mais les déclarations de Léon Blum, aussitôt copiées, sont imprimées sur des tracts et diffusées à travers le pays, tandis que les radios alliées se font l'écho des débats. Le gouvernement de Vichy s'inquiète de la tournure que prend le procès, tandis qu'Hitler manifeste son irritation. Les débats, interrompus le 2 avril pour les vacances de Pâques, doivent reprendre le 14. En fait, à la suite d'une intervention allemande transmise par Otto Abetz, ils ne reprendront jamais. Sur un rapport de Darlan et du garde des Sceaux Barthélemy, un décret du 11 avril ajourne le procès. Un autre décret, signé de Darlan, précise que la situation des prisonniers restera fixée par le décret du 16 octobre et qu'ils demeureront en prison. Contrairement aux attentes de Vichy, le procès sert la cause de ses adversaires et offre une tribune à des démocrates victimes de l'arbitraire politique.

RIPUAIRES

Du latin ripuarius, *« qui occupe la rive ». Nom donné à une subdivision des Francs établie à la fin de l'époque gallo-romaine sur les rives du Rhin.*

Leur installation dans le pays de la Moselle date du Ve siècle. À la mort de Childéric en 481, les Ripuaires ont pour roi Sigebert, qui réside à Cologne. La loi ripuaire, qui ne nous est connue que par une translation tardive, présente beaucoup d'analogies avec la fameuse loi salique. Elle semble dater du VIe siècle pour la première partie, relativement originale ; du VIIe siècle pour la seconde partie, inspirée de la loi salique.

RIQUET Pierre Paul RIQUET, dit de (Béziers, 1604 – Toulouse, 1680)

Ingénieur et administrateur.

D'origine roturière (la même que celle des Riquet établis en Provence sous le nom de Riqueti de Mirabeau), fils d'un notaire indélicat de Béziers, il fait ses débuts dans l'administration de la gabelle, dont il devient directeur. Bientôt, il ajoute à sa charge la fourniture des armées royales en Roussillon et Cerdagne, ce qui lui permet d'amasser une fortune considérable. Celle-ci, jointe à des capacités de travail exceptionnelles et à une volonté de fer, lui permettra de devenir le grand créateur du canal du Midi, gloire des Biterrois puis gloire nationale. L'idée d'une voie navigable faisant communiquer Méditerranée et Atlantique se perd dans la nuit des temps. Mais il ne semble pas que Riquet l'ait reprise chez qui que ce soit. La nécessité d'un terrassement dans une de ses propriétés selon les uns, une période de sécheresse exceptionnelle selon d'autres, auraient suscité le projet que Riquet soumet à Colbert en 1662. Ce n'est qu'en 1666 que paraît l'édit autorisant la construction. L'insuffisance des fonds publics oblige le créateur à payer de ses deniers. Grâce à l'organisation méticuleuse des chantiers, le canal sera creusé en quatorze ans. Riquet ne verra pas l'achèvement de son œuvre et mourra six mois avant l'inauguration. Vauban, envoyé pour inspecter les travaux, avait dit qu'il aurait « préféré la gloire d'en être l'auteur à tout ce qu'il avait fait ou pourrait faire de remarquable ».

Saint Riquier
Scènes de la vie de saint Riquier. « Le Miroir Historial », miniature de Vincent de Beauvais, XVe siècle, Chantilly, musée Condé. © *Giraudon*

RIQUIER, saint (? – ?, 645)

Ermite.

Né au temps du roi Dagobert dans une famille noble du Ponthieu, il est converti par deux saints moines, Fricor et Cadoc. Aussitôt, il devient à son tour missionnaire, secourant les pauvres, soignant les malades. Après avoir parcouru tous les pays du nord de la Gaule, il se repose quelque temps à Centule (Somme, près d'Abbeville) où il fonde une église et un monastère. Le roi Dagobert lui rend visite et se montre attentif à ses conseils. Centule devient un centre religieux important. Alors, désireux d'une complète solitude, Riquier se retire dans la forêt de Crécy, en un lieu appelé aujourd'hui Forest-Moûtier (ou Forest-Montier), où il mène une existence particulièrement austère. Après sa mort, son corps sera transféré dans le monastère de Centule qui deviendra un lieu de pèlerinage et prendra son nom (Saint-Riquier).

RIVAROL Antoine RIVAROLI, dit LE COMTE de (Bagnols, 1753 – Berlin, 1801)

Fils d'un aubergiste italien installé en Languedoc, il entre tout d'abord au séminaire avant de renoncer à l'état ecclésiastique. Il gagne sa vie comme précepteur à Lyon puis à Paris à partir de 1780. Il y devient la coqueluche des salons, par son bel air et son éloquence brillante qui le servent auprès des femmes. Mais c'est aussi un esprit cultivé et une plume enlevée. En 1784, il remporte le prix de l'Académie de Berlin avec son *Discours sur l'universalité de la langue française* puis donne une traduction remarquée de *L'Enfer* de Dante. Son vrai talent toutefois est satirique : dans le *Petit Almanach de nos grands hommes* en 1788, il manie l'antiphrase pour encenser ironiquement les fausses gloires littéraires du moment. Quand éclate la Révolution, il se range dans le parti monarchique et publie des articles polémiques dans le *Journal politique national* puis dans les *Actes des Apôtres*. Il y fustige les hommes et les idées de la Révolution dans une langue sèche et vibrante que l'écrivain conservateur Burke compare à celle de Tacite. En 1792, il doit quitter la France pour échapper à l'arrestation. À Bruxelles, où il multiplie les publications (*Lettre à la noblesse française*...), sa verve le rend très apprécié des milieux de l'émigration. Après l'invasion de la Belgique, il trouve refuge à Londres puis à Hambourg. Pour survivre, il signe un contrat pour publier un dictionnaire de langue française, dont il n'achèvera que l'introduction. Il termine ses jours à Berlin où il représente le futur Louis XVIII auprès de Frédéric II, qui témoigne à son talent une grande admiration. Sept ans après sa disparition, paraissent ses *Maximes et Pensées* (1808). Publiciste, moraliste, écrivain engagé, Rivarol peut être comparé à son contemporain Chamfort, qui commence aussi comme précepteur mais se range au service de la Révolution. Homme du peuple défenseur de l'Ancien Régime, idéologue mais ami des salons et des femmes, Rivarol résume les contradictions de son siècle.

Rivarol
Dessin, 1801, Versailles, musée Lambinet.
© *Lauros-Giraudon*

RIVIÈRE Charles François de RIFFARDEAU, marquis puis duc de (La Ferté-sur-Cher, 1763 – Paris, 1828)

Militaire et diplomate.

Sous-lieutenant dans les gardes-françaises au début de la Révolution, il émigre aux côtés du comte d'Artois (futur Charles X) et devient son chargé de mission auprès des royalistes vendéens. Arrêté en 1795 et détenu à Nantes, il ne tarde pas à s'évader et se retrouve, quelques années plus tard, parmi les instigateurs de la conspiration de Cadoudal. Appréhendé une seconde fois, jugé, puis condamné à mort, Rivière voit sa peine commuée en détention au fort de Joux, sur l'intervention expresse de Joséphine et de Murat. Nommé maréchal de camp lors de la Première Restauration, il doit fuir vers l'Espagne durant les Cent-Jours, mais est élevé à la dignité de pair de France lors du second retour des Bourbons. Lieutenant général, Rivière reçoit l'ambassade de France en Turquie de 1816 à 1820 ; il est relevé de ses fonctions pour avoir conclu un traité de commerce lésant notoirement les intérêts français après avoir contribué, toutefois, lors de son séjour, à la découverte de la *Vénus de Milo*. Promu au grade de capitaine des gardes du corps de Charles X, il est nommé, en 1826, gouverneur du duc de Bordeaux.

RIVIÈRE Henri Laurent (Paris, 1827 – Hanoi, 1883)

Marin et écrivain.

Élève de l'École navale, lieutenant de vaisseau en 1856, capitaine de frégate en 1870, il sert dans les territoires d'outre-mer sous la IIIe République et participe notamment, en 1880, à la répression d'une révolte de Canaques en Océanie. Ce résultat incite les autorités à l'envoyer, dès l'année suivante, au Tonkin où sévissent des pirates chinois. Rivière s'empare de Hanoi, mais doit évacuer la position à la suite d'un retour en force des Tonkinois, soutenus par les Chinois. C'est en s'efforçant de reprendre la localité qu'il tombe mortellement blessé lors d'une embuscade. Le gouvernement popularise son action et en fait un héros national. La Société des gens de lettres lui élève une statue au cimetière Montparnasse, car Henri Rivière est l'auteur d'un grand nombre d'ouvrages littéraires, de nouvelles, de romans, de souvenirs d'expéditions en Océanie et, entre autres, d'une *Histoire de la marine française sous Louis XV* (1859).

RIVOLI (bataille de)

Victoire remportée par Bonaparte sur les Autrichiens, le 14 janvier 1797, dans cette commune de la province de Vérone, sur l'Adige, en Italie.

Ayant constaté que les Autrichiens du général Alvinczy descendent l'Adige et les pentes du mont Baldo en quatre colonnes, Bonaparte comprend que leur principale attaque se portera sur Rivoli contre Joubert, et il ordonne aux divisions Masséna et Ney de s'y concentrer. La parfaite homogénéité de ses troupes et leur endurance lui assurent la victoire. L'arrivée inopinée sur le plateau de Rivoli de la division Masséna, qui a réussi l'exploit de parcourir plus de 20 lieues en trois jours tout en livrant trois combats, permet de dégager Joubert. Une charge de cavalerie, commandée par Leclerc et Lassalle, achève la déroute de l'ennemi. Sans perdre un instant, Bonaparte se retourne alors contre Provera qui, ayant passé l'Adige, était arrivé devant Mantoue. Il le cerne à La Favorite et le force à capituler (16 janvier). Trois semaines plus tard, Mantoue, réduite à la famine, capitule à son tour (2 février), ouvrant aux Français la route de Vienne, ce qui contraint les Autrichiens à signer les préliminaires de Leoben (18 avril).

ROBERT de MOLESMES, saint (Champagne, v. 1025 – Molesmes, Bourgogne, 1111)

Moine réformateur.

Issu d'une riche famille champenoise, il entre à 15 ans au monastère bénédictin de Moutier-la-Celle, près de Troyes, dont il devient bientôt le prieur. Nommé par la suite abbé de Saint-Michel-de-Tonnerre et prieur de Saint-Aiyoul, deux autres établissements benédictins, il tente, en vain, d'imposer aux moines ses projets de réforme. Devant cet insuccès, Robert prend la direction d'un groupe d'ermites installé dans la forêt de Colan, et les conduit bientôt dans la forêt de Molesmes, où il fonde en 1075 un monastère. Au dénuement et à la ferveur des premiers temps succèdent, avec le succès et le renom de l'établissement, les donations, l'abondance, et le relâchement de la discipline. Découragé, Robert quitte Molesmes. De nouveau, quelque temps plus tard, il tentera d'imposer ses vues aux moines. En vain. En 1098, avec une vingtaine de moines de Molesmes favorables à ses tentatives de réforme, il entreprend de fonder un nouvel établissement, dans la forêt de Cîteaux. Élu abbé par les moines, il leur impose une stricte observance de la règle bénédictine, qu'ils s'engagent à respecter. Robert de Molesmes ne peut cependant être considéré comme le fondateur de l'ordre cistercien, rôle dévolu à saint Bernard. Le pape Urbain II, à la requête des moines restés à Molesmes, demande à Robert de réintégrer l'abbaye. Le vieux moine obéit et c'est à Molesmes qu'il achève ses jours.

ROBERT LE FORT (? – ?, Brissarthe, Maine-et-Loire, 866)

Comte d'Anjou et de Blois, marquis de Neustrie.

Il est de la tige de la dynastie des Robertiens et par là ancêtre des Capétiens. Descendant d'une famille d'origine probablement germanique établie dans les pays de la Loire, il s'illustre en défendant cette région contre les incursions normandes et se taille une réputation qui sera à l'origine de la fortune de sa famille. Hostile à Charles le Chauve, il conspire contre lui avec Pépin d'Aquitaine et, en 859, soutient Louis le Germanique dans sa tentative pour l'expulser. Mais il se réconcilie avec lui au traité de Meung-sur-Loire (861) et, rentré en grâce, reçoit le comté d'Anjou et le commandement militaire entre Seine et Loire. Il doit, dès 862, tenir tête à la fois au roi de Bretagne Salomon, aux Normands de la Loire que celui-ci a pris à sa solde et à Louis le Bègue, soulevé à son tour contre Charles le Chauve, son père. Grâce aux Normands de la Seine, dont il loue les services, il peut vaincre ses adversaires. Louis se soumet en 862. Salomon fait la paix avec le roi en 863. Mais il ne peut empêcher les exac-

La bataille de Rivoli

Bataille de Rivoli en 1797. Huile sur toile de Félix Philippoteaux, 1844, château de Versailles. © *Lauros-Giraudon*

tions de ses auxiliaires, qui rançonnent Poitiers et brûlent l'abbaye de Saint-Hilaire en 863. Robert ne réussit que difficilement à les contenir sur la Loire. Au cours d'une de ses chevauchées, il trouve la mort en 866 à Brissarthe, où il a intercepté une bande de Normands qui rejoignait ses bases après avoir pillé Le Mans. Ses fils, les futurs rois Eudes et Robert Ier étant encore trop jeunes, son commandement entre Seine et Loire revient à un Welf, Hugues, dit l'Abbé.

Robert Ier (?, v. 865 – Soissons, 923)

Roi de France (922-923).

Second fils du précédent. À la mort de son frère aîné Eudes, il reconnaît Charles le Simple pour roi et se contente des titres de comte de Paris et de comte d'Angers. Il se montre d'abord fidèle au Carolingien, obligeant le Normand Rollon à lever le siège de Paris et à traiter à Saint-Clair-sur-Epte (911). Vers 918, après avoir fait reconnaître par Charles la survivance de ses fiefs en faveur de son fils Hugues (Hugues le Grand), il marie sa fille Emma à Raoul, fils du duc de Bourgogne Richard le Justicier. Les grands l'élisent roi à Reims le 29 juin 922, après avoir décidé de déposer Charles. Sa victoire sera de courte durée. Le 15 juin 923, il trouve la mort à Soissons où Charles l'a attaqué avec une petite armée qui sera défaite par Hugues et Herbert de Vermandois.

Robert II le Pieux (Orléans, v. 970 – Melun, 1031)

Roi de France (996-1031).

Fils d'Hugues Capet et d'Adélaïde de Poitiers. À la Noël 987, le roi Hugues associe au trône son fils aîné, Robert. Couronné solennellement à Orléans, le jeune homme est, dès lors, le « roi désigné » d'un royaume qui s'étend de la Meuse à l'Océan. En 988, il épouse Rosala, ou Suzanne, fille de Bérenger, roi d'Italie, et veuve depuis peu du comte de Flandre. Aucun enfant ne naît de cette union, et Robert répudie son épouse, sans lui rendre Montreuil. En 996, à la mort d'Hugues Capet, le « roi désigné » devient roi à son tour. Ancien élève du célèbre Gerbert, musicien habile (il compose des psaumes), le nouveau roi est aussi un homme de guerre courageux. Bon et charitable, il ne manque jamais de laver les pieds des pauvres, lors des fêtes religieuses, et entretient dans son palais des dizaines d'indigents. Lorsqu'il se déplace, douze pauvres montés sur des baudets marchent en tête de son cortège. Le roi les appelle « mes apôtres ». De nombreux bâtiments religieux, églises ou monastères, sont élevés ou enrichis par les soins de Robert le Pieux : Saint-Germain-l'Auxerrois, Saint-Cassien-d'Autun, Saint-Aignan et Notre-Dame-de-Bonne-Nouvelle, à Orléans. Malgré ce surnom de « Pieux » donné au roi par le moine Helgaud, de nombreux démêlés opposeront Robert à l'Église et à la papauté. En 1010, par exemple, un incident l'oppose à Fulbert de Chartres, lorsqu'il impose comme évêque d'Orléans un simple moine, faisant éloigner de la ville, au moment du vote, les prélats hostiles à son élection. En 1028, un nouveau conflit l'oppose aux gens d'Église lorsqu'il s'agit de désigner le successeur de ce même Fulbert de Chartres.

Quelque temps avant son avènement, Robert a rencontré Berthe de Bourgogne, femme du comte de Chartres auquel elle a donné cinq enfants. Berthe est devenue sa maîtresse et, à la fin de 996, le comte de Chartres étant mort, le roi l'épouse. Berthe, qui lui apporte des droits sur la Bourgogne, est cependant sa cousine au troisième degré. De plus, Robert est le parrain de son dernier-né, ce qui constitue à l'époque un véritable lien de parenté. Les prélats français ne s'opposent pas à cette union que condamne en revanche, avec véhémence, le pape Grégoire V. Le pape réunit, en 998, un concile à la suite duquel il proclame que le roi de France et son épouse seront excommuniés et frappés d'anathème si Robert ne renonce pas à Berthe. Le roi résiste plusieurs années. Son ancien maître Gerbert, devenu pape sous le nom de Sylvestre II, finit par le persuader de céder : Robert renonce à Berthe, qui ne lui a pas donné d'enfant. Robert conclut alors, vers 1003, une nouvelle union, avec Constance de Provence, fille du comte de Provence Guillaume II. Avec cette dernière arrivent à la cour de France des gentilshommes dont les mœurs brillantes, la culture et le costume déplaisent aux barons du Nord et au clergé. Le chroniqueur Raoul Glaber les présente ainsi : « Frivoles et légers, ces hommes étaient aussi raffinés dans leurs mœurs que dans leur costume. Ils négligeaient leurs armes et les harnais de leurs chevaux ; leur chevelure était coupée à mi-tête, ils n'avaient point de barbe comme les histrions, portaient des bottines et des chaussures indécentes… Bref, c'étaient des gens dépourvus de foi. »

Constance donne au roi quatre fils, Hugues, Henri, Robert et Eudes, et deux filles, Advive et Adèle. Cependant, les deux époux ne s'entendent guère. En 1008, la reine aurait fait assassiner Hugues de Beauvais, favori du roi. Excédé, ce dernier entreprend en 1010 un voyage à Rome, avec Berthe, dans l'espoir que le pape acceptera enfin leur union. Nouveau refus, auquel Robert se soumet. Le roi parcourt son royaume pour tenter de mettre à la raison les seigneurs brigands, de protéger les clercs et les pauvres. Il fait excommunier les pillards, réunit à Héry, dans l'Auxerrois, en 1024, un concile qui affirme que les « fauteurs de troubles », s'ils ne respectent pas les commandements royaux, devraient « au moins signer le pacte de concorde au nom de Dieu et des saints ». Sous le règne de ce roi, Juifs et hérétiques sont particulièrement persécutés. Pour la première fois, à Orléans, en 1022, périssent sur le bûcher, par ordre du roi et malgré les protestations du clergé, quatorze hérétiques qui, sauf un, ont refusé d'abjurer. Le grand succès du règne de Robert II le Pieux est l'acquisition du duché de Bourgogne. En 1002, le duc de Bourgogne Henri le Grand, ou le Vénérable, est mort sans héritier. Son fils adoptif Otte-Guillaume, comte de Bourgogne, soutenu par la noblesse et le clergé locaux, voudrait bien augmenter ses domaines du duché

Robert II le Pieux

L'Excommunication de Robert le Pieux. Huile sur toile de Jean-Paul Laurens, XIXe siècle, musée d'Orsay. © *RMN-Jean Schormans*

de Bourgogne. Mais Robert II ne l'entend pas ainsi. Aidé par l'abbé de Cluny et l'évêque d'Auxerre, il entreprend une véritable conquête du duché qui se prolongera pendant plus de douze ans. En 1016 enfin, Otte-Guillaume s'incline et renonce à la Bourgogne. Le roi confie alors le duché à son deuxième fils, Henri, mais l'autorité de ce dernier n'est que nominale : c'est en fait le roi de France qui gouverne la Bourgogne.

Au mois de juin 1017, et malgré l'avis de ses barons, Robert II, comme l'avait fait son père, associe au trône son fils aîné, le jeune Hugues. Constance, qui s'est pourtant montrée favorable à cette décision, refuse que l'on donne au jeune « roi désigné » le moindre domaine. Hugues prend alors les armes contre ses parents, ravage leurs domaines, mais ne tarde pas à faire sa soumission, obtenant son pardon. Robert le Pieux l'associe alors au gouvernement, mais Hugues meurt subitement en 1025. Deux ans plus tard, malgré sa femme qui lui préfère Robert, le roi associe au gouvernement son deuxième fils, Henri. Furieuse, Constance quitte la Cour et s'éloigne quelque temps. Le roi assiste, en 1029, à la consécration de Saint-Aignan-d'Orléans, qu'il a fait bâtir et richement doter. À sa mort, le peuple manifeste une grande douleur. Son successeur, Henri Ier, offre le duché à son frère cadet Robert, tige d'une nouvelle maison de Bourgogne.

ROBERT Ier LE VAILLANT (?, 1216 – Mansourah, 1250)

Comte d'Artois (1237-1250).

Troisième fils de Louis VIII et de Blanche de Castille. En juin 1237, il reçoit de son frère Saint Louis l'apanage de l'Artois, qui est érigé en comté et fonde ainsi la maison capétienne d'Artois. Entreprenant et hardi, il participe à la septième croisade mais se fait tuer au cours de la bataille de Mansourah, le 8 février 1250.

ROBERT II LE NOBLE (?, 1250 – Courtrai, 1302)

Comte d'Artois (1250-1302).

Fils posthume du précédent. Cousin germain de Philippe III le Hardi, il jouit d'une grande influence à sa cour. Puis il sert en Italie son oncle Charles d'Anjou, roi de Sicile. Robert II est nommé régent à la mort de ce prince (1285) dont le fils et héritier Charles II est prisonnier des Aragonais. De retour en France en 1289, il devient l'un des principaux chefs d'armée de Philippe le Bel. À ce titre, il commande à Courtrai contre les Flamands et trouve la mort au cours de ce désastre.

ROBERT III (?, 1287 – ?, 1342)

Comte d'Artois (1302-1309).

Petit-fils du précédent. La coutume d'Artois excluant toute représentation successorale, même en ligne directe, il refuse d'admettre que le comté d'Artois soit échu à sa tante, Mahaut d'Artois, et affirme hautement ses droits sur l'héritage. Mais Mahaut, qui jouit d'une grande influence à la cour de France, est confirmée en 1309 dans la possession de l'Artois par un jugement des pairs. Robert ne s'avoue pourtant pas vaincu. Il fomente en bonne part une révolte des nobles d'Artois contre sa tante qui est obligée de s'exiler pendant deux ans, mais finit par triompher des rebelles en 1319 grâce à la fidélité que lui ont témoignée ses villes. Le comté de Beaumont-le-Roger avait été accordé à Robert en compensation, mais il ne s'en satisfait pas et, en 1330, il prétend rouvrir le procès à la faveur de la montée sur le trône de France de son beau-frère Philippe VI, affirmant que la comtesse a soustrait un testament de Robert II en sa faveur. Les pièces alléguées sont en fait des faux et l'escroquerie est vite démasquée. Jeanne de Divion, arrêtée, avoue leur confection. Quatre jours plus tard (27 novembre 1329), Mahaut meurt brusquement, et le bruit court immédiatement d'un empoisonnement. Se voyant soupçonné, Robert se réfugie près du duc de Brabant puis du comte de Namur et finalement en Angleterre près d'Édouard III, heureux d'accueillir cet ennemi de la France. Sans peut-être jouer le rôle prépondérant que les contemporains lui ont attribué, il encourage alors les visées de son hôte sur la couronne de France. Envoyé par ce dernier en Flandre lorsque débutent les hostilités, il échoue devant Saint-Omer (1340). Grièvement blessé à Vannes, deux ans plus tard, il meurt au cours de son retour en Angleterre. Il sera enterré à Londres.

ROBERT Ier LE VIEUX (? – Fleury-sur-Ouche, 1076)

Duc de Bourgogne (1032-1076).

Troisième fils de Robert II le Pieux, roi de France. Sa mère, Constance de Provence, n'ayant pas réussi à lui assurer la succession au trône, le pousse à la révolte contre son père (1028). Peu après, à la mort de ce dernier, son frère, devenu roi sous le nom d'Henri Ier, lui cède, en toute propriété, le duché de Bourgogne, qui devient fief héréditaire (1032). La lignée issue de Robert Ier de Bourgogne ne s'éteindra qu'en 1361.

ROBERT Ier LE MAGNIFIQUE ou LE LIBÉRAL (v. 1010 – Nicée, Asie Mineure, 1035)

Duc de Normandie (1027-1035).

Il acquiert son surnom en raison de sa prodigalité et de sa générosité. Au XVe siècle, on l'a identifié à tort au légendaire Robert le Diable. Second fils du duc Richard II de Normandie, Robert succède en 1027 à son frère aîné Richard III. Très vite, il doit se défendre contre les velléités d'indépendance de ses vassaux et surtout contre les prétentions des principaux seigneurs ecclésiastiques, l'archevêque de Rouen et l'évêque de Bayeux, alliés contre lui au duc Alain de Bretagne. Il viendra à bout de ses ennemis et, en 1034, se réconciliera avec le duc de Bretagne. Peu avant son avènement, Robert a rencontré Arlette, fille d'un habitant de Falaise. Cette dernière, à la fin de 1027 ou au début de 1028, accouche du futur Guillaume le Conquérant. Très actif à l'extérieur de son duché, Robert le Magnifique vient en aide au jeune roi de France Henri Ier, en butte aux attaques de sa mère Constance et de son frère Robert, que soutiennent certains vassaux. En 1032, le duc lance ses troupes contre les rebelles que commande le comte Eudes de Blois. Deux ans plus tard, les opposants sont définitivement écrasés et, pour prix de son aide, le duc de Normandie reçoit le Vexin français. Robert Ier est moins heureux en Angleterre, où il tente de soutenir les droits des fils d'Ethelred, frustrés de leur héritage par Cnut Ier. La flotte qu'il arme dans ce dessein en 1034 est dispersée par la tempête. La même année, le duc de Normandie décide d'entreprendre un pèlerinage en Terre sainte. À Fécamp, avant son départ, il présente à ses vassaux celui qu'il désigne comme son successeur, son bâtard Guillaume. Les assistants acceptent de lui prêter hommage. Robert le Magnifique prend alors la route, parvient jusqu'à Jérusalem, mais meurt de maladie à Nicée, lors du voyage de retour. Dès l'annonce de sa mort, des troubles éclatent en Normandie.

ROBERT II COURTEHEUSE ou COURTECUISSE (?, v. 1054 – Cardiff, 1134)

Duc de Normandie (1087-1106).

Fils aîné de Guillaume le Conquérant et de Mathilde de France. En 1078, Robert, soutenu par le roi de France Philippe Ier, réclame à son père une part de son héritage, le gouvernement du duché de Normandie. Au début de 1079, le jeune révolté et son puissant allié livrent bataille à Guillaume près de Gerberoy, en Normandie. Blessé, Guillaume accepte de signer le traité de Gerberoy, qui accorde à Robert le gouvernement de la Normandie. Pour le remercier de son soutien, le jeune homme cède au roi de France la ville de Gisors. En 1087, la mort de Guillaume le Conquérant fait de lui le duc de Normandie, et il gouverne alors en maître le duché avec l'aide de son oncle Odon. Accablé d'impôts, le peuple ne tarde pas à se montrer mécontent de ce gouvernement. Cependant, son frère cadet Guillaume le Roux a succédé à son père sur le trône d'Angleterre. Furieux de cette situation, car il estime que ce trône devait lui revenir, Robert II tente de déloger son frère, mais ses partisans sont battus en 1089 près de Rochester. Robert doit même céder le Cotentin, avec Avranches et Coutances, à son autre frère Henri Beauclerc, déshérité. En 1091, Guillaume le Roux débarque en Normandie sous prétexte de soutenir certains nobles révoltés contre Robert, et envahit le duché. Pour dissuader le roi de France de venir en aide au duc de Normandie, Guillaume lui fait parvenir une forte somme d'argent. Philippe Ier abandonne alors son allié, contraint de traiter avec le roi d'Angleterre auquel il cède Fécamp, Eu, Aumale, Gournay et Conches. La lutte entre les deux frères ennemis se poursuit encore pendant plusieurs années, le roi de France soutenant le duc de Normandie. En 1096, toutefois, Robert et Guillaume se réconcilient : avant de partir pour la croisade, le premier engage son duché au second.

Robert II Courteheuse, un des chefs de la première croisade, mène les Français en Terre sainte et se couvre de gloire à leur tête, notamment lors de la bataille de Dorylée, à la prise d'Antioche, et devant Jérusalem. Sollicité, il refuse la couronne de Jérusalem. Puis, apprenant la mort de Guillaume le Roux, Robert Courteheuse regagne précipitamment son duché. Sur le chemin du retour, en Sicile il épouse Sybille, fille du duc de Conversano. Pendant ce temps, profitant de son absence, son frère Henri Beauclerc s'empare, en 1100, du trône d'Angleterre. Robert, pour abattre celui qui l'a spolié, équipe une flotte qui débarque à Portsmouth. Cependant, la guerre n'éclate pas, les deux frères ayant conclu un accord selon lequel Robert renonce au trône moyennant une rente annuelle de 3 000 marcs d'argent. Accord provisoire. Henri Ier persuade peu après son frère de renoncer à la rente. La chose faite, il le renvoie dans son duché. Furieux d'avoir ainsi été berné, Robert Courteheuse se prépare de nouveau à la guerre. Avant que ses préparatifs ne soient achevés, Henri Ier débarque en Normandie, bat son frère près de Tinchebray, en 1106, se saisit de lui et l'emmène en Angleterre. Enfermé au château de Cardiff, Robert s'évadera, mais sera repris, son frère ordonnant alors qu'on lui crève les yeux. Le duc de Normandie mourra en prison au terme de vingt-huit ans de captivité. Son fils Guillaume, dépossédé de tout héritage, obtiendra, de Louis VI, le Vexin.

ROBERT d'ARBRISSEL (Arbrissel, v. 1045 – Orsan, 1116)

Fondateur de l'ordre de Fontevraud.

Fils du curé de la paroisse d'Arbrissel en Bretagne, il mène une vie peu édifiante, avant d'hériter de la paroisse de son père. Compromis dans une affaire de simonie, il part pour Paris où il étudie sérieusement et, par une réelle conversion, adhère à la nécessité de la réforme grégorienne. Il revient à Rennes où il est promu vicaire général de l'évêque, puis il enseigne à Angers avant de gagner le « désert » de la forêt de Craon où il pratique une ascèse spectaculaire. Il se trouve bientôt à la tête d'une troupe mixte de disciples qui provoque le scandale dans la région de la Roë où il les avait installés. Convoqué par le pape Urbain II en visite à Angers, il persuade celui-ci de lui confier une mission de prédication. Les autorités ecclésiastiques le somment néanmoins de stabiliser sa troupe inquiétante et l'autorisent en 1101 à s'installer à Fontevraud. Il y fonde un monastère mixte soumis à la règle de saint Benoît où, dans un but d'humiliation totale, les moines sont dirigés par une abbesse. Robert continue son itinérance et fonde une vingtaine de prieurés dont celui d'Orsan en Berry, dans lequel il meurt.

ROBERT Georges (Courseulles-sur-Mer, 1875 – Paris, 1965)

Amiral.

Chargé du commandement des forces navales de l'Atlantique au début de la Seconde Guerre mondiale, il est désigné par le gouvernement de Vichy pour occuper le poste de haut-commissaire aux Antilles. Outre l'administration de la Guadeloupe, de la Martinique, de la Guyane et des petites dépendances insulaires dont Saint-Pierre-et-Miquelon, l'amiral détient l'or de la Banque de France et commande une petite escadre. À ce titre, il bénéficie de la considération du gouvernement américain, situation privilégiée qui l'incite à ignorer toutes les sollicitations de la France libre. Mais en 1943, à la suite des accords entre les généraux de Gaulle et Giraud, la position du haut-commissaire devient très délicate en raison de l'occupation totale de la métropole par la Wehrmacht, des succès alliés en Tunisie et de l'effervescence de la population antillaise, travaillée par des agents du Comité d'Alger. Le ralliement de la Guyane à la France combattante, en juin 1943, prélude à celui des autres territoires des Antilles, effectif le 30 juin. Dès ce moment, l'escadre, composée des croiseurs *Émile Bertin*, *Jeanne d'Arc* et du porte-avions *Béarn,* rejoint Alger et reprend la lutte aux côtés des Alliés. L'amiral Robert, arrêté sur l'ordre du Comité français d'Alger, est destitué. Traduit en Haute Cour après les hostilités, il se voit infliger une peine de travaux forcés qui est aussitôt commuée, par application des circonstances atténuantes et à la suite d'une demande en grâce formulée par les membres du tribunal.

ROBERTIENS ou ROBERTINIENS

Nom donné aux descendants de Robert le Fort jusqu'à Hugues Capet, fondateur de la dynastie des Capétiens.

Il ne s'agit pas à proprement parler d'une dynastie royale, puique la couronne est parfois sortie de la famille. Robert le Fort, comte d'Anjou et de Blois, marquis de Neustrie, a deux fils : Eudes et Robert. Eudes, comte de Paris, marquis de Neustrie par succession paternelle, puis roi de France en 887 par élection après la déposition de Charles le Gros, meurt en 898 en laissant ses domaines à son frère Robert, lequel se fait élire, en 922, roi des Francs occidentaux contre Charles le Simple. De Robert Ier descendent Liégeard (qui épouse Herbert II de Vermandois), Emma (épouse de Raoul de Bourgogne) et Hugues le Grand qui se qualifie de duc des Francs. Ce dernier, instruit par l'exemple de son père tué en 923, renonce à s'emparer de la couronne et recommande même le rappel de Louis IV d'Outremer. À la génération suivante, les Robertiens mâles sont représentés par Hugues Capet et ses deux frères, Otton (mort en 965) et Eudes-Henri (mort en 1002) qui sont investis successivement du duché de Bourgogne.

ROBESPIERRE Augustin Bon de (Arras, 1764 – Paris, 1794)

Homme politique.

La survivance de la bourse de son frère Maximilien lui permet de poursuivre à Paris ses études au lycée Louis-le-Grand. Avocat, il retourne s'établir à Arras. Président de la Société des amis de la Constitution au début de la Révolution, administrateur du Pas-de-Calais en 1791, procureur de la commune d'Arras l'année suivante, il est en relation permanente avec son frère aîné, qu'il renseigne sur l'état de l'opinion dans leur province. En septembre 1792, le jeune homme est élu, comme Maximilien et grâce à sa protection, député de Paris à la Convention. Dans la capitale, Robespierre le Jeune partage le logement de sa sœur Charlotte avec laquelle pourtant, comme Maximilien, il s'entend fort mal. Les deux frères, excédés par son caractère dominateur et intrigant, finiront par la renvoyer à Arras, d'où elle reviendra du reste peu après. Charlotte en conservera une vive amertume.

Envoyé en mission dans le Midi pendant l'été 1793, à l'armée d'Italie, à Nice, puis devant Toulon, Robespierre le Jeune assiste au siège de la ville. Après la victoire des armées républicaines, il s'oppose parfois aux féroces décisions de Fréron. Devant Toulon, il fait la connaissance d'un brillant jeune officier, Bonaparte. Le prenant sous sa protection, il le fera nommer l'année suivante à la tête de l'armée d'Italie. Après son séjour dans le Midi, il est nommé représentant en mission en Haute-Saône et dans le Doubs, où il accomplit un travail considérable, puis de nouveau à Nice. De retour à Paris, il devient, le 17 messidor, secrétaire de la Convention. Le 9 thermidor, il demande à partager le sort de son frère, arguant « qu'ayant partagé ses vertus, il voulait partager son sort ». Arrêté avec Maximilien et ses partisans, et libéré comme eux peu après, il tente cependant en vain, la nuit suivante, d'échapper à son sort en se jetant d'une fenêtre. Relevé les jambes brisées, il est guillotiné le soir même, 10 thermidor.

Quant à Charlotte, les bonnes relations qu'elle entretient avec les ennemis de ses frères lui permettent de ne passer que dix jours en prison après le 10 thermidor. Elle mourra en 1834, après avoir publié des *Mémoires*, qui ne sont pas entièrement écrits de sa plume, mais constituent un témoignage fort intéressant pour la connaissance des premières années de l'« Incorruptible ».

ROBESPIERRE Maximilien de (Arras, 1758 – Paris, 1794)

Homme politique.

Frère du précédent. D'une famille de petite, mais ancienne noblesse de robe, il est le fils de François de Robespierre, avocat au Conseil de l'Artois. Sa mère meurt lorsqu'il a 6 ans. Fou de douleur, son père disparaît, sans que l'on puisse retrouver sa trace. On sait qu'il est mort en Allemagne. Robespierre, sa sœur Charlotte et son frère Augustin sont alors élevés par leur grand-père maternel. Après de brillantes études chez les oratoriens d'Arras, l'abbé de Saint-Vaast obtient pour l'aîné de la famille une bourse qui lui permet, à partir de 1769, d'achever sa formation à Paris, au collège Louis-le-Grand. Au collège, où Danton, Desmoulins et Fréron sont ses condisciples, il se lie peu, dévore les philosophes, Rousseau surtout, son maître – le *Contrat social* restera sur sa table de chevet jusqu'à sa mort –, et aussi Montesquieu et Diderot. Il continue à obtenir de brillants résultats scolaires et, lorsque Louis XVI vient visiter Louis-le-Grand, c'est lui qui est choisi pour réciter la harangue de bienvenue.

Ses études de droit achevées, et sa licence en poche, en 1781, l'ancien boursier regagne Arras, nanti, en récompense de ses succès et de sa bonne conduite, d'une gratification de 600 livres. Inscrit au barreau d'Arras la même année, avocat au Conseil d'Artois, le jeune homme est nommé en 1782 juge à la prévôté de l'évêché. À Arras, Robespierre suit une carrière assez banale, mène avec sa sœur Charlotte une vie terne et peu aisée ; les jeunes gens, qui avaient loué un logement, sont à partir de 1783 contraints de loger chez leur oncle. Les clients ne se pressent pas, malgré la plaidoirie prononcée en 1783 par l'avocat débu-

Maximilien de Robespierre
Robespierre et Saint-Just partant pour la guillotine, le 28 juillet 1794. Huile sur toile d'Alfred Mouillard, 1884, Paris, galerie Dijol. © *Giraudon*

tant, lors de l'affaire du paratonnerre. Il défend alors un client accusé d'impiété pour avoir voulu installer un paratonnerre sur son toit. Content de sa plaidoirie, son auteur l'envoie à Benjamin Franklin. Son client, M. de Vissery, devra cependant arracher son paratonnerre. La même année, le jeune avocat est reçu à l'académie d'Arras, foyer de propagande philosophique. En 1787, il fera partie de la société des Rosati, sorte de société littéraire et poétique, et composera à cette occasion un certain nombre de vers plutôt médiocres, dans le genre de l'époque. Carnot avait été admis aux Rosati en 1786.

En 1784, un procès lui donne l'occasion de renforcer sa haine des privilèges cléricaux et nobiliaires. Robespierre défend, avec succès, un certain François Deteuf, faussement accusé de vol par les religieux de l'abbaye d'Anchin. Ses fonctions de juge lui posent, en revanche, un cas de conscience : appelé à juger un assassin, il se demande s'il doit le condamner à mort. Dès ses débuts dans la vie publique, Maximilien demandera à la Constituante l'abolition de la peine de mort, sans succès. Lorsqu'on annonce la convocation des États généraux, l'avocat artésien entre d'un coup dans la vie politique en publiant une adresse intitulée *À la nation artésienne : sur les nécessités de réformer les états d'Artois*. Il y démontre, avec la logique serrée qui caractérise ses dissertations, que le corps électoral, en trois classes, ne représente nullement la nation. Pendant toute la période qui précède la désignation des députés, il ne cesse d'affirmer et de défendre les droits du peuple. Aussi, le 26 avril 1789, est-il élu député du tiers pour le bailliage de l'Artois.

L'homme qui arrive à Paris est plutôt petit, maigre, la taille bien prise mais un peu étriquée. Sa chevelure blond châtain est toujours soigneusement coiffée et poudrée. Ses lèvres sont minces, serrées, ses yeux clairs, des yeux de myope qui le contraindront à porter des lunettes fumées. Toujours élégant, parfois avec ostentation, il porte des habits de couleur, fort bien entretenus, et des bas fins. Froid, distant, impassible en apparence, il est en fait extrêmement nerveux et sensible. De mœurs rigoureuses, Robespierre ne boit pas : ses amis des Rosati, déjà, l'ont raillé à ce sujet. Les femmes, et il en sera ainsi toute sa vie, ne l'intéressent pas, bien qu'il ait envoyé des vers à quelques-unes d'entre elles lors des années passées à Arras. À l'Assemblée, où il espère jouer rapidement un rôle important, il est un des rares députés à posséder un programme, qu'il répète inlassablement. Cependant, on l'écoute assez peu : il manque encore d'assurance, sa voix est mauvaise, on moque son accent d'Arras, ses discours sont longs, prononcés d'un ton lent et monotone. Beaucoup de ses collègues le trouvent ennuyeux. Mirabeau se moque de sa gravité, que rien ne peut entamer : « Robespierre ira loin, il croit tout ce qu'il dit. » Presque seul à ce moment, l'ancien avocat artésien défend un idéal démocratique, réclame le suffrage universel direct, l'instruction gratuite et obligatoire, un impôt progressif sur le revenu, etc. L'enseignement, l'instruction, doivent permettre de renforcer la vertu du peuple, ce peuple qui, non corrompu par la richesse, est le seul élément pur de la société. Sans se laisser troubler par les interruptions ou l'indifférence, Robespierre défend le peuple, un peuple idéal, vertueux, « bon et généreux », un peuple à la Rousseau, un peuple avec lequel, en fait, il n'a jamais eu, et n'aura jamais, de contact réel. S'ils agacent ou exaspèrent ses collègues, ses discours le font connaître et apprécier du peuple des faubourgs. Son hostilité au fameux marc d'argent, en 1789, ses interventions en faveur des Noirs ou des soldats mutinés, de tous les faibles, finissent par le rendre populaire. Au salon de 1791, Mme Labille-Guyard expose son portrait parmi ceux des principaux députés de la Constituante. Au-dessous ce simple titre, *L'Incorruptible*. Le surnom lui restera.

À l'Assemblée constituante, le député d'Arras se fait plus précisément remarquer en demandant la libération des victimes de lettres de cachet, le 13 mars 1790 ; en faisant rejeter le projet de censure des théâtres, le 13 janvier 1791 ; en proposant, le 15 mai suivant, que les députés de la Constituante ne puissent être réélus à la Législative. Est-il républicain ? Pas à ce moment, il se contenterait en fait d'une royauté aux barrières constitutionnelles assez solides. Il ne deviendra vraiment républicain que vers le milieu de 1792, après le manifeste de Brunswick et le 10 Août. Depuis le mois de juillet 1791 – son installation correspond à l'affaire du Champ-de-Mars –, Robespierre habite rue Saint-Honoré, chez le menuisier Duplay. Celui-ci, sa femme et leurs quatre filles vouent à l'« Incorruptible » une vénération et un dévouement sans bornes, qu'il accepte tout naturellement. L'une des filles du menuisier épousera le conventionnel Le Bas, ami de Robespierre mort avec lui sur l'échafaud. Plus qu'à l'Assemblée, l'influence de Robespierre s'exerce avant tout au club des Jacobins, dont il est un des principaux orateurs, et auquel il se consacre lorsque la Constituante fait place à la Législative, le 1er octobre 1791. Au cours de l'été de 1791, il a été élu accusateur public au tribunal criminel de Paris, mais cette nomination ne l'enchante guère ; il démissionnera en avril 1792. Aux Jacobins cependant, l'« Incorruptible » ne compte pas que des amis, surtout parmi certains élus de la nouvelle assemblée, les Girondins. Ces derniers vont bientôt détourner de lui son ami Brissot, avec lequel quelques années auparavant, il a étudié la procédure. La question de la guerre, posée avec acuité au printemps de 1792, accentue encore la coupure. Presque seul, Robespierre se montre hostile au conflit, qu'il ne faut engager selon lui qu'après avoir abattu l'ennemi intérieur, le complot aristocratique. Il accuse aussi La Fayette d'aspirer à la dictature. Au mois de mars, lorsque les brissotins se rapprochent de la Cour au point d'entrer dans le ministère, il les accuse de trahir la révolution. Les premiers échecs militaires, en avril, le veto royal aux décrets de la Législative, justifient bientôt ses critiques.

Pour faire connaître ses idées après la fin de la Constituante, et pour lutter plus efficacement contre Brissot et ses amis, Robespierre lance, au mois de mai 1792, une feuille qui se présente davantage comme un pamphlet périodique que comme un journal, le *Défenseur de la Constitution*. On n'y trouve, en effet, aucune information, ni rubrique habituelle aux journaux, mais essentiellement des articles signés Robespierre. Ce dernier ouvre parfois les colonnes du *Défenseur* à ses amis Couthon et Collot d'Herbois et reproduit aussi des documents importants. *Le Défenseur de la Constitution*, dont le premier numéro paraît le 19 mai 1792, est un hebdomadaire. Il n'aura en fait que douze numéros, le dernier paraissant à la suite de la journée du 10 Août, que suit la chute du trône, et par conséquent celle de la Constitution de 1791. Le titre de la publication était donc assez mal venu. D'aspect sévère, juridique, *Le Défenseur de la Constitution* est d'une lecture difficile, propre surtout à exalter les partisans de Robespierre. Politiquement, ses sentiments évoluent après la journée du 10 Août, au cours de laquelle, homme de verbe et non d'action, on ne l'a guère vu. Le 16 août, il dépose à l'Assemblée une pétition demandant la déchéance du roi, l'institution d'un Tribunal révolutionnaire et la réunion d'une convention nationale, élue au suffrage universel et destinée à remplacer l'Assemblée législative déconsidérée. Élu au soir du 10 Août à la Commune insurrectionnelle, Robespierre en est l'âme jusqu'à la réunion de la Convention. Désormais, selon lui, la légalité n'est plus que dans les sections parisiennes et dans la Commune, dans le peuple.

Après les massacres de Septembre, auxquels il ne prend aucune part, mais qu'il excuse, l'« Incorruptible » est élu, le premier, député de Paris à la Convention, le 5 septembre. Parmi les élus figurent nombre de partisans de son ami Danton, le maître du moment. Bientôt, à la fin du mois d'octobre, comme Danton et Marat, Robespierre subit les attaques des Girondins qui l'accusent d'aspirer à la dictature. Le 19 octobre, il lance une nouvelle publication, *Lettres à mes commettants*, qui se présente de nouveau, ainsi que *Le Défenseur de la Constitution*, comme un pamphlet périodique plus que comme un journal. Ces *Lettres*, dont Robespierre est le rédacteur presque unique – ses discours y sont intégralement reproduits –, paraîtront jusqu'en avril 1793. L'« Incorruptible » y rend compte de certaines séances de la Convention, mais utilise surtout ces lettres pour sa lutte contre la Gironde. Le 10 novembre, à l'Assemblée, il se défend avec modestie, presque humilité, de l'accusation de dictature lancée par Louvet. Mais le soir même, aux Jacobins, il fait chasser du club ses calomniateurs, Louvet, Brissot et Roland.

Lors du procès du roi, qu'il estime politiquement nécessaire, Robespierre vote pour la mort, contre l'appel au peuple et contre le sursis. Lui qui, en janvier 1792, avait dit à Marat dont la violence le choquait : « L'échafaud est un moyen terrible et toujours funeste, il faut en user sobrement et seulement dans les cas graves où la patrie penche vers sa ruine », déclare un an plus tard : « Je suis inflexible pour les oppresseurs, parce que je suis compatissant pour les opprimés [...]. Le sentiment qui m'a porté à demander, mais en vain, à l'Assemblée constituante l'abolition de la peine de mort est le même qui me force aujourd'hui à demander qu'elle soit appliquée au tyran de la patrie et à la royauté elle-même dans sa personne. Je vote pour la mort. »

Après l'exécution du roi, Robespierre s'appuie sur les sections parisiennes, dont il s'est fait l'ardent défenseur, dans sa lutte contre les Girondins. Après la trahison et la mise hors la loi de Dumouriez, il demande à l'Assemblée, le 4 avril, l'arrestation de ses complices, Brissot notamment. Dans un discours du 8 mai, il dénonce de nouveau les Girondins. Le 26, à la tribune de l'Assemblée, l'« Incorruptible » lance l'ultime attaque contre ses ennemis en invitant « le peuple à se mettre dans la Convention contre les députés corrompus ». Les journées du 31 Mai et du 2 Juin le débarrassent des Girondins, dont la plupart seront guillotinés. Le 27 juillet, il entre au Comité de salut public, créé au mois d'avril précédent, en partie sur son initiative. La situation de la France – insurrections, guerre de Vendée, situation économique désastreuse, chômage, famine, présence de l'ennemi sur les frontières – est à ce moment catastrophique, et Robespierre va employer toute son énergie à la rétablir, refusant toute mission en province. Avec lui, le Comité de salut public, le grand comité de l'an II, avec Carnot, Prieur de la Côte d'Or, Couthon, Saint-Just, etc., met en œuvre les moyens nécessaires à la poursuite de la guerre et à la victoire. Robespierre a dépeint l'énormité de la tâche : « Onze armées à diriger, le poids de l'Europe entière à porter, partout des traîtres à démasquer, des émissaires soudoyés par l'or des puissances étrangères à déjouer, des administrateurs infidèles à surveiller, tous les tyrans à combattre, tous les conspirateurs à intimider, partout à aplanir des obstacles, telles sont nos fonctions. »

Matant la Convention, qui supporte mal la dictature du comité – le décret du 10 octobre 1793 décide que « le gouvernement sera révolutionnaire jusqu'à la paix » –, il tente de tenir en main les sections parisiennes. À l'automne 1793, la Terreur « est mise à l'ordre du jour ». Enragés et hébertistes semblent devoir imposer une partie de leur programme, le maximum général, l'armée révolutionnaire, le renforcement de la Terreur. Bientôt, toutes les libertés sont supprimées, tandis qu'est mise en place l'économie dirigée. Mais Robespierre ne peut supporter les excès des amis d'Hébert, qu'il soupçonne d'être les agents de l'étranger. En mars 1794, avec l'aide de Saint-Just, il se débarrasse d'eux. Les Indulgents, partisans de Danton, les suivent le mois suivant. Danton, mené à la guillotine avec Desmoulins, des Indulgents et un certain nombre de spéculateurs ou de députés compromis dans le scandale de la liquidation de la Compagnie des Indes, lance en passant devant la maison du menuisier Duplay, le 4 avril : « C'est en vain que tu te caches, Robespierre, tu me suivras. » Les hébertistes et les Indulgents éliminés, l'« Incorruptible » et ses amis semblent les maîtres.

La popularité de Robespierre, on le constate lorsqu'il tombe gravement malade, en février 1794, est considérable. Dans ses discours sur la politique et la morale, il reste fidèle à l'éthique de son maître, Jean-Jacques Rousseau. Dans un discours-programme du 5 février 1794, il a affirmé que le principe fondamental de la république est la vertu et qu'en période de révolution le ressort de la démocratie est « à la fois la vertu et la terreur ; la vertu, sans laquelle la terreur est funeste ; la terreur, sans laquelle la vertu est impuissante ». Dans ce long discours, il annonce aussi : « Toutes les passions basses et cruelles seront inconnues, toutes les passions généreuses et bienveillantes seront éveillées par les lois. La seule ambition sera de mériter la gloire et de servir la patrie. » Depuis le début de la Révolution, Robespierre s'est montré hostile au communisme, à la « loi agraire », mais, au nom de son idéal moral, opposé aux abus de la richesse. Le 8 mai 1793, il a déclaré aux Jacobins : « Je regarde l'opulence non seulement comme le prix du crime, mais encore comme la punition du crime et je veux être pauvre pour n'être point malheureux. » Cependant, pour lui pauvreté ne signifie pas indigence : la propriété doit être réglementée par l'État, chargé aussi de la réglementation des successions. La fameuse loi de ventôse, préparée par Saint-Just et votée le 3 mars 1794, décide que les biens des émigrés et de leur famille seront distribués aux indigents, ce qui doit permettre l'accession de ces derniers à la propriété. Robespierre a défini très précisément sa conception du bonheur, qui doit permettre de développer « toutes ses facultés ». Son premier aspect est un aspect social, il faut que tous aient les moyens d'exister : « La première loi sociale est donc celle qui garantit à tous les membres de la société les moyens d'exister. » La liberté économique de chacun doit être respectée, pas de loi agraire, cette « impossibilité désastreuse », mais une société de petits producteurs indépendants, gagnant assez d'argent pour faire vivre leur famille. Au point de vue politique, le citoyen doit être libre, sa seule dépendance se situant vis-à-vis des lois, expressions de la volonté générale, et non vis-à-vis d'un autre homme. Tous les citoyens ont droit à l'égalité civile et morale, au suffrage et à l'éligibilité. Le règne de la vertu correspond à la recherche de l'intérêt général, contre les intérêts particuliers. Les citoyens ont aussi des devoirs, participer à la vie politique, à la défense nationale, lutter contre les ennemis de la Révolution pour les empêcher de détruire son œuvre. La terreur doit être employée contre ceux qui refusent la vertu.

Beaucoup de ces théories sont assez proches de celles des sans-culottes. Mais ces derniers croient pouvoir les appliquer tout de suite, alors que Robespierre sait qu'il a besoin de l'appui de la bourgeoisie, qu'il doit donc ménager. Pour cela, dès l'automne 1793, il a mis fin à la campagne de déchristianisation. Depuis le début de la Révolution, il ne cesse de combattre l'athéisme, selon lui théorie des riches, et d'affirmer sa croyance en la Providence. À ceux qui l'accusaient de vouloir en revenir aux superstitions, il a répondu en mars 1792 : « Il n'y a rien de superstitieux à employer le mot de Providence. Je crois moi-même en ces principes éternels sur lesquels la faiblesse humaine repose avant de commencer son aventure de vertu. » Débarrassé de l'opposition extrémiste, il cherche, au printemps 1794, à achever son œuvre en imposant une mystique nouvelle, celle de l'Être suprême. Un décret institue le culte nouveau, la fête de l'Être suprême étant fixée au 8 juin. En attendant, Robespierre renforce son autorité. Le 10 mai, Fleuriot-Lescot, un de ses fidèles, remplace l'hébertiste Pache à la mairie de Paris. De plus en plus, le pouvoir appartient au Comité de salut public. À Paris, les clubs de quartiers sont supprimés. Le 8 juin, 20 prairial, se déroule au Champ-de-Mars la grande fête de l'Être suprême, réglée par David et présidée par Robespierre qui marche en tête du cortège et semble triompher. Cependant, en passant devant ses collègues, députés à la Convention, ce dernier peut entendre de nombreux murmures de reproche, l'accusant d'aspirer à la dictature. Après les tentatives de meurtre commises contre deux de ses membres, le Comité de salut public fait voter la loi du 22 prairial (10 juin), qui renforce la Terreur, énumère tous les ennemis du peuple promis à l'échafaud et augmente encore les pouvoirs du Tribunal révolutionnaire, supprimant les dernières garanties des accusés, l'interrogatoire préalable et les témoins, s'il existe une preuve matérielle ou morale de la culpabilité de l'accusé.

Cependant, les ennemis de Robespierre, en particulier Vadier qui dirige le Comité de sûreté générale, mènent la lutte contre lui. L'affaire Catherine Théot, une vieille femme mi-prêtresse, mi-guérisseuse, qui se prétend la « mère de Dieu » et encense Robespierre, permet à Vadier de le mettre en cause. Catherine Théot est arrêtée et la police déclare avoir trouvé chez elle des documents compromettants pour Robespierre. Ce dernier, furieux, demande communication du dossier. L'affaire en reste là. Le 16 juin cependant, on guillotine Cécile Renault, une jeune fille un peu simplette qui s'est présentée chez les Duplay « pour voir comment était fait un tyran » et qui portait sur elle deux canifs. Plus de 50 personnes sont exécutées avec elle. De plus en plus, le mécontentement du peuple grandit contre ce bain de sang que ne semble plus justifier le péril extérieur puisque, le 26 juin, Jourdan est vainqueur à Fleurus. Sentant la montée de l'opposition, au sein même du comité, Robespierre, las et malade, s'abstient de paraître à la Convention et au comité à partir du 12 juin. Ses ennemis en profitent pour s'organiser et achever de monter l'opinion contre lui. Les membres du Comité de sûreté générale sont furieux de la création d'un bureau de police qui les dépossède de leurs pouvoirs de haute police. Certains membres du Comité de salut public sont inquiets des excès du terrorisme, comme Carnot, ou jaloux de Robespierre comme Billaud-Varenne et Collot d'Herbois. Ils s'unissent aux représentants en mission prévaricateurs, qui ont fait régner la Terreur en province et craignent les réactions de Robespierre comme Fouché, Tallien, Barras et Fréron. Les survivants des Indulgents se joignent à eux. Tous cherchent à obtenir l'appui des députés du Marais qui, à l'Assemblée, pourront emporter la décision. Par faiblesse et par crainte, la Convention, le 10 juillet, proroge les pouvoirs du Comité de salut public. À l'extérieur les victoires se succèdent. À Paris, les citoyens ont de plus en plus la « nausée de la guillotine » et refusent d'appliquer la loi du maximum, que les autorités doivent assouplir. Le 5 thermidor, la Convention invite Robespierre à revenir siéger. Le lendemain, aux Jacobins, Couthon affirme qu'il faut se débarrasser de quelques députés « aux mains pleines des richesses de la République et dégouttantes du sang innocent ». Une nouvelle purge s'annonce, mais la Convention, travaillée par les ennemis de Robespierre, n'est pas décidée à l'accepter. Le 8 thermidor, celui-ci prononce à la tribune de l'Assemblée un long discours-réquisitoire assez maladroit, où il dénonce et menace, réclame la punition des traîtres, l'écrasement des factions, la réorganisation des comités. L'Assemblée applaudit, puis ses ennemis interviennent, lui demandent de désigner nommément ceux qu'il accuse. Il refuse, commettant ainsi une faute grave car tous se sentent menacés. Le lendemain, 9 Thermidor, ses adversaires, assurés de l'appui du Marais, appliquent une tactique d'obstruction et empêchent Saint-Just et Robespierre de s'exprimer. Tallien, interrompant ce dernier, brandit un poignard avec lequel il propose de tuer le tyran. On crie : « À bas les traîtres ! » Onze fois, Robespierre tente en vain de prendre la parole. L'arrestation d'Hanriot, commandant de la garde nationale de Paris, et celle de Dumas, président du Tribunal révolutionnaire, sont décrétées. Un obscur député, Louchet, propose un décret d'arrestation contre Robespierre, décret voté à l'unanimité. Robespierre le Jeune demande à partager son sort, tout comme Le Bas, qui a épousé Élisabeth Duplay. Couthon l'infirme et Saint-Just leur sont adjoints. Il est environ 3 heures de l'après-midi. La chaleur est étouffante. Des gendarmes entraînent Robespierre et ses amis, mais rien n'est joué, la Commune peut encore se soulever pour les libérer. Fleuriot-Lescot et Coffinhal font, en effet, proclamer l'état d'insurrection. Les prisonniers sont libérés et conduits à l'Hôtel de Ville. La tentative d'insurrection est mal dirigée, mal organisée, toutes les sections ne répondent pas à l'appel mais, au soir, la Commune dispose néanmoins d'une écrasante supériorité en ce qui concerne l'artillerie. Toutefois, le Comité de salut public interdit d'obéir à la Commune, ordres et contrordres se succèdent. À l'Hôtel de Ville, Robespierre parle, attend, mais refuse de prendre la tête des insurgés et de sortir de la légalité en signant l'appel à l'insurrection. Les conventionnels, qui ont repris leur séance, reprennent courage devant cette inaction et aussi devant celle d'Hanriot, qui a réuni une partie de ses canonniers, mais ne bouge pas.

Alors, l'Assemblée met hors la loi Hanriot, Robespierre et ceux qui ont été arrêtés en même temps que lui. Barras et Léonard Bourdon sont chargés, avec les sections fidèles à la Convention, de s'emparer de l'Hôtel de Ville. Vers 2 heures du matin, le 10 thermidor, Barras et ses hommes s'approchent de l'Hôtel de Ville où ils pénètrent sans difficulté. Une brève bagarre éclate, vite arrêtée. En entendant arriver Barras, Robespierre le Jeune se jette par une fenêtre, se fracturant les jambes, Couthon se précipite dans l'escalier, se blessant cruellement, Le Bas se tue d'un coup de pistolet, tandis que Robespierre, tentant de l'imiter, se fracture la mâchoire. Le gendarme Merda se vantera, faussement très certainement, d'avoir tiré sur lui et de l'avoir atteint. Les prisonniers sont conduits à la Conciergerie. On panse la mâchoire brisée de Robespierre. Ce dernier reste plusieurs heures étendu sur une table semblant inanimé, tandis que la foule défile, couvrant d'injures celui qu'elle portait aux nues peu de temps auparavant. Les prisonniers ayant été mis hors la loi, point n'est besoin de les juger pour les exécuter, il suffit d'une « reconnaissance » du Tribunal révolutionnaire, que Fouquier-Tinville se hâte de réunir. Vers 4 heures, l'après-midi du 10 thermidor, trois charrettes conduisent les condamnés vers la place de la Révolution, trajet qui dure trois heures, sous les hurlements de la foule. Robespierre, son frère, Couthon, Saint-Just et 17 de leurs partisans sont guillotinés. Le vingtième, l'« Incorruptible » monte sur l'échafaud. Au dernier moment, le bourreau tire brutalement sur le pansement qui lui serrait la machoire, lui arrachant un hurlement.

ROCARD Michel (Courbevoie, 1930 –)

Homme politique, Premier ministre.

Fils d'un physicien de renom, il suit les cours de l'Institut d'études politiques et entre à l'ENA. Il devient inspecteur des finances en 1958 tout en continuant à militer sous le pseudonyme de

Michel Rocard
Le 7 juin 1986, lors d'une réunion des clubs « Convaincre ». © *Keystone*

Georges Servet au sein du PSU, aux côtés de Pierre Mendès France. De 1967 à 1973, il est secrétaire général de ce parti. Puis il rallie le Parti socialiste où François Mitterrand voit en lui un concurrent potentiel depuis qu'il s'est présenté à l'élection présidentielle de 1969 où il a obtenu 3,66 % des voix. Au sein de ce parti, Michel Rocard incarne la « deuxième gauche », plutôt autogestionnaire et décentralisatrice. En 1977, il est élu maire de Conflans-Sainte-Honorine. À l'élection présidentielle de 1981, il retire sa candidature en faveur de François Mitterrand. Après la victoire de ce dernier, il devient ministre du Plan et de l'Aménagement du territoire (1981-1983), puis ministre de l'Agriculture (1983-1985). Cependant, hostile à l'adoption du scrutin proportionnel, il démissionne du gouvernement Fabius le 4 avril 1985. Nommé Premier ministre en 1988, il règle le conflit en Nouvelle-Calédonie, instaure le revenu minimum d'insertion (RMI), crée la Contribution sociale généralisée (CSG). Remercié en mai 1991, battu dans les Yvelines aux législatives de 1993, il devient premier secrétaire du Parti socialiste la même année, mais les mauvais résultats de la liste qu'il conduit aux élections européennes de juin 1994 (14,5 % des suffrages) le conduisent à démissionner de ce poste, puis de la fonction de maire, en même temps qu'ils hypothèquent définitivement son avenir présidentiel. Sénateur (1995), il démissionne aussi en 1997, restant député européen (élu depuis juin 1994).

ROCH, saint (Montpellier, v. 1295 – ?, v. 1327)

Pèlerin et ermite.

Issu d'une riche famille, orphelin très jeune, il devient pèlerin et parcourt la France, puis l'Italie. Gagnant Rome où sévit la peste, il aurait soigné, avec succès, plusieurs malades. Atteint à son tour, alors qu'il se trouvait à Plaisance, il se retire dans un ermitage où, toujours selon la légende, le chien d'un seigneur voisin lui apporte chaque jour un morceau de pain. De retour à Montpellier, Roch aurait été jeté en prison sur l'ordre du gouverneur, son oncle, qui ne l'avait pas reconnu, et serait mort après cinq ans de captivité, oublié. Son culte se développe dans toute l'Europe dès le XVe siècle, à la suite du concile réuni en 1414 à Constance, où sévit la peste. Roch, dont les reliques se trouveraient à Venise, est particulièrement invoqué contre la peste et les épidémies. Urbain VIII confirmera son culte en 1629.

Saint Roch
Saint Roch. Fragment de prédelle de Giaccomo Francia, Italie, XVIe siècle, Helsinki, Atheneum. © *Giraudon*

ROCHAMBEAU Donatien Marie Joseph de VIMEUR, vicomte de (Rochambeau, près de Vendôme, 1750 – Leipzig, 1813)

Général.

Fils de Jean-Baptiste de Rochambeau. Officier en 1769, il fait ses premières armes avec son père au régiment d'Auvergne, dont il devient colonel en 1779. Le jeune officier prend ensuite part à la campagne d'Amérique, toujours avec son père. Maréchal de camp en 1791, lieutenant général l'année suivante, Rochambeau est alors nommé gouverneur des îles Sous-le-Vent. Après avoir réprimé la révolte des Noirs de Saint-Domingue, il parvient, au début de 1793, à chasser les Anglais de la Martinique. Cependant, ces derniers reviennent l'année suivante, renforcés, en particulier, de royalistes français commandés par le comte de Béhague, prédécesseur de Rochambeau. Soutenant pendant plus d'un mois et demi le siège dans Saint-Pierre, où il s'est enfermé avec 600 hommes face aux 14 000 envahisseurs, Rochambeau doit finalement se rendre au mois de mars 1794. Échangé, il est de nouveau envoyé à Saint-Domingue en 1796, comme gouverneur, mais n'y reste que peu de temps. Inemployé pendant quatre ans, Rochambeau commande en 1800 la deuxième division de l'armée d'Italie, combat l'année suivante sur la Piave et dans le Tyrol. En 1802, un nouveau voyage le conduit à Saint-Domingue, où il accompagne Leclerc. Successeur de ce dernier après sa mort, Rochambeau, abandonné par la France, finit par se rendre aux Anglais en novembre 1803. Fait prisonnier malgré une convention passée avec les vainqueurs, il demeure captif jusqu'en 1811. Lors de la campagne d'Allemagne, en 1813, il commande, sous les ordres de Lauriston, une division du 5e corps, et trouve la mort à la bataille de Leipzig.

ROCHAMBEAU Jean-Baptiste Donatien de VIMEUR, comte de (Vendôme, 1725 – Thoré, Orléanais, 1807)

Maréchal de France.

Père du précédent. Destiné à l'état ecclésiastique, il entreprend finalement, à la mort de son frère aîné, une carrière militaire qui s'ouvre en 1742, lorsqu'il devient cornette dans le régiment de cavalerie de Saint-Simon. Il ne tarde pas à se révéler un brillant combattant, jouant, en particulier, un grand rôle dans la prise de Namur, ce qui lui vaut d'être nommé colonel en 1747. Cette même année, Rochambeau se distingue à Lawfeld, où il reçoit deux blessures. La hardiesse et l'habileté qu'il manifeste lors de l'expédition de Minorque, en 1756, lui valent la croix de Saint-Louis et le grade de brigadier. La bataille de Clostercamp, en 1760, lui donne une nouvelle occasion de se distinguer. L'année suivante, il accède au grade de maréchal de camp. Nommé inspecteur en 1769, Rochambeau s'occupe plus particulièrement de conseiller les autres généraux, comme le comte de Saint-Germain. En 1780, avec le titre de lieutenant général et le commandement d'un corps de 6 000 hommes, il s'embarque pour l'Amérique au secours des Insurgents. Débarqué à Rhode Island, bientôt réuni aux forces de Washington et de l'amiral de Grasse, il joue un rôle considérable dans la capitulation de Cornwallis à Yorktown, le 19 octobre 1781. À son retour en France, deux ans plus tard, Louis XVI lui décerne le cordon bleu, et le nomme gouverneur de la Picardie. Député à l'Assemblée des notables en 1788, le comte de Rochambeau reçoit en 1791 le bâton de maréchal. Mis à la tête de l'armée du Nord, il se montre défavorable à l'offensive préconisée par Dumouriez, ne peut éviter la défaite de Quiévrain, et démissionne en juin 1792. Retiré sur ses terres de Vendôme, le maréchal est arrêté pendant la Terreur, puis libéré à la faveur du 9 Thermidor. Ses *Mémoires* ont été publiés en 1836-1838.

ROCHE AUX FÉES (La)

Le surnom donné à cet ensemble mégalithique, proche de La Guerche-de-Bretagne, en Ille-et-Vilaine, rappelle que, dans l'imaginaire breton, dolmens et menhirs sont considérés comme l'œuvre d'êtres surnaturels.

Le maréchal Rochambeau
Siège de Yorktown le 17 octobre 1781. Rochambeau et Washington donnant des ordres pour le dernier assaut de la ville. Huile sur toile de Louis Couder, 1836, château de Versailles. © *Lauros-Giraudon*

Rochefort
Le port de Rochefort vu du magasin des colonies. Huile sur toile de Joseph Vernet, Paris, musée du Louvre.
© *Sélection Images*

Il est vrai que l'allée couverte de la Roche-aux-Fées a un caractère exceptionnel propre à alimenter la légende. Quarante-deux blocs de schiste rouge, dont certains pèsent plus de quarante tonnes, sont alignés en deux rangées parallèles, formant une galerie longue de près de vingt mètres, ouvrant sur une chambre. Huit dalles gigantesques constituent la couverture de ce dolmen hors-normes, dont on ne peut déterminer s'il s'agit d'un temple ou d'une sépulture collective.

ROCHE-SUR-YON (La)

Ville du Poitou, aujourd'hui chef-lieu de la Vendée.

Sous l'Ancien Régime, La Roche-sur-Yon est un fief important. Au milieu du XVe siècle, elle passe de la maison de Beauvau à celle de Bourbon par le mariage d'Isabeau de Beauvau, dame de Champigny et de La Roche, avec Jean II de Bourbon-Vendôme, dont le fils, Louis, sera la tige des princes de La Roche, plus tard ducs de Montpensier. Par la suite, la principauté se transmettra à la maison de Conti. Pris et repris plusieurs fois au cours des guerres de Religion, le château est démantelé sous le ministère de Richelieu. En août 1793 à lieu près de La Roche-sur-Yon une bataille au cours de laquelle les Vendéens sont battus par les Bleus. Le bourg est alors brûlé. Napoléon Ier fait reconstruire au même emplacement la ville de Napoléon-Vendée, originellement conçue comme un poste militaire et colonisée par un millier d'habitants aux opinions antiroyalistes garanties. La Restauration impose à la localité le nom de Bourbon-Vendée. Le vieux nom de La Roche-sur-Yon est définitivement rétabli en 1830.

ROCHEBOUËT Gaëtan de GRIMAUDET, vicomte de (Angers, 1813 – Paris, 1899)

Général, homme politique, président du Conseil.

Général à la tête du 18e corps d'armée de Bordeaux, Rochebouët est appelé par Mac Mahon à succéder au duc de Broglie dont le gouvernement est tombé le 22 novembre 1877. Sa présidence du Conseil constitue le rapide et ultime avatar de la « République des ducs » et la dernière tentative de Mac Mahon de préserver les chances d'un retour de la monarchie. Formé de neuf membres non parlementaires, le gouvernement de Rochebouët se heurte à Gambetta et aux républicains, majoritaires à la Chambre après les élections d'octobre 1877, qui refusent d'entrer en relation avec celui qui représente à leurs yeux la « négation des droits de la nation à un régime parlementaire ». Il est obligé de démissionner le 12 décembre, après une tentative de coup d'État, le 10. Sa sortie du ministère oblige Mac Mahon à « se soumettre ou se démettre » comme le lui demandait Gambetta, à se soumettre en appelant Dufaure au gouvernement, puis à se démettre en janvier 1879, en démissionnant. Le général de Rochebouët cumule les records du plus petit effectif et de la plus courte durée des présidents du Conseil de la IIIe République (19 jours).

ROCHEFORT

Ville de Charente-Maritime, située sur la Charente, à 35 km de La Rochelle.

Philippe IV le Bel réunit à la couronne la châtellenie de Rochefort en 1301. Elle deviendra l'une des plus importantes de Saintonge. En 1356, les Anglais s'emparent du château de Rochefort. Le 5 septembre de la même année, Jean II le Bon le leur reprend, mais le traité de Brétigny le restitue au roi d'Angleterre Édouard III (1360). Il redevient définitivement français en 1370. Durant les guerres de Religion, le château de Rochefort est tour à tour occupé par les catholiques et par les protestants. Sous le règne de Louis XIII, des calvinistes rochelais s'y retranchent. Sur l'ordre de Colbert naissent la ville et le port de Rochefort (1666). Le chevalier de Clerville trace les plans, s'inspirant de ceux de Bordeaux, tandis que François Blondel dessine les principaux bâtiments. Vauban fortifie cité et rade. En 1671, du chantier de Rochefort sortiront treize vaisseaux, une galère et plusieurs brigantins. Le port de Rochefort est alors le deuxième port militaire du royaume. Du 20 septembre au 1er octobre 1757, le gouverneur de la place, le marquis de Langeron, repousse les attaques de la flotte de l'amiral anglais Hawke. Mais sous l'Empire, le 10 avril 1809, les Britanniques y couleront une grande partie des unités françaises. Napoléon Ier en route vers l'île d'Aix, d'où il partira pour l'île de Sainte-Hélène, s'arrête à Rochefort le 3 juillet 1815.

ROCHEFORT Guillaume de (? – ?, 1492)

Chancelier de France.

Maître des requêtes de Charles le Téméraire, duc de Bourgogne, il se met au service de Louis XI. En 1483, il gouverne pour le roi le pays blaisois et reçoit la dignité de chancelier de France. Il préside les états généraux de 1484 et est l'un des principaux négociateurs du mariage de Charles VIII avec la duchesse Anne de Bretagne (1491).

ROCHEFORT Victor Henri, marquis de ROCHEFORT-LUÇAY, dit HENRI (Paris, 1830 – Aix-les-Bains, 1913)

Journaliste et homme politique.

Issu d'une vieille famille noble ruinée par la Révolution, il renonce à étudier la médecine et, de 1851 à 1861, occupe un modeste emploi de fonctionnaire à l'Hôtel de Ville. Il débute en même temps dans la presse, collabore à la *Presse théâtrale*, au *Dictionnaire de la conversation*, publie dans le *Charivari* des critiques dramatiques. Son père déjà écrivait des vaudevilles, et Rochefort aborde ce genre avec succès, faisant jouer, à partir de 1861, quatorze pièces en quatre ans. Quittant à ce moment l'administration, il se lance bientôt dans le journalisme politique, collabore au *Nain Jaune*, au *Soleil*, et surtout au *Figaro* où Villemessant lui confie une chronique qui le révèle comme un grand polémiste. Sa plume acerbe lui vaut de nombreux duels, en particulier avec le prince Murat et Paul de Cassagnac. Trop virulent aux yeux du gouvernement, le journaliste doit, en 1868, quitter le *Figaro*. Profitant de la loi sur la presse votée la même année, il fonde au mois de mai *La Lanterne,* journal de 32 pages, de petit format, véritable pamphlet qui s'attaque violemment à l'Empire. Succès immédiat : le premier numéro se vend à 80 000 exemplaires, les lecteurs s'arrachent les suivants. Trop incisive cependant aux yeux du gouvernement, *La Lanterne* est saisie dès le troisième numéro et interdite au onzième. Poursuivi en de nombreux procès, condamné, Rochefort se réfugie en Belgique, où il poursuit la publication de *La Lanterne*.

Élu député de Belleville en 1869, il regagne la France et siège au Corps législatif, seul à l'extrême gauche avec Raspail. Dès son retour, il fonde une nouvelle feuille, *La Marseillaise*, dont Grousset est le rédacteur en chef, et à laquelle collaborent, entre autres, Varlin et Victor Noir. Après la mort en duel de ce dernier, tué par Pierre Bonaparte, cousin de Napoléon III, en partie à cause d'un article publié dans *La Marseillaise* et signé Grousset, Henri Rochefort dirige la manifestation contre le régime qui se déroule à Paris le jour des obsèques du journaliste, le 12 janvier 1870. Arrêté le 7 février, de nouveau condamné à la prison, il est incarcéré, libéré par le 4 Septembre, et porté au gouvernement de la Défense nationale dont il démissionne le 1er novembre. Le 3 février 1871, Rochefort lance *Le Mot d'ordre*, dans lequel il soutient les vues de Gambetta. Réélu député de Paris le 8 février, le publiciste vote contre les préliminaires de paix, puis démissionne à la suite de leur vote par l'Assemblée. Le 11 mars, le général Vinoy, qui commande l'armée de Paris, supprime *Le Mot d'ordre*, qui réapparaîtra pendant la Commune, le 1er avril. L'activité de Rochefort pendant la Commune se limite en fait au journalisme.

Réfugié à Meaux, il n'en est pas moins arrêté après la victoire des Versaillais, puis condamné en 1873 à la déportation en Nouvelle-Calédonie. Embarqué au mois d'août sur le *Virginie*, avec, entre autres, Louise Michel, arrivé sur le lieu de sa déportation après un voyage de plus de cinq mois, le journaliste parvient à s'évader dès 1874. Réfugié à Londres, il y publie sous le titre *La Lanterne* des articles qui portent témoignage de la vie au bagne. L'amnistie de 1880 lui permet de regagner la France. Infatigable, il fonde un nouveau journal, de tendance radicale, *L'Intransigeant*. Réélu député de Paris en 1885, il démissionne de nouveau, dès l'année suivante. Toujours aussi virulent et polémique, Rochefort s'enthousiasme bientôt pour Boulanger, dont il est un des plus ardents soutiens, et accompagne le général en Belgique après son échec. Attitude qui lui vaut une nouvelle condamnation à la déportation, par contumace cette fois. De Londres, où il s'est réfugié, Rochefort poursuit ses attaques contre les hommes au pouvoir en France, qu'ils soient mis en cause dans l'affaire de Panamá ou partisans de Dreyfus. Amnistié en 1895, il rentre en France, continue la lutte aux côtés des nationalistes et des antidreyfusards. Mais, vieilli et usé, il ne retrouve pas son influence d'antan.

ROCHELLE (La)

Port sur l'Atlantique, ancienne capitale de l'Aunis devenue chef-lieu du département de la Charente-Maritime.

Rupella n'apparaît dans les documents écrits qu'au XIe siècle. Au milieu du siècle suivant, elle n'est encore qu'une bourgade. Sa croissance se précipite ensuite. Dépendant des Plantagenêts de

1150 à 1225, puis de 1360 à 1372, elle occupera, du XVe au XVIIe siècle, l'un des premiers rangs parmi les ports de France. Les colonisateurs de la Nouvelle-France s'embarquent à La Rochelle. Les Rochelois se gouvernent eux-mêmes grâce aux franchises municipales qu'ils ont reçues des rois de France, notamment de Charles V à l'époque où ils ont chassé les Anglais. En 1568, la ville se donne aux protestants dont elle sera désormais la principale place forte. En communication avec le Nouveau Monde et l'Angleterre, elle brave longtemps l'autorité royale. Deux ans après la rédaction par Théodore de Bèze du *Symbole de La Rochelle*, la place subit un siège qui dure six mois. Il faut un autre siège, celui de 1627-1628, pour venir à bout de la résistance rocheloise.

Le roi ayant supprimé ses privilèges, La Rochelle s'abstient de toute activité politique. Néanmoins, contrairement à une opinion commune, son commerce se relève assez rapidement. C'est avec la Nouvelle-France et les îles de l'Amérique que se fait l'essentiel des échanges. Le premier coup dur vient avec la révocation de l'édit de Nantes en 1685. La cession du Canada aux Anglais sous Louis XV, la perte de la Louisiane et de Saint-Domingue à l'époque révolutionnaire et impériale, le Blocus continental enfin, expliquent le sommeil de La Rochelle au XIXe siècle. Malgré les progrès des modes de transport et l'accroissement des relations avec l'Afrique, les Rochelois doivent renoncer au grand commerce. Peu à peu, le port se spécialise dans la pêche. À cause des menaces d'ensablement, un avant-port est créé à La Palice. L'évêché de Maillezais a été transféré à La Rochelle en 1648. La Rochelle est restée depuis un siège épiscopal suffragant de Bordeaux, sauf pendant la période 1790-1802 où ce siège a été supprimé.

ROCHELLE (sièges de La)

La Rochelle a subi deux sièges d'une importance historique particulière.

Le premier siège a lieu à l'occasion de la Saint-Barthélemy. Inquiets et irrités, les protestants, qui composent la quasi-totalité de la population, se soulèvent contre l'autorité royale. Une longue négociation est engagée en vain. En décembre 1572, la place est bloquée par une immense armée dont le duc d'Anjou prend le commandement en février 1573. Les assiégés se défendent si bien que le roi ordonne la conclusion de la paix, qui est signée le 1er juillet. La liberté du culte est accordée à La Rochelle, Nîmes et Montauban.

Le second siège est plus long et plus meurtrier. Depuis l'édit de Nantes, les protestants du Midi et du Sud-Ouest constituent une sorte d'État dans l'État à cause de l'indépendance totale dont ils jouissent dans leurs places de sûreté. La Rochelle est la plus forte de ces places, non seulement par ses enceintes formidables, mais aussi par la facilité de ses communications avec l'étranger. Au début du règne de Louis XIII, c'est le port de La Rochelle qui permet au parti protestant révolté de recevoir l'aide anglaise. Le roi vient mettre le siège en 1622 mais doit bientôt renoncer. Quelques années plus tard, contre l'opinion générale qui veut que la ville soit imprenable, Richelieu décide, de concert avec le roi, que La Rochelle sera prise quoi qu'il en coûte au Trésor royal, à vrai dire assez démuni à l'époque. Le cardinal prend lui-même la direction des opérations, secondé de Schomberg et de Bassompierre. Les Anglais sont chassés de l'île de Ré. Du côté de la terre, la ville est entourée d'une tranchée de 12 km. Le port est clos par une digue longue de 1 500 m et large de 8 m, selon les plans des ingénieurs Thiriot et Metezeau. La flotte anglaise tente d'empêcher l'achèvement des travaux et de ravitailler la place. Mais ses interventions se ressentent des atermoiements passés de Buckingham et du désordre du gouvernement anglais : elles sont maladroites, mal synchronisées, hésitantes. Une nouvelle tentative plus sérieuse se termine par un échec retentissant. Les travaux achevés, les Rochelois doivent se défendre seuls. Ils montrent un courage admirable, résistant plus de quatorze mois sous la conduite de leur maire, l'énergique Jean Guiton. La famine seule les oblige à capituler, le 29 octobre 1628. On évalue à 15 000 le nombre des morts. Le roi n'abusera pas d'une victoire pourtant chèrement acquise, se contentant de la démolition des remparts et du rétablissement du culte catholique. Par là même, La Rochelle perd ses privilèges « qui étaient plus grands que d'aucune ville du royaume ».

ROCHET Waldeck, dit WALDECK-ROCHET (Sainte-Croix, Saône-et-Loire, 1905 – Nanterre, 1983)

Homme politique.

Waldeck-Rochet, ainsi prénommé en hommage au président du Conseil du gouvernement dit de « défense républicaine », Waldeck-Rousseau, naît dans une famille républicaine anticléricale et militante. Dès l'école communale, il doit travailler pour subvenir aux ressources familiales – son père est sabotier –, d'abord comme vacher puis maraîcher. Il se fait remarquer en 1923 par son engagement communiste et son antimilitarisme qui lui vaut un séjour en prison. Repéré par les cadres du parti, il est envoyé à Moscou en 1930 et devient un stalinien exemplaire. En 1934, après avoir réorganisé le PCF de Lyon, il est nommé à la tête de la section agraire, puis en 1937 entre au comité central. Il a été élu député en 1936 dans la circonscription de Colombes-Nanterre. Arrêté en octobre 1939, il est condamné en avril 1940 à cinq ans de prison et incarcéré en Algérie. C'est de là que, en février 1943, il part rejoindre de Gaulle à Londres où il représente le PCF.

C'est en 1956 que Waldeck-Rochet entame son ascension vers le secrétariat général quand il se rend à Moscou pour rencontrer Khrouchtchev après le XXe congrès, et qu'il épouse la nouvelle ligne soviétique. Il devient président du groupe parlementaire communiste (1958), secrétaire du parti (1959), se charge de l'exclusion des « déviationnistes » Servin et Casanova, et en mai 1964, remplace un Thorez malade. Il prend alors l'initiative de se rapprocher de François Mitterrand afin de présenter celui-ci en candidat unique de la gauche contre de Gaulle, à la présidentielle de 1965. Cette prise d'autonomie à l'égard de Moscou se double, en 1966, de la condamnation du procès Siniavski-Daniel par la plume d'Aragon. Enfin, en août 1968, il dénonce l'intervention soviétique en Tchécoslovaquie, geste qui entraîne la rupture avec la vieille garde thorézienne – animée par Jacques Duclos –, celle-ci soutenant alors le jeune Marchais. La maladie l'empêche de se défendre efficacement et, dès février 1970, Georges Marchais accède au secrétariat général adjoint avant d'évincer Waldeck-Rochet en décembre 1972.

La bataille de Rocroi

Bataille de Rocroi, 19 mai 1643. Huile sur toile (panneau central) de Sauveur Le Conte, Chantilly, musée Condé. © *Lauros-Giraudon*

ROCROI (bataille de)

Victoire remportée par le duc d'Enghien, futur Grand Condé sur les Espagnols, le 19 mai 1643.

L'espérance d'un désarroi dans le gouvernement de la France et dans le commandement de ses armées à la suite de la disparition de Richelieu et de celle, que l'on sait imminente, de Louis XIII, décide le gouverneur des Pays-Bas espagnols, Don Francisco Melo de Braganza, à envahir la France. Son plan est d'enlever la place de Rocroi, de tourner à l'est les villes de l'Oise, Guise, La Capelle et La Fère, et de marcher sur Paris par les vallées de l'Aisne et de la Marne. L'armée française, placée sous le commandement du duc d'Enghien, le futur Grand Condé, se porte alors rapidement vers Rocroi où les Espagnols prennent en hâte leur ordre de bataille. Enghien commande la droite française, avec Gassion, chef de la cavalerie. Il attaque furieusement la cavalerie adverse et la rompt. Puis, au lieu de la poursuivre, il passe derrière le centre des ennemis, attaque à revers la gauche espagnole, qui était victorieuse, et la met en désordre. Mais au centre, reste l'infanterie espagnole – les fameux *tercios* commandés par le comte de Fontaines. Entamée par le canon, pressée par les gens de pied, chargée et rechargée par la cavalerie du duc d'Enghien, elle perd presque tous ses officiers, la plupart de ses hommes, et capitule.

Dix ans plus tard, Condé s'emparait à nouveau de Rocroi, mais cette fois pour le compte des Espagnols, au service desquels il était passé, et la place ne fit retour à la France qu'au traité des Pyrénées (novembre 1659). Ses fortifications furent alors remaniées par Vauban. Elles sont aujourd'hui encore intactes. Assiégée en 1870 par les Prussiens, la place se rendit après quelques heures de bombardement.

RODEZ

Ville située dans une position dominante au nord du cours de l'Aveyron et au cœur du Rouergue dont elle est la capitale historique.

Antique *Segodunum*, elle doit son nom moderne au peuple celtique des Rutènes. Son histoire se confond avec l'histoire générale du Rouergue jusqu'à la constitution, à l'intérieur de ce vaste comté, d'un comté particulier de Rodez comprenant essentiellement, à l'origine, le causse situé au nord-est de Rodez que l'on appelle depuis comtal. Aux temps féodaux, Rodez est caractérisée, comme sa voisine Albi et un certain nombre d'autres villes méridionales, par la coexistence en ses murs du pouvoir laïque et du pouvoir ecclésiastique. À Rodez la cohabitation est longtemps difficile. L'évêque, qui possède d'importantes seigneuries en Rouergue, affirme des prétentions temporelles sur la capitale où se trouve le siège épiscopal ; le comte réside rarement loin de la ville dont il porte le nom, ce qui le rend attentif aux agissements de l'évêque. Cette situation conflictuelle est parfaitement illustrée à l'époque des trois Hugues. L'évêque Hugues (1162-1210) refuse de couronner son neveu le jeune comte Hugues III lorsque celui-ci est associé en 1195 à son père Hugues II. Dans la seconde moitié du XIIIe siècle, les rapports s'aggravent. Le comte tente de se soustraire à tout hommage vis-à-vis de l'évêque en échangeant des fiefs avec ses vassaux. L'évêque Raymond de Calmont proteste. On en vient aux voies de fait. Une première sentence arbitrale est rendue en 1278. Le comte rendra hommage pour deux châteaux. Entre la cité de Rodez, possession de l'évêque, et le bourg, possession du comte, les limites sont plus clairement définies. Arrangement boiteux tant que n'est pas rendue la sentence de 1317. Celle-ci établit un paréage qui met fin à deux siècles de désordres. La maison d'Armagnac, héritière du comté, s'entendra généralement mieux avec l'épiscopat ruthénois qu'avec l'archiépiscopat d'Auch. Il est vrai que ses représentants habitent souvent hors de Rodez, soit en Gascogne, soit dans des châteaux du Rouergue, soit même à Paris sous le connétable Bernard VII. L'évêque en profite pour accroître son emprise sur la ville qu'il dominera en fait, avec les consuls, à partir du XVe siècle.

RODEZ (comté de)

Le comté de Rodez, dont les limites se sont considérablement élargies en cinq siècles d'histoire (du début du XIIe au début du XVIIe siècle), jusqu'à occuper plus du tiers du Rouergue, a pour caractéristique d'avoir toujours appartenu à des maisons illustres.

L'ancienne maison de Rodez est issue des comtes de Milhau-Gévaudan dont descendent toutes les familles royales d'Europe. Le premier comte de Rodez est Richard, vicomte de Lodève, qui partage la vicomté de Carlat avec son frère aîné Gilbert, comte de Milhau-Gévaudan. Son accession au comté de Rodez ne s'est pas faite d'un coup. Elle est la conséquence d'une décision de Raymond IV de Saint-Gilles qui a engagé à Richard une partie de ses terres au moment de partir pour la croisade, en 1096. Profitant des minorités de la famille raymondine, Richard s'est approprié vers 1110 les terres engagées avec le titre comtal. L'usurpation a été régularisée quelques années plus tard par un contrat d'achat à Alphonse Jourdain, sous réserve d'hommage. Exception faite d'une courte interruption au profit de Gui d'Auvergne et de Raymond VI (1209), la descendance mâle de Richard conserve le comté jusqu'en 1304. À cette date, Henri II laisse quatre filles dont l'une, Cécile, est son héritière pour Rodez. Cécile a épousé Bernard VI d'Armagnac. Désormais les comtes d'Armagnac seront également comtes de Rodez. La possession de ce fief, de beaucoup le plus grand de leur empire (et qu'ils agrandiront par tous les moyens), leur assurera l'un des premier rangs parmi les féodaux du Sud-Ouest. Le comté de Rodez suit le sort commun des biens des aînés de la dynastie gasconne. Il est saisi sous Jean IV, puis rendu, puis confisqué et rendu à Jean V, et enfin repris par la couronne après la fin tragique de ce dernier. Il se transmet ensuite à Charles d'Alençon, puis à Henri d'Albret. Le petit-fils de celui-ci, Henri IV, le réunit au domaine en 1607. Par la suite, profitant de la disparition des dynasties locales, les évêques relèveront de leur propre chef le titre comtal. Depuis la mort d'Alphonse de Poitiers et de Jeanne de Toulouse, le comte rendait hommage direct au roi. Il était couronné en sa cathédrale par l'évêque.

RODOLPHE Ier (? – ?, 912)

Marquis ou duc, puis roi de Bourgogne transjurane.

En 888, il se fait élire par l'assemblée de Saint-Maurice-d'Agaune, roi d'un nouveau « royaume de Bourgogne » qui contrôle les pays transjurassiens (Vaud, Valais, Genève, Bâle). Sacré roi de Lotharingie à Toul, il s'empare de la Lorraine et même de l'Alsace. Mais il les restitue au roi de Germanie Arnoul contre la reconnaissance de sa souveraineté sur la Transjurane et l'archidiocèse de Besançon. Arnoul n'en continue pas moins à lui contester ces territoires et, pour les conserver, Rodolphe va le combattre jusqu'en Italie.

RODOLPHE II (? – ?, 937)

Roi de Bourgogne, d'Italie, de Bourgogne-Provence.

Fils du précédent. Roi de Bourgogne en 912, il achève la reconquête des pays transjurassiens, que le roi de Germanie Arnoul avait contestés à son père, et se fait concéder la Thurgovie et l'Argovie. Au terme d'une expédition contre Bérenger, qu'il bat à Fiorenzuola, près de Plaisance (923), il est élu roi d'Italie en 924 mais, dès 926, est chassé de la péninsule par Hugues d'Arles. Toutefois ce dernier, en compensation, lui abandonne tous ses droits sur le royaume de Provence. Rodolphe constitue alors un grand royaume de Bourgogne-Provence ou royaume d'Arles (934), qui sera autonome jusqu'en 1032.

RODOLPHE III (? – Lausanne, 1032)

Roi de Bourgogne-Provence ou d'Arles.

Fils de Conrad le Pacifique. Roi de Bourgogne-Provence ou d'Arles en 993, il reconnaît l'empereur Henri II comme successeur au cours d'une entrevue solennelle à Strasbourg (1016) et, malgré l'opposition de ses vassaux, doit renouveler cet engagement à Mayence (1018). Lorsqu'il meurt sans postérité, ses États reviennent effectivement au roi de Germanie Conrad II. Les souverains germaniques se les transmettront jusqu'en 1378.

ROEDERER Pierre Louis, comte (Metz, 1754 – Bois-Roussel, Orne, 1835)

Homme politique et économiste.

Fils d'un magistrat, il achète en 1780 une charge de conseiller au parlement de Metz, publie en 1788 une brochure sur la *Députation aux États généraux* et collabore au *Journal de Paris*. Élu député du tiers par le bailliage de la ville de Metz, le 26 octobre 1789, en remplacement de Poutet, dont l'élection avait été annulée, il s'occupe surtout d'organisation financière au sein de l'Assemblée constituante (lois sur le timbre, sur les patentes, sur les contributions foncières et immobilières, sur l'émission des assignats) et prend aussi une part importante à l'élaboration du nouveau système judiciaire. Procureur syndic du département de la Seine (11 novembre 1791), membre du club des Jacobins, il se rapproche néanmoins de la Cour après la journée du 20 juin 1792 et, le 10 août, c'est lui qui conseille à la famille royale de se réfugier à l'Assemblée (il relatera ces événements dans sa remarquable *Chronique de cinquante jours*). Menacé par la Commune, il est soustrait par la Législative au jugement du Tribunal révolutionnaire du 17 août. Pendant la Convention, il s'efface mais ne craint pas de dénier à cette assemblée le droit de juger Louis XVI. Après le 31 mai 1793, il cesse d'écrire dans le *Journal de Paris* et ne reprend ses activités qu'après le 9 Thermidor. Nommé professeur d'économie politique aux écoles centrales et membre de l'Institut (1796), il fonde le *Journal d'économie publique, de morale et de législation*, puis soutient le coup d'État du 18 brumaire. Il évite la rupture entre Bonaparte et Sieyès, devient conseiller d'État (1799), puis sénateur (1802), prépare le remplacement des écoles centrales par des lycées et rédige l'Acte de médiation de la Confédération helvétique (1803). Ministre des Finances de Joseph Bonaparte à Naples (1806), il est ensuite ministre secrétaire d'État du grand duché de Berg (1810) et enfin commissaire à Strasbourg (1814). La Seconde Restauration lui retire toutes ses fonctions et dignités publiques, mais Louis-Philippe le rend à l'Institut et à la politique. Nommé pair de France (1832), il soutient le pouvoir personnel du roi dans une *Lettre aux constitutionnels* (1835).

ROHAN

Ancienne famille bretonne issue des vicomtes de Rennes par Alain Ier, fils cadet d'Eudes ou Odon, vicomte de Porhoët.

Vers 1120, Alain Ier reçoit la terre de Rohan, non loin de Pontivy, avec le titre de vicomte. Ses descendants parviennent à réunir progressivement les différentes terres du Porhoët. Jean Ier, en épousant l'héritière de Léon dans la seconde moitié du XIVe siècle, fait de sa maison la plus puissante de Bretagne. Jean II (1462-1516), époux de Marie de Bretagne, fille cadette de François Ier, dispute à Anne de Bretagne son duché. À la mort de son fils Jacques, le nom et les biens de Rohan se transmettent à une branche puînée, celle de Gié, dont certains membres adhèrent au protestantisme. Henri Ier (ou Henri II) devient duc et pair en 1603. Il n'a qu'une fille, Marguerite. Celle-ci épouse Henri Chabot qui est fait duc de Rohan-Chabot en 1618. À sa lignée toujours représentée appartient le premier cardinal de Rohan. La famille de Rohan comprend d'autres branches. Celle de Rohan-Guéménée, issue d'un fils puîné de Jean Ier, accède au rang princier en 1570 avec Louis VI dont le fils, autre Louis, est fait duc de Montbazon en 1588 ; après avoir produit le fameux cardinal Louis, prince-évêque de Strasbourg, elle s'achève en la personne de Louis Victor qui laisse son nom aux Rohan-Rochefort, sujets autrichiens. Les Rohan-Soubise sont un rameau de la branche de Guéménée : François, fils cadet du duc Hercule de Guéménée, est fait prince de Soubise en 1667. Il est le père d'Hercule Mériadec dont la seigneurie de Fontenay, en Saintonge, est érigée en 1714 en duché-pairie sous le nom de Rohan-Rohan.

ROHAN Henri Ier ou II, duc de, et prince de Léon (Blain, près de Nantes, 1579 – Kœnigsfelden, canton d'Argovie, 1638)

Chef huguenot.

Fils de René II, vicomte de Rohan, et par lui petit-fils d'une Albret, il est élevé dans le protestantisme le plus rigoureux. C'est au siège d'Amiens qu'il se distingue pour la première fois, aux côtés d'Henri IV, en 1597. Créé duc et pair en 1603, il épouse Marguerite de Béthune, fille de Sully. Après la mort d'Henri IV, il devient le chef des huguenots français et se heurte à la régente Marie de Médicis. Sous son commandement et celui de Condé, les protestants du Midi se soulèvent et s'assurent de Montauban en 1615. La paix est signée en 1616. Rohan sert alors en Piémont. Le rétablissement du catholicisme en Béarn lui fait reprendre les armes en 1621. Il les dépose une deuxième fois après la conclusion en 1623 du traité de Montpellier qui lui donne les gouvernements de Nîmes et d'Uzès. Lorsque la guerre recommence en 1627, Henri de Rohan occupe une partie du Languedoc et traite avec les Espagnols. Il ne vient à résipiscence que huit mois après la chute de La Rochelle. La paix ayant été signée à Alais (1629), il se retire à Venise où il est nommé généralissime des troupes de la République. Rentré en grâce, il remplit d'importantes missions diplomatiques pour Louis XIII auprès des cantons suisses (1632) et commande un corps d'armée avec lequel il bat le duc de Lorraine en Alsace et remporte plusieurs succès en Valteline. Enfin, il se rend auprès de Bernard de Saxe-Weimar avec qui il combat à Rheinfeld, en février 1638, recevant à cette occasion de graves blessures dont il mourra en Suisse.

ROHAN Louis, chevalier de (?, 1635 – Paris, 1674)

Conspirateur.

Membre de la branche des Rohan-Guéménée, il est le fils de Louis VII de Rohan et de sa cousine germaine Anne de Rohan. Entré très jeune à la Cour, le chevalier de Rohan ne tarde pas à s'y distinguer par son absence de scrupules et ses succès amoureux. Nommé grand veneur en 1656, colonel des gardes, il participe avec une certaine vaillance aux guerres qui opposent le royaume à l'Espagne, puis à la Hollande. Une de ses aventures galantes, cependant, cause un scandale considérable : il enlève Hortense Mancini, duchesse de Mazarin, puis joue un rôle de premier plan dans sa fuite à l'étranger. Saisi d'une plainte du duc bafoué, Louis XIV prive Rohan de ses charges. Criblé de dettes, le chevalier entre alors dans un complot organisé par un Hollandais, Van den Enden, et divers complices français, payés par l'Espagne. Les conspirateurs promettent de livrer Quillebœuf aux états de Hollande, de soulever la Normandie, ce qui permettrait aux Hollandais d'y débarquer, promettent aussi d'enlever le roi et le Dauphin. Le complot est révélé au mois de juillet 1674, mais le roi ne possède pas de preuve formelle de la culpabilité du chevalier de Rohan. Au mois de septembre, cependant, on saisit sur un gentilhomme espagnol une cassette contenant le relevé des sommes versées aux conspirateurs. La preuve est faite, une soixantaine de personnes sont arrêtées dans les jours qui suivent. Condamné à mort, comme ses principaux complices, le chevalier de Rohan est décapité devant la Bastille le 27 novembre.

ROHAN Louis Armand Constantin de, prince de Montbazon (Paris, 1730 – Paris, 1794)

Vice-amiral.

Capitaine de vaisseau en 1754, Rohan, qui commande *Le Raisonnable*, est capturé quelques années plus tard par les Anglais après s'être vaillamment défendu à un contre six. Échangé, il devient en 1764 chef d'escadre puis, deux ans plus tard, gouverneur des îles Sous-le-Vent. Après avoir pris part à la guerre d'Indépendance américaine, il est nommé vice-amiral en 1784. Hostile à la Révolution, bientôt privé de son grade, il n'émigre pas. Arrêté pendant la Terreur, impliqué dans le complot des prisons, il est condamné à mort et guillotiné.

ROHAN Louis René Édouard, prince de (Paris, 1734 – Ettenheim, Bade, 1803)

Cardinal et grand aumônier de France.

Élève au collège du Plessis et au séminaire de Sainte-Magloire, coadjuteur de son oncle, évêque de Strasbourg (1760), évêque *in partibus* de Canope (1760), membre de l'Académie française (1761), il reçoit et complimente, lors de son entrée en France, Marie-Antoinette alors Dauphine (1770). En 1772, il est nommé ambassadeur extraordinaire à Vienne où il éblouit par sa magnificence mais ne fait preuve d'aucun talent diplomatique, et se fait rappeler sur les instances de l'impératrice Marie-Thérèse, en raison des scandales de sa vie privée. Mal vu de Louis XVI et surtout de Marie-Antoinette, il est néanmoins nommé grand aumônier en 1777. Cardinal (1778), proviseur de Sorbonne (1778), évêque titulaire de Strasbourg à la mort de son oncle (1779), il est également abbé de Saint-Waast, de Noirmoutier et de La Chaise-Dieu. Ses résidences – le château de Saverne et, à Paris, le Palais-Cardinal – sont somptueuses. Mais ses prodigalités et l'extraordinaire crédulité dont il fait preuve dans ses relations avec l'aventurier italien Cagliostro, qui lui promet de faire de lui le prince le plus riche de l'Europe, compromettent sa fortune, qui était pourtant énorme. Pour la relever, il se lance dans des spéculations mais il est ouvertement accusé de concussion par le Parlement dans l'affaire de l'enclos des Quinze-Vingts qui aboutit à un interminable procès. Son ambition, sa vanité et sa crédulité sont à l'origine du scandale de l'affaire du Collier. Désireux de rentrer en grâce auprès de Marie-Antoinette, il se laisse en effet berner par la comtesse de La Motte et ses complices, qui lui font acheter, pour l'offrir prétendument à la reine, un collier de diamants d'une valeur considérable que Louis XVI avait refusé d'acquérir. Lorsque l'escroquerie éclate au grand jour, Louis XVI le fait arrêter au milieu de la Cour, en habits pontificaux, au moment où il s'apprêtait à célébrer l'office, le 15 août 1785. Mais, malgré le roi et aux applaudissements d'un public qui déteste l'« Autrichienne », il est déchargé de toute accusation par le parlement de Paris, sans même un blâme pour sa crédulité et la téméraire opinion qu'il s'était faite de la reine de France. Il avait cru que celle-ci lui avait accordé un rendez-vous de nuit dans le parc de Versailles.

Exilé dans son abbaye de La Chaise-Dieu mais soutenu par l'opinion hostile à la Cour, il peut bientôt regagner son siège épiscopal et se faire élire à l'unanimité député du clergé aux États généraux par le bailliage de Haguenau et Wissembourg. Il siège peu à la Constituante et ne tarde pas à être accusé de fomenter dans son diocèse une agitation contre-révolutionnaire (août 1790). Il refuse également de se soumettre à la Constitution civile du clergé et rejoint alors les émigrés. Prince d'Empire, il peut, sans encourir une mise en accusation, renier sa qualité de Français et lever des soldats pour l'armée du prince de Condé. Après le traité de Lunéville et le licenciement des troupes de Condé, il se retire à Ettenheim où il accueille le duc d'Enghien qui devait y être enlevé dans la nuit du 15 au 16 mars 1804.

Le cardinal de Rohan
Le Cardinal Collier allant à Rome. Gravure, Paris, Bibliothèque nationale de France. © *Sélection Images*

ROIS DE FRANCE

Rois et empereurs ayant régné sur la France.

Mérovingiens
Clovis Ier, roi des Francs (v. 481-511).
Thierry Ier, roi de Reims (511-534).
Clodomir (frère du précédent), roi d'Orléans (511-524).
Childebert Ier (frère des deux précédents), roi de Paris (511-558).
Clotaire Ier (frère des trois précédents), roi de Neustrie (511-561), roi des Francs (558-561).
Théodebert Ier (petit-fils de Clovis), roi d'Austrasie (534-548).
Théodebald, roi d'Austrasie (548-555).
Chilpéric Ier (fils de Clotaire Ier), roi de Neustrie (561-584).
Sigebert Ier (frère du précédent), roi d'Austrasie (561-575).
Gontran (frère des deux précédents), roi de Bourgogne et d'Orléans (561-592).
Charibert (frère des trois précédents), roi de Paris (561-567).
Childebert II (fils de Sigebert Ier), roi d'Austrasie (575-595).
Théodebert II, roi d'Austrasie (596-612).
Thierry II, frère du précédent, roi de Bourgogne (596-613), roi d'Austrasie (612-613).
Sigebert II, roi d'Austrasie (613).
Clotaire II (petit-fils de Clotaire Ier), roi de Neustrie (589-629) puis roi des Francs (613-629).
Dagobert Ier, roi des Francs (629-639).
Sigebert III, roi d'Austrasie (634-656).
Clovis II (frère du précédent), roi de Neustrie et de Bourgogne (639-657).
Childéric II, roi d'Austrasie (662-675), roi de Neustrie et de Bourgogne (673-675).
Clotaire III (frère du précédent), roi de Neustrie et de Bourgogne (657-673).
Thierry III (frère des deux précédents), roi de Neustrie et de Bourgogne (673 puis 675-690).
Clovis III (fils de Clotaire III ?), roi d'Austrasie (675).
Dagobert II (fils de Sigebert III), roi d'Austrasie (676-679).
Clovis IV (fils de Thierry III), roi d'Austrasie, de Neustrie et de Bourgogne (691-695).
Childebert III (frère du précédent), roi d'Austrasie, de Neustrie et de Bourgogne (695-711).
Dagobert III, roi d'Austrasie, de Neustrie et de Bourgogne (711-715).
Clotaire IV (fils de Thierry III ?), roi d'Austrasie (717-719).
Chilpéric II (fils de Childéric II), roi de Neustrie (715-721).
Thierry IV (fils de Dagobert III), roi d'Austrasie, de Neustrie et de Bourgogne (721-737).
Childéric III (fils de Chilpéric II), roi d'Austrasie, de Neustrie et de Bourgogne (743-751).
Carolingiens
Pépin le Bref, roi des Francs (751-768).
Carloman, roi d'Austrasie (768-771).
Charlemagne (frère du précédent), roi des Francs (768-814), roi des Lombards et empereur d'Occident (800-814).
Louis Ier le Pieux ou le Débonnaire, empereur d'Occident (814-840).
Lothaire Ier, empereur d'Occident (840-855).
Charles II le Chauve, roi de France (843-877), empereur d'Occident (875-877).
Louis II le Bègue (877-879).
Louis III et Carloman (879-882).
Carloman (882-884).
Charles le Gros, empereur d'Occident (881-887), roi de Germanie (882-887), roi de France (884-887).
Eudes, seul roi (888-893) ; face à Charles III le Simple, fils posthume de Louis II le Bègue (893-898).
Charles III le Simple, (898-922).
Robert Ier, fils de Robert le Fort (922-923).
Raoul, fils de Richard le Justicier, duc de Bourgogne (923-936).
Louis IV d'Outremer, fils de Charles III le Simple (936-954).
Lothaire III (954-986).
Louis V (986-987).
Capétiens
Hugues Capet (987-996).
Robert II le Pieux (996-1031).
Henri Ier (1031-1060).
Philippe Ier (1060-1108).
Louis VI le Gros (1108-1137).
Louis VII le Jeune (1137-1180).
Philippe II Auguste (1180-1223).
Louis VIII le Lion (1223-1226).
Louis IX/Saint Louis (1226-1270).
Philippe III le Hardi (1270-1285).
Philippe IV le Bel (1285-1314).
Louis X le Hutin (1314-1316).
Jean Ier le Posthume (15-19 novembre 1316).
Philippe V le Long, frère de Louis X le Hutin (1316-1322).
Charles IV le Bel, frère du précédent (1322-1328).
Valois
Philippe VI (1325-1350).
Jean II le Bon (1350-1364).
Charles V le Sage (1364-1380).
Charles VI le Fol (1380-1422).
Charles VII (1429-1461).
Louis XI (1461-1483).
Charles VIII (1483-1498).
Valois-Orléans
Louis XII (1498-1515).
Valois-Angoulème
François Ier (1515-1547).
Henri II (1547-1559).

François II (1559-1560).
Charles IX (1560-1574).
Henri III (1574-1589).
Bourbons
Henri IV (1589-1610).
Louis XIII le Juste (1610-1643).
Louis XIV le Grand (1643-1715).
Louis XV le Bien-Aimé, arrière-petit-fils du précédent (1715-1774).
Louis XVI, petit-fils du précédent, roi de France (1774-1792), roi des Français (1792-1793).
Premier Empire
Napoléon, empereur des Français (1804-6 avril 1814 puis 20 mars-22 juin 1815).
Bourbons
Louis XVIII, frère de Louis XVI (3 mai 1814-19 mars 1815 puis 8 juillet 1815-1824).
Charles X, frère du précédent (1824-1830).
Orléans
Louis-Philippe Ier, roi des Français (1830-1848).
Second Empire
Napoléon III, empereur des Français (1852-1870).

Roland
Mort de Roland. « Le Miroir Historial » de Vincent de Beauvais, miniature, XVe siècle, Chantilly, musée Condé. © *Giraudon*

ROLAND (? – ?, 778)

Héros de la Chanson de Roland.

Son existence est attestée par le chroniqueur Éginhard qui rapporte qu'en 778, à son retour d'Espagne, l'arrière-garde de l'armée de Charlemagne, commandée par le marquis Roland (Hruotland), préfet de la marche de Bretagne, fut attaquée par des montagnards basques et que Roland y trouva la mort. La *Chanson de Roland* devait transformer ces faits d'importance secondaire en un épisode de la guerre sainte et faire de Roland, devenu dans la geste le neveu de Charlemagne, un héros légendaire paré de toutes les vertus du chevalier chrétien.

ROLAND (Chanson de) : voir CHANSON DE ROLAND

ROLAND de LA PLATIÈRE Jean-Marie (Thizy, Beaujolais, 1734 – Bourg-Beaudouin, près de Rouen, 1793)

Économiste et homme politique.

Sa santé lui interdisant de s'embarquer pour les Indes comme il le souhaitait, il entreprend de faire carrière dans le commerce et les manufactures et entre bientôt dans le corps des inspecteurs des manufactures. En 1776, il rencontre la jeune Jeanne-Marie Phlipon (Manon), qui a vingt ans de moins que lui. Roland est à ce moment un économiste réputé, auteur de plusieurs études concernant notamment les manufactures, collaborateur de l'*Encyclopédie*. Homme honnête, rigoureux, sévère même, grand travailleur, il lui demande sa main. À cause de l'opposition de M. Phlipon, le mariage ne sera célébré qu'en 1780, alors que Roland vient d'être nommé inspecteur des manufactures à Amiens. Installé dans cette ville jusqu'en 1784, il publie plusieurs ouvrages, l'*Art du fabricant d'étoffes en laine*, puis l'*Art du fabricant de velours de coton*. Avec sa femme, Roland accomplit aussi un voyage d'étude en Angleterre. Nommé en 1784, grâce à Manon, inspecteur des manufactures à Lyon, il occupe ce poste lorsqu'éclate la Révolution. Partisan des idées nouvelles, l'inspecteur des manufactures est élu en 1790 au Conseil général de la Commune de la ville, qui l'envoie à Paris l'année suivante, afin de démontrer à l'Assemblée le déplorable état du commerce et des manufactures dans la région lyonnaise. Dans la capitale, où il séjourne plusieurs mois, Roland se lie avec Brissot, Buzot, Pétion et Robespierre, fréquente le Club des amis de la Constitution. À la fin de l'année, le couple Roland se fixe à Paris. Passionnée elle aussi par la politique, Mme Roland reçoit bientôt dans son salon tous les hommes influents : c'est là que se constituera le parti girondin. Grâce aux relations de sa femme, Roland entre en mars 1792 dans le ministère girondin où il détient le portefeuille de l'Intérieur. Son aspect bourgeois ne manque pas de choquer les courtisans et les huissiers du palais. Le 10 juin, le ministre de l'Intérieur adresse à Louis XVI une lettre, rédigée par Mme Roland, dans laquelle il adjure le roi de renoncer à son veto et de sanctionner les décrets (déportation des prêtres réfractaires, formation sous Paris d'un camp de 20 000 gardes nationaux). Sa lettre rendue publique, Roland est renvoyé le 13 juin, comme Clavière. Le ministre, plutôt favorable jusque-là à une monarchie constitutionnelle, rejoint le camp des républicains. Après le 10 Août, la Législative lui rend son portefeuille. En place au moment des massacres de Septembre, il se distingue par son inertie, ne prenant que des mesures bien trop tardives.

Élu à la Convention, Roland refuse son siège de député, préférant conserver son portefeuille. Après l'ouverture de la fameuse armoire de fer des Tuileries, le ministre de l'Intérieur trie lui-même les documents découverts. Les Montagnards l'accuseront d'avoir ainsi fait disparaître des papiers compromettants pour la Gironde. Son attitude pendant le procès du roi, lorsqu'il essaie d'obtenir l'appel au peuple, augmente encore la haine que lui portent les Montagnards. Le 23 janvier, las de toutes ces attaques, et aussi fort atteint par les révélations de sa femme qui vient de lui avouer son amour pour Buzot, Roland démissionne. Retiré dans sa petite maison de la rue de la Harpe, l'ancien ministre voudrait quitter Paris, mais l'Assemblée lui en refuse l'autorisation, et sa femme ne veut pas s'éloigner de Buzot. Dès lors, son destin est scellé. Arrêté par les sectionnaires le 31 mai, il refuse de les suivre, alléguant que leurs ordres sont illégaux. Mis hors la loi, Roland quitte enfin Paris et se réfugie à Rouen, chez deux vieilles demoiselles qui l'hébergent au péril de leur vie. C'est là que, le 10 novembre, il apprend l'exécution de sa femme. Après avoir brûlé ses papiers, il prend sa canne-épée et quitte son refuge, marchant en direction de Paris. Au soir, il s'engage dans une allée et se tue de deux coups de sa canne-épée. On trouve sur lui ce billet : « Qui que tu sois qui me trouves gisant ici, respecte mes restes ; ce sont ceux d'un homme qui est mort comme il a vécu, vertueux et honnête. »

ROLAND de LA PLATIÈRE Jeanne Marie (Paris, 1754 – Paris, 1793)

Femme politique.

Épouse du précédent. Fille du maître graveur Pierre Gatien Phlipon, homme aisé, Jeanne-Marie, que l'on appelle Manon, est une enfant très intelligente, au caractère ferme et résolu. À 8 ans, elle se passionne pour la lecture de la *Vie des hommes illustres* de Plutarque qui restera un de ses auteurs favoris. Elle lit avec avidité, acquérant seule une vaste culture dans laquelle les philosophes tiennent bientôt une place prépondérante. La lecture de *La Nouvelle Héloïse* parvient à la consoler du profond chagrin qu'elle éprouve à la mort de sa mère, et Rousseau restera son

Mme Roland
Huile sur toile de Johan Ernst Heinsius, 1792, Allemagne, château de Versailles. © *Giraudon*

maître. En 1774, elle séjourne quelque temps au château de Versailles, ressentant comme une insulte le mépris dans lequel la noblesse tient les bourgeois. Elle n'oubliera jamais la haine qu'elle ressent alors à cette occasion. Sa mère morte, la jeune fille se consacre à l'étude et à la tenue du ménage de son père. Elle a de nombreux soupirants, mais refuse toutes les propositions de mariage. En 1776, elle fait la connaissance du vertueux et sévère Roland, son aîné de vingt ans, homme d'un certain prestige. Ils se marient quatre ans plus tard. La vie conjugale n'enchante guère Mme Roland, ni la vie quotidienne aux côtés de l'inspecteur des manufactures, qui l'utilise pour ses propres recherches sans se préoccuper de ses aspirations. « Mariée dans tout le sérieux de la raison, avouera-t-elle dans ses *Mémoires*, je ne trouvais rien qui m'en tirât ; je me dévouais avec une plénitude plus enthousiaste que calculée. À force de ne considérer que la félicité de mon partenaire, je m'aperçus qu'il manquait quelque chose à la mienne. » Le ménage habite Amiens, puis la région lyonnaise.

La Révolution donne enfin à Mme Roland l'occasion de mettre fin à cette vie terne et monotone. Enthousiasmée par le mouvement qui se développe à Paris, elle se jette avec passion dans l'arène politique. À Paris, où le couple Roland s'installe définitivement à la fin de 1791, la jeune femme reçoit dans son salon de la rue Guénégaud de nombreux hommes influents, Pétion, Robespierre, Brissot et Buzot. Grâce à ses relations au sein du parti girondin, Roland devient ministre de l'Intérieur le 23 mars 1792. Dès lors, dans l'hôtel ministériel de la rue Neuve-des-Petits-Champs, Mme Roland devient l'âme et l'égérie du parti girondin. Barbaroux, Brissot, Louvet, Pétion, et surtout Buzot, auquel la lie bientôt une passion partagée, assistent aux dîners qu'elle offre deux fois par semaine. Aux côtés de son mari, elle joue au ministère de l'Intérieur un rôle essentiel, rédigeant notamment la lettre dans laquelle Roland demande au roi de revenir sur son veto aux décrets (déportation des prêtres réfractaires, formation sous Paris d'un camp de 20 000 gardes nationaux), lettre qui provoque son renvoi le 13 juin. Lorsque son mari retrouve son portefeuille après le 10 Août, elle dirige plus que jamais ses bureaux. Après les massacres de Septembre, qui la révoltent mais contre lesquels elle n'agit pas, elle voue à Danton une haine chaque jour plus tenace. Aussi entière et acharnée dans ses haines que dans ses affections, l'égérie des Girondins attaque Danton de plus en plus violemment, par la voix de Buzot. Sachant d'où viennent ces attaques, le tribun s'écriera : « Nous avons besoin de ministres qui voient par d'autres yeux que par ceux de leur femme. » Manon dès lors devient furieuse. Cependant, les Montagnards multiplient les attaques contre les Girondins et, en particulier, contre Roland, « Coco Roland », Manon devenant « Madame Coco » ou « la reine Coco ».

Le ministre de l'Intérieur démissionne, et son épouse s'éloigne de la politique et de Buzot. Le 31 mai 1793, lors de la proscription des Girondins, elle ne fuit pas, comme elle aurait pu le faire, comme le font, entre autres, son mari et Buzot, mais se laisse arrêter. Détachée de la vie, libérée de la présence de son mari, elle ressent son arrestation comme un soulagement, et l'écrit à Buzot dans une de ces pages de la correspondance passionnée et déchirante qu'ils échangent alors : « Je chéris ces fers où il m'est libre de t'aimer sans partage. » Enfermée à l'Abbaye, elle est libérée le 24 juin, de nouveau arrêtée le jour même, conduite à Sainte-Pélagie, puis à la Conciergerie. Ses derniers mois sont occupés par la rédaction de ses *Mémoires*, destinés à sa fille Eudora, et de ses *Dernières pensées*. Le 8 novembre, toute vêtue de blanc, elle se présente devant le Tribunal révolutionnaire. Condamnée à mort, Mme Roland monte avec sérénité dans la charrette qui la conduit vers le lieu du supplice. Arrivée au pied de l'échafaud, elle murmure ces mots célèbres : « Ô liberté, que de crimes on commet en ton nom ! » Deux jours plus tard, apprenant la mort de sa femme, Roland se suicide près de Rouen. Buzot, qui ne l'apprendra qu'en juin 1794, se donne la mort lui aussi, près de Saint-Émilion.

Nicolas Rolin
La Vierge au chancelier (détail : le chancelier Rolin). Huile sur toile de Jan Van Eyck, École flamande, XVe siècle, Paris, musée du Louvre. © *Giraudon*

ROLIN Nicolas (Autun, 1376 – Autun, 1461)

Chancelier.

Avocat de Jean sans Peur, duc de Bourgogne, au parlement de Paris, il fait bannir le Dauphin, futur Charles VII en 1420 après que celui-ci a organisé l'assassinat du duc (attentat de Montereau, 10 septembre 1419). Philippe le Bon, reconnaissant, le nomme en 1422 chancelier du duc de Bourgogne. Véritable Premier ministre, maître de la justice et de la politique générale, il exerce cette haute dignité pendant quarante ans, ce qui lui confère une puissance et une autorité exceptionnelles. Ayant acquis une immense fortune, il sait être mécène. Il fonde notamment l'hôtel-Dieu de Beaune et la collégiale Notre-Dame d'Autun (aujourd'hui détruite) où il se fait inhumer, et où l'on dépose le célèbre tableau de Van Eyck, *La Vierge au chancelier Rolin*, sur lequel il s'est fait représenter (tableau conservé aujourd'hui au Louvre).

ROLAND ou ROLLAND, Pierre LAPORTE dit (Le Mas Soubeyran, Languedoc, 1675 – Castelnau, près d'Uzès, 1704)

Chef camisard.

Ancien dragon, il se met à la tête des huguenots révoltés du haut pays cévenol en 1700. À la mort de son oncle Gédéon Laporte en 1702, il prend le titre de « général des enfants de Dieu ». Montagnard austère et intransigeant, il refuse de suivre l'exemple de Jean Cavalier, autre chef camisard, lorsque celui-ci traite avec Villars en 1704. Il est bientôt tué. Sous le nom de musée du Désert, sa maison natale a été aménagée en temple du souvenir camisard.

ROLLON (? – ?, 930)

Chef scandinave, premier duc de Normandie (911-927).

Sa vie est mal connue car il ne faut sans doute accorder qu'un crédit relatif aux détails que donne à son sujet un chanoine de Saint-Quentin, Dudon, dans son *Histoire des ducs de Normandie*. D'origine danoise et de grande naissance d'après ce dernier, Rollon est d'abord l'hôte, en Angleterre, du roi danois Athelstan. Puis il passe sur le continent, prend part au siège de Paris de 885, conduit en 890, à la tête des Normands de Basse-Seine, une expédition contre le comte de Bayeux dont il épouse la fille, pille Lisieux en 891 et s'installe enfin à Rouen après avoir conquis une grande partie du pays qui devait prendre le nom de Normandie. Mais une saga norvégienne voit en lui un Rolf norvégien, chassé de son pays pour piraterie, réfugié et marié aux Hébrides, et dont on ne sait pas grand-chose d'autre. Norvégien ou Danois, il essaie vainement, comme ses prédécesseurs, de s'emparer de Paris (910). Après cet échec, Charles le Simple lui en inflige un autre près de Chartres (juillet 911). Rollon, dont les troupes commencent à s'essouffler et cherchent à se stabiliser, accepte un accommodement durable avec Charles le Simple qui, en négociant, espère mettre définitivement fin aux raids de brigandage normands. Préparé par l'archevêque de Rouen Witon et le comte de Paris Robert, un accord est conclu à l'automne 911 à Saint-Clair-sur-Epte, sur la limite des terres occupées par les Scandinaves.

Ce traité concède « aux Normands de la Seine, Rollon et ses compagnons », les diocèses de Rouen, Évreux et Lisieux, moyennant la reconnaissance de leur vassalité envers le roi de France et reconnaît à Rollon le titre de duc de Normandie. Rollon, qui avait promis au roi fidélité et paisible possession du pays concédé, tient parole et reste étranger aux coalitions et révoltes du duc de France Robert et de Raoul de Bourgogne contre Charles le Simple. Mais, lorsque celui-ci tombe au pouvoir de Raoul, Rollon reconnaît le nouveau roi et il en est récompensé (923) par l'octroi de la région de Vernon, entre Seine et Eure, ainsi que des diocèses de Bayeux, du Mans et implicitement, de celui de Sées. Sur les terres de son autorité, il s'attache à faire régner ordre et paix.

ROMAN DE LA ROSE

Poème allégorique et didactique en deux parties signées de deux auteurs, Guillaume de Lorris (1236) et Jean de Meung (1275) et s'inscrivant dans la veine d'Ovide et des romans d'amour courtois.

La première partie, composée de 4 000 vers, décrit, dans le cadre fictif d'un songe, les tentatives d'un amant de s'emparer de l'objet aimé, symbolisé par une rose enfermée dans un verger bien gardé. La seconde, qui compte plus de 17 000 vers, voit se dédoubler l'amant et le narrateur et conduit l'aventure jusqu'à son terme naturel mais non nécessaire à la loi du genre. Au sein de l'intrigue, Jean de Meung insère la somme du savoir de son temps : cosmologie, philosophie, traditions cléricales… Son texte est à lire comme une glose de celui de son prédécesseur. Plus de 300 manuscrits du *Roman de la Rose* antérieurs au XVe siècle sont conservés. Le texte fut traduit en anglais par Geoffrey Chaucer, en flamand, en toscan par Pétrarque, et mis en prose française, remanié plusieurs fois, notamment par Clément Marot. Son succès ne s'est jamais démenti. Au début du XVIe siècle, les premières grammaires françaises y ont puisé des exemples linguistiques, les alchimistes du XVIIe siècle y ont lu des symboles de leur discipline et, de nos jours, il s'offre encore aux interprétations des glosateurs.

ROMANS BRETONS (ou matière de Bretagne)

Cycle de romans bretons médiévaux englobant tous les récits issus du domaine celtique.

Ce cycle se compose de deux volets mettant en scène respectivement Tristan et les chevaliers du roi Arthur groupés autour de la Table ronde. Ces romans ont des origines obscures, empruntant beaucoup à des mythes des IXe et Xe siècle, issus des îles britanniques. Leur mise en forme s'est faite au XIIe siècle vraisemblablement à la cour d'Henri II Plantagenêt et d'Aliénor d'Aquitaine. Ils ont rapidement conquis la France, à tel point que Jean Bodel disait déjà à la fin du XIIe siècle que cette « matière de Bretagne, irréelle et séduisante » faisait partie, avec les chansons de geste et les histoires de Rome, des trois grands fonds de récits littéraires du royaume. Monde étrange et fascinant propre à faire rêver l'aristocratie anglo-normande et française, ces romans racontent des voyages au pays des morts, d'étranges combats, des fraternités hommes-animaux, mettent en scène des visions fantastiques, des objets magiques, chaudrons, lances, arbres ou fontaines et présentent des hommes doués de connaissances surnaturelles.

Le *Roman de Tristan* raconte comment ce pauvre orphelin fut élevé par le roi Marc qu'il vénère et dont il séduit la fiancée Iseult après avoir absorbé avec elle et par erreur un philtre d'amour. Après des repentirs et des rechutes, les amants se séparent et ne sont réunis que par la mort. En cette première moitié du XIIe siècle naissent également l'enchanteur Merlin et le roi Arthur sous la plume de l'historien anglo-normand Geoffroy de Monmouth. Merlin a prophétisé la naissance d'Arthur, le jeune roi qui tient sa cour solennelle avec son épouse Guenièvre. Arthur part en guerre contre les Romains, et ses prouesses le placent entre Alexandre et Charlemagne. Mais il apprend que son neveu l'a trahi en lui prenant femme et royaume. Il tue son rival et meurt lui-même. En 1155, Wace, dans son *Roman de Brou*, interprétation de l'œuvre de Geoffroy, y ajoute une invention, la Table ronde où s'asseyent dans une égalité parfaite les douze chevaliers d'élite qui entourent le roi Arthur. Puis, à la fin du XIIe siècle, Robert de Boron et Chrétien de Troyes introduisent le Graal. Chrétien porte à la célébrité ses trois héros, *Lancelot*, *Yvain* et *Perceval* qui rivalisent d'audace au cours d'épreuves extraordinaires imposées par leur quête mystique ou par leur dame. Au XIIIe siècle, un *Tristan* en prose, anonyme, amalgame au texte initial le monde arthurien, reproduit en de multiples versions promises à un grand succès. Tristan devient un chevalier de la Table ronde prenant part à la quête du Graal au cours d'aventures où sont associés constamment Tristan et Lancelot, les couple Tristan/Iseult et Arthur/Guenièvre, la cour de Marc et la cour d'Arthur…

ROMME Charles Gilbert (Riom, 1750 – Paris, 1795)

Mathématicien et homme politique.

Fils d'un procureur de la sénéchaussée d'Auvergne, il étudie les mathématiques dans sa ville natale puis la médecine à Paris. De 1779 à 1784, il occupe en Russie les fonctions de gouverneur du fils du prince Strogonov. Fixé à Paris au début de 1789 avec son jeune élève, Romme accueille avec enthousiasme le mouvement révolutionnaire, assiste aux séances de l'Assemblée, des clubs, participe à la fondation du Club des amis

Le Roman de la Rose
L'Amant endormi s'habillant, chemisant, devant la demeure de Plaisir d'Amour. « Le Roman de la Rose, le testament », miniature de Jean de Meung, v. 1370, Chantilly, musée Condé. © *Lauros-Giraudon*

de la loi, organisé par Théroigne de Méricourt. Tout cela n'est pas du goût de Strogonov, qui rappelle son fils. Désormais, l'ancien précepteur se consacre à la politique. Il préside la société populaire de Riom puis, en 1791, est élu à l'Assemblée législative. Très actif, le nouveau député fait partie du Comité de l'instruction publique, s'occupe, entre autres, des écoles normales. Réélu à la Convention, il siège d'abord parmi les rangs de la Plaine, puis se joint à la Montagne, votant la mort du roi sans appel ni sursis. En mars 1793, il obtient la suppression de l'école de Saint-Cyr. Nommé le mois suivant représentant en mission à l'armée des Côtes de Cherbourg en compagnie notamment de Prieur de la Côte-d'Or, Romme, qui se trouve à Caen au moment de la proscription des Girondins et de l'insurrection fédéraliste, est retenu pendant deux mois en otage par les fédéralistes. Libéré, il reprend sa place au comité. Au mois d'octobre, il prépare un décret visant à empêcher la destruction des objets se rapportant à l'art, à l'histoire ou à l'instruction. Sur son rapport, la Convention adopte ensuite le télégraphe optique de Chappe. Sur sa proposition, les honneurs du Panthéon sont rendus à Marat. Avec Fabre d'Églantine, Romme travaille aussi à la réforme du calendrier. L'*Annuaire des cultivateurs*, qu'il publie en 1795, propose de remplacer les noms de saints par des noms de végétaux ou d'animaux. Le 1er prairial an III (20 mai 1795), Romme est un des meneurs de l'insurrection au cours de laquelle les émeutiers envahissent la Convention. Avec cinq collègues, il constitue, pour quelques heures, un gouvernement provisoire. Dénoncé par Bourdon de l'Oise et Tallien, traduit devant une commission militaire, il est condamné à mort, comme ses compagnons. « Je verserai mon sang pour la République, dit-il, mais je ne donnerai pas à mes ennemis la satisfaction de le répandre. » Et il se poignarde.

ROMORANTIN

Romorantin-Lanthenay depuis la fusion de ces deux communes en 1961. Ville du Loir-et-Cher, en Sologne.

Prise par le Prince Noir (Édouard, prince de Galles) en 1356, Romorantin passe au XVe siècle aux ducs d'Orléans puis aux ducs d'Angoulême, avant d'être réunie à la couronne sous François Ier. Le roi aime à y séjourner, la ville devient résidence royale. Le tissage de la laine du Berry est à l'origine du développement de Romorantin sous la Renaissance. L'industrie textile y est encore active aujourd'hui. En mai 1560, François II rend l'édit de tolérance de Romorantin, dû à Michel de L'Hospital. Pour empêcher l'établissement de l'Inquisition en France, le texte confie les procès d'hérésie aux évêques.

RONARC'H Pierre Alexis (Quimper, 1865 – Paris, 1940)

Amiral.

Contre-amiral en 1914, il reçoit au début de la guerre le commandement d'une brigade de fusiliers marins avec laquelle il prend part à la course à la mer. Avec ses troupes, Ronarc'h est chargé, au mois d'octobre, de la mission de tenir Dixmude, tandis que l'armée belge prend position sur l'Yser, les Anglais couvrant le sud, jusqu'à la Lys. Les marins tiennent bon, stoppant les Allemands. Nommé ensuite directeur de la défense contre les sous-marins, Ronarc'h commande jusqu'en 1916 les forces navales et aériennes des armées du Nord. Fortes de 74 unités, ces forces luttent avec succès contre les sous-marins ennemis. Vice-amiral, chef d'état-major de la marine en 1919, Ronarc'h passe l'année suivante dans le cadre de réserve. Il avait mis au point la drague Ronarc'h, qui rendit d'inestimables services dans le dragage des mines.

RONCEVAUX (bataille de)

Bataille ayant opposé l'armée de Charlemagne à des Basques.

Le 15 août 778, à son retour d'Espagne, l'arrière-garde de l'armée de Charlemagne, commandée par Roland, préfet de la marche de Bretagne, est attaquée par des montagnards basques (Vascons) au défilé de Roncevaux, en Navarre, dans l'actuelle province de Pampelune. Les Français sont massacrés et Roland trouve la mort au cours du combat.

La *Chanson de Roland* tire son origine de plusieurs faits semblables et les transforme en un épisode de la guerre sainte. Sous la plume de son auteur, les Basques deviennent des Sarrasins et Roland, face aux Infidèles, incarne l'idéal le plus parfait du chevalier chrétien. En 813, une attaque analogue échoue contre Louis le Pieux. Mais, en 824, les Vascons massacrent une nouvelle fois à Roncevaux une armée revenant d'Espagne.

RONSIN Charles Philippe (Soissons, 1752 – Paris, 1794)

Général et homme politique.

Fils de cultivateurs aisés, il s'adonne avant la Révolution à la poésie et à la littérature, produisant quelques œuvres de médiocre facture. En 1789, il décide de servir la cause révolutionnaire par les armes. Officier de la garde nationale cette même année, membre du club des Cordeliers, commissaire des guerres en 1792, il passe en quelques jours, l'année suivante, du grade de capitaine à celui de général de brigade, et devient l'adjoint de Bouchotte, ministre de la Guerre. Envoyé en Vendée, nommant lui-même toutes sortes d'adjoints, pour la plupart incapables, Ronsin va diriger, en fait, l'armée des Côtes de La Rochelle. Sur ses instructions, des hommes à lui espionnent les officiers républicains ; un climat déplorable règne au sein de cette armée. Après les défaites républicaines, Ronsin préside à Saumur, le 27 mai 1793, un Conseil qui jette les bases d'un nouveau plan, destiné à écraser les Blancs. Plan qui échouera, faute de troupes. Le 9 juin, Saumur est reprise par les Vendéens. Après l'échec de Cholet, au mois de juillet, Ronsin demande la tête de Biron. C'est sur son conseil que, le 1er août, la Convention prend le décret qui met la Vendée à feu et à sang. Pour lui, la guerre n'est pas « une guerre régulière, mais une guerre exterminatrice » : aussi ravage-t-il tout le pays. Dur, cruel, il ne dédaigne cependant pas les pots-de-vin. En septembre, avec Santerre, il est battu à Coron. Rappelé à l'automne en raison de ses violences et de ses exactions, emprisonné, il passe plusieurs semaines sous les verrous avant d'être libéré, grâce à la protection de Carrier et de Collot d'Herbois. Ronsin est alors nommé à la tête de l'armée révolutionnaire, dont la Convention a décidé la création au mois de septembre. Il ne tarde pas à figurer parmi les hébertistes les plus acharnés. Robespierre cependant n'a pas oublié son attitude dans l'Ouest. De nouveau arrêté, Ronsin est exécuté avec les hébertistes.

ROQUEPERTUSE (sanctuaire de)

Situé non loin du site d'Entremont, dans les Bouches-du-Rhône, le sanctuaire de Roquepertuse, sur la commune de Velaux, contient des vestiges exceptionnels de la civilisation des Salyens, confédération gauloise qui occupait, avant la conquête romaine, un vaste territoire au sud de la Durance et à l'est du Rhône.

Effectuées entre 1919 et 1927, les fouilles ont permis de retrouver sur cet éperon rocheux des éléments d'architecture et des statues transportés au musée archéologique de Marseille. Trois piliers quadrangulaires, portant des traces de peinture et des dessins, hauts de 1,60 m, sont considérés comme les restes d'un portique et portent des alvéoles destinées à contenir des têtes humaines (les crânes découverts lors des premières fouilles ont depuis disparu). Comme pour les statues des « têtes coupées » d'Entremont, les piliers de Roquepertuse témoignent de la pratique encore mal expliquée d'exposer des crânes, sans que l'on sache vraiment s'il s'agit de ceux d'ennemis vaincus ou de ceux de défunts héroïsés. Deux statues d'hommes (ou de dieux ?), assis en tailleur selon la pose « bouddhique », ont perdu leur tête et les extrémités de leurs bras et de leurs jambes, mais conservent encore sur leur corps des éléments typiquement celtiques : torques autour du cou, bracelets-brassards au-dessus du coude, chasubles décorées d'éléments géométriques peints en rouge (triangles, losanges, svastika, etc.). Un grand oiseau aux ailes repliées a été d'abord considéré comme étant un aigle qui aurait surmonté le portique. Il s'agit plus vraisemblablement d'une oie sauvage. La pièce maîtresse retrouvée à Roquepertuse est une sculpture de deux têtes accolées par l'arrière, haute de vingt centimètres. Baptisée « Hermès bicéphale » par comparaison avec la représentation des Hermès doubles de la Grèce, cette œuvre est constituée de deux étonnants visages d'homme, aux yeux immenses, au long nez droit, aux lèvres serrées. À la jonction des deux têtes, subsistent un tenon et une mortaise, indiquant que la sculpture se trouvait intégrée dans un bâtiment. La première présentation des éléments trouvés à Roquepertuse avait tenté de constituer un ensemble cohérent à partir des différentes pièces. En fait, les recherches récentes ont conduit à modifier cette reconstitution, et il n'est pas sûr que les deux statues humaines et l'oiseau se soient trouvés associés à l'architecture du sanctuaire. De nouvelles fouilles menées sur place ont permis de découvrir d'autres vestiges qui conduisent à penser qu'un ensemble urbain a existé à Roquepertuse et a été détruit vers 200 av. J.-C., donc avant l'arrivée des Romains. Les recherches, qui se poursuivent, permettront sans doute de mieux percer le mystère du site de Roquepertuse et de sa fonction pour les peuples celtiques qui habitaient près de la Méditerranée.

ROQUETTE ou GRANDE ROQUETTE

Prison parisienne.

Construite rue et place de la Roquette en 1830, elle reçoit les condamnés à la réclusion et aux travaux forcés avant leur transfert dans les centrales ou dans les bagnes. Les condamnés à la peine capitale attendent également, derrière ses murs, l'instant de l'exécution. Les mises à mort ont lieu devant son entrée principale. Le 24 mai 1871, dans une cour intérieure de la prison de la Roquette, l'archevêque de Paris, Mgr Darboy, le curé de la Madeleine, l'abbé Degeurry, le président Bonjean, ainsi que d'autres otages périssent sous les balles des Communards. À partir de 1832, la prison de la Petite-Roquette et la maison centrale d'éducation correctionnelle ou prison des jeunes détenus, établissements affectés aux femmes et aux délinquants mineurs, s'élevèrent face à la prison de la Roquette. Celle-ci sera démolie en 1900.

ROSE Jean-Baptiste Charles TRICORNOT de (Paris, 1876 – Soissons, 1916)

Officier aviateur.

Officier de cavalerie, sorti de Saint-Cyr en 1897, il est affecté en 1915 au commandement du service aéronautique de la Ve armée et fait équiper en chasse les biplaces de son escadrille numéro 12. En 1916, à Verdun, il constitue avec 100 pilotes, parmi les meilleurs, un groupement de chasse pour tenter d'arracher aux Allemands la maîtrise de l'air et réussit, effectivement, en quelques semaines, à neutraliser l'aviation ennemie, remportant par là la première bataille aérienne de l'histoire. Il est alors appelé au Grand Quartier général comme commandant des forces aériennes aux armées, mais se tue en faisant la démonstration d'un nouvel appareil.

ROSNY : voir SULLY Maximilien de BÉTHUNE (duc de)

ROSSBACH (bataille de)

Victoire remportée par Frédéric II de Prusse sur les Français, le 5 novembre 1757, pendant la guerre de Sept Ans.

À l'annonce d'un retour offensif des troupes prussiennes de Frédéric II, le maréchal de Soubise, favori de la marquise de Pompadour, et les contingents d'Allemagne du Sud, dirigés par Hildburghausen, s'établissent sur une éminence dominant la rive gauche de la Saale à une cinquantaine de kilomètres à l'ouest de Leipzig. La position est si favorable que le roi de Prusse, qui ne dispose que de 25 000 hommes (soit moitié moins que ses adversaires) renonce à attaquer. Il entame même un repli qui incite Soubise à quitter prématurément son belvédère et à le poursuivre. Ce que voyant, Frédéric ordonne un retour offensif qui provoque la panique dans le contingent allemand. Le corps de réserve, commandé par Saint-Germain, fait bonne contenance, mais il est isolé, tant Soubise se montre incapable de coordonner l'action de ses forces. Avec seulement six bataillons d'infanterie et trente escadrons de cavalerie, Frédéric II met hors de combat ou capture 10 000 adversaires, s'empare de 67 canons, de 15 étendards et de 7 drapeaux. L'annonce de ce désastre est l'occasion, en France, de se moquer de l'incapable favori de la marquise de Pompadour. Les pamphlets vengeurs se multiplient. Pendant ce temps, le roi de Prusse fait élever à la gloire de ses troupes un monument que Napoléon Ier fera jeter bas en 1806, au lendemain de sa victoire d'Iéna.

ROSSEL Louis Nathaniel (Saint-Brieuc, 1844 – Satory, 1871)

Officier de la Commune.

D'ascendance cévenole, il est le fils d'un officier de carrière. Après ses études au Prytanée militaire de La Flèche et à l'École polytechnique, dont il sort en 1864, le jeune homme sert dans le génie. Capitaine au début de la guerre franco-prussienne, il sert à Metz sous les ordres de Bazaine. Écœuré par l'inactivité, la veulerie, l'« incapacité absolue » de ses chefs, comme il l'écrira, Rossel essaie en vain de décider le général Clinchant à tenter une sortie. Parvenant à s'échapper de la ville avant la reddition, il gagne la Belgique, puis rejoint à Tours le gouvernement de la Défense nationale. Là, nouvelle déception, Freycinet refuse de lui donner le commandement qu'il ambitionnait. Chargé de mission à l'armée du Nord, Rossel s'occupe ensuite, avec le grade de colonel du génie, de l'organisation du camp de Nevers. La capitulation de Paris, l'armistice, le scandalisent.

Par patriotisme, et aussi par révolte contre ces décisions, le colonel Rossel démissionne, non sur un coup de tête mais par conviction profonde, et rejoint la Commune. À Paris, le 23 mars, il est élu chef de la XVIIe légion. Nommé, le 3 avril, chef d'état-major au ministère de la Guerre, aux côtés de Cluseret avec lequel il ne s'entend guère, Rossel tente en vain d'imposer aux troupes de la Commune une discipline qu'elles refusent. Démissionnaire le 26 avril, il est nommé le 30 délégué à la Guerre, en remplacement de Cluseret. Il donne l'ordre de renforcer la défense de Paris, prononce la dissolution de l'incapable comité de l'artillerie, nomme de nouveaux chefs, fixe la répartition du commandement et décide de créer des régiments à cinq bataillons, pour tenir en main les Fédérés. La plupart de ces mesures resteront à l'état de projet. Cependant, la discipline que Rossel tente d'instaurer dresse contre lui les Fédérés, qui font appel aux autorités de la Commune. Le délégué s'explique devant elles avec tant de clarté et de décision qu'il obtient leur soutien. Toutefois, malgré son énergie, il ne peut empêcher la situation de se détériorer. De vives discussions l'opposent au Comité de salut public, à Pyat, en particulier. Certains disent qu'il aspire à la dictature. Il est vrai que Rossel a rencontré, à la fin du mois d'avril, les généraux Dombrowski et Wroblewski, et aussi des journalistes, mais ces conversations n'ont, semble-t-il, pas abouti. Finalement, le 9 mai, Rossel démissionne, demandant à la Commune « une cellule à Mazas ». Le soir même, à l'Hôtel de Ville, Pyat demande son arrestation, votée à l'unanimité moins deux voix. Le lendemain, Delescluze le remplace à la Guerre, l'Assemblée décide qu'il comparaîtra devant la cour martiale. Son ami Gérardin, chargé de sa garde, le laisse partir, et Rossel se réfugie à l'hôtel Montebello, boulevard Saint-Germain. Il ne prend aucune part à la Semaine sanglante. Arrêté le 7 juin, il est conduit à la prison Saint-Pierre de Versailles, où il restera six mois, vivant dans la méditation et l'étude. Le 8 septembre, il est condamné à mort par le 3e conseil de guerre. Ce jugement, cassé, est renouvelé le 7 octobre par le 4e conseil de guerre. Le père du condamné réussit à approcher Thiers, qui refuse sa grâce. Le 28 novembre, Louis Rossel est fusillé à Satory.

Louis Rossel
Rossel peu avant la Commune. Paris, Bibliothèque nationale de France. © *Sélection Images*

Rossignol Jean Antoine (Paris, 1759 – Anjouan, Comores, 1802)

Général.

Soldat au Royal-Roussillon pendant huit ans, puis ouvrier joaillier au faubourg Saint-Antoine, Rossignol, fervent révolutionnaire, participe à toutes les grandes journées, de la prise de la Bastille aux Tuileries. Officier de gendarmerie en 1792, général l'année suivante, ce serviteur de la République est envoyé en Vendée combattre les royalistes sous les ordres de Biron. Les propos qu'il tient contre son chef lui valent d'être arrêté. Cependant, soutenu par les Jacobins, Rossignol obtient finalement la destitution de Biron, qu'il remplace à la tête de l'armée des Côtes de La Rochelle. Nomination dérisoire, l'ancien ouvrier joaillier étant incapable de commander une armée surtout dans des conditions aussi difficiles. Après quelques succès, le général Rossignol, défait par les Blancs, est destitué à plusieurs reprises, mais toujours réintégré sous la pression des extrémistes. Nommé général en chef de l'armée de l'Ouest, il propose de démissionner après les trois défaites subies par les Républicains à Dol, Pontorson et Antrain, lorsque les Bleus attaquent en vain les Blancs, qui retraitent depuis Granville. Finalement destitué en 1794, dénoncé par Bourdon de l'Oise comme une des causes des désastres de Vendée, Rossignol est emprisonné et libéré à la suite de l'amnistie d'octobre 1795. Impliqué l'année suivante dans la conspiration de Babeuf, il est acquitté par la Haute Cour de Vendôme. Rossignol participe ensuite au coup d'État du 18 Fructidor, conduit les troupes qui arrêtent Pichegru et les députés royalistes. Cet ardent républicain est arrêté sur l'ordre de Bonaparte après l'attentat de la machine infernale, et déporté aux Comores en janvier 1801.

Rothschild

Famille de banquiers dont la ville d'origine est Francfort-sur-le-Main.

Le premier banquier puissant de la famille est Meyer Amschel Rothschild (1743-1812) qui prête et négocie de l'argent dans toute l'Europe, en particulier aux rois d'Angleterre. Son cinquième fils, Jacob ou James (1792-1868), fonde la branche parisienne de la banque familiale en 1817. Ses frères ayant contribué à la défaite de Napoléon en prêtant de l'argent à Wellington, James est honoré du titre de consul d'Autriche à Paris en 1822 et devient le banquier attitré de Louis XVIII, Charles X puis Louis-Philippe. Son fils, Alphonse, devient régent de la Banque de France en 1855. Les Rothschild sont en effet très en faveur sous le Second Empire. La banque parisienne est alors la plus prospère de la famille qui en possède dans plusieurs capitales européennes. James contribue à l'échec du crédit mobilier des frères Pereire. De 1905 à 1949, le chef de famille est Édouard qui s'oppose au franc Poincaré et à la nationalisation des chemins de fer dont il possède certaines compagnies. Ses trois fils sont Guy, né en 1909, Alain, né en 1910 et Élie, né en 1917. Ils lui succèdent et assistent en 1982 à la nationalisation de la banque familiale devenue l'Européenne de banque.

Rouault Joachim, seigneur de Gamaches et de Boismenard (? – Gamaches, 1478)

Maréchal de France.

Issu d'une ancienne famille poitevine, il devient en 1437 premier écuyer du Dauphin Louis (futur Louis XI). Il le suit en Suisse en 1444, puis défend l'année suivante Montbéliard contre l'ennemi bourguignon, recevant, la même année, le commandement d'une compagnie d'ordonnance. La guerre reprend en 1448. Le jeune capitaine se distingue lors de la reconquête de la Normandie, puis de la Guyenne, recevant en 1451 le gouvernement de Blaye et de Fronsac, ainsi que le titre de connétable de Bordeaux. Il participe ensuite à la bataille de Castillon au cours de laquelle Talbot trouve la mort. En 1456, Rouault passe la Manche pour secourir Marguerite d'Anjou contre Richard d'York. À son retour, il est nommé gouverneur du Poitou. Roi en 1461, Louis XI récompense ses services en le nommant maréchal de France. Deux ans plus tard, Rouault prend part à la conquête du Roussillon et de la Catalogne. Resté fidèle au roi pendant la ligue du Bien public en 1465, il défend Paris contre les révoltés, puis est nommé gouverneur de la capitale. Le maréchal s'oppose ensuite à Charles le Téméraire, défendant contre ses troupes Amiens, en 1471, puis Beauvais, en 1472. Brouillé cependant avec Louis XI en 1476, banni pour complot contre le souverain par le parlement de Toulouse, il est condamné à une forte amende et à la confiscation de ses biens. Cette sentence n'est cependant pas exécutée, et Rouault reçoit l'autorisation de se retirer sur ses terres.

Rouen

Rotomagus. *Capitale historique de la Normandie et chef-lieu du département de la Seine-Maritime.*

C'est, à l'époque gauloise, la métropole des Véliocasses. Au sein de l'Empire romain, *Rotomagus* est une des principales cités de la province de Lyonnaise Seconde. Syagrius en fait une de ses principales bases à la fin de l'empire, et les partages successifs des souverains mérovingiens incluent, par la suite, la ville dans la Neustrie. Mérovée y épouse Brunehaut en 576 et l'évêque Prétextat, qui a béni cette union, y est assassiné dix ans plus tard, sur l'ordre de Frédégonde. Au VIIe siècle, saint Ouen fait de la cité un centre actif de propagation religieuse, que caractérise la construction de nombreux cloîtres, églises et monastères. Le passage de la Seine, la navigation sur le fleuve et le développement économique de toute la région expliquent le brillant de l'agglomération au milieu du IXe siècle, lorsque les pillards normands se livrent à des incursions de plus en plus nombreuses.

Rouen subit leur vindicte, et nombre d'édifices sont détruits. Mais le traité de Saint-Clair-sur-Epte, en 911, incitent les Normands à s'établir à demeure. Rouen devient alors leur capitale puis celle des rois d'Angleterre sur le continent, après la conquête des îles par Guillaume le Conquérant. Henri II Plantagenêt accorde à la cité, au milieu du XIIe siècle, des franchises communales qui prendront la dénomination d'Établissements de Rouen, lesquels serviront de modèle à nombre d'autres localités du nord de la Loire. Il est vrai que les notables rouennais sont gens d'importance. La corporation des bateliers, par exemple, détient le monopole de la navigation sur la Seine entre la mer et Mantes. Aussi les souverains français souhaitent-ils étendre leur domination sur cette Normandie qui leur paraît le prolongement naturel de leur domaine vers le nord-ouest. Louis VII fait une tentative infructueuse en 1174. Philippe Auguste enlève la place à Jean sans Terre en 1204. Dès lors, commence un antagonisme franco-anglais qui se prolonge durant deux siècles et demi. La ville, sous l'influence française, devient siège de parlement (1302), d'une Cour des aides (1370), d'une Chambre des comptes. Charles V favorise le développement du commerce et de l'artisanat. Mais sous Charles VI se produit la sédition de la Harelle, consécutive à la lourdeur des impôts. Le pouvoir royal supprime en 1382 les statuts communaux. C'est le début d'une période troublée qui voit Henri V d'Angleterre s'emparer de la place à la suite d'un siège épuisant, en 1419. Les Anglais en font une de leurs principales bases continentales avec Bordeaux, et lorsque Jeanne d'Arc leur est livrée, c'est à Rouen qu'ils l'incarcèrent et la font juger par le clergé rallié au roi d'Angleterre.

Après la reconquête de la Normandie par les troupes de Charles VII, quelques années plus tard, l'artisanat retrouve sa vigueur d'antan, et la navigation, tant fluviale que maritime, prospère, puisque la profondeur des eaux permet aux embarcations de mer de remonter jusqu'à quai. Durant près d'un siècle, cette prospérité confère un élan vigoureux à la ville, qui accroît son éten-

Rouen
Vue du palais de justice. © *Scope Jacques Guillard*

due. Les armateurs équipent des navires qui vont commercer en Scandinavie, en Russie, en Amérique du Nord et principalement au Canada, en Afrique occidentale où Saint-Louis-du-Sénégal compte de nombreux et puissants comptoirs d'origine normande. Les tissages, la faïence assurent le renom de l'industrie locale. Les malheurs recommencent avec les guerres de Religion. Condé fait de la place un centre actif de la Réforme, si bien que l'armée de Guise vient mettre le siège devant la ville en 1562 et s'en empare en octobre. Henri IV la prend encore en 1593. L'antagonisme franco-anglais, sous Richelieu et surtout durant le règne de Louis XIV, porte à nouveau un préjudice sensible au négoce régional. La marine de guerre accapare nombre d'équipages, et la navigation marchande dans la Manche est incertaine. La révocation de l'édit de Nantes prive la ville de notables influents et d'artisans habiles. Sous Louis XV, la perte du Canada réduit la zone d'influence des négociants et des armateurs au Sénégal et à l'Europe scandinave. La Révolution et le Blocus continental entraînent un quart de siècle de marasme total.

La paix retrouvée du XIXe siècle permet de panser les plaies. L'activité reprend d'autant plus vigoureusement que cette époque est celle du développement de l'industrie. Aux denrées coloniales s'ajoutent, sur les quais, les bois de Scandinavie. La papeterie prend de l'extension et égale en activité celle, traditionnelle, des tissages. Fonderies et ateliers de mécanique se développent. Le chemin de fer amène bientôt de nouvelles ressources, car des lignes directes relient le chef-lieu de la Seine-Inférieure (dénomination de l'époque) à Paris, Amiens, Caen et Le Mans. Rouen est une véritable plaque tournante que justifie son essor économique. Ceci explique aussi qu'en 1870-1871 les Prussiens vont jusqu'à ce site stratégique qui aurait pu permettre une liaison entre les armées de Chanzy et celle de Faidherbe. La guerre franco-prussienne ne porte préjudice qu'un court instant à la cité. La Normandie de Flaubert et de Maupassant poursuit son développement à l'image de sa capitale historique, même si, au XXe siècle, la concurrence du Havre se fait de plus en plus sensible. Jusqu'en 1940, Rouen figure au premier plan des ports français. Les statistiques lui accordent, en effet, le 4e rang derrière Marseille, Le Havre et Cherbourg, situation remarquable pour une ville fluviale. L'Occupation met un terme définitif au trafic maritime. Les bombardements du printemps 1944 ruinent la cité en même temps qu'ils détruisent une grande partie de ses richesses artistiques, qui faisaient de Rouen une véritable ville-musée.

ROUERGUE

Ancien pays appartenant à la province de Guyenne et borné par le Quercy, l'Auvergne, le Gévaudan, le Languedoc proprement dit et l'Albigeois.

Il doit son nom au *pagus Rutenicus* (pays des Rutènes) dont il est issu et non au roure (ou rouvre) comme le voudrait une explication poétique. Correspondant à l'actuel département de l'Aveyron plus le canton de Saint-Antonin et une partie de celui de Caylus (rattachés au Tarn-et-Garonne au début du XIXe siècle), il figure parmi les plus grands pays qui n'aient pas accédé au statut de province sous l'administration royale. On peut le diviser en quatre régions : le comté de Rodez, la Haute-Marche (Millau), la Basse-Marche (Villefranche), le Barrez (Mur) constitué par la partie sud-est du Carladès. Malgré son étonnante diversité géographique, le Rouergue n'a pratiquement jamais changé de limites. On serait tenté d'expliquer ce fait par les difficultés d'accès. Toutefois celles-ci ne semblent pas avoir condamné les populations à un véritable isolement : avant même le XVIIIe siècle, époque où les intendants se préoccupèrent de créer des routes dans tout le Massif central, les échanges avec les pays voisins ont été relativement importants. Au Moyen Âge, les centres et relais de pèlerinage ont joué leur rôle, introduisant les influences artistiques de l'Auvergne et du Languedoc. Si le pays des Rutènes a pu préserver l'intégrité de son territoire jusqu'aux temps modernes, il le doit sans doute à sa personnalité historique.

Personnalité politique d'abord : le comté de Rouergue a duré un peu plus de quatre siècles. Déjà les premiers Carolingiens avaient envoyé chez les Rutènes un comte nommé Gibert. Mais il n'était qu'amovible. La dynastie de Rouergue apparaît dans la première moitié du IXe siècle avec Fulcoald. Celui-ci a deux fils : Fredelon qui, après avoir succédé à son père, accède au comté de Toulouse ; Raymond Ier qui, après avoir été investi du Quercy, succède en 852 à son frère mort sans postérité pour l'ensemble de ses titres. Ce Raymond Ier est le fondateur de la dynastie que l'on appelle raymondine. Au temps de ses fils Bernard (865-875) et Eudes (875-919), Rouergue, Gothie et comté de Toulouse demeurent unis. En mourant, Eudes partage ses fiefs entre ses deux fils. Le comté de Toulouse échoit à l'aîné, Raymond II de Toulouse ; le Rouergue entre dans la part du cadet, Ermengaud ; la Gothie, le Quercy et l'Albigeois sont indivis.

Ermengaud (919-937) fonde la branche de Rouergue représentée après lui par son fils Raymond II (937-961), son petit-fils Raymond III (961-1010), son arrière-petit-fils Hugues (1010-1054), également comte de Gévaudan. Ce dernier laisse une fille, Berthe (1054-1066), à la mort de laquelle la succession de Rouergue, de Gothie et de Gévaudan est disputée entre deux représentants de la branche de Toulouse, Guillaume IV et Raymond de Saint-Gilles. Finalement, le différend s'apaise en faveur de Raymond qui survit à son frère. Désormais le comté de Rouergue suit le sort du comté de Toulouse sans lui être pour autant intégré. Raymond IV, Bertrand, Alphonse Jourdain le mentionnent régulièrement dans leurs titres. Cependant d'importants seigneurs se sont implantés dans la mouvance rouergate : les plus anciens sont le comte (ou vicomte) de Millau, le comte de Rodez, le vicomte de Saint-Antonin, les barons d'Arpajon, Sévérac, Landorre... Ces personnages ne sont pas toujours fidèles à la dynastie raymondine. Millau passe bientôt dans la maison de Barcelone. Henri Ier de Rodez rend hommage à Simon de Montfort en 1214.

Malgré la prise de Morlhon et le siège de Sévérac, le Rouergue souffre peu de la guerre albigeoise. Le dernier comte, Alphonse de Poitiers, reprend en main l'administration du pays en donnant un successeur au sénéchal créé en 1216 par Amaury de Montfort. Pour juguler les révoltes de la Basse-Marche, il fait construire la forteresse de Najac. On lui doit la fondation d'un certain nombre de villes neuves ou bastides dont l'une, Villefranche, est appelée à un bel avenir. Le Rouergue est réuni sans difficulté à la couronne en 1271. Mais les anciens vassaux du comte demeurent en place, notamment le comte de Rodez. Lorsqu'à Henri II succède son gendre, Bernard VI d'Armagnac, le roi risque de trouver en Rouergue un rival de taille. Car la puissante maison d'Armagnac subira fatalement la tentation de reconstituer l'unité politique du pays à son profit. Cependant l'occupation anglaise ajourne le conflit. Dans les premiers temps, les comtes d'Armagnac se montrent les plus sûrs remparts contre les visées du duc de Guyenne. Après la campagne de Derby, Jean Ier, lieutenant général en Languedoc, repousse les Anglais. Ensuite ceux-ci reviennent en force après le désastre de Poitiers (1356). Aux termes du traité de Brétigny, le Rouergue est cédé en toute souveraineté au roi d'Angleterre (1360). Les Rouergats ne se soumettent pas de gaieté de cœur. Certaines villes ferment leurs portes à Jean Chandos. Exploitant la résistance de ses administrés, Jean Ier fait appel en 1368 au parlement de Paris contre les Anglais. Aussitôt, le comté et la Basse-Marche se libèrent. Plus tard Millau et La Roque-Valzergues, forte place située aux confins du Gévaudan, se rendent. En 1370, le pays est redevenu français, mais les routiers terrorisent les populations pendant encore un demi-siècle.

Avec Jean IV, les Armagnacs ambitionnent de dominer non seulement l'ensemble du Rouergue, mais la Haute-Auvergne où ils possèdent la vicomté de Carlat. À leurs empiétements et à leurs violences répondent les promenades militaires du Dauphin Louis (futur Louis XI) qui s'assure de Rodez et de Sévérac en 1443 et 1444. Jean IV meurt dépouillé du comté, de Sévérac et des quatre châtellenies. Après la mort de Charles VII, Louis XI rend sa confiance à Jean V. Mais celui-ci, à peine réintégré dans les domaines de ses ancêtres, se lance dans de nouvelles intrigues et soulève le Rouergue avec son frère Charles, vicomte de Creyssel. Cette fois, le contentieux est trop lourd. En 1470, un peu avant la mort de Jean, les dépouilles rouergates des Armagnacs sont distribuées aux serviteurs du roi. Dorénavant aucune force locale ne pourra plus s'opposer à l'autorité royale. Le siècle qui suit apporte la paix aux campagnes et la prospérité aux villes. Maintes gentilhommières aux larges fenêtres s'élèvent sur les causses et dans les vallons. Une chartreuse est édifiée à Villefranche. D'importants travaux sont entrepris à la cathédrale de Rodez. Les bourgeois et les nouveaux nobles se font construire des hôtels somptueux, voire de véritables châteaux.

Le calvinisme gagne le Rouergue en 1558 et trouve bientôt un terrain favorable dans les deux marches, en particulier dans les grandes villes, Villefranche, Saint-Antonin, Millau. Cette dernière ne tarde pas à se fortifier contre le pouvoir royal. En 1573, elle reçoit les états généraux du protestantisme français. En 1571, la seconde assemblée de Millau décide de conclure une alliance avec les Politiques pour le rétablissement de l'ordre dans le Midi. Une dizaine d'années plus tard, la Ligue entre en scène. En 1617, le colloque de Millau soutient les églises de Béarn en révolte contre Louis XIII. En 1620, l'armée royale prend Saint-Antonin mais évite Millau. La paix d'Alais (1629) met fin aux agissements du parti huguenot dans le Millavois et le Saint-Affricain.

Les temps modernes sont caractérisés par la ruine des grandes familles féodales (celle d'Arpajon faisant exception jusqu'à la fin du XVIIe siècle), l'accession de la haute bourgeoisie à la possession des biens nobles, l'activité des artisans et commerçants, la relative pauvreté des paysans. Dans la trop large Guyenne, le Rouergue, par sa position excentrique, tend à tomber dans l'oubli. La création de la généralité de Montauban en 1635 lui rend quelque lustre. Enfin, en 1779, Villefranche est choisie comme siège de l'Assemblée provinciale de Haute-Guyenne. Il s'agit là d'une sorte de parlement provincial prenant le relais des états dont le Rouergue était pourvu. Les députés s'attachent à la réforme du système financier, à l'extension du réseau routier, à l'institution de bureaux de charité, etc. En dix ans, certains de ces projets sont réalisés. D'autres seront ruinés par la Révolution. La plus grande partie des réformes engagées ou souhaitées sera accomplie beaucoup plus tard.

ROUGET de LISLE Claude Joseph (Lons-le-Saunier, 1760 – Choisy-le-Roi, 1836)

Officier.

Issu d'une famille d'avocats au Parlement, il doit adjoindre à son nom de famille celui de « de Lisle » afin de pouvoir accéder à l'école militaire de Mézières où il souhaite poursuivre ses études. Entré dans cette institution, il fait très rapidement preuve d'un esprit plus volontiers tourné vers les arts, particulièrement musicaux, que vers celui du maniement des armes. La poésie et la musique ne vont pas tarder à accaparer complètement Rouget de Lisle qui, sous-lieutenant du génie en 1784, compose pour la fête de la Fédération (14 juillet 1790), une ode intitulée *Dieu conserve le roi*. Il rédige l'année suivante des comédies lyriques dont l'une, *Bayard en Bresse*, sera représentée, sans connaître toutefois un vif succès. En 1791, il écrit, en collaboration avec le célèbre Grétry, un ouvrage musical, *Cécile et Ermance* ou *Les Deux Couvents*, mais il ne peut assister à la pre-

Rouget de Lisle
Rouget de Lisle chantant la Marseillaise chez Dietrich, maire de Strasbourg, le 26 avril 1792. Huile sur toile d'Isidore Pils, Strasbourg, Musée historique. © *Lauros-Giraudon*

mière représentation de sa pièce : il vient d'être nommé capitaine et se trouve en garnison à Strasbourg. Le 20 avril 1792, alors que la guerre vient d'être déclarée à l'Autriche, Rouget de Lisle reçoit une lettre du général Kellerman lui demandant de « faire la surprise d'un morceau inédit à l'occasion du départ des volontaires ». Il se met immédiatement au travail, rédige un livret et se propose de se rendre, sur l'invitation de Kellerman, à l'hôtel de ville de Strasbourg où se trouve Dietrich, maire de la ville. La soirée se déroule sans qu'apparemment le jeune officier ait eu l'occasion d'interpréter son morceau, puis Dietrich lui demande de composer « un beau chant pour ce peuple soldat qui surgit à l'appel de la patrie ». Dans un état d'exaltation intense, Rouget de Lisle rentre chez lui. Toute la nuit, obsédé par le texte d'une affiche placardée sur tous les murs de la ville par la Société des amis de la Constitution, il se met à composer. Au petit matin, Rouget de Lisle se rend chez Dietrich, et une nouvelle réunion est prévue pour le soir même. Ainsi, le 24 avril, est chanté pour la première fois en public le *Chant de guerre pour l'armée du Rhin* qui ne tardera pas à devenir *La Marseillaise*.

Les semaines passent ; la Révolution se durcit ; Rouget de Lisle n'est pas un ennemi de la royauté, loin de là. Il n'applaudit pas, durant l'été de 1792, à la chute du trône, et se retrouve suspendu de ses fonctions militaires pour avoir refusé de prêter serment de fidélité aux décrets de l'Assemblée. La « pauvre tête politique », ainsi que le surnomme Carnot, envisage d'émigrer, réintègre finalement l'armée avant d'être arrêté, en vertu de la loi des suspects. Libéré, blessé lors de l'opération de Quiberon en 1795, alors qu'il combat du côté des Bleus, il démissionne de l'armée l'année suivante et, durant cinq ans, occupe de petites fonctions diplomatiques en Hollande et en Espagne. Après avoir espéré être nommé directeur de l'Opéra de Paris, Rouget de Lisle tombe en disgrâce à la suite d'un scandale financier dans lequel était également compromise la future impératrice Joséphine. En 1814, il acclame le tsar Alexandre et compose, à l'occasion du retour de Louis XVIII, un *Chant de la Charte* ; toutefois, le nouveau monarque, ne se souvenant que du « sang impur » de *La Marseillaise*, oublie de gratifier l'ancien officier des armées révolutionnaires. Rouget de Lisle continue alors, pour gagner sa vie, à composer quelques œuvres mineures. Après la révolution de 1830, Louis-Philippe remet à l'auteur de l'hymne chanté sur les barricades des Trois Glorieuses (et bien que cet hymne ne soit pas encore national), la Légion d'honneur ainsi qu'une pension de 1 500 livres, qui sera augmentée sur les instances de Béranger. Rouget de Lisle a écrit, outre les œuvres déjà mentionnées : *Histoire de Quiberon* (1797) ; *L'École des mères* (1798) ; et cinquante *Chants français* (1825).

ROUGEVILLE Alexandre GOUSSE ou GONSSE, dit LE CHEVALIER de (Arras, 1761 – Paris, 1814)

Officier.

Ce curieux personnage, sur la vie duquel beaucoup de choses ont été écrites, choisit très tôt de modifier son patronyme, qui ne lui plaît guère, en celui, plus flatteur à ses yeux, de chevalier de Rougeville, du nom d'une ferme appartenant à son père. Contrairement à ce qu'il a lui-même affirmé, il n'a, semble-t-il, jamais été ni gendarme du roi, ni aide de camp du général Lee, ni officier d'ordonnance de Washington, ni colonel de cavalerie en France, ni écuyer de Monsieur, frère du roi. Et, si Rougeville n'a jamais été marquis, comme cela a été dit, il a été élevé à la dignité de chevalier de l'ordre de Saint-Louis au mois d'octobre 1791, ce qui atteste d'un service d'officier d'une durée minimum de dix ans dans les armées du roi. Mais c'est avec le complot de l'œillet que le chevalier fait son entrée dans l'histoire. Aux côtés de la reine lors de la journée parisienne du 20 juin 1792, Rougeville conçoit l'année suivante un plan devant permettre à Marie-Antoinette de s'évader de la prison de la Conciergerie. Le 28 août 1793, avec la complicité de l'administrateur des prisons Michonis, il réussit à approcher la reine dans son cachot et à lui remettre discrètement, grâce à la présence d'esprit de celle-ci, un message dissimulé à l'intérieur de deux œillets. Ce billet l'informait, d'une part, que Rougeville reviendrait lui apporter une somme d'argent, certainement destinée à soudoyer ses geôliers et, d'autre part, de la préparation d'un plan d'évasion.

Bénéficiant d'un concours de complicités, Marie-Antoinette répond à Rougeville sur un papier percé de minuscules trous et lisible à contre-jour, mais l'affaire, dont les chances de succès apparaissaient d'ailleurs assez minces, ne peut être menée bien loin, le chevalier ayant été dénoncé par une maîtresse délaissée. Rougeville, arrêté et accusé d'avoir participé à la conspiration des « chevaliers du poignard », recouvre la liberté du fait de ses liens avec Michonis. Mais, quelques jours plus tard, le procès de la reine met en évidence le rôle joué par lui dans cette tentative d'évasion et sa tête est immédiatement mise à prix. Obligé de se cacher dans les carrières de plâtre de Montmartre, il joue avec la mort en écrivant un pamphlet, *Les Crimes des Parisiens envers leur reine, par l'auteur des œillets présentés à la reine dans sa prison*, et allant déposer lui-même plusieurs exemplaires de son texte sur le bureau de la Convention et du Tribunal révolutionnaire, quelques instants seulement avant l'ouverture des séances. Il est ensuite contraint de quitter la France pour la Belgique. Ardent royaliste, il participe à plusieurs complots, de 1795 à 1797, et sera placé en résidence surveillée durant l'Empire. À la veille de la première abdication (1814), Rougeville, accusé d'intelligences avec l'ennemi, en l'occurrence avec un officier russe, est jugé, condamné à mort, et exécuté. Dumas père, dans son fameux *Chevalier de Maison-Rouge*, raconte, sous forme romancée, la vie tourmentée de l'intrépide chevalier de Saint-Louis.

ROUHER Eugène (Riom, 1814 – Paris, 1884)

Homme politique.

Avocat au barreau de sa ville natale (1838), il est élu député républicain à la Constituante, en 1848, puis à la Législative en 1849, mais se rallie au prince Louis Napoléon. Deux fois ministre de la Justice de 1849 à 1852, il défend la loi électorale du 31 mai 1850 et fait instituer l'assistance judiciaire. Vice-président du Conseil d'État après la proclamation de l'Empire, puis sénateur en 1856, il reçoit en 1855 le portefeuille de l'Agriculture, du Commerce et des Travaux publics et attache son nom à des réformes importantes : loi sur l'aménagement des Landes (1857), convention avec les grandes compagnies ferroviaires (1859), inauguration du libre-échange par le traité de commerce avec l'Angleterre (1860). Mais c'est en 1863 qu'il passe véritablement au premier plan. Nommé président du Conseil d'État (juin 1863), il succède peu après, en octobre 1863, à Billault comme ministre d'État représentant du gouvernement auprès des Chambres et, sans en avoir le titre, joue un rôle analogue à celui d'un président du Conseil en régime parlementaire. Émile Ollivier devait le surnommer le « vice-empereur sans responsabilités ». Il apporte dans ses nouvelles fonctions son habileté de procédurier, sa facilité d'assimilation, son indifférence aux idées, qui le rendent apte à défendre successivement des thèses différentes suivant les ordres qu'il a reçus, et devient vite l'instrument nécessaire et le conseiller le plus influent de Napoléon III. Il soutient l'expédition du Mexique, qu'il qualifie de « grande pensée du règne », négocie secrètement une alliance avec l'Autriche et l'Italie (1866-1868), mais, après Mentana (novembre 1867), lance devant la Chambre le mot fameux qui devait exaspérer les Italiens : « Jamais l'Italie n'entrera dans Rome, jamais ! » Défenseur vigilant du régime autoritaire, hostile aux concessions libérales, il ne réalise que progressivement les réformes annoncées dans la lettre que l'empereur lui a adressée de Compiègne en janvier 1867 et démissionne après les élections de 1869 et le vote de 116 deputés en faveur du régime parlementaire. Devenu président du Sénat (1870), il n'en reste pas moins un conseiller fidèle et écouté. Après le 4 Septembre, il se réfugie en Angleterre mais rentre en France dès 1871. Député bonapartiste de la Corse puis de Riom (1872-1881), il continue à défendre avec vigueur le régime impérial déchu, mais se retire de la lutte politique après la mort du prince impérial (1879).

Jean-Jacques Rousseau
Rousseau herborisant. Gravure coloriée. © *Giraudon*

ROUSSEAU Jean-Jacques (Genève, 1712 – Ermenonville, 1778)

Écrivain et philosophe.

Issu d'une famille huguenote française établie à Genève au milieu du XVIe siècle, il est fils et petit-fils d'horlogers. Sa mère meurt en lui donnant le jour. Son père, être fantasque, doit quitter Genève en 1772, et abandonne ses enfants. Confié alors au pasteur Lambercier, Rousseau sera placé chez un greffier, puis chez un graveur, période sans joie. Un soir de 1728, il trouve les portes de sa ville natale fermées et décide de pas y rentrer. Ainsi commence, sur un coup de tête, une vie errante et aventureuse. Le curé qui l'héberge le confie à une jeune femme récemment convertie au catholicisme, Mme de Warens, qui l'accueille à Annecy. Lui-même se convertit peu après. Puis il reprend sa vie aventureuse. Successivement laquais, séminariste, professeur de musique, il ne peut se fixer et parcourt la Suisse jusqu'en 1732, date à laquelle il rejoint sa protectrice à Chambéry. Là, dans la maison des Charmettes, Jean-Jacques connaît, auprès de sa « maman », jusqu'en 1740, une des périodes les plus agréables de sa vie. Seul, il complète son instruction, étudie le latin, l'histoire, la géographie, les sciences, les ouvrages philosophiques.

Puis la vie errante reprend. Un moment précepteur des enfants de Mably, Jean-Jacques prend en 1741 la direction de Paris, où il a déjà fait un séjour. Son intention est de se consacrer à la musique. En 1742 cependant, le projet de notation musicale qu'il présente à l'Académie des sciences est fort mal accueilli. Le musicien malheureux s'est néanmoins fait connaître de quelques personnes influentes et part pour Venise comme secrétaire de l'ambassadeur de France, Montaigu. Son orgueil et son caractère difficile, susceptible, ne tardent pas à le brouiller avec son employeur. Regagnant alors Paris, Rousseau trouve une place dans les bureaux du fermier général Dupin. La musique conserve pour lui un grand intérêt. Collaborateur de Voltaire et de Rameau pour un opéra, *Les Fêtes de Ramire*, il obtient en 1746 un grand succès avec une œuvre dont il est le seul auteur, *Les Muses galantes*. Ce succès lui ouvre les salons où, en raison de son orgueil, il ne se sentira jamais vraiment à l'aise. Mme Dupin le présente à Mme d'Épinay, il se lie avec Diderot, qui lui demande des articles pour l'*Encyclopédie*, et avec Grimm. Au milieu de cette société, Jean-Jacques se singularise. Il vit pauvrement avec une servante d'auberge, Thérèse Levasseur, qui lui donnera cinq enfants, qu'il abandonnera à la charité publique. La littérature, cependant, lui apporte la gloire : son *Discours sur les sciences et les arts*, couronné en 1750 par l'académie de Dijon, fait grand bruit. Rompant avec les théories en vogue à son époque, avec les philosophes de ce Siècle des Lumières, il veut prouver que la civilisation ne recouvre qu'une profonde corruption. Les progrès de la connaissance, qu'il ne nie pas, n'ont finalement abouti qu'à la décadence de l'homme.

Renonçant à son emploi chez les Dupin, Rousseau vit en accord avec ses théories, dans une mansarde, avec sa compagne, et se fait copiste de musique. Après un nouvel opéra, le *Devin de village* (1752), qui le brouille avec ses amis encyclopédistes, et une comédie, *Narcisse*, il commence son *Discours sur l'inégalité*, une de ses œuvres essentielles. Jean-Jacques y présente le mythe, destiné à faire fortune, du bon sauvage. Il affirme que l'inégalité, qui n'existe pas dans l'état de nature, a été créée par la société. En 1754, un an avant la parution de son *Discours*, un voyage le conduit jusqu'à sa ville natale. Ravi du bon accueil qu'il y reçoit, il revient au protestantisme et reprend son titre de citoyen de Genève.

De retour en France, il est hébergé à l'Ermitage, près de Montmorency, par Mme d'Épinay. Pendant dix-huit mois, dans cette solitude champêtre qui convient à l'apôtre de la religion de la nature, Jean-Jacques médite et entame son œuvre future. Mais des intrigues, son amour pour la belle-sœur de son hôtesse, le brouillent avec cette dernière. Il doit quitter l'Ermitage en 1757. Les philosophes sont à présent ses ennemis acharnés, affirment que sa misanthropie n'est qu'affectation. Rousseau tente de se justifier dans ses quatre *Lettres à Monsieur de Malesherbes*. À la fin de 1757, il s'installe à Montmorency dans une dépendance du château du maréchal de Luxembourg, en attendant que la maison qu'il a louée, Montlouis, soit en état de le recevoir. À Montmorency, il passe quatre années paisibles et studieuses pendant lesquelles il publie sa *Lettre à d'Alembert sur les spectacles* (1758), et trois de ses œuvres les plus importantes. La première, *Julie ou la Nouvelle Héloïse* (1761), roman de sentiment, obtient un grand succès. L'auteur y oppose la vie parisienne, frivole et superficielle, à la vie champêtre, idéale selon lui. Dans le *Contrat social* (1762), Rousseau présente le gouvernement idéal, un gouvernement « naturel », reposant sur la souveraineté du peuple et l'égalité. L'*Émile*, la même année, prône une pédagogie fondée sur la nature. La *Profession de foi du vicaire savoyard* défend une religion naturiste dont l'influence sera considérable dans la seconde moitié du XVIIIe siècle. Les théories religieuses de l'*Émile*, cependant, attirent sur Rousseau les foudres des autorités, les passages incriminés sont condamnés au feu. Décrété de prise de corps, il doit se réfugier en Suisse, à Môtiers-Travers, dans le canton de Neuchâtel. Ces persécutions accentuent les bizarreries de son caractère : c'est ainsi que, pour échapper aux poursuites, dit-il, il décide de se déguiser en Arménien. Il entreprend surtout une vive polémique avec l'archevêque de Paris, dans sa *Lettre à Christophe de Beaumont* (1763), avec le Conseil de Genève, dans *Lettres écrites de la Montagne* (1764), et aussi avec Voltaire. En même temps, il prépare un *Dictionnaire de musique* qui paraîtra en 1765. Chassé de Môtiers, Jean-Jacques reprend sa vie errante, passe deux mois délicieux dans l'île Saint-Pierre, puis gagne l'Angleterre où il est hébergé par le philosophe Hume. Bientôt brouillé avec ce dernier, il rentre en France en 1767. Là, poursuivi par la manie de la persécution, il erre sous un faux nom en Normandie, dans le Dauphiné, avant de regagner Paris en 1770.

Installé rue Plâtrière, il revient à la musique, copie des partitions, achève aussi ses *Confessions* par lesquelles il veut se justifier aux yeux de la postérité, notamment après la parution d'un libelle anonyme, *Le Sentiment des citoyens*, où Voltaire attaquait sa vie privée et révélait l'abandon de ses enfants. Rousseau en donne quelques lectures dans les salons mais, ses ennemis redoutant des révélations, font interdire la publication qui n'intervient qu'en 1782 puis 1789, après la mort de l'auteur. Les *Confessions* donnent un nouvel élan à l'autobiographie, même si la reconstruction littéraire l'emporte sur la sincérité dont excipe Jean-Jacques : « Je forme une entreprise qui n'eut jamais d'exemple et dont l'exécution n'aura point d'imitateur. » Il commence aussi les *Rêveries d'un promeneur solitaire*. À Paris, il mène enfin une vie calme, solitaire, ne sortant que pour des promenades avec son disciple, Bernardin de Saint-Pierre. En 1778, il accepte l'hospitalité de M. de Girardin au château d'Ermenonville. Mort peu après, il est inhumé, comme il le souhaitait, dans l'îlot des Peupliers. En 1794, la Convention fera transporter ses restes au Panthéon.

L'influence de cet homme qui semble solitaire, étranger à son siècle, a été considérable. Dans ses œuvres, ses contemporains découvrent un aspect nouveau, le sentiment. Les émotions qu'il éprouve, il sait les restituer. Lui-même a dit qu'il avait « un cœur passionné pour la vertu, pour la liberté, pour l'ordre ». Rousseau croit sincèrement à la bonté originelle de l'homme : « Tout est bon sortant des mains de l'Auteur des choses, tout dégénère entre les mains de l'homme. » C'est la corruption, par la civilisation, de l'homme naturel. Cet état de nature, jamais nous ne pourrons y revenir. « Jamais on ne remonte vers les temps d'innocence et d'égalité quand une fois on s'en est éloigné. » Cependant, comme il l'écrit dans *La Nouvelle Héloïse*, le retour à la nature doit permettre une vie paisible. Grâce à Rousseau, morale et religion reprennent une importance qu'elles avaient perdue pour les Français de la seconde moitié du XVIIIe siècle. Au point de vue politique, son ouvrage essentiel est *Du Contrat social ou Principes du droit politique*. La société, pour trouver le bonheur, doit rejeter l'autorité du prince et établir la souveraineté du peuple. Allant beaucoup plus loin dans le domaine de la liberté et de l'égalité que des penseurs politiques comme Montesquieu, Rousseau inspirera sous la Révolution la Déclaration des droits de l'homme et du citoyen, et de nombreux hommes politiques, comme Robespierre, véritable disciple du Genevois. Adolescent, Robespierre fera le pèlerinage d'Ermenonville dans l'espoir d'apercevoir son idole. Plus tard, il se souviendra des théories religieuses de Rousseau pour l'organisation du culte de l'Être suprême. Avant de réformer la société, cependant, il faut réformer les individus. L'*Émile* présente ce que doit être l'éducation des enfants, et aura une influence considérable sur les mères de cette époque. Dans le domaine littéraire enfin, Rousseau apparaît comme le père des romantiques, de Chateaubriand, par exemple. Si Emmanuel Kant voit en Rousseau « le Newton du monde moral », Voltaire, outre l'opposition philosophique qui l'éloigne de Rousseau, reproche au Genevois un certain manque d'engagement : « Rousseau écrit pour écrire et moi j'écris pour agir. »

ROUSSILLON

Ancienne province du midi de la France constituant, depuis 1790, le département des Pyrénées-Orientales.

La géographie explique l'originalité de ce territoire. Bordé à l'est par la Méditerranée, il est délimité au sud par la partie orientale des Pyrénées. À l'ouest et au nord-ouest, les monts de Cerdagne et du Capcir le séparent des vallées de l'Ariège et de l'Aude, tandis qu'au nord les ondulations des Corbières le protègent tout en laissant un passage naturel le long du littoral en direction de la basse vallée de l'Aude. Étant donné que les Pyrénées s'abaissent suffisamment de ce côté pour ne pas constituer une entrave aux passages, cette région est bien compartimentée sans être hermétiquement fermée. D'où sa vocation de pays de transition. Le nom de Roussillon provient de *Ruscino*, nom d'une rivière et de l'antique capitale de l'époque préromaine et romaine. Déjà les négociants de l'Ibérie transitent par ce pays ensoleillé, convenablement arrosé par ses petites rivières côtières et recouvert sur sa plus grande partie par une belle terre alluvionnaire propice à la culture des légumes et des arbres fruitiers. *Rus-*

cino est donc une cité commerçante fort active. Les Phéniciens avaient déjà mis à profit, environ cinq siècles avant J.-C., l'excellent mouillage de Port-Vendres (*Portus Veneris*). Lorsque les Romains entrent en lutte contre les Carthaginois, au IIIe siècle avant J.-C., c'est par le Roussillon que les forces d'Hannibal pénètrent en Gaule. Aussi, après la fin des guerres puniques, les Romains s'empressent-ils d'annexer le littoral méditerranéen. De la Province romaine, les légions s'installent entre bas Rhône et Pyrénées, rattachant le Roussillon à la Narbonnaise. La possession de l'Ibérie dirige à nouveau vers le Roussillon le trafic marchand établi entre la péninsule et le sud de la Gaule romaine. Par Cerbère et le col du Perthus, les marchandises franchissent aisément la montagne. Le long du littoral se créent de petits ports qui prospèrent à l'ombre de *Portus Veneris*, plus affairé que jamais.

La dislocation de l'empire atténue à peine cette activité. Les Wisigoths, maîtres de la région du Ve au VIIIe siècle, s'installent à demeure. Plus angoissantes se révèlent les incursions des Sarrasins. Mais la région est soumise aux souverains carolingiens dans la seconde moitié du VIIIe siècle. La féodalité apparaît au siècle suivant avec la tutelle des comtes francs. Ceux-ci se rendent héréditaires, conférant au pays une originalité politique qui se perpétuera au fil des ans et favorisera un particularisme régional. Lorsque le dernier de ces comtes lègue le pays à Alphonse d'Aragon, dans le dernier tiers du XIIe siècle, le Roussillon lie son sort à celui de la Catalogne ibérique. La langue des habitants est d'ailleurs identique et se différencie de celui des Languedociens, qui sont désignés sous le terme, parfois péjoratif, de *gavatch*.

Perpignan se développe sur les bords de la Têt, point de passage de la route des Pyrénées, à une douzaine de kilomètres du littoral. La cité, prospère, se développe et embellit ; elle devient, de 1278 à 1344, la capitale d'un royaume de Majorque, séparé de celui d'Aragon. Elle se pare de bâtiments originaux, comme le château des rois de Majorque, la citadelle et le célèbre Castillet, érigé vers 1370. Au nord, la forteresse de Salses est censée surveiller les confins languedociens. Mais une dette de Jean II d'Aragon envers Louis XI entraîne une première intervention française de 1462 à 1492. Charles VIII restitue le Roussillon à Ferdinand le Catholique en 1493. Cependant, la rivalité entre la France et l'Espagne met un terme à l'autonomie catalane. Les troupes de Louis XIII s'emparent de Salses puis viennent mettre le siège devant Perpignan, dont la garnison espagnole capitule en 1642.

Le traité des Pyrénées entérine cet état de fait. La situation nouvelle ne déplaît nullement aux habitants, qui conservent leurs droits et franchises tout en n'étant plus écrasés d'impôts par leurs maîtres castillans. Lorsque se déroulent les événements révolutionnaires de 1789-1790, le Roussillon conserve sa personnalité au sein du nouveau département des Pyrénées-Orientales. Ses représentants à la Convention se divisent au moment du vote sur la mort de Louis XVI (deux peines de mort, l'indulgence, la mort avec sursis), opinions diverses qui laissent cependant apparaître l'individualisme des députés à l'image d'une région elle-même attachée à la liberté. En témoigne la vigueur mise par les habitants du jeune département à défendre leurs droits face à l'Espagne figée, sectaire et traditionnelle. En avril 1793, les troupes espagnoles conduites par Ricardos et La Union, franchissent les cols et atteignent Saint-Laurent-de-la-Cerda le 17 et Céret le 20. Mais les contingents républicains, soutenus par la population, contiennent l'envahisseur en mai et juin devant Prats-de-Mollo et Bellegarde. En juillet, Ricardos pousse jusqu'à Villefranche-sur-Têt, mais il est repoussé à Peyrestortes sous l'impulsion des représentants Fabre et Cassanges. Ricardos prend sa revanche à Mont-Louis en octobre et se retranche au camp du Boulou, où le général Dagobert l'attaque en vain. La Union remporte un succès local à Céret le 26 novembre, et Ricardos est tout aussi heureux le 7 décembre 1793 à Villelongue. Mais sur les arrières de l'envahisseur, Collioures et Port-Vendres résistent avec détermination. Partout, la population roussillonnaise fait le coup de feu. Femmes et enfants chargent les fusils des volontaires. Sommé de se rendre, le maire de la localité réplique fièrement : « Les Républicains ne se rendent jamais, ils savent mourir ! » Devant tant de détermination et une contre-attaque vengeresse, avivée par le sac de la petite station côtière, les Espagnols se retirent au-delà des crêtes.

En 1794, le nouveau commandant en chef, Dugommier, décide d'en finir avec l'envahisseur. Il franchit le Tech avec ses volontaires et met La Union en déroute devant Céret le 30 avril. La position espagnole de Bellegarde est occupée le 27 septembre. Collioures et Port-Vendres sont débloqués et les cols atteints. Désormais la guerre est portée en Catalogne. Le Roussillon est délivré avec le concours de tous, soldats de l'an III et volontaires locaux attachés à une liberté qui exclut toute contrainte. Le traité de Bâle du 22 juillet 1795 met un terme définitif à l'intervention ibérique dans la coalition. La frontière est fixée sur la ligne de crête. Les Pyrénées-Orientales constituent la « marche » méridionale de la République, de l'Empire, puis de la France du XIXe siècle.

ROUSSILLON-EN-DAUPHINÉ

Petite ville du département de l'Isère, située à 20 km au sud de Vienne.

Le cardinal de Tournon y fit construire à partir de 1533 un château dans lequel le roi Charles IX signa en 1564 l'édit instituant pour toute la France le commencement de l'année au 1er janvier. Dans certaines régions, en effet, la coutume subsistait de faire débuter l'année le 1er mars.

Roustan
Portrait du mameluck Roustan. Huile sur toile attribuée à Antoine Gros, Paris, musée de l'Arsenal. © *Giraudon*

ROUSTAN ou ROUSTAM (Géorgie, 1780 – Dourdan, 1845)

Valet de chambre de Napoléon Ier.

Esclave, il est donné par le cheikh du Caire à Bonaparte, qui en fait son valet de chambre, dont l'habitude, devenue légendaire, est de dormir couché en travers de la porte de la chambre à coucher de l'Empereur. Après avoir suivi Napoléon durant sa glorieuse épopée, Roustan reçoit de celui-ci la Légion d'honneur, mais refuse de l'accompagner à l'île d'Elbe. Il avait déjà abandonné celui à qui il devait toute sa fortune, lors de sa tentative d'empoisonnement à Fontainebleau, le 13 avril 1814. Incarcéré à Vincennes durant les Cent-Jours, Roustan accepte de Louis XVIII un bureau de loterie, puis part vivre en Angleterre avant de regagner la France lors du retour des cendres de l'Empereur (1840). Il a laissé de pittoresques *Mémoires*.

ROUTES ET CANAUX

Le réseau routier est esquissé au Moyen Âge à partir de la trame des voies romaines et densifié aux XVIIe-XVIIIe siècles. C'est au XIXe siècle que la route supplante définitivement la voie d'eau.

L'Empire romain a légué au Moyen Âge un dense réseau de voies, telle la *via Domitia* en Languedoc ou le grand axe Lyon-Langres-Trêves. À côté de cette route de dalles qui, au fil des siècles, se dégrade dans sa partie centrale, existe la chaussée médiévale empierrée, faite de cailloux mêlés de chaux. À la différence de la voie romaine qui file droit de cité en cité, la route médiévale multiples détours pour relier châteaux et abbayes disséminés dans la campagne. Le trajet est d'autant plus lent que le char à bœuf remplace le cheval, inadapté aux mauvais chemins. Du Xe siècle – où elles sont exécrables – au XIIIe siècle, les conditions de transport s'améliorent lentement, essentiellement grâce à une meilleure police qui permet sur certains trajets de faire l'économie d'une pesante escorte et favorise le développement des foires. Une hiérarchie des axes se met en place : chemins royaux (54 pieds de large), chemins (32 pieds), voies (15 pieds), voières (8 pieds). Après le recul des XIVe-XVe siècles dû à la guerre de Cent Ans et à la peste noire, la route contribue entre la fin du XVe et le XVIe siècle à la reprise générale des échanges. Est-ce son amélioration qui contribue à leur expansion, ou bien au contraire l'accroissement du commerce qui incite les pouvoirs publics à améliorer le réseau ? En 1470, Louis XI institue des relais de poste qui iront en se multipliant au cours du temps. La route devient aux XVIe-XVIIe siècles un des instruments de la centralisation royale ; d'où le tracé en étoile autour de la capitale du réseau voulu par Sully et Colbert pour contrôler la province et améliorer les échanges. Les provinces annexées font l'objet d'aménagements stratégiques. Mais le réseau se met difficilement en place au niveau national.

Le XVIIIe siècle voit une véritable révolution du transport terrestre : la corvée royale est instituée en 1738 par le contrôleur général Orry, ce qui revient à faire exécuter les travaux de construction des routes par les paysans, simplifiant le financement. Apparaît une administration spécialisée des Ponts et Chaussées. Les grands chemins, rectilignes, sont élargis jusqu'à vingt mètres et bordés d'arbres ; peu à peu, certains payages sont supprimés… L'intendant Trudaine, l'architecte et mathématicien Perronet sont l'âme du programme routier. L'ingénieur Pierre Trésaguet normalise en 1775 la construction par empierrement qui devient plus rapide et moins coûteuse. De 1740 à 1786, le budget routier annuel triple. Devant les protestations des paysans, la corvée est déclarée rachetable à partir de 1787. Les résultats de cet effort sont spectaculaires : le temps de parcours entre Paris et Bordeaux passe de 14 à 5 jours et demi entre 1765 à 1780 ; en 1789, aucune grande ville n'est à plus de 15 jours de Paris – Lyon à seulement 5 jours de voiture – grâce à un dense réseau de quelque mille cinq cents relais de poste étirés le long des 25 000 km de routes du royaume.

Mais le trafic des marchandises (colportage et roulage) est plus laborieux et soumis aux traites. Le réseau d'ensemble manque de cohérence car la construction des routes est du ressort des intendants provinciaux ; transversales et chemins vicinaux sont ainsi embryonnaires. Les voies d'eau – « ces chemins qui marchent » (Pascal) –, plus rentables, demeurent très utilisées : entre 1666 et 1681, est construit en Languedoc le célèbre canal des Deux-Mers par l'ingénieur Pierre-Paul Riquet ; à la fin du XVIIIe siècle, il existe près de 1000 kilomètres de voies navigables en France, mais elles ont été beaucoup moins modernisées que le réseau routier et les grandes constructions – comme le canal de Montargis sous le Régent – sont achevées dès 1725. L'Empire consent un effort considérable d'amélioration des communications, très dégradées durant la Révolution. Des routes alpines sont mises en place. Le réseau routier a été réparti en 1800 entre routes nationales, départementales et chemins vicinaux. Mais comme pour les chemins de fer (loi de 1842), c'est la monarchie de Juillet qui donne l'élan décisif : la loi de 1833 achève le réseau royal tandis que la loi Guizot de 1836 contribue à sortir les communes rurales de leur isolement en développant systématiquement les chemins vicinaux. Les premiers panneaux de localisation et de direction apparaissent en 1835. Par ailleurs, les voies navigables connaissent une extension de 1 440 km entre 1830 et 1848.

Le Second Empire et l'industrialisation développent les chemins de fer sans négliger les routes, parsemées à partir de 1853 de bornes kilométriques puis hectométriques. En 1870, près de 40 000 kilomètres de nationales, 47 000 de départementales s'ajoutent à plus d'un demi-million de kilomètres de chemins vicinaux qui capillarisent finement le territoire. Sur ce réseau, la vitesse des convois a quintuplé depuis la fin de l'Ancien Régime. Le plan Freycinet de 1879 complète notamment le réseau des voies navigables mises au gabarit « Freycinet » de 350 tonnes. Mais seuls 13 % des cinq milliards de francs engagés dans les transports sont consacrés aux canaux : l'essentiel va à la route et au rail. L'excellence de ces infrastructures a été alléguée au XXe siècle pour retarder la construction des autoroutes, esquissées dès 1924 en Italie. La France attend ses premiers kilomètres jusqu'en 1946 (A 13 : 22 km entre Saint-Cloud et Orgeval). En 1955, une loi donne un statut aux autoroutes : celles-ci seront concédées à des entreprises semi-publiques puis entièrement privées à partir de 1970. Depuis cette date, la France est passée de 1 600 à près de 9 000 km d'autoroutes.

La batellerie, en revanche, connaît une crise certaine : les 8 500 km de canaux – dont 6 600 au gabarit européen de 1 350 tonnes – n'assurent que 3 % du transport intérieur de marchandises. Modernisé après la guerre, notamment grâce à la Compagnie nationale du Rhône, le réseau des canaux reste déséquilibré – très lacunaire à l'ouest et au sud-ouest –, et quasi déconnecté du réseau européen. Le symbole de ce déclin est l'abandon définitif du projet de canal Rhin-Rhône envisagé depuis le XIXe siècle : apparemment écologique, mais très coûteuse en infrastructures lourdes, la voie d'eau est supplantée par le trafic camionné en constante expansion, par le rail voire par le ferroutage, pour toutes les marchandises à l'exception de quelques pondéreux.

ROUVIER Maurice (Aix-en-Provence, 1842 – Neuilly, 1911)

Homme politique, président du Conseil.

Après des études de droit, il travaille dans la filiale marseillaise de la banque grecque Zafiropoulos, où il acquiert une excellente formation financière. Ami de Gambetta, qui favorise les débuts de sa carrière politique, député en 1871, il collabore à *La République française* et siège à l'extrême gauche de l'Assemblée. Réélu par Marseille en 1876, 1877, puis 1881, il apparaît bientôt comme un des principaux soutiens de la politique opportuniste conduite par Gambetta et Ferry. En novembre 1881, il entre comme ministre du Commerce et des Colonies dans le « grand ministère », constitué par Gambetta, et dont l'existence ne dépasse pas deux mois. Ferry, dans le cabinet qu'il dirige d'octobre 1884 à mars 1885, lui confie de nouveau le portefeuille du Commerce. Spécialiste des questions financières, Rouvier acquiert dans ce domaine une remarquable habileté. Rapporteur en 1883 du projet concernant les conventions avec les compagnies de chemin de fer, lié au baron Reinach, membre de plusieurs conseils d'administration, il a de nombreuses relations dans les milieux de la haute finance. Élu député des Alpes-Maritimes en 1885, réélu jusqu'en 1903, il représentera ensuite ce département au Sénat. Le 30 mai 1887, Jules Grévy lui confie la formation du gouvernement, dans lequel il prend le portefeuille des Finances. Ce gouvernement doit faire face aux progrès du boulangisme, et Rouvier, qui décide au mois de juillet l'envoi du général Boulanger à Clermont-Ferrand, connaît une grande impopularité, lorsqu'éclate le scandale des décorations, et une violente campagne qui, derrière Rouvier, vise Grévy, le chef du gouvernement démissionne (décembre 1887).

De nouveau ministre des Finances de février 1889 à décembre 1892, dans les cabinets Tirard, Freycinet, Loubet et Ribot, Rouvier fait renflouer le Comptoir d'escompte par la Banque de France, en 1889, abaisse le prix des chemins de fer, en 1891, et opère d'importants dégrèvements douaniers. En 1892, cependant, le scandale de Panamá l'atteint directement. Accusé de corruption, notamment par *Le Figaro* qui le met nommément en cause, il fait front, et reconnaît avoir utilisé les subventions de certains financiers pour lutter contre le boulangisme, les fonds secrets étant insuffisants. Démissionnaire, remplacé aux Finances par Tirard, il bénéficie d'un non-lieu. Pendant de longues années, Rouvier, qui a fondé une banque d'affaires et préside la Commission de l'impôt sur le revenu, reste à l'écart de la vie politique. Rappelé aux Finances par Émile Combes, de juin 1902 à juin 1905, il présente un projet de réforme des contributions directes fondé sur les signes extérieurs de richesse. À la chute de Combes, il le remplace à la tête du gouvernement où il suit la politique radicale, faisant voter en décembre 1905 la loi de Séparation de l'Église et de l'État. À l'extérieur, redoutant la guerre après le discours menaçant de Guillaume II à Tanger, au mois de mars 1905, Rouvier s'oppose à son ministre des Affaires étrangères Delcassé, partisan de la fermeté. Cédant aux exigences de l'ambassadeur allemand Radolin, il contraint au mois de juin son ministre à démissionner, décision fort impopulaire. Prenant alors lui-même le portefeuille des Affaires étrangères, jusqu'en mars 1906, Rouvier prépare la conférence d'Algésiras, destinée à régler le différend franco-allemand en ce qui concerne le Maroc. Le 18 février 1906, l'élection d'Armand Fallières à la présidence de la République le conduit à modifier son équipe ministérielle. Cependant, l'établissement des inventaires, issu de la loi de Séparation de l'Église et de l'État, provoque de nombreux incidents. Interpellé à ce sujet par l'abbé Lemire, Rouvier doit démissionner le 9 mars. Sa carrière politique est achevée, il finira sa vie comme président de la Banque française pour le commerce et l'industrie.

ROUX Jacques (?, 1752 – Bicêtre, 1794)

Homme politique.

Vicaire de Saint-Nicolas-des-Champs depuis 1781, il affirme dans ses prêches, au début de la Révolution, des idées avancées qui le font sur-

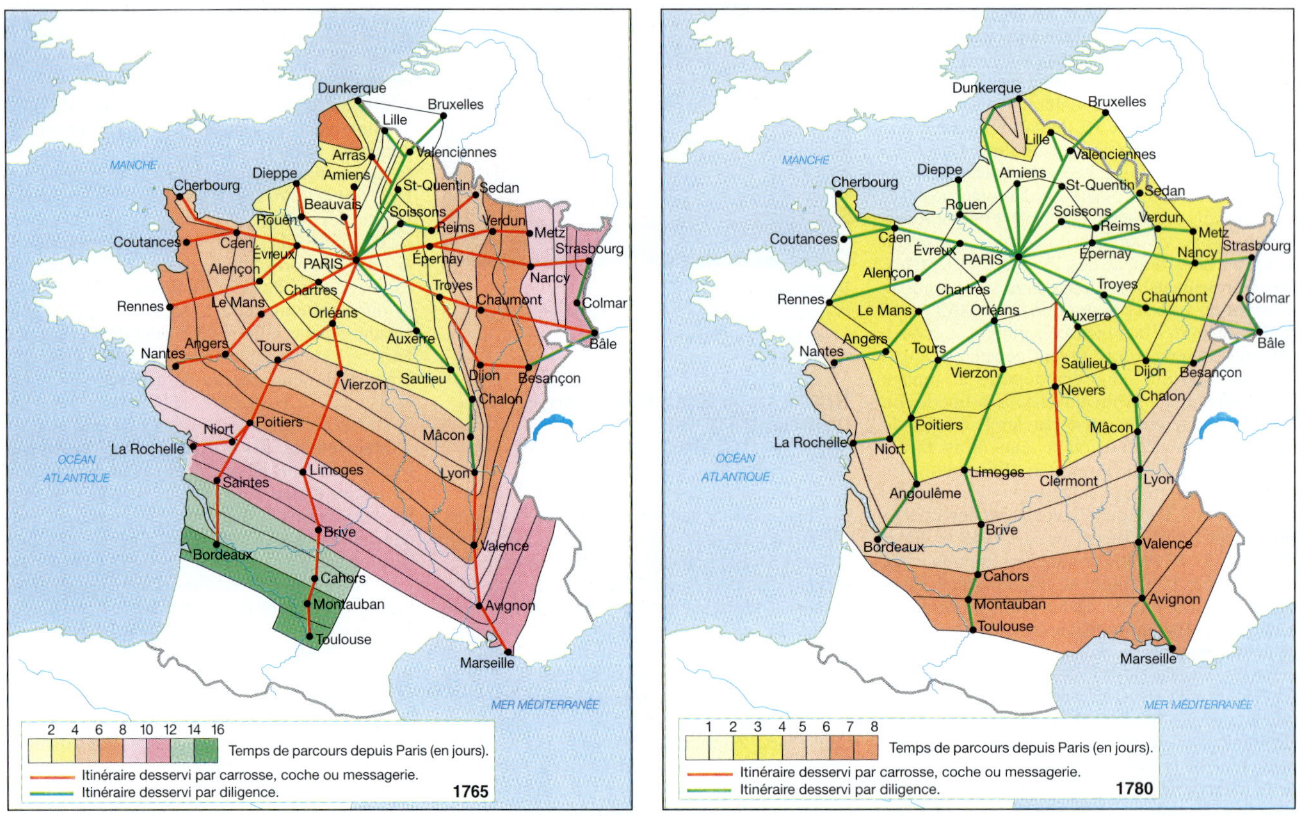

La circulation en France entre 1765 et 1780

Royaumont
Vue de l'abbaye. © *Scope Antoine Senne*

nommer le « prédicateur des sans-culottes ». Il ne tarde pas à devenir l'un des principaux meneurs de la turbulente section des Gravilliers. Membre de la Commune en 1791, Roux réclame en mai 1792 la peine de mort pour les accapareurs. Nommé commissaire au Temple, il traite les prisonniers avec une grande rigueur. Désigné pour accompagner le roi à l'échafaud, le 21 janvier 1793, il répond à Louis XVI, qui lui demandait de transmettre son testament à la reine et aux autorités révolutionnaires : « Je suis ici pour vous conduire à la guillotine et non pour faire vos commissions. » Prenant la tête des Enragés, Roux dénonce les accapareurs et les affameurs, la cherté du pain et de la nourriture, qualifiant de « restitutions » le pillage des magasins. Il participe aux journées des 31 Mai et 2 Juin, qui marquent la fin des Girondins, puis, le 25 juin, dénonce à la Convention l'incurie et l'inertie des autorités. Après l'assassinat de Marat, le 13 juillet, le chef des Enragés reprend à son compte une partie des théories de *L'Ami du peuple*, et tente de poursuivre la publication de son journal. Cependant, ses théories inquiètent la Convention, et deviennent insupportables à Robespierre. Arrêté au mois de septembre 1793, Roux est traduit avec Hébert et ses partisans devant le Tribunal révolutionnaire. Quelques mois plus tard, apprenant sa condamnation, Roux se poignarde.

ROYALLIEU (camp de)

Ancienne abbaye située près de Compiègne.

De 1940 à 1944, les Allemands organisent à Royallieu un camp de triage dans lequel sont regroupés les membres de la Résistance qu'ils ont arrêtés. Des trains conduisent ensuite les résistants vers les camps de concentration.

ROYAN

Station balnéaire de la Charente-Maritime située sur la rive nord-est de la Gironde.

Anciennement, le site était occupé surtout par des pêcheurs, mais il était inaccessible à marée basse, ce qui limita son essor commercial. Un fort occupa ensuite le site dominant l'entrée de la Gironde, face au Verdon. Au XIXe siècle, la vogue des bains de mer et du tourisme explique l'essor de ce chef-lieu de canton, devenu une station balnéaire réputée avant la Seconde Guerre mondiale. À partir de 1943, les Allemands fortifient les abords de la cité, construisant de très importants ouvrages bétonnés, à la pointe de la Coubre notamment. En août 1944, l'amiral Michaëlis se replie dans cette tête de pont, avec les débris des forces d'occupation du Poitou et de la région de Bordeaux, en vue d'interdire l'entrée de la Gironde aux bateaux alliés. La paralysie du port de Bordeaux étant vivement ressentie par le négoce régional, le commandement français de l'Atlantique, dirigé par le général de Larminat, décide une attaque en règle en décembre 1944, avec l'appoint de la 1re division française libre (général Garbay), les forces FFI du Médoc et de la pointe de Grave étant insuffisantes pour réduire seules ces puissantes positions. L'offensive allemande dans les Ardennes, en décembre, oblige à renoncer à l'entreprise, la ville et ses environs subissant cependant de violents bombardements aériens. L'opération est reprise le 15 avril 1945 avec l'intervention de détachements de troupes coloniales, de FFI et de plusieurs unités de la 2e DB dirigées par le général Leclerc lui-même. Le soutien aérien est assuré par 260 avions américains de la base de Saint-Dizier, tandis qu'au large se tiennent le cuirassé *Lorraine* et sa flottille de destroyers. Le 18 avril, les positions terrestres de la Seudre et de la crête de Médis étant partout enfoncées, l'amiral Michaëlis se décide enfin à capituler avec la garnison des fortifications, 10 000 hommes au total. La ville de Royan est alors pratiquement détruite. Elle sera reconstruite selon un plan d'urbanisme original qui en fait aujourd'hui une des plus agréables stations balnéaires du littoral atlantique. Symbole de ses épreuves de guerre, le marché a la forme d'un parachute déployé.

ROYAUMONT

Localité de la commune d'Asnières-sur-Oise (Val-d'Oise) située à 25 km au nord-est de Pontoise, en direction de Chantilly.

Conformément au vœu testamentaire formulé par Louis VIII en 1226, son fils, le jeune Louis IX, fonde deux ans plus tard avec sa mère Blanche de Castille une abbaye et choisissent pour celle-ci le site de Royaumont. Ils optent pour l'obédience cistercienne et rattachent directement la nouvelle abbaye à celle de Cîteaux. Richement dotée par le roi, sa construction est rapide. L'église abbatiale est consacrée en 1235 et compte, dès le milieu du XIIIe siècle, près de cent quarante moines. Les faveurs royales se poursuivent tout au long du règne de Saint Louis qui fait de Royaumont un sanctuaire familial, sorte de Saint-Denis pour les enfants, où sont ensevelis trois des enfants et un frère du roi. Cette tradition ne se perpétue pas au-delà de son règne mais l'abbaye de Royaumont demeure un centre religieux prestigieux jusqu'à la fin de l'Ancien Régime. Les événements révolutionnaires de 1789 mettent fin à cette activité, et les vastes bâtiments sont démantelés. À l'époque actuelle, ce site agreste, entouré de prairies, de bois et d'étangs apparaît propice à la méditation. La rénovation des lieux permet d'y tenir des séminaires et des colloques et d'y donner des spectacles.

ROYER-COLLARD Pierre Paul (Sompuis, Champagne, 1763 – Châteauvieux, Loir-et-Cher, 1845)

Homme politique.

D'origine bourgeoise, élevé par sa mère dans les principes du jansénisme, il suit des études de droit et devient en 1783 avocat au Grand Conseil du parlement de Paris. Rallié à la Révolution, membre de la Commune, il occupe le poste de secrétaire adjoint de la municipalité de 1790 à 1792. Il s'écarte toutefois du mouvement révolutionnaire après le 10 Août, doit se cacher pendant la Terreur, et s'éloigne alors de Paris. Élu par la Marne au Conseil des Cinq-Cents, en 1795, Royer-Collard est expulsé comme modéré, lors du coup d'État du 18 Fructidor. Favorable à partir de ce moment à la restauration des Bourbons, il correspond avec le comte de Provence et, de 1798 à 1803, fait partie du Conseil secret royaliste. Il ne revient pas à la politique sous l'Empire mais, en 1811, accepte une chaire d'histoire de la philosophie à la Sorbonne. Accomplissant un travail énorme, car il n'était pas préparé à enseigner, Royer-Collard exerce rapidement une grande influence, combat le sensualisme de l'école de Condillac, introduit au contraire en France le spiritualisme écossais de Reid et Stewart. Ses cours, professés jusqu'en 1814, sont fort suivis.

Nommé directeur de la Librairie lors de la Première Restauration, en avril 1814, il reste à l'écart pendant les Cent-Jours. Député de la Marne en 1815, après la seconde abdication, Royer-Collard, nommé conseiller d'État, préside de 1815 à 1820 le Conseil royal de l'université. À la Chambre, il apparaît comme le chef de file des Doctrinaires, partisans d'une monarchie tempérée, entre l'absolutisme et la « démocratie ». Favorable au roi, il s'oppose aux ultras comme à l'extrême gauche, et démissionne de son poste au Conseil de l'université lorsque les ultras l'emportent. S'écartant dès lors du gouvernement, il s'oppose à la modification du régime électoral, à l'expédition d'Espagne, aux lois du ministère de Villèle. Réélu en 1827, élu la même année à l'Académie française, Royer-Collard préside la Chambre, de 1828 à 1830, et porte au roi l'adresse des 221 – par laquelle la Chambre refuse, en mars 1830, de soutenir le gouvernement. Réélu la même année à la Chambre, il ne participe plus guère aux débats, proteste seulement contre l'abolition de la pairie. Il se retire en 1842.

ROZANOFF Constantin (Varsovie, 1905 – Melun, 1954)

Ingénieur et pilote d'essai.

Diplômé de l'École des arts et manufactures, attiré par l'aviation, ce fils d'émigré entre dans l'aviation militaire en 1929. Ses connaissances techniques le dirigent vers le pilotage d'essai. C'est ainsi qu'avant la guerre il collabore avec diverses firmes de construction pour mettre au point le chasseur Morane 406, le Bloch 152 et, à la veille des hostilités, le Dewoitine 520, égal en valeur au Spitfire britannique ou au Messerschmitt allemand, mais qui ne sera pratiquement pas utilisé en mai 1940. Chef d'escadrille durant la courte campagne de mai-juin 1940, Rozanoff quitte l'armée de l'Air en 1946 pour entrer au service de la société Dassault. Aux commandes d'un des appareils à réaction expérimentaux de la firme, il atteint la vitesse de 1 340 kmh le 8 octobre 1952. Il poursuit ses essais pour mettre au point le chasseur Mystère, et c'est au cours d'un vol à basse altitude qu'il trouve la mort sur le terrain de Melun-Villaroche, le 3 avril 1954.

RPF : voir RASSEMBLEMENT DU PEUPLE FRANÇAIS

RPR : voir RASSEMBLEMENT POUR LA RÉPUBLIQUE

RUEIL

Ville du département des Hauts-de-Seine (ancienne Seine-et-Oise) située à mi-chemin entre Paris, Versailles et Saint-Germain-en-Laye.

Ce site, champêtre à l'origine, fut remis vers 870 par Charles le Chauve à l'abbaye de Saint-Denis. Au XVIIe siècle, Richelieu acquiert le domaine et y fait construire un château par l'architecte Lemercier. C'est là que, avant de gagner Saint-Germain, la famille royale se réfugie durant la Fronde et qu'y est signée, le 11 mars 1649, la paix de Rueil, qui met un terme à la Fronde parlementaire.

RUSSIE (campagne de)

Opérations effectuées sur le territoire russe par les troupes de Napoléon Ier de juin à décembre 1812.

De 1807 à 1812, le rapprochement franco-russe démontre sa précarité. Méfiants, les deux empereurs redoutent la duplicité de l'autre. Napoléon souhaiterait voir les Russes se tourner vers l'Asie ou Constantinople, tandis qu'Alexandre Ier déplore l'importance croissante donnée au grand-duché de Varsovie et les difficultés créées par Napoléon dans le grand-duché d'Oldenbourg, où règne une de ses parentes par alliance. Mais derrière cette façade de défiance réciproque chemine un mal plus profond. Léon Tolstoï a parfaitement rapporté dans *Guerre et Paix* l'état d'esprit de la haute société russe et du monde des petits notables qui exècrent Napoléon, assimilé au diable. Tous dénoncent son autoritarisme et ses ambitions, l'assimilant à un tyran sanguinaire. De son côté, Napoléon se méfie du tsar, qui, selon lui, a profité des circonstances pour s'imposer en Finlande et en Bessarabie, et redoute la dernière puissance continentale qui demeure en armes, dernier territoire également à ne pas respecter le Blocus continental. De part et d'autre, les préparatifs militaires s'intensifient, assortis de récriminations. En 1811, Alexandre Ier interdit l'entrée en Russie d'un grand nombre de marchandises françaises, mobilise son armée et intrigue en Pologne. En avril 1812, après avoir signé la paix avec les Turcs, le tsar invoque, dans une note, l'évacuation de la Prusse orientale et de la Poméranie par les Français. Excédé, désireux de fermer à l'Angleterre le dernier marché continental qui lui reste, Napoléon décide l'engagement des opérations militaires pour le mois de juin suivant.

Sur le chemin de la Pologne, l'Empereur s'arrête à Dresde, où il reçoit l'hommage, du 16 au 28 mai, des souverains alliés. Parmi son armée de 600 000 hommes – 400 000 franchiront le Niémen –, la moitié sont étrangers, Allemands en majorité. Il y a également un corps prussien aux ordres du général Yorck von Wartenburg, un corps auxiliaire autrichien, une légion polonaise, des Bavarois, des Wurtembergeois, des Hessois, des troupes de la Confédération du Rhin, des Italiens emmenés par Eugène de Beauharnais, vice-roi d'Italie, les Napolitains de Murat, des Toscans et même les Espagnols du régiment de Joseph Bonaparte, des Portugais, des volontaires suisses et des Croates des provinces illyriennes envoyés par Marmont, duc de Raguse. C'est une véritable armée européenne qui s'avance vers l'Est et les Russes l'appelleront avec justesse « l'armée des vingt nations ».

Parti de Dresde le 29 mai, auréolé par les fastes du congrès, Napoléon et son état-major, dirigé par Berthier, parviennent à Dantzig le 7 juin et à Königsberg le 12. La Grande Armée s'avance vers le Niémen, que ses avant-gardes franchissent en amont de Kovno, capitale de la Lituanie, dans la nuit du 23 au 24 juin. Napoléon conduit le groupe central, fort de 200 000 hommes, flanqué à gauche de Macdonald (dirigé avec un corps d'armée vers le littoral balte) et à droite du prince Eugène de Beauharnais, doté d'une force de 80 000 hommes. Le roi Jérôme suit avec une réserve de 70 000 hommes groupés autour de Grodno. En face, le tsar a également réparti ses forces en trois éléments. Au centre, le gros des effectifs a été confié à Barclay de Tolly, couvert à droite, en Lituanie, par l'armée de Wittgenstein et à gauche par celle de Bagration, échelonnée à l'ouest de Minsk.

Prudent, indécis, Alexandre Ier recommande à ses généraux une attitude défensive. Aussi Napoléon porte-t-il les premiers coups. Il part de Vilna le 16 juillet et prend la route de Vitebsk, lançant le corps d'armée de Davout en direction de Mohilev, sur le haut Dniepr, d'où il déloge Bagration. Ney et les cavaliers de Murat s'emparent d'Ostrovno, le 26 juillet, puis atteignent Vitebsk. Barclay se dérobe, adoptant la tactique prônée par Alexandre de céder du terrain sans accepter la bataille, mettant à profit le temps et l'espace. On prête à Rostopchine, gouverneur de Moscou, la définition réaliste de la situation : « L'empereur de Russie sera formidable à Moscou, terrible à Kazan, invincible à Tobolsk. » Malgré la chaleur, les énormes distances, la nécessité d'assurer le ravitaillement d'une armée de plusieurs centaines de milliers d'hommes, malgré les malades et les lourdes pertes en chevaux, malgré surtout les harcèlements des cosaques et les combats retardateurs des arrière-gardes russes, Napoléon progresse à une allure qui surprend le commandement adverse. Remarquablement préparé par Berthier, le plan d'invasion vise, en effet, à éliminer une armée russe à demi-préparée, à arracher la victoire en fonçant vers Moscou et à y conclure la paix en trois mois de campagne. Tout semble devoir se réaliser de la sorte même si, à mesure qu'ils s'enfoncent dans la steppe, les contingents étrangers s'inquiètent, se débandent parfois, enregistrant en tout cas un très fort pourcentage de désertions. Encouragé par le recul des Russes, Napoléon va de l'avant.

Bien qu'ayant réuni leurs forces, Barclay et Bagration évacuent Smolensk le 18 août, incendiant la ville et esquivant une manœuvre de débordement de Napoléon le long du Dniepr. Le lendemain, Ney, Murat et Junot affrontent l'arrière-garde russe à Valoutina, tandis que plus au nord, Wittgenstein abandonne Polotsk à Oudinot et Gouvion-Saint-Cyr. En dépit de l'absence de graves affrontements, la Grande Armée a déjà perdu près de 100 000 hommes (tués, blessés, malades, déserteurs). L'avance s'effectue dans

La campagne de Russie
La Retraite de Russie. Gravure, Paris, musée de l'Armée. © *Giraudon*

l'appréhension à mesure que les détachements cheminent dans cette immense plaine où chaque village, chaque bourgade, chaque ville est incendiée par les Russes, qui pratiquent la méthode de la terre brûlée. C'est le cas de Dorogobousch, sur le haut Dniepr, de Viazma, atteint le 28 août et de Gjatz, sur le plateau où naît la Moskova, bourg occupé le 1er septembre. Moscou n'est plus qu'à 120 km. Dans l'entourage du tsar, la longue retraite est critiquée. Des conseillers poussent le nouveau commandant en chef, le vieux feldmaréchal Koutouzov à interdire l'accès de la capitale à l'envahisseur. Le prudent tacticien s'y résout enfin et aligne ses quelque 130 000 hommes à la hauteur de Borodino, à l'abri d'ouvrages fortifiés constitués de retranchements : la Grande Redoute de Roievski et les « flèches » de Semenovskoë, de Bagration. C'est la bataille de la Moskova, ainsi que l'appellera Napoléon au soir de ce 7 septembre. Avec des forces à peu près identiques à celles de son adversaire, l'Empereur lance ses troupes à l'assaut des redoutes russes. Il en résulte un affrontement sauvage qui va durer plus d'une demi-journée. Le prince Eugène sur la gauche, Ney au centre et Davout à droite se livrent à une succession d'attaques furieuses. Mais les défenseurs font preuve d'une telle opiniâtreté que les grognards diront bientôt qu'il faut « tuer les Russes deux fois ».

Au centre, la Grande Redoute est prise et reprise. Ney s'en rend définitivement maître au début de l'après-midi ; mais il lui faut l'aide des cavaliers de Montbrun et de Caulaincourt pour s'y maintenir, tandis que les divisions de Morand et de Gérard doivent venir en renfort. Vers 6 heures du soir, les Russes se replient enfin, laissant sur le terrain près de la moitié de leurs effectifs. Bagration, qui commandait l'aile gauche russe, a été tué au milieu de la journée. Napoléon lance un bulletin de victoire. Mais celle-ci a été chèrement payée : le quart des forces engagées demeure sur le champ de carnage, dont 43 généraux (parmi lesquels les cavaliers Montbrun et Caulaincourt) et des milliers de blessés. La route de Moscou est ouverte. Mais c'est une Grande Armée réduite à quelque 100 000 hommes qui arrive en vue de la ville le 14 septembre. Tous croient toucher au but. La prise de la capitale des tsars semble justifier les sacrifices, la marche harassante de plus d'un millier de kilomètres et les combats épuisants. Sensibles au centralisme de l'ancienne monarchie et des Jacobins, les Français, Napoléon le premier, pensent tenir la Russie en tenant Moscou. C'est une grave erreur résultant d'une méconnaissance profonde de l'âme russe pour laquelle le temps ne compte pas, pas plus que la possession d'un lieu déterminé. Moscou est vide ou presque. Les troupes se sont repliées à l'est et au sud, prêtes à frapper de nouveau sous l'impulsion du patient et tenace Koutouzov, auquel Alexandre accorde une totale confiance, malgré l'échec de Borodino.

En occupant une ville à peu près vide, Napoléon n'a remporté qu'une victoire à la Pyrrhus. En effet, à part des isolés et des blessés ou des malades, il ne reste pratiquement à Moscou, au moment de l'entrée de Napoléon, que des agents de police déguisés en mendiants, des repris de justice libérés sur promesse d'incendier les maisons de bois, des séminaristes persuadés de servir la cause de la patrie en privant d'abri les soldats de l'Antéchrist, des étrangers et quelques milliers d'habitants qui n'ont pas voulu ou pas pu se joindre au lamentable troupeau de fugitifs qui a déferlé, ces derniers jours, sur la route de Riazan, mêlés à la troupe. Pour les grognards à qui Moscou a été présentée comme la terre promise, l'entrée dans la ville n'a rien de l'accueil de Milan ou de Varsovie, naguère. Napoléon, lui-même, partage cette surprise. Il attend les notables, les Boyards, a-t-il précisé à l'intendant général, le comte Daru. Rien ne vient. Tout dans cette ville étrange présente un aspect insolite et effrayant ; si bien que l'Empereur lui-même ne s'installe au Kremlin que le lendemain de son arrivée. Dans la nuit éclatent les premiers incendies. Ils sont mis tout d'abord sur le compte d'accidents ou d'imprudences, voire d'actes de pillage. Mais bientôt, leur multiplication, leur importance et une origine identique laissent apparaître la machination. Les rapports qui parviennent aux services du général Durosnel, nommé gouverneur de la place, et au maréchal Mortier, duc de Trévise, gouverneur de la région, concordent : des hommes de main sont chargés d'incendier les maisons. De plus, les autorités d'occupation s'aperçoivent que Rostopchine a pris soin de faire évacuer sous bonne garde toutes les pompes à eau de la ville et de faire détruire toutes celles qu'il était impossible d'emporter, telles les pompes fluviales de la Moskova. Il a surveillé l'opération de son poste de repli de la Yaouza, où se trouvait également Barclay de Tolly, dirigeant les derniers passages de son arrière-garde.

À une quinzaine de kilomètres au sud de la ville, les Russes apprennent l'événement. Informé, Koutouzov, opportuniste et rusé, ne cherche pas à tirer au clair l'origine des sinistres mais se félicite que, dans la troupe, elle soit attribuée aux pillages des occupants. La volonté de lutte des hommes n'en sera que décuplée au moment de la contre-attaque qu'il prépare. Le 15 septembre au soir, l'embrasement reprend, principalement dans les quartiers du sud et de l'ouest. Au Kremlin, le Mamelouk Ali note « qu'on se représente une ville, je dirais grande comme Paris, livrée aux flammes, et être sur les tours de Notre-Dame, assistant pendant la nuit à ce spectacle ! » Dans la nuit, le vent pousse les flammes vers le centre de la ville. À 4 heures du matin, l'embrasement devient fournaise. Les patrouilles capturent ou abattent des « mendiants » porteurs de torches. Le feu atteint le Bazar, dont les marchandises sont pillées par une population de pauvres hères qui semblent surgir de partout. Stendhal, attaché au service du comte Daru, notera dans son *Journal* : « Le plus bel incendie du monde, qui formait une pyramide immense, qui avait, comme les prières des fidèles, sa base sur la terre et son sommet au ciel. » Les sbires de Rostopchine, parmi les plus humbles, prennent plaisir à brûler les palais des gens riches qui ont fui, tandis que les policiers et les prêtres pensent remplir un devoir patriotique et immoler par le feu une cité qui n'a pas été défendue par les armes. À cette vue, Napoléon est impressionné : « Quel effroyable spectacle ! entend-t-on dire... Tant de palais ! Quelle résolution extraordinaire ! Quels hommes ! » Comme cela s'est produit lors des deux gigantesques incendies de la ville (en 1547 sous Ivan le Terrible et en 1626 sous Michel Ier Romanov), un vent de tempête se lève avec violence et attise les flammes. Les cinq sixièmes de la cité disparaissent ainsi dans les flammes, qui menacent un moment le Kremlin lui-même. Napoléon et sa suite doivent fuir l'édifice et gagner au prix de mille difficultés le palais de Petrovskoïé, situé à une lieue de la ville, sur la route de Saint-Pétersbourg.

Lorsqu'il regagne la résidence des tsars, dans la matinée du 18, Napoléon retrouve une ville en cendres, dans laquelle ne subsistent plus que les constructions de pierre. Le pillage des caves est systématique et l'indiscipline règne partout. Cet incendie dévastateur est pour lui une défaite, la plus irrémédiable, puisque ce sont les éléments qui l'ont dominé et non pas ses adversaires habituels. À situation exceptionnelle devraient répondre des mesures exceptionnelles, à savoir une évacuation de la place et un repli vers les bases de l'arrière, en Lituanie ou en Pologne, voire seulement vers Smolensk, ainsi que le proposent certains membres de l'entourage de l'Empereur, mais Napoléon, désorienté par ces événements, perd sa lucidité. Il est venu chercher la paix à Moscou et entend l'obtenir en conservant la capitale des tsars en gage. Les jours passent. La mauvaise saison approche. À quelques lieues au sud de la ville, Koutouzov fourbit ses armes et rassemble une armée de 170 000 hommes. Déjà, au nord, à l'ouest et au sud de la ville se manifestent des partis de cosaques et des bandes d'irréguliers qui dressent des embuscades et se livrent à d'incessants harcèlements. Enfin, il y a l'attitude inébranlable d'Alexandre Ier qui demeure de marbre malgré les avances de Napoléon. Le tsar sait que la noblesse, l'armée et le peuple lui pardonneront tout (son départ de Vilna, l'évacuation de Smolensk, son absence à Borodino, l'abandon de Moscou) sauf des négociations avec l'envahisseur. Par conséquent, il ne donne aucune suite aux notes transmises par Napoléon, dans la seconde quinzaine de septembre, par l'intermédiaire de messagers occasionnels, un notable, Toutolmine, et Iakovlev, frère de l'ambassadeur de Russie à la cour de Westphalie. Le 5 octobre, de plus en plus impatient, l'Empereur envoie Lauriston au quartier général de Koutouzov. Celui-ci transmet aussitôt la lettre de Napoléon à Alexandre par l'intermédiaire du prince Volkonski, envoyé à Saint-Pétersbourg. Sa teneur inspire au tsar une des rares paroles historiques que lui a reconnues la postérité : « La paix ? Mais nous n'avons pas encore fait la guerre ! Ma campagne ne fait que commencer. »

Au Kremlin, les jours passent dans une impatience croissante. On assure que le livre de chevet de Napoléon est alors l'*Histoire de Charles XII*, qui relate l'expédition du roi de Suède au siècle précédent. L'Empereur échafaude maints projets : hiverner sur place, attaquer Koutouzov à Kalouga, marcher sur Saint-Pétersbourg l'année suivante, mais il refuse toujours d'écouter ceux qui prônent un repli sur la Pologne. Il passe trois soirées à rédiger le premier et unique décret de Moscou concernant le statut de la Comédie-Française, acte qu'il paraphe le 15 octobre. Le lendemain, Berthier adresse une note à Koutouzov, relative à un arrangement sur la ligne des avant-postes et qui est en réalité un « sondage » quant à une éventuelle réponse de Saint-Pétersbourg. Elle viendra le 18 octobre de Taroutino, au sud de Moscou, où

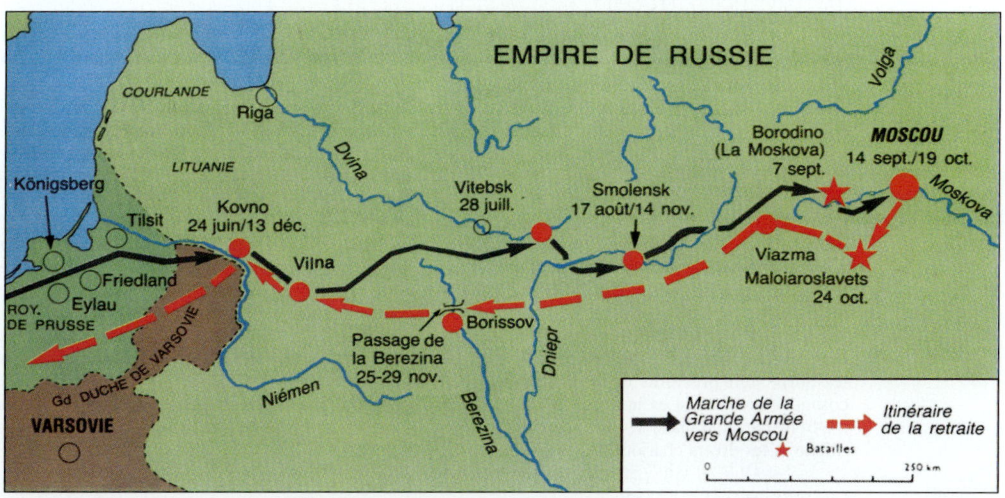

La campagne de Russie

Koutouzov porte un coup soudain aux avant-postes de Murat. Aussitôt transmise au Kremlin, la nouvelle inquiète Napoléon, car cette fois les Russes prennent des initiatives. Parades et représentations sont aussitôt décommandées. D'un seul coup, l'action du vieux feldmaréchal russe révèle à l'Empereur le caractère aventureux de sa position. Une première neige est tombée le 13 octobre ; et bien que les augures de la météorologie ne prévoient la venue des grands froids que pour le début de décembre, Napoléon vient de décider enfin de quitter Moscou. Partent d'abord le 1er corps (Davout) et le 3e (Ney). Le lendemain 19, c'est le tour de la Vieille Garde, de la Jeune Garde et de ce qui reste de la cavalerie. Seul demeure au Kremlin le corps d'armée de Mortier.

Pour sauver les apparences, Napoléon fait savoir qu'il se porte au secours de Murat. En fait, cette retraite est le commencement de la fin, la suite logique et inéluctable de cette défaite que fut l'incendie de Moscou. La cavalerie, négligée par Murat, est fort réduite. L'artillerie est mal attelée, et la valeur de la Grande Armée, réduite à 104 000 hommes, ne repose en fait que sur la cohésion de l'infanterie. Or cette masse est entravée par toutes sortes de charrois hétéroclites résultant des rapines et autres pillages qui confèrent à l'ensemble, selon le mot du comte de Ségur, la ressemblance « à une horde de Tartares après une heureuse invasion ». Quant au fantassin, il ploie sous le poids du sac, chacun voulant absolument emporter le produit de ses pillages. Nombre de chevaux tirent des voitures pleines de fourrures, d'argenterie, d'objets précieux. À ce défilé s'ajoutent les convois de malades, de blessés, sans oublier les trophées, icônes, drapeaux, croix d'or, d'argent, de diamants emportés du Kremlin ou des églises. Dans le sol sableux, des roues s'enlisent, des essieux se brisent, des attelages cassent en raison des trop pesants chargements. On entend jurer en français, en allemand, en italien, en espagnol ou en néerlandais. On profère des injures en croate, des lamentations en polonais ou en napolitain. Au passage des ponts, c'est une inextricable cohue...

Napoléon a choisi pour rétrograder la nouvelle route de Kalouga, d'où il escompte gagner l'Ukraine, région intacte et où l'hiver est moins rude (quoique ce début de retraite s'effectue sous un éclatant soleil). Mais, le 24, Koutouzov porte un nouveau coup, cette fois à la division Delzons à Malo-Jaroslavetz. Avec une armée mobile, Napoléon aurait peut-être pu devancer son adversaire. Mais l'incroyable lenteur de son convoi interdit toute manœuvre. Le 25, à Gorodnia, l'Empereur confère avec Murat, Berthier, Eugène de Beauharnais, Davout et Bessières. Il est décidé de revenir vers le nord et de retraiter selon l'itinéraire d'arrivée en août vers Smolensk et Vilna. Pour la première fois, Napoléon refuse la bataille. Mortier, qui a demandé à ses lieutenants d'appliquer les préceptes de Rostopchine en quittant le Kremlin, rejoint l'armée à Mojaïsk, à une centaine de kilomètres à l'ouest de Moscou. On traverse en sens inverse le champ de bataille de Borodino, encore couvert de débris, lorsque soudain le froid s'abat. À Viazma, le 3 novembre, le ciel s'obscurcit. De –5°, le thermomètre descend à –18° après que le sol s'est couvert de neige. Chemins et fossés disparaissent peu à peu sous l'énorme couche blanche dans laquelle s'enlisent les convois. Les unités se disloquent ; les moins forts se laissent aller au découragement et succombent. C'est le début de la grande débandade qui tourne bientôt à la tragédie. Les actes d'héroïsme côtoient les plus noirs méfaits. L'espoir d'arriver à Smolensk ranime cependant les espérances. Mais l'épreuve est inhumaine dans ce pays dévasté, où les abris sont précaires et le harcèlement des cosaques constant. Les hommes et les chevaux meurent par centaines. Il faut abandonner l'artillerie et les divers chariots chargés de butin. 50 000 hommes à peine parviennent à Smolensk à la mi-novembre, où leur arrivée provoque la panique. Il faut repartir presque aussitôt, car trois armées russes se concentrent sur le haut Dniepr. Ney perce et ouvre la route de l'ouest. Mais tous ces sacrifices sont peu de chose comparés à ceux qui vont être imposés sur les bords de la Berezina, affluent du Dniepr, composé de plusieurs bras séparés par des îlots spongieux et formant un obstacle de plus de 300 à 400 mètres. Deux armées russes menacent au nord et au sud. Le général Corbineau découvre un gué à Studianka, où les pontonniers d'Éblé se jettent à l'eau pour planter pieux et chevalets au milieu d'une rivière charriant des glaçons La plupart succombent tant l'épreuve est surhumaine. Mais, le 26, le corps d'armée d'Oudinot s'établit sur la rive droite avec celui de Victor qui n'est pas allé jusqu'à Moscou et dont les troupes n'ont pas souffert. Le 27, les passages s'effectuent dans la plus grande confusion, ainsi que le 28, jour où apparaissent les Russes. Victor leur dispute la rive gauche avec 9 000 braves, une journée encore, et repasse la rivière le 29, faisant sauter les ponts derrière lui mais laissant des milliers de traînards à leur terrible sort. Le sergent Bourgogne et le capitaine Coignet, entre autres, ont rapporté avec d'hallucinants détails ce que fut cette retraite de Russie qui demeure synonyme de cauchemar et d'enfer. Napoléon, informé en route de la conspiration du général Malet à Paris, abandonne cette troupe disloquée le 5 décembre à Smorgoni, à l'est de Vilna, pour gagner directement la Prusse orientale et l'Allemagne. Murat fait de même pour regagner Naples. Ney reçoit le surnom de « Brave des braves » en s'efforçant de coordonner l'arrière-garde, ou tout au moins ce qu'il en reste. Le froid est atroce. C'est bientôt la débandade et l'épouvante. Enfin le Niémen est atteint le 30 décembre. À peine 15 000 à 20 000 fantômes refluent de là vers Königsberg et l'Elbe sous la conduite du prince Eugène. La Garde – le corps le plus favorisé de la Grande Armée – ne comprend plus que 500 hommes.

C'est un désastre irréparable, tant du point de vue militaire que moral, car la moitié des morts de la Grande Armée appartiennent aux diverses nations européennes. Les Prussiens exultent à la vue de cette débandade, et les soldats de Yorck von Wartenburg fraternisent avec les Russes. Les Autrichiens se sont repliés au-delà des Carpates. L'Europe frémit à la perspective d'une délivrance possible, tandis que le tsar Alexandre se présente en libérateur de l'Europe. Les commentaires abonderont au sujet de cette funeste entreprise, tous pertinents. Il convient cependant de mettre en valeur celui de Thiers qui peut les résumer tous : « La faute essentielle fut donc l'entreprise elle-même. Rechercher les fautes d'exécution qui purent s'ajouter encore à la faute principale, serait de peu de fruit, si presque toutes les fautes d'exécution n'avaient découlé de la faute principale. » (*Histoire du Consulat et de l'Empire.*)

RUTÈNES

Peuple gaulois établi dans le Rouergue et, selon toute probabilité, l'Albigeois, ou tout au moins une partie de l'Albigeois.

Quand ils prennent part avec les Arvernes et les Allobroges à la lutte de Bituit contre les Romains, les Rutènes forment une seule nation dont la capitale est *Segodunum* (Rodez). Ultérieurement, les Rutènes du Sud sont incorporés à la Province romaine sous le nom de *Ruteni provinciales* ; leur chef-lieu est vraisemblablement *Alba* ou *Albiga* (Albi). Les Rutènes indépendants, dits encore Rutènes propres (en latin *Ruteni* tout court), ne rentrent sous l'autorité romaine qu'après la conquête de la Gaule chevelue. Ils sont parmi les derniers peuples soumis par César. Ils répondent à l'appel de Vercingétorix en 52 av. J.-C. et envoient un contingent à Alésia. Le Cadurque Luctérios tente de soulever les Rutènes lorsqu'il projette d'attaquer la Province. Mais la chute d'*Uxellodunum* ruine ce projet. Auguste comprend les Rutènes propres dans la province d'Aquitaine. Au Bas-Empire, toujours dans l'hypothèse où les provinciales occupent l'Albigeois, l'ensemble des Rutènes forme deux cités réunies dans l'Aquitaine Première : la *civitas Rutenorum* et la *civitas Albigensium* ; ces cités sont à l'origine des pays gallo-francs correspondants, le *pagus Rutenicus* (Rouergue) et le *pagus Albigensis* (Albigeois).

RYSWICK (traités de)

Traités conclus par la France au château du Nieuwburg, situé près de Ryswick, village au sud de La Haye.

Signés avec les États-Généraux de Hollande, la Grande-Bretagne et l'Espagne le 20 septembre 1697, puis avec l'empereur Léopold Ier le 30 octobre, ils mettent fin à la guerre dite de la ligue d'Augsbourg (1688-1697). Sous la médiation suédoise, les négociations préliminaires de paix commencent le 4 février. Les pourparlers eux-mêmes débutent le 9 mai, toujours par l'intermédiaire d'un médiateur suédois. Harlay de Bonneuil et Verjus de Crécy représentent la France. Pendant tout l'été, la guerre se poursuivra. Le 8 juin, la France déclare qu'elle n'ira pas au-delà des concessions faites aux traités de Nimègue (1678-1679). À la fin août, Louis XIV annonce que ses conditions devront être acceptées avant le 20 septembre. Dans la nuit du 20 au 21 septembre, les traités de Ryswick sont donc signés entre la France d'une part, les États-Généraux, la Grande-Bretagne et l'Espagne d'autre part.

Avec les États-Généraux de Hollande. La France restitue à la Hollande toutes les conquêtes opérées depuis la paix de Nimègue. Les Provinces-Unies lui restituent Pondichéry. Elles bénéficieront de facilités commerciales en France.

Avec la Grande-Bretagne. Louis XIV reconnaît Guillaume d'Orange comme roi d'Angleterre, sous le nom de Guillaume III. Ce dernier récupère la principauté d'Orange. Les établissements anglais de Terre-Neuve et de la baie d'Hudson sont restitués à la Grande-Bretagne. Navigation et commerce seront libres entre les sujets anglais et français. Enfin, Louis XIV s'engage à ne pas porter assistance aux jacobites.

Avec l'Espagne. Louis XIV restitue aussi à Charles II toutes ses conquêtes, Barcelone, la Catalogne, le Luxembourg, et presque toutes les places belges qui ont été annexées depuis Nimègue. Le roi de France accepte que les États de Hollande tiennent garnison dans un certain nombre de places des Pays-Bas espagnols, constituant une « barrière ».

Avec l'empire. Léopold Ier cède enfin, le 30 octobre, et signe lui aussi le traité de Ryswick. Louis XIV lui rend tous les territoires annexés en vertu des arrêts des Chambres de réunion, sauf Strasbourg. La France perd ainsi Trèves, les villes du Palatinat, le duché des Deux-Ponts, les forteresses de Kehl, Philipsbourg, Brisach, Fribourg. Madame, belle-sœur de Louis XVI, recevra une indemnité la dédommageant de ses droits sur le Palatinat. En échange de la cession de Strasbourg, la France restitue la Lorraine, occupée depuis 1670. Elle conserve toutefois Sarrelouis et Longwy, obtient enfin pour ses armées le passage à travers le duché. L'empereur promet de respecter la religion catholique dans les territoires qu'il a récupérés. Les fortifications de Huningue et de Fort-Louis, sur le Rhin, devront être démolies. L'électorat de Cologne demeure à la maison de Bavière, le cardinal de Fürstenberg est rétabli dans ses biens et dignités d'empire.

Ces conditions de paix sont mal accueillies en France. Cependant, le Trésor est vide et Louis XIV pense déjà à la succession espagnole. De plus, il a obtenu des conditions de paix meilleures qu'il ne l'avait espéré, l'empire colonial, notamment, est intact, et la France a pu conserver ses acquisitions les plus avantageuses, Strasbourg par exemple.

S

SACRE

Cérémonie qui confère à un roi un caractère divin, le plaçant ainsi au-dessus de tous les laïcs.

Les premiers rois sacrés apparaissent dans l'Ancien Testament, dans *Les Livres des Rois* où le grand prêtre oignait le prince d'huile sainte afin qu'elle lui communique la force et la grâce divines, puis il lui remettait la couronne, insigne du pouvoir royal. Dans l'Antiquité, le sacre est inconnu à Rome et à Byzance, l'empereur étant fait et défait par ses soldats. Quant aux rois germaniques, ils étaient naturellement sacrés car leur famille était d'ascendance divine. Leur sacralité se prouvait par les victoires qu'ils remportaient, ainsi que par l'abondance des récoltes. Dans le monde chrétien, le premier sacre apparaît dans l'Espagne wisigothique en 672, lors d'un concile où les évêques veulent donner une dimension supérieure au nouveau roi face aux prétentions de l'aristocratie. Dans le royaume franc, le premier roi à être sacré est, en 751, Pépin le Bref, fondateur de la dynastie carolingienne, soucieux de faire entériner sa légitimité par l'Église. Le sacre fait du roi un élu de Dieu, et Charlemagne a tendance à s'instaurer chef de l'Église. À partir de la fin du IXe siècle, les archevêques de Reims affichent leurs prétentions à l'exclusivité du sacre, en écrivant un rituel du sacre, ou *ordo*. À l'onction et au couronnement, cet *ordo* ajoute le serment du roi, qui jure de gouverner son royaume selon une bonne justice et de le défendre en toutes circonstances. Un siècle plus tard, cette cérémonie se déroule au cours d'une messe solennelle. Lorsqu'au XIe siècle la papauté devient plus forte, Grégoire VII souhaite que le roi ne soit plus que le premier des laïcs et décide qu'il peut le défaire par l'excommunication. À partir de la fin du XIIe siècle, Reims obtient l'exclusivité tant recherchée, mais doit concéder aux moines de Saint-Denis la garde des *regalia*, objets et vêtements du sacre transmis d'un roi à l'autre. Pour Louis IX, une nouvelle rédaction de l'*ordo* ajoute aux gestes anciens la remise d'une épée et d'éperons. Parmi les assistants, on remarque la présence nouvelle des douze pairs de France qui symbolisent le soutien des nobles à la cause royale. À partir du XIVe siècle s'ajoute encore le « toucher des écrouelles ». Les malades atteints de cette maladie de peau (proche de l'adénite tuberculeuse) pensent que le sacre a conféré au roi le pouvoir de les guérir. On ignore d'où vient cette coutume commencée à Corbeny, un prieuré proche de Reims, où est conservé le corps de saint Marcoul, lui-même guérisseur des écrouelles.

Charles V perfectionne encore le rituel en faisant écrire un *Traité du sacre,* dans lequel se multiplient les prières faites par le roi : pour avoir une nombreuse descendance, pour triompher des ennemis, pour maintenir la paix. Le serment du sacre se voit en outre consolidé par une clause d'inaliénabilité. Dorénavant, un pape ne peut donc plus déposer un roi. Apparaît enfin une autre nouveauté, la cérémonie du « Roi dormant », référence au préambule de l'adoubement du chevalier, lequel est placé sur un lit après le bain rituel : au matin du sacre, les pairs de France vont éveiller le roi dans sa chambre. En 1561, pour le sacre de Charles IX, ils attendent devant la porte que le chambellan l'ait réveillé. Lors du sacre de Louis XIII en 1610, par trois fois l'évêque frappe à la porte et chaque fois il lui est répondu : « il dort ». Quand on lui ouvrit, le roi était prêt. Louis XIV fit se répéter chaque matin cette cérémonie du lever du roi…

Dès la fin du Moyen Âge, le sacre a perdu son caractère indispensable. On considère seulement qu'il est utile pour faire connaître et aimer le roi. Selon les juristes, seuls en ont besoin les héritiers contestés ou les usurpateurs. À partir de 1750 se font jour des réactions hostiles à la cérémonie. L'avènement de Louis XVI relance les discussions. Turgot propose de transférer la cérémonie à Paris afin d'alléger les dépenses, mais Louis XVI exige un sacre à Reims, « fastueux comme un opéra ». Après la Révolution, le sacre de Napoléon à Notre-Dame de Paris le 2 décembre 1804 en présence du pape Pie VII est le premier pas vers la restauration de la monarchie. Au début de l'automne 1814, on commença même les préparatifs du sacre de Louis XVIII, mais ce dernier y renonça. Le dernier sacre, très simplifié, est celui de Charles X, le 28 mai 1825 : pas de « roi dormant » et seulement trois pairs de France. Son seul serment est celui de respecter la charte constitutionnelle, mais il touche ensuite les écrouelles.

SACROVIR Julius (? – ?, 21 apr. J.-C.)

Noble éduen.

Avec le Trévire Julius Florus, lui aussi de grande naissance, il organise en 2, sous le règne de Tibère, un soulèvement gaulois contre les Romains. Florus, rapidement vaincu, se donne la mort. Sacrovir parvient à s'emparer d'Autun. Son armée est nombreuse, 40 000 hommes, mais mal organisée, indisciplinée, et le légat Silius en vient à bout assez facilement. Sacrovir rentre alors dans Autun, s'enferme dans une maison avec les siens, ordonne qu'on y mette le feu et meurt au milieu du brasier.

Saigon

La population française accueillant les troupes du corps expéditionnaire français rue Catinat, à Saigon, le 5 octobre 1945.
© *Sélection Images*

SADE Donatien Alphonse François, marquis de (Paris, 1740 – Charenton, 1814)

Écrivain.

Issu d'une excellente famille de l'aristocratie provençale, il fait ses études chez les jésuites du prestigieux collège d'Harcourt. Il commence ensuite une carrière militaire et prend part comme capitaine de cavalerie à la guerre de Sept Ans. Son mariage, en 1763, avec une jeune fille fortunée ne calme pas son goût pour la débauche. Il s'éprend de sa belle-sœur chanoinesse, multiplie les orgies, enlève une passante, manque d'empoisonner une prostituée avec des aphrodisiaques… Dès lors, sa vie rocambolesque alterne scandales et voyages en Italie. Incarcéré au donjon de Vincennes en 1777 pour empoisonnement et sodomie, Sade est transféré en 1784 à la Bastille puis en 1789 à l'asile de fous de Charenton d'où il ne sort qu'en avril 1790. L'année suivante, il publie son premier grand roman scandaleux, *Justine ou les Malheurs de la vertu*. Partisan de la Révolution (il écrit une *Adresse d'un citoyen de Paris au roi des Français*, 1791), il est encore emprisonné sous la Terreur sous l'accusation de modérantisme et doit la vie sauve à la chute de Robespierre. Après un bref intervalle de liberté entre 1794 et 1801 durant lequel il publie sa *Philosophie dans le boudoir* (1795), il est à nouveau enfermé pour ses romans scandaleux, notamment *Juliette ou les Prospérités du vice* (1797), et meurt à l'asile de Charenton en 1814.

Si Sade est aussi persécuté, c'est d'abord pour l'obsession, qui portera à partir de 1836 son nom (sadisme), de mettre en scène des esprits pervers tirant leur plaisir de la souffrance et de l'humiliation infligées à des âmes innocentes comme la Justine des *Malheurs de la vertu*. Sade offre aussi, un siècle avant Freud, une exploration du continent noir de la sexualité et de ses perversions très en avance sur son époque (*Les Cent Vingt Journées de Sodome*, 1782, publié seulement en 1904). Mais plus encore que le pornographe, c'est l'esprit fort, le libertin à l'athéisme affiché et provocateur (*Dialogue entre un prêtre et un moribond*, 1782, publié en 1926), qui est intolérable à la monarchie comme à l'Empire. Renversant les conformismes, amoraliste iconoclaste, esthète de l'excès, Sade a une vision à la fois dionysiaque et sombre de la condition humaine. Il est aujourd'hui reconnu à la fois comme victime de l'arbitraire et comme l'un des plus grands prosateurs de la littérature française.

SAHARA

Région de l'Afrique septentrionale s'étendant du littoral atlantique, à l'ouest, jusqu'aux confins libyens et tchadiens, à l'est.

Installée en Algérie et au Sénégal au cours du XIXe siècle, l'administration française était appelée à étendre son emprise sur cette vaste zone désertique séparant l'Afrique du Nord de l'Afrique noire. Les premières expéditions, encouragées par le ministre Freycinet (qui envisage dès 1880 la possible construction d'un chemin de fer transsaharien) débutent par un drame : le massacre, en 1881, des membres de la mission Flatters, partis en reconnaissance dans les territoires du Sud algérien. L'année suivante est aussitôt entreprise la pacification de cette région encore mal connue, avec l'occupation des oasis de Ghardaïa, de Touggourt et de Figuig, sur les confins marocains. À l'autre extrémité du désert, des troupes venues du Sénégal, en 1890, sous la direction du colonel Archinard, s'emparent de la région de Tombouctou et lancent des reconnaissances vers le nord. En 1891, les compagnies de méharistes, créées en Algérie pour parcourir le Sahara, continuent leur progression et occupent Ouargla et El Goléa. Mais la traversée du désert relève encore d'une véritable expédition. Ainsi la mission Monteil relie Saint-Louis-du-Sénégal à Tripoli (1889-1891). En 1898, la mission Foureau part des oasis du Sud algérien pour rallier la région du lac Tchad, accompagnée du détachement confié au commandant Lamy. En avril 1900, celui-ci remporte sur les nomades le succès de Kousseri qui assure la domination française, des bords du lac Tchad à la région du Tibesti. Lamy perd la vie au cours du combat. En souvenir, le nom de Fort-Lamy est donné au poste qui deviendra par la suite chef-lieu du territoire.

L'importance de l'implantation nécessite dès lors une organisation spéciale qui est confiée à l'armée. Aux compagnies de méharistes, dirigées par le chef d'escadron Laperrine, s'ajoutent les sections d'officiers des Affaires indigènes, chargés, à partir de 1902, d'administrer les territoires sahariens sous l'autorité du gouvernement général d'Alger. Ces officiers reçoivent l'appui de missionnaires venus tenter à leur tour une action pacificatrice, tel le père de Foucauld, qui s'installe à partir de 1905 au cœur du massif du Hoggar, à Tamanrasset, où il s'efforce de gagner la confiance des nomades. Il y parvient, mais est assassiné en 1916. Ce sort est également celui d'un émule de Savorgnan de Brazza, l'administrateur Coppolani, venu d'Algérie en 1898, et qui désire pacifier l'actuelle Mauritanie. Son assassinat, en 1905, incite les autorités françaises du Sénégal à recourir à la force. Des détachements parcourent le Sahara occidental, atteignent les abords du Rio de Oro espagnol et occupent le poste d'Atar en 1909 puis Tichitt en 1912 ; dans le même temps Lyautey est installé au Maroc comme résident général.

Ainsi, d'Alger à Dakar, du Maroc à l'Afrique équatoriale, l'administration française contrôle pratiquement l'ensemble du Sahara, les Italiens occupant la Libye à la suite de la guerre italo-turque de 1912. Ces territoires sont administrés par les officiers des Affaires indigènes, hommes sélectionnés qui ont fait de leur mission une sorte de sacerdoce. Par leur compétence et leur dévouement, ils règlent tous les problèmes qui se posent avec les nomades, faisant de ce Sahara une terre de paix. Missionnaires et savants le parcoureront à leur tour, les uns en souvenir du père de Foucauld, les autres à la recherche des vestiges des civilisations passées. Le Tassili, entre autres, révèle la richesse de ses gravures rupestres. D'autres, prospecteurs, prétendront que le sous-sol renferme d'étonnantes richesses, à l'exemple de Conrad Kilian, qui parlera de la présence de pétrole à des auditoires sceptiques. Ces paroles trouveront confirmation, des décennies plus tard, avec la découverte du gisement pétrolier d'Hassi-Messaoud, tandis que le gaz naturel surgit à Hassi R'Mel. Entre 1959 et 1961, des expériences atomiques sont effectuées au centre de Reggane, ce qui entraîne de vives protestations des pays riverains, en particulier ceux d'Afrique noire. Le processus de décolonisation, entrepris de 1960 à 1962, partage ce Sahara (qui n'a pas connu la rébellion) entre l'Algérie, qui en contrôle la plus grande part, le Maroc, la Mauritanie, le Mali, le Niger et le Tchad. La question du Sahara occidental, sur laquelle l'Algérie et le Maroc s'affrontent depuis les années 1970, n'a toujours pas été complètement réglée.

SAIGON

Métropole du Vietnam méridional. Située sur la rivière du même nom à 55 km de la mer.

Cette ville a eu de tout temps la vocation de marché commercial entre les hauts plateaux et la mer, la plaine des Joncs et le delta du Mékong. Aux XVIIe et XVIIIe siècles, des négociants néerlandais et portugais établissent les premières relations avec les marchands cochinchinois, imités au XIXe siècle par des missionnaires et des négociants français. La xénophobie de l'empereur d'Annam Tu Duc et les persécutions contre le clergé incitent Napoléon III à monter une expédition en 1858, mission navale confiée à l'amiral Rigault de Genouilly, lequel occupe Saigon en février 1859. Deux ans plus tard, l'amiral Charner dégage la garnison assiégée par un retour en force des Annamites et permet la conclusion du traité du 5 juin 1862 établissant la souveraineté française sur toute la région. Dès lors, Saigon devient la métropole d'une colonie dont les limites sont sans cesse repoussées vers le nord et qui constituera à la fin du siècle le gouvernement général de l'Indochine. À Saigon même, à côté de la cité indigène et de l'agglomération chinoise de Cholon, apparaît une ville européenne, centre administratif, résidentiel et commercial. La prépondérance de Hanoi, après 1902, n'entrave nullement cet essor et, lors de la Seconde Guerre mondiale, la population européenne dépasse 5 000 habitants.

L'occupation partielle de l'Indochine par les Japonais à compter de septembre 1940, le coup de force nippon du 9 mars 1945 contre les autorités françaises (arrestation de l'amiral Decoux, gouverneur général) et l'apparition des mouvements nationalistes plongent la ville dans la confusion, jusqu'à l'arrivée, le 12 septembre, des premiers commandos britanniques, de troupes

Faubourg Saint-Antoine
Les Farces de rue à Paris. La rue Saint-Antoine. Décor pour un éventail. Gouache XVIIe siècle, musée de la ville de Paris, musée Carnavalet. © *Lauros-Giraudon*

indiennes et de 120 soldats du 5e RIC (Régiment d'infanterie coloniale). Le 3 octobre, le cuirassé *Richelieu* remonte la rivière et débarque à quai un millier de soldats en renfort. Le 5 arrive le général Leclerc, que rejoint bientôt le groupement Massu. La ville est progressivement dégagée, et les troupes françaises occupent bientôt toute la Cochinchine, Saigon devenant la principale base du corps expéditionnaire. Les unités y demeureront jusqu'à la fin de la première guerre d'Indochine, les accords de Genève (1954) prévoyant leur retrait. La ville deviendra ensuite la capitale de l'État du Vietnam du Sud qui sera occupée par les troupes du Vietnam du Nord en 1975. Elle sera alors débaptisée et prendra la dénomination de Hô Chi Minh-Ville.

SAINT-ANDRÉ Jacques d'ALBON, seigneur de (Château d'Albon, Dauphiné, v. 1505 – Dreux, 1562)

Maréchal de France.

Écuyer du Dauphin et son favori, il est créé maréchal de France lorsque celui-ci devient roi sous le nom d'Henri II. En 1550, de nombreux gouvernements lui sont donnés : Lyonnais, Bourbonnais, Auvergne, Marche. Fait prisonnier à Saint-Quentin en 1557, Saint-André est l'un des négociateurs du traité du Cateau-Cambrésis en 1559. On l'accusera d'avoir accepté des conditions humiliantes en échange de sa libération rapide. Après la mort de François II, il forme, avec Anne de Montmorency et François de Guise, une alliance contre les protestants, connue sous le nom de triumvirat. Après s'être emparé de Poitiers en 1562, il tombe au pouvoir des huguenots à Dreux, mais c'est un catholique qui met fin à ses jours.

SAINT-ANTOINE (faubourg)

Quartier de Paris que traverse, de la Bastille à la place de la Nation, la rue du Faubourg Saint-Antoine.

Cette artère, qui sépare aujourd'hui les XIe et XIIe arrondissements, porta jusqu'en 1632 le nom de chaussée Saint-Antoine et chemin de Vincennes. Le faubourg Saint-Antoine se développe autour de l'abbaye Saint-Antoine-des-Champs, fondée à la fin du XIIe siècle au-delà de la porte Saint-Antoine. Rattachée au siècle suivant à l'ordre de Cîteaux, tombée plus tard en commende, cette abbaye devient hôpital en 1795. En 1652, le faubourg Saint-Antoine, alors situé en dehors des murailles de la capitale, est le théâtre d'un épisode fameux de la Fronde. Le 2 juillet, Condé, chef militaire des frondeurs, est attaqué sous les remparts par Turenne, qui commande l'armée royale. En fort mauvaise posture, Monsieur le Prince est sauvé par Mlle de Montpensier (la Grande Mademoiselle), qui lui fait ouvrir la porte Saint-Antoine, après avoir persuadé le commandant de la Bastille de faire tirer au canon sur les troupes royalistes. Condé parvient ainsi à entrer dans Paris.

La grande période du développement du faubourg Saint-Antoine se situe sous le règne de Louis XIV. Pour attirer les artisans dans ces lieux, le roi les dispense en effet de l'astreinte aux règlements corporatifs. Le faubourg devient ainsi un centre du travail libre, tandis que l'industrie, avec les manufactures, y fait son apparition. Quartier populaire par excellence, il est particulièrement sensible au chômage, aux mauvaises conditions de ravitaillement, aux remous politiques. Ses habitants prendront une part importante aux troubles révolutionnaires : affaire Réveillon, en avril 1789, journées du 20 juin et du 10 août 1792, celles de prairial an III (1795), de juillet 1830, de juin 1848. Avec les grands travaux de la seconde moitié du XIXe siècle, le percement du boulevard du prince Eugène (aujourd'hui Voltaire) entre les places de la République et de la Nation, celui de l'avenue Parmentier, les nouvelles constructions, le faubourg Saint-Antoine a perdu un peu de son caractère. Il reste aujourd'hui le centre parisien de l'ébénisterie.

SAINT-ARNAUD Arnaud Jacques Achille LEROY, dit de (Paris, 1798 – en mer, 1854)

Maréchal de France.

Fils de préfet, il sert aux gardes du corps en 1816. Officier dans la légion corse, puis dans la légion des Bouches-du-Rhône, ensuite au 49e de ligne, il démissionne de l'armée en 1827. Il parcourt la Grèce et regagne la France où il exerce divers métiers : comédien, sous le nom de Florival, prévôt d'armes, commis voyageur. Ayant repris du service après la révolution de 1830, c'est avec le grade de lieutenant que Saint-Arnaud participe à la répression du soulèvement légitimiste de Vendée en 1832. Aide de camp du général Bugeaud, il suivra son supérieur à la forteresse de Blaye lorsque ce dernier y gardera la duchesse de Berry. Capitaine de la Légion étrangère en 1837, Saint-Arnaud se montre, en Algérie, vaillant soldat. Sa conduite durant la prise de Constantine et de Djidjelli, le passage du col de Mouzaïa (1839) lui valent, en 1840, d'être nommé chef de bataillon du 18e léger. Officier de la Légion d'honneur en 1841, Saint-Arnaud, tour à tour lieutenant-colonel (1842), colonel (1844), commandant de la subdivision d'Orléansville, reçoit la soumission du rebelle Bou Maza le 13 avril 1847. Promu commandeur de la Légion d'honneur et général de brigade, il combat à Paris la révolution de 1848. Reparti pour l'Algérie, Saint-Arnaud y poursuivra ses exploits. Général de division le 10 juillet 1851, le 26 du même mois il est placé à la tête de la 2e division de l'armée de Paris.

Le 27 octobre 1851, il accepte le portefeuille de la Guerre. Tout acquis au prince-président, il proteste, dans un ordre du jour adressé aux troupes, contre le droit constitutionnel du pouvoir législatif de requérir directement la force publique et ordonne d'arracher du mur des casernes le décret du 11 mai 1848 qui avait prescrit cette mesure. À l'Assemblée nationale, Saint-Arnaud, devant les véhémentes protestations des députés, quitte le banc du gouvernement. « On fait trop de bruit dans cette maison : je vais chercher la garde », dit-il, refusant ainsi de participer au vote de la proposition des questeurs, proposition qui rappelle le décret du 11 mai. Ayant été, à l'instar de Morny, Maupas, Persigny et Mocquart, parmi les premiers à connaître le plan de l'opération Rubicon (coup d'État du 2 décembre 1851), il reçoit le commandement de troupes destinées à n'intervenir que dans l'hypothèse où les choses « tourneraient mal ». Le coup d'État réussi, Saint-Arnaud est nommé maréchal le jour même de la proclamation de l'Empire (2 décembre 1852). Puis, commandant en chef de l'armée d'Orient, il s'embarque pour la Crimée en 1854. Chargés aux côtés des Anglais, moins de soutenir l'Empire ottoman que d'affirmer les positions des vieilles monarchies de l'Europe de l'Ouest face aux prétentions russes, les Français remportent la bataille de l'Alma le 20 septembre 1854. Atteint du choléra, Saint-Arnauld est rapatrié et meurt sur le chemin du retour, à bord du *Berthollet*. Il a laissé une correspondance intéressante.

SAINT-AUBIN-DU-CORMIER (bataille de)

Victoire remportée le 26 juillet 1488 par les troupes royales sur celles du duc de Bretagne.

Trois jours auparavant, la garnison de Fougères s'est rendue aux troupes françaises. Le 26 juillet 1488, les troupes royales commandées par La Trémoille rencontrent, à Saint-Aubin-du-Cormier (Ille-et-Vilaine), l'armée des coalisés commandée par le maréchal de Rieux, le sire d'Albret, Châteaubriant et le prince d'Orange. Le duc d'Orléans, futur Louis XII, qui se trouve dans le camp des adversaires du roi, combat à pied, avec l'infanterie. L'avant-garde bretonne, la cavalerie, qui semble d'abord prendre l'avantage, est prise de flanc par Jacques Galiot, et bousculée. La Trémoille lance alors en avant son infanterie, qui ne tarde pas à assurer la victoire aux armées royales. Au soir de la bataille, 7 000 soldats dont 6 000 appartenant au duc de Bretagne et à ses alliés, ont péri. Louis d'Orléans, fait prisonnier, sera conduit à Lusignan, puis à Bourges. Le prince d'Orange, lui aussi capturé, est bientôt libéré. Après ce désastre, François II de Bretagne est contraint de demander la paix à Charles VIII. Le 20 août, après la prise de Dinan et celle de Saint-Malo, est signé le traité du Verger par lequel, entre autres clauses, le duc cède Saint-Aubin-du-Cormier au roi de France.

SAINT-AULAIRE Charles de BEAUPOIL, comte de (Angoulême, 1866 – La Malartrie, Dordogne, 1954)

Diplomate.

Issu d'une très ancienne famille, il s'oriente vers la diplomatie après avoir fréquenté l'École des sciences politiques. Il est chargé d'affaires à Tanger quand le gouvernement lui confie d'importantes missions auprès du sultan du Maroc. En 1907, il envoie un croiseur à Casablanca alors en proie à des troubles, intervention qui annonce le débarquement de Drude. En 1912, les Affaires étrangères le délèguent auprès de Lyautey, résident général, dont il sera pendant quatre ans le plus intime collaborateur. Par la suite, une légation délicate, celle de Roumanie, lui est confiée. Il parvient à faire entrer ce pays en guerre à une époque où les affaires tournent mal pour l'Entente en Orient. On le retrouve ambassadeur en 1920 à Madrid et en 1921-1924 à Londres, où il remplace très dignement Jules Cambon qui était en poste depuis 1898. Retiré de la carrière, Saint-Aulaire présidera la Société d'histoire diplomatique et tiendra la chronique étrangère au *Figaro*. On lui doit divers ouvrages historiques, notamment un *Talleyrand*, un *François-Joseph* et un *Richelieu*.

Massacre de la Saint-Barthélemy
Huile sur toile (détail) de François Dubois, XVIe siècle, Lausanne, musée cantonal des Beaux-Arts.
© *Sélection Images*

Saint-Barthélemy (massacre de la)

Nom donné au massacre des protestants, exécutés à Paris sur l'ordre de Charles IX, dans la nuit du 23 au 24 août 1572 et la journée du 24, fête de la Saint-Barthélemy. Ce massacre s'étend à la province les jours suivants.

La paix de Saint-Germain, en 1570, a donné aux protestants de nombreux avantages et fortement mécontenté le parti catholique. Un des principaux chefs protestants, l'amiral de Coligny, entré au Conseil du roi, ne tarde pas à se poser non seulement comme le maître des réformés, mais comme celui de l'ensemble du royaume, exerçant sur le faible Charles IX une grande influence. Pour créer à Philippe II d'Espagne des difficultés en Flandre, l'amiral fait offrir la couronne des Pays-Bas à Charles IX, par l'intermédiaire du prince d'Orange, ce qui provoque la fureur de Catherine de Médicis, favorable au contraire à l'alliance espagnole. La reine mère contraint le prince d'Orange à quitter la France. Depuis la paix de Saint-Germain, Catherine de Médicis et son fils tentent vainement de réconcilier protestants et catholiques. Dès 1571, circule le bruit d'un mariage entre Henri de Navarre, futur Henri IV, et Marguerite de France, fille d'Henri II et de Catherine de Médicis. Malgré les réticences de cette dernière, le contrat de mariage est signé en avril 1572. Sur le conseil de Coligny, au printemps de cette même année, Charles IX décide de venir en aide aux Gueux révoltés contre Philippe II. Mais sa mère le contraint à revenir sur sa décision, et la paix semble sauvée une fois encore. Au mois de juin, à la suite du traité d'alliance franco-anglais signé le 29 avril, les ambassadeurs anglais arrivent en France. Quelques jours plus tard, Coligny tente de nouveau, en vain, de persuader le Conseil qu'il faut intervenir en Flandre. Une nouvelle tentative échoue au début du mois d'août. La tension est de plus en plus vive entre protestants et catholiques, les incidents se multiplient.

Pour se débarrasser de Coligny, qui menace la paix, Catherine de Médicis décide alors de le faire assassiner. Maurevert, qui a déjà commis, sans succès, un premier attentat contre l'amiral, est chargé de cette nouvelle tentative. Perpétrée le 22 août, elle se solde, une fois de plus, par un échec, Coligny n'est que légèrement blessé. L'annonce de l'attentat se répand aussitôt dans la capitale, les huguenots menacent de faire justice eux-mêmes, les catholiques du parti des Guises s'arment. Affolée, craignant que les Guise, soutenus par la majorité de la population qui désapprouve la politique de ménagement menée vis-à-vis des protestants, ne s'emparent du pouvoir, Catherine de Médicis décide de les devancer en faisant tuer les chefs huguenots restés à Paris après la célébration du mariage d'Henri de Navarre et de Marguerite de France, le 18 août. Dès le 23 août, le duc d'Anjou, Guise, Gaspard de Saulx, le duc de Nevers et Birague, le garde des Sceaux, sont mis dans la confidence. Gondi est chargé d'obtenir l'accord de Charles IX. Pour persuader le roi, qui a promis de punir les assassins de l'amiral, Gondi lui révèle que sa mère est à l'origine de l'attentat, ce que celle-ci confirme peu après. Puis arrivent ceux que la reine mère a mis dans la confidence. Tous développent des arguments en faveur de la mort des chefs huguenots, révèlent au roi un prétendu complot visant à supprimer la reine et ses enfants, et même Henri de Navarre. Enfin convaincu, ou plutôt vaincu par toutes ces exhortations, Charles IX finit par s'écrier : « Eh bien ! par la mort Dieu, soit ! mais qu'on les tue tous, qu'il n'en reste pas un pour me le reprocher après ! » Ainsi, alors que Catherine de Médicis n'envisageait la mort que d'une douzaine d'hommes, son fils ordonne un massacre général. Avec les Guises, la reine dresse la liste des hommes à tuer, Coligny en tête. Navarre et Condé seront épargnés. Pour faire face aux protestants, qui se défendront certainement, on décide de faire appel à la municipalité parisienne : le prévôt Antoine Le Charron et son prédécesseur Claude Marcel sont appelés, les milices parisiennes et les bourgeois catholiques interviendront aux côtés des soldats. Cette décision conduira au massacre, car les Parisiens catholiques détestent leurs concitoyens huguenots. On convient que, pour se distinguer des huguenots, les catholiques porteront au bras gauche une chemise blanche, ainsi qu'une croix blanche. Le massacre doit commencer à l'aube, à l'appel de la cloche de l'hôtel du palais.

Dans cette même nuit du 23 au 24 août, la reine et ses fils ne se reposent que quelques instants. Réalisant l'horreur de ce qui se prépare, ils tentent en vain d'arrêter les hommes des Guises. À quatre heures, les tueurs se présentent à la porte de Coligny, bientôt transpercé par le Tchèque Besme et par ses hommes, tandis que le duc de Guise attend dans la rue. On jettera le corps de l'amiral par la fenêtre et la populace le dépècera en partie. Ses restes seront ensuite transportés à Montfaucon pour être suspendus au gibet. Aussitôt connue la nouvelle de la mort de l'amiral, Catherine fait sonner, contrairement à ce qui avait été prévu, la grosse cloche de Saint-Germain-l'Auxerrois, la Marie. Les autres cloches de la capitale lui répondent. Le massacre se généralise. Convoqués au Louvre auprès du roi, Henri de Navarre et Condé sont sommés de choisir entre la messe ou la Bastille, et enfermés sous bonne garde. Tous les gentilshommes présents au palais, ainsi que leurs serviteurs, sont rassemblés et massacrés par les suisses les uns après les autres, lorsqu'ils sortent dans la cour. Seuls quelques-uns seront graciés. La tradition veut que le roi, embusqué derrière une fenêtre, ait tiré sur les huguenots. Or la fameuse fenêtre n'existait pas en 1572. Cependant, plusieurs témoins affirment avoir constaté la présence du roi.

Dans Paris, les nobles, comme La Rochefoucauld, ami du roi qui a tenté de le sauver, Téligny, gendre de Coligny, puis leurs valets, et enfin de simples citoyens, sont massacrés à leur tour. Des scènes horribles se déroulent, le sang coule dans les rues, des charrettes déversent les cadavres dans la Seine. Les plus grands seigneurs exhortent la populace au massacre. Cependant, dans la matinée du 24 août, les pillages commencent à accompagner les tueries. Sur l'intervention du prévôt Le Charron, Charles IX, poussé par sa mère, se décide à donner l'ordre d'arrêter le massacre. Cependant, malgré les sonneurs de trompe qui transmettent dans les rues l'ordre royal, les tueries se poursuivent jusqu'au soir. Elles reprendront le lendemain, à l'annonce d'un miracle qui se serait produit au cimetière des Innocents, où une épine morte se serait mise à fleurir de nouveau.

Cependant la reine et ses fils élaborent la thèse officielle du massacre de la Saint-Barthélemy, qui n'aurait été qu'un combat entre les clans ennemis des Guises et de Coligny. Le nombre des victimes est difficile à connaître, peut-être plus de 3 000, pour Paris seulement car, répercuté le 25 août dans les provinces, l'ordre royal y sera appliqué à des dates fort diverses, jusqu'aux premiers jours d'octobre. À Lyon, Orléans, Rouen, Meaux, Bourges, Blois, Tours, en Provence, en Champagne, en Guyenne, des massacres ensanglantent les villes ou se réduisent au contraire à quelques exécutions. Dans un lit de justice tenu le 26 août, Charles IX prend l'entière responsabilité des massacres. Le lendemain, en ordonnant leur arrêt, il déclare que Coligny avait ourdi contre lui un complot et qu'il a été exécuté pour ce motif. Le 6 septembre, en apprenant la nouvelle de la Saint-Barthélemy, le pape Grégoire XIII fait chanter un *Te Deum* dans sa chapelle. En Espagne, Philippe II manifeste une grande satisfaction, tandis qu'en Allemagne, les princes luthériens expriment leur indignation.

Le projet de Catherine de Médicis, décapiter le parti huguenot, n'a que partiellement réussi. Les survivants se regroupent dans le Midi, en Provence, et surtout près de La Rochelle. La guerre reprend, autour de la ville, jusqu'à l'édit de Poitiers qui, le 24 juin 1573, renouvelle celui de Saint-Germain. Le massacre de la Saint-Barthélemy ne profite finalement qu'aux Espagnols, libres pendant plusieurs mois d'agir en Flandre contre les Gueux. En France, ils entraînent la constitution du parti des Politiques, hommes modérés favorables à la tolérance religieuse et à l'union contre les périls extérieurs.

Saint-Benoît-sur-Loire

Une des plus grandes abbayes bénédictines du Moyen Âge.

Fondée en 620, elle porte d'abord le nom de Fleury-sur-Loire, puis prend celui de Saint-Benoît-sur-Loire lorsque les cendres de saint Benoît y sont transférées (VIIe siècle). Cette circonstance lui vaut un très grand renom et la protection des premiers Capétiens ; elle profite également de son excellente situation sur la Loire, sur une grande voie commerciale, à proximité d'Orléans. Les pèlerins affluent, et une célèbre école y est fondée. Ses maîtres laisseront des chroniques qui sont parmi les plus précieuses sources de l'histoire des Xe, XIe et XIIe siècles. Mais le XVIe siècle amène la ruine de l'abbaye. Elle doit soutenir un siège contre le cardinal Duprat. Le cardinal Odet de Châtillon, frère de Coligny, la dépouille de ses richesses. Enfin les troupes de Coligny la pillent en 1562, incendient les bâtiments monastiques ainsi que la bibliothèque. Restaurés au XVIIe siècle, ceux-ci sont presque entièrement détruits aujourd'hui. Il ne reste de l'abbaye qu'une remarquable église, ancienne abbatiale, un des plus beaux monuments de l'art roman en France. Commencée en 1026, consacrée en 1031, elle fut complètement achevée en 1218 et a été restaurée de nos jours (les travaux ont été terminés en 1936). L'abbé Gozlin, bâtard d'Hugues Capet et demi-frère du roi Robert, voulut en faire un modèle pour tout le royaume. Elle a la forme d'une croix archiépiscopale, avec double transept. Le porche offre un type de portique ouvert, directement issu de l'art carolingien et décoré de reliefs remployés. Les chapiteaux reprennent des motifs végétaux classiques (inspirés des chapiteaux corinthiens) et présentant de nombreuses scènes historiées inspirées de la Bible et de la vie des saints. L'église a conservé des sculptures représentant notamment des scènes de l'Apocalypse, et le tombeau du roi Philippe Ier, le seul Capétien qui n'ait pas été enterré à Saint-Denis. Le linteau du portail nord est consacré au transfert des reliques de saint Benoît. Depuis 1947, un groupe de moines bénédictins s'est réinstallé dans les bâtiments du monastère, dont la reconstruction a été entreprise. La nouvelle communauté a été érigée en abbaye.

Saint-Bertrand-de-Comminges

Capitale historique du comté de Comminges, aujourd'hui simple commune de la Haute-Garonne.

Située sur une butte dominant la Garonne, cette ville s'est appelée successivement *Lugdunum Convenarum* à l'époque gallo-romaine, puis Comminges, avant de prendre le nom de son plus illustre évêque, saint Bertrand. Des fouilles ont permis d'établir qu'elle avait été très prospère sous l'Antiquité. Les Vandales l'ont détruite, puis les Francs du roi de Bourgogne, Gontran, lors de la révolte de Gondovald. Le siège épiscopal a peut-être été transféré à ce moment-là à Valcabrère, dans la plaine. À la fin du XIe siècle, il se trouvait sur la butte où saint Bertrand fit commencer une nouvelle cathédrale.

Saint-Brieuc

Ville des Côtes d'Armor, sur le Gouet, dont l'origine remonte au Ve siècle.

Brieuc, ou Briomach, un Gallois converti au christianisme par saint Germain d'Auxerre, passe la Manche vers le milieu du Ve siècle, fuyant les Saxons. Installé en Armorique, il aurait converti un noble seigneur nommé Conan. Ce dernier, fort généreux, lui aurait ensuite permis de fonder un monastère, noyau de la future ville de Saint-Brieuc. En 840, Nominoé transforme le monastère en évêché. La cathédrale Saint-Étienne, construite aux XIIIe et XIVe siècles, est dotée de fortifications, et servira à plusieurs reprises de refuge contre des assaillants. Elle sera remaniée au XVe puis au XVIIIe siècle. De 1602 à 1778, les états de Bretagne se tiennent à plusieurs reprises à Saint-Brieuc, qui joue ainsi un rôle politique et dont l'évêque est demeuré le seigneur.

Saint-Cast (bataille de)

Victoire remportée par la France sur l'Angleterre le 11 septembre 1758 dans le cadre de la guerre de Sept Ans (1756-1763).

Le 3 septembre 1758, d'importantes forces anglaises débarquent au port breton du Guildo, à l'embouchure de l'Arguenon. Pendant que 13 000 hommes se dirigent vers Saint-Malo, la flotte mouille dans la baie de Saint-Cast (Côtes d'Armor). L'attaque de Saint-Malo échoue, et les Anglais se retirent vers Saint-Cast. C'est le moment que choisit le duc d'Aiguillon, gouverneur de Bretagne, pour lancer contre l'ennemi les milices côtières et les forces régulières. Du moulin d'Anne de La Vieuxville, il surveille et dirige la bataille, au cours de laquelle les Anglais perdent plus de 2 400 hommes, tués ou noyés. Ils doivent rembarquer, la Bretagne est sauvée de l'invasion. Comme on annonce à La Chalotais, ennemi du gouverneur, que ce dernier s'est couvert de gloire à Saint-Cast, le magistrat, pensant au moulin, ajoute « et surtout de farine », ce qui n'améliore pas les rapports entre les deux hommes.

Saint-Christophe

Île des petites Antilles.

Colonisée concurremment par les Anglais et par les Français vers 1625, cette île, après de longues disputes, est reconnue en totalité aux Anglais par le traité d'Utrecht (1713). Bouillé s'en empare pour peu de temps en 1782.

Saint-Clair-sur-Epte (traité de)

Traité par lequel Charles le Simple cède à Rollon une partie de la Normandie en contrepartie de son hommage vassalique et de sa conversion au christianisme.

En 911, le chef normand Rollon met le siège devant Chartres. Robert, comte de Paris, accourt afin de soutenir la ville, tandis que l'évêque Gouteaume passe parmi les défenseurs de la place, revêtu de la chemise dite de la Vierge ; l'envahisseur normand finit par être repoussé après avoir perdu 7 000 hommes et se replie vers l'actuelle Normandie. Charles le Simple décide alors de rencontrer Rollon et de négocier avec lui une paix que les antagonistes appellent de leurs vœux. L'entrevue a lieu à Saint-Clair, village situé sur la rive gauche de l'Epte, petit affluent de la Seine qui, à Vernon, marque l'actuelle frontière entre le département de l'Eure et celui du Val-d'Oise. Ce traité concède « aux Normands de la Seine, Rollon et ses compagnons », les diocèses de Rouen, d'Évreux et de Lisieux, moyennant la reconnaissance de leur vassalité envers le roi de France et reconnaît à Rollon – qui accepte de se faire baptiser – le titre de duc de Normandie.

Saint-Cloud (château de)

Château qui s'élevait à quelques kilomètres de Versailles.

Sur son emplacement, les Gondi possèdent, en 1577, une maison des champs où le moine dominicain Jacques Clément assassinera Henri III, le 31 juillet 1589. Dès 1625, le premier archevêque de Paris, Jean-François de Gondi, embellit la demeure familiale. Il l'agrémente de splendides jardins à l'italienne qui s'étendent sur la pente de la colline surplombant la Seine. En 1655, le financier Barthélemy Hervart achète le domaine de Saint-Cloud, qu'il revend trois ans plus tard au cardinal Mazarin, intermédiaire de Monsieur, frère de Louis XIV. Le duc d'Orléans oubliera sa peine d'être tenu loin des affaires de l'État en se consacrant à la rénovation totale de Saint-Cloud. André Le Nôtre magnifie les parcs et les jardins. Antoine Lepautre dessine la grande cascade baroque que Jules Hardouin-Mansart prolongera vers le bas. Enfin, ce dernier, secondé par Jean Girard, élève, à partir de 1674, un château majestueux face à la vallée. Le bâtiment comprend un corps de logis principal haut de trois étages, un avant-corps central et des pavillons latéraux en saillie. À droite et à gauche de la cour d'honneur apparaissent, plus basses que le reste de l'édifice, deux ailes en retour d'équerre. Pierre Mignard et Jean Nocret décoreront l'intérieur du château. Madame, Henriette d'Angleterre, épouse de Monsieur, meurt dans la résidence princière le 30 juin 1670. La famille d'Orléans ne s'éloignera pas pour autant de Saint-Cloud. Durant le XVIIIe siècle elle y séjourne tous les étés. Le Régent y accueillera le tsar de Russie, Pierre Ier le Grand, en 1717.

En 1785, Louis XVI acquiert le château de Saint-Cloud afin de l'offrir à Marie-Antoinette. La reine meuble somptueusement sa nouvelle propriété et charge l'architecte Mique de rajeunir l'aspect des pièces. La Révolution disperse le mobilier royal et le château tombe à l'abandon jusqu'à ce que le Conseil des Cinq-Cents se rassemble dans son orangerie. Bonaparte chassera cette assemblée lors du coup d'État des 18 et 19 brumaire an VIII (9 et 10 novembre 1799). Sous l'Empire, la Cour se réunit souvent au château de Saint-Cloud, qu'ont restauré les architectes Charles Percier et Pierre Fontaine. L'ancienne habitation des Orléans voit s'unir l'Empereur et Marie-Louise d'Autriche, le 13 décembre 1810, et le géneral Blücher y recevoir la capitulation de Paris (juillet 1815). C'est à Saint-Cloud également que se jouent, pour l'entourage de Charles X et pour le roi lui-même, les grandes heures de la révolution de 1830. Ayant signé en ce château les ordonnances de Juillet, préparées par Polignac, Charles X, entièrement soumis aux « visions » de son ministre, refuse de prendre la situation au sérieux et de quitter les lieux pour se rendre à Paris à la tête de ses troupes. C'est vers

Château de Saint-Cloud
Vue générale du château et des jardins de Saint-Cloud. Huile sur toile d'Étienne Allegrain, v. 1675, château de Versailles. © *Giraudon*

Saint-Cloud finalement que se replient, *in extremis*, les troupes royales ayant vainement tenté de juguler les Trois Glorieuses. Le 30 juillet, Charles X, enfin clairvoyant, se décidera à quitter Saint-Cloud pour prendre le chemin de l'exil. Le château sert ensuite de résidence estivale à Louis-Philippe puis à Napoléon III, avant d'être incendié par les Prussiens pendant le siège de Paris de 1870. Ses ruines ne seront rasées qu'en 1891. Aujourd'hui, l'École normale supérieure de Saint-Cloud occupe les communs, surélevés, du château dont on peut toujours admirer le parc.

SAINT-CYR (École spéciale militaire de)

École de formation d'officiers de l'armée de terre fondée en 1803 par Bonaparte, alors Premier Consul, et installée initialement à Fontainebleau.

Sur l'ordre de l'Empereur, elle est transférée en 1808 à Saint-Cyr, dans les locaux de la maison d'éducation fondée en 1686 par Mme de Maintenon. Sous l'Empire et la Restauration, la moitié des places sont réservées aux fils d'officiers. À partir de 1830, les élèves sont recrutés par concours. De l'École spéciale sortiront, jusqu'en 1940, 40 000 officiers servant dans l'infanterie et la cavalerie puis, au XXe siècle, dans les armes blindées et l'aviation. Plus de 4 000 trouvent la mort au combat pendant la Première Guerre mondiale. Après l'armistice de 1940, l'École de Saint-Cyr, réunie à celle de Saint-Maixent, est transférée à Aix-en-Provence puis, à partir de 1942, à Cherchell, en Algérie. Les bombardements détruisent la plus grande partie des bâtiments de Saint-Cyr. Aussi, en 1946, l'École spéciale militaire interarmes est-elle transférée, provisoirement, à Coëtquidan, où elle conserve les traditions de Saint-Cyr. En 1959, les autorités décident de reconstruire à Coëtquidan l'école de formation des officiers de l'armée de terre, séparée en 1961 en deux écoles distinctes : l'École spéciale militaire, recrutée par le concours de Saint-Cyr, et l'École militaire interarmes, destinée aux sous-officiers, qui passent un concours après une année d'études à Strasbourg. À Saint-Cyr-l'École, après restauration d'une partie des bâtiments détruits pendant la guerre, est fondé en 1966 le Collège militaire de Saint-Cyr, dont les statuts sont identiques à ceux du Prytanée militaire de La Flèche.

SAINT-CYR (maison de)

Pensionnat de jeunes filles nobles fondé en 1686 par Mme de Maintenon.

L'épouse morganatique de Louis XIV est préoccupée par la paupérisation d'une fraction de la noblesse ainsi que par l'ignorance de certaines dames présentées à la Cour. Son but est d'assurer une meilleure éducation des élites, même financièrement démunies : une fois mariées, les jeunes filles formées à Saint-Cyr sont censées devenir des mères éclairées et chrétiennes. Au temps où elle n'était que Françoise d'Aubigné, Mme de Maintenon a élevé secrètement les bâtards du roi. Plus tard, elle a obtenu le château de Noisy pour mener des expériences éducatives sur sa cassette personnelle. Mais le bâtiment de Saint-Cyr construit par Mansard au fond du parc de Versailles est une fondation royale. Nécessairement nobles et de familles pauvres, les élèves sont souvent issues de la province et choisies de préférence parmi les enfants des officiers tués au service du roi. Saint-Cyr, qui accueille le 2 août 1686 sa première promotion de deux cent cinquante « demoiselles », est initialement un pensionnat, pas un couvent. Les élèves, admises entre 7 et 12 ans, sont entretenues jusqu'à l'âge de 20 ans. La marquise offre à ses protégées en uniforme un lieu à l'architecture fonctionnelle, entouré de jardins et décorés de peintures. Le programme d'enseignement est éclectique : ouvrages d'éloquence et de poésie, comme pour les garçons des collèges, rudiments d'économie et d'arithmétique, histoire ancienne, pratique du chant et d'un instrument de musique, dessin... À l'instar des Jésuites, Mme de Maintenon introduit le théâtre dans sa pédagogie : elle convainc Racine de donner à Saint-Cyr « quelque espèce de poème moral et historique dont l'amour fût entièrement banni ». Deux tragédies bibliques, *Esther* (1689) et *Athalie* (1691), naissent de cette commande.

Le projet éducatif de Saint-Cyr reste toutefois très conformiste. Principes domestiques, préceptes religieux et moraux, arts d'agrément visent à façonner des épouses dociles plutôt que de beaux esprits. Mais les jeunes filles, qui ne reçoivent du roi qu'une dot très modeste, ne trouvent guère de partis : beaucoup restent comme maîtresses à Saint-Cyr qui fonctionne ainsi en circuit fermé. En 1692, Mme de Maintenon accepte à contrecœur que son institut, gagné par l'influence quiétiste, devienne un couvent. Elle s'y retire en 1715 et y termine ses jours. Saint-Cyr ne survit pas à la Révolution mais inspire Napoléon Ier lorsqu'il crée en 1805 les Maisons d'éducation de la Légion d'honneur. Établissements publics installés à Saint-Germain-en-Laye et à Saint-Denis, les Maisons d'éducation offrent aujourd'hui encore un enseignement secondaire et supérieur aux filles et petites-filles des membres des ordres nationaux de la Légion d'honneur et du Mérite.

SAINT-CYRAN : voir DUVERGIER de HAURANNE Jean

SAINT-DENIS (abbaye de)

Abbaye de bénédictins fondée en 630 par Dagobert Ier au nord de Paris.

En 636, les restes de saint Denis, enseveli primitivement, avec ses disciples Rustique et Éleuthère, dans une villa gallo-romaine du voisinage, nommée *Catulliacum*, du nom de sa propriétaire Catulla, y sont transférés. Pour les recevoir, Dagobert fait construire une splendide église ; les corps des saints sont placés dans un tombeau commandé à saint Éloi. Il dote richement l'abbaye, la choisit comme lieu de sépulture. Son exemple est suivi par son fils, Clovis II, mais non par ses autres successeurs mérovingiens, qui préfèrent les abbayes parisiennes de Saint-Germain-des-Prés et Sainte-Geneviève. Dagobert crée néanmoins une tradition de sépulture royale à Saint-Denis, qui sera reprise par Pépin le Bref puis trois rois carolingiens (Charles le Chauve, Louis III, Carloman) et, à quelques exceptions près (Philippe Ier, Louis VII et Louis XI), par tous les Capétiens directs, Valois et Bourbons. De hauts personnages et de grands dignitaires auront eux aussi les honneurs de la sépulture à Saint-Denis (Charles d'Anjou, Bertrand Du Guesclin, Louis de Sancerre, Arnaud Guilhem de Barbazan, Turenne).

Vers 750, Pépin le Bref entreprend la construction d'un nouveau sanctuaire monumental qui est achevé par Charlemagne (775). Saint-Denis est un des hauts lieux de la Renaissance carolingienne, notamment sous l'influence d'Hincmar. Sa prospérité est alors très grande. Elle a des possessions dans toutes les parties de la France, en Italie, en Alsace, en Flandre, en Angleterre, et son abbé est un des principaux seigneurs du royaume (Hugues Capet sera abbé de Saint-Denis). Dagobert avait déjà institué une foire dans la ville qui entourait l'abbaye. Charles le Chauve y ajoute la célèbre foire appelée *Indictum*, d'où le nom de *Lendit*. Outre Dagobert Ier, les deux grands bienfaiteurs de Saint-Denis sont Suger et Saint Louis. Suger en devient abbé en 1122. Il ne cesse d'accroître les prérogatives et les domaines de l'abbaye pendant vingt-neuf ans et entreprend en 1129 la réédification de la basilique dont le chœur est consacré en 1144. Elle sera agrandie vers 1231 par le maître d'œuvre Pierre de Montreuil. Longue de 108 mètres, haute sous voûte de 29 mètres, œuvre charnière entre l'art roman et l'art gothique, édifiée avec toutes les ressources de l'art ogival parvenu à son épanouissement, elle est, avec la cathédrale de Sens sa contemporaine, une des principales réalisations du premier âge gothique. L'édifice conserve, à droite de sa façade, une tour romane à double étage. Sa principale innovation réside dans son ouverture systématique à la lumière. Pour la première fois, le problème de l'éclairage est résolu par la substitution des colonnes aux murs aveugles de l'architecture romane. L'église, à trois étages, est largement éclairée de baies. Le déambulatoire est doublé par une galerie secondaire, formée de colonnes monostyles précédant les chapelles rayonnantes en faible saillie sur l'abside. Le triforium ajouré, de grandes arcades et les vastes fenêtres de l'étage supérieur éclairent le chœur. Enfin d'immenses roses, taillées dans le mur à l'extrémité des croisillons, complètent le système. Les trois portails de la façade occidentale s'ornent de statues-colonnes, qui seront adoptées par les grandes cathédrales gothiques. Les sculptures ont hérité de l'art roman le thème du Jugement dernier. Mais Saint-Denis est aussi le point de départ du thème des précurseurs, prophètes et ancêtres du Christ. Elle est également à l'origine de la grande expansion du vitrail dans l'art gothique, ses vitraux, marqués encore par l'ancienne inspiration épique (large place faite aux croisades), sont les plus anciens qui soient conservés en France. Plusieurs chapelles datent du XIVe siècle ; une rotonde, nécropole des Valois, est édifiée au XVIe siècle. Les bâtiments abbatiaux (cloître, salle capitulaire, grande salle, dortoir, réfectoire, cuisines, hôtellerie, trésor, bibliothèque, hôpital) étaient entourés d'une enceinte fortifiée.

Non seulement Saint Louis surveille l'achèvement de l'abbatiale, mais il réorganise également la nécropole royale. Il dispose les tombeaux par ordre chronologique et fait exécuter les premiers gisants et mausolées pour ses prédécesseurs. Il comble l'abbaye de donations ; celle-ci devient si riche et si florissante que plusieurs rois de France continueront à porter le titre d'abbé de Saint-Denis qu'avaient adopté les Robertiens. C'est à partir de son règne que la basilique devient définitivement la sépulture des rois de France. Son

Abbaye de Saint-Denis
Intérieur de l'abbaye. Au premier plan les statues de Louis XVI et Marie-Antoinette. © *Scope Michel Guillard*

oriflamme est, depuis Louis VI, la bannière des souverains qui viennent le chercher avant de partir au combat (il figurera pour la dernière fois à Azincourt), et « Montjoie et Saint-Denis » est pendant longtemps le cri de guerre des Français. C'est enfin à Saint-Denis que sont déposés les ornements du sacre (épée, couronne, sceptre, main de justice).

Saint-Denis est pris et repris pendant les guerres civiles, sous Charles VI et sous les derniers Valois. Il s'y livre en 1567, entre catholiques et calvinistes, une bataille dite combat de Saint-Denis, où le connétable de Montmorency, vainqueur des calvinistes, meurt dans son triomphe. Assiégée par Henri IV, la ville doit à sa résistance d'obtenir une capitulation honorable, et le roi s'y installe jusqu'à la levée du siège de Paris (1590). C'est enfin entre les murs de la basilique qu'il abjure le protestantisme le 25 juillet 1593. En 1686, Louis XIV supprime le titre d'abbé et les revenus qui y étaient attachés, au profit de la maison d'éducation de Saint-Cyr. La nécropole des Valois est détruite sous Louis XV, et les bâtiments conventuels, restaurés par Robert de Cotte et Gabriel, abritent depuis 1809 la Maison d'Éducation de la Légion d'honneur. En 1793, les sépultures des rois et des reines de France, que Saint Louis avait transportées dans le chœur, sont violées, les cendres des rois jetées au vent, les magnifiques verrières de Saint Louis brisées. Napoléon Ier et les Bourbons s'attachent à la restauration de la basilique et des tombeaux. L'œuvre est poursuivie et achevée sous Napoléon III par Viollet-le-Duc.

Les mausolées de Saint-Denis les plus intéressants par leur ancienneté ou les plus remarquables sont le tombeau de Dagobert et la tombe présumée d'Arégonde (ses nombreux bijoux d'or, ornés de filigranes et de cabochons, montrent la richesse décorative qu'a pu atteindre l'orfèvrerie mérovingienne), la pierre tumulaire de Frédégonde, les gisants de Philippe VI et de Jean le Bon par Beauneveu, le tombeau de Louis XII et d'Anne de Bretagne par Jean Juste et sa famille, le mausolée de François Ier et de Claude de France par Delorme, Bontemps et Germain Pilon, le tombeau inachevé d'Henri II, chef-d'œuvre de Pierre Lescot et Germain Pilon.

SAINT-DENIS (bataille de)

Le 10 novembre 1567, au cours de la deuxième guerre de Religion, les troupes de Louis Ier de Condé, chef des protestants, rencontrent à Saint-Denis les troupes royales commandées par le connétable Anne de Montmorency.

Après leur échec de Meaux, au mois de septembre, lorsqu'ils ont vainement tenté d'enlever Charles IX et sa mère Catherine de Médicis, les calvinistes, suivant la Cour, se dirigent vers Paris et bloquent la capitale. Des négociations, menées du côté du pouvoir royal par Michel de L'Hospital, ne donnent rien, tant sont exorbitantes les prétentions des réformés que dirigent Condé et Coligny. Furieuse, la reine mère renonce à la discussion et se résigne à employer la force. Le 10 novembre au matin, Anne de Montmorency sort de Paris avec 15 000 hommes pour se porter vers Saint-Denis où se sont retranchés les calvinistes. Passant par la porte Saint-Denis, il s'exclame : « Cette journée me délivrera des reproches du peuple et de l'envie de mes ennemis, car on me verra par ici retourner victorieux ou on me rapportera mort. » Et le vieux connétable – il a 74 ans – donne le signal de l'assaut. Rapidement isolé, il refuse de se rendre aux hommes de Condé et tombe, mortellement blessé. Ses troupes, cependant, plus nombreuses que celles des calvinistes, contraignent ces derniers à reculer. Condé se replie vers l'est, dans l'attente des renforts promis par les Allemands.

SAINT-DOMINGUE

Ancien nom de l'île d'Haïti, deuxième île, en importance, des Grandes Antilles.

Découverte en 1494 par Christophe Colomb, qui lui donne le nom d'Hispaniola, l'île est colonisée et évangélisée par les Espagnols. Les Français s'installent au XVIIe siècle dans sa partie occidentale, dont la possession leur est reconnue en 1697 par le traité de Ryswick. L'ancienne île de Saint-Domingue est aujourd'hui divisée en deux États, la république Dominicaine, à l'est, ancienne possession espagnole, et la république d'Haïti à l'ouest, ancienne possession française.

SAINTE-GENEVIÈVE (abbaye de)

Ancienne abbaye parisienne située sur la rive gauche de la Seine.

Sur la colline située au sud de l'île de la Cité, le premier roi chrétien de France, Clovis, ordonne au début du VIe siècle la construction d'une basilique dédiée aux saints apôtres Pierre et Paul. Le roi y sera inhumé après sa mort, en 511. Sa femme Clotilde, et surtout sainte Geneviève, chère au cœur des Parisiens pour avoir sauvé la capitale de la destruction par les Huns d'Attila, reposeront elles aussi dans l'abbaye. L'église, desservie par des moines, est brûlée par les Normands lorsqu'ils s'emparent de Paris, à la fin du mois de décembre 856. Elle sera plusieurs fois reconstruite entre le XIIe et le XVIIe siècle. C'est au XVIIIe siècle que l'abbaye, constituée par les moines qui desservent la basilique, prend le nom de Sainte-Geneviève. L'église tombant en ruine, Louis XV autorise les moines à élever une nouvelle construction. Les fonds nécessaires sont réunis grâce à la loterie, et Soufflot est désigné comme l'architecte de la nouvelle église, dont la première pierre est posée en 1764. Sa construction est achevée en 1790 mais, l'année suivante, l'Assemblée constituante, modifiant sa destination, en fait un panthéon destiné à recevoir les restes des grands hommes. De l'ancienne église, démolie en 1807, ne subsiste que la tour, dont la partie inférieure date du XIIe siècle et la partie supérieure du XVe. On l'appelle la tour Clovis. Sous le Consulat, en 1802, les bâtiments composant l'abbaye sont affectés à l'installation d'un lycée, qui prend bientôt le nom de lycée Napoléon, et deviendra le lycée Henri IV à la Restauration. De l'ancienne abbaye Sainte-Geneviève ne subsistent que le cloître et la chapelle.

SAINTE-HÉLÈNE (île de)

Petit îlot volcanique de 122 km² situé dans l'Atlantique Sud et lieu d'exil de Napoléon Ier.

Perdue à 1 800 km des côtes africaines, Sainte-Hélène, avec ses falaises hautes de 300 à 800 mètres plongeant dans la mer, constitue un site unique au monde par l'aspect impressionnant et contrasté de sa topographie. Découverte en 1502 le jour de la Sainte-Hélène (mère de l'empereur Constantin le Grand), par le navigateur portugais João de Nova Castella, elle est annexée par les Hollandais vers 1620 puis dévolue aux Anglais en 1651. Dix ans plus tard, le roi Charles II remet l'île à la Compagnie anglaise des Indes qui est chargée de son exploitation. Devenue une importante escale pour les navires de commerce se rendant d'Europe vers l'Asie, Sainte-Hélène, déjà haut lieu stratégique, est dotée d'un gouverneur chargé de l'administration et de la défense de cette « forteresse pyramidale ».

C'est ce lieu que les Britanniques choisissent pour retenir l'Empereur déchu. La « petite isle désolée », au climat tropical, et sur laquelle le soleil ne se montre, en moyenne, qu'un jour sur trois, voit arriver Napoléon le 17 octobre 1815 à bord du *Northumberland*. L'Empereur est accompagné des comtes Bertrand, Montholon et de Las Cases, du baron Gourgaud, du chirurgien O'Meara et du valet de chambre Marchand. À peine débarqué, Napoléon réside aux Briards, demeure appartenant à Mrs Balcombe, dont la fille Betsy, adolescente de quatorze ans, apportera, par sa fraîcheur, un léger baume sur les plaies de l'Empereur meurtri par son exil. Napoléon s'installe ensuite sur le plateau de Longwood, dans une maison au confort assez rudimentaire, où il subit les brimades du gouverneur Hudson Lowe. Ce dernier, « un sot », de l'aveu même de Wellington, a une telle peur de voir s'échapper l'Empereur, que 3 000 soldats, 600 canons et 7 navires ne suffisent pas à calmer ses craintes. L'espionnage auquel Napoléon est soumis fera que ce dernier, malade, préférera rester à Longwood plutôt que de s'exposer au refus de se déplacer dans la « petite isle ». La détresse morale de Napoléon, son état de santé considérablement aggravé par le climat et l'inaction, la tension qui règne parmi les membres de son entourage, puis leur abandon (Las Cases parti en 1816, Gourgaud en 1818, Mme de Montholon en 1819), ne tarderont pas à toucher à mort « l'exilé de Sainte-Hélène ». Au printemps 1821, tandis que la légende napoléonienne commence à grandir, la santé de l'Empereur s'altère soudain. Il rédige alors son testament politique et ses dernières volontés, témoignage émouvant d'attachement à la France, aux Français, à son fils et même à Marie-Louise à laquelle il semble ne pas tenir rigueur de son abandon. Le 5 mai, le cancer met un terme au « plus puissant souffle de vie qui, jamais, anima l'argile humaine » (Chateaubriand). Après des funérailles décentes, le corps de l'Empereur, conformément à son désir, est inhumé à Geranium Valley où trois saules veilleront sur lui pendant près de vingt ans. En 1840, le prince de Joinville rapportera, à bord de *La Belle Poule*, la dépouille de Napoléon qui sera déposée sous le dôme des Invalides. La maison des Briards, Longwood, et l'emplacement de

Sainte-Hélène
Vue de Longwood offerte à Napoléon le 1er janvier 1820. Aquarelle de Louis Marchand, châteaux de Malmaison et de Bois-Prés. © *RMN – Jean Schormans*

la tombe de Napoléon sont devenus territoires français à la suite d'un don fait par la reine Victoria à la France, en 1857.

SAINTE-LUCIE (île de)

Île située au sud de la Martinique dans les petites Antilles.

Diel du Parquet s'y installe en 1651. Les Anglais en chassent les Français deux ans après. En 1666, ils doivent se retirer à leur tour. Sainte-Lucie sera encore longtemps disputée entre les deux nations, jusqu'au temps des hostilités entre Napoléon et les Anglais, qui permettront à ceux-ci de s'en emparer définitivement.

SAINTE-MARGUERITE : voir LÉRINS

SAINTE-MENEHOULD

Ville de la Marne, sur l'Aisne. (On prononce Sainte-Menou.) Très ancienne place forte qui commande un des passages de l'Argonne, elle connut de nombreux sièges.

Le duc de Nevers, qui, contrairement aux autres princes révoltés, n'a pas fait sa soumission à Louis XIII, s'en empare le 1er décembre 1616. Les troupes royales le délogeront de la place avant la fin de l'année. En 1719, un incendie ravage entièrement la ville, dont ne subsiste que l'église, datant des XIIIe et XIVe siècles. Aussitôt reconstruite, Sainte-Menehould conserve aujourd'hui de nombreux bâtiments du XVIIIe siècle. C'est à Sainte-Menehould qu'au soir du 21 janvier 1791, lors de sa fuite vers la frontière, Louis XVI est reconnu par le maître de poste Drouet, qui avertit aussitôt les autorités de la ville. Mandaté par la municipalité, il part à la poursuite de la berline royale et la rejoindra à Varennes où il fera arrêter les fugitifs.

SAINTE-MENEHOULD (traité de)

Le 15 mai 1614, le traité de Sainte-Menehould établit la paix entre Marie de Médicis et les grands, révoltés contre le gouvernement de la régente et de Concini.

Le texte prévoit que des états généraux seront réunis avant la fin de l'année. Les mariages espagnols (Louis XIII avec l'infante Anne d'Autriche, sa sœur Élisabeth avec le futur Philippe IV) sont repoussés jusqu'à la majorité du roi et célébrés l'année suivante ; Condé reçoit 450 000 livres et le gouvernement d'Amboise, Henri de Mayenne 300 000 livres et le gouvernement de Paris, Longueville et Bouillon sont eux aussi dotés.

SAINTE-PÉLAGIE

Ancienne prison parisienne installée dans un couvent désaffecté.

En 1662, une riche bienfaitrice, Mme de Miramion, fonde au faubourg Saint-Antoine un établissement destiné aux « filles repenties », et qui porte le nom de Sainte-Pélagie. Trois ans plus tard, l'établissement est transféré sur la rive gauche, dans l'actuel Ve arrondissement, entre les rues de la Clef et du Puits-de-l'Ermite. En 1790, les autorités transforment l'ancien couvent en maison d'arrêt. 200 prisonniers environ y sont incarcérés à la fin de décembre 1793, 350 au début de l'année suivante. Mme Roland, André Chénier, les hébertistes, puis les dantonistes, et aussi quelques fonctionnaires prévaricateurs, quelques nobles comme la princesse de Monaco, y sont alors enfermés. Devenue prison départementale en 1811, Sainte-Pélagie possède sous la Restauration et la monarchie de Juillet une grande notoriété, car elle abrite de nombreux prisonniers politiques. Béranger, Paul-Louis Courier, Blanqui, Barbès, Cavaignac, Raspail, y séjournent. Certains retourneront à Sainte-Pélagie sous le Second Empire. À la fin de cette période, Rochefort, Clemenceau et Cluseret font eux aussi connaissance avec les cellules de l'ancien couvent. Pendant la Commune, le 23 mai 1871, Rigault y fait exécuter Chaudey. Quelque temps plus tard, le peintre Gustave Courbet, rendu responsable de la destruction le la colonne Vendôme, connaîtra à son tour les cellules de Sainte-Pélagie. La prison, qui reçut aussi de jeunes délinquants et des prisonniers pour dettes jusqu'en 1834, a été démolie en 1895.

Sainte-Pélagie
Les Jeux dans la cour de la prison Sainte-Pélagie. Lithographie, v. 1830, Bibliothèque de la ville de Paris. © *Roger-Viollet*

SAINTES

Mediolanum Santonum. *Ville de Charente-Maritime, sur la rive gauche de la Charente.*

Mediolanum Santonum est la riche capitale des Santones. De son passé prestigieux subsistent plusieurs monuments romains, les vestiges d'un amphithéâtre de forme elliptique, l'arc de triomphe de Germanicus, élevé en 21, des thermes, des aqueducs et de nombreuses pièces conservées au musée archéologique de la ville. Capitale de la Saintonge au Moyen Âge, Saintes suit le sort de cette province. Les Normands la ravagent en 845. Au début du mois d'août 1242, les troupes de Louis IX rencontrent sous ses murs celles du roi d'Angleterre Henri III. Le roi de France assiège ensuite la ville, où se sont réfugiés Hugues de Lusignan et son épouse, alliés du roi d'Angleterre. Lusignan est contraint de solliciter son pardon, qu'il obtient. Ravagée en 1330, Saintes déploie cependant, après le départ des Anglais, chassés en 1371 par Du Guesclin, une grande activité commerciale. Elle bénéficie de sa position de ville-pont sur un rétrécissement de la vallée de la Charente. Devenue au XVIe siècle un des foyers de la Réforme, elle souffre des troubles des guerres de Religion, qui marquent le déclin de son activité. Au XIXe siècle, les ateliers ferroviaires lui ouvrent de nouvelles perspectives.

SAINTES (île des)

Archipel des petites Antilles situé au sud de Basse-Terre et dépendant administrativement de la Guadeloupe.

Les Français s'y établissent au milieu du XVIIe siècle. Les Anglais les en chassent en 1794 et renoncent définitivement à occuper le pays en 1815.

SAINT-ESPRIT (ordre du)

Henri III est à l'origine de la création, en 1578, de cet ordre de chevalerie, le plus prestigieux de l'Ancien Régime.

Il faut, en effet, posséder l'ordre de Saint-Michel pour pouvoir obtenir cette distinction, le nombre des titulaires étant en principe limité à 100. L'insigne consiste en une croix d'or à 8 branches, frappée de fleurs de lys et portant d'un côté la colombe du Saint-Esprit et, à l'opposé, l'image de saint Michel. La décoration se porte sur le flanc à l'aide d'un large cordon bleu. D'où l'expression servant à désigner le titulaire de l'ordre : « C'est un cordon bleu. » Supprimé en 1789, rétabli en 1814 puis en 1815, cet ordre définitivement supprimé en 1830.

SAINT-FLORENT-LE-VIEIL

Bourg d'Anjou, situé sur la Loire, dans le département du Maine-et-Loire.

Le 12 mars 1794, les jeunes gens du pays des Mauges se rassemblent à Saint-Florent-le-Vieil. Ils doivent y tirer au sort et satisfaire ainsi à la levée de 300 000 hommes qu'a décrétée la Convention le 16 août 1793. Le recrutement n'aura pas lieu : les Angevins, royalistes, refusent d'obéir à la République, dispersent gendarmes et fonctionnaires et brûlent les papiers administratifs du district. La guerre de Vendée commence. Après qu'elle a été vaincue par les soldats de Kléber devant Cholet le 17 octobre 1794, l'armée

Ordre du Saint-Esprit
Le Duc de Bourgogne décoré de l'ordre du Saint-Esprit. Huile sur toile de Jean-Marc Nattier, 1754, château de Versailles. © *Giraudon*

catholique et royale se retire vers la Loire. Les royalistes laissent derrière eux, en proie à l'incendie et au pillage, les Mauges, le Bocage, le Haut-Poitou. 50 000 fugitifs, dont la moitié se compose de vieillards, de femmes et d'enfants, affluent, le 18 octobre, à Saint-Florent. Ils veulent passer, malgré l'avis du général de La Rochejaquelein, sur la rive droite de la Loire, gagner Varades qu'occupent les Blancs et, de cette ville, rejoindre les insurgés de Bretagne. 30 000 autres « Brigands » franchissent le fleuve en amont, au gué de Cul-de-Bœuf. Sous le feu roulant des batteries bleues, la traversée s'effectue à bord d'une vingtaine de barques. Elle dure un jour entier. Cinq personnes et cinq chevaux seulement périssent noyés. « Mes ingénieurs, écrira Napoléon, sont des hommes habiles, mais à Saint-Florent les Vendéens furent des sylphes. »

SAINT-FLORENTIN : voir LA VRILLIÈRE Louis PHÉLYPEAUX, comte de

SAINT-GERMAIN Claude Louis, comte de (Château de Vertamboz, près de Lons-le-Saunier, 1707 – Paris, 1778)

Général.

Élève des Jésuites, puis novice dans leur maison, il abandonne la religion pour la vie militaire et quitte la France pour servir à l'étranger. Il offre alors son épée à l'Électeur palatin, à Marie-Thérèse, puis à l'Électeur de Bavière, avant de regagner la France. Nommé lieutenant général, il se distingue à Raucoux, en 1746, puis à Lawfeld l'année suivante et surtout au cours de la guerre de Sept Ans : après la défaite de Rossbach, le 7 novembre 1757, il dirige la retraite des débris de l'armée française. De fréquentes disputes l'opposent au duc de Broglie, dont le mauvais caractère est aussi réputé que le sien. Finalement, au mois d'août 1760, Saint-Germain décide de quitter une nouvelle fois la France, et se met au service de Frédéric V de Danemark, qui le nomme feld-maréchal. Après la mort du roi, Saint-Germain rejoint en 1772 son domaine alsacien de Lauterbach, où il se consacre désormais à la culture de ses poiriers et à la rédaction de ses *Mémoires*.

Dès 1758, il avait dénoncé les défauts des armées françaises dans un *Mémoire sur les vices du système militaire français*. En 1775, à la mort du ministre de la Guerre du Muy, Turgot conseille à Louis XVI de faire appel au comte de Saint-Germain, qui tente alors d'appliquer les réformes qu'il préconise depuis si longtemps. Pour diminuer les dépenses, il réduit les effectifs des troupes de parade, réforme le système des adjudications, etc. Les économies ainsi réalisées lui permettent d'augmenter les effectifs de l'infanterie et de la cavalerie, d'améliorer considérablement l'artillerie. Saint-Germain est un fervent soutien de Gribeauval et de son fameux système. Le ministre, qui se vante de ne pas craindre plus « les cabales que les boulets de canon », ne tarde pas à dresser la Cour et l'ensemble des privilégiés contre lui. Pour permettre aux gentilshommes sans fortune d'aborder comme officiers la carrière militaire, il crée des écoles militaires qui les préparent à entrer à l'École militaire de Paris. Pour faciliter le recrutement, il institue une prime de réengagement. Préoccupé de discipline, il supprime la peine de mort pour désertion, mais introduit la discipline prussienne, les châtiments corporels, au grand mécontentement des troupes. Autres mesures disciplinaires impopulaires, l'interdiction du jeu, des femmes, des dettes, etc., et l'obligation d'assister à la messe. Critiqué de tous côtés, le ministre doit démissionner dès le mois de mai 1777. Ses *Mémoires* seront publiés en 1779.

SAINT-GERMAIN, comte de (? – Eckernförde, Schleswig, 1784)

Aventurier.

On ne sait rien de ses origines. Entre autres hypothèses, certains ont vu en lui un Juif portugais, d'autres le fils de Marie-Anne de Neubourg, veuve de Charle IV d'Espagne. Il est présenté vers 1750 à Louis XV et à Mme de Pompadour par le maréchal de Belle-Isle, qui l'a connu en Allemagne. Le roi l'apprécie – il l'utilise peut-être comme agent secret –, la marquise le protège et il ne tarde pas à devenir célèbre. Doté d'une mémoire prodigieuse, celui qui se fait appeler le comte de Saint-Germain possède la faculté de raconter des événements fort anciens, comme s'il y avait assisté, et parle avec aisance de nombreuses langues anciennes et modernes. Habilement, il laisse circuler toutes sortes d'hypothèses sur son âge véritable et sur un élixir de longue vie qui lui permettrait de franchir les siècles. « C'est un homme qui ne meurt jamais et qui sait tout », dira Voltaire. De même, le comte de Saint-Germain étale un luxe considérable, une fortune énorme, dont nul ne connaît l'origine. Dans les années 1750, il séjourne en France, exerçant sur tout son entourage une domination extraordinaire. De taille moyenne, il paraît à ce moment une cinquantaine d'années. En 1760, à la suite d'intrigues mal définies, il est contraint de quitter la France. Il vit alors en Angleterre, puis dans divers pays européens, jusqu'à la cour du landgrave de Hesse-Cassel, auprès duquel il achèvera ses jours.

SAINT-GERMAIN-DES-PRÉS (abbaye de)

Ancienne abbaye fondée à Paris, en dehors de l'enceinte de la Cité, sur la rive gauche de la Seine, à l'emplacement de l'actuelle place Saint-Germain, par le roi Childebert Ier en 543 ou 558, sous le vocable de Sainte-Croix-Saint-Vincent, pour abriter des reliques et des vases sacrés rapportés d'Espagne.

Donnée à l'évêque de Paris saint Germain, qui y est enterré en 576, elle devient un lieu de pèlerinage. Dès 690 le nom de Saint-Germain est accolé à celui de Saint-Vincent et, à partir du IXe siècle, seul subsiste celui de Saint-Germain. Après avoir d'abord observé la règle de saint Antoine et saint Basile, l'abbaye l'abandonne au VIIe siècle pour adopter celle de saint Benoît. Les Mérovingiens la comblent et plusieurs souverains de la dynastie la choisissent comme sépulture : Childebert, Caribert Chilperic Ier, Childeric II, Clotaire II, Frédégonde (dont la pierre tumulaire refaite en mosaïque au XIIe siècle devait être transportée à Saint-Denis). Dès le IXe siècle, l'abbaye possède des biens considérables. Le *Polyptique*, rédigé sur l'ordre de l'abbé Irminon entre 811 et 826 et dont nous n'avons conservé que la moitié à peine, recense à son actif 33 000 hectares, avec une population de 12 000 à 15 000 âmes. Elle est à la tête d'un immense domaine agricole qui couvre une grande partie de l'est de la rive gauche. Elle possède également la seigneurie sur tout le faubourg Saint-Germain, qui obtiendra une charte en 1174 et l'affranchissement de ses serfs en 1250. Ruinée par les Normands au IXe siècle, malgré le courage de l'abbé Gosselin, l'abbaye devient au Xe siècle possession des comtes de Paris. Mais, en 979, Hugues Capet se démet de son titre d'abbé et place Gualon à la tête du monastère avec mission de le réformer. L'un de ses successeurs, l'abbé Morard, élu en 990 et mort en 1014, restaure l'abbaye et entreprend la réédification de l'église, que les Normands avaient brûlée. Celle-ci n'est achevée qu'au milieu du XIIe siècle et consacrée en 1163 par le pape Alexandre III. L'abbaye est entourée d'une enceinte de remparts au XIIIe siècle. Un nouveau palais abbatial est élevé en 1586 par le cardinal Charles de Bourbon. Il est restauré au XVIIe siècle par le cardinal de Fürstenberg qui vend une partie de l'enclos. De par son droit de seigneurie, l'abbaye exerçait la justice sur tout le faubourg mais, en 1674, la haute et la moyenne justice lui sont retirées pour être transférées au Châtelet de Paris.

Réformée une première fois en 1513 par l'abbé Guillaume Briçonnet, elle entre en 1631 dans la congrégation de Saint-Maur et devient la résidence du supérieur général de l'ordre. C'est là que les bénédictins de Saint-Maur élaborent les grands travaux d'érudition qui les rendront célèbres. Le supérieur dom Grégoire de Tarisse y institue des cours de philosophie, de théologie, de langues grecque et hébraïque. Dom Luc d'Achery est chargé de dresser un programme d'études qui, présenté au chapitre général de 1648, sera le germe d'où sortiront notamment les éditions des Pères de l'Église. C'est là que sont rassemblés les matériaux nécessaires à la rédaction de ces immenses recueils auxquels travailleront sans relâche, jusqu'à la Révolution, Mabillon, Montfaucon, Ruinard, Martène et bien d'autres. Mais, en 1789, l'abbaye elle-même ne compte plus que 47 moines. Malgré l'intervention énergique du curé de Saint-Sulpice, la Législative ferme le monastère et disperse ses moines. Sa riche bibliothèque est détruite en 1794 par un incendie mais les manuscrits sont sauvés et transférés à la Bibliothèque nationale de France. Il ne reste aujourd'hui de la célèbre abbaye que le palais abbatial et l'église. En 1635 avait été construite, adossée au monastère, la prison de l'Abbaye, aujourd'hui détruite.

SAINT-GERMAIN-EN-LAYE

Ville des Yvelines, sur la rive gauche de la Seine, célèbre pour son château, autour duquel elle s'est développée, et sa forêt domaniale.

Cette dernière, située au nord de la ville, renferme le château des Loges ; elle est reliée au château de Saint-Germain par l'allée des Loges. Des édits, et surtout de nombreux traités, ont été publiés ou signés à Saint-Germain. La ville est célèbre aussi pour le chemin de fer Paris-Saint-Germain, le premier en France à transporter des voyageurs. Après la Seconde Guerre mondiale, Saint-Germain a abrité un des quartiers généraux de l'OTAN.

Le château de Saint-Germain, une des plus anciennes résidences royales, est construit en 1124 sur ordre de Louis VI. Ses successeurs y résideront volontiers, Saint Louis décidant, vers 1235, l'élévation de la sainte chapelle. Incendié par les Anglais en 1346, à l'exception de cette chapelle, le château est reconstruit dans les années 1360 par Charles V qui n'aime pas Paris et préfère les résidences royales des alentours. Les Anglais s'en emparent de nouveau en 1419, pendant la guerre de Cent Ans. Le connétable de Richemont les en chasse en 1440. À Saint-Germain, François d'Angoulême, futur François Ier, épouse en 1514 Claude de France qui y donnera naissance, en 1519, au futur Henri II. François Ier, à son retour de captivité, décide de transformer le vieux château et confie les travaux à Pierre Chambiges. L'architecte conserve le plan de l'ancienne construction, les

Saint-Germain-en-Laye
Vue du château neuf de Saint-Germain, du côté de la terrasse, avec Turenne, le Grand Condé et Louis XIV. Huile sur toile d'Adam Frans Van der Meulen, 1669, château de Versailles. © *Giraudon*

deux étages qui en composaient la base, la sainte chapelle et le donjon de Charles V. Il ajoute deux étages, où la brique se détache sur la pierre des tourelles rondes qui marquent les angles et un pavillon à deux étages face à la forêt. Des terrasses remplacent les toits traditionnels. La décoration du château de François Ier est très sobre. Le roi y réside volontiers à la fin de sa vie.

Henri II confie ensuite à Philibert Delorme la construction d'un nouveau château, le château neuf, sur le rebord du plateau. Les travaux, commencés sous son règne, interrompus par les guerres de Religion, seront repris et achevés sous le règne d'Henri IV. À la limite du plateau, des terrasses, des murailles, des escaliers et des parterres descendent jusqu'à la Seine. Sous les terrasses, l'Italien Francini aménage des grottes au goût de l'époque. Leur machinerie hydraulique est une des curiosités des lieux. Le futur Louis XIV naît au château neuf où mourra son père en 1643. Henriette de France, chassée de Grande-Bretagne en 1644, y trouve asile avec ses fils. Cinq ans plus tard, pendant la Fronde, la reine mère et le petit Louis XIV se réfugient au château vieux, fort mal commode. Ces mauvais souvenirs resteront gravés dans la mémoire de Louis XIV. Il réside cependant à Saint-Germain au début de son règne personnel, en 1660; le château connaît alors une vie brillante, animée. Le Vau dirige les transformations intérieures, Le Nôtre travaille aux jardins, commence une grande terrasse sur le rebord du plateau. Puis Jules Hardouin-Mansart modifie le château vieux. Déjà, Louis XIV a abandonné Saint-Germain pour Versailles. En 1688, lorsque Jacques II Stuart, détrôné, se réfugie en France, le roi lui offre le château, où résideront ses descendants jusqu'en 1748.

En 1777, Louis XVI offre le château neuf, dont l'état n'est guère brillant, à son frère le comte d'Artois (futur Charles X). Ce dernier, qui a de grands projets, fait raser le bâtiment pour élever à sa place un nouveau château, sur les plans de Bélanger. Il devra renoncer à ses visées, et ne subsistent du château neuf que le pavillon de l'Oratoire, ou pavillon Henri IV, et le pavillon Sully, dans les jardins. Du château vieux, très délabré, la Révolution fait une prison, l'Empire, en 1809, une école de cavalerie, la monarchie de Juillet un pénitencier militaire. En 1862, Napoléon III décide d'y abriter un musée des Antiquités nationales. L'architecte Millet est chargé des restaurations, très importantes, car il tente de lui rendre l'aspect de la construction de Delorme. Inauguré en 1867, le musée abrite des objets préhistoriques et archéologiques, jusqu'à la période médiévale. Des travaux ont été effectués de 1962 à 1975 pour moderniser la présentation des objets. Le musée des Antiquités nationales de Saint-Germain-en-Laye demeure l'un des premiers du monde pour ses collections de préhistoire.

Saint-Germain-en-Laye (assemblée des notables de)

Assemblée réunie en novembre 1583 en présence d'Henri III, de sa mère Catherine de Médicis et de son frère le duc d'Anjou.

L'assemblée tente de porter remède à l'aliénation du domaine par rachat ou par action judiciaire contre les usurpateurs supposés. Le domaine recouvré doit être affermé afin d'assurer à la monarchie des ressources plus importantes sans qu'il soit nécessaire de recourir à des augmentations ou à des créations d'impôts.

Saint-Germain-en-Laye (traité de 1570)

Paix par laquelle Catherine de Médicis met fin à la troisième guerre de Religion.

Réunis à Saint-Germain depuis le mois de juillet, les représentants établissent le texte dans les premiers jours d'août. En fait, on en revient aux clauses de l'édit d'Amboise, garantissant la liberté de conscience, sous certaines conditions, et la liberté du culte. Les protestants obtiennent une amnistie complète, la restitution des biens confisqués. Ils pourront célébrer leur culte partout où ils le pratiquaient auparavant, ainsi que sur les domaines des seigneurs hauts justiciers, dans l'Albret, l'Armagnac, la Bigorre et le comté de Foix, et encore dans les faubourgs de deux villes par gouvernement, sauf toutefois autour de Paris. L'édit prévoit que les calvinistes auront accès à tous les emplois. Et surtout, ils reçoivent, pour deux ans, quatre places de sûreté de première importance, La Rochelle, Montauban, La Charité et Cognac. Toute bonne paix devant comporter un projet de mariage, Catherine de Médicis décide que sa fille Marguerite épousera le fils de la reine de Navarre, Henri. Cette paix de Saint-Germain est très mal accueillie par les catholiques. Monluc s'écrie : « Nous gagnons par les armes, ils gagnent par ces diables d'écritures ! ». Les protestants avaient, en effet, été vaincus à Jarnac et Moncontour. Les Parisiens raillent les plénipotentiaires catholiques, les boiteux, Biron et Malassis : « C'est une paix boiteuse et malassise ! » La paix de Saint-Germain ne durera que deux ans. Elle servira pourtant de modèle à tous les édits de pacification ultérieurs, jusqu'à l'édit de Nantes.

Saint-Germain-en-Laye (traité de 1624)

Traité conclu le 5 septembre 1624, à l'instigation de Richelieu, entre Louis XIII, le duc Charles-Emmanuel de Savoie, et la république de Venise.

Il renouvelle un traité conclu l'année précédente, au mois de février, au sujet de la Valteline. Le duc de Savoie accepte d'attaquer Gênes, une des principales places espagnoles en Italie. Il s'agit pour lui de faire diversion, d'empêcher le gouverneur du Milanais d'intervenir dans les affaires de la Valteline.

Saint-Germain-en-Laye (traité de 1635)

Traité conclu entre Louis XIII et le prince Bernard de Saxe-Weimar les 26 et 27 octobre 1635.

Pour protéger ses garnisons alsaciennes, le roi accorde au prince une rente annuelle de 4 millions de livres, à charge pour lui d'entretenir en Allemagne une armée de 18 000 hommes. Louis XIII promet aussi, à la paix, un revenu d'1,5 million de livres en France.

Saint-Germain-en-Laye (traités de 1679)

Traités conclus le 29 juin et le 25 octobre 1679 entre Louis XIV et l'Électeur de Brandebourg Frédéric-Guillaume Ier.

Ce dernier a refusé de signer la paix de Nimègue de l'année précédente qui mettait fin à la guerre de Hollande (1672-1678), et Créqui a dû pénétrer dans les duchés rhénans pour l'y contraindre. Le roi de France oblige Frédéric-Guillaume à restituer la Poméranie occidentale à la Suède, son alliée pendant la guerre, et à ne conserver de ses conquêtes que quelques territoires sur la rive droite de l'Oder. L'Électeur de Brandebourg s'engage à devenir un allié de la France, en échange de quoi Louis XIV lui fait don de 300 000 écus. Cette alliance est renforcée par le traité du 25 octobre. Frédéric-Guillaume s'engage à respecter la situation territoriale créée par les traités de Westphalie, de Nimègue et de Saint-Germain. Il promet de soutenir le candidat de Louis XIV au trône de Pologne et à la couronne impériale. En échange, Louis XIV lui versera chaque année, pendant dix ans, la somme de 100 000 livres. En signant ces traités, Frédéric-Guillaume cherche surtout à gagner du temps; il n'a nulle envie de tenir ses engagements.

Saint-Germain-en-Laye (traité de 1919)

Traité signé le 10 septembre 1919 par les puissances alliées et associées, d'une part, et la nouvelle république d'Autriche, d'autre part. Il consacre l'effondrement de la monarchie austro-hongroise.

L'Autriche renonce à tous les droits des Habsbourg sur les territoires situés au-delà de ses nouvelles frontières. Parmi les anciennes possessions allemandes des Habsbourg, le Tyrol du Sud et le Trentin sont attribués à l'Italie, le pays des Sudètes à la Tchécoslovaquie, la Styrie du Sud et une petite partie de la Carinthie à la Yougoslavie. Une partie plus importante, le bassin de Klagenfurt, est réclamée par la Yougoslavie. Un plébiscite, prévu par le traité de Saint-Germain et proposé aux habitants le 10 octobre 1920, sera favorable à l'Autriche. La nouvelle république s'engage à ne pas entretenir de forces aériennes ni maritimes et limite son armée à 30 000 hommes. Reconnaissant sa responsabilité dans la déclaration de la guerre, elle s'engage à payer des réparations. Elle s'engage aussi à ne pas réaliser l'Anschluss, l'union avec l'Allemagne, sans le consentement unanime de la Société des nations. Elle s'engage enfin à garantir l'égalité civile et politique de tous les ressortissants autrichiens, quelle que soit leur origine. La Yougoslavie et la Roumanie, mécontentes des clauses du traité, ne le signent que le 5 et le 10 décembre. Le traité de Saint-Germain-en-Laye, ratifié par l'Assemblée nationale autrichienne le 17 octobre 1919, entre en vigueur le 16 juillet suivant. Ce traité porte en germes de nombreuses difficultés : il ne respecte pas le principe du droit des peuples à disposer d'eux-mêmes, proclamé par les Quatorze Points du président Wilson. Quatre millions d'Autrichiens germaniques sont exclus de l'Autriche sans être consultés. La nouvelle république est essentiellement un pays de montagnes dont la capitale, Vienne, abrite plus du tiers des habitants.

Saint-Gilles-du-Gard

Ville du Bas-Languedoc, dans le département du Gard.

Elle doit son nom et son développement à un important monastère bénédictin placé sous le patronage d'un saint ermite, Ægidius ou Gilles. L'église a gardé de beaux restes, notamment trois portails romans remarquables par leur inspiration antique (vers 1180-1230). L'escalier à vis est un monument unique. La crypte, particulièrement vaste, date du début du XIIe siècle. Saint-Gilles a été le siège d'un comté appartenant à la maison de Toulouse. Raymond IV a une dévotion particulière pour Saint-Gilles, dont il garde le nom après être accédé au comté de Toulouse. C'est près de Saint-Gilles que Pierre de Castelnau est assassiné par un fidèle de Raymond VI en 1208, et c'est aussi à Saint-Gilles que Raymond VI doit faire pénitence publique, le 12 juin 1209, sur le tombeau du légat.

Saint-Guilhem-le-Désert : voir Gellone

Saint-Honorat : voir Lérins (îles de)

Saint-Jean-d'Acre

Nom donné par les croisés à Acre, l'ancienne Akko.

En 1104, Baudouin Ier, premier roi de Jérusalem, s'en empare avec l'aide des Génois. Elle devient alors une des quatre baronnies de son royaume. Saladin la reprend en 1187 après sa victoire d'Hattin sur les troupes franques. Mais, dès l'été 1189, Gui de Lusignan en commence le siège. Celui-ci n'aboutit que deux ans plus tard, après l'arrivée en Terre sainte de Philippe Auguste et de Richard Cœur de Lion, et au prix de lourdes pertes. Acre se rend aux croisés le 12 juillet 1191. Sa capitale, Jérusalem, étant restée aux mains des musulmans, le second royaume de Jérusalem devait recevoir le nom de royaume d'Acre. Affaiblie, la royauté doit accepter de voir la ville partagée entre les vainqueurs dont chaque « nation » obtient son quartier et ses juridictions. Des couvents s'y bâtissent et elle connaît une grande activité portuaire. Saint Louis y débarque en 1250 après avoir été libéré par les Égyptiens. Menacée par le sultan Kalaoun en 1290, elle reçoit des secours de Venise et du roi d'Aragon.

Une troupe indisciplinée de Lombards et de Toscans s'y achemine également ; mais ces croisés d'aventure se mettent à massacrer les marchands musulmans et fournissent ainsi le prétexte de l'intervention décisive. Après un siège de quarante jours, malgré la résistance courageuse des ordres militaires, des contingents capétiens et anglais, des renforts envoyés de Chypre, Acre retombe définitivement au pouvoir des musulmans le 18 mai 1291. Sa citadelle, encore tenue par les templiers, tombe à son tour le 28 mai.

Au mois de mars 1799, Bonaparte, lors de la campagne de Syrie, est amené à mettre le siège devant Saint-Jean-d'Acre, défendu par le pacha Djezzar, sir Sidney Smith et un émigré français, Phélippeaux, ancien camarade de Bonaparte à l'École militaire. Le 28 mars, ce dernier livre le premier assaut à la place forte : c'est un échec. La bataille d'artillerie commence, mais les Français, insuffisamment approvisionnés en armes, ne tardent pas à perdre pied. Le 1er avril, Bonaparte ordonne une nouvelle offensive qui se traduit par un nouvel échec. Le futur empereur a failli être enseveli sous un pan de mur copieusement bombardé. Les Anglais tentent une sortie, immédiatement refoulée par les troupes françaises. La guerre des nerfs commence. Bonaparte, peu rompu à ce type d'engagements et bouillant d'impatience, décide de voler au secours de Kléber. Cette dernière manœuvre est couronnée de succès, alors que le siège de Saint-Jean-d'Acre s'éternise. Le 18 avril, Bonaparte retourne sous les murs de la ville et ordonne, sans résultat, un troisième assaut. Le moral des troupes commence à s'en ressentir, d'autant que la peste ravage les rangs des soldats français. Le lendemain, un ultime assaut est repoussé et, le 11 mai, Napoléon abandonne le siège de la ville.

SAINT-JEAN-D'ANGÉLY

Ancienne capitale de la Basse-Saintonge, aujourd'hui chef-lieu d'arrondissement de la Charente-Maritime.

La ville doit son nom à une abbaye bénédictine fondée vers 825 par Pépin d'Aquitaine et qui, au Moyen Âge, était un grand centre de pèlerinage à cause du chef de saint Jean le Baptiste qui y aurait été conservé. Au XVIe siècle, elle devient l'une des citadelles du calvinisme et subit de nombreux sièges, notamment sous Charles IX en présence du duc d'Anjou (1569). En 1621, Louis XIII s'en empare et la fait démanteler.

SAINT-JEAN-DE-LOSNE

Latona. *Commune de la Côte-d'Or, sur la rive droite de la Saône. Le canal de Bourgogne y prend naissance.*

D'origine ancienne, *Latona*, plus tard Losne, reçoit en 1256 du duc de Bourgogne Hugues IV une charte d'affranchissement. Lieu de passage, fortifiée au XIVe siècle, détentrice d'un péage, Saint-Jean-de-Losne subit en 1636 un siège mémorable de neuf jours. Les Impériaux, commandés par Gallas, se préparent à envahir la Bourgogne, mais la résistance acharnée des Losnais les contraint à se retirer. En récompense, Louis XIII accorde à la ville le surnom de « Belle-Défense » et exempte ses habitants de la taille. Près de deux siècles plus tard, en 1814, les Losnais repoussent victorieusement un nouvel assaut, celui des alliés. Le 22 mai 1815, au cours des Cent-Jours, Napoleon Ier décorera la ville de la Légion d'honneur.

SAINT-JEAN-DE-LUZ

Port des Pyrénées-Atlantiques, à l'embouchure de la Nivelle.

Très ancien port de pêche, puisque déjà sous le règne de François Ier, les pêcheurs à la morue y appareillent pour Terre-Neuve. C'est à Saint-Jean-de-Luz que résident Louis XIV (au château Lahobiaque) et l'infante Marie-Thérèse (dans la Maison de l'infante) avant leur mariage en juin 1660. Le service solennel est célébré le 9 juin par Mgr d'Olce, évêque de Bayonne, dans l'église Saint-Jean-Baptiste.

Saint-Just
Huile sur toile, de Pierre Paul Prud'hon, Lyon, musée des Beaux-Arts. © *G. Dagli Orti*

SAINT-JUST Louis Antoine Léon (Decize, Nièvre, 1767 – Paris, 1794)

Homme politique.

D'origine bourgeoise, Saint-Just est le fils d'un capitaine de chevau-légers. En 1776, ce dernier s'installe avec sa famille à Blérancourt, dans l'Aisne. Le jeune homme achève ses études chez les oratoriens de Soissons, puis suit à l'université de Reims des cours de droit. Sa jeunesse est assez agitée : il passe plusieurs mois dans une maison de santé après, affirme-t-on, avoir dérobé à sa mère quelques objets précieux. En 1789, il publie, sans nom d'auteur, un long poème satirique et libertin, que certains jugent obscène, *Organt*. Ses auteurs favoris sont Rousseau, Montesquieu, Machiavel. Lorsque la Révolution éclate, Saint-Just se rend à Paris, assiste aux séances des Jacobins, en revient enthousiasmé par les idées nouvelles et tout acquis au mouvement révolutionnaire. Secrétaire de la municipalité de Blérancourt, il est élu en 1790 lieutenant-colonel de la garde nationale locale. À ce titre, il prend part le 14 juillet 1790, à Paris, à la fête de la Fédération. Il se passionne pour la personnalité de Robespierre, et lui écrit : « Vous n'êtes pas un député d'une province, vous êtes celui de l'humanité, de la République. » Compliments qui ne peuvent que flatter Robespierre. Au mois de septembre 1790, Saint-Just tente de se faire élire à la Législative mais, trop jeune, l'accès à la députation lui est interdit. À la fin de l'année, la publication de l'*Esprit de la Révolution et de la Constitution de la France* lui vaut une certaine renommée. En septembre 1792, enfin, l'Aisne l'élit à la Convention. En octobre, le député de l'Aisne prononce aux Jacobins son premier discours dans lequel il s'oppose au projet girondin de faire protéger la Convention par une garde armée. Son premier discours à la Convention, qui le révèle comme un des grands orateurs de l'Assemblée, au ton sec et cassant, date du 13 novembre et concerne l'éventuel procès du roi. Le 27 décembre, après l'ouverture de ce procès, il reprend ses arguments. Ses discours violents contribueront à faire rejeter l'appel au peuple et le sursis. Pour lui, le régicide est une « mesure de salut public ». Il place le procès du roi, qui doit être jugé comme un ennemi et non comme un citoyen, sur le plan politique ; cette procédure est indispensable à l'établissement du nouveau régime. Saint-Just affirme ainsi que « ce qui constitue une république, c'est la destruction de tout ce qui s'oppose à elle ».

Au début du mois de mars, Saint-Just est chargé, avec Deville, de surveiller la levée des 300 000 hommes dans l'Aisne et les Ardennes. Suivant l'idéal antique, et surtout les théories de Rousseau, il rêve d'une république égalitaire et vertueuse. Lors de la discussion du projet de Constitution, au mois d'avril 1793, il s'oppose au projet fédéraliste présenté par Condorcet et préconise une république où l'assemblée des représentants de la nation, élue au suffrage universel, souveraine, l'emporterait sur l'exécutif et commanderait une armée démocratique. Certaines de ses vues seront reprises dans la Constitution de l'an I, à laquelle il travaille avec Couthon et Hérault de Séchelles. Le 30 mai, il est élu au Comité de salut public. Ses réquisitoires contre les Girondins, bientôt arrêtés, le rapport qu'il est chargé de rédiger et lit à la tribune le 8 juillet conduiront les députés à l'échafaud. Au Comité, où il est réélu au mois de juillet, Saint-Just, comme Robespierre et Couthon, dépense toute son énergie pour sauver la République des périls intérieurs et extérieurs. Il s'occupe plus particulièrement de la politique et de la police générale. Face aux périls, il prononce le 10 août 1793 un discours qui prône un gouvernement autoritaire, la Terreur. Son rapport sur l'organisation du gouvernement révolutionnaire est adopté par l'Assemblée, le gouvernement sera révolutionnaire « jusqu'à la paix ».

L'activité de Saint-Just ne se limite pas au Comité et à Paris. C'est dans ses missions aux armées qu'il donnera la mesure de ses talents d'organisateur et de meneur d'hommes. D'octobre à décembre 1793, une première mission le conduit, avec Le Bas, auprès de l'armée du Rhin. Relevant le moral des troupes en améliorant leur ravitaillement et leur habillement, il rétablit avec rigueur la discipline et l'autorité du commandement. Sa rigueur s'applique aussi aux civils : il élimine les Enragés qui compromettent par leurs excès le succès de la Révolution et taxe fortement les riches. Les bourgeois de Strasbourg et de Nancy doivent verser 5 millions. Grâce à ses efforts énergiques, l'armée du Rhin, réorganisée, reprend Wissembourg et dégage Landau. Deux nouvelles missions le conduisent en 1794 à l'armée du Nord, au mois de janvier, et surtout du 13 au 29 juin. Son activité indomptable retourne une situation désespérée. Épurant, cassant les officiers corrompus ou incapables, faisant fusiller les déserteurs, créant de nouveaux cadres, il rétablit la discipline et le moral des troupes, et contribue à la victoire de Fleurus, qu'il annonce à la Convention le 26 juin. Cependant, entre deux missions, Saint-Just poursuit à Paris le combat aux côtés de Robespierre. Élu président de la Convention au mois de février 1794, il s'efforce de donner à la République une base économique et sociale et présente à l'Assemblée un rapport sur les « lois de ventôse ». Ces dernières confisquent les biens des émigrés, ennemis de la République, ainsi que les biens de leurs familles, et les distribuent aux indigents. En même temps, il soutient Robespierre dans sa lutte contre les hébertistes puis les dantonistes. Le 13 mars, il prononce un discours dénonçant les menées de l'étranger qui corrompent le peuple : accusation qui vise les hébertistes, arrêtés dans la nuit du 14 au 15 mars, exécutés le 24. Il appuie ensuite le combat de l'« Incorruptible » contre les Indulgents. Répandant le 4 avril, lors de leur procès, le faux bruit d'une conspiration des prisons, il va faire mettre les prévenus hors des débats, ce qui les empêche de se défendre.

En même temps, ce révolutionnaire convaincu réfléchit à l'avenir, rédige des notes qui seront publiées après sa mort sous le titre *Fragments sur les institutions républicaines*. Son idéal, comme celui d'autres théoriciens de la Révolution, peu au fait de l'évolution économique, est la démocratie sociale, une république égalitaire, peuplée d'agriculteurs vertueux et de soldats chargés de la défendre, prêts à donner leur vie pour elle. « Les assassins seront vêtus de noir toute leur vie, écrit-il, et seront mis à mort s'ils quittent cet habit. Les hommes qui auront toujours vécu sans reproche porteront une écharpe blanche à soixante ans [...]. Celui qui ne croit pas à l'amitié ou qui n'a pas d'amis est banni. » En attendant, il faut resserrer la dictature du gouvernement révolutionnaire. Saint-Just prépare un projet de réforme de l'instruction publique qui prévoit notamment que, dès leur plus jeune âge, les enfants seront confiés à l'État. Fanatique mais toujours sincère et convaincu, il ne pourra aller au bout de sa tâche. Au soir du 8 thermidor, ce fidèle de Robespierre rejoint son maître. Une partie de la nuit, il rédige le discours qui doit lui permettre, le lendemain, de faire taire leurs adversaires. Il prend la parole à la tribune de l'Assemblée, le lendemain matin, mais il est interrompu par Tallien et, loin de se battre pour reprendre le fil de son discours, se tait, impassible ou paralysé. Arrêté en même temps que Robespierre, libéré comme lui par la Commune, il se laissera saisir sans résistance à l'Hôtel de Ville. Le 10 thermidor, toujours froid et impassible, il marche droit à la guillotine.

Prison Saint-Lazare
La Distribution du lait à la prison Saint-Lazare. Huile sur toile de Hubert Robert, 1794, musée de la ville de Paris, musée Carnavalet. © *Giraudon*

Saint-Lazare

Ancienne prison parisienne située rue du faubourg Saint-Denis.

Une léproserie, construite à la fin du Moyen Âge sur l'emplacement d'une ancienne abbaye détruite deux siècles plus tôt par les Normands, est à l'origine de la prison Saint-Lazare. Les souverains capétiens protègent cette léproserie, la dotent de nombreux privilèges. Louis VI établit ainsi, en sa faveur, la foire de saint Ladre (autre nom de saint Lazare), qui se tient chaque année à la Toussaint. En 1348, l'évêque de Paris dote la léproserie (ou ladrerie) de statuts. À partir de 1515, elle est desservie par les chanoines réguliers de Saint-Victor. En 1632, le prieur de Saint-Lazare cède ses bâtiments à Vincent de Paul, qui y installe ses prêtres de la mission. Ces derniers recevront le surnom de lazaristes. Vincent de Paul meurt à Saint-Lazare en 1660. En 1779, une maison de correction et de détention provisoire est installée dans les bâtiments de l'ancienne léproserie, qui seront pillés le 13 juillet 1789. Le peuple chasse alors les lazaristes, pille les provisions et libère la quarantaine de prisonniers présents. Saint-Lazare devient ensuite une prison révolutionnaire, antichambre de la guillotine, où est notamment détenu André Chénier. Un tableau de Muller, *L'Appel des condamnés*, représente une salle du rez-de-chaussée. Bientôt, sur les terrains du domaine morcelés et vendus comme biens nationaux, des constructions s'élèvent. Devenue prison de femmes et hôpital sous le Consulat, Saint-Lazare le restera jusqu'en 1935. Les bâtiments seront détruits en 1940.

Saint-Lô

Chef-lieu du département de la Manche, Saint-Lô se trouve sur une colline dominant la Vire.

Appelée aux temps romains *Briovera* (Pont-sur-la-Vire), la ville doit son nom à un de ses enfants, saint Lô, évêque de Coutances. À sa mort en 565, ses reliques sont transportées dans sa ville natale, qui ne tarde pas à prendre son nom. Dans les siècles qui suivent, Saint-Lô subit de très nombreux sièges. Les Normands la pillent en 889, Geoffroy Plantagenêt s'en empare en 1141, Édouard III d'Angleterre en 1346. Les protestants y possèdent un temple en 1555. La ville se rallie à la Réforme en 1574. En 1800, Saint-Lô devient préfecture de la Manche à la place de Coutances. Au cours de la Seconde Guerre mondiale, après le débarquement allié du 6 juin 1944, la ville est libérée au mois de juillet par la Ire armée américaine. Mais elle a été complètement détruite pendant la bataille de Normandie. Ne subsistent de son passé que quelques vestiges endommagés, comme l'église Notre-Dame, autrefois cathédrale, qui date des XVe et XVIe siècles.

Saint-Louis (ordre de)

Ordre royal et militaire créé par Louis XIV à Marly au mois d'avril 1693. Il s'agit d'un véritable ordre du mérite, destiné à récompenser les services des officiers de terre et de mer.

Le roi en est le grand maître. Pour la première fois, un ordre royal est ouvert aux officiers non nobles : il suffit, en effet, d'être officier, avec au moins dix ans de service, et catholique. L'officier ne doit pas apporter les preuves de sa noblesse, mais prouver sa valeur militaire. Louis XIV a prévu trois classes différentes, grand-croix, commandeur et chevalier, les pensions correspondantes allant de 6 000 à 300 livres. La croix de l'ordre est une croix d'or bordée d'émail blanc, aux quatre branches formant huit pointes, anglées de fleurs de lys d'or. Sur une face, un médaillon de Saint Louis portant en exergue *Ludovicus magnus instituit*, 1693. Sur l'autre face, une épée flamboyante passée dans une couronne de laurier avec ces mots : *Bellicae virtutis praemium*. Le ruban est rouge. Les grands-croix possèdent le grand cordon et sont dits cordons rouges par rapport aux chevaliers du Saint-Esprit dits cordons bleus. Supprimé à la Révolution, rétabli à la Restauration, l'ordre de Saint-Louis disparaît définitivement en 1830.

Saint-Louis-du-Sénégal

Ville du Sénégal, sur le fleuve du même nom, à une dizaine de kilomètres de son embouchure.

Saint-Louis, construite sur une île du Sénégal, est reliée à ses faubourgs, sur les deux rives du fleuve, par deux ponts de fer. Un chemin de fer, construit par les Français à la fin du XIXe siècle, la relie à Dakar. Dans la première moitié du XVIIe siècle, l'envoyé d'une compagnie de commerce constituée par des marchands dieppois et rouennais fonde un comptoir dans l'île, à laquelle il donne le nom d'île Saint-Louis. Ce premier établissement végète, mais il sera à l'origine de la pénétration française au Sénégal. Au XVIIIe siècle, les Anglais occupent Saint-Louis (1758), malgré une résistance acharnée. Ils en seront chassés en 1779. Sous le Premier Empire, la ville connaît une nouvelle occupation anglaise de 1809 à 1814. La colonisation du Sénégal progresse cependant sous la monarchie de Juillet et le Second Empire. Sous l'administration de Faidherbe, gouverneur de la colonie de 1854 à 1865, la ville se développe, se couvre de constructions modernes et de bâtiments publics, d'écoles notamment : à la fin du siècle, on y trouve une école primaire supérieure et une école normale d'instituteurs. Toutefois, à cette époque, Dakar supplante définitivement Saint-Louis en tant que capitale du Sénégal. Le 12 mai 1930, Mermoz effectue la première traversée de l'Atlantique Sud à partir de Saint-Louis, jusqu'aux environs de Natal, au Brésil.

Saint-Malo

Ville et port d'Ille-et-Vilaine, sur la côte nord de la Bretagne, à l'entrée de l'estuaire de la Rance.

Son origine remonte à la fin du VIe siècle, lorsque l'évêque gallois saint Malo, dont la vie n'est guère connue que par des récits enjolivés, fonde un monastère sur un îlot rocheux que rattache à la terre un banc de sable, le Sillon. À sa mort, dans la première moitié du VIIe siècle, le saint est enterré dans le monastère. Au XIIe siècle, les habitants et l'évêque d'Aleth, aujourd'hui Saint-Servan, se transportent autour de ce monastère dont la position permet une défense efficace contre les Normands. À ce moment sont édifiés les remparts que l'on peut encore voir aujourd'hui. L'histoire de Saint-Malo est ensuite celle de la lutte entre les évêques, défenseurs de l'indépendance de la ville, et les ducs de Bretagne. Le port commence à se développer. Il bénéficie de conditions naturelles tout à fait favorables, en particulier la forte amplitude des marées, qui assure aux navires de grandes profondeurs. En 1415, Charles VI restitue Saint-Malo au duc de Bretagne Jean V, son gendre. Ce dernier, pour impressionner les habitants de la ville, trop enclins à l'indépendance, fait élever, touchant la partie est des remparts, un donjon de forme rectangulaire. À la fin du siècle est construit le château de Saint-Malo, une forteresse en forme de quadrilatère, renforcée à chaque angle par quatre tours rondes. La première, au sud-ouest, bâtie en 1475 par le duc François II, est

Saint-Malo
Vue aérienne de la ville. © *Scope Jacques Guillard*

appelée la Générale. La duchesse Anne ajoute ensuite, au nord-ouest, la tour Quiquengrogne, ainsi appelée parce que la duchesse y fait inscrire cette phrase : « Qui qu'en grogne, ainsi sera, car tel est mon plaisir. » Les tours des Dames et des Moulins sont construites peu après.

En 1491, par le mariage d'Anne de Bretagne et de Charles VIII, la Bretagne est promise à la couronne. Alors commencent réellement l'essor du port et la réputation des navigateurs malouins, leur rôle dans les grandes découvertes maritimes. Ainsi Jacques Cartier, explorateur des côtes du Canada à partir de 1533. En 1590, les Malouins refusent d'ouvrir les portes de leur ville à Henri IV et se rendent maîtres du château. Ils ne se soumettent qu'après l'abjuration du roi. Au début du siècle suivant, une nouvelle construction, de forme triangulaire, le Bastion, est accolée à la façade orientale du donjon. Le XVIIe et le XVIIIe siècles constituent la grande époque des corsaires : Duguay-Trouin, La Bourdonnais sont la gloire de Saint-Malo. Vauban, à ce moment, entreprend la modernisation du système de défense, adaptant en particulier les tours à l'usage de l'artillerie. Au XVIIIe siècle, cependant, se manifeste le déclin de l'activité du port. Avec le Premier Empire, Saint-Malo connaît un nouvel essor, en tant que port de guerre. Un autre de ses enfants, Surcouf, se distingue sur les mers. Ce rôle militaire s'achève avec l'Empire, le port devient ensuite un des centres de la pêche vers Terre-Neuve. Des bassins à flot sont alors construits. Au XXe siècle, son rôle portuaire reste modeste, Saint-Malo ayant surtout un important trafic de voyageurs vers les îles anglo-normandes.

SAINT-MARCEL

Localité du Morbihan située près de la commune de Malestroit, à une quinzaine de kilomètres au sud de Ploermel.

À la suite du parachutage dans la région, à partir du 6 juin 1944, de commandos français du Special Air Service (SAS) aux ordres du colonel Bourgoin, des FFI bretons rallient cette partie des landes de Lanvaux, en quête d'armes. Plusieurs parachutages permettent, en effet, la constitution d'un stock important de matériel et de ravitaillement et d'armer environ 3 500 maquisards du Morbihan et des Côtes-du-Nord (auj. Côtes-d'Armur) aux ordres des commandants Caro et Le Garrec, qu'encadrent les quelque 500 parachutistes du 2e RCA. Une pareille concentration d'hommes finit par attirer l'attention des Allemands. Mais les informations reçues à Pontivy au PC du 25e AK n'indiquent pas tout de suite l'importance de ce centre mobilisateur. Aussi, lorsqu'une attaque est décidée par les Allemands, le matin du 18 juin, l'action n'est confiée qu'à la garnison de Malestroit, forte d'une compagnie. Le cuisant échec que celle-ci subit incite le commandement allemand à tenter une deuxième opération en fin de matinée, avec l'appoint de mortiers. C'est un nouvel échec pour l'assaillant, grâce à un remarquable dispositif défensif décidé par le lieutenant parachutiste Marienne, si bien qu'une troisième intervention est montée dans l'après-midi puis dans la soirée avec l'appoint de parachutistes de la division Kreta, de Géorgiens, d'Ukrainiens, d'infanterie et d'artillerie.

Malgré l'intervention de l'aviation alliée, la pression allemande s'accentue dans la soirée, si bien qu'une décision de décrochage et d'éparpillement est décidée par les responsables du camp pour la nuit du 18 au 19 juin. L'opération s'effectue avec succès et les maquisards bretons, encadrés par les parachutistes, commencent une série de harcèlements qui se poursuivront jusqu'au mois d'août, date de l'arrivée des troupes américaines à la suite de la trouée d'Avranches. La nouvelle du combat de Saint-Marcel enflamme la Bretagne en même temps qu'elle encourage les résistants. En juillet, on dénombrera 200 sabotages de voies ferrées, 300 coupures de lignes télégraphiques et une cinquantaine d'embuscades qui obligeront les Allemands à maintenir de nombreuses garnisons en Bretagne alors que se décide le sort de la bataille de Normandie.

SAINT-MARTIN Louis Claude de, dit LE PHILOSOPHE INCONNU (Amboise, 1743 – Aulnay, près de Paris, 1803)

Philosophe mystique.

Après des études philosophiques, il devient officier au régiment de Foix. Ayant fait la connaissance de Martinez Pasqualis en 1768, il abandonne l'armée en 1771 pour se consacrer entièrement à la philosophie. La tendance illuministe est très sensible dans son premier ouvrage, *Des erreurs et de la vérité*, publié en 1774, qui combat avec vigueur le sensualisme de Condillac et le matérialisme encyclopédique longtemps tout-puissant. Saint-Martin rencontre un accueil très favorable dans la haute société française et étrangère. Peu après, sa pensée se spiritualise, comme en témoigne le *Tableau naturel des rapports qui existent entre Dieu, l'homme et l'Univers* (1782). Puis l'influence de Jacob Boehme fait prévaloir le mysticisme religieux sur l'illuminisme de la jeunesse dans *L'Homme de désir* (1790). La Révolution ne laisse pas Saint-Martin indifférent, bien qu'il reste à l'écart de la vie publique. En 1795, il publie *Lettre à un ami ou Considérations politiques, philosophiques et religieuses sur la Révolution française*, où il s'affirme comme partisan de la théocratie. Son influence a été très importante, non sur les écrivains (bien que le jeune Joseph de Maistre et Balzac lui doivent beaucoup), mais sur le public cultivé de son temps qu'il a préparé à sa façon au romantisme.

SAINT-MARTIN-DE-TOURS : voir TOURS

SAINT-MAUR-DES-FOSSÉS (traité de)

Traité signé le 29 octobre 1465 entre Louis XI et un certain nombre de seigneurs révoltés, et qui met un terme à la ligue du Bien public.

Si le traité de Conflans, conclu le 5 octobre avec le duc de Berry, frère du roi, le comte de Charolais, futur Charles le Téméraire, et le comte de Saint-Pol, donne aux trois signataires de multiples avantages, les autres membres de la ligue ne reçoivent rien du tout. Pour affaiblir leurs revendications et leurs prétentions, en les isolant, Louis XI veut négocier séparément avec chacun des anciens alliés. Après le traité de Conflans, un second traité est donc signé, le 10 octobre, avec le duc de Bretagne François II. Le roi promet aussi son pardon à Dunois et Antoine de Chabannes. Quant au duc de Bourbon, il reçoit, dans le centre et l'est de la France, le gouvernement d'un territoire égal au quart du royaume. Il percevra des émoluments fort élevés. Les derniers révoltés, ceux qui n'ont encore rien reçu, craignent d'être lésés. Parmi eux se trouvent le comte d'Armagnac, le duc de Nemours et le duc Jean d'Anjou. Le 29 octobre enfin, le roi signe avec eux l'ultime traité, celui de Saint-Maur. La paix est décrétée. On oublie le passé, chaque camp s'engage à ne pas punir les membres de l'autre camp pour leur participation au conflit. Tout seigneur qui, rompant la paix, se dressera contre le roi, devra aussi affronter ses pairs. De même, si le roi rompait la paix, tous se dresseraient contre lui. Pour donner aux princes une ultime satisfaction d'amour-propre, Louis XI admet qu'ils ne sont pas tenus de venir à son aide en cas de guerre et s'engage à ne plus leur rendre visite sans les en avoir avertis trois jours à l'avance. Pour ne pas paraître oublier tout à fait le bien public, le roi institue un conseil, dit des Trente-Six, chargé d'étudier les plaintes des sujets et de préparer des réformes. Quant aux princes, le comte d'Armagnac, hormis son pardon, ne reçoit pas grand-chose. Le duc de Nemours reçoit le titre de gouverneur du Dauphiné et une pension. Quant au duc Jean, qui espérait des fonds et des troupes pour mener une expédition à Naples, il doit se contenter d'une compensation financière.

SAINT-MICHEL (ordre de)

Ordre créé par Louis XI à Amboise, le 1er août 1469.

L'intention du roi est de récompenser ses meilleurs serviteurs et de les attacher plus étroitement à sa personne. L'ordre répond aussi à celui de la Toison d'or, créé quarante ans plus tôt par Philippe le Bon, duc de Bourgogne. Les statuts de l'ordre de Saint-Michel ne comprennent pas moins de 92 articles. Sa devise, *Immensi tremor oceani*, fait allusion à l'archange saint Michel et au mont du même nom. La tradition veut en effet que, chaque fois que l'ennemi approche par mer dans l'intention de débarquer, l'archange déclenche une violente tempête, ce qui permet une défense victorieuse. Le roi est le grand maître de l'ordre. Louis XI limite à 36 le nombre des chevaliers, qui doivent être nobles, et prêteront au roi et à leur foi un serment de fidélité. L'insigne

Saint-Michel
Procession de la confrérie de Saint-Michel en 1615. Huile sur toile, XVIIe siècle, musée de la ville de Paris, musée Carnavalet. © *Giraudon*

de l'ordre est un collier de coquilles et de chaînettes d'or, auquel est suspendue « une image de monsieur saint Michel », elle aussi en or. Ce collier sera plus tard remplacé par une croix en or suspendue à un cordon noir. Les successeurs de Louis XI ne respectent pas le nombre limite des chevaliers, et l'ordre ne tarde pas à se déprécier. Lorsque Henri III fonde en 1578 l'ordre du Saint-Esprit, celui de Saint-Michel passe au second rang. Louis XIV limite en 1665 le nombre de ses chevaliers à 100. Les nobles ne sont plus seuls admis : gens de lettres, artistes, et même financiers peuvent entrer dans l'ordre et reçoivent, lors de leur réception, leurs lettres de noblesse. Supprimé par la Révolution, il est rétabli par la Restauration et supprimé définitivement en 1830.

SAINT-MIHIEL

Localité du département de la Meuse située sur la rive droite de la rivière du même nom à 35 km au sud-est de Verdun, à 29 km au nord-est de Bar-le-Duc et à une quarantaine de kilomètres au sud-ouest de Metz.

En septembre 1914, ce secteur incombe à la IIIe armée du général Sarrail, arc-boutée autour de Verdun, et en constitue le flanc droit. Durant la bataille de la Marne, les troupes allemandes du général von Strantz n'ont pu emporter les hauteurs de la Woëvre, qui dominent la rive droite de la Meuse. Fort de ce succès, Sarrail néglige ce secteur, estimant les Allemands en retraite ou contraints à la défensive. Or, battu sur la Marne, ayant replié son centre sur l'Aisne, le haut commandement adverse n'entend pas demeurer passif. Il monte à la mi-septembre 1914 deux opérations de débordement. L'une sera la « course à la mer », en Artois et en Flandre ; l'autre consistera précisément à pousser vers les Hauts-de-Meuse. Or Sarrail n'a laissé dans ce secteur que la 75e division de réserve qui compte seulement 7 000 combattants, alors qu'en face Strantz vient de réunir 100 000 hommes. Le 20 septembre, l'attaque allemande se révèle dans toute son ampleur, prenant Sarrail au dépourvu. Au terme de cinq jours d'assauts ininterrompus, les assaillants parviennent à Saint-Mihiel le 24 et traversent même la Meuse, occupant le village de Chauvoncourt. Une contre-attaque permet à la 12e DI de reprendre la crête des Éparges. Mais tous les efforts afin de réduire le saillant de Saint-Mihiel échoueront. La présence de cette hernie dans le front français justifiera, deux ans plus tard, dans le camp allemand, le choix de Verdun comme objectif de l'offensive de février 1916. En effet, l'occupation de Saint-Mihiel interrompt la liaison ferroviaire Commercy-Verdun et limite à une ligne secondaire, à écartement métrique, le ravitaillement de la position attaquée. Devant la commission parlementaire d'enquête, le général Cordonnier se montrera extrêmement sévère pour son supérieur, l'accusant de négligence. Il faudra attendre le 12 septembre 1918 pour voir résorbée cette poche dangereuse. La mission est confiée à 7 divisions du corps expéditionnaire américain. Celles-ci partent à l'assaut à 5 h du matin, appuyées par le tir de 3 000 pièces d'artillerie. En trois jours, tout le saillant est reconquis, les Allemands, totalement surpris, laissant 16 000 morts, blessés ou prisonniers et abandonnant plus de 400 canons.

SAINT-NAZAIRE

Port situé sur la rive droite de l'estuaire de la Loire, dans le département de Loire-Atlantique.

Aux temps gallo-romains *Corbilo*, Port-Nazaire sous la Révolution, Saint-Nazaire n'est au milieu du XIXe siècle qu'une modeste bourgade de pêcheurs. Son développement est lié aux difficultés que rencontre à cette époque le port de Nantes. En effet, depuis le début du siècle, le tonnage des navires a considérablement augmenté, ce qui rend difficile leur accès à Nantes. En 1838, les partisans de la construction d'un avant-port obtiennent satisfaction. En 1856 est inauguré le bassin à flot de Saint-Nazaire, celui de Penhoët fonctionnera à partir de 1881. La ville, construite à partir de ce moment, s'élève selon un plan en damier. Des chantiers de construction inaugurés en 1862, les Chantiers de l'Atlantique, sortiront les plus grandes unités de la marine française, les paquebots *Normandie* et *France*, les cuirassés *Jean-Bart* et *Strasbourg*, le porte-avions *Foch*, des pétroliers géants. Pendant la Seconde Guerre mondiale, les Allemands installent à Saint-Nazaire une grande base sous-marine, ce qui attire sur la ville de nombreux bombardements alliés et cause sa destruction presque totale. Les 27 et 28 mars 1942, une flottille britannique effectue un raid contre les installations allemandes et, au prix de lourdes pertes, réussit à détruire la grande écluse. Malgré la pression des FFI, les Allemands occupent Saint-Nazaire jusqu'au dernier jour de la guerre, le 8 mai 1945.

SAINT-NICAISE (attentat de la rue) : voir MACHINE INFERNALE

SAINT-OMER

Ville du Pas-de-Calais, sur les rives de l'Aa.

Saint-Omer, qui porte d'abord le nom de Sithiu, est une modeste bourgade du pays des Morins lorsque Omer, évêque de Thérouanne, et son assistant Bertin y fondent au milieu du VIIe siècle une abbaye. Celle-ci, qui prendra bientôt le nom de Saint-Bertin, joue un rôle essentiel dans l'évangélisation de la Flandre, redevenue païenne, et que Dagobert a chargé saint Omer de ramener au christianisme. L'abbaye de Saint-Bertin disparaîtra à la Révolution. Au Xe siècle, le nom de Saint-Omer s'impose. La ville, qui fait partie des possessions du comte de Flandre, devient, à partir du XIe siècle, un centre textile important, commerçant notamment avec l'Angleterre. Philippe Ier en entreprend vainement le siège en 1071, avant d'être battu au mont Cassel par les Frisons. En 1127, la ville reçoit une charte de franchise. Sous le règne de Philippe Auguste, elle est disputée entre le comte de Flandre et son gendre le roi de France, qui la fait occuper en 1213. Saint-Omer, dont l'industrie textile, en relation avec l'Angleterre, est l'activité essentielle, souffre beaucoup de la guerre de Cent Ans au cours de laquelle Robert d'Artois l'assiège vainement au mois de juillet 1340.

En mai 1469, le duc d'Autriche Sigismond y signe avec Charles le Téméraire un traité conclu contre Louis XI, dans lequel il cède au duc de Bourgogne ses droits sur l'Alsace. Le roi de France assiège la ville en 1477. Dix ans plus tard, le maréchal d'Esquades s'en empare pour ce dernier. Dès 1489, avec le soutien des habitants, les Impériaux se rendent maîtres de Saint-Omer. En 1677, tandis que les négociations de paix piétinent à Nimègue, Louis XIV charge son frère le duc d'Orléans de s'emparer de la ville, avec 20 000 hommes placés sous le commandement du maréchal d'Humières. En avril, Philippe d'Orange décide de débloquer la cité assiégée et prend le commandement de 35 000 hommes. Avec quelques renforts et l'aide du maréchal de Luxembourg, Monsieur se porte à la rencontre de l'ennemi, sur lequel il remporte à Cassel, le 12 avril, une éclatante victoire. Saint-Omer capitule le 22, et la ville est cédée à la France par le traité de Nimègue, en 1678. Elle sera de nouveau assiégée, par le duc de Marlborough et le prince Eugène, en 1711.

SAINTONGE

Ancienne province de l'ouest de la France, s'étendant essentiellement sur le département de la Charente-Maritime, entre le Bordelais au sud, le pays de Cognac et l'Angoumois à l'est, le Poitou au nord.

La Saintonge tire son nom des Santones dont la capitale était Saintes. Cités par César comme un des peuples les plus puissants de la Gaule, ceux-ci ne résistent guère aux Romains mais envoient un contingent au secours d'Alésia. Plus tard, la Saintonge fait partie de l'Aquitaine Seconde. Évangélisée sans doute au IIIe siècle, elle souffre beaucoup des invasions. Les Alains et les Vandales la pillent en 406, les Wisigoths l'occupent dès 419. Puis Clovis s'en empare, à la suite de la bataille de Vouillé, en 507. Disputée entre les successeurs de Clovis, elle fait bientôt partie du duché d'Aquitaine. Envahie par les Arabes, sauvée par Charles Martel (732 ou 733), elle est conquise par Pépin le Bref sur Waifre au terme d'une longue lutte, de 760 à 768. Elle constitue ensuite un des éléments du royaume d'Aquitaine de Louis le Débonnaire, puis est envahie à plusieurs reprises par les Normands qui détruisent Saintes en 845.

À l'époque féodale, la Saintonge est morcelée en de nombreux fiefs dépendant de l'Aquitaine dont elle suit la destinée : française lors du mariage d'Aliénor d'Aquitaine avec Louis VII, elle devient anglaise lorsque Aliénor épouse en secondes noces le futur Henri II d'Angleterre en 1152. Ce fut, dit-on, cette dernière qui fit rédiger les rôles ou lois d'Oléron, sorte de code nautique. Entre 1204 et 1210, elle est en partie reconquise par Philippe Auguste sur Jean sans Terre qui ne conserve que les régions au sud de la Charente. En 1242, Louis IX remporte les deux victoires de Taillebourg et de Saintes (20 juillet 1242) sur la coalition fomentée par Hugues de Lusignan, comte de la Marche, et soutenue par l'Angleterre. Mais, par le traité de 1258, il rend à Henri III d'Angleterre l'expectative de la partie méridionale de la Saintonge. Celle-ci souffre beaucoup de la guerre de Cent Ans. Cédée aux Anglais par le traité de Brétigny (1360), elle est entièrement et définitivement reconquise par Bertrand Du Guesclin en 1371 et réunie à la couronne par Charles V en 1375. Elle prend part à la révolte des Gabelles en 1547, violemment réprimée, et obtient en 1568 de racheter cet impôt moyennant une somme considérable. Le mouvement protestant y prend une ampleur exceptionnelle et les guerres de Religion y sont particulièrement cruelles. Réunie à l'Angoumois par Henri IV, qui forme le gouvernement de Saintonge et Angoumois, elle est rattachée en 1694, du point de vue financier, à l'Aunis, dans la généralité de La Rochelle. Elle connaît alors un grand essor grâce au commerce colonial.

SAINT-PAUL-TROIS-CHÂTEAUX : voir TRICASTIN

SAINT-PIERRE Charles Irénée CASTEL, abbé de (Saint-Bierre-Église, 1658 – Paris, 1743)

Abbé de cour et écrivain.

Destiné à l'Église, il reçoit les ordres, puis s'établit à Paris. Là, il poursuit ses études, se lie avec Fontenelle et fréquente les salons. En 1695, sans avoir apporté la moindre preuve de ses talents d'écrivain, il est élu à l'Académie française. La même année, il devient l'aumônier de la duchesse d'Orléans, la princesse Palatine (belle-sœur de Louis XIV), qui le protège et lui fait donner la riche abbaye de Tiron. En 1712, l'abbé de Saint-Pierre accompagne, en tant que secrétaire, le cardinal de Polignac au congrès d'Utrecht. Esprit ingénieux, brillant, embrouillé parfois, il peut y étudier les difficultés que connaissent les États européens pour régler leurs différends. Cette situation lui inspire un *Projet de paix* publié en 1713, dans lequel il propose une paix fondée sur les traités d'Utrecht ; la réunion de conférences européennes et un Conseil d'arbitrage garantiraient le maintien de la paix. Adversaire du régime absolu mis au point par Louis XIV, l'abbé de Saint-Pierre se montre partisan des Conseils institués par le Régent en 1715. En septembre 1718, devant l'incompétence et l'inefficacité de ces Conseils, Philippe d'Orléans met fin à la polysynodie chère à Fénelon. Seul, par son *Discours sur la polysynodie*, l'abbé de Saint-Pierre ose prendre la défense des Conseils. La réprobation qu'il soulève est telle que ses collègues le chassent de l'Académie. Après son départ, il publie des *Mémoires sur l'Académie française*. Ami de Voltaire et de Rousseau, il exerce sur les philosophes du XVIIIe siècle une influence non négligeable. L'abbé de Saint-Pierre est encore un des fondateurs du club de l'Entresol, fermé en 1731 sur l'ordre du cardinal Fleury. On lui doit aussi des *Œuvres politiques et morales* (1720), des *Œuvres diverses* (1729), des *Annales politiques de Louis XIV* (1757).

SAINT-PIERRE

Territoire d'outre-mer français.

Ce petit archipel, situé dans l'Atlantique septentrional, au sud-est de Miquelon, comprend une île principale (Saint-Pierre, capitale Saint-Pierre) et six îles mineures (Petit et Grand Colombier, île aux Pigeons, île au Vainqueur, île aux Chiens ou aux Marins, île Pelée).

SAINT-PIERRE-ET-MIQUELON

Territoire d'outre-mer groupant l'archipel de Saint-Pierre et les deux Miquelons.

Bien connues des marins français depuis le début du XVIe siècle, visitées en 1535 par Cartier, les îles de Saint-Pierre et de Miquelon ne reçoivent d'établissement humain permanent qu'au XVIIe siècle. C'est alors qu'un fort est construit par les Français. Le traité d'Utrecht donne en 1713 cette possession aux Anglais. Ceux-ci ne l'occupent pas. Les îles sont rendues en 1763 aux Français qui ont pu maintenir leurs exploitations de pêche de Terre-Neuve. Bien qu'elle soit quelques années plus tard augmentée par un apport d'Acadiens, la population, sans secours du gouvernement, ne peut se défendre contre les Anglais. Ceux-ci occupent les îles à deux reprises : de 1778 à 1783, de 1793 au premier traité de Paris en 1814. Les habitants, qui avaient été déportés à partir de 1793, reviennent en 1816. Alors commence une période faste. La pêche, seule ressource des îles, se développe considérablement. La population dépasse 6 000 habitants au début du XXe siècle. Mais la pêche errante périclite pendant la Première Guerre mondiale. De 1920 à 1935, les insulaires trouvent des ressources nouvelles dans la contrebande de l'alcool vers les États-Unis, alors sous le régime de la prohibition. Puis ils doivent se contenter de la pêche côtière. Le 24 décembre 1941, l'amiral Muselier, commandant des Forces navales françaises libres, débarque dans l'archipel où il organise aussitôt un plébiscite en faveur du général de Gaulle. Cette intervention, que ne semble imposer aucun motif de libération ni aucune raison stratégique, embarrasse au plus haut point le gouvernement des États-Unis qui avait promis le *statu quo* au maréchal Pétain pour les territoires français de l'Atlantique occidental. Il en résultera une aggravation du contentieux Roosevelt-de Gaulle. De colonie, Saint-Pierre-et-Miquelon devient en 1946 territoire d'outre-mer.

SAINT-POL ou SAINT-PAUL

Famille issue des comtes de Léon.

Elle produisit divers personnages illustres dont Jacques (1417-1462), qui fut lieutenant du connétable de Richemont et se distingua à la bataille de Formigny (1453) ; Marc-Antoine (1665-1705), commandant des escadres des mers du Nord, qui donna son nom à Saint-Pol-sur-Mer près de Dunkerque; Jules (1810-1854), qui fut adjoint du général Pélissier et mourut devant Sébastopol.

SAINT-POL ou SAINT-PAUL (comté de)

Fief constitué en Artois autour de la ville de Saint-Pol-sur-Ternoise.

Après avoir appartenu aux comtes de Boulogne puis à ceux de Ponthieu, il entre en 1122, par alliance, dans la maison de Châtillon. Celle-ci le conserve jusqu'en 1350. Le mariage de Mahaut de Châtillon avec Guy de Luxembourg est à l'origine de la maison de Luxembourg-Saint-Pol qui compte plusieurs hommes célèbres, dont Jean de Luxembourg de Ligny, qui livra Jeanne d'Arc aux Anglais, et Louis de Luxembourg de Saint-Pol, décapité pour trahison à Paris en 1475. En 1487, la petite-fille de celui-ci, Marie de Luxembourg, veuve de Jacques de Savoie, se remarie avec François de Bourbon de la Marche, comte de Vendôme. Elle meurt en 1546. Le comté de Saint-Pol se transmet à leur troisième fils, François de Bourbon, tige des Bourbon-Saint-Pol. Cette maison se fond à son tour, en 1563, dans celle de Longueville, par l'union de Marie de Bourbon avec Léonor d'Orléans. En 1705, Marie d'Orléans-Longueville en fait hériter, avec arrangement financier, Élisabeth de Lorraine-Lillebonne, veuve de Louis de Melun, prince d'Épinoy. Longtemps disputé entre Français et Espagnols, le comté de Saint-Pol a été définitivement réuni à la France par le traité des Pyrénées en 1659.

SAINT-POL ou SAINT-PAUL Louis de LUXEMBOURG, comte de (?, v. 1418 – Paris, 1475)

Connétable.

Pupille de Jean de Luxembourg de Ligny, il sert d'abord les Anglais, puis prend part à la reconquête de la Normandie. Sous Louis XI, il entre dans la ligue du Bien public. La paix de Conflans lui permet de devenir connétable. Mais, attaqué par le roi pour avoir attiré Édouard IV en Picardie, Saint-Pol se réfugie à Mons. Le duc de Bourgogne ordonne de le livrer à Louis XI qui le défère au parlement de Paris Il est décapité pour trahison.

SAINT-PRIEST Christophe de, seigneur de Saint-Chamond (? – La Mure, Dauphiné, 1580)

Chef de guerre.

Frère de Jean de Saint-Priest, il est par sa mère, Jeanne de Tournon, le neveu du fameux cardinal. Au cours des premières guerres de Religion, il combat les protestants du Lyonnais, du Dauphiné, du Forez et du Vivarais avec une telle vigueur qu'il acquiert le surnom de « Fléau des huguenots ». Après avoir enlevé La Chaise-Dieu, avec le baron de Saint-Vidal, en 1562, il met Annonay à feu et à sang pour en punir les protestants. Nommé en 1563 commissaire du roi en Vivarais, Saint-Priest est chargé d'y appliquer l'édit de pacification d'Amboise. Lorsque la guerre reprend, en 1567-1568, il est de nouveau à la tête d'un parti catholique, avec lequel il est battu près de Gannat, en 1568. Gouverneur du Vivarais en 1574, il quitte sa charge l'année suivante. Cinq ans plus tard, il trouve la mort au siège de La Mure.

SAINT-PRIEST Emmanuel Louis Marie GUIGNARD, vicomte de (Paris, 1789 – Château de Lamotte, Hérault, 1881)

Officier et diplomate.

Fils de François de Saint-Priest. Porté sur les fonts baptismaux par Louis XVI et Marie-Antoinette, il émigre avec sa famille peu après. Comme ses deux frères aînés, il entrera plus tard au service de la Russie. Le jeune homme participe ainsi, comme simple sous-officier, à la bataille d'Austerlitz. Blessé en 1807, puis à Lützen en 1813, il parvient au grade de colonel. Fait prisonnier en Champagne, en 1814, Saint-Priest échappe par hasard à la mort : l'ordre intimant de le fusiller est intercepté par les Cosaques. Attaché au duc d'Angoulême, il tente en vain, pendant les Cent-Jours, de soulever le Midi et le Dauphiné, puis rejoint le duc en Espagne. Nommé maréchal de camp en 1815, Saint-Priest occupe plusieurs charges à la Cour, puis reçoit, en 1823, le commandement d'une brigade de l'armée de Catalogne, à la tête de laquelle il se distingue en Cerdagne. Abordant ensuite la diplomatie, il est nommé ambassadeur à Berlin en 1825, puis à Madrid en 1827. À ce poste, le diplomate négocie en 1828 le délicat traité qui règle le problème de la dette espagnole. Lorsqu'il quitte son poste, deux ans plus tard, le roi Ferdinand VII le fait grand d'Espagne et duc d'Almazan. Quittant l'Espagne au printemps suivant, Saint-Priest rejoint en Italie, à Massa, la duchesse de Berry, puis frète le navire avec lequel la duchesse et lui-même débarquent en Provence en 1832. Arrêté au terme de l'équipée, il passe dix mois en prison avant d'être acquitté, puis vit à Paris dans une retraite absolue. En mai 1848, il est élu député de l'Hérault à la Législative. Quelque temps plus tard, le coup d'État du 2 Décembre le rend définitivement à la vie privée.

SAINT-PRIEST François Emmanuel GUIGNARD, comte de (Grenoble, 1735 – Saint-Priest, près de Lyon, 1821)

Diplomate et homme politique.

Père du précédent. Chevalier de Malte dès l'âge de 4 ans, il entre en 1750 dans la compagnie des mousquetaires gris. Après un séjour à Malte en 1753, il reprend du service pour le roi, combat en Allemagne, puis au Portugal. En 1763, il abandonne la carrière des armes pour la diplomatie. Ministre plénipotentiaire à Lisbonne de 1763 à 1767, Saint-Priest remplace Vergennes à Constantinople, de 1768 à 1776, puis de 1778 à

François de Saint-Priest
L'Ambassade du vicomte de Saint-Priest à Constantinople. Huile sur toile de François Casanova, musée de Versailles.
© Sélection Images

1785. Abandonnant ensuite la diplomatie pour la politique, il entre au Conseil en 1788, comme ministre d'État. Renvoyé avec Necker le 11 juillet 1789, il revient avec lui au gouvernement après la prise de la Bastille, comme secrétaire d'État à la Maison du roi, puis ministre de l'Intérieur. De tendance plutôt modérée, il se maintient difficilement entre les extrémistes des deux bords. Le 5 et le 6 octobre, le ministre conseille au roi la résistance, par la force au besoin, attitude qui accroît son impopularité. Démissionnaire en décembre 1790, le comte de Saint-Priest émigre et se rend dans plusieurs cours européennes pour tenter d'obtenir pour son roi l'aide des souverains européens. En 1795, il rejoint à Vérone Louis XVIII, qui lui offre la charge de ministre de sa Maison. Quittant le roi en 1808, Saint-Priest voyage en Europe, en Suisse, à Vienne. De retour à Paris au mois d'août 1814, il est nommé lieutenant général. Après les Cent-Jours, qu'il passe tranquillement à Évreux, il est fait pair.

SAINT-PRIEST Jean de, seigneur de Saint-Romain (? – Avignon, 1578)

Chef de guerre.

Frère de Christophe de Saint-Priest. Alors qu'il est archevêque d'Aix depuis 1551, il décide en 1562 de passer à la Réforme. Déposé par le pape, il épouse bientôt Claudine de Fay, fille du seigneur de Saint-Romain, dont il prendra le nom. Prenant une part active aux guerres de Religion, l'ancien archevêque d'Aix échoue devant Lyon en 1567, mais parvient ensuite à se rendre maître de Vienne qu'il incendie. Resté en Languedoc au cours des années suivantes, Saint-Priest, qui se trouve à Paris à ce moment, échappe au massacre de la Saint-Barthélemy. Nommé en 1573 gouverneur général du Languedoc, il dégage Privas, l'année suivante, puis prend Aigues-Mortes, en 1577. La paix de Bergerac lui en confirme le gouvernement, mais il meurt peu de temps après.

SAINT-PRIVAT-LA-MONTAGNE (bataille de)

Victoire remportée par les Prussiens sur les Français, le 18 août 1870.

Après les indécises et coûteuses batailles de Borny le 14 août, puis de Gravelotte le 16, se déroule le 18 la décisive bataille de Saint-Privat sur le plateau de Briey, en Moselle. Le 16, Napoléon III et son Conseil ont décidé de ramener l'armée à Paris. Mais, après Gravelotte, se croyant vainqueurs, les Français sont restés sur leurs positions. Les Prussiens, revenant en arrière, risquent de couper la route à Bazaine. Le combat de Saint-Privat est donc décisif. Canrobert parvient à repousser l'ennemi mais, privé de renforts, doit reculer en désordre. La dernière route de retraite est coupée, toute l'armée est bloquée sous Metz que les Prussiens investissent. Bazaine se replie vers le nord-ouest, en attendant un armistice qu'il espère proche.

SAINT-QUENTIN

Augusta Veromanduorum. *Située dans le département de l'Aisne, sur la Somme et le canal de Saint-Quentin, anciennement canal de Crozat, Saint-Quentin est aujourd'hui la ville la plus importante de ce département.*

À l'époque romaine, capitale du peuple belge des Véromanduens, *Augusta Veromanduorum* est déjà le centre d'un important réseau routier qui, à travers les marécages de la Somme, relie la région du Rhône à celles du Nord et de la Manche. Évangélisée au IIIe siècle par saint Quentin, la ville prend le nom de ce dernier après son martyre. Dotée au IVe siècle d'un évêché, elle en est dessaisie deux siècles plus tard au profit de Noyon. Bientôt, cependant, les pèlerins affluent sur le tombeau de saint Quentin, entraînant l'essor de la ville. Capitale des comtes de Vermandois au Xe siècle, elle en reçoit une charte de commune en 1090, charte confirmée après son rattachement à la couronne, sous le règne de Philippe Auguste. L'activité industrielle y pénètre tôt, celle de la laine d'abord. Au mois de mars 1382, comme beaucoup d'autres cités, Saint-Quentin se révolte contre les impôts institués par les oncles de Charles VI, malgré leurs promesses. Cédée comme les autres villes de la Somme au duc de Bourgogne par le traité d'Arras, en 1435, la ville est rattachée au royaume par Louis XI en 1477, à la mort de Charles le Téméraire.

Saint-Quentin se trouve sur la route d'invasion de la plaine du Nord au Bassin parisien, ce qui lui vaudra au cours des siècles plusieurs assauts. En août 1557, le duc Emmanuel Philibert de Savoie, à la tête de 60 000 Espagnols, entreprend de l'assiéger. Coligny, qui parvient à entrer dans la ville, en dirige la défense avec une grande énergie. Mais, à côté des 7 000 à 8 000 habitants que compte alors Saint-Quentin, il ne dispose que d'un millier de soldats, et ne peut, sans secours, résister aux assaillants. Prenant la tête de l'armée royale, le connétable de Montmorency se dirige alors vers la ville assiégée. Mais, empêtrée dans les marécages, son armée s'étire et n'avance que très lentement. Le 10 août, opérant un vaste mouvement tournant, Emmanuel Philibert attaque l'armée du connétable, provoquant une immense débandade et un grand massacre, 3 000 morts environ, sans compter 4 000 prisonniers parmi lesquels Montmorency et le maréchal de Saint-André. Le 10 août étant le jour de la Saint-Laurent, Philippe II d'Espagne, pour immortaliser cette victoire, décide la construction du palais de l'Escurial, dont le plan reproduit la grille sur laquelle le saint a été supplicié. Coligny parvient à se maintenir dans la ville une quinzaine de jours, au milieu de grandes difficultés. Passant enfin les défenses, les Impériaux pillent et massacrent avec une ardeur telle que Saint-Quentin est complètement ruinée et ne se relève qu'à la fin du siècle, avec l'introduction de l'industrie du lin. Devenue au XVIIe siècle chef-lieu d'une élection, siège d'un bailliage et grenier à sel, la ville fait partie du gouvernement de Picardie.

Au cours de la guerre franco-prussienne, les Prussiens se présentent devant Saint-Quentin le 8 octobre 1870. Repoussés par la garde nationale que commande le préfet Anatole de La Forge, ils ne pénètrent dans la ville que le 21 octobre. Le 19 janvier 1871, Faidherbe, à la tête de l'armée du Nord qu'il tente de conduire vers Paris, se heurte non loin de Saint-Quentin à la Ire armée prussienne de Goeben. Après des combats acharnés, Faidherbe est contraint de reculer. La ville souffre particulièrement pendant la Première Guerre mondiale. Occupée par les Allemands de Bülow dès le 31 août 1914, elle restera entre leurs mains jusqu'à la fin de la guerre, devenant un de leurs centres de ravitaillement, puis un réduit de la ligne Hindenburg. Cette dernière, créée à partir de la fin de 1916, en six mois, passe en effet à proximité. Le 11 mars 1917, les Allemands se replient vers la ligne Siegfried, une des bretelles de la ligne Hindenburg. La ville est alors évacuée de ses habitants civils. Des combats aussi terribles que vains se déroulent à proximité lors de l'offensive franco-anglaise du mois d'avril. Les Allemands, au cours de leur grande offensive des 21-22 mars 1918, enfoncent les positions anglaises dans la région de Saint-Quentin, s'ouvrant la route d'Amiens. La contre-offensive alliée les repousse vers la ville en septembre, et la Ire armée française de Debeney libère Saint-Quentin quelques jours plus tard. Puis, les alliés s'attaquent à la ligne Hindenburg. Leur succès conduit l'ennemi à demander l'armistice. Pilonnée par les bombardements, Saint-Quentin est en grande partie détruite : 10 000 maisons sur 14 000 ont été rasées.

SAINT-RIQUIER

Ancienne abbaye fondée au VIIe siècle par l'ermite Ricarius *(Riquier) au lieu-dit Centulle, près d'Abbeville, dans le Ponthieu.*

Son extension est à son faîte sous l'abbé Angilbert, gendre de Charlemagne ; par ailleurs, elle garde une grande importance pendant tout le Moyen Âge, malgré toutes les calamités qui s'abattent sur elle (incursions normandes, luttes féodales, guerre de Cent Ans) et qui obligent à la reconstruire à plusieurs reprises. Les parties les plus intéressantes de l'abbaye, telle qu'on peut la voir encore aujourd'hui, sont l'intérieur de la nef, qui a conservé le plan du XIIIe siècle, et la façade, contemporaine de la Renaissance mais flamboyante. Les bâtiments conventuels désaffectés, mais enfin restaurés, sont classiques.

SAINT-ROMAIN-EN-GAL

C'est à une date récente que remonte l'exhumation d'une ville gallo-romaine dans la localité de Saint-Romain-en-Gal, située sur la rive droite du Rhône, face à la ville de Vienne.

En 1967, des travaux destinés à la construction d'un lycée révèlent les vestiges d'une cité antique. Immédiatement le terrain est préservé et les fouilles font petit à petit apparaître un vaste ensemble occupant une zone de plus de treize hectares. En 1980, dans le village de Sainte-Colombe proche de Saint-Romain, la mise au jour de nouveaux vestiges permet de compléter la résurrection de cette grande agglomération, datée des deux premiers siècles de notre ère et qui constituait le quartier résidentiel des riches habitants de Vienne, capitale des Allobroges. Bien que la totalité du

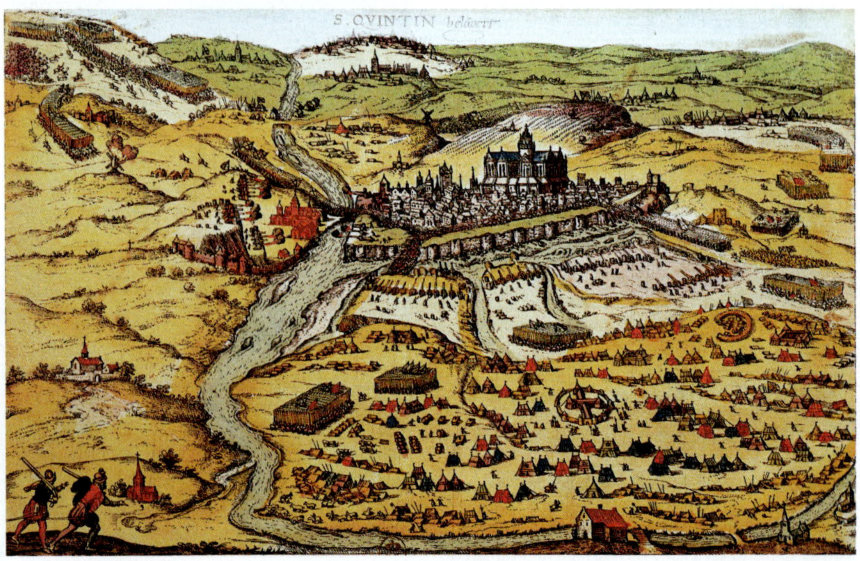

Saint-Quentin
Siège de Saint-Quentin, le 27 juillet 1557. Gravure de Franz Hogenbergh, Paris, Bibliothèque nationale de France. © *Lauros-Giraudon*

site ne soit pas encore entièrement fouillée, c'est déjà toute une cité romaine qui se dresse maintenant au bord du Rhône, avec ses rues pavées bien alignées, ses opulentes demeures richement décorées et ses ateliers artisanaux. Le réseau des égouts, les canalisations d'eau, les caniveaux de drainage manifestent des talents d'urbanistes de ceux qui ont conçu, à l'époque d'Auguste, le plan de cette cité. Dès l'entrée du site, la Maison des dieux Océans, d'une superficie supérieure à 2 500 m^2, offre un bel exemple d'une riche habitation romaine avec ses multiples pièces de réception, ses jardins intérieurs entourés de colonnades, ses bassins et ses fontaines, ses sols en mosaïque dont celle représentant les têtes barbues des divinités de l'Océan. Les autres maisons de Saint-Romain montrent de façon comparable le soin apporté par les habitants pour privilégier les espaces consacrés à la détente et aux loisirs. Des particularités techniques de construction, déjà connues par d'autres sites romains, sont ici particulièrement bien représentées : dans une des maisons, on a dégagé un chauffage à hypocauste permettant par un dispositif souterrain de canalisations reliées à un foyer extérieur de chauffer le dallage des pièces. On peut voir aussi comment les architectes anciens luttaient contre l'humidité en créant sous le sol des maisons un vide sanitaire obtenu par des rangées d'amphores vides retournées. Tout un quartier de Saint-Romain-en-Gal est consacré aux activités artisanales et commerciales. On reconnaît un grand atelier de foulons ou de teinturiers avec ses bassins destinés au trempage et au rinçage des textiles. Une fabrique de poteries est identifiable par ses fours où étaient cuits des vases de facture locale. Sur une surface de 3 000 m^2, de grands entrepôts servaient à stocker les marchandises importées ou exportées par le Rhône ou par les routes. La décoration intérieure des maisons est à la fois variée et somptueuse. Les sols sont couverts de pavements parfois en fragments de marbres colorés, parfois en mosaïques à décors géométriques ou figurés, en noir et blanc ou polychromes. Plus fragiles, les peintures murales n'ont été retrouvées intactes qu'en petit nombre. Inauguré en octobre 1996, le musée de Saint-Romain présente ces éléments du décor privé, dont le plus spectaculaire est la « mosaïque de Lycurgue », consacré au châtiment de ce personnage mythologique qui avait osé braver le dieu Bacchus : entouré de scènes de banquets, le panneau central représente le héros étouffé par une vigne dont les pampres gigantesques envahissent tout l'espace. Plusieurs maquettes qui reproduisent les différents quartiers de la ville antique restituent les activités publiques et privées de ceux qui ont résidé à Saint-Romain-en-Gal au début de notre ère.

SAINT-SACREMENT (Compagnie du)

Société secrète qui, entre 1630 et 1660, réunit des laïcs et des ecclésiastiques pour diffuser les préceptes de la Contre-Reforme à travers la charité et la surveillance des mœurs.

La confrérie est créée à Paris par le duc de Ventadour, le capucin Philippe d'Angoumois, le jésuite Suffen et l'oratorien Condren ; son succès est immense et instantané, répondant à l'attente spirituelle du siècle des saints : une soixantaine de filiales se créent en province. Plusieurs milliers de personnes rejoignent le mouvement durant les quelque trente ans de son existence. On y compte de grands noms de l'Église – Vincent de Paul, Olier, Bossuet... – mais aussi une majorité de laïcs. Tous appartiennent à une élite sociale qui vise aussi l'excellence spirituelle. L'ambition de la Compagnie est considérable : « entreprendre tout le bien possible et éloigner tout le mal possible en tout temps, en tout lieu et à l'égard de toute personne ». Cela ne se limite pas à l'adoration du saint sacrement. Les confrères s'engagent dans les œuvres de l'aumône, telle la fondation de l'Hôpital général, dans les missions étrangères comme intérieures... Ils mènent aussi un combat contre toutes les déviances : protestantisme, libertinage et jansénisme, malgré la sympathie d'une minorité de confrères derrière le duc de Liancourt. La Compagnie attaque ainsi le *Tartuffe* de Molière qui heurte les dévots. Elle contribue de la sorte à sa légende noire, qui l'associe à une cabale politico-religieuse professant l'ordre moral et inclinant à l'alliance espagnole.

La réalité est plus complexe. La Compagnie est secrète – mais pas clandestine car elle a l'aval de Louis XIII qui l'autorise en 1631 – par souci d'analogie avec la transsubstantiation où le Christ est caché dans l'hostie et d'humilité pour les confrères sommés de taire leurs bienfaits. Il s'agit aussi d'une organisation très centralisée au profit de la maison mère parisienne, qui fixe les statuts et une hiérarchie commune à tous les établissements. Certains évêques, tel celui de Marseille, peuvent être membres. Partout, la Compagnie dispose de puissant soutiens : des parlementaires, des officiers du roi, des grands comme le prince de Conti... Mais, si elle est influente, elle n'exerce pas d'action politique, encore moins d'opposition au pouvoir monarchique : nombre de fidèles de Richelieu sont des confrères et, même durant la Fronde, la Compagnie reste globalement en retrait. Elle est cependant interdite le 13 décembre 1660. L'attitude de certains de ses membres a pu y contribuer. La raison tient plutôt au succès même de la Compagnie, dont ni l'indépendance ni la force d'attraction ne sont plus tolérables pour l'État. Si, à Paris, les réunions cessent définitivement en 1667, en province, certaines portions du réseau dévot fonctionnent jusque vers 1750. Bien qu'assez bref, le rôle de la Compagnie du Saint-Sacrement est cependant essentiel : elle diffuse la morale ascétique de la Contre-Réforme auprès de l'aristocratie et rallie celle-ci à de véritables missions sociales qu'incarnent des pratiques caritatives et pastorales nouvelles. Ce faisant, elle empiète aussi sur le projet ordonnateur de l'absolutisme.

SAINT-SIMON Claude de ROUVROY, duc de (?, 1607 – Paris, 1693)

Courtisan.

Page et écuyer du roi, capitaine de Saint-Germain et de Versailles, grand louvetier, il aurait gagné la faveur de Louis XIII, si l'on en croit son fils, le célèbre mémorialiste, en inventant un procédé rapide pour relayer à la chasse. Lors de la journée des Dupes, il facilite la reprise des contacts entre Louis XIII et Richelieu. Mais rien ne prouve qu'il ait à lui seul déterminé le roi à ne pas abandonner son serviteur, comme le laissent entendre les *Mémoires* de son fils. Quoi qu'il en soit, le voilà duc et pair en 1635. Son influence sur le roi paraissant grandir, Richelieu obtient en 1636 son éloignement. Saint-Simon se retire dans le comté de Blaye dont le gouvernement lui avait été donné en 1630. Il ne reviendra qu'en 1643 à la Cour et vendra peu après ses charges. Remarié à l'âge de 65 ans avec Charlotte de l'Aubespine d'Hauterive, il aura d'elle, trois ans plus tard, un fils, Louis, le futur mémorialiste.

SAINT-SIMON Claude Henri de ROUVROY, comte de (Paris, 1760 – Paris, 1825)

Philosophe et économiste.

Entré dans l'armée en 1777, il prend part à la guerre d'Indépendance américaine de 1779 à 1783. Pendant la Révolution, il reste en France, abandonnant son titre pour devenir le citoyen Saint-Simon. Les idées nouvelles le séduisent, mais il déchantera vite et souhaitera la restauration d'un pouvoir fort. Il mène une vie agitée, se ruinant par ses prodigalités, puis reconstituant sa fortune en trafiquant sur les biens nationaux, se ruinant de nouveau, se mariant, se séparant de sa femme. En 1805, un ancien domestique nommé Giard lui donne le gîte. Cinq ans plus tard ce bienfaiteur meurt. Saint-Simon vivra désormais dans des conditions très précaires, au point qu'il tentera de se suicider en 1823. Cependant l'idée qu'il a reçu mission de réformer la société s'est emparée de son esprit. Vers 1800, il s'est mis à lire beaucoup d'ouvrages savants et à suivre des cours à l'École polytechnique. Peu après, il a entrepris de nombreux livres dont quelques-uns seulement sont achevés et publiés : *Lettre d'un habitant de Genève à ses contemporains* (1802), *Introduction aux travaux scientifiques du XIXe siècle* (1807), *Lettres au Bureau des longitudes* (1808). Cette période de sa production est caractérisée par la philosophie scientifique. Par la suite, il s'intéresse davantage à l'histoire. Autour de 1810 paraissent l'*Esquisse d'une nouvelle Encyclopédie* et l'*Histoire de l'homme*. Augustin Thierry devient son collaborateur pour la *Réorganisation de la société européenne*, publiée en 1814. Avec la paix qu'amène la Restauration, l'industrie passe au premier plan de ses préoccupations. Il publie coup sur coup *L'Industrie* (1817-1818), *Du système industriel* (1821-1822), *Catéchisme des industriels* (1824). En 1819, il a fondé la revue *L'Organisateur*, dont le premier numéro contient une « parabole » qui lui vaudra des poursuites. Dans ce texte resté fameux, Saint-Simon

Claude de Saint-Simon
Gravure satirique sur les saint-simoniens, coll. de Vinck, Paris, Bibliothèque nationale de France. © *Sélection Images*

suppose « que la France perde subitement ses 50 premiers physiciens, ses 50 premiers chimistes [...], ses 50 premiers banquiers, ses 200 premiers négociants, ses 600 premiers agriculteurs, etc., la nation deviendrait un corps sans âme » alors que « la perte de 30 000 individus réputés les plus importants de l'État ne causerait de chagrin que sous le rapport sentimental ». En effet, pour Saint-Simon, le gouvernement officiel n'a aucune importance, ce qui compte, ce sont les « producteurs » ou « industriels » (au sens latin du terme). Eux seuls détiennent le pouvoir économique. À eux devrait appartenir le pouvoir politique. La société doit être entièrement réorganisée pour favoriser l'industrie, « source unique de toutes les richesses et de toutes les propriétés ». Cette réorganisation sera l'œuvre, non de l'État qui devra se contenter de la simple police, mais des producteurs, aristocrates du monde nouveau dans la mesure où ils sont les meilleurs et en même temps ceux qui détiendront le pouvoir. Naturellement, il n'est pas question de faire la moindre concession au mythe égalitariste dont la Révolution a montré les pernicieux effets. La nouvelle société est cependant plus apte que celles qui l'ont précédée à améliorer rapidement le sort de la classe la plus pauvre, à condition que celle-ci saisisse les chances qui lui sont offertes et ne se laisse pas entretenir par les classes riches. « À chacun selon ses capacités, à chaque capacité selon ses œuvres. »

Complètement ignoré du grand public de son temps, Saint-Simon n'a commencé à être vraiment connu des milieux politiques et financiers que plusieurs années après sa mort. Aujourd'hui encore la plupart des étudiants semblent incapables d'imaginer son œuvre autrement que par référence à Enfantin et à Bazard. Or, si l'on peut considérer ceux-ci comme ses principaux disciples, Saint-Simon, pour sa part, n'a jamais critiqué la propriété privée. Le saint-simonisme bien compris n'est donc pas socialiste dans le sens moderne du terme. Il ne peut être rattaché à aucune tendance politique de l'histoire. Cependant le positivisme lui doit beaucoup : Comte a été secrétaire du maître. L'influence de Saint-Simon a pu aussi s'exercer par ses nombreuses relations dans les milieux financiers : Laffitte, Olinde, Rodrigues. Plus tard, Michel Chevalier, Hippolyte Carnot, Ferdinand de Lesseps et les frères Pereire ont été des adeptes du saint-simonisme ou tout au moins d'une partie de l'enseignement saint-simonien.

Le duc de Saint-Simon
Huile sur toile de Perrine Viger du Vigneau, 1887, d'après Hyacinthe Rigaud, château de Versailles.
© *Lauros-Giraudon*

SAINT-SIMON Louis de ROUVROY, duc de (Paris, 1675 – Paris, 1755)

Courtisan et mémorialiste.

Fils tard venu du premier duc de Saint-Simon, qui l'élève dans le culte de Louis XIII, parrainé en la chapelle de Versailles par le roi et la reine, il porte d'abord le titre de vidame de Chartres, du nom de la terre de La Ferté-Vidame achetée en 1635 par son père. En 1691, ce dernier le conduit à Versailles où il le présente au roi pour être mousquetaire. « Le Roi me trouvant petit et délicat [...] dit que j'étais encore bien jeune. » Un portrait peint vers 1692 et attribué à Rigaud confirme ce passage des *Mémoires* : « Avec son petit nez pointu, ses bonnes joues et son charmant papillon rouge, le vidame en armure a l'air non d'un adolescent, mais d'un enfant ». Malgré cela, Louis XIV a accepté son entrée dans le service. Saint-Simon participe au siège de Namur et à la bataille de Neerwinden comme chef de bataillon. La mort de son père en 1693 le fait duc et pair. Deux ans plus tard, il sert en Allemagne sous le maréchal de Lorges, dont il épouse en 1699 la fille, Mlle de Durfort, belle-sœur de Lauzun. En 1702, n'ayant pu être admis dans une promotion de brigadiers de cavalerie, il quitte le service. Désormais il restera à la Cour, observant avec un regard aigu les rares vertus et les nombreux travers de ceux qui l'entourent, censurant sans pitié les écarts, surtout dans les affaires de préséance et de tabourets, échafaudant avec Chevreuse et Beauvilliers des projets de révolution aristocratique. Car il s'est mis en tête que le roi, en s'appuyant sur des ministres bourgeois qui ne savent que le flatter, transforme sa royauté en tyrannie.

Afin de justifier ses incessantes interventions dans les querelles nobiliaires, il relève, en les outrant s'il est possible, les prétentions de son père qu'on peut, pour simplifier, résumer ainsi : les Rouvroy, issus d'un seigneur de Saint-Simon-en-Vermandois (Mathieu le Borgne, mort en 1370), déclarent descendre des comtes de Vermandois, seigneurs de Saint-Simon (issus eux-mêmes de Charlemagne). Grâce à la science de généalogistes honnêtement rétribués, le tour de passe-passe a été officialisé en 1635. Désormais, dans leurs armes, les Saint-Simon écartèlent l'écu de Vermandois avec celui de Rouvroy. En 1702, date de sa réception au Parlement comme duc et pair, Saint-Simon fils donne la priorité à l'écu de Vermandois. Mais il n'y a pas que de la vanité dans sa conduite. Le deuxième duc de Saint-Simon croit incontestablement à la mission morale de la noblesse. Aimant la vertu pour elle-même, ce grand chrétien va souvent faire retraite à La Trappe auprès de l'abbé de Rancé. Dans le domaine politique, ses espoirs sont incarnés par le duc de Bourgogne, petit-fils de Louis XIV devenu son héritier par la mort du Grand Dauphin, et tout acquis à la cause de l'aristocratie. Saint-Simon l'encourage en lui adressant un traité intitulé *Projet de gouvernement* que ne désavouerait pas Fénelon, le précepteur du duc.

Celui-ci mort (1712), Saint-Simon prend la défense de Philippe d'Orléans, son ami d'enfance, sur lequel une rumeur fait peser un soupçon d'empoisonnement. La proclamation de Philippe comme Régent, en 1715, semble lui ouvrir les portes du pouvoir. Membre du Conseil de régence, Saint-Simon joue enfin un rôle politique mais, dans un régime ayant abandonné toute référence moralisatrice, ce ne peut être que pour des questions secondaires. Porte-parole de la noblesse légitimiste, il obtient l'abaissement du duc du Maine et des autres bâtards royaux. En 1721, il va négocier en Espagne, comme ambassadeur extraordinaire, le mariage de Louis XV avec l'infante et celui du prince des Asturies avec une fille du Régent (ces projets seront finalement rompus). La mort de Philippe d'Orléans deux ans plus tard lui fait perdre tout son crédit à la Cour où il s'est fait de nombreux ennemis. Il se retire à La Ferté-Vidame, où il se consacre à la rédaction de ses *Mémoires*. Sa vieillesse est attristée par des déboires financiers et par le deuil de ses proches : sa femme meurt en 1743, ses deux fils en 1746 et 1754.

Saint-Simon avait déjà conçu l'idée de ses *Mémoires* à dix-neuf ans. Il semble qu'il n'en ait commencé la rédaction suivie qu'en 1729, après avoir eu communication par Luynes du *Journal* de Dangeau, qu'il annota. Il utilisa d'autres documents, notamment les papiers secrets de Colbert de Torcy. Mais son principal secours fut son propre don de l'observation, prolongé au moment de la rédaction par une mémoire d'une rare précision. Saint-Simon est partial, il ne songe pas à s'en défendre. Mais le souci de la vérité le conduit souvent à rendre hommage à ses bêtes noires.

Profond jusqu'à l'excès dans les petites choses, il n'est pas incapable d'idées générales, en quoi il se montre à la fois chroniqueur et historien. Indifférent à la mode, il écrit dans un style volontiers archaïsant, parfois incorrect, toujours imagé et souple, qui n'appartient qu'à lui. En cela, il peut passer pour un remarquable créateur et même pour un excellent romancier. Depuis la première édition à peu près complète de ses *Mémoires* en 1829-1831, on ne peut plus se représenter la cour de Louis XIV sans se référer à lui. On doit enfin lui savoir gré d'avoir rendu sur le Régent un témoignage juste et complet, le seul qui ait été fait en France à cette époque.

SAINT-SULPICE (Société des prêtres de, ou sulpiciens)

Société de prêtres séculiers qui vivent en commun sans avoir prononcé de vœux, mais un simple engagement. Ils se consacrent à la formation des séminaristes.

À l'origine de cette société, Jean-Jacques Olier, fondateur en 1641 du séminaire de Vaugirard, transféré dès l'année suivante près de l'église Saint-Sulpice. Cette fondation s'inscrit dans le cadre de la réforme du clergé entreprise par Bérulle. Devant le succès de son entreprise, Olier doit accepter la fondation de maisons semblables en province, et le séminaire de Saint-Sulpice devient la Société de Saint-Sulpice, dont le pape approuve les statuts en 1664. Son troisième supérieur, le père Tronson, sera le législateur de la Société, qui continue de former les séminaristes selon les théories de Bérulle. À la veille de la Révolution, les sulpiciens ont formé une cinquantaine d'évêques, parmi lesquels figure Talleyrand, et dirigent une trentaine de séminaires. Supprimée à la Révolution, la Société réapparaît après le concordat de 1801. Elle étend bientôt son influence sur l'Europe et l'Amérique, et dirige aujourd'hui plus de 60 établissements, dont 35 séminaires en France et 15 en Amérique. Les sulpiciens sont aussi à la tête de plusieurs paroisses, comme celle de Saint-Sulpice à Paris.

SAINT-VAAST (palais)

Ancienne abbaye bénédictine d'Arras, fondée vers 650 par Thierry III, sur le tombeau du premier évêque d'Arras, saint Vaast, en dehors de la vieille cité romaine.

Son influence sur le développement d'Arras est considérable ; dès le milieu du VIIe siècle se constitue autour d'elle une agglomération qui compte déjà six sanctuaires, dont trois sont les ancêtres des paroisses médiévales, et, pendant tout le Moyen Âge, elle est une des plus opulentes abbayes de l'Occident et la véritable capitale de l'Artois. Reconstruite au XVIIIe siècle, elle est désaffectée en 1790. Le *Recueil d'Arras*, célèbre collection de 304 portraits à la sanguine, représentant des rois de France (de Philippe VI à Charles IX), des grands personnages de Flandre ou d'Artois, des chroniqueurs ou artistes de la cour de Bourgogne, en provient. Il s'agit vraisemblablement de reproductions, exécutées à la fin du XVIe siècle, d'œuvres plus anciennes.

SAINT-VICTOR (abbaye)

Ancienne abbaye fondée à Marseille au début du Ve siècle.

Détruite par les Sarrasins au Xe siècle, elle se relève facilement, au point de créer des filiales dans toute la France, en Catalogne, en Aragon et même en Orient. Au XIe siècle, elle constitue le principal point d'appui de la réforme grégorienne dans le Midi. De très grands abbés président à ses destinées. L'un d'entre eux, Guillaume de Grimoard, accède au pontificat sous le nom d'Urbain V. Ses fortifications, conçues à l'origine contre le danger sarrasin, sont renforcées au XIVe siècle. Louis XIV en ordonnera le démantèlement après la disparition du danger espagnol. À la suite d'une longue décadence, le monastère est sécularisé en 1739. De ce qui devait constituer au Moyen Âge l'un des ensembles monastiques les plus importants de France, il reste essentiellement l'église (XIe-XIVe siècles) à chevet fortifié et des cryptes romanes.

SAINT-VICTOR (abbaye)

Ancienne abbaye d'augustins située à Paris sur l'emplacement de la Halle aux vins.

Fondée vers 1100 par Guillaume de Champeaux et dotée de privilèges en 1113 par Louis VI, elle devient rapidement l'un des premiers centres théologiques de France. Ses maîtres les plus connus sont Hugues, Richard, Gautier et Adam. Plusieurs autres abbayes sont placées sous sa dépendance : Sainte-Geneviève, Saint-Augustin de Bristol, Saint-Vincent de Senlis. Dissoute en 1790, ses bâtiments seront rasés en 1811.

SAINT-VINCENT-DE-PAUL (Société de)

Organisation charitable de laïques catholiques fondée à Paris en 1833 par sept jeunes gens, étudiants pour la plupart. Parmi eux se trouve Frédéric Ozanam, considéré comme son véritable fondateur.

L'association, intitulée Conférence de la Charité, est placée sous le patronage de saint Vincent de Paul, et prendra souvent le nom de Conférence de Saint-Vincent-de-Paul. Son but est la sanctification personnelle de ses membres, le moyen d'y parvenir étant la pratique de la charité, la visite des pauvres en particulier. Le développement de la Société, qui reçoit en 1835 les bases de son organisation – la division en conférences –, est assez lent pendant ses premières années d'existence : elle compte en 1836 moins de 300 membres. Mais elle se développe ensuite rapidement, compte, en 1848, 388 filiales, dont 282 en France, et 8 000 à 10 000 membres, qui seront 50 000 en 1860. Ses membres ne se contentent plus de la visite des familles nécessiteuses : diverses œuvres charitables ou sociales attirent leur attention. En 1861, cependant, soupçonnant les dirigeants d'esprit légitimiste, Persigny dissout le Conseil général et les Conseils provinciaux, qui ne seront reconstitués qu'en 1870. Le développement de la Société se poursuit ensuite, en France comme à l'étranger : 800 conférences regroupent, en 1913, 133 000 confrères, ou vincentiens, qui sont, en 1973, 650 000, répartis dans 900 pays. Leurs activités se sont élargies, aux visites s'ajoutent la prise en charge des marginaux de toutes sortes, l'alphabétisation.

SAINT-WANDRILLE-RANÇON (abbaye)

Célèbre abbaye bénédictine fondée par saint Wandrille, disciple de saint Colomban, en 649, au lieu-dit Fontenelle, dans l'arrondissement de Rouen, au-dessus de la rive droite de la Seine, en amont de Caudebec.

L'abbaye jouit d'une prospérité exceptionnelle sous les Mérovingiens et au temps de Charlemagne. Détruite par un incendie en 1250, elle est reconstruite avec magnificence pendant les XIVe, XVe et XVIe siècles. Mais elle tombe en commende au XVIe siècle et les protestants la ravagent. En 1636, la congrégation de Saint-Maur en prend possession et en rénove l'esprit. Supprimé en 1792, le monastère est abandonné. Mais, en 1894, les bénédictins de France s'y réinstallent. Expulsés en 1901, ils y reviennent en 1930.

SAINTE AMPOULE

Ampoule contenant le saint chrême utilisé pour le sacre des rois de France, conservée à l'abbaye Saint-Remi de Reims.

Sa légende est née au IXe siècle à Reims où l'archevêque Hincmar laissa entendre que le baptême de Clovis avait été suivi d'un sacre et non du sacrement de confirmation, conféré alors aux baptisés qui étaient tous adultes. La colombe symbolisant le Saint-Esprit dont parlait Grégoire de Tours, symbole alors du sacrement de confirmation reçu par Clovis, se transforma ensuite en porteuse de la sainte ampoule. La chronique de l'archevêque explique que le clerc chargé d'apporter le saint chrême pour oindre Clovis ne put rejoindre l'autel tant la foule était dense. À la fin du Moyen Âge on embellit encore la légende en affirmant que son niveau ne baissait jamais et que l'huile refusait d'être fluide pour les usurpateurs. La sainte ampoule a été détruite à coups de marteau en 1793 par le représentant de la Convention Rühl, sur une place de Reims. Au moment du projet de sacre pour Louis XVIII, elle fut retrouvée fort opportunément, tirée d'un lieu secret où elle avait été tenue cachée. L'huile qui fut recueillie servit au sacre de Charles X en 1825.

Sakhiet Sidi Youssef
Après le bombardement de la ville, un camion de la Croix-Rouge qui apportait des vêtements aux réfugiés algériens. © *Keystone*

SAISSET Bernard (?, v. 1230 – v. 1310)

Évêque.

Chanoine de Saint-Augustin, abbé de Saint-Antonin-de-Pamiers puis premier évêque de cette ville en 1295, il est surtout connu pour des démêlés avec Philippe le Bel contre qui il soutient le pape Boniface VIII. En 1301, le roi le fait comparaître à Senlis sous l'inculpation de haute trahison, d'hérésie et de blasphème. Grâce à l'intervention du pape, il peut reprendre possession de son diocèse.

SAKHIET SIDI YOUSSEF

Localité tunisienne située à la frontière algérienne, sur les confins du Constantinois.

En 1958, ce village sert de base aux unités du FLN pour des incursions en territoire algérien. Au début de l'année, des aviateurs français en mission rapportent avoir essuyé à plusieurs reprises le feu d'armes de DCA. Un appareil d'observation ayant été abattu au cours d'une mission, le 7 février, l'état-major d'Alger ordonne une opération de bombardement de la localité. Celle-ci est exécutée le lendemain, sans qu'on en ait référé auparavant à Paris, le haut commandement voulant exercer de la sorte un « droit de suite ». Si les bases du FLN sont détruites ou sérieusement endommagées, on déplore une centaine de morts parmi la population. Aussitôt, le président Bourguiba élève une très vive protestation, rappelle son ambassadeur à Paris et saisit, le 13 février, le Conseil de sécurité de l'ONU. Le FLN souhaite une médiation internationale, tendance qui se confirme bientôt avec l'offre des bons offices des gouvernements de Londres et de Washington. Mais, en Algérie, les milieux nationalistes et les militaires s'inquiètent de cette évolution, car ils refusent l'idée d'un règlement de la question algérienne sur le modèle indochinois. À Paris, l'émotion est vive également. Les ministres indépendants menacent de démissionner si le gouvernement a recours « aux bons

Raoul Salan
Le général Salan à Saigon, le 31 janvier 1952. © *Keystone*

offices anglo-américains » pour le contrôle de la frontière. Le Parlement est convoqué pour débattre du sujet le 15 avril. Jacques Duclos et Jacques Soustelle, au nom de leur parti respectif – PCF et MRP –, émettent de vives critiques. Dans le vote qui s'ensuit, le cabinet Félix Gaillard est mis en minorité par 321 voix contre 255.

SALAN Raoul (Roquecourbe, 1899 – Paris, 1984)

Général.

Saint-Cyrien, il prend part aux derniers combats de la Première Guerre mondiale. Il effectue ensuite l'essentiel de sa carrière dans les troupes coloniales : après avoir été blessé en Syrie (1921), il sert en Indochine de 1924 à 1937. Il commande un bataillon de Sénégalais en mai 1940 et refuse de rejoindre la France libre après Mers el-Kébir. Affecté d'abord au ministère des Colonies de Vichy, il est nommé à Dakar puis à Alger (1943). Il rejoint l'armée de Lattre et commande une division de la 1re armée française, ce qui lui vaut de recevoir la Légion d'honneur des mains du général de Gaulle. Il effectue quatre missions en Indochine (en 1945-1946 avec Leclerc, en 1947-1948 au commandement de l'Indochine du Nord, de décembre 1950 à mai 1953 comme adjoint puis successeur de de Lattre, après Diên Biên Phu comme adjoint du général Ély). Rentré en France, général d'armée, il reçoit en novembre 1956 le commandement en chef en Algérie. Accueilli fraîchement à son arrivée, car suspecté d'engagement à gauche par les colons et visé par l'attentat dit du bazooka (16 janvier 1957), Salan s'impose à l'opinion pied-noire. Sur le plan militaire, il s'attaque aux « rebelles » du FLN en renforçant le quadrillage d'Alger, le renseignement, le bouclage des frontières et remporte la bataille d'Alger (janvier-octobre 1957) puis la bataille des frontières (février-mai 1958), gagnant de fait la partie militaire de la guerre. Fort de sa popularité auprès des pieds-noirs, il franchit une première fois la limite de la légalité politique, le 9 mai 1958, en mettant en garde le président Coty contre une « réaction de désespoir » de l'armée en cas d'abandon de l'Algérie ; il récidive en suggérant au nouveau président du Conseil, Pierre Pflimlin, de se démettre au profit d'un « gouvernement de salut public » ; il persiste le 13 mai en autorisant le général Massu à présider un comité de salut public, et encore le 15 mai en souhaitant l'arrivée du général de Gaulle, sur la suggestion de Léon Delbecque. Confirmé comme commandant en chef, il est déchargé de ses fonctions en décembre et nommé gouverneur militaire de Paris. La déception qu'il en ressent se double d'une inquiétude devant la politique gaulliste. En juin 1960, Salan dénonce le risque d'abandon et décide de prendre sa retraite à Alger. Il en est expulsé vers l'Espagne, ce qui achève de le dresser contre de Gaulle. Il regagne Alger le 23 avril 1961, au lendemain du putsch dit des généraux qu'il a organisé. Après l'échec du mouvement, il entre dans la clandestinité et prend la tête de l'OAS. Arrêté le 20 avril 1962, il est condamné par la Haute Cour de justice à la détention perpétuelle et incarcéré à Tulle. Libéré en juin 1968, il est amnistié par la loi du 3 décembre 1982.

SALASSES

En latin Salassi. *Peuple alpin des confins des Gaules transalpine et cisalpine.*

Les Salasses étaient établis dans le val d'Aoste et avaient pour chef-lieu, à partir de 23 av. J.-C., *Augusta Salassorum* (Aoste).

SALICETI ou SALICETTI Antoine Christophe (Saliceto, Corse, 1757 – Naples, 1809)

Homme politique.

D'une famille gibeline de Plaisance réfugiée en Corse, avocat près le Conseil supérieur de Bastia, il est élu aux États généraux de 1789 et fait voter l'annexion définitive et l'assimilation de la Corse au territoire français (30 décembre 1789) ainsi que l'amnistie pour tous les émigrés corses, dont Paoli. Mais lorsque celui-ci s'éloigne de la Révolution, il rompt avec lui. Élu à la Convention, il vote la mort de Louis XVI, est nommé commissaire en Corse avec pleins pouvoirs pour lutter, avec Lacombe-Saint-Michel, le futur vainqueur de Paoli à Farinole, contre les intrigues anglaises et les prêtres réfractaires. Mais, impuissant à enrayer le mouvement antirévolutionnaire, il se retire en Provence. Représentant en mission à l'armée de Toulon (1793), il fait confier le commandement de l'artillerie à Bonaparte, lors du célèbre siège où celui-ci s'illustre pour la première fois. Partisan de Robespierre, il est décrété d'accusation après le 9 Thermidor, mais bénéficie de l'amnistie de brumaire an IV. Représentant à l'armée d'Italie (1796), il organise, après la reconquête française de la Corse (octobre 1796), les deux départements du Golo et du Liamone entre lesquels l'île est partagée. Député aux Cinq-Cents (1797), il ne participe pas au 18 Brumaire mais accepte diverses fonctions sous le Consulat et l'Empire. Comme ambassadeur à Lucques (1800), puis à Gênes (1801), il fait voter l'annexion de ce dernier territoire à la France. Ministre de la Police et de la Guerre du roi Joseph à Naples (1806), il gouverne le royaume en attendant l'arrivée de Murat (1808), mais celui-ci le renvoie et le remplace par Maghella. Napoléon le nomme alors membre de la *Consulta* qui doit prendre possession de Rome. Un soulèvement ayant éclaté à Naples à la suite du débarquement en Calabre d'une flotte anglaise, il accourt réprimer l'insurrection mais meurt brusquement, peut-être empoisonné.

SALIENS (Francs)

Peuple germanique venu au IIIe siècle des rives de la Baltique, et établi sur les bords de l'Ijsel, sur la rive droite du Rhin. Pénétrant peu à peu dans la Gaule romaine, les Francs finiront par lui donner leur nom.

À plusieurs reprises, au cours du IIIe siècle, les Francs Saliens cherchent à pénétrer dans l'Empire romain. Dès le début du IVe siècle, les autorités romaines leur confèrent le titre de fédérés : contre la promesse d'aider militairement Rome, ils reçoivent de Constance Chlore des terres à cultiver entre le Lek et le Waal, puis entre Rhin et Meuse. Leur poussée continue. En 358, l'empereur Julien leur confirme le statut de fédérés et accepte leur établissement en Toxandrie, dans l'actuel Brabant hollandais. Au fil des années, certains Saliens occupent des postes militaires importants au sein de l'Empire. Sous le règne de Valentinien III, au début du Ve siècle (vers 430), les Saliens parviennent à franchir l'Escaut, poussent jusqu'à Cambrai. Un de leurs chefs, Chlodion, fonde le royaume de Cambrai. Il atteint même la Somme, conquérant une partie de la Picardie. Vers 441, cependant, Aétius, chef de la milice, le bat à Vicus Helena. Après sa mort, au milieu du Ve siècle, son successeur Mérovée fait la paix avec Aétius et fonde le royaume de Tournai.

Le Mérovingien Childéric Ier, mort en 481, conserve le statut de fédéré, combat les Wisigoths aux côtés du Romain Aegidius, et pousse jusqu'à la Loire. Mais l'Empire romain s'est écroulé en 476, et Clovis, fils et successeur de Childéric, décide de conquérir la Gaule. La première partie de ses projets est réalisée en 486 avec l'exécution de Syagrius, fils d'Aegidius. Les Francs Saliens se lancent alors à la conquête de la Gaule du Nord, des régions du nord de la Seine et de l'ouest du Rhin. Le royaume burgonde les arrête un moment, ils s'attaquent alors à celui des Wisigoths. Le baptême de Clovis, vers 498, fait de lui le champion des évêques catholiques contre l'arianisme. La victoire de Vouillé sur les Wisigoths, en 507, étend le royaume de Clovis jusqu'à la Garonne, l'action de l'Ostrogoth Théodoric en Provence et dans le Languedoc l'empêchant d'atteindre la Méditerranée. Ses fils se partagent son royaume à sa mort, en 511, et la conquête de la Gaule se poursuit, malgré les luttes intestines. Les Francs Saliens, très inférieurs en nombre, se fondront assez rapidement parmi les Gallo-Romains. Ils restent néanmoins attachés à leurs traditions et à leurs coutumes, en particulier en ce qui concerne la législation. C'est ainsi que, selon le principe de la « personnalité des lois », si contraire à la tradition juridique romaine, ils veulent être jugés selon leur propre coutume juridique, dite loi salique. Particularité qui n'empêchera pas la fusion entre Saliens et Gallo-Romains de se réaliser.

SALIQUE (loi)

Nom donné à l'ensemble des coutumes des Francs Saliens.

La plus ancienne rédaction connue remonte à la fin du Ve ou au début du VIe siècle, c'est-à-dire au règne de Clovis. Ce texte sera remanié à plusieurs reprises, une des transcriptions s'accompagnant de commentaires, les gloses malbergiques. La dernière rédaction, qui porte le titre de *Lex salica commendata*, date du règne de Charlemagne. La loi salique n'est pas un code, mais plutôt une succession d'articles concernant uniquement les hommes libres. Pour la plus grande partie, les deux tiers environ, ces articles constituent des tarifs de composition. Le but de ceux qui ont institué cette législation est de remplacer la notion de vengeance personnelle par celle de transaction, de compensation, le *wergeld*. Le montant de ce *wergeld* est payé à la famille de la victime, ou à la personne lésée, pour racheter le crime ou le délit, tandis que le tribunal fixe l'amende, le *fredus,* infligé au nom du roi pour avoir troublé la paix publique. La loi salique contient aussi des règles de procédure et des articles concernant le droit privé, qui marquent la prééminence du mâle et de la famille. Ainsi le titre *de alodis* qui exclut les femmes de la succession aux biens fonciers, à la terre des ancêtres, la *terra salica* : « Aucune terre ne pourra être dévolue par héritage à une femme, toute la terre appartiendra aux héritiers du sexe viril. » En l'absence d'héritier mâle, la femme conserve des droits sur les biens meubles. Mais elle n'en possède aucun sur le patrimoine, qui risquerait de sortir de la communauté familiale au moment de son mariage. Ce titre LXII de la loi salique sera

Loi Salique
Copie manuscrite de la loi salique, VIIIe siècle. Paris, Bibliothèque nationale de France. © *Lauros-Giraudon*

utilisé par les légistes du XIVe siècle pour justifier après coup, et non pour la permettre, car cette justification fut postérieure aux faits, l'accession au trône de Philippe V le Long, de son frère, puis de son cousin.

SALLYENS, SALYENS, SALYES ou SALLUVIENS

*Confédération réunissant une dizaine de tribus ligures ou celtico-ligures établies au sud de la Durance autour de l'*oppidum *d'Entremont.*

Très turbulents, les Sallyens mettent plusieurs fois en danger les Massaliotes, notamment en 154 et 125 avant J.-C. Ceux-ci, en appelant les Romains à leur aide, fournissent le prétexte d'une intervention militaire qui s'achèvera par la constitution de la Province romaine. Les Sallyens sont vaincus en 123 par C. Sextius Calvinus qui vend la population d'Entremont et, l'année suivante, fonde *Aquae Sextiae* (Aix-en-Provence).

SALOMON (? – ?, 874)

Souverain des Bretons.

Neveu de Nominoé, il se débarrasse du fils de ce dernier, Érispoé, en le faisant assassiner en 857. L'émotion causée par ce meurtre ne l'empêche pas de devenir le maître de la Bretagne. S'il ne se dit pas roi, titre que les textes ne lui donnent pas toujours et que rien ne dit qu'il l'ait porté, il s'attribue celui de *princeps* et de *dux* (*Brittonum dux*). Il augmente en tout cas sa puissance en affermissant ses prises à l'est. Allié successivement aux grands de Neustrie, aux pirates normands, au fils révolté de Charles le Chauve, à Charles lui-même puis une fois de plus aux Normands, il conclut la paix en 867 avec le roi des Francs qui lui abandonne le Cotentin. Cependant ses succès n'ont pas effacé le souvenir de son crime. Son autoritarisme ajoute aux ressentiments de ses adversaires. Ils montent contre lui une conspiration analogue à celle qu'il avait naguère ourdie contre son cousin. En vain affiche-t-il le désir de la retraite dans la prière. En 874, il est assassiné à son tour, au village du Merzer, en Langoëlan, aux bords du Scorff. Le portrait flatteur que devait lui faire plus tard la chanson de geste des *Barons hérupés* (du Hurepois) peut sembler étrange ; il résulte du fait que ses restes furent transportés au Xe siècle de Saint-Sauveur-de-Plélan à Pithiviers.

SALON PHILOSOPHIQUE

Cercle intellectuel qui accueille au XVIIIe *siècle les philosophes et leurs idées mais qui revêt des formes plus variées que les salons précieux du* XVIIe *siècle.*

Au siècle des Lumières, la société civile prend de la consistance en même temps que se diversifient les formes de sociabilité. Le monde de la Cour et de la haute aristocratie, théâtre des salons au siècle précédent, paraît beaucoup moins dynamique. Le mouvement philosophique, soutenu par les milieux parlementaires et orléanistes, en fait d'ailleurs souvent sa cible. Le salon est un lieu où se réduit, par la conversation, la distance entre bourgeoisie et noblesse ; il s'y instaure des formes de politesse et de contrôle social appelées à se diffuser. Les salons contribuent à la civilisation des mœurs ; des milieux sociaux autrement cloisonnés se côtoient : cour et ville, Paris et Province, lettrés et mondains, naturels du royaume et étrangers tels Melchior Grimm, Horace Walpole ou Casanova. De ce brassage émerge la figure du philosophe, souvent aussi publiciste, qui trouve une tribune, des relais d'influence et des protections chez les puissants : le mouvement philosophique est soutenu par une large fraction de la noblesse de robe. Seul Rousseau refuse le jeu mondain.

Comme au XVIIe siècle, les dames jouent un rôle décisif dans la mise en relation des auteurs et l'émulation des esprits. Seule la coterie athée du baron d'Holbach fait exception au règne des femmes. Celles-ci peuvent se faire les protectrices directes des philosophes : Rousseau, avant Grimm, est accueilli par Louise d'Épinay à l'Ermitage près de Montmorency, Voltaire par Émilie du Châtelet à Cirey. Certaines s'essaient à l'écriture, telle Françoise de Graffigny, auteur des *Lettres d'une Péruvienne* (1747), qui ouvre bientôt son salon. La plupart en effet ont un jour de réception à leur domicile parisien, qui devient une véritable institution. La duchesse du Maine, Louise de Bourbon-Condé, petite fille du Grand Condé, tient de 1750 à 1753 un salon essentiellement littéraire dans son château de Sceaux. Elle y conspire aussi contre le Régent. Dans les années 1740, elle accueille un temps Voltaire. La marquise de Lambert, à partir de 1710, s'essaie à recréer l'atmosphère délicate de l'Hôtel de Rambouillet dans son salon de la rue de Richelieu. Elle reçoit Marivaux, Montesquieu, Fénelon, Fontenelle, mais aussi le ministre Voyer d'Argenson ou la tragédienne Adrienne Lecouvreur.

Le « Bureau d'esprit » de Mme de Tencin prend la suite de celui de Mme de Lambert et recueille ses habitués à la disparition de la marquise. Il est d'orientation plus nettement philosophique – recevant le philosophe Montesquieu, le dramaturge Marmontel, le fermier général et philosophe Helvétius ou l'historien Mably – mais aussi cosmopolite : lord Bolingbroke – homme d'État libertin – ou le médecin genevois Tronchin y paraissent. Mme de Tencin est l'amie de Marivaux, qu'elle fait élire à l'Académie française contre Voltaire. Moins favorable au mouvement philosophique et nostalgique du XVIIe siècle, Madame du Deffand reçoit toutefois rue Saint-Dominique les partisans des idées avancées, tels Marivaux, Fontenelle, Montesquieu qu'elle met en relation avec l'élite politique du temps. À partir de 1753, elle devient aveugle mais n'en exerce pas moins une influence considérable sur le monde des lettres : d'Alembert lui doit son élection à l'Académie française. Mais l'archétype du salon philosophique est le « royaume » de Madame Geoffrin, la seule bourgeoise à tenir salon, qui reçoit à partir de 1749 rue Saint-Dominique une société très mêlée où se côtoient hommes de lettres, de science et artistes : Helvétius, Montesquieu, Marmontel, Grimm, d'Alembert dont elle finance l'*Encyclopédie*. Sa notoriété s'étend à l'Europe entière. Sa demoiselle de compagnie Mlle de Lespinasse se met à recevoir certains de ses fidèles. Il en résulte une brouille entre les deux femmes et, en 1764, une scission du salon de Mme du Deffand, d'Alembert, Condorcet ou Turgot suivant Julie de Lespinasse.

À partir des années 1770 naissent des salons plus directement politiques avec les cercles de Mme de Genlis, liée au duc d'Orléans, ou de Suzanne Necker, qui reçoit rue de la Chaussée d'Antin l'abbé Raynal, Marmontel, Grimm, Bernardin de Saint-Pierre, Diderot, Buffon : ces intellectuels font partie du plan de campagne de Necker pour passer de la banque au ministère. Sa fille, Germaine Necker, future baronne de Staël, continue cette tradition du salon politique en recevant les monarchiens rue du Bac. Sous le Directoire et le Consulat, Joséphine de Beauharnais ou Mme Tallien accueillent les personnalités du Tout-Paris.

À côté des salons, il existe d'autres lieux de la sociabilité politico-littéraire : les clubs sont des sortes de salons restreints à la sphère politique et à recrutement cooptatif transposé du modèle anglais : le club de l'Entresol installé place Vendôme, dans l'hôtel du président Hénault, ami de Mme du Deffand, joue un grand rôle entre 1720 et 1731. Il préfigure l'essor d'institutions similaires pendant la Révolution comme le club des Cordeliers. Les sociétés maçonniques jouent dans cette fermentation un rôle décisif : elle regroupent en 1789 de 50000 à 100000 membres.

SALONIQUE

Ville de Grèce septentrionale, métropole de la province de Macédoine.

Au début de la Première Guerre mondiale et compte tenu de la proximité de la Serbie, l'attention est attirée, dans le camp allié, sur les possibilités stratégiques offertes par ce port. Certains assurent que la décision finale se jouera en Orient, compte tenu des échecs russes à l'est et de l'impossibilité de percer le front allemand à l'ouest. L'échec de l'entreprise des Dardanelles, en 1915, accroît la valeur de la position de Salonique. Son occupation, vivement conseillée par le Premier ministre grec Eleuthérios Venizélos, présente un triple avantage : de ce port, il est possible de ravitailler la Serbie par la vallée du Vardar ; cela permet en même temps d'intimider la Bulgarie, l'Entente redoutant qu'elle rejoigne les puissances centrales ; enfin cette présence alliée est souhaitée par le ministre roumain Bratiano qui envisage, à plus longue échéance, l'intervention de son pays dans le conflit.

Le 25 septembre 1915, Millerand, ministre de la Guerre, désigne le géneral Sarrail, limogé du commandement de la IIIe armée, pour diriger les forces françaises qui vont être ramenées de Gallipoli à Salonique. Parti de Marseille le 7 octobre, le général arrive à Salonique le 12. Une semaine auparavant, la Bulgarie a rejoint les empires centraux. La Serbie agonise. Les forces dont dispose Sarrail sont insuffisantes pour venir efficacement à son aide. Les pointes poussées au-delà de la frontière gréco-serbe servent tout juste à arrêter l'élan des Bulgares et à recueillir les débris des troupes du roi Pierre Ier qui n'ont pas obliqué vers l'Albanie. Un moment, cet échec remet en cause la présence alliée à Salonique, vivement contestée par beaucoup. Clemenceau se montre un adversaire acharné de l'entreprise. Briand, président du Conseil, vacille sous les attaques. L'affaire est sauvée par Philippe Berthelot, directeur des Affaires politiques, qui fait comprendre à Poincaré et à Briand qu'un succès de Clemenceau serait la fin de leur prépondérance à l'Élysée et au gouvernement.

Ainsi est maintenu le principe de cette « tête de pont », les Alliés ayant repassé la frontière gréco-serbe en décembre sans être poursuivis par les Bulgares, qui respectent la neutralité grecque. Autour du port, Français et Britanniques organisent un véritable camp retranché. Ces derniers s'installent entre la mer et le lac Besikgolu ; les 57e, 122e et 156e divisions de Sarrail couvrent un secteur de plusieurs dizaines de kilomètres au-delà de Langaza, barrant jusqu'au Vardar la partie orientale du camp. Le roi Constantin de Grèce manifeste de l'humeur devant cette occupation, mais il ne peut faire plus en raison des sympathies proalliés d'une partie de la population hellène et surtout de l'accueil chaleureux des Macédoniens qui trouvent dans la présence des troupes l'occasion de faire un fructueux commerce. Les soldats se font tour à tour terrassiers et jardiniers, car le camp comporte à la fois des tranchées, des abris et des potagers destinés à assurer la subsistance des troupes. Des puits sont forés, des canaux d'irrigation sont creusés. De ce sol sec ou aride surgit la verdure. Des routes sont construites, d'autres (d'origine romaine) sont rénovées. Au total plus de 1200 km de chaussées sont utilisables, ce qui contribue à l'essor économique de la région pour le plus grand profit de l'influence française. En 1916, la notion de camp fait place à celle de front. La menace bulgare sur la frontière grecque et le retour des contingents serbes, reformés à Corfou et en Tunisie, permettent à Sarrail de constituer un front continu du Vardar au lac d'Ostrovo en septembre 1916, tandis que, sur la droite, les Britanniques s'établissent le long de la Strouma jusqu'au golfe d'Orfano. À l'aile gauche, par la suite, les Serbes s'avancent de Florina à Monastir, où le front se stabilise. C'est de ces positions que partira, le 15 septembre 1918, l'offensive victorieuse de l'armée d'Orient, acte déterminant qui confirme la justesse de l'opération de 1915. Mais celle-ci avait tant de détracteurs qu'elle ne fut pas menée, à l'époque, avec les moyens appropriés.

SALUCES (marquisat de)

Marquisat situé sur le Pô, fondé au milieu du XIIe siècle à la suite d'un partage institué par Boniface de Montferrat entre ses fils.

Ses détenteurs, après avoir relevé du Saint Empire puis du duc de Savoie, s'inféodent au roi de France à partir de la fin du XVe siècle. Henri II annexe le marquisat en 1548. En 1588, Charles Emmanuel le reprend. Lors de la signature du traité de Lyon en 1601, Henri IV demande et obtient la cession de la Bresse, du Bugey et du pays de Gex pour prix de sa renonciation concernant Saluces.

SAMORY Touré (Konyan, province de l'actuelle Guinée, v. 1835 – N'Djolé, Gabon, 1900)

Chef soudanais.

Il appartient au peuple des Dyoulos, commerçants musulmans minoritaires en pays malinké, de religion animiste. Divers opposants se dressent à partir de 1835 contre la domination malinké et, vers 1870, succédant par la force au roi de Bissandougou, dans l'actuelle Guinée, Samory entreprend de se constituer un empire dans cette région, puis dans la riche région du haut Niger, le Ouassoulou. Prenant le titre d'almany, il s'appuie sur de redoutables guerriers, les sofas, et organise un État islamique centralisé. Après la chute de Kankan en 1881, l'annexion du royaume de Sisé, le ralliement de celui d'Odienné, son seul rival demeure le royaume toucouleur du Ségou. Samory cherche alors à s'étendre vers l'est, la Sierra Leone, et l'ouest, le royaume de Sikasso. En 1881 cependant, les Français entreprennent la conquête du Soudan, se dirigent vers le haut Niger, et ordonnent à Samory de stopper son expansion. Après plusieurs engagements et une défaite près de Kénieba, infligée en 1882 par le colonel Borgnis-Desbordes, l'almany accepte en 1886 de traiter avec les Français. Il n'a en fait aucune intention de respecter ce traité et désire seulement avoir les mains libres pour attaquer le Sikasso. En 1887, le traité de Bissandougou, signé avec Gallieni, le contraint d'abandonner les régions situées au nord du Niger. Il continue cependant de combattre la progression française. En 1891, le colonel Archinard lui enlève Kankan. Puis, le colonel Combes le repousse vers l'est. Samory et ses sofas gagnent alors, en 1894, le nord de la Côte-d'Ivoire, près de la frontière avec le Liberia. En 1895, ils détruisent l'importante cité commerçante de Kong. Traqué par les troupes du Soudan français, Samory est finalement capturé au mois de septembre 1898, près de Guélémou, par une colonne aux ordres du capitaine Gouraud, qui fait plusieurs milliers de prisonniers et s'empare d'un armement important. Déporté au Gabon, Samory Touré meurt peu après. Sa chute – car il était devenu le symbole de la résistance à la pénétration française – fait passer l'ensemble du Soudan occidental sous l'autorité de la France.

SANCERRE

Petite ville située sur une colline dominant la Loire, en Haut-Berry.

Ayant appartenu dès le IXe siècle aux comtes de Blois, elle se transmet à ceux de Champagne en 1015 et devient la capitale d'un comté particulier en 1152, sous le troisième fils de Thibaud le Grand, Étienne. En 1426, Jeanne d'Auvergne en hérite. À sa mort en 1436, elle laisse l'usufruit de son comté à son mari, Louis III de Bourbon, qui en est dépossédé par arrêt du parlement de Paris en faveur de Jean, sire de Bueil. La famille de Bueil reste en place jusqu'en 1640, année où René de Bueil vend son domaine à Henri de Condé. Sancerre a joué un rôle stratégique non négligeable. Anglais et Français s'en sont disputé la possession pendant la guerre de Cent Ans, puis catholiques et huguenots lors des guerres de Religion. Sa résistance devant les catholiques en 1568 et 1569 lui a valu le nom de petite Rochelle. Sous Louis XIII, passée au pouvoir de Condé en 1621, elle doit subir le démantèlement de ses murs. En avril 1796, les insurgés royalistes du Berry la tiennent pendant quelques jours.

SANCERRE Louis de CHAMPAGNE, comte de (?, v. 1341 – ?, 1402)

Maréchal de France.

Familier de Philippe VI, maréchal de France en 1368, il combat en compagnie de Du Guesclin sous Jean II et Charles V. Sous Charles VI, on le retrouve en Guyenne où il guerroie contre les Anglais, puis à Roosebeke, en 1382, contre les Flamands révoltés. Il reçoit l'épée de connétable en 1397.

SANCY Nicolas HARLAY de (?, 1546 – Paris, 1629)

Diplomate.

Protestant, il abjure à la Saint-Barthélemy, en 1572, mais revient par la suite à la Réforme. Cette attitude changeante, dictée par son intérêt, lui vaudra d'être férocement attaqué par d'Aubigné dans une satire intitulée la *Confession catholique de Sancy*. Ambassadeur en Suisse en 1575, conseiller d'État, maître des requêtes, Sancy, rallié à Henri IV, est chargé en 1589 de lever des troupes pour ce dernier en Allemagne et dans les cantons suisses, puis en Lorraine. On dit que, pour venir en aide à son maître, il aurait mis en gage chez des Juifs de Metz le fameux diamant qui porte son nom. Il devient en 1594 surintendant des Finances. Ambassadeur à Londres en 1596, colonel général des suisses, il se heurte à l'hostilité de Gabrielle d'Estrées, et doit bientôt céder les Finances à Sully.

SANGNIER Marc (Paris, 1873 – Paris, 1950)

Homme politique.

Issu d'une famille très aisée, il est élevé dans le catholicisme et fonde dès l'âge de 19 ans un cercle d'études chrétiennes dit cercle de la Crypte. Admis en 1895 à l'École polytechnique, il en sort comme lieutenant du génie mais quitte l'armée dès 1898 pour consacrer son temps à la propagation d'une doctrine qu'on peut déjà qualifier de « démocrate chrétienne ». En 1894, les membres de son cercle ont créé une petite revue, *Le Sillon*. Il relève le nom pour le mouvement qu'il anime. Puis, devant le succès de celui-ci, il lance à son tour *L'Éveil démocratique*, un hebdomadaire. Par ailleurs, il organise des cercles et des réunions publiques. Sous son autorité se constitue une

« jeune garde », portant uniforme et entraînée avec soin sur le plan doctrinal et sur le plan physique. En orientant l'apostolat religieux vers l'action professionnelle et sociale, en admettant des incroyants dans le Grand Sillon, Sangnier alarme le pape Pie X, qui condamne le Sillon par une lettre pontificale du 25 août 1910. Sangnier se soumet et se consacre désormais pleinement à la politique : en 1912, il fonde un parti, la Jeune République, et un nouveau journal, *La Démocratie*. Il se présente plusieurs fois en vain à la députation. Élu en 1919, il est de nouveau battu en 1924. Cela ne l'empêche pas de continuer ses campagnes en mettant l'accent sur le pacifisme. Il organise des entretiens franco-allemands pour « l'internationale démocratique ». De son esprit de « fraternité mondiale » procède la création, en 1930, de la Ligue française des auberges de jeunesse. En 1936, la Jeune République soutient le Front populaire. C'est peut-être à cette circonstance que Sangnier doit sa réélection comme député en 1946. Les membres du MRP, le considérant comme l'un de leurs maîtres, l'instituent président d'honneur de leur parti. On admet généralement que Sangnier est le père de la démocratie chrétienne française. Il a publié quelques essais, notamment *Le Sillon, esprit et méthode* (1905), *La Jeune République* (1913), et des souvenirs intitulés *Autrefois* (1937).

SANS-CULOTTES

La culotte et les bas de soie ayant été longtemps les signes distinctifs de la noblesse, les « patriotes » adoptent, dès 1792, le pantalon de bure à rayures qui devient un des symboles de la Révolution.

Qualifiés de sans-culottes par les aristocrates, ils s'attribuent eux-mêmes volontiers ce titre et le portent avec fierté. Mais, très vite, le terme de sans-culottes désigne plus spécifiquement les masses populaires les plus avancées qui seront à l'origine des grandes journées révolutionnaires et qui finiront par s'opposer à la bourgeoisie du tiers.

SANS-CULOTTIDE

Nom donné aux cinq jours (ou six les années bissextiles) qui complétaient le calendrier républicain.

Ces jours se situaient en septembre et étaient dédiés à la Vertu, au Génie, au Travail, à l'Opinion et aux Récompenses (décret du 5 octobre 1793). La Convention thermidorienne devait supprimer ce terme le 24 août 1795 pour le remplacer par celui de « jours complémentaires ».

SANSON Charles Henri (Paris, 1740 – ?, 1806)

Bourreau.

Sa famille, d'origine florentine, est venue en France au tout début du XVIIe siècle, avec Marie de Médicis. Les membres de cette famille sont bourreaux à Paris de 1688 à 1847 – et dans bien des villes de province. Charles Henri Sanson, exécuteur de Louis XVI le 21 janvier 1793, conçoit de son geste un tel remords qu'il abandonne au mois d'avril sa charge au profit de son fils Henri (1767-1840). Il lui léguera une somme destinée à faire célébrer chaque année une messe en expiation de son geste. Après Henri, exécuteur des condamnés de la Terreur, son frère Louis, son successeur, renonce en 1847 à la tradition familiale.

SANTERRE Antoine Joseph (Paris, 1752 – Paris, 1809)

Général et homme politique.

Fils d'un brasseur de Cambrai venu s'installer à Paris au faubourg Saint-Antoine, il achète en 1772 la brasserie Aclocque et se rend populaire dans le faubourg par son inépuisable bienfaisance qui le fait surnommer le « Père du faubourg ». Santerre participe à la prise de la Bastille, est ensuite élu commandant de la garde nationale du district des Enfants-Trouvés. Compromis lors de la manifestation du Champ-de-Mars (17 juillet 1791), il doit se cacher jusqu'à l'amnistie qui suit le vote de la Constitution de 1791. Il organise la journée du 20 juin 1792, afin d'avertir le roi, mais protège de son mieux la famille royale des violences. Le 10 août, après le meurtre du royaliste Mandat, commandant de la garde nationale de Paris, il accepte de lui succéder, assure la protection du roi et de sa famille à l'Assemblée et les conduit au Temple. Il est le premier à désavouer les massacres de Septembre devant le Conseil général de la Commune (7 septembre). Cette modération le rend suspect à Marat. Nommé général, chargé de la garde du Temple, il escorte le roi à son procès mais sait se montrer humain. Le 20 janvier 1793, il vient, avec Garat, lui notifier le rejet du sursis et, le lendemain, il l'accompagne à l'échafaud. Mais c'est à tort que lui fut attribué l'ordre de roulement de tambour qui couvrit la voix du souverain avant son exécution. Envoyé à l'armée des Côtes de La Rochelle (mai 1793), commandant en chef (août), il est vainqueur des Vendéens à Doué-la-Fontaine, mais se fait battre à Coron, près de Cholet. Rappelé et arrêté (septembre), il est sauvé par le 9 Thermidor. Démissionnaire en juillet 1794, il sera un adversaire déclaré du 18 Brumaire, mais ne jouera plus aucun rôle par la suite. Santerre meurt ruiné après avoir été à plusieurs reprises à la tête d'une grosse fortune.

SANTONES ou SANTONS

En latin Santoni. *Peuple de la Gaule celtique établi dans les Charentes, en Saintonge principalement.*

La cité gallo-romaine des Santones ou Saintes, dont se détacha la cité d'Angoulême vers la fin du Haut-Empire, couvrait sous le Bas-Empire l'actuel département de la Charente-Maritime et la bordure ouest du département de la Charente.

SANXAY (sanctuaire de)

À une quinzaine de kilomètres de Poitiers, à peu de distance du bourg de Sanxay, des terrasses surmontant la petite rivière de la Vonne portent les ruines d'un important sanctuaire gallo-romain et de plusieurs édifices monumentaux, construits au IIe siècle.

Sur la rive droite de la Vonne, l'arène ovale du théâtre, entourée d'un mur qui devait atteindre deux mètres, pouvait accueillir entre 8 000 et 10 000 spectateurs. La scène carrée est relativement petite. Sur l'autre rive de la Vonne, des thermes, de plan rectangulaire et comprenant une vaste piscine et les salles des bains chauds, tièdes et froids, occupent une superficie de cent mètres sur soixante. L'ensemble entourant le temple est d'une ampleur exceptionnelle : une esplanade, comprenant en son centre un petit édifice rond à la destination inconnue, est dominée par un vaste enclos entouré de portiques, d'où des escaliers montent vers le temple proprement dit. La *cella* (salle intérieure) de celui-ci, qui contenait la statue d'une divinité inconnue, de plan octogonal, est entourée d'un mur épais de 1,25 mètre qui dessine à l'extérieur une sorte de croix grecque. L'ampleur inhabituelle du complexe architectural de Sanxay, situé à l'écart des voies de communication, pose le problème de sa destination. Il s'agit certainement d'un lieu où se tenaient d'importantes manifestations collectives et qui aurait été construit à un endroit où les Gaulois se réunissaient à l'époque de l'indépendance. Mais ceux qui venaient jusqu'à Sanxay le faisaient-ils pour un pélerinage religieux ou pour d'autres circonstances ? Comme sur le site du sanctuaire de Ribemont-sur-Ancre, l'absence de bâtiments publics (forum et basilique) implique que Sanxay n'était pas destiné à des réunions touchant à la vie publique.

SARDONES ou SARDONS

En latin Sardones.

Peuple ibérique établi dans le Roussillon autour de Ruscino (localité située à environ 5 km de Perpignan) et d'Illiberis, « ville neuve » en ibérique, devenue Helena au IVe siècle, d'où Elne. À une date indéterminée, mais antérieure à la conquête romaine, le pays des Sardones passa sous la domination des Volques Tectosages.

Maurice Sarrail
Le général Sarrail sur le front de Salonique en décembre 1915. © *Keystone*

SARRAIL Maurice (Carcassonne, 1856 – Paris, 1929)

Général.

Issu d'une famille de notables du Languedoc, très attachée au catholicisme, ce jeune officier épouse une protestante et encourt la désapprobation des siens. Personnalité contrastée, loué par les uns, critiqué par les autres, il semblera se complaire dans les extrêmes, déroutant nombre de ses contemporains qui émettront à son sujet les jugements les plus contradictoires. On le dit politicien et il dédaigne la politique. Dur en service, violent, inflexible, il transforme volontiers son PC en cercle d'intellectuels, où se pressent des personnalités du Tout-Paris, des comédiens et des hommes de lettres. Critiqué par les membres de sa famille, Sarrail reporte donc sa vindicte contre tout ce qui est catholique. Cette attitude, au moment du ministère Combes, est fort bien vue. Le lieutenant-colonel Sarrail devient ainsi attaché de cabinet du général André, ministre de la Guerre, ce qui fait dire à tort qu'il est d'obédience maçonnique. Il dirige successivement l'École de Saint-Maixent, la garde du Palais-Bourbon, puis prend la direction de l'infanterie à l'état-major. Ses sentiments anticléricaux plaisent à Joffre, qui lui confie en 1914 le commandement du 6e corps. Puis il est muté à la IIIe armée, en remplacement de Ruffey.

Ce secteur est celui de Verdun. Laissant au général Coutanceau le soin de défendre la place elle-même, le chef de la IIIe armée concentre ses efforts pour barrer aux troupes du kronprinz la route de Bar-le-Duc. Durant sept jours consécutifs, les fantassins contiennent, avec l'appui des artilleurs, les assauts les plus furieux. Ce faisant, Sarrail solidifie à l'est un môle du large champ de bataille, pendant de celui que Gallieni organise à l'ouest. À ce titre, le général Sarrail tient un rôle capital dans le succès de la bataille de la Marne, ce qui le fait qualifier par ses laudateurs de « premier sauveur de Verdun », les détracteurs, de leur côté, soutenant « que c'est la résistance de Verdun qui a sauvé Sarrail ». En septembre 1915, Joffre le relève de son commandement pour une offensive mal menée en Woëvre. C'est le moment où l'on a besoin d'un chef énergique pour diriger le camp retranché créé par les Alliés autour de Salonique. Grâce à la protection de Millerand, Sarrail passe pour l'homme de la situation. Effectivement, il faut du caractère pour affronter les intrigues de l'Orient et surtout la mauvaise humeur du roi Constantin de Grèce, dont une partie du territoire, la Macédoine, est occupée. Sarrail fait fortifier le front au nord de Salonique et décourage ainsi toute tentative des Bulgares. L'appui d'Aristide Briand lui permet, en juin 1917, d'exiger et d'obtenir l'abdication du souverain, éviction qui est suivie de l'entrée en guerre du pays aux côtés des Alliés. Rappelé en France à la fin de l'année, Clemenceau prêtant l'oreille à ceux qui dénoncent le caractère sanglant des offensives décidées, l'absence de comptes rendus et son existence de satrape au milieu d'une cour dispendieuse, le général n'exercera plus de commandement. En 1924-1925, haut-commissaire en Syrie, il provoque une grande émotion diplomatique en faisant canonner Damas, siège d'un gouvernement insurrectionnel, ce qui incite le président du Conseil Painlevé à mettre fin à cette mission. Sarrail a publié en 1920 ses mémoires sous le titre de *Mon commandement en Orient*.

SARRASINS ou SARRAZINS

Du latin Sarracenus. *Nom donné aux musulmans, tant arabes que berbères, au Moyen Âge.*

Les Sarrasins pénètrent pour la première fois en France peu après la conquête de l'Espagne sur les Wisigoths (711-713). Les auteurs musulmans signalent une incursion de leurs coreligionnaires au nord des Pyrénées en 718. C'est en 721 que Narbonne tombe, ville qui devait leur servir longtemps de quartier général dans le Midi. La même année, ils se portent contre Toulouse sous la conduite du gouverneur d'Espagne Al Samh, mais Eudes d'Aquitaine les bat sévèrement sous les murs de la ville. En 724, Carcassonne et Nîmes sont en leur pouvoir. Pendant les années suivantes, ils traversent la Septimanie, l'Albigeois, le Gévaudan, le Rouergue, le Velay, le Dauphiné. Il ne semble pas qu'ils aient commis beaucoup de ravages dans ces trois derniers pays. Néanmoins leur passage est signalé jusqu'à Autun, qu'ils pillent en 725.

En 732, l'émir d'Andalousie Abd al-Rahman entre en France par les Pyrénées centrales, s'empare de Bordeaux, bat Eudes d'Aquitaine accouru pour lui barrer la route, dévaste le Poitou et se prépare à marcher sur Saint-Martin-de-Tours quand il se heurte à Charles Martel en un lieu qui serait Moussais-la-Bataille, à 20 kilomètres au nord-est de Poitiers (et non un faubourg de Poitiers comme le dit la *Chronique moissagaise*). Là, à l'issue d'un combat que certaines sources évaluent généreusement à deux jours, Abd al-Rahman est tué. Les survivants, ayant abandonné leur butin et leurs tentes, s'enfuient vers l'Espagne. Les Sarrasins se dirigent ensuite vers la Provence et la mer. De 734 à 737, bénéficiant probablement de complicités locales, le gouverneur de Narbonne prend Arles, Saint-Rémy, Avignon, et pousse jusqu'au Lyonnais. Charles Martel marche de nouveau contre les Sarrasins. Il attaque Narbonne, qu'il ne peut prendre, mais devant laquelle il écrase une armée de secours venue par mer. La ville ne tombera définitivement au pouvoir des Francs qu'en 759. Cette victoire de Pépin marquera, sinon la fin des expéditions des Sarrasins en Provence (elles dureront jusqu'à l'évacuation de *Fraxinetum* ou La Garde-Freinet, vers 973), tout au moins celle de leur expansion sur le continent occidental. Afin de défendre les Pyrénées contre les Sarrasins, Charlemagne créera la marche d'Espagne.

SARRAUT Albert (Bordeaux, 1872 – Paris, 1962)

Homme politique, président du Conseil.

Avocat, député de l'Aude de 1902 à 1924, sénateur de ce même département de 1926 à 1940, il siège parmi les radicaux-socialistes. Sous-secrétaire d'État dans le ministère Sarrien, en 1906, puis dans le ministère Clemenceau, il démissionne à la suite des troubles viticoles qui se déroulent dans le Midi. Sous-secrétaire d'État à la Guerre dans le premier cabinet Briand, de 1909 à 1910, Sarraut est nommé en 1911 gouverneur général de l'Indochine. À ce poste, qu'il occupe jusqu'en 1914, puis de 1916 à 1919, il se montre un administrateur particulièrement efficace et mesuré, développant l'agriculture par l'irrigation, améliorant les transports, et favorisant l'enseignement. Après un court passage au ministère de l'Instruction publique et des Beaux-Arts, d'août 1914 à octobre 1915, Albert Sarraut se spécialise dans les problèmes coloniaux. Ministre des Colonies en janvier 1920, dans le cabinet Millerand, l'ancien gouverneur de l'Indochine conserve son portefeuille jusqu'en mars 1924, dans différents ministères. Après une ambassade en Turquie, en 1925, il entre comme ministre de l'Intérieur dans le cabinet d'union de Poincaré, de 1926 à 1928. Ministre de la Marine de février 1930 à janvier 1931, dans les cabinets Chautemps et Steeg, il retrouve le portefeuille des Colonies de juin 1932 à septembre 1933. Le 24 octobre 1933, Albert Lebrun le charge de constituer le gouvernement qui doit succéder à celui de Daladier, démissionnaire. Le nouveau président du Conseil est chargé du ministère de l'Intérieur, les autres ministres, pour la plupart, faisaient déjà partie du gouvernement précédent. Reprenant une partie des projets de redressement financier de Daladier, ce gouvernement est renversé dès le 23 novembre.

De nouveau ministre de la Marine dans le deuxième cabinet Chautemps, du 27 novembre 1933 au 27 janvier 1934, Sarraut retrouve l'Intérieur dans le cabinet d'Union nationale constitué par Doumergue le 9 février 1934. Après l'assassinat d'Alexandre de Yougoslavie et de Louis Barthou, le 8 octobre, il démissionne le 13 du même mois. Le 24 janvier 1936, à la suite de la démission du cabinet Laval, Albert Sarraut est chargé, pour la seconde fois, de constituer un gouvernement. Il forme un ministère de concentration républicaine, ministère de transition destiné à attendre les élections. Le 27 février, la Chambre ratifie le pacte franco-russe. Présentant le geste de la France comme inamical, Hitler saisit ce prétexte pour dénoncer le traité de Locarno et remilitariser la Rhénanie. Et Sarraut, après avoir déclaré : « Jamais je ne laisserai les flèches de la cathédrale de Strasbourg sous le feu des canons allemands », s'incline devant ce coup de force. Après la victoire du Front populaire, aux élections d'avril-mai, il laisse la place à Léon Blum, le 4 juin.

Ministre d'État dans le troisième cabinet Chautemps, de juin 1937 à janvier 1938, puis dans le second cabinet Blum, en mars-avril 1938, Sarraut retrouve l'Intérieur dans le quatrième cabinet Chautemps, de janvier à mars 1939 et le troisième cabinet Daladier, d'avril 1939 à mars 1940. Ministre de l'Éducation nationale dans le cabinet Reynaud, il occupe ce poste jusqu'au 5 juin 1940. Il vote les pleins pouvoirs au maréchal Pétain mais se retire du jeu politique par fidélité républicaine. À la fin de la guerre, arrêté par les Allemands, Albert Sarraut est déporté en Allemagne, de 1944 à 1945. Membre de l'Assemblée de l'Union française en 1947, il en est élu président en 1951. Auteur de plusieurs ouvrages concernant les colonies comme la *Mise en valeur des colonies* (1922), *Grandeur et servitudes coloniales* (1931), Albert Sarraut, grand amateur de peinture moderne, était membre de l'Académie des beaux-arts depuis 1953. Son frère, Maurice Sarraut (1869-1943), membre influent du parti radical-socialiste, directeur de *La Dépêche de Toulouse*, fut assassiné par la Milice.

SARRE

Région frontalière d'Allemagne portant le nom d'une rivière prenant sa source dans le massif vosgien du Donon.

En raison de cette situation périphérique, ce territoire a été depuis trois siècles un enjeu entre le royaume de France et l'Empire puis, jusqu'à une époque récente, entre la France et l'Allemagne. Sous le règne de Louis XIV, le nom de Sarre est donné à une entité territoriale lorraine occupée depuis l'époque de Louis XIII et dont la possession est confirmée en 1697 par le traité de Ryswick. Sarrelouis est alors un bailliage. Sous l'Empire, le territoire est inclus dans le département de la Sarre, dont le chef-lieu est Trèves. Le premier traité de Paris, le 30 mai 1814, rétablissant la France dans ses limites de l'Ancien Régime, laisse Sarrelouis au royaume de Louis XVIII. Mais le second traité (20 novembre 1815) donne à la Prusse le contrôle de la trouée de la Sarre. Le 2 août 1870, le général Frossard franchit la frontière en direction de Sarrebruck et livre un engagement que la propagande impériale

Sarrasins
Sarrasin à cheval combattant en Sicile. Fresque, fin XIIIe siècle, Pernes-les-Fontaines (Vaucluse), tour Ferrande.
© *G. Dagli Orti*

enfle démesurément en raison de la présence, dans les environs, de Napoléon III et du prince impérial.

Un important gisement de charbon ayant été découvert après les hostilités de 1871 et son exploitation atteignant un rendement appréciable, Clemenceau demande l'annexion de la Sarre lors des discussions de paix de Versailles. Le caractère germanophone du pays incite toutefois les Alliés à refuser pareille exigence, mais la propriété des mines de charbon est concédée à la France, l'administration du territoire étant confiée pour une durée de quinze ans à la Société des nations. Un plébiscite doit permettre à la population sarroise de se prononcer sur son statut définitif. En décembre 1934 est conclu à Rome un accord aux termes duquel, en cas de retour à l'Allemagne, la France recevra une somme de 900 millions de *Rentenmark* à titre de dédommagement pour la perte de la propriété des mines. Organisé le 13 janvier 1935, sous la direction des fonctionnaires de la SDN, supervisés par le baron Aloisi, représentant de l'Italie, le plébiscite donne 90 % des suffrages en faveur du retour de la Sarre au Reich ; 0,4 % se prononcent en faveur de la France, le reste souhaitant le maintien du statut de 1920.

En 1945, le territoire de la Sarre figure dans la zone française d'occupation ; il est pourvu, en 1947, d'un statut particulier. Dans le domaine économique, une union douanière est établie entre la France et la Sarre, situation qui irrite le gouvernement constitué à Bonn par le chancelier Adenauer. Dans le cadre du pool Charbon-Acier, conclu en 1950, la question sarroise gêne l'harmonisation des relations entre les deux pays. Le 23 octobre 1955, un référendum rejette à une forte majorité le maintien du statut du territoire. Les accords signés entre Guy Mollet et Konrad Adenauer, le 4 juin 1956, entérinent le rattachement de la Sarre à la République fédérale pour le 1er janvier 1957, l'intégration économique ne devenant effective que le 1er janvier 1960. En échange, l'Allemagne fédérale assume les frais de canalisation de la Moselle et livre à la France une valeur de 90 millions de tonnes de charbon pendant une durée de 25 ans. La Sarre est devenue un Land en 1960.

SARREBOURG

Ville de la Moselle, sur la Sarre, à l'ouest de Saverne.

Antique *Pons Saravi*, Sarrebourg est au Moyen Âge ville d'Empire. Elle constitue à partir du milieu du Xe siècle une seigneurie dépendant des évêques de Metz. Importante place forte, elle devient également un centre actif de commerce, ce qui lui vaut le surnom de *Kaufmann Saarburg*. À la fin du XVe siècle, elle est annexée par le duc de Lorraine qui lui accorde des privilèges mais finit par la céder à la France en 1661 (traité de Vincennes).

Du 15 au 20 août 1914, la Ire armée française (Dubail) y mène une attaque vigoureuse dans le cadre de la contre-manœuvre stratégique générale française destinée à répondre aux succès remportés par les armées allemandes en Belgique. Le 8e corps occupe Sarrebourg le 19 août tandis que les 21e et 13e corps s'installent solidement au Donon, et que la Ire armée française parvient à résister aux offensives de l'armée von Heeringen. Mais le recul de la IIe armée (Castelnau) ayant découvert son flanc nord, elle doit se replier sur la Mortagne le 21. C'est là que Dubail devait assurer la belle défense de la trouée de Charmes.

SARRIEN Jean Marie Ferdinand (Bourbon-Lancy, 1840 – Paris, 1915)

Homme politique, président du Conseil.

Avocat à Paris, il est député radical en 1876, avant de faire son entrée au gouvernement comme ministre des PTT dans le premier ministère Brisson en 1885. Il occupe ensuite plusieurs fois les postes-clés de ministre de la Justice (1886-1887, 1898) et de ministre de l'Intérieur (1886, 1887-1888, 1896) avant d'être appelé à former le gouvernement lors de la démission du troisième gouvernement Rouvier en mars 1906. Ayant fait preuve de son intégrité en tant que ministre de la Justice et des Cultes en 1898, tandis qu'éclate l'affaire Dreyfus, Sarrien constitue alors un ministère qui brille par ses personnalités et les mesures qu'il entreprend : Bourgeois aux Affaires étrangères, Clemenceau et Sarraut à l'Intérieur, Poincaré aux Finances, Briand à l'Instruction publique, Barthou aux Postes et Télégraphes, Doumergue au Commerce et Leygues aux Colonies. Outre la cassation du jugement condamnant Dreyfus et sa nomination au grade de commandant au lendemain du Conseil de guerre de Rennes, le cabinet Sarrien, qui ne dura pourtant que sept mois, demeure célèbre pour sa politique d'apaisement en faveur des catholiques en pleine crise de séparation de l'Église et de l'État et pour son action sociale (lois sur le repos hebdomadaire et sur la liberté syndicale). Son « grand » ministère réussit, sur le plan extérieur, lors de la conférence d'Algésiras, à pérenniser les positions françaises au Maroc. Il n'est malgré tout pas très populaire. Sarrien, qui doit démissionner en octobre 1906 pour raisons de santé, est remplacé par Clemenceau.

SARTINE Antoine de, comte d'Alby (Barcelone, 1729 – Tarragone, 1801)

Lieutenant général de police.

Nommé à ce poste en 1759, il s'attache à améliorer les services de la capitale, notamment ceux de l'approvisionnement (il active la construction de la halle au blé), de l'éclairage (il fait établir des lanternes à réverbère), ainsi que la sécurité publique, faisant de Paris le modèle des capitales européennes. Il substitue également aux tripots clandestins des maisons de jeu surveillées par ses agents et taxées au profit du fisc. Mais on lui reprochera d'avoir donné une grande extension au « cabinet noir ». Appelé au secrétariat à la Marine en 1774, conseillé par le directeur des ports et arsenaux, Fleurieu, Sartine entreprend là aussi de grandes réformes, mises au point par sept ordonnances (1776). La haute main sur la Marine est donnée aux officiers au détriment des administrateurs civils. Les constructions navales sont activement poussées. Enfin la qualité du corps des officiers, recruté surtout dans la noblesse, est elle-même considérablement améliorée. Cette politique portera ses fruits pendant la guerre d'Indépendance américaine. Mais Sartine ne parvient pas à arrêter le gaspillage de ses officiers, et Necker obtient son renvoi en 1780. Le roi lui accorde néanmoins une gratification de 150 000 livres et une pension de 70 000 livres. Détesté pour avoir détenu longtemps l'arme arbitraire des lettres de cachet, stigmatisé par Manuel dans *La Police dévoilée*, il émigre dès 1790, évitant ainsi le sort de son fils Charles et de sa bru guillotinés en juin 1794.

SARTRE Jean-Paul (Paris, 1905 – Paris, 1980)

Écrivain et philosophe.

Issu d'une famille bourgeoise, Jean-Paul Sartre, après la mort de son père, est élevé par sa mère et ses grands-parents. Diplômé de l'École normale supérieure, il est reçu premier à l'agrégation de philosophie en 1929, après un échec. Simone de Beauvoir, qui partage sa vie à partir de cette année, est reçue seconde. Professeur de philosophie au Havre, Sartre étudie la phénoménologie à Berlin, en 1933-1934, publie ses premiers ouvrages en 1936, obtient ses premiers succès littéraires avec *La Nausée* en 1938, *Le Mur*, en 1939. Il accomplit de nombreux voyages à l'étranger, donne à la NRF des articles critiques sur des écrivains contemporains, polémique avec François Mauriac dont il condamne la conception du roman. S'il conteste la bourgeoisie et ses valeurs, l'écrivain refuse de s'engager politiquement à gauche : il ne vote pas en 1936, n'apporte pas ensuite son soutien aux républicains espagnols, bien qu'il soit favorable à leur cause.

Jean-Paul Sartre
Sartre haranguant les ouvriers des usines Renault, à Boulogne-Billancourt, le 22 octobre 1970. © *Keystone*

Professeur à Laon puis au lycée Pasteur de Neuilly, mobilisé en 1939, Jean-Paul Sartre est fait prisonnier en 1940 et incarcéré à Trèves. L'expérience de la guerre, de la captivité et de l'Occupation est décisive dans son basculement politique. Libéré en 1941, il s'associe à un groupe de résistance intellectuelle à l'existence éphémère, Socialisme et Liberté. Pour autant, il appartient à la catégorie répandue des résistants putatifs et se soucie surtout de créations theâtrales (*Les Mouches*, *Huis clos*) ou de philosophie (*L'Être et le Néant*) qui lui assurent une notoriété considérable. Au point qu'en octobre 1945, il peut se permettre de rédiger la théorie de l'engagement dans le premier numéro de sa revue *Les Temps modernes*, publier les premiers volumes des *Chemins de la liberté* et obtenir, grâce à une conférence transformée en manifeste politico-philosophique par la presse, le statut d'icône de l'après-guerre, dont « l'existentialisme » correspondrait à l'état d'esprit de la génération montante. Après le scandale provoqué par *Les Mains sales*, condamnées aussi par les communistes, son œuvre entière est mise à l'Index en 1948. À la suite de l'échec du RDR (Rassemblement démocratique révolutionnaire), en 1948, et malgré sa condamnation des camps de concentration soviétiques, en 1950, Sartre se rapproche en 1952 du parti communiste, rompt avec Camus, participe à Vienne au congrès des peuples pour la paix. Il condamne en 1956 l'entrée des troupes soviétiques en Hongrie mais reste proche du PC auquel il ne ménage pas ses critiques, ainsi après l'intervention soviétique en Tchécoslovaquie, jusqu'à sa rupture de 1970.

Sartre défend l'indépendance algérienne au nom de son combat contre l'impérialisme, pour la libération des peuples du tiers-monde, engagés dans une sorte de lutte des classes à l'échelle mondiale. Ces positions, affirmées notamment dans le manifeste des 121, lui valent un attentat de l'OAS. Il les confirme dans sa préface aux *Damnés de la Terre* (1961) puis dans sa participation au tribunal organisé par Bertrand Russel pour juger l'action américaine au Vietnam (1967). Malgré son prix Nobel de littérature en 1964, distinction par avance refusée, son influence philosophique et littéraire décline mais, en 1968, il soutient activement le mouvement étudiant. Lié à la gauche prolétarienne, de tendance maoïste, après 1968, il prend en 1970 la direction du journal *La Cause du peuple*, pour éviter qu'il ne disparaisse. Sartre lance en 1973 *Libération*, mais sa mauvaise santé, la cécité qui le frappe le contraignent à une collaboration de plus en plus épisodique. Cette retraite coïncide avec une crise profonde des extrêmes gauches, dont les erreurs, voire les crimes tiers-mondistes sont dénoncés, tandis que le marxisme enregistre un fort recul de son influence devant la poussée libérale. Sartre, icône indéboulonnable, symbolise les errances et les illusions de cette gauche. Ce qui n'empêche pas la générosité d'être au rendez-vous lorsque, avec Raymond Aron en juin 1979, il vient défendre jusque sur les marches de l'Élysée la cause des *Boat people* chassés de leur pays par le totalitarisme vietnamien qu'il soutenait 15 ans auparavant. La foule réunie à son enterrement (au moins 50 000 personnes et jusqu'à 100 000 selon certains journaux) montre que Sartre avait réussi son pari : être un intellectuel dans son siècle.

SATIRE MÉNIPPÉE (la)

Pamphlet politique en prose et en vers dirigé contre la Ligue à l'occasion des états convoqués à Paris par le duc de Mayenne (le titre exact est Satyre Ménippée, De la Vertu du Catholicon d'Espagne et De la Tenue des Estatz de Paris*).*

Il ne sera publié qu'en 1594 mais commence déjà à circuler à Paris sous forme manuscrite en 1593. Les auteurs sont des bourgeois parisiens ecclésiastiques et laïques : les chanoines Leroy et Gillot, les juristes Rapin, Pithou et Durant, les érudits Passerat et Chrestien. La *Satire Ménippée* se présente comme une sorte de farce, avec prologue et épilogue. Le prologue met en scène deux charlatans, l'un représentant l'Espagne, l'autre le parti lorrain, qui vantent le *catholicon*, drogue merveilleuse qui réconcilie le bien et le mal dans l'amour de la sainte Église. Le développement montre une procession comique et donne un compte rendu caricatural des harangues tenues pour l'ouverture des états. La conclusion est exposée par un député du tiers qui abandonne le ton de la raillerie pour faire dans le style noble un triste tableau des misères du royaume. *La Satire Ménippée* n'a sans doute pas à elle seule livré Paris à Henri IV. Tout au moins a-t-elle hâté le ralliement des Parisiens en aidant les Politiques à prendre conscience de leur unité.

SATORY

Situé sur un plateau dominant Versailles au sud, le camp militaire de Satory est, le 10 octobre 1850, le théâtre d'un incident qui souligne l'aggravation du conflit entre l'Assemblée, à majorité royaliste, et le prince-président Louis Napoléon.

Lorsque Louis Napoléon passe en revue les troupes, les escadrons de cavalerie crient à la suite du commandant de Montalembert : « Vive Napoléon ! Vive l'Empereur ! » mais l'infanterie défile en silence, conformément aux instructions du commandant de la division, Neumayer. En rappelant que le règlement ordonne le silence sous les armes, celui-ci a obéi aux ordres du général Changarnier, commandant de la garnison de Paris, qui a le soutien de l'Assemblée. Mécontent, Louis Napoléon met le général Neumayer en disponibilité. Puis il semble reculer devant la commission de permanence de l'Assemblée qui lui demande des explications. Neumayer reçoit un commandement plus important mais, sur les conseils de son chef, refuse. Changarnier déclare alors à qui veut l'entendre qu'il n'attend qu'un ordre signé du président de l'Assemblée pour arrêter le prince-président et l'envoyer au fort de Vincennes. Cependant, les monarchistes, divisés par l'échec de la fusion entre légitimistes et orléanistes, ne se décident à rien, et ce sera Louis Napoléon qui profitera finalement de la situation. C'est à Satory que Thiers devait concentrer en 1871, sur les ordres de Mac Mahon, l'armée des Versaillais destinée à lutter contre la Commune. Des chefs communards y seront fusillés après l'écrasement de l'insurrection parisienne.

SATURNIN ou SERNIN, saint (? – Toulouse, v. le milieu du IIIe siècle)

Évêque.

Peut-être grec d'origine, Saturnin est probablement envoyé en Gaule au début du IIIe siècle par le pape Fabien. Il fait alors le choix de Toulouse – dont il devient le premier évêque – pour prêcher l'évangile aux païens. Mais, selon un clerc toulousain du début du Ve siècle, une foule d'idolâtres, furieuse de ce qu'il avait fait taire les oracles, lui aurait infligé les plus affreux supplices, lui liant les pieds et le faisant traîner par un taureau furieux jusqu'à ce que « sa tête se brisât » et que « tous les membres fussent lacérés ». Les reliques de saint Saturnin sont conservées dans la basilique de Toulouse qui porte son nom (Sernin est une des variantes les plus courantes de Saturnin). Le culte de ce martyr remonte à une époque très ancienne. Les Saint-Saturnin, Saint-Satur, Saint-Sernin ou Cernin, Saint-Savournin, etc., sont très répandus au sud de la Loire.

SAULX Gaspard de, comte de Tavannes (Dijon, 1509 – Sully, près d'Autun, 1573)

Maréchal de France.

Fils de Jean de Saulx, seigneur d'Orrain, et de Marguerite de Tavannes. Page de François Ier, fait prisonnier avec lui à Pavie, devenu l'ami intime du duc d'Orléans, il participe à la bataille de Cérisoles (1544), à l'expédition contre les Trois-Évêchés, au combat de Renty (1560). Nommé lieutenant général en Bourgogne, il s'oppose avec violence aux protestants, sans se mettre du parti des Guises, et contribue fortement, par sa science militaire et son esprit de décision, aux victoires de Jarnac et de Moncontour officiellement remportées par le duc d'Anjou (1569). Ces succès lui valent la même année le bâton de maréchal. Son crédit à la Cour est considérable. Son rôle dans la Saint-Barthélemy n'a pas été entièrement éclairci. Contrairement à ce que laisse supposer Brantôme, il semble qu'il ait conseillé de tuer seulement les chefs du parti protestant. Gaspard de Saulx avait deux fils : Guillaume, comte de Tavannes (1553-1633), homme plutôt modéré qui servit Henri III et Henri IV, et Jean, vicomte de Tavannes (1555-1629), ardent ligueur, qui publia des *Mémoires* sous son nom et contribua grandement à la rédaction de ceux publiés sous le nom de son père.

SAUMUR

Ville du Maine-et-Loire, en Anjou, sur la Loire.

Saumur, dont l'existence a sans doute précédé les temps historiques, ne commence à jouer un rôle important qu'au Moyen Âge. En 1025, le comte d'Anjou Foulques Nerra l'enlève aux comtes de Blois, dont elle était la propriété. En grande partie détruite par le comte de Poitiers (1068), Saumur reste à la maison d'Anjou dont elle devient une des résidences. Prise par Philippe Auguste, elle suit les destinées de l'Anjou. D'abord incorporée au domaine royal, elle passe ensuite, jusqu'à la fin du XVe siècle, entre les mains de familles princières qui ont peu de liens avec le pays, et fait partie de l'héritage du dernier duc d'Anjou, le roi René. Depuis longtemps place de commerce prospère, la ville est dotée à la fin du XVIe siècle d'une juridiction consulaire. Acquise à la Réforme, Saumur devient le centre du protestantisme angevin et subira des massacres après la Saint-Barthélemy, en 1572. Mais Henri III la donne aux protestants comme place de sûreté et, sous le gouvernement huguenot de Duplessis-Mornay, y sont créées en 1599, par lettres patentes d'Henri IV, une académie et une faculté de théologie protestantes qui sont bientôt réputées dans toute l'Europe et lui valent le titre de « seconde Genève ». L'Assemblée générale des Églises réformées de France s'y tient en 1611. Mais les fortifications de Saumur sont démantelées en 1623, et la révocation de l'édit de Nantes, en 1685, suivie de la suppression de son académie, réduit sa population de moitié et tue pour longtemps son activité. Elle se relève difficilement de ce coup terrible et doit bientôt s'incliner devant les progrès de la monarchie centralisatrice. Sa juridiction consulaire disparaît en 1697. La Chambre des gabelles, pour les généralités de Rennes, de Tours, de Poitiers et de Bourges, y est établie en 1742, et les faux sauniers enfermés dans la tour Grainetière. Au XVIIIe siècle la prospérité revient avec la toile, la tannerie, la cire, le sucre et le commerce des vins. Pendant les guerres de Vendée, Cathelineau prend Saumur le 9 juin 1793 mais l'évacue dès le 24. En 1822, c'est devant Saumur qu'échoue la tentative du général Berton pour soulever l'ouest de la France avec les *carbonari*. On devait l'appeler le complot de Saumur.

Saumur
Vue aérienne de la ville. © *Scope Michel Guillard*

SAUMUR (école de)

École militaire fondée par Choiseul en 1766, par suite du transfert à Saumur de celle de La Flèche.

En 1771, Saumur reste la seule des cinq écoles fondées en 1746. Devenue École d'instruction des troupes à cheval, elle s'installe successivement à Versailles de 1793 à 1809, à Saint-Germain-en-Laye en 1809, à Saumur en 1814, de nouveau à Versailles en 1822, avant de revenir définitivement à Saumur en 1825. En 1946, elle change son nom d'École militaire d'application de la cavalerie et du train en celui d'École d'application de l'arme blindée et de la cavalerie. Si sa mission essentielle est de former les cadres d'active et de réserve de l'arme blindée, elle maintient également la réputation de l'équitation française par les écuyers de son Cadre noir. Pendant la campagne de France de 1940, les 2 200 cadets de l'école, commandés par le colonel Michon et armés seulement de leur matériel d'instruction, opposent du 19 au 21 juin, avec la seule aide d'un bataillon saint-maixentais, une résistance héroïque aux blindés allemands qui ne peuvent franchir la Loire que le 21.

SAUSSIER Félix Gustave (Troyes, 1828 – Château de Thimécourt, 1905)

Général.

Sorti de Saint-Cyr dans l'infanterie en 1850, il fait toutes les campagnes du Second Empire, s'évade de Metz en 1870, puis est chargé du commandement d'une brigade aux armées de la Loire. En 1873, il est élu député de l'Aube à l'Assemblée nationale. Nommé général de division, il dirige l'expédition de Tunisie en 1881 et devient gouverneur de Paris en 1884. Ses dissentiments avec le général Boulanger le conduisent à donner sa démission en 1886, mais il la retire sous la pression de l'opinion républicaine. Il finit sa carrière comme vice-président du Conseil supérieur de la guerre.

SAVARY Anne, duc de Rovigo (Marcq, Ardennes, 1774 – Paris, 1833)

Général.

Engagé au début de la Révolution dans le régiment de Royal-Normandie, capitaine dès 1793, il

Anne Savary
Portrait d'Anne Savary, duc de Rovigo, ministre de la Police générale. Huile sur toile de Robert Lefevre, 1814, château de Versailles. © *Lauros-Giraudon*

combat de 1792 à 1797 avec l'armée du Rhin. Devenu aide de camp de Desaix en 1798, il l'accompagne en Égypte, puis à Marengo. Reconnaissant sa valeur militaire, Bonaparte décide en 1800 de se l'attacher comme aide de camp. Dès lors, sous le Consulat comme sous l'Empire, Savary ne cessera de montrer envers son maître un dévouement absolu, acceptant toutes les tâches, même les moins glorieuses. Nommé en 1803 commandant de la gendarmerie d'élite consulaire, spécialement attachée à Bonaparte, bientôt général (1804), Savary est chargé, au mois de mars 1804, d'organiser l'exécution du duc d'Enghien. Au prince qui, devant le peloton, demande un prêtre, il répond : « Pas de capucinade », puis ordonne à l'adjudant de commander le feu. Général de division en 1805, il remplace deux ans plus tard le général Lannes, malade, à la tête de son corps d'armée, avec lequel il remporte au mois de février la victoire d'Ostrolenka. En juillet, après Tilsit, il est chargé d'une ambassade en Russie. Fort mal accueilli par la Cour, qui voit en lui l'assassin du duc d'Enghien, il doit céder la place à Caulaincourt dès le mois de novembre. Duc de Rovigo en 1808, Savary est chargé la même année d'une nouvelle mission délicate, qui doit permettre à Napoléon, en écartant Charles IV et son fils Ferdinand, de placer un de ses frères sur le trône espagnol. Après le « guet-apens » de Bayonne, au début du mois de mai, savamment organisé par le dévoué « haut gendarme » de l'Empereur, Joseph accédera au trône espagnol.

De nouveau militaire, Savary suit ensuite Napoléon, comme aide de camp, sur le champ de bataille d'Erfurt, puis en Espagne et en Autriche. Au mois de juin 1810, il remplace Fouché, disgracié, à la tête du ministère de la Police. Déjà impopulaire en raison de ses précédentes missions plus ou moins secrètes, le nouveau ministre ne tarde pas à être détesté pour ses maladresses, sa brutalité, son incompétence. Marié par les soins de l'Empereur à une jeune fille de la bonne noblesse, qui l'impressionne, il craint de mécontenter les amis de sa femme et ne surveille pas d'assez près les royalistes. En 1812, l'affaire Malet, qu'il n'a pas devinée et au cours de laquelle il est jeté en prison, le couvre de ridicule. L'Empereur, tout en le réprimandant, lui laisse son portefeuille.

Membre du Conseil de régence en 1814, le duc de Rovigo rallie Napoléon aux Cent-Jours, devenant inspecteur général de la gendarmerie. Fidèle jusqu'au bout, il fait l'impossible pour accompagner l'Empereur à Sainte-Hélène. Arrêté par les Anglais sur le *Bellerophon*, interné à Malte, il parvient à s'évader en 1816. Condamné à mort par contumace en France, Savary s'installe alors à Smyrne où il se lance dans les affaires. Des spéculations malheureuses le ruinent. En 1819, il regagne la France, où il se livre à la justice. Le jugement qui le condamnait à mort est cassé. Acquitté, réintégré comme demi-solde, il doit attendre 1831 pour revenir en activité. Louis-Philippe le nomme alors commandant militaire en Algérie. Malade, il est bientôt contraint de regagner la France, où il meurt. Ses *Mémoires pour servir à l'histoire de Napoléon* (1828) constituent un des témoignages les plus intéressants sur l'épopée impériale.

SAVENAY (bataille de)

Victoire remportée les 22 et 23 décembre 1793 par les troupes républicaines commandées par Westermann et Kléber sur les Vendéens en fuite.

Depuis Granville, atteinte le 14 novembre, les Vendéens n'ont cessé de battre en retraite, plus ou moins en désordre. Poursuivis par Marceau, ils reculent, remportant néanmoins quelques succès sur les républicains. Le 3 décembre, l'armée de Vendée parvient à Angers, espérant y franchir la Loire. Vain espoir, les Blancs ne peuvent pénétrer dans la ville. Poursuivis et attaqués par les hommes de Westermann, ils atteignent ensuite La Flèche, où un grand nombre de fuyards sont de nouveau massacrés, puis Le Mans, où ils pénètrent le 10 décembre. Assiégés par l'armée des Côtes de Cherbourg et celle des Côtes de Brest, ils parviennent à s'échapper. La fuite éperdue et désordonnée se poursuit. Westermann massacre sans pitié ceux qui tombent entre les mains de ses soldats, tandis que Kléber et surtout Marceau se montrent plus humains. Le 22 décembre au matin, à Savenay, acculés à la Loire qu'ils espéraient traverser, les survivants de l'Armée catholique et royale, commandés par Fleuriot, Lyrot et Marigny, sont rejoints par leurs poursuivants que commandent Kléber, Tilly, Marceau et Westermann. Une dernière fois, désespérément, les Vendéens attaquent. Refoulés dans Savenay, ils sont massacrés. 7 000 à 8 000 d'entre eux trouvent la mort au cours de ces ultimes combats le 22 et le 23 décembre. Les prisonniers, capturés par milliers, seront hâtivement présentés devant des commissions militaires et exécutés, ou dirigés vers les prisons. Quelques milliers de Vendéens seulement ont survécu à Savenay, et la Vendée semble définitivement écrasée. Westermann, le « boucher de la Vendée », peut écrire au Comité de salut public : « Il n'y a plus de Vendée, elle est morte sous notre sabre libre, avec ses femmes et ses enfants. Je viens de l'écraser dans les marais et dans les bois de Savenay. J'ai écrasé les enfants sous les pieds des chevaux et massacré les femmes. Je n'ai pas un prisonnier à me reprocher. »

SAVERNE

Ville d'Alsace, au pied des Vosges, à l'entrée du passage, dit trouée de Saverne, qui conduit en Lorraine.

Saverne est déjà, au temps des Romains, sous le nom de *Tres Tabernae*, une localité importante, ville d'étape, à l'arrière du *limes*. Saccagée par les Barbares, elle est reconstruite par l'empereur Julien. Longtemps fief des évêques de Metz, elle devient, au XIIIe siècle, propriété de ceux de Strasbourg. Elle le restera jusqu'à la Révolution. Puissante place forte, elle résiste en 1622 au comte de Mansfeld, mais, pendant la guerre de Trente Ans, Français et Impériaux l'occupent à plusieurs reprises. Elle devient française en 1648. Son château, détruit par les Impériaux, reconstruit en 1670, est ravagé par un incendie en 1779. Le cardinal de Rohan, évêque de Strasbourg, en fait alors une luxueuse résidence, mais la Révolution l'empêche de terminer les travaux. En 1852, Louis Napoléon l'affectera aux veuves des chevaliers de la Légion d'honneur. Il sera finalement transformé en caserne en 1871. En 1913, éclate à Saverne un incident de rue entre des Alsaciens partisans de la France et un lieutenant allemand, événement qui ne fait qu'aggraver la tension, déjà vive, entre la France et l'Allemagne.

SAVOIE

Province de l'ancienne France constituant aujourd'hui les départements de Savoie (chef-lieu Chambéry) et de Haute-Savoie (Annecy).

Cette partie française des Alpes septentrionales est délimitée au nord par le lac Léman, à l'ouest par le cours du Rhône et la vallée du Guiers, à l'est et au sud-est par les crêtes alpines. La Savoie se compose elle-même de pays très personnalisés : le Chablais, le long du lac Léman, le Faucigny (vallée de l'Arve), le Genevois, les Bauges (région de Chambéry), la Maurienne et la Tarentaise. Ainsi délimitée, cette région constitue un ensemble géographique et ethnique harmonieux, très équilibré, qui explique la remarquable réussite politique des souverains qui gouvernèrent ce pays à partir du XIe siècle. Malgré la proximité de hautes montagnes, cette terre se montre en effet accueillante pour l'homme, une fois fondus les gigantesques glaciers qui laissent de magnifiques vallées, que les hommes remontent à la recherche de terres à cultiver. Au cours du deuxième millénaire avant J.-C., la civilisation du bronze connaît un développement remarquable au bord des lacs et des rivières. Des villages sur pilotis parsèment les bords des lacs du Bourget, d'Annecy et d'Aiguebelette, sans oublier les rivages du Léman où l'emplacement de l'actuelle cité genevoise représente un passage aisé du Rhône.

Les Celtes, venus d'Europe centrale, passent pour occuper la région au cours du premier millénaire. Une de leurs communautés, celle des Allobroges, s'impose des rives du Léman à la vallée du Grésivaudan. C'est à elle que les légionnaires romains se heurtent lors de leur pénétration vers la vallée du Rhône au IIe siècle avant J.-C. Rome, en effet, n'a pas oublié qu'Hannibal, lors de l'invasion de 218, a trouvé des complicités parmi « ces géants blonds, armés de longues épées de fer », selon Ménabréa, à la fois éleveurs, agriculteurs et industrieux forgerons. Une fois conquis et romanisés (au cours du Ier siècle avant J.-C.), les Allobroges se montrent fidèles alliés de Rome. Ils ne prêtent aucun secours à Vercingétorix, et cette attitude soumise leur vaut l'application du code romain et l'attribution du droit de cité. En revanche, des peuplades des hautes vallées se montrent plus réticentes. En 77, par exemple, Pompée s'est heurté aux Salasses dans la zone du Petit-Saint-Bernard. Lors de ses expéditions contre les Helvètes, César a rencontré l'hostilité des Ceutrons et des Garocèles sur le versant valdotain et dans la vallée de la Doire Ripaire. Varron puis Galba brisent ces ultimes résistances. Marcus Julius Cottius se révèle un excellent administrateur et inaugure une politique de romanisation qui voit les vallées donner passage à ces remarquables voies romaines qui relient peu à peu la vallée du Pô à celle du Rhône. Le pays des Allobroges tire profit de ce trafic qui favorise l'implantation de cités où le négoce est actif. Les Romains mettent en valeur les vertus des eaux thermales d'Aix. *Bergentrum* (Bourg-Saint-Maurice), *Axcima* (Aime), *Darantasia* (Moutiers), *Mantala* (Saint-Pierre-d'Albigny), *Lemincum* (Chambéry), *Lavisco* (Les Échelles) et bien sûr *Aqua* (Aix), parmi d'autres, connaissent un développement sans précédent. Aux alentours, les villas ou grands domaines ruraux mettent en valeur les meilleures terres, celles qui couvrent les fonds de vallées et la zone des préalpes, ondulations herbeuses propices à l'élevage, alors que dans la vallée du Rhône, autour du lac du Bourget et sur les rives du Léman, les légionnaires implantent la vigne.

Le christianisme pénètre les vallées avec plus de difficulté que les marchands, et longtemps, dans la région, notamment dans les hautes vallées, les populations demeurent attachées à leurs croyances païennes. Mais, au IVe siècle, le pays

Maison de SAVOIE

Humbert Ier aux Mains Blanches
1er comte de Savoie
(v.985-1048)
∞ Amcille de Valais
[4 enfants]

Amédée Ier
2e comte de Savoie
(1016-1051)
∞ Adélaïde

Odon 1er
3e comte de Savoie
(1020-1060)
∞ Adélaïde de Turin
[5 enfants]

Pierre Ier
4e comte de Savoie
(?-1078)
∞ Agnès d'Aquitaine

Amédée II
5e comte de Savoie
(1046-1080)
∞ Jeanne de Genève
[4 enfants]

Humbert II
6e comte de Savoie
(1070-1103)
∞ Gisèle de Bourgogne
[7 enfants]

Amédée III
7e comte de Savoie
(1095-1148)
∞ Mathilde d'Albon
[7 enfants]

Humbert III
8e comte de Savoie
(1136-1189)
∞ 1. Faydide de Toulouse ; 2. Gertrude de Flandre
3. Clémence de Zaehringen ; 4. Béatrice de Macon [3 enfants]

Thomas Ier (4.)
9e comte de Savoie
(1177-1233)
∞ Béatrice de Genève
[10 enfants]

Amédée IV
10e comte de Savoie
(1197-1253)
∞ 1. Marguerite de Coligny
2. Anne de Bourgogne ; 3. Cécile des Baux

Boniface (3.)
11e comte de Savoie
(1244-1263)

Thomas II
(1199-1259)
∞ 1. Jeanne de Flandre
2. Béatrice Fieschi
[6 enfants]

Amédée V le Grand (2.)
14e comte de Savoie
(1252-1323)
∞ 1. Sibylle de Baugé
2. Marie de Brabant [10 enfants]

Edouard
15e comte de Savoie
(1284-1329)
∞ Blanche de Bourgogne

Aymon le Pacifique (1.)
16e comte de Savoie
(1291-1343)
∞ Yolande de Montferrat
[5 enfants]

Amédée VI le Comte vert
17e comte de Savoie
(1334-1383)
∞ Bonne de Bourbon
[3 enfants]

Amédée VII le Comte rouge
18e comte de Savoie
(1360-1391)
∞ Bonne de Berry
[4 enfants]

Pierre II
12e comte de Savoie
(1203-1268)
∞ Agnès de Faucigny

Philippe Ier
13e comte de Savoie
(1207-1285)
∞ Alix de Méran

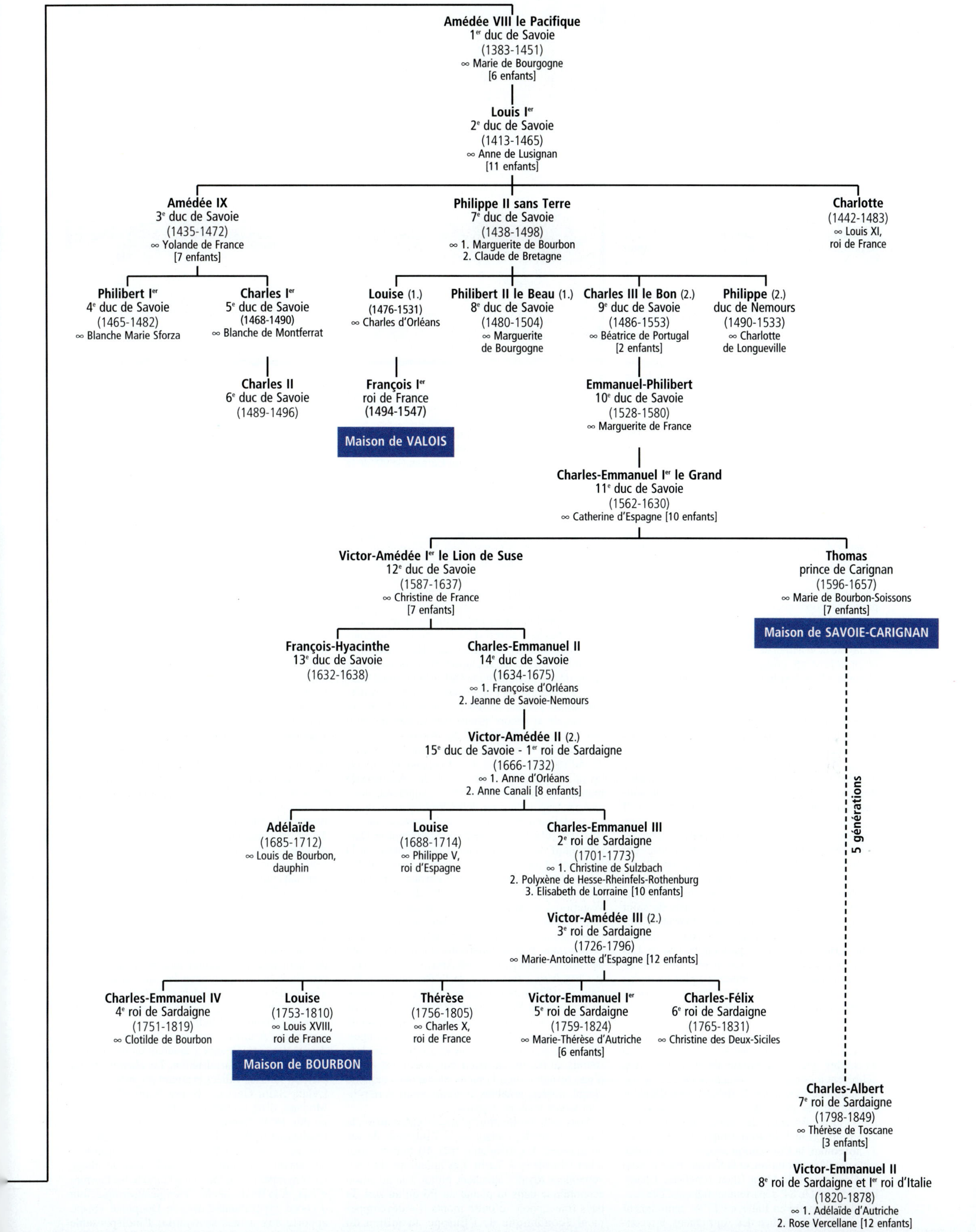
Amédée VIII le Pacifique
1er duc de Savoie
(1383-1451)
∞ Marie de Bourgogne
[6 enfants]
Louis Ier
2e duc de Savoie
(1413-1465)
∞ Anne de Lusignan
[11 enfants]
Amédée IX
3e duc de Savoie
(1435-1472)
∞ Yolande de France
[7 enfants]
Philippe II sans Terre
7e duc de Savoie
(1438-1498)
∞ 1. Marguerite de Bourbon
2. Claude de Bretagne
Charlotte
(1442-1483)
∞ Louis XI,
roi de France
Philibert Ier
4e duc de Savoie
(1465-1482)
∞ Blanche Marie Sforza
Charles Ier
5e duc de Savoie
(1468-1490)
∞ Blanche de Montferrat
Charles II
6e duc de Savoie
(1489-1496)
Louise (1.)
(1476-1531)
∞ Charles d'Orléans
François Ier
roi de France
(1494-1547)
Maison de VALOIS
Philibert II le Beau (1.)
8e duc de Savoie
(1480-1504)
∞ Marguerite
de Bourgogne
Charles III le Bon (2.)
9e duc de Savoie
(1486-1553)
∞ Béatrice de Portugal
[2 enfants]
Philippe (2.)
duc de Nemours
(1490-1533)
∞ Charlotte
de Longueville
Emmanuel-Philibert
10e duc de Savoie
(1528-1580)
∞ Marguerite de France
Charles-Emmanuel Ier le Grand
11e duc de Savoie
(1562-1630)
∞ Catherine d'Espagne [10 enfants]
Victor-Amédée Ier le Lion de Suse
12e duc de Savoie
(1587-1637)
∞ Christine de France
[7 enfants]
Thomas
prince de Carignan
(1596-1657)
∞ Marie de Bourbon-Soissons
[7 enfants]
Maison de SAVOIE-CARIGNAN
François-Hyacinthe
13e duc de Savoie
(1632-1638)
Charles-Emmanuel II
14e duc de Savoie
(1634-1675)
∞ 1. Françoise d'Orléans
2. Jeanne de Savoie-Nemours
Victor-Amédée II (2.)
15e duc de Savoie - 1er roi de Sardaigne
(1666-1732)
∞ 1. Anne d'Orléans
2. Anne Canali [8 enfants]
Adélaïde
(1685-1712)
∞ Louis de Bourbon,
dauphin
Louise
(1688-1714)
∞ Philippe V,
roi d'Espagne
Charles-Emmanuel III
2e roi de Sardaigne
(1701-1773)
∞ 1. Christine de Sulzbach
2. Polyxène de Hesse-Rheinfels-Rothenburg
3. Elisabeth de Lorraine [10 enfants]
Victor-Amédée III (2.)
3e roi de Sardaigne
(1726-1796)
∞ Marie-Antoinette d'Espagne [12 enfants]
5 générations
Charles-Emmanuel IV
4e roi de Sardaigne
(1751-1819)
∞ Clotilde de Bourbon
Louise
(1753-1810)
∞ Louis XVIII,
roi de France
Maison de BOURBON
Thérèse
(1756-1805)
∞ Charles X,
roi de France
Victor-Emmanuel Ier
5e roi de Sardaigne
(1759-1824)
∞ Marie-Thérèse d'Autriche
[6 enfants]
Charles-Félix
6e roi de Sardaigne
(1765-1831)
∞ Christine des Deux-Siciles
Charles-Albert
7e roi de Sardaigne
(1798-1849)
∞ Thérèse de Toscane
[3 enfants]
Victor-Emmanuel II
8e roi de Sardaigne et Ier roi d'Italie
(1820-1878)
∞ 1. Adélaïde d'Autriche
2. Rose Vercellane [12 enfants]

Savoie
Allégorie de la maison de Savoie. Sanguine de Simon Vouet, Paris, musée du Louvre. © *RMN-J. G. Berizzi*

est à peu près entièrement évangélisé. C'est la constatation que peuvent faire les Burgondes, peuplade germanique descendue du Rhin au ve siècle sous la poussée des hordes d'Attila. Implantés autour de leurs métropoles de Genève et de Vienne, les nouveaux venus partagent les terres avec les possesseurs gallo-romains en vertu de la décision du roi Gondebaud, qui a publié à Ambérieu, en 501, la loi gombette.

Ainsi, pacifiquement, les Burgondes se fondent dans le moule de la Sabaudia, ou Sapaudia, et s'y assimilent sans trop de difficulté. Du VIe au VIIIe siècle, cette Sabaudia s'intègre elle-même dans les royaumes puis dans l'Empire franc. La décadence du pouvoir carolingien fait passer le pays sous l'autorité de Boson de Provence après 879. À la fin du IXe siècle, la région est incluse dans un royaume de Bourgogne transjurane qui annonce le morcellement féodal et préfigure la venue au pouvoir de seigneurs entreprenants. Au XIe siècle, Humbert aux Blanches Mains est de ceux-là. L'évêque de Vienne lui remet ses domaines vers 1030, début d'un règne qui fera de la Savoie une puissance d'envergure européenne. Ses intérêts majeurs résident cependant en Italie, lorsque la cour de France, victorieuse en 1477 de Charles le Téméraire, ambitionne à son tour de dominer les terres sises en deçà des Alpes. Durant les guerres d'Italie, les troupes de François Ier traversent la Savoie. Emmanuel-Philibert, un des vainqueurs de la bataille de Saint-Quentin en 1557, se rend compte que seule la barrière alpine peut protéger ses États et transfère sa capitale de Chambéry à Turin en 1562. Désormais, la Savoie se trouvera plus souvent dans le camp des ennemis des rois de France qu'à leurs côtés. C'est le début d'une politique de bascule qui fera de la cour de Turin, vue de Paris, un objet de mépris.

Cette situation est d'autant plus délicate qu'à un versant d'expression italienne s'oppose une partie francophone, c'est-à-dire la Savoie proprement dite. Sous le règne de Louis XV, le ministre Chauvelin suggère en vain une sorte de troc entre la Savoie et le Milanais, le royaume sarde perdant la première en compensation du gain de la seconde. C'est la solution que proposera avec justesse Napoléon III à Cavour en 1858, à Plombières, à plus d'un siècle d'écart. Entre-temps, la partie francophone du royaume de Sardaigne voit arriver le 24 septembre 1792 (presque au lendemain de Valmy) les troupes françaises du général de Montesquiou. À leur approche, les petits détachements sardes et les émigrés de l'Ancien Régime s'enfuient, tandis que les tenants du nouveau pouvoir laissent éclater leur satisfaction. Il est vrai que, depuis un certain temps, la Savoie est très attentive aux idées nouvelles chères au siècle des Lumières. Jean-Jacques Rousseau, qui a séjourné aux Charmettes, non loin de Chambéry, est le symbole de ce mouvement intellectuel francophone qui a commencé, naguère, dans un tout autre domaine, avec les écrits de saint François de Sales, originaire des environs d'Annecy. De culture française, la Savoie se montre donc perméable à tout ce qui vient de France. Les événements de 1789 laissaient entrevoir, de ce côté du Rhône, des changements à plus ou moins longue échéance, la cour de Turin, dans l'esprit des réformateurs, étant volontiers comparée à celle de Versailles.

Le 14 octobre 1792 se déroulent des élections à l'Assemblée nationale des Allobroges. Du 21 au 29 octobre, les 750 membres de cette institution délibèrent à l'église des Cordeliers de Chambéry. Au terme de huit jours de débats, sont décidées l'abolition des privilèges et des droits seigneuriaux, la confiscation des biens du clergé ainsi que l'annexion à la République française. Le 27 novembre, la Convention adopte à l'unanimité cette dernière résolution, et la Savoie, sous le nom de département du Mont-Blanc (chef-lieu Chambéry) devient le 84e département français. Les succès de Bonaparte en Italie, en 1796, contraignent la cour de Turin, alliée des Autrichiens, à reconnaître officiellement l'abandon de la Savoie par le traité de Paris, signé le 15 mai. En 1798, Genève est annexée à son tour et devient, jusqu'en 1815, chef-lieu d'un département du Léman (le 99e de la République) incluant le pays de Gex, le Chablais et le Faucigny. Après des heurts inhérents à l'adoption de lois nouvelles, aux affres de la Terreur et aux inquiétudes de la levée en masse sous la Convention, le ralliement complet de la population savoyarde est attesté par le résultat du plébiscite sur le consulat à vie, en août 1802 ; à 36 607 « oui » ne s'opposent que 44 « non ». Il est vrai que l'ordre républicain et consulaire rallie les notables. Les mines sont exploitées et les manufactures produisent au maximum de leurs capacités. La Savoie fournit à la France des hommes éminents, tels que Claude-Louis Berthollet, surnommé le « Père de la chimie moderne », promu sénateur par Napoléon en 1805 ; le cardinal Gerdil, qui participe aux négociations du Concordat ; Emmanuel Fodéré, un des initiateurs de la médecine légale et encore Emmanuel Crétet, qui préside un moment le Conseil des Anciens.

La Savoie fournit aussi à l'Empire des dizaines de milliers de conscrits. C'est cependant un pays las et désabusé qui voit revenir les Austro-Piémontais au printemps de 1814, Augereau, désigné par Napoléon pour défendre la région, ayant vu sa déficience suppléée par le courage désespéré des soldats des généraux Marchand et Dessaix (natif de Thonon, ancien organisateur de la légion allobroge de 1792). En juin 1815, Suchet rejette l'occupant ; mais les gardes nationaux renoncent à la lutte à la nouvelle du désastre de Waterloo. Les Austro-Sardes reviennent, fournissant l'occasion au colonel Bugeaud, le futur maréchal, de les déloger, le 28 juin, de la position de Conflans, près d'Albertville. Le premier traité de Paris de 1814 avait laissé Annecy, le Genevois et Chambéry à la France de la Restauration. Le traité de 1815 supprime cette concession et place de nouveau la Savoie sous le sceptre du roi de Sardaigne, Victor-Emmanuel Ier, à l'exception de quelques communes du Genevois, dont Carouges, rattachées au canton de Genève. Le pays est alors soumis au régime du *buon governo*, c'est-à-dire d'une restauration à la piémontaise dans laquelle clergé, nobles, notables et administration retrouvent toutes leurs prérogatives.

Sous cette férule plus ou moins paternaliste, la Savoie somnole, cloisonnée à l'intérieur de ses montagnes. La diligence met 40 heures pour relier Chambéry à Turin. Les attentions du gouvernement royal s'attachent plutôt à la situation économique dans la plaine du Pô qu'au sort du pays francophone d'outre-monts. Le développement économique de l'Europe au milieu du XIXe siècle met en évidence la différence de développement entre les deux versants des Alpes. Les Savoyards prennent peu à peu conscience de leur sous-développement par rapport aux Piémontais. Les libéraux dénoncent cette iniquité et mettent leur espoir à nouveau dans la France. Beaucoup de Savoyards vont d'ailleurs travailler à Lyon ou à Grenoble. Des notables font part de leurs doléances à des amis français. En 1858, lors de l'entrevue de Plombières, Napoléon III entretient Cavour du souhait de la population savoyarde et obtient du ministre sarde son accord sur un retour éventuel de la région à la France.

Dès le 29 juillet 1859, un journal de Turin annonce : « Il paraît qu'en Savoie il a été mis en circulation une espèce de pétition ou d'adresse, dans laquelle on réclame la séparation de cette province. On y forme des vœux pour qu'elle soit annexée à la France. » Pour attentif que soit Napoleon III à cette pétition, il n'en doit pas moins attendre le règlement du statut de la Toscane, de la Romagne et de Parme qui, au même moment, réunissent leurs assemblées et sollicitent l'annexion de leur pays aux royaumes de Piémont et de Sardaigne. Mais si, sur ce chapitre, les vues de l'empereur sont loin d'être conformes aux souhaits des provinces italiennes, les événements ne tardent pas à se précipiter, entraînant le rattachement de la Savoie. Le 24 mars 1860, le traité de Turin est signé en ces termes : « Le roi de Sardaigne consent à la réunion de la Savoie à la France. Il est entendu que cette réunion sera effectuée sans nulle contrainte de la volonté des populations. » La consultation qui suit donne, les 21 et 22 avril, 130 533 « oui » contre 255 « non ». Les Savoyards commenteront le résultat du référendum par ces mots : « Nos cœurs ont suivi le cours de nos rivières. » Ce vote massif illustre la volonté des habitants de demeurer unis et fait échec aux pressions helvétiques exercées sur Napoléon III afin de détacher le Chablais et le Faucigny.

Le rattachement à la France coïncide avec le développement de l'industrie et des moyens de transports. À une économie rurale établie depuis des siècles sur l'élevage s'ajoutent bientôt les ressources de l'industrialisation. Le chemin de fer pénètre dans les vallées et atteint progressivement Évian, Saint-Gervais, Bourg-Saint-Maurice et Modane, d'où un tunnel permet de gagner l'Italie dès 1870. Napoléon III inaugure une activité touristique (qui ira désormais croissant) en visitant la vallée de Chamonix (où les alpinistes anglais ouvrent l'ère des escalades dans le sillage de Whymper) et en mettant à la mode les thermes d'Aix. À la fin du siècle, l'énergie électrique, tout d'abord expérimentée dans le Dauphiné voisin, apporte aux usines savoyardes l'indispensable énergie. La chimie et l'électrométallurgie s'imposent en Maurienne. Au XXe siècle, on assiste au développement des fonderies, des papeteries, des cimenteries, de l'horlogerie. Chamonix sert de cadre aux jeux Olympiques d'hiver en 1924. Dix ans plus tard, Émile Allais fait de Megève une des capitales du ski. Le tourisme prend son essor, mais le mouvement est brutalement interrompu par la guerre. En 1940, des bataillons savoyards sont expédiés à Namsos et à Narvik, en Norvège, puis sur l'Aisne, au début de juin, moment où les troupes italiennes donnent l'assaut aux cols du Mont-Cenis et du Petit-Saint-Bernard. Il leur faudra cependant attendre la mi-novembre 1942 et l'invasion de la zone sud pour parvenir à leurs fins.

Les premiers maquis se forment durant le printemps de 1943, conséquence du Service du travail obligatoire (STO). En septembre 1943, l'armée allemande se substitue à l'administration italienne et poursuit la répression. L'épisode du massif des Glières, en mars 1944, révèle à la France épuisée et inquiète la profondeur et l'ampleur de la résistance armée. Celle-ci réunit FTP et membres de l'Armée secrète, coordonnée par le colonel Romans-Petit, également responsable des maquis de l'Ain ; au total, plus de 2 000 hommes encadrés par des anciens des unités de chasseurs alpins. Ce sont ces détachements qui libèrent les deux départements à la mi-août, par leurs seuls moyens, avant de constituer, durant l'hiver 1944-1945, la partie septentrionale de l'armée des Alpes qui dispute aux *Gebirgsjäger* (chasseurs de l'armée allemande) les crêtes dominant le Val d'Aoste (où ils descendront en mai 1945) et les abords du Petit-Saint-Bernard et du mont Cenis, ultimes lieux d'épreuves, glorieux et méconnus.

SAVOIE (maison de)

Famille ayant régné sur le comté puis duché savoyard à partir du XIe siècle, sur le Piémont et le royaume sarde, enfin sur l'Italie de 1861 à 1946.

Les *Grandes Chroniques de Savoie*, rédigées au XVe siècle par Jean Servion à la demande du duc Philippe, confèrent à cette branche régnante une origine germanique. Le Saint Empire romain germanique est alors la puissance d'Europe continentale au prestige incontesté. Plus tard, pour des préoccupations tout aussi évidentes en raison des ambitions italiennes de cette même maison, l'historien transalpin Luigi Cibrario s'efforcera de découvrir une origine « péninsulaire », à savoir une descendance de Bérenger, marquis d'Ivrée. En fait, l'ancêtre de cette famille serait Garnier, vicomte de Sens et comte de Troyes, lequel, par suite de son union avec Thiberge, deviendra le beau-frère de Hugues d'Arles, comte de Vienne et marquis de Provence.

Le premier souverain savoyard de cette branche sera Humbert, surnommé « Albimanus » ou « aux Blanches Mains » (v. 985 – v. 1048). Descendant de nobles bourguignons, apparenté aux comtes de Vienne, Humbert remplit de hautes fonctions administratives dans le premier tiers du XIe siècle tant à la cour de Bourgogne que dans la hiérarchie impériale. Conseiller du souverain, avoué de la reine, administrateur financier, il possède des domaines en « Sabaudia » (la Savoie actuelle), notamment dans le Chablais, en Maurienne, le long du Rhône, dans le Bugey et aussi dans le Val d'Aoste, au-delà des Alpes. Vers 1030, Brochard, archevêque de Vienne, se trouve dans l'impossibilité de gérer, vu son âge, ses possessions d'en deçà des Alpes. Par donation, il remet la partie septentrionale de ses terres à Humbert, la partie méridionale revenant à Guigues Ier Senex, comte d'Albon, ascendant des dauphins grenoblois. Ainsi s'esquisse le partage des Alpes du Nord entre terre savoyarde et dauphinoise. Le premier de ces domaines présente l'avantage de détenir les cols du Petit-Saint-Bernard et du mont Cenis, ce qui permet aux successeurs d'Humbert de s'implanter en Piémont.

Amédée Ier succède à son père Humbert aux Blanches Mains en 1048. Son fils Odon (1051-1060) épouse une jeune noble piémontaise qui lui apporte en dot les terres de Suse et de Turin. Amédée II (1060-1086), Humbert II (1086-1103) et Amédée III (1103-1148) consolident ces acquisitions, les étendant même vers le nord, au-delà du lac Léman vers le pays de Vaud. Humbert III, dit le Bienheureux, est le premier membre de la branche à se faire inhumer, en 1189, à l'abbaye de Hautecombe, au bord du lac du Bourget, site qui devient désormais le Saint-Denis de la maison de Savoie. Thomas Ier (1189-1233) fait de Chambéry la capitale des comtes. Amédée IV (1233-1253) noue de judicieuses alliances grâce aux mariages de ses frères dans la région. Boniface (1253-1263) n'est qu'un enfant au règne malheureux. Mais son oncle Pierre II (1263-1268) reçoit le surnom de « Petit Charlemagne » à la suite de l'extension de son domaine vers le pays de Gex et Genève. Philippe Ier (1268-1285) se montre bon gestionnaire. Amédée V (1285-1323) ajoute la Bresse à ses possessions. Édouard le Libéral (1323-1329) éprouve des difficultés sur ses confins dauphinois et Aymon le Pacifique (1329-1343) fait mentir son surnom en guerroyant contre les Dauphinois. Mais les trois plus grands représentants de cette lignée sont leurs successeurs : Amédée VI, Amédée VII et Amédée VIII.

À la suite de l'abdication d'Amédée VIII, la maison de Savoie connaît une période de décadence consécutive aux rivalités internes. Louis (1439), Amédée IX (1465), Philibert (1472), Charles Ier (1482), Charles II (1489), Philippe II (1496), Philibert II (1497), Charles III (1505) connaissent tous, au début de leur règne respectif, les aléas des crises seigneuriales et de la guerre étrangère. La Bourgogne de Charles le Téméraire constitue un véritable bouclier pour la maison de Savoie face aux convoitises française et helvétique. Mais une fois le grand duc d'Occident terrassé, la Savoie est en butte aux ambitions étrangères. Les ducs perdent les Dombes, leurs possessions situées au nord du lac Léman. Genève est hostile et le prouve bientôt en adhérant à la Réforme, obligeant même son évêque à se réfugier à Annecy. La résurrection ne vient qu'avec le règne d'Emmanuel-Philibert (1559-1580), qui assiste les Impériaux au siège de Saint-Quentin en 1557 et s'appuie désormais sur l'alliance allemande et espagnole. Il est symbolique que ce souverain transfère sa capitale de Chambéry à Turin, où il pénètre solennellement le 12 décembre 1562. C'est le début d'une politique de bascule, inaugurée par Charles-Emmanuel (1580-1630) qui verra le plus souvent la maison de Savoie dans le camp des adversaires de Richelieu puis de Louis XIV. La création du royaume de Sardaigne, en 1720, la constitution, en 1861, du royaume d'Italie seront l'aboutissement de cette politique.

SAVORGNAN de BRAZZA : voir BRAZZA Pierre SAVORGNAN de

SAXE Maurice, comte de, dit LE MARÉCHAL de (Goslar, 1696 – Chambord, 1750)

Maréchal de France.

Fils naturel de Frédéric Auguste, Électeur de Saxe, et de la comtesse Aurora von Königsmarck. Très jeune, il entame sa carrière militaire sous les ordres du prince Eugène, combattant aux Pays-Bas contre la France. Il passe ensuite au service du roi de Pologne, qui affronte les Suédois avec son allié Pierre le Grand. Reconnu par son père en 1711, Maurice de Saxe participe l'année suivante au siège de Stralsund, affronte les Turcs en 1717, puis passe au côté de la France, en 1720. Le Régent, qui le nomme maréchal de camp, le place à la tête d'un régiment allemand. Élu duc de Courlande par la Diète de ce pays en 1726, il gagne son duché, mais ne peut se maintenir sur le trône, en raison de l'opposition de Catherine de Russie. Une ultime tentative échoue en 1728.

Ce chef militaire-né regagne alors la France et les armées du roi. Il sert sous Berwick à l'armée de Hollande, en 1733-1734, et devient lieutenant

Maurice, comte de Saxe
Pastel du maréchal par Maurice Quentin de La Tour, Paris, musée du Louvre. © *RMN-J. G. Berizzi*

général en 1736. La guerre de Succession d'Autriche, qui commence en 1741, lui donne rapidement l'occasion de se couvrir de gloire. Lors de la campagne de Bohême, en effet, Maurice de Saxe commande l'aile gauche, sous les ordres de Belle-Isle. Après Prague, enlevée par surprise le 19 novembre 1741, il s'empare d'Egra, le 19 avril suivant. Promu maréchal de France en 1744, il prépare au printemps la campagne de Flandre qu'il conduit avec 70 000 hommes. Alors qu'il entame le siège de Tournai, le maréchal apprend le débarquement d'une armée anglo-hollandaise ; il se porte à la rencontre de l'ennemi, remportant, le 11 mai, la célèbre victoire de Fontenoy. D'autres succès suivent cette éclatante victoire. Après la chute de Bruxelles, le 21 février 1746, au terme de plus d'un mois de siège, le maréchal porte à Paris les 50 drapeaux pris dans la ville belge. Paris l'accueille en triomphateur : à l'Opéra, une actrice lui ceint le front d'une couronne de lauriers. Le 1er juin, en compagnie du roi, le maréchal prend Anvers. Namur tombe en septembre. Le 11 octobre, Maurice de Saxe bat les Anglais à Raucoux. L'année suivante, le 2 juillet 1747, il remporte sur les Anglo-Hollandais l'éclatante victoire de Lawfeld. Tous ces succès contribuent à la signature des traités d'Aix-la-Chapelle. En 1747, le comte de Saxe est fait maréchal général des camps et armées. En avril 1748, il s'empare encore de Maastricht. La paix signée, le maréchal se retire à Chambord que lui a offert le roi.

Géant d'une force prodigieuse, Maurice de Saxe était non seulement un grand homme de guerre, mais un véritable *condottiere*, brutal et jouisseur. Parmi ses nombreuses maîtresses figure l'actrice Adrienne Lecouvreur. Le 30 novembre 1750, le vainqueur de Fontenoy meurt à Chambord, dans des conditions assez mystérieuses. On a parlé d'un duel avec un mari trompé, ou d'une fluxion de poitrine contractée en chassant.

L'homme dont les ennemis raillaient l'orthographe de son nom est l'auteur d'un curieux ouvrage, *Mes rêveries* (1757), où il définit notamment l'art militaire du XVIIIe siècle (qualifié plus tard de « guerre en dentelles ») : une guerre qui consiste à éviter la bataille et à rechercher l'investissement patient des places ou la rupture des approvisionnements adverses. Saxe, lui, pratique la guerre de surprise – celle de l'école de Turenne – qui consiste à écraser l'adversaire lors de batailles décisives renouvelées avec le constant avantage de la rapidité. Il a aussi laissé des *Lettres et Mémoires* (1794). Un magnifique mausolée du maréchal a été réalisé à Strasbourg, en 1777, par Pigalle.

SAXE-WEIMAR Bernard de (Weimar, 1604 – Neubourg-en-Bade, 1639)

Homme de guerre allemand.

Septième fils de Jean III de Weimar, ce protestant entre au service du Danemark et de la Suède au cours de la guerre de Trente Ans. Il combat avec Gustave-Adolphe qui lui laisse en mourant le commandement de son armée à Lützen (1632). Deux ans plus tard, les Impériaux prennent leur revanche sur lui à Nördlingen. Il se met alors au service de Louis XIII, avec qui il signe le traité de Saint-Germain en 1635. Le roi lui reconnaît d'avance la possession du landgraviat d'Alsace et d'Haguenau, à charge pour lui de les conquérir sur l'Empire, grâce aux subsides français. Bernard de Saxe-Weimar fait merveille, repoussant les Espagnols qui assiègent Saint-Jean-de-Losne, traversant la Lorraine dont il terrorise le duc, battant les Impériaux à Rheinfelden, s'emparant enfin de Fribourg et de Brisach (1638). Il meurt de la fièvre alors qu'il se prépare à envahir la Bavière. Richelieu commençait à s'inquiéter des fulgurants succès de cet allié aux dents longues.

SAY Jean-Baptiste (Lyon, 1767 – Paris, 1832)

Économiste.

Issu d'une famille de commerçants protestants, originaires de Nîmes et réfugiés à Genève après la révocation de l'édit de Nantes, puis installés à Lyon, il effectue, à 19 ans, chez un commerçant anglais de Croydon, un stage qui le sensibilise à l'importance des questions économiques. De retour en France, il est successivement secrétaire d'un assureur et journaliste. En 1788, il lit les *Recherches sur la nature et les causes de la richesse des nations* d'Adam Smith. C'est pour lui une révélation. Le célèbre économiste est désormais son maître à penser. Mais il s'occupe également de politique, débute par une brochure anonyme sur *La Liberté de la presse* (1789), puis est employé par Mirabeau à la rédaction du *Courrier de Provence*. Il fonde enfin en 1794 avec Chamfort et Guinguené *La Décade philosophique, littéraire et politique*, organe des idéologues, dont il est rédacteur en chef pendant six ans. Membre du Tribunat en 1799, il fait paraître en 1803 son fameux *Traité d'économie politique* dans lequel il reprend le système de Smith et le vulgarise mais en le clarifiant, en le précisant et en le corrigeant par quelques théories personnelles. Le sous-titre de cet ouvrage, *Simple Exposé de la manière dont se forment, se distribuent et se consomment les richesses*, servira de fondement pendant plus d'un siècle à l'enseignement de l'économie politique (production, circulation, consommation).

Éliminé du Tribunat en 1804 pour avoir refusé de soutenir, dans une réédition de son livre, la politique fiscale du régime, fondée sur le recours massif aux impôts de consommation, Jean-Baptiste Say se consacre pendant plusieurs années à la gestion de l'entreprise de filature de coton qu'il crée à Auchy-les-Hesdin (Pas-de-Calais) en 1807. L'affaire, d'abord prospère, emploie jusqu'à 500 ouvriers, mais les droits de douane, établis par Napoléon, stoppent son essor. Il quitte sa filature en 1813, est alors nommé receveur des droits réunis de l'Allier et finit par se livrer uniquement à des travaux de cabinet. Dès la Restauration, il publie une réédition de son traité ainsi que d'autres ouvrages d'économie : *De l'Angleterre et des Anglais* (1815) et surtout son *Catéchisme d'économie politique* (1815). Il se révèle aussi moraliste dans son *Petit Volume contenant quelques aperçus des hommes et de la société* (1817). Après avoir professé l'économie politique à l'Athénée (1816), Jean-Baptiste Say est appelé à l'enseigner au Conservatoire des arts et métiers (1821) où il le fait avec une supériorité de méthode inconnue jusque-là, et enfin, après la révolution de Juillet, au Collège de France (1830).

Vulgarisateur heureux d'Adam Smith, il voulut, sans toujours y réussir, faire de l'économie politique une science d'observation objective, débarrassée de la métaphysique et de l'apriorisme. Son apport personnel porte essentiellement sur trois points. Pour lui, l'utilité, et non le travail, constitue la valeur économique essentielle. Tout ce qui est utile, c'est-à-dire souhaité par les hommes, constitue une richesse. Par ailleurs, si la mécanisation provoque du chômage, celui-ci est temporaire car, en permettant la baisse des prix, elle rend possible une augmentation de la production et, de ce fait, le réembauchage. L'industrialisation n'a donc pas de limites et elle est sans danger, car « un produit créé est un débouché ouvert » (loi des débouchés). Si la surproduction commence à se manifester, il sera possible, à condition qu'aucune entrave ne soit opposée au commerce et à l'industrie, de rétablir rapidement l'équilibre entre la production et la consommation, car les changements de prix avertiront en temps voulu des changements intervenus dans les comportements, donc dans les désirs des consommateurs. Il est enfin le premier à discerner le rôle de l'« entrepreneur » qui est même, à ses yeux, le moteur essentiel de l'économie, avec le savant et l'ouvrier, mais à un degré moindre pour ces derniers. Conception révolutionnaire par rapport aux libéraux anglais et aux physiocrates qui attribuaient un rôle déterminant, les premiers au capitaliste, les seconds au propriétaire foncier.

Paul Scarron
Huile sur toile, XVIIe siècle, Le Mans, musée de Tessé.
© *Lauros-Giraudon*

SCARRON Paul (Paris, 1610 – Paris, 1660)

Écrivain.

Fils d'un conseiller au parlement de Paris, il connaît d'abord une jeunesse dissipée. Attaché à la suite de l'évêque du Mans, chanoine à 25 ans, il n'en fréquente pas moins le demi-monde des comédiens, dont la célèbre courtisane Marion Delorme. En 1638, il contracte une paralysie. Désormais, il n'est plus qu'un homme tronc, tordu de douleurs dans une chaise roulante. Mais son esprit compense son infirmité : pensionné par la reine, il tient à Paris un salon très couru. En illustrant la veine burlesque à travers des vers et des pièces théâtrales, il connaît un très grand succès d'auteur. Durant la Fronde, il compose aussi des mazarinades contre le cardinal, son ancien protecteur. En 1652, il épouse une jeune protestante convertie, sans fortune ni appui, Françoise d'Aubigné, petite fille de l'écrivain Agrippa d'Aubigné et future Mme de Maintenon. Le burlesque qu'illustre Paul Scarron est un héritage de la sotie médiévale et de la tradition rabelaisienne en réaction contre la préciosité. Ce genre se nourrit aussi d'un certain libertinage intellectuel qui entend désacraliser la mythologie ou les pompes officielles. Cyrano de Bergerac ou Furetière illustrent – l'un avec fantaisie, l'autre dans la veine réaliste – cette préciosité retournée en vulgarité. Mais Scarron se distingue par sa verve et la diversité de ses œuvres : des parodies de l'épopée antique (*Le Virgile travesti*, 1649-1652), des farces (*Jodelet ou le Valet-maître*, 1645), un roman surtout, *Le Roman comique*, 1651-1657, son chef-d'œuvre dont certains épisodes anticipent sur la manière du *Neveu de Rameau* de Diderot. Scarron vivifie aussi l'écriture théâtrale : le naturel de ses dialogues ouvre la voie à Molière qui empruntera aux *Nouvelles tragi-comiques* (1655-1657) le sujet de *L'École des femmes* ou l'idée de *Tartuffe*.

SCEAUX (château de)

Château des environs de Paris, aujourd'hui situé dans les Hauts-de-Seine.

Jean Baillet, trésorier de France sous le règne de Louis XI, fait construire à Sceaux un premier château, au XVe siècle. Reconstruit à la fin du siècle suivant par Antoine Potier de Gesvres, le château est acquis en 1670, avec le domaine, par Jean-Baptiste Colbert. Le célèbre ministre de Louis XIV, oubliant pour une fois ses principes d'économie, veut se faire construire une demeure digne de son rang, et en confie les travaux d'agrandissement à Claude Perrault. Ce dernier élève des bâtiments classiques, composés d'un logis à avant-corps central et pavillons latéraux, deux ailes en retour d'équerre encadrant la cour d'honneur. Tuby et Charles Le Brun ornent la chapelle. Le dernier travaille aussi au pavillon Aurore, isolé au milieu des parterres. Le Nôtre, qui est l'ordonnateur du vaste parc de Sceaux, dessine les parterres, les bassins, les allées de Diane et de la Duchesse, les cascades et le bassin octogonal dans lequel elles se déversent.

À la mort de Colbert, en 1683, son fils Seignelay hérite de Sceaux. De goûts fastueux, il fait agrandir le parc par François Leclerc, qui dessine notamment le grand canal tandis qu'Hardouin-Mansart reconstruit l'orangerie. Seignelay meurt en 1690 et, dix ans plus tard, à la demande de Louis XIV, ses héritiers vendent le domaine au duc du Maine, fils légitimé du roi et de Mme de Montespan. Sceaux connaît alors, grâce à la vive et spirituelle duchesse du Maine, sa période la plus brillante. Benédicte de Condé tient, en effet, une véritable cour avec les fameux chevaliers de la Mouche-à-Miel, donnant de magnifiques fêtes, les « nuits de Sceaux », recevant les gens de lettres les plus réputés, Fontenelle, Voltaire et d'Alembert. Les intrigues de la duchesse, furieuse de voir le duc du Maine son époux évincé par Philippe d'Orléans après la mort de Louis XIV, sa participation à la fameuse conspiration de Cellamare contre le Régent, son éloignement, mettent fin à cette période éclatante. Après la mort des enfants du duc, dépourvus d'héritiers, le château de Sceaux passe à leur cousin Louis de Bourbon, duc de Penthièvre. Grand amateur de lettres, ce dernier tient salon, reçoit notamment Florian, qui devient son bibliothécaire. Très populaire, le duc, qui n'est pas inquiété par le mouvement révolutionnaire, meurt en 1793. La fille du duc de Penthièvre, héritière de Sceaux, ayant émigré, le domaine est confisqué, et finalement acheté en 1799 par un négociant qui rase le château et la chapelle. Sa fille épouse le marquis puis duc de Trévise, fils du maréchal Mortier, qui hérite du domaine et, en 1856, fait élever un nouveau château de brique et de pierre, copie assez plate du style Louis XIII. Le parc est remis en état, replanté. À la mort du duc, en 1902, le domaine est de nouveau laissé à l'abandon. Le département de la Seine s'en porte acquéreur en 1923, et de nouvelles restaurations sont opérées. Un musée de l'Île-de-France est inauguré en 1937, puis de nouveau, après la guerre, en 1949.

SCEAUX (garde des)

Les sceaux sont les cachets qui permettent d'authentifier un acte. Aussi leur garde revêt-elle une particulière importance, lorsqu'il s'agit des Sceaux de France.

Dans l'ancienne monarchie, cette garde est confiée de droit au chancelier. Mais sous les premiers Valois, celui-ci devient un des grands offi-

Sceaux
Château et parterres de Sceaux. Gravure de Meunier, Sceaux, musée de l'Île-de-France. © *Lauros-Giraudon*

ciers de la couronne, ce qui a pour effet de le rendre inamovible. Lorsque le roi a décidé de ne plus lui accorder sa confiance, il lui enlève les Sceaux et les confie à un fonctionnaire révocable. Ce fonctionnaire est dénommé garde des Sceaux et siège au Conseil avec les autres ministres. Ses pouvoirs seront aussi étendus que ceux du chancelier, bien qu'il ne puisse pas prétendre tout à fait aux mêmes égards. S'il doit être révoqué à son tour sans être remplacé, les Sceaux reviennent automatiquement au chancelier, à moins que le roi ne se les réserve pour quelque temps. En 1790, après la suppression de la charge de chancelier, le garde des Sceaux subsiste, mais sous la dénomination de ministre de la Justice, garde du sceau de l'État. La Restauration rétablit le chancelier de France mais sans lui rendre la garde des Sceaux, confiée de plein droit au ministre de la Justice. L'expression garde des Sceaux, ministre de la Justice est aujourd'hui encore le terme exact et officiel. Les services du ministère de la Justice ont même gardé le nom de chancellerie. Néanmoins le temps n'est plus où le garde des Sceaux pouvait prétendre à une certaine préséance parmi les ministres. Les IVe et Ve Républiques ne lui ont même pas laissé la priorité qui lui était reconnue pour la présidence de droit du Conseil d'État.

SCHERER Barthélemy (Delle, près de Belfort, 1747 – Chauny, 1804)

Général.

Appartenant à une famille bourgeoise, il sert d'abord l'Autriche, de 1760 à 1775, puis, en 1780, met son épée au service du roi de France. Cantonné d'abord à Strasbourg, il gagne ensuite les Pays-Bas, où il séjourne de 1785 à 1790. Nommé général en 1791, Scherer se distingue à Valmy, puis à l'armée du Nord, et surtout à celle de Sambre-et-Meuse qu'il rejoint en janvier 1794, avec le grade de général de division. À sa tête, il prend Landrecies, Le Quesnoy, Condé, puis Valenciennes. Général en chef de l'armée des Alpes à la fin de l'année, il est placé au début de 1795 à la tête de celle des Pyrénées-Orientales, avant de recevoir, au mois de septembre, le commandement de l'armée d'Italie. Là, le 24 novembre, ses troupes écrasent les Autrichiens à Loano, ouvrant le Milanais aux armées françaises. Cependant, on reproche au général vainqueur de ne pas exploiter sa victoire, et il démissionne. Bonaparte le remplace au mois de mars 1796. En juillet 1797, le vainqueur de Loano remplace Hoche au ministère de la Guerre. À ce poste, il se montre un administrateur actif, mais, ne s'embarrassant guère de nuances, se fait beaucoup d'ennemis. En février 1799, le général Scherer accepte de nouveau le commandement de l'armée d'Italie, qu'ont refusé Bernadotte et Joubert, estimant les forces françaises trop inférieures à celles de l'ennemi. Avec ses 45 000 hommes, il envahit la Toscane au mois de mars, remportant un premier succès. Vaincu cependant à Magnano, le 5 avril, il juge prudent de se replier. Moreau le remplace. Accusé alors de malversations, Scherer démissionne. Il a laissé un *Précis des opérations de l'armée d'Italie* (1799).

SCHEURER-KESTNER Auguste (Mulhouse, 1833 – Bagnères-de-Luchon, 1899)

Homme politique.

Industriel aux idées libérales, hostile à l'Empire, il gère les usines chimiques créées à Thann par son beau-père quand éclate la guerre franco-allemande de 1870 et, pendant les hostilités, dirige la pyrotechnie de Sète. Élu député du Haut-Rhin à l'Assemblée nationale le 8 février 1871, Scheurer-Kestner signe avec ses collègues alsaciens-lorrains la déclaration protestant contre l'annexion de leurs départements par l'Allemagne et démissionne. Mais il réintègre l'Assemblée en juillet comme député de la Seine et devient un des chefs de l'Union républicaine. Sénateur inamovible en 1875, Scheurer-Kestner est, de 1879 à 1884, le directeur politique du journal de son ami Gambetta, *La République française*. Élu vice-président du Sénat en 1896, il attire bientôt l'attention sur lui en prenant avec courage la tête du mouvement en faveur de la révision du procès Dreyfus. Ayant acquis la certitude que des faux ont été produits au cours du procès, il demande une entrevue au président de la République Félix Faure, puis rencontre tour à tour le général Billot, ministre de la Guerre, et Méline, président du Conseil. Leur accueil est très réservé. Ils prêchent la prudence. Scheurer-Kestner se décide alors à rendre publiques ses démarches. Le 14 novembre, il adresse au sénateur Ranc une lettre ouverte qui paraît dans *Le Temps* et dans laquelle il fait allusion à des « faits nouveaux » qui démontrent « l'innocence du condamné ». Le retentissement de cette initiative est d'autant plus considérable que l'intégrité de son auteur n'est plus à démontrer. Le lendemain, Mathieu Dreyfus accuse publiquement Esterházy d'être l'auteur du « bordereau ». L'affaire Dreyfus commence véritablement.

SCHISME D'OCCIDENT (Grand)

Schisme qui divisa l'Église catholique romaine de 1378 à 1417 et eut de nombreuses et profondes conséquences.

En 1377, Grégoire XI ramène le siège de la papauté d'Avignon à Rome. Le 27 mars 1378, le pontife meurt. Au début du mois d'avril, le Sacré Collège se réunit à Rome pour élire son successeur. 16 cardinaux le composent – 4 Italiens, un Espagnol et des Français divisés en deux partis, les « Limousins » et les autres. Pendant le conclave, des troubles violents, des manifestations éclatent dans la Ville éternelle. Le 8 avril, les cardinaux élisent un Italien de grande naissance, jusque-là archevêque de Bari, Bartholomeo Prignano, qui devient pape sous le nom d'Urbain VI. Le pontife annonce son intention de réformer l'Église et refuse de regagner Avignon, ce qui mécontente Charles V. Son attitude ne tarde pas à exaspérer les cardinaux italiens et français, qui quittent Rome. Réunis à Anagni au mois de juillet, 13 d'entre eux affirment la nullité de l'élection d'Urbain VI, prétendant qu'ils ont agi sous la menace de l'émeute. Le 10 août, ils lancent l'anathème contre le pape. D'infructueuses négociations, dans lesquelles intervient Catherine de Sienne, sont menées. Le 20 septembre enfin, réunis à Fondi, les cardinaux élisent un nouveau pape, le Français Robert de Genève, qui prend le nom de Clément VII et part pour Avignon où il constitue une curie. C'est le début du Grand Schisme.

Chaque parti cherche des soutiens en Europe, crée des cardinaux, une administration. Dans les années qui suivent, une abondante littérature est publiée par les théologiens de chaque camp, sans résoudre, ni même toujours expliquer, le problème. Peu à peu, l'Europe chrétienne se divise. La France, l'Autriche, l'Écosse, la Savoie, et plus tard l'Aragon, la Navarre, et la Castille se déclarent en faveur de Clément VII. L'Angleterre, l'Empire, la Hongrie, la Bohême, les Flandres, les Pays-Bas, certains princes italiens et, dans un premier temps, la Castille, soutiennent Urbain VI. Les grandes figures de la chrétienté elles-mêmes sont partagées : Catherine de Sienne et sainte Brigitte se rangent aux côtés du pape romain, saint Vincent Ferrier et le bienheureux Pierre de Luxembourg à ceux de son adversaire. Des dizaines de volumes sont consacrés à la question de savoir quel est le pape légitime. Des deux côtés, les partisans des pontifes rivaux cherchent à prouver qu'ils ont raison : ceux qui ont participé à la seconde élection publient une *déclaration* à laquelle répond, de l'autre côté, un *mémorandum*. Canonistes et publicistes se montrent particulièrement actifs. Les universités jouent un rôle essentiel, celle de Paris en particulier, dont la suprématie sur l'Europe s'affirme depuis près de deux siècles. Au mois de mai 1380, non sans hésitation, elle se prononce en faveur de Clément VII. Des hommes remarquables, comme Henri de Langenstein, Pierre d'Ailly et Jean Gerson, se lancent dans la bataille. Deux sortes d'arguments sont utilisés par ceux qui veulent mettre fin au schisme : la *via cessionis*, qui consiste à pousser les deux rivaux à démissionner, et la *via concilii*, qui vise à la réunion d'un concile général. Aucun ne semble pouvoir aboutir, les deux partis en viennent à la violence, à l'anathème. On en arrive à deux obédiences, chaque pontife disposant d'une administration efficace.

À la mort d'Urbain VI, en 1389, certains peuvent espérer la fin du schisme. Mais les partisans du pape défunt, réunis en toute hâte, élisent un nouveau pape italien, Boniface IX. Au début de 1394, l'université de Paris, qui organise des processions et des prières pour faire cesser cette situation, demande en vain à Clément VII de se retirer. Gerson négocie avec Boniface IX. Le 16 septembre, le pape d'Avignon meurt. Un nouvel espoir d'union apparaît, vite déçu : hâtivement réunis, les cardinaux avignonnais élisent le 25 septembre l'Aragonais Pierre de Luna, devenu Benoît XIII. Ce dernier se déclare prêt à unir la chrétienté, au besoin en renonçant au trône pontifical. L'avenir prouvera qu'il n'en était rien. Benoît XIII restera sourd aux demandes des princes français et de l'Université. En 1396, clergé français et Université, réunis, étudient une première fois la possibilité d'une soustraction d'obédience. Benoît XIII, pour gagner du temps, feint de se rallier à la *via cessionis*. Excédé, le clergé se réunit de nouveau en 1398, avec l'appui du pouvoir royal, et probablement même sur son intervention. À l'issue d'un vote assez suspect – son dépouillement ne dure pas moins de deux mois –, l'assemblée décide au mois de mai la soustraction d'obédience. Tout en reconnaissant l'autorité purement spirituelle du pape, elle se soustrait de l'obédience de Benoît XIII, jusqu'à ce que l'union avec Rome soit réalisée. Décision grave : alors que la plupart des bénéfices ecclésiastiques étaient versés à Avignon, la papauté se trouve dorénavant privée d'une grande partie de ses ressources. L'assemblée déclare que le pape a aliéné des libertés remontant à des temps immémoriaux, que seul le roi de France a le droit de lever des impôts sur le clergé, de jouir des revenus des bénéfices vacants, de nommer à ces bénéfices. Première manifestation du gallicanisme à laquelle l'influence de ceux qui gouvernent la France et la jalousie de l'Université envers les papes ne sont pas étrangères.

Cette utilisation de la force semble d'abord réussir, le pape se trouve bientôt dépourvu de tout soutien. En fait, ce procédé aboutit surtout à renforcer le prestige du pape de Rome : barricadé dans Avignon, soutenu par le roi d'Aragon, Benoît XIII refuse de céder. En 1403, il quitte Avignon pour se réfugier à Château-Renard, terre du roi de Naples. Le mécontentement grandit en France, les agents du fisc qui remplacent ceux du pape sont encore plus impopulaires. De plus, depuis l'origine, un certain nombre d'évêques ont manifesté leur opposition à la soustraction d'obédience. Aussi, en 1403, sur l'intervention du duc d'Orléans, la restitution d'obédience est-elle prononcée. Le frère du roi, favorable aux Armagnacs, marque ainsi un point sur les Bourguignons, qui soutiennent l'Université hostile au pape d'Avignon. Benoît XIII promet de se retirer si le pontife romain meurt, ce qui se produit en 1404. Mais, avant même que la cour de France et Avignon en soient averties, les cardinaux romains élisent un nouveau pape, Innocent VII. Benoît XIII pense alors marcher sur Rome, mais ne trouve guère d'appuis en France. En effet, depuis la restitution d'obédience, il a si lourdement augmenté les charges et impôts du clergé que ce dernier envisage une nouvelle soustraction. Pressé par les besoins d'argent, il commet la maladresse de soumettre l'université de Paris à un décime, malgré ses privilèges. L'Université, soutenue par le pouvoir royal, se met alors en grève. En septembre 1406, à sa demande, le Parlement abolit toutes les taxes levées par le Saint-Siège. Le 6 novembre, à Rome, meurt Innocent VII. Un nouveau pape, Grégoire XII, est aussitôt élu. Il affirme sa volonté de négocier. Une rencontre avec son rival est prévue pour 1407, à Savone. Elle n'aura pas lieu, en raison de la mauvaise volonté des deux pontifes. En France, on proteste de plus en plus contre Benoît XIII ; plus que le schisme, le problème essentiel tend à devenir l'affranchissement de l'Église de France vis-à-vis de la papauté. Dès la flin de 1406, une assemblée ecclésiastique prépare une nouvelle soustraction d'obédience. Au début de 1407, Charles VI signe deux ordonnances enlevant au pape le droit de conférer les bénéfices et lui interdisant de lever des taxes.

En mai 1408, l'Église de France décide de ne reconnaître aucun des deux papes. Le mois suivant, des cardinaux des deux obédiences se réunissent a Livourne et décident, contre les deux papes, la convocation d'un concile général à Pise, en mars 1409. Cette réunion, et cette décision, ne sont pas légales puisque, selon la loi canonique, seul le pape a le droit de convoquer un concile. Prenant peur, les pontifes rivaux, qui ont été appelés à Pise, convoquent chacun un concile, Benoît XIII à Perpignan, Grégoire XII à Cividale. Le concile de Pise, réuni à partir de la fin du mois de mars 1409, entreprend véritablement le procès des papes qui, accusés de crimes, et même de sor-

Le Grand Schisme d'Occident

cellerie, sont déclarés hérétiques et déposés. Le 26 juin, un conclave de 24 cardinaux élit un nouveau et troisième pape, le cardinal de Pise, qui prend le nom d'Alexandre V. Les Parisiens, croyant le schisme terminé, manifestent leur joie. Réjouissances prématurées, le concile de Pise n'a abouti qu'à créer un troisième pape, les deux premiers refusant bien entendu ses décisions.

À la mort d'Alexandre V, dès 1410, les cardinaux élisent un Napolitain, Balthazar Cossa, qui devient Jean XXIII. La chrétienté se trouve donc en présence de trois papes dont le dernier, canoniquement, est un usurpateur. France, Écosse et Angleterre se rallient au pape de Pise, la plus grande partie de l'Italie restant fidèle à Grégoire XII. L'impasse semble complète, mais le roi Sigismond contraint Jean XXIII à convoquer un concile à Constance, en 1414. Les plus fameux docteurs gagnent en novembre de cette année-là les bords du Bodensee, ainsi Gerson, Benoît Gentien, Pierre d'Ailly, devenu cardinal, et Guillaume Fillastre. À côté des évêques sont donc présents de nombreux théologiens universitaires, soutenant la théorie conciliaire, c'est-à-dire la supériorité du concile général sur le pape et la nécessité de réunir des conciles périodiques. Cette innovation aura une importance considérable. Autre innovation, les Pères débattent et votent par groupe national, marque du nationalisme naissant et de la défiance envers le pape et les cardinaux. Quatre nations, possédant le même nombre de voix, sont ainsi en présence. Au fil des mois, le concile de Constance prend une importance grandissante, on y débat des affaires curiales. Le problème du schisme n'est pas le seul à régler, les Pères doivent aussi condamner les théories de Wycliffe, de Jan Hus et de Jérôme de Prague. Jean Hus est le premier condamné. Jean XXIII accepte d'abdiquer si ses deux rivaux l'imitent. Grégoire XII accepte lui aussi mais, sans attendre, Jean XXIII s'enfuit. Le concile décide alors qu'il a pleine autorité pour continuer à siéger et, le 6 avril 1415, par le décret *Sacrosancta*, revendique la juridiction universelle, sans excepter le pape, en matière de loi et de réforme. Au mois de mai, Jean XXIII est condamné et déposé. Grégoire XII accepte ensuite de démissionner, Benoît XIII refuse d'en faire autant. Finalement, en 1417, les Pères décident la déposition de Benoît XIII. Ce dernier abandonne Rome et se réfugie à Peniscola. Le 8 novembre de la même année, l'unité est enfin rétablie par l'élection d'Odone Colonna, pape sous le nom de Martin V. Benoît XIII refusera de s'incliner jusqu'à sa mort, en 1423, et aura même un successeur, Clément VIII, qui n'abandonnera ses prétentions qu'en 1429, contre un archevêché.

L'élection de Martin V, plutôt conservateur et opposé à une réforme radicale, permet cependant le retour au fonctionnement normal de la Curie, la remise en ordre de l'État pontifical, en matière financière surtout. S'il proclame, bien sûr, la supériorité pontificale, il accepte de convoquer un concile à Pavie, pour 1423 comme l'a prévu le décret *Frequens* du concile de Constance. Le Grand Schisme a eu cependant de graves conséquences. Le cours de la vie ecclésiastique, s'il a été perturbé, le fut moins qu'on ne pouvait le craindre. Mais la discipline ecclésiastique et monastique s'est considérablement relâchée, rendant encore plus actuelle la nécessité d'une réforme que les papes ne veulent pas entreprendre, tandis que les conciles sont dans l'impossibilité de le faire. L'ensemble de l'Europe est resté catholique, mais le schisme a favorisé la naissance d'hérésies comme celle de Jan Hus. Les ordres religieux sont eux aussi atteints : ceux dont le siège se trouvait à Rome ont été scindés en deux, avec une double organisation. La réunification sera souvent difficile, la tendance étant à l'organisation nationale. En France, par ailleurs, les dissensions politiques dues à la guerre de Cent Ans se mêlent aux questions religieuses : les Bourguignons reconnaissent l'autorité absolue du concile de Constance, les Armagnacs sont favorables au gallicanisme, à l'église nationale. Autre effet des désordres qui règnent dans l'Église, les progrès de l'idée laïque. Si le clergé français reconnaît l'obéissance due au pape en tant que chef spirituel de l'Église, il affirme que l'autorité des conciles généraux est supérieure à celle des décrets pontificaux. Cette théorie conciliaire, défendue notamment par d'Ailly et Gerson, ouvre la voie au gallicanisme. Dernière conséquence enfin, liée à la théorie conciliaire et à l'absence d'autorité des papes, le pouvoir séculier renforce son autorité sur les églises nationales. Martin V ne cessera d'affirmer les droits pontificaux, et la Pragmatique Sanction de Bourges, en 1438, établira un nouveau règlement. Quant aux papes de cette période troublée, l'Église ne reconnaît que ceux de Rome, les autres étant considérés comme antipapes.

SCHNÆBELÉ (affaire)

Grave incident franco-allemand qui, en avril 1887, faillit provoquer un conflit entre les deux pays.

Depuis le début de 1887, alors que le général Boulanger, apôtre de la revanche, occupe le ministère de la Guerre, la tension ne cesse de monter entre la France et l'Allemagne. Le 20 avril, le commissaire de police français de Pagny-sur-Moselle, Guillaume Schnæbelé, est attiré en Lorraine par son homologue allemand, Gautsch. Schnæbelé passe la frontière mais, à Novéant, il est arrêté par des policiers allemands, accusé d'espionnage et incarcéré. À Paris, c'est l'indignation, d'autant que l'on croit que le commissaire a été arrêté en territoire français. Au Conseil des ministres qui se tient le 23 avril, le président du Conseil Goblet et le général Boulanger proposent d'envoyer un ultimatum à l'Allemagne, et même de mobiliser une partie des troupes. Sagement, le président Grévy refuse, et l'affaire se réglera par la voie diplomatique. Le 28 avril, répondant à une demande d'explications envoyée par la France, Bismarck déclare que le commissaire, ayant été attiré officiellement, et déloyalement, en territoire allemand, sera libéré sous peu. Le 30, Guillaume Schnæbelé retrouve la liberté. Cette affaire, exploitée par les partisans de la revanche, aura en France un profond retentissement, accentuant encore le différend franco-allemand, et aussi la popularité de Boulanger. Les partisans du général estiment, en effet que la reculade de Bismarck n'est due qu'à la fermeté du ministre de la Guerre.

SCHNEIDER Eugène (Bidestroff, Meurthe-et-Moselle, 1805 – Paris, 1875)

Industriel.

Sur l'initiative de son frère Adolphe et avec le concours des banquiers Seillière, il relance les forges du Creusot tombées à l'abandon. L'usine produit de la tôle, des marteaux-pilons grâce à l'invention du chef d'atelier François Bourdon. Elle ouvre des chantiers navals sur la Saône. Marié en 1837 à Constance des Mares, fille d'une riche famille de noblesse d'Empire et de la haute société protestante, il est encore dans l'ombre de son frère, lorsque la mort brutale de celui-ci (1845) le propulse au premier plan. Il oriente alors son activité vers le chemin de fer. Les Anglais étant les seuls au monde à construire des locomotives, Schneider décide de briser ce monopole. Parti se former à Londres, il sera bientôt « celui qui a réussi à vendre des locomotives à l'Angleterre ». Autour de l'usine du Creusot s'est édifiée une véritable ville ouvrière avec ses écoles, ses hôpitaux. La réussite de Schneider est alors à son apogée. Ayant repris le siège de député d'Adolphe, il est ministre de l'Agriculture en 1852 et assure l'intérim du duc de Morny au Corps législatif. Il est régent de la Banque de France depuis 1854. En février 1864 est fondé le Comité des Forges, où siègent les dix principaux patrons de la sidérurgie française. Schneider en est immanquablement élu président. La même année, il se lance dans la haute finance en pleine mutation et devient président de la toute nouvelle Société générale. La dernière partie de sa vie est moins brillante. En 1870, il se heurte à la montée des revendications sociales au Creusot : 20 000 Creusotins se soulèvent et font grève. Son mandat de maire est alors contesté, puis c'est la chute de l'Empire. Enfin, sa vie privée – partagée entre sa femme et sa maîtresse Mme Asselin, dont la fille a épousé le propre fils d'Eugène – l'expose aux sarcasmes de la presse.

SCHŒLCHER Victor (Paris, 1804 – Houilles, 1893)

Homme politique.

Sous-secrétaire d'État à la Marine dans le gouvernement constitué au lendemain de la révolution de février 1848, il reçoit la présidence de la commission créée le 4 mars et chargée de préparer le décret d'abolition de l'esclavage dans l'ensemble des colonies françaises. Ce décret, promulgué le 27 avril, libère immédiatement les esclaves. Schœlcher prépare ensuite l'article de la Constitution, votée au mois de novembre par l'Assemblée, qui fait des anciens esclaves des citoyens de la IIe République. Député de la Martinique, puis de la Guadeloupe, il siège à l'extrême gauche, parmi les Montagnards. Son attitude aux côtés de Baudin, au lendemain du coup d'État du 2 décembre 1851, lui vaut d'être proscrit par le nouveau maître de la France. Exilé en Angleterre pendant toute la durée du Second Empire, refusant, comme Victor Hugo, le bénéfice de l'amnistie du 16 août 1859, Schœlcher ne regagne la France qu'après le 4 septembre 1870. Député de la Martinique en 1871, il intervient en vain entre la Commune et le gouvernement de Versailles, tentant d'éviter l'irréparable. En 1875, il devient sénateur inamovible. Ce républicain irréductible est l'auteur de plusieurs ouvrages, parmi lesquels l'*Abolition de l'esclavage* (1840), *Histoire des crimes du Deux Décembre* (1853). Ses cendres reposent au Panthéon.

SCHOMBERG Charles de, duc d'Halluin (Nanteuil-le-Haudouin, 1601 – Paris, 1656)

Maréchal de France.

Fils d'Henri de Schomberg, il épouse en 1620 Anne d'Halluin, détentrice d'un duché-pairie dont il prend le nom. Gouverneur du Languedoc à la mort de son père, il défend cette province contre les Espagnols qu'il bat en 1637 à Leucate, ce qui lui vaut l'année suivante le bâton de maréchal. En 1642, il s'empare de Perpignan. L'instauration de la régence l'éloigne quelque temps de la Cour. Nommé en 1647 colonel général des Suisses-et-Grisons, et en 1647 vice-roi de Catalogne, il prend Tortose en 1648. Il avait épousé en secondes noces Mlle (dite Madame) de Hautefort, ancienne passion de Louis XIII (1646). Sa lignée devait s'éteindre avec lui.

SCHOMBERG Gaspard de, comte de Nanteuil (Meissen, Saxe, 1540 – Paris, 1599)

Homme de guerre.

Originaire du margraviat de Misnie, protestant, il suit des cours à Angers où il se joint quelque temps à ses coreligionnaires avant de passer définitivement à la cause royale en 1563. En 1570, il obtient des lettres de naturalité. Son dévouement et ses qualités militaires lui permettent de devenir colonel général de la cavalerie allemande en France (1569), comte de Nanteuil et gouverneur de la Marche. Henri IV le prendra comme conseiller pour la rédaction de l'édit de Nantes.

SCHOMBERG Henri de, comte de Nanteuil et de Duretal, marquis d'Épinay (Paris, 1575 – Bordeaux, 1632)

Maréchal de France.

Fils du précédent. Après avoir servi en Hongrie contre les Turcs, il revient en France, et Louis XIII le nomme ambassadeur à Londres (1615). On le retrouve un peu plus tard en Italie où il guerroie du côté des Savoyards avec Lesdiguières. Grand maître de l'artillerie (1619) et surintendant des Finances (1619-1623), il siège au Conseil de 1621 à 1624. Le bâton de maréchal lui est donné en 1625. Sa religion ne l'empêche pas de combattre le parti huguenot à Ré d'où il chasse les Anglais, puis à La Rochelle, lors du siège de 1628. En 1630, il prend Pignerol au duc de Savoie. Le 1er septembre 1632, près de Castelnaudary, une armée commandée par lui met en déroute celle de Monsieur et du duc de Montmorency.

SCHOMBERG ou SCHONBERG Frédéric Armand, comte de (Heidelberg, 1617 – près de la Boyne, Irlande, 1690)

Maréchal de France.

Issu d'une famille du Palatinat, il n'a pas de parenté connue avec les Schomberg de Misnie. Il sert successivement le prince d'Orange, Bernard de Saxe-Weimar et la France où il devient maréchal de camp en 1652 et lieutenant général trois ans après. Louis XIV lui permet d'aller ensuite guerroyer au Portugal contre les Espagnols pour le compte des Bragance. Au retour, en 1668, Schomberg reçoit des lettres de naturalité. La campagne de Flandre et des Pays-Bas (1674) ainsi que celle de Roussillon (1675) lui donnent l'occasion de brillantes victoires qui lui valent le bâton de maréchal trois jours après la mort de Turenne (1675). L'année suivante, en dépit de son origine huguenote, il combat Guillaume d'Orange qu'il vainc à Gembloux. En 1684, il prend Luxembourg. Mais la révocation de l'édit de Nantes (1685) l'incite bientôt à s'exiler. Il suivra Guillaume d'Orange en Grande-Bretagne et sera tué à la bataille de la Boyne en luttant contre les jacobites.

Robert Schuman
Schuman lors de la signature du traité constitutif de la CECA à Paris. © *Roger-Viollet*

SCHUMAN Robert (Luxembourg, 1886 – Scy-Chazelles, Moselle, 1963)

Homme politique, président du Conseil.

Avocat à Metz (1912), député démocrate-populaire de la Moselle en 1919, il est constamment réélu jusqu'en 1940. Sous-secrétaire d'État au Service des réfugiés dans les cabinets Paul Reynaud et Pétain de mars à juillet 1940, déporté, il s'évade en 1942. Député MRP de 1945 à 1962, il est ministre des Finances de juin 1946 à novembre 1947 et succède à Ramadier comme président du Conseil, de novembre 1947 à juillet 1948. Mais c'est comme ministre des Affaires étrangères, de juillet 1948 à janvier 1953, que son action est déterminante. Le 9 mai 1950 en effet, dans un esprit de détente internationale et de volonté affirmée de construction européenne, il lance, sur la suggestion de Jean Monnet, l'idée de la Communauté européenne du charbon et de l'acier (CECA), premier mouvement positif vers une fédération européenne à six. C'est également sous sa présidence que sont menées les négociations sur la Communauté européenne de défense (CED) qui aboutissent à la signature du traité de Paris en mai 1952. Mais, devant l'ampleur de la querelle suscitée en France par ce projet et le scepticisme de l'Assemblée à son égard, il démis-

Horace Sebastiani
François Horace, comte Sebastiani. Huile sur toile de François-Xavier Winterhalter, château de Versailles. © *Lauros-Giraudon*

sionne. Il ne renonce pourtant pas à l'idée européenne. Président du Mouvement européen en 1955, ministre de la Justice de février 1955 à juin 1956, il est le grand inspirateur de la relance européenne et du traité de Rome, signé le 25 mars 1957, portant création de la Communauté économique européenne (CEE). Président de l'Assemblée parlementaire européenne de Strasbourg (1958), il continue à se consacrer aux institutions de l'Europe, mais se retire de la vie politique en 1962.

Sebastiani de La Porta Horace Francois, comte (La Porta, Corse, 1772 – Paris, 1851)

Maréchal de France, diplomate et homme politique.

En 1789, la Révolution le détourne de l'état ecclésiastique auquel il se destinait, et il choisit la carrière des armes. Sous-lieutenant d'infanterie en 1789, il sert sur le continent, puis en Corse, enfin à l'armée des Alpes. La campagne d'Italie en 1796, et particulièrement la bataille d'Arcole, lui donnent l'occasion de se distinguer. Au 18 Brumaire, avec son régiment de dragons, le jeune officier corse apporte à Bonaparte un appui précieux. Il ne cessera plus de servir celui auquel il lie ainsi son destin. Reprenant du service aux côtés du Premier Consul, Sebastiani participe à la bataille de Marengo, le 14 juin 1800. Chargé, en 1802, d'une importante mission diplomatique à Constantinople, il gagne l'amitié du sultan Selim III, qu'il retrouvera quatre ans plus tard. Général de brigade en 1803, blessé à Austerlitz, il est nommé général de division en 1805. L'année suivante, il retourne à Constantinople comme ambassadeur auprès de la Porte, avec la mission – dont il s'acquitte avec succès – de rompre l'alliance de la Turquie avec l'Angleterre et la Russie. En 1807, l'ambassadeur français dirige la défense de Constantinople contre les Anglais qu'il contraint à repasser les Détroits. Rappelé en France, il reçoit en 1808 le grand cordon de la Légion d'honneur et le titre de comte.

Sebastiani sert ensuite en Espagne, où il remporte plusieurs succès en 1809, avant d'être bloqué dans Grenade l'année suivante. Il demande alors son rappel et subit une sorte de disgrâce jusqu'à la campagne de Russie, au cours de laquelle il se distingue à Smolensk et lors de la bataille de la Moskova. Sebastiani montre la même bravoure dans les campagnes de 1813, en Allemagne, et de 1814, en France. Rallié aux Bourbons cette année-là, il reçoit la croix de Saint-Louis mais rejoint Napoléon pendant les Cent-Jours. Après Waterloo, il fait partie des commissaires désignés pour traiter la paix avec les alliés, mais ne peut rien obtenir en faveur de son maître déchu. Après un court exil en Angleterre, Sebastiani regagne la France en 1816, et se trouve placé en demi-solde. Élu député de la Corse en 1819, il siège à l'extrême gauche, votant avec l'opposition jusqu'à la chute du régime. Ministre de la Marine, puis des Affaires étrangères de Louis-Philippe, il rencontre de nombreuses difficultés en raison de sa fidélité envers la politique de paix prônée par le roi. En septembre 1831, en particulier, lorsqu'il annonce à l'Assemblee que la Russie a écrasé l'insurrection polonaise et que la « tranquillité règne à Varsovie », le ministre se fait huer par les libéraux, partisans de l'intervention, et par la foule des Parisiens qui partage le même sentiment. Sa déclaration deviendra proverbiale en ces termes : « L'ordre règne à Varsovie. » Démissionnaire en octobre 1832, Sebastiani entre au Conseil en mars suivant, sans portefeuille, et le quitte au mois d'avril 1834. Ambassadeur à Naples en 1834, puis à Londres de 1835 à 1840, il est fait maréchal de France à son retour. Reprenant alors sa place à la Chambre, il sera réélu jusqu'en 1848. La mort de sa fille, la duchesse de Choiseul-Praslin, assassinée par son mari en juillet 1847, lui porte un rude coup et fait scandale en cette fin de la monarchie de Juillet.

Sébastopol (siège de)

Épisode de la guerre de Crimée.

Au lendemain de la victoire de l'Alma remportée par l'armée franco-anglaise sur l'armée russe, le 20 septembre 1854, les alliés investissent Sébastopol. Le prince Gortchakov, secondé par le lieutenant-colonel de Todleben, défend la ville. Le 25 octobre, les Russes attaquent, à Balaklava, le pont d'approvisionnement des alliés commandés par le général Canrobert et lord Raglan. Pendant l'engagement aura lieu la célèbre charge de la brigade légère de lord Cardigan. Il n'y a ni vainqueurs ni vaincus : les alliés ont abandonné leur ligne de défense, les Russes n'ont pu occuper la place. Le 5 novembre, en haut du plateau d'Inkerman, 100 000 Russes lancent une offensive contre 65 000 alliés. Malgré la rudesse du choc – on appellera la journée l'Abattoir –, le sort, de nouveau, ne décide pas entre les adversaires. La maladie va s'ajouter à la guerre : une épidémie de typhus se propage, et 250 alliés périssent quotidiennement. Médiocre stratège, le général Canrobert remet ses fonctions au général Pélissier en mai 1855. Le 16 août, après la prise du Mamelon-Vert par les Français, les Russes parviennent à franchir le pont de Traktir, enjambant le fleuve Tchernaïa. La sortie se révèle inutile et coûteuse en vies humaines. Les divisions françaises et le corps expéditionnaire sarde brisent l'élan des assiégés qui perdent 8 000 soldats. Le siège se poursuit, toujours plus impitoyable.

Le 1er septembre, les Français, s'élançant du Mamelon-Vert, sont à 25 mètres de Malakoff et à 40 mètres du Petit-Redan, bastion que les Russes baptisent le bastion d'Enfer ou de la Boucherie. 200 mètres séparent les Anglais de l'ouvrage. Le 5 septembre, 814 pièces alliées pilonnent Sébastopol à demi ruinée. Ce bombardement continuera 72 heures et mettra 7 500 Russes hors de combat. Le 8 septembre, les zouaves s'emparent de la redoute de Malakoff. Les Anglais ayant perdu le Petit-Redan puis n'ayant pu réussir à conquérir le Grand-Redan, la position des Français devient périlleuse. Le général de Mac Mahon refuse néanmoins d'ordonner la retraite et prononce son mot fameux : « J'y suis, j'y reste ! » L'obstination du futur président de la République se révèle décisive pour l'issue du conflit. Le prince Gortchakov considère en effet, après la prise du fort de Malakoff, qu'il est impossible de prolonger la résistance, et décide l'évacuation et la destruction de Sébastopol. Le 10 septembre 1855, le drapeau français flotte sur les décombres de la ville. Le siège a duré 332 jours.

Secrétaire d'État

Sous l'Ancien Régime, chef d'un département administratif, travaillant, aux côtés du contrôleur général des Finances – qui succède au surintendant des Finances à partir de l'arrestation de Fouquet –, et du garde des Sceaux – qui supplée le chancelier souvent ramené à un rôle honorifique –, sous les ordres du roi.

La fonction, créée en 1547 sous François Ier, est assimilable à un grand office de la couronne. Les quatre secrétaires d'État (cinq entre 1763 et 1780) se partagent les responsabilités de la Guerre, des Affaires étrangères, de la Marine et de la Maison du roi. S'ajoutent à leurs attributions l'administration des provinces selon une sectorisation géographique, qui attribue par exemple les régions frontalières au secrétaire d'État à la Guerre. Colbert, Premier ou Principal ministre en fait sinon en droit, a cumulé les Finances, la Maison du roi et la Marine. Un secrétaire d'État n'a le titre de ministre qu'à condition d'être appelé par le roi à siéger au Conseil d'en haut, ce qui n'est nullement systématique, sauf pour le secrétaire d'État aux Affaires étrangères. Issues en général de la noblesse de robe, de véritables dynasties de secrétaires d'État se forment – les pères formant les fils –, comme celles des Le Tellier, des Pomponne, des Colbert ou des Pontchartrain. Ces secrétaires sont aidés dans leur tâche par un nombre croissant de commis de bureaux, administrateurs de haut rang, « tiercelets de ministres » (Saint-Simon), qui forment l'ossature de l'État. En septembre 1715, sous la Régence, ils sont temporairement supprimés au profit de l'éphémère gouvernement des Conseils ou Polysynodie, où se réintroduisent les grands, mais qui ne durent pas au-delà de 1718.

Secret du roi

Diplomatie parallèle mise en place par Louis XV à partir de 1745.

Le Secret du roi est souvent confondu avec le « cabinet noir » : un service de renseignement qui intercepte la correspondance privée et se nourrit des rapports oraux du lieutenant de police. Le cabinet noir n'est pas propre à Louis XV, même si le XVIIIe siècle l'a beaucoup développé. En 1745, la couronne de Pologne, qui est élective, est proposée par certains magnats – les princes polonais, grands électeurs – à un cousin de Louis XV, Louis-François de Bourbon, prince de Conti. Cette couronne appartient alors au roi de Saxe, Auguste III, en très mauvaise santé. Louis XV ne peut soutenir ouvertement la candidature de Conti car, engagé dans la guerre de Succession d'Autriche, il négocie le retrait d'Auguste III de la coalition adverse. Néanmoins, il laisse son cousin mener sa campagne électorale auprès des magnats polonais avec l'aide de quelques diplomates de confiance dont Duperron de Castéra. L'affaire, dont les propres ministres de Louis XV ne sont pas informés, n'aboutit pas : Auguste III survit dix-huit ans… Mais, jusqu'à la fin du règne de Louis XV, le secret demeure, étendu à l'ensemble de l'Europe et non plus à la seule Pologne.

Louis XV mobilise ainsi une correspondance secrète et des hommes d'influence chargés de nouer des contacts : à partir de septembre 1755, l'abbé de Bernis mène des conversations secrètes avec le comte Stahremberg en vue d'une alliance franco-autrichienne (traité de Versailles de mai 1756). À partir de 1756-1757, Charles de Beaumont, dit le chevalier d'Éon, diplomate redoutable au sexe ambigu, fait de nombreux voyages en Russie pour élargir l'alliance ainsi forgée à la tsarine Élisabeth. À la fin de 1756, le prince de Conti, hostile au renversement d'alliance en faveur des Habsbourg, est écarté. Le Secret est dirigé par Jean-Pierre Tercier, premier commis aux Affaires étrangères. Puis, à partir de 1759, par le comte Charles-François de Broglie auquel Tercier est adjoint. Les ambassadeurs de confiance affiliés au Secret doivent adresser au roi, en plus de leurs rapports habituels, la copie des dépêches qu'ils reçoivent du secrétaire d'État aux Affaires étrangères ou qu'ils lui envoient. Le Secret du roi offre à Louis XV une diplomatie personnelle qui court-circuite les appareils ministériels et bureaucratiques en lui permettant des contacts directs avec les autres souverains. Mais, mis en place de manière empirique, il sert aussi le jeu personnel de certains grands comme Conti. Contredisant la diplomatie officielle, le Secret trahit aussi bien les dissensions internes de la cour de Louis XV que les hésitations du monarque… L'équipe du Secret ne brille pas par sa clairvoyance et privilégie l'ancien système diplomatique de la France – l'alliance avec la Pologne, la Suède et l'Empire ottoman –, périmé au XVIIIe siècle. Il faut cependant en relativiser la singularité : l'Ancien Régime a toujours pratiqué une diplomatie clandestine, usant de plénipotentiaires officieux et autres *missi domini* pour négocier les conventions secrètes que presque tous les traités stipulent en appendice. Louis XVI confiera des missions parallèles à un aventurier comme Beaumarchais.

SECTION FRANÇAISE DE L'INTERNATIONALE COMMUNISTE (SFIC) : voir PARTI COMMUNISTE FRANÇAIS (PCF)

SECTION FRANÇAISE DE L'INTERNATIONALE OUVRIÈRE (SFIO)

Parti politique français regroupant les diverses tendances socialistes à partir de 1905.

Ayant pris de l'importance à la fin du XIXe siècle avec le développement de l'industrialisation et la migration des ruraux vers les villes, le mouvement socialiste français aspire à l'unification au début du XXe siècle. Guesde, Lafargue, Allemane, Brousse, Vaillant, Jaurès sont les principales figures d'une large tendance qui se divise cependant entre possibilistes, allemanistes, blanquistes. En 1881, Guesde et Lafargue ont fondé le Parti ouvrier français. Trois ans plus tard, les possibilistes ont créé la Fédération des travailleurs socialistes. En 1890, Allemane se détache de cette dernière formation pour lancer le Parti ouvrier socialiste révolutionnaire. Pour ne pas demeurer en reste, les blanquistes jettent, en 1898, les bases d'un Parti socialiste révolutionnaire. À ces tendances répondent les intellectuels, stimulés par Jaurès, Benoît Malon et Millerand, regroupés sous l'égide des Socialistes indépendants.

La création de la CGT, à Limoges, en 1895, est un premier exemple de l'unité ouvrière que souhaitent la plupart des tenants des divers partis. Les différentes formations socialistes ne sont-elles pas en constante progression dans le domaine politique ? N'ont-elles pas obtenu 50 sièges aux élections de 1893, alors qu'elles n'en avaient qu'une douzaine dans l'Assemblée précédente ? Les divers congrès réclament donc l'unité. Mais c'est beaucoup demander à des factions imbues de leur originalité et certaines de détenir la vérité. L'élan est cependant donné par les Indépendants de Jaurès, les broussistes et les allemanistes, qui constituent en 1902 le Parti socialiste français (PSF). Mais il faut attendre le congrès international d'Amsterdam, du 14 au 20 août 1904, pour qu'un pas décisif soit franchi. Avec persuasion et fermeté, les délégués internationaux demandent à la représentation française, conduite par Jaurès et Guesde, de se rallier à la motion selon laquelle « il ne doit y avoir qu'un parti socialiste comme il n'y a qu'un prolétariat ». Compte tenu de cette motion, le Parti socialiste français se déclare prêt, le 30 août 1904, à réaliser l'unité selon les normes souhaitées. En octobre, Jaurès propose la réunion d'une commission d'unification. Après d'assez longs pourparlers, le congrès d'unification des forces socialistes se réunit le 23 avril 1905 dans la salle du café *Le Globe*, boulevard de Strasbourg, à Paris. Les 286 délégués mandés par les différentes tendances décident, ce jour-là, la création du Parti socialiste unifié (PSU). Celui-ci, de manière à bien marquer son adhésion aux thèses d'Amsterdam, décide d'ajouter à sa dénomination la précision : Section française de l'Internationale ouvrière (SFIO), qui lui restera.

L'unification est favorable au jeune parti qui compte 35 000 membres dès sa création. Aux élections du 6 mai 1906, la SFIO recueille 878 000 suffrages et compte 51 élus ; en avril 1910, ces chiffres passent à 1 106 000 voix et 76 sièges. Lors de la consultation de 1914, la progression se confirme avec 1,4 million de bulletins et 102 députés. Guesde, Vaillant et Jaurès sont les trois représentants principaux d'un parti qui s'efforce d'élargir son audience au monde rural et aux classes moyennes, en prônant un socialisme humaniste assez différent du collectivisme intégral : « Nous ne voulons pas enfermer les hommes dans des compartiments étroits, numérotés par la force publique, se plaît-il à répéter. Nous ne sommes pas séduits par un idéal de réglementation tracassière et étouffante ; nous avons une âme libre ; nous sentons en nous l'impatience de toute contrainte extérieure. »

Depuis 1904, Jaurès, secondé par Léon Blum et Lucien Herr, ainsi que 17 agrégés, développe cet humanisme dans les colonnes de *L'Humanité*, journal qui devient l'organe officiel de la SFIO. À mesure que la crise internationale s'amplifie, le quotidien reflète les tourments d'un parti qui redoute le pire. Il se produit le 31 juillet 1914, lorsque Jaurès est abattu au café du *Croissant*, tandis que les membres de la social-démocratie allemande acceptent la politique agressive de l'empereur Guillaume Ier. Le rêve des congrès internationaux s'estompe soudain et fait place à une Europe écartelée et saignée sur les champs de bataille. L'Union sacrée rallie les hésitants. Guesde, Marcel Sembat, Albert Thomas acceptent même un portefeuille dans le cabinet de guerre. Marcel Cachin, quelques mois plus tard, met toute son énergie et son éloquence à rallier Mussolini à la cause alliée. En 1917, la persistance des hostilités, la révolution russe sont autant de sujets de polémiques et incitent le parti à passer à l'opposition parlementaire, un certain nombre souhaitant la conclusion de la paix. Le succès des bolcheviks accentue le malaise. Une partie de la SFIO désire calquer l'attitude de la section française sur l'exemple russe, mais les modérés rechignent. Lors du congrès de Strasbourg, en février 1920, les délégués décident de se séparer de la IIe Internationale sans adhérer pour autant à la IIIe. Situation ambiguë que tranche le congrès de Tours, en décembre, par la scission irrémédiable. La cassure se produit le 30 décembre 1920 à 2 h 30 du matin après que la motion Cachin-Frossard, prônant l'adhésion à la IIIe Internationale, a recueilli 3 208 mandats contre 1 022 à la motion Longuet-Faure et 397 abstentions.

La délégation communiste du congrès poursuit ses travaux dans la salle du Manège, tandis que la minorité « socialiste » gagne la salle du Démophile, rue Leriche. De là, les délégués lancent aux travailleurs de France un manifeste dans lequel ils déclarent poursuivre l'idéal précisé par Jaurès en 1905. Mais cette mission paraît alors bien délicate. Majoritaire à *L'Humanité*, Camélinat passe avec l'organe officiel à la tendance communiste, avec 80 000 adhérents. Léon Blum et Marcel Sembat ne désespèrent cependant pas de poursuivre la mission de « la vieille maison ». Le siège de la SFIO est transporté au journal *Le Populaire*, rue Feydeau à Paris, quotidien qui devient l'organe officiel du parti. 15 fédérations départementales et 55 des 68 députés élus à la Chambre bleu horizon de 1919 lui conservent leur confiance. Sous l'impulsion de Léon Blum et de Paul Faure, la « vieille maison » fait front, s'organise, rénove ses structures et rétablit peu à peu la situation, ainsi que le démontre les résultats électoraux puisque, dès 1924, avec 19 % des voix et 101 députés, elle devance le PC, score amplifié en 1928 et 1932 (20,5 % des voix et 131 élus). Le recrutement des militants s'accélère avec 72 000 membres en 1924 et 137 000 en 1932 (contre 30 000 en 1920). Mais leur composition sociale diffère désormais, une majorité de salariés apportant son concours au parti communiste alors que la SFIO recrute des employés, des enseignants et des intellectuels, tendance qui ira s'amplifiant jusqu'au lendemain de la Seconde Guerre mondiale. Alliée aux radicaux lors des consultations électorales, la SFIO se tient à l'écart de toute formation gouvernementale, suivant en cela la fameuse thèse avancée par Blum en 1926 faisant la distinction entre la conquête du pouvoir, prélude à la révolution, et l'exercice du pouvoir, désiré par le groupe parlementaire, mais encore jugé comme une trahison de classe. Aussi la SFIO maintient-elle ses critiques à l'encontre des monopoles financiers, réclamant des nationalisations, l'imposition de la fortune, et prônant la réduction des crédits militaires. La présence sur leur gauche des communistes oblige les dirigeants socialistes à beaucoup de circonspection, d'attention, de prudence, d'autant plus qu'à l'intérieur même de la SFIO se manifestent des tendances divergentes caractérisées par l'action de Zyromski, de Bracke-Desrousseaux ou de Marceau Pivert sur l'aile gauche, tandis que sur l'aile droite Marcel Déat est exclu en 1933.

Les événements de février 1934 (montée de l'extrême droite) favorisent cependant le rapprochement des communistes et des socialistes. La politique de déflation monétaire de Pierre Laval, en 1935, le marasme économique consécutif à la crise internationale de 1929-1930 représentent autant de facteurs d'union électorale. Cette union se fait en 1936. Avec 149 députés, la SFIO devient le premier parti de la Chambre des députés, mais se divise bientôt autour de la guerre d'Espagne et de l'intervention éventuelle de la France. On retrouve ici le clivage entre les socialistes internationalistes d'abord et ceux qui se préoccupent de réussir l'exercice du pouvoir. L'expérience tourne court en 1937, le pouvoir passant aux radicaux avec Chautemps et Daladier, même si les circonstances ramènent Léon Blum à l'hôtel Matignon du 13 mars au 8 avril 1938. C'est en fait le début d'une longue période d'épreuves au cours de laquelle « la vieille maison » est en proie aux crises de conscience (à l'occasion de l'affaire de Munich, par exemple) ou aux crises internes, dont la principale est l'exclusion du parti de Marceau Pivert, personnalité de l'influente fédération de la Seine, lequel fonde le Parti socialiste ouvrier et paysan. À cela s'ajoutent les heurts entre Léon Blum et Paul Faure au congrès de Montrouge, en décembre 1938, le premier, fidèle à sa position antimunichoise, prônant la résistance aux dictateurs de l'Axe, alors que le second souhaite une négociation internationale. Blum l'emporte avec 60 % des mandats, mais la SFIO est virtuellement cassée en deux, et les militants, après un pic de 245 000 en 1936, ne sont plus que 150 000.

La conclusion soudaine du pacte germano-soviétique et la déclaration de guerre de l'Allemagne mettent un terme à ces frictions. C'est l'occasion pour les socialistes de se livrer à l'encontre du « parti frère » à de vives attaques qui vont jusqu'à demander, pour certains, la mise en jugement des élus communistes. La défaite de juin 1940 met à son tour un terme à ces velléités. La fin du régime de la IIIe République signifie la fin de l'influence politique de la SFIO, jugée par le gouvernement de Vichy responsable de la défaite, bien que n'ayant participé au pouvoir qu'en 1936-1937. Dès le 8 juillet, Pierre Laval interdit la publication du *Populaire*, réfugié dans les locaux du journal *La Montagne* à Clermont-Ferrand. La mise en congé du Parlement est aussi celle de la SFIO en même temps que son écartèlement ; 36 parlementaires socialistes figurent seulement, le 10 juillet, parmi les 80 adversaires de la remise des pleins pouvoirs au maréchal Pétain. Certains socialistes appartiennent en effet, dans un premier temps, au gouvernement du maréchal. C'est le cas de François Chasseigne et d'André Février. Paul Faure, secrétaire général de la SFIO, devient conseiller national du chef de l'État. D'autres, tels Charles Spinasse et Paul Rives, créent des périodiques et des organismes de soutien au nouveau régime. Mais le 15 septembre, Léon Blum est arrêté. Vincent Auriol, Marx Dormoy, Jules Moch, entre autres, subissent un sort identique, ce qui incite nombre de militants à entrer dans la clandestinité ou à organiser les premiers réseaux de Résistance, tel le groupe du musée de l'Homme à Paris, ou à publier des brochures à l'exemple de Jean Lebas, député-maire de Roubaix. Les réseaux Résistance, Libération-Nord, parmi d'autres, stimulent une clandestinité qui, sous l'impulsion de Pierre Brossolette, noue des relations suivies avec la France libre, bien que de nombreux militants se montrent réservés à l'égard du mouvement du général de Gaulle.

Bientôt, de sa cellule de la prison de Riom, Léon Blum encourage les militants à soutenir, et même à rallier le Comité français de Londres. Lorsque le Conseil national de la Résistance se réunit solennellement 40, rue du Four, à Paris, le 27 mai 1943, la SFIO est représentée, entre autres, par André Le Troquer et Augustin Laurent. Un autre socialiste, Félix Gouin, préside en 1944 l'Assemblée consultative d'Alger. André Philip, André Le Troquer détiennent des postes de commissaires dans le gouvernement provisoire. La Libération est synonyme de renouveau pour la « vieille maison ». Augustin Laurent et Robert Lacoste entrent au gouvernement. *Le Populaire* reparaît à Paris, imité par des quotidiens régionaux. Cette résurrection se traduit par un retour des adhérents : ils sont 335 000 en 1945. Les élections du 21 octobre de cette même année font entrer 146 deputés socialistes ou apparentés à l'Assemblée constituante. Ils sont 128 à l'Assemblée de juin 1946, mais 101 seulement à l'Assemblée nationale élue le 10 novembre suivant. C'est la conséquence d'une tendance qui ira s'amplifiant, une hostilité croissante envers les communistes qui pousse la SFIO à rechercher l'entente avec le MRP, quitte à perdre des voix sur son aile gauche.

En tout cas, cette entente avec les républicains populaires favorise un tripartisme qui caractérise le régime de la IVe République naissante (avec l'appoint des communistes). Sous cette formule, la politique de la SFIO atteint le maximum de son influence. Félix Gouin succède au général de Gaulle après son départ du pouvoir en janvier 1946. Léon Blum constitue un ministère de transition durant l'hiver 1946-1947. Vincent Auriol est élu président de la République en janvier 1947, mais Paul Ramadier évince les ministres communistes du gouvernement en mai suivant. Cette cassure profonde entre les « partis frères » emprisonne la SFIO dans une troisième force qui l'oblige à coopérer avec des partis dont la vocation sociale n'est pas la sienne, contradiction fondamentale qui marque le début d'un lent mais irrémédiable déclin. Le 4 février 1950, les socialistes quittent le cabinet Bidault et, en 1951, refusent de participer au gouvernement après des législatives décevantes.

Le retour de la SFIO au pouvoir est la conséquence du succès électoral, le 2 janvier 1956, du Front républicain, constitué à la fin de l'année précédente avec les radicaux, l'Union démocratique et socialiste de la Résistance (UDSR) et les républicains sociaux. Avec 94 sièges, le Parti socialiste constitue la formation majeure de ce groupe parlementaire. Son secrétaire général, Guy Mollet, forme un cabinet dont une des principales tâches consiste à résoudre l'épineux problème algérien. Mais il s'enlise dans ce bourbier et essuie un revers avec l'expédition de Suez en novembre 1956. À nouveau, les enjeux internationaux divisent et handicapent le parti. La SFIO est affaiblie par ses divisions internes, notamment l'exclusion de militants qui reprochent à son secrétaire général « de mener une politique de droite ». Ce déclin est confirmé par les événements de mai-juin 1958, qui amènent le général de Gaulle de nouveau au pouvoir. Guy Mollet devient ministre d'État du nouveau cabinet, ce qui exaspère encore nombre de militants. Le congrès d'Issy-les-Moulineaux, en septembre, accentue la cassure. Édouard Depreux, après Daniel Mayer qui a renoncé à son mandat, ne ménage pas ses critiques. Aux élections législatives de novembre, la SFIO ne recueille que 9 % des sièges. Le 4 décembre, un congrès extraordinaire décide le retrait des ministres socialistes du gouvernement, mesure effective le 8 janvier 1959. Mais comme en 1940, ce départ porte essentiellement la marque de la déconsidération. La SFIO ne représente plus rien sur le plan politique, surtout depuis que la personnalité du général de Gaulle s'impose sans conteste. Le rôle d'opposants, auquel sont soumis les membres de la gauche non communiste, incite nombre d'entre eux à imaginer une formation nouvelle dont la SFIO déclinante est avant tout le modèle à ne pas suivre. Symbolique, à ce sujet, apparaît la démission du parti de l'ancien président de la République Vincent Auriol, mesure annoncée le 16 juillet 1959. Tout aussi symptomatiques se révèlent les tentatives de constitution de formations nouvelles telles que le Parti socialiste autonome, l'essor du PSU (Parti socialiste unifié), la formation de clubs, de centres de réflexion destinés à retenir les quelque 70 000 militants demeurés fidèles. Ceux-ci comptent tirer parti de l'audience et de la candidature de François Mitterrand (qui n'est pas membre de la SFIO) à la présidence de la République, en 1965. Mais les événements de mai 1968 font apparaître son déphasage complet avec l'époque, tandis que le score calamiteux de Gaston Defferre à la présidentielle de 1969 (5 % des voix) annonce la disparition du parti, entérinée les 14-15 juillet de cette année au congrès d'Issy-les-Moulineaux. À cette occasion, la SFIO fusionne avec l'UGCS (Union des groupes et des clubs socialistes) pour donner naissance au Parti socialiste.

SEDAN

Ville du département des Ardennes, située sur la Meuse à une vingtaine de kilomètres à l'est de Mézières-Charleville.

Un passage aisé de la Meuse au débouché de la forêt ardennaise explique l'essor de cette localité dominée au nord par les hauteurs de Givonne, le plateau d'Illy et au sud par les élévations boisées de la Marfée. Les chroniques médiévales mentionnent tout d'abord l'autorité sur le site des archevêques de Reims, celle, un moment, de la couronne de France, puis, surtout, celle de la famille de La Marck, au début du XVe siècle. Prenant une importance grandissante, cette branche sedanaise acquiert en 1483 le duché de Bouillon tout proche. Le château, érigé par la famille de La Marck, surveille le passage de la rivière tout en favorisant l'accroissement progressif du bourg, petit centre commercial au cœur d'une région d'élevage, où se négocie surtout le bois de coupe provenant des forêts proches. Au XVIe siècle, les empiétements des Impériaux entraînent l'occupation de cette région, d'autant plus que la maison de La Marck donne à la France deux maréchaux, Robert III de La Marck, dit l'Aventureux, compagnon d'armes de François Ier, puis son fils Robert, fidèle serviteur d'Henri II, dit le maréchal de Bouillon. Le protestantisme s'impose dans la seconde moitié du XVIe siècle, la cité recevant même une université. En 1594, Charlotte de La Marck apporte le domaine en dot à Henri de La Tour d'Auvergne, vicomte de Turenne. Le grand Turenne naît à Sedan, en 1611, d'un second mariage, mais la collusion de Frédéric-Maurice, duc de Bouillon, son frère aîné, avec Cinq-Mars entraîne la confiscation de la principauté par Richelieu, au profit de la couronne, en 1641.

Dès lors, Sedan remplit le rôle de vigie avancée du royaume sur la route des invasions aux confins des Pays-Bas, espagnols tout d'abord puis autrichiens. La victoire de Rocroi écarte les premiers, et les succès des armées de l'Ancien Régime puis de la Révolution tiennent les seconds à distance. Il faut attendre les revers de 1814 puis de 1815 pour voir surgir Hessois et Prussiens. Ceux-ci reviennent à nouveau en septembre 1870 à la suite d'une aberrante décision qui achemine dans ce cul-de-sac l'armée impériale, censée aller délivrer Bazaine… à Metz. La capitulation qui s'ensuit, le 2 septembre, prélude à l'investissement du Corps législatif par la foule parisienne et à la proclamation de la République. En août 1914, les Bretons du 137e RI rejettent les Allemands des hauteurs de Chaumont vers Fresnois et la Meuse, court répit dans l'immense déferlement d'une nouvelle invasion. De 1916 à 1918, le kronprinz parcourt la région, où il séjourne volontiers, à l'instar d'un officier inconnu à l'époque, Guderian, qui se souviendra du site en 1940. Ce dernier y fait passer les trois divisions de Panzer de son corps blindé le 13 mai, événement décisif de la percée sur la Meuse et de l'écroulement militaire de la IIIe République. Libérée le 1er septembre 1944 par les forces de la Ire armée américaine en marche vers les Ardennes belges, la cité panse ses plaies après les bombardements de 1940 et reprend sa vocation commerciale et industrielle, consacrée aux tissages, à la petite mécanique et aux industries alimentaires, parmi lesquelles figure en bonne place le brassage de la bière.

SEDAN (bataille de 1870)

Défaite de l'armée française face aux Prussiens, le 2 septembre 1870.

Napoléon III, dont l'état de santé s'est aggravé, a été battu à Frœschwiller et à Forbach, mais n'a pas voulu abandonner l'armée. Relégué avec les bagages, il erre parmi ses soldats. Partie du camp de Châlons-sur-Marne le 20 août, l'armée impériale, maintenant dirigée par Mac Mahon, forte de 150 000 fantassins et de 15 000 cavaliers, s'avance par petites étapes vers l'Aisne, atteinte le 25 août à Rethel, puis vers la Meuse. La plus grande confusion règne à presque tous les échelons, voire l'indiscipline. Aucune mesure protectrice n'est assurée, à commencer par des envois d'éclaireurs et de reconnaissance de cavalerie, bien que des éléments du 5e corps d'armée, installé à Beaumont et devant se diriger vers Mouzon, aient aperçu des Allemands dans la journée du 29, en l'occurrence des Saxons du 12e corps d'armée. Le lendemain, ce même 5e corps d'armée est surpris autour de Beaumont alors que son chef, le général de Failly, déjeune tranquillement. Malgré cet incident qui tourne bientôt à la panique, le gros de l'armée impériale exécute les directives de Mac Mahon : se concentrer au-delà de la Meuse. De Donchery à Fresnois, de Raucourt à Haraucourt, règne la plus grande confusion, les routes étant encombrées d'unités éparses, les hommes, harassés par une dizaine de jours de marche et mal ravitaillés, faisant montre de hargne ou de démoralisation.

Après avoir passé la nuit à Raucourt puis avoir poussé jusqu'à Carignan, Napoléon III revient à Sedan même, où règne une totale improvisation. Mac Mahon sait-il que son projet, révélé bien légèrement aux Allemands par la presse, fait converger vers lui les quelque 220 000 combattants de la IIIe armée du prince royal de Prusse et de la IVe armée du prince royal de Saxe ? On peut en douter, car le service de renseignement est inexistant. Le maréchal, dans cette ignorance, n'a aucun plan précis, si ce n'est de poursuivre la marche vers l'est. Il ne croit pas les détachements allemands si nombreux ni si proches, et il sera très surpris par les attaques de la journée du 31 août, au cours de laquelle les Bavarois s'emparent sans coup férir du pont ferroviaire de Bazeilles (qui ne pourra être repris malgré une vive contre-attaque) et surtout par l'arrivée d'une avant-garde prussienne à Donchery. Le fait est grave, car le village est situé à 3 km au sud-ouest de Sedan, précisément sur la route de Charleville, une des deux seules voies de repli vers l'ouest avec la petite route de la rive droite de la Meuse par Vrigne-au-Bois. Cette ultime chance, ni l'empereur ni le maréchal ne la saisissent à temps pour se sortir de cette « cuvette » vers laquelle Moltke fait méthodiquement converger ses forces, lesquelles reçoivent sans cesse de nouveaux renforts de la région de Metz, où Bazaine est définitivement encerclé.

Le 1er septembre, Moltke a recours à la tactique qui lui a déjà permis de berner Bazaine : attirer l'attention de l'adversaire par une attaque frontale et le déborder, puis l'encercler, par une manœuvre de flanc. C'est la méthode de Woerth, de Gravelotte, de Mars-la-Tour et de Saint-Privat. L'attaque frontale est confiée aux Bavarois, qui débouchent en masse par le pont de Bazeilles. Ils se jettent sur le village que défend le régiment d'infanterie de marine, unité du 12e corps (Lebrun), qui s'étire de Daigny à Balan. Cette formation fait front, sa résistance étant symbolisée par l'héroïque défense du village de Bazeilles et principalement de la maison Bourgerie, que le peintre Alphonse de Neuville illustrera sous le nom de *Dernières Cartouches*. Lorsque cette dernière cartouche est tirée par le capitaine Aubert, réputé pour son adresse, plus de 640 Bavarois sont étendus autour de la demeure. Les assaillants, dans leur rage, ont mis le feu au village, fusillé des habitants et surtout menacent de faire subir pareil sort aux hommes qui agitent un drapeau blanc. Leurs officiers réussissent à les calmer, et les « marsouins » peuvent sortir pour prendre le chemin de la captivité. Parmi eux se trouve le lieutenant Gallieni, qui prendra une éclatante revanche quarante-quatre ans plus tard. Mais, pour le moment, la situation de l'armée impériale est désespérée. À l'est, depuis les hauteurs s'étendant de La Moncelle à Givonne, l'artillerie allemande des 12e corps et de la garde tirent directement sur Sedan, tout comme le font, au sud, depuis Fresnois, les artilleurs du 2e corps. Fait plus inquiétant, Wurtembergeois, fantassins des 5e et 11e corps prussiens, passant à l'ouest la Meuse à Donchery, occupent la presqu'île d'Iges et atteignent Floing et Saint-Menges. Cette fois, c'est l'encerclement presque complet, puisque ces fantassins hissent des canons vers le plateau d'Illy. Pour tenter de les en empêcher, le commandement français a la même réaction que Mac Mahon à Wœrth-Frœschwiller, celle de tout chef battu : demander le sacrifice de la cavalerie. Et les chasseurs d'Afrique des généraux Margueritte et Bonnemains de charger « tant qu'il en restera un »...

Du haut de la colline de Fresnois, l'empereur Guillaume assiste au sacrifice, donnant par une expression spontanée son nom au monument qui sera érigé par la suite à cet endroit : celui des « braves gens ». Dans la vallée battue par une artillerie allemande supérieure en portée et en cadence de tir à celle de l'armée impériale (les canons de la première étant à tubes rayés et se chargeant par la culasse, alors que ceux de la seconde se chargent toujours par la gueule) règne la plus grande confusion. Services, troupiers et cavaliers débandés refluent vers le centre de la ville et s'entassent près de l'imposante forteresse, bien incapable cependant de soutenir un siège. Une cohue indescriptible rend impossible la coordination de cette masse d'hommes qui pressentent depuis Châlons l'issue fatale. Le commandement est d'ailleurs à cette image. Le matin, en observant les positions prussiennes près de Givonne, le maréchal de Mac Mahon a reçu une blessure superficielle qui l'a cependant incité à passer son commandement au général Ducrot, chef du 1er corps, un des rares généraux à avoir fait preuve, depuis le début de la campagne, de sang-froid et de réalisme. Si le maréchal et l'empereur l'avaient écouté, l'armée aurait sans doute reflué vers Mézières quand la route de la vallée était encore libre. Cette fois, Ducrot propose un repli vers le nord, ce qui soustrairait l'armée à la capture au prix d'un internement en Belgique. Des officiers se récrient, parlant de déshonneur.

Alors que certains mouvements sont déjà commencés, se révèle le général baron de Wimpffen, qui a succédé à Failly à la tête du 5e corps. Wimpffen a en poche une lettre du comte de Palikao lui confiant le commandement de l'armée en cas d'empêchement du maréchal. Aux côtés du 12e corps d'armée, le 5e corps contient la poussée frontale de l'assaillant au sud-est de Sedan. Ignorant complètement les intentions adverses, Wimpffen croit non seulement pouvoir endiguer la poussée mais encore percer vers le sud-est, dans la direction précisément par laquelle affluent les renforts allemands venant de la région de Metz. Devant tant d'imprudence, Napoléon III, qui depuis deux jours subit passivement les événements à la sous-préfecture – le calcul qu'il porte dans la vessie le fait cruellement souffrir – manifeste pour la première fois un signe d'autorité. Les obus font des ravages incessants parmi les unités en pleine débandade. Conférant avec Mac Mahon et les généraux Ducrot et Félix Douay (chef du 7e corps d'armée qui tient péniblement les hauteurs d'Illy), le souverain décide de faire arborer le drapeau blanc alors que Wimpffen, poursuivant son idée, effectue, en début d'après-midi, un effort désespéré vers Balan. Le général Reille, fils du maréchal d'Empire, se voit confier la triste mission de porter la demande de reddition à l'empereur Guillaume, à Fresnois. Le soir, c'est Wimpffen lui-même qui vient chercher la réponse du vainqueur au château de Bellevue, où se trouvent Moltke et Bismarck. C'est un ultimatum de capitulation, avec menace de reprise du feu le lendemain 2 septembre à 9 heures si ces conditions ne sont pas acceptées. Pensant pouvoir parvenir à moins de rigueur, Napoléon III, surmontant ses souffrances, sortant à nouveau de son apathie, monte en calèche et part pour Donchery, où il espère rencontrer l'empereur Guillaume. Mais, informé, Bismarck, peu désireux que semblable conversation se déroule avant la signature de l'acte de capitulation, s'empresse d'aller au-devant du vaincu. C'est en même temps pour lui l'occasion de reparaître au premier plan alors que, depuis l'ouverture des hostilités et des triomphes successifs de l'armée, c'est Moltke et l'état-major qui tiennent le devant de la scène.

Pour Napoléon III, cette circonstance imprévue est une aubaine. Ce serait le moment, à moindre frais, de négocier un accord de paix. Bismarck le suggère et le souhaite, puisque son but est atteint aux meilleures conditions. Mais l'empereur n'a plus les qualités intellectuelles ni la clarté d'esprit nécessaires pour appréhender la situation. Traumatisé en la circonstance, irrésolu de nature, il élude la question et allègue que la décision appartient à l'impératrice régente et au gouvernement, un gouvernement qui n'a plus que 48 heures de survie. Lourde faute car, en mai 1871, les conditions du vainqueur seront encore plus dures. Wimpffen signe par la suite l'acte de capitulation qui livre les 90 000 survivants, dont l'empereur, à la captivité. Napoléon III partira dès le lendemain pour le château de Cassel qui lui a été assigné comme résidence par l'empereur Guillaume. Seuls échappent au désastre des groupes de cavaliers qui s'enfuient vers le nord et le nord-ouest. Il en est de même pour le 13e corps d'armée du général Vinoy, arrêté à Mézières-Charleville, qui rétrogradera vers Paris, où il étoffera la garnison, confirmant, si besoin était, le bien-fondé des affirmations de Ducrot. Lorsque la nouvelle de la capitulation de Sedan atteindra Paris, le Second Empire s'effondrera et la IIIe République sera proclamée. L'impératrice Eugénie devra s'enfuir et, non sans mal, gagnera l'Angleterre.

La bataille de Sedan

Batterie de Sedan le 1er septembre 1870. Gravure, Allemagne, dernier tiers du XIXe siècle, musée de la ville de Paris, musée Carnavalet. © *Lauros-Giraudon*

SEDAN (bataille de 1940)

Opération décisive de la campagne de France de mai-juin 1940.

Ayant décidé d'adopter une tactique défensive linéaire, le général Gamelin imagine en octobre 1939 un plan d'articulation des armées prolongeant vers l'ouest le dispositif de combat, soudé à l'est aux derniers ouvrages de la ligne Maginot. Le 17 novembre, l'instruction secrète n° 772 3/NE du général Georges, commandant du secteur Nord-Est, précise la nature du déploiement des troupes le long d'une ligne Montmédy-Namur-Wavre, en Belgique. En territoire français, cette ligne défensive suit le cours de la Chiers de Montmédy (où se terminent les gros ouvrages de la ligne Maginot) jusqu'au confluent de la Meuse, puis longe le cours de cette rivière jusqu'à Givet et, au-delà, pénètre en Belgique. Sedan se trouve ainsi aux avant-postes du dispositif, puisque le plan défensif prévoit l'établissement de retranchements au sud de la localité, sur les hauteurs dominant la vallée, de Pont-Maugis au bois de la Marfée puis à la colline de la Croix-Piot à l'ouest. Ce secteur est confié au 10e corps d'armée du général Grandsart, lequel forme avec le 18e corps d'armée du général Rochard, installé à l'ouest de Montmédy, la IIe armée du général Huntziger. Durant l'automne, l'hiver et le début du printemps, les troupes creusent des abris, étendent des fils de fer barbelés et coulent le ciment de quelques ouvrages destinés à recevoir des armes automatiques ou, dans le cas des plus grands, un canon de 75. Mais ces divers ouvrages sont disséminés dans les prés et se trouvent fort éloignés les uns des autres. Beaucoup ne sont même pas achevés ou sont démunis de volets de métal, si bien que l'on ne saurait parler de ligne défensive cohérente. Un régiment, pompeusement appelé régiment d'infanterie de forteresse, le 147e, composé en majorité d'Ardennais, est certes désigné pour occuper les premières positions, mais son armement et son infrastructure défensive sont embryonnaires. Sur ses arrières, le 10e corps se compose des 55e et 71e DI. Mais il s'agit de divisions d'infanterie de série B, c'est-à-dire d'unités composées de réservistes prélevés dans les dépôts lorsque toutes les affectations en personnel combattant ont été effectuées. L'armement est disparate et insuffisant. L'artillerie est éparse. Le nombre de pièces antichars de 25 et de 37 atteint le dixième de la dotation normale d'une unité de ligne ; la DCA est inexistante et les armes automatiques très réduites.

Des permutations continuelles jettent en permanence la confusion dans les unités en place. L'entraînement est médiocre. La population civile n'a pas été évacuée. Les berges de la Meuse ne sont pas minées. La puissance de feu du secteur est, de l'avis des anciens combattants, nettement inférieure à celle de 1918. De cela le haut commandement n'a cure, car il est un adage intangible en honneur à l'état-major : « Les Ardennes se défendent toutes seules. » Effectivement, la coupure de la Semois belge et le massif boisé longeant la frontière représentent un obstacle indéniable... à condition d'être défendu. Or il n'existe de ce côté que quelques « maisons fortes », maisons forestières dont le soubassement a été bétonné et percé de meurtrières, mais ces abris sont occupés par des soldats punis, les « fortes têtes », et encore leur mission consiste-t-elle, en cas d'attaque, à donner l'alerte et à se replier derrière la Meuse en même temps que les unités de reconnaissance qui, elles, devront seulement ralentir l'envahisseur. Bien que les hauteurs de La Chapelle, de Givonne, d'Illy, au nord de Sedan, aient une configuration semblable à celles portant la zone des forts de Verdun, bien qu'en 1916 Verdun ait été défendue sur la rive droite de la Meuse, le général Gamelin a prévu un repli complet sur la rive gauche, donc un abandon total de ces observatoires. Il est vrai qu'aucune attaque véritable n'est prévue dans cette région, même si les grandes routes des Ardennes belges, celles de Bastogne et de Marche, aboutissent à Bouillon, à une quinzaine de kilomètres au nord. Pourtant, durant la « drôle de guerre », les plus clairvoyants se doutent d'un danger et l'expriment. Le nom de Sedan obnubile certains, qui redoutent le pire. Après une tournée dans la région, le 8 mars 1940, un député de la Marne, Pierre Taittinger, s'émeut des doléances de la troupe et fait part de ses observations dans une lettre adressée a la Commission de la défense nationale. Mais Huntziger se montre toujours affirmatif : « N'importe comment, ils ne passeront pas ici. »

Les Allemands passeraient-ils que les évaluations classiques de l'état-major laissent un délai de quatre jours à l'adversaire pour amener son artillerie lourde. Puis il est prévu quatre autres jours pour qu'il effectue une préparation complète d'artillerie et encore plusieurs jours pour déclencher l'assaut de l'infanterie, soit, à partir de l'offensive initiale, un délai de J+10, voire +12. Les renforts auraient largement le temps d'arriver. Le 9 mai, toutes les unités bénéficient de permissions de détente. Chaque cantonnement prévoit séances de cinéma ou de « spectacle aux armées ». Le 10, c'est le réveil sous les bombes. Le 11, les cavaliers des unités de reconnaissance (beaucoup sont à cheval) refluent en désordre, signalant l'arrivée d'éléments motorisés et blindés nombreux. Dans la soirée, l'artillerie lourde française tire sur Bouillon. Le 12, dans l'après-midi, tous les ponts de la région de Sedan sont détruits par le génie. Le soir et dans la nuit, les fusiliers allemands bordent la rive droite de la Meuse. Ce sont les fantassins des 1re, 2e et 10e divisions de Panzer qui ont traversé en trombe la forêt ardennaise et s'apprêtent à l'assaut. Le chef du groupement blindé est le général Guderian, cet officier qui a séjourné dans la région lors de la guerre précédente et qui connaît tous les points de passage possibles. D'accord avec Kleist, le chef de l'ensemble du groupement blindé, Guderian a fixé l'assaut à 15 h (16 h heure allemande) le lendemain lundi 13 mai. Tout est prêt pour le *Kriegspiel* tant de fois répété, durant l'hiver, sur les rives de la Moselle. Les canots de caoutchouc sont déchargés des camions. Les chars sont camouflés sous les frondaisons. Il ne manque plus que la puissance de feu. Sur ce point, l'évaluation du commandement français est juste. Tout assaillant ne peut attaquer sans préparation spéciale, avec cette seule différence que cette fois, au rythme du *Blizkrieg*, l'artillerie... vient du ciel, sous forme de bombardiers en piqué Stukas dont les pilotes ont mis au point leur tactique durant la guerre d'Espagne puis en Pologne. Un simple ordre radiophonique peut diriger en quelques dizaines de minutes des escadrilles opérant auparavant en Belgique du Nord. C'est le cas le 13 mai. À 11 heures du matin, l'attaque commence, menée sans désemparer par les escadrilles de la *Luftflotte* n° 3 de Sperrle, qui ne réunit pas moins de quatre corps aériens, les 1er, 2e, 5e et 8e. Un ouragan de fer et de feu s'abat soudain sur les positions de la rive gauche de la Meuse. Pendant ce temps, d'autres bombardiers, classiques ceux-là, lancent des bombes de 500 et de 1 000 kg sur les positions de l'arrière, sur les emplacements d'artillerie, minutieusement repérés depuis des mois.

L'enfer reprend en début d'après-midi, après une courte accalmie. Il ne s'arrêtera plus avant l'heure choisie pour l'assaut. Le carrousel rameute cette fois dans le ciel de Sedan 23 groupes allemands de combat, soit un total de 310 bombardiers Dornier et Heinkel, auxquels s'ajoutent quelque 200 Stukas Ju 87. Chaque groupe attaque à tour de rôle puis, les soutes vidées, s'en va refaire le plein de projectiles et de carburant sur les terrains récemment occupés des environs de Bastogne, du Luxembourg et même, en cas d'afflux important, de Rhénanie. Et à 15 heures, heure locale, le vacarme cesse soudain. Sur la rive droite de la Meuse, les fusiliers des 1er et 10e Panzer dans le faubourg de Gaulier, à l'ouest de Sedan, et face à Wadelincourt, à l'est, traversent la rivière sur leurs embarcations, abordent la rive droite et se répandent dans les prairies de Glaire, Torcy, Fresnois et Wadelincourt, réduisant un à un, à la grenade ou à la mitraillette, la résistance des petits blockhaus épars. Les assaillants de la 1re Panzer sont menés par le colonel Balck, qui s'est distingué déjà en 1918 au mont Kemmel. Dans la nuit du 13 au 14, les fantassins allemands sont tapis sur les pentes de la Croix-Piot, du massif boisé de la Marfée et sur les hauteurs dominant Pont-Maugis et Wadelincourt. La « hernie » atteint trois kilomètres au sud de Sedan. Leur position est néanmoins précaire, faute de soutien de chars et d'artillerie. Une vigoureuse contre-attaque pourrait certes les rejeter à la Meuse. Mais devant eux, il n'y a plus que les groupes épars, disloqués des Ardennais du 147e RIF qui s'accrochent à leur sol. La 55e DI s'est volatilisée, en effet, sous les impacts des Stukas. Des ordres ont, de surcroît, en plusieurs occasions, prescrit à des batteries d'artillerie d'évacuer leur position. Dans la soirée du 13, une indescriptible cohue encombre la RN 77 au sud de Sedan. À Chemery, où il s'est replié, le général Lafontaine ne parvient pas à redonner cohésion à son unité en miettes. Il en est de même à droite, pour la 71e DI du général Baudet, qu'un ordre aberrant a fait monter en ligne sous les mitraillages et les bombes au moment où les fantassins allemands apparaissaient sur la rive droite. Perdus, sans trouver de positions préparées, les hommes de la 71e division refluent à leur tour, faisant en quelques heures du 10e corps un élément disloqué, incapable de réagir.

À Sedan même, dont le centre a brûlé, les pontonniers du major Knopf s'affairent dans la nuit. Guderian a ordonné le passage des premiers chars pour minuit. Le major cependant est très inquiet, car le pont de Bouillon a requis plus de matériel que prévu et les pionniers disposent tout juste de la longueur de pontage, à un mètre près, pour mener à bien leur tâche. Or ce matériel est à la merci d'un accident de transport ou encore d'un coup heureux d'une pièce d'artillerie française, des tirs isolés s'abattant de temps en temps dans les prairies d'alentour. Mais à minuit les ordres de Guderian sont exécutés. Les chars de la 1re Panzer roulent sur la rive gauche. Au matin du 14, soutenus par les canons de 88 automoteurs, ils annihilent la courageuse contre-attaque des petits blindés du 4e BCL alertés en hâte dans la nuit, dont les canons de 37 n'ont pas une vitesse initiale suffisante pour percer les blindages des Mark II, III et IV. Les obus rebondissent sur la carapace, rendant illusoire ce sacrifice, tout comme celui des fantassins du 213e RI chargés de les accompagner.

Dans l'après-midi du 14, Guderian infléchit ses éléments mécanisés vers l'ouest en direction de Vendresse, Villers-le-Tilleul et Poix-Terron, au sud de Mézières. La « percée » commence. Elle ne s'arrêtera qu'à la Manche. Au-dessus de Sedan, dans le même moment, des dizaines de bombardiers français et britanniques, alertés trop tard, s'acharnent sur le pont de bateaux du major Knopf pour couper les trois divisions de Panzer, alors que ce pont est doublé par un second pont lancé près de la gare. En vain. Ces avions ne sont pas adaptés au bombardement en piqué. Par vagues successives, Amiot 143, Lioré-Olivier et Fairey-Battles survolent le minuscule objectif défendu par une défense antiaérienne omniprésente et une chasse particulièrement agressive. Une centaine d'avions alliés de tous types sont perdus au soir de cette journée décisive, et les ponts, intacts, assurent toujours un trafic incessant. En 24 heures, les Alliés ont perdu la bataille de Sedan. Elle est décisive, puisque Hitler a réussi son « coup de faucille » en pivotant vers la mer et en prenant dans une nasse les armées alliées.

SÉE Camille (Colmar, 1827 – Paris, 1919)

Homme politique.

Après des études de droit accomplies à Strasbourg, il s'inscrit au barreau de Paris à la fin de l'Empire. Secrétaire général au ministère de l'Intérieur le 10 septembre 1870, il montre une grande énergie lors de la journée du 31 octobre, puis quitte son poste en février 1871. Nommé en juin 1872 sous-préfet de Saint-Denis, l'ancien avocat démissionne après la chute de Thiers. Élu député de Saint-Denis en avril 1876, il s'inscrit à la gauche républicaine et, après le 16 mai, fait partie des 363 députés qui refusent leur confiance au cabinet Broglie. À la Chambre, où il est réélu en octobre 1877, Sée s'intéresse particulièrement, comme son ami Jules Ferry, aux problèmes de l'enseignement. Dès 1878, le député de Saint-Denis dépose une proposition visant à la création d'un enseignement secondaire destiné aux jeunes filles. Puis il accomplit, en France et à l'étranger, aux États-Unis notamment, une tournée de propagande en faveur de cet enseignement. Malgré l'opposition des catholiques, au Sénat surtout, la loi Camille Sée, qui crée des lycées de jeunes filles, est votée par la Chambre en 1879, par le Sénat l'année suivante. Pour compléter son œuvre, Camille Sée fait décider, en 1881, la création de l'École normale supérieure de Sèvres, destinée à la formation des professeurs de ces établissements secondaires. En mai 1880, le député de Saint-Denis avait aussi déposé un projet de loi sur l'égalité civile de la femme. Aux élections de 1881, il retire sa candidature lors du second tour de scrutin. Conseiller d'État au mois d'octobre, il recevra la Légion d'honneur en 1884.

SÉGUIER Pierre (Paris, 1588 – Saint-Germain-en-Laye, 1672)

Chancelier et garde des Sceaux.

Petit-fils et neveu de deux présidents à mortier du parlement de Paris, il occupe l'intendance de

Pierre Séguier

Huile sur toile de Henri Testelin, exécutée pour l'Académie royale de peinture, 1668, château de Versailles. © *RMN*

Guyenne de 1621 à 1624 avant d'hériter la charge familiale. Son efficacité et son dévouement aux puissants le font choisir pour la garde des Sceaux en 1633, et pour la chancellerie, en 1635, après la mort d'Aligre. Homme des situations difficiles, il intervient sans trop s'embarrasser de scrupules dans l'affaire de la correspondance d'Espagne (1637), dans la révolte des Va-Nu-Pieds de Normandie qu'il réprime en vertu de pouvoirs extraordinaires (1639) et dans le procès de Cinq-Mars et de Thou (1642). Au lit de justice de 1643, Séguier se prête à la cassation du testament de Louis XIII, conformément au désir de la reine. Aussi les Sceaux lui sont-ils laissés. Mais sa réputation de « mazarin » le fait haïr des frondeurs. Lors d'une émeute, il n'échappe que de justesse à la mort. En 1650, désirant se concilier une partie de l'opposition, la régente lui ôte les Sceaux au profit de Châteauneuf. Celui-ci est renvoyé dès l'année suivante. Le chancelier reprend donc les Sceaux, mais pour quelques mois seulement (avril-septembre 1651). Il les récupère définitivement à la mort de Molé en 1656. On le retrouve en 1661 dans le procès de Fouquet où il montre une grande partialité contre le surintendant. Il contribuera enfin à la rédaction des ordonnances de 1669-1670 sur la réformation de la justice, dites code Louis. Membre de l'Académie française dès 1635, Séguier avait succédé en 1643 à Richelieu comme protecteur de cette institution. Ami des lettres et des arts, il avait rassemblé une magnifique bibliothèque qu'il devait léguer à sa mort à l'abbaye de Saint-Germain-des-Prés. Le Brun, l'un des bénéficiaires de ses munificences, l'a représenté à cheval, dans un célèbre tableau intitulé *Le Chancelier Séguier au cortège de l'entrée de la reine Marie-Thérèse*.

SÉGUR Joseph Alexandre, vicomte de (Paris, 1758 – Bagnères-de-Bigorre, 1805)

Officier et homme politique.

Surnommé « Ségur sans cérémonie » afin de le distinguer de son frère, grand maître des cérémonies de l'empereur Napoléon Ier, il entre dans l'armée dès l'adolescence et y reçoit le grade de colonel puis de maréchal de camp. Toutefois, il préfère s'adonner à la vie littéraire et mondaine, tant appréciée durant les dernières années de l'Ancien Régime. Hôte assidu des salons de la meilleure société du temps, il exerce son talent pour l'écriture dans plusieurs ouvrages fidèles au goût du jour. Il avait reçu, à la veille de la Révolution, le mandat de député de la noblesse aux États généraux de 1789. Auteur d'ouvrages de réflexion politique, notamment *Réflexions sur l'armée* (publié en 1784) et *Essais sur l'opinion* (1790), il est emprisonné à la prison Saint-Lazare durant la Terreur. Mais c'est grâce à ses œuvres romanesques et théâtrales que le vicomte de Ségur passe à la postérité. Enjoué et séducteur, grand amateur de femmes, il adopte un genre littéraire tourné délibérément vers l'étude de mœurs et la psychologie amoureuse : *Correspondance secrète avec Ninon de Lenclos, le marquis de Villarceau et Madame de M.* (1789) ; *La Femme jalouse* (1790). Sa dernière création, *Les Femmes, leurs mœurs, leurs passions, leur influence et leur condition dans l'ordre moral* (1801), a connu un succès tout particulier au début du XIXe siècle.

SÉGUR Louis Philippe, comte de (Paris, 1753 – Paris, 1830)

Officier, écrivain et grand maître des cérémonies de l'Empire.

Frère du précédent. Fils du marquis de Ségur, il participe à la guerre d'Indépendance américaine puis reçoit l'ambassade de France en Russie (1784-1789), où son intelligence et son sens aigu des affaires d'État font qu'il contribue à allier les intérêts politiques et économiques de la France tout en rendant effectif le rayonnement de l'Europe française à la cour de Catherine II. Sous la Révolution, il reçoit l'ambassade de France à Rome (1791) mais, non accrédité par le Saint-Siège, il partira pour Berlin avant d'être élu député au Corps législatif en 1801. Sa carrière connaît une nouvelle et brillante étape avec sa nomination de conseiller d'État en 1802 et celle de grand maître des cérémonies à l'avènement de l'Empire. Sénateur en 1813, pair de France l'année suivante, il accueille Louis XVIII aux Tuileries lors de la Première Restauration et s'attire du monarque le trait suivant : « Vous étiez le grand maître de cérémonie de l'Empereur mais il me semble que nous avions aussi un grand maître des cérémonies qui s'appelait Dreux-Brézé et je n'ai pas appris qu'il fût mort ou qu'il eût renoncé à ses fonctions. » La leçon était entendue et le comte de Ségur ralliera Napoléon lors des Cent-Jours ; il retrouvera malgré tout sa pairie en 1819. Abandonnant dès lors la vie publique pour celle des lettres, Ségur rédige plusieurs ouvrages dont une *Histoire de France* et de remarquables *Mémoires* fort enrichissants pour l'histoire du Premier Empire, qui seront publiés en 1824. Il était entré à l'Académie française sous le Consulat.

SÉGUR Philippe Henri, marquis de (Paris, 1724 – Paris, 1801)

Maréchal de France.

Père du précédent. Entré dans l'armée en 1739, il se distingue sur tous les champs de bataille de l'époque, notamment à Raucoux en 1746, où il est blessé, et à Lawfeld en 1747, où il perd un bras. Maréchal de camp en 1749, Ségur commande les troupes envoyées en Corse (1756-1757), fait la campagne d'Allemagne sous d'Estrées et, promu lieutenant général en 1760, se fait encore remarquer par son courage et son talent à la bataille de Warburg et à Clostercamp où, grièvement blessé, il est fait prisonnier. En novembre 1780, il est appelé, par la faveur de Choiseul et des Polignac, au secrétariat d'État à la Guerre. Il y inspire d'importantes réformes, crée le corps permanent d'état-major (1783), achève d'organiser l'artillerie et le génie, améliore la cavalerie et l'infanterie et donne ainsi à la France la meilleure armée d'Europe. Soucieux d'une bonne gestion et du respect scrupuleux de la justice, Ségur met au point des règlements de comptabilité, d'administration et de justice qui passeront dans les lois militaires de la Révolution et de l'Empire. Mais, sous la pression de la réaction nobiliaire qui s'affirme dans les dernières années de l'Ancien Régime, il doit rendre, en 1781, une ordonnance qui réserve aux titulaires de quatre quartiers de noblesse la qualité d'officier dans les armes autres que l'artillerie et le génie. Il quitte le ministère en août 1787 à l'arrivée au pouvoir de Brienne. Il avait reçu le maréchalat en 1783. Emprisonné sous la Terreur et privé de sa pension, il recouvre celle-ci en 1800. Ses *Mémoires* ont été publiés en 1895.

SEIGNELAY Jean-Baptiste Colbert, marquis de : voir COLBERT de SEIGNELAY

SEIGNEURIE

Au Moyen Âge, cellule de base enserrant les hommes, les pouvoirs et les terres, apparue progressivement entre les Xe et XIe siècles, au fur et à mesure de l'émiettement de l'Empire carolingien et du morcellement du pouvoir de ban.

L'analyse de la seigneurie exige l'utilisation de termes modernes, afin de séparer pour les comprendre des éléments alors étroitement confondus. Les historiens ont ainsi créé un schéma très théorique dans lequel sont individualisées la seigneurie « foncière » et la seigneurie « banale », la première expliquant les mécanismes de la propriété, la seconde montrant l'exercice concret du pouvoir politique. La seigneurie foncière est un assemblage de terres extrêmement variable, évoluant, à partir des propriétés carolingiennes, au hasard des héritages ou des donations. Elle peut être grande ou petite, compacte ou éparpillée sur plusieurs paroisses. Elle appartient à un aristocrate et elle est exploitée par des paysans (libres ou non-libres) ayant des statuts très divers. La seigneurie foncière comprend deux parties, la réserve et les tenures, plus ou moins nombreuses selon ses dimensions. La réserve est une grande terre exploitée en faire-valoir direct par le seigneur ou son intendant, dirigeant des serfs ou des salariés. Les tenures sont des unités d'exploitation concédées à vie à des chefs de famille, d'une superficie suffisante pour faire vivre ces familles. Elles se transmettent très souvent héréditairement. Le tenancier paie au seigneur un cens (un loyer) mais dispose de toute liberté pour mener son exploitation comme il l'entend, tant dans la production que dans la commercialisation. Le montant du cens est fixe et annuel, le paiement se faisant le plus souvent en plusieurs fois. Selon les cas, il se paie en argent ou en nature, ou d'une manière mixte. Lorsqu'elle existe, la partie payée en nature consiste en fourniture de produits (grains ou animaux) ou en fourniture d'un nombre convenu de journées de travail sur la réserve. À ce loyer s'ajoutent quelques redevances, elles aussi fixées à l'avance, payant l'usage des bois du seigneur ou le droit d'y mener paître les animaux. Si le tenancier est un non-libre, il doit payer en outre des taxes recognitives de son servage (chevage, formariage et mainmorte). Un tenancier peut cultiver des terres appartenant à plusieurs seigneurs fonciers différents, payant à chacun le cens convenu et fixé à l'avance. À partir du XIIe siècle, au cens non réajustable s'est peu à peu subsitué, pour payer le loyer des terres, surtout des terres nouvellement défrichées, le champart, proportionnel à la récolte. Il avantageait le seigneur foncier qui percevait un loyer indexé, mais également le paysan qui ne se voyait pas accablé lors d'une mauvaise récolte. Le mécanisme de ces redevances est connu par l'étude de documents comptables répertoriant les redevances dues par chacun des tenanciers.

La seigneurie banale ne coïncide pas forcément avec la seigneurie foncière. Elle s'exerce sur les hommes, dont elle exige des « impôts », variables par essence et ce à plusieurs titres : militaire, juridique, fiscal, économique. Le seigneur banal qui l'exerce a beaucoup varié au cours des siècles et il exerce son pouvoir soit au nom du roi, soit en son nom propre, qu'il soit prince territorial ou petit seigneur châtelain, au plus fort de l'émiettement du pouvoir, entre les Xe et XIIe siècles. Quel que soit ce seigneur, les hommes restent soumis aux mêmes obligations. À titre militaire, ils doivent tous un service très variable. À l'origine, tous les hommes libres doivent se rendre aux convocations et partir en expédition pendant plusieurs semaines chaque année. À partir du XIe siècle s'individualise une profession de guerriers, les chevaliers, que les non-mobilisés doivent entretenir en payant des taxes. Ces derniers sont également astreints à des services de guet, d'entretien de fortifications ou de messageries. L'exercice de la justice entraîne des paiements d'amendes et la fiscalité des paiements de taxes. Ces taxes sont chargées de payer entre autres les œuvres charitables d'assistance aux pauvres. À titre économique, les hommes sont soumis à des paiements de redevances payant les services rendus par le seigneur banal, qui est l'investisseur. C'est en effet lui qui construit les ponts, les routes et les moulins, les salines, et assure le transport du sel. Ces impôts et taxes, lorsqu'ils correspondent à la coutume, sont payés sans contestations. En revanche, en temps de crises, ou lorsqu'un seigneur s'avère un tyran, ils sont sources de révoltes toujours sanglantes.

La seigneurie banale diminue progressivement au fur et à mesure que le roi reprend en main son royaume, à partir du XIIIe siècle, et que s'affirme le pouvoir des villes (les communautés d'habitants obtiennent une partie du pouvoir de ban). Jusqu'à la Révolution, les seigneurs banaux ne gardent que les droits de justice ainsi que quelques droits économiques (banvin, de chasse et de pêche, colombier...) appelés privilèges et abolis lors de la nuit du 4 Août. La seigneurie foncière subsiste à peu près sous sa forme médiévale durant tout l'Ancien Régime, à ceci près que la réserve est confiée à des fermiers et que le nombre de tenures diminue (par réunion à la réserve). Elle est parfois achetée par un bourgeois qui, s'il devient seigneur, n'en devient pas pour autant noble (il ne le devient que par décision du roi), même s'il adopte un genre de vie noble.

SEIN (île de)

Île et commune de l'arrondissement de Quimper située à quelques kilomètres au large de la pointe du Raz.

En juin 1940, à la suite de l'appel du général de Gaulle au micro de la BBC, tous les hommes valides de l'île, environ 400 pêcheurs, décident de rallier la France libre par leurs propres moyens. À la fin du mois de juin, la flottille de pêche arrive en ordre dispersé dans les ports anglais de Cornouailles. « Ils étaient à eux seuls le quart de la France libre », dira plus tard le général de Gaulle.

SEINE (sources de la)

Sur le plateau de Langres, à 471 mètres d'altitude, jaillissent les sources de la Seine.

Dès l'époque gauloise, l'eau de celles-ci est considérée comme miraculeuse et la popularité de la divinité Sequana n'a pas disparu à l'époque gallo-romaine. Les pèlerins se pressaient dans le sanctuaire élevé près de la source du fleuve et contenant une piscine où s'immergeaient les malades demandant la fin de leurs douleurs. Comme à Chamalières, le site a fourni un nombre impressionnant d'ex-voto de toute nature, offerts par les malades et réunis au musée de Dijon. Parmi les statuettes de la déesse Sequana, on remarque en particulier une figurine en bronze debout sur une barque portant à la proue une tête de cygne. Outre les multiples représentations en bois des dévots enveloppés dans leur pèlerine, on a trouvé aussi de nombreuses pièces anatomiques en calcaire, en terre cuite, en céramique ou en métal martelé. Les maladies dont souffraient les pèlerins sont reproduites fidèlement, ce qui fait que l'ensemble des pièces provenant des sources de la Seine constitue un répertoire remarquable des pathologies de l'Antiquité : des bras et des jambes atteints d'atrophie, de malformations osseuses ou de déboîtements, des visages rongés par la lèpre ou déformés par des excroissances, des têtes d'aveugles aux yeux enfoncés dans les orbites et aux paupières plissées, des foies ou des estomacs atteints d'énormes tumeurs, des organes génitaux masculins ou féminins boursouflés. Toutes ces pièces témoignent de la ferveur des Gaulois pour la déesse Sequana, capable de tout guérir.

SEIZE (les)

Comité élu à Paris par les ligueurs, au début de 1589, et qui transforma la Ligue en un véritable mouvement révolutionnaire.

L'assassinat du duc de Guise, perpétré à Blois le 23 décembre 1588 et connu à Paris dès le lendemain soir, provoque dans la capitale, livrée aux ligueurs depuis la journée des Barricades, un vif tumulte. Tandis que le duc d'Aumale est proclamé gouverneur de Paris, les prédicateurs exhortent à la révolte dans toutes les églises. Le 5 janvier, le jour même de la mort de Catherine de Médicis, une assemblée de ligueurs, réunie à l'Hôtel de Ville, nomme comme prévôt de Paris un ligueur fanatique. Elle décide aussi de placer à la tête de chacun des seize quartiers de Paris un comité de neuf membres chargé de la police, de la surveillance et de la propagande. Les chefs des comités, choisis parmi les ligueurs les plus fanatiques, constituent une sorte de comité dirigeant de la Ligue, les Seize. Sous leur autorité toute-puissante, le mouvement prend un aspect franchement révolutionnaire. Soutenus par la Sorbonne, ils épurent le Parlement et font mener à la Bastille les magistrats jugés trop mous ou trop proches du roi. Sur leurs instructions, les curés sont chargés de lever des « contributions volontaires » destinées à alimenter le trésor de la Ligue. Après la mort d'Henri III, lorsque Henri IV, victorieux dans ses entreprises de Touraine, du Maine et de Normandie, arrive devant Paris en avril 1590, les Seize organisent la résistance et la propagande afin de fanatiser la population parisienne et de l'empêcher d'ouvrir les portes au roi. Exerçant chaque jour davantage leur dictature, malgré Mayenne, ils font exécuter à la fin de 1591 le président Brisson et les conseillers Larcher et Tardif. Mayenne réprime cette fois leur brutalité, se rend maître de la Bastille et met fin à leur toute-puissance, en faisant pendre quatre des plus exaltés. Les Seize disparaissent à l'entrée d'Henri IV à Paris, en février 1594.

SEL-SAUNIER

Élément essentiel de l'alimentation et importante matière première pour l'industrie des conserves (salaisons de viandes ou de poissons).

En France, le sel provient de trois sources : la mer (principalement aux estuaires des côtes atlantiques et méditerranéennes), les fontaines et puits salés (Salins dans le Jura), les mines de sel gemme (Château-Salins, Rosières en Lorraine). Il est recueilli soit sous forme de saumure (en bord de mer ou dans les mines où l'on injecte de l'eau), soit sous forme solide (dans les mines). L'extraction se fait par évaporation, naturelle quand il s'agit de sel marin ou par le feu quand il s'agit de sel gemme, la première technique s'apparentant à une activité agricole, la seconde à une industrie. Le travail du saunier en bord de mer demande une haute qualification pour savoir conduire les courants d'eau à travers les marais et pour recueillir le sel au bon moment. Le saunier de sel gemme extrait celui-ci par ébullition, ce qui exige une parfaite maîtrise du feu. Il doit ensuite livrer un sel de bonne qualité en utilisant des recettes jalousement gardées : un verre de sang de bœuf pour enlever les impuretés, un verre de bière pour une bonne cristallisation... Quel que soit le mode d'extraction, les conditions de travail sont pénibles. En bord de mer les cristaux de sel sont d'une aveuglante blancheur au soleil et blessent profondément mains, bras ou jambes. De plus, le métier est soumis aux aléas climatiques. Près des mines, le travail s'effectue dans une pièce constamment chaude et humide, dans un air enfumé. Ceci explique pourquoi, avant l'an mil, les sauniers étaient tous des serfs. Peu à peu ceux des côtes sont devenus, comme les hommes libres, des agriculteurs réunis dans les seigneuries foncières, ceux des régions intérieures évoluant vers le statut d'ouvriers salariés.

La possession des salines relève du pouvoir politique. Elles appartiennent au roi quand son pouvoir est fort, en vertu du fait qu'il doit à ses sujets un bon approvisionnement. La propriété des salines s'émiette quand ce pouvoir diminue, passant aux princes des principautés territoriales puis aux seigneurs de moindre importance (Xe-XIIe siècles). Elle s'inscrit dans les éléments de la seigneurie banale avant d'être reprise partiellement en main par le roi en même temps que le royaume, à partir du XIIIe siècle. Cette possession est très convoitée en raison des revenus qu'elle procure. La faible valeur marchande du sel se trouve en effet augmentée de taxes au départ de la saline, péages à tous les niveaux, droits d'étape et d'entrepôt, taxes à l'importation... Les prix à la production subissent de fortes variations (aléas climatiques, teneur en eau...), prétexte à la spéculation. Dans le Midi se pratique le *droit de bansel*, le seigneur se donnant le droit de vendre son sel en premier. En Provence et en Languedoc, les seigneurs stockent afin de vendre au meilleur prix. Au XIVe siècle, ils se déchargent des investissements en concédant des contrats à des salineurs qui deviennent alors des intermédiaires incontournables.

Il faut attendre le règne de Philippe VI pour que le roi se sente assez fort pour reprendre en main la totalité de la gestion du sel. En même temps qu'il établit un monopole sur tout le domaine royal et les apanages (obligation de centraliser la production dans des greniers), il institue la gabelle (à l'origine un mot désignant toute taxe indirecte sur les marchandises), un impôt unique sur le sel. Il se heurte alors à l'opposition des spéculateurs qui obtiennent parfois la suppression de cet impôt ou qui trafiquent avec les faux sauniers en vendant du sel non gabellé. Les hésitations royales se poursuivent tout au long des XVe et XVIe siècles. Il faut attendre Colbert pour que s'achève la centralisation. Sa grande ordonnance de 1680 définit nettement une carte de la gabelle sur laquelle se lisent les grandes différences selon les dates de rattachement au royaume ou les lieux de production. Les pays de grande gabelle sont les plus anciennes régions du royaume : Seine et Loire Moyenne, Normandie, Picardie, Bourgogne ; les pays de petite gabelle : Lyon, Languedoc, Provence et Dauphiné ; les pays rédimés, c'est-à-dire exemptés : les anciennes possessions anglaises en Aquitaine qui s'étaient rachetées en 1549 et 1553 ; autres pays exempts, ou francs, les régions nouvellement annexées ayant obtenu cette exemption par négociation : Cambrésis, Hainaut, Flandre, Bretagne ainsi que les régions productrices ; les pays de quart-bouillon : Normandie côtière où on a le droit de faire bouillir de l'eau de mer.

Cette ordonnance a été assortie, pour les pays de grande gabelle, de l'obligation d'acheter une certaine quantité de sel, pour éviter les achats en zones franches. Elle a provoqué une flambée de contrebande qui n'a jamais été endiguée malgré les punitions de galère ou de mort. Le refus de l'impôt, la dureté des gabelous ont incité les gens du sel à adopter plus volontiers qu'ailleurs les idées de la Réforme, particulièrement dans la région de Salins et sur la côte atlantique, Vendée et Charente-Maritime. Au XVIIe siècle, les sauniers d'Arles se sont révoltés chaque fois que le roi voulut noyer les salins de Camargue afin d'endiguer la contrebande. Dans le Maine, sous la Révolution, les Chouans se sont recrutés pour beaucoup parmi les anciens faux sauniers qui connaissaient particulièrement bien les régions situées aux marches de Bretagne et d'Anjou. La gabelle fut abolie le 1er décembre 1790, mais Napoléon y substitua un droit intérieur sur les sels de bouche consommés, qui ne fut aboli qu'en 1945.

SÉLESTAT

Chef-lieu d'arrondissement du Bas-Rhin, près de l'Ill, à la limite des collines sous-vosgiennes et de la plaine d'Alsace.

Ancienne villa mérovingienne, propriété des abbés de Sainte-Foy (XIe siècle), puis des evêques de Strasbourg (XIIIe siècle), elle est faite ville libre impériale par l'empereur Rodolphe Ier et adhère à la ligue des dix villes impériales, ou Décapole, constituée en 1353-1354 sous la protection immédiate de l'empereur Charles IV. Elle est dépositaire des archives de la Ligue dont les délégués se réunissent souvent entre ses murs. Foyer du premier mouvement humaniste alsacien, son école, célèbre dès le milieu du XVe siècle, grâce à Dringerberg, atteint son apogée avec Witz dit Sapidus, qui y introduit le grec (1510-1525). À l'instigation de Louis XI, elle forme en 1473, contre la Bourgogne, la Basse-Union, avec Strasbourg, Colmar, Mulhouse et Bâle. Pendant la guerre de Trente Ans, elle se trouve à plusieurs reprises, comme toute l'Alsace, sur le parcours des armées. En 1632, Sélestat est prise par les Suédois dont la garnison est relevée par les Français en 1634 et, avec les autres villes de la Décapole, passe sous la « protection » française après le traité de Westphalie de 1648. Mais ce n'est qu'avec le traité de Nimègue (1679) que la souveraineté française y est vraiment reconnue. Louis XIV l'avait fait fortifier par Vauban dès 1676. Assiégée en 1814 et 1815, la ville est prise le 24 octobre 1870 par les Allemands qui démantèlent ses fortifications en 1872.

SELVES Justin Germain Casimir de (Toulouse, 1848 – Paris, 1934)

Homme politique.

Officier de mobiles durant la guerre de 1870-1871, il s'inscrit, la paix conclue, au barreau de Montauban. Son cousin, Charles de Saulces de Freycinet, le fait nommer préfet du Tarn-et-Garonne en 1880. Il occupera encore quelques préfectures avant d'assumer les fonctions de directeur des Postes et Communications (1890-1896). Successeur de Poubelle à la préfecture de la Seine (1896-1911), Selves décide la construction du métropolitain de Paris. Au Sénat, il représentera, de 1909 à 1927, le département du Tarn-et-Garonne. Lorsque éclate le coup d'Agadir (1911), l'ancien préfet détient le portefeuille des Affaires étrangères dans le cabinet Caillaux. Le président du Conseil ayant négocié avec le gouvernement allemand sans l'en aviser, il démissionne, provoquant ainsi la chute du gouvernement. En 1919, il préside au Sénat la commission des Affaires étrangères et devient ministre de l'Intérieur en 1924. Le 19 juin de la même année, il remplace à la présidence du Sénat Gaston Doumergue, élu chef de l'État.

SEMAINE SANGLANTE

Nom donné, en raison des violences et de la répression sanglante qui la marquèrent, à la semaine du 21 au 28 mai 1871 qui vit l'entrée des troupes gouvernementales dans Paris insurgé et se termina par la chute de la Commune de Paris.

Le 21 mai, les Versaillais réussissent à pénétrer dans Paris par le bastion du Point-du-Jour laissé sans défenses par le commandant des Fédérés, Delescluze, successeur de Rossel, démissionnaire. Mais, craignant que des mesures de destruction systématique n'aient été prises par les insurgés, l'armée avance prudemment de l'ouest et du sud vers les quartiers du centre, laissant ainsi aux Fédérés le temps d'organiser la résistance dans le centre et leur permettant de la prolonger pendant une semaine, par un lent repli vers les quartiers ouvriers du nord-est. Le 23, des barricades s'élèvent un peu partout pour couper les grandes voies, et les Communards joignent à ce vieux procédé l'incendie des quartiers qu'ils évacuent, pour retarder la poursuite. Bientôt l'Hôtel de Ville, le Quai d'Orsay, le Palais de justice, les Tuileries et d'autres bâtiments brûlent. Des combats acharnés se déroulent rue Royale, faubourg Saint-Honoré. Mais la résistance des Fédérés se fait sans plan ni entente. Le 25, les Versaillais sont maîtres de toute la rive gauche de la capitale et leur progression ne peut être enrayée. Les derniers combats se déroulent le 28 à Montmartre, à Belleville, aux Buttes-Chaumont, dans le cimetière du Père-Lachaise enfin où, au terme d'une lutte désespérée, les Fédérés sont fusillés le long du mur qui porte depuis leur nom. Les soldats gouvernementaux, exaspérés par un siège qui se déroule sous les yeux de l'ennemi, par la guerre de rue et les incendies, et conduits par des officiers indignés contre les révolutionnaires de

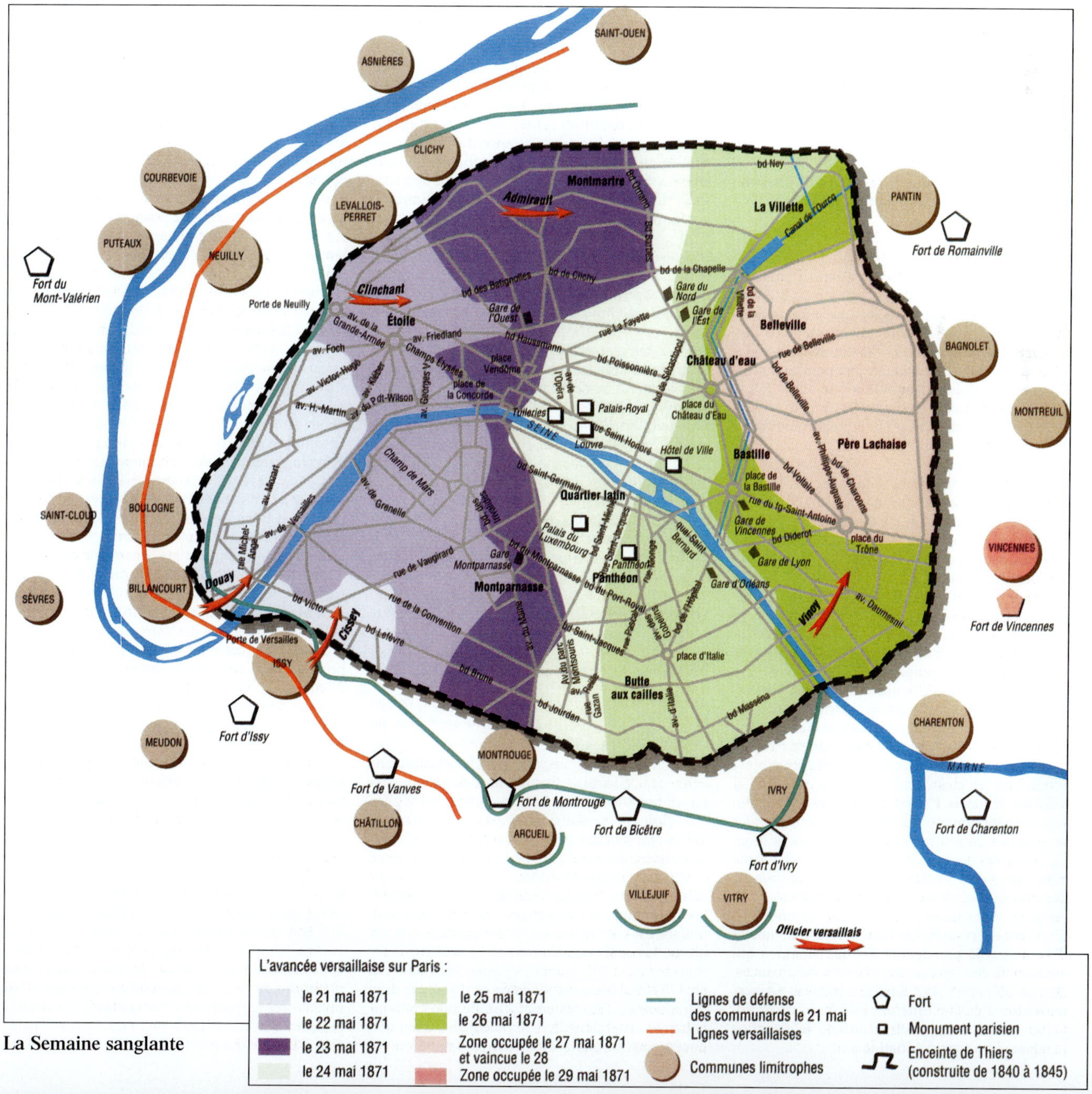

La Semaine sanglante

Paris, sont disposés à traiter les insurgés en assassins et en incendiaires et, le plus souvent, ne respectent pas l'ordre officiel de faire prisonniers ceux qui se rendent. C'est ainsi que certains d'entre eux sont fusillés sans jugement le 24 mai. Le même jour les « otages » détenus par les Fédérés dans les prisons, Chaudey, puis l'archevêque de Paris, Mgr Darboy, le président Bonjean, le curé de la Madeleine et un certain nombre d'autres religieux sont à leur tour exécutés. Le 26 également, un bataillon de Fédérés revenant du combat prend, dans la prison de la Roquette, une cinquantaine de gardes de Paris et de sergents de ville et une dizaine de religieux et de prêtres, les emmène dans un enclos rue Haxo, et les fusille en désordre. La violence entraînant la violence, en beaucoup d'endroits, après le combat, les hommes pris les armes à la main et ceux qu'on trouve dans les maisons les mains noires sont fusillés sur place par les Versaillais. Sont également exécutés des non-combattants dénoncés comme « communards » et des passants pris par erreur pour des membres de la Commune. Un officier va même arrêter dans sa maison un député de Paris, le journaliste Millière, resté étranger à l'insurrection, et le fait fusiller devant le Panthéon. Dans quelques quartiers, des cours martiales, formées d'officiers de gendarmerie, trient les prisonniers ; on renvoie les « ordinaires » en prison, d'où on les emmènera à Versailles ; ceux qu'on déclare « classés » sont fusillés. Au total, la Semaine sanglante a fait moins de 1 000 morts dans les rangs versaillais, mais sans doute de 20 000 à 30 000 parmi les Communards. La répression devait enfin être poursuivie pendant plus de quatre ans par la justice militaire.

SEMBLANÇAY Jacques de BEAUNE, baron de (Tours, 1457 – Montfaucon, près de Paris, 1527)

Financier.

Fils d'un riche marchand de Tours, il passe de la maison de commerce et de banque qu'il dirige au service d'Anne de Bretagne qui le prend pour trésorier en 1491. Puis il devient général des Finances du Languedoc (1495) et de la Langue d'oïl (1509). Il n'abandonne pas pour autant la banque. François d'Angoulême, le futur François Ier, est son débiteur à la veille de 1515. À son avènement, Semblançay est donc en pleine faveur. C'est lui qui gère les finances de la reine mère, Louise de Savoie, de 1515 à 1520. L'année 1518 voit l'apogée de sa fortune. Chevalier dès 1498, il tient depuis cette date la mairie de Tours et le bailliage de Lorraine. Il est en rapport avec tous les grands seigneurs et à la tête d'un domaine foncier considérable, notamment la baronnie de Semblançay, qu'il a reçue en 1515 de Louise de Savoie et dont il prend le titre. François Ier renforce cette puissance par un acte de 1518 qui lui donne « la charge, connaissance et intendance du fait et maniement de toutes nos dites finances, tant ordinaires qu'extraordinaires ».

Mais d'énormes difficultés l'accablent bientôt. Il doit faire face à un déficit considérable et ne trouve d'argent qu'à coup d'expédients, est perpétuellement obligé de s'affranchir des règles pour trouver les ressources indispensables. Poussé par le chancelier Duprat qui jalouse sa réussite, François Ier finit par s'en prendre à lui. Une commission est réunie en 1523 pour liquider les comptes en souffrance et examiner sa gestion. Ce n'est encore qu'un procès civil qui tourne d'ailleurs à son avantage. Mais ses ennemis ne désarment pas, et Semblançay est de nouveau arrêté et enfermé en 1527. Il s'agit, cette fois, d'un procès criminel. On lui reproche notamment d'avoir gardé par devers lui des sommes qui auraient dû être remises aux officiers des finances, de s'en être servi pour faire des prêts au gouvernement et d'en avoir tiré des intérêts à son profit. Condamné à être pendu, il attend le supplice pendant six heures à Montfaucon.

L'abbaye de Sénanque
Vue de l'abbaye. © *Scope Jacques Guillard*

SÉMONVILLE Charles HUET, marquis de (Paris, 1759 – Paris, 1839)

Diplomate et homme politique.

Conseiller au parlement de Paris à la fin de l'Ancien Régime, il se fait remarquer en 1788 en proposant la réunion des états généraux comme seul moyen de remédier aux maux du régime. Député suppléant aux États généraux, il ne siège pas mais travaille aux côtés du lieutenant civil Talon. Se tournant ensuite vers la diplomatie, il effectue diverses ambassades, à Bruxelles en 1790, à Gênes en 1791, puis à Turin et à Constantinople, l'année suivante. Là, à la demande des puissances, le sultan refuse de le recevoir. En 1793, alors qu'il accomplit, avec Maret, une mission auprès des principautés italiennes, il est arrêté à Novale, sur le territoire neutre des Grisons, par ordre du gouverneur de Milan. Enfermé à Mantoue, puis à Kufstein, dans le Tyrol, Sémonville sera libéré à la fin de 1795, en échange de Madame Royale. Après le 18 Brumaire, auquel il ne participe pas, il représente la France auprès de la République batave, à la fin de 1799. Nommé sénateur par l'Empereur, en 1805, comte d'Empire en 1808, il négocie quelque temps plus tard le mariage de Napoléon et de Marie-Louise. Sémonville adhère cependant sans hésiter à la déchéance de l'Empereur, puis prépare la rédaction de la charte constitutionnelle. Fait pair de France par Louis XVIII, qui le nomme grand référendaire à la Chambre des pairs, il ne prend aucune part aux Cent-Jours, ce qui lui permet de retrouver la faveur royale lors de la Seconde Restauration. Le roi le fait marquis en 1819. Le 29 juillet 1830, dans une ultime tentative pour sauver le régime, il demande en vain à Charles X le retrait des ordonnances. Rallié ensuite à Louis-Philippe, le marquis de Sémonville perd sa charge en 1834, au profit de Decazes, et se retire alors dans son domaine versaillais.

SÉNANQUE (abbaye de)

Abbaye cistercienne située au fond du vallon boisé de la Sénancole, près de la commune de Gordes, dans le Vaucluse.

Au milieu du XIIe siècle, des moines cisterciens venus du Vivarais s'installent à Sénanque. Ils seront une soixantaine à la fin du siècle. L'église et le cloître, construits dans la seconde moitié du XIIe siècle, sont des exemples types de l'architecture cistercienne. Le plan de l'abbaye se présente comme un quadrilatère dont l'église, la salle capitulaire, le réfectoire et l'aile des convers forment les côtés. Incendiée par les Vaudois en 1540, tombée en commende au siècle suivant, elle est presque abandonnée, deux moines seulement s'y trouvant en 1789. Vendue comme bien national en 1791, l'abbaye est rachetée en 1854 par dom Barnouin qui la restaure et installe une communauté de cisterciens de l'Immaculée-Conception dont la maison mère est l'abbaye Saint-Honorat de Lérins. Expulsés en 1903, revenus en 1926, repliés sur l'île du Lérins en 1969, les Cisterciens se sont réinstallés à Sénanque en 1988.

SÉNAT (Premier Empire)

Assemblée parlementaire instituée par la Constitution de l'an VIII.

Appelé aussi Sénat conservateur, il siège de 1799 à 1814. Destiné, selon la loi constitutionnelle instaurant le Consulat, à devenir la première assemblée politique du régime, le Sénat conservateur est soumis à plusieurs modifications de composition durant cette période et celle de l'Empire. Il comprend, à l'origine, 60 membres nommés par les consuls, puis cooptés par les sénateurs eux-mêmes. Le nombre de ces derniers est porté à 80 en 1802, auxquels s'ajouteront 40 membres que le Premier Consul puis l'Empereur se réserveront de nommer, en vertu de leur pouvoir discrétionnaire. Après qu'en 1804 les grands dignitaires de l'État ont reçu la prérogative d'être membres de droit du Sénat, cette assemblée devient un instrument au service de l'Empereur. En effet, bien que le rôle de la Haute Assemblée soit le contrôle de la constitutionnalité des lois (compétence illusoire puisque la saisine du Sénat ne pouvait procéder que du Tribunat ou du gouvernement lui-même), Napoléon s'assure la docilité de l'institution en accordant à ses membres des traitements élevés, puis l'accès à partir de 1808 à la noblesse d'Empire. Ainsi, la Chambre haute est, à compter de sa création, un aveugle instrument de ratification. Les actes d'allégeance de cette assemblée sont nombreux, notamment le sénatus-consulte du 5 janvier 1801, par lequel Bonaparte est autorisé à faire déporter, sans jugement, 130 personnes accusées de jacobinisme et soupçonnées d'avoir participé à l'attentat de la Machine infernale ; celui du 13 mars 1802, par lequel est organisée l'épuration des membres du Tribunat et du Corps législatif ; celui du 8 mai 1802, prorogeant les pouvoirs du Premier Consul pour dix ans ; celui du 2 août de la même année, proclamant le consulat à vie ; celui également du 28 mai 1804, visant à la proclamation de l'Empire ou celui de septembre 1805, dessaisissant le Corps législatif au profit de l'Empereur de la décision des levées en hommes.

La suppression du Tribunat, la limitation des pouvoirs du Corps législatif, la dissolution du mariage de Napoléon avec Joséphine, les augmentations d'impôts, les déclarations de guerre ainsi que bon nombre d'actes de gouvernement émanés directement des Tuileries, en l'absence de la ratification des organes institutionnels compétents, sont autant de blancs-seings donnés par le Sénat aux violations de la Constitution. Cette soumission des sénateurs est, au fil des ans, plus constamment récompensée. Outre les avantages déjà mentionnés, la remise de « sénatories » aux membres de la Haute Assemblée (domaines au revenu très lucratif), rendent la charge particulièrement convoitée jusqu'à la fin du régime. Toutefois, à l'heure des revers, le Sénat ne montre, dans l'ensemble, qu'ingratitude envers le maître dont il a tout reçu. Après avoir sciemment endossé les nombreuses violations constitutionnelles du pouvoir exécutif, il adopte en 1814 une attitude « légaliste » inspirée par le seul retournement de la situation politique. Réuni sur convocation de Talleyrand, le 1er avril 1814, le Sénat nomme un gouvernement provisoire, vote la déchéance de l'Empereur et, pour justifier cette dernière décision, se met à énumérer toutes les violations constitutionnelles perpétrées par le gouvernement impérial depuis le début du régime, oubliant simplement de rappeler que celles-ci ont toujours pu être réalisées sans que l'ombre d'une protestation ne se soit échappée du palais du Luxembourg. Le 6 avril, la Haute Assemblée adopte une Constitution qui appelle Louis XVIII au trône de France et attribue le 14 du même mois le gouvernement provisoire au comte d'Artois, futur Charles X. Le Sénat n'est pas maintenu par la Restauration. Toutefois, 85 anciens sénateurs se retrouvent sur les bancs de la Chambre des pairs. Cette assemblée, née sous le Consulat, ne devait pas être rétablie durant la période des Cent-Jours.

SÉNAT (Second Empire)

Assemblée parlementaire du Second Empire. Ayant reçu ses attributions institutionnelles par la Constitution de 1852, le Sénat est, dès sa création, l'un des organes les plus importants du nouveau régime.

Présidée, à partir du 4 mars 1852, par le prince Jérôme Bonaparte, la Haute Assemblée adopte, par sénatus-consulte du 25 novembre 1852, le rétablissement « de la dignité impériale en la personne de Louis Napoléon Bonaparte ». Les membres de cette assemblée, au nombre initial de 80, puis de 150, sont nommés par le prince-président, puis par l'empereur, à l'exception des membres de droit, hauts dignitaires de l'État. Le président et le vice-président sont désignés chaque année par Napoléon III. En poste à vie, les sénateurs du Second Empire, tout comme ceux du Premier Empire, reçoivent force gratifications, ce qui les porte à une docile reconnaissance vis-à-vis du pouvoir qui n'aura pas beaucoup à se plaindre de leur indiscipline politique. Toutefois, cette fidélité apparaît très rapidement plus de principe que résultant d'un choix librement consenti. En effet, les rares velléités émancipatrices du Sénat sont rapidement enrayées par un pouvoir exécutif jaloux de ses prérogatives et, malgré le sénatus-consulte de 1867 conférant au Sénat le droit de renvoyer une loi pour réexamen devant le Corps législatif, la tendance sera à une diminution constante de ses compétences. Cantonnée essentiellement dans ses attributions de garde de la Constitution, de législation et d'administration des colonies, la seconde Chambre, sans être aussi muselée que sous le Premier Empire, reste toutefois réduite à un rôle politique mineur. Après avoir soutenu le principe d'une guerre contre la Prusse, le Sénat a l'occasion de donner à son souverain un ultime et sincère gage de son dévouement en envoyant, le 4 septembre 1870, « un dernier vœu et un dernier hommage » à celui qui est déjà le prisonnier de Bismarck : le soir même, les scellés sont posés sur les portes du palais du Luxembourg.

SÉNAT (IIIe République)

Le Sénat de la IIIe République est institué par la loi constitutionnelle du 24 février 1875.

Siégeant au palais du Luxembourg, il partage avec la Chambre des députés le pouvoir législatif. Les monarchistes fondent de grands espoirs dans la constitution de cette Chambre haute que redoutent les républicains, craignant qu'elle ne ressemble au « Grand Conseil » souhaité par le duc de Broglie, chef de l'ordre moral. Les députés adoptent finalement un projet de loi qui place, à côté de 75 sénateurs inamovibles, 225 sénateurs élus par les communes et renouvelables tous les trois ans, par tiers. Les premiers seront désignés par la Chambre, puis par le Sénat lui-même. Les seconds, qui doivent être âgés d'au moins 40 ans, sont élus par des collèges électoraux essentiellement composés de délégués des communes, à raison d'un par commune, quelle que soit sa population. Les petites communes rurales, celles où dominent les notables conservateurs, sont ainsi avantagées, les sénateurs seront avant tout les élus des milieux ruraux et le Sénat, comme le souhaitait la majorité conservatrice de l'Assemblée, une assemblée conservatrice. L'élection des sénateurs inamovibles est cependant une déception pour les conservateurs, 13 d'entre eux seulement sont élus, contre 62 républicains. Mais l'élection de leurs 225 collègues, le 20 janvier 1876, permet finalement aux conservateurs de l'emporter de bien peu ; ils sont, en effet, 161 contre 159. Les partisans du régime républicain ne peuvent se satisfaire d'un mode d'élection qui assure la majorité aux monarchistes, et la révision constitutionnelle d'août 1884 modifie le recrutement du Sénat. Les sénateurs inamovibles sont supprimés, ils disparaîtront par extinction, le mode d'élection des sénateurs sera désormais fixé par une loi ordinaire et non par une loi constitutionnelle. Diverses lois donneront par la suite une plus grande représentation aux villes, le nombre des délégués sénatoriaux devenant proportionnel à la population des communes.

Ainsi constitué, le Sénat joue un rôle important dans la vie politique de la IIIe République. Son président est le second personnage de l'État, et plusieurs présidents de la République seront d'anciens sénateurs. Il préside le Congrès du Parlement qui se réunit à Versailles pour l'élection du président de la République et les révisions constitutionnelles, comme ce sera le cas en 1879, 1884, 1926 et 1940. Le Sénat possède les mêmes pouvoirs que la Chambre en matière législative, sauf en ce qui concerne les finances. Il ne peut être dissous, mais le président de la République ne peut dissoudre la Chambre sans son accord. Le Sénat peut se transformer en Haute Cour, pour juger les attentats contre la sûreté de l'État ou les actes du président de la République ou des ministres. Boulanger, Déroulède, Caillaux et Malvy seront ainsi amenés à comparaître devant lui. Enfin, si, en droit, le Sénat ne peut mettre en jeu la responsabilité ministérielle, en fait, les gouvernements mis en minorité par les sénateurs se sont généralement retirés. Les pouvoirs de ce Sénat ont été très discutés, et le Conseil de la République mis en place en 1946 ne possédera que des pouvoirs extrêmement restreints.

SÉNAT (Ve République)

Seconde assemblée du Parlement, chargée de l'examen des textes législatifs en deuxième lecture.

La Constitution de 1958 a redonné au Conseil de la République du régime précédent plus d'importance, rétablissant le nom de Sénat. Élus pour neuf ans au suffrage indirect, renouvelables par tiers tous les trois ans, les sénateurs doivent être âgés de 35 ans minimum pour être éligibles. Sous la Ve République, le Sénat n'est plus une simple Chambre de réflexion ou de conseil, mais bien un organisme parlementaire, puisque les lois doivent être votées dans les mêmes termes par les deux assemblées. Le Sénat recouvre en partie son influence de la IIIe République ; il peut faire des suggestions ou apporter des modifications aux textes législatifs votés par l'Assemblée nationale ; le projet est alors renvoyé pour approbation devant l'Assemblée. En cas de contestation, un comité mixte s'efforce d'obtenir une conciliation. Si le texte antérieur est maintenu par les députés, la décision de la Chambre basse est prépondérante après un ultime examen. Malgré cette extension d'attributions, le Sénat s'est révélé hostile au régime instauré par le général de Gaulle, notamment en la personne de son président, Gaston Monnerville, deuxième personnage de l'État aux termes de la Constitution. Le président de la République lui manifeste à chaque occasion un dédain non dissimulé, d'autant qu'il dispose, jusqu'en 1967, d'une majorité confortable à l'Assemblée. C'est à la suite d'un référendum modifiant les attributions du Sénat qu'il enregistre un échec à l'origine de son départ du pouvoir. À cette date (1969), le président du Sénat, Alain Poher, présente même sa candidature à la présidence de la République contre Georges Pompidou et, en 1974, contre Valéry Giscard d'Estaing. Après la victoire de la gauche, entre 1981 et 1986, 1988 et 1993, 1997 et 2002, le Sénat joue un rôle de contre-feu d'opposition et, malgré les propositions régulières de voir ses modalités électives transformées, conserve une place seconde mais réelle dans une opinion attachée de manière constante (67 % à l'étiage en 1982, et 82 % en 1993) au bicaméralisme.

SÉNATUS-CONSULTE

Texte voté par le Sénat sous le Consulat, le Premier et le Second Empire et ayant valeur de loi.

Le sénatus-consulte, mot latin, est inspiré des actes du Sénat romain. Les principaux sénatus-consultes sont celui du 8 mai 1802, qui proroge les pouvoirs du Premier Consul pour dix ans ; celui du 2 août de la même année proclamant le consulat à vie en faveur de Bonaparte ; celui du 28 mai 1804, visant à la création du Premier

Le Sénat
La Salle des séances du Sénat en 1879. Dessin de H. Clerget. © *Roger-Viollet*

Empire. Le Sénat de 1852 adoptera quant à lui et parmi plusieurs autres de moindre importance, le sénatus-consulte du 25 novembre 1852, consacrant la création du Second Empire.

SÉNÉCHAL

Grand officier du palais du roi au Moyen Âge. La fonction apparaît sous les Mérovingiens.

Le terme de sénéchal (dérivé du germanique *sinisschalk*) désigne alors le doyen ou le chef des serviteurs du palais, l'« ancien des valets » du roi, chargé d'assurer la discipline du personnel, nombreux et confus, du palais. Son rôle ne fait que s'amplifier. Sous les Carolingiens, il hérite d'une partie des fonctions de maire du palais et assure, en plus de la discipline générale, le service de la table (d'où le titre de *dapifer* qui désigne souvent le même office). Enfin, sous les Capétiens, le sénéchal est devenu un des grands officiers de la couronne. Ses attributions sont très importantes. Il assure toujours la direction des services domestiques du palais. Mais c'est aussi lui qui remplace le roi et commande l'armée en l'absence de celui-ci. Il est également chef de la justice et de l'administration des domaines. À partir de 1127, le sénéchal est toujours un haut baron apparenté à la famille royale. Mais sa puissance est telle que le roi en prend ombrage et, lorsque le sénéchal Thibaud de Champagne meurt en 1191, Philippe Auguste ne le remplace pas et l'office disparaît. Certains princes territoriaux, comme le comte d'Anjou, le comte de Toulouse, avaient eux aussi des sénéchaux et lorsque, dans la seconde moitié du XIIe siècle, Henri II Plantagenêt constitue son empire centralisé, il utilise, pour certaines des principautés qu'il avait conjuguées dans son empire, l'ancienne institution du sénéchal en la transformant. Il fait du sénéchal un agent de l'administration locale et, quand à l'empire des Plantagenêts se substitue le gouvernement capétien, après 1204, le roi de France maintient les sénéchaux, notamment dans les régions d'Aquitaine et en Anjou. C'est ainsi que ceux-ci deviennent des agents de l'administration locale. On rencontre plutôt les sénéchaux dans le Midi du royaume et les baillis au nord. Baillis et sénéchaux ont ensuite la même histoire.

SÉNÉGAL

État d'Afrique occidentale bordé à l'ouest par l'océan Atlantique, au nord par la Mauritanie et le fleuve Sénégal, à l'est par le Mali et au sud par la Guinée.

Ce territoire, situé à la limite de la zone de savane et de climat plus humide aux approches de la Guinée, a été jadis en grande partie dominé par les Ouloufs et les Peuls. Soumis à l'influence musulmane à l'époque du Moyen Âge européen, le pays subit les luttes d'influence des diverses théocraties qui se succèdent dans cette vaste région du continent noir. Les navigateurs portugais se manifestent à l'embouchure du Sénégal au début du XVIe siècle. Au siècle suivant, cette partie du littoral est reconnue par les marins dieppois, lesquels établissent des comptoirs. C'est le début d'un fructueux négoce, notamment celui de la gomme arabique et de l'ivoire, et celui des esclaves. Gorée devient une base de départ des négriers, tandis que la Compagnie du Sénégal puis la Compagnie du Cap-Vert font de Saint-Louis un port très actif. Les guerres du XVIIIe siècle ont pour conséquence la venue des Anglais en 1763, puis à nouveau sous la Révolution et l'Empire. Mais les traités de paix qui suivent la guerre d'Indépendance américaine et la chute de l'Empire restaurent la souveraineté française sur la région. C'est d'ailleurs en transportant des effectifs dans la colonie retrouvée que *La Méduse* fait naufrage sur des hauts fonds le 2 juillet 1816.

Sous l'impulsion de Faidherbe, gouverneur du pays, de 1854 à 1861 puis de 1863 à 1865, le Sénégal amorce son développement économique moderne. L'ordre rétabli, les pillards nomades tenus à l'écart, le gouverneur favorise la culture de l'arachide et des cultures vivrières. L'élevage se révèle favorable en Casamance, dans le sud, plus verdoyant. Les ports de Dakar et de Rufisque sont progressivement équipés pour recevoir des bateaux de haute mer. Les militaires tracent des routes. Gallieni, Borgnis-Desbordes et les gouverneurs successifs poursuivent cette œuvre qui fait bientôt de Dakar la métropole de toute l'Afrique-Occidentale française (A-OF). Après la Seconde Guerre mondiale, le député Léopold Sédar Senghor se révèle la principale personnalité politique du pays. Sous son impulsion, la république autonome de 1958 devient État indépendant deux ans plus tard, après s'être séparée de la fédération du Mali.

Léopold Sédar Senghor
Senghor en habit d'académicien. © *Sygma*

SENGHOR Léopold Sédar (Joal, Sénégal, 1906 – Verson, Normandie, 2001)

Homme politique et poète sénégalais.

Issu du peuple ancien des Sérères vivant au sud-ouest du Sénégal, il fait ses études à Dakar puis à Paris où il passe l'agrégation de grammaire en 1935 et rencontre le poète martiniquais Aimé Césaire, avec qui il formule le concept de « négritude ». Dans la foulée des revendications identitaires africaines ayant marqué le début des années 1930, notamment dans *L'Étudiant noir*, ce concept de « négritude » s'attèle à donner sous de nouvelles formes littéraires, notamment à travers la poésie (*Cahiers d'un retour au pays natal*, 1938-1939 ; *Soleil coupé*, 1948 ; *Cadastre*, 1961), une voix originale aux contestations de la politique d'assimilation pratiquée par la France coloniale en A-OF. En exploitant la langue du colonisateur au profit des valeurs des colonisés, Césaire et Senghor révèlent l'existence d'une identité noire prenant le contre-pied des visions simplistes et stéréotypées de l'Afrique véhiculées par la métropole. « Mais je déchirerai les rires Banania sur tous les murs de France » écrit-il en faisant allusion à la publicité où s'affiche dans l'entre-deux-guerres un tirailleur sénégalais souriant de toutes ses dents.

Au lendemain de la Seconde Guerre mondiale, Senghor est élu député à l'Assemblée constituante française. Il participe en 1946 à la rédaction de la Constitution de la IVe République et devient secrétaire d'État dans le cabinet d'Edgar Faure entre 1955 et 1956. Durant ces années, il fonde l'Union progressiste sénégalaise aux côtés de Mamadou Dia dont l'ouvrage, *Contribution à l'étude du mouvement coopératif en Afrique noire*, publié chez Présence africaine en 1952, donne un nouvel essor à la réflexion sur l'indépendance économique de l'Afrique. Après la dissolution de la Fédération du Mali et l'acquisition de l'indépendance en 1960, il devient le premier président de la République du Sénégal jusqu'en 1980, date à laquelle il se retire volontairement du pouvoir. Léopold Sédar Senghor fut un chef d'État reconnu et admiré pour avoir mené de front une carrière politique et littéraire (*Chants d'ombres*, 1945 ; *Hosties noires*, 1948 ; *Éthiopiques*, 1956 ; *Nocturnes*, 1961). Considéré comme l'un des grands poètes francophones, il était entré à l'Académie des sciences morales et politiques en 1969 avant d'être élu à l'Académie française en 1983.

SENLIS

Chef-lieu de l'arrondissement de l'Oise, entre la forêt d'Halatte et la forêt de Chantilly sur la Nonette.

Bien que Senlis ait été comprise, par sa position géographique, dans le Valois, qui fait partie de la Haute-Picardie, son histoire est entièrement liée à celle de l'Île-de-France. Capitale du peuple gaulois des Silvanectes, elle est fortifiée par les Romains et fait partie de la Belgique Seconde. Au haut Moyen Âge, elle devient le centre d'un comté, le Sellontois, qui appartient à Hugues Capet. En 1173, elle obtient une charte qu'elle conserve jusqu'en 1319. Elle tombe au pouvoir des Bourguignons en 1414. Assiégée par les Armagnacs (1417), prise par les Anglais, elle est délivrée par Jeanne d'Arc en 1429. Sorti du domaine royal en 1576, le comté de Senlis est donné à Marie Stuart, puis à Marguerite de Navarre (1583), enfin au duc d'Épernon (1622). Deux traités sont conclus à Senlis. L'un, en 1473, entre Louis XI et le duc de Bretagne, le second, en 1493, entre Charles VIII et Maximilien Ier d'Autriche. Le château de Senlis, dont il ne subsiste que des ruines, fut dès le règne de Clovis une des résidences habituelles des premiers rois francs.

Senlis
Vue du château. © *Scope Jacques Guillard*

La guerre de Sept Ans
Le Maréchal d'Estrées devant Cassel le 22 juin 1762. Gravure coloriée, fin XVIIIᵉ siècle, Paris, Bibliothèque nationale de France. © *Giraudon*

Sénons ou Senones ou Sénonais

En latin Senones. *Peuple de la Gaule celtique installé dans la région du confluent de l'Yonne et de la Seine, et dans la vallée de l'Yonne jusque vers la Loire, avec comme villes principales Sens, sa capitale, Melun, Montereau, Corbeil et Auxerre.*

Les Sénons, après avoir chassé le roi que César leur a donné, participent au soulèvement général de la Gaule derrière Vercingétorix en 51 av. J.-C.

Sens

Chef-lieu d'arrondissement de l'Yonne, dans le Sénonais, sur l'Yonne, aux confins orientaux de la Champagne.

Ancienne *Agedincum*, capitale des Sénons, elle oppose une vive résistance à César et soutient Vercingétorix – le Sénon Drappès périt à Uxellodunum (51 av. J.-C.). Fortifiée à la fin du IIIᵉ siècle après J.-C. et embellie par des thermes et des amphithéâtres, elle devient, sous le nom de Senones, la métropole de la Quatrième Lyonnaise. Le christianisme y est prêché par saint Savinien – peut-être son premier évêque – et saint Potentien qui y subissent le martyre. L'empereur Julien y est assiégé par les Alamans en 356. Clovis s'en empare vers 486. Saccagée par les Normands, prise par le duc de Bourgogne, Sens est à partir du IXᵉ siècle gouvernée par des comtes qui deviennent héréditaires au Xᵉ siècle. Les Hongrois, les Saxons en font le siège. À la mort du comte Renaud (1055), elle entre dans le domaine royal. Il s'y tient plusieurs conciles, dont l'un (1140) condamne au feu les livres d'Abélard. Louis VII lui accorde une charte, qu'il supprime après le massacre par les bourgeois de Sens de l'abbé Hébert, abbé de Saint-Pierre-le-Vif. Mais, en 1186, Philippe Auguste rétablit la commune de Sens qui subsiste jusqu'en 1318. Sens entre avec ardeur dans la Ligue, résiste à Henri IV en 1590 et ne se soumet qu'en 1594. Longtemps métropole de Paris – son archevêque prenait le titre de primat des Gaules –, elle est amputée des évêchés de Paris, Chartres, Orléans et Meaux en 1622, lors de l'érection de Paris en archevêché. Sa cathédrale Saint-Étienne, entreprise vers 1140, achevée en 1168, est une des plus anciennes cathédrales gothiques de France. Le mariage de Saint Louis avec Marguerite de Provence y est célébré en 1234.

Séparation de l'Église et de l'État (loi de)

Promulguée le 9 décembre 1905, cette loi consacre la rupture du concordat de 1801, mais maintient la liberté de conscience et celle des cultes. Elle régit aujourd'hui encore, avec quelques modifications, les rapports de l'Église et de l'État.

Le concordat de 1801, et surtout les articles organiques ajoutés sur l'ordre de Bonaparte, malgré l'opposition de Pie VII, maintenaient l'Église de France sous la surveillance étroite de l'État, les ministres du culte étant assimilés à des fonctionnaires. Au XIXᵉ siècle, les catholiques ultramontains, Lamennais, le groupe de *L'Avenir*, se montrent favorables à une séparation de l'Église et de l'État, qui assurerait l'indépendance de la première. Mais la papauté condamne les théories de Lamennais et reste hostile à toute idée de séparation, théorie reprise à la fin du siècle par des républicains anticléricaux comme Jules Ferry. Au début du XXᵉ siècle, les lois votées contre les congrégations à l'instigation de Waldeck-Rousseau (1901), les mesures anticléricales prises en 1904 par Émile Combes ouvrent la voie à la séparation. Au début de 1905, Aristide Briand, ministre de l'Intérieur et des Cultes du ministère Rouvier, est nommé rapporteur de la commission chargée de préparer la séparation de l'Église et de l'État. Le 4 mars, le projet définitif est déposé à la Chambre, qui en commence la discussion le 23. Après de longs et difficiles débats, la Chambre adopte le projet le 3 juillet. Le Sénat l'imite le 6 décembre, la loi sera promulguée trois jours plus tard.

La loi de Séparation garantit la liberté de conscience et la liberté des cultes, mais « ne reconnaît, ne salarie ni ne subventionne aucun culte ». Le culte catholique est libre « sous les seules restrictions édictées dans l'intérêt de l'ordre public ». Après quatre années, pendant lesquelles les ministres du culte seront indemnisés, ils ne percevront plus rien. La dévolution des biens dont jouissent les Églises, l'Église catholique surtout, est un problème essentiel : la loi propose leur dévolution à des associations cultuelles, qui seront chargées de leur gestion. Cet aspect de la loi est à l'origine d'un nouveau conflit entre le gouvernement français et l'Église, car les associations cultuelles, dont les membres sont choisis sans aucune référence à la hiérarchie, pourront comprendre des non-catholiques, ou même des anticléricaux. Les inventaires des biens qui, selon la loi, doivent être remis aux associations, donnent lieu à de violents incidents, et seront finalement abandonnés. Autre source de difficultés, la condamnation par Pie X de la loi de Séparation, condamnation rendue publique par l'encyclique *Vehementer* du 14 février 1906. Au mois d'août, sans tenir compte de la volonté conciliatrice de certains évêques, le pontife interdit la formation des associations cultuelles. Au mois de septembre, l'Assemblée générale des évêques de France se soumet à la volonté de Pie X. L'administration financière du culte restera difficile jusqu'en 1924, l'Église devant recourir à des expédients, le denier du culte notamment. En 1924, la création des associations diocésaines dote les diocèses d'une personnalité juridique.

Les incidents s'apaisent sous le ministère Clemenceau, qui succède au mois d'octobre 1906 au ministère Sarrien. Chargé de l'Instruction publique et des Cultes, Briand organise le culte, par la voie réglementaire souvent. Celui-ci est assimilé à une réunion publique, les curés étant dispensés de la déclaration préalable prévue par la loi de 1881 (loi de mars 1907). Les curés occuperont les églises « sans titre juridique », elles appartiennent désormais aux communes qui en assurent l'entretien si elles le veulent. Les cathédrales appartiennent à l'État, comme les palais épiscopaux et les séminaires, les presbytères étant dévolus aux communes. La loi du 13 avril 1908, enfin, concernant les biens des fabriques et des évêchés et les fondations pieuses, achève l'œuvre législative de Briand en ce qui concerne la séparation de l'Église et de l'État.

L'Église de France, matériellement appauvrie par cette loi, acquiert, grâce à elle, l'indépendance vis-à-vis de l'État, mesure bénéfique au point de vue spirituel. Elle se trouve à présent en relation plus étroite avec Rome. En 1905, lors du vote de la loi de Séparation, deux provinces manquent à la France, l'Alsace et la Lorraine, passées sous l'autorité des vainqueurs de 1871. Lors du retour de ces provinces à la France, après la Première Guerre mondiale, elles reçoivent un statut particulier. La loi du 17 octobre 1919, en effet, puis le décret du 25 octobre de la même année, et enfin la loi du 1ᵉʳ juillet 1924, maintiennent dans les départements du Haut-Rhin, du Bas-Rhin et de la Moselle toutes les lois locales concernant les cultes. Ces trois départements restent soumis à la législation cultuelle qui régissait la France avant 1905, c'est-à-dire, dans les grandes lignes, à la législation « concordataire » de 1801. La loi de Séparation de l'Église et de l'État n'est donc pas applicable à l'Alsace-Lorraine. Seules seront appliquées, dans des formes moins rigoureuses que dans le reste de la France, les principes de la liberté de conscience et de la liberté des cultes. L'Alsace et la Lorraine restent aujourd'hui, dans l'ensemble, soumises à la législation cultuelle mise en place au lendemain de la Première Guerre mondiale.

Sept Ans (guerre de)

Conflit qui opposa de 1756 à 1763 l'Angleterre et la Prusse, d'une part, la France, l'Autriche et leurs alliés d'autre part.

Il a pour causes la rivalité économique et coloniale entre la France et l'Angleterre, en Amérique du Nord et dans l'Inde, et le désir de l'impératrice Marie-Thérèse d'Autriche de reprendre la Silésie à Fréderic II de Prusse. La paix signée entre la France et l'Angleterre en 1748 ne peut durer. Le conflit entre les deux puissances pour la possession de l'Amérique du Nord s'est annoncé dès le lendemain de la paix d'Aix-la-Chapelle à propos des limites de l'Acadie qui n'ont pas été précisées par les traités. Il s'envenime tellement que les Anglais ouvrent les hostilités en 1755 en attaquant, près des bancs de Terre-Neuve, trois vaisseaux français, sans avoir déclaré la guerre, et en capturant la même année plus de 300 navires marchands français. Puis le gouvernement anglais réussit à convaincre Frédéric II de signer avec lui un traité d'alliance defensive par lequel le roi de Prusse s'engage à défendre le Hanovre contre une attaque française. Ce traité déchaîne la colère en France, et Louis XV, renonçant à l'amitié traditionnelle de la France avec la Prusse, se décide alors à prêter l'oreille aux offres d'alliance que lui fait parvenir la cour de Vienne. L'impératrice Marie-Thérèse d'Autriche, déçue du peu de concours que lui a apporté la Grande-Bretagne pendant la guerre de Succession d'Autriche, s'est, en effet, laissée persuader par son principal conseiller Kaunitz que la seule ennemie réelle de l'Autriche est la Prusse et que, pour reprendre la Silésie, le concours de la France est indispensable. Le rapprochement des deux anciens ennemis, ce que l'on devait appeler le renversement des alliances, est consacré par le traité de Versailles signé le 1ᵉʳ mai 1756. Ne se contentant pas de faire la paix, Louis XV et Marie-Thérèse s'engagent à s'assister mutuellement en cas de conflit. La guerre se déroule en Allemagne, sur mer et dans les colonies.

Les opérations continentales. La Russie se préparant à entrer elle aussi en guerre aux côtés de la France et de l'Autriche, Frédéric II, afin de prévenir une action concertée de ses adversaires, prend hardiment l'offensive et envahit la Saxe en août 1756. L'indignation est grande en France, et l'initiative prussienne provoque un renforcement de l'alliance franco-autrichienne dans laquelle sont entrés les princes allemands en juin 1757, la Russie en février et la Suède en mars. La guerre débute mal pour Frédéric. Les Autrichiens et les Français remportent en effet de brillants succès, les premiers en chassant les Prussiens de la Bohême qu'ils avaient envahie (juin 1757), les seconds en contraignant l'armée anglo-hanovrienne de Cumberland à capituler à Closterseven en septembre 1757. La situation du roi de Prusse paraît alors critique. Menacé de tous côtés – « Mes ennemis sont trop », dit-il –, il avoue l'erreur qu'il a commise en croyant, au moment d'entrer en campagne, que la France ne donnerait à l'Autriche qu'un appui moral, parle de mourir « l'épée à la main », ne sait pas de quel côté porter le front.

Mais la médiocrité et les fautes de ses ennemis le sauvent. Il réussit, avec 20 000 hommes seulement, à mettre en déroute à Rossbach les 60 000 Français et Impériaux commandés respectivement par Soubise et Hildburghausen en novembre 1757. Puis, exploitant rapidement ce succès inespéré, il attaque les Autrichiens à Leuthen en décembre 1757. Si l'effet de ces victoires est énorme en Europe, sa situation n'en reste pas moins précaire. Il parvient pourtant, pendant l'année 1758, à tenir tête aux Autrichiens, aux Russes et aux Français, qu'il bat à Crefeld en juin 1758. Mais les Russes écrasent ses troupes à Kunersdorf en août 1759, occupent Berlin en octobre 1760 ; il n'est sauvé de la défaite que par la mort de la tsarine Élisabeth en janvier 1762. Le nouveau tsar Pierre III, Allemand par son père et admirateur passionné de Frédéric, signe avec lui une paix séparée, en mai 1762, complétée par un traité d'alliance en juin. Il ne règne pas longtemps : sa femme Catherine, la future Grande Catherine, le fait enfermer et assassiner. La nouvelle tsarine ne donne pas suite à l'alliance, mais respecte le traité de paix. Frédéric a, dès lors, les mains libres contre les Autrichiens. Mais les belligérants sont épuisés et l'on commence à parler de paix.

Les opérations maritimes et coloniales. Elles sont désastreuses pour la France. La guerre commence pourtant par une victoire française, l'occupation de Minorque, alors anglaise, par un corps expéditionnaire commandé par Richelieu en mai 1756. Les Anglais, sous l'impulsion de Pitt, se ressaisissent. Ils ne réussissent guère dans les attaques qu'ils lancent contre les côtes de France mais le débarquement en Grande-Bretagne, projeté par Choiseul, leur fournit l'occasion de retrouver la maîtrise des mers. S'étant dirigée vers Quiberon pour y prendre les troupes du duc d'Aiguillon, la flotte française de Brest, commandée par Conflans, est attaquée dans la baie par l'amiral Hawke et subit un désastre en novembre 1759. Sa flotte pratiquement anéantie, la France est désormais hors d'état de défendre ses colonies.

Les revers avaient commencé dès 1758 en Amérique du Nord où les colons français, privés de secours et submergés par les troupes anglaises, ne tardent pas à succomber. Les Canadiens, pourtant commandés par l'énergique Montcalm, sont contraints d'évacuer la vallée du Saint-Laurent et, après la prise de Québec par les troupes de Wolfe, qui trouve la mort ainsi que Montcalm au cours de la bataille des plaines d'Abraham en septembre 1759, Montréal se rend aux Anglais en septembre 1760. Ceux-ci s'emparent de la Guadeloupe en 1759 et de la Martinique en 1762. La France ne conserve en Amérique que la Louisiane, Cayenne et la moitié occidentale de Saint-Domingue. En Inde, les Anglais l'emportent également et, après l'échec d'une dernière tentative sur Madras, Lally-Tollendal doit capituler dans Pondichéry en janvier 1763. L'Inde est perdue pour la France. Pour pallier ces échecs et obtenir l'appui de la flotte espagnole, Choiseul a alors l'idée d'une alliance entre les Bourbons d'Europe, le pacte de Famille, l'essentiel de la combinaison étant l'étroite union de la France et de l'Espagne (août 1761). Mais l'Espagne se révèle incapable, dans l'immédiat, d'apporter un concours de forces suffisantes à la France vaincue et épuisée. L'infériorité technique et manœuvrière de la flotte espagnole ne lui permet pas de combattre avec succès les Anglais qui s'emparent de la Floride et de Cuba.

La fin de la guerre. Ses conséquences. Par le traité de Paris signé le 10 février 1763, la France recouvre la Martinique, la Guadeloupe et Belle-Isle, en échange de Minorque restituée à l'Angleterre. Elle obtient, sous des conditions compliquées, stipulées en termes obscurs, le droit de pêche à Terre-Neuve et les îlots de Saint-Pierre-et-Miquelon. Mais elle cède à l'Angleterre son empire des Indes où elle ne garde – à condition de n'y pas lever de troupes – que cinq comptoirs, Chandernagor, Yanaon, Karikal, Mahé, Pondichéry. Elle lui cède également son empire d'Amérique, les îles de la Dominique, de Saint-Vincent, de Tobago, de Grenade et des Grenadines, le Canada, l'île du Cap-Breton, les îles du Saint-Laurent et la partie de la Louisiane située à l'est du Mississipi. Pour recouvrer La Havane, l'Espagne abandonne aux Anglais la Floride ; pour dédommager l'Espagne – ce fut le premier effet du pacte de Famille – la France lui cède la Nouvelle-Orléans et le reste de la Louisiane. Enfin, elle cède encore à l'Angleterre le Sénégal où elle ne garde que l'île de Gorée. Quelques mois plus tard, le traité d'Hubertsbourg, signé le 15 février 1763, termine la guerre continentale. Marie-Thérèse abandonne définitivement la Silésie.

Frédéric II et l'Angleterre sont les vainqueurs de cette grande guerre. Cette dernière en sort maîtresse des mers, et elle pourra désormais développer presque sans limites sa puissance coloniale. Pourtant l'opinion publique, en Angleterre, fera grief au gouvernement d'avoir préféré le Canada, « quelques arpents de glace » selon Voltaire, aux Antilles qui, dans l'optique du moment, sont incomparablement plus riches avec la canne à sucre, le cacao, les épices et autres produits tropicaux. Sur le continent, la Prusse sort considérablement grandie de la guerre. Elle est désormais une grande puissance continentale, et son roi, qui a inspiré au monde étonné une profonde admiration, s'annonce comme protecteur puissant de l'Allemagne, bien plus redoutable pour la France que ne l'avait été l'Autriche.

La guerre de Sept ans – de huit en fait puisque les Anglais entament les hostilités en mer dès 1755 –, qui se déroule sur terre comme sur les océans, peut-être envisagée comme un conflit sinon mondial, du moins européen. La France voudra à partir de 1776 venger son échec en aidant la cause des *Insurgents* révoltés contre la métropole britannique. Elle espère aussi trouver dans le marché américain une compensation à la perte du débouché canadien. Mais cet espoir sera déçu et les dettes contractées pour soutenir l'effort de la guerre d'Indépendance américaine affaibliront gravement la monarchie.

SEPTEMBRE 1792 (massacres de)

Exécutions sommaires qui se déroulèrent dans les prisons de Paris, puis de certaines villes de province, du 2 au 6 septembre 1792.

Depuis la chute de la royauté le 10 août 1792, la Commune insurrectionnelle de Paris, chaque jour plus véhémente, cherche à imposer ses vues à l'Assemblée législative. Dès le 11 août, sous la pression de la Commune, cette dernière doit autoriser les municipalités à rechercher les crimes contre la sûreté de l'État, et à opérer des arrestations provisoires. Le 17 août, malgré ses réticences, l'Assemblée vote de la même manière la constitution d'un tribunal criminel extraordinaire, constitué de juges élus par les sections parisiennes, pour juger les contre-révolutionnaires. Le 28 août enfin, elle autorise la municipalité à procéder à des visites au domicile des suspects, pour y rechercher des armes. D'autres mesures ont été prises contre les émigrés, leurs familles, et les prêtres réfractaires. Un régime de terreur s'installe. 500 personnes environ sont conduites, au cours du mois d'août, aux prisons de La Force, de l'Abbaye, de Saint-Firmin, ou enfermées aux Carmes. Les mesures prises le 28 août entraînent environ 3 000 arrestations, dont beaucoup ne seront pas maintenues.

Cependant, alors que La Fayette a déserté les armées de la République, les Prussiens envahissent le territoire français et prennent Longwy, le 23 août. Le 1er septembre, Marat fait placarder des affiches réclamant la justice directe par le peuple. Les « traîtres » doivent être supprimés avant que les patriotes ne partent vers les frontières. L'effervescence grandit dans la capitale et atteint son point culminant le 2 septembre, à l'annonce de la capitulation de Verdun. Depuis quelques jours,

Les massacres de septembre 1792
Enlèvement de cadavres. Aquarelle d'Étienne Béricourt, fin XVIIIe siècle, Paris, musée de la ville de Paris, musée Carnavalet. © *G. Dagli Orti*

des tueurs ont été recrutés. On leur offre six francs et le vin à volonté. Dans l'après-midi du 2, des bandes s'en prennent aux prêtres réfractaires, à l'Abbaye, puis aux Carmes. Le tocsin sonne, les massacres commencent. Les tueurs retournent à l'Abbaye où se trouvent des nobles et des serviteurs de la monarchie. Seuls quelques-uns, comme le marquis de Sombreuil, gouverneur des Invalides, échappent à la mort. Le Comité de surveillance de la Commune prend alors un arrêté enjoignant, au nom du peuple, de juger les suspects avant de les exécuter. Des tribunaux populaires sont improvisés. On traîne devant eux les prisonniers, qui sont massacrés à la sortie. La Force, la Conciergerie, le Châtelet, Bicêtre, la Salpêtrière, Saint-Firmin et la Tour Saint-Bernard, jusqu'au 6 septembre, reçoivent eux aussi la visite des exécuteurs. À la Force, la princesse de Lamballe qui, après avoir émigré, est revenue aux côtés de Marie-Antoinette, est abattue sans pitié, son corps dépecé. Les émeutiers plantent sa tête sur une pique et vont la promener au Temple sous les fenêtres de Marie-Antoinette en hurlant : « La Lamballe, l'Autrichienne ! La Lamballe, l'Autrichienne ! ». Les autorités assistent au carnage, muettes. L'Assemblée envoie une délégation à la Commune. Accueillie par des injures, elle se retire dignement. Danton, le ministre de la Justice, ne fait rien pour protéger les prisonniers, ni pour tenter de les sauver. Les Girondins, en particulier Mme Roland, le tiendront, avec Marat, pour responsable du massacre. À Paris, restée calme en dehors des quartiers où se déroulent les tueries, combien y eut-il de victimes ? Peut-être 1 100, ou plus, sur les 3 000 personnes environ qui se trouvaient en prison à ce moment. Des prêtres réfractaires, environ 200, parmi lesquels les frères de La Rochefoucauld, évêques de Saintes et de Beauvais, dom Chevreul, supérieur général de l'ordre des Bénédictins, des nobles, des serviteurs de la monarchie comme le ministre Montmorin, mais aussi de nombreux prisonniers de droit commun, des filles publiques, ont péri au cours de ces massacres de Septembre.

La province suit l'exemple parisien, plus ou moins vigoureusement. À Meaux, Reims, Caen, Gisors, où périt le duc de La Rochefoucauld, à Versailles, où sont tués l'évêque de Mende et le duc de Brissac, les massacres font d'autres victimes. Dans le pays, même si certains frémissent d'horreur, l'opinion regarde les massacres de Septembre comme une action juste, une défense contre l'invasion, la trahison, la contre-révolution. À l'étranger, on considère avec indignation et horreur cette première manifestation de la Terreur.

SEPTEMBRE 1835 (lois de)

Série de trois lois réactionnaires votées sous le ministère de Broglie, à la suite de l'attentat de Fieschi.

La première établissait le vote secret du jury et ramenait la majorité nécessaire, pour prononcer une condamnation, de huit à sept voix. La seconde permettait de créer de nouvelles cours d'assises et excluait les inculpés des débats. La troisième restreignait la liberté de la presse en interdisant les articles critiquant la forme ou les actes du gouvernement.

SEPTEMBRE 1864 (convention de)

Convention signée à Saint-Cloud le 15 septembre 1864 entre l'Italie, représentée par le comte Pepoli, et la France. Elle règle, provisoirement, la question romaine.

Les négociations concernant cette question essentielle ont repris au mois de mai, à partir d'un projet italien préparé par le ministre Minghetti, reprenant le texte mis au point par Cavour en 1861. Lassé des exigences du pape Pie IX, l'empereur souhaite aboutir rapidement. Les Français s'engagent à évacuer le territoire pontifical dans un délai de deux ans, qui permettra au pape de reconstituer une armée. En échange, les Italiens s'engagent à respecter, et même à défendre contre une attaque extérieure le territoire du Saint-Siège. Ils acceptent aussi le transfert de leur capitale de Turin à Florence, à défaut de Rome. Cette convention fait de nombreux mécontents. Les Turinois, furieux que leur ville ait perdu le statut de capitale, se soulèvent le 22 et le 23 septembre. Pour apaiser les esprits, la Chambre italienne doit préciser : « Nous ne renonçons pas à Rome, nous renonçons simplement à y aller par la force. » Florence deviendra officiellement la capitale de l'Italie l'année suivante. Les démocrates italiens, mazziniens et garibaldiens, et plus encore le pape Pie IX, sont eux aussi très mécontents. L'encyclique *Quanta Cura* et le *Syllabus*, publiés le 8 décembre 1864, contiennent les réponses du pontife à la convention du 15 septembre.

SEPTEMBRE 1870 (révolution du 4)

Journée au cours de laquelle furent successivement proclamés la déchéance du Second Empire et l'avènement de la IIIe République.

Dans la soirée du 3, des dépêches d'origine belge ont fait connaître aux autorités la défaite de Sedan et la capture de l'empereur. Au petit jour, les crieurs de journaux apprennent la nouvelle aux Parisiens stupéfaits. Les députés, mis au courant dans la nuit par le chef du gouvernement, le général Cousin-Montauban, comte de Palikao, se réunissent au Corps législatif. Les républicains, par la voix de Jules Favre, proposent la déchéance de la dynastie et l'élection d'une commission gouvernementale, mais aucun vote n'intervient. Une nouvelle réunion de la Chambre est prévue pour l'après-midi. Dans la matinée, peu à peu, des dizaines de milliers de Parisiens, peut-être 200 000, des bourgeois en redingote, des ouvriers en blouse, des gardes nationaux eux aussi très nombreux, car un entrefilet du *Siècle* les a convoqués pour 14 heures, se réunissent place de la Concorde. Beaucoup de curieux, mais aussi des républicains, journalistes ou hommes politiques, et des professionnels de l'émeute comme les blanquistes (Blanqui lui-même se trouve dans la foule). Pendant ce temps, aux Tuileries, l'impératrice Eugénie reçoit une délégation de parlementaires conduite par Buffet, qui lui demande de remettre le pouvoir exécutif à une « commission de gouvernement », Eugénie accepte finalement de se ranger à l'avis du comte de Palikao.

La Chambre cependant est gardée, sur l'ordre du chef du gouvernement, par une forte ceinture de troupes. Le pont de la Concorde est lui aussi bouclé, mais peu à peu, à la suite d'un ordre du général Lebreton, questeur de la Chambre, les gardes nationaux sont autorisés à franchir le barrage. Quant au général Caussade, chargé du maintien de l'ordre à l'intérieur de la Chambre, il fait relever la troupe régulière par la garde nationale. La protection prévue par Palikao est donc loin d'être hermétique. Les députés entrent en séance peu après 13 heures, sous la présidence d'Eugène Schneider. Ils se trouvent en présence de trois projets de loi. Celui de Jules Favre, présenté la nuit précédente ; celui du comte de Palikao, qui maintient l'Empire et crée un Conseil de gouvernement nommé par le Corps législatif et présidé par lui-même ; celui de Thiers, enfin, qui propose la nomination par la Chambre d'une commission de gouvernement et de défense nationale et prévoit la convocation ultérieure d'une Constituante. Sur la proposition de Gambetta, le président Schneider décide que les trois textes seront joints et examinés en commission. Pendant ce temps, peu à peu, une foule mélangée commence à pénétrer à l'intérieur des grilles. Lorsque la séance reprend, vers 14 heures 30, la plupart des députés ont jugé prudent de s'éclipser, ils ne sont plus qu'une quinzaine. Schneider déclare la séance ouverte mais des cris de « Vive la République ! » jaillissent, la salle est envahie de manifestants, le président et Palikao abandonnent la place. Les députés républicains redoutent la victoire de l'émeute. Bondissant alors à la tribune, Gambetta parvient à se faire entendre, et présente une motion hâtivement rédigée : « Attendu que la patrie est en danger, attendu que tout le temps nécessaire a été donné à l'Assemblée pour prononcer la déchéance, attendu que nous sommes le pouvoir régulier, issu du suffrage universel libre, nous déclarons que Louis Napoléon Bonaparte et sa dynastie ont à jamais cessé de régner sur la France. » La foule applaudit, mais continue de réclamer la république. La séance ne peut se poursuivre sans danger dans un tel vacarme. Jules Favre et Gambetta proposent alors aux manifestants d'aller proclamer la république à l'Hôtel de Ville. Deux colonnes se mettent en marche, l'une par la rive droite, derrière Favre et Ferry, l'autre par la rive gauche, derrière Gambetta et Pelletan. La foule est agitée, joyeuse. « Les malheureux, murmure Gambetta à Pelletan, n'entendent pas le bruit des légions germaniques dans le lointain. »

Pendant que l'émeute triomphe à la Chambre, l'impératrice, restée seule aux Tuileries avec le prince de Metternich, ambassadeur d'Autriche en France, et le chevalier de Nigra, a traversé le musée et sauté dans un fiacre qui l'a conduite chez le docteur Evans. Ce dernier organisera son départ pour l'Angleterre. Gambetta, qui est monté dans un fiacre pour aller plus vite, arrive le premier à l'Hôtel de Ville, suivi vers 16 heures de Jules Favre. Les couloirs et les salles sont envahis d'une foule disparate. Sur place aussi, un certain nombre de chefs révolutionnaires, des blanquistes, Millières, Félix Pyat, Flourens, peut-être Delescluze. Gambetta, aussitôt arrivé, propose la mairie de Paris à Arago, la préfecture à Kératry, lui-même se réservant l'Intérieur. Jules Favre arrive à son tour. Il faut préparer la liste du gouvernement, mais sur quelles bases ? Quelqu'un, Jules Ferry probablement, propose alors « les députés de Paris au gouvernement ». Proposition aussitôt acceptée, une liste est établie, Arago, Crémieux, Favre, Ferry, Garnier-Pagès, Glais-Bizoin, Eugène Pelletan sont nommés. On ajoute les noms de trois députés élus à la fois à Paris et en province, et qui ont choisi de représenter un département, Gambetta, Jules Simon et Ernest Picard. À ces dix noms est bientôt ajouté celui de Rochefort, accouru de Sainte-Pélagie, et qui fait à l'Hôtel de Ville une entrée triomphale. Ainsi gardés à gauche, les nouveaux dirigeants cherchent l'homme qui leur assurera la confiance de la bourgeoisie. Ils choisissent le gouverneur de Paris, Trochu. Le général pose une condition, « Êtes-vous défenseurs de la famille, de la patrie, de la religion ? » On se hâte d'acquiescer. Il demande alors la présidence du gouvernement provisoire, qui lui est accordée. Une affiche imprimée à la hâte annonce à la population la proclamation de la république et la formation d'un gouvernement provisoire. Le télégraphe avertit la province, où des mouvements ont éclaté à Lyon, à Bordeaux, ou à Versailles.

Tandis que Trochu décide de rendre visite au comte de Palikao, Jules Favre, délégué au Palais-Bourbon, avertit les quelque 170 députés qui n'acceptent pas la situation et, réunis dans une salle, continuent de discuter, qu'ils doivent s'incliner. Ce qu'ils font, non sans difficulté, par la voix de Thiers. Gambetta, qui s'est précipité au ministère de l'Intérieur, prenant de vitesse Ernest Picard auquel Favre avait promis le maroquin, entreprend de nommer de nouveaux préfets. À la préfecture de police, Kératry signe les mandats d'arrêt de quelques hommes qui pourraient mettre en péril la république. Au soir du 4 septembre, la IIIe République a pris le pouvoir, sans qu'une goutte de sang ait été versée.

SEPTENNAT (loi du)

Loi fixant à sept ans la durée du mandat du président de la République.

Au mois d'octobre 1873, les espoirs des monarchistes s'effondrent. La restauration monarchique qu'ils espéraient depuis l'entrevue du comte de Paris et du comte de Chambord à Frohsdorf, le 5 août, n'aura pas lieu. Le journal légitimiste *L'Union* publie en effet, le 30 octobre, une lettre du comte de Chambord datée du 27, dans laquelle il affirme son attachement inébranlable au drapeau blanc. Pour stabiliser le régime et ménager l'avenir, c'est-à-dire rendre possible une nouvelle restauration monarchique à la mort du comte de Chambord, avec les Orléans, les royalistes, majoritaires à l'Assemblée, décident de faire proroger les pouvoirs de Mac Mahon, président de la République. Le 20 novembre, à la majorité de 68 voix, est donc votée la loi du septennat, portant à sept ans la durée des pouvoirs du président de la Republique. La droite est satisfaite, croit avoir évité l'installation définitive de la république. La gauche l'est tout autant, pour des motifs exactement contraires. La loi du septennat, reprise le 30 janvier 1875 dans l'amendement Wallon, adopté à une voix de majorité, et qui crée la république, devient l'article 2 de la loi constitutionnelle sur l'organisation des pouvoirs publics, une des lois constitutionnelles par lesquelles la IIIe République est légalement affirmée. Les menées des monarchistes se sont retournées finalement contre eux. Les Constitutions de 1945 et 1958 ont repris le septennat présidentiel jusqu'au référendum du 24 septembre 2000 qui a instauré le quinquennat (18,5 % de « oui » et 70 % d'abstention).

Septimanie

En latin Septimania. *Région de la Gaule méridionale située entre Rhône et Pyrénées et reprenant approximativement, au début du Moyen Âge, les limites de l'ancienne Narbonnaise Première (actuels départements des Pyrénées-Orientales, de l'Aude, de l'Hérault et du Gard).*

Deux explications ont été proposées pour l'origine du nom. La première est que cette région comprenait sept villes ou diocèses : Narbonne, Béziers, Agde, Maguelonne, Nîmes, Uzès et Lodève. Mais, en réalité, cette liste ne tient pas compte de deux évêchés importants, Carcassonne et Elne. En outre, le nom de Septimanie semble remonter à des temps vraiment anciens. Il faut donc se rallier à l'autre explication : la Septimanie est une extension du territoire de Béziers, ancienne *colonia romana Septimanorum Baeterrae*, où Auguste avait installé des vétérans de la septième légion. Au VIe siècle, la Septimanie, farouchement attachée à son indépendance, reste au pouvoir des Wisigoths que la bataille de Vouillé, en 507, a chassés du reste de la Gaule ; elle correspond alors à ce qu'on appellera la Gothie ; l'un de ses princes, le roi des Wisigoths, Liuva (567-573), réside à Narbonne. Pendant la première moitié du VIIIe siècle, les Sarrasins y font des incursions répétées ; ils occupent le pays à partir de 719 ou 725. Les Francs parviennent enfin à y prendre pied sous Charles Martel. Mais, délivrés des Sarrasins, les Wisigoths redeviennent les maîtres. Pépin le Bref doit mener chez eux deux campagnes sévères (757 et 759). L'annexion du pays est possible après la prise de Narbonne. En 778, Charlemagne joint la Septimanie au royaume d'Aquitaine, réservé à son troisième fils, Louis le Pieux. Peu après, la Septimanie constitue avec la marche d'Espagne un duché, dit aussi de Gothie. Son plus illustre duc est un fils de Guillaume le Grand, Bernard de Septimanie, qui joue un certain rôle dans les troubles qui agitent la Gaule sous Louis le Pieux. Bientôt, il n'est plus question que d'un marquisat de Septimanie, ne comprenant plus la marche d'Espagne. Ce marquisat appartient quelques années à Guillaume le Pieux (886-918), comte d'Auvergne. À la mort de celui-ci, la Septimanie, plus anciennement appelée Gothie, entre dans la maison de Rouergue et de Toulouse qui en gardera la suzeraineté jusqu'au traité de Meaux-Paris (1229). Mais, à cette époque, le marquisat de Gothie-Septimanie, ou ce qu'il en reste, n'est plus appelé que duché de Narbonne.

Séquanaise ou Grande Séquanaise

En latin Maxima Sequanorum. *Province constituée à la fin du IIIe ou au début du IVe siècle avec les territoires des Séquanes, des Rauraques et des Helvètes.*

Elle comprend quatre cités dont les chefs-lieux sont *Vesontio* (Besançon) qui a rang de métropole, *Equestrium Noviodunum* (Nyon), *Aventicum* (Avenche) et *Basilea* (Bâle).

Séquanes

Peuple de la Gaule celtique qui, après avoir été sans doute établi dans la haute vallée de la Seine, était installé, à l'époque de César, dans les pays de la Saône et du Doubs, avec pour capitale Vesontio (Besançon).

Les Séquanes disputaient la prééminence aux Arvernes et aux Éduens. Ils furent des adversaires acharnés de César. Sous l'Empire romain, leur territoire est rattaché à la Lyonnaise et, au Bas-Empire, il forme une partie de la province appelée *Malima Sequanorum*, ou Séquanaise.

Serf

Dans la société médiévale, personne de condition juridique inférieure assujettie à un maître qui détenait sur elle un pouvoir quasi absolu, par opposition aux hommes francs.

Le terme dérive du substantif *servus*, par lequel on désignait l'esclave sous l'Antiquité. Ce même vocable désigne au Moyen Âge une condition sociale et juridique très différente. Mais l'évolution s'est faite si progressivement et si insensiblement que le terme qui les qualifiait est demeuré le même. La condition du *servus* n'a cessé de s'améliorer depuis le IVe siècle, pour des raisons religieuses. Le christianisme ne peut, en effet, admettre le statut de l'esclavage antique. Il lui fait reconnaître, dès le IVe siècle, les droits de la personne humaine que lui refusait l'Antiquité païenne et, notamment, les droits de la famille. C'est ainsi qu'à partir de Constantin, il est reconnu que l'esclave peut être chrétien, ce qui implique qu'il pourra avoir une religion différente de celle de son maître, et qu'il est interdit, au moins dans les domaines impériaux, de séparer les familles serves en arrachant les enfants aux parents ou les époux l'un à l'autre. À ces raisons religieuses se joignent des motifs économiques. Au IVe siècle, les hommes tendent à vivre de plus en plus dans le cadre du grand domaine, à y cultiver leur terre en y étant attachés. Cela est vrai pour l'ancien esclave et sa famille. Mais ce signe d'attache qui, beaucoup plus tard, sera considéré comme une marque d'incapacité, d'absence de liberté, est, aux IVe et Ve siècles, et ensuite au haut Moyen Âge, le signe d'un statut très amélioré des anciens esclaves, car ceux-ci ne risquent plus d'être vendus, transplantés, et ils ont la garantie du pain quotidien. C'est ainsi que pendant tout le haut Moyen Âge, les serfs ont eu leur maison (*casa*) et leur lopin de terre. On a dit qu'ils étaient *chasés*.

La condition serve n'en est pas moins moralement infamante. Le serf appartient à une condition méprisée qu'il transmet héréditairement (par les femmes) à ses enfants. Dès sa naissance, il est « l'homme de corps » de son maître. Il est tenu d'obéir à tous ses ordres. Un serf ne peut se marier sans l'assentiment de son maître, quitter le domaine à sa guise, aliéner ses biens sans son autorisation et, lorsqu'il meurt, son héritage revient au maître. Le serf est enfin, par sa condition sociale, exclu de la communauté des hommes libres : il ne participe pas aux expéditions militaires, ne peut paraître dans les assemblées de la justice ni témoigner contre un homme libre. Sauf exceptions, les portes du clergé lui sont fermées. Toutefois les coutumes l'admettent au sein de la communauté villageoise, lui donnent des garanties en matière judiciaire et le font participer plus largement que l'esclave à la vie du domaine. En s'améliorant, la situation des serfs tendit à rejoindre celle d'autres catégories. Ainsi celle d'anciens hommes libres qui, dans l'insécurité économique de la fin de l'Antiquité et du haut Moyen Âge, avaient abandonné, dans le cadre du grand domaine, leur liberté, pour recevoir du grand propriétaire une terre à cultiver moyennant redevance. On disait que c'étaient des colons. De même, au haut Moyen Âge, et notamment aux temps carolingiens, beaucoup d'hommes libres, petits propriétaires, avaient donné leur terre à un sanctuaire, un monastère, et celui-ci la leur avait rétrocédée moyennant le paiement d'un cens, à leur prière : on disait pour cette raison qu'ils étaient précaristes.

Ces anciennes catégories viennent se fondre dans la seigneurie banale, mais restent frappées d'incapacités spécifiques, telles que le formariage (l'interdiction de se marier en dehors de la seigneurie) et la mainmorte (interdiction de transmettre des biens à cause de mort, par crainte que ces biens ne soient, par héritage, transférés en dehors de la seigneurie). Néanmoins les serfs continuent à être atteints un peu plus lourdement que les anciens hommes libres. Ils doivent, en principe, la taille et la corvée « à merci », c'est-à-dire à la merci du seigneur. Ils doivent également, en signe de leur qualité servile, une redevance, le chevage, qui est d'un taux faible, mais un signe distinctif de la « macule servile ». Toutefois, à partir du XIIIe siècle, les seigneurs appauvris tendent à monnayer l'affranchissement de leurs serfs et les affranchissements individuels ou collectifs se multiplient. Dès la fin du XIIIe siècle, ils sont massifs. C'est ainsi que Philippe le Bel, ayant besoin d'argent, charge trois banquiers florentins d'organiser des affranchissements en série dans son domaine. Curieusement, ceux-ci se heurtent à la résistance de serfs qui discutent du prix et qui, parfois, trouvant qu'on veut leur faire payer leur liberté trop cher, préfèrent rester serfs. Au milieu du XIVe siècle, il restait néanmoins peu de serfs en France, mais les dernières traces du servage ne disparaîtront qu'en 1789.

Sergents de La Rochelle (les Quatre)

Sous-officiers appartenant au 45e de ligne, guillotinés le 21 septembre 1822, pour complot.

La Charbonnerie, créée en France en 1821, recrute de nombreux adhérents parmi la jeunesse de tous les milieux sociaux. C'est ainsi que le ser-

Serf
Intendant surveillant des paysans moissonnant. Miniature, psautier de la reine Mary, Grande-Bretagne, début XIVe siècle, Londres, British Library. © *Bridgeman-Giraudon*

gent-major Bories, du 45e de ligne, et trois sergents appartenant au même régiment, Goubin, Pommier et Raoulx, affiliés à la société secrète, fondent une « vente » dans leur unité. Leur régiment doit être envoyé à La Rochelle, et les quatre jeunes gens prévoient, lorsqu'il passera à proximité de Saumur, de le faire participer à la tentative de soulèvement du général Berton. Cependant, des imprudences sont commises, des indiscrétions, puis des dénonciations permettent aux autorités d'étouffer dans l'œuf la conspiration des jeunes carbonari. Bories est arrêté le 13 février, à son arrivée à La Rochelle. Ses trois camarades, qui tentent de poursuivre la réalisation du « complot de La Rochelle » sont arrêtés à leur tour. Au mois de septembre 1822, les quatre sergents sont traduits devant les assises de la Seine. Bories tente de se disculper, ainsi que ses compagnons, sans livrer le nom de ses chefs. En vain. Le 21 septembre, reconnus coupables de conspiration, les quatre sous-officiers sont exécutés en place de Grève, devant une foule considérable et muette, parmi laquelle se trouve le jeune Auguste Blanqui. Louis XVIII ayant refusé de leur accorder sa grâce, l'opposition libérale au régime ne manque pas d'exploiter l'affaire. Les quatre jeunes gens, qui n'avaient participé directement à aucune rébellion, sont considérés comme des martyrs par l'opinion publique. Le grand sculpteur David d'Angers réalise pour leur tombe, au cimetière du Montparnasse, un médaillon reproduisant leurs quatre profils.

SERMENT

Engagement verbal complété d'un geste vers un objet symbolique, acte essentiel dans la société féodale.

Le serment a une origine païenne attestée par le fait qu'au haut Moyen Âge il était prêté sur des armes. L'Église s'est opposée à cette pratique et a cherché à ce que le serment soit exclusivement prêté en sa présence, et sur des reliques ou sur la Bible. Charlemagne a imposé à tous les hommes libres de l'Empire, âgés de plus de 12 ans, de lui prêter serment de fidélité. Autour de l'an mil, les militants des mouvements de paix ont tenté de rassembler les ennemis autour du serment de la paix de Dieu. Au XIe siècle sont prêtés les premiers serments communaux entre habitants d'une ville (Le Mans, Laon...), afin d'obtenir du seigneur une part de pouvoir politique. Pendant tout le Moyen Âge, de nombreux serments sont prononcés dans la société aristocratique : par le vassal lorsqu'il s'engage envers son seigneur, par le chevalier nouvellement adoubé, par le roi lors de son sacre... La noblesse et l'Église cherchent à limiter l'utilisation du serment à leur propres membres, redoutant comme subversifs les serments prêtés par les autres couches sociales. Mais ils se heurtent longtemps à la coutume du serment judiciaire, prêté par tout homme de condition libre et qui suffit parfois à disculper un accusé. S'ils réussissent à le marginaliser en lui substituant d'autres pratiques, ils sont en revanche obligés d'accepter la légalisation des organisations jurées, en particulier celles des groupements de métiers. À partir du XVIIe siècle, le mot ne s'applique plus qu'à une promesse ferme ou à une affirmation insistante. En France, un serment politique de fidélité a été exigé des fonctionnaires depuis la Révolution jusqu'à la monarchie de Juillet et rétabli pour les hauts fonctionnaires de l'État français de 1941 à 1944. Un serment professionnel est encore exigé pour des magistrats, avocats, gendarmes, gardes...

SERMENT DU JEU DE PAUME : voir JEU DE PAUME (serment du)

SERRE Pierre François Hercule, comte de (Pagny-sur-Moselle, 1776 – Castellamare, près de Naples, 1824)

Homme politique.

Après avoir appartenu à l'armée de Condé, il rentre en France en 1802. Avocat général à Metz en 1811, premier président à la cour de Hambourg la même année, il devient premier président à Colmar en 1815, poste qu'il reprend après les Cent-Jours pendant lesquels il a servi Louis XVIII à Gand. Il fait partie de la Chambre introuvable dont il combat les excès. Réélu en 1816, il préside la Chambre en 1817 et 1818, est nommé garde des Sceaux en décembre 1818 et fait voter en juin 1819 une loi qui supprime la censure et l'obligation de l'autorisation préalable pour la presse. Il reste dans le ministère jusqu'au départ de Richelieu (décembre 1821), bien que la maladie le mine. Louis XVIII le nomme comte et ministre d'État avant de l'envoyer à Naples comme ambassadeur, en janvier 1822. Il est considéré comme l'un des plus grands orateurs de la Restauration.

SÉRURIER Jean Philibert, comte (Laon, 1742 – Paris, 1819)

Maréchal de France.

De petite noblesse, fils d'un officier, il prend part à la guerre de Sept Ans (1756-1763) et, après une lente ascension, se trouve major d'infanterie en 1789. Rallié à la Révolution, colonel en 1792, il est nommé général de division en 1795. Lors de la campagne d'Italie, l'année suivante, Sérurier se bat avec bravoure à Mondovi, au mois d'avril, puis reçoit, en février 1797, la capitulation de Wurmser à Mantoue. Sa droiture, son honnêteté, son peu de goût pour l'intrigue, le font apprécier de Bonaparte. Au cours de cette campagne, il reçoit, en raison peut-être d'un désintéressement que ne partagent pas la plupart des autres chefs militaires, le surnom de « Vierge d'Italie ». Gouverneur de Venise pendant quelques semaines en 1798, Sérurier se fait une fois de plus remarquer pour sa probité. Assailli l'année suivante par les Russes de Souvorov, il se défend avec acharnement, mais doit finalement capituler le 28 avril avec 3 000 hommes. Fait prisonnier, il est relâché à la condition de s'engager à ne plus combattre les coalisés. De retour en France, il commande à Saint-Cloud, au moment du 18 Brumaire, et appuie l'action de Bonaparte. Sénateur, gouverneur des Invalides, maréchal de France à titre honoraire en 1804, Sérurier ne reçoit pas de commandement sous l'Empire. Comte en 1808, commandant de la garde nationale de Paris l'année suivante, il fait brûler aux Invalides, le 30 mars 1814, avant l'arrivée des Alliés, les 1 417 drapeaux pris à l'ennemi. Cependant, le maréchal Sérurier vote ensuite, au Sénat, la déchéance de Napoléon, puis se rallie à Louis XVIII. Le roi le maintient dans ses fonctions et le fait pair de France. Son attitude pendant les Cent-Jours, au cours desquels il rejoint Napoléon, lui vaut de perdre ses fonctions lors de la Seconde Restauration.

SERVAN DE GERBEY Joseph (Romans, Dauphiné, 1741 – Paris, 1808)

Général et homme politique.

Entré dans l'armée en 1760, partisan des idées philosophiques, il donne des articles militaires à l'*Encyclopédie*, publie en 1781 *Le Soldat citoyen* et, en 1790, un *Projet de constitution pour l'armée française*. Maréchal de camp en 1792, il est nommé ministre de la Guerre le 9 mars en remplacement de Grave, sur intervention de Mme Roland, peu après l'arrivée au pouvoir des Girondins Clavière et Roland. Il ordonne un nouvel appel de volontaires et fait voter la formation sous Paris d'un camp de 20 000 gardes nationaux destinés à couvrir la capitale et à résister éventuellement à toute tentative de généraux factieux. Ce décret lui aliène Dumouriez et le roi, qui le renvoie le 13 juin, en même temps que Roland et Clavière. Après le 10 Août, il retrouve son portefeuille au sein du Conseil exécutif provisoire mais doit se retirer le 3 octobre parce que trop modéré. Il passe alors au commandement de l'armée des Pyrénées-Orientales, repousse les Espagnols sur la Bidassoa, mais est destitué à la chute des Girondins (mai 1793) et interné à la prison de l'Abbaye d'où il ne sort qu'après le 9 Thermidor. Il est chargé de négocier la paix avec l'Espagne en juillet 1795. Inspecteur général des troupes du Midi (1799), il réprime le brigandage dans ces régions (1800) et prend sa retraite en 1807.

SERVICE DU TRAVAIL OBLIGATOIRE (STO)

Service institué en France le 16 février 1943 par le gouvernement de Vichy sous la pression du gauleiter allemand Sauckel pour fournir de la main-d'œuvre à l'Allemagne.

Depuis le printemps 1942, Sauckel, commissaire du Reich chargé de la main-d'oeuvre, réclame des travailleurs à la France. Laval en profite pour instaurer la relève (trois départs pour le retour d'un prisonnier), mais seulement 17 000 personnes acceptent de partir. Devant cet échec, le gouvernement de Vichy décide, le 4 septembre 1942, d'une loi entraînant la mobilisation de tous les hommes de 18 à 50 ans et de toutes les femmes célibataires de 21 à 25 ans. L'année 1942 voit ainsi 240 000 jeunes partir pour l'Allemagne. C'est encore trop peu pour Sauckel qui instaure donc le STO pour les classes 1920-1922. En 1943, 440 000 travailleurs se trouvent en Allemagne. La dureté de leurs conditions de vie (54 heures de travail hebdomadaires en 1942, 72 heures en 1944 ; une ration alimentaire inférieure de 30 % au seuil minimal) incite à la fuite. Dès septembre 1943, le taux de désertion conduit les Allemands à cantonner les STO en France, au service de l'organisation Todt par exemple. Contrairement à une légende postérieure, environ un quart des déserteurs seulement rejoignent les maquis. Quant à Vichy, il enregistre une notable perte de confiance de l'opinion, dont le désarroi est soutenu par certains dignitaires de l'Église, tel le cardinal Liénart, ouvertement hostile au STO.

SERVICE MILITAIRE : voir CONSCRIPTION

SERVIEN Abel, marquis de Sablé et de Boisdauphin (Grenoble, 1593 – Meudon, 1659)

Magistrat et diplomate.

Fils d'Antoine Servien, procureur général des états du Dauphiné. Procureur général près le parlement de Grenoble dès 1616, conseiller d'État en 1618, il achète en 1624 la charge de maître des Requêtes de l'hôtel et s'installe à Paris, où Richelieu ne tarde pas à le remarquer. Intendant de Guyenne en 1627, Servien entame l'année suivante sa carrière diplomatique en réglant un litige de frontière avec l'Espagne. Intendant à l'armée d'Italie, président du parlement de Bordeaux, il occupe, à partir de la fin de 1680, l'emploi de secrétaire d'État à la Guerre. Mais la diplomatie reste son activité essentielle : en 1631, il négocie avec la Savoie le traité de Cherasco, qui donne Pignerol à la France. Entré ensuite en conflit avec Richelieu, Servien doit, en 1636, vendre sa charge à Sublet des Noyers, et vit dans la retraite jusqu'à la mort du cardinal. Rappelé aux affaires par Mazarin, le diplomate représente la France, avec le comte d'Avaux, aux négociations qui débutent en 1643 à Munster. Réputé pour son habileté diplomatique, mais aussi pour son caractère difficile et orgueilleux, le plénipotentiaire est surnommé « l'Ange exterminateur de la paix ». De fréquentes querelles l'opposent au comte d'Avaux. En 1648, au terme de longues négociations, il signe les traités de Westphalie. Ministre d'État au début de la Fronde, Abel Servien est, comme Le Tellier et Lionne, sacrifié par Anne d'Autriche aux exigences de Condé, au mois de juillet 1651. Un an plus tard, lorsque Mazarin est contraint de se réfugier à Bouillon, il charge Servien et Le Tellier de le représenter au Conseil. En 1653, le cardinal, redevenu tout-puissant, le nomme, conjointement avec Fouquet, à la surintendance des Finances. Son rôle et ses responsabilités sont cependant bien inférieurs à ceux de Fouquet qui occupera à sa mort la totalité de la charge. Servien était membre de l'Académie française depuis sa fondation, en 1634.

Sevez François (Chambéry, 1891 – Offenburg, Allemagne, 1948)

Général.

Entré dans l'armée active après avoir combattu pendant la Première Guerre mondiale, il suit les cours de l'École supérieure de guerre de 1925 à 1927, puis prend part, avec la Légion étrangère, aux opérations sur les confins sahariens. Fait prisonnier au cours de la première campagne de France, en 1940, Sevez est rapatrié en octobre 1941. Nommé adjoint au commandant en chef en Afrique du Nord et général de brigade en août 1942, il est chef d'état-major du détachement français pendant la campagne de Tunisie. Puis il s'illustre en Italie à la tête de la 4e division marocaine et du corps de montagne lors de la percée des lignes Gustav et Hitler. Général de division en juin 1944, Sevez participe au débarquement de Provence, puis commande le front des Alpes ; en novembre, il libère Mulhouse. Comme adjoint au général Juin, devenu chef d'état-major général de la Défense nationale, il signe enfin à Reims, le 7 mai 1945, l'acte de reddition de l'Allemagne (confirmé le lendemain à Berlin par Keitel). Après avoir commandé le 1er corps d'armée, il est nommé adjoint au commandement supérieur des troupes françaises en Allemagne (1946), mais est tué deux ans plus tard lors d'un accident de chasse.

Sévigné Marie de Rabutin-Chantal, marquise de (Paris, 1626 – Grignan, 1696)

Épistolière.

Fille d'une famille de noblesse d'épée, Marie de Rabutin-Chantal, petite-fille de sainte Jeanne de Chantal, perd rapidement ses parents et est élevée par ses oncles Philippe et Christophe de Coulanges. Son éducation est soignée qui comporte l'italien, l'espagnol et – fait rare alors pour une fille – un peu de latin. Elle épouse en 1645 un gentilhomme breton, Henri de Sévigné. Deux enfants s'ensuivent : Françoise-Marguerite en 1646 et Charles en 1648. À Paris, la blonde marquise ravit les salons. Elle fréquente ceux de Mmes de Sablé, de Rambouillet, de Longueville où elle rencontre Corneille, Voiture ou Guez de Balzac, toute une société précieuse et frondeuse. En 1652, elle perd son époux, tué en duel, et le pleure longtemps bien qu'il l'eût abondamment trompée. Elle refuse tous les partis considérables qui s'offrent à elle alors qu'elle n'a pas 30 ans : on a évoqué les noms du prince de Conti, du duc de Rohan, du maréchal de Turenne, et même du surintendant Fouquet… Tous sont déçus, même si ce dernier devient un ami que la marquise soutient lorsqu'il est arrêté sur ordre de Louis XIV. Son cousin, Bussy-Rabutin, figure parmi ces amoureux éconduits : il s'en dédommage en publiant dans son *Histoire amoureuse des Gaules* un portrait aussi injuste que peu flatteur de Mme de Sévigné. Après le séjour à la Bastille que ses commérages sur les maîtresses royales valent à Bussy-Rabutin, les deux cousins se réconcilient par voie épistolaire : Bussy aura le mérite de publier les admirables lettres qu'il aura reçues de la marquise.

En 1669, la marquise marie sa fille adorée au comte de Grignan, nommé en 1671 lieutenant général dans la lointaine Provence. Commence alors une correspondance étalée sur vingt ans que nourrit un amour maternel exclusif mais peu payé de retour : Françoise se montre souvent peu empressée ; quant à Charles, le fils de Mme de Sévigné, joueur impénitent, il ne songe qu'à lui extorquer de l'argent ! La marquise détaille à sa fille les potins de la Cour où – ancienne frondeuse et amie du jansénisme – elle se rend peu. Elle les entend surtout en son hôtel Carnavalet, recevant Condé, La Rochefoucauld ou sa meilleure amie, Mme de La Fayette. De temps en temps, un séjour aux Rochers, la propriété familiale près de Vitré, interrompt ces mondanités. Des menus incidents de la vie domestique, la grande épistolière tire encore mille récits divertissants. À la fin de sa

La marquise de Sévigné
Portrait de Marie de Rabutin-Chantal, marquise de Sévigné. Huile sur toile de Claude Lefebvre, v. 1662-1665, Paris, musée de la ville de Paris, musée Carnavalet. © *Giraudon*

vie, la marquise lit attentivement Pascal ou Nicole. En 1696, elle contracte la variole et s'éteint le 17 avril au château de son gendre.

Sa correspondance de quelque 1 500 lettres n'est pas qu'un document sur le Grand Siècle. Elle revêt aussi une très haute valeur littéraire. Mme de Sévigné raconte avec la même verve la mort de Turenne que la première de l'*Esther* de Racine ou… une journée aux foins. Son naturel est cependant indissociable d'une grande virtuosité, car elle ne doute pas que ses lettres seront lues par la bonne société. Sa fraîcheur, son enjouement sont très précieux en un siècle de littérature plus froide et apprêtée : la marquise laisse ainsi percer un enthousiasme pour la nature dont le classicisme nous a laissé bien peu d'exemples. Le duc de Saint-Simon en oublie son ordinaire acrimonie : « C'est un torrent d'esprit naturel, aisé, facile, agréable et gai, qui ne se piquait de rien et qui s'ignorait lui-même, d'ailleurs, juste, sage et plein de bonté… »

Sèvres (traité de)

Traité signé le 10 août 1920 à Sèvres, dans l'actuel département des Hauts-de-Seine, entre les Alliés et la Turquie, alliée de l'Allemagne au cours de la guerre.

Le territoire de la Turquie se trouve réduit à la région de Constantinople, en Europe, et à l'Anatolie, en Asie. La Grèce reçoit la Thrace, les îles d'Imbros et de Ténédos et la région de Smyrne dont le sort sera définitivement réglé, cinq ans plus tard, par un plébiscite. L'Arménie accède à l'indépendance, l'Arabie, la Palestine, la Syrie, la Mésopotamie et l'Égypte sont détachées de la Turquie. La France et l'Angleterre s'y partagent la première place, par le système des mandats. Un Kurdistan autonome est créé. La possession des îles du Dodécanèse et de Rhodes est confirmée à l'Italie. Les détroits, placés sous la surveillance d'une commission des Détroits, sont démilitarisés et ouverts à la navigation, même en temps de guerre. Les anciennes capitulations, qui donnaient aux consuls de différentes nationalités un pouvoir de juridiction spécifique sur les membres de leurs pays installés en Turquie, enfin, sont rétablies et aggravées. Ce traité – un vrai dépècement –, qui réduit des quatre cinquièmes le territoire du sultan, est refusé par une partie des Turcs, en particulier le général Mustapha Kemal qui prend la tête d'un mouvement révolutionnaire et national. À la suite de ses victoires contre les Grecs, en 1921-1922, Kemal et la jeune République turque obtiendront, par le traité de Lausanne (1923), la révision de celui de Sèvres, notamment l'abolition des capitulations.

Seychelles (îles)

Archipel de l'océan Indien d'une superficie de 400 km², situé à 1 100 km au nord-est de Madagascar et constitué d'une centaine d'îles et d'îlots volcaniques.

Les îles principales sont Mahé, où se trouve la capitale Victoria, Praslin, Silhouette et La Digue. Déjà connues des trafiquants arabes d'esclaves au Moyen Âge, les îles sont redécouvertes au début du XVIIe siècle par les Portugais. Ces derniers ne s'y établissent pas, et l'archipel reste un repaire de pirates. Les Français s'y installent en 1742, à l'initiative de Mahé de La Bourdonnais, gouverneur des îles Bourbon et de France, qui laissera son nom à la plus grande des îles. Lazare Picault, chargé de leur exploration, les baptise alors La Bourdonnais, mais, en 1756, lorsque la Compagnie des Indes prend en main leur exploitation, elles sont rebaptisées du nom de l'intendant Moreau de Séchelles. Pierre Poivre y introduit ensuite la culture des épices, commence à organiser l'exploitation des bois et celle de l'écaille des carapaces des tortues. Sous la Révolution, les Anglais s'emparent de l'archipel (1794). Sous le Consulat, Bonaparte y fait déporter des condamnés politiques, en particulier les républicains arrêtés à la suite de l'attentat de la Machine infernale. Occupées par les Anglais en 1810, les Seychelles leur sont définitivement acquises en 1814 et placées alors sous la dépendance de l'île Maurice, à laquelle elles sont réunies. Elles ne deviennent une colonie, sous l'autorité d'un gouverneur, qu'en 1903. Au mois de juin 1976, les Seychelles sont devenues un État indépendant.

SFIC : voir Section française de l'Internationale communiste

SFIO : voir Section française de l'Internationale ouvrière

Siam

État du Sud-Est asiatique portant aujourd'hui le nom de Thaïlande. Les Thaïs, venus du nord, évincèrent progressivement les Khmers et constituèrent à partir du XIIIe siècle un des plus puissants royaumes de cette partie de l'Extrême-Orient.

Au début du XVIe siècle, les Européens entrent en contact avec les négociants de ce pays par l'intermédiaire des Portugais, puis des Anglais et des Hollandais. Les Français s'imposent à leur tour sous le règne de Louis XIV. En 1680, la Compagnie des Indes orientales obtient un accord sur les épices. Quatre ans plus tard, le roi de Siam Phra Naraï, ou Narain, délègue à Versailles une mission qui provoque un très vif intérêt, prélude à l'échange d'ambassadeurs entre les deux pays. Mais cette initiative se révèle éphémère, car à la

Siam
L'ambassadeur du Siam auprès de l'empereur Napoléon III. © *Sélection Images*

mort du souverain, en 1688, le parti xénophobe l'emporte et ferme le Siam à toute influence étrangère. Il faut attendre le milieu du XIXe siècle pour assister à un renversement de tendance. Les principales puissances occidentales concluent des accords commerciaux avec le gouvernement siamois. La présence britannique en Birmanie et l'influence grandissante du Foreign Office à Bangkok incitent les Siamois à chercher une expansion territoriale vers l'est, c'est-à-dire au-delà du Mékong, poussée qui entraîne bientôt un conflit avec la France, installée en Cochinchine, en Annam et au Tonkin. Le 13 juillet 1893, les bâtiments *L'Inconstant* et *La Comète* pénètrent dans la baie de Bangkok, forcent le passage du Ménam, protégé par les forts de Pak Nam, et atteignent la capitale siamoise. Le traité du 3 octobre délimite la frontière entre le Siam d'une part, le Laos et le Cambodge, États protégés par la France, d'autre part. Le Cambodge obtient les provinces de Battembang et de Siemréap. Le gouvernement britannique s'émeut de cet avantage français et, par la déclaration du 19 janvier 1896, fait proclamer une zone neutre qui sauvegarde l'indépendance du pays. En décembre 1938, inspirés par l'exemple des Japonais, les militaires prennent le pouvoir à Bangkok sous l'impulsion de Pibul Songgram, qui prend le titre de maréchal et donne au pays le nom de Thaïlande. L'expansionnisme reprend de plus belle. À la faveur des événements de 1940 en Europe et de l'intervention militaire nippone en Indochine française, le nouveau régime se fait rétrocéder, à la suite d'une médiation japonaise, les provinces cambodgiennes de Battembang et de Siemréap. Celles-ci font retour au Cambodge en 1945.

Sicambres

Tribu germanique établie dans le bassin de la Ruhr au Ier siècle avant J.-C.

Les Sicambres envahissent la Gaule et la Germanie inférieure en 16 av. J.-C. mais se font battre successivement par Tibère en 8 apr. J.-C. et par Drusus. Leur histoire reste très obscure au cours des premiers siècles de l'Empire. On les retrouve mêlés aux Francs, vraisemblablement à la fin du IIIe siècle. C'est ce qui explique l'apostrophe fameuse que l'évêque saint Remi aurait lancée à Clovis lors de son baptême pour l'inviter à l'humilité et à une conversion totale : « Courbe doucement la tête, fier Sicambre, adore ce que tu as brûlé, brûle ce que tu as adoré. »

Sidi Brahim (combats de)

Combats opposant des troupes françaises aux cavaliers d'Abd el-Kader, du 23 au 25 septembre 1845.

Le lieutenant-colonel de Montagnac, qui commande le poste de Nemours-Sidi Brahim, dans l'Oranais, se porte au secours d'une tribu fidèle avec le 8e bataillon de chasseurs d'Orléans et un escadron du 2e hussards, lorsqu'il est attaqué par 3 000 cavaliers d'Abd el-Kader venus du Maroc. Montagnac tué, ses hommes se défendent avec acharnement pendant trois jours et sont presque tous massacrés. Une colonne de secours est contrainte à la reddition. 340 soldats français ont trouvé la mort à Sidi Brahim, dont la date anniversaire est traditionnellement célébrée par les chasseurs français. Le 23 décembre 1847, c'est à Sidi Brahim qu'Abd el-Kader remet au général Lamoricière son épée et l'acte de reddition qui confirme sa défaite.

Sidoine Apollinaire, saint (Lyon, v. 430 – Clermont d'Auvergne, v. 488)

Évêque et écrivain.

Appartenant à une vieille famille gallo-romaine, C. Sollius Sidonius Apollinaris épouse en 452 la fille d'Avitus qui deviendra empereur en 455. Après la chute de son beau-père, il se soumet à Majorien qu'il célèbre en un panégyrique, comme il célébrera plus tard, en 468, son successeur Anthémius qui le créera alors préfet de Rome et patrice. Après avoir vécu quelques années en Auvergne la vie d'un gentilhomme campagnard au sein de sa famille, Sidoine est élu évêque des Arvernes, à Clermont, en 471 ou 472 et se sépare de sa femme. C'est alors qu'il anime la résistance contre les Wisigoths. Entré à Clermont en 475, le roi de ce peuple, Euric, l'exile d'abord puis le fait emprisonner quelques mois et enfin le relâche en 476. Dernier représentant du classicisme latin en Gaule, Sidoine Apollinaire a laissé une œuvre littéraire assez importante constituée par 24 poèmes et 147 lettres utiles pour la connaissance historique.

Siècle des saints

Vague de piété qui correspond, au XVIIe siècle, à la Contre-Réforme catholique mais puise ses sources dans la dévotion moderne de l'humanisme et la réforme protestante. Elle commence à décliner vers 1685-1700.

En 1615, l'Assemblée du clergé reçoit les canons du concile de Trente (1545-1563) qui prévoient une double reconquête disciplinaire et doctrinale. La réforme du clergé paroissial est lente. Presque nulle part n'existent les séminaires prévus par le concile : seuls les Oratoriens donnent une formation de premier ordre aux futurs prêtres ; mais des initiatives locales se multilient. Jean-Jacques Olier, curé de Saint-Sulpice, crée ainsi la compagnie des Sulpiciens avec pour vocation d'armer intellectuellement et moralement les ordinants. Les évêques, par ailleurs, font preuve de plus d'assiduité dans leur diocèse. En aval, Oratoriens et surtout Jésuites – réintroduits dans le royaume en 1604 – créent des collèges qui assurent une solide formation secondaire. Les prêtres les plus aguerris – lazaristes ou capucins – se lancent dans le prosélytisme des missions : à l'intérieur du royaume (« les Indes noires de l'intérieur ») pour rechristianiser certaines provinces comme le fait Louis-Marie Grignion de Montfort en Bretagne ou convertir les protestants – Jean-François Régis s'y essaie en Vivarais –, ou à l'extérieur pour annoncer l'Évangile aux autres continents : en 1659 est fondée la Société des Missions étrangères. Le clergé régulier se transforme plus vite et de manière plus complète. Le 25 septembre 1609, Angélique Arnauld, appliquant rigoureusement la clôture des cisterciennes, interdit l'accès du monastère de Port-Royal-des-Champs à son père lors de la célèbre « journée du guichet ». En 1618, les bénédictins de Saint-Maur se réforment. Le cardinal de La Rochefoucauld, relayé par Richelieu, applique à partir de 1622 la réforme générale des grandes abbayes. Mais de nouveaux ordres se créent aussi, notamment féminins : les Carmélites, introduites en France en 1604 par Mme Acarie et le père de Bérulle, les Visitandines, instituées par François de Sales et Jeanne de Chantal… Chez les hommes, se créent des compagnies de prêtres plutôt que des monastères de réguliers : les Oratoriens, institués par le père de Bérulle en 1611, les Lazaristes, fondés par Vincent de Paul, les Eudistes, créés par Jean Eudes en 1643, se partagent entre prédication – qui revêt une importance essentielle pour la pastorale –, enseignement, mission et surtout charité, car le « peuple meurt de faim et se damne », comme l'écrit Vincent de Paul. La grande nouveauté est cependant l'engagement de laïcs dans la vie religieuse. Les filles de la Charité, fondées en 1633 par une grande dame, Louise de Marillac, et Vincent de Paul, sont des religieuses sans costume ni clôture, vouées au service des pauvres et secondées par des dames de la charité qui ne prononcent aucun vœu. L'œuvre la plus influente est la compagnie du Saint-Sacrement, établie à Paris en 1627 par le duc de Ventadour qui mêle laïcs de toutes conditions et religieux comme Vincent de Paul ou Bossuet. Elle a un double but, caritatif et de police des mœurs, veillant grâce à ses nombreux relais au sein du pouvoir à ce que soient poursuivis duellistes, libertins ou huguenots. Cet activisme et des positions frondeuses lui valent d'être interdite en 1660 par Mazarin. Toute une littérature pieuse nourrit cet essor de la religiosité, des almanachs populaires à la très ambitieuse *Introduction à la vie dévote* de François de Sales, l'un des livres les plus lus du XVIIe siècle.

Dans les campagnes, le regain de religiosité est lui aussi perceptible grâce à un meilleur encadrement spirituel des populations. La foi retendue se traduit par le culte des saints intercesseurs, dogme réaffirmé par le concile mais canalisé par l'Église afin d'éviter certaines dérives manifestement néopaïennes. Chaque communauté a son saint local : les saints guérisseurs en particulier ont beaucoup de crédit, tel saint Roch censé protéger de la peste ; certains cultes ont une audience nationale, comme celui de saint Martin, ou celui de Saint Louis, dont la fête conforte l'absolutisme. Ce culte des saints, attaqué par les protestants, prend valeur de témoignage pour la majorité catholique. Mais la dévotion s'adresse aussi à la Vierge Marie, à laquelle Louis XIII consacre la France en 1638. La figure mariale évolue au XVIIe siècle vers plus de joie, de tendresse que ses avatars de la fin du Moyen Âge, souvent austères et douloureux. Plus réservés à l'égard de toute extraversion de la foi sont les jansénistes qui, dans le sillage du monastère de Port-Royal et de figures éminentes comme celles d'Antoine Arnauld et de Blaise Pascal, prônent une religion plus intellectualisée, rigoriste, pessimiste, penchant vers l'idée complexe de prédestination. Cette doctrine connaît un extraordinaire succès et suscite des engagements mystiques, politiques – sous la forme d'une sourde opposition à l'absolutisme ou à la souplesse jésuite –, aussi bien qu'une floraison artistique. Mais après ses flamboiements spirituels au XVIIe siècle, le jansénisme accentue au siècle suivant son rôle de relais de l'opposition des parlements aux réformes royales. Les hautes eaux religieuses du XVIIe siècle correspondent à une mutation intellectuelle (révolution scientifique), à l'éveil de la nouvelle sensibilité esthétique du baroque, à un catholicisme de combat enfin, qui regagne le terrain perdu sur le protestantisme jusqu'à obtenir d'un Louis XIV devenu très pieux la révocation de l'édit de Nantes en 1685.

Emmanuel Sieyès

Emmanuel Joseph Sieyès, membre du Directoire exécutif. Gravure, Paris, Bibliothèque nationale de France. © *Lauros-Giraudon*

Sieyès Emmanuel Joseph, comte (Fréjus, 1748 – Paris, 1836)

Homme politique.

Fils d'un contrôleur aux actes, il fait ses études à Draguignan puis au séminaire de Saint-Sulpice et entre dans les ordres, mais sans vocation. Chanoine de Tréguier (1775), grand vicaire de l'évêque de Chartres (1787) et conseiller-commissaire à la Chambre supérieure du clergé, Sieyès devient célèbre dès 1788 par son *Essai sur les privilégiés* (1788), qu'il critique, et surtout par sa brochure, *Qu'est-ce que le tiers état ?* (1789), dont une formule est restée fameuse : « Qu'est-ce que le tiers état ? Tout. – Qu'a-t-il été jusqu'à présent dans l'ordre politique ? Rien. – Que demande-t-il ? À y devenir quelque chose. » Élu député du tiers de la ville de Paris aux États généraux, Sieyès joue un rôle de premier plan dans les rangs du parti patriote du printemps à l'automne 1789. Le 10 juin 1789, sous son influence, le tiers état décide de procéder à la vérification des pouvoirs des députés « tant en l'absence qu'en la présence » des privilégiés. Le 15 juin, arguant du fait que l'Assemblée du tiers représente au moins les quatre-vingt-seize centièmes de la nation, il lui propose d'abandonner le titre désormais sans objet d'États généraux et, le 17, fait adopter celui d'Assemblée nationale. Sieyès rédige avec Mounier le serment du Jeu de paume (20 juin) et, avec Mirabeau, s'oppose au coup de force tenté par la Cour contre l'Assemblée lors de la séance royale du 23 juin. Il est un des auteurs de la Déclaration des droits de l'homme et du citoyen, et un des fondateurs du club des Jacobins.

Mais il figure très vite parmi les plus modérés des constitutionnels. Sieyès soutient la nationalisation des biens du clergé, mais demande, d'ailleurs en vain, le rachat de la dîme. Il contribue à l'adoption par la Constitution de 1791 d'un régime censitaire. Il participe encore à l'organisation nouvelle du territoire en départements mais est de plus en plus dépassé par le mouvement révolutionnaire et, en juillet 1791, quitte les Jacobins pour les Feuillants. Député de la Sarthe à la Convention, il se déprêtrise et vote la mort du roi. Mais il cherche à se faire oublier et reste dans l'ombre pendant la Terreur, ce qui lui fera dire plus tard de cette période : « J'ai vécu. » Lors de la réaction thermidorienne, Sieyès propose la loi de police contre les insurrections (mars 1795), entre au Comité de salut public où il s'occupe de diplomatie et, partisan des annexions, négocie avec Rewbell le traité de paix de La Haye avec la République batave (mai 1795). Non consulté lors de l'élaboration de la Constitution de l'an III, il est élu au Conseil des Cinq-Cents et choisi comme directeur. Mais il refuse et sera remplacé par Carnot. Il appuie le coup d'État du 18 Fructidor contre les royalistes. Ambassadeur à Berlin (mai 1798), il ne peut obtenir le rapprochement avec la Prusse qu'il espérait. En mai 1799, les Anciens, connaissant son opposition à la Constitution, le nomment directeur en remplacement de Rewbell que le sort avait désigné comme sortant, et c'est lui qui inspire l'offensive des Conseils contre ses collègues (journée du 30 prairial an VII) puis le groupe révisionniste, partisan d'un coup d'État. Pour le réaliser, il cherche « un sabre ». Le général Joubert, pressenti, se fait tuer à Novi. Sieyès se tourne alors vers Moreau, qui hésite. Enfin Bonaparte, qu'il contacte par l'intermédiaire de Talleyrand, à son retour d'Égypte, accepte. Après le 18 Brumaire (9 novembre 1799), Sieyès est un des trois consuls provisoires, mais le projet de Constitution de l'an VIII qu'il prépare est modifié par Bonaparte dans le sens d'un renforcement considérable de l'autorité personnelle du Premier Consul. Devenu président du Sénat, Sieyès est en fait écarté du pouvoir. Comte d'Empire (1809), pair aux Cent-Jours, il est exilé en 1815 comme régicide et ne rentre en France qu'en 1830. Il avait été élu à l'Académie française en 1803.

SIGEBERT (? – ?, v. 510)

Roi des Ripuaires.

Ayant refoulé, non sans peine, les Alamans à Tolbiac, il meurt assassiné par son fils Chlodéric, vraisemblablement à l'instigation de Clovis, roi des Saliens qui peut ainsi instaurer sa domination sur l'ensemble des Francs.

SIGEBERT Ier (?, 535 – Vitry, 575)

Roi d'Austrasie (571-575).

Fils de Clotaire Ier et d'Ingonde. À la mort de Clotaire en 561, son royaume est divisé entre ses quatre fils : Charibert, Sigebert, Chilpéric et Gontran. Sigebert reçoit l'Austrasie, dont la capitale est Reims. Aux possessions du centre de la France, du nord de l'Auvergne au royaume des Wisigoths, s'ajoutent une partie de la Provence, avec Marseille, Avignon et Uzès, et des territoires situés au nord-est du royaume franc. Peu après son arrivée sur le trône, Sigebert Ier se lance à la rencontre des Avars, qui viennent d'envahir la Thuringe et, pour se rapprocher d'eux, il transporte sa capitale à Metz. Dès 562, les Avars sont défaits sur les bords de l'Elbe. C'est à Metz, entre 566 et 568, que Sigebert épouse Brunehaut, fille du roi des Wisigoths Athanagild. À la fin de l'année 567, son frère aîné, Charibert, meurt. Son royaume est alors partagé entre les trois frères survivants, Sigebert obtenant Tournus et Poitiers. Cependant, jaloux du mariage réalisé par Sigebert, son frère Chilpéric Ier, qui a répudié sa femme Audovère pour vivre avec sa servante Frédégonde, demande la main de la seconde fille d'Athanagild, Galswinthe. En douaire, il promet à cette dernière la partie du royaume de Charibert dont il a hérité en 567 : Bordeaux, Limoges, Cahors, le Béarn et la Bigorre. Peu après la célébration du mariage, Chilpéric chasse Galswinthe et revient à Frédégonde. La reine demande à repartir pour Tolède mais, un matin, on la trouve morte dans son lit. Ce crime, ordonné par Frédégonde, est à l'origine de la furieuse lutte menée par Brunehaut, qui veut venger sa sœur, contre celle qui est responsable de sa mort.

Sigebert déclare donc la guerre à Chilpéric. Son frère Gontran, roi de Bourgogne, l'aide dans son entreprise et, à Andelot, vers 569, le roi d'Austrasie obtient en « compensation » le douaire de Galswinthe. Chilpéric, cependant, ne se résigne pas à la perte de ces territoires. En 573, son fils Clovis occupe les cités de Tours et de Poitiers. Sigebert demande l'aide de Gontran, mais se brouille bientôt avec lui. Le roi d'Austrasie doit donc faire intervenir des contingents alamans, thuringiens et bavarois, qui pénètrent dans le royaume de Chilpéric. Effrayé, ce dernier capitule en 574, rendant à son frère Tours, Poitiers et les territoires aquitains dont il s'était emparé. Cependant, Chilpéric ayant rompu cet accord, la guerre reprend peu après. Gontran se range cette fois aux côtés du roi de Soissons. Malgré ce renfort, Sigebert Ier et ses fils écrasent leur adversaire, envahissent son royaume. Chilpéric s'enferme dans Tournai, tandis que Sigebert est reconnu comme roi par ses sujets. Il doit être élevé sur le pavois à Vitry, entre Arras et Tournai, mais, au cours de la cérémonie, il est assassiné par deux sicaires envoyés par Frédégonde. Chilpéric et Frédégonde peuvent quitter Tournai. Chilpéric fait pieusement enterrer, à Lambres, celui qu'il vient de faire assassiner. Son corps sera transporté par la suite à Saint-Médard-de-Soissons, près de celui de Clotaire.

SIGEBERT II (?, v. 601 – ?, v. 613)

Roi d'Austrasie (613).

Fils de Thierry II. En 613, ce dernier, roi d'Austrasie et de Bourgogne, entré en campagne contre Clotaire II, meurt brusquement devant Metz à l'âge de 27 ans. Les grands d'Austrasie poussés par Pépin de Landen et Arnoul, évêque de Metz, qui redoutent la mainmise de Brunehaut sur leur royaume, par l'intermédiaire de Sigebert II, refusent de reconnaître ce dernier. Brunehaut se refugie alors à Metz avec le jeune roi et ses trois jeunes frères et appelle en vain à l'aide les peuples d'outre-Rhin. Tombé entre les mains de Clotaire, Sigebert II est mis à mort. Certains historiens, considérant que Sigebert n'a pas régné sur l'Austrasie, lui refusent le nom de Sigebert II, qu'ils attribuent à Sigebert, fils de Dagobert Ier.

SIGEBERT III (?, 631 – ?, 656)

Roi d'Austrasie (634-656).

Fils de Dagobert Ier et de Raintrude, une des nombreuses concubines du roi. Pour satisfaire les Austrasiens, Dagobert installe son fils sur le trône de Metz dès 634. L'évêque de Cologne, Cunibert, et le duc austrasien Adalgise gouvernent au nom de l'enfant. Sigebert III conserve son royaume à la mort de son père, en 639. Deux ans plus tard, Grimoald ou Grimaud devient maire du palais d'Austrasie. C'est lui qui, en fait, gouverne le royaume. Sigebert III s'occupe surtout de la fondation de monastères. Grimoald ne peut empêcher les Thuringiens, puis les Alamans, de se libérer du joug austrasien. Il persuade le roi, qui n'a pas d'héritier, de reconnaître comme tel son propre fils Childebert, dit plus tard Childebert l'Adopté. Mais Himenechilde, épouse de Sigebert III, lui donne, vers 646, un fils qui doit devenir Dagobert II. Tous les projets de Grimoald risquent de s'écrouler. Aussi, en 656, à la mort de Sigebert III, le maire du palais se saisit-il de Dagobert, qu'il fait tondre et exiler en Irlande, d'où il reviendra une vingtaine d'années plus tard. Grimoald ne profitera pas longtemps de cette usurpation : il sera exécuté par Clovis II dès 657. Son fils se maintiendra quelques années sur le trône.

SIGISMOND, saint (? – Saint-Péravy-la-Colombe, près d'Orléans, 523)

Roi des Burgondes (516-523).

Fils et successeur de Gondebaud. Vers 500, il répudie l'arianisme, et son père l'associe au pouvoir afin de gagner l'appui du clergé gallo-romain face à Clovis, nouvellement converti. Contre les Wisigoths ariens, ce dernier obtient l'alliance des deux rois burgondes qui, en 507, occupent l'Auvergne, puis le Limousin wisigothique. Devenu catholique, Sigismond fonde un monastère à Agaune, en Valais, en l'honneur de saint Maurice, et réunit dès son avènement, à Épaone (sans doute Yenne en Savoie), un concile de 24 évêques qui prend des mesures rigoureuses contre les ariens (517). Mais l'indépendance de son royaume est bientôt menacée par les visées des Francs sur toute la Gaule. Ni la faveur des évêques, ni l'appui trop lointain de l'empereur Anastase, ne peuvent le sauver de l'avidité de ses voisins. Seule la protection du roi des Ostrogoths, Théodoric, aurait pu empêcher la catastrophe, mais Sigismond s'en fait un ennemi en commettant un crime. Il avait épousé une fille de Théodoric, Ostrogothe, dont il avait eu un fils, Sigéric, puis, Ostrogothe étant morte, il s'était remarié. Mais la nouvelle reine le persuade que son fils en veut à sa vie et projette de s'emparer du pouvoir. Sigismond fait étrangler Sigéric en sa présence. À peine l'adolescent a-t-il expiré qu'il se jette en pleurant sur son corps. Puis il se rend dans son monastère d'Agaune. « Il y demeura un grand nombre de jours dans le jeûne, les larmes et la prière pour obtenir son pardon, nous dit Grégoire de Tours. Il y fonda un chant perpétuel, puis il retourna à Lyon ; mais la vengeance divine le suivit pas à pas… » Poussés par Théodoric, les fils de Clovis, Clodomir, Childebert et Clotaire envahissent le royaume burgonde en 523. Vaincu, Sigismond se réfugie à Saint-Maurice d'Agaune. Il y est fait prisonnier avec sa femme et ses enfants par Clodomir qui les ramène en Orléanais et, peu après, les fait jeter dans un puits à Saint-Péravy-la-Colombe. La pitié populaire et l'indignation du clergé, qui chérissait dans le roi burgonde un converti, ennemi de l'arianisme, ont fait un martyr de l'homme qui avait assassiné son propre fils. Le culte de saint Sigismond se répandit, non seulement en Bourgogne, mais dans la Gaule tout entière.

SIGMARINGEN

Ville allemande, dans le Bade-Wurtemberg.

Emmenés de Vichy par les Allemands le 20 août 1944, après le succès du Débarquement allié, le maréchal Pétain et Pierre Laval sont assignés à résidence dans le vieux château des Hohenzollern dont s'enorgueillit la ville. Les deux hommes, ayant déclaré qu'ils faisaient la grève de leurs fonctions et abandonné tout rôle politique, se consacrent aux plaidoyers justificatifs de leur

Sigmaringen
Vue du château. © *Sélection Images*

action. Cela laisse le champ libre aux ténors de la collaboration, Brinon, Déat, Gabolde, Bonnard, Marion, Luchaire ou Darnand, qu'accompagnent 1 500 émigrés affamés et à l'écoute des moindres rumeurs sur ce qui se prépare en France. Après une entrevue avec Hitler le 1er septembre, Brinon est chargé de diriger une Délégation gouvernementale, ce qui en fait le chef du gouvernement en exil. Celui-ci s'occupe des prisonniers de guerre et des requis du STO. L'échec de la contre-offensive von Rundstedt dans les Ardennes, puis l'écrasement de la division Charlemagne (février 1945) donnent le signal de la débandade. Darnand, Luchaire, Déat, Bucard gagnent l'Italie ; Céline part pour le Danemark, Pétain pour la Suisse (22 avril) et Laval pour l'Espagne (2 mai).

SILHOUETTE Étienne de (Limoges, 1709 – Bry-sur-Marne, 1767)

Contrôleur général des Finances.

Maître des requêtes après avoir été chancelier du duc d'Orléans, il est envoyé en Acadie en 1748, comme commissaire du roi chargé de la détermination des frontières. Nommé ensuite commissaire du roi auprès de la Compagnie des Indes, il demande à Dupleix, en 1752, de cesser toute conquête dans ces territoires lointains. En mars 1759, la faveur de Mme de Pompadour lui vaut d'être appelé au contrôle général des Finances, à la place de M. de Boulogne. Tout de suite, il annonce son intention de procéder à des réformes et de lutter contre les abus. Reprenant une idée de Vauban, déjà étudiée par Law, Silhouette veut remplacer les impôts existants par une taxe par tête, applicable à tous les sujets du roi. Son intention est aussi de lutter contre les abus engendrés par le principe de la Ferme générale. En attendant de pouvoir réaliser ses projets, il lance un grand emprunt qui rapporte à l'État 72 millions. Devant l'opposition des privilégiés et des fermiers généraux à ses projets de réforme, le contrôleur doit en revenir à des procédés plus orthodoxes. S'attaquant de nouveau aux nobles, il propose un projet de subvention territoriale, consistant en un vingtième du revenu en nature, ou 1/500e du capital. Silhouette envisage aussi de réduire les pensions. En même temps, il augmente les droits sur certaines marchandises, comme le cuir, et contraint les villes à verser au roi des impôts supplémentaires. Mesures fort mal accueillies : Louis XV doit tenir un lit de justice pour contraindre le Parlement à enregistrer les édits. Cependant, la situation financière s'aggravant, Silhouette doit suspendre certains paiements au mois d'octobre, tandis qu'on demande aux particuliers de porter leur vaisselle d'argent à la Monnaie. L'impopularité du contrôleur général grandit, le roi doit le remplacer au mois de novembre par Bertin. Ses nombreux ennemis s'acharnent à le ridiculiser désignant de son nom des habits sans plis ou sans gousset, habits étriqués que l'on porte en guise de protestation contre les mesures proposées par le contrôleur. D'autres attribuent le nom de Silhouette à une certaine manière de dessiner les portraits de profil, en suivant l'ombre portée par la figure. Tout cela par référence à la pingrerie de Silhouette, ou à son passage rapide aux Finances. L'Académie française a accepté le mot (silhouette) en 1835.

SILLERY Charles Alexis Pierre Brulart, marquis de, comte de Genlis (Paris, 1737 – Paris, 1793)

Général.

Officier de marine, il se distingue sous Lally-Tollendal aux Indes où il est fait prisonnier par les Anglais. Après sa libération, il est promu maréchal de camp. En 1762, il épouse Stéphanie Félicité de Saint-Aubin, comtesse de Genlis, qui deviendra en 1770 dame d'honneur de la duchesse de Chartres et sera, à partir de 1781, la gouvernante du jeune Louis-Philippe. Lui aussi s'attache à la maison d'Orléans. Devenu capitaine des gardes du jeune Philippe Égalité, il est élu député de la noblesse de Champagne aux États généraux et suit à l'Assemblée constituante la politique du duc d'Orléans. Mais, réélu député de la Somme à la Convention, il se sépare de lui lors du procès de Louis XVI, vote l'appel au peuple et se prononce en faveur du bannissement. Proscrit avec les Girondins comme complice de Dumouriez et agent de la faction d'Orléans, il est condamné à mort et exécuté le 30 octobre 1793.

SILLERY Nicolas BRULART de (Sillery, 1544 – Sillery, 1624)

Diplomate.

Issu d'une famille de magistrats, il est conseiller au parlement de Paris en 1573. Maître des requêtes sous Henri III, il traite avec Henri de Navarre, futur Henri IV, puis avec les Suisses (1589 et 1593). En 1599, il négocie la paix de Vervins entre la France, l'Espagne et la Savoie. Il obtient également l'annulation du mariage d'Henri IV et aménagera son remariage. Président à mortier au parlement de Paris, garde des Sceaux en 1604, chancelier de Navarre en 1605, grand chancelier de France en 1607, Sillery, catholique fervent, contrebalance auprès d'Henri IV l'influence du protestant Sully et tente de pousser le souverain à s'allier à l'Espagne. Le roi assassiné, il supporte la défaveur de Concino Concini, maréchal d'Ancre. Éloigné du Conseil en 1612, il perd les Sceaux en 1616. Il les retrouvera en 1623, mais le cardinal de Richelieu les lui retirera définitivement l'année suivante.

SILLERY Pierre BRULART, vicomte de Puisieux, marquis de (Paris, 1583 – Paris, 1640)

Diplomate.

Fils du précédent. Secrétaire d'État en 1606, il négocie, en 1612, le mariage de Louis XIII avec l'infante Anne d'Autriche. Compris dans la disgrâce qui frappe son père, il reçoit en 1621, après la mort du favori du roi, le duc de Luynes, le département de la Guerre et des Affaires étrangères. Il sera de nouveau éloigné du pouvoir en 1624.

SILLON (Le)

Nom porté par une revue créée en 1894 puis, à l'instigation de Marc Sangnier, par un mouvement « de formation religieuse et sociale » d'inspiration chrétienne.

En 1894, deux amis de Marc Sangnier, Paul Renaudin et Étienne Isabelle, lancent une petite revue intitulée *Le Sillon*. Cinq ans plus tard, cette dernière fusionne avec *Le Bulletin de la crypte*, dans lequel Sangnier exposait ses idées concernant le catholicisme démocratique et social. En même temps, l'ancien rédacteur de la *Crypte* lance un mouvement « de formation religieuse et sociale », qui rencontre un succès rapide. En 1902, il prend la direction de la revue. Le mouvement du Sillon devient chaque jour plus politique et social, ses membres affrontant ceux des mouvements d'extrême droite ou d'extrême gauche. Les principaux adeptes de la démocratie chrétienne prônée par Sangnier et le Sillon se situent dans les milieux intellectuels, mais aussi parmi le clergé. Les cercles d'étude organisés par le fondateur du Sillon regroupent des étudiants, des ouvriers, des employés, des prêtres. Cependant, les autorités religieuses s'inquiètent et, après plusieurs avertissements, le pape Pie X condamne le Sillon dans une lettre adressée le 25 août 1910 à l'épiscopat français. Marc Sangnier se soumet aussitôt et sans réserve. Ses disciples, dispersés, contribueront après la guerre au lent essor de la démocratie chrétienne en France.

SILVACANE (abbaye de)

Abbaye cistercienne de Provence, dans les Bouches-du-Rhône.

À la fin de la première moitié du XIIe siècle, des moines cisterciens venus de Morimond s'établissent sur les bords marécageux de la Durance. Là, sur des terrains concédés par Raymond, seigneur des Baux, ils élèvent un des plus beaux exemples de l'architecture cistercienne. L'abbatiale, très

L'abbaye de Silvacane
Vue de l'abbaye. © *Scope Jacques Guillard*

sobre, possède le même plan que celles de Sénanque ou du Thoronet. La nef et le transept, aux angles droits, s'appuient sur de gros contreforts. La nef principale, voûtée en berceau brisé, possède cinq travées. Le cloître, qui longe l'église, est un exemple du style roman tardif. La salle capitulaire, enfin, possède une voûte gothique du XIIIe siècle.

SIMON Antoine (Troyes, 1736 – Paris, 1794)

Geôlier de Louis XVII.

Cordonnier rue des Cordeliers, membre du club des Jacobins, puis commissaire de la Commune, il est choisi par Chaumette pour assurer la garde de Louis XVII au Temple lorsque celui-ci est séparé de Marie-Antoinette (3 juillet 1793). Chargé de faire perdre à l'enfant « l'idée de son rang », il réussit, aidé par sa femme, à le transformer en un parfait petit sans-culotte, sans être le bourreau qu'on a souvent dépeint. Il se montre assez bon avec le jeune captif, prenant soin de lui et cherchant à le distraire. Il abandonne son poste de « précepteur » en janvier 1794. Les raisons de cette décision n'ont pu être clairement établies. Elles restent d'autant plus énigmatiques que la destinée de Louis XVII devient incertaine à partir de ce moment. Simon est guillotiné après le 9 Thermidor. Sa veuve, qui devait disparaître seulement sous la Restauration à l'hôpital des Incurables, semble avoir été plus ou moins au courant du mystère du Temple.

Jules Simon
Jules Simon dans son cabinet de travail. Photo.
© *Archives Larousse-Giraudon*

SIMON Jules François Simon SUISSE, dit JULES (Lorient, 1814 – Paris, 1896)

Homme politique, président du Conseil.

Fils d'un drapier, il étudie à l'École normale supérieure puis, agrégé de philosophie, supplée Victor Cousin à la Sorbonne en 1839. Député des Côtes-du-Nord en 1848, il siège avec la gauche modérée. Refusant cependant de prêter serment à Napoléon III, suspendu en 1851, Jules Simon prend place parmi les opposants à l'Empire. Élu en 1863 au Corps législatif – il fait alors partie du « groupe des cinq », c'est-à-dire des cinq députés républicains de l'Assemblée –, l'ancien professeur de philosophie s'intéresse tout particulièrement à la question sociale, publiant divers ouvrages comme *L'Ouvrière* (1863), *Le Travail* (1866). En même temps, il milite pour l'enseignement populaire. Devenu à la fin de l'Empire un des chefs les plus populaires du parti républicain, Jules Simon entre en septembre 1870 dans le gouvernement de la Défense nationale comme ministre de l'Instruction publique. Au début de l'année suivante, en raison de sa réputation d'habile négociateur, il est envoyé à Bordeaux auprès de Gambetta. Sa mission consiste à persuader le tribun de rapporter son décret concernant l'inéligibilité des anciens élus de l'Empire. Adroitement, il provoque la démission de Gambetta. Réélu député en février 1871, il conserve son portefeuille de l'Instruction publique dans le premier cabinet Dufaure, de février 1871 à mai 1873. Au cours de la Commune, Simon tente en vain, par ses négociations, de maintenir la capitale dans la légalité et l'ordre.

Cependant, malgré ses airs conciliants, le ministre ramène l'ordre dans l'Université. Mais il doit affronter l'hostilité du clergé et des cléricaux, qui redouble lorsque, en 1873, il dépose un projet de loi visant à rendre obligatoire l'enseignement primaire. Devant l'échec de ses propositions, il démissionne. À la tête de la gauche après la chute de son ami Thiers, au mois de mai 1873, il combat l'ordre moral et la loi du septennat. En 1874, il prend la direction du journal *Le Siècle*. L'année suivante, le jour même de son élection à l'Académie française, le 16 décembre, l'ancien ministre de l'Instruction publique est élu sénateur inamovible. Un an plus tard, le 12 décembre 1876, Mac Mahon le charge de constituer un gouvernement, dans lequel il prend le portefeuille de l'Intérieur. Le président de la République, qui ne l'aime pas, espère, en le nommant à la tête du gouvernement, accentuer les divisions à l'intérieur du parti républicain, notamment l'opposition entre Simon et Gambetta. Cependant, dans sa déclaration ministérielle, le nouveau président du Conseil donne la mesure de son esprit conciliateur en affirmant : « Je suis, vous le savez, Messieurs, profondément républicain et profondément conservateur. » Mgr Dupanloup prédit, devant cette attitude : « Il sera cardinal avant moi. » Cependant, l'hostilité de Mac Mahon à son endroit grandit, et l'entourage du chef de l'État le pousse à se débarrasser du président du Conseil. Le 16 mai, saisissant le premier prétexte venu, le vote la veille, par la Chambre, de l'abrogation d'une loi de 1875 qui ôtait aux jurys la connaissance des délits de presse pour les confier aux tribunaux, Mac Mahon demande, dans une lettre ouverte, sa démission au président du Conseil, qui n'a pu empêcher le vote.

Retrouvant alors sa place au Sénat, Jules Simon combat la politique scolaire anticléricale de Jules Ferry, faisant notamment repousser, en 1880, le fameux article 7 qui interdit l'enseignement aux membres des congrégations non autorisées. Rapporteur en 1883 du projet de loi sur la liberté d'association, il combat ensuite le boulangisme, notamment par la publication, en 1889, d'un ouvrage intitulé *Souviens-toi du Deux-Décembre*. En 1890 enfin, il représente la France à la conférence internationale du travail à Berlin. Jules Simon est l'auteur de nombreux ouvrages, comme *La Religion naturelle* (1856), *Dieu, Patrie, Liberté* (1883), *Souvenirs du 4 Septembre* (1874), *Le Gouvernement de M. Thiers* (1878). Il était membre de l'Institut depuis 1863.

SOCIÉTÉ (îles de la)

Grand archipel de la Polynésie française, d'une superficie de 1 647 km², ayant son chef-lieu à Papeete et comprenant deux groupes d'îles : îles du Vent (Tahiti, Moorea, Makatea), îles sous le Vent (Bora Bora, Tahaa, Raïatea, Huahine).

Ces terres ont été découvertes par Wallis (1767) et visitées successivement par Bougainville (1768) et James Cook (1769, 1773 et 1777) qui leur a donné le nom de la Royal Society de Londres (équivalent britannique de l'Académie des sciences). Tahiti est placée sous protectorat français en 1842. Son annexion officielle date de 1880, celle des autres îles de 1887. Dotées du statut de territoire d'outre-mer depuis 1946, les îles de la Société, dont la population s'élève approximativement à 171 000 habitants, sont constituées pour l'essentiel de terres volcaniques rudes et sauvages, entrecoupées de profondes vallées. L'activité humaine est concentrée sur le littoral, riche en plantations de bananiers, vanilliers, ignames, etc. Outre son intense activité de pêche, l'archipel bénéficie de l'essor du tourisme et, depuis 1966, du programme d'essais nucléaires.

SOCIÉTÉ D'ORDRES

Stratification juridique et sociale de l'Ancien Régime distinguant ceux qui prient, – le clergé qui forme le premier ordre –, ceux qui combattent – la noblesse – et ceux qui travaillent – le tiers état.

Au Moyen Âge, cette division relève d'une vision théologique et juridique du monde qu'exprime par exemple un Adalbéron de Laon (947-1030) dans son *Poème à Robert le Pieux*. Cette structure ternaire est inspirée par saint Augustin. Les travaux de Georges Dumézil (théorie des trois fonctions) ont émis l'hypothèse qu'elle est, en fait, héritée du soubassement indo-européen des sociétés occidentales. Elle s'institutionnalise à partir du XIVe siècle lorsqu'aux états généraux, les trois états – clergé, noblesse et procureur des villes – délibèrent parfois séparément. Le troisième ordre étant réprésenté par ses propres privilégiés, les bourgeois. Juridique, fondée sur la naissance et l'état – laïc ou clerc –, la distinction est à nouveau formalisée au XVIIe siècle par des jurisconsultes comme Loyseau (*Droit des offices*, 1609). Mais elle est trop sommaire pour servir de grille d'analyse de la société française : chaque ordre juxtapose des situations protocolaires, des niveaux de fortune incomparables : de l'évêque au curé de campagne, du prince de sang au hobereau de province ou à l'anobli de fraîche date, du manouvrier au financier, un gouffre s'ouvre. Beaucoup plus révélateur, le tarif de la capitation de 1695 classe les fonctions en 22 rangs décroissants qui mêlent des critères de dignité à ceux du pouvoir et de la fortune : les fermiers généraux y passent les ducs et pairs.

Diversifiés, les ordres sont en outre beaucoup moins cloisonnés en France que dans d'autres pays d'Europe : au XVIe siècle encore, il est possible de s'agréger à la noblesse en vivant noblement ; au XVIIe, des charges anoblissantes conduisent au second ordre, même si la pleine assimilation exige trois générations ; la montée en puissance de l'élite du tiers – la bourgoisie – au XVIIIe siècle brouille les distinguos traditionnels. Les trois ordres sont dynamiques plutôt que statiques. Mais cette mobilité sociale, réelle, est lente : l'endogamie reste la règle tandis qu'à partir de 1750 la réaction nobiliaire ralentit considérablement les possibilités de promotion. À la veille de la Révolution, la notion d'ordre retrouve ainsi une actualité avec la convocation d'états généraux dont les derniers remontaient à 1614. La société d'ordre disparaît en même temps que les privilèges, lors de la nuit du 4 août 1789.

SOISSONS

Ville du département de l'Aisne.

Ses origines sont fort anciennes : à l'époque de la conquête romaine, en effet, *Noviodunum* est le centre d'un peuple celtique, les Suessions. Les Romains, qui changent son nom en celui d'*Augusta Suessionum*, en font une ville de garnison. Puis dès le IIIe siècle, la ville devient le siège d'un évêché. C'est aux environs de Soissons qu'en 486 Clovis remporte une célèbre victoire sur Syagrius. Après cette bataille se place l'épisode du vase de Soissons, rapporté par Grégoire de Tours. Ce dernier raconte que, à l'issue du combat, les soldats volèrent dans une église un vase dont l'évêque de Reims, Remi, demanda au chef franc la restitution. Lors du partage du butin, Clovis demande donc que l'on ajoute le vase à sa part. Un de ses soldats, réclamant l'application exacte de la coutume, brise alors le fameux vase, déclarant à Clovis qu'il n'aura rien de plus que sa part. Quelques mois plus tard, passant en revue ses guerriers, le chef franc s'arrête devant celui qui s'était ainsi opposé à lui. « Personne ici, lui dit-il, n'a d'armes aussi mal tenues que les tiennes. » Saisissant la francisque du soldat il la jette à terre, puis, lorsque l'homme se baisse pour la ramasser, lui fend le crâne en disant : « Souviens-toi du vase de Soissons. »

Par la suite, les souverains mérovingiens résident volontiers à Soissons où, en 557, Clotaire fonde l'abbaye Saint-Médard. Pépin le Bref y sera couronné, et Louis le Pieux enfermé par ses fils rebelles. Capitale du royaume de Soissons, puis de la Neustrie, la ville devient au Xe siècle le siège d'un comté qui appartient successivement aux maisons de Chimay, de Hainaut, et de Châtillon. Vendu en 1391 par Gui de Châtillon à Louis, duc d'Orléans, le comté passe ensuite, par Dunois, bâtard d'Orléans, à la branche d'Orléans-Longueville. En 1555, par le mariage de Françoise d'Orléans-Longueville avec Louis Ier, prince de Condé, une partie du comté passe aux Bourbons. Un autre mariage, en 1625, l'ajoute aux possessions de la maison de Savoie-Carignan. En 1734 enfin, le comté de Soissons est rattaché définitivement à la couronne. Cinq ans auparavant, un congrès s'était tenu à Soissons pour ramener la paix entre l'Espagne et l'Angleterre.

Soissons connaît de nombreux sièges, notamment en 1414, puis en 1617, par le comte d'Auvergne. Le 3 mars 1814, la ville se rend sans combattre aux Prussiens, à la grande fureur de Napoléon. De nouveau prise par les Prussiens en 1870, Soissons subit une nouvelle invasion en 1914, pour quelques semaines seulement, puis de la fin mai à la fin juillet 1918. De 1914 à 1918 cependant, la ville, située à proximité du front, dont elle constitue à plusieurs reprises l'une des pointes, souffre de fréquents et violents bombardements, qui endommagent notamment la cathédrale. De nouveau prise en 1940, Soissons subit une seconde fois des bombardements.

De nombreux conciles se sont tenus à Soissons, notamment en 1092, pour condamner le nominalisme de Roscelin. En 1121, une autre assemblée contraignit Abélard à brûler son traité *De unitate et Trinitate divina*. En 1201, un nouveau concile s'y réunit pour juger le procès en annulation du mariage de Philippe Auguste et d'Ingeburge de Danemark.

SOISSONS (royaume de) : voir NEUSTRIE

SOISSONS Charles de BOURBON, comte de (Nogent-le-Rotrou, 1566 – Blandy, 1612)

Grand maître de France.

Fils puîné de Louis Ier, prince de Condé et de Françoise d'Orléans-Longueville de Rothelin. Par besoin d'agitation et par ambition, il trahit tout le monde pendant les guerres de Religion. Catholique et même un peu ligueur, il combat à Coutras avec le roi de Navarre (futur Henri IV), dont il cherche en vain à épouser la sœur, Catherine. Puis, en 1589, il se tourne vers Henri III qui s'est réfugié à Tours et qui lui donne le commandement de ses troupes en Bretagne. Après son évasion de Nantes où l'avait enfermé Mercœur, on le retrouve auprès d'Henri IV qui le nomme grand maître de France. Cette faveur ne l'empêche pas de se retirer bientôt sous sa tente. En 1600, il revient à la Cour, participe à la campagne de Savoie et obtient ainsi le gouvernement du Dauphiné. Pendant la minorité de Louis XIII, il contribue au renvoi de Sully et se ligue avec Henri de Condé contre la régente.

SOISSONS Louis de BOURBON, comte de (Paris, 1604 – La Marfée, 1641)

Gentilhomme.

Fils du précédent. Il participe aux complots de Chalais (1626) et de Montrésor (1636), ce qui l'oblige à se réfugier à Sedan auprès d'un autre conspirateur impénitent, le duc de Bouillon. Les Espagnols entrent en relation avec lui et lui confient un corps d'armée qu'il mène à la victoire le 6 juillet 1641, près du bois de la Marfée, contre les forces du maréchal de Châtillon. Au moment où l'armée française se replie en désordre, découvrant la route de Paris, Soissons tombe, la tête fracassée d'un coup de pistolet. Peut-être le prince s'est-il tué en relevant la visière de son casque avec son pistolet, comme il avait l'habitude de le faire. Mais cette mort arrange trop Richelieu pour que ne se répande la rumeur d'un assassinat.

SOISSONS Maurice Eugène de SAVOIE, comte de (Chambéry, 1633 – Champagne, 1673)

Homme de guerre.

Fils de Thomas François de Savoie-Carignan et de Marguerite de Bourbon-Soissons. Destiné, dès son jeune âge, à l'état ecclésiastique, il décide, encore adolescent, d'embrasser la carrière des armes. Ayant épousé en 1657 Olympe Mancini, l'une des nièces de Mazarin, le comte de Savoie reçoit le grade de colonel général des Suisses puis le gouvernement de la Champagne. Il se distingue ensuite lors de la bataille des Dunes (1658), au cours de laquelle, à la tête des gardes suisses, il parvient à culbuter l'infanterie espagnole, puis se signale une fois de plus par son intrépidité, lors de la campagne de Flandre et en Franche-Comté, aux côtés de Louis XIV. Ces glorieux faits d'armes lui valent d'être promu lieutenant général en 1672. Après avoir participé au passage du Rhin, il se disposait à aller rejoindre l'armée de Turenne lorsqu'il meurt, en 1673. Il a eu huit enfants de son union avec Olympe Mancini. L'un d'eux est le célèbre prince Eugène.

SOISSONS Olympe, comtesse de : voir MANCINI Olympe

SOLESMES (monastère puis abbaye de)

Monastère bénédictin élevé à partir de 1010.

À l'origine simple prieuré, ce monastère est fondé par Geoffroi le Vieux, seigneur de Sablé. À l'époque des croisades, une épine de la couronne du Christ, rapportée par un croisé et offerte au monastère, attire à Solesmes (Sarthe) de nombreux pèlerins. Incendié par les Anglais au cours de la guerre de Cent Ans, en 1425, restauré en 1470, tombé en commende au milieu du XVIe siècle, pour plus d'un siècle, le monastère suit ensuite la réforme de Saint-Maur. En 1772, une partie des constructions, les bâtiments conventuels notamment, sont reconstruits. Supprimé par la Révolution en 1790, vendu comme bien national mais conservé intact, Solesmes est racheté en 1833 par dom Guéranger, qui s'y installe avec cinq compagnons. Sa communauté restaure l'ordre de saint Benoît et se signale par ses travaux sur

L'abbaye de Solesmes
Vue de l'abbaye. © *Scope Philippe Blondel*

la liturgie romaine et le chant grégorien. Dès 1837, le pape Grégoire XVI érige Solesmes en abbaye-mère de la congrégation de France. Elle essaimera notamment à Ligugé et Saint-Wandrille.

En 1896 sont entrepris d'importants travaux : une nouvelle abbaye s'élève, qui conserve toutefois, remaniés, les bâtiments anciens. Ces travaux s'achèvent en 1901, l'année même où la loi sur les congrégations chasse les bénédictins de Solesmes. Installés en Grande-Bretagne, ils ne regagnent définitivement leur monastère qu'en 1922. Comme autrefois, la communauté se livre avant tout à des travaux d'érudition sur la liturgie et le chant grégorien. Dans le chœur de l'église abbatiale, remanié en 1863, se trouve un remarquable ensemble de sculptures Renaissance, les « Saints de Solesmes ». Ces deux groupes, *L'Ensevelissement de la Vierge* et *L'Ensevelissement du Christ*, le premier datant de la fin du XVe siècle, le second achevé au milieu du XVIe, comptent parmi les sculptures religieuses les plus intéressantes de cette période. Il est possible que Michel Colombe, sculpteur français du XVe siècle, ait collaboré au premier groupe.

SOLFERINO (bataille de)

Victoire remportée sur les Autrichiens, le 24 juin 1859 au cours de la campagne d'Italie, par l'armée franco-piémontaise de Napoléon III.

Après la défaite subie par Gyulai à Magenta, l'empereur François-Joseph a pris le commandement de son armée, forte sur le papier de 250 000 hommes – en réalité ses effectifs ne dépassent guère 160 000 soldats –, et rassemble ses forces aux confins de la Vénétie. De là, il franchit le Mincio et s'avance jusqu'à Solferino et Guidizzolo. À la tête de 160 000 Franco-Sardes, Napoléon III décide de son côté de se porter à la rencontre de l'ennemi vers Brescia et le lac de Garde. Après avoir dépassé l'Adda et la Chiese, il donne l'ordre à son armée, le 23 juin, de se porter sur la plaine de Solferino. C'est là que les deux armées se rencontrent à l'improviste, de grand matin, au pied des collines dominées par la tour de Solferino, chacune tournant le dos à sa ligne de retraite. François-Joseph a placé son armée sur les hauteurs flanquant Solferino et dans la plaine de Medole. Napoléon III choisit alors de porter ses efforts au centre du dispositif ennemi et de conquérir la tour de Solferino qui domine le village. Au nord, les Piémontais ne peuvent déboucher de San Martino ; au sud, le corps d'armée de Niel, qui se plaindra d'avoir été secouru trop lentement par Canrobert (les deux généraux manqueront de se battre en duel), est lui aussi repoussé par les Autrichiens. Mais, après plusieurs heures d'efforts sous une intense chaleur, l'attaque des Français est victorieuse au centre où se trouvent les deux empereurs. Baraguay-d'Hilliers, avec l'aide de la Garde, réussit à remporter la redoutable tour de Solferino. C'est la clef du succès. L'armée autrichienne est bientôt coupée en deux. Les combats se poursuivent néanmoins, acharnés, mais un violent orage qui éclate vers 5 heures de l'après-midi achève la déroute de l'ennemi qui se retire derrière l'Adige. Les Franco-Sardes sont maîtres du terrain. La bataille, particulièrement sanglante, a fait 17 000 morts parmi les Français et 22 000 parmi les Autrichiens. Le souvenir de ces horreurs sera pour beaucoup dans la décision que prendra Napoléon III peu de jours plus tard de ne pas continuer la guerre, malgré ses engagements envers le Piémont, et de faire la paix avec François-Joseph. Il l'incitera également à accorder tout son soutien aux initiatives, prises par Henri Dunant qui avait assisté à la bataille, en faveur des blessés de guerre, et qui aboutirent à la fondation de la Croix-Rouge.

SOLUTRÉ (roche de)

Culminant à près de cinq cents mètres d'altitude, l'escarpement de la roche de Solutré, en Saône-et-Loire, domine les vignobles de Pouilly.

Les vestiges préhistoriques trouvés à sa base ont conduit à donner le nom de « solutréen » à la période de l'âge de la pierre taillée, s'étendant de 15 000 à 12 000 avant notre ère. En fait, les objets et les ossements découverts à Solutré prouvent que le site était occupé dès la période aurignacienne, donc bien avant le « solutréen ». Lors des fouilles exécutées en 1866, on a découvert à proximité du bas de la roche de Solutré un monceau d'ossements de chevaux, s'étendant sur 4 000 m² et formant une couche épaisse, jusqu'à deux mètres à certains endroits. Pendant longtemps, les préhistoriens ont cru que des troupeaux de ces animaux avaient été acculés par des chasseurs à l'extrémité du promontoire et avaient sauté dans le vide. On est revenu sur cette explication, et les spécialistes pensent maintenant que les troupeaux de chevaux, au cours de leur migration annuelle, ont été abattus au pied même de la roche de Solutré.

SOMALIS (côte française des) : voir AFARS ET DES ISSAS (territoire des) et DJIBOUTI

SOMBREUIL Charles VIROT, marquis de (Ensisheim, Alsace, 1727 – Paris, 1794)

Général.

Maréchal de camp, il commande à Lille lorsqu'il est nommé, en 1786, gouverneur des Invalides. Malgré son hostilité au mouvement révolutionnaire, il conserve ce poste jusqu'en 1792. Accusé d'avoir concouru, le 10 Août, à la défense des Tuileries, il est enfermé à la prison de l'Abbaye. Il en est libéré sur intervention de sa fille Marie, dont on raconte que, pour obtenir sa grâce, elle aurait accepté de boire un verre de sang tendu par un des égorgeurs, récit propablement légendaire. Toutefois, arrêté de nouveau en 1794, associé au procès des chemises rouges, il est guillotiné le même jour que son fils aîné Stanislas.

SOMBREUIL Charles VIROT, vicomte de (?, 1769 – Vannes, 1794)

Chef royaliste.

Second fils du précédent. Il émigre dès 1792. Enrôlé dans l'armée prussienne, il participe en 1793 à la campagne du Rhin puis, l'année suivante, à celle de Hollande. Il passe ensuite en Angleterre où il prend part à la préparation de l'équipée de Quiberon. À la tête de la deuxième division de l'expédition, Sombreuil débarque à Quiberon le 15 juillet 1794 et rejoint le premier groupe commandé par d'Hervilly. Remplaçant ce dernier lorsqu'il est tué au combat, Sombreuil, pris par les républicains, est conduit à Vannes où il est guillotiné.

SOMME (bataille de 1916)

Nom donné aux violents combats de l'été de 1916 dans la région de Bapaume à Chaulnes.

Ce secteur a été choisi par les Franco-Britanniques pour faire diversion à l'offensive allemande sur Verdun. Mais, en raison des prélèvements d'effectifs en faveur du secteur de la Meuse, l'offensive, envisagée à l'origine sur un front de 70 km, est ramenée à une largeur de 30 km, 18 km incombant aux Britanniques de la IVe armée et le reste aux Français de la VIe armée (général Fayolle), appuyés par des unités de la Xe armée (général Micheler). L'axe de progression prévu est la route de Bapaume à Cambrai, avec exploitation ultérieure en direction du

La bataille de Solferino
Le Général Niel à la bataille de Solferino. Esquisse de Jean-Adolphe Beauce, 1859, Compiègne, château. © *RMN*

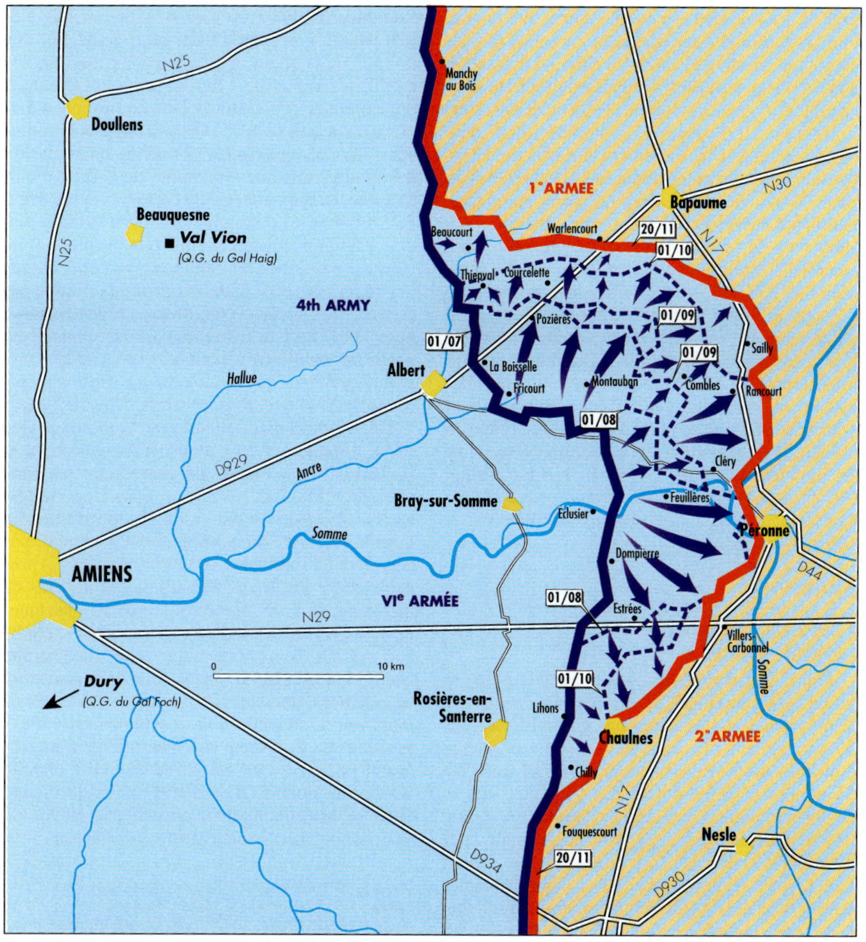

La bataille de la Somme (1916)

Cateau et de Cambrai afin de bouleverser le dispositif central de l'armée allemande. Les opérations se déclenchent le 1er juillet par un très violent pilonnage d'artillerie. La préparation dure quatre jours. Elle dépasse en intensité celle que les Allemands eux-mêmes ont opérée dans la phase initiale de la bataille de Verdun, et son efficacité est accrue par des réglages commandés par des observations aériennes. Si les Britanniques ont de la peine à progresser au nord de la Somme, le 20e corps français et le 1er corps colonial enregistrent des succès appréciables sur le plateau de Flacourt. La progression atteint une dizaine de kilomètres et 10 000 prisonniers sont dénombrés.

Le 14 juillet, les Britanniques atteignent la seconde ligne allemande ; mais quatre jours plus tard, l'adversaire, qui s'est ressaisi, reprend une partie du terrain à la faveur d'une contre-attaque. Partout, les Allemands réagissent avec vigueur, et le front s'enlise à nouveau. En septembre, les troupes françaises, grâce à des attaques locales, atteignent la route de Cléry à Combles et s'emparent des bois de Chaulnes. Le 16 septembre, les Britanniques emploient pour la première fois une arme nouvelle : des tanks, mais après un effet de surprise, la percée n'est pas obtenue. Les dernières réactions se manifestent courant octobre et la bataille s'éteint avec les brumes de la mi-novembre. Le résultat de cette succession d'assauts est la constitution d'une poche d'une cinquantaine de kilomètres de largeur et profonde par endroits de 10 km. Le résultat est maigre compte tenu des sacrifices : 500 000 Britanniques, 170 000 Français tués, blessés ou disparus. Les Allemands ont 275 000 hommes hors de combat, dont 6 000 officiers. L'hémorragie oblige le kaiser à appeler par anticipation la classe 1918. Falkenhayn cède son poste de commandant en chef à Hindenburg, qu'assiste Ludendorff. Mais, nulle part, le front n'a été percé de manière décisive en dépit des moyens matériels mis en œuvre. C'est l'assurance d'un nouvel hiver de guerre. Ce gâchis humain et stratégique entraîne l'éviction de Joffre, écarté du commandement en chef en décembre 1916.

SOMME (bataille de 1940)

Bataille décisive de la Seconde Guerre mondiale.

En mai 1940, à la suite de la percée des divisions de Panzer en direction d'Abbeville, du Crotoy et du littoral de la Manche (atteint le 20 mai), le haut commandement français, pris en main par le général Weygand quelques jours plus tôt, décide de dresser un barrage le long du flanc sud de la percée. La vallée de la Somme est choisie pour l'établissement de cette ligne de résistance, la voie d'eau, parsemée de zones marécageuses, semblant constituer un obstacle sérieux. Ce front de la Somme, cette « ligne Weygand », comme certains l'appellent déjà, constitue la partie occidentale d'un dispositif qui débute sur le canal des Ardennes au sud de Sedan, longe l'Aisne, le chemin des Dames par le canal de l'Ailette, coupe la trouée de l'Oise à Chauny et se prolonge jusqu'à l'embouchure de la Somme par Chaulnes, le sud d'Amiens et le sud d'Abbeville ; car, dans son avance, l'envahisseur s'est emparé de ces deux localités. La VIIe armée du général Frère garde la partie située à l'est d'Amiens, tandis qu'à l'ouest est constituée une Xe armée aux ordres du général Altmayer. Ces deux armées forment le 3e groupe d'armées aux ordres du général Besson, rappelé d'Alsace. Enfin, sur la basse Somme apparaît la 51e division de Highlanders, une des dernières unités britanniques encore sur le continent (avec la 1re division blindée en cours de débarquement au Havre) après la dislocation du groupe d'armées de Belgique et leur reflux vers Dunkerque. Tout ce que le haut commandement français a pu acheminer comme renforts l'a été grâce aux efforts du 4e bureau de l'armée et des services de la SNCF. Les dépôts de l'arrière ont été vidés. Des troupes ont été mutées d'Alsace et de Lorraine vers ce secteur de Picardie. Tout le matériel disponible a été distribué. Enfin, ces troupes sont conscientes de la gravité de la situation et savent que ce rempart doit être tenu. Leur moral est élevé, la présence du maréchal Pétain au gouvernement leur paraissant de bon aloi. Des actions offensives sont même montées ici et là, obligeant l'infanterie allemande aux premiers reculs depuis le 10 mai. Ainsi des éléments blindés de la 2e division cuirassée, disloquée en Belgique et reconstituée en vidant le centre de Montlhéry, progressent le 23 mai jusqu'aux approches de Péronne. Le lendemain, les Sénégalais de la 7e DIC approchent d'Amiens. Les avant-gardes de la 1re division cuirassée britannique menacent Longpré et Picquigny. Enfin, le 27 mai, appuyée par les Écossais de la 51e Highlanders ainsi que par les 2e et 5e DIC, la 4e division cuirassée du colonel de Gaulle, revenue de la région de Laon-Montcornet, amorce en direction d'Abbeville une vive contre-attaque qui rejette les Allemands, le 30, dans les faubourgs sud de la ville.

La bataille de la Somme
Soldats français se protégeant sur le bas-côté d'une route, 1916. © *L'Illustration/Sygma*

Mais tous ces efforts sont rendus vains par l'évacuation de Dunkerque. Libre dans les Flandres, l'assaillant concentre sur la Somme les IVe et VIe armées, dont les fers de lance sont les 3e et 4e divisions de Panzer (devant Péronne), les 9e et 10e Panzer (devant Amiens) et enfin les 5e et 7e Panzer en aval de la métropole picarde. Cette dernière division est dirigée par le général Rommel, qui fait franchir la Somme à ses fusiliers le 6 juin, date de la reprise de l'offensive dans cette partie du front. Un pont de chemin de fer mal détruit, près de Hangest, permet le passage de chars. Les Sénégalais de la 5e DIC disputent le terrain avec acharnement, malgré leurs moyens matériels limités. Au sud d'Amiens, les 9e et 10e Panzer sont tenues en échec par les fantassins de la 16e DI, unité de réserve qui contre-attaque et reprend aux Allemands le village d'Oresmaux, ramenant des prisonniers. Selon les directives du général Weygand, partout les unités d'artillerie et les fantassins ont constitué des « hérissons ». Le canon de 75 se révèle en tir direct une redoutable arme antichar. Les 19e, 23e, 24e et 29e DI, la 3e DLI disputent partout le terrain âprement. Mais après cinq journées épuisantes, grâce à un appui aérien massif et des renforts renouvelés, le général Rommel parvient à la Seine près des Andelys, puis se rabat vers Saint-Valéry-en-Caux. Le front est percé, alors que sur l'Aisne le général Guderian passe à son tour à l'offensive. La ligne de la dernière chance, la ligne de la Somme, est percée.

SORBON Robert de (Sorbon, Ardennes, 1201 – Paris, 1274)

Théologien, fondateur de la Sorbonne.

Issu d'une famille modeste, il fait ses études à Paris et, devenu docteur en théologie, ne tarde pas à se faire remarquer par son intelligence et la grande rigueur de son esprit lors de ses interventions, sermons et conférences. Sa renommée devient rapidement telle que Saint Louis le fait venir à sa cour, le nomme chapelain, puis le choisit comme confesseur. Chanoine de Cambrai en 1251, ce théologien thomiste s'attache à l'éducation de l'adolescence pauvre. Ainsi, il imagine une « société d'ecclésiastiques séculiers qui, vivant en commun et ayant les choses nécessaires à la vie, ne soient plus occupés que de l'étude et enseignent gratuitement ». Telle est, en effet, l'origine de la Sorbonne. Fondé en 1253, mais ouvert, semble-t-il, seulement à partir de 1257, l'établissement reçoit l'appui moral et matériel de Saint Louis. Son fondateur rédigera, après dix-huit ans d'exercice à la tête de sa « société », les statuts de cette institution, dont les caractères essentiels resteront en vigueur jusqu'à la Révolution. En 1258, Robert de Sorbon devient chanoine de Paris, et sa notoriété en matière de droit canon est devenue si grande qu'il est consulté, dans tout le royaume, à propos de litiges de première importance. En 1271, il achète non loin de l'établissement d'enseignement, qui ne portera son nom que trois siècles plus tard, une petite maison abritant le collège de Calvi et destinée à recevoir les plus jeunes de ses élèves. Robert de Sorbon est l'auteur d'ouvrages théologiques : *De Consciencia*, *Super Confessione*, *Iter Paradisi et Glossæ divinorum librorum.*

SORBONNE

Établissement d'enseignement supérieur de l'université de Paris.

Fondé par Robert de Sorbon, confesseur de Saint Louis en 1253, le *Collegium Pauperum Magistrorum* est, à l'origine, un établissement d'enseignement théologique réservé aux jeunes étudiants pauvres. Un acte royal en date du 21 octobre 1250 fait dévolution à « maître Robert de Sorbon, pour la demeure des pauvres écoliers, (d')une maison ayant appartenu à un nommé Jean d'Orléans et les écuries contiguës de Pierre Pique-l'Âne, situées dans la rue Coupe-Gueule, devant le palais des Thermes » et, dès 1257, l'établissement accueille des jeunes gens désireux de devenir clercs. Très rapidement, l'institution, dirigée depuis sa création par son fondateur, acquiert une réputation immense dans le monde chrétien. La « communauté des pauvres maîtres » devient un haut lieu de la pensée, de la morale et de la connaissance humaine. Dotée d'un statut original et administrée par des officiers élus, la Sorbonne délivre à ses élèves le diplôme de docteur, après que ceux-ci ont argumenté dix ans durant, mais reçoit également des théologiens confirmés venus de l'Europe entière. Ayant eu pour premier proviseur Robert de Sorbon, l'établissement voit se succéder à sa tête des hommes aussi illustres que Condé, Richelieu ou Mazarin ; des maîtres tels que Guillaume de Saint-Amour, Odon de Douai ou Henri de Gand y enseigneront. La Sorbonne est durant plusieurs siècles au centre des grandes questions philosophiques, religieuses, politiques du moment. Abritant l'un des premiers ateliers d'imprimerie, la Sorbonne affirme très tôt sa vocation d'indépendance et intervient dans le débat du Grand Schisme en épousant les thèses conciliaires, puis adopte une attitude délibérément gallicane qu'elle maintiendra jusqu'à la fin du XVIIIe siècle.

Dénommée officiellement « Sorbonne » dès 1554, l'institution est partagée sur la question du jansénisme et se montre une adversaire acharnée tant des Jésuites que des encyclopédistes. Reconstruite en 1626 sur l'ordre de Richelieu, fermée en 1792, la Sorbonne est restituée, par Napoléon, à l'université de Paris, en 1808. Après avoir abrité jusqu'en 1886 les enseignements de théologie, la Sorbonne est affectée à l'enseignement supérieur des lettres et des sciences, tandis que ses bâtiments sont entièrement reconstruits par Nénot, à la fin du XIXe siècle ; la seule partie de l'édifice datant du XVIIe, toujours visible de nos jours, est la chapelle, transformée en salle d'exposition. La Sorbonne continue à jouir d'un très grand prestige intellectuel et accueille chaque année bon nombre d'étudiants venus du monde entier. Elle a été, durant la crise de mai 1968, l'un des bastions de la contestation estudiantine.

SORCELLERIE

Ensemble de pratiques magico-religieuses jamais totalement éradiquées par le christianisme et vigoureusement poursuivies par les tribunaux jusqu'au XVIIe siècle.

À la fin du premier millénaire, la magie savante enrichie par les traditions arabes et byzantines se détache, sous le nom d'alchimie, de la sorcellerie proprement dite. Celle-ci est une pratique religieuse

La Sorbonne
Vue latérale de l'église de la Sorbonne. Aquarelle de Victor Nicolle, musée de Malmaison. © *RMN*

à caractère manichéiste qui prétend mettre au service des fins humaines un surnaturel non divin. Les pratiques païennes et druidiques ne disparaissent que très lentement des campagnes de la Gaule et même du royaume de France : elles visent la guérison des malades et du bétail – ou inversement leur mort –, la résurrection « anticipée » des disparus, la sexualité ou la fécondité… Loin de n'être qu'une pratique populaire au Moyen Âge, la sorcellerie séduit aussi les puissants : les cours princières de René Ier d'Anjou ou de Louis d'Orléans s'adonnent à la nécromancie et à l'envoûtement. Le Bourgeois de Paris, auteur représentatif des milieux urbains cultivés, recommande dans son *Mesnagier pour guérir un cheval malade* un mélange de gestes ésotériques et de formules cabbalistiques. Dès le XIVe siècle, les autorités religieuses et, à partir de 1484, leur bras armée – l'Inquisition – associent explicitement toute pratique magique à un rituel satanique. Mais l'incrimination de sorcellerie est parfois utilisée par les pouvoirs temporels pour consolider une accusation de nature politique : en sont ainsi victrimes Enguerrand de Marigny en 1315 ou Jeanne d'Arc en 1431. En France, la chasse aux sorcières culmine entre la seconde moitié du XVIe siècle et 1630, aux temps troublés des guerres de Religion, des « pestes » et d'une offensive du clergé de la Contre-Réforme pour épurer les campagnes de leurs pratiques conjuratoires teintées de paganisme.

Des auteurs des plus sérieux comme le juriste Jean Bodin écrivent des démonologies répertoriant les signes de possession : les possédées sont souvent des femmes accusées d'avoir forniqué avec Satan pour se faire attribuer le pouvoir de nuire à leurs voisins. Les haines villageoises, les affaires de bétail empoisonné ou de stérilités attribuées à un « sort » encombrent les tribunaux. Ceux que les dénonciations accusent et qui avouent sous la question, systématiquement appliquée, sont envoyés au bûcher. Mais au début du XVIIe siècle, trois grands procès, respectivement à Aix-en-Provence (1611), Loudun (1634) et Louviers (1647), où des notables et des prêtres, notamment Urbain Grandier, sont impliqués, vont amener les juges à modérer leur zèle. Le parlement de Paris s'oppose aux théologiens et décide au milieu du siècle de ne plus poursuivre la sorcellerie dans son ressort. Les procédures régressent jusqu'à ce que Colbert, en 1670-1672, les abolisse dans l'ensemble du royaume. L'affaire des Poisons en 1679 est un des derniers procès en sorcellerie mais concerne aussi de très réels meurtres d'enfants. Au XVIIIe siècle, les convulsionnaires de Saint-Médard ne sont pas accusés de sorcellerie. L'évolution de l'attitude des juges correspond à une vision, sinon laïque, du moins sécularisée du monde qui exclut l'hypothèse de l'omniprésence du Malin.

SOREL Agnès (Froitmantel, Picardie, vers 1422 – Anneville, Normandie, 1450)

Favorite royale.

Son père, Jean Sorel, appartient à la suite du comte de Clermont. Très jeune, Agnès Sorel est admise parmi les filles d'honneur de la reine Isabelle, épouse de René d'Anjou, roi titulaire de Naples. En 1443, la jeune fille suit à Toulouse le roi René et sa femme qui viennent de perdre leur royaume et sont reçus par Charles VII au milieu de grandes réjouissances. C'est à Toulouse que le roi aperçoit pour la première fois Agnès Sorel. Âgée d'environ 22 ans, celle-ci possède un visage rond, d'une grande douceur, de fort beaux yeux, un corps souple, une gorge magnifique. Olivier de la Marche, pourtant adversaire politique d'Agnès, écrira d'elle : « Certes, elle était une des plus belles femmes que je vis jamais. » Agnès devient la maîtresse du roi. Tous deux se retrouvent à Saumur quelques mois plus tard. Sans chercher à cacher sa liaison, Charles VII offre à sa maîtresse, avant la fin de l'année 1444, le manoir et la terre de Beauté-sur-Marne (auj. à Nogent-sur-Marne). Don qui donnera naissance à un jeu de mots : la favorite sera « Dame de Beauté ». Elle recevra aussi la seigneurie de Roquecezière, dans le Rouergue, celles d'Issoudun, de Vernon, d'Anneville, sans compter une pension de 300 livres. Le roi vit avec sa favorite à Montils, à Mehun, à Loches ou à Razilly, rarement à Beauté. Agnès Sorel fait scandale. Les prêtres tonnent contre elle en chaire, mais les dames s'empressent de l'imiter. Le luxe et la prodigalité gagnent la haute société, et même la bourgeoisie. Artistes et poètes sont sollicités. Cependant, l'opinion publique, les ecclésiastiques – malgré la réelle charité d'Agnès et les dons qu'elle fait aux fondations religieuses – la détestent et la fustigent.

Agnès pousse le roi à renvoyer ses mauvais conseillers, favorise au contraire l'ascension de Pierre de Brézé et de Jacques Cœur. Charles VII part en campagne à la tête de ses troupes, tandis que, enceinte, elle se morfond à Loches. Au tout début de janvier 1450, la dame de Beauté rejoint le roi à Jumièges. Éprouvée par le voyage, elle est prise, le 9 février, d'un « flux de ventre », et meurt quatre jours plus tard, après avoir prononcé ces mots amers : « C'est peu de chose et orde (sale) et fétide que notre fragilité. » Charles VII, abandonnant la campagne, quitte la Normandie après avoir ordonné l'érection à Jumièges d'un monument aujourd'hui disparu. Le tombeau d'Agnès Sorel sera élevé dans le chœur de la collégiale Notre-Dame de Loches. Agnès Sorel, qui avait donné au roi quatre filles, fut autant louée après sa mort qu'elle avait été honnie de son vivant. Une légende se forma peu à peu autour de son personnage, lui attribuant un rôle et une influence bien supérieurs à ceux qu'elle exerça réellement. Parmi les représentations de la favorite royale figure le célèbre tableau commandé par Étienne Chevalier à Jean Fouquet, la *Vierge à l'Enfant*. Aujourd'hui au musée d'Anvers, il composait le volet droit d'un dyptique offert à l'église Notre-Dame de Melun. Citons encore la statue de son gisant conservée à Loches.

SOREL Georges (Cherbourg, 1847 – Boulogne-sur-Seine, 1922)

Sociologue.

Ancien élève de l'École polytechnique, il est ingénieur des Ponts et Chaussées de 1870 à 1892, ce qui l'amène à fréquenter de près les milieux ouvriers. Sorel démissionne alors, décidant de consacrer tout son temps à l'étude de la société. Puisant le principal de ses lectures dans Proudhon, Marx, Nietzsche, William James et Bergson, il s'intéresse plus à l'aspect moral qu'à l'aspect politique de la lutte des classes. À partir de 1896, il collabore à des revues marxistes, *L'Ère nouvelle* et *Le Devenir social*. Il est l'un des premiers intellectuels à militer pour la révision du procès Dreyfus. Cependant, son analyse idéologique n'a pas varié : le syndicalisme doit être révolutionnaire, pur de toute compromission avec le pouvoir établi ; la démocratie parlementaire n'est qu'une invention des privilégiés. Il faut que le prolétariat se défie des pièges réformistes, qu'il acquière une âme guerrière. « Le socialisme ne saurait subsister sans une apologie de la violence. » Les idées de Sorel ont connu une grande vogue au début du XXe siècle dans l'Europe entière. Elles ont inspiré des socialismes aussi différents que ceux de Lénine et de Mussolini.

Agnès Sorel
Vierge à l'Enfant à qui Agnès Sorel aurait prêté ses traits. Diptyque de Melun de Jean Fouquet, huile sur toile, Anvers, musée royal des Beaux-Arts. © *Giraudon*

SOUBISE Benjamin de ROHAN, seigneur de (La Rochelle, 1583 – Londres, 1642)

Chef de guerre.

Frère du duc Henri de Rohan, un des chefs du parti huguenot. Après avoir servi en Hollande sous Maurice de Nassau, il prend part en France, aux côtés de son frère, à toutes les révoltes protestantes qui marquent le debut du règne de Louis XIII. Nommé par l'assemblée protestante de 1621 commandant général des provinces de Poitou, Bretagne, Anjou, il soutient un siège d'un mois dans Saint-Jean-d'Angély (1621). Fait prisonnier, il doit promettre de ne plus porter les armes contre Louis XIII. Il rentre pourtant en campagne peu après sa libération, mais est battu par le roi en 1622 dans les marais de Rié. Il passe alors en Angleterre. De là, il dirige des opérations navales contre les côtes du Poitou mais ne réussit pas à secourir La Rochelle assiégée par l'armée royale (1628). Bien que compris dans l'édit de grâce d'Alais (1629), il choisit de se fixer en Angleterre.

SOUBISE Charles de ROHAN, prince de (Paris, 1715 – Paris, 1787)

Maréchal de France.

Aide de camp de Louis XV (1744-1748), gouverneur de Flandre et de Hainaut (1751), il est un des artisans de la victoire de Fontenoy (1745). Il se fait en revanche battre à Rossbach en 1757, mais surtout par la faute de ses alliés allemands. En 1758, à la tête d'une nouvelle armée, Soubise obtient l'avantage à Sondershausen ; il est alors promu maréchal de France. Ministre d'État en 1759, commandant l'armée du Rhin en 1761, il laisse battre le duc de Broglie en ne le secourant pas, est vaincu à Wilhelmstadt, mais gagne la bataille de Johannisberg en 1762. Dès lors, il vit à la Cour, où il jouit de la faveur de Louis XV, de Mme de Pompadour, puis de Mme du Barry. Soubise est le seul courtisan à accompagner le corps de Louis XV à Saint-Denis. Il se retire lors de l'affaire du Collier de la reine, en raison de sa parenté avec le cardinal de Rohan.

SOUDAN : voir MALI

SOUEÏDA ou SWEIDA

Ville de Syrie, chef-lieu de province à l'ouest du djebel Druze.

Encerclée lors de l'insurrection du djebel Druze, en 1925, la garnison française de Soueïda subit un siège de trois mois (de juillet à septembre 1925), au cours duquel, pour la première fois dans l'histoire, son ravitaillement est assuré par parachutage. Dégagée par la colonne du général Gamelin, elle est évacuée en raison du manque de vivres. La ville n'est réoccupée par les troupes françaises qu'en avril 1926.

SOUILLAC

Chef-lieu de canton du Lot, à 30 km à l'est de Sarlat.

Après une période assez confuse, le premier grand nom qui s'attache à l'histoire de Souillac est celui de saint Géraud, le fameux comte-abbé d'Aurillac qui, à sa mort (début du Xe siècle), laisse aux religieux bénédictins de son abbaye la moitié des terres qu'il possède près du confluent de la Dordogne et de la Borrèze. Trois doyens, Pierre de Césière (mort en 1107), Géraud d'Ussel et Archambaud (mort en 1128) président à la construction de l'église Sainte-Marie telle qu'elle se présente encore aujourd'hui, c'est-à-dire avec sa nef surmontée de trois coupoles, son ample chevet et son portail roman (un des chefs-d'œuvre de la sculpture quercynoise avec Moissac, qu'il rappelle par bien des traits). Autour de la communauté religieuse s'est développée progressivement une petite ville qui reçoit, en 1263, une charte de commune. Cette ville subit au XIVe siècle les pillages des Anglais et des routiers. Le monastère en souffre tant qu'il faut le repeupler par des apports extérieurs. En 1508, le cardinal d'Albret fait ériger Sainte-Marie en abbaye. Mise en commende, Souillac entre dans la période la plus mouvementée de son histoire. Les huguenots s'acharnent sur elle à plusieurs reprises, notamment en 1573, année où l'autre église, Saint-Martin, est presque entièrement détruite. Il faut attendre l'abbatiat d'Henri de La Mothe-Houdancourt et le milieu du XVIIe siècle pour que Souillac retrouve son lustre. Le pape Urbain VIII confirme les efforts de ce grand abbé en installant dans la cité quercynoise la congrégation de Saint-Maur.

SOULE (la)

Une des trois anciennes provinces du Pays basque français.

Située entre le Béarn à l'est, la Navarre française à l'ouest et la Navarre espagnole au sud, la Soule est une région naturelle constituée par la vallée du Saison et du gave de Mauléon, affluent du gave d'Oléron. Dans l'Antiquité, elle paraît avoir été occupée par l'une des peuplades de la Novempopulanie, les Sibyllates. Elle se constitue véritablement au IXe siècle. Ralliée comme les autres provinces basques à l'autorité assez vague des ducs de Gascogne, elle est la première à être érigée en vicomté, et a pour premier vicomte Aznar Azinarius, quatrième fils de Vandregisille, comte de la marche de Gascogne sous Louis le Débonnaire. En 1152, le mariage d'Henri II d'Angleterre avec Aliénor d'Aquitaine la fait passer sous domination anglaise. Rattachée un moment au comté de Foix (v. 1340), elle ne fait définitivement retour à la France qu'en 1451, lors de la guerre de libération entreprise par Jeanne d'Arc et poursuivie par Charles VII.

SOULT Nicolas Jean de Dieu, duc de Dalmatie (Saint-Amans-la-Bastide auj. Saint-Amans-Soult, Tarn, 1769 – Saint-Amans-Soult, 1851)

Maréchal de France, président du Conseil.

Fils d'un petit notaire de province, il a, très jeune, une réelle aversion pour la vie de notaire et décide de s'engager, dès l'âge de 16 ans, comme soldat dans un régiment d'infanterie. Promu au grade de caporal au début de la Révolution, il se fait remarquer pour son talent de meneur d'hommes. Sous-lieutenant durant l'été 1792, capitaine au printemps suivant, il entre à l'état-major de l'armée où ses vastes connaissances en matière de législation et son aptitude au commandement lui valent l'offre, faite par Hoche, d'organiser une division d'infanterie. Ayant excellé dans cette tâche, Soult est promu adjudant général et envoie au ministre de la Guerre la lettre suivante : « Ma conduite politique a été et sera toujours celle d'un sans-culotte qui cherche à pénétrer ses concitoyens des bienfaits de la Révolution et du bonheur d'un peuple qui, en brisant ses fers, a exterminé les tyrans et les despotes. » Particulièrement actif et courageux durant la bataille de Fleurus le 26 juin 1794, il est nommé général au mois d'octobre de cette année, puis va se battre contre les Autrichiens et les Russes, avant de se rendre à Gênes aux côtés de Masséna. Nommé commandant militaire du Piémont en 1800, il réussit la pacification du pays grâce à son idée d'engager dans la gendarmerie les insurgés alpins (les Barbets), harcelant depuis plusieurs semaines les troupes françaises. Envoyé un peu plus tard sur l'Adriatique, Soult se rallie avec enthousiasme au régime consulaire, et il est chaudement recommandé par Masséna au Premier Consul.

Nommé chef de la garde consulaire, il prend ensuite le commandement du camp militaire de Saint-Omer où l'extrême rigueur des conditions de travail dans lesquelles il tient ses hommes demeure légendaire. Soult continue à aduler, non sans un certain opportunisme, la politique de Bonaparte, exhortant notamment celui-ci à « mettre le sceau à ses sublimes institutions en plaçant majestueusement sa famille chérie au faîte de l'édifice pour fixer à jamais les regards des citoyens vertueux ». Ce zèle lui vaut d'être au nombre de la promotion des maréchaux, en 1804, et d'être promu au grade de colonel général de la garde impériale. À ce poste, Soult participe avec courage et habileté à la bataille d'Austerlitz, le 2 décembre 1805 où, commandant le centre de la position française, il décide de l'issue de l'engagement. Travailleur acharné que Napoléon n'hésite pas à surnommer « premier manœuvrier d'Europe », Soult est chargé durant plusieurs semaines du gouvernement de la capitale autrichienne et prend part avec la même fougue aux batailles d'Iéna, le 14 octobre 1806, et d'Eylau, le 8 février 1807. Gouverneur militaire de Berlin au lendemain de l'entrevue de Tilsit, le 25 juin 1807, il est fait duc de Dalmatie après avoir été pressenti pour le titre de duc d'Austerlitz (Napoléon ayant au dernier moment préféré lier le nom de cette victoire à sa gloire personnelle).

Soult est envoyé ensuite en Espagne, où il bat Wellington ; il entre à Porto au mois de mars 1809. Bien que d'aucuns lui aient prêté l'intention de se faire couronner roi du Portugal sous le nom de Nicolas Ier, il semble que le maréchal ait préféré recevoir, en 1810, le grade de major général de l'armée française en Espagne. À ce poste, il obtient la prise de Séville et de Grenade en septembre 1810. Rappelé par Napoléon en 1813, Soult part pour la Saxe remplacer, à Lützen, Bessières qui vient d'être tué, mais il doit revenir précipitamment en Espagne où la situation militaire est jugée désespérée. Ayant dû se replier à Toulouse en 1814, Soult, reniant son passé de républicain et de bonapartiste, se rallie à Louis XVIII dès la première abdication, propose même que l'on érige un monument à la gloire des royalistes morts à Quiberon et participe, un cierge à la main, à une procession religieuse qui se déroule à l'occasion de l'anniversaire de la mort de Louis XVI, ce qui lui vaut d'être fait chevalier de Saint-Louis. Nommé ministre de la Guerre, il poursuit de sa vindicte « l'usurpateur » et « aventurier », souverain de l'île d'Elbe. Lors des Cent-Jours, Napoléon rappelle à ses côtés son infidèle maréchal, mais ce dernier commet à Waterloo toute une série d'erreurs qui, sans expliquer la défaite française, en aggravent certaines phases. Tombé en disgrâce sous la Seconde Restauration, Soult doit quitter la France quelque temps puis est amnistié par Louis XVIII qui lui remet, avec son bâton de maréchal, une gratification de 200 000 francs. Retiré de la vie publique jusqu'à la révolution de 1830, il recouvre, à la demande de Louis-Philippe (ce dernier tenant à s'attacher les personnages illustres de l'Empire) des fonctions officielles. Ministre de la Guerre de 1830 à 1831, il est nommé président du Conseil de 1832 à 1834. De nouveau président du Conseil, de 1839 à 1840 et de 1840 à 1847, il participe aux cérémonies du retour des cendres de l'Empereur, puis doit se retirer pour des raisons de santé avant de recevoir, des mains de Louis-Philippe, le titre de maréchal général de France, honneur qui n'avait été conféré avant lui qu'à Turenne, à Villars et au maréchal de Saxe. Soult a laissé des *Mémoires* (1854).

SOURCES (cultes des)

Les Gaulois ont de tout temps vénéré les fleuves, rivières et sources qu'ils imaginaient habités par des divinités protectrices leur prodigant les eaux bienfaitrices largement représentées sur leur territoire.

Les fleuves gaulois ont généralement pour nom celui d'une divinité : Sequana (la Seine), Matrona, « la Mère » (la Marne), Divona, « la Divine » (la Divonne). Bien souvent c'est aussi le nom d'une divinité des sources qui a servi à dénommer la ville qu'elle arrose : les habitants d'*Aventicum* (Avenches) honorent la rivière *Aventia*, ceux de *Vésone* (Périgueux), la source *Vescenna*, ceux de *Divona Carducorum* (Cahors), la fontaine *Divona*. Les sources thermales aux vertus guérisseuses, si nombreuses en Gaule, font l'objet d'un culte particulier. Les dieux qui les habitent ne sont guère connus que par leurs noms, car il n'existe pas de représentations figurées des mystérieux *Nerius* (Néris-les-Bains), *Luxovius* (Luxeuil), *Ilixo* (Luchon), *Ivavos* (Évaux-les-Bains), *Sianna* (Le Mont-Dore), *Grannus* (dans de nombreuses villes), *Moritasgus* (Alésia), *Vindonnus* (Essarois en Côte-d'Or), *Virotutis* (Jublains) ou *Borvo* (La Bourboule, Bourbonne-les-Bains, Bourbon-l'Archambault), nommés sur les ex-voto des pèlerins. La piété des Gaulois pour ces sources miraculeuses ne disparaît pas après l'occupation romaine, et le nombre d'ex-voto trouvés aux sources de la Seine et à celles de Chamalières témoigne de la ferveur toujours vivace des visiteurs. À l'époque romaine cependant, la plupart de ces divinités des sources gauloises ont été assimilées à Apollon guérisseur, au nom duquel on se contente d'ajouter celui de la divinité gauloise (par exemple Apollon Borvo, Apollon Grannus, Apollon Moritasgus, etc.).

SOURDIS François d'ESCOUBLEAU, cardinal de (?, 1575 – Bordeaux, 1628)

Archevêque.

Parent de Gabrielle d'Estrées, il reçoit la pourpre cardinalice dès 1598 et obtient l'archevêché de Bordeaux l'année suivante. De violents démêlés l'opposent à la fois à son chapitre et au parlement de Bordeaux. Il n'en parvient pas moins à imposer à ses administrés l'observation des règles du concile de Trente. Il avait célébré le mariage de Louis XIII avec Anne d'Autriche en 1615.

SOURDIS Henri d'ESCOUBLEAU de (?, 1593 – Auteuil, 1645)

Archevêque et homme de guerre.

Frère du précédent, il lui succède en 1628 comme archevêque de Bordeaux après avoir été nommé évêque de Maillezais en 1623. Par la suite, il montre des goûts et des talents militaires qui lui font confier l'intendance de l'artillerie et des vivres au siège de La Rochelle. Une violente querelle l'oppose au duc d'Épernon, gouverneur de Guyenne, qui s'emporte jusqu'à lever sa canne sur lui en pleine rue. Chef des Conseils du roi à l'armée d'Harcourt en 1636, Sourdis parvient à reprendre aux Espagnols les îles de Lérins l'année suivante. On le retrouve à Fontarabie et à Guetaria où il met à mal une escadre ennemie. Lieutenant de la flotte du Levant, il essuie un échec devant Gênes et Tarragone, ce qui l'oblige à céder ses responsabilités à Brézé en 1641. Il peut alors se consacrer de nouveau à l'administration de son diocèse, où il poursuit l'œuvre réformatrice de son frère.

SOUSTELLE Jacques (Montpellier, 1912 – Neuilly-sur-Seine, 1990)

Ethnologue et homme politique.

Né dans une famille de mécaniciens qui revendique un héritage cévenole, protestant et républicain, il gravit les échelons de la méritocratie grâce aux bourses scolaires et est reçu major à l'École normale supérieure, comme à l'agrégation de philosophie, à 20 ans. Il est docteur à 25 ans et se lance dans un domaine pionnier qui attire les meilleurs esprits : les sciences sociales. Ethnologue, il part pour le Mexique, en rapporte un livre fondateur, *Mexique, terre indienne*, devient sous-directeur du musée de l'Homme (1937) et chargé de cours au Collège de France à 27 ans. Ce parcours éblouissant l'amène à adhérer au Comité de vigilance des intellectuels antifascistes, mais il s'en sépare après Munich et est scandalisé par le pacte germano-soviétique. Résistant gaulliste au Mexique dès juillet 1940, Soustelle coordonne en 1942-1943 à Londres puis à Alger les services de renseignement de la France libre au sein du BCRA (Bureau central de renseignements et d'action), puis de la DGSS (Direction générale des services spéciaux). Commissaire de la république à la Libération, il est aussi ministre (1945-1946), secrétaire général du Rassemblement du peuple français (RPF) et député du Rhône (1951-1958). Nommé gouverneur général de l'Algérie par Mendès France (janvier 1955), il prend ses fonctions avec la réputation d'un « neutraliste », d'un « libéral ». Sa priorité donnée au maintien de l'ordre sur l'intégration aboutit à lui gagner le soutien des pieds-noirs qui manifestent en sa faveur lors de son départ forcé (janvier 1956). En 1958, Soustelle contribue au retour au pouvoir du général de Gaulle, redevient ministre de l'Information (1958), puis, dès septembre 1959 et l'annonce de l'autodétermination, il rompt avec de Gaulle pour défendre l'Algérie française. En janvier 1960, il est exclu de l'UNR ; après le putsch des généraux (avril 1961), il s'exile et devient membre du Conseil de l'OAS. Il revient en France lors de l'amnistie de 1968 et redevient député de Lyon (1973). Reçu à l'Académie française (1982), ses ouvrages sur la civilisation colombienne font autorité.

SOUVILLE (fort de)

Un des forts du camp retranché de Verdun. En juin 1916 s'y déroulèrent des combats décisifs pour le maintien des troupes françaises à Verdun.

Après la chute du fort de Vaux, Joffre est conscient du fait que si les Allemands s'emparaient du fort de Souville, ils seraient les maîtres de la rive droite de la Meuse et, finalement, de Verdun. C'est pourquoi il s'oppose à tout repli prématuré. Les 22 et 23 juin, les Allemands se ruent à l'assaut des dernières protections de Verdun, les ouvrages de Froideterre, le village de Fleury et le fort de Souville. Le 24, après avoir lancé 200 000 projectiles asphyxiants, ils sont maîtres des villages de Thiaumont et Fleury, s'approchent du fort de Souville, mais ne pourront l'atteindre. La contre-attaque française, qui commence le 25 juin, aboutit le 30 à la reprise du village de Thiaumont, à la sauvegarde définitive de Souville et finalement de Verdun contre lequel les Allemands ne lanceront plus d'opération d'envergure.

STAËL-HOLSTEIN Germaine NECKER, baronne de, dite MADAME de STAËL (Paris, 1766 – Paris, 1817)

Femme de lettres.

Fille unique de Necker, auquel elle voue une admiration sans bornes, et d'une Vaudoise protestante, Suzanne Curchod, qui l'élève selon les principes de l'*Émile* de Jean-Jacques Rousseau. Elle côtoie, très jeune, dans le salon de sa mère, les hommes les plus illustres du temps : Marmontel, d'Alembert, Diderot, Grimm, l'abbé Raynal, Buffon, Bernardin de Saint-Pierre. D'une intelligence peu commune et d'une précocité exceptionnelle, extrêmement sensible, Germaine Necker compose à 11 ans des *Éloges*. À 15 ans, elle a déjà écrit une petite comédie, les *Inconvénients de la vie de Paris*, et commente *L'Esprit des lois*. En 1786, elle accepte d'épouser, pour des questions de convenances religieuses, le baron de Staël-Holstein, ambassadeur de Suède à Paris, protestant lui aussi, qui résidera à Paris jusqu'en 1799 et mourra en 1802. Mais cette union n'est pas heureuse, malgré la naissance de trois enfants. Mme de Staël aura de nombreux amants et se séparera de son mari en 1796.

Peu jolie, elle brille cependant à la Cour par son esprit et débute véritablement comme écrivain en 1788 avec ses *Lettres sur le caractère et les écrits de J.-J. Rousseau*, pleines d'enthousiasme. Vers la même date, elle prend sans doute un premier amant, qui n'est autre que Talleyrand. Lorsque la Révolution éclate, elle s'enthousiasme pour les idées libérales auxquelles elle s'était ralliée depuis longtemps et, tandis que son père se retire définitivement dans son château de Coppet,

Mme de Staël
Germaine Necker, baronne de Staël-Holstein. Huile sur toile de Marie Godefroid, châteaux de Versailles et de Trianon. © *RMN*

en Suisse, près de Genève, elle rêve de jouer un rôle politique. Elle contribue à faire donner à son nouvel amant, le comte de Narbonne, le portefeuille de la Guerre, et son salon de la rue du Bac, où elle reçoit les révolutionnaires libéraux, monarchiens ou constitutionnels, est un des principaux centres littéraires et politiques de Paris. Dès la chute de la royauté, elle gagne à son tour Coppet (septembre 1792), mais ne craint pas d'adresser en 1793 au gouvernement révolutionnaire une défense de la reine. Après un voyage en Angleterre (début 1793), elle rencontre en Suisse Benjamin Constant (1794) qu'elle juge d'abord « pas trop bien de figure, mais singulièrement spirituel » et avec qui elle va vivre jusqu'en 1808 une des aventures amoureuses les plus fameuses de l'histoire de la littérature, entrecoupée de violents orages.

Revenue à Paris après le 9 Thermidor, Mme de Staël rouvre son salon (mai 1795), mais, suspecte au gouvernement dès décembre 1795, elle regagne Coppet. C'est alors qu'elle publie son premier grand ouvrage : *De l'influence des passions sur le bonheur des individus et des nations* (1796), qui contient une apologie du suicide. En 1797, elle est de nouveau à Paris où elle reçoit les idéologues et les membres les plus libéraux du Tribunat. Son influence s'accroît encore lorsqu'elle fait paraître en 1800 un nouvel ouvrage, *De la littérature considérée dans ses rapports avec les institutions sociales*, suivi en 1802 d'un roman, *Delphine*. Après le 18 Brumaire, elle caresse le projet de devenir l'égérie de Bonaparte, mais celui-ci ne se prête pas à ses desseins. Il se méfie au contraire d'une femme qui prétend se mêler de politique et qui, de plus, professe des idées libérales. Cette défiance se transforme en hostilité lorsque Benjamin Constant entre dans l'opposition (1803). Sommée de « résider au moins à quarante lieues de Paris », Mme de Staël se rend à Coppet, devenu pour elle le refuge de la liberté et où la rejoignent amis et admirateurs (Mme Récamier, à laquelle la lie une profonde amitié, Mathieu de Montmorency, August Wilhelm von Schlegel). Elle entreprend aussi de nombreux voyages. En 1801, elle se rend à Weimar où elle étudie la littérature allemande avec Goethe, Wieland et Schiller, et à Berlin où elle est reçue par la reine Louise.

La mort de son père, en 1804, la ramène à Coppet où elle rédige un ouvrage à son éloge, *Du caractère de Necker et de sa vie privée*. À la fin de cette même année, elle est en Italie et ce nouveau voyage lui inspirera maints passages de *Corinne* (publié en 1807). En 1808, elle retourne enfin en Allemagne où elle prépare une étude sur la civilisation germanique, *De l'Allemagne*. Elle se hasarde à venir en France, près de Blois, en surveiller l'impression. Mais sa présence n'est pas longtemps tolérée. Les allusions dont fourmille le livre déplaisent à Napoléon qui fait saisir et détruire les épreuves par sa police. Elle-même doit quitter la France dans les trois jours et ne plus s'écarter de Coppet. C'est alors qu'elle se remarie secrètement avec un jeune officier de vingt ans plus jeune qu'elle, John Rocca. Puis, bafouant les ordres de Napoléon, elle quitte une nouvelle fois Coppet et parcourt l'Europe (1812-1813). On la voit à Vienne, Moscou, Saint-Pétersbourg, en Suède, à Londres où elle rencontre le futur Louis XVIII. Partout, elle travaille à la coalition contre Napoléon. Mme de Staël revient à Paris dès la chute de l'Empire, croit nécessaire de fuir lors du retour de Napoléon de l'île d'Elbe, mais celui-ci, qui doit désormais régner en monarque constitutionnel, sollicite au contraire son appui. Elle se décide à le lui donner, se rallie à la nouvelle Constitution qu'a rédigée Benjamin Constant et, quand elle voit Napoléon définitivement vaincu, ne se résigne que difficilement au retour des Bourbons. Souffrante, épuisée, elle rouvre néanmoins son salon, mais meurt deux ans plus tard, après une agonie de cinq mois, sans avoir eu le temps de publier deux nouveaux ouvrages : *Considérations sur les principaux événements de la Révolution française* et *Dix années d'exil*. Ses enfants les feront éditer respectivement en 1818 et 1821.

Cette femme passionnée, à la vie tumultueuse, avait été avec Chateaubriand l'un des deux tempéraments d'écrivains les plus personnels de l'époque. Mme de Staël fut la dernière des grands intellectuels du XVIIIe siècle et sa pensée fut en même temps toute d'avenir. Elle avait compris que les règles classiques n'étaient pas absolues, que chaque peuple et chaque génération étaient libres d'avoir leur originalité. Elle distingua la mentalité latine et la mentalité germanique, révéla l'une à l'autre, expliqua l'Allemagne à la France, fut la première à donner au mot « romantisme » sa signification nouvelle et offrit le « romantisme » des peuples du Nord au goût classique des Latins. Elle croyait, comme les philosophes du XVIIIe siècle, au progrès indéfini de l'humanité par la liberté. Elle brisa des cadres, ouvrit des horizons, sema des idées neuves et crut aux idées. Elle n'imaginait pas une politique sans morale, ni une morale sans religion. Elle fut vraiment, dans le plus noble sens du mot, une « idéologue ». Cette mentalité nouvelle qu'elle représenta ne pouvait que se heurter au classicisme doctrinaire voulu par le gouvernement impérial. Ce ne fut donc pas l'effet d'un hasard si elle ne fut pas un sujet soumis.

STANISLAS LESZCZYŃSKI (Lwow, 1677 – Lunéville, 1766)

Roi de Pologne.

Appartenant à la haute noblesse polonaise, palatin de Posnanie et grand échanson de la couronne, Stanislas Leszczyński, poussé par le roi de Suède Charles XII – qui vient de chasser le roi de Pologne Auguste II – se porte candidat au trône polonais. Élu en 1704, il ne parvient pas à s'imposer et, après le désastre de Poltava qui voit la défaite de Charles XII de Suède devant Pierre le Grand (1709), doit fuir son pays. Réfugié en Suède auprès de Charles XII, il accompagne en 1713 ce dernier qui voyage en Bessarabie. Fait prisonnier comme le roi par les Turcs, retenu captif de février 1713 à mai 1714, il reçoit ensuite de Charles XII le duché des Deux-Ponts, que la mort du roi le contraint à abandonner en 1718. Trouvant alors asile en France, Stanislas est installé à Wissembourg par le Régent. Quelques années plus tard, grâce aux intrigues du duc de Bourbon, une fortune nouvelle s'ouvre à lui : en 1725, sa fille Marie épouse Louis XV. En 1733, à la suite de la mort du roi de Pologne, le parti antiautrichien de la Cour, malgré l'opposition du cardinal Fleury, pousse le beau-père du roi à présenter de nouveau sa candidature

Stanislas Leszczyński
Huile sur toile, XVIIIe siècle, château de Chambord.
© *G. Dagli Orti*

au trône polonais. Traversant l'Allemagne sous un déguisement, Stanislas gagne alors son pays natal, où il est élu roi au mois de septembre. Mais Auguste III, fils du défunt roi Auguste II, obtient le soutien des Russes et se fait élire roi par un autre parti polonais. L'armée russe pénètre en Pologne, chassant Stanislas qui se réfugie à Dantzig. La France décide alors d'attaquer l'Autriche, la Russie étant trop éloignée. La guerre commence au début de 1734, sur trois fronts, en Allemagne, en Pologne et en Italie. Au mois de juin cependant, le roi détrôné, déguisé en matelot, parvient à quitter Dantzig. Il se réfugie une nouvelle fois en France ; l'aventure polonaise est terminée. Poussé par la diplomatie française, Stanislas renonce en 1736 à la couronne, tout en conservant le titre de roi, et se contente, en 1738, au traité de Vienne, d'une souveraineté nominale, avec le titre de duc, sur le Barrois et la Lorraine. Installé à Lunéville, le vieil homme consacre ses dernières années à l'embellissement de ses capitales, Lunéville et Nancy, où il constitue une cour magnifique, enrichie par la présence d'artistes et de lettrés. Son nom sera donné à la plus belle place de Nancy.

STAVISKY (affaire)

Scandale financier et politique, qui éclate à la fin de 1933.

Alexandre Stavisky (Stobodka, Russie, 1886 – Chamonix, 1934), Français d'origine russe, n'est pas un inconnu pour la police. Depuis plus de vingt ans – sa première condamnation date de 1912 –, il vit de chèques sans provision et d'escroqueries diverses, use de noms d'emprunt pour échapper à la police et à la justice. Arrêté en 1926, l'escroc s'évade du cabinet du juge d'instruction, certainement grâce à de hautes protections. De nouveau arrêté au mois de juillet, il passe plus d'un an en détention préventive avant d'être libéré, car il se prétend malade. Après sa sortie de la Santé, il devient en quelques semaines, sous le nom de M. Alexandre, un homme riche et élégant, qui perd des fortunes au jeu sans sourciller et dirige plusieurs sociétés plus ou moins fictives et légales, présidées officiellement par des personnages respectables. Bientôt, avec une bande de complices et la protection de quelques hommes politiques, Staviski s'intéresse aux monts-de-piété. Établissements municipaux, gérés par un conseil d'administration nommé par la municipalité, ces « crédits municipaux », c'est leur nom officiel, prêtent sur gage aux particuliers, qui engagent toutes sortes d'objets. Ces établissements se procurent l'argent liquide qu'ils avanceront ensuite en négociant, auprès des banques, des prêts sous la forme de bons de caisse remboursables à échéance donnée. Pour Stavisky, les monts-de-piété, travaillant hors de tout contrôle officiel, peuvent, par ignorance ou grâce à des complicités internes, prêter de l'argent sur des objets volés ou sur de faux bijoux. Avec la complicité du directeur du crédit municipal d'Orléans, Desbrosses, et celle de l'estimateur Farault, il encaisse ainsi en trois ans une quarantaine de millions de francs. Lorsque l'affaire commence à s'ébruiter, l'escroc rembourse les bons grâce à un emprunt de 100 millions qu'il a officiellement été autorisé à lancer, pour fonder une société immobilière, la Foncière.

Puis il organise la même opération à Bayonne dont il connaît le maire, Garat, proposant à la municipalité la création d'un crédit municipal. Avec la complicité de ce dernier et du directeur de l'établissement, Tissier, la protection du ministre du Travail Dalimier, celle du ministre du Commerce Durand, le Crédit municipal de Bayonne, qui ouvre ses portes le 1er mai 1931, émettra pour 238 millions de bons de caisse et prêtera 17 millions à Stavisky, sans compter les prêts aux clients. Pour assurer le succès de leurs entreprises, ce dernier et un de ses complices, le journaliste Victor Dubarry, directeur de *La Volonté*, font élire à Paris, en 1932, un de leurs proches, l'avocat Bonnaure, lequel parvient à faire placer, en grande quantité, des bons du Crédit municipal de Bayonne auprès des grandes compagnies d'assurance. Ce succès apparent provoquera la perte de la bande. En juillet 1933, en effet, la compagnie L'Urbaine présente au Crédit municipal, pour en être remboursée, plusieurs bons de caisse dont la valeur dépasse 2 millions. Mais, à Bayonne, les caisses sont vides. Stavisky, qui espérait rembourser grâce à la création de la Caisse autonome des règlements internationaux, gigantesque entreprise basée sur le fonds agraire chargé d'indemniser les Hongrois spoliés à la suite du traité de Trianon, doit y renoncer. À la demande de plusieurs compagnies d'assurances, et malgré les hautes protections dont bénéficie la bande, une enquête est ouverte. Le 23 décembre 1933, le scandale dont on parlait depuis plusieurs mois éclate : Tissier est arrêté, Stavisky, averti, disparaît. Garat, mis en cause, est interrogé dans les premiers jours de janvier. Bonnaure, interrogé lui aussi, finit, bien qu'il s'en soit défendu par la suite, par révéler le numéro de téléphone de la cachette de Stavisky. Les policiers, qui enquêtaient dans la région depuis plusieurs jours, se présentent le 8 janvier 1934 au chalet *Le Vieux-Logis*, près de Chamonix. Lorsqu'ils frappent à la porte, une détonation retentit, ils ne retrouvent qu'un moribond qu'ils laisseront, du reste, agoniser pendant deux heures avant de songer à le faire transporter à l'hôpital où il mourra dans la nuit.

L'affaire Stavisky commence car, aussitôt, la droite s'exclame que ce dernier a été tué par la police, pour éviter les révélations compromettantes qu'il aurait pu faire lors de son interrogatoire. La presse concentre ses offensives contre les radicaux et notamment Chautemps, président du Conseil. Dès le 9 janvier, des manifestations ont lieu devant le Palais-Bourbon, aux cris de : « Assassins, voleurs, à la porte ! » Le lendemain, un journal ayant publié une lettre de Dalimier recommandant le placement des bons, le ministre doit démissionner. Le 11, la police arrête le journaliste Dubarry. Le lendemain, la Chambre refuse la constitution d'une commission d'enquête. Les manifestations se multiplient. Le 27 janvier, à la suite de la démission du ministre de la Justice, lui aussi compromis, le cabinet Chautemps doit en faire autant. Un ministère Daladier, toujours radical, lui succède. Frot, ministre de l'Intérieur, prend, le 3 février, la décision de révoquer le préfet de police, Chiappe. Décision qui, dans une ambiance plus qu'agitée, sera une des causes des événements du 6 février 1934.

Apaisées un moment par la constitution du cabinet Doumergue, le 9 février, les passions se réveillent lorsque, le 20, est découvert sur la voie ferrée Paris-Dijon le cadavre du conseiller Prince, qui avait eu à connaître, depuis 1928, de toutes les affaires concernant Stavisky. De nouveau la question se pose d'un crime ou d'un suicide. Pas plus que sur la mort de Stavisky, la lumière ne sera faite sur celle du conseiller. Aux assises, en 1936, Tissier sera condamné à sept ans de prison, Garat à deux ans, Bonnaure à un an avec sursis, les autres à des peines diverses. La jolie Arlette Stavisky, ancien mannequin de chez Chanel, épouse de monsieur Alexandre depuis 1927, acquittée lors du procès, émigre avec ses enfants aux États-Unis où elle épousera par la suite un Américain.

L'affaire Stavisky
Stavisky à la une des journaux. © *Roger-Viollet*

STEEG Jules Joseph Théodore (Libourne, 1869-Paris, 1950)

Homme politique, président du Conseil.

Reçu premier à l'agrégation de philosophie, il entre dans l'enseignement avant de se lancer dans une brillante carrière politique : il est à plusieurs reprises ministre de l'Instruction et des Beaux-Arts, de l'Intérieur, de la Justice. À l'Intérieur en 1920, pour remédier à la situation financière souvent déplorable des communes, il fait voter une loi instituant à leur profit un impôt sur le chiffre d'affaires et sur les automobiles. Il a à affronter une grève des chemins de fer puis, à partir du 1er mai, une grève générale organisée par la CGT qu'il parvient à interrompre en l'espace d'un mois. Attaqué de toute part pour son radicalisme, il doit démissionner et est nommé gouverneur général de l'Algérie le 28 juillet 1921. Il y mène pendant quatre ans une politique libérale particulièrement efficace en termes économiques. Painlevé le nomme garde des Sceaux en avril 1925 mais, en octobre suivant, lui demande de démissionner pour aller rétablir le calme au Maroc avec le titre de commissaire résident général. Il s'agit en effet de gérer le pays confronté au départ du maréchal Lyautey. S'étant brillament acquitté de sa mission, Steeg rentre en France et devient président de la commission des Colonies. Le 13 décembre 1930, il forme son gouvernement en se réservant le portefeuille des Colonies. Il tombe le 26 janvier 1931 en raison de sa politique agricole. Jules Steeg achève cette longue carrière comme ministre des Colonies dans le cinquième cabinet Chautemps, avant d'être nommé au poste honorifique de ministre d'État par Léon Blum (mars-avril 1938).

Steinkerque (bataille de)

Victoire remportée par le maréchal de Luxembourg sur l'armée de Guillaume III d'Orange le 3 août 1692.

Au mois de juin précédent, l'armée royale, forte de 50 000 hommes, s'est rendue maîtresse de Namur. Guillaume d'Orange annonçant au début du mois d'août son intention de reprendre la ville, le maréchal de Luxembourg, qui commande l'armée royale, envoie Boufflers, avec 20 000 hommes, au secours de la place. Guillaume lance alors son armée, forte de plus de 70 000 hommes, contre celle de Luxembourg qui campe près de Steinkerque (actuel Hainaut belge). La surprise est complète dans le camp français, mais l'énergie de Luxembourg redresse la situation : l'armée de Guillaume ayant été contrainte de stationner dans un endroit où elle ne peut guère manœuvrer, le maréchal lance contre elle les dragons de la Maison du roi, qui combattent à pied et sont dirigés par le maréchal lui-même, Bourbon, Chartres, Conti et Vendôme. Au soir de cette bataille meurtrière, que le retour de Boufflers achève de faire tourner en faveur des Français, les troupes de Guillaume III d'Orange, qui ont perdu plus de 10 000 hommes, battent en retraite. La bataille de Steinkerque a donné son nom, à la fin du siècle, à une façon négligente pour les hommes de nouer leur cravate, comme l'avaient fait Luxembourg et les gentilshommes qui l'entouraient, surpris à Steinkerque par l'attaque ennemie.

Sto : voir Service du travail obligatoire

Stofflet Nicolas Jean, dit Sifflet, Soufflet ou Mistouflet (Barthélémont, 1753 – Angers, 1796)

Chef vendéen.

Lorrain, il sert comme instructeur aux gendarmes de Lorraine (1784). Son colonel, le comte de Colbert-Maulévrier, lui obtient un rachat de congé et lui offre l'emploi de facteur général (chef garde-chasse) de ses terres angevines (1787). Le 12 mars 1793, Stofflet se met à la tête des jeunes gens d'Yzenay qui refusent le tirage au sort ordonné par la Convention nationale. Le lendemain, il rejoint avec eux les insurgés de Jacques Cathelineau, donnant à celui-ci l'un de ses habits de fonction, origine de l'uniforme vert des officiers vendéens. L'armée royaliste, bientôt appellée Grande Armée catholique et royale, formée des troupes de Cathelineau et de Stofflet, prend Cholet le 14 mars 1793. Lorsque le marquis d'Elbée devient généralissime en octobre 1793, Stofflet devient major-général. À la mort d'Henri de La Rochejaquelein, il commande l'armée d'Anjou et du Haut-Poitou (février 1794).

Au cœur de la forêt de Vezins, Stofflet organise ses hommes en unités régulières de dragons et de chasseurs, monte une imprimerie, des hôpitaux, un arsenal, entrepose du blé, bat monnaie et rend justice. L'armée d'Anjou et du Haut-Poitou s'empare de nouveau, pour quelques heures, de Cholet (6 février 1794), vainc les Bleus à Beaupréau, à Bressuire, à Argenton-le-Château, culbute le général Grignon au Bief des Ouilleries, le 27 mars 1794. Par le pacte de La Boulaye (22 avril 1794), Stofflet, François-Athanase Charette de La Contrie, Charles de Sapinaud de La Rairie et Bernard de Marigny s'engagent à mener une action commune contre les Républicains. Accusé de trahison, le dernier périra sous les balles des chasseurs de Stofflet, le 10 juillet 1794. Le 2 mai 1795, celui-ci signe sa soumission à Saint-Florent-le-Vieil mais, nommé lieutenant général, il se rebelle pour la seconde fois quelques mois plus tard. Sans doute trahi par son aumônier, l'abbé Bernier, futur négociateur du Concordat, il tombe dans un guet-apens à La Saugrenière et, malgré une belle défense à coups de sabre, reste prisonnier des Bleus. Il sera fusillé, en compagnie de son aide de camp et de son brosseur, au Champ-de-Mars d'Angers.

Strasbourg

Ville du Bas-Rhin, sur l'Ill, non loin du Rhin. Préfecture de région, évêché, elle abrite aujourd'hui une université, la Commission du Rhin, le Conseil de l'Europe et le Parlement européen.

Un village établi sur une île, entre deux bras de l'Ill, Argentorate (mot d'origine celtique), est à l'origine de Strasbourg. Vers 15 av. J.-C., Drusus y fonde un *castrum* qui reçoit le nom d'*Argentoratum* ou *civitas Argentoratensium*. Camp de légionnaires entrant dans la ligne fortifiée alors construite par les Romains le long du Rhin, *Argentoratum* est aussi un nœud routier important entre la Gaule, la Germanie et l'Italie. Une cité commerçante se développe rapidement autour du *castrum* et, au milieu du IVe siècle, la ville est une des principales places de Germanie. Certains traits de cette agglomération romaine sont encore visibles. Les Alamans la détruisent en 352, mais Julien l'Apostat écrase les Barbares cinq ans plus tard et entreprend la reconstruction des fortifications. Travaux qui n'empêchent pas la ville d'être entièrement détruite lorsque les Barbares franchissent le Rhin, à la fin du mois de décembre 406.

Elle reparaît au VIe siècle sous le nom de *Stratisburgum*, la « ville des routes ». Avec les Francs, qui s'y établissent après Tolbiac, elle devient une cité royale mérovingienne et continue de s'agrandir, dépassant sous les Carolingiens les limites du *castrum*. Un évêché y est créé au VIIe siècle. Charlemagne favorise à la fin du siècle suivant la vocation commerciale de la cité. En 842, non loin de ses portes, Charles le Chauve et Louis le Germanique prêtent les fameux serments de Strasbourg, serments mutuels de fidélité dirigés contre leur frère Lothaire. L'année suivante, au traité de Verdun, la ville est attribuée à la Lotharingie. En 870, enfin, le traité de Meerssen, qui consacre le démembrement de la Lotharingie, fait entrer Strasbourg dans les possessions germaniques.

Strasbourg
Un quartier de la ville après la Libération. © *Keystone*

Dès lors, jusqu'à la réunion à la France, en 1681, la ville s'intègre dans l'espace rhénan.

Magnifiquement située, à la fois sur les voies terrestres, entre la Flandre et l'Italie d'une part, la France et la Germanie de l'autre, et sur la voie d'eau que constitue le Rhin, Strasbourg connaît un développement économique rapide. Le pouvoir temporel, au début du Moyen Âge, appartient à l'évêque. Louis le Germanique puis, en 982, l'empereur Otton II, font des prélats les véritables souverains de la cité, nantis des pouvoirs comtaux. L'évêque est assisté de quatre fonctionnaires, qui seront à l'origine des familles patriciennes de Strasbourg. Ces dernières ne tardent pas, comme la riche bourgeoisie, à entrer en conflit avec l'évêque. Favorable alors à l'autonomie urbaine, face aux pouvoirs seigneuriaux, l'autorité impériale soutient les bourgeois. Les impôts dus à l'évêque sont réduits dès 1119, une charte municipale, attribuée au milieu du siècle, entame ensuite son pouvoir temporel. En 1201 enfin, Philippe de Souabe fait de Strasbourg une ville libre. Mais l'évêque refuse de s'incliner. Un conflit ouvert éclate lorsqu'il tente de s'opposer à de nouvelles mesures prises en 1214 contre son autorité, la création notamment d'un conseil d'échevins. Liguée avec Bâle et Colmar, Strasbourg bat les troupes du prélat à Oberhausbergen en 1262, et l'emporte ainsi définitivement sur le pouvoir épiscopal. Aux siècles suivants, surgissent des conflits entre patriciens et corporations de métiers, qui triomphent peu à peu. Un compromis, la Constitution de 1482, met fin à ce nouveau conflit : le pouvoir est partagé entre quatre *Stattmeister*, l'*Anmeister*, un sénat et trois Conseils issus du Conseil des échevins. Cette organisation restera en place jusqu'à la Révolution.

Les conflits internes n'ont pas empêché Strasbourg de connaître au Moyen Âge un grand développement, à la fois économique et intellectuel. Le poète Gottfried, au XIIe siècle, Maître Eckart ou Jean Tauler, au XIVe siècle, le peintre Nithard dit Grünewald, au XVe siècle, symbolisent cet éclat. Gutenberg séjourne dans la cité alsacienne pendant plusieurs années et y met probablement au point son invention. L'imprimerie se développera à partir de 1460. Au XVIe siècle, Strasbourg devient un des principaux centres de l'humanisme germanique. Cet essor intellectuel favorise l'introduction de la Réforme, que réclament dès la fin du XVe siècle et au début du XVIe plusieurs prédicateurs. Après l'affichage des placards de Luther, en 1518, Zell, soutenu par la municipalité, prêche la Réforme, à la fois luthérienne et zwinglienne. Ses partisans l'emportent dès 1529, les échevins votent alors l'abolition de la messe. Deux ans plus tard, Strasbourg adhère à la ligue de Smalkalde constituée par les princes protestants allemands contre Charles Quint. Dans les années qui suivent, elle devient un refuge pour les protestants persécutés. Dès 1525, lorsque le cénacle de Meaux est dissous, Farel et quelques-uns de ses compagnons se réfugient dans la ville alsacienne comme le fera Calvin, chassé par les Genevois, en 1538. Le réformateur est le premier pasteur de la paroisse protestante française établie dans la ville, paroisse qui servira d'exemple aux églises protestantes françaises. L'année même de l'arrivée de Calvin, Johannes Sturm, professeur au Collège de France, fonde à Strasbourg le Gymnase, ancêtre de l'académie (1566) et de l'université (1621). La population protestante de la ville prend dès lors une importance croissante. L'évêché de Strasbourg est toutefois conservé, son siège étant transféré à Saverne. Les Jésuites, installés en 1580 au collège de Molsheim, combattent le protestantisme.

Restée neutre pendant la guerre de Trente Ans, qui commence en 1618, Strasbourg souffre cependant beaucoup du conflit et de la dévastation de l'Alsace. Les traités de Westphalie, en 1648, confirment son statut de ville libre, alors même que l'Alsace devient française. Dans la seconde moitié du siècle, Strasbourg lutte contre la volonté d'expansion de Louis XIV. C'est ainsi qu'elle essaie en vain, en 1680, de se faire proclamer ville neutre. Mais elle ne peut lutter contre la politique des réunions du souverain français et, lorsque Louvois et ses dragons se présentent devant ses murs, le 29 septembre 1681, elle s'incline. Le lendemain, ses représentants signent avec le ministre de Louis XIV les articles d'Illkirch, qui consacrent la réunion de Strasbourg à la France mais maintiennent ses privilèges et garantissent la liberté de religion. La cathédrale est rendue au culte catholique. Dès 1684, Vauban entreprend de réorganiser les fortifications. L'empereur n'accepte pas aisément la réunion de Strasbourg, qui sera une des causes de la guerre du Palatinat. Le traité de Ryswick, en 1697, confirmera cependant le fait. Jusqu'à la Révolution, Strasbourg, comme l'Alsace, reste un lieu d'échanges avec l'Allemagne : Goethe et Metternich, par exemple, étudient à l'université. La ville poursuit un développement compromis par la guerre de Trente Ans. Le trafic portuaire, qui s'effectuait au Moyen Âge par le port urbain, le quai des Bateliers, se déplace vers l'actuel bassin d'Austerlitz. Les manufactures de tabac et les brasseries se multiplient dans l'ancienne ville. Strasbourg prend à ce moment un nouvel aspect, se couvre d'hôtels et de places construits dans le style français. Le 15 août 1725 est célébré, dans la cathédrale, le mariage de Louis XV et de Marie Leszczyńska, le duc de Vendôme représentant le roi.

La Révolution, tout d'abord bien accueillie, entraîne l'établissement d'un régime municipal sur le modèle français, avec l'instauration d'un maire, Dietrich. Les possessions des évêques situées sur la rive gauche du Rhin sont sécularisées en 1790, celles de la rive droite seront plus tard annexées à Bade (1803). C'est chez le maire Dietrich que Rouget de Lisle chante, en 1792, le fameux *Chant de guerre de l'armée du Rhin*, promis à la notoriété sous le nom de *Marseillaise*. La ville supporte ensuite très mal les excès de la Terreur et accueille l'Empire avec enthousiasme. Sa fidélité à ce régime pousse le prince Louis Napoléon, neveu de l'Empereur, à tenter en 1836 de soulever sa garnison. Vaine tentative, qui vaudra à son auteur d'être expulsé de France. L'essor de Strasbourg se poursuit au XIXe siècle, la population passant de 50 000 habitants en 1801 à 85 000 en 1865. Brasseries et manufactures quittent la vieille ville pour la périphérie. Les industries sont multiples, industries alimentaires, meuneries, distilleries, industrie du cuir dans le quartier des tanneurs, la Petite France, industries métallurgiques, métallurgie de transformation.

Au cours de la guerre de 1870, Strasbourg est assiégée par les troupes prussiennes, commandées successivement par les généraux de Beyer et von Werder, du 13 août au 28 septembre 1870. Le général Uhrich, qui dirige la défense de la ville, tente une sortie sur l'Ill le 16 septembre. L'ennemi se livre alors à de violents bombardements qui atteignent non seulement les fortifications mais la ville elle-même, incendiant notamment la préfecture et le théâtre. Von Werder, qui accepte d'épargner la cathédrale, refuse de laisser sortir les non-combattants. Le 20 août, nouvelle tentative de sortie. Pendant que s'effondre l'Empire, les bombardements continuent et le préfet nommé par le gouvernement du 4 Septembre, Edmond Valentin, ne peut empêcher la chute de Strasbourg. La France définitivement vaincue, Bismarck exige la cession de la ville à la Prusse : « Strasbourg est la clé de notre maison, nous voulons l'avoir. » De 1871 à 1918, la ville est la capitale du Reichsland d'Alsace. Ses liens avec les provinces germaniques sont noués encore plus étroitement qu'auparavant, au point de vue économique ou artistique, avec la construction des nouveaux quartiers de l'université et de la gare, la Neustadt s'oppose à l'Altstadt médiévale. Les Allemands, en abattant les fortifications de Vauban, favorisent l'extension urbaine. La navigation rhénane prend pendant cette période un essor considérable, tandis que se poursuit l'activité industrielle.

Libérée par les troupes françaises en novembre 1918, redevenue française, tandis que le Rhin devient une zone stratégique peu propice aux investissements, Strasbourg subit entre les deux guerres un ralentissement de son expansion. Au cours de la Seconde Guerre mondiale, les troupes allemandes y entrent le 19 juin 1940, une seconde occupation commence. Les troupes de Leclerc pénétreront dans la ville le 23 novembre 1944, après la libération de l'Alsace par la VIIe armée américaine. L'offensive allemande sur la Basse-Alsace la menace de nouveau quelques jours plus tard, mais celle du général de Lattre, sur la poche de Colmar, écarte le danger.

STRASBOURG (affaire de)

Coup de main tenté par Louis Napoléon Bonaparte le 30 octobre 1836 pour soulever la garnison de Strasbourg, et après elle d'autres garnisons de l'Est, marcher sur Paris et s'emparer du pouvoir.

Le 4e régiment d'artillerie, celui où Napoléon Ier a commencé sa carrière militaire, se trouvait alors stationné à Strasbourg. Le colonel Vaudrey, qui le commande, est gagné à la conspiration grâce à Éléonore Brault, ardente bonapartiste, qui devient pour la circonstance la maîtresse du colonel, alors qu'elle est déjà l'amie de Persigny. Une quinzaine d'officiers entrent dans la conspiration. Mais Louis Napoléon ne peut s'assurer la complicité du commandant de la garnison, le général Voirol. Le régiment de Vaudrey, devant lequel il se présente à l'aube du 30 octobre l'acclame aux cris de « Vive l'Empereur ! Vive Napoléon ! » et, conformément à leur plan, les conjurés – il y a parmi eux Persigny – s'assurent l'appui du général Lalande, commandant le département, et du préfet Choppin d'Arnouville. Mais les autres troupes de la garnison, indifférentes ou hostiles, refusent de s'associer à la conspiration et, après une courte échauffourée, Louis Napoléon est arrêté par le colonel Talandier, commandant le 46e de ligne, au quartier Finckmatt, où il s'était rendu avec Vaudrey et quelques troupes. Persigny parviendra à s'échapper, mais Éléonore Brault sera arrêtée. Le gouvernement de Louis-Philippe fait tout pour minimiser l'affaire qu'il affecte de traiter de « révolte de collégiens ». Il se contente de faire embarquer Louis Napoléon pour l'Amérique le 21 novembre. Le 6 janvier suivant s'ouvre le procès de ses principaux complices qui seront tous acquittés.

STRASBOURG (serments de)

Traité d'alliance signé en 842 entre Charles le Chauve et Louis le Germanique.

Après avoir battu Lothaire à Fontenoy-en-Puisaye, en 841, Charles le Chauve et Louis le Germanique se retrouvent à Strasbourg où ils confirment leur alliance par des serments mutuels prononcés en présence de leurs troupes dans les deux langues de celles-ci, à savoir le roman et le tudesque (14 février 842) : « Pour l'amour de Dieu et pour le peuple chrétien et notre commun salut [...] je secourrai mon frère Charles qui est ici [...] et ne tiendrai jamais avec Lothaire nul plaid qui [...] puisse nuire à mon frère Charles. » Ces serments de Strasbourg, relatés par le chroniqueur Nithard, aboutiront au traité et au nouveau partage de Verdun l'année suivante. D'un point de vue linguistique, ils sont plus intéressants encore : on les considère traditionnellement comme les plus anciens textes des langues romane et tudesque, bien que certains historiens et linguistes aient douté de leur authenticité.

STRESA (conférence de)

Réunion diplomatique tenue en Italie, à Stresa, sur le lac Majeur, du 11 au 16 avril 1935, entre les représentants de la France (Flandin et Laval), de la Grande-Bretagne (MacDonald et J. Simon) et de l'Italie (Mussolini) pour établir une barrière contre la menace allemande (un mois plus tôt Hitler a fait voter le rétablissement du service militaire obligatoire).

Par la déclaration qui clôture la conférence, la France, l'Angleterre et l'Italie s'engagent à « s'opposer, par tous les moyens appropriés, à

La conférence de Stresa
À l'hôtel des îles Boromée à Stresa. De g. à dr. : Laval, Mussolini, MacDonald, Flandin. © *Keystone*

toute répudiation unilatérale des traités susceptible de mettre en danger la paix en Europe ». Mais la manifestation de solidarité des trois puissances reste incomplète. Les sanctions prévues sont seulement économiques et financières, et si la question de l'Autriche a été traitée pendant la conférence sur l'initiative de Mussolini, elle n'est pas expressément mentionnée dans la déclaration finale. Surtout le silence est volontairement gardé sur le problème de l'Éthiopie, l'Angleterre étant violemment hostile à toute mainmise de l'Italie sur ce pays. Dans ces conditions, le « front de Stresa » ne peut être que précaire. Il se désagrège dès l'automne 1935 lorsque Mussolini entre en guerre contre l'Éthiopie (2 octobre) et que l'Angleterre réplique par le vote de sanctions (7 octobre), auquel s'associe la France.

STRUTHOF

Écart de la commune de Natzwiller, dans le département du Bas-Rhin, où fut créé, en 1941, un camp de concentration nazi appelé Natzwiller-Struthof.

Situé dans les Hautes-Vosges, à 800 mètres d'altitude, le Struthof se trouve à sept kilomètres de Schirmeck, à une cinquantaine de kilomètres de Strasbourg. Le camp, construit en grande partie par des déportés allemands, fonctionne à partir de la fin de 1941. Les prisonniers, dans les premiers temps tout au moins car le gisement s'épuise assez rapidement, exploitent une carrière de granit. Au camp même logent environ 7 000 déportés, tandis que 14 000 travaillent dans des kommandos extérieurs. Un grand nombre ne survivront pas aux mauvais traitements, aux conditions de vie, à une nourriture plus qu'insuffisante, au travail et aux prétendues expériences scientifiques. À Schirmeck se trouve un camp de « rééducation » destiné aux Alsaciens-Lorrains. C'est là que sont détenus, en attendant leur jugement, les membres du réseau Alliance. Tous, soit plus de 100 personnes, dont 15 femmes, seront exécutés au Struthof dans la nuit du 1er au 2 septembre 1944. Seuls échappent à la mort un médecin et une femme oubliée dans une baraque. La veille du massacre est arrivé l'ordre d'évacuation du camp : en trois jours, à partir du 1er septembre, les 7 000 détenus sont évacués vers Dachau. Au camp de Natzwiller-Struthof, a été érigé un monument à la mémoire de tous ceux qui ont péri dans les camps de concentration.

SUCCESSION D'AUTRICHE (guerre de)

Conflit qui éclata en Europe à la suite de la mort de l'empereur d'Allemagne Charles VI, en 1740, et s'acheva en 1748 par les traités d'Aix-la-Chapelle.

Aux combats, qui se déroulèrent sur terre et sur mer, en Europe et dans les colonies de la France, de l'Angleterre et de l'Espagne, s'ajoutèrent, dans plusieurs pays, de graves crises intérieures. Un premier conflit apparaît dans les colonies, dès la fin de 1739 : cédant aux pressions des négociants britanniques, le ministre Walpole déclare au mois d'octobre la guerre à l'Espagne. Guerre maritime, qui ne tourne pas toujours à l'avantage de l'Angleterre et gêne son commerce. En juillet 1740, une importante flotte britannique prend le chemin des colonies espagnoles d'Amérique, tandis qu'une flotte espagnole quitte Le Ferrol. À la fin du mois d'août, suivant un traité franco-espagnol, deux escadres françaises quittent Brest et Toulon. Fleury affirme qu'il ne s'agit que d'une démonstration. La situation économique et sociale préoccupe avant tout le cardinal, la disette menace partout. Il souhaite donc maintenir la paix en Europe et attaquer l'Angleterre au Canada.

Mais la mort de l'empereur Charles VI, le 19 octobre 1740, éveille les querelles au sujet de la succession d'Autriche. D'après la Pragmatique Sanction rendue par lui en 1713, et qui a établi l'indivisibilité de l'Empire et la succession par primogéniture, même au profit d'une femme, sa fille Marie-Thérèse doit lui succéder. Au prix de grands efforts, il a obtenu des puissances européennes l'engagement qu'elles respecteraient la Pragmatique. À peine est-il enterré, cependant, que tous les souverains intéressés cherchent à obtenir leur part de l'empire démembré : la Prusse vise la Silésie, l'Espagne et la Sardaigne ont des prétentions en Italie, l'Électeur de Bavière prétend au trône impérial. Marie-Thérèse et son époux, François de Lorraine, se trouvent attaqués de toutes parts. Dès le mois de décembre 1740, Frédéric II de Prusse, qui vient de succéder à son père le Roi-Sergent, envahit la Silésie sur laquelle il affirme posséder des droits. Son intention est double : s'emparer de la province, d'une part, mais aussi persuader la France d'intervenir contre l'Autriche. En France, Louis XV, et surtout Fleury, ne sont pas favorables à cette guerre que réclame, de plus en plus violemment, le parti anti-autrichien de la Cour. Belle-Isle, depuis peu élevé à la dignité de maréchal de France, mène les opposants à l'Autriche et finit par persuader Fleury. Il doit représenter la France à Francfort, où se réunit la Diète qui désignera le nouvel empereur. Le prince-Électeur de Bavière, Charles, est le candidat de Louis XV. À partir du mois de mars, par des combinaisons aussi hâtives que fragiles, Belle-Isle entreprend de dresser l'Europe contre l'Autriche. Il négocie aussi, à Breslau, une alliance avec Frédéric II. Les prétentions de ce dernier, vainqueur le 10 avril des Autrichiens à Moldwitz, sont exorbitantes. Rompues pour ce motif, les négociations aboutissent cependant le 9 juin à un accord entre le roi de Prusse et Belle-Isle. Déjà, le 18 mai, la France, l'Espagne, la Saxe et la Bavière ont signé un traité d'alliance contre Marie-Thérèse, qui ne peut compter que sur l'appui de l'Angleterre et des Pays-Bas. Le 25 juin, Marie-Thérèse est proclamée reine de Hongrie. Le 11 juillet au Conseil d'en-haut, Belle-Isle l'emporte sur les partisans de la paix : c'est la guerre.

Avec 30 000 hommes, Maillebois est chargé d'envahir le Hanovre, possession héréditaire de George II d'Angleterre. Belle-Isle, à la tête de 40 000 hommes, se dirige vers la Bavière. Marie-Thérèse, cependant, refuse de se laisser dépouiller. Énergique, volontaire, elle négocie avec la Diète hongroise et obtient en mai-juin l'appui de la Hongrie, en échange de l'octroi de son autonomie, ce qui lui permet de constituer deux armées, l'une destinée à la Haute-Autriche et à la Bavière, l'autre chargée de chasser les Français de Bohême. Le conflit, en effet, a bien commencé pour les adversaires de la fille de Charles VI. Tandis que Frédéric II conquiert la Silésie, Belle-Isle descend la vallée du Danube et entre au mois de septembre dans Linz où Charles se fait couronner archiduc d'Autriche. Les Bavarois, au mois d'octobre, se rendent maîtres de la Haute-Autriche. À la fin du mois, pénétrant en Bohême à la tête des Français, Belle-Isle marche sur Prague où il pénètre le 25 novembre. Il n'a laissé à Linz qu'une garnison, tandis que l'armée de Maillebois se trouve en Westphalie. La prise de Prague par les Français détourne Frédéric II de l'alliance secrète conclue avec Marie-Thérèse au mois d'octobre, sur l'intervention de l'Angleterre, et moyennant la cession de la Basse-Silésie. La situation de Marie-Thérèse, dans cet hiver 1741-1742, semble donc des plus critiques. De plus, avec l'avènement en Russie d'Élisabeth, au mois de décembre, l'influence française remplace à Saint-Pétersbourg celle de l'Autriche.

Après l'élection de Charles-Albert, devenu en janvier 1742 l'empereur Charles VII, et couronné au mois de février, la situation de Marie-Thérèse se dégrade encore, mais, loin de désespérer, elle continue de réunir ses armées. Celle de Khevenhüller a repris Linz dès le 23 janvier, écartant toute menace sur Vienne. La Bavière est attaquée à son tour. L'Angleterre, malgré une politique assez indécise, ne reste pas inactive. Les Anglais s'intéressent surtout aux événements d'Amérique, à la possibilité de leur mainmise sur le commerce espagnol et les colonies françaises. En Europe, le roi George II parvient à réconcilier Marie-Thérèse et le roi de Sardaigne. Walpole aimerait s'en tenir aux menées diplomatiques, mais les Anglais veulent la guerre et, au mois de février 1742, l'opposition du Parlement, récemment renouvelé, contraint le ministre à démissionner. Carteret, qui le remplace bientôt, belliciste convaincu, resserre l'alliance avec l'Autriche, fournit à Marie-Thérèse armes et subsides pour sa lutte contre la France. La diplomatie anglaise cherche aussi à obtenir un nouvel accord entre Marie-Thérèse et Frédéric II.

Au mois d'avril, l'armée de Belle-Isle s'empare d'Egra, en Bohême. Frédéric II pénètre lui aussi en Bohême au mois de juin. À ce moment, les diplomates britanniques parviennent à leurs fins : par les préliminaires de Breslau, au mois de juin, suivis au mois de juillet du traité de Berlin, Frédéric II, qui obtient la Silésie et la principauté de Glatz, se retire de la guerre. Les Français crient à la désertion. En Bohême, cependant, la position de Belle-Isle, enfermé dans Prague, isolé en pays hostile, devient critique. Maillebois, qui se trouve en Bavière, reçoit l'ordre de se porter à son secours mais, jugeant la situation du maréchal désespérée, il fait demi-tour. À la fin de l'année, dans des conditions très difficiles, Belle-Isle parvient à ramener à Egra 11 000 fantassins et 300 cavaliers, avec leur matériel. Il ne laisse à Prague qu'une faible garnison, sous la direction de Chevert qui capitule, avec les honneurs, le 26 décembre. Marie-Thérèse s'y fait proclamer reine de Bohême. Maillebois se replie lui aussi. L'abandon de la Silésie à Frédéric II a ainsi permis à la fille de Charles VI de récupérer la plupart de ses États : le système de Belle-Isle s'effondre. Fleury, qui propose des négociations de paix, essuie un refus humiliant et, épuisé, meurt au mois de janvier. Louis XV annonce que désormais il gouvernera seul avec le Conseil d'en-haut. Amelot est chargé des Affaires étrangères, d'Argenson de la Guerre. La politique de la France, dans les mois suivants, est hésitante, mal définie. D'Angleterre, au contraire, Carteret cherche à constituer sur le continent une alliance contre les Bourbons. Déjà, à la suite de la Prusse, la Saxe, par le traité du 11 septembre 1742, rejoint l'alliance autrichienne. Le traité de Worms, un an plus tard, scellera l'alliance de Marie-Thérèse et du roi de Sardaigne.

En France, pour compenser les pertes considérables dues à la campagne de Bohême, une ordonnance d'octobre 1742 prescrit la levée de milices, aux contingents assez modestes. Aux armées, Broglie, qui remplace Maillebois, tente de descendre le Danube, mais Charles de Lorraine, beau-frère de Marie-Thérèse, lui barre la route au mois de mars 1743. Carteret décide alors, bien que la guerre n'ait pas été déclarée, d'intervenir directement contre la France. Une armée anglo-hanovrienne est mise sur pied dans les mois qui suivent. Lord Stairs, rejoint par George II, commande les troupes anglaises, les Pays-Bas ayant promis des renforts. Les Anglais comptent écraser Broglie, puis attaquer l'Alsace. Ils descendent le Rhin pour faire leur jonction avec les Autrichiens. Sans attendre le renfort de Broglie, Noailles attaque les troupes anglaises qui, bien que légèrement inférieures en nombre, l'emportent à Dettingen, le 23 juin. En juillet, Noailles et Broglie passent le Rhin et se préparent à défendre l'Alsace. Carteret, pendant ce temps, cherche en vain à réconcilier Charles VII, dont la Bavière a été envahie, et Marie-Thérèse : les conférences de Hanau, au mois de juillet, échouent. En riposte à l'alliance austro-sarde, la France resserre ses liens avec l'Espagne par le pacte de Famille de Fontainebleau, le 28 octobre. Dès le 20 septembre, elle a déclaré la guerre à la Sardaigne et projette d'envahir le Piémont.

Le 15 novembre, l'Angleterre conclut à Worms un traité offensif avec Marie-Thérèse, le roi de Sardaigne et l'Électeur de Saxe. Frédéric II se rapproche alors de la France, qui signe à Francfort un traité d'alliance avec la Suède, l'Électeur de Bavière et le roi de Prusse lui-même, auquel elle garantit la possession de la Silésie. Frédéric a exigé le départ d'Amelot, qui n'est pas remplacé pour l'instant. Les conseillers de Louis XV ont mis au point plusieurs projets de diversion, l'un vers le Piémont, l'autre en Angleterre même, où le cardinal de Tencin prône l'organisation d'un débarquement destiné à appuyer la tentative de restauration des Stuarts. Le cardinal propose aussi l'investissement des Pays-Bas. Au mois de mai 1744, la campagne militaire s'ouvre dans les Flandres. Tandis que le roi s'installe à Lille, Maurice de Saxe prend successivement, sans grande difficulté, Courtrai, Menin, Ypres et Furnes. Mais Marie-Thérèse concentre ses troupes, que dirige Charles de Lorraine, vers l'Alsace. Les forces françaises se défendent mal, reculent vers Strasbourg, Louis XV et Noailles doivent abandonner les Flandres pour la Lorraine. Le roi s'installe à Metz, où il tombe malade le 8 août. Pendant dix jours, on craint pour sa vie.

Frédéric II cependant, qui a signé au mois de juin l'union de Francfort avec la France et la Bavière, alliance à laquelle adhèrent l'Électeur palatin et le landgrave de Hesse, envahit la Bohême et entre dans Prague le 16 septembre 1744. Marie-Thérèse ordonne alors à Charles de Lorraine d'évacuer l'Alsace et la Bavière, de marcher au secours de la Bohême. La menace qui pesait sur la France est ainsi écartée, tandis que Charles VII peut regagner Munich où les troupes françaises pénètrent le 16 octobre. Le 8 novembre, au terme d'un siège d'un mois, Louis XV fait une entrée triomphale à Fribourg-en-Brisgau. Il annonce ensuite son intention de regagner la France, à la grande fureur de Frédéric II. Le système mis au point par Carteret s'écroule à son tour, Harrington le remplace au mois de décembre. En France, en novembre, d'Argenson a remplacé Amelot ; nomination qui retarde la paix, car le bouillant marquis a de multiples projets. Adversaire farouche de l'Autriche, il n'aime guère l'Espagne et ne montre aucune hâte à respecter l'alliance franco-espagnole. Louis XV le laisse appliquer ses vues, qui ne sont pas celles auxquelles lui-même a obéi pendant cette année 1744.

La mort de Charles VII, en janvier 1745, peut un moment laisser espérer la paix, mais l'attitude de d'Argenson ruine ces espoirs. Il soutient en effet, contre celle de l'archiduc François de Lorraine, la candidature de l'Électeur de Bavière, puis cherche à obtenir celle de l'Électeur de Saxe Auguste III. Au mois d'avril, la campagne militaire reprend, le maréchal de Saxe se prépare à mettre le siège devant Tournai. Apprenant qu'une armée anglo-hollandaise commandée par le duc de Cumberland vient de débarquer, il décide de l'attaquer et c'est, le 11 mai, la victoire de Fontenoy. Le maréchal occupe ensuite la plus grande partie de la Flandre. Le 14 juin, Frédéric II bat Charles de Lorraine à Friedberg. Les nouvelles du Canada, cependant, sont mauvaises : les Anglais s'emparent de Louisbourg le 26 juin, l'île de Cap-Breton est entre leurs mains. George II montre toutefois quelque inquiétude car, le 12 juin, le prétendant Charles-Édouard s'est embarqué à Belle-Isle à destination de l'Écosse, puis de l'Angleterre.

En Italie, pour préparer la campagne contre la Sardaigne, Louis XV, Philippe V et les Génois signent la convention d'Aranjuez. Les « gallispans » attaquent Charles-Emmanuel à la fin du mois de juillet, prennent Tortone, Plaisance, Parme. À Bassignano, le 27 septembre, le succès de Maillebois ouvre aux alliés les portes de Milan. Alexandrie, investie, semble prête à se rendre. De nouveau on parle de paix, la Hollande et la Sardaigne s'entremettent. Mais les succès du prétendant en Angleterre, Charles-Édouard Stuart, rendent cette paix impossible. Le 4 décembre, celui-ci parvient à Derby, à 30 lieues de Londres. En France, cependant, les troupes françaises destinées à débarquer en Angleterre ne sont pas prêtes : ce retard perdra finalement Charles-Édouard, battu à Culloden le 16 avril 1746.

Sur le continent, où le fils de Charles VII, Maximilien, s'est réconcilié avec Marie-Thérèse au mois d'avril 1745, Frédéric II, après avoir envahi la Saxe, entre dans Dresde le 18 décembre. Marie-Thérèse, une nouvelle fois, abandonne la Silésie et la principauté de Glatz, le roi de Prusse reconnaissant l'empereur François. La seconde guerre de Silésie s'achève. En cette fin d'année 1745, des négociations menées par d'Argenson avec Charles-Emmanuel, sans consultation de l'Espagne, aboutissent à une suspension d'armes. Marie-Thérèse, cependant, mécontente de l'alliance anglaise qui, si elle a permis la paix de Dresde, l'oblige à intervenir en Italie et aux Pays-Bas, se rapproche de la France. Un traité de neutralité est signé le 21 avril 1746. En Italie, pendant ce temps, les Anglais négocient un rapprochement austro-sarde. Le roi de Sardaigne, ayant fait connaître aux Espagnols les négociations qu'il mène avec la France, déchaîne leur indignation. Il en profite, avec ses alliés autrichiens, pour prendre l'offensive au mois de mars. Charles-Emmanuel contraint ses adversaires à lever le siège d'Alexandrie, les bat à Asti, reprend Casal et Milan. Ces revers français marquent l'effondrement de la politique de d'Argenson, dont le roi limite l'activité. Après la défaite de Plaisance, le 16 juin, les troupes françaises doivent évacuer le Piémont, reculer vers la frontière, la Provence elle-même est bientôt menacée. Désireux de sauver le pacte de Famille, Louis XV envoie Noailles en Espagne.

Aux Pays-Bas, après la prise de Bruxelles, les Hollandais dépêchent à Paris un négociateur, qui feint de chercher la paix pendant que son pays se prépare à résister. Le maréchal de Saxe et le roi prennent Anvers au mois de juin. Depuis le mois de mai, des propositions de paix, bien accueillies par l'opinion, ont été faites à l'Angleterre. Mais George II et son ministre Newcastle, s'ils négocient avec la France, veulent poursuivre la guerre, ruiner le commerce maritime français et s'assurer des points sur la côte française. C'est ainsi que des troupes anglaises débarquent à Quimperlé le 1er octobre, détruisent les installations du port de Lorient et se rembarquent le 10 octobre. Cette politique belliciste ne rencontre pas que des succès puisque, le 21 septembre, Dupleix s'est emparé de Madras.

En Espagne, Philippe V est mort le 9 juillet. Ferdinand VII, son successeur, passe pour favorable à l'Angleterre. Cette dernière espère le persuader de conclure une paix séparée. Au début du mois d'octobre, Charles de Lorraine, avec une armée autrichienne de 50 000 hommes, franchit la Meuse et s'apprête à secourir les Pays-Bas. Dès le 11 octobre, Maurice de Saxe, attaquant l'ennemi, le défait à Raucoux. Découragés, les Hollandais parlent de nouveau de paix. D'Argenson profite de ce succès militaire pour détacher la Saxe de l'alliance autrichienne : au mois de janvier 1747, le duc de Richelieu négocie le mariage de Marie-Josèphe de Saxe avec le Dauphin. Quelques jours plus tard, d'Argenson, dont le seul succès est l'alliance avec la Saxe, est disgracié et remplacé par le marquis de Puisieux. Tandis que les Anglais prennent l'île Sainte-Marguerite (îles de Lérins), les négociations de Breda piétinent. Belle-Isle, qui a remplacé Maillebois, parvient à rejeter les Sardes au-delà du Var. Au mois de mars, cependant, l'amiral de La Jonquière, envoyé au secours du Canada, est battu au large du cap Finisterre. Le 17 avril, les négociations de Breda sont interrompues. Louis XV annonce son intention d'envahir la Hollande. Lowendal et Maurice de Saxe se rendent maîtres de l'Escaut. Devant le péril, les états de Hollande, le 1er mai, rétablissent le stadhoudérat au profit de Guillaume d'Orange, qui devient Guillaume IV. Le duc de Cumberland, à la tête d'une forte armée, se porte au secours de Maastricht lorsqu'il est attaqué par Maurice de Saxe, le 2 juillet, à Lawfeld. Au prix d'efforts inouïs et de pertes considérables, le maréchal l'emporte. Les Anglais se maintiennent fermement à Maastricht, mais Lowendal prend Berg-op-Zoom le 12 septembre, après un siège de deux mois. En Italie, Gênes est arrachée aux Autrichiens, par Boufflers, au mois de juillet. Après sa mort, Richelieu mènera la lutte contre les Autrichiens.

Les belligérants, et surtout les peuples, accablés d'impôts, étant las de cette guerre, les négociations de paix peuvent s'ouvrir à Aix-la-Chapelle. Saint-Séverin d'Aragon, qui représente la France, quitte Paris en mars 1748. Le succès de la France à Vintimille et Villefranche, l'entrée de Maurice de Saxe à Maastricht, au mois d'avril, décident Newcastle à traiter. France et Angleterre signeront au besoin une paix séparée. Mais l'Autriche les rejoint au mois de mai, l'Espagne le mois suivant. Le 18 octobre, la paix d'Aix-la-Chapelle est enfin signée. Paix qui ne satisfait personne sauf les Pays-Bas, dont le territoire est évacué, et la Prusse. Cette guerre ne rapporte rien à la France qui restitue ses conquêtes, les Pays-Bas et Madras, qu'elle échange contre l'île de Cap-Breton, au Canada. La France a finalement « travaillé pour le roi de Prusse ». L'opinion accueille cependant favorablement la fin de la guerre. Louis XV s'engage à expulser le prétendant Charles-Édouard. L'Autriche perd la Silésie, donnée à la Prusse, seule véritable bénéficiaire de la guerre, les duchés de Parme et de Plaisance, donnés à don Philippe, et une partie du Milanais, donnée au roi de Piémont. France et Espagne reconnaissent l'élection de François de Lorraine à l'Empire. La paix est signée, mais l'antagonisme austro-prussien subsiste, comme la rivalité maritime et coloniale de la France et de l'Angleterre. Moins de dix ans après la signature du traité d'Aix-la-Chapelle la guerre de Sept Ans éclatera (1756).

SUCCESSION DE BRETAGNE (guerre de) : **voir BRETAGNE**

SUCCESSION D'ESPAGNE (guerre de)

Conflit qui, de 1701 à 1714, oppose la France et l'Espagne à une coalition groupant la plupart des souverains européens, à la suite de l'acceptation par Louis XIV du testament de Charles II d'Espagne.

Le problème de la succession espagnole domine la politique internationale à la fin du XVIIe siècle et apparaît en fait dès 1665, à l'avènement de Charles II qui n'a pas d'héritier. Les territoires concernés par sa succession sont immenses : l'Espagne, une grande partie de l'Italie, les Pays-Bas catholiques, les colonies américaines, les îles Philippines et Mariannes, etc. Plusieurs souverains prétendent à l'héritage espagnol. Léopold Ier d'Autriche défend les droits des infantes, filles de Philippe IV, qui ont épousé des princes autrichiens et en particulier ceux de sa propre épouse Marguerite-Thérèse : il prétend donc au trône d'Espagne. Louis XIV, qui a épousé une autre fille de Philippe IV, Marie-Thérèse, soutient les droits de son fils aîné, le Grand Dauphin. Sous l'influence de son ministre Torcy, le roi n'est cependant pas hostile au partage de l'empire espagnol. Le dernier prétendant sérieux est le prince-Électeur de Bavière, Joseph-Ferdinand, petit-neveu de Charles II, beaucoup moins puissant, et donc moins dangereux, que ses rivaux : le roi penche en sa faveur. Louis XIV, sachant que la guerre ne pourra être évitée si Charles II choisit un prince français, accepte de négocier dès mars 1698. Les négociations aboutissent, au mois de septembre, à un premier traité de partage : l'essentiel irait à Joseph-Ferdinand, le Dauphin obtiendrait la plus grande partie de l'Italie, sauf le Milanais attribué à l'archiduc Charles. Les signataires n'avertissent pas Charles II de la teneur du traité. Le souverain espagnol se décide officiellement en faveur de Joseph-Ferdinand au mois de novembre, mais le jeune prince meurt quelques mois plus tard, et le problème se pose à nouveau. Au traité de Londres, le 11 juin 1699, la France et l'Angleterre mettent au point un partage : la France obtient les mêmes avantages que précédemment, plus la Lorraine, dont le duc reçoit le Milanais, le reste de la succession est attribué à l'archiduc Charles. Malgré le refus de Léopold Ier, le traité est ratifié, étendu à la Hollande le 25 septembre, et confirmé en mars 1700. Louis XIV, qui dispose à Madrid d'un habile diplomate, le comte d'Harcourt, et sait que l'opinion espagnole serait favorable à un prince français, propose au roi de tester en faveur de son second petit-fils, le duc d'Anjou. Charles II n'y est pas favorable mais, après avoir consulté le pape, il se décide en faveur du duc d'Anjou le 2 octobre 1700. Le roi d'Espagne meurt le 1er novembre, et Louis XIV ne se décide à accepter officiellement le testament que le 12 novembre. La plupart des souverains européens, sauf Léopold Ier, reconnaissent le nouveau roi, Philippe V. Léopold se prépare donc seul à la guerre, et Louis XIV peut espérer limiter le conflit à l'Italie. Mais les maladresses françaises modifient bientôt la situation : Louis XIV maintient les droits de Philippe V sur la couronne française ; des troupes françaises occupent les Pays-Bas, et les garnisons hollandaises établies dans les places de la Barrière sont remplacées par des troupes françaises.

L'inquiétude des puissances maritimes a surtout des motifs économiques : quand, en février 1701, la Compagnie de Guinée obtient le privilège de la traite des Noirs, l'*asiento*, elles redoutent que le commerce espagnol ne passe entre les mains de la France. Malgré les déclarations pacifiques du souverain français, les négociations n'aboutissent pas. L'opinion publique des puissances maritimes est de plus en plus favorable à la guerre. Guillaume III, roi d'Angleterre et stathouder des Provinces-Unies, et Heinsius, grand pensionnaire des Provinces-Unies sont satisfaits de cette évolution. Sous l'impulsion de Guillaume III, l'Angleterre, la Hollande et l'Autriche concluent bientôt la Grande Alliance de La Haye (7 septembre 1701). Le traité prévoit un nouveau partage, la séparation des couronnes de France et d'Espagne et l'interdiction à la France de commercer avec les colonies espagnoles. Un nouvel élément achève de dresser les Anglais contre la France : Jacques II Stuart meurt le 16 septembre, et Louis XIV, malgré l'avis de son Conseil, reconnaît son fils Jacques comme roi d'Angleterre. Guillaume III profite de cette situation pour remplacer le parlement tory par un parlement whig, favorable à la guerre.

En Italie, où les hostilités ont commencé au mois de juin, les troupes françaises commandées par Catinat, puis Villeroi, ne subissent que des déboires face aux troupes autrichiennes, magistralement commandées par le prince Eugène. La mort subite de Guillaume III, le 19 mars 1702, ne peut empêcher la guerre, déclarée conjointement à la France par la Hollande, l'Angleterre et l'Autriche, le 15 mai. Les coalisés peuvent compter

La guerre de Succession d'Espagne
La Bataille de Denain. Huile sur toile de Jean Alaux, dit le Romain, 1839, château de Versailles. © *Giraudon*

sur l'appui de la plupart des princes allemands et du Danemark ; leurs armées groupent environ 250 000 hommes contre 200 000 pour la France et l'Espagne. Leur flotte est beaucoup plus importante, 300 navires, alors que la flotte française ne compte qu'une centaine de vaisseaux et 30 galères. Un triumvirat d'hommes énergiques dirige la coalition, le prince Eugène, le duc de Marlborough et Heinsius. Le roi obtient l'alliance de l'archevêque-Électeur de Cologne, Joseph-Clément, et de son frère Maximilien, Électeur de Bavière et gouverneur des Pays-Bas espagnols. Les traités de Turin, le 6 avril 1701, et de Lisbonne, le 18 juin, assurent à la France, en principe, l'alliance de la Savoie et du Portugal. En fait, Victor-Amédée II change de camp dès 1703, tandis que le traité de Méthuen lie économiquement le Portugal à l'Angleterre. Les territoires des alliés allemands sont occupés rapidement, la France se trouve donc seule aux côtés d'une Espagne ruinée et politiquement instable : Louis XIV avait d'abord souhaité ne pas intervenir dans les affaires intérieures espagnoles, mais doit s'y résoudre devant l'inexpérience du roi. Il dirige donc la politique espagnole par l'intermédiaire de ses ambassadeurs, d'Harcourt puis Amelot.

La guerre ne s'engage pas trop mal pour la France et ses alliés : Maximilien prend Ulm et joint son armée à celle de Villars qui bat le margrave de Bade à Friedlingen, le 14 octobre. Cependant, après l'échec de deux débarquements, à Cadix et Carthagène, la flotte anglo-hollandaise coule dans la baie de Vigo la plus grande partie d'un convoi de galions venant de La Havane (octobre 1702) : un fabuleux trésor se trouve ainsi englouti. En septembre 1703, Léopold Ier renonce à ses droits au profit de l'archiduc Charles, reconnu par l'Angleterre et la Hollande. Ce même mois, Villars attaque en Souabe et remporte la victoire d'Höchstädt. Louis XIV tente, dès les premières années de guerre, de dissoudre la coalition en promettant aux Hollandais des avantages commerciaux. Mais, devant les succès militaires des alliés, les prétentions hollandaises ne cessent d'augmenter. En juin 1704, les armées alliées se rejoignent près d'Ulm, passent le Danube et dévastent la Bavière. Le 13 août, la seconde bataille d'Höchstädt tourne au désastre pour la France. En Espagne, les Anglais s'emparent par surprise de Gibraltar et, malgré les tentatives de dégagement, s'y maintiennent définitivement. L'abordage de la flotte française près de Gibraltar (mars 1705) assure aux Anglais la maîtrise de la Méditerranée. En Espagne, après la capitulation de Barcelone, le 9 octobre 1705, la Catalogne, Valence et la Murcie se déclarent en faveur de l'archiduc.

Les armées françaises rencontrent, en 1706, des fortunes diverses : en Italie, le Piémont, sauf Turin, est repris aux Autrichiens tandis que, dans le Nord, le désastre de Ramillies (23 mai) ouvre aux alliés les Pays-Bas espagnols. Au mois de juin, l'ennemi chasse Berwick du Portugal et marche jusqu'à Madrid où Charles III est proclamé roi. Pendant l'été, le Prince Eugène contraint l'armée française à lever le siège de Turin, puis reprend le terrain perdu : à la fin de 1707, les alliés seront maîtres de la péninsule italienne. Ils tenteront alors d'envahir la France par la Provence, mais devront bientôt reculer. Vendôme parvient à réorganiser l'armée espagnole en 1707, et même, après la victoire d'Almanza (25 avril), à rétablir Philippe V sur son trône. L'année suivante, en raison du mauvais état des finances des belligérants, les combats se limitent à l'Espagne et aux Pays-Bas. Le désaccord des chefs français, Vendôme, audacieux, et le duc de Bourgogne, trop prudent, entraîne le désastre d'Oudenaarde, le 11 juillet 1708. Marlborough ravage la Flandre et l'Artois tandis qu'Eugène investit Lille, qui succombe à la fin de l'année. La situation économique française est de plus en plus mauvaise : Chamillart, puis Desmarets cherchent des ressources de tous côtés, la capitation reparaît, le dixième est établi en 1710, les variations de monnaie se multiplient. La rigueur de l'hiver 1708-1709 entraîne disette et désordres, tandis que la guerre des camisards mobilise une partie de l'armée, si bien que Louis XIV se décide à négocier et envoie Torcy en Hollande. Mais les préliminaires de La Haye, présentés le 27 avril 1709 par Heinsius, en accord avec l'Angleterre et l'Autriche, sont inacceptables, et les négociations sont rompues. Le roi vend sa vaisselle d'or, les nobles leur vaisselle d'argent, et la guerre reprend. Après la chute de Tournai et de Mons, Villars, bien que vaincu, parvient à contenir l'ennemi à Malplaquet, le 11 septembre. En Espagne, alors que Charles III a repris Madrid en septembre 1710, la victoire de Vendôme à Villaviciosa, en décembre, rend son trône à Philippe V. L'appétit de conquête manifesté par les états généraux hollandais et les succès français détachent l'opinion anglaise de la guerre : revenus au pouvoir, les tories acceptent l'ouverture de négociations secrètes au début de 1711. La mort subite de l'empereur Joseph, le 17 avril, active ces négociations : les Anglais ne sauraient tolérer la reconstitution de l'empire de Charles Quint au profit de son successeur, l'archiduc Charles. Les préliminaires de Londres sont donc conclus le 8 octobre 1711 : Louis XIV accepte la succession protestante, reconnaît aux Anglais la possession de Port-Mahon et Gibraltar, leur cède l'île de Saint-Christophe, signe avec eux un traité de commerce, accepte de démanteler les fortifications de Dunkerque et surtout donne pour trente ans le privilège de l'*asiento* à une compagnie anglaise. Les Hollandais sont mécontents mais, devant la menace d'une paix séparée, acceptent l'ouverture du congrès d'Utrecht le 29 janvier 1712. Les négociations sont interrompues dès le mois de mars, sauf avec l'Angleterre, et la guerre reprend.

Cependant, au mois de mai, Philippe V renonce au trône de France. En juillet, le Prince Eugène décide de marcher vers Paris. Le 24 juillet, à Denain, malgré son infériorité numérique, Villars décide d'attaquer l'armée du prince. 52 bataillons se lancent à l'assaut des troupes adverses, chargeant à la baïonnette sous le feu ennemi. Les soldats du Prince Eugène reculent en désordre, l'audace de Villars a sauvé la France. Après cette victoire, le départ de Jacques II pour la Lorraine, en février 1713, et enfin la renonciation des ducs de Berry et d'Orléans au trône espagnol, au mois de mars, permettent la signature des traités d'Utrecht, le 11 avril 1713. Charles VI refuse sa signature, le Prince Eugène et Villars continuent les combats jusqu'aux traités de Rastatt (6 mars 1714) et de Baden (7 septembre). Louis XIV a conservé à son petit-fils l'Espagne et les colonies américaines, mais les Pays-Bas et les provinces italiennes passent à l'Autriche. Si les frontières françaises sont préservées, les Provinces-Unies ont obtenu le droit de tenir garnison dans plusieurs villes des Pays-Bas, constituant une « barrière » qui les protège des visées de Louis XIV. La France sort de la guerre économiquement épuisée, la Grande-Bretagne apparaît comme la grande bénéficiaire du conflit : l'empire espagnol est démembré, la marine anglaise est assurée de la maîtrise des mers. Gibraltar et Minorque en Europe, Terre-Neuve et l'Acadie au Canada, passent sous le contrôle anglais.

SUCCESSION DE POLOGNE (guerre de)

Le roi de Pologne Auguste II mort, le beau-père de Louis XV, Stanislas Leszczyński, que soutient la noblesse polonaise, revendique le trône (1733).

L'Autriche et la Russie lui opposent Auguste de Saxe, et l'armée de la tsarine Anna Ivanovna met le siège devant Dantzig où il réside. Les 1 500 soldats qu'envoie Louis XV, en 1734, pour le dégager, sont anéantis ; leur commandant, le comte de Plélo, ambassadeur de France au Danemark, est tué. En Italie, le maréchal de Coigny remporte sur l'Autriche les victoires de Parme et de Guastalla (1734), tandis que les Espagnols, alliés de la France, battent les troupes de l'empereur germanique Charles VI à Bibonto et occupent le royaume de Naples. Officiellement terminée en 1735, la guerre de Succession de Pologne ne s'achève, en fait, qu'en 1738, par la signature du traité de Vienne. Auguste de Saxe coiffe la couronne polonaise, mais don Carlos, deuxième fils de Philippe V d'Espagne, monte sur le trône des Deux-Siciles.

SUCHET Louis Gabriel, duc d'Albufera (Lyon, 1770 – château de Montredon, près de Marseille, 1826)

Maréchal de France.

Fils d'un riche négociant en soieries lyonnais, favorable aux idées révolutionnaires, le jeune homme, garde national en 1791, s'engage dans l'armée l'année suivante. Gravissant rapidement les grades, il est nommé général en 1798, après avoir accompli une brillante campagne d'Italie. En 1800, Suchet, placé sous les ordres de Masséna, franchit de nouveau les Alpes. Il tente en vain, au mois de mai, de dégager son chef bloqué dans Gênes, mais parvient le mois suivant, lorsque la victoire change de camp, à repousser les Autrichiens jusqu'à Cherasco. Sous l'Empire, le général Suchet se distingue à Austerlitz, puis à Iéna, et surtout en Espagne où, à partir de 1810, il se montre particulièrement brillant. Chef autoritaire et administrateur intègre, qualité fort rare à ce moment, il sait se faire respecter et empêcher autant que possible ses soldats de se livrer au pillage. Ses succès militaires se multiplient. Après celle de Lérida en 1810, la prise de Tarragone, en 1811, lui vaut, au mois de juillet, le bâton de maréchal. Valence capitule à son tour, en 1812. La même année, Suchet est fait duc d'Albufera. Commandant en chef de l'armée de Catalogne et d'Aragon en 1813, vainqueur de Rey à Molins l'année suivante, il doit cependant repasser les Pyrénées après la défaite de Vitoria. À la suite du traité de Valençay, qui rend à Ferdinand VII son royaume, il accompagne le souverain espagnol jusqu'à sa capitale retrouvée, en 1814. Il signe ensuite, en tant que commandant en chef de l'armée du Midi, l'armistice avec Wellington. Rallié à Louis XVIII, qui le fait pair, Suchet rejoint Napoléon durant les Cent-Jours. Chargé cette fois de protéger la frontière des Alpes, il pénètre en Savoie puis, au mois de juillet 1815, conclut avec les Autrichiens l'évacuation de Lyon. Disgracié au retour des Bourbons, il recouvre cependant la pairie en 1819.

SUESSONS

En latin Suessiones *ou* Suessones. *Peuple de la Gaule Belgique.*

Après avoir, dans des temps reculés, dominé la Bretagne, les Suessons occupent un territoire correspondant à la partie méridionale du département de l'Aisne. On ne sait avec certitude ni le nom ni le site de leur ancienne capitale. Il est probable qu'il s'agissait de *Noviodunum* près de Soissons. À l'époque de la conquête romaine, ils prennent part au soulèvement des Belges, à la différence des Rèmes, leurs « frères consanguins », si l'on en croit César. Sous l'Empire, leur chef-lieu est *Augusta Suessionum*, qui prendra le nom du peuple, *Suessiones*, Soissons.

SUÈVES

Confédération de tribus germaniques disséminées au Ier siècle av. J.-C. entre la Baltique et le Danube, en particulier en Souabe (qui porte leur nom) et en Moravie.

Une partie d'entre eux, entraînés par leur roi Arioviste, pénètre en Gaule vers 72 av. J.-C. Devant leurs prétentions territoriales, les Gaulois s'unissent contre eux mais, impuissants à les chasser, font appel à César. Celui-ci, conscient du danger qu'ils représentent, entre en campagne en 58 et les rejette au-delà du Rhin.

SUEZ (canal de)

Canal reliant la mer Rouge à la Méditerranée orientale, de Suez, au sud, à Port-Saïd, au nord.

L'isthme de Suez, bande de terre de 120 km de

large qui relie l'Afrique du Nord-Est à l'Asie antérieure, a joué depuis l'Antiquité un rôle considérable dans les relations commerciales. Dès cette époque, on pense à mettre en relation directe les deux mers, ou la mer Rouge et le Nil. À ce moment, un bras du Nil atteint Pelouse (ou Peluse), aux environs de l'actuel Port-Saïd. Le pharaon Nechao peut ainsi entreprendre, vers 600 av. J.-C., la construction d'un canal entre la branche pélusiaque du Nil, le lac Timsah et la mer Rouge. Au début du Ve siècle av. J.-C., Darius et Xerxès achèvent les travaux. Le canal reçoit son tracé définitif, du Nil à Arsinoé, aujourd'hui Suez, sous le règne de Ptolémée II Philadelphe, au IIIe siècle av. J.-C. Au cours des siècles suivants, la voie d'eau n'est utilisée qu'épisodiquement : les Byzantins l'abandonnent, le calife Omar la fait remettre en état au VIIe siècle, mais elle est définitivement abandonnée au VIIIe siècle, le canal étant comblé au siècle suivant. L'isthme est refermé. À la suite de la mainmise turque sur la Méditerranée orientale, la route habituelle des Indes se trouve coupée. Une nouvelle route, beaucoup plus longue, est offerte aux marchands lorsque, en 1498, Vasco de Gama double le cap de Bonne-Espérance. Le problème du percement de l'isthme de Suez se pose de nouveau, en particulier pour les puissances maritimes de la Méditerranée occidentale. Il faut cependant attendre l'expédition de Bonaparte en Égypte pour que la question soit de nouveau sérieusement envisagée. Une mission d'ingénieurs, dirigée par Lepère, accompagne Bonaparte, chargé de « couper l'isthme ». À la suite d'une erreur de calcul, qui laisse croire à une différence de niveau de neuf mètres entre les deux mers, les ingénieurs mettent au point un projet extrêmement compliqué et coûteux, qui sera abandonné.

Au XIXe siècle, les saint-simoniens reprennent l'idée d'un « canal d'Égypte », en font un des points essentiels de leur programme de transformation de l'Univers par le développement des moyens de production et de transport. Enfantin envoie en Égypte un certain nombre de ses disciples, puis traverse lui-même la Méditerranée, rencontre à Alexandrie le jeune vice-consul de France, Ferdinand de Lesseps, propose enfin au pacha un projet de canal. Rectifiant l'erreur des ingénieurs du Directoire, les saint-simoniens, Talabot en particulier, prévoient un canal de l'intérieur aboutissant à Alexandrie. Cependant, le pacha décide seulement la construction d'un barrage sur le Nil. Enfantin regagne la France au bout de quatre ans, mais ses compagnons continuent d'étudier le problème du canal et fondent une Société d'études du canal de Suez. Lesseps lui aussi s'intéresse au canal mais, au projet de Talabot, préfère le projet direct à travers l'isthme, mis au point par Linant de Bellefonds. Enfantin prétendra que Linant a copié un projet saint-simonien.

Lesseps bénéficie d'un atout essentiel, l'amitié du prince Saïd, qui doit un jour succéder à Mehmet Ali. En 1854, ce dernier meurt, et Saïd le remplace. Grâce à l'appui financier et technique des saint-simoniens, Lesseps obtient, le 30 novembre, la concession l'autorisant à percer le canal de Suez. Linant et Mougel en établissent le plan définitif, qui sera approuvé par une commission internationale d'ingénieurs. En raison de l'attitude de l'Angleterre, irrévocablement opposée au percement du canal, Lesseps éprouve des difficultés considérables à trouver des fonds. En 1858, il fonde enfin la Compagnie universelle du canal maritime de Suez. Par prudence, l'ancien consul choisit comme « protecteur » de la Compagnie le prince Napoléon, cousin de Napoléon III. Suchet, fils du maréchal de Napoléon Ier, en est le vice-président. Au lieu de faire appel aux banques, Lesseps offre au public 400 000 actions de sa compagnie, au prix de 500 francs. Plus de la moitié sont achetées par de petits souscripteurs français. La même opération, tentée dans divers pays étrangers, n'a guère de succès. Le khédive devra finalement acheter en personne 177 642 actions. La Compagnie, à la suite du firman du 30 novembre 1854, confirmé en janvier 1856, reçoit donc la concession du canal pour 99 ans, à partir du jour d'ouverture. Elle percevra 75 % des bénéfices, 15 % revenant à l'Égypte et 10 % aux fondateurs. Le 25 avril 1859, Lesseps peut donner le premier coup de pioche, non loin de Pelouse, à un endroit qu'il baptise adroitement Port-Saïd.

Les Anglais, qui n'ont pas renoncé à empêcher le percement de l'isthme, interviennent auprès du sultan et du khédive. En septembre 1859, le premier ordonne l'arrêt des travaux. Mais Napoléon III soutient Lesseps qui peut poursuivre. En novembre 1862, les eaux de la Méditerranée parviennent jusqu'au lac Timsah. Mais Saïd meurt peu après, et son successeur, Ismaïl, est plus sensible à l'influence anglaise. La Porte ordonne de nouveau l'arrêt des travaux, officiellement en raison des conditions dans lesquelles est employée la main-d'œuvre égyptienne. Une nouvelle fois, Napoléon III intervient. La main-d'œuvre sera mieux payée ou tout simplement payée, ses conditions de vie seront meilleures, un matériel moderne sera apporté. La médiation de l'empereur permet de régler le différend entre Lesseps et le sultan, qui autorise au début de 1866 la poursuite des travaux. Pour faire face à de nouvelles difficultés financières sont émises des obligations à lots dont la garantie est votée par le Corps législatif. Le 17 novembre 1869 enfin, l'impératrice Eugénie peut inaugurer le canal de Suez, en présence de plusieurs souverains, au milieu de fêtes magnifiques. C'est le triomphe de Lesseps, fêté même en Angleterre où la reine d'Angleterre l'accueille. Révisant leurs positions, les Anglais deviennent dès lors des partisans farouches du canal.

Cependant, la situation financière de la Compagnie reste extrêmement précaire : la faillite est évitée de peu en 1872, l'exploitation demeure déficitaire, les souscripteurs perdent tout espoir de gagner un jour de l'argent. Dans le même temps, la situation financière du khédive, qui a versé des sommes énormes, empruntées, il est vrai, surtout en France, ne cesse de se dégrader. À la fin de 1875, ne pouvant faire face aux remboursements considérables de ses nombreux emprunts, le khédive vend ses actions aux Anglais, qui deviennent les principaux actionnaires de la Compagnie. La Grande-Bretagne, cependant, n'est pas majoritaire et n'a pas le contrôle des opérations. L'argent rentre dans ses caisses, car le canal commence à rapporter, mais l'isthme échappe à son contrôle, situation qu'elle ne saurait tolérer longtemps. Le khédive, cependant, est acculé à la banqueroute. Les banquiers français et anglais jouent en Égypte un rôle chaque jour plus considérable. Un mouvement d'opposition nationaliste, contre la présence et l'influence des étrangers en Égypte, se developpe bientôt. C'est lui qui, en déclenchant une émeute et le massacre d'un certain nombre d'Européens, à Alexandrie, le 11 juin 1882, permet aux Anglais d'intervenir militairement le 15 septembre et de prendre pied en Égypte. Lesseps, qui ne peut plus compter sur l'appui des autorités, alors qu'en France de nombreux financiers et hommes politiques soutiennent les vues de l'Angleterre, doit laisser les Anglais jouer au sein de la Compagnie un rôle plus important par le Programme de Londres du 30 novembre 1883. Si la Compagnie conserve l'apparence d'une société égyptienne à direction française, le dernier mot appartient désormais, jusqu'au milieu du XXe siècle, à l'Angleterre.

Le trafic du canal prend en cette fin du XIXe siècle une importance considérable. Toutes les puissances maritimes s'y intéressent. L'Angleterre doit donc accepter la convention de Constantinople, signée le 29 octobre 1888 par la France, l'Autriche, l'Allemagne, la Russie, l'Espagne, l'Italie, les Pays-Bas, la Turquie, et la Grande-Bretagne elle-même. La neutralité du canal est décidée, tandis que l'Égypte perd tout pouvoir réel sur cette voie d'eau qui traverse son territoire. Dès lors, au cours des années, et en dehors de quelques « accidents » dus aux guerres, la situation du canal ne cesse de prospérer ; à plusieurs reprises des travaux l'élargissent et l'approfondissent, son trafic ne cesse de croître. Toutefois, la neutralité, le libre passage des navires commerciaux ou militaires, en temps de guerre comme en temps de paix, ne sont pas respectés lors de la guerre hispano-américaine de 1898, où le passage est interdit à l'Espagne, ni lors de la guerre russo-japonaise de 1904-1905, ni enfin pendant les deux guerres mondiales, où son rôle stratégique attire l'attention des belligérants. Par deux fois, en 1915 et 1916, les Germano-Turcs tentent vainement de s'en rendre maîtres, en traversant la Palestine. Aussi, après la guerre, la Grande-Bretagne mène-t-elle une active politique d'alliance militaire avec les nouveaux États du Proche-Orient. De plus, un traité signé en 1936 avec l'Égypte lui assure pour vingt ans la protection militaire du canal, en échange de la reconnaissance de l'indépendance complète de l'Égypte. Pendant la Seconde Guerre mondiale, en janvier-février 1942, la grande percée de Rommel en Libye menace de nouveau le canal, d'autant que les Égyptiens, toujours hostiles aux Anglais, soutiennent les Allemands. La résistance de Montgomery, à El-Alamein, écarte le danger.

Dès le lendemain de la guerre, dans une situation intérieure de plus en plus troublée, l'Égypte réclame la révision des accords de 1936. La défaite qui suit la guerre israélo-égyptienne de 1948-1949 augmente encore le malaise intérieur de l'Égypte ; le gouvernement Wafd ne peut maintenir l'ordre. De difficiles négociations avec la Grande-Bretagne aboutissent en 1954 à un accord d'évacuation. En juin 1956, le gouvernement égyptien obtient l'évacuation complète. Le mois suivant, devant les difficultés rencontrées pour le financement du barrage d'Assouan, le colonel Nasser décide la nationalisation du canal. Tandis que les pays arabes soutiennent cette décision, la France, l'Angleterre et les États-Unis mènent de nombreuses discussions. La France et l'Angleterre sont prêtes à agir, les États-Unis sont plus réservés. Du 16 au 21 août, vingt-deux nations se réunissent à Londres pour étudier le problème. Tandis que la France et l'Angleterre continuent de régler les droits de passage à la Compagnie, les autres s'adressent directement à l'Égypte. Nasser refuse le projet de conférence internationale mis au point par la conférence de Londres. Une seconde conférence est réunie, tandis que les États-Unis font savoir qu'ils sont hostiles à la solution de force que réclame l'opinion française, les Anglais étant de plus en plus hésitants. À la fin du mois d'octobre, une véritable alliance est cependant conclue entre Israël d'une part, la France et l'Angleterre de l'autre. Le 29 octobre éclate la guerre israélo-égyptienne. Sous prétexte de « protéger le canal contre les belligérants », les gouvernements français et britannique décident une intervention armée. Le 5 novembre, des parachutistes enlèvent sans grande difficulté Port-Saïd et Port-Fouad. Ils sont bientôt maîtres du nord du canal. Mais, devant les menaces d'intervention nucléaire de l'URSS et en l'absence de soutiens américains, ils doivent interrompre leur action dès le 7 novembre. L'ONU installe des forces internationales le long du canal. Aussitôt, Nasser fait obstruer la voie d'eau, où toute navigation cesse pendant plusieurs mois. Le pouvoir et le prestige du Raïs sortent renforcés de cet épisode. L'échec est rude pour la France et l'Angleterre qui achèvent d'évacuer l'Égypte à la fin de l'année, tandis que commencent les travaux de déblaiement. Le canal est rouvert le 29 avril à toutes les nations sauf à Israël. Selon l'accord de Rome, signé le 13 avril 1958, l'Égypte doit verser aux actionnaires une indemnité de 28 millions de livres.

SUFFRAGE CENSITAIRE

Le système du cens électoral, introduit en France par la Constitution de 1791, répond à l'idée de la prépondérance nécessaire d'une élite, seule capable de prendre une part effective aux affaires de l'État. Mais cette prépondérance dégénère par un mouvement naturel en monopole de la richesse, le signe, c'est-à-dire la fortune, effaçant le but, c'est-à-dire l'aptitude civique.

Exception faite des élections à la Convention, en 1792, pour lesquelles on a recours à un sys-

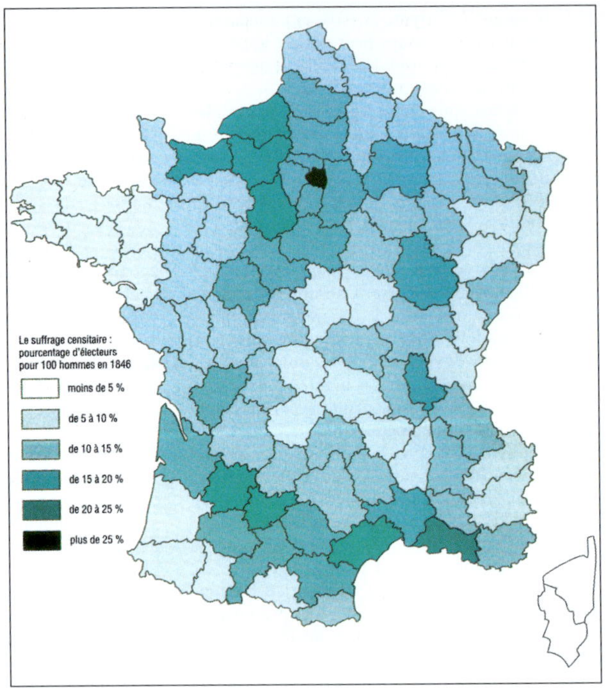

Le suffrage censitaire en 1846

tème de suffrage universel à deux degrés, de la Constitution de 1793, qui établit elle aussi le suffrage universel mais ne sera jamais appliquée, et de l'éphémère Acte additionnel aux Constitutions de l'Empire de 1815, le droit électoral français ne connaît, de 1789 à 1848, que des systèmes censitaires qui concentrent la force politique entre les mains d'une oligarchie fortunée. Mais les expériences seront très variées. Les Constitutions de 1791 et de l'an III organisent un suffrage censitaire à deux degrés, les non-propriétaires étant exclus du premier degré et le second étant réservé aux propriétaires aisés. Puis, de l'an VIII à 1814 (Constitutions de l'an VIII, de l'an X et de l'an XII), les membres du Corps législatif sont désignés par le Sénat sur des listes préparées par un corps électoral sélectionné et largement soumis à l'influence de l'administration. Ce système napoléonien, bien qu'il n'exclue personne à la base, puisque tous les citoyens participent en l'an VIII à la désignation des notabilités inférieures et en l'an X à la formation des collèges électoraux, n'est qu'une caricature d'un régime de démocratie politique, car il anéantit l'élection elle-même et supprime en fait toute opposition au gouvernement. Une telle organisation est trop impopulaire en 1814 pour que la Restauration songe sérieusement à la maintenir. La charte de 1814 revient donc au système censitaire de la Révolution, mais en l'accentuant fortement car la prédilection du nouveau régime va à une catégorie sociale beaucoup plus restreinte que celle à laquelle la Révolution avait accordé le droit de suffrage. Par un système de cens élevé (300 francs pour l'électorat, 1 000 francs pour l'éligibilité), la participation à la vie publique est réservée aux membres de la vieille aristocratie et aux grands propriétaires fonciers. La charte de 1830 devait abaisser le cens respectivement à 200 francs pour l'électorat et 500 francs pour l'éligibilité, mais le refus de la monarchie de Juillet d'élargir encore le droit de suffrage sera une des raisons de sa chute. Le suffrage universel masculin ne sera établi définitivement qu'en 1848, au terme d'une conquête laborieuse et difficile dont le système censitaire avait marqué une étape importante.

SUFFRAGE UNIVERSEL

Système par lequel tout citoyen peut participer aux élections, hormis ceux ne satisfaisant pas à certaines conditions d'âge, de nationalité, de sexe et d'état (jusqu'en 1944) et ceux qui ont été déchus de leur droit de vote.

Même chez les constituants de la Révolution demeure la conviction que le vote est le monopole de ceux qui possèdent les compétences et l'instruction nécessaires. Une tentative de suffrage universel, faite à la demande des démocrates les plus avancés, s'avère peu concluante. Pour l'élection de la Convention, qui devait être une assemblée constituante (août-septembre 1792), l'abstention atteint, en effet, près de 90 % des électeurs. Le régime électoral censitaire est d'ailleurs approuvé au suffrage universel par référendum en septembre 1795. Après le coup d'État du 18 Brumaire, Bonaparte a recours au suffrage universel (décembre 1799) pour faire approuver la Constitution de l'an VIII. Cette pratique ne dure pas avec l'instauration de l'Empire, et Napoléon ne se rappellera du suffrage universel qu'à l'occasion des Cent-Jours. La Restauration reconduit le régime censitaire. L'abaissement du cens devient une des principales revendications des républicains et provoque la chute de Louis-Philippe en 1848. La IIe République établit alors définitivement le suffrage universel masculin. Le suffrage universel a été plusieurs fois mis en sommeil comme sous le Second Empire ou pendant les deux guerres mondiales. En revanche, la loi électorale de 1875 définit précisément ses contours. Votent les Français mâles, majeurs (21 ans), domiciliés depuis six mois, sauf les militaires, les faillis, les criminels et les aliénés. L'armée reste la « grande muette ». Le vote est secret, égalitaire, direct et facultatif. C'est en 1912 seulement qu'apparaissent l'enveloppe et l'isoloir. Sous la IVe République, l'Assemblée nationale est réellement élue au suffrage universel par la disparition de l'exclusive qui vise les militaires et les femmes (ordonnance du 21 avril 1944). La Ve République enfin le renforce. La réforme constitutionnelle du 12 septembre 1962 porte sur l'élection du président de la République au suffrage universel direct. Votée par référendum, elle est approuvée par 13 millions de « oui » contre 8 millions de « non ». Dernière évolution, en 1974, Valéry Giscard d'Estaing fait adopter l'abaissement de la majorité et donc de l'âge du vote à 18 ans. Le suffrage universel en est élargi d'autant.

SUFFREN de SAINT-TROPEZ Pierre André de, dit LE BAILLI de SUFFREN (Château de Saint-Cannat, près d'Aix-en-Provence, 1726 – Paris, 1788)

Amiral.

Entré dans les gardes-marine en 1743, il prend part à la bataille de Toulon en 1744 et à celle de l'Étendrière où il est fait prisonnier en 1748. Chevalier (1749), commandeur et bailli de l'ordre de Malte, il sert dans la marine française (1743-1748), dans celle de Malte (1749-1754) puis de nouveau dans la marine royale où il fait partie de l'escadre de La Galissonnière. Suffren contribue à la defaite de Bung et à la prise de Mahon (1756), sert enfin sous les ordres de d'Estaing pendant la guerre d'Indépendance américaine, à bord du *Fantasque* (1779). Ayant succédé au comte d'Orves comme chef d'escadre (1781), il détruit à La Praya (cap Vert) l'escadre du commodore Johnston (avril 1781), puis est envoyé aux Indes où, mettant en application sa tactique d'attaque vigoureuse de l'ennemi dès qu'il est en vue, il remporte de nombreux succès (1782-1783) qui sont d'un précieux appui pour Haïder-Ali, allié de la France. Mais il lui est impossible d'exploiter au mieux ses avantages, car il ne peut compter sur le soutien sans réserve de ses lieutenants qui supportent mal son aspect négligé, son langage vigoureux et ses mœurs scandaleuses (on parle des « mignons de Suffren »). Il fait néanmoins une rentrée triomphale en France, acclamé à Toulon, fêté à Versailles par le roi qui crée pour lui une quatrième charge de vice-amiral (1784). Ambassadeur de l'ordre de Malte en France, il venait d'être appelé au commandement d'une escadre formée à Brest lorsqu'il meurt, tué dans un duel par M. de Mirepoix, a-t-on longtemps affirmé. En réalité, il aurait été tué par un officier qui avait eu à se plaindre de lui aux Indes.

SUGER (Saint-Denis ou Argenteuil, v. 1081 – Saint-Denis, 1151)

Abbé de Saint-Denis et conseiller des rois Louis VI et Louis VII.

Il étudie à Saint-Denis puis à Saint-Benoît-sur-Loire. Revenu à Saint-Denis en 1106, il participe bientôt à l'administration de cette abbaye dont il devient abbé en 1122. Il en sera, avec Saint Louis, un des deux grands bienfaiteurs, ne cessant pendant vingt-neuf ans d'accroître ses prérogatives et ses domaines et faisant édifier en 1144 une nouvelle basilique, soit une des principales réalisations du premier art gothique. Suger s'illustre dans divers conciles et devient un familier de Louis VI qui avait été son compagnon d'école et qui le charge de nombreuses missions diplomatiques auprès des papes. Il contribue également efficacement à l'essor de l'autorité royale amorcé précisément sous Louis VI. Il inspire en effet la doctrine qui, s'appuyant sur le fait que le roi est au sommet de la hiérarchie féodale, en conclut que tous les princes territoriaux qui constituent le premier degré de cette hiérarchie lui doivent hommage-lige. En 1131, Suger décide le roi à couronner son deuxième fils. Son influence augmente encore avec l'avènement de Louis VII. Celui-ci l'institue même régent du royaume pendant la deuxième croisade (1147-1149). Pour le remercier d'avoir réussi à préserver l'ordre public

Suger
L'Arbre de Jessé : Suger agenouillé (détail). Vitrail, XIIe siècle, chapelle de la Vierge, basilique de Saint-Denis.

Sully
Huile sur toile de Colin, 1602, Paris, hôtel Matignon. © *Sélection Images*

menacé pendant son absence par les intrigues des nobles et l'insubordination d'une partie du clergé, Louis VII, à son retour, lui donne le titre de « Père de la patrie ». Il s'apprêtait à partir pour la Terre sainte quand il meurt. Suger a écrit une vie de Louis VI (*Histoire de Louis le Gros*), source essentielle pour l'histoire de la période 1093-1137, et le début d'une *Histoire de Louis VII*. On a également conservé de lui un *Mémoire sur mon administration abbatiale*, divers autres traités et 26 lettres.

SULLY : voir EUDES de SULLY

SULLY : voir MAURICE de SULLY

SULLY Maximilien de BÉTHUNE, baron de Rosny, puis duc de (Château de Rosny, près de Mantes, 1560 – château de Villebon, près de Chartres, 1641)

Surintendant des Finances, maréchal de France.

Sa famille se dit apparentée aux comtes de Flandre et à l'illustre famille autrichienne des Babenberg. Il s'agit toutefois de la branche cadette des Béthune, moins fortunée, et de religion calviniste. À Paris, où il étudie au collège de Bourgogne, l'enfant échappe à la Saint-Barthélemy en traversant la capitale vêtu de sa robe d'écolier, son livre d'heures sous le bras, pour se réfugier au collège dont le principal le cache pendant trois jours. Henri de Navarre, futur Henri IV, auquel il a été présenté, le garde à ses côtés, au Louvre, puis à Vincennes. Sully le suit quand il quitte la Cour, en 1576. Le jeune homme combat alors dans les armées protestantes, aux Pays-Bas, en 1576, puis sous les ordres d'Henri de Navarre qui, remarquant son courage mais aussi sa ténacité et la fermeté de son caractère, se l'attache. Il montre au combat une bravoure certaine, notamment lors de la prise de Cahors, où il est blessé à plusieurs reprises. Il accompagne ensuite Henri de Navarre à Nérac, où il est nommé chambellan et entre au Conseil. La mort de son frère aîné, suivant celle de son père, fait bientôt de lui le baron de Rosny. En 1580, il suit en Hollande le duc d'Anjou. Après deux ans passés à son service, il rejoint Henri en Guyenne. En 1584, il épouse Anne de Courtenay, une riche héritière. Reprenant les armes, Sully se distingue de nouveau à Coutras en 1587, puis travaille à réconcilier les deux Henri (le roi de Navarre et Henri III). Devenu spécialiste de la guerre de siège, il participe à celui de Paris, combat ensuite à Arques, puis devant Paris, à Ivry où il est blessé, et au siège de Chartres, en 1591, où il est de nouveau blessé. L'année suivante, sa première épouse étant morte, il se remarie avec Rachel de Cochefilet.

D'un caractère volontaire, entêté, il parle franc au futur Henri IV, se met facilement en colère ; les brouilles ne sont pas rares entre les deux hommes. Ainsi en 1592 lorsque, mécontent de la politique suivie par le futur roi à l'égard des protestants, il l'accuse d'ingratitude, puis se retire à Rosny. Cette brouille ne dure pas, Sully rejoint bientôt son maître à Compiègne. Alors que lui-même refusera toujours fermement de renoncer à sa foi, il conseille à Henri de Navarre d'abjurer. Devenu roi de France et installé à Paris, celui-ci le fait entrer au Conseil des Finances, en 1596. Au bout de deux ans, Sully concentre entre ses mains toute l'autorité en matière de finances, et le titre, en fait, de surintendant des Finances. Aussitôt, il entreprend de donner au roi les moyens d'accomplir la reconquête de son royaume, notamment en contraignant les officiers à rendre au Trésor les sommes qu'ils lui doivent. En 1601 est créée une Chambre de justice habilitée à connaître des malversations des financiers. Pratiquant une politique financière méthodique, mais conservatrice et non novatrice, il réorganise et surveille l'assiette et la perception de l'impôt, pratique une politique d'économie. C'est ainsi qu'il fait annuler en 1598 tous les anoblissements décernés depuis vingt ans. Les règlements généraux sur le fait des tailles, en 1600, puis des charges, en 1604, s'inscrivent eux aussi dans la réorganisation des finances. Le ministre supprime notamment les offices inférieurs de finance et de judicature. Grâce à cette sage administration, Sully peut présenter un budget en équilibre dès 1607, rembourser les dettes contractées par le roi, soit 300 millions de livres, et constituer, à la fin du règne, une réserve de 30 millions.

La confiance du roi lui vaut de cumuler les charges. Grand maître de l'artillerie en 1599, grand voyer de France la même année, il possède la haute main sur les routes, les rivières et les canaux. Son but est de faciliter la renaissance du commerce intérieur, fort compromis par le mauvais état des voies, et du royaume en général. Pour cela, le grand voyer ordonne de repaver les routes principales dont les bords sont plantés d'ormes appelés les « Sully ». Nommé encore surintendant des fortifications, capitaine-lieutenant des « gens d'armes » de la reine, puis gouverneur de la Bastille, il ordonne la constitution d'un arsenal et l'établissement de fortifications aux frontières. D'autres charges lui sont attribuées, celles de gouverneur de Mantes et de Jargeau, en 1602, et de gouverneur du Poitou, en 1604. L'année suivante, il obtient la première place au Conseil puis, en 1606, le titre, créé pour lui, de duc et pair de Sully.

Homme austère, rude avec les grands, méprisant avec les bourgeois, ignorant des malheurs du peuple, Sully est un grand travailleur. Chaque matin, il se lève a 4 heures et se met aussitôt au travail. Né et élevé à la campagne, le ministre s'intéresse avant tout à l'agriculture. On connaît sa phrase fameuse : « Labourage et pâturage sont les deux mamelles de la France, ses vrais mines et trésors du Pérou. » Le relèvement de la France passe donc par celui de sa principale richesse, l'agriculture. Pour cela, il faut remettre de l'ordre dans l'administration des impôts, protéger les paysans contre les abus des gens de guerre et du fisc, augmenter la surface des terres cultivées, en asséchant les marais, surveiller l'exploitation de la forêt. Grâce à Sully, la misère des paysans diminue. Si le commerce intérieur l'intéresse, le ministre, contrairement au roi, néglige l'industrie – qui, selon lui, favorise le luxe – et les colonies qu'il considère comme trop lointaines pour être de bon rapport. À l'extérieur, le conseiller du roi intervient dans toutes les grandes affaires. Il déteste la maison d'Autriche et souhaiterait mener contre elle une grande guerre, pour laquelle il cherche partout des alliés.

Ce rôle de premier plan cesse brutalement avec la mort du roi. Membre du Conseil de régence, Sully est peu aimé, et même souvent détesté, de ceux qui en font partie avec lui. La reine ne l'apprécie pas, mais voudrait bien bénéficier quelque temps de ses talents. Pour demeurer en place, le ministre tente de se concilier les Concini, distribue – largesse bien inhabituelle – quelques pensions supplémentaires aux grands. Mais il refuse de rendre des comptes à Marie de Médicis, dont il désapprouve ouvertement la politique. Le 26 janvier 1611, Sully démissionne de sa charge au Conseil, abandonne la direction des Finances et le gouvernement de la Bastille. Mais il conserve tous ses autres titres et charges, ce qui lui permet de recevoir 300 000 livres. Son départ ne provoque aucune tristesse, il n'est populaire ni auprès des huguenots, ni auprès des catholiques.

Retiré en son château de Sully-sur-Loire qu'il a acheté en 1606, puis fait agrandir et embellir, l'ancien ministre d'Henri IV vit dans le souvenir de son maître. À Sully, où la vie est régie selon une étiquette très stricte et un grand apparat, il continue de se vêtir à la mode du règne précédent, porte au cou un médaillon d'or renfermant le portrait du roi, qu'il baise fréquemment. S'il vit loin de la Cour, Sully tente d'intervenir entre ses coreligionnaires et le gouvernement, afin de ramener la paix. Il intervient notamment lors des sièges de Montauban, en 1621, puis de La Rochelle, en 1627-1628. En récompense, Richelieu lui offre en 1634 le bâton de maréchal. Sully, jusqu'à la fin de sa vie, continue de gérer avec exactitude et méthode ses biens considérables auxquels s'ajoute, en 1634, l'hôtel parisien qui porte son nom. Critiquant les hommes au pouvoir, il rédige ses *Mémoires des sages et royales économies d'Estat de Henry le Grand*, ouvrage curieux dans lequel il suppose que ses serviteurs lui racontent sa propre vie. Il y prête au roi un « grand dessein », celui de la constitution d'une république chrétienne.

SULLY-SUR-LOIRE (château de)

Château du Val de Loire.

En 1381, la seigneurie de Sully passe par mariage à la famille de La Trémoille, qui fait élever sur les bords de la Loire, face au fleuve, un corps de logis rectangulaire aux proportions imposantes. Terminée à chaque extrémité par deux grosses tours rondes, entourée de douves remplies d'eau, cette construction porte le nom de château vieux. Georges de La Trémoille, favori et conseiller de Charles VII, y reçoit à deux reprises, en 1429 et 1430, le roi et Jeanne d'Arc. Au XVIe siècle, une nouvelle construction, le petit château, est ajoutée sur le côté est du vieux château, perpendiculairement à la Loire. En raison des guerres de Religion, Sully est disputé entre catholiques et protestants. Le château, comme la ville, souffre de cette période troublée, et se trouve en assez piteux état lorsque Maximilien de Béthune, le ministre d'Henri IV, l'achète aux La Trémoille, le 15 juillet 1602. Quatre ans plus tard, le roi érige la seigneurie de Sully en duché-pairie, au profit de son ministre qui, pour la postérité, sera dorénavant Sully. Sage et habile administrateur du royaume, il sait gérer avec la même habileté ses nombreux domaines, encourager et appliquer les théories nouvelles, comme celles d'Olivier de Serres. Retiré sur ses terres après l'assassinat d'Henri IV (1610), Sully organise la restauration des bâtiments et du domaine, pratique aménagements et agrandissements, s'occupe des plantations du parc et du jardin, des arbres en particulier. Dans le petit château se trouve son cabinet de travail. La ville de Sully a bénéficié elle aussi de toute son attention. Les descendants de Maximilien de Béthune, puis la branche cadette de Béthune, conservent le domaine où se réunit, après la mort de Louis XIV, une société brillante. Voltaire, exilé par le Régent entre 1716 et 1719, trouve, au château de Sully, un refuge accueillant et fait représenter sa tragédie *Artémise* dans l'une des trois grandes salles superposées du vieux château, celle du premier étage. Après une longue période d'abandon, le château de Sully a été acquis en 1962 par le département du Loiret, qui en a entrepris la remise en état.

SURCOUF Robert (Saint-Malo, 1773 – Saint-Malo, 1827)

Corsaire et armateur.

À 13 ans, il s'embarque comme mousse sur un petit bâtiment de commerce. Puis il part pour les Indes, où il se livre bientôt à la traite pour les planteurs de l'île Bourbon. Abandonnant le commerce pour la guerre, il prend en 1795 le commandement d'un navire corsaire, l'*Émilie*, avec lequel il pourchasse les Anglais dans l'océan Indien, jusque dans le golfe du Bengale. Il n'a pas obtenu de lettres de marque pour ces premières expéditions, ce qui lui vaut, lors de son retour à l'île de France, au début de 1796, des démêlés avec les autorités et la confiscation de ses prises. Déjà, les Anglais, reconnaissant sa valeur et son habileté à la suite de la prise du *Triton*, mettent sa tête à prix. Un voyage en France lui permet d'obtenir la restitution d'une partie de son butin. Sur la *Clarisse*, en 1798, puis sur la *Confiance*, en 1801, Surcouf, dans les règles cette fois, continue de faire subir de lourdes pertes au commerce anglais. Avec la *Clarisse*, en particulier, il s'empare du *Kent*, propriété de la Compagnie britannique des Indes, défendu par 400 hommes et 38 canons. Lorsqu'il regagne Saint-Malo en 1801, ses prises sont évaluées à 2 millions de livres. Il se marie dans sa ville natale puis, la paix étant déclarée, passe quelques années au repos. En 1803, après la rupture de la paix d'Amiens, la guerre avec l'Angleterre reprend. L'Empereur offre à Surcouf le commandement de deux frégates dans la mer des Indes, mais le corsaire refuse, préférant armer des navires à ses frais. Sur *Le Revenant*, en 1807, il capture de nouveau plusieurs navires anglais, avec lesquels il regagne la France. Dès lors, jusqu'à la fin de l'Empire, il se contente d'armer des corsaires contre l'ennemi anglais. Sous la Restauration, il fera fortune en armant des navires de commerce.

SURESNES

Ville des Hauts-de-Seine, dans la banlieue parisienne, sur la rive gauche de la Seine.

Au mois d'avril 1593, Henri IV invite les représentants des ligueurs, qui ont siégé à Paris au début de l'année à l'appel de Mayenne, à rencontrer à Suresnes les catholiques fidèles au roi. Ces conversations de Suresnes aboutissent, le 5 mai, à la conclusion que le seul obstacle à la reconnaissance du roi est sa religion, et qu'il lui suffirait d'annoncer son abjuration pour apaiser les esprits. Henri IV décide alors de se faire instruire des vérités de la religion catholique et de se convertir. Quelques mois plus tard il pourra enfin entrer dans Paris.

Surcouf
Portrait du marin Robert Surcouf. Huile sur toile, 1796, Saint-Malo, musée d'Histoire de la Ville.
© *Lauros-Giraudon*

SÛRETÉ GÉNÉRALE (loi de)

Loi présentée au Corps législatif par le duc de Morny, sous le Second Empire, et votée le 19 février 1858, à la suite de l'attentat d'Orsini.

Renforçant l'arbitraire, elle permet à l'administration de déporter ou d'interner en France et en Algérie, sans jugement, tout individu condamné sous l'Empire pour complot, rébellion, attroupement, détention d'armes, offense à l'empereur, etc. De même tous ceux qui se sont compromis en juin 1848 et juin 1849, puis en décembre 1851, « et que des faits graves signaleraient de nouveau comme dangereux pour la sûreté publique ». Le général Espinasse, nommé ministre de l'Intérieur et de la Sûreté générale, et chargé de l'application de la loi, envoie aux préfets des instructions très précises, leur ordonnant de faire saisir un certain nombre d'hommes parmi « les plus dangereux ». Dans chaque département sont dressées des listes de proscription qui permettent l'arrestation de 400 républicains, 300 étant déportés en Algérie. En fait, le procès d'Orsini révélera que l'accusé et ses amis n'avaient pas de complices parmi les républicains français. L'application de la loi sera suspendue au mois de juin, le général Espinasse étant remplacé par Delangle.

SURINTENDANT DES FINANCES

Charge de l'Ancien Régime.

Pour des causes qui tiennent à la séparation des finances ordinaires et des finances extraordinaires, il n'existe pas, avant le début du XVIe siècle, d'unité dans la direction financière. Quatre trésoriers de France ont la charge des finances ordinaires, quatre généraux des finances s'occupent des finances extraordinaires. En 1518, François Ier tente de donner un chef à l'administration de ses finances. Il s'agit de Semblançay. C'est un échec total en raison de l'indélicatesse du personnage, qui finit sur l'échafaud. Le même roi reprend un peu plus tard, en 1523, mais plus timidement, son dessein centralisateur en créant le Trésor de l'Épargne, sorte de caisse centrale des finances ordinaires et extraordinaires. Le comptable qui la gère ne peut faire de paiement que sur mandat royal. En 1552, Henri II semble franchir une nouvelle étape vers l'unification en réalisant la fusion des trésoriers et des généraux, qu'on appellera désormais, tout simplement, trésoriers généraux. Mais ceux-ci ne siègent pas dans l'administration centrale. Ils sont envoyés dans les provinces où ils dirigent des circonscriptions, les généralités. Nouvelle réforme en 1554 : la Trésorerie de l'Épargne devient une direction des Finances placée sous l'autorité d'un collège d'intendants des Finances. C'est en 1562 qu'apparaît un intendant ayant le pas sur ses collègues, le surintendant, dit aussi surintendant général et plus rarement super-intendant. Ce fonctionnaire est investi de pouvoirs considérables. Véritable chef de l'administration financière, il est ordonnateur des dépenses et peut, par sa seule signature, délivrer des mandats de paiement.

Cette réforme ne va pas sans risques. Un cas analogue à celui de Semblançay se présente avec

Fouquet. Après avoir fait arrêter et juger celui-ci en 1661, Louis XIV supprime sa charge et déclare assumer personnellement les responsabilités qu'elle comportait. Colbert, intendant des Finances, prend la direction de l'administration dès cette époque. C'est en 1665 que le roi le nomme contrôleur général des Finances. Ce titre confère à son titulaire la haute main sur toutes affaires financières, réserve faite de l'ordonnancement des dépenses qui restera, jusqu'en 1790, prérogative royale. Cette restriction ne semble pas avoir porté un bien grave préjudice aux contrôleurs généraux qui feront toujours figure de ministres, parfois même, comme au temps de Colbert, de Premiers ministres.

SURINTENDANT GÉNÉRAL DE LA NAVIGATION

Titre que Richelieu se fit attribuer en 1627 afin de surveiller de près l'exécution de sa grande réforme de la Marine, quand il eut obtenu du roi la suppression de l'amiralat.

La surintendance de la navigation disparut dès 1669, année de la mort de son dernier titulaire, le duc de Beaufort.

SURINTENDANT GÉNÉRAL DES BÂTIMENTS DE FRANCE

À partir de 1529, on nomme surintendants des bâtiments de France tous les administrateurs des châteaux royaux.

Colbert, qui réunit à son profit toutes ces administrations en 1664, les élargit en y joignant l'inspection des arts et manufactures : le nouveau titre est surintendant des bâtiments du roi, arts et manufactures de France. Il sera porté après lui, avec quelques modifications dans la terminologie, par Louvois, Mansart, le duc d'Antin, Orry Lenormand de Tournehem, Marigny, etc. La fonction disparaîtra à la Révolution.

SURRÉALISME

Mouvement d'avant-garde littéraire et artistique fondé par André Breton lors de la publication de son Manifeste du surréalisme, *à Paris, en 1924.*

Breton définit le surréalisme comme une « dictée de la pensée, en l'absence de tout contrôle exercé par la raison, en dehors de toute préoccupation esthétique ou morale ». Comme le dadaïsme né pendant la Première Guerre mondiale, et fortement teinté de pacifisme, le surréalisme véhicule l'insolite, qu'il soit de l'humour noir, des collages de phrases (cadavres exquis), du langage régressif. Plus structuré, il a sa revue (*Littérature*), sa doctrine (les *Manifestes* de 1924 et 1930). Des personnalités très diverses l'animent : des écrivains, Breton le fondateur, Éluard, Aragon, Desnos, Soupault, Crevel, Péret, Artaud, Bataille, Caillois, Leiris ; des peintres, Picabia, Tanguy ; des cinéastes, Marcel L'Herbier ou René Clair. Le mouvement rayonne. Les Belges Magritte et Delvaux, les Espagnols Miró ou Picasso, le Catalan Salvador Dalí, l'Américain Man Ray viennent en France. À la révolution de l'esprit s'ajoute pour certains l'attachement à la révolution mondiale, comme complément logique à la recherche de la liberté et à la contestation des valeurs bourgeoises. En 1927, Breton adhère au parti communiste. En 1929 le *Second Manifeste du surréalisme* entérine l'adoption d'un nouveau titre pour la revue : *Le Surréalisme au service de la révolution*. Cet engagement politique disperse le groupe. Dalí déclare que Picasso doit quitter le PCF par hygiène mentale. Breton, finalement trop surréaliste pour le parti, en est exclu en 1936, tandis qu'Aragon y reste. Après la Seconde Guerre mondiale, en France le groupe de La Main à plume (Maurice Blanchard, Noël Arnaud, Christian Dotremont, Gérard de Sède, Boris Rybak...) continue à produire de la poésie surréaliste. Aux États-Unis, Breton organise en 1942, avec Marcel Duchamp, une exposition internationale et fonde la revue surréaliste *VVV*. Revenu en France en 1946, il est en butte aux attaques de Tzara et de Sartre qui l'accusent d'inanité. Mais, de nouveaux venus viennent alors renforcer le mouvement : Julien Gracq, André Pieyre de Mandiargues, Jean-Pierre Duprey, Malcolm de Chazal, Joyce Mansour, Yves Bonnefoy. L'activité du mouvement s'exprime désormais moins par des revues que par des expositions. Politiquement, le courant sanctionne l'intervention soviétique à Budapest (1956) et soutient la déclaration des 121 sur le droit à l'insoumission dans la guerre d'Algérie en 1960. La mort d'André Breton, en 1966, entraîne la fin du mouvement. *Le Monde* du 4 octobre 1969 commente : « Le numéro 7 de *L'Archibras* est la dernière manifestation du surréalisme, en tant que mouvement organisé en France. »

SUSE

Ville située dans la haute vallée de la Doire Ripaire en Piémont.

Appelée *Segusio* dans l'Antiquité, elle commande les routes du Mont-Cenis et du Mont-Genèvre, ce qui explique sa grande importance militaire au cours des siècles. Appartenant la plupart du temps aux comtes ou ducs de Savoie, elle est prise par les Français à trois reprises en 1690, 1704 et 1798. Un traité y est signé en 1629 entre Louis XIII et Charles-Emmanuel de Savoie. Le pas de Suse est le col des Alpes qui commande l'accès de la ville lorsqu'on vient de France. Il a joué aussi un rôle non négligeable, notamment en 1629, quand Louis XIII le força, bousculant Savoisiens, Impériaux et Suisses, ce qui permit de dégager peu après Casal et Mantoue.

SUSPECTS

Nom donné pendant la Révolution aux adversaires présumés de celle-ci.

Le terme apparaît en août 1792 lorsque, sous la pression de la Commune, l'Assemblée législative donne l'ordre aux municipalités de rechercher les crimes contre la sûreté de l'État et de procéder, en cas de besoin, à l'arrestation des suspects (11 août). Il en résulte la mise sur pied, peu à peu, d'un régime d'exception, et cette première Terreur culmine avec les massacres de Septembre. Mais ce n'est que le 17 septembre 1793, la Terreur ayant été de nouveau mise à l'ordre du jour, que la Convention, sur le rapport de Merlin de Douai, vote une loi définissant la notion de suspect. Cette définition, très large, permet d'atteindre tous les ennemis de la Révolution. Sont suspects les parents d'émigrés, à moins qu'ils n'aient manifesté leur attachement à la Révolution, tous ceux à qui un certificat de civisme a été refusé, les fonctionnaires suspendus ou destitués. Le sont aussi, d'une manière plus générale, ceux qui, par leur conduite ou leurs relations, par leurs propos ou leurs écrits, se sont montrés les « partisans de la tyrannie ou du fédéralisme et ennemis de la liberté », ceux encore qui ne peuvent justifier de leurs moyens d'existence (ici sont visés les agioteurs). Les comités révolutionnaires sont chargés de dresser les listes de suspects. À partir de cette loi, la Terreur pourra s'instaurer avec intensité, dès le mois d'octobre, avec les premiers grands procès politiques. La loi des suspects sera abrogée en octobre 1795.

SYAGRIUS Afranius (? v. 430 – ?, 486)

Chef militaire gallo-romain.

Après la mort de son père Egidius en 464, il reprend le commandement de l'armée qu'avaient dirigée successivement Aetius, Egidius et le comte Paul. Cette armée, constituée en bonne partie de mercenaires barbares ne reconnaissant aucun empereur depuis 461, est complètement coupée de l'Empire. Syagrius, à qui une tradition postérieure d'un siècle donnera le qualificatif de « roi des Romains » n'en est pas moins le dernier représentant de l'Empire romain en Gaule, même s'il travaille en fait pour son propre compte et se constitue, entre la Somme et la Loire, un petit royaume, dont la capitale est Soissons, et où il est le maître absolu. Mais il est attaqué et vaincu par Clovis à Soissons en 487. Il se réfugie à Toulouse auprès d'Alaric II, roi des Goths. En vain. Alaric n'ose pas refuser de le livrer à Clovis qui le fait mettre à mort.

SYLLABUS (le)

D'un mot latin signifiant sommaire, le Syllabus est un recueil de 80 propositions publié sur l'ordre du pape Pie IX à la suite de l'encyclique Quanta Cura, *le 8 décembre 1864.*

Il s'agit de propositions en latin suivies des documents pontificaux qui les ont condamnées. Le titre complet de ce *Syllabus* est, en français, *Recueil renfermant les principales erreurs de notre temps qui sont notées dans les allocutions consistoriales, encycliques et autres lettres apostoliques de NTSP le pape Pie IX*. Toutes les propositions citées sont donc qualifiées d'erreurs. Le texte se divise en dix parties, chacune comportant un certain nombre de propositions condamnées. Les quatre premières concernent les systèmes contraires à l'enseignement de l'Église, panthéisme, rationalisme, naturalisme, etc. Les six dernières sont composées d'erreurs concernant l'Église, ses relations avec l'État, etc. À travers la dénonciation de ces diverses erreurs, c'est en fait le libéralisme moderne sous toutes ses formes que le pontife condamne. Aussitôt publié, le *Syllabus* a un immense retentissement. Auprès des catholiques libéraux, d'abord, qui, avec Montalembert, se sont réunis au mois d'août 1863 au congrès de Malines pour exprimer leurs positions, qu'ils voient aujourd'hui condamnées. Les catholiques intransigeants, tels Veuillot et Mgr Pie, triomphent au contraire, considérant le *Syllabus* comme une condamnation du catholicisme libéral. Les anticléricaux ne manquent pas de souligner l'intransigeance, la volonté conservatrice et obscurantiste des autorités pontificales. L'émotion est grande en France, où le gouvernement impérial interdit aux évêques de publier le texte pontifical sous forme de mandements. Mgr Dupanloup tente de clarifier la situation en publiant, au mois de janvier 1865, un commentaire de l'encyclique et du *Syllabus* sous le titre *La Convention du 15 septembre et l'encyclique du 8 décembre*. Les esprits n'en restent pas moins troublés.

SYLVESTRE II : voir GERBERT d'AURILLAC

SYRIE

Région puis État du Proche-Orient situé entre la Cilicie turque au nord, le littoral méditerranéen et les montagnes du Liban à l'ouest, le désert de Syrie au sud et au sud-est, la région comprise entre le Tigre et l'Euphrate à l'est.

C'est l'Aram des temps bibliques successivement occupé par les Babyloniens, les Perses, les Grecs d'Alexandre, les légionnaires romains, les Byzantins, les Arabes (qui font de Damas une de leurs principales cités), les Turcs seldjoukides puis ottomans. La présence d'une minorité chrétienne persécutée émeut, au milieu du XIXe siècle, les grandes puissances européennes, lesquelles se préoccupent de les protéger. Napoléon III délègue en 1860 le petit corps expéditionnaire du général d'Hautpoul. En 1918, cette région est occupée par les forces britanniques venues d'Égypte et du Sinaï, lesquelles favorisent la constitution d'un vaste royaume arabe placé sous la souveraineté de l'émir Fayçal, fils d'Hussein du Hedjaz et protégé du colonel Lawrence. Or, ce territoire syrien a été enlevé par les diplomates alliés aux Turcs lors des discussions de paix, et Clemenceau est intervenu auprès du cabinet de Londres pour que soit constituée, dans cette région, une zone sous contrôle français. Par l'accord du 15 septembre 1919, confirmé par la conférence de San Remo en avril 1920, la France se voit confier par la Société des nations un mandat sur la Syrie, qu'un Congrès national arabe a cependant doté, en mars 1920, d'un statut de royaume. L'émir refuse par conséquent de reconnaître la présence française.

Le premier haut commissaire, le géneral Gouraud, doit mener une véritable campagne militaire pour établir son autorité sur un pays de 2 millions d'habitants (à l'époque), divisé entre confessions chrétiennes et musulmanes, elles-mêmes scindées en sectes parfois rivales. En juillet 1920, les troupes françaises contrôlent Damas et les principales villes du pays. Deux ans plus tard, Gouraud constitue en Syrie une fédération de cinq entités : le Grand Liban, le Djebel Druze, la région des Alaouites et les régions de Damas et d'Alep. À Gouraud succèdent le général Weygand puis le général Sarrail, qui doit faire face, en juillet 1925, à l'insurrection des Druzes, ceux-ci refusant le centralisme du haut commissariat de Damas. La révolte s'étend à Hama, puis à la région de Damas, avec son cortège de massacres et de ruines. À l'automne, Henry de Jouvenel succède à Sarrail et énonce des mesures propres à apaiser les populations musulmanes. En avril 1926, la région de Damas est pacifiée, et le Djebel Druze vient à son tour à composition l'été suivant. En 1928 est élue une Assemblée constituante, embryon d'un État syrien qui reçoit, en 1936, un statut de république. Mais en 1939, lorsque débute la Seconde Guerre mondiale, cette mesure libérale n'a pas encore été ratifiée par le parlement français.

La permission d'atterrir sur les aérodromes syriens, accordée à la Luftwaffe non sans réticence par le gouvernement de Vichy, au printemps de 1941, incite les Britanniques et les Français libres à intervenir dans le pays. Commencées le 8 juin 1941, les opérations militaires se terminent le 14 juillet suivant par un armistice qui prévoit le rapatriement des troupes du général Dentz en métropole ou en Afrique du Nord. Le représentant de la France libre au Proche-Orient, le général Catroux, promet l'accession du pays sous mandat à l'indépendance à la fin des hostilités, mais le *statu quo* est finalement maintenu. Au mois de mai 1945, l'effervescence gagne la population, ce qui oblige le gouvernement français à envoyer sur place des renforts et à mener des opérations militaires qui font des victimes parmi les émeutiers. Devant cette situation, le haut commandement britannique au Proche-Orient adresse aux autorités françaises, le 31 mai, une mise en demeure qui crée une vive tension entre les gouvernements de Paris et de Londres. L'apaisement sera obtenu au terme d'une longue négociation qui aboutira à l'évacuation du pays sous mandat par les autorités françaises en avril 1946.

t

TAFNA (traité de la)

Traité signé le 30 mai 1837 entre Bugeaud, alors partisan d'une occupation restreinte de l'Algérie, et l'émir Abd el-Kader.

Le traité de la Tafna (du nom du fleuve qui traverse l'Algérie occidentale) reconnaît Abd el-Kader comme le souverain des deux tiers de l'Algérie et ne réserve à la France que deux petites zones autour d'Oran et d'Alger. Mais ce traité, qui n'est pas viable, sera violé par les deux parties, avant même que les hostilités ne reprennent officiellement.

TAGLIAMENTO

Fleuve d'Italie, tributaire de la mer Adriatique, qui traverse la Vénétie julienne.

Bonaparte en force le passage devant l'archiduc Charles, en mars 1797. Ce dernier y est de nouveau battu en novembre 1805 par Masséna et contraint de se retirer sur Palmanova. En octobre 1917 enfin, c'est sur le Tagliamento que Cardona s'efforce d'arrêter l'offensive austro-allemande. Mais, battu à Latisana le 31 octobre, il doit se retirer sur la Piave.

TAHITI

Île principale de l'archipel de la Société, située dans le Pacifique Sud (Polynésie française), et faisant partie du groupe des îles Sous-le-Vent.

Formée de deux grands volcans reliés par l'isthme de Taravao, cette île, d'une beauté remarquable, couvre 1 042 km² et est dotée d'une population d'environ 117 000 habitants (constituée, outre les autochtones de race polynésienne, par des minorités européennes et asiatiques), et a pour chef-lieu Papeete. Occupée dès le XIVe siècle par des pêcheurs venus d'autres îles du Pacifique, Tahiti est visitée par le navigateur anglais Wallis en 1767, puis par le Français Bougainville (1768) et enfin par James Cook, au cours de trois voyages (1769, 1773, 1777). Dès la fin du XVIIIe siècle, les explorateurs missionnaires anglais de la London Missionary Society font alliance avec le roi Pomaré Ier puis avec ses successeurs. Ces liens expliquent que, lors de l'arrivée des Français (missionnaires catholiques) sur l'île, ces derniers se soient fait expulser sur l'ordre, croiront-ils, de la reine Pomaré IV, mais en fait sur l'injonction du gouvernement britannique. La France réagit immédiatement : Dupetit-Thouars, de retour à Tahiti en 1842, réussit à convaincre la souveraine d'accepter le protectorat français sur son territoire. Il tente vainement (du fait du refus du roi Louis-Philippe) d'annexer l'île, l'année suivante. Près de quarante ans passeront avant que Tahiti ne soit placée sous l'autorité de la France. La reine Pomaré IV, exilée, revient dans l'île en 1846. À sa mort, son descendant, Pomaré V, laisse s'implanter la puissance coloniale française : l'annexion officielle aura lieu le 29 juin 1880. Tahiti devient alors, avec ses dépendances territoriales, une colonie française. Centre des Établissements français d'Océanie, l'île répond massivement au général de Gaulle, en 1940, tandis que ses habitants sont déclarés citoyens français à partir de 1946, l'île bénéficiant à cette date du statut de territoire d'outre-mer (TOM). Le statut de 1984 concernant l'ensemble de la Polynésie française, à laquelle Tahiti appartient, organise un système d'autonomie interne : une Assemblée territoriale de 41 membres élit un conseil des ministres parmi ses membres ainsi qu'un président.

TAILLE

Au Moyen Âge, redevance due par les paysans, les « hommes de la poesté », à leur seigneur, pour prix de la protection que celui-ci leur accordait. Le seigneur faisait une encoche, une « taille », sur un bâton qui était remis à celui qui s'en était acquitté, d'où le nom de la redevance.

La redevance consiste assez souvent en fourniture de denrées (blé, moutons, etc.). Son rôle comme imposition seigneuriale se restreint à partir du XVe siècle et se limite surtout à la « taille abonnée », droit fixe annuel frappant les serfs. En même temps, la taille refait son apparition au XIVe siècle comme impôt royal, consenti par les états à la place d'un contingent de troupes, et devient permanente sous Charles VII, l'ordonnance de 1439 venant justifier cette évolution par la création d'une armée permanente et l'abolition de certaines tailles féodales. La taille consiste en un impôt direct levé uniquement sur les roturiers. Les nobles, les clercs et bientôt tous les officiers en sont exemptés. C'est un impôt de répartition, mais sa perception varie suivant les provinces. Dans les pays d'états, l'Assemblée répartit la contribution et la lève par la main de ses agents. Dans les autres pays, le chiffre est fixé par le roi qui détermine, en son Conseil, le chiffre global que l'impôt doit lui rapporter et dresse un « brevet de la taille » où est porté le chiffre de la contribution totale avec la quote-part afférente à chaque généralité. Puis la répartition s'effectue de haut en bas, jusqu'à atteindre chaque feu (chaque foyer) ou chaque terre. Dans la généralité, la contribution est administrée par les trésoriers généraux qui la répartissent entre les élections et par les receveurs généraux qui l'encaissent ; dans chaque élection, par les « élus » qui sont répartiteurs entre les paroisses et par les receveurs particuliers qui font la recette. Enfin, à l'échelon le plus bas, la cote de chaque taillable est établie par les collecteurs ou sergents des tailles. Ce personnel est surveillé par l'intendant qui intervient quand il lui plaît.

Cette administration paraît bien ordonnée mais elle recouvre de grandes injustices. Les pays d'états sont notamment bien moins chargés que les autres. De plus, selon les pays, la taille est « réelle » ou « personnelle ». Elle est dite réelle lorsqu'elle s'applique aux fonds de terre. Établie sur cette base précise, elle ne se prête pas à des taxations trop grandes. Elle est perçue sous cette forme surtout dans les pays d'états, dans les généralités de Grenoble, Aix, Montpellier, Toulouse, Montauban, et dans les élections d'Agen et Condom, dans la généralité de Bordeaux. Elle est personnelle, c'est-à-dire répartie d'après les facultés des taillables, estimées par les collecteurs, dans le reste du royaume, à quelques exceptions près dues à des privilèges locaux. Ce dernier mode de répartition est source de nombreux abus et des allègements, des remises, des tentatives d'amélioration de l'assiette et de l'organisation auront lieu à diverses époques. Colbert notamment souhaite établir dans le royaume l'uniformité de la taille, en la rendant partout réelle, et faire dresser un cadastre général. Il doit y renoncer et, jusqu'en 1775, les collecteurs sont responsables de la rentrée des impôts. Pour ce faire, ils disposent de garanties : créance privilégiée ou hypothèque sur les biens du taillable (sauf lits, habits, portes, fenêtres, bestiaux, métiers et matériel agricole). Enfin, les élus et la Cour des aides jugent les nombreuses causes relatives à cet impôt. Après Colbert, le mal ne faisant qu'empirer, les plaintes et les critiques contre le régime des tailles sont de plus en plus vives et amères : « Hors le fer et le feu qui, Dieu merci, n'ont pas été employés aux contraintes, il n'y a rien qu'on ne mette en usage », devait écrire Vauban. Boisguillebert ajoutera : « Considérant la façon dont la taille se répartit, s'impose et se paie, et comme la vengeance de trop à quoi l'on a été imposé se perpétue de père en fils, il faut demeurer d'accord qu'elle est également la ruine des biens, des corps et des âmes. » L'abbé de Saint-Pierre, le marquis de Mirabeau critiqueront eux aussi sévèrement le système. Mais la taille ne disparaîtra qu'avec la Révolution. Elle avait rapporté au Trésor royal 1 200 000 livres sous Charles VII, 1 500 000 sous François Ier, 6 millions sous Henri III, 64 millions à la veille de la Révolution.

La bataille de Taillebourg
Huile sur toile d'Eugène Delacroix, châteaux de Versailles et Trianon. © *G. Dagli Orti*

Hippolyte Taine
L'auteur des *Origines de la France contemporaine* dans les années 1880. © *Sélection Images*

TAILLEBOURG (bataille de)

Victoire remportée par Saint Louis, le 21 juillet 1242, sur Henri III d'Angleterre et le comte de la Marche.

En 1242, Hugues de la Marche, chef des barons révoltés contre l'autorité de Blanche de Castille et de son fils, appelle à l'aide le roi Henri III d'Angleterre, qui le rejoint avec de forts contingents armés. Louis IX établit son armée près de Taillebourg, au nord de Saintes, au bord de la Charente, ses adversaires installant leur camp sur l'autre rive. Un pont étroit, au-dessus de la Charente, sépare les deux armées. Le roi de France décide alors d'attaquer à la fois en franchissant le fleuve sur des bateaux et en empruntant le pont. Le succès couronne d'abord cette entreprise hardie mais l'ennemi, qui a reçu des renforts, contraint les troupes royales à reculer. Prenant alors la tête de ses troupes, Saint Louis se lance à l'assaut de l'ennemi, bientôt écrasé et mis en déroute. Henri III se retire. Le comte de la Marche, réfugié à Saintes, devra implorer son pardon après une nouvelle victoire royale sous les murs de la ville.

TAINE Hippolyte Adolphe (Vouziers, 1828 – Paris, 1893)

Critique, philosophe et historien.

Élève brillant, il affiche rapidement une pensée philosophique qui lui vaut l'hostilité des universitaires de son temps. Collaborateur de la *Revue de l'Instruction publique* et de la *Revue des Deux Mondes*, il se consacre à l'étude des sciences naturelles avant de publier plusieurs études littéraires et de se classer parmi les libres penseurs du Second Empire. Nommé professeur à l'École des beaux-arts après avoir publié son *Histoire de la littérature anglaise* (1863), décoré de la Légion d'honneur, il écrit *De l'intelligence* (1870) mais ressent très douloureusement l'invasion prussienne. Dans son œuvre majeure intitulée *Les Origines de la France contemporaine*, qu'il publie entre 1875 et 1890, il dresse un bilan sévère de la Révolution et de l'Empire avec le souci de comprendre les causes du malheur français. Élu à l'Académie française, il consacre les dernières années de sa vie à étudier l'Église, l'école et la famille. Taine a influencé Maurice Barrès et Charles Maurras.

TALLARD Camille d'HOSTUN, comte de (Lyon, 1652 – Paris, 1728)

Maréchal de France.

Maréchal de camp en 1688, puis lieutenant général en 1693, il négocie avec Guillaume d'Orange, à La Haye et à Londres, les deux traités de partage de la succession d'Espagne (1698 et 1700) que le testament de Charles II rend caducs. Lorsque la guerre éclate, il sert sous Boufflers et remporte des succès locaux qui lui font conférer le bâton de maréchal en 1703. L'année suivante, il bat le prince de Hesse-Cassel à Spire, mais essuie à Höchstädt, le 13 août, devant le prince Eugène et Marlborough, une défaite complète qui aura de graves conséquences pour la France. Lui-même est fait prisonnier et envoyé en Angleterre, d'où il pourra revenir en 1711. Il est alors créé duc d'Hostun (1712) et nommé membre du Conseil de régence. Il ne peut néanmoins y siéger qu'à partir de 1717. Louis XV le fait ministre d'État en 1726.

TALLEYRAND Élie ou Hélie de, cardinal de Périgord (Périgueux, 1301 – Avignon, 1364)

Cardinal et diplomate.

Fils d'Élie VII, comte de Périgord, et de Brunissende de Foix, il est fait évêque de Limoges en 1324, d'Auxerre en 1328, cardinal en 1331. C'est sous son influence que sont élus Benoît XII, Clément VI et Urbain V. En 1346, il intervient aussi dans l'élection de l'empereur Charles IV. Dans un passage célèbre, Froissart a évoqué les vains efforts du « cardinal de Pierregort », en tant que légat pontifical, pour empêcher l'engagement de la bataille de Poitiers-Maupertuis.

TALLEYRAND-PÉRIGORD Alexandre Angélique de (Paris, 1736 – Paris, 1821)

Cardinal et archevêque.

Fils de Daniel Marie Anne, marquis de Talleyrand, brigadier des armées du roi, tué en 1745 au siège de Tournai. Aumônier du roi dès son accession à la prêtrise, vicaire général de Verdun, Talleyrand-Périgord, titulaire de l'abbaye du Gard, dans le diocèse d'Amiens, devient avant sa trentième année coadjuteur de l'archevêque de Reims,

Mgr de La Roche-Aymon. À la mort de ce dernier en 1777, il lui succède sur le trône archiépiscopal de Reims. Il réforme son séminaire, qu'il confie aux Sulpiciens, et s'intéresse particulièrement à l'amélioration de la situation matérielle de son diocèse, créant avec une compagnie de commerce une sorte de maison de prêt, diminuant dans Reims le nombre des toitures de chaume, ce qui permet de limiter les risques d'incendie, introduisant enfin, à la veille de la Révolution, les premiers moutons mérinos. Membre de la seconde Assemblée des notables, député du clergé aux États généraux, Mgr de Talleyrand-Périgord s'oppose aux innovations de l'Assemblée constituante et ne tarde pas à émigrer, à Aix-la-Chapelle d'abord, puis à Bruxelles, Weimar et Brunswick. En 1801, il fait partie des prélats émigrés qui refusent de démissionner, en application du Concordat. Deux ans plus tard, Louis XVIII, qui réside alors à Varsovie, le fait venir à ses côtés, lui offrant une place à son Conseil. En 1808, à la mort du cardinal de Montmorency, Mgr de Talleyrand-Périgord devient le grand aumônier du roi en exil.

Membre de la Chambre des pairs dès juin 1814, il suit Louis XVIII à Gand pendant les Cent-Jours. Assuré de l'entière confiance du roi, il joue un rôle considérable dans les négociations religieuses qui suivent la Seconde Restauration. En 1816, il accepte enfin de démissionner. La même année, avec Blacas, Talleyrand-Périgord dirige la commission ecclésiastique créée par le roi dans le dessein de remettre en vigueur le concordat de 1516, ce qui est fait en 1817. Cette même année, la pourpre cardinalice et le titre d'archevêque de Paris récompensent le zèle de ce fidèle serviteur qui ne pourra cependant prendre possession de son archevêché qu'en 1819. Le prélat désigne alors Quélen comme son coadjuteur et successeur et prend en main, avec rigueur, l'administration de son diocèse. En tant qu'archevêque de Paris, il bénira le mariage du duc de Berry, avant de célébrer le baptême du duc de Bordeaux.

TALLEYRAND-PÉRIGORD Charles Maurice de, prince de Bénévent (Paris, 1754 – Paris, 1838)

Évêque, diplomate, homme politique, président du Conseil.

Deuxième fils d'un officier supérieur, il a pour parrain son oncle Alexandre Angélique, futur archevêque de Reims, puis de Paris. La mort de son frère aîné, quelque temps après sa naissance, le fait accéder au premier rang. Mais l'enfant, placé en nourrice dès ses premiers jours, est victime, alors qu'il n'a que quelques mois, d'un accident qui le rend infirme jusqu'à la fin de sa vie, lui laissant un pied-bot. Dès lors, il n'est plus considéré par ses parents comme l'aîné de la famille mais comme un cadet, destiné à l'état ecclésiastique, une carrière pour laquelle il n'éprouve aucune attirance. Le manque absolu d'affection que lui manifestent ses parents aura sur son avenir, comme sur son caractère, une profonde influence. Cinq années passées au séminaire de Saint-Sulpice, de 1769 à 1774, achèvent de le détourner de la carrière à laquelle on le destine. « On me force d'être ecclésiastique, déclare-t-il au supérieur, on s'en repentira. » Le 1er avril 1775, malgré sa fréquentation assidue des tripots et lieux de plaisir, ses maîtresses – sa liaison avec une jeune actrice, Dorothée Dorinville, est connue de tous –, le goût qu'il a pour la lecture des récits de voyage, des philosophes, de l'histoire des révolutions, Talleyrand prononce ses vœux en l'église Saint-Nicolas-du-Chardonnet. Grâce à sa haute naissance, le jeune homme est doté par Louis XVI, le 24 septembre 1775, de la riche abbaye de Saint-Remi de Reims. Ordonné prêtre en décembre 1779, agent général du clergé de France, il néglige les affaires de l'Église, s'intéresse surtout à sa propre fortune et mène rue de Bellechasse, dans une maison luxueusement meublée et pourvue d'une riche bibliothèque, une vie qui n'a guère de rapports avec celle d'un jeune prêtre. L'argent, les femmes et le jeu sont ses principaux sujets d'intérêt.

Franc-maçon – l'affiliation est à la mode –, Talleyrand fréquente les salons parisiens, et particulièrement celui de la comtesse de Flahaut. Leur liaison durera de 1783 à 1792, la Révolution les séparant – fait rare, car le futur évêque d'Autun est toujours resté l'ami de ses anciennes maîtresses. Un enfant est né de sa liaison avec la comtesse : Charles de Flahaut. De plus en plus, Talleyrand s'intéresse à la politique. On le voit, lors de l'Assemblée du clergé de 1782, intervenir en faveur des prêtres les plus pauvres. Lors de l'assemblée de 1785 en tant qu'agent général du clergé, il fait réaliser une enquête minutieuse qui lui permet d'établir un tableau de la situation de l'Église de France. Ces recherches lui seront fort utiles quelques années plus tard. Sa position cependant lui semble insuffisante ; le jeune abbé souhaite devenir évêque. Mais il n'a pas que des amis au sein de la hiérarchie, et la chose se révèle difficile. En 1788 enfin, son père obtient pour lui, de Louis XVI, le siège d'Autun. Son diocèse ne l'intéresse guère – il n'y séjournera que quelques semaines – mais il lui donne la possibilité de briguer un siège aux États généraux dont la convocation vient d'être décidée. Le 2 avril 1789, le nouvel évêque est élu triomphalement député du clergé aux États généraux.

Charles Maurice de Talleyrand-Périgord
Huile sur toile de Pierre-Paul Prud'hon, musée de la ville de Paris, musée Carnavalet. © *Lauros-Giraudon*

Acquis depuis longtemps aux idées nouvelles, Talleyrand se lie avec Mirabeau, et restera son ami jusqu'à la mort du tribun. Actif, il fait partie de la commission chargée de préparer la Constitution et, en octobre 1789, à l'indignation des autres évêques, préconise la mise à disposition de la nation des biens du clergé, pour combler le déficit des finances. L'évêque d'Autun justifie ainsi sa proposition : « Ce qui me paraît sûr, c'est que le clergé n'est pas propriétaire, à l'instar des autres propriétaires, puisque les biens dont il jouit et dont il ne peut disposer ont été donnés non pour l'intérêt des personnes mais pour le service des fonctions. » Pour la première fois, Talleyrand est considéré comme un traître. Le 2 novembre, sa proposition est votée par l'Assemblée. À cette Assemblée, où il siège à gauche, l'évêque d'Autun est un orateur écouté, mais n'apparaît pas comme le chef d'une des fractions de la Constituante. Il participe à l'élaboration de la Constitution civile du clergé, puis montre son patriotisme en célébrant, le 14 juillet 1790, jour de la fête de la Fédération, une messe grandiose au Champ-de-Mars. À La Fayette toutefois, sérieux et recueilli, il glisse en passant ces mots qui choquent le marquis : « Ah çà, je vous en prie, ne me faites pas rire ! » Talleyrand, qui fait partie des rares prélats à avoir accepté la Constitution civile du clergé, le 28 décembre 1790, démissionne dès le mois de janvier 1791 de son siège épiscopal. Ce qui ne l'empêche pas de sacrer trois évêques constitutionnels le 24 février, puis celui de Paris un mois plus tard. Excommunié peu après par le pape, il rompt avec l'Église.

Sous la Législative, Talleyrand aborde la diplomatie. Une première mission, en février-mars 1792, le conduit à Londres. Là, il tente en vain d'obtenir la neutralité de l'Angleterre dans le conflit qui s'annonce entre la France d'une part, la Prusse et l'Autriche d'autre part. Soupçonné après le 10 Août d'entretenir des relations avec le roi, il décide de s'installer en Angleterre. Chassé peu après par le cabinet anglais, le diplomate passe aux États-Unis, où il demeure de 1794 à 1796, date à laquelle il regagne la France. La protection de Barras, celle aussi de Mme de Staël lui ont permis de se faire rayer de la liste des émigrés. Nommé en juillet 1797 ministre des Relations extérieures, Talleyrand devient un des personnages en vue de la capitale, reçoit fort brillamment dans ses salons et s'enrichit grâce à divers trafics. Abandonnant son portefeuille, et le Directoire, en juillet 1799, il se rapproche de Bonaparte, soutenant le jeune général dans la préparation et l'exécution du coup d'État de Brumaire. Ce courtisan-né, aux manières affables et aux évidentes qualités de diplomate, séduit Bonaparte qui oublie les diverses malversations dont il a été accusé. Aussi, dès novembre 1799, retrouve-t-il son poste aux Relations extérieures. Peu satisfait du Concordat de 1801, il inspire la rédaction des Articles organiques, qui infléchissent le texte dans un sens gallican. À l'intérieur, le ministre préconise l'apaisement avec les catholiques et les royalistes ; à l'extérieur, il cherche le moyen d'établir une paix durable et négocie à Lunéville, en 1801, puis à Amiens, en 1802.

Relevé de l'excommunication par le pape en 1802, Talleyrand épouse peu après, sur l'ordre de Bonaparte, sa maîtresse, Mme Grand – sa « belle d'Inde ». Grand chambellan en 1804, prince de Bénévent en 1806, il négocie les traités de Presbourg et de Tilsit, mais se détache peu à peu de l'Empereur : peu favorable à la guerre et à la politique de conquête, il se montre plutôt partisan d'un équilibre européen, préconise l'alliance avec l'Autriche, puis avec l'Angleterre. Peu après la signature du traité de Tilsit, en 1807, Talleyrand est donc contraint d'abandonner son portefeuille. Quelque temps plus tard, l'Empereur le nomme vice-grand électeur. Resté aux côtés de Napoléon comme conseiller, le prince de Bénévent désapprouve l'expédition d'Espagne, mais accepte de recevoir en son château de Valençay la famille royale espagnole, prisonnière de l'Empereur. De plus en plus éloigné des vues de ce dernier, il pousse secrètement le tsar, lors des négociations d'Erfurt, à l'automne 1808, à résister aux visées hégémoniques de Napoléon. Revenu à Paris, il se rapproche de Fouché, tombé en disgrâce, et complote avec lui contre l'Empereur. Furieux, ce dernier le disgracie à son tour en janvier 1809, le privant de sa charge de grand chambellan.

Lorsque le sort des armes tourne décidément contre la France, le territoire étant occupé, Talleyrand négocie autant qu'il le peut avec les souverains alliés. Au début du mois de mars 1814, un billet transmis aux souverains par l'agent royaliste Vitrolles les avertit qu'ils peuvent sans risque marcher sur Paris. Billet qui vaut une nouvelle accusation de trahison à Talleyrand, et n'ajoute rien à sa gloire. Le 31 mars, le prince de Bénévent reçoit les souverains alliés dans son hôtel parisien et se prononce en faveur du retour des Bourbons. Réunissant ensuite une soixantaine de sénateurs, il leur fait nommer un gouvernement provisoire, dont il prend la tête. Le 2 avril, l'ancien grand chambellan fait proclamer par le Sénat la déchéance de Napoléon et de sa famille. Pendant que l'Empereur réunit une dernière fois ses maréchaux à Fontainebleau, Talleyrand prépare activement le retour des Bourbons, persuadant Alexandre de se ranger à ses vues. Louis XVIII ne peut faire moins que de lui rendre le portefeuille des Affaires étrangères, le 13 mai. Talleyrand signe ainsi le premier traité de Paris, le 30 du même mois. Puis, au mois de septembre, il part représenter la France au congrès de Vienne, nanti d'instructions de Louis XVIII qu'il a lui-même rédigées. À Vienne, habilement, il parvient à disloquer l'alliance des anciens ennemis de la France, obtenant l'appui de Castlereagh et de Metternich contre la Prusse et la Russie. Il parvient ainsi à replacer la France au sein des grandes puissances. Quelques mois plus tard, l'aventure des Cent-Jours jette à bas ce travail savamment exécuté. Les alliés forment contre la France une nouvelle coalition.

Nommé président du Conseil lors de la Seconde Restauration, Talleyrand s'écarte assez rapidement du roi, qui ne l'aime guère, tandis que les ultras et, à l'extérieur, le tsar le détestent. Aussi démissionne-t-il dès le mois de septembre, nanti du titre de grand chambellan. Dans les années qui suivent, l'activité de l'homme « aux six visages » des caricaturistes se limite à la Chambre des pairs. Passé à l'opposition, il défend la liberté de la presse, condamne l'expédition d'Espagne de 1823, se lie avec Thiers et Royer-Collard. Depuis longtemps en relation avec le duc d'Orléans, il favorise son arrivée au trône en 1830. Dès le mois de septembre, Louis-Philippe le nomme ambassadeur à Londres, poste de première importance. Là, pendant cinq ans, Talleyrand travaille au rapprochement franco-anglais, participe à la conférence sur la Belgique, conseille au duc de Nemours de refuser le trône belge, pour ne pas mécontenter l'Angleterre. En novembre 1834, le vieux diplomate demande son rappel et l'obtient. Dès lors, il ne participera plus aux affaires publiques. En 1838, sur les instances de sa nièce la duchesse de Dino, et sur l'intervention de Royer-Collard et de l'abbé Dupanloup, il abjure ses errements religieux et se réconcilie officiellement avec l'Église. Le roi et la princesse Adélaïde visitent, le jour de sa mort, celui que presque tous ses contemporains, de Chateaubriand à Napoléon, ont considéré avec mépris, quand ce n'était pas avec haine. L'intelligence hors du commun de l'évêque d'Autun, son sens politique profond, ses vues sur la France et l'Europe, les moyens qu'il a utilisés pour parvenir à ses fins, n'ont guère été appréciés de son temps. Les *Mémoires* de Talleyrand ont été publiés par le duc de Broglie en 1891-1892.

TALLIEN Jean Lambert (Paris, 1767 – Paris, 1820)

Homme politique.

Fils d'un maître d'hôtel du marquis de Bercy, il devient clerc de notaire, clerc de procureur, copiste et enfin secrétaire d'Alexandre de Lameth. Peu satisfait de son sort, le jeune homme végète. Lorsque éclate la Révolution, il donne sans tarder son adhésion aux idées nouvelles. Membre des Jacobins, correcteur au *Moniteur* en 1791, il a la même année l'idée d'un journal-affiche, *L'Ami des citoyens*, que l'on placarde sur les murs deux fois par semaine. Sans que cette feuille en soit l'organe, elle rapporte assez fidèlement les idées exprimées au club des Jacobins. Le visage assez agréable, des cheveux blonds, la parole facile, bien que très grossière, Tallien, qui dénonce sans relâche les « abus », commence à se faire un nom. Après la journée du 10 Août, à laquelle il prend part, il devient secrétaire-greffier de la Commune, poste important. Son rôle au cours des massacres de Septembre, très controversé, semble prouvé par sa signature, trouvée au bas de bons destinés au paiement des tueurs, en date du 5 septembre. Quelques jours plus tard, le secrétaire-greffier de la Commune est élu à la Convention par la Seine-et-Oise. Prenant place parmi les Montagnards, il défend la Commune, attaque les Girondins, s'en prend violemment au roi qu'il voudrait priver de ses moyens de défense, puis vote la mort de Louis XVI sans sursis ni appel au peuple. Membre du Comité de sûreté générale à l'automne de 1792, puis en janvier 1793, Tallien accomplit plusieurs missions en province, notamment à Forges-les-Eaux, à la suite de l'assassinat de Le Peletier de Saint-Fargeau, en janvier ; dans le Loir-et-Cher et l'Indre-et-Loire, en mars ; dans le Lot-et-Garonne, la Dordogne et la Gironde en août. Là, sous prétexte de rechercher les députés girondins en fuite, il fait démolir et brûler les châteaux. En octobre enfin, avec Isabeau, il est chargé de mettre à la raison les contre-révolutionnaires bordelais. En quelques jours, aux yeux des habitants de la ville, épouvantés par l'air de dureté qu'il se donne et par le nombre de citoyens qu'il envoie à la guillotine, le représentant en mission devient l'incarnation de la Terreur. Sur son ordre, le département de la Gironde devient celui du Bec d'Ambès.

Un jour de décembre cependant, Tallien se rend à la prison du fort du Hâ, à la demande d'une prisonnière nommée Thérésa Cabarrus. En fait, il la connaît déjà, leur première rencontre datant de l'époque où il était le secrétaire de Lameth. À Bordeaux, leurs relations ont été rapportées par les espions du Comité de salut public dès le 18 novembre. Au fort du Hâ, Tallien reste seul avec la prisonnière. Dès le lendemain, libérée, elle le rejoint à la maison nationale. De janvier à mai 1794, Thérésa exerce sur son amant une influence modératrice certaine, le nombre des exécutions ne cessant de diminuer à Bordeaux. Tallien continue cependant d'affecter le plus grand zèle révolutionnaire. Les prisonniers épargnés ou libérés, qui sont souvent les plus riches, se montrent très généreux dans leur reconnaissance, si bien que le représentant en mission et sa maîtresse ne tardent pas à mener grand train. À Paris, pendant ce temps, les dénonciations pleuvent. On reproche à Tallien ses relations avec Mme Cabarrus, ses prévarications, on le soupçonne d'affamer les Bordelais. Dans la capitale, Robespierre a engagé la lutte contre les représentants en mission prévaricateurs. Finalement, au mois de mars, sans attendre que Robespierre le rappelle, Tallien décide de regagner Paris pour se défendre. Il rencontre l'« Incorruptible », mais ne réussit pas à le persuader de son innocence. Réadmis néanmoins aux Jacobins, élu même président de la Convention, il reste donc en liberté. Thérésa, en revanche, venue le retrouver à Paris, est arrêtée le 31 mai sur l'ordre de Robespierre. Furieux, Tallien bascule dans le camp des ennemis de ce dernier, rencontre à plusieurs reprises Fouché. Le premier, le 9 thermidor, il interrompt Saint-Just à la tribune. Puis, brandissant un poignard, il propose de tuer Robespierre, le « tyran », s'il n'est pas décrété d'arrestation. Celui-ci finalement guillotiné, Tallien devient l'homme fort de la Convention thermidorienne. Triomphalement réintégré aux Jacobins, le 13 thermidor, puis au Comité de salut public, le 26, il fait libérer sa maîtresse, qu'il épousera le 6 nivôse an III. Cependant, l'entente avec les Jacobins ne dure pas, Tallien va conduire la lutte contre le club, jusqu'à sa fermeture. Il fait aussi supprimer le Tribunal révolutionnaire. Lors du procès des anciens membres des comités, Collot d'Herbois dénonce ses agissements à Bordeaux. Cela ne l'empêche pas de continuer à mener grand train et d'écraser l'émeute du 1er prairial. En messidor an III, après l'échec de Quiberon, il est envoyé en mission dans les départements de l'Ouest. Là, malgré Hoche, il fait fusiller les émigrés faits prisonniers. Dénoncé pour ce fait le 1er brumaire, par Thibaudeau, Tallien n'en est pas moins réélu au Corps législatif. Suspect à tous, détesté des anciens Jacobins, comme renégat, et des modérés, comme terroriste, il ne joue qu'un rôle très effacé au Conseil des Cinq-Cents. Ses adversaires l'accusent d'avoir acquis illégalement une fortune considérable et d'entretenir des relations avec les royalistes. Tallien est cependant réélu en 1798, mais son élection est annulée.

Privé d'emploi, il réussit, malgré sa mauvaise réputation, à se faire agréer de Bonaparte, qu'il accompagne en Égypte en tant que directeur des domaines. Expulsé par Menou, après le départ de Bonaparte, Tallien regagne la France. Mais son navire est capturé par les Anglais, il ne peut rentrer à Paris qu'en avril 1801. Thérésa, qui ne l'a jamais aimé, ne le considérant que comme une planche de salut, puis un moyen de « parvenir », ne s'est pas privée de le tromper. En 1802, les époux divorcent. Par pitié, Bonaparte nomme alors Tallien consul à Alicante. Malade, contraint de regagner la France, il continuera néanmoins, jusqu'à la fin de l'Empire, à percevoir son traitement. Ce qui ne l'empêche pas, à la chute du régime, d'écrire au *Journal de Paris* que Napoléon l'a persécuté pendant dix ans. Ayant par mauvais calcul adhéré pendant les Cent-Jours à l'Acte additionnel, il voit sa pension supprimée lors de la Seconde Restauration, mais bénéficie toutefois d'un sursis. Tallien mourra dans la misère, au milieu du mépris général. Sa fille unique, Thermidor Rose Thérésa, avait épousé en 1815 le comte de Narbonne.

TALLIEN Thérésa CABARRUS (Carabanchel Alto, près de Madrid, 1773 – Chimay, 1835)

Héroïne de la Révolution.

Épouse du précédent, elle est la fille d'un riche financier installé à Madrid, Cabarrus. Élevée loin de ses parents par une nourrice, elle gagne la France avec sa famille en 1785. À 14 ans, ses parents la marient au marquis Jacques Devin de Fontenay, qui en a 26. Les deux époux vivent dans le luxe et le désaccord. Thérésa ne tarde pas à prendre des amants. La Révolution éclate. Se sentant menacés, la marquise de Fontenay et son mari gagnent Bordeaux au mois de mars 1793. Au mois d'avril, ils divorcent. En décembre, à la suite de circonstances assez obscures, Thérésa est arrêtée et conduite au fort du Hâ. Aussitôt elle demande à voir le représentant en mission Tallien, affirmant qu'elle a des révélations à lui faire. En fait, ils se connaissent déjà. Ils restent seuls dans la cellule une partie de la nuit et, le lendemain, Thérésa, libre, va s'installer aux côtés de Tallien dans la maison nationale. Le représentant de la Convention est profondément épris, alors que l'ex-marquise de Fontenay, qui s'est donnée à lui pour sauver sa vie, ne l'aime pas. Elle reste néanmoins à ses côtés car il est l'homme puissant de Bordeaux. La principale occupation de Thérésa consiste dès lors à sauver des têtes. « Depuis plusieurs mois, dira-t-elle, je ne me suis pas couchée sans avoir sauvé la vie à quelqu'un. » À Paris, cependant, les dénonciations contre Tallien affluent, qui juge prudent de regagner la capitale avant que Robespierre ne l'y contraigne. Thérésa se console de son absence en trafiquant sur le salpêtre puis, au mois de mai, gagne à son tour Paris. Robespierre, qui la déteste, la fait arrêter fin mai. Tallien tente en vain de la faire libérer de la Petite Force, mais ne peut lutter contre Robespierre. Cessant de trembler pour sa propre sécurité, il entre en relation avec les ennemis de l'« Incorruptible » et organise le complot qui vise à l'abattre. Le 7 thermidor, il reçoit de sa maîtresse un billet fameux, qui va précipiter la chute de Robespierre : « L'administrateur de police sort d'ici ; il est venu m'annoncer que demain je monterai au Tribunal, c'est-à-dire à l'échafaud. Cela ressemble bien peu au rêve que j'ai fait cette nuit. Robespierre n'existait plus et les prisons étaient ouvertes. Mais grâce à votre insigne lâcheté, il ne se trouvera bientôt plus personne en France capable de réaliser mon rêve. »

Robespierre exécuté, Thérésa est libérée dès le 11 thermidor. Acclamée à sa sortie de prison, devenue bientôt la reine de Paris, Notre-Dame de Thermidor, et aussi une des Merveilleuses les plus en vue, elle épouse Tallien. À ses côtés, dans la fameuse maison de l'allée des Veuves, la Chaumière, elle mène grand train, règne sur la mode, organise des réceptions somptueuses, dans un Paris qui connaît la misère et la famine. Thérésa donne à son mari une fille, Thermidor Rose Thérésa, mais ne tarde pas à se lasser de lui, de ses manières brutales et vulgaires. Barras devient son amant, pour quelques semaines, puis le ban-

Omer Talon
Huile sur toile de Philippe de Champaigne, 1649, Washington, National Gallery of Art. © *Lauros-Giraudon*

quier Ouvrard, qui lui fera quatre enfants. En 1802, de retour d'Égypte, Tallien divorce. Thérésa est ensuite écartée par Bonaparte, devenu Premier Consul. Toujours belle et courtisée cependant, elle épouse en 1805 le comte de Caraman, futur prince de Chimay, avec lequel elle vit désormais au château de Chimay, dans les Ardennes belges. Thérésa lui donnera quatre enfants avant de mourir, « monstrueuse de grosseur ». Elle avait revu Tallien pour la dernière fois lors du mariage de leur fille, en 1815.

TALON Antoine Omer (Paris, 1760 – Gretz, Seine-et-Marne, 1811)

Magistrat et homme politique.

Fils de l'avocat Jean Talon. Il est avocat à 16 ans, avocat du roi au Châtelet en 1777, puis conseiller aux enquêtes en 1781. Lieutenant civil au Châtelet en 1789, le jeune magistrat conduit sa première procédure à l'occasion du procès des auteurs des journées des 5 et 6 Octobre. Il instruit ensuite celui du marquis de Favras, accusé d'avoir comploté contre la Révolution. Au mois de juin 1790, il résigne ses fonctions au Châtelet pour se consacrer à sa tâche de député à l'Assemblée constituante, où il siège en tant que député suppléant. Deux journalistes, parmi lesquels Camille Desmoulins, le dénoncent alors comme magistrat prévaricateur, mais ce sont finalement les dénonciateurs qui seront condamnés à des dommages et intérêts et à la rétractation publique de leurs accusations. À l'Assemblée, Talon consacre toute son énergie à défendre le roi, dont il dirige du reste la police secrète. Il travaille au rapprochement de Mirabeau et de la Cour, obtenant un résultat positif, bien que le tribun le déteste. De plus en plus compromis lors de la fuite du roi, puis de la découverte de l'armoire de fer où Louis XVI avait dissimulé des papiers compromettants, Talon doit se cacher, puis émigrer aux États-Unis. Rentré en France sous le Directoire, retiré sur ses terres, près de Tournan, il continue de servir les Bourbons, jouant les intermédiaires entre les émigrés et leurs amis restés à l'intérieur des frontières. Dénoncé et arrêté à la fin du Consulat, il est incarcéré à l'île Sainte-Marguerite et libéré en 1807. Sa fille Zoé avait épousé le comte du Cayla.

TALON Denis (Paris, 1628 – Paris, 1698)

Magistrat.

Avocat du roi au Châtelet, il obtient en 1652, à la mort de son père, la survivance de sa charge d'avocat général au parlement de Paris. Dans les jours qui suivent, le roi le nomme conseiller d'État. Procureur général lors du procès de Fouquet, son ennemi, en 1661, Talon se montre inférieur à sa tâche, et le roi le fait remplacer en 1663. Deux ans plus tard, le magistrat est envoyé aux Grands Jours d'Auvergne, en tant que procureur général. Il participera ensuite à la préparation des très importantes ordonnances de Lamoignon et achèvera sa carrière en 1693, comme président à mortier.

TALON Jean (Châlons-sur-Marne, 1625 – ?, 1694)

Administrateur.

Commissaire des guerres en 1654, intendant du Hainaut l'année suivante, il est envoyé en Nouvelle-France par Colbert, en 1665, avec le titre d'intendant. Lors de ses deux séjours, de 1665 à 1668 et de 1670 à 1672, il met au point et commence à appliquer un plan de mise en valeur et de développement de la Nouvelle-France. Talon prévoit notamment l'immigration de colons, la création de seigneuries dans les vallées du Saint-Laurent et de la rivière Richelieu, l'exploitation méthodique de la forêt, le développement du commerce maritime avec les Antilles, celui des missions, etc. Cet administrateur rigoureux s'intéresse aussi à l'organisation administrative de la colonie, qu'il divise en trois circonscriptions : Canada, pays d'Hudson et du Labrador, et pays d'En-Haut – c'est-à-dire des Grands Lacs. De retour en France, celui que ce travail énorme peut faire considérer comme l'un des fondateurs du Canada français sera nommé, en 1681, secrétaire du cabinet du roi.

TALON Omer (Paris, 1595 – Paris, 1652)

Magistrat.

Ses études de droit achevées, il devient avocat au parlement de Paris où il ne tarde pas, en raison de sa remarquable éloquence, à acquérir une grande notoriété. En 1631, son frère aîné Jacques résigne à son profit sa charge d'avocat général au parlement de Paris. Défenseur des prérogatives des magistrats, il n'hésite pas à résister à Richelieu. En 1634, il est envoyé comme procureur général aux Grands Jours de Poitiers. Jusqu'à la fin du règne de Louis XIII, Talon conservera ses distances vis-à-vis du gouvernement royal, adressant des remontrances au roi, qui ne les apprécie guère. À la mort de celui-ci, en 1643, le magistrat assure Anne d'Autriche de son soutien et conclut en sa faveur lorsqu'elle se fait proclamer régente. Partisan cependant d'une monarchie tempérée, il mène quelques années plus tard la lutte des parlementaires contre la politique de Mazarin et de la régente, contre les lits de justice en particulier. Le 15 janvier 1648, lors de la tenue d'un lit de justice qui fait suite au rejet, par le Parlement, d'un édit financier, Talon prononce une violente harangue condamnant la politique du cardinal et dénonce le pitoyable état de la France. Quelques mois plus tard, il participe à la réunion des cours souveraines à la Chambre Saint-Louis. Lorsque la Fronde éclate, toutefois, il tente de tempérer les passions, d'éviter la rupture entre le Parlement et la Cour. Ses *Mémoires*, portant sur les années 1630-1653, seront achevés par son fils Denis.

TANGER (paix de)

Paix signée le 10 septembre 1844 entre Mulay Abd al-Rahman, sultan du Maroc, et la France.

Après le bombardement de Tanger le 6 août puis la défaite de ses troupes sur les bords de l'Isly le 12 août, le sultan s'engage à faire cesser les rassemblements hostiles près des frontières de l'Algérie, à punir les agresseurs des Français, à expulser ou à interner l'émir Abd el-Kader. Mais, ainsi que l'affirme Bugeaud, peu satisfait de ce traité, le problème algérien est loin d'être réglé, car Abd el-Kader reste en liberté.

TARASCON

Ville des Bouches-du-Rhône, située sur la rive gauche du fleuve, en face de Beaucaire.

D'origine très ancienne, Tarusco ou Tarasco appartient aux Sallyens avant d'être colonisée par les Massaliotes au Ier siècle av. J.-C. À l'époque gallo-romaine, elle est rattachée à la cité des Arelatenses, autrement dit à Arles. Selon la légende, les Tarasconais sont évangélisés par sainte Marthe qui délivre le pays des fureurs d'un monstre amphibie, la Tarasque. Tarascon devait avoir une importance particulière au temps du roi René, qui y résida souvent et contribua à l'aménagement du château actuel, commencé au XIVe siècle sur l'emplacement de l'ancien *castrum* gallo-romain pour contrebalancer la puissance de Beaucaire.

TARBELLES

En latin Tarbelli. *Grand peuple ibérique ou celtibérique établi autour de la basse vallée de l'Adour, en Aquitaine. Il avait pour chef-lieu* Aquae Tarbellicae, *Dax.*

Les Tarbelles participent à la défense des Aquitains contre Crassus. Ils se soumettent en 56 av. J.-C., en même temps que leurs clients et leurs voisins Élusates, Ausques et Bigerrions.

Au début de l'Empire, la cité des Tarbelles regroupe de nombreuses tribus. Par la suite, à côté de la cité de Dax est créée celle d'Aire. Au Bas-Empire, les Benarnenses, ancêtres des Béarnais, et les habitants du *Lapurdum* (origine du Labourd ou pays de Bayonne) se seraient détachés à leur tour de la cité des Tarbelles.

TARBES

Ville située au pied des Pyrénées sur la rive gauche de l'Adour, ancienne capitale du comté de Bigorre devenue chef-lieu du département des Hautes-Pyrénées.

C'est au Vᵉ siècle que Turba reçoit un évêché, dit alors des Bigerrions ou de Bigorre. Tarbes est dévastée au IXᵉ siècle par les Normands et reconstruite au siècle suivant par le comte Raymond de Bigorre. Au XVIᵉ siècle, les Tarbais se passionnent pour le calvinisme, ce qui vaut à la ville plusieurs sièges, de nombreux ravages et de fréquentes alertes. Originellement suffragant d'Auch, l'évêché entre en 1790 dans la province de Toulouse. Supprimé en 1802, il est définitivement rétabli en 1823 et rendu à son ancienne métropole. Avec les églises Saint-Jean et Sainte-Thérèse, qui remontent en partie au XIIIᵉ siècle, et le cloître gothique conservé dans le jardin Massey, la cathédrale Notre-Dame de la Sède (XIIIᵉ, XIVᵉ, XVᵉ et XVIIIᵉ siècles) est le seul monument ancien d'une ville que les dévastations n'ont pas épargnée.

TARDIEU André (Paris, 1876 – Menton, 1945)

Homme politique, président du Conseil.

Issu d'une vieille famille de graveurs et d'artistes, reçu premier à l'École normale supérieure où il refuse d'entrer, il fait ses débuts politiques comme chef de cabinet de Waldeck-Rousseau. De 1903 à 1914, il tient la chronique diplomatique du *Temps*. Élu député en 1914, Tardieu sert comme capitaine de chasseurs avant d'être nommé en 1917 par Clemenceau commissaire des affaires de guerre franco-américaines, puis membre de la conférence de la paix (1918-1919) et enfin ministre des Pays libérés (1919-1920). Très attaché à Clemenceau, il quitte le gouvernement en même temps que lui. Fondateur avec Mandel de *L'Écho national* (1922), il est battu aux élections de 1924, mais retrouve un siège à l'Assemblée en 1926 après une élection partielle. Poincaré lui confie alors les Travaux publics (1926-1928) puis l'Intérieur, qu'il conservera jusqu'en 1930. Tardieu remplacera Poincaré à la présidence du Conseil de novembre 1929 à décembre 1930. La situation économique est alors inquiétante, les conséquences de la grande crise commençant à se faire sentir durement en Europe. Tardieu estime que la France pourra échapper à la catastrophe en faisant « la politique de la prospérité ». Sous son impulsion, le gouvernement se lance dans de grands projets pour provoquer la relance. D'importants problèmes internationaux se posent en même temps. Tardieu assiste à la conférence de La Haye pour l'application du plan Young et à celle de Londres sur le désarmement naval. C'est en fin de compte sa politique économique (extension des assurances sociales, retraite du combattant, gratuité de l'enseignement secondaire) qui suscite le plus de critiques chez ceux qui regrettent l'austérité financière du temps de Poincaré.

Dans la chute du ministère, le scandale Oustric n'est qu'un prétexte. Tardieu revient bientôt au gouvernement comme ministre de l'Agriculture puis de la Guerre (1931-1932), puis comme président du Conseil (février-mai 1932). Fondateur du Centre républicain en juin 1932, il mène, dans *La Liberté*, une campagne en faveur d'une révision des institutions, dans le sens d'un renforcement de l'exécutif – avec le rétablissement de la pratique de la dissolution – et la réforme de l'État. Ministre d'État dans le gouvernement Doumergue après le 6 février 1934, il échoue dans son projet de réforme et se retire de la vie politique. Il reprend, dans ses éditoriaux publiés dans le journal d'extrême droite *Gringoire*, le plaidoyer pour une Europe antiallemande et, en 1938, s'oppose aux accords de Munich. Dans un livre inachevé, *La Révolution à refaire*, il critique les fondements mêmes du régime républicain. En 1939, il est victime d'une attaque cérébrale et meurt en 1945.

André Tardieu
Un président du Conseil aux réformes contestées.
© *Sélection Images*

TARENTAISE

En latin Darentasia *puis* Tarentasia, *pays savoisien issu de l'antique cité des Ceutrons et occupant la haute vallée de l'Isère.*

Le chef-lieu, *Tarentasia*, reçoit son premier évêque au Vᵉ siècle. L'expression « évêché de Tarentaise » se conservera jusqu'à nos jours, alors même que *Tarentasia* est devenue *Monasterium* puis Moûtiers. Sous Charlemagne est constituée une province de Tarentaise rassemblant les diocèses de Tarentaise, de Sion, de Maurienne et d'Aoste. La Tarentaise perd son siège archiépiscopal en 1793, après la réunion de la Savoie à la France. Elle recouvre son évêché en 1825, en même temps que la Maurienne, à l'intérieur de la province de Chambéry. L'histoire politique de la Tarentaise appartient à l'histoire générale de la Savoie.

TARGET Guy Jean-Baptiste (Paris, 1733 – Molières, 1807)

Magistrat.

Fils d'un avocat, reçu lui-même avocat au parlement de Paris (1752), adversaire acharné de Maupeou, il assure en 1785 la défense du cardinal de Rohan dans l'affaire du Collier. Membre de l'Académie française en 1785, ami de Malesherbes, il collabore au célèbre édit de novembre 1787 qui rend un état civil aux protestants. Pour des raisons de santé, il renonce à plaider quand les États généraux sont convoqués. Élu député du tiers à Paris, il appuie Sieyès dans le conflit qui oppose le tiers aux deux autres ordres en mai et juin 1789. Membre du Comité de Constitution, il est, à cause de sa corpulence, une des cibles préférées des caricaturistes, et *Les Actes des Apôtres* célèbrent la grossesse et les couches de « Monsieur Target, père et mère de la Constitution des ci-devant Français ». Après la séparation de la Constituante, il remplit la fonction élective de haut-juré du département de Paris. Louis XVI le choisit pour défenseur mais, obèse et goutteux, il se récuse à cause de son état de santé et non par lâcheté, car il publie des *Observations* favorables à la cause royale du point de vue constitutionnel. Il s'efface sous la Terreur mais reparaît après le 9 Thermidor. Nommé à l'Institut en 1796 et au tribunal de cassation en 1797, il collabore à ce dernier titre aux codes civil et criminel.

TAUTAVEL

Dans les montagnes sauvages de la région de Perpignan, le village de Tautavel a brusquement connu la célébrité lorsqu'on a exhumé, dans ses environs, le crâne de l'homme le plus vieux de France.

La grotte de la Caune d'Arago, qui s'ouvre dans la roche à plus de quatre-vingts mètres au-dessus de la vallée de Tautavel, avait déjà été explorée au XIXᵉ siècle. Ce sont des fouilles systématiques, entreprises à partir de 1964 sous la direction du professeur Henry de Lumley, qui vont aboutir, le 22 juillet 1971, à la découverte des fragments d'un crâne appartenant à un homme d'une cinquantaine d'années. Les analyses démontrent qu'il s'agit d'un individu ayant vécu à une période se situant entre celle de l'*Homo erectus* et celle de l'homme de Neandertal, soit 400 000 ans av. J.-C. L'importance de cette découverte permet de reconstituer, selon le terme d'Henry de Lumley, une « chaîne archéologique », que le musée, installé à Tautavel en 1979, présente au public de façon claire et didactique.

TAVANNES Gaspard de Saulx, comte de : voir SAULX Gaspard de, comte de Tavannes

TAZA

Ville du Maroc située dans le couloir de Taza, entre le Rif et le Moyen Atlas.

Sa position stratégique – elle commande le seul passage facile entre le Maroc occidental et le Maroc oriental – en fait un point important de la progression française au Maroc. En 1914, à la veille de la Première Guerre mondiale, Lyautey poursuit la pacification du pays. Au mois de mai, deux expéditions, parties l'une de l'est et l'autre de l'ouest, se rejoignent à Taza où Lyautey pénètre le 17 mai. La présence française est ainsi établie de Casablanca à l'Algérie et à la Tunisie. Mais le couloir et la « poche de Taza » sont encore loin d'être pacifiés : en avril 1925, encore, Abd el-Krim lancera une attaque contre la ville, sauvée par l'énergie de Lyautey.

TCHAD

État d'Afrique centrale limité au nord par la Libye, à l'ouest par le Niger, au sud-ouest par le Nigeria et le Cameroun, au sud par la République Centrafricaine, à l'est par le Soudan (ex-anglo-égyptien).

Ce pays partiellement désertique, aux frontières fixées par l'administration française au début du XXᵉ siècle, réunit des ethnies fort différentes entre le nord, qui appartient à l'Afrique blanche, et le sud, occupé par des populations noires. De tout temps cette configuration ethnique a existé, si l'on en croit les écrits d'Hérodote, lequel mentionne déjà des pasteurs nomades au nord et des éleveurs ou des pêcheurs au sud, descendants de populations beaucoup plus anciennes dont les origines se perdent dans la préhistoire. Durant le Moyen Âge européen, cette région est traversée par les caravanes qui amènent le sel de Libye et acheminent vers le nord des esclaves et de l'ivoire. L'islam pénètre dans la région à la faveur de ce trafic séculaire, qui se perpétue en dépit des guerres tribales et de la constitution de royaumes plus ou moins durables. L'implantation française au Sahara et au Congo, à la fin du XIXᵉ siècle, fait de la région du lac Tchad le point de convergence des colonnes venues du nord et du sud. Le pays est alors tenu par un puissant marchand d'esclaves, Rabah, contre lequel sont dirigés des détachements de tirailleurs conduits par Foureau, Lamy, Gentil, Cazemajou, Voulet, Chanoine et Joalland. Rabah et le commandant Lamy trouvent la mort au combat de Kousseri en avril 1900, tout comme le colonel Moll, tué en 1910, laissant au colonel Largeau la tâche d'achever la soumission des nomades des confins du massif montagneux du Tibesti. En 1910, le territoire du Tchad est inclus dans le gouvernement général de l'Afrique-Équatoriale française (A-ÉF).

En 1940, le gouverneur Félix Éboué désire poursuivre la lutte et établit, en juillet, des relations secrètes avec les autorités britanniques du Nigeria. Le 24 août, arrive à Fort-Lamy l'envoyé de la France libre, René Pleven. Le 26 août, fort de l'appui de la garnison, aux ordres du colonel Marchand, Éboué proclame le ralliement du territoire à la France libre. Le 2 décembre, le colonel Leclerc est nommé commandant militaire du Tchad. Il lève une colonne de tirailleurs qui se rassemblent dans le Tibesti et, à l'exemple du colonel d'Ornano (qui effectue en janvier 1941 un raid sur Mourzouk, au Fezzan italien), se dirige, au milieu des pires difficultés de terrain, vers l'oasis de Koufra, atteinte à la fin de février 1941. C'est encore du Tibesti que part un nouveau détachement en décembre 1942. À sa tête, Leclerc ralliera Mourzouk à Tripoli et rejoindra la VIIIe armée britannique de Montgomery, début de la fantastique aventure du général depuis le Tchad jusqu'à Berchtesgaden. Indépendant en 1958, devenu République en 1960, le nouvel État tchadien connaît un très difficile équilibre en raison de sa pauvreté économique et surtout d'une longue guerre civile à laquelle se trouve mêlée la Libye.

TECTOSAGES : voir VOLQUES

TÉLÉVISION

Ensemble des procédés et techniques employés pour la transmission des images instantanées d'objets fixes ou en mouvement, après analyse et transformation en ondes hertziennes.

En 1931, l'École supérieure d'électricité de Malakoff fait une première démonstration publique de télévision. En 1935, un émetteur de télévision est installé au sommet de la tour Eiffel. Le progrès technique vient de mettre au point l'un des principaux médias du XXe siècle. La télévision entre progressivement dans les foyers français. Si on compte 300 récepteurs individuels en 1939, il y en a 60 000 en 1954 et 680 000 en 1958. C'est à partir des années 1960 que les foyers s'équipent massivement, mais l'ensemble du territoire français n'est couvert de réémetteurs qu'en 1970. On passe de 1 % des ménages équipés en 1954 à 96 % en 1984. En 1944, le gouvernement crée la Radiodiffusion française, devenue RTF (Radiodiffusion-télévision française), puis ORTF (Office de radiodiffusion-télévision française) au gré des statuts (1959-1964-1972). Elle constitue un puissant système intégré de radiodiffusion (3 réseaux nationaux) et de télévisions (1re chaîne en 1948, 2e en 1964, 3e en 1972). Peu à peu s'imposent le Journal télévisé, inventé par Pierre Sabbagh en avril 1949, les grands reportages, les émissions de variétés, les jeux, le sport et quelques émissions culturelles. Le couronnement de la reine Élisabeth d'Angleterre, le 2 juin 1952, est l'un des premiers records d'audience. La télévision est aussi un outil de propagande politique efficace. La IVe République en fait une sorte de service public sous la dépendance du gouvernement. À partir de 1956 apparaissent les premières émissions de soirées électorales. Le 23 avril 1961, à 20 h, le général de Gaulle en uniforme dénonce le « quarteron de généraux en retraite » qui s'est soulevé à Alger. Une fois président, pour mieux « passer » sur le petit écran il prend des cours avec un acteur de la Comédie-Française.

1974 marque la suppression de l'ORTF et la création de TF1, A2, FR3. Au cours des années 1980, le paysage audiovisuel français, organisé en monopole d'État depuis sa naissance, se métamorphose avec l'émergence d'une concurrence privée : la chaîne de télévision payante Canal Plus apparaît en 1984, et TF1 est privatisée en 1987, sous l'impulsion de François Léotard, alors ministre de la Culture et de la Communication. En 1986, naît une sixième chaîne orientée vers un public jeune : TV6, bientôt rebaptisée M6, contrôlée par la Compagnie luxembourgeoise de télévision (CLT) et la Lyonnaise des Eaux. L'échec de La Cinq, chaîne commerciale allouée en 1987 au groupe Hersant-Berlusconi-Seydoux, ouvre la voie à une nouvelle programmation : ce canal est attribué en 1992 à Arte, chaîne franco-allemande, rejointe à partir de 1995 par La Cinquième, à vocation éducative. Les programmes d'Arte, déjà diffusés par câble depuis 1990, sont fournis à parité par les chaînes publiques allemandes ARD et ZDF et par La Sept (chaîne publique créée en 1986), dans le but d'ouvrir un espace audiovisuel européen susceptible de freiner l'influence de la télévision américaine. Parallèlement, se développent les réseaux de chaînes diffusées par câble (TV-câble) et par satellite (TDF1, lancé par Ariane en 1987) : TF1, désormais dans le consortium dominé par Bouygues, lance en 1994 une chaîne d'information en continu (LCI) sur le réseau câblé. Le « Plan câble », lancé en 1982 par le gouvernement, a cependant des difficultés à réaliser ses estimations premières : en 1996, un tiers seulement des 6 millions de foyers français estimés pour 1992 y est abonné.

Face à cette libéralisation, l'État estime nécessaire l'existence d'une instance de contrôle et de régulation de l'audiovisuel en général. La Haute Autorité est créée en 1982, remplacée en 1986 par la CNCL (Commission nationale de la communication et des libertés) et en 1989 par le CSA (Conseil supérieur de l'audiovisuel). Cet organisme, composé de 9 membres nommés respectivement par le chef de l'État, les présidents du Sénat et de l'Assemblée nationale, veille au respect du cahier des charges par les chaînes de télévision et de radio, et désigne les directeurs de la télévision publique. Par ailleurs, en 1998, Catherine Trautmann, ministre de la Culture du gouvernement Jospin, propose une réforme très controversée du service public de l'audiovisuel français. Ce projet de loi vise d'une part à rééquilibrer son financement entre les ressources publiques et les recettes publicitaires, d'autre part à regrouper les 4 chaînes publiques en une société holding baptisée France Télévision, dirigée par un seul président à la tête d'un conseil d'administration de 12 membres.

TEMPLE (le)

Nom donné au vaste domaine dont les Templiers deviennent possesseurs au nord-est de Paris, dans la seconde moitié du XIIe siècle.

Symbole de la puissance de l'ordre, le Temple constitue une véritable ville autour de son monastère fortifié. Il n'est pas compris dans l'enceinte de Philippe Auguste. Le trésor des Templiers était déposé dans sa forteresse, sans doute dans son donjon (la tour du Temple) qui abrita également le trésor royal sous Saint Louis et Philippe le Hardi. Après la chute des Templiers, les rois l'emploient comme prison d'État (XIVe siècle). Enguerrand de Marigny y est enfermé en 1315, de même que Yolande de Flandre. Le captal de Buch, Jean de Grailly, y meurt après cinq ans de captivité, en 1376. Mais il ne semble pas que des prisonniers d'État y aient été enfermés après 1378. Le domaine ayant été attribué aux Hospitaliers de Saint-Jean de Jérusalem, il devient la résidence de leur grand prieur. En 1667 est construit un palais abbatial, le Grand Prieuré, non loin de l'ancienne forteresse dont il ne reste plus que le donjon cantonné de quatre tours. Autour de ces édifices s'étend un vaste enclos. Jouissant du droit d'asile et de la franchise, il est très recherché par les débiteurs insolvables et les artisans. En 1789, le grand prieur est le jeune duc d'Angoulême, fils du comte d'Artois et futur époux de Madame Royale.

Avec la Révolution, la forteresse redevient prison pour Louis XVI et la famille royale, qui y sont transférés le 13 août 1792. D'abord logés dans la petite tour (le deuxième étage étant réservé à la reine et à ses enfants, le troisième au roi et à Madame Élisabeth), les prisonniers sont, après l'achèvement de travaux d'aménagement, installés dans la grosse tour (Louis XVI au deuxième étage le 29 septembre et la reine au troisième étage le 26 octobre). Louis XVII occupe, avec les époux Simon, l'ancien étage où vécut son père. Après le départ des Simon, le petit roi – otage de la République – sera mis sous la garde de quatre commissaires, et plus tard de trois qui seront renouvelés chaque soir. On ne lui laisse plus la jouissance du troisième étage. L'enfant est enfermé dans l'ancienne chambre de son père dont toutes les issues sont soigneusement verrouillées. Un poêle, au-dessus duquel on établit « un jour » muni de barreaux, est monté à cheval entre la pièce et l'antichambre afin que le petit prisonnier, tout en étant chauffé, ne puisse pas jouer avec le feu. C'est par ce jour que l'enfant recevra ses aliments et que les commissaires viendront vérifier sa présence chaque soir et se le « passeront » de garde en garde. Au lendemain de Thermidor, les nouveaux gardiens – Laurent, puis Gomin et Lasne – lui font quitter cette manière de cachot et il a la jouissance de l'étage. Mais gardent-ils bien le vrai Louis XVII ? L'énigme du Temple commence. Le prisonnier passera ses derniers jours dans la petite tour où avait demeuré la famille royale lors de son incarcération dans le lugubre enclos.

Devenue lieu de pèlerinage pour les royalistes après le 9 Thermidor, la forteresse du Temple reçoit d'autres prisonniers célèbres, dont Pichegru, Moreau, Cadoudal, avant de cesser d'être prison d'État en 1808, lorsque tous ses détenus sont transférés au donjon de Vincennes. Elle est finalement rasée en 1811 (son emplacement correspond à l'aile droite de la mairie du IIIe arrondissement). Sous Louis XVIII, le Grand Prieuré devint un couvent de bénédictins du Saint-Sacrement.

TEMPLIERS (ordre des)

Chevaliers d'un ordre religieux militaire fondé en 1119 à Jérusalem par Hugues de Payns, chevalier champenois, et neuf compagnons.

Depuis la première croisade, la fondation du royaume de Jérusalem, le sacre de Baudouin Ier, en 1100, l'implantation des Francs en Orient reste très précaire. Les pèlerins qui se rendent d'Occident vers Jérusalem voyagent dans des conditions périlleuses. Hugues de Payns et ses compagnons décident alors de demeurer en Terre sainte pour protéger les voyageurs, essentiellement des pèlerins, contre les Infidèles, assurer la police des routes qui mènent aux Lieux saints et la garde du Saint-Sépulcre. Les dix hommes choisissent de vivre en commun, suivant la règle de saint Augustin, et prennent le nom de Pauvres Chevaliers du Christ. Parmi ceux qui s'engagent à combattre les ennemis de Dieu « dans l'obéissance, la chasteté et la pauvreté », se trouvent le comte Hugues de Champagne et Geoffroi de Saint-Omer. À Jérusalem règne alors Baudouin II, protecteur et propagateur du nouvel ordre. Aux Pauvres Chevaliers, qui ne possèdent pas de maison, il assigne une demeure située près du temple de Salomon. L'ordre deviendra ainsi celui du Temple, ses membres les Templiers ou chevaliers du Temple.

Quelques mois après la fondation de l'ordre, Hugues de Payns, le « maître de la chevalerie », et quelques compagnons se rendent en Occident afin d'obtenir la confirmation de l'ordre. Sur l'intervention de Bernard de Clairvaux, ami du comte de Champagne, le pape ordonne en 1128 la réunion d'un concile, qui se tient à Troyes. Dans la cité champenoise est établie la règle de l'ordre du Temple, inspirée par saint Bernard. Règle simple et sévère. À côté des chevaliers, nobles, et des chapelains, également nobles, figurent des écuyers, des sergents et des domestiques. Les chevaliers doivent porter des robes d'une seule couleur, blanche, noire ou grise, recouverte d'un manteau blanc. Une croix rouge sera ajoutée à ce manteau sous le pontificat d'Eugène III. Les armes des chevaliers doivent être solides, mais non luxueuses, sans or ni argent sur les étriers ni les éperons. Les frères mangent en commun, à deux dans la même écuelle, et en silence, évitent les « abstinences immodérées », mangent de la viande trois fois par semaine, car ils doivent demeurer solides au service du Christ. Ils doivent entendre la messe chaque jour, vivre dans le silence. Les fautes peuvent entraîner jusqu'à l'exclusion de l'ordre. Aucune femme ne peut pénétrer dans les maisons du Temple. L'ordre est autorisé à posséder des terres, à les faire fructifier, et aussi à avoir part aux revenus ecclésiastiques. Le maître a des pouvoirs presque absolus sur les frères qui lui doivent obéissance et soumission. Mais il doit réunir le chapitre pour en prendre conseil et consulter l'ensemble du couvent avant de prendre une décision importante. Après Hugues de Payns, les premiers maîtres seront Robert de Craon, Éverard des Barres, André de Montbard, Bertrand de Montfort, Philippe de Milly, Eudes de Saint-Amand et Gérard de Ridfort.

Après le concile de Troyes, les frères se séparent et partent dans les différents pays d'Occident afin de recruter de nouveaux frères et d'obtenir les donations indispensables à l'extension de l'ordre. Les dons affluent. En Angleterre comme au Portugal et en Espagne, l'ordre connaît une propagation rapide. Après la mort d'Hugues de Payns, en 1136, son successeur Robert de Craon dirige une véritable puissance, avec les provinces d'Europe, la « maison chèvetaine » de Jérusalem, les commanderies, les domaines fonciers et les revenus de toutes sortes. En 1139, Innocent II, à la demande de Robert de Craon, accorde aux Templiers, par la bulle *Omne datum optimum*, des privilèges considérables. Point capital, l'ordre est placé sous la tutelle exclusive du Saint-Siège, il ne relève plus que du pape. Parmi les privilèges consentis, les Templiers pourront conserver le butin pris aux Sarrasins. L'ordre est exempté des dîmes, mais peut en percevoir avec l'accord des évêques. Les Templiers sont exemptés de tout serment ou hommage, etc. La bulle interdit à quiconque de changer les statuts de l'ordre : seul peut le faire le maître, après consultation du chapitre. Texte très important, mais source de nombreuses difficultés entre les évêques, privés d'une partie des dîmes et de tout droit de regard sur les commanderies et les commandeurs.

La vie des Templiers suit l'évolution du royaume chrétien de Jérusalem. L'ordre s'étend, se hiérarchise, les chevaliers affluent, construisent des forteresses comme Safed, Tortose, le krak des Chevaliers, le château des Pèlerins. Les chevaliers au blanc manteau se battent avec courage, héroïsme même, comme au siège de Damiette, en 1218-1219. Cependant, ils sont parfois à l'origine des désastres qui frappent les croisés, comme celui d'Hattin, en 1187, origine de la perte de Jérusalem. Leurs ennemis reprochent aux Templiers, qui se heurtent aux Infidèles depuis des dizaines d'années, de préférer la discussion et la négociation au combat. Dans le même temps, la richesse de l'ordre ne cesse de croître. Non que les chevaliers soient riches individuellement, car ils font don de leurs biens à l'ordre, mais le Temple devient une puissance temporelle considérable. Aux domaines qu'ils possèdent et font fructifier en Angleterre, en France et en Aragon, au Portugal comme sur les bords du Rhin, les Templiers ajoutent une nouvelle activité, la banque. En ces temps d'insécurité, alors que plusieurs banques italiennes font faillite, les commanderies apparaissent comme des abris sûrs, derrière les murs desquels les possédants viennent déposer leurs avoirs. Après les particuliers, les princes puis les rois font de même. Les Templiers deviennent les banquiers de l'Europe, opèrent facilement et sans risques les transferts de fonds qu'effectuaient jusque-là Juifs et Lombards. Un simple reçu revêtu du sceau de l'ordre, remis au moment du dépôt, peut en effet être échangé contre la somme correspondante dans une autre commanderie. Or, au XIIIe siècle, l'ordre possède 5 000 commanderies, avec leurs dépendances. À Paris, les Templiers ont fait construire une énorme forteresse, beaucoup plus imposante que le château royal. Le trésorier du Temple joue un rôle essentiel dans l'administration des finances du royaume et siège au Conseil. Un rôle identique est tenu par ses confrères de Londres ou de Naples. Pendant ce temps, peu à peu, le royaume franc de Jérusalem s'effondre sous les coups des Infidèles. Courageux, les Templiers se battent. En 1291, lorsque Saint-Jean-d'Acre, le dernier port chrétien, tombe, le maître Guillaume de Beaujeu se fait tuer avec 500 chevaliers. Ces défaites accroissent encore l'impopularité des Templiers en Occident. Repliés à Chypre, les chevaliers au blanc manteau regagnent ensuite l'Europe, 2 000 d'entre eux s'installant en France. Philippe le Bel qui, depuis le début de son règne, combat sans relâche l'autorité temporelle de la papauté, se montre très inquiet de l'arrivée des chevaliers du Temple qui ne sont plus, après les désastres d'Orient, que des banquiers armés, soumis à la seule autorité du pape. Il ne semble pas toutefois que le roi, qui admire l'ordre du Temple et utilise ses services, ait d'abord songé à le supprimer. Au contraire, il lui octroie en 1304 de nouveaux privilèges. Puis Philippe le Bel tente de se faire admettre dans l'ordre, comme chevalier, ce qui lui aurait éventuellement permis d'en devenir le grand maître. Prudemment, mais fermement, les chevaliers refusent. Après cet échec, le roi demande à Clément V, pape français élu grâce à lui, de fondre Hospitaliers et Templiers dans un ordre unique, celui des Chevaliers de Jérusalem. Le pape consulte alors Jacques de Molay, grand maître de l'ordre depuis 1295. Molay refuse la

L'ordre des Templiers
Les templiers sont emmenés au bûcher. Miniature tirée du *Livre des sept péchés capitaux* (XIVe), Londres, British Library. © *Sélection Images*

fusion, alléguant que les deux ordres sont trop différents. Dans l'entourage du roi, cependant, Guillaume de Nogaret voue aux Templiers une haine tenace. Depuis quelque temps il presse le roi d'anéantir l'ordre détesté, ce qui permettrait de mettre la main sur ses énormes richesses et de renflouer le Trésor. Philippe le Bel hésite.

Incarcéré pour meurtre à Toulouse, un commandeur nommé Esquin de Floyran fait à son compagnon de cellule, qui les rapporte au gouverneur de la prison, puis à Nogaret, et enfin au roi, des révélations tout à fait extraordinaires. Le commandeur lui aurait révélé que les Templiers adoraient les idoles, devaient au cours de la cérémonie d'initiation, lors de leur entrée dans l'ordre, cracher trois fois sur la croix, baiser diverses parties du corps des officiants, le bas de l'échine notamment, et s'engager à pratiquer la sodomie. Philippe le Bel fait extraire de sa cellule Esquin de Floyran et l'envoie répéter ses révélations au roi d'Aragon et à Clément V. Nogaret fait organiser dans tout le royaume une savante campagne d'intoxication contre l'ordre. La chose n'est pas difficile, le peuple tient les Templiers pour des ivrognes – ne dit-on pas « boire comme un templier » –, des alchimistes, des spéculateurs et des affameurs. Il ne demande pas mieux que de croire les accusations qui sont ainsi répandues contre eux : hérétiques, sodomites, impies. Le secret qui entoure la réception des nouveaux frères laisse place à toutes les calomnies. Les Templiers, pourtant avertis par le pape et le roi d'Aragon, ne prennent aucune précaution particulière. Appelé par Clément V, Jacques de Molay débarque en France dans un équipage magnifique qui fait gronder le peuple. Mis au courant des bruits qui courent sur l'ordre, il demande au pape une enquête. Clément V en avertit Philippe le Bel au mois d'août 1307.

Cependant, à Maubuisson, avec son Conseil, le roi, qui s'est enfin décidé, prépare la lutte finale contre l'ordre. La nomination de Nogaret aux Sceaux, le 22 septembre, décide la perte des Templiers. Le 12 octobre, tous les templiers de France – seuls quelques-uns ont pu s'échapper, le secret ayant été bien gardé – sont arrêtés et emprisonnés. Accusés d'hérésie, de profanation, d'idolâtrie et de sodomie, remis à l'Inquisition, soumis à la question, les chevaliers avouent tout ce que l'on veut. Molay, qui ne semble pourtant pas avoir été torturé, avoue lui aussi tous les crimes qu'on lui reproche. Clément V se contente d'admonester le roi puis, devant la profusion des aveux, enjoint le 22 novembre à tous les princes chrétiens de saisir les Templiers. Se ravisant au début de l'année 1308, il exige que la procédure soit suspendue et l'affaire évoquée devant lui. Les Templiers reprennent espoir, certains se rétractent. Craignant que sa proie ne lui échappe, Nogaret entreprend de ramener le pape à la raison : un pamphlet commandé par les autorités à Pierre Dubois, avocat de Coutances, convainc le pape de céder. Pour sauver les apparences, les prisonniers seront remis à Clément V, qui les confiera aussitôt à des officiers royaux, chargés de leur garde « au nom de l'Église romaine ». Un concile tenu à Vienne, en 1310, devra décider du sort de l'ordre. Quant aux Templiers, ils seront jugés par les évêques diocésains et les inquisiteurs, les dignitaires et le grand maître comparaissant devant le pape.

Les procès se poursuivent, et les aveux. Tous avouent les mêmes forfaits, ce qui a donné naissance au « mystère des Templiers ». Au début de 1310 cependant, un certain nombre d'accusés, d'abord 33, puis 573, reviennent sur leurs aveux. L'archevêque de Sens Philippe de Marigny, frère d'Enguerrand, réunit alors à Paris, le 10 mai, un synode qui condamne au bûcher 54 templiers de Paris qui voulaient défendre leur ordre. Les condamnés sont brûlés comme relaps quelques jours plus tard. Peu après, Pierre de Bologne, principal avocat des Templiers, disparaît. Beaucoup d'accusés renoncent alors à se défendre. Le 5 juin 1311, l'instruction est close. Au mois d'octobre, le concile s'assemble à Vienne. Les pères se refusent à reconnaître la culpabilité des Templiers. Le 3 avril cependant, par la bulle *Vox in excelso*, le pape ordonne la suppression de l'ordre du Temple. Contrairement à ce qu'espérait Philippe le Bel, les biens de l'ordre sont transférés aux Hospitaliers. Le roi obtient cependant le versement d'une amende de 200 000 livres pour l'apurement des comptes, et 60 000 livres pour les frais du procès.

Les templiers persistant dans leurs aveux sont remis en liberté. Reste le problème du grand maître et des dignitaires. En novembre 1312, le pape confie leur procès à une commission de trois cardinaux, qui les condamne à la prison perpétuelle. Le 18 mars 1314, Jacques de Molay et ses compagnons, Hugues de Pairaud, Geoffroi de Charnay et Geoffroi de Gonneville, sont conduits sur le parvis de Notre-Dame pour y entendre la sentence. Tout semble réglé lorsque, se tournant vers le peuple assemblé, Molay et Charnay crient que les aveux, les crimes et les hérésies que l'on reproche à l'ordre du Temple, ne sont que calomnies. « La règle du Temple est sainte, juste, catholique », hurle Molay. La foule s'étonne, s'interroge et, changeant d'opinion, semble à présent favorable aux condamnés. Remis au prévôt de Paris, les accusés sont de nouveau enfermés. Aussitôt averti, Philippe le Bel ordonne qu'ils soient brûlés comme relaps, ainsi que 37 autres frères dont les aveux n'ont pas été assez fermes. Le soir même, ils montent au bûcher dans l'îlot aux Juifs, et meurent en criant : « Les corps sont au roi de France, mais les âmes sont à Dieu ! » On raconte que, sur le bûcher, Jacques de Molay aurait cité le pape et le roi à « comparaître dans quarante jours devant le tribunal de Dieu ». Tradition postérieure à 1314, mais qui correspond bien au sentiment populaire. L'opinion du peuple sur les crimes reprochés aux Templiers s'est modifiée jusqu'à se retourner complètement. Aujourd'hui, presque unanimement, on considère qu'ils étaient innocents des crimes qu'ils ont avoués.

TEMPS (Le)

Quotidien politique du soir fondé en 1861 par Auguste Nefftzer, ancien rédacteur en chef de La Presse. *Le premier numéro paraît le 25 avril 1861.*

Nefftzer souhaite renouveler le cadre de la presse, créer en particulier un réseau de correspondants à l'étranger. Bientôt, les chroniques et articles de politique étrangère du *Temps* sont lus avec beaucoup d'attention. Le journal accorde aussi une part importante à l'histoire de la littérature, à la critique. Sainte-Beuve, qui quitte en 1869 *Le Moniteur universel*, lui apporte sa collaboration. Commandité par de riches industriels alsaciens, *Le Temps* affiche aussi des préoccupations économiques, défend le commerce national mis en péril, selon lui, par le traité de libre-échange franco-anglais. Malgré la qualité de ses collaborateurs, le journal ne touche, à la fin du Second Empire, qu'un petit nombre de lecteurs. Libéral, opposé à l'Empire, il n'est cependant pas républicain, mais plutôt orléaniste. Après avoir soutenu les candidats de l'opposition lors des élections de 1869, *Le Temps* se range parmi les adversaires de la politique d'Émile Ollivier, condamne le plébiscite et la déclaration de guerre. Il soutient ensuite le gouvernement de la Défense nationale puis une république modérée. En 1871, Nefftzer abandonne la direction politique de son journal à son neveu Adrien Hébrard, qui la transmettra à ses fils. *Le Temps* reste libéral, modéré, même s'il condamne vigoureusement, après la chute de Thiers, la politique d'ordre moral. Sous la IIIe République, à la fin du XIXe siècle et au début du XXe siècle, le journal acquiert, malgré la faiblesse de son tirage – 60 000 exemplaires environ –, une influence considérable. La qualité des collaborateurs choisis par Adrien Hébrard en fait « le plus grand journal de la République ». Des chroniqueurs comme Francisque Sarcey, Anatole France, Paul Souday ou André Tardieu assurent sa réputation en France, mais aussi à l'étranger où il représente la tradition libérale française. Journal élégant, il est lu surtout dans les chancelleries et par la haute bourgeoisie. Ses derniers directeurs sont Émile Mireaux et Jacques Chastenet. Replié à Lyon pendant la Seconde Guerre mondiale, *Le Temps* cesse de paraître en 1942, lorsque les Allemands occupent la ville. *Le Monde* reprendra sa formule deux ans plus tard.

Madame de Tencin
Huile sur toile, première moitié du XVIIIe siècle, Grenoble, musée dauphinois. © *Lauros-Giraudon*

TENCIN Alexandrine Claudine GUÉRIN de (Grenoble, 1682 – Paris, 1749)

Femme de lettres.

Sœur de Pierre de Tencin. Née d'une pauvre famille de petite noblesse de robe, elle entre au couvent des ursulines à Montfleury, puis comme chanoinesse au chapitre de Neuville, près de Lyon. La résidence dans cette pieuse maison n'étant pas d'obligation, elle n'y demeurera pas. À Paris, chez sa sœur Mme de Ferriol, la religieuse en rupture de voile rencontre maints soupirants. Elle prend tour à tour pour amant l'écrivain Fontenelle, le général Dillon, le poète Prior, le chevalier Destouches. Ce dernier lui donnera un fils, abandonné sur les marches de l'église Saint-Jean-le-Rond, qui deviendra célèbre sous le nom de Jean d'Alembert. Puis Mme de Tencin devient la maîtresse du duc de Richelieu, du Régent et de l'abbé Dubois. Son crédit est considérable, sa richesse immense. Le financier Law lui alloue 700 000 livres et elle agiote rue Quincampoix. En 1727, l'un de ses amants, le conseiller de La Fresnaye, meurt chez elle d'un coup de pistolet. La justice conclut au suicide et libère Mme de Tencin de la prison du Châtelet où elle avait été préventivement incarcérée. Vieillie, elle se pose en protectrice des lettres, ouvre son salon au monde littéraire et « y fait entrer les affaires ecclésiastiques, politiques, académiques ». Elle jette Mlle de Châteauroux dans le lit de Louis XV, se lie d'amitié avec Mme de Pompadour et fait obtenir à son frère la pourpre cardinalice. Familière de Marmontel et de Marivaux, elle écrit plusieurs ouvrages à caractère légèrement licencieux : *Le Siège de Calais*, les *Mémoires du comte de Comminges*, *Les Malheurs de l'amour*, les *Anecdotes du règne d'Édouard III*. Elle laissera une correspondance avec le cardinal de Tencin et des lettres au duc de Richelieu.

TENCIN Pierre GUÉRIN de (Grenoble, 1680 – Lyon, 1758)

Cardinal.

D'abord prieur de la Sorbonne, puis tour à tour grand vicaire et archidiacre de Sens et abbé de Vézelay, il instruit le financier Law dans la religion catholique, à la demande de l'abbé Dubois, confident du Régent. Converti, Law l'intéresse à ses opérations financières, à la suite desquelles Tencin se voit traduit, pour escroquerie, devant les tribunaux. Évêque de Grenoble, Tencin suit le cardinal de Rohan à Rome, lors du conclave de 1721, et parvient à ce que l'abbé Dubois revête la pourpre cardinalice. Il demeurera auprès du pape comme chargé d'affaires, jusqu'en 1724. En 1727, il obtient du concile d'Embrun, ville dont il occupe le siège épiscopal, la condamnation de Soanen, évêque janséniste de Senez. Une violente polémique l'opposera au Parlement, qui soutient l'évêque rebelle. Cardinal en 1739, Pierre de Tencin contribue puissamment à l'élection du pape Benoît XIV. Archevêque de Lyon en 1741, il devient ministre d'État en 1742, mais sa brouille avec le marquis d'Argenson, au sujet de la politique fiscale de Machault d'Arnouville, le contraint à abandonner son poste. De sa retraite, le cardinal de Tencin attaquera vigoureusement *Le Siècle de Louis XIV* de Voltaire et défendra le principe de l'alliance franco-prussienne. Sa correspondance avec le duc de Richelieu mérite d'être consultée.

TENDE

Localité du département des Alpes-Maritimes située à une soixantaine de kilomètres au nord de Menton.

C'est un des principaux points de franchissement des Alpes méridionales aux confins de l'Apennin ligurien, sur la route de Nice à Coni. Cette partie supérieure de la vallée de la Roya constitue à la fin du Moyen Âge un comté, par la suite rattaché à la maison de Savoie et au comté de Nice. À ce titre, la région de Tende est incluse dans le département des Alpes-Maritimes en 1792 et demeure possession française jusqu'en 1814, date de son retour au royaume sarde. En 1860, lors du rattachement du comté de Nice à la France, le roi Victor-Emmanuel obtient de Napoléon III que les zones de Tende et de Brigue demeurent sa possession, tant pour des raisons stratégiques (contrôle des avancées méridionales du col de Tende) que pour sa convenance personnelle (ses terrains de chasse). Durant la campagne de 1944-1945, les troupes allemandes se maintiennent dans la vallée de la Roya en s'appuyant sur le massif de l'Authion, que libérera en avril 1945 la 1re DMI (ancienne 1re division française libre). Le traité de paix de 1947 inclut Tende et Brigue en territoire français.

TENDE Honorat II, marquis de Villars, comte de Sommerive et de (Marseille, 1509 – Paris, 1580)

Maréchal de France.

Il combat à Hesdin, reçoit une blessure à Saint-Quentin, en 1551, puis assiste au siège de Poitiers. Nommé en 1560 lieutenant général en Languedoc et, dix ans plus tard, gouverneur de Guyenne, Tende se signale par le zèle et la rigueur avec lesquels il combat les protestants. Maréchal de France en 1571, amiral du Levant l'année suivante, gouverneur de Provence, il succède à Coligny en tant qu'amiral de France et de Bretagne.

TENDE René de SAVOIE, comte de Villard et de (?, v. 1473 – ?, 1525)

Chef de guerre.

Fils naturel du duc de Savoie Philippe II et de Bonne de Romagne, surnommé le « grand bâtard de Savoie », il porte aussi les titres de comte de Sommerive, de Beaufort-en-Anjou, et de seigneur d'Aspremont. Doté par son père du comté de Villars, il devient comte de Tende et de Vintimille par son mariage avec Anne Lascaris, qui lui donne trois fils. Par ce mariage, en 1501, le comté de Tende est porté de la maison des Lascaris à celle de Savoie. Passé en 1502 au service de la France, René de Savoie, gouverneur de Provence sous Louis XII, est nommé grand maître de France en 1519. Au service de François Ier, il se conduit brillamment à La Bicoque, en 1522, puis à Pavie, en 1525. Blessé, fait prisonnier par les Espagnols, il meurt peu après de ses blessures.

TENURE

Au Moyen Âge, terme utlisé pour désigner une terre soumise au cens (loyer fixe payable en argent et/ou en nature).

La tenure peut être libre (exploitée par un homme libre) ou servile (exploitée par un serf). Un adjectif ou une expression particulière viennent préciser la manière dont est possédé cet héritage foncier. On distingue notamment les tenures en franc-alleu, les tenures en fief, les tenures en censive et les tenures serviles.

TERNAUX Louis-Guillaume (Sedan, 1763 – Saint Ouen, 1833)

Manufacturier et homme politique.

Fils d'un marchand manufacturier de draps, il développe l'entreprise paternelle et devient un maître de l'industrie textile. Favorable à la Révolution à ses débuts, lié à La Fayette, il s'élève ensuite contre les assignats. Administrateur de Sedan, il doit émigrer après le 10 Août. Rentré en France sous le Directoire, il met en œuvre les leçons techniques apprises outre-Manche. En 1807, il emploie 11 000 ouvriers et lance sur le marché les fameux châles en cachemire. Hostile à Napoléon Ier, il suit Louis XVIII à Gand pendant les Cent-Jours. Devenu baron, il est élu député de la Seine en 1818 en battant Benjamin Constant. Il siège à l'assemblée avec les libéraux. La taxation sur les matières premières importées (1823) le ruine.

TERRAY Joseph Marie, dit L'ABBÉ (Boen, Forez, 1715 – Paris, 1778)

Contrôleur général des Finances.

Conseiller clerc au parlement de Paris en 1736, il est rapporteur sur les questions financières près le Parlement en 1755 et participe, à ce titre, à la condamnation des Jésuites. En décembre 1769, il est nommé contrôleur général des Finances sur l'intervention de Maupeou. Partageant la réalité du pouvoir avec ce dernier (chancelier, avec les Sceaux) et le duc d'Aiguillon (aux Affaires étrangères), il constitue avec eux un triumvirat antiparlementaire, antichoiseuliste et antiautrichien. Averti des problèmes de finances, homme d'autorité, opportuniste, sans système ni scrupules, Terray entend sauver les finances de l'État par tous les moyens. Il ampute d'abord rentes et créances sur l'État, pour tenter de résorber la dette qui s'élève à 60 millions. Cette demi-banqueroute le rend très impopulaire et le fait surnommer « Vide-gousset ». Les privilégiés, notamment, lui sont très hostiles et, pour l'accabler, dénoncent ses mœurs dépravées. Mais, comme Maupeou, Terray ne se soucie guère des campagnes de calomnies et – une fois les parlements abattus par Maupeou – entreprend des réformes, essayant notamment d'abolir les « acquits de comptant », dépenses imprévues et incontrôlables du roi qui faussent la comptabilité du Trésor ; mais il se heurte comme ses prédécesseurs aux exigences de la Cour. Il tente alors de supprimer les « croupes », parts de revenus sur les recettes de la Ferme générale ; mais il trouve parmi les bénéficiaires la favorite, Mme du Barry, et toute la famille royale. Revenant alors à Machault et à Bertin, il proroge les deux vingtièmes par l'édit de novembre 1771 qui en prescrit l'assiette selon l'édit de 1749 en proportion de tous les revenus, quel que soit le rang social du redevable, et forme un solide corps de contrôleurs des vingtièmes. Sans être physiocrate, Terray veut ainsi créer un impôt territorial équitable et rationnel et, en vue d'établir un cadastre juste, amorce, par sa circulaire aux intendants du 14 août 1772, un relevé annuel du mouvement démographique national. En attendant, pour parer aux dépenses courantes, il majore le bail des fermes et certaines taxes sur le papier, les livres, l'amidon, etc.

En matière économique, Terray oscille entre le parti de la liberté et celui de la réglementation. En juillet 1770, le blé étant cher, il en interdit l'exportation, puis bloque même son trafic intérieur en 1771. Il croit alors nécessaire de constituer des stocks pour influer sur les prix. Cette politique le fait accuser de vouloir établir le monopole du commerce des grains au profit du roi. De là naît le mythe du pacte de Famine. En 1773, la mauvaise récolte aidant, des émeutes éclatent en diverses provinces. C'est un « cri général et puissant » contre Terray. Lorsque Turgot le remplace, en août 1774, il est peu de monde pour le regretter. Il avait néanmoins, par ses procédés radicaux, rabaissé le déficit à 27 millions et assuré un sursis au régime qui était au bord de l'abîme en 1769.

TERRE-NEUVE

Île de l'océan Atlantique (Newfoundland), *d'une superficie de 402 346 km², située à l'embouchure du Saint-Laurent. Elle constitue aujourd'hui, avec la région côtière du Labrador, la province canadienne de Terre-Neuve. La France et l'Angleterre se sont disputé Terre-Neuve pendant des siècles, et un grand nombre de toponymes, au nord-ouest de l'île surtout, rappellent aujourd'hui la présence française.*

Au Moyen Âge, après le passage probable des Vikings aux Xe et XIe siècles, Terre-Neuve est très certainement connue de nombreux pêcheurs européens. Le navigateur John Cabot, son « découvreur » officiel, en 1497, la nomme Terre de la Morue, en raison de la richesse des bancs de ce poisson aux alentours de l'île. Le Portugais Corte Real longe sa côte à partir de 1500. Tout au long du XVIe siècle, des pêcheurs français, portugais, espagnols et anglais fréquentent l'île et ses parages. Les Anglais fondent notamment le port de Saint John's, dont sir Humphrey Gilbert revendique en 1583 la possession pour l'Angleterre. Dès 1621, des colons anglais catholiques s'installent à Terre-Neuve. Bientôt, les Français s'établissent dans la baie de Plaisance, sur la côte sud de l'île : le premier gouverneur de l'établissement, le sieur de Kéréon, arrive à Terre-Neuve en 1655, suivi, en 1662, de quelques colons. Ils seront 500 à la fin du siècle, contre 2 000 Anglais. À deux reprises, en 1689 et 1691, les Anglais tentent vainement de s'emparer de l'établissement français. En 1696, au contraire, d'Iberville prend Saint John's, que le traité de Ryswick rend l'année suivante à la Grande-Bretagne.

La rivalité franco-anglaise se poursuit jusqu'au traité d'Utrecht qui, en 1713, reconnaît à l'Angleterre la possession de Terre-Neuve, mais accorde à la France le monopole de la pêche, avec le droit de débarquer sur l'île pour y sécher le poisson, sur les côtes nord-ouest et nord-est, entre le cap Bonavista et la pointe Riche. Cette délimitation est modifiée en 1763 par le traité de Paris, mais les conditions ne changent pas : les Français ne doivent pas construire sur l'île d'habitations durables. Les Anglais ne s'intéressent guère à la colonisation de l'île, qui ne compte au début du XIXe siècle que 10 000 habitants. Leur nombre croît cependant dans les années qui suivent, les guerres de l'Empire et le blocus empêchant les pêcheurs français de se livrer à la pêche à la morue. Lorsque la France recouvre l'exercice de ses droits de pêche en 1815, de nombreux ressortissants britanniques, Irlandais catholiques surtout, se sont installés sur les côtes qui lui sont dévolues. De fréquents incidents entre pêcheurs français et citoyens britanniques se produisent tout au long du XIXe siècle, jusqu'en 1904, année de l'Entente cordiale. La France renonce alors à ses privilèges de pêche.

Terre-Neuve, qui a reçu au XIXe siècle des institutions représentatives avant d'être dotée d'un gouvernement responsable, refuse en 1869 d'être annexée par le Canada, et devient dominion en 1917. La côte nord du Labrador lui est rattachée en 1927. Pendant la Seconde Guerre mondiale, l'Angleterre cède un certain nombre de bases aux États-Unis d'Amérique. C'est au large de Terre-Neuve que, en août 1941, Roosevelt et Churchill signent la charte de l'Atlantique. Après un référendum organisé au mois de juillet 1948, Terre-Neuve, le 31 mars 1949, est devenue une province du Canada, ayant pour capitale Saint John's.

TERREUR

Période de la Révolution française qui s'étend du mois de septembre 1793 au mois de juillet 1794.

La Terreur est « mise à l'ordre du jour », le 5 septembre 1793, après une manifestation des sans culottes qui réclament « du pain et la guillotine ». Elle s'explique d'abord par le contrecoup de l'éviction des Girondins qui enflamme le Sud de la France, ensuite par l'extension de la révolte vendéenne et par la chute de Toulon, de la Corse et des colonies. L'heure est à la levée en masse (23 août) contre les ennemis qui assiègent la République. Billaud-Varenne et Collot d'Herbois entrent au Comité de salut public composé de douze membres, la loi des suspects est adoptée (17 septembre), le Tribunal révolutionnaire est réorganisé et ses jugements sont désormais exécutoires en 24 heures, sans appel. La taxation générale de toutes les denrées, enfin, est décidée. En même temps, les armées françaises remportent de nombreuses victoires, tandis que s'instaure une nouvelle religion, celle de la Raison, qui ne rencontrera d'ailleurs pas un vif succès. Le 24 octobre, les députés girondins sont traduits, à leur tour, devant le Tribunal révolutionnaire : le 31, les 21 « complices » de Brissot sont exécutés. Pendant ce temps, le soulèvement vendéen connaît une nouvelle flambée et, à Paris, montent successivement à l'échafaud Philippe Égalité (6 novembre), Manon Roland (le 10), suivis, le 11, par Bailly et le 28 par Barnave. Puis, alors que le problème des subsistances reste sans issue, une vaste campagne de déchristianisation est menée, et le gouvernement révolutionnaire est réorganisé : tout le pouvoir se trouve entre les mains du Comité de salut public et du Comité de sûreté générale. Au mois de décembre 1793, un nouvel assaut de répression se produit ; à Nantes, Carrier fait noyer 5 000 personnes, la résistance vendéenne est anéantie dans le sang (15 000 hommes, femmes et enfants sont massacrés). Mais aux frontières les armées de la Révolution remportent encore d'importants succès.

Toutefois, dès le début de l'année 1794, apparaissent de nouvelles tensions au sein de la Convention, du fait de l'exercice, sans aucun partage, du pouvoir par Robespierre. Il fait décréter d'accusation les hébertistes, qui sont guillotinés le 24 mars, puis ses anciens amis politiques Danton, Camille Desmoulins et Hérault de Séchelles, et envoie immédiatement devant le Tribunal révolutionnaire toute personne osant exprimer un avis contraire au sien. Le 8 juin, apogée de la puissance robespierriste, est célébrée la fête de l'Être suprême. Le peuple de Paris, impressionné par l'extraordinaire « mise en scène » déployée au cours de cette manifestation, reste toutefois très préoccupé par le problème essentiel de la crise des subsistances. La Convention, comprenant le mécontentement populaire sous-jacent, incapable d'endiguer le marasme, malgré les mesures draconiennes prises par le gouvernement, décide d'opter pour une nouvelle escalade dans l'exercice totalitaire du pouvoir. Le 22 prairial (10 juin) est adoptée une loi rendant suspecte toute personne favorable à des idées contre-révolutionnaires : l'instruction préparatoire disparaît ; la comparution des témoins également. Il en va de même pour les droits de la défense ; une preuve matérielle ou « morale » suffit à envoyer à l'échafaud. Du 10 juin au 27 juillet 1794, en vertu de cette loi de Prairial, 1 373 têtes tombent « comme des tuiles », dira Fouquier-Tinville. C'est le règne de la Grande Terreur. Tandis que les armées républicaines continuent à étendre leurs conquêtes au nord et à l'est des frontières de la France, la fraction « tiède » de la Convention se sent menacée par une nouvelle vague d'épuration voulue par Robespierre. Immédiatement, des hommes tels que Bourdon de l'Oise, Dubois-Crancé, Tallien ou Barras se mettent à préparer la chute de l'« Incorruptible » et de ses amis. Dès le 13 juillet, les premiers coups sont portés. Robespierre, épuisé, cède du terrain. L'opinion publique commence à se lasser de la Terreur, une « nausée de la guillotine » envahit Paris ; la loi du maximum est de plus en plus difficilement appliquée ; le blocage des prix s'assouplit ; le salaire des ouvriers augmente ; l'assignat continue à se déprécier (100 livres-papier ne valent plus que 34 livres-or), la crise économique s'accentue de jour en jour ; les armées victorieuses sont sur le point d'obtenir une solution diplomatique à la guerre contre la Prusse. Toutes les conditions semblent réunies pour porter l'estocade à un régime de plus en plus impopulaire. Le 25 juillet

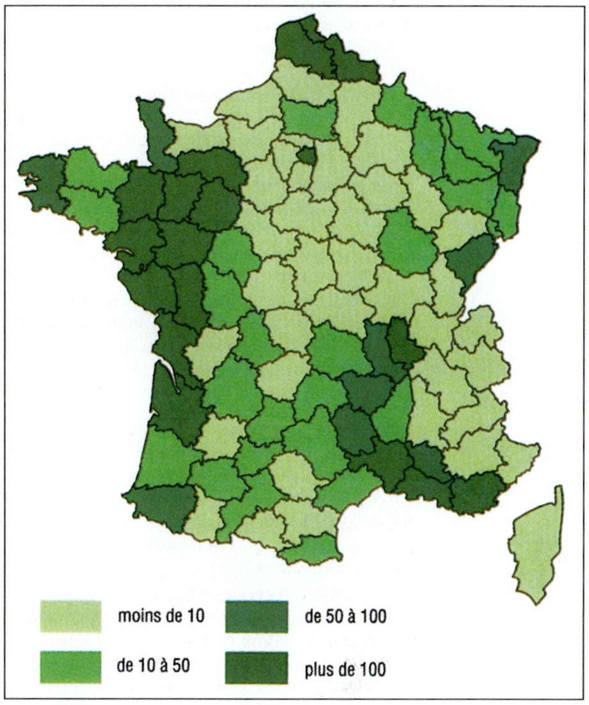

Répartition des exécutions capitales par département pendant la Terreur

La Terreur

Appel des dernières victimes de la Terreur. Huile sur toile de Charles-Louis Muller, Paris, musée du Louvre. © *Lauros-Giraudon*

1794, une nouvelle purge est annoncée sur les bancs de la Convention : le moment est venu pour l'Assemblée de réagir. Le 27 juillet (9 thermidor), le « tyran » et ses « complices » sont mis en accusation et seront exécutés sans jugement, le 10 thermidor (28 juillet 1794).

Avec la mort de Robespierre se termine la Terreur. Ce phénomène, d'inspiration populaire, a frappé indistinctement des gens de tout horizon, sans considération d'appartenance à telle ou telle couche de la société. D'après les comptages les plus dignes de foi, il ressort que 400 000 à 500 000 personnes ont été emprisonnées sous la Terreur, parmi lesquelles 16 000 environ ont été exécutées. 10 % des victimes appartenaient au clergé, 20 % à la noblesse et 70 % au tiers état.

TERREUR BLANCHE

Nom donné aux mouvements contre-révolutionnaires que déclenchent les royalistes contre leurs adversaires, une première fois après le 9 Thermidor et une seconde fois après la défaite de Waterloo. Particulièrement violents dans le Sud-Est, ils se traduisent par de nombreux troubles et des assassinats en série.

La première Terreur blanche. Elle débute au cours de l'hiver qui suit le 9 Thermidor, dans les départements. Alors qu'à Paris les Muscadins se contentent encore de rixes et de « promenades civiques » contre les Jacobins, les premiers meurtres individuels se produisent en province dès nivôse. À Lyon, le 14 pluviôse an III (2 février 1795) est marqué par un premier massacre d'anciens terroristes détenus. Ces assassinats sont bientôt perpétrés par des bandes organisées : compagnons de Jésus, de Jéhu ou du Soleil, qui s'en prennent non seulement aux Jacobins mais à tous les patriotes de 1789, aux acquéreurs de biens nationaux, aux prêtres constitutionnels, aux protestants. Les représentants en mission laissent faire quand ils n'encouragent pas les violences (ainsi Chambon à Marseille ou le Girondin Isnard dans le Var), et les massacres se multiplient comme à Nîmes le 5 ventôse (23 février 1795). Les défaites populaires de germinal et de prairial an III donnent une impulsion décisive à cette première Terreur blanche. Au sein de la Convention, les membres des anciens Comités de l'an II, sauf Carnot et Prieur de la Côte-d'Or, sont arrêtés ainsi qu'une dizaine de députés montagnards. Le Tribunal révolutionnaire est supprimé le 12 prairial (31 mai 1795) et les condamnations pour fédéralisme annulées. Dans les départements, les procès se multiplient contre les anciens terroristes et, partout, les hommes de l'an II sont pourchassés. La plupart des villes possèdent désormais leur jeunesse dorée, maîtresse de la rue. Des prisonniers sont massacrés à Lons-le-Saunier, à Bourg ; à Lyon, les prisons sont de nouveau forcées les 5 et 15 floréal (24 avril et 4 mai), les détenus mis à mort. Massacres encore à Montbrison, à Saint-Étienne, à Aix-en-Provence. S'étant insurgés dans Toulon, dernière forteresse jacobine, les sans-culottes y sont écrasés le 4 prairial (23 mai), et la Terreur blanche s'amplifie. À Marseille, les compagnons du Soleil massacrent les détenus politiques du fort Saint-Jean, le 17 prairial (15 juin) et, à Tarascon, les Jacobins sont précipités du haut du château du roi René dans le Rhône, sous les yeux et les applaudissements de l'aristocratie locale. Meurtres encore à Salon, à Nîmes, à Pont-Saint-Esprit. « On égorge partout », écrit un conventionnel, le 13 prairial (1er juin 1795). Le mouvement devait reprendre en Provence à la fin de 1796, après la découverte de la conspiration des Égaux.

La seconde Terreur blanche. Consécutive à la défaite de Waterloo, le 18 juin 1815, elle est encore plus violente. Elle se déchaîne au cours de l'été de 1815 et sévit sur tout le pays, mais avec une intensité particulière dans les provinces de l'Ouest et surtout dans le Sud-Est. Des bandes de Verdets, émeutiers aux couleurs du comte d'Artois, se mettent à pourchasser et à massacrer les protestants et les anciens Jacobins, là aussi souvent avec la complicité des autorités. À Marseille, plusieurs centaines de bonapartistes ainsi que les Égyptiens, ramenés quinze ans plus tôt avec les Français, sont sauvagement exécutés. Cette exaltation n'épargne même pas de bons serviteurs de Louis XVIII : le général Ramel, nommé commandant de la place de Toulouse, qui refusait de valider sans garantie les grades des volontaires royaux, est assassiné sans que les autorités, le maire, Villèle, ou le préfet, Rémusat, aient voulu ou pu intervenir. Dans ces conditions, le meurtre du maréchal Brune par les royalistes d'Avignon, le 22 août 1815 – bien que celui-ci ait fait prendre la cocarde blanche à ses troupes –, semble presque une manifestation normale aux autorités qui ne cherchent guère les responsables.

En marge de ces excès individuels, des lois d'exception rétroactives justifient le châtiment des responsables et des complices des Cent-Jours, dont le succès est attribué à une vaste conspiration militaire. Exceptés de l'amnistie du 28 juin 1815, ceux-ci sont traduits en conseil de guerre, sommairement condamnés et exécutés. Les frères Faucher à Bordeaux, le général comte de La Bédoyère, dont l'attitude avait assuré l'entrée de Napoléon à Grenoble, enfin le maréchal Ney, fusillé le 7 décembre 1815, sont les plus illustres victimes de cette terreur légale. Fouché lui-même, pourtant ministre indispensable dans les jours difficiles, n'est pas épargné : il est banni pour avoir voté la mort de Louis XVI et avoir accepté pendant les Cent-Jours la fonction de ministre de la Police qui lui avait précisément permis de faciliter le retour du roi. C'est dans ces conditions qu'est élue les 14 et 22 août 1815 la Chambre introuvable. Dominée par les ultras, elle pousse le gouvernement au renforcement de la terreur, par l'épuration de l'administration, le vote de lois de sûreté générale sur les discours et les écrits séditieux et le port de la cocarde tricolore, le rétablissement des cours prévôtales et l'expulsion des régicides (1816). Mais ces excès faisant craindre au roi une nouvelle révolution, il met fin à la Terreur blanche en dissolvant la Chambre introuvable le 5 septembre 1816.

TERRIER

Au Moyen Âge et jusqu'à la Révolution, registre foncier, recueil d'aveux et dénombrements, déclarations et reconnaissances, passés par les tenanciers d'une seigneurie, avec l'indication exacte de leurs tenures et des droits et redevances auxquels elles sont astreintes.

À plusieurs reprises, des mesures sont prises pour faire un terrier général, soit du domaine royal (1659, 1673), soit d'une province particulière (la Guyenne en 1752). Longtemps négligée, la mise à jour des terriers est entreprise dans la seconde moitié du XVIIIe siècle. C'est un des aspects les plus caractéristiques de la réaction féodale qui marque les dernières années de l'Ancien Régime et provoque en contrecoup une violente explosion antiféodale en 1789. Les terriers sont interdits en 1790. On désignait par « lettres de terrier » les lettres du petit sceau que devaient obtenir les seigneurs pour appeler devant notaire ceux de leurs vassaux ou tenanciers qui étaient débiteurs de redevances, et mettre ainsi à jour leur terrier. Les spécialistes de la réfection des terriers étaient des commissaires à terrier.

TESSÉ René de FROULAY, comte de (?, 1651 – couvent des Camaldules, près de Grosbois, 1725)

Maréchal de France et diplomate.

L'amitié de Louvois lui permet de devenir maréchal de camp en 1688 et colonel général des dragons en 1692. L'année suivante, Tessé oblige les Impériaux à lever le siège de Pignerol. En 1696, il parvient à détacher la Savoie de la cause autrichienne. Maréchal de France en 1703, il échoue dans son assaut contre Barcelone l'année suivante, mais délivre Toulon et chasse les Piémontais du Dauphiné en 1707. Louis XIV le nomme ambassadeur à Rome en 1708 et général des galères en 1712. Louis XV l'enverra comme ambassadeur auprès de Philippe V en 1723.

TESSIER Gaston (Paris, 1887 – Paris, 1960)

Syndicaliste.

Proche de Marc Sangnier, fondateur du Sillon, il aborde très jeune l'action syndicale et sociale. Dès 1906, en effet, à moins de 20 ans, il devient secrétaire général adjoint du Syndicat des employés du commerce et de l'industrie. Six ans plus tard, il est nommé secrétaire des syndicats chrétiens de la région parisienne. Le 1er novembre 1919, lorsque est constituée la Confédération française des travailleurs chrétiens (CFTC), Tessier en est le premier secrétaire général. Il restera à ce poste jusqu'en 1953, devenant alors président d'honneur de la centrale syndicale. Membre du Conseil supérieur du travail, du Bureau international du travail (BIT), il organise pendant la Seconde Guerre mondiale un mouvement de résistance, Libération-Nord, et siège au Conseil national de la Résistance. En 1944, Gaston Tessier est membre de l'Assemblée consultative provisoire, puis préside en 1947 la Confédération internationale des syndicats chrétiens ; il est nommé conseiller d'État en 1949.

TESTAMENT

Acte révocable par lequel une personne jouissant de la capacité juridique déclare ses dernières volontés et dispose de ses biens pour le temps qui suivra sa mort.

D'origine romaine, il ressurgit au XIIe siècle et connaît un succès croissant. L'Église voit en effet en lui un moyen de recevoir des aumônes et des dons (œuvres de miséricorde, charités, legs aux couvents et aux confréries de dévotion). La multiplication des testaments est due également à la renaissance du droit romain, à la diffusion du notariat, à la masse croissante des biens mobiliers et au besoin de transmettre ces patrimoines dans leur intégralité, à la multiplication des voyages à risques... Il contient d'ordinaire les éléments suivants : un préambule attestant que le testateur est sain d'esprit, suivi de clauses pieuses réglant l'organisation de la sépulture et des services anniversaires ainsi que les dons charitables. Ce sont ensuite les clauses profanes concernant la disposition des biens et du patrimoine entre les héritiers, puis viennent la désignation de l'exécuteur testamentaire, les noms des témoins et formules de validation. À partir du XIVe siècle, le testament se pratique dans des groupes sociaux de plus en plus larges. Le notaire devient l'un des protagonistes majeurs des derniers moments. On réclame des messes par trentaines, par centaines, par milliers et on promet des fondations perpétuelles ruineuses. Au XVIe siècle, la pratique du testament se maintient chez les réformés, qui refusent simplement la Vierge, les saints et les messes. Au XVIIe siècle, en Provence, plus de la moitié des chefs de famille et 40 % des femmes dictent leurs dernières volontés. À Marseille, par exemple, les riches négociants s'organisent des funérailles grandioses, leur convoi mortuaire devant être composé du clergé de la paroisse, des religieux de trois ou quatre couvents, d'une confrérie de pénitents, les marguilliers des hôpitaux, suivis des orphelins et des pauvres. Même le paysan demande l'assistance du clergé et parfois des pauvres à qui il donne l'aumône tout en s'offrant au moins une trentaine de messes pour le repos de son âme. Toujours à Marseille au XVIIIe siècle, ce sont 80 % des notables qui testent. Le déclin du testament s'amorce après 1770, dans tous les milieux, l'une des principales causes semblant être une intériorisation de la foi, moins expansive et ostentatoire.

TETRICUS (? – ?, v. 275)

Empereur des Gaules.

D'origine gauloise, C. Pius Æsuvius Tetricus est sénateur et *praeses* (président ou gouverneur) d'Aquitaine lorsque Victorine, mère de l'empereur des Gaules Victorin, le désigne comme successeur de son fils décédé. Tetricus se fait donc proclamer Auguste à Bordeaux en 268. Certes, les légions du Rhin ne le reconnaissent pas, ou tout au moins le boudent ; sans passé militaire, il n'en impose pas. Mais heureusement pour lui, son premier compétiteur, Claude II, meurt en Illyrie en 270 ; sage administrateur, Tetricus peut donner un répit d'environ cinq ans à l'empire des Gaules (Gaules, Bretagne, Espagne), si malmené pendant la fin du Haut-Empire romain. C'est alors que surgit en Occident un second compétiteur en la personne d'Aurélien, successeur de Claude et prestigieux soldat comme lui. Contre lui, le faible Tetricus ne peut rien. Craignant par-dessus tout ses propres armées, qui le tyrannisent et dont la fidélité lui paraît douteuse, il négocie avec son rival à qui il écrit, citant Virgile : « Délivre-moi, invincible, de ces maux. » Puis il fait semblant de participer à la bataille de Châlons (273), où ses troupes sont écrasées. Après l'avoir fait figurer dans son triomphe, Aurélien lui donne le gouvernement de la Lucanie et nomme son fils sénateur. Tetricus est le dernier représentant de l'Empire « gaulois », qui a duré seize ans.

THAÏLANDE : voir SIAM

THANN

De l'alsacien tanne, *« le sapin ». Ville du Haut-Rhin, au pied des collines sous-vosgiennes sur la Thur, Thann est à l'origine un célèbre lieu de pèlerinage en l'honneur de saint Théobald (Thiébaut).*

Après avoir appartenu aux comtes de Ferrette qui avaient leur manoir, l'Engelbourg, sur une colline dominant la vallée, elle devient ville d'empire puis passe pendant quelque temps sous la domination des ducs de Bourgogne. Pendant la guerre de Trente Ans, elle est tour à tour prise par les Suédois, les Impériaux et Bernard de Saxe-Weimar. Après la réunion de l'Alsace à la France, la seigneurie de Thann est érigée en comté (1648) en faveur de la famille de Mazarin dont les héritiers, les ducs de Valentinois, la possédèrent jusqu'à la Révolution. En 1674, Turenne y bat les Impériaux qui s'en étaient emparés et fait sauter l'Engelbourg dont seul subsiste le donjon principal. Thann est très éprouvée par les deux guerres mondiales. Prise par les Français en août 1914, elle devient provisoirement le chef-lieu de la partie de l'Alsace reconquise.

THÉMINES Pons de LAUZIÈRES, marquis de (?, v. 1553 – Auray, 1627)

Maréchal de France.

Issu d'une famille d'origine languedocienne possessionnée en Quercy, il sert dès l'âge de 17 ans dans les guerres du Languedoc, rend de grands services à Henri III et Henri IV, se distingue au combat de Villemur en 1592 et pacifie le Quercy dont il a été nommé sénéchal et gouverneur. Sous Louis XIII, il arrête le prince de Condé en 1616, reçoit la même année le bâton de maréchal, commande l'armée au siège de Montauban en 1621 et prend plusieurs places au parti huguenot. Il meurt gouverneur de Bretagne.

THÉODEBALD ou THIBAUD (? – ?, 555)

Roi d'Austrasie (547 ou 548-555).

Fils de Théodebert ou Thibert. Il règne à la mort de son père (547 ou 548) et conserve quelques-unes des positions acquises par celui-ci en Italie. Mais lorsque Théodebald meurt prématurément, sans enfants, en 555, Clotaire Ier met la main sur son héritage.

THÉODEBERT ou THIBERT Ier (?, 504 – ?, 548)

Roi d'Austrasie (534-548).

Père du précédent. Fils de Thierry Ier et petit-fils de Clovis. Il combat d'abord les Danois, au nord du royaume de son père, puis les Wisigoths, en Provence. À la mort de Thierry Ier, en 534, il regagne Metz, capitale de son royaume, et devient roi d'Austrasie. La même année, il partage avec ses oncles Childebert et Clotaire la Bourgogne conquise sur Gondemar. Sollicité à la fois par Vitigès, roi des Ostrogoths, et par le Grec Justinien, qui se combattent en Italie, Théodebert trahit les deux adversaires, les bat à tour de rôle dans la péninsule, puis regagne son royaume en 539, pourvu d'un butin considérable. Il se prépare à partir à l'assaut de Constantinople lorsqu'il meurt des suites d'un accident de cheval. Son épouse, la Romaine Deuteria, lui avait donné un fils, son successeur, Théodebald.

THÉODEBERT ou THIBERT II (?, 586 – ?, 612)

Roi d'Austrasie (596-612).

Fils de Childebert. À la mort de ce dernier en 596, Théodebert règne sur l'Austrasie, sous la tutelle de sa grand-mère Brunehaut, tandis que son frère Thierry II devient roi de Bourgogne. Les grands d'Austrasie, supportant de plus en plus difficilement le rôle de Brunehaut, poussent le jeune roi à l'écarter. En 599, avec Thierry II, Théodebert bat les armées de Clotaire II, dévaste la vallée de la Seine, puis acquiert, l'année suivante, lors du traité imposé à Clotaire, le nord du royaume de Neustrie. Deux ans plus tard, avec succès, les deux frères s'en prennent aux Basques. Vers 605, Théodebert ayant fait la paix avec Clotaire, à la grande fureur de Thierry, le désaccord éclate entre les deux rois. Désaccord entretenu par Brunehaut, qui engage Thierry à prendre les armes contre son frère, afin de ramener à la raison les grands d'Austrasie. Leurs armées se heurtent à Toul, en mai 612, puis à Tolbiac. Fait prisonnier, livré à Bruhenaut, tonsuré, Théodebert II est enfermé dans un monastère. Sa grand-mère le fera finalement tuer, comme ses enfants, dont un seul échappera à la mort.

THÉODORIC Ier (? – champs Catalauniques, 451)

Roi des Wisigoths (418-451).

Succédant à Wallia mort en 418, il ne se contente pas de l'établissement que Rome avait concédé aux Wisigoths en Aquitaine, mais rompt l'alliance (*fœdus*) qui le liait à l'Empire et met le siège devant Arles en 425. Mais Aétius, maître de la milice, l'oblige à retraiter. En 436, il mène une nouvelle tentative, cette fois sur Narbonne. Elle n'est pas plus fructueuse, la ville étant sauvée grâce aux troupes hunniques mises par Aétius à la disposition de Litorius, peut-être commandant des forces de Gaule. Trois ans plus tard, Théodoric prend sa revanche à Toulouse et fait prisonnier Litorius. La paix est cependant conclue grâce à Avitus, préfet du prétoire des Gaules, qui entretenait de bonnes relations personnelles avec Théodoric. On en revient au statu quo. L'ambition du roi wisigoth se tourne alors vers l'Espagne, où il pratique une politique expansionniste, grâce notamment au mariage de ses filles, l'une avec Réchiaire, roi des Suèves (449), l'autre avec Hunéric, roi des Vandales. Il se joint enfin à la coalition rassemblée par Aétius contre Attila et trouve la mort à la bataille des champs Catalauniques (*Campus Mauriacus*), près de Troyes.

THÉODORIC II (? – ?, 466)

Roi des Wisigoths (453-466).

Fils du précédent. Théodoric monte sur le trône en 453 après avoir assassiné son frère aîné Thorismond et règne à un moment où la seule force qui subsiste dans l'Europe occidentale est celle des Wisigoths. Il ne peut toutefois ceindre la couronne impériale lorsque celle-ci se trouve vacante mais, en qualité de fédéré et allié de l'Empire, considère comme un droit de désigner le nouvel empereur. Son choix se porte sur son ami Avitus, qui avait fait de lui un admirateur de la littérature et de la philosophie latines. Il le fait reconnaître comme empereur en 455. Mais, étant lui-même occupé à combattre le roi des Suèves Réchiaire, sur lequel il remporte en 456 une victoire décisive qui fait de lui le maître incontesté de la Gaule et de l'Espagne, il ne peut éviter qu'Avitus soit destitué la même année par Ricimer et Majorien. Intimidé par ce dernier qui passe en Gaule en 458-459, il accepte néanmoins de renouer son « alliance » avec l'Empire, puis, après l'assassinat de Majorien, se fait céder Narbonne par Ricimer pour prix de sa participation à la lutte contre Égidius en 462. Mais il est battu par celui-ci près d'Orléans en 463 et meurt assassiné par son frère Euric.

THÉODULF ou THÉODULFE (Catalogne, v. 750 – Angers, 821)

Évêque et théologien.

Né en Espagne de parents goths, il est élevé en Gaule, où il reçoit une éducation classique, portant en particulier sur l'étude des poètes latins. Évêque d'Orléans, abbé, peut-être de Fleury-sur-Loire, il compose un *Traité sur les sept arts* et des poèmes. Estimé par Charlemagne, pour lequel il écrit une œuvre poétique, *Ad Carolum regem*, Théodulf réside souvent à la Cour, sans toutefois négliger son diocèse. Sous son influence, l'abbaye de Fleury devient un important centre spirituel. Nommé plus tard abbé de Saint-Mesmin, près d'Orléans, il entreprend de restaurer la congrégation. Lié avec Alcuin, Éginhard, il signe en 814 le second testament de Charlemagne. Sous le règne de Louis le Pieux, en 818, Théodulf est compromis dans la révolte de Bernard, roi d'Italie, et emprisonné dans un monastère à Angers. Libéré quelque temps plus tard, il meurt empoisonné avant d'avoir pu regagner son évêché. Certains estiment toutefois qu'il est mort en prison. Esprit brillant aux diverses facettes, Théodulf a laissé des ouvrages théologiques, comme un traité sur le Saint-Esprit, *De Spiritu Sancto*, un pénitentiel et des œuvres en vers inspirées d'Ovide et de Virgile, comme *Parænesis ad judices* et, probablement, le *Gloria, laus et honor* passé dans la liturgie des Rameaux.

THÉOPHILANTHROPIE

Culte qui apparaît en France pendant le Directoire.

En septembre 1796, un libraire, Chemin-Dupontès, publie un manuel de théophilanthropie, bible des adeptes de cette doctrine. Ceux-ci croient en l'existence divine, en l'immortalité de l'âme et en la solidarité humaine. À l'intérieur de temples dépouillés d'ornements et de décorations, les *théophilanthropes* (« amis de Dieu et des hommes ») se rassemblent autour de prêtres habillés de vêtements de laine blanche, qui chantent des cantiques et prêchent des principes moraux simplistes. En 1797, malgré les protestations du clergé constitutionnel, le gouvernement autorise la célébration du nouveau culte à l'intérieur de plusieurs églises catholiques. Cependant, dérisoirement surnommés les « filous en troupe », les théophilanthropes n'attirent que peu d'adeptes. Après le Concordat, Bonaparte, sur la demande du pape, leur interdira de se réunir dans les édifices nationaux (4 octobre 1801). Les plus célèbres théophilanthropes furent le directeur Louis Marie La Revellière-Lépeaux, l'ancien député conventionnel Pierre Daunou, les écrivains Jacques Bernardin de Saint-Pierre et Marie-Joseph de Chénier.

THÉRÈSE de LISIEUX, sainte (Alençon, 1873 – Lisieux, 1897)

Religieuse.

Issue d'une famille d'horlogers extrêmement pieuse, cadette de neuf enfants dont cinq entreront en religion, Thérèse est admise au carmel de Lisieux à l'âge de 15 ans, commence son noviciat deux ans plus tard et fait sa profession le 24 septembre 1890. Elle prend alors le nom de Marie Françoise Thérèse de l'enfant Jésus et de la Sainte-Face. Affectée, selon les usages de

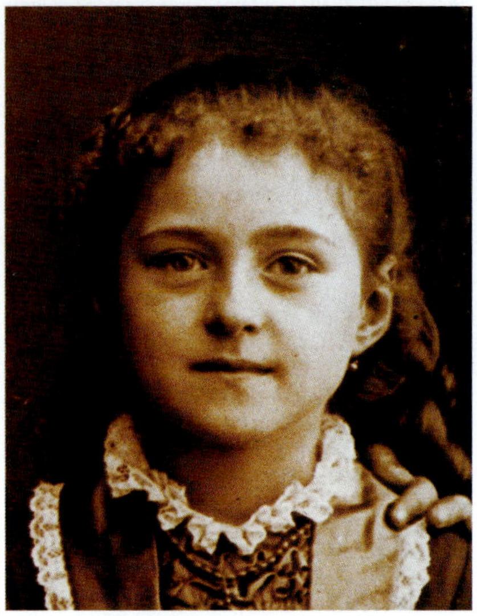

Sainte Thérèse de Lisieux
Thérèse quelques années avant son entrée au carmel. © *Sélection Images*

l'ordre, aux tâches les plus humbles durant plusieurs mois, elle se voit confier la sacristie à 17 ans et sera nommée trois ans plus tard maîtresse des novices. Très rapidement apparaissent les premiers symptômes de la tuberculose qui finira par l'emporter. De santé fragile, Thérèse avait subi durant son adolescence différents accès de dépression, d'hallucinations et de catalepsie. Toutefois, elle n'a jamais eu, d'après ses proches, de visions mystiques et n'a jamais accompli de miracles. Une vie sainte dans son humilité et la réalisation de prédictions qu'elle avait annoncées font que la mère supérieure introduit, douze ans après la mort de Thérèse, une demande d'ouverture de procès en béatification auprès du Saint-Siège. Béatifiée en 1923, Thérèse est canonisée deux ans plus tard et devient la sainte la plus populaire des temps modernes. Proclamée en 1929 patronne des missions, celle qui avait déclaré sur son lit de mort : « Je ferai descendre une pluie de roses [...] je veux passer mon ciel à faire du bien sur la terre », fera de Lisieux un centre de pèlerinage assidûment fréquenté par des fidèles venus du monde entier. Thérèse avait écrit, en 1897, à la demande de sa mère supérieure, son autobiographie, *Histoire d'une âme*, dans laquelle elle indiquait, pour accéder à Dieu, la « petite voie », celle de la sainteté jusque dans les tâches les plus humbles de la vie.

THERMIDOR (journées des 8, 9, 10)

Journées révolutionnaires des 26, 27, 28 juillet 1794 qui entraînèrent la chute de Robespierre et de ses partisans, la fin de la Convention montagnarde et l'amorce de la réaction thermidorienne.

Plusieurs motifs expliquent la chute de celui qui semblait, peu de temps auparavant, tout-puissant. Les épurations successives menées au sein du parti révolutionnaire, contre les Girondins d'abord, au cours de l'été 1793, puis contre les hébertistes et les dantonistes, en mars-avril 1794, ont finalement affaibli le mouvement, à présent coupé du peuple. Robespierre, craignant les débordements des sans-culottes, a supprimé les clubs de quartier. L'opinion, surtout, commence à se lasser de la Terreur, que les succès à l'extérieur, succédant aux revers, ne justifient plus. La loi du 22 prairial an II (10 juin 1794), qui organise la Grande Terreur, puis l'exécution de Cécile Renault et de ses prétendus complices, sont très mal accueillies. Certains membres de la Convention, par ailleurs, reprochent à Robespierre l'arrêt de la déchristianisation et la fête de l'Être suprême, célébrée le 8 juin. Dernier motif de crise, la division qui règne entre les comités de gouvernement, le Comité de sûreté générale, d'une part, dont les membres, sauf Le Bas et David, sont hostiles à Robespierre, et le Comité de salut public d'autre part. Tout-puissant lorsqu'il était uni, formant le grand comité, ce dernier commence même à se diviser. Plusieurs de ses membres, entre autres Carnot et Billaud-Varenne, redoutent ou jalousent l'ascendant pris par Robespierre. Conscients que la division des comités risque de provoquer la chute du gouvernement révolutionnaire, certains de leurs membres tentent de les réconcilier en une séance plénière, les 4 et 5 thermidor. Mais Robespierre qui, aigri, désabusé, ne siégeait plus au comité depuis quelques semaines, refuse toute réconciliation, estimant que seules de nouvelles purges mettront fin à la crise et rétabliront l'autorité et l'unité du gouvernement révolutionnaire.

Le 8 thermidor, devant la Convention, l'« Incorruptible » attaque ses adversaires dans un long discours plutôt maladroit. Il réclame et promet la punition des traîtres, l'écrasement des factions, l'épuration des comités. Ses partisans applaudissent, mais tous ceux qui se sentent atteints par ses menaces se rebiffent. Cambon l'accuse de paralyser la volonté de la Convention. Ses adversaires le somment de nommer ceux qu'il appelle les « fripons ». Mais Robespierre, commettant une grave erreur de tactique, se dérobe. Ainsi, tous ceux qui ont quelque chose à se reprocher se sentent visés. La Convention se sépare, sans voter l'impression de son discours. Au soir du 8 thermidor, pendant que Robespierre se fait applaudir aux Jacobins, ses adversaires se concertent et mettent au point le processus qui permettra de le réduire définitivement au silence. Parmi eux figurent des membres du Comité de sûreté générale, Vadier en tête, ou du Comité de salut public, des jaloux comme Billaud-Varenne et Collot d'Herbois, des inquiets comme Carnot. Menacés par l'Incorruptible, des représentants en mission prévaricateurs ou suspects, comme Fouché, Tallien, Barras et Fréron, les rejoignent, à l'instar des Indulgents survivants. Tallien se montre tout particulièrement acharné contre Robespierre qu'il rend, à juste titre, responsable de l'arrestation de sa femme Thérésa, promise à la guillotine. Les conjurés, après maintes négociations, obtiennent enfin l'appui indispensable du Marais, la fraction numériquement la plus importante de la Convention, toujours indécise. Dans la nuit du 8 au 9 thermidor, tandis que Saint-Just et Robespierre mettent au point les discours qui leur permettront d'écraser leurs adversaires, ces derniers préparent la journée du lendemain.

Le 9 thermidor à 11 heures s'ouvre la séance de la Convention. Appliquant leur tactique, les opposants empêchent Saint-Just et Robespierre de parler. Alors que le premier reste muet, le second, onze fois, tente en vain de se faire entendre. Dans le tumulte, aux cris de « À bas les traîtres », Tallien brandit un poignard avec lequel il propose de tuer le tyran. La Convention vote bientôt l'arrestation d'Hanriot, commandant de la garde nationale, puis celle de Dumas, président du Tribunal révolutionnaire. Un obscur député, Louchet, propose alors le décret d'arrestation de Robespierre, voté à l'unanimité. Robespierre le Jeune demande à partager le sort de son aîné. Couthon, Saint-Just, Le Bas leur sont adjoints. Seules la Commune et les sections peuvent encore retourner la situation. Mais leur tentative, mal organisée, échouera. Dans l'après-midi, Fleuriot-Lescot, maire de Paris, tout dévoué a Robespierre, et Coffinhal, vice-président du Tribunal révolutionnaire, proclament l'état d'insurrection, appellent les sections en sonnant le tocsin et font délivrer les prisonniers, dont certains ont été conduits à la Force, d'autres à la Conciergerie. Robespierre et ses amis se retirent alors, à la fin de l'après-midi, dans une salle de l'Hôtel de Ville. Pendant ce temps, les détachements de gardes nationaux envoyés par les sections – 16 seulement sur 48 – se réunissent place de Grève. 17 compagnies de canonniers, sur une trentaine, se réunissent elles aussi aux ordres de la Commune. Mais Hanriot, qui, libéré, pourrait marcher sur la Convention, mettre les députés à la raison par la force, reste inactif. À l'Hôtel de Ville, Robespierre et ses compagnons discutent. Ce dernier ne se résout pas à prendre la tête de l'insurrection, à agir contre la loi. Au contraire, la Convention agit, rentre en séance. Apprenant la passivité d'Hanriot, les députés reprennent courage et mettent hors la loi le commandant de la garde nationale, Robespierre, et tous ceux qui ont éte arrêtés dans l'après-midi. Ce procédé permettra de les conduire à la guillotine sans jugement.

Cependant, tandis que Robespierre et ses amis continuent de discuter, les derniers sectionnaires, que la succession d'ordres et de contrordres n'avait pas déjà persuadés de rentrer chez eux, se dispersent. Les députés chargent alors Léonard Bourdon et Barras, avec les sections restées fidèles à la Convention, de marcher sur l'Hôtel de

Les journées de Thermidor
La Nuit du 8 au 9 Thermidor. Huile sur toile de Jean Joseph Weerts, musée de Roubaix. © *Giraudon*

Ville afin de s'emparer des robespierristes. Vers 2 heures du matin, le 10 thermidor, la troupe pénètre sans difficulté à l'Hôtel de Ville. Robespierre le Jeune, qui s'est précipité par une fenêtre pour leur échapper, se fracture le bassin. Couthon l'infirme, qui s'est jeté dans l'escalier, est relevé les os brisés. Seul Le Bas réussit à se tuer d'un coup de pistolet, tandis que Robespierre ne parvient qu'à se fracturer la mâchoire. Le gendarme Merda se vantera à tort d'avoir tiré sur le tyran. Quant à Saint-Just, toujours impassible, il se laisse arrêter sans résister. Les prisonniers sont conduits à la Conciergerie. Robespierre, qui souffre atrocement, est étendu sur une table, la mâchoire entourée d'un pansement sommaire. La foule défile, qui insulte ceux qu'elle vénérait il y a si peu de temps. Le Tribunal révolutionnaire, hâtivement réuni par Fouquier-Tinville, se contente de « reconnaître » l'identité des prisonniers, qu'il n'a pas à juger puisqu'ils ont été mis hors la loi. Vers 4 heures, l'après-midi du 10 thermidor, trois charrettes conduisent vers la place de la Révolution les 22 premiers condamnés. Sur leur passage la foule manifeste sa joie et injurie les prisonniers. 71 partisans de Robespierre seront exécutés le 12 thermidor, et 11 encore le lendemain. La tentative d'insurrection a échoué, en raison de l'indécision des chefs de la Commune, et aussi de Robespierre et de ses amis, qui n'ont pas osé se mettre à la tête des sectionnaires restés fidèles et accourus place de Grève. Dans les jours qui suivent, les adversaires de Robespierre, devenus tout-puissants, mettront en place la réaction dite thermidorienne dirigée contre la Terreur et contre l'idéal jacobin.

THÉROIGNE de MÉRICOURT, Anne Josèphe TERWAGNE, dite (Marcourt, Belgique, 1762 – Paris, 1817)

Héroïne de la Révolution.

Fille de paysans aisés, elle quitte à plusieurs reprises le domicile paternel et, à 17 ans, devient dame de compagnie d'une Anglaise, Mrs Colbert. Celle-ci lui fait étudier les arts d'agrément, notamment le chant. Cependant, elle ne tarde pas à abandonner l'étude pour mener à Londres, puis en Italie, une vie des plus libertines. Grande admiratrice des philosophes, elle rejoint Paris à l'annonce de la convocation des États généraux, décide de se lancer dans la politique et adopte un nom de guerre, Théroigne de Méricourt. Vêtue d'une tenue d'amazone, coiffée d'un panache noir, le sabre au côté, la jeune femme se rend vite populaire par les motions qu'elle présente aux députés et au club des Cordeliers. Dans le salon qu'elle tient rue de Tournon, Théroigne de Méricourt réunit les Amis de la loi, qui la surnomment l'« Amazone de la liberté ». Cependant, les hommes politiques ne la prennent guère au sérieux, les publicistes la ridiculisent fréquemment, on joue un drame en vers, *Théroigne et Populus*. Dans la nuit du 15 au 16 novembre 1791, alors qu'elle s'est retirée quelque temps dans son village natal, l'Amazone de la liberté est enlevée par des émigrés qui la conduisent dans le Tyrol. Là, pendant plusieurs mois, elle est interrogée au sujet de sa prétendue participation à un projet de soulèvement de la province de Liège, et enfin libérée. À son retour à Paris, Jacobins et patriotes l'accueillent triomphalement, Guadet lui donne, à l'Assemblée, le titre de « présidente de son sexe ».

Théroigne de Méricourt entreprend alors de constituer une légion d'amazones, déchaînant contre elle l'antiféminisme des journaux et même des patriotes, qui l'accusent de détourner les femmes de leurs devoirs. À la tête d'une troupe de femmes, elle participe cependant à la journée du 20 Juin, puis à celle du 10 Août, faisant massacrer le publiciste Suleau, qui l'avait raillée. Elle choisit ensuite le mauvais camp, celui de son ami Brissot et, pour avoir voulu soutenir ce dernier le 31 mai 1793, elle est publiquement fessée par des tricoteuses. Sa raison, déjà affaiblie par son séjour dans les prisons tyroliennes, finit par sombrer : internée à la Salpêtrière en 1797, elle y restera jusqu'à sa mort.

THÉROUANNE ou TÉROUANNE

Antique Tarvanna *ou* Taruenna, *principale ville du peuple des Morins, située à 10 km à l'ouest d'Aire, sur la Lys, aux confins de la Flandre et de l'Artois.*

La cité reçoit son premier évêque vers 500 ; le troisième n'est autre que saint Omer (v. 637 – v. 667). Son rôle religieux est considérable pendant tout le Moyen Âge : depuis la fin de l'Empire, elle possède certainement le plus puissant évêché de l'ancienne Gaule Belgique. Son importance militaire ne se démentira pas jusqu'à sa disparition totale au XVIe siècle. Les Normands détruisent la ville une première fois vers 880. Les Anglais la brûlent à plusieurs reprises, notamment en 1380 et 1513. Elle est ensuite disputée entre Français et Impériaux. En 1553, comme elle représente un coin français enfoncé dans ses terres, Charles Quint décide de la réduire à quelque prix que ce soit. Le sire d'Essé la défend vaillamment pour Henri II. Finalement, la cité est emportée d'assaut, après avoir reçu 40 000 coups de canons, assure la tradition. Charles Quint, qui a éprouvé de nombreuses contrariétés dans les mois précédents, voit dans cette prise l'occasion d'apaiser sa soif de vengeance. « Il commanda qu'elle fust rasée et démolie jusques aux fondements, afin qu'il n'en restât que la place où l'on diroit que Thérouenne auroit esté. » La cathédrale elle-même, avec ses reliques, ne fut point épargnée. On passa la charrue sur le terrain. Thérouanne ne devait pas s'en relever. La petite ville moderne de Thérouanne occupe pour sa majeure partie l'emplacement d'un ancien faubourg. Le chantier de fouilles de Thérouanne a été ouvert en 1898.

THIBAUD Ier de BLOIS (?, v. 908 – ?, v. 978)

Comte de Blois, de Chartres et de Tours.

En 945, c'est lui qui reçoit mission de garder prisonnier Louis d'Outremer, capturé par les habitants de Rouen et livré à Hugues le Grand, duc de France. Thibaud est le constructeur d'un donjon qui fut à l'origine du château de Châteaudun.

THIBAUD II de BLOIS (? – ?, 1004)

Comte de Blois et de Tours (995-1004).

Fils d'Eudes Ier et petit-fils du précédent, il devient comte de Blois à partir de 995. Il doit lutter, avec l'aide de Robert le Pieux, contre les visées de Foulques III Nerra, qui a déjà enlevé à son père plusieurs de ses possessions.

THIBAUD III de BLOIS et de CHAMPAGNE (?, v. 1010 – Épernay, v. 1089)

Comte de Blois, de Tours et de Chartres (1037-1089) et, sous le nom de Thibaud Ier, comte de Troyes et de Meaux (1063-1089).

Second fils d'Eudes II, comte de Blois et de Champagne. À la mort de celui-ci, en 1037, il partage ses domaines avec son frère Étienne II, qui reçoit la Champagne. Le roi Henri Ier, auquel il a refusé de prêter hommage, soutient contre lui le comte d'Anjou Geoffroi Martel. Ce dernier, qui l'emporte en 1044, lui enlève la Touraine. En 1063, à la mort de son frère, Thibaud dépouille son neveu Eudes de Troyes et de Meaux. Thibaud III, qui veilla à l'administration de ses domaines et fut un grand protecteur des établissements religieux, eut de sa seconde femme Alix quatre fils dont Hugues Ier, comte de Champagne, et Étienne, comte de Blois.

THIBAUD IV LE GRAND (?, 1093 – Lagny, 1152)

Comte de Blois et de Chartres (1102-1152) et, sous le nom de Thibaud II, comte de Champagne (1125-1152).

Successeur de son père Étienne, comte de Blois, mort en 1102, il gouverne sous la tutelle de sa mère Alix d'Angleterre, fille de Guillaume le Conquérant. Les premières années de son règne se passent à lutter contre Louis VI, avec les seigneurs rebelles de l'Île-de-France et le roi d'Angleterre Henri Ier. Changeant de camp en 1124, il répond à l'appel de Louis VI et se porte avec lui à la rencontre de l'empereur Henri V, gendre et allié du roi d'Angleterre, qui tente d'envahir le royaume. En 1125, il hérite les domaines de son oncle Hugues, comte de Champagne, qui a déshérité à son profit son fils Eudes. Dix ans plus tard, Thibaud le Grand apporte son appui à son frère Étienne de Blois, qui brigue le trône d'Angleterre. Profitant de cette occasion de lutter contre Geoffroi Plantagenêt, il envahit aussitôt la Normandie qu'il évacue cependant deux ans plus tard, contre une forte indemnité. En 1138, à Auxerre, il rencontre le jeune roi Louis VII, auquel il promet son soutien. Trois ans plus tard, lorsque Étienne est vaincu à Lincoln, le comte de Champagne refuse la couronne d'Angleterre. Rompant ensuite complètement avec Louis VII, il prend parti contre lui dans l'affaire de l'archevêque de Bourges Pierre de La Châtre. En 1142, le roi envahit la Champagne et brûle Vitry. Accablé de remords, il accepte bientôt, sur les conseils de saint Bernard, de traiter avec son adversaire, si bien que Thibaud recouvre la Champagne. Son épouse Mathilde, fille du duc de Carinthie, lui avait donné une dizaine d'enfants dont Henri, comte de Champagne, Thibaud, comte de Blois, et Alix ou Adèle, troisième femme de Louis VII.

THIBAUD V LE BON (? – Aire, 1191)

Comte de Blois et de Chartres (1152-1191).

Second fils du précédent, il lui succède à sa mort. Il fait partie des fameux oncles champenois du jeune Philippe Auguste. Il avait épousé une des filles de Louis VII et d'Aliénor d'Aquitaine, et fut le dernier sénéchal de France, la charge, jugée trop dangereuse pour l'autorité royale, étant supprimée à sa mort par Philippe Auguste.

THIBAUD Ier de CHAMPAGNE : voir THIBAUD III de BLOIS et de CHAMPAGNE

THIBAUD II de CHAMPAGNE : voir THIBAUD IV LE GRAND

THIBAUD III de CHAMPAGNE (Troyes, 1179 – Troyes, 1201)

Comte de Troyes et de Meaux (1197-1201).

Petit-fils de Thibaud II, fils d'Henri Ier, il succède en 1197 à son frère aîné Henri II. Quelques années plus tard, lorsque Foulques de Neuilly prêche la quatrième croisade, Thibaud III décide de prendre la croix. La mort le surprend au moment où il va prendre la tête des croisés. Son épouse, Blanche de Navarre, accouchera peu après d'un fils, Thibaud IV, dont le roi de France Philippe Auguste sera le tuteur.

THIBAUD IV de CHAMPAGNE (Troyes, 1201 – Pampelune, 1253)

Comte de Champagne et de Brie (1201-1253), puis roi de Navarre sous le nom de Thibaud Ier (1234-1253).

Fils posthume du précédent. Jusqu'en 1222, ses domaines sont administrés par sa mère Blanche de Navarre, sous la tutelle de Philippe Auguste. Blanche doit, en particulier, lutter contre les prétentions d'Érard de Brienne, finalement débouté par le Parlement en 1216. Auprès de sa mère comme auprès de son tuteur, Thibaud rencontre des poètes qu'il apprend vite à apprécier, avant de rejoindre leurs rangs. Il se montre tout d'abord fidèle serviteur de Louis VIII, qu'il soutient contre les barons de Gascogne, contre les Anglais puis contre les Albigeois, avant de l'abandonner devant Avignon en 1226. Le comte de Champagne rejoint alors le camp des ennemis du roi que mènent le duc de Bretagne et Hugues de Lusignan, comte de la Marche. Le 27 novembre, lors du sacre du jeune Louis IX, la reine lui fait interdire l'entrée de Reims. Thibaud IV ne tarde pas à implorer le pardon de la régente, qu'il obtient, et soutient dès lors Blanche et son fils contre Pierre Mauclerc et ses amis. Ces derniers envahissent et pillent en 1230 ses domaines sous la conduite du comte de Boulogne Philippe Hurepel. Le comte de Champagne en vient à bout avec l'aide de l'armée royale, mais doit céder à Saint Louis IX les comtés de Blois et de Chartres ainsi que le Sancerre (1234). Deux ans plus tôt a été célébrée sa troisième union, avec Marguerite, fille d'Archambaud de Bourbon, qui lui donnera six enfants.

En 1234, à la mort de son oncle Sanche VII, Thibaud IV devient roi de Navarre sous le nom de Thibaud Ier. Aussitôt, il entreprend de mettre en valeur ses nouveaux domaines. En même temps, il tente en vain de racheter les droits cédés à Saint Louis, qui refuse. Thibaud IV envisage alors de se dresser de nouveau contre son autorité : en 1236, sans demander, comme il le devait, l'autorisation royale, il conclut le mariage d'une de ses filles avec Jean, fils du duc de Bretagne. Le roi se met alors en campagne contre lui. Le pape Grégoire IX intervient, Thibaud implore de nouveau le pardon royal, annonce son intention de se croiser. Mais il doit renoncer définitivement à ses droits et céder au roi trois places fortes. Thibaud IV rejoint alors son ami Pierre Mauclerc, et les deux hommes se décident à partir pour la croisade, comme ils l'annonçaient depuis plusieurs années (1239-1240). Une expédition, au cours de laquelle les croisés subissent la défaite de Gaza, n'aboutit qu'à la conclusion d'une trêve de trois ans, qui marque en fait la fin de la croisade. De retour en France, le comte de Champagne se consacre à l'administration de ses domaines et à la poésie. Ses œuvres poétiques figurent parmi les plus beaux exemples des vers qui, en langue d'oil, célèbrent au XIIIe siècle l'amour courtois. Poésie idéale, où la réalité n'a guère de place, qui lui vaut le surnom de Thibaud « le Chansonnier ».

THIBAUD V de CHAMPAGNE (?, 1235 – Trapani, Sicile, 1270)

Comte de Champagne et roi de Navarre (1253-1270).

Fils du précédent et de Marguerite de Bourbon. Jusqu'à sa mort, en 1258, cette dernière l'aide dans l'administration de ses États. En 1256, une querelle oppose Thibaud V au duc de Bretagne Jean le Roux, époux de sa sœur. D'après les clauses du mariage, cette dernière devait hériter de la Navarre à la mort de son père et l'apporter en dot à son époux, mais Thibaud V refuse une telle perspective. Sur l'intervention de Saint Louis, le duc de Bretagne accepte de renoncer à la Navarre, en échange d'une forte indemnité. Quelques années plus tard, le comte de Champagne épouse Isabelle, fille de Saint Louis : les liens entre la couronne et les terres de Thibaud sont ainsi resserrés. En 1270, Thibaud V s'embarque à Aigues-Mortes pour la dernière croisade du roi. Comme ce dernier, il ne reverra pas la France. Son frère Henri III lui succède.

THIBAUDEAU Antoine Claire, comte (Poitiers, 1765 – Paris, 1854)

Homme politique.

Issu d'une famille de roturiers, il se dirige vers la carrière d'avocat. Il accompagne son père, député du tiers état du Poitou aux États généraux de 1789, à Versailles, et suit avec passion les débats de la jeune Assemblée constituante. Nommé peu de temps après substitut puis procureur à Poitiers, il est élu à son tour, le 3 septembre 1792, député à la Convention nationale. Acquis aux idées jacobines, il participe au procès de Louis XVI en rejetant l'appel au peuple et vote la mort du roi sans sursis. Affecté, au mois de mai 1793, à l'armée des Côtes de La Rochelle, afin d'organiser la résistance contre les chouans, Thibaudeau apprend que plusieurs départements viennent de se soulever contre l'Assemblée et se rend dans la Vienne où il obtient le retour au calme. Revenu à Paris, il siège, selon les témoignages de nombreux confrères, dont Barras, en bonnet phrygien et carmagnole et prend part aux travaux du Comité de l'instruction publique. Il effectue à ce poste un travail considérable que vient perturber la chute de Robespierre, le 27 juillet 1794. Après avoir embrassé la cause des thermidoriens, Thibaudeau combat les principales lois de la Terreur (celles dites du maximum et des suspects, principalement), puis il est élu président de la Convention, le 6 mars 1795. À ce poste, partisan de l'ouverture de l'Assemblée aux représentants jacobins comme aux représentants royalistes, il fait l'apologie du rôle du Comité de salut public sous le gouvernement révolutionnaire des années 1793-1794, regrettant seulement que celui-ci ait pu disposer de pouvoirs aussi exorbitants. Il entre au Comité de sûreté générale au mois d'avril 1795. Après avoir demandé la restitution des biens aux familles des condamnés de la Terreur, il démissionne du Comité afin de pouvoir siéger à la Commission des lois organiques chargée d'établir la Constitution de l'an III. Entré au Comité de salut public au mois de septembre 1795, Thibaudeau se charge de déjouer le retour en force des Jacobins. Élu député de la Vienne au Corps législatif, il se rapproche sans équivoque des milieux politiques d'obédience royaliste. Il sera sur la liste des déportés du 18 Fructidor (avril 1797) mais réussira, grâce à l'intervention de Boulay de la Meurthe, à éviter la proscription.

Siégeant ensuite au Conseil des Cinq-Cents, il s'inscrit, au printemps de 1798, au barreau de Paris et rallie avec enthousiasme le régime issu du coup d'État du 18 Brumaire. Préfet de la Gironde au mois de février 1800 et conseiller d'État six mois plus tard, Thibaudeau retrouve un rôle politique actif en critiquant sans ménagements certains aspects de la politique consulaire. Quoique irrité, Bonaparte le nomme préfet des Bouches-du-Rhône. Thibaudeau reçoit peu de temps après la Légion d'honneur et sera fait comte d'Empire au mois d'avril 1809. Révoqué lors du premier retour des Bourbons, il assume plusieurs hautes fonctions d'ordre administratif durant les Cent-Jours et s'oppose, devant la Chambre des pairs, au retour de Louis XVIII sur le trône de France, au lendemain de Waterloo. Thibaudeau doit alors quitter la France. Il se réfugie à Lausanne, où il est arrêté, puis est détenu à Fribourg et à Colmar. Touché par la loi du 12 janvier 1816, dite des « régicides relaps », il s'enfuit à Prague, Vienne puis en Bavière, et enfin à Bruxelles. Rentré en France au lendemain des Trois Glorieuses, il se retire des affaires sous la monarchie de Juillet, mais sera appelé au Sénat et fait grand officier de la Légion d'honneur sous le Second Empire (1853). Thibaudeau a laissé plusieurs ouvrages : *Mémoires sur la Convention et le Directoire* (1824) ; *Mémoires sur le Consulat* (1827) ; *Histoire générale de Napoléon Bonaparte* (1827-1828) ; *Le Consulat et l'Empire* (1834) ; *Histoire des États généraux et des institutions représentatives de la France* (1843).

THIERRY ou THIERRI (? – ?, 534)

Roi des Francs (511-534).

Fils aîné de Clovis, mais né hors mariage d'une femme sans doute païenne, il se distingue par sa valeur aux côtés de son père lors de l'expédition contre les Wisigoths. Après avoir combattu à Vouillé en 507, Thierry soumet l'Albigeois, le Rouergue et l'Auvergne (507-508), qu'il ajoute à sa part d'héritage. Celle-ci comprend le pays des Ripuaires avec Cologne, la vallée de la Moselle avec Metz et Trèves, l'hégémonie sur les Francs (Hessois) de la rive droite du Rhin et sur les Alamans (511). Il succède à son père cette même année. Gendre de Sigismond, roi des Burgondes, il refuse de s'associer à l'expédition menée contre celui-ci par ses frères en 523, mais prend part à la campagne de 524. Puis il entreprend de soumettre la Thuringe. Après être rentré les mains vides d'une première expédition, il mène une seconde campagne quelques années plus tard, avec le concours de son frère Clotaire Ier, et écrase les Thuringiens sur les bords de l'Unstrut, victoire qui fait passer ceux-ci sous son autorité (530-531). Il réussit enfin à imposer le paiement d'un tribut aux Saxons de Germanie.

THIERRY ou THIERRI II (?, 587 – Metz, 613)

Roi de Bourgogne (595-613), roi d'Austrasie (612-613).

Fils de Childebert II. À la mort de son père en 595, il reçoit en partage la Bourgogne avec Orléans pour capitale, et règne d'abord sous la régence de sa grand-mère Brunehaut, qui s'est installée à Metz avec son frère aîné Théodebert (Thibert), roi d'Austrasie. Avec ce dernier, Thierry entre en campagne contre Clotaire II. Vaincus à Laffaux en 596 ou 597, les deux frères prennent leur revanche près de Dormelles en 599 ou 600 et réduisent Clotaire à la possession de douze *pagi* entre la Seine, l'Oise et la Manche. Bientôt chassée d'Austrasie par l'aristocratie qui entend gouverner sous le nom de Thibert, Brunehaut se réfugie auprès de Thierry, qui tombe sous sa complète dépendance. Reprenant la lutte contre Clotaire II, il met en fuite en 604 son maire du palais, Landry, près d'Étampes, délivre Orléans assiégée, occupe Paris et s'apprête à l'écraser définitivement. Mais l'intervention de l'aristocratie austrasienne l'en empêche (605). En 610, il songe à envahir l'Alsace mais doit s'effacer devant son frère qui l'a précédé, et lui céder non seulement ce territoire mais aussi la cité de Toul avec le pays de Saintois, la Champagne de Troyes et le Thurgau suisse. Il prend sa revanche dès 612, bat Thibert près de Toul, le fait prisonnier au sud de Zülpich dans une nouvelle rencontre et devient en fait roi d'Austrasie. Il meurt l'année suivante de la dysenterie, alors qu'il s'apprêtait à reprendre la lutte contre Clotaire II.

THIERRY ou THIERRI III (? – ?, 690 ou 691)

Roi de Neustrie (673), roi de Bourgogne (675-690).

Frère et successeur de Clotaire III. Imposé sur le trône par le maire du palais Ébroïn en 673, il est aussitôt écarté par une révolte aristocratique soutenue par le roi d'Austrasie Childéric II. Tondu, il est relégué au monastère de Saint-Denis, tandis qu'Ébroïn est exilé au monastère de Luxeuil, au pied des Vosges. Rétabli à la mort de Childéric II (675), Thierry III est à nouveau destitué, mais par Ébroïn cette fois. Ulcéré qu'un autre maire du palais lui ait été préféré, celui-ci oppose à Thierry un autre prétendant, Clovis III, fils réel ou prétendu de Clotaire III et, avec l'appui des Austrasiens, met Thierry en fuite. Cependant il rejette bientôt Clovis III, devenu inutile, et rétablit Thierry sur le trône. Mais les Austrasiens ne l'acceptent pas comme roi (car ils savent qu'en réalité le pouvoir sera exercé par Ébroïn) et rappellent Dagobert II, qui était exilé en Angleterre (676). La guerre éclate aussitôt entre Thierry III et Dagobert II et, après l'assassinat de ce dernier en 679, le maire du palais d'Austrasie Pépin d'Héristal poursuit la lutte. Thierry III réussit à lui infliger une lourde défaite au Bois-du-Fays en 680 mais, affaibli par le meurtre d'Ébroïn en 683 et par les querelles qui surviennent à la mort de son successeur Waratton vers 686, il est finalement écrasé en 687 par Pépin à Tertry. Par cette bataille, Pépin devient le maître effectif des trois royaumes de Bourgogne, de Neustrie et d'Austrasie. Il estime néanmoins nécessaire de préserver l'apparence de la légitimité et reconnaît Thierry comme seul souverain du *regnum Francorum*, mais en ne lui laissant qu'un semblant de pouvoir.

THIERRY Augustin (Blois, 1795 – Paris, 1856)

Historien.

Il découvre sa vocation d'historien alors qu'il se prépare à devenir professeur. De 1814 à 1817,

Augustin Thierry
L'auteur des *Récits des temps mérovingiens* à la fin des années 1840. Photo de Philippe Petit. © *Archives Larousse-Giraudon*

il est le secrétaire de Saint-Simon, travaillant en même temps à ses propres ouvrages dont les importantes *Lettres sur l'histoire de France* (1820). Sa vue baissant, il doit employer un secrétaire pour continuer à écrire. Son ouvrage le plus populaire, *Récits des temps mérovingiens*, qui paraît dans *La Revue des Deux Mondes* avant 1840, allie le plaisir de la lecture à l'érudition. Dans son *Histoire de la formation et des progrès du tiers état* (1850), Augustin Thierry interprète la Révolution comme le résultat de l'ascension sociale des classes moyennes et l'originalité française par l'opposition nationale entre un élément gallo-romain démocratique et un élément germanique aristocratique. Ces deux éléments fondus ensemble pendant des siècles expliqueraient les retournements de l'histoire de France tiraillée entre une volonté de démocratisation de la vie politique et un élitisme de la connaissance, de la formation et du pouvoir.

THIERRY d'ARGENLIEU Georges (Brest, 1889 – Brest, 1964)

Amiral.

En religion TRP Louis de la Trinité. Sorti de l'École navale en 1908, il termine la Première Guerre mondiale comme lieutenant de vaisseau commandant le patrouilleur *Tourterelle*. Il quitte alors la marine pour suivre sa vocation religieuse, entre dans les ordres en 1920, et devient supérieur des carmes déchaux de la province de Paris en 1932. Mobilisé en 1939, il est affecté au secteur de défense de Cherbourg. Fait prisonnier en juin 1940 lors de la prise de cette ville par les Allemands, il s'évade le 22 juin 1940 et rallie le général de Gaulle à Londres. Promu capitaine de frégate en juillet, Thierry d'Argenlieu est nommé en même temps chef d'état-major des forces navales françaises libres et participe en septembre 1940 à l'attaque de Dakar, au cours de laquelle il est blessé. Après avoir été haut-commissaire pour le Pacifique de 1941 à 1943, il commande comme contre-amiral les forces navales françaises libres, devient en septembre 1944 chef d'état-major général adjoint et vice-amiral deux mois plus tard. En août 1945, Thierry d'Argenlieu est nommé haut-commissaire et commandant en chef en Indochine et il est promu successivement vice-amiral d'escadre (mars 1946) et amiral (juin 1946). C'est à cette époque qu'il se heurte au général Leclerc, partisan du respect des accords signés le 6 mars précédent entre Hô Chi Minh et Jean Sainteny qui reconnaissaient une république du Vietnam, État libre, membre de l'Indochine et de l'Union française. Le 1er juin 1946, d'Argenlieu viole ces accords en prolamant une République séparée de Cochinchine (Vietnam Sud), acte déterminant dans le déclenchement de la guerre d'Indochine. En novembre 1946, il fait bombarder Haiphong en réponse à des attentats viêt-minh au Sud. Cette fois, la guerre est lancée. Rappelé en France en 1947, il reprend peu après la vie religieuse, mais conserve jusqu'en 1958 ses fonctions de chancelier de l'ordre de la Libération qu'il occupait depuis 1940.

THIERS Louis Adolphe (Marseille, 1797 – Saint-Germain-en-Laye, 1877)

Homme politique, président du Conseil, chef de l'exécutif.

Thiers est un enfant de l'amour, et il doit à une bourse de pouvoir aller au lycée de Marseille. Diplômé en droit de la faculté d'Aix-en-Provence, inscrit au barreau de la ville en 1819, il préfère s'installer à Paris, où il se lie avec l'ancien avocat aixois, Jacques Antoine Manuel, député libéral, adversaire déterminé des ultras. Esprit souple, habile, opportuniste, le jeune Provençal noue de solides relations dans les milieux libéraux parisiens et auprès des personnages influents du moment, tels Talleyrand et le banquier Laffitte. Opposé au pouvoir aristocratique et autoritaire de Charles X, Thiers rédige des articles pour *Le Constitutionnel*, tout en s'adonnant à l'élaboration, de 1824 à 1827, d'une *Histoire de la Révolution* en 10 volumes, première œuvre historique dans laquelle il fait montre d'un subtil esprit d'analyse et de clarté d'expression, bien que les critiques déplorent le caractère un peu conventionnel de l'étude. Ce livre lui assure en tout cas une indéniable notoriété, ce qui lui permet de fonder le 1er janvier 1830 le journal *Le National*, organe de l'opposition libérale militant en faveur de la famille d'Orléans. Lors de la révolution de 1830, les insurgés parisiens songent à proclamer la République. Les banquiers Laffitte et Casimir Perier, Talleyrand et Thiers pensent, au contraire, que l'heure du duc d'Orléans est enfin arrivée. Thiers se rend aussitôt à Neuilly, accompagné du peintre Ary Scheffer, et convainc le chef de la branche cadette d'accepter le titre de lieutenant général du royaume, prélude à la montée sur le trône.

Georges Thierry d'Argenlieu
Le chef d'état-major des forces navales françaises libres à la fin de l'année 1940. © *Keystone*

Cette réussite est le premier acte politique de Thiers qui lui assure une ascension qui ne s'arrêtera plus jusqu'à la magistrature suprême de 1871, en dépit de périodes de disgrâce consécutives à une attitude d'opposition. Tour à tour conseiller d'État, député d'Aix-en-Provence, sous-secrétaire d'État aux Finances, membre de l'Académie française, Thiers occupe le ministère de l'Intérieur dans le cabinet Soult, de 1832 à 1834. À cette occasion, il donne un premier aperçu de son caractère, le juriste et l'homme de négociation faisant place à l'homme de l'ordre, celui qui mate avec rigueur l'insurrection des canuts, ouvriers tisseurs lyonnais. L'arrestation de la duchesse de Berry lui vaut une considération accrue. Il est ensuite ministre des Affaires étrangères puis président du Conseil, mais pour un court moment, de février à mars 1836. Il occupe encore cette double fonction dans un ministère qu'il dirige de mars à octobre 1840. Un échec diplomatique dans l'affaire d'Égypte et une menace de conflit européen incitent cependant Louis-Philippe à lui préférer Guizot.

Cette mesure rejette Thiers dans l'opposition. Il n'en sort que durant les journées de Février 1848. Le roi le rappelle le 24 février lors de l'émeute parisienne. Mais trop tard. Thiers devient en juin membre de l'Assemblée constituante, où la peur du socialisme le place à la tête du parti de l'Ordre. Le prince Louis Napoléon reçoit son soutien, mais lorsque le président de la République devient l'empereur Napoléon III, le juriste constitutionnel repasse à l'opposition. Sous Louis-Philippe, il avait lancé la formule « le roi règne et ne gouverne pas ». Le rétablissement de l'empire annihile ce souhait et fait de Thiers un opposant attentif et résolu. Il profite de ces loisirs forcés pour retourner à la littérature et publier en 1855 les derniers volumes (19 au total) de l'*Histoire du Consulat et de l'Empire*, ouvrage commencé une quinzaine d'années plus tôt.

Élu député de Paris en 1863, Thiers poursuit inlassablement une lutte pour le libéralisme politique. L'évolution de l'empire dans ce sens est un premier résultat. Mais cette évolution coïncide aussi avec la montée des périls extérieurs, à savoir une expansion de la Prusse qui triomphe contre l'Autriche à Sadowa (1866). Thiers ne s'y trompe pas et fait ressortir les risques de la diplomatie d'un régime trop obnubilé, à son gré, par la notion de nationalités. Au lendemain de Sedan, le gouvernement provisoire le charge d'une mission diplomatique, alors que Paris assiégé résiste grâce à la ceinture de forts prônée par lui lorsqu'il était au pouvoir, sous la monarchie de Juillet. De Londres à Rome, de Vienne à Saint-Pétersbourg, « l'Europe demeure introuvable ». Il convient donc de former une Assemblée nationale. Les députés élisent Thiers, le 17 février 1871, « chef du pouvoir exécutif de la République française ». Celui-ci a été distingué par 26 départements lors des élections du 8 février précédent. Cette unanimité rehausse encore le lustre d'un chef d'État qui sera le seul à cumuler la double responsabilité de chef de l'État et de chef de gouvernement.

Cette responsabilité, une fois le traité de Francfort conclu, est presque aussitôt mise à l'épreuve avec l'insurrection de la Commune. L'homme d'État redevient pour un temps le ministre de l'Intérieur de la révolte lyonnaise de 1834. En même temps, son expérience d'historien l'incite à éviter l'erreur tactique de ses prédécesseurs, à savoir mater les émeutiers sur leur terrain, dans une ville en ébullition où chaque rue constitue un guet-apens. Thiers fait donc évacuer Paris par les autorités et l'armée pour concentrer ses forces autour de Versailles. Mais, en même temps, il accepte sciemment de courir les risques d'une guerre civile. Puis, disposant de tous ses atouts, il lance sur Paris insurgé une armée d'anciens prisonniers de guerre à qui est offerte une occasion de revanche au détriment d'autres Français. Le procédé est cynique, mais Thiers affirmera qu'il est réaliste. Au prix d'une effroyable répression, il demeure dans sa tradition d'homme de l'ordre.

Adolphe Thiers
Le chef de l'exécutif caricaturé par André Gill. *L'Éclipse*, 22 septembre 1872. © *Sélection Images*

Détracteurs et adversaires lui conserveront cette image et ce renom, tandis que la IIIe République naissante tressera à son premier représentant officiel les louanges du sauveur et du libérateur de la patrie. Dans ce domaine, le vieil homme d'État mérite, par son application et sa clairvoyance, cette cote favorable. Par l'emprunt, il contribue à faire libérer les départements de l'Est. En même temps, il restaure l'autorité d'un pouvoir politique fragile en raison de la division de l'Assemblée entre monarchistes de diverses tendances et républicains. Thiers a surtout le mérite, en cette période de convalescence, de ne pas se laisser aveugler par les passions du moment. Le royaliste libéral de 1830 et de 1848 est en effet devenu partisan de la république, « le gouvernement qui nous divise le moins ». Les députés monarchistes ne lui pardonnent pas cette prise de position. Il a beau faciliter la gestion des départements par des Conseils généraux, instaurés par la loi du 10 août 1871, restaurer la confiance dans les finances publiques, créer une armée nouvelle selon le principe du service militaire obligatoire, son adhésion à la République lui vaut l'hostilité d'une partie de l'Assemblée. Le 13 mars 1873, celle-ci décide que le chef du pouvoir exécutif ne pourra plus communiquer avec elle que par messages. S'il veut y procéder, il devra demander l'autorisation 24 heures à l'avance. La fin est proche. Elle se produit le 24, lorsque l'Assemblée adopte un ordre du jour de défiance par 344 voix contre 300, au terme d'une séance au cours de laquelle le chef de l'État a prononcé un discours solide, bien construit et réaliste, désapprobation que ne compense guère la motion, votée le 17 mai précédent à l'unanimité, selon laquelle il avait « bien mérité de la patrie ». Élu en 1876 sénateur de Belfort puis député de Paris, Thiers achève sa carrière politique en s'efforçant de coordonner l'action du parti républicain. Il meurt à Saint-Germain-en-Laye au moment de la crise constitutionnelle du 16 mai 1877, et ses obsèques sont l'occasion, pour ses partisans, de manifester contre la politique d'ordre moral de Mac Mahon. Thiers léguait au musée du Louvre ses collections d'art. Sa sœur créa, en 1891, une fondation charitable destinée à venir en aide aux jeunes agrégés.

THIONVILLE

Ville du département de la Moselle, située au bord de la rivière du même nom, à 25 km au nord de Metz.

L'origine de son nom est attribuée à un chef franc, Théodon, installé à la *Villa Theodonis* à l'époque mérovingienne. L'administration carolingienne distingue également la cité pour en faire une résidence importante. Charlemagne y rédige des capitulaires et met au point un projet de partage de son domaine entre ses fils. Thionville est le siège de plusieurs conciles au IXe siècle puis devient place forte impériale durant le Moyen Âge. Les comtes de Luxembourg y exercent leur suzeraineté, Charles le Téméraire choisissant à son tour la cité mosellane pour y rédiger des ordonnances destinées à l'organisation de ses États. En raison de sa position stratégique sur les confins lorrains, Thionville est occupée par les troupes du duc de Guise en 1558, puis par celles de Condé en 1643. Vauban renforce les fortifications, lesquelles permettent à la garnison de résister aux Austro-Prussiens en 1792 puis aux alliés en 1814, la défense étant alors dirigée par le général Hugo, père du poète. En 1870, le colonel Turnier prolonge la résistance jusqu'au 24 novembre. Occupée par les Allemands de 1871 à 1918 puis de 1940 à 1944, la cité est le centre d'une importante activité sidérurgique et le point de départ de la Moselle canalisée et navigable.

THOIRY (entrevue de)

Entrevue entre Aristide Briand et le ministre des Affaires étrangères allemand, Gustav Stresemann, le 17 septembre 1926.

Après le traité de Locarno et l'entrée de l'Allemagne à la Société des Nations le 10 septembre 1926, Briand souhaite établir les rapports franco-allemands sur une base de coopération et non plus de règlements de comptes. Le 17 septembre, à Thoiry, village de l'Ain non loin de la frontière suisse, au cours d'un déjeuner secret dans une auberge, le ministre français propose à Stresemann de donner à la France une somme d'un milliard de marks-or qui, en cette période de crise monétaire, permettrait de sauver le franc. En échange, la France évacuerait la Rhénanie et les mines de la Sarre. Cette conversation, qui ne reste pas longtemps secrète, soulève en France une tempête. La presse nationaliste se déchaîne contre Briand. Poincaré n'est pas favorable à la poursuite de ces conversations, qui n'aboutiront à rien.

THOMAS Albert (Champigny-sur-Marne, 1878 – Paris, 1932)

Syndicaliste et homme politique.

Fils d'un boulanger, Albert Thomas, après de brillantes études à l'École normale supérieure, est reçu premier à l'agrégation d'histoire en 1902. Professeur, il aborde bientôt la politique, s'inscrit au Parti socialiste unifié en 1904, milite aux côtés de Jaurès, devient en 1909 rédacteur en chef de *La Revue sociale*. Député socialiste de la Seine, de 1910 à 1919, puis du Tarn, de 1919 à 1921, esprit brillant, éloquent, il met ses talents au service de ses idées sociales. Sous-secrétaire d'État à l'Artillerie et à l'Équipement militaire d'octobre 1914 à décembre 1916, puis ministre de l'Armement et des Fabrications de guerre de décembre 1916 à septembre 1917, Albert Thomas joue un rôle essentiel dans l'intensification de l'effort de guerre. Pour faciliter la mobilisation de l'industrie, il accorde des sursis aux ouvriers métallurgistes et fait augmenter les salaires en fonction des rendements. Ministre extraordinaire à Moscou au début de la révolution russe, en 1917-1918, il siège ensuite à la Conférence de la paix, en 1918-1919, se spécialisant dans l'organisation du travail. Ainsi on lui doit la section XIII du traité de Versailles, qui pose en principe la limitation de la journée de travail, la suppression du travail des enfants et l'organisation d'une inspection du travail. Cette section prévoit aussi l'organisation d'un Bureau international du travail, le BIT, dont il est désigné président à l'unanimité (1920). Il conservera ce poste jusqu'à sa mort, organisant le Bureau et le faisant connaître à travers le monde. Albert Thomas est l'auteur du *Syndicalisme allemand* (1903), et, dans l'*Histoire sociale* de Jaurès, du volume concernant le Second Empire, publié en 1907.

THOMAS Clément (Libourne, 1809 – Paris, 1871)

Général.

Sous-officier républicain, compromis sous la monarchie de Juillet dans plusieurs complots, il est condamné et emprisonné en 1835, mais réussit à s'évader. Député de la Gironde en 1848, Clément Thomas est nommé colonel de la garde nationale et, à ce titre, disperse la foule qui envahit le 15 mai la salle des séances de l'Assemblée. Nommé alors commandant de la garde nationale de la Seine, ce militaire républicain se distingue par la brutalité avec laquelle il intervient lors des journées de Juin. Remplacé par Changarnier, il apparaît ensuite comme un adversaire de l'empire et s'exile en Belgique. Revenu en France après le 4 septembre 1870, Clément Thomas est de nouveau nommé commandant de la garde nationale. Le 19 janvier 1871, il se trouve donc à la tête de la garde lors de la funeste sortie de Buzenval, un des derniers combats du siège de Paris. Cet échec n'améliore pas sa popularité. Ceux qui se souviennent de 1848 le considèrent comme un bourreau ; il démissionne le 14 février. Le 18 mars, alors qu'il s'est rendu en curieux à Montmartre, il est reconnu par des anciens de 1848. Quelques officiers fédérés lui permettent d'échapper à la foule, le poussent vers le poste de la rue des Rosiers où se trouve déjà le général Lecomte. Mais la foule envahit le poste, poussant dehors Thomas, qui est fusillé dans le dos. Lecomte, sorti de sa propre initiative, subira le même sort. Ces morts sont les premiers de la Commune. Il semble que les deux hommes aient été tués par des balles de chassepot, arme des soldats réguliers et non des fédérés.

THOMAS d'AQUIN, saint (Roccasecca, royaume de Naples, 1224 ou 1225 – Fossa Nova, 1274)

Dominicain italien.

Logicien, métaphysicien, théologien, il est l'un des hommes les plus célèbres de son temps. Il est

Albert Thomas
L'ancien ministre de l'Armement et des Fabrications de guerre, président du Bureau international du travail (BIT). © *Roger-Viollet*

élève et assistant d'Albert le Grand à Cologne entre 1248 et 1252, avant de commencer une carrière d'enseignant à Paris jusqu'en 1259. Dès lors, il participe activement à la lutte qui oppose les universitaires parisiens aux Mendiants, ces derniers se voyant contester l'autorisation d'enseigner d'autres disciplines que la théologie. Rappelé en Italie, il approfondit l'aristotélisme qu'il expose dans la grande *Somme théologique* qu'il commence alors. En effet, plus encore que son maître Albert le Grand, il a compris l'importance pour l'ensemble de l'Occident latin de la connaissance des œuvres d'Aristote et de ses commentateurs arabes. Thomas d'Aquin étudie également l'averroïsme, auquel il oppose le thème central d'une harmonie entre la foi et la raison. Selon lui, le savoir fournit à la doctrine sacrée des raisonnements et des présupposés de base concernant Dieu, les hommes et le monde. Néanmoins, sa pensée a parfois semblé rejoindre celle d'Averroès : en 1277, l'évêque de Paris condamne solennellement ses affirmations sur la participation de l'intelligence dans l'acte volontaire, sur l'absence de matière sur les anges, etc. Bien que ne possédant pas en alchimie les connaissances d'Albert le Grand, il s'y est intéressé. Il la considère comme un art difficile et discute de la légitimité de la vente d'or alchimique. Il fut canonisé en 1323, mais son influence continua d'être combattue comme étant un obstacle au progrès scientifique. Néanmoins, en 1879, c'est l'étude de saint Thomas que le pape Léon XIII a imposée dans les programmes philosophiques des séminaires et des universités catholiques, afin d'en rehausser le niveau. Il fut proclamé docteur de l'Église en 1923.

Maurice Thorez
Thorez avant 1953. © *Keystone*

THOREZ Maurice (Noyelles-Godault, Pas-de-Calais, 1900 – en mer Noire, 1964)

Homme politique.

Maurice, né des amours d'un épicier et d'une ouvrière, devient Thorez lorsque sa mère épouse un mineur de ce nom. Élevé dans un milieu catholique (par sa mère), ouvriériste (par son grand-père) et laïc (par son instituteur), il réussit le certificat d'études à 12 ans, mais doit s'embaucher comme trieur de pierres sur le carreau de la mine, faute de ressources pour étudier. La Première Guerre mondiale bouleverse sa vie : il doit fuir devant l'avance allemande et survit grâce à de multiples métiers. En avril 1919, il retrouve la mine, adhère à la CGT puis bientôt à la IIIe Internationale, quittant la SFIO pour le PCF. Après deux ans de service militaire, il devient militant à temps plein. Secrétaire de la fédération du Pas-de-Calais (1923), puis de la région du Nord (1924), Thorez fait partie du bureau politique du Parti à partir de 1925. Sa propagande contre la guerre au Maroc et au Levant lui vaut d'être condamné par les tribunaux. En juillet 1930, il devient secrétaire général du PCF et, en 1932, est élu député d'Ivry (il sera constamment réélu dans cette circonscription). Mais ce succès masque la déconfiture du Parti, réduit à l'état de secte politique avec 6,8 % des inscrits et douze députés. Ce recul est imputable aux répercussions des querelles qui divisent la maison mère, à Moscou, et conduisent à des stratégies gauchistes, de type « classe contre classe », non seulement vouées à l'échec électoral, mais critiquées par la majorité des militants, à commencer par Thorez lui-même en octobre 1927, avant qu'il change d'avis par opportunisme. Thorez est critiqué par Doriot, son rival en 1932, et il doit à l'influence du Komintern de ne pas sombrer. L'arrivée d'Hitler au pouvoir, la journée du 6 février 1934 où il semble étrangement passif, la rupture entre Doriot et le PC, tout cela change la donne. Sur ordre de Moscou, c'est Thorez qui, le 26 juin, propose l'alliance à la SFIO et devient l'homme de la nouvelle stratégie adoptée par le Parti en 1934 qui vise à sa réintégration dans la collectivité nationale. La politique qu'il mène alors, de rassemblement, de défense des intérêts matériels de toutes les classes sociales touchées par la crise et d'exaltation du sentiment national, débouche sur le rapprochement avec les socialistes et la constitution du Front populaire. Thorez signe le pacte d'unité nationale avec la SFIO en juillet 1934, propose en octobre suivant la constitution du Front populaire et tend la main aux travailleurs catholiques (avril 1936). Mais il refuse de participer au gouvernement Blum et se contente d'une politique de soutien à la Chambre.

Lorsque est signé le pacte germano-soviétique (1939), Thorez est en vacances et, à son retour, il se heurte à l'incompréhension des camarades. Le 3 septembre, il rejoint son régiment, mais déserte le 4 octobre pour la Belgique puis Moscou, ce qui lui vaut d'être déchu de sa nationalité et condamné par coutumace à six ans de prison. À Moscou, il participe aux débats qui amènent la dissolution du Komintern en mai 1943. Mais de Gaulle s'oppose à sa venue à Londres, comme à Alger ou en France. Il n'est autorisé à revenir que le 30 novembre 1944, grâce à un accord Staline-de Gaulle. Il est élu aux deux Assemblées constituantes (1945-1946) puis à l'Assemblée nationale. Préconisant l'union nationale la plus vaste possible, il invite la classe ouvrière à apporter son soutien au gouvernement et à travailler pour reconstruire le pays (discours du 21 janvier 1945). Il entre même dans le gouvernement de Gaulle comme ministre d'État chargé de la Fonction publique (novembre 1945-janvier 1946), puis participe aux ministères suivants comme vice-président du Conseil. Toutefois, en mai 1947, il est écarté du gouvernement par le président du Conseil Paul Ramadier, en même temps que les autres ministres communistes. Dès lors, sous sa direction, le PC, mis à l'écart de la vie politique française, se lance à outrance dans la lutte contre l'État bourgeois (grèves, émeutes, manifestations de 1947-1948). C'est le temps de « l'attachement inconditionnel à l'URSS ». Frappé d'une congestion cérébrale en octobre 1950, Thorez part se faire soigner en URSS où, pendant trois ans, il assiste aux remous qui agitent le Parti (affaire Marty-Tillon). À son retour, il remet le PC en ordre sur la ligne stalinienne (élimination de Lecœur), développe des positions absurdes comme la paupérisation absolue des travailleurs français et, en 1956, refuse le rapport Khrouchtchev en même temps qu'il écarte ses défenseurs (Servin et Casanova). Cette nouvelle glaciation se prolonge jusqu'en mai 1964, date à laquelle la relève est assurée par Waldeck Rochet. Il meurt le 12 juillet suivant sur le bateau qui l'emmenait en vacances et reçoit des obsèques grandioses du Parti. Son nom a été donné à la ville soviétique de Tchistiakovo. Il a retracé sa carrière dans *Fils du peuple* (1937).

THORONET (abbaye du)

Abbaye cistercienne fondée au XIIe siècle dans le diocèse de Fréjus grâce aux libéralités des comtes de Provence et de Barcelone.

L'abbaye n'aura pas de filiale malgré un essai d'implantation à Porquerolles, qui est ruiné par les Sarrasins en 1160. Sa décadence commence dès le XIVe siècle. À la Révolution, les moines ne sont plus que sept. Les bâtiments ont par bonheur échappé aux grandes destructions. Rachetés par l'État en 1854, ils ont été restaurés depuis par les Monuments historiques. L'église (à abside demi-circulaire), le cloître (avec son lavabo), la salle capitulaire et le dortoir sont d'une pureté remarquable. Le plan des bâtiments est le même que ceux des abbayes de Sénanque et de Silvacanne. Le trône abbatial du Thoronet a été occupé de 1201 à 1205 par Folquet de Marseille.

THOU François Auguste de (Paris, v. 1607 – Lyon, 1642)

Magistrat.

En 1617, il succède nominalement à son père, Jacques de Thou, à la tête de la Librairie du roi. Conseiller au parlement de Paris en 1626, puis maître des requêtes, François de Thou possède, comme son père, une grande attirance pour la fréquentation des savants et pour les voyages. C'est ainsi qu'il visite l'Europe jusqu'à Constantinople. À son retour, il est nommé conseiller d'État. En 1637, il sert d'intermédiaire entre la duchesse de Chevreuse, alors en fuite, et la reine, ce qui lui attire l'animosité de Richelieu. Son ami Cinq-Mars, pendant ce temps, conspire avec l'Espagne en compagnie du duc de Bouillon, de la reine et du duc d'Orléans. Là encore, de Thou agit avec une grande imprudence ; mis au courant des tractations, il ne révèle rien à Richelieu et sert de nouveau d'intermédiaire. Arrêté à Perpignan, conduit au château de Tarascon, interrogé, il nie tout. À Lyon, devant ses juges, et contrairement à ses complices, il persiste dans ses dénégations, reconnaissant seulement qu'il a eu connaissance du traité signé entre les conjurés et l'Espagne, après la signature du texte. Ce qui ne l'empêche pas d'être condamné à mort. Au moment de marcher vers le billot, Cinq-Mars demande à subir le châtiment le premier. De Thou proteste, arguant qu'il est le plus âgé, puis s'efface devant son ami avec ces mots : « Eh bien, Monsieur, vous voulez m'ouvrir le chemin de la gloire ? »

THOU Jacques Auguste de (Paris, 1553 – Paris, 1617)

Magistrat.

Fils de Christophe de Thou, président au parlement de Paris. Sa faible constitution et sa position de cadet le désignent pour une carrière ecclésiastique. Il devient donc chanoine du cloître Notre-Dame en 1573, puis conseiller clerc au Parlement en 1578. Avide de découvertes, il voyage à travers l'Europe et les provinces françaises, rencontre notamment Montaigne. En 1584, à la demande de sa famille, il abandonne la carrière ecclésiastique pour devenir maître des requêtes de l'hôtel. Trois ans plus tard, l'ancien chanoine se marie. Fidèle à Henri III, il le suit à Chartres, puis part en mission dans les provinces pour annoncer la réunion des états généraux. De Thou, nommé conseiller d'État, contribue ensuite à la réconciliation entre Henri III et Henri de Navarre. Rallié a Henri IV après l'assassinat d'Henri III, il l'accompagne dans sa campagne de reconquête du royaume. En 1593, le roi le nomme grand maître de la Librairie. La même année, de Thou participe aux conférences de Suresnes, qui préparent la rentrée du roi à Paris. Président à mortier en 1595, cet homme libéral, sinon sceptique en matière religieuse, fait enregistrer l'édit de tolérance de Saint-Germain, puis contribue à la rédaction de l'édit de Nantes, en 1598. Il conduit ensuite l'opposition gallicane à la réception de certains décrets du concile de Trente, ce qui lui attire l'hostilité de la papauté.

Jacques de Thou
Gravure de Hermann, Paris, Bibliothèque nationale de France.
© *Roger-Viollet*

Depuis bien des années, utilisant les masses de documents réunis par son père, puis par lui-même, il a entrepris la rédaction d'une *Historia sui temporis*, portant sur les années 1543 à 1607. Dans cet ouvrage considérable, dont le premier volume paraît en 1604, l'auteur se montre partisan de la tolérance religieuse, attaque les excès du clergé catholique et observe vis-à-vis des protestants une attitude compréhensive qui fait mettre son ouvrage à l'index en 1609. Après la mort d'Henri IV, la charge de premier président, qui lui avait été promise, est offerte à un autre magistrat, et de Thou, très dépité, doit se contenter d'une place au Conseil des Finances. Outre son *Histoire*, traduite du latin en français en 1734, on lui doit des *Mémoires* en latin portant sur les années 1553-1601, traduits en 1711. À sa mort, il laissait une bibliothèque magnifique, patiemment composée depuis des années.

THOU Nicolas de (Paris, 1528 – Villebon, 1598)

Évêque.

Attaché à Henri III, il lui reste fidèle pendant la Ligue, alors même que la ville de Chartres, dont il est évêque depuis 1573, ferme ses portes au roi, après la journée parisienne des Barricades. Rallié ensuite à Henri IV, Nicolas de Thou l'accueille dans son palais épiscopal, prend place parmi les dignitaires de l'Église qui reçoivent son abjuration au mois de juillet 1593 puis, le 27 février 1594, le sacre en sa cathédrale.

Tiers état
« Le réveil du tiers état ». Musée de la ville de Paris, musée Carnavalet, Paris. © *Lauros-Giraudon*

THOUARS

Ville des Deux-Sèvres, dans le Haut-Poitou, au-dessus du Thouet, non loin de Bressuire.

Ancienne *Toarcium*, ville fortifiée sous les Mérovingiens, elle est une des places dont s'empare Pépin le Bref en 754 lorsqu'il entreprend la conquête de l'Aquitaine. Au IXe siècle, elle est érigée en vicomté par les comtes de Poitou au profit d'Arnould, fils de Ranulphe (qui meurt vers 900). Abandonnée au Prince Noir lors de la signature du traité de Brétigny (1360), reprise par Du Guesclin (1372), Thouars est rattachée au domaine royal en 1476 mais cédée en 1486 aux La Trémoille au profit desquels l'ancienne vicomté sera érigée en duché par Charles IX (1563), puis en duché-pairie par Henri IV (1594). Pendant les guerres de Religion, les huguenots emportent d'assaut la ville qui devient une de leurs citadelles (1561). Thouars est au XVIIe siècle une cité prospère, avec de nombreuses manufactures de draps et de faïenceries, mais la révocation de l'édit de Nantes en 1685 lui fait perdre plus de la moitié de ses habitants et la ruine. Pendant les guerres de Vendée, elle est, comme les autres villes de la région, prise et reprise par les Blancs et les Bleus. Le général Berton s'en empare lors du soulèvement de 1822, avant d'échouer devant Saumur.

THURIOT de LA ROZIÈRE Jacques, chevalier (Sézanne, 1753 – Liège, 1829)

Homme politique.

Avocat à Reims, venu à Paris en 1789, il est un des « vainqueurs de la Bastille ». Élu député à la Législative par le département de la Marne, il y siège à gauche. Après le 10 août 1792, il fait mettre en accusation d'Abancourt et Laporte, respectivement ministres de la Guerre et de la Marine, et fait voter le 17 août la création d'un tribunal extraordinaire. Il demande également que les statues des rois soient brisées et propose de fondre en canons les bronzes des églises… Député de la Marne à la Convention, montagnard convaincu, Thuriot de La Rozière est un de ceux qui hâtent le procès de Louis XVI, dont il vote la mort sans appel ni sursis. Membre du premier Comité de salut public, c'est lui qui préside l'Assemblée du 9 Thermidor et qui empêche Robespierre de parler au cours de la séance. Impliqué dans l'insurrection du 12 germinal an III, il s'exile quelque temps, mais bénéficie de l'amnistie de l'an IV. Juge au tribunal de la Seine sous le Consulat, il est rapporteur du procès de Cadoudal en 1804 et devient ensuite avocat général à la Cour de cassation. Banni en 1816 comme régicide, il termine sa carrière comme avocat à Liège.

TIERS ÉTAT

Dans la société aristocratique d'Ancien Régime, nom donné depuis la fin du XVe siècle au troisième ordre, c'est-à-dire à l'ensemble de la population non privilégiée, par opposition aux deux premiers ordres privilégiés, le clergé et la noblesse.

L'origine de ces ordres ou états remonte au Moyen Âge, où s'affirme déjà la distinction entre ceux qui prient, ceux qui combattent et ceux qui travaillent pour faire vivre les autres. L'ordre du clergé est le plus ancien ; il a dès l'origine une condition particulière régie par le droit canonique. Plus tard se précise, parmi les laïques, le groupe social de la noblesse. Ceux qui ne sont ni clercs ni nobles constituent la catégorie des *laboratores* qui donna naissance au tiers. La formation de ce troisième ordre est lente. Seuls y figurent d'abord les bourgeois, c'est-à-dire les hommes libres des villes dotées d'une charte de franchise. Mais il s'ouvre aux roturiers des campagnes à partir de 1484, date à laquelle ces derniers participent pour la première fois à l'élection de ses députés aux états généraux. Cette distinction entre les trois ordres ne cesse de s'affirmer

Traités de Tilsit
Entrevue des deux empereurs d'après un croquis de Lavé de Debret. Gravure d'Allais. Paris, Bibliothèque nationale de France. © *Sélection Images*

et, à la veille de la Révolution, elle devient une loi fondamentale du royaume, consacrée par la coutume. Mais cette structure légale ne coïncide plus depuis longtemps avec les réalités sociales et économiques. L'importance sociale du tiers qui, de plus, représente les « quatre-vingt-seize centièmes de la nation » (selon l'expression de Sieyès dans sa brochure intitulée *Qu'est-ce que le Tiers état ?* [1789], qui contient en outre les trois fameuses questions : « Qu'est-ce que le Tiers état ? Tout. – Qu'a-t-il été jusqu'à présent dans l'ordre politique ? Rien. – Que demande-t-il ? À y devenir quelque chose »), a considérablement augmenté en raison du rôle essentiel que jouent nombre de ses membres dans la nation et dans l'État. Dès le début du XVIIe siècle, Loyseau constate que le tiers est « à présent en beaucoup plus grand pouvoir et autorité qu'il n'était autrefois, parce que les officiers de la justice et de la finance en sont presque tous, depuis que la noblesse a méprisé les lettres et embrassé l'oisiveté ».

Le tiers est en effet caractérisé par une grande diversité sociale, sans qu'il soit possible de tracer une limite nette entre les diverses catégories qui le composent. Il comprend les classes populaires des campagnes et des villes, puis les couches de la petite et moyenne bourgeoisie, essentiellement les artisans et les commerçants auxquels se rattachent les membres des professions libérales : magistrats non anoblis, avocats, notaires, professeurs, médecins et chirurgiens… Enfin de la haute bourgeoisie relèvent les représentants de la finance et du grand commerce, notamment les armateurs et les financiers, les fermiers généraux et les banquiers. Ils l'emportent sur la noblesse par la fortune, mais ambitionnent d'y accéder par l'acquisition d'une charge et l'anoblissement. Malgré cette diversité, le tiers constitue à la veille de la Révolution un bloc uni par la revendication de l'égalité civile avec les deux premiers ordres. Une fois cette dernière acquise par une victoire commune, la solidarité de ses diverses catégories allait disparaître et, par là, laisser libre cours aux luttes politiques et sociales de la Révolution.

TILSIT (traités de)

Traités signés en juillet 1807 à Tilsit, dans l'ancienne Prusse-Orientale (aujourd'hui Sovietsk, Russie), par Napoléon Ier et le tsar Alexandre Ier.

Grâce à la victoire de Friedland, qu'il a remportée sur les Russes le 14 juin 1807, Napoléon voit s'ouvrir devant lui le Niémen. Mais, conscient des risques d'une campagne en Russie, inquiet de l'attitude de l'Autriche sur ses arrières, il préfère la paix à la poursuite d'une lutte incertaine. De son côté, Alexandre Ier est mûr pour un accord, car il est mécontent de ses alliés, notamment de l'Autriche, dont il espérait l'aide, et de l'Angleterre à laquelle il ne pardonne pas d'avoir refusé sa garantie à un emprunt russe et d'avoir expédié ses escadres à Constantinople et en Égypte au lieu de secourir Dantzig et Koenigsberg. Le tsar rêve même d'une domination à deux de l'Europe.

La première entrevue des deux empereurs a lieu le 25 juin devant Tilsit, sur un radeau, au milieu du Niémen, en présence des armées russe et française qui se font face le long des deux rives du fleuve. Très cordial, Alexandre aborde Napoléon en lui déclarant : « Je hais les Anglais autant que vous ! – Alors, aurait répondu Napoléon, la paix est faite. » Quoi qu'on puisse penser de la sincérité des deux souverains, qui se voient pour la première fois, leur rencontre est très chaleureuse, et ils se montrent également désireux de se plaire l'un à l'autre. À l'issue des conversations, traités de paix, articles secrets et pacte d'alliance sont signés le 7 juillet 1807. S'y ajoute le 9 un accord avec la Prusse, la grande vaincue de la campagne de l'automne 1806. L'Allemagne est profondément remaniée. La Prusse perd tous ses territoires à gauche de l'Elbe. Elle est réduite aux provinces de Vieille-Prusse, de Poméranie, de Brandebourg et de Silésie et reste occupée par les troupes françaises jusqu'au paiement d'une lourde indemnité de guerre. Un royaume de Westphalie, avec Kassel pour capitale, est constitué pour Jérôme Bonaparte avec les anciennes provinces prussiennes de l'ouest accrues d'une partie du Hanovre ; un duché de Varsovie est également formé en faveur du roi de Saxe avec la part de Pologne retirée à la Prusse. Ces dernières dispositions créent, en fait, un État polonais, sans que le nom soit prononcé. Occupé par les troupes françaises, il apparaîtra vite comme l'avant-garde de la domination napoléonienne vers l'est et sera donc une menace pour l'alliance franco-russe qui couronne l'édifice de Tilsit. Cette alliance s'assortit de concessions réciproques. Alexandre reconnaît la Confédération germanique. Renonçant à ses ambitions méditerranéennes, il cède les bouches de Cattaro et les îles Ioniennes. Il promet enfin sa médiation entre Napoléon et l'Angleterre. En échange, Napoléon prend le même engagement pour tous les différends qui opposent la Russie à la Turquie. En cas d'échec, les deux alliés prévoient le partage des possessions turques en Europe et la fermeture de tout le continent au commerce anglais. La Prusse réduite à l'impuissance, l'Autriche isolée, l'alliance franco-russe assure à Napoléon, en apparence, la domination du continent européen.

Alexis de Tocqueville
Huile sur toile de Théodore Chassériau, châteaux de Versailles et Trianon. © *Lauros-Giraudon*

TIRARD Pierre (Genève, 1827 – Paris, 1893)

Homme politique, président du Conseil.

Nommé maire du IIe arrondissement de Paris le 4 septembre 1870, confirmé à ce poste par les élections du 5 novembre, il représente ensuite les Parisiens à l'Assemblée nationale, après les élections du 8 février 1871. À Bordeaux, puis à Versailles où il intervient en vain pour tenter d'éviter la guerre civile, il siège parmi la gauche républicaine. Réélu député en 1876, puis en 1877 et 1881, il fait partie du Comité directeur des gauches qui lutte pour abattre l'ordre moral. Spécialiste des problèmes de finances, Tirard entre le 5 mars 1879 comme ministre de l'Agriculture et du Commerce dans le cabinet Waddington et conserve son portefeuille jusqu'en 1881, dans les cabinets Freycinet et Ferry. Ministre du Commerce dans le second cabinet Freycinet en 1882, il reçoit, de cette date à 1885, le portefeuille des Finances dans les cabinets Duclerc, Fallières et Ferry.

Sénateur inamovible depuis 1883, Tirard est chargé le 12 décembre 1887, par son ami Sadi Carnot, de constituer le nouveau gouvernement. C'est sous son autorité que la lutte contre Boulanger est engagée. Il démissionne le 30 mars 1888, refusant de proposer la révision de la Constitution demandée par les boulangistes, les radicaux et la droite. Vice-président du Sénat, Tirard est une seconde fois chargé de constituer un cabinet, le 22 février 1889. Il propose alors l'Intérieur à Constans, qui mène la lutte contre le boulangisme, fait prononcer la dissolution de la Ligue et obtient de l'Assemblée la poursuite de ses membres pour délit de société secrète. Boulanger ne renonçant pas, Tirard et son ministre décident de réunir la Haute Cour sénatoriale. Croyant son arrestation proche, Boulanger s'enfuit à Bruxelles. Grâce ensuite à l'interdiction des candidatures multiples votée le 17 juillet, les républicains triomphent aux élections de septembre-octobre. Le 14 mars 1890, le ministère Tirard est mis en minorité. Le 13 décembre 1892, Tirard remplace Rouvier aux Finances dans le premier cabinet Ribot, portefeuille qu'il conserve dans le second cabinet Ribot.

TOCQUEVILLE Charles Alexis Henri CLÉREL de (Verneuil-sur-Seine, 1805 – Cannes, 1859)

Historien et homme politique.

Magistrat en 1827, il part, avec Gustave de Beaumont, étudier le système pénitentiaire aux États-Unis de 1831 à 1832. Il démissionne après

L'ordre de la Toison d'or
Charles le Téméraire, duc de Bourgogne, portant l'insigne de l'ordre. École flamande, XVIIe siècle, musée de Versailles. © *Roger-Viollet*

la destitution de Beaumont en 1832 et publie en 1835 la première partie de *La Démocratie en Amérique*, remarquable compte rendu de sa mission qui lui vaut le prix Montyon, un siège à l'Académie des sciences morales en 1839 et, peu après la publication de la seconde partie de cet ouvrage en 1840, un siège à l'Académie française (1841). Élu député en 1839, il prend place dans les rangs de l'opposition dynastique et combat la politique de Guizot, affirmant la nécessité de réformes démocratiques, de l'instauration des libertés d'association et de presse, de la décentralisation. Réélu en 1848 à l'Assemblée constituante, il est appelé en 1849 au ministère des Affaires étrangères, et c'est sous sa responsabilité qu'est menée l'expédition de Rome. Il se retire de la vie politique après le 2 Décembre mais publie, en 1856, *L'Ancien Régime et la Révolution* où, malgré ses opinions catholiques et légitimistes, il dégage avec force les conséquences de la Révolution.

TOGO

État d'Afrique occidentale qui s'étire entre le Ghana à l'ouest et le Dahomey à l'est.

Couvrant 53 000 km², il est peuplé d'environ 4,7 millions d'habitants. L'élément ethnique dominant est celui des Ewé, qui seraient venus du bassin du Niger voici environ sept siècles. Au XVIe siècle, les Portugais abordent sur la côte qui portera longtemps le nom de côte des Esclaves. L'huile de palme est la principale production de ce pays au littoral bas et marécageux auquel fait suite, dans l'intérieur, un relief plus accentué et couvert par une végétation tropicale. En 1884, l'explorateur allemand Nachtigal prend possession de cette petite bande de terrain au nom de l'empereur Guillaume Ier. L'administration allemande met le pays en valeur, développe les plantations de palmiers et implante le cotonnier, le caféier et diverses espèces de gommiers. Un port est aménagé dans la capitale, Lomé. Mais, en août 1914, les troupes britanniques venues de la Côte-de-l'Or (Ghana) et les détachements français, arrivés du Dahomey, ont tôt fait de conquérir la région. Chaque zone est placée, en 1922, sous mandat de la Société des Nations, statut transformé en tutelle des Nations unies en 1946. Dix ans plus tard, la zone sous administration britannique opte par référendum pour son rattachement au Ghana, tandis que la partie française devient une république autonome dirigée par Nicolas Grunitzky dans le cadre de l'Union française. Chef du Parti de l'unité togolaise, Sylvanus Olympio remporte les élections de 1958 et devient en avril 1960 le premier président de la République togolaise.

TOIRAS Jean du CAYLAR de SAINT-BONNET, marquis de (Saint-Jean de Gardonnenque, Languedoc, 1585 – Fontanelle, Milanais, 1636)

Maréchal de France.

Lieutenant de chasse de Louis XIII, capitaine aux gardes puis gouverneur d'Aunis, de Ré et d'Oléron (1625-1626), Toiras est surtout connu pour son opiniâtre et victorieuse défense du fort de Saint-Martin-de-Ré contre Buckingham en 1627, qui permettra la chute de La Rochelle. Il est ensuite envoyé à Casal, qu'il défend avec succès contre les Espagnols, de mai à septembre 1630. Sa conduite est récompensée la même année par l'octroi du bâton de maréchal. Plus tard, Richelieu se prendra de haine pour lui et lui fera ôter toutes ses responsabilités militaires. Toiras pourra reprendre du service pour le compte de la Savoie grâce à une intervention de Mazarin.

TOISÉ (édit du)

Acte publié le 15 mars 1644, sur l'initiative du surintendant Particelli d'Émery, et prévoyant la perception d'une amende de 50 sous par toise sur les immeubles bâtis hors des limites définies par un édit de 1548.

Expédient financier, l'édit du toisé causa une grande agitation chez les Parisiens, notamment chez les membres du Parlement qui allaient bientôt se lancer dans la Fronde.

TOISON D'OR (ordre de la)

Ordre créé à Bruges au mois de janvier 1429 par le duc de Bourgogne Philippe le Bon, à l'occasion de son mariage avec Isabelle de Portugal.

L'ordre de la Toison d'or, que ses statuts placent parmi les ordres chevaleresques, ne peut, selon la volonté du duc, être conféré qu'à « des gentilshommes de nom et d'armes sans reproches ». Ceux-ci ne sont, à l'origine, que trente et un. Philippe le Bon est le grand maître de l'ordre, destiné à protéger et à propager la foi catholique. Nul doute que les romans à l'antique, comme *Jason et les Argonautes*, fort en vogue à la fin du Moyen Âge et au XVIe siècle, aient inspiré le duc de Bourgogne. Ainsi constitué, l'ordre a auprès de ses contemporains un vif retentissement. Le roi René, puis Louis XI, avec l'ordre de Saint-Michel, imitent le duc de Bourgogne. Mais jamais les ordres qu'ils ont créés n'atteindront le renom de la Toison d'or. Les insignes de ce dernier sont un collier d'or garni de briquets en forme de B, d'où sortent des flammes d'or et auquel est suspendu un bélier d'or. Ce collier, porté dans les grandes occasions, peut être remplacé par un ruban rouge. Les jours de cérémonie, les chevaliers revêtent un costume de velours rouge recouvert d'un manteau de velours pourpre, bordé d'or. D'après ses statuts, l'ordre ne peut être conféré à une femme. Aussi, après la mort du dernier duc de Bourgogne, Charles le Téméraire, en 1477, la grand-maîtrise est-elle conférée à Maximilien de Habsbourg, époux de Marie de Bourgogne. Au siècle suivant, Charles Quint la transmet aux Habsbourg d'Espagne. Après l'extinction de ces derniers, elle passera aux Bourbons d'Espagne. Les Habsbourg d'Autriche refusant de renoncer à leurs droits, la Toison d'or sera conférée à la fois par les rois d'Espagne et par eux. Elle disparaît avec l'abolition de la monarchie en Autriche, en 1918, et en Espagne, en 1931. Le roi Juan Carlos l'a rétablie à titre civil.

TOKYO (accords de)

Accords conclus le 30 août 1940 entre le gouvernement japonais et le gouvernement français de Vichy au sujet de l'Indochine.

À la suite de l'effondrement militaire de la France, l'armée japonaise sent croître ses ambitions dans le Sud-Est asiatique. Le nouveau Premier ministre, le prince Konoye, convoque, le 1er août 1940, l'ambassadeur de France, Arsène-Henry, et exige le libre passage des forces japonaises à travers le Tonkin avec occupation des aérodromes. Le 10, il précise à l'ambassadeur que, quelle que soit la réponse de Vichy, le haut commandement japonais est décidé à passer à l'exécution de cette décision. Pour éviter un grave incident, et compte tenu de la faiblesse des troupes dont dispose le haut-commissaire, l'amiral Decoux, le gouvernement de Vichy donne des instructions à l'ambassadeur pour traiter. En fait, il s'agit d'un diktat, signé le 30, qui donne entièrement satisfaction au gouvernement de Tokyo. Par la suite, celui-ci étendra son emprise à l'Indochine tout entière, favorisera les revendications thaïlandaises sur l'ouest du Cambodge (1er mars 1941), puis se servira de l'Indochine pour faire pénétrer ses troupes en Thaïlande, prélude à l'invasion de la Malaisie et de la Birmanie durant l'hiver de 1941-1942. Les accords de Tokyo marquent, pour le Japon, les débuts de la « sphère de co-prospérité » qu'il prétend installer en Asie.

TOLAIN Henri Louis (Paris, 1828 – Paris, 1897)

Homme politique.

Ouvrier ciseleur en bronze, il milite activement, au début du Second Empire, dans les sociétés mutuelles. En 1861, il se fait connaître par un article de *L'Opinion nationale* dans lequel il réclame la liberté d'opinion pour les délégués ouvriers qui doivent se rendre à Londres l'année suivante. Lui-même fait alors partie de la délégation ouvrière française à l'Exposition universelle de Londres. Tolain se rend de nouveau dans la capitale anglaise en 1863, où il participe à un meeting en faveur des insurgés polonais, puis en septembre 1864, lorsque sont jetées les bases de l'Internationale ouvrière. Le 8 janvier de l'année suivante, après avoir joué un rôle essentiel dans l'organisation du premier bureau parisien de l'Association internationale des travailleurs, installé rue des Gravilliers à Paris, il en reçoit la direction. En février 1867, lors de la grande grève des bronziers parisiens, soutenus par l'Internationale, il est au premier rang des grévistes, dont le succès amène celui de son organisation. Disciple de Proudhon, favorable au mutuellisme, il se heurte aux collectivistes, qui l'emportent définitivement au congrès de Bruxelles. Tolain semble alors s'éloigner des revendications populaires. Maire adjoint du XIe arrondissement de Paris en novembre 1870, il est élu député de la Seine le 8 février 1871. Quelques semaines plus tard, seul des élus socialistes révolutionnaires, il rallie le gouvernement de Versailles et condamne la Commune. Aussi, le 12 avril, est-il exclu de l'Internationale pour avoir « déserté sa cause de la manière la plus lâche et la plus honteuse ». À l'Assemblée, où il s'intéresse aux débats concernant les problèmes économiques et sociaux, son projet de loi sur les associations est rejeté en 1872. Au Sénat, où il est élu en 1876, puis réélu en 1882 et 1891, il participe notamment, en 1884, à la préparation de la loi qui crée les syndicats professionnels.

TONGRES ou TUNGRES

En latin Tungri. *Peuple ayant sa capitale à Tongres (aujourd'hui* Tongeren, *Belgique) et constitué au début de l'Empire par le rassemblement des tribus des Aduatuques, des Éburons (ou plus précisément de ce qu'il en restait) et des Condruses.*

Après avoir fait partie de la Gaule Belgique, la *civitas Tungrorum* ou nation des Tongres fut incorporée au IVe siècle à la Germanie Seconde.

Tonkin

Partie septentrionale du Vietnam drainée en son centre par le fleuve Rouge, bordée à l'est par le golfe du même nom, au nord par la Chine, à l'ouest par le Laos, au sud par l'Annam.

Cette région a subi dans les temps anciens une influence chinoise prolongée. Au XVe siècle s'esquisse un mouvement émancipateur qui s'efforce à son tour d'imposer sa domination sur l'Annam et la Cochinchine. C'est au XIXe siècle, avec le règne de l'empereur d'Annam Gia Long, que la puissance du nord de la péninsule parvient à son apogée. La pénétration française en Cochinchine, commencée avec l'action des missionnaires et les tentatives de remontée du Mékong dans l'espoir de trouver une voie de pénétration vers la Chine, attirent, après la guerre de 1870, l'attention des négociants sur le Tonkin. En 1873, l'un d'eux, Jean Dupuis, remonte le fleuve Rouge jusqu'au bourg de Man-hao où il établit un dépôt d'armes à destination de la Chine. Mais l'hostilité des notables, désireux de percevoir une dîme, l'oblige à revenir à Hanoi, puis à solliciter l'appui du gouverneur de la Cochinchine, l'amiral Dupré. Celuici délègue aussitôt dans le delta tonkinois le lieutenant de vaisseau Francis Garnier, qui a déjà exploré la région. Avec deux canonnières et moins de 200 hommes de troupe, l'officier s'empare, le 20 novembre 1873, de la citadelle de Hanoi malgré une nette infériorité numérique. Mais, le 21 décembre, Garnier est tué lors d'un engagement avec les Pavillons noirs, pirates du delta, mercenaires de l'empereur d'Annam. Mac Mahon, peu soucieux de colonisation, décide alors l'évacuation du Tonkin.

L'opération n'est cependant pas négative puisque, tout en désavouant l'initiative de Dupré, le gouvernement de Paris obtient de l'empereur d'Annam le maintien d'une petite garnison aux abords de Hanoi, ainsi que le principe de la liberté de navigation sur le fleuve Rouge. En fait, cet accord n'est guère respecté par les Annamites, lesquels, sous la pression chinoise, réclament en 1882 l'évacuation de la garnison française. Lemyre de Villers, gouverneur de la Cochinchine, décide alors d'envoyer sur place le commandant Rivière avec un détachement de 600 hommes transportés par trois canonnières. Le 25 avril, devant l'attitude hostile des autorités de Hanoi, Rivière décide l'assaut de la citadelle, prise de position qui l'oblige par la suite à étendre son emprise sur le delta au début de 1883, jusqu'au moment où il subit à son tour le sort de Garnier, le 19 mai, lors d'un engagement contre les Pavillons noirs. Jules Ferry, alors président du Conseil et partisan d'une politique coloniale active, saisit l'occasion et décide une intervention française accrue au Tonkin. Un corps expéditionnaire de 2 500 hommes est mis à la disposition du général Bouët, tandis que le pouvoir civil échoit au Dr Harmand, nommé commissaire de la République. Le delta est dégagé ; l'amiral Courbet effectue une attaque contre Huê, capitale impériale, et obtient, le 25 août, la reconnaissance du protectorat français sur l'Annam et le Tonkin.

Dès lors, la conquête du Tonkin commence, menée par Courbet tout d'abord, puis par le général Millot, qui a sous ses ordres les colonnes de renfort des généraux Négrier et Brière de l'Isle. En février 1885, les derniers rebelles sont rejetés au-delà de la frontière chinoise avec la prise de Lang Son. En mars, Brière de l'Isle dégage la position de Tuyen Quang, où 600 légionnaires aux ordres du commandant Dominé, secondé par le sergent du génie Bobillot, ont résisté durant tout l'hiver. Ferry espère des négociations de paix avec les Chinois (d'autant que Courbet occupe Formose), lorsque parvient à Paris l'annonce de l'évacuation de Lang Son. Attaqué le 28 mars par des détachements chinois, blessé au cours de l'opération, le général Négrier passe son commandement au lieutenant-colonel Herbinger, lequel, inquiet et doutant de ses forces, ordonne la retraite. À la Chambre des députés, Clemenceau attaque violemment Jules Ferry, qui se retire le 30 mars à la suite d'un vote hostile. Sous la colère de l'opinion publique, affolée par des récits exagérés, la Chambre est même sur le point de décider l'évacuation du Tonkin, mesure cependant rejetée à une voix de majorité. Il est vrai qu'entre-temps les Chinois ont signé le traité de Tien Tsin, le 4 avril 1885, qui entérine leur renonciation. Le résident général Paul Bert inclut le Tonkin dans l'Union indochinoise deux ans plus tard, prélude à une sage administration du pays, pacifié et mis en valeur par des plantations (hévéas et cotonniers notamment), la création de routes, de voies ferrées, d'écoles et d'hôpitaux, sous l'action notamment de Lanessan et de Gallieni. Ce qui n'exclut pas la présence de gouverneurs autoritaires tel Paul Doumer entre 1897 et 1902.

La Première Guerre mondiale brasse les contingents indochinois venus contribuer à la défense de la métropole, et diffuse des idéologies nouvelles, anticolonialisme ou marxisme. Or, après guerre, l'Indochine est considérée comme un marché d'exportation protégé (automobiles), en même temps qu'un réservoir de matières premières, ce qui a pour effet d'augmenter les investissements industriels autour des ports (Hanoi, Haiphong) au détriment de l'artisanat et des cultures locales. La paupérisation qui en résulte aiguise les revendications contre la prépondérance des colons français : en 1923, le Parti constitutionnaliste réclame des réformes et une autonomie, tandis qu'est créé en 1925 le PC indochinois, sous la conduite de Hô Chi Minh. Mais les réformes esquissées en 1927-1928 par le gouverneur Varenne sont refusées par les colons. Lorsque la grande crise se déclenche, l'effondrement des cours du riz entraîne des émeutes, à Yen Bay en 1930, réprimées sévèrement par l'administration qui fusille les meneurs et retire les lois sociales. Lorsque éclate la guerre, le Tonkin est déjà en ébullition. L'armistice de 1940, les accords de Tokyo, qui permettent l'établissement de garnisons nippones, encouragent l'opposition. En mai 1941 est fondé le Viêt-minh, regroupant des communistes (Hô Chi Minh, Pham Van Dong) et des nationalistes. Son programme stipule l'adoption du suffrage universel, la suppression des vestiges du système féodal (corvée, capitation), une réforme agraire et l'unité du pays. Le 9 mars 1945, le coup de force des autorités japonaises contre les garnisons françaises livre la colonie européenne de Hanoi et des plantations à la merci de l'occupant. Lors de la capitulation des forces de l'empire du Soleil-Levant, en août 1945, les troupes impériales remettent leurs armes aux nationalistes, incitant cadres et volontaires à chasser les Blancs. À Hanoi, les Européens vivent cloîtrés dans leurs quartiers. À l'occupation nippone succède celle des troupes chinoises nationalistes de Tchang Kaï-chek, qui mettent le pays en coupe réglée.

Le 2 septembre 1945, le mouvement du Viêtminh proclame l'indépendance du Tonkin et de l'Annam et contrôle le delta. Le 6 mars 1946, le haut-commissaire Jean Sainteny parvient toutefois à un accord avec les représentants du Viêtminh, aux termes duquel, en échange de la reconnaissance de la République du Vietnam dans le cadre de l'Union française, les troupes françaises de Cochinchine peuvent s'implanter à Hanoi. Le 18 mars, après s'être assuré de vive force l'entrée du port de Haiphong sur les détachements chinois nationalistes, le général Leclerc pénètre dans Hanoi avec le groupement Massu et un élément de la 9e DIC. Les 15 000 Français de la ville fêtent leur libération dans l'enthousiasme. Mais la situation est si précaire que la parole appartient, pour le moment, aux hommes politiques.

L'amiral Thierry d'Argenlieu, hostile à l'action du général Leclerc, partisan d'une solution politique, dénonce le comportement « munichois » du général et obtient son rappel en métropole. Après l'échec de la conférence de Fontainebleau, il décide le bombardement de Haiphong le 23 novembre 1946. La guerre d'Indochine commence. Le gouvernement du Viêt-minh entre dans la clandestinité, décidant la levée de volontaires dans les zones montagneuses du nord du Tonkin. Le lent « pourrissement » de la situation rend vaine toute négociation entre les autorités françaises et l'empereur Bao-Daï, qui ne représente rien par rapport aux maquisards du général Giap. Lorsque les troupes nationalistes de Tchang Kaï-chek s'effondrent en 1949, les partisans du Viêt-minh sont ravitaillés en armes lourdes par le Yunnan. En 1950, la situation à la frontière est intenable. Le général Revers, envoyé de Paris, conclut à un repli sur le pourtour du delta. Mais il est trop tard. La garnison de Cao Bang, harcelée et encerclée, succombe en octobre le long de la route coloniale n° 4.

Ce désastre est vivement ressenti en métropole, d'où l'on envoie le général de Lattre de Tassigny pour stimuler un corps expéditionnaire en proie au doute. De Lattre rétablit la situation en quadrillant le pourtour du delta de points d'appui. Mais c'est là une position défensive qui exclut tout esprit offensif. La menace sur le delta se précise de mois en mois. La fréquence des accrochages autour de Hoa Binh, à l'ouest, de Minh Binh, au sud, et de Bac Ninh, au nord, montre que l'étau se resserre. Pour obliger l'adversaire à modifier l'implantation de ses divisions d'élite, le haut commandement décide de constituer dans la cuvette de Diên Biên Phu, dans l'extrême ouest du Tonkin, un camp retranché sur lequel les forces du général Giap seraient censées venir s'épuiser. L'opération se termine en désastre en mai 1954 avec la chute du camp, prélude à un accord de cessez-le-feu, le 21 juillet, lequel prévoit l'évacuation des troupes françaises en octobre. Le 9 octobre, les derniers détachements français quittent Hanoi, se repliant sur Haiphong, port d'embarquement où les ont précédés des centaines de milliers de catholiques tonkinois désireux de se réfugier au sud du 17e parallèle, limite entre le nord et le sud du pays déterminée lors des négociations de Genève. Cette évacuation met un terme à la présence française au Tonkin en même temps qu'à la première guerre d'Indochine.

Torcy : voir Colbert de Torcy Jean-Baptiste

Touchet Marie, comtesse d'Entragues (Orléans, 1549 – Paris, 1638)

Favorite royale.

Fille d'un lieutenant au présidial d'Orléans, elle aurait été remarquée par Charles IX lors de son passage à Orléans en 1566 et serait, à cette date, devenue sa maîtresse. Fidèle au roi jusqu'à la mort de ce dernier en 1574, elle lui donne deux enfants ; l'un mourra en bas âge, l'autre, un fils, né en 1573, aura pour nom Charles de Valois et sera fait comte d'Auvergne puis duc d'Angoulême. Trois ans plus tard, Marie Touchet épouse François de Balzac d'Entragues. Deux filles naissent de ce mariage : l'aînée, Henriette, marquise de Verneuil, sera une des maîtresses d'Henri IV, l'autre, marquise d'Entragues, tout aussi jolie et frivole, sera pendant une dizaine d'années l'égérie du maréchal de Bassompierre. Marie Touchet vit le reste de sa vie en femme sage et érudite ; d'une grande beauté, elle a été portraitisée par Jean de Court et a reçu d'un gentilhomme du temps ce gracieux anagramme : « je charme tout ».

Toul

Ville de Meurthe-et-Moselle située sur les bords de cette dernière rivière, à 23 km à l'ouest de Nancy.

Métropole des Leuques, cité gallo-romaine, *Tullum Leucorum* devient siège d'évêché au IVe siècle puis seigneurie indépendante, dominée par ses évêques durant le Moyen Âge. En 612, Thierry II de Bourgogne y remporte sur son frère Théodebert une victoire décisive qui lui permet de contrôler l'Austrasie. Sous la Renaissance, la tutelle impériale incite les notables à rechercher l'appui du roi de France, ce qui permet la venue des troupes d'Henri II (1552). Mais il faudra attendre la conclusion du traité de Westphalie, en 1648, pour que soit reconnue officiellement par les Impériaux la possession de l'évêché par la France. En septembre 1870, la ville résiste aux Prussiens. À la mi-juin 1940, des forces de l'armée de Lorraine refluent autour de la place et livrent aux forces allemandes, durant cinq jours, des combats acharnés.

TOULON

Chef-lieu du département du Var.

Colonie romaine sous le nom de *Telo Martius*, Toulon, port très actif dès l'Antiquité, est souvent en proie, durant le haut Moyen Âge, aux expéditions guerrières des hordes sarrasines. République vassale de la vicomté de Marseille au début du XIIIe siècle, la ville se retrouve, en 1259, dans la mouvance de Charles d'Anjou. Elle ne sera rattachée, ainsi que la Provence, à la couronne de France qu'en 1481. À partir de cette période, s'ouvre pour la ville une ère de développement réel ; Louis XII lui assigne une importante vocation militaire en faisant construire la Grosse Tour de la Mitre, destinée à protéger le port. Mais, devenue un des objectifs stratégiques de la conquête territoriale voulue par les Impériaux, elle est occupée par des troupes alliées à Charles Quint en 1536, puis reprise par 15 000 Turcs commandés par Frédéric Barberousse, d'août 1543 à septembre 1544. L'essor de Toulon reprend avec Henri IV qui y fait installer un arsenal, la Vieille Darse, avant que, sur l'ordre de Louis XIV, Vauban n'agrandisse et ne fortifie le port, de 1680 à 1700 (Nouvelle Darse), ce qui permet à la cité de repousser, en 1707, une offensive menée par le prince Eugène et le duc de Savoie. En 1720-1721, la ville est ravagée par la grande peste et perd 17 000 habitants sur 25 000. En 1748, les galères ayant été supprimées, on installe à Toulon un bagne qui subsistera jusqu'en 1873. Livrée, à l'appel d'une municipalité contre-révolutionnaire, à la flotte hispano-britannique, en 1793, Toulon est donc investie quelque temps, avant d'être reprise le 19 décembre, au terme d'un siège où se distingue celui qui devra son grade de général à la reconquête de la ville, Napoléon Bonaparte.

Vouée, en guise de représailles, à la destruction complète (la Convention renoncera finalement à ce projet insensé), Toulon voit son nom changé en celui de Port-de-la-Montagne. De là partira Bonaparte pour l'expédition d'Égypte, tandis que, à partir de 1815, la place devient, après avoir été rebaptisée, le centre de la puissance navale française. Augmentée, de 1836 à 1862, des arsenaux du Mourillon, de Castigneau et de Missiessy, la ville est une des principales bases de départ de la conquête algérienne, tandis que le mouillage de la flotte russe dans sa rade, en 1893, vient concrétiser la politique d'alliance entre la France et la Russie. Au cours de la Seconde Guerre mondiale, Toulon, un moment éclipsée dans son importance stratégique, ouvre une nouvelle page de son histoire avec l'installation, dans sa rade, de la flotte française, laissée intacte par l'armistice de 1940. Toutefois, à la suite de l'invasion de la zone libre par les Allemands, en réplique au débarquement allié en Afrique du Nord du 8 novembre 1942, les amiraux Laborde et Marquis ordonnent le sabordage de la flotte. C'est ainsi que le le 27 novembre 1942, 60 navires de guerre sont envoyés par le fond. Toulon est libérée par l'armée de Lattre le 28 août 1944.

Toulon
Sabordage de la flotte française en rade de Toulon en novembre 1942. © *Sélection Images*

TOULOUSE

Ville située sur la Garonne. Ancienne capitale d'un comté puis de la province de Languedoc, aujourd'hui chef-lieu du département de Haute-Garonne.

L'origine de *Tolosa* est fort ancienne, sans doute préceltique. Au IVe ou au IIIe siècle av. J.-C., les Volques Tectosages la choisissent comme capitale politique. Elle possède un sanctuaire célèbre dédié à Bélénos. Les Romains y établissent leur autorité dans les derniers jours de la conquête de la *Provincia*. Ayant opté pour les Cimbres en 108 av. J.-C., elle est prise en 106 par Servilius Cépion qui la met à sac, emportant à cette occasion un immense butin qui restera dans la légende sous le nom d'« or de Toulouse ». Elle se relève vite et se développe au point de devenir sous l'Empire une des cités les plus prospères de la Gaule. Si l'on suit la tradition, le christianisme y est introduit au milieu du IIIe siècle par saint Saturnin ou Sernin, qui y subit le martyre. Au IVe siècle, chef-lieu de la cité des Tolosates, elle a le second rang en Narbonnaise Première, venant immédiatement derrière la métropole.

En 413, Ataulf, roi des Wisigoths, s'en empare, mais doit bientôt s'enfuir devant le patrice Constance. C'est en 419 que l'empereur Honorius la cède à Wallia en même temps que l'Aquitaine jusqu'à l'Océan. Elle devient ainsi, pour près d'un siècle, la capitale de la monarchie wisigothique. En 508, soit l'année qui suit sa victoire de Vouillé, Clovis s'en rend maître sans difficulté, ce qui donne le coup de grâce à ce royaume. En 630, Charibert, fils de Clotaire II, rétablit à son profit le royaume de Toulouse. Il meurt dès l'année suivante et son fils aîné Childéric disparaît lui-même, assassiné peu après. Dagobert réunit alors Toulouse et l'Aquitaine à son royaume. Cependant, dès 637, l'attitude menaçante des Aquitains l'incite à reconnaître comme ducs héréditaires d'Aquitaine et de Toulouse les fils survivants de Charibert, Boggis et Bertrand. Toulouse subit en 721 un assaut des Sarrasins, mais Eudes d'Aquitaine repousse vigoureusement les envahisseurs. Après l'effondrement de la dynastie d'Aquitaine, les Carolingiens reprennent le pays en main. Vers 780, Charlemagne rétablit le royaume d'Aquitaine pour son fils Louis le Pieux et crée à Toulouse des comtes ou ducs bénéficiaires. Louis, devenu à son tour seul empereur par la mort de ses proches, continue à pourvoir ces bénéfices. C'est au milieu du IXe siècle que le comté de Toulouse devient héréditaire. À cette époque, Toulouse subit de nombreux sièges. En 849, Charles le Chauve s'en empare au détriment de Pépin II ; l'année suivante les Normands, appelés au secours par Pépin, la prennent à leur tour. En 863, Raymond Ier en est momentanément chassé par Humfrid, marquis de Gothie. Guillaume IX d'Aquitaine, de la dynastie poitevine, s'en saisit deux fois : en 1098 sur Raymond IV, en 1114 sur Alphonse Jourdain. Les Toulousains le chassent du pays en 1120. En 1159, Louis VII délivre la ville bloquée par son vassal Henri II Plantagenêt. Lors de la guerre des Albigeois, Toulouse est assiégée par les croisés en 1211, 1218 et 1219.

À bien des égards, les XIe et XIIe siècles sont une période heureuse pour Toulouse qui devient l'une des cités les plus prospères de France. Un afflux de population ranime les vieux quartiers où s'installent les artisans. Des quartiers neufs surgissent, ainsi que des faubourgs résidentiels. Le principal foyer religieux et artistique de la ville est l'abbaye de Saint-Sernin dont l'église (XIe-XIIe siècle pour le grand œuvre) suit avec des proportions exceptionnelles le plan dit des sanctuaires de pèlerinage inauguré par Saint-Martin-de-Tours, Saint-Martial-de-Limoges et Sainte-Foy-de-Conques, et clos par Saint-Jacques-de-Compostelle. Saint-Sernin a conservé presque intacte jusqu'à nos jours sa parure sculptée, en dépit de certains ajouts ultérieurs et des restaurations abusives de Viollet-le-Duc, dont la correction a récemment été décidée (arcatures aveugles couronnant les murs des tribunes, écrasement des chapelles du chevet par des dalles de pierre). L'architecture et surtout la sculpture de cette basilique (notamment la porte Miègeville) ont fait école dans le Midi, mais Saint-Sernin n'est pas le seul grand atelier roman de Toulouse. Un chantier s'ouvre à Saint-Étienne en 1078. Le prieuré de la Daurade, dépendant de Moissac à partir de la fin du XIe siècle, a aussi le sien, ou plutôt les siens, au début, au milieu et à la fin du XIIe siècle. L'origine de Notre-Dame de la Daurade remonte à des temps fort reculés, puisqu'elle résulterait de la transformation en église, à l'époque wisigothique, d'un temple dédié à la Vierge. On a dit qu'elle était « le plus antique sanctuaire marial de la Gaule ». Elle doit son nom aux mosaïques sur fond d'or qui l'ornaient. À la fin du XIe siècle, elle est profondément remaniée pour agrandissement. Détruite en 1761, la majeure partie du cloître survécut jusqu'en 1812. Ce sont les chapiteaux conservés au musée des Augustins (avec ceux des cloîtres de Saint-Sernin et de Saint-Étienne) qui permettent de se rendre compte de l'activité et du talent des sculpteurs du XIIe siècle, et par là de mesurer les pertes subies.

Toulouse s'est transformée en même temps sur le plan politique. Un *capitulum* (chapitre) s'est créé vers le milieu du XIIe siècle. Il donne son nom aux consuls locaux, les capitouls, qui tendent à instaurer leur autorité sur le Toulousain au détriment des comtes à partir de 1200. Raymond VI ne peut rien leur refuser, car la bourgeoisie toulousaine représente son appui le plus sûr contre

Simon de Montfort. L'administration d'Alphonse de Poitiers et la réunion définitive du comté à la couronne s'accompagnent d'une reprise en main, par les Capétiens, de l'administration toulousaine, mais le capitoulat n'est pas frappé à mort : en témoigne sa transformation ultérieure en charge anoblissante. D'une manière générale, le retour à la paix profite aux habitants qui s'enrichissent. L'université, créée en 1229 sous Raymond VII pour la lutte contre l'hérésie, rehausse en fait plus tard le prestige intellectuel de la capitale du Languedoc. Le grand essor artistique du XIIe siècle est prolongé au XIIIe par des œuvres gothiques. Le chef-d'œuvre du gothique méridional est peut-être, avec la cathédrale d'Albi, l'église des Jacobins, église mère de l'ordre de saint Dominique, construite entre 1275 et 1390 sur un plan à deux nefs égales séparées par une rangée de très hautes colonnes dont les nervures s'épanouissent à leurs sommets en de gigantesques palmiers. Urbain V confiera en 1368 aux Dominicains le corps de saint Thomas d'Aquin pour qu'il soit enseveli dans cette église qui, selon lui, dépasse en beauté toutes les autres. Les reliques du grand docteur seront transférées dans la crypte de Saint-Sernin à la Révolution, époque où commencera la dégradation du couvent (église, cloître et chapelle Saint-Antonin seront transformés en caserne, en dépôt et en écurie). Il faudra attendre que soit achevée la restauration complète de celui-ci pour qu'elles retrouvent, en octobre 1974, la résidence voulue par le pape.

La période 1440-1560 peut être considérée comme l'âge d'or de la ville, qui a traversé sans incidents notables la guerre de Cent Ans. Le pastel fait la fortune de certaines familles qui construisent à grands frais des hôtels majestueux (hôtel d'Assézat dû au célèbre architecte Bachelier) ou somptueusement décorés (hôtels de Bernuy, Felzins, de Bagis et Clary, Bérenguier-Maynier, de Tournoer, etc.) ; l'intérêt des Toulousains pour les lettres est symbolisé par les jeux Floraux, héritiers de la compagnie du Gai Savoir ; enfin le parlement de Toulouse, qui a le second rang dans le royaume, se constitue définitivement vers 1450. Pendant les guerres de Religion, la population, restée en majeure partie catholique, mais menacée de tous côtés par l'expansion calviniste, adhère très tôt à l'esprit de la Ligue. Le parlement sévit avec la plus grande rigueur contre les huguenots, qui sont parvenus à s'emparer momentanément d'une partie de la ville en 1562. Toulouse se révolte contre Henri III en 1589 et ne se rallie que très tard, en 1596, à son successeur, Henri IV.

Au XVIIe siècle, le canal du Midi relance l'économie. Le Capitole est reconstruit à partir de 1750 dans un style classique, à vrai dire non exempt de lourdeur. La ville s'aère sans trop perdre de sa personnalité. C'est la Révolution qui donne le signal du massacre, sinon des hommes (la Terreur fait relativement peu de victimes), tout au moins des monuments. Par la suite, ce massacre durera plus d'un siècle et demi, avec des prétextes divers, dont les principaux sont la modernisation et l'ouverture de rues. Ainsi périssent l'église des Cordeliers, presque tous les cloîtres, le château Narbonnais, le palais du Sénéchal, la maison de saint Dominique, maints hôtels particuliers. En 1790, Toulouse avait pris le titre de métropole de l'arrondissement du Sud avec Auch, Tarbes, Oloron, Pamiers, Narbonne, Perpignan, Cahors, Albi et Rodez pour suffragants. Ce ressort fut réduit en 1802. Depuis 1821, la province de Toulouse ne comprend plus, outre Toulouse même, que Montauban, Carcassonne et Pamiers. Il s'est tenu une dizaine de conciles à Toulouse.

TOULOUSE (comté de)

Au sens strict, le comté de Toulouse s'étend sur le diocèse de Toulouse, l'ancien diocèse de Rieux et une partie du diocèse de Montauban.

La grandeur des comtes de Toulouse tient principalement à deux faits : les premiers comtes ont prétendu au titre ducal en Aquitaine, où ils possédaient d'autres fiefs que la marche de Toulouse, le Rouergue et le Quercy notamment ; les derniers comtes ont prolongé leurs domaines très loin vers l'est, au point de dépasser le Rhône en annexant le marquisat de Provence. La dynastie comtale de Toulouse est issue d'un certain Fulcoald ou Foucaud, comte bénéficiaire de Rouergue. Ce Foucaud a deux fils. L'aîné, Frédelon, après avoir succédé à son père en Rouergue, obtient la confiance du roi Pépin II d'Aquitaine qui lui donne le gouvernement de Toulouse, capitale de ses états. Confiance mal placée : quand, en 849, Charles le Chauve vient mettre le siège devant Toulouse, Frédelon la lui livre presque sans résistance. En récompense, Charles le crée comte de Toulouse et duc d'Aquitaine. Frédelon n'a qu'une fille. À sa mort en 852, le comté se transmet à son frère Raymond Ier, tige commune de la dynastie dite raymondine qui comprend les dynasties comtales héréditaires de Toulouse et de Rouergue.

Raymond Ier rassemble sous son autorité les comtés de Quercy (dont il était déjà titulaire avant 852), de Toulouse et de Rouergue. Il porte le titre de duc d'Aquitaine et ne possède pas encore le Languedoc littoral (alors appelé Septimanie ou Gothie) dont le marquis, Humfrid, prend un instant Toulouse en 863. Son successeur et fils aîné Bertrand (865-875) se fait lui-même appeler marquis comme possesseur d'une partie de la Narbonnaise Première. Après sa mort sans enfants, ses domaines et titres passent à son frère puîné Eudes ou Odon (875-919) qui, en 918, se fait reconnaître comme marquis de Gothie. On sait peu de choses sur son gouvernement, contemporain des règnes agités de Louis II, Louis III et Carloman, Charles le Gros, Eudes et Charles le Simple. C'est à la génération suivante que se fait le partage des domaines raymondins entre Raymond II (919-923), comte d'Albi et de Nîmes, tige des comtes de Toulouse, et Ermengaud, tige des comtes de Rouergue. À Raymond II succède son fils Raymond III Pons (923-v. 950), titré duc d'Aquitaine au moins en 936 par bienfait du roi Raoul, et qui prend une influence prépondérante dans le marquisat de Gothie. À ce moment-là, les comtes de Toulouse cessent d'être proprement aquitains pour devenir, avant la lettre, languedociens en ce que leurs domaines sont tributaires à la fois de l'Atlantique et de la Méditerranée. Les administrations de Guillaume III Taillefer (950-1037) et de Pons (1037-1060) ne se sont signalées par aucun agrandissement notable. La mort de Pons et l'ouverture de la succession de Berthe de Rouergue (1066) suscitent entre les frères Guillaume et Raymond de Saint-Gilles une querelle qui s'apaise par un partage : l'aîné prend Toulouse et ses dépendances, le cadet le Rouergue et ses compléments. Finalement, Guillaume IV s'efface en 1088, ce qui permet à Raymond IV (1088-1105) de constituer à son profit une immense principauté (l'un des six grands fiefs du royaume) réunissant les comtés ou vicomtés de Toulouse, Rouergue, Quercy, Nîmes, Narbonne, Gévaudan, Albi-Béziers-Carcassonne, Agde et Foix. Le mariage de Raymond avec Bertrande de Provence prépare la conquête d'une partie de la

Toulouse
La place du Capitole. © *Scope/J.L. Barde*

Le comte de Toulouse
Huile sur toile de Hyacinthe Rigault, château de Versailles.

Provence (le futur marquisat) sous son fils du troisième lit, Alphonse Jourdain. Cependant Raymond IV, en partant pour la croisade en 1096, favorise les ambitions de Guillaume IX d'Aquitaine-Poitiers qui s'empare de Toulouse à deux reprises, en 1098 et 1114. Le fils aîné de Raymond, Bertrand, nommé administrateur du comté en 1096, s'installe lui-même bientôt en Terre sainte où il fait souche comme comte de Tripoli. Son héritage occidental passe ainsi à son demi-frère Alphonse Jourdain (1112-1148) qui sera titré comte de Toulouse, duc de Narbonne et, à partir de 1125, marquis de Provence.

La puissance territoriale de la dynastie atteint alors son apogée. Mais, poursuivant leurs conquêtes en France et en Orient, donc souvent absents de leurs domaines, les comtes sont victimes d'usurpations, quand ils ne pratiquent pas eux-mêmes à outrance l'inféodation en confiant, engageant ou vendant leurs droits seigneuriaux. En témoigne le développement des maisons vicomtales de Narbonne et d'Albi-Béziers-Carcassonne (Trencavel), de la maison comtale ou vicomtale de Millau et Gévaudan, de la maison comtale de Rodez et des maisons seigneuriales qui se partagent le Quercy. Certains de ces vassaux se substituent purement et simplement à leur seigneur en exerçant le droit de ban dont le roi avait laissé l'exercice au comte de Toulouse. Le cas extrême est représenté par les Trencavel qui vont jusqu'à transférer leur hommage à la maison de Barcelone. Celle-ci, ayant hérité de la couronne d'Aragon, tend à évincer la maison de Toulouse, contre les droits subsistants des rois de France. Ne possède-t-elle pas déjà, réunis sur la même personne ou indivis, Millau, le Gévaudan, une partie de la vicomté de Carlat et le comté de Provence ? Raymond V (1148-1194) tente d'y parer en resserrant les liens de suzeraineté avec Narbonne, Carcassonne et Montpellier. Puis il réalise l'annexion du comté de Melgueil qui protège Montpellier du côté de la Provence comtale. Mais un autre péril surgit en la personne d'Henri Plantagenêt, duc d'Aquitaine et roi d'Angleterre, qui attaque Toulouse en 1159, sans succès d'ailleurs. Raymond V se croit obligé d'accorder un régime consulaire aux Toulousains pour renforcer leur fidélité, puis de reconnaître la suzeraineté d'Henri II pour amadouer ce remuant voisin (1173).

Sa politique d'affranchissement urbain est continuée par son fils aîné Raymond VI (1194-1222) qui se montre impuissant à résoudre la crise albigeoise et à qui Simon de Montfort est substitué de 1212 à 1218. Raymond recouvre sa capitale (1217) et bientôt tous ses domaines (1218), mais la campagne de Louis VIII (1226) a pour effet de réunir au domaine royal les vicomtés trencaveliennes et les parties orientales et septentrionales des domaines raymondins. Cet état de fait est sanctionné en 1229, avec de légères modifications, par le traité de Meaux-Paris qui laisse à Raymond VII (1222-1249), outre le diocèse de Toulouse d'alors, « l'Agenais, le Rouergue, l'Albigeois en deçà du Tarn et le Quercy, excepté la ville de Cahors ». La réunion de l'ensemble du comté à la couronne est déjà prévue dans cet acte et n'a pas à attendre, pour avoir valeur légale, la mort sans enfants, en 1271, de Jeanne de Toulouse et de son mari Alphonse de Poitiers, dernier détenteur du comté de Toulouse.

TOULOUSE Louis Alexandre de BOURBON, comte de (Versailles, 1678 – Rambouillet, 1737)

Amiral de France.

Bâtard de Louis XIV et de Mme de Montespan. Légitimé en 1681, nommé amiral de France dès 1683, il obtient en 1694, comme son frère le duc du Maine, la priorité sur toute la noblesse qui n'est pas « du sang ». Sa conduite militaire est honorable. Ayant pris le commandement d'une escadre, il ramène la Sicile à l'obédience de son prince légitime, Philippe V. Devant Malaga, en 1704, il soutient la lutte contre une flotte anglo-hollandaise supérieure en nombre à la sienne et commandée par Rooke. Mais il la laisse échapper. Soutenant le parti du duc du Maine à l'avènement de Louis XV, il n'en est pas moins membre du Conseil de régence et président du Conseil de la marine, fonction qu'il gardera jusqu'en 1723. Les intrigues si chères à son frère ne l'ont jamais intéressé. Saint-Simon, qui n'appréciait pas son intelligence et qui, en règle générale, détestait les bâtards, a reconnu à celui-ci des qualités de cœur : « C'était un homme fort court, mais l'honneur, la vertu, la droiture, la vérité, l'équité même. » De sa femme, Victoire de Noailles, veuve du marquis de Gondrin, le comte de Toulouse avait eu un fils, titré duc de Penthièvre. La fille unique de celui-ci, Marie-Adélaïde, épousera le duc de Chartres, futur Philippe Égalité, et sera la mère de Louis-Philippe.

TOULOUSE-LAUTREC (famille de)

Famille descendant en ligne mâle et légitime des anciens comtes de Toulouse par Baudouin, frère et victime de Raymond VI.

Baudouin avait épousé en 1196 Alix, dame de Lautrec. De leur second fils Sicard Ier sont issues plusieurs lignées, dont celle dite de Montfa ou Monfa, à laquelle appartient Henri, le peintre bien connu, dont l'œuvre est le reflet parfois cruel d'une certaine société de la fin du XIXe siècle.

TOURAINE

Province de l'Ancien Régime ayant fait place, en 1790, au département d'Indre-et-Loire.

Il s'agit de l'ancien domaine des Gaulois Turons que la vallée de la Loire traverse d'est en ouest en son milieu, pays de terrains alluvionnaires très fertiles, prolongé, au nord comme au sud, par des plateaux couverts d'herbages propices à l'élevage et entrecoupés de bois. Les chroniques assurent que l'implantation romaine s'y effectue sans difficulté. La métropole, reconstruite et agrandie par les Romains sous le nom de *Caesarodunum*, devient une des principales cités de la Gaule à l'époque impériale. Les chaussées y aboutissent en grand nombre, favorisant un négoce qui se perpétuera à l'époque médiévale. Les invasions barbares portent, certes, grand tort au site. Mais la victoire des Francs sur les Wisigoths, à Vouillé en 507, établit une domination franque que perturberont les incertitudes du pouvoir sous les Mérovingiens. L'ordre carolingien est synonyme de prospérité, et il faut attendre le IXe siècle pour voir les Normands apporter à nouveau le désordre lors de leur remontée de la Loire.

Cette situation favorise les ambitions de comtes locaux qui se rendent héréditaires. La puissance de la maison d'Anjou, au milieu du XIe siècle, fait passer le pays sous la domination de Geoffroi Martel et de ses successeurs. Par transmission, la terre tourangelle passe ainsi dans l'héritage des Plantagenêts et de là dans celui des souverains anglais. Mais, au début du XIIIe siècle, Philippe Auguste confisque la Touraine à Jean sans Terre et fait reconnaître cette éviction en 1206. Dès lors, ce carrefour du Val de Loire, bordé au nord par le Maine, à l'ouest par l'Anjou, à l'est par l'Orléanais et le Berry, au sud par le Poitou, devient une des pièces maîtresses du domaine royal. Les souverains successifs la donnent en apanage aux princes du sang, le dernier possesseur étant François, duc d'Alençon, frère d'Henri III.

La Touraine est alors définitivement rattachée à la couronne après avoir servi de refuge au futur Charles VII lorsque les Bourguignons s'emparent de Paris. Puis, les Anglais étant maîtres de la capitale, le Dauphin devenu roi continue à séjourner en Touraine, et c'est à Chinon que Jeanne d'Arc vient revigorer par ses assurances un pouvoir royal défaillant. C'est de Touraine encore que part en 1429 la chevauchée victorieuse de la « Pucelle » qui, après la prise d'Orléans, aboutira au sacre de Reims. Sous Louis XI, qui réside volontiers dans son château du Plessis, Tours s'agrandit et prospère, en particulier sous l'heureux effet de ses tisseurs de soie, fort actifs et réputés dans tout le royaume. Le climat aidant, les rois de la Renaissance prennent plaisir à séjourner sous ce ciel serein, au milieu d'un paysage fait de mesure et d'équilibre. Ils peuvent gouverner du cœur du pays. Les châteaux, inspirés par les constructions italiennes, surgissent au milieu de parcs gracieux. Ce sont des édifices aux lignes nouvelles, moins austères que celles de Langeais, par exemple, où Charles VIII épousa en 1491 Anne de Bretagne. Chaumont marque la transition vers la demeure résidentielle dont les fleurons s'appelleront Azay-le-Rideau, Chenonceaux, Ussé et Amboise. La Touraine devient une nouvelle vallée des rois. Épargnée par les invasions (mais subissant les contrecoups des guerres de Religion), la région s'épanouit dans le domaine des arts et de l'artisanat. Des maîtres tisserands, des maîtres verriers, des maîtres imprimeurs font de Tours une des principales cités commerçantes du royaume. La révocation de l'édit de Nantes fait certes partir un certain nombre de maîtres tisserands, mais l'insurrection vendéenne laisse la Touraine à l'écart de la tourmente, tout comme l'invasion alliée de 1814-1815. Sous le Second Empire, le chemin de fer supplée les trop modestes profondeurs de la Loire capricieuse ; Tours, par sa gare de triage de Saint-Pierre-des-Corps, devient la plaque tournante d'un Centre-Ouest vers lequel aboutissent les lignes d'Anjou, du Maine, du Poitou et de l'Orléanais. Ce n'est pas par hasard si, durant les épreuves de 1870-1871, la délégation gouvernementale choisit la cité tourangelle pour remplacer Paris assiégé. Une fois encore, la Touraine accueille le pouvoir. Il y reviendra aux heures sombres de 1940, un embryon de front se constituant même, pour quelques jours, peu après la mi-juin, le long de la Loire.

TOURNAI

Ville de Belgique (en flamand Doornik*), au sud-ouest de Bruxelles, sur l'Escaut.*

Jusqu'au début du XIXe siècle, son histoire est étroitement liée à celle de la France. La présence de l'homme sur son site remonte à des temps très anciens. Capitale des Nerviens au Ier siècle avant notre ère (*Turris Nerviorum* ou *Tornacum*), la ville est occupée par César en 57 av. J.-C. et devient alors le chef-lieu de la *civitas Turnacensium*, dans la Belgique Seconde. Bien située sur la voie reliant la Germanie à l'ouest de la Gaule, elle se développe rapidement. Les Alains l'occupent vers 406, puis les Francs Saliens en 431. Chlodion, roi de ces derniers, en fait la première capitale du royaume mérovingien. À la fin du Ve siècle, Clovis lui préfère Soissons. Dotée par Chilpéric Ier d'un évêché, rattaché au VIe siècle à celui de Noyon, la ville, qui est le centre d'un comté, continue à se développer. En 843, le traité de Verdun l'incorpore à la *Francia occidentalis*. Quelques années plus tard, Charles le Chauve la fait entrer dans la marche de Flandre, destinée à son gendre Baudoin Bras de Fer. Port actif sur l'Escaut, Tournai est pillée par les Normands en 881. Son développement économique se poursuit toutefois, fondé à la fois sur les draperies et sur l'exploitation d'une carrière de pierre. L'évêque de Tournai, dont le siège est restauré en 1147, reconnaît la commune, jurée au même moment par les bourgeois de la ville.

En 1187, Philippe Auguste décide de placer Tournai sous la souveraineté directe du royaume de France. Le roi confirme et accroît ses privilèges, la ville connaît alors une période particulièrement prospère. La richesse des constructions élevées à ce moment et le renom de l'école épiscopale de Tournai attestent de son éclat. La cité, sous l'influence de sa bourgeoisie marchande, est un des plus fidèles soutiens du roi de France en Flandre. Au début de la guerre de Cent Ans, en 1340, après la bataille de l'Écluse, Édouard III se présente devant ses murailles fortifiées au siècle précédent. La trêve d'Esplechin permet d'écarter le danger mais, en 1348, Tournai est ravagée par la peste noire. Les années qui suivent sont agitées par des troubles sociaux et des émeutes. En 1420, après le traité de Troyes, les corporations, craignant l'intégration de leur cité aux États bourguignons, prennent en main le pouvoir communal et font de Tournai la seule grande ville du nord de la Loire restée fidèle au Dauphin (futur Charles VII). Sa prospérité, qui se poursuit malgré les difficultés du temps, fait alors de Tournai une proie de choix. Prise au mois d'août 1513 par les Anglais, qui l'occupent quelque temps, la ville est enlevée en 1521 par Alexandre Farnèse, à la tête des troupes de Charles Quint. En 1526, le traité de Madrid la cède aux Habsbourg. Cession renouvelée trois ans plus tard par la paix des Dames – Tournai restera espagnole jusqu'en 1667. Au mois de juin 1667, en effet, le maréchal d'Aumont, après un siège de quelques jours, pénètre dans la ville. Vauban entreprend aussitôt d'améliorer ses fortifications, tandis que Louis XIV la dote d'un Conseil souverain érigé une vingtaine d'années plus tard en parlement destiné à appuyer la politique des réunions en Flandre. Conquise en juin 1709 par le prince Eugène, Tournai est annexée aux Pays-Bas par les traités d'Utrecht et de Rastatt, en 1713-1714, puis devient, à la suite d'accords ultérieurs, une des places de la Barrière, places dans lesquelles sont installées des garnisons hollandaises destinées à prévenir toute velléité d'expansion de la France. Les Français, sous le commandement de Maurice de Saxe, la réoccupent cependant en 1745, après la victoire de Fontenoy. Prise par les troupes françaises en 1792, annexée à la France en mars 1793, de nouveau perdue, reprise en 1794, la ville devient en 1795 une des sous-préfectures du département de Jemmapes. Elle sera incorporée au royaume des Pays-Bas en 1815, à celui de Belgique en 1830.

TOURNELLE (la)

Sous l'Ancien Régime, Chambre criminelle du parlement de Paris, et des parlements de province.

Certains pensent que son nom vient du fait que les magistrats y pénétraient à tour de rôle. Plus probablement, le nom de Tournelle lui a été donné parce qu'elle siégeait dans une petite tour, la tour Saint-Louis, située derrière la Grand-Chambre. Cette appellation de Tournelle, logique pour la chambre parisienne, ne l'est donc pas pour celles des parlements de province, qui portent le même nom. C'est au milieu du XVe siècle qu'apparaît la Tournelle, commission de magistrats issus de la Grand-Chambre chargée de juger toutes les causes de grande criminalité, les délits pouvant entraîner une peine corporelle. Seuls y siègent les conseillers laïques, les clercs ne pouvant voter la mort. Au XVIe siècle, la Tournelle devient une chambre distincte des autres, l'ancienne délégation de la Grand-Chambre est à présent indépendante et permanente. Les cinq présidents à mortier les moins anciens et douze conseillers de la Grand-Chambre y siègent à tour de rôle, pendant six mois, trois conseillers de chaque chambre des enquêtes y siégeant à tour de rôle pendant trois mois. Tous les jugements des tribunaux inférieurs comportant une peine afflictive lui sont transférés d'office. De 1667 à 1691, puis de nouveau en 1735, est constituée une Tournelle civile, afin de débarrasser la Grand-Chambre, trop encombrée. Devant elle sont portées les causes civiles n'excédant pas 3 000 livres. Les parlements de province comportent eux aussi, à l'image de celui de la capitale, une Tournelle. Ainsi celle du parlement de Toulouse, née en 1491.

TOURNOI

Affrontement entre deux groupes de combattants disposés sur un vaste terrain, loin des zones habitées, le tournoi évolue ensuite vers des joutes disputées dans des lices dressées près des villes.

Apparu au milieu du XIe siècle dans la France de l'Ouest, le tournoi est proche d'une véritable bataille rangée, à la fois entraînement pour les jeunes chevaliers, succédané de la guerre et moyen de faire fortune et carrière, à l'exemple de Guillaume le Maréchal. La tenue d'un tournoi suppose une bonne organisation. Le prince qui en prend l'initiative fait diffuser la nouvelle par des messagers. Rassemblés en deux camps, les groupes de chevaliers s'affrontent, ayant pour but la capture de l'adversaire pour le mettre à rançon, et de satisfaire le désir de prouesses. Si la mort n'est pas recherchée, elle est pourtant fréquente, et des fratries entières de chevaliers ont ainsi péri par accident. Les tournois ont favorisé la naissance de l'héraldique, science des armoiries, dont les signes distinctifs sur l'écu permettent à chacun de reconnaître son adversaire. À partir du XIIIe siècle, le tournoi évolue en spectacle sportif. Les dimensions du champ de bataille sont réduites à celles des cours de châteaux ou de lices bâties hors de la ville, et les combattants ne s'affrontent plus que deux à deux. Le caractère militaire s'adoucit dans l'esprit courtois au profit de l'épanouissement de l'exploit individuel sous le regard de la dame. Au XVe siècle, les lances sont émoussées et allégées : l'objet du combat est de « rompre la lance » contre l'écu de l'adversaire, les cavaliers étant séparés par une barrière médiane. Au XVe siècle apparaît une forme nouvelle du tournoi, les pas d'armes. Ils se déroulent à nouveau en pleine nature mais s'articulent autour d'une fiction théâtrale inspirée de la littérature chevaleresque, les chevaliers mettant leur technique guerrière au service de cette littérature dans un esprit qui renouait avec les cours d'amour du XIIe siècle.

TOURNON François de (Tournon, 1489 – Paris, 1562)

Cardinal et diplomate.

Abbé de La Chaise-Dieu, archevêque d'Embrun (1517), de Bourges (1525), abbé de Saint-Germain-des-Prés, il devient cardinal en 1530, archevêque d'Auch en 1537, puis de Lyon en 1551. Après avoir béni le mariage de François Ier avec Éléonore d'Autriche en 1530, Tournon part, avec le titre de lieutenant général, pour Lyon en 1536, où il instaure une sorte de dictature et d'où il participe avec Montmorency à la défense de la Provence contre Charles Quint. Il négocie le traité de Nice en 1538. À cette époque, son influence est considérable à la Cour. L'avènement d'Henri II marque son effacement politique mais non sa retraite diplomatique, car le cardinal de Tournon occupe le poste d'ambassadeur de France à Rome de 1547 à 1559. Nommé doyen du Sacré Collège en 1560, il participe l'année suivante au colloque de Poissy où il se montre résolument hostile aux concessions faites aux huguenots. Protecteur des lettres à l'instar de beaucoup de prélats de la Renaissance, il fonde le collège de Tournon. Les gouvernements de Lyonnais, de Beaujolais, d'Auvergne et de Forez lui avaient été confiés en 1555.

TOURNUS

Petite ville de Saône-et-Loire établie sur la rive droite de la Saône à une trentaine de kilomètres au sud de Chalon.

Tournus est célèbre pour son abbaye bénédictine dédiée à saint Philibert, dont l'église est une des constructions les plus caractéristiques du premier art roman. Fondée à une date incertaine autour des reliques de saint Valérien, martyr local, elle s'est considérablement développée à partir de 875 lorsque les moines de l'île de Noirmoutiers, fuyant les raids normands, s'y installent avec les reliques de leur saint fondateur saint Philibert, après s'être tout d'abord arrêtés à Déas (Saint-Philbert-de-Grandlieu), Cunault, Messay et Saint-Pourçain-sur-Sioule. L'abbaye de Tournus sera jusqu'à la fin de l'Ancien Régime à la tête d'une congrégation monastique possédant plusieurs dizaines de prieurés, notamment dans les vallées de la Saône, du Rhône et de la Loire.

TOURS

Ancienne capitale de la Touraine, aujourd'hui chef-lieu du département d'Indre-et-Loire, entre la Loire et le Cher.

Cité des Turons, elle est primitivement bâtie sur la rive droite de la Loire, sur les coteaux de Saint-Symphorien. Mais les Romains la transfèrent dans la plaine, sur la rive gauche de la Loire, et elle devient, sous le nom de *Caesarodunum*, la capitale de la Troisième Lyonnaise (IVe siècle). Le christianisme y est introduit dès le IIIe siècle par saint Gatien, son premier évêque. Plus tard, saint Martin (371-397), son troisième évêque et le plus célèbre apôtre des Gaules, fonde non loin l'abbaye de Marmoutier qui abrite les restes du saint après sa mort et devient un lieu de pèlerinage autour duquel s'élève bientôt une seconde ville, distincte de la première, Martinopolis ou plutôt Châteauneuf, ce nom seul ayant subsisté. Ce n'est qu'en 1354 que les deux villes seront englobées dans une même enceinte par Jean le Bon. Prise par les Wisigoths vers 473, puis par Clovis en 507, Tours connaît de nouveau un grand éclat au VIe siècle avec son évêque saint Grégoire de Tours (573-594), resté célèbre pour son *Histoire des Francs* qui constitue la meilleure et souvent l'unique source pour la connaissance de la Gaule mérovingienne.

L'importance de Tours comme centre religieux est encore rehaussée par son érection en archevêché au début du IXe siècle. En y fondant une école de théologie et de philosophie, la première qui ait existé en France, Alcuin fait de l'abbaye de Saint-

Martin un des foyers les plus actifs de la Renaissance carolingienne. De son *scriptorium* (atelier de moines copistes et miniaturistes) sortiront des manuscrits fameux, le *Sacrementaire d'Autun*, la *Bible de Vivien*, l'*Évangéliaire de Lothaire*. Tours est alors une cité prospère. Elle réussit à échapper aux Normands, mais l'abbaye de Saint-Martin est pillée en 853 et à nouveau en 903. Devenue anglaise sous Henri II Plantagenêt, la ville fait retour à la France en même temps que la Touraine, par le traité de Paris de 1259. Presque tous les rois, de Saint Louis à François Ier, y séjournent et y font frapper monnaie, la livre de Touraine, dite tournois, valant 80 % de la livre parisis. Elle est notamment la résidence de Charles VI, de Charles VII (qui y signe la trêve de Tours avec Henri VI d'Angleterre le 28 mai 1444) et de Louis XI, qui habite volontiers le château de Plessis-lez-Tours, non loin de là, et y crée une industrie réputée de la soie et des draps d'or (1470). Ses bourgeois enrichis font construire aux XVe et XVIe siècles d'admirables hôtels dont certains subsistent encore. Les états généraux s'y réunissent en 1468, 1484 et 1506. Pénétrée par la Réforme, Tours est dévastée par les protestants de Condé (1562) comme par les catholiques. L'industrie de la soie, essentiellement aux mains des huguenots, est développée par Henri IV et Richelieu, mais elle est ruinée par la révocation de l'édit de Nantes en 1685, qui provoque l'émigration des soyeux. Plus tard, au XIXe siècle, le refus opposé par sa municipalité au passage de la voie ferrée entravera son relèvement.

En raison de sa situation géographique, la ville est choisie, pendant la guerre de 1870, comme siège de la délégation du gouvernement provisoire de la Défense nationale, dite « délégation de Tours » (12 septembre-9 décembre 1870), dirigée par Gambetta à partir du 9 octobre 1870. Mais elle est occupée par les Allemands du 19 janvier au 8 mars 1871, après le repli du gouvernement à Bordeaux. C'est enfin dans sa préfecture que se tient, dans une atmosphère dramatique, le dernier Conseil suprême entre Paul Reynaud et Churchill, le 13 juin 1940. La ville est en partie incendiée quelques jours plus tard par d'importants bombardements qui atteignent surtout les quartiers du centre (20 et 21 juin 1940). Libérée en août 1944, Tours, aujourd'hui reconstruite, a néanmoins conservé de remarquables édifices, en particulier la cathédrale Saint-Gatien. Commencée au XIIIe siècle et terminée seulement au XVe siècle, elle est célèbre par ses vitraux et abrite le tombeau des enfants d'Anne de Bretagne et de Charles VIII.

Tourville
Attaque par le comte de Tourville et Jean Bart de la flotte anglaise de Smyrne, entre Lagos et Cadix, en large du Portugal. Huile sur toile de Théodore Gudin, châteaux de Versailles et de Trianon. © *RMN-Gérard Blot*

TOURS (congrès de)

Congrès du Parti socialiste SFIO (23-30 décembre 1920) au cours duquel s'opéra la scission historique entre les délégués partisans de l'adhésion à la IIIe Internationale ou Komintern, fondée par Lénine à Moscou le 2 mars 1919, et ceux qui ne se sentaient pas suffisamment proches de l'idéologie bolchevique pour accepter les 21 conditions assorties à cette adhésion.

Les discussions, que tous les délégués ressentent comme capitales pour l'avenir du mouvement ouvrier français, se déroulent dans une atmosphère passionnée. Tandis que Léon Blum préconise l'abstention, la motion Cachin-Frossard, favorable à l'adhésion, obtient 3 028 suffrages contre 1 022 à la motion Longuet-Faure qui maintient que certaines des 21 conditions sont « contraires à l'intérêt autant qu'à la tradition du mouvement ouvrier français ». Enfin, la motion Longuet qui exige le maintien de l'unité est battue par 1 398 voix contre 3 247 à un texte soumis par Renoult (29 décembre). Ce sont donc 70 % des délégués qui font sécession et constituent le parti communiste, section française de l'Internationale communiste ou SFIC, qui s'oppose désormais à l'ancienne SFIO, fidèle à son adhésion à la IIe Internationale. Tandis que l'ancien journal de Jaurès, *L'Humanité*, passe sous le contrôle du nouveau parti communiste, grâce à son directeur Marcel Cachin et surtout grâce aux actions détenues dans le journal par un ancien membre de la Commune, Camélinat, l'organe quotidien et officiel de la SFIO reste *Le Populaire*, dont Léon Blum devient directeur politique en 1921.

TOURVILLE Anne Hilarion de COTENTIN, chevalier puis comte de (Paris, 1642 – Paris, 1701)

Amiral, maréchal de France.

Gentilhomme normand, il entre au service de Malte et combat les barbaresques. Puis il passe dans la marine royale en 1661 et, devenu capitaine de vaisseau, seconde le duc de Beaufort à Candie en 1669, avant de participer à l'expédition envoyée au secours de Messine. Nommé chef d'escadre, il est adjoint à Duquesne dans les opérations menées contre Alger et Tripoli en 1683. Après avoir bombardé Alger en 1688, il réussit à forcer le blocus anglais et entre dans Brest, sauvant la Bretagne de l'invasion en 1689. Ces succès lui valent le titre de vice-amiral du Levant, à la tête de la première flotte de ligne de l'Europe, dont la France peut s'enorgueillir grâce aux efforts de Colbert. Les combats victorieux qu'il mène dans la Manche assurent aux Français le contrôle de la mer, en 1689 et 1690. Tourville mène la flotte française à une belle victoire le 30 juin 1690. Sorti de Brest avec 75 vaisseaux, il bat les Anglo-Hollandais de Herbert en face de l'île de Wight, à la hauteur de Beachy Head ou Béveziers. Mais il ne peut les empêcher de s'échapper et ne peut assurer, contre leurs forces supérieures, le ravitaillement de l'expédition franco-jacobite d'Irlande. Ce succès est suivi cependant d'un lourd revers aux graves conséquences. Obéissant aux instructions impératives de Louis XIV qui, sans tenir compte de ses avertissements sur les dangers de l'entreprise, le charge en mai 1692 de protéger le passage d'une expédition en Angleterre, il engage la bataille devant Barfleur le 29 mai avec seulement 44 vaisseaux contre 89 anglo-hollandais ; après un combat de 12 heures, il se replie, mais une partie de son escadre est incendiée dans la baie de Saint-Vaast-la-Hougue (2-3 juin). Défaite honorable – Saint-Simon souligne qu'il fit des prodiges au cours de la bataille – mais néanmoins un désastre, car elle fait disparaître la flotte française de ligne de la haute mer. Promu maréchal de France en 1693, Tourville sait s'adapter à cette nouvelle situation et commande une implacable guerre de course qui porte des coups terribles aux puissances maritimes et contribue, la solidité de l'armée de terre aidant, à la paix plus qu'honorable de Ryswick en 1697. Il se retire alors du service.

Tours
Les massacres de 1562, gravure, XVIe siècle. © *Sélection Images*

TOURZEL Louise Élisabeth de CROŸ d'AVRÉ, duchesse de (Paris, 1749 – Montfort-l'Amaury, 1832)

Gouvernante des Enfants de France.

Fille de Joseph de Croÿ, duc d'Havré, tué à Filinghausen en 1761, elle épouse le marquis de Sourches-Tourzel, grand prévôt de France, qui meurt à la chasse des suites d'une chute de cheval, aux côtés de Louis XVI en 1786. La duchesse de Polignac ayant émigré dès les premiers jours de la Révolution, elle prend sa succession en août 1789 comme gouvernante des Enfants de France. On la retrouve auprès de la famille royale lors de la fuite à Varennes en juin 1791. Avec sa fille Pauline, elle accompagne les prisonniers royaux au Temple. Mais toutes deux en sont extraites et conduites à la Force dès le 20 août 1792. Elles réussissent à s'évader et se cachent à Vincennes pendant plusieurs mois après les massacres de Septembre. De nouveau arrêtée sous la Terreur, Mme de Tourzel est libérée après le 9 Thermidor. Elle obtient bientôt de rendre visite au Temple, tous les cinq jours, à son ancienne pupille, Madame Royale. Tenue en surveillance sous l'Empire, elle est faite duchesse par Louis XVIII en 1816. Mme de Tourzel a laissé d'intéressants souvenirs sur le Temple.

TOUSSAINT-LOUVERTURE François Dominique TOUSSAINT, dit (Saint-Domingue, 1743 – Fort de Joux, près de Pontarlier, 1803)

Homme politique haïtien.

Né esclave, Toussaint-Louverture est l'un des chefs des mouvements de révolte contre les planteurs blancs qui secouent Saint-Domingue dès 1791, et pousse ses compagnons à réclamer l'abolition de l'esclavage. Le 4 février 1794, lorsque cette mesure est adoptée par les députés français, il est maître d'une bonne partie de l'île. Le 5 mai, il se rallie à la République avec ses troupes. De 1795 à 1798, Toussaint-Louverture aide le général Laveaux à chasser de l'île les Espagnols et les Anglais. Nommé général, et commandant en chef des troupes, couvert d'honneurs, l'ancien esclave, cependant, ne tarde pas à s'opposer aux planteurs. Il se fait alors nommer gouverneur général à vie, étend peu à peu son autorité sur tout Saint-Domingue et élabore une Constitution qui établit que l'île demeurera au sein de l'empire colonial français, mais s'administrera elle-même. Montrant de réelles qualités d'administrateur, il assure aux planteurs la sécurité, entreprend de ranimer le commerce avec les États-Unis et la Grande-Bretagne.

Cependant, Bonaparte refuse de tolérer une telle situation et envoie dans l'île une expédition de 20 000 hommes, conduite par Leclerc, qui débarque le 1er février 1802. Pendant trois mois, le beau-frère du Premier Consul mène une guerre de conquête au terme de laquelle, bien que vainqueur, il a perdu la moitié de ses hommes. Toussaint-Louverture, après une défense héroïque de la forteresse de la Grande-Crête-à-Pierrot, a dû capituler. Le 5 mai, une convention est signée entre les deux généraux. Un mois plus tard, le chef des révoltés, capturé par des moyens plus que douteux, est déporté en France, où il est enfermé au fort de Joux. Celui qui devait son surnom à la bravoure avec laquelle il ouvrait des brèches dans les rangs ennemis ne peut supporter les rigueurs du climat jurassien, ni la privation d'une liberté chèrement acquise. Le 17 avril 1803, un an avant la proclamation d'indépendance d'Haïti, Toussaint-Louverture meurt dans sa cellule.

TRACY-LE-VAL

Localité du nord-est du département de l'Oise, située à mi-chemin entre Compiègne et Noyon.

En juin 1918, la Xe armée française défend vigoureusement ce secteur face à l'offensive de la XVIIIe armée allemande de von Hutier. Le 3 juin, l'attaque allemande est stoppée à une dizaine de kilomètres à l'est de la localité. Le 10, partis de Noyon et de Lassigny, les détachements de von Hutier parviennent à moins de 1 500 mètres du bourg. Celui-ci est sauvé le lendemain soir, par une opportune contre-attaque des forces de la IIIe armée (Humbert) qui ramène l'assaillant dans la vallée du Matz, sur la rive droite de l'Oise. Durant ce même mois de juin 1918, le secteur de Tracy-le-Val, au nord de l'Aisne et de la forêt de Laigue, tenu par les 15e et 38e DI du 18e corps d'armée, a constitué, le long de la rive gauche de l'Oise, un saillant qui a finalement servi de bouclier à la région de Compiègne, premier objectif de l'offensive de Ludendorff.

TRAFALGAR (bataille de)

Défaite navale infligée par l'amiral anglais Nelson à la flotte franco-espagnole de Villeneuve, le 21 octobre 1805, au large du cap Trafalgar, entre Cadix et Tarifa.

Ne se jugeant pas en état de faire voile sur Brest pour y secourir Ganteaume bloqué par Cornwallis, Villeneuve s'est retiré à Cadix, pourchassé par les escadres de Nelson et de Collingwood, fortes de 27 vaisseaux au total. Mais Villeneuve apprend que Napoléon lui reproche âprement sa prudence et reçoit de lui un ordre qui équivaut à un suicide : attaquer Nelson « sans hésiter » et avoir avec lui une « affaire décisive ». Il hésite d'abord à obéir, mais la nouvelle que Napoléon dépêche l'amiral Rosily pour le relever le décide. Villeneuve sort de la rade le 20 octobre avec 33 navires auxquels il a donné comme mot d'ordre : « Tout capitaine qui ne serait pas au feu ne serait pas à son poste. » Étirée le long de la côte en un large arc de cercle de 6 kilomètres dont la concavité fait face au large, sa flotte est immédiatement attaquée par les Anglais, le 21 au matin, perpendiculairement sur deux lignes à l'avant et à l'arrière et non parallèlement et bord à bord selon la tactique habituelle. Ce « coup de Nelson » réussit parfaitement. L'avant-garde et l'arrière-garde de la flotte franco-espagnole sont dispersées, désagrégées en plusieurs tronçons, et les Anglais se rabattent alors sur le centre. Le combat tourne au corps à corps. « L'Angleterre compte que chaque homme fera son devoir », avait ordonné Nelson. Lui-même est tué à son poste de commandement, à bord du *Victory*. La flotte franco-espagnole est anéantie, 9 de ses vaisseaux seulement peuvent regagner Cadix. Villeneuve est fait prisonnier à bord du *Bucentaure*. Environ 4 400 Français et Espagnols ont péri, contre 449 Anglais. Après sa libération, en avril 1806, Villeneuve, désespéré, ne parvenant pas à se justifier, finira par se suicider dans une chambre d'hôtel de Rennes.

Dernière en date des grandes batailles navales au temps de l'Empire, ce désastre, en écartant des mers la France et l'Espagne pour longtemps, assure à l'Angleterre la maîtrise des océans et lui permettra d'accroître considérablement sa puissance coloniale. Il anéantit enfin définitivement les projets de débarquement en Angleterre échafaudés par Napoléon. Privé de force navale et d'ailleurs assez peu sensible à l'importance de la guerre maritime, ce dernier perfectionnera une autre arme pour tenter d'abattre l'Angleterre, le Blocus continental.

La bataille de Trafalgar

Le *Redoutable* à Trafalgar. Épisode de la bataille par Auguste Mayer. Paris, musée de la Marine.

TRAITE DES NOIRS

Trafic des esclaves noirs vendus dans les « isles », à l'origine d'un commerce triangulaire entre l'Europe, l'Afrique et l'Amérique. Il faut la distinguer de l'esclavage proprement dit qu'elle alimente.

Entre les XVIIe et XIXe siècles, plus de 1 600 000 Noirs ont été déportés dans les colonies de l'Amérique française, pour travailler sur les plantations de l'île à sucre de Saint-Domingue ou de Louisiane. Vendus par des tribus spécialisées dans la rafle de captifs, les Noirs sont embarqués sur les côtes d'Afrique occidentale (Sénégal, Guinée…) à bord de navires négriers. Après une traversée de deux mois et les 10 à 20 % de pertes qui en résultent, le « bois d'ébène » est vendu sur le bateau ou à terre souvent à des intermédiaires qui tirent un énorme profit de la revente. Pour le navire négrier, le retour en Europe avec une cargaison de matières premières tropicales – sucre, tabac, épices… – assure un bénéfice de l'ordre de 10 à 30 %. Outre les grandes compagnies françaises (Compagnie du Sénégal, Compagnie de Guinée…), ce commerce profite à tout un monde d'armateurs, de banquiers, de commerçants des grands ports négriers comme Nantes ou Bordeaux. Voltaire, qui dénonce vertueusement la traite, prend des parts dans un armement nantais… Pour l'année 1787, ce sont ainsi 31 000 Noirs qui sont déportés – sur un total de 100 000 – par des navires français d'une rive à l'autre de l'Atlantique. Au début du XIXe siècle, cependant, la traite décline. La révolte et l'indépendance d'Haïti – l'ouest de Saint-Domingue – en 1803, le Blocus continental durant les guerres de l'Empire en précipitent la fin, en lien avec le mouvement abolitionniste. Celui-ci apparaît en France vers 1785, emmené par la Société des amis des Noirs avec Condorcet, Sieyès, La Fayette, Lavoisier, Mirabeau, l'abbé Grégoire. À l'initiative de ce dernier, la Convention abolit l'esclavage dans ses colonies le 4 février 1794. Napoléon le rétablit en 1802 mais abolit la traite en 1814 durant les Cent-Jours. Louis XVIII en confirme l'interdiction sans jamais pouvoir la faire respecter.

Toutefois un mouvement international se dessine : la traite est abolie en 1807 en Grande-Bretagne, en 1808 aux États-Unis ; ces deux pays n'abolissent respectivement l'esclavage lui-même qu'en 1838 et 1865. La déclaration de Vienne, le 8 février 1815, affirme le principe de l'abolition du trafic mais offre à chaque pays un délai d'adaptation. Le deuxième traité de Paris du 29 mars 1815 confirme l'interdiction sous un délai de quatre années. Ce n'est que le 27 avril 1848 que la IIe République abolit l'esclavage, non sans débat interne entre les partisans d'une extinction progressive (Tocqueville) et ceux qui, derrière le député de la Martinique Victor Schœlcher, exigent et obtiennent l'abolition immédiate de l'esclavage. Les colons reçoivent toutefois en 1849 une indemnisation pour la perte des quelque 250 000 esclaves affranchis. La plupart restent aux champs comme travailleurs libres. Certains s'installent à Libreville au Gabon.

Traite des Noirs
Un comptoir européen de Guinée pratiquant l'esclavage. Gravure, XVIIIe siècle, Paris, Bibliothèque national de France.

Traites

Du bas latin trahere *: extraire. Sous l'Ancien Régime, droits levés sur les marchandises à l'entrée ou à la sortie du royaume, ou au passage de certaines provinces à d'autres.*

Les traites correspondent aux douanes actuelles et se confondent souvent avec d'anciens péages. Ces droits sont nombreux et divers, comme ceux des aides. L'ensemble en est confus au point qu'il est presque impossible de s'y reconnaître. À des droits dont l'origine remonte au temps de l'Empire romain, d'autres sont ajoutés au hasard des circonstances et des besoins. Pour la perception des traites, on distingue trois catégories de provinces. La plus considérable groupe seize provinces au cœur de la France (Normandie, Île-de-France, Maine, Anjou, Poitou, Aunis, Perche, Berry, Nivernais, Bourgogne, Bresse, Bourbonnais, Beaujolais, Touraine, Champagne, Picardie) qui sont enveloppées d'une commune ligne de douanes. On l'appelle l'« Étendue des cinq grosses fermes » parce que les droits à percevoir sont affermés à cinq compagnies avant de l'être à une seule à partir de 1584. Les droits sont acquittés à l'entrée ou à la sortie ou bien à l'entrée et à la sortie à la fois. Les uns semblent avoir été établis pour la protection des industries de la région, les autres sont purement fiscaux ; les uns grèvent toutes les espèces de marchandises, les autres certaines marchandises seulement. Aucun d'eux, même ceux qui ont un caractère général, qui frappe toutes les denrées, n'est levé dans toute la zone. Quand plusieurs provinces sont soumises à un même droit, le taux en varie de l'une à l'autre. Certains droits sont enfin particuliers à certains pays.

Le reste du royaume est divisé en deux catégories de pays. L'une comprend les pays « réputés étrangers », ce sont les anciennes provinces restées hors de l'Étendue : Flandre, Artois, Bretagne, Saintonge, Guyenne, Languedoc, Provence, Dauphiné, Lyonnais. Elles sont soumises à des droits d'entrée et de sortie entre elles, avec les provinces de l'Étendue, enfin avec l'étranger effectif. La dernière catégorie est précisément constituée par les provinces dites « d'étranger effectif », provinces les plus récemment réunies au royaume, Alsace, Franche-Comté, Lorraine, qui sont séparées douanièrement de la France et commercent librement avec l'étranger. Constatant que la circulation des marchandises dans le royaume est sérieusement entravée par ces barrières grandes et petites qui donnent lieu à de multiples abus, Colbert rêve d'un grand remède. Mais il doit se contenter de réformer le régime des pays de l'Étendue, par un édit de septembre 1664. Cet édit uniformise les traites en imposant un tarif général et décide que les taxes seront levées « au premier et plus prochain bureau de la route et passage ordinaire des marchands et voituriers ». Mais il est inégalement appliqué.

Transnonain (massacre de la rue)

Répression d'une émeute à Paris, dans le quartier du Marais et notamment dans la rue Transnonain, le 13 avril 1834.

À la suite de l'insurrection de Lyon, le 9 avril 1834, l'agitation gagne Paris, fomentée par la Société des droits de l'homme. L'interdiction par le gouvernement du journal *La Tribune* sert de détonateur à un mouvement insurrectionnel. Tandis que quelques sectionnaires hardis descendent dans la rue, un ordre mal compris fait dresser des barricades dans le quartier du Marais, aux rues Beaubourg, Aubry-le-Boucher, Transnonain. Ce mouvement inorganisé ne peut résister aux 40 000 hommes de garnison que compte Paris ni aux gardes nationaux de la banlieue qui arrivent exaspérées contre les fauteurs de troubles. Tout est fini en quelques heures. C'est un véritable massacre, particulièrement dans la rue Transnonain, dont porte témoignage une célèbre lithographie de Daumier.

Trappe (abbaye Notre-Dame de la)

Abbaye bénédictine fondée en 1140 par Rotrou III, comte du Perche, sur la commune de Soligny, près de Mortagne-au-Perche.

Rattachée dès 1147 à Cîteaux, la communauté connaît au XVe siècle un grand relâchement, qui augmente encore lorsque l'abbaye tombe en commende, en 1527. Cette situation persiste jusqu'à ce que Rancé, abbé commendataire de la Trappe, en entreprenne la réforme. Trouvant trop douce l'observance suivie, il établit, non sans difficulté, une observance beaucoup plus sévère, fondée sur la prière, le travail manuel, l'austérité et le silence. Grâce à cette réforme, la Trappe attire de nombreux frères, leur nombre passant de 10 en 1664 à 300 en 1700. Lorsque la Révolution supprime la Trappe, au mois de mai 1791, une partie des religieux, sous la conduite de dom Augustin de Lestrange, va se réfugier en Suisse où ils s'installent, avec l'autorisation du Sénat de Fribourg, dans une chartreuse abandonnée, à Valsainte. Trois ans plus tard, le pape Pie VI érige l'abbaye de Valsainte en chef de congrégation. Fuyant en 1798 les armées révolutionnaires, les religieux gagnent l'Amérique, le Canada, la Russie ou l'Allemagne. Cinq ans plus tard, ils sont autorisés à regagner Valsainte.

Après la chute de l'Empire, l'abbaye de la Trappe est rouverte, dom Lestrange peut s'y installer de nouveau en 1816. La même année, deux maisons sont fondées à Aiguebelle et Bellefontaine. En 1836, le pape érige les maisons belges, nées de la fondation de celle de Westmalle, en 1794, en congrégation particulière. Nouvelle modification en 1817, les maisons de France constituent deux congrégations, l'une suivant la nouvelle réforme, et dont le centre est la Trappe de Soligny, l'autre suivant l'ancienne réforme autour de Sept-Fons. En 1892, à la suite d'un chapitre général tenu à Rome, les trois observances (Soligny, Sept-Fons, Westmalle) sont de nouveau réunies, leur général étant fixé dans la Ville éternelle. L'ordre des Trappistes ou Cisterciens réformés de la stricte observance groupe alors 3 800 religieux en 59 monastères. Il est dirigé par un chapitre général qui réunit chaque année, à Cîteaux, tous les supérieurs de l'ordre.

Treilhard Jean-Baptiste, comte (Brive, 1742 – Paris, 1810)

Homme politique et diplomate.

Fils d'avocat, il devient lui-même avocat au parlement de Paris en 1761. À la fin du règne de Louis XVI, ses plaidoiries dans divers procès lui attirent une réputation certaine. Élu député du tiers à Paris, lors des États généraux de 1789, il fait partie du comité ecclésiastique, dont il est le rapporteur, conclut le 17 décembre à la suppression des ordres religieux, au retour de leurs biens à la nation, puis participe à l'élaboration de la Constitution civile du clergé. Sous la Législative, en 1792, Treilhard préside le tribunal criminel de Paris. Élu à la Convention par la Seine-et-Oise, il vote la mort du roi « avec sursis et sans appel », préside l'Assemblée de décembre 1792 à janvier 1793, puis accomplit, jusqu'au mois de mars, une mission en Belgique auprès de l'armée de Dumouriez. Le 6 avril, l'ancien avocat est admis au sein du premier Comité de salut public, où il siège jusqu'au mois de juin. Envoyé à ce moment à Bordeaux, avec pour mission de combattre l'insurrection fédéraliste, Treilhard reçoit un mauvais accueil des sociétés populaires, ne se montre guère actif et est bientôt remplacé par Tallien. Il ne reparaît qu'après le 9 Thermidor, siégeant de nouveau au Comité de salut public. Il participe à la conclusion du traité de Bâle et à la négociation de l'échange entre Madame Royale et les conventionnels détenus en Autriche, parmi lesquels se trouve La Fayette. Membre du Conseil des Cinq-Cents où il affirme sa haine de la royauté, Treilhard sort du Conseil en mai 1797 et siège au tribunal de cassation. Diverses missions diplomatiques le conduisent ensuite à Lille, où il négocie avec les Anglais, à Naples, puis à Rastatt. Élu directeur au mois de mai 1798, il doit abandonner cette place à Gohier lors du coup d'État du 30 prairial. Son élection, en effet, est annulée parce qu'il a été député moins d'un an aupara-

Le concile de Trente
École italienne, XVIe siècle, Paris, musée du Louvre, © *Roger-Viollet*

vant. Vice-président du tribunal d'appel de Paris après le 18 Brumaire, il en est bientôt nommé président, puis conseiller d'État, président de la section de législation, et participe à la mise au point des différents codes. Grand officier de la Légion d'honneur, comte d'Empire en 1808, il achève sa carrière comme ministre d'État, en 1809.

TREMBLAY François Joseph du, dit le PÈRE JOSEPH : voir JOSEPH, le père

TRENCAVEL ou TRENCHABEL

En dialecte d'oc « trancheur » ou « pourfendeur ». Surnom donné à divers membres d'une dynastie qui régna au Moyen Âge sur Albi, Carcassonne, Béziers et le Razès.

Le premier membre connu de cette dynastie est Bernard, vivant en 918. Son fils Aton Ier est vicomte d'Albi et d'Ambialet de 937 à 942. C'est seulement avec Raymond-Bernard Trencavel que la famille s'assure, par mariage, la possession des vicomtés de Carcassonne et de Béziers. À la génération suivante, Bernard-Aton IV rassemble assez de terres pour menacer le comte de Toulouse, son principal suzerain (l'autre suzerain étant le comte de Barcelone, depuis roi d'Aragon) : tous les pays compris entre l'Hérault, la Montagne Noire et les Pyrénées, jusqu'à Avignonet, lui appartiennent. Le centre politique de cette vaste région est Carcassonne. La postérité de Bernard-Aton IV est constituée par deux branches. Celle des vicomtes de Carcassonne-Béziers-Albi comprend essentiellement Raymond Ier (mort en 1167), Roger II (1194), Raymond-Roger (1209), Raymond II (1204-1263) et ses fils qui ne règnent pas, Roger et Raymond-Roger. La branche des vicomtes de Nîmes-Agde est représentée par Bernard-Aton V (mort en 1159) et Bernard-Aton VI qui cède ses fiefs à Simon de Montfort en 1214.

TRENTE (combat des)

Combat qui se livra pendant la guerre de Succession de Bretagne le 27 mars 1351, sur la lande de Mi-Voie, près de Josselin, en Bretagne, entre 30 Anglais d'une part et 30 Bretons et Français de l'autre.

Le chef breton Jean de Beaumanoir, capitaine de Josselin, ayant provoqué en combat singulier les Anglais de Richard Bemborough qui combattent pour Jean de Montfort et occupent Ploërmel, 30 combattants sont désignés de part et d'autre. Le combat, qui dure une journée entière, s'achève par la victoire de l'héroïque Beaumanoir. Les Français vainqueurs font prisonniers les Anglais. Une pyramide en granit a été élevée en 1823 près du lieu du combat.

TRENTE (concile de)

Concile œcuménique qui se tint à Trente, ville du Trentin située sur l'Adige, en quatre périodes : 1545-1547, 1547-1549, 1551-1552, 1562-1563.

Années d'hésitations et de préparation. L'idée de réunir un concile, tant pour procéder à une réforme de la discipline que pour définir clairement les dogmes, n'est pas neuve. Au début du siècle (1512-1517), le Ve concile de Latran n'a pas produit les résultats escomptés. L'année même de sa clôture, Luther affichait à Wittemberg ses fameuses thèses, point essentiel dans la naissance de la Réforme. Dès l'année suivante, et de nouveau en 1520, il en appelait à un concile. En vain. Beaucoup d'esprits sont conscients que la tenue d'un concile général est indispensable, mais les papes craignent une telle réunion. Ils n'oublient pas, en particulier, que le concile de Constance a, en 1414, affirmé la supériorité du concile général sur le pape. Clément VII, de plus, ne veut pas d'un concile qui se tiendrait en terre allemande, et qu'il n'aurait pas lui-même convoqué. Charles Quint se montre au contraire favorable à la tenue d'un concile. L'affaire devient politique : François Ier, estimant qu'une telle réunion renforcerait l'autorité de son adversaire, en affaiblissant les opposants à Charles Quint à l'intérieur de l'empire, se montre, lui, fermement opposé à l'idée d'un concile. L'élection d'un nouveau pape, Paul III, en 1534, ne change pas, au début, la position de la papauté. La Curie, quant à elle, se montre de plus en plus hostile au concile, car Charles Quint affirme que les problèmes de réformes devront passer au premier plan, avant ceux qui concernent le dogme. Paul III, cependant, comprend que la tenue d'un concile général est à présent inévitable et, en janvier 1535, envoie ses légats l'annoncer dans les cours européennes. Diverses difficultés en retardent l'ouverture : la ligue de Smalkalde, qui réunit les princes protestants allemands hostiles à Charles Quint, refuse d'envoyer des représentants ailleurs qu'en Allemagne et veut que l'autorité du concile soit reconnue comme supérieure à celle du pape. François Ier, au contraire, ne veut pas d'un concile tenu en terre d'empire. Il mettra un an à en accepter l'idée. En 1536, le pape convoque le concile pour le mois de mai 1537, à Mantoue. Les conditions de divers participants rendant ce choix impossible, de nouvelles convocations sont envoyées pour Vicence, le 1er mai 1538. Mais la guerre entre Charles Quint et François Ier a repris, et cinq évêques seulement se présentent à Vicence. Aussi la réunion est-elle définitivement suspendue au mois de mai 1539.

Paul III décide ensuite de réunir les pères conciliaires à Trente, mais la poursuite de la guerre rend impossible la présence d'un nombre suffisant de prélats. En 1544, la paix entre François Ier et Charles Quint est enfin signée à Crépy-en-Laonnois. Le calme politique revenu, au moins en apparence, la bulle *Lætare Jerusalem*, le 19 novembre 1544, annonce la réunion du concile général, à Trente, le 13 décembre 1545. Les pères étudieront la suppression de la division religieuse, la réforme du peuple chrétien et la libération des chrétiens soumis aux Turcs. Une dernière difficulté retarde encore la réunion des pères : Charles Quint, qui sait que les représentants de la ligue de Smalkalde ne veulent pas se rendre à Trente, essaye de les y contraindre par les armes, avec le soutien du pape. Enfin, le 13 décembre 1545, avant que la guerre ne commence en Allemagne, s'ouvre le concile de Trente. Les pères sont peu nombreux lors de cette séance solennelle d'ouverture à laquelle assistent, à côté des trois légats, le cardinal de Trente, 4 archevêques, 21 évêques, 5 généraux d'ordres et une cinquantaine de théologiens.

Trente (1545-1547) : de la 1re à la 8e session. Au cours des trois premières sessions (13 décembre 1545, 7 janvier et 14 février 1546), les pères débattent de la méthode à suivre : faut-il commencer par la fixation des dogmes mis en question par la Réforme ou par l'étude des réformes indispensables, comme le souhaite Charles Quint ? Habilement, et malgré l'opposition de Rome, les légats décident les participants à accepter une discussion simultanée des canons doctrinaux et des décrets de réforme. La quatrième session, le 8 avril, fixe les sources de la foi. Les pères décident que la Tradition est une source de même valeur que l'Écriture. Luther, au contraire, ne considérait la première que comme une œuvre humaine. La cinquième session, le 17 juin, adopte le décret concernant le péché originel au terme de longs débats. La position de l'Église est ainsi fixée contre le pélagianisme, mais aussi contre les théories de Zwingli, réformateur suisse, et de Luther. À partir de cette session, les pères commencent à établir simultanément les décrets de réforme, comme la création de lecteurs de l'Écriture sainte dans les églises cathédrales et collégiales et, si possible, dans les couvents. Cette mesure est destinée à améliorer le niveau intellectuel du clergé. En même temps, les pères condamnent les abus de la prédication.

Le 13 janvier 1547, la sixième session, consacrée à la justification, est l'objet de longs et difficiles débats, aggravés par des problèmes politiques : la guerre entre la ligue de Smalkalde et l'empereur s'étend, les troupes protestantes menacent les cols alpins. Fidèle à sa politique, l'empereur retarde les discussions autant qu'il le peut, dans l'espoir de la venue des protestants. Le décret sur la justification, enfin adopté au mois de janvier, est le plus complet et le plus important des décrets du concile, avec 16 chapitres doctrinaux et 33 canons. Fixant les positions du concile face aux réformés, il définit la doctrine de la grâce sanctifiante et du mérite. Au cours de cette sixième session, les pères discutent aussi du problème essentiel de la résidence des évêques et des prêtres ayant des obligations pastorales. La non-résidence est, en effet, un des problèmes les plus ardus dont souffre le clergé et une source d'abus considérables aux dépens des fidèles. Les pères, qui ne sont pas encore tous sûrs de la réelle volonté de réforme du pape, hésitent à prendre des mesures sévères contre les abus. Pour les persuader, Paul III publie le 18 février un décret contre le cumul des évêchés par les cardinaux. La septième session, le 3 mars, rend des canons essentiels sur les sacrements en général, le baptême et la confirmation en particulier. Les pères décident aussi d'aggraver les punitions qui frappent les ecclésiastiques coupables de non-résidence. Ils ne prennent cependant pas de position tranchée sur ce problème. Lors de la huitième session, le 11 mars, les pères, sous le prétexte d'une fièvre contagieuse qui sévirait à Trente, décident le transfert du concile à Bologne. Faux prétexte : en fait, les légats redoutent l'influence de l'empereur, qui vient d'écraser la ligue de Smalkalde et voudrait contraindre les protestants à assister au concile.

Bologne (1547-1549) : 9e et 10e session. Ce transfert du concile à Bologne ne tarde pas à apparaître comme une erreur : Charles Quint est furieux, 14 cardinaux, qui le soutiennent, restent à Trente. Le 21 avril 1547, à Bologne, une trentaine de pères seulement assistent à la neuvième session. Des négociations sont menées entre l'empereur et le pape, qui décide finalement que le concile ne publiera pas de décret à Bologne. La neuvième session étudie donc la condamnation des dix erreurs luthériennes ; la dixième, le 2 juin, délibère sur la doctrine de la messe, sur les indulgences, étudie les questions relatives au droit matrimonial. À partir du mois de février 1548, selon le vœu de Paul III, les activités du concile sont interrompues. Le concile est officiellement suspendu le 17 septembre 1549. Deux mois plus tard le pape meurt. Au terme d'un conclave qui dure presque trois mois, les cardinaux élisent le légat del Monte, une des figures les plus remarquables du concile, qui devient le pape Jules III. Le nouveau pontife se préoccupe aussitôt de la réouverture du concile.

Trente (1551-1552) : de la 11e à la 16e session. La onzième session est prévue pour le 1er mai 1551. Les participants ne sont pas très nombreux, les Français sont même complètement absents : le roi de France a menacé de réunir un concile national. Les Allemands, en revanche, sont nombreux. On trouve aussi des protestants qui ont accepté, par l'Intérim d'Augsbourg, de se rendre à Trente. La douzième session, le 1er septembre, est essentiellement une séance solennelle d'ouverture. La treizième, le 11 octobre, est une des plus importantes du concile. Le décret *De sanctissima eucharistia* affirme la présence réelle du Christ dans l'eucharistie et définit la transsubstantiation. La quatorzième session, le 25 novembre, concerne le sacrement de pénitence et celui des malades. La confession orale est reconnue comme nécessaire, l'extrême-onction devient un sacrement. Personne n'assiste à la quinzième ni à la seizième session, le 25 janvier et le 28 avril 1552. L'électeur de Saxe affronte en effet Charles Quint, avec l'appui de la France, et se dirige vers l'Allemagne du Sud, contraignant l'empereur à s'enfuir d'Augsbourg. Jules III décrète alors la suspension du concile, lors de la seizième session, et remet la session suivante à deux ans. La suspension durera en fait près de dix ans. Beaucoup de questions restent à régler. Quant aux décrets de réforme proclamés par le pape, ils ne sont pas confirmés, et encore moins appliqués.

Interruption du concile : 1552-1562. Jules III meurt en 1555. La Curie étant dorénavant tout acquise à la réforme, les cardinaux élisent le cardinal Cervini, qui devient Marcel II. Mais il meurt trois semaines après son élection. Le pape suivant, Paul IV, s'il est favorable aux réformes, se montre hostile au concile et veut prendre lui-même les mesures nécessaires. C'est ainsi qu'il élargit la compétence de l'Inquisition, châtie les hérétiques avec rigueur, prend des mesures contre les Jésuites, en un mot fait régner une terreur telle qu'à sa mort le peuple met à sac le palais de l'Inquisition. Pie IV, son successeur, n'est élu que quatre mois après sa mort, dans la nuit de Noël 1559. Beaucoup plus modéré, diplomate, il renoue avec les Habsbourg et entreprend, avec l'aide de son neveu Charles Borromée, d'organiser la réouverture du concile de Trente. Les discussions préliminaires sont longues et difficiles, la situation n'étant plus la même qu'en 1552. Les protestants refusent de se rendre à Trente.

Trente (1562-1563) : de la 17e à la 26e session. Fin du concile. La bulle de convocation date du 29 novembre 1560, mais la session d'ouverture, la dix-septième, ne se déroule que le 18 janvier 1562, bien après la date prévue. Une commission de 5 légats dirige les débats auxquels participent 113 cardinaux. Aucun Allemand ne figure à la séance d'ouverture, de peur de porter atteinte à la paix d'Augsbourg qui organise, dans l'empire, la coexistence entre catholiques et protestants (1555). La dix-huitième session, le 26 février, doit étudier le problème de la résidence. Aussitôt un conflit éclate entre les partisans des évêques, les « épiscopalistes », et ceux du pape. Les débats longs et houleux de la dix-neuvième et de la vingtième session n'aboutissent à rien, et le pape interdit finalement de poursuivre les discussions sur ce sujet. La vingt et unième session, le 16 juillet, débat de la communion, fixe le mode de réception de l'eucharistie. Lors de la vingt-deuxième, le 17 septembre, est rendu le décret *De sacrificio missæ* concernant le sacrifice de la messe. Au milieu des débats intervient un envoyé de l'empereur Ferdinand Ier, pressant les pères de s'occuper des réformes avant de délibérer des questions dogmatiques. Il présente aussi plusieurs propositions, concernant notamment la communion sous les deux espèces et le mariage des prêtres. La tension ainsi créée s'aggrave encore à la fin de l'année lorsque arrivent à Trente une douzaine de prélats français conduits par Charles de Lorraine, cardinal de Guise. Ceux-ci défendent le point de vue épiscopaliste sur le problème de la résidence, les thèses du concile de Constance sur la supériorité du concile sur le pape, et appuient le point de vue de l'empereur sur la primauté des réformes. Installé à Innsbruck, l'empereur convoque les théologiens français et espagnols pour débattre des réformes : est-ce la fin du concile ? Pour faire constater la volonté réformatrice du pape, le cardinal Morone prépare alors, avec l'appui de Pie IV, un projet de réforme ecclésiastique en 42 articles qui reprend l'ensemble des vœux énoncés.

L'apaisement ainsi obtenu, le concile peut reprendre ; 237 pères assistent à la vingt-troisième session, le 15 juillet 1563. On y débat du sacrement de l'ordre. Les pères rendent aussi le décret qui institue les séminaires et, enfin, celui qui concerne la résidence. Les deux dernières sessions, la vingt-quatrième et la vingt-cinquième, le 11 novembre, puis les 3 et 4 décembre, sont très importantes. Le concile adopte le décret *Tametsi*, concernant le sacrement du mariage, d'autres sur le purgatoire, les indulgences, le culte des saints. En même temps, les pères étudient et approuvent le projet du cardinal Morone, règlent la nomination et les fonctions des cardinaux, la tenue des synodes diocésains et des conciles provinciaux, la prédication, l'organisation des couvents, des ordres religieux, décident la suppression de la commende, etc. Le 4 décembre, enfin, on relit symboliquement les introductions de toutes les résolutions, qui sont adoptées à l'unanimité moins une voix par les participants et présentées au pape pour confirmation. Tout n'est pas achevé, les pères laissent au pape le soin de mettre au point les réformes qu'ils n'ont pas eu le temps d'étudier. Le 6 décembre, ils quittent Trente définitivement. Le 26 janvier 1563, par la bulle *Benedictus Deus et Pater*, Pie IV confirme les décisions du concile et en fait part à la chrétienté.

Le concile de Trente, pour autant, n'a pas atteint son objectif primitif, la restauration de l'unité de l'Église. Si les propositions doctrinales, clairement définies à Trente, différencient nettement ce qui oppose les théories catholiques à celles des protestants, et accentuent par là la division de la chrétienté, elles sauvent néanmoins la foi catholique. Clercs et laïques doivent, en prenant connaissance des décrets rendus à Trente, trouver les moyens de résister à la Réforme. En même temps, face aux progrès du protestantisme et au développement des églises nationales, le concile renforce la constitution monarchique de l'Église. Tous les problèmes n'ont pas été réglés, en particulier celui de la primauté du pape, mais les décrets pris à Trente montrent que la hiérarchie est décidée à supprimer les abus, à revenir à l'ancien idéal. L'œuvre du concile de Trente se heurte en France à des oppositions politiques : ni le roi ni surtout les parlements n'acceptent de recevoir les décrets tridentins comme lois du royaume. L'assemblée du clergé de 1615 décide de son propre chef d'appliquer les nouveaux canons auxquels manquera toujours la sanction de l'État.

TRENTE ANS (guerre de)

Conflit d'origine religieuse, puis politique, né en 1618 dans le Saint Empire romain germanique et qui, en raison de plusieurs facteurs, s'étendit finalement à une grande partie de l'Europe, l'Allemagne restant cependant au centre des combats. La guerre de Trente Ans s'achève en 1648 par les traités de Westphalie, mais la France et l'Espagne continueront de s'affronter jusqu'au traité des Pyrénées, en 1659.

Un conflit local né dans l'Empire, en Bohême, est à l'origine de la guerre de Trente Ans. L'Empire se présente au début du XVIIe siècle comme un immense ensemble d'États. Les Habsbourg, en effet, règnent non seulement sur l'Autriche, la Bohême et la Hongrie, mais sur la plus grande partie de l'Italie, l'Espagne, et les Pays-Bas espagnols. Le pouvoir impérial, au fil des années, n'a cessé de se dégrader, tandis que, dans certains États comme la Saxe ou la Bavière, se développait un pouvoir central local. Depuis le siècle précédent, la naissance de la Réforme, les problèmes religieux s'ajoutent aux problèmes politiques, auxquels ils sont étroitement mêlés : le différend religieux entre catholiques et protestants est en principe réglé depuis la paix d'Augsbourg, en 1555, mais cette dernière n'établit en fait qu'un équilibre fragile. De plus, à la fin du XVIe siècle, a été introduit le calvinisme, qui ne tarde pas à entrer en lutte contre le luthéranisme : on trouvera souvent, au cours de la guerre de Trente Ans, les luthériens aux côtés des catholiques, contre les calvinistes.

Ce conflit, qui éclate en Allemagne et semble d'abord local et religieux, ne tarde pas à se révéler d'une extrême complexité. Aux motifs religieux d'intervention des divers États s'ajoutent rapidement des motifs politiques et économiques. Au cours des années apparaissent de nouveaux belligérants – la France, par exemple, n'intervenant directement qu'en 1635 – qui étendent le conflit du nord au sud de l'Europe. La France de Richelieu, comme son alliée la Suède, ne peut manquer cette occasion de s'immiscer dans les affaires impériales et de diminuer la puissance des Habsbourg. L'Allemagne reste cependant au centre des combats, et c'est elle qui subira les plus grands dommages. Autre caractéristique de cette guerre : l'importance, dans plusieurs États, des problèmes intérieurs qui apparaissent en même temps que la participation au conflit. Le conflit religieux né en Bohême en 1618 s'inscrit dans la lutte que mènent, depuis le début du siècle, certains princes protestants allemands contre l'empereur. En 1608, les premiers ont constitué une Union évangélique, dirigée par l'Électeur palatin Frédéric V. L'année suivante, les catholiques leur répondent par la constitution d'une sainte ligue catholique conduite par Maximilien de Bavière. Chacune dispose d'une armée que commandent des *condottieri* comme le comte de Mansfeld, pour les protestants, ou le comte de Tilly, pour les catholiques. Autre source de conflits, l'activité de la Contre-Réforme organisée par les Jésuites avec l'appui de Maximilien de Bavière, et surtout de Ferdinand de Styrie, leur ancien élève, roi de Bohême en 1617, empereur en 1619.

En 1618, donc, redoutant l'abrogation des Lettres de majesté datant de 1609 et garantissant la liberté religieuse de la Bohême, les princes protestants de cet État se révoltent contre l'empereur Matthias et jettent par la fenêtre deux de ses envoyés : c'est la fameuse défenestration de Prague. Lorsque meurt l'empereur l'année suivante, ils refusent de reconnaître son successeur, Ferdinand II, dont ils prononcent la déchéance, et donnent la couronne de Bohême à l'Électeur palatin Frédéric V, chef de l'Union évangélique. La guerre commence : soutenu par l'armée de

Bavière que dirige Tilly, Ferdinand II l'emporte à la Montagne Blanche, le 8 novembre 1620. Après la prise de Prague par les troupes impériales commence une brutale répression, tant politique que religieuse. L'empeur fait occuper le Palatinat, perdu par Frédéric V, et donne l'électorat à son allié le duc de Bavière : la majorité des voix au collège électoral se trouve ainsi renversée au profit des catholiques (1623). D'où l'inquiétude des princes protestants allemands et l'extension du conflit. À la fin de 1624, cependant, le triomphe des catholiques semble assuré.

Dès 1621, à côté du conflit tchèque, le conflit hispano-néerlandais a repris aux Pays-Bas, après la rupture de la trêve de Douze ans. Pour gêner les Habsbourg et empêcher le passage de leurs troupes, Richelieu prend en 1625 des assurances dans la Valteline (passage stratégique à travers les Alpes, dans la haute vallée de l'Adda). La même année, il pousse le roi de Danemark Christian IV, qu'il aide financièrement, à intervenir aux côtés des princes protestants. La guerre reprend, pour des motifs cette fois surtout politiques et économiques. Tilly et Wallenstein commandent les troupes impériales, qui ne tardent pas à l'emporter sur celles des Danois. Progressant à travers l'Allemagne du Nord, elles menacent, dans le Jutland, Christian IV, contraint le 22 mai 1629 de signer la paix à Lübeck. Les catholiques semblent plus que jamais l'emporter. Ferdinand II, qui se croit maître de la situation, publie en mars 1629 l'édit de Restitution, qui contraint les protestants à restituer tous les biens ecclésiastiques sécularisés depuis 1552. Cette mesure soulève un grand mécontentement ; en 1630, l'assemblée des électeurs refuse au fils de Ferdinand le titre de roi des Romains. Les électeurs allemands, y compris celui de Bavière, catholique, portent une grande part de responsabilité dans cette décision, influencée aussi par les menées de la diplomatie française conduite par le père Joseph.

En même temps, Richelieu attire à l'empereur un nouvel adversaire nordique, bien plus redoutable que Christian IV, le roi de Suède Gustave II Adolphe. Ce dernier, luthérien convaincu, obéit à des mobiles religieux, mais aussi politiques et économiques, puisqu'il entend faire de la Baltique une mer suédoise. Gustave Adolphe dispose d'une armée extrêmement puissante, bien organisée, disciplinée. Armée nationale, contrairement à celles de la plupart des belligérants, dotée d'un matériel plus léger et maniable que celui de ses adversaires. La progression de l'armée suédoise est rapide, d'autant plus que le sac de Magdebourg par les troupes de Tilly, en mai 1631, dresse l'Allemagne protestante du côté suédois. Après la prise de Stettin, Gustave Adolphe, aidé des troupes de la Saxe, son alliée, écrase Tilly à Breitenfeld, le 17 septembre 1631. Sans marcher sur Vienne, il se dirige vers le Rhin, inquiétant même Richelieu, pénètre en Bavière, menace la Bohême et remporte à Lutzen, le 16 novembre 1632, une victoire éclatante, mais il meurt au cours des combats.

Le chancelier suédois Oxenstierna poursuit la lutte, au nom de la jeune reine Christine de Suède, et constitue avec les princes protestants allemands la ligue de Heilbronn (mai 1633), qui confie le commandement des armées au maréchal Horn et à Bernard de Saxe-Weimar. L'empereur, cependant, qui redoute l'ambition de Wallenstein et le soupçonne de négocier avec l'ennemi, le fait tuer en février 1634. En septembre, grâce à des renforts envoyés par l'Espagne, les protestants sont vaincus à Nördlingen. Les Suédois s'effondrent, se retirent en deçà du Main, l'Électeur de Saxe fait bientôt défaut et signe avec l'empereur la paix de Prague, le 30 mai 1635. Richelieu peut maintenant craindre une intervention impériale contre les Pays-Bas. Aussi, après avoir conclu avec la Suède le traité de Paris, le 1er novembre 1634, puis une ligue offensive avec les Hollandais, le 8 février 1635, et enfin, avec Oxenstierna, le traité de Compiègne, le 28 avril, décide-t-il d'intervenir directement dans le conflit. Malgré l'hostilité des dévots et la mauvaise situation financière et militaire de la France, le cardinal, dont l'acharnement contre les Habsbourg est bien connu, renonce à la « guerre fourrée » pour la guerre ouverte. La « guerre fourrée » avait été jalonnée par le traité de Barwald, conclu le 23 janvier 1631 avec la Suède, puis par un traité d'assistance mutuelle signé avec la Bavière le 8 mai, le traité de Barwald étant renouvelé après la mort de Gustave Adolphe.

Le 19 mai 1635, alors que les Espagnols viennent d'enlever l'archevêque de Trèves, qui s'était placé sous la protection de la France, un héraut d'armes porte au cardinal-infant, gouverneur des Pays-Bas, à Bruxelles, la déclaration de guerre de la France à l'Espagne. Ainsi, la guerre va se porter en France, aux Pays-Bas, en Italie et en Catalogne. Dès le 20 mai, les troupes françaises commandées par le maréchal de Châtillon pénètrent dans le pays de Liège et battent les Espagnols près de Rochefort. Elles se montrent si violentes auprès des populations que les Hollandais doivent les rapatrier par mer. Au mois de juillet, Louis XIII signe à Rivoli, avec les ducs de Savoie, de Modène, de Parme et de Mantoue, un traité dirigé contre les Espagnols. Au mois d'octobre 1635, Bernard de Saxe-Weimar et Louis XIII signent à Saint-Germain-en-Laye un traité qui, en échange de l'entretien d'une armée en Allemagne et du landgraviat d'Alsace, assure la protection des frontières alsaciennes. Le conflit, cependant, commence mal pour les Français. Après l'entrée de Condé en Franche-Comté, l'empereur déclare la guerre à la France (1636). Au nord, les Espagnols prennent Corbie au début du mois d'août et s'avancent jusqu'à Pontoise, menaçant la capitale affolée, contraignant Louis XIII à s'installer à Chantilly. Au sud, ils prennent Saint-Jean-de-Luz. À l'est, les Impériaux, qui ont envahi la Bourgogne, s'avancent au mois de novembre jusqu'à Saint-Jean-de-Losne mais, bloqués par la résistance de cette petite place, doivent reculer. Le 11 novembre, après un siège pénible, Corbie est reprise par les Français. En 1637, tandis que les Français doivent évacuer la Valteline et les Grisons, ils reprennent les îles de Lérins dont les Espagnols s'étaient emparés en 1635. Au début de 1638, le sort des armes tourne en faveur de la France et de ses alliés. Passant le Rhin, Bernard de Saxe-Weimar bat les Impériaux au mois de janvier. Le 15 mars, le traité de Hambourg resserre l'alliance entre la France et la Hollande. Au mois de décembre, après un siège de cinq mois, Bernard de Saxe-Weimar s'empare de Brisach, qui ouvre à la France la porte de l'Allemagne. Il ferme ainsi aux Impériaux la route de la rive gauche du Rhin. Cependant, il refuse de remettre la citadelle à la France. En même temps, le Suédois Baner rétablit la situation en Allemagne. Les théâtres d'opérations cependant se multiplient, avec la révolte de Catalogne soutenue par Richelieu et l'insurrection du Portugal. Le 18 juillet 1639 meurt Bernard de Saxe-Weimar, allié parfois inquiétant de la France. Cette dernière prend alors à sa solde son armée, bientôt commandée par Guébriant (octobre). Tandis que, sur mer, s'affrontent les flottes hollandaise et espagnole, la guerre se poursuit en Italie et dans les Flandres où les Français l'emportent sur les Espagnols, à Arras notamment, au prix de beaucoup de sang et d'argent : à la fin de l'année, la situation financière de la France est pire que jamais. L'autorité royale a dû faire face à la révolte des Va-Nu-Pieds.

La France soutient la révolte de la Catalogne, dont les *Cortes* élisent en janvier 1641 Louis XIII comte de Barcelone, aux dépens de Philippe IV. Elle soutient aussi l'insurrection portugaise, favorisée par ses agents. L'Espagne se trouve affaiblie, mais ces manœuvres coûtent cher. Partout, les populations décimées et ruinées, telles que les montrent les *Misères de la guerre* de Jacques Callot, aspirent à la paix. À la fin de 1641, des préliminaires de paix sont signés à Hambourg entre la France, l'empereur et la Suède. On convient d'une double négociation, à Münster, entre la France et l'Empire, et à Osnabrück entre ce dernier et la Suède. À Münster, le comte de Longueville conduira la délégation française dont le comte d'Avaux et Abel Servien seront les acteurs principaux. À Hambourg, cependant, on ne parle pas d'armistice ; la paix est bien plus

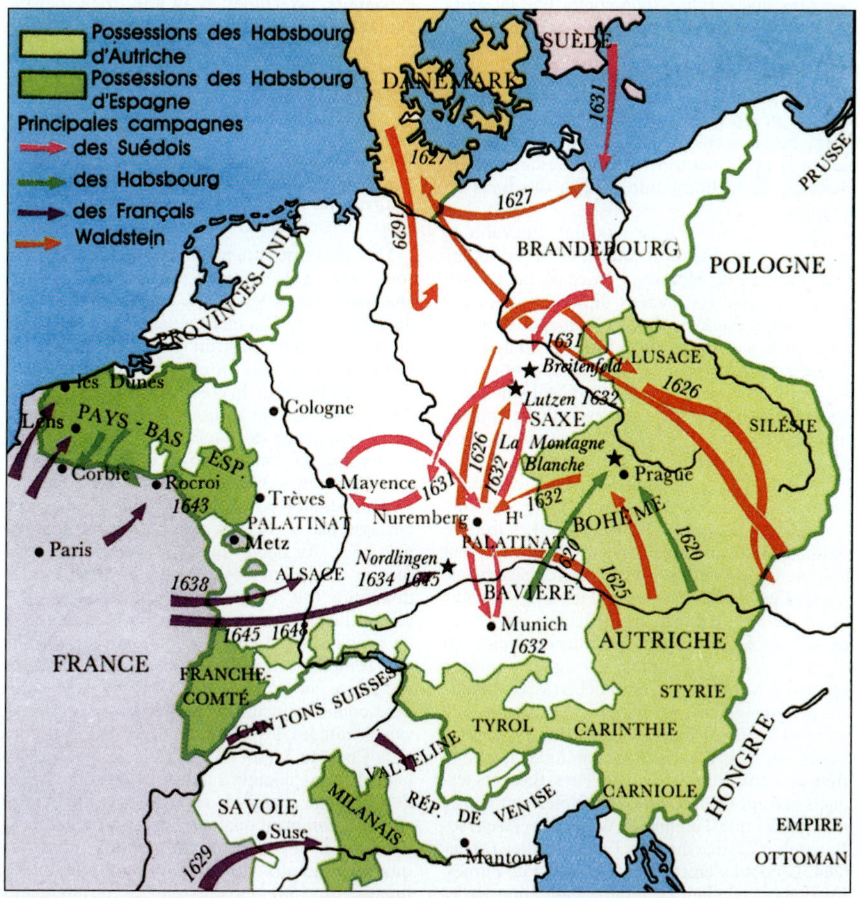

La guerre de Trente Ans

éloignée qu'on ne peut l'imaginer en ce 25 décembre 1641. À partir du mois d'avril 1642, les troupes françaises occupent le Roussillon, entament le siège de Perpignan, qui tombera au mois de septembre. Au nord, cependant, le comte de Guiche est battu à Honnecourt par les Espagnols le 26 mai. La mort de Richelieu, le 4 décembre 1642, ne change pas la politique de la France ; Louis XIII et Mazarin continuent la guerre. La mort de Louis XIII, au mois de mai 1643, ne provoque pas non plus de changement. Dès le 19 mai, le duc d'Enghien, fils du prince de Condé, écrase les Espagnols à Rocroi. En octobre, le maréchal de Guébriant, qui a pénétré en Allemagne, est mortellement blessé en s'emparant de Rottweil. Turenne le remplace. En cette année 1643, la Suède, alliée à la Hollande, s'est dressée contre le Danemark qui, inquiet des progrès suédois, songeait à se rapprocher de la Pologne et de la Russie. Les Suédois ravagent le Schleswig, le Holstein et le Jutland, mais Mazarin intervient. La paix sera signée en 1645, c'est un succès diplomatique pour la France.

Au cours de l'été 1644, après avoir réorganisé les troupes placées sous son commandement, Turenne, rejoint par le duc d'Enghien, attaque le général bavarois Mercy, qui s'est emparé de Fribourg-en-Brisgau, et le contraint à se retirer. Descendant ensuite le Rhin, il s'empare de plusieurs places ennemies. Pendant ce temps, Gaston d'Orléans assiège les places flamandes. En mars 1645 commence, en Bavière, la campagne de printemps. Non sans difficulté, Turenne et le duc d'Enghien l'emportent le 3 août sur Mercy, qui est tué à Nördlingen. L'armée bavaroise se disperse. Mais l'armée française, beaucoup trop affaiblie, ne peut poursuivre sa progression. La campagne reprend en juin 1646 en Flandre, où le duc d'Enghien, placé sous les ordres de Monsieur, reprend Courtrai, tandis que Gaston d'Orléans s'empare de Mardyck et Kassel. Resté seul, car Monsieur a regagné la Cour, Turenne s'empare au mois d'octobre de Furnes et Dunkerque. Succès éclatant que les Hollandais ne considèrent pas sans une certaine inquiétude. Faisant alors passer la Flandre au second plan, Turenne, à la tête de l'armée française, et Wrangel, à la tête de l'armée suédoise, envahissent la Bavière, une fois de plus dévastée. L'Électeur Maximilien de Bavière accepte alors de renoncer à la lutte ; il cesse, provisoirement, de soutenir l'empereur, en échange de la neutralité de la Bavière, de la Souabe, de la Franconie et de l'électorat de Cologne.

Turenne propose à ce moment d'envahir la Bohême, mais Mazarin, qui veut favoriser les conversations de Münster, l'en empêche. Le cardinal multiplie les menées diplomatiques. Son grand projet est de restituer à l'Espagne le Roussillon et la Catalogne, en échange des Pays-Bas. Projet extrêmement aléatoire, qui ne peut convenir aux Provinces-Unies ni à la Catalogne, dont les Français, du reste, ne sont pas encore entièrement les maîtres. L'intérêt de Mazarin se porte alors vers l'Italie, il envoie une flotte devant Naples, dont la population se soulève contre les Espagnols. Au mois de juin 1647, Turenne marche vers les Pays-Bas espagnols. Les troupes de Saxe-Weimar l'abandonnent alors, repassent le Rhin. En septembre, rompant ses engagements, Maximilien de Bavière reprend les armes. Tandis qu'en cette fin d'année les difficultés intérieures de la France augmentent, la Hollande décide, en dépit de ses engagements, de signer une paix séparée avec l'Espagne, ainsi débarrassée d'un de ses plus dangereux adversaires. À Münster, elle reconnaît enfin l'indépendance des Provinces-Unies. Au mois d'avril 1648, l'archiduc Léopold, frère de l'empereur, arrive aux Pays-Bas vers lesquels accourt Condé, qui prend Ypres au mois de mai, tandis que Turenne et Wrangel écrasent les Bavarois à Zusmarshausen. En juin-juillet, cependant, Léopold s'empare de Courtrai et de Furnes. En France, pendant ce temps, l'agitation parlementaire s'aggrave. La victoire de Condé à Lens, le 24 août, n'empêche pas l'explosion de la Fronde parlementaire.

Au cours de l'été de 1648, tandis que les Français et leurs alliés parviennent à l'Inn et marchent sur Vienne, Königsmark entre dans Prague. L'empereur, alors, se résigne à la signature de la paix, conclue par les traités de Westphalie. Ainsi s'achève la guerre de Trente Ans. Parmi les bénéficiaires du conflit figure la France, à laquelle est confirmée la possession des Trois-Évêchés, tandis qu'elle annexe la plus grande partie de l'Alsace. Le rôle prépondérant, en Europe, du royaume de Louis XIV, est reconnu. La France, cependant, n'a pas été épargnée par cette guerre coûteuse à tous les points de vue. La Champagne, la Picardie, la Bourgogne ont été dévastées, le Trésor épuisé. La Suède, autre bénéficiaire, étend ses possessions sur les rives de la Baltique. L'indépendance des Provinces-Unies et de la Suisse est définitivement reconnue. Le grand perdant est l'Empire, politiquement démembré, économiquement ruiné, démographiquement ravagé. Le pouvoir impérial, conformément aux vœux de la France et de la Suède, est émietté. Des États entiers, Poméranie, Brandebourg, Saxe, Bavière, Bohême, Rhénanie, traversés à maintes reprises par les armées, ne sont plus que des champs de ruines. La population de l'Empire aurait, pense-t-on, diminué d'un tiers environ, davantage selon certains auteurs. L'Allemagne mettra près de deux siècles à se relever des ruines de la guerre de Trente Ans.

La paix, accueillie en Allemagne avec soulagement, ne recueille en France qu'indifférence : la Fronde parlementaire, puis celle des princes, intéressent beaucoup plus les Français. La guerre, d'autre part, se poursuit entre la France et l'Espagne. Léopold envahit le nord de la France en octobre 1650, mais échoue devant Guise. En mars 1652, profitant de la guerre civile, les Espagnols pénètrent en Catalogne et envoient vers Paris une armée destinée à aider les Frondeurs. Condé, passé à l'ennemi, s'empare en 1653 de Rocroi et de Stenay, échoue devant Arras. La guerre se poursuit à la fois dans le nord, en Italie et en Espagne. En 1655, profitant du conflit anglo-espagnol, la France s'allie à l'Angleterre. Turenne, avec l'aide des troupes anglaises, bat les Espagnols aux Dunes le 14 juin 1658, dégage Dunkerque. Le traité des Pyrénées, en 1659, ramène enfin la paix entre la France et l'Espagne.

Trésor royal

Service public de l'État assurant la gestion des finances qui se dégage lentement, au XIIe siècle, d'un complexe formé au sein de la Chambre du roi assurant la conservation des ornements précieux, la vaisselle, les archives et le numéraire.

Un « dépensier » apparaît sous Philippe Ier puis, sous Louis VII, des « trésoriers », qui sont des changeurs. Louis VII décide de confier la gestion du Trésor royal à la maison parisienne de l'ordre du Temple, qui construit pour cela la tour de César. La direction en est confiée au templier chargé du trésor de la commanderie. En 1295, le Trésor est transféré au Louvre pour tenir compte de la croissance du mouvement financier lié à l'extension du domaine royal et à la multiplication des recettes extraordinaires. À cette époque, l'administration royale voulait que le numéraire encaissé par le roi soit géré par des professionnels laïcs. Au début du XIVe siècle, le roi commence à séparer les recettes ordinaires des domaines (qu'il met au Temple) des recettes extraordinaires, procurées par l'impôt (au Trésor du Louvre). En 1317, la suppression de l'ordre des Templiers rassemble à nouveau l'ensemble du Trésor au Louvre, puis en 1390 sont créés deux cours distinctes pour gérer les deux composantes initiales du Trésor royal, la Cour des aides et la Cour du Trésor. Au XVIe siècle, une importante réforme aboutit à la formation d'un Trésor de l'Épargne chargé de centraliser la totalité des revenus, comptant quatre trésoriers chargés de la perception des revenus domaniaux ainsi que quatre généraux des finances collectant les impôts. En 1561 apparaissent les surintendants des Finances.

Trésorier de France

Sous la monarchie, officier chargé, selon des modalités très diverses suivant les périodes, de l'administration du domaine royal.

C'est au XIVe siècle que l'administration et la juridiction du domaine sont attribuées aux trésoriers de l'Hôtel du roi, ou trésoriers de France, dont le nombre variera de deux à cinq. Les trésoriers se divisent ensuite en deux groupes, les uns s'occupant de l'administration et du recouvrement des droits domaniaux, les autres de la juridiction. Ces derniers constituent à la fin du XIVe siècle la Cour du Trésor, commission judiciaire établie à Paris. Les trésoriers de France, qui sont à la fois administrateurs et ordonnateurs, prescrivent les mouvements de fonds, mais n'interviennent pas dans leur maniement. Ils constituent un collège auquel sont adressés tous les actes royaux concernant les finances du domaine et engagent dans chaque opération leur responsabilité collective. Ils sont quatre, chacun exerçant son autorité sur une circonscription particulière, Langue d'oïl, Languedoc, Normandie, outre-Seine et Yonne. Avec les généraux des finances, chargés des finances extraordinaires, ils forment un conseil investi de l'administration des finances du royaume. Ce conseil étudie les mesures financières d'ordre général, prescrit des mesures urgentes, en cas de guerre par exemple, peut emprunter pour le compte du roi, établit enfin, chaque année, l'État général des finances, sorte de projet de budget. Au-dessus de ce conseil se trouve le Conseil du roi agissant en matière de finances, conseil qui, peu à peu, va s'emparer de l'autorité réelle. À la fin du Moyen Âge, la charge de trésorier de France est réservée à une aristocratie fermée, constituée de familles enrichies par le commerce ou la banque, les Beaune, Briçonnet ou Bohier.

Lors de la réorganisation des finances opérée dans la première moitié du XVIe siècle, les trésoriers de France, comme les généraux des finances, perdent leurs pouvoirs d'ordonnateurs au profit du Conseil des finances. Ils les retrouveront au bout de quelques années, puis les perdront de nouveau, pour n'être plus que des officiers locaux, chargés de l'inspection de leur circonscription et de l'établissement des états particuliers. Ils ont du reste une très mauvaise réputation ; on leur attribue, du fait qu'ils ne résident pas dans leur circonscription, la responsabilité du désordre qui règne dans les finances. Supprimés en 1552, ils sont remplacés alors par un administrateur unique placé auprès de chaque recette générale, le trésorier général sur le fait des finances. Ces fonctionnaires locaux reçoivent peu après le nom de trésoriers de France et de généraux des finances. Ils sont de nouveau dédoublés, les premiers s'occupant de l'administration des finances du domaine, les seconds du recouvrement des aides, tailles ou gabelles. Nouvelle modification lors de l'édit de 1577 : le nombre des trésoriers est accru, leur recrutement s'élargit, tandis que le prestige de la charge décroît. Les trésoriers, de nouveau unis aux généraux des finances, composent alors, dans les généralités, des bureaux des finances qui ont à connaître des affaires relatives au domaine et aux impositions. Le nombre des officiers ne cesse de croître, tandis que leur autorité diminue au XVIIe siècle au profit des intendants. La charge de trésorier de France est cependant encore assez recherchée, car elle confère certains avantages, comme la noblesse au second degré. Racine sera trésorier de France à Moulins, tout comme La Bruyère à Caen, où il ne mettra les pieds qu'une fois, le jour de sa réception. En 1789, on compte en France 26 bureaux des finances. Celui de Paris comporte alors 32 trésoriers de France, mais 11 charges sont vacantes. Ce qui montre assez le discrédit dans lequel est tombée cette charge, et son inutilité.

Trêve de Dieu

À l'époque féodale, interdiction formulée par l'Église de se livrer à tout acte de guerre pendant certains jours liturgiques.

Prolongement du mouvement de la paix de Dieu, la trêve de Dieu est instituée pour la première fois en 1027 par le concile d'Elne qui déclare qu'il n'est pas possible de répandre le sang du chrétien le dimanche, jour du Seigneur, et interdit, de ce fait, la guerre du samedi soir au lundi matin. Très vite, les délais s'étendent à une plus longue période de la semaine, englobant le jeudi, jour de la Cène, le vendredi, jour du sacrifice du Christ ; dans certaines régions on interdit de se battre du mercredi soir au lundi matin (concile de Nicée en 1041). Les interdictions s'étendent également à certaines périodes liturgiques : avent, temps de Noël, carême, temps de Pâques. Au milieu du XIe siècle, toutes les réunions conciliaires prennent des dispositions de cet ordre, avec l'appui énergique de la papauté. Les sanctions prononcées par l'Église pour la violation de ces recommandations sont les mêmes que pour la paix de Dieu. Elles peuvent aller jusqu'à l'excommunication qui est, à cette époque, une véritable mise au ban de la société. Il arrive également que certains féodaux, hostiles au désordre, engagent eux-mêmes une guerre punitive. Si la paix de Dieu et la trêve de Dieu sont loin d'être toujours respectées, elles constituent cependant un frein au développement de la violence seigneuriale. L'usage s'en perd aux XIIIe et XIVe siècles, quand la nécessité s'en fait moins sentir, avec le renouveau de l'autorité royale.

TRIBUNAL RÉVOLUTIONNAIRE

Tribunal d'exception institué à Paris par la Convention, le 10 mars 1793.

Un premier tribunal extraordinaire, dit Tribunal criminel du 17 août, avait été créé au mois d'août 1792, à la suite de la journée du 10 Août. Ce tribunal fut supprimé le 29 novembre 1792. Le 10 mars 1793, en raison des défaites, de la famine, des émeutes éclatent à Paris. Les sections se réunissent autour de la Convention. Pour donner satisfaction à une partie des revendications populaires – la punition de tous les traîtres –, l'Assemblée, sur proposition de Danton et de Lindet, décide le jour même la création d'un tribunal révolutionnaire chargé de juger les contre-révolutionnaires, les auteurs d'attentats contre la sûreté intérieure et extérieure. Siégeant au palais de justice, le Tribunal criminel extraordinaire est composé de cinq juges, d'un jury de douze membres tirés au sort, d'un accusateur public et de ses deux assesseurs ou substituts. Tous les membres du tribunal sont choisis par la Convention. Les sentences rendues, exécutoires dans les vingt-quatre heures, ne peuvent être l'objet d'appel ni de cassation. Le 5 avril, la Convention élargit le rôle du tribunal en décidant que les tribunaux criminels de province devront automatiquement lui transmettre les causes relevant de sa compétence. L'accusateur public est par ailleurs autorisé à faire comparaître les citoyens emprisonnés sur simple dénonciation. Le lendemain, le Tribunal révolutionnaire tient sa première audience. Jusqu'au mois de septembre, sous la présidence de Montané, il se montre relativement modéré. Ainsi, au mois de juin, lorsque comparaissent les conspirateurs bretons groupés autour du marquis de La Rouërie, il prononce douze condamnations à mort, deux à la déportation et treize acquittements.

Avec la Terreur, tout change. Les affaires se multiplient, le personnel est porté le 5 septembre à seize juges, soixante jurés, cinq substituts, tandis que le tribunal est divisé en quatre sections. L'accusateur public est Fouquier-Tinville. Le 29 octobre, la Convention décrète que, à la demande du jury, les débats pourront être limités à trois jours. Les présidents, Hermann puis Dumas, sont deux partisans de Robespierre, deux exécutants du Comité de salut public. Le 16 avril 1794, la compétence du tribunal s'étend de la région parisienne à l'ensemble du pays. Le 18 mai, lorsque les tribunaux et commissions révolutionnaires sont supprimés en droit, sa puissance augmente encore. Enfin, en juin 1794, la loi de Prairial réduit les membres du tribunal à douze juges, cinquante jurés et quatre substituts. Les six commissions de triage – créées le 26 ventôse afin d'envoyer devant le Tribunal révolutionnaire tous les suspects – ne fonctionnent pas et Fouquier-Tinville obtient ainsi la mort, sans instruction préalable, de 2 627 accusés. Plus de la moitié seront exécutés en un peu plus d'un mois, du 20 juin au 27 juillet 1794 (9 Thermidor). Chaque jour des fournées d'accusés comparaissent devant le jury, soigneusement constitué, et devant Dumas. Robespierre guillotiné, sans que le tribunal ait eu à le juger, car il a été mis hors la loi, Fouquier-Tinville déchu de ses fonctions, la Convention thermidorienne abroge la loi du 22 prairial, réorganise le tribunal par les décrets des 21 et 22 thermidor an II, puis celui du 8 nivôse an III. En fructidor an III, les droits des accusés sont rétablis. Devant ce tribunal réorganisé comparaissent, du 8 germinal au 17 floréal an III, Fouquier-Tinville, ses substituts et les membres de l'ancien tribunal. Emprisonné depuis 8 mois, Fouquier-Tinville a rédigé un mémoire dans lequel il se présente comme l'instrument du Comité de salut public. Il n'en est pas moins condamné à mort, avec quinze de ses anciens collègues, et exécuté. Le 31 mai 1795, le Tribunal révolutionnaire, qui a prononcé 268 condamnations à mort depuis Thermidor, est supprimé.

TRIBUNAT

Assemblée créée par la Constitution du 22 frimaire an VIII (13 décembre 1799).

Chargé d'accepter ou de rejeter en bloc les projets de lois émanés du gouvernement consulaire, il ne dispose pas d'un droit d'amendement mais peut uniquement formuler, le cas échéant, des observations. Nommés par le Sénat, les membres du Tribunat – qui tient ses séances au Palais-Royal – se recrutent pour l'essentiel au sein d'un personnel politique issu du Directoire, bien que certains d'entre eux soient venus du mouvement idéologue et se soient livrés à une critique systématique du régime. Au nombre de ceux-ci se trouvent Benjamin Constant, Pierre Daunou, Marie-Joseph de Chénier et Jean-Baptiste Say. Irrité par ces contestataires (« Ils sont là douze ou quinze métaphysiciens bons à jeter à l'eau », dira-t-il), Bonaparte préparera une épuration du Tribunat, affirmant : « C'est une vermine que j'ai sur mes habits, mais je la secouerai. » Effectivement, lors du renouvellement de l'an X, le Premier Consul procède à ce que Germaine de Staël appellera un « écrémage » de l'assemblée qui, remaniée dans ses structures (1er avril 1802), sera dorénavant composée de trois sections : législation, intérieur, finances. La Constitution de l'an X réduit de 100 à 50 le nombre des membres de cet organe institutionnel désormais docile à la politique consulaire. Le Tribunat est supprimé par le sénatus-consulte du 19 août 1807, après qu'on lui eut interdit, en 1804, toute réunion en assemblée générale lors de la discussion des projets de loi.

TRICASSES

En latin Tricasses *ou* Tricassini. *Peuple de la Celtique, fixé dans la région de Troyes.*

Situés entre les Sénons et les Lingons, ils sont les alliés et probablement les clients des premiers. Leur nom semble avoir signifié « trois bataillons ». Leur chef-lieu n'est connu que sous son appellation latine, *Augustobona* (Troyes).

TRICASTIN

Ancien pays du Bas-Dauphiné borné par le Rhône, le Comtat Venaissin, le Diois et le Valentinois.

Il avait Saint-Paul-Trois-Châteaux pour capitale. Aujourd'hui, il est partagé entre les départements de la Drôme (cantons de Saint-Paul, de Pierrelatte et de Grignan) et du Vaucluse (canton de Bollène).

TRIPOLI

Port sur la Méditerranée, dans l'actuel Liban.

Tripoli faisait partie des Échelles du Levant. Prise en 1109 par Bertrand de Toulouse, fils aîné de Raymond IV, dit de Saint-Gilles, après un siège de cinq ans, elle devient la capitale d'un important comté. Bertrand se reconnaît vassal du royaume de Jérusalem. Son fils Pons (1112-1137) prête également hommage au prince d'Antioche. À cette époque, le comté comprend la côte, la chaîne du Liban et la vallée du haut Oronte. Sous Raymond II (1137-1152), les incursions des musulmans s'intensifient, faisant régner l'insécurité. Un domaine est confié aux Hospitaliers autour du krak des Chevaliers, cependant que les Templiers s'installent dans la région du Château Blanc. En 1187, Raymond III meurt sans enfants. Le comté passe à un cadet de la maison d'Antioche, Bohémond IV, qui s'assure la possession d'Antioche en 1201 et réunit alors comté et principauté. Bohémond V lui succède en 1233. Vient ensuite Bohémond VI (1251-1275), qui s'allie aux Mongols, provoquant ainsi la fureur des Mamelouks, lesquels prennent successivement, entre 1268 et 1271, Antioche, le krak et le Château Blanc. Le sultan d'Égypte s'emparera de Tripoli en 1289, à l'époque de la comtesse Lucie, héritière de Bohémond VII (1275-1287). Toutefois, les Templiers se maintiendront encore deux ans à Tortose.

Le Tribunal révolutionnaire

Marie-Antoinette devant le Tribunal révolutionnaire. Dessin, 1793, Paris, musée du Louvre, coll. Rothschild.

TRIUMVIRAT DE 1561

Nom donné à l'alliance conclue en 1561 entre François de Guise, Anne de Montmorency et Jacques d'Albon de Saint-André.

Le motif réel ou invoqué de cette alliance était la défense du catholicisme contre le danger huguenot.

TRIUMVIRAT DE 1770-1774

Nom donné au groupe des trois ministres de Louis XV : Maupeou, Terray et le duc d'Aiguillon.

Hommes forts du gouvernement constitué après la disgrâce de Choiseul, en décembre 1770, ils mènent une vigoureuse politique antiparlementaire, antichoiseuliste, antiautrichienne et résolument modernisatrice. Tout d'abord très impopulaires, en raison des profondes réformes qu'ils tentent d'imposer (notamment Maupeou dans le domaine judiciaire), en butte aux attaques de tous les privilégiés, les triumvirs commencent à s'imposer lorsque la mort de Louis XV, en mai 1774, met brusquement un terme à leur pouvoir. Désavouant leur œuvre réformatrice, le jeune Louis XVI les renvoie la même année.

TRIUMVIRAT DE 1790-1792

Pendant la Révolution, le terme de triumvirat est appliqué à trois députés influents de l'Assemblée constituante : Barnave, Duport et Lameth.

Siégeant à l'origine à gauche, de tendances libérales, ils penchent de plus en plus vers la royauté dont ils deviennent les conseillers quand décline l'influence de La Fayette, vers la fin de l'année 1790. Après la fuite du roi à Varennes, alarmés par l'agitation, ils reprennent la politique fayettiste de conciliation et prétendent arrêter les progrès de la Révolution. Bien que ne siégeant pas à la Législative, les triumvirs continuent à jouir d'une grande influence jusqu'à la chute de la royauté.

TRIVULCE Giangiacomo TRIVULZIO, marquis de Vigevano, dit le GRAND TRIVULCE (Milan, 1448 – Châtres, 1518)

Maréchal de France d'origine italienne.

Issu d'une famille milanaise, réfugié à Naples pour avoir encouru la colère de Ludovic le More, il se rallie en 1495 à Charles VIII avec qui il se distingue à Fornoue. Fait maréchal de France en 1499 et gouverneur du Milanais, Trivulce parvient non sans peine à maintenir son autorité dans ce duché, s'empare de Ludovic le More à Novare et combat à Agnadel en 1509. On le retrouve en 1515 à Marignan, où il contribue largement au succès de François Ier. Par la suite, il échoue devant Brescia et, en conflit avec Lautrec, meurt disgracié.

TRIVULCE Teodoro TRIVULZIO, marquis de Pizzighettone, dit THÉODORE TRIVULCE (?, v. 1455 – Lyon, 1531)

Maréchal de France d'origine italienne.

Neveu du précédent, il entre au service de Gaston de Foix et commande les troupes vénitiennes. Après Pavie, il assure la retraite des troupes françaises, ce qui lui vaut le bâton de maréchal de France l'année suivante. En 1527, il doit rendre à Doria la ville de Gênes dont il avait été nommé gouverneur.

TROCADERO (prise du)

Principal fait d'armes de l'expédition d'Espagne (1823).

Au moment où les troupes françaises faisaient leur entrée à Madrid, le 24 mai 1823, le roi Ferdinand VII avait été emmené en otage par les révolutionnaires à Séville. De là, il devait être transféré à Cadix. La place, qui commande l'accès de la baie de Cadix, était très difficile à prendre de force. Sous Napoléon, les Français l'avaient assiégée en vain pendant trois ans. Le 30 août 1823, le délai accordé pour rendre la ville étant expiré, l'attaque est lancée après un intense bombardement. Le lendemain à 2 heures et demie, une colonne d'assaut franchit le canal de Puerto Real et s'empare, dans un élan irrésistible, de la forte position du Trocadero. 2 500 ennemis sont mis hors de combat et les Français saisissent 50 pièces de canons. La chute de la ville n'est maintenant plus qu'une question de jours. Le gouvernement révolutionnaire, enfermé dans Cadix, n'a bientôt plus d'autre solution que de se rendre et de libérer Ferdinand VII, qui est accueilli le 28 septembre au port de Sainte-Parie, par son cousin le duc d'Angoulême, commandant de l'expédition française. La chute du Trocadero et de Cadix va entraîner dans les jours qui suivent la reddition des places restées rebelles à l'autorité du roi. Par un décret, Ferdinand VII annule tous les actes qui lui ont été arrachés par la menace. Arrestations et exécutions reprennent de plus belle. C'est la « terreur apostolique », et le duc d'Angoulême, écœuré, regagne la France après avoir refusé le titre de prince de Trocadero que voulait lui donner le roi d'Espagne.

Louis Trochu
Lithographie coloriée de Deglise d'après Perrot. Bruxelles, musée royal de l'Armée. © *Lorette-Giraudon*

TROCHU Louis Jules (Le Palais, Belle-Isle-en-Mer, 1815 – Tours, 1895)

Général.

Aide de camp de Bugeaud en Algérie, de 1843 à 1846, puis du prince Louis Napoléon, lieutenant-colonel en 1851, il prend ensuite position contre l'empire. Cela ne l'empêche pas, avec le grade de colonel, d'accompagner en tant qu'aide de camp le maréchal de Saint-Arnaud en Crimée. Blessé à Sébastopol, nommé général de brigade en 1854, Trochu participe ensuite à la campagne d'Italie. Général de division en 1866, affecté au ministère de la Guerre, il est disgracié l'année suivante à la suite de la publication de *L'Armée française en 1867*, ouvrage dans lequel il dénonce le désordre qui règne dans l'armée impériale. Cette disgrâce lui vaut une grande popularité. Aussi, lorsque éclate la guerre franco-prussienne, est-il, nommé gouverneur militaire de Paris, le 17 août 1870, sous la pression de l'opinion publique. Il ne manque pas alors d'assurer l'impératrice de son dévouement. Quelques jours plus tard c'est Sedan, la chute de l'empire, la proclamation de la république, la constitution du gouvernement de la Défense nationale. Les hommes qui le composent sollicitent Trochu d'en accepter la présidence, et il accepte, non sans leur avoir demandé : « Êtes-vous défenseurs résolus de la famille, de la propriété et de la religion ? » Le général affirme posséder un « plan de défense » de la capitale, mais les Parisiens ne tardent pas à s'apercevoir que ce plan consiste en fait à faire semblant de résister quelque temps, en attendant l'armistice. N'éprouvant aucune confiance en ses troupes, qu'il décourage par sa passivité, Trochu laisse organiser la funeste sortie de Buzenval, afin que les gardes nationaux comprennent que toute résistance est inutile. De plus en plus critiqué, il démissionne de son poste le 22 janvier 1871, une semaine avant la capitulation de la capitale. Vinoy le remplace. Élu, malgré son attitude pendant le siège, dans huit départements lors du scrutin du 8 février 1871, Trochu siège avec les orléanistes mais se démet dès l'année suivante, après le débat sur la loi militaire. Celui que Victor

La prise du Trocadéro
Lithographie de A. Cheyère, Paris, Bibliothèque nationale de France. © *Roger-Viollet*

Hugo a ainsi qualifié : « Trochu, participe passé du verbe trop choir », publiera *L'Armée française* (1879). Ses mémoires paraîtront après sa mort, sous le titre *Œuvres posthumes*.

TROIS-ÉVÊCHÉS (les) : voir ÉVÊCHÉS (les TROIS-)

TROIS-FONTAINES (abbaye de)

Ancienne abbaye cistercienne située au cœur d'une forêt champenoise.

Fondée en 1116, l'abbaye de Trois-Fontaines est appelée la première fille de Clairvaux. Ses vestiges subsistent aujourd'hui dans le village de Trois-Fontaines-l'Abbaye.

TROIS GLORIEUSES (les) : voir JUILLET 1830 (journées des 27, 28, 29)

TRONCHET Jean Denis (Paris, 1726 – Paris, 1806)

Jurisconsulte et homme politique.

Fils d'un procureur au parlement de Paris, inscrit au barreau en 1745, il acquiert rapidement une grande réputation, en raison notamment de ses talents d'improvisateur. Lorsque Maupeou disperse les parlements en 1771, il refuse de plaider devant les nouveaux magistrats et se retire dans sa maison de Palaiseau. Bâtonnier de l'ordre des avocats en 1789, député du tiers de Paris aux États généraux, Tronchet siège parmi les constitutionnels, se montre plutôt conservateur, s'opposant notamment à la transformation des États généraux en assemblée constituante. Membre du Comité féodal, il travaille aux conséquences de l'abolition des droits seigneuriaux, mais sa principale activité se déroule au sein du Comité de jurisprudence, qui tente d'établir une nouvelle organisation judiciaire. Favorable au jury en matière criminelle, il le fait toutefois rejeter en matière civile, en avril 1790. Éloigné de la vie politique lorsque l'Assemblée législative entre en fonctions, il se retire à Palaiseau, mais est appelé à recevoir les déclarations du roi après la fuite à Varennes, le 21 juin 1791. C'est à Palaiseau qu'il apprend, le 12 décembre 1792, que Louis XVI l'a choisi comme défenseur, avec Target, qui refuse. Malesherbes, puis Desèze (ou de Sèze), le rejoindront. Pour tenter de sauver le roi, Tronchet demande en vain que l'Assemblée se décide sur son sort à la majorité des trois quarts ou des trois cinquièmes et non des deux tiers. Après l'élimination des Girondins, le défenseur du roi juge prudent de se cacher, jusqu'au 9 Thermidor. Élu au Conseil des Anciens par la Seine-et-Oise, en octobre 1795, il participe aux travaux de l'Assemblée jusqu'en mai 1797. Nommé président du tribunal de cassation après le 18 Brumaire, Tronchet est appelé en 1800 à faire partie de la commission chargée de l'élaboration du code civil et se montre alors favorable au maintien de certaines options du droit coutumier contre le droit écrit. Sénateur en 1801, il préside cette assemblée l'année suivante et s'oppose alors au consulat à vie, ce qui ne l'empêche pas d'être nommé grand officier de la Légion d'honneur en 1804. Tronchet a laissé le manuscrit d'une tragédie, *Caton*, et, parmi d'autres ouvrages, une traduction de l'Arioste.

TROYES

Capitale historique de la Champagne et actuel chef-lieu du département de l'Aube.

Le contrôle d'un passage sur la Seine supérieure explique l'importance ancienne de cette métropole des Gaulois Tricasses, l'*Augustobona Tricassium*, siège épiscopal au IVe siècle, que l'évêque saint Loup, au siècle suivant, passe pour avoir sauvé des dévastations d'Attila. Quatre siècles plus tard, les Normands se montrent moins cléments, mais la cité se relève rapidement de leurs raids. Au XIIe siècle, les comtes de Troyes étendent leur domination à l'ensemble de la Champagne, et les foires de Troyes figurent parmi les plus importantes d'Europe. En 1288, Philippe le Bel réunit une assemblée judiciaire dont les travaux resteront connus sous la dénomination de Grands Jours de Troyes. C'est également dans la capitale champenoise qu'est signé, en 1420, le traité qui livre le royaume aux Anglais. En route pour Reims, Jeanne d'Arc y ramène en 1429 le pouvoir de Charles VII. Installé dans la ville de 1419 à 1425, le parlement de Paris y revient un moment en 1788. Des travaux d'urbanisme, effectués de 1986 à 1994, ont révélé la ville gallo-romaine, des demeures, des ateliers de tannerie et de verrerie. Près d'une habitation, les archéologues ont découvert en 1994 une amphore contenant 186 200 pièces de monnaie. Celles-ci ont la particularité d'être des contrefaçons de pièces romaines, frappées à l'effigie de Tetricus, l'un des souverains de l'éphémère Empire gaulois à la fin du IIIe siècle.

TROYES (comté de)

Partie méridionale de la Champagne comprise entre les falaises de l'Île-de-France et la côte des Bars.

Les collines de cette dernière bordent la Champagne humide et expliquent une mise en valeur très ancienne de cette région qui forme aujourd'hui le département de l'Aube, confinant au sud aux ondulations du Sénonais et du pays d'Othe, et se prolongeant vers le nord et le nord-ouest par la Champagne pouilleuse. La Seine et l'Aube arrosent cette région qui était déjà bien dotée en voies de communications à l'époque gallo-romaine. La mise en valeur du sol, favorable aux céréales, explique l'attention qu'accordent à ce pays les dominateurs successifs. À l'époque mérovingienne se constitue un duché. Sous les Carolingiens se forme un comté, dont la ville de Troyes est la métropole. Entre l'Île-de-France et la Lorraine, les comtes de Troyes étendent peu à peu leur domaine vers le nord et contrôlent au Xe siècle un territoire qui va bien au-delà de la Marne. Le comté de Meaux, adjoint au comté de Troyes, constituera le comté dit de Champagne. Herbert de Vermandois, Eudes de Blois, Thibaud IV sont les principales figures d'une lignée qui s'attache au développement économique de cette région charnière. Ils favorisent, entre autres, les foires de Troyes, qui deviennent célèbres dans l'Europe entière durant la seconde moitié du Moyen Âge. Le mariage de Jeanne, fille du dernier comte, Henri III le Gros, avec Philippe le Bel, fait passer le comté dans le domaine royal à la fin du XIIIe siècle (1284).

TROYES (traité de)

Traité signé entre le roi de France Charles VI et le roi d'Angleterre Henri V le 21 mai 1420 pendant la guerre de Cent Ans.

Jusqu'au meurtre du duc de Bourgogne, Jean sans Peur, par un fidèle du Dauphin (futur Charles VII), à Montereau, le 10 septembre 1419, le roi d'Angleterre avait surtout cherché à obtenir la plus vaste partie du royaume de France. Mais, en rendant impossible pour longtemps tout rapprochement entre le Dauphin et les Bourguignons, cet assassinat met soudain la couronne de France à sa portée. Il entame aussitôt des négociations avec Isabeau de Bavière, qui supplée son mari Charles VI pendant ses crises de folie, et la Bourgogne. Effrayée de ses nouvelles ambitions, la reine tente un instant de s'entendre avec le Dauphin. Mais le nouveau duc de Bourgogne, Philippe le Bon, se posant en justicier de son père et ne pouvant devenir lui-même l'héritier du trône, se range au principe de la double monarchie proposée par Henri V et impose à Charles VI la signature du traité de Troyes. Ce dernier demeure roi jusqu'à sa mort, mais il donne en mariage sa fille Catherine à Henri V, lequel devient son « fils » et l'« héritier de France » et réunira donc à la mort du roi les deux couronnes de France et d'Angleterre. Celles-ci devront rester unies à jamais sous lui et ses successeurs. Union personnelle et non fusion. Chaque royaume conservera ses droits, ses libertés, ses coutumes, ses lois. En attendant, Henri V, revêtu du titre de régent, exercera le gouvernement au

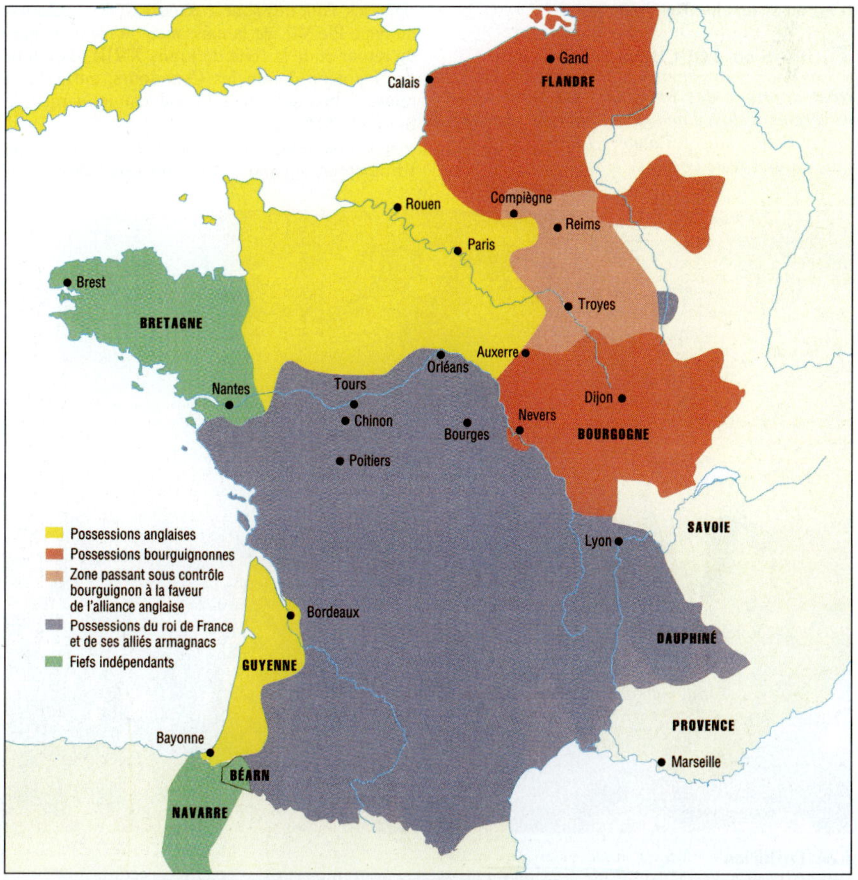

La France du traité de Troyes

nom de Charles VI et conservera à titre personnel le duché de Normandie. Quant au « soi-disant » Dauphin de Viennois, il est exclu de ses droits et devra être poursuivi, banni pour ses « horribles et énormes crimes et délits », au premier rang desquels le meurtre de Montereau. Mais ce dernier conteste vite la validité du traité, faisant valoir que Charles VI ne peut disposer à son gré de la couronne dont il n'est que le dépositaire et qu'a fortiori son état mental ôte toute valeur à sa décision. En se faisant couronner et sacrer à Reims en 1429 grâce aux victoires de Jeanne d'Arc et en menant à bien la reconquête du royaume, qui sera achevée en 1453, Charles VII effacera toute trace du traité. Les rois d'Angleterre continueront cependant à porter le titre de roi de France jusqu'au traité d'Amiens de 1802.

TRUDAINE Daniel Charles (Paris, 1703 – Paris, 1769)

Administrateur.

Conseiller au parlement de Paris, intendant d'Auvergne (1730-1734) où il fait construire les premières routes reliant la plaine à la montagne et essaie de tarifier la taille, conseiller d'État en 1734, il est directeur des Ponts et Chaussées en 1743, puis intendant général des Finances. Il fonde l'École des ponts et chaussées en 1747, ainsi que son corps d'ingénieurs (1750). Il fait entreprendre la construction de nombreux ponts, notamment ceux de Joigny, Saumur, Montereau. Trudaine est aussi le créateur d'un réseau routier qui suscitera l'admiration de l'Europe.

TRUDAINE Jean Claude Philibert (Clermont-Ferrand, 1733 – Paris, 1777)

Homme politique.

Fils du précédent. Conseiller au parlement de Paris (1751), conseiller d'État (1766), il devient, en 1769, intendant général des Finances en titre, succédant à son père dans cette charge. Mais il refuse le contrôle général des Finances en 1777. Il est aussi un chimiste éminent.

TUCHINS ou TOUCHINS

Nom donné à des brigands qui sévirent en Auvergne, Velay, Limousin, Rouergue, Languedoc et Poitou dans les années 1360-1385. L'origine du mot reste obscure.

Au début de leur mouvement, appelé tuchinat ou touchinage, les Tuchins semblent obéir à des motifs de mécontentement social. Recrutés parmi les petits artisans et, comme les Jacques, parmi les paysans, ils se plaignent d'être écrasés de charges de toutes sortes et d'être exposés aux exactions des routiers. De la protestation et de l'intimidation, ils passent bientôt à l'insurrection armée. Leurs cibles principales sont les châteaux, les monastères, les habitations des grands bourgeois. Prenant goût au pillage, ils ne se distinguent plus guère alors des routiers. Des nobles se mettent à leur tête et leur font épouser leurs querelles et leurs intérêts. Le duc Jean de Berry, également duc d'Auvergne et lieutenant général du roi en Languedoc, leur fera une guerre impitoyable dont les frais seront d'ailleurs en grande partie payés par les populations. Les Tuchins se maintiendront en Velay jusqu'en 1384. Le Piémont avait eu lui aussi ses Tuchins.

TUILERIES (palais des)

Ancienne demeure des souverains français située à Paris, à l'ouest du palais du Louvre, entre les places actuelles du Carrousel et de la Concorde. Une ancienne fabrique de tuiles lui a donné son nom.

Le palais des Tuileries est commencé en 1564, sur l'ordre de Catherine de Médicis, par Philibert Delorme, puis il est successivement agrandi par Jean Bullant, Jacques Androuet du Cerceau (pavillon de Flore) et Le Vau (pavillon de Marsan). Ce dernier y laisse, avec Le Nôtre, qui termine le dessin des jardins, la marque du siècle de Louis XIV. Sous la Révolution française, l'édifice vivra des heures particulièrement tragiques. Ramenée de Versailles à Paris au mois d'octobre 1789, la famille royale est installée dans ce palais, qui n'avait alors été qu'épisodiquement habité par Louis XV. Envahi le 20 juin 1792, pris d'assaut le 10 août de cette même année, il est abandonné par force, par Louis XVI et sa famille. Dénommé Palais-National, il accueille la Convention au mois de mai 1793 et le Comité de salut public peu après. En 1796, le Conseil des Anciens s'y installe. Occupé par le Premier Consul à partir de 1800, puis par la cour impériale, les Tuileries sont le témoin de l'installation du pape Pie VII, de la naissance du roi de Rome, du retour et de la fuite de Louis XVIII, du retour de Napoléon durant les Cent-Jours, enfin de la réinstallation définitive du nouveau monarque, le 8 juillet 1815.

Considérablement réaménagé sur l'ordre de l'Empereur, le palais, redevenu palais des Tuileries, accueille Charles X. Endommagé lors des révolutions de 1830 et de 1848, il bénéficiera des nouveaux embellissements du roi bourgeois avant d'abriter les fêtes somptueuses du dernier maître des lieux, Napoléon III. Incendié par la Commune au mois de mai 1871, le palais est démoli en 1882. Les murs étaient encore fort bons (les photos le prouvent) ; les Tuileries ont été délibérément sacrifiées par les partisans de l'« ouverture » du Louvre en direction de la Concorde. Immédiatement après la démolition, les vestiges du palais se transforment en véritables reliques : *Le Figaro* acquiert les marbres des cheminées qu'il fera débiter en presse-papiers pour ses abonnés ; le couturier anglais Worth achète fenêtres, portiques et colonnes pour constituer un jardin à l'antique dans son domaine de Suresnes. La famille Pozzo di Borgo se porte partie prenante du pavillon central, le transfère à Ajaccio et le nomme château de la Punta. À Paris, le promeneur attentif peut encore en découvrir quelques éléments insolites au parc Monceau et le long du mur de soutènement du Jeu de paume. De l'immense palais, il ne subsiste de nos jours que le pavillon de Flore et celui de Marsan, sérieusement remaniés et qui ne ressemblent guère à ceux connus par Louis XVI et Napoléon Ier.

TUILES (journée des) : voir GRENOBLE

TULLE

Ville du Bas-Limousin, aujourd'hui chef-lieu du département de la Corrèze.

Tutella doit son développement à une abbaye bénédictine fondée au VIIe siècle, Saint-Martin. En 1317, cette abbaye est érigée en évêché suffragant de Bordeaux par Jean XXII, à la grande fureur de Limoges. Les Tullois tentent de s'émanciper de l'autorité de leur seigneur et évêque. La ville devient un grand centre drapier. Les Anglais s'en emparent en 1346, 1369 et 1373. Reconquise par le duc de Bourbon, elle reçoit directement du roi une charte de franchise. Henri Ier, vicomte de Turenne, l'attaque en 1577 mais ne parvient à l'enlever, dans des conditions sanglantes, qu'en 1585. L'année suivante, les huguenots sont obligés de l'évacuer. Les XVIIe et XVIIIe siècles sont une époque restauratrice pour les Tullois qui reçoivent un collège de Jésuites et bénéficient des soins attentifs de l'intendant Turgot. La fabrique de fusils, créée au XVIIe siècle, devient en 1777 manufacture royale. Elle existe toujours comme manufacture nationale.

Le 9 juin 1944, pour se venger des résistants, les Allemands arrêtent plusieurs habitants comme otages puis pendent 99 d'entre eux dans les rues (notamment aux balcons) et envoient les autres en déportation où une centaine mourront.

TUNIS

Capitale de la Tunisie.

Capitale beylicale de la Régence de Tunis, la ville était au XIXe siècle un très important centre commercial après avoir abrité des navires corsaires aux siècles précédents. Maîtres de l'Algérie, encouragés par Bismarck, désireux de les voir trouver de ce côté un dérivatif aux déboires de 1871, les Français, débarqués à Bizerte le 1er mai 1881, s'emparent de la ville le 12, obligeant le bey à signer le traité du Bardo. Capitale de la Régence, la cité prospère et s'agrandit, prenant un caractère résidentiel avec la présence d'une importante colonie d'origine européenne, qui atteint déjà 10 000 personnes en 1900. Un chenal permet l'accès au port des navires de haute mer. Le 9 novembre 1942, les premiers parachutistes allemands débarquent de deux douzaines d'avions de la Luftwaffe à la suite de l'invasion de l'Afrique du Nord française par les forces anglo-américaines. Le résident général, l'amiral Esteva, ne sait se décider et opte pour le *statu quo*. C'est le début d'une occupation qui ne prendra fin que le 7 mai 1943. Tunis est la capitale de la Tunisie indépendante depuis le 20 mars 1956.

Les Tuileries
Le peuple envahissant la salle du trône en 1848. Lithographie, Paris, Bibliothèque nationale de France.
© *Sélection Images*

Tunisie
Le discours de Carthage de juillet 1954. Pierre Mendès France (au centre), le maréchal Juin (à dr.), Christian Fouchet (à l'arrière plan). © *Roger-Viollet*

TUNISIE

État de l'Afrique septentrionale limité au nord et à l'est par la mer Méditerranée, à l'ouest par les djebels de l'Est constantinois et au sud par le désert des confins sahariens et libyens.

À la fin du XVIe siècle, les Turcs ottomans sont maîtres de Tunis, métropole d'un pachalik dépendant désormais de Constantinople. Il faut attendre 1705 pour voir un bey secouer en partie la tutelle des sultans et constituer un embryon d'autorité qui demeure cependant vassal de la Sublime Porte. Les relations avec l'Europe s'améliorent. La course est interdite à partir de 1819 et l'esclavage est supprimé, en théorie, en 1846. Mais les relations s'enveniment sous le règne d'Ahmed-bey, dont la gestion financière entraîne un tel gaspillage qu'en 1870 une commission internationale est désignée pour la sauvegarde des intérêts économiques européens. Après la guerre franco-prussienne de 1870, Français et Italiens entament une lutte d'influence qui prend bientôt l'aspect d'une véritable compétition. Les entreprises françaises de travaux publics obtiennent la construction d'une voie ferrée entre Tunis et le Constantinois, mais les Italiens s'implantent grâce à de nombreux colons. La rivalité atteint un degré tel qu'en 1878, lors du congrès de Berlin, Bismarck encourage vivement le ministre français des Affaires étrangères, Waddington, à chercher de ce côté une compensation de prestige. Lord Salisbury, son homologue britannique, agit de même, pensant de la sorte détourner l'attention française de l'Égypte. Mais il faut attendre la venue au pouvoir de Jules Ferry pour que la question tunisienne passe des conversations de chancellerie aux cartes d'état-major. Il est vrai que des incursions de nomades Kroumirs, dans le Constantinois, incitent le chef du gouvernement à ne pas « laisser tomber les clés de la maison (l'Algérie en l'occurrence) dans des mains étrangères ». En avril, part de l'Est algérien un corps d'armée aux ordres du général Forgemol de Bostquénard. Il s'avance dans la vallée de la Medjerda, tandis que l'escadre de l'amiral Conrad attaque Tabarka le 25 puis assure le débarquement d'un détachement de 8 000 hommes à Bizerte le 1er mai, sous les ordres du général Bréart. Celui-ci parvient devant Tunis et impose au bey Mohamed Es-Sadok l'accord du Bardo, que complète le 9 juin 1883 la convention de La Marsa, traité imposé cette fois à la suite d'une révolte des tribus du sud, qui a nécessité l'intervention du contingent du général Saussier et de l'escadre de l'amiral Garnault. Le bey reconnaît aux autorités françaises le droit d'occuper le pays et d'en régir les institutions sous la direction d'un résident général.

L'administration française s'adapte aisément dans un pays de petits notables qui constitue un prolongement naturel de l'Algérie. Pays pacifique, animé par l'esprit de mesure et le sens de l'équilibre, la Régence forme désormais avec l'Algérie et le Maroc un remarquable ensemble qui assure la prépondérance française sur la Méditerranée occidentale. L'administration développe les voies de communications, favorise l'urbanisme, agrandit les ports et améliore le rendement d'une économie à dominante rurale ou pastorale, dont une des principales productions est celle de l'huile d'olive. Durant la Première Guerre mondiale se succèdent, au sud de la Régence, des incursions de nomades Senoussis, encouragés par les Turcs, ce qui entraîne en 1917 l'intervention des compagnies sahariennes. Le Sud tunisien demeure par la suite le « pays des blédards », des fortes têtes, que l'on concentre autour de Tataouine, dont le nom est synonyme de camp de redressement. Au lendemain des hostilités, les vues du président américain Wilson encouragent la formation d'un mouvement nationaliste, le Destour, qui s'inspire de l'exemple des Jeunes Turcs. À partir de 1922, le résident général Lucien Saint opère une série de réformes administratives en vue de donner satisfaction aux notables. Certaines responsabilités leur sont accordées sur le plan local. En 1935, lors des conversations de Rome entre Mussolini et Pierre Laval, le cas des colons italiens est discuté. Leur statut particulier, qui date de 1896, est prorogé pour une période de trente ans. À partir de 1938, l'hostilité de l'Italie fasciste à l'encontre de la France modifie cette situation. Le Duce réclame le pays tout entier. L'armistice de juin 1940 sauvegarde la Régence de l'emprise italienne, mais les garnisons françaises sont réduites à huit bataillons squelettiques dépourvus de couverture aérienne, tandis que la base navale de Bizerte est pratiquement vide.

Commandant en chef en Afrique du Nord, le général Weygand dresse un plan de défense qui envisage, en cas d'attaque des forces de l'Axe, un lent repli vers l'ouest à travers les djebels. En 1941, le chef des détachements de Tunisie est le général de Lattre de Tassigny, venu de métropole. Il a l'ordre d'interner les troupes de l'Axe en cas de repli de Libye en Tunisie face à la VIIIe armée britannique. En 1942, son successeur est le général Barré. Entre le 8 et le 10 novembre, ce dernier reçoit de Vichy et d'Alger des ordres contradictoires qui l'incitent à temporiser. Le résident général, l'amiral Esteva, ne prête pas attention aux messages de Darlan, installé à Alger, et suit les directives de Laval, envoyées de Vichy. Ainsi un premier détachement de parachutistes allemands débarque sans encombre sur l'aérodrome d'El Aoulna dans la journée du 9. Il est vrai également que les plans du général Eisenhower, commandant en chef des forces anglo-américaines débarquées au Maroc et en Algérie, ne concernent pas la Tunisie, le pays semblant trop éloigné, selon lui, pour qu'il soit possible d'assurer à des détachements précurseurs une couverture aérienne suffisante.

Les Allemands acheminent donc des renforts par la voie des airs tout d'abord, puis par mer. À Bizerte, l'amiral Derrien cède à un ultimatum et livre trois torpilleurs et quelques petites unités, outre l'arsenal, où trois bataillons sont désarmés. Devant les empiètements germano-italiens, importants à partir des 12 et 13 novembre, le général Barré ordonne un décrochage de ses troupes, appliquant, compte tenu de l'incertitude du moment, les instructions données naguère par Weygand. Avec lenteur, fantassins et chasseurs d'Afrique se replient en parlementant devant le 90e corps d'armées allemand du général Nehring, que renforcent des parachutistes, la division italienne Superga et une unité de la Luftwaffe. À l'ouest, la progression alliée est lente et méthodique. Barré temporise avec habileté, ne cédant que 25 km en cinq jours. Le 17 novembre, un élément précurseur britannique parvient à Medjez el-Bab. Il est suivi, le lendemain, par un détachement d'artillerie américain. Ces opérations permettent aux chefs des détachements français d'évincer les parlementaires allemands et notamment un envoyé spécial, le conseiller d'ambassade Moelhausen, arrivé de Vichy. Le 19 novembre, les jeunes engagés du 21e RIC rejettent une attaque de parachutistes allemands devant la barricade du pont de la Medjerda avec l'appoint des artilleurs de la 78e DI britannique, accourus au canon. Cet engagement sert aussitôt à la rédaction du communiqué officiel n° 1 publié le jour même à Alger par le Comité d'empire présidé par l'amiral Darlan. La bataille de Tunisie commence.

Elle se poursuivra jusqu'au 13 mai 1943, date de la capitulation des derniers détachements germano-italiens au cap Bon. L'armée française, constituée par les divisions d'Alger, d'Oran et de Constantine, renforcées par la division du Maroc, encadrée par les Britanniques au nord et le 2e corps américain au sud, fait 37 000 prisonniers sur un total de 225 000. Dans le sud, la colonne du général Leclerc, incluse dans la VIIIe armée britannique de Montgomery, a libéré les oasis de Nefta et de Tozeur avant de remonter le long de la côte au-delà de Sousse. Accusé de coopération avec les autorités de l'Axe, le bey Moncef est destitué. Le régime de régence est rétabli et le pays fournit à l'armée de libération une unité de valeur, le 4e régiment de tirailleurs tunisiens (4e RTT) qui fera partie du corps expéditionnaire français du général Juin en Italie, avant de participer aux combats de la 1re armée française en métropole durant l'hiver de 1944-1945.

Après les hostilités, les nationalistes du Néo-Destour (né en 1934 d'une scission du Destour ; plus radical que celui-ci), animés par Habib Bourguiba, et les syndicalistes de l'Union générale des travailleurs tunisiens (l'UGTT), conduits par Salah ben Youssef, manifestent leur désir de faire modifier le statut de protectorat. Au début de 1952, le résident général Jean de Hauteclocque fait arrêter Bourguiba et les ministres du bey Sidi Lamine, lequel passe progressivement de l'expectative prudente au ralliement aux thèses nationalistes. À l'intérieur de la Régence, la situation se dégrade. Le terrorisme se développe dans les villes aussi bien que dans les djebels. Pour y mettre fin, Pierre Mendès France, accompagné du maréchal Juin, se rend à Tunis le 31 juillet 1954 et reconnaît, dans un discours prononcé à

Carthage, le principe de l'autonomie interne. Le 3 juin 1955, la gestion des affaires intérieures est confiée au gouvernement de Tahar ben Ammar. Bourguiba, libéré, dénonce le principe de l'action violente proposé par Salah ben Youssef, lequel s'exile au Caire.

Le 20 mars 1956, le gouvernement français reconnaît l'indépendance tunisienne, acte qui assure le triomphe de Bourguiba, plébiscité par le succès de son parti lors des élections d'avril. Le 25 juillet 1957, la dynastie husseinite, au pouvoir depuis 252 ans, est évincée au profit d'un régime républicain dont Bourguiba, le « combattant suprême », devient le président. Mais les relations entre la France et le nouvel État sont envenimées par la guerre d'Algérie, au cours de laquelle des forces du FLN algérien opèrent depuis le territoire tunisien. L'incident de Sakhiet Sidi Youssef, en février 1958, est la conséquence de cette situation. La tension persiste et incite les Tunisiens à bloquer la base navale de Bizerte en juillet 1961, que le gouvernement français acceptera d'évacuer le 15 octobre 1963. Mais le problème des colons n'est pas réglé et, le 11 mai 1964, le gouvernement de Tunis procède à la nationalisation des terres de culture appartenant « aux étrangers », c'est-à-dire en fait à la communauté européenne.

TURBIE (La)

Sur le point le plus élevé de la Via Julia, *à 500 mètres au-dessus de la Riviera méditerranéenne, se dresse à La Turbie (Alpes-Maritimes) le trophée des Alpes, commémorant la victoire de l'empereur Auguste sur les peuples Ligures pendant les campagnes de 16 et 14 av. J.-C. et la soumission de quarante-quatre tribus des Alpes.*

En 7 av. J.-C., le Sénat romain décide de faire ériger ce trophée à la frontière de l'Italie et de la Gaule, le monument étant édifié l'année suivante. Haut à l'origine de 46 mètres, le Trophée était construit sur un soubassement de 38 mètres de côté. Un premier étage carré soutenait un second étage circulaire entouré de 24 colonnes doriques entre lesquelles des niches abritaient les statues des généraux romains. Une coupole conique à gradins portait à son sommet une monumentale statue d'Auguste, visible de très loin. Sur le socle, la dédicace du trophée a pu être restituée grâce à un passage de l'*Histoire Naturelle* de Pline l'Ancien : « À César Auguste Imperator, fils du divin César, Grand Pontife, possédant la puissance impériale pour la quatorzième fois et la puissance tribunicienne pour la dix-septième fois, le Sénat et le Peuple romain, parce que, sous sa conduite et sous ses auspices, tous les peuples alpins depuis l'Adriatique jusqu'à la mer Tyrrhénienne ont été soumis à l'autorité du peuple romain. » Suit la liste des 44 peuples vaincus. Après la chute de l'Empire romain, le trophée des Alpes a connu bien des mésaventures : beaucoup de ses pierres ont été réutilisées pour la construction du village de La Turbie ; puis il a été transformé en forteresse au Moyen Âge et a été miné en 1705 lors de la guerre de Succession d'Espagne. À partir de 1920, l'architecte Formigé s'est employé à retrouver l'apparence d'origine du trophée, mais, choisissant de ne pas le restaurer complètement, il fit seulement redresser une partie de la façade ouest. C'est ainsi que seules quelques colonnes dressées sur le socle massif suggèrent actuellement la majesté d'origine de ce monument tout à fait exceptionnel.

TURCKHEIM (bataille de)

Victoire remportée par Turenne sur les Impériaux, le 5 janvier 1675.

En octobre 1674, au cours de la guerre de Hollande, les Impériaux envahissent l'Alsace, dont ils sont maîtres à la fin de novembre. Prenant l'offensive le 5 janvier, alors que les coalisés pensaient passer l'hiver dans leurs cantonnements alsaciens, Turenne attaque à Turckheim, à l'ouest de Colmar, le gros des forces ennemies, qu'il met en fuite, puis en déroute : les Impériaux repassent le Rhin le 14 janvier, l'Alsace est sauvée.

TURENNE

Aujourd'hui simple commune de la Corrèze aux confins du Lot, le bourg de Turenne était sous l'Ancien Régime la capitale nominale et militaire d'une vicomté réunissant environ 120 paroisses.

Torenna, dont l'étymologie n'a pu être expliquée de façon satisfaisante et définitive, semble avoir été d'abord établie au lieu-dit Vieille-Turenne ou Vieux-Turenne, sorte de mamelon situé au nord-est de la ville actuelle. C'est là que se serait trouvé le château pris en 767 par Pépin le Bref au cours d'une de ses campagnes contre Waifre d'Aquitaine. Occupant une longue plateforme rocheuse, le château actuel a été vraisemblablement fondé au Xe ou au XIe siècle. Mais ce qu'il en reste (un donjon rectangulaire dit tour du Trésor ou de l'Horloge, la base d'un bâtiment central et une haute tour ronde propice au guet dite tour de César) ne remonte pas à une époque antérieure, pour le gros œuvre, au XIIIe siècle. Datant généralement du XVIe ou du XVIIe siècle et parfois remaniés au XVIIIe, les vieux hôtels de la bourgeoisie turennoise ont été remarquablement conservés. L'église, d'une taille assez surprenante pour une ville d'étendue modeste, a été édifiée à partir de 1592 grâce à la munificence de Charlotte de La Marck, héritière de Bouillon et de Sedan, première épouse du très huguenot Henri Ier de La Tour, vicomte et maréchal de Turenne, dit aussi le maréchal de Bouillon.

TURENNE (vicomté de)

Importante seigneurie ayant sa capitale militaire à Turenne, en Limousin, et sa capitale administrative à Martel, en Quercy.

Le noyau de la puissance des vicomtes se trouvait entre ces deux villes, mais leur seigneurie s'exerçait à l'ouest jusqu'en Périgord et au sud jusqu'à la région de Saint-Céré et de Montal, compte tenu d'un certain nombre d'enclaves. Ils réclamaient l'hommage des seigneurs de Castelnau-de-Bretenoux qui, rapporte la tradition locale, le leur rendaient en leur faisant porter solennellement, sur un char, un œuf. La vicomté jouit de ses anciens privilèges jusqu'à 1738, date à laquelle Charles Godefroy de La Tour, duc de Bouillon, vendit ceux-ci à Louis XV pour 4 200 000 livres afin de payer ses dettes. Les vicomtes de Turenne appartiennent à quatre familles. L'ancienne maison de Turenne, issue par les mâles d'Archambaud de Comborn, dit Jambe pourrie, vivant vers l'an mil, est représentée de 1091 à 1304 par des Raymond. À la mort de Raymond VII, sa fille Marguerite porte ses biens à son mari Bernard VII de Comminges. En 1350, une de leurs descendantes, Cécile de Comminges, vend la vicomté à son beau-frère Guillaume Rogier de Beaufort (de la famille des papes Clément VI et Grégoire XI) dont la lignée se perpétue de mâle en mâle pendant un siècle à Turenne. En 1444, Anne Rogier de Beaufort devient vicomtesse. Elle est l'épouse d'Agne de La Tour d'Auvergne, seigneur d'Oliergues, dont la descendance mâle se maintiendra à la tête de la vicomté jusqu'à Charles Godefroi.

En 1591, Henri Ier de La Tour épouse Charlotte de La Marck, héritière de Bouillon et Sedan, ce qui lui permet de relever les titres de duc de Bouillon et de prince de Sedan. Après la mort de Charlotte, il se remarie avec Élisabeth de Nassau et a d'elle deux fils. L'aîné, Frédéric Maurice, héritera de Bouillon et Sedan. Le second, Henri II, sera titré, tout au moins pour la forme, vicomte de Turenne. Les La Tour ne résideront plus régulièrement à Turenne, sauf pendant la Fronde où Bouillon se retranchera avec toute une cour pour y ruminer ses intrigues contre Anne d'Autriche et Mazarin, et tenter de soulever le Limousin et la Guyenne orientale. Turenne a fait quelques séjours dans sa vicomté. Néanmoins, peut-être parce qu'il était trop occupé par ses campagnes militaires, il ne semble pas y avoir vraiment « régné ».

TURENNE Henri Ier de LA TOUR d'AUVERGNE, vicomte de, puis duc de Bouillon et prince de Sedan (Joze, Auvergne, 1555 – Sedan, 1623)

Maréchal de France.

Torturé d'ambition, il joue un rôle trouble dès l'année 1574 en favorisant les intrigues du duc d'Alençon, notamment dans l'affaire de La Mole et Coconnat. Cela ne l'empêche pas d'obtenir un peu plus tard les lieutenances générales du Haut-Languedoc et de Guyenne qui vont consolider ses positions dans le Massif central. Son adhésion au parti des Politiques lui permet de s'introduire ensuite dans l'entourage du roi de Navarre (futur Henri IV), dont il finit par capter la confiance. Converti au calvinisme, Turenne négocie en 1579 et 1580 le traité de Nérac et la paix de Fleix. Lors du siège de Paris en 1590, on le retrouve aux côtés d'Henri IV qui s'est pris d'amitié pour lui et lui fait contracter une superbe alliance : en 1591, le vicomte épouse Charlotte, fille et unique héritière d'Henri Robert de La Marck, duc de Bouillon et prince de Sedan. Charlotte meurt sans postérité trois ans plus tard. Henri, créé entre-temps maréchal de France (1592), s'unit bientôt (dès 1595) à une fille du Taciturne, Élisabeth de Nassau, qui lui donnera deux fils : Frédéric Maurice (le futur Bouillon) et Henri (le grand Turenne). Lui-même se fait appeler désormais duc et maréchal de Bouillon.

Poussant à la guerre contre l'Espagne et négociant avec l'Angleterre, il ne tarde pas à dépasser les intentions royales. Son aspiration secrète est de remplacer Henri IV, maintenant converti, à la tête du parti huguenot. Pour y parvenir, il faut lever des troupes, et pour ce faire, pourquoi ne demanderait-on pas d'argent au roi d'Espagne ? Ce sont les révélations de la conjuration de Biron, tissée depuis 1601, qui édifient le roi sur le curieux comportement de son grand ami. Mais celui-ci, en sa qualité de prince de Sedan, n'est qu'à demi Français. Et puis l'heure n'est pas venue de mécontenter les protestants. On aura donc des ménagements pour lui. Le roi l'invite poliment à se justifier. Bouillon ne répond pas et se terre en Auvergne ou dans sa vicomté, où il continue à inciter les huguenots à la révolte. Henri IV fait instruire son procès par le parlement de Paris, qui se déclare compétent. Alors Turenne s'enfuit en Allemagne, où il tente en vain d'amener les princes protestants à dénoncer leur alliance avec la France. Puis il s'enferme dans Sedan, d'où il sollicite son pardon. Le roi lui demande, pour preuve de sa loyauté, d'ouvrir la ville à une garnison française. Après une démonstration militaire, Turenne est obligé de se soumettre. Le plus étonnant, c'est qu'il recouvre tout son crédit à la Cour, au point que Sully en prend ombrage. Le « bon roi Henri » n'a jamais rien su refuser à ses anciens coreligionnaires, pourvu qu'ils l'aient soutenu au difficile moment de la conquête du trône. Turenne se lance ensuite dans de nouvelles intrigues. Nommé bien imprudemment au Conseil de régence, il se mêle à presque toutes les conspirations et à tous les soulèvements nobiliaires des premières années du règne de Louis XIII. Après sa mort, son fils aîné assurera dignement sa relève.

TURENNE Henri II de LA TOUR d'AUVERGNE, vicomte de (Sedan, 1611 – Salzbach, Bade, 1675)

Maréchal de France.

Fils cadet du précédent et d'Élisabeth de Nassau, il est élevé dans le protestantisme. Il fait ses premières armes dès sa quinzième année sous la conduite de ses oncles Maurice et Henri de Nassau. C'est en 1630 que Louis XIII l'appelle à son service et l'envoie secourir Casal à la tête d'un régiment. Dans les années qui suivent, Turenne sert dans les pays rhénans et se distingue en de nombreuses rencontres sous le cardinal de La Valette. Maréchal de camp en 1635, il est blessé devant Saverne l'année suivante et contribue en 1638 à la victoire de Brisach, remportée par Bernard de Saxe-Weimar sur les Impériaux. En 1640,

Henri II de Turenne
Portrait anonyme du XVIIe siècle. Musée de la ville de Paris, musée Carnavalet, Paris. © *Giraudon*

on le retrouve en Piémont où il s'empare de Turin et de Moncalvo. Ces succès lui valent le titre de lieutenant général en 1642. Les intrigues de son frère Bouillon ne font pas obstacle à son avancement. Après la prise de Trino en 1643, Turenne reçoit le bâton de maréchal, à l'âge de 32 ans seulement. En 1644, investi du commandement de l'armée d'Allemagne, il défait les Bavarois à Donaueschingen, puis à Fribourg avec le duc d'Enghien. Mais il se laisse surprendre et battre à Marienthal par Mercy l'année suivante. Il prend sa revanche peu après avec le duc d'Enghien à Nördlingen. En 1647, le concours des Suédois lui permet d'envahir la Bavière et de contraindre l'Électeur à un armistice. Les engagements n'ayant pas été respectés du côté bavarois, les Français reprennent les hostilités. La victoire de Turenne sur les Impériaux à Sommershausen leur ouvre la route de Munich.

Lorsque éclate la Fronde, Turenne se montre d'abord hésitant quant à la conduite à tenir à l'endroit de la Cour. Son frère Bouillon, peut-être aidé par une gratification de 500 000 livres, selon Dubuisson-Aubenay, parvient à le dresser contre Mazarin, mais ses troupes, débauchées par le cardinal moyennant 800 000 livres, ne le suivent pas. Il doit se retirer précipitamment en Hollande en mars 1649. Revenu à Paris après la paix de Rueil qui l'amnistie nommément, il soutient la querelle des princes en apprenant leur arrestation. Condé libéré, il le suit à Stenay où il est bientôt rejoint par Mme de Longueville qui lui fait tourner la tête. L'influence de celle-ci s'ajoute à l'esprit de famille pour déterminer Turenne à traiter avec les Espagnols et les Impériaux, qu'il conduit jusqu'à Guise. Mais, obligé par une manœuvre de du Plessis-Praslin d'assurer ses arrières, il doit se rapprocher des Pays-Bas. Les armées royales lui infligent une défaite sévère à Rethel, le 15 décembre 1650.

Quand on songe au danger qu'il a représenté pour la France à cette époque, on peut se demander si son ralliement total et définitif à la Cour en mai 1651, après l'éloignement provisoire de Mazarin, est vraiment l'effet du seul loyalisme. Il semble que, tempérament jaloux, il ait pris ombrage de la préférence accordée par Condé à Nemours. Peut-être aussi crut-il servir mieux son prestige personnel en se présentant en rival du seul capitaine français qui le valût. Quoi qu'il en soit, il ne devait plus varier. En dépit des offres et des intrigues, son épée défendra désormais la Cour avec constance. En 1652, il redresse la situation gravement compromise des troupes royales grâce à une série de succès : en mars, il sauve le roi à Jargeau ; en avril, à Bléneau, il répare le désastre d'Hocquincourt ; en mai, il prend Étampes au parti des princes ; en juillet, il livre au faubourg Saint-Antoine un combat qui eût causé la perte de Condé sans l'intervention du canon de la Bastille ; en octobre, il ramène le roi à Paris ; enfin, en décembre, il prend Château-Porcien et Vervins.

Après cette année bien remplie, créé gouverneur du Limousin et ministre d'État, Turenne repousse Condé qui avait atteint la Picardie (1653), délivre Arras (août 1654), s'empare de Landrecies et de la ville de Condé (1655), remporte enfin la bataille des Dunes (juin 1658) qui, contraignant Dunkerque à la reddition, permet la conquête d'une partie de la Flandre et contribue à la conclusion de la paix des Pyrénées. Ces actions d'éclat sont récompensées en 1660 par l'octroi du titre exceptionnel de « maréchal général des camps et armées du roi ». Peut-être eût-il été fait connétable s'il avait été catholique. Mais il ne devait abjurer qu'en 1668, deux ans après la mort de Charlotte de Caumont qu'il avait épousée en 1652. Pour le moment, il réorganise les armées et prépare la guerre de Dévolution (1667-1668), au cours de laquelle il s'empare personnellement de Charleroi et de Tournai. Dans la guerre de Hollande, ayant éprouvé quelques difficultés face à Montecucculi en 1673, il prend sa revanche en juin 1674 dans la victoire de Sinzheim qui le rend maître du Palatinat. Poursuivi ensuite par les Impériaux, il les vainc encore à Enzheim en octobre 1674 mais doit évacuer l'Alsace. L'année suivante, il réussit un enchaînement de manœuvres d'une rare audace, bousculant les Impériaux près de Mulhouse en décembre 1674 et les battant complètement à Turckheim en janvier 1675. Quelques semaines après, l'Alsace est entièrement aux mains des Français. Sa gloire est alors à son sommet. Paris lui fait un accueil triomphal. L'été suivant, il attire Montecucculi dans une situation difficile entre Bade et Rhin, près de Salzbach, et se prépare à lui livrer bataille quand un boulet de canon l'abat le 27 juillet 1675. La nation apprend la nouvelle avec une immense douleur. Les plus grands honneurs lui sont rendus. Sa dépouille est ensevelie à Saint-Denis (elle devait être respectée en 1793 et transférée plus tard, en 1800, aux Invalides). Turenne a laissé des *Mémoires* allant de 1643 à 1658 et des lettres. Napoléon Ier a écrit un *Précis* sur ses guerres.

TURGOT Anne Robert Jacques, baron de l'Aulne (Paris, 1727 – Paris, 1781)

Homme politique et économiste.

D'abord destiné à l'Église, Turgot, fils d'un prévôt des marchands de Paris, étudie à Saint-Sulpice, devient prieur de la Sorbonne, mais, n'ayant pas de vocation religieuse, quitte la carrière ecclésiastique en 1750. Il entre alors dans la magistrature. Substitut du procureur général en 1752, puis conseiller au Parlement, maître des requêtes en 1753, il se lie avec les milieux philosophiques, est assidu au salon de Mme Geoffrin, écrit en 1753 et 1754 des *Lettres sur la tolérance* et collabore à l'*Encyclopédie*. S'intéressant plus particulièrement aux problèmes économiques, Turgot fréquente les physiocrates, écrit l'*Éloge de Gournay* après avoir publié une *Lettre sur le papier-monnaie* et un *Discours sur les progrès de l'esprit humain* ; il s'y montre convaincu de l'efficacité de la liberté d'entreprise. Nommé intendant de Limoges en 1761, il fait de sa généralité un champ d'expériences de sa philosophie libérale et y accomplit une œuvre remarquable. Il encourage la construction de routes, fonde une école vétérinaire, introduit le mérinos et la pomme de terre, crée des ateliers de charité, implante une industrie textile, embellit les villes, décide le recrutement de la milice par engagements volontaires, établit un tarif de la taille d'après une estimation du loyer et de la valeur des terres, remplace la corvée par une taxe sur les propriétaires. Pendant ce séjour à Limoges, il

Turgot
Huile sur toile, École française du XVIIIe siècle, château de Versailles. © *RMN*

compose son ouvrage capital, *Réflexions sur la formation et la distribution des richesses* (1766), dix ans avant la publication de *La Richesse des nations* d'Adam Smith. Il y apparaît comme un doctrinaire systématique qui veut briser une opposition malveillante et, selon lui, mal éclairée.

Voulant donner des gages au clan philosophique, Louis XVI et Maurepas l'appellent au secrétariat d'État à la Marine en juillet 1774, puis au contrôle général des Finances en août 1774. Véritable homme d'État, riche d'idées qu'il veut réaliser rapidement, Turgot, avant d'accepter, pose avec brutalité ses conditions au roi : « Point de banqueroute, point d'augmentation d'impôts, point d'emprunts [...]. Il faut, Sire, considérer d'où vient cet argent que vous distribuez à vos courtisans et comparer la misère de ceux auxquels on est quelquefois obligé de l'arracher [...]. Je serai craint, haï même, de tout ce qui sollicite des grâces : on m'imputera tous les refus. » Le roi est séduit par la rude franchise et le souci du bien public de son ministre. Mais Turgot doit se contenter de réformes financières très partielles qui ne touchent pas aux structures socio-fiscales d'où vient le mal. Elles suffisent néanmoins à lui valoir l'hostilité déclarée des privilégiés. Donnant l'exemple des économies, il réduit son traitement, rogne sur tous les budgets, surtout sur celui de la Maison du roi, peut ainsi rembourser 20 millions de dettes ; mais il ne peut abolir toutes les croupes, parts du produit de la Ferme générale que reçoivent certains privilégiés, même de sang royal. Turgot supprime les contraintes solidaires de la paroisse pour la taille, cherche à généraliser la taille tarifée réalisée dans la généralité de Paris par l'intendant Bertier de Sauvigny, rêve d'une régie d'État directe de tous les impôts. L'actif de son bilan se solde par un excédent de cinq millions.

Conseillé par son premier commis, le physiocrate Du Pont de Nemours, il revient en matière économique au plan de Bertin et rétablit, dès le 13 septembre 1774, la liberté du commerce des grains à l'intérieur du royaume. Mais, la récolte de l'année ayant été mauvaise et le prix du pain ayant en conséquence fortement augmenté, des troubles se produisent. Ils sont encouragés par les spéculateurs intéressés au stockage des blés et lésés par la mesure libérale. C'est la guerre des Farines qui se déclenche en avril-mai 1775. Turgot tient tête, abolit les taxations locales, maintient la libre circulation, rassemble autour de

Paris l'armée du maréchal de Biron. Les philosophes (Voltaire, Miromesnil, Hardy), surpris d'un soulèvement contre un ministre philanthrope, y voient un complot vengeur des Jésuites, tandis que la bourgeoisie éclairée, qui le soutient, dénonce dans les émeutiers des « bandits et brigands ». Mais les milieux hostiles de la Cour et de la finance en profitent pour souligner devant le roi le danger des idées libérales de son ministre. Turgot n'en présente pas moins au Conseil, en janvier 1776, un projet de six édits qui jettent les bases de réformes importantes. La corvée royale (corvée des routes), qui pesait sur les seuls paysans, est abolie et remplacée par un travail de voirie payé par un impôt sur tous les propriétaires fonciers et versé au budget des Ponts et Chaussées. La liberté du travail est proclamée, et les vieux cadres des métiers, les maîtrises et les jurandes sont abolis sauf pour les métiers « de danger » sous contrôle policier : barbiers-chirurgiens, perruquiers, serruriers, apothicaires, imprimeurs et libraires. Ces mesures provoquent une vive indignation chez les privilégiés de l'économie rurale et urbaine. La noblesse s'indigne d'être taxée pour la corvée ; les maîtres et jurés des métiers, lésés dans leurs droits traditionnels, protestent violemment. Le roi doit tenir un lit de justice à Versailles le 12 mars 1776 pour imposer l'enregistrement des édits.

Turgot rêvait d'aller beaucoup plus loin. Dans un mémoire au roi, *Sur la tolérance* (1775), il projetait l'abrogation des lois contre les dissidents religieux, la création d'un mariage civil des protestants, la laïcisation de l'enseignement et de l'assistance publique, la soumission du clergé à l'impôt. Il aurait également voulu permettre le rachat des droits seigneuriaux par les paysans, au moins dans le domaine royal. Dans l'esprit physiocrate, il voulait, pour créer un impôt foncier équitable, dresser un cadastre général, comme il avait fait en Limousin, et faire assister les intendants par une hiérarchie d'assemblées élues par les propriétaires. D'où le *Mémoire sur les municipalités*, rédigé par Du Pont de Nemours, qui prévoyait une municipalité nationale remplaçant les états généraux, des municipalités de provinces d'élections et de paroisses à pouvoir consultatif, mais qui connaîtraient de la répartition des impôts, des travaux publics, des œuvres d'enseignement et d'assistance. Loin de pouvoir réaliser ses projets, Turgot n'a même pas le temps d'appliquer ses six édits. Il crée encore (24 mars 1776) la Caisse d'escompte, première banque semi-officielle depuis l'échec de Law, et décrète (6 avril) la liberté du commerce des vins. Mais la coalition de tous les profiteurs qu'il menaçait a raison de lui. La plume de Voltaire, celle de Condorcet, sont impuissantes contre la reine et la Cour irritées des économies, contre les fermiers généraux, contre la plume étincelante et acérée de l'avocat-journaliste Linguet ou celle du banquier Necker qui prédit la misère comme conséquence de la libre concurrence. Le roi, qui l'avait d'abord soutenu, finit par l'abandonner et le renvoie le 12 mai 1776. Non sans que Turgot lui ait lancé, dans une des quatre lettres qu'il lui adresse, une mise en garde prophétique : « N'oubliez jamais, Sire, que c'est la faiblesse qui a mis la tête de Charles Ier sur le billot [...]. Tout mon désir est que vous puissiez croire que j'avais mal vu et que les dangers que je vous montrais étaient chimériques. Je souhaite que le temps ne me justifie pas... »

Il se remet à ses études littéraires et philosophiques tandis que ses édits, qu'il avait eu tant de peine à faire accepter, sont presque complètement annulés en cinq mois (mai-octobre 1776) par son successeur Clugny. Ami des physiocrates, dont il partageait nombre d'idées, Turgot ne peut cependant être rangé parmi les membres de cette école. Auteur de l'article « Foires et Marchés » de l'*Encyclopédie*, il revendique la liberté entière du commerce tant intérieur qu'international, comme il la demande pour le producteur. Plus importantes sont ses *Réflexions sur la formation et la distribution des richesses*. Pour lui, la propriété est un fait conforme à l'ordre naturel, qui ne peut naître que de la liberté absolue. Sans doute admet-il la théorie du produit net des physiocrates, mais il accorde une utilité sociale certaine à l'industrie et au commerce, sans aller jusqu'à reconnaître qu'ils sont créateurs de richesses. Percevant néanmoins le fondement psychologique de la valeur, il distingue entre le prix fondamental (coût de la production) et le prix courant (prix du marché). Il se distingue également des physiocrates en énonçant le principe des rendements décroissants en agriculture, alors que ceux-ci en sont restés au rendement proportionnel. Enfin la société est divisée selon lui en trois classes : la classe productrice, la classe stipendiée (les salariés), la classe stérile (les propriétaires non exploitants). En ce qui concerne la classe stipendiée, il donne une première formulation de la loi d'airain des salaires : « Le simple ouvrier, qui n'a que ses bras et son industrie, n'a rien qu'autant qu'il parvient à vendre à d'autres sa peine. Il la vend plus ou moins cher ; mais ce prix, plus ou moins haut, ne dépend pas de lui seul ; il résulte de l'accord qu'il fait avec celui qui paye son travail. Celui-ci le paye le moins cher qu'il peut ; comme il a le choix entre un grand nombre d'ouvriers, il préfère celui qui travaille au meilleur marché. Les ouvriers sont donc obligés de baisser leur prix à l'envi. En tout genre de travail, il doit arriver et il arrive que le salaire de l'ouvrier se borne à ce qui est nécessaire pour lui procurer sa subsistance. » Il pressent également la théorie de l'équilibre économique. Par bien des points, il se montre donc très en avance sur son temps.

TURIN

Ville d'Italie, capitale historique du Piémont.

Capitale des ducs de Savoie, plus tard rois de Sardaigne, Turin est occupée et fortifiée par les Français à partir de 1536, puis restituée au duc Emmanuel Philibert par le traité de Blois, en 1562. Prise par Turenne en 1640, la ville est de nouveau assiégée par les Français, que dirige La Feuillade, au cours de la guerre de Succession d'Espagne, du 13 mai au 8 septembre 1706. Le prince Eugène la dégage alors, contraignant les armées royales à lever le siège. Refuge d'émigrés français pendant la Révolution, centre contre-révolutionnaire, Turin est occupée par les Français en 1798 puis, après une courte occupation autrichienne de mai 1799 à juin 1800, reprise par Bonaparte qui l'annexe à la France en 1801 et en fait l'année suivante le chef-lieu du département du Pô.

TURIN (traités de)

Trois traités ont été conclus à Turin par la France.

Le premier traité de Turin, en 1696, est signé par Louis XIV et le duc de Savoie Victor Amédée. Ce dernier, se retirant de la ligue d'Augsbourg, signe avec la France un traité séparé par lequel il s'engage à obtenir des alliés la neutralité de l'Italie. S'il échoue, il aidera Louis XIV à conquérir le Milanais, qu'il conservera, donnant alors la Savoie à la France. Louis XIV s'engage, lorsque les alliés auront évacué l'Italie, à restituer au duc Pignerol Montmélian, Nice, Villefranche et Suse. Le traité de Turin prévoit encore le mariage du duc de Bourgogne, petit-fils de Louis XIV, avec Marie-Adélaïde de Savoie, alors âgée de 11 ans.

Le deuxième traité de Turin, antidaté de décembre 1858, est signé les 26 et 28 janvier 1859 par le prince Napoléon Jérôme, représentant Napoléon III, et Victor Emmanuel II. Traité d'alliance, il fait suite à l'entrevue de Plombières. L'empereur promet au Piémont son aide contre l'Autriche, en échange de la cession de Nice et de la Savoie. L'accord prévoit aussi, dans des termes assez vagues, la constitution d'un royaume de Haute-Italie et le mariage du prince Napoléon avec la princesse Clotilde de Savoie. Napoléon III ne tiendra qu'en partie ses promesses et, après la bataille de Solferino, signera avec l'Autriche l'armistice de Villafranca.

Enfin, le traité franco-italien de Turin, négocié par Thouvenel, et signé le 24 mars 1860, confirme un texte secret établi le 12 mars entre Victor Emmanuel II et l'empereur. Le premier consent à la réunion de Nice et de la Savoie à la France, sous réserve de l'acceptation des populations, consultées par plébiscite. Après le succès de ce dernier, Nice et la Savoie seront définitivement rattachées à la France, malgré l'opposition de Garibaldi.

TURREAU de LIGNIÈRES Louis Marie, baron de Garambouville (Évreux, 1756 – Conches, 1816)

Général.

Il combat en Amérique aux côtés des *Insurgents* puis, au début de la Révolution, dans les armées de la Moselle, de Vendée, puis des Pyrénées-Orientales. Général en chef de l'armée de l'Ouest, il organise au début de 1794 les douze colonnes infernales chargées d'écraser définitivement les Vendéens. Suspendu de ses fonctions au mois d'avril 1794, emprisonné, il refuse le bénéfice de l'amnistie et compose pour se justifier des *Mémoires pour servir à l'histoire de la Vendée*. Finalement acquitté, Turreau prend part à la seconde campagne d'Italie, puis est nommé gouverneur militaire du Piémont. Ministre plénipotentiaire aux États-Unis de 1804 à 1811, il reprend du service actif et résiste victorieusement aux Austro-Russes à Wurtzbourg. Il rejoint Napoléon lors des Cent-Jours.

Louis Marie Turreau de Lignières
Tableau anonyme du XIXe siècle. Musée d'histoire et des guerres de Vendée. © *Giraudon*

TURREAU de LIGNIÈRES Louis (Évreux, 1761 – Coni, Italie, 1797)

Homme politique.

Cousin du précédent. Avocat au parlement de Bourgogne, nommé en 1790 administrateur du département de l'Yonne, il est élu député à la Convention, où il siège parmi les Montagnards les plus extrémistes. Après avoir fait exécuter les royalistes capturés à Noirmoutier par son cousin, Turreau regagne Paris et contribue à la chute de Robespierre. Nommé en 1796 inspecteur général de l'armée d'Italie, il y trouve la mort dans des circonstances mal définies auxquelles la frivolité de sa femme, qui aurait déjà, en 1794, accordé ses faveurs à Bonaparte, n'est pas étrangère.

U

UDF : voir Union pour la démocratie française

UDR : voir Union pour la défense de la République

UDSR : voir Union démocratique et socialiste de la Résistance

Ulm (capitulation d')

Victoire française obtenue par la reddition des troupes autrichiennes du général Mack, le 20 octobre 1805.

Face à l'ampleur prise par la troisième coalition, et après avoir renoncé à un débarquement en Angleterre, Napoléon décide de se porter sur l'Europe centrale afin de pallier les dangers d'un regroupement trop important des troupes austro-russes se dirigeant vers les frontières françaises de l'est. Faisant exécuter à son armée une rapide volte-face, il évacue Boulogne dès la fin du mois d'août et prédit : « Avant le 12 octobre, l'Autriche sera déchirée. » Pour l'heure, en ce début d'octobre, Mack, à la tête de 80 000 Autrichiens, s'est avancé en Bavière, sur le Danube, et occupe Ulm. Le plan français consiste à franchir le Rhin et à opérer un vaste mouvement en éventail vers le sud afin de tourner l'ennemi en lui coupant toute possibilité de retraite vers Vienne. Aux premiers jours d'octobre, la Grande Armée a déjà traversé le Rhin. Mack, abasourdi par la rapidité de la manœuvre française, commence à percevoir la gravité de la situation. Le 14 octobre, Napoléon ordonne à Ney de s'emparer du pont et des hauteurs d'Elchingen, situés à 7 km d'Ulm. Sous la mitraille, le génie français réussit à rétablir les travées du pont. L'archiduc Ferdinand, devant la proximité de l'ennemi, décide de quitter Ulm à la tête d'une armée de 20 000 hommes : il ne tarde pas à être rattrapé par Murat qui fait 12 000 prisonniers – dont 7 généraux – et s'empare du trésor de l'armée.

Pendant ce temps, Mack, demeuré dans la ville avec le reste de la garnison, s'apprête au combat. En fait, l'endroit est mal défendu. Après une vaine tentative de sortie, les Autrichiens doivent se replier, au terme d'un combat particulièrement acharné. Le 16 octobre, Napoléon ordonne le bombardement de la ville. Après un pilonnage intensif, Ségur est envoyé auprès de Mack à qui il réclame la reddition de la place. Ce dernier, persuadé que des renforts ne vont pas tarder à lui parvenir, refuse, réclamant un délai de réflexion. Peu de temps après, le prince de Liechtenstein se rend auprès de Napoléon pour lui demander si l'armée autrichienne pourrait retourner dans son pays, dans l'hypothèse où Ulm viendrait à se rendre : « Si je vous laisse sortir, rétorque l'Empereur, quelle garantie ai-je qu'on ne fera pas servir vos troupes, une fois qu'elles seront réunies aux Russes ?… » Le 20 octobre, Mack est contraint de capituler sans condition, les renforts espérés n'ayant pu être acheminés. 27 000 hommes, 18 généraux, 40 drapeaux et 60 canons sont mis à la disposition de Napoléon et défilent devant lui.

Ultramontanisme

Courant de pensée religieuse donnant la prééminence au pape sur le concile et les évêques.

Les ultramontains (Rome, pour la France, est « au-delà » des Alpes) considèrent le pape comme le chef incontesté de l'Église pour la doctrine comme pour l'administration. En cas de conflit, il l'emporte sur le concile. Au XIXe siècle, diverses circonstances confortent leurs positions. La Constitution civile du clergé de 1790 se révèle un échec, tandis que Bonaparte renforce le pouvoir du pape avec le concordat de 1801, qui permet à Pie VII de déposer tous les évêques gallicans et de créer une assemblée épiscopale à sa dévotion. Lamennais, Joseph de Maistre défendent l'ultramontanisme. Le 8 décembre 1854, Pie IX proclame le dogme de l'Immaculée Conception en se contentant de consulter 600 évêques et d'invoquer les visions de Catherine Labouré (1830) et de deux pâtres savoyards (1846). Bernadette Soubirous (1858) et le succès immédiat du pèlerinage de Lourdes (facilité par le chemin de fer) sont censés confirmer la « lumineuse évidence » papale. En 1864, l'encyclique *Quanta Cura* met fin aux compromissions avec le naturalisme, la liberté de conscience et des cultes, la démocratie et autres « erreurs de notre temps ». Le courant gallican, conduit notamment par Mgr Sibour, archevêque de Paris, et Mgr Dupanloup, évêque d'Orléans, peine à résister à l'offensive. En 1870, le concile Vatican I concrétise la suprématie de l'ultramontanisme avec l'adoption du dogme de l'infaillibilité pontificale. S'ouvre une période de quatre-vingts ans où l'ultramontanisme s'affirme d'autant plus que les papes, privés de leur puissance temporelle, utilisent leur magistère spirituel. C'est après-guerre, notamment lors des réactions suscitées par la condamnation de l'expérience des prêtres-ouvriers, que le gallicanisme réapparaît. Mais il faut attendre le concile Vatican II pour que soit reconnue l'autonomie des évêques dans leur diocèse et que la querelle ultramontaine soit enterrée.

Ultras

Nom donné sous la Restauration aux partisans les plus déterminés du retour à l'Ancien Régime, adversaires de la Charte. Le mot « ultra-royaliste », bientôt abrégé en « ultra », est employé, semble-t-il, à partir de l'automne 1815 par leurs adversaires libéraux.

Ces hommes, qui se proclament « plus royalistes que le roi », sont en général des adversaires de la charte accordée en 1814 par Louis XVIII et confirmée au lendemain des Cent-Jours. Disciples de Joseph de Maistre et de Bonald, ils aspirent à un retour à la monarchie absolue. Sur le plan religieux, les ultras approuvent les théories ultramontaines de Lamennais, un de leurs pamphlétaires. Certains cependant sont favorables à une monarchie représentative, ainsi le vicomte de Chateaubriand. D'autres, enfin, sont de fermes soutiens du gallicanisme. Malgré leurs divergences et leur désaccord parfois vis-à-vis de ses décisions, ils s'accordent pour soutenir le roi selon leur devise : « Vive le roi quand même. » Derrière le comte d'Artois, futur Charles X, et le duc de Berry, les figures principales des ultras sont Villèle, La Bourdonnais, Vitrolles, Castelbajac. Ils s'appuient essentiellement sur les anciens émigrés, les grands propriétaires, la noblesse, le clergé. Plusieurs journaux répandent dans le pays leurs opinions. Ainsi *La Quotidienne* de Merle, dit le Merle Blanc, *Le Conservateur*, de Chateaubriand, *Le Drapeau blanc*, de Martainville, ou *La Gazette de France*. Diverses sociétés secrètes regroupent les partisans des ultras : ainsi les Chevaliers de la foi, qui existaient déjà sous l'Empire et s'abritent derrière la Congrégation. Villèle en a fait partie en 1813. Dès le lendemain de Waterloo, les ultras ont entrepris de manifester leur haine des partisans de Napoléon et leur soulagement de voir leur ennemi défait. La Terreur blanche éclate dans le Midi, la vallée du Rhône, à Toulouse, dès le 26 juin. Au cours d'un massacre qui dure huit heures, 200 personnes trouvent la mort à Marseille. À Toulouse, les Verdets, aux couleurs du comte d'Artois, font régner une terreur sanglante. Le duc d'Angoulême et les autorités autrichiennes y mettront fin au mois de juillet.

Les ultras l'emportent aux élections des 14 et 22 août 1815 qui se déroulent dans des conditions peu sereines, parfois scandaleuses. La Chambre introuvable, ainsi la surnomme-t-on d'abord, avant de la trouver ingouvernable, ne tarde pas, lors de la session qui commence le 7 septembre, à prendre les mesures les plus radicales : légalisation de la Terreur blanche, loi de sûreté générale (29 octobre) qui permet d'emprisonner ceux qui sont accusés de complot contre la sûreté de l'État, loi punissant de déportation ou même de mort les auteurs d'écrits séditieux, etc. Le gouvernement n'accepte que la proscription de la famille impériale et l'exil pour les régicides qui ont servi Napoléon pendant les Cent-Jours. Parmi les autres mesures dues à la Chambre introuvable, les épurations massives de fonctionnaires, le rétablissement des cours prévôtales, des mesures en faveur de l'Église, la loi dite d'amnistie. Bientôt se dessine dans l'opinion un vaste mouvement d'opposition à cette Chambre. Decazes, bête noire des ultras, suggère au roi de s'en débarrasser. De nombreux souverains et diplomates européens montrent à Louis XVIII les dangers que les ultras font courir à la France. Le 5 septembre 1816, enfin, est publiée l'ordonnance de dissolution de cette Chambre ingouvernable. Le même jour paraît la brochure de Chateaubriand, *La Monarchie selon la Charte*, aussitôt saisie. Decazes entreprend la préparation des élections, cherche à écarter les ultras du scrutin. Ces derniers, autour du comte d'Artois, sont plus actifs que jamais ; ils soutiennent que le roi est prisonnier du gouvernement et de l'étranger. De nouvelles sociétés secrètes, vainement pourchassées par la police, apparaissent alors, comme la Société des Francs régénérés, la Société des bandouliers et la Société des chevaliers des tropiques. Des comités départementaux qui reçoivent leurs instructions de Paris, instructions secrètes, sont organisés.

Capitulation d'Ulm
Reddition de la ville d'Ulm, le 20 octobre 1805. Huile sur toile de Charles Thévenin, châteaux de Versailles et Trianon. © *RMN*

Les ultras, à présent minoritaires, battus en septembre 1817, apparaissent bien plus cohérents et homogènes que leurs adversaires majoritaires. Le 8 octobre 1818 paraît le premier numéro du *Conservateur*, organe ultra fondé et dirigé par Chateaubriand. À la fin du mois, cependant, les ultras sont de nouveau battus aux élections. Le 29 décembre, Decazes devient le véritable chef du gouvernement et ministre de l'Intérieur. Avec l'aide de Guizot, il poursuit de plus belle la lutte contre les ultras, dans l'administration notamment. L'assassinat du duc de Berry, dans la nuit du 13 au 14 février 1820, entraîne cependant la démission de Decazes que les ultras et la duchesse de Berry rendent responsables de la mort du duc. Après les élections de novembre 1820, au cours desquelles sont réélus 75 députés de la Chambre introuvable, deux chefs ultras, Villèle et Corbière, entrent au gouvernement, sans portefeuille. La droite gagne de nouveaux sièges aux élections d'octobre 1821. Les ultras décident alors de s'unir à l'extrême gauche pour faire tomber le ministère Richelieu : le 14 décembre, le comte d'Artois constitue le nouveau cabinet, qui restera en place jusqu'en 1828. En 1822-1823, les ultras poussent, malgré Villèle, à l'intervention en Espagne, et obtiennent satisfaction. Les élections du 25 février 1824 marquent un nouveau succès de la droite, si bien que le roi peut parler de « Chambre retrouvée ». Les élections du 17 novembre 1827, au contraire, marquent le succès de l'opposition libérale ; Villèle doit démissionner le 3 janvier suivant. Les ultras reviendront au gouvernement avec Polignac. Leur politique, qui aboutit aux ordonnances du 23 juillet, provoquera la révolution de juillet 1830 et la chute du régime.

Unigenitus (bulle)

Constitution promulguée le 8 septembre 1713 par le pape Clément XI sous le titre Unigenitus Dei Filius, *et condamnant 101 propositions extraites des* Réflexions morales sur le Nouveau Testament, *ouvrage du père Quesnel, oratorien janséniste. Les conflits religieux et politiques nés de la publication de ce texte se prolongeront pendant tout le* XVIII*e siècle.*

La bulle *Unigenitus*, en effet, rencontre aussitôt, au sein du clergé français, une vive opposition conduite par l'archevêque de Paris, le cardinal de Noailles. Dès le 5 février 1714, Noailles et ses partisans adressent au pape une lettre par laquelle ils refusent la condamnation contenue dans la bulle. Louis XIV contraignant la Grand-Chambre du Parlement à enregistrer cette dernière, un gallicanisme parlementaire se constitue alors, qui ne va pas tarder à appuyer les jansénistes contre leurs adversaires, les Jésuites. Le roi doit ensuite user de menaces pour faire accepter le texte papal par la Sorbonne, tandis qu'il exile dans son diocèse le cardinal de Noailles, lui interdisant de paraître à Versailles. En vain, les prélats continuant la lutte. Le 7 octobre 1717, ils en appellent de nouveau au pape contre le texte de 1713 et demandent la réunion d'un concile général. Le 4 août 1720, cependant, le haut clergé, réuni en assemblée, accepte de reconnaître la bulle. Le Parlement, dont l'exil ordonné par le Régent a cessé, l'enregistre le 4 décembre de la même année. Les parlements de province ne tardent pas à l'imiter. Le conflit cependant est loin d'être terminé. Noailles finit par s'incliner, mais d'autres prélats, suivis par le bas clergé, continuent de réclamer la tenue d'un concile général. Les querelles se rallument en 1727 avec la suspension de l'évêque de Senez, Mgr Soanen. De nouveau, jansénistes et gallicans, soutenus par le Parlement, s'opposent aux Jésuites et aux ultramontains. La Sorbonne entre, elle aussi, dans la querelle. Noailles meurt en 1729. Son successeur, Mgr de Vintimille, adversaire déclaré des jansénistes, publie un mandement expliquant que la bulle *Unigenitus* est conforme à la morale. Mais la plupart des curés parisiens refusent de lire ce mandement en chaire. Louis XV décide d'intervenir avec énergie : la déclaration royale du 24 mars 1730 impose la constitution comme loi du royaume. Mais le Parlement n'enregistre le texte, par la force, qu'à la suite du lit de justice du 3 avril. Les magistrats mettent de nouveau le texte pontifical en cause en 1747.

Cinq ans plus tard, le nouvel archevêque de Paris, Christophe de Beaumont, adversaire convaincu des jansénistes, ordonne aux prêtres de son diocèse de refuser les sacrements aux fidèles qui ne présenteront pas un billet de confession attestant qu'ils adhèrent à la bulle *Unigenitus*. Le Parlement, comme toujours, soutient les jansénistes et attaque le prélat. En 1755, les magistrats enjoignent aux ecclésiastiques de repousser la bulle. Le 16 octobre 1756, dans un esprit de conciliation, le pape Benoît XIV publie la bulle *Ex omnibus christiani orbis regionibus*, qui confirme la bulle *Unigenitus*, mais supprime l'obligation des billets de confession, ordonnant au clergé de ne se montrer sévère qu'envers les réfractaires. Ce texte n'obtient pas le résultat escompté par le pontife. Les querelles continuent, les parlements mèneront l'opposition jusqu'à leur exil par Maupeou, en 1771. L'opposition ne disparaîtra en fait qu'à la Révolution.

UNION (arrêt d')

Arrêt par lequel le parlement de Paris, la Cour des aides et la Chambre des comptes décident de s'unir pour réformer l'État, le 13 mai 1648.

Le motif réel de cette décision est le mécontentement créé par Mazarin qui a mis des conditions financières très dures au renouvellement de la paulette, dont il souhaite la disparition. L'assemblée des trois cours, qui se tient malgré l'interdiction royale, est le premier acte de la Fronde parlementaire.

UNION DÉMOCRATIQUE ET SOCIALISTE DE LA RÉSISTANCE (UDSR)

Parti politique de la IVe République fondé le 25 juin 1945.

Cette formation, issue de la clandestinité, a été constituée par plusieurs mouvements de la Résistance (OCM, Libération-Nord, Libérer et fédérer, quelques éléments de la France libre) qui ont refusé de fusionner avec le Front national pour éviter de passer sous contrôle communiste. Toutes les familles politiques y sont représentées. L'UDSR comptait s'imposer en formation centrale entre le Mouvement républicain populaire (MRP) et le PCF. C'était oublier que ces partis avaient de longue date songé à occuper le terrain. Aux élections du 21 octobre 1945, l'UDSR gagne 31 députés. Elle choisit alors de se transformer en parti politique. Puis, sous l'action d'éléments modérés ou centristes, l'UDSR se rapproche du parti radical, qui connaît vers 1948-1950 un renouveau. Avec les radicaux et divers petits partis de la IIIe République (telle l'Alliance démocratique), l'UDSR constitue le Rassemblement des gauches républicaines (RGR). Le premier secrétaire général de l'UDSR est Joseph Leenhardt, une des personnalités de la IVe République. À ses côtés figurent René Pleven, François Mitterrand, Eugène Claudius-Petit et Henri Ribière. Le parti accueillera également des gaullistes comme René Capitant et Jacques Soustelle. Le parti se disloque en 1958, Pleven rejoignant les gaullistes, tandis que Mitterrand engage l'UDSR dans l'opposition au général de Gaulle. L'UDSR lui offre une coquille politique qui se révèle utile pour lancer la Fédération de la gauche démocrate et socialiste (FGDS). C'est seulement en 1965, lorsqu'il se lance dans la compétition présidentielle, que François Mitterrand liquide l'UDSR, sans oublier son objectif central – rassembler toute la gauche non-communiste et la pousser au pouvoir –, ce qu'il mènera à bien en mai 1981.

UNION FRANÇAISE

Nom donné par la Constitution approuvée par le référendum du 13 octobre 1946 à l'ensemble constitué par la République française d'une part, les États associés d'autre part.

Les anciens pays d'outre-mer sont divisés en quatre catégories : les colonies les plus anciennes, Martinique, Guadeloupe, Guyane et Réunion, constituent des départements français d'outre-mer, parties intégrantes de la République française. L'Algérie forme elle aussi un ensemble de départements, mais reçoit un statut spécial, notamment un double collège électoral. Les autres colonies deviennent des territoires français d'outre-mer, eux aussi partie intégrante de la République. Leurs habitants, comme ceux des départements d'outre-mer, reçoivent tous la citoyenneté française. Ils élisent, selon diverses formules, des représentants au Sénat, à l'Assemblée nationale et à l'Assemblée de l'Union française. Les anciens pays sous mandat, comme le Togo ou le Cameroun, deviennent des territoires associés, statut que peuvent obtenir, s'ils le désirent, les anciens protectorats d'Extrême-Orient ou d'Afrique du Nord (les États associés qui ne font pas partie de la République française conservent leur nationalité et leur système politique, mais peuvent, s'ils le souhaitent, envoyer des représentants au Haut Conseil de l'Union).

Cette création de l'Union française apparaît, d'après le préambule de la Constitution, comme une formule de transition, la France affirmant sa volonté de conduire ces peuples « à la liberté de s'administrer eux-mêmes et de gérer démocratiquement leurs propres affaires ». Sur le plan politique, cependant, la Constitution prend quelques précautions en distinguant entre la citoyenneté de statut métropolitain et celle de statut local, ce qui permet de constituer dans la plupart des anciennes colonies un double collège électoral. Le président de la République française est le président de l'Union française, les deux autres organes essentiels de l'Union étant le Haut Conseil et l'Assemblée de l'Union française. Le Haut Conseil est constitué d'une délégation du gouvernement français et des représentants des États associés. L'Assemblée, consultative, comprend un nombre égal de conseillers représentant la métropole et de conseillers représentant les quatre catégories de pays d'outre-mer. À côté de son rôle consultatif, elle a l'initiative des lois. En fait, le rôle de cette assemblée sera extrêmement réduit. En 1956, la loi-cadre Defferre modifie le régime de l'Union française en autorisant les territoires de l'Afrique noire à gérer eux-mêmes leurs affaires. Deux ans plus tard, l'Union française fait place à la Communauté française.

UNION GÉNÉRALE (krach de l')

Faillite de la banque de l'Union générale en février 1882, due à une mauvaise conjoncture et aux malversations financières de son fondateur.

La société de l'Union générale, fondée en 1878 par Eugène Bontoux, est la dernière venue des grandes banques françaises, après la Société générale ou le Crédit Lyonnais. Elle entend s'investir sur les deux marchés porteurs depuis la grande croissance des années 1852-1870 : le chemin de fer et le développement de l'Europe centrale et balkanique. Or, cette arrivée s'opère en fin de cycle conjoncturel, avec des moyens limités et rencontre de multiples obstacles, tant extérieurs que nationaux. En 1878 en effet, les partis conservateurs allemands ont imposé le protectionnisme et la nationalisation des chemins de fer, entraînant une paralysie progressive de l'*hinterland* danubien. Du coup, l'agriculture – principale ressource de ces régions et moyen de financer leur équipement – est devenue une activité à spécialisation régionale, l'Est européen se cantonnant aux céréales. En France, le grand cycle équipementier ferroviaire commencé en 1850, ralenti après 1867, est relancé en 1877, par l'arrivée aux Travaux publics de Freycinet, qui annonce un plan d'équipement national. L'Union générale entend profiter de cette manne, au besoin par l'intimidation politique et la spéculation. Bontoux dénonce alors la collusion supposée entre opportunistes et banque protestante, entre les francs-maçons du gouvernement et la banque juive, moyen classique de s'attirer les soutiens et les fonds d'une partie de la droite catholique antirépublicaine et antisémite. En même temps, il organise un système d'escroquerie bien connu des boursiers : l'échelle de perroquet, où l'actionnaire fait racheter en sous-main ses titres pour pousser à la hausse du cours. En décembre 1881, Bontoux, qui n'a pas eu sa part du « gâteau Freycinet », est aux abois, ses concurrents – notamment la Générale, Rothschild et le Lyonnais – ayant mis au jour sa fragilité financière. En février 1882, l'Union Générale fait faillite, laissant sur le carreau 220 millions de francs or et 300 000 à 350 000 épargnants. Bontoux est condamné à cinq ans de prison mais réussit à faire croire, pendant son procès, qu'il a été victime d'un complot. Ce krach confirme le passage de la France à une conjoncture « baissière » et inaugure une dépression de presque quinze années.

Krach de l'Union générale
Arrestation d'Eugène Bontoux, fondateur de l'Union générale, après le krach de 1882. © *Collection Viollet*

Union pour la défense de la République (UDR)

Dénomination prise par l'Union pour la nouvelle République (UNR) pour les élections des 23 et 30 juin 1968.

L'UDR sort tout armée des événements de mai 1968, mouvement de circonstance né le 30 mai pour soutenir le général de Gaulle le long des Champs-Élysées, avec l'élite des anciens combattants du gaullisme, de Malraux à Mauriac et de Debré à Vallon. Pour son coup d'essai, les législatives de 1968, la légitimation politique est triomphale : 37,3 % des voix, 270 députés – soit la majorité absolue. Le second test, le référendum de 1969, est beaucoup moins probant. Puis l'UDR doit gérer la succession du Général et, dans ces conditions, les 58 % de Pompidou au second tour la satisfont. Pourtant, cette élection marque le début du délitement : des personnalités historiques s'en vont (Malraux, Vallon), d'autres (Joxe, Messmer) critiquent Chaban-Delmas, Premier ministre. En 1973, l'UDR ne réunit que 24 % des voix et 162 élus, devant compter sur l'appui des giscardiens et des centristes. L'année 1974 est catastrophique pour l'UDR, puisque vient de ses rangs la minorité dite des 43 qui choisit Giscard d'Estaing plutôt que Chaban-Delmas pour la présidentielle, de surcroît pour élire un centriste. Dans la foulée, les hommes du président – Poniatowski, Lecanuet et Servan-Schreiber – cherchent à casser l'UDR. Il faut le coup de main de Jacques Chirac, au comité central du 14 décembre 1974, pour que l'UDR se remette en ordre de marche, derrière le Premier ministre et contre l'avis des barons du gaullisme, avec un objectif de 150 députés aux législatives de 1978. Mais l'élan manque singulièrement de souffle et, après avoir quitté Matignon le 25 août 1976, Chirac s'attaque à la transformation en profondeur au lieu d'un ravalement. C'est chose faite avec la création du Rassemblement pour la République (RPR), le 5 décembre 1976, qui remplace l'UDR.

Union pour la démocratie française (UDF)

Mouvement politique créé en février 1978.

La création de l'UDF à la veille des législatives de mars 1978 s'inscrit dans une logique de concurrence avec le RPR, lancé quatorze mois auparavant. Puisque le Parti républicain (PR) ne parvient pas à s'imposer comme le parti du président Giscard d'Estaing, celui-ci choisit la confédération de partis. On y trouve six familles – le Parti républicain (PR), le Centre des démocrates sociaux (CDS), le Parti radical, le Parti social-démocrate, les clubs Perpectives et réalités ainsi que les adhérents directs – qui sont représentées à parité (la réforme du 13 juin 1991 modifiera ce système pour une élection partielle d'un tiers des représentants, ce qui favorise le PR et le CDS avec les deux tiers des suffrages). Le premier président de l'UDF est Jean Lecanuet (1978-1988), suivi par Valéry Giscard d'Estaing. L'unité des hommes, des idées et des votes se révèle le principal problème de l'UDF. Jusqu'à la campagne présidentielle de 1981, l'unité politique se réalise aisément derrière Giscard d'Estaing (20,8 % des voix aux législatives de 1978 ; 27,6 % aux européennes de 1979) et autour d'un corpus idéologique simple (libéralisme économique mâtiné de mesures sociales, libéralisme culturel, européisme) axé sur une logique tactique : s'installer entre le conservatisme supposé du RPR et le collectivisme dénoncé de la gauche. La défaite de 1981 entraîne une première dérive vers le libéralisme conservateur anglo-saxon, que l'expérience de 1986-1988, décevante pour l'UDF, inquiète. La campagne de Raymond Barre, investi à reculons par une partie du PR, incite le CDS à reprendre son autonomie (groupe autonome à l'Assemblée en 1988), tandis que le PR lorgne vers une alliance avec le RPR et met sous le boisseau sa foi européenne (lors du scrutin sur Maastricht, 49 % des électeurs PR votent non !).

Même si l'affrontement droite-gauche diminue la marge de manœuvre, force est de constater le déficit d'image de l'UDF, ainsi que les tentations centrifuges de ses formations durant la décennie 1990 : l'UDF recueille 25 à 32 % de sympathisants de droite, 15 à 18 % pour la qualité de l'équipe dirigeante (sondages annuels SOFRES) ; parallèlement, après l'échec et le retrait de François Léotard (1998), la rivalité Douste-Blazy/Bayrou au sein du CDS se double d'une concurrence avec Alain Madelin (PR) et Philippe de Villiers, ancien PR. L'UDF n'a pas éclaté, grâce probablement à la permanence des enjeux politiques depuis vingt ans ; elle se trouve privée de visibilité, ce qui atténue d'autant ses chances électorales, comme en témoigne le maigre score obtenu à l'élection présidentielle de 2002 par Alain Madelin (3,91 % des voix) et par François Bayrou (6,84 %).

Union pour la nouvelle République (UNR)

Parti politique créé le 1er octobre 1958 en vue de soutenir l'action du général de Gaulle, alors président du Conseil.

L'UNR naît au lendemain de la ratification de la Constitution de la Ve République. C'est une fédération de mouvements où l'on trouve des anciens du Rassemblement du peuple français (RPF), des partisans de l'Algérie française, des gaullistes sentimentaux de 1940, le tout patronné par Jacques Soustelle et contrôlé par Roger Frey. C'est un parti de cadres comptant de 22 000 à 25 000 adhérents qui revendique leur fidélité à un homme, le général de Gaulle, soucieux quant à lui de se démarquer en permanence de cette formation dans laquelle il ne voit aucun avenir politique. Les élections de novembre 1958 lui donnent 17,9 % des voix et 203 élus. Lors des premières assises de l'UNR, les 13-15 novembre 1959, la confusion règne encore : les uns prônent la francisation de l'Algérie, d'autres voudraient que le président indique les choix dans son « domaine réservé » (Algérie, CEE, Défense, Affaires étrangères), d'autres encore qu'on ne précipite rien. Il faut attendre la fin de la guerre d'Algérie (avec l'exclusion de Soustelle) et la crise de l'automne 1962 sur le mode d'élection du président pour assister à une clarification. Aux législatives de novembre 1962, après avoir fusionné avec l'UDT (Union démocratique du travail) des gaullistes de gauche, l'UNR obtient 32 % des voix – avec cette fois l'appui officiel du Général – et en garde autant, soit 31,4 % en mars 1967, avec 233 puis 180 députés. Pourtant, la courte victoire de 1967 incite l'UNR à se reposer la question de sa pérennité lors des assises des 24-26 novembre : le parti de cadres, ranimé uniquement pour les consultations, a vécu ; il s'organise désormais par circonscriptions, et les gaullistes historiques laissent la place à la nouvelle génération – Robert Poujade devient secrétaire général. Même son sigle change : l'UDVe (Union des démocrates pour la Ve République) est la première étape d'un aggiornamento précipité par les événements de mai 1968 et qui a pour objet principal la sauvegarde d'un parti gaulliste après le départ de son inspirateur.

Union sacrée

Nom donné à la politique d'union nationale à laquelle les socialistes se rallient pendant la Première Guerre mondiale et qui regroupe donc tous les partis politiques.

Après s'être longtemps consacré à la défense de la paix, Jaurès semblait avoir modifié son attitude, à mesure qu'évoluait la crise de 1911, admettant que le gouvernement français souhaitait la paix et le lavant de tout soupçon belliciste. Sa mort scelle en tout cas la réconciliation nationale. Le président du Conseil Viviani fait l'unanimité devant la Chambre, le 3 août, lorsqu'il exprime avec éloquence la volonté de la France de former « l'Union sacrée » pour défendre la « race humaine ». Le lendemain, 4 août, sur la tombe de Jaurès, Léon Jouhaux, secrétaire général de la CGT, se rallie à son tour solennellement à la politique d'union. Le même jour, le groupe socialiste de la Chambre vote à l'unanimité les crédits de guerre, tandis que l'application des lois anticongrégationistes de 1901 est suspendue et que sont levées les mesures de sécurité policière prévues contre les militants socialistes suspects de vouloir troubler la mobilisation. Enfin, quelques semaines plus tard, le 26 août, deux socialistes, Jules Guesde et Marcel Sembat, entrent dans le cabinet Viviani remanié. La même politique d'Union sacrée est adoptée en Grande-Bretagne et en Belgique, ainsi qu'en Allemagne.

Univers (L')

Quotidien catholique fondé en 1833 par l'abbé Migne. Il ne prendra de l'importance que lorsque Louis Veuillot, dix ans plus tard, en deviendra, dans les faits, le rédacteur en chef. L'Univers *est alors l'organe de l'ultramontanisme en France.*

Après l'abbé Migne, Emmanuel Bailly puis Eugène Taconet dirigent le quotidien. Montalembert s'y intéresse quelque temps, mais ne s'entend pas avec les dirigeants et renonce à sa collaboration. Le tirage de *L'Univers* est réduit (1 500 abonnés en 1840). Tout change lorsque Veuillot le prend en main et le met au service de l'ultramontanisme. Le ton de *L'Univers* devient incisif, polémique même. Dès 1846, le tirage atteint 4 000 exemplaires. En 1848, *L'Univers* se rallie au nouveau régime. Il applaudit ensuite à l'élection de Louis Napoléon, puis au coup d'État. Au début de l'Empire, le journal symbolise aux yeux de l'opinion le catholicisme dans ce qu'il a de plus excessif. Des journalistes comme Coquille ou Jules Gondon lui apportent leur collaboration, mais Veuillot en reste l'animateur. De nombreuses polémiques l'opposent au *Correspondant*, organe du catholicisme libéral. L'influence de la feuille de Veuillot sur le clergé est considérable, mais la hiérarchie reste partagée. Mgr Sibourg, archevêque de Paris, en interdit la lecture aux ecclésiastiques et aux communautés religieuses de son diocèse. Ardent défenseur du pouvoir temporel du pape, *L'Univers* s'oppose à la politique italienne de Napoléon III. Aussi, après deux avertissements en 1859, est-il supprimé le 29 janvier 1860. Les ultramontains le remplacent alors par *Le Monde*.

Sept ans plus tard, *L'Univers* est autorisé à reparaître. Les fonds ne lui manquent pas, une souscription donne 225 000 francs. Son tirage reste réduit – 4 290 exemplaires pour l'édition quotidienne en 1869, 5 770 pour l'édition semi-quotidienne. Le journal fait à present campagne pour l'infaillibilité pontificale, qu'il veut voir ériger en dogme. Cette question est une nouvelle source de polémique avec Mgr Dupanloup. En mai 1870, *L'Univers* prône l'abstention au plébiscite. Il se montre ensuite favorable à la guerre franco-prussienne, puis est supprimé par la Commune le 11 mai 1871. Au début de la IIIe République, *L'Univers* se fait l'apôtre d'une restauration monarchique au profit du comte de Chambord et s'en prend violemment à Thiers. Son tirage atteint 9 000 exemplaires en 1875, dont 90 % destinés à la province. Son influence reste considérable sur le bas clergé et les séminaristes. Il critique les républicains, les catholiques libéraux, adoptant des positions telles que le duc de Broglie le fait suspendre à deux reprises en 1874. Sa virulence fait, en effet, le jeu des républicains. Louis Veuillot, malade, transmet la direction à son frère Eugène. Les positions de *L'Univers* ne changent pas, il reste légitimiste, même après la mort du comte de Chambord. Après la disparition de Veuillot en 1883, *L'Univers* commence à décliner. En 1892, une scission s'opère. Les monarchistes de sa rédaction, avec Élise Veuillot, sœur de Louis et d'Eugène, fondent *La Vérité*. *L'Univers* adhère sans enthousiasme à la politique du ralliement prônée par Léon XIII. Les deux feuilles fusionnent en 1907, mais le déclin de *L'Univers* s'accentue. À partir de 1910, le journal suit la politique de l'Action française. Deux ans plus tard, les monarchistes placent à sa tête le chanoine Decigne. En 1914, *L'Univers* cesse définitivement de paraître.

UNIVERSITÉ

Groupe d'écoles où se dispense l'enseignement supérieur.

L'université est née au XIIe siècle de l'évolution des écoles cathédrales, du succès de certaines écoles municipales et du souvenir des écoles de droit issues de l'Antiquité. Au départ, des intellectuels parisiens se livrent à des expériences d'enseignement autonome dispensés auprès d'étudiants les ayant choisis pour maîtres et acceptant de les rétribuer. Le maître lit et commente des textes philosophiques ou théologiques, puis apparaît la discussion exigeant la participation active des étudiants. Par la suite, maîtres et étudiants se groupent peu à peu en organisations professionnelles, les *universitas*, pour organiser et structurer leurs activités. Les universités sont donc définies comme des groupements de maîtres et d'élèves qui définissent le *studium*, c'est-à-dire l'ensemble des programmes, le déroulement des cours, les procédures d'examens, la nomination des enseignants et leur rémunération, la discipline. À Paris, le gouvernement du *studium* est entre les mains des maîtres. Une charte de Philippe-Auguste (1200) et une bulle papale (1215) donnent à l'université de Paris les droits et les privilèges d'une institution ecclésiastique. À ce moment, elles sont sous la tutelle directe du pape qui les considère comme des foyers d'orthodoxie et d'apostolat. Elles intéressent également beaucoup le roi et les villes qui souhaitent en tirer profits et prestige. À l'intérieur de cette association se forment des groupements (ou facultés) correspondant aux diverses disciplines, faculté des arts libéraux, de droit canon, de médecine, de théologie. Devant l'afflux des étudiants, des collèges sont fondés pour les loger, tel celui de Robert de Sorbon (future Sorbonne) en 1253. Ce n'est que très progressivement que ces collèges vont accueillir les maîtres et devenir des établissements d'enseignement.

Aux XIVe et XVe siècles, les universités deviennent une institution importante dans la vie du royaume, car elles forment juristes, avocats, notaires ou médecins dont les connaissances permettent le cas échéant au pouvoir royal de s'affirmer. Les fondations se multiplient en province, de Toulouse en 1229 à Besançon en 1691 ou Dijon en 1722. Sous la Révolution, l'enseignement supérieur est désorganisé – les universités sont toutes supprimées en 1793 –, jusqu'à la mise en place du sénatus-consulte du 10 mai 1806 qui crée l'Université impériale englobant deux niveaux d'enseignement : secondaire et supérieur, sous l'autorité du grand maître de l'Université, Louis de Fontanes, nommé en 1808. Cette organisation subsiste jusqu'à la fin du XIXe siècle. Le concours de l'agrégation est institué en 1821. En 1875, les universités privées sont autorisées. Des facultés catholiques sont créées à Angers, Lille, Lyon, Paris et Toulouse.

Mai 1968 constitue un tournant dans l'histoire des universités : la loi d'orientation de l'enseignement supérieur fixe l'autonomie de gestion des nouvelles universités, instaure la participation de tous les acteurs (personnel administratif et enseignant, étudiants) à la vie de l'établissement et met en place la pluridisciplinarité sur chaque site. L'augmentation des effectifs liée à la démocratisation de l'accès à l'enseignement et à l'obligation scolaire jusqu'à l'âge de 16 ans donne naissance à de nouvelles filières telles que les Instituts universitaires de technologie (IUT) à partir des années 1980. Ceux-ci doivent répondre aux capacités réelles des nouveaux étudiants et être en adéquation avec les besoins des entrepreneurs afin d'éviter le chômage des jeunes actifs. Cette nécessaire adaptation est à l'origine de quelques crises, comme en 1986 où les étudiants se mobilisent contre un éventuel concours d'entrée à l'université. À partir de 1997, Claude Allègre, nouveau ministre de l'Éducation nationale, de l'Université et de la Recherche, tente de réformer le système de répartition des enseignants sur le territoire ainsi que leurs statuts afin de simplifier les procédures et de réduire les coûts, mais il se heurte aux syndicats, puissants dans cette branche, et doit démissionner en mars 2000.

UNR : voir UNION POUR LA NOUVELLE RÉPUBLIQUE

URBAIN II, Odon ou Eudes de LAGERY (Châtillon-sur-Marne, v. 1042 – Rome, 1099)

Pape.

Issu de la noblesse champenoise, il étudie aux écoles de Reims que dirige saint Bruno, futur fondateur des Chartreux. Clerc séculier, puis moine à Cluny (v. 1070) dont il devient prieur, Odon est appelé en Italie par le pape Grégoire VII qui le nomme en 1078 cardinal-évêque d'Ostie. Il prend alors une part importante à la mise en place de la réforme grégorienne. Légat en France, puis en Allemagne, où il fait condamner en 1085 l'antipape Clément III (Guibert de Ravenne) suscité par l'empereur Henri IV, il est élu pape en mars 1088, à la mort de Victor III, sous le nom d'Urbain II. Le nouveau pape entreprend de poursuivre la réforme entamée par Grégoire VII et d'accroître la puissance de la papauté. L'antipape Clément III étant installé à Rome, sous la protection du parti impérial, Urbain II ne peut y pénétrer. Cela ne l'empêche pas de faire condamner dès 1089, au concile de Melfi, la simonie, le nicolaïsme, et l'investiture laïque. En Italie, en France, en Angleterre, et même dans l'Empire, Urbain II bénéficie de puissants soutiens, qui lui permettent de poursuivre patiemment son œuvre réformatrice. Grâce à l'appui de la comtesse Mathilde de Toscane et à la trahison du fils d'Henri IV, Conrad, qu'il couronne roi d'Italie, le pontife peut entrer à Rome en 1093. Au concile de Plaisance, en 1095, il renouvelle les décrets contre la simonie et le mariage des prêtres, et condamne les ordinations effectuées par des évêques simoniaques ou schismatiques. Puis le pontife se rend en France, où doit se tenir à l'automne 1095 le concile de Clermont. Là sont publiés des canons extrêmement rigoureux sur le recrutement du clergé. Surtout, à la fin du concile, le 27 novembre, Urbain II prêche, à la foule assemblée devant lui et à la chrétienté, la croisade. Rentré en Italie, il réunit encore le concile de Bari, en 1098, et meurt quelques jours après la prise de Jérusalem par les croisés, sans avoir pu en connaître la nouvelle.

URBAIN IV, Jacques Pantaléon (Troyes, v. 1200 – Pérouse, 1264)

Pape.

Fils d'un savetier champenois, il gravit les échelons de la hiérarchie ecclésiastique grâce à ses mérites. Entré dans les ordres, il devient chanoine à Laon vers 1245, archidiacre de Liège en 1247, puis de Laon, deux ans plus tard. Évêque de Verdun en 1253, légat en Terre sainte, Pantaléon est nommé patriarche de Jérusalem en 1255. Après la mort du pape Alexandre IV, en 1261, il est appelé à lui succéder par un conclave de huit cardinaux seulement, réuni à Viterbe. Activement mêlé aux luttes politiques, le nouveau pontife prêche la croisade contre Manfred, roi de Sicile, qui l'empêche de rentrer à Rome, offre la couronne de Sicile à Saint Louis, pour un de ses fils, puis à Charles d'Anjou. Pape français, il nomme de nombreux cardinaux, choisis de préférence parmi ses compatriotes. Le 11 août 1264, quelques mois avant sa mort, Urbain IV institue la fête du Saint-Sacrement.

URBAIN V, Guillaume de Grimoard, bienheureux (Château de Grizac, Gévaudan, 1310 – Avignon, 1370)

Pape d'Avignon.

Issu d'une noble famille du diocèse de Mende, neveu de saint Elzéar de Sabran, il adhère jeune à l'ordre bénédictin, devient en 1342 docteur en droit canon et enseigne la théologie dans plusieurs universités. Sa carrière est brillante : abbé de Saint-Germain-d'Auxerre et légat à Milan en 1352, abbé de Saint-Victor-de-Marseille en 1361, légat à Naples en 1362. La même année, alors qu'il est absent d'Avignon, un conclave réuni dans cette ville après la mort d'Innocent VI l'élit pape. Alors que, depuis plus de cinquante ans, Avignon est le siège de la papauté, Urbain V songe à revenir à Rome. En effet, dès 1363, les Grandes Compagnies menacent Avignon et le Comtat. En 1365, elles campent au bord du Rhône sous l'autorité de leur chef occasionnel, Du Guesclin. La cour pontificale doit acheter, et très cher, leur départ. Urbain V décide de répondre à l'appel de sainte Brigitte et de Pierre d'Aragon. En 1367, malgré l'opposition de Charles V et des cardinaux, il s'embarque à Marseille pour Corneto et de là se rend à Rome. Après y avoir trouvé un accueil enthousiaste, il couronne l'impératrice germanique, femme de Charles IV, et reçoit une ambassade de l'empereur d'Orient Jean VI qui lui demande secours contre les Turcs. Mais l'Italie revient bientôt à ses anciens errements. Les Grandes Compagnies y sont plus actives encore qu'en France. Pérouse se soulève avec l'appui des Romains. En 1370, le pape doit se réfugier à Viterbe. Jugeant le séjour en Italie impossible, il regagne Avignon. Il ne tarde pas à y mourir. Homme de grande culture et mécène avisé, Urbain V construisit beaucoup (notamment dans sa patrie où il fit commencer la cathédrale gothique de Mende). Il fut béatifié en 1870 par Pie IX.

URBANISME CLASSIQUE

Mutation, aux XVIIe-XVIIIe siècles, de la ville qui perd ses murailles et aère son architecture à travers places et avenues royales, tendance que renforcent au XVIIIe siècle les préoccupations hygiénistes.

Au XVIe siècle, l'anarchie prévaut dans la croissance urbaine : les fortifications brident l'extension de la ville, où même les ponts sur les fleuves se couvrent de maisons. Mais la renaissance italienne promeut un nouveau canon urbanistique, orienté par des considérations militaires mais aussi artistiques et esthétiques : la poliorcétique nouvelle (art des sièges) impose une topographie radiocentrique et des fortifications à la fois plus basses et plus larges (glacis, redans…) ; le nouveau port du Havre (1517), la forteresse de Vitry-le-François (1545), la partie moderne de Nancy (1588) offrent cette physionomie géométrisée qui renoue avec le savoir-faire antique. La ville se transforme, desserrée par les nouveaux trafics, ponctuée par toute une symbolique monumentale, religieuse ou profane. La deuxième mutation, idéologique, inscrit dans l'espace urbain l'emprise de l'absolutisme. Les Valois embellissaient des palais comme Chenonceaux, les Bourbons déploient leur gloire en des villes qu'Henri IV, le premier, ponctue de places royales : des quadrilatères à l'architecture normalisée où convergent les avenues et qui servent d'écrin à la statue en majesté du souverain, selon un modèle empruntant à la Florence des Médicis ou à la Rome pontificale. Ainsi les places Dauphine (1606) et Royale (1607-1612, actuelle place des Vosges) à Paris : l'espace dégagé symbolise en creux l'autorité souveraine ; la géométrisation de la ville préfigure la révolution scientifique du XVIIe siècle.

Aux échelons inférieurs, la reine, le Principal ministre ou les Grands font aussi témoigner la pierre de leur faste : Marie de Médicis fait bâtir le palais du Luxembourg, Richelieu le futur Palais-Royal et, comme Sully à Henrichemont, une cité qui porte son nom près de Chinon ; l'aristocratie, aimantée par la Cour (au Louvre), s'installe dans les hôtels particuliers des nouveaux quartiers du faubourg Saint-Germain, de l'île Saint-Louis ou de la rue Saint-Honoré. Version récréative de la place royale, des jardins distraient les Parisiens comme le Jardin du Roi – futur Jardin des Plantes –, ouvert en 1613, ou le Cours-La-Reine, en bord de Seine. Le règne de Louis XIV intensifie ce programme édilitaire et le diffuse en province, voire dans toute l'Europe. À la place royale – places des Victoires (1685) et Vendôme (1699) – s'ajoute l'avenue triomphale, tels le cours de Vincennes ou les Champs-Élysées, construits sur l'emplacement des fortifications détruites. Des arcs de triomphe à la mode romaine – portes Saint-Denis (1672) et Saint-Martin (1674) – célèbrent les hauts faits du souverain. Désarmée, la capitale est surveillée et épurée de ses indésirables. Parallèlement, se multiplient les villes nouvelles comme Neuf-Brisach, forteresse alsacienne bâtie par Vauban, Rochefort (1666), premier arsenal d'Europe, ou, bien sûr, Versailles, nouvelle capitale administrative, chantier permanent de la monarchie qui sort de terre en 1662 et où le roi emménage vingt ans plus tard. Les architectes Le Vau et Jules Hardouin-Mansard créent un château à triple corps, sans fonction militaire, qui est une véritable ville, et une ville, véritable annexe du château qui le prolonge dans la direction de Paris où demeure l'essentiel des services administratifs. *Via* les intendants, l'urbanisme de majesté se diffuse dans les « bonnes villes » de province : Louis XIV, marqué par la Fronde, les oblige à abattre leurs murailles tandis que se greffent boulevards et places royales, comme à Lyon en 1701 avec la future place Bellecour, ornée d'une statue équestre de Louis XIV.

Le XVIIIe siècle voit un essor substantiel de l'urbanisation : Paris passe de 480 000 à 650 000 habitants ; à la propagande du pouvoir s'ajoutent désormais les exigences économiques, esthétiques et sanitaires des Lumières : des quartiers neufs, plus aérés, pourvus de grandes artères et de fontaines sont érigés à Paris – ainsi autour de la nouvelle place Louis XV (la Concorde) due à Gabriel – aussi bien qu'à Nancy (par Emmanuel Héré), Bordeaux ou Limoges où des intendants, à l'instar de Tourny ou Turgot, font œuvre d'urbanistes. On ferme les égouts à ciel ouvert, on déplace les grands cimetières, comme celui des Innocents à Paris. Le rêve du progrès s'empare de la ville avec les projets que réalise Claude Nicolas Ledoux à Arc-et-Senans (Franche-Comté) ou les esquisses de Soufflot pour Paris que met en œuvre Haussmann un siècle plus tard. Car la ville, et en premier lieu la capitale, reste marquée par le nombre des taudis, l'absence de transports collectifs et un manque d'hygiène qui persiste au XIXe siècle malgré les efforts d'Haussmann et de ses émules.

Uriage
Le château d'Uriage, siège de l'école fondée et dirigée Pierre Dunoyer de Segonzac. © *Collection Viollet*

URIAGE

École fondée sous le gouvernement de Vichy.

Créée en décembre 1940, l'école d'Uriage a pour fonction de former les futurs chefs dans le cadre de la Révolution nationale. Son directeur, le capitaine de cavalerie blindée Pierre Dunoyer de Segonzac, vient de l'Action française. D'abord installée près de Gannat, l'établissement est transféré à proximité de Grenoble, au château d'Uriage. Au programme, stages d'entraînement physique, intellectuel et moral, mais l'école organise aussi bientôt des sessions d'études et d'information pour les cadres. La vie à Uriage est rude et ponctuée de rites empruntés au scoutisme ou à l'armée. Dunoyer de Segonzac, admirateur inconditionnel de Pétain, pense participer à la Révolution nationale en contribuant à former des hommes épris de valeurs spirituelles et humanistes. Cependant, l'école change assez rapidement de vocation avec l'arrivée d'individus acquis aux idées nouvelles des années 1930. Ils s'appellent Emmanuel Mounier ou Hubert Beuve-Méry et ont des convictions fort éloignées du pétainisme. En décembre 1942, Laval fait fermer l'école, transformée en foyer d'opposition. Reconversion radicale, le château d'Uriage devient une école de cadres pour miliciens.

URSINS Marie-Anne de La TRÉMOILLE, princesse des (Paris, 1642 – Rome, 1722)

Camériste.

Mariée une première fois, en 1657, à Talleyrand, prince de Chalais, elle devient veuve et se remarie en 1675 avec Flavio degli Orsini, duc de Bracciano. En Italie, auprès de son mari, la duchesse apprend peu à peu à connaître les arcanes de la diplomatie et de l'intrigue. Veuve pour la seconde fois, elle regagne la France en 1698 et se fait alors volontiers appeler la princesse des Ursins, déformation d'Orsini. En 1701, à la suite du mariage de Philippe V, précédemment duc d'Anjou, devenu roi d'Espagne, avec Marie-Louise Gabrielle de Savoie, la princesse des Ursins, nommée *camarera mayor* de la reine, accompagne cette dernière en Espagne. Pendant plusieurs années, par l'intermédiaire de la souveraine, cette femme intrigante, cynique, ambitieuse, indépendante parfois, dirige le roi et la Cour dans le sens voulu par Louis XIV. Elle rend compte de tous les événements espagnols à Mme de Maintenon, directement, sans passer par les ambassadeurs. Mis au courant par la marquise, Louis XIV fait parvenir ses instructions en Espagne par le même chemin. L'ambition de la princesse des Ursins n'est pas mince : lors des négociations d'Utrecht en 1713, elle cherche à obtenir, pour son propre compte, une principauté aux Pays-Bas. À la mort de la reine d'Espagne en 1714, la princesse, suivant les conseils d'Alberoni, contribue au second mariage de Philippe V, avec Élisabeth Farnèse. Ses efforts ne reçoivent pas une juste récompense car, aussitôt installée, dès 1714, la nouvelle reine la renvoie. Sa présence étant peu souhaitée en France, elle se retire à Rome. Son intéressante correspondance avec Mme de Maintenon a été publiée en 1826 et des *Lettres inédites* en 1859.

URSULINES

Congrégation de religieuses enseignantes, placées sous le patronage de sainte Ursule.

Fondée en 1537 par sainte Angèle Merici, à Brescia, en Italie, la congrégation a une vocation enseignante. À l'origine, les Ursulines sont des veuves et des jeunes filles qui, sans prononcer de vœux, se dévouent à l'enseignement des jeunes filles pauvres. Paul III approuve la congrégation en 1544, sous le nom de compagnie de Sainte-Ursule. Grégoire XIII érige cette dernière en

La princesse des Ursins
Huile sur toile de Nicolas de Largillière, château de Serrant. © *G. Dagli Orti*

ordre religieux en 1572, sous la règle de saint Augustin. Les Ursulines sont alors astreintes à la vie commune et aux vœux simples. Les premières ursulines établies en France s'installent à l'Islesur-la-Sorgue, dans l'actuel département du Vaucluse, dans les dernières années du XVIe siècle. Madeleine L'Huillier, comtesse de Sainte-Beuve, fait ensuite venir des Ursulines à Paris. Leur ordre est reconnu par Paul V en 1612 ; les Ursulines sont à présent cloîtrées et prononcent des vœux solennels. L'ordre connaît un succès rapide et compte, à la veille de la Révolution, plus de 300 couvents en France, dont 14 à Paris. La maison mère est située dans la capitale, faubourg Saint-Jacques, dans des bâtiments offerts par la comtesse de Sainte-Beuve. En 1900, Léon XIII regroupe les diverses maisons d'ursulines en une Union romaine. Ces religieuses, qui sont aujourd'hui plus de 6 000, sont établies dans une trentaine de pays et comptent 26 provinces, dont 3 en France. La maison mère des Ursulines, toujours essentiellement vouées à l'enseignement, se trouve à Rome. L'ordre s'enorgueillit de plusieurs mystiques, parmi lesquelles Marie de l'Incarnation, fondatrice de la maison de Québec.

UTRECHT (traités d')

Ensemble de traités signés en 1713 au lendemain de la guerre de Succession d'Espagne, entre la France (Louis XIV) et l'Espagne (Philippe V, petit-fils de Louis XIV), d'une part, et les coalisés : Angleterre, Provinces-Unies, Brandebourg, Bavière, Savoie, d'autre part.

L'Angleterre, soucieuse de ne pas voir se prolonger une guerre ruineuse, avait entamé dès 1711 avec la France des négociations (préliminaires de Londres), puis contraint les Provinces-Unies à convoquer à Utrecht le congrès des puissances belligérantes. Celui-ci s'ouvre le 29 janvier 1712, et les tractations, dominées par Bolingbroke pour l'Angleterre et Colbert de Torcy pour la France, aboutissent à une série de traités bilatéraux signés, pour la plupart à Utrecht, par la France et l'Espagne avec leurs anciens adversaires, à l'exclusion de l'empereur Charles VI et des princes allemands qui ne traiteront qu'avec la France, à Rastatt et à Baden, en 1714. Ayant obtenu de la France la renonciation de Philippe V à la couronne de France (10 juillet 1712), les Anglais concluent avec elle un armistice séparé (17 juillet et 22 août) auquel adhèrent successivement le Portugal, la Savoie et la Prusse. Enfin, pour amener les Provinces-Unies à traiter elles aussi avec Louis XIV, ils signent avec celles-ci le deuxième traité de la Barrière (Utrecht, 30 janvier 1713), confirmé plus tard par le troisième traité de la Barrière (Anvers, 15 novembre 1715) qui autorise les Néerlandais à tenir garnison (35 000 hommes) dans sept villes des Pays-Bas, le long de la frontière française (Tournai, Ypres, Menin, Furnes, Warneton, Comines, fort de Knokke). Toutes les puissances engagées ayant ainsi successivement déposé les armes, les six premiers traités d'Utrecht peuvent être signés le 11 avril 1713.

Louis XIV accepte les conditions anglaises, cède l'Acadie et la baie d'Hudson (mal délimitées), Terre-Neuve, à condition que ses pêcheurs puissent continuer à pêcher et à faire sécher les poissons le long du *French Shore*, l'île à sucre Saint-Christophe aux Antilles, les privilèges commerciaux français de l'Empire espagnol (*asiento* des Noirs, c'est-à-dire le droit d'importer des esclaves noirs). Les deux puissances s'accordent de plus la clause de la nation la plus favorisée, conformément aux tarifs douaniers de 1664. Louis XIV retire enfin son soutien au prétendant Stuart qu'il a d'ailleurs déjà exilé ; il reconnaît donc la succession hanovrienne protestante et s'engage à démolir les fortifications de Dunkerque. Les Provinces-Unies, protégées des incursions autrichiennes par une barrière de places fortes, gagnent Tournai, Ypres, Furnes et Menin, contre restitution à Louis XIV de Lille, Aire, Béthune et Saint-Venant. De plus, là encore, les deux puissances s'accordent mutuellement le traitement de la nation la plus favorisée. L'Électeur de Bavière recouvre ses États et recevra le royaume de Sardaigne lorsque la paix aura été signée avec l'Empereur. Au duc de Savoie, Victor-Amédée II, la France restitue Nice et la Savoie, cède la partie du Dauphiné située à l'est des Alpes en échange de la vallée de Barcelonnette, et promet, au nom de Philippe V d'Espagne, l'île de Sicile et la couronne royale. L'Électeur de Brandebourg, Frédéric-Guillaume Ier, est reconnu « roi de Prusse ». La France lui cède, au nom de Philippe V, la Gueldre espagnole, et, en son propre nom, la principauté de Neuchâtel et Valengrin, en échange de celle d'Orange. Enfin, le roi de Portugal obtient une rectification de frontière, tout à son avantage, entre le Brésil et la Guyane française.

Bien que personnellement hostile aux concessions faites en son nom par Louis XIV, Philippe V, enfin reconnu roi d'Espagne par les coalisés, doit accepter de négocier à son tour avec eux à Utrecht. Dès mars 1713, il avait reconnu à l'Angleterre le double privilège du vaisseau de permission et de l'*asiento* (pour trente ans) dans les colonies espagnoles d'Amérique et, par le traité du 13 juillet 1713, il lui cède Gibraltar et Minorque. Le même jour, il abandonne la Sicile et la Savoie. Enfin, il fait la paix avec les Provinces-Unies le 26 juin 1714 et, le 6 février 1715, se réconcilie avec le Portugal. Aux termes de ces traités, la France perd peu sur le continent, mais elle abandonne à l'Angleterre, qui saura la conserver pendant deux siècles, la suprématie sur mer et au-delà des mers. En contrepartie, Philippe V d'Espagne réussit à conserver l'essentiel de l'héritage de Charles II : l'Espagne et l'Empire espagnol d'Amérique.

Traité d'Utrecht

Almanach royal de 1714 représentant les signataires du traité. Versailles, musée national. © *G. Dagli Orti*

UXELLODUNUM

En celtique « citadelle élevée ». Ancienne ville dont la prise par César fut le dernier événement marquant de la guerre des Gaules (51 av. J.-C.).

L'emplacement d'Uxellodunum n'a jamais pu être déterminé avec certitude. Les candidatures sont nombreuses : le Puy-d'Issolud près de Saint-Denis-lez-Martel, Capdenac aux confins du Rouergue, Luzech, Murcens et diverses autres localités du flanc occidental du Massif central. Actuellement, la controverse semble se limiter entre le Puy-d'Issolud, très satisfaisant phonétiquement, Capdenac et Luzech. C'est à Uxellodunum que le Sénon Drappès et le Cadurque Lucterios se réfugient lorsque leur projet de soulever la province romaine est prévenu par le légat Caninius Rebilus. La place « jadis comprise dans la clientèle » de Lucterios, donc apparemment sise dans le territoire des Cadurques, occupe une position forte, protégée par des rochers abrupts partiellement entourés par un cours d'eau. Caninius ne vient pas à bout de la résistance obstinée des assiégés, mais les chefs gaulois, en tentant d'établir des communications avec l'extérieur, se font éliminer : Drappès, attaqué, est capturé, cependant que Lucterios s'échappe sans pouvoir regagner la forteresse.

Irrité de la résistance de l'*oppidum*, qui risque de faire rebondir les rébellions des Gaules, César accourt et prend en main les opérations de siège. Cernés, coupés de leur source que le proconsul a fait détourner par une captation souterraine, les Gaulois se rendent. Malgré la bonté de son cœur que vante hypocritement Hirtius, auteur du Livre VIII de la *Guerre des Gaules*, César fait couper les mains des malheureux, ce qui doit servir d'exemple. Décision que Napoléon, dans son *Précis des guerres de César*, qualifie d'atroce. Drappès se laissera mourir de faim. Lucterios, après avoir longtemps erré, sera livré aux Romains par le traître arverne Epasnactos.

UZÈS

Ville du Languedoc, au nord de Nîmes, située dans l'actuel département du Gard.

Pourvue d'un évêché dès le Ve siècle, elle est le chef-lieu d'une importante seigneurie qualifiée successivement de vicomté et de duché. Louis IX la réunit à la couronne en 1229. La maison d'Uzès se fond en 1486, par mariage, dans celle de Crussol. En 1565, Charles IX donne à Jacques de Crussol le titre de duc d'Uzès. Les habitants s'étant en grande partie convertis au protestantisme avec leur évêque Jean de Saint-Gelais, la ville souffre cruellement des guerres de Religion. L'ancienne cathédrale romane est alors démolie ; il n'en reste que la tour Fénestrelle. L'édit de Nantes ayant incité les Uzétiens à mépriser l'autorité royale, Louis XIII fait raser les remparts en 1629. Uzès subit de nouvelles épreuves lors du soulèvement des camisards. À la veille de la Révolution, l'évêque est resté coseigneur de la ville avec le roi. L'évêché d'Uzès sera supprimé en 1790.

UZÈS Marie Clémentine de ROCHECHOUART-MORTEMART, duchesse de (Paris, 1847 – Château de Dampierre, 1933)

Femme de lettres.

Mariée en 1867 à Emmanuel de Crussol, duc d'Uzès, elle est l'une des figures les plus originales de son temps. Veuve en 1878, elle subventionne activement le boulangisme, espérant ainsi favoriser le rétablissement de la monarchie. Femme d'action, elle milite pour la reconnaissance des droits sociaux et politiques de ses concitoyennes ; elle est une des premières femmes à conduire une automobile, et, passionnée de chasse à courre, la première femme maître d'équipage et lieutenant de louveterie. Son équipage, le Rallye Bonnelles, demeure le premier de France. Elle se voue à des actions aussi diverses que généreuses, tel le financement, durant la Première Guerre mondiale, d'un hôpital destiné à recevoir les soldats blessés. Sculpteur, sous le pseudonyme de Manuela, auteur dramatique, femme de lettres, la duchesse d'Uzès a laissé des *Souvenirs* publiés en 1939.

V

Vaast, Vast ou Waast, saint (?, v. 450 – Cambrai, 540 ou 541)

Évêque.

En latin *Vedastus*. Premier évêque d'Arras, il ne nous est connu que par le récit hagiographique que lui a consacré, près d'un siècle après sa mort, Jonas de Bobbio. Probablement originaire du centre de la France, d'abord prêtre du diocèse de Toul, il fait partie dans les dernières années du Vᵉ siècle de la mission épiscopale envoyée par saint Remi pour restaurer les églises du nord de la France, anéanties à la suite des invasions barbares. Sacré par saint Remi évêque d'Arras, dont la population est retombée dans le paganisme (v. 500), il se consacre pendant une quarantaine d'années à l'apostolat de son diocèse. Les innombrables sanctuaires qui portent son nom dans cette région, mais aussi beaucoup plus loin, dans les diocèses d'Amiens, de Lille, de Cambrai (dont il est également sacré évêque vers 510), de Tournai et même plus au nord encore, témoignent de l'ampleur de son œuvre. D'abord inhumés dans l'ancienne cathédrale d'Arras, ses restes sont transférés, dans la seconde moitié du VIIᵉ siècle, dans une chapelle sur laquelle Thierry III fait élever la célèbre abbaye de Saint-Vaast.

Vadier Marc Guillaume (Pamiers, 1736 – Bruxelles, 1828)

Homme politique.

Fils d'un receveur des décimes du clergé. Engagé volontaire en 1753, il quitte l'armée cinq ans plus tard pour se consacrer à l'exploitation d'un domaine. En 1770, il achète une charge de conseiller du roi au présidial de Pamiers. Là, le nouveau magistrat doit subir le mépris des nobles et des bourgeois qui le traitent de parvenu, et il en conçoit une haine profonde. Député du tiers de Foix aux États généraux, il se manifeste assez peu à l'Assemblée, où il se montre toutefois hostile à la République et favorable à la monarchie constitutionnelle. Président du tribunal de Mirepoix lorsque la Législative remplace la Constituante, Vadier siège ensuite à la Convention, parmi les Montagnards, vote la mort du roi sans appel au peuple ni sursis, s'oppose à la mise en accusation de Marat et prend parti contre les Girondins.

Entré au Comité de sûreté générale le 14 septembre 1793, il en devient rapidement le meneur et donne libre cours à sa haine contre ses ennemis, et aussi contre ses anciens amis. Plusieurs sont arrêtés et guillotinés, dans des circonstances et pour des motifs plus que douteux. Certains même, qui réussissent à échapper au sort que leur réservait Vadier, sont arrêtés de nouveau et exécutés. Brouillé avec Danton, le conventionnel le traite de « turbot farci », puis concourt à sa perte, lors du procès des Indulgents, en répandant le faux bruit d'une conspiration des prisons. Contre Robespierre, qu'il déteste également, et qu'il craint, le chef du Comité de sûreté générale monte ensuite l'affaire Catherine Théot. Ses menées échouent, Robespierre le ridiculise, sa haine augmente encore, il entre dans les tractations et les conciliabules qui préparent la chute de l'« Incorruptible ». Après l'exécution de son ennemi, lorsque les anciens membres des comités sont mis en accusation, Vadier paraît à la tribune un pistolet à la main, promettant de se brûler la cervelle si l'Assemblée ne rend pas justice à ses « soixante ans de vertu ». Le geste ne va pas plus loin. Poursuivi néanmoins comme terroriste, il finit par prendre la fuite, étant condamné par contumace à la déportation, le 12 germinal an III.

Sorti de sa cachette après l'amnistie votée par la Convention lors de sa dernière séance, impliqué dans la conspiration de Babeuf, en 1796, Vadier est présenté devant la Haute Cour de Vendôme. Acquitté, il reste cependant en prison en raison de sa précédente condamnation à la déportation. Après un séjour au fort de l'île Pelée près de Cherbourg, l'ancien conventionnel peut se retirer à Chartres, sous surveillance, vit ensuite à Paris, jusqu'en 1807, puis à Toulouse. Les consuls l'ont amnistié en nivôse an VIII. Député de l'Ariège aux Cent-Jours, il signe l'Acte additionnel. Atteint en 1816 par la loi dite d'amnistie, il doit, malgré son âge, s'exiler à Bruxelles. « Un odieux mélange d'orgueil, de barbarie et de lâcheté caractérisait Vadier », écrira plus tard Louis Blanc.

Vaillant Édouard (Vierzon, 1840 – Paris, 1915)

Médecin et homme politique.

Étudiant en médecine à Heidelberg, il se convertit au marxisme et adhère à l'Internationale. Membre de la Commune de Paris en 1871, délégué à l'enseignement, il se réfugie en Angleterre à la chute de la Commune et y poursuit des études médicales. De retour en France en 1880, à la faveur de l'amnistie, il devient quatre ans plus tard conseiller municipal du quartier du Père-Lachaise, à Paris. Disciple enthousiaste de Blanqui, il est alors, et le restera jusqu'en 1914, le plus populaire des socialistes parisiens. Il garde du blanquisme une hostilité marquée contre les mœurs parlementaires mais, au sein du Comité central révolutionnaire (CCR), qu'il fonde et dont il devient le chef incontesté après l'épuration en 1889 de l'aile boulangiste, il abandonne progressivement l'idée d'une action strictement clandestine et se fait élire en 1893 député du XXe arrondissement de Paris, qu'il représentera jusqu'à sa mort. En 1914, il se rallie à l'Union sacrée.

Édouard Vaillant
Vaillant photographié par Nadar. © *Harlingue-Viollet*

VAILLANT Jean-Baptiste Philibert (Dijon, 1790 – Paris, 1872)

Maréchal de France.

Élève de l'École polytechnique, puis de l'école du génie de Metz, dont il sort en 1809, il fait ses premières armes à Dantzig, en 1811. Aide de camp du général Haxo, dont il épousera plus tard la veuve, Vaillant le suit avec la Grande Armée. Le 30 août 1813, il est fait prisonnier à Kulm (aujourd'hui Chelmno, en Pologne) avec Haxo et Vandamme. Libéré à la paix, il rejoint Napoléon pendant les Cent-Jours, combat à Ligny, puis à Waterloo, avant de participer à la défense de Paris, au cours de laquelle il est blessé. Chef de bataillon en 1826, il prend part en 1830 à l'expédition d'Alger, qui lui vaut une nouvelle blessure. Après la campagne de Belgique, qu'il suit avec le grade de lieutenant-colonel, il est chargé de la direction des fortifications à Alger (1837). Maréchal de camp en 1838, il est nommé deux ans plus tard à la direction des fortifications de Paris et accomplit un travail considérable. Lieutenant-général en 1845, puis inspecteur général jusqu'en 1848, le général Vaillant reçoit au mois de mai 1849, lors de l'expédition de Rome, le commandement des troupes du génie. L'habileté avec laquelle il dirige le siège de la ville lui vaut le bâton de maréchal (1851). Sénateur en 1853, grand maréchal du palais, Vaillant est nommé l'année suivante ministre de la Guerre. Pendant cinq ans, jusqu'à son remplacement, il travaille à la réorganisation de l'armée et des écoles militaires. Membre du Conseil privé, major général de l'armée d'Italie en 1859, il signe le 8 juillet la suspension d'armes qui précède l'armistice de Villafranca. En 1860 enfin, le maréchal Vaillant est nommé ministre de la Maison de l'empereur, charge qu'il occupe jusqu'à la chute de l'Empire. Réfugié en Espagne après Sedan, il regagne la France en 1871, peu avant sa mort. Titulaire de la grand-croix de la Légion d'honneur depuis 1849, il était membre de l'Académie des sciences depuis 1853.

VAILLANT-COUTURIER Paul (Paris, 1892 – Paris, 1937)

Journaliste et homme politique.

Député communiste de la Seine de 1919 à 1928, puis à partir de 1936, il entre en 1921 au comité directeur du parti communiste. Collaborateur du *Journal du Peuple* depuis la Première Guerre mondiale, il devient en 1928 rédacteur en chef de *L'Humanité*, poste qui renforce sa position au sein du parti communiste. Auteur de plusieurs ouvrages littéraires, comme *Lettres à mes amis* (1920) et *Le Bal des aveugles* (1927), Paul Vaillant-Couturier entre en 1933 au comité de *Commune*, revue des écrivains révolutionnaires. Ses obsèques sont suivies par une foule considérable.

VAIR Guillaume du (Paris, 1556 – Tonneins, 1621)

Magistrat et évêque.

Fils d'un magistrat, il suit d'abord une carrière juridique. Conseiller au parlement de Paris en 1584, au moment où les guerres de Religion continuent de déchirer la France, il se range parmi le parti des Politiques qui, après avoir soutenu la Ligue, condamne ses excès et son alliance avec l'Espagne, et apporte son soutien à Henri IV. Député aux états généraux réunis à Paris par le duc de Mayenne au début de 1593, il contribue, par son discours *Suasion de l'arrest pour la manutention de la loi salique,* à écarter du trône de France toute candidature étrangère, assurant ainsi la position d'Henri IV. Reconnaissant, le roi le nomme président de la cour de justice de Marseille en 1596, puis, deux ans plus tard, premier président du parlement de Provence, à Aix. D'une grande équité dans l'exercice de ces charges, du Vair acquiert une popularité si éclatante que, lorsqu'il est nommé à l'évêché de Marseille en 1603, il doit renoncer au siège épiscopal à la demande des Provençaux. En 1616, la régente Marie de Médicis lui offre les Sceaux. Peu fait pour la vie de cour et ses intrigues, du Vair est rapidement disgracié et se retire quelque temps aux Bernardins. Rappelé après la mort de Concini, avec les autres « barbons », il recouvre les Sceaux à la fin du mois d'avril 1617. Fait comte, puis évêque de Lisieux, en 1620, Guillaume du Vair ne profite pas longtemps de ces honneurs : accompagnant Louis XIII au siège de Nérac, il meurt en chemin.

VAISON-LA-ROMAINE

Ville située sur l'Ouvèze dans l'actuel Vaucluse. De fondation ligure, Vasio *est la capitale du peuple des Voconces.*

Patrie de Trogue Pompée et peut-être de Burrhus, elle a joui d'une grande prospérité à l'époque gallo-romaine. Le dégagement de plusieurs zones à l'intérieur de la ville a permis de reconstituer une partie de la ville gallo-romaine telle qu'elle se présentait au Ier siècle. Dans le quartier Puymin, dominé par le théâtre antique aménagé sur le flanc d'une colline, se trouvent les demeures aristocratiques des notables de *Vasio*. La villa du Paon possède une très belle mosaïque composée d'hexagones encadrant des oiseaux, et la maison des Messii a conservé de nombreux pavements de marbres colorés. Dans cet ensemble de riches demeures, le portique de Pompée est une promenade ombragée par des galeries à colonnades. À l'Ouest, le quartier de la Villasse contient la rue des boutiques où des colonnes bordent les trottoirs et d'autres belles constructions privées, comme la maison du buste en argent et celle du Dauphin. Depuis, Vaison a voulu se faire appeler « la Romaine ». Cela ne doit pas faire oublier la Vaison chrétienne dont l'histoire présente un intérêt particulier. Évêché depuis saint Aubin, à la fin du IIIe ou au début du IVe siècle, la ville a accueilli deux conciles en 442 et 529. De cette époque dateraient les vestiges retrouvés dans la cathédrale médiévale, qui révèlent un plan basilical à trois absides inspiré de l'Orient. Preuve, selon Émile Mâle, « que les chrétientés de la vallée du Rhône, qui avaient reçu des Grecs d'Asie la religion nouvelle, continuaient à rester en rapport avec eux ». La décadence survient au VIIIe siècle, époque des incursions sarrasines. Les maisons se vident et la basilique est laissée à l'abandon. La cité ne se relève qu'à partir du XIe siècle. Au siècle suivant, les comtes de Toulouse s'en emparent deux fois. De cette époque date le château, construit sur le rocher de la ville haute et remanié au XVe siècle. Suffragant d'Avignon, l'évêché de Vaison s'est maintenu jusqu'à la Constituante.

Paul Vaillant-Couturier
Le rédacteur en chef de *L'Humanité* au début des années trente. © *Roger-Viollet*

VAL-DE-GRÂCE

Monument parisien situé rue Saint-Jacques.

Ancien hôtel du Petit-Bourbon acquis en 1621 par Anne d'Autriche, le Val-de-Grâce accueille primitivement les religieuses bénédictines venues du Val-de-Grâce de Notre-Dame-de-la-Crèche, qui se trouve à Bièvres. Quelques années plus tard, la reine n'ayant toujours pas d'enfants (bien que son mariage avec Louis XIII remonte à vingt-trois ans), elle fait le vœu d'élever, à l'emplacement de l'actuel hôpital, une magnifique église si elle venait à accoucher d'un fils. Son vœu ayant été exhaussé par la naissance du futur Louis XIV en 1638, elle entreprend les travaux promis et, après s'être réservée un appartement dans les bâtiments conventuels, confie en 1645 la réalisation de l'édifice à Mansart. Mais, estimant que celui-ci ne va pas assez vite, elle le remplace par Lemercier puis par Le Muet et enfin Le Duc. Dix ans plus tard, les nouveaux bâtiments et la chapelle sont terminés. Cette dernière, somptueuse réalisation de l'art jésuite, est très fortement inspirée, à une échelle moindre, de la basilique Saint-Pierre de Rome. Elle est surmontée d'un dôme préfigurant celui de la chapelle des Invalides. La coupole de la chapelle du Val-de-Grâce sera décorée par Mignard, tandis que les sculptures seront l'œuvre de Michel Angier et de Philippe Buyster.

Supprimée sous la Révolution, l'abbaye reçoit en 1793 un hôpital militaire, vocation que le Val-de-Grâce n'abandonnera plus : peu de temps après y est installée une école de médecine et de chirurgie militaire. De nos jours, le Val-de-Grâce abrite l'École d'application du service de santé militaire ; outre cette structure hospitalière, l'ensemble des bâtiments conventuels a été conservé tandis qu'un musée anatomo-clinique, sanitaire et historique accueille, depuis 1916, les visiteurs attirés par la beauté de la chapelle, du cloître et de l'ensemble des bâtiments du XVIIe siècle. Un nouvel hôpital – doté des tout derniers perfectionnements – a remplacé les installations hospitalières trop vétustes. En ce qui concerne les bâtiments historiques, restaurés, ils sont de nouveau entourés d'agréables jardins. L'école de médecine du Val-de-Grâce jouit d'une grande renommée et un jury spécifique d'examens médicaux délivre un ensemble de diplômes mondialement reconnus.

Les cœurs de nombreux princes et princesses de la Maison de France avaient été déposés en la chapelle du Val-de-Grâce, avant la Révolution de 1789 : ceux d'Anne et de Marie-Thérèse d'Autriche, de Madame Henriette, du Régent, de la Palatine, de la Grande Mademoiselle, etc.

VALDÈS ou VALDO (?, v. 1140 – ?, v. 1220)

Hérésiarque.

Marchand à Lyon, il aurait été frappé par un événement subit – mort d'un ami cher ou famine locale – et aurait décidé de renoncer à ses biens et à la vie de famille afin de prêcher le retour à la vie évangélique. Ses disciples pratiquent la pauvreté, ce qui leur vaut le nom de « Pauvres de Lyon ». Valdès reconnaît à toute personne soucieuse de servir le Christ le droit de prêcher. Après avoir été protégé par l'archevêque de Lyon Guichard, ancien abbé cistercien de Pontigny (1165-1181), soucieux de réformer l'Église de Lyon, Valdès subit des attaques frontales de la part de son successeur Jean Belles-Mains, ancien évêque de Poitiers, déjà engagé dans la lutte contre les hérétiques en Languedoc. Les « Pauvres de Lyon » se voient interdire le droit de prêcher. Bravant les interdictions, Valdès et les siens sont expulsés de Lyon vers 1182 ou 1183 et de nouveau interdits de toute action prédicatrice. Valdès en appelle au pape Lucius III, qui confirme la sentence en 1184 et associe explicitement les « Pauvres de Lyon » aux hérétiques provençaux et languedociens. L'histoire des vaudois commence alors. Valdès se réfugie sans doute en Dauphiné ou en Piémont où il compte rapidement de nombreux disciples. On ne sait où et quand précisément il est mort.

VALÉE Sylvain Charles, comte (Brienne-le-Château, 1773 – Paris, 1846)

Maréchal de France.

Élève de l'école de Brienne, il entre ensuite à celle de Châlons, où ses condisciples sont Haxo et Duroc. Après ses premières armes avec l'armée du Midi, il sert, sous la Révolution et le Consulat, dans celles de Sambre-et-Meuse, du Rhin, puis du Danube. Moreau, qui l'a remarqué à Wurtzbourg, le protège. Lieutenant-colonel en 1804, Valée se distingue à Ulm, à Austerlitz, puis, en 1807, devenu colonel, à Eylau et Friedland. Il sert ensuite en Espagne, sous Lannes, puis commande quelque temps l'école de Douai, avant d'être rappelé en Espagne par Suchet, en 1810. Il commande ainsi l'artillerie de ce dernier, se distinguant particulièrement au siège de Tarragone. Général de division en 1811, il réussit trois ans plus tard, lorsque les Français doivent quitter l'Espagne, à évacuer son matériel. Le 12 mars 1814, Napoléon le fait comte.

Bien accueilli par Louis XVIII, qui le fait commandeur de la Légion d'honneur et lui offre un commandement, le général Valée rejoint cependant Napoléon aux Cent-Jours. Le roi ne lui tenant pas rigueur de cette défection, il entre dès le mois d'août 1815 au comité d'artillerie, recevant en 1822 le titre d'inspecteur général de l'artillerie. Là, jusqu'en 1828, il prend en main la réorganisation de cette arme, mettant au point le « système Valée », qui rend l'artillerie beaucoup plus maniable et opérationnelle. Le 27 janvier 1830, Charles X le fait pair de France. Valée rencontre quelques difficultés au début de la monarchie de Juillet, qui le met en disponibilité. En 1837 cependant, lors de l'expédition de Constantine, il reçoit le commandement de l'artillerie et du génie. Lorsque Damremont est tué au cours du siège, Valée prend le commandement des opérations et, le 13 octobre, pénètre dans la ville. Maréchal de France le 11 novembre, il est nommé gouverneur de l'Algérie le 1er décembre. Tout en menant campagne contre Abd el-Kader, il entreprend l'organisation du territoire et la construction de routes. En octobre 1839, avec le duc d'Orléans, le maréchal conduit l'expédition des Portes de Fer, qui ranime la lutte avec Abd el-Kader. Ce dernier dénonce en effet l'accord de la Tafna. Contre lui, Valée entend mener une lutte patiente et déterminée. Il s'empare de Cherchell, de Médéa, de Mila. Le roi cependant ne lui est pas favorable et, le 3 janvier 1841, le rappelle en France. Valée laisse alors la place à Bugeaud.

VALENÇAY (traité de)

Traité signé au château de Valençay, dans l'Indre, le 12 décembre 1813.

Ce château, bâti au XVIe siècle par la famille d'Étampes, agrandi aux XVIIe et XVIIIe siècles, est acheté en 1805 à la famille de Villemorien-Luçay, qui le possède alors, par Talleyrand, ministre des Affaires étrangères de Napoléon. En 1808, à la suite du « guet-apens de Bayonne » et du *Dos de Mayo*, Ferdinand VII, remplacé sur le trône espagnol par Joseph Bonaparte, est conduit au château de Valençay sur l'ordre de l'Empereur. Il y demeurera jusqu'en 1814, avec sa famille. Les Français chassés d'Espagne, Napoléon accepte, par le traité de Valençay, la restauration des Bourbons sur le trône espagnol, « à la condition que les *Cortes* veuillent bien donner leur accord », ce qu'elles ne manqueront pas de faire. Ferdinand VII et sa famille pourront peu après quitter leur résidence forcée.

VALENCE

Ville située sur la rive gauche du Rhône, ancienne capitale du Valentinois, aujourd'hui chef-lieu du département de la Drôme.

La *colonia Julia Valentia* est fondée sous Auguste à l'emplacement de l'ancien chef-lieu des Ségalaunes. À l'époque gallo-romaine, elle fait partie de la Narbonnaise puis de la Viennoise Première. Son évêché remonte au IVe siècle. En 413, le roi des Wisigoths Ataulf s'en empare au détriment de Jovin. Elle tombe ensuite sous les dominations successives des Alains, des Burgondes et des Francs. Au VIe siècle, Mummole chasse les Lombards qui tentaient d'y prendre pied. Pillée par les Sarrasins en 737, elle est brûlée tour à tour par Charles Martel et par les Normands. Elle connaît une existence plus paisible sous les comtes, puis sous les marquis de Provence. Au milieu du XIIe siècle, ses évêques se font reconnaître par Frédéric Ier la suzeraineté de la ville et de treize châteaux avoisinants. Ils entrent bientôt en conflit avec les comtes de Valentinois qui leur disputent également, sur l'autre rive du Rhône, les terres helviennes dépendant pour le spirituel de l'évêché de Valence. Finalement, le comté de Valentinois ayant été réuni au Dauphiné sous Charles VII, l'évêque se décide à admettre le même sort pour sa ville en 1456. C'est vers cette époque que le Dauphin Louis (futur Louis XI) y fonde une université groupant cinq facultés, qui comptera Rabelais parmi ses élèves et Cujas parmi ses maîtres. La pénétration des idées protestantes à Valence est facilitée par l'évêque Jean de Monluc. Mais le gouverneur, La Motte-Gondrin, fait pendre trois huguenots pour impressionner les autres. C'est alors qu'intervient le baron des Adrets, qui s'empare de la ville, massacre tous les catholiques et fait pendre le gouverneur. Il s'est tenu huit conciles à Valence.

VALENCIENNES

Ville du département du Nord, sur l'Escaut, au sein du bassin houiller.

Son origine est assez mal connue : elle n'apparaît guère avant le VIIe siècle. En 843, à la suite de la signature du traité de Verdun, l'Escaut devient une frontière entre la France et l'empire. Siège d'un comté, Valenciennes passe en 1030 sous l'autorité des comtes de Hainaut, qui en font leur capitale et conservent ses privilèges. Une charte, accordée en 1067, sera complétée en 1114. À la fin du XIIIe siècle, de violents conflits éclatent entre la commune et le comte Jean IX d'Avesnes. L'intervention conciliatrice de Philippe le Bel permet la signature d'une charte de paix, gage de la prospérité de la cité dont elle protège l'industrie du drap. Au XIVe siècle, les chroniques d'un de ses enfants, Froissart, témoignent de la richesse de la bourgeoisie de Valenciennes. C'est surtout au XVe siècle que se manifeste son éclat artistique et intellectuel, avec le peintre Simon Marmion, les chroniqueurs Georges Chastelain ou Jean Molinet. Les luttes entre François Ier et Charles Quint lui causent, au siècle suivant, bien des difficultés : le second y fait une entrée triomphale en 1540. Puis vient la Réforme, accueillie favorablement par Valenciennes, où les réformés l'emportent en 1567. Déclarée rebelle par le roi d'Espagne, la ville est prise l'année suivante par le duc d'Albe, qui y fait régner la terreur. Restée espagnole, Valenciennes conserve, sous cette domination, sa richesse économique et son éclat artistique. Aussi accueille-t-elle sans plaisir l'arrivée des troupes françaises sous ses murs, au début de 1677. Après un siège mené par Vauban, ses portes s'ouvrent le 17 mars devant Louis XIV, qui confirme ses privilèges. Le traité de Nimègue, l'année suivante, reconnaît sa réunion à la France. Avec l'établissement de l'intendance du Hainaut, au XVIIIe siècle, la ville retrouve peu à peu sa prospérité et son éclat. Prospérité économique, avec l'industrie traditionnelle du drap, celle de la faïence, née vers 1710, et de la dentelle. Sous la Régence sont découverts des gisements de charbon qui amèneront au siècle suivant de nouvelles activités. Éclat artistique qui lui vaut alors le surnom d'« Athènes du Nord » : Valenciennes est la patrie d'Antoine Watteau, de Jean-Baptiste Pater, du graveur Charles Eisen.

Assiégée en 1793 par les Autrichiens, la ville se rend le 30 juillet après une brillante défense dirigée par le général Ferrand. Le général Scherer la reprend le 30 août 1794. Ruinée, Valenciennes subit une longue éclipse. Redevenue chef-lieu d'arrondissement en 1824, elle se livre avec succès au commerce des toiles et des dentelles, puis à l'exploitation du charbon. L'extraction de ce dernier, la naissance de la sidérurgie font naître de nombreuses usines, particulièrement sur la rive gauche de l'Escaut. Sous le Second Empire, certains voient en elle le chef-lieu d'un département de l'Escaut. En effet, ville frontière sur ce fleuve, face à la Flandre, Valenciennes est isolée du Hainaut par une seconde frontière, perpendiculaire à la première, qui la rattache au département du Nord. Lille y a reçu le premier rôle sur le plan administratif, rôle que lui disputera longtemps Valenciennes. Au XXe siècle, les deux guerres mondiales causent à Valenciennes de graves dommages. Au cours de la première, les Allemands l'occupent dès le mois d'août 1914, après la défaite de Charleroi. Ils seront chassés par les Britanniques en novembre 1918. De nouveau prise par les Allemands au mois de mai 1940, la ville souffre beaucoup des bombardements qui incendient le centre.

VALENTINE de MILAN : voir VISCONTI Valentine

VALENTINOIS

Ancien pays formé autour de Valence et borné par le Viennois, le Diois, le Tricastin et le Vivarais.

Il fut intégré sous l'administration royale à la province de Dauphiné. Il cessa alors de déborder sur la rive droite du Rhône, entre Doux et Eyrieux. Son origine est le *pagus Valentinensis* ou *Valentiacus*, lui-même issu de la *civitas Valentinorum*, la cinquième des six cités qui constituent la Viennoise Première. Ce *pagus* subit une invasion des Alains avant d'appartenir au royaume dit de Bourgogne, d'abord sous les Burgondes puis sous les Francs. Aux temps carolingiens, il entre dans le royaume d'Arles. Aux temps féodaux, il relève successivement des comtes et des marquis de Provence, ces derniers étant les comtes de Toulouse. Cependant, deux pouvoirs locaux s'y développent concurremment au XIIe siècle : les évêques de Valence et les comtes particuliers de Valentinois. Ceux-ci sont issus par la main gauche de la maison de Poitiers-Aquitaine. Aymar Ier est en effet un fils naturel de Guillaume IX, le duc-troubadour. Aymar II, petit-fils d'Aymar Ier, réunit le comté de Diois à ses possessions valentinoises. Ses successeurs Aymar III, Aymar IV, Aymar V, Louis Ier, Aymar VI et Louis II s'intitulent comme lui comtes de Valentinois et de Diois. En 1404, Louis II cède ses droits à Charles VI contre 100 000 écus d'or et à la condition que les deux comtés ne sortent pas de la branche aînée des Capétiens. Mais, en 1416, Louis de Poitiers-Saint-Vallier se saisit de sa personne et l'oblige à révoquer cet acte. Néanmoins, le comte renouvelle sa cession par testament avant de mourir en 1419. Le Dauphin Charles, devenu Charles VII, rachète les prétentions de Louis de Saint-Vallier. En vertu d'un traité signé à Bourges en 1423, Diois et Valentinois sont réunis en fait en 1434 au Dauphiné. Cela n'empêchera pas les successeurs de Charles VII de les aliéner à plusieurs reprises au profit d'illustres personnages. En 1498, Louis XII les donne à César Borgia et érige peu après le Valentinois en duché. Cinquante ans plus tard, Henri II attribue l'usufruit et le titre de ce duché à sa maîtresse Diane de Poitiers, fille de Jean de Saint-Vallier. Enfin, en 1642, Louis XIII remet le duché-pairie de Valentinois à Honoré Grimaldi en dédommagement des pertes que lui ont infligées les Espagnols. Cette donation s'appliquera à tous ses héritiers, sans distinction de sexe, en vertu de quoi les princes de Monaco portent toujours le titre ducal de Valentinois.

VALÉRIEN (mont)

Colline située à l'ouest de Paris, sur la rive gauche de la Seine. D'une hauteur de 162 mètres, elle domine la ville de Suresnes.

Dès le Moyen Âge, des ermites s'installent au mont Valérien. En 1634, un prêtre, Hubert Charpentier, y élève un calvaire et un chemin de croix desservis par une congrégation. Les pèlerins se rendront au mont Valérien jusqu'à la Révolution. De 1816 à 1830, les installations sont cédées aux missionnaires de France, qui établissent un cimetière sur la colline. De 1841 à 1843, un fort puissant est construit sur la colline. Position clef en avant des fortifications de Paris, il jouera un rôle essentiel pendant la guerre franco-prussienne, puis pendant la Commune. Le 19 janvier 1871, le lendemain de la proclamation de l'Empire allemand dans la galerie des Glaces de Versailles, les généraux Ducrot et Vinoy, soutenus par les canons du mont Valérien, tentent une ultime sortie. Ils sont arrêtés à Buzenval, après avoir perdu 4 000 hommes. Le 28 février, les Prussiens entrent dans Paris. Sur l'ordre de Thiers, le fort est évacué. Lorsque commence l'insurrection de la Commune, le 18 mars, les fédérés ne l'occupent pas, comme ils auraient pu le faire. Un Versaillais, le colonel de Lechnar, y installe des troupes quelques jours plus tard, de sa propre initiative, sans que les Parisiens réagissent. Le 3 avril, lorsque ces derniers tentent une sortie, les canons du fort du mont Valérien sèment la panique dans leurs rangs. Leurs chefs croyaient à la neutralité de la garnison du fort. Sous la IIIe République, le mont Valérien sert de prison : c'est là, le 30 août 1898, qu'est enfermé le colonel Henry, un des acteurs de l'affaire Dreyfus. Le lendemain on le trouve mort dans sa cellule. Deux ans plus tard, les autorités militaires établissent sur la colline le centre de leurs unités télégraphiques. Pendant la Seconde Guerre mondiale, les Allemands exécutent un millier de résistants dans les fossés qui entourent le fort. Un mémorial et une crypte des martyrs de la Résistance y seront élevés après la guerre. Chaque année, le 18 juin, est célébrée au mont Valérien une cérémonie commémorative en l'honneur de la Résistance et en particulier des Français libres puisque le dernier titulaire de l'ordre de la Libération sera inhumé dans la crypte.

VALLÈS Jules (Le Puy, 1832 – Paris, 1885)

Journaliste et écrivain.

Fils d'un surveillant, il accomplit de brillantes études à Saint-Étienne, puis à Nantes. En 1848, apprenant le mouvement populaire qui a soulevé la capitale, il organise le club républicain de la jeunesse de Bretagne et de Vendée, qui réclame notamment l'abolition des diplômes. Initiative qui ne plaît guère à son père, membre de l'enseignement, auquel l'opposent de fréquents démêlés. Envoyé à Paris, où il doit poursuivre ses études, Vallès suit les cours de Michelet, mais s'intéresse surtout à la politique, prenant en 1851 position contre le coup d'État de Louis Napoléon Bonaparte. Furieux, son père le fait revenir à Nantes et enfermer dans un asile. Vallès parvient à s'échapper, rejoint à Paris ses amis républicains avec lesquels il participe au complot de l'Opéra-Comique, ce qui lui vaut un bref séjour à la prison de Mazas. Il exerce ensuite divers métiers, en particulier au *Figaro*, où il tient la chronique boursière jusqu'à ce qu'on s'aperçoive de son incapacité. En 1857 paraît son premier livre, *L'Argent*, dirigé contre les financiers. Vallès collabore ensuite à *La Chronique parisienne*, au *Progrès de Lyon*, à *La Presse*, à *La Revue européenne*. Là, si on apprécie son talent, on redoute la violence de son ton. En 1865, avec la publication de *La Rue*, suivie l'année suivante des *Réfractaires*, ouvrage qui regroupe ses articles et ses chroniques, il atteint la notoriété. Le 1er juin 1867, il lance un journal, *La Rue*, qui disparaîtra l'année suivante pour reparaître en 1870. Les opinions politiques qu'il exprime à la fin du Second Empire, son opposition à la guerre qui s'annonce lui valent un nouveau séjour en prison au début du conflit franco-prussien, ce qui ne l'empêche pas de continuer à écrire ; il publie un roman, *Le Gentilhomme*. Libéré par le 4 Septembre, il rejoint ses amis républicains, fait partie du Comité central des vingt arrondissements, commande même quelque temps un bataillon de la garde nationale.

Lors de l'insurrection du 31 octobre, il s'empare de la mairie de Belleville. Le 21 février 1871, il lance une nouvelle feuille, *Le Cri du peuple*, dans laquelle s'expriment les aspirations de la population parisienne. Son journal est supprimé le 11 mars, lui-même étant condamné à six mois de prison pour sa participation à la journée du 31 octobre. Infatigable, Vallès relance *Le Cri du peuple* le 21 mars, trois jours après le commencement de l'insurrection de la Commune. Le 26, il est élu par le XVe arrondissement. Jusqu'aux derniers jours, le journaliste combat sur les barricades puis quitte Paris pour se réfugier en Angleterre. C'est là qu'il apprend sa condamnation à mort par contumace, prononcée par les tribunaux versaillais le 4 juillet 1872. À Londres, Vallès devient, sous un pseudonyme, le correspondant de plusieurs journaux parisiens : *L'Événement*, *Le Voltaire*, *La Marseillaise*, *Le Réveil*, etc. L'amnistie de 1880 lui permet de regagner la France, où il reprend en 1883 la publication du *Cri du peuple*. Deux ans plus tard, il meurt du diabète. Plus de 60 000 personnes suivent ses obsèques. Sa compagne, Séverine, achèvera la publication de sa trilogie, œuvre largement autobiographique dont le premier volume, *Jacques Vingtgras*, est paru en 1879. L'ouvrage reparaît en 1881 sous le titre *L'Enfant*, suivi la même année du *Bachelier*, puis, en 1886, de *L'Insurgé*. Homme d'action, Vallès n'a cessé de manifester sa révolte, née d'une générosité proche du mouvement romantique, contre un pouvoir et une société qui établissent et entretiennent l'injustice. Par ses propos comme par son style, il figure parmi les grands écrivains révolutionnaires du XIXe siècle.

Jules Vallès
Vallès photographié par Nadar. © *Sélection Images*

VALMY (bataille de)

Victoire française remportée le 20 septembre 1792 sur les armées prussienne et autrichienne.

Commandées par Brunswick et Clerfayt, les armées prussienne et autrichienne, environ 80 000 hommes, ont envahi la France et se préparent à accomplir une simple promenade militaire. Brunswick, à la tête des Prussiens, compte marcher sur Paris. En face, l'armée de Dumouriez, qui a perdu les défilés de l'Argonne et s'est massée à Sainte-Menehould, fait sa jonction avec celle de Kellermann et avec le corps commandé par Beurnonville, regroupant ainsi environ 50 000 hommes. Alors que Servan, le ministre de la Guerre, conseille à Dumouriez de s'établir derrière la Marne, le général choisit de s'installer en Argonne, entre l'Aisne et les marais, sur la colline de Valmy que domine un moulin. Ainsi établi, il menace les arrières ennemis mais, en cas de défaite, il ouvre à l'ennemi la route de Paris. Brunswick étudie une manœuvre stratégique mais le roi de Prusse, pressé d'en finir car les affaires de Pologne l'appellent, lui donne l'ordre d'attaquer. Le 20 septembre au matin, le général prussien prépare l'attaque par un violent bombardement du moulin de Valmy. L'artillerie française répond vigoureusement. Quand les Prussiens passent à l'attaque, vers 13 heures, ils sont accueillis aux cris de « Vive la nation » et subissent le feu de l'artillerie française. Sans qu'il y ait eu de véritable assaut, l'ennemi se retire vers 16 heures, sous la pluie. La bataille de Valmy, simple rencontre qui a coûté la vie à 300 Français et 184 Prussiens, aura un effet psychologique considérable, rendant confiance à l'armée française et à la nation, inquiétant au contraire l'ennemi. Goethe, qui a assisté à la bataille dans le camp allemand, écrira plus tard dans sa *Campagne de France*, rédigée en 1820 : « De ce lieu et de ce jour date une nouvelle époque dans l'histoire du monde. » Un monument à la gloire de Kellermann, nommé en 1809 duc de Valmy par Napoléon, a été élevé à Valmy.

VALOIS

Ancien pays de l'Île-de-France (aujourd'hui compris dans l'est du département de l'Oise et le sud du département de l'Aisne), bordé au nord par le Noyonnais, à l'est et au sud par le Soissonnais et la Brie, à l'ouest par le Beauvaisis.

Il comprenait les forêts de Villers-Cotterêts et de Compiègne et avait pour principales villes Crépy-en-Valois sa capitale, Villers-Cotterêts, La Ferté-Milon et Pierrefonds. Tirant son nom de *Vadum* (aujourd'hui Vez), sa capitale primitive, le *pagus Vadendis* carolingien est, sous les premiers Capétiens, l'objet des convoitises royales.

La bataille de Valmy
Bataille de Valmy, le 20 septembre 1792. Huile sur toile de Mauzaisse, d'après Horace Vernet, détail, château de Versailles. © *Giraudon*

Pour resserrer des liens vassaliques très lâches, Henri Ier marie son fils cadet Hugues à l'héritière du comté, Adélaïde de Vermandois et de Valois. Un siècle plus tard, Philippe Auguste profite d'une querelle de succession opposant le comte de Flandre Philippe d'Alsace et Aliénor, respectivement mari et sœur d'Isabelle de Valois, pour s'emparer du Valois et le réunir à la couronne (1191 et 1213). Mais il est donné en apanage par Saint Louis à son fils cadet Jean Tristan. À son tour, Philippe III le Hardi l'érige en comté en faveur de son deuxième fils Charles (dont le fils montera sur le trône sous le nom de Philippe VI et sera le premier roi de la branche capétienne des Valois). L'avènement de Philippe VI (1328) fait de nouveau passer le Valois sous l'autorité royale. Pour peu de temps. Philippe VI l'accorde à son fils Philippe d'Orléans. À la mort de ce dernier, en 1375, le Valois est repris par Charles V, mais Charles VI l'octroie en 1392 à son frère puîné Louis d'Orléans. Érigé en duché-pairie en 1406, le Valois appartient dès lors à la branche ducale de la maison d'Orléans.

VALOIS (les)

Nom donné aux branches issues du Capétien Charles, comte de Valois, frère puîné du roi Philippe IV le Bel.

Le fils aîné de Charles, Philippe, devient roi en 1328 par l'extinction de la postérité mâle de la branche aînée des Capétiens. Après Philippe VI, la couronne se transmet par les aînés jusqu'à Charles VIII qui meurt en 1498 sans laisser d'enfants vivants : cette lignée est dite de Valois-Valois ou des Valois directs. La lignée de Valois-Orléans lui succède en la personne de Louis II d'Orléans (Louis XII), petit-fils de Louis Ier et par là arrière-petit-fils de Charles V. Louis XII étant mort en 1515 en ne laissant que des filles, la couronne passe à François d'Angoulême (François Ier), représentant du dernier rameau de la maison de Valois-Orléans, issu de Jean, frère cadet de Charles d'Orléans. Cette maison, dite de Valois-Orléans-Angoulême, ou plus brièvement de Valois-Angoulême, se maintient sur le trône jusqu'à la mort d'Henri III en 1589.

De nombreuses maisons se sont détachées des lignées royales de Valois. Dans l'ordre chronologique, il s'agit de la maison de Valois-Alençon (deuxième maison capétienne d'Alençon, éteinte en 1525) ; de la première maison d'Orléans, représentée par le seul Philippe, duc d'Orléans et de Touraine ; de l'aventureuse maison de Valois-Anjou (seconde maison d'Anjou-Sicile, éteinte en 1481) ; de la fastueuse première maison de Berry (rarement qualifiée maison, car les fils de Jean, le fondateur, sont morts avant lui, et le Berry est rapidement retourné à la branche aînée) ; de l'ambitieuse maison de Valois-Bourgogne (seconde maison capétienne de Bourgogne, éteinte par la mort de Charles le Téméraire) ; de la deuxième maison de Berry très brièvement représentée, entre 1461 et 1472, par Charles, frère cadet de Louis XI ; de la troisième ou quatrième maison d'Orléans, représentée par un frère d'Henri II, Charles, mort en 1545 ; de la maison d'Alençon-Anjou (troisième maison capétienne d'Alençon), représentée par François, mort en 1584. On donne aussi le nom de Valois au fils illégitime de Charles IX et de Marie Touchet, Charles, titré comte d'Auvergne puis duc d'Angoulême.

VALOIS Charles de, comte d'Auvergne puis duc d'Angoulême (Fayet, Dauphiné, 1573 – ?, 1650)

Grand prieur de France.

Fils naturel de Charles IX et de Marie Touchet. Créé grand prieur de France, il bénéficie de la bienveillance de Catherine de Médicis qui lui lègue les comtés d'Auvergne et de Lauraguais. En 1591, il épouse Charlotte de Montmorency. Accompagnant Henri IV, il combat à Arques et à Ivry mais se laisse entraîner par sa sœur utérine, la marquise de Verneuil, dans de sombres intrigues, notamment dans la conspiration de Biron. Il tente de soulever l'Auvergne et, de là, le Poitou et la Guyenne. Ses menées sont bientôt connues d'Henri IV qui le fait arrêter en 1602. Il en est quitte pour quelques mois à la Bastille. En 1604, ayant perdu un procès que lui intentait Marguerite de Valois pour la possession de l'Auvergne et du Lauraguais, il en conçoit un vif mécontentement contre son souverain et s'abouche avec les Espagnols. Puis, averti que ses manigances ont été découvertes, il vient se jeter aux pieds du roi, qui lui pardonne. Mais il ne tarde pas à reprendre ses relations avec l'étranger et mène en Auvergne la vie d'un chef de bandes. Pris après quelques mois de recherches, il est conduit à la Bastille et renvoyé devant le parlement de Paris qui le condamne à mort. Cet arrêt est commué par le roi en détention perpétuelle. Charles de Valois sera libéré en 1616 sur l'intervention de Concini, désireux de se l'attacher. Il ne recouvrera pas son comté d'Auvergne mais obtiendra en 1619 la jouissance du duché d'Angoulême que sa tante, dernière duchesse, lui avait légué en mourant, dix ans auparavant. La captivité lui ayant enseigné la sagesse, il prend une part illustre au siège de La Rochelle, puis aux campagnes de Languedoc, d'Allemagne et de Flandre. On ne le verra se mêler à aucune des intrigues du règne de Louis XIII et de la Fronde. Il avait eu un fils, Louis Emmanuel (1596-1663) qui eut lui-même une fille, Marie Françoise (1630-1696), laquelle devint duchesse de Joyeuse par son mariage avec Louis de Lorraine. Charles de Valois a laissé des *Mémoires* fort courts, mais non dépourvus d'intérêt.

VALTELINE

Pays de l'Italie septentrionale qui s'étend le long de l'Adda entre le col du Stelvio et le lac de Côme. Capitale actuelle : Sondrio.

Les Valtelins, en majorité catholiques, sont sous la domination des Grisons lorsque se produit, le 19 juillet 1620, un grand massacre de la minorité protestante par la population qu'excitent les Espagnols. Ceux-ci comptent bien profiter des dissensions pour mettre la main sur une région qui est pour eux de la plus haute importance stratégique, car elle commande les communications entre le Milanais espagnol d'une part, l'empire et les Pays-Bas espagnols de l'autre. Les Grisons, soutenus par les autres Suisses, tentent de réoccuper la Valteline mais sont battus par les Espagnols. Alors interviennent les Français qui, se sentant menacés d'encerclement complet, protestent. En avril 1621 est signé à Madrid, par Bassompierre, un traité qui marque le retour au *statu quo ante*, avec cette réserve que les principales places fortes de Valteline doivent être occupées par les troupes du pape. Mais les Espagnols ne renoncent pas pour autant à passer par la vallée, et le gouvernement de Louis XIII, dirigé successivement par La Vieuville et par Richelieu, décide de l'invasion du pays. Les garnisons pontificales sont chassées en 1624 par Annibal d'Estrées, marquis de Cœuvres. Un nouvel accommodement est conclu entre la France et l'Espagne en 1626 à Monçon. Les Ligues grises demeurent suzeraines de la Valteline à condition de garantir le libre exercice du culte catholique ; les forts pontificaux seront détruits. À la faveur de la déclaration de guerre, Espagnols et Impériaux envahissent une nouvelle fois la Valteline en 1635. Richelieu envoie Rohan pour les en déloger. Le capitaine calviniste réussit dans sa mission, mais bientôt les Espagnols parviennent à dresser les Grisons contre les Français. N'ayant reçu de France ni renforts ni subsides, Rohan doit signer le 26 mars 1637 un accord d'évacuation avec les Grisons. Pour Richelieu, l'affaire de la Valteline s'achève par une déception. Néanmoins, les Grisons sauront défendre leur suzeraineté contre les Espagnols et les Impériaux.

VANDAMME Dominique, comte d'Unebourg (Cassel, Nord, 1770 – Cassel, 1830)

Général.

Fils d'un chirurgien, engagé à 18 ans au régiment colonial de Royal-Martinique, il passe deux ans aux Antilles, puis regagne la France. En 1792, il organise à Cassel une compagnie franche de chasseurs dont il prend le commandement, la compagnie du Mont-Cassel, dite de Vandamme. Elle rejoint l'armée du Nord et devient bataillon en 1793. Patriote ardent, exalté même, chef intrépide, Vandamme est nommé général de brigade la même année. Son exaltation le pousse à commettre exactions et pillages en pays ennemi, ce qui lui attirera des ennuis. Il sert successivement aux armées du Rhin et d'Angleterre, recevant en 1799, avec le grade de général de division, le commandement de l'aile droite de l'armée du Danube. Le Premier Consul, qui apprécie ses qualités de chef et son patriotisme, lui donne le commandement d'une division du camp de Boulogne avec laquelle, en 1804, il accompagne Soult vers le Rhin et la Forêt-Noire. La bataille d'Austerlitz lui offre une nouvelle occasion de se distinguer ; il reçoit la grand-croix de la Légion

Maison de VALOIS

- **Charles** comte de Valois et d'Alençon (1270-1325) ∞ 1. Marguerite d'Anjou-Sicile (?-1299) 2. Catherine de Courtenay (1274-1307) [13 enfants]
  - **Isabelle** (1.) ∞ Jean III, duc de Bretagne (1292-1309)
  - **PHILIPPE VI** (1.) (1293-1350) ∞ 1. Jeanne de Bourgogne (1293-1349) 2. Blanche de Navarre (1330-1398) [10 enfants]
    - **JEAN II le Bon** (1.) (1319-1364) ∞ 1 Bonne de Luxembourg (1315-1349) 2. Jeanne de Boulogne (1321-1361) [10 enfants]
      - **CHARLES V le Sage** (1.) (1338-1380) ∞ Jeanne de Bourbon (1326-1378) [9 enfants]
        - **CHARLES VI le Bien-Aimé** (1368-1422) ∞ Isabeau de Bavière (1371-1435) [12 enfants]
          - **Isabelle** (1389-1409) ∞ 1. Richard II, roi d'Angleterre 2. Charles, duc d'Orléans
          - **Michelle** (1395-1422) ∞ Philippe III le Bon, duc de Bourgogne
          - **Louis** duc de Guyenne (1397-1415) ∞ Marguerite de Bourgogne
          - **Jean** duc de Touraine (1398-1417) ∞ Jacqueline de Hainaut
          - **Catherine** (1401-1438) ∞ 1. Henri V, roi d'Angleterre 2. Owen Tudor
          - **CHARLES VII le Victorieux** (1403-1461) ∞ Marie d'Anjou [12 enfants]
            - **LOUIS XI le Prudent** (1423-1483) ∞ 1. Marguerite d'Ecosse 2. Charlotte de Savoie [7 enfants]
              - **Anne** (2.) (1461-1522) ∞ Pierre II de Beaujeu
              - **Jeanne** (2.) duchesse de Berry (1464-1505)
              - **Charles VIII** (2.) (1470-1498) ∞ Anne de Bretagne [6 enfants]
                - **Charles Orland** (1492-1495)
            - **Yolande** (1434-1478) ∞ Amédée IX de Savoie
            - **Jeanne** (1438-1446) ∞ Jean II, duc de Bourbon
            - **Catherine** (1439-1466) ∞ Charles le Téméraire
            - **Madeleine** (1443-1495) ∞ Gaston II de Foix
        - **Louis Ier** duc d'Orléans (1372-1407) ∞ Valentine Visconti (1366-1408) [4 enfants]
          - **Charles Ier** duc d'Orléans (1391-1465) ∞ 1. Isabelle de France 2. Bonne d'Armagnac 3. Marie de Clèves
            - **Jeanne** (1.) (1409-1432) ∞ Jean II, duc d'Alençon
            - **Marie** (2.) (1457-1493) ∞ Jean V de Foix
            - **LOUIS XII** (3.) (1462-1515) ∞ 1. Jeanne de France [nul] 2. Anne de Bretagne 3. Marie d'Angleterre [4 enfants]
              - **Claude** (2.) duchesse de Bretagne (1499-1524) ∞ François Ier
              - **Renée** (2.) (1510-1575) ∞ Hercule II, duc de Ferrare
          - **Jean le Bon** comte d'Angoulême (1404-1467) ∞ Marguerite de Rohan [3 enfants]
            - **Charles** comte d'Angoulême (1459-1496) ∞ Louise de Savoie
              - **Marguerite** duchesse de Berry (1493-1549) ∞ 1. Charles IV, duc d'Alençon 2. Henri II d'Albret, roi de Navarre
                - **Jeanne** reine de Navarre ∞ Antoine de Bourbon
                  - **HENRI IV** roi de Navarre, puis roi de France (1553-1610) ∞ Marie de Médicis
                    - Maison de BOURBON-ORLÉANS
    - **Philippe** (1.) duc d'orléans (1336-1375) ∞ Blanche de France (1328-1392)

Jeanne (1.)
(1294-1342)
∞ Guillaume Ier le Bon, comte de Hainaut

Marguerite (1.)
(1295-1342)
∞ Guy de Châtillon, comte de Blois

Charles II (1.)
comte d'Alençon
(1297-1346)
∞ Marie de Castille
(1310-1379)

Catherine (2.)
∞ Philippe d'Anjou-Sicile, prince de Tarente

Jeanne (2.)
∞ Robert III d'Artois

Marie (2.)
∞ Charles d'Anjou-Sicile

Blanche (2.)
∞ Charles de Luxembourg, empereur

Philippine
∞ Edouard III

Charles de Blois
∞ Jeanne de Penthièvre-Bretagne

Charles III
(1337-1375)

Pierre II
(1340-1404)

Louis Ier (1.)
duc d'Anjou, roi de Naples
(1339-1384)
∞ Marie de Blois
(?-1404)
[3 enfants]

Jean Ier le Magnifique (1.)
duc de Berry
(1340-1416)
∞ 1. Jeanne d'Armagnac
2. Jeanne d'Auvergne

Philippe II le Hardi (1.)
duc de Bourgogne
(1342-1404)
∞ Marguerite de Flandre
(1350-1405)
[8 enfants]

Jeanne (1.)
(1343-1373)
∞ 1. Henri de Brabant
2.Charles II le Mauvais, roi de Navarre

Isabelle (1.)
(1348-1372)
∞ Jean Galéas Ier Visconti, duc de Milan
(1351-1402)

Jean Ier
duc d'Alençon
(1385-1415)

Louis II
(1377-1417)
∞ Yolande d'Aragon
(?-1443)
[?? enfants]

Marie
∞ 1. Louis de Châtillon-Dunois
2. Philippe d'Artois
3. Jean Ier, duc de Bourbon

Jean sans Peur
(1371-1419)
∞ Marguerite de Bavière
[5 enfants]

Antoine
duc de Brabant
∞ 1. Jeanne de Saint-Pol
2. Elisabeth de Luxembourg
[2 enfants]

Philippe
comte de Nevers
∞ Bonne d'Artois
[2 enfants]

Jean II
duc d'Alençon
(1409-1476)

Louis III
(1403-1434)
∞ Marguerite de Savoie
(?-1479)

René III
(1409-1480)
∞ Isabelle de Lor-raine

Maison de LOR-RAINE

Philippe III le Bon
(1396-1467)
∞ 1. Michelle de France
2. Bonne d'Artois
3. Isabelle de Portugal
[2 enfants]

René
(1454-1492)
∞ Marguerite de Lorraine
(1463-1521)

Charles le Téméraire
(1433-1477)
∞ 1. Catherine de France
2. Isabelle de Bourbon
[xx enfants]

Charles IV
(1489-1525)
∞ Marguerite de Valois
(1491-1549)

Françoise
(1490-1550)

Anne
(1492-1562)

FRANÇOIS Ier
(1494-1547)
∞ 1. Claude de France
2. Eléonore de Habsbourg
[7 enfants]

Marie
∞ Maximilien Ier, empereur

Maison des HABSBOURG d'Autriche et d'Espagne

François (1.)
dauphin, duc de Bretagne
(1518-1536)

HENRI II (1.)
(1519-1559)
∞ Catherine de Médicis
[10 enfants]

Madeleine (1.)
(1520-1537)
∞ Jacques V d'Ecosse

Charles (1.)
(1522-1545)

Marguerite (1.)
(1523-1574)
∞ Emmanuel-Phi-libert, duc de Savoie

François II
(1544-1560)
∞ Marie Stuart, reine d'Ecosse

Elisabeth
(1546-1568)
∞ Philippe II, roi d'Espagne

Claude
(1547-1575)
∞ Charles III, duc de Lorraine

Louis III
duc d'Orléans
(1549-1550)

CHARLES IX
(1550-1574)
∞ Elisabeth d'Autriche

HENRI III
(1551-1589)
∞ Louise de Lorraine

Marguerite
(1553-1615)
∞ Henri, roi de Navarre
[nul]

François
duc d'Alençon, puis d'Anjou
(1555-1584)

Victoire et Jeanne
(1556-?)
[jumelles]

d'honneur et une dotation. Vandamme participe ensuite aux campagnes de Prusse et de Pologne, sous les ordres de Jérôme Bonaparte. Le frère de l'Empereur n'approuve guère son habitude de piller les couvents, et de vives discussions les opposent. Comte d'Unebourg en 1808, Vandamme joue l'année suivante un grand rôle dans la victoire d'Eckmühl. En 1812, de nouveaux désaccords l'opposent à Jérôme, qui le fait finalement renvoyer en France. Rappelé en 1813, placé à la tête du 1er corps de la Grande Armée, Vandamme est battu et fait prisonnier à Kulm, aujourd'hui Chelmno, avec Haxo et le futur maréchal Vaillant. Il sera libéré en septembre 1814. Vandamme rejoint Napoléon pendant les Cent-Jours et, le 2 juin 1815, l'Empereur le fait pair de France. Il contribue à la victoire de Ligny, est blessé à Namur, puis dirige la retraite de l'arrière-garde vers Paris. Proscrit le 25 juillet, il gagne les États-Unis, où il séjourne jusqu'en 1819. Installé alors à Gand, le général Vandamme regagne la France la même année.

Vannes
Les anciens remparts de la ville. © *Lauros-Giraudon*

VANNES

Ville du Morbihan, dans la Bretagne méridionale, au nord du golfe du Morbihan.

Antique *Darioritum*, capitale des Vénètes, puissant peuple marin qui est l'instigateur du soulèvement de la Bretagne contre César (56 av. J.-C.), elle prend le nom de Vannes au IIIe siècle apr. J.-C. En 465, lors d'un concile, saint Perpétue, archevêque de Tours, sacre son premier évêque, saint Paterne. Au VIe siècle, Vannes est le berceau de la résistance bretonne contre les Francs qui tentent vainement de s'en assurer la possession. Pépin le Bref réussit là où ses prédécesseurs avaient échoué, mais la soumission de la ville reste incertaine. Elle est à nouveau le foyer des insurrections bretonnes qui jalonnent les règnes des rois carolingiens. Lorsque Nominoé reçoit la dignité de duc pour la Bretagne entière, Vannes passe sous son autorité mais, jusqu'en 990, elle conserve des comtes particuliers qui se distinguent contre les Normands. En 1168, Henri II d'Angleterre s'en empare et elle subit toutes les vicissitudes de la lutte qui oppose dans le duché les Plantagenêts et les Capétiens. Siège le plus fréquent des états de Bretagne qui s'y réunissent pour la première fois en 1203, elle est alors une des plus importantes villes bretonnes. Tombée aux mains de Charles VIII en 1487, elle est reprise l'année suivante par le duc François II. C'est enfin entre ses murs que les états de la province prennent en 1532 le parti de solliciter l'union réelle et perpétuelle au royaume de France. Devenue française, Vannes reste le siège des états de Bretagne, mais son influence ne cesse de décliner. Le duc Jean IV y avait fait élever le somptueux château de l'Hermine, aujourd'hui disparu.

VA-NU-PIEDS (révolte des)

Soulèvement paysan qui embrasa la Normandie en 1639 et fut cruellement réprimé.

Au cours de l'été de 1639 naît à Avranches le bruit que le roi va établir la gabelle dans la province. L'inquiétude se répand parmi la population, car plus de 10 000 personnes travaillent dans les salines. Peu après, Charles de Poupinel, officier qui pourtant n'a rien à voir avec le fisc, est pris à partie par la foule et mutilé. La révolte s'étend autour de Falaise, Avranches, Bayeux et Rouen. Les rebelles, qui se surnomment eux-mêmes « l'armée des souffrants », ont pour chef Jean Va-Nu-Pieds. Loin d'apaiser les passions, le gouvernement royal les envenime en créant un nouveau règlement sur les teintures, lui aussi promesse de chômage. Un officier est massacré, l'émeute s'étend encore. À la fin de l'automne, l'armée des Va-Nu-Pieds compte 20 000 hommes et appelle les autres provinces, Paris même, à la révolte. Le Conseil royal décide alors d'envoyer contre les insurgés des troupes non pas françaises, car elles risqueraient d'être trop indulgentes, mais étrangères, et en confient le commandement à Gassion. Ce dernier disperse les Va-Nu-Pieds et pénètre dans Avranches, où les meneurs sont pendus. Le chancelier Séguier intervient ensuite, nanti de pouvoirs spéciaux qui lui permettent de faire châtier les rebelles sans jugement. Il arrive à Rouen le 2 janvier 1640 et, dès le lendemain, entreprend de punir sévèrement la ville, dont la municipalité est remplacée par une commission. Rouen devra loger des soldats et payer une forte indemnité. Le chancelier parcourt ensuite le reste de la province, soumis au même régime.

VARENNES-EN-ARGONNE

Commune du département de la Meuse, sur l'Aire. C'est là que, au soir du 21 juin 1791, Louis XVI et la famille royale, en route pour Montmédy, furent arrêtés par la population, sur l'intervention du maître de poste de Sainte-Menehould, Drouet.

Le 18 avril, le peuple de Paris a empêché le roi et sa famille de quitter Paris pour Saint-Cloud où Louis XVI comptait faire ses Pâques, comme l'année précédente. Contraint de regagner les Tuileries, le roi accepte enfin de quitter secrètement la capitale pour une place de la frontière, Montmédy, où se trouve concentrée l'armée de Bouillé. Axel de Fersen, l'ami dévoué de Marie-Antoinette, est chargé d'organiser le départ. Dès

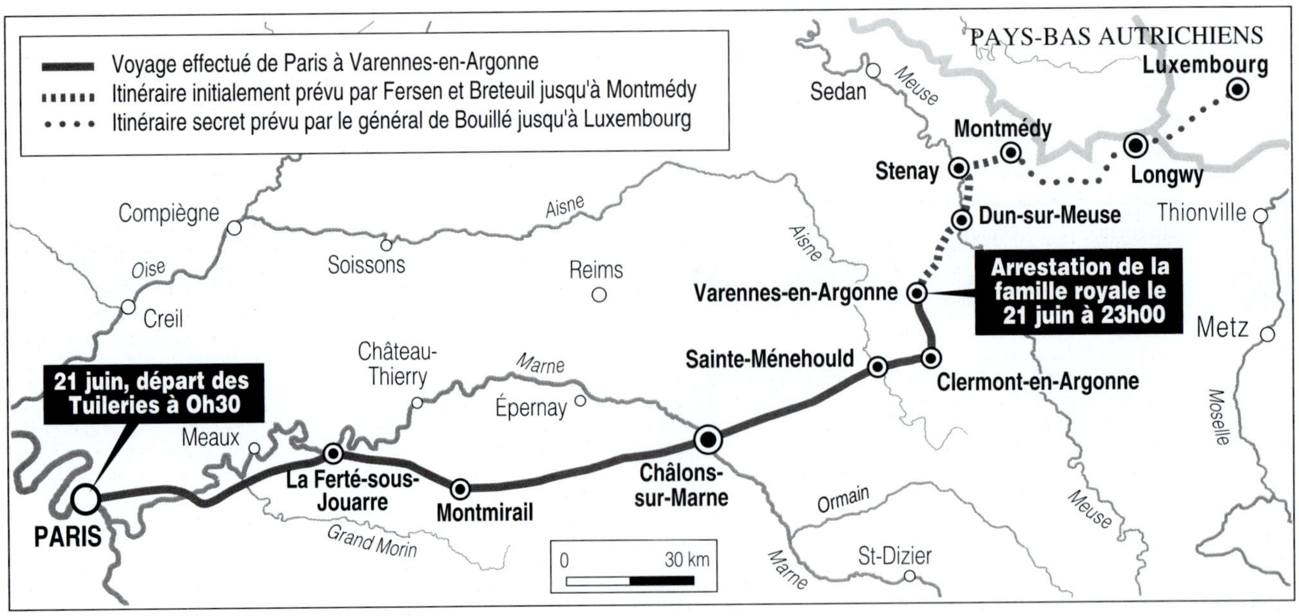

Itinéraire de la famille royale de Paris à Varennes

la fin de l'année précédente, ce dernier a fait construire, pour le compte d'une certaine Mme de Korff, une énorme et lourde berline pouvant transporter six personnes et un matériel considérable. Comme il n'est pas question de faire stationner la voiture près des Tuileries sans attirer l'attention, Fersen achète une citadine, voiture moins voyante, qu'il conduira lui-même, déguisé en cocher, pour transporter la famille royale jusqu'à la berline. Avec le roi, Fersen et l'évêque de Pamiers mettent au point un plan minutieux qui, par Châlons, puis Varennes et Dun, permettra aux voyageurs de gagner Montmédy. Ils devront atteindre Châlons par leurs propres moyens, le marquis de Bouillé plaçant, après la ville, et jusqu'à Stenay, des piquets de cavaliers qui assureront leur sécurité. Dans la berline se trouveront le roi, la reine, Madame Élisabeth, le Dauphin, Madame Royale et Mme de Tourzel, gouvernante des Enfants de France. Trois gardes du corps, qui ne seront prévenus de leur mission qu'au dernier moment, accompagneront la berline. Derrière celle-ci doit venir un cabriolet, emportant deux femmes de chambre. Équipage important pour des voyageurs qui souhaitent passer inaperçus.

Le départ doit être remis à plusieurs reprises. Au soir du 20 juin, les enfants royaux et Mme de Tourzel, puis Madame Royale, le roi, et enfin, avec beaucoup de retard, Marie-Antoinette, rejoignent la citadine qui, conduite par Fersen, les mène jusqu'à la barrière Saint-Martin où se trouvent la berline et les gardes du corps. Lorsque la lourde voiture prend la route vers Bondy, les voyageurs ont près de deux heures de retard sur le plan. À Claye, ils retrouvent le cabriolet et les femmes de chambre. Au matin, à 8 heures, tandis que les voitures relaient à La Ferté-sous-Jouarre, l'alerte est donnée aux Tuileries. Dans la matinée, de sa propre initiative, La Fayette envoie dans toutes les directions des courriers porteurs de l'ordre d'arrestation du roi et de sa famille. L'un d'eux, le commandant Bayon, passe la barrière Saint-Martin à 12 heures, avec dix heures de retard sur les fugitifs. Mais son allure est deux fois plus rapide. Le retard des voyageurs sur l'horaire prévu ne cesse de s'accroître, ce qui n'empêche pas le roi de descendre de voiture à deux reprises. À Chaintrix, le maître de poste reconnaît les passagers de la berline et leur propose de se rafraîchir chez lui. Vers 4 heures, la voiture atteint Châlons. Cependant, le retard est tel qu'à 18 heures, lorsqu'elle parvient à Pont-de-Somme-sur-Vesle, le détachement de hussards commandé par le duc de Choiseul s'est replié. D'autres doivent les attendre au relais suivant à Sainte-Menehould. Là, déjà, les villageois se sont montrés fort intrigués de l'arrivée de quarante hussards, la veille. Au matin, l'apparition d'un détachement de trente dragons les inquiète encore davantage, l'effervescence augmente. Lorsque, peu avant 20 heures, les fugitifs arrivent à Sainte-Menehould, les hussards ne sont pas en selle. La berline repart, mais les habitants empêchent les hussards de les suivre. Et surtout, mandaté par la municipalité, le maître de poste Drouet saute à cheval à la poursuite de cette voiture plus que suspecte en compagnie du cabaretier Guillaume. Par un chemin plus court que la route suivie par les fugitifs, ils gagnent Varennes. Là, tandis que les voyageurs cherchent en vain le relais prévu par Bouillé, Drouet prépare leur arrestation, avertit les villageois et le procureur de la commune, l'épicier Sauce. Bientôt, la berline est arrêtée sous la voûte de l'église Saint-Gengoult, qui enjambe la route. Il est un peu plus de 23 heures. Elle roule quelques mètres, jusqu'à l'auberge du Bras d'Or. Sauce hésite, mais Drouet insiste, les voyageurs descendent et gagnent la maison de l'épicier. Le tocsin sonne, tout le village les suit, bientôt rejoint par les habitants des alentours. Peu après arrive le juge Destez, qui connaît le roi et le salue d'un « Bonjour Sire ! » qui ne laisse plus de doute à personne. À 5 heures du matin, le 22 juin, arrive Bayon qu'a rejoint Romeuf, aide de camp de La Fayette.

Pendant ce temps, à Paris, l'Assemblée désigne trois députés, Barnave, Pétion et Latour-Maubourg, qui doivent se porter à la rencontre de la berline. À Varennes, au matin du 23 juin, des milliers de personnes sont réunies, une foule menaçante entoure la maison où se trouvent la famille royale, les gardes du corps et Choiseul. Inquiète, la municipalité presse le roi de monter en voiture. Il se résout à accepter, renonçant à attendre Bouillé. Peu avant 8 heures, la berline prend la direction de Paris, tandis que la foule se jette sur Choiseul, Romeuf et les gardes du corps. Sur la route, les gardes nationaux et la population font escorte à la voiture. Le soir, le cortège s'arrête à Châlons. Au matin, il repart, entouré d'une foule de plus en plus agitée et menaçante. Des bruits de toutes sortes courent. Après Dormans, où ils se sont hâtivement restaurés, les envoyés de la Convention parviennent à la rencontre du cortège royal. Ils feront désormais route ensemble, Pétion et Barnave dans la berline, Latour-Maubourg avec les femmes de chambre. Le 25 juin, après une nuit passée à Meaux, le cortège parvient à Paris où l'attend La Fayette. Aux clameurs hurlantes qui l'ont accompagné depuis Varennes succède un silence funèbre. Le roi et la reine sont désormais prisonniers aux Tuileries. L'équipée de Varennes sera qualifiée par l'Assemblée d'« enlèvement » et non de « fuite », le roi étant à présent suspendu de ses pouvoirs. La tentative d'évasion n'a abouti qu'à faire naître les premières convictions républicaines. Louis XVI, par ailleurs, est désormais suspect de relations avec l'étranger. Ainsi qu'il l'a déclaré lors de son arrestation, « il n'y a plus de roi en France ! »

Eugène Varlin
Varlin peu avant la Commune. © *Harlingue-Viollet*

VARLIN Eugène (Claye-Souilly, Seine-et-Marne, 1839 – Paris, 1871)

Révolutionnaire.

Fils de paysans pauvres, il suit néanmoins des études jusqu'à 13 ans, puis est placé comme apprenti chez son oncle, relieur à Paris. Il est contremaître en 1859. Deux ans auparavant, il a participé à la fondation de la Société de secours mutuel des relieurs. En août 1862, il fait partie de la délégation ouvrière à l'exposition de Londres. Après avoir animé une grève des relieurs, en 1864-1865, Varlin adhère à l'Internationale et, au mois de septembre 1865, participe à la conférence de Londres, où il rencontre Karl Marx. L'année suivante, au congrès de Genève, il prend part à la rédaction des statuts de l'Internationale et, contre la majorité de ses camarades, défend le travail féminin. Poursuivi pour sa participation au deuxième bureau parisien de l'Internationale, en 1868, il défend ses camarades devant le tribunal correctionnel ; condamné à trois mois de prison, il est incarcéré à Sainte-Pélagie. En 1869, devant la multiplicité des grèves, Varlin crée la Caisse du sou, destinée à venir en aide aux grévistes. Généreux, il estime que la révolution politique n'est rien sans la révolution sociale et qu'il faut s'attacher à réaliser cette dernière.

De nouveau poursuivi par la police en mai 1870 pour son activité au sein de l'Internationale, il passe en Belgique, puis à Londres, regagnant Paris après la chute de l'Empire. Son intelligence, la générosité et l'honnêteté de ses vues l'ont rendu très populaire auprès des ouvriers. Délégué au Comité central des 20 arrondissements, il reçoit le commandement du 103e bataillon de la garde nationale, commandement que les autorités lui retirent après l'insurrection du 31 octobre. Favorable à la défense à outrance contre les Prussiens, Varlin s'occupe pendant le siège du ravitaillement de la capitale. Élu au Conseil de la Commune le 26 mars, par trois arrondissements, il est nommé le 29 à la commission des Finances puis, le 21 avril, à celle des Subsistances. Le 2 mai, il devient directeur général de la manutention et des approvisionnements militaires. Au cours de la Semaine sanglante, il dirige la défense dans son arrondissement, le VIe, puis dans le XIe, tente en vain d'empêcher le massacre des otages, rue Haxo, et combat jusqu'à la fin sur les barricades de Belleville. Reconnu rue La Fayette, le 28 mai, traîné sous les coups et les insultes jusqu'à la rue des Rosiers (devenue rue des Roses), à Montmartre, il est fusillé par les Versaillais.

VASCONS

Ancien peuple d'Espagne, ancêtre des Basques (« Basque » vient du singulier Vasco*).*

Primitivement fixés entre l'Èbre et la mer Cantabrique, peu perméables à la civilisation romaine – ils sont les seuls en Espagne à ne pas délaisser leur langue pour le latin –, ils sont progressivement refoulés, entre le VIe et le Xe siècle après J.-C., de l'est à l'ouest par les Wisigoths et du sud au nord par les Maures. Ils se réfugient alors dans les montagnes pyrénéennes et occupent le territoire basque actuel par étapes successives. Si certains d'entre eux s'établissent jusque dans la plaine aquitaine (où ils fusionnent avec les habitants et donneront son nom à la Gascogne), la plupart, ceux qu'on devait bientôt appeler les Basques, restent dans les montagnes où ils gardent leur langue et leurs traditions. Redoutables guerriers, vivant surtout de pillages – leurs agressions contre les pèlerins se rendant a Saint-Jacques-de-Compostelle sèmeront longtemps la terreur –, ils mènent, tantôt seuls tantôt de concert avec les Aquitains, une lutte opiniâtre, entrecoupée de trêves, contre les dynasties mérovingienne et carolingienne. Ce sont des Vascons, et non des Maures, qui détruisent en 778 à Roncevaux l'arrière-garde de l'armée de Charlemagne commandée par Roland, épisode qui inspirera la célèbre *Chanson de Roland*.

VASSAL-VASSALITÉ

Au Moyen Âge, homme qui, de son plein gré et pour la vie, se met dans la dépendance d'un plus puissant que lui.

Le phénomène s'inspire à la fois de la *recommandation* romaine et des *clientèles* soudées autour du chef franc. Charles Martel institue la vassalité publique pour constituer son armée, puis Pépin et Charlemagne l'étendent jusqu'à en faire un organe de gouvernement. Par serment (hommage), le vassal s'engage solennellement à servir en toutes circonstances et à ne pas nuire à son seigneur. En échange, il reçoit un cadeau, ou *bienfait*, qui lui assure sa subsistance. Puis, le fief succède au bienfait et devient seulement viager, qu'il soit terre ou rente. Les obligations du vassal se font plus contraignantes, il doit donner aide et conseil à son seigneur lorsqu'il en est requis. Le lien de vassalité n'est rompu que par la mort de l'un des contractants. À la mort du vassal, le fief fait retour au seigneur, à moins que l'héritier ne prête serment à son tour. À la mort du seigneur, les fiefs sont redistribués selon la volonté du successeur, soit aux anciens vassaux, soit à de nouveaux. Si l'un des contractants trahit l'autre, il est déclaré félon. Le seigneur prononce alors la *commise* (confiscation) du fief, qu'il est en droit de récupérer par les armes si besoin est. Avec l'émiettement de l'empire carolingien, du IXe au XIIe siècle, la vassalité évolue et la pyramide féodale se désagrège. Chaque prince territorial a ainsi ses vassaux, des comtes qui ne prêtent plus fidélité au roi. Ces comtes ont eux-mêmes leurs propres vassaux, ce qui leur permet à leur tour de se dégager de leur vassalité propre vis-à-vis du prince. Mais à leur tour, par le jeu de la poussée décentralisatrice, ils ont cessé de recevoir le serment de leurs vassaux, de simples chevaliers gardiens de châteaux, qui sont devenus « châtelains indépendants ». À la fin du XIIe siècle, le mouvement s'inverse, et peu à peu le royaume de France se réunifie. Le domaine royal s'agrandit et les grandes principautés telles que la Bretagne ou le Bourbonnais se reconstituent, ces deux dernières n'étant réunies au domaine royal qu'au XVIe siècle, respectivement en 1524 et 1527.

VASSY : voir WASSY

VAUBAN Sébastien LE PRESTRE de (Saint-Léger-de-Foucherest, devenu Saint-Léger-Vauban, Nivernais, 1633 – Paris, 1707)

Maréchal de France.

Issu d'une famille de petite noblesse du Morvan, orphelin dès le plus jeune âge, il est confié aux soins de M. de Fontaines, prieur de Saint-Jean, à Semur, qui lui donne une solide instruction de base, notamment en géométrie. Attiré par le métier des armes, il rejoint, à 17 ans, l'armée du prince de Condé ; il est envoyé sur le lieu des combats menés contre les troupes royales et sera fait prisonnier. Libéré, il est présenté à Mazarin qui l'attache au service de la couronne. Vauban part alors pour Clermont-en-Argonne où il est chargé, en 1653, de soutenir le siège et de concevoir les fortifications de la place. Ayant fait preuve d'une habileté et d'une intelligence hors pair, il est nommé ingénieur du roi en 1655. Tout juste âgé de 22 ans, Vauban est placé aux côtés du plus illustre bâtisseur de fortifications de son époque, le chevalier de Clerville, et se trouve amené à participer ou à diriger directement le siège de plusieurs villes. En reconnaissance de ses qualités militaires, il reçoit de Mazarin une gratification. Plusieurs fois blessé, il sait se faire estimer de ses hommes pour son intelligence, son courage, sa droiture et son souci permanent d'épargner la vie des soldats. Après avoir mené les sièges de Gravelines, Ypres et Oudenaarde, il part en 1662 pour Dunkerque, que Louis XIV vient de reprendre aux Anglais ; il y est chargé de la direction des travaux destinés à consolider les principaux points d'appui stratégiques français du Nord ; sachant allier avec habileté les intérêts militaires et économiques du royaume, il mène à bien nombre de travaux utiles tant sur le plan militaire que civil, alors qu'en 1666 reprennent

Vauban

Huile sur toile, fin XVIIe, Angers, École d'application du Génie. © *Lauros-Giraudon*

les hostilités entre la France et l'Angleterre. Il obtient la reddition de plusieurs places, dont Douai et Lille, qu'il fortifie par la suite. Blessé au cours du siège de Lille, il est nommé lieutenant des gardes de Louis XIV.

S'étant rendu dans les places fortes de Flandre afin de les consolider, il établit ensuite les plans des fortifications de Cherbourg avant de se porter en Franche-Comté et de recevoir la place de gouverneur de Lille, chargé de la défense des territoires du Nord. C'est ainsi qu'il est amené à dresser le plan en relief de la citadelle qui, envoyé à Louis XIV – enthousiasmé par cette réalisation –, est à l'origine de la splendide collection de maquettes de places fortes aujourd'hui conservées à la fois à Paris, aux Invalides, et à Lille. Envoyé quelque temps après dans le sud de la France, Vauban dresse les plans des fortifications de Verceil, Turin, Pignerol, puis retourne à Dunkerque afin de diriger les travaux entrepris dans la ville. Guidé par des soucis d'ordre stratégique mais aussi humanitaires, il s'attache à concevoir des places fortes destinées non seulement à la défense mais également à la salubrité des conditions de vie des soldats se trouvant en garnison. Il rédige, à la demande de Louvois, un *Mémoire pour servir d'instruction dans la conduite des sièges,* dont certains principes sont encore utilisés de nos jours par les armées du monde entier (feux croisés ; rôle d'une progression effectuée par tranchées ; création d'un corps d'élite spécifique destiné à résoudre les problèmes techniques d'une armée en campagne ; génie militaire, etc.).

En 1672, alors que sévit la guerre de Hollande, Vauban propose un plan d'attaque tout à fait original pour maîtriser la ville de Maastricht ; ses instructions ayant été suivies, la ville est contrainte de se rendre (1673) puis, grâce à ce succès remporté du fait de la technique d'approche dite des parallèles (système qui sera très largement repris par la suite), Vauban se rend sur les côtes françaises de l'Ouest afin de donner des instructions très précises pour les ports vulnérables aux attaques de la flotte hollandaise ; il reçoit en 1674 le grade de brigadier général. Après avoir obtenu la même année la reddition de Besançon puis celle de Dole, Vauban est amené, lors du siège de Cambrai en 1677, à s'opposer aux conceptions militaires de Louis XIV pour la sauvegarde des hommes de troupe ; cet acte de courage lui vaut le grade de maréchal de camp.

Aucun siège important n'est désormais entrepris sans l'avis de Vauban ; les sièges d'Aire et de Gand le trouvent aux premières lignes, lorsque disparaît l'ami et le maître, le chevalier de Clerville. Vauban accepte le poste de commissaire général des fortifications (1678). À cette place, il réussit à faire taire les rivalités entre Colbert et Louvois et retourne à Dunkerque pour diriger les travaux du port. Les principaux plans de fortifications des places du nord de la France étant achevés, Vauban part pour le Midi, aménage le port de Toulon puis les fortifications de Perpignan, fait élever dans toute la région nombre de citadelles et d'ouvrages avant de retourner dans l'est de la France ; il élabore alors le plan des fortifications de places aussi stratégiques que Phalsbourg, Toul, Belfort, Sarrelouis, Longwy, Strasbourg et Fort-Louis, aménage et complète

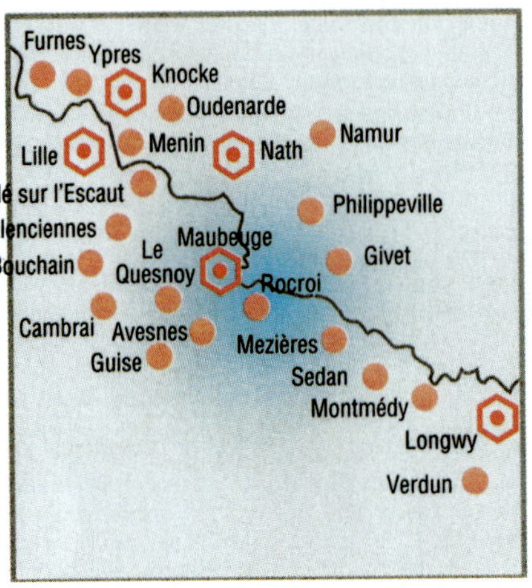

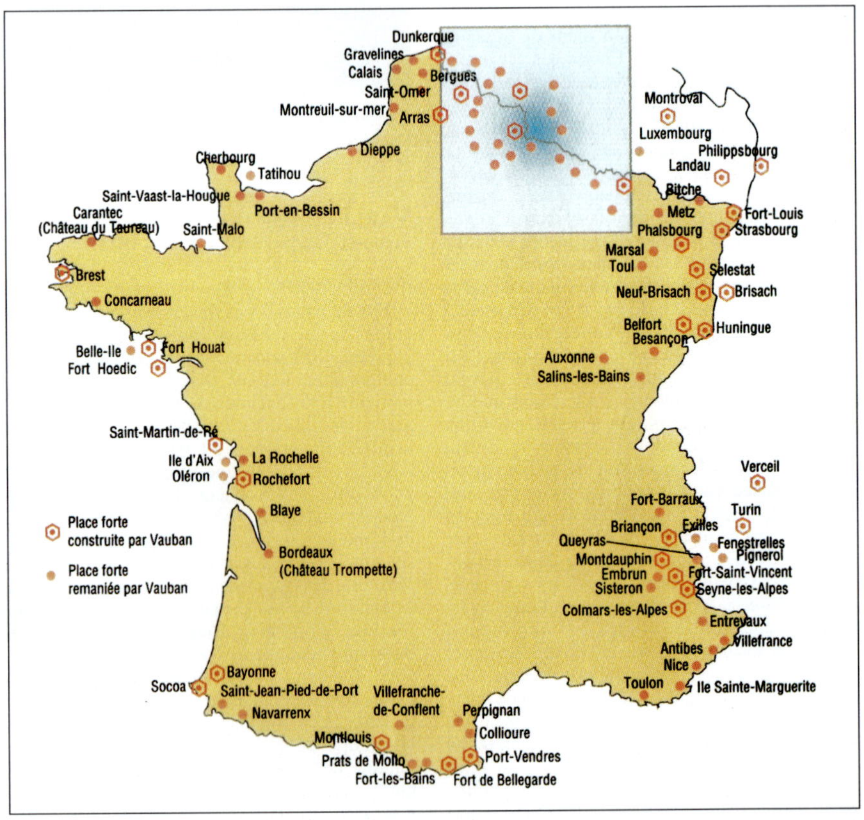

La France fortifiée par Vauban

les ouvrages d'art militaire de Verdun, Sedan, Montmédy, Metz, Marsal, Charleville, Rocroi et Blamont, puis il se remet à projeter des travaux dans le sud de la France.

Parcourant le pays en tous sens, Vauban dote peu à peu la France d'une véritable ceinture de fortifications. Dans les années 1680, il s'attache au renforcement d'un réseau portuaire et à la création de forteresses nouvelles sur la côte atlantique, car il estime qu'une solide implantation militaire côtière mettrait la France à l'abri des puissantes flottes anglo-hollandaises. Calais, Dieppe, La Hougue, Saint-Malo, Brest, Camaret, Belle-Isle, Houat, Hœdic, Saint-Martin-de-Ré, La Rochelle, Oléron, Rochefort, Hendaye... sont dotées de fortifications nouvelles ou améliorées par ses soins. Secondé par Catinat, Vauban a, durant ces mois, donné à la France les moyens efficaces de gagner guerres offensives et défensives. Avec le conflit de la ligue d'Augsbourg, il fait preuve, une fois de plus, d'un génie incontestable. Grâce à lui, Mons tombe en 1691, Namur l'année suivante, Steinkerque quelques semaines plus tard. Avec la prise de Landau, Vauban tente un nouveau procédé de défense : celui des camps retranchés avec forts détachés ; malheureusement, pour excellente qu'ait été cette idée, elle ne connaîtra un succès mérité que plusieurs décennies plus tard.

Promoteur plus ou moins direct de réalisations telles que l'aqueduc de Maintenon ou le canal des Deux-Mers, Vauban est non moins passionné par les statistiques. Dans un tout autre ordre d'idées, il est de ceux qui incitent Louis XIV à créer l'ordre de Saint-Louis (1693), et il est reçu à l'Académie des sciences en 1699. Maréchal en 1703, il obtient peu après de se retirer. Il doit également être évoqué en tant qu'homme politique ayant mis au service des humbles ses idées humanitaires inlassablement guidées par la justice. Protestant avec véhémence contre les inconvénients de la révocation de l'édit de Nantes, il n'hésite pas à proposer une réforme fiscale hardie dont l'application aurait, sans aucun doute, fortement modifié l'histoire de la France du XVIIIe siècle. Dans son *Projet d'une dîme royale* (1707), il expose les avantages d'un impôt qui serait levé directement par l'administration royale sans aucune dérogation ni aucun privilège. Le livre est saisi dès sa publication et provoque la disgrâce de son auteur. Vauban a écrit, par ailleurs, de nombreux travaux sur l'aménagement militaire et civil du royaume : *Traité des mines, Traité de l'attaque et de la défense des places, Traité des fortifications de campagne, Mémoires militaires.* Voltaire l'a qualifié « premier des ingénieurs et meilleur des citoyens ». Il avait participé à environ 53 sièges et se serait trouvé directement lié à 140 engagements militaires très importants. Quelque 300 forteresses ont été aménagées par lui et 33 entièrement construites sous son autorité. Sa dépouille mortelle fut déposée au château de Bazoches puis dispersée sous la Révolution de 1789. On n'en retrouva que le cœur, lequel fut placé, sur l'ordre de Napoléon, en 1808, aux Invalides. Le buste réalisé par Antoine Coysevox reflète bien la grandeur et la noblesse d'âme de Vauban.

VAUBLANC Vincent Marie VIÉNOT, comte de (Saint-Domingue, 1756 – Paris, 1845)

Homme politique.

En 1791, après avoir quitté l'armée, il se fait élire à la Législative où il figure parmi les constitutionnels. Ses opinions antijacobines l'obligent à mener une existence d'homme traqué pendant la Terreur. Ayant pris part à l'insurrection de Vendémiaire, il est condamné à mort par contumace. Mais son entrée au Conseil des Cinq-Cents lui permet de faire casser l'arrêt (1796). Proscrit au 18 Fructidor, il gagne la Suisse et revient après le 18 Brumaire. Membre du Corps législatif en 1800, il se montre dévoué au régime impérial, pendant lequel il est nommé préfet de la Moselle, fait baron en 1805, puis comte en 1813. Maintenu dans ses titres et fonctions par Louis XVIII, il suit le roi à Gand pendant les Cent-Jours, ce qui lui vaut en 1815 le portefeuille de l'Intérieur. Mais ses maladresses, son zèle intempestif et l'outrance de la réaction qu'il prône amènent son remplacement par Lainé en mai 1816. Malgré son élection en 1820 comme député du Calvados, Vaublanc cessera désormais de jouer un véritable rôle politique. Les contemporains l'ont jugé sévèrement. On l'a qualifié d'« outre gonflée de vent » ou encore de « cymbale retentissante ». Il a laissé de nombreux écrits, notamment des poésies, des tragédies et des *Mémoires.*

VAUCANSON Jacques de (Grenoble, 1709 – Paris, 1782)

Ingénieur mécanicien.

Fils d'un artisan gantier prospère, il est éduqué par les Jésuites. Passionné par la mécanique, il fabrique, à l'âge de 28 ans, un automate flûtiste. Il enchaîne avec un joueur de tambourin, un joueur d'échecs, un canard imitant les mécanismes de la digestion ou un serpent mécanique pour la pièce *Cléopâtre* de Marmontel. Plus tard, il s'intéressera à des automates médicaux pouvant servir de supports pédagogiques aux étudiants en médecine. En 1741, Vaucanson est nommé inspecteur des manufactures à soie, chargé de perfectionner les techniques de tissage. Il invente effectivement des machines nouvelles comme la première machine à dévider automatiquement les cocons de soie (1745). Mais les ouvriers lyonnais, craignant pour leur emploi, se révoltent et Vaucanson doit quitter Lyon. Ses inventions seront appliquées par le manufacturier Henri Deydier à Aubenas. Elles ne se limitent pas au seul secteur textile : Vaucanson met par exemple au point un tour mécanique et une perforatrice de conception tout à fait neuve. En 1748, le savant grenoblois est élu à l'Académie des sciences. Avec ses machines textiles et ses automates mondains, Vaucanson témoigne du statut ambivalent de la technique au siècle des Lumières entre l'attraction de cabinet – à la manière de la bouteille électrique de Leyde – et l'innovation préindustrielle. Il partage avec le matérialiste La Mettrie (1709-1751) une conception mécaniste du vivant, en partie héritée de Descartes.

VAUCELLES (trêve de)

Trêve entre la France et l'Espagne.

Cette trêve est signée dans l'abbaye cistercienne de Vaucelles, au sud de Cambrai, le 5 février 1556, pour une période de cinq ans. La rupture de cette trêve par Henri II, le 6 janvier de l'année suivante, a les plus graves conséquences puisqu'elle est suivie des désastres de Saint-Quentin et de Gravelines.

VAUCOULEURS

Ville située sur la Marne dans l'arrondissement de Commercy.

En 1299, dans une prairie proche de Vaucouleurs, Philippe IV le Bel renonce, en faveur de l'empereur Albert d'Autriche, à ses droits sur la Lorraine et l'Alsace et reçoit en échange le royaume d'Arles. Lorsque Jeanne d'Arc décide de rejoindre Charles VII en 1429, elle confie ce dessein au sire Robert de Baudricourt, gouverneur de Vaucouleurs, qui consent à son départ et lui fournit un cheval, des vêtements masculins et une escorte de six hommes d'armes. D'après la légende, le château des quatre frères Aymon s'élevait à quelques lieues de Vaucouleurs.

VAUDÉMONT

Ville de Meurthe-et-Moselle, au sud-ouest de Nancy.

Construite à la pointe sud-ouest d'une colline en fer à cheval qui domine la plaine lorraine, Vaudémont est, au temps des Celtes, le lieu d'un culte à la déesse Rosmertha. Plus tard, les seigneurs de Vaudémont élèvent à la pointe nord-est de la colline un sanctuaire dédié à Notre-Dame-de-Sion. Le village de Vaudémont doit son origine à un château du XIe siècle dont subsiste une tour, dite tour Brunehaut. Érigé par Henri IV d'Allemagne en 1070, le comté de Vaudémont a pour chef-lieu Vézelise. Appartenant à la maison de Joinville, il passe ensuite à celle de Lorraine, dont les cadets en seront longtemps titulaires. De nombreux conflits opposent les comtes de Vaudémont aux ducs de Lorraine, auxquels ils succèdent au XVe siècle, à l'extinction de la branche aînée. Il se reformera une branche de Vaudémont à laquelle appartiendra la reine Louise, femme d'Henri III. Au XIXe siècle, la colline est le centre d'un apostolat illuministe.

VAUDÉMONT Antoine de LORRAINE, comte de, surnommé LE VICTORIEUX (? – ?, 1458)

Chef de guerre.

Il est le fils de Ferry de Lorraine, lui-même fils cadet de Jean Ier de Lorraine, époux de Marguerite de Vaudémont et, par ce mariage, tige de la maison de Vaudémont sous le nom de Ferry Ier. En 1431, à la mort de son oncle Charles, duc de Lorraine, Antoine dispute l'héritage lorrain à René d'Anjou, duc de Bar. Il affirme que la Lorraine est un fief masculin, qui ne peut être transmis à René par son mariage avec Isabelle, fille du duc défunt. Le comte de Vaudémont prend les armes, soutenu par le duc de Bourgogne, alors que le roi de France soutient René d'Anjou. Tandis qu'il ravage le Barrois, René marche à sa rencontre. Les deux adversaires se rejoignent le 2 juillet 1431 à Bulgnéville. Habile tacticien et organisateur, alors que ses troupes sont très inférieures en nombre, Antoine bat son adversaire, fait prisonnier au terme de la bataille et livré au duc de Bourgogne. Isabelle, son épouse, signe alors une trêve avec Antoine le Victorieux. Cependant, l'empereur Sigismond rendant un arbitrage en faveur de René, les hostilités reprennent en 1438. Elles ne cesseront qu'en 1444, lors du mariage de Ferry, fils d'Antoine, avec Yolande, fille du roi René. Leur fils René II deviendra duc de Lorraine en 1473. En 1417, Antoine de Vaudémont avait épousé Marie d'Harcourt.

VAUDOIS

Nom donné aux membres d'une hérésie fondée dans le dernier quart du XIIe siècle par Pierre Valdès ou Valdo.

On appelle ainsi les disciples de Valdès dès lors qu'ils ont été bannis de la ville de Lyon pour hétérodoxie et insubordination à l'autorité de l'archevêque (1183). L'année suivante, le pape Lucius III, à qui Valdès avait fait appel de la sentence archiépiscopale, la renouvelle et la renforce, associant explicitement les « Pauvres de Lyon » aux autres hérétiques appelés cathares, patarins ou publicains. En 1215, le pape Innocent III au concile de Latran IV confirme l'excommunication des « Pauvres de Lyon », que l'on appelle désormais communément vaudois. Comme pour toutes les hérésies médiévales, les pratiques et les croyances des Vaudois sont essentiellement connues par les sources de leurs détracteurs. La dissidence initiée par Valdès et poursuivie après lui en Dauphiné, dans le Piémont et dans les Alpes, se manifestait semble-t-il essentiellement par un évangélisme ardent poussant ces hommes, laïcs dans leur très grande majorité, à prêcher eux-mêmes, refusant ainsi le monopole ecclésiastique dans ce domaine. Cette attitude semble avoir conduit rapidement au refus de l'institution ecclésiale en tant que telle et notamment comme médiatrice pour l'administration des sacrements et l'accès au salut.

Ce type de contestation, qui n'est pas né avec Valdès, lui survivra longtemps. Dès les environs de l'an mil, l'Église, qui commence sa longue transformation institutionnelle par la réforme grégorienne, doit faire front à des tentatives de dissidence. Plus elle amorce un virage théocratique, plus les condamnations sont nombreuses et plus elles sont réprimées fortement. À ce titre, les Vaudois font les frais de l'arrivée au pontificat d'Innocent III, qui met en place l'arsenal répressif contre toutes les déviances, qualifiées de sectes diaboliques, destructrices de l'Église et coupables de crime de lèse-majesté divine. Deux groupes deviennent emblématiques de cette déviance : les albigeois (ou cathares) et les vaudois. Dans chacun des cas, l'Église va mettre sous cette dénomination un très grand nombre de contestations religieuses et politiques, qui empruntent des voies diverses, se manifestent en différents lieux, mais contestent finalement des points voisins, au premier chef desquels la toute-puissance de l'Église romaine. Aussi le terme vaudois devient-il dès les premières années du XIIIe siècle un terme générique pour désigner des contestations très variées qui n'ont bien souvent aucun lien direct avec la petite communauté ayant suivi Valdès à Lyon et dans les Alpes. L'expression se maintient tout au long du Moyen Âge et même au-delà jusqu'à la fin du XVIIe siècle, à tel point que certains historiens ont cru voir une survie clandestine de l'hérésie vaudoise depuis la fin du XIIe siècle. Il faut davantage voir derrière cette appellation la volonté de qualifier par un terme impliquant par lui-même la condamnation (vaudois = hérétique) des dissidences diverses. Ainsi, lorsque, au milieu du XVe siècle, la répression inquisitoriale se tourne essentiellement contre les sorciers et sorcières, c'est au nom de la lutte contre les nouveaux vaudois. Quelques années plus tard, les communautés protestantes seront qualifiées de la même manière, donnant naissance au mythe de la récupération par Luther et Calvin, via les hérétiques hussites de Bohême et ceux de Wyclif en Angleterre aux alentours de 1400, de la doctrine élaborée par Valdès et poursuivie par ses disciples.

VAUDREUIL Philippe de RIGAUD, marquis de (Gascogne, 1643 – Québec, 1725)

Gouverneur du Canada.

Gouverneur de Montréal en 1689, il succède en 1705 à Callières, gouverneur général du Canada. Homme courageux, administrateur rigoureux, il mène la lutte contre les Anglais mais ne peut empêcher la perte de l'Acadie et de Terre-Neuve, en 1713. Il demeure gouverneur du Canada jusqu'à sa mort.

VAUDREUIL Pierre de RIGAUD de CAVAGNOL, marquis de (Québec, 1698 – Muides-sur-Loire, 1778)

Gouverneur du Canada.

Fils du précédent. Il commence sa carrière au Canada en tant que gouverneur de Trois-Rivières, un des centres de la colonisation française. En 1743, il succède à Le Moyne d'Iberville, gouverneur de la Louisiane. Là, il se montre un administrateur entreprenant, ordonne des défrichements, agrandit La Nouvelle-Orléans. En 1755, il est nommé gouverneur général du Canada, à la suite de Duquesne. Trois ans plus tard, au cours de la guerre de Sept Ans, les Anglais lancent une puissante attaque contre le Canada, défendu par des troupes trop peu nombreuses. Vaudreuil, en outre, ne s'entend pas plus avec Montcalm, qui commande ces troupes, qu'avec son prédécesseur le baron de Dieskau. Après la mort de Montcalm, tué le 17 septembre 1759, le gouverneur ordonne l'évacuation de Québec, et la capitulation. Après celle de Montréal, au mois de mai suivant, le Canada est perdu. De retour en France, Vaudreuil, rendu responsable de cette perte, est enfermé à la Bastille. Reconnu innocent, il sera libéré en 1763.

VAUX (fort de)

Ouvrage avancé de Verdun. Situé sur un éperon des hauts de Meuse au sud du village de Vaux-devant-Damloup, il domine par 330 mètres d'altitude toute la Woëvre et prend à revers le plateau de Douaumont.

Pilier angulaire nord-est des fortifications de Verdun en 1914, il est soumis à un bombardement permanent à partir du 26 février 1916 et subit les premières attaques de l'ennemi le 9 mars. L'étau se resserre autour de lui après la prise par les Allemands du village de Vaux-devant-Damloup, au terme de trois semaines de combats meurtriers (8 mars – 2 avril). Défendu héroïquement par sa garnison, aux ordres du commandant Raynal, le fort de Vaux tient longtemps tête à l'ennemi. Mais, le 1er juin, l'étreinte se resserre ; le 4, l'assaillant réussit à couronner les superstructures et, le 7 au matin, il obtient la reddition du fort, accordée avec les honneurs militaires. La batterie de Damloup, ouvrage de flanc du fort, devait résister jusqu'au 3 juillet. Elle est reconquise au cours de la contre-offensive Mangin du 24 octobre 1916 ; le fort lui-même est dégagé le 2 novembre sans que les Allemands aient pu faire jouer les dispositifs de destruction qu'ils avaient préparés.

VAUX-LE-VICOMTE (château de)

Château situé près de Maincy, dans l'actuel département de la Seine-et-Marne.

Surintendant des Finances, Nicolas Fouquet ordonne sa construction au mois d'août 1656. Elle ne durera que cinq ans. Le château s'élève sur l'emplacement d'un village de ce nom, rasé par la volonté du ministre. Le Vau dessine les plans, Le Nôtre les jardins, Le Brun le décore avec la collaboration d'Anguier, de Poissant, de Lespagnandel, de Legendre et de Girardon. Trois douves l'entourent. Les portiques et les communs ferment latéralement l'avant-cour, dont l'entrée présente une grille aux termes ioniques de pierre. De gros pavillons d'angle, ornés d'énormes pilastres, cantonnent le corps de logis. Les pavillons d'entrée forment deux courtes ailes traçant un double ressaut. Les baies cintrées de l'avant-corps central sont séparées par des colonnes ioniques surmontées d'un fronton sur les rampants duquel on admire les statues d'Apollon et de Rhéa, toutes deux couchées. Des sections courbes les relient aux saillants du second plan. Des colonnes doriques, au rez-de-chaussée, et des statues, à l'étage, les divisent. La façade vis-à-vis des jardins s'arrondit d'un puissant avant-corps. La décoration fastueuse de l'intérieur et l'ordonnance majestueuse des jardins devancent la magnificence de Versailles. Fouquet, fier de sa superbe propriété, y reçoit en 1659, avec un éclat incomparable, le duc d'Orléans et sa femme, Henriette d'Angleterre. Devant eux, Molière jouera *L'École des maris*. Le surintendant fera également trois fois les honneurs de Vaux-le-Vicomte à Louis XIV. La troisième lui sera fatale. Le 17 août 1661, il organise une splendide fête à l'intention du souverain, la fameuse fête de Vaux. « Vaux ne sera jamais plus beau que ce soir-là », dira La Fontaine. Le repas, chef-d'œuvre de Vatel, a lieu au son des violons de Lulli. Molière interprète *Les Fâcheux*, comédie spécialement écrite à cette occasion. Un extraordinaire feu d'artifice embrase le ciel. Le roi n'apprécie guère la somptuosité de son hôte. Elle confirme les soupçons qu'il porte sur l'origine malhonnête de sa fortune et, le 5 septembre, le capitaine des mousquetaires d'Artagnan l'arrête à Nantes. Jugé, convaincu de malversations, condamné à la prison perpétuelle, Fouquet mourra dans la forteresse de Pignerol, en 1680.

Érigé en duché pour le maréchal de Villars, Vaux-le-Vicomte prend le nom de Vaux-Villars. Le fils du vainqueur de Denain, le prince de Martigues, le vend, en 1764, à César Gabriel de Choiseul, duc de Praslin. Rebaptisé Vaux-Choiseul, le domaine souffre peu de la Révolution, mais le suicide du duc de Choiseul-Praslin, en 1847, entraîne l'abandon des bâtiments et des jardins. Redevenue Vaux-le-Vicomte, l'ancienne création de Fouquet est vendue aux enchères en 1875. À cette date, Alfred Sommier, qui visite par hasard le château, décide de s'en porter acquéreur et de lui restituer son aspect du XVIIe siècle. Il consacrera sa vie entière à restaurer les bâtiments et à reconstituer le parc. Il remeuble aussi l'ensemble du château qui ne possédait plus, à son arrivée, que deux tables, six statues et six toiles peintes, le mobilier installé par Fouquet ayant été vendu ou dispersé après son arrestation. À la mort d'Alfred Sommier en 1908, la restauration de Vaux est achevée. Six ans plus tard, sa belle-fille, Mme Edme Sommier, installe à Vaux-le-Vicomte un hôpital destiné à accueillir les soldats blessés au front puis, à la fin de la Première Guerre mondiale, les jardins sont ouverts au public. En 1968 enfin, le comte de Vogüé – descendant de la famille Sommier – décide d'ouvrir les salles d'apparat du château aux visiteurs, tout en continuant à restaurer le domaine, afin de lui rendre l'aspect qu'il avait à l'époque du surintendant.

VAVASSEUR

En latin vassus vassorum, *vassal des vassaux ou arrière-vassal.*

Nom donné, dans la hiérarchie féodale instaurée par les Carolingiens, aux vassaux des seigneurs, eux-mêmes vassaux du roi (*vassi regales*).

VÉDRINES Jules (Saint-Denis, 1881 – Saint-Rambert-d'Albon, Drôme, 1919)

Aviateur.

Après avoir gagné l'épreuve Paris-Madrid en 1911, il se distingue durant la Première Guerre

Le fort de Vaux

Le couloir central du fort après sa reprise aux Allemands. © *Sélection Images*

Jules Védrines
Védrines aux commandes d'un Caudron. © *Branger-Viollet*

mondiale par sa virtuosité et sa bravoure, et devient célèbre parmi les escadrilles aux commandes de son appareil fétiche dénommé *La Vache*. Une fois la paix revenue, il continue ses exploits et stupéfie les Parisiens en posant son avion sur le toit des Galeries Lafayette, le 19 janvier 1919. Mais la chance l'abandonne quelques mois plus tard, et il meurt dans un accident à Saint-Rambert-d'Albon.

VELAY

Petit pays rattaché sous l'administration royale au Languedoc et borné par l'Auvergne (Brivadois), le Gévaudan, le Vivarais et l'ensemble Forez-Lyonnais.

Le *pagus Vellavicus* doit son nom à la *civitas Vellavorum*, ou cité des Vellaves, dont le chef-lieu est *Ruessio* ou *Ruessium*. Les invasions barbares ayant ruiné cette ville, l'évêché est transféré à Anicium ou si l'on préfère au *podium aniciense*, c'est-à-dire au puy d'Anicium (aujourd'hui Le Puy). Le haut Moyen Âge est une période obscure. L'expression « comté de Velay » est employée dans l'énoncé des titres de Guillaume le Pieux, également comte d'Auvergne, puis marquis de Gothie et duc d'Aquitaine (886-918). À l'avènement d'Hugues Capet, le Velay est considéré comme mouvant de l'Aquitaine, à la même enseigne que le comté d'Auvergne avec lequel il semble avoir des liens très étroits pendant un siècle encore. Ensuite les comtes de Toulouse tendent à y établir leur autorité mais ne tardent pas à se heurter aux prétentions des évêques du Puy. La décadence de la maison raymondine laisse le champ libre aux évêques, tout au moins dans la capitale et dans les seigneuries épiscopales (qui s'étendent jusqu'en Vivarais). Dans le reste du pays, l'autorité réelle est morcelée entre un certain nombre de seigneurs laïques, dont le plus important est sans conteste le vicomte de Polignac. Si le Velay est théoriquement réuni à la couronne sous le règne de Louis VIII, il faut en fait attendre celui de Philippe le Bel pour que la puissance royale s'y fasse sentir. Même après son rattachement au Languedoc, le pays vellave gardera une certaine autonomie, symbolisée par des états particuliers. Il est à noter que les limites du département de Haute-Loire excèdent largement celles du Velay.

VÉLIOCASSES ou VELLOCASSES

Peuple de la Gaule établi aux confins de la Belgique et de la Celtique, dans le Vexin et la région de Rouen.

La cité gallo-romaine des Véliocasses est par la suite unie à celle des Calètes du pays de Caux pour former la *civitas Rotomagensium* ou cité de Rouen (*Rotomagus*). À l'époque franque, le territoire des Véliocasses est divisé en deux *pagi* : le Vexin et le Roumois.

VELLAVES ou VELLAVIENS

En latin Vellavi *ou* Vellavii. *Peuple celtique établi dans l'actuel Velay.*

Ils figuraient dans la clientèle des Arvernes, leurs puissants voisins. Le chef-lieu de leur cité, *Ruessio* ou *Ruessium*, devait prendre à l'époque chrétienne le nom de Saint-Paulien, mais le transfert de la capitale à *Anicium* (Le Puy) était déjà chose faite à la fin de l'Empire. Depuis l'organisation des Gaules par Auguste, le territoire des Vellaves constituait la pointe orientale de l'Aquitaine.

VÉNALITÉ

S'entend particulièrement de la vente des charges et offices sous l'Ancien Régime.

La vénalité est la conséquence des énormes besoins financiers de l'État qui le contraignent à transformer ses meilleurs serviteurs, jusque-là souvent « commissaires », en officiers qui achètent leur charge et la revendent, et à multiplier le nombre de ceux-ci pour parer à des difficultés de trésorerie. C'est au XVIe siècle que l'habitude s'introduit de faire trafic des charges. Pratique qui ouvre la voie à l'inamovibilité et à l'hérédité des offices.

VÉNASQUE ou VENISSE

Village situé sur un contrefort du plateau de Vaucluse.

Ancien *oppidum*, *Vindasca* a donné son nom au *pagus* puis au *comitatus Vindascinus* ou *Vendascinus*, c'est-à-dire au Venaissin ou Comtat Venaissin. Au haut Moyen Âge, les évêques de Carpentras y transfèrent leur siège. L'église principale actuelle, Notre-Dame de Vic, est une construction de l'extrême fin du XIIe siècle et du début du XIIIe. Elle est reliée par un couloir à un petit édifice cruciforme et quadrilobé, fort ancien, dans lequel Mérimée a voulu voir un baptistère du VIe siècle, explication longtemps admise par les historiens (dont Émile Mâle) et aujourd'hui discutée.

VENDÉE (guerres de)

Nom générique des combats qui, dans une partie de l'ouest de la France, opposèrent les royalistes aux républicains et aux bonapartistes, pendant la Révolution et la fin de l'Empire, et les légitimistes aux orléanistes, au début du règne de Louis-Philippe.

En 1793, les populations des Mauges angevines, du Haut-Poitou, du Bocage bas-poitevin, du Marais, du pays de Retz et du Louroux se soulèvent contre la République. Exaspérées par les persécutions religieuses et par la mort sur l'échafaud de Louis XVI, elles refusent de satisfaire au décret de la Convention nationale ordonnant la levée en masse de 300 000 hommes. Le 12 mars 1793, les habitants mâles des Mauges, rassemblés à Saint-Florent-le-Vieil pour les formalités de conscription, dispersent gendarmes et fonctionnaires. L'insurrection s'étend vite dans toute la Vendée militaire. Jacques Cathelineau commande en chef l'Armée chrétienne, bientôt intitulée la Grande Armée catholique et royale. Ses lieutenants sont Nicolas Stofflet, Charles de Bonchamp, Maurice d'Elbée, Louis-Marie de Lescure, Henri de La Rochejaquelein. L'armée du Centre obéit aux frères Royrand et aux Sapinaud, oncle et neveu, et l'armée du pays de Retz à François Athanase Charette de La Contrie. Les effectifs royalistes atteindront 80 000 hommes.

En quinze jours, les Blancs (les royalistes avaient le drapeau blanc pour emblème, couleur du roi) s'emparent de Jallais, Chemillé, Cholet, Coron, Vihiers et Chalonnes. Les Républicains envahissent la Vendée, mais Henri de la Rochejaquelein, par les victoires de Paganes et de Beaupréau, les refoule jusqu'à la Loire. Le 5 mai 1793, le drapeau fleurdelysé flotte sur Thouars, le 25 sur Fontenay, le 9 juin sur Saumur. Tous les espoirs sont permis aux « Brigands » lorsque les Bleus (les républicains étaient dotés d'un uniforme bleu) les battent devant Nantes le 29 juin, et devant Luçon le 30 juillet et le 14 août. Le 18 septembre, la Convention envoie 100 000 soldats écraser la rébellion. Décimés à Coron, au Pont-Barre, à Torfou, à Montaigu et à Saint-Fulgent, ces hommes aguerris, parmi lesquels se comptent les glorieux défenseurs de Mayence, doivent se retirer. Au début d'octobre, six armées républicaines reprennent l'offensive. Les Vendéens ne peuvent contenir le choc. Le 17 octobre, vaincus à Cholet, ils se retirent vers la Loire et la traversent, le 18, à Saint-Florent-le-Vieil, dans l'intention de rejoindre les insurgés bretons et d'occuper un port où les Anglo-Émigrés pourraient éventuellement débarquer. Vainqueurs à La Croix-Bataille et à Entrammes, les 25 et 27 octobre, les royalistes essuient un sanglant échec sous les murs de Granville. Découragés, ils ne songent plus alors qu'à regagner la Vendée. Les 21 et le 22 novembre, les Bleus perdent les batailles de Dol, d'Antrain et de Baguer-Pican. Ils prennent une revanche au Mans, le 12 décembre, et à Ancenis, le 16 du même mois. Le représentant du peuple Garnier écrit à la Convention : « Dans l'espace de quatorze lieues de chemin, il n'est pas une toise où l'on ne trouve un cadavre étendu. » Le 23 décembre, taillés en pièces, encombrés de non-combattants, les Vendéens repassent la Loire à Savenay. Cette campagne de Bretagne sera nommée la Virée de Galerne.

Durant l'hiver de 1793-1794, la Terreur frappe « l'exécrable Vendée ». Le général Turreau promène ses colonnes infernales – deux armées divisées en douze corps – à travers le pays. Sur leur passage, tout est pillé, tous sont massacrés. « Cela va bien, dit le général Grignon, nous en tuons plus de 100 par jour. » Au début de 1794, les royalistes se ressaisissent. Charette, qui a refusé de participer à la Virée de Galerne, monte une campagne victorieuse dans le Marais et dans le Bocage, La Rochejaquelein et Stofflet dans les Mauges. À Cholet, à Beaupréau, à Bressuire, à Argenton-le-Château, les « Brigands » dispersent les Bleus. Les quatre principaux généraux vendéens encore vivants, Charette, Stofflet, Sapinaud et Marigny, tentent au château de La Boulaye, le 22 avril 1794, d'oublier leurs querelles intestines et d'unir leurs forces. Vainement : les chasseurs de Stofflet fusilleront, quelques semaines plus tard, le général de Marigny. Cependant la chute de Robespierre, le 9 Thermidor, amène la Convention à négocier. À La Jaunaye, le 17 février 1795, Charette et Sapinaud signent la paix avec la République. Stofflet les imite à Saint-Florent, le 2 mai. Le 22 juin 1795, les hostilités reprennent. Elles seront fatales aux royalistes. Le général républicain Hoche promet le rétablissement des libertés religieuses, et la Vendée manque, à présent, d'hommes valides. Stofflet et Charette, pris l'un et l'autre malgré une défense acharnée, tombent sous les balles du peloton d'exécution, le premier à Angers, le 25 février 1796, le second à Nantes le 29 mars. Les généraux d'Autichamp et de Chatillon poursuivront un temps la lutte, mais la poignée d'irréductibles qu'ils conduisent sont contraints de se soumettre après la défaite des Herbiers. Durant l'été de 1796, la Vendée se pacifie progressivement, et l'état de siège est levé dans les provinces de l'Ouest.

Au début du Consulat, de nouveaux troubles éclatent, mais, rapidement réprimés par Brune, ils ne mettent plus la Vendée à feu et à sang, tandis que, sous l'Empire, l'Ouest reste calme. La première abdication de l'Empereur (6 avril 1814) et le retour des Bourbons sur le trône suscitent un immense sentiment de soulagement dans les milieux royalistes vendéens, ce qui explique que l'annonce du retour de l'île d'Elbe est le point de départ de nouveaux soulèvements. Des troubles assez graves éclatent, d'où la répression menée par le général Lamarque, durant les mois de mai et juin 1815.

L'agitation cesse ensuite, jusqu'en 1830, date à partir de laquelle la Vendée s'arme de nouveau contre l'« Imposteur », Philippe d'Orléans. L'âme de cette rébellion est Marie-Caroline de Naples, duchesse de Berry qui, veuve depuis 1820, se met à la tête du soulèvement vendéen dans le dessein de restituer la couronne aux héritiers « légitimes » : son beau-père Charles X puis son fils Henri V, le duc de Bordeaux. La duchesse de Berry tente ainsi d'organiser, en 1832, un mouvement insurrectionnel soutenu, du moins l'espère-t-elle, par un élan populaire semblable à celui du retour de l'île d'Elbe. Contrairement aux vœux de la « régente de France », la Vendée ne bouge pratiquement pas ; quelques heurts violents opposent certes les « soldats d'Henri V » aux « Philippards », mais, malgré l'intrépidité des chefs blancs – issus pour la plupart des plus illustres familles de combattants royalistes de l'époque révolutionnaire –, le soulèvement tourne court. La supériorité numérique des troupes envoyées par Paris et l'arrestation de la duchesse de Berry ont raison de ce dernier mouvement vendéen.

VENDÉMIAIRE AN IV (journée du 13)

Journée révolutionnaire du 5 octobre 1795 organisée par les royalistes et certains bourgeois parisiens, et dont l'origine remonte au décret des deux tiers voté par la Convention au mois d'août 1795.

La Constitution de l'an III prévoit la réunion de deux nouvelles assemblées, le Conseil des Cinq-Cents et le Conseil des Anciens. Pour éviter d'être balayés par une lame de fond populaire, de droite ou de gauche, les conventionnels ont décidé que les deux tiers des membres des nouvelles assemblées, soit 500 députés sur 750, seraient obligatoirement élus parmi les députés sortants. Déçus dans leurs espérances, furieux, les royalistes de la section Le Peletier convoquent le 11 vendémiaire une réunion des citoyens au Théâtre-Français, réunion placée sous la présidence du duc de Nivernais. Ils veulent préparer les élections aux assemblées primaires, qui choisiront ensuite les députés. Inquiète, la Convention délègue ses pouvoirs à une commission de cinq membres, parmi lesquels Barras et Daunou, qui font appel aux terroristes survivants, aux anciens sans-culottes. La réunion du Théâtre-Français, cependant, n'aboutit pas. La section Le Peletier lance alors un appel aux armes. La section de la butte des Moulins la rejoint, et aussi une partie de la garde nationale, sous le commandement du général Danican. Pour se défendre, la Convention ne dispose, à côté des anciens « lècheurs de guillotine », que de 4 000 hommes de troupe réunis au camp des Sablons et commandés par le général de Menou, acquis aux royalistes. Cependant, privés de chef, ces derniers ne se décident pas à agir, et se dispersent au soir du 12 vendémiaire.

Les députés, reprenant espoir, destituent Menou et nomment Barras commandant en chef des forces de l'Intérieur. Celui-ci confie alors le commandement en second des troupes à un jeune général, Bonaparte, qui vient de diriger l'armée d'Italie et s'apprête à partir pour la Turquie. Bonaparte dispose des troupes des Sablons groupées autour des Tuileries. Il envoie le chef d'escadron Murat chercher au camp des pièces d'artillerie qu'il installe aussitôt aux points menacés de la capitale. Les colonnes d'émeutiers se mettent en marche vers 14 heures, le 13 vendémiaire ; les premiers coups de feu sont tirés deux heures plus tard, près de l'église Saint-Roch où les canons de Murat mitraillent les assaillants. Près du Pont-Neuf, rue des Petits-Champs, la lutte est particulièrement acharnée. La résistance des émeutiers cesse à la fin de l'après-midi. À la suite de cette journée, Bonaparte recevra le surnom de « général Vendémiaire ».

VENDÔME

Capitale du Vendômois, sur le Loir, dans le Loir-et-Cher.

Vindocenum a une origine gauloise. Toutefois, elle ne prend d'importance que sous ses premiers comtes, Bouchard le Vieux (mort vers 1007), grand ami d'Hugues Capet, et surtout Geoffroi Martel, également comte d'Anjou, qui fonde au milieu du XIe siècle l'abbaye de la Trinité. Cette abbaye possède une larme du Christ rapportée de Constantinople, qui sera vénérée par les pèlerins jusqu'à la Révolution. Elle connaît un de ses plus brillants moments sous Geoffroi (1093-1132), ami d'Urbain II, qui entend ne relever que du Saint-Siège. De cette époque date le clocher, haut de 80 mètres, qu'on peut encore voir aujourd'hui, isolé par rapport à l'église qui, elle, est presque entièrement gothique. En mars 1227 est signé à Vendôme un traité par lequel Blanche de Castille obtient la soumission de Pierre Mauclerc et d'Hugues de la Marche au prix de trois alliances entre enfants capétiens et enfants des seigneurs révoltés. Arrangement vite ruiné par la mauvaise volonté de Mauclerc.

VENDÔME (comté et duché de)

Ancien pays occupant principalement la vallée du Loir.

Le premier comte héréditaire de Vendôme est Bouchard Ier dit le Vieux, fils puîné du comte d'Anjou Foulques le Bon. À la fin du XIVe siècle, Jean Ier de la Marche épouse Catherine de Vendôme, sœur de Bouchard VII, mort en 1371. C'est ainsi que le comté de Vendôme entre dans la maison de Bourbon. À sa mort en 1412, Catherine transmet son fief à son deuxième fils, Louis. Celui-ci a pour petit-fils Charles, qui fait ériger la terre vendômoise en duché par François Ier en 1515. Charles est le père d'Antoine de Bourbon. À son avènement, le fils de celui-ci, Henri IV, se garde de réunir le duché au domaine royal. Il le donne en 1598 à un fils qu'il a eu de Gabrielle d'Estrées, César, dans la postérité duquel il restera jusqu'en 1712, année où Louis Joseph de Vendôme mourra sans laisser d'enfants. Plus tard, le Vendômois fera partie de l'apanage du comte de Provence (futur Louis XVIII).

VENDÔME César de BOURBON, duc de (Coucy, 1594 – Paris, 1665)

Gouverneur de Bretagne.

Bâtard d'Henri IV et de Gabrielle d'Estrées, légitimé dès 1595, il est créé duc de Vendôme et gouverneur de Bretagne en 1598. À la suite d'une promesse de mariage avec Françoise de Lorraine-Mercœur, il épouse cette princesse en 1609. Son père lui a donné le premier rang après les princes du sang. Vendôme se mêle aux révoltes des grands qui agitent la régence de Marie de Médicis, est impliqué dans la conspiration de Chalais et enfermé à Vincennes de 1626 à 1630. Relâché, il doit abandonner son gouvernement et s'exile à l'étranger. Revenu en France après la mort de Richelieu, il participe avec son fils cadet Beaufort à la cabale des Importants. Cependant, il ne tarde pas à se réconcilier avec la Cour et marie son fils aîné Mercœur à Laure Mancini, nièce de Mazarin, ce qui lui permet d'obtenir le gouvernement de Bourgogne puis la surintendance de la Navigation. Placé à la tête de l'armée de Guyenne, il reprend Libourne et Bordeaux en 1653 avant de battre une escadre espagnole près de Barcelone en 1655.

VENDÔME Louis de BOURBON, duc de Mercœur puis de (Paris, 1612 – Aix-en-Provence, 1669)

Cardinal.

Fils aîné du précédent. Vice-roi de Catalogne en 1650, gouverneur de Provence en 1652, il occupe Toulon et Aix en 1653 puis Valence en 1656. Veuf en 1657 de Laure Mancini, il entre dans les ordres et reçoit le chapeau de cardinal en 1667. Il sera nommé légat en France par le pape Clément IX.

VENDÔME Louis Joseph de BOURBON, duc de Penthièvre puis de (Paris, 1654 – Vinaroz, royaume de Valence, Espagne, 1712)

Homme de guerre.

Fils aîné du précédent. Après avoir fait ses premières armes dans la campagne de Hollande et s'être distingué à La Marsaille en 1693, il devient général des galères en 1694 et reçoit, malgré les réticences de Louis XIV, le commandement des troupes françaises en Catalogne. Là, il prend Barcelone en 1697. Lors de la guerre de Succession d'Espagne, il remplace avantageusement Villeroi en Italie et repousse le prince Eugène à deux reprises, à Luzzara en 1702 puis à Cassano d'Adda en 1705. On le retrouve ensuite en Flandre, où il ne parvient pas à empêcher la jonction du duc de Marlborough et du prince Eugène qui lui infligent à Oudenaarde, en juillet 1708, une défaite qui ouvre la France aux invasions. Le véritable responsable de ce désastre est l'incapable duc de Bourgogne que le roi, méfiant, lui a imposé comme associé, ce qui paralyse tous ses mouvements. Tombé dans une sorte de disgrâce pour n'avoir pas obtenu de miracle, Vendôme ne sert pas l'année suivante. Cependant, les vrais stratèges se raréfiant, Louis XIV se résigne à faire de nouveau appel à lui pour secourir Philippe V, dont la situation paraît quasi désespérée. Ayant pu ramener ce prince à Madrid et battre Stanhope à Brihuega, Vendôme remporte sur la coalition, en décembre 1710, à Villaviciosa, une victoire qui assure définitivement au petit-fils de Louis XIV la possession de la couronne des rois catholiques. À sa mort, Philippe V fera porter le deuil à toute l'Espagne et procéder à son inhumation à l'Escurial. C'était un des plus grands capitaines de son temps, audacieux, génial même, mais un déplorable administrateur et, malgré sa générosité, un esprit cynique et dénué de sens moral. Ce défaut explique l'hostilité que lui vouait le roi vieillissant dans la dévotion.

VÉNÈTES

Peuple armoricain de la Gaule celtique, établi à l'emplacement du Morbihan actuel, avec pour capitale Darioritum *(aujourd'hui Vannes).*

Les Vénètes sont de remarquables marins, leur flotte est redoutable et ils tiennent leur puissance davantage du monopole maritime qu'elle leur assure sur les côtes de l'Armorique que de la richesse des productions de leur pays. Ils entretiennent d'étroites relations avec la Bretagne (Grande-Bretagne actuelle), d'où ils rapportent surtout de l'étain et des esclaves, et leur commerce fructueux les amène à frapper de très belles monnaies d'or et d'argent. Vaincus par Crassus, ils se soumettent à Rome en 57 av. J.-C. Un an plus tard, ils se soulèvent et entraînent dans leur révolte toutes les cités maritimes de l'Armorique et du Cotentin, qui forment une coalition dont ils prennent la tête. Mais leur flotte est battue par le jeune Decimus Brutus, lieutenant de César, probablement à l'entrée du golfe du Morbihan. Vaincus également sur terre par César lui-même, ils paient durement leur résistance. En vain se livrent-ils corps et biens au vainqueur. La répression est impitoyable. César ordonne de mettre à mort les membres de ce qu'il appelle leur « sénat » et de vendre les autres hommes comme esclaves. Alliés à d'autres peuples d'Armorique, ils continuent cependant à lutter contre la pénétration romaine jusqu'en 51 av. J.-C.

VENTÔSE (décrets de)

Décrets votés par la Convention, à l'instigation et sur le rapport de Saint-Just, les 8 et 13 ventôse an II (26 février et 3 mars 1794).

Pour donner satisfaction aux sans-culottes les plus pauvres, le texte du 8 ventôse décrète que, si les biens des patriotes sont inviolables, ceux des ennemis de la République sont à présent mis sous séquestre. Le second décret décide que les biens des émigrés et de leur famille seront distribués aux patriotes indigents. Les communes devront dresser la liste de ces derniers, les comités de surveillance celle des propriétaires expropriés. Cependant, alors que Saint-Just parlait dans son rapport de distribuer gratuitement les biens confisqués, il n'en est plus question dans le décret. La chute de Robespierre, le 9 Thermidor, empêche la réalisation des décrets de ventôse.

VÊPRES SICILIENNES

Nom que l'on donne au massacre général dont les Français de Charles Ier d'Anjou furent victimes en 1282 en Sicile.

Ce massacre, qui fit plusieurs milliers de morts, commence à Palerme le lundi de Pâques (30 mars) à l'heure des vêpres, s'étend dans les jours suivants à toute l'île et ne prend véritablement fin qu'un mois plus tard. Les Vêpres siciliennes sont déclenchées par des exilés siciliens agissant pour le compte ou avec l'appui du gendre de Manfred de Hohenstaufen, Pierre III d'Aragon, qui s'assure le pouvoir pendant l'été suivant. Le succès de cette vaste entreprise, la férocité avec laquelle elle fut menée s'expliquent par le très vif mécontentement des populations que la dynastie angevine et son administration pressuraient sans vergogne. Quelques rares Français sont épargnés, notamment le Provençal Guillaume Porcelet (ou des Porcelets).

VERCEIL

En italien Vercelli. *Ville du Piémont, sur la Sesia.*

À cause de sa position stratégique, elle est associée à de nombreux faits militaires. Prise en 1553 par Brissac, elle tombe au pouvoir des Espagnols en 1638. Vendôme s'en empare en 1704 et la fait démanteler. Un traité de paix y est signé le 10 octobre 1495, à la suite de la victoire de Fornoue, entre Charles VIII et Ludovic le More, duc de Milan.

VERCINGÉTORIX (Arvernie, v. 72 av. J.-C. – Rome, 45 ou 46 av. J.-C.)

Prince gaulois.

Son nom, en celtique, signifie « grand roi des guerriers ». Il appartient à l'une des familles les plus nobles du peuple arverne. Qu'il descende ou non du roi Bituit, son père Celtillos a été condamné à mort pour avoir tenté de restaurer à son profit la royauté. Au moment où César entreprend la conquête de la Gaule chevelue, Vercingétorix tente de soulever son peuple. Mais l'aristocratie n'a pas confiance en lui, craint même qu'il ne renouvelle la tentative de son père et le chasse de Gergovie. En 52, César ayant quitté la Gaule, les Carnutes de Genabum donnent le signal de l'insurrection. Cette fois, Vercingétorix est reconnu comme chef par les habitants de Gergovie et parvient à entraîner à sa suite la majeure partie de la Gaule, qui lui reconnaît le commandement militaire suprême. Il manifeste une activité, une énergie et une intelligence qui auraient sans doute soustrait les Gaules à la domination romaine s'il n'avait eu en face de lui un des plus grands stratèges de tous les temps. Après avoir occupé *Noviodunum* et s'être replié un instant en pays arverne, il fait adopter la tactique de la terre brûlée. Malheureusement, les habitants d'*Avaricum* (Bourges) obtiennent à force de prières que leur ville, la plus belle de la Celtique, soit épargnée. Après un dur et long siège, César y trouve tout ce qu'il faut pour refaire ses forces. À la suite de quoi les légions poursuivent Vercingétorix jusqu'à Gergovie. La place se défend si bien que le proconsul doit repasser l'Allier et rejoindre son lieutenant Labienus à *Agedincum* (Sens). Le soulèvement des Gaules devient général. Seuls les Rèmes, les Lingons et les Trévires (ceux-ci étant trop occupés à contenir les Germains) manquent à l'assemblée de Bibracte qui confirme Vercingétorix dans son commandement.

Bientôt l'Arverne attaque César qui cherche à regagner la *Provincia*. La rencontre a lieu près de Dijon et tourne à la confusion pour la cavalerie gauloise. Vercingétorix se réfugie alors dans l'*oppidum* des Mandubiens, Alésia, où César l'enferme aussitôt avec l'intention de le réduire à la famine. Au bout d'un mois arrive une armée de secours commandée par un cousin de Vercingétorix, Vercassivellaunos. À l'issue d'un combat meurtrier et longtemps incertain, les Gaulois doivent abandonner la partie. Ayant perdu tout espoir de sauver la place, Vercingétorix décide de se livrer si ce sacrifice peut adoucir le sort des siens. Emmené en captivité à Rome, il orne le triomphe de César six ans plus tard. Il sera étranglé dans son cachot de la prison Mamertine. César n'avait pas coutume de pardonner à ceux qui avaient menacé sa carrière politique.

Vercingétorix
Monnaie à l'effigie de Vercingétorix. Paris, Bibliothèque nationale de France. © *Sélection Images*

VERCORS (maquis du)

Massif des Alpes dauphinoises s'étirant sur les confins des départements de l'Isère et de la Drôme au sud-ouest de Grenoble, siège d'un maquis important pendant la Seconde Guerre mondiale.

Il s'agit d'un plateau dominé par des crêtes calcaires culminant entre 1 000 et 1 700 m d'altitude environ, parsemé de prairies entrecoupées de bois de résineux et strié de multiples ruisseaux et torrents s'écoulant principalement vers la Bourne et la Drôme. Pareil site semble particulièrement approprié aux responsables de la région R 1 de la Résistance (région de Lyon) pour l'établissement d'un centre de résistance armée à la manière de ce qui s'est passé, au début de l'année, dans le massif savoyard des Glières, site qui présente d'ailleurs des caractéristiques similaires. Le lendemain du débarquement allié en Normandie, le 7 juin 1944, l'état-major du colonel Descour quitte Lyon pour la montagne dauphinoise. Là se concentrent peu à peu 3 200 réfractaires au Service du travail obligatoire (STO) environ, venus de la région lyonnaise, de l'Isère et de la Drôme. L'importance de ce rassemblement implique la fourniture d'armes et d'équipements. La liaison radiophonique entre le Vercors et Alger est assurée par un ingénieur du Bureau central de renseignement et d'action (BCRA), évadé par l'Espagne puis parachuté en France occupée, le capitaine Robert Bennes, dit Bob. Celui-ci multiplie les messages auprès de l'état-major du Gouvernement provisoire d'Alger et obtient un certain nombre de parachutages d'équipement et de matériel. Ainsi les 25 juin et 14 juillet, 36 et 72 appareils Liberator, venus d'Angleterre, lâchent leurs colis sur le terrain de Vassieux, qui est avec celui de La Chapelle et de Saint-Martin un des principaux points de réception. Chaque nuit de pleine lune, des équipes spécialisées réceptionnent les containers qui ne renferment cependant, la plupart du temps, que des équipements et des armes légères, mais jamais d'armement lourd susceptible de permettre de repousser un assaut en règle comme cela s'est passé aux Glières.

Or, les réfractaires du Vercors souhaitent que le plateau soit le point de départ d'une action offensive d'envergure susceptible de libérer le Dauphiné. Dès le 10 juin, Bennes envoie à Alger une série de messages dans lesquels il résume chaque fois clairement la situation. Le 11 juin, le colonel Descour fait part de ses premières inquiétudes : « Mobilisation a été ordonnée sur l'assurance formelle de recevoir de l'armement. » Effectivement, le 13 juin, avisés d'une importante concentration de réfractaires dans le massif, un détachement allemand attaque Saint-Nizier, dans la montagne de Lans, au départ de Grenoble. C'est un premier avertissement, même si l'ennemi doit se retirer avec des pertes. Le 16 juin, le colonel Henri Zeller, qui a rejoint l'état-major du colonel Descour, réitère ses demandes d'armement et de renforts à Alger. Le 18 juin, toujours à Alger, la Direction générale des services spéciaux (DGSS) se réunit sous la responsabilité de Jacques Soustelle pour étudier la possibilité de concentrer toutes les disponibilités de l'aviation française en vue d'une action au-dessus du massif. Mais rien finalement n'est décidé et le temps passe. Or le temps profite à l'occupant, de plus en plus inquiet par les renseignements qu'il reçoit au sujet de l'activité des maquisards. Le 22 juin, les Allemands tentent une action avec des éléments motorisés vers Combovin. Le 24 juin, une colonne de fantassins fait une incursion dans le défilé des Écouges, au-dessus de Saint-Gervais, et n'est stoppée que par un intense feu d'armes automatiques.

Manifestement, l'occupant « tâte » le terrain et se rend compte de la consistance du dispositif défensif. Peu à peu s'ébauche un dispositif d'assaut ; une concentration de 140 camions à Valence est rapportée à Descour, qui en informe aussitôt Alger. Des dizaines d'appareils de la Luftwaffe prennent place sur les terrains d'aviation de la Drôme, en particulier celui de Chabeuil, où ils demeurent en permanence. Le 29, ces avions commencent une série de raids sur le massif. Le 3 juillet, à Saint-Martin-en-Vercors, la population et les maquisards procèdent à une prise d'armes que président Yves Farge, commissaire de la République pour la région Rhône-Alpes ainsi que les membres du Comité de libération. À cette occasion est proclamée « la République libre du Vercors » et réaffirmée la fidélité des participants au Gouvernement provisoire d'Alger. Le temps passe toujours. À Alger, les bureaux dressent des plans d'assistance, échafaudent des missions, transmettent des messages aux services alliés. Mais à la mi-juillet les préparatifs allemands sont arrivés à terme. Le 20, l'ensemble du plateau est encerclé. Le 21, l'action commence, l'effort terrestre étant principalement porté sur le versant de la Drôme, où des parachutistes attaquent le terrain de Vassieux. Au sud-est, une autre colonne progresse par le col de la Grimone. Disposant d'armes lourdes, l'assaillant s'infiltre rapidement face à des sections dépourvues d'armement suffisant (600 des maquisards, par exemple, ne disposent même pas d'armes individuelles). Dans la nuit du 21 au 22 juillet, une autre formation allemande débouche du plateau de Lans par Saint-Nizier. La Chapelle et Saint-Martin sont bombardés par la Luftwaffe. Le 22, à 19 heures, le commandant Legrand, chef des FFI du plateau de Combovin, signale que ses éléments n'ont plus de munitions et que, dans ces conditions, la résistance devient impossible. Partout la situation des défenseurs empire. Au total, environ 12 000 à 14 000 Allemands attaquent selon trois axes différents. Le 24 juillet, l'aviation alliée bombarde enfin le terrain d'aviation de Chabeuil et y détruit plusieurs dizaines d'appareils de la Luftwaffe. Mais c'est trop tard. À terre, l'agonie des défenseurs du Vercors est identique à celle des hommes des Glières quatre mois auparavant. Ils se dispersent en petits groupes pour échapper à l'étau, cherchant refuge en partie en direction des maquis de la Drôme et de ceux des Hautes-Alpes. Dans le massif, la répression est terrible. Les villages sont brûlés. La population est massacrée. Les prisonniers et les blessés sont achevés, en particulier dans la grotte-abri où médecins et infirmières ne sont pas épargnés.

Venant après le drame des Glières, l'affaire du Vercors confirme l'échec inéluctable des grandes formations de résistants isolées dans des zones précises. La vocation des maquis est d'être mobiles, dispersés et non pas groupés en formations militaires. Seule la mobilisation du mont Mouchet, en Auvergne, fera exception à cette règle. Il s'ensuivra un tel désappointement parmi les résistants du Vercors qu'une polémique s'élèvera, après la Libération et au lendemain des hostilités, entre les maquisards et les services de l'état-major d'Alger, récriminations envenimées ensuite par des considérations à caractère politique. Il semble en fait qu'à l'enthousiasme des premiers répondit la lenteur des seconds, la multiplicité des divers services et la nécessité de liaisons avec les divers bureaux alliés accroissant les retards. Il semble également que les avertissements envoyés par le colonel Descour n'aient pas été estimés à leur juste valeur à Alger et que l'action allemande ait pris de vitesse les plans de l'état-major. En effet, les commandos du 1er bataillon de choc, alors stationné en Algérie, reçurent à la fin de juillet des cartes du Vercors alors que leur mission était devenue inutile. Ils seront d'ailleurs détournés à la dernière minute vers les maquis de la Drôme, où les premiers éléments seront largués à la fin du mois de juillet.

VERDUN

Ville du département de la Meuse située sur la rivière du même nom à 65 km à l'ouest de Metz et à 87 km à l'est de Châlons-sur-Marne.

La profondeur de la Meuse à partir de ce site et les collines dominant la vallée expliquent le choix de l'emplacement d'un *oppidum* gaulois avant la conquête romaine. Les textes latins mentionnent la bourgade sous le terme de *Verodunum*, parfois *Virodunum*. La cité suit le sort des pays d'entre Marne, Meuse et Moselle, lors des invasions barbares de la fin de l'Empire romain et de la constitution des royaumes francs, en particulier celui d'Austrasie. À l'époque carolingienne, Lothaire, Louis le Germanique et Charles le Chauve choisissent Verdun pour signer l'accord de partage du domaine de Louis le Pieux, en 843. Tout d'abord lotharingienne, la cité passe ensuite à l'Empire germanique, le pouvoir étant exercé en fait par les évêques, qui accordent à leurs sujets, au milieu du XIIIe siècle, une charte communale.

Ville libre impériale, Verdun est un des Trois-Évêchés que le roi Henri II fait occuper en 1552, la place ayant déjà bénéficié dans le passé, et à plusieurs reprises, de la protection des rois de France. Le traité du Cateau-Cambrésis, en 1559, constate cette prise de possession, que les Impériaux ne reconnaîtront qu'en 1648, aux traités de Westphalie. Vauban dote la place de fortifications dignes de celles figurant sur ses armoiries. Elles complètent les défenses médiévales. Mais, en fait, ces travaux imposants serviront peu. En 1792, face à une population frondeuse soulevée par les royalistes, le lieutenant-colonel Beaurepaire, chef des volontaires du Maine-et-Loire, préfère se suicider plutôt que de capituler devant les Austro-Prussiens. Au lendemain de Valmy, la répression des autorités républicaines est terrible, et l'épisode des Vierges de Verdun, fusillées pour avoir accueilli l'envahisseur ou les immigrés avec faste, le démontre. Le 13 octobre 1870 commence un siège qui dure jusqu'au 8 novembre malgré l'état de délabrement des défenses.

En 1914, Sarrail s'arc-boute à la place et contribue par sa présence et son entêtement à la victoire de la Marne, tenant fermement la partie droite du dispositif de Joffre. Deux ans plus tard, c'est encore la place de Verdun que choisit le haut commandement allemand comme objectif de l'offensive de « la victoire ». En effet, ce secteur du front français est le moins bien protégé, étant d'ailleurs demeuré, depuis la Marne, à l'écart des grandes offensives du début de la guerre. Saint-Mihiel, au sud-est de la place, coupe les communications ferroviaires et laisse entrevoir à l'assaillant une possibilité de débordement. Enfin, mal chronique, les forts construits en avant de la place, sur les collines de la rive droite de la Meuse à partir de 1879, sont désarmés et pratiquement désaffectés. En février 1916 commence la gigantesque bataille qui demeurera un des plus grands affrontements de l'histoire. Un tel souvenir fait des collines de la rive droite de la Meuse et des hauteurs de la rive gauche une sorte de musée de la Grande Guerre, jalonné par ce qu'il reste des forts de Vaux et de Douaumont, la flèche de l'ossuaire, la « tranchée des balonnettes » et le vallon de Fleury, où s'épanouissait jadis un village lorrain tout entier dont il ne reste rien, si ce n'est le nom. Les survivants sont revenus, souvent, évoquer la fournaise dans un langage qu'eux seuls peuvent comprendre. Les stratèges y ont conduit les cadets des écoles militaires ; les instituteurs ont mené des écoliers qui ont appris cette épopée dans leurs livres de classe ; la nature elle-même semble se mettre à l'unisson : les arbrisseaux chétifs et rabougris portent la marque du sol qui les porte, fouillé, ravagé, gorgé de pierraille et de ferraille. Ce lieu est si sacré que les opérations militaires de 1940 et de 1944 l'ont ignoré, comme si l'histoire devait s'arrêter là.

VERDUN (bataille de)

La plus grande bataille terrestre de la Première Guerre mondiale ayant opposé Français et Allemands (février-juin 1916).

À la fin de 1915, le fardeau du conflit pèse lourdement sur l'Allemagne, et le général von Falkenhayn, chef de l'état-major impérial, est décidé à frapper les armées coalisées en un abcès de fixation qui les épuiseraient en hommes, en matériel et précipiterait la dislocation de l'Alliance. Après avoir écarté la Russie, proposée par Hindenburg, Falkenhayn choisit d'attaquer l'armée française. Avec la minutie qui le caractérise, il estime, après avoir étudié tous les secteurs du front, que deux régions méritent une attention particulière : Belfort et Verdun. La première de ces places est très chère au cœur des Français, surtout à la suite de la brillante résistance opposée en 1870-1871 par la garnison du colonel Denfert-Rochereau. Semblable opération, dénommée en code *Schwarzwald*, permettrait tout d'abord de libérer la Haute-Alsace au sud-ouest de Mulhouse, tout en attirant les réserves françaises vers un endroit excentrique du front, ce qui dégarnirait les autres secteurs en vue d'une exploitation ultérieure. Dans ce cas, l'entreprise serait menée par le corps d'armée du général von Gaede, unité prélevée sur la Ve armée aux ordres du kronprinz. L'hypothèse de Verdun porte la dénomination *Waldfest*. Dans ce cas, il ne sera pas nécessaire de déplacer une unité de l'armée du prince impérial, étant donné que la Ve armée s'y trouve depuis septembre 1914. À part les combats livrés durant l'affaire de la Marne, puis la constitution du saillant de Saint-Mihiel, le secteur a été relativement calme. Les défenses sont donc moins denses, moins organisées et les effectifs moins fournis et sans doute moins aguerris. Dans le camp allemand, les conférences se succèdent au plus haut échelon. À la mi-janvier 1916, après de nouvelles études avec le kaiser, le kronprinz, le chef d'état-major de ce dernier, le général von Knobelsdorf, et le général Tappen, chef du Bureau des opérations du grand état-major, sans oublier le ministre de la Guerre, le général von Hohenborn, le choix de Verdun paraît à tous préférable. En cas de rupture du front, la faille se produirait à un endroit crucial du dispositif français, d'autant plus qu'au sud-est de la place, la « hernie » de Saint-Mihiel s'enfonce comme un coin, avancée propice à un débordement par le sud. La rupture du front est inévitable, non en raison de l'ampleur de la zone attaquée (une dizaine de kilomètres de large seulement sur la rive droite de la Meuse), mais en raison de la manière de l'obtenir.

On emploiera, en effet, la méthode du *Trommelfeuer*, c'est-à-dire une préparation d'artillerie en « roulement de tambour ». Si le canon français de 75 est nettement supérieur au 77 allemand, il n'en est pas de même dans le domaine de l'artillerie lourde. Canons lourds et obusiers de gros calibre, qui ont écrasé en 1914 les défenses de Liège, de Namur, d'Anvers et de Maubeuge, confèrent à l'armée allemande une supériorité indéniable en la matière. C'est cet avantage qu'il convient d'exploiter, en particulier les pièces de 210, dont les explosions, qui dégagent en outre un impressionnant nuage sombre, sont capables de percer de solides et épaisses murailles. En fait, dans le secteur de Verdun, ces pièces n'auront pas pour but de s'attaquer aux forts (car ceux-ci sont désaffectés, depuis 1915, précisément à la suite des échecs des places belges). Elles auront simplement pour objectif de niveler le sol à la hauteur des tranchées françaises. Tout sera écrasé, pilonné, balayé sous un déluge de fer et de feu. Et si les Français s'entêtent à résister, ils seront « saignés » dans un combat de géants, ce qui est, en définitive, un des buts recherchés. Avec méthode et sérieux, à chaque échelon de la Ve armée allemande, tout le monde s'affaire. Le dispositif d'assaut doit être prêt à la mi-février.

Dans le camp français, ce secteur a été négligé par le haut commandement, même après la malheureuse affaire de Saint-Mihiel et les sanglants combats de la crête des Éparges. Les tranchées de la rive droite de la Meuse sont moins bien aménagées qu'en Champagne ou en Artois. Parfois les trois lignes classiques de défense sont réduites à deux, voire à une seule. Les abris sont médiocres et insuffisants, les emplacements de tirs négligés. En douterait-on qu'il suffirait de se rapporter aux interventions d'un connaisseur, le lieutenant-colonel Driant, qui commande un détachement de chasseurs à pied dans le secteur du bois des Caures. Parlementaire, membre de la commission de la Défense nationale, l'officier a, voici peu, profité de sa situation pour attirer l'attention de Joffre sur un secteur semblable en Meurthe-et-Moselle, au nord de Nancy. Satisfaction lui a été donnée, les insuffisances ayant été reconnues. Fort de ce résultat, Driant a renouvelé ses doléances en ce qui concerne le secteur fortifié de Verdun. Gallieni, ministre de la Guerre, se rend sur place courant décembre 1915 et confirme le bien-fondé des critiques. Tout en prenant ombrage des initiatives d'un lieutenant-colonel, Joffre se résoud à porter certains remèdes. Un détachement du génie est envoyé à Verdun pour

La bataille de Verdun
Poste de commandement du fort de Douaumont. © *Collection Viollet*

améliorer l'état des positions, mais l'initiative vient bien tardivement. D'autant plus que les préparatifs allemands vont bon train. Depuis la mi-janvier, en effet, les indices se multiplient d'une vaste offensive, informations que confirment les agents de renseignement et les services du 2e bureau, ainsi que des déserteurs alsaciens passant de surcroît dans les lignes françaises quelques jours avant l'assaut. Néanmoins, lorsque celui-ci se déclenche, à 5 heures du matin, en ce froid et neigeux 21 février 1916, l'affaire surprend par son intensité. Pas moins de 1 225 pièces d'artillerie de tous calibres déchaînent l'enfer. Parmi elles, on dénombre 542 obusiers lourds et des canons dont le calibre s'échelonne du 150 au 280, auxquels s'ajoutent 27 engins de 305 et de 380 et même des mastodontes de 420 destinés à tirer sur les forts. Du côté français, le commandant du secteur fortifié, le général Herr, a beau être artilleur de formation et avoir pris le maximum de précautions, la disproportion sur le moment est énorme. Sous ce déluge (dont l'effet dévastateur est accru par la limitation du front d'attaque : 8 km seulement de largeur), les défenses françaises sont écrasées. En quelques heures, les restes des petits massifs forestiers délimitant jusqu'alors la ligne de front (ceux de Hautmont, Herbebois, bois des Caures) sont déchiquetés, hachés, nivelés. Bientôt le décor devient lunaire. Derrière ce « rouleau compresseur » de fer et de feu s'avancent pour l'ultime effort trois corps d'armée (le 7e corps rhénan, le 18e hessois et le 3e brandebourgeois). Brabant, Hautmont tombent ; le bois des Caures est tourné (mais la position n'est pas réduite en raison des judicieuses mesures défensives ordonnées par Driant). Le lendemain et les jours suivants, les comptes rendus mentionnent Samogneux, la cote 344, Beaumont, le bois des Fosses. Pourtant, première constatation étonnante, la progression des Allemands est très lente, trop lente. Par un paradoxe que n'a mentionné auparavant aucun membre de l'entourage de Falkenhayn, l'effet dévastateur de l'artillerie se retourne contre l'assaillant. Dans cette terre labourée, meuble, creusée d'entonnoirs profonds qui se succèdent, le sol est instable. Les têtes des unités d'assaut, limitées à une compagnie, voire à une section, doivent progresser en file indienne, contournant ici un obstacle, cherchant là un passage où l'on n'enfonce pas trop, où l'on ne risque pas de tomber dans un de ces mortels trous d'eau dont il est impossible de se tirer sans échelle ou sans cordage.

Or, si le feu allemand a volatilisé la ligne de défense française, il demeure des survivants ! « Il en faut de la marchandise pour tuer un homme », dira un combattant. Hébétés, commotionnés, saoulés de bruit, de poussière, ces miraculés n'ont qu'un réflexe : tenir, tirer. Alors commence au sol une autre bataille. Une mitrailleuse prenant en enfilade un passage de fantassins allemands suffit pour bloquer une colonne entière, la tête d'un régiment, comme autour du bois des Caures, où Driant stimule une défense acharnée jusqu'au 22, jour où une balle perdue l'atteint en plein front lors d'un passage de trou d'obus. En fait, tous ces actes isolés reconstituent comme par miracle un semblant de front. Car à la réaction du « poilu » fait immédiatement suite celle du commandement. Les artilleurs de Herr et ceux du 20e corps du général Balfourier, qui tient cette rive droite de la Meuse, rendent coups pour coups. Joffre, dont la responsabilité est indéniable dans l'état défectueux des défenses et dans le déclassement des forts, a la chance de posséder en Castelnau un chef d'état-major à l'esprit prompt. À la suite d'un coup de téléphone, reçu le 24, révélant l'extrême inquiétude du général de Langle de Cary, commandant le groupe d'armées du Centre, Castelnau sollicite et obtient du généralissime l'autorisation d'aller sur place dans la nuit afin de coordonner la défense de la rive droite. Puis, avant que Castelnau ne parte, Joffre prend une autre mesure capitale : coordonner la défense du secteur de Verdun en y nommant un chef capable, disposant de surcroît d'un état-major rodé aux épreuves. Cet homme est le général Pétain, alors au repos à Noailles, dans l'Oise, et qu'un membre de cet état-major ira quérir en pleine nuit à l'hôtel Terminus, près de la gare du Nord, à Paris. « À minuit, le 24, écrira Joffre dans ses *Mémoires*, tous les ordres étaient donnés. »

Sur le terrain tout est à faire. Dans la nuit, Castelnau se rend compte de l'étendue des épreuves à venir. Si deux divisions montent aussitôt vers ce qui reste de front pour recueillir les débris, aux abords de la côte du Poivre et de Talou dans la journée du 25, les mauvaises nouvelles s'accumulent, dont la principale est la prise, sans combat, du fort de Douaumont, dépourvu de garnison. Personne, dans l'affolement et la destruction des communications, n'a songé à faire occuper ce mastodonte dont les murailles de 2,50 m d'épaisseur (avec une densité de béton de 400 kg de

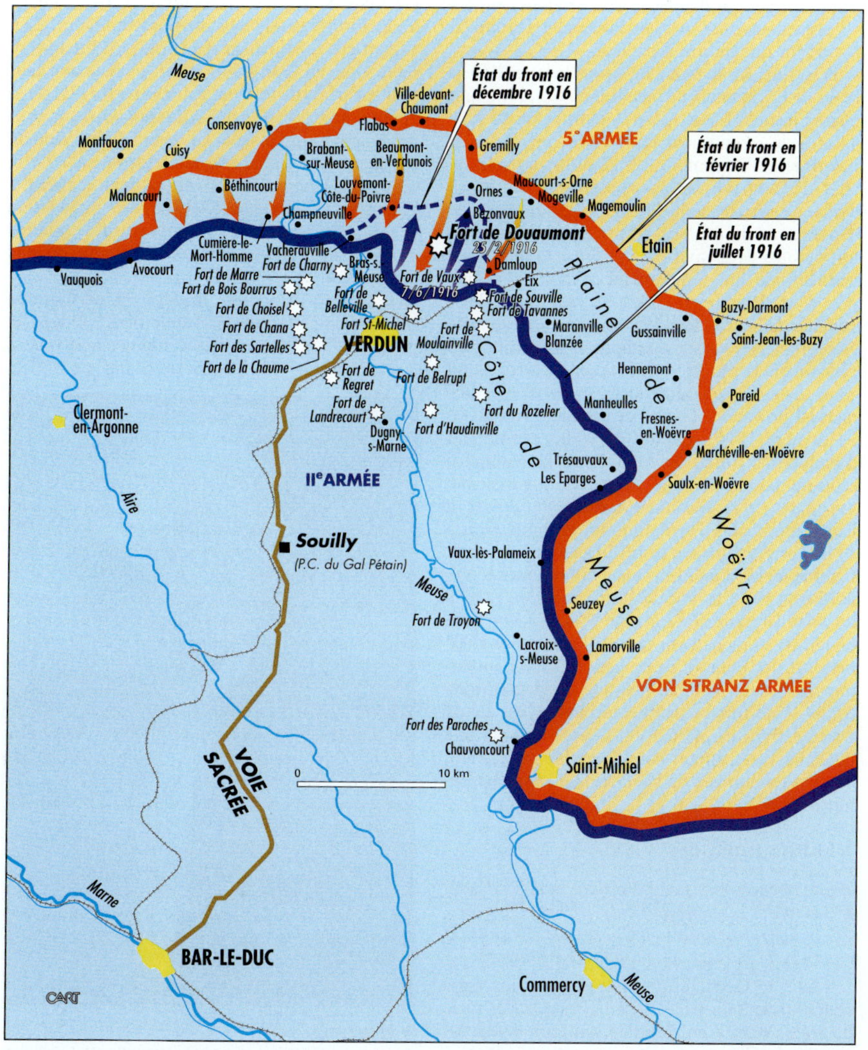

La bataille de Verdun

ciment au mètre cube) sont capables de résister aux plus gros projectiles existant à l'époque, même de 400, ainsi que les faits le démontreront. C'est cette situation que trouve le général Pétain, qui prend à son nouveau PC de la mairie de Souilly, le 26, à la fois le commandement du secteur fortifié de Verdun et celui de la IIe armée, qui englobe l'ensemble. Cette date coïncide avec l'arrêt de la progression allemande sur la ligne côte du Poivre-Douaumont-Vaux, le long de laquelle le front va un moment se stabiliser. Il est évident à ce moment-là que la première phase de la bataille vient de s'achever et que, compte tenu des objectifs initiaux, Falkenhayn a échoué. On s'en rend compte au PC du kronprinz mieux qu'au QG impérial, en dépit des communiqués flatteurs destinés à remonter le moral de la population allemande autant qu'à intimider les Alliés et les neutres. En fait, Falkenhayn a échoué parce que, en limitant l'attaque à 8 km de largeur sur la seule rive droite, il a « étranglé » d'avance son champ d'action. Les dévastations du terrain et la hargne des « poilus » ont fait le reste. Le chef d'état-major de la Ve armée allemande, le général von Knobelsdorf, avait, lui, préconisé une action conjointe sur la rive gauche. Mais, redoutant une réaction alliée dans un autre secteur, Falkenhayn a voulu conserver des réserves et a maintenu l'assaut sur un front limité. Tactiquement, devant pareille évidence, la bataille de Verdun pourrait (devrait) s'arrêter là. Mais les Allemands croient trop à leur supériorité pour retenir l'évidence. Alors commence une seconde bataille qui se prolongera jusqu'à la mi-juillet et qui aura des prolongements à l'automne et jusqu'en décembre 1916. Du côté français, ce sera la « bataille de Pétain », qui y trouvera renommée, gloire et consécration en raison de la maîtrise avec laquelle il organise la défense. Pourtant, le chef de la IIe armée ménage cette troupe, ce qui lui vaudra son auréole de chef humain, compréhensif et décidé à épargner le sang des autres. Cette bataille, en vérité, est « sur mesure » pour lui. Fantassin de formation, il a le respect du « feu » et connaît les vertus de la défensive. Cette défensive, il l'articule sur les deux rives de la Meuse, couvrant les unités en ligne par une artillerie qu'il fait renforcer dans la mesure des disponibilités. En même temps, il limite le temps de présence des unités en première ligne. Une rotation fait dès lors passer par Verdun un grand nombre d'unités de l'armée française, alors que les Allemands maintiennent en première ligne toujours les mêmes unités, complétant les vides dans les rangs par la venue incessante de renforts. Il en résultera une effroyable usure morale à mesure de la prolongation sans espoir de la lutte.

Cette bataille défensive, Pétain la mène également avec un autre outil de première valeur, la succession de camions qui roulent jour et nuit sur ce que Barrès appellera la « Voie sacrée ». Des centaines de milliers d'hommes, autant de milliers de tonnes de marchandises, d'équipements et de ravitaillement y transiteront, de même que 10 millions d'obus de tous calibres. Pour cela, en permanence, des équipes de territoriaux jettent sous les bandages des roues des véhicules des dizaines de milliers de tonnes de pierres extraites de carrières bordant la chaussée. Là se constitue, après les « taxis de la Marne », la première véritable armée motorisée de l'histoire. Lucide dans la phase initiale, Knobelsdorf (qui a enfin obtenu que soit tentée une action sur la rive gauche à partir du 6 mars) devient progressivement un des plus acharnés partisans d'attaques incessantes. Il parvient à un de ses objectifs : user l'armée française et la saigner autour du Mort-Homme, des côtes de la rive gauche, du bois des Bourrus, de Cumières et du bois des Corbeaux sur la rive droite autour de Vaux, de la côte du Poivre et d'Avocourt. Tous ces lieux sont synonymes de courage, de désespoir et de sacrifices. La plupart du temps, bataillons et régiments ne comptent que quelques dizaines de survivants, voire seulement quelques survivants isolés. Des unités sont recomplétées des dizaines de fois, d'autres disparaissent, happées par le feu ou par la terre, à l'exemple des Vendéens et des Bretons du 137e RI enterrés vivants dans ce qui deviendra « la tranchée des baïonnettes ».

En mai, au moment où Joffre, qui a déjà pris ombrage des lauriers de Gallieni, écarte cette fois Pétain au profit de Nivelle à la tête de la IIe armée (Pétain remplaçant de Langle de Cary à la tête du groupe d'armées du Centre), le général von Gallwitz inaugure les attaques selon le principe « des couloirs de feu ». Il obtient des progrès sur la rive gauche, mais aucun n'est décisif. En juin, la prise du fort de Vaux, succédant à l'échec d'une contre-attaque des coloniaux de Mangin sur Douaumont, laisse entrevoir à l'assaillant, au moral fléchissant, une possibilité de rupture. Le 23, après deux jours de bombardement, souvent à l'aide d'obus asphyxiants, la vague d'assaut, lancée sur un front de 6 km de largeur, enlève les positions de Thiaumont et de Fleury. Verdun est en vue au fond de sa cuvette ; mais encore une fois une poignée de survivants (une soixantaine) s'accroche aux casemates du fort de Souville. Ce sont les débris de la 3e compagnie du 7e RI. Tous les gradés sont blessés ou morts. Il ne reste qu'un lieutenant pour les stimuler, Kléber Dupuy, instituteur faisant naguère profession de foi pacifiste. Tapi dans ce môle squelettique, à l'aide de trois mitrailleuses judicieusement placées en enfilade dans les couloirs d'accès au fort, Dupuy enraye l'ultime élan adverse. Une fois encore, ce sont les « restes » qui font la décision. À 11 heures, ce 12 juillet, la dernière vague de l'unité allemande la plus avancée en direction de Verdun succombe sous les coups des deux artilleries, qui s'acharnent conjointement sur le malheureux fort et sa poignée de survivants, tandis que l'ouvrage est bientôt dégagé par une contre-attaque du 25e bataillon de chasseurs à pied, unité de réserve de la 127e DI, qui débouche de Tavannes. Sur les 60 précédents rescapés du lieutenant Dupuy, il n'y a plus que quinze survivants.

Personne, sur le moment, ne se doute que c'est la fin de la gigantesque bataille, même si Mangin pousse jusqu'à Fleury dans la journée du 15 juillet et si le 3 août sont reprises les positions de Fleury et de Thiaumont. Le 12 juillet au soir, en effet, Falkenhayn fait suspendre tous les ordres d'attaque. Le 28 août, Hindenburg remplace ce dernier comme premier quartier-maître général. La victoire défensive de Verdun symbolise les vertus d'une nation qui attend ce moment depuis près d'un demi-siècle. C'est si vrai que le haut commandement entend parachever cette réussite en reprenant par coups de boutoir le terrain précédemment perdu. Nivelle les prépare avec grand soin, disposant en Mangin et ses troupes coloniales d'un « fer de lance » de première valeur. Le 24 octobre 1916, ses huit divisions reprennent d'emblée les forts de Vaux et de Douaumont, réussite saluée par une vague d'enthousiasme populaire. Le 15 décembre, à la côte du Poivre, à Louvemont et à Hardaumont, Mangin ajoute 11 000 prisonniers aux 6 000 du succès précédent. C'est le terme d'un effort que couronnera encore, le 25 août 1917, la réoccupation sur la rive gauche du Mort-Homme et de la cote 304. Pour un gain de terrain pratiquement nul, Falkenhayn et Knobelsdorf ont immolé en ce lieu 800 000 combattants des deux camps, presque en proportions égales. Une fois la tourmente passée, ces lieux, du côté français, seront considérés comme une nouvelle Terre sainte. Pour toute une génération, Verdun sera un lieu de vénération et de recueillement.

VERDUN (traité de)

Traité négocié et signé à Verdun au mois d'août 843 entre les trois fils de Louis le Pieux, Lothaire, Louis le Germanique et Charles le Chauve. Il consacre le partage de l'Empire carolingien.

Louis le Germanique obtient tous les pays situés au-delà du Rhin, sauf la Frise, et les cités de Spire, Worms et Mayence, sur la rive gauche. Charles le Chauve reçoit les territoires situés à l'ouest de l'Escaut, de l'Argonne, de la Saône et des Cévennes, plus le comté de Chalon, sur la rive gauche de la Saône, moins les territoires du Lyonnais, du Viennois, du Vivarais et de l'Uzège qui, situés sur la rive droite du Rhône, reviennent cependant à Lothaire. Ce dernier reçoit tout le reste de l'Empire carolingien, l'Italie, le sud de la Gaule et une longue bande de terre située entre le Rhin d'une part, l'Escaut, la Meuse et la Saône de l'autre, la future Lotharingie. Lothaire possède aussi, avec le titre d'empereur, les deux capitales impériales, Aix-la-Chapelle et Rome. L'empire d'Occident n'est plus, malgré le titre de Lothaire, qu'une fiction politique. Les trois royaumes vont conserver quelque temps le nom de *Francia occidentalis*, *media* et *orientalis*. Les deux dernières disparaîtront, mais la première, la Francie occidentale, donnera naissance au royaume de France.

VERGENNES Charles GRAVIER, comte de (Dijon, 1717 – Versailles, 1787)

Diplomate.

Second fils d'un président à mortier du parlement de Bourgogne, il doit son éducation politique à son grand-oncle, Chavigny, qu'il accompagne à Lisbonne où il est ambassadeur (1740), puis à Francfort (1741) et de nouveau au Portugal (1745). Il est alors distingué par d'Argenson qui le nomme ministre auprès de l'Électeur de Trèves (1750). C'est le début d'une carrière diplomatique brillante qui lui offre des postes d'importance croissante. Après avoir participé au congrès de Hanovre (1752), Vergennes est envoyé en 1754 comme ministre plénipotentiaire à Constantinople où il s'efforce de maintenir l'entente entre la Suède et la Pologne et, sur l'ordre de Choiseul, pousse la Porte à la guerre contre la Russie. Mais Choiseul le rappelle en 1768, le prétexte de sa disgrâce étant son mariage avec une Savoyarde, Annette de Viviers, veuve d'un chirurgien de Constantinople nommé Testa, et dont elle a déjà deux fils (1767). Vergennes se retire alors en Bourgogne. Mais la chute de Choiseul le fait sortir de l'ombre. En mars 1771, il est nommé ambassadeur à Stockholm où il sait guider le jeune roi Gustave III dans l'élaboration de son coup d'État contre la noblesse en août 1772, et faire pencher la Suède vers la France. Enfin, à l'avènement de Louis XVI, la recommandation de Maurepas lui vaut le ministère des Affaires étrangères, rendu vacant par le renvoi du duc d'Aiguillon en juillet 1774.

Il s'emploie, malgré le dépit qu'en éprouve Marie-Antoinette qui ne l'aime pas, à réduire le poids de l'influence autrichienne, continue à

Vergennes
Le Comte de Vergennes. Huile sur toile de Lundberg, château de Blérancourt. © *Lauros-Giraudon*

encourager par des subsides le rapprochement entre la France et la Suède et, pour faire face à l'éventualité d'une guerre de revanche contre l'Angleterre que laisse entrevoir la révolte des États-Unis d'Amérique, s'efforce de ménager l'Espagne, dont la flotte serait un atout important dans le conflit, en tentant de remettre en marche la vieille machine du pacte de Famille. Il contribue à la chute de Turgot en mai 1776, qui combattait ses projets et dont les réformes l'effrayaient. Antirévolutionnaire par essence et ne voulant pas d'une guerre immédiate avec l'Angleterre, Vergennes se contente d'abord de favoriser tacitement la révolution d'Amérique, se borne à mettre Franklin en relation avec Beaumarchais pour des fournitures d'armes et à laisser s'embarquer les volontaires de La Fayette. Enfin, après avoir temporisé, il se décide à une politique hardie et signe avec les États-Unis et l'Espagne une alliance défensive le 6 février 1778. La guerre ouverte avec l'Angleterre ne commence qu'après la signature de la convention d'Aranjuez qui promet à l'Espagne Gibraltar, Minorque, la Floride, le Honduras et Campeche (avril 1779). Cependant, même après cette date, les renforts français se feront longtemps attendre. Avant de s'engager dans le conflit, Vergennes avait eu l'habileté de rassurer les pays neutres en reconnaissant la liberté de navigation, sauf pour les armes et les munitions (juillet 1778), décision qui sera à l'origine de la ligue des Neutres contre l'Angleterre (1780).

Sur le continent, Vergennes conclut avec les cantons suisses le traité de Soleure qui permet à la France de rétablir l'ordre à Genève (1777). Lors de la succession de Bavière, il refuse de soutenir l'Autriche (avril 1778), malgré l'offre de cession des Pays-Bas que celle-ci lui avait faite, et sait maintenir l'équilibre germanique par des négociations qui amènent la paix de Teschen le 13 mai 1779. Enfin, lorsque l'empereur Joseph II, voulant imposer l'ouverture de l'Escaut, se trouve confronté à une coalition des Provinces-Unies, de la Prusse et de l'Angleterre, Vergennes l'abandonne en dépit de l'offre de Namur et du Luxembourg et l'oblige à accepter la fermeture du fleuve contre une indemnité (traité de Fontainebleau en novembre 1785). Bien que royaliste convaincu, partisan d'un pouvoir absolu, il va même jusqu'à s'allier aux Provinces-Unies pour y soutenir les « patriotes » républicains contre le stathouder, beau-frère du roi de Prusse. La signature du traité de Versailles, le 3 septembre 1783, qui consacre l'indépendance des États-Unis et, en abaissant l'Angleterre, redonne à la France sa position prépondérante, est le couronnement de sa carrière. Vergennes meurt en février 1787 dans la pleine satisfaction de cette grande réussite, après avoir consenti à Pitt un traité de commerce accordant à l'Angleterre des réductions de droits de douane sur les principaux articles (septembre 1786).

VERGNIAUD Pierre Victurnien (Limoges, 1753 – Paris, 1793)

Homme politique.

Fils d'un négociant, il reçoit une éducation soignée. Son père ayant connu des revers de fortune, il entre au séminaire qu'il quitte bientôt, faute de vocation, pour faire à Bordeaux des études de droit. Inscrit au barreau de la ville en 1781, secrétaire de Dupaty, président du Parlement, il acquiert rapidement une certaine notoriété. Doté d'un caractère indolent, paresseux, rêveur, le jeune avocat n'accepte de travailler que lorsqu'il a besoin d'argent, refuse des causes le reste du temps. L'argent ne l'intéresse pas, et il ne cherche pas à faire fortune. Administrateur de la Gironde en 1790, Vergniaud entre à la Société des amis de la Constitution. Favorable à ce moment à la monarchie constitutionnelle, il change d'opinion après la tentative de fuite du roi, le 20 juin 1791, et demande alors son renvoi devant une haute cour nationale. Député de la Gironde à la Législative, il siège bien sûr parmi les Girondins, combat les intrigues de la Cour avec Ducos, Gensonné et Guadet. Président de l'Assemblée le 31 octobre 1791, il appuie au mois de janvier suivant Brissot, qui veut déclarer la guerre à l'empereur. Lors de la formation du ministère girondin, en mars 1792, Vergniaud se rapproche de la Cour, proposant même secrètement au roi, après la journée du 20 juin, de l'appuyer s'il rappelle les ministres girondins. Revenant à l'opposition après l'échec de cette proposition, le député de la Gironde dénonce au mois de juillet, dans un de ses meilleurs discours, la duplicité de la politique du roi, qu'il rend responsable de l'attitude des puissances ennemies. Président de l'Assemblée le 10 Août, en remplacement de Merlet, il accueille le roi et sa famille venus chercher refuge auprès des députés. Dans l'après-midi, en tant que président, il fait adopter par ses collègues ces deux mesures : « Le peuple français est invité à former une convention nationale », et « Le chef du pouvoir exécutif est provisoirement suspendu de ses fonctions. »

Las de la tyrannie de la Commune, Vergniaud proteste contre les massacres de Septembre et prononce le 17 septembre, contre les extrémistes, un violent discours. Réélu à la Convention, le Girondin siège à droite, mais reste assez isolé, en raison de son caractère rêveur, plutôt conciliant, qui le porte à prononcer de beaux discours plutôt qu'à agir. Lors du procès du roi, le 31 décembre, il tente en vain de persuader ses collègues de faire appel au peuple. Président de la Convention le 10 janvier, Vergniaud, dont les positions ne sont décidément pas bien établies, prépare le texte des trois questions qui seront posées aux députés le jour du verdict. Il vote alors la mort, sans sursis. Poursuivant la lutte contre les Montagnards, il s'oppose le 10 mars à la création du Tribunal révolutionnaire, puis participe à l'organisation de la commission modérée des Douze. Le 10 avril, Robespierre l'accuse, lui et les Girondins, d'avoir pactisé avec La Fayette et Dumouriez. Désigné par la fameuse section du « Bon Conseil » comme l'un des Girondins à éliminer, il est décrété d'accusation avec ses collègues le 2 juin et refuse de fuir. Incarcéré à la Force, puis au Luxembourg, il condamne l'insurrection fédéraliste fomentée par ses anciens amis. Le 31 octobre, Vergniaud est guillotiné avec 21 autres députés girondins.

VERGOBRET ou VERGOBRETH

Mot gaulois signifiant « celui qui rend la justice ».

Magistrat suprême des Éduens et de quelques autres peuples de la Gaule, élu chaque année par les druides. Il peut seul prononcer une condamnation capitale.

VERHUELL Carel Hendrick, comte de Sevenaar (Doetinchem, 1764 – Paris, 1845)

Amiral hollandais naturalisé français.

Capitaine de vaisseau en 1795, il quitte le service l'année suivante, le reprend en 1803 contre les Anglais. Vainqueur de l'amiral Keith au cap Gris-Nez en 1804, Verhuell est nommé contre-amiral. En 1805, il résiste à une puissante attaque anglaise. Ministre de la Marine la même année, il est chargé par Napoléon d'étudier les réactions de ses compatriotes à l'annonce de la transformation de leur république en un royaume, confié à un des frères de l'Empereur. Verhuell conduit ensuite la délégation qui, en 1806, offre le trône à Louis Bonaparte. Il fait partie de l'entourage du roi de Hollande et de la reine Hortense. Louis le nomme maréchal en décembre 1806, puis ambassadeur en France, en 1807. En raison de cette familiarité, l'amiral, pourtant obèse et peu séduisant, est cité parmi la cohorte des pères que l'on a attribués au futur Napoléon III, alors que le roi Louis semble le « candidat » le plus plausible. En 1809, chargé de la défense des côtes de Hollande, il regagne son pays, repousse les Anglais à l'île de Walcheren, ce qui lui vaut le titre de comte. En 1811, Napoléon le fait entrer au Corps législatif, comme député de l'Yssel-Supérieur. Il le restera jusqu'en 1814. Fidèle à l'Empereur, Verhuell défend le Helder contre ses compatriotes insurgés, jusqu'à l'abdication de Napoléon. Naturalisé français en 1814, admis à la pairie en 1819, il défend à la Chambre des pairs les droits des protestants.

Vergniaud
Le Girondin Victurnien Vergniaud. Dessin de L. J. Durameau, 1792, Versailles, musée Lambinet.
© *Lauros-Giraudon*

VERMANDOIS

Ancien pays de France situé entre la Picardie et la Thiérache, autour des sources de la Somme.

Formé de la majeure partie de la cité gallo-romaine des Véromanduens (*civitas Veromanduorum*), ce pays couvrait le nord-ouest de l'actuel département de l'Aisne (région de Saint-Quentin) et l'est du département de la Somme (région de Péronne, Nesle, Ham). Au IXe siècle, Charlemagne l'érige en comté en faveur de son deuxième fils Pépin, roi d'Italie, dont les descendants le possèdent jusqu'au milieu du XIe siècle. Ils en reculent les limites vers l'est et sont parmi les plus puissants seigneurs du nord de la France. Mais, à la mort d'Herbert IV, huitième descendant de Pépin, son fils Eudes est dépouillé de ses biens par ses barons. Le comté revient à Hugues de France, époux d'Adèle, fille d'Herbert IV. Il passe ensuite aux comtes de Flandre par le mariage d'Élisabeth, petite-fille de Hugues, avec Philippe d'Alsace, comte de Flandre (1156). Mais ce dernier est battu en 1185 par Philippe Auguste qui s'empare alors du comté et le réunit à la couronne (1191 et 1213).

VERMANDOIS Herbert II, comte de (? – ?, 942)

Quatrième descendant de Pépin, roi d'Italie.

Il succède dans le comté de Vermandois à son père, Herbert Ier, assassiné par le comte de Flandre, Baudouin le Chauve (923). Gendre du roi Robert, Herbert II entre dans la ligue des grands vassaux contre Charles le Simple, qu'il capture par ruse en 923 et garde prisonnier à Château-Thierry, puis à Péronne, jusqu'à sa mort en 929. Il se déclare alors pour Louis IV d'Outremer, mais le roi Raoul l'attaque et, contraint de fuir en Germanie, il perd la plus grande partie de ses domaines en 932. Il peut en recouvrer une partie en 935 et occupe Troyes vers 940. Parmi les personnages de la chanson de geste *Raoul de Cambrai*, qui nous est connue par une version rédigée au XIIe siècle, figurent les fils d'Herbert de Vermandois.

VERMANDOIS Raoul Ier, comte de, dit LE VAILLANT (? – ?, 1152)

Sénéchal.

Fils d'Hugues de France et d'Adèle, fille du comte de Vermandois Herbert IV, et petit-fils de Henri Ier. Compagnon fidèle et conseiller écouté de Louis VI le Gros, il l'aide à devenir en Île-de-France un prince obéi en combattant les châtelains hostiles à la royauté, notamment Hugues du Puiset, sire de Montlhéry, dont il prend lui-même le château d'assaut. En récompense de ses services, il est nommé sénéchal vers 1131. Il sera également corégent du royaume, avec Suger, sous Louis VII, pendant la deuxième croisade (1147-1149).

VERNEUIL Gaston Henri de BOURBON, marquis puis duc de (Paris, 1601 – Paris, 1682)

Évêque.

Bâtard d'Henri IV et de Catherine Henriette de Balzac d'Entragues, il naît la même année que le Dauphin (futur Louis XIII). Légitimé en 1603, il est nommé dès 1608 à l'évêché de Metz, dont il se démet en 1632. Il attend 1668 pour se marier avec une fille du chancelier Séguier, Charlotte. Il avait été créé duc et pair en 1663.

VÉRONE (congrès de)

Congrès que tinrent à Vérone, d'octobre à décembre 1822, les souverains des pays membres de la Sainte-Alliance ou leurs représentants.

En Espagne, où Ferdinand VII a retrouvé son trône en 1814, le ministère et l'autorité effective sont aux mains des libéraux. Dans l'espoir de recouvrer ses pouvoirs et de chasser ces derniers, le roi fait appel à la Sainte-Alliance, particulièrement à la France où règne un Bourbon. En France, si les ultras poussent à l'intervention, Villèle s'oppose à une telle décision, qu'il juge dangereuse pour les finances publiques et dont il redoute l'impopularité. Position qui n'empêche pas Montmorency, ministre des Affaires étrangères, de faire passer armes et subsides aux partisans de Ferdinand VII. Louis XVIII soutient d'abord Villèle. Le tsar, inquiet des progrès du libéralisme en Europe, se montre favorable à une intervention. Metternich propose alors une réunion des membres de la Sainte-Alliance à Vérone. Le congrès s'ouvre officiellement le 20 octobre 1822. Une importante délégation, conduite par Montmorency, représente la France. Lors des séances de travail, Metternich représente l'Autriche, Hardenberg la Prusse, Nesselrode la Russie et Wellington l'Angleterre. Cette dernière se montre hostile à toute intervention en Espagne, que réclame en revanche la Russie. La Prusse est indécise et l'Autriche, par l'entremise de Metternich, ne se montre pas favorable à une intervention armée. Cette position est aussi celle de Villèle qui, cependant, dans les dépêches qu'il adresse à Montmorency, se montre extrêmement imprécis. Poussé par le tsar, le chef de la délégation française s'engage alors à faire intervenir une armée française en Espagne. En France, tous les ministres, sauf Villèle, partagent cette opinion. Le roi, cependant, bien que personnellement favorable à l'intervention, soutient Villèle : Montmorency doit démissionner. Le 28 décembre, Chateaubriand le remplace au ministère. À la surprise générale, il se montre encore plus favorable à l'intervention que son prédécesseur, par crainte que les « idées subversives » agitées de l'autre côté des Pyrénées ne pénètrent en France, et par souci d'augmenter le prestige de cette dernière par un succès militaire. L'intervention française est donc décidée à Vérone. L'Angleterre, qui reste sur ses positions, rompt en fait avec la Sainte-Alliance. Le discours du trône, le 27 janvier, annonce aux Français l'expédition d'Espagne, pour la plus grande joie des ultras.

VERSAILLAIS

Nom donné par les Parisiens, pendant l'insurrection de la Commune, aux soldats de l'armée régulière installés par Thiers à Versailles et dans les camps des environs pour combattre la Commune.

Le 18 mars 1871, lorsque commence l'insurrection, tandis qu'à Versailles arrivent les députés qui doivent se réunir à partir du 20, Thiers ne dispose guère que d'une vingtaine de milliers d'hommes. Or il estime à 150 000 le nombre de ceux qui sont nécessaires à la reconquête de la capitale. Confiant en ses talents d'organisateur militaire, il prend alors en main le problème des effectifs. On commence par faire appel aux volontaires, sans grand succès ; puis le ministre de la Guerre Le Flô fait rechercher le moindre soldat disponible dans les provinces : on arrive ainsi à 50 000 hommes. Pour atteindre son objectif, malgré les clauses de la convention d'armistice, Thiers sollicite alors Bismarck qui, par une convention du 28 mars, accorde 80 000 hommes au total. L'insistance de Thiers et le bon vouloir des Prussiens permettront, avec le retour des prisonniers à partir du mois d'avril, d'arriver à 130 000 hommes le 16 avril, 170 000 lors de l'assaut final. Aux prisonniers, on a promis des primes et un avancement rapide. Malgré cela, au début du mois d'avril, l'état d'esprit des soldats reste préoccupant pour les autorités versaillaises. Thiers intervient alors, fait regrouper les troupes au camp de Satory et dans les camps du voisinage, leur fait distribuer vêtements et nourriture convenables, vérifie leur encadrement, visite lui-même les campements, s'entretient avec les soldats, et obtient finalement un résultat satisfaisant.

Le général Vinoy puis, à partir du 14 avril, le maréchal de Mac Mahon, sont placés à la tête des troupes versaillaises, divisées en cinq corps commandés par les généraux de Ladmirault, de Cissey, du Barail, Douay et Clinchant. La brigade de cavalerie du général de Galliffe appartient au Ier corps, tandis que Vinoy commande les trois divisions d'infanterie qui constituent l'armée de réserve. Peu à peu, au début du mois d'avril, les Versaillais se rapprochent de Paris : Asnières, par exemple, est occupée le 16. Le 21 mai, ils pénètrent dans Paris, date du début de la Semaine sanglante au cours de laquelle seront commises de nombreuses exécutions sommaires. À l'heure des représailles, les Versaillais compteront 877 tués face aux 20 000 à 30 000 morts de la Commune.

VERSAILLES

Ville du département des Yvelines, dans le sud-ouest de la région parisienne, à 11 kilomètres de Paris.

Bénéficiant d'un site pittoresque, sur un plateau assez élevé par rapport à Paris, mais que dominent du côté du nord, de l'est et du sud des coteaux accidentés, couronnés par les bois de Vaucresson, des Fausses-Reposes, de Chaville et des Gonards, Versailles est le type même de la ville construite *ex nihilo* autour d'un palais, pour les besoins de l'État. Quand Louis XIV décide l'agrandissement de l'ancien relais de chasse de Louis XIII, Versailles n'est qu'un gros village de 400 à 500 habitants, et la charte fondatrice de la ville est en quelque sorte la lettre de Louis XIV accordant en 1671 maints privilèges à ceux qui viendraient s'établir dans son voisinage. Le service du roi et de la Cour, l'intérêt qu'ont les courtisans à être aussi près que possible du maître entraînent le rapide développement de la ville. Mais les constructions, qui se multiplient, sont soumises à des conditions d'alignement et de hauteur, afin de ne pas même paraître avoir, aux environs du château, quelque air de grandeur. L'ardoise, la brique rouge et la pierre blanche sont de rigueur. Seul échappera à cette règle le château de Clagny, construit par Mansart pour Mme de Montespan. À la fin du règne de Louis XIV, Versailles ne compte encore que quelques milliers d'habitants, mais elle se développe régulièrement. Si Necker est sans doute généreux lorsqu'il lui accorde, à la fin du XVIIIe siècle, 60 000 âmes, l'évaluation, plus sûre, de 1789, lui en attribue 44 200. Versailles est alors la dixième ville de France, avant Orléans, Amiens, Nancy, Caen, Reims, Troyes, Montpellier… C'est surtout la capitale politique de la France. Un moment abandonnée sous la Régence, elle retrouve ce rôle dès 1722.

Tout, dans la ville, aboutit au château et part du château. Au centre, un faisceau de trois avenues monumentales, les avenues de Paris, de Saint-Cloud et de Sceaux, converge vers la place d'Armes, unique par son ampleur, qui fait face au château. C'est le quartier officiel et la résidence de la noblesse de cour. Sur ces avenues s'alignent les hôtels des plus grands noms : Condé, Turenne, Grammont, Villecerf, La Feuillade, Coislin, Marcillac, Roquelaure, Luxembourg. À droite, se trouve le vieux village qu'on nommera, une fois agrandi, le quartier du Parc-aux-Cerfs. Sa paroisse originelle, l'église Saint-Julien, sera démolie en 1679 et remplacée sous Louis XV par une somptueuse église dédiée à Saint Louis, la cathédrale actuelle. À gauche, le quartier neuf, la Ville-Neuve, autour d'une place octogonale. Louis XIV y fera élever en 1680 l'église paroissiale Notre-Dame. Versailles s'agrandit encore sous Louis XV et Louis XVI. Tout un quartier, plus modeste, se construit sur l'emplacement du château de Clagny, abandonné par le fils de Mme de Montespan, le duc du Maine, et finalement démoli par ordre du roi en 1769. Les deux boulevards du Roi et de la Reine deviennent les axes de cet ultime Versailles.

Versailles est le théâtre des premiers événements révolutionnaires : la réunion des Assemblées des notables de 1787 et 1788, l'ouverture, le 5 mai 1789, des États généraux qui siègent dans la salle des Menus-Plaisirs, le serment du Jeu de paume (20 juin), la séance royale du 23 juin, plus tard la nuit du 4 Août. Mais la Révolution porte en elle la déchéance de l'ancienne capitale royale. En diminuant considérablement sa population et surtout en supprimant ses éléments les plus importants d'activité et de vitalité, le départ du roi et de la famille royale pour Paris, le 6 octobre, suivi de celui de la Cour, font entrer Versailles dans un état de calme presque léthargique. Les massacres de Septembre y ont leur répercussion. Le 9 septembre, un convoi de prisonniers venant d'Orléans est massacré dans les rues de la ville par des révolutionnaires parisiens. En 1814 et 1815, la ville est investie par les alliés. La seconde occupation est particulièrement douloureuse car, pour se venger du revers que le général Exelmans leur a infligé dans la plaine de Saint-Antoine, les Prussiens mettent la ville au pillage. Elle ne retrouve pas son rôle de capitale sous la Restauration et ne se développe que lentement au XIXe siècle. En 1837, Louis-Philippe transforme le château en un musée « à toutes les gloires de la France ». Trois ans plus tard, Versailles est reliée à Paris par chemin de fer, et les visiteurs commencent à affluer. Occupée du 18 septembre 1870 au 7 mars 1871 par les Allemands qui y établissent leur quartier général, elle est le théâtre, en novembre 1870, de la première rencontre entre Thiers et Bismarck. Humiliation suprême durement ressentie dans toute la France, c'est dans la galerie des Glaces du château que l'Empire allemand est solennellement proclamé le 18 janvier 1871. L'armistice y est également négocié, au 20 de la rue de Provence, entre Jules Favre et Bismarck (janvier), et les préliminaires du traité de Francfort y sont signés le 26 février entre Thiers et le chancelier allemand. Après la ratification de la paix, l'Assemblée nationale est transférée le 20 mars de Bordeaux à Versailles, où elle siège dans une des salles du château. Le gouvernement provisoire réside lui aussi à Versailles pendant l'insurrection de la Commune (mars-mai 1871), d'où le nom de Versaillais donné par les Parisiens aux troupes gouvernementales. Les deux Chambres du Parlement regagneront Paris en 1879. Le 28 juin 1919, dans la même galerie des Glaces, la signature du traité de Versailles et du pacte de la SDN avait effacé la honte du traité de Francfort.

VERSAILLES (château de)

Résidence royale. Ce monument compte parmi les plus remarquables de France, tant par sa beauté que par les événements dont il fut le théâtre.

Séduit par le site de Versailles – une butte assez proche de Saint-Germain-en-Laye, située en un territoire giboyeux –, Louis XIII y fait construire, en 1624, un pavillon de chasse, conservé en partie au fond de la cour de Marbre, que Bassompierre, en 1627, décrit comme étant un « chétif château ». Quoi qu'il en soit, Louis XIII se plaît en ce lieu. C'est là qu'il vient chercher le calme propice à la réflexion lors de la journée des Dupes (10 novembre 1630). Il s'y plaît tant qu'en 1631 il charge Philibert Le Roy de transformer le modeste pavillon de chasse en château, puis il achète le domaine environnant et la seigneurie de Versailles à Jean François de Gondi, archevêque de Paris. Philibert Le Roy agrandit l'ancien édifice, en fait une belle demeure à la française, mais Versailles n'est encore qu'une résidence royale parmi d'autres, dédaigneusement traitée par le duc de Saint-Simon de « château de cartes », et ne peut être comparée à Fontainebleau ni à Saint-Germain.

Louis XIV se rend pour la première fois à Versailles en 1651 et d'emblée en apprécie le cadre. Mais le Versailles du Roi-Soleil ne naît que dix ans plus tard, en 1661, de la jalousie que lui inspire le château de Vaux-le-Vicomte où Louis Le Vau, André Le Nôtre et Charles Le Brun ont magnifiquement travaillé pour le compte du surintendant Fouquet. Louis XIV fait agrandir le château tout en conservant certains éléments, ce qui ne manque pas de poser quelques problèmes d'ordre technique aux architectes chargés des nouveaux travaux. Cette première extension de Versailles, considérable puisqu'elle multiplie sa surface par dix, est achevée en 1668. C'est le projet de Le Vau qui l'emporte sur ceux de Jacques Gabriel, Claude Perrault, Antoine Le Pautre et Vigarini. Déjà, le château est le cadre privilégié de fêtes telles que les Plaisirs de l'île enchantée ou la représentation de *L'Impromptu de Versailles*. Puis Louis XIV envisage de quitter définitivement le Louvre et de résider à Versailles, choix déterminé par sa rancœur à l'égard du Paris frondeur de sa minorité. Versailles, qui sera plus tard « le Ruineux », paraît être également une solution d'économie. Son espace libre et peu onéreux présente les conditions rêvées pour construire, à l'écart, la grande capitale fonctionnelle dont a besoin l'État. En s'installant à Versailles, Louis XIV prend suffisamment de distance à l'égard de Paris, sans rompre avec la capitale. Il faut donc agrandir le château pour loger toute la Cour et le gouvernement. Les travaux reprennent, surveillés de près par Louis XIV, qui en est le grand inspirateur et s'intéresse aux moindres détails. Le Vau élève la partie centrale du château de 1668 à 1670. À sa mort (1670), son élève François d'Orbay, puis Jules Hardouin-Mansart (1640-1708), petit-neveu de François Mansart, lui succèdent. Mansart, plus encore qu'un architecte – on suit, longtemps après sa disparition, les grandes lignes de Le Vau – est un entrepreneur de très grande envergure qui, en vingt et un ans, donne au château l'aspect que nous lui connaissons aujourd'hui. Commencées en 1671, les ailes des Ministres sont achevées en 1678. La Surintendance, la Chancellerie, le Grand Commun qui abrite tous les services de la Bouche, la Grande et la Petite Écurie, qui peuvent accueillir plusieurs centaines de montures, sont construits de 1678 à 1682. Puis ce sont, dans le style de Le Vau, les ailes du Midi (1678-1682) et du Nord (1684-1689), destinées à loger les princes du sang et les bâtards légitimés. Ces dernières constructions achevées, le château n'offre pas moins de 550 mètres de façade sur les jardins, sans toit apparent. Mansart apporte également quelques modifications au plan primitif, en édifiant, au centre de l'ancien château, sur les jardins, la célèbre galerie des Glaces, terminée en 1687 et dont la voûte, due à Le Brun, rappelle les victoires du roi pendant la guerre de Hollande. Le salon de la Paix et celui de la Guerre complètent cet admirable ensemble. Construite en soubassement d'une terrasse aménagée par Le Nôtre, s'élève l'Orangerie (1681-1686) dont les voûtes sont pour l'époque d'une portée exceptionnelle. Enfin, la chapelle est elle aussi, pour l'essentiel, l'œuvre de Mansart. Les fondations en sont jetées en 1689, mais la guerre de la ligue d'Augsbourg, celle de Succession d'Espagne ensuite, en ralentissent l'édification. Elle n'est achevée qu'en 1710, sous la direction de Robert de Cotte, beau-frère et successeur de Mansart (mort en 1708). Par ses dimensions et ses lignes majestueuses, quoique austères, elle est digne du château. Toutefois, pour ne pas insulter à la misère, le marbre y a été remplacé par une pierre d'un grain très fin et d'une blancheur exceptionnelle.

Traditionnellement regardé comme un chef-d'œuvre de l'architecture classique qui réussit à allier l'équilibre et la majesté, la puissance et la grâce, Versailles, bien que fortement inspiré de l'art italien, apparaît comme le symbole français le plus pur du règne du Roi-Soleil. Modèle inégalé, il sera copié par toutes les cours d'Europe, avec plus ou moins de succès, à Nymphenburg, Schönbrunn, Queluz. Cet ensemble unique est admirablement complété par une « mer » savamment ordonnée de plans d'eau, de bosquets et de verdure. L'architecte de ces merveilleux jardins est Le Nôtre, qui sait conduire à sa perfection le style à la française. Ses jardins précédèrent les châteaux de Le Vau et de Mansart, si bien que l'on pourrait dire que Versailles a été construit en fonction du parc et non le parc en fonction du château. Dans l'axe de la façade centrale du palais s'étend une vaste terrasse, dite du Parterre d'eau, dont les bassins sont décorés de figures de bronze représentant les principaux fleuves et rivières de France. De là, la vue s'étend jusqu'à l'horizon, jalonnée par le bassin de Latone, l'allée Royale ou Tapis vert et le bassin d'Apollon qui aboutissent à la grande pièce d'eau appelée assez improprement le Grand Canal (long de 1 520 mètres). Ce dernier, avec ses deux branches transversales, abrite une flottille amarrée à la Petite Venise qui permet au roi d'offrir à ses hôtes des collations et des concerts sur l'eau. À droite, s'étend le parterre du Nord, prolongé par l'allée d'Eau, qui descend jusqu'au bassin de Neptune ; à gauche, une terrasse magnifique, le parterre du Midi, domine l'Orangerie, flanquée de deux escaliers monumentaux, les Cent Marches ou les Grands Degrés, donnant accès à la pièce d'eau des Suisses. De chaque côté, dans les massifs d'arbres, sont disposés les bosquets, dont les plus célèbres sont celui de la Reine, ceux des Rocailles et de la Colonnade. Les bassins, les parterres, le long Tapis vert sont ornés de statues dues à de grands sculpteurs : Le Hongre, Girardon, Coysevox, Marsy. Toute la mythologie se groupe autour du Roi-Soleil, tandis que La Quintinie plante le Potager du roi où, grâce à d'ingénieux procédés, il parvient à faire pousser des fruits et des légumes qu'il n'est pas d'usage de récolter en Île-de-France. Derrière les grilles, qui ferment les jardins au niveau du bassin d'Apollon, s'étend enfin le Petit Parc. Au-delà commençait autrefois le parc de chasse, clos de murs sur 6 614 hectares.

Le site de Versailles avait un défaut, sa sécheresse. D'importants travaux sont nécessaires pour apporter l'eau indispensable aux parterres et aux innombrables jets d'eau (il en subsiste 460), qui font des jardins de Versailles une véritable féerie ; une machinerie hydraulique complexe assurait la distribution des eaux. La captation des eaux de l'Eure, qui avait entraîné la construction de l'aqueduc de Maintenon, sera, elle, vite abandonnée. Versailles trouve enfin son prolongement dans les Trianons. Le premier Trianon, dit de porcelaine, était un bâtiment décoré de faïences imitant les porcelaines de Chine. Il n'existe plus aujourd'hui. Le Grand Trianon, dit Trianon de marbre, est édifié par Mansart et achevé en 1688. Il symbolise, avec son péristyle de marbre vert et rose et sa façade dépouillée, le luxe discret dont aime à s'entourer Louis XIV. Les plus grands sculpteurs du temps – Coysevox, Le Gros, Lespignola, Hardy, Raon, Van Cleve – y exercent leurs talents. Enfin, Gabriel construit, sous Louis XV, le joyau architectural qu'est le Petit Trianon, édifié pour Mme du Barry qui n'y résidera pas.

Louis XV ne modifie pas fondamentalement le plan du château. Toutefois, il fait adapter au goût et au style nouveaux l'aménagement des appartements intérieurs. Ne se plaisant guère dans la chambre de Louis XIV, somptueuse mais glaciale, située au centre du bâtiment, sur la cour de Marbre, il se fait installer de petits cabinets, au prix de la disparition (1752) du majestueux escalier des Ambassadeurs. Le décor de ces nouveaux appartements est confié aux meilleurs artistes du

Versailles
Le château avant la construction de la Grande Galerie. École française, XVIIe siècle. © *Sélection Images*

Versailles
Le château vu du bassin de Neptune. © *Sélection Images*

moment (Verberckt, Boucher, Nattier). Louis XV charge aussi Jacques Ange Gabriel de la construction de l'admirable Opéra (1753-1770), aux tonalités bleu et or, décoré par Pajou. Est encore exécuté le décor du bassin de Neptune.

Marie-Antoinette fait à son tour modifier, par Mique, l'aménagement de ses cabinets intérieurs, dans le nouveau style décoratif du règne. C'est elle qui profitera véritablement du Petit Trianon ; elle en fait dessiner le jardin, également par Mique, chargé en outre de bâtir le célèbre « hameau », composition harmonieuse devant reconstituer un village d'Île-de-France. La reine se plaisait, en ce lieu, à échapper aux contraintes de l'étiquette du château. Le hameau est achevé depuis quelques années seulement quand éclate la Révolution.

Abandonné après le départ de la famille royale pour Paris (6 octobre 1789), le château de Versailles ne retrouvera jamais ses fastes. Son mobilier est dispersé, vendu pendant la Révolution. Louis-Philippe en fait en 1837 un vaste musée. De nombreuses restaurations et destructions sont opérées à cette occasion, principalement dans les pièces et les galeries du rez-de-chaussée. La galerie des Batailles, au premier étage de l'aile du Midi, date de cette époque. En 1875, au rez-de-chaussée de l'aile du Midi, est construite une salle destinée aux réunions de la Chambre des députés, qui siège là jusqu'en 1879, tandis que le Sénat tient ses séances dans l'Opéra, transformé. Les deux assemblées regagnent Paris en 1879, mais l'ancienne salle des députés de Versailles, seule susceptible de recevoir à la fois les députés et les sénateurs, reste jusqu'en 1953 le lieu de réunion du Congrès pour les élections présidentielles. Aujourd'hui encore, c'est entre ses murs que sont votées les modifications constitutionnelles. L'Opéra a été restauré en 1956 dans son état primitif. L'ancienne décoration a pu être retrouvée et l'affreux badigeon rouge de Louis-Philippe recouvert. Seule la machinerie a été modernisée.

Le château de Versailles est, avec le Louvre, le monument le plus visité de France. Il aura bénéficié au cours des années 1980 d'un programme de restauration considérable ; au terme de ces travaux, auront été successivement aménagés puis présentés au public : la chambre du roi, dans l'état où l'a connue Louis XV ; la galerie des Glaces, où auront été mises en place des torchères semblables à celles qui s'y trouvaient à l'époque du règne de Louis XIV ; la salle du Jeu de paume (où la jeune Assemblée nationale jura le 20 juin 1789 de ne pas se séparer avant d'avoir donné une Constitution à la France) ; le niveau de la cour de Marbre, conformément à son état original, sera élevé d'un mètre environ, et la grille qui fermait la cour replacée. Consécutivement au relèvement de la cour de Marbre, les appartements du rez-de-chaussée subiront d'importantes modifications. La mise en place des boiseries des appartements du roi et de la reine est poursuivie ; la réfection des appartements de Mme de Pompadour et du comte de Maurepas aussi, tandis que sont achevés les aménagements intérieurs des appartements de la dauphine, du Dauphin et de Mesdames (Adélaïde et Victoire). La présentation du musée de l'Histoire de France est entièrement remodelée. Pour la première fois est présenté un ensemble de bustes commandés par Bonaparte en mémoire des grands hommes considérés par lui comme les « pères de la République ». Enfin, hors du château lui-même, les écuries font l'objet d'importants travaux, au terme desquels la Grande Écurie abrite, d'une part, un musée des voitures largement restructuré, d'autre part, une série de salles destinées à recevoir principalement les statues et petits monuments se trouvant actuellement dans le parc et qui sont menacés de détérioration par la pollution atmosphérique. Par ailleurs, la restauration du Petit Trianon est poursuivie.

VERSAILLES (traités de 1756, 1757 et 1759)

Traités d'alliance franco-autrichiens.

Ils sont dirigés contre la Prusse, alliée traditionnelle de la France, mais qui, le 16 janvier 1756, a signé à Westminster un traité avec le roi d'Angleterre George II. Le roi de Prusse, Frédéric II, espérait néanmoins conserver l'alliance de la France. Dès le 1er janvier cependant, un accord secret défensif a été conclu entre la France et Marie-Thérèse d'Autriche. Le 16 avril, au cours d'une longue séance, la majorité du Conseil royal s'est rallié à l'alliance autrichienne, consacrée par le traité du 1er mai. Le renversement des alliances est ainsi opéré. Ce traité, qui confirme tous ceux signés par la France et l'Autriche depuis ceux de Westphalie, en 1648, comporte une convention de neutralité réciproque et un accord secret d'aide réciproque au cas où l'un des signataires serait attaqué par un allié de l'Angleterre. Un an plus tard, en mai 1757, au moment où commence la guerre de Sept Ans, un deuxième traité de Versailles renforce et précise celui de 1756. Un troisième traité sera signé, par Choiseul, à Versailles en mars 1759, et antidaté du 31 décembre précédent. La France s'engage notamment à entretenir 100 000 hommes sur le Rhin, à payer à l'impératrice 288 000 florins par mois et à aider la Suède et la Norvège, qui viennent d'entrer dans le conflit aux côtés de l'Autriche.

VERSAILLES (traité de 1783)

Traité qui mit fin à la guerre d'Indépendance américaine.

Après les préliminaires séparés anglo-américains (30 novembre 1782), les signatures rendant le traité définitif sont échangées à Versailles le 3 septembre 1783. Manchester signe pour le roi d'Angleterre, Vergennes pour le roi de France. L'Angleterre reconnaît l'indépendance des États-Unis d'Amérique (treize États les composent alors), auxquels elle cède tous les territoires situés au sud du Canada. Elle restitue à la France ses comptoirs du Sénégal et de l'Inde, lui confirme la possession de Tobago, Sainte-Lucie, Saint-Pierre-et-Miquelon, ainsi que le droit de pêche à Terre-Neuve, et lui reconnaît le droit de fortifier Dunkerque. Enfin l'Espagne, qui avait été une encombrante alliée, ne récupère pas Gibraltar, mais conserve Minorque et retrouve la Floride. Ce traité constitue pour la France une revanche partielle de l'humiliant traité de Paris de 1763 qui avait mis fin à la guerre de Sept Ans. Il lui rend son honneur et une position prépondérante et marque le début d'une amitié franco-américaine appelée à jouer un grand rôle dans l'histoire, mais au prix de difficultés financières qui seront une des causes immédiates du déclenchement de la Révolution.

VERSAILLES (traité de 1919)

Traité de paix signé à Versailles, le 28 juin 1919, par l'Allemagne et les puissances alliées et associées. Il mit fin à la Première Guerre mondiale.

Ce traité a été préparé par la conférence de la paix qui siège à Paris depuis le 18 janvier 1919, et n'achèvera ses travaux qu'au mois d'août 1920. 27 délégations, représentant en fait 32 puissances, sont présentes à la conférence, où le travail réel est préparé par une cinquantaine de comités d'experts, qui remettent leurs conclusions au Conseil des Dix, puis des Quatre. Clemenceau, Lloyd George, Orlando et Wilson, chefs d'État ou de gouvernement de la France, de l'Angleterre, de l'Italie et des États-Unis, dominent les débats d'où l'Allemagne a été exclue. Le

Le traité de Versailles (1919)
Les plénipotentiaires dans la galerie des Glaces de Versailles. Huile sur toile. © *Sélection Images*

vaincu, de ce fait, considérera les traités comme un diktat. Quant aux représentants des autres pays vainqueurs, ils sont seulement appelés en consultation. Les négociations entre les vainqueurs sont longues et difficiles, en raison de la diversité de leurs motivations et de leurs intentions. Tous ont l'ambition d'empêcher le retour d'une guerre aussi sanglante que ruineuse. Aussi, à côté des traités de paix, sera mise en place la Société des nations (SDN), destinée à maintenir la paix. Mais les intérêts des vainqueurs divergent. La France veut écarter définitivement le danger allemand, faire du Rhin « une barrière sur la route de l'invasion », annexer la rive gauche du fleuve, contrôler la Ruhr. L'Angleterre, au contraire, fidèle à sa politique traditionnelle, a des vues opposées, et veut que l'Allemagne retrouve aussitôt que possible son rang de grande puissance et son rôle de débouché de l'industrie et du commerce anglais. L'Italie, la Roumanie, la Grèce, ont des ambitions territoriales correspondant aux promesses qui leur ont été faites, mais éloignées des principes au nom desquels les États-Unis sont entrés en guerre et de l'idéalisme pacifique de Wilson. C'est ainsi que, lorsque les Alliés, à la demande de Wilson, refusent à l'Italie l'annexion de Fiume et de la Dalmatie qui lui avait été promise par le traité de Londres le 26 avril 1915, la délégation italienne quitte un moment la conférence (avril-mai). Wilson refuse encore à Clemenceau l'annexion de la Sarre et l'occupation de la rive gauche du Rhin.

Enfin, au terme de discussions parfois orageuses, le traité, dont beaucoup d'aspects ne sont que des compromis, peut être présenté à l'Allemagne le 7 mai. Dans le pays vaincu, les clauses des vainqueurs soulèvent l'indignation générale. Le comte von Brockdorff-Rantzau proteste contre le rejet sur son pays de toutes les responsabilités de la guerre et présente, le 29 mai, un certain nombre de contre-propositions, en particulier l'organisation d'un référendum en Alsace-Lorraine. Toutes sont rejetées, les Alliés acceptant seulement que la souveraineté politique de la Sarre soit confiée à la SDN et qu'un plébiscite soit organisé en Haute-Silésie. Au cours des discussions, Lloyd George s'oppose de nouveau à Clemenceau, partisan d'une rigueur envers l'Allemagne que ne souhaite pas l'Angleterre. Le 17 juin, les clauses du traité sont de nouveau présentées à l'Allemagne, qui doit signer dans un délai de cinq jours. L'assemblée de Weimar vote finalement la signature et, le 23 juin, le nouveau ministre des Affaires étrangères allemand, Hermann Müller, accepte le traité, officiellement signé le 28 à Versailles dans la galerie des Glaces, là où l'Empire allemand a été solennellement proclamé le 18 janvier 1871. Les articles 1 à 26 concernent la création de la SDN. Les clauses territoriales du traité de Versailles sont très dures pour l'Allemagne, qui perd en Europe 68 000 km² et 8 millions d'habitants, par la rétrocession de l'Alsace-Lorraine à la France, celle aussi de petits territoires (Eupen, Malmédy, Moresnet), cédés à la Belgique pour des motifs stratégiques. À l'est, l'Allemagne perd la Posnanie et une partie de la Prusse occidentale au profit de la Pologne, à laquelle le « couloir de Dantzig » assure l'accès à la mer. Dantzig, ainsi perdue par l'Allemagne, reçoit le statut de ville internationale. Divers plébiscites seront organisés pour fixer le sort du Schleswig, de la Prusse-Orientale et d'une partie de la Silésie, finalement attribuée par ce moyen à la Pologne. Quant à la Sarre, elle sera administrée pendant quinze ans par la SDN, la France recevant la propriété de ses mines de charbon. Au terme de ces quinze années, un plébiscite l'attribuera à la France ou à l'Allemagne. Hors d'Europe, l'Allemagne perd toutes ses colonies, remises à la SDN qui les redistribuera à titre de mandats. La France reçoit ainsi la plus grande partie du Cameroun et du Togo, le reliquat étant attribué à la Grande-Bretagne, à qui échoit également l'Afrique-Orientale allemande. Les îles allemandes du Pacifique Nord sont confiées au Japon, les îles Samoa à la Nouvelle-Zélande, la Nouvelle-Guinée à l'Australie. L'Afrique du Sud reçoit le Sud-Ouest africain, et la Belgique le Ruanda-Urundi.

Les clauses militaires visent à anéantir la puissance militaire de l'Allemagne. Le service militaire obligatoire y est supprimé. L'Allemagne ne pourra posséder qu'une armée de métier forte au maximum de 100 000 hommes, recrutés par des engagements de douze années. L'aviation est prohibée, comme les armes modernes. L'armée allemande ne pourra s'équiper que d'armes légères : l'artillerie lourde et les tanks lui sont interdits. Le matériel existant devra être détruit sous contrôle, toute fabrication nouvelle étant interdite. Le grand état-major allemand est dissous. En ce qui concerne la marine, dont les effectifs sont plafonnés à 50 000 hommes, elle se limitera à des navires de surface légers, les cuirassés lui étant interdits, comme les sous-marins.

Les clauses financières du traité imposent à l'Allemagne, reconnue responsable de la guerre, le paiement de réparations, mais les Alliés ne s'entendent pas sur le montant de ces dernières, l'Angleterre et les États-Unis s'opposant à la France qui souhaite un montant élevé. Le traité prévoit qu'elles seront fixées, avant le 1er mai 1921, par une commission des réparations. En attendant, l'Allemagne doit verser la somme de 20 milliards de marks-or. Au point de vue économique, les grandes voies d'eau allemandes sont internationalisées ; le vaincu doit livrer une partie de sa flotte commerciale, de son matériel ferroviaire et de ses machines. Les clauses du traité font perdre à l'Allemagne le quart de son charbon et de son acier, les trois quarts de son minerai de fer, 15 % de sa production agricole.

Au point de vue moral, et selon les termes du fameux article 231 qui soulèvera polémiques et ressentiment, l'Allemagne doit reconnaître sa responsabilité dans le déclenchement de la guerre (*Kriegsschuldfrage*). Elle doit s'engager notamment à livrer aux vainqueurs, qui les présenteront devant un tribunal, l'empereur Guillaume II et certains de ses sujets, considérés comme « criminels de guerre ». Les vainqueurs, enfin, pour s'assurer de l'exécution de ces clauses, prennent un certain nombre de garanties. L'Angleterre et les États-Unis ont refusé la création d'un État rhénan indépendant, État tampon que réclamait la France. Ils acceptent toutefois l'occupation de la rive gauche du Rhin par les armées alliées jusqu'en 1925, occupation suivie de la démilitarisation du territoire ; en face, sur la rive droite, la France obtient la démilitarisation d'une bande de terre large de 50 km. Sur cette rive droite, les Alliés occuperont Cologne pendant cinq ans, Coblence pendant dix ans, Mayence pendant quinze ans. Les Alliés contrôleront enfin le démantèlement des îles d'Héligoland et de Dune, dans la mer du Nord. Pour compenser leur refus de certaines clauses, les États-Unis et l'Angleterre s'engagent formellement à défendre la France en cas d'agression allemande.

Le traité de Versailles entre en vigueur le 10 janvier 1920. Des dispositions aussi rigoureuses ne tardent pas à soulever l'indignation en Allemagne, indignation soigneusement entretenue par l'état-major, qui accrédite le bruit que la guerre a été perdue en raison de la trahison des politiciens et des diplomates. Les nationalistes continueront ensuite de parler d'un diktat, refuseront de reconnaître les frontières orientales, refuseront enfin la responsabilité morale de la guerre. Dès sa signature, le traité est aussi attaqué, en Grande-Bretagne, pour le caractère irréaliste des conditions financières. En novembre, le refus du Sénat américain de le ratifier, par souci isolationniste, enlève au traité sa principale garantie. La France n'est pas non plus satisfaite : elle regrette de n'avoir pu annexer la rive gauche du Rhin. D'autant que le refus du Sénat américain rend caduc l'engagement des États-Unis, et donc de la Grande-Bretagne, de soutenir la France en cas d'agression allemande. L'Allemagne, pourtant humiliée, a conservé son unité politique et une grande partie de son potentiel économique. À l'est, le traité n'aboutit qu'à créer de nouveaux problèmes de minorités. La SDN, quant à elle, ne dispose d'aucun moyen de faire respecter ses décisions. Les conceptions humanitaires que Wilson a voulu mêler aux traditions d'annexion européennes n'aboutissent qu'à la naissance de nouveaux mouvements nationalistes. Après le traité de Versailles, l'Allemagne signera ceux de Saint-Germain, avec l'Autriche, de Neuilly, avec la Bulgarie, de Trianon, avec la Hongrie, et de Sèvres, avec la Turquie.

VERVINS (traité de)

Le 2 mai 1598, les représentants d'Henri IV, Pomponne de Belièvre et Nicolas Brûlart de Sillery, signent la paix avec ceux de Philippe II d'Espagne.

Le traité de Vervins confirme le traité du Cateau-Cambrésis (1559). La France conserve les Trois-Évêchés (Metz, Toul, Verdun) et retrouve Calais, Ardres, La Capelle, Doullens, Le Catelet, Blavet. Le duc de Savoie évacue la ville de Berre, en Provence. Les rois de France et d'Espagne réservent leurs droits sur la Navarre et sur la Bourgogne.

VEUILLOT Louis (Boynes, Loiret, 1813 – Paris, 1883)

Journaliste et écrivain.

Fils d'un tonnelier, il doit abandonner très jeune ses études pour devenir petit clerc chez un avoué. Il continuera à s'instruire seul, par d'abondantes lectures. Bientôt, le jeune homme fait ses premières armes de journaliste dans des feuilles de province comme *L'Écho de Rouen* ou *Le Mémorial de la Dordogne*, auquel il collabore de 1832 à 1836. À Paris, pendant les deux années qui suivent, il dirige *La Charte de 1830*, collabore à *La Paix* et au *Moniteur parisien*. À la suite d'un voyage à Rome en 1838, Veuillot décide de mettre sa plume au service du catholicisme, et plus précisément de la papauté. Il occupe ensuite quelque temps un poste de fonctionnaire au ministère de l'Intérieur, puis devient le secrétaire de Bugeaud en Algérie. Collaborateur du quotidien ultramontain *L'Univers*, il en devient le rédacteur en chef à la fin de 1842. Sous sa direction, *L'Univers* change de ton, combat vigoureusement, et même passionnément, « pour l'Église et la patrie ». Pendant plus de trente ans, cet autodidacte qui n'occupe aucune position officielle va exercer sur une grande partie du clergé français une influence à la fois politique et religieuse, dans le sens d'une soumission absolue à la papauté. Sous la monarchie de Juillet, la question scolaire

Louis Veuillot

Lithographie de Lemonie, Paris, Bibliothèque nationale de France. © *Sélection Images*

est sa principale préoccupation. Dès 1844, le journaliste, comme le gérant de *L'Univers*, est condamné à un mois de prison et 3 000 francs d'amende pour provocation à la désobéissance aux lois, à la suite de la publication d'une brochure de l'abbé Combalot sur la liberté d'enseigner. Deux ans plus tard, *L'Univers*, qui n'avait en 1840 que 1 530 abonnés, en compte plus de 5 000, dont la majorité en province. Rallié au nouveau régime après la révolution de 1848, Veuillot applaudit ensuite à l'élection de Louis Napoléon, puis au coup d'État. Au début du Second Empire, il continue de prôner la soumission absolue au Saint-Siège, condamne le libéralisme religieux et, en matière politique, les catholiques libéraux. Il continue d'animer *L'Univers* de son style ample, vigoureux, éloquent, d'une ironie mordante. Le pape le soutient, mais tous les prélats ne lui sont pas favorables, à l'instar de Mgr Sibourg, archevêque de Paris.

Veuillot, qui a d'abord soutenu la politique de Napoléon III, s'attaque à lui pour l'aide qu'il apporte à l'unification italienne. Deux avertissements frappent son journal les 11 juillet et 26 décembre 1859, à propos de la guerre d'Italie. Le 29 janvier 1860, Napoléon III décide de supprimer *L'Univers*. Pendant sept ans, le journaliste se consacre à la littérature, publiant *Parfum de Rome* en 1861 et les *Odes de Paris* en 1866. Le 19 février 1867, *L'Univers* obtient l'autorisation de reparaître, et Veuillot reprend sa plume de journaliste au service de l'ultramontanisme, se faisant le défenseur acharné de l'infaillibilité pontificale, avant même la réunion du concile du Vatican. Son audience reste considérable, notamment auprès du bas clergé. Au début de la IIIe République, *L'Univers* reste, sous la direction de Veuillot, malade et vieillissant, la plus importante feuille catholique. Ses outrances compromettent l'ordre moral, et le duc de Broglie le fait suspendre à deux reprises en 1874. Veuillot continue de pourfendre les républicains et les catholiques libéraux. Le pape condamne implicitement son « manque de charité », mais cela ne l'empêche pas de publier, à la mort de son ennemi, Mgr Dupanloup, un article qui fait scandale. Malade, affaibli, il laisse ensuite la direction de *L'Univers* à son frère Eugène.

VEXIN

Ancien pays de France, situé aux confins de la Normandie et de l'Île-de-France, entre l'Oise et l'Andelle, le Vexin tire son nom d'un pagus *carolingien, le* pagus Veliocassinus, *partie orientale du territoire des Véliocasses.*

Sous les Mérovingiens, le Vexin fait d'abord partie du domaine de la couronne, mais Dagobert Ier en fait don à l'abbaye de Saint-Denis. Il reçoit, vers 750, le titre de comté et devient, au début du Xe siècle, un fief héréditaire sous la suzeraineté du duc de France. À la suite du traité de Saint-Clair-sur-Epte de 911, il est séparé en deux parties délimitées par l'Epte : le Vexin normand, au-delà de cette dernière, avec Gisors, Étrepagny, Lyons, qui fait partie des terres concédées aux Normands, et le Vexin français, avec Chaumont-en-Vexin et Cormeilles-en-Vexin, dépendance de l'Île-de-France. Réuni à la couronne en 1082, ce dernier est donné en apanage par Louis VI le Gros à Guillaume Cliton en 1126, mais fait retour au domaine royal après la mort de ce prince en 1128. C'est Louis VI, semble-t-il, qui le premier s'empara de la bannière féodale du Vexin, l'oriflamme, pour en faire la bannière royale. Conservée dans l'abbaye de Saint-Denis, elle devint un emblème essentiel des rois capétiens qui venaient la chercher solennellement dans l'abbatiale avant chaque combat.

VÉZELAY

Ville du département de l'Yonne, à l'ouest d'Avallon. Elle doit sa célébrité à une abbaye bénédictine placée sous le vocable de Marie-Madeleine, qui fut au Moyen Âge un important centre de pèlerinage.

Vézelay se trouve sur une butte, dominant la vallée de la Cure et la petite ville de Saint-Père-sous-Vézelay. C'est là, semble-t-il, qu'il faut placer l'origine de la grande abbaye. Le chroniqueur de Vézelay, Hugues de Poitiers, qui écrit au XIIe siècle, prétend que Girart de Roussillon, vassal de l'empereur Lothaire, et sa femme Berthe, auraient fondé vers 860 l'abbaye bénédictine de Vézelay, dans la plaine. Le comte de Roussillon précisait, entre autres privilèges, que l'abbaye, placée à ce moment sous le vocable de l'apôtre Pierre, ne dépendait que du pape. Stipulation qui fut à l'origine de bien des difficultés. Les invasions normandes menaçant, l'abbaye est transférée sur la butte de Vézelay. Son véritable essor ne date que du XIe siècle, lorsque se répand le bruit qu'elle possède les reliques de Marie-Madeleine, sœur de Lazare. On raconte, en effet, qu'un moine nommé Badilon les aurait rapportées de Provence à la demande de Girart de Roussillon. En 1037, les reliques sont exposées pour la première fois. Rapidement, les pèlerins affluent à Vézelay. En 1050, une bulle papale consacre l'authenticité des reliques et donc le pèlerinage. L'église carolingienne, consacrée en 878, ne suffit plus à accueillir les pèlerins. En 1096, l'abbé Arthaud fait entreprendre les travaux destinés à élever une nouvelle abbatiale. Le bâtiment est consacré en 1104, mais les travaux, très lents, se prolongeront tout au long du XIIe siècle. Cette église est le seul monument qui témoigne aujourd'hui encore de la splendeur de l'ancienne abbaye, dont la plupart des bâtiments ont disparu. Une magnifique avant-nef la précède. La basilique Sainte-Madeleine se compose d'une nef bordée de bas-côtés, d'un chœur gothique à trois étages, voûté d'ogives, inspiré de la cathédrale de Sens, et d'une abside entourée d'un déambulatoire sur lequel s'ouvrent cinq chapelles rayonnantes. Avec la cathédrale d'Autun, l'église de la Madeleine est un des monuments bourguignons les plus riches en sculptures romanes, qu'il s'agisse des chapiteaux de la nef et des bas-côtés, ou du magnifique tympan du grand portail, dominé par l'imposante figure du Christ en majesté. Du vaste ensemble qui, en dehors de l'église abbatiale, comportait jadis un cloître, une salle capitulaire, une hôtellerie, la demeure de l'abbé et une enceinte, ne subsistent que quelques pans de murs et la salle capitulaire, restaurée par Viollet-le-Duc. Aux XIIe et XIIIe siècles, les foules accourent pour prier Marie-Madeleine. L'abbaye est très riche et, malgré les privilèges concédés par Girart de Roussillon, rencontre de nombreuses difficultés causées par ceux qui veulent s'emparer d'une aussi intéressante source de revenus, les comtes de Nevers, les évêques d'Autun et les abbés de Cluny. C'est ainsi que, si les moines conservent le droit d'élire leur abbé, ils doivent en demander l'autorisation à l'abbé de Cluny, qui confirme ensuite l'élection.

Dès le XIIe siècle, l'abbaye est le lieu de plusieurs événements d'importance. C'est à Vézelay que, le 31 mars 1146, jour de Pâques, Bernard de Clairvaux prêche la croisade devant Louis VII et sa jeune épouse Aliénor d'Aquitaine. Une foule énorme, de nombreux chevaliers, décident alors de partir pour cette deuxième croisade. En 1155, les habitants de Vézelay, poussés par le comte de Nevers Guillaume III, se soulèvent contre l'autorité de l'abbaye et de son chef, l'abbé Pons, créent une commune, se donnent des consuls et prennent le nom de bourgeois. Pons ayant quitté Vézelay, les habitants s'emparent de l'abbaye et de ses biens. L'abbé obtient que l'anathème soit lancé contre la ville rebelle. Réunis en l'église de Saint-Pierre-le-Haut, aujourd'hui disparue, les cardinaux lisent la sentence d'excommunication. On fait ensuite appel au roi revenu de croisade, qui décide de punir la ville. Finalement, au terme de dix ans de luttes, une entrevue placée sous l'arbitrage royal met fin à la commune de Vézelay. Les rebelles se soumettent et versent une forte indemnité, l'abbé leur accordant son pardon.

En juillet 1190, Philippe Auguste rencontre à Vézelay son adversaire Richard Cœur de Lion. Les deux souverains, au moment de partir en croisade, se jurent amitié. Saint Louis, au cours de sa vie, se rendra plusieurs fois à Vézelay, notamment en 1248, avant de s'embarquer pour

Vézelay
Vue du narthex de l'abbaye. © *Sélection Images*

l'Égypte. À la fin du XIIIe siècle, cependant, commence la décadence de Vézelay, qui n'avait pu obtenir la création du pèlerinage de Lazare, à Autun, un siècle auparavant. Les moines de Saint-Maximin, en Provence, prétendent en effet, en 1279, posséder les vraies reliques de Marie-Madeleine. Vézelay proteste en vain, les pèlerins, hormis ceux qui se dirigent vers Compostelle, désertent l'abbaye, que ruine ensuite la guerre de Cent Ans. Sécularisée en 1537, l'abbaye est transformée en collégiale confiée à des abbés commendataires. Sous la Révolution, après y avoir célébré le culte de la Raison, on entreprend la démolition de l'abbaye. La basilique échappe à ce sort, mais tombe en ruine ; elle sera restaurée au XIXe siècle grâce à Mérimée, par Viollet-le-Duc.

VIALA Joseph Agricol (Avignon, 1780 – près d'Avignon, 1793)

Patriote.

En juillet 1793, les royalistes du Midi se soulèvent, se rendent maîtres de la rive gauche du Rhône et marchent sur Avignon. Pour les empêcher de passer la Durance, les patriotes, inférieurs en nombre, n'ont qu'une solution : couper les câbles qui maintiennent les pontons. L'opération, sous le feu de l'ennemi, est plus que risquée. On demande des volontaires. Le jeune Viala, qui commande un groupe de la petite garde nationale, appelée l'Espérance de la Patrie, se propose. Son offre est repoussée, mais il s'échappe, saisit une hache et se dirige vers le ponton sous le feu des royalistes. Atteint à la poitrine, l'enfant ne peut couper le câble. Les royalistes, traversant le pont, percent son corps à coups de baïonnettes, avant de le jeter dans la Durance. Le courage et l'héroïsme de Viala sont partout célébrés, ainsi dans deux vers du *Chant du Départ* : « De Barra, de Viala, le sort nous fait envie/Ils sont morts, mais ils ont vécu. » Dans sa séance du 18 floréal an II, la Convention décide que ses restes seront portés au Panthéon en présence de tous les députés. Cette cérémonie n'aura jamais lieu.

VICAIRE

Du latin vicarius, *lieutenant. L'origine du vicaire remonte à l'Empire romain. À cette époque, le vicaire est une sorte de suppléant du préfet.*

Au Moyen Âge, le mot s'emploie très largement pour désigner tout remplaçant d'un officier ou d'un magistrat, qu'il exerce son activité à titre temporaire ou à titre permanent. Il existe cependant des acceptions étroites. Dans le régime féodal, le vicaire est un délégué du comte, inférieur au vicomte. Il survit longtemps dans le Midi où on l'appelle la plupart du temps viguier. L'Église aussi a ses vicaires : vicaires ordinaires, qui sont comme aujourd'hui les assistants du curé ; vicaires généraux ou capitulaires, qui administrent le diocèse quand le siège est vacant, grands vicaires qui assistent les évêques dans certaines conditions.

VICHY

Ville de la Limagne, au confluent de l'Allier et du Sichon.

Aqua Calidæ puis *Vicus Calidus* est renommée depuis l'Antiquité pour les vertus thérapeutiques de ses eaux. Sise en territoire arverne, elle passe au Moyen Âge sous l'autorité des sires de Bourbon, qui en font une de leurs principales places et lui confèrent un certain lustre. Les cures de Vichy sont mises à la mode au XVIIe siècle. En 1603 est créée l'Intendance des eaux. Madame de Sévigné, percluse de rhumatismes – après avoir proclamé qu'au terme d'une cure dans la station, ses eaux avaient eu sur son mal un effet miraculeux –, contribue à donner à Vichy une immense renommée. Fréquentée par bon nombre de personnes en vue au XVIIIe siècle, la ville reçoit, au siècle suivant, un hôte de marque, Napoléon III, souffrant de lithiase rénale, ce que son médecin ignorait alors. Le souverain ne se contente pas d'y séjourner pour son agrément, il profite de ses passages pour doter la ville d'un nouveau parc, d'un casino, d'une mairie, d'une église, et de-mande à l'un des Strauss de venir diriger l'orchestre de la station. La fréquentation de Vichy peut, à cette époque, être fixée à près de 20 000 résidents passagers par an. Toutefois, outre la clientèle de ces privilégiés, la fortune de la ville a une origine beaucoup plus stable et durable : la création, en 1853, de la compagnie fermière chargée de l'exploitation et du conditionnement des eaux. Ce n'est plus d'une seule source que dispose aujourd'hui la station thermale (la plus importante d'Europe), mais d'une trentaine, dont onze sont exploitées par l'État. Ces eaux (Vichy-Source, Saint-Yorre, Célestins, Grande-Grille, Hôpital...) possèdent chacune des propriétés curatives reconnues par le corps médical pour les troubles gastro-entérologiques, hépatiques ou néphrologiques.

En 1940, en raison des commodités d'hébergement offertes par ses hôtels (transformés en ministères) et par ceux de sa périphérie (Saint-Yorre, etc.), Vichy est choisie pour être la capitale de la zone libre et le siège du gouvernement de l'État français.

VICOMTE

Du latin vice comes. *À l'époque carolingienne, le vicomte est un délégué du comte pour les affaires civiles et militaires.*

D'abord investi de missions spéciales, il devient ensuite le représentant permanent du comte dans tout ou partie de son ressort géographique. Lors de la plus grande extension de la féodalité (Xe-XIe siècles), le vicomte devient, si l'on peut dire, un seigneur à part entière. Sa fonction est héréditaire, et il tient sa terre en prêtant hommage à un comte, à un duc ou directement au roi. Dans le Midi se développent des vicomtés très puissantes : Béarn, Carcassonne-Béziers-Albi (la triple vicomté des Trencavel), Turenne. En Normandie, cependant, on donne longtemps le titre de vicomte à un magistrat dont les pouvoirs n'excèdent pas ceux du viguier dans le Midi. Dans la hiérarchie nobiliaire inventée lors du déclin de la féodalité, le vicomte prend place immédiatement au-dessous du comte.

Madame Victoire
Huile sur toile de Jean-Marc Nattier, château de Versailles. © *Giraudon*

VICTOIRE de FRANCE Louise Marie Thérèse, dite MADAME (Versailles, 1733 – Trieste, 1799)

Princesse.

Fille de Louis XV et de Marie Leszczyńska, tante de Louis XVI. Comme ses sœurs, Victoire passe ses premières années à l'abbaye de Fontevrault, ne paraissant à la Cour qu'en 1748. La moins intelligente, dit-on, des filles de Louis XV, aime beaucoup son père qui la surnomme « Coche ». Bonne, pieuse, Victoire se singularise par ses mœurs irréprochables, au milieu d'une cour dissolue. Après la mort de son père qu'elle n'a pas craint de soigner, contractant la variole, la princesse réside le plus souvent au château de Bellevue – construit pour celle qu'elle détestait, Mme de Pompadour – avec sa sœur Adélaïde. Le 19 février 1791, les deux sœurs émigrent vers l'Italie, les États sardes, puis Rome, d'où l'approche des troupes républicaines les fait fuir en 1798. Réfugiées alors à Caserte, elles gagnent ensuite Trieste, au terme d'un voyage long et fatigant. Victoire meurt quelques jours après son arrivée, Adélaïde la suivra six mois plus tard. Elles seront inhumées dans la cathédrale de Trieste, leurs restes étant rapportés en France en 1817.

VICTOR, saint (? – Marseille, fin du IIIe siècle)

Officier romain.

Lors d'un séjour de l'empereur Maximien dans la ville, Victor, converti au christianisme, refuse de porter le titre d'« ami de César ». Il semble qu'il ait alors été jeté en prison et torturé. Ses gardiens, convertis par lui à la nouvelle religion, sont exécutés, lui-même décapité. Jeté à la mer, son corps revient vers le rivage où il est ramassé par les chrétiens, qui l'enterrent en un lieu où saint Cassien, au Ve siècle, fondera le célèbre monastère de Saint-Victor.

VICTOR Claude PERRIN dit, duc de Bellune (Lamarche, Vosges, 1764 – Paris, 1841)

Maréchal de France.

Fils d'un huissier, il reçoit une bonne instruction et entreprend des études de droit, qu'il abandonne en 1783 pour s'engager dans l'artillerie. Mis en congé en mars 1791, le jeune homme reprend du service dès le mois d'octobre dans les volontaires de la Drôme, recevant l'année suivante le commandement du 5e bataillon de ceux des Bouches-du-Rhône. Son attitude lors du siège de Toulon en 1793, le rôle qu'il joue, en tant qu'officier, dans le succès de l'entreprise, recevant deux blessures, lui valent la même année le grade de général de brigade. Après un court passage à l'armée des Pyrénées en 1794, Victor rejoint celle d'Italie, l'année suivante, servant sous Scherer, puis sous Bonaparte. Continuant de se conduire avec éclat, nommé général de division en 1795, il seconde Lannes contre Rome et reçoit de Bonaparte, en 1800, le commandement de l'armée de réserve. À sa tête, le général Victor joue un rôle particulièrement décisif dans les victoires de Montebello et de Marengo. Jusqu'en 1804, il commande l'armée de Batavie. Grand officier de la Légion d'honneur en juin 1804, grand-croix l'année suivante, Victor est nommé la même année ministre plénipotentiaire au Danemark. Reprenant du service lorsque la paix est rompue, il combat à Saalfeld, puis à Iéna, et reçoit en 1807 le commandement du 10e corps de la Grande Armée. Enlevé par l'ennemi, échangé peu après, il joue le 14 juin 1807, à la tête du 1er corps, un rôle décisif dans la victoire de Friedland. Le titre de maréchal de France récompense au mois de juillet cette action d'éclat.

Gouverneur de la Prusse après la paix de Tilsit en 1807, duc de Bellune en 1808, il reçoit la même année le commandement du 1er corps, qui combat en Espagne. Vainqueur à Espinosa en novembre 1808, à Medellin et Talavera de la Reina l'année suivante, le maréchal Victor prend encore Séville, en 1810. Hors des combats, ses troupes se livrent à de nombreuses exactions. De retour à la Grande Armée en avril 1812, il prend part à la campagne de Russie, sans aller jusqu'à Moscou, mais couvre de façon très efficace le passage de la Berezina. Après la campagne d'Allemagne en 1813, au cours de laquelle on le trouve à Dresde, Leipzig et Hanau, à la tête du

Le maréchal Victor
Huile sur toile d'Antoine-Jean Gras, châteaux de Versailles et de Trianon. © *RMN-Gérard Blot*

2e corps, Victor participe à la campagne de France, enlevant à la baïonnette le village de Brienne. L'Empereur, qui lui reproche la lenteur de sa marche vers Montereau, le destitue ensuite de son commandement. Victor propose alors de servir comme simple soldat et Napoléon, touché, lui donne le commandement de deux divisions de la garde impériale.

Le maréchal ne s'en rallie pas moins aux Bourbons, recevant le commandement de la 2e division militaire. Il leur reste fidèle pendant les Cent-Jours, rejoignant Louis XVIII à Gand. Pair de France et major général de la garde royale après la seconde abdication, Victor préside la commission chargée d'examiner le cas des officiers qui ont rejoint Napoléon pendant les Cent-Jours et vote la mort de Ney. Ministre de la Guerre en 1821, il prépare l'expédition d'Espagne mais ne peut y participer, le duc d'Angoulême s'y opposant. Démissionnaire en octobre 1823, le maréchal Victor commande le camp de Reims, puis entre au Conseil supérieur de la guerre. Refusant ensuite de se rallier à la monarchie de Juillet, il abandonne la vie publique.

VICTORINUS Marcus Piavonius (IIIe siècle)

Empereur des Gaules.

Après l'assassinat de Postumus en 269, son successeur immédiat est un militaire, Aurelius Marius, qui gouverne l'Empire gaulois pendant deux ou trois mois. Il est à son tour assassiné et remplacé par Victorinus, un des consuls de l'année 269. On ne sait que peu de chose sur son règne. Il est tué par ses soldats en décembre 271 et laisse le trône à Tétricus, le dernier empereur des Gaules. Une tradition douteuse veut que ce soit la mère de Victorinus, Victoria, qui ait fait proclamer Tétricus empereur par les légions.

VIDAME

Du latin vice dominus, *représentant du seigneur. Nom donné au représentant de l'abbé ou de l'évêque, puis au défenseur des intérêts temporels de l'abbaye ou de l'évêché.*

Originellement recrutés parmi les clercs, les vidames sont choisis parmi les nobles ou chevaliers lorsque les communautés et chapitres veulent s'assurer un protecteur puissant. La vidamie devient héréditaire et lucrative au XIIe siècle, puis honorifique aux temps modernes. Les comtes de Vexin étaient vidames de Saint-Denis. Douze évêchés ou archevêchés ont eu des vidames laïques : Amiens, Beauvais, Cambrai, Châlons, Chartres, Laon, Le Mans, Meaux, Reims, Rouen, Senlis et Sens.

VIDOCQ François (Arras, 1775 – Bruxelles, 1847)

Aventurier.

Fils d'un boulanger, il commet son premier vol à 16 ans. Militaire, il fait un faux qui lui vaut d'être condamné, à Lille, à huit ans de travaux forcés. Enfermé au bagne de Brest, il parvient à s'en évader après deux vaines tentatives. En 1809, l'ancien bagnard offre ses services au préfet de police Dubois qui les accepte non sans réticence ; il devient indicateur. En 1811, Pasquier, successeur de Dubois, lui confie la direction d'une brigade de sûreté composée d'anciens forçats. Démissionnaire en 1827 et nanti d'une solide fortune acquise plus ou moins honorablement, il fonde une fabrique de papier dont les ouvriers sont d'anciens pensionnaires du bagne. Bientôt ruiné, car il a fait de mauvaises affaires, Vidocq entre de nouveau dans la police en mars 1832, à la tête de la brigade de sûreté. Là, pour se faire valoir, il n'hésite pas à organiser lui-même un cambriolage. L'affaire découverte, il est renvoyé. Il fonde alors une police privée. À deux reprises, en 1837 et 1843, il sera de nouveau arrêté, dans des conditions assez obscures. Après sa démission, Vidocq a laissé publier ses *Mémoires*, dus à Lhéritier et Morice, et parus en 1828-1829. Lui-même publiera *Les Voleurs*, en 1836. En relation avec de nombreux écrivains du temps, Vidocq en a inspiré plusieurs, et avant tout Balzac, pour le personnage de Vautrin dans *Le Père Goriot*, *Splendeurs et misères des courtisanes*, *Les Illusions perdues*, et Hugo pour *Jean Valjean*. La littérature, plus que son propre personnage, lui a permis d'accéder à la postérité.

Vidocq
Lithographie, Paris, Bibliothèque nationale de France. © *Giraudon*

VIDUCASSES

Peuple armoricain de la Gaule celtique établi dans la basse vallée de l'Orne, la campagne de Caen et le Bocage (Calvados).

La cité gallo-romaine des Viducasses ou cité de Vieux (*Aregenuæ* puis *Viducasses*) est, au cours de l'Empire, rattachée à celle des Baïocasses ou cité de Bayeux.

VIEILLEVILLE François de SCÉPEAUX, seigneur de, comte de Durestal (?, 1510 – Durtal, près d'Angers, 1571)

Maréchal de France et diplomate.

Enfant d'honneur de Louise de Savoie, il sert en Italie sous Lautrec en 1528, s'attache au Dauphin (futur Henri II) et se distingue à Cérisoles en 1544. Après avoir été chargé de l'ambassade de Londres en 1547, il rétablit l'ordre en Guyenne avec Montmorency en 1549, et incite Henri II à occuper les Trois-Évêchés dont le gouvernement lui est donné en 1553. Plénipotentiaire au Cateau-Cambrésis en 1559, il va à Vienne négocier le mariage de Charles IX et d'Éléonore d'Autriche. La Cour le récompense de ses succès militaires et diplomatiques en le nommant maréchal de France en 1562. Il se signalera par sa fermeté dénuée de cruauté à l'égard des protestants. La paix d'Amboise conclue en 1563, il est le premier à préconiser l'union des deux partis pour la reprise du Havre que Coligny avait livré aux Anglais. Après la rupture de la paix, il s'empare de Poitiers et de Saint-Jean-d'Angély (1569). Vieilleville était une des plus solides têtes politiques de son temps. Son secrétaire Vincent Carloix a rédigé sur sa vie des *Mémoires* assez pittoresques dans le style du Loyal Serviteur.

VIENNE

Ville située sur le Rhône au confluent de la Gère, à une trentaine de kilomètres au sud de Lyon. Ancienne capitale du Viennois.

Dans sa *Géographie ou Description de la Terre*, Strabon dit qu'avant de devenir une ville – aux sens grec et latin –, Vienne était déjà la capitale du peuple celtique des Allobroges. Vienne est donc d'origine préromaine. Camille Jullian va plus loin : pour lui le nom de *Vienna* remonte à une période antérieure à l'arrivée des Celtes. Il peut ainsi être rapproché des autres noms en « -enna » qui, en Europe occidentale, désignent des sources, des cours d'eau, des marécages. Hypothèse séduisante pour plusieurs raisons. Vienne est, en effet, un don du Rhône. Son site correspond à un brusque élargissement de la vallée rhodanienne qui, sur 100 kilomètres, entre Lyon et Valence, n'offre guère que des défilés ou des passages relativement étroits. La rive gauche, où se trouvent actuellement Saint-Romain et Sainte-Colombe, a été longtemps inondée, ce qui l'a rendue marécageuse. En outre, les découvertes archéologiques permettent de faire remonter les origines du peuplement viennois aux temps néolithiques : le quartier de Charlemagne a livré des objets confectionnés avant l'âge du bronze, des vestiges d'habitations préhistoriques ont été retrouvés au nord de la ville, sur le coteau de Sainte-Hélène et à Charavel. Néanmoins rien n'autorise à dire que Vienne faisait alors figure de capitale. Nous ignorons même la date à laquelle elle devint le principal bourg des Allobroges.

C'est en 122 ou 121 av. J.-C. que ces derniers tombent sous le joug romain. Vers 105, Vienne souffre du passage des Cimbres et des Teutons. En 62, elle soutient la révolte de Catugnat. Au contraire, pendant la guerre des Gaules, elle reste soumise. En 46, César y établit une colonie romaine ou lui donne un statut de colonie latine (le point est soumis à controverse). À l'époque du triumvirat, on la désigne sous le nom de *Colonia Julia Vienna Allobrogum* ; sous Auguste, l'appellation officielle est *Colonia Julia Augusta Florentia Vienna.* Alors commence une expansion prodigieuse grâce à la munificence impériale. Le 1er août 48 apr. J.-C., soutenant la prétention des notables gaulois à accéder au Sénat, le Lyonnais Claude définit Vienne par ces mots : « *Colonia ornatissima ac valentissima.* » Des monuments publics s'élèvent au pied du mont Pipet. Vienne aura plusieurs temples (dont celui d'Auguste et de Livie, dans un état de conservation remarquable, et celui de Cybèle, récemment fouillé), un grand théâtre (avec 130 mètres de diamètre, un des plus étendus de la Gaule), un odéon (récemment dégagé, le seul de la Gaule avec celui de Lyon), des thermes (dont un portique subsiste) et, au Bas-Empire, un cirque (dont il reste la pyramide centrale). Sous la paix romaine, Vienne devient un port actif et, avec son pont sur le Rhône, un marché étonnamment prospère. Elle produit des draps et de la céramique. C'est aussi une ville de luxe, voire de plaisirs. Patriciens et nouveaux riches s'y construisent de vastes demeures, ornées de splendides mosaïques. La Vienne résidentielle s'étale plus aisément sur la rive droite (actuellement Saint-Romain est considéré comme un des plus grands gisements antiques de l'Occident). Telle est « Vienne la Romaine » ou, pour reprendre l'expression de Martial, « Vienne la Belle » (*pulchra Vienna*).

Avec la fin du Haut-Empire commence la décadence. Le couloir rhodanien cesse d'être la grande voie de communications de l'Occident romain. Bientôt l'enceinte de la ville passe de 7 200 mètres, record des Gaules, à 1 920 mètres. C'est d'ailleurs une tendance générale : les villes gauloises se replient sur elles-mêmes, se tassent pour mieux se défendre du péril barbare. Si Vienne ne peut plus prétendre occuper les premiers rangs pour le commerce et la prospérité économique, elle reste tout au moins capitale de la province et du diocèse de Viennoise. Un rôle éminent lui est rendu à la fin du IVe siècle, lorsque le préfet du prétoire des Gaules doit quitter Trêves pour Arles. Le vicaire de Vienne administre alors les 17 provinces gauloises. Une communauté chrétienne s'y était développée en 177, peut-être avant. Dans la seconde moitié du IIIe siècle, un évêque s'y était installé, dont les successeurs n'allaient pas tarder à prendre les titres d'archevêque et de « primat des primats des Gaules ». Au Ve siècle, la ville possède 10 églises. Ses murs sont emportés par les Barbares en 468, et les rois de Burgondie y établissent leur demeure principale. Les Francs envahissent le pays en 532. La construction de l'église Saint-Pierre est poursuivie, une abbaye est fondée à Saint-André-le-Bas. Ruinée en partie par les Sarrasins en 737, occupée par Lothaire en 834, elle est prise peu après par Charles le Chauve qui la donne en 879 à son beau-frère Boson. Celui-ci en fait la capitale de son royaume de Bourgogne. Mais Louis, Carloman et Charles le Gros l'assiègent en 880 et 882. Puis Richard le Justicier la saccage.

En 933, elle passe avec le Viennois à Rodolphe, roi de Bourgogne Transjurane. Par la suite, elle entre dans le royaume d'Arles, vassal de l'empire. Mais l'empereur n'y exerce qu'une suzeraineté nominale. Cette situation profite à l'archevêque qui reçoit des biens, en 1023, de Rodolphe III avant de s'arroger, avec le titre comtal, la pleine autorité sur la ville et sur un territoire dépassant le Rhône. Pendant ce temps, l'abbaye Saint-André-le-Bas parvient à son apogée. Le commerce viennois prospère. Deux grands prélats occupent le siège primatial : Guy de Bourgogne, qui deviendra pape sous le nom de Calixte II, et Jean de Bernin qui, au milieu du XIIIe siècle, fait agrandir la cathédrale Saint-Maurice, restaurer le pont romain et achever sur le mont Salomon le château dénommé la Bâtie. De nombreux conciles se tiennent dans la ville, notamment le concile général de 1311-1312 qui décide la suppression des Templiers.

La monarchie française s'intéresse à cette terre d'Église qui joue un peu trop de sa position sur les deux rives du Rhône, entre royaume et empire, pour n'obéir à personne. Dès 1335, Philippe VI s'empare de Sainte-Colombe, où il fera élever une tour en signe de possession. Au milieu du siècle suivant, Humbert II Dauphin lègue ses domaines au fils aîné de la maison de France. Celui-ci dispute à l'archevêque la juridiction de la ville ellemême. Louis II Dauphin s'institue coseigneur de la ville, où il renforce son château. Devenu le roi Louis XI, il réunit le Dauphiné au royaume. Au XVIIIe siècle, après le démantèlement des fortifications, selon les instructions de Richelieu, et la suppression des états dauphinois présidés par l'archevêque de Vienne, l'autorité royale s'exercera sans partage. Prise quatre fois entre 1562 et 1595 au cours des guerres de Religion, Vienne tombe dans une longue décadence, due principalement à la concurrence de Lyon. Entre le milieu du XVIIe siècle et le début du XVIIIe, sa population diminue des deux tiers. Le pont sur le Rhône, détruit par une crue en 1651, ne sera reconstruit qu'au XIXe siècle. L'économie viennoise bénéficie à la fin de l'Ancien Régime d'une reprise assez sensible, notamment dans les industries drapières qui se développent le long de la Gère.

Dépouillée de son archevêché par la Constituante, Vienne la Sainte n'a pas été jugée digne de recouvrer même une résidence épiscopale à la Restauration. Mais le titre d'archevêque de Vienne a été rétabli en 1822 par décision du Saint-Siège au profit de l'archevêque de Lyon, primat des Gaules.

Le congrès de Vienne
De g. à dr. : Bien au Vent (pour Talleyrand) : « il observe » ; lord Castlereagh : « il ballotte » ; le groupe central : « ils balancent » ; le roi de Saxe : « il danse terre à terre » ; la République de Gênes : « elle saute pour le roi de Sardaigne ». Caricature du congrès de Vienne. © *Giraudon*

VIENNE (conférence de 1853-1855)

Conférence qui réunit à plusieurs reprises à Vienne, en Autriche, de juillet 1853 à juin 1855, les représentants de la France, de l'Angleterre, de l'Autriche et de la Prusse, pour tenter de trouver une solution au litige qui oppose la Russie à l'Empire ottoman.

La France et la Grande-Bretagne ayant déclaré la guerre à la Russie en Crimée (mars 1854), elles tentent de mettre au point le mois suivant, avant le déclenchement des hostilités, un protocole qui décide de respecter l'intégrité de l'Empire ottoman et de protéger les droits de ses sujets chrétiens. Après le retrait de la Prusse, qui recule devant une rupture avec la Russie et se déclare neutre (juin 1854), la France, l'Angleterre et l'Autriche s'entendent encore pour tenter d'imposer au tsar Nicolas Ier un règlement portant sur « quatre points essentiels » : remplacer le protectorat de la Russie sur les principautés danubiennes par une garantie collective des puissances ; imposer la libre navigation sur le Danube ; réviser le régime des Détroits dans l'intérêt de l'équilibre européen ; enfin assurer la protection des droits des chrétiens dans l'Empire turc d'une manière compatible avec la souveraineté du sultan. La Russie refuse d'engager des pourparlers de paix sur ces bases, tandis que l'Autriche hésite à s'engager dans le conflit. La mort du tsar (mars 1855) fait croire à la paix et provoque une nouvelle relance de la conférence. Mais ces espoirs sont vite déçus. En mémoire de son père, Alexandre II se croit obligé de continuer sa politique et la conférence se sépare définitivement en juin 1855, prélude à la guerre proprement dite qui débute au mois de septembre.

VIENNE (congrès de 1814-1815)

Après la signature du traité de Paris (30 mai 1814), les alliés se réunissent à Vienne de novembre 1814 à juin 1815, afin de décider de l'avenir des territoires qu'a perdus Napoléon Ier et de remodeler l'Europe.

Le prince de Metternich représente l'Autriche ; le comte Nesselrode, la Russie ; le vicomte Castlereagh puis le duc de Wellington, l'Angleterre ; le baron de Humboldt et le prince de Hardenberg, la Prusse. Le prince de Talleyrand observe le congrès, pour le compte de Louis XVIII. Manœuvrant contre la Prusse et la Russie, il parvient à négocier un traité secret entre la France, l'Angleterre et l'Autriche (3 janvier 1815). Le retour de l'Empereur de l'île d'Elbe réduit à néant cette adroite manœuvre diplomatique. L'acte final du congrès de Vienne, établi le 9 juin 1815, donne la Finlande et la plus grande partie de la Pologne à la Russie ; la Norvège au Danemark et les deux cinquièmes de la Saxe, l'ancienne Poméranie suédoise, la Westphalie, le bassin de la Ruhr, Cologne, Aix-la-Chapelle, Coblence, Trêves et la rive gauche du Rhin à la Prusse. L'Autriche obtient le Tyrol, les provinces Illyriennes, la Lombardie-Vénétie, et protège le grand-duché de Toscane et les duchés de Modène et de Parme. 38 États allemands sont rassemblés en une Confédération germanique ; celle d'Helvétie, déclarée perpétuellement neutre, s'agrandit du Valais, de Genève, de Neuchâtel et de Porrentruy. La maison de Savoie retrouve le trône de Sardaigne-Piémont et règne sur Gênes. Le pape réintègre ses États, ainsi que le roi de Naples. L'Angleterre garde les îles de Malte, de France, de Ceylan et les îles Ioniennes. La Belgique et la Hollande forment un seul royaume attribué au prince Guillaume d'Orange.

Le congrès de Vienne donnera l'image d'un des plus prestigieux déploiements de festivités du siècle. Depuis les mille coups de canon qui, au mois de novembre 1814, avaient ouvert les travaux de cette conférence diplomatique, ce ne sont qu'entrées triomphales, réceptions, bals, festivals populaires, banquets, ballets, redoutes, piqueniques, chasses, tombolas, tableaux vivants, battues gigantesques, etc., avant que ne vienne l'heure de la musique, où l'on écoute la 7e symphonie et *Fidelio* dirigés par Beethoven en personne. Ainsi le congrès « sommeille », « danse et n'avance pas » durant plusieurs semaines. Mais il ne faut pas s'y tromper : dans la coulisse, les négociations continuent. Outre le fait que bon nombre de problèmes avaient précédemment été réglés, lors du traité de Paris notamment (30 mai 1814), le retour de Napoléon vaincu à Paris (20 mars 1815) contribue à ce que l'acte final du congrès de Vienne contienne toutes dispositions nécessaires à l'affaiblissement politique et économique de la France.

VIENNE (convention de 1735)

Préliminaires de paix signés à Vienne, entre la France et l'Empire, après de longues négociations, le 3 octobre 1735. Transformées en traité de paix en 1738 seulement, elles mettent fin à la guerre de Succession de Pologne.

Dès le printemps de 1735, le cardinal Fleury a envoyé à Vienne un diplomate chargé de négocier la paix avec l'Autriche. Un vaste échange de trônes est prévu. L'Autriche cède à l'infant don Carlos le duché de Parme et le royaume des Deux-Siciles. Charles-Emmanuel III, roi de Sardaigne, reçoit Tortone, Novare, et quelques possessions impériales du Piémont. Les duchés de Bar et de Lorraine sont donnés à Stanislas Leszczyński, ancien roi de Pologne, qui renonce définitivement au trône polonais. Ils reviendront à la France après la mort du duc. François, duc de Lorraine, ainsi dépossédé, épousera Marie-Thérèse, fille aînée de Charles VI, héritière des États autrichiens selon la Pragmatique Sanction. Il recevra le duché de Toscane à la mort du duc. L'empereur Charles VI recouvre la Lombardie, sauf les territoires cédés à Charles-Emmanuel. La France, enfin, renouvelle son adhésion à la Pragmatique Sanction et reconnaît Auguste III roi de Pologne. L'empereur, ne désespérant pas de reprendre les territoires qu'il a dû céder, ne se montre guère pressé de transformer ces préliminaires en traité ; le traité de Vienne ne sera signé que le 2 mai 1738, et daté du 18 novembre de la même année. L'Angleterre et les Provinces-Unies y adhèrent avant la fin de l'année ; Charles-Emmanuel de Sardaigne, le roi d'Espagne et son fils l'année suivante.

VIENNE (paix de 1809)

La victoire remportée par Napoléon à Wagram ayant heureusement conclu pour la France la difficile campagne de 1809, l'Autriche est contrainte de signer la paix de Vienne, le 14 octobre 1809.

Par ce traité, elle cède à la France la Carinthie, la Carniole, la Croatie maritime avec Fiume, l'Istrie autrichienne avec Trieste, territoires qui, réunis à l'Istrie vénitienne, à la Dalmatie et à Raguse, formeront le gouvernement des provinces Illyriennes, faisant désormais partie de l'Empire français. Elle cède également Salzbourg et le quartier de l'Inn à la Bavière, une partie de la Galicie avec Cracovie au grand-duché de Varsovie, une autre partie avec Tarnopol à la Russie. Elle perd ainsi le cinquième de son territoire, 3,5 millions d'habitants et tout accès à la mer Adriatique. Elle s'engage en outre à observer le Blocus continental, à ne pas entretenir plus de 150 000 hommes sous les armes et à verser une indemnité. Elle reconnaît enfin les changements intervenus en Europe. Ces dures conditions la réduisent à l'état de satellite de l'Empire français. Le traité devait être bientôt suivi du mariage de Napoléon avec l'archiduchesse Marie-Louise d'Autriche.

VIENNE Jean de (?, v. 1341 – Nicopolis, 1396)

Amiral de France.

De noble naissance bourguignonne, il combat à Cocherel, en 1364. Nommé amiral de France en 1373, à une époque où les amiraux commandent aussi des armées à terre, il prend part l'année suivante à la conquête de la Basse-Normandie par Charles V, dirigeant le siège de Saint-Sauveur-le-Vicomte, qui tombe après une résistance de près d'un an. Puis, avec Étienne de Moustiers, il organise la flotte dont Charles V a ordonné la réunion dans la perspective d'une expédition contre l'Angleterre. Il dirige cette flotte, réunie à Harfleur en 1377, vers les côtes anglaises, prenant notamment Douvres cette même année. En 1379, avec Bureau de La Rivière et Jean Le Mercier, il est désigné pour prendre possession de la Bretagne. Après une nouvelle expédition contre l'Angleterre en 1380, Vienne dirige en 1385 les secours envoyés aux Écossais. En 1396, enfin, il accompagne le duc de Nevers, parti défendre la Hongrie contre les Turcs de Bajazet et meurt à Nicopolis, où il commandait l'avant-garde de l'armée chrétienne.

VIETNAM : voir INDOCHINE

VIGO (bataille de)

Combat naval contre les Anglais en 1702.

Alors que la flotte française, commandée par l'amiral Château-Renault, escorte un important convoi de galions espagnols provenant du Mexique et remplis de métaux précieux, elle est attaquée en rade de Vigo (port espagnol de Galice) par une escadre anglo-hollandaise, commandée par sir George Rooke, qui réussit à envoyer les navires par le fond.

VIGUIER

Du latin vicarius, *nom donné dans le Midi aux vicaires civils. Le viguier est un délégué du comte.*

On le trouve généralement dans les petites villes. Il n'a pas compétence pour les questions criminelles ni pour les questions civiles soulevant des difficultés importantes, du moins avant le XIIIe siècle. La viguerie se transforme peu à peu en charge héréditaire. À la suite de l'extension du domaine royal, les viguiers deviennent des magistrats royaux. Sénéchaux et baillis ont autorité sur eux. La forme d'oïl du mot « viguier » est « voyer ». Mais le voyer s'est rapidement spécialisé dans des tâches subalternes.

VIKINGS

Nom donné aux pirates scandinaves qui envahissent l'Europe occidentale, et en particulier la France, à partir de la fin du VIIIe siècle et dont les incursions se poursuivent jusqu'au début du Xe siècle.

On les désigne surtout du nom de Normands car une partie d'entre eux s'est installée en Normandie après le traité de Saint-Clair-sur-Epte en 911.

VILLAFRANCA (préliminaires de)

Préliminaires de paix qui, au mois de juillet 1859, mettent fin à la campagne d'Italie.

Depuis la sanglante bataille de Solferino, le 24 juin, Napoléon III est décidé à conclure la paix avec l'empereur François-Joseph. Le 6 juillet, le général Fleury part pour Vérone, où se trouve l'empereur d'Autriche. Il est porteur d'une proposition d'armistice : Napoléon III propose à son adversaire une entrevue à Villafranca, ville de la province de Vérone. Le 11 juillet, les deux empereurs s'y retrouvent et, le lendemain, les préliminaires de paix sont signés : l'Autriche cède la Lombardie à la France, qui la rétrocède au Piémont. Les souverains de Parme, de Modène et de la Toscane sont rétablis. La Vénétie reste autrichienne mais entrera dans une confédération italienne présidée par le pape. Les Italiens sont furieux, Victor-Emmanuel anéanti, tandis que Cavour, hors de lui, démissionne dès le 12 juillet. Napoléon III, n'ayant pu tenir sa promesse de libérer l'Italie du Nord, renonce à Nice et à la Savoie. Les clauses de Villafranca seront entérinées par le traité de Zurich, en novembre 1859.

VILLANDRANDO Rodrigue de (Valladolid, v. 1385 – ?, v. 1455)

Capitaine de routiers espagnol.

Venu en France vers 1410, il entre d'abord dans une compagnie puis met ses propres hommes au service de Charles VII, contre les Anglais. En récompense de ses services, le roi lui offre en 1431 le château de Puseigne. Pendant l'été et l'automne, Villandrando et ses routiers, sur l'ordre de La Trémoille, pillent l'Anjou et le Poitou. L'année suivante, Villandrando contraint les Anglais à lever le siège de Lagny. Ses troupes comptent alors environ 10 000 hommes, il jouit d'une grande renommée, vit dans l'entourage du roi, qui fait de lui un de ses chambellans. Ce qui ne l'empêche pas de se livrer à divers brigandages pour son propre compte, en Bourgogne ou dans le Bas-Languedoc. À la demande de l'archevêque Robert Dauphin, il s'empare d'Albi. Au mois d'avril 1437, avec Charles de Bourbon et Jean d'Alençon, il participe à une conspiration, rapidement démasquée, contre Charles VII. Disgracié, il tente de s'emparer de Bordeaux, échoue, dévaste le Toulousain. Las des ravages des Écorcheurs, Charles VII décide de les faire passer en Castille, où le roi Jean II demande de l'aide contre ses nobles révoltés. Villandrando aide le souverain de Castille à venir à bout de la révolte et reste ensuite à son service.

VILLARET de JOYEUSE Louis Thomas, comte de (Auch, 1750 – Venise, 1812)

Amiral.

Entré dans la marine royale en 1766, lieutenant de vaisseau en 1773, il se signale aux Indes dans la guerre contre l'Angleterre, sous les ordres de Suffren, notamment aux sièges de Pondichéry et Kaddalore. Fait prisonnier par les Anglais, il est libéré par le traité de Versailles en 1783. Chevalier de Saint-Louis, royaliste de tradition et de sentiment, il n'en demeure pas moins au service sous la Révolution. En 1793, Jean Bon Saint-André le fait nommer contre-amiral par le Comité de salut public : « Je sais qu'il est aristocrate, dit-il, mais il est brave, il connaît son métier et il exècre les Anglais. » En mai 1794, à la tête d'une partie de la flotte de Brest, il est chargé d'aller au-devant d'un convoi de blé venant d'Amérique et, le 28 mai, doit engager au large d'Ouessant, contre l'amiral anglais Howe, un combat inégal au cours duquel s'immortalisent les marins de l'*Impétueux* et surtout du *Vengeur* qui coulent bas plutôt que d'amener leur pavillon. Les Anglais se retirent après cette lutte décisive et le convoi peut entrer à Brest. Opposé à l'expédition d'Irlande, tant à cause de l'insuffisance navale de la France que par défiance à l'égard des Irlandais, Villaret de Joyeuse est bientôt remplacé à Brest par Morard de Galles. Député du Morbihan au Conseil des Cinq-Cents, lors du renouvellement de l'an V (avril 1797), il ne cache pas ses sentiments monarchiques ; il est proscrit au 18 Fructidor comme membre de la Société royaliste de Clichy. Rallié au Consulat, il reçoit en 1801 le commandement de l'expédition contre Saint-Domingue mais arrive trop tard. Nommé en 1802 capitaine général de la Martinique et de Sainte-Lucie, il est attaqué par les Anglais en 1809 et doit capituler après un mois de résistance en février 1809. Napoléon, après l'avoir un moment disgracié, lui confie en 1811 le gouvernement général de Venise où il meurt un an plus tard.

VILLARS Claude Louis Hector, duc de (Moulins, 1653 – Turin, 1734)

Maréchal de France.

Fils du brillant ambassadeur Pierre de Villars, il embrasse l'état militaire à l'âge de 18 ans, est nommé colonel de cavalerie en 1674, se distingue lors du passage du Rhin et dans la campagne de Flandre, mais se heurte à l'hostilité de Louvois, ce qui compromet ses chances d'avancement.

Le duc de Villars
Le Duc de Villars, maréchal de France. Huile sur toile d'après Hyacinthe Rigaud, château de Versailles. © *Lauros-Giraudon*

Nommé ambassadeur à Vienne en 1683, Villars devient l'ami de l'Électeur de Bavière, Maximilien, qu'il parvient à détacher de l'alliance autrichienne. Ce succès dégage sa carrière militaire. Nommé brigadier à son retour en 1688, puis commissaire général de la cavalerie, maréchal de camp (1690) et lieutenant général (1693), il semble promis aux plus hautes responsabilités quand est signée en 1697 la paix de Ryswick. L'ambassade de Vienne lui est alors confiée une seconde fois. L'ouverture de la guerre de Succession d'Espagne en 1701 provoque son rappel. C'est alors qu'il peut donner toute sa mesure, bien que son action soit souvent entravée par des généraux médiocres. Commandant l'armée qui doit rejoindre l'Électeur de Bavière, Villars triomphe du margrave de Bade à Friedlingen en octobre 1702. Ses soldats eux-mêmes lui décernent sur le champ de bataille le titre de maréchal, titre que Louis XIV officialise peu après (20 octobre). En 1703, Villars prend Kehl et Kissingen, ce qui lui permet de faire sa jonction avec l'Électeur, mais les désaccords qui surgissent entre eux l'empêchent de tirer vraiment parti de sa très brillante victoire de Höchstädt sur les Impériaux en septembre. Villars donne sa démission. Louis XIV le charge alors d'aller pacifier les Cévennes (1704). Il accomplit sa mission avec bonheur, par la douceur et en négociant avec Cavalier (1705). Créé duc peu après, il est envoyé défendre les frontières de l'Est après le désastre de Marsin et de Tallard à Höchstädt. Non seulement il empêche l'invasion du royaume, mais encore il parvient, malgré la faiblesse numérique de ses troupes, à passer à l'offensive en prenant Wissembourg, Lauterbourg et Haguenau (1706), et en emportant les lignes de Stollhofen (1707). Placé à la tête de l'armée des Alpes en 1708, il ne peut empêcher la chute de Fenestrelle et d'Exilles.

On le retrouve l'année suivante en Flandre, où il remplace Vendôme. Retranché dans Malplaquet, Villars doit finalement céder le terrain au prince Eugène et à Marlborough, mais inflige à ceux-ci de lourdes pertes qui les empêchent d'exploiter leur succès (1709). Grièvement blessé au genou, il remet le commandement à Boufflers, qui exécute la retraite dans un ordre parfait. À son retour, Louis XIV le fait soigner à Versailles et lui confère la pairie. En 1712, à peine rétabli, il prend le commandement de la dernière armée qui reste à la France et remporte avec Montesquiou, sur le prince Eugène, les victoires de Denain et de Marchiennes (juillet). Il est alors considéré comme le sauveur du royaume, car ce succès décisif détermine la coalition ennemie à conclure enfin le congrès d'Utrecht. L'année suivante, après avoir pris Landau et Fribourg, il négocie avec Eugène la paix de Rastatt.

Président du Conseil de la guerre, membre de l'Académie française (1714), il est comblé d'honneurs. Sous Louis XV, membre du Conseil de régence, ministre d'État (1723) et grand d'Espagne, Villars s'oppose au rapprochement avec l'Angleterre et les Pays-Bas. Le titre de maréchal général, qui n'avait été décerné avant lui qu'à Turenne, récompense ses éminents services en 1733. Octogénaire, Villars commande encore l'armée d'Italie, avec laquelle il envahit le Milanais et prend Mantoue, avant de demander son rappel. Il meurt sur la route du retour, en pleine gloire. Villars qui, selon Saint-Simon, « fut le plus complètement et le plus constamment heureux de tous les millions d'hommes nés sous le long règne de Louis XIV », fut souvent critiqué pour sa rapacité et sa vantardise. Il ne possédait pas l'art de plaire à la Cour où les jaloux insistaient lourdement sur les pillages de ses armées.

VILLEGAIGNON ou VILLEGAGNON Nicolas DURAND de (Provins, v. 1510 – Beauvais-en-Gâtinais, près de Nemours, 1571)

Amiral.

Neveu de Villiers de l'Isle-Adam, grand maître de l'ordre de Malte, il entre dans l'ordre en 1531, ses études de droit accomplies. Dix ans plus tard, il prend part à l'expédition de Charles Quint contre Alger, expédition dont il a laissé le récit. En 1548, Villegaignon commande la flotte envoyée en Écosse afin de ramener en France la jeune Marie Stuart. Rejoignant ensuite Malte, il tente en vain, depuis l'île, de défendre Tripoli contre les Turcs et ne peut empêcher la chute de la ville. Rentré en France, vice-amiral de Bretagne en 1553, il reçoit deux ans plus tard le commandement d'une expédition comprenant environ 600 protestants envoyés par Coligny au Brésil afin d'y fonder une colonie. Dans la baie de Rio, qu'il baptise « France antarctique », le chef de l'expédition fonde le fort Coligny, puis Henryville. Un nouveau contingent de colons arrive peu après, des disputes commencent à éclater entre protestants et catholiques. Villegaignon fait exécuter quelques protestants et finit par regagner la France, sous le prétexte d'aller chercher du secours. Les installations françaises au Brésil seront reprises par les Portugais. Un membre de l'expédition de Villegaignon, Jean de Léry, donnera le récit de ses aventures en 1578. Très attaqué par les protestants, qui le surnomment le « Caïn de l'Amérique », Théodore de Bèze le qualifiant de « présomptueux jusques au bout et fantasque », Villegaignon poursuit la polémique après son retour en France. Blessé au siège de Rouen, en 1562, dans les rangs catholiques, il achève sa carrière comme gouverneur de Sens, en 1567, décrié des protestants comme des catholiques.

VILLEHARDOUIN Geoffroi de (Villehardouin, près de Troyes, v. 1150 – Thrace, v. 1213)

Soldat et chroniqueur.

Maréchal de Champagne, il prend la croix avec son seigneur, le comte de Champagne, à l'Avent de 1199. Deux ans plus tard, avec cinq autres envoyés, il se rend à Venise afin de négocier les conditions du transport des croisés vers la Syrie. Après la mort du comte de Champagne Thibaud III, chef de l'expédition, Villehardouin contribue à l'élection de son remplaçant, Boniface, marquis de Montferrat. On sait que les croisés, incapables de payer les Vénitiens, doivent accepter de prendre pour eux la ville dalmate de Zara, détournant la croisade de son but. Intervenant ensuite avec énergie et habileté, Villehardouin persuade ses compagnons de répondre à l'appel du prince Alexis IV Ange. Après la prise de Constantinople en 1240, il favorise l'élection du comte Baudouin au trône, puis négocie la réconciliation entre le nouvel empereur et Boniface de Montferrat. Des fiefs en Thessalie, comme celui de Messinople, le titre de maréchal de Romanie récompensent ses talents de négociateur. Habile soldat également, il sauve l'arrière-garde des croisés à la bataille d'Andrinople. Il devient ensuite le conseiller du roi de Thessalonique Boniface de Montferrat et, vers 1207, commence la rédaction de sa *Chronique*. Par cet ouvrage, destiné à ses parents et amis restés en Champagne, il veut expliquer et justifier la quatrième croisade, la prise et le pillage de Constantinople. Écrite en français, la *Chronique* est d'un style alerte, précis, évocateur. Villehardouin est un des premiers historiens qui ne soit pas clerc, un des premiers aussi à écrire en français. Des neveux de Villehardouin régneront sur l'Achaïe jusqu'en 1278, avec le titre de princes d'Achaïe.

Villèle
Portrait de M. de Villèle, ministre des Finances. Lithographie de Langhumé, musée de la ville de Paris, musée Carnavalet. © *Giraudon*

VILLÈLE Jean-Baptiste Guillaume Joseph, comte de (Toulouse, 1773 – Toulouse, 1854)

Homme politique, président du Conseil.

Issu d'une famille de petite noblesse du Toulousain, officier de marine en 1789, il donne sa démission en 1793 pour se retirer à l'île Bourbon. Là, il épouse la fille d'un riche propriétaire et fait lui-même fortune en exploitant intelligemment ses domaines. Revenu en métropole en 1807, il accepte les fonctions de maire de Morville et de conseiller général de la Haute-Garonne, ce qui ne l'empêche pas d'éprouver des sentiments ardemment royalistes. C'est en 1813 qu'il aurait adhéré à l'association secrète des Chevaliers de la foi. Avant la première abdication de Napoléon, il s'associe au soulèvement de Toulouse et devient capitaine de la garde urbaine. Les aspects concessifs de la Charte lui inspirent des critiques qu'il publie en mai 1814 dans des *Observations sur le projet de Constitution.* Maire de Toulouse à la Seconde Restauration en juillet 1815, il s'efforce d'apaiser le bouillonnement de la Terreur blanche sans toutefois parvenir à sauver le général Ramel. Ses compatriotes l'envoient siéger à la Chambre introuvable. Là, s'étant affirmé comme l'un des grands chefs du parti ultra-royaliste, il ne ménage pas ses critiques contre les gouvernements en place, en particulier contre Decazes. Si ses interventions ne facilitent pas la tâche de Louis XVIII, on aurait tort de leur dénier un certain bon sens ; il faut en outre leur reconnaître une modération qui contraste avec les outrances de certains ultras et une tenue de style que l'on rechercherait en vain dans les enceintes parlementaires des régimes qui ont succédé à la Restauration.

Son premier passage au gouvernement se situe sous le second ministère de Richelieu. Il y est appelé en décembre 1820 avec Corbière, comme ministre sans portefeuille. Par ce geste, Louis XVIII espère calmer l'opposition de droite. Mais la « faction des impatients », que mène l'ultra La Bourdonnais, n'interrompt pas pour autant ses attaques contre Richelieu. Jugeant sa position intenable, Villèle donne sa démission en décembre sous prétexte que son parti n'a pas au gouvernement d'influence en rapport avec sa représentation parlementaire. En fait, il se réfugie dans une attitude de réserve et d'expectative. Cette prudence, jointe à la confiance qu'il inspire au comte d'Artois (futur Charles X), lui permet de revenir au gouvernement après la seconde démission de Richelieu. Théoriquement, il n'est que ministre des Finances dans un Conseil sans présidence. C'est d'ailleurs dans le domaine financier que sa compétence s'affirme le mieux. Mais, comme Monsieur et le roi s'accordent à le louer, il dirige tout avant même de recevoir officiellement la présidence en septembre 1822. Sa politique extérieure est extrêmement timorée, notamment à l'égard de l'Angleterre. Il doit néanmoins admettre l'intervention de la France en Espagne après le congrès de Vérone de 1822. Le succès de cette intervention et de sa propre politique financière amènent aux élections de 1824 une écrasante majorité royaliste. Avec la « Chambre retrouvée », Villèle est placé dans une situation comparable à celle de Richelieu devant la Chambre introuvable. Il tente cependant de s'en accommoder. C'est sous sa responsabilité que sont votées les lois sur les congrégations et sur ce qu'on a appelé le milliard des émigrés. Lois modérées et combattues comme insuffisantes ou excessives, avec plus ou moins de bonne foi selon les orateurs.

Cependant les royalistes se divisent de plus en plus et la propagande libérale fait des progrès. La Chambre des pairs refuse la loi dite du droit d'aînesse (1826), et la maladresse du garde des Sceaux Peyronnet oblige le gouvernement à retirer un projet de loi sur la presse (« loi de justice et d'amour » de 1827). Par des manœuvres qui semblent parfois manquer d'élégance, Villèle s'aliène un certain nombre de personnalités politiques. La plus célèbre et la plus dangereuse est sans doute Chateaubriand, qui n'est certes pas lui-même sans reproche. La décision du gouvernement de licencier la garde nationale (avril 1827) pèsera lourd trois ans plus tard. Critiqué de plus en plus violemment par la presse, en butte à l'opposition souvent hargneuse de la Chambre des pairs, Villèle réagit en demandant au roi de faire une nouvelle promotion de pairs et de dissoudre la Chambre des députés en novembre 1827. Il croit pouvoir ainsi équilibrer le Parlement, qu'il juge trop libéral dans la Chambre haute et trop ultra dans la Chambre basse. Les élections qui suivent sont un échec complet, les gouvernementaux n'atteignant pas, et de loin, la majorité dans l'assemblée. Villèle démissionne le 3 janvier 1828. Nommé pair de France, il se retire de la politique active. Il a laissé des *Mémoires* interrompus à l'année 1816.

VILLEMAIN Abel François (Paris, 1790 – Paris, 1870)

Professeur et homme politique.

Après de brillantes études au lycée Louis-le-Grand, il devient maître de conférence à l'École normale. Il ne tarde pas à se faire connaître du monde littéraire par son *Éloge de Montaigne*, publié en 1812, que suivent en 1814 un mémoire sur *Les Avantages et les Inconvénients de la critique*, puis, en 1816, un *Éloge de Montesquieu*. De 1816 à 1830, Villemain est titulaire de la chaire de littérature française à la Sorbonne. Comme celui de Victor Cousin, son cours est cependant suspendu pendant plusieurs années. Son *Cours de littérature française*, en 1828-1829, remarquable tableau de la littérature au XVIIIe siècle, marque une date importante : à la critique traditionnelle, dogmatique, il substitue une critique explicative et historique qui tient compte des littératures étrangères et des institutions sociales. Élu à l'Académie française en 1821, Villemain en deviendra le secrétaire perpétuel en 1832. Peu avant la révolution de 1830, il avait été élu député d'Évreux. D'abord doctrinaire, il a évolué vers le libéralisme. C'est ainsi qu'en 1827, à la suite de la loi sur la presse, il écrit au roi, avec plusieurs collègues, une lettre qui lui vaut d'être privé de son titre de maître des requêtes au Conseil d'État. Pair de France en 1832, il entre en 1839 dans le ministère Soult puis, l'année suivante, dans le cabinet Guizot, comme ministre de l'Instruction publique. Là, jusqu'en décembre 1844, il s'intéresse particulièrement à la réforme de l'enseignement secondaire et penche en faveur de la laïcisation. Il se consacre ensuite à la littérature, publie par exemple, en 1846, des *Études de littérature ancienne et étrangère*, puis un *Essai sur le génie de Pindare* en 1859.

VILLENEUVE Pierre Charles de (Valensoles, 1763 – Rennes, 1806)

Amiral.

Engagé dans la marine à 16 ans, il participe à la guerre d'Amérique. Capitaine de vaisseau en 1793, contre-amiral en 1796, il prend part à l'expédition d'Égypte, sous Brueys, et commande l'aile droite de la flotte à Aboukir. Donnant l'ordre de la retraite, alors qu'il avait encore cinq vaisseaux intacts, Villeneuve, qui sera accusé de s'être enfui, en ramène trois à Malte, les deux autres s'étant échoués. Vice-amiral en 1804, il remplace Latouche-Tréville à la tête de la flotte de Toulon, avec laquelle Napoléon compte débarquer en Angleterre. Le plan de l'Empereur, qui ne convient guère au trop prudent Villeneuve, consiste à diriger vers les Antilles la flotte de Toulon, que poursuivront les Anglais. À la Martinique, Villeneuve retrouvera les escadres de Missiessy et de Ganteaume. Revenant alors vers l'Europe, la flotte française débloquera Brest, puis traversera le Pas-de-Calais, pour opérer le débarquement en Angleterre. Villeneuve, malgré ses réticences, obéit aux ordres, réussit à sortir de Toulon en mars 1805, rejoint devant Cadix l'escadre de l'amiral espagnol Gravina, puis se dirige vers la Martinique où il aborde au mois de mai. Rejoint par la flotte de Rochefort, l'amiral appareille pour l'Europe au mois de juin, livre à Calder un combat assez indécis au large du cap Finisterre, se ravitaille ensuite au Ferrol. Puis, au lieu de gagner Brest, comme l'avait ordonné l'Empereur, il s'enferme dans Cadix, le 18 août.

Napoléon, dont les plans sont ruinés, est furieux de cette « conduite infâme », traite l'amiral de lâche. Villeneuve est pourtant un marin courageux, il l'a montré, mais l'incertitude, une prudence excessive, le paralysent. Quelque temps plus tard, l'Empereur lui confie une mission vers Tarente et lui ordonne de quitter son abri. Villeneuve, qui hésite, entend dire qu'il va être relevé de ses fonctions par l'amiral Rosily alors en route pour le remplacer. Aussi le 19 octobre, décidé à livrer bataille s'il le faut, quitte-t-il Cadix avec 33 vaisseaux divisés en deux escadres. Deux jours plus tard, il rencontre à Trafalgar la flotte anglaise, de force à peu près égale, et que dirigent Nelson et Collingwood. Rapidement, les escadres anglaises coupent en trois tronçons les forces de Villeneuve qui, encerclé sur le *Bucentaure*, doit amener son pavillon. Nelson a été tué au cours de la bataille, mais 17 vaisseaux sont pris ou coulés, les plans de l'Empereur définitivement ruinés. Libéré en 1806, l'amiral de Villeneuve regagne la France où, redoutant la colère de Napoléon, il se suicide dans sa chambre d'hôtel, à Rennes.

VILLEROI François de NEUFVILLE, duc de (Lyon, 1644 – Paris, 1730)

Maréchal de France.

Fils du maréchal Nicolas de Villeroi. Il est élevé avec Louis XIV, ce qui explique sa rapide ascension. Lieutenant général en 1677, maréchal de France en 1693 sans avoir jamais exercé de responsabilité militaire importante, il succède au duc de Luxembourg comme chef de l'armée de Flandre en 1695. Sa bravoure est grande mais son incapacité à diriger des troupes ne tarde pas à éclater aux yeux de tous. Battu à Chiari en 1701 par le prince Eugène, Villeroi se laisse surprendre et même prendre l'année suivante à Crémone. Après dix mois de captivité pendant lesquels Vendôme le remplace, il est de nouveau employé pour conduire l'armée de Flandre. Marlborough l'écrase à Ramillies le 23 mai 1706. C'est pour consoler son ami d'enfance que Louis XIV lui dit ces mots célèbres : « On n'est plus heureux à notre âge. » L'armée ne voulant plus servir sous les ordres d'un homme qui ne l'a menée qu'à des défaites, Villeroi est dessaisi de son commandement. Néanmoins le testament royal le désigne comme gouverneur de Louis XV, fonction dont il s'acquitte, semble-t-il, avec une grande maladresse. Le vieux maréchal est disgracié de 1722 à 1724 à cause de l'animosité du Régent, envers qui, si l'on en croit Saint-Simon, il aurait eu une attitude fort insolente.

VILLEROI Nicolas de NEUFVILLE, seigneur de (Paris, 1542 – Rouen, 1617)

Secrétaire d'État.

Ayant succédé à son beau-père Claude de L'Aubespine comme secrétaire d'État, il négocie avec les protestants les traités de Bergerac en 1577 et de Fleix en 1580, puis se tourne vers la Ligue et tombe en disgrâce en 1588. En 1594, comme il semble revenu à de bonnes dispositions, Henri IV lui rend sa charge. Villeroi s'occupe alors principalement des Affaires étrangères et négocie les traités de Vervins en 1598 et de Lyon en 1601. Cependant, il reste encore trop proespagnol pour le roi et pour Sully, avec lequel il a des explications orageuses. Sous la régence de Marie de Médicis, il contribue à la disgrâce de son rival et semble un moment diriger la politique du royaume. C'est lui qui fait donner le bâton de maréchal à Concini. Celui-ci l'en récompense en obtenant son renvoi en 1616 avec celui des autres « barbons ». Louis XIII le rappelle aux affaires après la mort de Concini en avril 1617. Villeroi meurt au mois de novembre suivant.

Le duc de Villeroi
François de Neufville. Gravure, Paris, Bibliothèque nationale de France. © *Sélection Images*

VILLEROI Nicolas de NEUFVILLE, marquis puis duc de (Paris, 1598 – Paris, 1685)

Maréchal de France.

Petit-fils du précédent. Gouverneur du Lyonnais en 1615, maréchal de camp en 1624, il reçoit le commandement des places de Casal et de Pignerol en 1631 avant d'être nommé lieutenant général. Chargé du gouvernement de Louis XIV en mars 1646, créé maréchal de France en octobre de la même année, ministre d'État en 1649, il préside le Conseil des finances en 1661, est nommé duc et pair en 1663.

VILLERS-COTTERÊTS

Ville du département de l'Aisne entourée, sauf à l'ouest, par la forêt de Villers-Cotterêts.

Les premiers Capétiens, qui y résidaient volontiers, ont contribué à son développement. Au Moyen Âge, Villers-Cotterêts fait partie du Valois, donné en apanage par Philippe le Hardi à son fils cadet Charles, en 1284. Celui-ci fait élever à cet endroit un premier château, dévasté en 1429 par les Anglais. François Ier, duc de Valois avant de devenir roi de France, apprécie les séjours à Villers-Cotterêts, qu'entoure une forêt giboyeuse. En 1532, sur l'ordre du roi, sont entrepris au château, construit par Charles de Valois, d'importants travaux de transformation. Du premier château subsistent les murs extérieurs et deux tours d'angle. Les nouveaux bâtiments entourent une cour rectangulaire précédée d'une vaste avant-cour limitée sur trois côtés par les dépendances. L'élément essentiel du château est le Logis du roi, dans le style Renaissance italianisant, qui sépare l'avant-cour de la cour d'honneur. L'essentiel des travaux est achevé lorsque François Ier, en 1539, signe la fameuse ordonnance de Villers-Cotterêts. Les deux escaliers du château, à volée droite et non à vis, et la grande salle du premier étage, ou salle des États, sont particulièrement intéressants. Philibert Delorme, sous le règne d'Henri II, ajoute un pavillon carré dans l'un des angles de l'avant-cour. En 1661, Villers-Cotterêts entre dans l'apanage de Gaston d'Orléans, qui confie l'aménagement de ses jardins à Le Nôtre. Le château reste en possession de la famille d'Orléans jusqu'à la Révolution. Napoléon Ier en fait un dépôt de mendicité, la IIIe République une maison de retraite du département de la Seine, en 1885. Pour la plus grande partie, le château de Villers-Cotterêts a conservé son aspect ancien.

Au cours de la Première Guerre mondiale, Villers-Cotterêts est occupée par les Allemands le 1er septembre 1914. Évacuée après la première bataille de la Marne, elle tient une place importante dans la contre-offensive lancée par Foch en juillet 1918. Après la fulgurante offensive allemande des 27-29 mai en direction de Paris, l'ennemi a été bloqué, le 30, à la lisière de la forêt de Villers-Cotterêts. Le 11 juin, une contre-attaque de Mangin à cet endroit permet une légère progression des Français. Lors de la grande contre-offensive prévue par Foch pour le 18 juillet, la Xe armée du général Mangin débouche de la forêt de Villers-Cotterêts, tandis que la VIe, commandée par Degoutte, attaque au sud de l'Ourcq. Offensive couronnée de succès : les Allemands sont contraints de repasser la Seine et, à la fin de juillet, se replient sur l'Aisne et la Vesle.

VILLERS-COTTERÊTS (ordonnance de)

Acte rendu par François Ier le 10 août 1539.

Appelée également ordonnance Guilelmine, du nom du Chancelier Guillaume Poyet, qui avait été à l'origine du texte, l'ordonnance de Villers-Cotterêts contient plusieurs dispositions dont deux sont de toute première importance. La première stipule que tous les actes judiciaires et notariés devront désormais être rédigés en français et non plus en latin : « Afin qu'il n'y ait cause de douter sur l'intelligence des arrêts, nous voulons et ordonnons qu'ils soient faits et écrits si clairement qu'il n'y ait ni puisse avoir aucune ambiguïté ou incertitude ni lieu à en demander interprétation [...]. Et pour ce que telles choses sont souventes fois advenues sur l'intelligence des mots latins contenus ès dits arrêts, Nous voulons dorénavant que tous arrêts ensemble toutes autres procédures soit de nos cours souveraines ou autres subalternes et inférieurs, soit de registres, enquêtes, contrats, commissions, sentences, testaments et autres quelconques actes et exploits de justice, ou qui en dépendent soient prononcés, enregistrés et délivrés aux parties en langage maternel français et non autrement. » La deuxième oblige tous les desservants du royaume à ouvrir et à tenir des registres de baptême et d'inhumation ; c'est là l'institution de l'état civil en France. Cette ordonnance promeut ainsi de manière décisive le français, qui devient langue du pouvoir royal, dans l'ordre politico-administratif et bientôt littéraire. Enfin parmi les autres dispositions, il faut noter l'interdiction de toute coalition ouvrière ou patronale. Cette mesure fait suite à l'une des premières grèves déclenchée à Lyon en 1539 par les ouvriers imprimeurs – ce secteur est alors entièrement nouveau –, réclamant à la fois des hausses de salaires et une plus grande souplesse dans leurs horaires de travail.

VILLERSEXEL

Commune de la Haute-Saône, théâtre de violents combats au cours de la guerre franco-prussienne, les 8 et 9 janvier 1871.

Bourbaki, avec l'armée de l'Est, a reçu mission de dégager Belfort. Les 8 et 9 janvier, alors que sévit un froid intense, ses troupes, au terme d'un combat acharné et victorieux, contraignent à Villersexel les Prussiens de Werder à se replier sur Héricourt, près de Montbéliard. Là se déroulera, du 15 au 18 janvier, la bataille dite de la Lisaine, défavorable aux troupes françaises.

Villon
Gravure, Paris, Bibliothèque nationale de France.
© *Giraudon*

VILLON François de MONTCORBIER ou des LOGES, dit (Paris, 1431 – ?, apr. 1463)

Poète.

Sa vie n'est connue que par son œuvre, complétée par quelques rares notices tirées des registres de l'Université et de la Justice. Né sous l'occupation anglaise dans une famille fort modeste originaire du Bourbonnais, il est confié par sa mère à un religieux de Saint-Benoît-le-Bétourné, Guillaume de Villon, auquel il emprunte son nom. À ce bienveillant tuteur il doit d'avoir pu effectuer des études qui le mènent jusqu'à la maîtrise ès arts en 1452. Il apparaît comme un étudiant pauvre et turbulent qui, une fois diplômé, devint par la force des choses l'un de ces poètes goliards qui hantent Paris. Il participe à une rixe mortelle et à un cambriolage du collège de Navarre qui le conduisent en prison. Puis il vagabonde de Paris à Angers, Blois, Bourges et Moulins. Emprisonné à Meung-sur-Loire en 1461, il ne doit son salut qu'au passage de Louis XI qui le fait libérer. Condamné à mort en 1463, sa peine est commuée en dix ans de bannissement hors de Paris. On perd dès lors complètement sa trace.

Son œuvre se compose de deux longs poèmes, le *Lais* (= legs) et le *Testament*, d'une quinzaine de poésies et d'une dizaine de ballades écrites en argot. En 1456, dans le *Lais*, Villon annonce son départ de Paris, précédé de dons fantaisistes à des légataires caricaturaux. Le très célèbre *Testament* reprend la même idée, remplaçant le départ par la mort. Il y traite de ses déboires amoureux, de son existence ratée, de la pauvreté et de la vieillesse. Parmi ses plus célèbres ballades, citons celle des *Dames du temps jadis* où il cite Jeanne d'Arc et pleure les « neiges d'antan », du temps de sa jeunesse pauvre, celle *Pour prier Notre-Dame* en hommage à sa mère et enfin son inoubliable *Ballade des pendus*, cri déchirant du condamné guetté par une mort atroce. La première édition de ses œuvres en 1489 semble posthume. Au cours des siècles suivants, la figure de Villon a hanté les poètes, de Rabelais jusqu'à l'époque romantique, qui fit de lui un précurseur de Baudelaire, Rimbaud et Verlaine.

VIMY

Localité du Pas-de-Calais située à mi-chemin entre Arras et Lens.

La crête de Vimy représente un parfait observatoire sur l'ensemble du bassin minier, car cette protubérance de terrain forme, en venant de la plaine artésienne et flamande, la première ride des collines d'Artois. Les Allemands ont occupé cette importante position stratégique en septembre 1914. Un an plus tard, l'offensive franco-britannique dans le secteur de l'Artois permet d'approcher de la crête. Mais il faut attendre l'offensive britannique d'avril 1917 pour la conquérir. La Ire armée britannique (général Horne) comprend un corps canadien fort de quatre divisions. Le 9 avril, bien soutenus par l'artillerie et appuyés par des tanks, les Canadiens enlèvent les deux premières lignes du 2e corps bavarois. Le bond en avant est de six km. Les défenseurs de la crête laissent 10 000 prisonniers et plus de 100 canons. Le 10 avril sont conquis la cote 146 et les bourgs et villages de Liévin, Fampoux et Monchy-le-Preux. Le 14 avril, Givenchy est dépassé, la route d'Arras à Lens est contrôlée sur presque toute sa longueur. Les villages de Vimy, Farbus et Bailleul sont repris à leur tour. Ludendorff, qui sent vaciller ce secteur du front, manifeste une très vive inquiétude car, pour l'ensemble du front d'Artois, l'offensive britannique de printemps a mis hors de combat sept divisions allemandes et a obligé de prélever huit autres divisions pour colmater la brèche. En souvenir de ce fait d'armes, les Canadiens ont érigé sur la crête un mémorial qui symbolise leur participation aux deux guerres mondiales sur le continent européen et, en mai 2000, ont fait rapatrier la dépouille d'un des combattants de Vimy, celui-ci symbolisant désormais le « soldat inconnu » canadien.

VINCENNES

Ville du Val-de-Marne, dans la proche banlieue est de Paris, au nord de la forêt de Vincennes.

Dès le IXe siècle, on connaît la forêt de Vilcena, forêt giboyeuse dans laquelle Louis VII, au XIIe siècle, fait construire un rendez-vous de chasse. Saint Louis le fait transformer et ajoute une chapelle destinée à recevoir un fragment de la couronne d'épines. Le roi y séjourne volontiers, et l'image de Saint Louis rendant la justice sous un chêne, à Vincennes, a traversé les siècles. Ses successeurs apprécient eux aussi le château où meurt, au printemps de 1305, la reine Jeanne, épouse de Philippe le Bel. L'évêque de Troyes Guichard, favori de la reine, accusé de l'avoir empoisonnée, est arrêté et jugé. Louis X le Hutin, en 1316, puis son successeur Charles IV le Bel, en 1324, meurent eux aussi à Vincennes. La construction du château, commencée sous le règne de Philippe VI, se poursuivra sous Jean le Bon, pour s'achever sous Charles V. Les travaux du donjon, un des plus beaux témoignages de l'architecture civile du Moyen Âge, commencent en 1337. Il se présente comme un haut bâtiment carré flanqué de quatre tours cylindriques. À l'intérieur, six grandes salles, celle du second étage étant la chambre du roi. Une chemise, petite enceinte rectangulaire entourée d'un fossé, protège le donjon.

Charles V, né au château en 1338, y réside volontiers et fait exécuter d'importants travaux, en particulier une vaste enceinte rectangulaire, longue de 1 200 mètres, flanquée de neuf tours : quatre tours d'angle, deux tours servant d'entrée sur les petits côtés du rectangle (la tour du Village et celle du Bois), les trois autres s'élevant sur le côté de l'enceinte. Seule la tour du Village, au nord, conserve aujourd'hui sa hauteur primitive. Charles V n'a pas voulu construire une forteresse, mais une résidence digne des rois, et ce système de défense est plus spectaculaire que réellement défensif. Dans la cour intérieure près du petit château de Saint Louis, il fait commencer en 1379 la construction d'une Sainte-Chapelle qui ne sera achevée, dans le style gothique, qu'en 1552, par Philibert Delorme. En 1380, Charles V meurt au manoir de Beauté, qu'il a fait édifier non loin de Vincennes. Son successeur, Charles VI, séjourne lui aussi volontiers à Vincennes. À la suite du traité de Troyes, en 1420, le château est remis au roi d'Angleterre Henri V, déclaré héritier de la couronne de France. Ce dernier y meurt deux ans plus tard. En 1436, Jacques de Chabannes parvient à s'en rendre maître, pour le compte de Charles VII qui l'habite, et installe Agnès Sorel au manoir de Beauté, non loin de là.

À partir de Louis XI, les rois cessent de loger dans le donjon, transformé en prison d'État. Ce dernier fait construire un bâtiment plus confortable, le long de la courtine ouest. En 1540, c'est à Vincennes que François Ier reçoit les envoyés de Soliman le Magnifique. Charles IX mourra à Vincennes en 1574. En 1610, le jeune Louis XIII ordonne la construction d'un nouveau logis royal. Le donjon cependant reste prison d'État et reçoit, sous le règne de Louis XIII, Henri II de Bourbon-Condé, le maréchal d'Ornano, Alexandre et César de Vendôme. Le roi mort, éclate contre Mazarin le complot des Importants, qui vise à assassiner le ministre. Les conjurés démasqués, le duc de Beaufort est enfermé à Vincennes. En janvier 1650, pendant la Fronde, Condé, le prince de Conti et le duc de Longueville sont eux aussi retenus dans le donjon, comme le sera en 1653 le cardinal de Retz.

En 1652, Mazarin, nommé gouverneur de Vincennes, ordonne d'importants travaux de rénovation, confiés à Louis Le Vau et François d'Orbay. Le logis de Louis XIII est englobé dans une aile dont le tracé correspond à l'ancienne courtine. Une aile symétrique à l'est constitue avec elle la cour d'honneur. La première, dite pavillon du Roi, est destinée à Louis XIV. La seconde, le pavillon de la Reine, doit recevoir Anne d'Autriche et Mazarin (ce dernier mourra à Vincennes). La courtine reliant l'extrémité des ailes est abattue et remplacée par un portique. La tour du Bois, qui se trouve au milieu, est arasée et transformée en une entrée triomphale. Louis XIV et Marie-Thérèse ne séjournent guère à Vincennes, bientôt abandonné pour Versailles. À la mort du roi, Mme de Maintenon y résidera quelque temps. Le donjon, cependant, n'est pas abandonné : Fouquet, la Voisin, plusieurs personnes impliquées dans l'affaire des Poisons, puis le prétendant Charles-Édouard, Diderot, Mirabeau, séjournent dans ses murs. En 1784, il cesse d'être prison d'État. En 1738, les frères Dubois ont établi dans le manège du château une fabrique de porcelaine, devenue en 1753 manufacture royale des porcelaines de France, et transférée trois ans plus tard à Sèvres. L'école militaire de Vincennes sera elle aussi transférée, au Champ-de-Mars, en 1760. Le château est abandonné, presque voué à la démolition.

Vincennes
Le château de Vincennes au début du XVIIIe siècle. Huile sur toile de Jean-Baptiste Martin le Vieux, châteaux de Versailles et Trianon. © *RMN*

Le 20 mars 1804, la commission militaire constituée sur l'ordre de Bonaparte pour juger le duc d'Enghien se réunit à Vincennes. Le 21, à 2 heures du matin, le jeune duc est exécuté dans les fossés du château. Devenu empereur, Napoléon fait de Vincennes un puissant arsenal, dont les moyens de défense sont aménagés. Son gouverneur, le général Daumesnil – le général à la jambe de bois –, résiste vaillamment aux assauts des alliés en 1814 : « Rendez-moi ma jambe, répondra-t-il aux Autrichiens qui le pressent de cesser de résister, et je vous donnerai Vincennes. » Puis, en 1815, il n'ouvrira les portes de la place que sur l'ordre du roi, alors que Napoléon est en vue de Sainte-Hélène. L'affectation militaire, qui reste celle du château pendant tout le XIXe siècle, nuit considérablement aux bâtiments, arasés, démolis ou défigurés. En 1830, après la révolution de Juillet, les ministres de Charles X y sont enfermés avant d'être conduits au fort de Ham. Pendant la Commune, au cours de la Semaine sanglante, un certain nombre de Fédérés, avec 24 officiers, se retranchent dans le fort de Vincennes. Ils finissent par se rendre aux Versaillais qui fusillent neuf officiers, non loin de l'endroit où a été exécuté le duc d'Enghien.

Pendant la Première Guerre mondiale, les ateliers de Vincennes fabriquent un gaz de combat, la vincennite. En 1924, un musée de l'Histoire de la guerre est installé dans le pavillon de la Reine. En 1944, l'armée allemande fait sauter une partie du pavillon du Roi et incendie celui de la Reine. Depuis la guerre, les Monuments historiques ont entrepris un important travail de rénovation, qui a notamment permis de remettre en état le portique et l'entrée triomphale, construits sur l'ordre de Mazarin, les deux ailes de la même période, et le portique nord.

VINCENT de PAUL, saint (Pouy, aujourd'hui Saint-Vincent-de-Paul, Landes, 1581 – Paris, 1660)

Prêtre.

Issu d'une modeste famille de paysans landais, il garde dans son enfance les troupeaux paternels. Il aimera le rappeler plus tard pour inciter ses interlocuteurs à l'humilité. En raison toutefois de sa vive intelligence, il devient l'élève des cordeliers de Dax, en 1595, puis poursuit ses études à la faculté de théologie de Toulouse. En 1600, il est ordonné prêtre. Les années qui suivent sont assez obscures. Vers 1605, selon des sources émanant d'un seul document, il aurait été capturé par des pirates, alors qu'il se rendait, pour régler une affaire d'héritage, de Narbonne à Marseille par la voie maritime. Emmené captif à Tunis, vendu comme esclave, Vincent se serait enfui en 1607, à moins qu'il n'ait persuadé son maître, un chrétien renégat, de le libérer et de l'accompagner à Rome. Chargé alors par le Saint-Siège d'une mission diplomatique aussi confidentielle qu'imprécise auprès d'Henri IV, il ne tarde pas à faire la conquête du roi, qui le nomme en 1610 – mission délicate – confesseur de la reine Margot. En son nom, Vincent distribue des aumônes aux miséreux, ressentant déjà vivement la détresse de ces malheureux.

À Paris, auprès de Marguerite, le prêtre entre en relation avec la haute société et rencontre Bérulle, qui devient son directeur de conscience et l'oriente vers la réforme du clergé et l'apostolat des campagnes abandonnées. Curé de Clichy en 1612, il est nommé l'année suivante, par Bérulle, précepteur des enfants de Philippe Emmanuel de Gondi, général des galères. Vincent restera au service des Gondi, famille qui jouera un grand rôle dans son existence, jusqu'en

Saint Vincent de Paul
Huile sur toile, anonyme. © *Lauros-Giraudon*

1625. De ces années date ce qu'il appelle sa « conversion », un besoin impérieux de se consacrer aux pauvres, à l'amélioration de leur misère morale et matérielle. Pour répondre à ce besoin, Vincent devient en 1617 curé de Châtillon-sur-Chalaronne, village des Dombes, une des plus pauvres paroisses du royaume, dont l'église est complètement abandonnée. Remettant en état le bâtiment, il entreprend d'évangéliser les paysans des alentours qui, peu à peu, reviennent à l'Église. À Châtillon, en 1617, il fonde sa première association charitable, les Sœurs de la charité, dont la tâche consiste à venir en aide aux pauvres. Retournant ensuite chez les Gondi, le prêtre se fait missionnaire sur leurs domaines, puis rencontre François de Sales. Depuis son arrivée chez les Gondi, il s'intéresse au sort des forçats qui survivent, ou meurent, dans des conditions épouvantables. En 1619, le voici aumônier général des galères. Ce qui ne l'empêche pas de devenir le supérieur de la Visitation, et le principal du collège des Bons-Enfants.

En 1624, Mme de Gondi décide de consacrer une somme de 45 000 livres à la création d'une mission permanente auprès des paysans de ses domaines, qui sont environ 80 000. Pour entreprendre cette tâche, Vincent de Paul fonde l'année suivante la Société des prêtres de la mission, hommes et jeunes gens qui se destinent à l'apostolat des campagnes. Installés en 1632 dans une maison offerte par le prieur de Saint-Lazare, ils prendront le nom de lazaristes. Prononçant à partir de 1651 les trois vœux traditionnels, les prêtres de la Mission seront parfois envoyés au loin, jusqu'à Madagascar, ou deviendront aumôniers des galériens. En même temps, toujours infatigable, Vincent organise deux fois par an des retraites d'ordinants, destinées à la formation des futurs prêtres. Pour faciliter la réforme intellectuelle et morale du clergé, dont la situation n'est guère brillante, il crée, en 1633, les Conférences du mardi. La misère matérielle et morale des pauvres, cependant, continue de préoccuper celui que l'on appelle Monsieur Vincent. Aussi, en 1633, fonde-t-il avec Louise de Marillac la communauté des Filles de la charité, servantes des pauvres, communauté promise à un essor considérable. Elle s'appuie sur une confrérie de dames de la haute société, les Dames de charité, placées elles aussi sous l'autorité de Louise de Marillac. Monsieur Vincent compte, en effet, de nombreux appuis et amis à la Cour, et sollicite sans cesse leur concours pour quelque fondation. Après la Charité de l'Hôtel-Dieu, en 1634, naissent le séminaire de la Mission, en 1637, les Enfants-Trouvés, en 1638, l'Œuvre des galériens, à Marseille, l'année suivante.

L'intelligence lumineuse de Vincent de Paul, son bon sens, sa bonhomie, son activité inlassable, son humilité concourent à le faire apprécier de tous. Son influence spirituelle est considérable. En 1643, il accorde les ultimes consolations à Louis XIII mourant. Entré après la mort du roi au Conseil de conscience, à la demande d'Anne d'Autriche, il y siégera jusqu'en 1653, tentant notamment de réformer le haut clergé en écartant de l'épiscopat les prêtres dépourvus de vocation. Pendant la Fronde, malgré ses mauvaises relations avec Mazarin, Monsieur Vincent s'efforce de rester au-dessus des factions et, surtout, de diminuer la misère du peuple. Toujours actif et dévoué, il s'emploie à ravitailler les provinces déshéritées. Intervenant enfin dans les querelles religieuses, Vincent de Paul prêche la tolérance envers les protestants, se montrant en revanche l'adversaire des jansénistes. Lorsqu'il meurt dans la paix, après s'être peu à peu, l'âge et la maladie venant, dépouillé de ses charges, Monsieur Vincent est unanimement pleuré. Il sera canonisé en 1737 par le pape Clément XII. Sa correspondance et ses *Instructions*, textes importants pour l'histoire ecclésiastique, ont été publiées au début du XXe siècle.

La comtesse de Vintimille
Huile sur toile de A.J. Aved, Auxerre, musée des Beaux-Arts. © *Lauros-Giraudon*

VINDEX C. Julius (? – ?, v. 68)

Général d'origine aquitaine.

Gouverneur de la Lyonnaise, il se révolte contre la tyrannie de Néron en faisant appel aux cités des Séquanes, des Éduens et des Arvernes. Il proclame empereur Sulpicius Galba, légat d'Espagne citérieure (tarraconaise). Cette décision ne recueille pas l'agrément des légions qui défendent le Rhin, pas plus que celui des Trévires, Lingons et Rèmes. Désireux de satisfaire ses troupes, le légat de Germanie supérieure met le siège devant *Vesontio* (Besançon). Vindex se porte au secours de la place. Les généraux parlementent. C'est alors qu'un malentendu éclate entre les armées : les Gaulois de Vindex sont massacrés par les légions. De désespoir, Vindex se suicide.

VINGTIÈME

Impôt royal direct, théoriquement du vingtième de tous les revenus, établi en mai 1749 par Machault d'Arnouville, en remplacement du dixième.

La grande nouveauté de cette taxe est qu'elle n'est plus un expédient limité à la durée d'une guerre, mais un impôt permanent qui, de plus, pèse sur tous les revenus. Le clergé réussit à s'en faire exempter dès 1751, mais le vingtième n'en reste pas moins jusqu'à la Révolution l'une des institutions fiscales les plus importantes de l'Ancien Régime, le plus juste de ses impôts. Il y a trois vingtièmes : le vingtième des offices et droits, le vingtième d'industrie sur les revenus commerciaux et industriels, enfin le vingtième des biens-fonds, le seul pratiquement qui ait une réelle importance, mais qui n'est, en fait, le plus souvent qu'un des suppléments de la taille.

VINOY Joseph (Saint-Étienne-de-Saint-Geoirs, Isère, 1800 – Paris, 1880)

Général.

Séminariste jusqu'à l'âge de 20 ans, il entre alors dans la garde royale. Après la prise d'Alger à laquelle il prend part en 1830 comme sous-lieutenant, Vinoy poursuit sa carrière en participant aux campagnes coloniales, jusqu'en 1850, date à laquelle il regagne la France. Général de brigade en 1853, de division après la guerre de Crimée, sénateur en 1865, il est versé dans la réserve en 1868. Deux ans plus tard, la guerre franco-prussienne éclatant, les autorités le rappellent et lui confient le commandement du 13e corps. Vinoy se distingue quelques semaines plus tard en ramenant ses troupes de Mézières vers Paris, au lieu de capituler, puis il participe à la défense de la capitale. Le 22 janvier 1871, une semaine avant l'armistice, il remplace Trochu à la tête de l'armée de Paris. L'armistice signé, il rejoint les troupes de Versailles, qu'il commande jusqu'au 14 avril. Grand chancelier de la Légion d'honneur en 1871, il publiera une relation des *Opérations de la IIIe armée pendant le siège de Paris.*

VINTIMILLE du LUC Pauline de NESLE, comtesse de (?, 1712 – Versailles, 1741)

Favorite royale.

Sœur de Mme de Mailly, elle la supplante dans la faveur de Louis XV de 1738 à 1741. Peu jolie, mais hardie et spirituelle, elle avait annoncé, dès le couvent, que le roi l'aimerait et qu'elle gouvernerait la France et l'Europe. Effectivement, le roi s'éprend d'elle lorsque Mme de Mailly la présente à la Cour, en septembre 1738. Il la marie à Hubert du Luc, marquis de Vintimille, et la dote richement. Première maîtresse politique, elle seconde Belle-Isle dans sa politique antiautrichienne et complote le renvoi du cardinal Fleury. Mais elle meurt après avoir mis au monde un fils surnommé le « Demi-Louis ».

Viollet-le-Duc
Photographie de Nadar. © *Sélection Images*

VIOLLET-LE-DUC Eugène-Emmanuel (Paris, 1814 – Lausanne, 1879)

Historien d'art et architecte.

Avec l'aide de Prosper Mérimée, inspecteur général des monuments historiques, et du mouvement romantique, fasciné par les édifices médiévaux, il entreprend de restaurer, et parfois réédifier, de nombreux bâtiments tels que Notre-Dame de Paris, le sol de la cathédrale d'Amiens, la basilique Sainte-Madeleine de Vézelay, mais aussi des villes entières comme Carcassonne. Son travail se fonde sur une vaste culture historique et une érudition technique et archéologique qu'il a acquises seul lors de ses voyages en France et en Italie. Il résume ses travaux et sa méthode dans un *Dictionnaire raisonné de l'architecture française du XIe au XVIe siècle* (1854-1868). Son œuvre est appréciée par Napoléon III, qui lui commande la reconstruction du château de Pierrefonds. Sa conception de la restauration des monuments anciens suscite cependant la polémique de son vivant tout comme aujourd'hui : doit-on respecter à la lettre l'esprit original de la construction ou est-il loisible, option retenue par Viollet-le-Duc, d'y introduire des valeurs et des matériaux contemporains ? L'exemple allemand est souvent cité comme le contre-pied de la méthode de Viollet-le-Duc. Ses initiatives ont néanmoins permis de sauver de nombreux monuments menacés de ruine ou de destruction car considérés comme « gothiques » c'est-à-dire barbares et indignes de valeur. De plus, ses initiatives ont été suivies par d'autres architectes européens tels que l'Espagnol Antonio Gaudí.

VIOLLETTE Maurice (Janville, 1870 – Dreux, 1960)

Homme politique.

Avocat, il est élu député de l'Eure-et-Loir en 1902. Membre du groupe radical-socialiste, il représente son département à la Chambre jusqu'en 1930, puis au Sénat jusqu'en 1940. Vice-président de la Chambre de 1914 à 1917, ministre du Ravitaillement et des Transports maritimes en 1917, Viollette est nommé gouverneur de l'Algérie en 1925. Ministre d'État dans le cabinet Blum constitué à la suite de la victoire électorale du Front populaire (juin 1936 – juin 1937), l'ancien gouverneur de l'Algérie prépare un projet visant à donner aux Algériens, sous certaines conditions, la citoyenneté française. Ils auraient conservé leur statut propre. Ce projet, dit Blum-Viollette, est assorti de conditions telles que, à l'origine, une quarantaine de milliers d'Algériens autochtones seulement seraient devenus citoyens français. Bien accueilli par les dirigeants algériens, sauf Messali Hadj, le texte provoque la colère et l'indignation des Européens. Présenté au Parlement au mois d'août 1936, le projet est bloqué et définitivement enterré.

VISCONTI Valentine (?, 1366 – Blois, 1408)

Duchesse d'Orléans.

Fille de Jean Galéas Visconti et d'Isabelle de France. Elle épouse en 1389 Louis, duc d'Orléans, frère de Charles VI. Après l'assassinat de Louis par des sbires de Jean sans Peur en 1407, elle protège ses enfants et tente en vain d'obtenir la punition du meurtrier. Son penchant pour les lettres et les arts devait se transmettre à son fils aîné Charles d'Orléans, le poète.

VISITATION (ordre de la)

Ordre religieux féminin.

En 1610, François de Sales et Françoise de Rabutin-Chantal fondent, en souvenir de la Visitation de la Sainte Vierge, une congrégation à Annecy, dont les femmes qui la composent visitent les malades et les pauvres. Le pape Paul V, en 1618, transforme la fondation en ordre religieux placé sous la règle de saint Augustin. Les Visitandines sont divisées en trois classes : les choristes, les associées et les domestiques. Seules les choristes et les associées remplissent toutes les charges de la communauté. L'ordre de la Visitation compte vite de nombreux établissements dans l'Europe catholique. À Paris, il eut quatre couvents : rue Saint-Jacques, rue Saint-Antoine, rue Montorgueil, transféré en 1673 rue du Bac, et à Chaillot, dans une ancienne propriété de Catherine de Médicis. Aujourd'hui, les Visitandines possèdent encore un important établissement à Paris, avenue Denfert-Rochereau.

VITROLLES Eugène François Auguste d'ARNAUD, baron de (Château de Vitrolles, près d'Aix-en-Provence, 1784 – Paris, 1854)

Homme politique.

Issu d'une famille parlementaire, il émigre en 1791, puis s'engage dans l'armée de Condé. Rentré en France en 1799, rallié ensuite à l'Empire, Vitrolles devient en 1812 inspecteur des bergeries impériales. Lié à Talleyrand, il rencontre les souverains alliés réunis à Châtillon, au mois de février 1814, le tsar Alexandre, au mois de mars, et plaide devant eux la cause des Bourbons. Après la rupture du congrès de Châtillon, qu'il a contribué à provoquer, Vitrolles rencontre le comte d'Artois (futur Charles X), le persuade d'accepter les services de Talleyrand. Nommé par le frère de Louis XVIII secrétaire d'État provisoire, au mois d'avril, il rédige avec Blacas la déclaration de Saint-Ouen, qu'il contresigne le 2 mai. Écarté par Montesquiou et Blacas, il est chargé, pendant les Cent-Jours, de soulever les provinces du Midi, et s'installe à Toulouse. Arrêté le 4 avril 1815, placé par l'Empereur sur une liste de proscription, il est détenu à l'Abbaye, puis à Vincennes, jusqu'à la Seconde Restauration.

Le baron fait partie de la Chambre introuvable, siège parmi les ultras, s'oppose à la dissolution de l'Assemblée. Non réélu en 1816, il devient le confident du frère du roi. En mai 1817, à la suite d'une note rédigée par lui, mais dont le véritable auteur est le comte d'Artois, note précisant que « la présence des troupes étrangères est un appoint pour l'ordre royaliste et un frein contre les libéraux », le baron de Vitrolles perd son portefeuille de ministre d'État. Il le retrouve en 1824, mais la reconnaissance de Charles X pour ses fidèles services ne correspond pas à ses espérances. Pair de France en janvier 1830, il tente d'obtenir du roi, le 28 juillet, le retrait des ordonnances, ou la discussion avec un chef de l'insurrection. En vain. Le lendemain, avec Sémonville, il annonce aux députés le changement de ministère, puis rapporte au roi les trois exigences des membres de la Chambre. Dans la nuit, avec Mortemart, il prépare les six nouvelles ordonnances que le roi finit par accepter, mais trop tard. Arrêté lors des émeutes de juin 1831, libéré, il abandonne la politique. Vitrolles, ami de Lamennais, entretint avec lui une intéressante correspondance et tenta en vain de l'empêcher de rompre avec l'Église. Ses *Mémoires* ont été publiés en 1883.

VITRY Nicolas de L'HOSPITAL, marquis puis duc de (?, 1581 – Naudy, près de Melun, 1644)

Maréchal de France.

Fils de Louis de L'Hospital, marquis de Vitry, qui avait participé aux conférences de Suresnes en vue d'obtenir la conversion d'Henri IV. Il est capitaine des gardes de Louis XIII en 1611 et se signale par son hostilité à Concini, ce qui le fait désigner pour l'arrêter. Il s'acquitte de sa mission en le tuant et reçoit aussitôt sa récompense sous la forme d'un bâton de maréchal en 1617. Soudard ambitieux et brouillon, il participe sans grands succès aux guerres contre les huguenots ; puis, nommé gouverneur de Provence en 1631 et chargé à ce titre de défendre ce pays contre les attaques espagnoles (1635), il se prend de querelle avec le cardinal de Sourdis à propos de l'expédition de Lérins, ce qui lui vaut d'être embastillé de 1637 à la mort de Richelieu. Anne d'Autriche croira devoir le dédommager en le nommant duc et pair en 1644. Il mourra peu après.

VITRY-EN-ARTOIS

Ville du Pas-de-Calais, dans l'Artois, au sud-ouest de Douai, sur la Scarpe.

Les Romains y construisent une forteresse dont les Mérovingiens feront une résidence royale. C'est là que Sigebert, roi d'Austrasie, est assassiné en 575. Frédégonde s'y réfugie après le meurtre de Chilpéric.

VITRY-LE-FRANÇOIS

Ville de la Marne, dans le Perthois (Champagne humide), située dans un centre hydrographique remarquable où convergent notamment la Marne, la Saulx et l'Ornain.

La ville doit son nom à François Ier qui la fit bâtir en 1545 sur le village de Moncourt pour remplacer Vitry-en-Perthois, détruite par Charles Quint l'année précédente. La ville est dessinée par Marini, qui dispose les rues en damier autour d'une place d'armes. Quartier général de Joffre avant la Marne, Vitry est occupée par les Allemands en septembre 1914. Elle a été presque entièrement détruite pendant la Seconde Guerre mondiale.

VIVIANI René (Sidi Bel Abbes, 1863 – Le Plessis-Robinson, 1925)

Homme politique, président du Conseil.

Il débute au barreau d'Alger avant de se fixer à Paris, mettant son éloquence au service des plus pauvres, notamment des cheminots. Acquis très tôt aux idées socialistes, rédacteur en chef à *La Petite République*, puis à *La Lanterne*, où il succédera à Millerand en 1897, il est élu député de Paris en 1893 et siège parmi les socialistes indépendants, aux côtés de Jaurès et Millerand. En 1897, il propose la nationalisation du crédit. En 1899, il fait voter par la Chambre la disposition ouvrant aux femmes la profession d'avocat. Il est également rapporteur du congrès féministe de 1900. Il réclame en 1902 l'abrogation de la loi Falloux, avec la même fougue qu'il met à défendre sa conception d'une « religion de l'humanité » qui remplacerait auprès des opprimés les religions révélées. Battu aux élections de 1902, Viviani participe avec Jaurès à la fondation de *L'Humanité* en 1904. Réélu en 1906 député de la Creuse, département qu'il représentera jusqu'en 1922, il est, dans le cabinet Clemenceau (1906-1909), puis dans le cabinet Briand (1909-1910), le premier titulaire du ministère du Travail d'octobre 1906 à novembre 1910. Malgré l'agitation sociale, il peut promouvoir une importante législation, réglementant l'application de la loi du 13 juillet 1906 sur le repos hebdomadaire, limitant le temps de travail des mousses sur les bateaux (loi du 17 avril 1907), créant l'assurance obligatoire pour la vieillesse (5 avril 1910).

Fondateur du Parti républicain socialiste, Viviani accepte en décembre 1913 le portefeuille de l'Instruction publique et des Beaux-Arts dans le cabinet Doumergue, qui tombe le 3 juin 1914 à la suite de l'assassinat de Gaston Calmette par Mme Caillaux. En outre, après le rapide passage de Ribot au pouvoir (9-13 juin), il est appelé à la présidence du Conseil par Poincaré (13 juin). Dans sa déclaration (16 juin), il annonce un projet d'impôt progressif sur le revenu et sur le capital ainsi qu'un ensemble de lois militaires qu'attaque violemment Jaurès. Mais la guerre se dessine. Ayant accompagné Poincaré dans son voyage en Russie, il rentre précipitamment devant l'aggravation de la situation internationale, reçoit le 31 juillet l'ambassadeur allemand venu demander la position de la France en cas de conflit, ajourne sa réponse au lendemain et déclare alors que la France agira au mieux de ses intérêts. Le même jour, il signe l'ordre de mobilisation et, le 3 août, fait l'unanimité devant la Chambre en exprimant, avec la prodigieuse éloquence que lui donne son extrême sensibilité, la volonté de la France de faire « l'Union sacrée » pour défendre la « race humaine ». Après les premiers revers, il remanie son cabinet (fin août) en un gouvernement d'« union nationale », auquel participent Millerand (à la Guerre), Sembat (aux Travaux publics) et Guesde (ministre sans portefeuille). Mais, miné par de graves dissentiments internes, ce second cabinet Viviani démissionne le 29 octobre 1915. Ministre de la Justice d'octobre 1915 à septembre 1917, Viviani est envoyé en mission à Washington en avril 1917 avec le maréchal Joffre. Représentant de la France à la Société des nations (1920-1921), il est élu sénateur de la Creuse en octobre 1922.

VIVONNE Louis Victor de ROCHECHOUART, duc de Mortemart et de (Paris, 1636 – Chaillot, 1688)

Maréchal de France.

Issu de l'illustre famille de Rochechouart, fils unique du duc de Mortemart, il a trois sœurs, parmi lesquelles la future marquise de Montespan. Enfant d'honneur du jeune Louis XIV, qui apprécie sa compagnie, Vivonne fait ses premières armes en Flandre, sous Turenne, de 1655 à la paix des Pyrénées. Mestre de camp en 1659, le jeune homme prend place, après la mort de Mazarin, parmi les courtisans dont le roi aime à s'entourer. En 1664, il accompagne Beaufort en Barbarie, et assiste à la prise de Djidjelli, le 23 juillet. Capitaine des galères en 1665, général des galères en 1669, il participe la même année, avec Beaufort, à la désastreuse expédition de Candie, prenant le commandement en chef après la mort du duc. Lui-même manque être tué par l'explosion du vaisseau amiral. Sa charge le contraint à résider à Marseille, mais on le voit beaucoup à la Cour, où le roi apprécie son esprit aimable et son goût des lettres.

Revenu à l'armée, Vivonne prend part en 1672 à la guerre de Hollande, se distingue au passage du Rhin, où il est blessé, puis à Maastricht. Gouverneur de Champagne et de Brie en 1674, le duc est envoyé l'année suivante, avec Duquesne, au secours des Messinois révoltés contre les Espagnols. Nanti des titres de gouverneur et de vice-roi de Messine, il force l'entrée du port au mois de février et pénètre dans la ville. Fait maréchal de France au mois de juillet, le vice-roi connaît bientôt de nombreuses difficultés avec les Messinois, qui ont réclamé de l'aide et non un nouveau maître. Après avoir repoussé une attaque espagnole, il remporte sur la flotte ennemie la victoire de Palerme, puis tente en vain de conquérir l'ensemble de l'île. Louis XIV, décidé à signer la paix avec l'Angleterre et l'Espagne, ordonne bientôt l'évacuation de la Sicile. Vivonne regagne la France en 1678. Depuis la mort de son père en 1675, il est premier gentilhomme de la Cour. Il demeure donc auprès de Louis XIV, apprécié pour son esprit vif et gai, ami et protecteur des gens de lettres, de Boileau à Molière. Mme de Sévigné, cependant, qui devait ne pas l'aimer, le décrit « aussi pourri de l'âme que du corps. »

VIX (trésor de)

Trésor archéologique découvert en 1953 au mont Lassois, à Vix (Côte-d'Or).

Le mont Lassois, butte d'une centaine de mètres qui s'élève dans une boucle de la Seine à 5 km environ de Châtillon-sur-Seine, est l'objet de fouilles archéologiques depuis 1929. Jusqu'à la guerre, le savant Jean Lagorgette et un terrassier, Maurice Moisson, exhument plus d'un million de tessons céramiques, des centaines de fibules et d'autres petits objets. Trouvailles qui prouvent que le mont Lassois, occupé dès l'époque néolithique, était un centre de premier plan à la fin du premier âge du fer. René Joffroy, qui remplace Lagorgette en 1940, établit que se trouvait là un *oppidum* extrêmement important, entouré d'un fossé et de remparts. Dans les premiers jours de 1953, pour épuiser les crédits de la campagne précédente, Joffroy fait creuser une tranchée au pied du mont. Les terrassiers dégagent un tumulus, dépourvu de sépulture, puis, sous le tumulus, une sépulture préhistorique. Apparaît bientôt un gigantesque et magnifique cratère de bronze, haut de 1,64 mètre, pesant plus de 200 kg, puis, reposant sur un char à quatre roues et timon, le squelette d'une femme d'une trentaine d'années. Elle porte des bijoux au cou, aux poignets et aux chevilles, et sur la tête un diadème d'or pesant une livre. Ce diadème serait venu de Scythie ou de Chersonnèse. Quant au cratère, chef-d'œuvre d'art et de technique, il a été réalisé en Grande Grèce vers 525 av. J.-C. La femme, en revanche, garde tout son mystère. Était-elle une prêtresse, une princesse, l'épouse du seigneur du mont Lassois, certainement riche et puissant, puisque Vix se trouvait sur la route de l'étain ? D'autres objets, d'origine attique, étrusque ou gauloise, ont été découverts dans la sépulture. L'ensemble, qui constitue le trésor de Vix, se trouve au musée de Châtillon-sur-Seine.

VIZILLE (assemblée de)

Assemblée générale des municipalités du Dauphiné qui se tient le 21 juillet 1788 au château de Vizille, au sud de Grenoble, sur la Romanche.

Préfiguration, à l'échelle d'une province, des États généraux de 1789, elle marque le point culminant de l'agitation véritablement révolutionnaire que provoquent en Dauphiné la création d'une assemblée provinciale et la tentative de réforme judiciaire de Lamoignon, et se prépare dans une atmosphère d'active propagande. L'un des magnats de l'économie dauphinoise, Perier, père de Casimir Perier, dit Milord à cause de son immense fortune, prête pour la circonstance, aux portes de Grenoble, le château de Vizille qu'il vient d'acheter pour y établir une manufacture de coton. Réunissant des représentants des trois ordres (50 ecclésiastiques, 165 nobles et 276 représentants du tiers), l'assemblée de Vizille concrétise l'alliance du tiers état et de l'aristocratie contre le pouvoir royal. Ses délibérations sont largement inspirées par les dirigeants du tiers – notamment Mounier, son secrétaire –, mais

Vix
Cratère de Vix, Grèce, fin VIe siècle av. J.-C. Châtillon-sur-Seine, musée d'Archéologie. © *Giraudon*

d'un tiers sélectif, d'où sont exclues « les dernières classes du peuple », les villes n'ayant envoyé que des privilégiés et des bourgeois, et 194 paroisses seulement étant représentées sur les 1 212 que compte alors le Dauphiné. L'assemblée réclame le rétablissement des parlements, mais dépouillés des droits d'enregistrement et de leur influence politique, le rétablissement des états provinciaux du Dauphiné, fondés sur une représentation du tiers égale à celle des deux autres ordres, enfin la convocation des états généraux, seuls aptes à « lutter contre le despotisme des ministres et à mettre un terme aux déprédations des finances ». Enfin, dépassant le cadre provincial dans lequel s'était maintenue l'agitation en Bretagne et dans le Béarn, l'assemblée proclame la nécessité de l'unité nationale. Elle affirme que les Dauphinois ne sépareront jamais leur cause de celle des autres provinces et qu'en « soutenant leurs droits particuliers ils n'abandonneront pas ceux de la Nation ». Les délibérations de Vizille revêtiront un caractère révolutionnaire par cet éveil à l'esprit national tout autant que par la place qu'y tint le tiers.

VOCONCES

En latin Vocontii. *Peuple gaulois fixé entre le cours supérieur de la Durance, le Drac, le cours moyen de l'Isère et le Rhône.*

Il possède au moins cinq *oppidums* importants : *Dea* (Die), *Lucus* (Luc), *Segustero* (Sisteron), *Vapincum* (Gap) et *Vasio* (Vaison). Sous l'Empire, toutes ces localités, concurremment ou successivement, sont autonomes avec le statut de cité.

VOIE SACRÉE

Nom donné à la route, longue de 135 kilomètres, unissant Bar-le-Duc à Verdun par Rosnes et Souilly, qui permet d'alimenter en hommes et en munitions la bataille de Verdun.

La voie ferrée Verdun-Sainte-Menehould étant tenue par l'artillerie allemande sous le feu de ses canons et celle de Verdun-Commercy étant coupée à Saint-Mihiel, cette route est, en effet, la seule artère utilisable par l'armée française vers ses arrières. En mars, avril et mai 1916, grâce à 42 groupes de transports, elle assure l'acheminement mensuel de 600 000 tonnes de matériel, de 413 000 hommes et de 240 000 blessés (dont 190 000 hommes et 225 000 tonnes de munitions entre le 22 février et le 7 mars 1916). La Voie sacrée est jalonnée de bornes kilométriques surmontées d'un casque de poilu.

VOISIN Catherine DESHAYES, épouse MONVOISIN, dite LA (Paris, 1640 – Paris, 1680)

Sage-femme, avorteuse et diseuse de bonne aventure.

Elle reçoit une clientèle aristocratique dans sa maison de La Villeneuve-des-Gravois (quartier Saint-Denis) et devient fort riche. Sous l'influence du magicien Lesage, elle se livre également à des pratiques de sorcellerie et se fait la complice de l'abbé Guibourg pour ses messes noires. Compromise avec la Vigouroux dans l'affaire des Poisons en 1679, accusée d'avoir fourni de ces poisons qu'on nommait « poudres de succession », elle est arrêtée, déférée à la Chambre ardente et brûlée en place de Grève en 1680. Ses aveux compromirent de nombreux hauts personnages de la Cour. Mme de Montespan se rendait chez elle et en avait reçu des « poudres pour l'amour » destinées au roi, abominables mixtures que Louis XIV avala sans s'en rendre compte. La Voisin aurait même fait célébrer une messe noire sur le ventre de la favorite en 1676, par l'abbé Guibourg.

La Voisin
Portrait de la Voisin et médaillons sur l'affaire des Poisons. Gravure, XVIIe siècle, Paris, Bibliothèque nationale de France. © *Sélection Images*

VOLQUES ou VOLCES

Volcae. *Important peuple celtique.*

Les Volques ont eu une histoire mouvementée, comme les Boïens. Plusieurs siècles avant notre ère, il ne fait pas de doute qu'ils aient constitué, à l'intérieur de l'ensemble des Celtes, un groupe extrêmement puissant. On les trouve solidement établis en Germanie méridionale. À une date indéterminée, leur unité se disloque. Une partie va s'installer aux dépens des Ligures et des Ibères, entre le cours inférieur du Rhône et le coude de la Garonne. On peut distinguer alors deux groupes de Volques : les Arécomiques, qui vont se fixer à Nîmes, et les Tectosages, qui choisissent Toulouse pour capitale. De ce groupe des Tectosages se sépare un sous-groupe qui participe à l'expédition de Brennus en Grèce vers 260 av. J.-C. Un autre sous-groupe se joint à l'armée des Galates qui fonde un royaume en Asie Mineure, vers la même époque. Par ailleurs, d'autres Volques restent dans le pays qu'on appellera par la suite la Germanie. Les Germains s'inspirent de leur nom pour désigner l'ensemble des Celtes : pour eux, ce sont les Valah, d'où les Welches et les Valaques. Les deux groupes volques de la Gaule étant limitrophes, à la différence des Bituriges, Cubes et Vivisques, ils auraient pu chercher à reconstituer leur unité. En bons Celtes, ils ne semblent pas s'en être beaucoup souciés. Ils formeront deux peuples distincts pendant l'indépendance gauloise et, sous la domination romaine, parfaitement subjugués, des cités qui ne se chevaucheront pas.

VOLTAIRE François Marie AROUET, dit (Paris, 1694 – Paris, 1778)

Écrivain.

Fils d'un notaire parisien qui avait pour clients les ducs de Saint-Simon et de Richelieu, et de Marguerite d'Aumard, de noblesse poitevine, qui meurt quand il a 7 ans. Il fait, de 1704 à 1711, chez les jésuites du collège de Clermont (l'actuel lycée Louis-le-Grand), de brillantes études qui lui valent l'admiration de ses maîtres et d'utiles relations pour l'avenir. De bonne heure, il a le désir de se faire une réputation de poète et une place dans la haute société. S'étant fait introduire par son parrain, l'abbé de Châteauneuf, dans la société libertine du Temple, chez les Vendôme, il s'y fait remarquer par son caractère indépendant et son ironie. Il est également reçu chez les Richelieu, en Poitou et en Touraine, et chez Bolingbroke, cet ancien ministre de la reine Anne d'Angleterre, contempteur de toutes les traditions religieuses, libre-penseur et athée, qui s'était réfugié en France mais restait l'ami des plus célèbres écrivains d'Angleterre. Goûtant peu ses prétentions littéraires, son père tente de l'attacher au droit dans l'étude d'un procureur, maître Alain. En vain. Puis, afin de couper court à une idylle avec la fille d'un réfugié français, il doit le rappeler de La Haye où il s'était rendu à l'invitation de l'ambassadeur, le frère de son parrain.

Il débute alors par de menues poésies, mais des vers irrévérencieux, principalement contre le Régent, lui attirent de premiers ennuis, et il est contraint à des séjours forcés près de Fontainebleau, dans le château des Caumartin, puis dans celui de son ami le duc de Sully, dans le Val-de-Loire (1716). Il est enfin enfermé à la Bastille (1717-1718) pour une satire contre la mémoire de Louis XIV. Là il commence sa première tragédie, *Œdipe*, qu'il lira en 1718 chez la duchesse du Maine, et compose quelques chants d'une épopée nationale et philosophique, le *Poème de la Ligue*, dont la première édition paraîtra en 1723. Ces premières œuvres sont médiocres. Mais Voltaire les ayant semées d'allusions politiques et de sentences audacieuses sur la religion et les rois, on les applaudit. En même temps, habile homme d'affaires, il s'enrichit par des spéculations heureuses, comme les fournitures de vivres adjugées aux frères Pâris-Duverney et les entreprises de cargaisons expédiées en Amérique.

Le nouveau nom qu'il s'est choisi, Voltaire (anagramme probable de Arouet le Jeune), lui vaut une fâcheuse aventure. Le chevalier de Rohan-Chabot, qui le plaisantait à ce sujet, s'étant vu répliquer qu'il valait mieux « se faire un nom que de traîner celui qu'on a reçu », le fait bâtonner un jour par ses gens, puis enfermer à la Bastille pour avoir osé demander une réparation par les armes. C'est en sortant de prison, cinq mois plus tard, que Voltaire part pour l'Angleterre, bien préparé à aimer les institutions et l'esprit d'un pays réputé libre. Ce long séjour de trois ans à Londres le marquera profondément. Il y reçoit un accueil chaleureux à la Cour (il dédiera au prince et à la princesse de Galles son *Henriade* publiée en 1728, nouvelle version du *Poème de la Ligue*), apprend l'anglais qu'il finit par écrire parfaitement et rencontre les plus illustres écrivains anglais. Son esprit, dont la curiosité est si vive, s'enrichit au contact de la philosophie anglaise qui convient mieux à son tempérament net et pratique que celles de Descartes et de Leibniz, philosophes « entraînés par cet esprit systématique qui aveugle les plus grands hommes » ; il restera toute sa vie influencé par Newton et Locke.

Voltaire

Portrait de Voltaire jeune. Huile sur toile de Nicolas de Largillière, Paris, Bibliothèque nationale de France. © *Giraudon*

De retour à Paris en février 1729, il révèle l'Angleterre aux Français. Jusqu'au début du XVIIIe siècle, les Français avaient tendance à croire, comme l'a dit Grimm, que tout ce qui n'était pas français « mangeait du foin et marchait à quatre pattes ». Or, au milieu du siècle, nombre de Français savent l'anglais et admirent l'Angleterre, disciples en cela, pour une grande partie, de Voltaire. Demeuré en correspondance avec ses amis d'Angleterre, celui-ci dédie *Zaïre* (1732) à Falkener, imite dans *Brutus* (1730), dédié à Bolingbroke, et dans la *Mort de César* (1735) le ton des tirades shakespeariennes, et déclame contre la tyrannie. Il s'attaque également aux dogmes chrétiens dans l'*Épitre à Uranie* (1733), déboulonne dans le *Temple du goût* (1733) les fausses gloires littéraires, J.-B. Rousseau, Houdar de la Motte, écrit une *Histoire de Charles XII* (1731) qui contient une violente critique de la guerre, mais publie surtout en 1733 ses *Lettres philosophiques* ou plutôt ses *Lettres sur les Anglais*, où il met en opposition les deux sociétés, française et anglaise, à la grande confusion de la première, et mêle à ces considérations et comparaisons des impertinences contre la religion et des plaisanteries sur tous les sujets, notamment sur l'immortalité de l'âme. La réplique ne se fait pas attendre. En juin 1734, les *Lettres philosophiques* sont condamnées à la « brûlure » et Voltaire doit se réfugier chez son amie la marquise du Châtelet, à Cirey, près de Chaumont où, de 1734 à 1749, il mène une vie conforme à ses goûts de travail et de société (*Le Mondain*, 1736). Au contact de son hôtesse, il délaisse un moment les lettres pour les sciences, monte un laboratoire où il travaille sans relâche, concourt pour un prix de l'Académie des sciences sur la question de la nature du feu et caresse l'ambition de succéder à Fontenelle. Mais, sentant qu'il ne gagnerait pas la partie, il y renonce en 1741. Il avait eu du moins le grand mérite de se faire le vulgarisateur – au meilleur sens du terme – de la pensée de Newton dans ses *Éléments sur la philosophie de Newton, mis à la portée de tout le monde* (1738).

Sa déception le rend tout entier aux lettres et à la philosophie frondeuse qui lui avaient donné la célébrité. En 1741, il fait représenter à Lille *Mahomet ou le Fanatisme*, dans lequel Mahomet est présenté comme Tartuffe les armes à la main, « inventant une religion pour s'asservir les hommes jusqu'à obtenir d'eux le crime ». Toutefois, comme il aspire à des honneurs politiques, il se garde pendant quelques années de provoquer le scandale par des œuvres trop hardies. Poussé par Richelieu dans la faveur de Mme de Châteauroux, il devient une sorte de diplomate, fait le voyage de La Haye avec mission de brouiller les États-Généraux et le roi de Prusse et, en 1743, celui de Potsdam, afin d'amener Frédéric II à recommencer la guerre contre l'Autriche. Après la mort de Mme de Châteauroux, il trouve une protectrice plus dévouée encore en Mme de Pompadour, qui le fait venir à la Cour. Il écrit alors une comédie-ballet, *La Princesse de Navarre*, et des poèmes officiels comme *La Bataille de Fontenoy*, compose *Le Temple de la gloire*, devient historiographe du roi, gentilhomme de la chambre, membre de l'Académie française en 1746, membre des Académies de Rome, de Saint-Pétersbourg, de Cortone et de Florence. Il est, en apparence, au comble de la faveur. Louis XV répugne à faire entièrement confiance à ce philosophe trop hardi, ami des encyclopédistes (mais sa collaboration à l'*Encyclopédie* est modeste : il traite l'« éloquence », l'« esprit », l'« élégance » et laisse à Montesquieu le « goût »). Mme de Pompadour elle-même lui préfère bientôt le vieux tragique Crébillon qu'il essaie de discréditer en traitant des mêmes sujets que lui : *Sémiramis* (1748), *Oreste* (1750), *Rome sauvée* (1752). Sentant le danger, Voltaire se rend à Lunéville chez le père de la reine, Stanislas Leszczyński, puis revient à Paris ; enfin la mort de Mme du Châtelet (1749) le décide à accepter l'invitation de Frédéric II de Prusse, avec lequel il est depuis treize ans en correspondance. À son grand regret, il n'est chargé d'aucune mission diplomatique et son ressentiment lui fait reprendre peu à peu sa liberté de polémiste. C'est alors qu'il écrit ses premiers contes satiriques, *Le Monde comme il va* et *Zadig* (1747).

Arrivé à Potsdam le 10 juillet 1750, il est d'abord dans l'enchantement à la cour du « Salomon du Nord », dont il corrige les vers. Il y achève *Le Siècle de Louis XIV* (1751) qui, selon sa formule, « n'est point simplement les annales » du règne, mais « plutôt l'histoire de l'esprit humain puisée dans le siècle le plus glorieux à l'esprit humain » et y commence l'*Abrégé de l'histoire universelle*, publié en 1756 sous le nom d'*Essai sur les mœurs*, qui inaugure l'histoire universelle et encyclopédique. Mais, s'il sait donner un tour exquis à la flatterie, il est d'humeur trop vive et trop indiscrète pour faire un bon courtisan. Entré en conflit avec Maupertuis, qui préside l'Académie de Berlin, il publie contre lui la *Diatribe du docteur Akakia*, ce qui irrite Frédéric II, qui fait brûler le libelle. Les deux « amis » se brouillent, et Voltaire part ou plutôt s'enfuit en 1753, poursuivi par les soldats du roi qui le bloquent pendant cinq semaines dans une chambre d'hôtel de Francfort.

N'osant s'aventurer en France, Voltaire erre pendant plus d'un an en Alsace et en Lorraine avant de s'établir en Suisse, où il achète près de Genève, en 1755, une propriété qu'il appelle *Les Délices*. Mais ce n'est pas l'asile dont il avait rêvé. Il offense la foi et l'austérité genevoise, et le « Magnifique Conseil » du petit État l'invite à supprimer le théâtre privé où il jouait la tragédie. Il choque également les protestants en réservant un chapitre de son *Essai sur les mœurs* à Michel Servet, brûlé par Calvin, mais s'attire aussi l'hostilité des catholiques par son irrévérencieuse *Pucelle* (1755) ainsi que par une satire, *Le Pauvre Diable* (1758), contre Fréron, porte-parole du parti dévot. Cherchant une retraite plus sûre, il acquiert en France, dans le pays de Gex, les domaines de Tournay et de Ferney (1759), tout près de la frontière suisse qu'il peut passer à la moindre alerte. C'est là qu'il réside d'ordinaire à partir de 1760, entouré d'un personnel nombreux de serviteurs et de secrétaires. Véritable souverain de l'esprit, il y reçoit l'élite européenne, aidé de sa nièce, Mme Denis, qui adore son oncle et l'amuse. Bien qu'ayant dépassé la soixantaine, Voltaire mène toujours une vie très active et, tout en disant qu'il se meurt, travaille encore de 18 à 20 heures par jour. Il continue à jouer et à écrire des tragédies : *Tancrède*, *Olympie*, *Le Triumvirat*, *Les Guèbres*, *Les Lois de Minos*. Mais il s'occupe aussi des problèmes économiques, s'efforce de développer la prospérité du village de Ferney et s'enrichit lui-même. Il répare les routes, en trace de nouvelles, libère de la gabelle ses tenanciers, établit des ateliers de soierie et d'horlogerie et vend ses produits jusqu'à Constantinople.

Il se tient en même temps au courant de la vie de Paris. De Ferney, il encourage les encyclopédistes à combattre la superstition qu'il appelle l'« Infâme » et, plus que personne, travaille contre l'Église. Pour ce faire, il adopte une nouvelle tactique. Plus de gros ouvrages, dit-il, mais des brochures qu'on lance comme les flèches d'un carquois, sans que personne sache de quelles mains elles partent. Point de métaphysique ; mais il tourne en ridicule toute l'Histoire sainte. Ses écrits les plus retentissants à cet égard sont *Le Sermon des cinquante* et l'*Extrait des sentiments de Jean Meslier, curé d'Étrépigny* (1762). L'histoire lui devient un moyen d'attaquer les Jésuites (*Précis du siècle de Louis XV*, 1768). Il écrit encore des contes en prose, *L'Ingénu* (1767), où sont dénoncés la corruption et les abus politiques, *La Princesse de Babylone* (1768), sévère critique de mœurs, des contes en vers comme *Les Trois Empereurs de Chine en Sorbonne*, des dialogues, des homélies et encore et toujours des pièces à thèse. Il rédige enfin un *Traité sur la tolérance* (1763), une *Histoire de la Russie sous Pierre le Grand* (1763), remplie comme l'*Essai sur les mœurs* d'observations pertinentes sur son temps et sa propre encyclopédie, le *Dictionnaire philosophique en huit volumes* (1764), œuvre de polémique elle aussi où les anecdotes grivoises se mêlent à des dissertations sérieuses. Dans cet ouvrage, il a versé toute son érudition, acquise par une immense lecture, mais sujette à de nombreuses erreurs, dont ses adversaires rempliront des recueils.

Devenu « le patriarche de Ferney », Voltaire apparaît néanmoins comme le chef des philosophes par sa prodigieuse activité, l'éclat de son esprit, son don d'expliquer et de vulgariser les questions dont les contemporains se préoccupent, son généreux et sincère amour de l'humanité. Ses idées philosophiques ne sont pourtant nullement originales et ne s'ordonnent pas en un système. Adversaire de toutes les religions, qu'il confond dans le même mépris superficiel et grossier et dont il attribue la naissance et la puissance uniquement à la fourberie des prêtres et à l'imbécillité des peuples, il est, en revanche, fermement déiste et professe la religion « naturelle ». Il croit en un Dieu rémunérateur et vengeur qui impose aux peuples une morale ; à l'origine, c'est Dieu qui a mis dans le cœur de l'homme « l'instinct qui nous fait sentir la justice » et qui est la « loi naturelle » universelle et fixe comme la raison. Il croit en sa victoire finale sur les préjugés et les vices. Il est vrai que son roman *Candide* (1758) est un manifeste d'ironie contre l'optimisme de Leibniz et contre le triste désordre qui subsiste dans le train de l'univers, mais le conseil qu'il donne à la fin de *Candide*, « de cultiver son jardin » et de ne point se soucier du reste, il ne l'a pas suivi, et le sentiment qu'il a de la faiblesse humaine n'exclut pas la confiance dans la vie. En politique, il préconise de nombreuses réformes : l'impôt proportionnel et sans privilèges, la réduction des armées, la suppression des droits seigneuriaux, la liberté individuelle, l'éducation du peuple, l'abolition du servage, l'abolition de la vénalité des charges de justice, la suppression de la torture, le divorce, etc. Mais, pas plus qu'un système philosophique, il n'a construit un système politique. Tout comme il est resté déiste, il reste conservateur. Pour un grand territoire, une monarchie modérée lui paraît être le meilleur des gouvernements.

Malgré les protecteurs illustres, Richelieu, Bernis, Choiseul, dont il sait s'assurer le soutien, les lecteurs de ses œuvres interdites n'échappent pas toujours à la justice et lui-même se trouve à plusieurs reprises dans une situation difficile : en 1755, quand paraît à Bâle une édition de sa *Pucelle* ; en 1764, après le supplice du chevalier de La Barre, sur le bûcher duquel le bourreau brûle le *Dictionnaire philosophique* ; en 1765, quand l'Assemblée du clergé condamne *in globo* les écrits des philosophes. Il multiplie alors les précautions, rebâtit l'église de Ferney, cherche à donner des signes de piété. Mais sa plus sûre défense est dans l'opinion publique. Sa belle conduite dans les affaires Calas (1762), Sirven (1764) et La Barre (1766), au service desquelles il a mis tout son esprit, sa passion sincère pour la liberté de penser, son horreur pour l'inhumanité, ont porté sa popularité à son sommet. Après avoir salué dans deux *Épîtres* (1769-1772) ses maîtres Boileau et Horace, il répond en 1778 à l'appel de Paris qui lui fait un triomphe. Il est reçu à l'Académie, à la Comédie-Française où son buste est couronné pendant la représentation d'*Irène* mais, épuisé par les émotions et la fatigue, il meurt le 30 mai, quelques jours après avoir appris que le jugement qui condamnait Lally-Tollendal et contre lequel il s'était également élevé avec véhémence, avait été cassé. À défaut d'une sépulture chrétienne, refusée par le clergé parisien, dont il avait écarté l'assistance, son corps fut transporté par son neveu l'abbé Mignot à l'abbaye de Scellières, en Champagne, dont celui-ci était commendataire. Cependant, en mai 1791, la Constituante lui confère les honneurs du Panthéon ; son corps y est transporté en grande pompe dans un char triomphal le 11 juillet 1791.

L'homme avait eu ses limites et ses faiblesses : une fâcheuse répugnance à s'attarder aux choses obscures, l'inaptitude à la réflexion profonde, l'incapacité de méditer, la promptitude à la pirouette et au rire, le souci de sa gloire et, en dernier ressort, sa prudence qui l'amena à désavouer certains de ses écrits, son acharnement enfin contre les adversaires qui lui résistaient. Mais il rachetait tous ces défauts par sa générosité envers les victimes du sort et des injustices, son esprit universellement intelligent et curieux de tout (un « touche-à-tout de génie »), d'une activité et d'une vivacité rares. Il reste enfin en plusieurs domaines le maître inégalé. Il fut le plus grand « journaliste » de son temps : sa correspondance, extraordinaire document historique et psychologique par la multitude des sujets et des correspondants, reflète un siècle d'événements et de pensées, et elle est l'écho conservé de toutes les querelles, de toutes les hésitations, de tous les progrès de son temps. Il est également le plus grand styliste de la langue française, arrivé à son point vrai de perfection. C'est enfin lui qui fit évoluer de façon décisive le discours historique : avant Michelet, il annonça, dans l'*Essai sur les mœurs*, l'ambition d'une histoire totale.

VOSGES

Massif montagneux séparant la Lorraine, à l'ouest, de l'Alsace, à l'est.

En août 1914, la ligne des crêtes correspond à peu près au tracé de la frontière allemande fixé lors du traité de Francfort de 1871. Cette « ligne bleue » des Vosges, deux générations y pensent dans la France convalescente de la Belle Époque. Aussi, lorsque la guerre éclate, les éléments avancés de la Ire armée du général Dubail s'élancent-ils à l'assaut des cols et de la ligne de crête, tandis que, dans la plaine, le petit détachement du général Pau s'avance en direction de Mulhouse. Mais en raison du terrain accidenté et de l'effort principal des belligérants sur la Marne puis vers l'Yser, ce secteur vosgien n'implique aucune intervention d'unités nombreuses. Les combats sont circonscrits aux éminences, qui constituent autant d'observatoires qu'il importe de contrôler sur un front courant du sud au nord depuis la trouée de Belfort jusqu'à la région de la Meurthe supérieure. C'est d'ailleurs dans cette zone que les Allemands tentent un effort très important, dès la fin du mois d'août 1914, puisqu'ils concentrent les effectifs de trois divisions d'infanterie vers Mandray et le massif du Bonhomme, en vue de contrôler les vallées menant en direction de Saint-Dié. En septembre, les chasseurs alpins rejettent l'assaillant au nord de la Croix-aux-Mines et au-delà des cols du Chipal et des Journaux, écartant une menace qui a sérieusement inquiété Dubail.

Dès lors, le communiqué ne mentionnera plus guère que ces hauts lieux, ardemment disputés : la Fontenelle (hauteur prise le 15 septembre 1914, perdue le 22 juin 1915 et reprise le 8 juillet suivant) ; la Tête du Violu, qui domine le col de Sainte-Marie-aux-Mines (occupée le 1er novembre 1914) ; la Tête de Faux, d'où la vue porte sur le col du Bonhomme (prise le 2 décembre 1914) ; la Mère-Henri, au nord-ouest de Senones (occupée après de furieux combats les 19 et 20 novembre 1914) ; le Signal de Xon (en Lorraine, occupé le 2 décembre, perdu le 13, réoccupé le 15, évacué le 14 février 1915 et recouvré le 18). Mais de toutes ces crêtes, la plus symbolique demeure à jamais l'Hartmannswillerkopf, le Vieil Armand, admirable poste d'observation sur la plaine mulhousienne que les Allemands s'efforcent de conserver à tout prix. Les chasseurs alpins le perdent le 22 janvier 1915, y reviennent le 26 février puis les 5, 17, 23 et 26 mars. Ils s'y maintiennent jusqu'au 25 avril, le reprennent le 26, le reperdent, le réoccupent le 9 septembre, l'abandonnent le 15 octobre, le réoccupent le lendemain et s'y maintiennent jusqu'au 21 décembre dans des conditions des plus précaires, la dernière unité, à l'effectif d'une compagnie, étant pratiquement encerclée et se maintenant avec opiniâtreté au sommet. Il faudra l'intervention d'une arme nouvelle pour l'époque, le mortier de tranchée de fort calibre, pour faire capituler ces irréductibles. En 1916, la ligne de front, du sud au nord, passe à l'est de Seppois (non loin de la frontière suisse) à l'ouest d'Altkirch, contourne par l'ouest Pont d'Aspach, se glisse entre Thann et Cernay, remonte vers le Ballon de Guebwiller, atteint Metzeral et Soultzern, passe à l'est du col du Bonhomme, suit la crête jusqu'au col de Sainte-Marie-aux-Mines et oblique de là vers Senones. C'est approximativement sur ce tracé que survient l'armistice du 11 novembre. Il permet aux combattants de ce front, injustement tenu pour secondaire, de descendre dans la plaine et de libérer Mulhouse et Colmar.

VOUILLÉ (bataille de)

Victoire de Clovis sur Alaric II, roi des Wisigoths, en 507.

Après s'être assuré l'alliance des Bourguignons, et sous prétexte d'une sorte de croisade contre les Wisigoths ariens, Clovis prend brusquement l'offensive, passe la Loire à Amboise et, suivant la voie romaine qui menait de Tours à

Poitiers, marche droit sur Vouillé, située à 15 km environ au nord-ouest de Poitiers, non loin de laquelle il rencontre les Wisigoths. Dès le début de la rencontre, Alaric est tué de la main de Clovis. Les Wisigoths prennent alors la fuite. Seule la noblesse d'Auvergne offre une belle résistance : elle est décimée. À la suite de cette victoire, l'Aquitaine passe aux Francs.

VOYER Marc René de, comte puis marquis d'Argenson (Venise, 1652 – Paris, 1721)

Garde des Sceaux.

Fils de Marc René de Voyer, ambassadeur à Venise de 1651 à 1655. Lieutenant général du présidial d'Angoulême de 1672 à 1692, puis maître des requêtes en 1694, il remplace La Reynie comme lieutenant général de police, de 1697 à 1718. D'un aspect sévère, indulgent pourtant pour les fautes légères, il poursuit l'action de son prédécesseur, le maintien de l'ordre et de la sécurité dans la capitale. Chargé d'exécuter le décret qui expulse les religieuses de Port-Royal, le 11 juillet 1709, il doit surtout, cette même année, tenter d'assurer le ravitaillement de Paris où sévit, comme dans le reste de la France, une tragique famine. À plusieurs reprises, sa voiture est lapidée par les Parisiens affamés. Le Régent, après la mort de Louis XIV, lui conserve sa confiance : Voyer d'Argenson entre au mois de septembre 1715 au Conseil du dedans, prenant place parmi les fidèles avec lesquels Philippe d'Orléans aime travailler. Garde des Sceaux en remplacement de d'Aguesseau, en janvier 1718, puis président du Conseil des finances lorsque Noailles est disgracié, peu de temps après, il s'applique à améliorer la situation financière du royaume, déjà rétablie grâce à Law. Au mois d'août 1718, le garde des Sceaux prépare le lit de justice destiné, selon les vœux du Régent, à mater l'opposition parlementaire. Aux Tuileries, le 26 août, le petit roi annonce d'une part que les princes légitimés perdent leurs droits à la couronne et leurs prérogatives, et d'autre part que les remontrances du Parlement ne seront plus tolérées qu'une fois les textes enregistrés. Démissionnaire du Conseil des finances le 6 janvier 1720, d'Argenson abandonne les Sceaux au mois de juin, ne conservant que ses titres de ministre d'État et d'inspecteur général de la police. Membre de l'Académie des sciences depuis 1716, il était entré à l'Académie française en 1718.

VOYER René Louis de, marquis d'Argenson (Paris, 1694 – Paris, 1757)

Homme politique.

Surnommé « Argenson la Bête » pour sa bonhomie, son esprit rustique et son maintien embarrassé à la Cour, fils aîné du précédent, il devient conseiller du parlement de Paris dès 1716, puis intendant du Hainaut, de 1720 à 1724, et enfin conseiller d'État. D'un esprit sérieux, réfléchi, il a le goût de l'étude, fréquente le Club de l'entresol, les philosophes. Membre du Conseil des dépêches en 1738, il adresse au roi, l'année suivante, un tableau précis de la misère qui sévit en Auvergne. Chancelier du duc d'Orléans en 1741, Voyer d'Argenson remplace trois ans plus tard Amelot aux Affaires étrangères. Rempli d'idées et de projets, quelque peu utopiques il est vrai, il tente de réaliser les vues présentées en 1737 dans son *Traité politique*. Son but est de créer une Europe où règnerait la paix, grâce au désintéressement de la France qui, bien sûr, la dirigerait. S'il déteste l'Autriche, le ministre n'aime guère l'Espagne et, contre les deux puissances, voudrait organiser l'Allemagne et l'Italie. Pour cette dernière, il envisage la création d'une sorte de confédération italienne. Contre l'Angleterre, il veut aussi favoriser les Provinces-Unies. D'Argenson négocie ainsi avec le roi de Sardaigne, en décembre 1745, présente au congrès de Breda, l'année suivante, un projet de paix concernant les Provinces-Unies. Sa politique italienne déplaît cependant à la cour d'Espagne et finalement échoue, tout comme ses vues sur l'Allemagne. Il réussit seulement à détacher la Saxe de l'Autriche. Devant ces échecs, il démissionne le 10 janvier 1747. Désormais, il se consacre aux lettres, publiant en 1764 de remarquables *Considérations sur le gouvernement de la France* qui annoncent les économistes. Il fréquente alors les philosophes et le salon de la marquise de Lambert. Il était membre de l'Académie des inscriptions et belles-lettres depuis 1737.

VOYSIN Daniel François (Paris, 1654 – Paris, 1717)

Chancelier.

Conseiller au parlement de Paris à 19 ans, maître des requêtes à 29, intendant du Hainaut en 1688, il devient conseiller d'État en 1694. Secrétaire d'État à la Guerre en 1709, il est enfin nommé chancelier en 1714. L'année suivante, après la mort de Louis XIV, il entre au Conseil de régence.

W

WADDINGTON William Henry
(Saint-Rémy-sur-Avre, 1826 – Paris, 1894)

Archéologue, homme politique, président du Conseil.

D'origine britannique, protestant, il est le fils d'un industriel anglais établi en France. Naturalisé français, il accomplit au Levant plusieurs voyages archéologiques. En 1865, il est élu à l'Académie des inscriptions et belles-lettres. Ses *Mélanges de numismatique et de philologie*, publiés en 1861, lui valent une notoriété internationale. En 1868, il apparaît parmi les fondateurs de l'École des hautes études. Trois ans plus tard, abordant la politique, Waddington est élu député de l'Aisne. À l'Assemblée, où il siège au centre gauche, il défend la politique de Thiers qui lui confie le portefeuille de l'Instruction publique dans le cabinet du 18 mai 1873, qui ne dure qu'une semaine. Waddington retrouvera ce portefeuille dans les cabinets Dufaure et Jules Simon, de mars 1876 à mai 1877. Au Sénat, où il représente l'Aisne à partir du mois de janvier 1876, il combat la politique du 16 Mai. Ministre des Affaires étrangères dans le cinquième cabinet Dufaure, constitué en décembre 1877, il représente la France au congrès de Berlin, en 1878. Sa connaissance de l'anglais, ses manières policées le désignent pour la diplomatie. Au congrès d'où il se vante de sortir « les mains nettes », il obtient pour la France d'importants avantages au Levant.

Après la démission de Dufaure, acceptée par le nouveau président de la République, Jules Grévy (février 1879), Waddington est désigné pour lui succéder. Conservant les Affaires étrangères, il maintient en place la plupart des ministres du cabinet précédent, si bien qu'on parle de « replâtrage », même si Jules Ferry entre dans ce ministère. Dès le mois de février, le premier soin du nouveau gouvernement, conformément aux vœux de la majorité républicaine, est d'épurer l'armée, l'administration, la diplomatie. Au mois de mars, les deux projets de loi présentés par Ferry, concernant l'instruction publique, font grand bruit. Le débat à la Chambre, en juin-juillet, sera homérique. L'article 7 de ce projet, qui entérine la laïcisation de l'enseignement, est cependant accepté par les députés le 10 juillet. Sous le ministère Waddington, la Chambre vote aussi une amnistie partielle en faveur des condamnés de la Commune, au grand mécontentement des radicaux qui réclament l'amnistie totale. Le 26 décembre, devant l'opposition du Sénat aux projets de Ferry, le président du Conseil démissionne. Il sera ensuite, de 1883 à 1893, ambassadeur à Londres. Les résultats de ses travaux ont été publiés de 1904 à 1912 sous le titre *Recueil général des monnaies grecques d'Asie Mineure*. Sa collection numismatique a été acquise par la Bibliothèque nationale en 1897.

WAGRAM (bataille de)

Victoire remportée par Napoléon Ier sur les Autrichiens, les 5 et 6 juillet 1809, en Autriche, dans la plaine de Wagram, au nord-est de Vienne.

Après avoir été repoussé par les Autrichiens à Essling, Napoléon s'est retranché dans l'île Lobau où il a concentré ses forces, composées essentiellement de troupes de la Confédération du Rhin. Grâce à l'arrivée de l'armée d'Italie commandée par le prince Eugène et Macdonald, et au corps de Marmont venu de Dalmatie, il dispose bientôt de 150 000 hommes et de 600 canons. Face à lui, l'archiduc Charles, dont l'artillerie est elle aussi considérable, est à la tête de 160 000 hommes. Il a replié sa gauche derrière le Russbach jusqu'à Wagram, où elle rejoint ses autres forces placées perpendiculairement au Danube, et attend là l'arrivée de son frère Jean dont les troupes, en dépit des pertes que vient de lui infliger Macdonald, s'élèvent encore à 20 000 hommes. Napoléon décide de l'attaquer avant qu'il ne reçoive ces renforts et là où on ne l'attend pas. Dans la nuit du 4 au 5 juillet 1809, par un violent orage, il fait passer le Danube au gros de ses forces, assez loin vers l'aval, afin d'opérer un vaste mouvement tournant autour des villages d'Aspern et d'Essling, solidement défendus par l'ennemi. Son plan consiste, après avoir ainsi débordé la gauche autrichienne, à se jeter vers le plateau de Wagram, qu'il espère assez dégarni. Conformément à ses instructions, ses troupes se déploient dans la plaine de Marchfeld, et son plan s'exécute d'abord à merveille mais, lorsque les Saxons, avec Bernadotte à leur tête, se lancent à l'assaut du plateau de Wagram, les soldats italiens de Macdonald, qui les suivent mais ne connaissent pas les uniformes de leurs alliés, les prennent pour des Autrichiens et concentrent leurs tirs sur eux. Prises entre deux feux, les troupes de Bernadotte refluent en désordre vers les Italiens qui, croyant à une charge, font eux aussi demi-tour et s'enfuient, sous les yeux des Autrichiens éberlués devant cette subite déroute. La journée s'achève sur cette tragique méprise.

Le lendemain à l'aube, les Autrichiens passent à l'offensive, descendent du plateau et attaquent le corps de Davout. Rapidement, la bataille fait rage sur un front d'une quinzaine de kilomètres –

largeur encore jamais atteinte. À l'extrême gauche française, Masséna, avec 18 000 hommes seulement, plie devant les 60 000 Autrichiens qui l'attaquent. Napoléon tient pourtant la victoire. En reculant à gauche, en attirant l'ennemi vers le Danube, il dégage sa droite qui – toujours selon le plan qu'il a conçu – pourra se porter sur Wagram et opérer la trouée libératrice. Pour couper ainsi l'armée autrichienne en deux, il masse sur un front de 1 400 mètres une formidable artillerie de 100 pièces alignées comme à la parade. C'est là la fameuse batterie de Wagram qui fait pleuvoir sur les Autrichiens un déluge de feu. Le centre ennemi plie et, dans la poche qui commence à se former, la cavalerie française fonce au son des trompettes. Derrière elle, l'infanterie de Macdonald, drapeaux au vent, précédée de ses tambours, s'engouffre à son tour. À gauche, Masséna a non seulement résisté, grâce notamment aux charges de cavalerie de Lassalle, mais a même reconduit l'attaque ennemie jusqu'au village de Breitensee. À droite, Davout et Oudinot gravissent la faible pente du plateau, bousculant l'ennemi, et, le premier, Davout atteint enfin Wagram. Menacé d'encerclement, l'archiduc Charles donne alors l'ordre de la retraite. Wagram, la dernière grande victoire de l'Empire, a été chèrement acquise. Les Autrichiens laissent sur le terrain 50 000 hommes, les Français 34 000. Elle est, de plus, militairement incomplète : l'armée française ne poursuit pas immédiatement l'ennemi et le laisse se replier sur la Moravie. Mais l'Autriche est à bout de force et l'archiduc Charles, rejoint par les Français à Znaim le 11 juillet, se décide à l'armistice le lendemain.

WAIFRE ou WAIFER ou GAIFIER (?, v. 725 – ?, 768)

Duc d'Aquitaine.

Fils et successeur d'Hunaud, il s'expose à la colère de Pépin le Bref en recueillant en 751 le frère ennemi de celui-ci, Griffon. En 760, l'Aquitaine est envahie, et Waifre doit accepter de traiter. Mais les hostilités ne tardent pas à reprendre. Pendant plus de six ans les pays de la Gaule méridionale sont soumis à des ravages. Sans cesse battu, Waifre mène une vie errante jusqu'au jour où il est assassiné dans une forêt du Périgord.

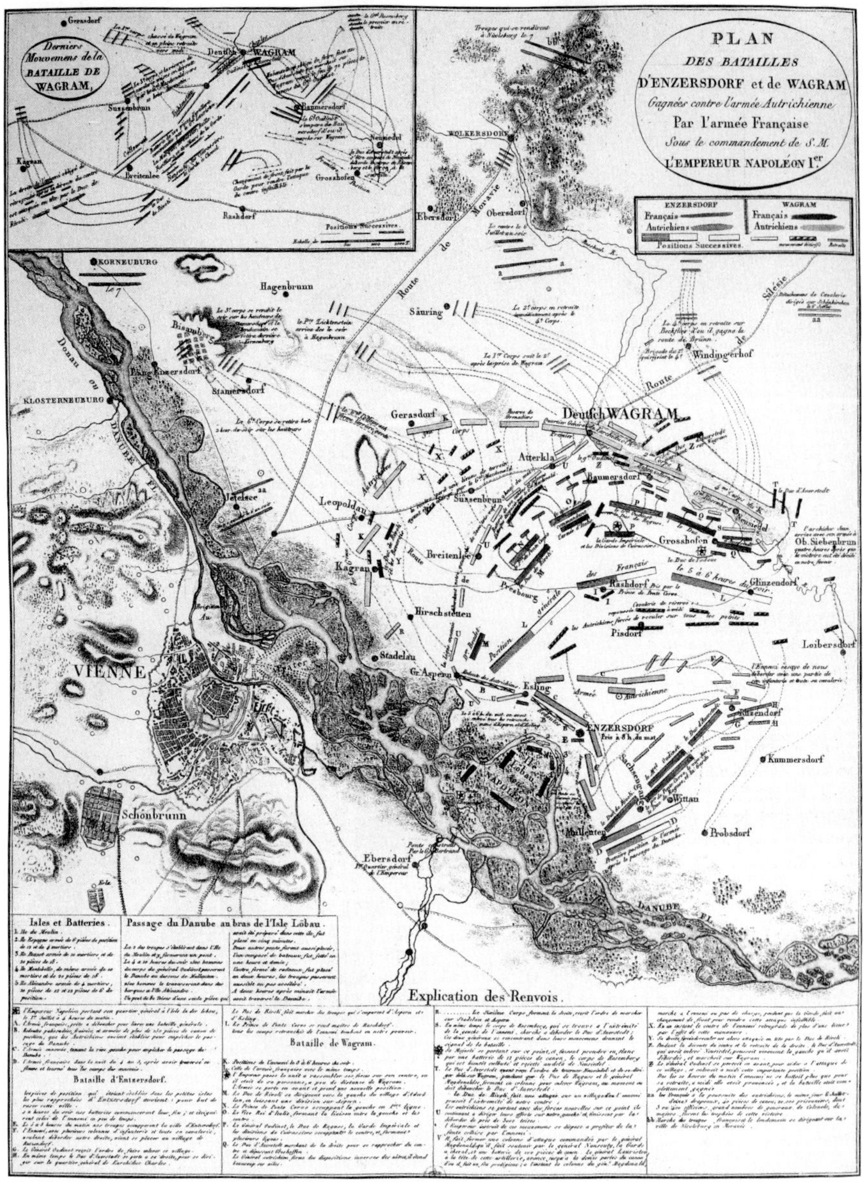

Wagram

Plan des batailles d'Enzersdorf et de Wagram. Gravure d'E. Henry, Paris, Bibliothèque nationale de France.
© Sélection Images

WALDECK-ROUSSEAU Pierre Marie René (Nantes, 1846 – Corbeil, 1904)

Avocat, homme politique, président du Conseil.

Fils de René Waldeck-Rousseau, lui aussi avocat et homme politique, adversaire de Louis Napoléon Bonaparte. Docteur en droit en 1869, il débute au barreau de Saint-Nazaire puis s'inscrit, en 1873, à celui de Rennes. Avocat d'affaires, d'une éloquence classique, logique, il affirme hautement ses convictions républicaines. Aussi, en 1879, est-il élu député de Rennes. Membre de l'Union républicaine, Waldeck-Rousseau conservera son siège jusqu'en 1889. Ministre de l'Intérieur dans le « grand cabinet » Gambetta, de novembre 1881 à janvier 1882, il adresse aux préfets une circulaire énergique concernant les ingérences excessives de la politique dans l'administration. Retrouvant son portefeuille dans le second cabinet Ferry, de février 1883 à mars 1885, il fait voter, le 21 mars 1884, une des plus importantes lois sociales de la IIIe République, la loi sur les syndicats professionnels. Après les élections de 1889, auxquelles il a décidé de ne pas se présenter, Waldeck-Rousseau abandonne la politique pour revenir au barreau, à Paris cette fois. Il ne tarde pas à y devenir l'un des maîtres, défendant notamment, en 1893, Gustave Eiffel dans l'affaire du scandale de Panamá. Sénateur de la Loire en octobre 1894, Waldeck-Rousseau présente sa candidature à la présidence de la République, l'année suivante. Distancé par Félix Faure, il se désiste en sa faveur.

En juin 1899, au moment où l'affaire Dreyfus divise la France et menace la République, après une crise ministérielle de dix jours et plusieurs vaines tentatives, Waldeck-Rousseau constitue un ministère, dit de « défense républicaine » comprenant six progressistes, deux radicaux, un radical socialiste, et deux hommes dont la présence fait grand bruit, le socialiste Alexandre Millerand, ministre de l'Industrie et du Commerce et, à la Guerre, le général de Galliffet, le « fusilleur de la Commune », dont l'arrivée à la Chambre est très mal accueillie. Présenté le 26 juin à la Chambre, ce ministère ne recueille que 263 voix, contre 237. Il n'en durera pas moins trois ans, et sera l'un des plus importants de la IIIe République. Contre les nationalistes, Waldeck-Rousseau s'appuie sur la gauche. Pour tenter de régler l'affaire Dreyfus, Galliffet éloigne plusieurs généraux hostiles à la révision du procès. Dreyfus est gracié le lendemain du procès de Rennes, au mois de septembre. En septembre-octobre, le gouvernement fait arrêter les meneurs nationalistes comme Déroulède. Ils sont ensuite présentés devant le Sénat érigé en Haute Cour. Poursuivant sa politique de restauration de l'autorité de l'État et du pouvoir civil, Waldeck-Rousseau s'en prend aux « moines ligueurs » et « moines d'affaires », faisant notamment dissoudre l'association des Pères assomptionnistes. En novembre 1899, il est interpellé sur le projet de loi qu'il prépare sur les associations et dont l'objectif est d'étendre le droit commun aux congrégations religieuses. L'année suivante, son ministère poursuit la lutte contre les congrégations trop engagées dans la vie politique. Le 28 octobre 1900, dans un discours-programme prononcé à Toulouse, le président du Conseil s'en prend de nouveau aux congrégations, trop riches à ses yeux. La lutte anticléricale reste la plus importante aux yeux des radicaux, qui inspirent la loi du 1er juillet 1901. Alors que Waldeck-Rousseau visait à établir le statut des associations en France, les commissions de la Chambre et du Sénat – cette dernière présidée par Combes – modifient le texte dans un sens anticlérical. Le président du Conseil tentera d'adoucir l'application de la loi. La stabilité du gouvernement permet à Millerand, attaqué par une partie de ses anciens amis mais finalement soutenu par les socialistes, d'accomplir une œuvre sociale importante. Le 30 mars 1900, une loi réduit à onze heures la durée maximum du travail quotidien, qui doit être ramenée à dix heures avant quatre ans. Sous l'autorité de Millerand sont aussi décidées la création de la direction du Travail et la réorganisation du Conseil supérieur du travail. Autre mesure importante prise par le gouvernement Waldeck-Rousseau, l'amnistie totale des condamnés de la Commune, votée le 19 décembre 1900.

Quant à l'extérieur, Waldeck-Rousseau a laissé la politique étrangère à Delcassé. Ce dernier, contrairement à l'Anglais Chamberlain qui envisage une alliance avec l'Allemagne, souhaite

Waldeck-Rousseau
À « La République française ». De g. à dr. : Jules Roche, Joseph Reinach, Emmanuel Arène, Challemel-Lecour, Waldeck-Rousseau, Eugène Spuller. Huile sur toile d'Henri Gervex, Paris, musée d'Orsay.
© *RMN-H. Lewandowski*

établir l'Entente cordiale. Les tentatives de Delcassé n'aboutiront pas avant plusieurs années. Au mois de mars 1900, lorsque Krüger, le chef des Boers, vient demander à Paris l'aide de la France contre l'Angleterre, il se heurte pourtant à un refus du gouvernement. Lors de l'insurrection chinoise des Boxers, au mois de juin 1900, la France intervient aux côtés des autres puissances. Échouant avec l'Angleterre, Delcassé réussit mieux avec l'Italie : par une alliance secrète avec le nouveau roi Victor-Emmanuel III, et en échange de la liberté d'action en Tripolitaine, l'Italie s'engage à ne pas intervenir, malgré la Triplice, dans une guerre contre la France. Autre fait marquant de la politique extérieure, la visite du tsar à Paris, en septembre 1901. Loubet se rendra en Russie en février suivant, renforçant l'alliance franco-russe. Les élections de mai 1902 sont dominées par les passions religieuses, le problème des congrégations, le cléricalisme et l'anticléricalisme. Le 27 avril et le 11 mai, le Bloc des gauches l'emporte. « Ils sont trop ! » murmure le président du Conseil en prenant connaissance des résultats. Malade, usé, redoutant que sa politique ne soit pas suivie par le Bloc, il démissionne dès le retour du président Loubet, en voyage en Russie.

Walewska Marie, comtesse (?, 1789 – Paris, 1817)

Aristocrate polonaise.

Mariée à 17 ans au comte Walewski, presque septuagénaire, elle rêve de voir la Pologne renaître de ses cendres et croit servir cette noble cause en finissant par accepter de devenir la maîtresse de Napoléon, lors du séjour de ce dernier à Varsovie en 1806. Elle en aura un fils, le comte Alexandre Walewski. D'abord résignée à cette liaison, elle s'attache vite à l'Empereur, qu'elle ira même visiter à l'île d'Elbe. En 1816, Marie Walewska se remariera à Liège avec le général Philippe Antoine d'Ornano.

Walewski Alexandre Joseph Colonna, comte (Walewice, Pologne, 1810 – Strasbourg, 1868)

Homme politique.

Fils naturel de Napoléon Ier et de la précédente. Lors de la révolution polonaise de 1830, il est envoyé à Londres par le gouvernement insurrectionnel pour plaider la cause de la Pologne auprès du cabinet anglais. Naturalisé français après l'échec de l'insurrection, Walewski sert quelque temps comme officier en Algérie mais abandonne la carrière militaire en 1837 pour se consacrer à la littérature et au journalisme. Il fait notamment représenter à la Comédie-Française une comédie en cinq actes, *L'École du monde ou la Coquette sans le savoir* (1840) et fonde un journal *Le Messager des Chambres*, que Thiers achète. Chargé de mission auprès de Méhémet-Ali en Égypte en 1840, puis en Uruguay et en Argentine en 1847, Walewski occupe bientôt des postes diplomatiques de première importance. Il est nommé ambassadeur à Florence (1849), Naples (1850), Madrid (1851) et Londres (juin 1851). Sénateur, il est enfin appelé en 1855 au ministère des Affaires étrangères, en remplacement de Drouyn de Lhuys et, en cette qualité, préside le congrès de Paris en 1856. Mais, favorable au parti catholique et hostile aux ambitions de Cavour, Walewski est tenu à l'écart des négociations secrètes qui précèdent la guerre d'Italie, notamment de l'entrevue de Plombières. Remplacé en janvier 1860 par Thouvenel, il devient ministre d'État avec la direction des Beaux-Arts et se montre partisan des réformes institutionnelles

Marie Walewska
Portrait présumé de la comtesse Walewska. Huile sur toile de David, coll. comte d'Ornano.
© *Sélection Images*

(novembre 1860-juin 1863). Ayant quitté le Sénat, il est élu député des Landes en 1865 et remplace Morny à la présidence du Conseil législatif (septembre 1865), mais démissionne pour protester contre les retards mis par Rouher à réaliser les réformes libérales promises par Napoléon III (1867). Redevenu sénateur, il entre comme membre libre à l'Académie des beaux-arts.

Wallia (? – ?, 418)

Roi des Wisigoths (415-418)

Successeur d'Ataulf, il entraîne son peuple jusqu'à Cadix, d'où il compte s'embarquer pour la conquête de l'Afrique. Cette expédition ne réussit pas plus que celle qui a été tentée par ses prédécesseurs à partir de l'Italie, en 410. Les Wisigoths resteront désormais en Espagne et en Gaule. Wallia se rapproche de l'empereur Honorius. En 417, il extermine les Vandales Silingues, établis en Vandalicie (Andalousie), et frappe durement les Alains, fixés en Lusitanie. Ces succès wisigothiques contraignent les Vandales Asdingues et les Suèves à se replier en Galice. En récompense, Honorius accorde à Wallia le droit de s'installer en Aquitaine, à condition que son peuple se reconnaisse « fédéré », c'est-à-dire, en fait, aux ordres de Rome.

Wallis-et-Futuna

Territoire d'outre-mer océanien situé à 22 000 km de Paris, entre les îles Fidji et Samoa, dans le Pacifique Sud.

L'ensemble des Wallis se compose de deux archipels, d'une superficie de 255 km², séparés par un espace marin de 240 km. L'île Wallis, d'une part, ou Uvea, est entourée d'une vingtaine d'îlots inhabités, au relief accidenté. Un récif corallien entoure ce premier archipel. À l'opposé, au sud-ouest, se trouvent d'autre part ce que l'on appelle parfois les îles Horn, Futuna et Alofi. Toutes sont d'origine volcanique. Le climat de ce territoire d'outre-mer est tropical, chaud et humide, d'une forte pluviosité – trois mètres de pluie par an – mais salubre. Un roi gouverne chacune des trois îles principales. L'archipel a été découvert par l'Anglais Wallis en 1767. Des missionnaires maristes s'y installent en 1837, le père Bataillon entreprend alors l'évangélisation des indigènes. En 1842, les souverains indigènes demandent en vain que leurs territoires deviennent un protectorat français. Wallis obtiendra ce statut en 1887, Futuna l'année suivante. Les archipels dépendent alors, jusqu'en 1909, de la Nouvelle-Calédonie. À la demande des rois et chefs coutumiers, une consultation organisée auprès des populations, le 22 décembre 1959, transforme le protectorat en territoire d'outre-mer. La loi du 29 juillet 1961 dote donc Wallis-et-Futuna du statut de TOM, comportant la personnalité morale, l'autonomie administrative et financière. Les trois chefs traditionnels des archipels siègent au Conseil de gouvernement dont les trois autres membres sont nommés par l'administrateur supérieur. Un député et un sénateur représentent Wallis-et-Futuna au Parlement.

Wallon Henri (Valenciennes, 1812 – Paris, 1904)

Historien et homme politique.

Élève de l'École normale supérieure, agrégé d'histoire, il enseigne à la Sorbonne à partir de 1840. Six ans plus tard, il devient le suppléant de Guizot. Député en 1849, il démissionne l'année suivante, après la loi électorale du 31 mai. Jusqu'en 1871, il se consacre à l'enseignement et à ses travaux historiques. Aux élections du 8 février 1871, le département du Nord l'envoie à l'Assemblée nationale. Siégeant au centre droit, il vote contre Thiers le 24 mai 1873, contribuant à sa chute. Plutôt orléaniste à l'origine, catholique rigoureux, il est conscient que le rétablissement

Henri Wallon
Huile sur toile de Jules Bastien-Lepage, châteaux de Versailles et Trianon. © *RMN-Daniel Arnaudet*

de la monarchie est impossible à réaliser et penche, dès lors, en faveur de l'établissement d'une république conservatrice. Un premier projet dans ce sens, qu'il présente au mois de juin 1874, est écarté. Au début de 1875, l'Assemblée aborde l'examen des lois constitutionnelles. À propos de la « transmission des pouvoirs », le projet ne parle pas de république, mais dit seulement : « Le maréchal de Mac Mahon – est élu... ». Le 30 janvier, Wallon présente un amendement, acte additionnel aux lois constitutionnelles, spécifiant que « le président de la République est élu à la pluralité des suffrages par le Sénat et la Chambre des députés réunis en Assemblée nationale ». Cet amendement, qui fera de Wallon le « père de la République », est voté en fin de journée, à une voix de majorité (353 contre 352), grâce à l'appui du centre droit. Le député du Nord joue ensuite un rôle important dans les délibérations qui concernent le Sénat et l'organisation des pouvoirs publics et aboutissent aux lois constitutionnelles des 24 et 25 février.

Au mois de mars 1875, Buffet lui confie le portefeuille de l'Instruction publique, des Cultes et des Beaux-Arts, qu'il conserve dans le cabinet Dufaure, un an plus tard. À ce titre, il joue en 1875 un rôle essentiel dans la discussion de la loi sur la liberté de l'enseignement supérieur, un des grands projets des catholiques, votée le 12 juillet par l'Assemblée. Sénateur inamovible en 1875, il est élu doyen de la faculté des lettres de Paris, titre qu'il conserve jusqu'en 1887. Au Sénat, il ne cessera de s'opposer aux mesures anticléricales proposées par les gouvernements successifs. Parmi ses ouvrages historiques figurent *L'Esclavage dans les colonies* (1847), *Du monothéisme chez les races sémitiques* (1859), *Jeanne d'Arc* (1869), *Histoire du tribunal révolutionnaire de Paris* (1880-1882). Henri Wallon était membre de l'Académie des inscriptions et belles-lettres depuis 1850.

WANDRILLE, saint (?, v. 600 – Fontenelle, Normandie, 668)

Moine franc.

De noble naissance, il est fils du duc Valchise, parent de Pépin de Landen. Wandrille est envoyé à la cour de Clotaire II et élevé à l'école du palais. Il souhaiterait se faire moine, mais ses parents le marient, tandis que Dagobert Ier le nomme comte du palais. Quelque temps plus tard, Wandrille et son épouse renoncent à la vie conjugale pour embrasser la vie religieuse. Abandonnant toutes ses dignités, Wandrille entre vers 628 au monastère de Montfaucon-en-Argonne, puis fonde une communauté à Sainte-Ursanne, dans le Jura, avant de se rendre au célèbre monastère de Bobbio, en Italie. Il passe ensuite dix années auprès des moines de Saint-Claude. Reprenant alors la route, le moine s'arrête à Rouen, où saint Ouen lui confère les ordres religieux. Vers 649, il fonde dans la forêt de Jumièges un monastère qui porte le nom du ruisseau qui le borde, la Fontenelle. Le succès de cette communauté est rapide : elle connaît, sous le nom de Saint-Wandrille, une grande renommée au Moyen Âge.

WASSY ou VASSY (massacre de)

Massacre perpétré par la garde du duc de Guise.

Le 1er mars 1562, François de Guise passe à Wassy (Champagne) avec sa garde lorsqu'une querelle éclate entre celle-ci et des protestants réunis pour un prêche dans une grange. Près de 60 protestants sont tués, 200 sont blessés. Ce massacre, dont rien ne prouve qu'il était prémédité, donne le coup d'envoi aux guerres de Religion.

Massacre de Wassy
Le Massacre fait à Vassy le premier jour de mars 1562. Gravure de Tortorel et Périssin, Paris, Bibliothèque nationale de France. © *Sélection Images*

WATERLOO (bataille de)

Défaite française infligée aux armées de Napoléon le 18 juin 1815 par celles de Wellington et de Blücher, non loin de Bruxelles, et ayant abouti à la fin du Premier Empire.

Avec le retour en France de Napoléon, évadé de l'île d'Elbe, commence la période des Cent-Jours (20 mars-22 juin 1815) ; mais, très rapidement, la résurrection du régime apparaît des plus précaires. Tandis que Talleyrand, depuis Vienne, prophétise : « Le dénouement ne tardera pas trois mois », les puissances alliées s'apprêtent à déferler sur la France. Wellington se trouve, en cette fin de printemps, à quelques kilomètres de Bruxelles, à la tête d'environ 100 000 Anglais, Hanovriens et Hollandais, tandis que le Prussien Blücher est à Namur, avec 120 000 hommes ; en outre, d'importantes troupes austro-russes sont en marche vers les frontières du Nord. Le plan de Napoléon est clair ; ne disposant que d'environ 125 000 soldats (le reste de l'armée ayant dû être envoyé en Vendée, sur le Rhin ou dans les Alpes, principalement), l'Empereur espère – ambition nullement dénuée de réalisme – compenser l'infériorité numérique de ses troupes en attaquant sans attendre Wellington et Blücher, avant que ceux-ci n'aient été rejoints par des renforts alliés. Le 11 juin, Napoléon se trouve à Villers-Cotterêts ; le 14 à Avesnes. L'armée impériale continue de marcher vers la frontière belge. Non loin de là, Blücher, à la tête de son armée, ne se doute de rien. Il se prépare à une offensive, non à être attaqué. À l'instar de Wellington qui se trouve également près de Bruxelles, il étudie le détail du prochain déferlement des armées alliées sur la France, prévu pour la fin du mois de juin. L'arrivée de Napoléon sur Charleroi réussira pleinement son effet de surprise.

Arrivé le 15 en cette ville, Napoléon confie à Ney les 1er et 2e corps de son armée, ainsi que la cavalerie légère de sa garde, avec mission de prendre position au lieu-dit les Quatre-Bras. Mais le maréchal, voyant le terrain occupé – alors qu'en réalité il ne se trouvait sur les lieux que quelques unités ennemies –, renonce à investir cette position qui pourtant aurait rendu les Français maîtres d'un point d'appui pour la suite des événements. Dès le matin du 16, Napoléon, conscient de l'intérêt primordial que représente la détention des Quatre-Bras, presse à nouveau Ney de se rendre sur les lieux : « Un mouvement aussi prompt et aussi brusque isolera l'armée anglaise de Mons, explique-t-il, et je désire que vos dispositions soient bien faites pour qu'au premier ordre vos huit divisions puissent marcher rapidement et sans obstacle sur Bruxelles. » Ney s'exécute tellement mollement que Wellington parvient, avant lui, à faire occuper les Quatre-Bras par le prince d'Orange. Pendant ce temps, Napoléon s'apprête à attaquer les Prussiens à Ligny ; déjà soucieux de la tournure prise par les premiers engagements, il apprend que le général de Bourmont vient de passer à l'ennemi avec cinq officiers de son état-major. Cette trahison aura une très grave conséquence puisque Blücher est immédiatement informé que « le jour même » est prévue une attaque française « dirigée contre Charleroi ». Malgré tout, à Ligny, commence l'assaut français destiné à déloger les Prussiens. Ce n'est pas un affrontement, témoignera Coignet, mais une « boucherie ». Les combats sont d'une violence effroyable. Ney, « frappé de paralysie », rend l'issue de l'engagement incertaine jusqu'à ce que Napoléon intervienne, à la tête de la Vieille Garde. Enfin Ligny est conquise par les Français, mais l'Empereur commet l'erreur de ne pas engager la bataille tout de suite après. Ce n'est que le lendemain 17 juin qu'il se décide à attaquer les Anglais, tandis que Grouchy se charge de poursuivre les Prussiens. Nouvelle erreur : les 33 000 soldats qui harcèleront ces derniers seront ceux qui manqueront le lendemain, à

Waterloo. Puis une pluie diluvienne se met à tomber, noyant ce qui, dans quelques heures maintenant, sera le champ de bataille. Les soldats et les chevaux ne tardent pas à s'enliser dans la boue. Napoléon, conformément à son plan, poursuit les Anglais jusqu'à ce que, épuisés par la terrible course, les adversaires s'arrêtent. Aux abords de Mont-Saint-Jean, non loin de la forêt de Soignies, à 2 km du village de Waterloo, les armées prennent position. Wellington installe son quartier général en ce petit bourg. Les Anglais s'établissent sur le plateau situé en avant de Waterloo ; les Français, face à eux, quelques centaines de mètres plus au sud, tandis qu'une épaisse brume d'orage ensevelit la région. Au soir du 17 juin, Napoléon, redevenu confiant dans l'issue de l'affrontement, expose son plan : il forcera le centre anglais et se rabattra ensuite sur ses ailes. L'Empereur regagne ensuite son quartier général installé à la ferme du Gros-Caillou et, trois fois dans la nuit, effectue des visites de reconnaissance sur le front de son armée. Alors qu'un émissaire vient de partir vers Grouchy afin de lui demander de rejoindre sans attendre la concentration principale de la Grande Armée, la situation des camps antagonistes se présente ainsi : Wellington dispose de 17 000 hommes stationnés sur sa droite et de 67 000 hommes postés sur le plateau Saint-Jean, soit 84 000 hommes et 266 canons ; Napoléon, quant à lui, peut aligner 74 000 combattants et 240 bouches à feu. L'écart est mince : tout se décidera donc avec les Prussiens. Quant à Blücher, il affirme à Wellington qu'il tombera sur la droite française dès que Napoléon aura engagé la bataille. Toutefois, il lui faudra bien laisser un corps d'armée afin de retenir Grouchy devant Wavre. À cet instant, l'une des irréparables fautes françaises est commise. Grouchy est en effet persuadé qu'il se trouve en face de l'ensemble de l'armée prussienne (ce ne sera en fait que le corps d'armée de Thielmann) ; il est bien loin d'imaginer que la plus grande partie de celle-ci s'apprête à fondre sur la droite française.

À l'aube du 18 juin 1815, Napoléon attend l'arrivée de Grouchy. S'attendant encore à voir déboucher celui-ci d'un moment à l'autre, l'Empereur est confiant : « L'armée ennemie est supérieure à la nôtre, explique-t-il à ses officiers, tout en déjeunant, nous n'en avons pas moins 90 chances pour nous et pas 10 contre. » Dans la matinée, alors que le soleil a fait se dissiper la brume, Napoléon se dirige vers la ferme de la Belle-Alliance, située face à Mont-Saint-Jean. Les deux armées se trouvent désormais face à face. La bataille commence à 11 h 30 par l'assaut de l'infanterie française sur la droite anglaise ; la division de l'ex-roi Jérôme s'élance par deux fois mais doit rapidement se replier : la résistance ennemie a été plus forte que prévu. Au même instant, Napoléon aperçoit sur sa droite un corps d'armée en marche : « C'est probablement un détachement de Grouchy », avance Soult alors qu'en fait il s'agit de l'avant-garde du général von Bülow. L'Empereur décide alors de dépêcher 10 000 hommes au-devant des Prussiens, puis fait demander à Grouchy de le rejoindre sur-le-champ. Il est déjà 13 h 30, le plan de Napoléon est précis : « Une fois que toute l'armée sera rangée en bataille [...] au moment où l'ordre [en sera donné] au maréchal Ney, l'attaque commencera pour s'emparer du village de Mont-Saint-Jean, où est l'intersection des routes [de Nivelles et de Charleroi]. À cet effet, les batteries de 12 du 2e et du 6e corps se réuniront à celles du 1er corps. Ces 24 bouches à feu tireront sur les troupes de Mont-Saint-Jean, et le comte d'Erlon commencera l'attaque en portant en avant sa division de gauche et en la soutenant, suivant les circonstances, par les autres divisions du 1er corps. Le 2e corps s'avancera pour garder la hauteur du comte d'Erlon. Les compagnies de sapeurs du 1er corps seront prêtes pour se barricader sur-le-champ à Mont-Saint-Jean. » L'artillerie impériale, obéissant scrupuleusement aux ordres, ouvre alors le feu sur le « vallon », puis l'infanterie de Drouet d'Erlon part à l'assaut et réussit à prendre pied sur le chemin d'Ohain. Mais Wellington, immédiatement, envoie les Écossais ; ceux-ci s'élancent, bousculent les lignes françaises pour n'être finalement contenus que par la cavalerie impériale ; le coup porté a été très dur. Napoléon vient de perdre 4 000 hommes.

Pendant que ces graves événements se produisent, Grouchy, depuis Walhain et au son de la canonnade de Waterloo, continue à suivre à la lettre – et pour cause – les instructions premières de l'Empereur lui demandant de contenir les Prussiens, et cela malgré les avis pressants de son état-major qui, trouvant singulier de ne pas rejoindre le champ de bataille, lui demande de « marcher au canon » ; Grouchy s'obstine à ne pas vouloir analyser la situation sous un angle différent et explique : « L'Empereur m'a annoncé hier que son intention était d'attaquer l'armée anglaise, si Wellington acceptait la bataille. Donc, je ne suis nullement surpris de l'engagement qui a lieu en ce moment. Si l'Empereur avait voulu que j'y prisse part, il ne m'aurait pas éloigné de lui au moment même où il se portait contre les Anglais. D'ailleurs, en prenant de mauvais chemins de traverse, détrempés par la pluie d'hier et de ce matin, je n'arriverais pas en temps utile sur le lieu du combat. » Dans l'après-midi – l'émissaire de Napoléon s'était égaré ! – parvient à Grouchy une note de Soult écrite depuis 10 heures du matin. Ce billet n'était-il pas lisible ? le duc de Dalmatie y était-il confus ? Quoi qu'il en soit, après l'avoir lu, Grouchy se contentera d'affirmer qu'il « se félicitait d'avoir si bien rempli les instructions de l'Empereur » en marchant sur Wavre, au lieu d'écouter les conseils du géneral Gérard qui l'incitait fortement à se porter vers le champ de bataille principal. Ainsi, obnubilé par les ordres de l'Empereur et tout occupé à maintenir en place les troupes de Blücher, Grouchy ne ralliera pas Waterloo. À la fin de l'après-midi du 18 juin, le maréchal reçoit de Soult un nouveau message : « En ce moment,

Waterloo

La Bataille de Waterloo, 18 juin 1815. Lithographie en couleur de William Holmes Sullivan, 1898, coll. privée. © *The Bridgeman Art Library*

la bataille est engagée sur la ligne de Waterloo en avant de la forêt de Soignies. Ainsi manœuvrez pour rejoindre notre droite. Nous croyons apercevoir le corps de Bülow sur les hauteurs de Saint-Lambert. Ainsi, ne perdez pas un instant pour vous rapprocher de nous et nous joindre et écraser Bülow que vous prendrez en flagrant délit. » Grouchy a-t-il lu, comme on a pu l'affirmer, la bataille est « gagnée » au lieu « d'engagée » ? De toute façon, la suite du texte était suffisamment explicite pour qu'il n'hésite pas un instant à aller au-devant de l'Empereur. Dans l'hypothèse où il se serait exécuté sur-le-champ, il aurait certainement déjà été trop tard, la bataille était en train d'échapper à Napoléon.

L'héroïsme français, les furieuses et légendaires charges de Ney ne se solderont, dans le meilleur des cas, que par des succès trop précaires pour être définitifs. Le « Brave des Braves », dans un état second, se lance sur les positions anglaises, persuadé de l'emporter grâce au renfort des cuirassés de Milhaud et de la cavalerie de Lefebvre-Desnouettes. Le choc avec l'infanterie anglaise est effroyable, mais ne donne pas les résultats escomptés. Irréfléchie, cette offensive a été pratiquement inutile. Napoléon se rend immédiatement compte de l'erreur de Ney : « C'est un mouvement prématuré qui pourra avoir des résultats funestes pour cette journée », s'exclame-t-il, visiblement inquiet ; puis il poursuit : « Le malheureux, c'est la seconde fois depuis avant-hier qu'il compromet le sort de la France ! » Tout va désormais se passer très rapidement. Des charges violentes se succèdent en un enfer de feu et de sang. Au terme de chaque offensive, les assaillants français se regroupent : ils sont un peu moins nombreux à chaque fois. La Garde s'est emparée de Plancenoit. L'espoir renaît. La gauche anglaise a reculé ; 3 500 des coalisés ont été tués. La situation semble se redresser du côté français. Pour peu de temps, puisque Blücher débouche sur la droite de Napoléon, forte de 30 000 hommes. L'infanterie française charge immédiatement, mais se fait décimer par l'artillerie anglaise. Napoléon, impuissant, doit assister depuis La Haye-Sainte au repli de ses troupes vers la Belle-Alliance, tandis que les hommes de Ney et de Wellington s'enchevêtrent dans une tuerie apocalyptique. Soudain, des rangs français, s'élève un cri : « La Garde recule ! » Après celui non moins angoissant de : « Nous sommes trahis ! » En fait, la Garde ne recule pas ; ses huit bataillons se forment en carré pour mieux résister aux assauts prussiens déferlant de la gauche du champ de bataille. Sur l'ensemble du front, c'est maintenant la déroute et l'humiliant sauve-qui-peut. Napoléon, au désespoir, tente à son tour de se jeter dans la mêlée : ne vaudrait-il pas mieux mourir ici, d'une balle ennemie ? Mais la mort ne veut pas de lui, pas plus d'ailleurs que de Ney. Cambronne lance : « La Garde meurt et ne se rend pas. » De fait, elle ne se rendra pas : elle sera immolée au terme d'une ultime charge à la baïonnette. La nuit tombe. L'ennemi envahit maintenant l'ensemble du champ de bataille ; c'est la retraite générale. Les Français ont perdu plus de 40 000 hommes, les Anglo-Hollandais 15 000, les Prussiens 7 000.

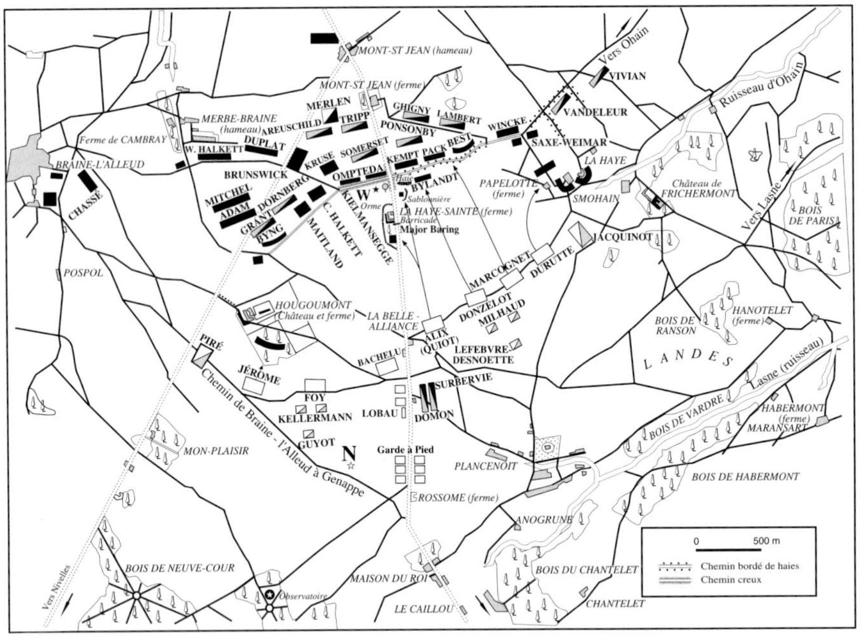

La bataille de Waterloo

Disposition des troupes au moment de l'engagement (vers 11 h 30). ■ Troupes alliées □ Troupes françaises

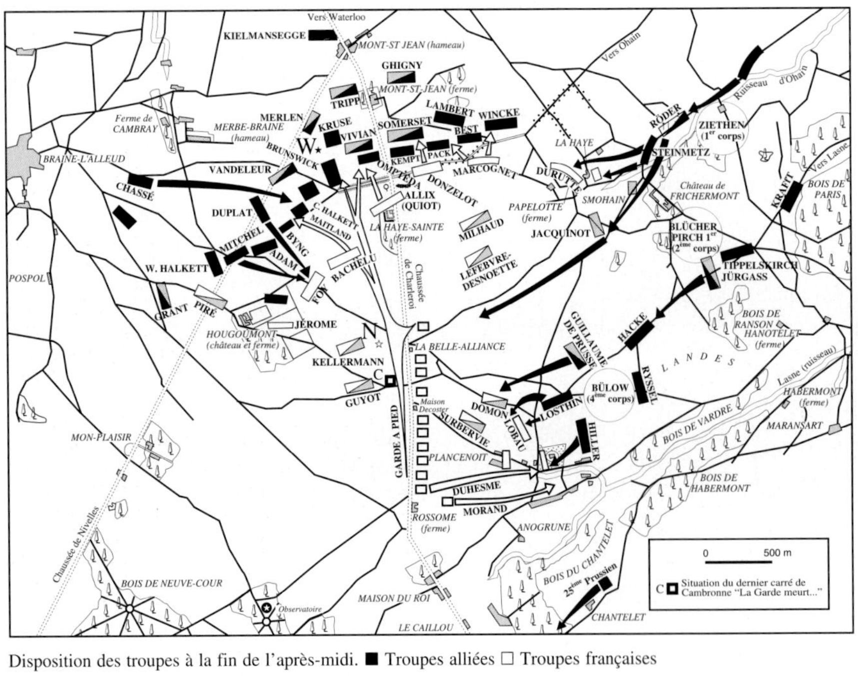

Disposition des troupes à la fin de l'après-midi. ■ Troupes alliées □ Troupes françaises

WATTIGNIES (bataille de)

Bataille remportée par Jourdan sur les Autrichiens les 15 et 16 octobre 1793.

Pour dégager Maubeuge, investie depuis le 23 septembre par les troupes anglo-prussiennes que commandent Frédéric de Saxe-Cobourg et le duc d'York, Jourdan, assisté de Carnot, attaque au sud de la ville les hommes de Clerfayt. Après une manœuvre hardie de Carnot, les soldats de la République enlèvent les retranchements ennemis, au son de *La Marseillaise*. L'ennemi doit lever le siège et se replier sur une ligne Condé-Valenciennes-Le Quesnoy. La frontière du Nord est sauvée.

WEISS Louise (Arras, 1893 – Paris, 1983)

Journaliste, mémorialiste et femme politique.

Issue de la grande bourgeoisie, elle manifeste très tôt une grande curiosité et la volonté de ne pas partager le sort commun des femmes au début du XXe siècle. Agrégée de l'Université en 1914, puis diplômée d'Oxford, elle fonde en 1918 l'*Europe nouvelle*, qu'elle dirigera jusqu'en 1934. Voyant alors s'effondrer ses espoirs de paix, cette femme passionnée milite pour « l'égalité politique des Françaises et des Français », et crée l'Association de la femme nouvelle qui contribue à l'obtention du droit de vote des femmes. Après la guerre et la Résistance, Louise Weiss voyage à travers le monde. Divers ouvrages, et surtout des films, porteront témoignage de son expérience et de ses observations. L'auteur des six volumes des *Mémoires d'une Européenne* sera élue en 1979 au Parlement européen dont, à sa mort, elle sera la doyenne. Elle peut être considérée à la fois comme un témoin et une figure exemplaire de son époque.

WERGELD

Ou « prix de l'homme ». Transaction de compensation chez les Francs, que l'on trouve exposée en particulier dans les lois Salique et Gombette.

Se substituant à la vengeance privée en cas de crime, ou faide, qui débouchait sur d'interminables vendettas, le *wergeld* prévoit le tarif à payer par le coupable à la victime ou à sa famille. Cette législation fixe un barème minutieux des amendes, qui varient selon la classe sociale de la victime, le dommage causé et la nationalité de l'auteur du délit. C'est ainsi que ce dernier doit verser 1 800 sous s'il a tué un « antrustion » (garde du roi), 600 pour un noble franc, 300 pour un noble gallo-romain, 15 pour une blessure à la tête, 45 si le cerveau a été mis à découvert, etc. Ce code varie selon les régions de la Gaule. Un tribunal de jurés de condition libre, le mallus, fixe le montant de l'amende payée par le coupable ou sa famille, sauf si cette dernière a officiellement rompu avec lui. S'il ne paie pas l'amende, l'accusé est mis à mort. Les caisses du royaume prennent un tiers du *wergeld* pour compensation du trouble apporté à l'ordre public. Cette procédure, typiquement germanique, se substitue en Gaule à la législation romaine pendant la période mérovingienne.

Louise Weiss
Un centre de propagande pour le vote des femmes (Paris, février 1936). De g. à dr. : Maryse Demour, Jeanine Némo, Louise Weiss et Clara Simon. © *Coll. Viollet*

WESTERMANN François Joseph (Molsheim, Alsace, 1751 – Paris, 1794)

Général.

Fils de chirurgien, il s'engage dès l'âge de 15 ans dans un régiment de cavalerie et reçoit, en 1787, le grade d'écuyer des écuries du comte d'Artois. Échevin de la ville de Strasbourg, puis greffier de Haguenau (1790), Westermann s'enflamme pour les idées révolutionnaires. Toutefois, des dissensions parmi les édiles de cette ville vont le pousser à remettre sa démission et à se rendre à Paris. Là, il participe, à la tête des Fédérés, à la prise des Tuileries, le 10 août 1792. Nommé adjudant général peu après la chute du trône (14 septembre), Westermann est envoyé, aux côtés de Dumouriez, en Argonne, afin de négocier avec le duc de Brunswick. Quelque temps plus tard, les deux officiers français se retrouvent pour la conquête de la Belgique. Plus courageux que fin stratège, Westermann se distingue malgré tout par l'habile retraite qu'il dirige après la bataille de Neerwinden. De retour en France, il est inquiété pour les rapports privilégiés qu'il avait noués avec Dumouriez, dont la trahison est connue au mois d'avril 1793. Ardent révolutionnaire, il n'a aucune difficulté à se disculper ; il est alors envoyé en Vendée, avec le grade de général de brigade.

Aux côtés de Marceau, Westermann est responsable de plusieurs revers militaires cuisants, à Châtillon notamment, où il commet des erreurs impardonnables qui le feront comparaître devant le tribunal militaire de Niort. Il est finalement acquitté et prend sa revanche les semaines suivantes en battant les Vendéens à Beaupréau, Laval, Granville, Bauge, Le Mans et Savenay. Rappelé à Paris à la fin de l'année 1793 du fait de son amitié notoire avec Danton, il est dénoncé par Hébert comme étant « un monstre et un agent du modérantisme », avant d'être proscrit, au mois de janvier 1794. Avec le durcissement de la Terreur, Westermann est, en définitive, traduit devant le Tribunal révolutionnaire et, bien qu'ayant proclamé son attachement à la cause révolutionnaire par ces mots : « Je demanderai à me mettre nu devant le peuple ; il verra mes sept blessures, toutes reçues par devant. Je n'en ai reçu qu'une par derrière, mon acte d'accusation… », il monte à l'échafaud le 5 avril 1794.

WESTPHALIE (traités de)

Nom donné aux traités signés en octobre 1648 à Münster et Osnabrück et qui mirent fin à la guerre de Trente Ans. La guerre se poursuivit cependant entre la France et l'Espagne jusqu'au traité des Pyrénées, en 1659.

Depuis plusieurs années, peuples et souverains sont las de cette interminable guerre, coûteuse en hommes, ruineuse pour l'économie. Déjà, au mois de juillet 1641, Frédéric Guillaume de Brandebourg a signé une trêve avec la Suède et la France. Puis, sous la pression des princes et des représentants des villes d'Allemagne, l'empereur Ferdinand III a consenti à engager avec la France, la Suède et leurs alliés, des négociations de paix qui se dérouleront dans deux villes de Westphalie, Münster et Osnabrück. Après de longues tractations, pendant lesquelles la guerre se poursuit, le congrès s'ouvre enfin au mois de mai 1644, en présence d'une foule immense de diplomates et de représentants. Tous les belligérants sont présents, sauf le Danemark. Le pape lui-même, qui se pose en médiateur, a envoyé des diplomates. À la demande de la France, tous les princes allemands et toutes les villes impériales, soit 150 principautés médiates ou immédiates, sont représentés en Westphalie, où la France et ses alliés doivent discuter avec l'empereur à Münster, la Suède et les siens agissant de même à Osnabrück. De cette foule émergent, dirigeant les débats, le duc de Longueville, qui conduit une délégation française au sein de laquelle Abel Servien et le comte d'Avaux sont les véritables acteurs ; Johan Oxenstiern, fils du chancelier, qui dirige la délégation suédoise avec Salvius ; Trauttmannsdorf, représentant l'empereur, et Penaranda, envoyé de l'Espagne.

Traités de Westphalie
Le Congrès de Münster en 1648. Huile sur toile de Jacquand d'après Terborch, château de Versailles. © *Lauros-Giraudon*

Les pourparlers s'engagent lentement, solennellement, les diplomates se rencontrant surtout au cours de fêtes et de banquets somptueux. Le 30 janvier 1648, inquiètes des projets de Mazarin qui souhaiterait échanger avec l'Espagne les Pays-Bas espagnols contre la Catalogne et le Roussillon, les Provinces-Unies signent une paix séparée avec l'Espagne. Le traité est ratifié à Münster au mois de mai : l'Espagne reconnaît la souveraineté et l'indépendance des Provinces-Unies, ainsi que la possession des colonies enlevées au Portugal ou à elle-même. L'empereur, cependant, ne se décide pas à signer la paix. Après la victoire de Condé à Lens au mois d'août, puis la marche des deux armées alliées commandées par Turenne et Wrangel sur Vienne et Prague, Ferdinand III, abandonné de tous ses alliés, accepte enfin d'apposer sa signature au bas des traités de paix, le 24 octobre. Après le traité de Münster, signé avec la France, est conclu celui d'Osnabrück, entre l'empereur, la Suède et les puissances protestantes. Non contents d'établir la paix entre les puissances contractantes, les négociateurs ont voulu aussi la garantir. Les traités de Westphalie comportent trois sortes de clauses, territoriales, constitutionnelles et religieuses, qui consacrent le rôle de premier plan joué par la France en Europe et, au contraire, l'abaissement des Habsbourg dans une Allemagne politiquement émiettée.

Les clauses territoriales. La France obtient les droits de seigneurie suprême sur les Trois-Évêchés. Cette clause ne fait que confirmer un fait établi, la France occupant les Trois-Évêchés depuis Henri II (1552). Ses acquisitions les plus importantes concernent l'Alsace, où elle obtient le landgraviat de la Haute- et de la Basse-Alsace, la préfecture de la Décapole et le bailliage de Haguenau. Strasbourg et Mulhouse, toutefois, ne sont pas cédées à la France. Les territoires abandonnés par Ferdinand III à Louis XIV sont détachés de l'empire, l'empereur ne voulant pas voir le roi de France siéger à la Diète. Louis XIV, de son côté, ne tient pas à y apparaître comme simple landgrave d'Alsace. La France possède maintenant une grande partie de l'Alsace. La France obtient aussi, comme l'avait souhaité Richelieu, deux places aux portes de l'Allemagne, Brisach, sur le Rhin, près de Colmar, et Philipsbourg, toujours sur le Rhin, mais plus au nord, qui lui est confiée en dépôt, avec le droit d'y établir une garnison perpétuelle. Au sud, le duc de Savoie cède à la France Pignerol, dont les troupes de Louis XIII se sont emparées en 1630. Les gains de la Suède sont eux aussi considérables. L'alliée de la France obtient la Poméranie antérieure, ou occidentale, c'est-à-dire la rive gauche de l'Oder, dont elle contrôle les bouches grâce à une enclave sur la rive droite. Sur l'Oder, elle reçoit aussi Stettin. À l'ouest, dans le duché de Mecklembourg rendu à son souverain, la Suède obtient la ville et le port de Wismar. La cession de l'évêché de Verden et de l'archevêché de Brême lui permet de contrôler aussi les bouches de la Weser. En acquérant ces différentes embouchures, la Suède contrôle le commerce allemand dans la Baltique et la mer du Nord. À l'encontre des territoires cédés à la France, ceux que l'empereur doit abandonner à la Suède restent d'empire. Le roi de Suède s'y substitue à l'empereur, devenant un prince allemand qui siège à la diète de Francfort. Au lendemain de la guerre de Trente Ans, la Suède atteint ainsi l'apogée de sa puissance. Frédéric Guillaume, Électeur de Brandebourg, reçoit la Poméranie orientale, les évêchés de Kamien, Minden et Halberstadt, ainsi que l'expectative de l'archevêché de Magdebourg. Le fils de Frédéric V, Électeur palatin, recouvre ses domaines, sauf le Haut-Palatinat, laissé à la Bavière.

Les clauses constitutionnelles. Les traités modifient le statut politique de l'Allemagne. D'après les textes signés à Münster et Osnabrück, et dits *Constitutio westfalica*, la structure de l'empire ne change pas : on trouve toujours un empereur, 350 États environ et une Diète d'empire formée de trois collèges de représentants. Mais le nombre des électeurs passe de sept à huit, parmi lesquels cinq laïques et trois ecclésiastiques (cinq catholiques, deux luthériens et un calviniste). Les traités proclament l'égalité entre les villes impériales, les princes et les électeurs. Les États allemands ne sont pas déclarés souverains, mais leur chef reçoit le « libre exercice de la supériorité territoriale, tant dans les choses ecclésiastiques que dans les choses politiques ». Ces États peuvent conclure entre eux des traités, ainsi qu'avec les pays étrangers, à condition qu'ils ne soient pas dirigés contre l'empereur. La France et la Suède, avec les autres puissances signataires des traités, sont garantes des « libertés germaniques ». Diminué des Provinces-Unies et de la Suisse, dont l'indépendance est enfin reconnue, l'empire se trouve considérablement amoindri ; l'absolutisme impérial est définitivement supplanté par les « libertés germaniques ». Le but de la France et de la Suède est atteint : l'empereur ne règne plus que sur une mosaïque d'États pratiquement indépendants.

Les clauses religieuses. Elles confirment la paix d'Augsbourg (1555), le bénéfice de la liberté religieuse étant étendu aux calvinistes allemands. Selon le principe *cujus regio, ejus religio*, les sujets de chaque État doivent adopter la religion de leur prince sauf toutefois dans les régions où la tolérance de fait existait avant 1624. Les sujets qui ne veulent pas suivre la religion de leur souverain doivent quitter leur pays, mais peuvent emporter leurs biens. Les persécutions sont proscrites. Les luthériens, enfin, peuvent conserver les biens ecclésiastiques confisqués avant le 1er janvier 1624. À la Diète, catholiques et protestants sont sur un pied d'égalité. Ainsi, les traités mettent fin à la dernière guerre de Religion. Ils permettent cependant la survie du protestantisme en Allemagne, au grand mécontentement du pape Innocent X, qui les condamne dans la bulle *Cœlo domus Dei*. Les traités de Westphalie inaugurent un nouvel ordre européen, correspondant aux vues de Richelieu et de Mazarin, l'abaissement de la maison d'Autriche, le renforcement de la frontière nord-est de la France, l'acquisition de l'Alsace. Grand succès pour la France – et Mazarin –, ils établissent pour un siècle et demi la charte de l'Europe.

WEYGAND Maxime (Bruxelles, 1867 – Paris, 1965)

Général.

Son acte de naissance le déclare fils de père et de mère inconnus. De nombreuses hypothèses ont été émises sur l'identité de ses parents. Deux d'entre elles jouissent d'une audience particulière. Elles lui donnent une ascendance royale ou princière. Il serait fils soit de Léopold II, roi des Belges, soit de Charlotte de Belgique, veuve de Maximilien, empereur du Mexique. Aujourd'hui, d'importants indices conduisent à penser que son père était le colonel Van der Smissen (depuis général). L'enfant est élevé par un tuteur qui lui donne le nom de jeune fille de sa future femme, Denimal. C'est en 1888 que Maxime sera reconnu – reconnaissance de complaisance – par un Français, François-Joseph Weygand, acquérant du même coup son nom et sa nationalité

Weygand
Le général Weygand sortant d'un poste de commandement du front de mer, le 29 mai 1940. © *Sélection Images*

définitifs. Entre-temps, de 1885 à 1887, il a été accueilli à Saint-Cyr comme membre étranger. Inspecteur de cavalerie à Saumur, il se montre particulièrement vif d'esprit et réaliste. À la veille de la Première Guerre mondiale, ces qualités sont remarquées par Joffre. En août 1914, il prend part à la bataille de Morhange comme lieutenant-colonel aux hussards. Dans les jours qui suivent, Foch le prend à l'essai comme chef d'état-major ; bientôt il ne peut plus se passer de lui. Ainsi commence une collaboration qui se poursuivra jusqu'en 1923. Weygand comprend vite, conçoit clairement et possède le génie de l'exécution. Général de division en 1918, il porte le titre de major général des armées alliées pendant la bataille de France. Son rôle dans la victoire finale n'est pas négligeable. Le 8 novembre 1918, il lit aux plénipotentiaires allemands accourus à Rethondes les conditions de l'armistice.

Peu après, il apprend sa nomination comme représentant permanent de la France au comité de Versailles. Lors du conflit polono-soviétique de 1920, il est envoyé comme conseiller militaire à Varsovie, alors gravement menacée par l'armée Rouge, mission qu'il remplit avec un succès inespéré. En 1923, on le retrouve en Syrie et au Liban, où il remplace Gouraud comme haut-commissaire. En 1924, revenu en France, il devient chef du Centre des hautes études militaires et entre au Conseil supérieur de la guerre. En 1931, alors qu'il a été nommé chef d'état-major de l'armée, la succession du maréchal Pétain comme généralissime désigné lui est confiée. Quatre ans après, bien qu'il ait été maintenu en activité sans limite d'âge, Weygand prend sa retraite : il estime terminée sa tâche de réorganisation. Celle-ci repose sur une mécanisation de l'armée, dans des proportions limitées, et sur l'application des enseignements de la Grande Guerre. Weygand a ainsi une part de responsabilité dans la médiocre préparation de la France à un éventuel conflit.

En 1939, le gouvernement fait appel à lui pour le commandement suprême des forces françaises au Proche-Orient. L'année suivante, le recul des armées françaises sur le front occidental se transformant en débâcle, Paul Reynaud lui donne la responsabilité entière des opérations, avec la succession de Gamelin. « Si la France est en péril, appelez Weygand », avait conseillé Foch. En fait, on demande à Weygand de rétablir une situation compromise sans retour : la bataille de France est

La France au moment des traités de Westphalie (1648)

déjà perdue. Après avoir lancé le mot d'ordre du « hérisson » et tenté de reconstituer un front sur la ligne de la Somme, Weygand, privé de réserves, ne pouvant plus s'appuyer sur les unités d'élite éliminées à Dunkerque, incite le gouvernement à demander l'armistice. Pour lui, comme pour tous les grands chefs militaires, il est exclu de voir l'armée capituler, et l'essentiel des responsabilités repose sur les erreurs de la République. Ministre de la Défense nationale dans le cabinet Pétain de juin à septembre 1940, Weygand se signale d'emblée par un certain esprit d'indépendance à l'égard des hommes politiques. C'est ainsi que ne tarde pas à être connue son opposition à Laval, ce qui lui vaut d'être envoyé comme délégué général du gouvernement pour les forces françaises d'Afrique, de septembre 1940 à novembre 1941. Il déploie une intense activité, amassant troupes et munitions, d'abord dans les limites prévues par les conventions d'armistice, puis au-delà de ces limites, grâce à un art consommé du camouflage. Ainsi se préparent les victoires des généraux Juin et de Lattre en 1944. Cette période est également caractérisée par la conclusion, avec les Américains, des accords Weygand-Murphy (qui doivent résoudre le problème du ravitaillement de l'Afrique du Nord et qui, de fait, faciliteront le débarquement de novembre 1942). Weygand est l'objet de sollicitations et de propositions gaullistes qu'il repousse avec mépris, imputant aux « dissidents de Londres » la responsabilité de Mers el-Kébir. En même temps, il s'oppose de plus en plus ouvertement aux ambitions des Allemands, si bien que ceux-ci décident tout d'abord de l'éliminer physiquement. Leur entreprise ayant échoué, ils obtiennent, par de fortes pressions sur le gouvernement, son rappel définitif le 20 novembre 1941, en attendant de l'enlever et de le déporter le 12 novembre 1942.

Libéré par les Américains en mai 1945, Weygand est arrêté dès son retour en France sur ordre du gouvernement provisoire. Il est accusé de trahison au profit de l'Allemagne et de « complot contre la sûreté intérieure de l'État ». Aucun des chefs d'accusation portés contre lui ne semble fondé, de sorte qu'il est mis en liberté provisoire en mai 1946, après deux ans et demi de prison allemande et un an de geôle française. En 1948 enfin, la Haute Cour examine son cas. Elle conclut au non-lieu par des considérants qui exaltent ses actes de résistance. À partir de cette date, Weygand se consacre à la réhabilitation du maréchal Pétain. Partisan de l'Algérie française, il ne rejoint cependant pas les adversaires du régime. Ces raisons expliquent qu'à sa mort, sur ordre du général de Gaulle, le gouverneur des Invalides refuse qu'une messe de requiem soit célébrée en l'église Saint-Louis. Les obsèques ont lieu à la paroisse du défunt, Saint-Philippe du Roule, en présence d'une foule immense. Reçu à l'Académie française en 1931, Weygand a publié plusieurs ouvrages historiques : *Turenne* (1931), *Le 11 novembre* (1932), *Histoire de l'armée française* (1938), *Foch* (1947), *Le Général Frère* (1950) et trois volumes de *Mémoires* (1950-1957).

WILSON Daniel (Paris, 1840 – Loches, 1919)

Homme politique.

Député de l'opposition en 1869, élu en 1871 représentant de l'Indre-et-Loire à l'Assemblée nationale, il est un des fondateurs de la gauche républicaine et soutient la politique de Thiers. Réélu en 1876, 1877, 1881 et 1885, il est sous-secrétaire d'État aux Finances dans les cabinets Freycinet et Ferry (décembre 1879 – novembre 1881). En 1881, Wilson épouse Alice Grévy, fille du président de la République, et s'installe à l'Élysée, mais profite de sa situation pour se livrer à un trafic d'influence (recommandations, places et octroi de décorations). Le scandale – ce que l'on devait appeler l'affaire des Décorations – éclate au grand jour en novembre 1887, provoquant la démission, non sans tergiversations, de Jules Grévy qui ne parvient pas à trouver un chef de gouvernement. Condamné en correctionnelle en 1888, mais acquitté en appel, Wilson est réélu député de Loches en 1893. Invalidé en 1894, il est aussitôt réélu (1894), mais se fait battre en 1902.

WIMPFFEN Emmanuel Félix de (Laon, 1811 – Paris, 1884)

Général.

Petit-fils du général Félix de Wimpffen, il opte très tôt pour la carrière des armes et sort de Saint-Cyr en 1832. Il part alors pour l'Algérie, puis participe à la campagne de Crimée où il obtient, en reconnaissance de son courage et de ses hautes qualités militaires, le grade de général de division (1859). Envoyé de nouveau en Algérie, Wimpffen est placé successivement à la tête de la province d'Alger puis de celle d'Oran et rentre en France en 1870. Placé à la tête du 5e corps d'armée, il reçoit du ministre de la Guerre, Cousin-Montauban, une missive stipulant qu'il devrait prendre le commandement de l'armée dans l'hypothèse où Mac Mahon viendrait à disparaître. Ce dernier ayant été grièvement blessé (1er septembre 1870), Wimpffen dirige les troupes mais, après plusieurs vaines tentatives de redressement, ne peut empêcher la défaite. C'est lui, ensuite, qui négocie les termes de la capitulation française avec Bismarck.

WIMPFFEN Félix, baron de (Minfeld, Bas-Rhin, 1744 – Bayeux, 1814)

Général.

Fils de Jean de Wimpffen, chambellan du roi Stanislas, et de la baronne de Fouquerolle, il entre à 11 ans au service du duc des Deux-Ponts. Après avoir participé en 1768 à la campagne de Corse, il est fait chevalier de Saint-Louis lors de la guerre d'Indépendance américaine et se distingue tout particulièrement au cours des sièges de Mahón et de Gibraltar. Maréchal de camp à la veille de la Révolution, il est député de la noblesse aux États généraux, mais rejoint parmi les premiers de son ordre le tiers état, devenu Assemblée nationale. Membre du comité militaire de l'Assemblée constituante, Wimpffen part avec le grade de lieutenant général commander la place de Thionville (1792), qu'il défend pendant deux mois. Estimant qu'il a bien mérité de la patrie, l'Assemblée l'envoie à la tête de l'armée des Côtes-de-Cherbourg. À ce poste, promu général, il noue des liens étroits avec les Girondins et organise une armée de volontaires fédéralistes. Menaçant alors la Convention de marcher sur la capitale avec ce détachement normand, il doit affronter les soldats envoyés de Paris, à Pacy-sur-Eure ; il y subit une cruelle défaite. Recherché sous la Terreur, Wimpffen vit en proscrit à Bayeux et ne sort de sa retraite qu'au lendemain du coup d'État du 18 Brumaire. Devenu, sur l'ordre de Napoléon Ier, inspecteur général des haras (1806), il est fait baron trois ans plus tard.

WISIGOTHS

Branche du grand peuple des Goths. Leur nom signifierait « Goths sages » ou « vaillants » et non « Goths de l'Ouest » comme on l'a cru longtemps.

Tant que les Wisigoths vivent en nomades et traversent l'Europe en tous sens, leur histoire n'est qu'une partie de l'histoire générale des invasions barbares. En 417-418, un grand événement change leur destin : leur roi Wallia obtient la concession de l'Aquitaine avec le titre de fédéré pour son peuple. Après la mort de Wallia en 418, son successeur Théodoric Ier (418-451) établit sa capitale à Toulouse. Désormais les Wisigoths restreindront leurs avancées à l'Espagne et à la Gaule, surtout à la Gaule du Sud. Théodoric Ier dénonce bientôt le *foedus* conclu avec Rome et, profitant de la mort d'Honorius, s'empare de la Narbonnaise Première. Néanmoins, grâce à Aétius, Narbonne résiste à une de ses tentatives en 436. Il tourne alors ses ambitions vers l'Espagne, qu'occupent les Suèves. Puis il aide Aétius contre Attila dans la bataille des champs Catalauniques, où il trouve la mort en 451. Son fils Théodoric II (453-466) appuie la candidature d'Avitus, son ancien précepteur, à l'Empire. Euric (466-484), qui doit son trône à un fratricide, conquiert le centre de la Gaule en 469-470, vient à bout de la résistance auvergnate en 475, s'empare de la Provence et de presque toute l'Espagne dans les années suivantes. La victoire de Clovis à Vouillé en 507, où meurt Alaric II,

Tandis que Jules Grévy, larmoyant, abandonne l'Élysée, Wilson et un de ses complices, Barbe, se croient quittes. Mais le terrible Rochefort prend Wilson par l'oreille : « Pas encore, messeigneurs... »

Daniel Wilson
Caricature du scandale des Décorations, musée de la ville de Paris, musée Carnavalet. © *Lauros-Giraudon*

roi des Wisigoths depuis 484, met un terme au grand royaume wisigothique des Gaules. Seul Théodoric Ier, roi des Ostrogoths, beau-frère du défunt, empêche par son intervention en Gaule méridionale la déroute complète des Wisigoths. Ceux-ci gardent la Septimanie et l'Espagne, cependant que les Ostrogoths se dédommagent de leur assistance en prenant la Provence. La dynastie des Balthes s'éteint par l'assassinat d'Amalaric en 531. Il s'ensuit une série de désordres qui mineront peu à peu la puissance wisigothique. Les rois établissent leur résidence principale outre-Pyrénées, à Barcelone puis à Mérida, et enfin à Tolède sous Athanagild (554-567). Le frère de celui-ci, Léovigild (567-586), laisse la Septimanie à son autre frère Liuva Ier (567-573) qui tient sa cour à Narbonne. Les Wisigoths maintiendront leur pouvoir en Espagne, jusqu'à la conquête islamique (711-713), et en Septimanie, avec des éclipses dues à des occupations sarrasines et franques, jusqu'en 759.

Wissembourg

Ville du département du Bas-Rhin.

Située à la frontière franco-allemande, Wissembourg est célèbre par le nombre de sièges qu'elle a subis : 1620, 1635, 1662, 1705, 1744, 1793. Et c'est à Wissembourg qu'a lieu le premier affrontement de la guerre de 1870-1871 entre les troupes du kronprinz et celles de Mac Mahon. Les huit bataillons de la division française d'Abel Douay ayant bivouaqué sur le mont Geisberg, hauteur surplombant la ville, sont surpris, du fait d'un brouillard très dense, par l'armée prussienne, à l'aube du 4 août 1870. Malgré l'héroïsme des troupes françaises et un engagement d'une extrême violence, les soldats prussiens – dix fois supérieurs en nombre – finissent par avoir raison de l'armée française qui doit se replier sur Climbach, au terme de combats ayant notamment coûté la vie au général Douay.

Wissembourg
La Bataille de Wissembourg du 4 août 1870. Gravure, Paris, Bibliothèque nationale de France. © *Sélection Images*

xyz

Xaintrailles ou Saintrailles Jean Poton, sire de (? – Bordeaux, 1461)

Maréchal de France.

Soutenant avec La Hire le Dauphin (futur Charles VII) dans sa lutte contre les Anglais et les Bourguignons, il est fait prisonnier à Mons-en-Vimeu en 1421, puis il combat à Cravant en 1423 et à Verneuil en 1424. Charles VII devenu roi le nomme grand écuyer en 1429. Xaintrailles seconde Jeanne d'Arc au siège d'Orléans puis, avec Richemont, remporte sur les Anglais la bataille de Gerberoy (1435). Après un échec devant Rouen en 1437, il s'empare de Louviers (1440) et, dix ans plus tard, de Falaise. La conquête de la Guyenne, de 1451 à 1453, lui vaut d'être créé maréchal de France en 1454. Comme la plupart de ses contemporains, Xaintrailles avait utilisé pendant quelques années les services des écorcheurs.

Yanaon

Ancien comptoir français des Indes fondé en 1750 par la Compagnie des Indes, dans le delta de la Godavari.

Situé dans la présidence de Madras, il était destiné à compléter les installations de Masulipatnam, où les Français s'étaient établis la même année. Pris par les Anglais en 1759, au cours de la guerre de Sept Ans, Yanaon fait partie des cinq comptoirs (Yanaon, Karikal, Chandernagor, Mahé, Pondichéry) laissés à la France par le traité de Paris, en 1763. De nouveau occupée par les Anglais au cours du Premier Empire, restituée à la France en 1817, la ville est rétrocédée à l'Union indienne en 1954. Elle fait dorénavant partie de l'État de Madras.

Xaintrailles
Le Maréchal de Xaintrailles. © *Sélection Images*

Yolande d'Aragon (Saragosse, 1373 – Anjou, v. 1435)

Reine de Sicile.

Fille de Jean Ier, roi d'Aragon, et de Marie de Bar, elle est, par sa mère, l'arrière-petite-fille de Jean II le Bon. Traditionnellement, les maisons d'Anjou et d'Aragon se haïssent. Aussi la jeune Yolande fait-elle le serment de ne jamais épouser un membre de la maison d'Anjou. Pour ramener la paix entre les deux familles, elle accepte cependant d'épouser le jeune duc d'Anjou, Louis. Mariage politique, célébré le 2 décembre 1400. Yolande va défendre ses droits, ceux de l'Anjou, mais aussi ceux du royaume, la paix contre la guerre. Pendant trente-cinq ans, elle s'oppose à Isabeau de Bavière qui, lors des crises de folie de son mari Charles VI, joue un rôle politique de premier plan. En 1411, alors que son mari, parti défendre son héritage, la Sicile, lui a laissé le gouvernement de ses États, elle mate une révolte des Provençaux. Puis, le roi d'Aragon étant mort, elle va défendre ses droits sur l'héritage paternel. En 1413, à Marcoussis, au cours d'une rencontre avec Isabeau de Bavière, est décidé le mariage de Charles, comte de Ponthieu, troisième fils d'Isabeau et futur Charles VII, avec Marie d'Anjou. Fait capital et déterminant, mais traditionnel, le jeune Charles, 10 ans, vient vivre à la cour angevine, auprès de sa fiancée. Yolande d'Aragon, qu'il appellera sa « bonne mère », l'élève et l'aime comme un de ses propres enfants. En 1415, lorsque meurt Louis II, elle prend en main le gouvernement de ses États. Mais elle n'abandonne pas pour autant Charles, devenu Dauphin de France par la mort de ses deux frères aînés. Refusant de rendre l'enfant à Isabeau, elle lui apprend son métier de roi. Pour assurer son avenir, payer les hommes d'armes et toutes les dépenses que nécessite la situation du Dauphin, roi en titre à partir de 1422, Yolande réduit son propre train. Elle appuiera l'exécution de Pierre de Giac, favori de Charles VII, par le connétable de Richemont. Surtout, jouant de

Yolande d'Aragon
Vitrail représentant Yolande d'Aragon. Cathédrale du Mans. © *Sélection Images*

nouveau un rôle déterminant, elle appuie de toutes ses forces l'intervention de Jeanne d'Arc, facilite son voyage depuis la Lorraine, se charge de l'examen de sa virginité, lui fournit ensuite argent et soldats, engageant au besoin ses bijoux. La victoire changeant de camp, elle pousse Charles VII à se faire sacrer à Reims. Favorable ensuite à la paix, ou du moins à la négociation, il semble qu'elle ait cessé de protéger Jeanne d'Arc. Charles VII vainqueur, Yolande le débarrasse de nouveau de ses mauvais conseillers, La Trémoille surtout, poussant au contraire en avant Charles d'Anjou, Richemont et Brezé. Puis, sa tâche accomplie, elle se retire dans ses domaines angevins, achevant sa vie dans la prière. Yolande d'Aragon était la mère des rois de Sicile Louis III et René Ier.

YOUNG (plan)

Plan relatif au paiement des réparations par l'Allemagne à la suite de la Première Guerre mondiale, mis sur pied par une commission interalliée réunie à Paris du 11 février au 7 juin 1929. Destiné à remplacer le plan Dawes, il prend le nom d'un des membres de la Commission, l'expert américain Owen D. Young (1874-1962).

Ce plan est destiné à perrmettre le règlement effectif des réparations dues par l'Allemagne vaincue. Il échelonne les annuités sur 59 ans (jusqu'au 31 mars 1988) mais réduit de 17 % la « valeur actuelle » de la créance française. Une « fraction inconditionnelle » des annuités allemandes (37), affectée à la réparation des dommages de guerre devenait immédiatement mobilisable. En conséquence, l'Allemagne devrait remettre aux puissances créancières des obligations libellées au nom du Reich et représentant la valeur capitalisée de tout ou partie de la fraction non différable de l'annuité. La vente de ces obligations permettrait aux puissances créancières de recevoir un capital sur-le-champ, au lieu d'une longue série d'annuités. La « fraction conditionnelle » ou différable (22 annuités) serait en revanche affectée au paiement des dettes interalliées. C'était la contrepartie obligée à l'agrément américain, d'autant que les États-Unis renonçaient officiellement à lier réparations allemandes et dettes de guerre de leurs alliés. Pour faciliter le paiement des réparations et, sur un plan plus large, favoriser les relations financières entre les peuples par l'octroi de crédits entre eux, était créée la Banque des règlements internationaux, dont le siège était fixé à Bâle. Mais la crise économique mondiale rend rapidement caduc le plan Young. Après avoir bénéficié d'une année de moratoire, le « moratoire Hoover », le gouvernement allemand déclare, dès juin 1931, que l'Allemagne ne peut plus faire face à l'exécution du plan de paiement et en demande la suppression. Entré officiellement en vigueur le 17 mai 1930, le plan Young, pas plus que le plan Dawes, ne fut donc mené à bien. L'Allemagne ne régla qu'un cinquième environ de ses réparations, soit 22 milliards de marks or quand même.

YOUSOUF Joseph VANTINI ou VANINI, dit (île d'Elbe, v. 1810 – ?, 1866)

Général d'origine italienne.

Enfant, il tombe entre les mains de pirates tunisiens. Le bey de Tunis remarque son intelligence et l'élève. Plus tard, contraint de s'enfuir à la suite de l'intrigue amoureuse qu'il mène avec la fille de son protecteur, il se réfugie à Alger et s'engage dans l'armée française (2 décembre 1830) sous le nom de Yousouf Mamelouk. Capitaine de spahis en 1831, il s'empare de Bône. Chef d'escadron en 1833, il défait les troupes d'Abd el-Kader à Tlemcen en 1834 et reçoit la Légion d'honneur l'année suivante. Bey de Constantine *in partibus*, commandant de spahis, colonel de la cavalerie indigène (1841), puis de toute la cavalerie supplétive, Yousouf est promu maréchal de camp hors cadre en 1845, puis général de brigade de l'armée régulière et grand officier de la Légion d'honneur. Il participe à l'expédition de Laghouat en 1852. Général de division en 1856, Yousouf fait la campagne de Kabylie en 1857, combat, en 1860, les bandes marocaines qui tentent d'envahir l'Algérie et disperse les tribus rebelles. En 1864, un différend politique l'opposant au gouverneur général de l'Algérie, Yousouf quittera celle-ci et assumera un commandement en métropole.

YPRES

Ville de la Flandre belge située à une trentaine de kilomètres au nord-ouest de Lille.

Cette cité drapière soutient l'action des communiers flamands contre les rois de France durant l'époque médiévale. Rattachée à la France de 1678 à 1714 puis de 1794 à 1814, la position est vainement attaquée par les Allemands en novembre 1914, lors de leur tentative d'avance vers Dunkerque et Calais. En avril-mai 1915, une nouvelle tentative échoue malgré le recours aux gaz toxiques. En 1917, les Britanniques dégagent le saillant, qui était un des pivots des défenses alliées du secteur des Flandres, lors de l'ultime offensive allemande d'avril 1918 autour du mont Kemmel.

YPRES (conférence d')

À la suite de la destitution du général Gamelin par le président Paul Reynaud, le 19 mai 1940, et de son remplacement par le général Weygand, ce dernier décide de se rendre compte sur place de l'évolution de la situation militaire.

Le nouveau généralissime décide en même temps de conférer avec les alliés britanniques et belges. Une réunion est prévue le 21 mai. Cependant, l'irruption des Allemands sur le littoral de la Manche oblige le général Weygand à voyager par avion ; l'appareil, attaqué par la Luftwaffe, doit atterrir à Calais. La conférence est remise à l'après-midi du 21, mais la confusion qui règne déjà dans le camp allié empêche de prévenir à temps le général Gort, commandant du corps expéditionnaire britannique. Sont donc présents le roi Léopold III de Belgique et le général Gaston Billotte, commandant du groupe d'armées n° 1, c'est-à-dire les Ire et VIIe armées françaises engagées en Belgique le 10 mai et alors en recul vers Lille et Arras. Le seul représentant britannique est l'amiral Keyes, délégué auprès du roi des Belges. Ce dernier qualifia par la suite la réunion de « quatre heures de bavardages confus ». Weygand s'efforce de coordonner l'action des trois forces alliées, souhaitant rétablir un front continu sur la Lys et l'Yser. Tandis que Weygand regagne Paris via Calais et la voie maritime, le général Billotte est mortellement blessé peu

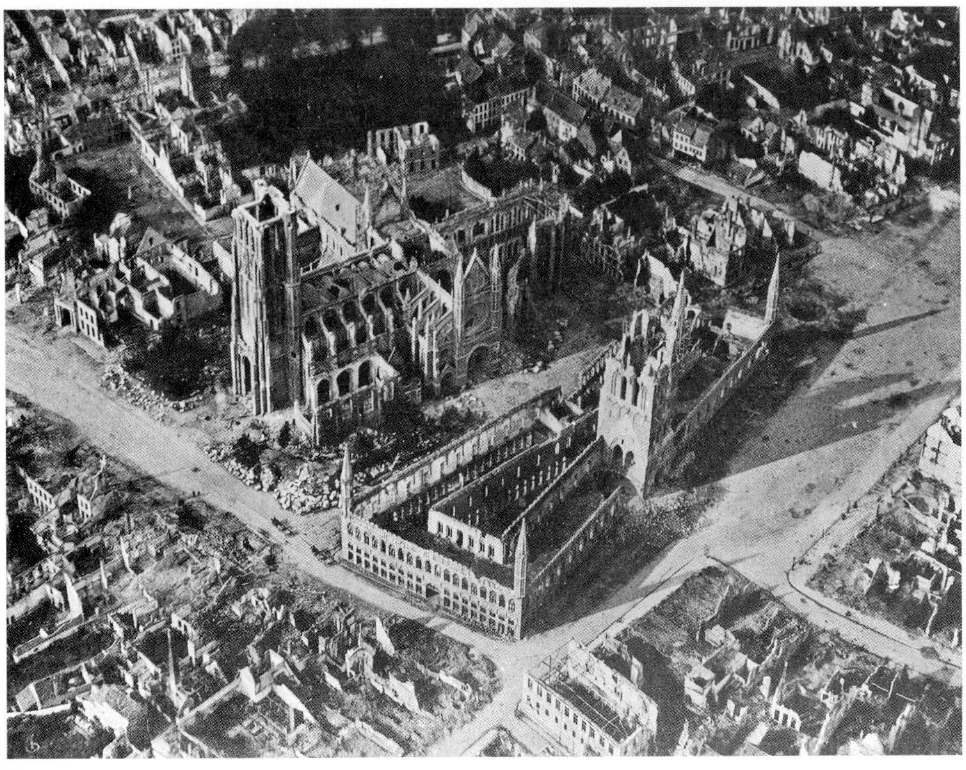

Ypres
La ville après les combats de la Première Guerre mondiale. © *Sélection Images/ECPA*

après, lors d'une collision d'automobiles, sur le chemin du retour vers son PC. En exécution des suggestions formulées par Weygand, les Belges s'établissent le long de la Lys, tandis que des éléments mécanisés franco-britanniques tentent de desserrer l'étau au sud d'Arras. L'échec de cette manœuvre incitera aussitôt le gouvernement britannique à ordonner un repli du corps expéditionnaire en direction de Dunkerque.

YSER (bataille de l')

Nom donné à l'un des plus durs combats de la bataille des Flandres, du 18 au 27 octobre 1914, au cours duquel les forces belges, soutenues par les Alliés, réussirent à bloquer l'avance allemande sur les ports de la mer du Nord.

Le 16 octobre, la IVe armée allemande, agissant au nord de la Lys, refoule les Belges derrière l'Yser, de Nieuport à Dixmude. Pour gagner le temps nécessaire à la mise en œuvre du réseau d'inondations artificielles dont disposent les Belges sur la vallée inférieure de ce fleuve, Foch charge alors le général d'Urbal de les soutenir avec des renforts français amenés à la hâte. Appuyés par les fusiliers marins de l'amiral Ronarc'h, par la 42e division Grossetti, par les cavaliers des corps Conneau et de Mitry, les Belges, dans un combat frontal des plus intenses, parviennent à contenir le choc des 12 corps d'armée du duc de Wurtemberg et du prince Rupprecht de Bavière. La bataille se poursuit le 21 octobre par une attaque des éléments français. Contraints cependant d'abandonner le 23 la boucle de l'Yser, les Belges n'ont alors d'autre ressource que le recours immédiat à l'inondation. Les écluses de Nieuport sont ouvertes, inondant la vallée de l'Yser le 27 et obligeant les Allemands à rompre le contact dans cette région dans la nuit du 30 au 31 octobre, non sans qu'ils aient tenté, du 28 au 30 octobre, un dernier effort devant Dixmude, qui cède le 10 novembre. Dès lors, après de nouvelles opérations menées par d'Urbal dans la région de Langemark, en décembre 1914, le front restera fixe derrière les inondations jusqu'au 15 octobre 1918, date à laquelle elles seront franchies par les Alliés, lors de la libération de la Flandre maritime.

YVES, saint (Manoir de Kermartin, Bretagne, 1253 – Louannec, 1303)

Prêtre.

Fils d'un gentilhomme breton, il étudie le droit à Paris, puis à Orléans, devenant official de Rennes en 1280, c'est-à-dire juge ecclésiastique. Là, son équité le fait rapidement aimer et respecter de tous, riches ou pauvres. Le bruit de ses vertus parvient aux oreilles de l'évêque de Tréguier, Alain de Bruc, qui l'appelle à ses côtés, l'ordonne prêtre en 1284, lui confiant la cure de Trédez et une nouvelle charge d'official. En 1291, Yves abandonne ses charges pour se retirer à Kermartin, dans le manoir paternel, accueillant les pauvres dont il se fait l'avocat. Nommé peu après curé de Louannec, près de Perros-Guirec, il consacre les dernières années de sa vie au relèvement de sa paroisse et à la défense des pauvres. Déjà vénéré de son vivant, Yves le fut encore davantage après sa mort, son tombeau, à Tréguier, devenant un important lieu de pèlerinage. Clément VI l'a canonisé en 1347. Il est le patron des gens de loi.

YVES de CHARTRES, saint (Beauvaisis, v. 1040 – Chartres, 1116)

Évêque.

Élève de Lanfranc à l'abbaye du Bec, il devient vers 1075 prévôt des chanoines réguliers de Saint-Quentin, à Beauvais. En 1090, il est désigné pour remplacer l'évêque de Chartres, simoniaque. Mal accueilli, convoqué même par un synode, il est cependant maintenu sur son siège par le pape Urbain II. Au début de 1092, il s'oppose courageusement à Philippe Ier, qui a répudié son épouse Berthe de Frise pour épouser Bertrade de Montfort, déjà mariée à Foulques le Réchin.

Saint Yves
Statue XVIe siècle provenant de l'église Saint-Martin d'Amiens, Amiens, musée de Picardie.
© *Lauros-Giraudon*

Invité au mariage, Yves refuse de s'y rendre et écrit au roi une lettre par laquelle il condamne son union ; position qui lui vaudra d'être privé de sa liberté pendant plusieurs mois. Libéré, il se consacre à la rédaction d'ouvrages canoniques, *La Collection tripartite*, *Le Décret*, *La Panormie*. Ses *Lettres* et ses *Sermons* le montrent défenseur de la papauté, mais aussi serviteur fidèle des Capétiens. Il soutiendra, en particulier, la politique du successeur de Philippe Ier, Louis VI. Il jouera par ailleurs un rôle essentiel dans la résolution de la querelle des Investitures entre le pape et l'empereur, en inspirant les termes du concordat de Worms (1122) qui lui met fin.

YVETOT

Ville de Seine-Maritime, dans le pays de Caux, au nord-ouest de Rouen.

Dans la seconde moitié du XIe siècle, Yvetot est un fief dépendant des ducs de Normandie. Un de ses détenteurs, Jean IV, dispensé de l'hommage au roi, prend entre 1370 et 1392 le titre de roi d'Yvetot. Principauté de franc-alleu, dispensée du paiement de la taille et des divers subsides, Yvetot relève directement de la couronne qui en conserve la souveraineté en dernier ressort. Au XVe siècle, Louis XI, au siècle suivant François Ier et François II, reconnaîtront cette royauté. La principauté passe alors par mariage à la famille Du Bellay, le titre de prince souverain remplaçant celui de roi.

ZAY Jean (Orléans, 1904 – Molles, Allier, 1944)

Homme politique.

Avocat, militant du parti radical-socialiste, il est élu en 1932, à 28 ans, député du Loiret et réélu en 1936. Sous-secrétaire à la présidence du Conseil dans le second cabinet Sarrault (janvier-juin 1936), il devient ministre de l'Éducation nationale dans le cabinet de Front populaire présidé par Léon Blum (4 juin 1936), portefeuille qu'il conserve dans les quatre ministères suivants jusqu'au 13 septembre 1939, date de son départ pour le front. Son long ministère à l'Éducation nationale est marqué par de profondes réformes : recul de l'âge scolaire jusqu'à 14 ans, multiplication des bourses au profit des enfants de l'école primaire, construction de nombreux locaux scolaires, création de classes d'orientation à l'entrée en sixième. En 1937, avec le secrétaire d'État aux Sports Léo Lagrange qui est rattaché à son ministère, il développe le sport universitaire et crée un conseil des œuvres sociales ; en même temps, il organise le CNRS. Les Beaux-Arts font également partie de ses attributions : il crée le Musée d'art moderne, celui des Arts et traditions populaires ; il met sur pied un festival de cinéma prévu en 1939 à Cannes et suspendu par la guerre. Adversaire de l'armistice, préconisant la résistance dès juin 1940, il est poursuivi par le gouvernement de Vichy et est assassiné par la milice le 20 juin 1944.

Jean Zay
Jean Zay, ministre de l'Éducation nationale. © *Collection Viollet*

ZOLA Émile (Paris, 1840 – Paris, 1902)

Écrivain et journaliste.

D'origine vénitienne par son père et beauceronne par sa mère, il vit les premières années de son existence à Aix-en-Provence où son père, ingénieur, est chargé des problèmes d'adduction d'eau. Mais, subitement, ce dernier meurt (1847) ; la famille, jusque-là aisée, connaît dès ce moment une gêne financière. Le jeune garçon est confié dans un premier temps à une institution religieuse, puis son éducation se poursuit dans un collège où, malgré de bonnes études, les portes du baccalauréat se ferment par deux fois devant lui et avec elles l'aide financière apportée au boursier qu'il était. Devant arrêter ses études, Zola s'installe à Paris et se met à travailler, en tant qu'employé de bureau, à l'administration des douanes (1860). La misère profonde dans laquelle se trouvent plongés Zola et sa mère décide ce dernier à changer d'existence. Il réussit à entrer en 1862 à la librairie Hachette. Embauché à un emploi modeste, Zola ne tarde pas à se retrouver, quelques mois plus tard, à la tête du service de publicité de cette maison d'édition, mais décide de s'orienter vers le journalisme qui l'attire davantage. En 1870, il épouse Alexandrine Meley, ancienne maîtresse de son ami Paul Cézanne. À cette date, Zola a déjà beaucoup écrit. Collaborant à la rédaction de *L'Événement*, du *Figaro*, de *La Tribune*, du *Gaulois*, du *Rappel*, de *La Cloche*, il s'enflamme, dans ses articles, pour Balzac, Flaubert et les Goncourt, et s'attache à prôner une littérature « réaliste ». Il veut obtenir la consécration d'un art littéraire empreint du mouvement naturaliste. Cette recherche qui se trouve déjà exprimée dans *Mes Haines* (1866), est prolongée par une intense activité de critique d'art tournée vers l'apologie des impressionnistes : Manet, Monet, Renoir, Pissarro inspireront ses écrits (*Mon Salon*, 1866, *Édouard Manet*, 1867). Violent adversaire du régime impérial, notamment dans les *Causeries*, Zola publie en 1864 les romantiques *Contes à Ninon*, l'année suivante *La Confession de Claude* puis *Le Vœu d'une morte* (1866), *Thérèse Raquin* un an plus tard, *Madeleine Férat* en 1868.

Durant cette période, il s'attache à la réalisation d'une fresque littéraire inspirée de la *Comédie humaine* et devant retracer l'épopée « naturelle et sociale » d'une famille du Second Empire. Zola confie dans un premier temps son projet à l'éditeur belge Lacroix – celui-là même qui vient de publier *Les Misérables* de Victor Hugo. Il prévoit un ensemble de dix volumes ; en fait, il y en aura vingt. *Les Rougon-Macquart* paraissent de 1871 à 1893, chez l'éditeur Charpentier, lequel avait pris la relève de Lacroix. Inspirée d'abord par des considérations d'ordre scientifique tirées des lois de l'hérédité et de la physiologie des passions, exposées par les docteurs Lucas et Letourneau (*La Fortune des Rougon*), l'œuvre est ensuite orientée vers un genre littéraire plus conforme aux préoccupations de la société française du moment. *Les Rougon-Macquart* sont la pièce maîtresse de la vie littéraire d'Émile Zola. Ils dépeignent successivement le Paris populaire (*L'Assommoir*, 1877), la vie de la mine (*Germinal*, 1885), celles de la paysannerie (*La Terre*, 1887), des cheminots (*La Bête humaine*, 1890), de la guerre (*La Débâcle*, 1892), tout en n'omettant pas d'explorer l'être humain avec ses passions et ses difficultés quotidiennes. À cet égard, les « cadres de Vie » et conditions d'existence à l'intérieur desquels Zola fait évoluer ses personnages sont l'objet d'une observation et d'une étude systématique telles que la valeur de ces œuvres reste, sur le plan historique, de premier ordre. *La Faute de l'abbé Mouret* (1875), *Une page d'amour* (1875), *La Joie de vivre* (1884), *L'Œuvre* (1886) excellent dans l'art de fondre le roman dans l'expression du vécu. Quelque temps plus tard, la trilogie des *Trois Villes – Lourdes* (1894), *Rome* (1896), *Paris* (1897) –, parachève cette analyse minutieuse des conditions de vie et des mentalités de l'époque.

Émile Zola
Zola vu par Nadar. © *Collection Viollet*

De plus en plus attiré par le courant de pensée formulé par les théoriciens socialistes, Zola est amené à se lancer dans la polémique la plus acharnée de cette fin de siècle : l'affaire Dreyfus. En effet, la poignée d'hommes qui croient, au lendemain du premier procès Dreyfus (décembre 1894), à l'innocence du capitaine, se tournent vers lui. Convaincu du truquage du procès et de la culpabilité d'Esterhazy, Zola s'engage dans le camp des défenseurs de Dreyfus qui, depuis quatre ans, se trouve au bagne, tandis que le conseil de guerre, au mois de janvier 1898, décide d'acquitter Esterhazy. Zola est bouleversé. Voulant que l'affaire quitte le secret du prétoire militaire pour être portée devant une juridiction civile, il publie, dans le journal *L'Aurore*, le 13 janvier 1898, une lettre ouverte au président de la République, intitulée *J'accuse*, dans laquelle il démontre l'innocence de Dreyfus et les manœuvres ayant permis d'aboutir à la condamnation de ce dernier. Zola, traîné à son tour devant les tribunaux pour diffamation, est condamné à un an de prison et 3 000 francs d'amende. Il doit s'exiler en Angleterre (été 1898-été 1899), mais le vaste courant d'opinion qu'il a suscité débouche finalement sur la révision du procès et la réhabilitation du capitaine Dreyfus (1906) que Zola ne verra pas. Pour lors, il est considéré comme un « républicain socialiste ». Ses *Quatre Évangiles* (*Fécondité*, 1899, *Travail*, 1901, *Vérité*, 1903 et *Justice*, inachevé) viennent supplanter le réalisme pessimiste des *Rougon-Macquart* par une chaude espérance de régénération des sociétés humaines grâce aux idées sociales nouvelles. Cet engagement idéologique lui coûte son entrée à l'Académie française. Peu de temps après, Zola meurt, asphyxié, dans des circonstances qui demeurent assez floues, rue de Bruxelles, à Paris (29 septembre 1902). Il laissait deux enfants naturels, Denise et Jacques.

ZÜLPICH : voir TOLBIAC

ZURICH (bataille de)

Ensemble de combats ayant opposé les Français aux Autrichiens, puis aux Russes, durant le printemps et l'automne de 1799.

Attaqué par l'archiduc Charles, Masséna remporte le 4 juin 1799 une éclatante victoire militaire avant d'être contraint, au cours de l'été, d'évacuer la ville. Puis, à l'automne, tandis que Zurich est occupée par les Russes, la ville est attaquée par Masséna qui déferle sur le corps d'armée de Korsakov. La bataille dure quinze jours au cours desquels Français et Russes s'affrontent en une succession d'engagements d'une vive intensité. Finalement, les troupes commandées par Masséna l'emportent (25, 26 et 27 septembre 1799), ce qui a pour conséquence directe le retrait du tsar de la deuxième coalition. Ainsi, bien qu'il se soit agi d'une série de batailles, et non d'un affrontement unique, l'histoire a retenu, pour évoquer ces faits d'armes, le seul nom de « bataille de Zurich » ce qu'Edgar Quinet explique ainsi : « À la manière des anciens, il [Masséna] ne donna pas de nom à ses combats ; et ces actions si nombreuses, si éclatantes, sont restées confusément dans les mémoires, elles s'appellent toutes d'un même nom : bataille de Zurich, comme si la modestie républicaine eût voulu atténuer et effacer, elle-même, la plus grande partie de ses triomphes. »

ZURICH (paix de)

Traités de paix signés entre la France et l'Autriche, le 10 novembre 1859.

Il s'agit en fait d'un ensemble d'accords signés au lendemain de la victoire franco-sarde sur les Autrichiens, durant la campagne d'Italie de 1859.

La paix de Zurich comporte plusieurs traités : l'un stipule le transfert de la Lombardie à la France puis au Piémont, tandis qu'un autre vient jeter les bases d'une Vénétie indépendante et la restauration des principautés de l'Italie centrale. Toutefois, ces dernières dispositions resteront lettre morte.

ZURLINDEN Émile Thomas (Colmar, 1837 – Paris, 1929)

Général et homme politique.

Élève de l'École polytechnique, dont il sort en 1858 dans l'artillerie, il est fait prisonnier à Metz en 1870. Enfermé dans la forteresse de Glogau, il s'évade et rejoint le gouvernement de la Défense nationale. Gambetta le nomme alors chef d'état-major du 25e corps. Zurlinden n'aborde la politique que tardivement : général, il commande au Mans le 4e corps lorsque Alexandre Ribot lui confie le portefeuille de la Guerre dans le ministère qu'il constitue à la fin du mois de janvier 1895 et qui tombera en octobre. Pendant cette période est notamment menée une grande opération militaire à Madagascar. Revenu à l'armée, le général Zurlinden est nommé gouverneur militaire de Paris en 1898. Le 4 septembre suivant, en pleine affaire Dreyfus, le ministre de la Guerre Cavaignac démissionne à son profit. Peu désireux de désavouer ses prédécesseurs et d'appuyer la décision du Conseil des ministres, qui souhaite entamer la révision du procès Dreyfus, il démissionne dès le 17 septembre. Retrouvant alors son poste de gouverneur de Paris, Zurlinden sera relevé de son commandement par Galliffet en 1899, lors de l'éloignement des généraux hostiles à la révision.

Bataille de Zurich

La Bataille de Zurich, le 25 septembre 1799. Huile sur toile de Bouchot, 1837, château de Versailles. © *Giraudon*

INDEX THÉMATIQUE

Cet index, non exhaustif, donne les principaux thèmes. Il renvoie aux intitulés des notices.

Questions culturelles

PRODUCTION ARTISTIQUE

ŒUVRES

HOMMES ET FEMMES

ARCHITECTURE

CHÂTEAUX, PALAIS

MONUMENTS

MUSÉES

HOMMES DE LETTRES ET INTELLECTUELS

MOYEN ÂGE

MODERNE

RÉVOLUTION ET XIXe SIÈCLE

ÉPOQUE CONTEMPORAINE

MOUVEMENT DES IDÉES ET DES ARTS

LIEUX DE PRODUCTION ET DE DIFFUSION

PRESSE

JOURNAUX, REVUES, HEBDOS

JOURNALISTES ET PATRONS DE PRESSE

AUDIOVISUEL

LIEUX DE LA RECONNAISSANCE

Économie

MOUVEMENTS DE PENSÉE

THÉORIES ET THÉORICIENS

PHÉNOMÈNES ET RYTHMES ÉCONOMIQUES

CRISES ET DÉSÉQUILIBRES

CROISSANCE INDUSTRIELLE, EFFET DES TRANSFORMATIONS, RÉVOLUTIONS

ACTEURS ÉCONOMIQUES

BANQUIERS, CHEFS D'ENTREPRISES, FAMILLES INDUSTRIELLES, PATRICIATS URBAINS

HAUTS FONCTIONNAIRES, MINISTRES DE L'INDUSTRIE, DES FINANCES, DU COMMERCE...

ORGANISATION ÉCONOMIQUE

STRUCTURES ÉCONOMIQUES, FINANCIÈRES ET INDUSTRIELLES

INSTITUTIONS FINANCIÈRES, BANQUES, ARGENT, REVENUS, MONNAIES

FISCALITÉ

AGRICULTURE

COMMERCE

MÉTIERS

POLITIQUE ÉCONOMIQUE

Société

DÉMOGRAPHIE

ÉVOLUTION

DÉBATS ET ENJEUX DE SOCIÉTÉ, POLITIQUE DE LA FAMILLE

SOCIÉTÉ D'ORDRES

ÉDUCATION ET SCOLARISATION

PROTECTION SOCIALE

LOIS SOCIALES, ACTIONS CARITATIVES, POLITIQUE SOCIALE, INSTITUTIONS SOCIALES

MOUVEMENTS SOCIAUX, RÉVOLTES, GRÈVES

SYNDICALISME

SYNDICALISTES

CULTURE MATÉRIELLE

SYMBOLES

DISTINCTIONS ET DÉCORATIONS

LOISIRS ET JEUX

JUSTICE

INSTITUTIONS

TEXTES

FONCTIONS

USAGES

JURISTES, AVOCATS

ANCIEN RÉGIME

RÉVOLUTION, EMPIRE

ÉPOQUE CONTEMPORAINE

CRIMINELS ET COMPLOTEURS

Science

HOMMES DE SCIENCE

MÉDECINS

SAVANTS, INGÉNIEURS, INVENTEURS

VOYAGEURS, EXPLORATEURS

AVIATEURS

ÉVOLUTION SCIENTIFIQUE

DISCIPLINES

PROGRÈS TECHNIQUES ET SCIENTIFIQUES, DÉCOUVERTES, INVENTIONS

ÉPIDÉMIES, MALADIES ENDÉMIQUES, PROBLÈMES DE SANTÉ

INSTITUTIONS

Politique

IDÉES ET INSTITUTIONS POLITIQUES

DOCTRINES

THÉORICIENS

RÉGIMES

CONSTITUTIONS

ÉDITS, LOIS, DÉCRETS, ACTES

INSTITUTIONS

ORGANES DE REPRÉSENTATION POLITIQUE

CHARGES ET FONCTIONS

PROTOCOLE ET CÉRÉMONIAUX

HOMMES ET STRUCTURES POLITIQUES

PARTIS, LIGUES, ORGANES ET MOUVEMENTS POLITIQUES

PRÉSIDENTS DE LA RÉPUBLIQUE, PRÉSIDENTS DU CONSEIL, PREMIERS MINISTRES

1815-1918

1918 À NOS JOURS

HOMMES POLITIQUES

ANCIEN RÉGIME

RÉVOLUTION, EMPIRE

1815-1914

ÉPOQUE CONTEMPORAINE

AFFAIRES, SCANDALES

HOMMES ET STRUCTURES ADMINISTRATIVES

ORGANISATIONS ET FONCTIONS

FÉODALITÉ

COUR

ÉTAT DE JUSTICE

ÉTAT DE FINANCE

DIPLOMATES

ANCIEN RÉGIME

ÉPOQUE CONTEMPORAINE

HAUTS FONCTIONNAIRES, ADMINISTRATEURS, INTENDANTS...

ANTIQUITÉ, MOYEN ÂGE

ANCIEN RÉGIME

ÉPOQUE CONTEMPORAINE

Religion

PERSONNAGES RELIGIEUX

DIEUX, PERSONNAGES MYTHIQUES OU LÉGENDAIRES

SAINTS, BIENHEUREUX

MOYEN ÂGE

ANCIEN RÉGIME

ÉPOQUE CONTEMPORAINE

PAPES

CARDINAUX, ÉVÊQUES ET ARCHEVÊQUES

PRÉDICATEURS, THÉORICIENS

ABBÉS, CURÉS, PRÊTRES, CONFESSEURS, PASTEURS

MISSIONAIRES

MOINES ET MONIALES

INSTITUTIONS, FONCTIONS, MOUVEMENTS RELIGIEUX

INSTITUTIONS ET TEXTES

LIEUX

MOUVEMENTS RELIGIEUX ET DE PENSÉE

ORDRES ET CONGRÉGATIONS

RITES ET RITUELS

CRISES RELIGIEUSES

HÉRÉSIES, SCHISMES, QUERELLES DOGMATIQUES

GUERRES DE RELIGION

GUERRES DE RÉFORME

GUERRE DES CAMISARDS

Questions militaires

BATAILLES

ÉPOQUE

ANTIQUITÉ

MOYEN ÂGE

ANCIEN RÉGIME

RÉVOLUTION, EMPIRE

RESTAURATION, SECOND EMPIRE

CONTEMPORAINE

ALLIANCES

CONFÉRENCES, TRAITÉS, PACTES, PAIX, ARMISTICES

CHEFS DE GUERRE

ANTIQUITÉ

MOYEN ÂGE

GUERRE DE CENT ANS

CROISADES

ANCIEN RÉGIME

LOUIS XII, FRANÇOIS Ier

HENRI II, HENRI III ET HENRI IV

LOUIS XIII - LOUIS XIV

LOUIS XV-LOUIS XVI

RÉVOLUTION, EMPIRE

MARÉCHAUX DE NAPOLÉON

CONTEMPORAINE

COLONISATION

PREMIÈRE GUERRE MONDIALE

SECONDE GUERRE MONDIALE

STRUCTURES

INSTITUTIONS

TECHNIQUES ET STRATÉGIES

RÉGIMENTS, ARMÉES

GUERRES ET PROBLÈMES ADJACENTS

MOYEN ÂGE

GRANDES INVASIONS BARBARES

CROISADES

ANCIEN RÉGIME

LOUIS XII, FRANÇOIS Ier

HENRI II, HENRI III ET HENRI IV

LOUIS XIII, LOUIS XIV

Dynasties

GRANDES FAMILLES ARISTOCRATIQUES

MOYEN ÂGE

ANGOULÊME

ANJOU

AQUITAINE

ARMAGNAC

ARTOIS

BLOIS

BOURGOGNE

BRETAGNE

CHAMPAGNE

FLANDRE

FOIX

GRAILLY

GRAMONT

HARCOURT

LA MARCK

BOURBONS

ORLÉANS

BONAPARTE

FAVORIS ET FAVORITES

VALOIS

BOURBONS

BONAPARTE

Géographie

FORMATION DU TERRITOIRE

SITES

ABBAYES, MONASTÈRES

RELIEFS

COURS D'EAU

ILES

PEUPLES, TRIBUS

SUBDIVISIONS ADMINISTRATIVES

VILLES ET VILLAGES

PROVINCES, PAYS

DÉPARTEMENTS, DOM

RÉGIONS

TERRITOIRES, TOM

COLONIES

PAYS

Achevé d'imprimer : septembre 2002

Maquette et photogravure :
Nord Compo, Villeneuve d'Ascq

N° d'édition : 1722

Dépôt légal : septembre 2002